图书在版编目(CIP)数据

中国航海史基础文献汇编. 第4卷，学术卷/孙光圻主编. —北京:海洋出版社,2015.4
ISBN 987-7-5027-9207-7

Ⅰ. 中… Ⅱ. ①孙… Ⅲ. ①航海-交通运输史-文献-汇编-中国 Ⅳ. ①F552.9

中国版本图书馆CIP数据核字(2015)第170167号

责任编辑：张 荣
责任印制：赵麟苏
海洋出版社 出版发行

http://www.oceanpress.com.cn
北京市海淀区大慧寺路8号 邮编:100081
中煤涿州制图印刷厂北京分厂印刷 新华书店发行所经销
2015年4月第1版 2015年4月北京第1次印刷
开本：880mm×1230mm 1/16 印张:214
字数：4060千字 定价：780.00元
发行部:62147016 邮购部:68038093 总编室:62114335

本卷编辑出版得到高彦明先生赞助，特此鸣谢！

序　一

中国是一个历史悠久、大陆与海洋兼而有之的文明古国，地域辽阔，湖泊和河流众多，并拥有18 000公里的海岸线、6 000多个岛屿以及据《联合国海洋法公约》所规范的近300万平方公里的海洋国土。在漫长的航海实践中，我国各族人民"热爱祖国、以德睦邻"，创造了灿烂的中华航海文明，成为中华民族和全人类的宝贵财富。在中国和平发展的新世纪里，走资源节约型、环境友好型的综合交通发展之路，必须传承和弘扬中华民族优秀文化，有效提升全民族的海洋意识，促进航海事业不断发展，建设海运强国。

新中国的几代领导人反复强调：要传承文明，资政育人，开拓创新。今天我们所做的一切，将成为明天的历史，善于学习历史，是深远的智慧。2006年秋，大连海事大学受原交通部委托开展中国航海史基础文献研究，计划用6至8年时间，全面系统地检索、整理、研究自远古至新中国成立之间的各个历史时期的正史、别史、杂史、方志、考古、档案、图画、学术、海外典籍等各类基础文献，将其中与中国航海（含通海江河航行）历史相关的活动、事件、人物、地区、运载工具、航行技术以及航海管理机构与政策等图文资料辑集成集，编辑出版一亿字左右的多卷本《中国航海史基础文献汇编》，为子孙后代留下一份认识中国航海事业发展过程的宝贵遗产。这是一项功在当代、利在千秋的航海文化建设工程。做好《中国航海史基础文献汇编》（多卷本）编辑与出版工作，是一个涉及面极广、难度很大的科学研究工作，需要全行业、特别是各相关部门和企业单位领导同志的通力支持与合作，也需要相关部门和专家的参与和帮助。在大家共同不懈的努力下，我相信一定能够顺利和如期地完成这项重要的工作。

经过三年多的努力工作，《中国航海史基础文献汇编》的第一卷（正史卷）、第二卷（别史卷）已经相继面世，第三卷（杂史卷）也行将出版，我向参与和支持前三卷及以后各卷编辑出版工作的单位与个人表示祝贺和敬意。透过《中国航海史基础文献汇编》（多卷本）所汇集的这些珍贵的历史文献记载，我们可充分感受我国航海文化的深厚和久远。温故我国辉煌与灿烂的航海历史，有助于弘扬"热爱祖国，科学航海"的精神，必将激励广大交通职工为实现海运强国的目标而努力奋斗。

中国人民共和国交通部部长　李盛霖

2010年5月30日修订

Preface

China is a great country with a long history of an ancient civilization covering vast areas of land and having numerous lakes and rivers, 18 000km coastline and more than 6 000 islands, and nearly 3 million square kilometers territory waters stipulated according to the United Nations Convention on the Law of the Sea as well. Through out a prolonged practical process of marine navigation, the Chinese people of all nationalities with ardent love their motherland and return good for good - neighborliness, created a glorious Chinese maritime civilization which was turned into the precious wealth of Chinese nation and entire mankind. It is indispensable for China in the peaceful development new century to inherit and develop the Chinese outstanding culture, to effectively promote the whole nations maritime consciousness, advance Chinese marine transport continuous growth and build China into a strong modern maritime country, following the road of resources - saving and environment - friendly communications and transport developments.

State leaders of new China have repeatedly emphasized: we should inherit civilization, educate people to learn from history and the experience of the Communist Party of China, create and bring forth new ideas. What we have done today will be the history of tomorrow, and being adept at studying history is a far - reaching sagacity. In autumn 2006, the original Ministry of Communications commissioned Dalian Maritime University to carry out a research program in basic literature on Chinese history of marine navigation, which would last six to eight years, overall and systematically retrieve, sort out and research various kinds of basic literature, such as official history books, unofficial history, private record of anecdotes, local gazettes, archaeology, archives, drawings, academic publications, abroad ancient codes and records of each historical period from remote antiquity to the founding of the People' s Republic of China, and from which the drawings and written materials of activities, events, characters, areas of exploration, marine navigation instruments, navigational technology, maritime administrative organs and maritime policies related would be edited into collected works, compiling and publishing "The Compilation of Basic Literature of Chinese History of Marine Navigation" of more than a hundred million characters in multiple volumes, which will remain a treasured national heritage to our future generations in recognizing the course of Chinese maritime developments, and this is also an achievement which will be a contribution to contemporary times and confer benefits to future generations. Making a good job in editing and publishing "The Compilation of Basic Literature of the Chinese History of Marine Navigation" is a scientific research program that bisects many broad fields and thus faces and provides a variety of challenges. It needs full cooperation and concrete support from many departments, enterprises and public institutions. It also needs the participation and assistance of many departments and experts in various walks of life. I genuinely hope that through our sustained effort, this vital task will be smoothly accomplished on schedule.

Through the three - year hard work, the first volume (official history) and the second volume (unofficial history) of "The Compilation of Basic Literature of the Chinese History of Marine Navigation" were published in succession, and the third volume (private record of anecdotes) will also be published, I would like to take this opportunity to express my congratulations and highest consideration to the individuals and institutions that have participated in and supported the edition and publication of this volume and the follow - ups. Through these valuable historical materials records collected in "The Compilation of Basic Literature of the Chinese History of Marine Navigation" (multiple volumes), we are deeply affected by the rich and time - honored Chinese maritime culture. Recalling the past illustrious Chinese history of marine navigation is conducive to carrying forward the spirit of ardent love for our country and scientific navigation, and this certainly shall encourage the vast workers and staff members of the communications and transport industry to strive for realizing the objective of building China into a strong maritime country.

Mr. LI Shenglin

Minster of the Ministry of Transport, the People's Republic of China

Revised on 30th May, 2010

序　二

航海活动是人类社会进步的重要动力，航海史是人类文明史的重要组成部分。在过去漫长的历史岁月中，中国曾经是一个航海大国、强国。中国人的航海活动，为中国社会的发展、也为世界各种文明之间的交往，作出了伟大的贡献，在世界历史上书写了灿烂的篇章。

中国又是一个文献大国，其数量之多，质量之高，都居于世界的前列。在中国浩如烟海的历代文献中，保存了丰富的与航海有关的资料，这些资料记录了我们祖先乘长风破万里浪的光辉业绩，也有许多关于世界其他文明的宝贵的记载。中国古代的航海著作，如《诸蕃志》、《岛夷志略》、《真腊风土记》、《瀛涯胜览》、《星槎胜览》、《郑和航海图》等，都以叙事准确、客观为世界学术界称道，早已译成多种外文，成为世界各国人民的共同财富。可以毫不夸大地说，亚洲、非洲很多国家和地区的历史，有赖于中国古代航海文献才得以重建。中国又是一个考古大国，文物大国，大量与航海有关的考古遗迹和文物，是我们祖先航海活动的形象记录。这些文献和文物，都是我们中华民族的极其珍贵的文化遗产。

中国封建社会后期，统治者实行闭关锁国的海禁政策，对民族的航海事业造成了极大的破坏。西方殖民者由海上蜂涌而来，用坚船利炮打开中国的大门。海洋成为殖民者横行霸道的势力范围。中国逐渐由航海强国变成航海弱国，完全丧失了在海洋问题上的发言权。近代的许多文献，记录了这段惨痛的历史。

新中国成立以前，我国航海的辉煌历史在相当长的时期内没有受到应有的重视，以致在不少人心目中，中国只是一个大陆国家、农业国家，中华文明是所谓黄土地文明。中华人民共和国成立以后，特别是改革开放以来，建设海洋强国日益成为全民的共识，客观形势的变化促使人们重新审视过去，历史上航海事业的研究愈来愈受到社会各方面的关注。

由交通部立项、大连海事大学承担的多卷本《中国航海史基础文献汇编》，正是在这样背景下启动的。这是一项规模宏大的文化建设工程，旨在将远古至新中国成立以前各个历史时期的有关航海的资料，包括文献（正史、野史、政书、文集、笔记、档案、方志、碑刻等）和考古文物等，作全面系统的整理，编辑出版。航海史资料的特点，可以说是小集中、大分散。集中的资料不多，大量的资料散见于各处，需要认真去搜求。披沙拣金，这是一项难度极大的工作，要求主事者和参与者付出艰巨的劳动。但这也是具有重要意义的工作。可以预期，这套多卷本《汇编》的问世，必将对中国乃至世界航海史的研究，产生积极的作用。

二十一世纪是海洋世纪。中华民族必须在海洋上大有作为，才能自立于世界民族之林。认真研究我们先民的航海业绩，总结我国航海史的经验教训，不仅能够丰富爱国主义教育的内容，而且可以对今天的航海事业和国际交往，提供许多有益的启示。谨向参与这项文化工程默默奉献的同志表示由衷的敬意。

中国社会科学院学部委员 陈高华

2007 年 6 月 4 日

序 三

交通部(今交通运输部)于2006年9月给我校下达了交通部应用基础项目《中国航海史基础文献研究》的任务书。明确规定用6年~8年左右时间,全面检索、研究和整理我国各个历史时期的史籍、丛书、方志、档案、考古成果和中外学术成果等基础文献,将其中与中国航海史有关的图文资料汇编成册,正式编辑出版一整套时间跨度为从远古至新中国成立,篇幅规模达数千万字的包括正史、别史、杂史、方志、档案、海外、考古、学术在内的多卷本《中国古代航海史基础文献汇编》(以下简称《汇编》)。为此,我校立即组织力量成立了以孙光圻教授为首的课题组开展工作。孙光圻教授早在20世纪80年代就潜心研究中国航海史各类基础文献,研撰了《中国航海史》、《中国航海史纲》、《海洋交通与文明》等三部专著,发表了近200篇学术论文,是我国航海史研究领域中知名专家。课题组其他人员无论是离退休的老领导、老专家,还是中青年的教研人员,都以极大的热情同心协力地投入到这一前无古人的重大的科研项目和文化建设工程中去。在交通部的正确领导和大力支持下,经过三年多来的艰辛劳动,《汇编》的第一卷(正史卷)、第二卷(别史卷)均已正式出版,并先后作为2007年和2009年的全国航海日庆典大会献礼,受到国内外航海界与媒体的广泛关注,其中第一卷还荣获2007年度国家海洋优秀科技著作奖。最近,第三卷(杂史卷)又将于2010年全国航海日庆典来临之际公开出版。我谨代表学校向课题组全体研究人员表示衷心的祝贺。

《汇编》(多卷本)所引述的浩为烟海的各类文献资料,充分展示了中国古代和近代航海事业所走过的辉煌和曲折的道路。它充分说明,一个国家的荣辱离不开航海活动的兴衰。航海是一个国家综合国力的象征。中国古代兴盛的海洋航行,无不验证了这一道理,可以资政育人,启迪后代,为我们建设现代化的航海强国提供宝贵的历史借鉴。

《汇编》(多卷本)还告诉我们,一个国家航海事业的发展,离不开航海人才的培养与航海科技的进步。我们大连海事大学是以培养各类高等航海人才为主旨的高等学府,迄今已有逾百年的历史。我高兴地在《汇编》所引述的历史文献中读到了我校前身"南洋公学"和"高等商船学堂"关于"以授航海机关之学术及驾驶商船之知识技术"的各类珍贵的相关记载。这对于我校继承与发扬历史传统,在新世纪建设世界第一流高等航海学府,是一个重要的精神鼓舞和文明支撑。

当然，尽管因时间紧张和编辑水平所限，《汇编》（多卷本）已出版的各卷无论在内容的选取与体例的安排上还有诸多不足与漏误，有待于今后继续弥补与提高，但作为从事一项前无古人的重大航海文化工程建设的“创新之旅”，应该说已是相当成功了。古人说，“欲穷千里目，更上一层楼”。我相信，在交通运输部的有力领导与全国航海界及相关学术界的鼎力支持下，经过课题组再接再厉的不懈努力，这套多卷本《汇编》的以后各卷一定能如期相继问世，从而为我们传承优秀航海文明，重振中华航海雄风，提升航海软实力和建设航海强国，做出应有的历史贡献。

大连海事大学校长

2010年5月24日修订

光辉和曲折：中国人走向海洋的历程

——《中国航海史基础文献汇编》(多卷本)总概述

我们伟大的祖国——中国，位于亚洲的东方，西濒浩瀚的太平洋，有着18 000多千米漫长的海岸线与大小6 000多个岛屿及其14 000多千米的岛屿线；此外，根据联合国《海洋法公约》，我国还拥有近300万平方千米的管辖海域，并形成渤、黄、东、南四个海区，是一个航海自然条件相当优越的大陆性兼海洋性国家。

我国的航海历史极为悠久，远古航海文明萌芽的产生可以追溯至遥远的新石器时代。从世界航海史角度考察，至少从公元前3世纪起，直到15世纪中叶为止，中华民族的航海事业与航海技术，始终居于世界领先地位。然而，对于中国人民杰出和辉煌的航海业绩与重大贡献，长期以来一直没有得到系统的整理和正确的评价，甚至在某些有关世界航海史的论著中或讲坛上，中国人民自古以来悠久的航海历史被有意或无意地忽略或抹杀了。例如，日本学者藤田丰八就曾经说过，“中国人向来就不长于航海术，尤以蒙古土尔其血统之汉人为然”①；德国人夏德以及美国人柔克义等也认为，在唐朝之前中国船从未到达波斯湾②。在这种国外学术观点影响下，国内有些学者也认为“中国船只在近海中航行，因此，中国人在航行远海或大洋时，就要乘外国船”③。直至20世纪80年代，这种对中华航海的光荣传统与雄厚实力表示这样或那样怀疑的学术见解仍时有所见。

值得庆幸的是，正是这个时期，在我国交通部(今交通运输部)的倡导与主持下，组织全国交通系统的编史力量，编辑出版了《中国航海史》与《中国水运史丛书》等数十部论述中国航运、港口与相关企事业单位发展历程的专著；中国航海学会也组建了航海史研究专业委员会，并编辑出版了《中国水运史研究》刊物；与之同步的是，国内主要的航海院校——大连海运学院(今大连海事大学)、上海海运学院(今上海海事大学)、集美航海学院(今集美大学航海学院)等先后开设了“中国航海史”课程，撰写了《中国古代航海史》、《中国航海史纲》等专著和教材；而也是从这一时期开始，中国的交通学界、历史学界、海交史学界、中外关系史学界以及造船界、旅游界、新闻出版界等，无不以极大的热诚和精力，投身于这一传承与弘扬中华航海文明的洪流之中。非但编辑出版了一系列重要的著作和刊物，取得了令人瞩目的学术成果，而且通过两次纪念郑和下西洋的全国性庆典活动的开展以及中国航海博物馆筹建和《中国航海史基础文献汇编》(多卷本)研撰这两项重大的航海文化建设工程的启动，开始全面、系统地向世人展示中华航海在历史长河的曲折沿革中所焕发出来的辉煌。

回顾数千年的中国航海史，虽然从15世纪中叶、特别是1840年鸦片战争以来，中国航海事业在内忧外患的钳制下，陷足于一段中衰和落后的时期，但随着1949年新中国的成立，又在短短的半个多世纪之内走上了再次崛起的重振之路。通过巡检正史、别史、杂史、方志、考古、档案、图画、学术等各类航海史基础文献，我们可以自豪地说，中华民族在海洋上的非凡活动及其对航海文明的卓越贡献，完全可以和世界上其他的优秀航海民族媲美而毫不逊色。中国历代航海家在海洋上所展示出来的开拓精神与慧思匠心，为整个人类的航海史册留下了浩气长存的光辉篇章。

---

① 藤田丰八著，何健民译《中国南洋古代交通丛考》。

② 夏德、柔克义《诸番志— 赵汝适关于十二、十三世纪中国与阿拉伯的贸易的著作》。

③ 张星烺：《中西交通史料汇编》；张铁生：《中非交通史初探》。

一、中国航海历史的基本沿革

在中国各类航海史基础文献的记载中，根据航海活动主要内涵（例如：航海性质、航海规模、航海工具、航海区域、航海技术、航海管理等）的演变态势，可以将中国航海历史的整个发展过程大致分为“朦昧”、“起步”、“形成”、“上升”、“蓄势”、“繁荣”、“全盛”、“顶峰”、“中衰”、“落后”与“重振”等十一个时期。这十一个航海历史时期的沿革与变化，充分反映了中国航海事业与整个社会上层建筑及经济基础的内在辩证关系，这就是：航海作为人类通过一定的运载工具，在海洋（含通海江河湖泊）上完成物体和人体的时空位移的实践活动，始终是一定社会的政治与经济形态发展水平的一种动态反映；而同时，航海活动及其所涵孕的文明发展水平，又会对一定社会的政治与经济形态的演变，产生重要和深刻的影响。

（一）航海事业的朦昧时期

——旧石器晚期至新石器时期（公元前200世纪—公元前21世纪）

我国最初的原始航海活动，据有关考古遗存及远古神话传说等基础文献记载，很可能在旧石器时代的晚期已经萌发。从北京周口店龙骨山山顶洞遗址中发现的一系列海洋生物骨骼与贝壳的物证，以及有关“燧人氏以匏（葫芦）济水，伏羲氏始乘桴（筏）”①的传说探析，在距今约一万几千年之前的渔猎时期，中华原始祖先已开始与海洋发生接触，并能用植物蔓茎来捆扎树干或竹子进行短距离的海上漂浮了。又据《周易》、《物原》等古籍记载，特别是据浙江省萧山跨湖桥与河姆渡的考古发现可知，到新石器时代，当时的中国先民已懂得“刳木为舟，剡木为楫”②的道理，并在距今约8 000年前后就开始制作最早的船舶——独木舟，进行早期的海上航行了。同时，从我国滨海地区古代文化类型的产生与传播态势，也可以探测到新石器时代中国人的航行踪迹，不但已涉及江河与沿海一带，而且有可能已开始借助海洋自然动能，漂航到台湾、东南亚等远方水域了。

当然，这些原始的航海活动，基本上是盲目和被动的，其航海动因基本上是为了维持和繁衍生命，航海目标是非预期的，航海工具与航海技术是极其低下的，航海成功率是非常微弱的。然而，尽管如此，其意义却不同凡响，因为这不仅是中华民族走向海洋的第一步，而且是后来一切开发和利用海洋的文明基础。

（二）航海事业的起步时期

——夏、商、周时代（公元前21世纪—公元前770年）

进入夏、商、周奴隶社会后，随着社会生产力的发展与青铜生产技术的出现与成熟，木板船与风帆产生了。据各类基础文献记载，当时有目的、有计划、有组织的较大规模的航海活动开始起步了。以物资运输、人员迁徙、文化传播、外交往来为主要内容的航海行为与日俱增。有关夏代帝芒“命九夷，狩于海，获大鱼”③，商代盘庚迁都时“若乘舟，汝弗济，臭厥载”④，周代“越裳献白雉，倭人贡鬯草”⑤等记载，以及对美洲海域发现疑为中国古代石锚的研究，表明其时中国航海者不但活跃在中国沿海与内河区域，而且与今天日本列岛、朝鲜半岛、中南半岛的海上交往也已有交往，甚至还出现了某种远洋漂航的可能性。

（三）航海事业的形成时期

——春秋战国时代（公元前770年—公元前221年）

到了春秋战国时代，中国社会由奴隶制向封建制转化，生产力与生产技术得到了进一步提高。随着各诸侯国的争霸以及生铁生产技术与铁制工具的出现，木板船进而发展，结构渐趋复杂，吨位日益加重。据各类基础文献记载，其时的航海，不但被应用于各种规模的运输，而且已被吴、越、齐、楚等沿海临江的诸侯

---

① 《物原》
② 《周易·系辞》
③ 《竹书纪年》
④ 《尚书·盘庚中》
⑤ 《论衡》

强国应用于大规模的水上作战。史乘上有关齐景公“吾欲观于转附(今山东省烟台市芝罘)、朝舞(今山东省荣成市成山头),遵海而南,放于琅邪(今山东省胶南市)[①];吴国“不能一日而废舟楫之用”[②];越国“水行而山处,以船为车,以楫为马”[③];以及吴(今江苏省苏州市)与琅邪之间的两次江海联运迁都等记载,均为明例。而其时对朝鲜半岛、日本列岛、东南亚等远方水域的航行与探险,也已有明确的文物依据或文献记载。与之同时,远古时代的航海技术经过长期的实践与积累,已开始在对海陆态势的认识以及天文定向、地文定位、海洋气象、海上导航等诸方面初具雏形。鉴于其时的海洋航行已具有清晰的政治与经济动因,并已获得基本可靠的物质技术条件,因而可以认为,中国古代航海事业至此已告形成。

(四)航海事业的上升时期

——秦、汉时代(公元前221年—公元220年)

到秦与两汉时代,我国中央集权的封建主义国家开始形成和发展,社会生产力有了长足的进步,造船技术和航海技术相应得到重大提高。据各类基础文献记载与考古成果所得,随着近海与远洋的古代运载工具逐步趋向大型化、先进的控制航向设施——尾舵的出现、对所途海域季风规律的认识和掉戗驶风技术的掌握、以及地文、天文航海知识的进步,秦汉航海已步入了向上发展的时期。例如,有关秦皇、汉武的多次巡海求“三神山”、方士徐福的远航东渡、汉武帝的驰援东瓯(今浙江温州地区)与统一闽越、吕母的海上起义以及汉使远航南亚等航海活动的文献记载,就充分说明其时不但中国沿海全线畅通无阻,而且已能远航日本并驶出马六甲海峡,到达印度半岛南端,并在此基础上,形成了中国历史上第一条印度洋远洋航线——“海上丝绸之路”。

(五)航海事业的蓄势时期

——三国、两晋、南北朝时代(公元220年—公元589年)

到三国、两晋、南北朝时代,由于国内政局动荡、军事纷争,社会发展受到影响,经济重心开始南移,因此总的来说,该时期航海活动的规模较之秦汉时代有所减缩,但据各类基础文献记载,在某些时期与某些地区,仍有若干活跃之举和重要突破。例如,在三国时代,东吴的航海规模就相当庞大,航海范围也相当广阔,具有代表性的是孙权与辽东半岛公孙氏的海上交往,卫温、诸葛直船队浮海到达台湾,聂友、陆凯船队的海南岛之行,以及朱应、康泰船队的南洋远航。又例如,在东晋时代,孙恩、卢循所领导的海上大起义,著名的法显和尚从印度洋航海归国。再例如,在南朝时代,中日之间北路南线航路的开辟,中国远洋海船越过印度半岛,抵达波斯湾以及慧深和尚远航扶桑等。而与之同时,更为重要的是该时期中国古代航海技术有了长足的进展,如“邪张相取风气”[④]的驶风技术和航路指南的出现,“唯望日、月、星宿而进”[⑤]的天文航海技术以及对潮汐与信风规律的认识等。这一切都说明,这是一个蓄势待发时期,它为中国古代航海事业走向繁荣奠定了坚实的技术物质基础。

(六)航海事业的繁荣时期

——隋、唐、五代时代(公元589年—公元960年)

到隋唐时代,中国的封建社会进入盛期。特别是在唐代,社会生产力空前发展,科技文化全面繁荣,国际交往十分频繁,这一切推动着中国古代航海事业进入了繁荣时期。据各类基础文献记载,当时,中国海船工艺技术先进,结构坚固精良,载重吨位硕大,无论在近海与远洋航行方面,均独步于世界航海界。在北方航路上,与渤海国、朝鲜半岛、日本列岛的交往非常频繁,并开辟了西北太平洋上的堪察加半岛与库页岛航线以及横越东海的中日南路快速航线;在南洋与印度洋航路上,“海上丝绸之路”全面兴旺,航行踪迹不

① 《孟子·梁惠王下》
② 顾栋高:《春秋大事记》卷330
③ 《越绝书·记地传》
④ 万震:《南州异物志》
⑤ 法显:《佛国记》

但遍及东南亚、南亚、阿拉伯湾与波斯湾沿岸，而且已伸展至红海与东非海岸，开辟了直接沟通亚非两大洲的长达10 000多海里的世界性远洋航线。与之同时，在国内外航海活动的大力推动下，从唐代中、后期开始，航海政策发生了重大改革，航海活动的经济价值得到了重视，出现了专门管理海外航运贸易的官吏-——市舶使与机构——市舶司；国内的交州、广州、泉州、明州、扬州、登州等，也成为名噪中外的航海贸易大港。

唐朝之后，中国曾经历了半个世纪的五代十国动乱。虽然在此短暂的期间内，中原地区军阀混战，生产力遭到很大破坏，但是偏隅东南沿海的一些地方政权如南汉、闽、吴越等却较为平稳，生产继续发展，航海活动相当活跃，沿海以及与南洋、日本方面的海上交往也有增无减。

至于在航海技术上，其时的远洋季风航海技术已相当成熟，地文航海、特别是航路指南已有较为具体的文字记载，天文航海中的定位技术也有所进步，而对海洋潮汐的运动规律的认识也已达新的高度。

（七）航海事业的全盛时期

——宋、元时代（公元960年—公元1368年）

到宋、元时代，中国古代航海事业全面发展，进入长期活跃的全盛时期。在这一时期中，就航海史基础文献而论，可谓洋洋大观。除官方编撰的历史典籍外，还涌现出众多的由中外时人所撰写的纪实性或笔记性名著，如《宣和奉使高丽图经》、《真腊风土记》、《岛夷志略》、《诸番志》、《岭外代答》、《梦梁录》、《梦溪笔谈》、《大德南海志》、《海道经》以及《马可波罗游记》、《伊本·白图塔游记》等。除此而外，从考古遗址发现而言，也所获甚丰，如泉州宋代海船遗存与祈风石，以及莆田妈祖庙等，均为中国航海史研究提供了宝贵的资料。

从上述各类基础文献可知，宋、元历届中央政府力主积极的航海贸易政策，将航海事业与整个国民经济密切联系在一起。与此同时，航海工具体势庞硕，结构精良，“中者三千料至一千料”，“可载二三百人”①，“大船可载一千人”②，“有三帆以至十二帆”③，这一切为宋元兴盛的远洋航行提供了坚实的物质基础。而更重要的是，宋元时期的中国人在航海技术方面取得了具有世界意义的历史性突破，以罗盘导航、天文定位与航迹推算为标志，开辟了横跨印度洋的直达远程航线，比西方领先2—3个世纪进入“定量航海”④阶段。其时，中国航海业突飞猛进，在国内近海航行方面，与国家命运相关的北洋漕运航线得到了重大的改进和完善。在远洋航海方面，中国帆船的活动范围空前扩大，舟帆所及遍达西太平洋与北印度洋全部海岸，与朝鲜、日本、东南亚、南亚、西亚、东非、北非等广大区域的海上交通十分繁忙，中国远洋船队达到了“虽天际穷发不毛之地，无不可通之理”⑤的高超境界。仅据元代大航海家汪大渊所撰的《岛夷志略》介绍，当时中国远洋船队就已与约120个亚非国家与地区建立了海上贸易关系。

在国内外航海贸易活跃的基础上，宋元时期的航运管理体制、机构与政策法规日益健全，国内各主要海港也日益繁荣。著名的刺桐港——今福建省的泉州港，已成为与亚历山大齐名的世界上最大的国际贸易海港。这一切，直接推动中国古代航海事业走向光辉的历史顶峰。

（八）航海事业的顶峰时期

——明初郑和下西洋时代（公元1368年—公元1433年）

从14世纪70年代的明代开始，整个世界历史的运动格局已进入从封建主义转向资本主义的前夜，中国的封建社会制度也开始进入晚期。在渐趋保守和没落的明朝专制统治下，宋元时代的扶持民间航海贸易的政策发生重大逆转，替之以由中央政府直接控制的“官方航海”政策；而对民间私人航海贸易活动则

---

① 吴自牧：《梦梁录》。

② 《伊本·白图塔游记》，另名《伊本·拔都他游记》。

③ 同②。

④ 李约瑟：《中国科学技术史》

⑤ 吴鉴《岛夷志．序》，见苏继庼《岛夷志略校释》。

开始采取严厉的海禁政策。但是，明初永乐至宣德年间，在国力强盛、经济富裕的物质基础上，在宋元丰富航海遗产和历史惯性的有力推动下，明代统治者出于巩固自身统治、扩大国际影响、满足物质享受的需要，曾举全国资财，先后派遣郑和率领当时世界上最庞大的官方远洋船队七下西洋，遍访亚非各国，从而将中国古代航海事业推入到前所未有的顶峰时期。

关于郑和下西洋的基础文献，除《明史》、《明实录》等官方史籍外，当时跟随郑和下西洋的人员如马欢、费信与巩珍等也归撰了纪实性著作——《瀛涯胜览》、《星槎胜览》、《西洋番国志》；同时，相关的遗址和家谱、碑文以及胡宗宪的《筹海图编》和罗懋登的《三宝太监西洋记通俗演义》等，也对之作了非常重要的记载。此外，自梁启超、伯希和开始，中外众多的学者也研撰了很多相关的专著与论文。这众多的基础文献雄辩地展示，郑和七下西洋堪称中国和世界航海史上前无古人、后启来者的宏勋伟绩。郑和船队船员众多，建制完整，每次下西洋人员多达二万七千余人；船舶巨大，种类齐全，"大者长四十四丈四尺，阔一十八丈"①；编队严密，分合有致，通讯捷便，进退有序。其规模之大，船舶之众，航迹之广，航技之高，在15世纪是世界上是无与伦比的。

郑和船队七下西洋，集中体现了古代中国人民在航海活动领域中所取得的光辉成就。在中国古代航海史的全部演变轨迹中，它既是上升趋势的最终一点，也是下降趋势的最初一点。郑和作为中国历史上最伟大的航海家，以他一生无愧的奋斗和执着的追求而彪炳史册。但明初中央政府在郑和下西洋时期所制定的封建专制主义航海政策以及"厚往薄来"的贸易政策，却终于导致了具有历史和光荣传统的中国古代航海事业的发展势头嘎然而止，并逐渐由盛转衰，悄然退出了在世界航海界的领先地位。

（九）航海事业的中衰时期

——明中叶至清鸦片战争（公元1433年—公元1840年）

郑和下西洋以后，我国晚期封建主义制度在整个世界开始向资本主义过渡的时代大潮中，越来越暴露出它内在的顽固性和落后性、成为中国社会生产力发展与生产关系革新的重大桎梏。据众多的基础文献记载，明清两代航海除了进行漕运和外交等有限的官方航行外，对民间海外航运活动基本上采取了闭关锁国的海禁政策，即或间有暂时的"开放"，也是伴以各种严厉的限制措施，致使中国原本先进的航海业非但无法走上资本主义的发展轨道，反而进退维谷，逐渐陷于被动。而与此同时，欧洲航海者却随着封建主义的瓦解与资本原始积累的兴起，拉开了以开辟"海上新航路"为标志的"地理大发现"时代的帷幕。以葡萄牙、西班牙、荷兰、英国等为代表的早期西方殖民主义国家的海盗式贸易舰队，沿着印度洋与太平洋航路不断向亚洲地区入侵，并对本以孤魂在外的中国民间航海贸易势力竭尽挤压和打击之能事，致使得不到本国政府有效支持的中国远洋商船队处境艰险，每况愈下。

在国内封建专制主义与国外殖民海盗势力的双重夹击下，中国民间航海贸易活动无法正常开展，被迫派生出以"海盗"和"倭寇"为名义的海上武装走私贸易活动，并在这类畸形扭曲的航海局面中，出现了王直、吴平、曾一本、张琏、林道乾、林凤、郑芝龙等著名的"海盗"航海家。

由于中国具有极其悠久的航海历史与非常丰富的航海文明遗产，因此，直到鸦片战争前夕，中国的木帆船队在东南亚水域中仍具有相当雄厚的实力，不失为世界航运界中一支相当可观的劲旅。但是，由于欧洲资本主义殖民势力的海上武装入侵以及清朝封建主义腐朽势力的愚昧昏庸，终于爆发了英国策动的鸦片战争。从此，随着外敌入境，内政腐败，航权丧失，中国近代航海事业迅速陷于全面萧条和落后被打的悲惨境地。

（十）航海事业的落后时期

——清末至中华民国（公元1841年—公元1949年）

清朝统治者在中英鸦片战争中败北后，签订了一系列丧权辱国的不平等条约，中国逐步沦为半封建半

① 马欢：《瀛涯胜览》。

殖民地国家。随着国事日衰,海关失控,航权旁落,西方列强的炮舰商船横行于中国水域,外商垄断了中国的内河、沿海与远洋航运市场,传统的中国木帆船航业在内外交困中急剧衰落,基本上退出历史舞台。

进入近代航海时期后,就航海史基础文献而论,已是非常翔实。除各届中国政府的官方记载外,各类档案、方志与笔记、报刊等文献与之相关的图文资料可谓汗牛充厩,数不胜数。特别是海关与轮船招商局以及一些主要民间航企的档案,更是为了解中国近代航海事业演化的基本脉络与坎坷命运提供了可靠而具体的依据。

1872 年,在洋务运动中诞生的官督商办的轮船招商局虽然肇始了中国近代航运业,但是这一先天不足、后天失调的“病婴”,始终无法与日益扩张的外国航运垄断势力进行有效抗衡。与之同时,中国民间航运企业也不得不以诡寄经营的方式,在帝国主义和封建主义两座大山夹缝中惨淡经营,艰难求生。

1912 年,孙中山领导的辛亥革命推翻了压在中华民族头上两千多年的封建专制主义统治,建立了中华民国,这在一定程度上使中国近代轮船航运业发展的禁锢得到缓解。随后,因第一次世界大战爆发而引发的部分外轮撤离,也给中国民族航运企业带来了一些伸张的空间。当时除国营的轮船招商局外,其他如三北、政记、宁绍、达兴、肇兴、直东、北方、民生和中兴等民间航运企业也开始初露头角。与之同时,活动于海外的由华侨与华商兴办的远洋航业也有所发展。

然而,随着 1937 年日本对华发动侵略战争,中国近代航运业又遭到了残酷的打击。战争伊始,日军就对中国的沿海商船和渔船进行疯狂的摧残与掳掠,仅在浙、闽、粤沿海即损毁各类船舶逾万艘。在整整八年抗战中,由于各种原因所致,被炸毁、击沉和劫掠的中国各类商船计达 3 000 余艘、50 万吨之众,战前好不容易积聚起来的航运力量几乎损失殆尽。

1945 年 8 月,中国人民取得了抗日战争的伟大胜利。中国航运事业在一片废墟上开始“重整山河”。随着航权的收复,从接收敌伪船舶到向国外大批订造船舶,中国商船队发展到拥有各类轮船 3 000 余艘、16 万余吨的规模。其中,由国营改为股份制企业的轮船招商局及其它公营航业的船队占一半以上,前者并在国民政府的直接控制与支持下,取得了航业的垄断地位;而民营航运企业,也有所恢复与发展,其中主要者有民生实业、中国航业、中兴、益祥、复兴等轮船公司。一时间,内河、沿海与远洋航运以及主要港口的经营活动均展示出若干新的景象。

然而,随着 1947 年国民党政府发动内战,刚有所复苏的中国近代航运业又迭遇坎坷。1949 年中期,国民党政府在退居台湾之前,除封锁航道、炸沉部分轮船外,还命令招商局的大量商船离境南驶,将占招商局轮船总吨位 86% 的船舶带往台湾,致使留在中国大陆沿海和内河的船舶仅有 10 余万吨,且其中大部分为江河小轮船。

(十一)航海事业的重振时期

——中华人民共和国成立以来(公元 1949 年—)

“一唱雄鸡天下白”。1949 年 10 月 1 日,随着中华人民共和国的成立,中国的现代航海事业开始逐步进入重振雄风和再次崛起的崭新历史阶段。

根据当代的各类基础文献记载,中国现代航海事业的发展道路是相当曲折和辉煌的。在 20 世纪 50 年代初期,根基薄弱和底子破损的中国大陆航运业艰难举步,进入恢复阶段。在帝国主义海上封锁和空中轰炸的严酷环境下,开始修复打捞沉船和疏浚航道,加上香港招商局及 10 余艘海轮的起义以及流散海外的私营海轮北归,到 1952 年基本上恢复了沿海、内河的航运与港口生产。在第一个五年计划时期,经过沿海航运管理体制的调整,南北海区的客货运输与海上拖排运输开始较快发展,到 1957 年,海上运力增至 108 艘、26. 5 万载重吨,增长率为 50% 。在此期间,通过国际合作与华侨华商船队的支持以及中国外轮代理总公司和中国远洋运输局的先后成立,中国大陆的远洋运输业也开始发展起来。1961 年 4 月 27 日中国远洋运输公司及其广州分公司的成立,向国内外宣告了中国大陆自力更生的远洋船队开始诞生并走向世界。

虽然在 1966 年至 1976 年的“文革”期间,中国大陆的航运管理与航运业务曾一度受到了干扰,但广大航运界员工依然在动乱中坚持海上运输与港口生产,并使之得到了相当的发展。到1976年,中国大陆沿海港口吞吐能力升至1.7亿吨,并基本上结束了依赖租用外轮的局面。

20世纪70年代末以来,随着改革开放的全面展开和逐步深入,中国现代航海事业得到了快速、健康和持续的发展。一方面纵向开通台湾海峡航线,使全国南北沿海航线畅通无阻;另方面,远洋船队与国际运输高速发展,逐步成为举世瞩目的商船队;再方面,沿海港口建设风起云涌,吞吐能力与吞吐总量扶摇直上。在经历了半个世纪的不懈努力和顽强拼搏后,中国的航海事业终于结束了鸦片战争后长达一个半世纪的屈辱命运,昂首进入重新向世人展示中华民族航海雄风的新时期。

截止到2011年底,中国已发展成为举世公认的航运大国。其标志性的主要数据有:中国连续12次当选联合国国际海事组织(IMO)A类理事国;拥有国际海运船队运力115.6百万载重吨,在世界各国商船队中排名第四,其中散货船队运力占世界第三,集装箱船队占世界第四;国际海运船舶运力中,中国远洋运输(集团)总公司经营(含租赁)各类船舶680艘、5 250.5万载重吨;中国海运(集团)总公司经营(含租赁)各类船舶152艘、1 227.5万载重吨,其中不乏当今世界上最先进的超大型集装箱船、VLCC超级油轮和好望角大型散货船;是世界上集装箱进出口第一大国,铁矿石、大豆进口第一大国,原油进口第二大国;中国大陆规模以上港口拥有万吨级泊位1 762个,完成货物吞吐量91亿吨、1.63亿标准箱;涌现出上海、宁波—舟山、天津、广州、青岛、大连、唐山、秦皇岛港、营口、日照、深圳、烟台、厦门、连云港、湛江、北部湾、黄骅、苏州、南京、南通等26个亿吨大港,其中上海港吞吐量7.3亿吨、集装箱吞吐量3 174万标准箱,分别居世界第一位和第一位。目前,中国商船队已航行于世界上160多个国家和地区的1 200多个港口,开辟了通达全球各地的定期班轮航线100多条。取得经营资质的国际船舶代理企业1 700多家,其中外商及港澳台投资70家,香港与内地合资45家。取得无船承运人经营资格的企业3 897家,其中香港地区的138家,台湾地区的2家,澳门地区的1家,外国的344家。中国因素已成为全世界航运业关注的聚焦点。世界航运界专家普遍认为,21世纪的国际航运将是中国人的航运,中国将成为世界上最大的国际航运中心。

二、中国航海历史的主要启迪

唐太宗李世民曾说过:"以铜为鉴,可正衣冠;以古为鉴,可知兴替;以人鉴,可明得失。"[①]由各类基础文献所展示出来的数千年的中国航海历史,是中华民族一份极为重要和宝贵的文明遗产,它反映了中国航海事业发展演变的客观规律,给后人以非常丰富和深刻的启迪。概而言之,至少有如下几点,是值得我们永远珍视和铭记的。

(一)中华民族在漫长的航海活动过程中,具有非凡的胆识与巨大的智慧。中国人民完全有信心和能力,赶超当代世界上最先进的航海水平,把现代航海事业重新搞上去。

中国悠久的航海历史告诉人们,起码从公元前3世纪到公元后15世纪,在这段长达1 800年的漫长岁月中,中国的航海事业与航海技术,始终居于世界领先地位。在认识海洋、利用海洋与开发海洋的不屈征途中,中国历史上涌现出许多声誉卓著、名垂千古的航海人物。他们繁若群星,争艳斗辉,与皮瑟斯、汉诺、埃里克森、马可·波罗、白图塔、迪亚士、达·伽马、哥伦布、麦哲伦、库克、阿蒙森等举世闻名的航海人物相比,毫不逊色。在他们之中,有在公元前200多年的秦代就率领数千人船队东渡远航的徐福,有在公元3世纪遍航南洋水域的吴国航海家朱应和康泰,有在公元4世纪的东晋历尽坎坷从印度航海归国的法显,有在公元5世纪的南朝不畏海洋艰险横渡太平洋远航扶桑的慧深,有在公元8世纪前后的唐代从海上游历南亚与西亚的达奚通、杜环与义净等人,有在公元11世纪的北宋运用当时世界上最先进的航海技术出使高丽的徐兢,有在公元14世纪的元代两次远涉重洋遍航亚非100多个国家和地区的汪大渊,有在公元15世纪上半叶西方"地理大发现"前半个多世纪就指挥世界上最庞大的船队先后七次下西洋的明代航

① 《新唐书·魏征传》。

海家郑和。这些著名的航海人物,是中华民族的瑰宝和骄傲。他们艰苦卓绝而又光辉灿烂的历史活动,将极大地激发起今天与未来的炎黄子孙的自尊心与自信心。昨天的中国人是聪明的强者,今天的中国人更不是愚笨的弱者。既然昨天的中国人可以昂首阔步地走在世界前列,难道今天的中国人就不可以重整旗鼓,再展雄风吗?

(二)航海事业的发展必须与提高社会生产力紧密而有机地结合起来。从这一战略高度出发,就能使航海事业得到健康、快速、和谐的可持续发展。

航海,从本来的或主要的意义上来说,乃是人类认识世界、改造世界的重要生产实践活动之一。在各类不同的性质(如经济、外交、军事、文化)的航海活动中,对航海事业的发展起终极的决定性作用的,是以物资的运输与贸易为核心的经济性航海活动。历史表明,当某个时代注重航海活动的经济性质或价值并将其有机地纳入整个国家与民族的经济活动中去的时候,换言之,亦即将航海活动作为整个社会生产力组成部分的时候,那么,这个时代的航海事业就必然得到重大的发展。例如,在唐中期以降至元代末期,历朝中央政府将航海贸易的市舶收入,与整个国民经济的大局紧密地联系在一起,以航海事业的发展来推动经济水平提高,反过来又以经济水平的提高来刺激航海事业的发展。这种彼此促进的良性循环,从经济本质上保证了中国古代航海事业从繁荣走向鼎盛。相反,明清时期的历代中央政府,为了维护晚期封建主义的没落统治,对航海活动的理解与驾驭,主要着眼于统治者狭隘的政治利益,而忽略了对整个社会的深刻的经济利益。因此,或者一倾举国资财,不惜牺牲巨大的经济利益,去组织显赫一时的官方"赍赐航海",以追求"万国朝贡"的政治虚誉;或者迭颁海禁严令,不惜焚船迁界,闭关锁国,运用封建政权的专制力量,去镇压并扼杀以经济因素为主要内涵的民间航海贸易活动。这种无视经济性质的认识与实践,无论在表面上对航海事业是"兴"也好,"废"也好,都严重违背了航海事业发展的内在规律。前者,使航海事业的发展成为无本之木,无源之水;后者,使航海事业的发展成为厩中之马,笼中之鸟。在郑和下西洋之后,中国古代航海事业由极盛而转衰的历史教训值得永志不忘。

值得庆幸的是,自新中国成立后、特别改革开放以来,中国现代航海事业的经济内核在向市场经济转型过程中得到真正和有效的彰显。目前,航海事业已成为为国民经济和社会发展全局服务,推进对外贸易,提高人民生活水平,确保国家经济安全的基础产业;成为中国和平发展,参与全球资源与市场的配置与合作的不可或缺的战略力量。在这一科学定位下,中国现代化的航海事业必将再次登上时代的高峰。

(三)航海政策是推动航海事业发展和繁荣的关键要素。只要坚持对外开放与对内搞活的政策措施,就一定能早日实现从航海大国向航海强国发展的战略转型。

如上所述,航海在本质上是一种以经济性质为主的生产实践活动,那么,它的发展态势就必然与各时期的管理政策关系密切。航海活动是要通过一定的人力与物力去进行的,而在人力与物力中,人力是带有决定性意义的因素。航海政策对航海事业的作用,主要反映在它能否最大限度地调动起人力因素在从事与发展航海事业方面的主观能动性。历史唯物主义认为,人们首先必须吃、喝、住、穿,然后才能从事政治、科学、艺术、宗教等等活动,因此,第一个历史活动,或者说一切历史活动的第一个前提,就是满足人们生活所需的直接性、物质性生产活动。据此可知,人们对航海的态度,亦首先应取决于通过航海这一特定的"历史活动"能否满足其对直接的、物质的生活资料的需要。如果某种航海政策,能够使人们在从事航海活动之时,较多并较好地满足他们对吃、喝、住、穿之类基本物质生活资料的需要,那么,他们就必然会对航海活动取积极的、热衷的态度,甚至甘冒鲸波之险,不远万里地到海洋上去搏击。这种情况,在中国航海史上可谓屡见不鲜。例如,南宋隆兴二年(1164年)所颁布的"饶税"政策,不但加速了宋船在东南亚水域中的周转频率,而且直接导致了横渡印度洋航路的开辟,推动中国远洋航业进入了一个新的历史时期。又如,元代中央政府大力推行"往来互市,各自所欲"与"官本船"等航海政策,并在市舶条例与利润分成上给予航海者以保障与优惠。结果,虽"海外蕃夷之国,去中国数万里,舟行千日而后始至。风凌之与陵,蛟龙之与争",但"嗜利者必之焉",从而造成了"虽天际穷发不毛之地,无不可通之理"的航海鼎盛局面。相反,如果某种航海政策,对满足人们进行航海活动的物质生活利益非但不问不闻,反而千方百计地加以限制或禁榷,那么,就必然使航海者或者对航海失去兴趣,或者违禁犯法,铤而走险。这样,航海事业就难免走上萧条或畸形发展的道路。在这方面,北宋时期广州港航海贸易的两盈两衰以及明清两代派生的“海盗”式的武装走私航海贸易,便是明证。从这些古代航海事业兴衰的历史教训中,还给人们以这样一个启迪,即对于官方的政治性或军事性航海活动来说,中国历史上几乎不存在海禁的政策,如郑和下西洋这样大型与频繁的航海活动,恰恰正是在对民间屡颁航海禁令时进行的。所谓航海政策方面的闭关禁海或开关驰禁,主要是针对广大民间航海活动而言的。因此,航海政策之正误,亦主要应据其对民间航海者取何种态度而定。要而言之,航海和任何一种生产实践活动一样,只有鼓励和确保广大人民的积极参与,才使之得到蓬勃的发展,并造就一代航运强国。

(四)航海事业的兴衰,与该时代的科技发展水平有着内在的辩证关系。只有科技水平得到了提高,航海事业才能得到相应的发展;同样,航海事业的发展,也会相应地对科技水平的提高,提出重大的时代需求。

从科技史角度考察,航海活动所依赖的航海工具与航海科技,在某种程度上乃是一个时代科技水平的缩影。例如建造船舶,需要有材料、结构、仪器、力学与工艺等多方面的科技知识与实践能力;驾驶船舶,也需要有天文、地理、水文、气象与船艺等多方面的科技知识与实践能力。离开了一定发展阶段的科技水平,就不可能有相应发展阶段的航海事业。在西汉时代,如果没有风帆与尾舵技术的配合,没有丰富的占星导航知识以及对西太平洋与北印度洋季风规律的理解,就不可能出现远航南亚已程不国的汉使航程。同样,如果没有全天候磁性导航仪的问世,没有航用海图与航路指南的指引,没有天文定位技术的出现,宋代航海者在印度洋上纵横驰骋的冀求,也会成为虚无缥缈的泡影。科学技术是一种在历史上起推动作用的革命性力量,它同社会生产力之间存在着不可分割的关联,它不断地为生产力的发展与实践活动能力的提高,提供新的生产工具和新的知识与技能。全部中国航海史,实际上也正是中国航海者以其所开发和应用的全部科学技术为依托,而在海洋上进行的生产实践活动。

但与此同时,航海活动也不断地为科学技术、特别是航海科技的发展,提出新的任务,开辟新的道路。航海科学技术,作为一个人类认识海洋、利用海洋与开发海洋的特殊的物质力量,它的发展离不开一定的社会条件,在很大程度上取决于航海生产力的发展状况与需求。航海活动对科学技术提出什么实践需求,这对后者的发展极为重要。春秋战国时代,独木舟与浮筏向木板船的演进,正是由于当时社会对水上运输的需求突破了原有的极其简陋的航行工具所能提供的技术服务,因而促使航行工具产生了革命性的飞跃。同样,宋代的航海技术之所以能比西方领先二到三个世纪由“原始航海”阶段转入“定量航海”阶段,也是与该时代对发展远洋航海事业的迫切需要是分不开的。郑和下西洋之后,中国古代航海科技的发展水准,始终没有越出前代的水准,查其原委,也无非是明清两代的航海事业缺乏新的时代使命感所致。相比之下,原本比较落后的西方航海科技,却在因资本原始积累急需开辟海上新航路的强大的时代动因刺激下,迈出了后来居上的决定性一步。

总之,巡检中国航海史各类基础文献,可以充满理由地相信:在整个中华民族的共同努力与联袂奋斗下,具有悠久历史、卓越贡献与优秀传统的中国现代航海事业,必将在和平与和谐发展的新的历史条件下重新崛起。亿万炎黄子孙昂首阔步,再次走在世界航运界前列的伟大时刻,已经为期不远了。

孙光圻

2013 年 3 月 27 日修订

编辑说明

悠久的航海历史蕴含在厚重的传统文化之中，光辉的航海文明始终伴随着中华民族奋然前行。从人类前进的步履考察，中华民族祖先在海洋上所创造的灿烂文明，是对世界文明的重大贡献。2006年夏，交通部（今交通运输部）领导高瞻远瞩，秉承传承文明、资政育人、建设海运强国的理念，给大连海事大学下达了交通应用基础项目“中国航海史基础文献研究”任务书，组建了以李盛霖部长为主任委员、徐祖远副部长为常务副主任委员的《中国航海史基础文献汇编》（以下简称《汇编》）编辑指导委员会，以中国社会科学院学部委员、历史研究所前所长、中国海外交通史研究会会长陈高华研究员为主任委员的《汇编》专家指导委员会，启动了多卷本《汇编》的编辑出版工作。

在交通运输部以及国家海洋局的关怀下，在《汇编》编辑指导委员会和专家委员会的指导下，在大连海事大学的领导下，在全体参编人员的共同努力下，《汇编》的第一卷——正史卷于2007年7月出版发行，获得2007年度国家海洋优秀科技图书奖；第二卷——别史卷于2009年6月出版；第三卷——杂史卷于2011年6月出版。本卷学术卷是多卷本《汇编》的第四卷。现将本卷的编辑工作说明如下：

一、本卷概述

本卷与前三卷的不同之处在于，不是摘取历史文献中与中国航海史相关的原文，而是通过检索、搜集、整理、分析，辑录中国航海史的学术文献信息，形成集前人研究中国航海史主要学术成果的二次文献平台和大型工具书，对于提升中国航海史研究水平，具有重要的参考作用。

二、收录的文献类型与范围

本卷收录的对象主要为1912—2011年间国内发表和出版的与中国航海史研究有关的著作、期刊论文、会议论文、学位论文等四种中文文献。同时，鉴于某些国内外出版和发表的以中国航海史为主要研究对象的外文（英、日、韩文）学术成果，对于中国航海史研究具有一定的参考价值，故也择其要者收录，并列入附录。

本卷收录的内容及类型循以下原则进行：

1. 收录内容以中国航海史研究文献为主，涉及海洋、江河及运河的各类性质航行活动和相关事件，包括航海人物、航线和港口、水上工具与修造、航行技术、经营与管理机构、政策法规、航海教育、航海文化和风俗信仰等；

2. 收录类型以学术性文献为主，一般性的科普、新闻、辞典、故事等不予收录，但对于某些具有一定学术含量的相关史话与散文等，也择要录入，以供参考。

3. 原则上不收录单纯的古文原著，但涉及今人对其进行考证、注释并具有很高学术价值的内容，则有所选辑，以供研究。

4. 对于并非以航海历史为主要研究对象的学术著作，只收录其涉及航海的部分章节。

5. 对于具有学术内涵的史书，收录其中与航海相关的内容；而对于仅客观记载事物的志书，则原则上不收录。但考虑到某些航海类专业志书汇集了丰富的航海资料且具较高参考价值，故亦适予收录。

三、文献选取途径与策略

本卷文献搜集范围宽泛，边界浩淼。为尽可能全面收录中国航海史的学术研究成果，在文献选取上，通过多种途径对我国国家图书馆和相关主要的高校图书馆以及美国、英国、日本、韩国、新加坡和部分国外海事院校图书馆及港澳台地区图书馆的公共书目系统以及国内外各大图书馆的馆藏资源进行了广泛的调研，并借助搜索引擎和OA(开放获取)资源进行了系统的检索。

在文献选取策略上，采用国内外主要数据库检索和主要图书馆书目检索相结合的办法。同时，在检索过程中，利用现代网络技术，采取了引文发现与拓展、核心作者发现与拓展、核心研究单位发现与拓展、核心期刊发现与拓展、各类型文献检索关键词共享等手段，进一步提高检索覆盖率与准确率。

四、编排体例

本卷正文由中文类的著作、期刊论文、会议论文、学位论文四部分构成。

著作著录的项目除选取常规的著录项目，如书名、责任者、出版项、页码、书号、分类号、内容提要等外，还增加了相关目录，更全面地揭示专著中的航海史研究内容；

期刊论文著录的项目为题名、作者、刊名、年卷期、页码、摘要等；

会议论文著录的项目为题名、作者及单位、会议名称、会议时间地点、主办单位、摘要等；

学位论文著录的项目为中文题名、英文题名、作者、导师、学位授予单位、学科专业名称、学位年度、论文级别、中文摘要等。

正文后的附录，包括部分外文学术成果和全书索引。

每种类型的中文文献，原则上按题名的汉语拼音音序排列，但遇到著作再版和文章转载的情况，则以出版或发表的先后时间为序。

同时，本卷全部采用简体字录入，并在录入格式上进行规范处理；著录文献的正副题名之间以"："间隔；相同方式的多个责任者之间以"，"间隔，不同方式的多个责任者之间以"；"间隔；目录的章节条目之间以"/" 间隔。

五、编辑工作的分工

本卷汇编工作，采取二次编辑的工作模式。第一次编辑(以下简称"一编")，以广采博录为原则，难以选定的资料先予收录，确定书目格式，按序进行初排。第二次编辑(以下简称"二编")，以去伪存真、去芜存菁为原则，对全书目信息进行全面审校，形成最终的正文和附录。

本卷编辑人员分工如下：

主编孙光圻，负责总体策划，拟定本卷编辑大纲、原则与体例，撰写本卷总概述和编辑说明，负责本卷的统稿与校订；副主编刘义杰、张世平，协助主持整个编辑工作，参与总体策划和拟定本卷编辑大纲、原则与体例，参与本卷统稿与校订；主编助理那春光，具体负责主持一编工作。

本卷编辑工作分工(以姓氏汉字拼音排序)如下：一编：齐文阁、周波、王静、吴蔚群、杨丽馨、毕宏、徐海蓉、那春光、董颖，二编：王娟、逄文昱、董颖、韩庆、冯岩、全贤淑、王晓暖。

六、鸣谢

本卷编辑工作得到了中国社会科学院图书馆、大连海事大学图书馆、中国知网、超星数字图书馆、Web of Sciences 数据库等单位的大力支持，在此一并表示感谢。

《中国航海史基础文献汇编》编辑委员会

2012 年 7 月 5 日

目　　次

著 作

书　　名　**1421:中国发现世界**
责 任 者　(英)加文·孟席斯(Gavin Menzies)著
出 版 项　北京:京华出版社,2005.05
页　　码　350
书　　号　7-80724-051-2
分 类 号　K248.105
目　　录　
内容提要　本书包括"中华帝国"、"指路星辰"、"洪保的远航"、"周闻的远航"等内容,成功地解释了近年所发现的郑和船队沿路留下的遗物与碑文、中途的沉船以及水手在各地祭拜妈祖的遗址。

书　　名　**1421:中国发现世界**
责 任 者　孟西士(Gavin Menzies)著;鲍家庆译
出 版 项　台北:远流出版事业股份有限公司,2003
页　　码　487
分 类 号　K248.105
目　　录　

书　　名　**1600-1930 台湾史:研究台湾历史珍贵资料(台湾研究丛书)**
责 任 者　(日)山崎繁树,野上矫介著
出 版 项　台北:武陵出版社,1998
页　　码　357
书　　号　957-35-0039-6
分 类 号　K295.8
相关目录　

湾/第二节 郑成功经营台湾与吕宋/第四章 郑氏的结局/第一节 郑经统治台湾/第二节 郑克塽放弃台湾/第五章 郑氏治理土番/第一节 土番的治理/第二节 山番的治理与采金计划/第四篇 清领时代(1683－1895)/第一章 清廷领有台湾与治台/第一节 清廷领有台湾/第二节 清朝统治台湾/第二章 汉人依据与开拓台湾/第一节 汉人移居台湾/第二节 汉人开拓台湾/第三章 清政府的理番/第一节 对熟番(土番)的治理/第二节 对生番的治理/第三节 清代的番人教育/第四章 台湾的反清运动/第一节 反清运动蜂起的原因/第二节 台湾的十五次事变/第三节 清廷对叛变的处置/第六章 台湾的外患/第一节 西方人侵略台湾/第二节 来自国人的侵扰/第七章 清代日人犯台之役/第一节 日人犯台的原因/第二节 日人侵台的朝议与清廷的交涉/第三节 攻击台湾/第四节 清廷对日人犯台的态度/第八章 刘铭传的治绩/第一节 政治革新/第二节 发展经济/第三节 抚番措施/第九章 清代台湾的教育、产业、交通、法制/第三节 交通/第十章 清人治台的尾声/第一节 对刘铭传之治的反抗/第二节 刘铭传之后的台湾巡抚/第五篇 日据时代/第一章 日本占领台湾/第一节 甲午战争/第二章 日人平定台湾/第一节 平定澎湖列岛/第二节 日人平定台湾全岛/第三章 总督政治的开端/第一节 日人统治台民/第二节 占领台湾之宣告/第七章 理番与对番政策/第一节 理番政策的变迁/第二节 佐久间总督的讨伐/第三节 日后的理番政策/第十章 交通的发展/第二节 水上交通/第十二章 番人与其习俗/第一节 熟番/第二节 生番/第十四章 台湾的风俗/第一节 台湾的居民/第二节 台湾人的习俗

书　　名　**16－18 世纪中国商业革命**
责 任 者　唐文基主编
出 版 项　北京:社会科学文献出版社,2008
页　　码　304
书　　号　7－80230－902－6
分 类 号　F729
相关目录　绪论 16－18 世纪中国商业革命和资本主义萌芽/第二章 海外贸易的扩张,中国是当时世界范围商业革命的重要组成部分/第一节 闽粤海商私人海外贸易的扩张/第二节 17 世纪中国商业革命先驱——郑成功海商集团/第三节 对外贸易港口数量增加
内容提要　本书介绍了 16－18 世纪中国商业革命的萌芽、发展、夭折的过程,内容包括:16－18 世纪中国大宗商品远距离贸易的新格局及其产生的经济环境、海外贸易的扩张,中国是当时世界范围商业革命的重要组成部分、中国货币问题与商业革命、商业革命的效应、商人社会地位的历史性变化、一场未完成的商业革命、英国和荷兰资本主义发展史的比较等。

书　　名　**17－19 世纪中叶中国帆船在东南亚洲**
责 任 者　田汝康著
出 版 项　上海:上海人民出版社,1957
页　　码　45
相关目录　一、古代的中国帆船/二、十七世纪中国帆船在东南亚的活动/三、被封建政权所束缚的中国帆船业/四、华侨在暹罗航运上所作的贡献/五、中国帆船业发展停滞的原因/六、十九世纪二十年代前后的中国帆船/七、五口通商与中国帆船

书　　名　**18 世纪的中国与世界:对外关系卷**
责 任 者　戴逸主编;吴建雍著
出 版 项　沈阳:辽海出版社,1999
页　　码　363

书　　号　7－80638－386－7
分 类 号　K249.07
相关目录　第一章 清前期的对外政策与行商制度/第二章 清朝与欧洲主要国家的通商/第一节 清朝与英国东印度公司/二、1757年前的中英贸易/三、广州通商与港脚贸易/四、鸦片走私与中英正常贸易的终结/第二节 清朝与荷兰东印度公司/一、中国与巴达维亚的帆船贸易/二、中国与荷兰的直接通商/三、中国——巴达维亚——荷兰的三角贸易/四、华侨与巴达维亚/第三节 清朝与法国、瑞典、丹麦东印度公司/一、清朝与法国东印度公司/二、清朝与瑞典东印度公司/三、清朝与丹麦东印度公司/第三章 清代中国出口的主要商品/第四章 清代中国进口的主要商品和白银/第五章 鸦片走私

书　　名　**1993年海峡两岸学术讨论会：明史论集**
责 任 者　谢国桢
出 版 项　长春：吉林文史出版社，1993.06
页　　码　650
书　　号　7－80528－203－X
分 类 号　K248
相关目录　李贽与十六世纪前后的中国社会/简论明代海商及其对外贸易/明代广州的海外贸易及其社会效应/明代的内河航运/明清徽州商人的经商之道/十五世纪中国与亚非国家——试论永乐帝对外政策/陶瓷之路——八至十五世纪中国与非洲的海上交通/明代东北船厂名将刘清/呼兰河卫所新考/十五、十六世纪中国社会结构及中外关系论著综述

书　　名　**1995年澳门妈祖信俗历史文化研讨会论文集(澳门文化研究会丛刊)**
责 任 者　刘月莲，黄晓峰编
出 版 项　澳门：澳门文化研究会，澳门海事博物馆，1998.04
页　　码　233
书　　号　972－97714－1－3
分 类 号　B0－05
相关目录　本世纪以来对妈祖的研究概述/论天妃称号在国家崇拜中的意义/妈祖历朝加封的历史背景/万里海疆崇圣妃——两宋妈祖封祀辨识/元代的天妃崇拜/妈祖信仰与伊斯兰教的中国化/清代官府祭祀天后仪礼研究/略论妈祖信仰的性质及中国学术与宗教的多元互化发展/妈祖信仰的历史发展与妈祖故乡对妈祖文化的研究/谈妈祖传说的研究/妈祖与观音/妈祖碑铭研究/明版通俗小说《天妃娘娘传》初揆/妈祖信仰与海上交通/略论妈祖在中国航海史上的地位/妈祖信仰文化形成及对日本的传播/妈祖信仰与海外闽商侨居社区/两岸四地的妈祖信仰特色/台湾妈祖信仰的历史文化特色/台湾金马地区妈祖之匾联探索/妈祖在亚太与兴隆华人主导世纪之文化进展中的象征意义/至灵妈祖之声/大汕禅师的澳门南海航行与唐船贸易圈中的禅宗信仰及妈祖礼拜——兼论17－18世纪之交唐船海客的宗教伦理/澳门与中华传统文化中的航海保护神/澳门与妈祖文化圈/西方画家与澳门妈阁庙/绘画和木板画中的海上保护神妈祖

书　　名　**7－14世纪中日文化交流的考古学研究(日本留学博士丛书)**
责 任 者　苌岚著
出 版 项　北京：中国社会科学出版社，2001
页　　码　365
书　　号　7－5004－3191－0

分 类 号 K242.03:K313.22

相关目录 第一章 绪论/第一节 7-14世纪中日文化交流的考古学研究回顾/第二节 7-14世纪中日文化交流的考古学研究内容与目的/第二章 日本出土的7-14世纪中国遗物/第一节 日本出土的中国陶瓷/第二节 日本出土的中国铜钱/第三节 日本出土的和日本寺社传世的唐宋铜镜/第三章 出土遗物所反映的7-14世纪中日贸易、文化交流发展阶段/第一节 遣隋唐使贸易与文化交流/第二节 鸿胪馆贸易时期的中日文化交流/第三节 博多贸易时期的中日文化交流/第四章 中日文化交流诸问题的探讨/第一节 中日文化交流交通路/第二节 贸易商品对日本产业的影响/第三节 关于博多居留宋人/第四节 僧侣在文化交流总发挥的作用

内容提要 本书介绍了日本出土的7-14世纪中国遗物,出土遗物所反映的7-14世纪中日贸易、文化交流发展阶段,中日文化交流诸问题的探讨等内容。

书　　名 **澳门开埠初期史研究**

责 任 者 汤开建著

出 版 项 北京:中华书局,1999

页　　码 319

书　　号 7-101-02275-8

分 类 号 K296.59

相关目录 "澳门学"刍议(代前言)/中葡关系的起点:上、下川岛——Tamao新考/平托《游记》LIAMPO纪事考实——兼谈《辟余杂集》中的佛郎机资料/澳门诸名刍议/澳门开埠时间考/佛郎机助明剿灭海盗考/澳门开埠后第一份中文文献研究——庞尚鹏《抚处濠镜澳夷疏》初探/明朱吾弼《参粤珰勾夷疏》中的澳门史料——兼谈李凤与澳门之关系/明朝在澳门设立的有关职官考证/明代管理澳门仿唐宋"蕃坊"制度辨/明代澳门城市建置考/明代澳门地区华人居住地钩沉——兼论望厦村妈阁庙及永福古社之起源

书　　名 **澳门历史:自远古—1840年**

责 任 者 黄启臣著

出 版 项 澳门:澳门历史学会,1995

页　　码 358

分 类 号 K296.59

相关目录 第三章 明代澳门对外贸易的兴盛/第一节 澳门对外贸易的兴起和发展/第二节 澳门对外贸易繁盛的缘由/第三节 澳门对外贸易发展的社会功能/第四章 清代前期澳门对外贸易的衰微/第一节 澳门对外贸易的停滞和衰微/第二节 澳门对外贸易衰微的原因/第九章 澳门的中西文化交流/第一节 中国传统文化经澳门向西欧国家传播/第二节 西方国家的科学文化经澳门向内地传播/澳门古代历史大事年表(自远古——1840年)/附录/一、《中葡和好通商条约》/二、《中国文化西渐之介绍者》

书　　名 **澳门历史1840-1949(澳门四百年丛书)**

责 任 者 邓开颂著

出 版 项 珠海:珠海出版社,1999

页　　码 507

书　　号 7-80607-546-1

分 类 号 K296.59

相关目录 第一章 鸦片战争与澳门/第一节 澳门成为西方列强侵华的活动基地/第二节 林则徐亲临澳门/第三节 鸦片战争对澳门的影响/第四章 澳门的鸦片走私贸易/第五章 澳门的苦力贸易/第七章 澳门都市化历程/第三节 对外交通的发展

书　　名 澳门历史纲要
责 任 者 戴裔煊,钟国豪著
出 版 项 北京:知识出版社,1999
页　　码 369
书　　号 7-5015-2041-0
分 类 号 K296.59
相关目录 第一章 葡萄牙人出来中国及其在沿海的掠夺暴行/一、中国人民和东南亚南海诸国人民的友好通商往来、和平共处/第二章 葡萄牙人是怎样入据澳门的/一、利用清通市舶之机重新混入广东沿海/第三章 关闸的建立,明朝政府默许葡人盘踞澳门/第四章 葡人继续盘踞澳门,清政府加强汉法管治/一、佟养甲的奏请促进了澳门的贸易/二、汤若望斡旋使葡人免于迁海之苦/三、开海禁设粤海关,澳门贸易有所发展/四、定澳门葡船额数,香山县丞移至前山寨/五、设立澳门海防同知,香山县丞移至望厦村/八、葡人借口派船协助捕盗,提出无理要求遭拒/十、制定《华夷交易章程》,重申对澳门管理的条例/第五章 葡萄牙悍然宣布澳门为自由港,实行非法霸占/三、葡王悍然宣布澳门为自由港,亚马勒倒行逆施事件/四、请订通商章程,希图使霸占合法化/第六章 葡国企图通过签订条约永远占据澳门/第七章 葡萄牙侵夺主权后的澳门/附录一、关于澳门历史上所谓赶走海盗的问题/附录二、关于葡人入据澳门的年代问题

书　　名 澳门论丛:澳门经济四百年
责 任 者 黄启臣等;吴志良主编
出 版 项 澳门:澳门基金会,1997.02
页　　码 313
书　　号 972-8147-04-X
分 类 号 D03
相关目录 第三章 明代澳门的对外贸易/第一节 对外贸易的兴起和发展/第二节 对外贸易繁盛的原因/第三节 对外贸易发展的社会功能/第四章 清代前期澳门的对外贸易/第一节 对外贸易的停滞和衰微/第二节 对外贸易衰微的原因/第五章 明清政府对澳门海外贸易的管理/第一节 明清政府对澳门的特殊政策/第二节 明政府加强对澳门海外贸易的管理/第三节 清政府对澳门海外贸易的管理/第八章 近代澳门的鸦片走私贸易/第十一章 民国时期澳门的经济/第三节 对外贸易的发展

书　　名 澳门妈祖文化研究
责 任 者 徐晓望,陈衍德著
出 版 项 澳门:澳门基金会,1998.6
页　　码 211
书　　号 972-658-052-8
分 类 号 K296.59
相关目录 澳门妈祖文化调查问卷与澳门华人居民的信仰考察/福建妈祖文化源流与澳门妈祖信仰的传播/福建人与澳门妈祖文化渊源/妈祖信仰与经济文化的互动:澳门和闽南的比较/澳门妈祖阁碑记与清代泉州、澳门之间的贸易/澳门的商业经济与妈祖信仰/澳门的渔业经济与妈祖信仰/明清澳门妈祖庙的

续建与澳门华人市区的扩展/从澳门民俗看当地居民的妈祖崇拜——兼与中外哥弟妈祖崇拜的比较/妈祖崇拜与澳门华人社会的神缘/澳门的妈祖与宫装观音/从航海之神到好运之神/澳门“天后圣母”与中西宗教的兼融/论妈祖信仰与中国东南人民的海洋文化精神

书　　名　**澳门史**

责 任 者　黄鸿钊著

出 版 项　福州:福建人民出版社,1999

页　　码　698

书　　号　7－211－03399－1

分 类 号　K296.59

相关目录　第二章 澳门开埠前中国的对外关系/一、中国与远东国家的关系/二、私人海外贸易的发展/第三章 新航路的发现与葡萄牙人的东来/一、欧洲人直航东方的历史背景/二、葡萄牙海外扩张的开始/三、葡萄牙人首航东方的成功/第四章 中葡关系的开端/一、葡萄牙人进入南海地区/二、葡使皮来资在北京的活动/三、“屯门之战”与葡人被逐/四、葡萄牙人转向浙闽沿海活动/第五章 葡萄牙人居留澳门/一、澳门开始成为贸易港/二、葡人进入澳门贸易与居留/第六章 鸦片战争前中国政府对澳门的管理/第七章 明清时期澳门的对外贸易/一、澳门:葡人的远东贸易基地/二、澳门与果阿、长崎的贸易/三、澳门与马尼拉的贸易/四、澳门与东南亚其他地区的贸易/五、澳门贸易兴盛的原因/六、澳门贸易由盛转衰/七、澳门贸易的复兴与回落/第八章 西方列强与澳门的关系/第九章 澳门助剿海盗与鸦片贸易/第十章 鸦片战争后澳门地位的变化/第十一章 掠买人口与苦力贸易/第十二章 1887年中葡条约/第十三章 清末的澳门问题交涉/第十四章 民国时期的澳门问题

内容提要　本书记述了从明代到澳门回归祖国400余年间澳门的历史,涉及澳门发展的各方面,是一部内容详实的地方史。

书　　名　**澳门史纲要(大学历史丛书)**

责 任 者　黄鸿钊著

出 版 项　福州:福建人民出版社,1991.02

页　　码　323

书　　号　7－211－01313－3

分 类 号　K296.58

相关目录　第二章 澳门开埠前中葡两国的对外关系/一、16世纪前中国的海外贸易/二、葡萄牙殖民者的东来/第三章 中葡关系的开端与澳门港的建立/一、中葡关系的开端/二、葡萄牙人居留澳门/第四章 明清政对澳门的管理与澳葡的“自制”/第五章 明代澳葡的对外贸易/一、澳门:葡人在远东的贸易基地/二、澳葡对外贸易的发展/第六章 清代澳葡的对外贸易/一、澳葡贸易的衰落/二、澳葡的鸦片贸易/第七章 澳门的苦力贸易/一、葡萄牙海盗早期掠买人口的活动/二、鸦片战争后的澳门苦力贸易/第八章 葡萄牙夺取澳门管治权的开始/第九章 葡萄牙对澳门管治权的确立/第十章 葡萄牙人统治下的澳门社会/第十一章 澳门历史的新篇章/第十二章 澳门开埠后西方文明的传入

内容提要　以葡萄牙殖民者对中国领土澳门的侵略活动为主线,把400多年的历史分为3个阶段。第一阶段从1517年至1557年,为葡人贿赂中国官员以混入澳门贸易时期;第二阶段从1557年至1849年,为强行居住和经营澳门贸易时期;第三阶段从1849年开始,为夺取澳门实行殖民统治时期。按照这三个阶段历史时期的不同特点,分为12章,对中华人民共和国建立后中葡交涉的记述尤为详细具体。最后一章为澳门开埠后西方文明的传入,从文化史的角度说明澳门在中西文化交融方面所起的桥梁作用,反映

了作者的广阔视野。书末附有澳门历史大事年表、历届澳门总督名表和中葡通商条约、联合声明等重要文件,为"大学历史丛书"之一。

书　　名　**澳门史与中西交通研究:戴裔煊教授九十诞辰纪念文集**
责 任 者　蔡鸿生主编
出 版 项　广州:广东高等教育出版社,1998
页　　码　343
书　　号　7-5361-2232-2
分 类 号　K296.59

书　　名　**澳门问题史料集:上、下(中国公共图书馆古籍文献珍本汇刊)**
责 任 者　南京图书馆古籍部编
出 版 项　北京:中华全国图书馆文献缩微复制中心,1998
页　　码　1384
分 类 号　K296.59
内容提要　本书共分四卷,内容包括:澳门新闻纸、澳门志略、清朝官员巡视澳门之奏疏与记略、葡萄牙与澳门及中葡交涉。

书　　名　**澳门问题始末**
责 任 者　姜秉正著
出 版 项　北京:法律出版社,1992
页　　码　270
书　　号　7-5036-1048-4
分 类 号　K296.59
相关目录　一、中国的宝岛/二、西方殖民者对澳门的侵扰与争夺/三、捍卫和攫夺主权之鏖战/四、从《贸易章程》谈判到《北京条约》的签订/五、从草签《增改条约》到中葡《南京条约》的签订/六、揭开历史新篇章的中葡《联合声明》/附录:澳门问题大事年表
内容提要　除对澳门的地理环境、人口分布、经济交通、文化教育等历史和现状进行评介外,并以大量史籍文件,论述明朝中期以来,葡萄牙人如何侵占澳门,怎样一步扩占并攫夺主权,爱国志士怎样与殖民主义围绕澳门问题进行斗争,中华人民共和国为什么能通过谈判方式而收回澳门等问题。

书　　名　**巴达维亚华人与中荷贸易**
责 任 者　(荷)L. 包乐史(L. Blusse)著;庄国土等译
出 版 项　南宁:广西人民出版社,1997
页　　码　344
书　　号　7-219-03498-9
分 类 号　D634.333:F752.756.3

书　　名　**白寿彝文集:第7卷,朱熹撰述丛考,中国交通史**
责 任 者　龚书铎主编
出 版 项　开封:河南大学出版社,2008.12

页　　码 369

书　　号 978－7－81091－479－6

分 类 号 K092－53：B244.75：F512.9－53

相关目录 朱熹撰述丛考/中国交通史/题记/第一篇 先秦时代之交通/第二篇 秦汉时代之交通/第三篇 隋唐宋时代之交通/第四篇 元明清时代之交通/附录 牛岛俊作日译本序

书　　名 **百越史研究**

责 任 者 石钟健

出 版 项 1983.04

页　　码 197

分 类 号 K289

相关目录 铜鼓船纹中有没有过海船/古代中国船只到达美州的文物证据——石锚和有段石锛/在"中国古代铜鼓展览"记者招待会上的发言/九隆传说与哀牢/浅谈南中的"夷越"

书　　名 **百越源流与文化**

责 任 者 罗香林著

出 版 项 台北：国立编译馆中华丛书编审委员会，1978.02

页　　码 334

分 类 号 K289

相关目录 越族源出於夏民族考/古代越族分布考/古代越族文化考/五、舟楫之制作及其水师/古代越族方言考/海南岛黎人源出越族考/七、中土民族远古海外移殖/马来人与古代越族之关系

书　　名 **宝岛春秋：台湾历史与祖国统一**

责 任 者 郭志民主编

出 版 项 西安：陕西人民教育出版社，1991.03

页　　码 283

书　　号 7－5419－2348－6

分 类 号 K295.8

相关目录 第一章 祖国的宝岛台湾/第三节 美丽富饶的海中宝岛/三、交通运输/第二章 祖国对台湾的开发/第二节 吴隋数抵台湾/一、三国时期的夷州/二、隋朝"慰抚"流求/第三节 宋元开发台澎/一、宋元开发澎湖/二、元朝招谕瑠求/第四节 明朝对台的开与禁/一、汉民族移入台湾的积极影响/二、海上武装集团的重要作用/三、汉土民族融合的巨大成效/四、明王朝错误政策及影响/第三章 荷兰殖民台湾/第一节 荷兰侵占台湾/第二节 荷兰侵台纠纷/第三节 荷兰对台湾的殖民统治/第四章 郑成功收复台湾前后/第一节 郑成功收复台湾/第二节 郑成功继续开发台湾/第三节 清郑和谈和郑氏政权覆灭/第五章 清王朝统辖台湾/第一节 清王朝的治台方针/第二节 台湾封建经济发展和反封建斗争/第三节帝国主义频繁入侵/第四节 台湾建省和刘铭传改革/第六章 日本殖民台湾/第一节 反割台斗争与"台湾民主国"/第二节 日本殖民统治台湾/第三节 台湾人民的反日斗争/第四节 抗日战争中的台湾/第七章 台湾光复前后/第一节 抗日战争的伟大胜利/第二节 台湾光复后万民欢腾/第三节 独裁统治及"二·二八"起义/第四节 蒋介石下野和中华民国覆灭

内容提要 本书较客观地记载了上迄远古时代，下至李登辉主政的台湾历史，扼要介绍了台湾当前的政治、经济、文化、地理和民情，阐述了"一国两制"的基本国策和"三通"、"四流"情况。

书　　名　北海港历史·现状·前景

责 任 者　李志俭,顾裕瑞编著

出 版 项　南宁:广西人民出版社,1989.07

页　　码　135

书　　号　7-219-01243-8

分 类 号　F552.9

相关目录　第一章 古代港口的兴起和演变/一、宋代以前港口的形成和发展/二、宋元时期的廉州贸易/三、明清时期港口的发展和中衰/第二章 近代北海港是大西南的门户/一、中英《烟台条约》开放北海的原因及后果/二、帝国主义列强对北海港的争夺和控制/三、民国时期北海港的畸形发展

书　　名　北海史稿汇纂

责 任 者　北海市地方志编纂委员会编

出 版 项　方志出版社,2006.01

页　　码　733

书　　号　7-80192-718-4

分 类 号　K296.73

相关目录　第一辑 旧札选集/港海/轮船/附:廉州 高德 涠洲 龙门 钦州 白龙尾 东兴 前后大事录/中国海关北海关十年报告(1882-1891)/十年内北海及广东省发生的重大事件:轮船与帆船的竞争,被法国封锁、海盗、失火等追述十年前的有关重大事件/在外贸中轮船取代了帆船的地位/北海的海港/北海的航道/广东省的水运、山脉及主要产品等/北海的帆船运输/广东省的海防/本地航运/中国海关北海关十年报告(1902-1911年)/贸易和航运业/水路、港湾、停泊点/灯塔和领航设施/中国海关北海关十年报告(1912-1921年)/商业和航运/水路、港湾、入口/灯塔和航标/中国海关北海关十年报告(1922-1931年)/贸易/交通/航行设施/北海海关1877-1945年贸易资料摘编/第二辑 合浦 北海史料选/两广总督张之洞关于粤海边防情况和策略奏折(摘录)/关于法国驻北海领事收我渔船规费事/关于《烟台条约》/关于明朝倭寇之始/渔民的航海生活/北海的交通事业/海运交通/中国最西的港口北海是怎样一个地方/第三辑 文选/古代海上丝绸之路的文字记载/合浦港是古代海上丝绸之路的始发港/北海古窑址与"海上丝瓷之路"/古代合浦港的形成、发展及其影响/古代海上丝绸之路与合浦汉墓文化/徐闻、合浦是汉代的重要港口/古代海上丝绸之路从西汉时期就开始形成/两汉时期合浦一直是郡治所在/古港口/新中国合浦汉代考古综述/宁波、泉州、广州发掘、宣传、展示古代海上丝绸之路史迹现状及北海应作的工作/古代海上丝绸之路始发港的研究与开发/北海南珠类/宋代周去非《岭外代答》中有关珠池的记载/第五辑 特载/外事侨务宗教类/北海市外事与侨务大事史稿/北海市侨乡记事/侨港镇侨情概况/北海基督教史略/天主教传入北海简史/商贸类/古南海与合浦口岸对外贸易简史/北海近百年间的贸易及海关史略

内容提要　本书汇集整理了广西省北海市史料,是一部资料汇编式著作。

书　　名　北海文史:第五辑

出 版 项　北海:政协北海市委员会,1987.11

页　　码　197

分 类 号　K296.7

相关目录　闭则死 开则活 南海(合浦)地区口岸贸易小史/优越的港口自然条件/西汉市舶要冲——合浦二叉港/国内熟知北海良港 清末拟筑邕北铁路/陈济棠主粤时期北海对外贸易短暂繁荣/解放前北海水运一瞥/北海的起源的探讨

书　　名　北海文史:第九辑
责 任 者　北海市政协文史资料委员会
出 版 项　北海:政协北海市委员会,1996. 04
页　　码　91
分 类 号　K296. 7
相关目录　海上丝绸之路研究/海上丝绸之路疏证/嘉弘田野考古学所见汉代"海上丝绸之路"/北海海交史一二事/汉代对外贸易的重要港口——合浦/地角岭古遗址发现记

书　　名　北京漕运和仓场
责 任 者　于德源著
出 版 项　北京:同心出版社,2004
页　　码　433
书　　号　7 - 80593 - 775 - 3
分 类 号　F552. 9: F259. 29
相关目录　第一章 北京古代河流水系/第二章 封建社会前期北京地区的漕运/一、东汉初年王霸的漕运/二、东汉末年曹操开凿的平虏渠、泉州渠和辽西新河/三、十六国、北朝时期的漕运/第三章 隋、唐大运河与幽州漕运/一、隋、唐大运河和永济渠/二、隋、唐永济渠的漕运/三、唐代幽州的海运/第四章 五代、宋、辽时期幽州漕运/一、五代时期幽州漕运/二、辽、金时期幽州漕运/第五章 金中都的漕运/一、金中都的漕河/二、金中都漕河和仓储的管理/第六章 元大都的漕运/一、元代漕运概说/二、元大都的运河/三、大都运河和漕运的管理/四、大都的京、通二仓/第七章 明代北京的漕运/一、明代漕运概说/二、明代北京的运河/三、明代北京运河和漕运的管理/四、明代北京漕运的管理/第八章 清代北京的漕运/一、清代漕运概说/二、清代北京的运河/三、清代北京运河和漕运的管理/四、清代北京的京、通二仓/第九章 元、明、清的京、通仓弊/一、元代京、通仓弊/二、明代京、通仓弊/第十章 元、明、清漕运和北京的经济生活/四、余论——南水北调和北京水运
内容提要　北京市社会科学理论著作出版基金资助:本书包括北京古代河流水系、封建社会前期北京地区的漕运、明代北京的漕运、清代北京的漕运等共10章,研究和叙述了北京漕运历史、详尽考察北京古运河、漕运、仓储的管理制度等。

书　　名　北宋诸路转运司的治所
责 任 者　王文楚
出 版 项　上海:复旦大学中国历史地理研究所,1986. 7
页　　码　24
分 类 号　K244

书　　名　北洋海军基地建设和晚清国防近代化(中国近代军事史学术讨论会论文)
责 任 者　姜鸣
出 版 项　上海:中共上海市委组织部,1986. 11
页　　码　29
分 类 号　E273. 5
相关目录　北洋海军基地建设和晚清国防近代化/略论丁日昌提出的"三洋"方针/湘军——中国近代军阀制度的萌芽/关于甲午海战中北洋海军战役指挥失误初探/略论北洋海军覆灭的内部原因——兼评

丁汝昌的作战指挥等问题/关于建造“定远”号铁甲舰模型的论证报告

内容提要 本文详述了北洋海军大沽、旅顺、威海三大基地的选址，营建过程和旅顺、威海的防御体系。

书　　名 北洋海军舰船志

责 任 者 陈悦著

出 版 项 济南:山东画报出版社,2009.06

页　　码 358

书　　号 978-7-80713-801-3

分 类 号 E925

相关目录 龙腾八闽——“平远”(“龙威”)级近海防御铁甲舰/福建船政的创设/近海防御铁甲舰/“龙威”/“平远”/异路同归(上)——北洋海军装备的军辅船/旧式炮舰/运输舰只/异路同归(下)——甲午战争期间北洋海军的外援军舰/粤海三舰/筱荃,少荃/梦断黄海/外购南美军舰/附录/北洋海军舰船线图/北洋海军主要舰艇性能参数一览表/北洋海军章程/北洋海军练船章程/北洋海防舰船购造大事记

内容提要 本书内容包括:迷途武士——北洋海军装备的蚊子船;纽卡斯尔的梦——“超勇”级撞击巡洋舰;失落的辉煌——“定远”级铁甲舰;扭曲的得刃——“济远”级穹甲巡洋舰;碧忠魂——“致远”级穹甲巡洋舰等。

书　　名 北洋海军研究(中国甲午战争博物馆学术丛书)

责 任 者 戚俊杰,刘玉明主编

出 版 项 天津:天津古籍出版社,1999

页　　码 573

书　　号 7-80504-723-5

分 类 号 E296.53

相关目录 成军篇/洋务运动与中国近代海军 戚其章/丁日昌与北洋海军的筹建 赵春晨/甲午战争前的北洋海军 胡滨/甲午战争和中国海军的近代化 史滇生/国际科技转移与北洋海防建设——论洋员在洋务运动中的角色与作用 王家俭/《北洋海军章程》及其军事学术价值 张一文/日清战争前的日本对清战争准备 中塚明/抗敌篇/关于日本海军的《廿七八年海战秘史》 中塚明/论北洋海军将领的爱国精神 宣兆琦 张杰/从近代海军作战的阵法和战法评中日甲午黄海海战 许华/北洋海军与黄海海战后期战场 孙克复/北洋海军将士的民族精神 关捷 杨惠萍/晚清海战理论及其对甲午海战的影响 皮明勇/重评清廷在甲午战争中的“海守陆攻”战略 刘庆/后勤保障不力,壮士徒唤奈何——谈北洋海军后勤保障存在的几个问题 丛领兹 龙进峰/论北洋海防的电报通讯 王记华/人物篇/略论邓世昌的爱国主义 戚其章/论北洋海军提督丁汝昌 戚俊杰/研究北洋海军及丁汝昌的重要历史文献——读戚俊杰、王记华编校《丁汝昌集》戚海莹/甲午年徐建寅奉旨查验北洋海军考 苏小东/关于李鸿章在创建北洋海军中若干问题的评议 商鸣臣/论李鸿章的海防思想 戚海莹/李鸿章海防战略思想刍议 张炜/李鸿章与北洋舰队的覆灭 王楚良/论方伯谦被杀是否冤案问题 戚其章/也谈方伯谦被杀的问题 胡小园/论甲午黄海海战方伯谦先逃问题 孙克复/关于近年来方伯谦评价的一些情况 姜鸣/论方伯谦问题 刘申宁/北洋海军管带(舰长)群体与甲午海战 苏小东/琅威理与北洋海军 戚其章 毕华健/启示篇/晚清海军兴衰的历史启示 戚其章/甲午海战挫败的几点反思 王家俭/甲午之败,发人深省 戚俊杰 刘峪铭/海权与近代中国的历史命运 许华/北洋海军与民族精神 肖淑丽 刘峪铭/甲午战争百年文化沉思 郭沫兰 马洪希/甲午战争的历史思考 乔还田/甲午战后的海军重建(1895-1911)张玉法/遥想甲午 张国红

内容提要 北洋海军是晚清创建的第一支近代化海军,集中反映了中国后封建社会历史的丰富内涵,本书分为成军篇、抗敌篇、人物篇、启示篇四部分研究。

书　　名 北洋海军研究:第2辑(中国甲午战争博物馆学术丛书)
责 任 者 戚俊杰,刘玉明主编
出 版 项 天津:天津古籍出版社,2001
页　　码 506
书　　号 7-80504-833-9
分 类 号 E295.2
相关目录 北洋海军与甲午之战/甲午开战与"陆奥外交"——以日本"六二出兵"为中心 戚其章/偶然乎?必然乎?——综论日本发动侵华甲午之战的必然性 刘玉明 马洪喜/清流派与甲午战争 张登德/希理哈《防海新论》与同光之际海防大讨论 王宏斌/中日甲午战争黄海海战新探一例——法人白劳易与日本海军三景舰的建造 马幼垣/北洋海军建军时期的山东沿海状况 徐明轩/甲午战争史研究综述 许华/近代海防教育近代海防意识与海防教育 于敬民 于建丽/洋务运动时期海防教育思想略论 张彩霞 黄顺力/清末海军教育的缘起、演变及作用 于耀洲 邢丽雅/晚清海军教育格局述论 董丛林/破樊篱之举开风气之先——从近代教育改革和发展角度看晚清海军教育的特点 丛领滋/晚清海防教育与国民海权意识的觉醒 黄顺力/试论北洋海军的教育与训练 戚海莹/清末海军教育与中国海军近代化 刘淑梅/福州船政学堂与北洋海军 于春梅 刘恩格/福州船政学堂与中国近代海防教育 孙占元/由甲午战败到现代海防教育——兼论近代中国第一所海军学校马尾水师学堂 丁昌明 丁楚凡/李鸿章与刘公岛水师学堂 张广余/从广东实学馆到黄埔水师学堂——晚清广东的海防教育 赵春晨/江南水师学堂述评 崔恒秀 王建华/北洋海军的鱼雷专业培训及其成效 苏小东/十九世纪后期中日海军教育比较 史滇生/人物述评/陈兆锵的光辉人生 戚俊杰/李鸿章与奕䜣等总理衙门大臣对日本认识的比较 王如绘/李鸿章与晚清海防教育 商鸣臣 商秀梅/李鸿章的对日观与晚清海防战略 刘申宁/从北洋海军的创建看李鸿章 刘玉明 马洪喜/张之洞的海防思想与海防教育 黎仁凯/李秉衡与甲午战争 商鸣臣 商秀梅/简论甲午战争时期的张文宣 张广余/刘公岛水师学堂的优秀学生——吴佩之 张小琴/马吉芬与北洋海军 马幼垣. 反思与启示/开展海防教育,加强海防建设——由甲午战争引发的思考 张序三/甲午战败的再反思 郭墨兰 杨本春/由"备战"论甲午之役海战 罗海贤/雪甲午耻 刘达材/史料辨伪/历史应由谁来写 刘申宁
内容提要 北洋海军是晚清创建的第一支近代化海军,集中反映了中国后封建社会历史的丰富内涵,本书分为北洋海军与甲午之战、近代海防教育、人物述评反思与启示、史料辨伪五部分。

书　　名 北洋海军研究:第3辑(中国甲午战争博物馆学术丛书)
责 任 者 戚俊杰,刘玉明主编
出 版 项 天津:天津古籍出版社,2006.06
书　　号 7-80696-328-6
分 类 号 E295-53
相关目录 甲午战争与近代日本的亚太政策/幕末、明治时代日本侵华思想——从另一个角度看甲午战争的因与果/日本的明治维新运动与甲午、甲辰战争——兼论日本军国主义的形成及影响/甲午战争与大亚细亚主义的关系/论甲午战前日本的总体战准备/"七二三"事件是甲午战争的开端——因中塬明先生的观点而发/日谍与甲午"高升"号事件/甲午海战清舰接仗阵形析探/黄海海战"松岛"舰受击初探——从木村浩吉的回忆分析"松岛"舰被击真相/试析日军在花园口成功登陆的原因/甲午和战之争再探讨/论甲午之战的战和之争/北洋海军的运用与中国战略文化传统/北洋海军和甲午战争前的中国军事变革/晚

清北洋海军威海卫基地要塞设防考略/北洋海军在甲午战争中的后路保障/论清政府筹办海防/甲午陆战与晚清陆军军事教育的发展/谈谈甲午战争时期的黄县“团练”/甲午大平山争夺战述略/甲午战争与日本割台计划的实施/从马关到台湾——试论甲午战争后台湾地缘战略价值的演化/马关条约前后的台湾/中日甲午之战台湾军民抗日大事记/解开丁汝昌自杀的谜团/关于甲午海战丁汝昌史料考辨二则/也谈李鸿章在甲午战争中的责任/论李鸿章的外交思想——以对日对俄为重点/浅说近代教育改革中的李鸿章/北洋海军爱国将领林泰曾/甲午战争研究中一个被忽略的角色——日本机密档案中的伍廷芳/甲午战争前的交锋——伍廷芳与中日长崎事件/甲午战争时期的李秉衡/甲午战争时期的张荫桓/张荫桓甲午日记稿本及其价值/王懿荣与甲午战争/日本闻刘铭传不出，何以大喜？/甲午战争中的德籍洋员汉纳根/甲午战争前英国远东海军“中国舰队”在华之活动与影响/甲午战后洋务运动的新趋向/被搬进神社的民宅——从旅顺柳树房日本第三军司令部的变迁谈起/第一次东学农民革命与农民军的动向——论东学的南、北接问题/甲午战争前岭南学术界的一次思想交锋——从朱一新对康有为“伪经”、“改制”诸说的批驳/说起试论陈炽的海防思想/甲午战争与康有为世界观的重组/甲午战争与维新思潮的兴起/冲决重重罗网 令人人自立而平等——甲午战争后维新派思想家对人的问题的研究/牢记甲午海战教训加强我国国防建设/甲午战争百年反思录/勿忘甲午警钟长鸣/《日本外交的过失》与日清、日俄战争——围绕近代日本的历史认识/国耻与荣耀——试论甲午之役与郑和七航/横看成岭侧成峰——戚俊杰、刘玉明主编《忽忘甲午》丛书评介/常研常新——读再版戚其章著《甲午战争史》/评《日清战争实记》

内容提要 本书是海内外学者研究北洋海军的论文集。内容包括近代中国北洋海军的建制、军备、战绩、兴衰等等。相关内容涉及甲午战争的过程、影响等等。

书　　名 北洋海军与刘公岛
责 任 者 董进一，戚俊杰著
出 版 项 北京：海洋出版社，2002
页　　码 181
书　　号 7-5027-5467-9
分 类 号 E295.2：K256.306
相关目录 第一章 清政府初建近代海军/第一节 初建近代海军的历史背景/第二节 近代海防思想的产生与发展/第三节 造船工业的兴起与四洋海军的初建/第二章 北洋海军正式成军/第一节 北洋海军的发展/第二节《北洋海军章程》与北洋海军成军/第三章 北洋海军的教育与训练/第一节 北洋海军的教育/第二节 北洋海军的训练/第四章 北洋海军的基地与防务/第一节 大沽船坞的营建/第二节 旅顺基地的营建/第三节 威海基地的营建/第五章 中日甲午海战/第一节 中日海军力量对比的变化/第二节 丰岛海战/第六章 刘公岛——北洋海军兴衰史的见证/第一节 历尽沧桑刘公岛/第二节 北洋海军兴衰史的见证/第三节 甲午战败的反思/第四节 北洋海军与爱国精神/附录 甲午海战海军阵亡死难将士姓名录

内容提要 本书用通俗的语言，全面介绍北洋海军的兴衰史，详细介绍刘公岛甲午战争纪念地的文物遗址，系统介绍中国甲午战争博物馆的典藏和陈列。

书　　名 北洋舰队
责 任 者 戚其章著
出 版 项 济南：山东人民出版社，1981
页　　码 231
分 类 号 E296.52
相关目录 第一章 北洋舰队的创建/第一节 清政府试办海军/一、李泰国买舰骗局/二、创办造船工业/第二节 北洋舰队的建立/一、北洋海军初建/二、北洋舰队成军/第二章 北洋舰队的编制与训练/第一节 北洋舰队的编制与领导/一、北洋舰队与李鸿章/二、北洋舰队的编制/三、北洋舰队中的洋员/第二节 北洋舰队的教育与训练/第三章 北洋舰队的基地与实力/第一节 北洋舰队的基地/北洋舰队的实力与装备/第四章 丰岛海战/第一节 日本的扩军备战及其海事力量/第二节 不宣而战/一、尾炮奏捷/二、宁死不屈/第五章 黄海海战/第一节 海战的起因/一、海上追逐/二、护航大东沟/第二节 海战的序幕/第三节 海战的过程/一、勇冲敌阵——海战的第一个回合/二、背腹受敌——海战的第二个回合/三、力挽危局——海战的第三个回合/四、转败为攻——海战的第四个回合/第四节 谁是海战的胜利者/第五节 附论北洋舰队阵形之得失/第六章 北洋舰队的覆没/第一节 威海海战/第二节 孤岛悲剧/附录一、北洋舰队大事记/附录二、北洋舰队爱国将领传略/附录三、北洋舰队水手的回忆/附录四、丁汝昌《致戴孝侯书》/附录五、李锡亭《清末海军见闻见闻录》

内容提要 该书比较系统、详细地叙述了北洋舰队从创建到覆灭的历史。书中附有北洋舰队大事记、北洋舰队爱国将领传略、北洋舰队水手的回忆、丁汝昌致《戴孝侯书》、李均亭《清末海军见闻录》等资料。

书　　名 **北洋之利:古代渤黄海区域的海洋经济,上、中、下册(海洋中国与世界丛书)**
责 任 者 杨强著
出 版 项 南昌:江西高校出版社,2005
页　　码 615
书　　号 7-81075-711-3
分 类 号 P74
相关目录 第一章 陆海环境/海域/海岛/海岸带陆域/第二章 海洋渔业/海洋渔业资源/古人的海洋生物知识体系/13世纪末以前的海洋渔业/13世纪以降的海洋渔业/特色海产品的开发/渔业管理与渔业贡赋/第三章 海洋盐业/海盐生产的自然条件/金代以前的海盐生产/金代以降的海盐生产/制盐技术的发展/海盐销区与盐课/第四章 海洋运输/海洋航路的发展/海运军饷/海运漕粮/海运赈粮、仓储粮/其他海洋运输活动/第五章 海洋贸易/海外贸易/13世纪末以前的国内沿海贸易/13世纪末以降的国内沿海贸易/沿海粮食贸易/沿海贸易中的江浙闽广商船/第六章 海洋经济与海洋社会/海洋社会的发展/本区海洋经济发展的水平与特点

书　　名 **被误读的远行:郑和下西洋与马哥孛罗来华考**
责 任 者 陈存仁著
出 版 项 桂林:广西师范大学出版社,2008
页　　码 394
书　　号 7-5633-7076-5
分 类 号 I2
相关目录 上篇 郑和下西洋考/第一章 名门公子何以被阉/第二章 成祖授命策划出海/第三章 宝船出海声势浩大/第四章 抵达安南影响深远/第五章 暹罗国王恭迎郑和/第六章 巡马来亚驻马六甲/第七章 中国文化早传爪哇/第八章 远航印度眼界大开/第九章 阿拉伯的异域风情/第十章 郑和二次留驻非洲/第十一章 考证郑和掀起热潮/下篇 马哥孛罗来华考/第一章 中国文明传入欧洲/第二章 意大利面食的起源/第三章 中国药物传入欧洲/第四章 意大利绸源于中国/第五章 火炮带来牢狱之灾/第六章 一张黄纸轰动全欧/第七章 毕昇发明活字印刷/第八章 指南针震惊全欧洲/第九章 马哥孛罗回乡著书

内容提要 郑和出海的船中常带有三种人物,一种是道教的法师,一种是念经的和尚,最有趣的是还有两个卜卦算命的人。还有更奇怪的,有时船上居然还带着两名稳婆,即近代所谓接生婆。我初初看到这

个记载，觉得非常诧异，再继续看下去，原来郑和每到一处，总要设帐施诊给药，还教导当地土人如何接生。马哥孛罗在十七岁那年，随着父亲与叔父来到中国，当时的元朝皇帝非常喜欢这个年轻小伙子，带他骑在皇帝的象背上去打猎，准许他在富丽的大理石皇宫和避暑离宫里自由来往。那些镀金的雕刻品、艺术珍藏和高官大臣，使马哥孛罗眼都花了……他离开家园差不多二十五年，当返抵成尼斯时，已没有人认得出他，即使是家中的老仆，也不准他进入别墅，老早就认为他已经死了。马哥孛罗把他破破烂烂的衣衫剖开来，里面全是珍珠宝贝

书　　名　**闭关与开放：中国封建晚期对外关系研究**

责 任 者　陈尚胜著

出 版 项　济南：山东人民出版社，1993.12

页　　码　364

书　　号　7－209－01406－3

分 类 号　D829

相关目录　卷一、对外政策/卷二、涉外体制/卷三、中外关系重要事件/卷四、中外贸易

内容提要　国家社会科学基金资助。本书凡4卷，分为对外政策、涉外体制、中外关系重要事件、中外贸易。

书　　名　**辩证看“甲午”（中国甲午战争博物馆学术丛书）**

责 任 者　刘玉明，戚俊杰著

出 版 项　北京：海洋出版社，2005.12

页　　码　376

书　　号　7－5027－6507－7

分 类 号　K256.307

相关目录　第一章 北洋海军两面观/第一节 北洋海军正面观/第二节 北洋海军负面观/第三节 从北洋海军的创建看李鸿章/第四章 甲午之战 灾难空前/第一节 日军暴行罄竹难书/第二节《马关条约》及其危害

内容提要　本书对北洋海军、甲午战争爆发的原因、战争的性质及后果、战争中的主要人与事做出了客观公正的评判。

书　　名　**渤海的历史与文化**

责 任 者　王承礼，刘振华主编

出 版 项　延吉：延边人民出版社，1991.09

页　　码　645

书　　号　7－80508－567－6

分 类 号　K289

相关目录　沧波织路 义恰情深——唐代渤海国与日本的友好往来/渤海国在中日友好关系中的作用/渤海的中京和朝贡道/唐代渤海人出访日本的港口和航线/新旧唐书渤海传考辨/《张建章墓志》考/《渤海记》著者张建章《墓志》考/张建章墓志铭文考释

内容提要　本书选收48篇1986年以前发表的论作，包括渤海的族属族源、社会经济、政治制度、内外往来、地理交通、文化风习、史料考订、碑铭考释等8个方面。

书　　名　渤海国与东亚细亚
责 任 者　禹硕基等主编
出 版 项　沈阳:辽宁大学出版社,1995
页　　码　315
书　　号　7-5610-3072-X
分 类 号　K289
相关目录　第一章 公元七世纪东亚形势与渤海国的建立/三、高句丽的灭亡与新罗统一朝鲜半岛 禹硕基/四、日本大化革新与唐日白江口战役 禹硕基/五、粟末靺鞨的汉化及建立渤海国 孙进己/第三章 渤海国与唐朝的关系/一、渤海政权与唐朝的关系 禹硕基/二、大武艺北进政策与渤唐战争 禹硕基/三、安史之乱与渤海 禹硕基/四、渤海与唐朝的贸易 窦重山/五、渤海移植唐文化 窦重山/第四章 渤海与日本的关系——兼及日本、新罗关系/一、渤海与日本的外交战略 任鸿章/二、渤日罗关系中的"与国"、"属国"问题 任鸿章马一虹/三、经贸关系在渤日交聘中的地位 任鸿章/四、渤日文化交流 任鸿章

书　　名　渤海考古
责 任 者　魏存成著
出 版 项　北京:文物出版社,2008.10
页　　码　309
书　　号　978-7-5010-2431-5
分 类 号　K289:K874
相关目录　第二章 对外交通及相关遗迹/第一节 营州道及相关遗迹/第二节 朝贡道及相关遗迹/第三节 日本道及相关遗迹/第四节 新罗道及相关遗迹/第五节 契丹道及相关遗迹/第六节 黑水靺鞨道及相关遗迹
内容提要　渤海是唐至五代期间由靺鞨族为主体在以我国东北地区为主、包括朝鲜半岛东北部和俄罗斯滨海边疆区在内的广大区域里建立的民族地方政权。迄今,在上述区域内陆续发现了大量的渤海遗迹。通过有计划的调查发掘,全面系统地整理这些遗迹及遗物,对于探讨和研究渤海的历史、探讨和研究我国东北以及东北亚地区的历史,都有着重要的意义。

书　　名　漕运·群体·社会:明清史论集(中国水利古籍丛刊)
责 任 者　吴琦著
出 版 项　武汉:湖北人民出版社,2007.07
页　　码　371
书　　号　7-216-05215-3
分 类 号　K248.07-53
相关目录　"漕运"辨议/漕运的历史演进与阶段特征/清后期漕运衰亡的综合分析——兼评胡林翼漕运改革/中国历史漕运改革述论/清代湖广漕运的社会功能/漕运与古代农业经济发展/漕运与社会制衡/清代漕运行帮会社的形成:从庵堂到老堂船/漕运研究文献材料述论/制度缺陷与漕政危机——对清代"废漕督"呼声的深层分析/一项社会公益事业的考察:清代湖北的救生红船
内容提要　本书收录了作者有关漕运和明清社会群众研究的论文三十余篇。

书　　名　漕运文化研究
责 任 者　高春利,李萍,曹彦生主编;中国社会科学院历史研究所,北京民俗博物馆编

出版项　北京:学苑出版社,2007
页　码　261
书　号　7－5077－2815－3
分类号　F552.9
相关目录　序一、陈祖武/序二、首届漕运文化学术研讨会简况 北京民俗博物馆/中国古代的运河与漕运/古代北京漕运的开辟和衰落 侯仁之/南北大运河的北端点应该在哪里 朱祖希/中国古代的漕运及其对运道的修治 朱玲玲/大运河的开凿及其影响 史为乐/略述京杭大运河开凿和修治 郭松义/元代的内河漕运 默书民/郭守敬与白浮堰 苏天钧/元代水利职官设置对水利建设与漕运发展的作用 要善章 谢剑荣/试析明代涉漕军士在运河经济中的作用 张金奎/清代乾隆中、晚期的潞河漕运——《潞河督运图卷》的初步研究 王永谦/永定河的变迁和流动的文化 齐心/漕运文化的历史内涵与时代价值/讨论漕运文化的历史内涵——兼谈朝阳区的漕运文化 尹钧科/讨论漕运文化的历史内涵和时代价值 赵书/漕运文化的内涵与时代价值及相关问题的讨论 傅崇兰/运河与现代化——如何改进运河的文化遗产保护 杜喻/京杭运河"申遗"的国际背景与现实问题 阙维民/打造通惠河沿岸文化产业的理念与实践 高春利/浅谈郭守敬与北京漕运文化遗存的保护与开发作用 刘秋果/漕运与地方社会/北京的漕运与商业中心 朱祖希/"东富西贵"探微——兼论"东富"与漕运文化 郗志群/略谈古代北京地区温榆河的历史作用 王永谦/临清在运河史上的地位及其历史遗产 杨仁举 韩光辉/北京高碑村考略 曹彦生/郭守敬与北京漕运 胡考尚/附录 北京畿都漕运使王德常去思碑发现及 容肇租
内容提要　本书探讨了漕运文化中的移民、涉漕军士及漕运文化研究现状、运河的发展历程与漕运文化的的保护等问题;论述了漕运文化与现代化关系、北京通惠河沿岸产业带的发展以及高碑店村为漕运文化所作的规划发展等问题。

书　名　**漕运与古代社会**
责任者　陈峰著
出版项　西安:陕西人民教育出版社,2000
页　码　248
书　号　7－5419－7007－7
分类号　F552.9
相关目录　一、漕运,集权统治的产儿/1. 先秦水运和运河的兴起/2. 漕运的产生及其原因/3. 秦代以后漕运的衰败/4. 漕运在清末的终结/5. 历史上漕运物资种类及运行管理/6. 运河航道及漕运方式的变迁/二、漕运组织和理漕官吏/1. 漕运管理组织的演变/2. 航道、仓储管理组织/3. 地方官的理漕职责/4. 漕务官吏的待遇及其以漕谋私活动/5. 仓、闸、坝官吏的侵漕牟利行为/6. 地方官吏的借漕分肥活动/三、漕卒、水手及青帮/1. 漕运运输者的构成及演变/2. 漕运运输者的工作/3. 漕运运输者的待遇及生活/4. 漕运运输者的"贩私"活动/5. 漕运的秘密结社及青帮/6. 漕运者的反抗、破坏活动及清代漕帮内的激烈斗争/四、漕运,统一帝国的血脉/1. 漕运对封建集权统治的意义和作用/2. 漕运中断对封建统治所造成的影响/五、漕运、运河与古代的都市及社会生活/1. 漕运与都城的盛衰及变迁/2. 运河与运河线上的城市/3. 运河与古代人们的社会生活/六、"取尽膏脂是此河"/1. 对纳漕地区经济的掠夺、破坏/2. 漕运——高成本、高代价的运输/3. 对南北经济差距的影响
内容提要　国家教委人文社会科学"九五"研究课题:本书介绍了漕运组织和理漕官吏,漕卒、水手及青帮,漕运、运河与古代的都市及社会生活等内容。

书　名　**漕运与中国社会(华中师范大学出版基金丛书)**
责任者　吴琦著

出 版 项　武汉:华中师范大学出版社,1999
页　　码　322
书　　号　7-5622-2037-9
分 类 号　F552.9
相关目录　一、中国漕运/(一)"漕运的定义"/(二)漕运生成的历史原因/漕运的历史演进及阶级特征/二、漕运与中国的政治/(一)漕粮——"天庾正供"/(二)漕运的组织管理及吏治:(三)集权社会吏治的缩影/(四)"中国大政":漕运改革及其社会意义/(五)漕运与民间秘密组织/三、漕运与古代军事/(一)流动的"长城"——漕防与边防/(二)"兵以食为食"——漕运与地方驻军/(三)封建战争的坚强后盾/四漕运与社会制衡/(一)籴与粜/(二)赈济灾荒/(三)蠲缓改折/五、漕运与商业经济/(一)漕运与商品流通/(二)漕运与商业城市的兴衰/(三)漕运与商人/六、漕运与农业经济/(一)漕运与农业的发展/(二)漕运与古代农业水利/(三)漕运小农/七、漕运与社会文化/(一)漕运与古代科技/(二)漕运与区域开发——以唐代南方为例/(三)漕运与人文/余论:漕运与中国封建社会的长期延续/附录一、清代湖光漕运特点举例/清后期漕运衰亡的综合分析——兼评胡林翼漕运改革

书　　名　**长安与南海诸国(古都西安丛书)**
责 任 者　周伟洲著
出 版 项　西安:西安出版社,2003.12
页　　码　213
书　　号　7-80594-960-3
分 类 号　K330.2
相关目录　第一章 南海诸国的原始历史与秦王朝向岭南的开拓/第一节 远古和先秦时的南海地区/第二节 秦对南越的平定与经营/第二章 西汉与南海诸国/第一节 西汉灭南越国重置郡县/第二节 西汉长安与南海诸国的交通/第三章 公元3世纪至9世纪的南海诸国/第一节 三国两晋南北朝时期的南海诸国概况/第二节 隋唐时期的南海诸国/第四章 隋唐长安与南海诸国的交通/第一节 从长安经云南至南海诸国的陆上交通/第二节 从长安经广州、安南至南海诸国的交通/第五章 隋唐长安与南海诸国的通贡贸易/第一节 隋唐时南海诸国至长安朝贡及交往/第二节 与南海诸国有关的特殊贡品/第六章 唐长安与南海诸国的文化交流/第一节 南海诸国乐舞传入长安/第二节 长安与南海诸国佛教文化的交流

书　　名　**长共海涛论延平:纪念郑成功驱荷复台三百四十周年学术研讨会论文集**
责 任 者　杨国桢主编;厦门市社会科学联合会等编
出 版 项　上海:上海古籍出版社,2003
页　　码　407
书　　号　7-5325-3496-0
分 类 号　K827=49:K248.405
内容提要　本书立足"郑成功驱荷复台"这个主题,收录的论文围绕近年来在郑成功研究领域内提出的新课题进行讨论,特别探讨了郑成功与海洋的关系。

书　　名　**长江航道史(中国水运史丛书)**
责 任 者　王轼刚主编
出 版 项　北京:人民交通出版社,1993.11
页　　码　665

书　　号　7－114－01690－5

分 类 号　F552.9

相关目录　第一章 长江航道的初步开发/第一节 古老的长江/第二节 古航道的开辟/第三节 天然航道的拓展与早期人工航道的兴修/第四节 流域间航道沟通工程与运渠的凿治/第五节 航道的治理与堰埭工程的兴建/第二章 长江航道建设的持续发展(589－1840年)/第一节 航道建设的新阶段/第二节 航道维护手段的改善与提高/第三节 航道建设的延续/第三章 长江轮船航道的开辟与早期的维护管理(1840－1900年)/第一节 不平等条约与近代航道/第二节 新式航标的初设与管理/第三节 航道测量及零星的治理工程/第四章 长江航道管理体系的初步形成时期(1900－1937)/第一节 江务机构的建立与加强/航标工作的发展/第三节 航道管理与维护/第四节 水道测量/第五节 航道治理的兴起/第六节 围绕航道管理权的斗争/第五章 长江航道在抗日战争期间及胜利后的兴衰(1937－1949年)/第一节 抗日战争期间的中下游航道/第二节 上游绞滩的创办及发展/第三节 航标设施的不平衡发展/第四节 航道治理与清障/第五节 维护管理的调整与收缩

内容提要　本书记录了古代长江航道开发建设的进程、近代航道与海关的渊源,以及共和国成立后航道事业迅速发展的辉煌成就。

书　　名　**长江航运史:大事记**

责 任 者　马志义

出 版 项　北京:中国文史出版社,1994

页　　码　277

分 类 号　F552.7－09

书　　名　**长江航运史:古代部分(中国水运史丛书)**

责 任 者　罗传栋主编

出 版 项　北京:人民交通出版社,1991.06

页　　码　461

书　　号　7－114－01107－5

分 类 号　F552.9

相关目录　第一章 长江航运的起源与原始航渡工具的改造(上古时期)/第一节 上古的长江河道与治江的传说/第二节 航运的起源/第三节 商周的造船与航运的兴起/第二章 地区性航运的发展与水上贩运业的兴起(春秋战国时期)/第一节 地区性航运的新兴与运河的开凿/第二节 流域的三州贡道水运/第三节 鄂君启节与中下游商业性航运的开拓/第三章 干支流航运的贯通与造船技术的提高(秦汉时期)/第一节 干流河道的演变与航道工程/第二节 干支流航运的贯通于发展/第三节 流域造船工艺与技术的提高/第四章 航运的曲折前进与沿岸中心港口的兴衰(三国至南北朝时期)/第一节 干流河道的演变与流域的运河开凿/第二节 航运大规模地用于战争/第三节 航运事业的曲折发展/第四节沿江中心港口的兴衰与航务管理/第五节 造船业的突出发展/第五章 航运的繁荣与流域水道工程的大兴(隋唐五代时期)/第一节 南北大运河的开拓与干支流航道的疏浚/第二节 长江官办航运的兴盛与衰落/第三节 繁荣的商货与旅客运输/第四节 江海合一的扬州港及其他港埠/第五节 唐代的水运交通管理/第六节 流域造船业的长足发展/第六章 航运的空前兴盛与水系多种船舶的专业分工(宋元时期)/第一节 干流河道的演变与水系航道工程/第二节 官办航运的空前兴盛/第三节 空前繁荣的商航货运与民间船户/第四节 长江关税与市舶管理/第五节 中心港埠的兴衰与中小港埠的兴起/第六节 流域造船业的鼎盛/第七章 航运的持续发展与新型航运业的萌芽(明清时期)/第一节 干流河道的重大变迁与航道工程/第二节 官办航运的进一步发

展、衰落与改革/第三节 持续发展的商航货运/第四节 新型航运业的萌芽/第五节 流域港埠的复兴与发展/第六节 流域的关税与市舶管理/第七节 流域官民造船业的成就/结束语/古代长江航运大事记

内容提要　本书是长江航运史的第一册。作者以时间为序，从航道、航运、港口、造船几个方面继续了古代长江水上运输的发生、发展和兴衰演变过程，研究了古代长江航运的特点及其规律，初步探讨了长江航运在中国古代社会发展中的地位和作用。本书是第一部全面研究古代长江航运的经济、技术的历史专注。

书　　名　长江航运史：近代部分（中国水运史丛书）

责 任 者　江天凤主编

出 版 项　北京：人民交通出版社，1992.05

页　　码　689

书　　号　7－114－01295－0

分 类 号　F552.9

相关目录　第一章 长江航权开始丧失时期（1840－1860）/第一节 鸦片战争前夕的长江航运/一、长江流域商品经济的发展/二、占统治地位的木船运输/三、航道、码头基本处于自然状态/四、发展近代是必然趋势/第二节 鸦片战争对长江航运的影响/一、外国侵略者以坚船利炮打进长江/二、《南京条约》签订，长江门户洞开/三、上海成为全国最大的对外贸易港/四、长江四口的开放，航权丧失的开端/第三节 太平天国反侵略斗争中的长江航运/一、太平军利用长江水运组织进军/二、外国侵略者伪装中立侵入长江/三、太平天国领导人对长江轮运的注目/四、清朝利用外轮绞杀太平天国革命/第二章 外国航业垄断时期（1861－1872 年）/第一节 列强步步深入侵略长江/一、长江通商章程的出台/二、上海港成为外国人侵长江的基地/三、洋员控制海关、攫取船务管理权/第二节 长江四口开埠通商/一、下游重镇——镇江港/二、江南大都——南京港/三、襟江带湖的九江港/四、九省通衢的武汉港/第三节 早期侵入长江的外国航运企业/一、英军舰队开路，外国商船蜂涌而至/二、最先侵入长江的美商琼记、旗昌洋行/三、接踵而来的英商宝顺、怡和洋行/四、染指长江轮运的其他洋行/五、旗昌击败同行独占长江轮运/六、外国航业的经营手段/七、飞轮在长江航运中的作用/第四节 列强航业侵入长江的严重后果/一、摧残木船运输业/二、大量倾销舶来品/三、垄断丝茶出口，掠夺廉价劳动力/四、国家财富源源外汉/第五节 筹办中国新式航业的前奏/一、维新自强思想与主张设厂造船/二、早期华商附股外商经营轮运的活动/三、朝野人士对开办新式航业的分歧/四、长江上建成国产第一艘轮船“黄鹄”号/第三章 中国新式航业开创时期（1873－1894 年）/第一节 轮船招商局在洋务运动中诞生/一、洋务派创办招商局的动机和经过/二、招商局的体制和经营规模/三、招商局经营长江航线/四、招商局开办的历史意义/第二节 外国轮运势力在长江上的继续扩张/一、英商太古轮船分侵入长江/二、英商怡和轮船复航长江/三、中英《烟台条约》续开宜昌、芜湖两埠/四、英轮上溯宜昌、窥伺川江/第三节 中外航业之间的斗争和妥协/一、外国航业对招商局的压制和排斥/二、招商局和旗昌洋行之间的两次产业交易/三、招商、太古、怡和三家签订齐价合同/四、齐价合同几签几解，斗争愈演愈烈/第四节 长江海员的诞生和苦难生活/一、长江海员的来源与分布/二、卑微的社会地位/三、恶劣的劳动条件/四、贫困的生活/第四章 民营航业兴起时期（1895－1925 年）/第一节 民营航业在甲午战败后问世/一、甲午战后兴办民营航业的契机/二、中下游地区举办民营轮运业的尝试/三、经营两湖航线的轮船公司/四、大达航业集团的出现/第二节 列强商轮兵舰深入长江内地/一、《马关条约》与沙市、重庆开埠/二、日资航运公司侵入长江/三、续订长江通商、行船章程，内港航权尽失/四、德、法、美等国商船相继侵入/五、英轮“利川”号试航川江，英法兵舰入川侵扰/六、四家日本航运企业合组日清公司/第三节 辛亥革命前后民营航业蓬勃兴起/一、辛亥革命后长江民营航业的新发展/二、上游开办的川江、川路轮船公司/三、民营最大的三北航业集团/四、流域内地区性航业的发展/五、应运而生的相关行业/六、民营航业的资本积累和经营效益/第四节 招商局在内外倾轧中演变扩充/一、招商局在辛亥革命前后的演变/二、内蚀外剥相加，

企业债台高筑/三、扩大经营范围,实行水陆联运/四、内河招商局在苏、浙、皖地区的营运/第五节 长江航道的初步治理/一、中、下游航道的调查和筹划治理/二、上游航道的初步整治/三、助航设施的设置与更新/第六节 长江修造船事业的发展/一、民营修造船厂相继开办/二、英商组成垄断性的耶松船厂公司/三、江南造船所研制长江新轮/第七节 长江海员在斗争中发展壮大/一、从水师学堂到各类商船学校/二、早期的自发斗争和联合组织/三、海员工人运动发展的新阶段/第五章 中外航业争相发展时期(1926－1937年)/第一节 纳入官僚资本体系的招商局/一、招商局收归国营及其实质/二、购租大型江轮,扩展沿江港航业务/三、与外国航业在长江上的较量与妥协/四、与民营航业在长江上的联合与竞争/五、招商局在长江航业中的地位/第二节 民营航业后起之秀——民生实业公司的崛起/一、公司创办的背景及经过/二、公司创办人卢作孚及其经营思想/三、积极革新企业管理/四、兼并川江华商轮船公司/五、与外商争夺川江航权的斗争/六、与四川军阀和政学系的关系/七、开发以航运为中心的各项事业/八、建立起在川江上的巨大优势/第三节 中外航业间的斗争和势力消长/一、中、英、日三国四大公司的角逐争雄/二、外国船舰横行长江,酿成万县、南京惨案/三、民营航业与外商航业在川江上的对垒争夺/四、干支各线陆续开办的民营轮船公司/五、兵灾匪祸相加,海损事故迭出/第四节 出具规模的长江航政/一、分管沿江各省的汉口、上海航政局/二、自成系统的地方航务机构/三、各项航政法规的初步建立/第五节 抗战前夜长江航运发达概观/一、长江轮船运输能力的增长/二、长江木船业的消长和组织形式的演进/三、长江各港吞吐辐射扩大,客货运量逐渐上升/四、动力装置与船机类型的演进与更新/五、船舶驾驶技术的改进与提高/六、中外航运公司经营管理水平的分析/第六节 大革命的长江海员/一、支援北伐战争与争取改善待遇的斗争/二、参加收回汉口、九江英租界的斗争/三、参加上海工人武装起义,坚持大革命后的艰苦斗争/第六章 八年抗战长江航运动荡改组时期(1937－1945年)/第一节 长江航业全力投入抗日战争/一、沪战爆发时中国航业的应变措施/二、沉船封江,运送兵员/三、分段撤退人员、设备和战略物资/第二节 发展后方水运,维持战时交通/一、六大江轮撤入川江,招商局经营后方航线/二、民生公司在矛盾周旋中获得发展/三、其他民营航业迁入后方营运/四、川江开始机械绞滩,干支流航道简易治理/五、川、湘、赣各省大造木船和浅水轮船/六、开展水陆、水空联运,活跃后方经济/第三节 沦陷区的长江航运/一、日本宣布长江禁航,不许其他外轮营运/二、日本建立垄断长江的航业体系/三、日伪合营的沿江各地各类航运公司/四、日本军事管制下的航政、港口与造船/五、为侵略服务的敌伪航业/第四节 长江海员和长江航业在民族战争中的贡献/一、反轰炸、保通航的艰苦斗争/二、长江航业为抗战作出的巨大牺牲/三、川江海员团结抗日的斗争/四、沦陷区海员的反日怒涛/第七章 战后长江航运起伏转折时期(1945－1949年)/第一节 抗战胜利后长江航运的复苏/一、轮木船并发突击复员运输/二、接收敌伪船舶,清除航道障碍,恢复长江交通/三、运力供不应求,民族航业乘机发展/四、民生公司向中、下游和海洋航线扩展/五、轮船同业公会的联络和协调作用/第二节 战后重建的港口与修造船业/一、接收、扩建港埠,设立公用码头/二、"美援"物资涌进对港口的影响/三、轮船修造业的恢复和分布/四、造船减少、修船繁忙的新变化/第三节 收回航权与出卖航权的斗争/一、中国人民收回航权的长期斗争/二、围绕"重开长江四口"的斗争/三、出卖主权的《中美商约》与行总水运大队/第四节 内战政策摧残下长江航运的萧条/一、军运征调频繁,轮运业亏累严重/二、招商局成为内战的运输工具/三、民营航业陷入困境/四、在困境中挣扎图存的木船运输业/第五节 海员奋起斗争,迎接长江解放/一、海员工人掀起的反饥饿、反迫害斗争/二、民生厂工人争取和平、民主的斗争/三、全线职工护产护船,迎接长江解放/四、千舟万舸支前线,百万雄师过大江

内容提要　本书记叙了自1840年至1949年的110年间,长江航运的发展变迁过程。

书　　名　长江航政史(中国水运史丛书)
责 任 者　胡体淦主编
出 版 项　北京:人民交通出版社,2000
页　　码　614

书　　号　7－114－03636－1
分 类 号　F552.9

内容提要　详细地叙述了长江航政管理的发生和发展，航政与航运的关系，以及航政在长江航运、流域经济、政治发展中的地位和作用，具有一定的史料和学术价值。

书　　名　**长江航政史：江苏部分**
责 任 者　主编王曾博
出 版 项　长江航运史编写委员会，1993
分 类 号　F552.9
相关目录　第一章 长江江苏段航政的形成和初步发展（远古—1840年）/第一节 长江江苏段航政的萌发/一、长江下游先民的航运活动/二、早期航政的萌发/第二节 长江江苏段航政的形成/一、航政立法与造船质量检验/二、水运职官的设置/三、对海舶的管理/第三节 长江江苏段航政的初步发展/一、江海漕运对长江江苏段航政的促进/二、航政管理进一步加强/三、兼理航政的管理机构/四、长江口岸市舶司的兴废/第四节 清代前期长江江苏段航运和航政持续发展/一、漕运的兴衰和商货运输的发展/二、漕运海事的处理/三、税关兼理航政事务/四、津渡管理与护航救生事业/第二章 列强操纵长江江苏段航政（1840年—1927年）/第一节 长江江苏航权的丧失/一、上海开埠和航权的丧失/二、列强假手航政庇护外轮与压制华轮/第二节 海关控制长江江苏段航政/一、江海关理船厅包揽航政管理/二、镇江关税务司把持航政和发放船舶专照/三、金陵关理船厅独理南京港口航政事务/第三节 打上半殖民地半封建烙印的航政规章/一、适应外轮需要的航政规章/二、南京港《搭客规条》的制订/第四节 太平军在长江江苏段的航政管理/一、军事性质的航政机构/二、对中外船舶的航政管理/第三章 收回部分航政权后的长江江苏段航政（1928年—1949年）/第一节 收回部分航政权后的航政艰难施行/一、收回部分航政权的经过/二、航政机构的设立/三、船舶检丈、登记等航政工作开展维艰/四、“新大明”轮沉没及其它海事/第二节 江苏段航政在抗战初期的作用/一、协助江阴沉船封锁航道/二、组织江苏段轮运业转移/第三节 日军管制江苏段航政和战后航政的恢复/一、日军管制江苏段航政/二、航权的收回和维护/三、战后航政管理的恢复/第四节 战后航政管理工作的开展/一、清理日伪船舶及归还航商产业/二、船舶检丈登记和船员考试/三、监督航业和确定航线及定价/四、港口整顿和维护码头秩序/五、处理海损事故/六、开展淮河航政管理工作

书　　名　**长江三峡交通文化研究（华夏文丛）**
责 任 者　郑敬东著
出 版 项　北京：中国文史出版社，2005
页　　码　396
书　　号　7－5034－1736－6
分 类 号　F552.9
相关目录　第一章 三峡交通史略/第一节 三峡地区古代交通概述/一、三峡的特殊地理环境和三峡地区的地理情况概述/二、以水运和栈道为代表的水陆路交通（从远古到宋以前时期）/三、三峡交通的初步发展（从宋元时期到重庆开埠）/第二节 近代三峡交通/一、近代三峡地区的水上交通/第二章 三峡舟楫文化/第一节 三峡地区舟楫的起源/一、远古时期的筏与独木舟/二、古代巴人的诺亚方舟/三、三峡文化起源于河流，传播于舟楫/第二节 三峡地区舟楫的种类/一、技艺领先的战船/二、支撑朝政的漕船/三、互通有无的货船/四、东来西往的客船/五、支流特色船/第三节 三峡地区舟楫的特色和功用/一、三峡地区舟楫的特色/二、三峡地区舟楫的功用/第四节 三峡地区神话传说、民俗文化与舟楫/一、大禹治水的神话传说与舟楫/二、古代墓葬习俗与舟楫/三、峡江号子与舟楫/四、三峡诗歌与舟楫/五、重庆人的舟楫情绪/第五

内容提要　本书界定了长江三峡交通文化研究的对象和范畴，较科学地建构了长江三峡交通文化研究的框架和体系，揭示了人类在长江三峡地区开拓和发展交通的历史进程和特点规律。

书　　名　**长江志：卷七，大事记**

责 任 者　《长江志》编纂委员会编纂；长江水利委员会宣传出版中心长江志总编室编

出 版 项　北京：中国大百科全书出版社，2006

页　　码　352

书　　号　7－5000－7474－3

分 类 号　TV882.2

相关目录　

内容提要　国家“十五”重点图书：本志篇目以长江水利所包含的专业门类和相关的综合门类划分卷、章、节，以卷为领属，以篇为实体。记叙了从古到今长江水利建设的大事。

书　　名　**朝贡体系的建构与解构：另眼相看中日关系史**

责 任 者　郝祥满著

出 版 项　武汉：湖北人民出版社，2007.06

页　　码　312

书　　号　7－216－05156－4

分 类 号　K203：K313.03

相关目录　

内容提要　本书论述中日两千年文化交流史。

书　　名　**朝贡制度史论：中国古代对外关系体制研究**

责 任 者　李云泉著

出 版 项　北京：新华出版社，2004.09

页　　码　336

书　　号　7－5011－6781－8

分 类 号 D829

相关目录 第一章 朝贡制度的起源于发展/第一节 五服制与先秦朝贡制度的起源/一、早期有关朝贡制度的传说和记载/二、五服制反映的周代朝贡制度/三、朝贡事务的组织与管理/四、先秦朝贡制度的主要特征/第二节 汉唐朝贡制度的确立与发展/一、汉代中外朝贡关系与朝贡制度的初创/二、魏晋南北朝时期的朝贡制度/三、唐代朝贡制度的发展/第三节 宋元中外朝贡关系与朝贡制度的演变/一、宋代中外朝贡关系与朝贡贸易/二、宋代的朝贡制度/三、元代朝贡制度的特征/第二章 明代的朝贡制度/第一节 明代朝贡关系的拓展与朝贡国的分类/一、明初外交政策与中外朝贡关系的拓展/二、明代的朝贡国及其分类/第二节 朝贡的一般程序和规定/一、贡期、贡道与朝贡规模/二、表文与勘合/第三节 贡物、回赐与册封/一、贡物/二、回赐与封赏/第四节 明代外交机构与朝贡事物的组织管理/一、礼部主客司及其管理职能/二、会同馆的隶属及其接待职能/三、四夷馆与鸿胪寺/四、行人司与明朝奉使官员的选任/五、市舶司和边境地方的外交权能/第三章 清代以前(1840 年以前)的朝贡制度/第一节 清除中外朝贡关系的建立及其嬗变/第二节 朝贡国及其贡道、贡期和朝贡规模/第三节 贡物、封赏、封赏与朝贡贸易/一、朝贡文书与贡物/二、清朝对朝贡国的封赏/三、朝贡贸易/第四节 清前期外交机构与朝贡事务的管理/一、主客司/二、会同四译馆/三、中央和地方关涉机构/第四章 朝贡制度的理论基础与利益原则/第一节 华夏中心意识与大一统理念/第二节 华夏礼义与夏夷文野之分/第三节 宾礼与朝贡制度/一、宾礼及其演变/二、明代的朝贡礼仪/三、清代的朝贡礼仪/第五章 朝贡制度与早期中西关系/第一节 明清之际与葡萄牙、西班牙、荷兰的官方交往/一、朝贡大门外的不速之客/二、清前期来华的荷兰、葡萄牙使节/第二节 中俄交往中体制的冲突与变通/一、俄罗斯馆的设立与俄商在京贸易/二、中俄礼仪中冲突与变通/第三节 马戛尔使华的象征意义/一、礼仪问题/二、"贡物"的背后/三、表文与敕谕/第六章 朝贡制度的衰亡与近代外交制度的建立/第一节 朝贡关系的瓦解/一、朝鲜、琉球、越南/二、暹罗、缅甸、南掌/第二节 对外关系体制的变化与控外交机构的设立/一、外事管理体制的初步变化/二、总理各国事务衙门的设立/第三节 公使驻京问题与觐礼之争/一、公使驻京问题/二、觐礼之争与 1873 年的西礼觐见/结语 朝贡制度的特征与功能

内容提要 本书分为六章,论述了朝贡制度的起源与发展;明代的朝贡制度;清代前期(1840 年以前)的朝贡制度;朝贡制度的理论基础与礼仪原则等内容。

书 名 潮汕文化论丛:初集

责 任 者 汕头大学潮汕文化研究中心,汕头市潮汕历史文化研究中心编

出 版 项 广州:广东高等教育出版社,1992. 03

页 码 361

相关目录 潮汕历史文物与海上丝绸之路 赵海论/明代潮州武装海商集团 何平立 来可泓**内容提要** 本书选取 1990 年潮汕历史文献与文化学术讨论上的 30 余篇论文。

书 名 潮商

责 任 者 林济著

出 版 项 武汉:华中理工大学出版社,2001

页 码 226

相关目录 第二章 红头船商人与妈祖、关帝崇拜/一、红头船时代/二、红头船商人/三、弄潮儿:潮州商人的底色/四、较为独立的商人心态/五、妈祖崇拜与潮商精神/六、关帝崇拜与潮商文化心理

内容提要 潮商是古代直至现代在国内、国际上最富有生命力、最有影响力的商帮。本书从社会文化变迁的角度探讨了宗族文化、商人文化对潮州商人的深刻影响。

书　　名　潮商史略(世界潮商丛书)
责 任 者　林济著
出 版 项　北京:华文出版社,2008
页　　码　556
书　　号　978－7－5075－2391－1
分 类 号　F729
相关目录　第一章 潮州经济与人文特征/第二章 海波汹涌中诞生的潮商/第一节 海洋与海商/一、早期海上交通与海外贸易/二、潮州海商的产生/第二节 潮州海寇商人集团/一、早期潮州海寇/二、明中后期的潮州海寇商人集团/三、海寇商人集团的外洋活动与潮州人移民东南亚/第三章 清代红头船商人/第一节 湘州区域经济中心的形成与清初帆船贸易/一、潮汀梅赣经济体与潮州商业化/二、清初潮州对外贸易与商人/第二节 红头船商人与红头船贸易/一、红头船与红头船贸易的兴起/二、红头船的近中国海贸易圈/三、庵埠和樟林的口岸经济/第三节 红头船商人本色/一、勇闯海险的拼搏精神/二、神祇崇拜与潮商精神/三、海贩商人的经营文化/四、较为独立的民间商人形态/第四章 近代东南亚潮商与汕香暹叻国际贸易圈/第三节 汕—香—暹—叻国际贸易圈与潮州商人/一、汕头开埠通商及近中国海贸易的变迁/二、以暹罗潮商为中心的汕—香—暹—叻贸易网络/三、汕头的进出口行商人/四、香港的潮州南北行商人/第五章 近代大陆潮商及潮汕商业化发展/第一节 以上海为中心的大陆潮商/一、上海的潮商经济/二、上海潮州商人组织/三、大陆其他口岸地区的潮商/第二节 汕头的商人社会/一、汕头商业与商人的兴起/二、海外潮商的投资与汕头工商业/三、汕头的商人组织与商人合作/第三节 潮汕社会商业化/一、近代潮汕商业网络/二、潮汕控化事业与传统行业发展
内容提要　本书共分七章,以时间为顺序为经,以区域潮商的发展及潮商的代表人物的经贸活动为维,比较全面地论述了潮商的历史及发展。

书　　名　潮商文化
责 任 者　黄挺著
出 版 项　北京:华文出版社,2008
页　　码　521
书　　号　978－7－5075－2391－1
相关目录　第一章 导言/第二节潮汕文化与潮商/第二章 潮汕的生态环境和潮汕文化形成的历程/第二节 潮汕文化的形成与发展/第三章 环境因素与潮商文化精神/第一节 濒临海洋的潮汕/第二节 湘汕古代海上交通贸易简史/第三节 海洋的磨练与湖商的拼搏精神/第四章 血缘、地缘与潮商品格/第五章 潮汕民间宗教文化与潮商的神信仰/第一节 潮汕民间宗教文化/第二节 湖商的妈祖崇拜/第三节 潮商的韩愈崇拜/第四节 潮商的关公崇拜/第六章 记录潮商活动轨迹的潮州会馆文化/第七章 与潮商伴生的潮汕侨批文化
内容提要　本书共分七章,论述了独特的潮汕文化的形式和内涵、潮汕文化对潮商的影响、潮汕民间宗教文化与潮商神信仰、侨批文化和会馆文化等。

书　　名　陈高华文集
责 任 者　陈高华著
出 版 项　上海:上海辞书出版社,2005
页　　码　566
书　　号　7－5326－1792－0

分 类 号 K244.07:K248.07

相关目录 元代的天妃崇拜/北宋时期前往高丽贸易的泉州舶商——兼论泉州市舶司的设置/元朝与高丽的海上交通/从《老乞大》、《朴通事》看元与高丽的经济文化交流/元代泉州舶商/蒲守庚事迹

内容提要 本书收录了《元代盐政及其社会影响》、《元代的审判机构和审判程序》、《宋元和明初的马球》、《论明代中叶刘六、杨虎起义》等多篇论文。

书　　名 陈炎文集:上、中、下

责 任 者 陈炎著

出 版 项 北京:中华书局,2006.11

页　　码 1656

书　　号 7-101-04596-0

分 类 号 K-53

相关目录 第二卷/五、海上丝绸之路研究/略论海上丝绸之路/On the Maritime "Silk Road"/中华民族海洋文化的曙光——论河姆渡文化对探索"海上丝绸之路"起源的意义/"丝绸之路"由陆地转向海路的原因/海上丝绸之路的历史和贡献/The Maritime Silk Road/海上丝绸之路与客家人对中国和世界的贡献/On the maritime "Silk Road" and the cultural exchange between China and foreign countries/论海上丝绸之路与中外文化交流/海上丝绸之路与中、菲、美之间的文化联系/The cultural relations between China, the Philippines & Spanish America through the maritime silk route/海上丝绸之路与丝绸贸易/海上丝绸之路的历史及其贡献——兼论中国丝绸的外传和影响/海上丝绸之路与日月同辉——参加联合国教科文组织"海上丝绸之路"综合考察的体会/走向世界 造福人类——参加"海上丝绸之路"考察感言/海上丝绸之路(10)——促进世界开放、交流和进步/海上丝绸之路对世界文明的贡献/海上丝绸之路/六、南海丝绸之路研究/南海丝绸之路与中外文化交流(包括地图)/中国丝绸传入东南亚及其影响/唐代以前中国和东南亚的海上交通——兼论中国丝绸从海路传入东南亚及其影响/儒商在东南亚发展的回顾与前瞻/6世纪前泰国湾和泰国境内的古国在东西海上交通中的地位/中泰两国历史上的海上交通和文化交流——为悼念老同学、泰国史专家葛治伦教授而作/元明清时期中泰两国友好关系和贸易往来/阿拉伯世界在陆海"丝绸之路"中的特殊地位——兼论中国同阿拉伯之间的文化交流及其对世界文明的贡献/郑和下西洋对伊斯兰世界文化的影响和贡献/郑和下西洋促使海上丝绸之路进入鼎盛时期/郑和——中华民族的优秀人物——读《令哥伦布黯然失色的大航海家——郑和》有感/澳门港在中西方文化交流中的特殊地位和影响/澳门在近代海上丝绸之路中的特殊地位和影响/16-18世纪澳门在中西文化交流中的特殊地位/第三卷/七、东海丝绸之路研究/东海丝绸之路初探——唐代以前的东海航路和丝绸外传及其影响/东海丝绸之路再探——唐代东海航路进入发展时期/东海丝绸之路三探——两宋时期东海航路进入高度发展时期/东海丝绸之路和中外文化交流/隋唐洛阳与日本的海上交通/古代浙江在海上"丝绸之路"中的地位/宁波在对外文化交流中的地位/宁波港与海上丝绸之路和中外文化交流/展望宁波与"海上丝绸之路"文化遗存初探/回顾在"海上丝绸之路"研究中的一些体会/八、忆往/花环之国:马尼拉纪行——记参加联合国教科文组织"海上丝绸之路"综合考察/附件七种/九、其他/上下数千年 纵横几万里——推荐我国第一部《中国古代航海史》/为林士民《再现昔日的文化——东方大港宁波考古研究》写的序言/《海上丝绸之路与中外文化交流》自序/《海上丝绸之路与中外文化交流》(增订本)再版后记

书　　名 赤湾妈祖文化概览

责 任 者 龙辉著

出 版 项 上海:上海古籍出版社,2007.08

页 码 173

分 类 号 B933

相关目录 妈祖信仰的文化特性和当代意义(代序)/第一章 妈祖信仰的产生渊源/妈祖其人/由"人"到"神"的演变/历代帝王的褒封/妈祖名字种种/第二章 湄洲祖庙割火分灵赤湾/赤湾天后宫的建立/"张源"何人?/郑和下西洋与赤湾/朱棣皇帝是否敕建?/"赤湾天后宫"宫名考/明清碑文记载天后宫悠久历史/第三章 沿海地球最大的天后宫/优越、独有的地理位置/庙宇有"民间"到"官方"的转变/九十九道门、占地九百亩大庙/影响波及港澳和东南亚/藏风聚水的宝地/第四章 从香火鼎盛到荡然无存

内容提要 妈祖被称为"海神",护佑航海,消灾降福是妈祖"善美结合"的圣灵形象,我国沿海和东南亚一些地区每年都有祭妈祖的习俗。妈祖崇拜成为一种文化现象,它不是宗教,只是信仰。

书 名 **传承文明,走向世界,和平发展:纪念郑和下西洋六百周年国际学术论坛论文集 = proceedings of international academic forum in memory of the 600th anniversary of Zheng He's expedition**

责 任 者 江苏省纪念郑和下西洋600周年活动筹备领导小组编

出 版 项 北京:社会科学文献出版社,2005

页 码 1045

书 号 7-80190-664-0

分 类 号 K248.105

相关目录 人类历史转轨时期伟大的和平实践——纪念郑和下西洋600周年 郑一均/论郑和下西洋的历史作用 孙光圻/在和平中走向世界——论郑和精神的传承 陈显四,胡逢清/郑和下西洋在世界航海史上的地位 范全文/郑和远航与走向世界 赖进义/郑和七下西洋的当代意义 刘少峰,刘志云/郑和航海对当今世界区域发展的启示 王育三/中华振兴需要发扬郑和精神 仲跻荣/郑和下西洋与世界历史发展的机遇 陈志勇,顾林元/郑和下西洋在航海史上的伟大贡献 王桂岩/彰显"贵和"理念的郑和下西洋 杨昶/郑和下西洋之追念与思考 薛三让

内容提要 本书辑录了《郑和下西洋在世界航海史上的地位》、《郑和下西洋中的文化传播》、《郑和下西洋与东南亚关系》、《科学地评价郑和航海业绩》等论文。

书 名 **船政文化(马尾文史资料专辑)**

责 任 者 陈道章著;福州市马尾区政协文史资料委员会编

出 版 项 福州:福州市马尾区政协文史资料委员会,2003.09

页 码 268

分 类 号 K295.7

相关目录 船政文化的发生与发展/船政文化及其影响/船政之最/论福建船政科学技术成就/海峡两岸"电信丝路"的来龙去脉/台海两岸"电信丝路"的线索/船政留下的经验与教训/澄清船政史研究中的几个问题/为晚清船政正名——是船政,不是船政局/杨昌濬歌颂左宗棠/沈葆桢的精神遗产/沈葆桢与铁甲船/沈葆桢楹联注评/沈葆桢与近代最早的一次学潮/沈葆桢善处两江教案/沈葆桢与马尾绿化/胡光墉与福建船政/严复提示伯努利定理起于中国/萨镇冰的成功之道/船政初出茅庐第一功/甲午战败的替罪羔羊——论方伯谦之死/甲午海战中方伯谦的是非之争/孙中山的马尾情结/孙中山赠黄兴、蒋介石联句的出处

内容提要 纵览全书,从"船政文化的发生与发展"直至"孙中山赠黄兴、蒋介石联句"二十四章洋洋几十万言,其具有完整与系统、翔实与可靠、严谨与文采的特点,为我区宣传船政文化、弘扬船政精神,为今人与后人留下了一份宝贵的精神财富。

书　　名　船政文化研究

责 任 者　张作兴主编

出 版 项　福州:海潮摄影艺术出版社,2006.03

页　　码　361

书　　号　7-80691-240-1

分 类 号　K825.38-53

相关目录　左宗棠两度督闽轶事/沈葆桢——中国近代海军之父/沈葆桢的科技思想和管理思想/沈葆桢的军事变革思想和实践/沈葆桢与林则徐的三个儿子/有关沈榷桢与林则徐的资料/略论张佩纶与李鸿章/试论何如璋/何如璋故居——人境庐/吴赞诚传/魏瀚——为中国现代化奋斗一生的造船专家/魏瀚生平事迹连略/魏瀚/清末外交使才罗丰禄/陈季同将军传略/陈季同爱国坎坷的一生/叶祖珪传/叶祖珪与北洋海军/林永升/清抗日将领刘步蟾/甲午海战中的林泰曾/马江海战之殇——许寿山/黄鸣球传/萨鼎铭先生年谱(萨镇冰年谱)/首任上海江南造船所所长及福州船政局局长陈兆锵/民国海军总长刘冠雄/迈达与福建船政学堂/我国第一架水上飞机主要制造者——巴玉藻和王助/船政航空业先驱——曾诒经

内容提要　本书汇集了对福建船政人物研究的论文。

书　　名　船政文化研究

责 任 者　主编张作兴

出 版 项　北京:中国社会出版社,2003

页　　码　437

书　　号　7-80146-720-5

分 类 号　F426.474-09

相关目录　船政文化总论/船政文化是近代中国先进文化的旗帜/船政文化研究的启迪/研究船政文化与培育城市精神/福建船政的五种精神/船政文化内涵及主要精神/论船政文化精神与先进文化建设/船政文化及其源流/船政精神的文化考察/浅议船政文化与福州的发展/弘扬船政精神的建议/船政文化的产生与发展/福州船政文化的渊源与发展/船政文化产生与福建海洋文化渊源/清晚期福建船政兴衰浅议/清季福建船政经营方式的变迁/福建船政早期在"西为中用"道路上的探索/林则徐、魏源的经世思想对船政文化的影响/福建船政与江南制造总局比较研究/福建船政的妈祖信仰/福建船政与中国近代化/福建船政和控中国海洋军事观的变革发展/福建船政与中国近代海军建设/船政学堂在中国控海军教育中的地位/中国海军的摇篮——桐梓海军学校是福建船政的延续与发展/沈葆桢维护主权与对外开放思想/福建船政的对外交涉/福建船政与1874年日本侵台事件/论福建船政局管理的先进性/福建船政与清朝后期财政经济/晚清福建船政与台湾经济的发展/浅论船政文化与维新思潮/船政学堂与中西文化交流——兼论本世纪头20年重要战略机遇期/船政学堂历史地位再认识/另控社会第二代留学潮研究/探析船政的科技特色/船政学堂留洋学生的特殊社会化道路/船政与中国电信/马尾船政局与近代造船工业/我国早期航空业的"马尾派"/福建船政对近代航海业的贡献/船政人物研究/福州"海军世家"成因初探/沈葆桢主持船政所产生的深远影响/沈葆桢的海防思想/沈氏船政世家/李鸿章与福建船政/船政人萨镇冰/方伯谦海军世家/日意格与福建船政/陈兆锵与福建船政/福建船政承前启后的重要人物裴荫森/王寿昌与船政文化/福州海军艺术学校首任校长黄聚华/福州海校轮机班毕业生余堃铁事记略/船政史料史迹/福建船政史迹的保护和利用/福建船政文化是福州宝贵的旅游资源/略论船政文学/马尾首制国产飞机考/《船工纪事》及其史料价值/黄乃裳四擎《船政刍议》初析/记录船政文化的珍贵家刻诗集——《先复斋公遗稿》/福州书院学生论船政/从亲闻亲见论船政工人/海军制造研究社的成立与影响/左宗棠在福州的遗迹/晚清福建船政铸币史/沈葆桢及几位船政学堂学生的墓葬/有关马尾船政与中国电信史料

书　　名　船政文化研究:第3辑
责 任 者　朱华主编
出 版 项　福州:海潮摄影艺术出版社,2006.12
书　　号　7-80691-288-6
分 类 号　F426.474
内容提要　本书汇集了部分专家学者对船政及人物的研究论文成果,是对船政文化研究新奉献。

书　　名　船政文化研究:第4辑
责 任 者　张作兴主编
出 版 项　福州:海潮摄影艺术出版社,2006
页　　码　295
书　　号　7-80691-288-6
分 类 号　F426.474
相关目录　我们从船政文化中吸取什么/试论福建船政局对台湾地区的影响/晚清马尾船政学堂和“海上文明”/晚清船政八学堂考/挑战科举制度的船政教育/福建船政学堂与近代翻译人才/船政前学堂、飞潜学校厂课的回忆/试论船政学堂与北洋海军/船政是近代企业自主创新的典范/马尾船政文化与企业文化的关系及其当代价值/福州与福建船政产业工人及其特点/船政筹建和创办时期的几个重要人物/左宗棠与福建船政/论左宗棠的义利观/沈葆桢决策招商局兼并旗昌轮船的研究/沈葆桢对台湾的贡献/教民师夷自强救国——沈葆桢船政育人的根本思想/应公正评价何如璋/张佩纶摆连樯阵之谜初探/马江海战中的张成是无罪的/论清光绪年间福建船政的整顿——从黎兆棠到裴荫森/船政大臣裴荫森/试论裴荫森的船政管理思想/从《望岩堂奏稿》看陈璧与福建船政/从一封吴仲翔的私信看其船政思想/船政提调与台湾道夏献纶/严复与斯宾塞社会思想探析/台湾之失与陈季同救国强国思想的演变/清末民初海军将领黄钟瑛/黄钟瑛与甲午海战/亲爱精诚爱国抗战——记萨镇冰在桐梓海校的演讲/萨镇冰与朱紫坊萨家大院/民国海军宿将林元铨传略/孙中山与福建船政——兼对孙中山参访福州若干史实的考证/清流派的强国思想与福建船政的发展——兼论晚清清流派从清议到务实的转变/船政人物续考/鱼雷专家常朝干与他的海军家族/船政史料拾遗/船政的金牌和银牌/重建马尾船政衙门(署)的设计/陈志翱故居/《船工纪事》
内容提要　本书是研究福建省船政的文集,主要文章有《我们从船政文化中吸取什么》、《试论福建船政局对台湾地区的影响》、《船政人物续考》等。

书　　名　船政文化研究:第5辑
责 任 者　朱华主编
出 版 项　福州:海潮摄影艺术出版社,2008
页　　码　338
书　　号　7-80691-367-X
分 类 号　F426.474
相关目录　缅怀船政先贤弘扬船政精神——纪念福建船政创办140周年/船政精神对中国近代化的影响/船政—福建—台湾三位一体/福建船政与台湾的近代化/试论船政对台湾近代化的特殊贡献/福建船政对台湾的影响/福建船政对闽台通邮、通航、通商的贡献/福建船破与台湾海防/中法战争中的台湾战场/闽台关系视野中的福建船政局——以(1874)年日本侵台事件的处置为中心/沈葆桢对台湾教育的贡献/乡贤沈葆桢对台湾的贡献/在台及旅美船政人物简介/新发现的一封王凯泰致沈葆桢书信/传统经世实学与船政文化/同治十三年香港新闻纸泄密案/吴棠反对船政始末/丁日昌的海防思想及其对福州船政的影响/福建船政"万年清"军舰技术考证/福建船政工业遗产的再认识与保护模式初探/清末船政学堂在中国近代史发展中的历史定位初探/论船政学堂外籍雇员与海军人才的培养/从海军制造研究社成立经过,评价和影响/从海军制造研究社章程的制定看陈兆锵的法制观念/海军制造研究社的倡办者陈兆锵将军/浅析福建船政局衰落的原因/裴荫森与晚清福建船政的振兴/裴荫森与福建船政/叶祖珪墓志铭解说/严复和中国近代海军/杜会学视域下严复启蒙思想的探析/近代"西学"传播第一人——严复/大爱无涯——慈善家、社会活动家萨镇冰/陈季同与台湾/陈季同与台湾/陈季同和台湾文学/作为诗人的陈季同/陈季同笔下的中国形象/父子铸建闽台海防——孙开华、孙道仁纪事/船政学堂特别班简介/一张珍贵的海校留学生合影/船政人物资料五种/左宗棠在福州写的佚序/中法战争中的台湾基隆、淡水古炮台/浅析船政老照片/发扬船政文化精神 推动福州重化工业发展/区域文化与高等职业技术教育人才培养——从福建船政文化谈起/弘扬船政魂建设海西区/简论台湾苏同炳著《沈葆桢传》中若干问题评说之误

内容提要 本书研究了福建船政与台湾的关系,同时对船政文化、船政人物作了深入的研究和探讨,对船政史料作了挖掘。

书　名 船政学堂
责任者 沈岩著
出版项 北京:科学出版社,2007
页　码 262
书　号 7-03-018229-4
分类号 E295.2
相关目录 第一章 师夷以制的创举/第一节 兴办船政的历史背景/第二节 兴办船政的提出/第三节 马尾船政的创办/第四节 求是堂艺局的诞生/第二章 中西合壁的组织管理横式/第一节 船政教育的学堂设置/第二节 船政教育的办学体制/第三节 船政教育的管理体制/第四节 船政教育的经费投入/第三章 引入近代教育的教学模式/第一节 专业与课程设置/第二节 教学管理/第三节 实践性教学/第四节 学业考核/第五节 教学设备/第六节 教学方法/第四章 借船出海的师资战略/第一节 师资基本状况/第二节 教师的聘用/第三节 教师的管理/第四节 教师的待遇/第五章"权操诸我"的学生管理模式/第一节 船政学堂的招生/第二节 学生的日常管理/第三节 学生的日常思想政治教育/第四节 毕业/第五节 就业/第六章 开创先河的留学教育/第一节 船政学生留洋继续深造/第二节 船政留洋的派遣对象/第三节 船政学堂的留学章程/第四节 船政学堂的留学管理/第五节 船政学堂的留学经费/第六节 留学生教师/第七节 留学生概况/第七章 船政学堂的成就与历史地位/第一节 船政学堂的主要成就/第二节 船政学堂的历史地位/第三节 船政学堂毕业生风采/第八章 船政教育模式的特点和意义/第一节 关于教育模式/第二节 关于船政教育模式/第三节 船政教育模式的内涵与特点/第四节 船政教育模式的意义/结语船政学堂的沿袭和反思/附录一、船政学堂大事记/附录二、船政毕业生官职表/附录三、清代军制级阶比照表/附录四、马尾船政历年经费统计表

内容提要 船政教育模式研究课题成果:本书再现了晚清时期位于福州马尾的船政学堂那段既辉煌又鲜为人知的历史,勾画了左宗棠、沈葆桢创办船政学堂的艰辛和成就,并阐述了船政教育的模式、特点及其深远意义。

书　名 船政研究文集
责任者 陈道章著
出版项 福州:福建省音像出版社,2006.11
页　码 480

分 类 号 F426.474

相关目录 马尾颂/第一编 船政文化论述/1. 船政文化的发生与发展/2. 论船政文化/3. 为什么要弘扬船政文化/4. 船政之最/5. 论福建船政科学技术的成就/6. 海峡两岸"电信丝路"的来龙去脉/7. 船政与中国电信/8. 船政留下的经验与教训/9. 澄清船政史研究中的几个问题/10. 为晚清船政正名——是船政,不是船政局/11. 沈葆桢的精神遗产/12. 沈葆桢与铁甲船/13. 沈葆桢善处两江教案/14. 胡光墉(雪岩)与福建船政/15. 严复提示伯努利定理起于中国/16. 萨镇冰的成功之道/17. 中国的耶鲁大学——船政学堂/18. 为中法马江海战正名/19. 张佩纶是否临阵逃跑/20. 李鸿章嫁女辨/21. 张成定罪后的生死浮沉/22. 甲午战败的替罪羔羊——论方伯谦之死/23. 甲午海战中方伯谦的是非之争/24. 百年来船政史研究概述/25. 中国航空发源地——福州马尾/第二编 杂谈/26. 杨昌睿溶歌颂左宗棠/27. 沈葆桢与近代最早的一次学潮/28. 沈葆桢与马尾绿化/29. 船政初出茅庐第一功/30. 纪念沈葆桢巡台130周年/31. 孙中山的马尾情结/32. 孙中山赠黄兴、蒋介石联句的出处/33. 我看中法马江海战/34. 李鸿章重赏马江败将/35. 马江海战中被遗忘的老将李新明/36. 船政与海军房产/37. 杨廷传传/38. 船政记事(节选)/39. 船政大臣红线系佳偶/40. 我与船政文化/41. 中国海军接收驻台湾日本海军的经过/42. 福州近代海防要塞/43. 昆仑舰事件/44. 序及前言/45. 船政诗人陈公远/46. 朱以润传/第三编 船政诗文评释/47. 沈葆桢楹联注评/48. 特建马江昭忠祠碑/49. 马江昭忠祠碑文/50. 重建马江昭忠祠碑记/51. 甲申、甲午两役合祀马江昭忠祠记/52. 李鸿章的陪嫁诗/53. 从张佩纶挽陈宝琛母联见败将心态/54. 船政现存最早的一封电报/55. 沈觐宸诗十首诠释

书　　名 刺桐探骊录
责 任 者 许在全编
出 版 项 北京:红旗出版社,1993
页　　码 306
书　　号 7-80068-537-3
分 类 号 K295.74

相关目录 福建沿海治略考/泉州港与海上丝绸之路/泉州吏治与海上丝绸之路/泉州市舶司与海上丝绸之路/泉州海商与海上丝绸之路/泉州民族与海上丝绸之路/泉州宗教与海上丝绸之路/泉州陶瓷与海上丝绸之路/泉州名胜与海上丝绸之路/抗倭名将俞大猷与民族英雄郑成功/南天铜柱施琅

书　　名 从闭关到开放:晚清"洋务"热透视(中国近代史研究丛书)
责 任 者 李时岳,胡滨著
出 版 项 北京:人民出版社,1988.12
页　　码 434
书　　号 7-01-000248-7
分 类 号 K256.1

相关目录 第二章 洋务派创建的军事工业/第二节 几个典型局厂的剖析/一、江南制造总局/三、福州船政局/第三章 洋务派倡设的民用企业/第二节 几个典型企业的剖析/一、轮船招商局/第四章 洋务派建立的近代海军/第一节 早期购买船舰的活动/第二节 筹议海防和设立海军/第三节 洋务派建立的四支海军/一、广东水师/二、福建水师/三、南洋水师/四、北洋水师/第四节 有关近代海军的几个问题/第五章 洋务派兴办的教育事业/四、天津水师学堂和武备学堂/第三节 留学/第六章 洋务派和顽固派的斗争/二、关于制造轮船的争论

内容提要 本书介绍了洋务运动兴起的历史背景、洋务派创建的军事工业、倡设的民用企业、建立的

近代海军、兴办的教育事业及洋务思想等。

书　　名　**从老式车马舟桥到新式交通工具(百年中国社会图谱)**
责 任 者　董增刚
出 版 项　成都:四川人民出版社,2003
页　　码　244
书　　号　7-220-06186-2
分 类 号　F512.9
相关目录　第一章 清末传统的车马舟桥/七、各式各样的舟楫/第二章 近代交通工具的出现/六、近代的航运与轮船/第三章 民国时期的交通运输/二、畸形发展的造船业/第四章 革命年代的交通建设/四、内河航运和远洋运输的发展
内容提要　本书内容自古老的车马舟桥说到近代交通工具的出现,民国的交通窘迫,再到革命年代的交通建设,当代立体交通的发展、运输方式的飞跃。书中含有图片400余幅。

书　　名　**从明代官手工业到中国近代海关史研究**
责 任 者　陈诗启著
出 版 项　厦门:厦门大学出版社,2004.07
页　　码　441
分 类 号　F426.899;F752.59
相关目录　代序:我的史学研究经历/上篇 明代官手工业研究/中篇 中国近代经济史研究/下篇 中国近代海关史研究/三、海关监督和外籍税务司的畸形关系/四、英商否认海关洋员关于违章处分案件的管辖权和《会讯船货入官章程》的制定/五、中国海关与引水问题/六、从总税务司职位的争夺看中国近代海关的作用
内容提要　本书分三篇,内容包括:明代官手工业研究、中国近代经济史研究、中国近代海关史研究。

书　　名　**从徐福到黄遵宪(中日关系史论文集)**
责 任 者　杨正光主编;中国中日关系史研究会编
出 版 项　北京:时事出版社,1985
页　　码　355
书　　号　11225·007
分 类 号　D829.313
相关目录　中日关系研究的回顾与前瞻/徐福村的发现和徐福东渡/圆仁与其《入唐求法巡礼行记》/阿倍仲麻吕和吉备真备/方纪生遗作二篇/隋代中日友好使者裴世清及其家世/宋代从日本进口的主要商品及其用途/丰臣秀吉"裂诏毁冠"真相/论日本中古文学中的庄子影响/黄遵宪对中日文化史的研究及其争论点/日本对中国古代史的研究及其争论点

书　　名　**从鸦片战争到甲午战争:1839年至1895年间的中国对外关系史**
责 任 者　季平子著
出 版 项　上海:华东师范大学出版社,1998
页　　码　653
书　　号　7-5617-1750-4

分 类 号 D829

相关目录 第一章 背景——嘉道年间的中外关系/第一节 中国的自我满足状态和西洋、俄罗斯、日本的扩张精神/第二节 中俄关系和俄、日分占库页岛/第三节 中英关系/第四节 中西贸易和耶稣教士东来/第五节 英人完成军事进攻的准备中国力图禁绝鸦片/第二章 鸦片战争/第五节 中英《南京条约》和《虎门条约》美、法两国接踵来华订约/第三章 从第一次鸦片战争到第二次鸦片战争/第一节 西洋人在中国沿海/第四章 第二次鸦片战争/第三节 从第二次大沽战役到英、法、俄三国《北京条约》/第四节 第二次鸦片战争所订诸约/第五章 自强新政期间(1860－1894年)的对外关系(上)/第一节 同治年间的清政府及其与列强外交关系的建立/第三节 通商、传教、修约/第四节 收复新疆和筹议海防/第六章 自强新政期间(1860－1894年)的对外关系(下)/第一节 光绪前期的清政府及其海军建设/第四节 中国人开始认识西洋和西洋人东来以后的国际局面/第七章 中日甲午战争/第二节 平壤陆战和黄海海战/第三节 从日军渡鸭绿江到旅顺失守期间的战争与议和/第四节 日本两次改变战争计划 威海卫之战 广岛谈判/第五节 马关议和与三国干涉还辽

书　　名 **从洋行买办到民族资本家**

责 任 者 唐有淦

页　　码 152

分 类 号 K296.7

相关目录 鸦片战争前后,早期洋行的对华贸易/上海《汇报》创办人——容闳/民族资本家代表人物——唐廷枢/漕运——轮船招商局的特权/在极端困难时刻入主招商局/努力拓展海外航运事业/一个缜密果敢的决策——收购旗昌轮船公司/退出招商局/对中国航运史的贡献/外事活动/参与中西文化交流/兴办社会福利事业/历尽坎坷矢志不渝的人——徐润/在轮船招商局的业绩/近代中国茶业的开拓者——唐翘卿/历史的启示

书　　名 **从中西初识到礼仪之争:明清传教士与中西文化交流**

责 任 者 张国刚著

出 版 项 北京:人民出版社,2003

页　　码 556

书　　号 7－01－004005－2

分 类 号 B929.2

相关目录 第一章 中西初识的时代背景/第二节 西方国家的海上扩张/第三节 明清王朝的对外政策/第二章 中欧贸易与中国物品西传/第一节 贸易格局的演变/第二节 主要商品的贸易/第三章 西方使节与中国报告/第一节 西方使团叩关铺路/第二节 游记文学里的中国/第四章 天主教修会在华传教及其冲突/第五章 耶稣会士传入西方的中国知识/第一节 有关中国的报告/第二节 报告里的中国影象/第六章 适应政策与文化冲突/第七章 礼仪之争下的文化交流/第一节 礼仪之争的经过(上)——文化论争/第二节 礼仪之争的经过(下)——权力冲突/第三节 礼仪之争与中国文化西传

书　　名 **打开“自由”通商之路:19世纪30年代在华西人对中国社会经济的探研**

责 任 者 郭小东著

出 版 项 广州:广东人民出版社,1999

页　　码 519

书　　号 7－218－03001－7

分 类 号 F752.95

相关目录 第一章 鸦片战争前夕广州口岸中西经济交往/第三节 西方势力在广州口岸投资活动的基本状况/第二章 鸦片战争前夕广州口岸中西交往方式的变化/第一节 伶仃走私基地的形成和膨胀/第二节 英国对华贸易的"自由化"/第三节 澳门在西方对华交往中地位、功能的变化/第三章 鸦片战争前夕来华西人对中国社会经济的窥探/第一节 鸦片战争前夕在华西人概况/第二节 在华西人在广州口岸地区的探查活动/第三节 在华西人在东南沿海地区的探查活动

书　　名 **大连近代史研究:第5卷**

责 任 者 大连市近代史研究所,旅顺日俄监狱旧址博物馆编

出 版 项 沈阳:辽宁人民出版社,2008.9

页　　码 488

书　　号 978-7-205-06446-4

分 类 号 K293.13

相关目录 卷首语 大连近代历史研究探窥/中日关系史研究/抗日战争相持阶段国民政府外交综述/鸦片战争、甲午战争、日俄战争研究/两次鸦片战争期间英军对大连的侵略与骚扰/北洋海军从筹建到覆灭的几点思考——写在北洋海军成军120周年之际/北洋海军人物研究四题/甲午战争中"白马河之战"史实考/日本记者笔下的清代旅大海防设施——兼评"日清战争从军写真帖——伯爵亀井兹明の日记"

书　　名 **大食·西域与古代中国(暨南史学丛书)**

责 任 者 马建春著

出 版 项 上海:上海古籍出版社,2008

页　　码 485

书　　号 978-7-5325-4857-6

分 类 号 D829

相关目录 卷上 交通使聘篇/唐朝与大食的海上交通/元朝与西域地区的陆海交通

内容提要 本书是作者的一部论文集,从交通使聘、文化学术、器物技艺等方面多视角、多侧面地研究了唐代以来各王朝与历史上的西域、伊斯兰地区各民族政权在陆海交通、使聘、语言、音乐、医药、天文、地理、兵器、陶瓷等方面的相互交流和影响,是一部全面揭示七世纪以来中外政治、文化交流历史的论集。作者征引富赡,论证细腻,对相关前沿研究也多有深刻把握。

书　　名 **大元通制条格(中华传世法典)**

责 任 者 郭成伟点校

出 版 项 北京:法律出版社,2000

页　　码 480

书　　号 7-5036-2879-0

分 类 号 D929.47

相关目录 卷十八 开市/开渡盘诘/牙保欺蔽/滥给文引/和雇和买/市舶/下番/中宝/牙行/雇船文约

内容提要 大元通制条格为大元通制的重要构成部分,大元通制则为有元一代比较完整系统的一部封建成文法典。作为大元通制一部分的大元通制条格,计有户令、学令、选举、军防、仪制、衣服、禄令、仓库、田令、赋役、关市、捕亡、赏令、医药、假宁、离令、僧道、营缮等十九个残目。大体上是一事一例,或者一事一令,用以补充诏制等不足,并据此解决民、刑等方面面俱到具体纠纷问题。值得注意的是,大元通制条

格不但保留了本民族法律传统习俗乃至语言习惯,而且融汇唐、宋各代的法律内容,并适应元朝社会生活变化的需要制定而成,具有鲜明的特色。

书　　名　戴裔煊文集(中山大学杰出人文学者文库)
责 任 者　蔡鸿生编
出 版 项　广州:中山大学出版社,2004.09
页　　码　379
分 类 号　K207
相关目录　中葡关系/《明史·佛郎机传》笺正/关于澳门历史上所谓赶走海盗问题/关于葡人入据澳门的年代问题/海外交通史/宋代三佛齐修广州天庆观碑记考释/明代嘉隆间的倭寇海盗与中国资本主义的萌芽/中国历史上对石油天然气的认识利用及其与西方的关系
内容提要　本书收有历史学家戴裔煊的8篇文章,分为民族文化史、中葡关系史、海外交通史三个部分,力求反映出著者在其致力的学术领域取得的业绩。

书　　名　德州运河文化:上、下
责 任 者　田贵宝,吴丙友主编
出 版 项　德州:中国人民政治协商会议德州市德城区委员会,2004.12
页　　码　649
分 类 号　K295.2
相关目录　第二编 德州区域早期运河与运河文化/第一章 德州区域早期运河的形成与治理/第三编 隋唐时期德州运河区域与运河文化/第一章 隋唐时期德州段运河的形成与治理/第四编 宋元时期德州运河区域与运河文化/第一章 宋元时期德州段运河的治理与漕运/第五章 宋元时期德州运河区域的开放交流/第五编 明代德州运河区域与运河文化/第一章 明代德州段运河与漕运/第六章 明代德州运河区域与中外文化交流/第六编 清代德州运河区域与运河文化/第一章 清代德州段运河的治理与漕运

书　　名　登州港与中韩交流国际学术讨论会论文集(韩国学研究丛书)
责 任 者　陈尚胜主编
出 版 项　济南:山东大学出版社,2005.06
页　　码　606
书　　号　7-5607-2982-7
分 类 号　D829.312-53:K295.23-53
相关目录　世纪中叶的登州与古代中韩关系——以登州的唐代遗迹为中心/善妙与洛山二大圣——9世纪海洋佛教传说的世界/张保皋与山东半岛/东亚世界的在唐新罗人/在唐新罗人的聚居区及其相关问题探微/浅论唐代登州地区新罗村的成因/登州与宋朝和高丽的官方关系/登莱事变及其对明、后金与朝鲜的影响/17世纪的水路《燕行录》与登州/登州与明代朝鲜使臣——以"朝天录"为中心/浅析高丽、朝鲜使臣关于明代登州的文学作品/《燕行录》与清代幻术研究——兼议登州幻术名家冯氏女/登州港与东方海上丝绸之路/从黄县曩器看中韩关系/汉代中国与朝鲜半岛的经济文化交流/6世纪中国和韩国的王权与佛教间的关系/白江之战的唐朝兵力/罗、唐外交上的几个问题/新罗北界与唐朝辽东/高丽僧义天的渡宋活动与丽宋佛教交流/韩国新安沉船与中国古代沉船比较研究/从沉船看中世纪的中韩贸易交流——以新安船和泉州湾宋代海船的积载遗物为中心/明代对辽东都司东宁卫朝鲜居民的统辖探析/"土木之变"前后明朝与朝鲜围绕女真问题的交涉/柳中郢的《燕京行录》——16世纪朝鲜燕行录之事例/仁祖反正后朝鲜使行请求"封典"一考/清朝封禁政策与朝、清边境/清代中朝围绕关内流民在鸭绿江地区活动的交涉/晚清总办朝鲜各口交涉商务委员陈树棠在朝鲜活动初探(1883 年 10 月 -1885 年 10 月)/朝鲜半岛向中国大陆移民的历史/历史与现实:中韩关系与东北亚的和平与稳定

内容提要 山东大学韩国研究中心与蓬莱市旅游度假区管理委员会合作成果:本书收录了《张保皋与山东半岛》、《登州港与东方海上丝绸之路》、《白江之战的唐朝兵力》、《新罗北界与唐朝辽东》等文章。

书　　名 **登州与海上丝绸之路:登州与海上丝绸之路国际学术研讨会论文集**

责 任 者 耿升,刘凤鸣,张守禄主编

出 版 项 北京:人民出版社,2009.04

页　　码 375

书　　号 978-7-01-007878-6

分 类 号 I25

相关目录 登州是中国海上丝绸之路的始发港之一/古登州的丝路花絮已落鲁东/明代登州与海洋文明——城市空间的解读/登州曾是隋唐的一个门户——开元寺所连接的历史的一环/登州在唐与新罗关系中的重要地位/《明实录》所见登州的对外往来/蓬莱,"东方海上丝绸之路"的起航地/论唐代登州港的历史作用/《登州府志》的版本学研究/海上丝绸之路(中国段)研究——兼谈登州的历史地位及其文化遗存的价值/登州与明末中朝海上丝路的复航——以朝鲜贡使安璥《驾海朝天录》为文本/登州古港早期的港航活动/海上丝绸之路蓬莱史迹初探/元朝时期登州与高丽的海上交通/高丽外交家、文学家郑梦周的登州诗赏析/17 世纪《航海朝天图》的形成与山东半岛/论杨仆击朝鲜楼船军"从齐浮渤海"及相关问题/从英国传教士韦廉臣夫人的游记看 19 世纪下半叶的烟台与山东半岛/张保皋与"东方海上丝绸之路"/圆仁法师在山东的足迹/海上丝路与旅韩华侨华人/高丽义天大师经山东密州来华弘法/清末山东半岛与朝鲜半岛的经济交流/胶东半岛高丽戍考/略论山东半岛与东方海上丝绸及"中学东渐"之路/论宋元时期山东半岛的对外交往/从田横信仰圈看山东半岛与朝鲜半岛的海上交流/清末民初龙口开埠设关论略/古代山东半岛航海发展之我见/清前期山东与中西关系/韩中古船舶货物装载方法比较研究/东亚海洋佛教故事与法华信仰/关于徐福出海船舶的探讨/海上丝绸之路研究的几个问题/明代中日僧使外交与海上丝绸之路/徐福:中国海上丝绸之路的开启者/试析海上丝绸之路在宗教文化传播中的作用/海上丝绸之路研究的经济学思考/东亚文化圈和东亚价值观的历史考察——以中日韩(朝)为主体的历史分析/浅议中国与朝鲜的货币文化交流/毕拱辰及其译校的汉文西书/唐新联合军百济王都泗沘城攻略校注/释慧超《往五天竺国传》里"西胡"习俗的记载/五代吴越国与日本交往通论/明初的中日关系与寓滇日僧/万历朝鲜之役明军中的外国兵/文化苦旅——对近代来登州传教士狄考文的理性思考/登州:海上丝绸之路从这里启航

内容提要 本论文集共分为三部分:开头部分是主办单位领导与嘉宾在开、闭幕式上的讲话,主要阐述了研讨会的主旨、意义及会议取得的成果及其影响,这些讲话对阅读本论文集具有引领启迪作用;中间部分是与会代表的学术论文,根据内容分为"登州与海上丝绸之路"、"山东半岛与海上丝绸之路"、"泛海上丝绸之路"和"中韩中日关系"四个单元,这些论文展示了登州与山东半岛悠久丰厚的历史文化底蕴,彰显出登州在中韩、中日漫长交往中的重要地位,反映了海上丝绸之路及中韩、中日关系史等方面研究的最新成果与动态,填补和加强了以往研究的空白与薄弱环节,具有很高的学术价值;结尾部分是烟台日报记者撰写的会议综合评述,此评述被新华网、中国网、凤凰卫视网、中国经济网、中国国学网等许多全国性的知名网站转载,使本次国际学术研讨会在社会引起较大反响。

书　　名 **第二届明清史国际学术讨论会论文集**

责 任 者 明清史国际学术讨论会论文集编辑组编

出 版 项 天津:天津人民出版社,1993.03

页 码 734

书 号 7-201-01289-4

分 类 号 K248.07-53

相关目录 丰臣秀吉侵朝征明的检证［日本］水野明/明清时代中朝关系研究［韩国］冯荣燮/盛清名臣阿克敦出使朝鲜次数考——兼论清史文献的发掘与运用［台湾］陈捷先/最初的中葡接触［澳大利亚］费克光/明清时期罗马教皇遣使来华浅述(提要)刘鉴唐/清初禁海与对外关系 郭蕴静/神光寺事件与福州夷务的再检讨［新加坡］吴振强/中日甲午战争对中国的影响［日本］陈福坡/有关清初迁海的问题——以广东为例［香港］马楚坚/郑成功南澳誓师抗清的意义及其影响［澳门］何广中/戚继光籍贯考略 阎崇年/明清时期运河的商品流通 许檀

内容提要 本书收入论文及少量论文提要70余篇,论述了明清时期文化、社会生活、中外关系、政治制度和事件、经济、民族关系等方面的历史问题。

书 名 第九届明史国际学术讨论会暨傅衣凌教授诞辰九十周年纪念论文集

责 任 者 陈支平主编

出 版 项 厦门:厦门大学出版社,2003

页 码 414

书 号 7-5615-2130-8

分 类 号 K248.07

相关目录 傅衣凌 对明清商业与商业资本的研究/唐文基 明代中期的北虏朝贡贸易/(日本)松本隆晴 明清时期广东商人的海外移民/黄启臣 庞秀声 论闽南地区的重商倾向与海外贸易/李祖基 郑成功海商集团兴衰的历史反思/陈支平 明清时期的海盗与地方基层社会/郑瑾 郑成功部属阮旻锡与《夕阳寮诗稿》

内容提要 本书收录的54篇论文,围绕中国明代发展的社会经济史的主题以及明代政治、军事、文化、习俗等问题展开讨论。

书 名 第九届中琉历史关系国际学术会议论文集

责 任 者 福建师范大学中琉关系研究所编

出 版 项 北京:海洋出版社,2005.10

页 码 389

书 号 7-5027-6465-8

分 类 号 D829.313-53

相关目录 1. 明代前期中国、琉球及东南亚多边贸易关系的兴衰/2."萨摩藩的琉球贸易"与白银关系的研究/3. 中琉贸易と渡唐役人/4."新兴通商据点国家"琉球的形成与展开——以哈密、满剌加的比较为中心/5. 清代环中国海域的海难事件研究——以嘉庆年间漂到琉球、吕宋的朝鲜难民返国事例为中心/6. 册封琉球使团渡海之艰难历程/7. 明清时期中国东南沿海地区与琉球国造船航海技术的交流/8. 寄尘和尚若干事述考/9. 御座乐使用乐器的初步考察/10. 从1719年看琉球组舞的形成/11. 新见六首曹学佺题赠册封琉球使诗述考/12. 琉球汉诗五探/13. 明代冠带琉球通事林易庵家史考略/14. 琉球使节与清朝皇帝的行幸/15. 浦城驿站与中琉文化交流/16. 从现存的组织文物看中琉关系史/17. 泉州与琉球友好交往史拾遗/18. 明清琉球册封使与中国文化传播/19. 现代福建宗族制度的复兴——以福建省姓氏源流研究会与"寻根"为中心/20.《指南广义》中风信占验之神灵名称考/21. 失散的文化锁链:与那国岛的"玉祭”与其周围诸民族/冲绳群岛与澎湖群岛传统建筑聚落形态之比较/驳日本琉球处分的籍口/24.“琉球处分”的历史——从历史评价的角度/25. 中琉关系与“琉球处分”/26. 浅析“琉球处分”的政治背景及其实质/27. 台湾拓殖株式会社文书中的八重山史料价值/28. 清廷对“球案”处理严重失策的反思/29. 琉球归属问题交涉与脱清人/30. 有关“球案”的几个问题/31.“台湾事件”与“琉球处分”/32. 近代日本“琉球处分”的历史/33. 陈宝琛与“球案”

内容提要 本书收录了《明代前期中国、琉球及东南亚多边贸易关系的兴衰》,《“萨摩藩的琉球贸易”与白银关系的研究》,《新兴通商据点国家”琉球的形成与展开》,《琉球汉诗五探》等33篇论文。

书　　名 **第三届闽南文化学术研讨会论文提要**
出 版 项 2005.11
页　　码 136
分 类 号 G127.57－7
相关目录 闽南海洋习俗与闽南海洋意识/泉州学研究与两岸民间文化交流/从《厦门志》透视闽南文化/漳州窑生产与闽南海外陶瓷贸易/历史上的东南开发浪潮与海峡文化圈的形成/海峡“东山陆桥”及其史前文化/明末清初郑氏三代与日本贸易/闽台妈祖信仰香火的渊源与传播——从台湾北港朝天宫典藏木刻运签版论起/闽台吴真人信仰与海峡两岸神缘作用/闽南海上走私探析——以北宋泉商走私高丽及明代漳泉私商活动为例/明代福建海商走私贸易简论/清初漳州月港的对外贸易/月港的兴衰及其对漳州经济的影响/澳门开港者严启盛考/一苇连两岸 海峡成坦途——关于开辟四条海峡旅游线的构想

书　　名 **第十一届明史国际学术讨论会论文集**
责 任 者 田澍,王玉祥,杜常顺主编
出 版 项 天津:天津古籍出版社,2007.08
页　　码 974
书　　号 978－7－80696－446－0
分 类 号 K248.07－53
相关目录 边疆·中外交通/略论郑和远航的动因及其历史意义/客观与现实的背离——郑和下西洋的从旧思考/遣唐使船是日本船学说的臆断问题/儒学传统思想与明初外交方略/明代西器东传探研/明嘉靖年间广东与闽浙海外贸易的对比研究/明人佛郎机观初探/人物·文献·其他/试论明代《漕船志》的文献价值

内容提要 本书为第十一届明史国际学术讨论会论文集。包括政治军事法律、社会经济、边疆中外交通、思想文化及人物文献等五个方面。

书　　名 **第一届中琉历史关系国际学术会议论文集**
责 任 者 中琉文化经济协会主编
出 版 项 台北:联合报文化基金会国学文献馆,1987
页　　码 639
分 类 号 D822.231.3
相关目录 中国文化对琉球文化的影响 洼德忠/琉球接受朱子学之研究 系数兼治/清代儒家思想对琉球的影响 吴霭华/中国文化对琉球亲族组织的影响 比嘉政夫/叁、第二次研讨会/从美术工艺看琉球接受中国文化之形态 渡名喜明/探讨琉球出土之中国陶磁器 知念勇/肆、第三次研讨会/清代奏摺资料与中琉关系史研究 陈捷先/蔡温对琉球的贡献——附蔡温年谱 张希哲/陆、第五次研讨会/明清两代福州那霸

间风帆去程之研究 梁嘉彬/基督教在琉球的传布与中国 照屋善彦/谢杰对琉日关系之认识 张存武/柒、第六次研讨会/「冠船之时唐人持来品货物录」之分析 徐玉虎/捌、第七次研讨会/明清之际的动乱与琉球、日本之关系 真荣平房昭/古琉球海事思想状况 高良仓吉/玖、第八次研讨会/朝鲜王朝时代的对琉关系——以朝鲜、中国、琉球三国关系史为中心 李炫熙/何如璋的琉案外交 张启雄

书　　名　典籍中的北辰
责 任 者　杨光祥主编
出 版 项　天津:天津古籍出版社,2007.04
页　　码　1047
书　　号　7－80696－420－7
分 类 号　K292.13
相关目录　沼泽水系/永定河/北运河/凤河/子牙河/大清河/漕运/运河概说/漕运/金代漕运/元代漕运/明代漕运/清代漕运/漕河管理/元代漕河管理/明代漕河管理/清代漕河管理/仓储/截漕/水利/海河治标计划工程全图/北运河船闸、节制闸及新引河进水闸全景图/放淤区域泄水闸全景图/交通邮电/水路/渡口

内容提要　本书将从近四百种旧志、史料、谱牒、碑刻中收集到的有关北辰的大量资料经整理、编选,辑成这一本大型资料性工具书。

书　　名　电和磁的历史(中国物理学史大系)
责 任 者　戴念祖著
出 版 项　长沙:湖南教育出版社,2002
页　　码　435
书　　号　7－5355－3849－5
分 类 号　O441－092
相关目录　第六章 航海与罗盘的发展/一、罗盘导航的历史记载/二、航海针路/三、航海罗盘的发展/四、"针迷舵失"与地磁因素
内容提要　全书从"电"、"磁石及其特性"、"司南与指南针"、"堪舆与罗盘的起源"、"航海与罗盘的发展"等九个章节介绍了电和磁的历史发展进程。

书　　名　雕虫集:造船·兵器·机械·科技史
责 任 者　周世德著
出 版 项　北京:地震出版社,1994
页　　码　295
书　　号　7－5028－1135－4
分 类 号　N092
相关目录　中国古船桨系考略/中国沙船考略/试论我国古代传统的船舶设计/中国造船史上的几个问题/中国古代造船工程技术成就/古代战船/沈启与《南船纪》/齐鲁文化与登州港
内容提要　本书收有中国科技史论文 14 篇,涉及造船、造车、兵器、动力、机械等诸多方面;其中《中国古船桨系考略》提出了研究中国造船史的新方法,《中国沙船考略》是全面系统地研究中国船舶的创始,在国内外均获好评,被誉为具有划时代的意义。《中国兵器的发展》对中国古代兵器有较深的研究;综合性论文《古代科学技术发展的高峰》对宋、元科技的高度发展有较深入的和开创性的研究。其他各篇也多

有独到之处。

书　　名　钓鱼岛:历史与主权

责 任 者　(日)井上清著;贾俊琪,于伟译

出 版 项　北京:中国社会科学出版社,1997

页　　码　151

书　　号　7-5004-2042-0

分 类 号　D829.13:D829.313

相关目录　第三章 众所周知,钓鱼群岛自明朝以来就是中国的领土/第四章 清代的记录也证实钓鱼岛是中国领土/第五章 日本的先知者也明确记载了钓鱼群岛是中国领土/第六章 驳斥"无主地先占为主的法则"/第七章 琉球人和钓鱼群岛的关系淡漠/第八章 所谓的"尖阁列岛"岛名与区域都不固定/第九章 天皇制军国主义的"琉球处置"与钓鱼群岛/第十章 甲午战争中日本确立对琉球列岛的独占/第十一章 天皇政府觊觎钓鱼群岛长达9年/第十二章 日本在甲午战争中明夺台湾暗取钓鱼群岛/第十三章 日本领有"尖阁"列岛在国际法上亦为无效

书　　名　钓鱼岛列屿之历史与法理研究

责 任 者　郑海麟著

出 版 项　北京:中华书局,2007

页　　码　314

分 类 号　D829.13:D829.313

相关目录　上编 从中日史籍看钓鱼岛列屿的主权归属/第一章《顺风相送》所记钓鱼岛列屿史实考释/第二章《册封史录》所记钓鱼岛列屿史实考释/第三章 明清人杂著所记钓鱼岛列屿史实考释/第四章 日本人的"钓鱼岛""尖阁群岛"名称之由来/第五章 论历史上中琉两国的边界划分——就钓鱼岛列屿主权问题驳小和田恒/中编 中日钓鱼岛列屿之争的法理研究 第六章 日本声称拥有钓鱼岛列屿领土权的论据分析/第七章 琉球交涉始末与钓鱼岛列屿问题/第八章《旧金山合约》钓鱼岛列屿问题/第九章 中日和平条约与钓鱼岛列屿问题 / 第十章《中日和平友好条约》与钓鱼岛列屿问题——兼评日本朝野对钓鱼岛列屿主权之争的态度 /下编 钓鱼岛列屿相关地图考释 / 第一部分 钓鱼岛列屿地理构造图考释 / 第二部分 明清时期中国人所绘钓鱼岛列屿地图考释 / 第三部分 甲午战前琉球古地图考释 /第四部分明清时期西洋人所绘钓鱼岛列屿地图考释 / 第五部分 甲午战后钓鱼岛列屿地图考释 / 第六部分 林子平《三国通览图说·琉球三省并三十六岛之图》解说

书　　名　钓鱼岛正名:钓鱼岛列屿的历史主权及国际法渊源

责 任 者　鞠德源著

出 版 项　北京:昆仑出版社,2006.01

页　　码　455

书　　号　7-80040-796-9

分 类 号　D829.13:D829.313

相关目录　壹 钓鱼岛列屿序说/贰 日本外务省的所谓"基本见解"/叁 钓鱼岛列屿历史主权图证/图1(日本)大概文彦《琉球诸岛全图》/图2 日本外务省编《宫古八重山两岛考略》壹册/图3 中国日本《球案条约》拟稿/图4 日本内务省地理局《大日本府县分辖图》第十四图《冲绳县图》/图4-1《冲绳县图》(局部)"钓鱼屿"、"黄尾屿"、"赤尾屿"图形/图4-2《冲绳县图》(局部)久米赤岛/图5 英国海图官局编制

《CHINA—EASq、COAST HONGKONG TO GULF OF LIAU—TUNG.》(中国东海沿海自香港至辽东湾海图)/图6《申报》台岛警信/图7(明)郑舜功绘《小东岛(即小琉球、台湾)暨诸海山图》/图8(明)郑若曾绘《万里海防图》第五、第六幅/图9(明)郑若曾绘《福建沿海山沙图》/图10 徐必达摹绘《乾坤一统海防全图》/图11(明)茅元仪绘《福建沿海山沙图》/图12(明)施永图绘《福建防海图》/图13(明)郑若曾绘《琉球国图》/图14(明)王圻绘《琉球国图》/图15 黿屿即琉球古米山(久米岛)之实证/图16(明)佚名《顺风相送》福建往琉球(针路)/图16－1(明)胡宗宪、郑若曾编《福建使往日本针路》/图17《琉球过海针路图》/图18 清康熙朝徐葆光等使琉《针路图》/图19 清乾隆朝周煌等使琉《针路图》/图20(清)徐葆光等绘《琉球地图/琉球三十六岛图》

内容提要　作者依据我国历代以来所拥有的"钓鱼岛列屿"史料,特别是中国各朝代及西方各国,包括日本所绘海图,雄辩证明"钓鱼岛列屿"的主权归属。

书　　名　丁日昌评传
责 任 者　邓亦兵编写
出 版 项　广州:广东人民出版社,1988.06
页　　码　138
书　　号　7－218－00177－7
分 类 号　K827.5
相关目录　七、首创轮船航运事业
内容提要　系统地介绍丁日昌的生平事迹及为人处世,并把丁日昌置于近代史的发展过程中加以考察。重要章节有"严寒条约办理交涉"、"赴潮州办案"、"首创轮船航运事业"、"除弊创新遭谤书"、"办理天津教案"、"引起轩然大波的奏折"等。作者认为丁日昌"以洋务活动蒙知于当局,受赞于时人",是"中国近代工业的首创者之一","于江南制造局、天津机器局的创办作出过重要的贡献","在中国海军史上第一次提出海军统一指挥分区设防的主张",在最为棘手的近代中外交涉问题上,提出一系列主动进取的积极应变主张,还"提出保护华侨的建言,是开启中国近代侨务观念的前驱者"。书中对丁日昌的一些做法也时作批判。书前有丁日昌画像一幅,书末附有《丁日昌年表》。

书　　名　丁日昌研究
责 任 者　张磊主编
出 版 项　广州:广东人民出版社,1988.06
页　　码　397
书　　号　7－218－00176－7
分 类 号　K827.5
相关目录　简论丁日昌的洋务思想/从《海防条议》看丁日昌的洋务思想/丁日昌与晚清海防论/略论丁日昌的国防建设主张和实践/丁日昌对近代海防及台湾防务的贡献/评丁日昌筹办海疆防务的思想主张/从《抚闽奏稿》看丁日昌经略台湾/丁日昌与马尾船政
内容提要　选编论文35篇。就丁日昌这位中国洋务运动中的重要人物的活动以及政治、军事、外交、教育、吏治实践等问题进行了探讨和争鸣。较为一致的看法是:丁氏的活动没有介入反帝反封建的民主革命运动这一时代主流,因之具有不容忽视的局限性,然而,作为爱国、开明的知识分子和官吏,其思想和实践在那个剧变的时期起了一定的积极作用。他的经济活动,表现出强烈的爱国特色;他的教育和人才思想,具有企图摆脱传统封建人才思想窠臼的倾向;他的海防主张突破了只是引进和利用西方武力的局限。本书对丁氏的重新评价,有助于洋务运动历史研究的深化。附录有"丁日昌学术讨论会论点简介"、"丁日

昌学术讨论会论文目录”。(曾宪志)

书　　名 **丁汝昌研究探微(新世纪文丛)**
责 任 者 孙建军著
出 版 项 北京:华文出版社,2006.05
页　　码 231
书　　号 7-5075-3732-1
分 类 号 K820
相关目录 1886年北洋舰船长崎油修起因辨析/丁汝昌筹守大同江始末/丰岛战前李鸿章四责丁汝昌析/丰岛战后黄海战前丁汝昌五次巡海觅踪/黄海战前北洋舰队护航大东沟行动各方调动、集结情况缕述/丁汝昌用的是什么样的炮弹/从黄海大战北洋舰队的指挥问题而想到的/寻找哈富门/哈富门之有趣/“北河”与“东北河”考/甲午旅顺之战丁汝昌日谱/卫汝成军抵旅时间续考/汉纳根在北洋舰队的短暂生涯/戴宗骞事迹记略/威海卫之战孙万林军援威始末/北洋舰队洋员笔下的丁汝昌

书　　名 **东北古代交通**
责 任 者 王绵厚,李健才著
出 版 项 沈阳:沈阳出版社,1990.11
页　　码 316
书　　号 7-80556-468-X
分 类 号 U1
相关目录 第一章 先秦时期的东北古代交通/第二章 汉魏时期东北交通地理的开辟/第四节 汉魏时期的辽东水路交通/第三章 两晋南北朝时期东北陆路交通的变迁/第四章 隋唐两代的东北水陆交通道/第四节 唐代渤海的水陆交通道/第八章 明代东北的交通驿站/第三节 以海西为中心的奴儿干都司水陆城站
内容提要 一、本书编写的主线,是以传统交通地理的表述手法,用历代交通路线纵向贯穿全书,在每一个历史时期的时间和空间平面上,又以点、线结合形成横向交通网。二、文撑本书各交通路线的支点,是交通干线上的各重要城站。对这些交通城站(包括重要关隘)的定点考察,形成了各个历史时期交通地理的明确座标。三、本书注意了对古代交通史迹、特别是与交通路线有关的历代考古遗迹的考察。这是本书籍助当代考古发现得天独厚的客观条件。其中除了作者有限的亲自调查和研究成果外,还有许多是当代考古工作者的共同努力的结果。所以如果说本书在某些地方有超出前人之处,首先应归功于当代考古学界和历史地理学界同道的奉献。四、本书重视与古代交通地理有关的自然地理、特别是对交通影响较大的山川地理的考察。因为古代交通,时代越久远,越与自然地理的关系密切。在现代交通网形成以前,利用山川、河谷作为古代陆路交通的主要走向,在世界交通史上带有普通意义。本书在涉及这一问题时,着重突出了这一点。五、本书重点记录了古代交通干线上发生的重大事件,并记述了交通道上古人活动的轨迹。其中包括国家和民族间的战争,经济和文化交往,商旅活动和骡使往来等。力图使一部交通地理著作,与东北古代史上的重要事件和人物息息相关,突出了交通地理主要是人文地理的特点。

书　　名 **东初老人全集:2,中日佛教交通史**
责 任 者 释东初编著
出 版 项 东初出版社,1989
页　　码 820

分 类 号　B949.2－52

相关目录　第一章 导论/第一节 先史以前中倭之交通/第二节 吴越先民最早之东渡/第三节 中国文化之东渐/第四节 近世伟人之远见/第二章 先秦以前中倭之交通/第一节 从民族学上看中倭之交通/第二节 从考古学上看中倭之交通/第三节 从古代朝鲜看中倭之交通/第四节 从古代海流看中倭之交通/第三章 周秦时代中倭之交通/第一节 周代中倭之交通/第二节 秦代中倭之交通/第三节 徐福东渡之航路/第五节 徐福是否为神武天皇/第四章 汉魏时代中倭之交通/第一节 日本史书与我国正史之比较/第二节 两汉时代中倭之交通/第三节 曹魏时代中倭之交通/第四节 日本国号来源于倭音读法/第五节 秦汉先民对日文化之贡献/第五章 南北朝时与倭之交通/第一节 南朝与大和朝廷之交通/第二节 中国文化对日本之影响/第六章 圣德太子新政与笃敬三宝/第一节圣德太子之新政/第二节 发扬佛教奖励艺术/第七章 隋代中日佛教之交通/第一节 隋日通史之往来/第二节遣隋使及文化之移植/第三节 规划人策动大文化之革新/第四节 隋代文化对日之影响/第八章 唐代中日佛教之交通第九章 唐人规划和印度人、西域人之东渡/第十章 鉴真东渡弘传戒法/第十一章 奈良佛教六宗之传承/第十二章 奈良佛寺与唐寺之关系/第十三章唐代经典输入日本之著录/第十四章 唐代文化对日本之影响/第十五章 五代时中日佛教之交通/第十六章 北宋时代中日佛教之交通/第十七章 南宋时代中日佛教之交通/第十八章 宋代文化对日之影响/第十九章 元代中日佛教之交通/第二十章 元僧东渡对日文化之影响/第二十一章 入元日僧与文化之移植/第二十二章 明代中日佛教之交通/第二十三章 元明两代对日文化之影响/第二十四章 清代中日佛教之交通

书　　名　**东渡蓬莱第一人:徐福研究文集**
责 任 者　罗其湘著
出 版 项　北京:北京燕山出版社,1993
页　　码　274
书　　号　7－5402－0664－0
分 类 号　K828.9＝33:K295.3
内容提要　本书内容包括:“徐福村的发现及其旅游资源的开发”、“徐福村的发现和徐福东渡”、“东渡蓬莱第一人”等。

书　　名　**东渡徐福(文化连云港丛书)**
责 任 者　张良群编著
出 版 项　北京:中国文史出版社,2005.03
页　　码　246
书　　号　7－5034－1620－3
分 类 号　K828.9＝33
内容提要　本书作者将历史的寻根与中外徐福研究脉络以及由此而延伸的关系史进行了系统的整理。

书　　名　**东方的发现:外国学者谈海上丝路与中国(珠江文化丛书)**
责 任 者　徐肖南等编译
出 版 项　广州:广东旅游出版社,2001
页　　码　418
书　　号　7－80653－264－1
分 类 号　K203

相关目录 “赛里斯”:寻找神秘的东方之国/利欲之念:海上贸易与商业精神/中国的南方:繁华的东方海口城市

书　　名 **东方蓝色文化:中国海洋文化传统(天地生人丛书)**
责 任 者 宋正海著
出 版 项 广州:广东教育出版社,1995
页　　码 241
书　　号 7-5406-2871-5
分 类 号 G122
相关目录 五、海洋与航行/(一)国内航海的杰出代表——元代漕运/(二)国际航海的伟大壮举——郑和七下西洋/(三)中、西远洋航行的本质差异/(四)地文导航体系/(五)季风航海/(六)潮汐表/六、海洋与政策/(四)市舶政策/(五)海禁政策/七、海洋与战争/(一)海洋战船/(二)海战兵器/(三)水城和卫所/(四)海战战术/(五)海洋军事百科全书——《筹海图编》/八、海洋与文学艺术/(四)航海和海洋工程中的文学艺术/九、海洋与宗教、迷信/(一)祭海封神/(二)三神山和入海求仙/(三)潮神庙和镇海神物/(四)天妃与天妃宫/(五)祈风与祈风石刻/(六)海洋神话传说/(七)神秘的飓日名/十、海洋与旅游、风俗习惯/十一、海洋与哲学

书　　名 **东方志:从红海到中国=from Red Sea to China(西方文库)**
责 任 者 (葡)多默·皮列士著;何高济译
出 版 项 南京:江苏教育出版社,2005.05
页　　码 244
书　　号 7-5343-6552-X
分 类 号 K919
相关目录 导论 巴黎古抄本/多默·皮列士传注/多默·皮列士《东方志》简介/序言/第一部 埃及到坎贝/第二部 坎贝到锡兰/第三部 孟加拉到印度支那/第四部 中国到浡泥/中国/琉球/日本/浡泥/菲律宾/第五部 印度群岛/第六部 马六甲/早期的历史/邻近诸地/地方行政/贸易/葡人的占领/明代马六甲和中国的交往/附图一 印度西海岸/附图二、马六甲及其邻近地区/附图三 东方舆地图
内容提要 本书是16世纪初大航海时代,葡萄牙派往中国的第一位使者皮列士撰述的从非洲东海岸到中国、日本沿线的地理、风俗、气候、经济、政治、历史等诸方面的记述。

书　　名 **东南考古研究:第1辑**
责 任 者 吴绵吉,吴春明主编
出 版 项 厦门:厦门大学出版社,1996
页　　码 186
书　　号 7-5615-1598-8
分 类 号 K870.4
相关目录 2. 旧石器时代闽台文化关系/15. 泉州后渚沉船的年代

书　　名 **东南考古研究:第2辑**
责 任 者 邓聪,吴春明主编;香港中文大学中国考古艺术研究中心,厦门大学历史系考古教研室编
出 版 项 厦门:厦门大学出版社,1999

页 码 309

书 号 7－5615－1264－3

分 类 号 K87－53

相关目录 海洋考古与海交史迹/17. 福建定海沉船遗址 1995 年度调查与发掘 中澳联合定海水下考古队/18. 关于福建定海沉船考古的有关问题 张威 林果 吴春明

内容提要 本辑收入了浙、闽、粤等东南各地早期古文化遗存的最新田野资料，东南考古文化区系类型及其相关的史前社会经济形态复原成果等。

书 名 **东南亚的福建人（厦门大学东南亚研究中心系列丛书）**

责 任 者 （马来）林忠强等主编

出 版 项 厦门：厦门大学出版社，2006

页 码 282

书 号 7－5615－2625－3

分 类 号 D634.333－53

相关目录 15－19 世纪主导海外华商网络的闽南海商 庄国土

内容提要 教育部人文社会科学百所重点研究基地：本书收录了 14 篇论文，透过历史的长度和区域的广度，从国家、社会、种群和个人等视角，以及从政、经、文、教等层面，来了解和探讨福建人南来的事迹、垦荒的艰苦、奋发的过程，以及落叶归根和开花结果的过去。

书 名 **东南亚海外潮人研究**

责 任 者 冷东著

出 版 项 北京：中国华侨出版社，1999

页 码 452

书 号 7－80120－300－3

分 类 号 D634.333

相关目录 第一章 潮汕地区海外移民兴起的原因/第二章 潮汕地区海外移民的演变轨迹/第三章 东南亚海外潮人的流动及其特点/一、潮汕地区海外移民的途径和条件/二、潮汕地区海外移民的流向及规模/第四章 东南亚海外潮人的经济活动/第五章 东南亚海外潮商的成就/第六章 二战前东南亚主要海外潮人精英暨混血后裔/第七章 东南亚海外潮人的社会关系/第八章 东南亚海外潮人的文化形态/第九章 东南亚海外潮人对中国的贡献

内容提要 全国哲学社会科学研究“九八”规划项目，汕头大学“211 工程”重点学科项目，汕头大学李嘉诚出版基金，中国人民银行汕头市分行资助。本书的研究范围是集中探讨 1945 年以前的东南亚地区的移民问题。在本书的写作过程中，笔者较为注重的参考了美国历史学家 特纳的的边疆理论及施坚雅的区域社会理论，将历史学与区域社会经济史、地理学、人口学、民族学、社会学等学科结合起来，力图较为清晰地考察海外潮人的活动以及从中所反映的潮汕地区社会经济及文化的种种特点。

书 名 **东南亚华侨史**

责 任 者 朱杰勤著

出 版 项 北京：中华书局，2008

页 码 403

书 号 978－7－101－06109－3

分 类 号 D634.333

相关目录 东南亚华侨史/第一章 古代和中世纪中国与东南亚各国的关系与华侨/第二节 汉代中国和东南亚各国的交通与人民的来往/第三节 唐宋时代中国与东南亚各国关系的发展与华侨/第四节 元明时代中国人在东南亚各国的活动/第二章 西方殖民者统治或控制下的东南亚各国社会的变化和华侨/第一节 欧人的东来及其对东南亚的侵略/第二节 菲律宾华侨在西班牙人统治下所受的压迫及其反抗/第三节 明清之际"海禁"和华侨政策/第四节 活跃在东南亚沿海的中国"海盗"/第五节 十八世纪初期印尼华侨的处境和红溪惨案/第六节 十八世纪至十九世纪加里曼丹华侨及其反抗荷英殖民者的斗争/第七节 鸦片战争前东南亚华侨的人口结构及其社会经济地位/第三章 近代的东南亚华侨/朱杰勤华侨史研究文集

内容提要 本书分为东南亚华侨史、朱杰勤华侨史研究文集两部分,具体包括古代和中世纪中国与东南亚各国的关系与华侨、西方殖民者统治或控制下的东南亚各国社会的变化和华侨、近代的东南亚华侨、明末清初华人出洋考等内容。

书　　名 **东南亚华侨通史(华侨华人研究丛书)**

责 任 者 吴凤斌主编

出 版 项 福建:福建人民出版社,1994.05

页　　码 945

书　　号 7-211-02189-6

分 类 号 D634.333-09

相关目录 第一编 古代的东南亚华侨(公元前3世纪—公元16世纪)/第一章 汉唐时期中国与东南亚各国的关系和华侨的产生/第一节 早期中国与东南亚地区的交往/第二节 汉唐时期出国的海商与华侨/第二章 宋元至明代中叶的东南亚华侨/第二编 近代的东南亚华侨(17世纪—20世纪10年代)/第三章 殖民者东来后东南亚各国对华侨的政策和态度/第四章 从事农业劳动的东南亚华侨/第五章 从事矿业劳动的东南亚华侨/第六章 逐渐融化或融合于当地民族的东南亚华侨/第七章 鸦片战争前后的华侨出国原因及其人口结构/第八章 契约华工大量出国和华侨无产阶级的形成/第九章 东南亚华侨小商贩的经济活动及其作用/第十章 东南亚华侨资产阶级的出现及其初期的经济活动/第十一章 东南亚华侨与秘密会社/第十二章 华侨在东南亚传播中华文化的作用和影响/第十三章 辛亥革命与东南亚华侨/第三编 现代的南亚华侨(20世纪10年代—40年代)/第十四章 20世纪上半叶东南亚华侨人口的发展/第十五 章东南亚华侨与20年代前后的中国革命运动/第十六章 两次世界大战之间的东南亚华侨经济/第十七章 民国政府的华侨政策/第十八章 东南亚华侨与抗日战争/第十九章 太平洋战争期间的东南亚华侨/第二十章 东南亚华侨社团的发展变化/第二十一章 东南亚华侨教育的发展变化/第二十二章 东南亚华文报业的形成与发展

内容提要 古代、近代和现代3编,系统地论述东南亚华侨的产生、发展与变化,并阐明这些变化的规律性。

书　　名 **东南亚考察论郑和**

责 任 者 孔远志,郑一钧编著

出 版 项 北京:北京大学出版社,2008.09

页　　码 442

书　　号 978-7-301-14195-3

分 类 号 K248.105

相关目录 第一章 中国国内关于郑和的研究:历史与现状/一、百年郑和研究四个时期的比较/二、纪念郑和下西洋600周年活动的丰硕成果/三、贯穿郑和研究的主线和精神/第二章 郑和下西洋的社会背景和使命/一、明初的社会背景/二、明初的外交政策和郑和下西洋的使命/三、郑和的身世、才能和宗教信仰/第三章 郑和下西洋的航程和经历的若干重大事件/一、郑和下西洋的航程/二、郑和下西洋航程中的重大事件/第四章 郑和使团的组织、装备和航海技术/一、郑和使团的组织/二、郑和使团的装备/三、郑和使团的航海技术/第五章 海外的郑和寺庙/一、印尼的郑和寺庙/二、马来西亚的郑和寺庙/三、泰国、菲律宾和柬埔寨的郑和寺庙/第六章 海外有关郑和的遗迹和传说及其启示/一、海外有关郑和的遗迹和传说/二、对海外有关郑和传说的分析/第七章 海外有关郑和的机构、活动和著作/一、海外研究郑和的机构和纪念郑和的活动/二、海外用英文、马来文等出版的郑和著作/三、评孟席斯的《1421:中国发现了世界》/第八章 对郑和在海外影响的几点思考/一、郑和下西洋与华侨华人/二、郑和在海外影响的意义/三、向海外介绍郑和的重要性和艰巨性/第九章 郑和下西洋的贡献与局限/一、郑和下西洋的贡献/二、郑和下西洋的局限/三、郑和研究的意义与前景/附录/附录一、东南亚郑和寺庙对联选/附录二、论郑和与东南亚的伊斯兰教/附录三、伊斯兰教哈乃斐学派的华人在爪哇传播伊斯兰教的作用(1411-1564)

内容提要 本书着重通过在东南亚的考察论述郑和下西洋,把实地考察与研究海内外文献结合起来,与当地的历史背景和现实社会结合起来,揭示郑和下西洋在海外影响的特点,历史轨迹和意义。

书 名 东南亚历史舞台上的华人与华侨(世界华人文化丛书)
责 任 者 钱平桃,陈显泗主编
出 版 项 太原:山西教育出版社,2001
页 码 458
书 号 7-5440-2138-6
分 类 号 D634.333

相关目录 第一章 打开国门 通向海洋/第二章 踏上丝绸之路闯南海的中国人/一、海上丝绸之路的开通/三、最早闯南洋的人——“住蕃”的华商华人/四、相处融融的主客/第三章 夹缝中求生 拌和着血泪的忧与喜/一、冲出海禁与禁航的铁壁

内容提要 本书从历史的角度,详细记述了自古以来,华人华侨在开发建设东南亚过程中的艰辛、困苦与辉煌成就,记述了华人华侨在东南亚社会、经济、文化发展中的卓越贡献。

书 名 东南亚史论文集
责 任 者 中国东南亚研究会编
出 版 项 郑州:河南人民出版社,1987
页 码 504
书 号 10105·497
分 类 号 K33

相关目录 公元前二世纪至公元一世纪间中国与印度东南亚的海上交通——汉书地理志粤地条末段考释(韩振华)/唐代以前中国和东南亚的海上交通——兼论中国丝绸从海路传入东南亚及其影响(陈炎)/中国和东南亚各国在历史上的友好往来(余定邦)/历代中越交通道里考(陈玉龙)/中柬友好关系史上的第一次高潮——公元六世纪萧梁时期的中柬关系(周中坚)/郑信与中国(段立生)/清代中国和暹罗的友好关系(葛治伦,徐启恒)

内容提要 该书汇集了近年来我国学术界对越南、柬埔寨、老挝、泰国、缅甸、马来西亚、菲律宾、印度尼西亚、新加坡、文莱等十个东南亚国家政治、经济、文化、历史,以及我国与这些国家关系的研究成果。我国著名东南亚问题专家朱杰勤、韩振华、何启拔教授为该书撰写了文章。它是一部既有学术价值又有现实

政治意义的论著。

书　　名　东南亚文化交通史(亚洲文化丛书)

责 任 者　邱新民著

出 版 项　吉隆坡:新加坡亚洲研究学会,新加坡文学书屋,1984

页　　码　627

分 类 号　K330.3

相关目录　

书　　名　东南沿海城市与中国近代化

责 任 者　张仲礼主编

出 版 项　上海:上海人民出版社,1996

页　　码　807

书　　号　7 - 208 - 02190 - 2

分 类 号　K295

相关目录　

书　　名　东山与台湾

责 任 者　刘小龙编著

出 版 项　福州:海风出版社,2002

页　　码　300

书　　号　7 - 80597 - 407 - 1

分 类 号　K295.74: K295.8

相关目录　

湾最多的沿海岛县/第五章 东山是明清时期戍卫台澎,维护海峡和平安定的前哨营盘/第六章 东山是明末郑成功收复台湾的屯兵据点/第七章 东山是清代施琅征台统一祖国的出师地/第八章 东山是台湾民俗文化的连根树/第九章 东山是台湾关帝信仰的发祥山/第十章 东山“寡妇村”是海峡两岸人间悲剧的活典型

内容提要　本书以专题形式分别记述东山县与台湾历史以来在地理、血亲、文化习俗及政治、军事、经济等诸方面的关系;记述了东山县与台湾在各个年代两岸关系发展的全过程。

书　　名　**东亚海域一千年:历史上的海洋中国与对外贸易**

责 任 者　陈国栋著

出 版 项　济南:山东画报出版社,2006

页　　码　383

书　　号　7-80713-397-X

分 类 号　F752.9

相关目录　导言 历史上的亚洲海洋贸易网/一、谈熙宁十年注辇与三佛齐入贡中国事——关于地华伽罗/二、宋、元史籍中的丹流眉与单马令——以出口沉香到中国而闻名的一个马来半岛城邦/郑和船队下西洋的动机:苏木、胡椒与长颈鹿/四、从四个马来词汇看中国与东南亚的互动/五、十七世纪日本的丝割符制度与中日间的生丝贸易/六、雪爪留痕——十八世纪的访欧华人/七、清代前期(1644-1842)海洋贸易的形成/八、鸦片战争以前清朝政府对进出口商品的管理/九、1780-1800:中西贸易的关键年代/十、1760-1833年间中国茶叶出口的习惯做法/十一、清代中叶广东行商经营不善的原因/十二、古代中国贸易中的不确定性——广东洋行福隆行的个案研究/十三、潘有度(潘启官二世):一位成功的洋行商人/十四、清代中叶厦门的海上贸易

内容提要　本书介绍了近千年中国人参与海事活动的历史,探究海洋中国的发展态势。内容涉及了中国与东南亚、欧洲地区的交往,特别注重广州与厦门的对外贸易所引发的种种问题。

书　　名　**东亚华人社会的形成和发展:华商网络、移民与一体化趋势**

责 任 者　庄国土,刘文正著

出 版 项　厦门:厦门大学出版社,2009.09

页　　码　561

书　　号　978-7-5615-3337-6

分 类 号　D634.331

相关目录　第一篇 东亚华裔网络、中国海外移民与华侨社会的形成/第一章 明清时期中国的二次海洋机遇与华商网络的形成/第二章 17-19世纪的中国移民下南洋/第三章 南洋华侨社会的形成于发展(17-20世纪初)/第四章 台湾汉民社会及日本、朝鲜华侨社会的形成/第二篇 侨政和东亚华人社会的转型/第五章 清代和民国侨政与东南亚华侨认同的变化

内容提要　本书主要内容包括三篇:东亚华商网络、中国海外移民与华侨社会的形成;侨政和东亚华人社会的转型;东亚华人经济体崛起及其一体化趋势。

书　　名　**东亚近代史**

责 任 者　(日)加藤祐三

出 版 项　北京:中国社会科学出版社,1992.08

页　　码　163

分 类 号 K310.4－194

相关目录 对于东亚来说的近代——写在前面的话/第一章 世界商品和交通革命/六、海运的中转港口/九、海洋的交通革命/第二章 外部压力和抵抗/七、开港后的贸易形态/八、围绕着租界和贸易的进攻与防守/第三章 探索富强和独立之路/十、从横滨开港到明治维新/第四章 战争和革命/六、甲午中日战争

书　　名 **东亚三国古代关系史**

责 任 者 汪高鑫,程仁桃著

出 版 项 北京:北京工业大学出版社,2006.1

页　　码 244

书　　号 7－5639－1710－1

分 类 号 D829.31

相关目录 第一章 古代东亚三国的早期交往/第一节 古代中国与朝鲜半岛国家的早期交往/第二节 古代中国与日本的早期交往/第三节 古代朝鲜与日本的早期交往/第二章 中国隋唐帝国时期的东亚三国/第一节 隋帝国时期的东亚三国关系/第二节 唐帝国时期的东亚三国关系/第三节 隋唐制度与日罗改制/第四节 隋唐时期的日朝关系/第三章 中国宋元时期的东亚三国/第一节 宋元时期中国与高丽的关系/第二节 宋元时期中国与日本的关系/第四章 中国明与清初、中期的东亚三国/第一节 明与清初、中期中朝关系的发展与变化/第二节 明与清初、中期的中日关系/第五章 古代东亚三国的文化交往/第一节 瑰奇的汉字与东亚汉字文化圈/第二节 儒学在朝、日的传播与影响/第三节 追慕大唐风韵

内容提要 本书以中国历代正史和日、朝、韩的古代史籍为依据,参考、借鉴了当今一些中国学者的重要研究成果编纂而成。全书以中日朝三国之间的古代交往和关系为主要考察对象,旨在通过对三国间交往历史的叙述,使今日东亚三国人民能够对于邻国的历史与相互关系有一个客观的、正确的认识。

书　　名 **东亚与太平洋国际关系:东西方文化的撞击,1500－1923**

责 任 者 曹中屏著

出 版 项 天津:天津大学出版社,1992.06

页　　码 466

书　　号 7－5618－0350－8

分 类 号 D819

相关目录 第一章 太平洋西岸亚洲国家与西方的早期关系/第一节 太平洋航线的开辟葡、西、荷殖民主义者的入侵/第二节 中国海商与蓬勃发展的太平洋贸易英国资产阶级革命中国满洲贵族入主中原/第三节 西学东渐 中国文化对西方的撞击/第四节 欧洲使节来华 早期中俄关系/第五节 西方势力对太平洋岛屿及北美西北海岸的探险与争夺早期中美关系/第二章 19 世纪上半叶欧美列强在东南亚的扩张和各国人民反对殖民主义的斗争 中英鸦片战争/第三节 中英鸦片战争/第三章 日本对外开放第二次鸦片战争/第二节 第二次鸦片战争与《北京条约》/第四章 资本主义列强对中国周边邻国侵略的加强/第四节 中法战争/第五章 中日甲午战争/第一节 日本"大陆政策"的形成与战争危机/第二节 中日战争爆发《马关条约》/第三节 三国干涉还辽/第四节 甲午战争对中日两国内部发展与东亚格局的影响/第六章 列强在东亚的疯狂争夺与美国"门户开放"政策/第七章 中国人民反帝爱国运动与帝国主义列强/第八章 英日同盟与日俄战争/第九章 日俄战争后的东亚、太平洋国际格局的变化/第十章 日本并吞朝鲜/第十一章 第一次世界大战期间的东亚新时代的曙光

内容提要 本书是从文化视角论述近代东亚与太平洋国际关系的著作。东亚的地理范围作者指出是印度以东的亚洲和太平洋地区,包括缅甸、泰国、越南、老挝、柬埔寨、马来西亚、文莱、新加坡、印度尼西亚、

菲律宾、中国、朝鲜、日本、蒙古、俄罗斯滨海地区等。作者力图从整体观察16世纪至20世纪20年代的东亚、太平洋各国间以及它们与西方世界间的相互关系,对影响到东亚地区历史发展与世界历史进程的东亚各国的主要事件,用全球的角度进行观察,努力揭示各种相互关联的国际力量在东亚地区的消长、变化与发展。

书　　名 **东洋航路移民:明清海洋移民台湾与菲律宾的比较研究(海洋与中国丛书)**

责 任 者 曾少聪著

出 版 项 江西高校出版社,1998

页　　码 284

书　　号 7-81033-891-9

分 类 号 D69: D734.138

相关目录 第一章 移民环境和文化背境/第二章 移民的历史过程/ 东洋航路与海洋移民/移民来源的变迁/第三章 移民的经济活动/以商业为主的经济活动/第四章 移民的社会结构/第五章 移民的文化接触/第六章 海洋移民发展的模式及作用

内容提要 本书以中国海洋移民为研究对象,以台湾和菲律宾为研究范围,从中国海洋社会经济史的视角比较明清时期海洋移民台湾与菲律宾社会、经济和文化发展的异同,突破以往从区域史的角度研究国内海洋移民,从华侨史的视野研究国外海洋移民的局限、把海洋移民放在中国海洋社会经济史的背景下作整体和综合的考察。

书　　名 **东印度公司对华贸易编年史:1635-1834年,第三卷**

责 任 者 (美)马 士(Morse,H. B.)著;中国海关史研究中心组译;区宗华译

出 版 项 广州:中山大学出版社,1991.12

页　　码 404

书　　号 7-306-00211-0

分 类 号 F752.949

相关目录 第三卷/第六十一章 海盗:皇家战船,1805年/附录十六、皇家战船情况的报告/第六十二章"海王星号"事件,1806-1807年贸易季度/附录十七、皇帝对英国国王的谅解及体恤的诏书/附录十八、"海皇星号"水手的审讯/第六十三章 行佣:皇家战船,1807年/附录十九、海关监督禁止鸦片进口法令的译文/第六十五章 清剿海盗,1809年/附录二十一、行商转交来的禁止鸦片进口及金银出口的两个法令的译文/第七十章 美国船运与不列颠战舰,1814年/第七十七章 平静的一年,1820年/附录二十三、关于鸦片贸易的谕令/贸易船运表,1805-1820年

书　　名 **东印度公司对华贸易编年史:1635-1834年,第一、二卷**

责 任 者 (美)马 士(Morse,H. B.)著;区宗华译;中国海关史研究中心组译

出 版 项 广州:中山大学出版社,1991.12

页　　码 777

书　　号 7-306-00209-0

分 类 号 F752.949

相关目录 第一卷/第二章 威德尔在广州,1637年/第七章"防卫号"在澳门,1689-1690年/第八章"卖士里菲尔德号"在广州,1699-1700年/第十四章"安妮号"在厦门,1715年/第十七章 巡抚——海关监督,1724年/第二十三章"诺曼顿号"在宁波,1736年/第二十六章 东路航线,1739-1740年/第二十九

章 从1754－1774年的缺遗/东印度公司的英国船只对华贸易表1635－1753年/第二卷/第三十九章“休斯夫人号”事件,1784年/第五十二章 东方海面的海战,1796年/第五十三章 与行商的关系,1797年/附录十二、“广州号”船长维维安的信函/第六十章 海盗:鸦片:往安南的使命,1804年/来广州的东印度公司船只表,1775－1804年

内容提要 《东印度公司对华贸易编年史》是在中国海关担任过税务司的美国人马士的巨著。马士阅读了东印度公司有关中国方面的全部档案。这部著作是在公司档案保存的航务日记和航务咨文以及有关资料的基础上编写的。书上所说的英国对华贸易,“事实上是广州与伦敦之间的贸易”。这是一部早期英国对华贸易状况的记载,是研究中国经济史、特别是中英贸易史的珍贵资料。

书　　名 **东印度航海记(中外关系史名著译丛)**
责 任 者 (荷)威·伊·邦特库(W. Y. Bontekoe)著;姚楠译
出 版 项 中华书局,1982
页　　码 145
分 类 号 D829.563
相关目录 [侯恩]威廉·伊斯布兰茨·邦特库的东印度航海日记或著名纪事
内容提要 东印度航海记(荷兰)邦特库著。姚楠译。中华书局1982年4月版。9.4万字。荷兰是早期航海到东方来的西方殖民国家之一。中国明代天启三年(1623),本书作者就作为荷兰船队的船长,参加了荷兰殖民者的海外掠夺,来到远东,并亲身参与了侵扰中国东南沿海的活动。晚年他将这次航海经历写成一本书。书中记录了他在1618－1624年远东冒险航行的全过程,还特别记述了荷兰殖民者的野蛮的侵略和掠夺行径。书中所述,对了解17世纪的中西海上交通,荷兰与西班牙、英国、葡萄牙在海外的争夺,和荷兰殖民者在中国沿海和澎湖列岛的侵扰活动,都是很有价值的。中译本根据1929年伦敦出版社的英译本翻译。书前有原英译本的《导言》,书末附有索引。收入“中外关系史名著译丛”。

书　　名 **东瀛圣迹考:徐福千童百工集团在日本**
责 任 者 郑一民著
出 版 项 石家庄:河北教育出版社,2002
页　　码 483
书　　号 7－5434－2635－8
分 类 号 K828.9＝33:K295.3
内容提要 本书主要内容包括:绪论;徐福其人及三次奉皇命率众出海;徐福千童百工集团在日本各地的遗迹;徐福与神武等。

书　　名 **二千年中日关系发展史**
责 任 者 李季著
出 版 项 学用社,1940
页　　码 417
分 类 号 K2
相关目录 第七章 东晋南北朝时代的中日关系/(五)东晋南北朝时代倭国高句丽百济新罗对中国交通的比较观/(六)倭国对中国交通的路线及其结果/第八章 流寓汉人在文化上的贡献/第九章 隋代的中日关系/(一)隋的统一及其远略/(二)倭国的发展及其自觉/(四)煬帝朝隋倭使节的往来/第十章 唐代的中日关系上/第十一章 唐代的中日关系

书　　名　**二十世纪盛宣怀研究**

责 任 者　易惠莉,陈吉龙主编;常州市政协文史委员会盛宣怀研究会编

出 版 项　南京:江苏古籍出版社,2002

页　　码　791

书　　号　7-80643-745-2

分 类 号　K825.3=6

相关目录　盛宣怀等与轮船招商局经营管理问题.1872-1901 [澳大利亚]黎志刚/盛宣怀的非常外交观略论 闾小波 聂资鲁/论甲午战争期间的盛宣怀 张红军/盛宣怀与出洋华工谈判始末 郭存孝/盛宣怀的教育思想 崔运武/论"西学"在盛宣怀经办实业中的应用 齐国华

内容提要　本书选遍了各个历史阶段中外学者有代表性的论文二十篇,附录了研究资料论文索引和盛宣怀一生经历记要,展示出上世纪盛宣怀研究的成果和他的发展轨迹。

书　　名　**二十世纪中国海洋要事:1901-2000**

责 任 者　杨文鹤等编著

出 版 项　北京:海洋出版社,2003

页　　码　588

书　　号　7-5027-5969-7

分 类 号　P7-092

相关目录　第一部分 近代篇(1901-1949)/第一章 清末时期(1901-1911)/清政府签订丧权辱国的《辛丑条约》,渤海沿岸允许外国驻军/日俄旅顺口海战/江南船坞成立/两广水师提督李准率"伏波"、"琛航"两舰巡视西沙群岛/福建船政局停办,中国近代舰船工业基地走向没落/张謇创办通海垦牧公司/清政府重建海军/第二章 民国初年和北洋政府时期(1912-1927)/孙中山的海权观和建港设想/北洋政府组建海军舰队江南制造所为美国承造4艘万吨轮/陈嘉庚创办集美学校水产科/北洋政府海军部设立海道测量局/第三章 南京国民政府时期(1928-1936)/第四章 抗日战争时期(1937-1945)/南京国民政府公布非常时期轮船转移外籍办法/日本发表"遮断航行"宣言,封锁我国东南沿海港口/江阴阻塞线保卫战/中国政府收回航行权/第五章 解放战争时期(1945-1949)/台湾重归中国版图/国民党政府交通部恢复航政局建制/英、美赠送军舰给国民党政府/厦门大学建立海洋系和海洋研究所/中国收复西沙群岛和南沙群岛/国民党政府与美国签订《中美友好通商航海条约》/中国接收日本4批投降战舰/我国历史上的一次特大海难事故

内容提要　本书展示了百年来我国不同历史时期发生的、对海洋事业的发展有推动作用的、反映海洋事业前进步伐的或者对社会产生重大影响的重要事件。

书　　名　**法显(中华历史名人丛书)**

责 任 者　谢方著

出 版 项　天津:新蕾出版社,1993.05

页　　码　97

书　　号　7-5307-1109-1

分 类 号　B949.92

相关目录　佛教岛国——师子国记游/岛国概述/名副其实的佛国/睹扇思乡/南中国海中遇台风/印度洋上遇旋风/更得经本归国途中/山东登陆新的征途——译著事业

书　　名　法显的海上丝路之旅
责 任 者　戴之昂
出 版 项　台北:台湾商务印书馆,2007.8
页　　码　138
书　　号　978-957-05-2196-2

书　　名　法显首先发现美洲考证
责 任 者　达鉴三著
出 版 项　台北:复华印书馆,1969
页　　码　96

书　　名　法属中南半岛之华侨(南洋研究史料丛刊)
责 任 者　杨建成主编
出 版 项　中华学术院南洋研究所,1986.06
页　　码　201
分 类 号　D634.333
相关目录　第一章 法属中南半岛华侨发展史概要/第二章 法属中南半岛之华侨人口及其出身地别、职业别/第三章 法属中南半岛华岛华侨经济势力的成长过程及其经济地位 / 第六项 水运业/第四章 法属中南半岛对日输出贸易与华侨/第五章 对祖国之经济支援 / 第三项 中国输出入贸易与华侨及国货消费 / 第九章 中日事变与华侨

书　　名　帆船史
责 任 者　杨槱著
出 版 项　上海:上海交通大学出版社,2005
页　　码　158
书　　号　7-313-03985-9
分 类 号　U674.926-091
相关目录　第一章 船的起源/第二章 古代世界各地区、各民族的木帆船/第三章"文艺复兴"后西方船舶的进步/第四章 大航海好地理大发现的时代/第五章 西欧各航海强国争夺殖民地/第六章 欧洲商船队和海军的迅速发展/第七章 帆船发展的高峰和迅速衰落
内容提要　本书旨在宣扬帆船文化和海洋文化,对世界各地区帆船的特点、发展过程、著名的航海业绩与海上战斗,以及有关的著名人物等,都作了简明扼要叙述。

书　　名　方豪六十自定稿:上、下
责 任 者　方豪著
出 版 项　台湾学生书局,1969.06
页　　码　2册(299,1800)
分 类 号　C539
相关目录　上/从"顺风相送"探索郑和或其他同时出使人员来台澎的可能性/郑和时代金门在中外航海上的地位/十六世纪浙江国际贸易港 Liampo 考/中国在日欧初期交通史上之地位/明郑的海权掌握和对外关系/下/十五六世纪南洋华侨史事丛记/利玛窦年谱(译)/"郑氏の台湾地图"汉译正误

书　　名　**风雨域外行:探寻古代中国人走向世界的足迹**
责 任 者　朱亚非主编
出 版 项　济南:山东画报出版社,2004
页　　码　257
书　　号　7-80603-972-4
分 类 号　D829
相关目录　先秦至魏晋时期——探索域外/中国文化第一子 避地朝鲜行教化——箕子与朝鲜半岛/三千童男女 扬帆渤海东——徐福集团东渡日本/求法先驱 垂范后世——东晋高僧法显在海外/隋唐宋元时期——认识域外/学尽梵术 解尽佛意——唐代赴印求法大师义净/舍己为人传道义 唐风洋溢奈良城——鉴真六次东渡日本/一个中国人眼中的世界——元代旅行家汪大渊与《岛夷志略》/描绘域外事 名著后世传——周达观与《真腊风土记》/明清时期——走向域外/临危不辱使命 受困心系报国——明初赵秩等出使日本/初使安南拒贿赂 三使中亚留文章——明初外交家陈诚/振纲常布中外 覆文德及四方——郑和下西洋/南交草木 亦知公名——交趾布政使黄福/浴血奋战 力保东邻——明代援朝统帅邢玠/蹈海全忠节 文化传邻邦——朱舜水与中日文化交流
内容提要　本书探索了古代中国人走出国门、走向世界所经历的风雨历程,从商周到明清,时间跨越达三千余年,其中所涉及人物、故事引人入胜。

书　　名　**封中史话:岭南文化古都之盛衰**
责 任 者　陈乃良著
出 版 项　广州:广东省地图出版社,1998
页　　码　190
书　　号　7-80522-505-2
分 类 号　K296.5
相关目录　二、潇水封水古通衢/三、潇水—贺江源头区先秦古通道/四、湘桂"新道"和灵渠/九、"海上丝绸之路"始发港的历史悬谜

书　　名　**涪陵港史**
责 任 者　夏述华主编
出 版 项　武汉:武汉出版社,1991.10
页　　码　195
书　　号　7-5430-0612-X
分 类 号　U65
相关目录　第一章 古港的形成和发展(上古时期-1840年)/第一节 涪陵古港溯源/第二节 缓慢形成的涪陵港/第三节 港口的初步定型/第二章 帝国主义入侵对涪陵的影响(1841-1931年)/第一节 重庆开埠对涪陵的影响/第二节 港口民族航业的崛起—开辟渝涪航线/第三节 涪陵港的鸦片运销/第四节 涪陵的反帝反封斗争/第三章 战时和战后的涪陵港(1937-1949年)/第一节 黄金航线的巩固和发展/第二节 战时涪陵港的重要地位/第三节 战时运输管理/第四节 战后的繁忙复员运输/第五节 发展艰难的港航业

书　　名　**福建船政局史稿**
责 任 者　林庆元主编

出 版 项 福州:福建人民出版社,1986

页 码 415

分 类 号 F426.474

相关目录 第一章 初创时期(1866－1873年)/一、福建船政局创办的历史背景/二、筹办船政局的经过/三、英法与船政局的关系/四、近代造船工业的诞生/五、船政前后学堂的创办/六、船政局的管理和经营/第二章 发展时期(1874－1895年)/一、船政局继续造船/二、派遣留学生/三、自造轮船的开始/四、马江战役与船政局/五、马江战役后的船政局/六、十九世纪八十年代后经营方式的初步变化/第三章 停滞时期(1896－1911年)/一、船政的整顿和改革/二、甲午战后船政局与法国的关系/三、设备的更新和造船水平的提高/四、甲午战后前后学堂和留学生/五、船政局停滞的原因/六、船政局的作用及其影响/第四章 衰落时期(1912－1949年)/一、北洋军阀统治下的船政局/二、国民党统治时期的马尾造船所

内容提要 福建船政局创办于1866年,是"洋务运动"的产物。本书共四章,论述福建船政局及其附属船政前后学堂兴办、发展及衰落的历史。书中全面分析船政局的经营方式、生产规模、工人状况和教育制度,并探讨船政和中国近代教育、船政学堂与中国近代海军、洋务企业的对外关系等问题。对左宗棠创办船政局的动机和目的,认为船政局是作为外国侵略势力的对立物出现的;船政局遵循"权自我操"的原则,有效地控制了外国雇员和工匠。作者还认为购买机器是民族资本工业正常的技术引进,聘用洋员则是"师夷长技以制夷"的途径。此外,还系统论述船政学堂的变迁沿革,指出船政学堂是中国近代培育科技队伍的摇篮和近代海军的诞生地,其积极影响实际上超过了船政局本身。全书征引70余种中外资料和大量的未刊稿和回忆录。

书 名 **福建船政局史稿**

责 任 者 林庆元著

出 版 项 福州:福建人民出版社,1999

页 码 516

书 号 7－211－03506－4

分 类 号 F426.474

相关目录 /第一编 初创时期(1866－1873年)/一、"师夷长技以制夷"的实践/二、前驱先路建船厂/三、英、法与船政局/四、远东第一大船厂/五、第一所造船和驾驶的近代专科学堂/六、技术引进的成就/七、一场大争论/第二编 发展时期(1874－1896年)/一、从木壳船到铁船/二、前后学堂的进步/三、派遣留欧学生/四、马江战役与船政局/五、马江战役后的船政局/六、官办企业的弊端/七、传统与近代并存的管理制度/第三编 停滞时期(1897－1911年)/一、整顿和改革/二、再聘"洋员"/三、新式舰船的制造/四、船政学堂的衰落/五、陷于停滞的原因/第四编 衰落时期(1912－1949年)/一、北洋军阀政府时期的船政局/二、国民党统治时期的海军马尾造船所/结语 船政局的历史地位和影响/附录一、福建船政局历史研究述评/附录二、福建船政局造船一览表/附录三、福建船政局所造舰船蒸汽机概况表

内容提要 该书是国内第一部一福建船政局为研究课题的学术专著。作者运用马列主义观点,较系统的解剖了福建船政局(马尾造船厂前身)及其附设学校前后学堂的发展变化、兴衰沿革:具体研究了船政局与国内外各方面的关系,船政局内部的各种矛盾,诸如船政与英法关系、船政经营方式、工资制度、工人状况、造船技术水平、船政与近代海军、前后学堂课程设置及毕业生、留学生情况等等。从一个侧面肯定了洋务运动在历史上的应有地位,肯定了船政局所表现的民族进取精神。全书内容丰富,资料翔实,附有插图及统计图表40多幅,是作者20多年心血的结晶,有较高的学术价值。对中国近代史、洋务运动史、造船工业史、近代教育史的研究都不无裨益。

书　　名　福建船政局史事纪要编年:清同治五年至宣统二年,1866－1910

责 任 者　郑剑顺编

出 版 项　厦门:厦门大学出版社,1993.1

页　　码　204

书　　号　7－5615－0825－5

分 类 号　F426.474

相关目录　福建船政局史事纪要编年/附录:福建船政局研究论文索引

书　　名　福建船政文化简明读本

责 任 者　陈然编著

出 版 项　福州:海潮摄影艺术出版社,2007

页　　码　162

分 类 号　F426.474

相关目录　第一章 洋务运动与船政的兴起/一、鸦片战争/二、洋务运动/三、船政的兴起/第二章 船政与中国近代教育/一、船政学堂/二、船政学堂的教育模式/三、船政学堂留学教育/四、船政学堂主要成就/第三章 船政与中国近代工业/一、船政十三厂的建成/二、先进造船技术的引进/三、造船工人的培养/四、船舶的制造/五、矿业开采冶炼/六、铁路建设/七、电信事业/八、中国航空工业的摇篮/九、船政之最/第四章 船政与中国近代海军/一、清政府"阿斯本舰队"的破灭/二、中国近代海军的创造/三、1874 年沈葆桢巡台/四、1884 年中法马江海战/五、1894 年中日甲午海战/六、福州海军世家/第五章 船政名人风采/一、中西文化交流——中国启蒙思想家、翻译家、教育家/二、中国近代工业——造船专家、铁路专家、矿务专家、轮机专家/三、中国近代海军名将/第六章 船政文化研究概述/一、船政的含义/二、船政文化/三、弘扬船政文化精神/第七章 船政遗址及船政文化旅游/一、中国船政文化博物馆/二、昭忠祠(马江海战纪念馆)/三、马限山公园/四、罗星塔船厂船政遗址

书　　名　福建对外贸易史研究(福建社会经济丛书之一)

责 任 者　萨士武编著

出 版 项　福州:福建省研究院社会科学研究所,1948.03

页　　码　66

分 类 号　F092

相关目录　明代福建市舶司考 萨士武 胡寄馨/明代福建对外贸易港研究 胡寄馨/清代前期厦门洋行考 傅衣凌

书　　名　福建对外贸易与海关史

责 任 者　林仁川著

出 版 项　厦门:鹭江出版社,1991.04

页　　码　361

书　　号　7－80533－393－9

分 类 号　F752.9

相关目录　第一章 隋以前的海上交通概况/第一节 面向海洋的地理条件/第二节 福建先民的海上活动/第三节 秦汉福建的海上交通/第四节 魏晋南北朝福建的海上交通/第二章 隋唐五代的海上贸易与市舶司的萌芽/第一节 社会经济的初步繁荣/第二节 甘棠港与刺桐港的开辟/第三节 海外贸易的发展/第四

节 市舶司的萌芽/第三章 宋元的对外贸易与市舶司的建立/第一节 泉州港的兴盛/第二节 主要的贸易国家的地区/第三节 主要的进出口商品/第四节 市舶制度的发展与完善/第四章 明代的对外贸易与市舶司的衰亡/第一节 郑和下西洋与福建对外贸易/第二节 中琉贸易的特点与福建市舶司的衰亡/第三节 福建私人海上贸易的发展/第四节 封建海关的萌芽/第五章 清前期的海外贸易与封建海关的建立/第一节 郑氏海商集团的对外贸易和关税制度/第二节 闽海关的建立及管理职能/第三节 开关后与各国的贸易关系/第六章 清后期的对外贸易和洋关的建立/第一节 外国资本主义的入侵与洋关的建立/第二节 进出口贸易结构的变化/第三节 鸦片的大量输入及其恶果/第四节 风行一时的茶叶贸易/第五节 骇人听闻的苦力贸易/第七章 民国时期的对外贸易和海关的变化/第一节 对外贸易概况与海关机构的变化/第二节 纸的输出贸易/第三节 木材和出口贸易/第四节 粮食的输入贸易/第五节 其他进出口商品的构成

内容提要 研究福建在各个历史时期对外贸易发展的状况，论述与之相关的海关管理机构由宋代的市舶司、明代的督饷馆到清代的闽海关、“洋关”和民国海关的演变发展过程等问题。并从历史的角度考察其对外贸易，重点论述福建茶叶、纸张、木材三大出口商品的生产情况。采运网络和销售渠道、海外市场等问题，以及粮食输入的情况。对宋元时泉州港崛起的原因、明代郑和下西洋的目的和清代闽关海关设置的地点等史学界长期争论的问题，提出见解。

书　　名 福建对外文化交流史（福建思想文化史丛书）
责 任 者 林金水主编
出 版 项 福州：福建教育出版社，1997
页　　码 487
书　　号 7-5334-2030-6
分 类 号 K295.7：K103

相关目录 第一章 福建海上交通的兴起与宋元对外文化交流的兴盛/第一节 唐以前的福建海外交通/第二节 唐五代时期福建对外文化交流/第三节 宋元时期福建海上丝绸之路的兴盛/第四节 阿拉伯人与福建/第五节 福建与欧洲的文化交流/第六节 福建与亚洲各国的文化交流/第二章 明清时期福建海上交通的拓展/第一节 福建与郑和下西洋/第二节 福建侨民与东南亚开发及文化传播/第三节 西方殖民主义者入闽/第四节 福建——菲律宾——美洲海上丝绸之路/第五节 福建海外贸易的发展与对外物质、文化交流/第三章 明清时期福建与日本、琉球的文化交流与传播/第一节 福建与日本的贸易往来/第四节 福建文化向琉球传播的途径/第四章 明清之际来闽传教士与中西文化交流/第五章 福建与近代中西文化交流/第六章 基督教传入与西方文化对福建社会的影响

书　　名 福建古代经济史
责 任 者 唐文基主编
出 版 项 福州：福建教育出版社，1995
页　　码 643
书　　号 7-5334-1700-3
分 类 号 F129

相关目录 第二编 封建制前期福建经济的逐步发展/第二章 隋唐五代时期福建经济的开发/第六节 隋唐五代福建海外交通贸易/第三编 封建制后期福建经济的繁荣/第三章 宋元时期福建海外贸易的勃兴/第一节 宋元政府对海外贸易的管理/第二节 福建海外贸易的发展状况/第三节 泉州港的兴盛和世界大港地位的确立/第四节 海外贸易对福建社会生活的影响/第四编 资本主义萌芽时期福建经济/第一章 明清时期福建农业手工业生产力的发展/第二章 明清时期福建渔盐业经济/第三章 明清时期福建城乡商

品经济发展的新高度/第四章 明清福建封建经济关系演变和资本主义萌芽/第五章 明清福建海外贸易的新变化/第一节 福建琉球贸易关系和神话港的历史地位/第二节 私人海外贸易的发展与月港的兴衰/第三节 郑成功时代的台湾海外贸易/第四节 清前期的海外贸易和厦门港的崛起/第五节 进出口商品/第六节 海外贸易对福建社会的影响

书　　名 福建古代历史文化博览
责 任 者 邱季端主编
出 版 项 福州:福建教育出版社,2007
页　　码 1148
书　　号 978－7－5334－4825－7
分 类 号 K295.7
相关目录 综述篇/二十一、泉州港的兴衰/二十五、郑和下西洋与福建/二十八、明代福建的抗倭斗争/二十九、月港的兴衰/三十、郑成功抗清与收复台湾/三十一、施琅平定台湾和开发台湾/三十四、蔡牵海上起事/史志文献篇/四、祝穆与《方舆胜览》/五、赵汝适与《诸蕃志》/十六、陈第与《东番记》/十七、张燮与《东西洋考》/宗教信仰篇/十、水神玄天上帝/五十三、五帝信仰与送瘟船/五十四、王爷信仰与王爷船漂流台湾/五十八、海神妈祖信仰/科学技术篇/七、福建的造船业/风俗篇/二十七、疍民习俗/闽台关系篇/一、福建向台湾移民/九、闽台民间信仰的交流/对外关系篇/一、福建与阿拉伯的关系/二、福建与东南亚的关系/三、福建与琉球的关系/四、福建与日本的关系/五、福建与欧洲的关系

书　　名 福建海防史
责 任 者 驻闽海军军事编纂室编著
出 版 项 厦门:厦门大学出版社,1990.04
页　　码 480
书　　号 7－5615－0269－9
分 类 号 E29
相关目录 第一编 古代福建海防/第一章 秦汉至五代时期的闽海兵事/第二章 宋、元时期的福建海防/第一节 宋代的海防/第二节 元代的海防/第三章 明代的福建海防(上)/第一节 明初的海防/第二节 经福建出航的郑和船队/第四章 明代的福建海防(中)/第一节 明中末期的海防/第二节 抗倭斗争/第五章 明代的福建海防(下)/第一节 殖民者侵犯闽海/第二节 郑氏三代在闽海/第六章 清代的福建海防(上)/第一节 沿海的抗清斗争/第二节 清初闽海布防/第三节 施琅进军澎台/第四节 闽台的反清起义/第二编 近代福建海防/第七章 清代的福建海防(中)/第一节 第一次鸦片战争在闽海/第四节 盛兴的福建船政/第八章 清代的福建海防(下)/第一节 中法战争在闽海/第二节 衰败的福建海防/第九章 中华民国时期的福建海防
内容提要 本书论述了福建海防事业的兴衰历程。
关 键 词 福建;海防史

书　　名 福建海外交通史
责 任 者 廖大珂著
出 版 项 福州:福建人民出版社,2002
页　　码 669
书　　号 7－211－04112－9

分 类 号 F552.9

相关目录

内容提要 本书分"秦汉时期福建海外交通的起步"到"福建对外文化交流"七个篇章,回顾了福建历史上曾经有过的辉煌的海洋时代,追寻了福建海外交通的发展嬗变,探索了福建海外交通的发展规律。

书 名 **福建航运史:古、近代部分(中国水运史丛书)**
责 任 者 林开明主编
出 版 项 北京:人民交通出版社,1994.01
页 码 476
书 号 7-114-01834-7
分 类 号 F552.9

相关目录

船运输渐趋繁忙/第六节 沿海三大口岸航运贸易激增/第七节 内河城镇港埠的繁荣/第八节 船舶修造工业的成长/第九节 保护航业权益,组织帮、行会/第十节 木帆船船工民在土地革命战争中的贡献/第八章 抗日战争时期福建航运的剧烈变化/第一节 战争影响下航运格局的变化/第二节 适应时局整治河道改造轮船/第三节 租用外轮维持战时海上运输/第四节 对内河航运施行战时组织管理/第五节 官方插手民营轮船业和闽轮三公司创立/第六节 战时重要的水上运输/第九章 解放战争时期福建航运的起落/第一节 航运短期繁荣/第二节 沿海港口的重兴/第三节 船舶修造业的复兴/第四节 清理封锁线航道和内河航道治理的继续/第五节 闽轮三公司内外矛盾的产生/第六节 内战中福建航运业陷入困境/第七节 港航员工支援解放战争

内容提要 记述了福建航运业从远古到中华人民共和国建立前的发展历程。

书　　名 **福建近代产业史**

责 任 者 罗肇前著

出 版 项 厦门:厦门大学出版社,2002

页　　码 405

书　　号 7－5615－1991－5

分 类 号 F429.57

相关目录 第一章 导论/第二章 产生时期(1840－1894)/四、江海轮运业/第三章 初步发展时期(1895－1911)/四、江海轮运业/第四章 渐次展开时期(1912－1926)/五、江海轮运业/第五章 鼎盛时期(1927－1937)/七、江海轮运业/第六章 由沿海向山区转移的艰苦卓绝时期(1937－1945)/五、江海轮运业/第七章 举步维艰的复苏时期(1945－1949)/三、江海轮运业

内容提要 本书分七章,内容包括:导论、产生时期(1840－1894);初步发展时期(1895－1911);渐次展开时期(1912－1926);鼎盛时期(1927－1937);由沿海向山区转移的艰苦卓绝时期;举步维艰的复苏时期(1945－1949)。

书　　名 **福建近代经济史**

责 任 者 林庆元主编

出 版 项 福州:福建教育出版社,2001

页　　码 694

书　　号 7－5334－2739－4

分 类 号 F129.5

相关目录 第一编 晚清时期的福建经济/第六章 福建近代工业的兴起/一、福建船政局的创办/第七章 交通运输和电信事业/一、闽江航运业的发展/二、海上轮运业的兴起/第八章 商业和外贸/二、晚清外国对福建贸易的急剧膨胀/第二编 民国时期的福建经济/第五章 交通运输和电信事业/一、闽江轮运业的发展/二、闽海轮运业的发展/第六章 商业和外贸/三、福建对外贸易

内容提要 本书研究福建近代经济史的历史变迁和发展,内容包括:晚清时期的福建经济、民国时期的福建经济2部分。

书　　名 **福建商帮**

责 任 者 王日根,陈支平著

出 版 项 香港:中华书局(香港)有限公司,1995.01

页　　码 146

书　　号　962 -231 -695 -6

分 类 号　F729.4

相关目录　第一章 福建商帮的产生及其发展/一、福建商帮形成的历史条件和地理条件/二、宋元时期的世界性贸易/三、明代私人海上贸易的兴盛/四、明代以来福建商帮的坎坷历程/第二章 福建商帮的组织特点/第三章 福建商帮的活动特点/三、海上贸易与移居国外的相互促进/第四章 福建商帮的经营观念与资本归宿

书　　名　**福建省航运史:古代部分,初稿**

责 任 者　福建省航运史编写组编

出 版 项　1989

分 类 号　F552.9

书　　名　**福建省航运史:近代部分,初稿**

责 任 者　福建省航运史编写组编

出 版 项　1988

分 类 号　F552.9

书　　名　**福建省志:军事志(中华人民共和国地方志)**

责 任 者　福建省地方志编纂委员会编

出 版 项　北京:新华出版社,1995

页　　码　627

书　　号　7 -5011 -2448 -5

分 类 号　K295.7

相关目录　第一篇 机构 驻军/第三章 清军/三、福建新水师/第四章 北洋军/四、海军/附一 北京政府闽人担任海军要职名录/第五章 国民革命军/三、海军/第七章 抗日游击队/二、闽中沿海游击队/第八章 人民解放军/四、福建海军/第二篇 重要战事/第四章 抗日战争/一、厦门抗战/二、福州抗登陆作战/三、大湖战斗/第五章 解放战争/四、解放平潭岛/五、漳厦金战役/六、解放东山岛

书　　名　**福建史稿:上、下**

责 任 者　朱维干著

出 版 项　福州:福建教育出版社,1986

页　　码　2 册(488,655)

分 类 号　K295.7

相关目录　第六编 明代的福建/第十七章 明代福建社会经济的发展/八、海上交通的发展/第十九章 福建的倭祸/一、倭祸的酝酿时期/二、倭祸严重时期/第二十章 戚继光的抗倭斗争/一、戚继光将军第一次援闽/二、戚继光将军第二次援闽/第二十一章 倭寇弭平后的海防与中日关系/一、海防善后事宜/二、抗倭立功三将领的悲剧/三、明季的中日关系/第七编 清代的福建/第二十三章 郑成功的抗清斗争/第二十四章 郑成功收复台湾的壮烈事迹/第二十八章 在爱新觉罗王朝统治下的福建/一、清初的海禁/二、闽南航运的发展/三、闭关政策/四、阻碍航运业发展的政令/五、五口通商后帆船所受的打击

书　　名　**福建史论探:纪念朱维幹教授论文集**
责 任 者　唐文基主编
出 版 项　福州:福建人民出版社,1992.12
页　　码　394
相关目录　郑成功收复台湾的壮举 朱维幹 / 福建商人与妈祖 张桂林 罗庆四 / 福建古代海防述论 卢建一 / 从"万年清"舰船始末看晚清海军的兴衰 黄国盛
内容提要　本论文集共收26篇文章,收有部分朱维幹教授的论文和其他人士的论文,其中有《郑成功收复台湾的壮举》、《"一一·九"起义》、《清代福建田产典当研究》等。

书　　名　**福建市舶司人物录:纪念泉州市舶司设置九百周年**
责 任 者　杨清江 陈苍松编著
页　　码　76
分 类 号　D691.42
相关目录　卷一、市舶司职官表/卷二、市舶司人物传略

书　　名　**福建文史资料:第10辑,闽海关史料专辑**
责 任 者　中国人民政治协商会议福建省委员会文史资料研究委员会编
出 版 项　福州:中国人民政治协商会议福建省委员会文史资料研究委员会,1985.09
页　　码　193
分 类 号　K250.6
相关目录　古代福州港的对外往来和海关机构/闽海关(洋关)的建立/闽海关关产的购置与变迁/闽海关税收情况/闽海关超越海关职能的种种活动/福州两次沦陷时的闽海关/解放前的福州报关行业/闽海关琐忆/接管前后的闽海关/福海关的成立与撤销/福海关洋税务司公馆/福建海上走私活动的历史回顾/附录/闽海关十年报/三都澳海关十年报/闽海关历任税务司名录

书　　名　**福州船政局**
责 任 者　沈传经著
出 版 项　成都:四川人民出版社,1987.08
页　　码　382
书　　号　7-220-00006-5
分 类 号　F426.4
相关目录　第一章 酝酿造船/一、列强以船侵略及其恶果/二、买船欲造船之争/三、奏请设厂造船/第二章 建厂造船/一、计划/二、建厂、办学堂/三、造船、驾船与调船/四、外部阻挠与内部破坏/五、实现预期计划/第三章 继续和发展造船/一、续行兴造与自造"艺新"轮/二、铁胁"威远"号与首届出国学生/三、铁快"开济"号与二届出国学生/四、铁甲"平远"号与三届出国学生/五、船政局与海防/第四章 收缩与暂停造船/一、船政危机和重新整顿/二、鱼雷快舰与四届出国学生/三、积重难返和暂行停造/第五章 尾声/二、福州船政局大事记
内容提要　福州船政局是左宗棠创办的军用工业,在洋务运动中占有重要地位。本书认为:福州船政局水产的舰船和枪炮,多数用于"御侮":福州船政局把造船和培养造船与驾船人员结合起来,为改造旧式水师,建立近代海军、加强海防,以及学习西方科技和政治思想,都产生积极影响。1874年由外国人监督造船改为中国人自己独立造船后,福州船政局不是衰退,而是获得发展,从造木质轮船进步到铁肋快船,钢

甲快船和鱼雷船，管理上也从调拨改为主要是代造和协造；874 年前，福州船政局虽雇洋人为监督或总监工，但大权并未旁落，法国雇员受到所订条款约束，清政府船政大员按所订条款行事。认为那种视洋务企业均具消极因素的泛论是站不住脚的。

书　　名　**福州港史（中国水运史丛书）**

责 任 者　福州港史志编辑委员会编

出 版 项　北京：人民交通出版社，1996

页　　码　590

书　　号　7－114－02382－0

分 类 号　F552.9

相关目录　第一篇 古代部分/第一章 福州港的兴起（远古至元末）/第一节 福州古港的形成/第二节 有军运型港口向区域性贸易港的转变/第二章 明清时期福州古港的繁荣（明初－1839 年）/第一节 腹地经济的发展及朝贡贸易港的形成/第二节 市舶机构的迁置及闽海关南台口的设立/第三节 内外贸运输的进一步拓展/第四节 港区的拓展及造船业的发展/第二篇 近代部分/第三章 福州港的半殖民地化及茶叶出口港的形成（1840－1849 年）/第一节 福州港被迫开放及港口主权的丧失/第二节 港口航运结构的重大变化/第三节 近代造船工业基地和海军摇篮的形成/第四节 茶叶出口带动下港口生产的发展及其对社会经济的影响/第四章 近代福州港的进一步发展（1895－1936 年）/第一节 港口管理机构的建立与监督力量的加强/第二节 航道管理的加强与港口码头设施的继续完善/第三节 港口造船业的复苏与航运业的发展/第四节 港口客货吞吐量的发展/第五节 驳船管理的加强与近代代理报关行的出现/第五章 战争影响下福州港的衰落（1937－1949 年）/第一节 外患影响下港口的衰落/第二节 内忧中的短暂复苏与破坏/第三节 港口管理机构及管理工作的变化/第四节 封建把持制的码头装卸管理形式的形成与变化

书　　名　**福州马尾港图志（福建省福州市地方志专著）**

责 任 者　福州市地方志编纂委员会编

出 版 项　福州：福建省地图出版社，1984

页　　码　380

分 类 号　K295.71

相关目录　马尾港概述/卷一、地理/清代马尾港之海防/马尾港的地位/二十年代的马尾港水路交通/海禁开后马尾始成交通要地/卷二、船政/《福建船政局厂告成记》/船政局初期的亲历见闻/致沈葆桢书/《清史稿·海军·福州船厂》/从事海军之回忆/清末船厂的一些情况/《福建船政始末记》/《马尾船政学堂概述》/《马尾的船坞》/《马尾——中国航空器制造的摇篮》/《马尾海军铸币厂》/（马尾）《海军各学校历届毕业生名册》/《福建船政书目举要》/卷三、甲申之役/甲申亲历见闻的两封信/马江战事述略/《裴光禄年谱》所记甲申前后史事/《福州马江战事大略情形》/张佩纶与马江甲申之役/《清史稿》有关甲申之役纪述/《历史记马尾事辨误》/《甲申贻误记》（节录）/《甲申贻误记书后》/卷四、史事/明代倭寇骚扰闵海马江受害/《马江倭患旧闻》/马江大风覆舟/马江发现大海鳅/郑成功在罗星塔一带用兵经过/船政人员赴日本阅操/法水兵在马尾又闹命案/马江禁止私招华工出洋/《防止违约招工始末记》/《孙中山先生参观马尾船政局》/马尾港要塞各炮台的兴废沿革/林祥谦在马尾造船厂当学徒

内容提要　福州马尾港图志林萱治主编。福建省地图出版社 1984 年 12 月版。25 万字。分 8 卷。卷一地理，描述福州马尾港地理范围内的山川形势、建置沿革等情况。卷二船政，详细介绍自公元 1866 年（清同治五年）由左宗棠创建福州船政局以来制造军舰、飞机，成为中国近代海军摇篮的过程。卷三甲申之役，记载公元 1884 年（清光绪十年）中法马江海战的历史，反映福建军民反抗外国入侵的爱国精神。卷

四史事,介绍发生在马尾港的各项历史事件,如马江倭患、禁止私招华工出洋等。卷五人物,介绍左宗棠、沈葆桢、魏瀚、严复、叶祖珪等名人事迹。卷六胜迹,主要介绍罗星塔和纪念马江海战阵亡将士的昭忠祠及古迹济美桥。卷七艺文,收录有关马尾港景物和史事的诗词题咏。卷八丛谈。书前有珍贵史料照片32张。

书　　名　**福州三江口水师旗营**
责 任 者　陈贞寿著
出 版 项　北京:中国大百科全书出版社,2007.06
页　　码　277
书　　号　7-5000-7693-2
分 类 号　E295.2
相关目录　第一章 清朝的建立与军事制度/五、水师营制/第三章 福州三江口水师旗营的建立/一、设营缘起/二、设营意图/三、水师旗营的位置及配置/四、旗营城外的遗迹、遗址/五、旗营城内至今遗留的建筑物和遗址/第四章 福州三江口水师旗营的制度/一、军制/二、官阶、待遇/三、编制/四、堆汛/五、装备/六、训练/七、训练中的军民鱼水情/第五章 福州三江口水师旗营历史上的征战/一、参与平定台湾林爽文事件/二、镇压蔡牵"海盗"/第六章 中法马江海战中的三江口水师旗营/一、马江战前清军的备战/二、中法舰队战斗力对比/三、闽江下游的三道防线与战役的三个阶段/四、战争第一阶段——马尾战役/五、战争第二阶段——闽安战役/六、战争第三阶段——长门战役/第十一章 水师旗营后裔的海军百年缘/一、黄氏海军世家/二、百年九代贾氏海军世家/三、琴江许氏家族与海军缘/四、旗营李氏世家/五、琴江村参加海军的其他人士
内容提要　本书以历史图片和文字的形式,详尽地介绍了福州三江口水师旗营的诞生、位置、军制、装备、征战等方面的情况,特别是在中法马江海战中英勇抗敌的事迹。

书　　名　**福州世家(福州民俗文化丛书)**
责 任 者　曾意丹,徐鹤苹著
出 版 项　福州:福建人民出版社,2001
页　　码　406
书　　号　7-211-03909-4
分 类 号　K820.9
相关目录　远见卓识的爱国者林则徐/甲午海战中英勇奋战的林泰曾/沈葆桢兴办船政与船政世家的形成/沈葆桢巡台御侮/使琉球却金的谢杰/为保卫海疆奉献终生的谢葆璋/萨镇冰与海军世家
内容提要　本书按姓氏归类进行编排,先介绍福州各姓世家的来龙去脉,而后择要介绍其子弟侄孙中的杰出人物及事迹。

书　　名　**福州文史资料:第22辑,船政文化篇**
责 任 者　中国人民政治协商会议福建省福州市委员会文史资料委员会编
出 版 项　2003.1
页　　码　509
分 类 号　K295.7
相关目录　船政人物/左宗棠是创议和实施设厂造船第一人/沈葆桢与福建船政/沈葆桢冲破困难建船厂/奕䜣与福建船政/丁日昌与中国造船业/丁日昌与福建船政/裴荫森与马尾船厂/日意格与福建船政/

魏瀚与福建船政/刘步蟾传略/郑清濂与船政/“船政”人萨镇冰/徐建寅与福建船政/王寿昌与船政文化/徐寿山海难救助/船政英才录/船政校友三将领/同仇敌忾 保厂卫国——记马尾船政工人与学生在马江战役中的英雄业绩/海校轮机班毕业生余堃铁事/马尾造船厂老工人余荣惠/船政教育/船政教育 薪传不绝——船政学堂及其系列学校/马尾是我国造船教育的发源地/马尾船政与我国近代海军/鞠躬尽瘁 桃李芬芳——先父陈钟新与船政教育/桐梓海军学校是福建船政的延续与发展/船政兴衰/船政之最/马尾船政的兴衰/福建船政与江南制造局/船政的成就、经验与教训/船政文物/船政文化史迹的保护和利用/左宗棠在福州的遗迹/马尾船政部分文化史迹解读/船政史料新得四则/马尾周姓族谱与船政的史事/船政研究/百年来船政史研究概述/福建船政与福建海洋文化渊源/略论船政的文学/严复世家/新编严复年谱(1854－1921)/船政文化是近代中国先进文化的旗帜

书　　名　**福州文史资料选辑:第 12 辑**
责 任 者　中国人民政治协商会议福建省福州市委员会文史资料工作委员会编
出 版 项　1993
页　　码　248
分 类 号　K295.701
相关目录　马江教泽 源远流长——记马尾船政堂、圃、院、校的创立和发展及科技成就

书　　名　**福州文史资料选辑:第 15 辑,纪念马尾船政一百三十周年专辑**
责 任 者　中国人民政治协商会议福建省福州市委员会文史资料委员会
出 版 项　1996.12
页　　码　244
分 类 号　K295.7
相关目录　船政春秋/船政学堂办学经验及其在福建教育史上的地位/船政学堂的特色与功绩/福建马尾商船学校复办经过及初步成效/严复、叶祖珪、萨镇冰三老的交谊/沈觐宸及其七律十首诠释/日意格与福建船政/湘北会战中海军的布雷活动/为甲午海战北洋舰队之战绩纪述作考证/船政史迹/马尾区几处船政遗迹/船政石狮史话

书　　名　**福州文史资料选辑:第 16 辑**
责 任 者　中国人民政治协商会议福建省福州市委员会文史资料委员会
出 版 项　1997.08
页　　码　216
分 类 号　K295.7
相关目录　中山舰官兵壮烈殉国经过/甲午海战中的留英海军生/抗战胜利收复南沙西沙群岛与我的南沙之行/中国近代造船事业的先驱魏瀚

书　　名　**福州文史资料选辑:第 19 辑,纪念沈葆桢诞辰一百八十周年特辑**
责 任 者　中国人民政治协商会议福建省福州市委员会文史资料委员会
出 版 项　2000.04
页　　码　383
分 类 号　K295.7
相关目录　船政元勋/福州船政概略/沈葆桢与福建船政/沈葆桢与中国现代海军/巡视台湾/抗日先

驱沈文肃公葆桢/沈葆桢的筹台思想与治台措施/沈葆桢保卫开发台湾的策略与贡献/沈葆桢与闽台海防/台湾近代化自沈葆桢始/沈葆桢加强台湾海防,倡导台湾近代化的伟大功绩/沈葆桢与甲戌台防/沈葆桢驱逐日寇,保卫和开发建设台湾的功勋/沈葆桢对中国近代海防的贡献/沈葆桢痛失歼倭之机/教育为本/从船政学堂的兴办看沈葆桢的教育思想/沈葆桢的教育观/沈葆桢的中西教育观/沈葆桢的教育思想/沈葆桢——我国派遣军事留学生的先驱/马尾船政出洋留学生薪传不绝

书　　名　**福州文史资料选辑:第2辑**
责 任 者　中国人民政治协商会议福建省福州市委员会文史资料工作委员会
出 版 项　1983.12
页　　码　216
分 类 号　K295.7
相关目录　抗日战争期间闽系海军一次复兴运动的史料/抗战期间第三战区海军布雷工作情况/抗日战争时中山舰壮烈牺牲经过/抗战时期国民党海军炮队及炮台的分布和活动概况

书　　名　**福州文史资料选辑:第3辑,甲申马江战役专辑**
责 任 者　中国人民政治协商会议福建省福州市委员会文史资料工作委员会
出 版 项　1984.07
页　　码　272
分 类 号　K295.7
相关目录　甲申抗法战役纪略/马江风云/甲申马江战役与李鸿章/甲申贻误补记/甲申马江之役中法舰队及中方海岸陆军布防情况/中法海战/马尾将观战记/中法马江役战之回忆/甲申马尾之役法国宣战史实辩误/詹天佑曾否参加甲申马江战役质疑/会办福建海疆事宜张佩纶等来电/拟将闽局轮船抽调聚操折/闽浙总督何璟等来电/北洋大臣李鸿章来电/总税务司赫德来电/会办福建海疆事宜张佩纶来电/上海道邵友濂来电/北洋大臣李鸿章来电/会办福建海疆事宜张佩纶来电/总理各国事务衙门奕劻等奏洋情叵测瑾筹办法折/出使德法国大臣李凤苞来电/发会办福建海疆事宜张佩纶电/会办福建海疆事宜张佩纶来电/会办福建海疆事宜张佩纶等奏法船入口窥伺现筹省形折会办福建海疆事宜张佩纶督办船政何如璋奏法船聚泊马江应调各省兵船协防折/军机处寄沿江沿海将军督抚统兵大臣等电旨/会办福建海疆事宜张佩纶来电/吏科给事中万培因奏闽省舟师失利请饬援闽各军水陆并进折/水师失利自请逮问折

书　　名　**港口史学研究文选**
责 任 者　秦皇岛港史志编审委员会
出 版 项　1998.09
页　　码　319
分 类 号　U659.2
相关目录　一、论文类/6. 古代秦皇岛航海地位沿革概述/7. 从明清秦皇岛港湾的禁海看闭关锁国的落后困境/11. 探寻东方航路的开拓者们/ 22. 秦皇岛地区古代海洋文化初探

书　　名　**高港港史**
责 任 者　李诚存主编
出 版 项　武汉:武汉出版社,1989.12
页　　码　210

书　　号 7－5430－0290－6

分 类 号 F552.9

相关目录 第一章 古代的柴墟港(古代－1898年)/一、港口孕育过程/二、港口形成和初步发展/三、柴墟易名及淮盐在港口转运/四、清代港口的木材运输/五、泰兴救生、义渡局的设立/第二章 列强入侵和民族航业兴起的口岸港(1898年－1937年)/一、外国轮业染指口岸港/二、民族航业在口岸的经营/三、口岸的过载行和木划业/第三章 抗日战争和解放战争时期的口岸港(1937年－1949年)/一、江阴水下封锁线对港口的影响/二、日军占领后的港口运输生产/三、抗战胜利后港口的复苏/四、装卸工人的悲惨生活和反抗斗争

内容提要 本书是一本反映高港港口经济、技术发展情况的专业史。

书　　名 **高丽外交史(韩国学术译丛)**

责 任 者 (韩)卢启铉著;紫荆,金荣国译

出 版 项 延吉:延边大学出版社,2002

页　　码 780

书　　号 7－5634－1606－4

分 类 号 D831.209

相关目录 第一篇 建国与领土扩张期/第六章 文宗恢复对宋朝外交及其多边外交/第四节 诱导开放的对日外交/第五节 通过宋朝商人与大食国商人的来往/第六节 高丽海军证伐女真海盗/第十一章 征伐内地论的提出与维持现状政策/第一节 妙清、郑和常的征伐金国论/第三十三章 与琉球的关系/第一节 中国与琉球的关系/第二节 高丽与琉球的关系

内容提要 韩国大象文化财团资助出版:本书分建国与领土扩张期、对元抗争期、衰退期、复兴的企图与灭之四篇共三十四章,记述了高丽长达500年的外交史。

书　　名 **哥伦布之前的中国航海**

责 任 者 房仲甫,姚斓著

出 版 项 北京:海洋出版社,2008

页　　码 177

书　　号 7－5027－7005－4

分 类 号 F552.9

相关目录 季风是如何发现的/夏代:船系成型、定向航行/商代造船与以“贝”为“财”/殷人 美洲/春秋的海战海港与航海术和“船宫”/战国海运及我国海洋思想的发展/始皇巡海、海漕、灵渠/徐福探险与日本/西汉:千年丝绸之路的开辟/千年“丝路”之证/中国帆船体系的显露及橹和舵出现/三国、两晋、南北朝时期的“商使交属”/斗舰、水密舱、车轮船的出现/隋:名舰五牙/唐代的海上丝绸之路/但等唐舶、木兰舟/唐代的四大港口/宋代“丝路”的延伸——亚非航路/世界最大的海港之——泉州/指南针、平衡舵及其他/航海图的绘制/元代的通商交往/丝路:贸易、交往及对元代社会的影响/造船趋于高峰与牵星板的出现/明代:“大航海”先驱郑和最早绕过好望角/空前壮举:七下西洋/惊世的宝船/《郑和航海图》/附录 中国水运大事年表

内容提要 中国航海历史的特点,最早是族群迁徙,而后才发展成为航海贸易。前者盲目性很大,因系逃亡,往往不思归路,故为人所不知;后者已发展成为定向航行,有去有回,犹如后期开辟并对世界文明产生深远影响的“中国海上丝绸之路”。本书通过图文并茂的方式向读者介绍中国古代航海的历史。

书 名 各国航业政策实况与收回航权问题

责 任 者 郭寿生著

出 版 项 上海:上海华通书局,1930

页 码 274

分 类 号 U6

相关目录 第一章 行业政策的研究/第二章 各国行业政策/第三章 各国行业实况及其竞争形势/第四章 太平洋行业之争霸/第五章 世界行业比较与统计/第六章 中国行业状况/第七章 中国航路/第八章 帝国主义之侵略我国航权/第九章 不平等条约与我国航权之关系/第十章 收回航权问题/第十一章 发展中国行业计划

书 名 古船资料辑录:1974,第1辑

责 任 者 泉州湾古船发掘领导小组编

页 码 129

分 类 号 U6

相关目录 一、释舟/1. 舟部释名/2. 释舟(摘录)/3. 历代造舟《物源》/二、历代船类及其构件、用材/1. 唐以前南方造船/2. 唐代造船/3. 唐代轮船/4. 唐大历、贞元间的大船/5. 北宋浅底船及平底船/6. 南宋大龙船/7. 南宋“舠船”(钓槽船)/8. 南宋尖底海船/9. 南宋平底船/10. 元代中国船/11. 明代战船及其他/12. 战船/13. 游船/14. 蒙术/15. 楼船/16. 走舸/17. 门艦/18. 海鹘/19. 战船:鸳鸯桨船/20. 战船:赤龙舟/21. 福船(大胜小)/22. 广船(坚胜脆)/23. 八卦六花船/24. 门舰/25. 楼船/26. 轮船/27. 神飞大轮船/28. 鸯船/29. 海鹃/30. 沙船/31. 喇叭唬船/32. 八桨船/33. 逝船/34. 开浪/35. 渔船/36. 无底船/37. 蒙术/38. 鸳鸯桨/39. 走舸/40. 子母船/41. 连环舟/42. 破船舸/43. 福船/44. 广船/45. 八卦六花船/46. “福船”说/47. “海沧”说/48. “苍船”说/49. 福船、冬仔、乌槽/50. 明内河战船/51. 明代闽造使琉球船资料/52. 明代造船之弊有十/53. 明嘉靖造船所用楠杉、水板、旧船料的零星资料摘录/54. 明代海上航行所用的针及其司事人员/55. 清初有关使琉球资料摘录(三则)/56. 白鹭船/57. 五帆船/58. 闽江船/59. 躺船/60. 远洋浅船/61. 船的不同结构/62. 洋船钉/63. 椗/64. 关于铁锚、船带、篷、索、桅、梁、枋、樯的资料/65. 用竹茹、麻筋、油石灰补漏之不同时代/66. 锚/三、古船专论选辑/1. 中国古代船舶/2. 唐宋时代的造船业/3. 唐宋的轮船/4. 泉州宋元海船资料的分析/5. 南海航运在中印经济文化史上的考察/6. 从宝船厂舵杆的鉴定推论郑和宝船/7. 造船小史/8. 古代船只/四、解放后有关白船的发现与考古的选辑/1. 扬州施桥发现了古代木船/2. 山东梁山县挖出一只五百多年前的水船/3. 梁山县发现明代木船/4. 南京市三汊河附近明代宝船厂遗址中发现盘车构件/五、古代外国船舶的部分资料/1. 唐代南海番舶/2. 日本海船/3. 倭船不如中国船/4. 明代倭船与中国船的不同/5. 明仿佛即机造的“蜈蚣船”/6. 木兰舟/7. 西洋船/8. 洋舫/9. 甲板船/10. 关于外舶、备考书目/六、有关单位和研究人员对泉州湾有船问题来函辑要/1. 有关古船的一些问题/2. 有关古船年代推论问题/3. 有关古船发掘方法问题/4. 有关古船保护的科技问题/5. 江苏武进庵城等处发现古船及发掘经验介绍/6. 关于宋元木船的一些问题/7. 有关古船资料简介/8. 山东梁山古船资料/9. 关于古船的复原加固问题/七、调查访问的摘要/1. 后渚访问摘记/2. 泉州造船舫摘要/3. 访问围头吴天顺同志的摘记/4. 访问陈允郭老教授摘记/5. 访问惠安西方村造船老技工王凯司记录/6. 访问惠安百奇村郭有明、郭马团记录/八、有关摘辑的古船资料书目

书 名 古刺桐港

责 任 者 庄为玑著

出 版 项 厦门:厦门大学出版社,1989. 09

页　　码　359

书　　号　7－5615－0155－3

分 类 号　K878

相关目录　第一章 泉州交通史迹概述/第二节 对外交通/第三节 交通史迹/第四节 文献资料/第五节 考古调查/第二章 泉州交通的综合史迹/第三节 古港考/第三章 先秦至六朝的交通史迹/第五节 三国交通(229年,魏太和三年)/第四章 隋唐的交通史迹/第五章 五代交通史迹/第六章 北宋交通史迹/第四节 宋市舶司(1087年,元祐二年)/第七章 南宋交通史迹/第五节 宋天妃宫(1196年,庆元二年)/第八节 宋《诸蕃志》(1225年,宝庆元年)/第十节 宋代海船(1276年,景炎元年)/第八章 元代交通史迹/第十四节《岛夷志略》(1349年,至正九年)/第九章 明清交通史迹/第二节 明市舶司(1369年,洪武二年)/第四节 明郑和碑(1417年,永乐十五年)/第五节 明安平港(1516年,正德十一年)/第九节 郑成功墓(1662年,永历十六年)/第十节 清代海关(1757年,乾隆二十二年)/第十一节 清蚶江港(1784年,乾隆四十八年)

内容提要　本书论述泉州港现存或已废的文物古迹。

书　　名　古代的中国与日本

责 任 者　汪向荣

出 版 项　上海:三联书店,1989.09

页　　码　325

书　　号　7－108－00265－5

分 类 号　D829.313

相关目录　先史时期日本的中国移民/徐福到了日本吗?古代中日关系的新发现——大泉五十钱的出土/由生产力和邪马台国/大化革新和中国/中日间的第一次战争/邀聘鉴真东渡的历史背景/渤海国和日本/古代中国人的日本观

内容提要　本书收集关于古代的中日关系史论文十二篇,包括中国文化圈、中国移民、文化革新等方面的文章。

书　　名　古代广州的外国商人(广州史志丛书)

责 任 者　陈学军著

出 版 项　广州:广东人民出版社,2002

页　　码　115

书　　号　7－218－04179－5

分 类 号　F752.92

相关目录　第一章 南海道上的外国商人/1. 广州外贸源流/2. 广州最早的外商记录/3. 弘法僧、求法僧与外商/4. 贪泉、贪官与外商/第二章 蕃坊与唐代广州的外国人/1. 市舶史的设立及其与外商的关系/2. 唐代岭南政局与广州外商/3. 话说广州蕃坊/4.《中国印度见闻录》记载的外商故事/5. 唐代广州外商的人种、数目/6. 唐诗中的广州海外贸易情景/第三章 宋元时期广州的外国商人/1. 市舶司与市舶制度/2. 广州外商纪事/3. 外商与泉州、广州港的竞争/第四章 明清时期的广州外商/1. 明清之际中西大势与广州对外贸易/2. 中世纪的绝唱——广州的阿拉伯商人/3. 广州最早的西欧商人——佛郎机/4. 广州街头的红毛番/5. 英国佬来了/6. 广州的十三夷馆/7. 清代广州外商生活实录

内容提要　本书内容包括南海道上的外国商人、蕃坊与唐代广州的外国人、宋元时期广州的外国商人、明清时期的广州外商四部分。

书　　名　古代刘家港资料集

责 任 者　太仓县纪念郑和下西洋筹备委员会,苏州大学历史系苏州地方史研究室编

出 版 项　南京:南京大学出版社,1985

页　　码　233

分 类 号　K295.3

相关目录　前言/一、太仓建置沿革/附录一、太仓州名考/附录二、太仓地名由来辩/附录三、疁娄地名考/附录四、请分立太沧州疏/附录五、太仓新建城楼记/二、太仓地理形势/1. 位置/2. 疆域/3. 地形/4. 河道/5. 港口/6. 城池/三、刘家港水利/1. 娄江水患/2. 治水疏议/3. 治水工程/4. 治水人物/四、刘家港的海外贸易/1. 海贸盛况/2. 海贸人物/3. 海贸机构/五、刘家港的海上漕运/1. 海运总论/2. 海神崇拜/3. 海运机构/4. 海运人物/5. 海运航道/6. 海运粮数/7. 海运的衰落/8. 海运影响/9. 海运遗迹/六、刘家港的海防/1. 海防形势/2. 军事组织/3. 历代战事/七、刘家港与郑和下西洋/1. 祭祀天妃/2. 人员组织/3. 停泊与开洋/4. 宴请与慰劳/5. 封船与裁革/6. 筑宝山航标/7. 造船遗址/8. 遗迹传闻/9. 下西洋影响/附图/元明时代太仓海运遗迹示意图/元明时代刘家港地理位置图/明张采崇祯《太沧州志》太仓全境总图/明张采崇祯《太沧州志》太沧州治图

书　　名　古代南海地名汇释

责 任 者　陈佳荣著

出 版 项　北京:中华书局,1986

页　　码　1120

分 类 号　K928.6

书　　名　古代山东与海外交往史

责 任 者　朱亚非著

出 版 项　青岛:中国海洋大学出版社,2007

页　　码　236

书　　号　978-7-81067-983-1

分 类 号　D827

相关目录　一、山东居民走向海外的最早探索/二、箕子与古朝鲜国/三、徐福东渡研究/四、秦始皇、汉武帝东巡与对海外的认识/五、少年外交家终军/六、秦汉魏晋时期北方海上丝绸之路/七、隋唐时期山东半岛在中、日、朝关系中的地位/八、中外文化交流的著名使者义净/九、从《入唐求法巡礼行记》看山东与海外交往/十、宋、金、元时期山东对外交往中地位之演变/十一、丘处机西行与马可波罗在山东的见闻/十二、交趾布政使黄福/十三、德州苏禄王墓与中菲文化交流/十四、戚继光与山东沿海军民的抗倭斗争/十五、明代抗日援朝统帅邢玠/十六、明清时期山东半岛与朝鲜的交往/十七、明清时期西学在山东的传播/十八、孔子思想在古代世界的传播与影响/附:古代山东与海外交往大事年表

书　　名　古代上海述略

责 任 者　吴贵芳著

出 版 项　上海:上海教育出版社,1984

页　　码　106

分 类 号　K295.1

相关目录　沪渎港的形成和华亭县的建立/圩口水利的特殊成就/两浙市舶提举移驻华亭/赋重始于

南宋/水系变迁,港口易位/宋代岁时风俗/引海煮盐/海运粮赋/木棉之利和上海县的建立/元末农民起义和明初的上海港规划/御倭筑城/比闾以纺织为业/江海通津,东南都会

书　　名　古代中国人的日本观
责 任 者　汪向荣著
出 版 项　上海:上海古籍出版社,2006.04
页　　码　153
书　　号　7-5325-4313-7
分 类 号　D829.313
相关目录　古代的日本/神话和历史/绳文农耕/人种的起源/外国移民/中国文化圈/从同文同种谈起/中国文化圈/汉字和汉文/东亚的佛教/律令制/关于吉野里遗迹/吉野里遗迹/吉野里遗迹应该怎样解释呢/"邪马台国大和说"要修正吗/大陆的移民/先史时期日本的中国移民/归化人、渡来人/中国移民是什么时候到日本列岛的/水稻的输入/朝鲜半岛和移民的关系/直接从中国传入的文化/人口的计算/决不是和平进入的/中国大量移民的起因/移民的航行路线/倭五王和日本的统一/古代中国人的日本观/东夷之一/地理概念/政制、上层建筑/风俗习惯
内容提要　中国和日本是一衣带水的邻国,但是中日关系始终不融洽,甚至兵戎相见。近100年来,日本人对我国的研究可以说是纤毫不漏,同样,我们对日本的研究,包括对日本历史的了解,也逐渐引人关注。中国社科院世界历史研究所的汪向荣先生研究日本历史多年,成果丰硕。

书　　名　古代中国人在外国
责 任 者　刘增丽编著
出 版 项　郑州:中原农民出版社,2008
页　　码　194
书　　号　7-80739-250-9
分 类 号　K811
相关目录　第一部分 西行记/第五章 一心向佛的文化使者法显/第七章 振奋国威,处乱不惊的王玄策/第八章 赤心不改,赴印求法的义净/第十章 大明王朝的专职外交家陈诚/第二部分 南航记/第十一章 元朝的民间航海家汪大渊/第十二章 出访真腊的学者周达观/第十三章 明朝的海上英雄郑和/第三部分 东游记/第十四章 勇敢的开拓者箕子/第十五章 敢于反抗暴秦的徐福/第十六章 中原文化的传播者卫满/第十七章 赤心不改的佛学大师鉴真/第十八章 智勇双全的赴日使臣赵秩/第十九章 浴血奋战,抗日援朝的邢玠/第二十章 影响日本的教育家朱舜水
内容提要　欧洲人身上的丝绸服装来自哪里? 中国。四大发明来自哪里? 中国。风靡世界的茶文化来自哪里? 中国。…… 请看:古代的中国人是怎样走出国门,走向遥远的异国他乡!

书　　名　古代中国与西亚、非洲的海上往来
责 任 者　张俊彦编著
出 版 项　北京:海洋出版社,1986
页　　码　217
分 类 号　D829
相关目录　第一章 秦汉时代中国在南海上的活跃/第一节 秦国和秦尼/第二节 西汉时的南海航路/第三节 东汉时的东西海上往来/第四节 汉代的造船技术/第二章 从三国到南北朝/第一节 孙吴的扬威海

上/第二节 中国帆船的远航西亚/第三节 活跃在印度洋上的佛教僧侣/第三章 隋唐时代海上往来的大发展/第一节 常骏的出使赤士/第二节 唐代同西亚地区往来的发展/第三节 东西方的海上贸易/第四节 广州通海夷道/第四章 唐代时的东西方交流/第一节 几种从西亚传来的宗教/第二节 伊斯兰教的传入中国/第三节 众多的往来印度洋上的传法、求法僧人/第四节 东西方海上往来的有名人物和游记/第五节 昆仑国和昆仑奴/第六节 技术和文化的交流/第五章 两宋时期东西方的海上往来/第一节 中国的造船和航海技术的发展/第二节 宋代的海外贸易/第三节 海上的瓷器、香料之路/第四节 宋代时来华的西亚人士/第五节 宋代两本有关海上交通的珍贵史料/第六章 元代——中古东西交通全盛时期/第一节 元代时的东西方交通/第二节 几本有关海上交通的游记/第三节 元代时的东西方文化交流/第四节 大批西亚人的来华/第七章 明代郑和七下西洋的壮举/第一节 明初中国和南洋的交往/第二节 郑和的前三次出使西洋/第三节 郑和的后四次出使西洋/第四节 明代的造船和航海技术

书　　名 古代中国与亚非地区的海上交通
责 任 者 汶江主编
出 版 项 成都:四川省社会科学院,1989.06
页　　码 245
书　　号 7-80524-189-9
分 类 号 F552.9
相关目录 一、先秦时期我国造船和航行技术的发展/二、汉魏六朝和印度洋航线的开辟/三、隋唐时我国海运的发展/四、海运大发展的时代:宋、元、明

书　　名 古代中韩关系与日本
责 任 者 王仪著
出 版 项 台北:台湾中华书局,1973.03
页　　码 138
分 类 号 K22
相关目录 贰 经略朝鲜的先驱者——箕子/叁 日本民族与建国/肆 春秋时代齐国与箕氏朝鲜的贸易/伍 战国时代燕国与箕氏朝鲜的关系/陆 秦的统一与箕氏朝鲜的服属及徐福的东渡日本/玖 汉武帝征服卫氏朝鲜与日本的来朝/拾贰 东汉与高句丽的关系及对日本的封爵/拾叁 汉代文物流传朝鲜半岛的一斑/拾肆 三国时代魏吴与高句丽日本的关系/拾伍 晋代五胡乱华与前燕对高句丽的册封及日本的来朝/拾陆 南北朝中国与高句丽百济新罗日本的关系

书　　名 古代中韩日关系研究(中古史研讨会论文集之一)
责 任 者 林天蔚,黄约瑟主编
出 版 项 香港:香港大学亚洲研究中心,1987
页　　码 171
分 类 号 D829.31
相关目录 略论古代中韩日关系研究——代序 黄约瑟/四至七世纪的韩中朝贡关系考 徐荣洙/武则天与朝鲜半岛政局 黄约瑟/唐代新罗侨民的活动 金文经/唐代中日文化交流高度发展的社会政治条件 胡如雷/遣唐使船的形态 大庭修/文镜与文心 陈耀南/隋唐贡举制度对日本、新罗的影响——兼论隋唐宾贡科的成立 高明士/东亚古代籍帐管见 池田温/高丽·宋朝之间使路臣程考 陈泰夏/宋代官人的高丽观 申採湜/明州在宋丽贸易史上的地位 宋晞/唐宋的青瓷与日韩关系之略考 蔡和璧

书　　名 古代中日关系史
责 任 者 田久川著
出 版 项 大连:大连工学院出版社,1987.08
页　　码 289
书　　号 7-5611-0035-3
分 类 号 D829.313
相关目录 第一章 古代中日友好交往的开端/第一节 一衣带水的邻邦/第二节 最初的交往路线和中国文明向日本的传播/第三节 徐福东渡/第四节 秦汉时期的中日交往和中国移民对日本社会的影响/第二章 魏晋南北朝时期中日关系的发展/第一节 魏与倭女王国的友好邦交/第二节 两晋南北朝与倭国的交往/第三节 魏晋南北朝时期中国文化在日本的广泛传播/第三章 隋唐时期中日关系的大发展/第一节 隋代中日邦交的新局面/第二节 唐前期的中日邦交/第三节 唐后期的中日邦交/第四节 唐日经济文化交流/第四章 五代宋元时期的中日国家关系和经济文化交流/第一节 吴越两宋与日本的国家关系/第二节 蒙元与日本的国家关系/第三节 五代宋元时期的中日贸易/第四节 五代宋元时期的中日文化交流/第五章 明清(鸦片战争以前)时期的中日关系和经济文化交流/第一节 明前期中日关系的曲折发展/第二节 明后期中日关系的恶化/第三节 明日经济文化交流/第四节 鸦片战争前的清日关系/第五节 中国人在日本研究方面的新成就
内容提要 本书介绍古代中日2000余年间国家关系和经济文化交流发生发展的历史。

书　　名 古代中西文化交流(中国文化史知识丛书)
责 任 者 何芳川
出 版 项 济南:山东教育出版社,1991.12
页　　码 126
书　　号 7-5328-1218-9
分 类 号 K203
相关目录 一、远古时期中西交通踪迹的追寻/二、两汉时期中西交通与文化交流的勃兴/三、唐宋时期中西文化的交融/四、蒙元和明前期中西交通与文化交流的畅达/五、近代西方殖民主义的东来与明清之际中西文化的撞击与交流/附:《中国文化史知识丛书》书目

书　　名 古代中西文化交流(中国文化史知识丛书)
责 任 者 何芳川,万明
出 版 项 台北:台湾商务印书馆,1993
页　　码 140
分 类 号 K203
相关目录 一、远古时期中西交通踪迹的追寻/二、两汉时期中西交通与文化交流的勃兴/三、唐宋时期中西文化的交融/四、蒙元和明前期中西交通与文化交流的畅达/五、近代西方殖民主义的东来与明清之际中西文化的撞击与交流/附:《中国文化史知识丛书》书目

书　　名 古代舟车(中华文明宝库)
责 任 者 田久川著
出 版 项 上海:上海古籍出版社,1996
页　　码 142

书　　号　7－5325－2117－6
分 类 号　U－092
相关目录　第一篇 舟/一、伏羲氏刳木为舟/二、大禹作舵制帆/三、苍兕苍兕，总尔众庶/四、楚子以舟师伐吴/五、秦汉巨舶通四海/六、叠华楼而岛峙，时仿佛于方壶/七、帆樯鳞集泉州港/八、郑和宝船下西洋/九、黄鹄一举凌清风

书　　名　古航海图考释
责 任 者　章巽编
出 版 项　北京：海洋出版社，1980.03
页　　码　145
分 类 号　U675.81
相关目录　关于考释工作的说明/古航海图和古航海图考释
内容提要　该书对清代佚名的69幅航海图逐一考释。这册古航海图原为旧抄本，其范围，北起辽东湾，经今辽宁、河北、江苏、浙江、福建诸省，南达广东海面，包括了我国大陆边缘极大部分的近海航线，绘成时代当在公元18世纪初期以前。图中画有山行、水势、岛屿、沉礁、港湾、城镇等，并有关于罗盘针位、行船路线和航海里数等方面的简要的文字注记。该书为我国航海史、地图史以及实用科学发展史提供了重要研究资料。

书　　名　古今对照郑和航海图
责 任 者　海军海洋测绘研究所编
出 版 项　北京：中国人民解放军海军司令部航海保证部，1985.6
内容提要　《古今对照郑和航海图》包括《武备志》卷二百四十的《郑和航海图》原图及新编的《郑和下西洋航线图》。原图拼接成八段配置，每段的尺寸为45.5 ×12.2厘米。新编图面积为98.0×57.5厘米。全图连同整饰花边总长250厘米，宽76厘米。这幅挂图形式的彩色历史海图，是对《郑和航海图》研究的新成果。

书　　名　关税纪实：自民国元年起至二十三年止
责 任 者　（英）魏尔特著
出 版 项　海关总税务司署统计科，1936
页　　码　1061
相关目录　第一章 税款之征收存放汇解与分配/第二章 关税内尽先开支各款/第三章 以关税为担保之各种外债/第四章 庚子赔款

书　　名　关于澳门历史上所谓赶走海盗问题
责 任 者　戴裔煊著
出 版 项　澳门：澳门星光出版社，1987
页　　码　48
分 类 号　K296.59

书　　名　关于钓鱼岛等岛屿的历史和归属问题
责 任 者　（日）井上清著

出 版 项　北京:生活·读书·新知三联书店,1973

页　　码　118

分 类 号　D823

相关目录　钓鱼岛等岛屿(“尖阁列岛”等)的历史和归属问题/一、琉球的西南界本为久米岛/二、钓鱼岛等岛屿本为中国领土/三、关于“中外之界”和“沟”/四、琉球人、日本人和钓鱼岛等岛屿/五、日清战争中夺取钓鱼岛等岛屿/钓鱼岛等岛屿的历史和领有权/一、为什么要再论钓鱼岛等岛屿问题?/二、日本政府等在故意地无视或歪曲历史/三、钓鱼岛等岛屿从明朝起人们就知道是中国的领土/四、清朝的记录也确认是中国领土/五、日本的先觉者也明确记载为中国领土/六、驳所谓“无主地原始占有的法理”/七、琉球人和钓鱼岛等岛屿的关系较浅/八、所谓的“尖阁列岛”,不仅名称互不一致,所属范围也不明确/九、天皇制军国主义之“琉球处分”与钓鱼岛等岛屿/十、日本在日清战争中作出了独占琉球的决定/十一、天皇政府伺机掠夺钓鱼岛等岛屿长达九年之久/十二、日本在日清战争中窃取了钓鱼岛等岛屿并公然霸占了台湾/十三、日本占有“尖阁列岛”在国际法上也是无效的/十四、反对掠夺钓鱼岛等岛屿是当前反对军国主义斗争的焦点

书　　名　**广东对外经济贸易史**

责 任 者　徐德志等编著;岭南文库编辑委员会,广东中华民族文化促进会编

出 版 项　广州:广东人民出版社,1994

页　　码　431

相关目录　第一篇 扬帆海上丝绸之路/第一章 走向大海/第二章 称雄海上丝绸之路/第三章 万里扬中华——唐代广东外贸的辉煌历程/第四章 宋元——广东外贸的黄金时代/第五章 明代广东外贸的盛衰转折/第六章 清代前期广东外贸的畸形繁荣/本篇结语 历史的启示:中国的发展离不开世界/第二篇 半殖民地化的缩影/第七章 鸦片战争硝烟下的广东外贸/第八章 第一次世界大战前后的广东对外贸易/第九章 国内革命战争时期广东对外贸易的曲折发展/第十章 抗日战争至解放前夕的广东对外贸易

书　　名　**广东古代海港(岭南文化知识书系)**

责 任 者　张伟湘,薛昌著

出 版 项　广州:广东人民出版社,2006.04

页　　码　99

书　　号　7-218-05226-6

分 类 号　F552.9

相关目录　一、广东古港的神秘面纱/二、长盛不衰的广州古港/三、外国商船结缘广州古港/四、因时制宜的潮汕古港/五、海盗出没的潮汕古港/六、越洋移民的潮汕古港/七、独特神奇的惠来古港/八、风情别具的雷州古港/九、“重生”的大澳古港

内容提要　在中国古代的航海和海外贸易活动中,广东的海港占有特殊而重要的地位。本书以通俗的文字逐一揭开了广东一个个古代海港的神秘面纱。

书　　名　**广东海上丝绸之路史**

责 任 者　黄启臣主编

出 版 项　广州:广东经济出版社,2003

页　　码　774

书　　号　7-80677-454-8

分 类 号　K296.5

相关目录　第一章 广东海上丝绸之路的自然生态和人文地理/第一节 中国南海的历史地理区位/第二节 丰富的海洋国土资源/第三节 深广的经济腹地/第二章 汉代海上丝绸之路的兴起和形成/第一节 先秦海上之交通/第二节 汉代海上丝绸之路的兴起和形成/第三节 贸易商品结构/第四节 政府对贸易的管理/第五节 海上丝绸之路的社会经济效应/第三章 魏晋南北朝海上丝绸之路的初步发展/第一节 广州起航远洋航线的开辟/第二节 海上丝绸之路贸易的初步发展/第三节 海上丝绸之路贸易与广东社会经济/第四节 海上丝绸之路与中外文化交流/第四章 隋唐五代海上丝绸之路的繁盛/第一节 隋朝对南海的经营/第二节 唐代对外开放的新局面/第三节"广州通海夷道"航线空前延伸/第四节 对外贸易的繁盛及其经营方式/第五节 市舶使(院)的创设及其管理体制/第六节 海外贸易的地域与进出口商品结构/第七节 南汉朝廷对南海贸易的重视/第八节 海上丝绸之路与广东社会/第九节 海上丝绸之路与中外文化交流/第五章 宋代海上丝绸之路的持续发展/第一节 海上丝绸之路盛衰起伏的进程/第二节 海上丝绸之路航线扩大/第三节 市舶司制度管理方式的成型/第四节 海上丝绸之路的国内条件及进出口商品结构/第五节 海上丝绸之路对中外国家社会经济和文化的影响/第六章 元代海上丝绸之路的挫折与发展/第一节 海上丝绸之路广州地位的下降/第二节 广州海上丝绸之路的复兴/第三节 海外贸易国家扩大和进出口商品增加/第四节 海外贸易的管理机构和市舶法则/第七章 明代海上丝绸之路的高度发展/第一节 明政府对广东实行开放贸易政策/第二节 海上丝绸之路航线向全球扩展/第三节 贡舶贸易和市舶贸易/第四节 进出口商品结构的变化/第五节 市舶司管理制度的衰落/第六节 海上丝绸之路与广东社会经济的发展/第七节 海上丝绸之路与广东海外移民/第八节 海上丝绸之路与中西文化交流/第八章 清代海上丝绸之路的继续发展/第一节 清政府对广东实行开放贸易政策/第二节 环球贸易航线继续开辟/第三节 对外贸易空前繁荣/第四节 进出口商品的结构性变化/第五节 对外贸易管理日趋规范/第六节 海上丝绸之路与海外移民/第七节 海上丝绸之路与广东社会经济/第八节 海上丝绸之路与中西文化交流/第九章 民国时期海上丝绸之路的滑坡/第一节 对外贸易的曲折轨迹/第二节 对外贸易政策及其管理/第三节 外国资本势力冲击广东对外贸易/第四节 走私贸易猖獗乃至失控/第五节 海上丝绸之路滑坡与广东蚕丝业的盛衰/广东海上丝绸之路大事记

内容提要　广东省人民政府参事室、广东省人民政府文史研究馆、广东珠江文化研究会联合组成的"海上丝绸之路"研究开发项目组进行研究的系列工程之一:本书针对广东这个海上之路的发源地,以丰富的中外历史文献资料,阐述了它自西汉以来近经二千多年的形成、发展的历史进程。

书　　名　**广东海上丝绸之路研究**
责 任 者　顾涧清等著
出 版 项　广州:广东人民出版社,2008
页　　码　366
书　　号　978-7-218-05674-6
分 类 号　K296.5

相关目录　广东海上丝路遗存应成为世界文化遗产(代序)/第一章 广东海上丝路研究引论/一、南越、两汉时期南海丝路初开/二、六朝时期贸易兴起与佛法传播/三、隋唐五代时期广州贸易的兴盛/四、宋元时期南海丝路的发展繁荣/五、明清时期世界海洋贸易的发展/六、广东海上丝路研究回顾与展望/第二章 广东海上丝路的造船遗址和广船研究/一、广东造船业发展历史的概述/二、关于广州秦代造船遗址的学术争论/三、"金华兴"号古帆船背后的广船历史/四、对"南海一号"古沉船的初步研究/第三章 广东海上丝路口岸和南海航线的研究/一、秦汉时期广州口岸与南海至印度洋的航线/二、唐宋时期广州口岸与"通海夷道"的形成/三、蒙元时期广州口岸与东西洋航线的新变化/四、大航海时代广州口岸与南海航线的新拓展/第四章 广东海上丝路黄埔古港和外港的研究/一、黄埔古港兴起的内外因素/二、一口通商时期黄埔古港贸易概况/三、鸦片战争以后黄埔古港贸易的衰落/四、外国人笔下的黄埔古港/五、一起发生在黄埔古港的外交纠纷/第五章 广东海上丝路外国商船和外贸的研究/一、对18世纪广东海上丝路外国商船的历史考察/二、外国人对18世纪广东公行外贸的历史研究/三、从18世纪广州外贸看海上丝路的"自由贸易"/第六章 广东海上丝路行商体制及其遗址研究/一、广东海上丝路上的行商贸易体制/二、对广州十三行遗址及其相关制度的研究/三、广州沙面租界遗址及其欧式建筑风格/第七章 广东海上丝路外商及其相关活动研究/一、广东海上丝路的外商和吏治/二、广东外商推动着市舶贸易制度的发展/三、广东外商的居住地和其他相关活动/第八章 广东海上丝路宗教文化遗址的研究/一、分布在广州、韶关等地的佛教文化遗址/二、比泉州等地更早的伊斯兰教文化遗址/三、以圣心大教堂为代走的基督教文化遗址/四、巴斯商人的琐罗亚斯德教文化遗址/第九章 广东海上丝路南海神庙及相关遗址的研究/一、南海神庙的建立与历代的祭招、加封/二、南海神庙建筑及其相关文物的价值/三、南海神庙及相关遗址的巨大文化价值/第十章 广东海上丝路潮汕地区及相关遗址的研究/一、古代粤东特别是潮汕地区海上丝路的发展历程/二、潮汕地区对外贸易的主要港口/三、潮汕地区海上丝路的主要进出口货物/四、潮汕地区海上丝路的重要遗迹/第十一章 广东海上丝路西南出口及相关遗址的研究/一、雷州半岛海上丝路相关遗址的研究/二、古代合浦海上丝路相关遗址的研究/三、粤西——海南——西沙海上航线及相关研究/附录一、广东海上丝绸之路大事记/附录二、南海神庙大事年表/附录三、聚焦南海沉船古船 诉说海上丝路文明——"南海一号"与广东海上丝路研究纵横谈/附录四、"南海神·广州日报号"仿古广船策划记

内容提要 本书分十一章,包括广东海上丝路的造船遗址和广船研究、广东海上丝路口岸和南海航线的研究、广东海上丝路黄埔古港和外港的研究、广东海上丝路外国商船和外贸的研究、广东海上丝路行商体制及其遗址研究、广东海上丝路外商及其相关活动的研究、广东海上丝路宗教文化遗址的研究等内容。

书　　名 广东海员工人运动史

责 任 者 中国海员工会广东省委员会编

出 版 项 广州:广东人民出版社,1993.04

页　　码 339

书　　号 7-218-01103-9

分 类 号 K261.3

相关目录 第一章 近代广东海员的产生及其状况/第一节 广东自古为水运发达的地区/第二节 海员的产生/第三节 "行船馆"的情况/第十一章 反对大包工头梁元和的斗争/第三节 三艘"皇后"轮的罢工斗争/第十二章 丰字号轮、潮安船民及"南京"轮的斗争/第一节 丰字号轮船同盟罢工的胜利/第二节 潮安庵埠船民同盟罢工/第三节 "南京"轮的斗争/第十五章 抗日救亡运动的高涨及"海委"遭破坏/第二节 迎送白求恩医疗队去延安/第六节 北江河上船民的艰苦斗争/第十六章 广东海员在海外的斗争/第十七章 香港海员工会的复会及其活动/第十九章 反对国民党打内战/第二节 地下水运交通线/第三节 破坏国民党军运/第二十章 "海辽"轮起义/第二十一章 香港招商局及十三艘海轮在香港起义/第七节 起义轮船胜利开回广州/第二十二章 "海玄"轮在新加坡起义/第二节 同心协力把船开进新加坡/第三节 起义后的护船斗争/第二十三章 "永灏"油轮与港英当局的斗争/第二十四章 外流香港的私营船舶的回归/第一节 香港海员工会动员南船北归/第二节 民生公司滞留香港船舶的回归/第二十五章 支前参战解放广东沿海岛屿/第二节 在南澳、涠澳岛的登陆战斗中/第三节 参加解放海南岛/第四节 在珠江口外的海战中/第五节 参加南澎岛最后一仗

书　　名 广东航运史:古代部分(中国水运史丛书)

责 任 者 叶显恩主编

出 版 项　北京：人民交通出版社，1989
页　　码　295
书　　号　7－114－00726－4
分 类 号　F552.7－09
相关目录　第一章 先秦至宋元时期广东的航运活动/第一节 上古早期广东境内越人的水上活动/第二节 秦汉吴晋南朝广东航运的拓展/第三节 隋唐在海外贸易推动下的广东水运/第四节 宋元广东航运的持续发展/第五节 唐宋元时期造船和航海技术的进步/第二章 明代广东初具规模的水运体系/第一节 珠江三角洲的水运网络/第二节 省内各地区间水运沟通的加强/第三节 贡舶贸易、走私商船和澳门港市的兴起/第四节 航运的管理、设施和征榷/第三章 清代鸦片战争前广东水运臻于全盛/第一节 清初的禁海与水运的暂时受挫/第二节 开海贸易后广东水运体系的形成/第三节 内河沿海客货运输的繁盛/第四节 水运的管理机构及管理制度/第五节 船户的运输活动及其经营管理/第六节 港口、码头和津渡的勃兴/第七节 造船业与航海技术的发展/第八节 18 世纪末 19 世纪初外船在广东领水的活动/附录 广东航运史（古代部分）大事年表

书　　名　**广东航运史：近代部分（中国水运史丛书）**
责 任 者　蒋祖缘主编
出 版 项　北京：人民交通出版社，1989
页　　码　374
分 类 号　F552.7－09
相关目录　第一章 迫开沿海口岸和内河航运的变化（1840－1871 年）/第一节 外船开始操纵沿海运输和外商在黄埔设厂造船/第二节 广州港航运地位的变化/第三节 汕穗海上帆船运输的衰落/第四节 内河航运的变化/第五节 广东官民购造轮船的发端/第六节 关税自主权的丧失和航政管理权的旁落/第二章 外国航运势力进入内河和广东民营轮运业的兴起（1872－1911 年）/第一节 外船垄断沿海航运及进入西江/第二节 清末民营轮运业的兴起/第三节 海上帆船和部分内河木船航运的衰落/第四节 蒸汽轮船的缓慢发展/第五节 木船的种类与变化/第六节 货运和客运的概况/第七节 航运设施与航权抗争/第三章 广东民营轮运业的曲折发展（1912－1938 年 10 月）/第一节 民国初期创办民营轮运业的浪潮/第二节 20 世纪 20 年代中至 20 世纪 30 年代初民营航运业的挫折/第三节 广州沦陷前航运的兴旺/第四节 近代造船业的进步/第五节 航政管理与港航建设/第六节 中华海员工会与海员大罢工/第四章 广东民营航运业的起伏与衰落（1938 年 10 月－1949 年 10 月）/第一节 日本对沦陷区水运的控制和独占/第二节 广东航运在逆境中的撑持/第三节 抗战胜利之初内河民营轮运业的短暂“繁荣”/第四节 水运的混乱和民营航运业的衰落/第五节 航政机构的嬗变和航政管理/第六节 港口建设、河道疏浚和航标设置/第七节 花尾渡、驳船工艺的改进及大批制造/第八节 抗日战争和解放战争时期广东海员的革命斗争/附录：广东航运史大事年表（近代——1840－1949 年）

书　　名　**广东十三行考**
责 任 者　梁嘉彬著
出 版 项　广州：广东人民出版社，2009
页　　码　388
书　　号　978－7－218－06095－8
分 类 号　F752.948
内容提要　本书内容包括：序篇；十三行起源考；广东十三行沿革考；广东十三行行名、人名及行商事

迹考等。

书　　名　广东十三行考

责 任 者　梁嘉彬著

出 版 项　台北:国立编译馆,1937

页　　码　414

分 类 号　F752.948

相关目录　第二篇 本篇/第一章 十三行起源考/第二章 广东十三行沿革考/第三章 广东十三行行名人名及行商事迹考/第三篇 尾篇/第一节 广州历代市舶之鸟瞰/第二节 十三行与牙行/第三节 十三行与十三夷馆/第四节 行商数目之增减/第五节 行商与大班之关系/第六节 海关之勒索/第七节 行商之包揽贸易/第八节 行商被政府禁锢之事例/第九节 行商之集议/第十节 行商之友善与狡狯/第十一节 行商约束外商之责任/第十二节 行商反抗苛勒之怯懦/第十三节 外商对于行商破产之营救/第十四节 行商与鸦片/第十五节 行商退办行务之困难/第十六节 从盐法志内搜出洋盐两商之历次捐输种类及数目/第十七节 从碑记上搜得行商对于地方公益之捐输/第十八节 行商后纪

内容提要　本书内容包括:序篇;十三行起源考;广东十三行沿革考;广东十三行行名、人名及行商事迹考等。

书　　名　广东十三行考(岭南文库)

责 任 者　梁嘉彬著;岭南文库编辑委员会,广东中华民族文化促进会合编

出 版 项　广州:广东人民出版社,1999

页　　码　439

书　　号　7-218-03173-0

分 类 号　F752.948

相关目录　第二篇 本篇/第一章 十三行起源考/第一节 十三行以前广州市舶大略考/第二节 十三行制度、名称溯源考/第二章 广东十三行沿革考/第一节 自粤海设关至公行起始之十三行考/第二节 自公行起始至外洋行成立之十三行考/第三节 自外洋行成立至洋行制度废止之十三行考/第三篇 尾篇/第一节 广州历代市舶之鸟瞰/第二节 十三行与牙行/第三节 十三行与十三夷管/第四节 行商数目之增减/第五节 行商与大班之关系/第六节 海关之勒索/第七节 行商之包揽贸易/第八节 行商被政府禁锢之事例/第九节 行商之集议/第十节 行商之友善与狡狯/第十一节 行商约束外商之责任/第十二节 行商反抗苛勒至怯懦/第十三节 外商对于行商破产之营救/第十四节 行商与鸦片/第十五节 行商退办行务之困难/第十六节 从《盐法制》内搜出洋盐两商之历次捐输种类及数目/第十七节 从碑记上搜得行商对于地方公益之捐输/第十八节 行商后记/附录一、英法联军(咸丰九年,1857年)之役广东旧十三行行商调停战事史料/附录二、评梁嘉彬著《广东十三行考》——吴晗/附录三、美国 Pacific Affairs(《太平洋事务》)杂志 1940 年 3 月号所载德国教授 I. de Beauclair(鲍克莱尔)对本书书评一则/附录四、《广东十三行考》日译本山内喜代美氏译序

内容提要　本书考述了广东十三行的起源、沿革、盛衰和功过。关于十三行的起源,作者认为:1557年葡人入居澳门之前,已经和广州当局及商号有广泛接触了,这些商号是后来的广东十三行。

书　　名　广府华侨华人史

责 任 者　龚伯洪编著

出 版 项　广州:广东高等教育出版社,2003

页　　码　411

书　　号　7－5361－2799－5

分 类 号　D634.31

相关目录　第一编 19 世纪上半叶及以前的广府华侨/第一章 海上丝绸之路对广府移民的影响/第一节 汉晋时期番禺的对外贸易/第二节 唐代"广州通海夷道"是世界最长的贸易航线/第三节 宋、元两代广州人与外商的往来超过前朝/第四节 明清时广州"一口通商"方便了广府人出国/第二编 19 世纪下半叶至 20 世纪上半叶的广府华侨/第六章 被"卖猪仔"与受牵引出洋的广府劳工/第一节 苦力贸易与拐卖"猪仔"

内容提要　本书大体以时序为经、事类和人物为纬来组织材料，记述了各个时期各个地区的广东华侨华人的艰苦谋生的经历，不屈不挠的抗争史以及许多成功华人的成功事例。

书　　名　**广西航运史（中国水运史丛书）**

责 任 者　《广西航运史》编审委员会编

出 版 项　北京：人民交通出版社，1991.04

页　　码　333

书　　号　7－114－01134－2

分 类 号　F552.9

相关目录　第一章 南北朝时期以前的广西航运/第一节 广西先民的水上活动与灵渠的开凿/第二节 港埠的出现与内河航运网的形成/第三节 航海活动的兴起/第二章 隋唐五代航运的新开拓/第一节 社会经济的发展与港埠的繁荣/第二节 人工运河的整治与开凿/第三节 水运网络日趋完善/第四节 海运的继续发展/第三章 宋元时期航运的兴盛/第一节 沿江港埠的进一步繁荣/第二节 水陆联运与灵渠整治/第三节 海运的大发展/第四节 造船与站赤的勃兴/第四章 明清（鸦片战争前）航运的盛衰/第一节 内河航运的繁荣/第二节 灵渠和相思埭的维修与整治/第三节 海运的衰落/第四节 船舶与水驿的概况/第五章 鸦片战争至辛亥革命时期的水上运输/第一节 广西河运两大中心的形成/第二节 桂南和粤西海运基地的出现/第三节 北海开埠对航运的影响/第四节 龙州的开埠/第五节 广西主要内河港梧州的开埠/第六节 南宁开埠后贸易和航运的发展/第六章 辛亥革命至抗日战争前夕的广西航运/第一节 广西航权的丧失/第二节 民族航业在艰难中发展/第三节 广西航政机构的设置及其管理/第四节 造船业和水上客运的发展/第五节 抗日战争爆发前广西主要港埠的航业和贸易/第七章 抗日战争时期的广西航运业/第一节 战火中的广西航运/第二节 战时船舶管制与应运而生的航业机构联营组织/第三节 举步维艰的西江航道整治/第八章 新中国成立前夕广西航运业的虚假繁荣/第一节 抗日战争胜利后各线船舶营运的迅速恢复

内容提要　本书记述了上自先秦下至 1989 年这两千多年来广西航运的历史，及中国两大运河工程－灵渠和相思埭的开凿及历朝历代的维修。

书　　名　**广西通志：海关志**

责 任 者　广西壮族自治区地方志编纂委员会编；（周荣国主编）

出 版 项　南宁：广西人民出版社，1997

页　　码　474

书　　号　7－219－03491－1

分 类 号　K296.7

相关目录　第一篇 旧中国海关/第一章 汉唐时期/第二章 宋元明时期/第三章 清廉州口海关/第二节 船舶货物监管/第四章 梧州、北海常关/第五章 北海关/第六章 龙州关/第七章 梧州关/第八章 南宁关/第九章 近代海关人事制度/第十章 近代海关包揽的其他业务/第二节 港务/第三节 航道/第五节港口检疫/第十一章 收回海关主权斗争和抗日救亡活动

书　　名 广州港史:近代部分(中国水运史丛书)

责 任 者 程浩编著

出 版 项 北京:人民交通出版社,1985

页　　码 388

分 类 号 F552.9

相关目录 第一章 鸦片战争前夜广州港对外经济关系(1839 年以前)/第一节 西方殖民主义者对广州的海盗式掠夺和争开贸易市场/第二节 清政府的"闭关政策"与独开广州口岸/第三节 1839 年以前广州港与西方国家的贸易关系/第四节 鸦片输入广州和我国白银外流/第二章 鸦片战争时期广州港半殖民地化的开始(1840 - 1864)/第一节 第一次鸦片战争对广州港的影响/第二节 第二次鸦片战争对广州港的影响/第三章 洋务运动时期广州港航业的初兴(1865 - 1894)/第一节 外国资本输入对广州港的影响/第二节 洋务派创办近代实业促进广州港的发展/第三节 广东民族工业的产生开阔了广州港的经济腹地/第四节 广州港海内外贸易的一度"回升"/第四章 中日甲午战争后广州港半殖民地化的加深(1895 - 1911)/第一节 帝国主义列强经济势力进一步侵入广州/第二节 广州港半殖民地化日益深重/第五章 第一次世界大战前后帝国主义列强对广州港的争夺和控制(1912 - 1924)/第一节 战前帝国主义列强对广州港的掠夺性贸易(1912 - 1913)/第二节 战时广州港航业在"缝隙"间的短暂发展(1914 - 1918)/第三节 战后帝国主义列强对广州港的"卷土重来"(1919 - 1924)/第六章 省港大罢工对广州港的巨大促进和影响(1925 - 1927)/第一节 罢工期间广州港海内外交通与贸易/第二节 罢工对广州港的巨大促进和影响/第七章 第二次国内革命战争爆发后至抗战前的广州港(1928 - 1936)/第一节 1928 年至 1933 年陈济棠推行"三年计划"前广州港的经济贸易/第二节 1933 年陈济棠推行"三年计划"后至 1936 年广州港经济的一度"勃兴"/第三节 陈济棠统治时期广州港的管理体制/第八章 抗日战争时期完全殖民地化的广州港(1937 - 1945)/第一节 抗战初期广州港的"特殊"地位/第二节 广州沦陷前后的港口交通运输业/第三节 日本占领期间广州港的海外贸易/第九章 解放战争时期广州港经济的进一步崩溃(1946 - 1949)/第一节 抗战胜利后美蒋勾结对广州港的控制/第二节 美蒋控制下的广州港的海内外交通/第三节 美蒋控制下的广州港的海内外贸易/第四节 美蒋溃逃及广州港的新生/第十章 旧中国广州港码头工人的悲惨生活及其反抗斗争/第一节 旧中国广州港码头工人的悲惨生活/第二节 广州港码头工人一个多世纪的反抗和斗争/附录 英国东印度公司来华船只及船钞一览表(1635 - 1833)

书　　名 广州港史:近代部分(中国水运史丛书)

责 任 者 程浩编著

出 版 项 北京:海洋出版社,1985

页　　码 388

分 类 号 F552.9

相关目录 第一章 鸦片战争前夜广州港对外经济关系(1839 年以前)/第一节 西方殖民主义者对广州的海盗式掠夺和争开贸易市场/第二节 清政府的"闭关政策"与独开广州口岸/第三节 1839 年以前广州港与西方国家的贸易关系/第四节 鸦片输入广州和我国白银外流/第二章 鸦片战争时期广州港半殖民地化的开始(1840 - 1864)/第一节 第一次鸦片战争对广州港的影响/第二节 第二次鸦片战争对广州港的影响/第三章 洋务运动时期广州港航业的初兴(1865 - 1894)/第一节 外国资本输入对广州港的影响/第二节 洋务派创办近代实业促进广州港的发展/第三节 广东民族工业的产生开阔了广州港的经济腹地/第四

节 广州港海内外贸易的一度“回升”/第四章 中日甲午战争后广州港半殖民地化的加深(1895－1911)/第五章 第一次世界大战前后帝国主义列强对广州港的争夺和控制(1912－1924)/第一节 战前帝国主义列强对广州港的掠夺性贸易(1912－1913)/第二节 战时广州港航业在“缝隙”间的短暂发展(1914－1918)/第三节 战后帝国主义列强对广州港的“卷土重来”(1919－1924)/第六章 省港大罢工对广州港的巨大促进和影响(1925－1927)/第一节 罢工期间广州港海内外交通与贸易/第二节 罢工对广州港的巨大促进和影响/第七章 第二次国内革命战争爆发后至抗战前的广州港(1928－1936)/第一节 1928 年至 1933 年陈济棠推行“三年计划”前广州港的经济贸易/第八章 抗日战争时期完全殖民地化的广州港(1937－1945)/第二节 广州沦陷前后的港口交通运输业/第三节 日军占领期间广州港的海内外贸易/第九章 解放战争时期广州经济的进一步崩溃(1946－1949)/第一节 抗战胜利后美蒋勾结对广州港的控制/第二节 美蒋控制下的广州港的海内外交通/第三节 美蒋控制下的广州港的海内外贸易/第四节 美蒋溃逃及广州港的新生/第十章 旧中国广州港码头工人的悲惨生活及其反抗斗争

书　　名　**广州口岸与南海航路**

责 任 者　江滢河著

出 版 项　广州:广东人民出版社,2002

页　　码　110

书　　号　7－218－04179－5

分 类 号　F552.9

相关目录　第一章 广州口岸的地理条件和经济环境/1. 优越的地理环境/2. 广阔的经济腹地/第二章 秦汉时期南海航线的初步形成与广州/1. 秦汉时期中央王朝对岭南的经略/2. 从南中国海到印度洋——西汉时期印度洋航线的初步形成/3. 从红海到南中国海——东汉时期罗马商人的东来航线/4. 广州在汉代海上交通史上的历史地位和作用/第三章 唐宋时期的“广州通海夷道”与阿拉伯世界/1. 魏晋南北朝时期东西海上交通发展/2. 唐代“广州通海夷道”的成熟/3. 阿拉伯世界的兴起和扩张/4. 隋唐时期以广州为中心的世界贸易圈与广州口岸的新事物/5. 宋代广州口岸与南海诸国的交通/第四章 郑和下西洋前后的南海航线和印度洋世界/1. 元代海上航线的发展与广州口岸的地位变化/2. 郑和下西洋时的南海航线网络/3. 郑和下西洋以后中国海洋势力的退却/第五章 大航海时代的南海道与广州/1. 新航路的开辟与世界形势的变化/2. 欧美国家东来中国/3. 南海道在明清时期的新变化/4. 明清时期广州口岸在中西海上交往中的地位/第六章 “哥德堡”号与“中国皇后”号的划时代航行/1. “哥德堡”号从欧洲到广州的航线和贸易/2. 美国“中国皇后”号从美国到广州的航行和中美贸易的发展/南海商道与世界历史的变迁

内容提要　本书包括广州口岸的地理条件和经济环境、秦汉时期南海航线的初步形成与广州、唐宋时期的“广州通海夷道”与阿拉伯世界等六章内容。

书　　名　**“广州秦代造船遗址”学术争鸣集:广州考古悬案**

责 任 者　李昭醇,罗雨林主编;广东省立中山图书馆编

出 版 项　北京:中国建筑工业出版社,2002

页　　码　414

书　　号　7－112－05122－3

分 类 号　K878.404

相关目录　序 发扬学术民主,以高度历史责任感,搞好船台定性的学术研讨/第一部分争论历史的由来与发展(20 世纪 70 年代－21 世纪初)/1. 广州秦代造船工场遗址真伪学术研讨会致辞/2. 广州秦代造

船工场遗址地址真伪学术研讨会开幕辞/5. 广州"秦汉船台遗址"争论大事记/7. 关于"秦汉船台"争论的几点回忆/9. 如果"广州有造船工场人民岂不是都住在海底"！——忆已故黄文宽先生对"秦代造船工场"遗址的看法/10. 忆已故黄文宽先生和吴壮达老师对"船台遗址"的看法/11."秦汉造船工场"遗址问题/12."广州秦汉造船工场遗址"说质疑/14. 从历史角度对秦汉造船台的质疑/15. 广州南越国宫署的地貌环境分析——兼论"秦汉船台说"的矛盾/17. 广州"造船工场"实为建筑遗存/18. 有专家称秦代造船遗址是学术史上冤案 南越王御花园下不是船台是宫殿(《广州日报》2000. 6. 6)/19. 中国古建筑界船舶研究史界地理学界考古界顶尖高手云集羊城挑战广州秦代造船遗址定论(《广州日报》2000. 6. 12)/23. 邀请"船台说"代表人物麦英豪先生参加研讨会论辩的一封信 附:麦英豪先生的回应《我的一点意见》/24. 再次邀请麦英豪先生针对"反船台说"在会上提出的论据,撰文论辩的信 附:麦英豪先生的回应/25."船台非台"广州再争鸣(《广州日报》2000. 12. 31/26."船台"大论战全面交锋(《羊城晚报》2000. 12. 10)/27. 南越王宫殿建在船台上？(《南方日报》2000. 6. 24)/28. 穗秦代造船工场真伪研讨热烈"船台说"受严峻挑战(《澳门日报》2000. 12. 9)/29. 秦代造船遗址论战下结论为时尚早 专家建议扩大发掘多学科考证提新论(《澳门日报》2000. 12. 11)/30. 广州秦造船遗址真伪学术研讨会两派争论(香港《大公报》2000. 12. 8/31. 实行学术民主 贯彻双百方针"广州秦汉造船工场遗址"争鸣推进科学研究(《中国文物报》2000. 12. 24/32. 发扬多学术专题研讨,求取科学真谛 "广州秦代造船工场遗址真伪研讨会"总结/33."广州秦代造船工场遗址真伪研讨会"纪要/第二部分 争论的实质问题/一、对"遗址"出土物认定的争论 争论焦点:中国造船界否定"船台说"的论文/二、对"遗址"当时是否具备造船的地理条件的争论 争论焦点:历史地理界、地质地貌界和环境考古界否定"船台说"的论文/三、对"遗址"是否与南越国宫殿分属不同时期的文化层的争论 争论焦点:广东省文物考古界否定"船台说"的所谓"地层覆盖说"的论文/四、对所谓"船台"建造原因与废弃原因的质疑 争论焦点:文物、历史、地方志界否定"船台说"此二说法的论文/五、"遗址"是"船台"还是南越国宫苑建筑基础的争论 争论焦点:中国建筑界及古建筑考古界确认"遗址"木结构是南越国宫苑建筑基础的论文/六、综合问题争论——评最近出版的《广州文物考古集·广州秦造船遗址论稿专辑》争论焦点:各学科学者、专家综合、全面否定"船台说"的论文/第三部分 结论/附录:关于造船与下水的若干名词术语/跋:学术自由是学术繁荣的必要前提

内容提要 本书包括对"遗址"出土物认定的争论、对"遗址"当时是否具备造船的地理条件的争论焦点、对所谓"船台"建造原因与废弃原因的质疑争论等。

书　　名 **广州现代化历程:《粤海关十年报告 1882 – 1941 年》译编**
责 任 者 张富强等译编
出 版 项 广州:广州出版社,1993. 12
页　　码 258

书　　名 **广州与海上丝绸之路**
责 任 者 广东省人民政府外事办公室,广东省社会科学院编
出 版 项 广州:广东省社会科学院,1991
页　　码 200
相关目录 海上丝绸之路与广州 张难生 叶显恩/广州与海上丝绸之路上的伊兰人:论遂溪的考古新发现 姜伯勤/广州:古代海上丝绸之路的起点城市 曾昭璇 曾新 陈权英/广州海上丝绸之路的兴起与发展 黄启臣/海上丝绸之路的东方发祥地 邓炳权/广州港市形成与海上丝绸之路的关系 邓端本/从古代中外货币交流看广州海上丝绸之路 王贵忱 王大文/从公元 3 – 7 世纪佛教在广州的传播看中外文化交流 杨鹤书/唐代广州的对外贸易 李庆新/宋元时期广州与泉州海外贸易比较 赵立人/南海神庙与海上丝绸之路

谭棣华/广州:早期伊斯兰教的东方圣地——海上丝绸之路的结晶和见证 姜永兴/广州话中的外来语——阿拉伯语 马逢达/李殉与《海药本草》:唐代广州海外贸易对中国药物学的促进 王棣

书　　名 **贵州航运史:古、近代部分(中国水运史丛书)**
责 任 者 夏鹤鸣,廖国平主编
出 版 项 北京:人民交通出版社,1993
页　　码 245
书　　号 7-114-01636-0
分 类 号 F552.9
相关目录 一、建制沿革及自然地理条件出版说明/二、水系分布及主要通航河流/三、社会经济发展概况/四、航运的发展及特点/第一章 隋代以前贵州的航运活动及分布(先秦——公元618年)/古代部分(先秦——公元1840年)/第一节 沅系水道早期的利用和开发/第二节 川系水道早期的航运及发展/第三节 西系水道航运的兴起及衰落/第二章 隋至元代贵州航运的发展(公元618-1368年)/第一节 沿江建制与对水道的依托/第二节 行政制度与经常性的水运货种/第三节 水陆联运网络的初步形成及水陆联运/第三章 明代贵州水运的进一步发展(公元1368-1644年)/第一节 经济的发展与港埠的兴起/第二节 大量的军粮运输/第三节 盐运的发展/第四节 艰难的皇木运输/第五节 初起的河道勘察与航道工程/第四章 清代前期贵州水运的兴盛(公元1644-1840年)/第一节 军粮运输/第二节 盐、铅及其他主要货种的水运/第三节 对航道的广泛治理/第四节 沿江集锦与港埠的进一步发展/第五节 船舶演进与行船技术/第五章 鸦片战争后贵州的水运(公元1840-1911年)/近代部分/第一节"咸同风暴"中的水运/第二节 盐运的变化及整顿/第三节 水运货种及运量的增多/第四节 多渠道集资整修河道/第五节 上游、支流一批小港兴起/第六节 綦岸软板船的出现/第六章 民国初年至抗战前夕贵州水运的起伏(公元1911-1937年)/第一节 相对稳定的盐运/第二节 各河水运的发展及主要货种/第三节 实效不大的航务管理/第四节 整修航道的高潮及效果/第五节 主要港口情况/第七章 抗日战争至解放前夕贵州水运的盛衰(公元1937-1949年)/第一节 水陆联运的新发展/第二节 抗战期间的盐运/第三节 土特产运输的减少及其原因/第四节 军运对水道的利用/第五节 抗战时水道勘察治理规模的扩大和技术的进步/第六节 抗战胜利后水运的衰落
内容提要 本书以时间为序,介绍了贵州省1949年以前内河航运的发展变迁过程。

书　　名 **国际百越文化研究**
责 任 者 魏桥主编;浙江省社会科学院国际越文化研究中心,中国百越民族史研究会编
出 版 项 北京:中国社会科学出版社,1994.02
页　　码 491
书　　号 7-5004-1427-7
分 类 号 K28-53
相关目录 东南地区:夏文化的萌生与崛起——从中国新石器时代晚期主要文化圈的比较研究探寻夏文化 陈剩勇/夏、越、汉:语言与文化漫笔 罗漫/附录:关于《吴越文化新探》的通信/河姆渡文化的"骨耜"及相关问题 汪宁生/东夷和百越:对日本方面考古资料的考察〔日本〕菅谷文则/外越与日本列岛 徐建春/关于日本弥生文化的山城与越文化的关系〔日本〕森浩一/台湾高山族与古越族的关系 陈国强/马来——玻里尼西亚与中国南方文化传统的关系〔美国〕杨江
内容提要 本书收1990年8月在杭州举行的首届国际百越文化学术讨论会的论文40余篇。

书　　名　国家干预经济与中日近代化:轮船招商局与三菱·日本邮船会社的比较研究(日本研究博士丛书)
责 任 者　朱荫贵著
出 版 项　北京:东方出版社,1994
页　　码　271
书　　号　7-5060-0529-8
分 类 号　F552.9:F553.139
相关目录　第二章 中日轮船航运业兴起的背景及初期发展/第一节 中日近代轮船航运业兴起的背景/一、以"富国强兵"为背景兴办的日本轮船运输业/二、第二次鸦片战争后洋务派创办轮船的酝酿/第二节 三菱会社、招商局的成立及初期发展/第三章 十九世纪八十年代三菱与招商局的改组及其发展历程/第一节 日本邮船株式会社的组成及其发展

书　　名　国家祭祀与海上丝路遗迹:广州南海神庙研究
责 任 者　王元林著
出 版 项　北京:中华书局,2006
页　　码　516
书　　号　7-101-05104-9
分 类 号　B947.265.1:K296.51
相关目录　第一章 序曲:海与四海神的崇拜/第一节 海与四海地理知识的出现/第二节 四海神及其崇拜的形成/第二章 创建:海神祭祀与南海神庙的初创/第一节 隋以前的海神祭祀与庙宇的创建/第二节 隋代礼制的整合与南海神庙的初创/第三章 发展:唐代的南海神庙/第一节 唐代的礼制与海神祭祀/第二节 唐玄宗朝的两次祭祀南海神/第三节 唐代广州地方官员祭祀南海神/第四节 唐代南海神庙与扶胥港/第五节 唐代南海神庙与广州海上丝路的发展/第四章 辉煌:南汉两宋时期的南海神庙/第一节 南汉政权时期的南海神庙与广州海上丝路/第二节 两宋祭祀南海神的相关礼制/第三节 两宋中央对南海神的祭祀/第四节 两宋地方对南海神庙的修理与祭祀/第五节 两宋南海神、天妃的封号与崇拜/第六节 两宋南海神东、西庙与广州海上丝路/第五章 萎缩:元代的南海神庙/第一节 元代礼制与南海神的祭祀/第二节 元代南海神庙与广州海上丝路/第六章 衰落:明代的南海神庙/第一节 明代的礼制与南海神的祭祀/第二节 明代中央对南海神的祭祀/第三节 明代地方对南海神的祭祀/第四节 明代有关南海庙及浴日亭的诗文/第五节 明初南海神、天妃信仰与郑和下西洋/第六节 明代南海神庙的分布与广州海上丝路/第七章 尾声:清代的南海神庙/第一节 清代礼制与有关岳镇海渎祭祀/第二节 清代中央对南海神的祭祀/第三节 清代南海神的地方祭祀、维修与庙会/第四节 清代南海神庙的建筑与诗文/第五节 清代南海神庙的地理分布/第六节 清代南海神与广州海上丝路
内容提要　暨南大学211工程"中外关系与华侨华人"课题、广州市哲学社会科学发展"十五"规划2002-2003年课题共同资助:本书概括了南海神庙发展的几个不同阶段,各章节分别从国家、地方、港口、海洋交通等方面展现了南海神和神庙的作用。

书　　名　海道漕运集
责 任 者　刘仁本
出 版 项　北京:中国书店,1959
分 类 号　Z121.4

书 名 **海防安全论**
责 任 者 王传友编著
出 版 项 北京:海洋出版社,2007.01
页 码 304
书 号 978-7-5027-6712-9
分 类 号 E255
相关目录 第一篇 海防的强弱与中华民族的盛衰/第一章 扬威海上:先秦至明初海上力量举世无双/第二章 历史转向:闭关禁海政策带来民族衰败/第三章 奇耻大辱:天朝大国被坚船利炮打破国门/第四章 难逃窠臼:晚清海军几遭覆没/第五章 望洋兴叹:北洋和南京政府有心无力

书 名 **海防刍论八编:附山东福建海防条议**
责 任 者 清龚易图撰

书 名 **海关管理研究**
责 任 者 郑俊田主编
出 版 项 北京:中国商务出版社,2006.04
页 码 166
书 号 7-80181-509-2
分 类 号 F752.55
相关目录 第一章 中国海关发展历史简述/第一节 我国海关的起源和古代陆地海关/第二节 古代沿海海关/第三节 清朝末期的海关/第二章 不平等条约对中国海关的影响/第一节 中国海关主权的被侵占(1840-1864)/第二节 半殖民地海关制度的确立(1864-1911)/第三节 北洋军阀统治时期和国民党政府统治时期的海关/第三章 赫德与近代中国海关/第一节 客观的评价方法/第二节 赫德对近代中国海关的影响/第四章 中外海关比较/第一节 中国海关/第二节 外国海关/第三节 中外海关比较
内容提要 本书系海关业务教材,内容包括中国海关发展史;不平等条约对中国海关的影响;中外海关比较;现代海关制度行政许可与海关税收征管制度等。

书 名 **海国孤生:明代首辅叶向高与海洋社会(海洋中国与世界丛书)**
责 任 者 崔来廷著
出 版 项 南昌:江西高校出版社,2005.12
页 码 484
书 号 7-81075-714-8
分 类 号 P74
相关目录 第一章 海上书生/家世渊源/倭乱中成长/关注日本侵略朝鲜/第二章 留都岁月/谏止矿使税监/与利玛窦的交往/台湾剿倭/第三章 独相七年/罢免高宷/大闽江口商人的活动/第四章 海国福祉/东沙擒倭/捐修宫庙/为民请命造福海国/第五章 再入中枢/信仰水神/澎湖剿逐荷兰入侵者/第六章“三山论学”/论学者的背景/中西学的论战/第七章 认识与评价

书 名 **海河志:大事记**
责 任 者 《海河志》编纂委员会编
出 版 项 北京:中国水利水电出版社,1995

页　　码 303
书　　号 7 - 80124 - 040 - 5
分 类 号 TV882.821
内容提要 大事记是《海河志》的一个重要组成古的原则，简明扼要地记部分。本大事记以事为纬，采用编年体和纪事本末体相结合的体裁，遵循实事求是、祥今略述了海河流域水利事业历史和现状，共计1379项重要事件，基本反映了海河流域开发治理的脉络。本大事记上溯夏商古井，下至1990年，内容广泛，文约事丰，条目清晰，检索方便，可供各级领导决策参考，并可供水利水电、历史、地理、政策研究工作者以及高等学校有关专业的师生参考使用。

书　　名 **海军江南造船所民国二十一年工作报告书**
责 任 者 海军江南造船所编
出 版 项 上海：海军江南造船所，1932
页　　码 140
分 类 号 F426.474
内容提要 介绍该所1932年的工作情况，内有：开办以来的概况、本年大事记、承造舰艇详情、造船情形、制造飞机处工作情形等。

书　　名 **海军江南造船所民国二十二年工作报告书**
责 任 者 海军江南造船所编
出 版 项 上海：海军江南造船所，1933
页　　码 340
分 类 号 F426.474
内容提要 有该所史略、1933年大事记、造船修船业务报告、制造飞机略史等。

书　　名 **海路·移民·遗民社会：以明清之际中朝交往为中心**
责 任 者 （韩）吴一焕著
出 版 项 天津：天津古籍出版社，2007
页　　码 267
书　　号 7 - 80696 - 433 - 9
分 类 号 D829.312
相关目录 第一章 明末清初辽东的形势与海路的重启/第一节 明末以前海上交往与航线的演变/第二节 萨尔浒战后的辽东形势与朝鲜政局的变化/第三节 明清之际海路的重启与辽东沿海岛屿形势/第四节 海路上的皮岛与海洋祭祀形态/第二章 明末清初辽东移民与明遗民的东渡朝鲜/第一节 明末以前迁往朝鲜的中国移民/第二节 政治性明遗民迁徙朝鲜/第三节 辽东流民的云集皮岛及转徙朝鲜/第三章 明清之际在朝鲜的明移民与遗民群体社会/第一节 明流民、遗民与地方社会/第二节 明遗民的群体活动/第三节 遗民纪念明朝的活动/第四节 明遗民社会的特点
内容提要 本书是对明末清初辽东半岛、朝鲜半岛、山东半岛间的中韩（朝）海上交往和在朝鲜形成的明遗民的社会活动（以宗族活动为主）的研究。本书以朝鲜发生壬辰倭乱到凤林大君回国这段时间的历史为主，对16世纪末、17世纪上半叶辽东政局的演变、明鲜之间的交通及其变化、明移民的迁居朝鲜和朝鲜政府对其政策以及明遗民及其后裔的社会宗族活动作了具体研究，并延伸到此前的历史背景及其后的影响。

书　　名　**海门港史(中国水运史丛书)**
责 任 者　金陈宋主编
出 版 项　北京:人民交通出版社,1995
页　　码　440
书　　号　7－114－02215－8
分 类 号　F552.9
相关目录　第一章 章安古港的兴衰(上古至唐宋)/一、章安古港的兴起/二、唐宋时期章安港地位下降与其他港的活跃/第二章 海门港的初兴(元明清)/一、腹地的进一步开发/二、元代海门港的兴起/三、明清海门港的发展/第三章 近代海门港的新兴(1840－1915年)/一、外国货的输入与地区经济的变化/二、从船帮的运输到轮船的开航/三、近代轮埠的建立/四、建轮埠初期的货物进出口状况/五、近代航政管理和航标的初创/第四章 近代港口的兴旺(1915－1937年)/一、港口航运业的发展/二、港口设施与装卸能力/三、港口贸易的发展/四、近代的航政管理/五、海事的频繁/第五章 海门港的起伏(1937－1949年)/一、抗战前期港口的关闭与开放/二、抗战后期港口有限制开放与货运贸易/三、抗战胜利后港口的起伏

书　　名　**海内外学人论妈祖**
责 任 者　林文豪主编;朱天顺 吕良弼副主编
出 版 项　北京:中国社会科学出版社,1992.07
页　　码　428
书　　号　7－5004－0481－6
分 类 号　B93
相关目录　妈祖与我国古代河神、海神的比较研究/妈祖成为海神的条件评析/天上圣母封号之探究/“妈祖”名称的由来/明代妈祖信仰及其趋势/论妈祖传说的研究价值/妈祖传说演变/试从历代名人诗词看妈祖信仰/试论妈祖信仰的宗教属性/妈祖信仰起源考/妈祖神迹体现了儒家思想/闽台崇祀妈祖比较研究/台湾社会的转型与宗教信仰活动的演变/台湾妈祖庙间层级关系之续断现象/妈祖信仰在台湾/从匾联碑记看台湾官民的妈祖信仰/清代台湾边疆移垦社会之特点与妈祖信仰/象征性的社会建设:台湾海角渔村的妈祖庙/台湾埔里平埔族的妈祖信仰/穿插着中国文化和神话的海角渔村之民俗/明治之神佛废止令与日本天妃信仰/海上贸易与妈祖信仰的传播/日本华侨的妈祖信仰及其与新、马的比较研究/妈祖与南洋华侨/华侨的妈祖信仰与中国传统文化/天津天后宫与天津城市的发展/天后在镇远/访问赤水、西陂的天后宫/惠安县大岞村的妈祖信仰/圣墩顺济祖庙考/关于圣墩遗址问题的再商榷/妈祖研究不同观点综述

书　　名　**海南岛史**
责 任 者　(日)小叶田淳著;张迅斋译
出 版 项　台北:学海出版社,1979
页　　码　319
分 类 号　K296.6
相关目录　第一章 黎明期/第一节 原古的海南岛/第二节 海南岛的黎明/第二章 开发期/第一节 宋代/第二节 元代/第三章 近代(其一明代)/第一节 政治兵制/第二节 财政经济/第三节 治黎和海寇/第四节 文化之兴隆/第四章 近代(其二清代)/第一节 政治兵制/第二节 财政经济/第三节 治黎与海寇/第四节 贸易/第五节 清代的文化

书　　名　**海南史要览(海南历史文化大系)**
责 任 者　唐玲玲,周伟民著

出 版 项 海口:海南出版社,南方出版社,2008
页 码 423
书 号 978－7－5443－2623－0
相关目录 第一章 海南历史的发端/一、最早的海南人/二、史前文化的孑遗/第二章 秦汉对海南岛的开拓及初置郡县/三、汉代的海南建置/四、秦汉时期的物产、移民与人口/五、汉代海南的风俗/六、汉代海南的海域/第三章 三国至隋豪强世家割据与隋炀帝的统一/一、三国时代吴国进军海南岛/二、晋代称海南岛为"朱崖洲"/三、三国、晋、六朝政区沿革和冼夫人的历史贡献/四、隋朝时期的海南岛/第四章 唐代对海南岛的开发与社会经济的稳定/一、唐初对海南的治理/二、冯冼氏家族在海南岛的势力/八、风俗/九、海上交通/十、儒教、佛教、回教与民间信仰/十一、唐代海南沿海的海盗/第五章 宋代——海南岛经济文化肇兴/四、移民中客反为主的现象以及回族和疍民的迁入/五、宋代在海南的兵制和军事设施,设水军镇压海盗/七、贸易与经济的繁荣/九、关于南海诸岛/十、教育、风俗与宗教/第六章 元朝对海南岛的统治/四、人口、屯田与移民/九、海疆与海防/十、文化教育与宗教/第七章 明代海南岛的发展/三、海上丝绸之路发展中的海南/四、海南岛移民文化与本土文化融合所引发的文化高度发展/八、商贸兴盛/十一、民间信仰与文化习俗/第八章 清朝对海南的统治/五、海防策略/第九章 民国时期的海南岛/三、日本对海南的侵略及其暴行/四、建国前夕海南岛上的战斗/七、户口与移民的新特点
内容提要 本书包括:海南的发端、秦汉对海南岛的开拓及初置郡县、唐代对海南岛的开发与社会经济的稳定、元朝对海南岛的统治、民国时期的海南岛等内容。

书 名 **海南文化史(海南历史文化大系)**
责 任 者 牛志平等著
出 版 项 海口:海南出版社,南方出版社,2008
页 码 306
书 号 978－7－5443－2624－7
分 类 号 K296.6
相关目录 第三章 隋唐——海南文化自肇兴/四、鉴真居琼传播佛教文化/第四章 宋代——海南文化之蔚城/五、海南最早的地方志/第五章 元代——海南文化之多元/五、伊斯兰文化的传入/第六章 明代——海南文化之鼎盛/九、道教在海南的扩散/第七章 清代——海南文化之积淀/五、佛教和基督教的传播/六、古代海南与南海海洋文化/七、古代海南与"海上丝绸之路"/第八章 民国时期——海南文化之变迁/一、民国时期的海南社会

书 名 **海权对大国兴衰的历史影响**
责 任 者 王生荣著
出 版 项 北京:海潮出版社,2009.01
页 码 409
书 号 978－7－80213－612－0
分 类 号 E815
相关目录 第十五章 中华民族探索"海权"的艰难历程/一、古人"浮游四海"的理想与梦幻/二、郑和"七下西洋"的辉煌与咏叹/三、近代抵抗海上列强的浴血与悲歌
内容提要 本书涉及的两个基本概念是:海洋与海权。二者既相互联系,又相互区别。海洋,是相对于陆地而言的,指全球连通的广袤的水体部分,因而它是一种天然的客观存在。海权,则是相对于陆权而言的,指人类利用和控制海洋的力量,因而它是一个民族或国家主体的实力体现。

书　　名 海上集
责 任 者 庄为玑著
出 版 项 厦门:厦门大学出版社,1996
页　　码 740
书　　号 7-5615-1120-5
分 类 号 K295.73
相关目录 宋元明泉州港的中外交通史迹/谈最近发现的泉州中外交通史迹/续谈泉州港新发现的中外交通史料/泉州宋船发现发掘始末——兼评《泉州湾宋船的发掘研究》/泉州宋船的发现在水运史上的新贡献/泉州宋船结构的历史分析/泉州宋船香料与蒲家香业/泉州宋船木牌木签考释/泉州宋船为蒲家私船考/福建泉州清净寺的修建问题/泉州清净寺的历史问题——泉州港古迹研究之一/泉州清真寺史迹新考/泉州印度教史迹及其宗教艺术/泉州摩尼教史迹初探/泉州犹太教史迹试探/福州新发现的元明时代伊斯兰教史迹/泉州历代城址的探索/浙江龙泉与福建土龙泉/福建南安出土外国银币的几个问题/泉州三大外销商品——丝、瓷、茶/德化白瓷的窑口与港口问题/文莱国泉州宋墓考释/《古刺桐港》(重订本)自序/元末外族叛乱与泉州港的衰落/福建海港史概述/泉州湾的古海港/安海港在闽南金三角中的历史地位/厦门港口的建立及其变迁/福建晋江专区华侨史调查报告/福建华侨投资今昔谈/《近代华侨投资国内企业史资料选辑》(福建卷)前言/四种郑成功史料的比较研究/郑和宝船尺度的探索/郑和航海与福建的关系/郑和史事三考——纪念中国第一次航海节暨郑和下西洋580周年/郑和史事四考/试论郑和与王景弘之死/论明版《三宝太监西洋记通俗演义》/明代太仓和长乐的《天妃碑》是郑和"自传"——答香港曾鍏波先生问

书　　名 海上山东:山东沿海地区的早期现代化历程,上、下(海洋中国与世界丛书)
责 任 者 张彩霞著
出 版 项 南昌:江西高校出版社,2004
页　　码 2册(157,189)
书　　号 7-81075-606-0
分 类 号 F129
相关目录 第一章 区位特征与海洋传统/区位特征与生态环境/明以前的海洋传统/明清时代的海防与海禁/明清之际的沿海居民/第二章 从海运到开埠/清代的粮食海运贸易/私人海上贸易的发展/沿海港口城市的兴起/烟台与青岛的开埠/一、烟台的开埠/二、青岛的开埠

书　　名 海上丝绸之路
责 任 者 袁钟仁编
出 版 项 广州:广东人民出版社,2004
内容提要 本书介绍海上丝绸之路和中外贸易发展的历史。

书　　名 海上丝绸之路
责 任 者 李庆新著
出 版 项 北京:五洲传播出版社,2006
页　　码 175
书　　号 7-5085-0923-4
分 类 号 K203

相关目录 第一章 早期东西方海上航线的对接/一、远东的海洋文明/二、从地中海到印度洋:希腊人、腓尼基人、罗马人的航海贡献/三、南越考古发现/四、汉朝使者的海上之旅/五、公元 3 – 6 世纪与中国建立海上交往的国家/六、遂溪等地出土的波斯器物与银币/七、罗马人的"中国印象"/八、佛法传播与法显西行/第二章 从珠江口到波斯湾:广州通海夷道/一、中国官方使节的南海之行/二、唐朝的市舶使/三、"广州通海夷道"/四、巴格达与广州:两大国际贸易中心/五、唐朝丝绸与陶瓷/六、日本遣唐使/七、漂洋过海的求法高僧/八、印坦沉船的重大发现/第三章 宋元帝国对海洋贸易的经营/一、宋元帝国的贸易管理/二、帝国的贸易伙伴/三、繁华的中国港口/四、10 – 14 世纪世界造船与航海技术/五、"南海一号"沉船/六、与马可·波罗同时代的旅行家/七、"泉南佛国":泉州的宗教遗迹/第四章 世界海洋贸易的新时代/一、郑和下西洋/二、1550 – 1640 年的明朝贸易管理模式/四、澳门的帆船贸易/五、会安:16 – 19 世纪远东海洋贸易中心/六、清朝海关与广东十三行/七、丝绸、陶瓷与茶叶贸易/八、东南亚、日本的中国人/九、来华传教士/十、"西学东渐"/十一、欧美的"中国时尚

内容提要 本书介绍了早期东西方海上航线的对接;宋元帝国对海洋贸易的经营;世界海洋贸易的新时代等。

书　　名 **海上丝绸之路**
责 任 者 陈高华等著
出 版 项 北京:海洋出版社,1991
页　　码 210
书　　号 7 – 5027 – 0148 – 6
分 类 号 F752.9

相关目录 第一章 先秦——汉代:海上丝绸之路的开辟时期/第一节 殷人在3000 年前是否有可能横渡太平洋到达美洲/第二节 汉代以前中国的航海活动和海外交通/第三节 汉代海上丝绸之路的开辟/第二章 魏晋——唐五代:海上丝绸之路持续发展时期/第一节 魏晋南北朝时期海外交通的持续发展/第二节 隋唐时期海上丝绸之路的兴盛/第三节 五代时期的海上丝绸之路/第四节 海上丝绸之路在中国对外交通中地位的变化/第三章 宋元:海上丝绸之路空前繁荣的时期/第一节 海上丝绸之路空前繁荣的时代条件/第二节 宋元时期海上丝绸之路联系地区的扩大和贸易往来的密切/第三节 海上丝绸之路贸易的经营者及运销的货物/第四节 中外贸易空前繁荣和宋、元王朝的财政/第五节 宋、元时期对外贸易港的繁荣/第四章 明代:海上丝绸之路由盛转衰时期/第一节 明代海外交通的新形势/第二节 郑和下西洋/第三节 中国丝绸在拉丁美洲的传播/第四节 明代的市舶司和海外贸易港/第五节 福建郑氏家族的海外贸易活动/第五章 清代:海上丝绸之路的停滞与逐渐衰落/第一节 清初社会动乱对海外贸易的影响/第二节 从"海禁"到开放"海禁":清朝政策的变化/第三节 闽、粤海商对东南亚地区的贸易/第四节 中日间的限额贸易/第五节 鸦片战争前向西方国家出口的中国丝、茶/第六章 海上丝绸之路是中外友好往来的纽带/第一节 中国与亚非各国政治联系的重要渠道/第二节 "蕃客"——经过海上丝绸之路前来中国的外国人/第三节 旅居海外的中国侨民/第七章 海上丝绸之路与中外科技文化交流/第一节 中国科学技术的传播/第二节 香药和农作物传入中国及其对中国社会的影响/第三节 宗教和艺术的交流

内容提要 本书介绍了海上丝绸之路的产生、发展、鼎盛和衰落,叙述了古代中国和海外诸国在经济、政治、文化等方面的联系。

书　　名 **海上丝绸之路:西洋篇**
责 任 者 苏冰
出 版 项 延边:东北朝鲜民族教育出版社,1994.5

页　　码　95

书　　号　7－5437－1764－6

分 类 号　K203－49

相关目录　一、船的故事/二、友谊的纽带/三、沟通东西方的使者——马可波罗/四、壮哉！郑和七下西洋/五、四大发明与海上丝绸之路/六、南洋华侨与海上丝绸之路/七、爱国志士与丝绸之路/八、灿烂的前程

书　　名　**海上丝绸之路的新加坡**

责 任 者　邱新民著

出 版 项　新加坡：胜友书局，1991.08

页　　码　280

书　　号　9971－52－223－3

分 类 号　K339.0

相关目录　弁言（"海上丝绸之路的新加坡"论文及中英文简介）/第一编 地峡通道——东西航路第一纪程注脚/一、前汉书地理志的航程/二、纪程的终点/三、三塔关道/四、丹老巴蜀道注脚（附文）/五、狼牙脩国的地峡通道——羯荼六坤道（附狼牙脩方位商榷文）/六、都元·邑卢没·谌离·皮宗/七、丝之路与船/第二编 海峡通道——黄金半岛·蒲罗中·质·淡马锡·龙牙门/一、黄金半岛/二、蒲罗中国论战/三、质与葛葛僧祇/四、淡马锡即假马锡论战/五、凌牙门·龙牙门·林加（龙牙）班卒·长腰屿/第三编 新加坡拉/一、新加坡拉建国及其灭亡/二、三百年来沧桑简介/三、西方航海图中的新加坡（附图20张）/四、1810－1819年的新加坡/第四编 水上民族/一、海人的资料小辑/二、源流及其传播/三、文化母题

书　　名　**海上丝绸之路的友好使者：东洋篇（海上丝绸之路丛书）**

责 任 者　夏应元著

出 版 项　北京：海洋出版社，1991.12

页　　码　175

书　　号　7－5027－0080－3

分 类 号　K815：K203

相关目录　上古/隋/小野妹子和裴世清/唐/阿倍仲麻吕/吉备真备/鉴真/空海/宋/奝然/荣西/兰溪道隆/元/无学祖元/一山一宁/明/雪舟等杨/策彦周良/清/朱舜水/隐元隆琦

内容提要　本书介绍了为开辟海上交通和实现中外文化交流作出贡献的15位中、日历史人物。

书　　名　**海上丝绸之路的友好使者：西洋篇（海上丝绸之路丛书）**

责 任 者　陈瑞德等著

出 版 项　北京：海洋出版社，1991.12

页　　码　133

书　　号　7－5027－0081－1

分 类 号　K815：K203

相关目录　一、"海上丝绸之路"的开辟/1. 丝绸的故乡和丝绸的输出/2. "海上丝绸之路"的开辟/3. 活跃在"海上丝绸之路"上的著名人物/二、巡礼佛国的晋代高僧法显/1. 佛教东传/2. 法显西行/3. 佛国巡礼/三、唐代高僧义净往返于"海上丝绸之路"/1. 泛舶南溟 巡礼西天/2. 著述室利佛逝/四、第一个抵达地中海海滨的唐代旅行家杜环/1. 怛逻斯之战/2. 杜环不寻常的远足旅行/3. 杜环的旅途见闻——《经行

记》/4. 稍晚于杜环的阿拉伯旅行家苏莱曼/5. 宋代有心人的耳闻笔录/五、意大利威尼斯旅行家马可·波罗/1. 马可·波罗东行时的中国/2. 马可·波罗到中国/3.《马可·波罗游记》/4. 友谊的桥梁/六、元代旅行家周达观和《真腊风土记》/1. 悠久的历史交往/2.《真腊风土记》/七、元代航海家汪大渊和《岛夷志略》/1. 汪大渊的身世/2. 两次远航/3.《岛夷志略》/八、摩洛哥旅行家伊本·巴图泰漫游中国/1. 伊本·巴图泰游历中国三大名城/2.《伊本·巴图泰游记》所介绍的中国/九、七下西洋的明代航海家郑和/1. 郑和下西洋的历史背景/2. 郑和下西洋/3. 下西洋促进了经济和文化交流/4. 十五世纪中外人民对郑和的纪念

内容提要 本书介绍了为开辟海上丝绸之路和发展中外文化交流作出贡献的 8 位中外历史人物。

书　　名 海上丝绸之路的著名港口——泉州(海上丝绸之路丛书)

责 任 者 庄为玑等编著

出 版 项 北京:海洋出版社,1989. 10

页　　码 104

书　　号 7－5027－0125－7

分 类 号 K815: K203

相关目录 第一章 泉州港的形成/一、天然良港/港口的分布/二、闽越之地/三、泉州港的初现/晋人南渡与泉州的开发/印度高僧的东来/第二章 唐五代泉州港的发展/一、唐代的社会经济/二、全国四大港之一/海上丝绸之路的兴起/市井十洲人/伊斯兰教东传泉州/造船与航标/三、五代的刺桐港/第三章 两宋时期泉州港的繁荣/二、重要贸易港地位的确立/北宋中前期的海外贸易/市舶司的设置/管理制度的完善/祈风仪典/三、海外贸易的发展状况/贸易形式/贸易地区/贸易商品/四、海外贸易兴盛的原因/宋延南迁的影响/政府对外政策的作用/发达的造船工业/五、石桥建筑与海外交通/桥梁与海港/六、港市的建设与繁荣/第四章 元代泉州港的极盛/一、蒲寿庚与元初泉州港/海商巨头蒲寿庚/蒲寿庚弃宋投元/二、东方第一大港/西方游历家笔下的刺桐港/梯航万国之都会/中外商品的集散地/色彩缤纷的国际都市/三、各种外来宗教/四、元末战乱及其影响/第五章 明代泉州港的变化一、官方贸易的尾声/与琉球的勘合贸易/郑和与泉州/市舶司他迁及其原因/二、私商贸易的活跃/商品生产的发展/私商贸易状况/安平港与安平商人/三、移民热潮的出现/流向南洋/迁徙台湾/中外经济文化交流

内容提要 本书是由海外交通史著名学者庄为玑教授率其高足庄景辉、王连茂同志撰写的。全书通过翔实、生动的大量史实,阐述了古代泉州港的形成、发展、兴盛与衰落;描绘了当年泉州帆樯林立、梯航万国、商旅云集、街市繁华、宝货山积的昌盛情景;叙述中外的文化交流和友好往来源远流长,从历史角度说明对外开放,开展各国之间经济、文化交流,对中国经济、文化的繁荣都是十分有益的。本书既是一部研究海上丝绸之路的优秀著作,又是一部普及历史知识、进行爱国主义教育的好教材,还是一部游览风景秀丽的历史名城泉州的导读物。

书　　名 海上丝绸之路的著名港口——泉州

责 任 者 庄为玑

出 版 项 北京:海洋出版社,1999

书　　名 海上丝绸之路的著名港口——扬州

责 任 者 朱江编著

出 版 项 北京:海洋出版社,1986

页　　码 136

书　　号 17193·0891

分 类 号 K928.6

相关目录 第一章 扬州的自然条件和历史沿革/第一节 扬州名称的由来及其沿革/第二节扬州城池的历史/第三节 扬州的自然地理/第四节 长江水道的变迁/第五节 春秋时代的邗沟/第六节 西汉以来的运盐河/第七节 隋代的淮南运河/第八节 唐代扬州的官河/第二章 扬州的海外交通/第九节 东晋时期的海上交通/第十节 唐代的海上交通/第十一节 扬州的市舶司与宾馆/第十二节 两宋暑期扬州的海外交通/第十三节 元代扬州的海外交通/第十四节 明代扬州的海外交通/第十五节 清代扬州的海外交通/第三章扬州的名胜古迹/第十六节 扬州的古迹/第十七节 扬州的名胜/第十八节 扬州的风俗

内容提要 是海上丝绸之路丛书之一,作者是江苏省考古学会副理事长朱江先生。书中深入浅出地描绘了扬州港的自然条件及历史沿革,长江水道的变迁,古代扬州港与海外各国在政治、经济、文化、艺术等方面的交流情况,扬州的名胜古迹等,对扬州港的历史地位进行了精辟的分析和恰切的评价,是一本优秀的历史通俗读物。

书　　名 **海上丝绸之路的著名海港——明州(海上丝绸之路丛书)**

责 任 者 林士民著

出 版 项 北京:海洋出版社,1990.03

页　　码 148

书　　号 7-5027-0132-X

分 类 号 K295.53

内容提要 本书详细介绍了我国东南沿海著名港口城市明州(今宁波市)的形成、发展、繁盛与沿变过程,生动地叙述了四明先民的生产、生活、信仰、造船、航海等情况以及明州在海上丝绸之路中的贡献。

书　　名 **海上丝绸之路研究:1,海上丝绸之路与伊斯兰文化**

责 任 者 陈达生,王连茂主编

出 版 项 福州:福建教育出版社,1997

页　　码 224

书　　号 7-5334-2507-3

分 类 号 K203

相关目录 中国历史上伊斯兰文化的四次高潮/中国的伊斯兰手抄本/杭州伊斯兰教阿拉伯文波斯文古墓碑考/丝绸之路上的甘肃穆斯林民族/伊斯兰文化对广州回族社区形成发展的作用/近代上海社会中的伊斯兰教/陈棣丁姓穆斯林后裔/古代中国与伊朗的友好交往/前往中国的穆斯林旅行家/模仿与吸收:中国与巴士拉的往返陶瓷贸易/泉州与文莱早期伊斯兰的联系以及宋元时期的海上通道/中国与文莱的关系以及文莱出土的中国瓷器/横渡穆斯林海域的中国航海技艺/郑和下西洋时期伊斯兰文化的传播对海上丝绸之路的贡献/阿曼——海上贸易路线的枢纽/丝绸之路与安娜托利亚塞尔柱人的客栈/经海路传入韩国的伊斯兰教及其发展/13至15世纪苏门答腊北部东海岸地区早期伊斯兰商业移民/1821-1940年马六甲海峡殖民地和马来亚出版的宗教期刊/20世纪30至50年代柔佛伊斯兰宗教部和华人事务部的作用,以及他们处理柔佛华人少数民族皈依伊斯兰的案例/福建海上丝绸之路研究的思考/论丝绸之路的双向发展/发展宗教文化旅游,促进中外友好交往

内容提要 联合国教科文组织海上丝绸之路考察泉州三周年:“海上丝绸之路与伊斯兰文化”国际学术讨论会(1994:泉州)

书　　名　**海上丝绸之路研究:2,中国与东南亚**

责 任 者　陈达生等主编

出 版 项　福州:福建教育出版社,1999

页　　码　221

书　　号　7-5334-2759-9

分 类 号　K203

相关目录　福建省海上丝绸之路研究十年/古代中国的西太平洋、北印度洋地理观/亚俱罗考/吧国公堂与华人社会/西汉南海远航之始发点/明代中国与满剌加国的关系及海上航路/妈祖信仰与明代中外交通/东南亚华人企业集团的跨国经营与中国/论琉球在明代中国与东南亚诸国贸易中的地位/明初海禁与东南亚贸易的发展/试论明清时期滇缅贸易水路的兴起和发展/中国与东南亚贸易圈之研究/华人在中国与东南亚贸易网络中的作用和影响/中国封建政府对西方列强入侵东南亚的反应/试论东南亚华人宗教的基本特质/明代泉州人旅居东南亚的谱牒资料分析/古代中国与东南亚的佛教文化交流/东南亚槟榔礼俗在中国的传播

内容提要　联合国教科文组织“丝绸之路综合研究”项目十周年“中国与东南亚”国际学术讨论会

书　　名　**海上丝绸之路研究:4,陈达生伊斯兰教与阿拉伯碑铭研究论文集**

责 任 者　陈达生,曲鸿亮,王连茂主编

出 版 项　福州:福建教育出版社,2007

页　　码　241

书　　号　978-7-5334-4522-5

分 类 号　K203:K877.424

内容提要　本书收入了陈达生伊斯兰教与阿拉伯碑铭研究论文数篇,其中有《泉州清真寺史迹新考》、《关于元末泉州伊斯兰教研究的几个问题》等。

书　　名　**海上丝绸之路研究:中国·北海合浦海上丝绸之路始发港理论研讨会论文集**

责 任 者　吴传钧主编

出 版 项　北京:科学出版社,2006

页　　码　346

书　　号　7-03-016778-3

分 类 号　K203-53

相关目录　合浦——海上丝绸之路始发港刍议/海上丝绸之路的回顾与前瞻/略论合浦汉墓及其出土文物的特点/丝绸之路始发港合浦古今价值观/西汉海上丝绸之路始发港——合浦港的考古学实践与初步认识/合浦港在我国海上丝绸之路的历史地位和影响/广西合浦:我国最早最重要的海上丝绸之路始发港/北海(合浦)中国海上丝绸之路始发港刍议/西汉海上丝绸之路与内地的互动——以徐闻、合浦始发港为中心/西汉海上丝绸之路与内地的互动——以徐闻、合浦始发港为中心/海上丝绸之路始发港——合浦丰富的生态旅游资源/合浦与徐闻在海上丝路始发港地位与作用的比较研究/再论合浦是中国汉代海上丝路始发港/关于我国古代“海上丝绸之路”最早始发港研究述评/两汉时期合浦一直是郡治所在——读《后汉书·郡国志》序/从西江到海上丝绸之路始发港的考察/古代合浦史地杂谈/两汉时期合浦郡在岭南与南海丝路的地位/论合浦乾体港是我国古代海上丝绸之路的最早始发港——兼说乾体港(三汉港)的兴衰/合浦——历史的选择/广西汉代玻璃与海上丝绸之路/汉代合浦郡的对外贸易及其重要意义/南流江变迁与合浦港的兴衰/关于“海上丝绸之路”的思考/合浦是汉代海上丝绸之路上的一个重要始发港/论合浦是

汉代中国海上丝绸之路始发港及其意义/合浦汉墓出土的佩饰品/再论汉代罪犯流徙合浦的问题/黄泥岗1号墓和"徐闻令印"考/从考古资料看合浦海上丝绸之路的兴起和发展/论西瓯国与海上丝绸之路的关系/西南便捷出海通道的时空变迁/试论两汉时期合浦郡与中原王朝的政治、经济与军事关系/合浦成为我国汉代海上"丝绸之路"始发港的交通条件/浅谈合浦文化遗产的合理利用及规划构思——弘扬合浦汉代海上丝路文化,推动地方经济发展/合浦海上丝绸之路及其特色旅游资源开发初探/合浦关——海上丝绸之路始发海关/汉代合浦港及有关问题的探讨/北海古窑址与"海上丝瓷之路"的研究/合浦徐闻二港在古代海上丝绸之路中的特殊作用/合浦港是西汉"海上丝绸之路"最重要的始发港/汉代合浦港港址论争引发的思考/合浦始发港的形成、发展及其影响/合浦港作为"海上丝绸之路"始发港探源/加强研究 打造品牌 促进发展——海上丝绸之路研究:中国．北海合浦海上丝绸之路始发港理论研讨会综述

内容提要　本书收入论文和讲话共48篇,从地理、历史、考古、文献,以及经济、政治、军事、文化等方面,论述了我国古代海上丝绸之路的缘起和主要港口。

书　　名　**海上丝绸之路研究专辑(珠江文化丛书)**

出 版 项　广州:广东旅游出版社,2001

书　　号　7-80653-264-1

分 类 号　K203-51

内容提要　由广东省人民政府参事室、广东省人民政府文史研究馆、广东珠江文化研究会联合组成的广东省"海上丝绸之路"研究和开发项目组系列工程,共四册

书　　名　**海上丝绸之路遗珍:越南出水陶瓷**

责 任 者　吴伟峰,谢日万,范国君主编

出 版 项　北京:科学出版社,2009.1

页　　码　305

书　　号　978-7-03-023361-5

分 类 号　K866.3

相关目录　头顿沉船出水陶瓷器/建江沉船出水青瓷器/占婆岛沉船出水陶瓷器/金瓯沉船出水陶瓷器/平顺沉船出水陶瓷器

内容提要　海上丝绸之路兴盛于唐宋,鼎盛于明清时期。从通往东南亚、西亚、东非、欧洲的海上丝绸必经之路越南海域打捞沉船出水陶瓷器中我们可以看到这种盛况,目前越南在头顿、建江、占岛、金瓯、平顺等地已打捞5艘沉船,仅头顿沉船出水中国清代康熙陶瓷就达6万多件套,金瓯沉船出水雍正陶瓷5多万件。出水陶瓷产地既有中国明清时期景德镇、福建地区的青花瓷和蓝釉、白釉、彩釉陶瓷器,也有15世纪晚期越南海阳省朱豆窑、基窑、么老窑的青花瓷,升龙窑的描金彩绘镂空瓷以及泰国宋加洛窑青瓷产品。

书　　名　**海上丝绸之路遗珍:越南出水陶瓷**

责 任 者　蓝日勇编著

出 版 项　北京:科学出版社,2008.12

页　　码　320

书　　号　978-7-03-023361-5

分 类 号　K883.33

内容提要　海上丝绸之路兴盛于唐宋,鼎盛于明清时期。从通往东南亚、西亚、东非、欧洲的海上丝绸必经之路越南海域打捞沉船出水陶瓷器中我们可以看到这种盛况。出水陶瓷产地既有中国明清时期景德

镇、福建等地区的青花瓷和蓝釉、白釉、酱釉、彩釉陶瓷器，也有15世纪越南海阳省朱豆窑、升龙窑的描金彩绘镂空瓷以及泰国宋加洛窑青瓷产品。

书　　名　海上丝绸之路与潮汕文化
责 任 者　杜经国，吴奎信主编
出 版 项　汕头：汕头大学出版社，1998
页　　码　452
书　　号　7-04-007124-X
分 类 号　K296.53
相关目录　南澳：台海与大陆间的跳板/海上丝绸之路对潮汕文化有巨大影响/略论明代之前潮州港的发展/试论促进明代后期潮州地区私人海上贸易发展的若干因素/十六世纪历史变化中的潮汕海上"盗商"/近代潮汕地区的走私问题/樟林港考古/宋元时期潮州海运贸易的发展/郑若曾《筹海图编》论柘林港形势/闽粤间对外窗口——兼论明清时期潮汕漳厦港口发展的局限/明代东南沿海倭患与潮州军民的英勇抗击/南澳之交通地位及其于明代海防线上转变为走私寇攘跳板之发展/明清时期南澳港的海上贸易/南澳岛在明清中外关系史上的重要地位/南澳海防史在海交中的地位/南澳设总兵置镇前后的海交与海防/南澳岛在古代海防史和海外交通史上的地位/论明代以南澳岛为中心的漳潮海外贸易区/南澳成为出海口之历史根源——对南澳早期海上贸易的初步探讨/从南澳出土的古币看南澳古代海上交通贸易/"海上丝绸之路"的南海航标——从出陶瓷看南澳的海交地位/殖民者在南澳的"猪仔"贸易/华工出洋的中转站——南澳/南澎灯塔在海上交通中的重要性/海外华人与潮汕地区的经济发展/从侨批看潮汕文化"引力场"/近代潮汕海外交通与移民/海上丝路与潮汕方言词/万历潮州海事考/对台海上交通与潮汕文化在彼岸的传播/试论潮汕文化的特征/近现代潮汕华侨与潮汕文化/海外潮人热心支援家乡建设(节录)/试论明代海外贸易港的兴衰/汕头开埠与美国/六朝时期岭南地区海上丝绸之路的开辟/中国古代海外交通史文物又一重大发现——韩国出土中国宋朝独木舟/明嘉靖间市舶司停罢蠡测/潮汕地区古代海上对外贸易(提要)/从文物考古资料探索潮汕地区的古代"海外丝绸之路"(提要)/论明中叶潮州经济和文化的发展(提要)/中国古代南澳岛的航海地位(提要)/明代南澳史事初探(提要)/明清时期南澳港的民间海外贸易(提要)/浅析明清时期闽南人向粤东地区的移动(提要)/中国海上丝绸之路研究之策略(提要)/从遗嘱看近代潮汕家族企业的发展——以乾泰隆·黉利陈氏家族为例/榕江——潮汕最早的丝绸之路(提要)关于潮州都市发展的转机(提要)/甲子门、屯门之今昔比较(提要)/论壬辰援朝御倭战争对晚明海交政策的影响(提要)/明后期隆庆开放与华南经济(提要)/明末清初的福建海商与陶瓷贸易(提要)/桥梁的角色——论广东在16-19世纪中外文化交流中的地位(提要)/从舟船文物看粤闽舟船和海上交通的发展(提要)明清沿海荡地开发的传统结构(提要)略论牵星板(提要)/清朝与阮朝的外贸政策初探(提要)/茶叶和白银：略论18世纪中西贸易的基本结构(提要)/佛教僧人取经求法的活动与古代广州的海外交通(提要)/试论在中琉贸易中王银被敲诈之事件(提要)——历史宝案第一集/潮汕的海上交通在中国海交史中占有重要地位——"海上丝绸之路与潮汕文化"国际学术研讨会综述
内容提要　国际学术研讨会论文集(1994：汕头、南澳)

书　　名　海上丝绸之路与中外文化交流(泰国研究学会丛书 新加坡南洋学会丛书)
责 任 者　陈炎
出 版 项　北京：北京大学出版社，1996
页　　码　340
书　　号　7-301-03029-0

分 类 号 K203

相关目录 中华民族海洋文化的曙光——河姆渡文化对探索海上丝绸之路起源的意义/丝绸之路的兴衰及其从陆路转向海路的原因/略论海上丝绸之路/古代浙江在东海丝绸之路中的地位/南海丝绸之路与中外文化交流/6世纪前的泰国湾和泰国境内的古国在东西海上交通中的地位/阿拉伯世界在陆海丝绸之路中的特殊地位——兼论中阿经济文化交流及其对世界文明的贡献/郑和下西洋对伊斯兰世界文化的影响和贡献/郑和下西洋促进海上丝绸之路进入鼎盛时期/澳门港在近代海上丝绸之路中的特殊地位和影响——兼论中西文化交流和相互影响/海上丝绸之路与中、菲、拉美之间的文化交流/海上丝绸之路与日月同辉——参加联合国教科文组织"海上丝绸之路"综合考察的体会/西南丝绸之路的历史及其发展前景——兼论德宏州的特殊地位和它的贡献/海上丝绸之路的历史及其贡献/中缅两国历史上的陆海交通和文化交流/中泰两国历史上的海上交通与文化交流

内容提要 本书是作者从事海上丝绸之路与中外文化交流研究的论文集。在近30余篇的论文中，作者通过大量的文献考据、考古论证、实地调查、对比分析，把连接中外的海上丝绸之路的发生、发展及由此对世界文明的贡献进行了充分的论述。

书　　名 **海上丝绸之路与中外文化交流**

责 任 者 陈炎著

出 版 项 北京：北京大学出版社，2002

页　　码 481

书　　号 7－301－03029－0

分 类 号 K203

相关目录 中华民族海洋文化的曙光——河姆渡文化对探索海上丝绸之路起源的意义/丝绸之路的兴衰及其从陆路转向海路的原因/略论海上丝绸之路/古代浙江在东海丝绸之路中的地位/南海丝绸之路与中外文化交流/六世纪前的泰国湾和泰国境内的古国在东西海上交通中的地位/阿拉伯世界在陆海丝绸之路中的特殊地位——兼论中阿经济文化交流及其对世界文明的贡献/郑和下西洋对伊斯兰世界文化的影响和贡献/郑和下西洋促进海上丝绸之路进入鼎盛时期/澳门港在近代海上丝绸之路中的特殊地位和影响——兼论中西文化交流和相互影响/海上丝绸之路与中、菲、拉美之间的文化交流/海上丝绸之路与日月同辉——参加联合国教科文组织"海上丝绸之路"综合考察的体会/西南丝绸之路的历史及其发展前景——兼论德宏州的特殊地位和它的贡献/海上丝绸之路的历史及其贡献/中缅两国历史上的陆海交通和文化交流/中泰两国历史上的海上交通与文化交流

内容提要 本书是作者从事海上丝绸之路与中外文化交流研究的论文集。在近30余篇的论文中，作者通过大量的文献考据、考古论证、实地调查、对比分析，把连接中外的海上丝绸之路的发生、发展及由此对世界文明的贡献进行了充分的论述。

书　　名 **海上丝路（迎接海洋世纪）**

责 任 者 李杰著

出 版 项 北京：北京科学技术出版社，1997

页　　码 99

书　　号 7－5304－1924－2

分 类 号 K203

相关目录 第一章 航海的发端/一、"蒙昧"的唤醒——随洋漂流/二、木板船的问世/第二章 海上丝绸之路的繁盛/一、秦皇巡海与徐福东渡/二、繁盛的汉代海上丝绸之路/三、唐朝海运胜前期/四、奇哉，宋

代船舶/五、唐宋四大港口的兴衰/第三章 全面鼎盛的海运与交往/一、巅峰期的元明代造船业/二、元代的海运漕粮与海外交往/三、海上"朝贡贸易"鼎盛——郑和七下西洋/四、嘉靖海禁的悲哀/第四章 海洋的悲剧/一、倡导海运的民族英雄/二、康熙帝的功与过/三、鸦片战争后的海权沦丧

书　　名　**海上丝路的研究开发**
责 任 者　周義著
出 版 项　香港:中国评论学术出版社,2006

书　　名　**海上丝路与文化交流(海上丝绸之路丛书)**
责 任 者　常任侠著
出 版 项　北京:海洋出版社,1985
页　　码　93
分 类 号　G129
相关目录　一、海是联络友情的道路/二、向大海彼岸表达虔诚/三、艺术的风格永结友谊/四、"亲戚的生命"传播异香/五、珍宝与香料的舶来/六、珍禽与奇兽的贡献/七、武术与印度舞蹈的交融/八、装饰与饮食的传导/九、中日文学的互惠/十、中日绘画的齐芳

书　　名　**海神天后史略**
责 任 者　莆田县文化馆编
出 版 项　莆田:莆田县文化馆,1986.04
页　　码　65
分 类 号　B93
相关目录　一、宋代的"灵女"、"夫人"和"妃"/二、元代的天妃与漕运/三、明代的天妃与天使/四、清代二等天后与江山统一/五、宋代木雕妈祖神像/六、清乾隆版《湄洲志》一书的史料价值

书　　名　**海圣郑和(郑和故里文化丛书)**
责 任 者　李飞鸿主编
出 版 项　昆明:云南民族出版社,2006.07
页　　码　184
书　　号　7-5367-3429-8
分 类 号　K825.89
相关目录　第一章 滇池之子/第二章 海上巨人/第三章 和平使者/第四章 科学航海/第五章 万古流芳/古今地名对照表/纪念郑和下西洋600周年盛况
内容提要　本套书以图文并茂的形式全面反映了晋宁县的人文地理及悠久的历史文化。本书是介绍郑和的生平事迹。

书　　名　**海外华人的力量:移民的历史与现状**
责 任 者　陈传仁著
出 版 项　北京:世界知识出版社,2007.08
页　　码　420
分 类 号　D634.3

相关目录　第一编 绪论/第二章 为什么会有海外华人/一、避免内乱/二、对外贸易/三、宗教、文化交流/四、小农经济解体/五、欧美海外殖民扩张/六、国际移民潮流/七、华人移民的总结/第二编 海外华人的经济力量/第四章 海外华商经贸网络的发展史/一、海外华商经贸网络的形成/二、郑氏家族的兴衰/三、世界殖民时代对华商网络的影响/第三编 海外华人的政治力量/第八章 海外华人与中国历代王朝、政府/一、明朝:初行海禁/二、清朝:从敌视、漠视到重视/三、中华民国:不同政权下的海外华人政策

内容提要　本书从政治、经济、文化诸多方面叙述了华人在海外发展的历史和现状,中心围绕着如何整合海外华人的力量,为中华民族的繁荣复兴做贡献。

书　　名　海外交通史迹研究
责 任 者　庄景辉著
出 版 项　厦门:厦门大学出版社,1996
页　　码　329
书　　号　7－5615－1217－1
分 类 号　F552.9
相关目录　泉州子城址考/泉州罗城址考/泉州宋代祈风石刻考释/宋代泉州的石桥建筑与海外交通/泉州出土海船结构的历史分析/论宋代泉州的海外贸易/论元代泉州的繁盛及其原因/圣墩顺济祖庙考/《天妃灵应之记》碑考/郑和行香碑考/郑和舟师驻泊福建的航次与时间/随郑和下西洋的福建人/郑和宝船尺度的探索/明初三十六姓迁居琉球中的蔡襄后裔/泉州在明琉交往中的地位与作用/明初福建的海防建设及其遗迹/明清时期泉州青花瓷的生产与外销/明末清初的福建海商与陶瓷贸易

书　　名　海外交通史译文集
责 任 者　庄景辉译编
出 版 项　2000
页　　码　242
分 类 号　F552.9－53:F552.9

书　　名　海外交通与文化交流
责 任 者　李金明著
出 版 项　昆明:云南美术出版社,2006
页　　码　315
书　　号　7－80695－368－X
分 类 号　F552.9:K203
相关目录　第一章 唐代之前的海外交通/一 、魏晋南北朝时期的海外交通/二、唐代广州与阿拉伯的海上交通/第二章 泉州港的海外交通/第三章 中琉册封关系与文化传播/第四章 中日贸易与倭寇问题/第五章 闽南文化在海外的传播/第六章 郑和下西洋与中国海洋文明/第七章 中葡关系与澳门问题/第八章 海上丝绸之路与全球贸易/第九章 明代海外贸易问题研究/第十章 清代海外贸易研究/第十一章 中国与东南亚的海外交通/第十二章 鸦片战争骞的中英通商冲突

内容提要　本书论述了唐代以前至鸦片战争我国的海外交通与中外文化交流。对中琉册封关系、中日贸易、郑和下西洋、海上丝绸之路以及鸦片战争前中英通商冲突等等问题,作了详细的阐述。

书　　名　海外与港澳台妈祖信仰研究
责 任 者　李天锡著

出 版 项 北京:华夏出版社,2008.08

页 码 277

书 号 7-5080-4257-2

分 类 号 B933

相关目录 第一章 妈祖的身世及其成神因由/第一节 身世与尊称/第二节 成神因由/第二章 妈祖信仰在华侨中传播的原因及其与中国传统文化/第一节 在华侨华人中传播的原因/第二节 与中国传统文化的关系/第三章 妈祖信仰在日本的传播/第一节 琉球/第二节 萨摩地区/第三节 长崎/第四章 新加坡妈祖信仰的传播/第一节 传播妈祖信仰/第二节 石狮华侨与新加坡天福宫/第五章 妈祖信仰在马来西亚的传播/第一节 妈祖信仰的传播/第二节 妈祖信仰与华族社会/第六章 菲律宾华侨华人的妈祖信仰/第一节 妈祖信仰的传播/第二节 有关问题的探讨/第七章 印尼华侨华人妈祖信仰/第一节 妈祖庙的创建/第二节 妈祖信仰窥探/第八章 潮汕华侨与泰国华侨华人妈祖信仰/第九章 妈祖信仰在越南、缅甸及欧美等地的传播/第一节 越南与缅甸等地/第二节 美洲与欧洲等地/第三节 妈祖信仰的作用和影响/第十章 香港与澳门妈祖信仰比较研究/第十一章 台湾妈祖信仰的传播/第一节 施琅征台与台湾的妈祖信仰/第二节 大岞渔民的妈祖信仰及其在台湾的传播/第十二章 泉州"三胞"与妈祖信仰/第一节 传播妈祖信仰/第二节 文化分析/第十三章 妈祖信仰的中华文化特征/第一节 寺庙文化/第二节 文学艺术/第十四章 海外妈祖信仰的发展趋势及其启示/第一节 海外妈祖信仰的发展趋势

书 名 **海峡交通史论丛**

责 任 者 海峡交通史论丛编辑委员会编

出 版 项 福州:海风出版社,2002

页 码 325

书 号 7-80597-399-7

分 类 号 F552.9-53

相关目录 一、古代交通篇/闽台两岸古地貌与考古文化比较——兼论闽台远古交通/古代闽台交往与台湾开发/论闽台海洋文化的起源/闽台航运史的史料探索/略论古代台湾的海上交通/孙权与航海/古越族的了鵃船——雅美木舟/二、明清交通篇/内河航运与台北开发的省思/明郑时期台湾海峡两岸海上交通问题的探讨/清代台湾地方的开发与岛上对外交通/清代海上交通渡台政策之研究/清代前期福建平民偷渡台湾/台湾省会选址论——清代台湾交通与城镇体系之演变/清代北港的闽台贸易/清代大陆产猪对台湾的输出/三、近代交通篇/试论日据时期的台湾两岸交通/试探近代福建与台湾、日本的三角贸易特征/台湾的海港重建与货物运输(1945-1949年)摘要——以基隆港及高雄港为中心的探讨/"小上海"——布袋港之繁华、沧桑及希望/20世纪30年代泉台的海上走私活动/日据时期大陆来台之制茶工/四、交通民俗篇/略述海峡两岸海上交通民俗/台南市安南区(原台江地区)拓垦的空间研究初探——以学甲镇中州陈姓族人为例/泉州琅玗陈氏家族及其从事闽台商贸航运事/闽台交通与两岸家族文化的发展——以"林日茂"家族为例

内容提要 本书介绍了海峡交通史,分为"古代交通篇"、"明清交通篇"、"近代交通篇"、"交通民俗篇"、"通航务实篇"五篇。

书 名 **海峡两岸《马关条约》百周年学术研讨会论文集**

责 任 者 关捷主编

出 版 项 大连:大连海事大学出版社,1997

页 码 295

书　　号　7－5632－1088－1

分 类 号　D829.15－53

书　　名　**海峡两岸关系史:第1卷,开发·融合**

责 任 者　张春英主编;蔡放波,屠薇君,张春英撰稿

出 版 项　福州:福建人民出版社,2004

分 类 号　D618

相关目录　第一章 绪论/一、研究两岸关系史的宗旨/二、海峡两岸关系史的主题/三、海峡两岸关系史的研究对象、研究方法、历史分期及主要线索/四、海峡两岸关系发展的历史特点及规律/第二章 祖国的宝岛台湾/一、台湾与祖国大陆本为一体/二、石器时代的台湾与祖国大陆/三、台湾文化根系祖国大陆/第三章 中国历代王朝对台湾的开发/一、三国时期孙吴政权对台湾的经营/二、隋朝对台湾的经略/三、唐朝时期祖国大陆汉族人民开始向台湾移民/四、宋朝对台澎的开拓和治理/五、元朝在台湾设立治所/第四章 明朝前期海峡两岸关系的曲折发展/一、澎湖巡检司的裁撤与重建/二、明朝前期向台澎的移民和开发/三、明朝前期海峡两岸的贸易/四、明朝前期汉族与高山族的友好关系

内容提要　本书内容包括:祖国的宝岛台湾、中国历代王朝对台湾的开发、明朝前期海峡两岸关系的曲折发展等。

书　　名　**海峡两岸五缘论**

责 任 者　吕良弼主编;福建省社会科学界联合会,福建省五缘文化研究会编

出 版 项　北京:方志出版社,2003.11

页　　码　609

书　　号　7－80192－086－4

分 类 号　K203－53

相关目录　五缘文化与全球化/五缘关系与华人管理模式/东方人群体人格特质与五缘网络/闽台两地民间文化的深层共性/论“两马”五缘关系/漳台五缘关系渊源初探/九闽:闽台本是一家亲/清代闽台地区自然灾害与两岸救灾互动/从谱碟资料看晋台亲缘关系/泉台金墩黄氏亲缘考略/历史上金门与同安一些家族互迁的缘由/浅谈永定客家人与台湾的“缘”/说亲缘/远古时期闽台文化渊源关系的考古学观察/旧石器时代的台湾海峡/贸易导向与闽台地缘关系发展/明清时期东山与台湾地缘关系发展浅析/蓝鼎元对台湾早期防卫与治理的贡献/海峡两岸城隍信仰在神缘关系中的地位/台湾妈祖信仰文化探论/闽台妈祖信仰文化活动浅谈/妈祖信仰与海峡两岸文化同缘关系/海峡两津蛇崇拜的民族考古观察/马祖民间信仰的渊源与特点/观音信仰传入台湾路线考/晋江安海龙山寺在台湾的传衍/清代前期台湾海峡两岸的交通与物流/明清时期两岸丝绸贸易

内容提要　本书作者从不同历史阶段、不同领域,从精神的、物质的不同层面,多角度探讨海峡两岸五缘关系。由五缘构成的人际网络是海峡两岸坚不可摧的精神纽带。

书　　名　**海洋交通与文明**

责 任 者　孙光圻著

出 版 项　北京:海洋出版社,1993.10

页　　码　427

书　　号　7－5027－3786－3

分 类 号　K2

相关目录 光辉的蔚蓝色文明——中国航海史概论/试论中华民族史前期航海活动的三个时期/试论公元前中国风帆之存在可能性及其最早出现的时限/公元7至12世纪靺鞨人在北太平洋上的航行/古代大连航海地位沿革初探/古代中国通往阿拉伯世界的海上航路及其沿革/古代中日主要海上航线考/徐福东渡航路研究/中日水稻之路的航海学辨析/《三国志·魏书·倭人传》关于中日海上航路的方向记载无误论/中国古代航路指南史略/中国古代的航海气象知识及其应用/宋代航海技术综论/郑和是我国开辟横渡印度洋航线的第一人吗?/郑和下西洋及其航海技术/试论郑和牵星术中的阿拉伯天文航海因素/中国航海技术的发展与海上丝绸之路的演进/《马可·波罗游记》中的中国古代造船文明与航海文明/试论鸦片战争对中国近代航运业的历史影响/关于中国水运史丛书评价的若干问题/中国古代航海史的启迪与教训

内容提要 本书为我国研究中外航海史的知名学者孙光圻教授的学术论文专集,选辑了作者近10年来所发表的论文27篇,在国内外具有较广泛的学术影响。论集主要集中于海洋交通与海洋文明两方面的研究,但学术视野相当开阔。涉及海洋交通与文明的起源与演进、海上航路与港口、造船与航海技术、航海政策与法规、航运机构与管理、航海事件与人物、中外海上交往与冲突、水运史书的编纂与评价、中国航海史兴衰荣辱的经验教训等课题。论集的内容丰富,资料翔实,论考严谨,富于创新,见解精辟而独到,具有重要的学术价值,是深入研究中外海洋交通与文明史、中外航海史、中外关系史、中外科技史、中外经济等必备的参考资料。同时,也可供一切对中外海洋交通与文明感兴趣的广大读者阅读,以开拓知识领域,增进学术了解。

书　　名 **海洋开拓争霸简史**

责 任 者 李永采等著

出 版 项 北京:海洋出版社,1990.12

页　　码 425

书　　号 7-5027-1516-9

分 类 号 K91

相关目录 第一章 远古人类的海上事业(远古至公元前六世纪)/第一节 原始社会人类海上活动的踪迹/第四节 印度半岛、中国早期国家的海上事业/第二章 公元前五世纪到公元五世纪的海洋拓察和海上角逐/第五节 公元前五世纪到公元五世纪中国和印度半岛的海上事业/第三章 五世纪末期到十四世纪欧亚非国家的海洋开拓和海上角逐(上)/第四章 五世纪末到十四世纪欧亚非国家的海洋开拓和海上角逐(下)/第二节 东亚、东南亚国家的海上事业/第五章 十五至十七世纪前期新航路的开辟和海洋争霸/第六章 十七世纪后期和十八世纪的海洋开拓、争霸和早期反殖民主义的斗争/第七章 十九世纪到二十世纪初海洋开拓事业的发展/第三节 海上运输事业的发展/第八章 十九世纪到二十世纪初的海上争夺/第四节 中日战争与日俄战争期间的海上争夺/第九章 第一次世界大战中的海上争夺与战后限制海军的会谈和斗争/第十章 苏联海军的建立、发展和三十年代帝国主义国家的海上军备竞赛/第十一章 第二次世界大战中的海上矛盾和海战/插图目录/(二)各类舰船图象及其它图象/(三)探险航路图、航线图、海上势力和海战示意图/附录/一、海洋拓察、通航大事年表(远古至1980年)/二、航海史常识(数则)/(一)海上计程和计算单位/(二)海洋测探/(三)导航技术和设备/三、近现代著名海洋科学家简介

内容提要 本书阐述了海洋开拓中的航海范围的扩大、新航路、新海域、海湾、海岛等方面的历史概况,阐述了海上势力的演变,记述了海洋开拓高潮及著名海战。

书　　名 **海洋龙脉:中国海洋文化纵览(海洋人文丛书)**

责 任 者 李明春,徐志良著

出 版 项 北京:海洋出版社,2007

页 码 170

书 号 7-5027-6836-X

分 类 号 P7-05

相关目录 第一章 中国远古的海洋文化/一、海洋神话的渊源/二、中国古代的海神海怪/三、最古老的中国海神——“倏”与“忽”/四、黄帝后裔——禺疆/五、北海之神——海若/六、四海之神/七、中国龙/八、精卫填海/九、八仙过海/十、南海观音菩萨/十一、海神娘娘——妈祖/第二章 古人的海上活动与历史印迹/一、古代海上活动概论/二、河姆渡文化的海洋印迹/三、贝丘——涉海活动的见证/四、舟楫——海上活动的工具/五、指南针——航海活动的先进仪器/六、万里海塘——古代沿海的雄伟工程/七、煮海为盐——利用海水资源的伟大实践/八、徐福东渡——海上活动的先驱/九、海上丝绸之路——海上活动的结晶/十、鉴真东渡——唐代卓越的民间航海活动/十一、元代海上漕运——古代南北运输生命线/十二、郑和七下西洋——空前的海上活动壮举/第三章 海洋文明的文化传承/一、中国人与中华“龙”/二、怪书《山海经》——海洋文化的始祖/三、渤海国与贝丘文化/四、锚的发展与文化进程/五、古越人与舟船文化/六、航海与文化传播/七、妈祖与妈祖文化/第四章 中国古代海洋文学艺术/一、先秦时期的海洋文学/二、秦汉魏晋——南北朝时期的海洋文学/三、唐宋时期的海洋文学/四、元明清时期的海洋文学/第五章 中国海洋文化区域/一、中国海洋文化区域与中国沿海区域文化/二、吴越文化/三、闽台文化/四、潮汕文化/五、广府文化/第六章 民俗文化中的海洋印记/一、海洋民俗文化综述/二、渔业民俗/三、渔家生活风俗/五、渔民交通习俗/六、北方渔家海洋习尚/第七章 海洋文化代表人物纪略/一、汪大渊和《岛夷志略》/二、林则徐和《四洲志》/三、魏源和《海国图志》/四、李鸿章和洋务运动/五、孙中山的“海权”思想/六、中国的第一个“马汉”——陈绍宽

内容提要 本书主要介绍了中国远古的海洋文化、古人的海上活动与历史印迹、海洋文明的文化传承、中国古代海洋文学艺术等内容。

书 名 **海洋强国兴衰史略**

责 任 者 杨金森著

出 版 项 北京:海洋出版社,2007

页 码 465

书 号 7-5027-6818-1

分 类 号 P74

相关目录 第一章 绪论/一、海洋强国概念和发展模式/二、海洋强国发展的时代划分/三、陆权时代的陆海强国/四、海权时代的海洋强国/五、新海权时代的海洋强国/第二十章 中国/一、拓展海疆/二、保卫海防/三、走向海洋/第二十一章 海洋强国兴衰的经验教训/一、海洋问题历来是国家的大战略问题/二、谋求国家利益是海洋战略的核心目标/三、国家海上力量的核心是海军/四、制海权是走向海洋的关键因素/五、海洋强国兴衰的决定性因素是综合国力/六、建设海洋强国必须有坚实的政治经济基础/七、四个海洋霸权国家的历史影响/八、海洋强国衰落有深刻的社会政治经济原因/九、后来崛起的海洋强国的某些经验

内容提要 本书主要研究了古埃及、希腊王国、波斯帝国、古罗马、阿拉伯帝国、奥斯曼帝国、葡萄牙等世界强国走向海洋、成为海洋强国的经验教训。

书 名 **海洋权益与中国崛起(海洋人文丛书)**

责 任 者 李明春著

出 版 项 北京:海洋出版社,2007

页　　码 188

书　　号 7-5027-6837-8

分 类 号 E815

相关目录 第一章 历史与现实/第二章 论海洋权益/第三章 论中国海周边权益/一、中国海权争夺史/二、中日海权争夺史的代表人物/三、中国海权的"三大焦点"/四、解析中日关系波折/五、钓鱼岛:中国固有领土

内容提要 该书内容包括:冲出中国海的"岛链"屏障、实力快速增长的台湾地区海军、中国海洋权益面临的挑战、迅速崛起的周边海军等。

书　　名 **海洋神灵:中国海神信仰与社会经济(海洋中国与世界丛书)**

责 任 者 王荣国著

出 版 项 南昌:江西高校出版社,2003

页　　码 351

书　　号 7-81075-471-8

分 类 号 B933

相关目录 第一章 古人眼中的大海/海洋自然现象传奇/海洋"神话"神话海洋/一、海神擎日/二、海神朝禹/三、海神竖柱/四、海神求宝/五、海神求物/第二章 "海神家族"系谱/海洋水体本位神/航海保护神与渔商专业神/一、海洋航行保护神/二、海洋产业的专业神/镇海神与引航神/第三章 海神信仰的时空探究/海神信仰的历史演变/海洋神灵信仰的区域性/一、两个海洋区域/二、闽台海洋区域/三、江浙海洋区域/四、鲁津辽海洋区域/第五章 天后光圈下的商舶/海洋商人的步履追踪/海洋商船的海上航行与海神祭祀/个案探讨:"丰利船"祭神活动分析/第六章 漂泊者的心灵皈依/海洋移民的足迹/一、因战乱避难而移民/二、因政治原因而移居海外/三、从事海洋贸易而留居异邦/四、移居国内海岛或海外从事捕鱼的渔业移民/五、移居国内海岛或海外经商的商业移民/六、移居国内海岛或海外从事垦殖开发的垦殖移民/海洋移民与移神/移民社会与神灵信仰/一、正规庙宇的出现/二、会馆的出现/海外移民社区祀神的个案分析/海洋移民社会中神庙、会馆的功能/一、海洋移民社会中神庙的功能/二、海洋移民社会中会馆的功能/第七章 流动着的神坛/海船的神灵性/渔舟中的诸神合祀/商舶神龛的合祀/一、神灵偶像类型/二、神灵偶像的年代、区域分布分析/第八章 海神信仰分析/海神信仰在沿海一带的变异/妈祖与海龙王影响力的消长/海神信仰与佛教、道教/海陆互动中的海神与陆神/结束语:几点思考/一、海洋无所谓"开放"或"封闭"/二、祭祀海神的频繁性与虔诚性/三、海洋神灵信仰的功利性

内容提要 "十五"国家重点图书:本书以海洋信仰为研究对象,介绍了海洋神灵谱系,探讨了海洋渔民、商人、海洋移民群体各自的海神信仰状况。

书　　名 **海洋世界:下,海权与海军**

责 任 者 黄永东,黄彩虹主编;张炜,许华著

出 版 项 北京:人民出版社,2000

页　　码 483

书　　号 7-01-003116-9

分 类 号 P7-49:E153

书　　名 **海洋探秘:悠久的海洋文明(迷你书丛)**

责 任 者 管华诗主编

出 版 项 济南:黄河出版社,2000.01
页 码 220
书 号 7-80152-081-5
分 类 号 P22
相关目录 一、远古海洋文明寻踪/1. 海洋文明的先驱:贝丘人/2. 5000 年前的一张风帆/3. 从"扶桑之谜"到"殷人东渡"/二、宇宙与海:古往今来的探索/1."大九洲":古人的海洋型地球观/2. 潮起潮落:掌握潮汐的奥秘/3. 海市蜃楼:从神话到科学/三、"靠海吃海":让大海造福于民/1. 从中国的"鲁滨逊"说起/2. 人不可一日无盐/3. 古代造船术——中国领/4. 历史悠悠话航海/四、中外海上友好交往/1. 徐福东渡与汉使南航/2. 三国至唐:海外交通传友谊/3. 宋元海路的开拓与世界大航海的出现/4. 世界壮举:郑和七下西洋/五、精湛的古代航海技术/1. 大海航行靠舵手/2. 先进的天文航海术/3. 地文航海术的发展/4.《郑和航海图》:人类最早的海图遗产/六、海上丝绸之路/1. 海上丝绸之路的开辟/2. 唐代海上丝绸之路的繁盛/3. 宋元泉州港:世界大港及其海上贸易/4. 郑和船队织成的中外贸易网

书 名 海洋与台湾:过去现在未来(海洋文化与历史)
责 任 者 吴密察,郑瑞明,POL HEYNS,林美容,郑水萍
出 版 项 台北:胡氏图书出版社,2003.06
页 码 208
书 号 9575750691
分 类 号 P74
相关目录 高雄海洋宣言/以台湾史书东亚地图/一、前言:重新思考地图/二、东亚里的台湾史/三、期待以台湾为中心的东亚地图/台湾早期的海洋移民——以荷兰时代为中心/摘要/一、前言/二、原住民之移居及其在荷治时期的活动/三、中国人的移殖/四、荷治时期其他国家之台湾移民/五、结论/"台湾早期的海洋移民——以荷兰时代为中心"回应/荷兰治台时期——西方法制对中国人社群之影响/一、中荷合作之经济活动/二、法律机智的发展/三、中法律体系的角度,探索西方法制对荷兰时代台湾中国市民的影响/四、结论/"荷兰治台时期——西方法制对中国人社群之影响"回应/海洋宗教与民俗——从妈祖与王爷信仰说起/一、先民渡海携来神明香火/二、神明香火随海飘来/三、渔民与渔村的信仰/四、妈祖之为海神/五、妈祖之为水神/六、妈祖信仰与海外移民/七、海边的宗教与民俗信仰/八、台湾人对海的看法/九、结论:亲海性与海洋文化的培养/参考文献/"海洋宗教与民俗——从妈祖与王爷信仰说起"回应/台湾的海洋文化资产/一、台湾海洋文化的特性:从日治时期"水面"(水上人家)的消失/二、台湾史前海洋文化资产的特性/三、荷领时期台湾海洋文化资产的特性/四、明清时期台湾海洋文化资产的特性/五、壹湾清朝五口通商时期/六、日治时期台湾海洋文化的特性/七、国府时期的台湾海洋文化的特性

书 名 海洋中国
责 任 者 陈汝勤,刘鸿喜,曹永和
出 版 项 上海:锦绣出版社,1982.05
页 码 248
分 类 号 P7
相关目录 叙论史前文明与河海的关系/商周的海上交通/秦汉帝国的海上开拓/魏晋南北朝的对外交通/隋唐的海路交通/宋代兴盛的海外贸易/元代海疆盛况/明的海外贸易/清代以来的海事

书 名 海战之最
责 任 者 嘉虎编著

出 版 项　北京:海洋出版社,1987
页　　码　280
分 类 号　E823
相关目录　中国海战/我国最早的舟师和海战——吴齐黄海交战/最早采用火攻战术的水战——吴魏赤壁水战/最早的大规模海上起义/我国最早出国作战的船队——唐朝水师援助新罗/最早使用烟幕的水战/最早的机动兵船参战/最成功的海上奔袭战——李宝黄海战金兵/最早使用火炮和预备队的水战——虞允文采石拒北兵/受风暴影响最大的渡海作战——元军登陆船队遭台风袭击/最绵密的古代海岸设防/我沿海军民最早平息外患的战斗——"戚家军"协力战倭寇/协同最好的海上反击战——中朝水军抗倭记/最早协同台湾人民驱逐外寇的战斗——郑成功率军收复台湾/最壮观的禁烟御寇战斗——中英广州前哨战/我国最早"近代海军"的悲剧——中法马尾海战/我国最早的铁甲舰御寇战斗——中日甲午海战/最多拳民参加的滨城驱寇战——天津义和团勇战八国联军/最愚蠢的沉船锁江——国民党海军覆亡记/我国最大的战舰——"重庆"号自沉始末/我人民海军最早的一仗——万山海战/我三军最早的协同作战——解放一江山岛
内容提要　收集古今海战战例107篇,其中中国海战23篇。以战例为主线,系统地介绍各个时期海战的特点和主要兵器以及战斗队形的演变,并对著名战斗、战役进行简明扼要的分析。

书　　名　**汉代楼船考(中华丛书)**
责 任 者　包遵彭著
出 版 项　北京:中华丛书编审委员会,1967.3
页　　码　106
相关目录　壹 汉楼船军制/一、兵制上的楼船军/二、楼船兵的名称/三、楼船军的分布/贰 楼船式样/一、史籍中的记载/二、战国时代水上战迹鉴图象/三、汉石刻书像中的船纹样/四、铜鼓上之楼船纹样/五、汉砖上之楼船纹样/叁 楼船建造法式/一、船身概况/二、舱房(附论隔水舱)/三、船舷平衡板/四、爵室/五、擢/六、雕饰/肆 楼船上的兵器/伍 楼船航海术/陆 楼船的航线及港口/一、远海航线/二、东北沿海航线/三、东南沿海航线/四、港口/柒 图版/一、战国时代水上战迹鉴图像(1)原拓、(2)绘图/二、汉武梁祠石刻图(1)捞鼎图、(2)要离刺庆忌图/三、(1)玉侣铜鼓上的神船、(2)(3)黄下铜鼓上的神船/四、山东滕县出土汉书象砖上的船纹/五、长沙西汉时期墓葬出土木船(甲式船)复原模型/六、广州皇帝冈西汉木椁墓出土木船(乙式船)立体图/七、广州皇帝冈西汉木椁墓出土木船结构(乙式船)俯视平面图/八、广州东汉墓葬出土之陶船(丙式船)模型

书　　名　**汉代贸易与扩张:汉胡经济关系结构研究(余英时英文论著汉译集)**
责 任 者　余英时著;邬文玲等译
出 版 项　上海:上海古籍出版社,2005.02
页　　码　283
书　　号　7-5325-3993-8
分 类 号　F129.34
相关目录　I 汉代贸易与扩张——汉胡经济关系结构的研究(1967年)/第二章 政策背景和贸易基础/一、对外政策/四、运输系统/第五章 边境贸易/一、边境贸易与扩张/四、走私贸易/第六章 中国与西方国家之间的经济关系/二、与西方各国之间的非通贡贸易/第七章 海上贸易
内容提要　本书以贸易和扩张为中心,讨论了汉帝国网络系统中的若干部分,并在全面研究文献和考古材料基础上,从多个角度考察了汉代中国人与其他民族之间的对外关系。

书　　名　汉唐间河洛地区经济研究
责 任 者　薛瑞泽著
出 版 项　太原:陕西人民出版社,2001
页　　码　408
书　　号　7-224-05874-2
分 类 号　F129.2
相关目录　第三章 漕运与仓储业/第一节 东汉以前的漕运与仓储/第二节 汉魏时期的漕运与仓储/第三节 隋唐时期的漕运与仓储
内容提要　本书主要内容包括:引言;农业经济概况;土地所有制诸形态;漕运与仓储业;手工业的门类及发展状况;城市与商品流通等。

书　　名　汉唐文化与古代日本文化
责 任 者　王金林著
出 版 项　天津:天津人民出版社,1996
页　　码　364
书　　号　7-201-02432-9
分 类 号　K203:K313.03
相关目录　秦汉时代的中国与日本/一、纪元前3世纪——纪元3世纪时的日本/二、秦汉时代的中日关系/三、秦汉文化对日本文化的影响/弥生时代日本人的信仰、习俗与中国/一、邪马台国女王的"鬼道"与早期道教/二、弥生人的衣服与装饰/三、文身、拔齿习俗的比较/大陆文化与大和朝廷的内政建设/一、国际人才的吸收和招聘/二、汉族移民对大和国文化的作用/三、儒学在大和国上层社会中的影响/四、从大和国的"司马"、"典曹"、"舍人"、"史"、"藏"职看中国官职的影响/五、大陆先进军事性手工业技术的引进/中国的天地观和祭祀制与日本的古坟文化/一、关于前方后圆坟的渊源问题的争论/二、古代中国人和日本人的天地崇拜/三、古代中国人和日本人对天神地祇的祭祀/四、中国的"天圆地方"观和祭坛的结构/五、日本古坟的外部结构/六、古坟时代筑造前方后圆坟的思想价值和社会价值/唐代政治、经济制度与奈良王朝/一、唐和奈良朝的官僚机构/二、唐和奈良朝的土地、赋役制度/奈良王朝治政的理论支柱/一、儒学的应用/二、唐代佛教与奈良佛教/古代中日法治思想及律令比较/一、中国律令制的形成与发展/二、日本律令制度的形成/三、唐律与养老律的比较——以《名例律》为中心/唐文化与奈良文化/一、教育制度/二、天文、历算/三、医学/四、奈良文学/五、建筑和美术/六、乐舞/七、娱乐风俗和年中行事

书　　名　杭州古港史
责 任 者　吴振华编著
出 版 项　北京:人民交通出版社,1989.01
页　　码　329
书　　号　7-114-00213-0
分 类 号　F552.9
相关目录　第一章 先秦至三国时期钱塘港的初兴(距今7000年前——公元265年)/第一节 良渚文化时期钱唐地区的人类水上活动/第二节 春秋至三国时的钱唐早期经济开发/第三节 钱唐港的初兴/第二章 两晋至五代时期杭州港的初步发展(公元266-978年)/第一节 江南经济开发影响下的杭州港腹地经济/第二节 江南运河的早期疏凿和海塘的兴筑/第三节 杭州港的港口设施与造船业的发展/第四节 日益发展的杭州港口经济/第五节 杭州港海上贸易管理机构的初创/第六节 战乱对杭州港的影响/第三章

宋代杭州港的鼎盛时期(公元 979 - 1279 年)/第一节 宋代杭州发达的社会经济/第二节 杭州港航条件的改善和船舶修造业的进一步发展/第三节 宋代杭州市舶司的兴废及其管理活动/第四节 杭州海港海外交通的繁盛/第五节 杭州内河港的兴旺发达/第六节 南宋时期的临安军港/第四章 元代杭州港的继续繁荣(公元 1280 - 1368 年)/第一节"天城"的繁盛/第二节 杭州港的河、海沟通工程/第三节 元代的杭州市舶管理/第四节 继续发展的杭州海港/第五节 元代的粮盐中转港/第五章 明清时期杭州海港的衰落和内河大港的继续繁荣(公元 1369 - 1839 年)/第一节 杭州地区市镇经济的繁兴/第二节 航道与港航设施的进一步兴修/第三节 杭州海港由盛转衰和外港乍浦的兴起/第四节 继续繁盛的杭州内河港/第五节 颇具规模的造船业/结束语/附录 1. 潮候石碑文/附录 2. 宋代市舶司所发公凭式样/附录 3. 杭州天妃宫考/附录 4. 大事记/附录 5:钱塘江下游河床(航道)纵剖图

内容提要 记叙杭州港上起先秦下迄 1840 年的发展演变历史。分 5 章。一、先秦至三国时期钱塘港的初兴;二、两晋至五代时期杭州港的初步发展;三、宋代杭州港的鼎盛时期;四、元代杭州港的继续繁荣;五、明清时期杭州海港的衰落和内河大港的继续繁荣。重点阐述港口建设、货物运输腹地经济交通、港口与城市发展的关系、对外贸易、政治军事活动文化交流、探讨杭州古港的演变规律。附录"杭州古港大事记"、"潮候石碑文"等。收入"中国水运史丛书"。

书　　名 **杭州海关志**
责 任 者 徐蔚葳主编;杭州海关志编纂委员会编
出 版 项 杭州:浙江人民出版社,2003
页　　码 526
书　　号 7 - 213 - 02610 - 0
分 类 号 F752.59
内容提要 本书是一部记载杭州海关全部历史的志书。本志上限始自两浙路市舶司设立的北宋端拱二年,下限为公元 2000 年,大事及图片延至 2002 年。

书　　名 **杭州史前文化研究(浙江文化研究工程成果文库)**
责 任 者 王心喜著
出 版 项 北京:人民出版社,2007
页　　码 362
书　　号 978 - 7 - 01 - 005951 - 8
分 类 号 K295.5
相关目录 第七章 昌盛发达的原始手工业/第八节 造船业

书　　名 **杭州运河风俗**
责 任 者 陈述主编
出 版 项 杭州:杭州出版社,2006.05
页　　码 293
书　　号 7 - 80633 - 875 - 6
分 类 号 K892.455.1
相关目录 悠悠长河,舟船如梭/漕运与船帮/古桥漫步/话说昔日造桥/坝、闸、渡与缆船石/康熙、乾隆下江南
内容提要 本书系统地讲述了杭州运河风俗,语言通俗朴实,风俗材料系统齐全,是一本目前最完备

的讲述运河风俗的历史文献。对运河杭州段历史文化遗存的普查、保护以及发展旅游都有着特别重要的意义。

书　　名　**杭州运河历史研究（杭州运河丛书）**
责 任 者　陈述主编
出 版 项　杭州：杭州出版社，2006
页　　码　384
书　　号　7－80633－809－8
分 类 号　K928.42
相关目录　第一章 大运河的形成与发展（李志庭撰）/第一节 大运河的始凿/第二节 江南运河的形成/第三节 隋代南北大运河的开通/第四节 元代京杭大运河的全线贯通及其发展/第二章 大运河的功能与地位（李志庭撰）/第一节 大运河的功能/第二节 大运河在中国历史上的地位/第三章 运河与杭州城市的发展（徐吉军撰）/第一节 隋唐五代杭州城的崛起与发展/第二节 北宋杭州城市的繁荣/第三节 南宋杭州——“世界上最美丽华贵的天城”/第四节 元代杭州——一个国际性的大都市/第五节 明清时期的江南名城/第四章 运河的整治与管理（项文惠撰）/第一节 隋唐杭州运河的治理与开发/第二节 吴越杭州运河的治理与开发/第三节 北宋杭州运河的治理与开发/第四节 南宋临安运河的治理与开发/第五节 元代杭州运河的治理与开发/第六节 明代杭州运河的治理与开发/第七节 清代杭州运河的治理与开发/第八节民国时期杭州运河的治理与开发/下编/第一章 运河之都——杭州/第一节 唐以前的杭州（运河以前的杭州）/第二节 唐宋时代的杭州（其一、地理的变迁与域址的拓展）/第三节 唐宋时代的杭州（其二、城市建立的过程）/第四节 唐宋时代的杭州（其三、大杭州的人口）/第五节 大杭州的发展与浙西开发小记/第二章杭州运河的整理/第一节 唐五代的运河/第二节 宋代的运河/第三章 杭州与两浙运河/第一节 浙两大运河（附：银林运河）/第二节 浙东大运河（附：江海运河）/第四章 作为海港的杭州/第一节 杭州作为海港的地位/第二节 外港——关于澉浦/第三节 浙东的外港/明州（宁波）/第五章 杭州的码头与码头市/第一节码头的意义与沿革/第二节 杭州的码头/第三节 城外厢与码头市/第六章 杭州与中国近世的文化
内容提要　本书分上下两编，包括大运河的形成与发展、大运河的功能与地位、运河与杭州城市的发展、运河的整治与管理等内容。

书　　名　**杭州运河桥船码头（杭州运河丛书）**
责 任 者　陈述主编
出 版 项　杭州：杭州出版社，2006.05
页　　码　263
书　　号　7－80633－871－3
分 类 号　F552.9：U44－092：U66－092
相关目录　壹 概述/运河形成前的杭州桥、船、码头/运河形成后的杭州桥、船、码头/叁 运河的船/古代船舶/帝船/民船/货船/军船/现代船运/客船/货船/游船/工作用船/运河边的造船厂/肆 运河港埠码头/古代港埠码头馆驿/运河未开挖前的港埠码头馆驿/入运河开挖后主要港埠码头/其他设施/当代设施/客运码头/货运码头/其他设施/兴建的港口码头
内容提要　本书就运河的历史沿革、运河的桥梁、运河的船只、运河的港埠码头及运河的建设访谈等方面，对运河进行多个角度的展示，使读者对这几项内容有个较全面的了解。

书　　名　**航海的历史丰碑**
责 任 者　格桑顿珠主编 梁多俊等撰稿 云南省民族事务委员会编

出 版 项 昆明:云南民族出版社,2005.07

页 码 272

书 号 7-5367-3217-1

分 类 号 K248.105

内容提要 本书对郑和的身世、下西洋的历程、造船技术、航海技术、郑和历史遗迹、郑和下西洋的历史意义和历史启示,从深层次作了探索。

书 名 **航海交通贸易研究**

责 任 者 韩振华著

出 版 项 香港:香港大学亚洲研究中心,2002

页 码 598

书 号 962-8269-18-6

分 类 号 F552.9

相关目录 古代中西交通考/中国古代交通往来种种/唐宋以来我国东海海域的东面界限/中国指南针罗盘针的起源/对泉州湾古船的一些看法/我国古代航海用的量天尺/我国古代航海用的几种水时间计/我国古代航海用的几种火时计/论郑和下西洋船的尺度/千里船非火轮船辨/千里船考再辨/论1973年美固加州深海发现的圆饼形中心穿孔石器/唐代南海贸易志/伊本柯达贝氏所记唐代第三贸易港之Dianfou考/五代福建的对外贸易/五代福建对外贸易港口甘棠港考/蒲寿庚国籍考/唐宋时代广州蕃坊地域考/唐宋时代广州蕃坊是居住什么人/郑成功时代的海外贸易和海外贸易商的性质/再论郑成功与海外贸易的关系/十六至十九世纪前期中国海外贸易航运业的性质和海外贸易商人的性质/牵星术——十五世纪初有关西亚东非天文航海的记录

书 名 **航海史话**

责 任 者 王杰等著

出 版 项 北京:中国大百科全书出版社,2000

页 码 191

书 号 7-5000-6295-8

分 类 号 F552.9

相关目录 一、海外迁徙第一旅/1.“殷人渡航美洲之谜”/2. 徐福东渡日本的传说/二、扬帆远航印度洋/1.“汉使航程”——第一条印度洋远程航线/2.“广州通海夷道”——唐代的印度洋远洋航线/3. 宋人横渡印度洋/三、僧人航海亦英雄/1. 法显万里归故乡/2. 鉴真东渡日本传经/四、宋元航海起高峰/1. 从“饶税”政策谈起/2. 宋高宗与南宋海外贸易/3.“海漕”——南粮北调的故事/五、郑和奉使下西洋/1. 非凡的经历和肩负的使命/2. 15世纪最大规模的远洋船队/3. 七次下西洋/六、航海技术话春秋/1. 司南、指南针和针盘/2. 化平凡为神奇的“过洋牵星术”/3.《郑和航海图》的故事/七、中国古代海事法规探源/1. 惊鸿一瞥的“元丰法”/2.“奸臣”制订的法规/八、甲板上的“故事”——中国古代海员职务漫谈/1. 从“李充公凭”看宋元海员职务/2.“丰利船日记备查”与明清海员职务/九、从市舶司到海关/1. 宦官与市舶使/2. 市舶司的变迁/3. 海关昔日谈/十、古港沧桑/1. 四大港口之“谜”/2. 刺桐港兴衰记/3. 上海港的兴起/十一、铁蹄下的近代中国航权/1. 航权的丧失/2. 最早侵入中国的外国船/3. 外国在华航运企业的设立/4. 各航运企业在华的竞争/十二、“无可奈何花落去”的近代帆船航运业/1. 19世纪前期的中国帆航业/2. 中国远洋帆航业衰落的因素/3. 中国沿海帆航业的衰落/十三、走过沧桑路,难航近代船——近代招商局史话/1.“洋务运动”的产儿/2. 招商局早期的经营/3. 招商局体制的演变/十四、“功过是非难相抵”的战时招商局/1. 抗战时期的招商局/2. 抗战胜利后的招商局/十五、近代民族轮航业的楷模——民生公司/1. 卢作孚与“民生轮”/2.“化零为整”,称雄川江/3. 任人唯贤．事业兴旺/4. 共赴国难。抗战有功/5. 扬威海洋夙愿以偿/6.“民生精神”的崩溃

内容提要　本书以专题的形式,按照中华民族航海人物、航海事件、航海技术、港口及其管理机构、海事法规、船公司的变迁等多个方面,分门别类介绍了中华航海文明从古代到近代的发展概况。

书　　名　**航海述奇(走向世界丛书)**

责 任 者　张德彝著;钟叔河校点

出 版 项　长沙:湖南人民出版社,1981

页　　码　151

分 类 号　K919: K350. 9

相关目录　《航海述奇》自序/地球说/卷一/安南国/暹罗国/印度国/亚丁/埃及国/意大里国/法郎西国/卷二/法郎西国/英吉利国/卷三/英吉利国/比利时国/荷兰国/酣博尔国/丹尼国/瑞典国/芬兰国/俄罗斯国/卷四/俄罗斯国/布鲁斯国/韩挪尔国/比利时国/法郎西国/意大利国/埃及国/亚丁/印度国/暹罗国/安南国

书　　名　**航海琐记**

责 任 者　(清)余思诒撰

出 版 项　北京:中华全国图书馆文献缩微复制中心,2000

分 类 号　E295. 2

内容提要　该书详细真实地记录了致远、靖远、经远、来远四舰,从验收、回国到正式加入北洋海军的全过程,是研究北洋海军发展史的珍贵资料,对研究十九世纪末西方海军发展情况也有一定的参考价值。

书　　名　**航海天文学(天文学基础知识丛书)**

责 任 者　刘南威编

出 版 项　科学出版社,1984

页　　码　108

分 类 号　U675. 11

相关目录　一、我国古代的航海天文目录/(一)从观星斗辨航向到测天体定船位/(二)民间传统航海天文/(三)牵星术/二、天文定位基础知识/(一)经度和纬度/(二)星空和天象/(三)天球坐标/(四)时间/(五)天球坐标在航海上的应用/三、近代海上天文导航/(一)天文定位原理/(二)天文船位线/(三)航海天文年历/(四)六分仪/(五)船位的确定/四、航海天文的发展和前景/(一)人造水平基准装置/(二)无线电六分仪/(三)人造卫星导航/附录一、四季星空巡礼/附录二、航海星辰一览表

内容提要　论述航海与天文观测的关系及其发展规律。共4章。主要内容有:我国古代的航海天文,着重阐述古代中国航海的起源与发展;天文定位基础知识,主要介绍古代和近代在航海中如何运用天文知识来定船舶位置,如何利用观测天体来导航;航海天文的发展和前景。

书　　名　**合浦与海上丝绸之路(北海文史:第18辑)**

责 任 者　中国人民政治协商会议文史资料委员会,北海市委员会文史资料委员会编

出 版 项　2004. 08

页　　码　305

分 类 号　K292.2

相关目录　加强“古海丝路”研究 重振合浦古港雄风(代序)/合浦,中国海上“丝路”最早起点/关于“海上丝绸之路“的思考/两汉时期合浦一直是郡治所在——读《后汉书‘郡国志》序/汉代合浦及其海上交通的几个问题/从徐闻、合浦到广州对外贸易港口的变迁/海上丝绸之路上的几处中国南方港口(摘登)/海上丝绸之路疏证/北海——中国历代对外开放的港口/合浦北海与海上丝绸之路/合浦乾体港作为“海上丝绸之路”始发港探源/北海古窑址与“海上丝绸之路”/古“海上丝绸之路“有哪几个始发港——被遗忘了的合浦/合浦成为汉代海上丝绸之路始发港的若干历史条件探析/田野考古学所见之汉代“海上丝绸之路”/北海海交史一二事/合浦古墓知多少/水道沉淀秦时月,唐风鼓帆天威遥/汉代合浦丝绸、陶瓷业与海外贸易及其他/西汉海上丝绸之路始发港——合浦港的调查与研究/历史的见证,热切的期待——广州部分专家、学者座谈“西汉古港在合浦石湾浮现”/“海上丝绸之路”最早始发港:北海合浦/海上丝路始发港之争/合浦古代汉墓群——为古代海上丝绸之路作证/合浦考古面临重大突破,西汉古港将揭开面纱/寻找西汉合浦港/汉墓发掘的文物印证合浦曾是中外贸易桥头堡/关于我国古代海上丝绸之路最早始发港讨论研究综述

内容提要　组织古代“海上丝绸之路”专题研讨,旨在从中引出一条发展中国与东盟各国乃至相关一些国家经济的现代“海上丝绸之路”,让中国、东盟乃至相关国家的经济带上北海经济得以高速发展,便是我们出版本书的目的之一。

书　　名　**何芳川教授史学论文集**

责 任 者　何芳川著

出 版 项　北京:北京大学出版社,2007

页　　码　467

书　　号　7-301-12126-1

分 类 号　K107

相关目录　15世纪中西三大航海活动比较初探/近代东方的沉沦和日本的崛起——19世纪日、中成败的比较/文明视角下的郑和远航/古代来华使节考论/古代中国对外交往中的厚道

内容提要　本书是何芳川教授从事史学研究数十年间发表的学术论文的合集,包括“非洲史初探”、“近代东方史专题”、“亚太区域史研究”、“世界历史:理论与专题”等四个部分,基本涵盖了作者一生发表的重要学术论文。

书　　名　**河北省航运史**

责 任 者　王树才

出 版 项　北京:人民交通出版社,1988

页　　码　392

书　　号　7-114-00346-3

分 类 号　F552.9

相关目录　绪论/三、河北水运交通的发展演变/第一章 河北水路运输的早期开发(公元581年以前)/第一节 古代早期的舟船和水上贡道/第二节 古代早期的航海与运河的出现/第三节 河北水运交通网的形成/第二章 南北大运河开通后的河北水上运输(公元581-1234年)/第一节 隋代大运河通航对河北水运的促进/第二节 唐代河北水运的持续发展/第三节 宋金时代的河北航运/第三章 大批南粮北运带动河北航运新发展(公元1271-1840年)/第一节 元朝经济上仰给江南对河北水运的深刻影响/第二节 明代河北水运的繁荣/第三节 清代河北航运的兴衰/第四章 河北近代航运业的崛起(公元1840-1928年)/

第一节 以天津开埠为契机而兴旺的河北内河民船运输/第二节 兴办开平煤矿对航运业的推动/第三节 创业维艰的民族资本轮船航运业/第四节 官办轮船航运业的产生/第五节 行轮局的运输航线与经营管理/第五章 内河航运的缓慢发展(公元1928－1937年)/第一节 轮船航业的惨淡经营/第二节 城乡之间的民船运输/第三节 民船运输市场的变化/第六章 沦陷时期的河北航运(公元1937－1945年)/第一节 日本侵略者对航运业的强行霸占/第二节 水上通道变成侵略者的吸血管/第七章 国民党统治区航运的衰落与解放区航运的兴起(公元1945－1949年)/第一节 陷入绝境的国民党统治区水运交通/第二节 晋冀鲁豫边区水运事业的新生/第三节 冀中解放区航运事业的发展/第四节“平津战役”中的水上支前运输/第五节 国共两党在解放战争时期进行的南北海上通航

书　　名　**河东区政协文史资料:第7辑,洋务运动在河东**
责 任 者　政协天津市河东区委员会文史资料委员会编
出 版 项　1994.12
页　　码　234
相关目录　天津机器局附设的水雷学堂和北洋铸币厂/牙河与北洋东机器局/天津机器局的英国专家/李鸿章关于北洋水师学堂的奏折/关于《天津水师学堂事略稿》/有关北洋水师学堂的文献/李鸿章关于天津武备学堂的奏折/醇亲王奕澴视察武备、水师学堂及东机器局/东机器局及水师、武备两学堂的毁灭/严复任职北洋水师学堂编年事迹/北洋水师学堂毕业生名录/北洋武备学堂毕业生名录/黎元洪与北洋水师学堂/张伯苓在北洋水师学堂/北洋水师学堂毕业的造船专家王开治

书　　名　**河姆渡文化初探(浙江文化丛书)**
责 任 者　林华东著
出 版 项　杭州:浙江人民出版社,1992.04
页　　码　382
书　　号　7－213－00793－9
分 类 号　K878.04
相关目录　第五章 河姆渡文化生产力管窥/第四节 水上交通的出现/第十一章 河姆渡文化对中外古代文明演进的贡献/第二节 河姆渡等江南文化谱系对日本、台湾的影响

书　　名　**河姆渡文化新论:海峡两岸河姆渡文化学术研讨会论文集**
责 任 者　王慕民,管敏义编
出 版 项　北京:海洋出版社,2002
页　　码　284
书　　号　7－5027－5501－2
分 类 号　K878.04
相关目录　河姆渡文化——百越文化与海洋文化 管敏义/中华江海文化发源地——河姆渡文化遗址 杨成鉴/我国海洋经济的曙光——论河姆渡原始海洋渔业及其意义 虞浩旭/试论中国东南沿海史前的海洋族群 陈仲玉/浙闽沿海地区与台湾史前人类文化的关系(提要) 韩复智/河姆渡文化对研究环太平洋区域文明的起源与传播的重大意义 陈炎/河姆渡遗址的发现对中国历史和世界历史产生的重大影响(提要) 史式、赵晓波/文化与文明的差异——河姆渡文化研究中一个应该区分的问题 王慕民
内容提要　本文集对河姆渡文化、河姆渡遗址及遗址中发现的器物和遗迹进行分析和论述,对河姆渡文化和其他文化进行比较研究和探讨。

书　　名　**河姆渡文化研究**
责 任 者　浙江省文物局等编
出 版 项　杭州:杭州大学出版社,1998
页　　码　333
书　　号　7-81035-572-4
分 类 号　K878.04
相关目录　论河姆渡暨越文化的海外传播/河姆渡遗址文化与越族先民

书　　名　**河南航运史(中国水运史丛书)**
责 任 者　张圣城主编
出 版 项　北京:人民交通出版社,1989.12
页　　码　407
书　　号　7-114-00991-7
分 类 号　F552.9
相关目录　第一章 先秦时期河南航运的萌芽/第一节 上古的舟楫之利/第二节 早期的水运活动/第三节 鸿沟的开凿改善了河南水运面貌/第二章 秦汉大一统时期河南航运的发展/第一节 黄河漕运的发展/第二节 汴渠漕运的开拓/第三节 日渐兴旺的水路商运/第三章 魏晋南北朝时期河南航运的兴衰起伏/第一节 中原统一局势下的水运新发展/第二节 割据战乱中的河汴水运时通时辍/第三节 北魏洛阳水运的复兴/第四章 隋代河南航运的大发展/第一节 以洛阳为中心的南北水运大动脉的形成/第二节 以河南为重心的漕运转运仓/第三节 河南航运大发展的转折点/第五章 唐代河南航运进一步繁荣/第一节 以洛阳为中心的中原航运网/第二节 以河南为转运重心的沿河转运仓/第三节 航运网的疏浚和补缀/第四节 河汴转运线的漕运管理/第六章 北宋河南航运进入黄金时代/第一节 盛极一时的中原航运网/第二节 航道的整治/第三节 汴河漕运的组织管理/第四节 造船技术的成就/第七章 元明清时期河南航运由盛渐衰/第一节 河南航运由盛而衰的转折/第二节 因水运而兴的滨河商埠/第三节 主要航道的疏治/第四节 明清漕运的组织管理及卫河漕运与灌溉间的矛盾/第八章 鸦片战争后至民国时期河南航运濒于废弃/第一节 航道日渐萎缩/第二节 航运事业每况愈下/第三节 民船的管理及航运规章/第九章 解放战争时期河南航运开始复苏/第一节 河南人民航运事业的成长/第二节 支援前线运输/第三节 沿袭保留下来的主要船型

书　　名　**河南航运史:古近代部分(中国水运史丛书)**
责 任 者　河南省交通厅交通史志编纂委员会编
出 版 项　1987.12
页　　码　243
分 类 号　F552.7-09
相关目录　第一章 先秦时期河南航运的萌芽/第一节 先秦时期天然河流分布/第二节 水运的起源/第三节 夏商周三代的“舟楫之利”/第四节 春秋战国大动荡局势下的河南航运/第二章 秦汉大一统时期河南航运的发展/第一节“河渭漕挽天下”的转运线/第二节“东方之漕全资汴渠”的洛阳航运/第三节 征服三门天险的尝试/第四节 内河商运的发展/第三章 三国两晋南北朝时期河南航运的兴衰变化/第一节 河南航运的新发展/第二节 南北对立、分裂、战乱中的河南航运/第四章 隋代大运河的开凿是河南航运鼎盛的转折点/第一节 河南是隋代大运河的重心所在/第二节 隋代大运河对古代河南航运发展的促进作用/第三节 隋炀帝利用大运河的暴政/第五章 唐朝盛世的河南航运大发展/第一节 唐代以洛阳为中心的航运网的形成/第二节 唐代以河南为转运重心的沿河转运仓/第三节 唐代盛世的航运管理/第四节 唐代的水路商运/第六章 五代两宋时期河南航运的盛衰巨变/第一节 以开封为中心的中原航运网的形成/第二节 开封航运网的历史作用/第三节 北宋时期的航运管理/第四节 船舶和造船技术的成就/第七章 元明清时期河南航运的衰落/第一节 航道变迁和治理/第二节 漕运和商运/第三节 航运管理/第四节 适航于河南航道的内河船型/第八章 殖民地、半殖民地半封建社会的河南航运濒于废弃/第一节 航道日渐萎缩/第二节 濒于废弃的水上运输/第三节 "帝、官、封"统治下的民船/第九章 解放战争时间河南航运的复苏/第一节 水上运输能力的恢复/第二节 支援前线运输/第三节 沿袭保留下来的主要船型/附录 河南航运史(古、近代近部分)编年

书　　名　**河南交通大事记:古代－2000**
责 任 者　河南省交通厅编
出 版 项　郑州:河南省交通厅,2003.11
页　　码　405
分 类 号　F512.961
相关目录　一、交通综合史/近代部分(1906－1948年)/四、内河航运史/古代部分(公元前3000－1762年)/近代部分(1841－1948年)

书　　名　**河山集**
责 任 者　史念海著
出 版 项　北京:三联书店,1963
书　　号　11002·361
页　　码　302
分 类 号　K928.6－53
相关目录　三门峡与古代漕运/西汉漕运与三门峡图
内容提要　该书是作者的论文集。全书共收集历史地理方面的论文12篇。

书　　名　**赫德论文选**
责 任 者　《赫德论文选》编写组编
出 版 项　北京:中国海关出版社,2004.05
书　　号　7－80165－189－8
分 类 号　K835.617＝43
内容提要　本书由"赫德与旧中国海关"理论研讨会中形成的若干论文汇编而成。内容涉及赫德出任总税务司的历史背景,他在近代海关史中的地位和作用等方面。学术性和研究价值较高。

书　　名　**赫德日记:赫德与中国早期现代化**
责 任 者　〔美〕布鲁纳,费正清,司马富编;陈绛译
出 版 项　北京:中国海关出版社,2005
页　　码　440
书　　号　7－80165－157－X
分 类 号　K835.617＝43
内容提要　赫德曾任中国海关总税务司近40年,控制了中国海关与财政命脉,插手多项中国涉外及内政事务。他的日记涉及海关事务、各国驻华外交人员、商人、传教士以及清廷高级官员(如李鸿章)、太

平天国等内容，为其他史料书刊所未载述，是弥足珍贵的历史资料。

书 名 赫德与近代中西关系

责 任 者 汪敬虞著

出 版 项 北京：人民出版社，1987

页 码 403

分 类 号 D829.561

相关目录 上篇/赫德与中国海关/第二章 中国的海关/第一节 领事报关制下的中国海关/第二节 总税务司制下的中国海关/第三章 赫德与中国海关/第一节 赫德在海关中的统治/第二节 赫德统治下的海关/下篇/在中国海关以外/第一章 不平等条约·治外法权·租界/第一节 赫德与不平等条约/第二节 赫德与治外法权/第三节 赫德与租界/第二章 鸦片走私、苦力贸易及其他/第一节 赫德与鸦片走私/第二节 赫德与苦力贸易/第三节 赫德与沿海转运贸易/第四节 赫德与中国内港港务/第三章 从贸易到投资/第一节 赫德与长江的开放/第四章 从经济到政治/第四节赫德与北洋海军

内容提要 本书利用历史资料，揭露英国人赫德长期担任中国海关总税务司，控制中国海关大权，还伸手保护外国侵略的不平等条约、治外法权和租界，保护以鸦片走私、苦力贸易为中心的暴力掠夺，以贸易、投资为中心的经济侵略，文化、教育以及整个政治方面的侵略活动。阐明他在帝国主义侵略和剥削中国人民中的罪恶地位和作用。

书 名 赫德与旧中国海关论文选（中国海关历史学术研究丛书）

责 任 者 中国海关学会编

出 版 项 北京：中国海关出版社，2004.09

页 码 278

书 号 7－80165－189－8

分 类 号 K835.617＝43：F752.59

相关目录 闻其言，察其行：《赫德日记》解读——兼论中西文化中介人/从《中国问题论集》看赫德/赫德在中国的“进步”事业——兼论赫德与中国的近代化/论赫德与中国现代化/关于赫德的评价问题/记忆的历史——解读海关洋员眼里的赫德/试析赫德的“骑马”理论 ——以庚子赔款谈判为例/赫德其人/赫德与鸦片战争后厦门关行政自主权的旁落/“洋关”总税务司赫德略考/论赫德的保位战/正确把握赫德研究方向/试析赫德在中国现代化建设进程中的“作用”——赫德是中国现代化建设的先驱者吗？/赫德与中国近代海关制度/从中国近代海关人事管理制度的基本架构和特点看赫德/试论外籍税务司制度的性质及历史作用/论赫德对朝鲜海关的控制/赫德在旧中国海关的地位和作用/赫德与“澳门割让”始末/赫德与博览会——以奥、法、英博览会为例/赫德与中国近代海军的创建/海关总税务司赫德与中国金融近代化的早期关系——以中国通商银行成立前后的历史为例/赫德时期海关邮政的发展/近代中国走向世界的一步——赫德与1883年伦敦世界渔业博览会/赫德与中国近代教育/试论近代福建海关的海务工作

内容提要 本书选择“赫德与旧中国海关”研讨会上的部分论文结集出版。内容包括：“论赫德与中国现代化”；“关于赫德的评价问题”；“赫德其人”；“赫德与中国近代海关制度”等。

书 名 赫德与中国海关：上、下册

责 任 者 （英）魏尔特（Stantey F. Wright）著；陈㊣才等译

出 版 项 厦门：厦门大学出版社，1993

页 码 2册（581，607）

书　　号 7－5615－1234－1

分 类 号 F752.5：D829.561

内容提要 上册/绪论 中国海关的特征/第一章 西方商人来华；缔约前广州的垄断贸易/第二章 鸦片问题与第一次贸易战争；早期条约解决的问题/第三章 早期条约体制的垮台/第四章 海关税务司制度的起源（一）：从起义军攻占上海到“亚罗”号事件（1853－1856）/第五章 海关税务司制度的起源（二）：从“亚罗”号事件到总理衙门的产生（1856－1861）/第六章 赫德的家世、童年以及他所受的教育/第七章 李泰国关于海关服务的备忘录；缔约国的法律权力与地位/第八章 赫德首次访问北京；开放长江；沿海贸易；子口税单；走私问题/第九章 阿思本小舰队及李泰国的垮台/第十章 海关建设；确定海关的地位和业务范围；招募海关职员；税务司和中国监督的关系/第十一章 海关建设；船钞部门；船钞和助航设备；引水员和引水费；邮政的创始/第十二章 同文馆和方根拔案件/第十三章 会审公堂；海关税收担保的初期债款；蒲安臣出使；条约修订；阿礼国条约：封锁香港/第十四章 苦力移民；维也纳博览会；中国的轮船货运；烟台条约；赫德关于改善商务关系的建议；总理衙门1878年的通知；雇员问题；对雇员的奖励/下册/第十五章 法律的复杂性：“加第士”趸船案件；“台湾”号虚报船货单案件；佩奇案件；洛根案件；罗伯兹案件/第十六章 中国的藩属国：朝鲜、琉球群岛、越南；中国现代海军的初创时期；俄国和伊犁；1880年戈登访问中国/第十七章 中国的藩属国：再谈朝鲜；中法之战；巴黎会议记录；赫德被任命为英国公使和全权代表；1864－1885年的中国对外贸易/第十八章 中国的藩属国：缅甸；又是鸦片问题；《烟台条约》附加条款；香港、澳门的鸦片税收协议；建立保税货栈制度/第十九章 赫德辞职的谣传；中国官商习气；出口货内地转运贸易的弊病；长江上游的通航与重庆的开放；购买澳门问题；锡金；梅生事件/第二十章 1894－1895年中日甲午之战；偿付赔款、1895年法俄借款、1896年和1898年英德借款；赫德和厘金局卡；税则修改以及赫德关于“海关两”金单位的主张；中华帝国邮政局的创立/第二十一章 争夺特权之战，领土租让——胶州湾、大连和旅顺港、广州湾、威海卫和九龙；海关总税务司职位之争；铁路的修建；外国轮船内河航行权；西江流域的开庭长江章程的修改；改良和宫廷政变；门户开放/第二十二章 义和团事件的爆发；北京被围前后赫德与总税务司署；条约草案；赔款；常关；税则修订；马凯条约及其它条约；赔偿金单位债款问题；河道疏浚保护；邮政局的辅助拨款；海关的不安定和继承人问题；1886－1905年的中国对外贸易/第二十三章 中国的金本位制；造币厂；土地税；日俄战争；商标注册；抵制美国贸易；西江航行章程；海关协会/厦门事件；张燕谋事件；指派大臣管理海关并设立税务处；开放满洲；赫德请假/第二十四章 裴式楷受任暂代总税务司；海关税务学堂的建立；土鸦片的管理；光绪帝和慈禧太后去世后的余波；安格联继任赫德之职；赫德之死及其评价/附录1. 中国沿海对外贸易：1863－1910年的进出口值与税收/附录2. 中国沿海对外贸易的各国比重/附录3. 通商口岸设立的时间顺序表/附录4. 1875、1885、1895、1905、1915年中国海关人员

书　　名 **赫德与中国早期现代化：赫德日记，1863－1866（中国海关历史学术研究丛书）**

责 任 者 （美）理查德·J·司马富，（美）约翰·K·费正清，（美）凯瑟林·F·布鲁纳编；陈绛译

出 版 项 北京：中国海关出版社，2005

页　　码 826

书　　号 7－80165－157－X

分 类 号 K835.617＝43：K250.6

相关目录 第一章 中国历史上的赫德/赫德生遇其时/1864年上海：英国——清朝伙伴关系/第二章 日记：1863年12月6日－1864年5月15日/第三章 1864年北京：建立总税务司的地位/总理衙门下的总税务司署/总税务司治辖下的海关/第四章 1864年6月1日－1864年10月25日/第五章 工作中的赫德：行政管理面面观/为海关发展筹措资金/巡视南方口岸/上海行政管理问题/长江口岸和赫德返回北京/第六章 日记：1864年10月26日－1865年6月18日/第七章 英国——清朝改革措施/中兴改革方案/赫德《局外旁观论》和中国的反应/第八章 日记：1865年7月2日－1866年3月2日/第九章 1866年欧洲之

旅/斌椿使团/赫德的婚姻/第十章 日记:1866年3月7日-1866年8月7日/第十一章 视点与假说/作为中介的赫德/中国国内变革/改革建议的由来和发展/赫德的影响——1869年《阿礼国协约》/海关与帝国主义/附录一、外人在海关的职位/附录二、赫德致包腊信函/附录三、赫德致赫丝特·简·布莱登信函/附录四、税收季度报表

内容提要 赫德是近代英国的外交官,他的日记提供了关于19世纪60年代中外关系错综复杂的脆弱的结构特别有价值的记录。

书　　名 **黑龙江航运史:古、近代部分(中国水运史丛书)**
责 任 者 侯长纯,郑承龙主编
出 版 项 北京:人民交通出版社,1988.01
页　　码 273
书　　号 7-114-00082-0
分 类 号 F552.9:F552.9
相关目录 第一章 明以前黑龙江流域各族人民的水运活动/第一节 黑龙江水运的追溯/第二节 唐渤海国与中原、日本的往来及海路贸易/第三节 辽、金、元时期的水运/第二章 明朝太监亦失哈的大规模航运活动/第一节 亦失哈大规模航运活动的背景和起因/第二节 亦失哈等明朝官员十下黑龙江/第三节 亦失哈航运活动的历史见证及其功绩/第三章 清雅克萨战役前后的水运/第一节 明末时期的水运/第二节 反抗沙俄入侵黑龙江流域的水战/第三节 雅克萨反击战准备阶段的水运活动/第四节 收复雅克萨的水战/第四章 黑龙江水系航权的丧失/第一节 沙俄对黑龙江的入侵活动/第二节 沙俄独霸黑龙江航权/第三节 松花江航权的丧失/第四节 水路会议与海关的设立/第五节 帝国主义列强对松花江流域资源的掠夺/第五章 黑龙江民族航运业的兴起/第一节 民族航运业的诞生与中外轮运之竞争/第二节 应运而生的戊通公司/第三节 相继出现的官商航业/第四节 松花江航务会议的前前后后/第六章 黑龙江民族航运业的盛衰/第一节 黑龙江航运体系的重大变革/第二节 民族航运业兴盛时期的客货运输/第三节 航运附属机构的兴办/第四节 民族航运业鼎盛时期的港埠/第五节 航业大联合的中辍/第七章 日伪统治下的黑龙江航运/第一节"九·一八"事变对黑龙江水运的影响/第二节 日伪时期的航道疏浚与航标管理/第三节 日伪时期的造船业/第四节 日伪时期的水上客货运输/第五节 码头概况及装卸作业/第八章 解放战争时期的黑龙江航运/第一节 黑龙江人民航运的创建/第二节 黑龙江航运在解放战争中的贡献/第三节 黑龙江人民航运的初步发展/附录(一) 黑龙江航运史大事年表(上古-1949年)/附录(二) 黑龙江水系干、支流异名录/附录(三) 黑龙江水系近代名录

书　　名 **恨海:甲午大连之战(甲午国耻丛书)**
责 任 者 郭铁椿著
出 版 项 北京:中央民族大学出版社,1997
页　　码 266
书　　号 7-81001-826-4
分 类 号 K256.307
相关目录 第一章 战前的世界和中国/一、战前的远东形势/二、战前的日本/三、战前的中国/第二章 战前的大连/一、大连历史沿革/二、清政府在大连的设防/第三章 日本发动甲午战争与黄海大海战/一、日本发动甲午战争/二、黄海大海战/第四章 金州、旅顺之战/一、金州之战/二、旅顺之战/三、宋庆反攻金州与大连人民的抗日斗争/第五章 三国干涉还辽与清政府接收大连/一、《马关条约》的签订/二、三国干涉还辽/三、清政府接收大连/附录/日谍大熊鹏的失踪/万忠墓/有关歌颂大连人民抗日斗争英

雄事迹/长诗三首

书　　名　**红夷炮舰的厄运(近代西方列强侵华史丛书)**
责 任 者　刘晓明著
出 版 项　南昌:江西高校出版社,1994
页　　码　109
书　　号　7-81033-441-7
分 类 号　K248.405

书　　名　**忽必烈传**
责 任 者　李治安著
出 版 项　北京:人民出版社,2004.05
页　　码　802
书　　号　7-01-004345-0
分 类 号　K827=47

相关目录　第一章 煊赫祖宗业 巍然征服功/第二章 总领漠南事远征大理国/第三章 角逐大汗位 定鼎开平城/第四章 创建元王朝 附会汉地法/第五章 评定李璮乱 罢黜汉世侯/第六章 倚重阿合马 专权二十年/第七章 渡江灭赵宋 南北共一家/第八章 行省抚江南 帝师辖吐蕃/第九章 分治四等人 怀柔南降臣/第十章 冬夏巡幸两都 内外布列军卫/第十一章 亲贵享封邑 皇子总重兵/第十二章 萧墙叛王祸 朔漠御驾征/第十三章 扬威伐海外 黩武丧舟师/第一节 两侵日本/第二节 屡征安南/第三节 南攻缅国/第四节 跨海征爪哇/第五节 对高丽的占领和统治/第十四章 站赤通天下 货舶渡大洋/第一节 站赤与急递铺/第二节 开辟海运/第三节 鼓励海外贸易/第十五章 依守敬巧工 用札氏西技/第十六章 学儒重致用 崇教告天神/第四节 伊斯兰教和基督教的传播

内容提要　本书对忽必烈的一生作了介绍。作者阐明成吉思汗以征服武功震撼世界,忽必烈则以文治著称于天下。

书　　名　**湖北航运史(中国水运史丛书)**
出 版 项　北京:人民交通出版社,1995
页　　码　675
书　　号　7-114-01929-7
分 类 号　F552.763-09:F552.9

相关目录　古代篇(远古-1840年)/第一章 航运业的兴起与早期开发(远古——公元前221年)/第一节 航运的起源与水运活动的传说/第二节 江汉水运的开发及其社会功能/第三节 长江汉江的演变与汉江运河的初创/第四节 区域性水运中心与早期港口/第五节 不断演进的舟船制造/第六节 水运业的早期管理/第二章 以江陵、襄阳、夏口为枢纽的航运业的不断进步与繁荣(公元前221-1279年)/第一节 汉江漕运线与江汉运河的维护治理/第二节 长江汉江的演变与三峡滩险治理的探索/第三节 制造技术与工艺臻于成熟的造船业/第四节 州郡府县城镇的兴起与港埠的繁荣/第五节 江汉水运在军运漕运中的重要作用/第六节 商营航运的空前繁荣/第七节 漕运与商营水运的管理/第三章 以武汉三镇为中心的航运业持续发展(1279-1840年)/第一节 江汉水运格局的演变/第二节 商营航运的繁荣与民间水运行帮组织的兴起/第三节 长江汉江干支流水道的变迁与治理/第四节 江汉港埠的演变与持续繁荣/第五节 造船业的不断进步与发展/第六节 航运管理与船税征收/近代篇(1840-1949年)/第四章 近代轮船业兴起与湖北航运的变化(1840－1911年)/第一节 不平等条约签订对湖北航运的影响/第二节 外国商轮早期在湖北的经营活动/第三节 民族轮船航运业的兴起/第四节 木帆船运输业的变化/第五节 大宗货物运输的变化/第六节 船舶修造业的进步/第七节 开埠港口的兴起与支流港口的变化/第八节 江汉航道的管理与整治/第五章 轮船运输规模的扩大与湖北航运业的进一步发展(1912－1936年)/第一节 湖北轮船运输业的进一步发展/第二节 外埠外国航业在湖北的发展变化/第三节 民间水上运输业的发展变化/第四节 轮船修造业的初步发展/第五节 近代港口的再度发展/第六节 航道滩险整治与助航设施的增设/第七节 湖北地方航政事业的初创/第六章 日本侵华战争对湖北航运的破坏及战后的恢复与衰败(1937－1949年)/第一节 战争对湖北航运的影响/第二节 沦陷区航运业的变化/第三节 抗日战争胜利后湖北航运的兴衰/第四节 抗日战争胜利前后港口的变迁/第五节 战时前堵后通的长江航道/第六节 船舶修造厂的迁建与困境/第七节 战争时期的航运管理

书　　名 **华南考古论集**

责 任 者 徐恒彬著

出 版 项 北京:科学出版社,2001

页　　码 301

书　　号 7－03－009093－4

分 类 号 K872.600.4

相关目录 广东的海外交通与陶瓷业的发展/南海"丝绸之路"的考古新发现/南海"丝绸之路"概述/海上丝绸之路

内容提要 本书共收录34篇文章,主要包括华南地区的古代民族、岭南的青铜文化和古代文明、宝镜湾岩画、秦平岭南、汉代广东的农业生产等方面的论述。

书　　名 **华侨华人民间信仰研究**

责 任 者 李天锡著

出 版 项 北京:中国文联出版社,2004.07

页　　码 378

书　　号 7－5059－3926－2

分 类 号 B933

相关目录 第二章 妈祖信仰/第一节 妈祖成神因由/第二节 在华侨华人中传播的原因/第三节 与中国传统文化的关系/第四节 文化特征/第五节 发展趋势/第六节 有关启示/第十章 三宝公信仰/第一节 在海外传播/第二节 在福建与台湾传播/第三节 原因/第四节 有关情况/第十九章 福建民间信仰在东南亚/第一节 福建民间信仰的传播/第二节 泉州民间信仰在印尼的传播/第二十章 帛州华侨华人与妈祖信仰/第一节 泉州华侨华人传播妈祖信仰/第二节 石狮华侨与新加坡天福宫

内容提要 本书涉及华侨出国的历史、民俗及宗教文化等多个层面,包括了丰富多彩的有关知识;同时,也提出了一些新颖的观点和独到的见解,熔学术性和知识性于一体。资料翔实,论证严密,行文流畅,具有较强的可读性。

书　　名 **华侨华人与中国的关系**

责 任 者 庄国土著

出 版 项 广州:广东高等教育出版社,2001

页　　码 520

书　　号　7－5361－2585－2

分 类 号　D634.31

相关目录　第一章 海贸与移民互动:早期移民和海外华商网络/第一节 13 世纪以前的中外海上关系和华人出国/第二节 海外华商经贸网络的形成(11－15 世纪初)/第三节 海外华商经贸网络的发展(15－19 世纪初)/第四节 主导海外华商网络的闽南海商/第二章 推力和拉力:17－20 世纪前期东南亚华人移民社会的形成和发展/第三章 华侨民族主义的形成、发展及对祖国革命和建设的贡献

内容提要　"十五"国家重点图书,"九五"国家社会科学基金和教育部社会科学基金支持研究项目成果,中国建设银行厦门分行——厦门大学中青年教师培养基金资助出版:本书介绍了 17－20 世纪前期东南亚华人移民社会的形成和发展,华侨民族主义的形成、发展及对祖国革命的建设的贡献,改革开放以来海外华资与中国大陆经济合作等内容。

书　　名　**华侨简史与华人经济**

责 任 者　简光沂主编;广州市经济研究院编

出 版 项　北京:中国经济出版社,1999

页　　码　354

书　　号　7－5017－4779－2

分 类 号　D634.31

相关目录　第一篇 华侨简史/第一章 频繁的亚洲海上活动(12－16 世纪)/一、冒险商人与移民/二、海上贸易网络与中国人居留地/三、华侨移殖的发祥地——福建和广东/第二章 摩擦、竞争、同化(17－19 世纪)/第三章 华侨大量出国时代(19 世纪后期到 20 世纪中叶)/第四章 民族主义与异化、同化/第五章 华侨、华人在全世界的分布

书　　名　**华侨史**

责 任 者　杨建成主编

出 版 项　台北:中华学术院南洋研究所,1985.12

页　　码　310

分 类 号　D634.333

相关目录　第一章 华侨的意义/第二章 南海交通的黎明时代/第一节 华南沿海的黎明/第二节 安南沿岸的海口/第三节 朱康的扶南行驶/第四节 佛僧的远渡天竺/第三章 唐代的南海交通/第一节 室利佛逝国的勃兴/第二节 阿拉伯商人的来临/第三节 最初的南洋华侨/第四节 汉人的波斯湾交通/第四章 市舶司贸易时代(宋代)/第一节 市舶司/第二节 福建沿海的参与/第三节 宋代遗臣的逃亡/第四节 宋代的华侨/第五章 市舶司贸易时代(元代)/第一节 世祖的接收南海贸易与海外远征/第二节 爪哇远征/第三节 元代的海外交通/第四节 原带的华侨/第六章 走私贸易者渡航时代(明代)/第一节 明的锁国主义/第二节 走私贸易者的入藩/第三节 郑和之西征/第四节 明初的华侨/第五节 嘉靖万历年间中国人的海外发展/第七章 走私贸易者渡航时代(清代)/第一节 明末清初的台湾与南洋/第二节 清代(南京条约以前)的华侨/第八章 苦力贸易/第一节 南京条约/第二节 苦力贸易之意义/第三节 契约移民的法根根据/第四节 契约移民在华侨史上的地位/第五节 苦力贸易的内容/第九章 民国革命与华侨/第十一章 中国的华侨对策/各论/第一章 泰国的华侨/第一节 明代以前的中暹交通/第二章 英属马来亚的华侨/第一节 南海交通之要冲/第三章 菲律宾的华侨/第一节 欧人到来前的中菲交通/第二节 西班牙人的到来/第三节 林凤的攻略吕宋岛/第四章 爪哇的华侨/第五章 婆罗洲的华侨/第一节 欧人到来前的婆罗洲/第二节 欧人渡航时代/第六章 法属印度支那的中国华侨

书　　名　**华夏文明与西方世界**
责 任 者　林中泽主编
出 版 项　香港:博士苑出版社,2003
页　　码　282
书　　号　962 - 86287 - 6 - 3
分 类 号　K203
相关目录　西汉南海道管见 林远辉/晋唐南海道佛僧与商人关系试析 何方耀/泉州摩尼教渊源考 林悟殊/马氏汪古由景入儒的转变历程 殷小平/天主教独身主义的报应观、历史观及其与儒学之冲突——以利玛窦的有关论述为例 林中泽/雍正年间广州禁行天主教始末 胡桂玉/唐宋市舶太监与南海贸易 王川/15 - 17 世纪广东人在越南活动考述 李庆新/自由、限制、管制——明清时期亚洲诸国的中国海商贸易政策 陈伟明/海运毛皮与清代社会 周湘/广州巴斯馆考 郭德焱/中葡关于澳门水界之争——从 1871 年马留洲设关到 1887 年中葡立约 徐素琴

书　　名　**华夏诸神**
责 任 者　马书田著
出 版 项　北京:北京燕山出版社,1990
页　　码　569
书　　号　7 - 5402 - 0180 - 0
分 类 号　B933
相关目录　十七、天妃娘娘(妈祖)/二十二、船神
内容提要　分道教诸神、佛教诸神和民间俗神 3 大部分,收录神祇 300 多个,并逐个介绍了每位神的来源和创造过程。该书从宗教、民俗和传统文化的角度,阐释了人们如何把神创造出来,神又如何支配了人的复杂过程。书后附有参考书目几十种。

书　　名　**华夏诸神**
责 任 者　马书田著
出 版 项　北京:北京燕山出版社,1999
页　　码　662
书　　号　7 - 5402 - 1177 - 6
分 类 号　B933
相关目录　十七、天妃娘娘(妈祖)/二十二、船神

书　　名　**“怀夷”与“抑商”:明代海洋力量兴衰研究**
责 任 者　陈尚胜著
出 版 项　济南:山东人民出版社,1997
页　　码　246
书　　号　7 - 209 - 02087 - X
分 类 号　F552. 9
相关目录　第一章 航海古国/第二章 开国海禁/第三章 西洋远航/第四章 中退西进/第五章 争贡之役/第六章 嘉靖“倭乱”/第七章 筹海之争/第八章 月港开放/第九章 海外“罪民”/第十章 末世英雄/第十一章 “怀夷”“抑商”

书　　名　淮北柳孜:运河遗址发掘(1991年度全国考古十大新发现之一)
责 任 者　安徽省文物考古研究所,安徽省淮北市博物馆编
出 版 项　北京:科学出版社,2002
页　　码　262
书　　号　7-03-010166-9
分 类 号　K878.05
相关目录　第三章 遗迹与遗物/第一节 遗迹/四、沉船/第二节 遗物/一、瓷器/二、三彩器/三、陶器/四、铁器/五、骨气/六、石器/附录三、柳孜运河一批唐代沉船的发掘与研究/附录四、柳孜运河遗址出土唐代木船的保护情况报告/附录五、柳孜运河遗址石砌构筑物的初步考察/附录六、通济渠(汴河)资料研究与选辑——隋唐、五代、宋/附录七、淮北柳孜运河沉船木构件鉴定报告
内容提要　1999年度全国考古十大新发现之一:本书较为详细地汇报了1999年安徽省淮北市柳孜隋唐大运河考古发掘材料;此次考古发觉发现8艘沉船、一座宋代石构建筑遗存、全国南北20多个窑口的陶瓷器等。

书　　名　淮河传(大江大河传记丛书)
责 任 者　陈广忠著
出 版 项　保定:河北大学出版社,2001
页　　码　327
书　　号　7-81028-706-0
分 类 号　K295
相关目录　三、夏商周与两淮——战争和开发/夏朝与淮夷/商代奠基淮北/周人战淮夷/中国最早的水库——芍陂/邗沟连江淮/黄淮通流有鸿沟/楚霸两淮四百年/四、淮河——古代思想家的摇篮/管仲——从颍水走来/涡河——道家的故乡/泗水——儒墨的圣地/淮左"奇书"——《淮南子》/五、秦汉魏晋——淮河卷巨澜/大泽风云/刘邦起丰沛/垓下悲歌/堵瓠子武帝赋诗/王景治汴惠千载/涡淮——曹魏发祥地/八公山上,草木皆兵/浮山筑堰灌寿阳/六、唐宋——淮河欢歌与悲哀/唐代——淮河漕运系国脉/北宋——兴盛的淮河水利/南宋——黄河夺淮七百年/七、元明清——淮河的呻吟/濠梁——明朝的崛起/"紫禁"蓝本出中都/京杭运河过长淮/湖底泗州城/《水浒》《西游》出两淮/花园口决堤酿巨患/八、淮河的悲鸣与新生/状元公奔走"导淮"/淮海大地摆战场/九、淮河换新颜/防洪——上游水库群/泄洪——中下游综合治理/治污——任重而道远/黄河故道百花香/十、淮河两岸风光美/诸侯如林数黄淮/黄淮枢纽——开封/汴泗明珠——徐州/淮河小三峡/长淮古四关/洪泽与南四湖
内容提要　本书分十章介绍了淮河的历史和文化,内容包括洪荒时代、淮河文明的曙光、淮河的悲鸣与新生、淮河两岸风光美等。

书　　名　淮河流域经济开发史
责 任 者　王鑫义主编
出 版 项　合肥:黄山书社,2001
页　　码　750
书　　号　7-80630-636-6
分 类 号　F129.2
相关目录　第二章 原始人类在淮河流域的活动/第三章 夏、商、两周时期淮河流域的初步开发/第四

章 秦汉时期淮河流域的进一步开发/第五章 魏晋南北朝时期淮河流域经济的消长/第四节 漕路的开发、修治与利用/第六章 隋唐五代时期淮河流域经济的繁荣/第四节 交通运输的开发与发展/第五节 漕运的开发/第六节 商业贸易的发展/第七章 北宋时期淮河流域经济的繁荣和宋金对峙时期流域经济的衰落/第三节 交通和漕运的发达/第八章 元代淮河流域经济的恢复与发展/第二节 水利和交通形势的演变/第九章 明代淮河流域经济的繁荣与衰退/第十章 清代(1840 年以前)淮河流域经济的恢复和发展

内容提要 国家社科基金资助项目:本书共分十章,从原始人类在淮河流域的活动讲起,系统地介绍了淮河流域经济的初步开发、经济的消长、到北宋时期淮河流域经济的繁荣和衰落,直至清代淮河流域经济的恢复和发展情况。

书　　名 淮军
责 任 者 田玄著
出 版 项 太原:山西人民出版社,1999
页　　码 456
书　　号 7-203-03867-X
分 类 号 K258.2
相关目录 第十章 北洋水师壮声威 东亚海上出异军/第十三章 援韩抗倭溃败归 甲午惨痛失水军

书　　名 淮阴县交通史
责 任 者 淮阴县交通史编写办公室编
出 版 项 南京:南京大学出版社,1988.04
页　　码 239
书　　号 7-305-00123-6
分 类 号 F512.9
相关目录 第一篇 古代部分/第一章 隋代以前的淮阴县交通/第一节 交通的始兴/第二节 淮河下游要津——泗口/第二章 隋唐宋时期的淮阴县交通/第一节 人工航道的开凿/第二节 航道节水设施的创建/第三节 水上运输的发展/第三章 元明清时期的淮阴县交通/第一节 黄河夺淮对运道的影响/第二节 元明时期的航道治理/第三节 清代的航道治理/第四节 明清时期淮阴造船业的兴衰/第五节 漕运的曲折变化/第六节 盐运的兴起和商运的繁荣/第二篇 近代部分/第四章 晚清至抗战前夕的淮阴县交通/第一节 航道的治理/第二节 轮船航运业的兴起/第三节 木帆船运输由盛而衰/第五章 抗日战争和解放战争时期的淮阴县交通/第一节 日军侵占淮阴前夕的水陆交通/第二节 日伪控制下的水陆交通/第三节 抗日根据地的人员和物资交流/第四节 抗战胜利后水陆交通的短期恢复/第五节 淮阴被国民党军队占领后的水陆交通/第六节 淮阴县人民的水陆支前运输/第七节 解放战争后期水陆交通的恢复

内容提要 本书对淮阴县的历史沿革和隶属关系,以及古代、近代、现代水陆交通的历史概貌和若干特点,作了简要的论述。

书　　名 环中国海沉船:古代帆船、船技与船货(海洋中国与世界丛书)
责 任 者 吴春明著
出 版 项 南昌:江西高校出版社,2003
页　　码 451
书　　号 7-81075-470-X
分 类 号 K865.34:F552.9

相关目录　第一章 环中国海捞沉船/黄海、渤海与日本海沉船大发现/一、震惊中外的新安元代沉船/二、船破绥中三道岗/三、折戟黄海的元军战舰残骸/四、日本海的华船沉址/五、北方沿海的其他沉船/东海、台海沉船考古/一、东海沿岸连续发现沉船/二、福建港湾的历代沉船/三、澎湖大塭的"将军一号"/惊爆欧洲拍卖会的南海沉宝/一、欧洲人在南海盗捞沉宝/二、中国考古初探南海沉船/三、"环球第一"菲律宾探险/四、泰国湾发现明清沉船群/五、马六甲海峡的中外沉船/探寻沉溺的远东之旅/一、大西洋海底的中国货/二、触礁印度洋的欧美商船/三、太平洋海底的发现/第二章 残舟断楫话帆船/舟船的产生/一、刳木为舟/二、独木舟的扩展/早期海船/一、汉晋东南船屯掠影/二、广东船模形态/大船时代/一、中古船业回眸/二、四大海船的历史/三、生态船型考古观/四、水密舱的发现/帆船的衰落/第三章 过洋牵星说航技/上古航技钩沉/汉晋航海技术/定量航海时代/第四章 帆影归处寻针路/第五章 出水船货论经济

内容提要　中外考古学家在环中国海及邻近水域发现了200多处与中国古代海洋文明史有关的古代沉船,这些沉船隐藏着多方面、多层面的海洋社会经济史信息。本书作者立足多年从事的海洋考古实践,系统收集这些沉船的中外文料,结合历史文献综合研究环中国海帆船技术、航路网络与船货经济。

书　　名　**黄河上游航运史(中国水运史丛书)**
责 任 者　陈琦主编
出 版 项　北京:人民交通出版社,1999
页　　码　518
书　　号　7-114-03561-6
分 类 号　F552.9
内容提要　本书以港、航、厂、道等航运几大要素为中心,全面阐述了黄河上游区段航运发生、发展、演变的过程。

书　　名　**黄河水利史述要**
责 任 者　《黄河水利史述要》编写组著
出 版 项　郑州:黄河水利出版社,2003
页　　码　433
书　　号　7-80621-618-9
分 类 号　TV882.1
相关目录　第三章 汉代治黄事业的进展/第六节 两汉黄河流域的漕运/第四章 魏晋南北朝时期的黄河/第三节 航运事业的进一步开发/第五章 隋唐五代的黄河水利建设/第二节 通济渠、永济渠和隋唐五代漕运/第六章 北宋时期的治河斗争/第四节 汴河的漕运/第七章 金元两代的治河运动/第四节 农田水利的恢复与南北大运河的创建
内容提要　本书共有十章,以马列主义历史观为指针,总结了我国人民治理黄河的历史经验,分析了历代治河成功和失败的原因。

书　　名　**黄河水利史研究**
责 任 者　姚汉源著
出 版 项　郑州:黄河水利出版社,2003
页　　码　604
书　　号　7-80621-385-6
分 类 号　TV882.1

相关目录 《水经注》中之汴渠引黄水口——王景"十里立一水门"的推测/第三篇 黄河与水运史/京杭运河史述略/《水经注》中的鸿沟水道/唐代幽州至营州的漕运——黄、海、滦水系之沟通/胶莱运河修浚/明代山东、河南的借黄行运——济宁西河及沙颍运道/明代的引黄济运/明清时期京杭运河南旺枢纽

内容提要 黄河水利委员会治黄著作出版资金资助出版:本书共有四篇,包括概论、黄河下游的变迁与治理、黄河与水运史、黄河农田水利及泥沙利用,附录京杭运河南段见闻等。

书　　名 **黄河文化丛书:黄河史**
责 任 者 鲁枢元,陈先德主编
出 版 项 郑州:河南人民出版社,2001
页　　码 579
书　　号 7-215-04201-4
分 类 号 K292
相关目录 文明篇/第十章 走向成熟的黄河文明/第二节 漕引江湖,利尽南海/航运篇/第二十一章 黄河航运的萌芽/第一节 石器时代遗址及禹播九河/第二节 甲骨文中的航运史/第三节 先秦都城选择与黄河航运/第二十二章 汉唐建都与黄河航运/第一节 灵槎青天路短长/第二节 泛舟洛川,济彼黄河/第三节 十丈云帆拂斗勺/第二十三章 河运与海运/第一节 东京禁军与黄河漕运/第二节 河运与海运/第二十四章 民国以来黄河航运/第一节 民国年间航运河段/第二节 民国年间黄河码头/第三节 民国年间黄河航运状况/第二十五章 从黄河航运史想到的/第一节 黄河航运起因于社会经济的需要/第二节 黄河航运与环境变迁

内容提要 本卷全面讲述了黄河的自然史、黄土地上的人文史、黄河流域的经济发展史、黄河人的文化心态史。让读者深入地领略黄河的神韵和风采。

书　　名 **黄河文化丛书:住行卷**
责 任 者 朱士光,吴宏岐主编
出 版 项 西安:陕西人民出版社,2001
页　　码 469
书　　号 7-224-04059-2
分 类 号 K292: K892.42
相关目录 下篇/第一章 繁盛一时的古代水运交通/第一节 水上交通的萌生/一、上古时代沿河居民的水上交通/二、周武王渡孟津以伐纣/三、秦晋交好与泛舟之役/四、《禹贡》中记载的水上航线/第二节 水上交通的繁盛/一、大河滔滔济风帆/二、河济泗淮任行舟/三、汉唐国都长安与关中漕渠/四、大运河由东西向南北的转移/五、海上交通源远流长/第三节 水上交通的衰落/一、河床的淤浅与航道的萎缩/二、政治中心的转移与水运的衰退/第四节 别具特色的水上交通工具/一、船舶的祖先——独木舟/二、游牧经济的表征——皮制水运工具/三、漕船的演进/四、结构复杂的战船与楼船/五、天堑变通途——津渡与桥梁/第四章 古代交通管理与运输组织/第一节 交通管理/二、航道的整治/第二节 运输组织/一、官方运输组织/二、民间个体运输和商帮组织

内容提要 本卷力图使读者能对黄河住、行文化有更多、更全面的了解,同时促使更多的学者、专家以及艺术家、文学家对黄河流域住、行文化进行多方位的研究与艺术再现。

书　　名 **黄河与科技文明**
责 任 者 王星光,张新斌著

出 版 项 郑州:黄河水利出版社,2000

页 码 384

书 号 7-80621-295-7

分 类 号 N092

相关目录 第六章 黄河与中国传统交通运输工程技术/第二节 黄河流域的水上交通/第三节 黄河流域交通运输的作用与特点/第九章 黄河与中国古代的四大发明/第一节 黄河与造纸术的发明及外传/第二节 黄河与印刷术的发明及外传/第三节 黄河与火药的发明及外传/第四节 黄河与指南针的发明及外传/第五节 黄河域外先民对四大发明的贡献/第十一章 黄河与中国传统地学的发展/第一节 黄河流域独具特色的地理著述的常盛不衰/第二节 黄河流域地学知识的兴盛与技术的发达/第三节 黄河流域传统地学发展的特点

内容提要 本书由黄河水利科技出版基金资助出版;本书论述了黄河与中国传统科技文明、黄河与中国传统农业科学技术、黄河与中国传统水利科学技术、黄河与中国传统陶瓷技术、黄河流域传统纺织技术、黄河与中国传统交通运输工程技术、黄河流域传统冶金技术、黄河与中国传统城市建筑技术、黄河与中国古代的四大发明、黄河与中国传统生物学的发展、黄河与中国传统地学的发展、黄河与中国传统天文学、数学及物理学的成就。

书 名 **黄河之水天上来:中国水利简史(中华文化百科)**

责 任 者 张志坤著

出 版 项 沈阳:辽海出版社,2001

页 码 148

书 号 7-80649-994-6

分 类 号 TV-092

相关目录 一、先秦水利/1. 中国水利起源/2. 中国水利的初步发展/二、秦汉魏晋南北朝水利/2. 江河航运的全面沟通/3. 治河事业的巨大成功/三、隋唐两宋水利/1. 大运河的兴建与航运事业的发达/四、元明清水利/1. 京杭大运河的兴建与漕运事业的发展

内容提要 本书以历代治河、历代水运、历代灌溉为主要脉络,对中国古代水利事业进行了论述。

书 名 **黄埔村与古黄埔港(广州史志丛书)**

责 任 者 柏峰著

出 版 项 广州:广东人民出版社,2002

页 码 134

书 号 7-218-04179-5

分 类 号 F752.92

相关目录 第二章 百年辉煌/1. 一口通商局面的形成/2. 广州制度与古黄埔港/3. 古黄埔港设置的贸易机构及其职能/4. 古黄埔港与粤海关的税收/5. 古黄埔港与十三行/6. 画笔下的古黄埔港风情/7. 古黄埔港的鸦片贸易/8. 古黄埔港的进出口贸易/第三章 酱园码头的外国船/1. 西洋人从海上来/2. 古黄埔港的米字旗/3. 古黄埔港的星条旗与"中国皇后"号首航古黄埔港/4. 荷兰商人与古黄埔港/5. "哥德堡"号与瑞典人在古黄埔港/6. "昂菲特里特"号与法国船在古黄埔港/第四章 鸦片战争后的古黄埔港/1. 古黄埔港港口主权的丧失/2. 鸦片战争后古黄埔港对外贸易概况/3. 古黄埔港的苦力贸易/4. 沧海桑田古黄埔港/第五章 黄埔村名人略传/8. 永丰舰舰长冯肇宪(1895-1922)

内容提要 本书内容包括从小渔村到广州外港、百年辉煌、酱园码头的外国船、鸦片战争后的古黄埔

港、黄埔村名人略传以及黄埔村的古迹及其保护等六章。

书　　名　**黄埔港史:古、近代部分**
责 任 者　吴家诗主编;马建和等编写
出 版 项　北京:人民交通出版社,1989
页　　码　322
书　　号　7-114-00716-7
分 类 号　F552.7-09
相关目录　第一章 概论/第一节 黄埔港的自然地理条件/第二节 古海湾的形成与港口变迁/第三节 港口与经济腹地间的交通/第二章 扶胥港的形成与发展(581-907年)/第一节 扶胥港的形成/第二节 广州扶胥港的对外贸易/第三节 港口的早期管理/第三章 扶胥港的繁荣(960-1368年)/第一节 对外贸易的繁荣/第二节 航海技术的进步对港口外贸的促进/第三节 港口管理机构与制度的建立/第四章 明末清初黄埔港对外贸易地位的加强(1368-1840年)/第一节 明末西方殖民主义者的早期入侵与倭寇的骚扰对黄埔港贸易的影响/第二节 清初洪任辉事件与广州外港黄埔一口对西方贸易地位的确立/第三节 清朝前期黄埔港对外贸易的发展/第四节 清朝前期黄埔港的管理制度/第五章 鸦片战争对黄埔港的影响及清朝后期黄埔港的对外贸易(1840-1911年)/第一节 西方国家在黄埔港的鸦片走私贸易/第二节 鸦片战争与港口主权的丧失/第三节 鸦片战争后黄埔港的对外贸易/第四节 西方殖民者在黄埔港的巧克力贸易/第五节 黄埔港的外资船舶修造业/第六章 南方大港的建设与日军对黄埔港的占领(1911年-1945年)/第一节 孙中山建设"南方大港"的设想/第二节 省港大罢工与建设"南方大港"的筹议/第三节 20世纪30年代的港口建设/第四节 日军占领后的黄埔港/第五节 港口对外贸易与管理制度/第七章 战后黄埔港的特殊运输地位(1945-1949年)/第一节 抗战胜利后的港口形势/第二节 港口管理机构的设置与港口建设/第三节 战后黄埔港的运输与外贸/第四节 港口装卸工人组织与工人迎接解放的护港斗争

书　　名　**黄守恭与海上丝绸之路学术研究文集**
责 任 者　福建省姓氏源流研究会黄氏委员会编
出 版 项　福州:福建省姓氏源流研究会黄氏委员会,2002.12
页　　码　389
分 类 号　K820.9
相关目录　黄氏族人与泉州开元寺/泉州紫云黄氏在海外文化交流中的作用/浅谈黄守恭与海上丝绸之路/泉州紫云黄氏始祖黄守恭/关于黄守恭舍宅建寺的传说/论黄守恭公之宏图大略/紫云黄氏同安房在海内外的分布初考/论泉州紫云派的祖源不属邵武/试论泉州"海上丝绸之路"文化遗产的重要价值/宋元泉州大港地位的形成/泉州"海上丝绸之路"的佐证/龙溪壶山黄氏源流及海上丝绸之路史迹考/海上丝绸之路的一颗明珠——旅菲侨领黄秀烺与古檗山庄/泉州黄氏乡亲在东南亚的著名华侨华人/安溪《参内二房黄氏族谱》华侨史料剖析/泉台铺景黄姓亲缘考略/跟随施琅统一台湾将领黄镐黄钟略考/漂洋过海开发台湾

书　　名　**徽州与粤海论稿**
责 任 者　叶显恩著
出 版 项　合肥:安徽大学出版社,2004.12
页　　码　447
内容提要　本书收录了《徽州和珠江三角洲宗法制比较研究》、《儒家传统文化与徽州商人》、《明中叶中国海上贸易与徽州海商》等论文。

书　　名　**回首鹿耳门:纪念郑成功复台三百三十三周年**
责 任 者　林文涨编
出 版 项　台中:泽伟出版社,1993.01
页　　码　160
分 类 号　K827 = 48
相关目录　郑成功登台与鹿耳门/一、台湾与中国之关系/二、荷兰人占领台湾/三、荷兰人与郑氏父子之贸易/四、郑成功攻台的历史背景/五、荷兰官方的失策/六、郑成功进军鹿耳门/七、北线尾岛大会战/八、改写台湾命运的鹿耳门沧桑史/九、郑成功登陆地点考证/十、鹿耳门天后宫与郑成功/北线尾岛遗事/一、热勿律非岛/二、军事战略重地/三、北线尾岛争夺战/四、鹿耳门屿之误/台江风云话沧桑/鹿耳门天后宫的一页历史/郑成功复台登陆地点考证获定论/一、纷争的动机与经过内幕/二、各依据史料及其成果

书　　名　**回族航海家郑和与海上丝绸之路**
责 任 者　樊保良
出 版 项　西宁:青海人民出版社,1994
页　　码　293

书　　名　**货殖:商业与市场研究,第3辑**
责 任 者　中国商业史学会编
出 版 项　中国财政经济出版社,1999
页　　码　758
书　　号　7 - 5005 - 3988 - 6
分 类 号　F7 - 53
相关目录　论清代漕运对商品经济发展的影响/外贸史研究/浅析宋代海外贸易空前繁荣的诸因素/康雍乾时期的对日贸易/海外华商/陶朱公商训与海外华商伦理文化的勃兴/论海外华商的人文精神/论海外宁波帮企业家的素质/香港商业与商人

书　　名　**吉林航运史(中国水运史丛书)**
责 任 者　《吉林航运史》编委会编
出 版 项　北京:人民交通出版社,1999
页　　码　273
书　　号　7 - 114 - 03102 - 5
分 类 号　F552.9
相关目录　第一章 水运溯源(公元1368年前)/第一节 东北航运的起源/第二节 乙力支出使北魏的贡道/第三节 渤海国的水运/一、渤海与唐五朝的交通/二、渤海与日本的水路联系/第四节 辽金元时期的水运/一、辽代的春捺钵活动/二、金朝的水运活动/三、元代征日本的东北水运/第二章 明代的水运事业(公元1368年—公元1643年)/第一节 亦失哈十下奴儿干都司/第二节 努尔哈赤征乌拉之役的水上运输/第三节 明代的吉林船厂/一、明代吉林船厂的地理位置/二、刘清三抵吉林制造船舰/第三章 清代水运的发展(公元1644年—公元1839年)/第一节 雅克萨反击战前的水运/一、康熙皇帝松花江"放船"/二、规模宏大的水陆联运/三、雅克萨反击战中的水师/第二节 清代的吉林船厂/一、抗俄船舰的制造基地/二吉

林船厂遗址考/第三节 打牲乌拉采捕东珠贡品活动中的水运/第四节 生产和经济活动中的水运/第四章 清代松花江航权的交涉(公元1840年—1911年)/第一节 义和团水上抗击俄军/第二节 松花江航权的丧失与收回/一、松花江权问题的提出/二、修筑东清铁路时期俄国染指松花江流域/三、签订《松花江行船章程》与俄轮在该江的营运/第五章 清末和民国初期的航运业(1866年—1930年)/第一节 吉林官轮局/第二节 图长航业公司/第三节 扶余县利国航运公司/第四节 戊通航业股份有限公司/第五节 东北航务局与松黑两江邮船局/一、东北航务局/二、松黑两江邮船局/第六章 东北沦陷时期的航运(1931年—1945年)/第一节 东北沦陷后的航运状况/第二节 松花湖的导航设施/第三节 海员工人的苦难生活及其斗争/第七章 解放战争时期的水运(1946年—1948年)/第一节 国民党统治区水运的萎缩/第二节 对私营航业的社会主义改造/第三节 导航设施与管理/第四节 典型事故及其处理

内容提要 吉林是中国航运较早的地区之一,本书以较丰实的资料,充分展示了吉林航运从远古萌芽到今日繁荣的整个历程,总结了这一历史发展过程的经验,为今后航运事业发展提供了历史借鉴。

书　　名 **纪念北洋海军成军一百周年:刘公岛**

出 版 项 烟台:山东省出版总社烟台分社,1988.07

页　　码 101

分 类 号 K295.23

相关目录 历史沿革/自然风貌/名胜古迹/北洋海军提督署/海龙王庙/丁汝昌寓所/威海海军学校/铁码头/炮台/刘公塑像/龙柏树/伪海军起义旧址/望海楼遗址/英国监狱/基督教堂/钓鱼台/刘公祠/北洋海军忠魂碑/战国遗址/环岛路景点/抵御倭寇/北洋海军成军/中日甲午威海之战/英国租借威海卫/伪海军起义/收复刘公岛/人物简介/丁汝昌/邓世昌/刘步蟾/林永升/张文宣/杨用霖/林泰/曾方伯谦/王国成/汉纳根/诗词题咏/忆环翠楼望刘公岛/刘公岛/日岛海市/威海绝句六首(摘选)/东浦渔灯/日岛海市/山楼初旭/闲适/胶东漫游杂吟(摘选)/观捕鱼短歌/刘公岛旧廨吊忠/望岛景贤/步陈实铭先生七绝一首/民谣二首/沁园春 刘公岛辛酉秋/七律/刘公岛 调寄南歌子/沁园春 登刘公岛谒刘公祠/海龙王庙戏楼楹联/丁汝昌德政碑碑文/张文宣德政碑碑文/王正廷题词/费新我题词/万里题词/胡启立题词/海岛习俗

书　　名 **纪念梁方仲教授学术讨论会文集(中山大学学术丛书)**

责 任 者 汤明沭,黄启臣主编

出 版 项 中山大学出版社,1990.06

页　　码 421

书　　号 7-306-00283-X

分 类 号 K825.4

相关目录 清道光改革漕制议——江南农村经济变化漕运体制矛盾 加剧与议行改制(李文治)/论康熙时期从海禁到开海政策的演变(韦庆远)/明清徽商心理研究(唐力行)/外国资本主义侵夺粤海关主权的历史考察(戴和)

书　　名 **纪念魏源诞辰二百周年国际学术研讨会:论文提要集**

责 任 者 纪念魏源诞辰200周年国际学术研讨会学术组

出 版 项 1994.09

页　　码 206

相关目录 "师夷"与"制夷"(谢本书)/《海国图志·筹海篇》研究(方早成)/《海国图志·筹海篇》体现出来的近代意识(高虹)/从《海国图志》看魏源的中西文化观(许增纮)/《海国图志》海防思想研究

(刘爱文)/《海国图志》与晚清国防近代化(施渡桥)/《海国图志》与中国军事近代化的发端(梁义群)/论《海国图志》对英美的研究(闵锐武)/《海国图志》与洋务运动(徐松荣)/论《海国图志》在近代中外文化交流史上的地位(刘圣宜)/《海国图志》与日本明治维新[日本](容应萸)/《海国图志》的地理学价值(孙关龙)/魏源《海国图志》源流考[俄罗斯](傅乐吉)/试论《海国图志》与先前两家海书的写作旨趣(王宏宾)/《海国图志》征引西书考释(熊月之)/"师夷长技以制夷"的时代意义及其影响(廖一中)/从《海国图志》看魏源的海防思想(陈杨桂)/论魏源的"制夷日"战略与策略(宫云仟)/魏源与李鸿章的"师夷"、"制夷"思想比较(王承仁,吴宝晓)/浅析魏源"师夷长技以制夷"的思想(成晓军)

书　　名　**纪念郑和下西洋六百周年丛书**
责 任 者　江苏省郑和下西洋600周年纪念活动筹备领导小组编
出 版 项　上海:上海书店出版社,2005

书　　名　**济宁运河文化**
责 任 者　山东省济宁市政协文史资料委员会编
出 版 项　北京:中国文史出版社,2000.10
页　　码　447
书　　号　7-5034-1096-5
分 类 号　K295.24
相关目录　第一章 京杭运河贯济宁/第一节 济宁地理水系的历史概貌/第二节 济宁运河的形成/第三节 明清治运业绩/第四节 历代治运主要工程/第五节 运河航政管理/第二章 融南汇北主中枢/第一节 黄金水道/第二节 济宁中枢/第三节 开放交流/第六章 治运名人与总督/第一节 治运名人谱/第二节 清代济宁"河道总督衙门"及总督/第七章 南北交汇融民风/第一节 运河民俗与本土风俗的交融/第二节 因河而兴的习俗

书　　名　**暨南大学宋元明清史论集**
责 任 者　暨南大学中国文化史籍研究所等编
出 版 项　暨南大学出版社,1997
页　　码　588
分 类 号　K24-53
相关目录　伊本·白图泰眼里的中国穆斯林/论妥怀贴睦尔/马明达:金代书画家任询考/元代三皇庙学考/林远辉:宋元时期中国与马来西亚、新加坡关系的发展与华侨/元代中国和东南亚各国的关系/汤开建:中葡关系的起点:上下川岛——Tamao新考/略论澳门文化的属性与特征/澳门诸名刍议/明代南澳史事初探/张廷茂:明清时期澳门海上贸易的发展及其历史作用/明清澳门海上贸易史研究的回顾与设想/李龙潜:明代钞关制度述评/鲍彦邦:明代漕粮折色的派征方式

书　　名　**嘉靖御倭江浙主客军考**
责 任 者　黎光明著
出 版 项　燕京大学哈佛燕京学社,1933
页　　码　172
分 类 号　K248.205
相关目录　上编/因沿海卫所之军腐败/故不能不调客军御倭/当日调到客军之概况/客军统制方法之

建议/客军扰害之一班/停止调兵之时论/团练乡兵之办法与成效/军饷之筹支与办理之人物/下编/(一)狼兵/(三)北方兵/(四)南方兵/(六)水军

内容提要 明嘉靖年间倭寇侵我江浙海疆、扰害甚重,而江浙守军腐败,无力抗倭,故不得不容请他军御寇。作者广采《明史》、《明实录》及沿海一带地方志,详考嘉靖三十四年至四十年间御倭江浙主客军的情况。全书分上下两编。上编叙述主军腐败、调遣客军概况、客军的扰害、调停时间等。下编将客军依次排列,详加阐述。序言中列有嘉靖三十年至四十年的中、日、西历及甲子对照表两个。

书　　名 甲午海将方伯谦

责 任 者 王宜林著

出 版 项 福州:海潮出版社,1997

页　　码 299

书　　号 7-80054-867-8

分 类 号 K825.2

相关目录 第一章 马尾船政后学堂生/第二章 任扬武号练船管带/第三章 选派英国海军深造/第四章 督建旅顺威远炮台/第五章 升任中军左营副将/第六章 上书防倭备战策略/第七章 丰岛海战初展雄风/第八章 黄海勇战吉野编队/第九章 李鸿章谋害方伯谦/第十章 蒙冤百年今朝昭雪/附录/一、《益年堂谱》方伯谦遗作/二、《卢氏甲午前后杂记》卢毓英遗作/三、《冤海述闻》何广成遗作/四、"海军世家"名录 王彦撰文/五、方莹将军传 方俪祥撰文

书　　名 甲午海战

责 任 者 乔洪明著

出 版 项 北京:中国文史出版社,2007.03

页　　码 266

书　　号 7-5034-1932-6

分 类 号 K256.306

相关目录 甲午海战始末/甲午海战之前事后情/清末海军纪事/甲午英雄传略/甲午海战北洋英烈名录/附:刘公岛史话

内容提要 本书从6个方面揭示了这场战斗的全过程,包括甲午海战始末、甲午英雄谱、甲午海战之前事后情、北洋海军详情、清末海军纪事、北洋将士阵亡名录,具有重要的史料价值。

书　　名 甲午海战与中国海防:纪念甲午海战一百周年学术研讨会论文集

责 任 者 海军军事学术研究所,中国军事科学学会办公室主编

出 版 项 北京:解放军出版社,1995

页　　码 491

书　　号 7-5065-2668-9

分 类 号 K256.307

相关目录 甲午海战若干经验教训与现代海防的思考 赵国钧/甲午海战失败的军事原因及主要教训 范豫康/试论甲午海战与中国海防建设的历史规律 东海舰队/从甲午海战失败谈海军建设和作战指导应处理好的几个关系 张进宝/从甲午海战谈我国海军的发展 霍小勇,胡钢锋/中日甲午海战历史教训的思考 赵承春/甲午战争与晚清海防方略 苏读史/李鸿章海防战略思想刍议 张炜/李鸿章海防思想与晚清变局 刘申宁/李鸿章的海军威慑思想及其对甲午海战的影响 苏小东/北洋舰队1891年对日本的访问及其影

响/晚清近代海防意识与甲午海战的失败 赵国通/浅议战前谋势对甲午海战的影响 张东,罗小威/甲午战争中的北洋海军 杨志本/甲午战争和中国海军的近代化 史滇生/甲午海战前中日近代海军舰船建设的对比和启示 郑明,张治菁/甲午海战与中国北洋海军后勤保障研究 张瑞泉,宋一鸣/甲午海战中北洋海军舰艇技术保障的主要经验教训 左森/甲午海战与中国近代军港建设 时平/威海粮台对甲午战争初期"海守陆攻"战略的影响 朱少军/从甲午海战看船政学堂培养人才的得失 李洛荣/清末海军管理与甲午海战的失败 杜作义,王安森/湘、淮派系因素与晚清海军、海防 董丛林/略谈甲午战争中的海军使用问题 张一文/晚清海战理论与甲午海战 皮明勇/论甲午战争中清廷海陆作战方略的失误 刘庆/李鸿章甲午海战作战指导方针探析 季云飞/从北洋舰队在中日甲午战争中的运用看中国海军的战略地位 施门松/甲午海战战役战术问题研究 陈伟文,曾繁寿/甲午海战清军战略战术评析 杨跃/中日甲午黄海海战是世界近代化舰队的首次海战 骆地

书　　名　**甲午海战与中国近代海军**
责 任 者　张炜主编
出 版 项　北京:中国社会科学出版社,1990. 09
页　　码　364
书　　号　7-5004-0864-1
分 类 号　E296. 53
相关目录　甲午海战研究对海军建设的重要意义(代序)(张序三)/中日甲午海战的历史教训(范豫康)/晚清海军建设与甲午海战(戚其章)/从甲午海战北洋海军的覆没看中华海权思想(杨志本,许华)/近代中国海权意识淡薄的历史反思(史滇生,张仁善)/李鸿章的海防指导思想与甲午海战(王楚良,施渡桥)/清末海洋观与海军建设(李国华)/近代中国海军发展的历史沉思(姜鸣)/甲午海战与晚清海防战略战术(刘庆)/略论甲午战争中清廷的"海守陆攻"战略方针(赵克舜)/试论中日发展近代海军的战略意识及其对甲午海战的影响(张炜)/中日甲午战争中两国海军战略比较(丁海涛,黄荣泉)/甲午海战与晚清海军管理(皮明勇)/清廷之赏罚与甲午海战(关捷)/"私属性"流弊与北洋海军的败灭(董丛林)/清政府创办近代海军的动机与甲午海战的失败(王振华,何文贵)/中日甲午海战与北洋舰队军官人才的培养(骆地)/近代中国海军教育与甲午海战(高翠莲)/北洋舰队官兵素质与甲午海战(马骏杰,苏小东)/论甲午"高升"号事件(孙克复,孙放)/甲午海战中北洋海军覆灭问题新探(杨志本,许华)/试论北洋舰队在黄海海战后的战略防御(苏小东)/避战保船责何人——兼论甲午海战中的丁汝昌(廖宗麟)/论李鸿章经营旅顺口的错误及对中日战争的消极影响(刘志坚)

书　　名　**甲午战争:下册(盛怀宝档案资料选辑)**
责 任 者　陈旭麓等主编;齐国华,季平子编
出 版 项　上海:上海人民出版社,1982
页　　码　664
书　　号　11074·494
分 类 号　K256. 306. 3: K256. 36
内容提要　本书由陈旭麓与顾廷龙、汪熙主编:本册集中反映了清政府对甲午战争的态度、部队的纪律和在甲五战争中所表现的真实情况,及战争失败后俄国政府的态度和中日谈判的情况等。

书　　名　**甲午战争百年祭**
责 任 者　丛笑难著

出 版 项　华夏出版社,1994.06

页　　码　243

书　　号　7－5080－0387－X

分 类 号　K256.307

相关目录　第一章 中华帝国的衰落/第一节 盛极而衰的清王朝和西方列强的东侵/第二节 闭关锁国挡不住洋人的坚船利炮/第二章 岛国日本的崛起/第一节 历史厄运降临旭日之国/第二节 推翻封建统治“倒幕”获胜/第三节“明治维新”改革的成功/第四节“富国强兵”与武装侵台/第三章 战争的起因和准备/第一节 蓄谋日久的日本“征韩”阴谋/第二节 日本的侵华战争准备/第三节 中国的练兵和海防建设/第四节 是谁点燃了战争的导火索/第四章 战争的爆发和经过/第一节 丰岛、成欢不宣而战/第二节 平壤攻防战和清军的溃败/第三节 争夺制海权的黄海大海战/第四节 突破鸭绿江防和攻占旅顺口/第五节 威海卫失守和北洋水师的覆灭/第六节 踏雪卧冰战辽东/第五章 中日两国议和签约/第一节 清廷求和与广岛拒使/第二节 重开谈判但不停战/第三节 澎湖列岛战火又起/第四节 马关受辱被迫签约/第五节 俄德法联合干涉还辽/第六节 拒约与换约之争和“公车上书”/第七节 心向祖国誓死保台/第六章 百年后的历史再思考/第一节 维新改革者胜 腐败守旧者败/第二节 两军对战论得失/第三节 战后中日国力的消长/第四节 山河破碎勿忘瓜分狂潮/结束语 重温历史教训 珍惜中日友好/附录一、甲午战争大事记

内容提要　本书论述了甲午战争的酝酿、发生、结果及其对历史的影响。

书　　名　**甲午战争的和战之争(中国甲午战争博物馆学术丛书·勿忘甲午丛书)**

责 任 者　孙占元等著

出 版 项　天津:天津古籍出版社,2004.08

页　　码　198

书　　号　7－80696－090－2

分 类 号　K256.307

相关目录　第一章 海防之议与清政府备战/一、从日本侵台谈起/二、清政府筹议海防/三、在北洋精练水师/第二章 战局日蹙与外交斡旋/一、日军借机侵朝/二、列强调停/三、中日谈判/第三章 帝党后党与主战主和/一、帝党后党的衍起和矛盾/二、帝党后党的对峙和甲午战前的主战主和/三、帝党主战与后党主和/第四章 日本侵华与中国宣战/一、日本发动侵华战争的阴谋/二、日本悍然发动侵华战争/三、中国宣战与战争进程/第五章 甲午战败与马关议和/一、甲午战败与广岛拒使/二、马关议和/三、烟台换约与三国干涉“还辽”/第六章 官员谏诤与公车上书/一、风起云涌谏诤潮/二、举人士子上书忙/第七章 反对割台和再议海防/一、举国上下保台湾/二、战后再起海防议

内容提要　本书作者参考了史学界有关甲午战争研究的成果,以新的视角指出甲午战争和战之争同日、美、法等国的政局密切相关、与近代海防和北洋海军的兴衰相关联。

书　　名　**甲午战争史**

责 任 者　戚其章著

出 版 项　北京:人民出版社,1990.09

页　　码　596

书　　号　7－01－000735－7

分 类 号　K256.2

相关目录　第二章 甲午战争的爆发/第一节 丰岛海战/第三章 中日陆海决战/第二节 黄海海战/第四章 日本扩大侵略战争和辽东战役/第一节 鸭绿江防之战/第五章 日军侵犯山东半岛与北洋舰队覆灭/

第一节 德璀琳东渡/第四节 北洋舰队的覆没/第六章 马关议和与三国干涉还辽/第七章 日本割占台湾与台湾军民的反割台武装斗争/结束语 甲午战争的结局及其影响

书　　名 **甲午战争史**
责 任 者 戚其章著
出 版 项 上海:上海人民出版社,2005
页　　码 514
书　　号 7-208-05691-9
分 类 号 K256.306
相关目录 第二章 甲午战争的爆发/第一节 丰岛海战/一、清军增援牙山/二、日本海军准备袭击北洋舰队/三、不宣而战/四、济远和广乙的抵抗/五、操江被掳和高升之沉/第二节 成欢之战/一、日军进犯牙山/二、安城渡伏击战/三、激战成欢驿/第三节 中日正式宣战/第三章 中日陆海决战/第一节 平壤之战/一、四大军入朝/二、平壤的防御/三、日军分兵合攻平壤/四、船桥里挫敌/五、坚守普通江/六、玄武门外的战斗/七、雨夜溃奔/八、日本的军事冒险与清军平壤之溃退/第二节 黄海海战/一、北洋舰队护航大东沟/二、两军相接——海战的序幕/三、勇冲敌阵——海战的第一阶段/四、背腹受敌——海战的第二阶段/五、力挽危局——海战的第三阶段/六、转败为功——海战的第四阶段/七、北洋海军将领对黄海海战的检讨/第四章 日本扩大侵略战争和辽东战役/第一节 鸭绿江防之战/一、鸭绿江岸清军布防/二、日军攻占安平河口/三、虎山激战/四、清军鸭绿江防全线崩溃/第五章 日军侵犯山东半岛与北洋舰队覆灭/第一节 德璀琳东渡/第二节 日军进犯山东半岛/一、威海卫的军事地位和防务/二、威海卫的后路防御/三、日本组建“山东作战军”和进行威海卫作战准备/四、日军登陆荣成湾和荣成失守/第三节 威海卫之战/一、白马河前哨战/二、南帮炮台争夺战/三、南帮炮台外围战斗和北帮炮台弃守/第四节 北洋舰队的覆没/一、刘公岛保卫战/二、孤岛援绝与《威海降约》的订立
内容提要 本书史料渊富,考订精严,对于中日甲午战争发生经过之叙述十分详尽,是了解战争如何发生的最好参考资料。

书　　名 **甲午战争与近代中国和世界:甲午战争一百周年国际学术讨论会文集**
责 任 者 戚其章,王如绘主编
出 版 项 北京:人民出版社,1995
页　　码 1198
书　　号 7-01-002217-8
分 类 号 K256.3
相关目录 海防之议与甲午战争/读邵作舟与胡传论台湾海防书/甲午战争与晚清海防方略/晚清海战理论及其对甲午海战的影响/李鸿章海防战略思想刍议/甲午战争和中国海军的近代化/法人白劳易与日本海军三景舰的建造/中日甲午战争之开战与“陆奥外交”/甲午海战挫败的几点反思/论甲午黄海海战方伯谦先逃问题/甲午年徐建寅奉旨查验北洋海军考探/麦吉芬与中国海军

书　　名 **甲午战争在威海(中国甲午战争博物馆学术丛书“勿忘甲午”丛书)**
责 任 者 戚海莹著
出 版 项 天津:天津古籍出版社,2004.07
页　　码 247
书　　号 7-80696-090-2

分 类 号 K256.306

相关目录 第一章 日本蓄谋发动甲午侵略战争/一、战前的形势与中日军事力量状况/二、日本的对外扩张/三、日本挑起甲午战争/四、中日陆海决战/五、北洋舰队旅顺基地陷落/第二章 威海卫的军事地位和防务/一、北洋海军的基地——威海卫/二、威海卫军港的海上防务/三、威海卫后路的防御/四、清政府加强海军计划的失败/五、陆海主将不和与筹防之争/第三章 日本对威海卫的作战准备/一、战前的日谍活动/二、监视北洋舰队行踪与扰袭威海港/三、组建"山东作战军"/第四章 日军进犯山东半岛/一、日军登陆龙须岛/二、荣成失陷/三、白马河前哨战/四、威海卫南路的战斗/第五章 乙未威海卫之战/一、南帮陆路炮台争夺战/二、南帮海岸炮台的战斗/三、杨家滩突围/四、激战孙家滩/五、卫城之陷与北帮炮台弃守/六、日本侵略军的暴行/第六章 刘公岛保卫战/一、日军强攻刘公岛/二、中国鱼雷艇队之逃/三、岛舰官兵的苦战/四、孤岛援绝与丁汝昌之死/五、《威海降约》的订立/第七章 战后日军对威海的三年占领/一、日军进驻占领区/二、日军对军事占领区的划定/三、日本占领军撤离威海/附录 采访人名录

内容提要 本书聚焦于甲午战争中重要的威海卫之战，深入分析了日本蓄意发动甲午侵华战争的历史状况，以及清海军奋力抗击倭寇的战争史料。

书　　名 **甲午中日海战(中国甲午战争博物馆学术丛书"勿忘甲午"丛书)**

责 任 者 苏小东著

出 版 项 天津：天津古籍出版社，2004.09

页　　码 191

书　　号 7-80696-090-2

分 类 号 K256.307

相关目录 第一章 战前的竞争与较量/一、日本侵台事件对中日海军建设的影响/二、中日海军在朝鲜的初步较量/三、中日海军实力的消长/第二章 丰岛海战揭开甲午战争的序幕/一、甲午战争的导火线/二、不宣而战的海上袭击/第三章 中日海军主力决战/一、争夺制海权与保船制敌/二、中日海军狭路相逢/三、黄海大海战/四、黄海海战评析/第四章 旅顺、大连之役与北洋海军/一、一蹶不振的战后休整/二、北洋海军弃守旅顺口/第五章 威海卫之战与北洋海军的覆没/一、重蹈覆辙的威海卫之防/二、威海卫保卫战/三、北洋海军的覆没

内容提要 本书从军事角度论述了中日甲午战争中三次海战的起因、经过及其成败得失，尤其对黄海海战作了全新的评析。

书　　名 **甲午中日海战史**

责 任 者 孙克复，关捷编

出 版 项 黑龙江人民出版社，1981

页　　码 244

分 类 号 K256.3

相关目录 第一章 甲午战争前的中日海军/第一节 中国海军的创立与发展/一、清政府筹建海军/二、北洋舰队的成军/三、战前的中国海军/第二节 日本海军的建立与扩充/第二章 甲午战争前的中日关系/第一节 战前的远东局势和日本的侵略政策/第二节 日本对华战争准备/第三节 腐朽妥协的清政府/第四节 日本帝国主义的战争挑衅/一、"东学道"起义和清军赴朝/二、日本蓄意挑起战争/第三章 丰岛海战/第一节 丰岛海战前中日海军的态势/一、日本海军的疯狂备战和偷袭准备/二、李鸿章妥协路线束缚下的北洋舰队/第二节 甲午中日战争的序幕——丰岛海战/一、日本海军发动突然袭击/二、济远、广乙的奋勇抵抗/三、清军宁死不屈和高升轮被击沉/第三节 丰岛海战失败的原因和影响/第四章 黄海大海战/第一

节 甲午战争爆发后的中日海军/一、黄海海战前的战争形势/二、日本海军的“聚歼清国舰队于黄海”计划和李鸿章的“避战保船”方针/三、北洋舰队的护航与日本海军的寻衅/第二节 中日海军的主力决战——黄海大海战/一、黄海海战的爆发/二、海战第一阶段——北洋舰队的奋勇抗敌/三、海战第二阶段——北洋舰队的战斗失利/四、海战第三阶段＋北洋舰队的坚持战斗/第三节 黄海海战的结局/一、中日双方海军的损失/二、北洋舰队海战失利的原因/三、黄海海战的影响/第五章 威海卫保卫战/第一节 黄海海战后的中日战局/一、清军陆路战场的溃败/二、清政府的议降活动和日本的新侵略方针/第二节 威海卫防御战/一、日军登陆荣城湾/二、威海卫的清军防务/三、南岸陆路炮台的攻防战/四、南帮海岸炮台的守卫战/第三节 北洋舰队的坚持抵抗/一、坚守刘公岛/二、北洋舰队的最后苦斗/三、宁死不降的爱国将领/四、北洋舰队的覆灭/附录一、甲午中日海战史记事

书 名 甲午中日战争史论集
责任者 孙克复
出版项 沈阳:辽宁大学出版社
页 码 61
分类号 K256.3
相关目录 甲午战争史研究刍议/甲午丰岛海战始末/甲午成欢之战/甲午平壤之战/甲午黄海海战北洋舰队失败的原因/中日甲午黄海海战失败原因初探/试论甲午鸭绿江防之战/论中日甲午旅顺口之役/论甲午盖平保卫战/甲午清军五复海城述略/论甲午牛庄之战/甲午战争期间东北山东人民自发抗日斗争述略/应该正确评价刘步蟾/再论应该正确评价刘步蟾/丁汝昌与甲午中日战争/左宝贵与甲午平壤之战/永山——青年爱国将领/论丁汝昌/近代反帝爱国将领——永山、寿山/依克唐阿与甲午战争/浅谈甲午战争中的光绪皇帝/方伯谦正法是否冤案/应该正确评价北洋海军/美国在中日甲午战争中玩弄的和平骗局/甲午战争海战中的几个问题/甲午黄海海战北洋舰队阵形考/甲午牛庄之败原因考辨/甲午战争史杂考(一)姚锡光《东方兵事纪略》考疑/甲午战争史杂考(二)《冤海述闻·大东沟战事纪实》考略/甲午战争史杂考(三)聂士成《东征日记》辨证/三国干涉还辽与国际外交/甲午中日战争的一则史料——介绍《大清敕建锦州毅君昭忠祠碑记》/甲午乙未殉国人物传略/栾述善:《楚囚逸史》译介

书 名 简明广东史
责任者 蒋祖缘,方志钦主编
出版项 广州:广东人民出版社,1987.11
页 码 830
书 号 7-218-00042-8
分类号 K296.5
相关目录 第五章 隋唐五代粤北粤西的开发/第二节 海上交通和对外贸易/第六章 宋元广东封建统治的加强/第四节 宋代商业和航运的进步/第七章 明代广东布政使司的设置和社会经济的迅猛发展/第五节 城市商业的繁荣和商舶贸易在曲折中发展/第八章 清代鸦片战争前的广东社会和资本主义萌芽的缓慢发展/第六节 粤海关的设立与对外贸易

书 名 简明广东史(岭南文库)
责任者 蒋祖缘,方志钦主编
出版项 广州:广东人民出版社,1993.07
页 码 927

分 类 号 K296.5

相关目录 第四章 秦至南朝广东郡县制的推广和封建经济文化的逐步发展/第一节 秦汉时期南海诸郡的建制/一、秦统一岭南与南海诸郡的首置/二、赵佗的立国和南越王的统治/三、南越的回归和儋耳、珠崖诸郡的设立/第二节 汉越两族的“杂处”和封建经济的初步发展/一、“与越杂处”的中原人民/二、密林深谷的开辟和铁器牛耕的使用/三、赋税的开始征收/四、番禺的工商业和徐闻、合浦的海外交通/第三节 六朝时期广州政局的演变、广州同东南沿海地区联系的加强/一、东吴首置广州/二、东晋卢循起义军进驻广州/三、高要太守陈霸先北伐侯景/第四节 汉越两族的进一步整合和封建经济的继续扩展/一、中原人民的南渡/二、六朝统治溪洞越人的政策/三、冼夫人“和辑百越”和汉越民族的融合/四、巨姓豪门势力的抬头/第五节 秦至南朝的文化/一、学校的开始建立和经学家陈元、士燮/二、《异物志》和《交广春秋》/三、罗浮山和葛洪炼丹/四、外国僧人与早期的佛寺/第五章 隋五代粤北粤西的开发广州对外贸易的发展/第二节 海上交通和对外贸易/一、粤东沿海交通渐趋活跃/二、广州市舶使和对外贸易/第六章 宋元广东封建统治的加强和经济文化的发展/第四节 宋代商业和航运的进步/一、城镇建设/二、水陆交通和商业/三、市舶贸易和“住唐”的外国人/第五节 元代对广东诸道的统治/一、崖山行朝的覆灭和广东诸道的建立/二、广州路的市舶贸易、城乡交通和堤围/三、海北海南道的进一步开发的经济发展不平衡的黎族社会/第七章 明代广东布政使司的设置和社会经济的迅猛发展/第四节 手工业生产的高度发展/四、造船业/第五节 声调商业的繁荣和商船贸易在曲折中发展/一、商路/二、广州的商业/三、城镇的兴起和圩市的发展/四、贡船贸易与商舶贸易/五、海盗与海禁的解除/第七节 反对西方早期殖民者的斗争/一、葡萄牙租占澳门/二、西班牙、荷兰、英国的侵扰活动/第八章 清代鸦片战争前的广东社会和资本主义萌芽的缓慢发展/第二节 复界与削藩的统治措施和南海诸岛的开发/二、“禁海”、“迁界”与复界/五、南海诸岛的开发/第六节 粤海关的设立与对外贸易/一、粤海关的设立和独口对外通商/二、独占对外贸易的“十三行”/三、对外贸易的发达/四、华人出国/第九章 广东半殖民地半封建化的开始和人民的抗争/第一节 林则徐与虎门销烟/二、鸦片战争前广东的对外关系和鸦片走私/第二节 英军入侵与广东军民抗英/沙角、大角、虎门之战和所谓《穿鼻草约》/第四节 反抗英法联军的侵略/一、“亚罗”号事件和广州被占

书　　名 **简明中国古代史:第4版**

责 任 者 张传玺主编

出 版 项 北京:北京大学出版社,2007

页　　码 656

分 类 号 K22

相关目录 第三章 西周 春秋 战国/第三节 战国/二、封建地主经济的发展/3. 造船业/第四章 秦汉/第一节 秦朝/三、经略边疆/统一两越,开通灵渠/第二节 西汉/3. 陆路与海外交通/第三节 东汉/3. 陆路与海外交通/第五章 魏晋南北朝/经济与海外交通/第二节 东晋 南朝/南朝社会经济的发展/2. 造船业/3. 海外贸易/第六章 隋唐五代/第一节 隋朝/二、社会经济的发展/2. 手工业/造船业/第二节 唐朝/五、唐前期社会经济的发展/3. 商业与交通/国外交通/第七章 宋 辽 金 元/第一节 北宋 辽 西夏/五、北宋社会经济的发展/2. 造船业/3. 海外贸易/第二节 南宋 金/三、南宋的社会经济/2. 造船业/3. 海外贸易/第三节 元朝/三、社会经济的发展/3. 海外贸易/4. 运河与海运/开通大运河/海运/四、中外关系/第八章 明清(鸦片战争前)/第一节 明朝/七 明朝的对外关系/1. 郑和下西洋/2. 倭寇之患/3. 援朝抗日/4. 西方殖民者的入侵/第二节 清朝(鸦片战争前)/一、清帝入主中原/2. 各种抗清势力/郑成功抗清及收复台湾/二、统一的多民族国家的巩固与发展/2. 统一台湾/三、奠定疆域/七、西方资本主义国家的侵略和中国人民的反侵略斗争/1. 天主教会的侵略活动和清政府禁止传教/2. 英、美等国的对华贸易和清政府的闭关政策/3. 英国罪恶的鸦片贸易

书　　名　简明中国伊斯兰教史

责 任 者　马平主编

出 版 项　银川:宁夏人民出版社,2006

页　　码　306

书　　号　7-227-03256-6

分 类 号　B969.2

相关目录　第二章 宋代伊斯兰教/第一节 宋代穆斯林的来华贸易/一、海上丝绸之路的开辟/二、穆斯林的来华贸易/三、著名的穆斯林商人/第二节 穆斯林经济与国家的经济命脉/一、宋朝为吸引穆斯林商人来华贸易所制定的政策和举措/二、宋朝的繁荣与国家经济的增长/三、宋代的造船业与对外贸易

书　　名　剑与火的海洋(海洋新知丛书)

责 任 者　张泽南等著

出 版 项　北京:海洋出版社,2001

页　　码　293

书　　号　7-5027-5414-8

分 类 号　E19-49

相关目录　第一章 木桨帆船间的火拼/一、中国最早的海战/二、西西里岛之战/三、羊河海战——雅典海军的覆灭/四、"商议的时间已经过去,战斗的时刻来了"/第二章 风帆战船争夺海上霸权/一、"无敌舰队"的覆灭/二、抗日露梁海战/三、"海上马车夫"的衰落/四、单臂独眼名将纳尔逊/第三章 铁甲炮舰间的战争/一、给战船装上铁甲/二、马汉与美国海军/三、"山姆大叔"从海战中崛起/四、甲午海战——清政府的悲剧/五、对马海战——东乡平八郎的杰作/第四章 第一次世界大战的海上战场/一、"U19"——德国海军的骄傲/二、达达尼尔之战——两栖登陆开先河/三、"神秘之船"——Q/四、日德兰大海战——德国公海舰队的末日/第五章 第二次世界大战的海上战场/第六章 当今海战启示录/第七章 预言未来新海战

内容提要　北京科普创作出版专项资金资助:海战作为战争的主要形式,已经成为人类历史的一部分。本书介绍了木桨帆船间的火拼、风帆战船争夺海上霸权、铁甲炮舰间的战争、第一次世界大战的海上战场、当今海战启示录等内容。

书　　名　舰船的故事

责 任 者　素平,李国典编著

出 版 项　济南:山东科学技术出版社,1999

页　　码　301

书　　号　7-5331-2363-8

分 类 号　U674-49

相关目录　初涉舰船世界/一、舰船的发展/二、舰船的种类/三、舰船的性能/蓬勃发展的民用船舶/一、移动的水上城市——客船/二、海洋运输主力——集装箱船/三、海洋捕捞工具——渔船/四、开发海洋的先导——海洋调查船/五、两栖航行的船——气垫船/六、冰海先锋——破冰船/军用舰船世界初探/一、军用舰船的结构/二、军用舰船的动力装置/三、军用舰船的主要设备/四、军用舰船的武器装备/五、面向21世纪的军用舰船/当代军用舰船大观/一、海上霸主——航空母舰/二、"巨舰大炮"——战列舰/三、海上杀手——巡洋舰/四、海上多面手——驱逐舰/五、海上卫士——护卫舰/六、水中铁鲸——潜艇/七、针锋相对——水雷战舰艇/八、海上轻骑——军用快艇/九、海上后勤——辅助舰船/世界主要国家的海上力量/五、咄咄逼人的日本海上自卫队/六、稳中求进的印度海军/七、引人注目的泰国皇家海军/八、不容忽视的

越南海军/海战中的军舰/一、三百年前中国木帆船舰队的骄傲/二、可歌可泣的中国最早的铁甲舰队/三、规模最大的坚甲巨炮的对阵/四、最早采用“狼群”战术的破交战/五、规模最大的海上偷袭/六、规模最大的登陆作战/七、海战史上导弹艇的第一次“对话”/八、中国人民海军的首次对外作战/九、核潜艇初试“牛刀”/十、舰载机和精确制导武器显神威/十一、高科技海战武器的试验场/舰船世界骄子/四、邓世昌——中国近代海军的骄傲/世界重要港口和海军基地/一、珍珠港——美军在太平洋上最重要的海军基地/二、符拉迪沃斯托克——俄罗斯在太平洋上最大的海军基地/五、横须贺——日本主要海军基地/六、孟买——印度最大的海港/七、釜山港——韩国最大港口/八、金兰湾——越南南部重要海军基地/九、梭桃邑——泰国最大海军基地/十、苏比克湾——菲律宾的重要军港/十一、新加坡港——东南亚最大海港/十二、高雄港——我国台湾第一大港/十三、上海港——中国最大港口/十四、青岛港——中国北方重要港口/十五、香港港——世界著名自由良港/舰船世界经纬/一、军舰的地位和权力/二、军舰的礼让和礼节/三、海难及救助/舰船世界知识/一、舰船世界之最/二、舰船世界常识附表

书　　名　鉴湖水系与越地文明
责 任 者　王建华主编
出 版 项　北京:人民出版社,2008
页　　码　288
书　　号　978-7-01-006932-6
分 类 号　K928.43:K295.53
相关目录　第四章 鉴湖形成后对经济人文环境的重塑/一、晋会稽内史贺循开筑西陵运河与浙东运河的航运/(一)贺循开筑西陵运河/(二)浙东运河的水利和航运
内容提要　本书内容包括:史前时期越地的地理环境和古代文化的孕育、古鉴湖形成的地理因素、汉代马臻创建鉴湖奠定的物质文明、鉴湖形成后对经济人文环境的重塑等。

书　　名　鉴真东渡
责 任 者　许凤仪著
出 版 项　上海:上海人民出版社,2000
页　　码　336
书　　号　7-208-03534-2
分 类 号　I247.53:B949.92
相关目录　第一章 江淮高僧/第二章 应邀东渡/第三章 劣僧高密/第四章 荒岛遇救/第五章 后院起火/第六章 险象环生/第七章 祸不单行/第八章 终了夙愿/第九章 施展奇才/第十章 文化恩人/尾声 名垂千秋/附录/一、唐大和上东征传/二、唐扬州大云寺鉴真传/三、鉴真年谱
内容提要　本书记述了鉴真高僧的一生。主要包括:江淮高僧;应邀东渡;劣僧告密;荒岛遇救;后院起火;险象环生;祸不单行等。

书　　名　鉴真东渡
责 任 者　乐敏编著
出 版 项　北京:五洲传播出版社,2005.10
页　　码　146
书　　号　7-5085-0804-1
分 类 号　K203:K313.03

相关目录　第一章 鉴真东渡/一、鉴真出家/二、应邀东渡/三、六次东渡/四、东瀛弘法/五、文化思人/第二章 徐福渡海/一、古代中日之间的交通/二、史籍中的徐福渡海故事/三、归化人对传播中国文化的贡献/第三章 光武赐印/一、中日建交的佐证/二、弥生文化与秦汉文化/三、稻作文化与其他农业技术的东传/四、金属制造技术的东传/第四章 王仁传儒/一、儒家经典初传日本/二、早期日本儒学/三、儒家思想对日本政治的影响/第五章 空海入唐/一、求法弘法/二、文化贡献/三、假名文字和日本的汉字文化/四、遣隋史与大化改新/五、唐代的中日关系/第六章 荣西取茶/一、荣西与《吃茶养生记》/二、入唐日僧与"弘仁茶风"的形成/三、宋元茶礼与日本"唐式茶会"/四、明代中日茶文化交流与日本抹茶道的形成/五、长崎"唐人坊"与日本煎茶道的形成/第七章 宋学传日/一、儒学成为禅宗的附庸/二、儒学向地方普及/三、儒学的全盛和日本化/第八章 雪舟访明/一、世界级的艺术大师——雪舟等杨/二、飞鸟时代前的日本美术/三、日本佛教美术/四、平安时代后的日本美术/五、江户时代的日本美术/第九章 西学东渐/一、开眼看世界/二、汉译西书传东瀛/三、"千岁丸"上海之行/第十章 问道扶桑/一、中日间文化关系的逆转/二、中国人对日本的新认识/三、中国留日学生的派遣/四、留日学生与中国出版、文学界/五、留日学生与中国革命

内容提要　本书以鉴真东渡的历史为开端,包括鉴真东渡、徐福渡海、光武赐印、王仁传儒、空海入唐、荣西取茶、宋学传日、雪舟访明、西学东渐、问道扶桑等十个篇章,记述了中日关系、中日文化交流的历史。

书　　名　鉴真和尚东渡记

责 任 者　孙蔚民著

出 版 项　上海:上海人民出版社,1979

页　　码　98

分 类 号　B949.92

相关目录　一、唐代社会与佛教文化/二、律学大师鉴真/三、中日文化交流与遣唐留学僧/四、鉴真和尚应聘/五、艰苦的历程/六、鉴真对日本佛教事业的贡献/七、鉴真对日本文化发展的影响/附:[日] 真人元开《唐大和上东征传》

书　　名　鉴真评传(中国思想家评传丛书)

责 任 者　郝润华著

出 版 项　南京:南京大学出版社,2004.12

页　　码　371

书　　号　7-305-04328-1

分 类 号　B949.92

相关目录　第一章 鉴真成长的时代与历程/第一节 盛唐政治与佛教文化的兴盛/第二节 从南山弟子到律学大师/第二章 鉴真东渡的文化背景及原因/第一节 中日文化交流的盛况/第二节 东渡的原因与动机/第三章 鉴真六次东渡的经过/第一节 五次东渡/第二节 东渡成功/第四章 鉴真在日本的文化事业/第一节 鉴真的佛事活动/第二节 中日文化交流的使者/第五章 鉴真佛学思想的承传及其成就/第一节 鉴真佛学思想的承传/第二节 开创日本佛教的新局面/第六章 鉴真思想行为的地位与影响/第一节 鉴真东渡事迹的记载与流传/第二节 鉴真东渡弘法的文化意蕴

内容提要　本书对鉴真的生平行迹尤其是六次东渡的历程、鉴真佛教思想的传承、鉴真在日本的佛事活动、鉴真对日本佛教的贡献、鉴真在日本的文化建树及成就,以及《唐大和上东征传》的成书、流传及价值等都做了比较全面的分析研究,并对鉴真东渡的思想意蕴以及鉴真在中日文化交流史上的地位及影响等做了探讨。鉴真是中日文化交流史上影响最大的佛教高僧,受日本胡廷的邀请,他不惜生命,赴日弘法。用十二年的时间六次东渡。鉴真到日本后不仅传授戒律,弘扬佛法,建造了日本历史上第一座律宗寺

院——唐招提寺，而且为日本人民传医送药，将唐代先进的文化带到日本，为日本的佛教文化事业做出了贡献，被日本人民誉为"日本律宗的祖师"及"日本文化的恩人"。本书充分利用日本真人元开所著《唐大和上东征传》及散见于国内外的一些文献资料，并借鉴国内外的研究成果，对鉴真的生平行迹尤其是六次东渡的历程、鉴真佛教思想的传承、鉴真在日本的佛事活动、鉴真对日本佛教的贡献、鉴真在日本的文化建树及成就，以及《唐大和上东征传》的成书、流传及价值等都做了比较全面的分析研究，并对鉴真东渡的思想意蕴以及鉴真在中日文化交流史上的地位及影响等做了探讨。

书　　名　**鉴真研究论文集**
责 任 者　扬州市政协文史资料研究组，扬州师院历史科编辑
出 版 项　扬州：扬州市政协文史资料研究组扬州师院历史科，1980.01
页　　码　195
分 类 号　B949
相关目录　鉴真——中日文化史上的不朽人物（赵朴初）/邀聘鉴真东渡的历史背景（汪向荣）/佛道之争与鉴真东渡（下孝萱）/中日友好与鉴真东渡（下孝萱）

书　　名　**江海女神妈祖**
责 任 者　吴金枣著
出 版 项　南昌：江西人民出版社，1989.03
页　　码　214
书　　号　7-210-00159-X
分 类 号　K928.75

书　　名　**江户时代日中秘话**
责 任 者　（日）大庭修著；徐世虹译
出 版 项　北京：中华书局，1997
页　　码　191
书　　号　7-101-01547-6
分 类 号　D829.313：D831.39
相关目录　序章 被遗忘的日中关系/对日中关系史的反省/输往欧洲的中日瓷器/出口瓷器的研究/江户时代史的研究/第一章 长崎贸易和中国贸易/来日中国船的数字/从迁界令到展海令/中国船的起航地/1688 年的入港船/商船的装载物/中国船运出的物品/唐船抵港后/研究日清贸易的关键/第四章 白石和正德新令及明律预购书籍/载书船的比例/卯十五号船的装载物/卯五十一号船的装载物/卯十五号船的返航装载物/卯五十一号船舶来的书籍/第六章 沈燮庵先生东渡/《唐船进港回棹录》/地方志的舶来经过/第八章 享保时期受雇的中国人/中国僧人的东渡/间谍船/第九章 唐船概观/宝船/长崎港图/平户唐船图/墨尔本所藏同图/《唐船图》/正确的比例/沙船——南京船/笹帆·片帆/鸟船/暹罗船/造船场所/使用年数/第十章 船头和船客/无名船客/船头和役者/宝永二年酉一号船/元禄九年子七十二号船/贞享三年寅八十三号船/丑九十八号广南船/辽东之航/胡云客/伊汉臣之死/善航者骆九宜

书　　名　**江户时代中国典籍流播日本之研究（日本文化研究丛书）**
责 任 者　（日）大庭修著；戚印平等译
出 版 项　杭州：杭州大学出版社，1998

页　　码 620

书　　号 7-81035-485-X

分 类 号 K313.03:K203

相关目录 本篇 书籍输入及其对日本文化的影响/序章 日本的汉籍输入/第一节 研究角度/第二节 日唐关系/第三节 日宋、元、明关系/第一章 江户时代汉籍输入概况/第一节 唐人贸易概况/第二节 唐船货物中的书籍/第三节 唐船持渡书籍的出版地/第四节 禁书与书籍检查/第一项 禁书/第二项 书籍检查程序/第二章 唐船持渡书的资料/第一节 第一手资料——与贸易业务有关的记载/第一项 赍来书目/第二项 大意书/第三项 长崎会所交易诸帐/第二节 第二手资料——编纂物/第一项 刊本/第二项 抄本/第三章 汉籍输入的研究/附篇 赴日清人及船只与日中文化交流/第一章 享保年间来航唐人的研究/第一节 享保年间的日中关系/第二节 关于信牌/第三节 信牌名义人的变更/第四节 新加信牌的获得者/第五节 临时信牌和医生、僧侣的渡来/第六节《雍正朱批谕旨》与日本文献中有关唐船头的记录/第二章 江户时代前期来航的中国商船/第二节《唐船之图》及其作者/第三节《唐船之图》中的唐船/第四节 其它唐船图/第五节 唐船船员/第六节 唐船的出发港与航行时间/第七节 唐船的修理与建造/船番号索引

书　　名 江南古桥

责 任 者 潘洪萱著;金宝源,潘洪萱摄影

出 版 项 杭州:浙江摄影出版社,1999

页　　码 198

书　　号 7-80536-677-2

分 类 号 U448:K928.78

相关目录 浮桥/梁桥/拱桥/纤巧与古纤道/古桥艺术/名桥/桥群/运河上的古桥/城镇古桥群/周庄镇的桥/古桥与名人及历史事件/古桥与名人/古桥与皇帝、诸侯/古桥与太平天国/古桥与抗倭/古桥与孔庙、书院/古园林中的桥/古桥与佛教、习俗及民间传说/古桥与佛教、习俗及民间传说/古桥与佛教/古桥与习俗、民间传说/闸桥、水城门、桥联等/古桥与相邻建筑物/古桥与亭(廊)/古桥与塔/古桥与水上戏台/古桥与牌楼/古桥与民居/古桥与河埠头及码头/水乡拾锦/古桥与酒业/古桥与茶业/古桥与市场/古桥与蚕桑/古桥与渔业、养殖业/古桥与老街/双桥

书　　名 **江南造船厂厂史:1865-1949.5**

责 任 者 上海社会科学院经济研究所编

出 版 项 江苏人民出版社,1983

页　　码 405

分 类 号 F426.474

相关目录 第一章 江南造船厂的前身——江南制造局(1865年-1905年3月)/第一节 江南制造局的建立及其生产规模/第二节 生产与技术的发展及其局限性/第三节 生产经营及管理制度的特点/第四节 江南制造局工人概况/第二章 局坞分家和商务化经营方针(1905年4月-1927年3月)/第一节 局坞分家和船坞采取商务化经营方针/第二节 商务经营带来的生产繁荣/第三节 企业经营管理的进一步买办化/第四节 残酷剥削工人的包工制度/第三章 国民党反动统治下的江南造船所(1927年4月-1937年7月)/第一节 江南造船所成为国民党海军的主要造修基地/第二节 商务经营状况及财务拮据局面/第三节 经营管理状况/第四节 国民党官僚统治下的"江南"工人/第四章 日本帝国主义侵占下的江南造船厂(1937年8月-1945年9月)/第一节 上海沦陷前后的仓促应战和部分内迁/第二节 日本帝国主义侵占江南造船所/第三节 工人在日本侵略者蹂躏下的悲惨生活/第四节 党组织的建立和工人群众的对日斗

争/第五章 官僚资本统治在江南造船厂的最后崩溃(1945 年 10 月 -1949 年 5 月)第一节 投靠美国和“劫收”概况/第二节 以修配美国剩余船只和本国军用舰艇为主的生产业务/第三节 财务收支和局部扩建状况/第四节 企业管理的腐朽和官僚内部矛盾/第五节 对工人的残酷压迫和剥削/第六节“江南”工人在党的领导下展开英勇斗争/附录 江南造船厂造船一览表(1905 年 -1949 年)

书　　名 **江南造船厂史:1865 -1949**
责 任 者 《江南造船厂史》编写组编
出 版 项 上海:上海人民出版社,1975
页　　码 188
分 类 号 I252
相关目录 第一章 封建的江南机器制造总局(1865 -1905 年)/第一节 外国侵略者扶植下的封建军事工厂/第二节 早期工人的状况/第二章 帝国主义直接控制下的买办资本主义企业(1905 -1927 年)/第一节 江南船坞的建立适应了帝国主义侵华的需要/第二节 在帝国主义分子毛根的直接控制下/第三节 买办资本的积累和“江南”工人的贫困化/第四节“江南”工人在斗争中日益成长党的阳光哺育着“江南”工人茁壮成长/第三章 官僚资本统治下的江南造船所(1927 -1937 年)/第一节 四大家族镇压人民革命的重要工具/第二节 国际帝国主义的船舶修造厂/第三节“江南”工人反对官僚资本统治的斗争/第四章 日本帝国主义占领下的江南造船所(1937 -1945 年)/第一节 人间地狱/第二节 英勇机智的抗日斗争/第五章 官僚资本统治在江南造船所的彻底崩溃(1945 -1949 年上海解放)/第一节 劫收前后/第二节 美蒋反动派进攻中国人民的工具/第三节 血泪汇成浦江潮/第四节 战斗到天明

书　　名 **江南造船所纪要**
责 任 者 廖駪编辑
出 版 项 上海:江南造船厂,1922
页　　码 86
分 类 号 F426.474
内容提要 概述该所自清同治四年至民国十年的发展历史。

书　　名 **江苏航运史:古代部分(中国水运史丛书)**
责 任 者 邱树森主编;汪家伦等编
出 版 项 北京:人民交通出版社,1989.02
页　　码 201
书　　号 7 -114 -00202 -5
分 类 号 F552.9
相关目录 第一章 江苏水运的起源和秦汉时期水运业的初创/第一节 江苏水运的起源/第二节 人工运渠的开凿/第三节 从独木舟到舟船的制造/第四节 航运的开拓和沿河市镇的出现/第二章 三国、两晋、南北朝时期江苏航运业的发展/第一节 以建康为中心的水道网的形成/第二节 东吴海运及其在两晋、南北朝时期的延续/第三节 河运的发展和港埠的繁荣/第四节船舶制造业的进步/第三章 隋、唐、五代时期大运河的贯通与江淮漕运/第一节 水运大动脉的形成/第二节 造船业的发展/第三节 江淮漕运/第四节繁华的港埠——扬州/第四章 两宋时期江苏航运业的新发展/第一节 北宋对大运河的整治和河工技术的成就/第二节 南宋时期对河道的整治/第三节 两宋时期繁忙的水上交通/第四节 著名的造船中心和港埠/第五章 元代京杭运河的形成和海漕的兴起/第一节 京杭运河全线贯通和分段整治/第二节 元代的河运/

第三节 元代海运的发展/第四节 河海漕粮接运航线的形成和刘家港的兴起/第六章 明代江苏航运业的兴盛/第一节 运道整治和新航线的开辟/第二节 官营船舶制造业的发展/第三节 河海漕运和两淮盐运/第四节 郑和下西洋和民间海运/第五节 内河商业运输和城镇经济的发展/第七章 清代前期江苏航运业的持续发展/第一节 运河整治及其成就/第二节 民间造船业的迅速发展/第三节 漕运的演变/第四节 持续发展的盐运业/第五节 商业运输和其他运输/第六节 沿河市镇经济的进一步繁荣

书　　名 **江苏航运史:近代部分(中国水运史丛书)**
责 任 者 束方昆主编;郭孝义本册主编
出 版 项 北京:人民交通出版社,1990
页　　码 241
分 类 号 F552.9

书　　名 **江苏省考古学会1983年考古论文选**
责 任 者 陈玉寅著
出 版 项 江苏省考古学会,1983
页　　码 220
分 类 号 K872
相关目录 长江和大运河的演变与扬州港的兴衰(林承坤)/扬州港海外交通兴衰述略(庄林德)/试述扬州港开始繁荣于唐代的原因(罗宗真)/扬州周围历史地理变迁对扬州兴盛的影响(杜瑜)/试述唐代以后扬州港东移的原因(周朱流)/扬州港与古代船舶(周世德)/扬州古代水运和造船(刘沛安)/东吴海外交通初探(徐友春、王文清)/唐代扬州的水运概况(吴家兴)/唐代扬州的大食和波斯商人(房仲甫、汪政平)/唐代扬州的大食商人(宋岘)/圆仁从日本到扬州的旅程(徐冬昌)/中国航海史概述(丁正华)/试论航海史的性质、范围及其与邻近学科的相互关系(孙光圻)/中国海外交通对日本建筑的影响(孙宗文)/扬州是我国唐代著名的药物市场之一(王慧芳)/唐代以前中国和东南亚的海上交通——兼论中国丝绸从海路传入东南亚及其影响(陈炎)/“蛮夷贾船,转送致之”解(杨熺)

书　　名 **江苏史纲:古代卷**
责 任 者 江苏社会科学院《江苏史纲》课题组著
出 版 项 江苏古籍出版社
页　　码 810
分 类 号 K295.3
相关目录 第一章 大江南北的原始时代/第一节 原始氏族公社的形成和发展/第二章 虞、夏、商、周时代徐、青、扬州的东夷和东国(约公元前23世纪左右——公元前771年)/第一节 徐、青、扬州的划分和东夷的分布/第三章 春秋战国时期的吴、越、楚(公元前770-221年)/第一节 春秋时期吴的崛起与争霸/第二节 战国时期越、楚的代兴/第六章 三国时期魏、吴分治下的徐、扬等州郡(公元220-280年)/第一节 魏、吴在长江南北的对峙/第二节 徐州和江东经济的发展/第三节 司马氏统一江东/第四节 科学文化与对外经济文化交流/第十三章 明朝的京师(直隶)与南京(南直隶)(公元1368-1644年)/第二节 明初的对外友好往来与郑和下“西洋”/第四节 东南地区的社会矛盾和斗争/第十四章 清朝前期的江苏(公元1644-1840年)/第一节 清军南下与南明军民的抗清斗争/第二节 清朝对江苏的政治统治/二、康熙与乾隆皇帝南巡

书　　名　**江苏史话**

责 任 者　江苏省社会科学院历史研究所,江苏人民广播电台文教组合编

出 版 项　1983.07

页　　码　279

分 类 号　K29

相关目录　沧海桑田话江苏/开辟江苏天地的远古祖先/江苏境内母系氏族制的繁荣/江苏境内父系氏族制的确立/“东方天书”将军崖/夏禹治水/商代的大彭国/太伯建吴/孙子和《孙子兵法》/阖闾争霸/勾践“卧薪尝胆”/“东楚”的经济文化/春申君封吴/秦始皇东巡郡县/大泽乡烽火燃遍江苏/刘邦与《大风歌》/淮阴侯韩信/吴楚“七国之乱”/江都相董仲舒/枚乘与《七发》/广陵王与“广陵王玺”/彭城王与“银缕玉衣”/九州佛图第一尊/孙权建立东吴/祖逖渡江击楫/“北府”劲旅战淝水/孙恩、卢循起义/葛洪与《抱朴子》/刘裕开创南朝/盱眙保卫战/侯景乱梁/陈朝的灭亡/六朝都城建康/六朝青瓷/范缜和《神灭论》/科学巨星祖冲之/大运河的开凿/杜伏威声震江淮/徐敬业扬州起兵/唐代扬州的繁荣/鉴真东渡/庞勋戍卒起义/历史评论家刘知几/唐代诗人与江苏/南唐国与南唐二陵/范仲淹与“范公堤”/王安石与南京/江南抗金话英雄/宋代宜兴的制陶业/黄道婆/大江南北抗元军/明太祖朱元璋/明南京都城/郑和下“西洋”/东林书院/苏州市民打太监/渤泥国王墓/徐霞客和他的游记/爱国学者顾炎武/大江南北的抗清斗争/郑成功北伐金陵/康熙南巡/苏南手工业的发展/袁枚与随园/陈化成血战吴淞口/南京条约/太平天国建都天京/小刀会起义/天京事变/太平军大破江南大营/洪秀全怒斥侵略者/天京保卫战/漫话金陵机器局/江苏早期民族资本工业的发展/反“洋教”斗争/近代实业家张謇/《苏报》案/辛亥前夕的江苏农民斗争/苏州的和平光复/江浙联军攻克南京/南京临时政府/上将军赵声/宋教仁被刺/孙中山“二次革命”

书　　名　**江苏文史资料:第32辑,民国海军的兴衰**

责 任 者　中国人民政治协商会议江苏省委员会文史资料委员会编;高晓星,时平编著

出 版 项　北京:中国文史出版社,1989.10

页　　码　289

书　　号　7-5034-0107-9

分 类 号　K295.3:E296.52

相关目录　第一章 民国海军的由来/一、近代海军的建立/二、中法、中日海战/三、清末海军的恢复/第二章 从辛亥举义到北洋军阀海军倒戈/一、辛亥革命中的海军/二、民国海军的建立/三、参与进剿“二次革命”/四、护国起义/五、护法运动中的广东海军舰队/六、驻粤海军的分化/七、北洋军阀混战中的海军/八、北洋政府时期的海军建设/九、北洋军阀海军的倒戈/第三章 国民党海军的惨淡经营/一、闽系的中央海军/二、东北海军的演变/三、风云变幻的广东海军/四、蒋介石的嫡系电雷学校/五、内战突击队/第四章 抗日战争中的中国海军/一、战前的中日态势/二、淞沪抗战 袭击“出云”/三、阻塞江阴 拱卫京畿/四、长江沿线的节节抗击/五、设防川江 拱卫重庆/六、青岛撤守和东南沿海保卫战/七、海军派系倾轧与领导权的争夺/八、对日受降 收复海疆/九、汪伪海军的组建及其覆灭/第五章 民国海军的重建/一、陈诚、桂永清入主海军/二、中央海军训练团与接收英美援舰/三、海军机构改组与舰队重建/四、投入内战/封锁解放区沿海 参与东北内战/五、前线起义 驶向光明/六、沿海争夺 兵溃台湾

书　　名　**江苏沿海图说(中国方志丛书)**

责 任 者　朱正元

出 版 项　台北:成文出版社,1974.06

页　　码　106

分 类 号 K29

书　　名 江西近代贸易史资料(文史资料丛书)
责 任 者 江西省社会科学院历史研究所,江西省图书馆选编
出 版 项 南昌:江西人民出版社,1988.02
页　　码 452
分 类 号 F729
相关目录 资本帝国主义经济势力的侵入/(一)强迫开辟九江商埠/(二)窃取贸易特权/(三)控制九江海关/(四)推行子口税制/半殖民地半封建的江西市场/(一)九江商埠的对外贸易/(二)全省进口贸易/(三)全省出口贸易/(四)全省进出口概述/(五)各县贸易概况/对外贸易与江西社会经济/(一)自然经济的解体/2. 民船运输业的衰败/(四)振兴茶叶的尝试/2. 统制茶叶/生产与出口

书　　名 江西内河航运史:古、近代部分(中国水运史丛书)
责 任 者 沈兴敬主编
出 版 项 北京:人民交通出版社,1991.08
页　　码 331
书　　号 7-114-01122-9
分 类 号 F552.9
相关目录 古代部分(原始社会后期——公元1840年)/第一章 隋以前江西水运的萌生和发展(原始社会后期——公元589年)/第一节 早期的水运活动/第二节 水运的初期发展/第三节 战争对水运的影响/第四节 造船业的兴起/第二章 隋唐宋元时江西航运的全面发展(公元589-1368年)/第一节 江西航路的拓展/第二节 官办民运的全面发展/第三节 沿江港埠的形成与发展/第四节 造船基地的分布与技术水平的提高/第五节 早期的水运工程/第三章 明至鸦片战争时期江西航运的继续演进(公元1368-1840年)/第一节 繁荣的漕粮运输/第二节 商货水运的继续发展/第三节 木帆船业的经营方式和行业组织/第四节 依水而兴的四大名镇与沿江港口的进一步繁荣/第五节 造船业的继续发展/第六节 航道与港口的治理/近代部分(公元1840-1949年)/第四章 晚清时期江西航运的新转机(公元1840-1911年)/第一节 九江辟为通商口岸/第二节 外轮势力的入侵/第三节 内河民族轮运业的始创/第四节 在新形势下木帆船业的新变化/第五章 民国初年至抗日战争前江西航运的持续发展(公元1912-1937年)/第一节 轮船航运业的发展和木帆船航运业的变化/第二节 港口的发展与物资运输/第三节 苏区水运交通的建树/第四节 航道的初步治理/第五节 造船业的发展/第六节 航政管理的加强/第六章 抗日战争时期的江西航运及其贡献(公元1937-1945年)/第一节 战争状态下的船舶管理/第二节 战时的水上运输/第三节 江西车船厂的创建及其经营/第四节 航道的查勘与治理/第五节 日伪统治区的航运业/第七章 抗日战争后江西航运的兴替(公元1945-1949年)/第一节 抗日战争胜利后航运业的复苏/第二节 在国民党内战政策下航运业转入萧条/第三节 航道的简易整治和渠化规划/第四节 航政管理/第五节 海员工人积极支援解放战争/附录/一、江西航运大事记/二、军事委员会江西省船舶总队部军民船舶运输管理实施办法/三、江西省水上公安局检验内河轮船汽船办法/四、江西省轮船管理办法/五、江西省轮船管理实施细则
内容提要 本书从水上运输、港口、航道、船舶修造等方面记述了1949年以前江西航运的发展、演变过程,揭示出不同时期江西航运的特点及其在江西省经济发展中的重要地位的作用。

书　　名 江阴港史
责 任 者 高鼎传主编

出 版 项 武汉:武汉出版社,1989.05

页 码 144

书 号 7-5430-0222-1

分 类 号 F552.9

相关目录 第一章 古代的江阴港(古代-1840年)/第一节 江阴港的形成/第二节 唐、宋时期的江阴港/第三节 明、清时期的江阴港/第二章 轮船业兴起的江阴港(1840-1935年)/第一节 清末的江阴港/第二节 轮船业兴盛时期的江阴港/第三章 抗日战争和解放战争时期的江阴漕(1936-1949年)/第一节 沦陷前后的江阴港/第二节 抗战胜利后的港口轮业/第三节 江阴港在解放战争中的重要贡献

内容提要 本书系统地记述了江阴港的孕育、形成、发展、演变和现状的全过程。

书 名 **交流与融合:中外交流与社会进步(千古兴亡史鉴丛书)**

责 任 者 汪受宽主编;赵梅春,米迎梅编著

出 版 项 北京:中共中央党校出版社,1999

页 码 230

书 号 7-5035-1912-6

分 类 号 G129:K203

相关目录 为求真谛谒佛国——法显/不畏艰险 弦传佛教——鉴真东渡日本/文化交绥怛逻斯——纸与造纸术的西传/清风明月伴船行——海上丝绸之路/霹雳炮、中国雪和红夷大炮——火药的西传和西方火炮的传入/令人神往的东方文明——马可·波罗游中国/闭关与开放——明朝的海外贸易政策/三保太监下西洋——郑和七次远航南亚非洲/玉米、甘薯和洋芋——新粮食品种的传入/西学东渐 东学西被——明末清初的传教士与文化传播/兴学设教 为师异国——朱舜水在日本

内容提要 中国历代统治阶级内部的斗争始终不断,其中有是非之争,有权利之争,有政策措施之争,还有意气之争。这些斗争往往十分激烈,动辄人头落地,血流成河。本书通过对历代统治阶级内部带有典型意义的党争和动乱的叙述与评析,展示了统治阶级内部斗争的必然性、情景的惨烈、后果的严重,及由此带来的社会动乱和对生产力的巨大破坏,甚至王朝的灭亡,对于我们今天维护安定团结的政治局面,促进生产力的健康发展,具有重要的借签意义。

书 名 **交融与辉映:中国学者论海上丝绸之路**

责 任 者 黄鹤,秦柯编

出 版 项 广州:广东旅游出版社,2001

页 码 597

书 号 7-80653-264-1

分 类 号 K203

内容提要 由广东省人民政府参事室、广东省人民政府文史研究馆、广东珠江文化研究会联合组成的广东省"海上丝绸之路"研究和开发项目组系列工程:本书是我国学者专家们对海上丝绸之路的研究成果,包括海上丝绸之路的兴起与发展,海上丝绸之路与各大港市等。

书 名 **交通史航政编:第1、2、3、4、5、6册**

出 版 项 北京:交通铁道部交通史编纂委员会,1931.07

页 码 6册(478,988,1562,2120,2512,2946)

分 类 号 F50

相关目录 第一章 总务/第一节 起原/第二节 机关/第三节 法规/第四节 航业公会/第二章 航业/第一节 官商轮船资产统计/第二节 轮船招商总局/第三节 大达内河轮船司公/第四节 政记公司/第五节 吉林官轮局/第六节 松黑两江邮船局/第七节 宁绍商轮公司/第八节 启兴公司/第九节 广信公司/第十节 三北轮埠公司/第十一节 鸿安尚轮公司/第十二节 戊通航业公司/第十三节 各航业公司/第三章 航务/第一节 管理/第二节 运输/第三节 奖励及补助/第四节 没收及征用/第五节 防护/第六节 失慎/第七节 抵押/第八节船员引水人/第九节 船旗/第十节 船炒/第四章 工程/第一节 修睿航路/第二节 开辟港湾/第三节 修造船舶/第四节 埠头设备/第五章 涉外事项/第一节 国际条规/第二节万国航业会/第三节 条约/第四节航行权/第五节 欧战时之处置/第六节 鲁案善后/第七节 对外交涉案/第六章 外人在华行业/第一节 中国航业公司/第二节 印度中国航业公司/第三节大英轮船公司/第四节 昌兴轮船公司/第五节 日本邮船会社/第六节 大阪商船会社/第七节 日清汽船会社/第八节 大来洋行/第九节 亨宝公司/第十节 北德意志公司/第十一节 法国邮船公司/第十二节 义国邮船公司/第十三节 其他各轮船公司

书　　名 **交通史电政编:第1、2、3集**
出 版 项 1936.10
页　　码 3册(760,474,670)
分 类 号 U
相关目录 第一章 总务/第一节 沿革/第二节 机关/第三节 职制/第四节 法规/第五节 电旗/第二章 有线电/第一节 海陆线之设置/第二节 局所/第三节 线路里程/第四节 电报机器/第五节 业务/第六节 线路障碍/第七节 收支盈亏/第八节 债务/第三章 电话/第四章 无线电/第一节 无线电之设置/第二节 局所/第三节 电机/第四节 业务/第五节 债务/第五章 涉外事项/第一节 对美交涉/第二节 对法交涉/第三节 对德交涉/第四节 满蒙接线/第五节 对日交涉/第六节 对丹交涉/第七节 对美交涉/第八节 对英丹交涉/第九节 对日美交涉/第十节 国际公会/第十一节 欧战时之处置/第六章 电气事业

书　　名 **交通史学与海洋文化研究**
责 任 者 魏启宇著
出 版 项 北京:人民交通出版社,2004.12
页　　码 330
书　　号 7-114-05204-9
分 类 号 F512.9-53
相关目录 二、水运历史论述/隋、唐、宋时期的南北大运河/元、明、清时期的南北大运河/我国历代水运职官的演变/刘晏——古代杰出的理财家/世界内河水道发展历史和现状/世界运河发展史略/长江航运的历史与未来/泉州港的历史地位、作用与发展前景
内容提要 本书内容分为交通史学理论、水运历史、海洋文化三部分,收有《水运史学的理论与实践》、《隋、唐、宋时期的南北大运河》、《中国海洋文化初探》等文章21篇。

书　　名 **交通与历史横向发展变迁**
责 任 者 黄家城等编著
出 版 项 北京:人民交通出版社,2000
页　　码 525
书　　号 114-03520-9
分 类 号 F511.9

相关目录　交通与传统社会的交往/一、古典文明兴起的交通背景透视/二、划分为地区时代的世界交通与交往/海道大通与人类横向历史运动的革命性突破/一、海道大通的交通技术积聚与社会环境准备/二、海道大通与世界交往的新发展/第一次工业革命时代的世界交通与交往/一、交通革命/二、全球交通热/三、交通产业的兴起/四、向纵深发展的世界交往/第二次工业革命时代的世界交通与交往/三、交通与经济全球化/交通与第二次世界大战后东亚的崛起/一、东亚交通发展的历史回顾/二、东亚交通与战后世界的整体发展/三、战后东亚交通发展的特点和未来/战争与交通/一、交通之争与战争的缘起/二、交通对战争进程的影响/三、战争与交通的发展变革/交通发展的负面效应及其对历史的影响/一、交通对经济发展的制约作用/二、交通发展带来的严重社会问题/三、交通对环境产生的负面效应及影响/四、消除交通发展负面效应的历史趋势:交通可持续发展战略的选择与构建/古代桂林发展的交通背景:历史的考察/一、六朝以前初生的桂林交通与社会/二、隋唐交通的进步与桂林大开发/三、粗见体系的宋元交通与桂林的显著发展/四、明清交通体系的完善与桂林社会文化大发展/交通与桂林的近代化进程/一、国人近代交通意识的出现/二、桂林交通的近代变革/三、交通与桂林的近代化

内容提要　本书探索了交通与历史横向发展变迁之间的关系,针对"交通:历史与现实"这一基本课题展开研究。

书　　名　**杰出航海家郑和:郑和下西洋的历史研究**

责 任 者　陈水源著

出 版 项　台中:晨星出版有限公司,2000

页　　码　202

分 类 号　K248.105

书　　名　**解读古灵渠之谜**

责 任 者　伍镇基著

出 版 项　北京:水利水电出版社,2008.05

页　　码　112

书　　号　978-7-5084-5539-6

相关目录　第一章 秦人从小部落走上诸侯国/一、秦国的诞生/二、秦国的崛起/第二章 秦国水利造就富国强兵/一、都江堰工程打造"天府之国"/二、郑国渠工程成就"关中活野"/第三章 秦灭六国 一统中原/第四章 南攻百越 统一中国/一、秦始皇下令南攻百越/二、秦始皇下令凿渠运粮/三、灵渠促进统一岭南/第五章 秦代灵渠之谜/一、渠首工程/二、渠道工程/三、渠首、渠道工程示意图/四、秦代灵渠开工、竣工之年/第六章 东汉灵渠之谜/一、南越局势需要灵渠/二、马援出征南越/第七章 唐代灵渠之谜/一、李渤从灵渠中认识灵渠/二、从新的认识中飞跃出新理论/第八章 灵渠工程名称之谜/一、灵渠有过多少名称/二、分部工程名称/三、关于"天平"/第九章 清代灵渠之谜/一、从铧堤变成人字形石堤/二、秦至清代灵渠渠首工程面貌的演进

内容提要　灵渠是先人的聪明才智劳动创建成的运河工程。本书叙述秦从小部落走上诸侯国的过程中,如何推动水利工程的发展,又如何利用水工效能从实现富国强兵到促进中国社会的统一;对沟通中国南北水系直航直运的灵渠工程作了详细的论证。解开古灵渠之谜,还原灵渠在各个朝代的历史真面貌,再现已尘封长达两千多年的水工文化魂宝,为关心灵渠的读者提供前所未闻的内容。本书有助于读者重新认识古灵渠,值得一读。

书　　名　**金门古今战史(金门学丛刊)**

责 任 者　张火木著

出 版 项　台北:稻田出版有限公司,1996

页　　码　161

书　　号　957-9503-52-4

分 类 号　K295.84:K295.84-51

相关目录　《金门学》总序/金门·空中起百代文章/金门·天地间的清音/金门·大历史下的一页惊奇/序文:从两岸关系看金门前途/壹 历史的金门/一、金门的历史源流/二、金门的大事年表/三、俞大猷守备金门/四、监国鲁王与金门/五、金门的人文特质/贰 地理的金门/一、金门的地理环境/二、金门的海防形势/三、从金门所到金门镇/四、金门的战略价值/五、海疆重镇的遗迹/叁 郑氏王朝与金门(1654-1683)/一、烈屿起兵的那一年/二、国姓爷船队的威力/三、郑氏商团垄断海上贸易/四、郑成功在金门的日子/五、北伐转东征的主因/六、热兰遮城攻防战/七、迁界对金门子民的伤害/八、郑氏王朝的兴亡/九、金厦失守的影响/十、闵海攻略对金门林木的破坏/十一、郑成功古迹在金门/肆 金门古宁头战役(1949)/一、时代的背景/二、台海的危急存亡之秋/三、战役的经过/四、国军克敌致胜的原因/五、古宁头战役的影响/六、古宁头战役的历史意义/七、古宁头战史的遗迹

书　　名　**津海关密文解译:天津近代历史记录**

责 任 者　天津海关,天津市档案局编

出 版 项　北京:中国海关出版社,2006.10

页　　码　379

书　　号　7-80165-374-2

分 类 号　K292.1

相关目录　第一章 津海关与近代邮政/信差邮政/电报电话/第二章 津海在与交通运输/海河整治/修路建桥/港务航务/内河航运/第三章 津海关与北洋水师/军需军务/北洋军务/船坞炮台/甲午海战/第四章 津海关与教育卫生/书院学堂/官报代销/检疫防疫/马大夫医院/第五章 津海关与地方社情/政局世情/租界扩充/地方教案/万国赛会/华工输出/灾情赈济/缉私缉毒/第六章 津海关与旧闻轶事/中堂题匾/税款窃逃/金融市场/衡器标准/附录1. 天津历任直录总督、海关道、天津道任职表(1860-1928年)/附录2. 津海关外籍税务司任职表(1861-1928年)

内容提要　本书选入津海关700件与清政府、地方衙门、社会各阶、外国领事、社会名流等属于当时的机密信函。其中部分密函是经过资深翻译将原英文件变为现代汉语,并配有相应的插图。内容和图照均系首次面世。

书　　名　**近代川江航运简史(近代文史名著选译丛书)**

责 任 者　邓少琴编著

出 版 项　重庆:重庆地方史资料组,1982

页　　码　191

分 类 号　F552.719

相关目录　第一章 川江开埠时期1869年[同治八年]-1897年[光绪二十三年]/第一节 固陵轮之欲闯入川江/第二节 重庆之开埠/第三节 重庆海关之设立/第四节 海关之税课及税则/第五节 船货通关与报关行之成立/第六节《马关条约》与重庆之通商/第七节 外人来川考查商务与重庆之设置领事/第八节 宜渝木船运输及水脚/第九节 云阳兴隆滩之崩塞与疏凿/附录:通商各口募用外人帮办税务章程/海关新税则进口货物种类表/修改长江通商章程/海关新税则出口货物种类表/重庆关船只来往宜昌重庆章程/中日马关条约(摘要)/中日通商行船追加条约(摘要)/重庆各国领事馆职官一览表/英国驻重庆历任领事

一览表/重庆关历任税务司一览表/第二章 探险试航时期 1898 年[光绪二十四年] - 1908 年[光绪三十四年]/第一节 利川火轮之侵航川江/第二节 外人兵舰之长驱入川/第三节 肇通商轮之入川/第四节 瑞生商轮崆岭之沉没/第五节 王家沱之划为日本专界/第六节 法兵舰入川及川江水道之测量/第七节 川汉铁路之创办/第八节 渠江试行木轮/第九节 立德乐在川经营之事业/第十节 木船运输及失吉之情形/附录:重庆日本商民专界约书/华法和成公司合办四川巴万油矿改定合同章程/立德乐事略/各国炮舰驻渝年代一览表/四川官办矿业一览表/川省外人经营矿业一览表/第三章 华轮独营时期 1909 年[宣统元年] - 1919 年[民国八年]/第一节 川江轮船公司之兴起/第二节 川路与华川公司之继起/第三节 海关监督之设立/第四节 川江巡江司之设置/第五节 理船厅设置及领江之考选/第六节 川江滩险事务所之成立/第七节 万县之开埠/第八节 宜渝轮船增加与枯水行轮/第九节 上游通轮与美孚油船之闯入内港/第十节 华轮供差与改挂外旗/第十一节 川江轮船失吉与匪祸/第十二节 宜渝木船遭厄与夔万之过道税/附录:川江公司历年挂旗费用表/蜀江公司小史/川江航运大事年表(1869 年 - 1930 年)

书　　名 近代海军海防文选译
责 任 者 汝玉虎,黎烈军译注
出 版 项 上海:巴蜀书社,1997
页　　码 179
书　　号 7 - 80523 - 816 - 2
分 类 号 E296.53
相关目录 魏源 筹海篇/曾国藩 复陈购买外洋船炮折/奕䜣 购买外洋船炮情形折/总理各国事务衙门奏拟筹海防应办事宜折/丁日昌 创建轮船水师条款/拟海洋水师章程/丁宝桢 预筹海防情形片/李鸿章 筹议海防折/奏闽厂学生出洋学习折/奏筹办天津水师学堂片/为请设海部兼筹海军事复总理衙门函/沈葆桢 奏闽省出洋生徒请予蝉联折/刘铭传 整顿海防讲求武备折/筹办台北防务折/曾国荃 遵旨筹议海防折/吴大澄 奏海防条议折/许景澄 勘验"定远"、"镇远"两舰情形折/奕譞 奏查北洋炮台、水陆操防、机器、武备、水师学堂情况折/池仲祐 甲申战事纪/甲午战事纪/王文韶 奏统筹北洋海防冀渐扩充折/黄钟瑛 告海军全体书

书　　名 近代历史海图及应用文集
责 任 者 汪家君著
出 版 项 北京:测绘出版社,1989.04
页　　码 131
书　　号 7 - 5030 - 0291 - 3
分 类 号 P285.1
相关目录 近代历史海图研究与编集的构想/浙江海区近代历史海图上各种深度基准面的改正数方程及其分布场/浙江海区近代历史海图的初步研究/半日潮区理论深度基准面的回归分析初探/浙江海区近代历史海图的研究方向/近代历史海图应用中的坐标改正/近代历史海图工程应用例析/吴淞零点黄海高程的讨论/晚清《八省沿海全图》初探/19 世纪浙江海区历史海图初考
内容提要 本书比较系统地阐述了近代历史海图的研究方向、内容和方法,拓宽了历史地图学的研究领域。

书　　名 近代历史海图研究
责 任 者 汪家君著

出 版 项　北京：测绘出版社，1992. 03
页　　码　316
书　　号　7－5030－0523－8
分 类 号　K992. 65：P285. 3
相关目录　
内容提要　本书论述了近代历史海图研究的方向，内容和方法及其学科体系，近代历史海图的考证及其数学基础的转换，近代历史海图集的编制及其工程应用等。

书　　名　**近代宁波商人与社会经济（中国水运史丛书）**
责 任 者　乐承耀著
出 版 项　北京：人民出版社，2007
页　　码　469
书　　号　7－01－006358－3
分 类 号　F729. 5：K295. 53
相关目录　
内容提要　本书探讨地区性（主要为宁波）商人商业的形成及对当地社会发展的影响。

书　　名　**近代山东沿海通商口岸贸易统计资料：1859－1949**
责 任 者　交通部烟台港管理局
出 版 项　北京：对外贸易教育出版社，1986
页　　码　262
分 类 号　F752. 852

相关目录 一、进出口贸易/(一)贸易总额与税收/(二)对外贸易/(三)主要资本——帝国主义国家在各口岸的贸易势力/二、航运/(一)各口岸航运量/(二)各国在各口岸及其内港的航运势力/(三)民族航运业/三、客货吞吐量/(一)客运/(二)货运/四、进出口货物/(一)大宗货/(二)原货出口/(三)几种货物比较

书　　名 **近代天津城市史**

责 任 者 罗澍伟主编

出 版 项 北京:中国社会科学出版社,1993. 07

页　　码 784

书　　号 7-5004-1155-3

分 类 号 K292. 1

相关目录 序篇 近代以前的天津城市演进过程(远古-1840)/第一章 天津城市的区位环境与早期开发/运渠的开凿和航运枢纽地位的奠定/三会海口的出现及其意义/第二章 天津城市地位的奠定/漕运的发达与直沽的成长/第三章 传统城市的形成天津的得名/河漕与天津商业贸易的发展/第四章 区域性中心城市地位的确立/漕运与城市经济的活跃/第一篇 近代港口贸易与工商业城市地位的奠定(1840-1900)/第五章 天津城市被迫走向近代/强迫天津开埠的原因/《北京条约》与天津被辟为通商口岸/第六章 进出口贸易的兴盛/开埠后的洋行与洋商/对外贸易与近代天津城市的成长/第七章 近代工业、对外交通和通讯的建立/第八章 处在"转型"时期的天津城市社会/第二篇 近代多功能中心城市的初步形成(1900-1927)/第九章 近代城市发展基础的奠定/运载工具的变迁与埠际交通的发展

内容提要 哲学社会科学"七五"期间国家重点研究课题 国家社会科学基金资助:分近代以前的天津城市演进过程(远古-1840)、近代港口贸易与工商业城市地位的奠定(1842-1900)、近代多功能中心城市的初步形成(1900-1927)、区域性多功能中心城市地位的确立(1927-1937)等历史阶段,讲叙了天津城市的历史。

书　　名 **近代浙江通商口岸经济社会概况:浙海关,瓯海关,杭州关贸易报告集成(中国近代史研究译丛)**

责 任 者 中华人民共和国杭州海关译编

出 版 项 杭州:浙江人民出版社,2002

页　　码 924

书　　号 7-213-02477-9

分 类 号 F752. 59

相关目录 浙海关十年报告(1892-1901年)/二、贸易/九、航道/十、灯塔/十七、航业/浙海关十年报告(1902-1911年)/一、贸易与航运/六、水路、港口、水路入口/七、灯塔及助航设备/二十、陆军和海军变革/浙海关十年报告(1912-1921年)/一、贸易和航运/六、水路、港口、水路入口/七、灯塔和助航设备/二十、陆军和海军变革/浙海关十年报告(1922-1931年)/一、贸易/二、航业/八、交通/九、航行设施/浙海关贸易报告/瓯海关十年报告(1882-1891年)/八、航运/九、助航设备/十六、民船/瓯海关十年报告(1892-1901年)/九、本口岸的出入口/十、助航设备/十七、民船贸易/瓯海关十年报告(1902-1911年)/一、贸易与航运/六、水路、港口、水路入口/七、灯塔和助航设备/二十、陆军和海军变革/瓯海关十年报告(1912-1921年)/一、贸易与航运/六、水路、港口、水路入口/七、灯塔和助航设备/二十、陆军和海军变革/瓯海关十年报告(1922-1931年)/二、航业/九、航行设施/瓯海关贸易报告/杭州关十年报告(1896-1901年)/九、水路通道变化/十、助航设备/十七、地方航运/杭州关十年报告(1902-1911年)/一、贸易和航运/六、内河航道、港口、水路入口/七、灯塔等/二十、陆军和海军变革/二十一、地方报刊/杭州关十年报告(1912

-1921 年)/一、贸易和航运/六、航道、港口及水路/七、灯塔和航标/二十、陆军和海军之变动/杭州关十年报告(1922-1931 年)/二、航业/八、交通/九、航行设施/杭州关贸易报告

书　　名 近代中国的国际契机:朝贡贸易体系与近代亚洲经济圈(中国近代城市文化丛书)
责 任 者 (日)滨下武志著;朱荫贵,欧阳菲译
出 版 项 北京:中国社会科学出版社,1999
页　　码 402
书　　号 7-5004-2379-9
分 类 号 F752.95:F130.54
相关目录 序章 近代亚洲史研究的课题/一、亚洲历史全貌的再探讨/二、亚洲和西欧/三、中国和日本/四、近代亚洲市场的形成和发展/第一章 朝贡贸易体系和近代亚洲/三、近代亚洲和中日关系/第二章 近代亚洲贸易圈中的白银流通/一、亚洲贸易圈的形成和白银流通/二、近代亚洲贸易圈和银价变动/第三章 银价腾贵和外国贸易结构的变化/一、19 世纪前半期的银贵问题和白银外流的性质/二、多边的贸易结算机构和汇兑的作用/第四章 英国银行资本在中国的扩张过程/一、前史——两个三角贸易和以中国为中心的国际金融网的形成/二、英、印、中三角贸易结构的动摇/三、国际金融市场的扩大和亚洲贸易结构纳入国际体系/第五章 英帝国经济与中国和香港/三、香港和移民问题/第六章 近代中国的"亚洲和欧洲"观/三、洋务及变法论者对亚洲的认识

书　　名 近代中国的外交转型研究(中国近代史学博士论丛)
责 任 者 李兆祥著
出 版 项 北京:中国社会科学出版社,2008.07
页　　码 392
书　　号 978-7-5004-7051-9
分 类 号 D82
相关目录 第一篇 近代中国外交转型的艰难起步(1840-1860)/第一章 清前期中西的外交碰撞/第二章 近代中国对外关系的早期变迁(1840-1860)/第一节 传统朝贡体制下的中国与属国间关系的演变/第二节 近代中国外交新体制的萌动/第三节 蒙昧中的中西交涉与不自觉中的丧权/第二篇 近代中国外交转型的初步展开(1861-1900)/第一章 近代中国外交视野下的洋务运动/第一节 新观念的产生与自强御侮的路径选择/第二节 洋务运动对近代中国外交的多重作用/第二章 维持朝贡体系的努力及失败/第一节 朝贡与通商两种外交体制的归一趋势/第二节 朝贡体系的崩溃/第三章 新外交体制的最初架构及清朝与"互市之国"外交的新动态/第一节 以总理衙门为主轴的外交新体制的架构/第二节 中西交涉中的新动态/第三节 改变弱势处境的多重尝试。

书　　名 近代中国海关洋员概略:以五任总税务司为主
责 任 者 文松著
出 版 项 北京:中国海关出版社,2006.05
页　　码 467
书　　号 7-80165-220-7
分 类 号 F752.59
相关目录 绪论/二、近代中国海关洋员所处的历史环境/三、史料与研究状况/第一章 近代中国海关被洋员控制的历史概述/第一节 中国海关聘用洋员的历史概述/第二节 近代海关内部业务分工结构及衍

变/第三节 近代海关华、洋员人数变迁及分布管窥/第二章 中国海关首任总税务司李泰国/第一节 建立近代半殖民地海关的基本框架/第二节 张扬凶蛮的殖民主义者/第三章 任职近半个世纪的第二任"洋总督赫德(一)/第一节 创设和推行近代海关多项制度/第二节 建立海关业务管理制度/第三节 兴办海务/第四节 主办同文馆、帮助开拓近代外交、举办邮政/第五节 劝导改革,对中国怀有一定程度的同情/第四章任职近半个世纪的第二任"洋总管赫德(二)/第一节 损夺中国权益,扩大海关或其个人权势,维护拓展列强在华利益/第二节 业余外交使中国丧权失益/第三节 协助镇压太平天国,架空海关监督,实行洋员对华员的统治/第四节 独裁专断,也不无私心/第五节 两面人格与双重作用/第五章 "太上财政总长"安格联/第一节 把持操纵中国的财政金融/第二节 在海关"原有"势力范围之作为/第六章 第四任"洋掌柜"梅乐和/第一节 处事的两面性/第二节 在总税务司任内海关的变化与建设/第三节 仍然是列强在华利益的代理人/第七章 末任总税务司李度/第八章 参办近代中国海务、教育、邮政的部分海关洋员简介/第一节 兴办海务或与海务有关的几个海关洋员/第四节 参办近代中国邮政的海关洋员

内容提要 近代海关洋员在中国历史上存在长达百年,是一个很特殊的群体,曾在不同时期、对中国社会的诸多方面产生了不同程度的影响。本书以此为研究对象,在占有大量史料和集前人史学研究的基础上,介绍了洋员控制中国海关的历史背景、过程讲述了五任总税务司的历史功过。

书　　名 近代中国海关与中国财政

责 任 者 戴一峰著

出 版 项 厦门:厦门大学出版社,1993.04

页　　码 359

书　　号 7-5615-0597-3

分 类 号 F752.5:F812.952

相关目录 上编 中国近代海关的历史沿革及其与中国财政关系的演进/第一章 晚清时期的海关与财政/第一节 清咸同年间近代海关的建立与清政府的财政/第二节 海关"独立王国"的营造及其对清政府财政的影响/第三节 甲午战后海关权势的急剧扩张及其对清政府财源的进一步染指/第二章 民国时期的海关与财政/第一节 辛亥革命期间总税务司对海关税款保管支配权的侵夺/第二节 海关与列强对北洋政府财政的控制/第三节 国民党政府时期的关税自主与国定税则/第四节 海关权势的衰落与列强控制中国财政手段的变更/下编 中国近代海关与中国财政关系面面观/第三章 海关与常关/第一节 海关与常关的分化/第二节 海关对粤海常关权力的侵夺/第三节 清末的海关兼管常关/第四章 海关与厘金制度/第一节子口税与厘金/第二节 海关与鸦片税厘并征/第三节 甲午战后海关对厘金征收权的进一步侵夺/第四节海关与裁厘加税/第五章 海关与内外债及赔款/第一节 草创时期的海关与债赔的关系/第二节 甲午战前海关与外债关系的发展/第三节 海关与英国在华金融势力的联盟/第四节 海关与甲午战争借款/第五节海关与庚子赔款/第六节 关税保管支配权丧失后债赔偿付方式的变更/第七节 海关与北洋政府时期的内债/第八节 海关与国民党政府时期的内外债/第六章 海关与晚清的财政整顿和改革/第一节 晚清财政体制的演化/第二节 海关总税务司的"改革蓝图"与活动/第三节 海关总税务司与币制改革/第七章 综论:如何评价近代中国海关与中国财政的关系/附录一、中国租借地海关的行政管理与关税制度

内容提要 本书内容包括:中国近代海关的历史沿革及其中国财政关系的演进和中国近代海关与中国财政关系面面观两部分。

书　　名 近代中国海军

责 任 者 海军司令部《近代中国海军》编辑部编著

出 版 项 北京:海潮出版社,1994

页　　码　1254

书　　号　7 - 80054 - 589 - X

分 类 号　E296.53

相关目录　中国古代海军历史的回顾/第一章 鸦片战争和中国近代海防思想的萌发/第二章 第二次鸦片战争与建立近代海军的尝试/第三章 制造和外购近代海军装备/第四章 培养近代海军人才/第五章 第一次海防大讨论与海军建设/第六章 中法海战/第七章 第二次海防大讨论和海军衙门的成立/第八章 北洋海军成军与南洋、福建、广东海军建设/第九章 海军基地和海岸防务/第十章 中日甲午海战/第十一章 甲午战后重振海军/第十二章 晚清海防经费/第十三章 晚清海防思想/第十四章 海军在辛亥革命中易帜/第十五章 北京政府时期海军的分裂及军事行动/第十六章 北京政府海军的建设/第十七章 东北、广东的地方海军/第十八章 北京政府时期的海军教育/第十九章 南京政府"统一"全国海军及其军事行动/第二十章 南京政府的海军建设思想和建设计划/第二十一章 南京政府海军的建设/第二十二章 海军在抗日时期的阻塞战、游击战/第二十三章 海军参加对日受降与收复海疆/第二十四章 海军的改组和重建/第二十五章 海军参加内战和起义、逃台/第二十六章 中国近代海军军事学术

书　　名　**近代中国与东南亚关系史(东方文化集成)**

责 任 者　余定邦等著

出 版 项　广州:中山大学出版社,1999

页　　码　502

书　　号　7 - 306 - 01469 - 2

分 类 号　D829.33

相关目录　第一篇 朝贡与贸易/越南/第一章 清朝与安南黎朝的关系/第一节 清朝和黎朝的交往/第二节 清朝与安南莫氏的关系/第三节 边界纠纷的解决/第四节 贸易与华侨/第三章 清朝与越南阮朝的关系/第一节 清朝与阮朝的交往/第二节 1802 - 1884 年间中越两国的经贸往来/第三节 华侨与中越文化交流/缅甸/第四章 清朝和东吁王朝的关系/第五章 清朝和雍籍牙王朝的关系/第八节 英占缅甸后滇缅贸易的变化/暹罗/第六章 清朝和阿瑜陀耶王朝的关系/第三节 朝贡贸易中清朝给与阿瑜陀耶王朝的优惠待遇/第四节 非官方贸易的发展/第八章 清朝和曼谷王朝的关系/第二节 频繁的"朝贡"活动/第三节 1782 - 1852 年间中暹交往中值得研究的几个问题/第四节 "朝贡"活动停止的主要原因/第五节 70 - 80 年代的官方交往/南掌/第九章 清朝和琅勃拉邦的关系/第五节 经济、文化交流/苏禄/第十章 清代中国与苏禄的交往/第四节 经济、文化交流/第四篇 近代中国与西方国家在东南亚殖民地的贸易关系/第十七章 近代中国与西属菲律宾的贸易关系/第二节 贸易结构与贸易方式的变化/第十八章 近代中国与荷属东印度的贸易关系/第一节 近代早期中国与荷属东印度贸易关系的建立/第二节 近代中期中国与荷属东印度之间的传统帆船贸易/第三节 近代后期中国与荷属东印度贸易关系的演变/第十九章 近代中国与英属海峡殖民地、法属印度文那的贸易关系/第一节 近代中国与英属海峡殖民地的贸易关系/第二节 近代中国与法属印度支那的贸易关系/第五篇 清朝政府在东南亚的设领护侨活动/第二十一章 郑观应"南游"东南亚/第二十三章 近代中国海军与东南亚/第一节 最初的两次训练巡洋/第二节 新舰途经新加坡/第三节 北洋水师首次巡洋/第四节 北洋水师再次巡洋宣慰华侨/第五节 清代中国海军最后几次巡洋宣慰华侨

书　　名　**近代中英关系史**

责 任 者　高鸿志著

出 版 项　成都:四川人民出版社,2001

页　　码　461

书　　号　7－220－05592－7
分 类 号　D829.561
相关目录　第一章 鸦片战争前的中英贸易和外交/英国船队至广州/闭关政策与中英贸易/第二章 鸦片战争与战后的中英关系/英国对华鸦片贸易/发动侵华战争/鸦片战争与香港/英国人在通商口岸/战后的中英贸易及其对中国社会的影响/掠卖华工/第三章 第二次鸦片战争,英国协助清廷镇压人民起义/第二次鸦片战争/英国对太平天国起义的政策/支持清政府镇压捻军起义/第四章 英国与洋务运动/英国与中国近代海关/控制中国近代海军的阴谋及其破产/英国与甲午战争前中国的铁路建设/沿海与内河航运中的斗争/图谋攫取台湾煤矿开采权及其失败/洋务派对英国侵夺中国电报利权的抵制

内容提要　安徽大学"211 工程"学术专著出版基金资助:本书共分 11 章,主要包括鸦片战争前的中英贸易和外交、鸦片战争与战后的中英关系、源远流长的中英文化交流等内容。

书　　名　**近现代宁波帮航运史(南强丛书)**
责 任 者　杨新华著
出 版 项　哈尔滨:黑龙江教育出版社,2002
页　　码　268
书　　号　7－5316－4078－3
分 类 号　F552.9
内容提要　1999 年宁波市社联重点资助项目:本书是一本描述宁波帮企业家生平事迹和宁波帮行业发展始末的书。内容涉及在航运业中宁波帮企业家的业绩,重点介绍了几十位有影响的宁波帮企业家的业绩。

书　　名　**近现代中国与东南亚经贸关系史研究**
责 任 者　聂德宁著
出 版 项　厦门:厦门大学出版社,2001
页　　码　261
书　　号　7－5615－1722－X
分 类 号　F752.95
相关目录　第一章 中国与新加坡开埠初期的经贸往来/第一节 中国帆船与新加坡开埠初期的贸易往来/第二节 西洋横帆船与中、新之间的贩运贸易活动/第三节 华侨与早期的中、新经贸往来/第二章 近现代中国与英属马来亚的经贸往来/第一节 二战前英属马来亚的基本概况/第二节 英属马来亚的华侨及其经济活动/第三节 近现代中国与英属马来亚的贸易往来/第四节 英属马来亚华侨与中国的经贸关系/第三章 近现代中国与荷属东印度的经贸往来/第一节 二战前荷属东印度的基本概况/第二节 荷属东印度的华侨及其经济活动/第三节 近现代中国与荷属东印度的贸易往来/第四节 荷印华侨与中国的经贸关系/第四章 近现代中国与暹罗的经贸往来/第一节 二战前暹罗的基本概况/第二节 暹罗的华侨及其经济活动/第三节 近现代中国与暹罗的贸易往来/第四节 暹罗华侨与中国的经贸关系/第五章 近现代中国与法属印度支那的经贸往来/第一节 二战前法属印度支那的基本概况/第二节 法属印度支那的华侨及其经济活动/第三节 近现代中国与法属印度支那的贸易往来/第四节 法属印度支那华侨与中国的经贸关系/第六章 近现代中国与菲律宾的经贸往来/第一节 二战前菲律宾的基本概况/第二节 菲律宾的华侨及其经济活动/第三节 近现代中国与菲律宾的贸易往来/第四节 菲律宾华侨与中国的经贸关系/第七章 近现代中国与缅甸的经贸往来/第一节 二战前缅甸的基本概况/第二节 缅甸的华侨及其经济活动/第三节 近现代中国与缅甸的贸易往来/第四节 缅甸华侨与中国的经贸关系/第八章 华侨在近现代中国与东南亚经贸

往来中的地位及作用/第一节 近现代中国与东南亚经贸往来的概况/第二节 华侨在近现代中国与东南亚经贸往来中的地位/第三节 华侨在近现代中国与东南亚经贸往来中的作用

内容提要 国家社会科学基金青年项目,教育部人文社会科学研究"九五"规划项目:本书内容包括中国与新加坡开埠初期的经贸往来、近现代中国与英属马来亚的经贸往来、近现代中国与法属印度支那的经贸往来、华侨在近现代中国与东南亚经贸往来中的地位及作用等。

书　　名 **晋书孙恩卢循传笺证**
责 任 者 冯君实撰
出 版 项 北京:中华书局,1963
页　　码 111
书　　号 11018·419
分 类 号 K237.074.2

书　　名 **晋唐时期南海求法高僧群体研究**
责 任 者 何方耀著
出 版 项 北京:宗教文化出版社,2008.03
页　　码 244
书　　号 978-7-80123-963-1
相关目录 第一章 晋唐南海道佛僧的群体考察/一、晋唐南海道佛僧及其整体变化情况/二、东来西僧与求法华僧之群体比较/三、海路来华西僧国属构成之特点/第二章 晋唐南海道佛僧与商人关系/一、佛僧与商人关系之渊源/二、南海商人为佛僧之旅途伴侣和主要资助者/三、南海商人中的佛门弟子/四、南海道僧人给予商人的帮助/第六章 晋唐海路佛僧的经典传译活动/一、晋唐海路佛僧经典传译情况概述/二、海路佛僧所译经典基本情况分析/三、传译历程混杂纷歧之原因浅析/四、海路僧徒所传译之小乘三藏及其影响/五、海路传人之律典及其对汉译律藏建立之影响/六、海路佛僧所传译密教典籍及其与广州光孝寺之关系/七、华、梵两大传译群体所表现出的不同特点

内容提要 本书所做的是一项晋唐海路佛教僧人传教活动的专题研究,通过解读、分析相关传世文献资料和少量其他资料,对晋唐时期往来于南海道的中、西佛教僧人及其宗教传播活动进行群体研究。书稿主体由六部分组成。第一部分,从宏观的角度对晋唐五百年间往来于南海道的中、西僧人进行群体结构分析和前后变化情况研究。第二部分,主要分析南海道僧人与商人之间的相互关系。第三部分,考察中国赴印求法僧梵语文学习活动背后的文化心理,即晋唐中国佛门的"边地意识"。第四部分,探讨由中国求法僧发起的梵语学习活动对中国文化及中国社会所产生的影响。第五部分,具体分析求法僧赴印途中携带汉本佛典的原因、作用及其文化意义。第六部分,从经典传译的角度对整个海路佛僧的传教活动做一总体评述。本篇书稿在前人研究的基础上,就前贤言之未及,或言之末详之处做了若干探索。

书　　名 **京杭大运河**
责 任 者 朱民编著
出 版 项 扬州:扬州人民出版社,1960
页　　码 40
分 类 号 U621.2

书　　名 **京杭大运河的历史与未来**
责 任 者 董文虎等著

出 版 项 北京:社会科学文献出版社,2008
页　　码 379
书　　号 978-7-5097-0059-4
分 类 号 K928.4
相关目录 导言 京杭大运河与中华文明/第一章 京杭大运河的历史变迁/一、京杭大运河的开凿与贯通/二、京杭大运河的形成与整治/三、京杭大运河的河工技术/四、京杭大运河的管理与制度/第二章 古代中国的经济大动脉/一、历时千年的漕运体系/二、明清兴盛的商业贸易/三、运河关口与国家经济命脉/第三章 运河城市的崛起与辉煌/一、运河沿岸城市的崛起和发展/二、运河城市的社会结构与社会组织/三、江南地区的繁华和影响/第四章 维护国家统一稳定的保障线/一、大运河的军事功能/二、对国内稳定统一的政治影响/三、民族融合的重要纽带/四、大运河与对外交流/第六章 近代京杭大运河的衰落/一、天灾人祸大运河断航/二、铁路公路兴起运河备受冷落

书　　名 京杭大运河图说
责 任 者 王国平主编
出 版 项 杭州:杭州出版社,2006.04
页　　码 329
书　　号 7-80633-861-6
分 类 号 K928.42-64
相关目录 关于京杭大远河(杭州段)综合整治与保护开发的思考(代序)/一、悠悠古运河/(一)运河变迁/(二)千里运河/(三)浙东运河/杭州运河/(一)古地图中的杭州运河/(二)杭州城内运河/(三)杭州城外运河/(四)其他水系与运河/(五)杭州运河名镇/三、杭州运河经济/(一)漕粮与厘税/(二)工业与手工业/(三)农业与渔业/(四)商业与服务业/(五)交通运输

书　　名 京杭运河史
责 任 者 姚汉源著
出 版 项 北京:中国水利水电出版社,1998
页　　码 767
书　　号 7-80124-487-7
分 类 号 U621.2
相关目录 第一编 绪论/第二章 历代运河布局与政治经济关系/第三章 运渠与黄河/第一节 黄河对运河的干扰/第二节 黄河、长江的沟通/第四章 大运河论略/第四节 河道运输/第二编 开凿简史/第七章 泗汶恍济运道——泗口至东平段/第八章 卫河运道——临清至天津段/第九章 北运河及通惠河前身运道——天津至北京段/第三编 元代开通京杭运河全线/第十章 元代开通惠河/第一节 金口河及坝河等水道/第二节 通惠河水道/第十二章 济州河及会通河的开凿/第十三章 元代的江浙运河/第一节 泗黄运道情况/第二节 淮扬运河情况/第三节 江南运河情况/第四编 明代的京杭运河/第十六章 明代会通河的重开/第一节 重开会通河前的运道/第五节 运道的整修及设施/第十七章 明代治理会通河与治理黄河/第三节 引黄河济会通河运道/第二十章 明代后期开新河及维修管理(正德元年至崇祯十七年,1506-1644年)/第二节 南阳新河的开通/第三节 伽运河的开通/第二十二章 明后期的淮扬运河/第四节 明后期运河的入江水道及港口/第五编 清代早中期(1644-1855年)的运河/第六编 运河的衰落/第二十八章 河政敝坏与河运艰涩/第二节 漕运的变更/第三节 黄淮为灾酝酿海运(嘉庆元年至道光五年,1796-1825年,共30年)/第四节 试行海运至黄河大改道的30年/第二十九章 海运通漕与河运的废弃/第一节 咸丰六年至

光绪十三年情况(1856－1887年,共32年)/第二节 光绪十四年至宣统三年情况(1888－1911年,共24年)/第七编 运河工程及漕运管理述略/第三十一章 历代管理机制概略/第五节 明代漕运规制略述

书　　名 荆州航运史
责 任 者 苏有义主编
出 版 项 北京:人民交通出版社,1996
页　　码 367
书　　号 7－114－02332－4
分 类 号 F552.9

书　　名 九江港史
责 任 者 孙述诚主编
出 版 项 北京:人民交通出版社,1991.10
页　　码 418
书　　号 7－114－01146－6
分 类 号 F552.9
相关目录 古代部分(远古－1840年以前)/第一章 古代九江港的形成与发展(远古－1840年以前)/第一节 九江港的形成/第二节 九江港的早期发展/第三节 长江干线上的重要港口/近代部分(1840－1949年)/第二章 九江开埠与近代港口的出现(1840－1916年)/第一节 九江被迫开埠通商/第二节 被外国人控制的九江港/第三节 一批轮运企业在九江设置分支机构/第四节 近代码头的出现/第五节 开埠后货物吞吐的变化/第三章 南浔铁路通车后九江港的兴旺(1916－1937年)/第一节 铁路通车对港口的影响/第二节 中外航运势力在九江港的竞争与消长/第三节 码头设施的增加与港区范围的扩大/第四节 九江港的港务、航政管理与报关行/第四章 九江港的衰落(1937－1949年)/第一节 抗日战争时期九江港迅速衰落/第二节 抗战胜利后九江港的恢复/第三节 港口短暂复苏与再次衰落/第四节 码头工人的状况与斗争
内容提要 本书系统地介绍了九江港自形成到1989年的兴衰演变过程,研究了不同历史时期九江港的地位、作用、变化及其原因,揭示了九江港与腹地经济的关系和港口发展的一般规律。

书　　名 九江通商口岸史略
责 任 者 陈荣华,何友良著
出 版 项 南昌:江西教育出版社,1985
页　　码 212
分 类 号 K295.6
相关目录 第一章 资本帝国主义势力的侵入/第一节 看中了九江/第二节“租地立市”/第三节“国中之国”和领事裁判权/第四节 以传教为主要手段的文化侵略/第二章 洋人管理的海关/第一节 海关的设立/第二节 攫取海关的行政权/第三节 货真价实的侵略工具/第三章 关税自主权的丧失/第一节“协定关税”具体化/第二节 子口税制的推行/第三节 掠夺关税的支配权/第四节 关税收入/第五节 关税支出/第四章 侵略者对九江贸易和经济命脉的垄断与控制/第一节 进口贸易——洋货的倾销/第二节 出口贸易——对我国原料的掠夺/第三节 进出口货值的比较/第四节 加紧掠夺/第五章 对外通商以后/第一节 江西自然经济被破坏/第二节 江西资本主义的初步发展/第三节 半殖民地半封建化的农村经济/第四节 江西工人阶级的产生/第六章 人民的革命斗争/第一节 初期的反侵略斗争/第二节 反帝反封建的新篇章/

第三节 大革命高潮到来时/第四节 在北伐战争中/第五节 反帝斗争的创举/附录 九江通商口岸大事年表

内容提要 搜集上起1858年外国侵略者选择九江作为通商口岸,下迄1927年中国大资产阶级叛变革命,标志着中国半殖民地半封建社会的最后形成这一历史过程中九江商口岸的史料。分"资本帝国主义势力的侵入"、"洋人管理的海关"、"关税自主权的丧失"、"侵略者对九江贸易和经济命脉的垄断与控制"、"对外通商以后"等5章、采取编年和专题相结合、以专题为主的写法,即总体按时间顺序编排,但内容归纳为几个问题叙述。放映九江商埠在帝国主义侵华过程中的性质、地位及其作用。

书　　名 **旧中国海关历史图说**
责 任 者 张耀华编著
出 版 项 北京:中国海关出版社,2004.02
页　　码 272
书　　号 7－80165－158－8
分 类 号 F752.59
相关目录 第一篇 中国古代海关/第一章 中国海关起源/第四节 周代设关分布情况/第二章 秦汉至南北朝关的分布及关制/第一节 陆地关和沿海关并存的开端/第三章 隋唐关津分布及关制/第一节 隋唐关津分布/第四章 宋元明设关分布及关制/第一节 宋代设关分布/第三节 元朝设关分布/第五节 明朝设关分布/第五章 前清海关设置及其制度/第一节 前清海关设置/第三节 前清沿海海关概述/第二篇 中国近代海关(上)/第一章 鸦片战争爆发原因和海关主权的丧失/第一节 鸦片战争爆发原因/第三章 各地海关简史/第一节 沿海海关/第二节 长江各关/第三节 沿边各关/第四节 内地各关/第三篇 中国近代海关(下)/第一章 管理体制/第二节 海关总税务司署/第三节 海关总税务司/第四篇 中国人民收回海关主权的斗争/第一章 爱国人士掀起收回海关主权的斗争/第一节 群众性自发斗争/第二节 太平天国海关/第三节 进步人士主张收回海关主权/第二章 海关职工运动/第一节 海关早期革命运动/第二节 海关外班华员俱乐部和海关华员联合会/第三节 海关同人俱乐部和乐文社/第四节 海关抗日救亡的爱国运动/第五节 津海关、汉江关职工运动/第六节 保护关产迎接解放/第三章 解放区海关/第一节 苏区革命根据地边境税关/第二节 抗日民主根据地税务所/第三节 解放区海关
内容提要 本书主要对中国海关史进行了多角度的研究分析,内容包括中国古代海关、中国近代海关、中国人民收回海关主权的斗争等。

书　　名 **开启台湾第一人郑芝龙**
责 任 者 汤锦台著
出 版 项 台中:果实出版,2002
页　　码 255
分 类 号 K825.3＝48

书　　名 **开拓台湾的先驱:郑芝龙传奇**
责 任 者 朱景和著
出 版 项 北京:华文出版社,2004.02
页　　码 467
书　　号 7－5075－1560－5
分 类 号 I247.43
相关目录 第二章 水上奇功惊乡里 巨商重金酬少年/第三章 雏鹰惶恐离巢去 路海茫茫任蹁跹/第

五章 潘船长海上说南洋 郑一官初访小吕宋/第六章 航台湾师傅论海盗 淡水港学徒遇同乡/第八章 抗暴力华商争尊严 遇飓风黎旦蒙大难/第九章 带头船拼死得生还 隆华行劫后图中兴/第十五章 盟兄弟重聚魍水港 还魂女感恩谢医仙/第十九章 新首领立志图大计 十八芝誓师伐金门/第二十章 取厦门郑家军扬威 兴讨伐洪先春败兵/第三十章 保海疆功臣受封赏 靖海氛闽军下粤东

内容提要 本书是作者根据对特定史实和人物理解的历史小说，以使读者了解传主的伟大历史功绩和贡献，还他历史风云人物的原貌。

书　　名 康熙时期的中琉关系

责 任 者 赖正维著

出 版 项 北京：海洋出版社，2004. 11

页　　码 333

书　　号 7－5027－6233－7

分 类 号 D829. 313

相关目录 第一章 康熙朝中国对琉球的册封/第三节 使团册封琉球的航海活动/第五节 册封贸易/第七节 徐葆光与琉球/第二章 康熙朝琉球遣华使团及其活动/第二节 琉球使团在福州的活动/第三节 琉球使团赴京及其活动/第四节 康熙时期的在华琉球人/第三章 康熙朝在华琉球留学生/第一节 琉球人入华求学之概况/第三节 儒学大师程顺则/第四节 古今独步的政治家科学家蔡温/第四章 康熙朝中琉飘风难民的问题/第一节 中琉双方政府对飘风难民的处置/余论："球案"与近代中琉日三国关系/附表四：清康熙朝飘至中国内地后被救助遣返归国的琉球难民表/附表五：清康熙朝飘至琉球国后被遣返归国的中国和朝鲜国飘风难民表/附表六：清代飘至中国台湾后被救助遣返归国的琉球难民表

内容提要 本书拟从康熙朝中国对琉球的册封及册封使团在琉球活动、琉球遣华使团及其在华活动、在华琉球留学生、中琉对双方飘风难民的抢救、安置及遣返问题四个方面作较为全面地探讨。

书　　名 康熙统一台湾档案史料选辑

责 任 者 厦门大学台湾研究所，中国第一历史档案馆编辑部

出 版 项 福州：福建人民出版社，1983

页　　码 338

书　　名 抗倭英雄汤和

责 任 者 沈叶鸣编著

出 版 项 北京：华龄出版社，2002. 04

页　　码 98

书　　号 7－80082－574－4

分 类 号 G623. 24

相关目录 汤和：值得纪念的历史人物/明史・汤和传/汤和抗倭史迹考/东南海疆颂英雄——访汤和庙宇汤和抗倭遗址/宁城今昔/汤和古墓看新景——重建享堂参观记/汤和墓清理简报/汤和墓《圹志》原文/[附]汤和墓《圹志》大意来自汤和墓的原始史料——《东瓯襄武王汤公圹志》研究报告

书　　名 科技考古论丛

责 任 者 王振铎著

出 版 项 北京：文物出版社，1989. 07

页　　码　410
书　　号　7－5010－0187－1
分 类 号　K875－53
相关目录　指南车记里鼓车之考证及模制/燕肃指南车造法补证/司南指南针与罗经盘——中国古代有关静磁学知识之发现及发明/中国古代磁针的发明和航海罗经的创造/试论出土元代磁州窑器中所绘磁针/宋代水运仪象台的复原
内容提要　本书所精选的《指南车记里鼓车之考证及模制》、《司南指南针与罗经盘》、《宋代水运仪象台的复原》、《汉代冶铁鼓风机的复原》、《中国最早的假天仪》、《张衡候风地动仪的复原研究》等14篇重要论文,就是对第三类科技模型复原的论述。本书为考古学专刊甲种第二十号。有插图239幅,黑白图版16面。

书　　名　**口岸开放与社会变革:近代中国自开商埠研究(中华历史通览)**
责 任 者　杨天宏著
出 版 项　北京:中华书局,2002
页　　码　432
书　　号　7－101－03148－X
分 类 号　F752.95
相关目录　第一章 自开商埠思想主张的酝酿/一、鸦片战争前中国的对外贸易政策/二、条约口岸的兴起与中国经济结构的变化/三、国际环境的变化与中国政府的对策/四、"自开商埠"从个人主张发展为政府决策/第二章 清季自开商埠之概况/一、清季首批自开商埠考/二、第一批自开商埠的设置/三、清末新政时期增设的自开商埠/四、日俄战争与东北地区商埠的"自开"/五、清季自开商埠的类型、地域分布及其成因/六、外国因素在自开商埠中的体现/第三章 清季自开商埠的建置/一、"宁波模式"为自开商埠提供的借鉴/二、"华洋公共通商场"的开辟/三、自开商埠的经费筹措与开支/四、自开商埠各项章程制度的制订/五、自开商埠海关的设置及其管理制度/第四章 自开商埠商业贸易的发展/一、商埠自开与清季外贸场域的拓展/二、近代商事机构在自开商埠的出现/三、进出口贸易的商品结构及流向/五、自开商埠关税收支状况分析/第五章 自开商埠的经济发展与社会新陈代谢/一、近代企业的创建及工业化程度分析/二、钱庄票号与银行并存的自开商埠金融业/三、传统城市结构及功能的改变/四、口岸开放与口岸城镇的社会变迁/第六章 近代中国自开商埠的检讨
内容提要　国家哲学社会科学基金资助课题:本书包括绪论和六章正文。自开商埠思想主张的酝酿、清季自开商埠之概况、清季自开商埠的建置、自开商埠商业贸易的发展、自开商埠的经济发展与社会新陈代谢、近代中国自开商埠的检讨。

书　　名　**跨湖桥**
责 任 者　蒋乐平主编;浙江省文物考古研究所,萧山博物馆编
出 版 项　北京:文物出版社,2004
页　　码　379
书　　号　7－5010－1680－1
分 类 号　K878.05
相关目录　第二章 遗址/第二节 2001、2002年的发掘/一、独木舟及其相关遗迹
内容提要　浦阳江流域考古报告之一:本书为跨湖桥遗址考古发掘报告。主要包括遗址、遗迹、遗物、年代与分期、生态与经济、下孙遗址等内容。

书　　名　跨湖桥文化论集

责 任 者　华东,任关甫主编

出 版 项　北京:人民出版社,2009.09

页　　码　286

书　　号　978-7-01-008276-9

相关目录　跨湖桥遗址的发现与挖掘/跨湖桥独木舟三题/独木舟问水文化的萌芽——从跨湖桥发现的中华第一舟说起/独木舟——新石器时代东北亚地区海上文化交流的工具/环杭州湾地区史前文化与早期东亚海洋文化交流圈

内容提要　跨湖桥遗址的发现与发掘,如惊雷一声,打破了浙江匠二十年史前考古工作的沉闷局面。但在当时,这个有着8000年历史理应让人惊喜的年代数据,似乎给人更多的是一种诧异。"浙江7000年"这已经是考古界近二十年的固定概念,突然出现的8000年遗址,如同天外来客,令人诧异。文化面貌十分独特,工艺技术较为先进的跨湖桥遗址,带给人们的竟是重重疑团。由此也注定了跨湖桥遗址命运的曲折与坎坷。

书　　名　昆仑及南海古代航行考

责 任 者　(法)费琅(G. Ferrand)著;冯承钧译

出 版 项　北京:中华书局,1957

页　　码　75

分 类 号　K933.6

书　　名　昆仑及南海古代航行考:苏门答剌古国考

责 任 者　(法)费琅著;冯承钧译

出 版 项　北京:中华书局,2002

页　　码　160

分 类 号　K342.3

内容提要　本书收录了《昆仑及南海古代航行考》和《苏门答剌古国考》,主要对我国史地方面的外国语译名作了研究、考证。

书　　名　昆仑及南海古代航行考(尚志学会丛书)

责 任 者　(法)费琅著;冯承钧译

出 版 项　北京:商务印书馆,1930

页　　码　133

分 类 号　K930.6

相关目录　昆仑及南海古代航行考/中文记载/史地名之考定/阿剌伯文及波斯文记载/爪哇吉蔑占波中国之海军/入朝中国之使臣/昆仑民族之西从

书　　名　琅琊与徐福研究论文集

责 任 者　山东胶南琅琊暨徐福研究会编

出 版 项　北京:华夏出版社,1995

页　　码　309

书　　号　7-5080-0939-8

分 类 号 K828.33:D829.313

相关目录 1. 论琅琊台古港是徐福东渡的起始点 孙光圻/2. 琅琊是徐福东渡的启航港 张树枫/3. 论徐福东渡由古琅琊港启航 王景东/4. 徐福东渡原因新探 李永先/5. 徐福东渡出海初探 侯文程/6. 琅琊台及徐福东渡启航地考述 王云霞/7. 琅琊台海市与徐福东渡 韩明彦/8. 徐福琅琊东渡溯评 宗仲曲/9. 中日关系源远流长——从远古时代到徐福东渡的历史考察 牟元珪/10. 徐福求仙与东渡的道家渊源 徐研敏/11. 浅议徐福东渡日本与中日经济文化交流 刘云敏,陈济敏/12. 越都琅琊考辨 李永先/13. 越国迁都琅琊析 钱林书/14. 越国迁都琅琊辨 林华东/15. 秦琅琊台漫游杂谈随考 陈平/16. 论秦始皇、汉武帝东巡琅琊及山东沿海 朱亚非/17. 琅琊其地与徐福其人 孙维诚,崔树秀/18. 也谈徐福与琅琊 张黄元/19. 琅琊港衰落原因初探 李文渭,范浩儒/20. 越王“观台”与始皇“层台”非一台考辨 韩玉德/21. 陈氏三量与灵山卫和琅琊台 孙敬明,王桂香/22. 琅琊台与《琅琊刻石》考略 于书亭,王景东/23. 徐福与琅琊古迹考察纪实和开发研究之建议 张树枫/24. 夷人崇日与秦始皇东巡琅琊 苏兆庆/25. 齐刀“安阳”地望考 毛公强/26. 徐福当属琅琊籍——兼析赣榆、黄县之徐福故里说 张树枫,龚振河/27. 徐福里籍纠谬及推阐 韩玉德/28. 徐福和徐福传说 安志敏/29. 徐福东渡浅议 崔坤斗,逄芳/30. 徐福东渡至何方 鲁海/31. 琅琊台与李斯和徐福——悄然兴起的“徐福研究热” 杨义民

书　　名 **雷州文史:第5辑,总第24辑(中国历代名将丛书)**
责 任 者 政协雷州市委员会编辑
出 版 项 2001
页　　码 224
分 类 号 K296.508.24

相关目录 史海汐潮/雷州古港——“海上丝路”始发港之一[王增权]/试论雷州港作为我国古代对外贸易重要口岸的形成条件[余石]/对徐闻二桥村“汉徐闻县治遗址”的质疑[王增权]/也论汉徐闻县治及“海上丝绸之路”始发港[蔡山桂]/从雷州城的军事地位论汉徐闻县治和徐闻港的位置[蔡叶青]

书　　名 **李鸿章**
责 任 者 尹福庭著
出 版 项 北京:军事科学出版社,1991.02
页　　码 132
书　　号 7-80021-344-7
分 类 号 K827.52

相关目录 三、投靠曾国藩与创建淮军/四、赴沪同太平军作战/五、督师山东镇压捻军/七、筹办海防与组建北洋海军/八、在中日甲午战争中

书　　名 **李鸿章传(中国历史名人丛书)**
责 任 者 苑书义著
出 版 项 北京:人民出版社,1991.06
页　　码 421
书　　号 7-01-000862-0
分 类 号 K827.52

相关目录 五、“富强相因”/揭示洋务总纲/提振军事工业/兴办民用企业/筹建北洋海军/六、早期“和戎”外交/议结天津教案/从“联日”到“联俄抗日”/中秘和中英交涉/在中法和战的漩涡中

内容提要　叙述李鸿璋(1823－1901)的一生。他与晚清命运息息相关的几十年,掌管外交、军事、经济大权,扼杀太平天国,举办洋务,搞军事工业,办理屈辱的外交,签订《烟台条约》、《马关条约》、《中法新约》、《辛丑条约》等丧权辱国的不平等条约。本书对其一生作了评价。书末附《李鸿章家世简表》。

书　　名　**李鸿章传**
责 任 者　苑书义著
出 版 项　北京:人民出版社,2004
页　　码　549
书　　号　7－01－004138－5
分 类 号　K827＝52
相关目录　五、"富强相因"/揭示洋务总纲/提振军事工业/兴办民用企业/筹建北洋海军/六、早期"和戎"外交/议结天津教案/从"联日"到"联俄抗日"/中秘和中英交涉/在中法和战的漩涡中
内容提要　本书介绍这位生前生后毁誉参半的人物,通过记述其在政治舞台上活动了半个多世纪,"坐镇北洋"、"汉臣中权势最巨"的生平,也透视了晚清政局与社会演变。

书　　名　**李鸿章评传:中国近代化的起始**
责 任 者　(美)刘广京,(美)朱昌峻编;陈绛译校
出 版 项　上海:上海古籍出版社,1995
页　　码　403
书　　号　7－5325－2002－1
分 类 号　K827.52
相关目录　第二编 李鸿章的崛起/2. 儒家务实的爱国者:李鸿章事业的形成阶段,1823－1866年/3. 李鸿章在直隶:一个新政策的呈现,1870－1875年/第三编 扮演全国性官员角色的李鸿章/4. 李鸿章与沈葆桢:近代化的政治/5. 津沪联系:李鸿章对上海的政治控制/6. 李鸿章对外国军事人才的使用:形成时期,1862－1874年/第四编 作为外交家的李鸿章/7. 李鸿章对日本和朝鲜政策的目的,1870－1882年/8. 李鸿章和流球争端,1871－1881年/9. 李鸿章对朝鲜的宗藩政策,1882－1894年/第五编 作为近代化倡导者的李鸿章/10. 李鸿章与江南制造局,1860－1895年/11. 李鸿章与近代企业:轮船招商局,1872－1885年/12. 李鸿章与北洋海军/第六编 结论与书目/13. 李鸿章:一个评价

书　　名　**李鸿章思想体系研究(武汉大学学术丛书)**
责 任 者　王承仁,刘铁君著
出 版 项　武汉:武汉大学出版社,1998
页　　码　334
书　　号　7－307－02542－6
分 类 号　K827.52
相关目录　第三章 军事思想/四、"以大治水师为主"/五、"海战惟恃船炮,陆战惟恃枪炮"

书　　名　**李鸿章新传:上**
责 任 者　雷禄庆著
出 版 项　台北:文海出版社,1983.09
页　　码　502

分 类 号 K827.49

相关目录 第六章 淮军平吴/(一)淮军的成立/(二)鸿章在上海的初步军政设施/(三)上海防卫战/(四)淮军规复吴疆/(五)善後工作/第七章 剿捻/(一)曾国藩剿捻/二)剿平东捻/(三)剿平西捻/第八章 湖广总督/第九章 直隶总督、北洋大臣/第十章 同光自强运动/(四)工业/(1)造船工业/(五)交通/(1)轮船招商局/(六)北洋海军/(1)马尾船政局/(2)筹议海防/(3)订造铁甲船/(4)天津水师学堂/(5)旅顺船坞/(6)海军事务衙门/(7)三海工程费/(8)水师章程/(9)颐和园工程与海军经费/(10)琅威理辞职风波/(11)停购船械/(12)校阅海军/(七)自强运动之检讨/第十三章 中日甲午战争/(一)东学党之乱与中日战争的酝酿/(二)甲午之战与马关议和/(三)马关条约与三国干涉还辽

书 名 **李鸿章与北洋舰队:近代中国创建海军的失败与教训**

责 任 者 王家俭著

出 版 项 北京:三联书店,2008.12

页 码 508

书 号 978-7-108-02993-5

分 类 号 E295.2

相关目录 第二章 新海军产生之背景/第一节 绿营水师的组织及其废弛/第二节 西力东渐与海防告警/第三章 自强运动与新海军之诞生/第一节 湘军水师与长江水师的相继成立/第二节 购买新舰的失败——李泰国、阿思本兵轮案/第三节 新海军的先锋——江南制造局及福建船政局/第四节 新海军的建立——福建舰队与江苏舰队/第四章 李鸿章与北洋海军/第一节 两洋政策的制定/第二节 南洋海军的式微/第三节 北洋海军的代起与李鸿章的建军理念/第五章 装备与兵员的筹备/第一节 北洋海军的装备——船炮的购置/第二节 人员的培训——学堂与留学教育/第六章 军港与基地的建设/第一节 旅顺军港的兴建/第二节 大沽与威海卫等基地的布置/第七章 海军改制与北洋舰队的成立/第一节 海军衙门的创设与北洋海军的改制/第二节 北洋海军章程的制订与海军总查的设置/第三节 北洋舰队的编制与人事/第四节 俸饷制度与奖惩章程/第八章 北洋舰队的训练与活动/第一节 基本的训练/第二节 特别的活动/第九章 经费来源与收支概况/第一节 海防经费的来源与窘状/第二节 额外的借拨与颐和园工程移用/第三节 实际收入与开支概况/第十章 中日海权的争夺与北洋舰队的倾覆/第一节 中日海军建设的竞赛/第二节 北洋舰队的战败与东亚海权的易手

内容提要 本书为著者积四十年研究之成果,作者谨严客观、整体深入,一一论列北洋海军的装备、人员培训,大沽、旅顺口和威海卫基地的布置,海军章程的制定,海军衙门的机构设置、俸饷和奖惩制度,海军的训练和各项特别活动,经费收支及与颐和园工程的关系,中日甲午之战以及福建舰队等。

书 名 **李鸿章与淮军**

责 任 者 丰吉著

出 版 项 沈阳:辽宁人民出版社,2008

页 码 187

书 号 978-7-205-06309-2

分 类 号 K827

相关目录 六、捉襟见肘办海军/九、甲午海战:北洋海军的悲哀

书 名 **李鸿章与甲午战争**

责 任 者 刘功成著

出 版 项 大连:大连出版社,1994

页　　码 189

书　　号 7-80612-114-5

分 类 号 K827.52:K256.3

相关目录 李鸿章与甲午清军出兵朝鲜始末——甲午战争100年读史札记之一/李鸿章与甲午中日辽东及辽阳南路之战——甲午战争100年读史札记之二/李鸿章与甲午中日金湾之战——甲午战争100年读史札记之三/李鸿章与甲午中日旅顺之战——甲午战争100年读史札记之四/李鸿章与甲午中日威海之战——甲午战争100年读史札记之五/李鸿章与甲午战争中的北洋水师——甲午战争100年读史札记之六/李鸿章与马关和议详陈——甲午战争100年读史札记之七/附录一、中日马关条约/附录二、《中日马关条约》有关约稿

书　　名 **李鸿章与甲午战争前中国的近代化建设**

责 任 者 高鸿志著

出 版 项 合肥:安徽大学出版社,2007.04

页　　码 247

书　　号 7-81110-277-3

分 类 号 K827=52:F129.5

相关目录 第一章 开创中国近代军事工业/1. 李鸿章与江南制造总局/2. 金陵机器制造局的建立/3. 扩建天津机器局/4. 淮系人物创办或帮助建设的其他军火厂/第二章 创办轮船招商局/1. 内江外海之利尽为列强所夺/2. 李鸿章创办轮船招商局/3. 招商局成立初期的困难与李鸿章的对策/4. 收购旗昌轮船公司资产引起的风波/5. 帮助招商局走出困境/6. 招商局陷入严重危机/7. 李鸿章力挽狂澜与招商局转危为安/8. 关于甲午战前招商局的评价问题/第八章 建立海军与反对英国控制中国海军的阴谋/1. "欧洲——中国海军"的建立与解散/2. 赫德"海防计划"出笼/3. 依靠英、德建设海军的方针与琅威理来华/4. 英国夺取中国海军大权的阴谋破产/5. 中国保守势力对海军建设的干扰和破坏/第九章 引进西方科技与培养近代化建设人才

内容提要 本书从军事、铁路、邮政、科技、人才等方面论述了李鸿章在开创中国近代化建设事业中的功过是非。

书　　名 **历代入粤名人(岭南文库)**

责 任 者 李小松,陈泽弘编著;岭南文库编辑委员会,广东中华民族文化促进会编

出 版 项 广州:广东人民出版社,1994

页　　码 625

书　　号 7-218-01512-3

分 类 号 K820.865

相关目录 弘法东瀛 功施两邦——唐东渡日本高僧鉴真、入唐日僧荣睿/一生清廉吏 广招四海舶——唐广州刺史兼岭南节度观察史李勉/抗倭抚民 威震东南——明名将、民族英雄俞大猷与戚继光/传教入粤进京 沟通中西文化——意大利传教士利玛窦/誓师猎屿驰闽粤 光复台湾逐红毛——民族英雄郑成功/壮威海疆 殉国虎门——清广东水师提督关天培/虎门销烟 气壮山河——清钦差大臣、民族英雄林则徐/首倡师夷制夷 三修海国图志——清思想家魏源/督师镇海楼 热血倾冰海——抗法将军彭玉麟

内容提要 本书收入历代入粤名人93位,收入人物时间界限上起秦初,下截止清末。通过这些人的活动轨迹,从一个侧面反映出在岭南文化吸收、融合外来文化的交流发展过程中,入粤名人在各个领域所

起的推动作用。

书　　名　**历代贤豪:郑和,第2辑**
责 任 者　潘公展,印维廉主编
出 版 项　重庆:胜利出版社,1945.10
页　　码　297
分 类 号　K828
相关目录　第一章 郑和之生平/第二章 出使之因果/第三章 使团之组织/第四章 航行之概况/第五章 出使之经过/第六章 诸国之风物

书　　名　**历史的痕迹:1840－1950年的中国海关**
责 任 者　吴煮冰著
出 版 项　北京:昆仑出版社,2007
页　　码　467
书　　号　978－7－80040－881－6
分 类 号　I253
相关目录　第一章 海关与鸦片战争/清政府只有“剿夷”与“抚夷”两种对外政策/林则徐的禁烟运动/英国人启动了战争机器/第二章 洋人进入海关/《南京条约》签订10个月才有动静/英国人在租界里设海关/洋人组成的税务管理委员会进入中国海关/全国海关统归洋人管理/中洋人是这样管理海关/第三章 大清国的“第二外交部”/大清帝国派观光使团到欧洲/美国人任团长的大清外交使团出发了/大清国海关伦敦办事处/结束中法战争的条约/在澳门问题上葡萄牙人沾了海关的光/第四章 海关与大清的“海军梦”/“阿思本舰队事件”/“海军梦”的实现/第五章 洋务运动与海关/赫德议论大清时政/世界上发声最强的雾角响起/读惯四书五经的中国人开始学习西洋知识/欲罢不能的“洋务”/第七章 海关如肉 列强似狼/英国人在中国海关一直是“老大”/海关的势力延伸到朝鲜/德国人在海关里割出“国中之国”/英法俄德硬逼清廷借他们的钱赔给日本/日本人用“满洲国”当道具上演“夺权”闹剧/第八章 关税钱撑起大清半边天/鸦片贸易带来的滚滚财源/第九章 辛亥革命给了洋人机会/革命军要接管海关/第十一章 日寇对海关的掠夺/日本人全面攫取占领区内的中国海关/第十二章 外籍税务司制度的垮台/海关“温柔地”接受了改变/中国海关与第一次世界大战/孙中山在广州与洋人叫板/“关余事件”/第十三章 走向光明/“海关师爷罢工了”

书　　名　**历史上的澳门(澳门译丛)**
责 任 者　徐萨斯著;黄鸿钊,李保平译
出 版 项　澳门:澳门基金会,2000
页　　码　319
书　　号　972－658－105－2
分 类 号　K296.59
相关目录　第一章/葡萄牙赴北京使团的悲惨命运/海战失利,又一使团的困境/葡人在中国的探险及早期居留地/双屿和漳州灾难/与中国签订的和议/第二章/澳门,海盗的大本营/殖民地的由来/阿妈的传说和澳门殖民地的名称/第三章/非进贡使团的失望/中国人的蚕食/ 第四章/华人被逐出澳门/西班牙使节被逐出澳门/中国贸易的特权与豁免/王室垄断东方贸易/第五章/荷兰人在远东出现/澳门防御加强/中国对王室大帆船征税遭抵抗/海盗进攻澳门/第六章/荷兰人的侵略及溃败/荷兰海军中队封锁澳门/澳门防御工事建成/计划对荷兰人远征/第八章/禁海令和迁海/荷兰人企图袭击澳门/葡萄牙人垄断广州贸易/第九章/澳门的中国海关/澳门拒绝中国的对外贸易/禁止中国人远航/对澳门船运的限制/恢复马尼拉贸易/澳门的对外贸易/第十五章/难以对付的海盗船的入侵/海盗的权势/中国海军的无能/海盗厚颜无耻的行径/第十六章/一位船长的辉煌时期/第十九章/澳门:一个自由港/中国海关的禁令/禁令对贸易的毁灭性后果/第二十二章/在澳门重建海关的努力失败/中国海关驻扎澳门/第二十三章/澳门的三桅帆船/王家、商业及捕渔护航队/葡萄牙人又来到宁波/海盗行为猖獗/帆船航运被毁/第二十四章/苦力贸易/惊人的海上事故/澳门贸易遭禁/第二十六章/疏浚的港口/反对港口工程的运动/第二十七章/澳门新港及其全景/目前贸易与航运的状况/第二十八章/澳门为鸦片贸易赎罪

书　　名 **历史悠久的海洋文明**
责 任 者 谢宇主编
出 版 项 北京:原子能出版社,2004.02
页　　码 281
书　　号 7-5022-3118-8
分 类 号 P7-05
相关目录 海洋的起源/海洋文明的起源与发展/生命的摇篮/在辽阔的大洋上/从“刳木为舟”说起/木板船的问世/古埃及的太阳神帆船/中国的海上丝绸之路/航行方向的指示
内容提要 本书包括:海洋的起源、海洋文明的起源与发展、生命的摇篮、在辽阔的大洋上、海洋文化的内涵、惟一的海洋等内容。

书　　名 **连云港地方史稿**
责 任 者 李洪甫著
出 版 项 上海:上海社会科学院出版社,1990.06
页　　码 403
书　　号 7-80515-596-8
分 类 号 K295.33
相关目录 第一编 原始社会/第一章 连云港地区历史的开端/第二章 新石器时代连云港地区的原始繁荣/第二编 奴隶社会/第一章 夏商时期东夷部落联盟的遗迹/第二章 西周时期的羽山/第三章 列国战争之地/第三编 封建社会/第一章 吴、越和楚国的先后夺占/第二章 第一个封建中央集权国家秦之东门/第三章 汉代连云港地区盐铁经济的繁荣及其灿烂的文化/第四章 三国、两晋、南北朝时期的海隅繁荣/第五章 重建统一的隋朝之东方重镇/第六章 繁荣的唐代海州/第七章 北宋王朝统治下的海州/第八章 南宋、金政权统治下的海州/第九章 元代海宁州/第十章 较长稳定、缓慢发展时期的明代海州/第十一章 清代初期的海州直隶州/第四编 半殖民地半封建社会/第一章 清末民初的海州政事综述/第二章 清末民初海州的经济发展和实业之兴起/第三章 清末民初海州的科技发展/第五章 民国初年海州的社会变革和宗教形态/附录一、连云港地区历史上的自然灾害

书　　名 **连云港港史:古、近代部分(中国水运史丛书)**
责 任 者 卢其昌责任编辑
出 版 项 北京:人民交通出版社,1987.06
页　　码 176
书　　号 11044·10013

分 类 号 U6

相关目录 第一章 概述/第一节 优越的天然良海/第二节 连云港海岸的历史变迁/第三节 连云港的历史沿革/第四节 广阔富饶的经济腹地/第二章 古海州港的形成与发展/第一节 秦汉朐县自然港和海上航线的开辟/第二节 南北朝时期龙苴港的开筑与海外交通/第三节 唐宋时期的海州古港/第四节 明清时期古海州港的肇兴/第三章 以连云港为中心的诸港兴起/第一节 陇海铁路的展筑与连云港港址的勘定/第二节 大浦和灌河流域诸港的形成及其经济贸易/第三节 连云港筑港工程的准备阶段/第四章 连云港码头的建筑和经济贸易的发展/第一节 屡遭挫折的港口码头建筑过程/第二节 连云港港口的雏形/第三节铁路管理下的连云港港口贸易/第四节 陇海铁路管理港务体制的形成与发展/第五节 连云港是帝国主义觊觎的目标/第五章 日本帝国主义统治下的连云港/第一节 为侵华战争服务的"路港一元化"管理体制/第二节 港口的修复和扩建/第三节 日本帝国主义统治下的港口生产/第四节 码头工人的悲惨生活与反抗斗争/第六章 国民党政府接管后的连云港/第一节 从平津区接管到陇海铁路局经营/第二节 港口建设每况愈下/第三节 萧条的港口贸易/第四节 铁路局管理港务的解体,连云港胜利解放

书 名 **连云港与海上丝绸之路**
责 任 者 张殿臣,白化文,顾涧清主编
出 版 项 北京:海洋出版社,1990
页 码 313
书 号 7-5027-0976-2
分 类 号 F552.9

书 名 **梁披云先生九五华诞纪念文集**
出 版 项 澳门:澳门文化研究会,2001
页 码 175
书 号 99937-629-0-3
分 类 号 K825.7

相关目录 《澳门港与海上丝绸之路》序一/《澳门港与海上丝绸之路》序二/《澳门港与海上丝绸之路》自序/《澳门港与海上丝绸之路》编后记/澳门港与珠江三角洲/明末清初澳门的中国海商/论 17-19 世纪初海外华商经贸网络的形成和发展

书 名 **林钦差与鸦片战争**
责 任 者 (美)张馨保著;徐梅芬等译
出 版 项 福州:福建人民出版社,1989.05
页 码 287
书 号 7-211-00657-9
分 类 号 K253

相关目录 第一章 旧制度下的中英接触/英国贸易/广州贸易制度/第二章 鸦片贸易的兴起/1830 年以前鸦片之输入和泛滥/1830 年以后鸦片贸易的增长/中国的市场/第三章 外交危机/律劳卑使团/第五章林钦差在广州/林的为人、工作和学识/拘留外国侨民/第六章 鸦片烟尘与战争阴影/义律上校的应变准备/交出鸦片的动机/销毁鸦片/第七章 战争的来临和林则徐的下台/英国发动战争的决定/尖沙嘴斗殴与治外法权/九龙冲突与穿鼻交战/定海和林的罢官/附录 B 据英国统计,1816-1840 年间从孟加拉和孟买输出和输入广州的鸦片/附录 C 1834-1836 年间英国在广州贸易的报告/附录 D 关押在中国的英国

人——一个目击者关于1839年在黄埔港拘押外国船只的报道

书　　名　**林则徐传**
责 任 者　林崇墉著
出 版 项　中华大与编印会,1967.03
页　　码　646
分 类 号　K827=52
相关目录　第一章 家世与家庭/第二章 慈父兼良师/第三章 一个奇遇——恩师张师诚/第四章 诚与孝,谦与勤——为学与治事/第五章 九年翰林院/第六章 浙江杭嘉道——署浙江盐运使/第七章 林青天/第八章 两年五迁官/第九章 五年江苏巡抚(一)/第十章 五年江苏巡抚(二)/第十一章 畿辅水利议/第十二章 湖广总督/第十三章 禁烟运动的领导/第十四章 入京陛见——钦差大臣/第十五章 钦差大臣南下/第十六章 第一回合——缴烟销烟/第一十七章 团结内部,探究外情/第一十八章 第二回合——照式具结/第一十九章 从武力冲突到断绝贸易/第二十章 第三回合——以夷制夷/第二十一章 决裂/第二十二章 革职留粤/第二十三章 绝望中的努力/第二十四章 浙东会辨军务——河工——遣戍/第二十五章 新疆三年——终为中国患者其俄罗斯乎/第二十六章 从甘肃到陕西/第二十七章 云贵总督——只分良莠、不问汉回/第二十八章 郊原雨足云归岫

书　　名　**林则徐传**
责 任 者　余光荣著
出 版 项　北京:中国广播电视出版社,2005.08
书　　号　7-5043-4846-5
分 类 号　K827=52
内容提要　林则徐是清代著名的爱国政治家、思想家、诗人,也是中国近代第一个睁眼看世界的人。他主持的禁烟活动为中国近代历史留下了光辉的篇章,本书用丰富的史料为我们叙述了林则徐的一生。

书　　名　**林则徐传**
责 任 者　杨国桢著
出 版 项　北京:人民出版社,1995
页　　码　647
书　　号　7-01-000752-7
分 类 号　K827.5
相关目录　第二章 京师七年/第四章 管领江淮河汉/第六章 在禁烟运动的激流中/第九章 战争阴云与粤海冲突/第十二章 镇海军营生活/第十三章 曲折的赴戍途程/第十四章 瀚海龙沙荷戈人

书　　名　**林则徐评传(近代史人物评传)**
责 任 者　林庆元著
出 版 项　郑州:河南教育出版社,1990.04
页　　码　430
书　　号　7-5347-0138-4
分 类 号　K827.5
相关目录　第二章 反对外国资本主义侵略的民族英雄(上)/第一节 鸦片战争发生的历史背景/第二

节 爱国的禁烟运动/第三节 林则徐坚决维护主权独立与领土完整的斗争/第三章 反对外国资本主义侵略的民族英雄(下)/第一节 鸦片战争是英国资产阶级对中国蓄意扩张的必然产物/第二节 反侵略的民族战争及其失败/第四章 内忧外患中的林则徐晚年/第一节 富强之道的探索/第二节 林则徐对国内民族矛盾的处理/第三节 民族正气存千古/附录 林则徐生平大事年表

书　　名 **林则徐评传(中国思想家评传丛书)**

责 任 者 林庆元著

出 版 项 南京:南京大学出版社,2000

页　　码 422

书　　号 7-305-03501-7

分 类 号 K827=52

相关目录 上篇 生平篇/第二章 兴利除弊/二、参与漕政改革/第三章 湖广总督/一、鸦片流毒/二、湖广地区的禁烟/三、整顿盐政/第四章 震惊世界的禁毒斗争/一、临危受命,君臣决策/二、广州禁烟,光耀千古/三、禁烟运动的深入/四、依法要求"具结"与"交凶"/五、加强澳门安全的措施/第五章 反对英国侵华战争的斗争/一、英国发动侵华战争/二、抵抗英国侵略战争的斗争/三、英雄的悲剧/第六章 内忧外患的晚年/一、遣戍伊犁,热情筹边/二、对国内民族矛盾的处理/三、民族正气长存/下篇 思想篇/第二章"师夷"、"制夷"、"款夷"的思想/一、"师夷"的提出/二、传统观念的裂变/三、"制夷":"严而不恶"/四、主张"款夷",反对"封关禁海"/第四章 经济改革思想/二、废除漕运的改革方案/三、黄河改道的设想/第五章 军事思想/一、制海权思想的萌芽/二、人与武器并重的思想/三、塞防、海防并重

内容提要 本书论述了民族英雄林则徐的光辉一生。林则徐从封建社会到半殖民地社会,从传统到近代,他的思想一方面是对传统的继承,另一方面又是对近代社会的反映。

书　　名 **林则徐研究论文集**

责 任 者 福建省社会科学联合会编

出 版 项 福州:福建教育出版社,1992.01

页　　码 461

书　　号 7-5334-0751-2

分 类 号 K827.5:K253.07

相关目录 一、论林则徐思想的历史地位 李侃/二、林则徐禁烟代表历史的进步趋向 苏双碧/五、试论林则徐的军事思想 张一文 施渡桥/六、林则徐与粤海防卫战 马鼎盛/八、析《畿辅水利议》——谈林则徐治水 狄宠德/十、英国宪章派与第一次鸦片战争 关世杰/十四、道光朝中西贸易的变化及其影响 杨国桢,黄福才/十五、鸦片战争与福州茶港的兴起 程镇芳/二十、关于《海国图志》给予"幕末"日本的影响 大谷敏夫/二十一、建国以来鸦片战争资料整理出版述略 刘德麟

内容提要 纪念林则徐诞辰200周年学术讨论会(1985.10 福州):本书包括《论林则徐思想的历史地位》、《论林则徐的治术》、《鸦片战争对日本的影响》等21篇论文。

书　　名 **林则徐与近代中国**

责 任 者 张海鹏,马照南主编

出 版 项 福州:海峡文艺出版社,2009

页　　码 653

书　　号 978-7-80719-363-0

分 类 号　K827 = 52

内容提要　本书收录了《在纪念林则徐诞辰220周年座谈会暨学术讨论会上的讲话》、《学习林则徐的爱国主义精神和高尚品格》、《近十年林则徐研究回顾》、《林则徐与鸦片战争》、《林则徐禁烟只是英国发动鸦片战争的借口》等50多篇文章。

书　　名　**林则徐与鸦片战争论稿**

责 任 者　陈胜粦

出 版 项　广州:中山大学出版社,1990.11

页　　码　621

书　　号　7-306-00349-6

分 类 号　K827.5:K253

相关目录　林则徐与中国近代史的开端(代序) 陈锡祺/论林则徐的历史地位/林则徐的家庭出身及其早年所受的教育影响/林则徐的"民本主义"思想体系的形成/林则徐的爱国主义思想体系的形成及其特点/林则徐在粤功罪是非辨——关于"没收、焚毁走私的鸦片"/林则徐在广东后期的思想与活动/林则徐在被遣戍新疆前后的思想与活动/林则徐履勘南疆垦地的实录——林则徐《乙巳日记》评介/关于林则徐研究的若干史实补正/鸦片战争前后中国人对美国的了解和介绍——兼论清代闭关政策的破产和开眼看世界思潮的勃兴/略论姚莹开眼看世界的思想主张/论钱江/香港地区被迫"割让"与"租借"的历史真相/论林则徐使粤督粤未刊奏稿的史料价值/林则徐"开眼看世界"的珍贵记录——林氏《洋事杂录》评介/林则徐与澳门/上篇:林则徐捍卫中国对澳门行使主权的斗争/下篇:《澳门新闻纸》的翻译与林则徐走向近代的开端/林则徐与新疆屯垦新局面的开创/鸦片战争史研究如何深入/鸦片战争的历史启示/附录:民本主义论纲/一本有特色的学术专著(代跋一) 萧致治,钟海谟/一个人和两个世界(代跋二) 彭鹏

书　　名　**林则徐与鸦片战争论文集**

责 任 者　福建社会科学院历史研究所编

出 版 项　福州:福建人民出版社,1985

页　　码　289

书　　号　11173·113

分 类 号　K827.5

相关目录　林则徐研究中的几个问题/林则徐与禁烟运动/林则徐在粤功罪是非辨/略论林则徐的爱国主义思想及其在近代史上的影响/浅论林则徐的广东防务/林则徐在两湖的政绩/林则徐的治河方略/论林则徐组织的多译工作/论英美对华鸦片贸易的资本原始积累性质/鸦片战争与清朝吏治/鸦片战争对福建社会的影响/论道光帝在禁烟运动中的地位与作用/陈化成与吴淞之战/林则徐撰《哀启》手稿/从林则徐的一对印谈起/林则徐撰写的《刘家镇墓志铭》/解放以来林则徐研究述评/林则徐与鸦片战争学术讨论会综述

书　　名　**岭峤春秋 海洋文化论集**

责 任 者　广东炎黄文化研究会编

出 版 项　广东:广东人民出版社,1997.10

页　　码　387

书　　号　7-218-02569-2

分 类 号　K589

相关目录 “海上丝路”史事拾摭/南海海洋风俗存疑/古越人平安海航祈祷图——宝镜湾摩崖石刻探秘之一/郑和七下西洋的启示/中国古人的海洋意识及封建社会晚期受西方/侵略的原因/珠海曾是“海上丝绸之路”经过的地方/乾务至平沙曾是古航道的走廊/中华文化海外传播的历史演变/中国海洋文化的源头——贝丘遗址/古百越族及其后裔的海洋文化/海峡两岸的海神信仰

书　　名 **岭南古史**
责 任 者 胡守为著;岭南文库编辑委员会,广东中华民族文化促进会编
出 版 项 广州:广东人民出版社,1999
页　　码 395
书　　号 7-218-03150-1
分 类 号 K296.5
相关目录 十五、林邑与扶南/(一)林邑国的兴建/(二)林邑与交州的关系/(三)扶南概况/(四)扶南与中国的交往/十六、岭南早期的道教/十七、佛教在岭南的传播/(一)古代的海外交通

书　　名 **岭南海洋国土**
责 任 者 司徒尚纪著
出 版 项 广州:广东人民出版社,1996
页　　码 483
书　　号 7-218-02095-X
分 类 号 P74
相关目录 第三章 岭南海洋国土开发简史/第一节 先秦时期古越人对海岸和近海的粗浅认识与原始的开发利用/第二节 秦汉到南北朝时期海上丝绸之路的开辟及其对海洋开发的作用/第三节 隋唐宋元时期中国政府对南海诸岛及其海域的管辖与传统海洋开发兴起/第四节 明清时期中国政府对南海诸岛及其海域主权进一步确立与传统海洋开发的深入扩大/第五节 鸦片战争以后中国政府和人民维护南海诸岛领海主权的斗争及近代海洋开发的开始/第九章 港湾资源与海洋运输/第一节 港湾类型与分布/第二节港口资源开发利用/第三节 主要港口群的开发/第四节 南海海上航运

书　　名 **岭南近代史事与文化**
责 任 者 赵春晨著
出 版 项 北京:中国社会科学出版社,2003
页　　码 546
书　　号 7-5004-4014-6
分 类 号 K296.5
相关目录 史事篇/汕头开埠与美国/汕头开埠史实考/文化篇/从广东实学馆到黄埔水师学堂——晚清广东的海防教育/从《海防条议》看丁日昌的洋务思想/视野篇/关于“海上丝绸之路”概念及其历史下限的思考
内容提要 广州大学重点学科建设经费资助出版:本书由40篇专题论文组成,分为史事篇、文化篇、事业篇三个部分。前两部分的论文围绕近代岭南地区的史事、人物和文化展开论述,第三部分是针对近代中国一些全局性问题及其与岭南的关系所作的透视与分析。

书　　名 **岭南经济史话:上册**
责 任 者 子月著

出 版 项 广州:广东人民出版社,2000.11

页 码 338

书 号 7-218-03497-7

分 类 号 F127.65

相关目录 第五章 两汉兴越 海上丝路初形成/第十章 名扬万里 自广州通海夷道/第十一章 末世动荡 东方大港历浩劫/第十三章 首设市舶 叹时运兴衰“天”定/第十四章 农耕开花 沿海岸镇市成形/第十六章 百国来广 大元商贾控海贸/第十七章 明代海禁 闭关锁国千古罪/第十八章 落后挨打 西方诸国来叩关/第二十章 佛山崛起 广货名扬赋税重/第二十一章 禁海迁界 南粤大地血雨腥/第二十三章 一口通商 广州港畸形繁荣

书 名 **岭南科学技术史**

责 任 者 颜泽贤,黄世瑞著

出 版 项 广州:广东人民出版社,2002

页 码 664

书 号 7-218-04029-2

分 类 号 N092

相关目录 第三章 秦汉时期寒月文化交融与科技发展/第五节 造船技术与航海技术/一、岭南悠久的造船与航运史/二、楼船制造/三、远航东南亚的航海技术/第五章 隋唐五代时期的科技发展与中西科技交流/三、造船技术/第三节 广州对外开放与中西科技交流/二、海上交通与中西科技交流/第六章 宋元时期岭南科技的高度发展/第六节 航海技术与海上贸易/一、俞靖及其《海潮图序》/二、造船与航海技术/三、海上贸易与科技文化交流/第七节 队内的水陆交通及岭南的建筑、石刻与印刷/一、对内水陆交通的通畅和科技文化的交流/二、城池、桥梁的建筑/第八章 近代科学技术的传入与兴起/第二节 造船与航运/一、各种木船的制造机航行技术/二、早期轮船的仿造/三、近代民营轮船制造业/四、协同和机器厂、广南船厂和曲江造船所

内容提要 本书主要论述历代在岭南(广东、广西、海南)这块热土上演出的威武雄壮的科技话剧以及取得的科技成就、发现发明和经验教训等。

书 名 **岭南史地与民俗**

责 任 者 曾昭璇著

出 版 项 广州:广东人民出版社,1994

页 码 577

书 号 7-218-01522-0

分 类 号 K296.5

相关目录 上篇 两广及其边缘地区/广东地名学研究的地理学方法和民族学方法/番禺地名考/番禺族源与南越国都/广州——古代“海上丝绸之路”的起点/徐闻——汉代“海上丝绸之路”的起航点/广州唐代铜船

书 名 **岭南文物考古论集**

责 任 者 杨式挺著

出 版 项 广州:广东省地图出版社,1998

页 码 382

书　　号　7-80522-497-8

分 类 号　K872.65

相关目录　略论南海早期交通贸易二题/浅说粤港"牙璋"及相关器物——夏商周文化南传迹象探微/略论粤、港、海南岛的有肩石器和有段石器/香港古文化的根在大陆/略论澳门黑沙史前文化与珠江三角洲史前文化的关系/从考古材料看香港与祖国内地的历史关系/从考古发现探讨海南岛早期居民问题

书　　名　**岭南物质文明史**

责 任 者　赵春晨等编著

出 版 项　广州:广州出版社,2000

页　　码　410

书　　号　7-80655-169-7

分 类 号　K296.5

相关目录　古代篇/第二章 周秦汉时期与自成一体的南越国/四、海上丝绸之路:香料和玻璃与丝绸和茶叶/第四章 隋唐五代岭南的盛况/四、"海上丝路"拓展带来的"海上丝路"/第五章 宋元明清岭南的崛起/五、牙商与对外贸易/六、广州一口通商与十三行的垄断/近代篇/第四章 洋务运动时期对西方物质文明的自觉引进/一、仿造西式枪炮船舰/二、敷设陆路电报线和开辟轮船航运/五、民间新式工业和航运业的出现

内容提要　本书分综合编、古代编、近代编、当代编,共20章,全面论述岭南物质文明的产生、演进的历程和现代的状况。

书　　名　**琉球及东南诸海岛与中国**

责 任 者　梁嘉彬著

出 版 项　台中:私立东海大学,1965.03

页　　码　369

分 类 号　Z121.6

相关目录　壹 中国海洋发展及与琉球有关诸问题/论我国指南针指南车发明与方士入海/从韩国「明刀」出土看东汉以前中韩交通/日本是怎样开国了的?/关于徐福史料之观察/魏志侏儒国(琉球)裸国(台湾)黑齿国(菲律宾)考/关于华人发现美洲的观察/唐施肩吾事迹及其「岛夷行」诗考证/明代以前中非关系小考/流求史论正谬/贰 琉球史地丛考及其与中国关系之论证/古琉球确即瀛州考释/三国时代夷州亶州考/三国时孙权所伐夷州确为琉球而非台湾之证据/流求辨/从纯学术立场论隋书流求答台湾论者/论「隋书流求为台湾说」的虚构过程及其影响/论隋书「流求」与琉球台湾菲律宾诸岛之发见/论隋书「流求」与台湾琉球日本海行记录/宋代「毗舍耶国」确在台湾非在菲律宾考/「琉球舜天王为日人血胤说」正谬/琉球古今见闻考实

书　　名　**琉球历史研究(南开日本研究丛书)**

责 任 者　米庆余著

出 版 项　天津:天津人民出版社,1998

页　　码　270

书　　号　7-201-02567-8

分 类 号　D829.313

相关目录　第一章 古代琉球社会发展概论/第一节 琉球的考古与传说/第二节《隋书》有关琉球的

记载/第三节 古代日琉关系考/第四节 琉球社会的发展阶段/第二章 琉球王国体制的确立/第一节 明代中琉间的册封关系/第二节 琉球王国体制的确立/第三章 近世中、日、琉三国关系/第一节 近世日本与琉球/第二节 中琉关系的继续和发展/第四章 日本明治初年的对琉关系/第一节 近代日本的对外方针/第二节 日本占有琉球的准备/第五章 琉球漂民事件与中日交涉/第一节 日本利用琉球漂民事件/第二节 清政府对日交涉侵台问题/第六章 日本政府强行占有琉球/第一节 大久保利通的筹划/第二节 日本政府强行占有琉球/第七章 中日交涉琉球归属问题/第一节 中国驻日公使的照会/第二节 中日间的照会往复/第三节 中琉双方对日本《说略》的反驳/第八章 琉球分岛交涉的中断/第一节 美国前总统格兰特调停/第二节 琉球分岛及改约交涉的中断/附论/一、《隋书·流求传》辨析/二、读陈侃《使琉球录》——古代中琉疆界纪实/三、林子平《三国通览图说》珍本及其地图着色

书　　名 琉球与中国
责 任 者 吴壮达著
出 版 项 台北:正中书局,1948
页　　码 187
分 类 号 D829.313
内容提要 介绍琉球群岛的地理形势、自然环境、琉球国的历史概况、琉球与明清两朝的关系及中国对琉球在政治、经济、文化诸方面的影响等问题,共6章。

书　　名 六朝经济史
责 任 者 许辉,蒋福亚主编
出 版 项 南京:江苏古籍出版社,1993.07
页　　码 404
书　　号 7-80519-487-4
分 类 号 F129.39
相关目录 第七章 商业与交通/第一节 商业和城市/第二节 南北互市及海外贸易/一、南北互市/二、海外贸易/第三节 货币的紊乱/第四节 交通的发展/二、内河航运
内容提要 对六朝社会经济的开发和发展,社会经济形态及特点进行研究,分为土地所有制的形成和发展、户籍和田赋制度、商业与交通等7章

书　　名 六十年风云:郑氏四世与台湾
责 任 者 张仁忠著
出 版 项 北京:九洲图书出版社,2000
页　　码 222
书　　号 7-80114-498-8
分 类 号 K295.8:K820.9
相关目录 第一章 古代台湾与大陆的关系/一、远古时代的台湾与大陆/二、古文献上的台湾与大陆/第二章 郑芝龙开拓台湾/一、颜思齐与郑芝龙开台/二、郑芝龙受抚与移民台湾/三、荷兰侵台与郑芝龙抗荷/四、郑芝龙称霸台湾海峡/五、郑成功返国/六、明清鼎革之变/七、郑芝龙拥立唐王/八、郑成功受知隆武帝/九、郑芝龙降清/第三章 郑成功以两岛为基地抗清/一、永历朝廷/二、誓师海上/三、转战闽、粤沿海/四、取金、厦两岛为根据地/五、第一次南下勤王/六、大战漳州府/七、假借和议,缓兵取粮/八、第二次南下勤王/九、南征北略/十、治军有方/十一、北伐南京/十二、金、厦保卫战/第四章 郑成功光复台湾/一、决策

光复台湾/二、兴师光复台湾/三、开台奠基工作/四、郑成功之死/第五章 郑经抗清与建设台湾/一、郑经袭位平乱/二、清、荷联军攻克金、厦/三、施琅进兵澎湖，遇风折回/四、驱逐莅殖民者出鸡笼/五、郑经建设台湾/六、清、郑和谈/七、郑经西进大陆/八、郑氏衰落/第六章 康熙统一台湾

内容提要 本书共六章，包括古代台湾与大陆的关系；郑芝龙开拓台湾；郑成功以两岛为基地抗清；郑成功光复台湾；郑经抗清与建设台湾；康熙统一台湾等内容。

书　　名 **龙旗：清末北洋海军纪实**

责 任 者 舟欲行，黄传会著

出 版 项 北京：学苑出版社，2007

页　　码 455

书　　号 7－5077－2799－8

分 类 号 I253.2

相关目录 第一章 风雨宫阙/海防大筹议/激战紫禁城/第二章 东亚长夜/无人送别的远航/泰晤士河畔的碰撞/骡车上的海军统帅/李—赫大斗法/铁甲舰之梦/第三章 龙旗猎猎/北洋海军大阅兵/汉城暗夜/长崎事件/养虎者说/龙旗初升/旅顺建港/降旗风波/第四章 山雨欲来/颐和园黑幕/舰队东巡/战云初聚/紫禁城举棋不定/第五章 太阳浴血/遭遇丰岛/海上屠杀/东京沸腾了/决战前夜/黄海大海战/第六章 落日楼头/风雨撼龙廷/屠刀下的危城/兵败威海卫

内容提要 中国海军三部曲之一：本书记录亚洲第一的近代化海上军事力量——北洋海军从成军到覆灭的全过程。书中不仅真实的再现了北洋海军从筹议到成军、发展直至决战、覆灭的历史全景，而且提出了大量引人深思的问题。

书　　名 **卢作孚和民生公司（中华民国史丛书）**

责 任 者 周凝华，田海蓝著

出 版 项 郑州：河南人民出版社，1998

页　　码 335

书　　号 7－215－04064－X

分 类 号 K825.3：F552.9

相关目录 二、卢作孚的抉择与民生公司的崛起/三、卢作孚的"一桩事业"与民生公司争夺川江航权的斗争/四、民生公司的发展壮大与卢作孚的经营管理/五、卢作孚的中国现代化追求与职工的民生精神教育/六、卢作孚的救亡活动与民生公司的战时发展/七、卢作孚的海运蓝图与民生公司的困境/八、卢作孚率船归来与民生公司的归宿/附1. 民生公司1949年船舶一览/附2. 卢作孚年谱

书　　名 **陆上与海上丝绸之路**

出 版 项 北京：中国画报出版公司，1989.12

页　　码 303

书　　号 7－80024－026－6

分 类 号 K203－64

相关目录 第十一章 海上丝绸之路的开拓/第十二章 丝绸之路从陆路转向海洋/第十三章 中国的古代港口/第十四章 海上丝绸之路的极盛时期/第十五章 丝绸之路的终点——君士坦丁堡（伊斯坦布尔）/第十六章 丝绸之路对世界文明发展的影响

书　　名　**轮船史**

责 任 者　杨槱著

出 版 项　上海:上海交通大学出版社,2005

页　　码　144

书　　号　7-313-04048-2

分 类 号　U674-091

相关目录　第一章 蒸汽机船和铁船的出现/第二章 近代海军舰艇的发展/第三章 近代大型客邮船和商船的发展/第四章 第一次和第二次世界大战时期的军用舰艇/第五章 当代运输船舶/第六章 当代海军舰艇/第七章 渔船/第八章 工程船/附录 钻井平台

内容提要　本书扼要地叙述了蒸汽机船、铁船、邮船、商船、渔船、游船、军用舰艇、工程船舶等各种轮船的发展过程,以期读者能获得有关船舶和海洋的丰富知识。

书　　名　**论广州与海上丝绸之路**

责 任 者　广州市国家历史文化名城发展中心等编

出 版 项　广州:中山大学出版社,1993.08

页　　码　248

书　　号　7-306-00760-2

分 类 号　K296.51

相关目录　一、海上丝绸之路的兴起与发展/二、海上丝绸之路与中外贸易及文化交流/三、海上丝绸之路有关的人物、文物、遗址与名胜古迹/四、海上丝绸之路精神在当代的弘扬与发展/五、海上丝绸之路大事记

内容提要　本书论述了广州是我国海上"丝绸之路"的起点和发源地,并介绍了各个朝代海上"丝绸之路"的发展情况。

书　　名　**论明清时期的对外交流与边治**

责 任 者　徐明德著

出 版 项　杭州:浙江大学出版社,2006.07

页　　码　350

书　　号　7-308-04826-8

分 类 号　D829

相关目录　第一章 国策/第一节 论明清时期中国的闭关锁国政策/第二章 以人物为中心,反映对外交流与边治/第二节 论开国皇帝朱元璋与明初的让步政策/第三节 论明初杰出的外交家郑和三次出使日本/第八节 论明末白头军起义与郑成功收复台湾/第九节 论清代台湾籍民族英雄王得禄及其海防建设/第三章 从港口建设和海外贸易,看对外经济文化的交流/第十二节 论明代宁波港在中日经济文化交流史上的重要地位/第十三节 论明代中期浙江双屿港国际贸易市场/第十四节 葡萄牙人在中国的最早居留地——聚集16世纪前期浙江双屿港国际贸易市场/第十五节 论清代乍浦国际贸易港的发展与繁荣/第十六节 论闽粤南澳港在明清中外关系史上的重要地位/第十七节 论明清杭嘉湖地区香市贸易的繁荣与江南资本主义生产关系的萌芽/第十八节 论明代浙江的海外贸易与有关名词考释

内容提要　本书作为明清中外关系史的个案研究,内容丰富,包括相关历史人物的评价、港口建设和海外贸易的介绍,以及对西方耶稣会士来华活动的详细追踪。文献搜集完备,文字表达生动,结论较为科学,是一部优秀的历史著作。

书　　名　论唐代文化对日本文化的影响(中国古典文献学研究丛书)

责 任 者　李寅生著

出 版 项　成都:巴蜀书社,2001

页　　码　216

书　　号　7-80659-291-1

分 类 号　K242.03:K313.2

相关目录　第二章 日本社会在唐代以前的形成和发展/第一节 日本国家的形成历史/第二节 日本与唐代以前中国历朝政府的关系/第三章 唐代的中国与日本的文化交往/第一节 日本人眼里的大唐帝国/第二节 遣唐使/第三节 遣唐留学生和学问僧/第四节 鉴真东渡/第五节 唐官方使者和地方使者与日本的往来/第六节 民间往来/第七节 诗人学者之间的友好往来

内容提要　本书介绍了盛唐时代的社会气象,日本社会在唐代以前的形成和发展,唐代的中国与日本的文化交往,唐代文化对日本的影响,唐代文化影响日本的意义等内容。

书　　名　论郑和下西洋

责 任 者　郑一均著

出 版 项　北京:海洋出版社,1985

页　　码　497

书　　号　11193.0507

分 类 号　K248.105

相关目录　第一章 明代极盛时期的海上业绩/第一节 明初政治经济形势/第二节 明初对外政策/第二章 郑和的家世、宗教信仰和才能/第一节 郑和的家世/第二节 郑和的才能/第三节 郑和的宗教信仰/第三章 郑和使团的人员组织和船舶准备/第一节 郑和使团人员的组织/第二节 郑和使团船舶的准备/第四章 郑和使团的航海技术/第一节 古代中国人民的海洋知识和航海传统/第二节 郑和使团的天文航海技术/第三节 郑和使团的地文航海技术/第四节 郑和下西洋对海洋科学的贡献/第五章 郑和下西洋的航程/第一节《郑和航海图》中的航程/第二节《西洋朝贡典录》中的航程/第三节 郑和下西洋航程的综合研究/第六章 郑和出使诸国的经过/第一节 郑和出使的目的和任务/第二节 郑和下西洋的经过/第七章 郑和下西洋时期中国与亚非国家间在政治、经济和文化上的关系/第一节 中国与亚非国家间在政治上的关系/第二节 中国与亚非国家间在经济上的关系/第三节 中国与亚非国家间在文化上的关系/第八章 郑和下西洋的成就、局限性及影响/第一节 郑和下西洋的成就/第二节 郑和下西洋的历史局限性/第三节 郑和下西洋的影响

书　　名　论郑和下西洋

责 任 者　郑一均著

出 版 项　北京:海洋出版社,2005.07

页　　码　447

书　　号　7-5027-6375-9

分 类 号　K248.105

相关目录　第一章 明代极盛时期的海上业绩/第一节 明初政治经济形势/第二节 明初对外政策/第二章 郑和的家世、宗教信仰和才能/第一节 郑和的家世/第二节 郑和的才能/第三节 郑和的宗教信仰/第三章 郑和使团的人员组织和船舶准备/第一节 郑和使团的人员组织/第二节 郑和使团的船舶准备/第四章 郑和使团的航海技术/第一节 古代中国人民的海洋知识和航海传统/第二节 郑和使团的天文航海技

术/第三节 郑和使团的地文航海技术/第四节 郑和下西洋对海洋科学的贡献/第五章 郑和下西洋的航程/第一节《郑和航海图》中的航程/第二节《西洋朝贡典录》中的航程/第三节 郑和下西洋航程的综合研究/第六章 郑和出使诸国的经过/第一节 郑和出使的目的和任务/第二节 郑和下西洋的经过/第七章 明初中国与亚非国家间在政治、经济和文化上的关系/第一节 中国与亚非国家间在政治上的关系/第二节 中国与亚非国家间在经济上的关系/第三节 中国与亚非国家间在文化上的关系/第八章 郑和下西洋的成就、局限性及影响/第一节 郑和下西洋的成就/第二节 郑和下西洋的历史局限性/第三节 郑和下西洋的影响

内容提要 本书从郑和的身世,到郑和七下西洋的经历及其深远意义等,均作了系统的论述,作者对中外史学界存在分歧的某些问题,发表了自己的见解。

书　　名 妈祖神韵:从民女到海神

责 任 者 刘锡诚主编;李露露著

出 版 项 北京:学苑出版社,2003.05

页　　码 261

书　　号 7-5077-1096-3

分 类 号 B933

相关目录 第三章 海神的演变/(一)视海为神/(二)海神的动物化/(三)四海龙王/(四)人格化的海神/第四章 各地的海神/(一)海神的多样性/(二)潮神/(三)千里眼和顺风耳/(四)晏公/第五章 妈祖的职能/(一)护海之神/(二)漕运之神/第八章 妈祖在国内的传播/(一)沿海岸线传播/(二)妈祖在澳门/(三)移居台湾岛/第九章 妈祖在海外的传播/(一)日本的妈祖庙/(二)妈祖在东南亚/(三)妈祖到欧美洲/第十章 妈祖传播的历史背景/(一)航海和外贸的发展/(二)统治阶级的褒封/(三)民间的传播

书　　名 妈祖文化

责 任 者 甘玉连主编;林金岱执行主编;黄国华编著

出 版 项 福州:福建人民出版社,2003.10

页　　码 161

书　　号 7-211-04563-9

分 类 号 G127.57

相关目录 海神的演变/元代漕运保泰/明代使洋护航

内容提要 本书把特有的妈祖文化的形成、传播、影响、作用等系统地阐述出来,全书包括:生平、身世的文献记载,信仰生成与传播,祭祀与民俗,宫庙建筑,楹联、诗文及其它等内容。

书　　名 妈祖文化论文集

责 任 者 王利文主编

出 版 项 沈阳:辽宁大学出版社

书　　号 7-5610-4775-4

分 类 号 B933-53

内容提要 本书是全国妈祖文化学术年会所收论文的精选。内容比较广泛,对妈祖文化的产生、流布,以及对后世的影响等均有论及。

书　　名 妈祖文化论文集

责 任 者 蔡长奎主编;尚洁副主编

出 版 项 香港:香港凌天出版社,2002.05

页 码 113

书 号 962-85713-7-0

分 类 号 B93

相关目录 元代漕运和东西天妃宫/关于妈祖"卫漕"之说/从平民到神演变的活化石——妈祖祭享现象与海运关系初探/天津妈祖文化试说/妈祖文化活动应是精神文化活动/天津天后宫与元直沽港/天后宫与天津民间艺术/青岛天后宫与民俗博物馆/津门天后崇拜及其历史流变/试议津台两地的妈祖文化/妈祖文化与天津及其传播/妈祖从神话到文化的思考/妈祖文化与天津/试谈妈祖文化的天津民间信仰特点/试析天后宫对明代天津城址选择的影响/从匾联看天后宫对天津城市的影响

书 名 **妈祖文化研究**

责 任 者 罗春荣著

出 版 项 天津:天津古籍出版社,2006

页 码 291

书 号 7-80696-330-8

分 类 号 B933

相关目录 妈祖传说与宋代海上交通和海上贸易/从妈祖传说看宋代社会的自然灾害/妈祖信仰在元代海运中的地位/直沽立庙何时始/郑和下西洋与明代妈祖文化的发展/明《正统道藏》与天津天后宫/《太上老君说天妃救苦灵验经》再塑妈祖形象/《三宝太监西洋记》中妈祖形象的描写/明代孤本章回小说《天妃娘妈传》/明清时期香港、澳门地区的妈祖文化/琉球《历代宝案》——妈祖文化对外传播的历史纪录/澎湖天后宫——荷兰殖民者入侵的历史见证/郑成功收复台湾——"开台妈祖"与"开山圣王"/施琅攻台与妈祖澎湖助战/清代官方信仰与民间信仰共举局面的形成和发展/天妃何时封天后——还历史本来面目

内容提要 本书从妈祖文化的起源、海运与妈祖文化的北传、港澳地区的妈祖信仰与妈祖文化的对外传播等方面阐述了妈祖文化千年发展的历史轨迹;从神话学的角度,解读妈祖传说的深刻内涵及其强大生命力的根源。

书 名 **妈祖文化与华侨华人文集**

责 任 者 林晓东主编

出 版 项 北京:中国文史出版社,2008

页 码 438

书 号 978-7-5034-2329-1

分 类 号 B933-53

相关目录 早期福建的海外移民与妈祖信仰 李金明/妈祖信仰与华侨会馆 蒋维锬/妈祖文化在海外的传播与影响 黄国华/妈祖文化信仰的传播与影响 戴宏达/潮汕华侨与泰国华侨华人妈祖信仰 李天锡/由古妈祖像看日本的妈祖信仰 藤田明良/马来西亚天后宫与妈祖信仰功能的转变——以雪隆海南会馆天后宫为例 李雄之/17-19世纪越南会安的华人社会 李庆新/论泰国华人社会中的妈祖信仰 巫秋玉/恒山亭与天福宫:新加坡早期华人的信仰与社会 陈永升/日本华侨、华人的妈祖信仰初探 黄知岸/妈祖信仰与海洋文化 许在全/明、清时代琉球册封使妈祖信仰考 刘本炎/台湾知府方传襚与湄洲麟山宫"圣迹益彰"匾 李祖基/"夷海天妃山"考证 蔡国耀

内容提要 本书选录了31篇论文,内容主要包括妈祖文化在海外华侨华人中的传播与影响、妈祖文化在海外华侨社会形成与发展中的作用等多个方面。

书　　名　**妈祖文献目录索引**

责 任 者　中华妈祖文化交流协会,莆田学院编

出 版 项　福州:海风出版社,2004

页　　码　175

书　　号　7－80597－469－1

分 类 号　Z88:B933

内容提要　本书搜集了古今中外记载与妈祖信仰有关的史料和妈祖文化研究的成果,分上下两卷,共收录文献目录4507条,是一部纵观古今,横跨各科的综合性文献目录索引,类别设置科学,体例完备。

书　　名　**妈祖信仰**

责 任 者　李露露著

出 版 项　北京:学苑出版社,1994

页　　码　146

书　　号　7－5077－1096－3

分 类 号　B933

相关目录　第五章 海神的演变/第一节 视海为神/第二节 动物化海神/第三节 四海龙王/第四节 人格化的海神/第六章 航海之神/第一节 海上保护神/第二节 助漕运/第十章 下西洋/第一节 郑和航海/第二节 七次下西洋/第十一章 册封琉球/第一节 日本的妈祖庙/第二节 妈祖信仰的东渡/第三节 妈祖与姐妹神/第十二章 收复台湾/第一节 妈祖助清收台/第二节 镇压朱一贵起义/第十三章 传播四方/第一节 北向传播/第二节 南向传播/第三节 妈祖赴台/第四节 妈祖在海外/第十四章 天妃庙会/第一节 祭祀妈祖/第二节 民间文艺/第三节 妈祖回娘家

书　　名　**妈祖信仰**

责 任 者　李露露著

出 版 项　台北:汉扬出版股份有限公司,1995.11

页　　码　250

书　　号　957－99447－8－4

分 类 号　B93

相关目录　第五章 海神的演变/第一节 视海为神/第二节 动物化海神/第三节 四海龙王/第四节 人格化的海神/第六章 航海之神/第一节 海上保护神/第二节 助漕运/第十章 下西洋/第一节 郑和航海/第二节 七次下西洋/第十一章 册封琉球/第一节 日本的妈祖庙/第二节 妈祖信仰的东渡/第三节 妈祖与姐妹神/第十二章 收复台湾/第一节 妈祖助清收台/第二节 镇压朱一贵起义/第十三章 传播四方/第一节 北向传播/第二节 南向传播/第三节 妈祖赴台/第四节 妈祖在海外/第十四章 天妃庙会/第一节 祭祀妈祖/第二节 民间文艺/第三节 妈祖回娘家

书　　名　**妈祖信仰国际学术研讨会论文集**

出 版 项　财团法人北港朝天宫董事会台湾省文献委员会,1997

页　　码　488

书　　号　957－99690－5－1

分 类 号　B93

相关目录　明清册封琉球使臣与妈祖信仰的传播 徐恭生/妈祖信仰与海洋文化 周立方/福建省漳

浦、东山二县的妈祖信仰 谢重光/从历史文献看北港朝天宫与笨港天妃宫 蔡相辉

书　　名　妈祖信仰史研究
责 任 者　徐晓望著
出 版 项　福州:海风出版社,2007
页　　码　341
书　　号　7-80597-679-1
分 类 号　B933
相关目录　绪论 妈祖信仰研究的学术史回顾/一、古代妈祖文献的汇编与整理/二、妈祖信仰研究的学术史回顾/第一章 唐宋妈祖故乡文化的发展/第一节 唐宋福建经济文化与社会问题/第二节 晚唐五代莆仙文化的崛起/第三节 宋代莆仙经济文化的兴盛/第二章 宋代妈祖信仰的起源/第一节 有关妈祖身世的研究/第二节 妈祖与福建古代的巫觋文化/第三节 湄洲神女信仰与宋代各阶层信众/第四节 妈祖为何能成为最高航海保护神/第三章 宋代湄洲神女庙及其受封/第一节 圣墩顺济庙与江口庙/第二节 白湖的湄洲神女庙/第三节 宋宁宗时期湄洲神女的封赐/第四节 宋末圣妃信仰的发展/第五节 宋代福建其它地区的妈祖庙/第六节 湄洲神女信仰在广南与两浙路的传播/第四章 元朝的天妃崇拜与封赐/第一节 蒲师文与天妃封号的降赐/第二节 元代的漕运与天妃的赐号/第三节 元代官府对天妃的祭祀/第四节 元代道士薛茂弘与天妃信仰/第五节 元代福建各地的天妃庙/第六节 元代江浙区域的天妃信仰/第五章 明代官府与天妃信仰/第一节 明洪武年间的天妃信仰/第二节 陈瑄与大运河流域的天妃信仰/第三节 郑和远航与天妃信仰/第四节 琉球封贡与广石庙天妃信仰/第五节 明朝对天妃的祭祀/第六章 清康熙、雍正朝的天妃崇拜/第一节 清初福建水师的天妃信仰/第二节 康熙朝出使琉球使节与天妃信仰/第三节 清廷赐予天后封号的争论/第四节 雍正年间朝廷对天妃态度的变化/第七章 清乾隆以后的天后祀典/第一节 乾隆年间清廷给天后的封赐/第二节 嘉庆年间天后的封赐/第三节 道光年间天后的封赐/第四节 道光年间地方官府祭拜天后的仪式/第五节 咸丰年间的赐匾与封号/第六节 同治年间对天后的封赐/第七节 光绪年间清廷对天后的敬奉/第八章 妈祖信仰与儒佛道三教/第一节 佛教与妈祖信仰/第二节 道家与天妃信仰/第三节 明清儒者关于天妃神性的定位/第九章 明清以来福建妈祖信仰的发展/第一节 明代福建天妃庙与官府祭祀/第二节 清代福建的妈祖庙宇/第三节 民国以来福建妈祖信仰的情况/第四节 各地妈祖庙现况/附表一、历代赐封妈祖详情表/附表二、福建方志所载清朝、民国福建各县的妈祖庙
内容提要　本书从宋元明清四朝对妈祖的封赐开始研究,包括妈祖宋以来的封号、祭祀、时代背景、直接原因,及其政治经济上的意义。他从元代的封祭看妈祖的航海神话,研究了明代郑和与妈祖信仰的传播,以及清代的妈祖封赐与台湾征讨的关系。

书　　名　妈祖信仰研究
责 任 者　蔡相辉著
出 版 项　台北:秀威资讯科技股份有限公司,2006

书　　名　妈祖信仰研究(澳门文化研究会丛刊)
责 任 者　李献璋著;郑彭年译
出 版 项　澳门:澳门海事博物馆
页　　码　289
分 类 号　B933
相关目录　第一篇 妈祖传说的展开/第一章 妈祖传说的原始形态/第二章 元明地方志所载妈祖传说

的演变/第三章 妈祖传说的考察——以《三教搜神大全》和《天妃娘妈传》为中心/一、《费龟采碑记》与《三教搜神大全·天妃娘娘》的关系/二、《三教搜神大全》及其"天妃娘娘"的成立/三、《天妃娘娘》的故事和《天妃娘妈传》/四、《天妃娘妈传》所载"机上救舟"的故事/五、《琉球神道记》和《天妃缘起》的故事/第四章 对清代妈祖传说的批判性研究——透过《天妃显圣录》及其流传/第一节《天妃显圣录》的成立/第二节《天妃显圣录》的影响/附论 莆田钱四娘考/第五章 琉球蔡姑婆说考证——与妈祖传说的展开有关联/一、与琉球蔡姑婆和蔡夫人的关系/二、关于蔡夫人所织的花布/三、阿佳度及其祖祠捐建的传说/四、祖祠传说中的蔡襄和万安桥/五、阿佳度是否万历年间贡物土夏布的织女/第二篇 从历代封赐看妈祖信仰的兴衰/第一章 从宋迁的封赐看妈祖信仰的发达/第二章 从元代的封祭看妈祖的航海神化/第三章 从明迁的海外宣论看妈祖的传播——特别关于郑和西征中的灵验/第四章 清代的妈祖封赐与台湾征讨/第三篇 妈祖信仰的发生、传播及其影响/第一章 妈祖信仰的发祥及向各地传播/第一节 信仰的发祥及向闽浙传播/第二节 向大陆南北沿海传播/附论 香港佛堂门的南北佛堂新考/第二章 台湾诸岛的拓殖和妈祖的祟祀/第一节 明代的澎台拓殖/第二节 清代的台湾拓展和妈祖(上)/第三节 清代的台湾拓展和妈祖(下)/附论 安平、台南的妈祖祭典/第三章 唐人定居琉球和妈祖的传来/第四章 蓬摩地方的唐人和娘妈山的缘起——妈祖传入日本考之一/第五章 长崎三唐寺的成立——妈祖传入日本考之二/第六章 东日本妈祖信仰的传播及其变样——妈祖传入日本考之三/附录 笨港聚落的形成及其妈祖祠祀的发展与信仰实态

书　　名 妈祖信仰与神庙
责 任 者 陈国强主编
出 版 项 福州:福建教育出版社,1990.04
页　　码 168
书　　号 7－5334－0691－5
分 类 号 B992
相关目录 序/一、妈祖生平事迹的传说/二、妈祖信仰的发展/三、历代对妈祖的赐封/四、妈祖信仰在莆田/五、湄洲祖庙的历史沿革与现状/六、妈祖信仰在台湾/七、妈祖信仰的活动与仪式/八、有关妈祖研究的几本书

书　　名 妈祖研究
责 任 者 许在全主编
出 版 项 厦门:厦门大学出版社,1999
书　　号 7－5615－1463－8
分 类 号 B933
相关目录 泉州天后宫在妈祖信仰传播中的作用 金秋鹏/论宋元明时期妈祖信仰的传播 李少园/泉州"三胞"与妈祖信仰 李天锡/泉州海神灵圣千古 陈佳荣/妈祖信仰源于航海流于航海 孙光圻/泉州的妈祖信仰 海洋文化的标本 沈继生/澳门妈祖阁碑记与清代泉州澳门之间的贸易 徐晓望/古代福建的海神信仰 谢必震/福建海神与泉州神女独秀 吴幼雄/妈祖研究三题 王寒枫/妈祖信仰在西沙、南沙群岛 李金明/厦门岛妈祖信仰特色 石奕龙/烟台天后行宫的兴建与福建的关系 宋玉娥,王茂盛/华侨华人社会妈祖信仰的作用与影响 刘晓斌/妈祖文化 文化妈祖 赖宗贤/从台湾妈祖庙反思妈祖文化 谢正一/祖姑婆信仰 林黄河/妈祖信仰在日本 曾丽民/妈祖信仰与古代战争 李玉昆/海神妈祖与将军施琅 郑焕章/俞大猷与妈祖信仰 陈佳炳/有关妈祖褒封几个问题 朱天顺/试论妈祖信仰的宗教属性 林胜利/泉州崇武黑脸妈祖与台湾关系 蔡永哲/妈祖与希腊海神波赛冬比较 陈丽华/从《天妃娘妈传》看泉州妈祖信仰文化传播 黄昆成/明刻本《天妃娘妈传》考略 曾经民/构建妈祖文化工程 大力拓展朝圣旅游 张木良

书　　名　妈祖研究论文集

责 任 者　朱天顺主编;张大任,郭美娟,金文亨副主编

出 版 项　厦门:鹭江出版社,1989.07

页　　码　243

书　　号　7-80533-167-7

分 类 号　K892-53

相关目录　应该重视妈祖文化研究 林文金/关于妈祖生卒时间之管见 朱天顺/略论妈祖传记的演变 肖一平/一篇最早的妈祖文献资料的发现及其意义 蒋维锬/宋代妈祖信仰起源探究 张大任/谈妈祖信仰的初期传播 朱金明/妈祖与我国古代航海 金秋鹏/妈祖信仰与社会心理 童家彬/论明刻天妃碑为郑和"自传" 庄为玑/郑和下西洋与妈祖 张桂林/天妃与泉州 刘志诚/明清职官的信奉妈祖 方文图,郭万昌/试论妈祖神话在港澳深地区的影响 江山,沈思/《天后志》、《显圣录》二书汇考 林祖韩/台湾的妈祖崇拜——闽台宗教信仰和风俗的渊源 陈国强,林加煌/海神天后信仰与中琉友好往来 徐恭生/妈祖信仰在东南亚华侨中的传播与影响 周世跃/妈祖信仰在南洋初探 翁文章/妈祖信仰在华侨中传播的原因及其启示 李天锡/天后宫在马来西亚各地 宋元模/海神天后与旅游 郭美娟/妈祖信仰琐谈 杨葭荚/试论妈祖的传说 李乡浏/台湾的妈祖分灵 林元伯/妈祖总管晏公考 杨祖煌/妈祖传说的审美价值浅探 许更生/台胞遥拜湄洲妈祖原因浅析 陈宠章,肖一平,宋元材/妈祖神话传说对社会习俗的影响 郑明忠,陈建城/妈祖与湄洲湾 郑世雄/妈祖信仰传播与对外开放 金文亨/"圣母普慈衷,海邦一体"——妈祖,沟通海峡两岸的桥梁 杨兆添

书　　名　妈祖研究文集

责 任 者　蒋维锬著

出 版 项　福州:海风出版社,2006

页　　码　414

书　　号　7-80597-604-X

分 类 号　B933-53

相关目录　学术篇/涵江天后宫的明代星图/涵江天后宫明代星图述略/还其大海女儿的本色/汤显祖与天妃宫/南京天妃宫和御制天妃宫碑/华丽壮观的烟台"天后行宫"/有关妈祖的两块碑碣/一篇最早的妈祖文献资料的发现及意义/妈祖诞生地新证/关于妈祖世系问题/台湾明郑政权与开台妈祖/妈祖庙会摭谈/香港妈祖信仰溯源/妈祖与中华文化/关于妈祖卫漕之说/明永乐的太监外交与天妃崇拜

内容提要　本书收入作者关于妈祖研究的53篇文章,大致分为三类:学术性的文字,包括论文和小品;纪实性的文字,包括以第一人称写的亲历见闻;解说性文字,包括专题史料汇辑。

书　　名　妈祖研究资料汇编

责 任 者　肖一平,林云森,杨德金编

出 版 项　福州:福建人民出版社,1987.08

页　　码　259

书　　号　7-211-00190-9

分 类 号　B992.9

相关目录　一、海神天妃的研究 朱杰勤/二、天妃与古代航海 金秋鹏/三、妈祖信仰的发生、传播及其影响 李献璋撰 李启宇译/四、清代以后妈祖信仰传播的主要历史条件 朱天顺/五、海神天后问题的探讨 辛文汉/十、烟台天后行宫与我国南北近海贸易 宋玉娥/十四、妈祖——海峡两岸人民共同信仰的海神 李

玉昆/十五、台湾的“开台妈” 黄红兜/十七、从海神庙看泉台关系 沈桂生/十八、忆海神盼统一 蔡颖川/十九、海神天后的东渡日本 肖一平/二十二、天妃与郑和下西洋 李玉昆/二十三、海神天后与华侨南进 肖一平/二十七、海神天后(妈祖)对联浅谈 林祖韩/三十一、天妃的神话传说与海上交通 林泓/三十二、妈祖庙与三妃庙 林元柏

书　　名 **马可·波罗介绍与研究(文献百科知识丛书)**
责 任 者 余士雄主编
出 版 项 北京:书目文献出版社,1983
页　　码 446
分 类 号 K835.465.8
相关目录 元代西人入中国述 映堂居士/马可·波罗与马可·波罗游记 向达/马可·波罗和他的游记 唐锡仁/马可·波罗 郭圣铭/中西方历史上的友好使者——马可·波罗 余士雄/马可·波罗与中国——对《马可·波罗到过中国没有?》一文的看法 杨志玖/附录:《马可·波罗到过中国没有?》格·克鲁纳斯作;杨德译/马可·波罗在中国 余士雄/所到地区介绍与研讨/马可·波罗足迹遍中国——与海格尔先生商榷 杨志玖/《马可·波罗行纪》中的元大都 张宁/马可·波罗云南行记笺证 方国瑜/《马可·波罗游记》中之哈剌章 张维华/马可·波罗游昆明 顾峰/关于马可·波罗在杨州的时间 彭海/元代马哥孛罗所见之杭州 向达/马可·波罗杭州纪游 唐锡仁/马可·波罗福建之行 翁国珍/专题介绍与研究/关于马可·波罗离华的一段汉文记载 杨志玖/关于马可·波罗的研究——读柯立夫教授的《关于马可·波罗离华的汉文资料及其到达波斯的波斯言语资料》杨志玖/枢密副使孛罗 岑仲勉/《马可·波罗游记》的笔录者——鲁思蒂谦诺 吕同六/语言与历史——附论《马可·波罗游记》的史料价值 邵循正/元代社会状况的研究——介绍《马可·波罗游记》对元代社会史的贡献 季子/元代马可·波罗所见亚洲旧有的近代事物 E. W. 古德格作;朱杰勤译/无可置疑的文明 W. W. 波迪作;王海湝译;彭久松校/关于马可·波罗在中国的几个问题 杨志玖/关于马可·波罗的三个年代问题 黄时鉴/马可孛罗时代在中国的基督教 明义士、James M. Menzies/释 Natigai Nacigai 邵循正/《游记》评注与考证/评李季译《马可·波罗游记》孟榭/评新译《马可·波罗游记》余士雄/《马可·波罗行纪》沙海昂译注正误 伯希和作;冯承钧译/伯希和《马可·波罗游记诠释》简介 江辛眉/《读马可孛罗游记》证误 毛汶/《马可·波罗游记》中的几个地名 王颋/《马可·波罗游记》海南诸国新注 李长傅/《马可博罗游记》补注改订 丁谦
内容提要 本文集选辑了我国报刊上自从1874年发表第一篇介绍马可·波罗的文章至今一百多年来,有关马可·波罗及其游记的重要论文和评介文章。国外对马可·波罗的研究和评介已形成一门专门学问——马可·波罗学,出版了许多这方面的图书,而马可·波罗在中国生活和工作了十七年,他的事迹主要在我国,我国过去没有出过这类文集,本书是第一本。它可为我国和国际马可·波罗学者和读者提供这方面的丰富资料。

书　　名 **贸易、文化与世界区域化:近代早期中国与世界的互动与比较**
责 任 者 张乃和著
出 版 项 长春:吉林人民出版社,2007.12
页　　码 233
书　　号 978-7-206-05512-6
分 类 号 K103:F749
相关目录 第四章 调适与蜕变:中国与世界的选择/第一节 中国与东亚封贡体系/一、东亚封贡体系的滥觞/二、中国与东亚封贡体系的全面确立/第二节 由农本而重商的转变/第三节 区域世界互动的新阶

段/一、远洋航海事业的发展/二、海外贸易兴起与国际商战/第五章 中英海外贸易:两国不同选择之比较/第一节 中英海外贸易政策之比较/一、海外贸易政策总体取向/二、进出口商品贸易政策/三、国别或地区贸易政策/第二节 中英海外贸易商人主体权利之比较/一、海外贸易商人的社会成分/二、海外贸易商人的法律政治地位/三、海外贸易商人群体的组织方式/第三节 中英海外贸易市场体系发育之比较/一、海外贸易商品结构的转换/二、海外贸易市场网络的构建/三、海外贸易一般交换手段的变革

书　　名　**蒙古族古代交通史(中国蒙古学文库)**

责 任 者　德山,乌日娜,赵相璧著

出 版 项　沈阳:辽宁民族出版社,2006

页　　码　340

书　　号　7－80722－251－4

分 类 号　F512.9

相关目录　第二篇 元代的交通/国内交通/第二章 内河航运/第三章 近海航运/中外交通/第二章 远洋交通/站赤/第一章 站赤的建立/第二章 站赤的管理体制与制度/第三章 站户/第四章 急递铺/交通运输工具/第三章 船舶/都市与港口/第二章 港口/元代和世界各国的经济文化关系/第一章 中国与亚洲国家关系/第二章 中国与非洲国家关系/第三章 中国与欧洲国家关系/第三篇 北元时期的交通

内容提要　本书介绍了蒙古汗国的交通、元代的交通、北元时期的交通、清代蒙古地区的交通等内容。

书　　名　**面对历史与风俗**

责 任 者　黄炳元著

出 版 项　福州:海峡文艺出版社,2004

页　　码　328

书　　号　7－80640－980－7

分 类 号　C52

相关目录　第一辑 闽台纪往/史前时代的闽台文化联系/鹿港与泉州/宋钱与泉台关系/郑氏父子与荷兰人之贸易/郑成功与妈祖信仰/泉州是妈祖信仰传播的摇篮/从萧阿爷崇拜谈泉台民间信仰/泉台王爷信仰/泉州与鹿港的普渡节/海商、移民、华侨与妈祖信仰/第三辑 民间风俗/海上丝绸之路与妈祖信仰的传播/泉州紫云黄氏在海外文化交流中的作用/泉州民俗与海外文化交流

内容提要　本书集作者自1957年以来发表的40多篇文章,包括考古、文物、博物馆、民俗等学术领域,全书分四辑:闽台纪往、文博考古、民间风俗、附录。

书　　名　**民国海军的兴衰**

责 任 者　高晓星 时平

出 版 项　北京:中国文史出版社,1989.10

页　　码　290

分 类 号　K250.6

相关目录　第一章 民国海军的由来/一、近代海军的建立/二、中法、中日海战/三、清末海军的恢复/第二章 从辛亥举义到北洋军阀海军倒戈/一、辛亥革命中的海军/二、民国海军的建立/民国海军部的成立和北伐/三、参与进剿“二次革命”/四、护国起义/六、驻粤海军的分化/七、北洋军阀混战中的海军/八、北洋政府时期的海军建设/九、北洋军阀海军的倒戈/第三章 国民党海军的惨淡经营/一、闽系的中央海军/二、东北海军的演变/三、风云变幻的广东海军/四、蒋介石的嫡系电雷学校/五、内战突击队/第四章 抗日

战争中的中国海军/一、战前的中日态势/二、淞沪抗战袭击"出云"/三、阻塞江阴拱卫京畿/四、长江沿线的节节抗击/五、设防川江拱卫重庆/六、青岛撤守和东南沿海保卫战/七、海军派系倾轧与领导权的争夺/八、对日受降收复海疆/九、汪伪海军的组建及其覆灭/第五章 民国海军的重建/一、陈诚、桂永清入主海军/二、中央海军训练团与接收英美援舰/三、海军机构改组与舰队重建/四、投入内战/五、前线起义 驶向光明/六、沿海争夺 兵溃台湾/民国海军大事记

书　　名 **民生公司史**
责 任 者 凌耀伦主编
出 版 项 北京:人民交通出版社,1990
页　　码 447
书　　号 7-114-00944-5
分 类 号 F552.9
相关目录 绪论/创立和发展时期(1925-1937年)/第一章 民生实业股份有限公司的创立/第一节 民生公司成立前的川江航运状况/第二节 民生公司的创立/第三节 民生公司创建时期的经营方针/第二章"化零为整"合并川江中小轮船公司/第一节 合并华轮公司/第二节 民生公司与外商轮船公司竞争的胜利 /第三节 民生公司在长江航运中地位的提高/第三章 公司业务的扩大与资本的增长/第一节 发展长江运输/第二节 发展附属事业与投资事业/第三节 资本的扩充与利润的分配/第四章 民生公司管理体制的建立/第一节 废除"包办制",实行"四统制"/第二节 建立总公司集权与分级管理体制/第三节 公司的人事管理/第四节 加强民主管理及其措施/第五章 民生公司的工资福利与职工生活状况/第一节 公司的工资制度/第二节 公司的福利制度/第三节 职工生活状况/壮大时期(1937-1945年)/第六章 民生公司在抗战时期的运输/第一节 抗战时期的抢运/第二节 开辟新航线,开展水陆空联运/第三节 战时航运的发展和作用/第七章 扩大附属事业与投资事业/第一节 民生机器厂及其它附属事业的发展/第二节 投资事业的扩大与民生资本集团的形成/第八章 公司资产与财务经营状况/第一节 战时公司的资本、人员及其变化/第二节 公司的经营状况/第三节 解决经营和财务困难的主要途径/第九章 战时公司的管理与职工培训/第一节 加强财务管理与监督/第二节 加强物资管理与供应/第三节 加强船舶安全管理,防止海损事故/第四节 公司的职工培训/第五节"民生精神"教育 /困难时期(1946-1949年)/第十章 购造船舶与开辟海洋航运/ 第一节 向加拿大借款与购造船舶/第二节 开辟沿海航线,发展海洋运输/第三节 战后公司船舶增长状况/第十一章 内战中民生公司的困难处境/第一节 航运业务的萎缩/第二节 投资事业逐渐衰落/第三节 财务状况的恶化/第四节 官僚资本企业对民生公司的排挤/第五节 劳资矛盾的加深 /第六节 实业救国理想的破灭
内容提要 本书对1840-1949年的百余年间青岛港口的发展、兴衰作了系统的阐述。贯穿了侵略、反侵略的主线,对德、日帝国主义侵占青岛港的始末、过程都有详尽的叙述。关于港口的贸易、经济情况,码头、仓库的建设,以及各个时期港口的特点等,也作了比较客观的介绍和分析。

书　　名 **民族英雄郑成功(郑成功研究丛书)**
责 任 者 陈国强著
出 版 项 厦门:厦门大学出版社,1994.12
页　　码 221
书　　号 7-5615-1309-7
分 类 号 K827.49

书　　名　民族与物质文化史考略
责 任 者　卢勋,李根蟠著
出 版 项　北京:民族出版社,1991.07
页　　码　429
书　　号　7-105-01028-2
分 类 号　K28
相关目录　第四章 手工业/第三节 我国船舶制造业的奠基者及海上航行的先驱/一、造船业/二、航海业
内容提要　本书从农业、手工业、畜牧业三大方面论证了我国少数民族人民在几千年的历史长河中对祖国物质文化的贡献。

书　　名　闽南古陶瓷研究
责 任 者　傅宋良主编;厦门市博物馆编
出 版 项　福州:福建美术出版社,2002
页　　码　191
书　　号　7-5393-1124-X
分 类 号　K876.34
相关目录　闽南陶瓷概述 傅宋良/闽南地区古代陶瓷的生产与外销 叶文程/关于漳州窑系陶瓷在日本的几个问题〔日〕森村健一著;曹建南译/论明末清初福建与日本陶瓷贸易的研究 庄景辉/东洋航路网络中的贸易陶瓷与沉船考古 吴春明/略论月港与漳洲窑业 林元平/浅析漳州窑与月港的海外贸易 邱承忠
内容提要　本书收录了对闽南古陶瓷进行研究的文章《闽南地区古代陶瓷的生产与外销》、《闽南古代瓷窑的类型学考察》、《略论月港与漳州窑业》等二十六篇。

书　　名　闽南史研究
责 任 者　徐晓望著
出 版 项　福州:海风出版社,2004.09
页　　码　282
书　　号　7-80597-498-5
分 类 号　K295.7
内容提要　本书对海洋文明与内陆文明兼有的闽南历史进行研究,涉及闽南人的起源、多元文化、闽南社会经济史等方面。

书　　名　闽南文化研究
责 任 者　黄少萍主编;中共泉州市委宣传部编
出 版 项　北京:中央文献出版社,2003.09
页　　码　477
书　　号　7-5073-1449-9
分 类 号　K295.7
相关目录　闽南农耕文化向台湾的传播 林仁川/闽南民间信仰在华侨华人中的传播及其作用 李天锡/海外华侨对闽南文化的影响 郑炳山/闽南文化是海外华商发展的源泉 李鸿阶,严正/闽南与琉球关系略考 王晓云,谢必震/闽南文化在台湾的传播及其影响 林晓东/影响明末清初闽南文化的若干因素探讨

何丙仲/论闽台文化的地域特征 刘登翰/闽南港市海洋人文发展的历史人类学思考 蓝达居,王铭铭/由闽南妈祖文化谈台湾宗教的融合（台）张世良/妈祖信仰与海外闽南人的“神缘”——以新加坡天福宫为例 巫秋玉/闽南人与客家人在台湾的互动——从所谓“福佬客”谈起（台）黎淑慧/泉州人海洋文化精神探源 谢重光/从外来语现象看泉州在中外文化交流中的重要地位 王建设/泉州文化与菲律宾华人 陈衍德/同安与金门的南音同腔同源 颜立水/泉州“海丝”多元文化研究回顾及内涵与启示 吴幼雄/试论泉州文化特质 许在金/元代泉州的海外宗教及其对泉州文化的影响 徐晓望/论泉州民俗文化的主要特征 陈桂炳

内容提要 该书共收录文章40余篇。即《闽南农耕文化向台湾的传播》、《闽南民间信仰在华侨华人中的传播及其作用》、《海外华侨对闽南文化的影响》等。

书　　名 闽南文化研究

责 任 者 福建省炎黄文化研究会,中国人民政治协商会议泉州市委员会编

出 版 项 福州:海峡文艺出版社,2004

页　　码 2108

书　　号 7-80640-963-7

分 类 号 G127.57

相关目录 吴幼雄 试析泉州“海上丝绸之路”多元一体文化内涵/李祖基 论闽南地区的重商倾向与海外贸易——一个区域历史文化的考察/许维勤 移民传统与海洋文化——诠释闽南文化的两大基点/朱立文,刘淑玮 试谈闽南文化与海洋文化的情结/何振良 略论泉州“海上丝绸之路”文化遗产及其保护与开发/李金明 闽南文化与漳州月港的兴衰/杨国桢 籍贯分群还是海域分群——虚构的明末泉州三邑帮海商/徐从花 福建市舶司副提举罗伦与泉州/许维勤 施琅与闽南文化/林美治 陈化成与厦门海防/黄顺力 略论闽南妈祖信仰文化的特性及其意义/高斌 泉州海市的多元宗教文化互动/方文图 地名见证闽南与台湾历史渊源/杨友庭 论明郑政权对闽南文化在台湾传承与发展的贡献/谢重光 宋代闽南文化在潮汕地区的移植与传播/张仁川 漳州月港在传播闽南文化中的地位与作用/陈水德 “海上丝绸之路”与中外文化互动倾向/施舟人 “海上丝绸之路”与南音/郑学檬 16-19世纪外国人眼中的福建——关于外国人看福建的笔记之一/粟建安 闽南古代陶瓷与“海上丝绸之路”/陈衍德 文化的双向互动:近代闽南与南洋

书　　名 闽台海防研究

责 任 者 卢建一著

出 版 项 北京:方志出版社,2003

页　　码 362

书　　号 7-80122-930-4

分 类 号 E294.8:E289.585.3

相关目录 第一章 闽台关系与海防一体/第一节 闽台地缘与海防/第二节 闽台血缘关系/一、考古学中的闽台渊源/二、闽台人口交往/第三节 台澎的开发/一、台澎的早期居民/二、海盗开发台澎/三、荷兰殖民者占领台湾/四、郑氏统治时期台湾的开发和发展/第四节 康熙统一台湾/一、统一台湾决策的历史背景/二、前期对台政策/三、后期对台政策/第二章 闽台海防思想/第一节 古代海防思想/一、明初“近海死敌”的海防思想/二、戚继光、俞大猷的海防思想与著作/三、清前期的海防思想/四、施琅的海防思想/第二节 近代海防思想/一、林则徐与魏源的海防思想与著作/二、晚清海防思想与著作/三、清朝海防思想的交锋/第三节 沿海信仰、民俗与海防/第三章 闽台海防布局及设施/第一节 闽台早期海上活动及沿海布防/第二节 明代福建海防布局/一、明初海防布局/二、沿海海防要地/三、明代府城与沿海城寨/第三节 清代闽台沿海布防/一、清前期福建沿海布防/二、台湾海防布局/三、清后期沿海要冲及炮台/第四节 造船业的

分布与发展/一、明之前造船业分布与发展/二、明代造船业分布与发展/三、清前期造船业分布与发展/四、近代造船业的发展/第五节 火器的发明和应用/一、宋代火器的发明和应用/二、元代火器的发明和应用/三、明代火器的发明和应用/四、清代火器的引进和制造/第四章 闽台水师/第一节 明以前福建水师/第二节 明代闽台水师/一、明代福建水师组织与训练/二、明代饷制/三、明代水师作用/第三节 清代闽台水师/一、清代兵制/二、清代水师的训练与巡哨/第四节 郑成功的水师与抗清斗争/第五节 闽台近代海军/一、闽台近代海军的成长历程/二、晚清海军兴衰的思考/第五章 海防政策对闽台社会的影响/第一节 海防政策对福建社会的影响/一、明代海禁对福建社会的影响/二、明代禁海与开海之争/三、清代禁海与迁界对福建社会的影响/第二节 海防政策对台湾社会的影响/一、清前期对台政策/二、左宗棠、沈葆桢、丁日昌治台/三、岑毓英、刘铭传治台/第六章 闽台海防与对外经济文化交往/第一节 郑和下西洋与闽台海防/一、郑和下西洋对海防的意义/二、郑和下西洋与闽台/第二节 闽台海防与海外贸易/一、福建早期海外贸易活动/二、明初朝贡市舶贸易/三、明中叶走私贸易/四、清前期海外贸易/五、西方殖民者对闽台海外贸易的破坏/六、明清时期重要港口/七、海外贸易对闽台社会的影响/第七章 闽台海防与反侵略、骚扰/第一节 福建海防危机与抗倭斗争/一、倭患的起因与危害/二、朱纨悲剧与社会危机的加深/三、抗倭名将戚继光/四、福建抗倭斗争的胜利/五、抗倭斗争的经验教训/第二节 明清时期东南海盗/一、早期海盗/二、明代海盗/三、清代海盗/四、安南艇匪/五、海盗抗击西方侵略者/第三节 郑成功收复台湾/一、收复台湾的历史背景/二、郑成功收复台湾/第四节 鸦片战争时期闽台海防与抗击外国侵略者/一、鸦片战争前形势/二、闽台防务/三、鸦片战争时期闽台人民抗击外国侵略者/四、战后反思/第五节 中法战争中的闽台战场/一、战前形势/二、马江海战/三、台湾战场/四、战后反思/第六节 反割台斗争/一、钓鱼岛归属/二、反割台斗争/三、台湾人民的英勇抗战/附录/闽台海防文物遗址

书　　名　闽台海上交通研究(闽台区域研究文丛)

责 任 者　王耀华,谢必震主编

出 版 项　北京:中国社会科学出版社,2000.7

页　　码　397

书　　号　7-5004-2788-3

分 类 号　F552.9

相关目录　第一章 闽台海上交通发展/第一节 明代以前闽台海上交通/第二节 明中叶福州港地位/第三节 漳州月港海外贸易/第二章 荷据时代的台湾海上交通/第一节 荷兰殖民者二次入侵台湾/第二节 荷兰人在台湾的转口贸易 /第三节 大陆向台湾的移民/第三章 郑氏时代的闽台交往/第一节 郑氏政权对台湾的开发与经营/第二节 台湾的内外贸易/第四章 明清闽台造船与海上交通管理制度/第一节 明清福建造船业/第二节 台湾的社船、移民与贸易资料/第三节 清代闽台海上交通管制/ 第五章 明清福建、琉球、台湾关系考/第一节 清代闽台之间公文传递制度探究/第二节 琉球进贡与闽台陪臣制度/第三节 闽台区域内琉球漂风难民/第四节 明代番薯的传播/ 第六章 鸦片战争前闽台对渡贸易/ 第一节 康熙统一台湾与开海设关/第二节 清代闽台对渡贸易政策的演变/第三节 闽台指定口岸贸易发展/第四节 闽台指定口岸贸易政策的历史影响/第七章 清代海防政策对闽台社会的影响/第一节 清初海防思想/第二节 清代海防布局/第三节 清代海防政策对社会的影响/第四节 清统一后对台湾的开发/第八章 外国人与清末台湾/第一节 外国领事制度在台湾设立/第二节 外国人在台湾的经济活动/第三节 外国传教士与台湾社会/第四节"牡丹社事件"与日本侵台/第九章 民国事情闽台关系/第一节 台湾人移居福建/第二节 台湾人在福建组建社团/第三节 台湾人在福建的活动/第四节 闽台航运、航空与商业贸易/ 第五节 台湾人在福建的投资/第六节 民国时期台湾基督教/第十章 闽台海神信仰/第一节 闽台信仰海神的原因/第二节 闽台民众信仰的海神/第三节 闽台海神祭祀活动/第四节 闽台海神信仰的特点/附录 明清时期闽台海上交通文献举要

书　　名　**闽台妈祖文化学术研讨会论文集:妈祖文化**

责 任 者　陈国强,陈炎正主编

出 版 项　厦门:厦门大学出版社,1997

页　　码　200

分 类 号　B93

相关目录　妈祖信仰的海洋文化特质 张亚群/妈祖信仰海洋文化内涵举证 连心豪/厦门岛妈祖信仰的特色 石奕龙/闽南海商与澳门妈祖 郑梦星/ 妈祖的由来及其流传 陶诚/福建早期的四座"天后宫" 陈国强,叶文程/关于"神昭海表"御赐匾 方文图/ 妈祖信仰影响的扩大与研究 吕清义/妈祖文化对明代湄洲弯造船业及海上贸易的影响 杨亚其/"银同妈祖"祖庙—同安南门天后宫 颜立水/六尊开基妈祖初考 孔兆云/妈祖与大道公合祀探析 杨祖煌/妈祖信仰与台湾开发 林其泉,吴天发/台湾台中县清水镇寿天宫 陈国强,林瑞霞/鼎建乌石天后宫始末 林瑶棋/湄洲妈祖赴台与两岸交流 林黄河/台湾平埔族妈祖信仰述略 林文龙/兰地妈祖殿宇之艺匠 林福春/民间传说与信仰思维 陈炎正/乌石妈祖的由来—林士章 李文章/漳浦群众对妈祖的崇敬和信仰 林合茂/漳浦乌石天后宫沿革 林祥瑞/妈祖文化与千年圣像在漳浦 高聿占/妈祖与渔民社会以及蜑民群体的关系 郭志超/论海洋人文的发展与妈祖信仰的传播 蓝达居/试论妈祖信仰对古代妇女社会地位的重构 周建昌

书　　名　**闽台民俗散论**

责 任 者　赵麟斌主编

出 版 项　北京:海洋出版社,2006

页　　码　428

书　　号　7-5027-6704-5

分 类 号　K892.457.1:K892.458-53

相关目录　宋代闾山派巫法与早期妈祖信仰 徐晓望/明清的福州港与妈祖信仰 孙清玲/福州地区水上居民的精神文化生活及其时代变迁 杨济亮/从临水夫人信仰看福州民间信仰的特色 薛菁/传教士笔下的近代福州民俗 李颖/移民、寺庙和民间信仰 李志鸿/闽台民俗试谈闽台民俗之缘 方炳桂/简述明清时期闽台海岛民俗 卢建一

内容提要　本书收录了《论福州民俗文化的渊源》、《从现存石刻看福州风俗》、《温泉民俗文化的传承》、《略论闽台民俗史的分期》等共28篇文章。

书　　名　**闽台民俗新论**

责 任 者　赵麟斌主编

出 版 项　福州:福建人民出版社,2008

页　　码　349

书　　号　978-7-211-05660-6

分 类 号　K892.457:K892.458

相关目录　论明清时期福州城市的发展及其重商习俗 徐晓望/明清册封琉球使与福州港的天妃祀典 孙清玲

内容提要　本书是一部闽台民俗研究论文集,书中以科学的方法、独特的视角和翔实的资料,全面系统深入地研究、梳理了闽台、榕台民俗的传承渊源、主要特征和内涵精华。

书　　名　**闽台文化研究**

责 任 者　福建省炎黄文化研究会等编

出 版 项 福州:海峡文艺出版社,2008

页 码 568

书 号 978-7-80719-238-1

分 类 号 K295.7-53:K295.8-53

相关目录 移民与清代台湾科举制度 杨齐福/闽台文化的大传统与小传统 陈俱/论迁台移民与福建原籍原乡原族之关系 李祖基/连横的正统意识——兼论《台湾通史》无"台独"理念 萧仕平/历史视野下的台湾海峡文化圈 许维勤/谈闽西客家迁台 段佩君,刘锡涛/论闽台家族文化的历史传承 黄新宪/闽台姓氏源流与血缘认同 卢美松/略论明清时期晋江人对台湾的开发和经营 何振良/施琅蓝鼎元治台思想之比较 邓文金/从台湾碑碣看闽台之"法缘" 陈桂炳/略论厦门金门的朱子文化 高令印/陈第《东番记》评述 魏定榔/台湾高山先住民源流考 张品端/清代福建人才地理分布研究 刘锡涛,高林强/明清时期闽台海岛状况初探 卢建一/闽台建筑缘 陈凯峰/清代台湾官员推崇妈祖信仰探析 蒋维锬/清代敕封天后问题新探 徐晓望/民间流传的妈祖经书 蔡相辉/妈祖文化与闽台文化 蔡庆发/论开台妈祖的开莆优势 蔡国耀/吴真人信仰的文化功能初探 徐学/闽台佛教的宗派与传承——以佛教福州鼓山系为中心 徐心希/福州五帝信仰的传台 叶翔/闽台民间信仰异同研究 段凌平/浅谈闽台民间信仰之因缘关系 郭大卫/闽台戏神探源 黄洁琼,潘荣阳

内容提要 本书收集了郑成功的儒学思想及其影响、历史视野下的台湾海峡文化圈、闽台文化与祖国统一、清代台湾官员推崇妈祖信仰探析、第三届闽台文化学术研讨会综述等52篇论文。

书 名 **闽在海中:追寻福建海洋发展史,上、下册(海洋与中国丛书)**

责 任 者 杨国桢著

出 版 项 南昌:江西高校出版社,2007

页 码 295

书 号 7-81033-888-9

分 类 号 P74-092

相关目录 第一章 经济篇/福建海洋发展模式的历史选择/一、海洋发展模式的形成和发展/二、海洋发展在沿海区域经济中的龙头作用/三、福建海洋发展的未来趋势/福建海洋经济区域的变迁/一、闽南经济区的海洋延伸/二、闽台区域经济一体化/三、闽台经济区的离合重组/四、台湾海峡协作区的前景/五、历史的启示/清代前期北中国沿海的闽船闽贾/第二章 航路篇/东西洋航路与福建海洋发展/一、西洋针路的变化/二、东洋针路的伸缩/三、针路变化的人文意义/明代闽南通琉球航路史事钩沉/一、明初通琉正途/二、晚明海澄入倭之路/三、万历从漳州拨补三十六姓/从民间道教科仪书看清代闽南出洋航路/一、往西洋/二、往东洋/三、下南/四、上北/第三章 移民篇/琉球唐荣诸姓宗族的整合与文化传承/一、唐荣诸姓宗族的整合/二、唐荣子孙在琉球的建树/三、首里、那霸的唐人后裔与琉球士族对中华文化的吸收/汀州客家的海洋性移民/张化孙遗迹探寻记/第四章 社会篇/航海与送船科仪/崇武城防与明代海防/一、明初海禁与崇武城卫/二、嘉靖倭患中沿海城防的作用/三、月港开放后的城卫功能/从海洋的视野看厦门社会文化/一、厦门港的历史地位/二、厦门海外交通的文化内涵/三、心理潜层沉淀的厦门民俗/四、反映民间社会活动踪迹的厦门掌故/五、《鹭江志》中的海洋人文信息/第五章 人物篇/明代发展中琉友好关系的漳州人/一、册封使潘荣/二、服务封贡的船匠、船稍、通事/三、私贩活动的海商、船员/隐元禅师与仙岩/林针与《西海纪游草》/一、林针眼中的美国社会/二、救回被诱潮人/三、壮游西海激起的微波

内容提要 本书试图从遗存的档案、地志、民间文献、航海针经、宗教仪式中,追寻福建海洋发展的人文信息,对近五百年福建海洋发展模式、海洋经济区域和海洋航路的变迁,内陆参与海洋发展,航海与移民活动的若干历史场景或个案作了专题性的探究。

书　　名　明朝抗倭二百年

责 任 者　纪红建著

出 版 项　北京：华文出版社，2006

页　　码　239

书　　号　7-5075-2070-6

分 类 号　K248.205

相关目录　开篇 明初对日招抚/第一章 关于倭寇/一、倭寇历史的基本概念/二、倭寇产生的背景/1. 日本南北分裂、战争内乱/2. 日本对外贸易与中国海禁政策/3. 中国国力衰弱、朝代更替/三、倭寇的发展/1. 明初：国力强盛，未成大患/2. 正统至嘉靖前期：海防渐趋废弛，倭寇侵扰时起时伏/3. 嘉靖中后期：军政废弛，倭寇猖獗/4. 嘉靖末年：倭寇的基本平息/四、倭寇的组成/1. 日本商人/2. 日本武士、浪人/3. 中国流民、窝主/4. 中国汉奸/五、倭寇的舰船、兵器和战术/1. 倭寇舰船/2. 倭寇武器/3. 倭寇战术/六、倭寇侵扰目的/1. 烧杀劫掠/2. 走私/3. 扩大贸易/七、倭寇对明朝的政治、经济、军事影响/1. 政治影响/2. 经济影响/3. 军事影响/八、日本政府对倭寇的政策和态度/1. 参与、纵容袒护/2. 捉倭受功/九、明朝统治者抗倭主要战略思想/1. 朱元璋、朱棣：外交遏制与适时打击相结合/2. 朱厚熜：重振海防，奋起抗倭/第二章 明朝抗倭海防建设/一、明初海防建设/1. 基本思想/2. 基本措施/3. 战船建造/4. 组建远洋舰队/5. 南京海防建设/二、天顺至嘉靖前期海防建设/1. 海防废弛现状/2. 海防废弛的种种原因/三、嘉靖中后期海防建设/1. 朱纨整饬海防/2. 王忬、张经督理海防/3. 募兵制的发展/4. 沿海划区防守和加强防务/5. 戚继光的练兵和"戚家军"/6. 战船的发展变化/7. 舰船制造/8. 水陆战法的变化/四、隆庆万历年间海防的固定/1. 海防兵书/2. 海防攻略/3. 海防方略/第三章 明朝抗倭经典战例实录/一、望海埚大捷/二、宁波争贡之战/三、双屿之捷/四、烈港之战/五、海盐守卫战/六、普陀之战/七、嘉兴之战/八、王江泾大捷/九、胡宗宪诱歼汉奸徐海、王直/十、台州大捷/十一、横屿、平海、仙游之战/十二、俞大猷剿倭/十三、南澳之战/第四章 明朝抗倭名将小传/一、张经/二、朱纨/三、瓦氏夫人/四、俞大猷/五、卢镗/六、汤克宽/七、王忬/八、彭荩臣/九、胡宗宪/十、王崇古/十一、谭纶/十二、邓子龙/十三、戚继光/十四、张丌勋/十五、彭翼南/第五章 经验教训/一、闭关政策，只会导致灭亡/二、国不可一日无军，军不可一日不备/三、众志成城才能走向胜利/尾声 抗日援朝战争/明朝倭患及抗倭大事记

内容提要　本书对明朝抗倭斗争的200年历史进行了全面的探析与解密，也给中国人民留下了血的教训。

书　　名　明朝中期的海防思想研究

责 任 者　易泽阳著

出 版 项　北京：解放军出版社，2008.10

页　　码　320

书　　号　978-7-5065-5689-7

分 类 号　E29

相关目录　绪论 文献与学术史回顾/第一节 明清时期的海防文献资料/第二节 民国时期有关明朝海防的研究/第三节 新中国建立以后有关明朝中期海防的研究/第一章 中国古代的海洋文明/第一节 上古先秦时期/第二节 秦汉三国两晋南北朝时期/第三节 隋唐宋元时期/第二章 明朝初期的海防思想与海防措施/第一节 明太祖朱元璋的海防思想及措施/第二节 明成祖朱棣的海防思想及措施/第三节 明朝初期的海防大致布局/附：明朝初期的国防重心/第三章 明朝中期海防危机的产生/第一节 明朝中期的沿海祸患/第二节 海防危机产生的内部原因/第三节 海防危机产生的外部原因/第四章 明朝中期海防思想的大争论/第一节 海防战略思想的争论/第二节 海防力量主体构成的争论/第三节 海禁与海防的争论/第四节

海防战术指导思想的争论/第五章 明朝中期海防装备图考/第一节 明朝中期海防战船图考/第二节 明朝中期沿海冷兵器图考/第三节 沿海火器图考/第六章 明朝中后期海患的平定/第一节 浙直海患的平定/第二节 福建海患的平定/第三节 广东海患的平定/第七章 明朝中期的海防共识及影响/第一节 达成的基本思想共识/第二节 对后世海防的影响/附录一、明朝中期东南沿海防卫配属一览图表

内容提要 本书是一部以明朝中期的海防思想形成为研究对象的学术著作。明朝嘉靖、隆庆年间,海患猖獗,经过激烈的争论,明政府形成一套新的海防思想,终于取得抗倭斗争的胜利。本书论述了明朝中期的海防思想形成的过程及对后世的影响。

书　　名 明代漕运研究

责 任 者 鲍彦邦著

出 版 项 广州:暨南大学出版社,1995

页　　码 124

书　　号 7－81029－477－6

分 类 号 F552.9

相关目录 明代漕运的形成及其赋役性质/明代漕粮制度/明代漕粮特色的派征方式/明代漕粮折征的形式及原因/明代漕粮折征的数额、用途及影响/明代台粮解运的方式与危害/明代运军的编制、任务及其签补制度/明代漕粮兑运的程序及其措施/明代漕粮漂流的数额、原因及其处置办法/明代漕船的修造及船料的派征/明代漕粮运费的派征及其重负

书　　名 明代的漕运

责 任 者 (美)黄仁宇著;张皓,张升译

出 版 项 北京:新星出版社,2005.4

页　　码 271

书　　号 7－80148－767－2

分 类 号 F552.9

相关目录 第一章 京杭大运河的背景和本文研究的目的/第二章 京杭大运河的地形概况/第三章 明代管理大运河的行政机构/第四章 漕粮运输/一、漕粮制度的发展/二、军运组织——漕军/三、国家支出下的京师漕粮储存拨付/第五章 宫廷供应品的漕运/第六章 征税、商业、旅行和劳役/一、征税/二、商业/三、旅行/四、劳役/第七章 结论/附录/一、印版图和草图/二、《明实录》中所记载的输送到京师的漕粮/三、《大明会典》中所记载的几省和南直隶几府州的漕粮份额/四、几个内河河港的税收份额

内容提要 本书内容包括:京杭大运河的背景和本文研究的目的、京杭大运河的地形概况、明代管理大运河的行政机构等。

书　　名 明代的漕运(黄仁宇全集)

责 任 者 (美)黄仁宇著

出 版 项 北京:九州岛出版社,2007

页　　码 202

书　　号 978－7－80195－659－0

分 类 号 F55

相关目录 第一章 京杭大运河的背景和本文研究的目的/第二章 京杭大运河的地形概况/第三章 明代管理大运河的行政机构/第四章 漕粮运输/一、漕粮制度的发展/二、军运组织——漕军/三、国家支

出下的京师漕粮储存拨付/第五章 宫廷供应品的漕运/第六章 征税、商业、旅行和劳役/一、征税/二、商业/三、旅行/四、劳役/附录/一、印版图和草图/二、《明实录》中所记载的输送到京师的漕粮/三、《大明会典》中所记载的几省和南直隶几府州的漕粮份额/四、几个内河河港的税收份额/文献目录注释/一、极为有益的文献索引/二、明王朝和政府机构组织的历史纲要/三、经济和社会背景/五、漕河的行政管理及相关制度

书　　名 **明代海禁与海外贸易**

责 任 者 晁中辰著

出 版 项 北京:人民出版社,2005.05

页　　码 293

书　　号 7－01－004954－8

分 类 号 F752.948

相关目录 第一章 明代以前海外贸易政策的简单回顾/第一节 汉代以前中外海上交往/第二节 汉唐时期的海外贸易/第三节 五代宋元时期的海外贸易/第二章 明初封建专制的强化和实行海禁的原因/第一节 明初封建专制的全面强化/一、封建专制在政治上的强化/二、封建专制在思想文化上的强化/三、封建专制在经济上的强化/第二节 明初对外政策的两重性和实行海禁的原因/一、明初对外政策的两重性/二、明初实行海禁的原因/三、关于西方殖民者东来说/第三章 海禁的实施和朝贡贸易/第一节 明初海禁政策的实施/一、禁令屡颁/二、征船户为军和在沿海广置卫所/第二节 海禁下的朝贡贸易/一、朝贡贸易的形态和性质/二、朝贡贸易的衰落和瓦解/三、朝贡贸易的得失与影响/第四章 永乐年间海禁的松弛和郑和下西洋/第一节 明成祖对外政策的改革和海禁的松弛/一、重新设立市舶司和创设四夷馆/二、遣使通好,广加招徕/三、放宽海禁,优待来使/四、明成祖对外政策改革的局限/第二节 恢复对日邦交/一、遣使通好,恢复邦交/二、望海埚之战/第三节 郑和下西洋/一、郑和其人和下西洋的动机/二、郑和下西洋的大体经过/三、盛况空前,成就巨大/四、国王来访传佳话/五、郑和航海事业戛然而止的原因/第五章 永乐后海禁政策的再强化和私人海外贸易的暗中发展(洪熙——弘治)/第一节 海禁政策的再强化和朝贡贸易的衰落/一、"下西洋"成千古绝唱/二、限制贡使,减少赏赐/第二节 私人海外贸易的暗中发展/一、私人海外贸易得以存在并在暗中有所发展的原因/二、私人海外贸易的特点/第六章 西方殖民者的东来与正德年间海禁的废弛/第一节 西方殖民者的东来/一、16世纪以后世界形势的新变化/二、葡萄牙人的东来及其与中国的关系/三、西班牙、荷兰等西方殖民者陆续东来/第二节 正德年间海禁的废弛/一、抽分制的实行和海禁的废弛/二、私人海外贸易的发展/第七章 嘉靖年间的严禁和海商集团的反海禁斗争/第一节 嘉靖初年的争贡之役和申严海禁/一、争贡之役/二、嘉靖帝再严海禁/第二节 林富请宽海禁和朱纨严行海禁的悲剧/一、林富请宽广东海禁/二、葡萄牙人转贩闽浙/三、朱纨驱逐葡人和严行海禁/第三节 嘉靖后期海商集团的反海禁斗争/一、"嘉靖倭患"产生的原因/二、以王直为首的海商集团/三、海商集团的反海禁斗争/第八章 隆庆开放与海外贸易的迅速发展/第一节 隆庆开放/一、隆庆开放的原因/二、隆庆开放的局限/三、漳州月港的兴盛/第二节 由市舶司到督饷馆/一、市舶司职能的演变/二、市舶司设置的演变/三、督饷馆的设置和职能/四、以澳门为基地的贸易活动/第三节 隆庆开放后海外贸易的发展/一、私人海外贸易的蓬勃发展/二、与日本的贸易/三、广州对外贸易的活跃/第九章 明末海禁的废弛和芝龙海商集团的兴起(天启——崇祯)/第一节 明末海禁的废弛/一、海禁更加废弛/二、朝贡贸易名存实亡/第二节 郑芝龙海商集团的兴起/一、海商世家,迅速壮大/二、归降明廷,首鼠两端/三、消灭异己,称霸海上/第十章 明中期以后海外贸易的发展对中国社会的影响/第一节 白银的大量内流和商品经济的发展/一、白银的大量内流/二、商品经济的发展/三、带有资本主义萌芽性质的工商业得以滋生和成长/第二节 华侨出国形成高潮/一、隆庆开放前华侨出国的概况和特点/二、隆庆开放后华侨激增的原因/三、隆庆开放后华侨社会的特点

内容提要 本书分十章,内容包括:明代以前海外贸易政策的简单回顾、明初封建专制的强化和实行

海禁的原因、海禁的实施和朝贡贸易等。

书　　名　**明代海外贸易简论**
责 任 者　张维华著
出 版 项　上海:上海人民出版社,1956
页　　码　114
分 类 号　F752.948
相关目录　第三章 明代的“海禁政策”与专制政权直接控制下的海外贸易/第一节 洪武建文间(公元一三六八——一四零二年)“海禁政策”的严格施行与““朝贡关系”的海外贸易发展)/第三节 正统初年至正德初年(约自公元一四三六——一五一零年)专制政权对于“海禁政策”的执行与对于“朝贡关系”的海外贸易的控制初步发生变化/第四节 正德后期及嘉靖间(约自公元一五一一——一五六六年)再度加强的“海禁政策”与在此种政策下专制政权所控制的“朝贡关系”的海外贸易/第四章 明代私人海外贸易的活动和发展/第一节 明代私人海外贸易的性质/第二节 明代海外私人贸易活动的方式/第三节 明代海外私人贸易发展的过程/第四节 明代“倭寇之患”与海外贸易的关系/第五节 明代“倭寇”问题与私人海外贸易的关系/第五章 明代海外贸易在中国与南洋关系的构成中所占的地位/第一节 明代中国与南洋关系的性质/第二节 明代中国与南洋关系构成中的具体情况/第三节 明代中国人散居南洋的情形/第四节 明代中国与南洋的关系对于南洋社会发展所起的作用/第五节 欧洲殖民国侵入南洋后中国与南洋的关系
内容提要　明代对南洋各国及日本、印度、阿拉伯诸国的海外贸易是很发达的。本书简要地论述了明代海外贸易的活动范围、方式及其发展过程,说明了它的基本性质,并分析了它对中国和南洋的社会发展所起的作用。

书　　名　**明代海外贸易史**
责 任 者　李金明著
出 版 项　北京:中国社会科学出版社,1990
页　　码　225
书　　号　7-5004-0541-3
分 类 号　F752.948
相关目录　第一章 明初的社会经济与对外政策/第一节 明初社会经济的恢复和发展/第二节 明初的对外政策/第二章 明代前期朝贡贸易制的实行/第一节 朝贡贸易的原则与限制/第二节 朝贡的手续和仪式/第三节 朝贡物与赏赉品/第四节 朝贡贸易的实质/第三章 朝贡贸易的兴衰/第一节 永乐时期对海外朝贡国家的开放/第二节 郑和下西洋/第三节 来华朝贡的海外诸国国王/第四节 朝贡贸易的衰落/第四章 市舶司的沿革与市舶司制度的演变/第一节 市舶司的沿革/第二节 市舶司制度的演变/第五章 明代前期的海禁与倭寇/第一节 海禁与反海禁斗争/第二节 走私贸易与走私贸易港/第三节 海寇商人的活动/第四节 嘉靖倭患的起因及其性质/第六章 明代后期私人海外贸易的发展/第一节 海澄月港开禁的原因/第二节 海外贸易船与贸易地点/第三节 进出口商品/第四节 海外贸易商结构/第七章 明代后期饷税制的实行/第一节 东西洋的分界/第二节 督饷馆的设置/第三节 饷税的征收/第四节 广州、澳门进出口税的征收/第八章 明代后期的走私贸易与海寇商人/第一节 中日之间的走私贸易/第二节 海寇商人活动方式的改变/第九章 西欧殖民者东来对明代海外贸易发展的影响/第一节 葡萄牙殖民者在澳门的贸易/第二节 西班牙殖民者在马尼拉的大帆船贸易/第三节 荷兰殖民者在沿海一带的骚扰/第十章 明代后期私人海外贸易的性质及其对发展中外友好关系的作用/第一节 明代后期私人海外贸易的性质/第二节 中外人民友好关系的发展

内容提要　本书对明代海外贸易兴衰的原因，对外开放、闭关造成的影响，市舶司与饷税制度的沿革，后期“海寇”商人走私贸易等都作了客观评述。

书　　名　明代海外贸易制度（东方历史学术文库）
责 任 者　李庆新著
出 版 项　北京：社会科学文献出版社，2007
页　　码　571
书　　号　978－7－80230－599－1
分 类 号　F752.9
相关目录　

书　　名　明代海运及运河的研究
责 任 者　吴缉华著
出 版 项　台北:中央研究院历史语言研究所,1961
页　　码　180
分 类 号　F552.9
相关目录　

书　　名　明代嘉隆间的倭寇海盗与中国资本主义的萌芽
责 任 者　戴裔煊著
出 版 项　北京:中国社会科学出版社,1982
页　　码　83
分 类 号　K248.2:F129.48
相关目录　

书　　名　明代交通设施管理研究
责 任 者　张艳芳著
出 版 项　天津:天津人民出版社,2009
页　　码　471
书　　号　978-7-201-06158-0
分 类 号　F512.9
相关目录　

方里甲首脑在交通设施管理中的作用/第二节 常设夫役/一、陆路常设夫役/二、水路常设夫役/第三节 非常设夫役/一、民夫/二、军夫/第四节 夫役的组织及待遇/一、夫役的组织/二、夫役的待遇/第四章 明代交通设施建设资金管理/第一节 陆路建设资金/第二节 水路建设资金/一、水路建设专项资金/二、水路建设非专项资金/第三节 资金管理/第五章 明代交通设施管理条例/第六章 明代水陆交通设施及附属设施管理/第一节 陆路及其附属设施管理/第二节 水路及其附属设施管理/一、通漕水道管理/二、其它地方水道管理/三、水道附属设施管理/第七章 对明代交通设施管理的评价/一、明代交通设施管理的主要成就/二、交通设施管理对明代社会发展的促动/三、明代交通设施管理的历史局限性

内容提要　全书分为七章:第一章绪论,扼要介绍本课题的选题意义、当前学术界的研究状况以及基本史料、研究思路、论文结构、创新点及不足之处等。第二章从中央和地方两方面介绍明代对交通设施负有管理职责的机构及主要官员。第三章介绍承担交通设施具体管理工作的夫役的设置及其组织、待遇等情况。第四章分别从陆路和水路两方面介绍明代用于交通设施建设的经费及其管理情况。第五章介绍明代颁布的管理交通设施的相关法令及具有法律效力的规章制度。第六章从整体层面介绍明代对水陆交通设施及其附属设施的管理状况。第七章对明代的交通设施管理进行评价,指出明代交通设施管理的主要成就,其对明代社会发展的积极意义以及交通设施管理中存在的历史局限性。

书　　名　**明代两浙倭寇**

责 任 者　孟锦华著

出 版 项　金华:国民出版社,1940

页　　码　66

分 类 号　K248.205

内容提要　倭寇侵犯两浙,肇端起于明初,祸烈于嘉靖,几乎与有明一代相始终。本书之作,可以说是有为而作。作者搜集明代两浙倭寇事史实,作综合的研究。其内容基本是,首述明代两浙国防的形势与国防的设施;次言两浙倭寇征缴之经过,分防御、征缴、扫荡三个时期依次叙述,目的是为了坚强抗战最后必胜的信念;再叙述两浙各县倭寇荼毒的惨状,以激励人们敌忾同仇的决心;最后从社会、军事、政治、经济、民众组织各个方面,剖析两浙倭寇猖獗的原因,作为今人当前的殷鉴。

书　　名　**明代辽东边疆研究**

责 任 者　张士尊著

出 版 项　长春:吉林人民出版社,2002

页　　码　506

书　　号　7-206-03130-7

分 类 号　K928.1

相关目录　第一部分:明朝辽东经营战略及其变化/第二章 凹字型的路与凹字型的墙/四、辽东海防形成与建设/　第三部分:明朝辽东军食供应问题的出现与解决/第八章 明朝辽东海运与河运/一、明朝初年的辽东海运/二、明朝中后期的辽东海运/三、与明朝辽东海运有关的几点考证/第九章 辽东军食供应问题的解决/第十章 明朝辽东马政/第四部分:明朝与朝鲜半岛封建王朝的关系及对辽东影响/第十一章 明朝与朝鲜宗藩关系及对辽东的影响/一、明朝初年双方关系的动荡/二、明朝万历年间的壬辰抗倭战争/第十二章 明朝和朝鲜的经济文化交流/一、明朝与朝鲜之间的"合法贸易"/二、明朝与朝鲜之间的"走私贸易"/三、明朝与朝鲜之间的文化交流

内容提要　本书包括四部分:明代辽东经营战略及其变化,明代辽东民族政策与各部落南迁,明代辽东军食供应问题的出现与解决,明朝与朝鲜半岛封建王朝的关系及对辽东影响。

书　　名　明代琉球王国对外关系之研究
责 任 者　徐玉虎著
出 版 项　台北:台湾学生书局,1982.10
页　　码　309
相关目录　

书　　名　明代平倭史实
责 任 者　王仪著
出 版 项　台北:台湾中华书局,1984
页　　码　256
分 类 号　K248.205:K248.52
相关目录　

书　　名　明代人口流动与社会变迁
责 任 者　牛建强著
出 版 项　开封:河南大学出版社,1997
页　　码　371
书　　号　7-81041-356-2
分 类 号　C922.2
相关目录　

书　　名　明代倭寇犯华史略

责 任 者　吴重翰著

出 版 项　北京:商务印书馆,1939

页　　码　164

分 类 号　K248.205

相关目录　一、明代以前倭与中国之关系/二、明初倭患/三、江浙倭患前期/四、江浙倭患后期/五、闽粤倭患/六、平秀吉犯朝鲜/附录/一、倭奴国考/二、倭之民风/三、中国人与倭之勾结/四、倭贼之凶悍与明人之懦怯

内容提要　本书原为作者1938年在岭南大学授课时的讲义:全书分6篇,明代以前倭与中国之关系、明初倭患、江浙倭患之后期、闽粤倭患、平秀吉犯朝鲜。附录4篇,《倭奴考》、《倭之民风》、《中国人与倭之勾结》和《倭贼凶悍与明人之懦怯》。

书　　名　明代倭寇考略(燕京学社专号)

责 任 者　陈懋恒著

出 版 项　哈佛燕京学社,1934

页　　码　163

分 类 号　K248

相关目录　明代倭寇考略/二、倭寇之来源/三、倭寇猖獗之原因/四、沿海各省之倭祸/五、倭寇之首领/六、倭寇之伎俩/七、倭祸之戡定

书　　名　明代倭寇考略

责 任 者　陈懋恒著

出 版 项　北京:人民出版社,1957

页　　码　229

书　　号　11001·143

分 类 号　K248.205

相关目录　倭寇沿海各省图/一、倭寇之来源/二、倭寇猖獗之原因/三、沿海各省之倭祸/辽东倭祸图/山东倭祸图/江南北倭祸图/浙江倭祸图/福建倭祸图/广东倭祸图/四、倭寇之首领/五、倭寇之伎俩/六、倭寇之戡定/辽东沿海卫戍图/山东沿海卫戍图/江南北沿海卫戍图/福建沿海卫戍图/浙工沿海卫戍图/广东沿海卫戍图/安摆船式之图/分关二营摆图/一营摆图/鸳鸯阵图/鸳鸯阵变三才阵图/鸳鸯阵变两仪阵图

书　　名　明代倭寇史略(戚继光研究丛书)

责 任 者　范中义,仝晰纲著

出 版 项　北京:中华书局,2004

页　　码　384

书　　号　7-101-03910-3

分 类 号　K248.205

相关目录　第一章 明朝前期的倭患/第一节 明朝前期倭寇的入侵/第二节 明朝前期消弭倭寇的对策/第二章 嘉靖年间倭寇的猖獗/第一节 嘉靖初年的外患/第二节 嘉靖中后期倭患的加剧/第三节 嘉靖时期倭寇猖獗的原因/第四节 倭寇对东南沿海的破坏/第三章 嘉靖中后期的抗倭斗争/第一节 朱纨的御倭斗争/第二节 王忬、张经和胡宗宪督军御倭/第三节 戚继光、谭纶、俞大猷御倭/第四节 各界人民的抗倭

斗争/第四章 隆庆后的倭患/第一节 隆庆万历前期的倭寇/第二节 抗倭援朝战争/第三节 万历中期后倭寇的入侵和日本江户幕府的锁国政策/附录:明代沿海卫所表

内容提要 本书主要包括明朝前期的倭患、嘉靖年间倭寇的猖獗、嘉靖中后期的抗倭斗争、隆庆后的倭患等四章内容。

书 名 **明代御倭战争**

责 任 者 李光壁著

出 版 项 上海:上海人民出版社,1956

页 码 94

书 号 11074·75

分 类 号 K248.205

相关目录 第二章 洪武时期的倭寇和海防/一、洪武时期明朝对日本南北朝的交涉/二、洪武时期的海禁和海防/第三章 永乐至正德时期的勘合贸易和御倭战争/一、永乐时期的勘合贸易和对足利幕府的交涉/二、望海埚歼倭战/三、宣德以后的勘合贸易和倭祸的剧烈/第四章 嘉靖时期的御倭战争(上)/一、嘉靖时期倭寇猖獗的由来/二、由争贡之役到朱纨巡海/三、王忬、张经指挥的御倭战争/四、胡宗宪诱杀徐海、王直/第五章 嘉靖时期的御倭战争(下)/一、沿海人民纷起抗倭/二、戚继光和戚家军/三、浙、闽倭寇的平定/四、广东倭寇的平定

内容提要 本书简要地叙述了明初到嘉靖时期倭寇侵扰中国沿海、明朝对日本的交涉与御倭战争的经过。全书以嘉靖时期的倭寇和中国人民的英勇反抗斗争为重点,并兼及御倭名将戚继光组织矿夫等群众的武装,反击倭寇,获得辉煌胜利的事实,从而指出了御倭战争的正义性和它的历史意义。同时,作者在书中对永乐至正德时期明朝的勘合贸易与日本的社会经济情况,均有一定程度的说明。本书以理论阐述见长。随着研究的深入,本书的结论也显得颇多商榷之处。"倭寇"问题是一个极为复杂的问题,御倭战争也不仅仅是"中国人民反抗外来侵略和压迫的斗争"而已。明代后期的走私贸易以及与"海寇"商人的结合,使"倭寇"问题与私人海外贸易纠缠在一起,而这些都是本书所未曾探求到的,则有待于作更进一步的研究。

书 名 **明代郑和航海图文之研究(学术研究丛书)**

责 任 者 徐玉虎著

出 版 项 台北:台湾学生书局,1976

页 码 176

分 类 号 K248.51

书 名 **明代中日关系研究(文史哲学集成)**

责 任 者 郑梁生著

出 版 项 台北:文史哲出版社,1985.03

页 码 768

分 类 号 D829.313

相关目录 第一章 绪论/第一节 研究目的与其结构/第二节 中日关系研究的沿革/第二章 明朝的外交政策/第一节 海禁政策/1. 洪武、建文年间的海禁/2. 永乐、宣德年间的海禁/3. 正统至正德年间的海禁/4. 嘉靖年间的海禁/5. 隆庆以后的海禁/第二节 堪合制度/1. 明代勘合/2. 颁给日本的勘合/3. 贡期的规定/4. 限制入贡的理由/5. 限制日本贡期的时期/6. 贡舶引起的问题/第三节 对外制度/1. 市舶提举

司/2. 贡使的待遇/第三章 明日交通/第一节 明与征西将军府的交通/第二节 明、日邦交的开始/1. 遣使的趋势/2. 国书形式/3. 使节问题/4. 册封完成/5. 署名问题/第三节 前后期贡舶的性质/第四节 明、日使节/1. 明廷使节/2. 日本贡使/第五节 贡舶中断后的贸易/第六节 明代的中日贸易品/1. 贡品/2. 附搭物件/3. 使臣交易/第四章 明代倭寇/第一节 倭寇/1. 倭寇的字义/2. 前后两期的倭寇/3. 倭寇的起因/4. 倭寇的入侵路线与水、米补给/5. 倭寇俘虏的下落/第二节 洪武年间的倭寇/1. 洪武初年的倭寇/2. 山东的倭寇/第三节 永乐年间的倭寇/1. 足利义满的禁战海寇/2. 望海埚大捷/第四节 宁波事件/1. 肇乱的原因/2. 明廷的措施/3. 朝鲜送还中林、望古多罗/4. 宋素卿入狱/5. 室町幕府的分辨/6. 袁琎的下落/第五节 嘉靖大倭寇/1. 嘉靖三十二年/2. 嘉靖三十三年/3. 嘉靖三十四年/4. 嘉靖三十五年/5. 嘉靖三十六年/6. 嘉靖三十七年/7. 嘉靖三十八年/8. 嘉靖三十九年/9. 嘉靖四十年/第六节 乾隆以后的倭寇/第七节 真倭、伪倭之国情/1. 真伪、伪倭/2. 日本元龟以后的国情/第五章 明朝与丰臣秀吉的关系/第一节 明史所见之秀吉/第二季 秀吉的对外遣使/1. 琉球与秀吉的关系/2. 促吕宋入贡/3. 促佛郎机入贡/第三节 秀吉向外侵略的目的/1. 侵略中国、朝鲜的目的/2. 秀吉处分中、朝两国之腹案/第四节 秀吉的侵略准备与其哨报/1. 准备侵略/2. 秀吉入寇的哨报/第五节 壬辰倭寇/1. 王京沦陷/2. 朝鲜的对策/3. 朝鲜义兵的活动/4. 明朝决定援救/5. 祖承训往援/6. 宋应昌、李如松往援/7. 沈惟敬谋和/8. 宋应昌赴任/9. 李如松之进兵朝鲜与平壤大捷/10. 碧蹄馆之役/11. 重开和谈/第六节 丁酉之役/1. 和谈与其失败/2. 丁酉之役/3. 朝鲜之役的结果与其影响/第六章 结论/1. 对外政策/2. 明日交通/3. 倭寇问题/4. 朝鲜之役/图版目录/1. 洪武八年当时浙江十六卫略图/2. 洪武二十年期所设千户所分布图/3. 洪武二十年期所设巡检司分布图/4. 勘合格式/5. 宁波图/6. 宁波群治图/7. 巡视海盗大人给予通事周文衡之牌示/8. 日本贡使西来航路及起京路线图/9. 日本贡舶之模式/10. 明成祖敕论/11. 倭寇入侵两浙地区路线图/12. 辽东、山东地区倭寇侵掠地点略图/13. 大江南北倭寇侵掠地点略图/14. 两浙地方倭寇侵掠地点略图/15. 福建地方倭寇侵掠地点略图/16. 广东地方倭寇侵掠地点略图/17. 嘉靖三十四年一月至五月江南地方倭寇侵掠情况图/18. 嘉靖三十四年七月至八月倭寇侵掠路线图/19. 蒋洲招论日本所至地点图/20. 日本六十六[国]二岛图/21. 丰臣秀吉复促高山国归降书/22. 卧亚总督致丰臣秀吉书/23. 丰臣秀吉副队亚总督书(稿)/24. 丰臣秀吉[三国处置]朱印状/25. 山中橘内尺牍/26. 明、日本、朝鲜三国军船模式/27. 壬辰之役日军侵掠线路图/28. 平壤之役战况图/29. 碧蹄馆之役战况图/30. 万历二十三年册封臣秀吉伟日本国王之诰命/31. 万历二十三年正月二十一日敕论及赐与丰臣秀吉之袍/32. 明兵部省劄付/33. 赐予上杉景胜之朝服及其附件/34. 酉之役/35. 稷山之役战况图

书　　名 明代中外关系史研究
责 任 者 朱亚非著
出 版 项 济南:济南出版社,1993
页　　码 340
书　　号 7-80572-808-9
分 类 号 D829
相关目录 第一章 明朝对外政策、外事机构与外交使节/一、明初外交政策制订及发展演变/二、四夷馆、市舶司与会同馆/三、从郑和下西洋看明初外交格局/四、明初外交使节书评/第二章 明代与日本的关系/一、明代中日贸易简论/二、麹祥与策彦周良——日本入明贡船两使节/三、戚继光在山东的备倭活动/四、明清之际儒学东渐及其影响/第三章 明代与周边邻国的关系/一、明初中越关系与成祖征安南之役/二、从苏禄国王访华看明朝与苏禄关系/三、明朝与八百媳妇国关系析论/四、论明代援朝战争中的和议问题/五、略论明朝与撒马尔罕的关系/第四章 明代与西方国家的关系/一、明代中葡关系与澳门问题/二、明后期与吕宋的贸易及早期中西关系/三、明末闽台海峡局势与中荷关系/四、利玛窦与明清之际中西文化交流

书　　名　明洪武嘉靖间的海禁政策
责 任 者　陈文石
页　　码　96
分 类 号　F752.948
相关目录　

书　　名　明末清初私人海上贸易
责 任 者　林仁川著
出 版 项　上海:华东师范大学出版社,1987
页　　码　466
分 类 号　F552.9
相关目录　

二节 月港海商管理制度的建立/一、月港海商的管理机构/二、月港海商的管理办法/第三节 郑氏海商管理制度的发展/一、对本国海商的管理办法/二、对外国海商的管理办法/第八章 私人海上贸易的特点和性质/第一节 私人海上贸易的特点/一、亦盗亦商的武装贸易形式/二、内外勾结的走私贸易方法/三、山海相倚的联合斗争策略/第二节 私人海上贸易的性质/一、从经商 的方向上论性质/二、从海商的构成上论性质/三、从船工的构成上论性质/第九章 私人海上贸易的影响和作用/第一节 海上贸易对社会经济的影响/一、对对方财政的支持/二、与资本主义萌芽的关系/三、白银的内流及其影响/第二节 海上贸易对政治思想的影响/一、对政治的冲击/二、对思想的影响/第三节 海上贸易与中外科技文化的交流/一、促进我国鬼地方华拱外传/二、导致西方科学技术的输入/第十章 私人海上贸易的困难和障碍/第一节 封建专制政权的摧残和打击/一、法律的制裁,军队的镇压/二、招降收买及诱骗捕杀/三、用保甲连坐法进行严密的控制/四、征收苛重商税,进行疯狂掠夺/第二节 海商资本的脆弱性和封建性/一、海商资本与土地资本的结合/二、海商资本与封建意识形态/三、海商资本与奢侈性的消费/第三节 西方殖民者的劫夺与破坏/一、限制中国海商的发展/二、抢劫中国海商的船只/三、屠杀中国海商的生命

书　　名　明末清初中西文化冲突
责 任 者　林仁川,徐晓望著
出 版 项　上海:华东师范大学出版社,1999
页　　码　410
书　　号　7-5617-1995-7
分 类 号　K248.03:G04
相关目录　第一章 明以前基督文化的传播/第二章 明中叶基督文化的再次东传/第一节 西方航海贸易势力的东进/第二节 基督文化在广东的传播与碰撞/第三节 基督文化在福建的传播与碰撞/第四节 基督文化在台湾的传播与碰撞/第八章 明清时期中西政治观的冲突/第一节 明清中西权利观念的比较/第二节 明清中西体制观念的比较/第三节 明清中西治国观念的比较/第四节 明清中西外交观念比较

书　　名　明清漕运史
责 任 者　彭云鹤著
出 版 项　北京:首都师范大学出版社,1995
页　　码　213
书　　号　7-81039-540-8
分 类 号　F552.9
相关目录　第一编 明清以前的漕运制度概述/第一章 隋、唐以前的漕运/一、春秋、战国——我国漕运的发端/二、秦、汉时期漕运的初步发展/三、三国、两晋、南北朝——地方性漕运的普遍发展/第二章 隋代南北大运河的创建和唐、宋漕运制度的创立/一、隋代对全国漕运干线——南北大运河的创建/二、唐代漕运事业的空前发达和漕运制度的初创/宋与辽、金相继对峙下的南北漕运制度/第三章 元代对南北大运河的重新调整和创行海运/一、对南北大运河的重大高速和京杭大运河的全线贯通/二、创行海上漕运,完善漕运形式/三、漕运组织和漕运制度的进一步健全和创新/第二编 明、清时期漕运制度的全盛和衰亡/第四章 明代漕运制度空前高度发展、繁荣的原因和条件/一、明代前期漕运中心的转移/二、明统治者空前高度重视漕运的原因/三、明代漕运空前发展、繁荣的有利条件/第五章 明代漕运河道的修治和管理/一、明初漕运河道的概况/二、明前期对漕河运道的整治/三、明中、后期对漕运河道的整治和利用/四、对漕运河道管理的空前强化/五、明后期的河、海并运/第六章 明代增粮的征解和漕运制度的空前发展/一、漕粮的性质/二、粮长制度的漕粮的征解/三、漕运方式的变革与发展/四、漕运管理制度的空前健全强化/第七章

明代漕运的社会效益/一、保障了京师和北方正常的社会经济生活,巩固和加强了明王朝的统治实力/二、沟通了南北经济交往,促进了全国商品经济的发展繁荣/三、创造和积累了丰富经验/第八章 明代漕运的赋役盘剥与为民害/一、它突出地加重了人民的经济负担/二、为保漕不惜害农,严重地破坏了社会生产和人民生活/第九章 清前期漕运继续发展繁荣的原因/一、为供应宫廷、百官和军队食用的需要/二、频繁的军事活动的需要/三、调剂各地丰歉,稳定社会秩序的需要/第十章 清前期对漕运河道的精心整治和管理/一、清前期对漕运河道的精心整治/二、清前期对漕运河道的强化管理/第十一章 清前期对漕弊的整顿和漕运的继续发展/一、对漕粮征收制度的整顿和改革/二、清前期漕运制度的继续发展/第十二章 漕运兴衰对清王朝的作用和影响/一、漕运发展对清王朝的积极作用/二、漕运衰亡对清王朝的严重影响/第十三章 纵论漕运制度的社会影响/一、运河的通塞和漕运的转向,直接影响了某些城镇的兴衰/二、漕运发展也有力地推动了盐业的繁荣和导致盐私的盛行/三、漕运发展促进了南北大运河的诞生和繁荣

书　　名 **明清东北史研究论集(长白丛书)**
责 任 者 刁书仁著
出 版 项 长春:吉林文史出版社,1995.12
页　　码 504
书　　号 7-80528-974-3
分 类 号 K293
相关目录 略论清代东北与内地的粮米海运贸易/清至近代以来延珲地区的对外贸易/清初吉林水运述略/吉林船厂考略/中国十九世纪中叶以前中日关系史研究综述/关于嘉靖朝"倭寇"的几个问题

书　　名 **明清广东社会经济研究**
责 任 者 明清广东省社会经济研究会编
出 版 项 广州:广东人民出版社,1987
页　　码 369
分 类 号 F127.65: F129.48
相关目录 略论粤海关的若干特殊制度及其影响 黄启臣,邓开颂/论澳门国际贸易港的兴起、早期发展及明王朝的管辖 余思伟/明嘉靖至崇祯年间澳门对外贸易的发展 黄启臣,邓开颂

书　　名 **明清广东社会经济研究(暨南史学丛书)**
责 任 者 李龙潜著
出 版 项 上海:上海古籍出版社,2006
页　　码 390
书　　号 7-5325-4443-5
分 类 号 F129.48
相关目录 明代广东对外贸易及其对社会经济的影响/明代广东三十六行考释/清初广东"迁海"的经过及其对社会经济的影响

书　　名 **明清海防研究论丛:第1辑**
责 任 者 鸦片战争博物馆主办
出 版 项 广州:广东人民出版社,2007
页　　码 250

书 号 978－7－218－05524－4

分 类 号 E291

相关目录 明清海防/明代前期广东海防建制的演变 暨远志,张一兵/明代后期广东海防与南头水寨 暨远志,张一兵/近十年林则徐研究回顾 郑剑顺/林则徐治水与《畿辅水利议》曲庆玲

书 名 **明清海防研究论丛:第2辑**

责 任 者 鸦片战争博物馆主办

出 版 项 广州:广东人民出版社,2008.6

页 码 280

书 号 978－7－218－05850－4

分 类 号 E294.8－53

相关目录 明清海防/左宗棠对清末海防建设的不朽贡献——评左宗棠创建福州马尾船政局 萧致治/鸦片战争后中国海防建设迟滞原因探析 王宏斌/北洋海军水兵俱乐部现状评估与保护利用研究 肖东于东篱/清初禁海迁界前后的新安 刘均雄/清代旅大海防建设述论 刘俊勇/今天还有鸦片战争时的海岸炮台吗?——再论清代海岸炮台的分期 黄利平/明代军事上的清勾制度 冯志华/论湘军大将曾国荃的海防建设思想 王艳娟/深圳赤湾右炮台遗址发掘简报 刘均雄/张保其人及受抚经过 郭雁冰/鸦片战争中的定海总兵张朝发:事实与误传 龚缨县/论林则徐的对外开放思想 张建雄/林则徐与茶 郑剑顺/论清代大黄制夷观念的发展演变(上) 林日杖/林则徐对"夷情"的探访及认识 郑剑顺/浅论林则徐的社会发展思想 曲庆玲

书 名 **明清海疆政策与东南海岛研究**

责 任 者 卢建一著

出 版 项 福州:福建人民出版社,2011.03

书 号 978－7－211－06279－9

分 类 号 E294.8

内容提要 本书主要内容包括:明清时期的海疆政策及其演变进程;明清时期海疆政策与东南海岛驻防;明清海疆政策与东南海岛社会管理等。

书 名 **明清海疆政策与中国社会发展(中国经济史研究丛书)**

责 任 者 王日根著

出 版 项 福州:福建人民出版社,2006

页 码 515

书 号 7－211－05138－8

分 类 号 D691

相关目录 第一章 明代的海防政策与阶段性/第一节 明初海防的目标、政策与效果/第二节 明中叶海防的形势、政策与效果/第三节 明后期海防的任务、政策与效果/第二章 清代的海防政策与阶段性/第一节 全国统一前的海防任务与对策及效果/第二节 康雍乾时期的海防政策调整及其效果/第三节 嘉庆以后的海防政策及效果/第三章 明代海外贸易政策的演变/第一节 政治外交支配下的朝贡贸易及效果/第二节 外松内紧的对外贸易政策及对中国的影响/第三节 民间海上贸易与政策因应/第四节 明代海洋贸易政策的思想基础及其失效/第四章 清代海外贸易政策的演变/第一节 满族统治与民族危机意识下的"重防其出"政策/第二节 南洋贸易的"一波三折"/第三节 四口通商时期的对外贸易政策/第四节 广州一口

通商时期的对外贸易政策/第五节 海禁政策的效果/第五章 明代海洋移民政策的演变/第一节 明代海洋移民的种类/第二节 明王朝对海外移民的认识及对策/第三节 明代海外移民的规模与分布/第六章 清代海洋移民政策的演变/第一节 清初禁绝海洋移民政策及效果/第二节 近代社会变局与海洋移民及政策/第三节 晚清海外移民政策的调整/第七章 明清海疆政策与中国社会发展/第一节 明清政府海洋管理政策的出发点/第二节 海禁政策的执行与影响/第三节“禁海”与“开海”的天平摇摆

内容提要 教育部人文社会科学研究的结题成果:该书由绪论、七章及结语组成。在回顾了海洋观念与传统政府治边观念演变及特点后,作者分别从明清海防政策与阶段性、明清海外贸易政策的演变、明清海洋移民政策演变、海疆政策与中国社会发展等方面展开讨论。

书　　名 明清杭嘉湖社会经济史研究

责 任 者 蒋兆成著

出 版 项 杭州:杭州大学出版社,1994

页　　码 495

书　　号 7-81035-460-4

分 类 号 F129.48

相关目录 第五编 商业与城镇/一、明代的海上贸易/1. 朝贡贸易/2. 私人的海上贸易/二、清代鸦片战争前的海上贸易/1. 清初的海禁政策与走私贸易/2. 开放海禁与海上贸易的发展/3. 海关税制

内容提要 国家七五哲学社会科学重点研究课题,分6编:农业经济、封建土地所有制与经营方式、赋役制度、官私手工业、商业与城镇及资本主义萌芽。

书　　名 明清江南商品流通与市场体系

责 任 者 张海英著

出 版 项 上海:华东师范大学出版社,2002

页　　码 363

书　　号 7-5617-0993-5

分 类 号 F729.48

相关目录 第五章 世界市场与江南经济的发展/一、明清海外贸易综述/二、朝贡贸易/三、江浙沿海的走私贸易/四、对日贸易/五、南洋贸易与太平洋丝绸之路/六、欧美贸易/七、北方中俄贸易/八、小结:世界市场对江南经济的影响

内容提要 华东师范大学中青年学术著作出版基金资助出版:本书内容包括导言、商路与商品流通格局,明清江南内部的商品市场分析,明清江南市场与全国市场的经济联系,世界市场与江南经济的发展,明清江南地区商品流通与市场体系的总体特点及发展趋势。

书　　名 明清经济史

责 任 者 李龙潜著

出 版 项 广州:广东高等教育出版社,1988.03

页　　码 541

书　　号 7-5361-0074-4

分 类 号 F129.48

相关目录 第一章 明初社会经济制度与社会经济的恢复和发展(洪武元年至宣德十年1368-1435)/第三节 明初工商业日趋繁荣和商税、货币制度/七、明初的朝贡贸易与郑和下西洋/第三章 明末的

社会危机和清初经济的恢复(泰昌元年至康熙六十一年 1620－1722)/第二节 满族入关前的社会经济形态与顺治建国时期的社会经济概况/二、顺治建国时期社会经济的凋敝和恢复社会经济的措施/第三节 康熙时期经济政策的调整和社会经济的基本恢复/一、社会经济政策的调整/第四章 雍乾时期的赋役改革和社会经济的发展(雍正元年至乾隆六十年 1723－1795)/第三节 社会经济的持续发展/三、对外贸易的发展/(一)海禁时期的贡舶贸易(436)/(二)“开海”时期对外贸易的发展/第五章 嘉道时期社会经济衰退趋势的出现和西方殖民主义国家的入侵(嘉庆元年至道光二十年 1796－1840)/第一节 嘉道时期社会经济衰退趋势的出现/第三节 西方殖民主义国家的入侵和罪恶的鸦片贸易/一、西方殖民主义国家的侵略活动/二、清政府的闭关禁海政策/三、罪恶的鸦片贸易

内容提要 本书是明初至鸦片战争前中国封建社会后期的经济史。书中通过主要的经济制度和基本史实的叙述,反映了这一历史时期的经济全貌和经济特点。

书　　名 明清经济史研究

责 任 者 全汉著

出 版 项 台北:联经出版事业公司,1987

页　　码 109

分 类 号 F129.48

相关目录 上编 明清中外交通与贸易/第一讲 中国与葡萄牙的交通与贸易/第二讲 中国与西班牙的交通与贸易/第三讲 中国与荷兰的交通与贸易

内容提要 本书上编讨论明清对葡萄牙、西班牙与荷兰的交通与贸易。下编讨论清代的人口与农业、货币与物价以及近代工业化的历史。

书　　名 明清论丛:第7辑

责 任 者 朱诚如,王天有主编

出 版 项 北京:紫禁城出版社,2006

页　　码 429

书　　号 7－80047－592－1

分 类 号 K248.07

相关目录 郑和下西洋卫所人事补证 徐凯/光绪三十年粤海关改革再研究 任智勇

内容提要 故宫博物院,北京大学主办:本书收录了《有关明史地位的四个问题》、《明代的义官义民》、《明代通俗小说的传播方式》、《关于清初后妃改嫁问题的考察》、《圆明园始建年代考》等文章。

书　　名 明清山东运河区域社会变迁

责 任 者 王云著

出 版 项 北京:人民出版社,2006

页　　码 368

书　　号 7－01－005626－9

分 类 号 K295.2

相关目录 绪论/一、明清山东运河区域研究的学术回顾/二、本书的学术价值与基本思路/上篇:运河的贯通和鲁西区位优势的形成/一、会通河的疏浚与鲁西交通网的形成/1. 明初会通河的疏浚与大运河的南北贯通/2. 明清时期山东运河的修治与管理/3. 以山东运河为轴心的区域交通网的形成/二、漕运兴盛与南北物资交流的活跃/1. 山东运河漕政与漕运/2. 运河沿岸的水次仓/3. 临清关与济宁关/4. 南北物资

交流/三、山东运河城镇带的形成/1. 山东运河城镇的地理分布/2. 山东运河城镇空间结构与特点/下篇：南北文化交流与社会风俗变迁/一、南北文化的交流融汇/2. 运河岸边的藏书楼——海源阁/二、运河与民间信仰的多元化/1. 漕运之神——金龙四大王崇拜的形成和传播/2. 海运之神——天妃信仰的北上传播

内容提要 本书主旨在于考察京杭运河兴衰对山东运河区域社会变迁的巨大影响，探究变迁的态势、轨迹和特点。

书　　名 **明清社会经济史研究(稻禾史学丛书系列:007)**
责 任 者 陈学文著
出 版 项 台北:稻禾出版社,1991
页　　码 386
书　　号 957-8571-03-8
分 类 号 F129.48
相关目录 万历间侨商陈振龙引种蕃薯入闽考/明清时期闽粤台地区的蔗糖业/论永乐时的对外关系/论郑和下西洋的背景和性质/十六、七世纪中国与吕宋的海外贸易及其意义/明清时期中国与苏禄的友好关系/万历时期的中菲贸易/明代的海禁与倭寇

书　　名 **明清时期澳门海上贸易史**
责 任 者 张廷茂著
出 版 项 澳门:澳亚周刊出版有限公司,2004
页　　码 430
书　　号 99937-771-6-1
分 类 号 K296.59

书　　名 **明清时期海内移民与海岛开发(专门史学术文粹)**
责 任 者 李德元著
出 版 项 厦门:厦门大学出版社,2006
页　　码 230
书　　号 7-5615-2556-7
分 类 号 D691.2
相关目录 第一章 中国海内移民史研究述评/第一节 中国海内移民史研究状况/第二节 中国海内移民史研究关注的焦点/第三节 中国海内移民史研究展望/第二章 明清以前的海内移民/第一节 中国历史的海洋文化基调/第二节 明清以前海内移民描摹/第三章 明清海内移民的历史背景/第一节 人口骤增与社会环境的嬗变/第二节 社会经济向商品经济倾斜/第三节 禁海对海洋经济的禁锢/第四章 明清海内移民的历史场景/第一节 明清海内移民的路线/第二节 明清海内移民的类型和地域分布/第三节 明清海内移民的社会结构/第五章 明清海内移民与海岛开发模式/第一节 明清海岛开发的拓展/第二节 明清海岛开发的模式/第三节 明清海岛开发的作用/第六章 明清海内移民的社会互动/第一节 海内移民的社会网络结构/第二节 宗族和海内移民的互动/第三节 族群互动/第四节 陆岛互动
内容提要 本书介绍了中国海内移民史研究述评、明清以前的海内移民、明清海内移民的历史背景、明清海内移民的历史场景、明清海内移民与海岛开发模式、明清海内移民的社会互动等六章内容。

书　　名 **明清时期琉球日本关系史**
责 任 者 何慈毅著

出 版 项　南市:江苏古籍出版社,2002

页　　码　201

书　　号　7-80643-319-8

分 类 号　D831.39

相关目录　第二章 关于十五至十六世纪的琉日关系——琉球国王与王室町将军的来往书信/第一节 琉日之间书信的格式/第二节 有关使用假名书写的问题/第三节 有关御内书的格式问题/第五节“世主”与“国王”/第六节 琉球国王与丰臣秀吉的来往书信/第三章 琉球与江户初期德川幕府的外交——围绕对明朝的关系/第一节 琉球与德川幕府的外交政策/第二节 萨摩藩入侵琉球与江户幕府/第三节 呈福建道总督军务都察院书/一、《异国日记》和《林罗山文集》/二、美国学者 Ronald P. Toby 的引证/第四节 江户幕府的外交理念/第四章 琉球国王与江户幕府的关系/第一节 江户幕府致琉球国王书/第二节“不具”、“不备”、“不宣”考略/第三节 年号和干支的意义/第四节 自称与他称/第五节 幕府外交书信所用之木盒/第五章 琉球与日本的关系的变化及其历史意义/第一节 一七一四年琉球国王书问题的起因与焦点/一、信的格式和文体/二、问题发生的过程与焦点所在/三、问题的解决/第二节 清朝的建立与琉球使者访日/一、对清贸易与白银流失/二、对清朝、琉球及萨摩三者关系的戒心/第三节 幕府对琉球使者来日的经济援助/一、赠琉球国银的改铸/二、拜借米与拜借资金/第四节 新井白石与琉球研究/一、《南岛志》与“南倭”琉球/二、朝琉球/第六章 琉球与日本外交关系的终结/第一节 日本明治维新和琉球王府的对应/第二节 鹿儿岛县参事与琉球国三咨/第三节 琉球王国的消失与琉球藩的成立/第七章 终结和展望/第八章 从几则史料看钓鱼岛及附属岛屿的归属/第一节《使琉球录》中有关钓鱼岛的记载/第二节 日本及朝鲜的有关史料——琉球国三十六岛/第三节“沟”与“中外之界”/第四节 日本政府所谓一八九五年的“内阁决议”/附录 琉球与日本及明、清关系史年表

内容提要　本书介绍了中国边疆问题的历史和现状。书中叙述了几百年来中国和外国围绕疆土问题发生的矛盾与冲突等。

书　　名　**明清史论文集:第2辑**

责 任 者　南开大学历史研究所明清史研究室编

出 版 项　天津:天津古籍出版社,1991.08

页　　码　363

书　　号　7-80504-137-7

分 类 号　K248.07

相关目录　试论明朝嘉靖年间的御倭战争与戚继光的历史地位 方广岭/明朝名将谭纶抗倭功绩 封越健

书　　名　**明清史研究论集(大陆杂志史学书:第二辑第四册)**

责 任 者　大陆杂志社编辑委员会

出 版 项　香港:大陆杂志社,1967.03

页　　码　290

分 类 号　K09

相关目录　日本朝贡大明史事 李光涛/郑和下西洋航海图考 徐玉虎/郑和七次下西洋地名考 夏鼐/明代临清德州的地位及其漕仓的研究 吴缉华/明丞相胡惟庸谋叛通倭略考 余又荪/郑和航海“过洋牵星图”之诠释 徐玉虎/首届海军学生出洋留学之始末 马幼垣/记明代外番入贡中国之华籍使事 陈学霖

书　　名　明清沿海荡地开发研究
责 任 者　刘淼著
出 版 项　汕头:汕头大学出版社,1996
页　　码　348
书　　号　7－81036－127－9
分 类 号　F129.48:P748
相关目录　第四章 荡地开发要素分析/第四节 海洋政策的影响/一、明清的海禁与迁界/二、迁界对沿海荡地开发的影响

书　　名　明清政治社会史论(史学丛书)
责 任 者　陈文石著
出 版 项　台北:学生书局,1991
页　　码　422
书　　号　957－15－0297－9(精);957－15－0298－7(平)
分 类 号　K248.07
相关目录　明嘉靖年间浙福沿海寇乱与私贩贸易的关系/一、明代的禁海政策贡舶贸易制度私贩贸易的关系/二、国人私贩贸易与沿海地理经济条件/三、嘉靖前期的私贩活动/四、私贩转为海盗与朱纨禁海失败原因/五、嘉靖后期的私贩与盗乱/六、王直受抚经过及被诛后余党寇乱情形/清人入关的手工业/七、造船
内容提要　本书所收的十五篇论文,有的已是三十年前的作品了。这些年来,虽然发现有些地方论证疏忽失妥,及新的材料陆续出现,应作增删修正。但旧作爬梳重组更动,都不是目前能做得到的。

书　　名　明清之际中西关系简史
责 任 者　张维华著
出 版 项　济南:齐鲁书社,1987
页　　码　301
书　　号　11206·135
分 类 号　D829
相关目录　前编/第一章 中国与葡萄牙早期之交通/一、葡人新航路之发现/二、葡人初通中国/三、中葡冲突之发生及其影响/四、葡商通市闽浙及朱纨之案/五、葡萄牙之侵居澳门/第二章 中国与西班牙早期之交通/一、西班牙之东来及其对于菲律宾群岛之经营/二、林凤南下吕宋及西班牙之初通中国/三、吕宋役使华人征摩鹿加岛/四、采金案之发生及吕宋之惨杀华人/五、中国与西班牙之贸易关系/第三章 中国与荷兰早期之交通/一、荷兰东来及其与中国初期之交通/二、荷兰与华人初期之通商关系/三、荷人侵据澎湖/四、荷人设防台湾及天启崇祯间之内犯/第四章 清前期中国与西方之交通/一、英国/二、葡萄牙/三、荷兰/四、其它诸国/中编/第一章 基督教在中国之再起/第二章 利玛窦之东来/第三章 利玛窦死后天主教之传布状况/第四章 清初汤若望掌钦天监事与历法之争/第五章 康熙间教仪之争/第六章 康熙以后之反教运动/后编/第一章 西方传入中国之天文、算术与历法/第二章 西方传入中国之地理学/第三章 西方传入中国之物理学与农具、火器之制作/第四章 西方传入中国之艺术/第五章 西方传入中国之哲学与宗教思想/第六章 西方传入中国之医药学、音乐学及语言学/附录/中国文化西渐之介绍者
内容提要　前编论述中国与葡萄牙、西班牙、荷兰早期之交通及清前期中国与西方诸国之关系;中编叙述基督教在中国之再起、利玛窦之东来、利玛窦死后天主教之传布状况、清初汤若望掌钦天监事与历法

之争、康熙间教仪之争、康熙以后之反教运动等事;后编介绍西方传入中国之天文、算术与历法、地理学、物理学与农具、火器之制作、艺术、哲学与宗教思想、医药、音乐及语言学科学技术文化思想。每编前有“引言”,概述作者主旨,书后附《中国文化西渐之介绍者》。

书　　名　**明清中国沿海社会与海外移民**
责 任 者　杨国桢等著
出 版 项　北京:高等教育出版社,1997
页　　码　217
书　　号　7-04-006114-7
分 类 号　D668:D632.4
相关目录　第二章 海洋社会经济的生长与海外移民/第三章 沿海经济与海外移民/第四章 沿海社会组织与海外移民/第五章 沿海社会文化与海外移民/第六章 明清海外移民的历史作用

书　　名　**明清中琉航海贸易研究**
责 任 者　谢必震著
出 版 项　北京:海洋出版社,2004.04
页　　码　237
书　　号　7-5027-6108-X
分 类 号　F752.948
相关目录　第一章 中琉贸易关系的建立与发展/第一节 中琉关系溯源/第二节 中国政府为中琉贸易的发展创造了优越的条件/一、中国对琉球的睦邻、优惠政策/二、琉球国的海船/三、移居琉球的闽人三十六姓/第三节 历史赋予中琉贸易崛起的契机/第四节 中琉贸易发展的几个阶段/第二章 中琉造船与航海/第一节 册封舟的建造/第二节 中琉之航路/第三节 明清使琉球航海中之海神信仰/第三章 中琉贸易机构的设置与制度的演变/第一节 市舶司与会同馆/一、市舶司/二、会同馆/第二节 琉球评价司与天使馆/一、评价司/二、天使馆/第三节 中琉朝贡贸易制度的变化/一、对琉球朝贡的规定/二、琉球接贡制度的建立/第四章 中琉贸易的形式、性质及贸易商/第一节 册封贸易与朝贡贸易/一、中国对琉球的册封贸易/二、琉球的朝贡贸易/第二节 中琉私人贸易/第三节 福州的球商/第五章 中琉贸易的商品、贸易额与利润率/第一节 进出口商品的种类及其变化/一、中国输往琉球的商品/二、从琉球输入中国的商品/三、影响中琉贸易进出口商品结构变化的几个因素/第二节 货运量与税额/一、琉球贡船的进口货运量与税额/二、琉球贡船的出口货运量与税额/三、清康熙五十八年中国册封琉球船之物/第三节 贸易额与利润率的估算/一、琉球船之贸易额/二、中国使琉球之封舟贸易额/三、利润率的估算/第六章 中琉贸易的历史地位/第一节 琉球中介贸易的作用/第二节 中琉贸易对福建社会的影响/一、促进了福建手工业的发展/二、给福建商品市场带来了繁荣/三、提高了福州港的地位/四、为福建人民提供了就业机会/第三节 中琉贸易促进了琉球社会的进步/附录一、琉球蔡姓闽人行迹简表/附录二、清代琉球输入中国货物及税额统计表/附录三、清代中国输往琉球货物及税额统计表
内容提要　1997年度国家社会科学基金项目,福建师范大学闽台区域研究中心资助:本书对琉球在明清时代的中外国际贸易进行研究,针对昔日台湾探讨其贸易发展的历史背景、兴衰过程、对中国社会的影响等。

书　　名　**明郑和之研究**
责 任 者　徐玉虎

出 版 项 台北:德馨室出版社

书　　名 **明郑四世兴衰史(台湾历史研究丛书)**
责 任 者 杨友庭著
出 版 项 南昌:江西人民出版社,1991.05
页　　码 271
书　　号 7-210-00964-7
分 类 号 K248.405
相关目录 第一章 郑芝龙的崛起/开基台湾/袭扰闽南、粤东沿海/受托/抗荷/第二章 权倾隆武朝/拥戴唐王即位/专权跋扈/降清/第三章 郑成功初举义旗/海上起兵/奠基金厦/驰兵闽南/第四章 砥柱东南/以战谈和/驰骋征战/筹措北伐/北征长江/第五章 驱荷与开台/东征台湾/开发台湾/第六章 郑经抗清与建台/郑经入台/建设台湾/郑清和谈/第七章 郑经西征/应变出征/西征前期的胜利/西征失利/郑氏内乱/第八章 郑克塽归清/克塽继位/姚施之争/施琅攻台/江山归于一统
内容提要 本书以叙史为主,间有议论,主要叙述明郑政权的兴起、发展和衰亡的历史过程,从一个侧面反映明末清初的中国社会状况。

书　　名 **南澳文史:第3辑,《海上丝绸之路与潮汕文化》学术研讨会选辑**
责 任 者 广东省南澳县政协文史委员会编
出 版 项 汕头:广东省南澳县政协文史委员会,1995
页　　码 133
相关目录 南澳海防史在海外交通史中的地位 柯世伦/南澳之交通地位及其于明代海防线上转变为走私寇攘跳板之发展 马楚坚/南澳:台海与大陆间的跳板 饶宗颐/海上丝绸之路的南海航标——从出土陶瓷看南澳在海上丝绸之路中的地位 黄迎涛/从南澳出土的古币,看南澳古代海上交通贸易 张益欣/南澳成为出海口之历史根源——对南澳早期海上贸易的初步探讨 黄培佳/南澳灯塔在海上交通中的重要性 傅锦章/南澳大潭宋代石刻小考 邱立诚/节选 提要/潮台海交概况(节选) 林俊聪/中国古代南澳岛的航海地位(提要) 王冠倬/明朝时期南澳港的对外贸易(提要) 林仁川/论明代以南澳为中心的漳潮海外贸易区(提要) 陈自强/明代南澳史初探(提要) 汤开建,陈文源/明清时期南澳港的民间海外贸易(提要) 聂德宁/鸦片战后南澳的"猪仔"贸易(提要) 黄绮文/南澳设总兵置镇前后的海交形势(提要) 吴奎信/甲子门、屯门之今昔比较(提要) 陈佳荣/南澳岛在明清史上的重要地位(提要) 徐明德/南澳岛在古代海防史和海外交通史上的地位(提要) 朱鉴秋

书　　名 **南国名城:北海千年沧桑(北海文史:第19辑)**
责 任 者 北海市政协文史资料委员会编
出 版 项 北海:政协北海市委员会
页　　码 153
分 类 号 K296.7
相关目录 第一部分 海门涛声/开埠——清代北海常关分关 清代北海税厂 古炮台遗址/第二部分 南国名城/第三部分 故郡遗踪/"海丝"的印证/汉代海上丝绸之路起点/海上丝绸之路始发港之最早记载——碑刻/乾体古港(三汊港)图/第四部分 中西交融/光绪三十一年的北海地图

书　　名 **南海"海上丝绸之路"始发港——雷州城**
责 任 者 李建生,陈代光主编

出 版 项　北京:海洋出版社,1995

页　　码　181

书　　号　7-5027-4095-3

分 类 号　K296.53

相关目录　海康县的海陆变迁与"海上丝绸之路"始发港 李建生,周曾权/南海"海上丝绸之路"始发港徐闻、合浦的形成条件 黄家善,莫很远,张九皋/徐闻——汉代"海上丝绸之路"起点历史地理初探 曾昭旋,曾宪珊/略论秦汉时代合浦 徐闻/番禺在南海"海上丝绸之路"上的地位 陈代光/雷州港是我国古代对外贸易的重要口岸 余石/试论先秦时期雷州与楚国的关系 王增权/雷州港古港——汉徐闻港的位置初探 蔡叶青/汉代徐闻县县治遗址考 蔡叶青/汉徐闻县址考 宋锐,高惠冰/略谈雷州古城的保护和利用 杨森,林锐

书　　名　**南海贸易与南洋华人(中华学术系列)**

责 任 者　王赓武著;姚楠编译

出 版 项　香港:中华书局香港分局,1988

页　　码　295

书　　号　962-231-616-6

分 类 号　F752.9:D634.333:F729

相关目录　第一编 南海贸易——对南中国海中国早期贸易史的研究/第一章 南进南越(公元前二二一年至公元前一一一年)/第二章 通往黄支的航路(公元前一一一年至公元前二三零年)/第三章 出使扶南(公元二二零年至四二零年)/第四章 圣物朝贡(公元二二零年至四二零年)/第五章 一个皇帝的需求(公元五八九年至六一八年)/第六章 港埠市场与官员(公元六一八年至九六零年)/第七章 居间商与香料(公元六一八年至九六零年)/第八章 南海贸易的局限性/附录一、来自南海各国的使团(公元一年至九六零年)/附录二、公元七世纪前波斯语中国的海上贸易/第二编 南洋华人简史/第一章 导言和早期南洋华人/第二章 十五世纪至十七世纪/第三章 十七世纪至十八世纪/第四章 一七八五年至一八四二年/第五章 一八四二年至一九一一年/第六章 二十世纪(一九一一年至一九四一年)/第七章 二十世纪(一九一一年至一九四一年)/第三编 附录/一、十三世纪和十八世纪之间的东南亚 对其政治分裂和文化变化的一些看法/二、历史上的移居问题模式:马来西亚地区

书　　名　**南海神庙(广州史志丛书)**

责 任 者　王川著

出 版 项　广州:广东人民出版社,2002

页　　码　90

书　　号　7-218-04179-5

分 类 号　K928.75

相关目录　第一章 海神崇拜与南海神庙的建立/1. 海神与海神崇拜/2. 南海神庙的建立/第二章 南海神崇拜的历史变迁/l. 南海神崇拜在历代的发展/2. 南海神庙建筑与文物/3. 南海神的家属与属下/第三章 南海神庙的社会职能/第四章 "波罗诞"/l."波罗诞"的起源/2. 晚清以来波罗庙会的盛况/3. 近十余年来波罗庙会的情况/4. 波罗鸡/第五章 南海神庙大事编年

内容提要　本书讲述了海神崇拜与南海神庙的建立、南海神崇拜的历史变迁、南海神庙的社会职能、"波罗诞"以及南海神庙大事编年等五章内容。

书　　名　南海神庙(岭南文化知识书系)
责 任 者　黄淼章著
出 版 项　广州:广东人民出版社,2005.05
页　　码　125
书　　号　7-218-05025-5
分 类 号　K928.75
相关目录　一、南海神庙的建立/二、南海神祝融由来/三、桂冠顶顶耀南海/四、海上之神的灵通/五、英宗祭南海神文/六、嘉靖求子酬神碑/七、康熙万里波澄碑/八、异国番客望波罗/九、千裁悠悠话庙会/十、铜鼓玉印皆珍宝/十一、南方碑林现生机/十二、波罗庙内木棉红/十三、浴日亭上话古今广/十四、名人与南海神庙/十五、历代维修的情况/十六、千年古庙新姿/附:南海神庙大事年表
内容提要　南海神庙在广州黄埔区庙头村,又称波罗庙,是中国古代帝王祭海的场所。本书介绍了南海神庙的建立、南海神祝融由来等内容。

书　　名　南海诸岛史地考证论集
责 任 者　韩振华编
出 版 项　北京:中华书局,1981.07
页　　码　227
分 类 号　K926.57
相关目录　七洲洋考 谭其骧/附:夏鼐致谭其骧函(节录)/宋端宗到过的"七州洋"考 谭其骧/附:夏鼐与谭其骧通讯四函(节录)/七州洋考 韩振华/宋端宗与七洲洋 韩振华/元代"四海测验"中的中国疆宇之南海 韩振华/石塘长沙资料辑录考释 林金枝/石塘长沙考 文焕然,钮仲勋/十六世纪前期葡萄牙记载上有关西沙群岛归属中国的几条资料考订 韩振华/附:干豆考/古"帕拉塞尔"考(其一)——十七世纪至十九世纪中叶外国记载上的帕拉塞尔不是我国的西沙群岛 韩振华/古"帕拉塞尔"考(其二)——十六、十七世纪至十九世纪中叶外国地图上的帕拉塞尔不是我国的西沙群岛 韩振华/附图/1. 我国南海诸岛国/2. 约翰·沙利《航海记》(1613)中地图

书　　名　南海诸岛史地研究(中国边疆史地文库)
责 任 者　韩振华著
出 版 项　北京:社会科学文献出版社,1996
页　　码　271
书　　号　7-80050-777-7
分 类 号　K926.57:K926.67
相关目录　我国历史上南海海域及其界限/从近代以前中国古籍记载上看南海诸岛历来就是中国的领土/宋代的西沙群岛与南沙群岛/南沙群岛自宋以来便已归属中国/宋元时期有关南沙群岛的史地研究/南海九岛(九峙)和九洲洋/南沙群岛古地名考/南沙群岛史地研究札记/海南栅(西沙群岛)与青廉头(中沙群岛最北部)考/郑和航海图所载有关东南亚各国的地名考释/附录一、韩振华先生论著目录/附录二、韩振华先生的外事活动

书　　名　南汇海洋文化研究
责 任 者　诸惠华,蒯大申主编
出 版 项　上海:上海人民出版社,2008.06

页　　码　454
书　　号　978-7-208-07737-9
分 类 号　P7-05
相关目录　

书　　名　**南京港史(中国水运史丛书)**
责 任 者　吕华清主编;王臻青等编写
出 版 项　北京:人民交通出版社,1989.01
页　　码　421
书　　号　7-114-00403-6
分 类 号　F552.9
相关目录　
内容提要　本书记叙了从战国时期形成至1986年间南京港兴衰交替、变迁发展的过程。

书　　名　**南京天妃宫与妈祖文化(下关文史:第8集)**
责 任 者　南京市下关区政协文史资料委员会编
出 版 项　南京:下关区政协文史资料委员会,1999
页　　码　216
分 类 号　K292.24
相关目录　

书　　名　**南宋大航海时代:中国第一部大宋航海史诗**

责 任 者　墨川著

出 版 项　北京:经济管理出版社,2008

页　　码　223

相关目录　第一章“南海一号”出水记/一、20年南海之梦/整体打捞背景/破水而出/二、八大历史谜团/三、南海:海洋考古宝藏/南海考古之痛/“南海一号”并不孤独/沉船背后的大航海时代/第二章 源远流长:海上丝绸之路的发展/一、东方海洋文明源头/海陆并举的洪荒时代/“海上丝绸之路”的由来/二、战国:海上丝绸之路的萌芽/燕国:坐失良机/ 齐国:海上富国/三、秦汉:因大一统而形成/“交通天下”之梦/长生不老/东西两条丝绸之路/南海丝路/四、三国两晋南北朝:因乱世而发展/东吴“南征北战”/一次误打误撞的出使/东方海盗传奇/《佛国记》/第三章 万事俱备:当出海成为必然/一、隋唐:因盛世而繁荣/辽海图霸/白江口海战/遣唐使与鉴真东渡/“印坦沉船”/二、吴越:奇特的东海王国/尔朝我便朝/自封的东海宗主国/只为卖个好价钱/三、宋代海上贸易的规范化/设立市舶司/管理与“争利”同在/“招商引贵”与“以荐治春”/四、航海技术的飞跃/造船技术的进步/指南针的发明/隔水舱的广泛运用/第四章 富甲四海:南宋海上贸易/航海经验的积累/一、宋高宗的“中兴”之策/乱世一锅粥/宋高宗的三记重拳/二、财政危机与经济转型/宋高宗面对的烂摊子/从“海陆型”到“海洋型”/东南沿海贸易圈/三、跨越东西方的海上贸易帝国/ 从“海上丝绸一路”到“海上陶瓷之路”/海上贸易圈的形成/四、民间商品经济的蓬勃发展/发达的工商业/纺织业/陶瓷业/造船业/印刷造纸业/印扇造纸业/国家控制经济的加强/纸币大面积流通/五、当出海成为一种风尚/远涉重洋的中国商人们/独特的“蕃商”群体/走私贸易方兴未艾/第五章 东海明珠:海上丝绸之路的起点/一、合浦:“交通天下“之梦的延续/南海丝路大动脉/岭南咽喉——苍梧/海上丝路的最早起点/二、“骑鹤下杨州”/从扬州叛乱说起/“黑石号”沉船/扬州港的由盛转衰/三、广州:世界海图东端的璀璨明珠/广州通海夷道/巴格达VS广州/广州港贸易地位的下降/四、泉州:后来者居上/“泉南佛国”/新兴的港口城市/占城稻的引进八/棉纺织业的发展/陶瓷业的发展/海国奇书《诸蕃志》/五、杭州:西湖歌舞几时休/定都杭州/最靠近大海的都城/一份菜谱的畅想/第六章 升平气象:南宋海上外交与文明传播/一、“退一步海阔天空”/西夏为何难灭/当出海成为风尚/ 求“义”还是求“利”/二、南宋“胖子”的三招绝活/以财求和/合纵逢横/“文明”渗透/三、南宋与日本的海上交往/宋代中日直航/独具特色的中日贸易/铜钱/书籍/四、宋代“斗茶”与日本茶道起源/宋代斗茶之风/黑釉瓷碗与福建斗茶/渡海深远的斗茶文化/“建盏”与日本茶道/第七章 破浪之魂·南宋水师/一、一场虎头蛇尾的海战/宋元长江之争/范文虎的移花接木之计/是“神风”还是必然?/二、瘸了腿的大宋王师/骑兵,宋军之痛/武装到牙齿的宋军步兵/骑兵克星——强弩/水战利器——车船/三、扼控江海——南宋水上防御体系/南宋初期水师配置/南宋中后期水师配置/南宋江防/南宋海防/四、怒海争锋/偷袭陈家岛/崖门海战/第八章 “疍民”:东方吉普赛人的传说/一、从“鬼吹灯“到“采珠人”/《南海归墟》/疍民起源/二、疍民的珍珠血泪史/北海奇葩话南珠/九死一生采珠行/三、“亡命”海上的传奇部族/蛇神与妈祖崇拜/千奇百怪的海上禁忌/亚洲最具风情的渔民/独特的婚嫁习俗/口耳传唱咸水歌

内容提要　中国人、腓尼基人、阿拉伯人在世界历史上被并列誉为最早的航海家。浩瀚无边的大海,是冒险家的乐园,是勇敢者的游戏,早在八百多年前的中国,大航海时代的帷幕就被徐徐拉开。有这样一群人,他们拥有足够的地理知识、航海技术、造船能力、经济实力,他们用自己的身体、生命、魄力,谱写了一个个海上传奇;他们用自己的智慧、胆识、远见,开创了一片片海洋文明。他们活在南宋,活在历史的篇章里,活在大宋王朝文化、科技、经济最为发达的时代。他们用大规模商业远航行动证明他们的信条——不用武力,也能征服世界!

书　　名　**南宋都城临安(南宋史研究丛书·南宋与杭州)**

责 任 者　徐吉军著

出 版 项　杭州:杭州出版社,2008. 08

页　　码　518

书　　号　978－7－80758－070－6

分 类 号　K29

相关目录　第一章 宋室定都临安/第二节 宋室定都临安的原因/三、便利的水陆交通/第四章 市政建设/第二节 运河/一、城内外的运河/二、运河的疏浚与管理/三、漕运、粮仓与码头/第四节 渡口/一、主要渡口/二、渡口的管理与制度/第八章 文化娱乐/第三节 科学技术/三、指南针在航海中的应用

内容提要　全书共分为 8 章内容。包括宋室定都临安;都城的规划与营建;都城管理;市政建设;人口;西湖;都市经济;文化娱乐。

书　　名　**南宋都城临安研究(浙江经济文化丛书)**

责 任 者　林正秋著

出 版 项　北京:中国文史出版社,2006

页　　码　694

书　　号　7－5034－1823－0

分 类 号　K295. 5

相关目录　第七章 都城的手工作坊/三、瓷器的发展/五、造船业与画舫/第十章 都城的航运/一、江河航运的繁荣/二、钱塘江的航运/三、钱塘江渡口的管理/四、江塘堤闸的兴修/五、江南运河的漕运/六、运河与京城粮仓/七、城郊的运河支流

书　　名　**南宋交通史(南宋史研究丛书)**

责 任 者　张锦鹏

出 版 项　上海:上海古籍出版社,2008. 10

页　　码　392

书　　号　978－7－5325－5053－1

分 类 号　F512. 9

相关目录　第三章 长江与运河——南宋重要的交通生命线/第一节 南宋时期对长江、运河水道的利用/第二节 长江——沟通东西的重要水上交通道路/第三节 运河——南宋首都物资供应的生命线/第五章 南宋海外交通(一)/第一节 南宋与高丽的交通/第二节 南宋时期中日交通/第六章 南宋海外交通(二)/第一节 南宋与海南诸国的海外交通/第二节 南宋时期南海航线上的人员往来及商品贸易/第七章 南宋邮驿及其交通管理/第一节 南宋的邮传/第二节 南宋的馆驿/第三节 南宋内陆、边境、海上交通管理/第八章 南宋交通设施与交通工具/第一节 南宋时期的交通设施建设/第二节 南宋时期交通工具的使用/第九章 南宋交通与城市市镇的发展/第二节 南宋主要海外交通贸易港口城市/第十章 交通与南宋经济社会/第一节 交通与南宋区域经济发展/第二节 交通与南宋北方人口迁徙与移民/第三节 交通南宋社会风尚/第四节 外来物品与南宋物质生活

内容提要　交通史是史学研究的重要课题,二十世纪以来史学研究者在中国古代交通史、中外交通史等方面取得了不少重要的研究成果,这些成果帮助我们较为清晰地认识和了解中国古代交通线路变迁、交通设施和交通体系发展、交通工具改进、交通管理制度发展和完善的历史进程,帮助我们深刻认识交通对国民经济社会的影响,交通对各民族文化传承、传播与融合的联系,交通对国家之间的外交关系、经贸往来和文化交流的推动作用。本书对南宋的交通事业及相关的问题进行了深入的探讨和研究。特别是对南宋时的海外交通发展以及交通发展与经济发展之间的相互促进的关系进行了认真的探讨。

书　　名　南宋金军事史（中国军事通史·第十三卷）

责 任 者　军事科学院主编；韩志远著

出 版 项　北京：军事科学出版社，1998

页　　码　404

书　　号　7－80137－104－6

分 类 号　E29

相关目录　第四章 南宋军制/第三节 军兵种/二、水军/第五章 南宋的军事技术与后勤保障/第一节 武器装备/四、水战器具/第六章 金的全面军事进攻与宋的战略退却/第五节 金军第三次攻宋/一、金军渡江与宋的江防/二、攻占临安/三、搜山检海/四、黄天荡之战/第十一章 南宋、金农民战争/第二节 钟相、杨幺领导的农民战争/一、钟相起义/二、杨幺农民军的陆耕水战

书　　名　南宋军事史（浙江文化研究工程成果文库）

责 任 者　粟品孝等著

出 版 项　上海：上海古籍出版社，2008.11

页　　码　461

书　　号　978－7－5325－5089－0

分 类 号　E29

相关目录　第一章 南宋的军事体制/第三节 水军的迅速发展/一、南宋前期水军的初步发展/二、南宋中后期水军的大发展/第六章 南宋的军事战略战术/第四节 水军的战略战术

内容提要　南宋是战争频繁的朝代，对金对蒙元的战争贯穿始终，这促使南宋的军队编制、指挥系统、兵器装备、战略战术都发生了很大的变化，取得了显著的进步，因而成为中国军事史上的重要一环。以前的研究著作大都偏重于某一方面，而本书的特点就是全面系统地探讨了南宋军事史，不仅梳理了宋金、宋蒙（元）战争的全过程，而且探讨了南宋的军事体制、军事技术、军事著作、战略战术、军事思想的发展演变，突出了火药的使用等军事史上的重大变革。此外，对南宋频繁发生的兵变民变及其对南宋军事体制的影响也作了有益的探讨。

书　　名　南洋华侨史（华侨史丛书）

责 任 者　陈碧笙主编

出 版 项　南昌：江西人民出版社，1989.07

页　　码　506

书　　号　7－210－00301－0

分 类 号　D634.333

相关目录　第一编 古代的南洋华侨/第一章 古代中国和南洋的友好往来/第一节 古代中国和南洋的关系/第二节 华侨历史始于何时/第二章 古代南洋华侨简史/第一节 宋代华侨概况/第二节 元代华侨概况/第三节 明代华侨概况/第三章 古代南洋华侨的特点及其对南洋的贡献/第一节 古代华侨在南洋的分布/第二节 南洋华侨的双重性/第三节 华侨和当地民族的融合/第四节 古代南洋华侨的宗教信仰/第五节 古代华侨对于南洋文化的贡献

内容提要　本书内容包括：古代的南洋华侨；16 世纪中期至 19 世纪中期的南洋华侨；19 世纪中期至 20 世纪中期东南亚华侨社会的迅速发展 3 篇。

书　　名　南洋华侨通史（民国丛书）

责 任 者　温雄飞著

出 版 项 东方印书馆,1929.11

页 码 300

分 类 号 Z121.7

相关目录 上卷 南迁史/第二章 东西亚的交通/二、大秦愿通中国之索隐/三、东来之旧航线/四、东来之新航线上/五、东来之新航线下/六、继续来中国之大秦人/第三章 僧侣经南洋往还印度/第四章 第一次海外避难的华侨——黄巢之乱/第五章 晋唐间海舶情形及物品输入/第六章 第二次海外避难的华侨——胡元入寇中国/第七章 宋遗民海外活动/第八章 宋元两代航海技术的进步/第九章 元初大举征爪哇/一、航线之研究/二、招降各小国/第十章 元末明初国人海外事业/一、黄森屏移殖婆罗洲/二、梁道明雄据/三、张汝厚林福等/四、汪直等商贩日本暹罗/五、林道乾开拓道乾港/第十一章 三保太监下西洋/一、郑和之家世/二、三保太监之称谓/三、下西洋之次数及航线/四、郑和所经之地方/五、下西洋之船舶及人数/六、与郑和同行之人物/第十二章 第三次海外避难的华侨——满洲入寇中国/中卷 货殖史/第十五章 海盗之蔓延南洋/一、海盗之起原/二、闽粤海盗之派别/三、南洋海盗之形势/四、张保仔之雄据海上及余党南侵

书 名 **南洋史地与华侨华人研究:李长傅先生论文选集**

责 任 者 李长傅著

出 版 项 广州:暨南大学出版社,2001

页 码 530

书 号 7-81029-585-3

分 类 号 K933.06-53:D634.333-53

相关目录 中外交通篇/中西交通史上之南洋/南洋贸易之摇篮/中泰古代交通史考/明代中国满剌加交通史考/郑和小传及其航行南洋之概略/台湾与南洋——读史劄记/十六世纪中国海盗 Chang-si-lao 汉名考/“菲律宾史上 Limahong 之真人考”补遗/简论南海丝绸之路(陈代光撰)/论秦汉时代徐闻、合浦、番禺在我国对外贸易中的地位路(陈代光撰)/Ⅲ 南洋古国篇/Ⅳ 南洋地理篇/马哥孛罗游记中之南洋

内容提要 由暨南大学211工程“中外关系史与华侨华人研究”项目资助出版:本书收集了我国著名历史地理学家、华侨史专家李长傅先生的论文40篇。内容分为:华侨华人篇、中外交通篇、南洋古国篇、南洋地理篇四部分。

书 名 **南洋问题文丛:第1集**

责 任 者 厦门大学南洋研究所编印

出 版 项 厦门:厦门大学南洋研究所,1981

页 码 323

分 类 号 D733

相关目录 一、公元前二世纪至公元一世纪间中国与印度东南亚的海上交通——汉书地理志粤地条末段考释 韩振华/二、一六五〇———一六六二年郑成功时代的海外贸易和海外贸易商的性质 韩振华/三、海外华侨对辛亥革命的贡献 李国梁/七、福建人移居海外的历史 温广益/八、福建晋江专区华侨史调查的几个问题 庄为玑,林金枝,桂光华/九、罗芳伯与兰芳公司 温广益

书 名 **南洋研究论文集:厦门大学南洋研究所三十五周年所庆纪念特集**

责 任 者 厦门大学南洋研究所编

出 版 项 厦门:厦门大学出版社,1992.01

页 码 367

书　　号　7－5615－0464－0

分 类 号　F133－53

相关目录　论郑和下西洋船的尺度/海外华人在中国大陆的投资及其特点（1979－1988）/近代中、印、日海外移民的比较研究/论明季海外中国丝绸贸易（1567－1643）/满者伯夷王朝的兴起与发展/清康熙时期中国与东南亚的海上贸易/清朝海关对海外贸易的管理

内容提要　本论文集主要汇集南洋研究所研究人员近三年的部分研究成果，内容包括：亚太地区经济形势和我国的关系，特别是关于东盟五国经济和政治状况；华侨、华人历史、现状及与中国的联系；中外关系的若干专题研究，特别是关于古代中国的对外贸易问题。

书　　名　**聂宝璋集（中国社会科学院学者文选）**

责 任 者　聂宝璋著；中国社会科学院科研局组织编选

出 版 项　北京：中国社会科学出版社，2002

页　　码　374

书　　号　7－5004－3575－4

分 类 号　F129.5－53

相关目录　航运篇/川江航权是怎样丧失的？/19世纪中叶中国领水主权的破坏及外国在华轮运势力的扩张/轮船的引进与中国近代化/19世纪中国航运业发展史的几个问题、轮船招商局创办前后

内容提要　本书分为洋行篇、买办篇、航运篇、编外篇，收入文章十五篇，包括1870年至1895年在华洋行势力的扩张、论洋行买办的本质特征、轮船的引进与中国现代化等。

书　　名　**宁波港史（中国水运史丛书）**

责 任 者　郑绍昌主编

出 版 项　北京：人民交通出版社，1989

页　　码　692

书　　号　7－114－00408－7

分 类 号　F552.9

内容提要　本书分“古代部分”、“近代部分”、“现代部分”3篇，共16章。“古代部分”（远古1840年）叙述从原始寄泊点到全盛时期农贸帆船港的发展历史，期间经历古代句章港、隋唐两宋明州港、元代庆元港到明清宁波港的演变过程。“近代部分”（1840－1949年）叙述从农贸帆船港到农工贸轮船港的发展历史，其间经历从帆船港到轮船港、从农副产品运港到工商业贸易港、从港口畸形繁荣到港口衰落的转变过程。

书　　名　**宁波古代对外文化交流：以历史文化遗存为中心**

责 任 者　刘恒武著

出 版 项　北京：海洋出版社，2009.05

页　　码　234

书　　号　978－7－5027－7479－0

分 类 号　K12

相关目录　第一章　宁波地区史前遗物与早期东亚海洋文化交流圈/一、河姆渡文化稻作遗存与稻作的传播/二、河姆渡文化与绳文文化的漆器和石（玉）饰件/第三章　宁波汉晋陶瓷器上的胡人塑像/二、浙东海上交通的发展及外来文化的输入/第四章　浙东越窑青瓷的海外输出/一、朝鲜半岛发现的两晋至唐代的

越窑青瓷/二、日本列岛出土的越窑青瓷 /三、世界其它各地区发现的越窑青瓷/四、浙东制瓷业的发达与宁波港的陶瓷外销/第五章 唐宋明州故城对外交流史迹/一、子城/二、市舶务/三、高丽使馆/四、港区/五、街巷/第十一章 新安沉船与元日贸易/一、新安沉船的船体结构和出水遗物/二、新安沉船与寺社造营料唐船/第十四章 宁波沿海明代卫所史迹/一、临山卫与三山所/二、观海卫与龙山所/三、定海卫及其下辖诸所/四、昌国卫及其下辖诸所

内容提要 宁波在历史上一直是东亚各国文化交融的枢纽,以宁波为始发点的大陆先进文化的外输曾对东亚各国传统文化的演进产生过重大影响,而这种影响亦带有很深的宁波地域文化的印记。本书力求以文化遗存为原点,洞察宁波对外交流的历史实态及其变迁轨迹,同时以文物资料为基点,探讨宁波港口城市空间与地域人文环境的传统特质。书中涉及的文化遗存包括陶瓷、碑刻、古船、绘画以及书籍等遗物,还包括城墙、官署、仓库、祠庙、陶窑、防垒以及码头等遗迹,以宁波地区文化遗存为主,以国外文化遗存为辅,力求全景式地再现宁波古代对外文化交流状况。

书　　名 **宁波论坛:2002 年卷**
责 任 者 宁波市社会科学研究院,宁波市社科联编
出 版 项 上海:上海社会科学院出版社,2003.07
页　　码 299
书　　号 7-80681-207-5
分 类 号 C53
相关目录 宁波与海上丝路文化的发展 陈炎/宁波对外开放始于659 年 施存龙/宽商与惠商:宋元明州海外贸易繁荣的理性选择 陶云飞

书　　名 **宁波商帮**
责 任 者 林树建著
出 版 项 香港:中华书局(香港)有限公司,1995.01
页　　码 170
书　　号 962-231-678-6
分 类 号 F729.4
相关目录 第一章 初始形成时期/一、宁波地处东海之滨 自古海外贸易兴盛/二、明朝政府厉行海禁甬商资本转向内地/三、敦重乡谊级帮经商 宁波商帮开始崛起/第二章 发展迅速时期/一、埠际贸易迅速发展 甬商实力迅速壮大/二、各地会馆相继创立 同乡扶助声势日隆/第三章 臻于鼎盛时期/一、活动地域不断拓展 通都大邑势力尤雄/二、适时更新经营项目 擅长经营新兴行业/三、恪守传统商业道德 仿效西方经商手腕

书　　名 **宁波商帮**
责 任 者 林旻,林树建著
出 版 项 合肥:黄山书社,2007.07
页　　码 285
书　　号 7-80707-712-3
分 类 号 F729
相关目录 第一章 宁波商帮崛起的人文环境/一、滨海地区海洋文化影响/(一)刳木为舟,剡木为楫/(二)地处海滨,经商成风/二、通商诸国外来文化影响/(一)泛海兴贩,番舶骛趋/(二)洋行林立,买办辈

出/三、浙东学派思想文化影响/(一)农末俱利,工商皆本/(二)经世致用,乡俗崇商/第二章 宁波商帮嬗变的历史轨迹/一、初始形成时期/(一)甬商资本,转向内地/(二)敬乡乐群,结帮经商/二、迅速发展时期/(一)贸易地域,迅速拓展/(二)各地会馆,相继创立/三、臻于鼎盛时期/(一)新式商人,脱颖而出/(二)万里行贾,贸迁四方/(三)经营项目,适时更新/四、转移海外时期/(一)劈波斩浪,迁徙海外/(二)新人辈出,代有强人

内容提要 本书全面介绍宁波商帮产生的历史背景、发展过程及其在近现代的成功转型,它们的经济策略和特色,对我国乃至世界商品经济的贡献。

书　　名 宁波与海上丝绸之路

责 任 者 李英魁主编;宁波"海上丝绸之路"申报世界文化遗产办公室,宁波市文物保护管理所,宁波市文物考古研究所编著

出 版 项 北京:科学出版社,2006

页　　码 382

书　　号 7-03-018307-X

分 类 号 K295.53-53

相关目录 综合篇/宁波"海上丝绸之路"文化遗存初探(摘要) 陈炎/宋元时期的明州(庆元)港(摘要) 陈高华/千年宁波港 荣辱伴中华——西方人视野中的宁波地区 耿升/对海上丝绸之路研究的几点拙见 孙进已/宁波的造船业与海上丝绸之路 席龙飞/浅谈宁波"海上丝绸之路"历史发展与分期 林士民/试论宁波"海上丝绸之路"的历史地位及主要特征 鲍志成/宁波在东北亚的地位 孙泓/广州、宁波等中国沿海外贸港口比较刍议 王元林/宁波、泉州的比较研究 陆芸/元代宁波在中日关系中的矛盾性格 毛阳光/宁波与海上丝绸之路 白芳/东亚的海域交流与日本传统文化的形成——以宁波为焦点介绍(摘要) 冈元司/"海上丝绸之路"宁波文化遗存界定之管见 李英魁/港口贸易篇/遣唐使时代五岛列岛和明州的关系 毛昭晰/试论宁波港城的形成与浙东对外海上航路的开辟 刘恒武,王力军/海外贸易与唐宋明州社会经济的发展 李小红,谢兴志/唐至北宋明州港南下航路与贸易 王宏星/五代吴越国时期宁波与日本海外贸易年次及特点探讨 王心喜/五代越窑在澎湖——两岸交通的第一波 陈信雄/五代越窑青瓷的外销与制瓷技术的传播 李军/明州航线最早使用罗盘之记录 陈佳荣/两宋时期明州为枢纽港的中朝航海 施存龙/略论明州在宋丽民间贸易中的地位 张伟/普陀山的新罗礁、高丽道头在"东亚海上丝绸之路"中的重要地位 王连胜/元日贸易特征论——以庆元港为考察对象 江静/异文化交流中的宁波——时代与人群、贸易 马一虹/明代宁波在中日经济交往中的地位——兼论官、民贸易方式的转变与嘉靖"大倭乱"的起因 王慕民/明代宁波的"贡市"——以明末高宇泰《敬止录》为中心的探析 万明/明清宁波与日本的经济交往 乐承耀/明清时期的闽浙海防与海上丝绸之路 靳维柏/多元文化篇/中国江南与朝鲜半岛海上文化交流 张志立,彭云/唐代明州与中日交流 王勇/海上丝绸之路与宁波佛教 李玉昆/宁波海上丝绸之路与东方货币圈研究 储建国/宁波"海上丝绸之路"与移民关系初探 施祖青/来宋日僧成寻与宁波商人陈咏 郭万平/论宋代浙江与日本的文化交流 徐吉军/宁波与中日"海上书籍之路" 贺宇红/明清间来宁波天主教传教士考略 徐良雄,汪岚/天一阁藏明抄本《官品令》与中日律令制度的研究 虞浩旭/论妈祖信仰对宁波海上丝绸之路发展的作用 黄浙苏

内容提要 本书为宁波与"海上丝绸之路"国际学术研讨会论文选集。共收集论文47篇,从港口与贸易、多元文化等多种角度揭示了"海上丝绸之路"宁波历史的发展轨迹和兴衰过程。

书　　名 宁波与日本经济文化交流史

责 任 者 王慕民 张伟 何灿浩著

出 版 项 北京:海洋出版社,2006.01
页 码 259
书 号 7-5027-6504-2
分 类 号 K295.53
相关目录 第一章 上古至魏晋南北朝时期宁波与日本的早期交流/一、汉代以前宁波向日本的移民/二、"吴织"与大陆文明的东播/第二章 隋唐五代时期明州与日本交流的新局面/一、对日交往重要港口地位的确立/二、明州私商与中日交往新局面的开创/三、明州私商在中日交往中重要作用的进一步凸显/第三章 两宋时期明州与日本经济文化交流的繁荣/一、政治经济重心南移背景下的明州社会/二、两宋政府的对外贸易政策与明州东方贸易大港地位的确立/三、明州与日本的民间贸易/四、明州与日本的文化交流/第四章 元代宁波与日本经济文化交流的缓慢发展/一、庆元港贸易管理职能的重建/二、庆元与日本的民间贸易/三、庆元与日本的文化交往/第五章 明代宁波与日本经济文化交流的曲折发展/一、明初宁波港"专通日本"地位的奠定/二、以宁波为唯一交通港的中日勘合贸易的兴衰/三、以宁波为中心的中日私人贸易的勃兴和中衰/四、明代宁波与日本的文化交流/第六章 清代宁波与日本的经济文化交流/一、清代宁波与长崎的经济贸易/二、清代宁波与日本的人员往来于文化交流

书 名 欧人东渐前明代海外关系
责 任 者 谭春霖著
出 版 项 北京:燕京大学,1936
页 码 57
分 类 号 K248
相关目录 二、明代番国政策/(一)不勤远略/(二)封国与宗主国/(三)宽怀仁政/三、明代对外贸易/(一)怀柔政策/(二)番舶税制/(三)贡舶与商舶/(四)互市规则/四、市舶司/(一)市舶司之制度及职务/(二)市舶司沿革/(三)市舶司罢撤之原因及其意义/(四)复市舶之议论/五、海禁/(一)海禁之由来/(二)海禁状况/(三)弛海禁/六、结论/(一)明代对外贸易政策与宋元比较/(二)倭患对明代海外关系之影响

书 名 蓬莱古船与登州古港
责 任 者 席龙飞编
出 版 项 大连:大连海运学院出版社,1989
页 码 211
书 号 7-5632-0110-6
分 类 号 K872.52
相关目录 山东蓬莱水城清淤与古船发掘 烟台市文物管理委员会,蓬莱县文化局/蓬莱古战船及其复原研究 席龙飞,顿贺/山东蓬莱水城与明代战船 杨槱/蓬莱水城出土古船考 辛元欧/蓬莱古船的年代及用途考 邹异华,袁晓春/蓬莱古船属具论析 沈同惠/蓬莱水城出土瓷器略谈 耿宝昌/蓬莱水城出土火炮的沿革初探 唐志拔/海上交通与东方文明——登州古港在半岛先秦文化构成中的地位 孙敬明/齐鲁文化与登州港 周世德/登州古港建置沿革及其历史地位略论 辛元欧/登州港与水城 王茂盛,王锡平,李步青/登州古港的港区变迁 曲连福,罗世恒/古代登州港的对外交往 朱亚非/蓬莱港历代水军活动概述 唐志拔

书 名 **平准学刊:中国社会经济史研究论集,第4集,下**
责 任 者 《平准学刊》编辑委员会编

出 版 项　北京：光明日报出版社，1989.02
页　　码　686
书　　号　7－80014－645－6
分 类 号　F129－53
相关目录　商业史研究/中国对外贸易概述 李康华，夏秀瑞/宋元海外贸易性质初探 王冠倬/明初的对外政策与朝廷控制下的海外贸易 王其榘/明代海关管理制度的演变 林仁川/明清时期福建对外贸易的特点 林样瑞/康熙禁航南洋和雍正重开南洋贸易 郭松义/清代的茶叶出口贸易 王水/交通与运输/发达的秦汉造船业 马新/漕运与仓储/明代漕粮制度 鲍彦邦/清代仓储制度 侯寿昌/文史杂识/清代的漕船 孙白桦

书　　名　**蒲寿庚考**
责 任 者　（日）桑原骘藏著；陈裕菁译
出 版 项　中华书局，1954
页　　码　224
分 类 号　K825.3
相关目录　第一章 蕃汉通商大势/第二章 蕃客侨居中国之状况/第三章 蒲寿庚之先世/第四章 蒲寿庚之仕宋与降元/第五章 蒲寿庚之仕元及其亲族
内容提要　桑原骘藏采用注释考证的方法，荟集了大量有价值的中外史料，特别是关于中西通商史、伊斯兰教传入中国史和穆斯林在华风俗习惯等，记载尤详。《蒲寿庚考》包含蕃汉通商大势、蕃客侨居中国之状况、蒲寿庚之先世、蒲寿庚之仕宋与降元、蒲寿庚之仕元及其亲族等5章。桑原隲藏的考证融贯了中外学者各种文字的研究成果，具有重要的学术价值。该书出版以来一直受到史学界的肯定。

书　　名　**戚继光研究论集**
责 任 者　阎崇年主编
出 版 项　北京：知识出版社，1990
页　　码　454
书　　号　7－5015－0261－7
分 类 号　K825.2
相关目录　论戚继光 阎崇年/一代名将戚继光 韩大成/全面评价戚继光的文韬武略 刘重日/略论戚继光的军事思想 朱清泽，童来喜/论戚继光军事思想 范中义/戚继光与戚家军 陈学文/戚继光与水师 张铁牛/论戚继光“大创尽歼”、“以次剿除”的御倭作战方针 张习孔/戚继光对火器研制和使用的贡献 王兆春/谈戚家军长短合的兵器配备 解立红/戚继光的爱国主义思想 谢承仁/戚继光——古代爱国主义思想的典范 尹传水/论戚继光爱国主义思想的形成 谭奇伦，张鑫昌/倭寇性质驳议与戚继光 黄冕堂，金之平/戚继光在山东 杨余练/从几件历史档案看戚继光与山东备倭 朱亚非/论戚继光在浙江抗倭 龚剑锋，郑慧日/戚继光与台州大捷 董郁奎/略论戚继光在闽抗倭 颜章炮/论戚继光镇守蓟门 孙文良，柳海松/戚继光与天津 李建军/戚南塘与汪太函 姜纬堂/《纪效新书》十四卷本的成书时间和内容 范中义/戚继光著作刊刻述略 王玉祥/戚继光籍贯辨 郝子文，周恩惠/戚继光——孤独的将领（美）黄仁宇
内容提要　本书是一部全面研究戚继光的论著。内容：生平业绩、文韬武略、军事思想及在军事史上地位、爱国主义思想以及其诗文艺术特色的探述等共33篇。

书　　名　**戚继光研究论集**
责 任 者　《戚继光研究丛书》编辑委员会，蓬莱旅游度假区管理委员会编

出 版 项　北京:华文出版社,2001

页　　码　329

书　　号　7－5075－1107－3

分 类 号　K825.2＝48

相关目录　戚继光 范文澜/戚继光简论 高扬文,陶琦/戚继光奏议研究 张德信/戚继光军事学说及其历史地位 范中义/试析戚继光的伦理道德思想 林仁川/戚继光的将帅观 林吉玲/略论嘉隆万时代对戚继光的影响 朱亚飞/明代嘉靖年间海盗与倭寇的合流 仝晰纲/戚继光平定海盗吴平论析 冷东/戚继光对军事技术的贡献 宗毅/戚继光抗倭及其战船 席龙飞,顿贺/从《纪效新书》看戚继光水师的船舶结构和船员结构 孙光圻/略论《纪效新书》十八卷本的价值与影响 曹文明,吕颖慧/戚继光《练兵实纪》刍议 邱心田/《止止堂集》略论 王熹/《戚少保年谱耆编》的内容、价值和版本 刘聿鑫/台州大捷与现存明代戚继光抗倭纪念碑刻 王及

内容提要　本书收录戚继光学术研讨会论文13篇,对戚继光抗倭的时代背景、抗倭业绩、巩固边防和武器装备、军事思想诸方面给予了充分的论述。并收入了对戚继光撰写的《纪效新书》、《练兵实纪》、《戚少保奏议》等书的价值和影响的评介。

书　　名　**"千岁丸"上海行:日本人1862年的中国观察(近代日本人禹域踏查书系)**

责 任 者　冯天瑜著

出 版 项　北京:商务印书馆,2001

页　　码　467

书　　号　7－100－03350－0

分 类 号　K295.1

相关目录　第一章 日本幕末"开国"与遣使上海/一、"四只蒸汽船,惊醒太平梦"/二、"开国"的力度与主要方向/三、幕末的"对清策论"/四、以上海为渡航清朝的首选目的地/五、四次遣使上海/第二章 "千岁丸"——锁国二百年后使清第一船/一、宽永以降不平衡的中日交通/二、幕末打开对清交通的努力"千岁丸"的选购/三、"千岁丸"的使命/四、"千岁丸"乘员及其上海纪行文/五、高杉晋作与五代友厚/第三章 初识上海/一、长崎启程,千里风涛东海航/二、无炮的吴淞炮台·壁垒森严的上海城垣/三、中外船舶林立的巨港/四、华洋二界比照/五、"战败条约"笼罩下的屈辱/六、官府的排场与内囊空腐/七、"围观文化"/第六章 日中贸易的新拓展/一、从"居贸易"到"出贸易"/二、长崎会所商人及所携日本出口商品/三、《道台府应接书》·上海当局对幕府商贸诉求的反应/四、藩士们的市场调查及购买蒸汽船的尝试/五、运回日本的货物及此行贸易收支/第七章 东亚文化圈内的协奏与变奏/一、东亚文化圈内涵/二、笔语/三、书画弈棋交往·古董鉴赏买卖·诗文酬唱应和/四、认同与离异/五、友谊与摩擦/六、日本武士与中国儒生比较/结语/"千岁丸"上海行的历史定位/一、开17世纪30年代以来日本人踏访中国之先河/二、近代日本人中国观转折的起点/附录:"千岁丸"乘员上海纪行文选辑/《上海杂记》纳富介次郎,刘柏林译/《没鼻笔语》冯天瑜点校/《海外日录》名仓予何人,皮细庚译/《游清五录:航海日录·上海淹留日录·续航海日录·外情探索录卷之贰》高杉晋作;李雪梅点校、译

内容提要　本书由日本国际交流基金资助出版:本书讲述了1862年"千岁丸"的使命,更从日本观察者的视角,展现出晚清中国上海社会各个层面的景象,具有宝贵的史料价值。

书　　名　**遣唐使**

责 任 者　武安隆编著

出 版 项　哈尔滨:黑龙江人民出版社,1985

页　　码 238
书　　号 11093 · 162
分 类 号 D829. 313
相关目录 第一章 七至九世纪的东亚世界/第二章 一千年前的友好之船——遣唐使/一、遣唐使的派遣/二、人材济济的使团/三、幼稚的航海术/四、四条航线及海上遭际/第三章 日本使节在长安/第四章 遣唐留学生/第五章 遣唐留学僧/第六章 唐文化"转播站"——渤海国与日本的交往/一、渤海路上舟如织/二、通聘贸易实态/三、"鸿胪馆笔会"/第七章 遣唐使停派前后民间商船的往来/一、民间商船/二、民间对官方的贸易/第八章 赴日的专家们/一、"鉴真盲目渡东海"/二、菩提仙那与大佛开光/三、从正仓院宝物看东西文化交流/第九章 唐日交流的丰硕成果

书　　名 **遣唐使:唐代中日文化交流史略(唐史研究丛书)**
责 任 者 姚嶂剑著
出 版 项 西安:陕西人民出版社,1984
页　　码 122
分 类 号 K242. 03
相关目录 唐以前中日友好往来情况/汉晋时期的中日交往/遣隋使的派遣与遣使制度的建立/唐代日本遣唐使来华经过/遣唐使之由来/遣唐使的组织结构/日本政府的高度重视/遣唐使的海上交通/唐朝廷的盛情接待/遣唐使在华生活简况/唐代中日文化交流盛况/日本"大化改新"后的政体改革/日本仿唐的经济措施/唐农业、手工业生产技术在日本推广/唐文化对日本的影响/唐科学技术在日本发展/日本学问僧、请益僧大量西来与中国佛教东传/日本民间的唐人风俗
内容提要 唐代是历史上日本向中国学习进行中日交流的高潮,在长达260多年期间,日本前后向中国派出了19次遣唐使(包括3次送唐客使,1次迎入唐使和2次任命而未成行的遣唐使)。该书系统介绍了唐以前中日友好往来的情况,唐代日本遣唐使来华经过和唐代中日文化交流盛况。以遣唐使形式进行的中日文化交流高潮,不仅把自古以来中日文化交往的涓涓细流汇成了壮阔的大河,而且为以后中日两国世世代代的友好奠定了牢固的基础。书中附有珍贵的文物照片,是中日友好往来见证。

书　　名 **遣唐使眼里的中国(东亚文化研究书系)**
责 任 者 (日)古濑奈津子著
出 版 项 武汉:武汉大学出版社,2007
页　　码 149
书　　号 978-7-307-05888-0
分 类 号 K31
相关目录 序言 遣唐使研究的新视角/第一章 从日本出发/一、遣唐使的任命与准备/二、自南波港出发/第二章 在扬州/一、抵达中国的遣唐使与扬州城/二、中国的国忌行香与日本的国忌/三、乞雨仪礼/五、日本的召敕及其传达/第三章 在都城长安/一、长安与大明宫/二、与皇帝相见/三、皇帝的赐宴/四、日本的外交礼仪/五、朝贺仪式/六、朝贺后的宴会/第四章 日本的仪式与唐的影响/一、日本的仪式与吉备真备/二、遣唐使与唐之仪礼/三、日本仪式的唐化/结语 遣唐使带回了什么

书　　名 **钦商盛宣怀**
责 任 者 汤黎著
出 版 项 武汉:崇文书局,2009. 01

页　　码　277
书　　号　978－7－5403－1401－9
分 类 号　K82
相关目录　第四章 初涉洋务/第五章 参与轮船招商局/第十章 独揽招商局大权/第十四章 办北洋大学堂和南洋公学/第十五章 导演东南互保
内容提要　本书结合时代大背景，选取盛宣怀一生的主要活动加以描述，以期能客观地评价这个人物。在展现人物魅力的同时，也力图勾画一个时代的风云。

书　　名　**秦汉交通史稿**
责 任 者　王子今著
出 版 项　北京：中共中央党校出版社，1994
页　　码　582
书　　号　7－5035－0828－0
分 类 号　F512.9
相关目录　第五章 秦汉内河航运/一、黄河水系航运/二、长江水系航运/三、珠江水系航运/人工河道的开通和利用/第六章 秦汉近海航运与海外交通/一、并海道与主要海港的分布/二、近海航线的开通/三、东洋与南洋航路/四、航海技术的进步/第七章 秦汉造船业/一、船舶的数量与性能/二、船舶制造的技术水平/三、主要造船基地

书　　名　**秦汉中古史研究论集（大陆杂志史学丛书）**
责 任 者　大陆杂志社编辑委员会
出 版 项　台北：大陆杂志社，1970.09
页　　码　476
分 类 号　K09
相关目录　航行南海古“市舶”考 徐玉虎/中国唐代与新罗的关系（韩）卞麟锡

书　　名　**秦皇岛港史：古、近代部分（中国水运史丛书）**
责 任 者　黄景海，奚学瑶主编
出 版 项　北京：人民交通出版社，1985
页　　码　376
分 类 号　F552.9
相关目录　第一篇 古代部分（远古－1840年）/第一章 秦皇岛市及其沿海港湾概述/第二章 先秦时期秦皇岛沿海早期航海活动及碣石海港/第三章 秦汉至宋元时期碣石地域的港口发展/第四章 明清时期山海关码头庄港兴起及秦皇岛港湾开发利用/第五章 十九世纪末清朝政府开辟秦皇岛通商口岸（1840－1900年）/第三篇 近代部分（1840－1948年）/第六章 庚子至辛亥年间英国骗占秦皇岛港（1901－1912年）/第七章 清末至民国初期英国扩建港口及其早年经营/第八章 开滦矿务总局成立后的港口生产及罢工浪潮（1912－1925年）/第九章 英国利用在华特权不断改进并扩大港口生产/第十章 日本帝国主义扩大侵略，英日共管秦皇岛港/第十一章 太平洋战争爆发，日军全面接管秦皇岛港（1941年12月－1945年8月）/第十二章 抗日战争胜利后的秦皇岛港和工人争取解放的斗争（1945年8月－1948年11月）

书　　名　**青岛海港史：古代部分（中国水运史丛书）**
责 任 者　寿杨宾主编

出 版 项 北京:人民交通出版社,1989.01

页 码 151

书 号 7-114-00179-7

分 类 号 F552.9

相关目录 引论/一、青岛地区的早期文化/二、青岛海港活动述要/第一章 春秋战国时期的青岛海港/第一节 青岛海港开发的条件/第二节 琅玡港的巡游和军事活动/第二章 秦汉时期的青岛海港/第一节 地区经济对海港活动的影响/第二节 秦皇汉武巡幸到达青岛海港/第三节 以青岛地区为重点的求仙活动/第三章 魏晋南北朝时期的青岛海港/第一节 青岛海港地位下降/第二节 青岛海港活动缓慢发展/第四章 隋唐五代时期的青岛海港/第一节 琅玡港的衰败和板桥镇的兴起/第二节 隋唐时期密州板桥镇的贸易和其它活动/第三节 五代时期的青岛海港/第五章 宋金时期的青岛海港/第一节 北宋密州港成为北方主要海港/第二节 密州板桥的港航贸易活动/第三节 金朝趋于衰落的青岛海港/第六章 元明时期的青岛海港/第一节 海运的兴起和胶莱运河的开辟/第二节 海运和胶莱河运对青岛诸港的影响/第三节 海禁政策及其对青岛海港的影响/第七章 清代的青岛海港/第一节 新兴和继续发展的青岛海港/第二节 军商合一的青岛海港/青岛海港古代大事记

书 名 **青岛海港史:近代部分(中国水运史丛书)**

责 任 者 寿杨宾主编

出 版 项 北京:人民交通出版社,1986

页 码 292

分 类 号 U659.2

内容提要 本书对1840-1949年的百余年间青岛港口的发展、兴衰作了系统的阐述。贯穿了侵略、反侵略的主线,对德、日帝国主义侵占青岛港的始末、过程,都有详尽的叙述。关于港口的贸易、经济情况,码头、仓库的建设,以及各个时期港口的特点等,也作了比较客观的介绍和分析。

书 名 **清代漕粮海运与社会变迁(中国社会科学院近代史研究所专刊)**

责 任 者 倪玉平著

出 版 项 上海:上海书店出版社,2004.11

页 码 552

书 号 7-80678-330-X

分 类 号 F552.9

相关目录 一、完备与补漏:清代漕运规制/(一)古代漕运规制/1. 古代河漕制度的演变/2. 元明漕粮海运规制与实践/(二)清代河漕制度的演变/1. 清承明制与漕运制度的确立/2. 清代漕制的结构性缺陷/(三)嘉道之际的漕弊/1. 运丁的双重性/2. 浮收与勒折/3. 漕官的贪贿/二、权宜与成案:道光年间的漕粮海运/(一)道光六年海运:制造"成案"/1. 海运之议的兴起及筹备/2. 漕粮海运的实施和善后/3. 海运成功与中止的检讨/4. 应厘正的四个问题/(二)道光末年海运:西方首次干涉/1. 最初的筹备/2. "青浦教案"与海运/3. 接收及善后/三、冲击与回应:木帆船时期的漕粮海运/(一)海运再起:别无选择/1. 江苏漕粮海运/2. 浙江漕粮海运/(二)海运的继续:另辟蹊径/1. 小刀会的冲击/2. 海运的继续/(三)恢复海运:向轮船过渡/1. 江浙减赋与漕粮/2. 漕粮海运的恢复/四、变通与代价:轮船参与下的漕粮海运/(一)招商局创设:非为运漕专设/1. 试用夹板船/2. 恢复河运与调整海运/3. 招商局首运漕粮/(二)轮沙并运:后来者居上/1. 实施径运通仓/2. 扩大海运对象/3. 平静中的调整/(三)河海并运:战争的影响/1. 中法战争与海运/2. 河运再兴/3. 中日战争与海运/五、废而不止:清末漕粮海运/(一)庚子漕运:转折点/1. 漕

运遭受打击/2. 艰难转运陕西/(二)漕粮改折诏:进退维谷/1. 轮车联运/2. 改折诏出台/(三)海运的继续:最后的岁月/1. 改折拖泥带水/2. 海运弊端多/3. 大规模截漕缓运/六、漕粮海运与政治变革/(一)晚清漕制的变革 /1. 漕运体制变更/2. 河海之争/(二)漕粮海运与中外交涉/1. 轮船案件/2. 压迫与掠夺/3. 觊觎漕运/七、漕粮海运与经济演变/(一)漕粮海运与经济区域转移/1. 运河经济带的衰落/2. 沿海经济的兴盛/(二)漕粮海运的补充形式/1. 招商采办/2. 轮船代运/3. 鼓励与禁止/八、漕粮海运与社会变动/(一)漕粮海运的社会功能/1. 漕粮海运与木帆船业兴衰/2. 漕粮海运与交通工具近代化/(二)漕粮海运与招商局/1. 清廷多方扶植招商局/2. 招商局运漕弊端不减/3. 运漕在招商局的地位/(三)漕粮海运与社会问题/1. 水手与船商/2. 农民抗漕

内容提要 本书从清代漕运规制、道光年间的漕粮海运、木帆船时期的漕粮海运、轮船参与下的漕粮海运、清末漕粮海运、漕粮海运与政治变革、漕粮海运与经济演变、漕粮海运与社会变动等八个方面进行了论述。

书 名 清代漕运

责 任 者 李文治,江太新著

出 版 项 北京:中华书局,1995

页 码 518

书 号 7-101-01238-8

分 类 号 F552.9

相关目录 第一章 中国古代漕运制度的发生和演变/第一节 宋元以前漕运制度沿革/第二节 明代漕运制度述略/第二章 清代长江流域农业生产的发展与漕远的持续/第四节 清代漕运制度的重建/第四章 漕粮赋税制度/第一节第三节 漕粮的改征和改折/第五节 苏州府漕运税制事例/第六节 浙江省漕运税制事例/第五章 漕粮的征收兑运和交仓/第一节 漕粮的征收/第二节 漕粮的兑运/第三节 漕粮交仓/第六章 漕运官制和船制/第二节 船制/第七章 运丁和屯田/第二节 漕运屯田/第三节 漕运屯田的侵隐典卖和向民田转化/第八章 漕粮运道/第一节 清代对运道的修治/第二节 运河河政/第九章 清中叶后吏治腐败与漕运体制内部矛盾的加剧/第一节 漕运体制内部矛盾的发展过程/第三节 各处漕务官吏胥役对帮船运丁的贪索/第十一章 道光后漕运改制政策(上)——改折减赋/第一节 农业经济凋敝与漕运改制/第二节 湖南、湖北等五省减漕折和革浮收/第三节 江苏、浙江两省裁减漕粮正额/第十二章 道光后漕运改制政策(下)——招商海运/第一节 河道梗阻与议行海运/第二节 海运漕粮兑运规则及成效/第三节 漕粮改行海运的成效/第十三章 漕运的停止/第一节 湖北、湖南、江西、安徽及河南五省停止漕运/第二节 江苏、浙江、山东三省停止征漕/第十四章 漕运与商品经济/第一节 漕运与商品流通/第二节 漕运与商业城市/第三节 商品流通与社会经济/附 修治运道对某些地区农业生产的破坏

书 名 清代漕运

责 任 者 李文治,江太新著

出 版 项 北京:社会科学文献出版社,2007.06

书 号 7-80230-697-3

分 类 号 F552.9

相关目录 第一章 中国古代漕运制度的发生和演变/第一节 宋元以前漕运制度沿革/第二节 明代漕运制度述略/第二章 清代长江流域农业生产的发展与漕运的持续/第四节 清代漕运制度的重建/第三章 漕粮的财政及赈恤功能/第一节 漕粮与国家财政/第二节 漕粮的赈恤和平粜/第四章 漕粮赋税制度/第三节 漕粮的改征和改折/第四节 漕粮的豁除蠲缓和新垦升科/第五节 苏州府漕运税制事例/第六节 浙江省

漕运税制事例/第五章 漕粮的征收兑运和交仓/第一节 漕粮的征收/第二节 漕粮的兑运/第三节 漕粮交仓/第六章 漕运官制和船制/第二节 船制/第七章 运丁和屯田/第二节 漕运屯田/第三节 漕运屯田的侵隐典卖和向民田转化/第八章 漕粮运道/第一节 清代对运道的修治/第二节 运河河政/第九章 清中叶后吏治腐败与漕运体制内部矛盾的加剧/第三节 各处漕务官吏胥役对帮船运丁的贪索/第十一章 道光后漕运改制政策(上)——改折减赋/第一节 农村经济凋敝与漕运改制/第二节 湖南、湖北等五省减漕折和革浮收/第三节 江苏、浙江两省裁减漕粮正额/第十二章 道光后漕运改制政策(下)——招商海运/第一节 河道梗阻与议行海运/第二节 海运漕粮兑运规则及成效/第三节 漕粮改行海运的成效/第十三章 漕运的停止/第一节 湖北、湖南、江西、安徽及河南五省停止漕运/第二节 江苏、浙江、山东三省停止征漕/第十四章 漕运与商品经济/第一节 漕运与商品流通/第二节 漕运与商业城市/第三节 商品流通与社会经济

内容提要　本书共分 14 章,主要内容有五方面:一、追述漕运制度发生和演变的历史沿革;二、探讨生产发展与漕运的关系;三、论述清代漕运制度架构和历史沿革;四、阐明清代漕运体制演变;五、研究漕运与商品经济发展之间关系。

书　　名　清代漕运:修订版(中国社会科学院老年学者文库)
责 任 者　李文治,江太新著
出 版 项　北京:社会科学文献出版社,2008.10
页　　码　405
书　　号　978-7-80230-697-4
分 类 号　F55
相关目录　第一章 中国古代漕运制度的发生和演变/第一节 宋元以前漕运制度沿革/第二节 明代漕运制度述略/第二章 清代长江流域农业生产的发展与漕运的持续/第四节 清代漕运制度的重建/第三章 漕粮的财政及赈恤功能/第一节 漕粮与国家财政/第二节 漕粮的赈恤和平粜/第四章 漕粮赋税制度/第三节 漕粮的改征和改折/第四节 漕粮的豁除蠲缓和新垦升科/第五节 苏州府漕运税制事例/第六节 浙江省漕运税制事例/第五章 漕粮的征收兑运和交仓/第一节 漕粮的征收/第二节 漕粮的兑运/第三节 漕粮交仓/第六章 漕运官制和船制/第二节 船制/第七章 运丁和屯田/第二节 漕运屯田/第三节 漕运屯田的侵隐典卖和向民田转化/第八章 漕粮运道/第一节 清代对运道的修治/第二节 运河河政/第九章 清中叶后吏治腐败与漕运体制内部矛盾的加剧/第三节 各处漕务官吏胥役对帮船运丁的贪索/第十一章 道光后漕运改制政策(上)——改折减赋/第一节 农村经济凋敝与漕运改制/第二节 湖南、湖北等五省减漕折和革浮收/第三节 江苏、浙江两省裁减漕粮正额/第十二章 道光后漕运改制政策(下)——招商海运/第一节 河道梗阻与议行海运/第二节 海运漕粮兑运规则及成效/第三节 漕粮改行海运的成效/第十三章 漕运的停止/第一节 湖北、湖南、江西、安徽及河南五省停止漕运/第二节 江苏、浙江、山东三省停止征漕/第十四章 漕运与商品经济/第一节 漕运与商品流通/第二节 漕运与商业城市/第三节 商品流通与社会经济

内容提要　全书共分十四章,主要内容包括五个方面:追述漕运制度发生和演变的历史沿革;探讨生产发展与漕运的关系、论述清代漕运制度构架和历史沿革;阐述清代漕运体制演变、研究漕运与商品经济发展之间关系。

书　　名　清代的边疆政策(中国边疆史地研究丛书)
责 任 者　马汝珩,马大正主编
出 版 项　北京:中国社会科学出版社,1994
页　　码　496
书　　号　7-5004-1319-X

分 类 号 D691.2

相关目录 第二篇 综论/七、海疆政策的演变/(一)从招降郑氏到统一台湾——以防范郑氏集团为主的平定海疆阶段/(二)从解除海禁到南洋禁航——以防内为主的四口通商阶段/(三)从禁止传教到一口通商——以防内为主向防外为主的过渡阶段/(四)从林爽文起义到鸦片战争爆发——强化防夷措施与松弛治台政策阶段

书 名 **清代的外交机关**

责 任 者 钱实甫著

出 版 项 北京:三联书店,1959

页 码 309

书 号 11002·268

分 类 号 D829

相关目录 第一章 鸦片战争前清政府的对外关系/一、清帝国在关外时代的对外关系:"藩部"和"属国"的起源/二、清帝国"大统一"时代的行政区域/三、清帝国"大统一"时代的"属国"和"外国"/四、清政府管理"属国"和"外国"事务的机构/五、关于"朝贡"的礼仪:清政府和"属国"的关系/第二章 鸦片战争前后清政府和西方各国的关系/一、"海盗"式的侵略者来到中国/二、英国侵略者首先"叩关"的企图/三、南京条约等签订后清政府对外关系的开始变化/四、鸦片战争以后的中外通商关系:"五口通商大臣"的设置/五、"五口通商大臣"成为两广总督的兼职/第三章 南京条约签订后清政府和西方各国的通商关系与外交关系/一、五口开市和其它交涉/二、通市后的上海:逐渐成为侵略的中心/三、侵略者对海关税务权的侵夺:内政干涉的开始/四、天津条约签订期间的中外关系:外交和通商中心的完全移向上海/五、上海议约后的外交问题/六、清政府对外关系根本改变的开端/第四章 总理衙门的设立/一、北京条约签订后统治阶级对外认识的开始转变/二、设立总理衙门的建议和批准/三、总理衙门的组织/四、南北洋大臣/第五章 总理衙门的有关机构/一、京师同文馆/二、海关总税务司署/三、对外使节的派遣/第六章 总理衙门的改组和性质/一、总理衙门的改组,外务部的成立/二、总理衙门的职掌和性质/附录一、清政府办理通商、外交大臣年表

书 名 **清代渡海巡台制度研究**

责 任 者 尹全海著

出 版 项 北京:九州岛出版社,2007.09

页 码 275

分 类 号 D691.2

相关目录 绪论/第一节 研究动机/第二节 相关研究成果之回顾/第三节 研究方法与史料运用/第一章 清代渡海巡台制度的背景/第一节 台湾海峡之自然阻隔/第二节 中原王朝对台湾的早期管辖/第二章 巡台御史制度/第一节 巡台御史之设置/第二节 巡台御史的治台活动/第三节 巡台御史职权的式微/第三章 福建大员轮值巡台制度/第一节 轮值巡台制度之确立/第二节 循例巡台/第三节 因事巡台/第四节 轮值巡台制度中断的原因分析/第四章 闽抚驻台制度/结论 清代渡海巡台制度之整体分析

内容提要 清代渡海巡台制度,是台湾建省之前,清王朝对台湾实行的直接管辖制度。本书在制度视角下,以清代治台政策为背景,以渡海巡台制度的演变为主线,通过对制度动作的描述与分析,提示其性质与功能。全书共分4章,分别阐述清代渡海巡台的背景、巡台瑜史制度、福建大员轮值巡台制度、闽抚驻台制度。

书　　名　清代广州的巴斯商人(中外交流历史文丛)

责 任 者　郭德焱著

出 版 项　北京:中华书局,2005

页　　码　273

书　　号　7-101-04633-9

分 类 号　F752.949

相关目录　第一章 学术史的回顾/第二章 巴斯人的起源及其来华背景/第一节 从伊朗到印度/第二节 社会生活的"欧化"/第三节 与英国的"亲密"关系/第三章 对华贸易中的巴斯人/第一节 中国文献中的巴斯人/第二节 对华贸易中的巴斯豪族/第三节 "巴斯馆"中的巴斯人/第四章 鸦片战争前巴斯商人在广州口岸的活动/第一节 巴斯商人与英国东印度公司/第二节 巴斯商人与广东十三行/第三节 巴斯商人与鸦片贸易/第五章《南京条约》后的巴斯商人/第一节《南京条约》中的赔款与巴斯商人/第二节 在香港及通商五口的贸易/第三节 中国文人与巴斯商人的交往/第四节 巴斯商人逐步退出中国市场

内容提要　本书结合西文原始文献,对清代各类中文文献有关"巴斯"的称谓进行整理和分类;在此基础上,勾画出对华贸易中的巴斯豪族和巴斯名商的轮廓。

书　　名　清代广州十三行纪略

责 任 者　李国荣,林伟森主编

出 版 项　广州:广东人民出版社,2006

页　　码　154

书　　号　7-218-05187-1

分 类 号　F752.949

相关目录　序篇清初海禁/澳门葡萄牙人向清廷投诚(1651年)/荷兰使团进京(1655年)/清初海禁(1656-1678年)/第一章 开海贸易/康熙开海贸易圣谕(1684年)/粤海关的设立(1685年)/天主教在中国(1692年)/中法贸易的开端(1699年)/第二章 公行定制/免征暹罗国船税(1725年)/瑞典商船初到广州(1732年)/外国商船湾泊黄埔的争议(1733年)/加强中外贸易管束八条(1735年)/第三章 天子南库/是否禁止南洋贸易之争(1742年)/"歌德堡号"的沉没(1745年)/乾隆朝外洋通商案(1755年)/第四章 一口通商/"一口通商"的圣谕(1757年)/李侍尧制定约束外商法令(1759年)/限制丝货出口(1759年)/第一个被乾隆钦定抄家的洋商倪宏文(1777年)/英国觊觎香港野心的第一次暴露(1781-1782年)/中美贸易的开端(1784年)/第五章 洋行沧桑/洋商蔡文官为"詹尼号"出港开脱(1794年)/撤销本港行(1800年)/俄罗斯商船到广州贸易(1805年)/外币的流通(1807年)/"海王星号"事件(1807年)/英国传教士马礼逊的秘密传教与文化传播(1808年)/英舰侵入珠江水域事件(1808年)/第六章 鸦片贸易/澳葡当局的鸦片阴谋(1819年)/伶仃洋上的鸦片趸船(1822年)/宝顺洋行的创办(1823年)/旗昌洋行的创办(1824年)/豁免遭遇火灾的英国商船的税规(1826年)/第七章 商馆终结/广州十三行独揽外国贸易制度的结束(1842年)/"五口通商"后的广州贸易(1849年)/尾篇 沙面租界/沙面码头兴建(1916年)/收回粤海关(1931年)

内容提要　本书沿着历史演进的轨迹,依据翔实可靠的皇家秘档和文献典籍,揭示清政府特许广州十三行这个半官半商性质的商贸垄断组织存在发展的内幕,展现二三百年前广州商馆的兴衰与沉浮,透视以广州为窗口的具有时代特色的中外文化交流,追溯南国广州与清朝皇宫的特殊关系。

书　　名　清代海军教育史

责 任 者　包遵彭著

出 版 项 北京:国防研究所,1969.07

页 码 136

分 类 号 E295

相关目录 第二节 福州船政学堂/一、建设规模/二、学制与课程/三、练船/四、教育概况/五、民国时期之福州海军学校/六、出洋进修/第三节 黄埔海军学校/第四节 天津水师学堂/第五节 昆明湖水师学堂/第六节 威海水师学堂/第七节 江南水师学堂/第八节 烟台海军学校/第九节 赴日留学之经纬/第十节 其它学校/第十一节 附论民国初期海军教育/第一目 青岛海军学校/第二目 海军电雷学校

书 名 **清代林贤总兵及台海战役研究(厦门大学国学研究院资助出版丛书)**

责 任 者 王尊旺,方遥,刘婷玉著

出 版 项 厦门:厦门大学出版社,2009.02

页 码 218

书 号 978-7-5615-3082-5

分 类 号 E1

相关目录 第一章 明末清初的台海风云/一、郑芝龙经营台湾/二、荷兰在台湾的殖民统治/三、郑成功收复台湾/四、郑经时期台湾的开发/第二章 林贤总兵与定海之战/一、康熙初年清郑和战/二、福建水师的重新设置/三、海澄之陷/四、定海之战/第三章 林贤总兵与收复金厦/一、万正色入闽/二、海坛之战/三、清军收复金厦及其善后措施/第四章 林贤总兵与平定台湾/一、施琅出任福建水师提督/二、施琅、姚启对之争/三、澎湖海战/四、清廷平定台湾/第五章 林贤在平定台湾中的功绩/一、壮岁从戎,闽南鏖兵/二、国家思宁,决策东征/三、澎湖决战,首冲破敌/四、建功澎台,流芳后世/第六章 万木成林忠天下/一、千古第一谏臣干/二、纱晋名藩、闽林始祖林禄/三、一门九牧、不屈于贼的林蕴/四、威慑宋主的南唐猛将林仁肇/五、普济劝善、守护海洋的妈祖林默/六、不畏权宦、抗争到底的林大中/七、平生倔强身是胆的林仲麟、林促虎兄弟/八、生忠死义、不屈元兵的林同/九、与海瑞齐名的谏官林润/一〇、忠孝天植、不惧魏阉的林欲楫/一一、慷慨赴死的南明义臣林化熙/一二、击退沙俄、丕振国威的爱国将领林兴珠/一三、攻澎平台立首功的水师总兵林贤/一四、查禁鸦片、放眼世界的民族英雄林则徐/一五、兴办教育、树人百年的林启/一六、甲午海战中的林门英杰/第七章《马平霞殿林氏本房族谱》资料辑录/一、林贤部分/二、林达部分/三、林梦赉部分/四、林梦松部分

内容提要 林贤是清代康熙年间施琅奉命统一台湾时所率领的二大总兵之一,在统一台湾的海战中发挥了重大作用。本书根据厦门国学研究院的研究人员深入到泉州南安各地乡村搜集民间文献,获得了一批十分珍贵的关于康熙同意台湾与林贤事迹的文献及相关的资料撰著,对于厘清康熙年间的林贤事迹与施琅统一台湾之战具有重要的学术价值。

书 名 **清代留学运动史**

责 任 者 董守义著

出 版 项 沈阳:辽宁人民出版社,1985

页 码 383

书 号 11090·146

分 类 号 G529

相关目录 第一章 走向世界之前/二、从海禁初开到自发留学/三、在"师夷之长技"的口号下/四、走向世界的前奏曲/第二章 初沐美雨欧风/一、奔向美洲的幼童留学/二、奔向欧洲的军事留学/三、初期留学欧美与中国近代化/第三章 留学大千世界/一、以日本为中心的全面留学/二、留学生运动与留学政策的转

变/三、欧美留学运动再度兴起/四、巨大而深远的影响/附录一、清代留学运动史年表

书　　名　**清代前期的粤海关:一六八三——一八四二**
责 任 者　陈国栋撰
出 版 项　台北:台湾大学,1979
分 类 号　F752.949

书　　名　**清代前期海防:思想与制度(东方历史学术文库)**
责 任 者　王宏斌著
出 版 项　北京:社会科学文献出版社,2002
页　　码　286
书　　号　7-80149-713-9
分 类 号　E294.9
相关目录　第一章 禁海思想渊源及其流变/第一节 禁海思想渊源与筹海之争/一、禁海思想的渊源/二、筹海思想论争/三、重商的代表作/四、禁海令的解除/第二节 禁止往贩南洋案/一、禁止往贩南洋的起因/二、"重防其出"的各项措施/三、《论南洋事宜书》/四、往贩南洋禁令的解除/第三节 禁海思想的流变/一、严禁移民海外/二、军需品的出口禁令/三、"重防其出"与闭关自守/第二章 路基海防体制的形成与水师职责/第一节 海防军队星罗棋布/第二节 水师水兵会哨制度与治安职责/一、水兵会哨制度/二、治安责任与奖惩规定/三、巡洋会哨的效果/第三节 水师守兵与炮台建筑/一、火炮铸造概况/二、炮台建筑经过/三、炮台的数量与类型/四、炮台建筑技术及其致命弱点/第三章 战船修造制度与海上机动作战能力的丧失/第一节 战船修造管理体制/一、修造限期/二、修造机构与责任/三、修造工价/四、战船规格的退化/第二节 因循守旧,丧失机遇/一、海防危机与战船改造/二故态重萌与再蹈覆辙/第三节 限制民船,作法自毙/一、康熙时期关于民船的限制/二、雍正时期的种种规定/三、乾嘉时期继续限制民船性能改善/第四节 海上机动作战能力的丧失/第四章 海防地理学的奠基/第一节 海防地理著作与作者/第二节 海岸海岛军事地理形势/一、三路设防,重在东路(广东)/二、岛防重于岸防(福建)/三、藩篱、门户与堂奥(浙江)/四、江防重于海防(江苏)/五、"天造地设鉴定室险"(渤海周围地区)/六、海防地理的历史比较研究/第三节 海口海港与海道/一、海口——"与其联络于江,曷若先事预防,会哨于海"/二、海港——"半依山阿,外险内宽,千舟可聚"/三、海道——"夫海道之险不可不备,而海道之利不可不由"/第四节 海洋气候、水文与海防/一、海洋气候与海防/二、海洋水文与海防/第五节 对于海上强国的初步认识/一、日本/二、荷兰/三、葡萄牙/四、西班牙/五、英国
内容提要　本书探讨了当时人们的海洋观念,海防地理认识水平,禁海思想的渊源及其流变;就海防政策而言,研究了清政府的海防对象与任务,移民政策等;就重大事件来说,研究了郑成功、施琅收复和统一台湾等问题。

书　　名　**清代榷关制度研究**
责 任 者　祁美琴著
出 版 项　呼和浩特:内蒙古大学出版社,2004.03
页　　码　462
书　　号　7-81074-629-4
分 类 号　F812.949
相关目录　第一章 榷关的设置与沿革/一、榷关的整顿与设置/二、各关沿革概况/三、清末常关的分

布/第二章 榷关的外部组织与管理/一、户部与户部关的关系/二、户部对户部关的监督与管理/三、地方政府与户部关的管理/四、户部关与内务府的关系/第三章 榷关内部的组织机构与管理/一、关署与口岸/二、税款的存储与报解/第五章 榷关的税则与税率/一、税种与税目的确立/二、河关税则的确立/二、海关税则的确立/三、税率的确立/四、免征与减征/第六章 榷关的额税与税收/一、正额"岁额"的确立/二、盈余银的确立/三、附加税/第七章 榷关额税的分配与用途/一、兵饷/二、养廉银/三、内务府的特供/四、本关开销/五、其它支出/第八章 榷关的发展与限制贸易/一、国内贸易中的限制政策及影响/二、"一口通商"政策出台的原因/三、行商制度对海关发展的阻碍/四、清代对外贸易的特点与洋禁的实质/第九章 榷税的盈缩与制约因素/一、榷关本身存在的弊端对榷税的影响/二、社会环境的变化对榷税的影响/第十章 晚清榷关的衰落及其地位的改变/一、榷关的分化与地位的改变/二、海关对常关财政地位的影响/三、海关对常关管理权的侵夺/结语/中西封建关税制度之比较/附表(一)清代户部贵州清吏司所属榷关变化情况表/附表(二)户部各关口岸一览表/附表(三)各关专差官员一览表/附表(四)各关税收额度一览表/附表(五)乾隆、光绪二朝各关税收一览表

内容提要 本书主要围绕榷关机构的设置和人员,税务管理等方面的内容,揭示清代税制度存在、发展的过程,并从清代国家相关的经济政策对榷关发展的影响和榷关税收的社会环境等方面进行研究。

书　　名 清代商业史(清史研究丛书)

责 任 者 郭蕴静著

出 版 项 沈阳:辽宁人民出版社,1994.04

页　　码 427

书　　号 7-205-02802-7

分 类 号 F729.49

相关目录 下编 对外贸易/第十一章 对外贸易政策的演变/1. 禁海前对外贸易概述/2. 禁海与迁海/3. 开海贸易/4. 一口通商时期的严厉措施/5. 政策的变化并非闭关锁国/第十二章 对外贸易制度/1. 海关概况海关/2. 管理办法/3. 洋行各级官吏对洋商的盘剥/4. 对外贸易中的积弊/第十三章 与亚洲各国的贸易/1. 对日贸易/2. 对朝鲜的贸易/3. 与暹罗、柬埔寨等国的贸易/第十四章 与欧美国家的贸易/1. 对荷兰、葡萄牙、意大利等国贸易简况/2. 对英贸易/3. 对法、美贸易/4. 对俄贸易

内容提要 本书介绍了清代的国内商业和对外贸易历史。

书　　名 清代水师名将王得禄传略与年谱

责 任 者 徐明德著

出 版 项 杭州:杭州大学出版社,1991.04

页　　码 197

书　　号 7-81035-091-9

分 类 号 K825.2

相关目录 第一章 将门后裔/第一节 东渡台湾的绿营千总/第二节 沟尾庄的王氏后裔/第三节 嘉义土地祠的流浪儿/附图一、王奇生公后裔世系表/第二章 投笔从戎/第一节 散家财募义勇/第二节 赏戴花翎的绿营千总/第三节 出色的水师守备/第三章 追歼洋盗/第一节 嘉庆年间蔡牵为首的东南海盗/第二节 护送使船功迁游击/第三节 台湾之役升副将擢总兵/第四节 粤海激战李提督殉职/第五节 歼灭蔡牵功封子爵/附图二、王得禄将军主要海战示意图/第四章 功勋卓著/第一节 威震东南的歼盗英雄/第二节 清代中期的军事家/第三节 嘉庆和道光的功臣/附图三、王得禄将军活动地区示意图/第五章 隐退乡居/第一节 因谗隐退的水师名将/第二节 多妻多子的大家长/第三节 关心民瘼的乡贤/第四节 海神妈祖与观世音

的虔诚信徒/附图四、浙江普陀山香汛进香图/第六章 名垂澎台/第一节 重返前线抗御外敌/第二节 王将军活动地区遗迹/附图五、王得禄将军墓园地景规划图/第七章 王得禄将军年谱

书　　名 清代台湾的海防(东方历史学术文库)

责 任 者 许毓良著

出 版 项 北京:社会科学文献出版社,2003

页　　码 495

书　　号 7－80149－847－X

分 类 号 E294.9

相关目录 第一章 港口与海运/第一节 清代台湾港口戍防的演变/一、鹿耳门、澎湖为主的防御/二、各港不相联系的防御/三、铁路联港的防御/第二节 台闽至海内外的航线/一、海道水程/二、洋中险处、民船种类/第三节 台闽的配运/一、班兵、米谷/二、公文、人犯、马匹、棺骸/三、官员、饷银/第二章 行政与管理/第一节 文武官员对海防的职掌/一、各职司的分工/二、台湾的防海议/第二节 弁兵练勇对据点的戍守/一、汛塘、炮台/二、火器/第三节 台湾海防的经费/一、造船/二、军品/第三章 海防与台海的控制权/第一节 船政的运作/一、台厂与其他船厂的出现/二、修造年限与呈报流程/三、一切对外依赖的船政/第二节 水师的操演/第四章 海防的对象/第一节 港口的检验与走私偷渡/一、文武口/二、海关、厘卡/第二节 港口的政防与平定民变/一、朱一贵事件/二、林爽文事件/三、张丙事件/四、戴潮春事件/第三节 海盗的骚扰与追剿/第四节 列强的入侵与抵御/一、英国/二、美国/三、普鲁士(德国)/四、日斯巴尼亚(西班牙)、俄国/五、法国/六、日本/第五章 湘、淮畛域下的海防/第一节 纳入洋务运动的一环(咸丰十一年至光绪十年,1861－1884)/第二节 建省以后的发展(光绪十一年至二十一年,1885－1895)

内容提要 本书将台湾海防置于清朝东南海防的背景中探讨,论述清代的港口与海运、行政与管理、海防与台海的控制权、及海防对象等。

书　　名 清代台湾史研究

责 任 者 陈在正等著

出 版 项 厦门:厦门大学出版社,1986

页　　码 508

分 类 号 K295.8

相关目录 评清政府与郑成功之间和战的得失 陈在正/据清代档案考订郑成功史事十二则 陈在正/郑成功评价的方法论问题 孔立,陈在正,邓孔昭/论康熙统一台湾 陈在正/康熙二十二年:台湾的历史地位 孔立/康熙对台湾战略决策的形成及其特点 杨锦麟/试论康熙年间台湾与大陆统一的经济必然性 林仁川,陈支平/论姚启圣在统一台湾过程中的作用 邓孔昭,孔立,陈在正/论姚启圣的招抚活动 吴玫/施琅史实的若干考辨 孔立/论郑氏名将刘国轩 施伟青/试论清荷联合进攻郑氏 邓孔昭/试论清初台湾封建经济的特征 黄福才/论康熙朝台湾的农业政策和措施 颜章炮/康熙时期台湾高山族社会的发展 陈国强/清代台湾大小租的产生及其社会条件 邓孔昭/清代台湾阄书研究 周翔鹤/清代台湾汉族与平埔诸族之间的矛盾和融合 陈碧笙/朱一贵起义与吴福生起义供词的比较研究 孔立/林爽文起义的性质问题 孔立/从林爽文起义看清朝作战系统的功能 孔立/清代台湾械斗史实辨误 孔立/台湾八卦会和戴潮春起义 邓孔昭/十九世纪下半期台湾海关税收分析 邓利娟/论外国商业资本对台湾贸易的控制(一八六〇——一八九四) 李祖基/清政府与台湾建省 杨彦杰/试论一八九五年的“台湾民主国” 林其泉/台湾与辛亥革命 陈在正

书　　名 清代中琉关系档案研究

责 任 者 丁春梅编著

出 版 项 北京:中国档案出版社,2007.09

页　　码 420

书　　号 978-7-80166-887-5

分 类 号 D829.313

相关目录 第二章 清代中琉关系档案的种类/第一节 中琉两国最高统治者之间往来文书/第二节 中央机构及官员与琉球国往来文书/第三节 地方政府及官员与琉球国往来文书/第四节 中琉两国政府为公务出行而颁发的凭证文书/第五节 中国各级官员呈递给皇帝的文书/第六节 各官府机构之间往来的文书/第七节 皇帝的谕旨文书/第三章 清代中琉关系档案史料价值举要/第一节 从中琉关系档案看清代的册封体制/第二节 从中琉关系档案看琉球朝贡活动/第三节 从中琉关系档案看中琉两国的贸易交往/第四节 从中琉关系档案看清政府对琉球留学生的优惠政策/第五节 从中琉关系档案看清政府对琉球难民的抚恤政策/第四章 中琉关系档案与中琉关系史专题研究/第一节 乾隆朝册封使役"索银事件"研究/第二节 清政府对琉球朝贡贸易禁止政策研究/第三节 清代护送琉球贡使朝贡之伴送制研究/第四节 中琉两国纸张贸易研究

内容提要 本书系国内第一部全方位反映清代中琉关系史料收藏研究情况的专著,将档案学、历史学结合,对中国大陆、中日台湾和日本等关于琉球的档案进行了详尽的介绍。

书　　名 **清代中越宗藩关系研究(《边疆史地》丛书)**

责 任 者 孙宏年著

出 版 项 哈尔滨:黑龙江教育出版社,2006

页　　码 426

书　　号 7-5316-4358-8

分 类 号 D829.333

内容提要 本书内容包括宗藩关系的演进,宗藩关系的运作,朝贡贸易,民间贸易,边界交涉,海事与边事问题,入华越侨,入越华侨等。

书　　名 **清季的洋务新政**

责 任 者 樊百川著

出 版 项 上海:上海书店出版社,2003

页　　码 1587

书　　号 7-80622-784-9

分 类 号 K256.107

相关目录 洋务新政正名议(代序)/一、"洋务运动"一词的来历与质疑/二、洋务派的"借法"活动并未造成"运动"形势/三、改称"洋务新政"最适宜/第一卷 洋务新政的兴起和推行/第一章 外国侵略者在中国培植代理人/第一节 买办制度和买办阶级的形成/第二节 外国侵略者迫使清政府变成其在华统治工具/第二章 洋务派的产生和形成/第一节 地主阶级中出现洋务派/第二节 洋务派的实质/第三章 洋务派的主体——曾、李集团/第一节 曾国藩及其湘军曾系集团/第二节 集洋务派大成的李鸿章及其淮系集团/第三节 洋务派的两大干将——郭嵩焘和丁日昌/第四章 洋务派思想及其与清流派之争/第一节 洋务派思想的半殖民地性质/第二节 清流派的倏兴倏败与封建地主阶级谋求恢复独立统治希望的最后破灭/一、所谓"清流派"/二、清流派的"攘外"——洋务派和守旧派之外的第三条道路/三、清流派的"修内"——统治阶级内部的整饬与斗争/四、甲申朝变和清流派的失败与分裂/第五章 总理衙门

书　　名　清末船政大臣——沈葆桢(中国名臣丛书)

责 任 者　唐耀华著

出 版 项　上海:上海大学出版社,2007.04

页　　码　294

书　　号　7-81118-091-X

分 类 号　I25

相关目录　廉不言贫 勤不言苦/匡时救世 刚毅则立/为官宜公 荣辱不惊/整固后方 保境安民/师夷长技 主政造船/倭寇侵台 临危受命/总督两江 敢言兴利

内容提要　本书是清末船政大臣沈葆桢一生的文学传记。

书　　名　清末海军史料

责 任 者　张侠,杨志本等

出 版 项　北京:海洋出版社,1982.05

页　　码　947

书　　号　51936·0121

分 类 号　E295.53

相关目录　第一章 建置沿革/第二章 舰船购造/第三章 防务设施/第四章 海战纪略/第五章 教育训练/第六章 规章制度/第七章 官员任免/第八章 经费收支/第九章 辛亥革命中的海军

书　　名　清末中外修订商约交涉研究(近代中国研究丛书)

责 任 者　李永胜著

出 版 项　天津:南开大学出版社,2005.08

页　　码　344

书　　号　7-310-02338-2

分 类 号　F129.52

相关目录　第一章 清末中外商约交涉经过概述/第一节 修改商约之缘起/第二节 看似双赢的中英谈判/第三节 费尽周折而终有所成:中美谈判/第四节 艰难的谈判和有争议的结果:中日谈判/第五节 中外交涉的继续与中辍/第二章 中葡谈判与澳门问题/第一节 海关分卡交换广澳铁路:1902年的谈判/第二节 原订条款章程推倒重来:1904年的谈判/第三章 中外交涉的核心问题——裁厘加税/第一节 清政府渴求增加关税/第二节 中英谈判首定方案/第三节 中美商约方案稍变/第四节 日本勉强同意加税/第五节 无果而终:清政府力图实现裁厘加税/第四章 修约谈判的几个主要问题/第一节 限制外人开矿特权:矿务章程/第二节 着眼中国实际:知识产权保护/第三节 限制与扩大:外轮行驶中国内河/第四节 确保税收和治权:开放口岸/第五章 修约谈判的其它问题/第一节 列强欲图便利对华贸易和投资/第二节 中方力图维护和挽回主权利权/第三节 中方争取对等待遇和重视民生/第六章 列强围绕修约谈判的矛盾和斗争/第一节 对英国的海关优势地位发难/第二节 在华商标保护之纠葛/第三节 激烈争夺中国东北利权/结语 修约谈判的综合评析/一、清政府议约体制和方针策略/二、舆论及商界与修约谈判/三、列强各国议约目标与相互关系/四、清末中外修约的历史地位/附表/附表一、1902年中英修约上海谈判十八次会议情况简表/附表二、1902-1903年中美修约谈判会议情况简表/附表三、1902-1903年中日上海修约谈判会议情况简表/附表四、1904年中葡修约谈判会议情况简表/附表五、1905年中德修约谈判会议情况简表/附表六、1906年中意修约谈判会议情况简表/附表七、1908年中瑞修约谈判会议情况简表

内容提要　南开大学211工程建设项目:本书共六章,内容包括清末中外商约交涉经过概述;中葡谈

判与澳门问题;中外交涉的核心问题——裁厘加税;修约谈判的几个主要问题等。

书　　名　清政权半殖民地化研究

责 任 者　杨遵道,叶凤美编著

出 版 项　北京:高等教育出版社,1993.08

页　　码　551

书　　号　7-04-004057-3

分 类 号　K250.7

相关目录　第一章 清政权半殖民地化的开始(1840-1860)/第一节"天朝"的世界观/一、"封贡"关系/二、中西"礼仪"之争/三、扩张与限关/四、"夷夏之大防"/第二节 两次武装较量/一、英国的炮舰外交/二、清政权的"抚驭政策"/三、列强扶植清政权/第三节"不平等条约制度"的确立/一、领土主权的丧失与强邻四逼/二、中国大门钥匙的丧失/三、"利益均沾"/四、引水权和军舰驻泊权/五、领事裁判权/六、陆路通商与沿海贸易权/七、内河航行权与内地通商/八、租界/九、赔款与鸦片贸易/十、"条约口岸"与"中外联合而治"的开始/第二章 清政权对外屈从与列强控制的加强(1860-1894年)

内容提要　主要论述清政权的半殖民地化,即资本——帝国主义如何逐步从政治到经济、从内政到外交、从军事到思想文化对清政权进行渗透和控制,使中国沦为半殖民地和列强经济上的附庸的全过程。

书　　名　琼粤地方文献国际学术研讨会论文集

责 任 者　周伟民主编

出 版 项　海口:海南出版社,2002

页　　码　653

书　　号　7-5443-0356-X

分 类 号　K296.6-53:K296.5-53

相关目录　廖大珂:海南的海外交通与回族的形成/海外华侨华人研究/海南文化研究/连心豪:近代海南设关及其对外贸易/张介文:关于海南的移民问题/安邦建、钟哲辉:海峡两岸关于海南文献的收藏和研究/钟哲辉:海南地方文献收藏暨研究

内容提要　本论文集分主题演讲、方志研究、族群与族谱研究等八部分,收录了琼粤地方文献国际学术研讨会上发表的论文四十篇。

书　　名　全国首届徐福学术讨论会论文集

责 任 者　中国航海学会,徐福师范学院主编

出 版 项　徐州:中国矿业大学出版社,1988.06

页　　码　313

书　　号　7-81021-051-3

分 类 号　K828.32-53

相关目录　勇于探索 开拓前进 萧立岩/访徐福故里 再谈徐福在日本 李连庆/关于徐福东渡日本的若干问题 吴杰/徐福东渡动因考 杨熺/江西《草坪·徐氏宗谱》初考 罗其湘/徐福姓氏由来及徐氏部分后裔在临川之分布 徐恒堂/日本秦民二重结构 孟宪仁/徐福东渡三论 张自修/徐福——日本古代文明的开拓者 李步青,唐禄庭/徐福和王丹虎 罗宗真秦方士/徐福东渡日本探寻延年益寿仙药的若干史料再探 何宗禹/从与徐福有关的神仙故事看中日古代文化交流 朱越利/神仙术和徐福东渡辨考 张季平/徐福与日本 刘毅/国内外有关徐福东渡问题之讨论 邬江/日本辞书中的徐福 徐桐生/从西汉初期以前中日文化交

流看徐福东渡的可能性 王金林/徐福渡海问题之探讨 丁正华/徐福东渡航路研究 孙光圻/论徐福等入海之去向 李文谓/徐福东渡日本之天文航法初探 赵鹿军/苏北赣榆堆积平原历史时期自然地理环境的变迁 黄志强/秦始皇巡游赣榆遗迹初考 姜志超/徐福村与徐乡县 邱孟琪/齐之琅邪与赣榆徐福村——琅邪界域刻石发现初考 李克文/秦始皇巡游赣榆之行踪补遗 邱孟琪/从海州湾沿岸地名看徐福出海东渡 张传藻/徐福求仙入海处考——兼论其入海所止处 时桂山/徐福东渡前之行踪初探 于锦鸿/宁波周围地区关于徐福入海求仙的传说与遗迹 董楚平,董有华/徐福和秦始皇在山东的遗址及徐福东渡的启航点 刘安国/徐福东渡启航地分析 马湘泳/附录1. 全国首届徐福学术讨论会纪要/附录2. 历史文件/附录3. 历史文献选刊/附录4. 国内外有关徐福学术研究的文献资料一览

书　　名　全像妈祖(中国神祇文化)

责 任 者　马书田,马书侠著

出 版 项　南昌:江西美术出版社,2006

页　　码　277

书　　号　7-80690-925-7

分 类 号　B933

相关目录　第一章 妈祖身世之谜/一、身世之一:官宦之后"林小姐"/二、身世之二:渔民之女林姑娘/三、身世之三:妈祖是疍民之后/四、妈祖到底是官家女还是平民女/五、妈祖称谓种种/第二章 妈祖林默生平及其神化/一、妈祖生平事迹/二、妈祖林默之神化/第三章 海神妈祖/一、中国海神/二、海神妈祖神系中重要属神/第四章 妈祖信仰溯源及信仰活动/一、妈祖信仰溯源/二、妈祖与客家文化/三、妈祖信仰活动之内容事项/第五章 海上保护神/一、渔民保护神/二、商船保护神/三、官船保护神/四、漕运保护神/五、郑和下西洋与妈祖/第六章 妈祖娘娘的其它功德/一、祈雨祈晴/二、送子助育/三、助战御敌/第七章 妈祖传说故事/一、有关妈祖生平功德的传说/二、有关妈祖显灵护国护民的传说/三、有关妈祖的其它民间传说/第八章 观音菩萨与妈祖崇拜/一、妈祖诞生与观音菩萨/二、妈祖救助海难与观音菩萨/三、妈祖送子与观音菩萨/第九章 妈祖信仰在中国与海外的传播/一、妈祖信仰的南传/二、妈祖信仰的北传/三、妈祖信仰在台湾/四、妈祖信仰遍海外/五、历代对妈祖的敕封

内容提要　妈祖是中国民间影响最大的女神之一。她作为中国第一女海神,除了是船旅渔业传统的保护神、行业神以外,还兼有赐福赐子等其它多种功能,成为沿海广大地区民众及海外华人重要的信仰神明和精神纽带。本书介绍了妈祖身世之谜、生平及其神化、信仰溯源及信仰活动、传说故事等内容。

书　　名　泉漳集(漳州地方文献丛刊)

责 任 者　陈自强著;漳州市历史学会,漳州市图书馆编

出 版 项　厦门:国际华文出版社,2004.12

页　　码　339

书　　号　0-644-01132-7

分 类 号　K295.7

相关目录　第一辑/1. 李贽家世杂谈/2. 论宋代泉州南外宗正司/3."蒲寿庚宋末提举市舶三十年"说考辩/4. 蒲寿宬史料考辩/5. 蒲寿庚是否任过平章政事/6. 论蒲寿庚家族对泉州港海外交通贸易的贡献/7. 泉州回族姓氏婚姻情况分析/8. 略论明代的安海港/9、略论施琅治台方略之得失/10、刺桐·刺桐寺·刺桐港/11. 性解放:雅各布所展示的宋末泉州社会时尚/第二辑/1. 略论明代中后期福建的对日交通/2. 就《华夷变态》谈康熙年间海外交通贸易的若干情况/3. 郑氏长崎存银诉讼案/4.《华夷变态》中的郑氏资料简介/第三辑/1. 论明代漳州月港/2. 略论明代漳州月港的历史地位/3. 月港督饷制度述要/4. 明代

漳州月港续论/5. 论西方殖民者的东来对月港海外贸易的影响/6. 论明代以南澳岛为中心的漳潮海外贸易区/7. 福建私新钱/8. 明代漳州与琉球/9. 漳州人与钓鱼岛/10. 海外贸易商业资本的代言人/11. 明代漳州月港研究学术讨论会综述/12. 月港研究回顾与《漳州港》评介/13. 郑和下西洋与漳州/14. 华侨历史文献中的瑰宝——程日炌《噶喇吧纪略》评介/第四辑/3. 谈漳州地区与俞大猷相关的碑刻、题记/6. 蓝鼎元的治台策略

书　　名　**泉州港考古与海外交通史研究(南强史学丛书)**

责 任 者　庄景辉著/译

出 版 项　长沙:岳麓书社,2006

页　　码　592

书　　号　7－80665－689－8

分 类 号　F552.9－53

相关目录　泉州子城址考/泉州罗城址考/泉州宋代祈风石刻考释/宋代泉州的石桥建筑与海外交通/泉州出土海船结构的历史分析/论宋代泉州的海外贸易/论元代泉州的繁盛及其原因/莆田圣墩顺济祖庙考/长乐《天妃灵应之记》碑考/郑和舟师驻泊福建的航次与时间/随郑和下西洋的福建人/郑和宝船尺度的探索/再论郑和宝船/郑和下西洋是什么/明初三十六姓迁居琉球中的蔡襄后裔/泉州在明琉交往中的地位与作用/明初福建的海防建设及其遗迹/明清时期泉州青花瓷的生产与外销/明末清初的福建海商与陶瓷贸易/论明末清初福建与日本陶瓷贸易的研究/宋迪福建商人的活动及其社会经济背景/东南亚初期华侨社会(960－1279)/宋元时代泉州的发达与广东的衰微/宋元时代的船舶/陶瓷之路/日本美浓桃山陶的生产及其与中国漳州窑的关系/郑和分艅访问也门/明治时期旅居日本的华侨

内容提要　本书包括:泉州子城址考;泉州罗城址考;泉州宋代祁风石刻考释等论述泉州的历史和海外运输史的文章二十九篇。

书　　名　**泉州港史简编**

责 任 者　庄为玑,庄景辉,王连茂编

出 版 项　厦门:厦门大学历史系考古教研室

页　　码　140

书　　名　**泉州港与海上丝绸之路**

责 任 者　中国航海学会,泉州市人民政府编

出 版 项　北京:中国社会科学出版社,2002

页　　码　618

书　　号　7－5004－3550－9

分 类 号　K295.73－53

相关目录　古港新姿——千年"海丝之路"再现辉煌/泉州港与"海上丝绸之路"/宋代泉州港地位的三次演变及其繁荣/宋元泉州港繁荣原因新探/宋元时期的海外贸易和泉州港的兴衰/宋元时期泉州的香料贸易/畅销国际市场的古代德化外销瓷器/宋元时期泉州港的陶瓷输出/泉州古代丝织业及其产品的外销瓷器/宋元时期泉州港的陶瓷输出/泉州古代丝织业及其产品的外销/宋代泉州桥梁及其建造技术/古代泉州与大食商人/元代泉州舶商二例/安平桥与海外交通的关系/泉州九日山摩崖石刻/宋代泉州市舶司设立问题探索/北宋时期前往高丽贸易的泉州舶商——兼论泉州市舶司的设置/陈偁和泉州市舶司的设置/关于泉州湾出土海船的几个问题/泉州宋船结构的历史分析/对泉州湾出土的宋代海船及其复原尺度的探

讨/泉州湾宋船出土象棋和应刷品考证/泉州民族与海上丝绸之路/泉州海外交通与中外科技交流/泉州古陶瓷与亚洲地区宗教信仰文化/论元末泉州亦思巴奚战乱/初论泉州"圣墓"的建造年代兼及传说的真实性问题/泉州伊斯兰教圣墓年代及其墓主人身份的考证/再论泉州清净寺的始建时期和建筑形式——与庄为玑先生商榷/泉州艾哈玛德墓碑兼"宰桐"名称小考/两种文字合璧的泉州也里可温(景教)墓碑/福建泉州发现的也里可温(景教)碑/元代泉州方济各会遗物考/泉州印度教雕刻渊源考/泉南佛国与中外文化交流/福建摩尼教遗迹/摩尼教和草庵遗迹/20世纪福建摩尼教的新发现及其研究/泉州天后宫在妈祖信仰传播中的作用/泉州海交史上的人物/赵汝适/汪大渊生平考辩三题/蒲寿庚家族事迹考评/"蒲寿庚宋末提举市舶三十年"说考辩/蒲寿庚事迹/彭德清与海交史研究/纪念吴文良先生/"海上丝绸之路"研究与吴文良/泉州石刻三跋/庄为玑对海上交通史研究的贡献/"泉州学"与海交史研究刍议/20世纪泉州海外交通史研究回顾

内容提要 本书涵盖着中世纪的中西文化和中西交通的方方面面,评价了宋元时期泉州港的历史地位和作用及其深远的影响,并揭示了中世纪人类文明交流的轨迹。

书　　名 泉州港与海上丝绸之路:2

责 任 者 中国航海学会,泉州市人民政府编

出 版 项 北京:中国社会科学出版社,2003

页　　码 596

书　　号 7-5004-4076-6

分 类 号 K295.73-53

相关目录 "泉州港与海上丝绸之路"国际学术研讨会论文述论/"海上丝绸之路"与南音/泉州吏治与海上丝绸之路/泉州港的历史地位、作用与发展前景/丝瓷之路上的世界名港——泉州/泉州港历史地理研究/"海上丝绸之路"上的一朵奇葩/历史上泉州港为何长盛不衰/试论宋元时期泉州港崛起的原因及其对泉州社会的影响/梯航万国 誉播遐方——元代泉州港的极盛/泉州在元代是全国两大港之一/唐五代泉州社会经济与对外贸易的兴起/宋元时期泉州海外贸易的管理/宋代泉州等市舶机构的设置及其兴衰沿革考辨/海外贸易与宋元泉州社会/试论宋元时期泉州人的重商意识/Zaitun与泉州的丝绸生产/古泉州地区陶瓷生产与海上"陶瓷之路"的形成/德化白瓷及其文化背景/远古的见证 璀璨的文明——从泉州宋元古瓷看海丝文化/海上丝绸之路与宋元泉州海商/论蒲寿庚家族对泉州港海外交通贸易的贡献/宋元时期发展泉州海交贸易若干人物略考/吴文良先生遗著《泉州宗教石刻》的重要贡献/宋元时期泉州的造船与航海/宋元时期泉州与欧洲的交流/泉州与非洲的历史交往/从《历代宝案》看泉州与琉球的友好关系/元代泉州两方基督教(景教)墓碑研究——多元一体文化的典范/摩尼教在泉州/艾儒略与泉州十字架石的发现/泉州白奇回族伊斯兰式墓型的变迁/"泉州神女"与元代泉州海外交通/整合"海丝"文物资源 促进泉州可持续发展/试论泉州"海上丝绸之路"文化遗产的保护与利用/加强水下考古是重现泉州"海上丝绸之路"的必由之路/泉州考古简评

内容提要 本书收录的43篇论文,再现了泉州从小城到世界大港的发展轨迹,就其在海上丝绸之路的历史地位及作用、港口建设、造船航海、通商贸易、文化交流等进行阐述。

书　　名 泉州港与海上丝绸之路:3,纪念郑和下西洋六百周年论文集

责 任 者 泉州港务局,泉州港口协会

出 版 项 北京:中国社会科学出版社,2005.05

页　　码 634

书　　号 7-5004-5034-6

分 类 号　K295. 73 – 53: K248. 105

相关目录　论郑和精神及其转化/郑和下西洋对海上丝绸之路的杰出贡献及现实意义/郑和下西洋与海上丝绸之路的发展/郑和下西洋与中西海上交通“生命线”/郑和下西洋——世界地理大探险的第一环/下西洋与渡美洲的航海术比较/郑和下西洋与中国人发现美洲的遐想/郑和下西洋与《罗兹地图》/15 世纪东西方经略海洋之异同/郑和下西洋的启示/传统文化视野中的郑和下西洋/郑和外交的伟大成就/略论郑和下西洋的目的和后果/浅析郑和下西洋的历史贡献和遗憾/郑和下西洋初探/郑和下西洋的经贸活动/郑和下西洋与明初的朝贡贸易/郑和下西洋与明初的海防国策/郑和海上陶瓷之路/郑和下西洋与我国陶瓷的对外输出/从泉州陶瓷外销看郑和下西洋及明初的海外贸易政策/浅议郑和“踪迹建文”——兼论印度尼西亚巴眼亚比发现明代文物/散见于史料中的郑和后裔资料/与郑和同为下西洋正使王景弘考/泉州湾宋代海船为郑和宝船正名/论郑和宝船与册封舟/未破掉也未立稳——评苏明先生关于郑和宝船的两篇专文/澳大利亚“奋进”号古木帆船复仿建造与航海营运——对纪念郑和下西洋 600 周年活动的启示/龙江宝船厂遗址是世界级皇家造船博物馆/略论郑和下西洋对季风的利用/论郑和的宗教思想/三保太监郑和崇拜研究/华侨华人三宝公信仰的由来及其传播/论郑和崇拜与妈祖信仰/郑和下西洋与民俗信仰的传播/郑和与太仓刘家港天妃宫

内容提要　本辑选录的论文，分别从航海、造船、天文、地理、海图、宗教、贸易和史迹等方面，重点就明代泉州海上丝绸之路的拓展进行了分析探索，对郑和下西洋的历史贡献及其积极的现实意义给予肯定。

书　　名　**泉州古港史(中国水运史丛书)**
责 任 者　《泉州古港史》编委会
出 版 项　北京:人民交通出版社,1994
页　　码　238
书　　号　7 – 114 – 01915 – 7
分 类 号　F552. 9

书　　名　**泉州海外交通史略**
责 任 者　李玉昆著;泉州历史文化中心编
出 版 项　厦门:厦门大学出版社,1995
页　　码　184
书　　号　7 – 5615 – 1054 – 3
分 类 号　K29 – 51

相关目录　一、越人时代的福建水上交通/二、汉人南迁与晋江流域的开发/三、港口形成的自然地理条件/四、真谛与梁安港/五、唐代的泉州港/六、留从效与刺桐港/七、沟通亚非的海外航线/(一)泉州至占城航线/(二)泉州至三佛齐、阇婆、渤泥等国航线/(三)泉州至印度兰无理、故临及阿拉伯半岛航线/(四)泉州至亚丁湾和东非沿岸弼琶罗、层拔航线/(五)泉州至菲律宾航线/(六)泉州至朝鲜、日本航线/八、蜚声中外的泉州海船/(一)发达的造船业/(二)先进的造船技术/九、泉州陶瓷的生产与外销/(一)窑址分布/(二)外销产品/(三)外销国家和地区/(四)泉州外销瓷发展原因及其影响/十、刺桐缎与染织业/十一、泉州海商/(一)宋代泉州海商/(二)宋朝与高丽贸易的泉州海商/(三)佛莲与泉州两义士/(四)安平商人/(五)郑氏海商集团/(六)崇武商人/(七)清代泉州郊商/十二、海外交通的管理机构——市舶司与海关/(一)市舶司设置沿革/(二)市舶司职官/(三)市舶司的职能/(四)泉州海关的设立及其演变/十三、赵宋南外宗子与泉州海外交通/(一)南外宗子大量从事商业活动/(二)南外宗子对泉州海外交通的发展起了一定作用/十四、蒲寿庚与元代泉州海外交通/十五、郑和与泉州/(一)郑和泉州圣墓行香/(二)郑和奏修泉州等地天妃宫/(三)随同郑和下西洋的泉州人/(四)郑和下西洋与锡兰王子定居泉州/(五)郑和宝船与泉州海船/十六、西方游历家笔下的泉州港/十七、《诸蕃志》与《岛夷志略》/(一)《诸蕃志》作者赵汝适/(二)《诸蕃志》的内容/(三)《诸蕃志》与泉州/(四)《岛夷志略》作者汪大渊/(五)《岛夷志略》的内容/(六)《岛夷志略》与泉州/十八、众多的海上保护神/(一)以妈祖为代表的海上保护神/(二)地区性的海上保护神/(三)各种宗教祈求的海上保护神/十九、泉州海外交通与宗教的传播/(一)泉州海外交通的发展与宗教的传播/(二)琳琅满目的宗教文化/二十、泉州海外交通与中外科技交流/二十一、泉州与世界人民的友好往来/(一)印度/(二)日本/(三)朝鲜/(四)越南/(五)柬埔寨、泰国、缅甸/(六)印度尼西亚/(七)菲律宾/(八)文莱/(九)马来西亚、新加坡/(十)阿拉伯/(十一)欧洲/二十二、泉州与琉球/(一)泉州市舶司与朝贡贸易/(二)泉州人移居琉球/(三)泉州与琉球的科技文化交流/(四)泉州与琉球民俗/二十三、泉州港兴盛的历史原因/二十四、泉州港由盛转衰的原因

书　　名　**泉州稽古集**

责 任 者　黄天柱著

出 版 项　北京:中国文联出版社,2003.12

页　　码　640

书　　号　7-5059-4212-3

分 类 号　K295.73

相关目录　泉州有关海交建筑摭谈/泉州湾宋船出土果核的考释/圣墓"郑和行香碑"能否证明郑和新临泉州?/郑成功不是"丹心"与"海上视师"石刻的作者/古泉州港与海上丝路的关系/万国商槎刺桐港——记前泉州海外交通史博物馆/泉州古代丝织业及其产品的外销/阿拉伯穆斯林与古泉州港的盛衰/南安在古泉州对外贸易中的作用/崇武沿海区造船与航海民俗谈/伟大航海家汪大渊与《岛夷志略》/安海港盛衰及与郑芝龙郑成功父子的关系/漫谈泉州古代陶瓷业的兴衰/晋江磁灶古窑址及其历史与外销调查记/泉州外销陶瓷概述/宋元时期泉州瓷艺谈/建白瓷述考/古代泉州港与景德镇陶瓷外销的关系/明代何朝宗的瓷塑艺术及其作品的外传/泉州地区回族的成因特点与分播/惠安百崎郭姓回民族源分播与人物述略/泉州地区几个回族大姓概谈/伊斯兰文化对泉州的影响/漫话摩尼教在古代中国的传播/张悃时代考兼谈惠台民间崇祀的因果关系/漫谈妈祖的神号与封衔/清水祖师信仰在台湾的传播/略谈台湾民间信仰与泉州渊源关系及其交流/试论郑芝龙开发台湾和抗荷斗争的作用/略谈郑成功抗清复台的必由之路/试评郑经的历史功过/施琅在指挥澎湖海战中的战略战术

内容提要　本书收录作者记述福建泉州自唐代建城1200多年来城貌、城市发展历史的200多篇文章,涉及泉州的文物与考古、史事与人物

书　　名　**泉州谱牒华侨史料与研究:下**

责 任 者　庄为玑,郑山玉

出 版 项　北京:中国华侨出版社,1998.03

页　　码　1159

书　　号　7-80074-699-2

分 类 号　K820.857

书　　名　**泉州史迹研究**

责 任 者　吴幼雄等主编

出 版 项　厦门:厦门大学出版社,1998

页　　码　273
书　　号　7－5615－1361－5
分 类 号　K928.705.73
相关目录　第三章 古桥梁/二、古桥梁与海外贸易/第五章 古海港/一、宋代以前的泉州港/二、宋代泉州海外贸易/三、元代泉州港/四、明、清泉州港的衰落

书　　名　**泉州天后宫**
责 任 者　黄炳元主编
页　　码　68
分 类 号　B93
相关目录　妈祖成神与泉州海外交通(代序) 陈泗东/天后传略/泉州天后宫史略/天后宫规制与建筑艺术/从祀诸神录/古代天后祭祀典礼/历代碑记祭文/文物匾联/故事与传说/天后宫龙柱的传说/神驾降临和水族朝圣/"妈祖"称号的由来/"站在天妃宫,看见灵慈宫"/泉州人为什么把天后宫叫作天妃宫/泉州童谣中的天妃宫/"镇海石"与妈祖

书　　名　**泉州湾古船研究动态:全4辑**
责 任 者　福建泉州湾古船发掘领导小组编
出 版 项　泉州:福建泉州湾古船发掘领导小组
页　　码　4册(46,50,50,42)
分 类 号　K875.3
相关目录　第1辑/典籍中有关泉州湾古船的参考资料/泉州湾古船有关问题座谈纪要/(一)泉州造船工人同志座谈纪要/(二)关于出土香药鉴定座谈纪要/(三)福建师范大学有关同志座谈纪要/(四)厦门大学文科有关同志座谈纪要/(五)厦门大学理科有关同志座谈纪要/对泉州湾古船的一些看法/泉州湾古船出土署名木签的看法/"安郡"木签的考释/对泉州湾古船年代和船型的意见/关于龙涎香资料/关于古船的防腐复原加固问题/关于出土木船的处理意见/关于竹木器的脱水以及保护问题/关于竹木签如何保护问题/关于木船防腐保护的建议/关于古船复原建议/泉州湾海岸变迁初探/第2辑/我国与东南亚国家人民传统友谊的历史见证——关于泉州古船的推论/略谈中外人民友好往来的桥梁——泉州古船/泉州湾古船的沉寂年代和性质/《泉州湾宋代海船发掘报告》的编写与讨论/关于泉州湾宋海船的用材及其出土物的科学鉴定/第3辑/泉州湾出土宋代海船有关几个问题的意见/古代船舶和泉州湾出土宋海船有关问题的讲话/试用优选法探讨古船沉没时间/泉州湾宋代海船沉没原因及沉没年代之管测/泉州湾宋代海船复原工作经过/有关宋代海船复原的二份参考资料/(一)武汉水运工程学院造船系提供/(二)上海交通大学一系提供/第4辑/对泉州湾宋代海船出土的木牌木签的看法/试谈泉州湾宋代海船出土的木牌(签)、象棋和印刷品/泉州湾宋代海船上贝类的初步研究/泉州湾宋代海船出土的小口瓶

书　　名　**泉州湾宋代海船发掘与研究**
责 任 者　福建省泉州海外交通史博物馆编
出 版 项　北京:海洋出版社,1987.11
页　　码　204
书　　号　7－5027－0036－6
分 类 号　K875.34
相关目录　上编 泉州湾宋代海船发掘报告/一、海船出土地点/三、海船出土现状及其结构/(一)海船

出土状况/(二)海船结构/1. 龙骨/2. 船壳/3. 船舱、隔板和水密/4. 肋骨/5. 桅、舵座/四、船舱出土货物及其它遗物/五、有关出土海船的几个问题/(一)出土海船的年代/(二)出土海船的复原问题/1. 船体的主要尺度/2. 甲板和上层建筑/3. 主要属具/(三)出土海船与宋代造船业/(四)海船的航线与宋代海外贸易/(五)海船的沉没与宋末的泉州港/下编 泉州湾宋代海船研究论文选/一、关于泉州湾出土海船的几个问题 陈高华,吴泰/二、泉州湾宋船结构的历史分析 庄为玑,庄景辉/三、对泉州湾出土的宋代海船及其复原尺度的探讨 席龙飞,何国卫/四、对泉州湾宋代海船复原的几点看法/五、我国古代航海用的几种水时计 韩振华/六、我国古代航海用的量天尺 韩振华/七、泉州宋船木牌木签考释 庄为玑,庄景辉/八、泉州湾出土宋代海船的进口药物在中国医药史上的价值 王慧芳/九、宋船出土的小口陶瓶年代和用途的探讨 许清泉/十、泉州湾出土宋船中果品种子的研究 林更生/十一、泉州湾宋船出土象棋和印刷品考证 陈泗东/十二、泉州湾宋代海船上贝类的研究 李复雪/十三、泉州湾出土宋代海船木材鉴定 陈振端/十四、泉州湾宋代海船木材与泉州地区现代木材室内平衡含水率的比较研究 陈承德,李国清,曾丽民/十五、泉州湾宋代沉船中乳香的薄层色谱鉴定 章文贡/十六、泉州湾出土宋代木造海船舱内降香的显微鉴定 南京药学院,南京林产工业学院,福建省药品检验所/十七、泉州湾出土宋代木造海船舱内降香的化学鉴定 上海市卫生局药品检验所,福建省药品检验所/十八、"小黑子"原来是齐氏魟的结鳞——泉州古船出土物鉴定中的一个疑难问题的解决 陈允敦/十九、泉州古船出土竹器的保护 福建省泉州海外交通史博物馆文物科技保护实验室/二十、泉州湾宋代海船沉没环境的研究 林禾杰/附录/泉州湾宋代海船研究论文目录

内容提要　本书对沉船的地理地貌、历史背景、沉船发掘情况、出土文物状况等方面进行了全面的描述,并收入泉州湾宋代海船研究论文 20 篇。

书　　名　**泉州文化与海上丝绸之路**
责 任 者　李冀平,朱学群,王连茂执行主编
出 版 项　北京:社会科学文献出版社,2007
页　　码　401
书　　号　978－7－80230－663－9
分 类 号　K203
相关目录　全球化、人类学与中国文化/泉州与海上丝绸之路/略论泉州与海上丝绸之路/全球化与闽南文化——以东南亚闽南人为例/刺桐港考证及其申报"世遗"的文化意义/论"世界文化遗产"保护与历史文化名城保护之互动/"泉州学"·跨文化研究·文化并存/海上丝绸之路与泉州多元文化/古代泉州与大食商人/泉州港是中国的"阿拉伯走廊"/试谈泉州与阿拉伯的文化互动/悠久历史的积淀,多元文化的融合——泉州南音南戏在历史上与域外文化互动的简略回顾/南音在南洋/泉州的陶瓷贸易与东西方文化互动——以德化窑外销瓷为例/宋元泉州两方基督教(景教)墓碑研究——多元一体文化的典型/试论宋元时期泉州港在中外文化交流中的地位/南宋时期泉州地区的石梁桥/略论明清时期泉州人对台湾的开发和经营——以晋江东石人为例/泉州穆斯林后裔的历史记忆和理性选择/20 世纪上半叶泉州与海外华侨教育的互动/试析泉州民间信仰的人文特征/广泽尊王信仰在华侨华人中的传播和影响/泉州法石古船试掘简报和初步探讨

书　　名　**泉州文史研究**
责 任 者　许在全主编;泉州历史研究会编
出 版 项　北京:中国社会科学出版社,2004
页　　码　423
书　　号　7－5004－4383－8

分 类 号　K295. 73

相关目录　“泉州学”与海交史研究刍议/古代泉州外来宗教史略/略论泉州伊斯兰教的传入和盛衰/五代闽国的佛教和南禅的流播/明代锡兰使臣寓居泉州史迹追踪/民国时期泉州的对外贸易和海关机构的变化/《华夷变态》中的郑氏资料简介/略论郑成功抗清复台的必由之路/试论郑成功家族和台湾的血肉关系/用多民族统一国家观点评价施琅/施琅在清政府统一台湾决策中的地位和作用/施琅在海峡两岸的善举

书　　名　**泉州文史研究:第2集**

责 任 者　许在全主编;泉州历史研究会编

出 版 项　北京:中国社会科学出版社,2006

页　　码　569

书　　号　7－5004－5732－4

分 类 号　K295. 73

相关目录　郑和外交的伟大成就/俞大猷的海战兵书《洗海近事》/明冠带琉球通事林易庵及其家史考略/情系海洋的陈昂、陈伦炯父子/泉、鹿行郊与航运贸易/唐末五代泉州对外贸易的兴起/南外宗子与泉州海外贸易/从海关资料看秀涂港的历史地位/略述台湾与泉州的行政历史关系/晋江清代蚶江鹿港对渡史迹调查

内容提要　该书共收论文51余篇。包括“全球化与中华文化”、“郑和外交的伟大成就”、“再谈历史人物评价的几个问题”、“唐宋时期泉州的农田水利建设”等。

书　　名　**泉州学研究**

责 任 者　陈世兴主编

出 版 项　福州:福建教育出版社,2002

页　　码　514

书　　号　7－5334－3430－7

分 类 号　K295. 73

相关目录　宗族/泉州海外交通的兴起与泉州回族的形成 蒋炳钊/海上交通/扰攘与新机:五代福建地区的历史发展 李东华/“泉州学”与泉州海交史研究刍议 王连茂/宋元时期泉州的珠宝贸易 李玉昆/宋元时期泉州陶瓷业与产品外销 陈鹏

内容提要　本书分“戏曲”、“方言”、“教育”、“宗族”、“海上交通”、“宗教”、“文学”七个专题,收录了三十篇文章。

书　　名　**泉州学研究:第2辑**

责 任 者　林华东主编

出 版 项　厦门:厦门大学出版社,2006. 04

页　　码　470

书　　号　7－5615－2561－3

分 类 号　K295. 73－53

相关目录　宋元时期泉州外贸产业研究/明清时期泉州港衰落的原因/唐五代泉州社会经济与对外贸易的兴起/2000－2003年郑成功与台湾研究述评/论郑和崇拜与妈祖信仰

内容提要　本书计收论文45篇,反映泉州师院泉州学研究所十年来的研究成果。内容包括古代泉州

社会经济与对外贸易、科举与书院教育、民风民俗与宗族文化、戏曲南音与建筑艺术、闽南方言与闽南文化特征、历史文化名城保护和旅游开发、历史人物研究等。

书　　名　**泉州伊斯兰教研究论文选**

责 任 者　福建省泉州海外交通史博物馆,泉州市泉州历史研究会编

出 版 项　福州:福建人民出版社,1983

页　　码　257

分 类 号　B969.2

相关目录　泉州访古记 张星烺/齐暾·橄榄·刺桐与泉州城 马坚/浅谈伊斯兰教传入泉州 黄秋润/友好往来的见证 闵桐/陈埭丁姓研究 福建省泉州海外交通史博物馆调查组/白奇郭姓不是郭子仪的后裔而是回族人 福建省泉州海外交通史博物馆调查组/报告发见蒲寿庚家谱经过 张玉光,金德宝/泉州宋船香料与蒲家香业 庄为玑,庄景辉/蒲寿晟史料考辨 陈自强/"蒲寿庚宋末提举市舶三十年"说考辨 陈自强

书　　名　**泉州与我国中古的海上交通**

责 任 者　李东华著

出 版 项　台北:台湾学生书局,1986

页　　码　310

分 类 号　F55

相关目录　第一章 唐宋泉州的兴起及其背景/第一节 福建地区的航海传统/第二节 唐代世界性海上贸易圈的形成/第三节 唐末泉州海外交通之萌芽/第二章 五代北宋时期泉州海上交通之发展/第一节 五代时期泉州对外交通之进展/第二节 北宋设置市舶司以前泉州的对外交通/第三节 五代北宋泉州海上交通转盛的原因/第四节 泉州市舶司之设置及其后泉州的对外交通/第三章 南宋元代泉州对外交通的大盛/第一节 宋室南迁与泉州地位之提升/第二节 南宋泉州海上交通的盛况/第三节 南宋中期以后泉州海上交通的中衰/第四节 元代泉州对外海上交通之复盛/第四章 明代泉州之衰微/第一节 朝贡制度与海禁政策下泉州海外交通之顿挫/第二节 泉州港之淤浅与泉州对外交通之转移/结论/附录一、宋代市舶司公文式样/附录二、泉州府全图/附图目录/图一、日本遣唐使入华航线转变图/图二、八世纪世界性海上贸易圈形成图/图三、东西洋舆泉、广位置比较图/图四、南宋泉、广市舶司腹地交通略图/图五、诸蕃志所载诸国图/图六、泉州城池扩大图/图七、岛夷志略所载诸地名图/图八、泉州市舶司位置图/图九、泉州港之地理交通要图

书　　名　**人类交往史的重要组成:中外交流史(文明转型书系)**

责 任 者　王扬著

出 版 项　武汉:湖北人民出版社,2007.01

页　　码　121

书　　号　7-216-04932-2

分 类 号　F511.9-49

相关目录　一、中西交往的曙光/1. 并非仅仅是传说/2. 早期的丝绸之路/3. 徐福东渡日本三岛/二、汉代和东西方各国的交往/1. 汉代中国和罗马的交流/2. 汉代中国和中亚、西亚的交往/3. 汉代中国和南亚、东南亚的交往/4. 汉代中国和朝鲜、日本的交往/三、魏晋南北朝时期的中外交往/1. 魏晋南北朝与东亚的交往/2. 魏晋南北朝与东南亚(南海诸国)的交往/3. 魏晋南北朝与南亚(天竺和狮子国)的交往/4. 魏晋南北朝与中亚和西亚(波斯)的交往/5. 魏晋南北朝与大秦的交往/四、隋唐和东西方各国的交往/1.

隋唐与西域诸国的交往/2. 隋唐和东南亚各国的交往/3. 隋唐和朝鲜、日本的交往/五、两宋、辽、金时期的中外交往/1. 宋、辽、金时期的陆海路交通和海外贸易的繁荣/2. 宋朝与海外各国的友好交往/3. 宋代的中外文化交流/六、元代和东西方各国的交往/1. 元朝畅通的陆路交通和完善的驿站制/2. 元朝的对外政策和繁荣的海外贸易/3. 元代中国与世界各国的交往/4. 元代的中外文化交流/七、明代的对外交往/1. 明初海外政策的变化/2. 郑和下西洋/3. 明代与东亚、东南亚的交往/4. 西风东渐与中西文化的碰撞/八、清代的对外交往/1. 海禁与闭关政策/2. 清前期和东西方各国的交往/3. 清后期对外交往的变化/九、民国时期的中外交往/1. 北洋正法时期的对外交往/2. 南京国民政府时期的对外交往/3. 抗日战争时期的对外交往/4. 内战时期的对外交往

书　　名　日本对华商业(万有文库;商学小丛书)
责 任 者　赵兰坪著
出 版 项　上海:商务印书馆,1933
页　　码　85
分 类 号　F752.96
相关目录　前篇 日本对华商品输出/第一节 明代以前日本对华贸易/第二节 明代日本对华贸易/第三节 吾国五口通商前之日本对华贸易/第四节 吾国五口通商时之中日对外贸易/第五节 吾国五口通商后日本对华贸易之发展/第六节 六十余年来日本对外贸易之变迁/第七节 六十余年来日本对华贸易之变迁/第八节 最近日本对华贸易之重要性/第九节 日本对华贸易之运输/第十节 日本对华贸易之经营
内容提要　分2编,叙述日本对华商品输出及资本输出的情况。

书　　名　日本遣唐使简史
责 任 者　池步洲著
出 版 项　上海:上海社会科学院出版社,1983
页　　码　122
书　　号　11299·003
分 类 号　D829.313
相关目录　一、遣唐使的先驱——遣隋使/二、遣唐使的历史背景/三、遣唐使的次数、航路/四、遣唐使的分期及各次概况/五、遣唐使的组织、人选与待遇/六、以生命为赌注的渡海关/七、末期遣唐使的巨大牺牲与忌避入唐风潮的出现/八、唐之优遇与唐日间的矛盾/九、遣唐使的丰功伟绩/十、遣唐留学生、留学僧及其对日本文化和宗教的贡献/十一、遣唐使时期入日籍汉人所作的特殊贡献/十二、关于遣唐使废止原因的探讨

书　　名　日本侵华七十年史
责 任 者　中国社会科学院近代史研究所编
出 版 项　北京:中国社会科学出版社,1992.10
页　　码　722
书　　号　7-5004-1001-8
分 类 号　K25
相关目录　第一编 奠定侵华基础/第一章 近代中日关系的开端/第一节 建立邦交:《修好条规》的签订/第二节 武力侵华的第一次发动——进犯台湾/第三节 吞并琉球与试图破坏中日平等关系/第二章 大规模的侵华战争/第一节 踏上大陆/第二节 甲午战争,《马关条约》/第四章 东三省南部侵略基础的建立/

第一节 中日《通商行船续约》

书　　名 **日本侵略山东史**
责 任 者 刘大可等著
出 版 项 济南:山东人民出版社,1991.02
页　　码 331
书　　号 7-209-00814-4
分 类 号 K25:K295.2
相关目录 第一章 甲午战争中日本对山东的侵略/第二节 日本侵入山东半岛/二、日军登陆荣成湾/三、威海卫保卫战/四、北洋海军的覆灭/第三节 甲午战争的后果及其影响/一、《马关条约》的签订/第二章 第一次世界大战期间日本大规模侵略山东/第二节 日本军队入侵山东/一、日本参战动机及行动部署/第四章 日本继续扩大在山东的侵略权益/第一节 日本调整对山东的侵略计谋/一、日本对华外交政策的变化/第五章 日本统治下的山东/第三节 日本对山东丰富资源的经济掠夺/四、交通运输业
内容提要 本书回顾了日本对山东长期的侵略和掠夺的历史。

书　　名 **日中佛教友好二千年史**
责 任 者 (日)道端良秀著;徐明,何燕生译
出 版 项 北京:商务印书馆,1992.06
页　　码 222
书　　号 7-100-01359-3
分 类 号 B949.313:B949.2
相关目录 第一章 佛教传入日本以前的日中交流/一、秦始皇和徐福/二、邪马台国及卑弥呼问题/第二章 佛教传入日本/第三章 圣德太子的兴隆三宝和组派遣隋使/第四章 奈良、平安时期的日中交流 /第五章 宋代文化和入宋僧/第六章 镰仓时期的渡日僧侣/第七章 元代佛教和日中交流/第八章 明代佛教和日中交流/第九章 清代佛教和日中交流/第十章 明治、大正时期的日中佛教交流/第十一章 昭和时期的日中佛教交流

书　　名 **日中交流二千年**
责 任 者 (日)藤家礼之助著;张俊彦,卞立强译
出 版 项 北京:北京大学出版社,1982
页　　码 210
分 类 号 D829.313
相关目录 第一章 邦交的开始——倭王与金印/第二章 邪马台国——魏使与女王/第三章 倭之五王——横越万里/第四章 日出处的天子——新兴国家的气慨/第五章 遣唐使——异国之土/第六章 入宋僧——蝼蚁的向往之情/第七章 蒙古来袭——夷狄之间的战争/第八章 倭寇与勘合船——日中联合的冒险/第九章 郑成功之子——唇齿之谊/第十章 最后的决裂—— 王道与霸道

书　　名 **日中两千年:人物往来与文化交流**
责 任 者 (日)中村新太郎著;张柏霞译
出 版 项 长春:吉林人民出版社,1980
页　　码 272

分 类 号 D831.39:D829.313

相关目录 序·神仙岛与常夜国/埋藏的金印/邪马台女王/倭国五王/广泛吸取中国文化/遣隋使/大化革新的幕后/遣唐使/阿倍仲麻吕/真备与玄昉/鉴真和尚/混血姑娘前往父国/最澄与空海/元仁的长途旅行/唐风与平安文化/五代十国与日中交往/与北宋的交往/宋与镰仓文化/义满的对明外交/与明朝的文化交流/雪舟等杨/八十三岁的遣明正使/郑成功/隐元/朱舜水与光国/与清朝的贸易/文人画的名家/留学生热潮与嘉纳治五郎/鲁迅在日本/中国革命与幸德秋水/大正文学中的中国形象/日中友好运动的开端

书　　名 日中文化交流史

责 任 者 (日)木宫泰彦著;胡锡年译

出 版 项 北京:商务印书馆,1980

页　　码 808

分 类 号 K203:K313.03

相关目录 汉、六朝篇/第一章 远古时代中国文化的传播/一、日本海环流和中国文化的传播/二、海北道中和中国文化的传播/三、海北道中和海神国/第二章 倭国和汉、魏的往来/一、倭奴国及倭面土国和汉的往来/二、倭女王国与魏的往来/三、中国文化对倭女王国的影响/第三章 日本和中国南朝的往来/一、大和朝廷势力的西渐/二、和中国南朝的往来/三、遣使的目的/四、《记》、《纪》中所载同吴国的往来/五、同中国南朝的交通路线/六、中国南朝文化的影响/第四章 上古移居日本的汉人和文化的输入/一、秦人、汉人的移居日本/二、秦人、汉人和文化的影响/三、新汉人和文化的移植/隋唐篇/第一章 遣隋使/一、《隋书》中记载的通隋倭使/二、遣隋使的往返/三、遣隋使的目的和国书/四、日隋往来的路线/五、遣隋留学生和文化的移植/第二章 遣唐使/一、遣唐使的四期/二、遣唐使的组织/三、遣唐使舶/四、遣唐使的航路/五、遣唐使往返的情况/六、遣唐使的遇难和它的原因/七、遣唐使的规避和受到的优待/八、日本对待唐朝的态度/九、遣唐使和文化的吸收/十、遣唐使和贸易/第三章 遣唐使废止以后的日唐交通/一、商船的往来/二、学问僧的往来/三、航路及航海术的发展/四、贸易品和贸易方法/第四章 遣唐学生、学问僧和文化的吸收/一、名留史册的遣唐学生和学问僧/二、遣唐学生、学问僧搭乘的船和人数/三、遣唐学生、学问僧的留学期间/四、遣唐学生、学问僧的生活/五、遣唐学生的学习/六、遣唐学问僧和奈良朝的都市佛教/七、遣唐学问僧和国分寺的修建/八、唐朝白司马坂的大佛像和日本东大寺的大佛/九、天台山、五台山的巡礼和日本的山岳佛教/十、遣唐学生和学问僧带回的物品/十一、遣唐学生、学问僧和印刷文化/第五章 唐人、印度人、西域人的入籍和文化的移植/一、唐人的入籍和对日本文化的影响/二、鉴真率领弟子来到日本和日本新佛教/三、鉴真师徒和佛教艺术/四、鉴真师徒和学识/五、归化日本的印度人和西域人/六、婆罗门僧菩提和佛彻与文化的移植/五代·北宋篇/第一章 五代时的日中交通/一、商船的往来/二、航海和贸易/三、同吴越的交往/四、文化的交往/第二章 和北宋的往来/一、商船的往来/二、航海和贸易/三、国际的交往/四、名留史册的入宋僧/五、入宋僧的目的和留宋时的情况/六、奝然对日本国体的宣扬/七、奝然的《王年代纪》/八、入宋僧的随身什物和带回的物品/九、源信和日宋的文化交流/南宋、元篇/第一章 和南宋的贸易/一、商船的往来/二、贸易港和航海/三、贸易的方法和贸易品/第二章 入宋僧、入籍宋僧和文化的移植/一、名留史册的入宋僧/二、入宋僧游历的地方/三、入宋僧带回的宋版《大藏经》和它的影响/四、入宋僧带回的典籍和它的影响/五、入宋僧带回的经卷、典籍以外的物品和它们的影响/六、宋朝僧人的来日/七、入籍宋朝僧人和他们的精神影响/八、入籍宋朝僧人和禅籍的刊印/九、日本禅籍的在宋出版/十、入宋僧、入籍宋僧和日本的建筑、工艺及医术/第三章 日本和元朝的贸易/一、商船的往来/二、天龙寺船/三、贸易港和航海/四、贸易的方法和贸易品/第四章 入籍元僧和文化的移植/一、元僧的来日/二、一山一宁和文化的影响/三、清拙正澄和文化的影响/四、明极楚俊、竺仙梵仙和文化的影响/第五章 入元僧和文化的移植/一、僧侣的频频渡海/二、入元的目的/三、入元僧的游历地点/四、入元僧带回的宋元版《大藏经》和它们的影响/五、入元僧带回的典籍和它们的影响/六、元朝的雕工和出版事业/七、入元僧和中国禅林制度的移入/

八、入元僧和汉文学/九、入元僧和儒学、史学的关系/十、入元僧和书法、绘画/十一、入元僧和唐式茶会/明、清篇/第一章 足利幕府和明朝的交通贸易(其一)(第一期勘合贸易)/一、征西府和明朝的交往/二、足利义满对明交往的开始/三、日明之间的两期勘合贸易/四、第一期勘合贸易船的往来/五、第一期勘合贸易的使节、使船、航路、贸易品/第二章 足利幕府和明朝的交通贸易(其二)(第二期勘合贸易)/一、第二期勘合贸易船的往来/二、勘合制度/三、遣明表和日本国王印/四、《宣德条约》和它的实行/五、第二期勘合贸易的使节和使船/六、第二期勘合贸易船的航路和警备/七、第二期勘合贸易的种类/八、第二期勘合贸易品/九、第二期勘合贸易的情况/第三章 入明僧、渡日明朝人和文化的移植/一、名留史册的入明僧/二、入明僧的目的/三、入明僧的游历地/四、入明僧带回的物品/五、渡日明朝僧侣和文化的移植/第四章 明朝末年中日间的交通/一、九州岛诸侯和明朝的交通贸易/二、萨摩和明朝的交通贸易/三、德川氏和明朝的交通贸易/四、明末的乞师和乞资/第五章 日本和清朝的贸易/一、长崎和长崎的地方官员/二、清朝商船的往来/三、贸易额及进港船数的限制/四、清朝商船的进港和返航/五、差宿,宿町,唐人坊/六、贸易法/七、贸易税/八、贸易品/第六章 来日及入籍的明清人和文化的移植/一、明清僧人的来日和入籍/二、明清僧人和文化的移植/三、侨居长崎的入籍明清人和他们的后裔/四、明清人的来日和文化的移植

书　　名　**瑞典藏中国陶瓷:海上丝路·歌德堡号·安特生·仰韶文化**
责 任 者　故宫博物院编
出 版 项　北京:紫禁城出版社,2005.09
页　　码　429
书　　号　7-80047-529-8
分 类 号　K876.32
相关目录　专题论文(中文)/中国瓷器外销与外销瓷的生产/略谈瑞典藏中国古陶瓷/瑞典藏中国外销瓷/瑞典王国与“东印度人——歌德堡三号”/从古代歌德堡到“歌德堡三号”/安特生与中国石器时代大发现/瑞典藏中国陶瓷珍品目录/瑞典藏中国陶瓷珍品/千古之谜——“歌德堡号”沉船/域外生辉——瑞典收藏的中国瓷器/西风东渐——紫禁城内收藏的西洋风格瓷器/考古新途——瑞典人安特生与仰韶文化
内容提要　本书收录了瑞典藏中国古代陶瓷装饰品若干。全书分为专题论文、瑞典藏中国陶瓷珍品及附录等几个部分。

书　　名　**三百年前倭祸考**
责 任 者　李晋华
出 版 项　上海:国民外交委员会,1933.01
页　　码　240
分 类 号　D829.3
相关目录　二、倭夷建国溯源/三、倭夷叛服始末/四、明代洪武朝倭祸/永乐朝倭祸/洪熙朝倭祸/正统朝倭祸/景泰朝倭祸/成化朝倭祸/弘治朝倭祸/正德朝倭祸/五、嘉靖朝东南倭祸/隆庆朝倭祸/六、万历朝朝鲜倭祸

书　　名　**三湾史略**
责 任 者　李才进主编
出 版 项　广州:广东人民出版社,2007.07
页　　码　532
书　　号　7-218-05575-3

分 类 号　K296.53

相关目录　第十七卷 林道乾考辨/一、林道乾史迹考略/二、林道乾籍贯辨考/三、林道乾冲破海禁开拓海外贸易史据/四、"林道乾现象"探源/五、因记往事/六、乾隆《潮州府志·林道乾传》辨误/七、林道乾与台湾/八、明清粤东民间传说的"海盗"

内容提要　本书记叙了广东汕头市澄海三湾村创立以来的历史。

书　　名　**三至六世纪丝绸之路的变迁**

责 任 者　石云涛著

出 版 项　北京:文化艺术出版社,2007

页　　码　497

书　　号　978-7-5039-3282-3

分 类 号　K928.6

相关目录　第六章 七海扬帆——三至六世纪中西间海上交通/一、中西间海上交通盛衰/二、中西间海上交通条件的变化/三、中西间海上航线的变化/四、中西间陆海两路的连接

书　　名　**沙船的历史及其船型和结构**

责 任 者　李邦彦著

出 版 项　南京:江苏省造船学会筹委会,1964.09

分 类 号　U674.191

书　　名　**山东半岛与东方海上丝绸之路**

责 任 者　刘凤鸣编著

出 版 项　北京:人民出版社,2007

页　　码　398

书　　号　7-01-006750-3

分 类 号　K295.2:F752.9

相关目录　一、绪论——中韩日文化的交流与东方海上丝绸之路/二、春秋战国时期——山东半岛,"东方海上丝绸之路"的首航地/三、秦朝时期——徐福与海上丝绸之路/(一)徐福"入海求仙人"/(二)徐福"入海求仙人"的考证/四、汉代至魏晋南北朝时期——"循海岸水行",韩、日进出中国的海上通道/五、隋唐时期登、莱是"极海之处"。东方海上丝路的繁荣/(一)登州是"极海之处",是隋唐时出海的主要通关口岸/(二)友好往来的频繁和文化交流的繁荣/(三)对日、韩关系和日、韩贸易的重要基地/六、五代及宋金元时期——"往返皆自登州",持续繁荣的海上通道/七、明朝时期——海上丝路的使者、海盗与卫士/(一)明代,登、莱是朝鲜进出中国的主要通关口岸/(二)海上丝路的使者/(三)倭寇入侵与半岛军民抗倭/(四)壬辰战争,山东儿女"名动藩邦草木知"/八、清朝时期——海禁,阻隔不了的丝绸之路/(一)禁不住的"渔采贸易"和殖民者的掠夺/(二)甲午海战,海上丝路的伤痛和裂痕/(三)烟台、青岛开埠,海上丝路承载着屈辱和觉醒

内容提要　本书在大量史料基础之上,系统地对山东半岛在不同历史时期中韩日三国贸易活动和友好交往中的重要地位作了论证说明,填补了"东方海上丝绸之路"研究的空白。

书　　名　**山东海疆文化研究(山东社会科学院齐鲁文化研究丛书)**

责 任 者　王赛时著

出 版 项 济南:齐鲁书社,2006

页　　码 593

书　　号 7-5333-1733-5

分 类 号 K928.19

相关目录 第二章 山东海疆的文化背景与文化承传/第二节 海神崇拜与海神祭祀/第四节 徐福入海的文化影响/第五章 航海与海上交流/第一节 海口与海港/第二节 海上航线的开辟/第三节 海上交流与物质文化往来

内容提要 本书以久远的历史文化为视点来研究山东海疆文化的资源脉承和综合体系,力求发掘山东海疆丰厚的文化底蕴,弘扬山东海疆的文化成就。

书　　名 **山东经贸史略**

责 任 者 姜培玉著

出 版 项 济南:山东友谊出版社,1989.09

页　　码 605

书　　号 7-80551-186-1

分 类 号 F752.852

相关目录 第一章 远古至南北朝时期山东对外经济贸易概况(远古——公元618年)/一、远古时期山东的文化与生产力/二、山东早期商场的概况/三、海上"丝绸之路"东方航线的形成/(一)海上东方航线的先驱者——徐福/(二)东渡的海底秘密/(三)海上"丝绸之路"东方航线的形成/第二章 唐、宋、元、明、清时期山东的对外经济贸易/一、唐、宋时期山东对外经济贸易的繁荣(618-1897年)/二、元、明时期山东的对外经济贸易/三、清朝时期山东的经济与对外贸易/(四)德国入侵山东前烟台的对外经济贸易/(五)德国入侵山东前青岛的对外经济贸易/第三章 德国帝国主义侵占胶澳时期山东的对外经济贸易(1897-1914年)/一、"胶澳租约"的出笼/二、德国帝国主义霸占青岛时期的三根经济支柱/三、德国帝国主义控制下的青岛海关/(一)胶州海关的建立/(二)征税办法的修订/(三)德占时期青岛海关关税收入概述/四、德国帝国主义整治山东的政策/五、德占时期青岛航运概述/六、德占胶澳时期烟台的对外经济贸易/(一)对外贸易简介/(二)历年的税务简况/(三)航运/(四)鸦片动态/七、德占胶澳时期青岛的对外经济贸易/(一)德占胶澳初期青岛的对外经济贸易/(二)德占胶澳后期青岛的对外经济贸易/第四章 日本第一次侵占山东时期的对外经济贸易(1914-1922年)/一、日本第一次侵占山东的前前后后/二、我国主权的丧失/三、日本对我国外贸主权的践踏/(一)承袭德国在山东的特权地位/(二)对青岛港务的管制/(三)全面控制青岛海关/(四)以金融为中心全面控制山东经济活动/四、日本统治下的山东外经活动/(一)政治危机与暴发户/(二)日本统治时期山东的对外贸易/第五章 北洋军阀统治时期山东的对外经济贸易(1922-1929年)/一、"山东特权"收回时的斗争/二、北洋军阀统治时期山东的经济形势/三、北洋军阀统治时期山东的对外贸易/(一)青岛的对外贸易/(二)烟台的对外贸易/(三)龙口的对外贸易/四、北洋军阀时期山东的对外经济贸易特征/第六章 国民党统治时期山东的对外经济贸易(1929-1937年)/一、国民党统治时期山东的政治经济形势/二、山东对外经济贸易概况/三、国民党统治时期山东对外经济贸易的主要特征/四、国民党统治时期山东所设与对外贸易/(一)金融业有关的机构/(二)转运及报关业/(三)堆栈业/(四)保险业/(五)经纪业/(六)航运交通业/五、国民党统治时期山东对外出口货物简介/第七章 日本帝国主义第二次侵占山东与美国占领青岛时期的对外经济贸易(1937-1949年)

书　　名 **山东内河航运史:古代篇,初稿,第4章,金元时期**

责 任 者 山东省航运管理局编史办公室

出 版 项 1985.06

页 码 33

分 类 号 F552.7

相关目录 第四章 金元时期的山东内河航运/第一节 黄河南迁与山东通航河流/一、金代黄河南迁与元代黄河/二、金元两代山东通航河流的变迁/(一)泗水运道的变迁/(二)大、小清河的形成/(三)卫河(御河)水道的发展/第二节 元代山东运河的开发/一、洸府济运/二、开济州河/三、开会通河/四、初开胶莱运河/第三节 内河运输与管理/一、金宋时期的漕运/二、元代的漕运/三、水运管理/第四节 元代开挖运河的技术成就及存在问题/一、引水济运与闸化河渠/二、工程技术上的成就与存在问题

书 名 **山东内河航运史:古代篇,初稿,第5章,明清时期**

责 任 者 山东省航运管理局编史办公室

出 版 项 1985.07

页 码 39

分 类 号 F552.7

相关目录 第五章 明清时期山东内河航运的发展/第一节 通航河道变迁及其治理/一、黄河决溢与变迁/二、大、小清河运道及其治理/第二节 山东运河工程进展/一、重浚会通河及运河的改线/(一)重浚会通河及开袁家口以此运道/(二)济宁以南运河两次改线/二、清代会通河疏浚与闸坝整修/(一)会通河的疏浚/(二)闸坝的维修与重建/三、运河水源补给/(一)引汶济运与蓄水济运/(二)引黄济运与遇黄保运/四、再开胶莱运河/第三节 船舶与运输/一、漕船/(一)航行于内河的漕船/(二)山东造船业兴起与发展/二、内河运输/第四节 航运管理/一、航运机构的设置与变化/二、漕运管理制度

书 名 **山东沿海开发史**

责 任 者 王赛时著

出 版 项 济南:齐鲁书社,2005

页 码 485

书 号 7-5333-1497-2

分 类 号 F129

相关目录 第二章 先秦时代山东沿海地区的初步开发/第二节 商周时期的沿海动态与列国争夺/第三节 齐国的海洋经济与海洋文化/第三章 秦汉时期山东沿海的开发建设/第一节 秦朝的海疆经略与海洋意图/第二节 汉代的海疆开发与综合治理/第四章 魏晋南北朝时期山东沿海地区的缓慢发展/第三节 经济动态与海洋活动/第五章 隋唐五代时期山东沿海地区的深度开发/第二节 沿海开发与基础建设/第三节 海上交通与海外往来/第六章 宋金时期的山东沿海开发/第三节 海港城市与海洋贸易/第七章 元朝时期的山东沿海开发/第二节 元朝海运与沿海支持/第八章 明朝时期的山东沿海开发/第一节 海疆开发与区域特色/第三节 海洋经济与发展走向/第四节 航海活动与海上禁锢/第五节 沿海卫所与海疆开发/第九章 清代山东沿海地区的全面开发/第一节 沿海开发与地域特征/第四节 海上商贸与航海运输/第五节 出海口与海港建设/第六节 航海线路与航海活动/第七节 清代山东海防/第八节 晚清开埠以后的山东沿海开发

内容提要 本书沿着历史的长河,从前而后地论述了山东沿海开发的进展过程,系统地勾勒出山东沿海经济的动态脉络,并揭示其历史规律。

书 名 **山东运河文化研究(山东社会科学院齐鲁文化研究丛书)**

责 任 者 李泉,王云著

出版项 济南:齐鲁书社,2006.11

页　码 355

书　号 7-5333-1735-1

分类号 K928.42

相关目录 第二章 运河漕运与漕运文化/二、山东运河的漕粮运输/(一)明代漕运/(二)清代漕运/(三)漕运的影响/三、漕船夹带与南北贸易/(一)漕船夹带/(二)商船的南北贸易/第四章 商人商帮与商业文化/一、山东运河区域的商路和商业网络/(一)水路、陆路交通网/第六章 山东运河区域的民间宗教和民间信仰/二、民间信仰/(二)天妃信仰的北上传播/第七章 山东运河城乡的民风与风俗/一、重商、竞奢与僭越之风/(二)"舟车辏集,民赠奢华"/第八章 山东运河与中外经济文化交流/一、山东运河与东南亚各国的朝贡贸易/二、日本勘合使团在山东运河区域的活动/(一)山东运河与明代中日勘合贸易/(二)《初渡集》《再渡集》所记山东运河及沿线名胜古迹/(三)《初渡集》《再渡集》所记山东运河沿线风物特产及商业贸易/三、朝鲜漂流者笔下的山东运河文化风情/(一)明代的中朝贡使贸易/四、西方商旅和传教士在山东运河区域的活动/(二)利玛窦的山东运河航行经历

书　名 《山海经》与古代社会(20世纪艺术文库)

责任者 张岩著

出版项 北京:文化艺术出版社,1999

页　码 420

书　号 7-5039-1887-X

分类号 K928.631

相关目录 第九章 从《山经》到《禹贡》(上)/第一节 治理"洪水"的总体情况/(一)《禹贡》九州水路贡赋系统/第二节 共工和相柳的早期水祭贡道系统/第十章 从《山经》到《禹贡》(中)/第十一章 从《山经》到《禹贡》(下)/第十三章 远古时代的献神纳贡制度/第十五章《海经》内容概况/第十六章《海经》神形、神事浅析

书　名 《山海经》与中华文化

责任者 王善才主编;中国山海经学会筹委会编

出版项 武汉:湖北人民出版社,1999

页　码 341

书　号 7-216-02525-3

分类号 K928.631-53: K203-53

相关目录 《山海经》与黄河/《山海经》与长江

书　名 山西航运史(中国水运史丛书)

责任者 吕荣民主编;石凌虚编著

出版项 北京:人民交通出版社,1998

页　码 186

书　号 7-114-02920-9

分类号 F552.9

相关目录 绪论/第一节 历史沿革简述/第二节 当代河运地理概况/第三节 航运发展的基本特点/第一章 先秦时期航运的兴起/第一节 人类的早期开发与航运的兴起/第二节 航运的开拓/第二章 秦汉时期

航运的蓬勃发展/第一节 繁忙的黄河漕运/第二节 汾河与桑干河航运/第三节 人工运渠的开凿/第三章 魏晋南北朝时期航运的相对低落/第一节 黄河上的军运与漕运/第二节 汾河漕运与漳河木运/第三节 永丰渠的开凿/第四节 黄河、汾河的渡口/第四章 隋唐时期航运的空前发展/第一节 治理三门峡人门航道/第二节 发展黄河漕运/第三节 汾河漕运及汾船制造/第四节 姚暹渠的疏治与开元新河的开凿/第五章 宋金时期航运的盛衰转变/第一节 黄河航运渐衰/第二节 汾河航运/第三节 永丰渠的疏浚通航/第六章 元明清时期航运的延续/第一节 黄河航运/第二节 汾河漕运与桑干河试航/第三节 疏凿运渠/第四节 黄河、汾河渡口的增加/第七章 近代航运的急剧衰落/第一节 民间贸易为主的小规模航运/第二节 渡口与码头/第八章 共和国成立以来航运的开发/第一节 开发黄河、汾河航运/第二节 发展黄河、汾河渡口

内容提要 本书通过大量的历史文献和考古资料,系统地再现了山西地区古代、近代和现代航运发展的历史,并从社会政治、经济、军事和自然环境诸方面探讨了这一地区航运兴衰的具体原因和历史规律。它填补了山西航运史研究的一方空白,将为当代的航运建设提供一些历史借鉴。

书　　名 陕西航运史(中国水运史丛书)

责 任 者 王开主编

出 版 项 北京:人民交通出版社,1997.12

页　　码 718

书　　号 7-114-02441-X

分 类 号 F552.9

相关目录 古代部分(公元前30世纪-1840年)/第一章 先秦及秦代陕西航运活动的萌芽及早期发展(公元前30世纪——前207年)/第一节 陕西航运的萌芽/第二节 半坡村、北首岭出土的船形器物对航运萌发的启示/第三节 船的出现与演进/第四节 周人的航运活动/第五节 秦人的航运活动/第六节《禹贡》记载的梁州、雍州航道/第七节 秦朝对航道的整理、利用/第八节 著名港口、津渡/第九节 对水道、水运的管理/第二章 西汉时期陕西航运的第一个高峰与东汉、魏、晋、南北朝时期的起伏变化(公元前206-581)/第一节 河道的变化、治理、利用/第二节 漕渠的开凿/第三节 繁盛的漕运活动/第四节 渭水、黄河的人员航行/第五节 名目繁多的船型与船舶制造/第六节 主要港口码头、津渡/第七节 水运管理机构及职官设置/第三章 隋、唐漕运的急剧发展——陕西航运业的鼎盛时期(581-960年)/第一节 渭水和黄河航道的状况/第二节 隋、唐对漕渠的开凿/第三节 崔湜沟通丹、灞水道的尝试与严砺对嘉陵江的开凿、利用/第四节 隋、唐时期渭水、漕渠的漕运/第五节 其它水道的财赋、木材运输/第六节 漕运与隋、唐的政治盛衰和经济盈缩/第七节 船舶制造、类别与船工生活/第八节 主要港口码头、津渡/第九节 漕运管理机构与职官设置/第十节 漕运制度与法令/第四章 宋、金、元时期陕西航运与造船业的发展变化(960-1368年)/第一节 开发航道的探索与治理、利用/第二节 渭水、黄河的竹木、粮食运输/第三节 汉江的军事利用/第四节 兴盛的造船业与多种类型的水运工具/第五节 主要港口码头、渡口/第六节 治理河渠的技术成就/第七节 航运管理机构设置与管理办法的制定/第五章 明、清时期陕西航运的复苏(1368-1840年)/第一节 汉水、丹江、嘉陵江航道/第二节 黄河、渭水航道/第三节 粮食的水路运输/第四节 食盐的水路运输/第五节 煤炭的水路运输/第六节 土特产品的水路运销/第七节 水运对地方经济的促进/第八节 著名的港口码头、津渡/第九节 船舶类型与制造/第十节 航运的组织管理/近代部分(1840-1949年)/第六章 鸦片战争后至民国时期陕西航运业的盛衰起伏(1840-1949年)/第一节 航道状况/第二节 抗日战争前期对嘉陵江航道的治理/第三节 清末汉江航运的衰落/第四节 民国时期汉江的通阻与陕南民生的荣枯/第五节 抗日战争前后嘉陵江航运业的变化/第六节 商洛专区的对外流通渠道——丹江、金钱河、乾佑河、旬河航运/第七节 黄、渭、洛航区的商运、民运/第八节 港口码头/第九节 船舶类型、制造与船工生活/第十节 航运工作的管理

书　　名　**汕头港建设史**
责 任 者　曾广存主编
出 版 项　1998
页　　码　198
分 类 号　U65
相关目录　第一章 港口概况/第一节 港口的形成/第二节 地理位置与自然条件/第三节 港口建设梗概/第二章 内忧外患 港口历经沧桑(1861－1949年)/第一节 潮海关成立包揽港务海务管理权/第二节 外轮进港 建助航设施/第三节 洋行和招商局在汕设立 建码头仓库/第四节 航运发展促进港城繁荣/第五节 日寇残踏 汕头成为死港/第六节 港口复元短暂 蒋军溃逃破坏

书　　名　**上海长江轮船公司史(中国水运史丛书)**
责 任 者　《上海长江轮船公司史》编委会编
出 版 项　北京:人民交通出版社,1998
页　　码　279
书　　号　7－114－02135－6
分 类 号　F552.61
内容提要　记述了上海交通邮电古往今来的各种轶事、人物等。

书　　名　**上海港史:古、近代部分**
责 任 者　茅伯科主编
出 版 项　北京:人民交通出版社,1990.08
页　　码　488
书　　号　7－114－00968－2
相关目录　第一篇 古代部分(远古－1840年)/第一章 上海地区港口的形成及港址的迁移(元代以前)/第一节 上海地区港口的萌芽/第二节 港口的形成与初步发展/第三节 港址的迁移/第二章 黄浦江新航道的形成与上海港的曲折发展(明代)/第一节 黄浦江新航道的形成/第二节 海外航运活动停滞对港口的影响/第三节 国内港埠间航运贸易的发展/第三章 上海港成为国内航运贸易的枢纽大港(清初－1840年)/第一节 弛海禁与江海关的设立/第二节 全国航运枢纽大港地位的确立/第三节 货物吞吐量的迅速增长/第四节 早期的人工港口设施和装卸队伍/第五节 城镇的港口特色/第六节 上海港受到西方商人及殖民主义者的重视/ /第二篇 近代部分(1840－1949年)/第四章 上海港被迫开港及其近代化的开端(1840－1858年)/第一节 港口被迫对外开放/第二节 港口管理主权的丧失/第三节 开埠初期港口设施的建设/第四节 港口吞吐物资的增加/第五章 上海港加速近代化的进程(1859－1894年)/第一节 港口对内对外辐射面的拓展/第二节 受控于外国殖民者的港口管理体制和制度/第三节 轮船码头建设的第一次高潮/第四节 港口辅助设施和相关行业的发展/第五节 航道淤浅与吴淞开埠/第六节 港口生产的扩大/第七节 港口促进了上海城市的发展/第六章 上海港向国际贸易大港过渡(1895－1918年)/第一节 港口综合集疏运系统的初步形成/第二节 上海引水公会成立与港章的修订/第三节 码头仓库建设的第二次高潮/第四节 城市经济的发展和港口客货业务的扩大/第五节 整治黄浦江航道/第七章 上海港成为国际贸易大港(1919－1937年)/第一节 上海港发展的新动力/第二节 港口管理机构的变化及收回引水权的斗争/第三节 码头的改造、兴建与航道的继续整治/第四节 港口相关行业的发展/第五节 码头的经营管理与装卸方法/第六节 上海港跻身于世界贸易大港的前列/第八章 日本侵略者占领下的上海港(1937－1945年)/第一节 抗战前期的港口形势/第二节 日军对港口的控制/第三节 日军霸占上海港码头/第四节 上海港进出口业务的起伏/第九章 战后上海港的复苏与衰落(1945－1949年)/第一节 抗战胜利初期的港口形势/第二节 港口主权的有限收回/第三节 码头的接收、修复与航道疏浚的恢复/第四节 港口短暂的繁荣与衰落/第五节 上海港口工人护港迎解放/附录/一、上海港大事记/二、上海港主要码头历史沿革/三、上海港黄浦江沿岸码头名录/四、上海港历任港务长名单/五、上海理船厅章程/六、上海港进出船舶艘数、吨位表(1865－1937年)/七、上海港历年直接对外贸易货值表(1865－1937年)

内容提要　本书论述了上海港从远古到1949年发展的特点,近代化和成为国际贸易大港的进程。

书　　名　**上海海员工人运动史(上海工厂企业党史工运史丛书)**

责 任 者　中共上海海运管理局委员会党史资料征集委员会,中国海员工会上海海运管理局委员会编写

出 版 项　北京:中共党史出版社,1991.06

页　　码　388

书　　号　7－80023－368－5

分 类 号　K261.3

相关目录　第一编 上海海运业沿革和海员基本状况/第一章 上海近代海运业的产生和发展/第一节 古代木帆船海运业的兴衰/第二节 外国资本航运业的入侵、垄断及其变化/第三节 官僚资本航运业的创办及其兴衰演变/第四节 民族资本航运业的出现及其艰难步履/第二章 近代上海海员的来源、劳动条件、生活状况和特点/第一节 近代上海海员的来源/第二节 恶劣的劳动条件/第三节 悲惨的生活状况/第六节 流落海外的海员的苦难/第七节 近代上海海员的特点/第二编 上海海员工人运动/第二章 上海海员工人运动的新开端(1919年－1923年)/第一节 五四时期的上海海员工人运动/第二节 上海海员工人运动的第一次高潮/第三章 第一次国内革命战争时期的上海海员工人运动(1924年－1927年7月)/第一节 上海海员反帝爱国运动的高涨/第二节 北伐战争中的上海海员/第四章 第二次国内革命战争时期的上海海员工人运动(1927年8月－1937年6月)/第五章 抗日战争时期上海海员的斗争(1937年7月－1945年8月)/第六章 第三次国内革命战争时期的上海海员工人运动(1945年8月－1949年5月)/第七章 解放初期的上海海员/第八章 被国民党强迫离沪的上海海员在香港和海外驾船起义

内容提要　本书介绍上海海员19世纪到本世纪上海解放初期的光荣战斗历程,反映了上海海员工人队伍的发展变化及在共产党领导下英勇斗争的光辉业绩。

书　　名　**上海近代社会经济发展概况:1882－1931,《海关十年报告》译编**

责 任 者　徐雪筠等译编

出 版 项　上海:上海社会科学院出版社,1985

页　　码　382

书　　号　7－8015－553－3

分 类 号　F129.5

相关目录　海关十年报告之一(1882－1891)/贸易额/疏浚工程/灯塔与浮标/流行病、船难/关栈/制造业、内河航运/上海的未来/海关十年报告之二(1892－1901)/贸易的变化/税收/贸易额/水路/灯塔与浮标/船难、流行病、赈灾/接待活动/海关/海关十年报告之三(1902－1911)/贸易与航运/税收/鸦片/货币与金融/人口/水路、港口、航道/航行信号灯与辅助设备/ /陆军与海军的变化/中国报界海关十年报告之四(1912－1921)/贸易与航运/水路、港口、航道/航行信号灯与辅助设备(略)/市陆军与海军的变化、内战/海关十年报告之五(1922－1931)/贸易/航运/交通/航行信号灯与辅助设备

书　　名　上海开埠初期对外贸易研究:1843－1863年

责 任 者　黄苇著

出 版 项　上海:上海人民出版社,1979

页　　码　178

书　　号　4074·334

分 类 号　F752.952

相关目录　第一章 上海开埠前对外贸易历史概况/第一节 两宋至清代前期的对外贸易关系/第二节 鸦片战争前夜的对外贸易/第二章 外国资本主义势力的入侵及商埠和"租界"的开辟/第一节 军事入侵和商埠开辟/第二节 外国侵略者强占"租界"/第三节 外国商人"冒险家"纷至沓来/第三章 可耻的鸦片贸易/第一节 鸦片输入的情况/第二节 鸦片输入的恶果/第四章 外国工业品的大量进口/第一节 1843－1845年间外国工业品的汹涌输入/第二节 1846－1856年间进口贸易的停滞及其原因分析/第三节 第二次鸦片战争后进口贸易的扩大/第五章 中国农副产品的源源出口/第六章 上海在全国对外贸易中首要地位的确立/第七章 上海开埠初期对外贸易的性质和特点/第一节 对外贸易的性质/第二节 对外贸易的特点/第八章 外国资本主义商业侵略的影响和后果及中国人民的反抗和斗争/附录 上海开埠初期对外贸易统计(1843－1863年)/一、进口和出口货值的统计/二、进口和出口商品数量的统计/三、进口鸦片数量和货值的统计/四、进口和出口各国船舶艘数和吨数的统计

书　　名　上海内河航运史(中国水运史丛书)

责 任 者　中国航海史研究会编

出 版 项　北京:人民交通出版社,1995

页　　码　573

书　　号　7－114－02134－8

分 类 号　F552.9

内容提要　记叙了长江中游区段最大的,也是我国目前最大的内河航运企业——政权长江轮船公司成立以来在体制和机构、隶属关系、运力运量、经营管理、科技进步、职工生活等方面的发展变迁过程。

书　　名　上海沙船

责 任 者　辛元欧著

出 版 项　上海:上海书店出版社,2004

页　　码　167

书　　号　7－80678－041－6

分 类 号　F552.9

相关目录　第一章 古老的造船之乡及其江海变迁/第一节 上海周边地区发达的上古造船业/第二节 发达的航运使青龙港长期繁荣/第三节 上海港与刘家港/第四节 上海城区水道的治理与定型/第二章 沙船船型演变的历史轨迹/第一节 中国古船船型与结构探源/第二节 中国沙船型海船寻踪/第三节 沙船型海船的发展/第三章 明清沙船业的繁荣及其衰落/第一节 明代沙船功能的扩展/第二节 清代沙船业的繁荣/第三节 清代上海沙船业对上海城市经济的拉动/第四节 上海沙船运输业中的资本主义萌芽/第五节 鸦片战争后上海沙船业的衰落/第四章 沙船的主要特征及其操驾技术/第一节 中国历史典籍中对沙船的描述和图示/第二节 沙船的船型特点/第三节 沙船的船体结构型式与造船方法/第四节 沙船属具的缘起与定型/第五节 沙船的航海性能与操驾技术/第六节 典型沙船举例

内容提要　本书探讨了中国古船船型与结构的发展源流,求索沙船型海船演变的历史轨迹;表述了上

海沙船业的发展史;通过对沙船本身的船型特点、船体结构型式、造船方法、属具的发明缘起和定型以及操驾技术的分析,进一步阐明了中国在世界造船发展史上的历史地位。

书　　名 上海史
责 任 者 唐振常主编
出 版 项 上海:上海人民出版社,1989.10
页　　码 1073
书　　号 7-208-00494-3
分 类 号 K295.1
相关目录 第一章 古云间回溯/四、海防要地——沪渎/第二章 上海的崛起/五、市舶与漕运/第三章 海隅名城 南吴壮县/二、江浦合流 兴筑海塘/五、海外贸易与御倭斗争/第四章 江海通津 东南都会/三、设立海关后的经济发展/四、沙船业的发展与行会组织的建立/六、英国人觊觎上海/第五章 在炮火中开埠/一、"阿美士德"号远来/第七章 进入稳定发展时期/二、民族商业、航运业及金融业的发展/第八章 洋务运动与近代企事业的兴起/一、江南制造局/二、轮船招商局/第十二章 成为全国经济中心/四、航运、铁路、市内交通及通讯的新发展
关 键 词 上海;历史

书　　名 上海通商史
责 任 者 (英)裘昔司著;程灏译述
出 版 项 北京:商务印书馆,1915
页　　码 91
分 类 号 F729
相关目录 第一章 上海开埠之历史/第二章 开辟租界/第三章 太平军时代之上海/第四章 江海关及工部局创始之状况/第五章 太平军进攻上海/第六章 三十英里外之战/第七章 常胜军太仓昆山之战/第八章 苏州之战/第九章 上海市政之进化/第十章 乱事后之上海
内容提要 主要叙述英帝国主义军事侵华进攻上海的史略,有关辟埠通商的记载甚少。

书　　名 上海通商史
责 任 者 裘昔司(英)著;程灏译
出 版 项 上海:上海商务出版社,1926
页　　码 91
分 类 号 F729
相关目录 第一章 上海开埠之历史/第二章 开辟租界/第三章 太平军时代之上海/第四章 江海关及工部局创始之状况/第五章 太平军进攻上海/第六章 三十英里外之战/第七章 常胜军太仓昆山之战/第八章 苏州之战/第九章 上海市政之进化/第十章 乱事后之上海

书　　名 上海研究论丛:第1辑
责 任 者 洪泽主编;上海市地方志办公室编
出 版 项 上海:上海社会科学院出版社,1988.05
页　　码 294
书　　号 7-80515-188-1

分 类 号 K295.1

相关目录 两宋时期上海市舶机构辩证/上海地区宋代海塘与岸线的几点考证/盛宣怀督办轮船招商局/李鸿章与轮船招商局/李鸿章关于江南制造局奏折一则

书　　名 **沈葆桢评传:中国近代化的尝试**

责 任 者 (美)庞百腾(David Pong)撰;陈俱译

出 版 项 上海:上海古籍出版社,2000

页　　码 452

书　　号 7-5325-2699-2

分 类 号 K827=52

相关目录 第五章 福州船政大臣/福州海军船厂的发端/福州海军船厂的特征/沈作为首任船政大臣/第六章 福州海军船厂的早期发展,1866-1867/沈到马尾就职/第七章 福州海军船厂:行政和人事/第八章 福州海军船厂:建造和训练计划/船厂的建设/创建一支中国舰队/训练新型海军人员/第九章 福州海军船厂:经费危机/养船和经费危机/宋晋和关闭海军船厂的争论/第十章 国防近代化中的下几个步骤:马尾以及新境界/马尾船舰的指挥

内容提要 本书原名:沈葆桢与19世纪中国现代化。本书评述清朝末年沈葆桢(1820-1879)创建中国第一座海军船厂和学堂的得失,从而解释中国实现现代化历程的艰巨性和新的含义。

书　　名 **沈葆桢生平与思想研究:沈葆桢巡台一百三十周年学术研讨会论文集**

责 任 者 江苏省中国现代史学会等编

出 版 项 北京:中共党史出版社,2004.06

页　　码 420

书　　号 7-80199-056-0

分 类 号 K827=52

内容提要 本书是学术研讨会论文集要,从政治、经济、军事、教育诸方面分析研究清朝中后期爱国官员、中国近代史上著名人物沈葆桢的生平与思想,特别是治理台湾的政策与实践。

书　　名 **沈葆桢研究**

责 任 者 卢美松主编;政协福州市马尾区委员会,福建省炎黄文化研究会编

出 版 项 福州:海风出版社,2000

页　　码 605

书　　号 7-80597-300-8

分 类 号 K827=52

内容提要 沈葆桢是福州地区继林则徐之后,又一位以民族复兴为己任的杰出人物。本书收集了海内外专家、学者从不同的角度、对沈葆桢的生平业绩进行探讨的文集。

书　　名 **沈葆桢与福州船政**

责 任 者 林崇墉编

出 版 项 台北:联经出版事业公司,1987.12

页　　码 616

分 类 号 K827

相关目录　前编 行谊/第一章 家世/第二章 父教与母教/第三章 内助/第四章 妇翁冰清、女婿玉润/第五章 广信解围——血书求援/第六章 翰林院时期——识略冠时，才堪济变/第七章 御史时期——奏请弁兵分隶郡县折/第八章 御史时期——奏请统兵大臣乘胜东下折/第九章 御史时期——奏请变通钱法折/后编 福州船政/第一章 船政之筹设/第二章 船政设立之经过/第三章 船政遭遇之困扰/第四章 船政初期之成就/第五章 船政经费之困难/第六章 船政学堂之创办及教育之成果/第七章 船政总评

书　　名　**盛世之毁：甲午战争110年祭**

责 任 者　弘治，张鑫典，孙大超编著；黄柏公，余开宇，弘治点评

出 版 项　北京：华文出版社，2004.07

页　　码　333

书　　号　7－5075－1724－1

分 类 号　K256.307

相关目录　第一编 盛世危言/第一章 同光兴盛——甲午战争前的中外局势之一/西学东渐/内外交困/师夷长技——同光兴盛之"求强"的洋务运动/中流砥柱——同光兴盛之左宗棠/"求富"的洋务运动——同光兴盛之李鸿章时代(一)/北洋海军——同光兴盛之李鸿章时代(二)/第二章 盛世危言——甲午战争前的中外局势之二/欧美列强——列强形势及其对华扩张形势/东洋帝国——同光兴盛时的日本/朝鲜半岛——同光兴盛时的东北亚形势/侵台湾，吞琉球——同光兴盛之际的琉球、台湾形势/虚有其表——北洋海军的另一面/第二编 败战败和/第三章 朝鲜烽烟——日本意在大战·清廷力图和戎/第四章 悍然进攻——日本发起丰岛·成欢·平壤·黄海四大战役/第五章 万寿庆典·议和·屠城——二度和戎/第六章 战和无可恃——四度和戎·两次拒使·北洋海军坐毙威海/第七章 宝剑秋风——湘军溃败·马关条约/第八章 三国干涉还辽·台湾沦陷/第三编 帝国不能承受之重/第九章 门户开放·辛亥革命·世界大战——甲午战争的后果

内容提要　本书分"盛世"危言、战败战和、帝国不能承受之重三章，深刻论述了甲午战争的酝酿、发生，以及其对中国和世界造成的后果。

书　　名　**盛宣怀传**

责 任 者　夏东元著

出 版 项　成都：四川人民出版社，1988.04

页　　码　546

书　　号　7－220－00253－X

分 类 号　K825.3

相关目录　第一章 由封建知识分子向新型洋务人才转变/三、参与轮船招商局创办及其主张的正确性/四、争取充当"总办"职/第二章 初显经营才干和自身的"官""商"矛盾/一、买并旗昌船产的作用和贡献/二、严格按赢利原则整顿商局/三、"坚请督办"/四、在官商之间徘徊/第三章 湖北煤铁矿开采及其经验教训/第四章 大力经营电报局/第五章 督办轮船招商局/一、实现了"督办"的愿望/二、任督办后的整顿措施和积极作用/三、与怡和、太古角胜/四、关于排挤"野鸡船"问题/五、发展内河轮船航运业/第十一章 在义和团运动和八国联军入侵中的表演

书　　名　**盛宣怀传**

责 任 者　夏东元著

出 版 项　天津：南开大学出版社，1998

页　　码　506
书　　号　7－310－01108－2
分 类 号　K825.3
相关目录　第一章 由封建知识分子向新型洋务人才转变／三、参与轮船招商局创办及其主张的正确性／四、争取充当“总办”职／第二章 初显经营才干和自身的“官”“商”矛盾／一、买并旗昌船产的作用和贡献／二、严格按赢利原则整顿商局／三、“坚请督办”／四、在官商之间徘徊／第四章 大力经营电报局／第五章 督办轮船招商局／一、实现了“督办”的愿望／二、任督办后的整顿措施和积极作用／三、与恰和、太古角胜／四、关于排挤“野鸡船”问题／五、发展内河轮船航运业／第十一章 在义和团运动和八国联军入侵中的表演

书　　名　失守的国门：旧中国的海关（中国近现代国情丛书）
责 任 者　叶凤美编著
出 版 项　北京：高等教育出版社，1993.09
页　　码　285
书　　号　7－04－003856－0
分 类 号　F752.5
相关目录　第一章 古代的海关／一、海关溯源／二、海关称谓的沿革／三、殖民主义东来和明清的“闭关政策”／四、鸦片战争前的粤海关／第二章 关税自主权的丧失／一、协定关税的由来／二、协定税则的出笼／三、70年不变的协定税率／四、对国内税的干涉／五、名美实毒的“洋药”税／六、连续73年的巨额入超／第三章 海关管理权被攫夺／一、开埠初期的上海与江海关／二、领事代征制的开场／三、攫夺江海关的图谋／四、第一个“洋关”的出现／第四章 首任洋人总税务司李泰国／一、从“毛孩子领事”到首任总税务司／二、殖民者的本相及碰壁／三、越俎代庖的狂妄野心／四、专横跋扈丢官还乡／第五章 赫德与中国海关／一、一个野心勃勃的青年／二、中外反动势力相勾结的“桥梁”／三、工于心计的新任总税务司／四、“国中之国”的建立／五、攫取条约外特权／六、海关势力的扩大／第六章 总税务司权力的扩张／一、染指海军建设／二、操纵中国外交／三、争夺对华贷款权／四、极力扶植清政权／五、中外反动势力的功臣／第七章 北洋政府的“太上财政总长”／一、海关的新主子安格联／二、参与扼杀民主革命／三、攫夺关税保管权／四、“太上财政总长”／五、投机与去职／第八章 英、日、美对海关的角逐／一、英国人梅乐和继任总税务司／二、日本劫夺沦陷区海关／三、英、日关于中国海关的非法协定／四、美国势力的上升／第九章 中国人民收回海关主权的斗争／一、维新派要求海关自主的呼声／二、资产阶级革命党人接管海关的努力／三、广东革命政府提取关余和收回海关的斗争／四、海关华员的觉醒／五、中国共产党领导的护关斗争
内容提要　全国高等院校古籍整理研究工作委员会重点规划项目：包括古代的海关，关税自主权的丧失，海关管理权被攫夺，首任洋人总税务司李泰国、赫德与中国海关等9章。

书　　名　施琅
责 任 者　安然著
出 版 项　北京：台海出版社，2006.03
页　　码　109
书　　号　7－80141－473－X
分 类 号　K825.2
相关目录　壹 施琅出生的明末清初／贰 青年时期的施琅／叁 再次投清后的施琅／肆 郑成功收复台湾／伍 澎湖之战／陆 平台后的留台与治台
内容提要　本书是明末清初台湾著名将领施琅的传记。详尽刻画了一代名将的光辉形象。

书　　名　施琅攻台的功与过(协和台湾丛刊)
责 任 者　周雪玉著
出 版 项　北京:台原出版社,1990
页　　码　176
分 类 号　K825.2:K295.8

书　　名　施琅将军传
责 任 者　施伟青撰文;施玉森摄影
出 版 项　长沙:岳麓书社,2005
页　　码　107
书　　号　7-80665-694-4
分 类 号　K827=49
相关目录　第一章 事戎海上/第一节 出身家户/第二节 在郑芝龙军中的活动/第三节 与郑成功的恩怨/第二章 从副将到水师提督/第一节 担任副将/第二节 从同安总兵到福建水师提督/第三章以内大臣复任水师提督/第一节 任内大臣的十三年/第二年 复任福建水师提督/第四章 专征台湾/第一节 血战澎湖/第二节 招抚郑氏集团/第五章 对两岸的贡献/第一节 力主留台卫台/第二节 造福两岸
内容提要　本书讲述了福建水师提督施琅的一生。内容包括有:事戎海上、从副将到水师提督、以内大臣复任水师提督、专征台湾、对两岸的贡献等。

书　　名　施琅年谱考略
责 任 者　施伟青著
出 版 项　长沙:岳麓书社,1998
页　　码　780
书　　号　7-80520-916-2
分 类 号　K827.49

书　　名　施琅评传
责 任 者　施伟青著
出 版 项　厦门:厦门大学出版社,1987.07
页　　码　361
书　　号　7-5615-0024-6
分 类 号　K827.49
相关目录　第一章 投身海上/一、出身农户/二、加入郑芝龙军/三、首次投清/第二章 追随郑成功/一、在郑军中的活动/二、与郑成功反目的原因/三、再次投清的原因与时间/第三章 从副将到水师提督/一、从副将到总兵/二、提督福建水师/三、两度征台阻风的经过及其原因/第四章 以内大臣复任水师提督/一、内调京师的十三年/二、复任水师提督/三、与福建总督姚启圣的分歧/第五章 专征郑氏/一、血战澎湖/二、澎湖海战获胜的原因/三、招抚郑氏/四、不杀郑氏的原因/第六章 对台湾的贡献/一、力主保卫台湾/二、促进台湾的开发/三、造福桑梓/附录/二、日本学者文章选译/明末清初的福建晋江施氏(日)森田明著;施伟青译/福建晋江施氏与台湾八堡圳(日)森田明著;施伟青译
内容提要　本书对施琅一生史事做了全面的研究,提出了不少独到的见解。书后附参考文献目录及

日本学者森田明教授两篇文章的译文。

书　　名　施琅研究

责 任 者　施伟青主编

出 版 项　北京:国际文化出版公司 ,2002. 06

页　　码　321

书　　号　7 - 80105 - 386 - 9

分 类 号　K825. 2

相关目录　施琅研究的重新思考/施琅与康熙帝对规复台湾的贡献/实现百年一统,开创康乾盛世——略论施琅统一台湾的伟大贡献及其深远影响/施琅统台是清初实现国家统一的重要举措/沧溟一战收,南纪尽安流——试论施琅在实现祖国统一大业中的历史功绩/施琅的军事才能和两岸的统一/略论施琅平台的策略思想/关于施琅平台问题的若干认识/施琅与东南沿海展界/再论施琅与清初开海设关通洋/浅议施琅的海权意识与"大一统"思想/从《恭陈台湾弃留疏》看施琅的海防思想/施琅统一台湾与清初官方海防力量的重振/施琅征台与台湾的妈祖信仰/施琅与妈祖信仰的传播

书　　名　施琅研究

责 任 者　施伟青主编

出 版 项　厦门:厦门大学出版社,2000

页　　码　459

书　　号　7 - 5615 - 1627 - 4

分 类 号　K827 = 49

相关目录　施琅与台湾/台湾回归话施琅/论施琅的历史功绩/论施琅平定台湾的功绩/略论施琅平台的历史时机/论施琅以战逼和统一台湾的决策/清朝收复台湾策略概述论/施琅进军澎湖几个问题的考订/1683 年清军是"攻入"还是"进入"台湾/施琅对统一台湾及东南沿海经济发展的贡献/施琅与清初开海设关通洋/《水师提督施琅将军史迹》后记

内容提要　本书收入研究文章 40 多篇,对施琅的历史功过,统一台湾和在台建立府治后的经济发展情况,以及施琅和其它将领之间的关系等进行了评价。

书　　名　施琅研究

责 任 者　许在全,吴幼雄主编

出 版 项　北京:中国社会科学出版社,2001

页　　码　421

书　　号　7 - 5004 - 3178 - 3

分 类 号　K827 = 49

相关目录　施琅与清初统一台湾/施琅统一台湾的主张及其战略策略/施琅与清政府统一台湾的决策/施琅在清初开海设关过程中的作用/施琅保台与地缘战略/略谈清政府与施琅统一台湾的战略部署演变/从克台经过看施琅的智略/施琅攻取澎湖的战略、战术思想探蕴/施琅在指挥澎湖海战中的战略战术

内容提要　本书主要从以下几方面对施琅进行研究,包括从多民族国家的角度评价施琅、施琅统一台湾的正确军事战略技术、关于"治台"和开海设关的正确政策等。

书　　名　施琅与台湾

责 任 者　施伟青主编

出 版 项　北京:社会科学文献出版社,2004.09
页　　码　485
书　　号　7-80190-307-2
分 类 号　K827=49:K295.8-53
相关目录　施琅外海边防观念的提出和实践/论施琅的招抚策略及相关问题/施琅统一台湾与清初的开海贸易/郑成功的"通洋裕国"论与施琅的"设关通洋"说/平台过程中施琅与清政府对海洋认识的深化/从清初的两岸关系与台湾问题的圆满解决说起/清朝初年中国东南海疆的功臣施琅——兼论施琅与朱纨的海洋观/从澎湖之战看施琅的将略/试论施琅在闽台海防史上的地位/施琅与台湾的妈祖信仰/"繁华犹似小泉州"的唐山遗痕——从鹿港流传久远的地方俚谣说起
内容提要　本书共收录论文30余篇。包括《再谈历史人物评价的几个问题》、《价值观判断与施琅评价之我见》、《关于施琅研究的几点思考》等。

书　　名　**十六至十八世纪澳门与中国之关系(新澳门论丛)**
责 任 者　林子升编
出 版 项　澳门:澳门基金会,1998
页　　码　332
书　　号　972-658-055-2
分 类 号　K296.59:D829.552
相关目录　历史篇/第二章 葡人占据澳门前在粤浙闽沿海之活动/第三章 澳门得名之由来与葡人混入之年代及原因/第四章 葡人因助剿海盗有功而获澳门说之商榷/第五章 葡人占据澳门之经过/第六章 葡人在澳门早期之建设/第七章 明季日人之居澳与被逐/经济篇/第八章 清初因澳门来华之葡使/第九章 澳门与清初迁海之关系/第十章 澳门与粤海关之关系/第十一章 澳门与荷兰之关系/第十二章 澳门与英国之关系/第十三章 澳门经济地位之衰落/宗教篇/第十四章 历史悠久之澳门教堂/第十五章 澳门与天主教传入中国之关系/第十六章 永历朝之遣使澳门与罗马/第十七章 澳门与"礼仪问题"争论之关系/第十八章 澳门与教禁之关系/学术篇/第十九章 西学东传之由来/第二十章 经由澳门传入中国之西洋数学及其影响/第二十一章 经由澳门传入中国之西方天文学与历学/第二十二章 明季向澳门购募葡炮葡兵之经过及其影响/第二十三章 经由澳门传入中国之西洋医学/第二十四章 经由澳门传入中国之西洋物理学与建筑/第二十五章 经由澳门传入中国之西洋地理学/第二十六章 经由澳门传入中国之西洋美术及其影响/第二十七章 经由澳门传入中国之西洋音乐/第二十八章 经由澳门传入中国之西洋哲学与音乐韵学/第二十九章 经由澳门输往欧洲之中国经籍及其影响/附录/(一)澳门大事年表

书　　名　**十年来粤海关贸易统计图表概览**
责 任 者　广东省政府统计事务处编
出 版 项　广州:广东省政府统计事务处,1929
页　　码　30
分 类 号　F752.96

书　　名　**十三行(岭南文化知识书系)**
责 任 者　中荔著
出 版 项　广州:广东人民出版社,2004
页　　码　112

分 类 号 F752.949

相关目录 清初海禁/开海贸易/广州夷馆/西学东渐/公行定制/一口通商/天子南库/中外关系/洋行沧桑/商馆终结

内容提要 本书通过从清初海禁、开海贸易到洋行沧桑、商馆终结等十个篇章,系列且简明地反映了广州十三行的盛衰过程,突出封建时期的中华帝国的对外经济贸易方式,从"贡泊贸易"走向"通商贸易"这一历史时期中广州十三行的重要地位。

书　　名 **十四世纪以来广东社会经济的发展**

责 任 者 明清广东省社会经济研究会编

出 版 项 广州:广东高等教育出版社,1992.02

页　　码 341

书　　号 7-5361-0748-X

分 类 号 F129.48

相关目录 明清广东水运营运组织与地缘关系/明清广东商帮的形成及其经营方式/试论明清时期粤人的重商思想对社会的影响/鸦片战争前澳门的鸦片走私贸易/明代广东市舶司移置问题考辨/清代广东十三行/清代粤海关税收的考核与报解/明清时期石湾制陶业/明清以来市桥地区工商业的发展/明清时期珠江三角洲与粤北经济地位嬗演的分析

内容提要 本书收论文29篇,探讨14世纪以来广东社会经济的发展状况和电白县经济发展战略问题。

书　　名 **十五十六世纪东西方历史初学集(武汉大学十五十六世纪世界史研究室丛刊)**

责 任 者 吴于廑主编

出 版 项 武汉:武汉大学出版社,1985

页　　码 377

分 类 号 K13

相关目录 十四至十七世纪英国的外来移民及其历史作用 陈勇/英国都铎王朝海上政策初探 高作钢/十五至十七世纪西太平洋中西航海贸易势力的兴衰 杨翰球/十四至十六世纪中日朝贡贸易关系 杨翰球/论前期倭寇 杨翰球/王直与明王朝的海禁政策 薛国中

书　　名 **十五十六世纪东西方历史初学集续编(武汉大学学术丛书)**

责 任 者 吴于廑主编

出 版 项 武汉:武汉大学出版社,2005

页　　码 453

书　　号 7-307-04511-7

分 类 号 K133-53

相关目录 1567-1650年南洋西南海域中西贸易势力的消长/15-17世纪中国在东西方海上贸易中的地位/后期倭寇成员剖析

内容提要 本书共收论文15篇,其中包括15.16世纪世界历史重大转折时期农业与工业的关系、前工业化时期英国乡村工业的发展、世界市场形成后的国际贸易等研究课题。

书　　名 **石濂大汕与澳门禅史:清初岭南禅学史研究初编**

责 任 者 姜伯勤著

出 版 项　上海:学林出版社,1999

页　　码　627

书　　号　7－80616－825－7

分 类 号　B946.5

相关目录　第十二章 大汕禅师的澳门南海航行与唐船贸易圈中的禅宗信仰及妈祖礼拜——兼论十七、十八世纪之交唐船海客的宗教伦理

书　　名　**史圃耕获集**

责 任 者　廖渊泉著

出 版 项　泉州:福建泉州一中,1999

页　　码　226

分 类 号　C52

相关目录　抗倭民族英雄俞大猷/有关俞大猷研究的几个问题/正确认识民众对待海瑞等清官的态度/重论郑成功的复台动机与历史作用/郑成功的杰出参军潘庚钟/试论明清时期泉州移民对台湾农业的垦殖/泉州与台湾同胞共同抗击日本侵略保卫闽台疆土/“海上丝瓷之路”述略/来泉的阿拉伯穆斯林与古代泉州港盛衰的关系/安海港盛衰及与郑芝龙郑成功父子的关系/试论泉州地区回族的形成特点及其经济文化的发展/妈祖成为我国女海神的原因及其与泉州的关系/浅谈泉州与台湾王爷神信仰的几个问题/泉州的文教神祇崇拜与崇文习俗初探/泉州对山神女苏六娘信仰初探与思考

书　　名　**史圃耕获续集**

责 任 者　廖渊泉著

出 版 项　2004

页　　码　148

分 类 号　K295.7－272

相关目录　清初闽台爱国水师将领张勇/郑和下西洋与泉州的关系/悲壮激烈的中法马江战役/略述台湾与泉州的行政历史关系/台湾反清起义与泉籍台民的关系及其历史经验/近代台胞在泉州的革命活动/蚶江金门台湾三地欧阳氏的血缘关系/漫谈泉州地区阿拉伯穆斯林的后裔及其遗迹/五件有关泉州的碑铭的考释与史事补述/摩尼教在古代中国与泉州的传播/俞大猷的海战兵书《洗海近事》/吴文良先生遗著《泉州宗教石刻》对“海上丝绸之路”研究的重大学术贡献/《光明之城》的要害是“黑暗之城”

书　　名　**世界的郑和:第二届昆明郑和研究国际会议论文集**

责 任 者　高发元主编;云南省郑和研究会编

出 版 项　昆明:云南大学出版社,2005

页　　码　344

书　　号　7－81112－003－8

分 类 号　K248.105

相关目录　中国在1421年发现了世界——在第二届昆明郑和研究国际会议上的主题演讲/《1421年:中国发现了世界》写作缘起及郑和环球航海新证据/初步解读英国学者孟席斯新论:郑和首先环球航行

内容提要　本书汇集了第二届昆明郑和研究国际会议的领导嘉宾讲话、致词、贺诗、贺电、专家学者论文、会议学术综述、会议纪要等重要文献。

书　　名　**世界海军军事史概论**
责 任 者　史滇生主编
出 版 项　北京:海潮出版社,2003.10
页　　码　574
书　　号　7-80151-748-2
分 类 号　E19
相关目录　第一章 古代的海上力量/三、中国古代的造船术和水军/第四章 封建社会的中国海军/一、封建社会中国造船业的进步和海洋事业的发展/二、封建社会的中国水师和水战/三、郑和舰队下西洋/四、明代水师抗击倭寇的作战/五、中朝联合抗日的露梁海战/第八章 中国近代海军的创建和发展/一、鸦片战争时期的中国水师/二、中国近代海军的创建/三、中国近代海军的初步发展/四、中法马江海战和第二次海防筹议/五、北洋海军成军/六、甲午海战后中国根海军的重建/七、海军辛亥起义/八、中国近代海军作战思想/第十六章 抗日战争中的中国海军/一、战前中日海军的态势/二、中国海军的抗战准备/三、战略防御阶段的中国海军/四、战略相持阶段的中国海军/五、中国海军的受降/第十八章 中国人民解放军海军的创建和发展/一、人民海军的创建/二、人民海军的发展/三、人民海军的海空作战
内容提要　本书共分为二十一章,对世界海军建设和作战的历史概况和基本经验,造船技术和海军武器装备的发展进步,以及海军军事理论的革新进行了概述,探讨了其发展规律和特点。

书　　名　**世界海军史**
责 任 者　丁一平等编著
出 版 项　北京:海潮出版社,2000
页　　码　922
书　　号　7-80151-255-3
分 类 号　E19
相关目录　上篇/第二章 古代中国海军/中篇/第十章 近代中国海军
内容提要　本书全面系统地介绍了世界各国海军历史沿革和发展的专著,从海军诞生之前一直到20世纪末,力图以历史唯物主义观点客观公正地阐述世界海军发展的历程。

书　　名　**世界海运史**
责 任 者　黑田英雄著
出 版 项　成山堂,1979
页　　码　357
分 类 号　F551

书　　名　**世界航海探险史略**
责 任 者　孙光圻编著
出 版 项　大连:大连海运学院出版社,1986
页　　码　47
分 类 号　F551

书　　名　**世界经济文化大通道**
责 任 者　文暖根主编

出 版 项 太原:陕西人民出版社,1998

页　　码 253

相关目录 第三章 海上丝绸之路与中外文化交流/一、海上丝绸之路开拓的三个时期/二、海上丝绸之路的主要航线的主要港口/三、海上丝绸之路的开拓者/四、海上丝绸之路开通的历史意义/第四章 近代海上交通的发达与沿海城市的开放

书　　名 **逝去的繁荣:一座老城的历史人类学考察**

责 任 者 王铭铭著

出 版 项 杭州:浙江人民出版社,1999

页　　码 458

书　　号 7－213－01798－5

分 类 号 K295.73

相关目录 4. 海禁的绥靖实质/明清时期的海禁政策/海防与绝对主义统治/内部监控体系的早熟

书　　名 **谁比哥仑布先到达美洲**

责 任 者 叶雨蒙著

出 版 项 北京:昆仑出版社,2003

页　　码 162

书　　号 7－80040－653－9

分 类 号 K203

相关目录 第一章 黑潮/第二章 殷人东渡美洲/第三章 漂泊的落花生/第四章 从"东干人"说起/第五章 追猎毛象及其它/第六章 "扶桑"断想/第七章 耶婆提之谜/第八章 遥想李陵台/第九章 说龙/第十章《山海经》与美洲/第十一章 扬帆美洲

内容提要 本书从多个角度分析美洲远古时代与中国文化的相互交流,探寻可能存在的渊源,论证中国文化在印第安历史中的作用与效果,从而提出了改变历史教科书的观点:中国人比哥伦布先到达美洲。

书　　名 **谁先到达美洲:纪念东晋法显大师到美洲1580年兼纪念哥伦布到达美洲500年**

责 任 者 连云山著

出 版 项 北京:中国社会科学出版社,1992.07

页　　码 156

书　　号 7－5004－1154－5

分 类 号 B949.92:K702

相关目录 第一章 法显的一生/第二章 欧洲人和章太炎的观点/第三章 英国学者爪哇说与绕道论真相/第四章 法显横渡太平洋的证据/第五章 墨西哥——青岛崂山之航行/第六章 古代中国人和欧洲人眼中的世界/第七章 美洲考古——旁证之一/第八章 中国古代造船与太平洋航海史——旁证之二/第九章 中国古代造船和前往印度洋、罗马帝国航海史——旁证之三/第十章 明清时代五亿墨西哥银元怎样来到中国——旁证之四/第十一章 拨开迷雾还历史本来面目/第十二章 法显到达美洲为何能够先于哥伦布/第十三章"哥伦布有成果,法显没成果"说

书　　名 **水道运输学**

责 任 者 王洸著

出 版 项 北京:商务印书馆,1945

页 码 143

分 类 号 F550

相关目录 第一章 轮船之发明及其进步/第一节 轮船之发明/第二节 轮船之进步/第二章 船舶之种类/第一节 军舰/第二节 商船/第三节 渔船公务船等/第三章 船舶吨位之种类及其丈量方法/第一节 排水量吨位/第二节 载重吨位/第三节 总吨位/第四节 净吨位/第五节 货物吨位/第六节 我国之船舶吨位/第四章 航业之种类及其营业管理/第一节 定期航业/第二节 不定期航业与租船包运航务/第三节 私人与实业公司航运/第四节 航业之代理人/第五节 航运会议与船东协会/第五章 航业公司之组织/第一节 总务处及财务处等/第二节 货运营业处/第三节 客运营业处/第四节 航务处/第五节 国外代理机关及公司/第六章 轮船包运营业之组织及其经纪事业/第一节 包运业务之种类/第二节 包运业务之船舶所有人及转包人之类别/第三节 船舶经纪人业务/第四节 船舶经纪人之营业组织/第五节 船舶经纪人之收费与利得/第七章 海洋货物转运营业之组织及其经纪事业/第一节 转运业务之性质/第二节 海洋货物转运人之营业组织/第三节 货运经纪费及转运费/第四节 海洋货物之单据/第八章 政府对于航业之监督/第一节 积极之监督/第二节 消极之监督/第九章 我国之海商法/第十章 海员及其职责/第十一章 世界海洋航线/第一节 北大西洋航线/第二节 苏伊士运河航线/第三节 巴拿马运河航线/第四节 南非洲航线/第五节 南美洲航线/第六节 加勒比航线/第七节 太平洋航线/第十二章 我国沿海航线/第十三章 我国长江航线/第一节 长江上游水系/第二节 长江中游水系/第三节 长江下游水系/第十四章 我国其它内河航线/第一节 珠江航线/第二节 闽浙内河航线/第三节 东三省内河航线/第四节 海河黄河运河航线/第十五章 商港/第一节 商港之类别/第二节 商港之自然要素/第三节 商港之经济要素/第四节 商港之建筑/第五节 商港管理之制度/第十六章 港口设备与各种费用/第一节 港口之设备/第二节 停泊费与码头费/第三节 按船征收之其它费用/第四节 按货征收之其它费用/第十七章 最近各国之航业政策/第十八章 战时我国航政/第一节 航政职权之扩展与机构之调整/第二节 抗战初期之航政设施/第三节 水运之维持与发展/第四节 主要轮船公司之消长/第五节 水运运价之管制/第十九章 战时我国航政建设/第一节 贷款造船之成功/第二节 交通部五省造船之实施与发展/第三节 绞滩事业之创办与发展/第二十章 我国航政建设纲领/第一节 航业复员方略/第二节 战后充实航政职权与加强机构/第三节 将来航业政策/第四节 航政之展望

内容提要 据作者在交大的讲义改编:分20章,述及轮船的发明、发展、种类、吨位,航业公司组织及营运,航线,海员与海商法,港口以及各国航业政策,我国的航权等。

书 名 **水道运输学(新中学文库)**

责 任 者 王洸著

出 版 项 北京:商务印书馆,1947.02

页 码 143

相关目录 第一章 轮船之发明及其进步/第一节 轮船之发明/第二节 轮船之进步/第二章 船舶之种类/第一节 军舰/第二节 商船/第三节 渔船公务船等/第三章 船舶吨位之种类及其丈量方法/第一节 排水量吨位/第二节 载重吨位/第三节 总吨位/第四节 净吨位/第五节 货物吨位/第六节 我国之船舶吨位/第四章 航业之种类及其营业管理/第一节 定期航业/第二节 不定期航业与租船包运航务/第三节 私人与实业公司航运/第四节 航业之代理人/第五节 航运会议与船东协会/第五章 航业公司之组织/第一节 总务处及财务处等/第二节 货运营业处/第三节 客运营业处/第四节 航务处/第五节 国外代理机关及公司/第六章 轮船包运营业之组织及其经纪事业/第一节 包运业务之种类/第二节 包运业务之船舶所有人及转包人之类别/第三节 船舶经纪人业务/第四节 船舶经纪人之营业组织/第五节 船舶经纪人之收费与利得/第七章 海洋货物转运营业之组织及其经纪事业/第一节 转运业务之性质/第二节 海洋货物转运人之营业组织/第三节 货运经纪费及转运费/第四节 海洋货物之单据/第八章 政府对于航业之监督/第一节 积极之

监督/第二节 消极之监督/第九章 我国之海商法/第十章 海员及其职责/第十一章 世界海洋航线/第一节 北大西洋航线/第二节 苏伊士运河航线/第三节 巴拿马运河航线/第四节 南非洲航线/第五节 南美洲航线/第六节 加勒比航线/第七节 太平洋航线/第十二章 我国沿海航线/第十三章 我国长江航线/第一节 长江上游水系/第二节 长江中游水系/第三节 长江下游水系/第十四章 我国其它内河航线/第一节 珠江航线/第二节 闽浙内河航线/第三节 东三省内河航线/第四节 海河黄河运河航线/第十五章 商港/第一节 商港之类别/第二节 商港之自然要素/第三节 商港之经济要素/第四节 商港之建筑/第五节 商港管理之制度/第十六章 港口设备与各种费用/第一节 港口之设备/第二节 停泊费与码头费/第三节 按船征收之其它费用/第四节 按货征收之其它费用/第十七章 最近各国之航业政策/第十八章 战时我国航政/第一节 航政职权之扩展与机构之调整/第二节 抗战初期之航政设施/第三节 水运之维持与发展/第四节 主要轮船公司之消长/第五节 水运运价之管制/第十九章 战时我国航政建设/第一节 贷款造船之成功/第二节 交通部五省造船之实施与发展/第三节 绞滩事业之创办与发展/第二十章 我国航政建设纲领/第一节 航业复员方略/第二节 战后充实航政职权与加强机构/第三节 将来航业政策/第四节 航政之展望

书　　名　水涧集
责 任 者　黄荣春著
出 版 项　北京:方志出版社,2006
页　　码　555
书　　号　7－80192－881－4
分 类 号　K207: K870.4
相关目录　第一篇 历史研究/一、闽台关系研究/略谈先秦及秦汉时期的闽台文化/郑成功与闽安镇/沈葆桢与甲戌台防/清代福州涉台兵事遗迹/台湾知府赠涌泉寺横匾/台湾居民在鼓山的摩崖石刻/二、甘棠港研究/甘棠港位置的探索/甘棠港在今琅岐港/甘棠港/三、郑和下西洋研究/郑和下西洋启航处的探索/《天妃灵应之记》碑有关问题述略/郑和下西洋的目的及其效果/纪念郑和下西洋580周年大会暨学术讨论会/郑和与马六甲/四、中法马江战役研究/中法马江战役史迹调查记/闽江两岸军民的抗法斗争/马江战役中的闽安镇军民/张佩纶与彭田/闽安长门金牌保卫
内容提要　本书收录作者数十年来各类文章180多篇,内容涉及历史研究、遗址调查、文物考古等诸多领域。

书　　名　水客走水:近代中国沿海的走私与反走私,上(海洋中国与世界丛书)
责 任 者　连心豪著
出 版 项　南昌:江西高校出版社,2005
页　　码　179
书　　号　7－81075－638－9
分 类 号　F752.9
相关目录　第一章 万劫不复万恶之源/清初海关与公行保商制度/一、清初海关与海关缉私/二、粤海关公行保商制度/珠江口乌烟瘴气/一、鸦片的产地与种类/二、鸦片走私贸易由来/三、鸦片走私贸易惯例/四、浸透天朝的营私舞弊/乌烟走私泛滥成灾/一、鸦片走私向北扩展/二、鸦片流毒沿海内地/三、鸦片走私狼烟骤起/第二章 予取予求变本加厉/领事与领事报关制/一、领事备文报关制度/二、商人领事与领事商人/领事报关时代走私百态/一、鸦片公然走私进口/二、普通货物进出口走私/三、外国领事与外商走私/四、非通商口岸走私/第三章 喧宾夺主有恃无恐/铺天盖地的鸦片百货走私/一、上海方面/二、华南一带/甚嚣尘上的广东地方势力/一、"大天二"走私/二、缉私舰走私/三、"南天王"走私/惊心动魄的军火走私/

一、上海方面/二、山东地区/三、台湾海峡一带/四、广东方面/五、“二辰丸”案/第四章 灾难深重明火执仗/走私问题浮出水面/一、税率提高引发走私/二、华南走私沉渣泛起/穷凶极恶的“日鲜浪人”/一、关内外涌动走私潮/二、华北海上走私横行/三、所谓冀东“特殊贸易”/四、山东半岛走私暗流/为虎作伥的“台湾籍民”/一、台湾鸦片流毒中国/二、台湾海峡水客走水/国统区与沦陷区走私/一、走私市镇星罗棋布/二、特矿走私异军突起/第五章 病入膏肓积重难返/如火如荼的战后走私/一、走私问题显山露水/二、走私风行大江南北/骇人听闻的官方走私/一、美军走私肆无忌惮/二、特权阶层营私舞弊/三、海关人员监守自盗/雪上加霜的水客走水/一、华南走私愈演愈烈/二、水客走水络绎于途

书　　名　丝绸之路
责 任 者　董锡玖,金秋著
出 版 项　北京:新华出版社,1995
页　　码　124
书　　号　7－5011－2181－8
分 类 号　K203
相关目录　二、沟通东西方的丝路/五、海上丝绸之路/1. 驰誉海外的陶瓷/2. 南海丝路上的商人/3. 东海丝路/七、丝路友谊/1. 中日文化交流/2. 中印文化交流/3. 中国与阿拉伯诸国的文化交流/4. 中朝友谊长存/八、丝绸之路名人录

书　　名　丝绸之路考(《国策百读》系列丛书)
责 任 者　卞洪登著
出 版 项　北京:中国经济出版社,2007
页　　码　306
书　　号　978－7－5017－2973－9
分 类 号　K203
相关目录　第二章 秦代时期的丝绸之路/第一节 先秦海上丝绸之路/第二节 秦始皇统一七国丝绸之路/第三节 徐福被日本佐贺人奉为祖先/第八节 两汉时期“海上丝绸之路”/第四章 东汉魏晋时期的丝绸之路/第二节 大秦罗马贵人爱丝绸/第四节 登陆“美洲”的法显大师/第五节 魏晋南北朝丝绸之路探幽/第六节 魏晋海上丝绸之路发展/第七节 魏晋时期对外贸易关系概览/第八节 魏晋丝绸之路上的中外经济文化交流/第五章 隋唐时期的丝绸之路/第一节 隋朝丝路话语/第二节 隋炀帝西巡张掖开万国丝路博览会/第三节 大唐复兴丝绸路/第四节 丝绸市场助盛唐/第六节 鉴真六次东渡终成正果/第七节 大唐赐日本国名/第八节 唐朝时期的海上丝绸之路/第六章 宋及辽、金、夏时期的丝绸之路/第一节 宋朝海上丝绸之路/第二节 宋辽丝绸之路/第三节 宋金丝绸之路/第四节 西夏时期的丝绸之路/第六节 元代的海上丝绸之路/第七节 当了扬州总督的意大利商人马可·波罗/第八章 明朝时期的丝绸之路/第一节 郑和七下西洋宣示中华国威/第二节 东南沿海与日本的海上丝绸之路/第三节 中日邦交和明朝的海禁/第四节 海禁导致丝绸之路上倭寇和海盗猖獗/第五节 明代海禁爆发日朝战争/第六节 明朝与拉美国家的海上丝绸之路/第七节 东北亚丝绸之路/第八节 达·伽马寻找马可·波罗讲述的东方丝绸之路/第九节 哥伦布也在寻找马可·波罗叙述的东方世界/第九章 清朝丝绸之路/第一节 茶马古道与丝绸之路/第二节 英国使臣拜见乾隆皇帝/第三节 东印度公司中国梦/第四节 华人登陆拉美拓展丝路/第五节 兰芳共和国维护海上丝绸之路/第六节 日本改制,导致中日丝绸贸易由盛转衰/第七节 驶向东方的瑞典“歌德堡”号商船
内容提要　本书是一本汇聚了各种丝绸之路考证的极富历史性与现实性的佳作。主要内容包括:丝绸起源的传说、中国古代各个时期的丝绸之路、现代丝绸之路

书　　名　丝绸之路考古十五讲(名家通识讲座书系)

责 任 者　林梅村著

出 版 项　北京:北京大学出版社,2006. 08

页　　码　378

书　　号　978 - 7 - 301 - 10721 - 8

分 类 号　K928. 6

相关目录　第六讲 古代中国与西方的海上交通/第一节 入海求仙/第二节 鸡骇之犀/第三节 东西方海上交通的开辟/第四节 海路来华的近东艺术品/第七讲 汉朝与西方三大帝国的交往/第八讲 罗马人与东西方海上交通的开辟/第一节 红海古港口的变迁/第二节 印度古海港——阿里卡梅杜/第三节 扶南古港口——沃奥/第四节 中国东南沿海的舶来品/第九讲 楼兰文明/第十讲 于阗佛教/第十一讲 唐宋时代的海上交通/第一节 隋唐中国与西方的海上交通/第二节 阿拉丁的神灯/第三节 长沙窑的外销瓷/第四节 黑石号沉船的发现/第五节 宋代的海上交通/第十五讲 郑和海外遗迹/第一节 郑和家世/第二节 明代初年的西洋与满剌加大明海军基地/第三节 明朝与三佛齐的朝贡贸易/第四节 郑和葬地——古里/第五节 非洲的礼品/第六节 郑和舰队在波斯湾的登陆地/第七节 郑和宝物的最后归宿

内容提要　本书以中外史料和考古发现为依据,分阶段讲授自青铜时代至郑和下西洋时代丝绸之路上的重大考古发现以及海内外最新研究成果。

书　　名　丝路文化:海上卷

责 任 者　刘迎胜著

出 版 项　杭州:浙江人民出版社,1995

页　　码　335

书　　号　7 - 213 - 01245 - 2

分 类 号　K203

相关目录　绪论/1. 海上丝绸之路概观/2. 中国史书中的海外“蛮夷”/3. 异域人笔下的东方民族/一、海上丝路的黎明/1. 上古时代东亚人与海洋/2. 中国最初的造船业/3. 早期航海术/4. 域外文明古国/5. 早期的东西航路/二、印度洋上的丝路/1. 繁忙的印度洋海路/2. 中印文化交流的高潮/三、空前的中外文化交流/1. 中外钱货/2. 番货溢于中国/3. 航海术的进步/4. 地理知识的扩大/5. 外来宗教入华/6. 海外作物的引进/四、马可 · 波罗时代/1. 元帝国的海外扩张/2. 中外交往的空前发展/3. 文化交流与海外贸易/五、海上丝路的鼎盛时代/1. 郑和下西洋/2. 中国水师海图与私家海图秘本/3. 友好交往/4. 入华的伊斯兰世俗文化/六、欧洲人东来/1. 殖民主义对东方的扩张/2. 东西贸易的新时代/3. 耶稣会士与东西方文化交流/4. 欧学东渐与汉学西传

书　　名　四川内河航运史:古近代部分(中国水运史丛书)

责 任 者　王绍荃主编

出 版 项　成都:四川人民出版社,1989. 08

页　　码　391

书　　号　7 - 220 - 00725 - 6

分 类 号　K552. 9

相关目录　第一章 四川航运的起源——先秦时期巴蜀先民开发水路交通/第一节 大禹治水造舟的传说及贡道的形成/第二节 廪君浮土船/第三节 开明是蜀中较大规模治水的前驱/第四节 李冰兴建都江堰和对岷江水系的整治/第五节 战国时期巴蜀航运的重大活动和造船技术的新发展/第二章 秦汉三国两

晋南北朝时期四川航运的重大发展/第一节 三峡通航能力增大/第二节 漕运的兴起和新航路的扩展/第三节 通海贸易与商船运输业的出现/第四节 船舶建造向大型化发展/第五节 航道的开辟和维护及其变化/第三章 隋唐宋元四川航运的发展变化/第一节 四川水路的管理/第二节 四川水运的盛衰经历/第三节 造船工业的巨大进展/第四节 航道的整治及航行状况/第四章 明清时期四川航运的恢复和发展/第一节 对航道的大规模疏浚和开发/第二节 明时四川水运的复兴/第三节 清代四川水运从衰滞走向繁荣/第五章 晚清四川水运货源的变化及外国列强对川江的入侵/第一节 晚清四川水运货源的变化/第二节 外国列强入侵川江的开端/第三节 重庆、万县开埠/第四节 外国船舶的入侵/第五节 航道滩险的整治/第六章 民初川江民营轮船运输业的兴起及与外轮的斗争/第一节 川江轮船运输业的创建/第二节 帝国主义商轮涌入川江/第三节 外轮在川江的垄断及暴行/第四节 后起之民生轮船公司/第五节 川江航务管理处的建立/第六节 川江轮船兴起后对民间木船的影响/第七节 轮船航道勘察与通轮设施/第七章 抗日战争时期四川航运的兴盛及战后的衰落/第一节 内迁和支前物资、人员的突击抢运/第二节 川湘、川陕的水陆联运/第三节 战时轮船新航线的开辟/第四节 战时轮船企业的发展/第五节 木船在战时的发展/第六节 港口面貌的变化/第七节 战时的航政管理/第八节 适应战时省际运输所开展的航道整治/第九节 发展省内区间的交通所开展的航道整治/第十节 战时的航道渠化工程/第十一节 战后四川航运的衰落/第八章 四川木船的船型及航行操作/第一节 四川木船的船型/第二节 木船航行的操作/第三节 独特的川江号子/第四节 航运俗语/附录:四川内河航运史编年大事记/编后记/四川航道概况示意图(建国前夕)

书　　名 松黑两江船政刍言

责 任 者 刑契莘编

出 版 项 东北造船所,1930

页　　码 70

分 类 号 F552.9

内容提要 主要内容为松花、黑龙两江沿岸物产、货运、航线里数、船舶、东北造船所机器及员工人数等统计数字。

书　　名 宋代广州的海外贸易

责 任 者 关履权著

出 版 项 广州:广东人民出版社,1987

页　　码 150

书　　号 11111·205

分 类 号 F752.944

相关目录 一、宋代以前广州的海外贸易/二、十世纪至十三世纪外国与中国的贸易关系/三、宋代广州海外贸易发达的依据/四、宋代对海外贸易的经营管理/五、宋代广州海外贸易与国内的关系/六、宋代广州海外贸易发展中的局限及其影响/七、广州的海外贸易与宋代中外经济文化的交流/附录:宋代的榷茶和官吏的私营茶业

内容提要 第一部分“宋代以前广州的海外贸易”,探讨秦汉、魏晋南北朝至隋唐五代广州的海外贸易情况;第二部分是“十世纪至十一世纪外国与中国的贸易关系”,重点介绍宋代与广州通商的海外诸国;第三部分讨论“宋代广州海外贸易发达的依据”;第四部分介绍“宋代对海外贸易的经营管理”,分析广州的市舶司及其管理制度还介绍广州的外商情况;第五部分研究“宋代广州海外贸易与国内的关系”,着重于进口货物在国内的运销和广州海外贸易在国内的影响两方面;第六部分就“宋代广州海外贸易发展中的局限及其影响”提出自己的观点,认为这与专制政权的强权控制存在密切关系;第七部分是“广州的海

外贸易与宋代中外经济文化的交流”。书末附录《宋代的榷茶和官吏的私营茶业》。

书　　名　**宋代广州的海外贸易(岭南文库)**

责 任 者　关履权著;岭南文库编辑委员会,广东中华民族文化促进会编

出 版 项　广州:广东人民出版社,1994

页　　码　250

书　　号　7-218-01423-2

分 类 号　F752.944

相关目录　一、广东历史的走向和特点/二、宋代以前广州的海外贸易/三、10世纪至13世纪外国与中国的贸易关系/四、宋代广州海外贸易的依据/五、经济思想、商业政策与海外贸易/六、宋代海外贸易的经营管理/七、宋代广州的海外商品在国内的运销/八、宋代广州海外贸易发展中的局限及其影响/九、广州的海外贸易与宋代中外友好往来及文化交流/附录:宋代的榷茶和官吏的私营茶业

书　　名　**宋代海外贸易(东方历史学术文库)**

责 任 者　黄纯艳著

出 版 项　北京:社会科学文献出版社,2003

页　　码　316

书　　号　7-80149-846-1

分 类 号　F752.944

相关目录　第一章 宋代海外贸易的兴盛及其原因/第一节 宋代海外贸易的兴盛/第二节 宋代海外贸易兴盛的原因/第二章 海外贸易与宋代商业的发展/第一节 宋代海外贸易商人的发展/第二节 宋代进口商品的运销/第三章 海外贸易与宋代财政、政治和社会生活/第一节 海外贸易与宋代财政/第二节 海外贸易与宋朝政治/第三节 海外贸易与宋代社会生活/第四章 海外贸易与东南沿海地区社会经济的发展/第一节 海外贸易与东南沿海地区城镇的发展/第二节 海外贸易与东南沿海地区交通的发展/第三节 海外贸易与东南沿海地区的市场/第四节 海外贸易与东南沿海地区经济结构的变迁/第五节 一项个案研究——海外贸易与海南岛的开发和贸易

内容提要　本书论述了宋代海外贸易对东南沿海经济发展的推动、促进东南沿海市镇兴起对海南岛的开发等诸方面。书中内容包括:宋代海外贸易的兴盛及其原因等四章。

书　　名　**宋代交通管理制度研究(宋代研究丛书)**

责 任 者　曹家齐著

出 版 项　开封:河南大学出版社,2002

页　　码　297

书　　号　7-81041-961-7

分 类 号　F512.9

相关目录　第三章 物资运输制度/第二节 水运转输方法/第四章边塞与海上交通制度/第三节 对蕃舶的招徕政策与海上交通禁防/第四节 对进出口商船的管理/第五章 交通设施的修护制度/第二节 水运河渠的修治与保护

内容提要　本书研究宋代交通管理制度,分五章,内容包括域内人员往来制度、文书传递制度、物资运输制度等。

书　　名　**宋代经济史：上、下册（中国古代经济史断代研究之五）**

责 任 者　漆侠著

出 版 项　上海：上海人民出版社，1988.07

页　　码　1240

书　　号　7-208-00348-3；4074·605

分 类 号　F129.44

相关目录　第二编 宋代手工业生产以及手工业诸关系/第十八章 宋代的伐木、建筑和造船等手工业/三、造船业及其发展/第四编 宋代商业的发展及其与周边诸族海外诸国的贸易关系/第二十八章 宋与周边各族的贸易。宋市舶制度以及与海外诸国的贸易/一、宋与周边各族之间的贸易和交换/二、宋代市舶制度及宋与海外诸国的贸易

书　　名　**宋代之市舶司与市舶条例**

责 任 者　藤田丰八著 魏重庆译

出 版 项　北京：商务印书馆，1936

页　　码　136

分 类 号　F752.59

相关目录　第一章 市舶源流/第二章 宋代海舶通商诸港口及在诸港口市舶司的废置/第三章 市舶官制/第四章 市舶条例

内容提要　分4章考证中国古代对外通商关系。着重研究宋代海舶商诸港口的形成与“市舶司”的废置变迁沿革及官制。末章专论当时制定的市舶条例。

书　　名　**宋元时期的海外贸易**

责 任 者　陈高华，吴泰同编著

出 版 项　天津：天津人民出版社，1981

页　　码　274

分 类 号　F752.94

相关目录　第一章 宋代以前我国海外贸易发展概况/第一节 汉代以前我国海外贸易的状况/第二节 汉代至南北朝时期海外贸易的发展/第三节 隋唐五代时期海外贸易的不断扩大/第二章 宋元时期海外贸易的活动状况/第一节 经营者的不同类型和舶船的组织情况/第二节 同中国发生海道贸易关系的国家和地区/第三节 海外贸易进出口的货物/第三章 管理海外贸易的机构和法令/第一节 市舶机构设置概况/第二节 宋元两朝的市舶条法（法则）/第三节 市舶机构主持的祭神仪典和犒宴蕃商/第四章 各贸易港口的发展状况/第一节 东海航路的主要港口/第二节 南海航路主要吞吐港——广州港/第三节 介于东海航路和南海航路之间的重要港口——泉州港/第五章 宋元时期海外贸易空前繁荣的原因/第一节 社会经济发展对海外贸易的促进作用/第二节 造船工艺和航海技术的进步为海外贸易的发展提供了有利的条件/第三节 宋元两代封建王朝对海外贸易的态度/第六章 海外贸易对宋元社会的影响/第一节 海外贸易对宋元社会经济的影响/第二节 海外贸易对宋元社会生活和阶级斗争的影响/第三节 对海外贸易在宋元时期中外友好联系及文化交流

书　　名　**宋元中日关系史**

责 任 者　余又荪著

出 版 项　台北：商务印书馆，1975.02

页　　码　220

分 类 号　D829.313

相关目录　第一章 宋代/(二)北宋时期/(三)南宋时期/(四)南宋时代两国之贸易概况/(五)南宋时代两国僧侣之往还/(六)禅宗与武士/(七)宋代书籍之输入日本/(八)日本人自主观念之发达/(九)其它文化之关系/第二章 元代/(二)元与高丽之关系/(三)第一次元使及高丽使/(四)第二次元使及高丽使/(五)赵良弼使日/(六)第一次征日本/(七)第二次征日本/(八)败后之动态/(九)再征之议与遣使/(十)日元之贸易/(十一)僧侣与文化/中日关系大事年表

书　　名　**苏州洋关史料:1896－1945**

责 任 者　陆允昌编

出 版 项　南京:南京大学出版社,1991

页　　码　419

书　　号　7－305－00020－5

分 类 号　F752.95: F752.5

相关目录　一、关署/苏州关监督公署/苏州关税务司署/苏州关转口税局/三、关务/货应监管关税征收查缉走私/八、华洋贸易报告/光绪二十二年(1896)苏州口华洋贸易情形论略/光绪二十三年(1897)苏州口华洋贸易情形论略/光绪二十四年(1898)苏州口华洋贸易情形论略/光绪二十五年(1899)苏州口华洋贸易情形论略/光绪二十六年(1900)苏州口华洋贸易情形论略/光绪二十七年(1901)苏州口华洋贸易情形论略/光绪二十八年(190)苏州口华洋贸易情形论略/光绪二十九年(190)苏州口华洋贸易情形论略/光绪三十年(1901)苏州口华洋贸易情形论略/光绪三十一年(1905)苏州口华洋贸易情形论略/光绪二十二年(1908)苏州口华洋贸易情形论略/光绪三十三年(1907)苏州口华洋贸易情形论略/光绪三十四年(1908)苏州口华洋贸易情形论略/宣统元年(1909)苏州口华洋贸易情形论略/宣统二年(1910)苏州口华洋贸易情形论略/宣统三年(1911)苏州口华洋贸易情形论略/中华民国元年(1912)苏州口华洋贸易情形论略/中华民国二年(1913)苏州口华洋贸易情形论略/中华民国三年(1914)苏州口华洋贸易情形论略/中华民国四年(1915)苏州口华洋贸易情形论略/中华民国五年(1916)苏州口华洋贸易情形论略/中华民国六年(1917)苏州口华洋贸易情形论略/中华民国七年(1918)苏州口华洋贸易情形论略/中华民国八年(1919)苏州口华洋贸易情形论略/中华民国九年(192D)苏州口华洋贸易情形论略/中华民国十年(1921)苏州口华洋贸易情形论略/中华民国十一年(1922)苏州口华洋贸易情形论略/中华民国十二年(1923)苏州口华洋贸易情形论略/中华民国十三年(1924)苏州口华洋贸易情形论略/苏州关民国十四年(1925)华洋贸易统计报告书/苏州关民国十五年(1926)华洋贸易统计报告书/苏州关民国十六年(1927)华洋贸易统计报告书/苏州关民国十七年(1928)华洋贸易统计报告书/附:通商场租地章程/江海关华轮暨华商挂号民船来往苏、杭、沪试办章程/江海关洋轮暨洋商雇用民船或自置船只来往苏、杭、沪通商试办章程/苏州关试办章程/内港行轮章程/续补内港行轮章程/续改内港行轮章程/续议内港行轮修补章程/内港行轮暂行试办章程/沪宁铁路载运洋货发给免重征单章/程海、常关与厘金各口卡发给机制洋货运单办法简章/海关关栈章程管理/报关行暂行章程/海关缉私条例/十、各项统计/苏州报关进出口贸易货值统计表(1896－1937)/出入苏州关之中、外汽轮及挂号民船吨位统计表(1905－1931)/苏州关统计之历年通过水路抵苏人员数(1896－1928)/苏州关统计之历年通过水路离苏人员数(1896－1928)/大宗进口洋货(1896－1931)/大宗出口土货(1896－1931)

书　　名　**隋唐帝国与东亚(欧亚历史文化名著译丛)**

责 任 者　(日)堀敏一著;韩升编;韩升,刘建英译

出 版 项 昆明:云南人民出版社,2002

页　　码 163

书　　号 7－222－03343－2

分 类 号 D829.31

相关目录 绪论 古代东亚世界的基本结构/上篇 隋唐帝国与东亚/第一章 隋代东亚的国际关系/第二章 唐初的日唐关系与东亚国际局势/第三章 日本与隋唐王朝间的国书/第四章 渤海与日本之间的国书/下篇 东亚世界的人口流动与制度文化的传播/第一章 魏晋时期的人口流动/第二章 中国律令制度在东亚的传播/第三章 在唐新罗人的活动与日唐交通

书　　名 **隋唐时期的运河和漕运(隋唐历史文化丛书)**

责 任 者 潘镛著

出 版 项 西安:三秦出版社,1986

页　　码 128

书　　号 7－80546－057－4

分 类 号 F552.9

相关目录 一、隋唐以前河运的历史回顾/(一)先秦时期的河运/(二)秦汉时期的河运/(三)魏晋南北朝时期的河运/二、隋代南北大运河的形成及其漕运/(一)隋运河产生的历史背景/(二)隋文帝时所开的运河与漕河/(三)隋炀帝时开凿的南北大运河与漕运/三、唐代的运河与漕运/(一)唐漕运干流的开凿、疏浚和整理/(二)蓬勃发展的唐代漕运/(三)漕运中衰和刘晏对漕运的改革/(四)漕运的衰落和唐王朝的覆灭/四、运河线上的明珠

内容提要 本书论述隋唐时期运河的渊源、开发利用、经济价值和历史作用,并对运河线上的重要城市及名胜古迹作了介绍。

书　　名 **隋唐与后三韩关系及日本遣隋使遣唐使运动**

责 任 者 王仪著

出 版 项 台北:台湾中华书局,1972.10

页　　码 148

分 类 号 K241

相关目录 壹 前言/一、韩国历史与中日两国历史不易分开/二、韩国名称的由来/三、韩国战略形势重要/四、中韩两国是血肉相连的兄弟之邦/五、中日同文同种渊源尤深/贰“后三韩”与驾洛六国的兴起/叁“东亚中韩兄弟邦,情谊自古不寻常”——后三韩与隋唐前的邦交/肆 国势鼎盛国富冠亙古的隋帝国/伍 高句丽先臣后寇隋文帝遣师征伐/陆 隋炀帝三征高句丽/柒 日本遣隋使运动/捌 隋的乱亡/玖 东方共主的大唐帝国/拾 唐太宗援新罗伐高句丽/拾壹 唐高宗援新罗平百济高句丽/拾贰 称雄朝鲜半岛的“君子之国”——新罗/拾叁 唐玄宗对新罗的安抚/拾肆 唐代中国文化对新罗高句丽百济的传播/拾伍 唐代高句丽新罗的移民中国/拾陆 日本遣唐使运动/拾柒 大唐帝国的乱亡

书　　名 **台陆关系通史**

责 任 者 周文顺著

出 版 项 郑州:中州古籍出版社,1991.11

页　　码 313

书　　号　7－5348－0675－5

分 类 号　K203

相关目录　第一编 远古时代至东汉末年(公元前3万年左右至公元220年)/第一章 深厚的地缘关系/第二章 悠久的民族渊源/第三章 汉代以前台湾社会的发展与祖国大陆的关系/第二编 东汉末年至明末清初(220年至1661年)/第四章 吴隋时期的大规模接触/第五章 唐代,汉人零星移台及大陆政权对台统辖/第六章 宋代,澎湖与祖国大陆关系的全面建立/第七章 元代,台湾与祖国大陆关系的进展/第八章 明代,台陆关系的曲折发展/一、明政府的海禁政策/二、海禁时期的台陆关系/三、海禁中兴起的"中国海盗"与驰禁/四、台陆关系的进一步发展/第九章 荷兰殖民者无法割绝的台陆关系/一、沈铁论澎湖国防建设/二、荷兰的殖民统治/三、荷据时代台陆关系的发展/四、祖国武装力量收复台湾/第十章 汉文化影响下的台湾社会/第三编 明末清初以降(1661年至1945年)/第十一章 台陆关系与明郑浮沉/一、封建体制移植台湾/二、台湾社会高速发展/三、清廷厉行封锁/四、明郑陷入困境/五、清廷攻收台湾/第十二章 台陆一体,荣辱与共/一、施琅论台陆关系/二、台陆政治一体化/三、波澜壮阔的民族交流/四、汉文化在台湾的普及/五、移民经济的突飞猛进/六、台陆相通的反侵略反压迫斗争/第十三章 台湾的再度沉沦与回归/一、穷凶极恶的割绝政策/二、不容回避的台陆贸易/三、倔强深沉的民族文化/四、遥相呼应的政治斗争/五、台陆复归统一

书　　名　**台湾的妈祖信仰**

责 任 者　石万寿著

出 版 项　台北:台原出版社 台原艺术文化基金会,2000

页　　码　286

分 类 号　B933

相关目录　第一章 妈祖身世传说的演变/第三节 妈祖生平传说的争论/第二章 宋元明妈祖的封谥/第三章 清代妈祖的封谥/第四章 宋元妈祖庙的建立/第五章 明代妈祖庙的建立/第六章 康熙以前台湾妈祖庙的建置/第七章 台南大天后宫的建置沿革

书　　名　**台湾的王爷与妈祖**

责 任 者　蔡相辉著

出 版 项　台北:台原出版社,1989

页　　码　221

相关目录　下篇 台湾的妈祖/第一节 近人对妈祖信仰的研究/第二节 妈祖信仰的起源/第三节 明郑时代的妈祖崇祀/第四节 清廷与台湾妈祖信仰的开展/第五节 妈祖信仰的实地考察

书　　名　**台湾地方史**

责 任 者　陈碧笙著

出 版 项　北京:中国社会科学出版社,1982

页　　码　317

书　　号　11190.081

分 类 号　K295.8

相关目录　第一章 台湾地理概况/第二章 台湾原始社会的物质文化和经济生活/第三章 澎湖的开发和宋元时代的琉求/第四章 汉族人民的移入和明代的台湾/第五章 日本的早期入侵/第六章 荷兰三十八年的殖民统治/第七章 郑成功收复台湾/第八章 清郑和谈与郑氏政权的败灭/第九章 清代前期的移民高

潮与封建经济的发展/第十章 鸦片战争与英国的侵略/第十一章 美国和日本的侵略/第十二章 中法战争在台湾/第十三章 台湾经济半殖民地化与刘铭传的改革/第十四章 反割台斗争与台湾民主国/第十五章日本的殖民统治/第十六章 各族人民反抗日本殖民统治的斗争/第十七章 日本殖民垄断资本的发展和台湾社会各阶级的状况/第十八章 五四运动后的文化启蒙运动和工农运动/第十九章 1930 年雾社起义/第二十章 第二次世界大战中的台湾/第二十一章 抗战胜利与台湾复归祖国

书　　名 台湾地方史
责 任 者 陈碧笙著
出 版 项 北京:中国社会科学出版社,1990.07
页　　码 338
书　　号 7-5004-0031-4
分 类 号 K295.8
相关目录 第一章 台湾地理概况/第二章 台湾原始社会的物质文化和经济生活/第三章 澎湖的开发和宋元时代的琉求/第四章 汉族人民的移入和明代的台湾/第五章 日本的早期入侵/第六章 荷兰三十八年的殖民统治/第七章 郑成功收复台湾/第八章 清郑和谈与郑氏政权的败灭/第九章 清代前期的移民高潮与封建经济的发展/第十章 鸦片战争与英国的侵略/第十一章 美国和日本的侵略/第十二章 中法战争在台湾/第十三章 台湾经济半殖民地化与刘铭传的改革/第十四章 反割台斗争与台湾民主国/第十五章日本的殖民统治/第十六章 各族人民反抗日本殖民统治的斗争/第十七章 日本殖民垄断资本的发展和台湾社会各阶级的状况/第十八章 五四运动后的文化启蒙运动和工农运动/第十九章 1930 年雾社起义/第二十章 第二次世界大战中的台湾/第二十一章 抗战胜利与台湾复归祖国

书　　名 台湾海疆史
责 任 者 陈在正著
出 版 项 台北:扬智文化事业股份有限公司,2003
页　　码 685
书　　号 957-818-480-8
分 类 号 K928.19

书　　名 台湾海疆史研究(南强丛书)
责 任 者 陈在正
出 版 项 厦门:厦门大学出版社,2001
页　　码 284
书　　号 7-5615-1721-1
分 类 号 K928.19
相关目录 第一篇 清郑和战与郑成功收复台湾/一、评清政府与郑成功之间和战关系及其得失/二、郑成功驱逐荷兰殖民者收复台湾/三、据清代档案考订郑成功史事十二则/第二篇 郑经进犯闽粤沿海与康熙统一台湾/一、海坛崇武海战与郑经弃金厦退守台湾/二、论康熙统一台湾/三、施琅以战逼和统一台湾的决策/第三篇 近代台湾海防/一、1840 年至 1870 年间欧美列强觊觎和侵犯台湾的活动/二、1874 年日本出兵台湾挑起台湾内山领土主权的争论/三、中法战争前后的台湾海防/第四篇 台湾建省与近代化/一、台湾建省方案形成过程的考察/二、台湾建省与近代化的探讨/第五篇 抗日与光复/一、台湾沦为日本殖民地与人民的反日斗争/二、抗日战争与台湾光复/三、台湾与祖国大陆命运与共/第六篇 我国台湾的附属岛屿——钓鱼岛等岛屿领土的主权不容侵犯/一、钓鱼岛等岛屿的地理概况好物产资源/二、钓鱼岛等岛屿自古以来就是中国领土/三、日本觊觎和侵占钓鱼列屿的经过/四、海内外中国人民的保钓运动

内容提要 本书内容有:清郑和战与郑成功收复台湾、郑经进犯闽粤沿海与康熙统一台湾、近代台湾海防、台湾建省与近代化、抗日与光复等。

书　　名 台湾妈祖庙阅览(台湾阅览室)

责 任 者 王见川,李世伟合著

出 版 项 博扬文化事业有限公司,2000

页　　码 177

书　　号 957-0463-09-0

分 类 号 B933:K928.75

相关目录 第一章 妈祖信仰的起源/第一节 妈祖信仰的缘起/第二节 妈祖的封赐与祭典/第二章 台湾妈祖信仰略论/第一节 妈祖信仰之传入及其在清代的传播/第二节 日据时期台湾的妈祖信仰/第三节 战后台湾妈祖信仰之演变/第三章 台湾主要妈祖庙概览(上)/第一节 基隆庆安宫/第二节 北投关渡宫/第三节 淡水福佑宫/第四节 大甲镇澜宫/第四章 台湾主要妈祖庙概览(下)/第一节 彰化南瑶宫/第二节 鹿港天后宫(旧祖宫)/第三节 北港朝天宫与新港奉天宫/第四节 台南大天后宫

书　　名 台湾史纲要(大学历史丛书)

责 任 者 田珏主编

出 版 项 福州:福建人民出版社,2000

页　　码 342

书　　号 7-211-03627-3

分 类 号 K295.8

相关目录 第二章 宋元以前对台湾的经营/第一节 三国的“夷州”/第二节 隋唐宋代的“流求”/第三节 元代的“瑠求”/第三章 明代对台湾的经营和郑氏政权/第一节 明代台湾的土著和海上武装集团/第二节 外族入侵和西方殖民统治/第三节 郑成功收复台湾/第四节 明郑时期的台湾/第四章 康熙统一台湾与清前期的开发/第五章 晚清台湾的外患和台湾建省/第一节 鸦片战争和太平天国运动在台湾/第二节 美、德、日等国对台湾的侵犯/第三节 中法战争在台湾/第四节 台湾建省/第五节 洋务派与台湾的近代化/第六章 日本殖民统治下的台湾/第七章 国民党治下的台湾/附录 台湾大事年表

内容提要 本书内容包括:宋元以前对台湾的经营、明代对台湾的经营和郑氏政权、晚清台湾的外患和台湾建省、国民党治下的台湾。

书　　名 台湾史研究集(中华丛书)

责 任 者 苏同炳著

出 版 项 台北:国立编译馆中华丛书编审委员会,1980

页　　码 252

分 类 号 K295.8

相关目录 壹、施肩吾及其“岛夷行诗”新考/贰、由崇祯六年的料罗湾海战讨论当时的闽海情势及荷郑关系/叁、延平王与延平郡王之争平议/肆、郑芝龙与李魁奇/伍、“台湾外记”六、七两卷纠谬/陆、海盗蔡牵始末

书　　名　台湾史志论丛(台湾研究丛刊)

责 任 者　黄秀政等著

出 版 项　台北:五南图书出版有限公司,1999

页　　码　415

书　　号　957－11－1840－0

分 类 号　K295.8－53

相关目录　1. 清代鹿港的移垦与社会发展/第2节 清领以前的鹿港/第3节 汉人的移垦/第4节 街市与商业发展/2. 清代鹿港的防务与官治组织/第2节 清领以前的鹿港/第3节 防备布置/3. 首任台湾巡抚刘铭传去职研究/第2节 刘氏来台筹防/第3节 刘氏在台推动新政的得失/4. 丘逢甲与一八九五年反割台运动/第3节 参与"台湾民主国"的反割台行动/第4节 台北沦陷,内渡大陆

书　　名　台湾四百年前史

责 任 者　张崇根著

出 版 项　北京:九州出版社,2005.08

页　　码　422

书　　号　7－80195－339－8

分 类 号　K295.8

相关目录　第一章 绪论/第一节 台湾岛史的范畴与分期/第三节 台湾大大陆的地缘关系/第二章 采集渔猎时期/第一节 台湾的最早居民/第二节 长滨文化/第三节 长滨文化的年代与来源/第六章 锄耕农业时期(下)/第三节 东海岸诸文化源流/第八章 三国时期的山夷/第一节 山夷的社会生活与习俗/第二节 夷洲为台湾古名/第三节 两岸联系/第九章 隋唐时期的流求人/第一节 流求名称的由来/第二节 流求人的社会生活/第三节 流求在今台湾岛何处/第十章 宋代的毗舍邪人/第三节 南宋驻军澎湖/第十一章 元代的汉人与琉球人/第一节 澎湖的汉族人/第二节 台湾岛上琉球人/第三节 元设澎湖巡检司/第十二章 明代的东番人与汉族移民/第一节 东番人的社会生活/第二节 东番人的族属/第三节 汉族人移居台湾

内容提要　本书坚持用史实说话,介绍了台湾400年前的历史,包括台湾居民和文化的来源、自古以来海峡两岸人民和文化的交流与互动等。研究范围起自3万年前旧石器时代晚期的长滨文化,止于1624年荷兰殖民者侵占台南。

书　　名　台湾通史

责 任 者　连横

出 版 项　北京:九州出版社,2008

页　　码　645

书　　号　978－7－80195－830－3

分 类 号　K295.8

相关目录　卷十三、军备志/郑氏水师各镇表/郑氏台湾及各岛守将表/清代台湾水陆营制表/清代台湾水陆汛防表/师船/炮台/郑氏澎湖炮台表/清代台湾炮台表/卷十四、外交志/日本聘问/吕宋经略/英人之役/美船之役/牡丹之役/法军之役/卷十七、关征志/郑氏征收杂税表/卷十九、邮传志/卷二十、粮运志/卷二十五、商务志

内容提要　雅堂夫子既作《台湾通史》,将付剞劂,墩读而喜之。已而叹日:嗟乎！夫子之心苦矣,夫子之志亦大矣。始墩来归之时,夫子方弱冠,闭户读书,不与外事。既而出任报务,伸纸吮毫,纵横议论。又以其余力网罗旧籍,旁证新书,欲撰《台湾通史》,以诏之世,顾时犹未遑也。越数年,去之厦门,游南峤,

鼓吹摈满，濒于危者数矣。事挫而归，归而再任报务，复欲以其余力撰《通史》。每有所得，辄投之箧，而时又未遑也。中华民国既建之年，夫子矍然起，慨然行，以家事相属，长揖而去。遂历禹域，入燕京，出万里长城，徘徊塞上。倦游而归，归而复任报务，茶余饭后，每顾而语日："吾平生有两大事，其一已成而《通史》未就，吾其何以对我台湾?"于是发箧出书，积稿盈尺，遂整齐之，每至夜阑始息。如是三年而书成，又二年而后付梓。嗟乎！夫子之心苦矣，夫子之志亦大矣。台自开辟以来，三百余载，无人能为此书，而今日三百余万人，又无人肯为此书。而夫子乃毅然为之，抱其艰贞，不辞劳瘁，一若冥冥在上有神鉴临之者，而今亦可以自慰矣。然而夫子之念未已也，经纶道术，焕发文章，墩当日侍其旁，以读他时之新著。

书　　名 台湾通史

责 任 者 连横著

出 版 项 南宁：广西人民出版社，2005.07

页　　码 557

书　　号 7-219-05397-5

分 类 号 K295.8

相关目录 卷十三、军备志/郑氏水师各镇表/郑氏台湾及各岛守将表/清代台湾水陆营制表/清代台湾水陆汛防表/师船/炮台/郑氏澎湖炮台表/清代台湾炮台表/卷十四、外交志/日本聘问/吕宋经略/英人之役/美船之役/牡丹之役/法军之役/卷十七、关征志/郑氏征收杂税表/卷十九、邮传志/卷二十、粮运志/卷二十五、商务志

内容提要 本书内容起于隋大业元年，终于清光绪二十一年，时间横跨1290年，有纪四、志二十四、传六十。从最早到达台湾的开拓者，到清中后期抵抗日本侵略的志士将领，凡有关台湾的政治、军事、经济、物产、风俗、人物等等，均有论列。

书　　名 台湾文化志：中译本，上

责 任 者 伊能嘉矩著；台湾省文献委员会译编

出 版 项 台中：台湾省文献委员会，1985-1991

页　　码 3册(530,496,506)

分 类 号 G127.58

相关目录 第二篇 清朝领台原始/第一章 郑氏在台湾与清朝之剿荡/第二章 靖台之纪功及报实/第一节 纪功/第二节 报实/第三章 台湾之领有/第三篇 文治武备沿革/第一款 组织及权限/第一章 文治规制/第七节 海防同知/第十一节 特设官司/第二款 文治施设之变迁/第三节 澎湖之规制/第三款 司法机关/第二章 武备之规制/第一节 陆路及水师/第三节 水师战船/第五章 地方自治行政/第二节 澎湖之特别自治/第四篇 治匪政策/第一章 治匪梗概/第二章 抗清事件各志/第七篇 特殊之祀典及信仰/第三章 天妃及其他海神之信仰/第四章 郑国姓之崇祀及施琅庙祀/第十一篇 交通沿革/第一章 海防及船政/第二章 台湾渡航之驰张/第七章 义渡/第八章 台湾近海之航路/第九章 海难救护/第十二篇 商贩沿革/第三章 通洋/第四章 海关制及抽查/第五章 通货/第十三篇 外力之渐进/第一章 伯撒尔马那查尔/第二章 贝尼奥斯基之台湾探险/第三章 鸦片战争及伊犁纷议之影响/第四章 台湾之开港/第五章 对外政策之姿态/第六章 外教之传人/第七章 美船罗妹号遇难事件/第八章 英国人之大南澳侵垦/第九章 日本经略台湾之动机/第十章 日本之台湾番地"征讨"/第十一章 中法战争之影响/第十四篇 拓殖沿革/第一章 限制拓殖之时期/第三章 附属诸岛屿之拓殖/第四章 移殖台湾之汉民原籍及拓地之年代/第五章 台湾之拓殖与水土适应/第十五篇 番政沿革/第五章 防番机关/第一节 隘制/第二节 隘租/第六章 征番事略/第十六篇 台湾之割让/第一章 日本之据台/第二章 靖台事略/第三章 对外交涉

书　　名　**台湾研究论文精选：文史篇，2000－2005**
责 任 者　徐博东总主编；邓孔昭主编
出 版 项　北京：台海出版社，2006
页　　码　576
书　　号　7－80141－487－X
分 类 号　D618－53：K295.8－53
相关目录　明清之际闽文化在台湾的传播和发展/晚明在台湾活动的闽粤海盗/十七世纪的御朱印船贸易与台湾/大陆移民渡台的原因与类型/论沈葆桢与清政府治台政策的转变——以大陆移民渡台及理“番”政策为中心/台湾移民史研究中的若干错误说法/施琅统一台湾与闽台区域文化的形成/台湾的福州移民与民间信仰
内容提要　本书收入了《明清之际闽文化在台湾的传播和发展》、《施琅统一台湾与闽台区域文化的形成》、《从客家视野看清代台湾史研究几个问题》、《台湾基督教史述论》等35篇文章。

书　　名　**台湾真历史**
责 任 者　戚嘉林著
出 版 项　北京：中国友谊出版公司，2001
页　　码　196
书　　号　7－5057－1660－3
分 类 号　K295.8
相关目录　第一章 早期台湾与大陆/第二章 中国驱退澎湖荷兰人/第三章 荷兰人占据台湾大员/第四章 西班牙占据台湾北部/第五章 荷兰人殖民统治与郑芝龙/第六章 郑成功驱逐在台荷兰人/第七章 明郑台湾/第八章 全国统一盛世初兴/第九章 清初民变与番情/第十章 游民、械斗、民变与移垦/第十一章 19世纪前期台湾社会/第十二章 台地民变综论/第十三章 列强窥侵中国台湾/第十四章 晚清台湾经济社会/第十五章 日本据台纵横屠斩/第十六章 日军镇压腥风卷烟/第十七章 理蕃镇压血染青山/第二十三章 太平洋战争/第二十四章 台湾光复
内容提要　作者以事实求是的的态度、翔实的历史资料和图片、平易浅近的文字展示了自明、清直到1947年“二·二八”惨案的台湾真实历史。

书　　名　**台湾郑成功研究论文选**
责 任 者　郑成功研究学术讨论会学术编
出 版 项　福州：福建人民出版社，1982
页　　码　373
书　　号　11173·59
分 类 号　K827.49
相关目录　郑成功复台始末考/台湾的初次沦陷与郑成功复台/郑氏复台与其开垦/郑氏时代之台湾垦殖/郑荷和约签订日期之考订/延平王北征考评/郑成功于金厦外围战的战略与战术/论郑成功北伐以后的兵镇/郑成功对将吏的统御才略/郑氏军粮问题的研讨/台湾郑氏五商之研究/关于台湾郑氏的“牌饷”/郑成功的名讳及赐姓问题/李晋王与郑延平/郑成功与洪门天地会/郑成功时代与日本德川幕府/郑英通商关系之检讨/郑芝龙与荷兰之关系/崇祯初郑芝龙移民入台事/郑经与明郑/陈永华史事研究/从荷兰文献谈郑成功之研究

书 名 **台州文化发展史**

责 任 者 叶哲明著

出 版 项 昆明:云南民族出版社,2006

页 码 741

书 号 7-5367-3299-6

分 类 号 K295.53

相关目录 第八章 颇为发达的台州的海港海运及海洋文化/第一节 台州海洋海域和远古越沤的海上活动/第二节 秦汉魏晋时期章安古港的崛起及海运兴衰/第三节 东吴海外拓展和临海郡的海上航运/第四节 浙东孙恩起义及其退保临海郡的海航活动/第五节 唐代日本高僧远渡天台及中日文化的交流开拓/第六节 戚继光抗倭胜利及台州的海运/第七节 元明以后台州海外航运的历史余音/第九章 台州古代杰出人物及其文化活动/第一节 沈莹和他的著名海域海洋特产志《临海水土异物志》

内容提要 本书对台州五六千年来的历史文化进行了系统研究和论述,全面展示了台州璀璨多姿的历史文化,及其迂回曲折、波澜起伏的发展历程。

书 名 **太仓港发展史**

责 任 者 史敏斋主编;太仓市史志办公室编

出 版 项 西安:西安地图出版社,2005.06

页 码 334

书 号 7-80670-806-5

分 类 号 F552.9

相关目录 上篇/第一章 太仓港口的形成(元代以前)/第一节 港口与太仓的历史/第二节 娄江下游自然港湾的变迁/第三节 港口形成与初步发展/第四节 宋代太仓港形成前的社会文化/第二章 刘家港的崛起与隆盛(元明时代)/第一节 得天独厚的港口优势/第二节 海运漕粮的重要基地/第三节 海贸隆盛、富甲吴中/第四节 郑和下西洋/第五节 明朝刘家港朝贡贸易/第六节 抗倭斗争与武装走私/第七节 刘家河的埠际贸易/第八节 元明时代绚丽多姿的刘家港文化/第三章 太仓港的复苏(清、民国)/第一节 绝处逢生的刘河水道/第二节 清朝前期隆盛的近海航运/第三节 长江口近海贸易的枢纽港/第四节 清朝前期太仓港的码头设施与搬运/第五节 晚清时期艰难曲折的太仓港商贸/第六节 国美时期再度兴盛的太仓港海贸/第七节 清代以后绽放异彩的太仓港文化

内容提要 本书讲述了太仓港的形成(元代以前)、刘家港的崛起与隆胜(元明时代)、太仓港的复苏(清、民国)等内容。

书 名 **太仓文史:第11辑,刘家港研究**

责 任 者 江苏省太仓市政协文史委员会,江苏省太仓刘家港港口开发区管委会编

出 版 项 北京:中国农业出版社,1995

页 码 149

书 号 7-109-03999-4

分 类 号 K295.33

相关目录 论刘家港的兴起、发展与未来展望/刘家港衰落的史实与新的探讨/刘家港的兴衰与上海港的关系/古代刘家港的自然条件及海防地位/古今刘家港的地理条件分析/北涨南塌与刘家港的衰落/元明清时代刘家港的历史地位/有关刘家港研究中几个问题的探讨/泉州两义士与刘家港海上交通/试论明代刘家港的对外航海贸易/刘家港"通蕃事迹碑"新考

书　　名　泰国古代史地丛考

责 任 者　(泰)黎道纲著

出 版 项　北京:中华书局,2000

页　　码　299

书　　号　7-101-02315-0

分 类 号　K933.66

相关目录　都元国邑卢没国谌离国考/参半国新探——兼论扶南南徙/金邻和顿逊方位考/真腊早期历史探讨/金灯国和庸那迦国——读(宋初越南半岛诸国考)/参半不是庸那迦国/迦罗舍佛考——泰境古国研究/堕罗钵底疆域考/登流眉真里富考/罗斛和窳里/《真腊风土记》地名考遗/"暹国管上水速孤底"论/上水方位考/由素可泰不是暹谈到它并入暹罗国的经过——兼谈坤兰甘亨未曾访华/《岛夷志略》罗斛条地名考——兼谈暹降于罗斛/从中国史料看"暹是素攀"——兼谈新门台所在/《郑和航海图》暹罗湾地名考/参考书目/部分专有名词英汉对照/附图/一、泰国各府总图/二、泰国古今海岸图/三、湄南河流域的古代域邑/四、泰国巴真府玉池寺双佛足印图/五、中南半岛古代城邑示意图/六、泰国柬埔寨边界城邑示意图/七、泰国海底考古遗址分布图/八、横过泰海湾贸易航线图

内容提要　本书就泰国地名的今释这一泰国历史研究的难点,对其中的重要地名重新作了审视和考释,提出了不少有学术价值的新见解,从而澄清了泰国历史上一些有争议的问题。

书　　名　泰国史散论(东南亚文丛)

责 任 者　段立生著

出 版 项　南宁:广西人民出版社,1993

页　　码　235

书　　号　7-219-02634-X

分 类 号　K336.07

相关目录　读《东西洋考》札记/黄衷及其《海语》/周达观及其柬埔寨之行/读《真腊风土记》/博南古道考/本底国考/女王国考/泰国古都大城遗址实地考/泰国古都素可泰城遗址实地考/泰国境内早期的国家/中国古籍中的泰南古国/清迈—八百媳妇国/南奔—女王国/佛统—堕罗钵底国/林道乾与泰国北大年的开发/澄海樟林港、红头船与潮属人民旅暹初探/郑信与中国/泰国阿瑜陀耶时期的外籍侨民/哀牢是傣系民族的先民/西双版纳傣族史话/壮族史话/云南的拉祜族与泰国的木赊/暹罗和明朝关系的若干问题/中国明代的航海家郑和/中泰贸易投资回顾与前瞻

书　　名　泰国与东南亚古代史地丛考

责 任 者　谢光著

出 版 项　北京:中国华侨出版社,1997

页　　码　264

书　　号　7-80120-094-2

分 类 号　K336.2:K330.2

相关目录　上篇/扶娄国考——春武里和巴真武里三千年前的古国/后汉书掸国考/汉书地理志都元国即碧武里考/一、汉书地理志关于中国南海丝绸之路的记载/二、都元国就是碧武里/三、都元与都昆/四、都元不是龙运/五、邑卢没、谌离和夫甘都卢/六、黄支和已程不国/泰国古国金邻和顿逊考/从扶南到堕罗钵底史探/昙无竭与法盛书古国考/魏书阿喻陁罗婆呵罗诸国考/泰国的佛教/下篇/室利佛逝国问题研究/第一章 东南亚历史上的四个佛逝国/第二章 洛坤是第一个室利佛逝国都城/第三章 浡淋邦并不是第一个

室利佛逝国都城/第四章 猜耶不是室利佛逝国都城——猜耶古国考/第五章 义净书中两个室利佛逝国的辨别/第六章 两唐书中的室利佛逝国/第七章 唐会要中的室利佛逝及有关古国考/一、唐会要的金利毗迦国/二、太平御览和太平寰宇记的金利毗逝国/三、金利毗迦(金利毗逝)到广州沿途所经诸国考/四、赤土国考/五、两个室利佛逝国材料之混合/第八章 宋史中几个三佛齐国的混淆/一、宋史占城国传中的三佛齐/二、占城的佛逝与诸蕃志三佛齐的混淆/三、詹卑的三佛齐国/四、半年中有三个三佛齐王遣使到中国/五、室利乌耶和生留国考/六、洛坤和苏门答腊的三佛齐/第九章 三佛齐与中国注辇一段关系史料研究/一、宋史三佛齐传的记载/二、天下郡国利病书的记载/三、广州重修天庆观碑铭的记载/四、宋史蒲甘国传的记载/五、宋史注辇国传的记载/第十章 诸蕃志中的两个三佛齐国/一、苏门答腊浡淋邦的三佛齐国/二、元时浡淋邦的三佛齐迁都往詹卑/三、洛坤至宋卡一带的三佛齐国/四、三佛齐十五个属国问题/第十一章 元明时代的三佛齐史料研究/一、元时的三佛齐/二、明时的三佛齐/三、明史载三佛齐古名干陀利考/第十二章 其他国家古籍中室利佛逝史料之鉴别/附:泰华学者黎光远先生 介绍《室利佛逝国问题研究》

书　　名　**泰境古国的演变与室利佛逝之兴起**
责 任 者　(泰)黎道纲著
出 版 项　北京:中华书局,2007
页　　码　294
书　　号　7-101-05473-0
分 类 号　K336.2
相关目录　堕罗钵底篇/从金邻大湾到湄南河平原/墩达碧史前遗址讨论/从谌离国到顿逊国/堕罗钵底国名称与疆域辨/迦罗舍佛方位重考/真腊篇/真腊释名/文单国方位新考/文单国港口尖竹汶/从帕侬仑石宫的名称和年代谈到真腊国的疆域/《诸蕃志》真腊属国再认识/泰南古国篇/干陀利国的方位/《梁书》狼牙修国考/赤土国方位研究/盘盘国何在/九稚拘利句稚哥罗/萨珊朝银币之发现/从泰南经孙典至扶南陆行路线/室利佛逝篇/室利佛逝的兴起/唐代室利佛逝方位讨论/775 年室利佛逝碑的争议/广州天庆观碑的争议/单马令篇/再论《元史》中暹国的所在/暹与麻里予儿矛盾探讨 ——解读《元史》一条有关暹国记载/附录/宋加洛瓷与龙泉窑关系探讨/《郑和航海图》泰国南部地名研究/泰国佛教史上的若干问题
内容提要　本书主要分为"堕罗钵底篇"、"真腊篇"、"泰南古国篇"、"室利佛逝篇"、"单马令篇"五个部分,论述了泰境古国演变过程中的诸多问题。

书　　名　**唐代长江下游经济发展研究(人文社科新著丛书)**
责 任 者　陈勇著
出 版 项　上海:上海人民出版社,2005
页　　码　412
书　　号　7-208-05915-2
分 类 号　F129.42
相关目录　第八章 唐代长江下游的交通与海外贸易/第一节 四通八达的水陆交通/第二节 沿海港口城市的增多与海外贸易的发展
内容提要　本书介绍了唐以前长江下游的经济开发、唐代长江下游稻作农业的发展、唐代长江下游经济作物的种植和商品性农业的发展、唐代长江下游商业的发展与商品经济的活跃等十章。

书　　名　**唐代交通图考(严耕望史学著作集)**
责 任 者　严耕望著

出 版 项 上海:上海古籍出版社,2007.05
页 码 2500
书 号 7-5325-4720-5
分 类 号 K992.642
相关目录 第八卷 河运与海运/第九卷 交通制度

书 名 唐代日人来往长安考
责 任 者 张鹏一编著
出 版 项 秦风周报社,1937
页 码 58
分 类 号 D929.313
相关目录 一、日使来长安这前提须知/二、隋末唐初之日本使臣学生 小野妹子福利惠明 僧旻清安惠引 广济玄理等之来/三、太宗朝 使臣犬上御田锹药师惠日之来 唐使高仁表之往/四、太宗朝之二、僧旻灵云之还 学生惠隐清安高向玄理之还/五、高宗朝 吉士长丹吉士驹根麿小麿学生巨势臣药冰连老人 学僧道严道昭道福等之来/六、高宗朝之二、河边麿药师惠日书麿吕高向玄理之来往 阪合部石布吉祥学僧智通等之来/七、高宗朝之三、百济镇将刘仁轨与日本之往来日本使臣之陪礼泰山 学生土师甥之还/八、武后朝 日本之用唐麻 粟田朝臣真人高桥竺间合部大分 僧道慈之来往/九、中宗朝 日本都城之仿唐长安城/十、玄宗朝 多治比县守阿部安麿藤原马养 学生阿布仲麿吉备真备之来往 日本学生之陪礼泰山 僧元昉之来/十一、玄宗朝之二、多治比广成中臣名代之来真备之还/十二、玄宗朝之三、中臣名代之还/十三、玄宗朝之四、膳大邱之来 藤原清河古麿之来 真备之再来 仲麿之归而复来僧鉴真之往日本/十四、肃代朝 高元度之来与清河同归/十五、代宗朝之二、藤元鹰取小野石根大神未足津守国麿小野洪野之来往 唐使孙同进秦衍期之赴日本/十六、德宗朝 唐使高鹤林之往日本 日使同能真人之来 僧最澄之入唐/十七、德宗朝之二、藤原葛野石川道益管更清公高阶真人远成少胜雄之来往 学生橘逸势学僧空海之来 僧最澄永忠之还/十八、宪宗朝 高阶真人远成学生橘逸势学僧空海之归/十九、文宗武宗朝 藤原常嗣长岑高名之来 僧圆仁之来/二十、宣宗朝 僧圆仁之还 两王子之来/廿一、宣宗朝之二、僧圆珍之来往/廿二、僖宗朝 僧宗睿之来

书 名 唐代扬州史考
责 任 者 李廷先著
出 版 项 南京:江苏古籍出版社,2002
页 码 607
书 号 7-80643-605-7
分 类 号 K295.33
相关目录 第七章 唐代扬州的商业/第八章 唐代江、淮地区的漕运
内容提要 本书共分为十四章,主要介绍了唐代以前扬州经济、文化的发展进程,唐代扬州大都督及大都督府长史编年、城区规模、农业、手工业、商业、道教、寺庙和唐代诗人等方面内容。

书 名 唐代之交通
责 任 者 周炳琳
出 版 项 北平:国立北京大学出版组
页 码 150
分 类 号 F51

相关目录　三三、水上交通总叙/三四、水上交通律令及掌管机关/三五、堰与堰官及牵船/三六、杨楚水道/三七、淮颍水道/三八、汴淮水道/三九、河洛水路/四○ 泾渭流域水道/四一、永济渠/四二、黄河下游济水及五丈河/四三、沧贝水道/四四、幽蓟水道/四五、汉沔水道/四六、湘漓水道/四七、其他各地水路/四八、两广及安南水道/四九、到朝鲜/五○ 山东南海岸之海路与港湾及泊船处/五一、沿海的交通/五二、广州至印度

书　　名　**唐代中国与大食穆斯林**
责 任 者　(法)张日铭著;姚继德,沙德珍译
出 版 项　银川:宁夏人民出版社,2002
页　　码　249
书　　号　7-227-02491-1
分 类 号　D829.371
相关目录　第五章 南海及唐代(618-907 年)穆斯林的活动/第一节 唐与南海诸国/第二节 波斯向东推进及波斯商人/第三节 海路来华最早的阿拉伯人/第四节 黄巢造反
内容提要　普通高等学校人文社会科学重点研究基地资助项目:本书系统论述了 618-907 年唐王朝与阿拉伯大食帝国、吐蕃之间的政治、军事、外交,以及中国与波期湾地区以海上丝路为孔道的商贸文化交流关系。

书　　名　**唐宋蕃坊与明清澳门比较研究(崇文学术丛书)**
责 任 者　邱树森著
出 版 项　海口:南方出版社,2001
页　　码　257
书　　号　7-80660-262-3
分 类 号　D691

书　　名　**唐宋贸易港研究**
责 任 者　桑原隲藏著;杨鍊译
出 版 项　北京:商务印书馆,1935.07
页　　码　154
分 类 号　F51
相关目录　一、市舶司及市舶/二、波斯湾之东洋贸易港/三、广府问题及其陷落年代/四、伊本所记中国贸易港

书　　名　**唐宋元代中西通商史(中外交通史料名著丛书)**
责 任 者　(日)桑原隲藏著;冯攸译
出 版 项　上海:商务印书馆,1930
页　　码　227
分 类 号　F752.92
相关目录　本文一/考证/一、提举市舶之名称/专任市舶使/唐时代之市舶使/市舶使名称之初见/波斯僧及烈考/二、市舶司之职掌/三、阿剌伯人之东洋通商/四、波斯中国间之航路/五、坎富之位置/八、唐代交州之外国贸易/九、唐代扬州之外国贸易/一○、唐代泉州之外国贸易/一一、中国贸易港劳京之位置/一

二、中国贸易港占府之位置及其名称之解释/一三、干都之位置及其名称之解释/一四、关于唐代广州外国贸易之史料/一五、广州一时之衰微/一六、宋会要考/一七、北宋初期之三大贸易港/一八、北宋时代广州之繁昌/一九、泉州市舶司之创设/二〇、北宋初期泉州之外国贸易/二二、南宋政府之奖励外国贸易/本文二/考证/一、外国人之杂居城内/二、蕃坊即外人居留地/三、泉州之外人居留地/四、广州之外人居留地/八、北宋时代之奖励外国贸易/九、对于外商之犒设/二一、西域之波斯与南海之波斯/二九、大食中国间之航程日数/三〇、外国商人之便乘中国船/基拉之位置/外人便乘中国船之增加/三一、古代之南洋贸易船/传书鸽之利用/唐代之南洋贸易船/大食船与中国船之比较/宋代之中国船/罗盘针之使用/夏德氏罗盘针起源说之弱点/中国船发达之概观/唐宋时代之轮船/三二、季候风之利用/三四、多年逗留之蕃商/三五、居留五世之蕃客/本文三/考证/一〇被称为南蕃人之大食人/一二阿剌伯人之商业根据地/一八海南岛之伊斯兰教徒/当蕃舶往来要冲之海南岛/一九、蒲寿庚之祖先/二〇、岳珂之侨居广东时代/二六、海獠/三三蒲姓移住泉州之时代/本文四/考证/一、蒲受耕/二、南中国沿岸之海贼/中国官吏之招安策/四、蒲氏兄弟之征伐海贼事/六、关于蒲寿庚平定海寇之异说/七、福建市舶提举司志/一〇、阅货际外商之遗赠/一一、中国官吏在开港地之进益/二一、开港地官吏之营利/一六、贫乏官吏之转任开港地方运动/一七、中国官吏之海外互市/蒲寿庚之海外互市/一八、福建安抚沿海都制置使/二二、蒙古军对水战之无把握/二三、蒲寿庚之海上势力/本文五/考证/一、元与南海诸国之关系/二、宋人之避难海外/三、对于唐代禁榷外货之疑问/四、宋代政府由外国贸易所得之收人/五、元代对于恢复海外贸易之努力/六、通贡于元之南海诸国/七、泉州制造之东征军舰/一七、南蓦回回佛莲/巴林与中国之关系

内容提要 所述多为唐、宋、元以来中国与阿拉伯各国交通的史实。

书　　名 **唐五代社会政治史研究**

责 任 者 戴显群著

出 版 项 哈尔滨:黑龙江人民出版社,2008

页　　码 308

书　　号 7-207-07606-1

分 类 号 D691

相关目录 下编 社会经济史/第一章 唐宋之际我国第一贸易大港地位的转换/第二章 唐代福建海外交通贸易史述论/一、伊本所记唐代中国贸易港之 Djanfou/二、唐代福建海外交通贸易史概述/三、唐宋之际福建海外交通贸易地位之变化/第五章 唐末五代福建商业贸易的发展与“闽商”的崛起/二、唐末五代福建海外贸易的发展/三、“闽商”的形成和崛起

内容提要 本书分为上中下三编,内容包括:唐代的宰相制度、唐代的枢密使、唐后期政治中枢的演变与唐王朝的灭亡、唐五代假子制度的类型及其相关的问题、唐五代投匦制度述论、论唐代桂州戍卒起兵的性质等。

书　　名 **陶瓷之路:东西文明接触点的探索**

责 任 者 (日)三上次男著;胡德芬译

出 版 项 天津:天津人民出版社,1983

页　　码 257

书　　号 11072·122

分 类 号 K203

相关目录 一、遥远的埃及地方的中国陶瓷——在埃及流行的中国风/二、东非和东方陶瓷——中国陶瓷研究的新领域/三、运往阿拉伯半岛的东方商品——中国陶瓷去到非洲和欧洲的桥头堡/四、伊斯坦布

尔的托普卡普萨拉伊博物馆——中国陶瓷的世界性搜集/五、从东地中海到美索不达米亚——与中国陶瓷相遇/六、带往波斯的中国陶瓷——东西文化的接触点和中国陶瓷/七、印度河河口的废港——阿富汗和巴基斯坦/八、南海的青瓷——从印度到斯里兰卡/九、东南亚的中国陶瓷——以菲律宾的新发现为中心/十、陶瓷之路——中世纪东西方贸易的象征

书　　名 **天工开物新注研究**
责 任 者 杨信曾编著
出 版 项 南昌:江西科学技术出版社,1987
页　　码 448
书　　号 15425·12
分 类 号 N092
相关目录 九卷 舟车/舟/漕舫/海舟/杂舟/车

书　　名 **天工开物研究论文集(天津文化通览)**
责 任 者 (日)数内清等著;章熊,吴杰译
出 版 项 北京:商务印书馆,1959
页　　码 235
分 类 号 N092
相关目录 关于粮船/1. 明代的漕运/2. 粮船的构造
内容提要 “天工开物”是论我国古代农工技术的卓越著作,著者宋应星是明宋杰出的科学家,本书辑译了日人所著有关天工开物的研究论文十一篇,都是根据天工开物的内容,作了分析,指明它的优缺点。凡原文引书未注明出处的,都参考有关材料,作成译注,补充说明,可供阅读天工开物及研究我国古代科学技术史,尤其是明代社会经济史者,作为参考。

书　　名 **天津的九国租界**
责 任 者 来新夏主编;杨大辛编著
出 版 项 天津:天津古籍出版社,2004.05
页　　码 216
书　　号 7-80696-027-9
分 类 号 D829.12:K292.1
相关目录 五、租界的经济结构/2. 进出口贸易/八、列强以租界为基地的侵略活动/1. 控制海关与对外贸易/2. 把持港航权与治河权/5. 走私贸易/九、租界对天津城市发展的影响/2. 航道治理与码头建设

书　　名 **天津港史:古、近代部分(中国水运史丛书)**
责 任 者 李华彬主编
出 版 项 北京:人民交通出版社,1986
页　　码 271
分 类 号 U659.2
相关目录 第一篇 古代部分(远古-1840年)/第一章 天津港的起源与形成/第一节 天津港的起源/一、天津平原成陆的演进/二、人类早期活动的遗迹/第二节 海河航运网的形成/一、运渠的开凿和海河航运网的形成/二、古代天津河港/第三节 军粮城——唐代的天津海港/一、南北海漕的必经之路/二、停靠船

舶的天然码头/三、军用粮饷的集疏地/第四节 宋辽界河上的港口贸易/一、宋辽对峙下的界河/二、界河沿线的港口贸易/第二章 金元时期直沽港口的兴起/第一节 直沽寨与直沽港/第二节 金代漕运促进直沽港的发展/第三节 直沽港和元代的海、河漕运/第四节 港口的航道、码头及仓廒/一、航道/二、码头及仓廒/第三章 明清两代的天津港/第一节 天津港口在军事运输上的重要地位/第二节 漕运继续发展/第三节 天津港的杂货运输/第四节 航道的治理促进了天津港口的繁荣/一、大运河的整治/二、在北运河上开挖减河/三、直沽河航道的演变/四、其他航线/五、漕运规模及到达天津港的船只/第五节 天津港口的仓库设施/一、海陆兼运时期天津港口的仓库/二、天津港口仓库的变化/第六节 天津港的驳运/一、驳运的发展/二、驳运的管理/三、驳运制度/四、驳运码头/第二篇 近代部分(1840－1948年)/第一章 西方殖民主义者的入侵和开埠初期的天津口岸/第一节 英法联军的入侵和天津被迫开埠/一、天津是西方殖民主义者觊觎的目标/二、英法联军的入侵/三、天津被迫开埠/第二节 英、法圈占租界与紫竹林租界码头/一、天津早期的租界/二、紫竹林租界码头/第三节 英国控制天津港的港口主权/一、英国人控制天津海关/二、天津港航权的丧失/三、开埠后的航标设置/第四节 外国航业的入侵/一、外商涉足漕运/二、外国航业入侵/第五节 洋务运动对天津港口的影响/一、轮船招商局的创立/二、大沽船坞与津塘铁路的兴建/第六节 天津港对外贸易的兴起/一、五口通商后的转口贸易/二、鸦片贸易/三、外国商品充斥天津市场/四、大宗原料及土特产品的输出/第二章 帝国主义势力角逐下的天津港/第一节 英国垄断天津港的航运和贸易/一、英国洋行控制天津港的贸易/二、英国垄断天津港的航运/第二节 甲午战争后日本航业在天津港的兴起/一、日本在天津侵占租界/二、日本航业的兴起/第三节 八国联军入侵后天津租界码头的扩建/第四节 在外资垄断下天津港的贸易和航运/一、外国资本侵入天津口岸/二、进出口贸易/三、在竞争中发展的航运/第五节 天津港口早期的建设机构——海河工程局/一、海河工程局的设立/二、海河工程局的组织/三、整治海河工程/第三章 第一次世界大战到抗战以前天津港口的发展/第一节 第一次世界大战中天津港的对外贸易/一、大战初期的外贸形势/二、天津港与欧洲贸易的下降/三、天津与日美贸易的上升/第二节 战后列强竞争下的港口贸易及航运/一、大战后的形势/二、三国竞争下的对外贸易/三、航运的发展/第三节 开滦煤矿兴起后天津港的煤运/一、煤炭进口和开滦煤矿的兴建/二、天津港至开平矿的运煤通道/三、开滦码头/四、轮船用煤和煤炭出口/第四节 天津港的棉花运输/一、天津港的棉花集运/二、天津港的棉花出口/第五节 天津港的驳运/一、大沽口驳运/二、内河民船运输/第六节 华北事变前天津港的走私贸易/一、走私贸易始末/二、走私贸易的影响/第四章 海河航道的治理/第一节 大沽沙航道的疏浚与治理/一、最初的疏导/二、滚耙法疏导/三、耙吸挖泥/四、开挖新槽的失败/五、大沽口航道改善后的效果/第二节 海河航道的整治/一、外国入侵后的疏浚计划/二、裁湾取直工程/三、裁湾后的效果/第三节 破冰和其他工程/一、破冰通航/二、"万国桥"工程/三、永定河放淤拦砂工程/四、其他工程/第五章 日本帝国主义侵占时期的天津港/第一节 华北沦陷前夕天津港的经济地位/第二节 日本独占天津港的对外贸易及航运/一、日本独占天津港的对外贸易/二、日本控制天津港的航运/第三节 日本侵略者独占天津港/一、日本操纵和霸占天津海关/二、日本独占天津港的码头和仓库/三、日本垄断天津港的驳运/第六章 塘沽新港的兴建/第一节 塘沽的自然条件/一、地形地质/二、水文气象/第二节 塘沽新港港址的选择/一、建港规模/二、港址选择/第三节 筑港工程/第四节 新港是日本输出华工的主要港口/第七章 国民党政府统治下的天津港/第一节 美军协助国民党政府接管天津港口/一、天津招商局的接收/二、港口的经营与管理/第二节 天津港的对外贸易与航运/一、外贸方向与商品结构的变化/二、严重入超和猖狂走私/三、沿海客货运输/四、驳运/第三节 继续修筑塘沽新港/一、继续修筑新港的计划/二、工程计划的实施/第四节 粉碎反动统治的压迫和剥削,迎接解放/一、天津码头脚行/二、深受剥削的码头工人/三、团结起来迎接解放

书　　名 天津古史寻绎(天津地方志资料丛书)

责 任 者 韩嘉谷

出 版 项 天津:天津古籍出版社,2006

页　　码　319

书　　号　7－80696－326－X

分 类 号　K292.1

相关目录　第十二章 连樯万艘的元代/第四节 元代天津漕运/第五节 海津镇/第六节 东、西天妃宫/第七节 潞水漕渠/第十三章 走向城市的明清时期/第三节 漕运基地/第四节 海疆重镇/第五节 北方沿海商业中心

内容提要　本书内容包括：风雷激荡的远古时代、北方阵容的夏商时期、融入中原的周代、郡县伊始的秦汉时期、民族大融合的魏晋北朝时期、赋重役繁的隋代、兵祸连绵的唐代等。

书　　名　天津航道局史（中国水运史丛书）

责 任 者　周星筍主编

出 版 项　北京：人民交通出版社，2000

页　　码　441

书　　号　7－114－03121－1

分 类 号　F552.9

相关目录　第一章 海河工程局的建立及其发展（1897 年－1936 年）/第一节 开埠前后的海河简况/第二节 海河工程局的建立/第三节 挖泥船的购置与船厂的兴建/第四节 海河航道整治及万国桥的管理/第五节 海河及大沽沙航道疏浚工程/第六节 破冰与冬季通航/第二章 日伪及国民政府时期（1937 年－1948 年）/第一节 日伪霸占和国民政府接收/第二节 航道疏浚与破冰/第三节 裁弯与放淤/第四节 海河工程局工人的斗争/第五节 中共地下党的活动

内容提要　本书共分 7 章，详细记述了从海河工程局到天津航道局 100 年的发展历程，该书是一部疏浚施工企业史。

书　　名　天津简史

责 任 者　天津社会科学院历史研究所编著

出 版 项　天津：天津人民出版社，1987.08

页　　码　538

分 类 号　K292.1

相关目录　古代篇/第一章 天津平原的成陆和早期历史/三、东汉末年至十六国时期的开渠与设邑/四、隋代的运河开凿和宋、辽对峙时期天津平原的防务设施/第二章 金代的直沽寨和元代的直沽与海津镇/二、从直沽到海津镇/第三章 明代天津三卫的建立与城市经济的发展/二、漕运与漕粮储备中心的形成/五、抗倭防辽的军事输转基地/第四章 清代天津的州、府建置和城市经济的繁荣/二、漕运与天津经济的发展/三、海运与商业的繁盛/六、本文资本主义侵略者对天津的觊觎/近代篇/第五章 两次鸦片战争与天津开始沦为半殖民地城市/三、第二次鸦片战争与天津被辟为通商口岸/第六章 天津的滴血建设与近代资本主义的产生/一、天津是洋务运动的北方中心

书　　名　天津近代经济史

责 任 者　孙德常，周祖常主编

出 版 项　天津：天津社会科学院出版社，1990.05

页　　码　327

书　　号　7－80563－049－6

分类号　F129.5

相关目录　第一章 鸦片战争前天津经济概况/第二节 天津的漕运和长芦盐业/第二章 两次鸦片战争和天津辟为通商口岸/第二节 外国资本主义在天津对鸦片苦工贸易和航运的暴力掠夺

书　　名　天津土地开发历史图说

责任者　张树明主编

出版项　天津:天津人民出版社,1998

页　　码　525

书　　号　7-201-03134-1

分类号　F329.921

相关目录　四、漕运/1. 三国时期海河联运网/2. 隋代大运河/3. 唐代漕运/4. 辽代(萧太后)运粮(盐)河/5. 金代漕运/6. 元朝漕运/7. 元朝漕运码头、仓廒/8. 明朝漕运/9. 明朝漕运仓廒、码头/10. 清代酒运/11. 清代漕运码头及仓廒/六、天津城镇的形成发展/6. 天津港形成发展演变

书　　名　天子南库:清前期广州制度下的中西贸易(海洋与中国丛书)

责任者　张晓宁著

出版项　南昌:江西高校出版社,1999

页　　码　227

书　　号　7-81075-006-2

分类号　F752.949

相关目录　第一章 千年通有无万里扬中华/广州的生态环境/广州贸易的历史状况/一、源远流长的海洋经济传统/二、明代中外海洋势力对广州贡船贸易的冲击/三、清代广州一口贸易制度的确立/第二章 开关兴旺锁国衰败/粤海关的设立/一、粤海关的演变/二、粤海关的体制沿革/三、粤海关的管理职能/四、粤海关的腐败/广东十三行在广州中西贸易中的地位/一、十三行的建立/二、由行商破产原因看行商与官府、夷商的关系/对贸易商品的管制及对中外商人的限制/一、进出口商品管制/二、对外国人的人身限制/三、对中国商人的限制/地方督抚与广州制度/第三章 茶叶丝绸海上丝绸道/茶叶/一、广州外销茶的生产及世界性茶叶市场的形成/二、茶叶生产及运销/三、茶叶种类与出口数量、比例/丝及其他出口商品/一、生丝与丝织品/二、瓷器/三、土布/主要输华商品分析/一、毛织品与其他西方输华制成品/二、人参、皮毛的输入/三、棉花/广州进出口贸易额的估算/第四章 白银鸦片外洋新旧线/白银:19 世纪以前西方输入中国的主要"商品"/一、西方输华白银的来源/二、输入中国白银的数量估计/三、19 世纪初西方白银的枯竭/取代白银的鸦片/一、英国的鸦片贸易/二、美商的鸦片贸易/三、鸦片走私与白银外流/第五章 影响涉中外经验留借鉴/广州中西贸易在中国社会经济中的地位/一、日见重要的广州中西贸易经济效益/二、广州中西贸易成为中国海洋社会经济的龙头/广州中西贸易对国内各地社会经济的影响/一、广东的经济首先受到直接的推动/二、其他地区的经济受到不同层次的推动/三、广州中西贸易发展变化的影响

内容提要　"九五"国家重点图书:广州口岸古有"天子南库"之称,清前期实行广州一口对外通商制度,本书对这一特定时空的中国海洋社会经济史进行了研究。

书　　名　通向现代世界的500年:哥伦布以来东西两半球汇合的世界影响

责任者　黄邦和等主编

出版项　北京:北京大学出版社,1994.06

页　　码　462

书　　号　7 - 301 - 02414 - 2

分 类 号　K916: D819

相关目录　面向探索新世界航程的第二个500年——为纪念哥伦布首航美洲500周年而作(序一) 罗荣渠/从马可·波罗的中国传奇说到哥伦布的传奇(序二) P. E. 塔维亚尼/第一篇 哥伦布及其划时代的航行/哥伦布以前西方对海洋的探索和认识 唐显凯 林被甸/地理大发现的双重背景 王加丰/地理大发现的两个重要条件:科学技术的进步和思想观念的更新 朱寰 王晋新/哥伦布开辟新航路的历史考察 洪国起/哥伦布首次航抵美洲的日期和登陆地点的新考证 张至善/哥伦布在人类航海技术文明史上的地位 孙光圻/地理大发现后地球经度的测度 宋正海 李天瑞/哥伦布对中国的所谓发现 (墨)古斯塔沃·巴尔加斯·马丁内斯/为了思考的纪念 曾昭耀/第二篇 东西两半球汇合的世界影响/海道大通与世界交往 陈勇/葡萄牙、西班牙早期殖民征服的比较研究 黄邦和 雷泳仁/东西两半球汇合与世界种族和民族布局的变迁 葛公尚/地理大发现与人口大迁移 沈坚/两个半球汇合与北美印第安人的历史命运 李剑鸣/美洲印第安古文化及其对世界文明的贡献 方迴澜 刘兴华/巴西的发现与开拓对欧洲的影响 周世秀/美洲的发现与早期资本主义的发展 喻继如/五个世纪的交流与变化:葡萄牙人在全球范围内进行的植物传播 (美)拉塞尔-伍德/从美术风格的演变看东西半球汇合对拉美社会的影响 徐志兴/种族——文化交融中的同一性观点 (哥)恩里克·波萨达/重新认识两个世界汇合500年后拉美大陆和加勒比人民的同一性 (秘)安·费尔南德斯·阿尔塞/为什么不会有中国哥伦布?——15世纪中西航海发展取向的对比与思索 罗荣渠/第三篇 新世界与中国/哥伦布与中国 张至善/新航路开辟与中西经济文化交流 萨那/中国与美洲的早期海上交通(16-18世纪) 施存龙/美洲农作物与中国的饮食文化 林被甸 刘婷/哥伦布在近代中国的介绍和影响 俞旦初/新中国成立以来我国学者对哥伦布的研究 冯秀文/纪念哥伦布航行美洲500周年北京国际学术讨论会论文提要

内容提要　分3篇:哥伦布及其划时代的航行、东西两半球汇合的世界影响、新世界与中国。

书　　名　**通州漕运(通州运河文化丛书)**

责 任 者　周良等主编

出 版 项　北京:文化艺术出版社,2004.07

书　　号　7 - 5039 - 2570 - 1

分 类 号　F552.9

内容提要　本套书为系列介绍通州大运河文化的资料性丛书,系统地介绍了通州地区运河文化、历史以及民俗,是一套了解通州大运河文化的详实而全面的普及性资料性读物。本册介绍通州漕运。

书　　名　**图说中国海军史:古代-1955**

责 任 者　陈贞寿著

出 版 项　福州:福建教育出版社,2002.09

页　　码　3册(359,711,1070)

书　　号　7 - 5334 - 3536 - 2

分 类 号　E29 - 64

相关目录　第一章 中国古代海洋文化/第一节 世界上造船技艺起源最早的国家之一/第二节 中国古代的战船和兵器/第三节 中国古代的航海事业/第四节 海洋文化的象征——妈祖传说的流传/第二章 中国古代的海军/第一节 中国早期的舟师和海战/第二节 汉唐时期的海军和海战/第三节 元朝的海军和海战/第四节 明代的海军和海战/第三章 西方殖民势力东来/第一节 闭关锁国政策导致海权发展中断/第二节 西方工业革命和近代海军舰船的诞生/第三节 西方殖民势力东来/第四节 郑成功收复台湾/第五节 康

熙命施琅率舰统一台湾/第六节 列强相率东来直叩中国门户/第七节 鸦片大量输入/第八节 林则徐禁烟与虎门销烟/第四章 鸦片战争/第一节 林则徐筹办海防/第二节 鸦片战争的前哨战——林则徐指挥粤洋七战七捷/第三节 英舰侵犯厦门/第四节 中英第一次定海之战/第五节 沙角、大角之战/第六节 虎门之战/第七节 广州之战/第八节 英舰第二次北上侵犯中国/第九节 英舰侵占厦门/第十节 英舰五犯台湾/第十一节 英舰攻陷定海、镇海、宁波、乍浦/第十二节 淞沪、长江之战/第十三节 南京城下之盟/第十四节 晚年的林则徐/第五章 太平军与清军水战及英法联军之役/第一节 太平军与清军长江水战/第二节 英法联军之役/第六章 中国近代海军的初建/第一节 近代中国海防的先驱者/第二节 昙花一现的"英中联合海军舰队"/第三节 手工仿造轮船的尝试/第四节 兼造轮船的江南制造总局/第五节 福建船政/第六节 天津机器局/第七节 广东军装机器局/第七章 海防塞防的论争促进中国近代海军的发展/第一节 19 世纪 60 – 70 年代中国西北边防形势/第二节 日本急于发展海军向外扩张/第三节 日本侵台引起的第一次海防与塞防的论争/第四节 日本吞并琉球、海防吃紧/第八章 中法海战/第一节 中国西南边陲告警/第二节 中法海战的历史背景/第三节 第一次基隆保卫战/第四节 马江之战/第五节 基隆弃守与淡水获胜/第六节 镇海大捷/第七节 镇南关大捷与澎湖失守/第八节 清廷妥协求和导致中国不败而败/第九节 孤拔之死/第九章 中法战后清廷大治海防/第一节 筹议海防与清廷的决策/第二节 建立海军衙门/第三节 添购舰船/第四节 巡阅北洋海防/第五节 创办昆明湖水师学堂/第六节 兴建旅顺船坞/第七节 威海建港与刘公岛设立海军提督衙门/第八节 北洋舰队的建立/第九节 南洋海军的发展/第十章 中日甲午海战/第一节 甲午战争的历史背景/第二节 中日双方海军战力战略之比较/第三节 甲午战争的序幕——丰岛海战/第四节 舰队的主力站——黄海海战/第五节 北洋舰队覆没/第六节 甲午战争失败原因及其教训/第七节 马关割台与台湾军民反割台的斗争/第十一章 甲午战后重振海军/第一节 重振海军的历史背景/第二节 重振海军的措施/第三节 八国联军军舰进犯大沽口/第四节 在中国领土、领海上的日俄战争/第五节 重建后的海军建制/第六节 收复东沙勘查细沙/第七节 美太平洋舰队来厦访问/第八节 程璧光率舰参加英皇加冕/第十二章 清王朝海军的覆灭与民国海军的成立/第一节 辛亥革命 武昌起义/第二节 萨镇冰奉命率舰赴援/第三节 海军易帜/第四节 海军参加反清作战/第五节 南京临时政府成立,海军统一/第六节 海军北伐/第七节 袁世凯窃国,刘冠雄接掌海军/第八节 民初海军领导体制/第十三章 讨袁护法与第一次世界大战中的海军/第一节 二次革命中的海军/第二节 护国战争中的海军/第三节 海军第一次分裂/第四节 护法战争中的南北海军/第五节 南北内部分裂,战争转为议和,护法战争终结/第六节 第一次世界大战中的海军/第十四章 北京政府的海军建议/第一节 海军十年发展计划与"理想扩张案"/第二节 海军造船机构/第三节 马尾海军飞机制造处/第四节 海军教育/第十五章 军阀混战中的中央海军(闽系海军)/第一节 军阀割据与海军派系/第二节 直皖战争中的海军/第三节 直系用兵湘川,第二舰队协同作战/第四节 第一次直奉战争海军助直攻奉/第五节 反直三角同盟中的海军/第六节 海军占领福建沿海岛屿,采取筹饷措施/第七节 驻沪舰队独立,海军第二次分裂/第八节 齐卢战争中,宁沪海军各助一方/第九节 第二次直奉战争中的渤海舰队/第十节 直奉联合进攻国民军后的海军/第十六章 政局动荡中的广东海军/第一节 辛亥革命前后的广东海军/第二节 护国运动中的广东海军/第三节 护法运动中的广东海军/第四节 孙中山灵柩由"威胜"舰运抵南京/第五节 海军局成立与"中山舰事件"/第六节 广东海军船坞及海军实力/第十七章 独树一帜的东北海军/第一节 东北海军的形成/第二节 吉黑江防舰队归附东北和航警处的设立/第三节 东北海军的发展/第四节 全盛时期的东北海军/第五节 葫芦岛海军学校/第六节 东北海军造船机构/第七节 中苏同江之战/第十八章 北伐战争与海军"统一"/第一节 北伐战争的历史背景/第二节 第一舰队在闽归附/第三节 驻沪海军易帜/第四节 帝国主义加紧干涉中国革命/第五节 南北海军对峙/第六节 海军会攻龙潭与第一次西征/第七节 第二期北伐,东北易帜,全国"统一"/第八节 海军署成立与海军第二次西征/第九节 中原会战中海军反蒋派与亲蒋派的斗争/第十九章 南京国民政府的海军建制和建设/第一节 海军部成立与舰队编制/第二节 海军警卫营及海军陆战队组织/第三节 海军建设六年计划及执行情况/第四节 海军造船所及新造和改造的舰艇/第五节 海军教育与训练/第六节 海军平时训练与春秋二操/第二十

章 从"九·一八"到"七·七"事变前夕的海军/第一节 "九·一八"事变后的东北海军/第二节 "一·二八"事变中的中央海军/第三节 福建事变中的中央海军/第四节 "九·一八"事变后的广东海军/第五节 抗日战争前陈绍宽的对外活动/第二十一章 八年抗战中的海军/第一节 "七·七"事变/第二节 战前敌我海军实力/第三节 "八·一三"淞沪战役/第四节 江阴海空战/第五节 南京陷落与日军惨绝人寰的暴行/第六节 青岛海军的撤守/第七节 日军重组侵华海军,准备入侵武汉/第八节 海军改组与武汉保卫战/第九节 汪伪海军/第十节 闽厦战役/第十一节 广东海军珠江抗日/第十二节 海军布雷游击战/第十三节 坚守川江拱卫重庆/第十四节 太平洋战争爆发与参加第二次世界大战的中国海军见习官/第十五节 战争结局/第二十二章 战后海军的演变/第一节 海军受降与海疆收复/第二节 战后海军体制的改革/第三节 战后海军造船机构/第四节 战后海军教育与训练/第五节 接收日本赔偿舰艇/第六节 收回甲午战败海军被掠失物/第七节 英国赠舰/第八节 美国赠舰/第九节 旧不平等条约与英美等放弃在华特权的所谓"新约"/第二十三章 解放战争时期的海军/第一节 全面内战的爆发/第二节 在内战中的国民党海军/第三节 国民党海军舰艇的起义和投诚/第四节 解放军炮轰侵入长江向我挑衅的英舰/第五节 国民党海军退守台、澎/第二十四章 人民海军的诞生/第一节 人民海军组建经过/第二节 海军初创七年战绩/结束语——勿忘历史兴我中华

内容提要 起自史前,讫于新中国建立之处,共分24章,反映了中国海军史的整体面貌。

书　　名 晚清海防:思想与制度研究

责 任 者 王宏斌著

出 版 项 北京:商务印书馆,2005

页　　码 637

书　　号 7-100-04492-8

分 类 号 E295.2

相关目录 上卷:海防思潮与政策演变/第一章 彷徨的开端:第一次海防策略大讨论/第一节 海防善后事宜大讨论/第二节 前线将帅关于"以守为战"的反思/第三节 后方官绅关于英军"船坚炮利"的看法/第四节 "以民制夷"思想的初衷与变味/第二章 "师夷智以造炮制船":第二次海防策略秘密讨论/第一节 秘密讨论的起因与发动/第二节 第二次鸦片战争与"船坚炮利"再认识/第三节 同文馆的成立与思想的激烈交锋/第三章 海防政策的全面调整:第三次海防策略大讨论/第一节 日军侵台与中国第三次海防政策大讨论的发动/第二节 沿江沿海督抚大员的主要观点/第三节《防海新论》传播的西方海防观念/第四节 激烈的思想冲突与辩论/第五节 清政府的海防决策/第六节 中下层官绅关于海防策略的思考和建议/第四章 "非将旧制水师改为轮船水师不可":第四次海防策略讨论/第一节 "非将旧制水师改为轮船水师不可"(丁日昌)/第二节 "彼此联为一气,缓急乃有足凭"(沈葆桢)/第三节 "必能战而后能守,能守而后能和"(李鸿章)/第四节 "沿海水师规模,必得专员统辖"(王先谦)/第五节 "器而精者仿而用之,不必问其为德为英"(何如璋与马建忠)/第六节 "万一强敌凭陵,则合南北洋之力可以一战"(薛福成)/第七节 "斥夷狄而师其法,取其利用也"(郑观应)/第五章 海军的统一指挥权:第五次海防策略讨论/第一节 法国舰队的入侵与彼此孤立无援的中国沿海水师/第二节 "非尽敌之长,不能制敌之命"/第三节 海军衙门的成立与北洋水师的盛衰/第六章 海防战略方针的重新调整:第六次海防策略大讨论/第一节 北洋海军的覆灭与海军衙门的裁撤/第二节 重建海军的呼声与马汉制海权理论的传播/第三节 重建海军的各种建议/第七章 铁路与电线/下卷:军工修造与制度/第八章 两次鸦片战争期间的"师夷制夷"活动/第一节 造船必求极坚——"勿恃其不来,恃吾有以待之"/第二节 制炮必求极利——"勿恃其不攻,恃吾有所不可攻也"/第三节 "师夷制夷"的停滞/第九章 从炮台建筑考察晚清军事工程的缓慢进步/第一节 两次鸦片战争期间的岸防兵力配置与炮台建筑/第二节 光绪时期的岸防兵力配置与炮台建筑技术进步/第十章 从管理学的角度看福州船政局的利弊得失/第一节 福州船政局的创办与国外技术利用(1866-1873)/第二节

选择的自觉与操作的困惑(1874－1890)/第三节 船政局的衰落与停办(1890－1907)/第四节 船政管理机构与国际技术移植:困境与出路同在/第五节 会计、审核与薪水制度/第十一章 从民船章程的修订看管理制度的变化/第一节 清代前期沿海商渔船只修造管理章程/第二节 第一次鸦片战争后航海混乱状况与加强管理的呼声/第三节《华商买用洋商火轮、夹板等项船只章程》/附:晚清海防炮台图表/附表一、1846年长江沿岸炮台建筑情况一览表/附表二、福州船政局历届船政大臣在职时间一览表/附表三、福州船政局历届留学生一览表/附表四、1894年前日本海军横须贺、吴和佐世保三个造船厂造船情况表/附表五、福州船政局经费收支一览表/附表六、福州船政局经费支出结构一览表/附表七、福州船政局1869－1905年成造轮船数量与质量情况/附表八、1885年福州船政局管理人员工薪一览表/附表九、1885年福州船政局调整之后管理人员设置情况一览表

内容提要 本书通过对晚清不同时期的海防思想、海防政策、海防体系以及军工修造制度的分析,理清其演变轨迹,寻找海防建设在近代化过程中发生顿挫的主观原因和客观原因,评价其功过是非,总结晚清海防建设的经验教训。

书　　名 **晚清海军兴衰史**

责 任 者 戚其章著

出 版 项 北京:人民出版社,1998.04

页　　码 529

书　　号 7－01－002648－3

分 类 号 E295

相关目录 第一章 英舰叩关与海防运动在中国的兴起/第一节 中英粤洋海战/一、林则徐整顿海防/二、粤洋七捷/第二节 开一代风气之渐的海防运动之勃兴/第三节 近代海防论的先驱/一、林则徐的海防思想和建立近代海军的构想/二、魏源的海防论和朴素海权观/第二章 清政府试办海军/第一节 湘军水师的建立与长江水战/第二节 清军水师抗击英法联合舰队之战/一、"亚罗"号事件与珠江之战/二、英法强行修订新约与大沽炮台之陷/三、进京换约路线之争与大沽海口大捷/四、英法联军第三次北犯与大沽炮台再次陷落/第三节 昙花一现的"阿思本舰队"/一、清政府议办海军/二、李泰国买舰内幕/三、"阿思本舰队"的解散/第三章 创办造船工业与海军初建/第一节 仿造轮船的尝试/第二节 创办近代造船工业/一、江南制造总局分厂造船/二、福州船政局的创设/三、自造轮船与船政的新发展/四、广东船局试造浅水兵轮/第三节 培养近代海军人才/一、中国近代海军的摇篮——福州船政学堂/二、陆续兴办的海军学校/三、派遣海军留学生/第四节 四洋海军初具规模/一、中国近代第一支海军——福建海军/二、"海防议"的兴起与北洋海军初建/三、"移缓就急"方针与南洋海军和广东海军的创建/第四章 甲申中法海战/第一节 法国舰队窜犯闽台/一、基隆首捷/二、中法马江之役/三、基隆退守与沪尾之捷/四、法国"担保政策"的破产/第二节 南洋海军援台与镇海保卫战/一、南洋海军援台的背景与石浦沉船事件/二、镇海口拒敌/第五章 清政府"大治水师"与北洋海军成军/第一节 "海防议"再起与海军衙门的设立/第二节 北洋海军基地的营建/第三节 中日长崎事件/一、长崎事件的经过/二、中日关于长崎事件的交涉/三、崎案的议结及其影响/第四节 北洋海军正式成军/一、清政府批准《北洋海军章程》/二、成军后的北洋海军/三、琅威理辞职风波及其后果/第五节 洋务思潮勃兴与近代海防论的发展/第六章 甲午中日海战/第一节 战前的日本海军/第二节 初战丰岛/一、日本海军的丰岛突袭/二、中国军舰被迫应敌/三、"操江"之降和"高升"之沉/第三节 黄海鏖兵/一、战前的两军态势/二、寻机决战与北上护航/三、变阵迎敌/四、苦撑危局/五、"巍巍铁甲"/六、布阵得失论未休/第四节 旅顺口基地的陷落/一、日本第二军登陆花园口/二、旅顺陷落/第五节 威海卫基地保卫战/一、日本"山东作战军"登陆荣成湾/二、威海卫后路防御全线崩溃/三、刘公岛保卫战/四、北洋舰队的覆没/五、威海之役海军失败的原因/第六节 从海军战略检讨北洋海军的结局/第七章 清政府兴复海军/第一节 甲午战后的海防形势/一、筹议重整海军与列强瓜分军港/二、八国联军攻陷大沽炮台/第二节

兴复海军的“七年规划”及其实施/结束语 晚清海军兴衰的历史启示

书　　名　晚清巨人传:李鸿章
责 任 者　徐立亭主编;董守义著
出 版 项　哈尔滨:哈尔滨出版社,1996
页　　码　602
书　　号　7-80557-898-2
分 类 号　K820.52
相关目录　第一章 横空出世/第二章 洋务先觉“求自强之术”/第三章 洋务首脑/第四章 洋务重镇筹划天津防务/第五章 洋务巨擘/第六章 洋务樽俎/第七章 洋务初效/第八章 洋务顿挫/第九章 洋务考察/第十章 洋务补天/第十一章 玲珑人生

书　　名　晚清巨人传:林则徐
责 任 者　徐立亭主编;薛桂芬著
出 版 项　哈尔滨:哈尔滨出版社,1996
页　　码　540
书　　号　7-80557-894-X
分 类 号　K820.52
相关目录　第六章 禁烟运动的主将/第七章 震惊世界的虎门销烟/第八章 具结与交凶斗争/第九章 珠江口外战云密布/第十章 矢心报国不计私/第十一章 羁滞广东的日日夜夜

书　　名　晚清巨人传:盛宣怀
责 任 者　徐立亭主编;陈景华著
出 版 项　哈尔滨:哈尔滨出版社,1996
书　　号　7-80557-902-4
分 类 号　K820.52
相关目录　第二章 会办招商局/一、外轮垄断/二、与洋人争利/三、商股商办/四、初显经营才干/五、“坚请督办”未果/第三章 督办电报局/一、防务之必需之物/二、幕后的设计者/三、功效卓著/第五章 独掌招商局大权/一、实现“督办”愿望/二、督办后严格整顿/三、增强竞争力/第九章 办学育才/一、人才观/二、创办北洋大学和南洋公学/三、促进南洋公学的发展/第十章 策划“东南互保”/一、抵制义和团运动/二、导演“东南互保”/三、议和与赔款/四、对列强的抵制和妥协

书　　名　晚清巨人传:严复
责 任 者　徐立亭主编;徐立亭著
出 版 项　哈尔滨:哈尔滨出版社,1996
页　　码　666
书　　号　7-80557-901-6
分 类 号　K820.52
相关目录　第一章 贫困的少年时代/第二章 在福州船政学堂/一、投考马江学堂/录取第一名/在“良工”与“良将”摇篮/船政学堂的高才生/二、福建水师实习生活/在“建威”练习船上/乘“扬武”舰巡洋/跟从防守台湾/第三章 留学英国的岁月/第四章 奉职水师学堂/一、年轻的船校教习/初任马江学堂/马江学

堂新貌/奉命离闽北上/二、天津水师学堂总教习/北洋海军守津门/在天津水师学堂/“不预机要”的总教习/对李鸿章的失望/三、由会办升总办/欲结张之洞/《〈支那教案论〉提要》/四、科举仕途的坎坷/幻想科举正途/落第的苦恼/感叹“误习旁行书”/五、在甲午战争中惊醒/关注国家的命运/反对妥协求和/译述以警世/第五章 在维新运动中/第六章《天演论》敲响警钟/第七章 传播西学第一人/第八章 脱离海军界/避居长康里/一、从天津到上海/“国会”副会长/二、在开平矿权交涉中/开平矿务局“总办”/筑路开矿的设想/为张翼草拟“辩折”/赴伦敦交涉矿权/三、赴任京师大学堂/译书局总纂/手订《译书局章程》/编著《英文汉诂》/“译才并世数严林”/《评点老子》/辞别编译局/四、在南方教育界/在上海的演讲/安庆学堂监督/复旦公学校长/第九章 卷进立宪运动/第十章 在民国初年的官场/第十一章 晚年闲居生活

书　　名　晚清巨人传:左宗棠
责 任 者　徐立亭主编;安静波著
出 版 项　哈尔滨:哈尔滨出版社,1996
页　　码　596
书　　号　7-80557-897-4
分 类 号　K820.52
相关目录　第四章 洋务“骄子”/一、借法自强”的帷幕/二、创办福州船政局/在非难中艰苦创业/“自造、自驾、自管”/“权自我操”/船政局的兴衰/创立求是堂艺局/船政局的矛盾/创办甘肃机器制造局/三、缔造甘肃近代工业/第八章 内调军机和外放两江/三、整顿江海防务/加强海陆军建设/增设江防要塞/创立沿海渔团/力主援越抗法/第九章 忠忱抗法 晚节可风/一、受命于危难之时/二、坐镇福州 指挥若定/三、“乘胜即收” 无力回天

书　　名　晚清美籍税务司研究:以粤海关为中心(“近现代中国政治与社会变迁”研究丛书)
责 任 者　李爱丽著
出 版 项　天津:天津古籍出版社,2005.05
页　　码　302
书　　号　7-80696-220-4
分 类 号　F752.59
相关目录　第一章 美国与中国海关外籍税务司制度/第一节 美国与海关外籍税务司制度/第二节 晚清美籍税务司的选募和任职情况概述/第二章 美籍税务司与中国海关/第一节 美籍税务司对中国海关造册处的贡献/第二节 美籍税务司在粤海关的工作/第三章 美籍税务司与中国参加美国博览会/第一节 1876年费城博览会/第二节 1884年新奥尔良棉花博览会/第三节 1893年芝加哥博览会/第四节 1904年圣路易斯博览会/第四章 美籍税务司与近代中外关系/第一节 美籍税务司在中外战争中的表现/第二节 墨贤理在朝鲜(1885-1889)/第三节 美国税务司与中美文化交流/结语/参考文献/附录/附录一、晚清美籍税务司任职情况一览表/附录二、1904年圣路易斯博览会中国展品获奖名单
内容提要　中山大学985”项目研究经费资助出版:本书共分为四章,介绍了美国与中国海关外籍税务司制度、美籍税务司与中国海关、美籍税务司与中国参加美国博览会、美籍税务司与近代中外关系等。

书　　名　晚清山东商埠(齐鲁历史文化丛书)
责 任 者　魏永生编著
出 版 项　济南:山东文艺出版社,2004.09
页　　码　128

书　　号　7－5329－2364－9

分 类 号　F729.52

相关目录　一、山东第一个条约口岸:烟台/(二)《天津条约》与烟台成为通商口岸/(三)19世纪后期山东的贸易中心/(七)烟台贸易中心地位的失落/二、从租借地到商贸中心:青岛/(五)青岛贸易的发展和商业的繁荣/三、清末山东自开商埠:济南、潍县和周村/(一)山东自开商埠缘起/四、开埠通商与近代山东社会经济变迁

内容提要　本书介绍了山东第一个条约口岸——烟台、从租借地到商贸中心:青岛、清末山东自开商埠、开埠通商与近代山东社会经济变迁。

书　　名　晚清史研究(南强史学丛书)

责 任 者　郑剑顺著

出 版 项　长沙:岳麓书社,2004

页　　码　512

书　　号　7－80665－327－9

分 类 号　K252.07

相关目录　四、洋务问题/论洋务运动的兴起及历史作用/关于洋务运动评价的两个问题/商务观念与洋务企业的成败/五、船政问题/清末福建船政局评价的两个问题/关于福建船政局创办的目的和成效问题/清末福建船政局的技术引进/清末福建船政局的人才引进/福建船政局衰败的社会原因/论清末福建船政学堂/福建船政学堂与近代西学传播

内容提要　本书收入了四十三篇文章,都是论述晚清史问题或主要是论述晚清问题的,包括用情理透视晚清问题,晚清史研究的理论与现状问题、鸦片论议与鸦片战争问题等。

书　　名　晚清史治要

责 任 者　戚其章著

出 版 项　北京:中华书局,2007

页　　码　394

书　　号　7－101－05495－1

分 类 号　K252.07

相关目录　第一章 晚清近代化与海防论的发展/三、晚清海防论的发展及其历史地位/四、从中日海防观之比较看甲午海战的结局/第二章 晚清社会思潮的演变/第三章 从洋务运动到瓜分危机的历程/一、晚清造船工业的创建和发展/二、从翁同龢家藏文献看晚清外交/翁同龢家藏文献与甲午战争研究

内容提要　本书就晚清近代化的启动与挫折、社会思潮的演变、从洋务运动到瓜分危机的历程、教案与义和团发展的轨迹等几个重要方面,多视角地对晚清社会历史进行考察。

书　　名　**晚清文化地图:1840至1911年的中国文化人**

责 任 者　傅军龙,李柏田,竹天润著

出 版 项　北京:团结出版社,2006

页　　码　354

书　　号　7－80214－065－X

分 类 号　K820.52:K252.03

相关目录　上卷·经世致用与文化启蒙/龚自珍(1792－1841)/龚氏思想源流的学理上探讨/魏源

(1794－1857)/鸦片战争与《圣武记》/《海国图志》:“师夷长技以制夷”/对欧美社会的初步认识:“巴厘满衙门”和弥利坚/林则徐(1785－1850)/林则徐和鸦片战争/中卷·洋务运动与体用之争/曾国藩(1811－1872)/曾国藩与洋务运动、格致之学、官派留学生/左宗棠(1812－1885)/洋务运动的健将:致力于晚清海军建设/郭嵩焘(1818－1891)/晚清第一次使洋风波:一片诟骂声中的远行/李鸿章(1826－1901)/以淮军登上晚清政治舞台/洋务运动与中国早期现代化问题/“海防”“塞防”之争与中法战争/噩梦:中日甲午战争与《马关条约》/李鸿章的环球考察/张之洞(1837－1909)/总督两广与中法战争/督鄂十八年的洋务事业/下卷·戊戌变法与“不中不西”/康有为(1858－1927)/梁启超(1873－1929)/谭嗣同(1865－1898)/严复(1854－1921)/中日甲午战争与严氏的《辟韩》/章炳麟(1869－1936)

内容提要 本书包括:经世致用与文化启蒙、洋务运动与体用之争、戊戌变法与“不中不西”三部分,介绍了龚自珍、魏源、林则徐、曾国藩、左宗棠、李鸿章等历史名人的心态与人生轨迹。

书　　名 晚清洋务活动家:丁日昌(广东历史文化名人丛书)

责 任 者 赵春晨著

出 版 项 广州:广东人民出版社,2007

页　　码 164

书　　号 7－218－05552－4

分 类 号 K827＝52

相关目录 第一章 从一介儒生到洋务干才/四、“留心西人秘巧”/第二章 前期洋务活动/一、创设江南制造总局/二、倡议建立新式航运业/第三章 吏治思想与实践/二、惩恶除害上海道/三、剔弊两淮盐务/第四章 处理涉外事务/一、十里洋场上的周旋/二、解决潮州纠纷/三、承办棘手教案/第五章 后期洋务活动/一、呈递《海防条议》/三、主持船政局/四、致力台湾建设

内容提要 本书为《广东历史文化名人丛书》第三辑之一种,分六章记述晚清洋务活动家丁日昌的生平、事迹、贡献。

书　　名 晚清洋务巨擘:丁日昌(岭南文丛)

责 任 者 赵春晨著;广东炎黄文化研究会编

出 版 项 广州:广东人民出版社,2001

页　　码 290

书　　号 7－218－03573－6

分 类 号 K827＝52

内容提要 广州市社会科学基金会资助项目:本书内容包括:仕途多艰、迅速崛起的洋务干才、名噪一时的吏治能手、屡膺重寄的交涉大员、海防近代化的倡导与实践、负谤与病休、丁日昌与潮汕文化等,介绍了丁日昌的生平。

书　　名 晚清招商局新考:外资航运业与晚清招商局

责 任 者 陈潮著

出 版 项 上海:上海辞书出版社,2008

页　　码 240

书　　号 7－5326－2411－0

分 类 号 F552.9

内容提要 本书为复旦大学者陈潮关于19世纪晚清民族资本主义企业轮船招商局的一部史学专著,

对招商局诞生的社会历史背景,其与外资航运业竞争与共生的矛盾关系及其对中国社会造成的影响进行了全面的分析与阐述,数据翔实,鞭析入理,实为读者了解招商局始末的一部史学佳作。

书　　名　**万里丝路:宁波与海上丝绸之路(宁波文化丛书)**

责 任 者　林士民,沈建国著

出 版 项　宁波:宁波出版社,2002

页　　码　312

书　　号　7－80602－490－5

分 类 号　K295.53

相关目录　第一章/古越文化的交往/第一节 稻作农业的传播/一、稻谷遗存的出土/二、稻作农业的讨论/三、原始文化的对比/四、东传路线的推断/第二节 石制锛的发源地/一、国内外出土石锛/二、石锛起源地结论/三、石锛的传播途径/第三节 巨石崇拜的交融/一、国内遗存的发现/二、朝鲜日本的石棚/三、浙东地区的石室/第二章 海上丝路开通期/第一节 佛教从海道传人/第二节 佛教的相互交流/第三节 吴越移民与倭国/第三章 海上丝路发展期/第一节 唐日贸易与唐商/一、唐商人渡日原因/二、明州渡日的商船/三、运销的主要物品/第二节 浙东与日本佛教/一、唐代浙东的佛教/二、鉴真大师的东渡/三、最澄与天台宗/第三节 遣唐使与明州港/一、遣唐使入明州/二、遣唐使出入地考/第四节 头陀亲王与明州/一、《略记》明州史实/二、《略记》内容剖析/第五节 五岛列岛与明州/一、交通要冲值嘉岛/二、五岛列岛中史迹/第六节 新罗张保皋商团/一、从"朝贡"到商团转变/二、张保皋与东亚商团/第七节 唐吴越与朝鲜半岛/一、交往的历史见证/二、明州与新罗航线/三、频繁的佛学交流/第四章 海上丝路鼎盛期/第一节 明州的市舶机构/一、唐五代明州市舶/二、两宋的市舶机构/三、明州舶务的变迁/第二节 明州与东方货币/一、丝路兴旺的明州/二、货币文化的发展/第三节 明州佛画的输出/一、明州涌现佛画坊/二、明州佛画在日本/第四节 明州与书籍之路/一、东亚的书籍流通/二、明州四明刊书籍/、研究的几个问题/第五节 航线拓展与瓷业/一、明州与高丽航线/二、陶瓷文化的东传/三、输入向输出转变/第六节 陶瓷之路通四海/一、陶瓷之路先行者/二、五代北宋的外输/三、南宋元代的外销/第八节 宋元明州与高丽/一、航海外交的窗口/二、商舶聚集的大埠/三、明州与高丽的文化交流/第十节 中日佛教的交往/一、禅宗进入日本国/二、东渡日本的宗师/第十一节 庆元港市舶建设/一、庆元市舶的建置/二、市舶官员与隶属/第十二节 元日贸易的展开/一、商船往来之频繁/二、输出入的贸易品/第十三节 东南亚与波斯湾/一、东南亚的贸易圈/二、明州港与波斯湾/第五章 海上丝路禁滞期/第一节 明代宁波市舶司/第二节 宁波与勘合贸易/一、宁波的勘合贸易/二、民间"非法"贸易/第三节 明使策彦与宁波/一、广交朋友的策彦/二、策彦在甬史迹考/第四节 朝鲜崔溥与浙东/一、崔溥的《漂海录》/二、《漂海录》地名考/第五节 雪舟与港城宁波/一、雪舟人大明宁波/二、雪舟与四明山水/三、雪舟与宁波名人/第六节 朱舜水与日本国/一、朱舜水的奋斗篇/二、汉文化的传播者/第六章 海上丝路萎缩期/第一节 鸦片战争前宁波/一、宁波港对日贸易/二、对南洋诸国贸易/三、宁波与西方贸易/第二节 鸦片战争后宁波/一、开埠后的宁波/二、宁波港对外贸易/第三节 丝路抑制与停顿/一、丝路破坏与践踏/二、丝路的彻底崩溃

内容提要　本书包括古越文化的交往、海上丝路开通期、海上丝路发展期、海上丝路鼎盛期、海上丝路禁滞期、海上丝路萎缩期、新海上丝路腾飞七章。

书　　名　**威海军民反侵略斗争史**

责 任 者　田荣主编

出 版 项　北京:中共党史出版社,1992.08

页　　码　201

书　　号　7－80023－578－5

分 类 号　K295. 23

相关目录　第一章 设防抗倭/第一节 倭寇为害与御倭体系的形成/第二节 平定倭寇/第二章 甲午战争/第一节 北洋海军与威海卫海军基地的创建/第二节 甲午战争的爆发与制海权的争夺/第三节 日军在龙须岛登陆/第四节 抗击陆路入侵的日军/第五节 刘公岛决战/第六节 人民群众的抗日斗争/第三章 反英强租威海卫斗争/第一节 英国强租威海卫/第二节 人民群众奋起抗英/第三节 收回威海卫租借地的斗争/第四章 抗日救亡运动的兴起与发展/第一节 抵制日货运动/第二节 中共地方党组织的建立及其领导下的抗日救亡运动/第三节 抗日救亡运动的发展和中华民族解放先锋队地方队部的建立/第五章 第一次抗日武装起义/第一节 天福山起义/第二节 威海起义/第三节 继天福山、威海起义后的几次抗日武装起义/第四节 攻打牟平城,激战雷神庙/第六章 日军入侵及其暴行/第一节 威海卫、文登和荣成相继沦陷/第二节 日本侵略军的暴行/第七章 第二次抗日武装起义和敌后抗日根据地的建立/第一节 第二次抗日武装起义/第二节 各级抗日民主政权和各群众抗日组织的建立,敌后抗日根据地的形成/第八章 敌后抗日根据地的巩固和发展/第一节 粉碎日伪军的第一次大“扫荡”/第二节 粉碎日伪军的第二次大“扫荡”/第三节 积极开展游击战争,进一步孤立和打击敌人,收复失地/第四节 根据地的经济建设/第五节 根据地的文化建设/第九章 开展大反攻,光复威海大地/第一节 文登解放/第二节 收复威海卫和荣成的大片失地/第三节 刘公岛和龙须岛伪海军起义/第四节 解放全境/第十章 反美入侵/第一节 阻止美国军舰在威海港和荣成湾登陆/第二节 反击美机入侵

书　　名　**威海军事史:1200－1949. 10**

责 任 者　田荣编著

出 版 项　济南:山东大学出版社,2005. 05

页　　码　351

书　　号　7－5607－2974－6

分 类 号　E289. 523

相关目录　第一章 加强海防,抗击倭寇/第一节 倭患形成与设防抗倭/第二节 军民奋起平定倭寇/第三节 邓心可起义被镇压/第二章 清代兵事/第一节 清代沿海防御/第二节 镇压人民的反抗/第三章 甲午战争/第一节 北洋海军的创建/第二节 甲午战争爆发与制海权争夺/第三节 黄海决战/第四节 日军在龙须岛登陆/第五节 抗击入侵日军/第六节 刘公岛失守/第七节 民众的抗日斗争/第四章 英国强租威海卫时期的军事活动/第一节 英国强租威海卫/第二节 驻威海卫的英国军队/第三节 民众的抗英斗争/第五章 辛亥革命和民国初年兵事/第二节 沿海渔民抗税斗争/第三节 54 000 名华工聚集威海卫,赴欧参加第一次世界大战

内容提要　本书记载了南宋末年至新中国成立这一漫长历史时期内,威海地区的战争、战斗和相关军事活动。

书　　名　**威海卫与甲午战争(齐鲁历史文化丛书)**

责 任 者　王守中著

出 版 项　济南:山东文艺出版社,2004. 09

页　　码　147

书　　号　7－5329－2364－9

分 类 号　K295. 23: K256. 306

相关目录　一、威海——北洋海军的根据地/(一)威海卫的形势/(二)清政府筹议海防与慈禧挪用经

费/(三)李鸿章创建北洋海军/(四)威海基地的建设/二、日本发动甲午战争与威海备战/(一)日本侵华蓄谋已久/(二)中国海陆军战败/(三)威海基地的作战准备/(四)山东巡抚的海防措施/三、日军进攻威海的作战准备/(一)组建山东作战军/(二)声东击西的作战术/(三)日军登陆荣成湾/四、威海保卫战与北洋海军的覆灭/(一)初战白马河/(二)南帮炮台争夺战/(三)南帮炮台外围战及北帮炮台的弃守/(四)孤立无援的刘公岛/(五)北洋海军的覆灭/五、甲午战争对山东的影响/(一)灾荒加剧/(二)港口被占/(三)"灭洋"活动/(四)取法日本

内容提要　本书介绍了山东省威海——北洋海军的根据地、日本发动甲午战争与威海备战、日军进攻威海的作战准备、威海保卫战与北洋海军的覆灭、甲午战争对山东的影响。

书　　名　**威海文史资料:第8辑,北洋海军的兴衰**

责 任 者　威海市政协文史资料委员会

出 版 项　威海:威海市政协文史资料委员会,1994.08

页　　码　176

分 类 号　K295.2

相关目录　第一章 清政府初建近代海军/一、清朝的旧式水师/二、近代海防思想的产生与发展/三、清朝近代海军的初创/第二章 北洋海军发展成军/一、北洋海军初具规模/二、北洋海军正式成军/三、北洋海军章程的制定/一、北洋海军基地的确定/第三章 北洋海军的基地与防务/二、大沽口基地的营建/三、旅顺基地的营建/四、威海基地的营建/第四章 北洋海军的教育与训练/一、北洋海军的教育/二、北洋海军的训练/三、北洋海军中雇用的洋员/第五章 中日甲午海战/一、日本"大陆政策"及其海军扩充/二、丰岛海战/三、黄海海战/四、威海海战与北洋海军覆灭/第六章 北洋海军爱国将士传略/丁汝昌/刘步蟾/林泰曾/邓世昌/杨用霖/林永升/邱宝仁/叶祖珪/黄建勋/林履中/萨镇冰/陈荣/陈金揆/陈景琪/沈寿昌/黄祖莲/黄承勋/王国成/附录 甲午海战阵亡死难将士姓名录

书　　名　**伟大的航海家、外交家郑和**

责 任 者　郑一钧编著

出 版 项　昆明:云南美术出版社,2005.06

页　　码　178

书　　号　7-80695-228-4

分 类 号　K825.8

相关目录　郑和研究的提起/伟人崛起/郑和家世/入侍燕王 建功立业/远洋梦想/奉命出使/放眼四海 伟大决策/领命出使/周详准备 科学航海/组成使团/太仓开洋/驻泊长乐 伺风开洋/15世纪的海上奇迹——郑和七次航海西洋/第一次下西洋/第二次下西洋/第三次下西洋/第四次下西洋/第五次下西洋/第六次下西洋/第七次下西洋/郑和下西洋对经济、文化的贡献/公平贸易 互通有无/远播中华文明/动植物资源交流/纪念郑和与中华民族的伟大复兴/开航海之先河 传友谊于四海/从开放到封闭 从屈辱到光明/弘扬郑和精神 实现中华民族的伟大复兴

内容提要　中国伟大的航海家、外交家郑和,作为世界大航海时代的先行者,在人类刚刚迈入15世纪之际,以其卓越的才能、英勇无畏的献身精神,领导了七下西洋的伟大壮举。

书　　名　**伟大的航海家郑和**

责 任 者　何一凡,马光汝著

出 版 项　南京:江苏文艺出版社,2004.06

页　　码　218
书　　号　7－5399－2105－6
分 类 号　K825.8
相关目录　第一章 怀大志磨砺成才/第一节 咸阳王六世子孙/第二节 平滇乱惨遭阉割/第三节 随燕王建立奇功/第四节 得赏识倚为心腹/第二章 露头角肩负重任/第一节 扬国威成祖开放/第二节 中圣意挂印西洋/第三节 广求贤组建船队/第三章 涉沧溟七下西洋/第一节 擒祖义廓清海道/第二节 诚布施永修友好/第三节 惩凶王奠基和平/第四节 经浩渺直抵波斯/第五节 入东非争献麒麟/第六节 帝驾崩中止远航/第七节 朝天方瘁逝归途/第四章 轶汉唐永乐盛世、第一节 频出使广泛建交/第二节 颂友谊万邦来朝/第三节 三国王魂寄神州/第五章 开海上丝瓷之路/第一节 多形式发展贸易/第二节 设基地贸易分区/第三节 通有无繁荣经济/第六章 宣教化德泽中外/第一节 诸外国仰慕中华/第二节 西洋宝华夏增辉/第三节 利移民开发南洋/第七章 最伟大的航海家/第一节“大航海”的先驱/第二节 最早的《航海图》/第三节 一流的航海技术/第四节 大洋上的新航线
内容提要　本书叙述了郑和率领庞大的舰队,从南京下关起锚,开始下西洋的航行故事。

书　　名　**伟大祖国的长江航运事业**
责 任 者　张明编著
出 版 项　北京:人民交通出版社,1959.11
页　　码　80
分 类 号　F552.7
相关目录　第一章 古代的长江航运/第二章 半封建殖民地中国的长江航运/第一节 帝国主义侵入中国,内河航行权的丧失/第二节 帝国主义航业在中国势力的消长/第三节 在帝国主义的摧残排挤下,我国轮船业的产生和演变/第四节 旧中国的长江航运在各个时期的变化情况/第五节 在反动统治下,海员的悲惨生活和英勇的反抗斗争

书　　名　**魏源传**
责 任 者　李汉武著
出 版 项　长沙:湖南大学出版社,1988.07
页　　码　296
书　　号　7－314－00231－2
分 类 号　K827.52
相关目录　第二章 幕府生涯/第二节 漕粮海运中的改革思想/第四章 著述概况/第三节《圣武记》和《道光洋艘征抚记》/第四节《海国图志》/第九章 魏源思想对洋务运动和戊戌维新运动的影响/第十章 魏源思想对日本明治维新运动的影响
内容提要　魏源是中国近代维新改良思想的先驱者,本书系统地介绍了魏源的家世、生平和著作,研究了其思想中的近代因素,论述了魏源对“洋务运动”,戊戌维新运动和日本明治维新运动的影响和作用。

书　　名　**魏源评传(中国思想家评传丛书)**
责 任 者　陈其泰,刘兰肖著
出 版 项　南京:南京大学出版社,2004.09
页　　码　665
书　　号　7－305－04327－3

分 类 号　B252.5

相关目录　第六章 嘉道时期出色的改革思想家(下)/一、筹划海运/三、《筹河篇》与治河良策/四、“货源”与“食源”:对经济问题的探讨/第七章 爱国御侮思想的昂扬/第八章 近代向西方学习的先驱/一、《海国图志》:一部划时代的著作/二、“师夷长技以制夷”:一个纲领性的口号/三、近代中国启蒙思潮的先驱/四、延误的回响:《海国图志》在近代中国的影响/五、《海国图志》在海外的传播和影响

内容提要　本书多角度、立体式地对魏源的经世思想的形成,成就显著的改革实践,对今文经学精义的阐发,爱国御侮思想和倡导向西方学习的历史性贡献,在哲学、史学、文学等领域的诸多建树,以及在中国近代史上的地位等问题,都作了比较深入的分析和精到的评价。

书　　名　**魏源思想探析(儒道释博士论文丛书)**

责 任 者　李素平著

出 版 项　成都:巴蜀书社,2005.10

页　　码　378

书　　号　7-80659-779-4

分 类 号　B252.5

相关目录　第一章 早期思想概述(约1974-1842~1845)/第四节《海国图志》与近代历史文化观

内容提要　本书简要介绍了魏源的生平、著述,概述了其经世思想,其表现为:为封疆大吏募聘幕僚,参与盐政、漕运,海运等时务,充分发挥了经世才能。

书　　名　**魏源思想研究**

责 任 者　杨慎之,黄丽镛编

出 版 项　长沙:湖南人民出版社,1987.11

页　　码　464

书　　号　7-217-00217-6

分 类 号　B252

相关目录　试论魏源的反侵略军事思想 董蔡时/论魏源军事思想 李汉武/再论《道光洋艘征抚记》的祖本和作者 姚薇元/魏源《海国图志》研究 吴泽 黄丽镛/评魏源的《海国图志》及其对中日的影响 萧致治/《海国图志》对“幕末”日本的影响 大谷敏夫

书　　名　**魏源研究**

责 任 者　李瑚著

出 版 项　北京:朝华出版社,2002

页　　码　874

书　　号　7-5054-0778-3

分 类 号　B252.5

相关目录　“于古未有”的海运/西出阳光——第一次从军/东临浙海——第二次从军/浙海抗敌/战后的反思——《圣武记》与《海国图志》/“后王师前王”/“师夷长技以制夷”

内容提要　《魏源》一书叙述了魏源的生平事迹及其进步思想,本书是作者近年来从事魏源研究的部分作品。

书　　名　**魏源与近代中国改革开放**

责 任 者　刘泱泱等编

出 版 项　长沙:湖南师范大学出版社,1995
页　　码　568
书　　号　7-81031-415-7
分 类 号　D092.52:B252.5
相关目录　魏源与鸦片战争 李瑚/试论魏源的开放观 钟觉民/关于魏源辑撰《海国图志》的几点看法 陈华/《海国图志》征引西书考释 熊月之/魏源《海国图志》源流考(俄)谢尔盖·傅乐吉/试论《海国图志》与先前两家海书的写作旨趣 王宏斌/《海国图志·筹海篇》研究 方早成/《海国图志·筹海篇》的近代意识 高虹/"师夷长技以制夷"的时代意义及其影响 廖一中/"师夷"与"制夷"——近代爱国主义思想的重要体现 谢本书/魏源"师夷制夷"主张新论 尤海清/论魏源的"制夷"战略与策略 宫云忏/析魏源"师夷长技以制夷"思想的历史地位及其理论局限 成晓军/魏默深的海权思想——近代中国倡导海权的先驱(台)王家俭/《海国图志》的海防思想及所反映的若干新观念 刘爱文/《海国图志》与近代民主思想 王劲/《海国图志》与晚清国人近代世界观的形成 田毅鹏/《海国图志》与中国近代民主思想(提要)吴传清/从《海国图志》看魏源的中西文化观——兼与章鸣九先生商榷 许增紘/略论《海国图志》对英美的研究 闵锐武/论《海国图志》对西方科技的介绍 许康/《海国图志》与晚清国防近代化 施渡桥/《海国图志》与洋务运动 徐松荣/《海国图志》与近代中国维新运动 涂鸣皋/近代国人对《海国图志》的认识与评价 田涛/《海国图志》与日本明治维新(日)容应萸

书　　名　温台护航记录:民国三十二年六月至三十五年六月
出 版 项　温州:浙江省外海护航委员会
页　　码　288
分 类 号　F552.9
内容提要　关于收编浙江温州、台州地区"海盗",组织护航队,向渔民征收护航费,以及缩编遣散的前后经过纪事,并附有关军火、款项收支等项清册表报。

书　　名　温州港史(中国水运史丛书)
责 任 者　周厚才编著
出 版 项　北京:人民交通出版社,1990.02
页　　码　325
书　　号　7-114-00845-7
分 类 号　F552.9
相关目录　第一章 先秦至北宋温州港的形成和发展/第一节 先秦至南北朝温州港的形成和港址的南移/第二节 唐代至北宋温州港的发展/第二章 南宋元代温州港的繁荣/第一节 温州社会经济的发展/第二节 温州市舶机构的建立/第三节 海上粮运和交通贸易的兴盛及对外友好往来的扩大/第三章 明清时期(鸦片战争以前)温州港的衰落和复苏/第一节 明代温州港的衰落/第二节 清代(鸦片战争前温州港的复苏/第四章 近代温州的开埠和港口的初步发展/第一节 温州的开埠和港口管理的近代化/第二节 港口近代航运初具规模/第三节 港口客货运输的初步发展/第四节 温州开埠后社会经济的变化/第五章 近代温州港的进一步发展和演变/第一节 1920-1936年进出口贸易的变化/第二节 港口航运的演变/第三节 港口管理的变化和设施的发展/第六章 抗日战争和解放战争期间温州港的畸形繁荣和衰落/第一节 抗日战争初期港口的畸形繁荣/第二节 港口畸形繁荣局面的消失/第三节 解放战争期间港口的复苏和衰落/第四节 港口管理和设施的变化/第五节 封建把持制度统治下温州码头搬运工人的悲惨生活

书 名 **温州族群与区域文化研究**
责 任 者 林亦修著
出 版 项 上海:上海三联书店,2009.04
页 码 404
书 号 978-7-5426-2995-1
分 类 号 K280.553
相关目录 第六章 明清温州移民族群的边境运动和山海文化/第一节 明清时期温州的倭患和卫所移民及其文化/第二节 明代浙南坑冶与处州坑兵/第三节 倭寇的来源和明代温州倭患/第五节 清初迁复界和山海文化的进一步融合/第六节 明末清初温州番薯移民及其文化影响
内容提要 本书主要内容包括:温州族群与文化的早期形态、永嘉郡时期汉族前移民族群与文化特征、唐末五代温州移民与文化特征、宋元南北移民融合与文化交汇等。

书 名 **文化的抉择与发展:日本吸收外来文化史说**
责 任 者 武安隆著
出 版 项 天津:天津人民出版社,1993.01
页 码 428
书 号 7-201-01313-0
分 类 号 K313.03
相关目录 五、遣唐使/1. 遣隋使与遣唐使/2. 留唐热潮/3. 大陆先进生产方式与政治制度的移植/表1. 唐日刑名比较/附表目录/表2. 唐日罪名及罪状比较/表3. 日唐官制比较/4. 唐文化百花苑与唐风文化/表4. 大学寮各道师生编制一览/5. 日本文化中的印度文化/6. 正仓院珍宝映出的丝绸之路文化交流/7. 日本风文化的创造/六、对中国文化的继续吸收和儒学的日本化/1. 日宋贸易·天龙寺船·勘合制度·长崎唐人馆/2. 以禅僧为主的中日各界人士的交流及其对日本的文化影响/3. 江户时期日本对中国清代文化的吸收/4. 宋学的传入和传播/5. 儒学的独立和儒学各流派

书 名 **文化与传播**
责 任 者 深圳大学中国文化与传播系主编
出 版 项 上海:上海文化出版社,1993.07
页 码 472
相关目录 鉴真、圆仁与扬州 吴廷璆 郑彭年/妈祖崇拜与中外文化交流 郁龙余/郑和海外用兵略论 谢方
内容提要 本书探讨了中国文化的特质和传播、中外文化的异同和互补、中国现代文化的进程中华夏民族文明的振兴和发展。

书 名 **文明的博弈:16至19世纪澳门文化长波段的历史考察(澳门丛书)**
责 任 者 刘然玲著
出 版 项 广州:广东人民出版社,2008.06
页 码 387
书 号 978-7-218-05844-3
分 类 号 K296.59
相关目录 第一章 从隔绝到撞击文明的博弈/第二节 大航海时代欧洲人的文化观/第五节 澳门渔港

文化追溯/一、海舶贸易/二、"龙涎香"与澳门开埠/三、澳门(Macau)名称的意蕴/第三章 重商主义的兴起/第一节 白银贸易与重商主义/一、"海禁"与澳门的勃兴/二、"财富"来自海洋/第四节 传教士与澳门海上贸易/一、"神父之船"/第四章 文化的调适与生存/第一节 岭南文化与澳门/四、澳门妈祖文化与商业文化的互动

内容提要 本书内容包括:从隔绝到撞击;"拉丁文明"的侵入;重商主义的兴起;文化的调适与生存;葡河汉界,各美其美;中西方文明的交织与消长。

书 名 **文明的吸纳与历史的延续:元代东南地区商业研究**
责 任 者 王秀丽著
出 版 项 澳门:澳亚周刊出版有限公司,2005.01
页 码 510
分 类 号 F7
相关目录 第一章 元代东南地区商业交通的发展/第一节 长江沿线商业交通的密集/第二节 海上商业交通的发展/第三节 江浙行省境内的商业交通状况/第四节 江西行省境内的商业交通状况/第五节 湖广行省境内的商业交通状况/第六节 元代东南地区水路交通的频度、速度与手段/第二章 元代东南地区的商品流通状况/第一节 粮食的流通与贸易/第二节 茶叶的流通与贸易/第三节 食盐的流通与贸易/第四节 丝、棉、麻等衣料产品的流通与贸易/第五节 瓷器的流通与贸易/第六节 木材的流通与贸易/第七节 中国海商在东南亚、印度半岛的转贩贸易/第三章 元代东南地区各级商品市场/第四章 元代东南地区的商人/第五章 政府行为与商业经济秩序

书 名 **倭寇:海上历史**
责 任 者 (日)田中健夫著;杨翰球译
出 版 项 武汉:武汉大学出版社,1987
页 码 141
书 号 7-307-00068-7
分 类 号 D819
相关目录 概观 十四至十五世纪的倭寇与十六世纪的倭寇/前言/一、十四至十五世纪倭寇的发生与活动/倭寇发生的环境/倭寇的凶猛/倭寇的变质与分解/二、十四至十五世纪的倭寇与元、明王朝/倭寇的侵入中国大陆/足利义满对明外交的开始/三、十四至十五世纪倭寇的平息/应永外寇/被掳朝鲜人的送还与琉球/和平交往的展开/倭寇发生的温床/四、十六世纪倭寇的酝酿/欧洲船的进入亚州/双屿的走私贸易/五、十六世纪倭寇的活动与特点/王直与嘉靖严重倭患/明朝的倭寇对策/倭寇的特点/六、中国人眼中的十六世纪倭寇与日本/倭寇的风俗/中国人对日本认识的扩大/倭寇在高丽、朝鲜的行动次数/倭寇在明朝的行动地域与行动次数/倭寇关系年表

书 名 **我国古代的海上交通**
责 任 者 章巽著
出 版 项 上海:新知识出版社,1956.7
页 码 42
书 号 12076·80
分 类 号 F552.9
相关目录 一、从远古到战国时代的海上交通/二、秦、汉、三国时代的海上交通/三、隋、唐时代的海上

交通/四、宋、元时代的海上交通

书　　名　**我国古代的海上交通**
责 任 者　章巽著
出 版 项　北京:商务印书馆,1959
页　　码　42
分 类 号　F552.9
相关目录　一、从远古到战国时代的海上交通/二、秦、汉、三国时代的海上交通/三、隋、唐时代的海上交通/四、宋、元时代的海上交通

书　　名　**我国古代的海上交通**
责 任 者　章巽著
出 版 项　北京:商务印书馆,1986
页　　码　101
书　　号　12017·48
分 类 号　F552.9
相关目录　第一章 从远古到战国时代的海上交通/(一)我国最早的海上交通/(二)西周时代的海上交通/(三)春秋时代的海上交通/(四)战国时代的海上交通/(五)季风的发现/第二章 秦、汉、三国时代的海上交通/(一)秦代的海上交通/(二)秦代造船工场遗址的发现/(三)汉代的海上交通/(四)印度洋以西海上交通的发展/(五)两汉及三国时代造船技术的发展/(六)三国时代的海上交通/第三章 晋、南北朝时代的海上交通/(一)晋代的海上交通/(二)孙恩、卢循起义/(三)法显的远洋航行/(四)南北朝时代的海上交通/(五)南北朝时代的重要海港/第四章 隋、唐、五代的海上交通/(一)隋代的海上交通/(二)唐代的海上交通/(三)义净远航和鉴真东渡/(四)隋、唐时代我国造船和航海技术的发达/(五)五代的海上交通/第五章 宋、元时代的海上交通/(一)宋代海上交通的发达和重要海港的分布/(二)南宋几段辛酸的航海史/(三)指南针(罗盘)之应用于航海/(四)元代海上交通的继续发展/(五)元代的“海运”/(六)宋、元时代对日本的海上交通/(七)宋、元时代对南洋及印度洋以西的海上交通/(八)造船和航海技术的高度发达/第六章 明代和清代(鸦片战争以前)的海上交通/(一)明代沿海的海上交通/(二)明代对外的海上交通——郑和下西洋/(三)郑和下西洋的地名考察/(四)明代海上交通事业的继续发展/(五)清代沿海的航行路线/(六)清代的“海运”/(七)清代远海的海上交通
内容提要　叙述从远古到明、清时期中国的海上交通

书　　名　**我国古代的水利工程**
责 任 者　方楫编著
出 版 项　上海:新知识出版社,1955
页　　码　94
分 类 号　TV-092
相关目录　三、伟大的古代航运工程/鸿沟/伍堰 胥江/灵渠/大运河

书　　名　**吴地交通文化**
责 任 者　冯普仁编著
出 版 项　南京:南京大学出版社,1997

页　　码 125

相关目录 一、吴地交通概述/二、道路津桥关隘/三、水上舟船文化/五、驿传关禁制度/七、吴地海外交通

书　　名 **吴廷璆史学论集**

责 任 者 吴廷璆著

出 版 项 北京:人民出版社,1997

页　　码 352

书　　号 7-01-002553-3

分 类 号 K107

相关目录 佛教海上传入中国之研究/隋唐时代日本与中国文化/隋唐时代扬州在中日文化交流史上的地位/从日本考古学论徐福的东渡/《魏志·倭人传》在日本

书　　名 **吴越文化的越海东传与流布**

责 任 者 蔡丰明主编

出 版 项 上海:学林出版社,2006.02

页　　码 384

书　　号 7-80730-099-X

分 类 号 K31

相关目录 第一章 绪论/第一节 文化传播与东亚环海文化圈体系/第二节 吴越地区的地域特点及其对外文化传播优势/第三节 吴越文化越海东传的历史动因及其相互关系/第四节 直航与环航:吴越文化越海东传的两种航路模式/第五节 从稻作生产到文身习俗:吴越文化越海东传的典型表现/第六节 吴越文化越海东传的影响与意义/第二章 吴越文化东传的社会背景和历史进程/第一节 新石器时代的曙光:吴越早期移民与文化迁移/第二节 春秋战争、徐福东渡与日本弥生文化/第五节 商品经济与市民文化:掀开吴越文化东传的新篇章/第六节 民间往来:吴越文化东传的重要特色/第三章 古代移民与徐福东渡/第一节 秦代以前中国沿海地区的东徙移民/第二节 徐福东渡事件概述/第三节 徐福在吴越地区东渡的可能性/第四节 古代日本的吴越移民王国/第五节 吴越文化和日本弥生文化的关系/第六节 从韩日地名与地方传说探寻吴越文明的传播路径/第七节 日本民间徐福祭祀活动及其与吴越地区的关系/第四章 稻作文化的东传与流布/第二节 日韩稻作文化由中国江南地区东传的多种证据/第五章 吴越茶文化与日韩两国的茶道茶礼/第二节 吴越茶文化向日本的流播/第三节 吴越茶文化向朝鲜半岛的流播/第六章 吴越地区陶瓷文化在东亚的流布/第二节 对东亚产生过重大影响的江南名窑/第三节 吴越瓷器在东亚的流布/第四节 吴越瓷器对东亚陶瓷业发展的影响/第五节 中国——吴越瓷器与东亚文化/第七章 吴越地区佛教文化对东亚的传播与影响/第二节 六朝开先:吴越地区佛教对朝鲜半岛的传播与影响/第三节 门派林立:吴越地区佛教对日本的传播与影响/第八章 吴越地区民间习俗的越海东传及其与东亚民俗的关系/第二节 “断发文身”与日本和服/第六节 东亚各国民俗文化比较研究的价值作用/第九章 吴越民间蚕神信仰及其与日本的比较/第一节 蚕丝文化:吴越地区蚕神信仰东传日本的现实基础/第二节 吴越地区与日本民间的蚕神信仰及其神话比较/第三节 吴越地区与日本民间的蚕神祭仪与祛蚕祟习俗比较

内容提要 本书介绍吴越文化东传对日本、韩国、朝鲜产生的巨大影响,确立了吴越文化在东亚文化中的地位和作用。

书　　名 **吴越文化史话:中国地域文化研究**

责 任 者 王遂今著

出 版 项　杭州:浙江大学出版社,2004.08

页　　码　285

书　　号　7-308-03817-3

分 类 号　K295

相关目录　第三章 吴越文化的基本特征:面向海洋通向海外走向世界/第一位治水大英雄:大禹/伟大的海洋探索者:徐福/徐福出海启航地是鄞县吗?/徐福在日本留下的足迹/以水军立国远征四海的孙权/海上丝绸之路促使东南大繁荣/鉴真东渡最澄来华/李白诗哭日本晁衡/世界伟大航海家之一:郑和/郑和命名的南海诸岛礁/郑和船队到过澳洲、美洲吗?/郑和航海壮举600周年/猖狂的倭寇与海上走私/朱舜水流亡日本被奉为"宾师"/清朝"禁海"与鸦片战争

内容提要　本书内容包括:吴越文化的形成;吴越文化的源头和流向;吴越文化的基本特征;中原与吴越的对立统一等。

书　　名　**吴越文化新探(浙江文化丛书)**

责 任 者　董楚平著

出 版 项　杭州:浙江人民出版社,1988.12

页　　码　367

书　　号　7-213-00220-1

分 类 号　K295.5

相关目录　第五章 古代吴越地区的海洋文化及其海外影响/第一节 浙江沿海的古代文化/第二节 吴越的造船、水师与航海/第三节 吴越地区古代文化的海外影响/附录从语言化石看吴越人东渡日本

书　　名　**芜湖港史**

出 版 项　武汉:武汉出版社,1989.11

页　　码　272

分 类 号　F522.9

相关目录　第一章 芜湖古港的形成和发展(远古——公元1840年)/第一节 鸠兹渡的出现和芜湖古港的形成/第二节 宋、元时期芜湖港口货物集散地的形成/第三节 明、清时期古港运输的繁荣/第二章 近代芜湖港的对外开放和民族行业的产生(1841年-1937年)/第一节 芜湖港被迫辟为通商口岸/第二节 芜湖港中国航业的产生与发展/第三节 封建把持制度的行程和码头工人的苦难生活斗争/第三章 日军对港口的占领和抗战胜利后港口的动荡(1937年12月-1949年4月)/第二节 抗战胜利后芜湖港航机构、业务的变化/第三节 港口的动荡和业务的萧条

书　　名　**芜湖海关**

责 任 者　王鹤鸣

出 版 项　合肥:黄山书社,1994.04

页　　码　149

书　　号　7-80535-767-6

分 类 号　K295.4

相关目录　第一节 芜湖常关的创设/一、明王朝对长江中下游地区加强掠夺的措施/二、"长江巨埠、皖之中坚"/第二节 芜湖海关的建立与租界的开辟/一、芜湖开埠前安徽对外贸易圈/二、《烟台条约》与芜湖辟为通商口岸/三、芜湖海关的建立/四、芜湖租界的开辟/第三节 进出口贸易趋势/一、19世纪后期外

贸迅速发展/二、20世纪初期外贸曲折发展/第四节 潮水般涌进安徽的洋货/一、鸦片/二、洋纱/三、洋布/四、洋油/五、洋烟/六、其它洋货/第五节 输出货物/一、稻米/二、茶叶/三、白丝/四、菜籽/五、花生/六、豆类/七、羽毛/八、棉花/九、禽蛋/十、铁矿石/第六节 芜湖海关与国内各商埠的贸易/一、输入土货/二、输出土货/第七节 海关税收/一、进口税/二、出口税/三、子口税/四、鸦片税/五、船钞/六、芜湖常关税/第八节 芜湖海关对外贸易的特点/一、贸易地位由升趋降/二、转口贸易占有重大比重/三、贸易关系国的嬗变/第九节 深重的灾难/一、破坏城乡手工业/二、农业生产受到世界资本主义市场的支配/三、烟祸泛滥重灾区/四、白银外流严重/五、压价收购农副产品与工业原料/第十节 客观上有利资本主义经济的发展/一、芜湖商业的畸形繁荣/二、农业生产商品化程度的提高/三、近代资本主义工矿业的产生/四、近代交通的起步/五、近代电信业的诞生/第十一节 芜湖海关的新生/一、芜湖海关的重建/二、进出口贸易的发展/三、征税与查私/第十二节 芜湖开埠与皖江开发/近代芜湖海关大事记/芜湖海关十年报告(1882－1891年)(汪明译)/近代芜湖海关统计资料(王鹤鸣编)/1. 芜湖海关历年贸易统计(1877－1933年)/2. 芜湖海关历年鸦片输入数量、价值统计(1877－1912年)/3. 芜湖海关历年棉织品(洋布)进口数量、价值统计(1877－1931年)/4. 芜湖海关历年进口棉纱统计(1890－1931年)/5. 芜湖海关历年出口稻米统计(1877－1936年)/6. 芜湖海关历年出口小麦统计(1866－1936年)/7. 芜湖海关历年出口菜籽统计(1896－1926年)/8. 芜湖海关历年输往日本铁矿石统计(1919－1931年)

书　　名 五口通商变局(王尔敏作品系列)
责 任 者 王尔敏著
出 版 项 桂林:广西师范大学出版社,2006
页　　码 363
书　　号 7－5633－6140－5
分 类 号 F752.952
相关目录 近代史上的东西南北洋/明清两代之粤道贡国/二、明代西洋诸国之来贡/三、清代粤道贡国之暹罗史例/四、粤道入贡之欧洲诸国/广州对外通商港埠地区之演变/一、历史渊源/二、宋代之市舶亭与海山楼/三、明代之怀远驿/四、清代之十三行/五、鸦片战后十三行地区之扩界/六、洋行租地协议与河南扩界纠纷/七、英军占领广州与沙面租界之形成/鸦片战争前广州口岸对外洋的商贸形制/二、中西商贸关系的年代问题/三、中国对外商贸政策问题/四、明清广州市舶贸易是贡使后市所形成/五、清代市舶制的嬗变/六、传统封贡贸易体制所受之责难及其辩解/七、关于广州一口贸易问题的澄清/八、关于中国中心与天朝至上问题的疏解/图画史页所见之广州口岸与洋行、夷商、买办/厦门开关之港埠区划/福州口岸商埠概观/宁波口岸渊源及其近代商埠地带之形成/一、宋元明清口岸背景/二、清初以来中国沿海开放情势/三、英人之长期觊觎定海、宁波/四、鸦片战争期间英军侵扰浙东/五、宁波开关及其港埠地界/上海开关及其港埠都市之形成
内容提要 五口通商,实为中国近代港埠都市发展的先声,亦系近代史上的一重大关键,对近代中国社会、生活乃至文化,历史影响甚巨。作者批寻大量极为罕见的中外史料,独探五大开放口岸的渊源、演变以及商贸体制和区划

书　　名 西安古代交通志(中华人民共和国地方志丛书)
责 任 者 西安市交通局史志编纂委员会编
出 版 项 西安:陕西人民出版社,1997
页　　码 766
书　　号 7－224－04182－3

分 类 号　F512.9

相关目录　第三篇 水道·水运/第十二章 渭河水道/第十三章 漕渠/第十四章 水运/第四篇 桥梁、渡口/第十八章 渡口/第五篇 交通工具/第二十章 船筏/第六篇 交通管理/第二十三章 水运及桥、渡管理

书　　名　**西方人东来之后:地理大发现后的中西关系史专题研究**

责 任 者　龚缨晏等著

出 版 项　杭州:浙江大学出版社,2006

页　　码　263

书　　号　7-308-04667-2

分 类 号　K203

相关目录　第一章 郑和与哥伦布:相反方向的航海者/第一节 郑和的海外航行/第二节 哥伦布的"印度事业"/第三节 郑和与哥伦布/第四节 历史的启示

内容提要　本书为浙江大学211工程项目、"基督教与跨文化研究"课题成果:本书从不同角度,探讨了地理大发现后中外文化交流史中的几个专题,并提出一些值得思考的问题。

书　　名　**西风拂夕阳:鸦片战争前中西关系**

责 任 者　萧致治,杨卫东编撰

出 版 项　武汉:湖北人民出版社,2005.01

页　　码　502

书　　号　7-216-04187-9

分 类 号　D829.5

相关目录　1. 葡萄牙殖民者来华(1517)/2. 中葡武装冲突(1521-1522)/3. 明代西方火器与军事理论的输入(1521-1644)/4. 林富请开海禁(1529)/5. 葡萄牙骚扰闽浙和朱纨驱葡(1548-1549)/6. 传教士业华及其早期活动(1552-1644)/7. 葡殖民者窃据澳让(1553)/8. 明末中国国情的西传(1569-1643)/9. 西班牙人来华(1575-1598)/10. 明末西班牙与中国的贸易(1575-1644)/11. 明末中葡贸易的兴衰(1578-1644)/12. 英国女王致书中国皇帝(1583)/13. 明末的禁教活动与南京教案(1583-1644)/14. 明末西方天文历算的输入(1583-1643)/15. 明末西方舆地知识的传播(1584-1643)/16. 鸦片传入和明朝首定鸦片税(1589)/17. 明末西方生物学与医学之传入(1593-1643)/18. 西班牙迫害菲律宾华侨(1594)/19. 英女王再次致书中国皇帝(1596)/20. 英国东印度公司和中英间接贸易(1600-1636)/21. 荷兰人首次来华(1601)/22. 西班牙殖民者残酷屠杀菲宾华侨(1603-1762)/23. 荷兰凯澎湖、侵占台湾(1604-1624)/24. 明末西方哲学思想的传播(1611-1643)/25. 明末西方物理器械的引进(1612-1643)/26. 明政府对葡人约法五章(1614)/27. 中俄第一次接触(1619)/28. 清军仿铸西洋大炮与南怀仁奉命铸炮(1631-1681)/29. 英国商船第一次来华(1637)/30. 沙俄波雅科夫的入侵及其溃败(1643-1646)/31. 清初传教士的活动(1644-1704)/32. 清初的中英通商关系(1644-1704)/33. 西方历法取代旧历(1645-1759)/34. 沙俄哈巴罗夫窜扰黑龙江及其覆灭(1649-1660)/35. 对数代数的传入与《数理精蕴》的编纂(1653-1721)/36. 中国历史地理的西传(1655-1737)/37. 俄使臣访华(1656-1676)/38. 清初的海禁政策(1656-1684)/39. 郑成功收复台湾(1662)/40. 中国古代经籍的西传(1662-1735)/41. 清朝的禁教活动(1669-1842)/42. 雅克萨之战与尼布楚条约(1685-1689)/43. 中医中药和特色工艺的西传(1686-18世纪)/44. 广东的对外贸易机构——洋行与公行(1686-1770)/45. 引进西方测绘技术,绘制全国地图(1689-1721)/46. 中俄陆路贸易(1689-1727)/47. 西方医学知识的继续输入(1690-)/48. 定海设立外国商馆(1698-1700)/49. 法国商船来华与早期中法贸易(1698-1753)/50. 18世纪欧洲

的中国文化热(18 世纪)/51. 英国在广州设立商馆和中英贸易的初步发展(1715 - 1772)/52. 东正教传教士来华及其活动(1715 - 1840)/53.《布连斯奇界约》和《恰克图条约》(1727 - 1728)/54. 清朝首次禁烟(1729)/55. 中国使团第一次出使俄国——附第二次出使(1729 - 1733)/56. 恰克图贸易(1729 - 1785)/57. 红溪之役——荷兰屠侨事件(1740)/58. 英国兵船第一次来华(1741 - 1744)/59. 晏些卢殴毙陈辉千案(1743)/60. 增设海防同知和订立《管理澳夷章程》(1744)/61. 清廷管理澳门葡人善后事宜(1749)/62. 禁"番妇"入广州(1751)/63."普鲁士国王"号及早期的中德关系(1752 - 1840)/64. 对外贸易限制广州一口(1757)/65. 洪任辉事件与《防范外夷规条》的规定(1759)/66. 鸦片战争前的中英贸易(1760 - 1840)/67. 东印度公司实行鸦片专卖(1773)/68. 英国杀人犯首次在中国正法(1773)/69. 倪宏文商欠案(1777)/70. 颜时瑛、张天球商欠案(1780)/71. 公行制度最终确立(1782)/72. 美国商船首次来华(1784)/73. 鸦片战争前的中美贸易(1784 - 1840)/74. 恰克图市约(1792)/75. 英使马戛尔尼挂华(1793)/76. 英中文书交往(1795 - 1796)/77. 禁止鸦片入口(1796)/78. 朴维顿事件(1800)/79. 嘉庆前期的禁烟活动(1800 - 1814)/80. 清廷严禁俄国海上通商(1805)/81. 美国的鸦片贸易(1805 - 1839)/82. 老马礼逊到达广州(1807)/83. 英国图占澳门(1808)/84. 订立《民夷交易章程》(1809)/85. 黄亚胜案(1810)/86. 清廷关注白银外流(1814 - 1818)/87. 广东当局放宽对英通商限制(1815)/88. 七行案(1815)/89. 颁布《查禁鸦片烟条规》(1815)/90. 英使阿美士德访华(1816)/91. 李奉广等殴毙美国烟犯案(1817)/92. 英人逞凶连续杀害华人(1820 - 1821)/93. 美国杀人犯在广州正法(1821)/94. 道光初年烟禁加严(1821 - 1823)/95. 鸦片与漏银关系之认识(1822)/96. 酌定失察鸦片烟条例(1823)/97. 法人在黑水洋被杀案(1828)/98. 查禁官银出洋及私货入口章程(1829)/99. 查禁纹银偷漏及鸦片分销章程(1830)/100. 盼师夫人事件(1830)/101. 各省查禁种卖鸦片烟(1830 - 1831)/102. 防范夷人章程八条(1831)/103. 白皮土的畅销(1831)/104. 刘光三奏请加重买食鸦片之罪(1831)/105. 冯赞勋缕陈鸦片走私黑幕(1831)/106. 英船"阿美士德"号侦察中国沿海(1832)/107. 淇澳村民反抗英人抢牛和行凶杀人(1833)/108. 英政府取消东印度公司对华贸易垄断权(1833 - 1834)/109. 英国首任驻华商务总监督律劳究来华(1834)/110. 弛禁主张之试探(1834)/111. 德庇时继任商务总监督(1834)/112. 卢坤等酌增防夷新规八条(1835)/113. 罗宾生续任商务总监督(1835)/114. 弛禁论之出笼(1836)/115. 禁烟派的反击(1836)/116. 邓廷桢与弛禁章程(1836)/117. 义律接任商务总监督(1836. 12. 14)/118. 禁烟新尝试:驱逐鸦片趸船(1837)/119. 黄爵滋奏请严治吸食鸦片者(1838)/120. 二十九位大臣对黄奏的反应(1838)/121. 林则徐的禁烟主张(1838)/122. 英印舰队司令马他仑率舰来华(1838)/123. 林则徐在湖广的禁烟活动(1838)/124. 道光帝决心严厉禁烟(1838)/125. 广州人民反对殖民者破坏禁烟的斗争(1838. 12. 12)/126. 林则徐赴粤禁烟(1839)/127. 林则徐译书(1839)/128. 林则徐传谕外商呈缴鸦片(1839. 3. 18)/129. 饬拿大烟贩颠地(1839. 3. 22)/130. 围馆封舱,勒令呈缴全部鸦片(1839. 3. 24 - 26)/131. 义律答应缴烟(1839. 3. 27 - 4. 2)/132. 林则徐制定收缴趸船烟箱章程(1839. 4. 3)/133. 义律的侵华主张(1839. 4. 3)/134. 大佛寺增设收缴烟土烟枪总局(1839. 4. 4)/135. 林则徐坐镇虎门亲督缴烟(1839. 4. 11 - 5. 18)/136. 义律拒绝出具甘结(1839. 4. 20)/137. 林则徐查察虎门海防(1839. 5. 16)/138. 林则徐请定外人夹带鸦片治罪专条(1839. 5. 18)/139. 义律禁止英船进港贸易(1839. 5. 19)/140. 禁烟期间的中西贸易(1839. 6 - 12)/141. 虎门销烟(1839. 6. 3 - 23)/142. 道光帝钦定严禁鸦片烟条例(1839. 6. 15)/143. 清廷颁布《洋人携带鸦片入口治罪专条》(1839. 6. 23)/144. 林维禧案(1839. 7. 7)/145. 林则徐举行观风试(1839. 7. 25)/146. 林则徐号召沿海居民反抗英人(1839. 8. 31)/147. 澳门谈判(1839. 9 - 10)/148. 九龙之战(1839. 9. 4)/149. 英国内阁决定对华用兵(1839. 10. 1)/150. 英国资产阶级加紧策动战争(1839. 10 - 11)/151. 穿鼻之战与官涌之战(1839. 11. 3 - 13)/152. 封锁政策的实施(1839. 12)/153. 林则徐接见遇难英国船员(1839. 12. 16)/154. 鸦片走私活动的再起(1840. 1)/155. 封关禁海之议(1840. 1. 14)/156. 林则徐致英国女王书(1840. 1. 18)/157. 林则徐组织水勇团练(1840. 1. 27)/158. 英国任命懿律和义律为侵华正副公使(1840. 2. 20)/159. 英议会正式通过侵华决议(1840. 4 - 5)/160. 林则徐对英军侵华消息的反应(1840.4.5)/161. 林则徐上《请将烟犯财产充赏片》(1840.4.27)/162. 磨刀洋之战(1840.6.8)/附录一、粤海关进口船舶与税收表(1750－1838)/附录二、历年鸦片输入销售情况表(1767－1840)/附录三、粤海关监督年表(1685－1838)

内容提要　本书采用纪事本末的形式,按照年代顺序,叙述了从16世纪初葡萄牙殖民者最先来华到1840年鸦片战争爆发这三百多年间有关中国和欧美各国交往的重大事件,包括政治、经济、军事、文化、外交、宗教、科技等。

书　　名　**西域南海史地考证译丛:第1卷,第1编**
责 任 者　冯承钧编译
出 版 项　北京:商务印书馆,1962.11
页　　码　164
书　　号　7－100－01597－9
分 类 号　K93
相关目录　马可波罗行纪沙海昂译注正误/诸蕃志译注正误/宋初越南半岛诸国考/关于越南半岛的几条中国史文

书　　名　**西域南海史地考证译丛:第1卷,第2编**
责 任 者　冯承钧编译
出 版 项　北京:商务印书馆,1962.11
页　　码　147
书　　号　7－100－01597－9
分 类 号　K93
相关目录　中国载籍中之宾童龙/南海中之波斯/叶调斯调与爪哇/苏门答剌岛名之最古记录/瀛涯胜览中之麒麟/真腊风土记补注/占城史料补遗

书　　名　**西域南海史地考证译丛　第1卷　第3编**
责 任 者　冯承钧编译
出 版 项　北京:商务印书馆,1962.11
页　　码　103
书　　号　7－100－01597－9
分 类 号　K93

书　　名　**西域南海史地考证译丛:第1卷,第4编**
责 任 者　冯承钧译
出 版 项　北京:商务印书馆,1962.11
页　　码　139
分 类 号　K930.6
相关目录　秦汉象郡考 马司帛洛/唐代安南都护府疆域考 马司帛洛/李陈胡三氏时安南国之政治地理 马司帛洛/安南省道沿革表

书　　名 **西域南海史地考证译丛:第1卷,第5编**
责 任 者 冯承钧编译
出 版 项 北京:商务印书馆,1962.11
页　　码 183
书　　号 7-100-01597-9
分 类 号 K93
相关目录 黑衣大食都城之汉匠/梵衍那考补注/澳门之起源/评中国历史商业地图/牟子考

书　　名 **西域南海史地考证译丛:第2卷,第8编**
责 任 者 冯承钧编译
出 版 项 北京:商务印书馆,1995.05
页　　码 167
书　　号 7-100-01942-7
分 类 号 K93
相关目录 中国之旅行家 沙畹撰/摩尼教流行中国考 伯希和 沙畹撰

书　　名 **西域南海史地考证译丛:第2卷,第9编**
责 任 者 冯承钧编译
出 版 项 北京:商务印书馆,1995.05
页　　码 234
书　　号 7-100-01942-7
分 类 号 K93
相关目录 秦代初平南越考/叶调斯调私河条黎轩大秦/婆利在梁以前已通中国/福建摩尼教遗迹/康熙时三传教之汉姓名

书　　名 **西域南海史地考证译丛:第3卷**
责 任 者 冯承钧译
出 版 项 北京:商务印书馆,1999
页　　码 872
书　　号 7-100-01676-2
分 类 号 K928.6
相关目录 中国史乘中未祥诸国考证 希勒格撰/帖木儿帝国 布哇撰
内容提要 本书是由作者翻译的欧洲汉学名家论文集。涉及范围包括民族、语言、历史、地理、宗教、文化、艺术等方面。大都是法国汉学大家的精心之作,多为富有参考价值的研究成果。

书　　名 **西域南海史地考证译丛:戊集(人人文库)**
责 任 者 冯承钧编译
出 版 项 北京:商务印书馆,1972
页　　码 256
分 类 号 K930.6
相关目录 近在瑞典发现之耶稣会士汉文旧刊物 伯希和撰

书　　名 **西域史地丛稿初编(中华学术丛书)**
责 任 者 张广达著
出 版 项 上海:上海古籍出版社,1995
页　　码 485
书　　号 7-5325-1876-0
分 类 号 K294.5
相关目录 刘郁《西使记》不明地理考/伊本·胡尔达兹比赫《道里邦国志》中译本序言/海舶来天方丝路通大食——中国与阿拉伯世界的历史联系的回顾

书　　名 **细说清代国防**
责 任 者 罗云编著
出 版 项 台北:祥云出版社,1987
页　　码 214
分 类 号 E295
相关目录 第九章 水师之整建/第十章 海防与海军/一、概论/三、船舰式样/四、水师之会哨、巡逻与稽查/五、西力东渐后之中国海防论/六、外力侵入与战具改革/七、现代海军之建立/八、沿海要港要塞之规划/第十一章 造船与购舰/一、概论/二、同治时期购造船舰实况/三、光绪时期购造船舰实况/四、宣统时期购造船舰实况/五、民初购造船舰实况/第十四章 邮政之开办

书　　名 **厦门港史**
责 任 者 厦门港史志编纂委员会编
出 版 项 北京:人民交通出版社,1993
页　　码 460
书　　号 7-114-01642-5
分 类 号 F552.9
相关目录 第一章 厦门古港的形成与初步发展(唐-1683年)/第一节 港口的形成/第二节 厦门港成为东南沿海的重要港口/第二章 厦门古港的兴盛(1684-1839年)/第一节 海禁开放后的通洋正口/第二节 内外贸运输的拓展/第三节“台运”的专门口岸/第四节 海上客运的发展/第五节 港口与城市同步发展/第三章 厦门港的半殖民地化及航运贸易的发展(1840-1895年)/第一节 港口主权丧失/第二节 港口航运的重大变化/第三节 近代港口设施的建设/第四节 港口货运持续稳定增长/第四章 厦门港的近代化及航运贸易的繁荣(1896-1973年)/第一节 港口管理的进一步完善/第二节 航运业的竞争与发展/第三节 码头的建造与辅助设施的发展/第四节 港口装卸方式与组织/第五节 客货运的发展变化/第五章 厦门港在外患内忧中衰败/第一节 钢构管理权的更替/第二节 港口航运业的剧烈变动与衰落/第三节 港口设施遭到惨重破坏/第四节 装卸管理的变化/第五节 港口客货运的衰退

书　　名 **厦门海外交通(厦门文化丛书)**
责 任 者 李金明著
出 版 项 厦门:鹭江出版社,1996
页　　码 140
书　　号 7-80610-360-0

分 类 号 F552.9

相关目录 第一章 明代厦门海外交通的初步发展/第一节 厦门的地理位置和优越条件/第二节 抗倭前哨与走私活动中心/第三节 葡萄牙、荷兰殖民者的骚扰/第四节 漳州月港部分开禁后厦门的地位/第五节 厦门文化对菲律宾的影响/第六节 由厦门出口的丝绸、瓷器/第二章 清代前期厦门海外交通的迅速发展/第一节 郑成功的抗清与海外贸易/第二节 厦门海关与厦门洋行/第三节 厦门与日本的海上贸易/第四节 厦门与东南亚的海上贸易/第五节 英商在厦门的贸易/第三章 五口通商后厦门的海外交通/第一节 早期英国领事在厦门的活动/第二节 洋行与洋关的设立/第三节 对外贸易的发展/第四节 茶叶贸易的衰落/第五节 华工、华侨出洋中心/第四章 甲午战争后厦门的海外交通/第一节 日商介入厦门航运业的竞争/第二节 华资经营的厦门航运业/第三节 辛亥革命前后厦门的对外贸易/第五章 抗战时期厦门海外交通的衰落/第一节 日本对厦门航运业的垄断/第二节 厦门沦陷后的对外贸易/第三节 战后厦门航运业的短暂复苏

书　　名 厦门考古与文物(厦门文化丛书)

责 任 者 吴诗池著

出 版 项 厦门:鹭江出版社,1996

页　　码 248

书　　号 7-80610-357-0

分 类 号 K872.573-53

相关目录 第一章 厦门的海陆变迁考/第一节 厦门地质基础/第二节 厦门海岸线的变迁/第三节 厦门海陆稳定年代/第五章 厦门是海上"陶瓷之路"的重要港口/第一节 厦门是个天然良港和重要的商港/第二节 厦门有多处生产外销瓷的窑口/第三节 厦门与台、澎早有密切的商贸关系/第四节 厦门流通多种外币/第六章 厦门交通史迹/第一节 渡头与码头

书　　名 厦门与台湾(厦门文化丛书)

责 任 者 唐次妹著

出 版 项 厦门:鹭江出版社,2002

页　　码 151

书　　号 7-80610-759-2

分 类 号 K295.73:K295.8

相关目录 第一章 厦门与台湾的交通航线/第一节 早期的航线/第二节 近现代的交通/第二章 厦台之间的移民关系/第一节 早期的移民/第二节 明郑时期的移民/第三节 清代厦台的移民关系/第四节 日据时期台湾与厦门的移民关系/第五节 台湾光复以后的厦台移民/第三章 厦台经贸往来/第一节 清代以前的贸易关系/第二节 清代前期的帆船贸易/第三节 清代后期的贸易往来/第四节 清代厦台的粮食供需/第五节 日据时期台湾与厦门的经贸关系/第六节 台湾光复初期与厦门的经贸往来/第四章 厦台政治军事关系/第一节 早期政治军事关系/第二节 清代政治军事关系/第三节 日据时期台厦两地的抗日斗争/第五章 厦台文化交流/第一节 文化教育的传播/第二节 民间文化交流/第三节 台湾光复初期两地的教育交流与合作

内容提要 本书分六章,阐述了厦门与台湾的交通航线、厦门台湾之间的移民关系、厦门台湾的经贸往来、厦门台湾的政治军事关系,以及厦门台湾的文化交流等内容。

书　　名 先秦诸子与古史散论

责 任 者 杨钊著

出 版 项 北京:北京师范大学出版社,2003

页 码 339

相关目录 先秦时期舟船暨水战(原载《人文杂志》1998 年 6 期)/先秦时期的渔捞业(原载《农业考古》1999 年 1 期)

内容提要 本书分两部分。前一部分对先秦诸子所处历史时代的特点、及其政治主张、哲学思想作了全面的辨析和论述;后一部分为古代史有关专题的研究。

书 名 **香港与近代中国对外贸易**

责 任 者 张晓辉著

出 版 项 北京:中国华侨出版社,2000

页 码 348

书 号 7-80120-464-6

分 类 号 F752.95

相关目录 第一章 香港开埠前的商贸地位/第一节 古代海上贸易交通要道/第二节 英国人蓄意侵占香港岛/第二章 香港近代商贸基础的奠立/第七节 国际贸易航线的开辟/第三章 英美对华鸦片贸易的中心/第一节 香港开埠前的鸦片走私/第二节 香港开埠后的鸦片贸易/第四章 外轮载运华工出口的基地/第三节 港英政府的相关政策/第五章 香港转口贸易发展的草创期(1842-1860)/第一节 基本定型的贸易格局/第二节 初期贸易不振及其复苏/第六章 香港转口港地位的形成(1861-1900)/第一节 香港成为东方最大转口贸易港的条件/第二节 中转贸易的迅猛增长/第三节 中转进出口商品结构/第四节 航运业的进一步发展/第七章 香港华人贸易行商的崛起/第一节 买办势力的发展/第二节 转口商行的兴隆/第八章 香港与贸易相关各行业的兴旺(20 世纪初)/第九章 香港中转贸易地位的变迁(1901-1930)/第一节 中转贸易的继续发展/第二节 中转进出口贸易的变迁/第三节 近代化国际交通网初步形成/第十章 省港大罢工对港粤贸易的影响/第三节 香港对粤贸易遭到沉重打击/第四节 中英交涉与罢工的结束/第十一章 香港外贸的大萧条及其复苏(1931-1936)/第十二章 香港在中国战时对外贸易中的地位(1937-1941)/第一节 举世闻名的 香港通道/第二节 抗战前期的港粤贸易/第三节 内地商界的迁港潮/第四节 港制产品的大量输出/第五节 香港商贸各行的概况/第十三章 香港繁盛的战时国际贸易/第一节 进出口贸易额的大幅增长/第二节 战时走私活动的泛滥/第三节 战时香港的对外交通运输/第十四章 日本统治香港时期的商贸与交通(1942-1945.8)/第一节 日军南下作战的军事补给基地/第二节 日军物资掠夺的重点地区/第三节 日本占领当局的金融货币政策/第四节 日商垄断的商贸与交通/第五节 东江纵队港九大队的抗日斗争/第十五章 战后初期香港的经贸服务行业/第一节 战后初期香港的金融业/第二节 重新发展的交通运输业/第十六章 战后初期香港的国际贸易(1945.9-1949.10)/第一节 逐步恢复的香港国际贸易/第二节 香港与英国及英镑集团区域的贸易/第三节 香港与其他各国的贸易/第十七章 香港与国统区的商贸陷入危机/第一节 香港与内地正常贸易的萎缩/第二节 走私猖獗达于失控局面/第三节 畸形的港粤商贸关系/第四节 曲折跌宕的港沪贸易/第十八章 香港华商在中国外贸中角色的转换/第一节 中共对港商的统战工作卓有成效/第二节 香港工商界与解放区的初步接触/第三节 港商与解放区贸易的全面展开

内容提要 暨南大学"二一一工程"华侨华人与中外关系史项目经费资助:本书主要研究香港在近代中国对外贸易中的地位和作用,如以中转为特色的进出口贸易、香港与祖国大陆的经济共生关系等。

书 名 **向达先生纪念论文集**

责 任 者 阎文儒,陈玉龙编

出 版 项 乌鲁木齐:新疆人民出版社,1986

页　　码　831
分 类 号　K825. 8
相关目录　二、南海/伟大的航海家郑和父《马哈只墓碑》跋/《岛夷志略校注》前言/《法显传》的宋刻本和金刻本

书　　名　**新编郑和航海图集**
责 任 者　海军海洋测绘研究所、大连海运学院航海史研究室编制
出 版 项　北京:人民交通出版社,1988. 11
页　　码　122
书　　号　7-114-00229-7
分 类 号　K992. 648
相关目录　郑和前三次下西洋航线/郑和第四、五、六次下西洋航线/郑和第七次下西洋航线/航行图/南京至镇江/镇江至太仓/太仓至普陀山/普陀山至鱼山列岛/鱼山列岛至北麂山/北麂山至东引岛/东引岛至乌丘屿/乌丘屿至南澳岛/南澳岛至李山岛/李山岛至爪哇岛/苏门答腊岛及附近/印度洋北部/阿拉伯海/航行针路/过洋牵星图/龙涎屿往锡兰过洋牵星图/古里往忽鲁谟斯过洋牵星图/忽鲁谟斯回古里过洋牵星图/锡兰山回苏门答剌过洋牵星图/附录一、地理通名中外文对照表/附录二、《郑和航海图》古地名索引/附录三、《郑和航海图》地名外文索引

书　　名　**新编中国经济史:中国隋唐五代经济史,上**
责 任 者　武金铭,颜吾芟,杨西岩
出 版 项　北京:人民出版社,1995. 09
页　　码　183
书　　号　7-01-001759-X
分 类 号　K209
相关目录　四、唐前期社会经济的发展繁荣/(四)中外经济交流的空前发展/(五)漕运事业的发达/七、唐中后期的苛捐杂税和漕运事业的衰落/(二)唐朝后期漕运的衰落和唐王朝的灭亡

书　　名　**徐福东渡钩沉**
责 任 者　吴廷璆,李永先等著
出 版 项　济南:山东友谊出版社,1996
页　　码　333
书　　号　7-80551-851-3
分 类 号　D829. 313-53
相关目录　山东早期的纺织业与北方海上丝绸之路 朱亚非

书　　名　**徐福东渡与吴地**
责 任 者　苏州市徐福研究会编
出 版 项　合肥:黄山书社,1999
页　　码　230
书　　号　7-80630-418-5
分 类 号　K828. 9=33: K295. 3

内容提要　本书主要收集了大量的史实资料,比较全面地论述了中国第一个东渡日本的伟大友好使者——徐福,并记述了徐福东渡与吴地、日本与吴文化的关系。

书　　名　**徐福东渡之谜新探**
责 任 者　于锦鸿著
出 版 项　南京:江苏人民出版社,1990.01
页　　码　254
书　　号　7-214-00388-0
分 类 号　K233.07
相关目录　第一章 我国徐福研究史概述/第一节 徐福的历史地位和学术地位/第二节 司马迁的《史记》对徐福研究的重大贡献/第三节 秦汉以来历代的徐福研究/第二章 近现代徐福研究概况/第一节 我国近现代的徐福研究/第二节 港台的徐福研究/第三节 徐福研究及徐福影响在日本/第四节 徐福故里的发现是徐福研究的重大突破/第三章 徐福故里的发现和考证/第一节 徐福故里徐福村概况/第二节 徐福故里徐福村的发现经过/第三节 徐福故里徐福村的考证/第四节 徐福故里在徐乡县的说法有无根据/第四章 对徐福东渡前行踪的首次踏勘/第一节 秦山岛与神仙路/第二节 琅邪山与琅邪台/第三节 卯兮城与千童县/第四节 徐山/第五节 斋堂岛与沐涫岛/第六节 徐福岛与登瀛村/第五章 徐福东渡的启航点新考/第一节 秦代琅邪濒海一带航海事业的背景及条件/第二节 徐福东渡的启航点究竟在何处/第六章 徐福东渡的路线及所止处再考/第一节 徐福东渡的路线/第二节 徐福东渡的所止处诸说/一、止住日本说/二、止住日本尚难确证说/三、未出海而仍驻留中国沿海和沿海岛屿说/四、止住朝鲜说/五、驶去美洲大陆说/第三节 关于徐福东渡止住处之我见

书　　名　**徐福故里揭谜续集:徐福研究札记**
责 任 者　张良群著
出 版 项　北京:新世界出版社,1998
页　　码　188
书　　号　7-80005-335-0
分 类 号　K233.03
相关目录　第一章 徐福热来自司马迁/《史记》与徐福/古人诗赋颂徐福/第二章 徐福村的魅力/第三章 徐福评说种种/第四章 日本徐福史迹考察纪行/第五章 香港徐福会访问追记

书　　名　**徐福故里考辨(徐福文化集成)**
责 任 者　安作璋,朱绍侯等著
出 版 项　济南:山东友谊出版社,1996
页　　码　317
书　　号　7-80551-851-3
分 类 号　K233.07-53
相关目录　近年徐福学术研究综述 安作璋 李永先/“齐人徐福”解 朱绍侯/关于研究徐福籍贯问题的方法论探讨 高敏 文醉仙/徐福故里考辨 李永先/徐福里籍徐乡考 赵敬民/论徐福的籍贯和出海问题 赵华富/徐乡系徐福故里的论证 孟宪仁/钱袋方土徐福籍贯新考 陆亭/“黄县非齐国疆土”辨析 赵胤祚/徐福故里赣渝说质疑 安克俊/徐福故里论证中的引用论据问题 李永先/胶东半岛黄水河流域古代文明考 唐禄庭/论徐福其人及其故里 李继涛/关于徐福故里的几个问题 达军/从东夷史的角度看徐福东渡日本 孟

宪仁/徐钟镞跋 孙敬明/古代山东与日本 朱亚非/论环渤海嵎夷文化圈及其向朝鲜日本之东渐 王大均/建国以来国内外徐福研究述评　周延云 宫同文/龙口徐福研究回顾 田连谟

书　　名　**徐福即是神武天皇**
责 任 者　彭双松著
出 版 项　苗栗:富蕙图书出版社,1983
页　　码　218
分 类 号　D829.313

书　　名　**徐福集团东渡与古代日本**
责 任 者　(日)壹岐一郎著
出 版 项　天津:天津人民出版社,1996
页　　码　225
书　　号　7-201-02793-X
分 类 号　K828.33:D829.313
相关目录　第一部 中国史料——回顾3000年的史料/一、《史记》的记录/1. 始皇帝与徐福/2. 前124年伍被的证言:"平原广泽"、"止王不来"/3.《封禅书》(卷28《史记》第六)/二、《汉书》的记录/1.《郊祀志》(秦汉代)/2.《地理志》千童县与倭人、东鳀人/3. 再录:伍被传与朝鲜传/三、《后汉书》与《三国志》/1. 一、二世纪的倭人和东鳀人(夷洲、澶洲)/2.《三国志 ·吴书》的徐福传闻/[参考]/1. 济洲岛与南海岛的徐福经过遗迹说/2. 东方朔的《海内十洲记》/四、唐宋文人之眼(八-十一世纪)/1. 李白的诗《古风》/2. 白乐天的《海漫漫》/3. 欧阳修的《日本刀歌》/4. 苏东坡的《海市》/五、中世的两个文献和诗文/1. 十世纪的《义楚六帖》(城郭·日本)/2.《太平御览》(外国记·纻屿人)/3. 无学禅师祖元与学者吴莱的诗/4. 明太祖洪武帝和日本僧中津绝海的诗/六、近代的诗文和地方史/1. 清代的诗和黄遵宪/2. 清代的《卯兮城歌》/3. 山东地方史《齐乘》/4. 江西《草坪徐氏宗谱》/[参考]/1. 朝鲜史书《海东诸国纪》及朝鲜通信使/七、现代的论点/1. 徐福=神武天皇说/2. 彭双松说与调查/3. 1980年代以来的徐福论争/4. 北(山东省)南(江苏省)对峙/5. 主要论点——徐福的故里在哪里/6. 李永先氏的《徐福故地及东渡的探究》/7. 中国史、年表、中日关系史中的徐福/第二部 日本列岛的地域社会与渡来集团/一、新石器时代(绳纹土器时代后半)的富饶/1. 本州岛北端·三内丸山的列岛人/2. 新潟县马高火焰土器技术/3. 能登半岛的真胁人/4. 4500年前日本列岛的稻作/5."倭人"渡海中国(周代)/6. 前三世纪时的列岛西部/二、青铜与铁技术集团的渡来/1. 早期青铜器铸型(亻型)的分布/2. 尖端技术基地的选择/3. 谜的铁器文化人/4. 国门、有明海(筑紫海)/5. 熊本市斋藤山遗址与山口县山神遗址/三、日本各地的徐福传说/1. 二十余个传说地/2. 关于地名/3. 人名、秦氏/4. 到达地和开发地/5. 与"神功皇后"传说的差异/6. 男童是卯女岩(筑紫野市天山)考/四、日本的徐福文献/1. 十世纪的开放与《神皇正统记》/2. 十四世纪的《太平记》、《东海琼华集》/3. 十七八世纪的林罗山、松下见林、新井白石/4. 其他现地史料/(1)和歌山/(2)佐贺/(3)鹿儿岛等/5. 柳田国男的徐福肯定说/五、与蓬莱传说的关系/1. 蓬莱与常世/2. 平安、镰仓文艺中的"蓬莱"/3.《记》、《纪》中的少彦名命与常世国/4. 浦岛子传说/5. 蓬莱的地名/第三部 探索古代日本列岛的实像——前三世纪至六、七世纪/一、中国正史的古代列岛方面的记录/1. 从《史记》到《旧唐书》/2. 早期利用金属器的证明/3. 倭人百余国、东鳀人20余国的航海术/4. 明快的北部九州广域邪马台国及其后/5. 吴国探查东鳀人、倭人/6. 朝鲜史书的"近倭国"、"近倭都"观/7. 中国史籍未载的列岛道教和巨大古坟/8. 从《晋书》到《旧唐书》/二、《日本书纪》隐没了徐福、扶桑国/1. 正史《日本纪》(今《日本书纪》)的歪曲/2. ヤマト政权在哪里/3. 藤原氏《日本纪》的篡改/4."神武"的模特儿是徐福/5. 把徐福集团的"蓬莱"

偷换成"常世"/三、列岛古代千年略史/1. 徐福集团的东渡/2. 与朝鲜半岛南部的交流/3. 铜铎与东鳀人、倭人/4. 倭国、邪马壹(台)国和倭种社会/5. 倭国五王、扶桑国、巨大古坟和佛教/6. 七世纪前半日本列岛的东和西 7. 竹斯国、秦王国、十余国/8. 七世纪后半期古代列岛的大动荡/9. 走向新日本国、百济系与新罗系/10. 藤原氏发布言论钳制令的可能性/四、包括徐福、扶桑国的古代千年史/1. 代表日本的文化人批判《日本纪》/2. 异常的反新罗的歇斯底里变革/3. 近江大王(天智)以后的记载是正确的/4.《日本纪》是半藤原纪、政治小说/5. 走向二十一世纪,为徐福和扶桑国僧恢复名誉/各地徐福研究会一览

书　　名　徐福文化的思索(徐福文化集成)
责 任 者　杨正光,朱亚非等著
出 版 项　济南:山东友谊出版社,1996
页　　码　321
书　　号　7-80551-851-3
分 类 号　K203-53
相关目录　关于"徐福文化"的思索 安作璋/关于徐福研究的若干问题 杨正光/徐福赍书说探索 李永先/古代中日主要海上航线考 孙光圻/徐福与郑和 田连谟/徐福现象 赵华富/论徐福的思想和品格 赵志坚 安克骏/徐福东渡与山东沿海早期对外交往 朱亚非/秦代方士徐福 张文立 田静/徐福故里徐乡索隐 赵胤祚/徐福与齐文化探析 赵志坚/"若振女"考 李江浙/徐福东渡与黄海丝绸之路 李永先/徐福精神刍议 赵景繁/秦方士冤词 张华松/徐福思想前后分期试说 张洋 寰鹏/徐福方仙道家的海外传播 林仙庭/论徐福与秦始皇 赵志坚 高广政/对徐福研究的几点看法 李文渭/黄遵宪和他的《日本国志》、《日本杂事诗》廉慧/从折扇看古代中日文化交流 许修仲张东升/圆仁来唐 高风林/作为日本文化根源的徐福文化〔日〕小西欣弥/"市"是徐福集团的象征旗标〔日〕小野寺洋子/神武天皇之后的徐福〔日〕饭野孝宥/徐福来到佐贺〔日〕副岛清高/徐福与日本原生国家〔日〕水野明/透过道教的中日文化交流〔日〕今枝二郎/徐福东渡与中日文化交流〔日〕陈福坡/活在日本人心中的"徐福先生" 吴文雄

书　　名　徐福文化集成
责 任 者　张炜主编
出 版 项　济南:山东友谊出版社,1996
书　　号　7-80551-851-3
分 类 号　K828.33

书　　名　徐福新论
责 任 者　高立保著
出 版 项　香港:天马图书有限公司,2006
页　　码　239
分 类 号　K828.9=33

书　　名　徐福研究
责 任 者　彭双松著
出 版 项　苗栗:富蕙图书出版社,1984
页　　码　539
分 类 号　K203

内容提要 作者花了十余年时间，参阅了百余册中外书籍，经八次访日，在日本境内发现56处徐福遗迹，证明徐福确实到日本。不但如此，徐福在日本的东迁与日本第一代神武天皇之东征竟有了37次之相同，类似或密切关系时，遂下了结论：徐福即是神武天皇。

书　　名 徐福研究
责 任 者 山东省徐福研究会，龙口市徐福研究会编
出 版 项 青岛：青岛海洋大学出版社，1991.07
页　　码 355
书　　号 7-81026-159-2
分 类 号 K828.33
相关目录 徐福故址是秦齐郡黄县徐乡 王大均/徐福故里及东渡启航港和航行路线 李继涛/徐乡系徐福故里的论证 孟宪仁/徐福籍贯徐乡说新辨 赵胤祚/徐福故里徐乡索隐 赵敬民/徐福故里赣榆说质疑 安克骏/秦代方士徐福籍贯新考 陆亭/有关徐福故里的几个问题——兼与罗其湘先生商榷 达军/再论徐福其人及其故里 齐仁悦/徐福东渡与山东沿海早期对外交往 朱亚非/古代山东与日本——从徐福东渡谈起 朱言/以徐福为代表的秦人大规模东渡日本 孙光圻/徐福东渡考 李江浙/徐福东渡启航港新探 唐禄庭/徐福东渡动因考 林仙庭李步青/浅议徐福东渡日本 王国昌 索勤民/对徐福研究的几点看法 李文渭/徐福故里及东渡的探索 李永先

书　　名 徐福研究：2
责 任 者 山东省徐福研究会，龙口市徐福研究会编
出 版 项 青岛：青岛海洋大学出版社，1993
页　　码 330
书　　号 7-81026-548-2
分 类 号 K828
相关目录 山东早期的纺织业与北方海上丝绸之路（朱亚非）

书　　名 徐福与日本
责 任 者 卫挺生著
出 版 项 台北：台湾商务印书馆，1953
页　　码 142
分 类 号 K31
相关目录 卷一、研究之缘起与结果/第一篇 日本始建国史研究之缘起/第二篇 研究所得之主要论断/卷二、书成后之初步反响与讨论/第一篇 初步之评语/第二篇 初步之讨论/卷三上、日本学者之反响与讨论/第一篇 日本学术界之反响/第二篇 藤间之神武与徐福皆虚构人物说/第三篇 家永之汉视科学说/第四篇 津田之不成问题说/第五篇 徐昌道所证之日本徐福子孙/第六篇 答日本学者之批判/卷三下、与日本家永三郎博士之讨论

书　　名 徐福与日本：续集
责 任 者 香港徐福会编辑委员会
出 版 项 香港：香港徐福会，1983.07
页　　码 106

分类号 K313.03

书 名 徐福与邪马台国
责任者 彭双松著
出版项 苗栗:富蕙图书出版社,1990.12
页 码 192
分类号 D829.313

书 名 徐福志
责任者 朱亚非
出版项 济南:山东人民出版社,2009.04
页 码 465
书 号 7-209-04769-2
相关目录 第一篇 生平/第一章 徐福的祖先—徐夷/第二章 徐福的故里—山东龙口/第三章 徐福在国内的活动/第四章 徐福东渡/第五章 徐福一行海外活动踪迹/第二篇 业绩与影响/第一章 徐福东渡与古代朝鲜、日本社会/第二章 徐福的影响/第三章 徐福东渡的历史共计/第三篇 历代研究/第一章 历代学者、文人对徐福的宣传和研究/第二章 20 世纪 80 年代以来徐福研究概述/第四篇 文献记载/第一章 中国部分史志书籍有关徐福的记载/第三章 韩国部分史籍有关徐福的记载/第五篇 国内遗址、遗存与纪念设施/第二章 韩国遗址、遗存与纪念设施/第三章日本遗址、遗存与纪念设施/第六篇 民间传说/20 世纪以来徐福研究文献一览表/中国各地徐福组织一览表(2006 年 6 月)

书 名 徐福志
责任者 朱亚非主编;中国国际徐福文化交流协会编
出版项 青岛:中国海洋大学出版社,2007
页 码 350
书 号 7-81067-996-1
分类号 K828.9=33
相关目录 第一篇 生平/第一章 徐福的祖先——徐夷/第二章 徐福的故里——山东龙口/第三章 徐福在国内的活动/第四章 徐福东渡/第五章 徐福一行海外活动/第二篇 业绩与影响/第六章徐福东渡与古代朝鲜、日本社会/第七章 徐福的影响/第八章 徐福东渡的历史功绩/第三篇 历史研究/第九章 历代学者、文人对徐福的宣传和研究/第十章 20 世纪 80 年代以来徐福研究概述/第十一章 中国部分史志书籍有关徐福的记载/第十二章 日本部分史志书籍有关徐福的记载/第十三章 韩国部分史籍有关徐福的记载/第五篇 遗址、遗存与纪念设施/第十四章 国内遗址、遗存与纪念设施/第十五章 韩国遗址、遗存与纪念设施/第十六章 日本遗址、遗存与纪念设施/第六篇 民间传说/第十七章 山东省龙口市/第十八章 山东省荣成市/第十九章 河北省盐山县/第二十章 浙江省慈溪市/第二十一章 浙江省岱山县
内容提要 本书从徐福生平、业绩与影响、历代学者对徐福的宣传与研究、中外史书对徐福的记载、中外徐福遗址以及民间传说等方面对徐福做了研究。

书 名 徐继畬及瀛寰志略
责任者 (美)德雷克(Drake,F.W.)著;任复兴译
出版项 北京:文津出版社,1990.07

页　码 206

书　号 7-80554-050-0

分 类 号 K827.49

相关目录 第一章 生于山西的博学官员/第二章“逆夷”/第三章 与新世界的接触/第四章 守旧派的迫害/第五章 瀛寰志略/第六章 徐巡抚笔下的世界/第七章 中国海域的危险/日本,琉球/越南,暹罗,缅甸/“南洋”各岛国/第八章 亚洲内陆边疆的威胁/印度/非中国文明的摇篮/中国的“西域”:俄国在崛起/第九章“夷狄”的欧洲基地/欧洲概貌/西方文明的古代基础/葡萄牙,西班牙,荷兰/俄罗斯,法兰西,英吉利/其他欧洲国家/第十章 落后的非洲,充满希望的美洲/黑暗的大陆及欧洲势力/美利坚:对抗欧洲的新型合众国/拉丁美洲/第十一章 返回中原/附录/1848年版瀛寰志略征引书目/1848年版瀛寰志略地图目录/华盛顿纪念塔上的中文碑文/纽约时报述评:美国在中国之影响/蒲安臣在赠送华盛顿像仪式上的致辞/徐继畬在赠送华盛顿像仪式上的答辞

内容提要 徐继畬是近代中国较早向西方寻求救国救民真理的杰出人物之一。他于1848年写成《瀛寰志略》一书,揭示近代中国在强国如林的世界格局中的危险处境,由研究地理学引进西方改良政治思想,曾产生广泛影响。本书比较全面地介绍和评述徐继畬的生平事迹及《瀛寰志略》的内容和影响。包括“导言”和十二序:一、生于山西的博学官员;二、“逆夷”;三、与新世界的接触;四、守旧派的迫害;五、《瀛寰志略》;六、徐巡抚笔下的世界;七、中国海域的危险;八、亚洲内陆边疆的威胁;九、“夷狄”的欧洲基地;十、落后的非洲,充满希望的美洲;十一、返回中原;十二、结论。

书　名 **徐继畬与东西方文化交流**

责 任 者 任复兴主编

出 版 项 北京:中国社会科学出版社,1993

页　码 517

书　号 7-5004-1454-4

分 类 号 K827.52

相关目录 徐继畬事略及其《瀛环志略》[台]陈存恭/徐继畬与美国:一种特殊的关系 [美]龙夫威/鸦片战争与徐继畬 萧致治 杨木根/徐继畬——开眼看世界的先驱和爱国者 吴廷桢/徐继畬属于什么派 冯祖贻/放眼看世界的先驱——徐继畬 徐士瑚/《瀛环志略》研究 潘振平/徐继畬与中国近代化的思想启蒙 虞和平/《瀛环志略》:一部自强的启蒙书 付才武/《瀛环志略》中的文化地理成分 薛振齐 高闻/徐继畬与近代化——兼与福泽谕吉的《西洋事情》比较 刘天纯/《瀛环志略》与《海国图志》比较研究 章鸣九/略论徐继畬及其《瀛环志略》李鸿生/《瀛环志略》的特色——与《海国图志》的比较 洪九来/《海国图志》与《瀛环志略》——中国近代的始刊启蒙地理书 [日]大谷敏夫/北京图书馆藏《瀛环志略》誊清修改稿本初考 俞旦初/《瀛环志略》若干稿本初探 任复兴/从《瀛环考略》探究徐继畬与雅裨理牧师之交游 [港]李志刚/《瀛环志略》译名试评 邹振环/从徐继畬看爱国与投降 袁伟时/神光寺公案辨析——兼谈徐继畬外交策略思想 郦永庆/析神光寺事件 任茂棠 杨荣春/评乌石山事件中徐继畬的抗英策略思想 张武文/从神光寺事件看徐继畬的对外策略 吕义才/这种对策不可取 李峭仑/由华盛顿纪念塔中文石碑说起——兼以祝美国独立二百周年 [台]方闻/华盛顿纪念塔上的中文石碑研究 何守先/《瀛环志略》初期冷遇原因析 杨荣春/同文馆事件:中国近代化的严重挫折——兼谈徐继畬在其中的角色 任复兴/徐继畬时代的中国对外关系 [美]梁伯华/徐继畬与中国近代外交的转变 任复兴/徐松龛诗歌略论 刘泽/徐继畬诗中的复仕思想 薄子涛/徐继畬的教育思想 张乃彬/徐继畬与王印川 赵光清/徐继畬与薄承砚 李木子/徐继畬修志观点及其《五台新志》研究 赵培成/直针君德砥砺廉隅——读徐继畬《后汉书批语》、《疯话偶存》札记 任复兴/徐继畬研究述略 编者/独行草(代跋)周宗奇

书　　名　**鸦片的传播与对华鸦片贸易(大航海时代)**
责 任 者　龚缨晏著
出 版 项　北京:东方出版社,1999
页　　码　372
书　　号　7-5060-1269-3
分 类 号　F752.9
相关目录　下篇 对华鸦片贸易/十一、英国对孟加拉的征服与鸦片专卖制度的建立/附:印度的罂粟种植与鸦片生产/十二、英—中—印三角贸易中的鸦片/十三、港脚贸易与鸦片的输入/十四、1800年前的对华鸦片贸易/十五、澳门与黄埔

书　　名　**鸦片风云**
责 任 者　郑彭年著
出 版 项　上海:复旦大学出版社,1997
页　　码　334
书　　号　7-309-01857-5
分 类 号　K253.09:K255.09
相关目录　上卷 第一次鸦片战争——香港被占与割让/第一章 西方殖民势力的东进与鸦片输入中国/第二章 禁烟运动的开展/第三章 战争的爆发/第四章 第一次闽浙战役/第五章 广东战役/第六章 第二次闽浙战役与长江下游战役/第七章 兵临城下的和谈/下卷 第二次鸦片战争——火烧圆明园真相/第八章 战争的前导/第九章 广州战役/第十章 第一次天津战役/第十一章 第二次天津战役/第十二章 第三次天津战役/第十三章 京郊战役/第十四章 火烧圆明园真相

书　　名　**鸦片战争**
责 任 者　牟安世著
出 版 项　上海:上海人民出版社,1982
页　　码　444
分 类 号　K253
相关目录　第一章 资本主义列强的殖民地掠夺政策与鸦片贸易在中国的发生和发展(十六世纪——一八三九年)/第一节 以葡萄牙人为主向中国输入鸦片时期(十六世纪——一七七三年)/第二节 英国东印度公司垄断鸦片贸易时期(一七七三——一八三四年)/第三节 英国鸦片贩子向中国猖狂偷运鸦片时期(一八三四——一八三九年)/第二章 鸦片战争前的国际国内形势和中国的禁烟运动/第一节 鸦片战争前的国际国内形势/第二节 中国禁烟运动的酝酿/第三节 林则徐领导下的轰轰烈烈的禁烟运动/第三章 鸦片战争的经过和中国人民的反侵略斗争(上)/第一节 第一次广东战争阶段(一八三九年九月——一八四〇年六月)/第二节 英国侵略者北上骚扰沿海阶段(一八四〇年六月——十一月)/第三节 第二次广东战争阶段(一八四〇年十一月——一八四一年八月)/第四章 鸦片战争的经过和中国人民的反侵略斗争(下)/第一节 闽浙战争阶段(一八四一年八月——一八四二年五月)/第二节 侵略长江下游阶段(一八四二年五月——八月)/第三节 鸦片战争失败的主要原因/第五章 鸦片战争的结果及其影响/第一节 一系列不平等条约的签订/第二节 美法等国侵略者跟踪而至,相继效尤/第三节 中国开始走上半殖民地半封建社会的道路

书　　名　**鸦片战争前的东南四省海关**
责 任 者　黄国盛著

出 版 项 福州:福建人民出版社,2000
页 码 487
书 号 7-211-03626-5
分 类 号 F752.59
相关目录 第一章 清代海关创立的背景与设置经过/第二章 海关监督/第三章 行商、通事与买办/第四章 海关口岸与内外贸易/第一节 海关口岸的设置与沿革/第六章 海关税则/第四节 免税、减税、限运与禁运/第七章 海关对外商的管理/第一节 外国商船的进出港手续/第八章 海关对华商的管理/第一节 海关对华商出海办法的规定/第四节 海关对小商船及渔船的管理/第九章 海关对朝贡贸易的管理/第一节 闽海关对琉球朝贡贸易的管理/第二节 粤海关对暹罗朝贡贸易的管理
内容提要 本书阐述了清代海关创立的背景与设置经过、闽台指定口岸贸易之政策、清代前期开海设关的历史地位与经验教训。

书 名 **鸦片战争前中英通商史**
责 任 者 (英)M. 格林堡,(Michael Greenberg)著;康成译
出 版 项 北京:商务印书馆,1961
页 码 214
书 号 11017·94
分 类 号 F752.95
相关目录 第一章 旧的对华贸易/第二章 东印度公司和英国散商/第三章 广州商业制度/第四章 1834年以前广州贸易的发展/第五章 鸦片/甲 鸦片贸易的重要性/乙 鸦片的商业史/丙 白皮土和达曼/丁、对澳门的斗争/戊、沿海贸易/已 白银和"粪土"/第六章 商业和金融/甲 代理行/乙 银行业务/丙 保障和航运/第七章 自由商人的胜利/甲 公司特许状的终止/乙 曼彻斯特和广州/丙 1834年的经济后果/丁 1834年的政治后果/第八章 帐簿与刀枪/甲 鸦片战争/乙 战争期间的贸易/丙 贸易和国旗

书 名 **鸦片战争人物传**
责 任 者 戴学稷主编
出 版 项 福州:福建教育出版社,1985
页 码 289
书 号 7159·1038
分 类 号 K828.5
相关目录 林则徐/道光帝旻宁/穆彰阿/王鼎/许乃济/黄爵滋/邓廷桢/怡良/关天培/琦善/陈连升/麦廷章/奕山/杨芳/余保纯/韦绍光 颜浩长 陈棠 邓潜/何玉成 王韶光/林福祥/梁廷枬/张维屏/钱江 何大庚/耆英/黄恩彤/伍秉鉴 伍元华 伍崇曜/颜伯焘/陈阶平/刘耀椿/江继芸 张然/姚莹/达洪阿/王得禄/林昌彝/伊里布/裕谦/余步云/葛云飞 王锡朋 郑国鸿/奕经/刘韵珂/臧纡青/朱贵/郑鼎臣/徐保/陈化成/染章钜/海龄/牛鉴/龚自珍/魏源/包世臣/张际亮/陈庆镛/丁拱辰 邹伯奇/巴麦尊/义律 懿律/璞鼎查/伯麦 郭富 巴加/查顿 颠地 马地臣/马礼逊 马儒翰 郭士立/裨治文 伯驾

书 名 **鸦片战争时期的林则徐**
责 任 者 厦门大学历史系《鸦片战争时期的林则徐》编写组编
出 版 项 福州:福建人民出版社,1978
页 码 80

分 类 号 K827.5

相关目录 一、鸦片战争前的形势和林则徐早期的禁烟活动/二、林则徐为首的严禁派在鸦片论战中的暂时胜利/三、震动中外的广东禁烟和虎门销烟/四、林则徐的抵抗措施与中英前哨战/五、反侵略战争中爱国抗战与卖国投降的斗争/六、流放新疆和防备沙俄侵略的爱国活动

书　　名 鸦片战争史

责 任 者 萧致治

出 版 项 福州:福建人民出版社,1996.12

页　　码 853

书　　号 7-211-02811-4

分 类 号 K253.06-8-99

相关目录 第一章 早期殖民者的东来/一、西方殖民主义的兴起/二、葡萄牙窃据澳门/三、西班牙与荷兰的殖民活动/四、来自陆路的殖民者——沙俄/五、其他西方国家的东来/第二章 走向下坡路的清王朝/一、土地集中,经济衰败/二、官吏庸劣,政治腐败/三、中外交往,严加限制/四、民族压迫,满汉矛盾/五、武备废弛,军纪败坏/六、统制思想,钳制舆论/七、阶级矛盾,日趋激化/第三章 英国殖民者的魔爪伸向中国/一、曲折的探索历程/二、东印度公司——英国侵略东方的殖民机构/三、英国使团访华与英人图据澳门/四、英国对华贸易的入超/五、鸦片——恶毒的殖民武器/第四章 中国严禁鸦片的正义斗争/一、有清一代的禁烟政策/二、鸦片输入急剧增长/三、清朝内部"弛"与"禁"的争论/四、严厉禁烟运动的兴起/五、禁烟运动的新阶段:林则徐赴粤/六、虎门销烟,全国掀起禁烟高潮/七、林则徐整顿海防,准备抵抗侵略/第五章 英国殖民者挑起鸦片战争/一、战前世界大势/二、英国经济的迅猛发展及其侵华叫嚣/三、胡夏米侦察沿海形势(1832年)/四、东印度公司垄断权的废止与律劳卑来华(1834年)/五、义律的两手策略(1836-1838年)/六、英国政府决定"远征"(1839年10月-1840年4月)/七、义律顽抗"具结"与"交凶"(1839年4月-8月)/八、中英之间的前哨战(1839年9月-1840年6月)/第六章 鸦片战争爆发与清政府态度转变/一、鸦片战争的来临(1840年6月)/二、英军进扰厦门,攻陷定海(1840年7月)/三、中英天津大沽谈判(1840年8月-9月)/四、天津谈判前后爱国军民的抗英斗争/五、英军南撤与浙江"休战协议"(1840年9月-11月)/六、琦善赴粤求和(1840年11月-1841年2月)/七、沙角、大角之战,英军强占香港(1841年1月)/第七章 清政府对英宣战三元里人民奋起抗英/一、道光帝下诏宣战(1841年1月)/二、英军进犯珠江(1841年2月-3月)/三、奕山冒昧夜袭与《广州停战协定》(1841年5月下旬)/四、三元里等乡人民奋起抗英(1841年5月底)/五、清政府再次妥协与英军准备北犯(1841年6月-8月)/第八章 英国扩大战争 中国军民坚持斗争/一、义律去职与璞鼎查来华(1841年8月)/二、英军攻陷厦门(1841年8月26-27日)/三、定海再陷,三总兵英勇殉国(1841年9月26-10月1日)/四、镇海、宁波失守,裕谦殉国(1841年10月10-13日)/五、奕经赴浙"收复三城"(1841年10月-1842年3月)/六、清政府的抵抗方针根本动摇(1842年3月下旬)/七、浙江、台湾和西藏军民的抗英斗争/第九章 英军进犯长江一、乍浦之战(1842年5月18日)/二、吴淞口之战,上海失陷(1842年6月16-19日)/三、镇江之战,英舰封锁运河粮道(1842年7月)/四、江宁"城下之盟"(1842年8月29日)/五、沿江人民的抗英斗争/第十章 中国战败的原因/一、中英双方作战能力分析/二、中英双方战略方针比较/三、社会制度腐败对战争的影响/四、民族歧视政策对战争的影响/五、深刻的历史教训/第十一章 中国近代第一批不平等条约/一、战后中西关系和清政府对外方针/二、中英《江宁条约》和《虎门条约》/三、中美《望厦条约》和中法《黄埔条约》/四、比利时等分沾侵华权益,葡萄牙侵夺澳门主权/五、中国人民坚持反侵略反投降斗争/第十二章 战后的中国社会/一、东南五口的巨大变化/二、外国经济侵略加强/三、自然经济开始解体/四、封建剥削加重/五、农民反封建斗争高涨/第十三章 鸦片战争前后的思想和文化/一、地主阶级改革派革新内政的思想/二、地主阶级改革派反侵略和学习西方长技的思想/三、反侵略的文学/四、史地

学的兴起/五、人民群众反侵略的思想

书　　名　**鸦片战争史实考:一名魏源"洋舰征抚记"考订**
责 任 者　姚薇元著
出 版 项　上海:新知识出版社,1955
页　　码　165
分 类 号　K253.07
相关目录　卷上/广州之十三洋行/广州封港/焚烧贩烟匪船/英军东侵/林则徐火攻英船/广州之设防/英舰北侵/英舰袭陷定海/粤海之役/英军退出定海/英舰封锁广州/奕山火攻英船/广州失陷/卷下/香港英船之遭风/厦门之设防/厦门失陷/英舰离闽侵浙/定海再陷/镇海之设防/镇海失陷/宁波失陷/由大宝山攻镇海/英军图犯长江/乍浦失陷/粤海情况/英舰进犯长江/吴淞炮台与宝山之失陷/上海失陷/英舰溯江西侵/镇江失陷与海龄之殉难/英军深入长江之毒计/英舰撤退/清政府惩治疆吏/台湾英船触礁事件

书　　名　**鸦片战争史实考:魏源《道光洋舰征抚记》考订**
责 任 者　姚薇元著
出 版 项　北京:人民出版社,1984
页　　码　186
书　　号　11001·654
分 类 号　K253.07
相关目录　卷上/广州之十三洋行/广州封港/焚烧贩烟匪船/林则徐火攻英船/广州之设防/英舰北犯/英舰袭陷定海/粤海之役/英军退出定海/奕山赴粤/英舰封锁广州/奕山火攻英船/广州失陷/卷下/香港英船之遭风/厦门之设防/厦门失陷/英舰离闽侵浙/定海再陷/镇海之设防/镇海失陷/宁波失陷/由大宝山攻镇海/由岱山攻定海/英舰图犯长江/乍浦失陷/英舰进犯长江/上海失陷/英舰溯江西侵/镇江失陷与海龄之死难/英军封锁运河/英舰撤退/清政府惩办疆吏/台湾英船触礁事件

书　　名　**鸦片战争史实考:中国史学史概要(武汉大学百年名典)**
责 任 者　姚薇元著
出 版 项　武汉:武汉大学出版社,2007
页　　码　260
书　　号　7-307-05481-7
分 类 号　K253.06:K092
内容提要　本书包括两卷,主要有鸦片之产地及品种、林则徐之禁烟方案、鸦片输入之由来、鸦片走私之情况、广州之中英贸易等内容。

书　　名　**鸦片战争与林则徐研究备览**
责 任 者　萧致治主编
出 版 项　武汉:湖北人民出版社,1995
页　　码　645
书　　号　7-216-01760-9
分 类 号　K253.07:K827.5
相关目录　第一编 鸦片战争史研究述评 撰稿人 邱远猷/Ⅰ 综述/Ⅱ 论著与资料整理/Ⅲ 港、台地区研究概况/Ⅳ 国外研究概况/Ⅴ 如何把鸦片战争的研究引向深入/第二编 有关重大问题研究概况 撰稿人 许增觎/Ⅰ 清朝前期的"闭关政策"/Ⅱ 洪任辉事件/Ⅲ 马戛尔尼、阿美士德使华/Ⅳ 律劳卑事件/Ⅴ 战前清朝统治阶级对禁烟态度/Ⅵ 战争中的清朝统治集团/Ⅶ 关于《穿鼻草约》/Ⅷ 关于民众的抗英斗争/Ⅸ 战时中英兵力、国力和清军的战略战术/Ⅹ 战争中的战役研究/Ⅺ 关于清军失败原因的探讨/Ⅻ 五口通商时期的鸦片问题/ⅩⅢ 港澳问题/第三编 林则徐研究述评 撰稿人 萧致治/Ⅰ 研究概况/Ⅱ 林则徐著作和重要论著介绍/Ⅲ 研究的成就与分歧/Ⅳ 国外研究情况/Ⅴ 如何把林则徐研究引向深入/第四编 有关人物研究概况 撰稿人 萧致治(Ⅰ-Ⅳ)许增纮(Ⅴ)邓卫中(Ⅵ-Ⅷ)/Ⅰ 道光帝旻宁/Ⅱ 龚自珍/Ⅲ 魏源/Ⅳ 徐继畬/Ⅴ 姚莹/Ⅵ 穆彰阿/Ⅶ 琦善/Ⅷ 杨芳/第六编 战争前后重要职官年表(1831-1850)撰稿人 宋腊梅/Ⅰ 例言 说明/Ⅱ 军机大臣年表/Ⅲ 大学士年表/Ⅳ 部院大臣年表/Ⅴ 总督年表/Ⅵ 巡抚年表/Ⅶ 提督年表/Ⅷ 将军都统年表/第七编 论著索引(1950-1994)撰稿人 李天松(Ⅰ-Ⅱ)萧致治(Ⅲ)/Ⅰ 中文著译和资料/Ⅱ 中文论文/Ⅲ 国外论著与资料

书　　名　**亚洲的华夏秩序:中国与亚洲国家关系形态论(天朝礼治体系研究:上卷)**
责 任 者　黄枝连著
出 版 项　北京:中国人民大学出版社,1992.08
页　　码　413
书　　号　7-300-01372-4
分 类 号　D829.3
相关目录　第三篇"天朝礼治体系"之下郑和"七下西洋"/2. 明成祖"陆上丝绸之路"和"海上丝绸之路"的两大外事活动的取向/3. 郑和所访之处,具有不同于礼治主义的社会文化体系/4."七下西洋"并未能使"天朝礼治体系"建立起来/第四篇 东国年年修职贡,礼义成邦慕圣朝/1."天朝礼治体系"之下朝中关系的开端/2. 李珥的世界观和他对"天朝礼治治体系"及朝中关系的见解/3."天朝礼治体系"下,李珥对朝中关系处理的原则/第五篇 "天朝礼治体系"下琉球和中国关系/1. 琉球王国在"壬辰倭乱"中的败落/2. 琉中关系的源远流长/3. 琉球对中国的频繁朝贡/4. 琉球人对中国的"朝贡贸易"/中国人对琉球的"册封贸易"/7."天朝礼治体系"下琉中关系的局限性/第六篇 日本与"天朝礼治体系"关系论/2. 元世祖对日本的两次征讨扭曲了中日两国的友好关系/4. 倭寇活动是日本人对"天朝礼治体系"的第一次挑战/5."天朝礼治体系"之下,日中贸易一筹莫展/6. 丰臣秀吉对"天朝礼治体系"的正面挑战
内容提要　共收论文6篇,内容为分析北魏和朝鲜王朝如何利用"儒化政治"来进行社会情境结构的重建;就郑和下西洋分析"天朝礼治体系"在海外开展情况及日本列岛与"天朝礼治体系"的关系等。

书　　名　**亚洲文明**
责 任 者　黄盛璋主编
出 版 项　合肥:安徽教育出版社,1992
页　　码　217
书　　号　7-5336-1013-X
分 类 号　K300.7:K300.3
相关目录　元代海上粮运初步研究 陈有和

书　　名　**烟台港史:古、近代部分(中国水运史丛书)**
责 任 者　丁抒明主编
出 版 项　北京:人民交通出版社,1988.09

页　　码　254
书　　号　7－114－00204－1
分 类 号　F552.9
相关目录　第一章 古代的天然良港/第一节 胶东史前文化的发展与芝罘湾的形成/第二节 山东沿海交通的发祥地/第三节 南北海上运输中的避风港/第四节 山东北部的海防要塞/第二章 两次鸦片战争期间的烟台港/第一节 港口贸易的兴起与厘局的设立/一、烟台港口贸易在海漕中兴起/二、鸦片战争对烟台港的影响/三、烟台在港口贸易推动下成为商业兴旺的港埠/四、烟台港的苛捐杂税和厘局的设立/第二节 西方资本主义势力对烟台港的走私渗透/第三节 烟台港成为侵略者的军事基地/一、法国选中烟台港为侵略基地/二、清政府在烟台沿海军事设防上的错误/三、法国侵略军侵占烟台港/第四节 烟台港的被迫开放/一、英国要求烟台港开埠通商/二、清政府被迫在烟台港设立海关/三、登莱青道署移驻烟台及户关的设立/四、海关、户关的区别和海关对港口发展的影响/第三章 烟台港半殖民地化的开始/第一节 港口管理大权的旁落/一、英国人充任东海关税务司/二、东海关的港务管理/第二节 烟台港开放初期的港口贸易/一、畸形发展的进出口贸易/二、英国开辟对烟台港的直接贸易/第三节 急剧扩大的外国航运势力/第四节 港口成为侵略者的活动基地/一、英、法、美等国在港口的军事活动/二、英国对山东资源的“调查活动”/第四章 港口的早期建设与腹地经济及港埠的发展/第一节 早期的港口建设与腹地交通/一、海关码头与卢逊灯塔的建设/二、烟黄大道与水路交通/第二节 中国官办航运企业的出现/一、招商局在烟台的航运/二、招商局与外国航运势力的竞争/三、盛宣怀经营的“广济”轮/第三节 腹地经济的变化/一、洋货的大量输入/二、农副业产品成为大宗出口的商品/三、特殊的商品生产——鸦片/四、民族工业的产生/第四节 港埠城市的发展/一、政治、经济中心的形成/二、沿海人口的聚居/三、烟台城区的建设/第五章 烟台港向近代港口的演变/第一节 甲午战争后的港埠形势/一、外国经济势力的扩张/二、烟台外国领事团辟设“租界”的活动及后果/三、帝国主义对烟台港“内港”航运的渗透/第二节 北方诸港的开放对烟台港的影响/一、中国北方主要沿海港口的开放/二、烟台港在竞争中的失利/三、烟台港在竞争中失利的必然性/第三节 大规模建港工程的初起/一、南北公共码头岸路工程和烟台山灯塔/二、东西公共码头岸路工程/三、烟潍铁路的筹议/第四节 人工港池的成型/一、烟台海坝工程会的成立/二、几种建港方案的提出/三、东、西防波堤工程的筹备/四、东、西防波堤的施工/第六章 近代港口形成后的发展与停滞/第一节 东、西防波堤建成后的港口形势/一、以东、西防波堤为主体的人工港池和西防波堤的独特作用/二、港口装卸方式的局部变化/三、对人工港池及北码头的利用/第二节 港口客运的发展/一、客运兴起的背景/二、客运发展的概况/三、客运对烟台商埠发展的影响/第三节 近代港口对渔业和民族航业、工商业的促进/一、渔业的发展和渔港的形成/二、民族航运业的发展/三、民族工业的发展/四、烟台特区的建立/第四节 港口建设的停滞/第五节 常关的裁撤及其后果/第七章 烟台港沦为日本的殖民地港口/第一节 日本强行“接管”烟台港/一、日本对烟台港的经济调查和武装占领/二、芝罘港务局的成立/第二节 港口城市经济的高度垄断/一、从港口税收入手控制城市金融/二、日本工商势力在烟台的独霸/三、烟台民族工商业的衰败/四、殖民地港口的物资封锁政策/第三节 “国际运输”统辖下的码头工人和装卸生产/一、码头工人的组织和收入/二、港口驳运装卸的改进和实际货运量的下降/第四节 海关码头的维修/第五节 被日本所垄断的港口贸易/第八章 解放战争时期的烟台港/第一节 烟台港的第一次解放/一、烟台市暨烟台港的解放/二、海坝工程会的恢复与港口维修/三、码头工会的成立/第二节 国民党占领下的烟台港/第三节 烟台港的第三次解放/一、克服困难抢修港口/二、港口贸易的恢复/三、码头工人的支前活动

书　　名　**烟台海关史概要:1862－2004**
责 任 者　边佩全主编
出 版 项　济南:山东人民出版社,2005.07
页　　码　337

书　　号　7－209－03717－9
分 类 号　F752.59
内容提要　本书逐一介绍了设关前的烟台港、东海关、解放区海关、烟台海关。同时附有《中英烟台条约》、《海关总税务司署通令》等。

书　　名　烟台史话
责 任 者　宫栾鼎著
出 版 项　北京：海洋出版社，1992.07
页　　码　188
书　　号　7－5027－2490－7
分 类 号　K295.23
相关目录　人物春秋/秦始皇三登之罘与徐福东渡/政治军事/“重庆”号巡洋舰起义抵烟/涉外事件/反对美军在烟台登陆/交通邮电/山东开埠第一港/全国第一个自行开埠的港口/政记轮船公司兴衰史

书　　名　扬州古港史（中国水运史丛书）
责 任 者　吴家兴主编
出 版 项　北京：人民交通出版社，1988.07
页　　码　187
书　　号　7－114－00113－4
分 类 号　F552.9
相关目录　第一章 扬州古港的兴起/第一节 邗沟的开凿和扬州港的初兴/一、邗邑先民的生产活动/二、早期江北运河航道水系的形成及扬州港的出现/第二节 秦汉至南北朝时期天限南北的广陵港/一、整治邗沟，开运盐河/二、广陵港的间断发展/三、广陵船宫/第三节 隋代南北大运河的沟通为扬州港极盛局面揭开了序幕/第二章 空前繁荣的东方国际大港——唐代的扬州港/第一节 富甲天下的“广陵大镇”/第二节 便利的航道条件和合理的港埠分布/一、整治旧水系，开辟新航道/二、斗门船闸的出现/三、江口、河域港埠的变迁/第三节 海、河运的中转大港/一、漕运中转的大港/二、盐法的改革对扬州港盐运的影响/第四节 活跃的海外交通/一、唐代扬州是中外航海线上的中继港/二、日本、朝鲜的遣唐使和留学生（僧）/三、鉴真和尚东渡日本/四、扬州和唐津是唐代中日交往的对应港口/五、扬州与南亚、北非的贸易往来/第五节 唐代扬州港对蕃舶、漕粮转输的管理制度/第六节 唐代扬州官营造船工场/一、扬州江口的十大造船工场/二、精湛的扬子造船工艺/第七节 唐末、五代扬州港的衰退/第三章 扬州港在北宋、南宋时期的回升与衰微/第一节 宋初扬州经济的复苏/第二节 宋代对扬州运河的整治/一、扬州运河的疏凿/二、运河堤坝的维修/三、创建通航复闸/第三节 扬州港在北宋时期的中转作用/一、漕粮与花石纲的中转/二、真州港对淮盐的集运/三、管理机构和港口设施的发展/四、造船工艺与船型的进步/第四节 南宋时期的扬州港与真州港/一、“绍兴议和”前夕的扬州港/二、真州榷货务及盐茶转运/三、扬州的海外交通/第四章 元、明时期扬州港的复兴/第一节 元代扬州港吞吐、贸易的回升/一、元代南北运河沟通对运输的影响/二、海运兴起对真、瓜二港漕运中转的影响/三、日用品与淮盐吞吐/四、元代扬州的站赤/五、元代扬州的海外交通/第二节 明代扬州城市经济的恢复和发展/第三节 京杭运河扬州段的整修和扩建/一、里运河航线的形成/二、增辟白塔河运口/三、入江港口的整治/第四节 明代瓜、仪二港的发展/一、瓜、仪二港的河漕转运/二、瓜、仪二港的轻货与贡品运输/三、瓜、仪二港的客货运输/第五节 明代扬州港的管理机构和造船业/一、明代扬州港的管理与分工/二、明代扬州的造船业/第五章 扬州港在封建社会晚期的再度繁荣/第一节 清代扬州社会经济的发展/第二节 清王朝对扬州河道的整治/一、靳辅对江北运河的整治/二、康熙皇帝对苏北河道的治理/三、淮河尾闾的归江、归海坝/四、瓜州沿江港口的治坍工程/第三节 清代扬州港漕运中转的衰减/一、扬州港内河漕运的逐步衰减/二、扬州港的漕运管理制度/第四节 清代扬州港对淮盐的转运/一、清代两淮盐与纲法/二、扬州港淮盐集散的航行路线/三、仪征港淮盐的换装作业与装卸行帮/四、扬州港在清代淮盐集散的发展状况/五、扬州港盐运的管理/第五节 清代扬州港的客货运输/一、品种纷繁的货运与钞关/二、为官商和市民服务的水上客运/三、长江渡口和瓜镇义渡分局/第六节 扬州港的辅助港口仪征十二圩港与泰兴口岸港的兴衰/一、十二圩港盐运的兴衰/二、泰兴口岸港木材装卸业的兴衰

书　　名　**洋商史:上海 1843－1956**

责 任 者　王垂芳主编

出 版 项　上海:上海社会科学院出版社,2007

页　　码　483

书　　号　7－80745－050－9

分 类 号　F752.95

相关目录　总述——上海洋商发展历程/第一篇 解读洋商/第一章 上海洋商的由来/第二章 洋商与领事馆、租界、江海关之关系/第三章 洋商与社会各界之关系/第二篇 上海进出口洋行的变迁/第四章 恃特权涌入上海的洋行/第五章 上海洋行发展历程:1843－1950/第六章 洋行操纵上海进出口贸易/第七章 独领风骚的英商洋行/第八章 美商洋行的崛起/第九章 日商洋行的发展/第十章 德、法、俄、印度商洋行/第十一章 其他国籍商洋行/第四篇 洋商垄断下的上海航运/第十二章 沿海、内河航运中洋商竞争激烈/第十三章 洋商垄断远洋航运一百年/第十四章 为航运服务的洋商码头、仓储和航道事业/第二十一章 甲午战争后上海洋商银行性质的转变及全国金融中心在上海的形成/第二十四章 洋商机器船舶工业

内容提要　全书分为九篇,内容包括了解读洋商、上海进出口洋行的变迁、洋行在上海的经济活动、洋商垄断下的上海航运、洋商房地产业建筑业的蓬勃发展、洋商银行对上海金融垄断等。

书　　名　**洋务运动**

责 任 者　牟安世著

出 版 项　上海:上海人民出版社,1956

页　　码　230

书　　号　11074·67

分 类 号　K256.1

相关目录　第一章 洋务运动时期的国际形势与中国内部状况/第一节 清朝统治者在对外战争中的失败与对内战争中的“胜利”/一、洋务运动是第二次鸦片战争以后的新产物/二、总理各国事务衙门与同文馆的成立/三、清朝统治者在镇压太平天国革命运动中决定要“师夷智以造炮制船”/第二节 清朝统治者中的两个派别——顽固派与洋务派/一、洋务派是从顽固派中分化出来的/二、洋务派对于“自强”和“求富”的认识及其与顽固派的争论/三、从两派斗争中所反映出来的清朝政治情况/第三节 洋务运动为外国侵略者开辟道路/一、洋务派卖国投降的对外政策/二、资本主义列强在华势力之膨胀/三、洋务派是阿摩士庄与克虏伯等外国军火工厂的阔绰主顾/第二章 洋务运动发展的主要阶段/第一节 洋务运动第一阶段——建立军事工业的阶段(1860 年－1872 年)/一、洋务派在镇压太平天国革命运动中开始试建军事工业/二、几个重要的军事工业的概况/一、江南制造总局(1865 年)/二、金陵机器局(1865 年)/三、福州船政局(1866 年)/四、天津机器局(1867 年)/三、官办军事工业的特点/第二节 洋务运动第二阶段——围绕军事工业而建立其他企业的阶段(1872 年－1885 年)/一、洋务运动由第一阶段到第二阶段的转化/二、几个重要企业的概况/一、轮船招商局(1872 年)/第三节 洋务运动第三阶段——北洋海军成军和建立炼铁厂

的阶段(1885 年 - 1894 年)/二、北洋海军成军(1888 年)

书　　名　洋务运动史
责 任 者　夏东元著
出 版 项　上海:华东师范大学出版社,1992. 05
页　　码　508
书　　号　7 - 5617 - 0847 - 5
分 类 号　K256. 1
相关目录　第二章 适逢经济和思潮变革之会的洋务运动的兴起/三、坚船利炮的购求/第五章 近代军用工业之二——马尾船政局/一、建造轮船工厂的历史必然/二、在与内外阻力斗争中创业/三、建造轮船工厂及"衍于无穷"的追求/四、马尾船政局的生产和发展状况/五、突出人才的重要性及其作用/六、船政局发展中的矛盾/第九章 由求强到求富的过渡——轮船招商局/一、创办轮船航运局的目的和"公局"成立/二、官督商办名义下的商办/三、名副其实的"官督商办"/四、艰苦竞争与三订"齐价合同"/第十三章 近代海军的筹建/一、水师的历史渊源/二、以御外侮为目的筹建海军——"防东洋尤甚于防西洋"/三、海军建设与北洋舰队/四、海军建设中的诸矛盾/第十四章 海防与新式陆军

书　　名　洋务运动史
责 任 者　夏东元著
出 版 项　上海:华东师范大学出版社,2010. 01
页　　码　324
书　　号　978 - 7 - 5617 - 6745 - 0
分 类 号　K256. 1
相关目录　第二章 适逢经济和思潮变革之会的洋务运动的兴起/三、坚船利炮的购求/第五章 近代军用工业之二——马尾船政局/一、建造轮船工厂的历史必然/二、在与内外阻力斗争中创业/三、建造轮船工厂及"衍于无穷"的追求/四、马尾船政局的生产和发展状况/五、突出人才的重要性及其作用/六、船政局发展中的矛盾/第九章 由求强到求富的过渡——轮船招商局/一、创办轮船航运局的目的和"公局"成立/二、官督商办名义下的商办/三、名副其实的"官督商办"/四、艰苦竞争与三订"齐价合同"/第十三章 近代海军的筹建/一、水师的历史渊源/二、以御外侮为目的筹建海军——"防东洋尤甚于防西洋"/三、海军建设与北洋舰队/四、海军建设中的诸矛盾/第十四章 海防与新式陆军
内容提要　本书主要内容包括:中国社会的资本主义历史趋势;适逢经济和思潮变革之会的洋务运动的兴起;"借师助剿"及其洋务运动兴起的作用;近代军用工业之一——从安庆内军械所到江南制造局等。

书　　名　洋务运动与中国近代企业(中国社会科学院经济研究所中国近代经济史研究丛刊)
责 任 者　张国辉著
出 版 项　北京:中国社会科学出版社,1979
页　　码　419
分 类 号　F129. 5
相关目录　第二章 所谓"自强"政策与清政府的近代军用工业及新式海军的建立/第一节 近代军用工业的建立过程及若干典型企业概况/一、江南制造总局/二、金陵制造局/三、福州船政局/四、天津机器局/第三节 西方船炮的采购和清政府的"海防"政策/一、早期购买船炮和"阿思本事件"所暴露的矛盾/二、清政府的"海防政策"与英、德势力控制中国海军的争夺/三、清政府海军的建立/第三章 所谓"求富"

政策和洋务派经营的民用企业(上)/第二节 中国近代航运业的酝酿和轮船招商局的产生/一、中国近代航运业的酝酿/二、轮船招商局的产生/三、轮船招商局在发展过程中所反映的各种矛盾/四、轮船招商局的经营状况和资本积累

书　　名 洋员与北洋海防建设(中国甲午战争博物馆学术丛书“勿忘甲午”丛书)
责 任 者 王家俭著
出 版 项 天津:天津古籍出版社,2004.07
页　　码 187
书　　号 7-80696-090-2
分 类 号 E295.2
内容提要 本书作者通过对洋员参与北洋海防建设的史实分析指出:“李鸿章之聘用大批洋员从事国防与军事的现代化,实际上也是一种国际间的合作与互利。”

书　　名 印尼华侨史(东南亚华侨史丛书)
责 任 者 李学民,黄昆章著
出 版 项 广州:广东高等教育出版社,1987
页　　码 446
书　　号 7-5361-0038-8
分 类 号 D634.334.2
相关目录 第一章 西方殖民者入侵前的印尼华侨(公元前2世纪——公元16世纪)/第一节 唐代以前印尼是否已有华侨/一、印尼有华侨可溯源于汉代/二、三国至隋代的对外海路交通、贸易与华侨/第二节 唐代末期开始有成批中国移民定居印尼/第三节 宋代的中印(尼)海上贸易关系与印尼华侨社会的初步形成/第四节 元至明代的对外海上贸易与印尼华侨/一、元代印尼华侨贸易活动范围的扩展/二、明代印尼华侨的经济文化活动及其作用注释/第二章 荷兰东印度公司时期的印尼华侨(1602-1799)/第一节 摩鹿加华侨与当地人民的共同遭遇和反抗/第二节 爪哇的逐步论亡与华侨的命运/一、万丹/二、马打蓝/第三节 巴达维亚城市的兴建与华侨的境遇/一、巴达维亚华侨人口和职业/二、荷兰殖民者对巴达维亚华侨的统治/三、华侨贸易与荷兰东印度公司之间的矛盾/第四节 荷兰殖民者对巴达维亚华侨的大屠杀——红溪事件/一、垄断和反垄断贸易矛盾的激化是大屠杀的根源所在/二、红溪事件发生发展的过程/第五节 华侨与爪哇人民的联合反荷战争注释

书　　名 印尼华侨史:古代至1949年(东南亚华侨史丛书)
责 任 者 李学民,黄昆章著
出 版 项 广州:广东高等教育出版社,2005.01
页　　码 440
书　　号 7-5361-3071-6
分 类 号 D634.334.2
相关目录 第一章 西方殖民者入侵前的印尼华侨(公元前2世纪—16世纪)/第一节 唐代以前印尼是否已有华侨/第二节 唐代末期开始有成批中国移民定居印尼/第三节 宋代的中印(尼)海上贸易关系与印尼华侨社会的初步形成/第四节 元至明代的对海上贸易与印尼华侨/第二章 荷兰东印度公司时期的印尼华侨(1602—1799年)/第一节 摩鹿加华侨与当地人民的共同遭遇和反抗/第二节 爪哇的逐步沦亡与华侨的命运/第三节 巴达维亚城市的兴建与华侨的境遇/第四节 荷兰殖民者对巴达维亚华侨的大屠杀——

红溪事件/第五节 华侨与爪哇人民的联合反荷战争

内容提要　本书上起秦汉，下迄1949年中华人民共和国成立前后，涉及印尼华侨社会经济、政治、文化教育多方面，深入分析了华侨工商业经济遭受西方殖民主义压榨的一面。

书　　名　**英国租占威海卫三十二年：威海文史资料，第10辑**

责 任 者　威海市政协科教文史委员会编

出 版 项　1998.08

页　　码　324

分 类 号　K295.2

相关目录　英国租占威海卫始末 宋协生 刘德煜/英租威海卫之经过 朱世全/抗英划区埋界 戚其章/群众反抗英人强租威海卫埋界纪略 张学诗/英国租借威海卫时期之地方情形 朱世全/英租威海卫时期的司法机构及其制度 王昌民/英国租借威海卫时期的“总董制”概况 王昌民/威海卫洋行概况 李文杰/英租威海卫时城里琐闻 傅元庆/英舰在刘公岛的四十二年 杨震/收回威海卫交涉经过 朱世全/中英交收威海卫之经过及礼节 徐祖善/收回威海卫英租地历见记 王家桢/附：英国蓝皮书有关甲午战后英国占领威海卫资料选译 吴乃华 魏彬/威海教案 刘晓焕

书　　名　**英美航运势力在华的竞争：1862－1874年（中国近代经济史译丛）**

责 任 者　（美）刘广京著；邱锡荣，曹铁珊译

出 版 项　上海：上海社会科学院出版社，1988.10

页　　码　223

书　　号　7－80515－140－7

分 类 号　F562.9

相关目录　第一章 美国人创办的轮船公司 1861－1862年/代理商行和船队/旗昌在美的主要负责人作用/进一步在中国各通商口岸扩展业务的努力/作为“经理人”的代理商行/第二章 竞争中的发展 1862－1867年/新企业的一些问题，1862－1863年/为了最大限度的效益，1864－1866年/趋向“垄断”，1867年/第三章 “美国人垄断”的六年 1867－1872年/对手企业的种种问题/“不断巩固和不断积累”/第四章 两家英国公司的挑战 1872－1874年/资本筹自英国的斯怀尔企业/怡和洋行的新公司：在买办效率方面的竞争/结束语：一个时代的结束

内容提要　本书论述企业界一个特定领域中的商业竞争问题，但也涉及到西方与远东关系这一范围更为广泛的课题。

书　　名　**营口港史：古、近代部分（中国水运史丛书）**

责 任 者　营口港史编审委员会

出 版 项　北京：人民交通出版社，1995

页　　码　336

书　　号　7－114－02143－7

分 类 号　F552.7－09：U659.2

相关目录　古代部分（公元前3世纪－1840年）/第一章 古襄平港（公元前3世纪－1840年）/第一节 襄平港的形成/第二节 襄平港（辽阳港）成为辽东河、海转运的枢纽港/第二章 港址的迁移与牛庄、没沟营港的次第兴起（1368－1840年）/第一节 辽阳港的衰落与牛庄港的出现/第二节 禁海政策对牛庄港的影响/第三节 大都的产运与牛庄港的迅速兴盛/第四节 港址的再次迁移与没沟营港的兴起/第五节 古代港

口的集疏条件/第六节 建立钞关/近代部分(1840－1949年)/第三章 营口港的开埠与兴旺(1840－1904年)/第一节 营口被迫开埠/第二节 营口港主权的丧失/第三节 营口港规模迅速扩大/第四节 港口货运量、货种增多/第四章 帝国主义角逐下的营口港(1904－1931年)/第一节 大连港的兴起于营口港的衰落/第二节 各国航运势力在营口港的争夺/第三节 营口港中国航运业的情况/第四节 日本通过营口港进行掠夺/第五节 进出口的主要货种/第六节 栈桥式码头与岸壁式码头的兴建/第七节 营口港航道的治理/第五章 殖民统治下的营口港(1932－1945年)/第一节"九·一八"事变日军侵入营口港/第二节 营口港的衰落/第三节 日伪统治下的码头工人/第四节 日伪政权对航道的治理/第六章 抗日战争胜利后的营口港(1945－1949年)/第一节 营口港回到祖国怀抱/第二节 回复港口生产

书　　名 **瀛海方程:中国海洋发展理论和历史文化**
责 任 者 杨国桢
出 版 项 北京:海洋出版社,2008.09
页　　码 388
书　　号 978－7－5027－7115－7
分 类 号 P7－092
相关目录 第二篇 中国海洋社会经济史与海洋史学/中国需要自己的海洋社会经济史/关于中国海洋社会经济史的思考/海洋迷失:中国史的一个误区/海洋世纪与海洋史学/从涉海历史到海洋整体史的思考/宋元泉州与亚洲海洋经济世界的互动/明清海洋社会经济发展的基本趋势/16世纪东南中国与东亚贸易网络/中国船上社群与海外华人社群/禁烟运动中的粤海关与沿海贸易——英国收藏的豫堃致林则徐咨文考释/道光朝中西贸易的变化及其影响/第三篇 明清海洋史研究/明代倭乱前的海上闽南与葡萄牙(1368－1549年)/葡萄牙人Chincheo贸易居留地探寻/17世纪海峡两岸贸易的大商人——商人Hambuan文书试探/籍贯分群还是海域分群——虚构的明末泉州三邑帮海商/郑成功与明末海洋社会权力的整合/跨越海洋的传奇——琉球久米陈氏家族史研究/洋商与大班——广东十三行文书初探/洋商与澳门——广东十三行文书续探/林则徐的海洋观与香港/林则徐与台湾
内容提要 《瀛海方程——中国海洋发展理论和历史文化》是我对中国海洋发展理论和历史文化的一些思考和研究,大部分是近十年间陆续写成的。

书　　名 **影印原本郑和家谱校注**
责 任 者 李士厚著
出 版 项 昆明:晨光出版社,2005.06
页　　码 50
书　　号 7－5414－2453－6
分 类 号 K820.9
相关目录 郑和家谱的发现、幸存和校注经过(代序)/影印原本郑和家谱/影印作者手抄郑和家谱/影印郑和家谱校注

书　　名 **俞大猷研究**
责 任 者 蒋夏雨主编;《俞大猷研究》编委会编
出 版 项 厦门:厦门大学出版社,1998
页　　码 270
书　　号 7－5615－1346－1

分 类 号 K825.2

相关目录 抗倭战争的性质与俞大猷的人物形象 林金树/抗倭民族英雄俞大猷 娄曾泉/抗倭爱国名将俞大猷 廖渊泉,黄天柱,蔡长溪/评俞大猷的业绩与思想 吴幼雄/俞大猷军事思想述论 范中义/俞大猷军事思想初探 曾经民/俞大猷《兵法发微》初探 刘以健 郑金顺/俞大猷以《易》演兵的"兴化灭倭议" 黄昆成/谈俞大猷抗倭战争的性质 刘志琴/论俞大猷抗倭的策略思想 张吉昌,蔡长溪/俞大猷在兴化抗倭中的作用 张家瑜/俞大猷壮心洗海 邓为民/俞家军福建楼船与兵车营长矛战车 陈延杭/有关倭寇研究的几个问题 连心豪/俞大猷与北方防务 林龙海/俞大猷在金门的业绩 沈玉水/俞大猷与戚继光及泉州的师友关系考略 陈泗东/有关俞大猷研究的几个问题 廖渊泉,傅算宝

书 名 **渔史文集**
责 任 者 顾端著
出 版 项 台北:淑馨出版社,1992.10
页 码 210
书 号 957-531-248-1
分 类 号 S
相关目录 第五章 明清的海禁和渔业/第六章 妈祖和渔民的风俗/第七章 旧时江苏渔民的习俗和宗教信仰

书 名 **虞洽卿研究**
责 任 者 金普森主编
出 版 项 宁波:宁波出版社,1997
页 码 406
书 号 7-80602-136-1
分 类 号 K827.6
相关目录 虞洽卿与中国近代轮运业 冯筱才/附录 偶得三北轮埠公司轶闻六则 蔡志坤

书 名 **与郑和相遇海上:人类"大航海"先驱郑和下西洋六百年祭,1405-2005**
责 任 者 房仲甫,李二和著
出 版 项 北京:同心出版社,2005
页 码 214
书 号 7-80593-980-2/
分 类 号 K248.105
相关目录 "大航海时代"的序幕/郑和船队最早绕过好望角/哥伦布航海探险晚于郑和87年/"朝贡贸易"与"入海探宝"/海洋文化的发祥地/郑和的梦想/郑和七下西洋——人类航海史上的伟大壮举/明成祖朱棣的心愿/开辟横渡印度洋新航线/连接三大洋的探险活动/横空出世的远洋宝船/空前的明代造船业/宝船来自何方/"舟行巨浪若游龙"的郑和船队/先进的航海技术/"牵星定向"与磁针指路/修正风压差与流压差/神秘的天象观测/最早的航海图/《郑和航海图》/《郑和航海图》的实用价值/《郑和航海图》的学术价值/郑和开辟的实际航线/郑和下西洋的贸易/亚非贸易网的建立/市舶司与进出口货物/郑和下西洋的外交/对亚非各国的访问/三宝庙:睦邻友好的见证/友好使节不绝于途/与东南亚各国的友好关系/郑和下西洋对世界文化的影响/"坦噶尼喀历史写在中国瓷器上"/青花瓷工艺流传海外/有关郑和航海的地理学著作/西洋吹制玻璃工艺传入中国/郑和的宗教信仰/笃信佛教布施天下/心向伊斯兰世界/祈祷天妃

内容提要 本书以史料、事实为依据，讲述郑和下西洋鲜为人知的故事，同时又推出相关历史图片为参照。

书　　名 元代海外贸易
责 任 者 喻常森著
出 版 项 西安：西北大学出版社，1994. 09
页　　码 176
书　　号 7－5604－0405－7
分 类 号 F752. 947
相关目录

书　　名 元代海外贸易研究
责 任 者 高荣盛著
出 版 项 杭州：四川人民出版社，1998
页　　码 286
书　　号 7－220－04370－8
分 类 号 F752. 947

书　　名 元代军事（中国军事通史·第十四卷）
责 任 者 史为民
出 版 项 北京：军事科学出版社，1998. 10
页　　码 430
书　　号 7－80137－104－6
分 类 号 E297
相关目录

书　　名 元代农业地理
责 任 者 吴宏岐著

出 版 项 西安:西安地图出版社,1997

页 码 189

书 号 7-80545-559-7

分 类 号 F329.9

相关目录 第七章 漕运地理的专题研究/第一节 略论金代的漕运/第二节 略论元朝的西路漕运

书 名 元代社会经济史稿

责 任 者 李幹著

出 版 项 武汉:湖北人民出版社,1985

页 码 532

书 号 11106·184

分 类 号 F129.47

相关目录 第七章 元代的海外贸易/第一节 海外贸易的政策和概况/第二节 市舶司管理制度/第三节 海外贸易的交通航线和港口/第四节 通商所及的国家和地区/第五节 输出和输入的商品/第六节 海外贸易对亚非国家的影响/第八章 元代的交通运输/第一节 大运河/第二节 海运/第三节 驿站/第四节 运输工具

内容提要 全面系统论述元朝社会经济的专著。全书分为11章。第一、二章分别论述了元代各社会集团的阶级关系和元代的土地制度,分析了元代封建社会经济构成中的根本基础;第三至第十一章介绍了元代农业经济、畜牧业经济、手工业经济、商业经济、海外贸易、交通运输、货币、财政8个方面的状况。作者以辩证唯物主义和历史唯物主义为指导,在占有较详尽资料的基础上,提出了一些独到的见解,对过去的一些观点提出了质疑。对元代在中国历史上的地位作了充分的肯定。

书 名 元明北京建都与粮食供应:略论元明人们的认识和实践

责 任 者 王培华著

出 版 项 北京:文津出版社,2005

页 码 313

书 号 7-80554-479-4

分 类 号 K291:F724.721

相关目录 第三章 关于漕运、海运与地理条件的关系及认识/第一节 元明以前人们的观念/一、汉、隋、唐、宋时期人们对漕运与京师粮食供应关系的观点/二、宋金时人们对华北平原水源条件与京边粮食供应关系的认识/第二节 元明时期人们的认识与实践 上/一、对京通之间的地势水源问题的争论/二、对运河水源不足与利用运河困难的共同认识与实践/三、国家对漕运管理之法典化意识的形成与加强/第三节 元明时期人们的认识与实践 下/一、对海运、漕运供应京师粮食的肯定评价/二、对漕运负面后果的见解/三、明代对恢复海运的三种意见/第四节 辨析与评价/一、对历代漕运制度初步总结之分析/二、对运河与漕政弊端议论的评价/三、对于漕运违反自然条件的总评论/四、对明代关于海运三种意见的辨析/五、关于建都与粮食运输关系议论的评价

内容提要 本书作者将北京建都与粮食供应的问题相联系,从自然条件与人类社会互动的视角切入,具体考察了元明时期人们的认识与实践。

书 名 元明史研究论集(大陆杂志史学丛书第一集第六册)

出 版 项 大陆杂志社编印

页　　码　322

分 类 号　K247

相关目录　郑和下西洋原因之新探 徐玉虎/郑和下西洋的宝船制度考 包遵彭/郑和下西洋的舰队组织考实 徐玉虎/星槎胜览所载郑和航海行经诸地考 徐玉虎/郑和航海图中的"航海名词"之诠释 徐玉虎/郑和马姓及"三保"考释 徐玉虎/关于郑和的几种刻碑 徐玉虎/明史中郑和下西洋年代之谬误考 徐玉虎/利玛窦进京朝贡的时间问题 梁子涵/明末海师三征长江事考 李振华/重考李振华先生"明末海师三征长江事考" 李学智/"皇明监国鲁王圹志"考释 毛一波/郑成功封王考略 毛一波/南明隆武中郑成功家族之地位 宋梅村

书　　名　元明文献中的忽鲁谟斯

责 任 者　廉亚明,谭克著

出 版 项　银川:宁夏人民出版社,2008

页　　码　131

书　　号　7-227-03656-1

分 类 号　D829

相关目录　忽鲁谟斯的地缘政治及其在国际贸易中的地位/中国文献中关于忽鲁谟斯的首批报告/明初忽鲁谟斯与中国之间的往来使节/明代文献中的忽鲁谟斯/《瀛涯胜览》和《西洋番国志》/忽鲁谟斯的地理位置/人民与风俗/环境和物产/结束语/《星槎胜览》/环境和风俗/人民/贸易和物产/《寰宇通志》和《大明一统志》/《西洋朝贡典录》/其他文献/地方编年史/文学著作/综合性的史地文献/百科全书类文献/编年史文献/航海日志与航海图/结语/附录一、人名、地名、机构名及术语名录/附录二、中文图书文献名录/附录三、西文图书文献名录

内容提要　本书是由两位欧洲当代著名汉学家德国马尔菲利普照斯大学伊朗研究所兼亚明博士和慕尼黑大学东亚研究所谭克博士拟定的关于元明时代中国与波斯湾口主要国家"忽鲁谟斯"过政治、外交经济、贸易和文化交流史的专著。作者以中国元、明两朝记载中国与"西洋"地区政治、经济、文化交往关系的一手文献,尤其是明初航海家郑和七下西洋的航海日志和航海图为基础,结合西方历代汉学家的研究成果,对这段重要的国际关系史进行了精辟的考证的诠释。

书　　名　元史论丛

责 任 者　中国元史研究会编;邱树森主编

出 版 项　南昌:江西教育出版社,1999.04

页　　码　206

书　　号　7-5392-3253-6

分 类 号　K247.7

相关目录　宋元崖山之战与粤、港、澳/元代海外贸易的管理机构/元代斡脱经营海外贸易的原因及影响/元代的天妃崇拜/妈祖信仰与元代漕运/元代意大利和中国的文化关系/唐至元末苏丹与中国的关系

书　　名　原来李鸿章

责 任 者　牛贯杰著

出 版 项　重庆:重庆出版社,2006

页　　码　249

书　　号　7-5366-8075-9

分 类 号 K827 = 52

相关目录 第二章 北洋海军/“海”“塞”之争/创立海军衙门/派遣留学生/杨提督始末/北洋海军覆亡/第七章轮船招商局/筹议招商局/曲折经营

内容提要 历史大讲堂:本书以详实的资料记述了李鸿章及其那个时代的悲伤与沉痛。包括李鸿章及其时代、建设淮军、北洋海军、制器之器、中国第一批留学生、近代电报、新式矿业、轮船招商局、修建铁路、外交生涯。

书 名 **远东国际舞台上的风云人物郑成功**

责 任 者 (意)白蒂(Patrizia Carioti)著;庄国土等译

出 版 项 南宁:广西人民出版社,1997

页 码 143

书 号 7 - 219 - 03547 - 0

分 类 号 K827. 49

相关目录 代序——从郑成功的地位看中国的海洋观 庄国土/第一章 云龙初起:郑氏集团的诞生/一、福森(郑成功的日本名)的诞生地/二、李旦与郑芝龙:两位杰出的探险家/第二章 郑森/第三章 1636 - 1646 年:海上风云突变的十年/一、挑战于外洋水城/第四章国姓爷/第五章 国姓爷:“海上统治者”/一、郑成功的商贸活动/四、在日本海的贸易冲突/第六章 惨痛的失败/第七章 收复台湾/第八章 郑氏的“台湾王国”

书 名 **远渡重洋:中美贸易二百年,1784 - 1999**

责 任 者 林坚著

出 版 项 厦门:厦门大学出版社,2003

页 码 332

书 号 7 - 5615 - 2000 - X

分 类 号 F752. 771. 2

相关目录 第一章 1784 - 1840:早期中美贸易/二、中美贸易第一页:“中国皇后号”首航中国/四、不光彩的鸦片走私贸易

内容提要 本书讲述了中美对外贸易关系的经济史,内容包括早期中美贸易,鸦片战争至 19 世纪末的中美贸易,20 世纪初至抗日战争前的中美贸易,直至 1979 年到 1999 年的新时期中美贸易的介绍。

书 名 **月港研究论文集**

责 任 者 中共龙溪地委宣传部,福建省历史学会厦门分会编辑

出 版 项 厦门:中共龙溪地委宣传部,福建省历史学会厦门分会,1983

页 码 295

分 类 号 K295. 7

相关目录 论明代漳州月港/略论明代月港的海外贸易/略论月港的几个问题/略谈月港的兴衰/试论明代月港兴衰的原因/试论明代漳泉海商资本发展缓慢的原因/试析月港兴衰的主要原因/试论明代月港兴起的原因/明代漳州月港兴衰考/月港的兴盛与资本主义萌芽/略述明代福建沿海的反走私措施/月港海商在开放海禁斗争中的作用/明代月港地区的海禁与反海禁斗争/论启祯之交闽海寇乱与月港之衰落/明代月港倭乱初探/浅谈明代闽南倭患对月港的影响/十五世纪至十七世纪中叶中西航海贸易势力的兴衰/明代漳州月港的兴衰与西方殖民者的东来/明代月港与西班牙的海上贸易/略论我省反高宷斗争及其历史

意义/试论明代月港的历史作用/月港的兴起与闽南华侨/明代漳州月港国内交通探索/月泉港与古民族/月港遗迹点滴/东溪窑与“漳瓷”/张燮与《东西洋考》/游览名山诗清芬——读张燮的部分旅游诗/月港开辟前后的梅岭/明代漳州月港资料目录/附录(一)明代漳州月港研究学术讨论会文件/开幕词/闭幕词/明代漳州月港研究学术讨论会综述/附录(二)解放前和国外的有关论文选载/国内港口居重要地位为厦门兴起先声的月港(海澄)/明张燮及其著述考(要点摘录)/下港(万丹)唐人街盛衰变迁考(节录)/西班牙与漳州之初期通商

书　　名　月港研论文集

责 任 者　中共龙溪地委宣传部,福建省历史学会厦门分会

页　　码　295

分 类 号　F522.9

相关目录　论明代漳州月港 陈自强/路论明代月港的海外贸易 唐天尧/略论月港的几个问题 林文明/略谈月港的兴衰 方文图/试论明代月港兴衰的原因 唐天尧/试论明代漳泉海商资本发展缓慢的原因 林仁川 陈杰中/试析月港兴衰的主要原因 沈玉水/试论明代月港兴起的原因 潘文贵/明代漳州月港兴衰考 陈杰中/月港的兴盛与资本主义萌芽 郑镛/略述明代福建沿海的反走私措施 陈泗东/月港海商在开放海禁斗争中的作用 徐健竹/明代月港地区的海禁与反海禁斗争 林蔚文/论启祯之交闽海寇乱与月港之衰落 方文图/明代月港倭乱初探 许镇潘/十五世纪至十七世纪中叶中西航海贸易势力的兴衰 杨翰球/明代漳州月港的兴衰与西方殖民者的东来 谢方/明代月港与西班牙的海上贸易 洪卜仁/略论我省反高案斗争及其历史意义 邓华祥/试论明代月港的历史作用 陈敏林 斌龙 张国靖/月港的兴起与闽南华侨 陈吴泉/明代漳州月港国内交通探索 江耀东/月泉港与古民族 谢家群

书　　名　越史丛考

责 任 者　蒙文通著

出 版 项　北京:人民出版社,1983

页　　码　148

书　　号　11001·600

分 类 号　K289

相关目录　越族古居“扬子江以南整个地区”辨/百越民族考/“越裳为越章”辨/越人迁徙考/古代中国南方与交趾间之民族迁徙/“秦象郡为汉日南郡”辨/安阳王杂考/骆越与西瓯/汉交趾郡北界考/外越与澎湖、台湾/吴、越之舟师与水战/《史记·越世家》补正

内容提要　该书是一部比较全面而系统地论述中国古越族、越南古代史、中越关系灰口铁上的一些重要历史问题的学术论文集。作者在广泛占有第一手历史资料和充分吸取了近现代人的研究成果的基础上,经过反复比较、印证、考辨、推导,对中华民族之古越族的分布、种类、变迁、习俗、征战、交融等进行了较为详细的论述。同时,还对史籍纰漏之处进行了细致的考辨,从而得出了不少新见解。

书　　名　云南对外交通史

责 任 者　陆韧著

出 版 项　昆明:云南民族出版社,1997

页　　码　433

书　　号　7-5367-1423-8

分 类 号　F512.774

相关目录 第一章 先秦至汉晋云南对外交通的开启/第一节 云南地理环境与对外交通的关系/第四节 先秦至汉晋云南对外通道的作用及影响/第二章 南诏大理时期云南对外交通的扩展和对外交往的扩大/第二节 贯通太平洋与印度洋的交通/第三节 南诏谋求新的出海通道/第四节 大理国时期云南对外通道的重大变化/第五节 南诏、大理时期云南对外交往扩大及其影响/第三章 元明清大一统政治下云南对外交通的全面开通和发展/第一节 元代统一云南后的对外交通形势/第二节 明清时期云南对外通道的发展/第三节 滇缅贸易水路的兴起和发展/第四节 大一统政治下云南对外交往和贸易发展的特点/第四章 云南对外交通向近代交通转变/第一节 云南周边国家殖民化及近代交通的兴起/第三节 云南开埠通商及对外交通的局部变化

内容提要 本书是写云南对外交通发展的历史,但作者并未孤立地写交通,而是把云南交通放在整个中国,特别是中国西南的政治、经济、军事和社会发展的历史环境中论证、评述。因此作者不仅是写交通,也写了云南的政治历史、经济文化、军事边防、城镇乡村和对外交往。

书　　名 **云南文史博览(云南日报文史哲学丛书)**
责 任 者 白华,耿嘉主编;云南日报理论部编
出 版 项 昆明:云南人民出版社,2003
页　　码 370
书　　号 7-222-03739-X
分 类 号 K297.4
相关目录 汉习楼船及其启示/蒲得利试航金沙江/万琮再闯金沙江/古滇江湖水运忙/红河航运的兴衰/清代开修金沙江航运纪略/郑和下西洋的宝船记载可信吗

内容提要 本书是一本详细介绍云南历史、经济、政治、文化及各方面的书。全书共分八部分,从历史的源头开始,展现云南自古以来的经济社会发展轨迹,记述了近代波澜壮阔的革命斗争史实,追寻云南民族文化的深厚内涵,展示云南各民族丰富多彩的文化遗产等。

书　　名 **运河访古**
责 任 者 唐宋运河考察队编
出 版 项 上海:上海人民出版社,1986
页　　码 427
分 类 号 K928.42:U621.2
相关目录 唐宋运河述论 马正林/浙东运河的变迁 陈桥驿/隋唐运河与中晚唐漕运 潘镛 王永谦/千秋功罪说隋炀 胡戟/隋唐小说中的运河 阎守诚/唐代军事争夺下的运河 孟昭庚/宁陵保卫战 赵和平/唐宋运河在中外交流史上的地位和作用 田余庆 李孝聪/浅谈汴河沿革 屈弓/通济渠的产生及其综合利用 单永玉/隋通济渠流经路线辨析 刘希为/唐代河南漕路述论 何汝泉/汴河与开封 陈凤珍/汴河及其对安徽淮北地区的影响 朱玉龙/三吴地区经济的发展和江南河的开凿 蒋福亚/历经沧桑的江南运河 许辉/隋对陈朝旧域的经营——兼论江南河的开凿 邓文宽/唐代三吴与运河 吴宗国/唐宋运河与江南社会经济的发展 何荣昌/运河与杭州 李志庭 楼毅生/唐宋运河之古今 翁俊雄/高邮行 陈锽/隋炀帝陵前说炀帝 潘京京/瓜州怀古 赵苇航/江南水乡同里 潘京京/绍兴和禹陵 潘京京/考察纪程 阎守诚

书　　名 **运河古今(余杭历史文化丛书)**
责 任 者 中共杭州市余杭区委宣传部编
出 版 项 杭州:西泠印社出版社,2007

页　　码　214

书　　号　978－7－80735－289－1

分 类 号　K928.42

相关目录　第一章 大运河的历史/一、大运河的形成/二、大运河在中国历史上的地位和作用/第二章 大运河杭州段的开凿与整治/一、杭州段的浚治与管理/二、余杭境内航道的疏浚/三、大运河在余杭段的水系分布/第三章 大运河促进余杭水上交通运输业的发达/一、融入杭州地区的水上交通网络/二、大运河的开通极大地便利了余杭的水上运输/三、大运河上多种多样的船舶/四、运河航道上千姿百态的桥梁/五、运河沿岸的巨埠良港/六、调节运河与其他河流水位的船闸建设/第四章 大运河促进余杭水利设施的完善和农业生产的发展/一、有利于杭州运河流域的农田灌溉/二、运河的疏通，有力地发展了农业生产/第五章 大运河造就了余杭市镇和集市贸易的形成/一、以杭州为中心带动城郊镇市的繁荣/二、商品流通加快了余杭集镇的形成/三、水上交通便利造就不少老字号名店/第六章 大运河促使余杭手工业和工业生产的蓬勃兴起/一、造船业/二、丝绸业/三、酿造业/四、铸造业/五、加工业/六、小作坊/第七章 大运河两岸众多物质文化的遗存/一、古宅/二、廊檐骑楼/三、藏书楼/四、里弄/五、古寺/六、古井/七、碑碣/八、墓茔/九、古桥/十、其他古迹/第八章 大运河的疏通为余杭带来灿烂的文学艺术/一、养育了一大批杰出的文化名人/二、在运河余杭段留下的名家诗文/三、历代遗存的珍贵书画古籍/第九章 大运河遗存余杭的文化风貌/一、风俗民情/二、口头文学

内容提要　本书通过叙述运河的历史、作用、名胜、名人史迹、自然地理、人文景观和运河余杭段的经济发展等，展示平和内敛、灵巧求实的余杭人性格特征及"原创、首创、创新、和谐"的余杭人文精神，展示运河文化博大的包容性和统一性、广阔的扩散性和开放性。

书　　名　**"运河之都——淮安"全国学术研讨会论文集**

责 任 者　宋林飞主编

出 版 项　北京：中国书籍出版社，2008

页　　码　420

书　　号　978－7－5068－1521－5

分 类 号　K295.33－53

相关目录　"运河之都"的形成及其嬗替/从大运河漕运与北京的关系看淮安城的历史地位/古地图上的治河保运工程与淮安——兼倡议淮安市建立古地图与运河工程博物馆/靳辅的治河理论和实践研究/运河研究刍议/运河之都淮安及其历史地位的形成/漕盐转运与明代淮安城镇经济的发展/漕运与清代淮安经济/中国大运河与运河文化/朝鲜使臣眼中的运河与淮安——以权近《奉使录》为中心/明兵部右侍郎万恭治河通漕事迹/明代中日朝贡贸易中的策彦周良与淮安/浅论淮安与漕运的关系/淮安经济文化兴衰历史与水的关系/明代漕船管理述略/古代京杭运河与中外文化交流/黄淮运交会时期的清口/浅论淮安与漕运的关系/近代以来运河城市的变迁和不平衡因素的探析/明代漕运总督的职掌与行政关系/从《清实录》中看淮安/大运河的开凿与沿河城市的发展/黄淮运交汇时期的清口

内容提要　2006年5月13－15日，"运河之都——淮安"全国学术研讨会在淮安召开，本书即为此次大会的论文汇编集。论文37篇，发言摘要18篇。

书　　名　**早期澳门史：在华葡萄牙居留地简史，在华罗马天主教会及其布道团简史，广州概况**

责 任 者　（瑞典）龙思泰（Anders Ljungstedt）著；吴义雄等译

出 版 项　北京：东方出版社，1997

页　　码　366

书　　号 7-5060-0814-9

分 类 号 K296.59

相关目录 上篇 在华葡萄牙居留地简史/第一卷 临时居留地/引言/第一章 双屿/第二章 泉州(或漳州)/第三章 上川岛(或屯门)/第四章 浪白澳/第二卷 固定居留地澳门/第一章 历史概述/第二章 地形/第三章 区域概况/一、公共建筑/二、港口/第六章 对外关系/一、与葡萄牙的关系/二、与果阿的关系/三、与荷兰人的关系/四、与英国人的关系/五、与中国的关系/六、与日本的关系/七、与马尼拉的关系/八、与帝汶的关系/九、与巴达维亚的关系/十、与果阿的商业关系/十一、与马六甲的关系/十二、与暹罗的关系/十三、与交趾支那的关系/十四、澳门贸易的现状/第三卷 城外居留地/下篇 在华罗马天主教会及其布道团简史

内容提要 在华葡萄牙居留地简史、在华罗马天主教会及其布道团简史、广州概况

书　　名 早期澳门史论

责 任 者 金国平,吴志良著

出 版 项 广州:广东人民出版社,2007

页　　码 598

书　　号 7-218-05549-4

分 类 号 K296.59

相关目录 龙涎香与澳门/葡人入据澳门开埠历史渊源新探/1535说的宏观考察/澳门历史的“香”“烟”论/“哑喏唎归氏”葡名原型考/“地租银一万两”与“丁粮一万两”/陈瑞召见澳门葡人的原委/王绰移镇澳门年代考——兼论张居正与万历初年对澳政策/中国官员临澳驻节地考/Hopo的词源及其设立年代考/再论“番坊”与双重效忠/“议事亭”历史/澳门博卡罗铸炮场之始终/青洲沧桑/一个以华人充任大使的葡萄牙使团——皮莱资和火者亚三新考/郑芝龙与澳门——兼谈郑氏家族的澳门黑人/澳门妈阁庙早于明万历年/澳门与妈祖信仰早期在西文世界的传播——澳门的葡语名称再考

内容提要 本书结合最新挖掘的资料,从更加宽阔的历史场景,探讨澳门开埠的历史背景以及澳门港的性质,继而深入展开讨论澳门的历史意义和作用。

书　　名 早期台湾海峡史研究

责 任 者 徐晓望著

出 版 项 福州:海风出版社,2006

页　　码 219

书　　号 7-80597-585-X

分 类 号 K295.7:K295.8

相关目录 第一章 早期台湾海峡交通史/第一节 两汉六朝台湾海峡的交通/第二节 关于“夷洲”/第三节 隋唐时期的澎湖与台湾/第四节 宋元时期的台湾海峡/第二章 明代前期的台湾海峡/第一节 郑和航海与福建/第二节 与郑和齐名的航海家——王景弘/第三节 明代前期的海禁与私人海上贸易/第四节 明代前期的漳潮海盗/第三章 嘉靖、隆庆年间倭寇、海盗与中日贸易/第一节 嘉靖、隆庆年间倭寇发生的原因/第二节 朱纨事件与东南的海防/第三节 明代嘉靖、隆庆年间倭寇对福建的侵袭/第四节 戚家军入闽与倭寇的平定/第四章 晚明台湾海峡与东亚贸易圈/第一节 海澄县与福建对外贸易的发展/第二节 闽潮商人与东南亚欧洲殖民者的关系/第三节 福建官府对台湾管理的加强/第四节 明代福建对澎湖的管理/第五节 明末台湾海盗的重起/第六章 郑芝龙与荷兰殖民者的复杂关系/第一节 额懒人盘踞台湾大员港/第二节 崛起太为难海峡的郑芝龙/第三节 郑芝龙在闽粤沿海的活动/第四节 打击荷兰殖民者的入侵

内容提要 本书包括早期台湾海峡交通史、明代前期德台湾海峡、晚明台湾海峡与东亚贸易圈、郑芝龙与荷兰殖民者德复杂关系等共六章内容。

书　　名 **早期中西交通与交流史稿**
责 任 者 石云涛著
出 版 项 北京:学苑出版社,2003
页　　码 529
书　　号 7－80060－190－0
分 类 号 K203
相关目录 下编 秦汉时期中西交通的开拓/第一章 秦朝在中西交通史上的地位/二、秦代与南海诸国的交通/第四章 东西方海上交通的开辟和发展/一、希腊至埃及地中海航线/二、红海亚丁湾航线/三、亚丁湾至印度、斯里兰卡航线/四、自印度至中国南海航线
内容提要 本书分别研究了史前、夏商、西周和春秋战国时期中西交通和交流的发生和发展,以探讨早期中西文化交流的历程和成就。

书　　名 **枣庄运河(枣庄运河文化)**
责 任 者 刘春俊主编
出 版 项 青岛:青岛出版社,2006.06
页　　码 238
书　　号 7－5436－3697－2
分 类 号 K295.23
相关目录 枣庄段运河的形成与变迁/枣庄段运河早期的开凿/明代运河管理/清代运河管理
内容提要 本书分七个专题,分别叙述介绍了枣庄段运河的形成与变迁、水利与水系、航道与船闸、船舶与漕运、港口与渡口、司运机构与航运管理以及沿运河经济带的开发与建设等。

书　　名 **造船史话(中国科技史话丛书)**
责 任 者 上海交通大学,上海市造船工业局《造船史话》编写组编
出 版 项 上海:上海科学技术出版社,1979
页　　码 172
书　　号 13119·719
分 类 号 U66－092
相关目录 开天辟地第一船——独本舟及筏/翩翩木板船　辉煌奴隶功/舫的古往今来/舵、锚小史/轻橹健于马/船行八面风——帆的产生和发展/春秋战国话战船/秦汉造船起高峰/漕船千秋/漫话龙舟/从《清明上河图》说开来/杨么车船/"万里风樯看贾船"——从泉州弯古船谈宋代海船/大A宝船/沙船/福船和广船/百舸千舟的摇篮——古代造船工场/我国古代对造船原理的认识/征服急流险滩的川江船舶/中外古代船舶发展纵横谈/附录 中国古代造船科技发展史纪事
内容提要 本书系按照造船科学技术发展的不同阶段,选择部分典型事例撰写而成。

书　　名 **曾昭璇教授论文选集**
责 任 者 曾昭璇著
出 版 项 北京:科学出版社,2001

页　　码　296
书　　号　7－03－009989－3
分 类 号　K90－53
相关目录　“海上丝绸之路”历史地理初探/中国海洋文化的特色——妈祖文化
内容提要　本书收入我国著名地理学家、地貌学家和教育家曾昭璇教授论文37篇。这是曾先生从事地理教学和科学研究近60载的部分成果结晶,内容涵盖自然地理、地貌、历史地理、人类地理、方志学、民族学和民俗学等诸多学科领域。全书大致分为四部分:即自然地理学与自然区划;地貌学与第四纪研究;历史地理学;人类地理学(含民俗学和民族学)。是一部融地文与人文、岭南与全国为一体的地理学宝贵文库。读者对象:自然地理、地貌、历史地理、人类地理、民族地理、社会学等专业有关教学、科研和管理人员参考。

书　　名　湛江文史:第20辑
责 任 者　中国人民政治协商会议湛江市委员会学习文史委员会编
出 版 项　湛江:中国人民政治协商会议湛江市委员会学习文史委员会,2001.10
页　　码　311
分 类 号　K296.53
相关目录　海上丝路/岭海要津 雷琼咽喉——徐闻古代军事史略/南海陶瓷之路的博易物品——宋元时期雷州瓷器概述/对徐闻沿革史实及县治的看法/秦汉时期汉族南迁及其对徐闻发展的影响/徐闻港开设的原因/汉徐闻县治与“海上丝绸之路”始发港究竟在哪里

书　　名　张保皋与中韩友好关系史
责 任 者　张峡编著
出 版 项　济南:山东电子音像出版社,2002.03
页　　码　288
书　　号　7－88857－040－2
分 类 号　K833.126
相关目录　(一)张保皋和赤山法华院/一、少年时期的张保皋及其寻祖归宗/二、张保皋入唐背景/三、唐武宁军中小将/四、建立赤山法华院/五、清海镇大使/六、海洋贸易网络的建立/七、新旧势力的斗争和张保皋被害/八、后人怀念张保皋/九、重建赤山法华院/(二)中韩友好关系史/一、史前关系史/二、政治一体化/三、经济文化互补性/四、共同反侵略者的斗争
内容提要　该书分两部分。第一部分,张保皋与赤山法华院。该部分以丰富翔实的史料考证评述了张保皋传奇式的一生事迹,修建法华院及其在发展中韩人民友好关系和海外贸易方面的重要作用和杰出贡献。第二部分,中韩友好关系史,论述了中韩两国人民悠久绵长的友好关系发展的历史。该书不仅有重要的学术价值,而且有重要的现实意义。

书　　名　张福运与近代中国海关
责 任 者　张之香,程麟荪主编
出 版 项　上海:上海社会科学院出版社,2007.07
页　　码　288
书　　号　978－7－80745－064－1;7－80745－064－9
分 类 号　K825.3:F752.59

相关目录 张福运:一位爱国的改革家/国定税则委员会的作用和张福运/张福运与近代中国海关行政管理改革/中国海关改革回忆录/不平等条约下近代关税制度的形成及其对中国经济的影响/跨文化移植:晚清中国海关的制度变迁——中国海关制度史研究之一/19 世纪末的子口半税制度与内地贸易——以汉口为例/近代不平等条约和中国城市发展/略论晚清海关与本国金融业的关系/华商纱厂联合会成立与民初关税会议/白银外流与控中国的货币金融体系变迁,1800 - 1935 年/清末台湾与中国大陆之贸易形态比较(1868 - 1894)/从不平等条约到世贸组织——关于开放、主权、国家利益的若干思考/中国控海关史研究述评

内容提要 本书对张福运推行海关行政管理改革,维护中国海关自主权的作用进行论述,并对中国海关史进行研究分析。本书共分三个部分。第一部分的三篇文章,集中论述张福运先生的生平及其为中国恢复关税自主所作的努力。第二部分为张先生回忆录的中文翻译稿。第三部分精选了参加"从不平等条约到世贸组织"国际学术讨论会的中外学者提交的部分有关中国海关历史及海关与中国社会各方面关系的论文。

书　　名 **章巽文集**
责 任 者 章巽著
出 版 项 北京:海洋出版社,1986
页　　码 294
书　　号 13193 · 0737
分 类 号 F552.9 - 53

相关目录 我国航海史的光辉经历/《禹贡》篇中所见的海上交通——我国最早航海史的一页/公元前第三世纪以前我国早已发现季风并在航海中利用季风/丝绸之路的西端——大秦中国间直接航海交通的开辟/真谛传中之梁安郡——今泉州港作为一个国际海港的最早记载/元"海运"航路考/"大元海运记"之"漕运水程"及"记标指浅"/论《海道经》/明初我国通使日本的主要针路——《使倭针经图说》考释/《古航海图考释》序/《我国古代的海上交通》再版后记/佛教经籍中之航海史料举例/《法显传校注》序/《法显》的宋、金刻本和古钞本/《水经注》和《法显传》——纪念顾颉刚先生(1893 - 1980 年)/《大唐西域记》校点本前言/论河水重源说的产生/《五藏山经》和河水重源说——兼论《五藏山经》的编写过程/再论《五藏山经》和《禹贡》的编写过程/古西域交通道综述/古代中央亚细亚一代的地域区分——公元第七世纪以前中国史籍之所载/秦帝国的主要交通线及对外交通/《水经注》中的扜泥城和伊循城/桃花石和回纥国/夏国诸州考/附录:大食帝国的东部疆域——行省区划、交通大道及史料来源

内容提要 本书作者章巽教授数十年来从事我国古代航海史和中西交通史的研究,著述甚多,在国内外产生很大影响。这里收集的二十六篇论文是他长期从事研究工作心血的结晶。内容包括航海史和中西交通史两个方面。航海史方面的主要论文有:《我国航海史的光辉经历》、《 < 禹贡 > 篇中所见的海上交通》、《公元前第三世纪以前我国早已发现季风并在航海中利用季风》、《丝绸之路的西端》、《真谛传中之梁安郡》、《元"海运"航路考》、《论 < 海道经 > 》、《明初我国通使日本的主要针路》、《 < 水经注 > 和 < 法显传 > 》等篇。中西交通史方面的主要论文有:《论河水重源说的产生》、《古西域交通道综述》、《秦帝国的主要交通线及对外交通》、《 < 水经注 > 中的扜泥城和伊循城》、《桃花石和回纥国》、《夏国诸州考》等。本书内容丰富、资料翔实、考证严谨、论述精辟,有不少新的创见,有很高的学术价值,是深入研究航海史及中西交通史的珍贵材料,同时也适合广大读者对我国航海史及中西交通史的了解,以开拓眼界,增进知识。附大食帝国的东部疆域——行省区划、交通大道及史料来源。

书　　名 **漳州对外经济贸易简史**
责 任 者 陈侨森主编;漳州市对外经贸史志办编

出 版 项　厦门:鹭江出版社,1992.10

页　　码　156

书　　号　7－80533－741－1

分 类 号　F727.57

相关目录　第一章 古代漳州的社会经济与对外贸易/第一节 唐宋时期的开发与初步繁荣/第二节 社会动荡与经济发展的波折/第二章 月港与海上丝绸之路/第一节 漳州月港的兴起/第二节 月港贸易的繁荣/第三节 月港的衰落/第三章 清至民国时期漳州的社会经济与对外贸易/第一节 鸦片战争前漳州的对外贸易/第二节 鸦片战争后社会经济与对外贸易的大转折/第三节 近代海关对漳州外贸的影响/第四节 抗战时期漳州的特殊外贸/第五节 战后漳州社会经济与外贸的恢复/附录一、明代流入漳州地区的银币/附录二、月港的东、西洋航线/附录三、天一侨批局及漳属各地侨批局一览表/附录四、漳州及漳属各县船务报关行一览

内容提要　据据大量史料,揭示漳州古今对外经济贸易盛衰,堪为历史话鉴。特别是80年代漳州开辟口岸,成为沿海经济开发区以后,随着改革开放的逐步深化,对外经济贸易不断发展,以及对外经济贸易与工业、农业和各行各业相辅相成互相促进的成就,作者皆列举事实,加以重点记述。

书　　名　**漳州港**

责 任 者　李金明著

出 版 项　福州:福建人民出版社,2001

页　　码　139

书　　号　7－211－03623－0

分 类 号　F552.9

相关目录　一、漳州港地理概述/二、海禁与走私贸易/漳泉人的性格/寇与商之分/倭寇的骚扰/三、葡萄牙人在漳州沿海一带的活动/葡萄牙人来漳州之前的活动/葡萄牙人在浯屿、走马溪的活动/四、海澄设县/海防机构的演变/海澄设县经过/五、月港开禁/月港部分开禁的原因/饷税的征收/督饷馆的设置/六、私人海外贸易的发展/海外贸易船与贸易商/贸易地点与航线/进出口商品/七、漳州与菲律宾的海上贸易/早期福建与菲律宾的关系/马尼拉大帆船贸易/漳州与菲律宾贸易的发展/漳泉文化在菲律宾的传播/八、漳州与日本的海上贸易/九、荷兰人在漳州一带沿海的骚扰/急于打开对华贸易的大门/骚扰漳州一带沿海/占据台湾以阻止马尼拉贸易/十、海商反勒索斗争/饷税征收的弊端/海商反税监高寀的斗争/十一、月港的衰落及其在海外贸易史上的地位/月港衰落的原因/月港在海外贸易史上的地位

内容提要　本书不仅着眼于国内形势的变化,而且还从世界的角度来认识,对漳州港的崛起、发展、变化、衰落以及历史地位等方面进行广泛的论述。

书　　名　**招商局史:近代部分**

责 任 者　张后铨主编

出 版 项　北京:中国社会科学出版社,2007.07

页　　码　559

书　　号　7－5004－6263－8

分 类 号　F552.9

相关目录　第一章 招商局的酝酿与创办/第一节 招商局创办的历史背景/第二节 招商局的筹议与创办/第二章 开创时期的招商局(1873－1884年)/第一节 早期的机构组建和资本筹集/第二节 招商局早期的轮船营运/第三节 招商局早期的附局企业与局外投资/第四节 招商局早期的经营和管理/第五节 招商

局同外资航运企业的抗衡与妥协/第六节 招商局在矛盾斗争中迂回发展/第七节 招商局早期的社会作用/第三章 官督商办前期的招商局(1885－1894年)/第一节 官督商办体制的正式确立/第二节 轮运活动的缓慢发展/第三节 附局企业的发展与局外投资的增长/第四节 官督商界前期招商局的经营与管理/第五节 招商局内外基本矛盾的发展和变化/第四章 官督商办后期的招商局/第一节 官僚集团对招商局控制权的争夺/第二节 官督商办后期的轮运与营业/第三节 经营管理的进一步封建化、买办化/第四节 庞大的局内外连锁投资及其后果/第五节 股东大会的召开与商办隶部/第五章 商办时期的招商局(1912－1927年)/第一节 招商局实现完全商办/第二节 商办时期的机构改革/第三节 商办时期的轮运活动/第四节 商办时期的营业状况/第五节 商办时期的腐败管理/第六章 官督整理与国营初期的招商局(1927－1937年)/第一节 国民党政府对招商局的官督整理/第二节 招商局正式由国民党政府收归国营/第三节 招商局在中国航业中的重要地位/第四节 招商局海员的成长与斗争/第七章 抗日战争时期的招商局(1937－1945年)/第一节 招商局在抗战时期的作用与贡献/第二节 抗战时期招商局的轮船运输/第三节 抗战时期招商局的经营管理/第八章 国营后期的招商局(1945年8月至1949年5月)/第一节 官僚资本在招商局的急剧膨胀/第二节 招商局轮运业务的畸形繁荣/第三节 招商局在国民党政府发动的内战中承担军运任务/第四节 招商局对全国航业的垄断/第五节 招商局海员的生活与斗争/第六节 官僚资本统治在招商局的彻底崩溃/附表一、招商局大事年表/附表二、招商局历年主管人员表

内容提要 本书记叙了招商局从初创到新中国成立以前的艰难曲折的发展过程。

书　　名 招商局史:近代部分

责 任 者 张后铨主编

出 版 项 北京:人民交通出版社,1988.09

页　　码 634

书　　号 7－114－00188－6

分 类 号 F552.9

相关目录 第一章 招商局的酝酿与创办/第一节 招商局创办的历史背景/第二节 招商局的筹议与创办/第二章 开创时期的招商局/第一节 早期的机构组建和资本筹集/第二节 招商局早期的轮船营运/第三节 招商局早期的附局企业与局外投资/第四节 招商局早期的经营和管理/第五节 招商局同外资航运企业的抗衡与妥协/第六节 招商局在矛盾斗争中迂回发展/第七节 招商局早期的社会作用/第三章 官督商办前期的招商局/第一节 官督商办体制的正式确立/第二节 轮运活动的缓慢发展/第三节 附局企业的发展与局外投资的增长/第四节 官督商界前期招商局的经营与管理/第五节 招商局内外基本矛盾的发展和变化/第四章 官督商办后期的招商局/第一节 官僚集团对招商局控制权的争夺/第二节 官督商办后期的轮运与营业/第三节 经营管理的进一步封建化、买办化/第四节 庞大的局内外连锁投资及其后果/第五节 股东大会的召开与商办隶部/第五章 商办时期的招商局/第一节 招商局实现完全商办/第二节 商办时期的机构改革/第三节 商办时期的轮运活动/第四节 商办时期的营业状况/第五节 商办时期的腐败管理/第六章 官督整理与国营初期的招商局/第一节 国民党政府对招商局的官督整理/第二节 招商局正式由国民党政府收归国营/第三节 招商局在中国航业中的重要地位/第四节 招商局海员的成长与斗争/第七章 抗日战争时期的招商局/第一节 招商局在抗战时期的作用与贡献/第二节 抗战时期招商局的轮船运输/第三节 抗战时期招商局的经营管理/第八章 国营后期的招商局/第一节 官僚资本在招商局的急剧膨胀/第二节 招商局轮运业务的畸形繁荣/第三节 招商局在国民党政府发动的内战中承担军运任务/第四节 招商局对全国航业的垄断/第五节 招商局海员的生活与斗争/第六节 官僚资本统治在招商局的彻底崩溃

内容提要 招商局是中国近代创办最早的民用工交企业,也是我国历时最久的轮船航运企业。本书记叙了招商局从初创到新中国成立以前的艰难曲折的发展进程。书中大量引用了招商局档案和有关文献资料,对招商局在不同历史时期的管理体制、经济活动、营运状况等方面做了全面系统的介绍,并探讨了招

商局在中国近代经济、近代航运事业中的地位和作用，是一部重要的经济史著作，具有较高的学术价值和资料价值。

书　　名　招商局史稿
责 任 者　孙慎钦编
出 版 项　1925
页　　码　42
分 类 号　F552.9
内容提要　由"交通史编纂委员会"征集史料编写，内容截止于1925年6月。分沿革、组织、设备、航线、运输、财政等部分。

书　　名　招商局与近代中国研究
责 任 者　易惠莉著
出 版 项　广州：广东人民出版社，2005.06
分 类 号　F552.9；F129.5
相关目录　以求真务实的作风做好招商局史研究——秦晓在招商局史研究会成立大会上的讲话（代序）秦晓/《招商局与近代中国研究》论文集编选说明——兼评招商局史的研究 易惠莉/招商局历史研究的现实意义 秦晓/"官督商办"制度与轮船招商局的经营（1872－1903）陈振汉/从轮船招商局看洋务派经济活动的历史作用 汪熙/中国近代航运业的酝酿和轮船招商局的产生 张国辉/从轮船招商局早期历史看官督商办的两个形态 刘广京/轮船招商局经营管理问题，1872－1901 黎志刚/轮船招商局国有问题，1878－1881 黎志刚/20世纪的轮船招商局——体制百年东与军阀战争的干扰影响 朱荫贵/1927－1937年的中国轮船航运业与招商局 朱荫贵/李鸿章和轮船招商局 胡滨 李时岳/李鸿章和近代企业：轮船招商局，1872－1885 黎志刚/盛宣怀与轮船招商局 夏东元/唐廷枢与轮船招商局 陈锋/郑观应与轮船招商局 易惠莉/轮船招商局创设过程考 徐元基/论清季轮船招商局的资金外流 朱荫贵/19世纪80年代上海金利源码头业权的纠纷 黎志刚/从齐价合同看轮船招商局与外国资本的关系 陈潮/轮船招商局与日本邮船会社海技自力的比较研究 朱荫贵/19世纪中国外洋航运初探——兼评招商局对中国远洋航运事业的贡献 张后铨
内容提要　本书是一本论文集，收进了中国近代史的研究文章，以招商局这个中国古老企业的发展史作为标记，研究其在中国近代经济发展史中的作用与地位。

书　　名　招商局与近代中国研究
责 任 者　易惠莉，胡政主编；招商局史研究会编
出 版 项　北京：中国社会科学出版社，2005.09
页　　码　694
书　　号　7－5004－5238－1
分 类 号　F552.9－53
相关目录　以求真务实的学风作好招商局史研究——秦晓在招商局史研究会成立大会上的讲话（代序）/《招商局与近代中国研究》论文集编选说明——兼评招商局史的研究/招商局历史研究的现实意义/"官督商办"制度与轮船招商局的经营（1872－1903）/从轮船招商局看洋务派经济活动的历史作用/中国控航运业的酝酿和轮船招商局的产生/从轮船招商局早期历史看官督商办的两个形态/轮船招商局经营管理问题，1872－1901/轮船招商局国有问题，1878－1881/20世纪初的轮船招商局——体制变动与军阀战争的干扰影响/1927－1937年的中国轮船航运业与招商局/李鸿章和轮船招商局/李鸿章与近代企业：轮

船招商局,1872－1885/盛宣怀与轮船招商局/唐廷枢与轮船招商局/郑观就与轮船招商局/轮船招商局创设过程考/论清季轮船招商局的资金外流/19世纪80年代上海金利源码头业权的纠纷/从齐价合同看轮船招商局与外国资本的关系/轮船招商局与日本邮船会社海技自立的比较研究——论国家政权在中日近代化过程中的作用/19世纪中国外洋航运轫探——兼评招商局对中国远洋航运事业的贡献

内容提要 本书收集了国内外专家学者研究招商局史的重要研究成果,包括《"官督商办"制度与轮船招商局的经营(1872－1903)》、《从轮船招商局看洋务派经济活动中的历史作用》、《中国近代航运业的酝酿和轮船招商局的产生》等20余篇。

书　　名 招商局与上海
责 任 者 胡政主编
出 版 项 上海:上海社会科学院出版社,2007
页　　码 213
书　　号 978－7－80745－111－2
分 类 号 F127.51
相关目录 第一章 一八七二:创业浦江畔/第一节 招商局创立前夕的中国航运业/第二节 在上海创立开局/第三节 在上海创立的缘由/第四节 创立初期的管理体制/第五节 发行中国近代第一股/第二章 上海起航:天下招商　五洲通航/第一节 开辟航运市场/第二节 与外国航运公司竞争/第三节 在上海筑港建仓/第四节 航运带动相关产业兴起/第三章 纳贤兴教:选用人才 兴办教育/第一节 李鸿章为招商局选才用人/第二节 纳八方名士 聚商业专才/第三节 捐办南洋公学/第四节 资助吴淞商船学校/第五节 创办招商局公学/第六节 创办招商局航海专科学校/第四章 上海解放:招商局投向光明门/第一节 抗战胜利后回师上海/第二节 国共内战时的沉浮/第三节 被迫改制/第四节 上海解放 接受军管
关 键 词 招商局;上海

书　　名 浙东文化论丛
责 任 者 董贻安主编
出 版 项 北京:中央编译出版社,1995
页　　码 400
书　　号 7－80109－070－5
分 类 号 K295.5
相关目录 从河姆渡稻作看亚洲水稻的起源与传播 叶树望/从宁波出土文物看浙江外销青瓷 林士民/御笔碑与宋代明州造船业及外贸 周庆南/唐代东方海事活动与明州港 林士民/宁波港考略 袁元龙 洪可尧/北洋航路拓展与朝鲜半岛制瓷文化的交流 林士民/象山明代海防遗迹初探 符永才/石浦港清代两艘兵轮的沉没及其打捞 夏乃平

书　　名 浙海钞关征收税银则例,九卿议定物料价值,漕运则例(故宫珍本丛刊)
责 任 者 故宫博物院编
出 版 项 海口:海南出版社,2000
页　　码 800
书　　号 7－80645－666－X
分 类 号 F552.9
内容提要 1996－2000年("九五")国家重点图书出版规划:本书是《故宫珍本丛刊》清代则例之一。

书　　名　浙江海洋文化与经济:第2辑
责 任 者　张伟主编
出 版 项　北京:海洋出版社,2008.10
页　　码　258
书　　号　978-7-5027-7126-3
分 类 号　K295.5-53:F127.55-53

相关目录　清代浙江对日贸易港乍浦与沿海贸易/中日航海交往史上的阿育王寺与天童寺/经济交往带动文化传播——论宋元时期宁波与日本关系/宋元时期对日贸易中的宁波港——中日学界近年研究成果述评/论明代宁波方仕与日本的文化交流/明代中期宁波双屿港的兴衰与中日贸易方式的转变/明代浙人的海防观/明代浙江对外贸易与商品经济发展的互动/“双屿港”(Porto Liampó)历史新探/嘉靖倭乱后浙江私人海上贸易的衰落和筹海之争/试论明代浙东海外贸易与倭寇问题

内容提要　本辑(第二辑)共收录论文34篇,既有宏观研究,又有个案研究,既有基础,又有理论与对策性研究,内容涉及浙江海洋经济、海洋文化以及浙江对外交流等各个领域。

书　　名　浙江航运史:古近代部分
责 任 者　童隆福主编,《浙江航运史》编委会编
出 版 项　北京:人民交通出版社,1993
页　　码　525
书　　号　7-114-01704-9
分 类 号　F552.9

相关目录　第一篇 古代部分(远古-公元1840年)/第一章 浙江航运的起源和初创/第一节 刳木成舟、剡木为楫的史前航运/第二节 以船为车、以楫为马的越国航运/第二章 浙江航运的初步发展(公元前221-公元581年)/第一节 航道的开发/第二节 造船业的初步发展/第三节 内河航运的初步发展/第四节 海上航运的初步发展/第三章 浙江航运向海内外的发展(公元581-960年)/第一节 航道的修浚和整治/第二节 船舶制造业的发展/第三节 内河航运向中原和其他地区的伸展/第四节 海上航运的进一步发展/第四章 浙江航运的繁荣(公元960-1368年)/第一节 航道的进一步整治和改善/第二节 发达的造船手工业/第三节 规模浩大的官运及其管理/第四节 民间航运的繁荣/第五节 航海事业的繁荣/第五章 浙江内河航运的继续繁荣和海上航运的曲折发展(公元1368-1840年)/第一节 航道的完善和主要水上交通路线/第二节 官营造船业的逐渐衰落和民间造船业的继续发展/第三节 内河航运的继续繁荣/第四节 海上贸易运输的曲折发展/第五节 江旁河畔海边市镇的兴起/第六节 西方资本主义向浙江海域的渐进/第二篇 近代部分(公元1840-1949年)/第六章 浙江近代航运的初兴(公元1840-1894年)/第一节 港口的被迫开放和西方资本主义势力对航权的劫夺/第二节 沿海帆船航运业的变化和漕粮的海运/第三节 创办浙江近代轮船业的前奏/第四节 晚清时期浙江轮船业的经营/第七章 浙江近代航运的发展(公元1859-1911年)/第一节 轮船航运业的发展/第二节 中外双方在航运领域的斗争和妥协/第三节 杭州港的被迫开放和宁波、温州港的进一步发展/第四节 内河民船、帆船航运继续不衰/第五节 晚清时期的内河航运管理和沿海航标的设立/第八章 浙江近代航运的进一步发展(公元1912-1936年)/第一节 浙江商品经济的活跃/第二节 外海轮船航驼业的进一步发展/第三节 内河中小轮航运业的普遍发展/第四节 帆船航运业的变化/第五节 开放港口的进一步发展和变化/第六节 船舶修造业和航运相关行业的发展/第七节 航政机构的建立及其管理工作/第九章 浙江近代航运在抗战时期的变化(公元1937-1945年)/第一节 由“畸形繁荣”到基本停顿的海上航运/第二节 由运输任务繁重到基本瘫痪的内河航运/第三节 抗战期间走私活动的猖獗/第四节 航政管理工作的加强/第十章 浙江近代航运从短暂复苏到衰落(公元1946-1949

年)/第一节 敌伪财产的接收和航道、渡口的清理整顿/第二节 航运生产的短暂复苏/第三节 航运管理的变化/第四节 航运生产的衰落

内容提要 本书记述了自远古至1949年新中国成立前浙江航运的历史发展及其规律。

书　　名 **真腊风土记研究**

责 任 者 陈正祥

出 版 项 香港:香港中文大学出版社,1975.12

页　　码 66

分 类 号 K89

相关目录 一、真腊风土记的价值/二、古代扶南与中国的接触/三、隋书与唐书关於真腊的记载/四、安哥时代/五、元兵的征讨与周达观的南行/六、真腊风土记的原文及注释/七、余论图片地图

书　　名 **镇江港史(中国水运史丛书)**

责 任 者 陈敦平主编;赵增麟等编写

出 版 项 北京:人民交通出版社,1989

页　　码 280

书　　号 7-114-00722-1

分 类 号 F552.7-09

相关目录 绪论/一、优越的自然地理条件/二、四通八达的交通网络/三、腹地及腹地经济/四、港口发展述要/古代部分/第一章 古代的镇江港(1840年以前)/第一节 镇江港的初步形成/第二节 隋、唐、宋、元时期镇江港的兴起/第三节 明清时期镇江港的发展/近代部分/第二章 镇江港向近代港口发展(1840-1912年)/第一节 镇江辟为通商口岸的前后/第二节 外国航业对港口的入侵/第三节 中国航运企业在镇江港的兴起/第四节 初具规模的近代港口/第五节 港口与进、出口贸易/第六节 港区河床的变迁/第三章 港口的曲折发展与逐渐衰落(1912-1945年)/第一节 民族航运企业在港口的曲折发展/第二节 港口的淤浅与港区的东迁/第三节 津浦铁路通车后对镇江港的影响/第四节 挽回航权的斗争及租界的收回/第五节 日军占领下港口的凋敝/第四章 镇江港的短暂复苏(1945-1949年)/第一节 国民党政府对镇江港日、伪航运企业的接收/第二节 镇江港航业的恢复/第三节 封建把头的争霸割据和码头工人的苦难生活/第四节 新中国成立前夕混乱的港口运输

内容提要 本书分古代、近代、现代三个部分记叙了镇江港在古代水上运输中的重要地位和作用。

书　　名 **镇江交通史**

责 任 者 张立主编

出 版 项 北京:人民交通出版社,1989.02

页　　码 514

书　　号 7-114-00468-0

分 类 号 F512.753

相关目录 第一章 先秦至南北朝时期(先秦-公元589年)/第一节 镇江交通溯源/第二节 人工河道的凿治/第三节 长江下游的重要渡口及京口港的形成/第四节 水上运输的发展/第五节 陆路交通的开拓/第六节 水陆交通对京口成为商业都会的影响/第二章 隋唐宋时期(公元589-1279年)/第一节 南北大运河镇江段的浚治/第二节 江河交汇的咽喉/第三节 陆路交通网的初步形成/第四节 交通运输对镇江社会经济的影响/第三章 元代至鸦片战争以前(公元1279-1840年)/第一节 港口河道的变迁和治理/第二节

繁忙的江河航运/第三节 元明清时期的陆路交通/第四节 交通运输的发展促进了镇江城市的繁荣/第四章 晚清时期(公元1840－1911年)/第一节 开埠前后的镇江港/第二节 镇江近代民族航运业的兴起/第三节 镇江近代陆路交通的出现/第四节 近代交通的出现对镇江社会经济的影响/第五章 民国创立至抗战前夕(公元1912－1937年)/第一节 铁路运输的初步发展/第二节 长江下游重要的中转港口/第三节 民族航运业的发展/第四节 公路运输的兴起/第五节 交通格局的变化对镇江城市经济的影响/第六章 抗日战争时期(公元1937－1945年)/第一节 日伪控制下的水陆交通/第二节 抗日军民的对日交通战/第三节 新四军经过镇江地区的军事运输/第七章 抗战胜利至中华人民共和国建国前夕(公元1945－1949年)/第一节 国民政府接收日伪在镇交通机构/第二节 短暂复苏的航运业

内容提要　镇江是长江、运河两条黄金水道的交汇处,是长江下游南岸重要的交通枢纽,也是中国苏南著名的历史文化名城。《镇江交通史》是一部地区性综合运输体系的经济技术发展史专著。该书以丰富翔实的资抖反映了镇江水路、公路、铁路多种运输方式发生、发展的过程、特点和一般规律,各种运输方式之间关系及其与社会经济之间的相互关系。本书是中国策一部区域性综合运输体系的交通史书,可供历史、地理、经济(包括交通运输)研究工作者以及地方史志工作者参阅,亦可作为大专院校专业学生、交通部门职工的参考读物。

书　　名　**郑成功:明末解放台湾的民族英雄**
责 任 者　朱契编著
出 版 项　武汉:湖北人民出版社,1957
页　　码　68
书　　号　11106·3
分 类 号　K857.48
相关目录　第一章 郑成功的时代背景和家庭出身/第一节 郑成功的时代背景/第二节 郑成功的家庭出身/第二章 郑成功抗清复明的斗争/第一节 拥戴唐王 转战闽赣/第二节 誓师海上 力图恢复/第三节 大义灭亲 拒绝诱降/第四节 初次北伐 进围福州/第五节 二次北伐 攻克台州/第六节 三次北伐 围攻南京/第三章 郑成功解放台湾的斗争/第一节 荷兰人和西班牙人侵占台湾/第二节 郑成功大军出发/第三节 郑成功大军在台湾登陆/第四节 台湾人民欢迎解放/第五节 围攻台湾城/第六节 侵略者的下场/第四章 郑成功经营台湾/第一节 屯田开垦/第二节 招致沿海移民/第三节 郑成功死后的台湾
内容提要　本书介绍我国明末民族英雄郑成功的生平及其事业,书中主要叙述郑成功领导人民反抗清朝统治者,以及从荷兰侵略者手中夺回台湾、经营台湾的业绩。郑成功一生英勇斗争的精神,是值得我们永远怀念的!

书　　名　**郑成功历史研究**
责 任 者　陈碧笙著
出 版 项　北京:九州出版社,2000
页　　码　288
书　　号　7－80114－547－X
分 类 号　K827＝49
相关目录　郑成功收复台湾战史研究/十七世纪上半期荷兰殖民者对台湾和东南沿海的侵略及其失败/郑成功在收复、开发台湾过程中所面临的反对和斗争/关于郑成功收复台湾的几个问题/明代末期海上商业资本与郑芝龙/从《惠安王忠孝全集》的两条史料中说明1646年郑成功是怎样在海上起兵的/郑成功抗清研究——兼论与收复台湾的关系/1657－1659年郑成功三次北上江南战役/对于郑成功抗清的分析和评价/郑成功三次战略大转移/论郑成功“尊君”而不“忠君”/1683年清政府统一台湾/澎湖在对台战争中的战略地位/郑成功抗清的发展过程及其动摇妥协倾向/郑成功对清和议问题及其与明室的关系/郑成功与抗清友军和沿海人民群众的关系/清郑之间的和谈

内容提要 本书收入陈碧笙先生有关郑成功研究的重要论文凡18篇,内容涵盖了郑成功的家世、早年起兵、抗清与收复台湾等各个方面。

书　　名 郑成功收复台湾

责 任 者 张宗洽,方文图编写

出 版 项 福州:福建人民出版社,1962

页　　码 38

书　　号 T11104·8

分 类 号 K248.405

相关目录 (一)郑成功的成长/(二)荷兰殖民者侵占台湾的暴行/(三)台湾人民不屈不挠的反侵略斗争/(四)东征的决心和出师以前的准备/(五)横跨台湾海峡/(六)胜利的登陆战/(七)围攻“海上堡垒”/(八)侵略者战败投降/(九)大力开发台湾

书　　名 郑成功收复台湾事迹

责 任 者 朱杰勤著

出 版 项 上海:新知识出版社,1956.06

页　　码 50

书　　号 11076·49

分 类 号 K825.2

相关目录 一、台湾自古以来是中国领土/二、荷兰人侵占台湾的经过/三、收复台湾的前奏——郑芝龙击败荷兰人/四、郑成功收复台湾的斗争/五、郑成功收复台湾后的建设及其遗烈

书　　名 郑成功研究

责 任 者 许在全主编;泉州市郑成功学术研究会编

出 版 项 北京:中国社会科学出版社,1999

页　　码 318

书　　号 7-5004-2435-3

分 类 号 K827.49

相关目录 复台壮举彪炳千秋/论郑成功抗清的英雄业绩/从海权和社会转型看郑氏水师/郑氏集团在中国海洋社会经济发展史上的地位/郑成功对明末清初海上交通的贡献/郑氏开发台湾贡献述略/郑成功在收复台湾斗争中所采取的几项战略措施/郑成功复台对台湾文化的深远影响/重祭开台圣王郑成功/郑成功收复台湾是世界早期反殖民主义斗争的胜利/从荷兰王国看郑成功/郑成功与鸦片战争/谈郑成功的用人之道/风潮对荷、郑和清、郑战争影响例析/简论郑成功的情报工作特色/郑氏海上商业活动的几个问题/郑氏时代的台湾土地开发及其赋税政策/郑成功父子对台湾农田水利建设的贡献/郑成功复台前后的粮食政策/台湾地名与郑成功开发台湾/郑成功以法治军反腐惩贪/明清奋斗于海上的两大奇人/何义与郑成功家族/郑成功与隐元禅师赴日的关系/郑成功与泉州文化/郑成功胞弟七左卫门家族在日本的衍派/闽台人民在郑成功收复台湾中的贡献/郑成功焚青衣与誓师起义地点考略/郑成功1655-1656年颁布对西班牙和大员贸易禁令的有关档案/郑成功和荷兰侵略者的最后信件/安海人民跟随郑成功抗清复台史料

拾遗/郑成功致菲律宾总督书管窥

书　　名　郑成功研究国际学术会议论文集

责 任 者　厦门大学台湾研究所历史研究室编

出 版 项　南昌:江西人民出版社,1989

页　　码　404

书　　号　7-210-00181-6

分 类 号　K825.2-532

相关目录　郑成功的三次战略大转移/郑氏政权的兴衰——从清郑谈判到清荷进攻金厦/清郑和谈与郑芝龙/试论郑成功对郑芝龙的批判与继承/郑氏官兵降清事件述论/郑成功北伐战略新探/郑成功与南京之役/清郑南京战役的若干问题/从会师广东之役看郑成功同永历朝廷的关系/郑成功应李定国勤王愆期试探/读张煌言《上延平王书》/论黄梧降清/论清的统一与郑成功收复台湾/论郑成功收复台湾/关于郑成功历史地位的评价问题/郑氏时代台湾的开发/试论郑氏政权对海商的征税制度/1683年前台湾商业的变化与特点/十七世纪五十年代郑成功与荷兰东印度公司之间来往的函件/郑成功封爵新考/略论郑成功的二重性格组合/郑成功确留胞弟在日本/日本郑成功研究的一个观察——日本型华夷意识与《国姓爷合战》/郑氏史料辑补/郑成功双龙铜炮考略/香港九龙北佛堂海底捞获的永历四年火炮考

书　　名　郑成功研究论丛

责 任 者　福建省郑成功研究学术讨论会学术组编

出 版 项　福州:福建教育出版社,1984

页　　码　292

书　　号　7159·849

分 类 号　K827.49

相关目录　郑成功光复台湾的壮烈事迹/论郑成功的爱国主义思想/李自成·多尔衮·郑成功——历史的"合力"之一例/评一六四七至一六五四年清郑之间和战的得失——兼与台湾历史学者商榷/关于台湾郑氏政权兴亡之我见/台湾高山族支持郑成功收复台湾/郑成功兵额与军粮问题/试论郑成功的练兵治军和用人/论郑成功在收复台湾中的军事才能/郑成功治军试探/略论郑成功为建立和巩固厦门根据地的斗争/郑成功父子三次进军长泰初探/郑成功焚青衣处地点无误说/郑芝龙的一生/试评郑经的历史功过/试论郑经建设台湾/历史地评价郑克塽率台归清问题/陈永华对台湾早期文教事业发展的贡献/论施琅的历史功绩/有关施琅的几个问题/《明季遂志录》与《郑成功传》——两种《郑成功传》的作者及其史观/从外国来看郑成功——西文资料与世界历史观法/关于《台湾外纪》的作者江日升/台湾与大陆大小租契约关系的比较研究/试论明末东南诸省的抗、欠租与铺仓

内容提要　本书除论述郑成功的历史事迹以外,还涉及郑芝龙、郑经、郑克塽、陈永华、施琅等人的历史以及若干史料和史籍的考证。美国学者卫思韩(John E. Wills,Jr)、日本学者滨岛敦俊二位先生提交大会的论文也一并发表。

书　　名　郑成功研究论文集

责 任 者　厦门大学历史系编

出 版 项　上海:上海人民出版社,1965

页　　码　357

书　　号　11074·356

分 类 号 K827.49

相关目录 范文澜:在首都各界人民纪念郑成功收复台湾三百周年大会上的讲话/朱杰勤:十七世纪中国人民反抗荷兰侵略的斗争/丁名楠:郑成功收复台湾、驱逐荷兰殖民者的胜利斗争/陈国强:郑成功驱逐荷兰侵略者收复台湾的伟大斗争/郭沫若:由郑成功银币的发现说到郑氏经济政策的转变/郭沫若:再谈有关郑成功银币的一些问题/韩振华:一六五〇——一六六二年郑成功时代的海外贸易和海外贸易商的性质/陈诗启/郑成功驱逐荷兰殖民者前后台湾的社会经济/傅衣凌:关于郑成功的评价/郭影秋:谈郑成功和李定国的关系/陈孔立:郑成功收复台湾战争的分析/陈碧笙:十七世纪上半期荷兰殖民者对我国台湾和东南沿海的侵略及其失败/陈国强:郑成功收复台湾的时间问题/附录一、郑成功研究学术讨论会上几个讨论问题的综述/附录二、有关郑成功中、西文资料简介

书 名 **郑成功研究论文选**

责 任 者 郑成功研究学术讨论会学术组编

出 版 项 福州:福建人民出版社,1984.01

页 码 339

书 名 **郑成功研究论文选续集**

责 任 者 郑成功研究学术讨论会学术组编

出 版 项 福州:福建人民出版社,1984

页 码 339

分 类 号 K248.405

相关目录 关于郑成功/关于郑成功研究的若干问题/郑成功评价的方法论问题/民族英雄郑成功为捍卫祖国领土完整而斗争/民族英雄郑成功收复台湾的伟大贡献/关于郑成功收复台湾的几个问题/郑成功收复台湾及其对高山族的政策/论郑成功的抗清及其与复台的关系/有关郑成功抗清的几个问题/清政府对台湾郑氏关系之始末/一六五四至一六六一年清郑之间的和战关系及其得失——兼与台湾历史学者商榷/清政府对郑氏集团的招降政策及其影响/郑成功在厦门的军政建设/郑成功经济思想试探/试论郑成功的经济思想及其实践/试论著名海商郑氏的兴衰/再论郑成功与海外贸易的关系/一六五〇至一六六二年郑成功海外贸易的贸易额和利润额估算/略述郑氏在台湾的屯垦/郑成功复台后台湾土地的开发及其历史意义/郑氏时期台湾农民的田赋负担/论台湾归清对海峡两岸社会经济的影响/论郑成功与南明宗室的关系/郑成功与东林复社的关系/郑成功和施琅/关于郑成功和施琅的评价/郑成功创立天地会说质疑

内容提要 本书所收文章系以郑成功本人的历史为主,包括了有关的人物评价、抗清斗争、经济活动、军政建设以及郑成功与南明的关系、与清政府的关系等方面的内容,在一定程度上反映了当前郑成功研究的新成果。至于有关郑芝龙、郑经以及其他方面的论文,因限于篇幅,不及收入。

书 名 **郑成功与安海**

责 任 者 陈方圆主编

出 版 项 香港:香港闽南人出版有限公司,1997

页 码 208

分 类 号 K825.2

相关目录 安平古镇与郑成功的成长/郑成功在安海/谈谈郑成功精神/安海港与郑芝龙集团/郑成功在安海的活动/安平人文与郑成功爱国思想/海峡两岸双安平/郑氏海上商业活动刍议/郑氏时期安海与台

湾贸易初探/安平郑成功故居遗址考辨/对安海与郑成功历史关系的几点思考/石井、安平——曾经辉煌的安海古地名/学生时代的郑成功/郑成功与蒙师曾其五/安海港与郑芝龙/郑芝龙的财富及其使用/郑氏海商集团与安海港的对外贸易/郑芝龙夫子与安海港的盛衰/从郑成功经略台湾看安海商业文化的影响/从《惠安王忠孝全集》的两条史料中说明 1646 年郑成功是怎样在海上起兵的/郑成功焚青衣与誓师起义地点考略/郑成功与双安平/郑成功安平若干遗迹浅考/郑成功在安海写的两首诗赏析/建立安平郑成功纪念馆刍议/如何办好安海郑成功纪念馆/郑成功年谱

书　　名　郑成功与高山族
责 任 者　陈国强著
出 版 项　南昌:江西人民出版社,1982
页　　码　199
分 类 号　K248.05
相关目录　郑成功驱逐荷兰侵略者收复台湾的伟大斗争/郑成功收复台湾的日期/郑成功收复台湾的进军路线/郑成功收复台湾前后的高山族/台湾同胞在郑成功收复台湾的斗争中作出的伟大贡献/郑成功在台湾的建设/福建和台湾的关系/《临海水土志》之夷州即台湾考/略谈"结首制"——关于荷兰殖民者奴役台湾汉族和高山族人民之制度的商榷/十九世纪高山族人民反抗美国侵略我国台湾的斗争

书　　名　郑成功与金门
责 任 者　郭尧龄著
出 版 项　泉州:金门县政府,2003
页　　码　235
分 类 号　K295.8

书　　名　郑成功与明郑台湾史研究(当代台湾观察丛书)
责 任 者　邓孔昭著
出 版 项　北京:台海出版社,2000
页　　码　252
书　　号　7-80141-107-2
分 类 号　K827=49:K248.405
相关目录　郑成功收复台湾的战略运筹/论郑成功对郑芝龙的批判与继承/郑成功与金门史事研究/从卢若腾诗文看有关郑成功史事/郑氏时期台湾社会经济若干问题的探讨/郑氏文武官田租税考/清政府对郑氏集团的招降政策及其影响/论清政府与台湾郑氏集团的谈判和"援朝鲜例"问题/论清荷联合进攻郑氏/李光地、施琅、姚启圣与清初统一台湾/论姚启圣在统一台湾过程中的作用/郑芝龙的一生/毁誉参半的郑芝龙/《台湾通史》建国纪辨误
内容提要　本书收录了"郑成功收复台湾的战略运筹"、"论郑成功对郑芝龙的批判与继承"、"郑成功与金门史事研究"、"郑氏文武官田租税考"等 17 篇有关研究郑成功与明郑台湾史的论文。

书　　名　郑成功与清政府间的谈判(文史哲大系)
责 任 者　吴正龙著
出 版 项　北京:文津出版社,2000
页　　码　269

分 类 号 K825.2

书　　名 郑成功与台湾
责 任 者 黄玉斋著
出 版 项 台北:海峡学术出版社,2004.10
页　　码 321
书　　号 986－7359－00－3
分 类 号 K248.405

书　　名 郑成功与台湾
责 任 者 王仁杰主编;泉州市政协,南安市政协编
出 版 项 厦门:厦门大学出版社,2003
页　　码 318
书　　号 7－5615－2132－4
分 类 号 K248.405:K827＝49
相关目录 陈梧桐:论郑成功驱荷复台的英雄业绩/黄清源:郑成功复台340周年感言——郑成功一生的心路历程/邓孔昭:郑成功收复台湾期间的粮食供应问题/陈支平:郑成功海商集团兴衰的历史反思/徐晓望:论17世纪荷兰殖民者与福建商人关于台湾海峡控制权的争夺——从世界史的角度看荷兰入侵台湾的历史/孙英龙:东山发现的郑成功古战船综述/陈历明:从汕头水下考古发现的文物看郑成功在广东的军事特色
内容提要 本书是纪念郑成功成功收复台湾340周年系列活动成果之一,共收论文29篇,探讨了郑成功的功绩和影响,郑成功的农本思想、用兵思想,郑成功的信仰等。

书　　名 郑成功与延平
责 任 者 张水源主编;南平市延平湖旅游管理中心,南平市郑成功研究会编
出 版 项 北京:中国文史出版社,2006
页　　码 265
书　　号 7－5034－1664－5
分 类 号 K827＝48
相关目录 郑成功生平/郑成功的早年生活和起兵抗清/郑成功南平征战史略/延平郡王郑成功从征闽北暨南明隆武朝月表/郑成功在闽北行迹考辨/郑成功一生的四件大事及其与闽北的关系/郑成功闽北戎马生涯与封号由来初探/从"延平条陈"看郑成功的治政思想/郑成功在闽西北地区的抗清活动与"延平王"爵号由来的探讨/郑成功在南平抗清史实初探/郑成功在延水师小议/建州"戊子之役"与郑成功/再论延平郡王郑成功与闽北/隆武帝朱聿键对郑成功的影响/从仙霞岭之战看郑成功"延平条陈"的军事战略思想/郑成功与延平的不解之缘/一段不能忘却的历史——郑成功在延抗清二三事
内容提要 本书主要体现在三个结合上,一是论述与资料汇编结合,征集了北京、泉州、福州等地专家、论文30余篇。二是图文结合,弥补了论述性书籍缺少照片的遗憾。三是英雄足迹与山水旅游线结合,开辟郑成功军旅文化游,是海峡旅游特色之一。

书　　名 郑成功与祖国统一
责 任 者 宋国桢主编

出 版 项　郑州:河南人民出版社,1997.12

页　　码　276

书　　号　7-215-04180-8

分 类 号　K827.49

相关目录　上篇/维护祖国统一的一面旗帜——赞郑成功祖孙三代历史功绩/附:郑氏三代治台大事年表/郑成功统一祖国的历史功绩/论郑成功开发台湾的功绩/论郑成功"特种兵"的贡献/荷兰侵略者在台湾的殖民统治/郑成功与荷兰人签订的和平条约/郑成功先祖世系追溯/评论郑芝龙/附:田川氏简介/郑芝龙的财富及其用途/郑经建设台湾功不可没/郑成功生平/郑成功事迹考/郑成功登陆台湾日期考/郑成功与玉山/郑成功与三峡/浅谈郑成功的诗与书法/郑成功夫人董氏身世考/下篇/台湾问题与中国的统一/台湾沿革及大事述略/台湾与祖国大陆密切联系的史证/论孙中山国家统一的主张

内容提要　该书作者在各个不同场合、从各个不同角度满怀激情地讴歌了民族英雄郑成功一家几代人,为祖国宝岛台湾的开发、收复、经营及实现与祖国大陆的和平统一作出的伟大历史贡献。

书　　名　**郑观应(岭南文库)**

责 任 者　夏东元著

出 版 项　广州:广东人民出版社,1995

页　　码　405

书　　号　7-218-02094-1

分 类 号　K827.6

相关目录　第五章 重入轮船招商局,富强救国热情高涨/一、郑观应与盛宣怀亲密关系的开端/二、重入轮船招商局的直接原因/三、谈妥三公司合约与整顿招商局内部/四、为整好商局西巡长江各埠分局/第六章 在甲午战争中的积极态度/一、提出爱国御侮主张/二、招商局船的换旗与保产/三、对《马关条约》的敏锐反映/第十一章 反对袁世凯控制轮电二局与三入轮船招商局/一、盛宣怀与袁世凯对轮电二局的争夺战/二、郑观应对盛宣怀的支持/三、第三次进轮船招商局/四、第二次巡察长江各埠招商分局/第十二章 对辛亥革命的错误态度及为盛宣怀争夺招商局权力而进行的活动/三、为盛宣怀争夺招商局权力所进行的活动

书　　名　**郑观应传**

责 任 者　夏东元著

出 版 项　上海:华东师范大学出版社,1985

页　　码　310

书　　号　11135·003

分 类 号　K827.6

相关目录　第五章 重入轮船招商局/一、郑观应与盛宣怀亲密关系的开端/二、重入轮船招商局的直接原因/三、谈妥三公司合约与整顿招商局内部/四、西巡长江各埠分局和在其富强救国热情高涨中对孙中山的支持/第六章 在甲午战争中的积极态度及所提战后的对策/一、在甲午战争中的积极态度/二、招商局船的换旗与保产/第十章 反对袁世凯控制轮电二局与三入轮船招商局/一、盛宣怀与袁世凯对轮电二局的争夺战/二、郑观应对盛宣怀的支持/三、第三次进轮船招商局/四、第二次巡察长江各埠招商分局/第十二章 对辛亥革命的错误态度及为盛宣怀争夺招商局权力而进行的活动/三、为盛宣怀争夺招商局权力所进行的活动

书　　名 郑观应传
责 任 者 夏东元著
出 版 项 上海:华东师范大学出版社,1981
页　　码 331
书　　号 11135·003
分 类 号 K827.52
相关目录 第五章 重入轮船招商局/一、重入轮船招商局的原因/二、谈妥三公司和约与整顿招商局内部/三、西巡长江各埠中山的支持/第六章 在甲午战争中的积极态度及所提战后的对策/一、在甲午战争中的积极态度/二、招商局船的换旗与保产/三、对《马关条约》及其后瓜分危机的思想反映/第十章 反对袁世凯控制轮电二局与三入轮船招商局/一、盛宣怀与袁世凯对轮、电二局的争夺战/二、郑观应对盛宣怀的支持/三、第三次进轮船招商局/四、第二次巡察长江各埠招商分局/第十一章 对辛亥革命的错误政治态度及其为盛宣怀争夺招商局权力而进行的活动/三、为盛宣怀争夺招商局权力所进行的活动

书　　名 郑观应年谱长编:上、下
责 任 者 夏东元编著
出 版 项 上海:上海交通大学出版社,2009.10
页　　码 2册(444,847)
书　　号 978-7-313-05580-4
分 类 号 K827=6
内容提要 郑观应(1842-1922年),中国近代早期资产阶级改良派思想家、民族工商业家。本年谱按时间顺序,记载了郑观应一生的重要经历,并将能反映其思想、言行、事业等的往来函电、企业章程及著作《易言》、《盛世危言》、《盛世危言后编》等选择最有代表性的全文或节录编于谱中。

书　　名 郑观应评传(中国思想家评传丛书)
责 任 者 易惠莉著
出 版 项 南京:南京大学出版社,1998
页　　码 751
书　　号 7-305-03021-X
分 类 号 K827=6
相关目录 第四章《论中国轮船进止大略》/第八章 初涉洋务企业活动/第九章 从旁观到加入轮船招商局/第十四章 重入轮船招商局/第十五章 在甲午中日战争时期
内容提要 本书介绍了郑观应从第二次鸦片战争到辛亥革命中国近代一系列重大历史事件中的经历和活动。

书　　名 郑和
责 任 者 中共太仓市委宣传部,太仓市哲学社会科学界联合会编
出 版 项 杭州:西泠印社出版社,2008.12
页　　码 220
书　　号 978-7-80735-445-1
分 类 号 K825.8
相关目录 航海家郑和/一、郑和下西洋概说/二、航海家郑和/三、郑和一生的五个重要转折点/四、郑

和大事年表/五、郑和下西洋所到各国(或地区)古今名称对照表/六、郑和墓/郑和七下西洋/一、郑和七下西洋概述/二、第一次下西洋/第二次下西洋/第三次下西洋/第四次下西洋/第五次下西洋/第六次下西洋/第七次下西洋/郑和下西洋平定世乱/郑和宝船/一、我国造船业/二、明代造船业的繁荣与衰败/三、郑和宝船/四、郑和下西洋船队编队/五、中下西洋航海技术/六、郑和船队武备精良捍卫世界和平/郑和航海著作/一、茅元仪与《郑和航海图》/二、中航海图/三、郑和航海与域外地理学著作/郑和下西洋目的/一、郑和下西洋目的历史背景概说/二、为什么从太仓刘家港出发/三、建文帝没有死/四、郑和下西洋目的/郑和评价/一、梁启超《祖国大航海家郑和传》/中国近代与现代政治家评郑和/三、论郑和/郑和下西洋与西方探险/一、郑和下西洋与西方航海家/二、郑和下西洋与西方航海家比较/三、意大利航海家哥伦布:寻找中国发现了美洲/四、葡萄牙航海家达·伽马/五、葡萄牙航海家和探险家麦哲伦/郑和与太仓/一、太仓刘家港渊源/二、太仓郑和纪念馆/三、刘家港天妃宫/四、周闻墓志铭/五、刘家港作为需要启锚地的五个重要原因/六、宝山烽堠碑/郑和与天妃宫/一、妈祖(960－987年)/二、天妃与郑和下西洋/三、郑和与天妃宫碑/四、天妃灵应碑/郑和与航海/一、生理——从机体的生命活动和体内各器官的机能完善实施管理/二、心理——从人的情绪角度进行软管理/三、留岸——保证船队顺利完成航海的最后一招/郑和与饮食/一、太仓传统民俗对郑和航海饮食的影响/二、郑和航海菜谱/郑和后裔/一、郑和后裔/二、留居海外的郑和部下后裔

书　　名 郑和
责 任 者 郑鹤声著
出 版 项 昆明:晨光出版社,2005
书　　号 7－5414－2494－3
分 类 号 K825.8
内容提要 本书对郑和之生平、出使之因果、使团之组织、航行之概况、出使之经过、诸国之风物等一一铺陈叙述。是二十世纪四十年代研究郑和的重要著作之一。

书　　名 郑和
责 任 者 朱偰
出 版 项 北京:三联书店,1956.10
页　　码 136
分 类 号 K825.58
相关目录 第一章 郑和的时代背景和社会经济情况/第一节 郑和所处的时代/第二节 明初社会经济发展情况/第三节 元代迄明初中国与南洋及印度洋诸国的关系/第二章 郑和的生平/第一节 家庭出身/第二节 参加政治的开始/第三节 郑和与“靖难之役”/第四节 出使西洋/第五节 同下西洋的其他重要领导人物/第六节 郑和晚年的政治生活/第三章 中国历史上最伟大的航海家/第一节 十五世纪最大的海船和最大的舰队/第二节 郑和七次下西洋年代考/第三节 郑和七次下西洋地名考/第四章 郑和的伟大成就和影响/第一节 郑和下西洋对当时中国社会经济的影响/第二节 郑和下西洋对国际交通及贸易上的影响/第三节 郑和下西洋对华侨开发南洋的影响/第五章 郑和在中西交通史上的地位及其对我国地理学的贡献/附录/一、郑和年表/二、郑和下西洋的有关历史文献简目/三、郑和七次下西洋所经中外地名古今对照表/附图/郑和第一、二、三次旅行图/郑和第四次旅行图/郑和第五、六次旅行图/十五世纪初南洋及印度洋各国形势图

书　　名 郑和
责 任 者 王佩云著

出 版 项　北京:海洋出版社,2001

页　　码　415

书　　号　7－5027－5397－4

分 类 号　I247.53

相关目录　第六章 牵动万民的远洋船队/第七章 大明船队的王者风范/第八章 海上丝瓷路漫漫/第九章 在滞留南京的日子里/第十章 走向陌生的远方/第十一章 横跨印度洋的航行/第十二章 不期而至的禁航令/第十三章 远离海洋的日子/第十四章 在浩瀚海洋中永生

内容提要　纪念伟大航海家郑和下西洋600周年长篇历史小说。

书　　名　**郑和(南京市雨花台区文管会文史丛书)**

责 任 者　仲跻荣等著

出 版 项　南京:南京大学出版社,1990.06

页　　码　220

书　　号　7－305－00753－6

分 类 号　K248.105

相关目录　第一次下西洋/第二次下西洋/第三次下西洋/第四次下西洋/第五次下西洋/第六次下西洋/第七次下西洋/东洋与西洋/出使日本/锡兰之战/生擒陈祖义/苏干剌事件/马欢与《瀛涯胜览》/费信《星槎胜览》/巩珍与《西洋番国志》/黄省曾与《西洋朝贡典录》/《郑和航海图》/《新编郑和航海图集》/梁启超写《郑和传》/李士厚与郑和家谱研究/《三宝太监西洋记通俗演义》/王景弘/侯显五使绝域/况钟宴请洪保/洪保出使天方/武略将军周闻/医士陈常与匡愚/建文帝朱允蚊/明成祖朱棣/登山历史舞台/赛典赤·赡思丁/李至刚撰《故马公墓志铭》/郑和的职务/宗教信仰/龙江宝船厂/南京天妃宫碑/静海寺/南京净觉寺/大报恩寺与琉璃宝塔/郑和墓/西安《重修清净寺碑》/"六国码头"太仓/郑和"自传"碑/南平铜钟/中世纪的世界大港——泉州/泉州的伊斯兰教遗迹/郑和行香碑/五虎门/南海诸岛/海神天妃/湄洲妈祖庙/郑和与天妃/和平女神/浡泥国和浡泥国王墓/苏禄东王葬德州/古麻剌朗国/爪哇"三保洞"/索马里"三保村"/马六甲的"三保庙"与"三保山"/人员与组织/船队队形/粮船、水船及其它/地文航海与天威航海/重栅小城/"尸头蛮"与"降头师"/龙涎香与龙涎屿/婚丧之俗/南京郑和公园与纪念馆/太仓郑和纪念馆/晋宁郑和纪念馆/南京郑和研究会/五百八十周年纪念盛会/附一、郑和年表/附二、《天妃灵应之记》碑文/附三、地名考释

内容提要　本书介绍郑和下西洋史迹、明初中外关系、宗教信仰、西洋各国概况及国内外有关郑和研究情况等。

书　　名　**郑和(中华历史名人丛书)**

责 任 者　谢方著

出 版 项　天津:新蕾出版社,1993.5

页　　码　106

书　　号　7－5307－1117－2

分 类 号　K825.8

相关目录　从军中少年到内官太监/穆斯林之家/被掳随军/进入燕王府/"靖难"立功/内官监太监/大海在呼唤英雄/"海上丝瓷之路"的出现/东方的航海大国/一位放眼世界的皇帝/"下西洋"的筹备/"鲸舟吼浪泛沧溟"/宝船队在东南亚/促睦邻首访占城/到爪哇调解内争/佛教之国——暹罗/在旧港擒不法华人/为满剌加修栅立城/协助苏门答剌国平乱/宝船队在南亚/抵锡兰山布施佛寺/在印度马拉巴尔海岸/

侯显到榜葛剌/印度洋上的千岛之国/宝船队在西南亚、东非/东西方陆海交通的中心/访阿拉伯半岛南岸/朝拜伊斯兰教圣地天方/远航非洲东岸/下西洋的插曲和尾声/插曲:出使旧港和守备南京/尾声:逝世之谜和下西洋的终结/彪炳史册的航海业绩/宝船队是古代世界无与伦比的大型船队/一支训练有素的航海技术队伍/航海技术的结晶:《郑和航海图》/航海气象学和水文学的应用/在"地理大发现"的边缘上/对经济、文化交流的贡献

书　　名　郑和:联结中国与伊斯兰世界的航海家

责 任 者　(日)寺田隆信著;庄景辉译

出 版 项　北京:海洋出版社,1988.12

页　　码　155

书　　号　7-5027-0057-9

分 类 号　K826.58

相关目录　一、海上丝绸之路/唐宋时代/取代陆上丝绸之路/世界最大的贸易港泉州/"陶瓷之路"/印度洋的大船/罗盘与季节风/蒙古时代/孕育着危机的大帝国的建立/内乱的四十年/史上空前的海外贸易/乘中国船到泉州/明王朝的建立/元末叛乱与朱元璋/财政基础的确立/恐怖政治下的皇帝独裁体制/海禁政策与朝贡贸易/靖难之变/成祖的治世/在国际都市汗八里/五次亲征蒙古/世祖忽必烈的继承者/成祖的视野/二、航行在中国人的海/宦官郑和/郑和的家世/远征队的司令长官/宦官之重用/双重受难/爪哇国与古里国/大船队的出港/东洋诸国之雄/船队西行/在古里的商品交易/两个事件/暹罗国与柯志国/两块碑文/阿瑜陀与上水/海港都市柯志/寻求胡椒/加勒的石碑/满剌加国与锡兰国/国际纷争的调停者/满剌加的重要性/锡兰与龙涎香/唯一的正式战争/三、渡过阿拉伯海/苏门答剌国与忽鲁谟斯国/伊斯兰教徒的活跃/苏门答剌的内争/海上交通路的要冲/郑和的最终访问国忽鲁谟斯/溜山国与阿丹国/送各国世界归还/马尔代夫与绳索船/中国商船队的活动/圣兽麒麟/木骨都束国与卜剌哇国/短期的航海/东非诸国/输入居第一位的乳香/东非的繁荣与和平/中国·伊斯兰史料的一致/往使旧港与成祖之死/天方国与榜葛剌国/再下出使之命/详细的航海记录/别出活动的先遣队/麦加巡礼/"充满财宝的地狱"/四、大航海的遗迹/做出大事业的原因/关于"郑和下西洋"/真正的动机和目的/对方国的状况/翻腾的时代波涛/"郑和航海图"/唯一的史料/沿岸航海法与海洋航海法/阿拉伯的观测器"克马"/四幅"过洋牵星图"/中国文明与伊斯兰文明的融合/西洋取宝船/中国的造船技术/取宝船舵杆的发现/沙船型取宝船/龙江造船厂/郑和之后/对外政策的消极化/朝贡贸易制度的负担/郑和的影响及其遗迹/伊斯兰的活动/长期不公正的待遇/郑和年谱

书　　名　郑和 VS 哥伦布

责 任 者　张侃著

出 版 项　北京:新星出版社,2005.11

页　　码　145

书　　号　7-80148-969-1

分 类 号　K825.89=48:K835.465.89=331

相关目录　"寻人"的郑和/建文帝之谜/郑和的身世/"怀柔远人"/"寻梦"的哥伦布/找黄金,到东方/欧洲国家的"生物链"/从中国的东南沿海到印度洋/直挂云帆济沧海/郑和宝船/《郑和航海图》从地中海到太平洋/拜金之旅/谁发现了新大陆/郑和之后的中国及其在海洋的退缩/海上通道的开辟/海禁政策的颁行/哥伦布之后的西方航海与近代世界体系的形成/"大航海时代"的到来/达伽马的远航被纪念着的郑和/"三宝公"崇拜在东南亚/中国人心中的"太保公"被争论着的哥伦布

内容提要 本书包括:动机篇、历程篇、影响篇、记忆篇,内容有“寻人”的郑和、“寻梦”的哥伦布、从中国的东南沿海到印度洋、从地中海到太平洋等。

书　　名 **郑和宝船尺度的探索**
责 任 者 庄为玑,庄景辉编
出 版 项 1983
页　　码 32

书　　名 **郑和传记资料**
责 任 者 朱传誉主编
出 版 项 台北:天一出版社,1985
页　　码 64
分 类 号 K825.8

书　　名 **郑和船队创世奇航:中国海权的崛起与没落(外交官看世界)**
责 任 者 萧曦清著
出 版 项 台北:牧村图书有限公司,2006
页　　码 195
书　　号 986-7533-31-3
分 类 号 K248.105

书　　名 **郑和大传(中国杰出历史人物大传)**
责 任 者 杨军,杨明著
出 版 项 长春:长春出版社,1999
页　　码 322
书　　号 7-80604-810-3
分 类 号 I247.53
相关目录 (5)东使日本/(6)首下西洋第一站/(7)爪哇的战乱/(8)从锡兰山到古里/(9)生擒大海盗/(10)暹罗,神秘的地方/(11)智擒锡兰国王/(12)又见哈桑/(13)助苏门答剌平叛/(14)信仰的转折/(15)改信伊斯兰教/(16)镇守南京/(17)航海家之死

书　　名 **郑和大航海:1405年-1433年**
责 任 者 天行剑著
出 版 项 昆明:晨光出版社,2006
页　　码 226
书　　号 7-5414-2602-4
分 类 号 K248.105
相关目录 第一章 初使暹罗/第二章 再使扶桑,恢复邦交/第三章 郑和亲率远洋舰队,首航西洋诸国/第四章 二度远航,扬威四方/第五章 三度远航,结交新邦/第六章 四次远航,首抵波斯湾、西亚和非洲东海岸/第七章 远国珍禽异宝,尽献大明新都北京紫禁城/第八章 远洋舰队首航环球,开创人类航海史奇迹/第九章 老骥伏枥,志在千里

内容提要 本书内容包括:出使暹罗;再使扶桑,恢复邦交;郑和亲率远洋舰队,首航西洋诸国;二度远洋,扬威四方等。

书　　名 郑和航海图(中外交通史籍丛刊)
责 任 者 向达整理
出 版 项 北京:中华书局,1961
页　　码 66
分 类 号 K248.105
相关目录 整理郑和航海图序言/郑和航海图/附录:郑和航海图地名索引,郑和下西洋图

书　　名 郑和航海图
责 任 者 向达整理
出 版 项 北京:中华书局,2000
页　　码 66
书　　号 7-101-02025-9
分 类 号 K248.105: K992.648
相关目录 整理郑和航海图序言/郑和航海图/附录 郑和航海图地名索引,郑和下西洋图
内容提要 本图原名《自宝船场开船从龙江出水直抵外国诸番图》,省称为《郑和航海图》,原图一共24页,见于明代茅元仪编辑的《武备志》中。

书　　名 郑和航海图考
责 任 者 范文涛著
出 版 项 北京:商务印书馆,1943
页　　码 59
分 类 号 K248.105
内容提要 书中对郑和七次下西洋史实作了简单的介绍,主要考证、释解郑和的航海图。附图三幅:针位图、自古力由不洞至古利门图、自吉利门至白礁图。

书　　名 郑和家谱考释
责 任 者 李士厚著
出 版 项 云南正中书局,1937.3
页　　码 64
分 类 号 Z126
相关目录 郑和家谱考释/故马公墓志铭/附录一、昆阳马哈只碑跋/附录二、明史郑和传/附录三、郑和传/附录四、西洋诸国回教汇览/附录五、集说

书　　名 郑和家世研究
责 任 者 马继祖编著
出 版 项 昆明:云南人民出版社,2005.09
页　　码 227
书　　号 7-222-04550-3

分 类 号 K820.9

内容提要 本书内容包括郑和家世研究概述、郑和传、郑和家世资料、赛氏总族牒、赛典赤家谱、马氏家谱、赛氏族谱及其他、六世孙辨析等。

书　　名 **郑和家世资料**

责 任 者 纪念伟大航海家郑和下西洋580周年筹备委员会

出 版 项 北京:人民交通出版社,1985.6

页　　码 122

分 类 号 K828.48

相关目录 郑和三种家谱的收集经过及其内容简介/点校说明/马公墓志铭、郑氏世系家谱/附录/一、抄郑氏家谱首序/二、赛氏自序牒谱/三、赛典赤家谱/四、马氏家乘

书　　名 **郑和论丛:第1辑**

责 任 者 高发元主编;《郑和论丛》编辑委员会编

出 版 项 昆明:云南大学出版社,1993.04

页　　码 458

书　　号 7-81025-294-1

分 类 号 K825.8

内容提要 本书收入郑和首航西洋587周年学术讨论会上的论文52篇，从经济、文化、军事、外交等方面，探讨了郑和下西洋的历史伟绩。

书　　名 **郑和南征记**

责 任 者 束世澂著

出 版 项 北京:青年出版社,1941

页　　码 175

分 类 号 K828

相关目录 第一章 绪论/世界著名航海家/郑和与爹耶士哥伦布麦哲伦/中国何以能产生郑和?/本问题的价值/关于郑和南征的记载/南海和东西洋的界说/第二章 明代以前的南洋经营/第一节 政府的经营/第二节 人民的经营/第三章 郑和/第一节 郑和的身世/第二节 郑和七奉使的年代/第三节 郑和时代的南海交通/第四章 郑和南征记事/第一节 明初的宣化/第二节 郑和第一次南征/第三节 郑和第二次南征/第四节 郑和第三次南征/第五节 郑和第四次南征/第六节 郑和第五次南征/第七节 郑和第六次南征/第八节 郑和旧港之行/第九节 郑和第七次南征/第十节 七次南征的总成绩/第五章 郑和南征的价值/第一节 政治上的价值/第二节 经济上的价值

书　　名 **郑和七次下"西洋"航海路线图**

责 任 者 中国历史博物馆

出 版 项 北京:地图出版社,1980

分 类 号 K99

书　　名 **郑和七次下西洋年月考证**

责 任 者 金云铭著

出版项 福建:协合大学图书馆,1937
页 码 48
分类号 K248.105

书 名 郑和七下西洋
责任者 陆静波著
出版项 苏州:古吴轩出版社,2005.06
页 码 438
书 号 7-80574-959-0
分类号 K248.105
相关目录 第一章 航海家郑和/一、郑和下西洋概说/二、航海家郑和/三、郑和一生的五个重要转折点/四、郑和大事年表/五、郑和下西洋所到各国(或地区)古今名称对照表/第二章 郑和七下西洋/一、郑和七下西洋概述/二、第一次下西洋/三、第二次下西洋/四、第三次下西洋/五、第四次下西洋/六、第五次下西洋/七、第六次下西洋/八、第七次下西洋/九、郑和下西洋平定世乱/第三章 郑和宝船/一、我国造船业/二、明代造船业的繁盛与衰落/三、郑和宝船/四、郑和下西洋船队编队/五、郑和下西洋航海技术/六、郑和船队武备精良捍卫世界和平/七、郑和船只模型/第四章 郑和航海著作/一、茅元仪与《郑和航海图》/二、郑和航海图/三、郑和航海与域外地理学著作/第五章 郑和下西洋目的/一、郑和下西洋目的历史背景概说/二、为什么从太仓刘家港出发/三、建文帝没有死/四、郑和下西洋目的/第六章 郑和评价/一、梁启超《祖国大航海家郑和传》/二、中国近代与现代政治家评郑和/第七章 郑和下西洋与西方探险/一、郑和下西洋与西方航海家比较/二、意大利航海家哥伦布:寻找中国发现了美洲/三、葡萄牙航海家达·伽马/四、葡萄牙航海家和探险家麦哲伦/第八章 郑和与云南/一、郑和公园/二、《故马公墓志铭》/三、郑和施印《五华寺大藏经发愿文》/第九章 郑和与南京/一、南京郑和纪念馆/二、马府及马府街/三、龙江宝船厂遗址/四、静海寺/五、浡泥国王墓/六、郑和墓/七、狮子山阅江楼/吧、天妃宫/九、净觉寺/十、大报恩寺/第十章 郑和与太仓/一、太仓刘家港溯源/二、太仓郑和纪念馆/三、刘家港天妃宫/四、周闻墓志铭/五、刘家港作为下西洋起锚地的五个重要原因/六、郑和七下西洋从太仓刘家港起锚/七、宝山烽堠碑/第十一章 郑和与福建/一、郑和下西洋在福州的遗迹/二、郑和史迹陈列馆/三、接官亭与郑和堤/四、泉州天后宫/五、泉州清净寺礼拜/六、漳州有个"郑和庙"/七、郑和彩塑组群/八、郑和行香碑/第十二章 郑和与天妃宫/一、妈祖/二、天妃与郑和下西洋/第十三章 郑和与天妃宫碑/一、《娄东刘家港天妃宫石刻通番迹记》碑/二、《天妃灵应之记》碑/第十四章 郑和与航海/一、生理——从机体的生命活动和体内各器官的机能完善实施管理/二、心理——从人的情绪角度进行软管理/三、留岸——保证船队顺利完成航海的最后一招/第十五章 郑和与穆斯林/一、郑和求贤清真寺/二、随郑和下西洋的穆斯林/第十六章 郑和与饮食/一、太仓传统民俗对郑和航海饮食的影响/二、郑和航海菜谱/第十七章 郑和与贸易/一、郑和是商贸奇才/二、郑和带去的瓷器等中国物品受西洋人喜爱/三、郑和用于贸易交易的货物种类很多/四、郑和下西洋进行的贸易活动形式多样/五、郑和所到之地大多是贸易港/六、郑和下西洋贸易获利无数/七、郑和下西洋贸易对国内经济起稳定作用/第十八章 郑和与美洲/一、十八世纪至今都有人提出中国人发现美洲/二、孟席斯与《1421年:中国发现美洲大陆》/三、中国与美洲早有联系/四、船队有可能因为非主观意愿而抵达美洲/五、从目的看,郑和有可能到达美洲/第十九章 郑和与东王墓/一、苏禄国东王墓/二、御制苏禄国东王碑/第二十章 郑和后裔/一、郑和后裔/二、留居海外的郑和部下后裔/第二十一章 郑和与日本/郑和下东洋/第二十二章 郑和与所到国家(地区)/一、占城国王的盛情邀请/二、马来西亚的郑和足迹/三、泰国的三宝佛公/四、斯里兰卡的"郑和碑"/五、印度尼西亚三宝垄/六、郑和与印度/七、郑和当年航海所经过的地方/第二十三章 郑和趣闻/一、沈万三与太仓刘家港/二、郑和发现澳洲说/三、神秘"红木船"与中国人最早发现澳洲/四、郑和最早发现南极说/五、郑和为什么被成为"三宝太监"/六、用"苏泥勃青"料制成的明永乐青花双狮纹瓷罐/七、平湖惊现郑和募捐所刻长卷佛经《妙法连华经》/八、西安郑和碑/九、满剌加的三宝井/十、郑和将拔火罐流传到亚丁/十一、郑和鎏金像惊现印度西海岸/十二、郑和命名水果之王榴莲/十三、郑和用榴莲神果除瘟疫/十四、郑和与红木/十五、郑和浴溪百病/十六、郑和下西洋与生鱼、苦瓜/十七、长乐晦翁岩一明石像/十八、海内外最大郑和石雕像在福建长乐落成/十九、明内府钞本《奉天命三保下西洋》杂剧/二十、郑和曾找到过建文帝/二十一、郑和下西洋资料被乾隆所毁/二十二、云南省第一部大型原创音乐剧《郑和与海》/二十三、新加坡学者向长乐捐赠郑和下西洋文物/二十四、"郑和下西洋"不愿出国/二十五、永乐通宝——600 年前的硬通货/二十六、明代郑和下西洋五十两金锭/二十七、郑和纪念银币/二十八、郑和纪念邮票/二十九、灶婆公公播良种/第二十四章 郑和下西洋 600 周年纪念活动/一、郑和下西洋 600 周年纪念活动/二、范春歌"重走郑和路"/三、首届中国太仓郑和航海节/四、中国将郑和下西洋首航日定位"航海节"/五、"凤凰号"下西洋/六、"绿眉毛"下西洋/七、两岸探险者践行"郑和八下西洋"/八、郑和下西洋 600 周年纪念活动徽标/九、郑和舰参加"纪念郑和远航、传承古都文明"纪念活动/十、美国华人纪念郑和下西洋 600 周年/十一、胡锦涛赠送连战郑和宝船

内容提要 本书通过"航海家郑和"、"郑和七下西洋"、"郑和宝船"等内容的描述，介绍了郑和下西洋的起因、历经时间及名扬后世的原因等内容。

书　　名 郑和七下西洋记
责 任 者 周新华著
出 版 项 杭州：浙江教育出版社，2008. 10
页　　码 167
书　　号 978－7－5338－7678－4
分 类 号 K24
相关目录 1. 扑朔坎坷的身世/2. 众说纷纭的动因/3. 庞大的舰队：睥睨古今的荣光/4. 七下西洋：震惊世界的壮举/5. 牵星过海：日落前的绝响/6. 一个时代的结束
内容提要 公元 1405 年，欧亚大陆的南方海岸线上，出现了一支规模巨大的船队。郑和，一个出生卑微的宦官，率领了一支睥睨古今的庞大舰队七下西洋。它们穿越了岛屿众多的南海和马六甲海峡，完成了横渡印度洋的壮举，并且抵达遥远的非洲东海岸。有历史学家猜测，这些船队甚至绕过好望角，完成了环球航行。

书　　名 郑和全传（大航海家丛书）
责 任 者 郑一钧著
出 版 项 北京：中国青年出版社，2005
页　　码 466
书　　号 7－5006－6334－X
分 类 号 K825. 89＝48
相关目录 第一篇 机遇与挑战/第一章 盛世帝王的宏图/第二章 来自海洋的挑战/第三章 不平凡的家世/第四章 动乱时代的不幸少年/第五章 才能超群的燕王亲随/第六章 最佳的人选/第二篇 树国威于海上/第七章 海上探险的准备/第八章 规模空前的远洋船队/第九章 心系海疆的巡视/第十章 化干戈为玉帛的仁义之师/第十一章 南洋航海基地的初创/第十二章 难忘的古里之行/第十三章 一场漂亮的海上歼灭战/第十四章 旧港宣慰使司的设立/第十五章 伊斯兰教的传播/第十六章 浡泥国王的中国情/第十七章 环绕南亚的航行/第十八章 占城国的盛情欢迎/第十九章 满剌加王国的建立/第二十章 意外的收获/第二十一章 锡兰山国王的废立/第二十二章 中国鲁宾逊的故事/第三篇 东西洋海域的探险/第二十三章

南洋诸国纷争的解决/第二十四章 史无前例的分䑸航行/第二十五章 横渡印度洋的壮举/第二十六章 远航非洲的发现/第二十七章 麻林国使者来访的盛典/第二十八章 航海探险的丰碑/第二十九章 远访阿拉伯的企盼/第三十章 镇国之山的敕封/第三十一章 西域远国的进献/第三十二章 苏禄国王的来华/第三十三章 在阿拉伯国家贸易的盛况/第三十四章 东西洋海域的探险/第三十五章 不负众望的旧港之行/第三十六章 停航之时的呼吁/第四篇 老骥伏枥,志在千里/第三十七章 守备南京的无奈/第三十八章 垂暮之年的供奉/第三十九章 永乐朝航海生涯的延续/第四十章 抑强扶弱的使者/第四十一章 神奇的天方国/第四十二章 六百周年纪念的召唤

内容提要　本书记述郑和以及他七次下西洋的事迹和经过,再现郑和作为伟大航海家、杰出外交家、亲善和平使者的波澜壮阔的一生。

书　　名　**郑和时代的中国海权**

责 任 者　时平著

出 版 项　昆明:晨光出版社,2005

页　　码　386

书　　号　7－5414－2493－5

分 类 号　K248.105:K825.89＝48

相关目录　海权编/元明时期的海权观念与郑和下西洋/论郑和海权的性质——兼论郑和海权研究中的几个问题/综合编/论郑和下西洋/郑和下西洋与中国社会的发展/郑和航海在东西方交往中的地位/从明初"大一统"观看郑和下西洋的动机/明初海军与郑和下西洋/论明初造船与郑和出使船舶/锡兰战役新考/大海航海与天妃信仰史料的补遗及考释/对郑和下西洋的几点思考/郑和经略海洋的实践对维护国家海洋安全观的启示/纪念郑和的文化价值与建立"中国航海节"的断想/开拓郑和研究的视野——由航海家王景弘谈起/孙中山论郑和下西洋/江泽民论郑和下西洋及时代精神/再论梁启超《祖国大航海家郑和传》——纪念梁启超《祖国大航海家郑和传》发表100年/综述与述评/1988年郑和学术讨论会综述/纪念郑和下西洋590周年国际学术研讨会综述/新的里程　新的进展——郑和研究十年综述/十年来有关郑和军事问题的研究(1986－1996)/一年来应该学者加文·孟席斯新说讨论述评/21世纪初郑和研究中几个问题的思考/百年郑和研究的探索/书评/白寿彝在《中国交通史》中对郑和下西洋内容的评述/试评邓之诚《中华二千年史》有关郑和的论述/谈柏杨对郑和的评述/文化交流——人类进步的阶梯——陈炎教授与郑和研究/心系郑和情——读徐克明主编的《郑和丛书》/成果·思考·前进——读高发元主编的《郑和论丛》第1辑/一份成果 一份思考——记《中国古代海军史》的出版

内容提要　本书收录了"论郑和下西洋"、"郑和下西洋与中国社会的发展"、"1988年郑和学术讨论会综述"、"谈柏杨对郑和的评述"等31篇研究郑和的文章。

书　　名　**郑和史诗**

责 任 者　郑一钧,周文林编著;范春歌摄

出 版 项　昆明:晨光出版社,2006.04

书　　号　7－5414－2603－2

分 类 号　K825.8

内容提要　本书是关于我国古代伟大航海家——郑和的最新研究成果图集,是一部图文并茂的大型书籍。

书　　名　**郑和史诗**

责 任 者　胡廷武,夏代忠主编;周文林,郑一钧,杨新华等编著

出 版 项 昆明:云南人民出版社 云南美术出版社 晨光出版社,2005.05

页　　码 384

书　　号 7-80695-227-6

分 类 号 K825.89=48

内容提要 本书介绍了郑和七下西洋的始末以及他的历史遗存,弘扬了这位伟大航海家的爱国主义精神,展现了他在科学航海、睦邻友好方面做出的伟大历史贡献。

书　　名 郑和下西洋

责 任 者 范中义,王振华著

出 版 项 北京:海洋出版社,1982

页　　码 93

分 类 号 I247.8

相关目录 第一章 下西洋的背景/一、宋元以来的海外贸易与航海/二、明初统一国家的强盛和经济的恢复发展/三、从明太祖的"海禁"到明成祖遣唐出洋/第二章 郑和与他的船队/一、郑和的家世/二、从被阉入宫到受命出使/三、十五世纪规模最大的船队/第三章 七下西洋的历程和性质/一、鲸舟吼浪 际天而行/二、友好的使者 通商的船队/第四章 几点技术方面的考察/一、发达的造船业/二、巧妙地利用风和帆/三、先进的航海技术/第五章 伟大的成就和深远的影响/一、世界航海史上的光辉篇章/二、对中国社会经济的影响/三、开阔了中国人民的眼界/四、增强了中国人民和亚非人民的友谊/附录一、"三保太监"之由来/附录二、关于"西洋"

书　　名 郑和下西洋

责 任 者 林彬主编;福建省人民政府新闻办公室编

出 版 项 北京:五洲传播出版社,2005.04

页　　码 109

书　　号 7-5085-0707-X

分 类 号 K248.105

相关目录 第一章 伟大的时代——郑和下西洋的时代背景、郑和家世和远航前的准备/一、时代背景/二、在战乱中成长/三、远航前的准备/第二章 航海友谊——郑和下西洋与各国的交流和合作/一、初涉西洋(1405-1407)/二、再下西洋(1407-1409)/三、三下西洋(1409-1411)/四、四下西洋(1413-1415)/五、五下西洋(1417-1419)/六、过洋牵星 六下西洋(1421-1422)/七、献身沧溟 七下西洋(1431-1433)/第三章 万里觅踪——郑和下西洋重点口岸、地域的史迹/一、扬帆启碇出海港——太仓刘家港/二、伺风开洋的驻泊港——长乐太平港/三、海上交通的要冲——满剌加(马六甲)/四、六次到访的商埠——爪哇三宝垅/五、欧亚非海上十字路口——也门亚丁港/六、海上丝路的远端——非洲东海岸/第四章 功业纪念——郑和下西洋对世界文明的贡献/一、科学航海与先进技术/二、维护和平与传播友谊/三、贸易交流与经济发展/四、出洋探险与航海先导/五、文化传播与交流/六、世界的郑和——弘扬和平友好的精神

内容提要 本书介绍了郑和下西洋的时代背景、郑和家世和远航前的准备,郑和下西洋与各国的交流和合作,郑和下西洋重点口岸、地域的足迹,郑和下西洋对世界文明的贡献。

书　　名 郑和下西洋

责 任 者 刘如仲

出 版 项 北京:中华书局,1983

页　　码　51
分 类 号　K248.105
相关目录　一、郑和的身世/二、下西洋的准备/三、航行南洋及印度洋东岸诸国/四、横渡印度洋远航/五、最后一次远航天方等国/六、伟大航海家郑和的杰出贡献

书　　名　郑和下西洋
责 任 者　施鹤群主编
出 版 项　哈尔滨:哈尔滨工程大学出版社
书　　号　7-81073-677-9

书　　名　郑和下西洋
责 任 者　中国航海史研究会
出 版 项　北京:人民交通出版社,1985.6
页　　码　241
分 类 号　K248.105
相关目录　第一章 郑和下西洋的历史背景和时代背景/第一节 宋以前我国海外交通发展概况/第二节 宋元以来我国海外交通的发展为郑和航海奠定了基础/第三节 明初国内经济的恢复和发展/第四节 明成祖时期和平友好的对外开放政策/第二章 郑和下西洋始末/第一节 郑和奉使及其往返年月/第二节 郑和下西洋前期概述/第三节 郑和下西洋后期概述/第四节 郑和下西洋的尾声/第五节 下西洋中的贸易活动/第三章 大规模下西洋活动的终止/第一节 终止下西洋的直接原因/第二节 终止下西洋的主要原因/第三节 终止下西洋的根本原因/第四章 郑和下西洋的船队和航海技术/第一节 明初发达的造船业与巨型宝船/第二节 郑和船队/第三节 郑和航海图/第四节 航海技术/第五章 郑和下西洋的伟大成就/第一节 人类征服海洋的壮举/第二节 横跨亚非的友谊之桥/第三节 对经济发展的促进作用/第六章 郑和下西洋在国内外的遗迹和传说/第一节 郑和下西洋在国内的遗迹和传说/第二节 郑和下西洋在南洋一带的遗迹和传说/结语——郑和下西洋的历史地位
内容提要　本书是关于郑和下西洋的专著。书中介绍了其历史背景和时代背景,对其船队组成和航海技术、七下西洋的始末、所取得的伟大成就和现存遗迹等,均作了扼要之阐述,并初步探讨了下西洋终止的原因。书中附有插图多幅。

书　　名　郑和下西洋(映像纪实系列)
责 任 者　(日)上杉千年著
出 版 项　台北:商周出版,2005
页　　码　232
书　　号　986-124-340-2
分 类 号　K248.105

书　　名　郑和下西洋(中华文明宝库)
责 任 者　周天著
出 版 项　上海:上海古籍出版社,1998
页　　码　76
书　　号　7-5325-2508-2

分 类 号 K248.105

书　　名 **郑和下西洋的回顾与思考**
责 任 者 苏纪兰主编
出 版 项 北京:科学出版社,2005
页　　码 206
书　　号 7-03-016387-7
分 类 号 K248.105
相关目录 第一篇 郑和下西洋的历史背景和评价/张信刚:郑和下西洋时期的世界态势/郑永常:郑和下西洋前后东南亚国际政治及贸易形势的转变/范金民:郑和下西洋在世界航海史上的地位/廖大珂:郑和下西洋与《罗兹地图》/第二篇 中国历史上的海洋文明/孙光圻 王莉:从航海史角度透视只能过过古代海洋意识/周振鹤:以农为本与以海为田的矛盾——中国古代主流大陆意识与非主流海洋意识的冲突/郑钧:郑和下西洋时期中国海洋事业的发展及思考/第三篇 中国近代史上的海洋意识/朱鉴秋:郑和下西洋与中国古代对海洋的认识/李金明:郑和下西洋迄今中国海洋文明的发展/汪品先:中西海洋文化的比较——从郑和下西洋说起
内容提要 本书汇集专家的文章,论述了郑和下西洋的历史背景和评价、中国历史上的海洋文明、中国近代史上的海洋意识以及海洋在中国"和平崛起"过程中的地位。

书　　名 **郑和下西洋及宝船新考**
责 任 者 庄为玑
出 版 项 1983
分 类 号 K875.3

书　　名 **郑和下西洋考**
责 任 者 (法)伯希和(P. Pelliot)著;冯承钧译
出 版 项 北京:中华书局,1955.11
页　　码 171
分 类 号 K248.105

书　　名 **郑和下西洋考**
责 任 者 (法)伯希和著;冯承钧译
出 版 项 北京:商务出版社,1935
页　　码 157
分 类 号 K248.51

书　　名 **郑和下西洋考**
责 任 者 伯希和著;冯承钧译
出 版 项 台北:台湾商务印书馆,1966.05
页　　码 157
分 类 号 K248.51

书　　名　**郑和下西洋考略**
责 任 者　曾錞波著
出 版 项　1992
页　　码　157
分 类 号　K248.105

书　　名　**郑和下西洋论文集:第1集**
责 任 者　纪念伟大航海家郑和下西洋580周年筹备委员会
出 版 项　北京:人民交通出版社,1985.6
页　　码　363
分 类 号　K248.105
相关目录　一、郑和下西洋的目的/郑和下西洋目的辨析/试论郑和下西洋终止的原因/郑和下西洋的目的及其被停航的原因/论郑和奉使下西洋的实质/郑和下西洋与瓷器外销/二、对郑和宝船的探讨/略论郑和下西洋的船/郑和宝船尺度的探索/试论郑和宝船/郑和下西洋所用的船舶——从航海与造船的角度考虑/郑和宝船尺寸记载的可靠性/锦帆鹢首的郑和宝船/试析郑和下西洋中的几个问题/浅论郑和宝船——从史料和考古角度分析/三、郑和船队的航行区域/郑和宝船队的东非航程/郑和远航以前中国人在南海之航行与地理认识/郑和使日问题初探/郑和航海前后东、西洋地域概念考/郑和对宋代印度洋航路的继承与发展/四、郑和船队的航海技术/《郑和航海图》在我国海图发展史中的地位和作用/《郑和航海图》的初步研究/我国最早记载牵星术的海图/《郑和航海图》中的"更"的略析/从郑和下西洋来看中国十五世纪的航海技术/五、郑和对世界航海事业的贡献及其在福建的活动/郑和下西洋与福建关系的探讨/郑和下西洋在福建的史迹调查/郑和来泉州问题初探/洲际航海的杰出先行者郑和/郑和的伟大贡献与其家世渊源

内容提要　本论文集选辑了关于郑和下西洋的目的、对郑和宝船的探讨、郑和船队的航行区域、郑和船队的航海技术、郑和对世界航海事业的贡献及其在福建的活动等五方面的论文共29篇,阐述了我国在十五世纪初年航海技术已达到当时世界的先进水平,对认识祖国历史,教育后代有很大的启迪作用。本论文集收辑的是1983年5月在九江由中国航海史研究会召开的郑和下西洋学术讨论会的论文。

书　　名　**郑和下西洋论文集:第2集**
责 任 者　纪念伟大航海家郑和下西洋580周年筹备委员会编
出 版 项　南京:南京大学出版社,1985
页　　码　306
分 类 号　K248.105
相关目录　郑和下西洋与明初江南经济的发展/郑和下西洋与太仓/郑和宝船厂和龙江船厂遗址考/宝船厂遗址及宝船尺度问题/浡泥国王墓和渤泥国诸问题研究/周闻夫妇墓志铭考证与研究/随郑和下西洋的医士匡愚/《郑氏家谱首序》及《赛曲赤家谱》新证/郑和先世与郑和/论郑和的伊斯兰教信仰——兼评郑氏"奉佛"、"崇道"说/郑和宗教活动述考/明初对外友好关系与郑和下西洋/论朱棣赋予郑和的外交任务/元代海外交通与明初郑和下西洋/郑和航海时代明朝与满剌加国的关系/郑和时代的东西洋考/郑和远航非洲的地理基础/《郑和航海图》三议/郑和下西洋动因初探/郑和下西洋与明代永乐、宣德青花瓷器

书　　名　**郑和下西洋史探**
责 任 者　杨槱著

出 版 项　上海:上海交通大学出版社,2007
页　　码　92
书　　号　7-313-04563-8
分 类 号　K248.105
相关目录　
内容提要　本书评述了郑和下西洋的历史背景、出使任务、使团和船队的组成、七下西洋的航程、郑和出使西洋的历史功绩和影响,以及郑和下西洋的经验教训等。

书　　名　**郑和下西洋五百八十周年纪念(1405-1985)**
责 任 者　中国航海史研究会
出 版 项　1985
页　　码　48
分 类 号　K248.1

书　　名　**郑和下西洋研究文选:1905-2005**
责 任 者　郑和下西洋600周年纪念活动筹备领导小组编
出 版 项　北京:海洋出版社,2005.07
页　　码　785
书　　号　7-5027-6377-5
分 类 号　K248.105
相关目录　

西洋的几种资料/《瀛涯胜览》校注序/从新史料考证郑和下西洋事之年岁/《星槎胜览》校注序/考证郑和下西洋年岁之又一史料/——长乐“天妃灵应碑”拓片/郑和航海事迹之再探/明郑和下西洋“敕书”之诠释/周闻夫/墓志铭考证与研究/郑和下西洋与《卫所武职选簿》/郑和下西洋年代问题再探——兼谈卷和研究中的史料考订/郑和下西洋葡萄牙史料之分析/重论“郑和下西洋”事年之贸易性质——代吴春晗先生答许道龄、李晋华二先生论郑和下西洋的性质/郑和下西洋动因初探/郑和下西洋的性质与所获财富的估计/郑和下西洋的动因、终止与历史回顾/郑和远航的战略原因/十五世纪初叶中国与亚非国家间在政治经济和文化上的关系/明初对外友好关系与郑和下西洋/从有关郑和下西洋的三项文献看明代的对外政策和舆论/敦睦邦交强不凌弱——郑和下西洋对亚非友谊的贡献和启示/渤泥国王墓和渤泥国诸问题研究/古麻剌朗国及其王陵研究/中浡交往备忘录/印尼三宝垄的三保庙与华人/第三编 航海/第四编 人物

内容提要　郑和下西洋600周年:本书按综论、史论、航海、人物四部分编辑,分别收录有关郑和航海及其百年研究综论著作;有关郑和下西洋史实、目的性质、经贸交流、对外关系、海权海防等史学研究论著;有关郑和航行范围、航海技术、航海图和郑和宝船研究论著;有关郑和身世、家世、信仰及其主要随员王景弘研究论著。

书　　名　**郑和下西洋与福建:福建省纪念郑和下西洋六百周年学术论文集**

责 任 者　福建省纪念郑和下西洋600周年活动筹备领导小组办公室编

出 版 项　福州:福建人民出版社,2004. 11

页　　码　401

书　　号　7 – 211 – 04897 – 2

分 类 号　K248. 105

内容提要　福建是郑和七下西洋的驻泊基地和开洋起点,他的壮举所产生的影响和意义是深远的。为纪念郑和下西洋600周年,福建省举办了学术活动。本书是这次活动的论文结集。

书　　名　**郑和下西洋与华侨华人文集(中国华侨历史学会文库)**

责 任 者　林晓东,巫秋玉主编

出 版 项　北京:中国华侨出版社,2005. 12

页　　码　774

书　　号　7 – 80222 – 043 – 2

分 类 号　K248. 105

相关目录　郑和下西洋对华侨华人社会的影响/郑和下西洋对中国海外移民生存和发展的影响/“郑和下西洋”对海外华侨华人经济利益的影响/“郑和下西洋对中国近代海外移民潮形成原因的影响”/郑和的国家观与“华侨政策”/郑和下西洋与东南也华侨华人/郑和下西洋与东南亚华侨/郑和下西洋对华侨移居东南亚的作用与影响/郑和下西洋对东南亚华侨华人的影响/郑和下西洋与东南亚华侨华人/郑和下西洋和朝贡体系下的东南亚华侨/郑和下西洋与东南亚华侨群体的发展/郑和下西洋与东南亚华人的安全保障/郑和下西洋的和战政策与东南亚华侨/郑和与东南亚华人穆斯林/从马来文《三宝垄纪年》与《井里汶纪年》看郑和下西洋与印尼华人穆斯林社会/郑和下西洋与印尼华侨华人/郑和下西洋与福州海洋文化、海外移民/郑和下西洋与福建人的海外移民/郑和下西洋与广东的南洋移民/郑和精神在华侨华人中的传承与发扬/“中国的”和“东南亚的”郑和/试述三宝公信仰在华侨华人中的传播/试论东南亚华人的郑和崇拜——以马六甲、三宝垄为中心/民间信仰视野中的“郑和崇拜”——浅论东南亚华侨社会“郑和崇拜”的建构与意义转换/印尼的郑和遗迹和印尼华人的“郑和崇拜”/海内外龙海人的“郑和、王景弘崇拜”/关于郑和下西洋对“华侨华人作用载体”形成的贡献研究/郑和下西洋是什么/论郑和下西洋与睦邻友好政策/

郑和下西洋与中国——东南亚关系/郑和下西洋与东南亚的航道安全/郑和下西洋对中国与东南亚关系的影响概述/郑和下西洋对中国与马来西亚友好关系发展的影响/郑和下西洋与中暹关系/郑和下西洋与西亚红海的形势/论郑和远航在中非关系史上的意义/郑和下西洋与早期中澳关系/郑和下西洋与明代的朝贡贸易体系/从宗教信仰角度探索郑和下西洋的多元外交壮举/明初中国东南亚关系发展对郑和下西洋的影响/郑和下西洋的国内军事背景/明初政局嬗变与郑和下西洋/在广东发现"郑和"——以地方文献与民间信仰为中心/天妃、南海海神信仰与郑和下西洋/从长乐显应宫看郑和信仰的由来与郑和下西洋——兼论妈祖信仰在郑和下西洋活动中的人类学观察/郑和圣墓行香与泉州伊斯兰教的重兴/王景弘的祖籍及宗教信仰献疑/王景弘事迹探讨/大号宝船与二千料海船在郑和下西洋舟师中的作用考析/三宝垄考/《天妃灵应之记》与《明史》记载相异之论证/由郑和下西洋的历史浅论中国涉外思想的差异/从政、经、心、军观点谈郑和远航/Zheng He and the Great Southland: the context for the belief that he may have voyaged there

内容提要 本书共收录了55篇论文,内容包括"郑和下西洋对华侨华人社会的影响"、"郑和下西洋对中国海外移民生存和发展的影响"、"郑和下西洋于东南亚华侨"等文章。

书　　名 **郑和下西洋之宝船考(中华丛书)**
责 任 者 包遵彭著
出 版 项 台北:中华丛书编审委员会
页　　码 120

书　　名 **郑和下西洋资料汇编:上册**
责 任 者 郑鹤声
出 版 项 济南:齐鲁书社,1980. 10
页　　码 327
分 类 号 K248. 105
相关目录 第一章 郑和的家世、宗教信仰和才能/第一节 郑和的家世/第二节 郑和的宗教信仰/第三节 郑和的才能/第二章 郑和的生平和时代/第一节 明初政治经济形势/第二节 明初对外政策/第三节 郑和年表/第三章 郑和使团的人力和物力/第一节 郑和使团人员的组织/第二节 郑和使团船舶的准备/第三节 郑和使团应用物资的准备/第四章 郑和使团的航海技术/第一节 古代中国人民的海洋知识和航海传统/第二节 郑和使团在航程中对天象的观察/第三节 郑和使团在航程中对针路的测定/第四节 郑和下西洋航路的综合研究

书　　名 **郑和下西洋资料汇编:中册**
责 任 者 郑鹤声,郑一钧同编
出 版 项 济南:齐鲁书社,1983
页　　码 1967
分 类 号 K248. 105
相关目录 第五章 郑和出使时期亚非国家的基本情况/第一节 位置、沿革/第二节 港湾都会、形胜名迹/第三节 气候历法/第四节 生产经济与物质资源/第五节 商业贸易/第六节 政教刑法、风俗习惯与语言文字/第六章 郑和出使诸国的经过/第一节 郑和出使的目的和任务/第二节 郑和出使所经国家和地区/第三节 郑和出使诸国的经过/第四节 郑和出使时期一般使节的派遣/第七章 亚非国家代表团来华的访问/第一节 亚非国家代表团对华的访问/第二节 亚非国家使节的来华/第八章 中外国家对外宾的接待/第一节 中国对亚非国家外宾的接待/第二节 亚非国家对中国使节的接待/第九章 诸国对华的献礼/第一节 明

初对诸国献礼的态度/第二节 中国对亚非国家献礼的歌颂/第十章 郑和下西洋前夕中国与亚非国家间的政治关系(上)/第一节 洪武年间/第二节 永乐初年/第十一章 郑和下西洋前夕中国与亚非国家间的政治关系(下)/第一节 印度支那半岛诸国/第二节 东南海诸国/第三节 马来半岛诸国/第四节 苏门答腊岛诸国/第五节 印度半岛诸国/第十二章 郑和下西洋时期中国与亚非国家间的政治关系(上)/第一节 郑和第一次下西洋时期重大事件/第二节 郑和第二次下西洋时期重大事件/第三节 郑和第三次下西洋时期重大事件/第四节 郑和第四次下西洋时期重大事件/第五节 郑和第五次下西洋时期重大事件/第六节 郑和第六次下西洋时期重大事件/第七节 郑和第七次下西洋时期重大事件/第十三章 郑和下西洋时期中国与亚非国家间的政治关系(下)/第一节 印度支那半岛诸国/第二节 东南海诸国/第三节 马来半岛诸国/第四节 苏门答腊岛诸国/第五节 印度半岛及其沿海诸国/第六节波斯湾及阿拉伯半岛诸国/第七节 非洲东岸诸国/第八节 其它诸国/第十四章 十五世纪初期中国与亚非国家间的经济关系/第一节 朝贡方面/第二节给赐方面/第三节 国际贸易/第四节 民间互市/第五节 各国交易货用诸物/第十五章 十五世纪初期中国与亚非国家间在文化上的关系/第一节 历法冠服科举制度的颁给/第二节 图书乐器度量衡的赠予/第三节 风俗宗教的崇扬/第四节 建筑绘画雕刻的流传/第五节 奇异植物的采集/

书　名　**郑和下西洋资料汇编:下册**
责任者　郑鹤声
出版项　济南:齐鲁书社,1989. 11
页　码　445
书　号　7－5333－0129－3
分类号　K248. 105
相关目录　第十六章 郑和在国内外的遗迹/第一节 郑和在国内的遗迹/第二节 郑和在海外的遗迹和传说/第十七章 郑和在国内外的影响/第一节 郑和在国内的影响/第二节郑和在海外的影响/第十八章 有关郑和下西洋的几种文献/第一节 本传/第二节 有关郑和生平事迹的几种补充资料/第三节 地理考证/第十九章 有关郑和下西洋书题解目/第二十章 郑和下西洋研究专著介绍及论文索引/第一节 郑和下西洋研究专著介绍/第二节 郑和下西洋论文索引/第三节 郑和下西洋通俗读物索引/《郑和下西洋资料汇编》编后
内容提要　本图集基本内容为序图、航行图、过洋牵星图三部分。

书　名　**郑和下西洋资料汇编:增编本,上**
责任者　郑鹤声,郑一钧编
出版项　北京:海洋出版社,2005. 12
页　码　713
书　号　7－5027－6376－7
分类号　K248. 105
相关目录　第一章 郑和的家世、宗教信仰和才能/第一节 郑和的家世/第二节 郑和的宗教信仰/第三节 郑和的才能/第二章 郑和的生平和时代/第一节 明初政治经济形势/第二节 明初对外政策/第三节 郑和年表/第三章 郑和使团的人力和物力/第一节 郑和使团人员的组织/第二节 郑和使团船舶的准备/第三节 郑和使团应用物资的准备/第四章 郑和使团的航海技术/第一节 古代中国人民的海洋知识和航海传统/第二节 郑和使团在航程中对天象的观察/第三节 郑和使团在航程中对针路的测定/第四节 郑和下西洋航路的综合研究/第五章 郑和出使时期亚非国家的基本情况/第一节 位置、沿革/第二节 港湾都会、形胜名迹/第三节 气候历法/第四节 生产经济与物质资源/第五节 商业贸易/第六节 政教刑法、风俗习惯与语言文字/第六章 郑和出使诸国的经过/第一节 郑和出使的目的和任务/第二节 郑和出使所经国家和地区/第三节 郑和出使诸国的经过/第四节 郑和出使时期一般使节的派遣/第七章 亚非国家代表团来华的访问/第一节 亚非国家代表团对华的访问/第二节 亚非国家使节的来华

书　　名　**郑和下西洋资料汇编:增编本,中**
责 任 者　郑鹤声,郑一钧编
出 版 项　北京:海洋出版社,2005. 12
页　　码　714 - 1411
书　　号　7 - 5027 - 6376 - 7
分 类 号　K248. 105
相关目录　第八章 中外国家对外宾的接待/第一节 中国对亚非国家外宾的接待/第二节 亚非国家对中国使节的接待/第九章 诸国对华的献礼/第一节 明初对诸国献礼的态度/第二节 中国对亚非国家献礼的歌颂/第十章 郑和下西洋前夕中国与亚非国家间的政治关系(上)/第一节 洪武年间/第二节 永乐初年/第十一章 郑和下西洋前夕中国与亚非国家间的政治关系(下)/第一节 印度支那半岛诸国/第二节 东南海诸国/第三节 马来半岛诸国/第四节 苏门答腊岛诸国/第五节 印度半岛诸国/第十二章 郑和下西洋时期中国与亚非国家间的政治关系(上)/第一节 郑和第一次下西洋时期重大事件/第二节 郑和第二次下西洋时期重大事件/第三节 郑和第三次下西洋时期重大事件/第四节 郑和第四次下西洋时期重大事件/第五节 郑和第五次下西洋时期重大事件/第六节 郑和第六次下西洋时期重大事件/第七节 郑和第七次下西洋时期重大事件/第十三章 郑和下西洋时期中国与亚非国家间的政治关系(下)/第一节 印度支那半岛诸国/第二节 东南海诸国/第三节 马来半岛诸国/第四节 苏门答腊岛诸国/第五节 印度半岛及其沿海诸国/第六节波斯湾及阿拉伯半岛诸国/第七节 非洲东岸诸国/第八节 其它诸国/第十四章 十五世纪初期中国与亚非国家间的经济关系/第一节 朝贡方面/第二节 给赐方面/第三节 国际贸易/第四节 民间互市/第五节 各国交易货用诸物/第十五章 十五世纪初期中国与亚非国家间在文化上的关系/第一节 历法冠服科举制度的颁给/第二节 图书乐器度量衡的赠予/第三节 风俗宗教的崇扬/第四节 建筑绘画雕刻的流传/第五节 奇异植物的采集/第十六章 郑和在国内外的遗迹/第一节 郑和在国内的遗迹/第二节 郑和在海外的遗迹和传说/第十七章 郑和在国内外的影响/第一节 郑和在国内的影响/第二节郑和在海外的影响/第十八章 有关郑和下西洋的几种文献/第一节 本传/第二节 有关郑和生平事迹的几种补充资料/第三节 地理考证/第十九章 有关郑和下西洋书题解目/第二十章 郑和下西洋研究专著介绍及论文索引/第一节 郑和下西洋研究专著介绍/第二节 郑和下西洋论文索引/第三节 郑和下西洋通俗读物索引/第二十一章 明代与周边地区及海外诸国关系/第一节 明太祖洪武年间(1368 - 1398 年)/第二节 明惠帝建文年间(1399 - 1402 年)/第三节 明成祖永乐年间(1403 - 1424 年)

书　　名　**郑和下西洋资料汇编:增编本,下**
责 任 者　郑鹤声,郑一钧编
出 版 项　北京:海洋出版社,2005. 12
页　　码　1412 - 2034
书　　号　7 - 5027 - 6376 - 7
分 类 号　K248. 105
相关目录　第四节 明仁宗洪熙年间(1425 年)/第五节 明宣宗宣德年间(1426 - 1435 年)/第六节 明英宗正统前期(1436 - 1449 年)/第七节 明景帝景泰年间(1450 - 1457 年)/第八节 明英宗后期年间(1457 - 1464 年)/第九节 明宪宗成化年间(1465 - 1487 年)/第十节 明孝宗弘治年间(1488 - 1505 年)/第十一

节 明武宗正德年间(1506－1521年)/第十二节 明世宗嘉靖年间(1522－1566年)/第十三节 明穆宗隆庆年间(1567－1572年)/第十四节 明神宗万历年间(1573－1620年)/第十五节 明光宗泰昌年间(1620年)/第十六节 明熹宗天启年间(1621－1627年)/第十七节 明怀(思)宗崇祯年间(1628－1644年)

书　　名　郑和新传

责 任 者　李士厚著

出 版 项　昆明:晨光出版社,2005.06

页　　码　327

书　　号　7－5414－2454－4

分 类 号　K825.89＝48:K248.105

相关目录　第一章 绪论/第一节 郑和是我国伟大的航海家/第二节 郑和学术的形成及郑和传记的编写/第二章 郑和的家世及其入宫受职的经过/第一节 郑和的家世及其幼年/第二节 郑和入宫受职的经过/第三章 郑和七下西洋的动机/第一节 招怀西洋各国 建立亲善邦交/第二节 经营对外贸易 进行经济交流/第三节 寻访建文帝是后人的传说的附会/第四章 郑和的奉使及其使团人员的组成/第一节 郑和的奉使/第二节 郑和使团的组织和人员/第五章 郑和出洋的船舶和随带的物资/第一节 我国造船和航运史概述/第二节 郑和出洋舶的制造/第三节 出洋物资的准备/第六章 郑和七下西洋的经过/第一节 郑和第一次出洋/第二节 郑和第二次出洋/第三节 郑和第三次出洋/第四节 郑和第四次出洋/第五节 郑和第五次出洋/第六节 郑和第六次出洋/第七节 郑和出使旧港及守备南京/第八节 郑和第七次出洋/第九节 郑和出使暹罗、日本的新考证/第七章 西洋各国概况/第一节 中南半岛诸国/第二节 马来半岛诸国/第三节 苏门答腊诸国/第四节 爪哇诸国/第五节 婆罗洲诸国/第八章 郑和七下西洋的功绩/第九章 郑和的身后/第十章 郑和的遗迹

内容提要　本书从历史发展过程中,穷究郑和的家世渊源,入宫受职的经过,评述七下西洋取得的成绩,涉及中西交通史、造船航海史、中外贸易史、中国与西洋各国关系史以及明朝的政治经济史。

书　　名　郑和研究百年论文选

责 任 者　王天有,万明编

出 版 项　北京:北京大学出版社,2004

页　　码　273

书　　号　7－301－07154－X

分 类 号　K825.89＝48:K248.105

相关目录　祖国大航海家郑和传/关于三宝太监下西洋的几种资料/《瀛涯胜览》校注序/十六世纪前之中国与南洋(节选)/重论“郑和下西洋”事件之贸易性质——代吴春晗先生答许道龄、李晋华二先生/郑和下西洋的船/从宝船厂舵杆的鉴定推论郑和宝船/所谓“新航路的发现”的真相/郑和下西洋航海图考/郑和宝船队的东非航程/明初对外友好关系与郑和下西洋/《郑氏家谱首序》及《赛典赤家谱》新证/郑和下西洋史事新证/论郑和的伊斯兰教信仰——兼评郑氏“奉佛”、“崇道”说/试论郑和宝船/论郑和下西洋船的尺度(上)/论郑和下西洋船的尺度(下)/15世纪中西航海发展取向的对比与思索/郑和生卒年及赐姓小考/迄今发现最早的郑和下西洋船队图像资料——《天妃经》卷首插图/郑和航海的终极点——比剌及孙剌考

内容提要　北京市社会科学理论著作出版基金资助。该书回顾了百年来郑和研究的发展历程,共选入了20篇文章,即《祖国大航海家郑和传》、《关于三宝太监下西洋的几种资料》、《郑和下西洋的船》等。

书　　名　郑和研究论文集
责 任 者　南京郑和研究会编
出 版 项　大连:大连海运学院出版社,1993
页　　码　503
书　　号　7－5632－0558－6
分 类 号　K248.105:K827＝48

书　　名　郑和研究资料选编
责 任 者　纪念伟大航海家郑和下西洋580周年筹备委员会
出 版 项　北京:人民交通出版社,1985.6
页　　码　520
分 类 号　K248.105
相关目录　郑和研究八十年/祖国大航海家郑和传/昆阳马哈只碑跋/关于三宝太监下西洋的几种资料/伯希和撰《郑和下西洋考》序/《瀛涯胜览》校注序/郑和七使西洋往返年月及其所经诸国/明初的对外政策与郑和下西洋/娄东刘家港天妃宫石刻"通番事迹记"/郑和太公墓志铭跋/考证郑和下西洋年岁之又一史料——长乐"天妃灵应碑"拓片/明郑和天妃灵应碑亭记/永乐二十二年郑和受命未行考/郑和之下西洋/重论"郑和下西洋"事件之贸易性质——代吴春晗先生答许道龄、李晋华二先生/郑和七次下西洋年月考证/郑和下西洋记事/郑和下西洋之价值/郑和航海事迹之再探/《郑和航海图》地名考释/郑和出使之经过/郑和出使之宝船/三宝与宝船/郑和下西洋的船/明代诸蕃朝贡事略/试说郑和/《星槎胜览》校注序/郑和发现赤道非洲的航行/论郑和下西洋的性质/校注巩珍《西洋番国志》序言/整理《郑和航海图》序言/所谓"新航路的发现"的真相/郑和墓与琉璃瓦/《郑和航海图》绘制、内容及其庋藏之经过/郑和时代航海术语与名词之诠释/郑和下西洋与我国明朝的造船业/郑和下西洋对我国海洋科学的贡献/郑和下西洋舰队之海上航法/郑和航海为什么没有导致中国人去完成"地理大发现"?/附录 八十年来国内外关于郑和研究的论著目录

书　　名　郑和遗事汇编
责 任 者　郑鹤声编
出 版 项　昆明:晨光出版社,2005.08
书　　号　7－5414－2492－7
分 类 号　K825.8
内容提要　本书集中讲述了郑和之世系与里邸、郑和之品性与时代、郑和出使之年岁与大事等。

书　　名　郑和遗事汇编
责 任 者　郑鹤声编
出 版 项　台北:台湾中华书局,1978.9
页　　码　226
分 类 号　K248.1
相关目录　第一章 郑和之世系与里邸/第二章 郑和之品性与时代/第三章 郑和之生卒与年表/第四章 郑和经历之地方与港口/第五章 郑和出使之年岁与大事/第六章 诸国朝贡之事略/第七章 郑和之轶闻/附录一、诸书所载诸国之数目/附录二、诸国名称之异同

书　　名　郑和与东南亚伊斯兰
责 任 者　陈达生
出 版 项　北京:海洋出版社,2008.10
页　　码　191
书　　号　978－7－5027－7125－6
分 类 号　K248.105
相关目录　第一章 导言/上篇 中国、印度与伊斯兰文化交流/第二章 文化融合:佛教传入中国/第三章 伊斯兰教入华与汉化/下篇 郑和与东南亚伊斯兰/第四章 东南亚伊斯兰化探源/第五章 郑和与东南亚伊斯兰化/第六章 郑和与海外华人/第七章 岛屿东南亚华社与伊斯兰教本土化
内容提要　本书分上下篇,对佛教与伊斯兰教传入中国以及印度教、佛教与伊斯兰教传人东南亚,及其本土化的机制和过程作深入的宏观研究。上篇两章探讨佛教与伊斯兰教分别于汉朝和唐朝传人中国及其华化的历程。下篇四章分析东南亚伊斯兰化、郑和在东南亚伊斯兰化过程中所扮演的角色以及爪哇的华裔穆斯林与东南亚本土化的关系。

书　　名　郑和与海洋
责 任 者　江苏省南京郑和研究会编
出 版 项　北京:中国农业出版社,1999
页　　码　352
书　　号　7－109－05508－6
分 类 号　K248.105

书　　名　郑和与回族伊斯兰文化(中国回族伊斯兰研究中心丛书)
责 任 者　吴海鹰主编
出 版 项　银川:宁夏人民出版社,2005
页　　码　274
书　　号　7－227－02966－2
分 类 号　K248.105:B968
相关目录　郑和精神及其当代意义(代序)/郑和下西洋时期伊斯兰文化的传播对海上丝绸之路的贡献/郑和下西洋对伊斯兰世界文化的影响和贡献/郑和下西洋与伊斯兰教在东南亚的传播/郑和下西洋与伊斯兰教在东南亚的传播/郑和与印度尼西亚穆斯林/郑和清真寺与印尼华人穆斯林/郑和在爪哇等地传播伊斯兰教初探/郑和、古里与古里马氏浅探/郑和对中国伊斯兰文化的贡献/回回民族航海传统的继承和发扬——从回回民族史角度看郑和七下西洋/从回回民族特殊心理意识综观郑和宗教信仰的复杂性/郑和赴麦加考/郑和朝觐记闻/郑和与穆斯林/郑和与泉州回族/郑和与南京净觉寺/郑和先世与郑和/郑和的家世与功绩/郑和与“马哈只碑”/昆阳马哈只碑跋/郑和故里考/郑和家世考/郑和世家与昆阳故里/郑和是赛典赤后裔说应该可信/走进郑和/郑和七下西洋的功绩及其历史地位/郑和研究的时代意义/宗教对话与和平外交——郑和下西洋对当代文明对话的历史启示/穆斯林在郑和下西洋中的作用/跟随郑和下西洋的回族穆斯林/现代视野看郑和下西洋/郑和研究琐谈/近百年的郑和研究
内容提要　宁夏社会科学院:本书收入33篇文章,包括《郑和下西洋时期伊斯兰文化的传播对海上丝绸之路的贡献》、《郑和下西洋对伊斯兰世界文化的影响和贡献》、《郑和与印度尼西亚穆斯林》、《郑和对中国伊斯兰文化的贡献》等。

书　　名　郑和与文明对话

责 任 者　杨怀中主编

出 版 项　银川:宁夏人民出版社,2006.06

页　　码　495

书　　号　7-227-03200-0

分 类 号　K248.105-53

相关目录　郑和航海的世界意义——我们为什么要纪念郑和航海?/郑和——中国和平外交的先行者/郑和七下西洋的功绩及其历史地位/郑和下西洋与人类航海事业的新纪元/番客东来与郑和出使西洋/回族古籍整理兼及郑和二三事/郑和的家世与功绩/郑和的身世和下西洋的历史意义/略论郑和下西洋对东南亚诸国的影响/郑和、古里与古里马氏浅探/从罗懋登《三宝太监下西洋记》看明代之中华文明中心论/试论郑和下西洋所体现出的中华民族文化特质/郑和精神与伊斯兰文明/郑和航海与穆斯林文化/跟随郑和下西洋的回族穆斯林/穆斯林在郑和下西洋中的作用/从穆斯林的角度看郑和及其航海事业/郑和下西洋给世界文明的启示/现代视野看郑和下西洋/郑和的开放意识与航海事业

内容提要　本书是纪念郑和下西洋600周年国际研讨会的论文集,收入中外学者有关郑和下西洋的研究论文61篇,并附有英文提要。

书　　名　郑和远航与世界文明:纪念郑和下西洋六百周年论文集

责 任 者　王天有,徐凯,万明编

出 版 项　北京:北京大学出版社,2005.07

页　　码　664

书　　号　7-301-09278-4

分 类 号　K248.105

相关目录　文明视角下的郑和远航/"为什么我不知道郑和这一位伟大的航海探险家?"所带给我们的启示/郑和下西洋对15世纪初期世界文明发展的贡献/关于15到16世纪世界性大航海的几点浅见/郑和下西洋在世界航海史上的地位/纪念郑和航海弘扬华夏海洋文化/郑和下西洋于诸番国勒石立碑新考/释"西洋"/郑和航海与天妃信仰史料的补遗及考释/南京龙江宝船厂遗址的调查和新发现/郑和远航饮食考/郑和下西洋对中国地理学的贡献/郑和远航最本质的概括当是开放交流的发展/明初之世界观及郑和下西洋之时代意义/郑和下西洋与隆庆开关/中国传统文化与郑和下西洋/明代"礼治"外交与郑和下西洋/从郑和下西洋看明初海外贸易政策的转变/再论郑和在海外的影响及其意义/郑和下西洋与朝贡体系/从中国历史地理认识郑和航海的意义/认识世界,发现世界——郑和下西洋重要的历史功绩/郑和远航与中国的历史性功绩/郑和远航与中国的历史性机遇/从中国海洋传统看郑和远航/Trade Policies in China under the Tribute System as Bounded Rationality/试论国家权力对15世纪中国和葡萄牙两国海洋活动的不同作用/郑和下西洋与西葡大航海的若干比较/郑和航海:中国文明与伊斯兰科技/两种文明 两种海外交往价值取向——郑和与哥伦布航海比较/郑和与哥伦布航海技术文明比较研究/郑和远航在台海历史中的价值/略论占城在郑和下西洋中的历史地位与作用——为郑和下西洋六百周年纪念而作/郑和下西洋前南海形势:论明帝国与满者伯夷的角力/郑和下西洋与中国——东南亚关系/New Ports: The Zheng He Voyages and Economic/Political Development in the South China Sea, 1403-1687/Leave Track of Zheng He's Visitation Voyage to Nusantara (Indonesia)/Admiral Zheng He and Contemporary Malaysia/500年前郑和研究一瞥——兼论葡萄牙史书对下西洋中止原因的分析/剖视郑和生平与航海历程中贯穿始终的宗教因素/百年前中国人对郑和远航的认识——评梁启超《祖国大航海家郑和传》/梁启超《郑和传》的谬误和其始料不及作用/永乐造船、郑和航海与宝船——郑和下西洋舟师的古船研究之一/南京郑和文化遗存简论/福建长乐

民间郑和崇拜现象析/郑和船队有可能发现美洲吗？/郑和船队发现了澳洲吗？——评孟席斯的新说/Zheng He in American Classrooms: Some Approaches/纪念郑和,加强睦邻友好/郑和 、东南亚的回教与《三宝垄编年史》/现实与历史:郑和下西洋与中国——东南亚关系/纪念郑和 研究郑和 弘扬郑和

内容提要 本书收入《文明视角下的郑和远航》、《郑和远航饮食考》、《郑和下西洋与隆庆开关》、《中国传统文化与郑和下西洋》等近60篇论文。

书　　名 政治决策与明代海运(东方历史学术文库)

责 任 者 樊铧著

出 版 项 北京:社会科学文献出版社,2009. 06

页　　码 398

书　　号 978 -7 -5097 -0815 -6

分 类 号 F552. 9

相关目录 第一章 绪论——明代漕运史中的海运/第二章 海运时代海运的实行与停罢/第一节 明太祖对海运的态度及洪武时期的海运/第二节 永乐十三年停罢海运考/第三章 后海运时代的海运议案与试行/第一节 丘濬与《漕挽之宜》/第二节 隆万之际王宗林的直接海运/第三节 胶莱河海运案的始末/第四章 治河、保运与海运之间的利害争衡/第一节 "有劳于国,有功于民"——论明代河道管理系统的形成和持续及其对海运的影响/第二节 地方视野中的漕河运道——论黄河、运河影响区域中人们对漕河水利的应用和运道改革的态度/第三节 来自胶莱河流域的声音——以即墨蓝氏家族的故事为例/第五章 经世思考中的明代海运/第一节 海运知识在明儒言论中的传播与他们对海运的认识——以海运图为主要线索的考察/第二节 理学家的经世志业——王宗沐的学与行/第六章 结论——明代海运的启示

内容提要 本书从政治史、思想文化史、地方史等多维角度,对明代海运作为一项政治决策的过程加以剖析,把明代知识分子对海运的思考作为分析明朝海运决策的一个重要因素,揭示思想文化与这一政治决策之向的互动关系。

书　　名 中朝关系史:明清时期

责 任 者 白新良主编;王薇等著

出 版 项 北京:世界知识出版社,2002

页　　码 524

书　　号 7 -5012 -1788 -2

分 类 号 D829. 312

相关目录 第一章 明代以前中朝关系的回顾/一、汉代以前的中朝关系/二、魏晋南北朝时期的中朝关系/1. 魏晋南北朝时期的中朝国家关系/2. 南北朝时期的两国文化交往/三、隋唐时期的中朝关系/四、宋与高丽/五、元代中国与高丽/第二章 明代中朝关系/一、明初中朝国家关系的确立/二、明代中国与朝鲜的友好关系/第三章 中朝经济贸易往来/一、明代中朝贸易关系的建立/二、中朝经济贸易活动/三、明中期以后中朝贸易关系/第四章 壬辰战争/一、战争之缘起/二、入侵与迎敌/三、主战与议和/四、第二次朝鲜抗倭战争/第五章 朝鲜与女真/一、明朝与女真的关系/二、明中期以前女真与朝鲜的关系/三、后金与朝鲜/四、入关前的清朝与朝鲜/第六章 中朝文化交流/一、史学的交流/二、文学与文字/三、儒学在朝鲜的流传/四、科学技术/第七章 清朝前期中朝宗藩关系的巩固和加强/一、清对朝鲜"抚藩字小"的政策/二、朝鲜对清政治立场的转变/第八章 清朝前期中朝两国的经济、文化交流/一、清朝前期的中朝经济贸易/二、清朝前期的中朝文化交流/第九章 西方列强入侵与中朝宗藩关系的演变/一、"以夷制夷"政策和朝鲜开放/二、朝鲜"壬午兵变"/三、开化派与甲申政变/第十章 中日甲午战争和中朝宗藩关系的终结/一、宗藩关系的实

质化/二、中、日在朝鲜的对抗/三、中朝宗藩关系的终结/四、朝鲜独立时期的中朝关系/第十一章 近代中朝经贸关系与文化交流/一、中朝经贸关系的发展变化与式微/二、近代文化的交流

内容提要 国家教育部人文社科研究九五项目211工程建设项目:本书内容包括明代以前中朝关系的回顾、明代中朝关系、中朝经济贸易往来、壬辰战争、朝鲜与女真、清朝前期中朝宗藩关系的巩固和加强等。

书　　名 中朝历代朝贡制度研究(吉林省社会科学院学术研究丛书)

责 任 者 付百臣主编

出 版 项 长春:吉林人民出版社,2008.09

页　　码 282

书　　号 978-7-206-05796-0

分 类 号 D829.312

相关目录 第一章 隋唐时期中朝朝贡制度的确立/第一节 朝贡制度的确立和发展/第二节 隋唐与百济的朝贡/第三节 隋唐与新罗的朝贡/第二章 宋辽金时期中朝朝贡制度的特殊性/第一节 宋辽金与高丽的宗藩关系/第二节 宋朝与高丽的朝贡/第三节 辽朝与高丽的朝贡/第四节 金朝与高丽的朝贡/第三章 元朝时期中朝朝贡制度的功利性/第一节 元朝与高丽的宗藩关系/第二节 元朝与高丽的朝贡/第四章 明朝时期中朝朝贡制度的完善/第一节 明朝与李氏朝鲜的宗藩关系/第二节 明朝与李朝的朝贡/第三节 朝贡的组织与管理/第五章 清前期中朝朝贡制度的延续/第一节 清前期中朝朝贡制度的确立/第二节 清前期中朝的朝贡/第三节 朝贡的组织与管理/第六章 清后期中朝朝贡制度的衰亡/第一节 东亚政局与宗藩体制的变迁/第二节 清后期的中朝朝贡/第三节 朝贡制度的瓦解及其影响/第七章 中朝与中国和东亚、东南亚其他藩属国朝贡制度之比较/第一节 中朝与中越、中琉(球)朝贡制度的比较/第二节 中朝与中国和东亚、东南亚其他藩属国朝贡制度之比较

内容提要 本书以中国古代中朝宗藩关系研究为基础,重点论述中朝朝贡制度确立、发展、完善、瓦解的历史过程,比较中朝朝贡与中国和东亚(包括东南亚)国家朝贡制度的异同,力争总结出中朝朝贡制的特征与规律,阐述其在历史上东亚国际关系秩序中的影响与作用。

书　　名 中法战争论丛

责 任 者 龙永行著

出 版 项 昆明:东南亚杂志社,1994

页　　码 259

分 类 号 K256.207

相关目录 纪念中法战争一百周年/马江海战三题析辨/甲申中法马江之役析疑三题/镇海战役研究/略论中法战争中的滇军/滇军出国人数考/宣光、临洮战役初探/评中法战争中的岑毓英/评中法战争中的杨玉科

内容提要 本书为《东南亚》增刊。

书　　名 中法战争镇海之役史料

责 任 者 中法镇海之役资料选辑编委会编

出 版 项 北京:光明日报出版社,1988.12

页　　码 481

书　　号 7-80014-193-4

分 类 号　K256.2

相关目录　第一章 总论/1、浙江镇海口海防布置战守情形图正图附说(清)/2、刘中丞咨送浙江镇海口布置及战守情形图分说(清)/3、浙志便览 浙中法事纪略(清)/4、镇海县志 法人犯镇海官兵击却之/5、中国海关与中法战争 浙海关墨贤理报告/第二章 战前形势/一、法国政府侵华方针与孤拔舰队的战略目标/二、各国的态度/三、法国侵华对宁波经济的影响/四、清政府对战争的态度/第三章 浙江备战/一、筹防大略/二、炮台建设/三、军政部署/四、其它防御措施/五、筹防财政/六、宁镇人民同仇敌忾/第四章 保卫镇海的外交斗争/一、坚持防务自主积极慎重阻塞海口/二、迁教士清间谍/三、利用矛盾牵制法舰/四、慎重处理外船出入封口事件/第五章 南洋援台舰队及石浦之战/一、援台兵轮及石浦之战/二、南洋三舰到镇/第六章 镇海军民抗法保卫战/一、抗击法舰强攻和偷袭镇海(3 月 1 日至 6 日)/二、挫败法舰逼轰(3 月 7 日至 21 日)/三、相持(3 月 22 日至 4 月 15 日)/第七章 镇海战役结局/一、停战以后(4 月 15 日以后)/二、战役的结果/三、海防建设/第八章 镇海战役中主要人员/一、受奖人员/二、主要人物传/千秋功罪评说

书　　名　**中法战争镇海之役一百一十周年学术研讨会论文集**
责 任 者　镇海口海防历史遗迹领导小组编
出 版 项　北京:人民出版社,1996
页　　码　297
书　　号　7-01-002362-X
分 类 号　K256.207

相关目录　论中法战争中的镇海海防作战/镇海保卫战刍议/镇海抗法保卫战战略策略研究/镇海之役真相及意义/中法战争镇海之役特点及其影响/中国近代两次镇海抗战之比较研究/镇海之役军事及后勤准备问题初探/"关门打狗"和"拒敌于门外"/中法镇海之役与中国近代海防反思/中法镇海之役与晚清海口防御作战/对镇海保卫战胜利主要原因的思考/镇海战役挫敌取胜探因/镇海之役的胜利对我们的启迪/刘秉璋与中法镇海之役/驱驰报国 横戈前锋/薛福成援越抗法方策和在镇海战役中的实践活动述评/中法战争时期的薛福成/南洋海军援台与中法镇海之役/从中法镇海之役看湘、淮集团政治/晚清浙江海防战略地位的弱化及原因透视/清流派与中法战争/论欧阳利见是投降派之说

责 任 者　黄振南著
出 版 项　桂林:广西师范大学出版社,1998
页　　码　316
书　　号　7-5633-2595-6
分 类 号　K256.206

相关目录　第三章 首次基隆之役考/一、法军进攻基隆的战略目的是什么/二、战前法军怎样骚扰基隆/三、双方的军事部署及战斗进程如何/四、基隆炮台何以迅速被毁/五、法军为何未能进占基隆/六、清军在基隆之役中获得"大捷"了吗/七、首次基隆之役有何影响/第四章 淡水之役考/一、淡水之役爆发的背景和原因是什么/二、淡水之役的经过如何/三、法军败北因何在/四、刘铭传撤师功罪如何评说/五、双方死伤多少人/第五章 镇海之役考/一、法国军舰为何闯入镇海/二、镇海之役的序幕怎样揭开/三、1885 年 3 月 1 日以后有何战事/四、孤拔在镇海负伤(身亡)吗/五、怎样评价镇海之役的意义与作用/附录一、五位专家对本课题的鉴定意见/附录二、插图来源/附录三、专有名词索引

书　　名　**中非关系史(非洲研究丛书)**
责 任 者　艾周昌,沐涛编著

出 版 项 上海:华东师范大学出版社,1996

页　　码 305

书　　号 7-5617-1349-5

分 类 号 D829.4

相关目录 第一章 中非交通的开辟/第一节 陆路的开通/第二节 海上交通的开辟/第三节 中非交通开辟的历史意义/第二章 古代中非关系的发展/第一节 中非交通的改进和发展/第二节 唐宋中非外交和友好往来/第三节 元代的中非关系/第四节 明初的中非关系/第三章 古代中非的文化交流/第四章 1500-1910 年的中非关系/第一节 中非航路和贸易的变迁/第二节 黑奴与华工/第三节 中国人对非洲认识的扩大和加深/第四节 官方接触及文化交流/第五节 近代中非关系的特点/第五章 民国时期的中非关系(1911-1949 年)

书　　名 **中非交通史初探**

责 任 者 张铁生著

出 版 项 北京:生活·读书·新知三联书店,1965

页　　码 104

书　　号 11002·424

分 类 号 F512.9

相关目录 中、非交通的历史关系初探/从东非史上看中、非关系/再谈中国同东非的海洋贸易/中国同北非的交往/中国同非洲的海上交通

书　　名 **中菲关系与菲律宾华侨**

责 任 者 陈台民著

出 版 项 北京:朝阳出版社,1985

页　　码 348

书　　号 962-04-0342-8

分 类 号 D829.341

相关目录 第一章 明朝以前的中菲关系/晋朝的僧人法显/昆仑国/室利佛逝王国/唐宋时代的广泉/对麻逸国最早的记载/诸蕃志/宋时的麻逸国/宋时的三屿/元朝的征讨瓜哇/岛夷志略/元时的麻逸国/元时的三屿/元时的苏禄/元时的泉州/中国对阿剌伯商人的态度/蒲寿庚/总结/第二章 明朝初期的中菲关系/中国经济中心的南移/明初的对外政策/中菲大量贸易/南洋的新形势/郑和七下西洋/明初的吕宋和未狮耶/移民的开始/明初的苏禄/白本头/第三章 中国和西班牙在菲的最初接触/欧洲和西班牙/明朝中国/葡萄牙人东来/倭寇与海贼/最初交锋/对华侨最初的态度/第四章 林凤征菲及其对中菲关系的影响/弱小民族的起源/准备侵略中国/中国沿海的海贼/林凤不是林道乾/林凤征菲的动机/怡佬戈遭遇战/第一度攻城/菲律宾人民起义响应/华侨败类申赛/第二度攻城/退往蜂牙丝兰/王望高使菲经过/对中菲关系的影响/继续主张侵略中国/第五章 西班牙当局的初期对华政策/为什么不侵略中国/八连的建立/输入的中国商品/与墨西哥的贸易/西班牙代表会议请愿书/禁止华侨经营零售业/侵略中国的详细计划/『无敌舰队』的惨败/使华侨西班牙化/赴中国传天主教/明朝中国眼裏的佛朗机/日本第一次侵略朝鲜/总结/第六章 一封大主教的信/第七章 拉示马仁迎示总督与华侨英雄潘和五/禁止土著穿用中国织物/企图控制澳门/反对中菲贸易及排华/远征与被杀/一个华侨的供证/丰臣秀吉再来信/拉示马仁迎示执政期的总结

书　　名 **中菲关系与菲律宾华侨:第 1 册(商报丛书)**

责 任 者 陈台民著

出 版 项　1961.07

页　　码　376

分 类 号　D83

相关目录　第一章 明朝以前的中非关系/晋朝的僧人法显/昆仑国/室利佛逝王国/唐宋时代的广泉/对麻逸国最早的记载/诸蕃志/宋时的麻逸国/宋时的三屿/元朝的征讨爪哇/岛夷志略/元时的麻逸国/元时的三屿/元时的苏禄/元时的泉州/中国对阿剌伯商人的态度/蒲寿庚/总结/第二章 明朝初期的中菲关系/中国经济中心的南移/明初的对外政策/中菲大量贸易/南洋的新形势/郑和七下西洋/明初的吕宋和未狮耶/移民的开始/明初的苏禄/白本头/第三章 中国和西班牙在菲的最初接触/欧洲和西班牙/明朝中国/葡萄牙人东来/倭寇与海贼/最初交锋/对华侨最初的态度/第四章 林凤征菲及其对中菲关系的影响/弱小民族的起源/准备侵略中国/中国沿海的海贼/林凤不是林道乾/林凤征菲的动机/对中菲关系的影响/继续主张侵略中国/第五章 西班牙当局的初期对华政策/与墨西哥的贸易/西班牙代表会议请愿书/禁止华侨经营零售业/侵略中国的详细计划/『无敌舰队』的惨败/赴中国传天主教/明朝中国眼里的佛朗机/日本第一次侵略朝鲜

书　　名　**中国阿拉伯文化交流史话**

责 任 者　宋岘著

出 版 项　北京:中国大百科全书出版社,2000

页　　码　152

书　　号　7-5000-6345-8

分 类 号　K203:K370.03

相关目录　一、中国阿拉伯的古代交通/1. 阿拉伯与中国之间的早期外交往来/4. 中国典籍对阿拉伯的记载/5. 郑和下西洋与阿拉伯/二、中国阿拉伯的古代贸易/1. 中国同阿拉伯之间的海上贸易/2. 传统商品的种类与特色/3. 阿拉伯商人在中国/三、阿拉伯文化与中国/1. 伊斯兰教在中国的传播/2. 中国穆斯林的生活习俗/3. 阿拉伯文学艺术在中国/四、中国与阿拉伯的科学技术交流/1. 中国科学技术的西传/2. 传入中国的阿拉伯科学技术/3. 阿拉伯医学的输入与中国的《回回药方》/五、明、清之际的中阿文化交往

内容提要　本书扼要介绍了7-19世纪阿拉伯与中国1300年交往的历史。书中不仅讲述了杜环的阿拉伯之行、郑和下西洋、中阿的海上贸易,而且着重介绍了伊斯兰教在中国的传播,以及中国四大发明经阿拉伯人之手传入欧洲的情况。

书　　名　**中国阿剌伯海上交通史(史地小丛书)**

责 任 者　桑原隲藏著;冯攸译

出 版 项　上海:商务印书馆,1934.09

页　　码　301

书　　号　35672·3

分 类 号　F752.9

相关目录　本文一/考证/一、提举市舶之名称/专任市舶使/唐时代之市舶使/市舶使名称之初见/波斯僧及烈考/二、市舶司之职掌/三、阿剌伯人之东洋通商/阿剌伯文献上所见之日本朝鲜国号/四、波斯中国间之航路/五、坎富之位置/坎富即杭州说/坎富即广州说/坎富位置之确定/六、坎富名称之解释/七、广府字面之用例/广府之解释/八、唐代交州之外国贸易/九、唐代扬州之外国贸易/一〇、唐代泉州之外国贸易/一一、中国贸易港劳京之位置/劳京之名称与解释/一二、中国贸易港占府之位置及其名称之解释/一

三、干都之位置及其名称之解释/一四、关于唐代广州外国贸易之史料/一五、广州一时之衰微/一六、宋会要考/一七、北宋初期之三大贸易港/一八、北宋时代广州之繁昌/一九、泉州市舶司之创设/二〇、北宋初期泉州之外国贸易/泉州之清净寺/二一、金刹/金刹京师说/金刹行在说/行在字音之研究/二二、南宋政府之奖励外国贸易/中国铜钱之流出海外/铜钱输出之禁令与无效/二三、南宋时代泉广二州之繁昌/二四、宋末元初泉州之繁昌/二五、元代外人记录中所见之泉州/二六、紫东名称之初见/二七、植刺桐于泉州之留从效/二八、紫东名称之解释/扎东即刺桐音译说之确凿/本文二/考证/一、外国人之杂居城内/二、蕃坊即外人居留地/投荒录之研究/三、泉州之外人居留地/四、广州之外人居留地/五、蕃长/六、蕃长之简选/七、蕃长之职掌/八、北宋时代之奖励外国贸易/授官于外商/九、对于外商之犒设/对于贸易商人之宾遇/一〇、取缔外人之宽大/一一、唐宋时代关于外人犯罪之法律/一二、宋代对于居留地外人犯罪之处置/一三、处置外人犯罪之实例/外人在中国之治外法权/一四、中国记录中所见伊斯兰教徒之禁食豚肉/明武宗之禁食豚肉/武宗与伊斯兰教徒/一五、波斯大食商人之豪华/一六、外国商人之富力/一七、波斯妇/一八、宋代菩萨蛮名称之解释/一九、唐代之菩萨蛮曲/二〇、解释无从之唐代菩萨蛮/二一、西域之波斯与南海之波斯/二二、刘银与波斯女/二三、伊斯兰教徒与宗女之通婚/二四、蕃商与官吏之通婚/二五、蕃汉通婚之事实/二六、宋时代教育蕃人之学校/二七、伊斯兰教徒之登科/二八、昆仑国之位置/昆仑奴/元代之高丽婢与昆仑奴/高丽之蔡氏/马八国王子孛哈里/二九、大食中国间之航程日数/三〇、外国商人之便乘中国船/基拉之位置/外人便乘中国船之增加/三一、古代之南洋贸易船/传书鸽之利用/唐代之南洋贸易船/大食船与中国船之比较/宋代之中国船/罗盘针之使用/夏德氏罗盘针起源说之弱点/中国船发达之概观/唐宋时代之轮船/三二、季候风之利用/三三、外人间所使用之唐代国号/堂格资之名称/解释堂格资名称之诸学说/上述诸学说之缺点/堂格资即唐家子说/三四、多年逗留之蕃商/三五、居留五世之蕃客/三六、土生蕃客/本文三/考证/一、顾祖禹之议论/二、魏源之元史新编/三、柯劭忞氏之新元史/四、绍介蒲寿庚之历史/五、郑所南之事迹/六、心史发见之状况/七、清代之禁书/八、关于心史真伪之议论/九、蒲姓之解释/一〇、被称为南蕃人之大食人/一一、夏德氏对于蒲姓之解释/一二、阿剌伯人之商业根据地/一三、室利佛逝之名称/三佛齐之位置/一四、三佛齐之蒲姓/苏门答腊岛之伊斯兰教徒/一五、占婆之名称/占婆之国都/一六、大食之蔷薇水/一七、占城之伊斯兰教徒/一八、海南岛之伊斯兰教徒/当蕃舶往来要冲之海南岛/一九、蒲寿庚之祖先/二〇、岳珂之侨居广东时代/二一、伊斯兰教徒之好洁/二二、伊斯兰教徒之禁设神像/二三、伊斯兰教徒之食事风习/真腊国之类似伊斯兰教徒风习/二四、阿剌伯之文字/二五、獠/二六、海獠/二七、中国记录中所见之栖拉甫商人/二八、蒲姓宅后之窣堵波/二九、关于栁建怀圣寺之传说/三〇、怀圣寺之番塔/番塔与密那勒特/光塔名称之解释/三一、对于怀圣寺塔创自唐代说之怀疑/蒲姓宅后窣堵坡与番塔之异同关系/三二、中国人之一世三十年说/三三、蒲姓移住泉州之时代/本文四/考证/一、蒲受耕/二、南中国沿岸之海贼/中国官吏之招安策/三、蒲寿宬/关于中国人名字之习惯法/四、蒲氏兄弟之征伐海贼事/五、中国人之楚材晋用主义/唐代任用外人之实例/六、关于蒲寿庚平定海寇之异说/七、福建市舶提举司志/蒲八官人/八、对于外国进奉之返礼/九、呈样/一〇、阅货际外商之遗赠/一一、中国官吏在开港地之进益/一二、开港地官吏之营利/宋代对于官吏营利之取缔/一三、外商对于中国官吏不法之反抗/外商之越诉/一四、藤田中村二氏之论文/一五、开港地官吏之致富/一六、贫乏官吏之转任开港地方运动/一七、中国官吏之海外互市/蒲寿庚之海外互市/一八、福建安抚沿海都制置使/一九、蒲寿庚之异志/二〇、宋军之强制征发/二一、蒲寿庚降元之年代/二二、蒙古军对水战之无把握/二三、蒲寿庚之海上势力/金虎符/二四、海外宗正司/二五、蒲寿庚杀戮宋宗室之年代/住居泉州之宋宗室人数/泉州宗室之横暴/二六、鼎革以后蒲寿庚之官历/本文五/考证/一、元与南海诸国之关系/宋人之避难海外/二、唐宋时代之关税/三、对于唐代禁榷外货之疑问/最初对于外货之禁榷/宋时代之禁榷与官市/香料在中国之地位/香料价格之昂贵/四、宋代政府由外国贸易所得之收入/五、元代对于恢复海外贸易之努力/元世祖集中利权之计划/六、通贡于元之南海诸国/大力国之位置/那旺国/丁呵儿国之位置/急阑亦带国之位置/来来国之位置/七、泉州制造之东征军舰/八、关于蒲寿庚之最后记事/九、蒲寿庚与定武兰亭/一〇、心泉学诗稿/一一、蒲寿宬之官历/一二、为蒲寿庚参谋之蒲寿宬/一三、退隐后之蒲寿宬/一四、蒲师文/一五、福建行省之废置/一六、中国人之排行/一七、南蕃回回佛莲/巴林与中国之关系/一八、外商遗产之处分/一九、明太祖之排斥异族/二〇、明初对于蒲姓之禁仕/中国历代之禁锢/二一、色目名称之解释/元代色目人之势力

内容提要 所述多为唐、宋、元以来中国与阿拉伯各国交通的史实。

书　　名 **中国边疆经略史(中国边疆通史丛书)**

责 任 者 马大正主编

出 版 项 郑州:中州古籍出版社,2000

页　　码 503

书　　号 7-5348-1893-1

分 类 号 K29:D691

相关目录 第七编 明朝的边疆经略/第三章 明朝的海防与抗倭斗争/第八编 清朝前期的边疆经略/第三章 海疆政策的演变

内容提要 国家社会科学基金规划项目:边疆经略是历代王朝对边疆地区的经营与谋划。本书阐述了各朝各代的边疆经略、各朝各代的边疆政策、各朝各代的边疆管理机构。

书　　名 **中国边疆史地研究综述:1989-1998年(边疆史地丛书)**

责 任 者 厉声,李国强主编

出 版 项 哈尔滨:黑龙江教育出版社,2002

页　　码 431

书　　号 7-5316-4012-0

分 类 号 K928.1

相关目录 第七章 海疆史地研究综述/一、关于历代海疆政策及海禁政策研究/二、关于历代海防的研究/三、关于海上丝绸之路及海上贸易的研究/四、关于海南史地的研究/五、关于台、港、澳史地的研究/六、关于南海诸岛史地的研究/七、关于钓鱼岛问题及中琉关系的研究

内容提要 本书研究内容包括中国边疆学研究概况,东北边疆史地研究、北部边疆史地研究、新疆史地研究、西藏史地研究、西南边疆史地研究和海疆史地研究的综述。

书　　名 **中国漕运史(中国文化史丛书)**

责 任 者 李治亭著

出 版 项 台北:文津出版社,1997

页　　码 322

书　　号 957-668-444-7

分 类 号 F552.9

相关目录 第一章 漕运的起源/第一节 先秦社会发展状况/第二节 吴国首开刊沟/第三节 战国水运之兴/第二章 秦汉漕运的开创/第一节 秦汉大一统与漕运/第二节 秦汉广开漕渠/第三节 秦汉漕运的初创/第三章 魏晋南北朝漕运的局部发展/第一节 南北对峙的长期持续/第二节 三国的区域漕运/第三节 北朝漕运的破坏/第四节 南朝对漕运的整顿/第五节 隋以前漕运组织与管理/第四章 隋唐漕运的空前发展/第一节 隋开凿大运河/第二节 唐及五代水道的新开辟/第三节 隋唐的漕运/第四节 漕运与隋唐经济/第五章 两宋漕运的繁荣/第一节 两宋重漕运/第二节 治黄与广开渠道/第三节 两宋漕运的经营/第四节 两宋漕运盛况/第五节 两宋漕运都会/第六章 元朝漕运的新发展/第一节 元明海运的开创/第二节 元对

大运河的改进/第三节 明对大运河水系的整治/第四节 元明漕运的组织管理/第五节 元明漕运工具的发展/第六节 漕运与元明经济/第七节 元明漕运的败坏/第七章 清代漕运的盛衰/第一节 治黄与中河的开辟/第二节 大运河漕运的全盛/第三节 漕运的组织管理/第四节 清代漕政的弊端/第五节 漕运衰落与海运之兴/第八章 清代漕运的终结

书　　名 **中国传统社会经济与现代化:从不同的角度探索中国传统社会的底蕴及其与现代化的关系**
责 任 者 叶显恩,卞恩才主编
出 版 项 广州:广东人民出版社,2001
页　　码 604
书　　号 7-218-03760-7
分 类 号 F129
相关目录 明中叶从抑商到恤商、惠商的政策转变/明代市舶司制度的变态及其政治文化意蕴/明代商业机构之启示/19世纪香港粤商之商业网络/粤商与广东的航运业近代化:1842-1910/战后初期台湾的海运与货物运输(1945-1949)
内容提要 本书收有《中国封建经济的运行机制》、《中国传统商业经济的约旨与企业现代化的理念》、《明代商业机构之启示》等若干篇研究文章。

书　　名 **中国船谱**
责 任 者 彭德清主编
出 版 项 香港:经济导报社-经济出版有限公司,1988.12
页　　码 261
书　　号 962-7063-59-2
分 类 号 U668
相关目录 1. 中国船舶的起源/2. 筏与独木舟/3. 木船/木板船/早期舟船属具/多种船型的出现/各种专用木船/古代战船/多种推进方式的船舶/4. 木帆船/沙船等北线民船/沙船型战船/福船等南线民船/福船型的战船/历史名船/出土的古船/5. 蒸汽机船/蒸汽机明轮船/清末的战舰/辛亥革命后的海军舰船/运输轮船

书　　名 **中国大运河史**
责 任 者 陈璧显主编
出 版 项 北京:中华书局,2002.09
页　　码 848
书　　号 7-101-02976-0
分 类 号 K928.42
相关目录 第一章 大运河的形成及自然条件/第二章 先秦至南北朝时期/第一节 大运河古河道的开凿/第二节 早期大运河的作用/第三节 早期大运河沿岸城市的兴起/第四节 先秦时期运河带的重要任务/第五节 秦汉时期的大运河/第六节 三国两晋南北朝时期的运河/第七节 秦至南北朝时期运河带的政治、经济和文化/第八节 大运河沿岸城市的继续兴起/第九节 两汉至南北朝时期运河带的重要人物/第三章 隋唐五代时期/第一节 南北大运河的形成/第二节 隋朝的漕运和政权覆亡/第三节 唐朝大运河的开凿、疏浚与整治/第四节 蓬勃发展的唐代漕运/第五节 漕运的衰落与王业的式微/第六节 五代时期的运河和漕运/第七节 大运河经济带的发展与商业市镇的繁兴/第八节 大运河与隋唐五代时期的中外经济文化交流/第四章 两宋时期/第一节 两宋时期主要运河线路及其运输条件之变化/第二节 大运河与两宋国计/第三节 大运河漕运方式及管理/第四节 两宋时期运河的修治与保护/第五节 两宋时期大运河沿岸经济发展概况/第六节 大运河与两宋时期的民俗和文化/第七节 大运河与有关的重要人物和事件/第五章 元朝时期/第一节 京杭大运河的形成/第二节 京杭大运河流经地域的政区划分与人口概况/第三节 漕运与海运/第四节 运河沿岸各地经济发展状况/第五节 运河沿岸各地的文化发展状况/第六节 元末农民战争对漕运与海运的影响/第六章 明清时期/第一节 明朝对大运河的整治和管理/第二节 清朝对大运河的整治和管理/第三节 浙东运河的延续/第四节 明清大运河沿线城市经济/第五节 明清大运河上的战争/第六节 大运河与明清政治/第七节 明清时期运河带的人文与旅游

内容提要 本书收集和运用系统的中国大运河史料,以大运河经济带为重心,按时间顺序,分门别类地就运河流经地域的政治、经济、军事、文化、水利以及社会风俗等加以全面描述,深刻揭示了中国大运河数千年中对人类社会进步所起的巨大作用。

书　　名 **中国的交通运输发展**
责 任 者 陈光华著
出 版 项 台北:中央文物供应社,1982
页　　码 472
分 类 号 F512.9
相关目录 第二章 史前时期:上古至夏/第三节 夏后时期/一、夏禹治水,便利水运/二、禹贡交通与史前帝国/第三章 交通的开创时期:殷商与西周/第一节 殷商时期/五、帆船与水密舱区的发明/第四章 交通的蜕变时期:春秋战国/第一节 境内的交通运输/四、内河水道与漕运/五、海上经略/第五章 交通建设时期:秦代/第二节 水路交通运输的发展/一、水上交通的经营/二、世界最早的闸式运河——灵渠/三、航海移民日本/第六章 交通运输的发展时期:汉代/第二节 水路交通运输的发展/一、内河水道的拓建/二、中印远洋航线的开阔/三、汉代楼船/四、天文航海术/第七章 交通运输的变异时期:三国、晋、南北朝/第三节 南北朝时期/三、明轮船的发明/四、罗盘的发明/第八章 交通运输的重建时期:隋代/第二节 水路交通运输的发展/一、海上经略与征伐/二、大运河/三、龙舟与造船/第九章 交通运输的昌盛时期:唐代/第二节 域外交通的发展/一、南海天竺通道/二、经略西域/三、天竺记/四、朝鲜的平定与日本的遣使/第十章 交通运输的革新时期:宋代/第二节 水路交通运输的发展/一、海上交通的发展/二、市舶司/三、宋代海舶/第十一章 中外交通的发达时期:元代/第二节 水路交通运输的发展/一、海上经略与征伐/二、市舶司/三、海道漕运/四、元代海舶/第十二章 交通运输的复兴时期:明代/第二节 水路交通运输的发展/一、海上经略/二、郑和下西洋/三、河海漕运/四、明代船舶/五、明代航海术/第十三章 近代交通运输的酝酿时期:清代/第二节 水路交通运输的发展/一、海防颓废与门户开放/二、内河漕运/三、清初船舶/第三节 近代交通运输的肇建/二、轮船业的兴办/第十四章 现代交通运输发展时期/第二节 水路与民航空运的现代化/一、水道运输的发展/二、半潜型船壳的创举

内容提要 本书按时代顺序,叙述了自三皇五帝至清代的中国交通运输发展的过程。

书　　名 **中国的运河**
责 任 者 史念海著
出 版 项 史学书局,1944
页　　码 186
分 类 号 K928.42:U61

书　　名 **中国的运河**
责 任 者 史念海著
出 版 项 西安:陕西人民出版社,1988
页　　码 448
书　　号 7-224-00060-4
分 类 号 K928.4
相关目录

书　　名 **中国的中日关系史研究(中国的日本研究史丛书)**
责 任 者 李玉等主编
出 版 项 北京:世界知识出版社,2000
页　　码 384
书　　号 7-5012-1460-3
分 类 号 D829.313

相关目录　第二编 分论/第一章 对清代以前中日关系的研究/一、上古时期的中日交流及徐福东渡/二、遣隋使与遣唐使/三、渤海国与日本/四、倭寇问题/五、明代中日堪合贸易及遣明史/第四章 对战后中日关系的研究/四、日台关系及钓鱼岛问题

内容提要　本书分为两编。第一编对中国日本研究的发展过程和各阶段的概况以及总的特点加以简要的说明,并结合中国中日关系史研究论著的数量统计,对中国的中日关系史研究的历史做一概括性的叙述。第二编按历史发展顺序,重点评介20世纪80年代以后,中国学者对各个历史时期重要问题的研究。

书　　名　**中国地理学史:上**

责 任 者　王成组著

出 版 项　北京:商务印书馆,1982

页　　码　180

书　　号　12017·278

分 类 号　K90－092:K92－09

相关目录　第二篇 地理志和地方志的发展—西汉至明代/第一章《史记》与《汉书》的先驱作用/第二节《史记·河渠书》和《汉书·沟洫志》/第三节《汉书》创立的地理志/第四节《史记》《汉书》专传举例/第二章《后汉书》与以后的正史/第一节 地理志传统的长期继续/第二节 专传和《河渠书》—关于河源的发现/第三节《宋史》等的河渠书—关于黄河的治理/第三章 地理志专著的演变/第四章《三通》的地理专篇/第五章 地方志的发展过程/第三篇 历代地图的演变—西汉至明末/第一章 汉代地图的广泛应用和新出土帛图/第二章 裴秀制图的实践与理论/第三章 隋唐间制图的发展/第四章 宋代制图的多样化/第五章 元明间地图的进步/第一节 朱思本自编《舆地图》/第二节 罗洪先增补的《广舆图》/第三节 陈组绶《皇明职方地图》/第四篇 举世闻名的游记—战国至明末/第一章《穆天子传》—神话性的旅游记/第一节 晋代出土的战国作品/第二节《穆天子传》中的山川与《五藏山经》/第二章 晋代法显的《佛国记》—天竺取经的旅程/第三章 记述玄奘在唐初环游印度的两大名著/第五章 郑和下西洋随行人员的旅行记和航海图/第一节 七次下西洋在我国航海史上的意义/第二节 马欢和他的《瀛涯胜览》/第三节 费信和他的《星槎胜览》/第四节《武备志》保存的《郑和航海图》/第六章 明末杰出旅游家的《徐霞客游记》/第一节 在旅游中培养的地理专家/第二节 短篇游记的精华/第三节 西南万里游与科学考察

书　　名　**中国地理学史:先秦至明代**

责 任 者　王成组著

出 版 项　北京:商务印书馆,1988.02

页　　码　201

书　　号　7－100－00385－7

分 类 号　K90－09

相关目录　第五章 郑和下西洋随行人员的旅行记和航海图/第一节 七次下西洋在我国航海史上的意义/第二节 马欢和他的《瀛涯胜览》/第三节 费信和他的《星槎胜览》/第四节 巩珍和他的《西洋番国志》/第五节《武备志》保存的《郑和航海图》/第六章 明末杰出旅游家的《徐霞客游记》/第一节 在旅游中培养的地理专家/第二节 短篇游记的精华/第三节 西南万里游与科学考察/附图/图九、法显天竺取经路线图/图十 玄奘印度求经路线图之一/图十一、玄奘印度求经路线图之二/图十二、玄奘印度求经路线图之三/图十四、《郑和航海图》片断/图十五、《徐霞客游记》路线图/图十六、徐霞客《滇游日记》路线图

书　　名　**中国地理学史:先秦至明代**

责 任 者　王成组著

出 版 项 北京:中国出版集团 商务印书馆,2005.01
页 码 406
书 号 7-100-04327-1
分 类 号 K90-09

书 名 中国东北的渤海国与东北亚
责 任 者 王承礼著
出 版 项 长春:吉林文史出版社,2000
页 码 429
书 号 7-80626-498-1
分 类 号 K289
相关目录 第一章 中国东北历史上古老民族建立的国家——渤海/第二章 东北亚地区一个新的整治、经济、文化中心的形成—"海东盛国"渤海的发展和繁荣/第三章 册封体制下渤海和唐王朝的关系/第四章 渤海和日本的外交、贸易及文化交流/第三节 渤海与日本的交通路线/第五节 频繁的贸易/第七节 渤海—日本与唐帝国交往的中转站和桥梁
内容提要 本书正确地阐述了渤海和唐朝的关系,以及和日本的交往对促进日本的发展所起的作用,历史而全面地研究了渤海政治、经济及文化的成就,与渤海开发我国东北的历史作用。

书 名 中国对外贸易
责 任 者 丁溪主编
出 版 项 北京:中国商务出版社,2006
页 码 367
书 号 7-80181-610-2
分 类 号 F752
相关目录 第二章 汉唐的对外贸易/第一节 汉代的经济发展概况和丝绸之路/第二节 汉代海上丝绸之路的初步形成/第五节 唐代的海路贸易
内容提要 本书以历史的视角描述了从汉代以前的东西方贸易到21世纪的我国对外贸易的宏大画面,同时还介绍了我国技术贸易、服务贸易、利用外资、中国企业"走出去"情况,以及中国对外贸易的国别关系。

书 名 中国对外贸易史:第1册
责 任 者 夏秀瑞,孙玉琴编著
出 版 项 北京:对外经济贸易大学出版社,2001
页 码 432
书 号 7-81078-043-3
分 类 号 F752.9
相关目录 第二章 汉代的对外贸易/第二节 海上丝绸之路的初步形成/第三节 汉代与东西方各国的贸易关系/第四节 汉代对外贸易与中外经济文化交流/第三章 魏晋南北朝的对外贸易/第一节 丝绸之路的发展变化/第二节 海上丝绸之路的发展/第三节 魏晋南北朝暑期的对外贸易关系/第四节 魏晋南北朝对外贸易与中外经济文化交流/第四章 唐代的对外贸易/第一节 唐代的陆路贸易/第二节 促进唐代海路贸易发展的因素/第三节 唐代的海路贸易/第四节 唐代同域外诸国的贸易往来/第五节 唐代同域外诸国

的经济文化交流/第五章 宋代的对外贸易/第一节 宋代海外贸易蓬勃发展的诸因素/第二节 同宋代进行贸易往来的国家/第三节 宋代海外贸易的主要港口/第四节 宋代的海外贸易管理/第五节 海外贸易与中外经济文化交流和友好往来/第六章 元代的对外贸易/第一节 元代社会经济的发展/第二节 元代的陆路贸易/第三节 元代的海路贸易/第四节 元代海路贸易经营形式和进出口商品/第五节 元代的海路贸易管理/第六节 元代的海路贸易港口/第七节 同元代进行海路贸易的国家/第八节 元代同域外诸国的经济文化交流/第七章 明代的对外贸易/第一节 明前期的"海禁"与"朝贡贸易"/第二节 明后期的开海贸易政策/第三节 市舶司制度的演变/第四节 明代中外贸易关系/第五节 明代对外贸易与中外经济文化交流/第八章 鸦片战争前清代的对外贸易/第一节 鸦片战争前清代海外贸易发展的背景/第二节 鸦片战争前清代海外贸易发展概况/第三节 鸦片战争前清朝同域外各国的贸易关系/第四节 鸦片战争前清代的主要进出口商品/第五节 鸦片战争前清代海外贸易管理制度

内容提要　本书是中国对外贸易的古代部分,主要阐述了中国古代对外贸易的发生、发展、变化及其规律,重点介绍了从汉代至鸦片战争以前各个历史时期的对外贸易政策、管理制度等。

书　　名　**中国对外贸易史(对外经济贸易大学远程教育系列教材)**

责 任 者　孙玉琴编著

出 版 项　北京:清华大学出版社,2008

页　　码　316

书　　号　978-7-302-17053-2

分 类 号　F752.9

相关目录　第三章 海上丝绸之路的形成于发展/第一节 海上丝绸之路的基本概念/第二节 海上丝绸之路的形成与发展/第四章 中国古代海外贸易政策及海外贸易管理/第一节 海外贸易政策与市舶制度/第二节 清前期海外贸易政策与海关及十三行/第五章 中国古代海外贸易概况/第一节 中外贸易关系/第二节 海外贸易与经济文化交流/第六章 近代中国半殖民地对外贸易的形成/第一节 开辟通商口岸和租借制度/第二节"协定关税"与外籍税务司制度/第三节 沿海及内河航行通商权/第七章 近代中国对外经贸政策的演变/第一节 鸦片战争后的被迫对外开放政策/第二节 甲午战争后的振兴商务政策

内容提要　全书共十章。一至五章 阐述字公元前2世纪西汉中叶各时期对外贸易政策措施、管理制度、中外贸易关系、进出口商品构成及对外贸易与经济文化交流。六至八章 阐述从1840年鸦片战争到新中国成立前西方列强对中对外贸易的控制、对外贸易发展的规模与水平及对外贸易的地理方位等。九至十章 为新中国成立以来对外贸易指导思想及进出口贸易发展现况趋势等。

书　　名　**中国对外贸易史简论**

责 任 者　李康华编著

出 版 项　北京:对外贸易出版社,1981

页　　码　518

书　　号　4222·11

分 类 号　F752.9

相关目录　第一部分/(五)海上丝绸之路/二、隋唐时期对外贸易的发展/(二)海路交通贸易的发展/(三)三大贸易港口的繁荣/(四)促进唐代对外贸易发展的因素/三、宋代的海外贸易/(一)促进海外贸易发展的各种因素/(二)市舶机构的确立和市舶职能的发展/(三)进出口商品及其贸易形式/(四)主要贸易港口和主要贸易国家/四、元代的对外贸易/(二)海上贸易的发展/(三)促进海路贸易发展的因素/(四)中外经济文化交流的发展/五、明代郑和"下西洋"与对外贸易的发展/(一)伟大的航海家——郑和/

(二)郑和“下西洋”的目的/(三)郑和“下西洋”的盛况/(四)郑和“下西洋”与对外贸易的发展/六、鸦片战前清代的对外贸易(1644－1840)/(一)鸦片战前清政府的对外贸易政策/(二)粤海关和行商制度/(三)鸦片战前中外贸易关系/(四)鸦片战前中国主要进出口商品/七、鸦片战后清代的对外贸易(1841－1894)/(一)外国资本主义入侵与中国对外贸易主权的丧失/(二)半殖民地性对外贸易的形成/八、甲午战后中国对外贸易(1895－1936)/(一)帝国主义加紧侵略,中国对外贸易主权进一步惨遭践踏/(二)帝国主义在华投资及其对中国进出口贸易的控制/(三)英、日、美控制中国对外贸易及其激烈的争夺/九、抗日战争时期日本控制下的中国对外贸易(1937－1945)/(一)“九一八”事变后,东北对外贸易迅速殖民地化易的殖民地化/(二)“七七”事变后,关内沦陷区对外贸/(三)抗战期间国民党统治区的对外贸易/十、抗日战争胜利后美国加强对中国对外贸易的控制(1946－1948)/(一)美国独占中国市场美货泛滥成灾/(二)符合美国独占利益的中国进出口商品结构/(三)国民党四大家族是美国垄断资本在中国的总买办/第二部分/一、中国古代的瓷器出口/(一)享有盛誉的“瓷之国”/(二)绚丽佳瓷输往五洲/(三)精湛技艺传播友情/二、唐宋时期中国同阿拉伯的友好贸易关系/(一)唐宋以前的中国和阿拉伯/(二)“盛唐”与“大食”/(三)唐宋同阿拉伯的贸易路线/(四)唐代同阿拉伯的贸易往来/(五)宋代同阿拉伯的贸易往来/(六)阿拉伯商人与香料贸易影响/(七)中国同阿拉伯在经济和文化上的相互/三、中柬两国人民传统的友好贸易关系/(一)中柬两国友好往来的开端/(二)隋唐以前的友好贸易往来/(三)唐宋时期的友好贸易往来/(四)元明清时期的友好贸易往来/(五)新的里程碑/四、鸦片贸易/(一)鸦片走私及其“合法化”/(二)英美贩卖鸦片的巨大收益/(三)鸦片对中国的祸害/(四)中国人民反对鸦片侵略的斗争/五、苦力贸易/(一)苦力贸易的由来和演变/(二)骇人听闻的惨状黑奴贸易的继续/(三)海外华工对当地开发事业的贡献/(四)中国人民反对掠卖人口的斗争/六、沙俄的对华贸易/(一)沙俄殖民扩张的财政支柱和资本原始积累的重要来源/(二)加强对中国经济掠夺的重要工具/(三)妄图瓜分中国的一项重要经济内容

书　　名　中国对外贸易史教程
责 任 者　孙玉琴编著
出 版 项　北京:对外经济贸易大学出版社,2005
页　　码　541
书　　号　7－81078－546－X
分 类 号　F752.9

相关目录　第一章 汉代以前的对外贸易/第一节 远古时代的东西方交通及早期的丝绸外传/第二节 丝绸之路的形成/第二章 汉代的对外贸易/第二节 海上丝绸之路的初步形成/第三节 汉代与东西方各国的贸易关系/第四节 对外贸易与中外经济文化交流/第三章 魏晋南北朝的对外贸易/第一节 丝绸之路的发展变化/第二节 海上丝绸之路的发展/第四章 隋唐时期的对外贸易/第一节 丝绸之路的发展变化/第二节 海上丝绸之路的发展/第五章 两宋时期的对外贸易/第一节 造船航海业的进步与海上丝绸之路的扩展/第二节 海外贸易政策与市舶制度的发展/第四节 海外贸易与中外经济文化交流/第六章 元代的对外贸易/第一节 海外贸易政策与市舶制度的进一步发展/第二节 海路贸易经营方式和进出口商品/第三节 海路贸易的主要国家和地区/第四节 海外贸易与经济文化交流/第七章 明代的对外贸易/第一节 明前期的海禁与朝贡贸易/第二节 明后期有限制的开海贸易政策/第三节 市舶制度的演变/第四节 明代中外贸易关系/第五节 对外贸易与中外经济文化交流/第八章 鸦片战争前清代的对外贸易/第一节 清前期的海外贸易政策/第二节 海外贸易管理制

内容提要　本书分为上下两编。上编是中国对外贸易史的古代部分,主要阐述了自公元前2世纪西汉张骞通西域打通丝绸之路到鸦片战争前中国对外贸易发展的历程。下篇为中国对外贸易史的近代部分。

书　　名　中国帆船贸易和对外关系史论集

责 任 者　田汝康著

出 版 项　杭州:浙江人民出版社,1987.11

页　　码　239

书　　号　7-213-00087-X

分 类 号　F752.9

相关目录　十七世纪至十九世纪中叶中国帆船在东南亚洲航运和商业上的地位/再论十七至十九世纪中叶中国帆船业的发展/十八世纪末期至十九世纪末期西加里曼丹的华侨公司组织/元朝的海盗与海运/郑和海外航行与胡椒运销/《渡海方程》——中国第一本刻印的水路簿/十五至十八世纪中国海外贸易发展缓慢的原因/古代中国与东南亚——驳法国汉学家戈岱司在这个问题上的看法/杜文秀使英问题辨误/1852年厦门人民对英国商行掠卖华工的反抗运动/禁烟运动的思想先驱——评介新发现的朱嶟、许球奏折

内容提要　收录作者重要论著11篇。其中半数以上曾在国外发表。

书　　名　中国帆船与海外贸易

责 任 者　陈希育著

出 版 项　厦门:厦门大学出版社,1991.04

页　　码　432

书　　号　7-5615-0382-2

分 类 号　F752.9:F552.9

相关目录　第一章 唐代以前中国帆船与海外贸易的初步成熟/第一节 中国帆船和远洋航海的出现和逐渐成熟/一、春秋战国时期海船的出现/二、秦汉时期远洋帆船及其航海/三、魏晋南北朝时期远洋帆船的发展/四、隋唐时期远洋帆船及其航海的成熟/第二节 印度和阿拉伯帆船及其航海/一、印度船及其航海/二、阿拉伯船及其航海/第三节 海外贸易的畸形发展/一、官方贸易与民间贸易的一盛一衰/二、外舶贸易的长足发展/第二章 宋元时期中国帆船与海外贸易的空前繁荣/第一节 造船和航海事业异军突起/一、造船业的扩展/二、关于"料"的讨论/三、远洋商船的大型化/四、远洋航海的进步/第二节 海外贸易生机勃勃/一、海外贸易的政策及其效果/二、海商势力的崛起与局限/三、中国商船在海外的地位/第三章 明代"宝船"与海外贸易的曲折发展/第一节 明初"宝船"与郑和下西洋/一、"宝船"之谜/二、郑和下西洋的得失/第二节 造船业的衰微/一、官方造船业/二、民间造船业/第三节 海外贸易的波折/一、贡舶贸易的衰落/二、西方商舶贸易的兴起/三、中国帆船贸易的特点/第四章 清代造船业的变化/第一节 清郑之争与造船业/一、郑成功掌握制海权阶段/二、海上相持阶段/三、清朝转守为攻阶段/第二节 开海禁以后国内的造船业/一、造船地点与材料/二、造船技术/三、船舶质量/第三节 中国人在东南亚的造船活动/一、海外造船的背景/二、海外造船的基本条件和概况/三、海外造船对航运贸易的影响/第五章 清代中国远洋商船的结构及其航海技术/第一节 中国商船的名称和船型/一、帆船和商船的名称/二、远洋贸易船的种类/三、主要船型的异同点比较/第二节 中国远洋帆船的尺度及载重量/一、船体结构的尺度及主要比例关系/二、清代帆船的载重量/第三节 中国远洋航海技术/一、船员的技术分工/二、航海的宗教习俗/三、计时、测速和计程的方法/四、航线/五、航线的安全性/第六章 东南亚帆船及其与中国帆船的比较/第一节 东南亚帆船/一、东南亚的造船业/二、东南亚帆船的载重量/三、东南亚帆船的结构与基本特征/四、东南亚帆船的规模/第二节 东南亚与中国的帆船结构及其航海技术的比较/一、东南亚和中国的帆船结构比较/二、东南亚的航海技术/第七章 清代海外贸易的发展/第一节 海外贸易规模的起伏变化/一、康熙年间/二、雍乾年间/三、嘉道年间/第二节 中国商船在东南亚和日本/一、日本/二、吕宋和苏禄/三、巴达维亚/四、安南/五、暹

罗/六、新加坡/第三节 东南亚华侨航运贸易的长足发展/一、东南亚海上贸易的背景/二、华侨与东南亚的岛际贸易/三、华侨与中暹贸易/第四节 进出口商品/一、出口商品的结构、产地和销售市场/二、进口商品的结构和销售/第五节 海外贸易对于社会经济的作用/一、海外贸易对于社会经济的积极作用/二、海外贸易作用的局限性/第八章 清代中国远洋商船的船员组织与经营方式/第一节 船员组织/一、财东/二、船长、客商和舵水人/三、洋行商人/第二节 船员组织的特点/一、帮派的存在/二、商人家族小集团/三、特权官商/第三节 经营方式与利润分配/一、经营方式/二、利润分配/第九章 清朝对于海外贸易的政策、管理以及海盗活动的消极影响/第一节 清朝海外贸易政策/一、有限度开放的海外贸易政策/二、清朝政策的动摇不定和局限性/三、闭关自守是清朝对于政治和社会的政策/第二节 清朝海关对于海外贸易的管理/一、口岸的管理/三、关税的管理/三、用人制度/第三节 海盗活动对于海外贸易的消极影响/一、海盗活动的特点和危害/二、嘉道年间出现大规模海盗活动的原因/第十章 西方对华贸易的扩张/第一节 对华贸易的背景和条件一、西方势力在东南亚的加强/二、横帆船的进步/第二节 鸦片战争以前对华贸易的稳定增长/一、多港贸易时期/二、广州贸易时期/三、清朝对外商的政策/第三节 鸦片战争以后对华贸易的急剧膨胀/一、对华贸易膨胀的原因/二、中国海外贸易的最后衰落附录 中国帆船船体结构名称的考释与图解

书　　名 **中国封建社会经济史:第5卷**

责 任 者 傅筑夫著

出 版 项 北京:人民出版社,1989.06

页　　码 637

书　　号 7-01-000312-2

分 类 号 F129.3

相关目录 第二章 宋代的交通运输/第一节 漕运/第六章 商业/第二节 对外和对沿边少数民族地区的贸易/(一)对外贸易概况/(二)几个重要的贸易港/(1)广州市舶司/(2)两浙市舶司/(3)密州市舶司/(4)泉州市舶司

内容提要 全书系统地论述了我国古代封建社会各个朝代农业、手工业、商业、货币关系、城市经济和劳动制度的状况,介绍了我国历史上的几次经济波动,探讨了历代重要的经济政策和经济思想。其中,关于我国资本主义萌芽发生于战国时期的观点,以及此后我国进入变态封建社会的说法,是作者的重要见解。

书　　名 **中国封建政府的华侨政策**

责 任 者 庄国土著

出 版 项 厦门:厦门大学出版社,1989.06

页　　码 363

书　　号 7-5615-0190-0

分 类 号 D693.73-09

相关目录 第一章 明中叶以前的海外贸易和早期华人出国/第一节 明中叶以前的海外贸易及对外关系/第二节 明中叶以前历朝政府的贸易政策和对华人出国的态度/第二章 明代中、后期中国政府对华侨的态度/第一节 明代中、后期海上贸易的发展和华侨出国概况/第二节 海禁开放后明朝政府对海外华侨的态度/第三章 清朝初期对待华侨的政策/第一节 海禁、迁界时期的出入国华侨/第二节 海禁初开时期的出入国华侨/第三节 部分海禁时期下的华侨出入国/第四章 清朝中期对待华侨的政策/第一节 海禁重开以后对华侨的禁令/第二节 清朝杜绝华侨出入国的原因/第三节 清朝的华侨政策对华侨出入国和海外华侨社会的影响/第五章 晚清政府对华侨态度的转变/第一节 晚清时期海外华侨社会的特点/第二节 晚

清时期朝野对海外华人的认识/第二节 清朝驻外使馆的建立/第六章 清朝海外领事馆的设立/第一节 设置领事馆的双重动机/第二节 英属南洋殖民地清朝领事馆的设置/第三节 美、秘、古巴、墨西哥等国清朝领事馆的设置/第四节 菲岛的设领交涉/第七章 清朝政府对待华工的政策/第一节 清朝政府对华工出国的政策/第二节 古巴、秘鲁的华工交涉案/第三节 美国华工交涉案/第八章 清朝政府争取华侨的专门措施和成效/第一节 不断遣专使、舰队访问海外华埠/第二节 清朝对海外华商诱以官爵、谕以保护/第三节 清朝政府争取华侨双重支持的成效/第九章 海外中华总商会和近代华校的建立/第一节 筹建海外总商会/第二节 促进海外华侨教育/第十章 晚清时期侨务活动的弊端/附录一、“华侨”一词的起源与应用/附录二、现代华人社会展望

内容提要　本书内容包括：明中叶以前的海外贸易和早期华人出国，明代中、后期中国政府对华侨的态度，清朝初期、中期、晚期对待华侨的政策，清朝海外领事馆的设立等。

书　　名　**中国高等航海教育史略：1909－1953**

责 任 者　王杰，李宝民，邢繁辉等著

出 版 项　大连：大连海事大学出版社，2009.05

页　　码　384

书　　号　978－7－5632－2304－6

分 类 号　U675－4

相关目录　第一章 近代中国高等航海教育产生的时代背景（19 世纪中后期）/第一节 中国近代轮船航运业的兴起与近代航运企业的产生/第二节 中国传统船员职务体系的崩溃与民族轮船航运业借材异域的无奈/第三节 中国近代高等航海教育的酝酿与萌芽/第二章 近代中国高等航海教育的出现与早期发展（1909－1915 年）/第一节 邮传部上海高等实业学堂船政科的设立/第二节 邮传部高等商船学堂的成立/第三章 北洋政府时期高等航海教育的低迷与徘徊（1915－1927 年）/第一节 北洋政府时期的高等航海教育法规设计/第二节 北洋政府时期高等航海教育的低迷与徘徊/第四章 中国高等航海教育的短暂恢复与繁荣（1927－1937 年）/第一节 吴淞商船学校的复校与高等航海教育的恢复和发展/第二节 复校后的吴淞商船专科学校教学与实习/第三节 抗战前其它学校的高等航海教育状况/第四节 船员检定与高等航海教育的发展/第五章 抗战时期高等航海教育的曲折发展（1937－1945 年）/第一节 重庆商船专科学校的筹建与艰难办学/第二节 重庆商船专科学校的教学与师资状况/第三节 抗战时期沦陷区的高等航海教育/第六章 战后高等航海教育的难持与衰退（1945－1949 年）/第一节 抗战胜利初期的高等航海教育/第二节 内战时期的高等航海教育

书　　名　**中国共产党与中国海权问题研究**

责 任 者　史春林著

出 版 项　大连：大连海事大学出版社，2007

页　　码　316

书　　号　978－7－5632－2072－4

分 类 号　E815

相关目录　第一章 海权与海权论/一、对海权争夺历史的回顾与反思/二、国外关于海权问题的代表性观点/三、中国关于海权问题的研究/第二章 中国共产党早期对海权问题的初步认识/一、近代中国海权的丧失/二、近代国人为收回海权所做的努力/三、中国共产党对海权问题的初步认识/第三章 中国共产党反对日美侵夺中国海权的斗争/一、抗战时期反对日本对中国海权的侵夺/二、解放战争时期反对美国对中国海权的侵夺/第四章 新中国成立前后基本收回近代丧失的海权/一、西方在华炮舰政策的终结/二、基本

收回中国近代丧失的海权/三、旅顺海军基地与大连商港的收回/四、对历史遗留问题的态度

书　　名　中国古船
责 任 者　王冠倬编著
出 版 项　北京:海洋出版社,1991.08
页　　码　166
书　　号　7-5027-0965-7
分 类 号　U66-092
相关目录　一、中国古代造船技术的发展/二、图版/三、附录/四、图版说明/五、后记

书　　名　中国古船图鉴
责 任 者　尤飞君著
出 版 项　宁波:宁波出版社,2008
页　　码　113
书　　号　978-7-80743-254-8
分 类 号　U66-092
相关目录　壹 浙江·宁波是中国舟船重要的发祥地/贰 船尾舵、水密舱壁和车轮舟是具有世界影响的重大发明/叁 唐宋时期中国的造船技术趋于成熟/肆 北宋《清明上河图》所表现的汴河客船和货船/伍元代的造船技术成就/陆 郑和宝船/柒 明代大运河的漕舫船/捌《唐船之图》及其反映的宁波船/玖 中国的三大船型/拾 清代乾隆下江南乘用的船/拾壹 渔船/拾贰 在江河湖海里的多种船型

书　　名　中国古船图谱
责 任 者　王冠倬编著
出 版 项　北京:三联书店,2000
页　　码　365
书　　号　7-108-00983-8
分 类 号　U66-092
相关目录　一、绪言/二、原始社会——从陆地走向水面/1. 最早的水上工具——浮具/2. 形形色色的筏子/3. 人类第一舟——独木舟/三、夏、商、西周——突破窠臼的木板船/1. 划时代的木板船/2. 木板船的广泛使用/3. 西周的船官及用船制度/4. 海上活动/四、春秋战国——诸侯争雄促进造船技术发展/1. "水行莫如用舟"/2. 从运兵船到战船/3. 造船场以及水军、水战和阵法/4. 帆、舵与桨/5. 以船为棺/五、秦汉三国——造船技术迅猛发展/1. 西财最早的运河——灵渠/2. 舟楫之利穷究川野/3. 从出土文物看汉船/4. 战船与水师/5. 设备齐全与水师/6. 乘风破浪海一行/六、两晋南北朝——南北造船各具千秋/1. 王小浚楼船与八槽战舰/2. 北方地区的造船业/3. 南国船舶/4. 法显航海/七、隋唐五代——天下诸津舟航所聚/1. 隋代的造船业/2. 唐代的水战一战船/3. "天下货利舟楫的居多"/4. 新船种——沙船与福船/5. 水密舱、金属锚及其它新技术/6. 海上航路/八、宋元——造船、航海敢为天下先/1. 教船务与官船场/2. 战船面面观/3. 民间造船的发展/4. 从文物、绘画与文献看宋元船舶/5. 先进的造船工艺/6. 漕船与漕运/7. 海外贸易的高度发展/8. 料与石的关系/九、明清——步覆维艰的造船与航海事业/1. 郑和宝船/2. 明代三大官船厂/3. 漕船和漕运/4. 战般家族/5. 海外贸易在曲折中发展/6. 明清锚具/7. 林林总总内河船/后记/附录/图版索引
内容提要　本书收入彩图80幅,黑白图549幅,共629幅图,集各类中国古船式样于一书,并以文导

图，以图辅文，勾画出中国古代造船技术发展的壮丽画卷。

书　　名　**中国古船扬帆四海**
责 任 者　王冠倬，王嘉著
出 版 项　北京：人民教育出版社，1996
页　　码　305
书　　号　7-107-11159-0
分 类 号　F426.474
相关目录　一、远古时代的水上工具/二、文明勃兴时代的木板船/三、诸侯国纷争促进了船舶的发展/四、秦汉时代造船盛况空前/五、承前启后的两晋南北朝造船业/六、隋唐盛世“天下诸津舟航所聚”/七、宋元时代造船艺术居于世界前列/八、由盛而衰，在夹缝中求生的明清造船业

书　　名　**中国古代的造船和航海（祖国丛书）**
责 任 者　金秋鹏著
出 版 项　北京：中国青年出版社，1985
页　　码　175
分 类 号　F552.9：F426.474
相关目录　中国有悠久而光辉的造船和航海历史/中国水上活动的历程具有自己的独立性和创造性/翻过屈辱的一页/一、船的起源/人类早期的生活环境/大自然的启示/关于造船的传说/竹排、木排和独木舟/二、木板船的问世/木板铅/舢板/并船为舫/三、推进工具/篙/桨/多桨船/梧/橹对欧洲的影响/四、舟行共使风/帆的起源/帆的演进/平衡式梯形斜帆/帆幕的构成材料/船驶八面风/披水板和中插板/五、凌枝纵舵/从划船到舵桨/舵的问世/舵的改进/舵的作用原理/六、停泊工具/系石为碇/木爪石碇/木碇/铁锚/绞车/七、水密隔舱/蜚声世界的水密隔舱/水密隔舱的功用/水密隔舱对近代造船技术的影响/水密隔舱中的过水眼/八、船型和船舶设计/对造船原理的认识/船型/船舶设计/九、历代战船/早期的战船/楼船/历代的各种战船/一〇、车船/现代轮船的始祖/岳飞和杨么的水战/车船的发展/一一、宋元海船/海上交通的空前盛况/北宋“神舟”/泉州湾出土的南末海船/世界上最大的海船/优越的海上生活条件/一二、空前的航海盛举/郑和下西洋/郑和其人/规模空前的远洋航行/横渡印度洋/“宝船”/郑和远航的影响和意义/一三、北风航海南风回/太平洋和印度洋上的季风/我国古代对风的观测/季风的利用/天气预测/一四、天文导航——过洋牵星/航向的观测/船舶方位的测定/天文航海图和口诀、歌诀/一五、浮针辨四维/理想的指向仪器一指南针/指南针在航海中的应用/针经和航海图/其它航海技术/一六、航海的保护神一天妃/天妃和航海/天妃的传说/天妃受到崇仰的原因/结语 历史提供的经验和教训/影响造船和航海事业的因素/明朝以后我国造船和航海落后的原因/历尽沧桑道新篇

书　　名　**中国古代的造船与航海**
责 任 者　张静芬
出 版 项　北京：商务印书馆，1998
页　　码　243
书　　号　7-100-02490-0
分 类 号　F552.9：TU66-092
相关目录　一、筏、独木舟与远古航海/二、木板船和风帆的出现/三、舫和船舶的日益大型化、多样化/四、古代航海事业的形成时期/五、秦始皇巡游海上/六、徐福东渡日本/七、汉武帝的楼船及其巡海/八、海

上丝绸之路/九、汉代造船与航海技术的成熟/十、江南造船业的兴盛和中日的海上交往/十一、孙恩、卢循的海上起事/十二、法显从印度洋远航归国/十三、隋炀帝的“大龙舟”/十四、隋炀帝的军事航海/十五、盛唐造船业的繁荣/十六、鉴真东渡日本/十七、唐代的海上交通和主要海港/1. 从广州通向南洋、西亚和东非的航线/1. 唐与渤海国的海上航路/3. 唐与日本的航线/4. 唐代对堪察加的航线/十八、宋代造船业的发展与海外交往/1. 西洋航线/2. 对日航线/3. 对高丽航线/十九、我国指南针的发明及应用于航海/二十、元代的四桅远洋海船和北洋漕运/二十一、郑和七下西洋/二十二、《郑和航海图》/二十三、戚继光抗倭和郑成功收复台湾/二十四、清前期的造船与航海

书　　名　**中国古代对外航海贸易管理史**
责 任 者　王杰著
出 版 项　大连:大连海事大学出版社,1994
页　　码　254
书　　号　7-5632-0833-X
分 类 号　F752.92
相关目录　第一章 对外航海贸易管理的地方时代——隋以前时期/第一节 早期外贸港口的出现与航海贸易管理/第二节 早期对外航海贸易控制与管理权的划分和争夺/第三节 关、市与早期对外航海贸易管理/第四节 对外航海贸易之税收与利润分配/第五节“侯官”与汉代对外航海贸易之管理/第二章 以市舶使为中心的唐代对外航海贸易管理/第一节 隋唐前期的海外贸易与法律制度/第二节 市舶使的设立与建置地点/第三节 市舶使之充任人选/第四节 市舶使的职掌与海外贸易税收/第五节 五代十国时期的对外航海贸易与管理/第三章 宋代市舶制度的完善与对外航海贸易管理/第一节 市舶机构的设置地点及其兴衰沿革考辨/第二节 市舶司、务及其人员配置/第三节 市舶诸机构之职掌与海外贸易管理制度/第四节 进口货物征税与专卖规则/第四章 元代外贸航运管理的规范化与市舶制度的成熟/第一节 市舶管理机构的设置及其演变/第二节 市舶法规的制订与修改/第三节 海外贸易管理制度/第四节 市舶税收办法/第五章 明代市舶制度的衰落与外贸航运管理体制/第一节 市舶机构的置地及其变迁/第二节 海外贸易管理官员及其职掌/第三节 海外贸易管理办法/第四节 督饷馆制度与饷税制
内容提要　本书论述从秦汉至明朝的中国对外航海贸易管理史的沿变与变迁,内容涉及管理体制、管理机构、航海贸易法规、关税征收等。

书　　名　**中国古代对外贸易史**
责 任 者　沈光耀著
出 版 项　广州:广东人民出版社,1985
页　　码　406
书　　号　4111·187
分 类 号　F752.9
相关目录　第一章 中国对外贸易的展开和历史特点目录/第一节 中国对外贸易的起源和特点/第二节 历代对外贸易的发展变化/第二章 封建主义的贸易体制和市舶制度/第一节 贸易体制/第二节 市舶制度/第三章 历史上的开放政策及其作用/第一节 对外开放政策的实施/第二节 开放政策的性质和内容/第三节 开放政策的历史作用/第四章 传统进出口商品的结构和演变/第一节 历史悠久,兴而不衰的丝织业/第二节 瓷器的生产和对外出口的发展/第三节 漆器外销的演变/第四节 我国历史上的传统进口商品——香料/第五章 我国历史上主要港口的形成和变迁/第一节 广州港的兴起和历史地位/第二节 泉州古港/第三节 明州港的兴衰变迁/第四节 上海口岸的形成和历史经验/第六章 陆海商道的形成和变迁/第一节 丝

绸之路的形成、发展和变化/第二节 海上香丝之路/第三节 大帆船贸易和太平洋丝路/第七章 与东邻国家的经济贸易关系/第一节 唇齿相依的朝鲜/第二节 一衣带水的东邻——日本/第八章 与南洋诸国的经济贸易关系/第一节 新加坡和马来西亚/第二节 千岛之国/第三节 太平洋丝路的中转站——菲律宾/第九章与南邻印度支那各国的经济贸易关系/第一节 山水相连的越南/第二节 古老友好之邦——柬埔寨/第三节 泰国/第四节 古商道上的友邦缅甸/第十章 与南亚各国的经济贸易关系/第一节 历史悠久的中巴关系/第二节 孟加拉国/第三节 文明古国印度/第四节 印度洋的明珠——斯里兰卡/第五节 我国的紧邻尼泊尔/第十一章 与阿拉伯国家的经济贸易关系/第一节 唐朝和大食国的关系/第二节 宋元明时期中阿贸易关系的发展和演变/第三节 中国和波斯湾沿岸的贸易往来/第四节 中阿贸易的历史影响/第十二章 与非洲的早期贸易关系/第一节 中国和东非贸易的开展及亚非航线的形成/第二节 中国和北非贸易的变迁/第十三章 与拉丁美洲的早期贸易关系/第一节 太平洋丝路和大帆船贸易/第二节 中国和拉丁美洲早期贸易的历史意义/第十四章 与欧洲的早期贸易关系/第一节 早期丝路贸易的开展/第二节 中世纪中国与欧洲的贸易往来济贸易关系/第十五章 鸦片战争前,中国与资本主义国家的经/第一节 鸦片战争前的世界资本主义发展和清朝对资本主义国家的经济贸易政策/第二节 中国与英美法等资本主义国家的早期贸易/第三节 中国对资本主义国家早期贸易的商品结构/第四节 中国与沙皇俄国的经济贸易关系/第十六章 中外商务人员的交往和重要著作/第一节 著名的贸易家和游历家/第二节 中外经济贸易关系史上的重要著作

书　　名　**中国古代对外贸易史研究:第1辑(中国商业史学会丛书)**

责 任 者　夏秀瑞

出 版 项　北京:海洋出版社,1993.09

页　　码　150

书　　号　7-5027-3726-X

分 类 号　F752.9

相关目录　古代中国同印度尼西亚的友好贸易关系/一、交往的开端/二、魏晋南北朝时期两国贸易关系的继续发展/三、唐宋时期两国贸易关系的蓬勃发展/四、元、明、清(前期)两国贸易关系的特点/五、中国同印度尼西亚间的经济和文化交流/六、中国移民促进了印度尼西亚经济和贸易的发展/七、通过贸易关系增进了彼此的友谊/浅析唐代海外贸易发展的诸因素/一、东南沿海经济的发展/二、造船和航海业的进步/三、佛教的传播/四、唐朝政府开放政策的推行/唐代中国同亚非各国的友好贸易关系/一、唐代同东亚各国的友好贸易关系/二、唐代同东南亚、南亚各国的友好贸易关系/三、唐代同西亚、非洲各国的友好贸易关系/唐宋时期明州港的海外贸易/一、海外贸易管理制度的确立/二、海外贸易的国家和地区/三、进出港商品和中外经济、文化交流/四、促进海外贸易发展的因素/唐代广州的海外贸易及其管理/一、航道的畅通/二、商船和商货的云集/三、外商的活跃/四、始设海外贸易管理制度/附录/附录一、遣唐使一览表/附录二、日唐间往来船舶一览表/附录三、波斯与唐通使/附录四、大食与唐通使

书　　名　**中国古代管理百例**

责 任 者　解恒谦等编著

出 版 项　沈阳:辽宁人民出版社,1985

页　　码　164

书　　号　4090·227

分 类 号　C93-092

相关目录　五、对外贸易/41. 唐代的对外贸易/42. 宋代的海外贸易/43. 海上“丝绸之路”/44. 中、

印两国贸易往来源远流长/45. 宋代的中日商船往来/46. 郑和四访东非/47. 中国早期的关税制度/76. 开凿最早的大运河——世界古运河之最/十三、建筑、漕运管理/89. 刘晏对运河的经营管理/90. 裴耀卿改进河运管理

书　　名 **中国古代海疆史纲(边疆史地丛书)**

责 任 者 安京著

出 版 项 哈尔滨:黑龙江教育出版社,1999

页　　码 296

书　　号 7-5316-3232-2

分 类 号 K928.19

相关目录 第二章 石器时代的海洋生产活动/第三章 上古时代的海洋生产活动/第一节 传说时代/第二节 殷商时代/第三节 西周时代/第四章 春秋战国时代的海疆/第一节 国体变革/第二节 诸国海疆/第五章 秦代的海疆/第一节 秦疆初辟/第二节 始皇东巡/第三节 秦代海疆/第六章 汉代的海疆/第一节 武帝东巡/第二节 南越回归/第三节 朝鲜内附/第四节 平定闽越/第五节 祭彤抚边/第六节 马援南征/第七节 汉代海疆/第七章 三国时的海疆/第一节 曹魏海疆/第二节 孙吴海疆/第三节 魏吴海疆/第八章 两晋南北朝的海疆/第一节 灭吴之役/第二节 征讨孙卢/第三节 两晋海疆/第四节 南北朝海疆/第九章 隋代的海疆/第一节 翦灭陈国/第二节 克定岭南/第三节 三征高丽/第四节 远航四海/第五节 隋代海疆/第十章 唐代的海疆/第一节 平定南方/第二节 征讨高丽/第三节 渤海之兴/第四节 唐代外贸/第五节 唐代海疆/第十一章 五代十国的海疆/第一节 中原五朝海疆/第二节 吴、南唐海疆/第三节 吴越海疆/第四节 闽国海疆/第五节 南汉海疆/第十二章 宋代的海疆/第一节 平定南汉/第二节 南唐归顺/第三节 吴越归附/第四节 平定侬智高/第五节 海疆布防/第六节 宋代市舶/第七节 宋代海疆/第十三章 辽代的海疆/第十四章 金代的海疆/第十五章 元代的海疆/第一节 灭金之役/第二节 克宋之役/第三节 征讨高丽/第四节 攻伐安南/第五节 经略台湾/第六节 元代市舶/第七节 元代海疆/第十六章 明代的海疆/第一节 沿海防御/第二节 抗击倭寇/第三节 远航宣威/第四节 市舶管理/第五节 收复台湾/第六节 明代海疆/第十七章 清代的海疆/第一节 统一台湾/第二节 拒俄侵边/第三节 海疆政策/第四节 海防兴衰/第五节 海疆诸岛/第六节 海关危机/第七节 海疆离析/第八节 清代海疆

书　　名 **中国古代海军史**

责 任 者 张铁牛,高晓星著

出 版 项 北京:解放军出版社,2006.01

页　　码 432

书　　号 7-5081-0054-9

分 类 号 J11/287-2

相关目录 第一章 中国古代海军的诞生/第一节 舟楫的出现/第二节 舟师的形成/第三节 春秋战国时期的造船和航运/第四节 春秋战国时期舟师的战船和兵器/第五节 春秋末期的水战/第二章 秦汉时期的海军/第一节 秦代的水军/第二节 汉代的造船和航运/第三节 汉代水军的建置/第四节 汉代水军的战船/第五节 西汉水军的作战/第六节 东汉水军出征巴蜀交趾/第三章 三国至隋代的海军/第一节 水军的建置/第二节 水军兵器/第三节 赤壁水战/第四节 水淹七军和奇袭荆州/第五节 东吴的军事航海/第六节 晋灭吴战争/第七节 孙恩、卢循海上起义/第八节 梁军剿灭侯景叛乱/第九节 隋灭陈战争/第十节 隋代水军的作战行动/第四章 唐宋时期的海军/第一节 唐宋的造船/第二节 唐宋的航运/第三节 水军战船及兵器/第四节 唐代水军的作战行动/第五节 五代十国的水军/第六节 宋代水军的建置/第七节 宋来南方各

国的战争/第八节 宋金战争中的水战/第九节 钟相、杨幺洞庭湖起义/第五章 元代海军/第一节 元代的造船和航运/第二节 元代海军的建立和发展/第三节 元灭宋战争中和水战/第四节 元代的海上扩张/第五节 鄱阳湖水战/第六章 明代海军/第一节 明代的造船和航海/第二节 水军战船/第三节 水军兵器/第四节 明代海防及水军建置/第五节 郑和舟师七下西洋/第六节 抗倭战争/第七节 樵舍水战/第八节 露梁海战/第七章 清代前、中期的海军/第一节 清军水师的创建/第二节 清军水师的初步发展/第三节 郑成功水军/第四节 清军水师的军制、饷制和奖惩制度/第五节 清军水师的训练和巡逻/第六节 清军水师的战船和兵器/第七节 清军水师的主要作战/第八章 清代后期的海军/第一节 鸦片战争的清军水师/第二节 第一次鸦战争中的水师作战/第三节 第二次鸦片战争中的水师作战/第四节 太平军水营/第五节 湘、淮军水师/第六节 太平天国运动时期的重要水战/第七节 近代海军的兴起和旧式水师的衰亡/附表1. 清光绪中期水师实力/附表2. 清政府海军部成立时的水师实力

内容提要 中国是滨海大国,又是文明古国。海洋与中华民族的统一、稳定和昌盛休戚相关。远在2500多年以前的春秋末期,随著造船和航海技术的发展以及诸侯争霸战争的需要,中国古代海军便应运而生。中国古代海军,在中国史籍中称舟师、水军或水师。它在漫长的历史过程中,经历了形成、发展、鼎盛和衰亡四个时期。

书　　名 **中国古代海军史**
责 任 者 张铁牛,高晓星著
出 版 项 北京:八一出版社,1993. 10
页　　码 410
书　　号 7-5081-0054-9
分 类 号 E292
相关目录 第一章 中国古代海军的诞生/第一节 舟楫的出现/第二节 舟师的形成/第三节 春秋战国时期的造船和航运/第四节 春秋战国时期舟师的战船和兵器/第五节 春秋末期的水战/第二章 秦汉时期的海军/第一节 秦代的造船和航运/第二节 汉代的造船和航运/第三节 汉代水军的建置/第四节 汉代水军的战船/第五节 西汉水军的作战/第六节 东汉水军出征交趾郡/第三章 三国至隋代的海军/第一节 水军的建置/第二节 水军兵器/第三节 赤壁水战/第四节 东吴的军事航海/第五节 晋灭吴战争/第六节 孙恩、卢循海上起义/第七节 隋灭陈战争/第八节 隋代水军的作战行动/第四章 唐宋时期的海军/第一节 唐宋的造船/第二节 唐宋的航运/第三节 水军战船及兵器/第四节 唐代水军的作战行动/第五节 宋代水军的建置/第六节 宋灭南唐的战争/第七节 宋金战争中的水战/第八节 锺相、杨幺洞庭湖起义/运第五章 元代海军/第一节 元代的造船和航/第二节 元代海军的建立和发展/第三节 元灭宋战争中的水战/第四节 元代的海上扩张/第五节 鄱阳湖水战/第六章 明代海军/第一节 明代的造船和航海/第二节 水军战船/第三节 水军兵器/第四节 明代海防及水军建置/第五节 郑和舟师七下西洋/第六节 戚家军水师/第七节 露梁海战/第七章 清代前、中期的海军/第一节 清军水师的创建/第二节 清军水师的初步发展/第三节 郑成功水军/第四节 清军水师的军制、饷制和奖惩制度/第五节 清军水师的训练和巡逻/第六节 清军水师的战船和兵器/第八章 清代后期的海军/第一节 鸦片战争中的清军水师/第二节 第一次鸦片战争中的水师作战/第三节 第二次鸦片战争中的水师作战/第四节 太平军水营/第五节 湘、淮军水师/第六节 太平天国运动时期的重要水战/第七节 近代海军的兴起和旧式水师的衰亡/附表1. 清光绪中期水师编制/附表2. 清政府海军部成立时的水师编制

内容提要 本书论述了中国古代海军的发展,介绍了历代海军的兵别、装备、训练和主要作战行动。

书　　名 **中国古代海外贸易史**
责 任 者 李金明,廖大珂著

出 版 项 南宁:广西人民出版社,1995
页　　码 548
书　　号 7-219-02995-0
分 类 号 F752.9

相关目录

第八章 清朝与欧美国家的贸易/第一节 清朝与英国的贸易/第二节 清朝与荷兰的贸易/第三节 清朝与美国的贸易/第九章 嘉庆年间的海盗/第一节 东南沿海的海盗集团/第二节 海盗活动的性质/第十章 鸦片战争的爆发/第一节 马戛尔尼与阿美士德使华/第二节 律劳卑事件/第三节 林则徐禁鸦片/第四节 鸦片战争的实质

书　　名 中国古代航海史

责 任 者 孙光圻著

出 版 项 北京:海洋出版社,1989

页　　码 665

书　　号 7-5027-0532-5

分 类 号 F552.9

相关目录 第一节 航海史的学科性质及其研究范围和对象/一、航海史的学科性质/二、航海史学的研究范围与对象/第二节 中国古代航海史概述/一、航海的蒙昧时期/二、航海的起步时期/三、航海的形成时期/四、航海的发展时期/五、航海的平徊时期/六、航海的繁荣时期/七、航海的全盛时期/八、航海的顶峰时期/九、航海的中衰时期/第一章 原始社会航海/第一节 优越的航海地理条件与自然条件/一、航海地理条件/二、航海自然条件/第二节 原始水上和航行工具/一、我国原始祖先的演进及其与海洋的最初接触/二、原始水上航行工具的产生/第三节 中华民族滨海文化的传播与原始社会的蒙昧航海/一、沿岸与邻近岛屿之间的短距离航海活动/二、较远距离的沿岸航行与跨越半岛之间与海峡的横渡航行/三、远离大陆的海外或许性漂航/四、原始社会的航海知识萌芽/第二章 夏、商、西周航海/第一节 中国古代航海事业开创的时代背景/一、奴隶制度的形成与发展/二、生产力的发展对水上运输提出了时代的要求/三、航海工具的革命性飞跃/第二节 木帆船的诞生/一、从独木舟与浮筏向木板船的演进/二、商代的木板船/三、风帆的出现/第三节 夏、商、西周的航海活动/一、夏代航海/二、商代航海/三、西周航海/第四节 航海知识与技术的积累/一、海上导航知识/二、航海气象知识/三、船只操纵技术/第三章 春秋战国航海/第一节 中国古代航海事业形成的时代背景/一、奴隶制度向封建制度过渡/二、新兴地主阶级的争霸,加剧了对航海的需求/三、造船水平的提高,使航海业形成成为可能/第二节 春秋战国的航海活动/一、海上强国的出现与海上战斗的频繁发生/二、沿海航路与大规模的海上运输/三、越海航行、远洋探索与海外贸易/第三节 航海知识与技术的奠基/一、航海地理知识/二、海洋气象知识/三、海洋水文知识/四、海上天文与导航知识/第四章 秦汉航海/第一节 航海时代背景/一、中央集权的封建专制主义国家的建立与巩固/二、封建社会上升时期社会经济的发展/三、拓边与外交活动的发展/四、造船业大发展与航海工具的成熟/第二节 近海航行活动与海上航路/一、秦始皇江海巡游/二、秦代对开发南海航业的准备/三、汉武帝打通沿海航路/四、两汉的沿海航行活动与航路/第三节 中日海上航行的奠基/一、以徐福为代表的秦人大规模东渡日本/二、两汉时代的中日海上交往与航路/第四节 印度洋远洋航业的开辟/一、第一条印度洋远洋航路/二、东汉与大秦的海上交通与航路/第五节 航海技术的发展/一、天文导航术/二、季风航海术/三、地文航海术/四、海洋潮汐知识/第五章 三国、两晋、南北朝航海/第一节 航海时代背景/一、政局动荡,封建割据/二、东南沿海相对稳定,经济重心与航海重心开始南移/三、南方政权加强与海内外的航海联系/四、造船业的兴旺与航海工具的进步/第二节 三国航海/一、吴与魏对辽东的争夺及其海上航路/二、魏国航海及其与日本的海上交往/三、吴国在东南沿海与南洋水域的航行活动/第三节 两晋航海/一、与东北地区慕容氏政权的海上交往/二、对日本列岛海上交通之中断与恢复/三、孙恩、卢循海上大起义/四、法显从印度航海归国/第四节 南北朝航海/一、对朝鲜半岛诸国与日本列岛的海上交往/二、对海南诸国的海上交往/三、慧深和尚渡航扶桑国之探讨/第五节 航海知识与技术的进一步充实与提高/一、风帆驶风技术/二、地文航海知识与技术/三、天文航海知识与技术/四、航海水文与气象知识/第六章 隋唐五代航海/第一节 航海繁荣的时代背景/一、封建制度完善进入盛期/二、经济生产空前繁荣/三、中外贸易与交往活跃/四、造船行业发达,航海工具先进/

第二节 隋唐沿海航行活动车航路/一、隋代加强大陆与台湾之间的海上联系/二、唐代的海漕运输及航路/三、唐与东北地区渤海国的海上交往/四、唐代黑水靺鞨的库页岛至堪察加半岛的海上航线/第三节 隋唐与朝鲜半岛诸国的海上交往与航路/一、对高丽的军事航海活动/二、与新罗的海上友好交往/三、唐与朝鲜半岛之间的海上航路/第四节 隋唐与日本的睦邻航海与航路/一、隋代中日航海交往与航路/二、日本的遣唐使及其分期/三、圆仁泛海入唐求法与鉴真东渡日本传经/四、唐代对日本的官方航海与民间商船的贸易/五、唐朝与日本的主要海上航路/六、唐代东北少数民族政权渤海国与日本的海上交往与航路/第五节 隋唐远洋航海/一、隋代与南洋的航海交往/二、唐代远洋航业之全面繁荣/第六节 五代十国暑期的南方航海活动/一、沿海的航行活动/二、海外的航行活动/第七节 市舶司与主要海港/一、航海贸易管理机构——市舶司/二、主要航海贸易港的兴起/第八节 航海技术趋于成熟/一、季风航海技术趋于成熟/二、地文航海术之新进展/三、天文定位导航术之萌芽/四、海洋潮汐理论水平的提高/第七章 宋元航海/第一节 航海鼎盛的时代背景/一、积极的航海贸易政策/二、社会经济进一步发展/三、造船业兴旺与航海工具先进/第二节 宋代与东北地区和朝鲜半岛的海上交往/一、北宋与东北女真族的海上交往/二、宋代与高丽的海上睦邻交往/三、徐兢奉使高丽/四、两宋与高丽的海上航线/第三节 元代北洋漕运/一、北洋漕运的动因/二、北洋漕运的航路/三、北洋漕运的船队规模与经营管理/四、北洋漕运的运量/五、北洋漕运的主要航海人物/第四节 与日本的海上交往/一、北宋与日本的海上交往/二、南宋与日本的海上交往/三、元代与日本的海上交往/第五节 远洋航海/一、空前广泛的远洋通航区域/二、宋代主要远洋航路及横渡印度洋航路的开辟/三、元代的远洋航海活动与主要人物/第六节 航海技术的重大突破与全面发展/一、地文航路知识与技术/二、天文导航技术/少年、指南针与磁罗盘导航/四、航海气象知识与水文知识/五、船舶操纵技术/第七节 市舶机构与主要海港/一、市舶机构/二、市舶条例/三、主要海港/第八章 明初(郑和下西洋)航海/第一节 郑和下西洋的背景与动因/一、郑和下西洋的历史背景/二、郑和下西洋的时代动因/第二节 郑和及其船队/一、郑和的家世与生平/二、郑和船队/第三节 郑和七下西洋的历程与航路/一、七下西洋的历程/二、七下西洋的海上航路/第四节 郑和航海术/一、地文航海士/二、天文航海术/三、季风航海术与航海气象知识/第五节 郑和下西洋的历史作用/一、郑和下西洋的积极历史作用/二、郑和下西洋的消极历史作用/第九章 明(中后期)清(前期)航海/第一节 中国航海由盛转衰的时代背景/一、国际时代背景/二、国内时代背景/第二节 晚期封建主义的民间航海政策/一、明代的民间航海政策/二、清前期的民间航海政策/第三节 国内航运贸易/一、明代海上漕运与航线/二、清前期的国内海运/第四节 海外航运贸易/一、明代民间海外航运贸易/二、清鸦片战争前的海外航运贸易/第五节 古代航海科技之终结一、古代航海科技文献之集大成/二、外国近代航海科学知识与导航仪器的传入

书　　名 **中国古代航海史**
责 任 者 孙光圻著
出 版 项 北京:海洋出版社,2005.11
页　　码 536
书　　号 7-5027-0532-5
分 类 号 F55

相关目录 导论/第一节 航海史的学科性质及其研究范围和对象/一、航海史的学科性质/二、航海史学科的研究范围与对象/第二节 中国古代航海史概述/一、航海事业的蒙昧时期/二、航海事业的起步时期/三、航海事业的形成时期/四、航海事业的发展时期/五、航海事业的平徊时期/六、航海事业的繁荣时期/七、航海事业的全盛时期/八、航海事业的顶峰时期/九、航海事业的中衰时期/第一章 原始社会航海/第一节 优越的航海地理条件与自然条件/一、航海地理条件/二、航海自然条件/第二节 原始水上和航行工具/一、我国原始祖先的演进及其与海洋的最初接触/二、原始水上航行工具的产生/第三节 中华民族滨海文化的传播与原始/一、沿岸与邻近岛屿之间的短距离航海活动/二、较远距离的沿岸航行与跨越半岛之

间与海峡的横渡航行/三、远离大陆的海外或许性漂航/四、原始社会的航海知识萌芽/第二章 夏、商、西周航海/第一节 中国古代航海事业开创的时代背景/一、奴隶制度的形成于发展/二、生产力的发展，对水上运输提出了时代的要求/三、航海工具的革命性飞跃/第二节 木帆船的诞生/一、从独木舟与浮筏向木板船的演进/二、商代的木板船/三、风帆的出现/第三节 夏、商、西周的航海活动/一、夏代航海/二、商代航海/三、西周航海/第四节 航海知识与技术的积累/一、海上导航知识/二、航海气象知识/三、船只操纵技术/第三章 春秋战国航海/第一节 中国古代航海事业形成的时代背景/一、奴隶制度向封建制度过渡/二、新兴地主阶级的争霸，加剧了对航海的需求/三、造船水平的提高，使航海业形成成为可能/第二节 春秋战国的航海活动/一、海上强国的出现与海上战斗的频繁发生/二、沿海航路与大规模的海上运输/三、越海航行、远洋探索与海外贸易/第三节 航海知识与技术的奠基/一、航海地理知识/二、海洋气象知识/三、海洋水文知识/四、海上天文与导航知识/第四章 秦汉航海/第一节 航海时代背景/一、中央集权的封建专制主义国家的建立与巩固/二、封建社会上升时期社会经济的发展/三、拓边与外交活动的发展/四、造船业大发展与航海工具的成熟/第二节 近海航行活动与海上航路/一、秦始皇江海巡游/二、秦代对开发南海航业的准备/三、汉武帝打通沿海航路/四、两汉的沿海航行活动与航路/第三节 中日海上航行的奠基/一、以徐福为代表的秦人大规模东渡日本/二、两汉时期的中日海上交往与航路/第四节 印度洋远洋航业的开辟/一、第一条印度洋远洋航路/二、东汉与大秦的海上交通与航路/第五节 航海技术的发展/一、天文导航术/二、季风航海术/三、地文航海术/四、海洋潮汐知识/第五章 三国、两晋、南北朝航海/第一节 航海时代背景/一、政局动荡，封建割据/二、东南沿海相对稳定，经济重心与航海重心开始南移/三、南方政权加强与海内外的航海联系/四、造船业的兴旺与航海工具的进步/第二节 三国航海/一、吴与魏对辽东的争夺及其海上航路/二、魏国航海及其与日本的海上交往/三、吴国在东南沿海与南洋水域的航行活动/第三节 两晋航海/一、与东北地区慕容氏政权的海上交往/二、对日本列岛海上交通之中断与恢复/三、孙恩、卢循海上大起义/四、法显从印度航海归国/第四节 南北朝航海/一、对朝鲜半岛诸国与日本列岛的海上交往/二、与海南诸国的海上交往/三、慧深和尚渡航扶桑国之探讨/第五节 航海知识与技术的进一步充实与提高/一、风帆驶风技术/二、地文航海知识与技术/三、天文航海知识与技术/四、航海水文与气象知识/第六章 隋唐五代航海/第一节 航海繁荣的时代背景/一、封建制度完善进入盛期/二、经济生产空前繁荣/三、中外贸易与交往活跃/四、造船行业发达，航海工具先进/第二节 隋唐沿海航行活动车航路/一、隋代加强大陆与台湾之间的海上联系/二、唐代的海漕运输及航路/三、唐与东北地区渤海国的海上交往/四、唐代黑水靺鞨的库页岛至堪察加半岛的海上航线/第三节 隋唐与朝鲜半岛诸国的海上交往与航路/一、对高丽的军事航海活动/二、与新罗的海上友好交往/三、唐与朝鲜半岛之间的海上航路/第四节 隋唐与日本的睦邻航海与航路/一、隋代中日航海交往与航路/二、日本的遣唐使及其分期/三、圆仁泛海入唐求法与鉴真东渡日本传经/四、唐代对日本的官方航海与民间商船的海上贸易/五、唐朝与日本的主要海上航路/六、唐代东北少数民族政权渤海国与日本的海上交往与航路/第五节 隋唐远洋航海/一、隋代与南洋的航海交往/二、唐代远洋航业之全面繁荣/第六节 五代十国暑期的南方航海活动/一、沿海的航行活动/二、海外的航行活动/第七节 市舶司与主要海港/一、航海贸易管理机构——市舶司/二、主要航海贸易港的兴起/第八节 航海技术趋于成熟/一、季风航海技术趋于成熟/二、地文航海术之新发展/三、天文定位导航术之萌芽/四、海洋潮汐理论水平的提高/第七章 宋元航海/第一节 航海鼎盛的时代背景/一、积极的航海贸易政策/二、社会经济进一步发展/三、造船业兴旺与航海工具先进/第二节 宋代与东北地区和朝鲜半岛的海上交往/一、北宋与东北女真族的海上交往/二、宋代与高丽的海上睦邻交往/三、徐兢奉使高丽/四、两宋与高丽的海上航线/第三节 元代北洋漕运/一、北洋漕运的动因/二、北洋漕运的航路/三、北洋漕运的船队规模与经营管理/四、北洋漕运的运量/五、北洋漕运的主要航海人物/第四节 与日本的海上交往/一、北宋与日本的海上交往/二、南宋与日本的海上交往/三、元代与日本的海上交往/第五节 远洋航海/一、空前广泛的远洋通航区域/二、宋代主要远洋航路及横渡印度洋航路的开辟/三、元代的远洋航海活动与主要人物/第六节 航海技术的重大突破与全面发展/一、地文航路知识与技术/二、天文导航技术/三、指南针与磁罗盘导航/四、航海气象知识与水文知识/五、船舶操纵技术/第七节 市舶机构与主要海港/一、市舶机构/二、市舶条例/三、主要海港/第八章 明初(郑和下西洋)航海/第一节 郑和下西洋的背景与动因/一、郑和下西洋的历史背景/二、郑和下西洋的时代动因/第二节 郑和及其船队/一、郑和的家世与生平/二、郑和船队/第三节 郑和七下西洋的历程与航路/一、七下西洋的历程/二、七下西洋的海上航路/第四节 郑和航海术/一、地文航海术/二、天文航海术/三、季风航海术语航海气象知识/第五节 郑和下西洋的历史作用/一、郑和下西洋的积极历史作用/二、郑和下西洋的消极历史作用/第九章 明(中后期)清(前期)航海/第一节 中国航海由盛转衰的时代背景/一、国际时代背景/二、国内时代背景/第二节 晚期封建主义的民间航海政策/一、明代的民间航海政策/二、清前期的民间航海政策/第三节 国内航运贸易/一、明代海上漕运与航线/二、清前期的国内海运第四节 海外航运贸易/一、明代民间海外航运贸易/二、鸦片战争前的海外航运贸易/第五节 古代航海科技之终结/一、古代航海科技文献之集大成/二、外国近代航海科学知识与导航仪器的传入

内容提要 本书系统地整理和归纳了几千年来中国的古代航海历史,具体地论述和剖析了各个历史时期航海活动的背景、政策、人物、事件、航路、船舶、科学技术以及航运管理机构、条例和港口等,科学地总结和评价了中国古代航海事业的杰出成就及其兴衰荣辱的经验教训。本书体例严谨,脉络清晰,内容翔实,考证精详,议论精辟,见地独到,是一部具有较高学术水平与实用价值的科学论著。

书　　名 **中国古代航海史纲要**
责 任 者 孙光圻编著
出 版 项 大连:大连海运学院出版社,1985. 4
页　　码 192
分 类 号 U6 - 09

书　　名 **中国古代航海天文**
责 任 者 刘南威主编
出 版 项 广州:科学普及出版社 广州分社,1989
页　　码 140
书　　号 7 - 110 - 00649 - 2
分 类 号 U675. 11
相关目录 一、古代航海天文的发展/(一)我国古代航海天文的渊源与发展/(二)从观星斗辨航向到测天体定船位/(三)牵星术/(四)牵星导航/二、民间传统航海天文/(一)我国民间传统的航海天文/(二)我国民间的航海天文/三、《郑和航海图》与牵星术/(一)我国最早记载牵星术的海图/(二)《郑和航海图》中的星名考释/四、古代航海天文资料/(一)我国古代航海天文资料辑录/(二)民间传统航海天文社会调查资料

书　　名 **中国古代及中世纪史历史地图**
责 任 者 吉林师范大学历史系,中国古代及中纪世史教研室,绘图室编绘
出 版 项 长春:吉林师范大学函授教育处,1959. 12
页　　码 57
分 类 号 K992. 6
相关目录 宋代水陆交通图/明代中叶北方蒙古与沿海倭寇南北交侵形势图

书　　名 **中国古代交通**
责 任 者 马小奇

出 版 项 北京:北京科学技术出版社,1995

书 号 7-5304-1670-7

分 类 号 F512.9

相关目录 一、先秦时期的交通/二、秦代的交通/三、汉代的交通/四、六朝时期的交通/五、隋唐时期的交通/六、宋代的交通/七、元代的交通/八、明代的交通/九、清代的交通

书 名 **中国古代交通**

责 任 者 王崇焕著

出 版 项 天津:天津教育出版社,1991.11

页 码 117

书 号 7-5309-1232-1

分 类 号 F512.9

相关目录 一、古代交通的概况/1. 各个朝代的交通/2. 交通方式的变化/五、古代舟船的发展/1. 先秦时期的造船/2. 秦汉的造船高峰/3. 唐宋的造船高峰/4. 明朝的造船高峰/六、河运的悠久历史/1. 秦汉以前的河运/2. 跨越山岭的灵渠/3. 最长的运河航运/4. 隋唐以后的河运/七、古代的海运大国/1. 近海航运的进步/2. 远洋航运的兴盛/3. 七下西洋的壮举

内容提要 本书介绍了我国古代道路、桥梁的发展、车辆的更替、运河的开发、海运的状况及公路、早期铁路等方面的内容。

书 名 **中国古代交通(中国文化史知识丛书)**

责 任 者 王崇焕著

出 版 项 北京:商务印书馆,1996

页 码 223

书 号 7-100-02101-4

分 类 号 F512.9

相关目录 一、古代交通的概况/1. 各个朝代的交通/2. 交通方式的变化/五、古代舟船的发展/1. 先秦时期的造船/2. 秦汉的造船高峰/3. 唐宋的造船高峰/4. 明朝的造船高峰/六、河运的悠久历史/1. 秦汉以前的河运/2. 跨越山岭的灵渠/3. 最长的运河航运/4. 隋唐以后的河运/七、古代的海运大国/1. 近海航运的进步/2. 远洋航运的兴盛/3. 七下西洋的壮举

内容提要 本书既可作为国内外从事中国航海史以及各种与之相关科学(诸如历史、地理、中西交通史、海外交通史、中外关系史、中日关系史、经济史、科技史、造船史、海港史、外贸史、渔业史、海军史等)的专业与业余研究人员的必备参考读物,又可作为有关系统的院校师生学习与了解中国航海史的教学用书。

书 名 **中国古代交通图典**

责 任 者 郑若葵著

出 版 项 昆明:云南人民出版社,2007.01

页 码 508

书 号 7-222-04945-2

分 类 号 F512.9-64

相关目录 第一章 史前时代的交通/一、神话传说资料反映的史前交通/(二)有关交通工具起源和应用的神话传说/(四)神话传说的信息之路/二、考古资料反映的史前交通/(一)建立在采集和狩猎经济环

境下的旧石器时代交通/(二)以农业定居生活为主导的新石器时代交通/第二章 夏代、商代和西周时代的交通/一、开通九州岛的夏代交通/(二)夏代的交通工具/二、逐鹿中原的商代交通/(二)殷商时代的交通工具/三、东西掌控的西周交通/(二)西周时期的交通工具/第三章 东周、秦朝和两汉时期的交通/一、称雄争霸的东周交通/(二)东周的交通工具/二、一统天下的秦朝交通/(二)秦朝的交通工具/三、跨越国境、连接东西的两汉交通/(二)汉朝的交通工具/第四章 魏晋南北朝时期和隋唐时期的交通/一、魏晋走西东、诸朝行南北的交通/(二)魏晋南北朝的交通工具/二、名扬世界的隋唐交通/(二)隋唐交通工具/第五章 宋、元、明、清时代的交通/一、两宋北南移、大元定燕京的交通/二)宋元时期的交通工具/二、明室两京梦、清朝北京魂的交通/(二)明清时期的交通工具

内容提要 本书详细论述介绍了我国古代交通的发展历程,以及各民族日常生活、经济交流、政治因素对交通的影响。

书　　名 **中国古代交通图典**

责 任 者 周成编著

出 版 项 北京:中国世界语出版社,1995. 10

页　　码 201

书　　号 7－5052－0110－7

分 类 号 F512. 9－64

相关目录 六、舟楫/(一)舟筏/(二)木板船/(三)龙舟和画舫/七、附属用具/(一)古代地图/(二)交通凭证

内容提要 本书把中国古代交通概括为道路、桥梁、车辆、骑驮、肩舆、舟楫、附属用具七个主要方面,对此进行图文并茂的系统展示。

书　　名 **中国古代交通文化(龙文化大系丛书)**

责 任 者 王子今著

出 版 项 海口:三环出版社,1990. 10

页　　码 162

书　　号 7－80564－237－0

分 类 号 F512. 9

相关目录 第三章 草原交通与海洋交通/二、并海道路的开通/三、草原和海洋:华夏文明对外交通的媒介/第四章 丝路、瓷路的开通及其历史意义/第五章 中国古代交通技术

书　　名 **中国古代军事工程技术史:上古至五代(中国古代工程技术史大系)**

责 任 者 钟少异

出 版 项 太原:山西教育出版社,2008

页　　码 573

书　　号 7－5440－3447－X

分 类 号 E29

相关目录 第三编 东周/第五章 战车和战船/第四编 秦汉/第五章 战车和战船/第五编 魏晋南北朝和隋唐五代/第五章 战船和水战具

内容提要 本书对上古至五代也即公元10世纪以前中国的军事工程技术进行了系统的研究。军事技术总体上属于工程技术的范畴,也可以统称之为“军事工程技术”,在古代主要有两大内容,一是武器装

备制造技术，一是军事土木工程技术。10世纪以前的武器大体包括格斗兵器(刀矛剑戟等)、射击兵器(弓弩抛石机等)、防护装具(甲胄盾牌等)三类；其它重要装备有战车、战船、骑兵马具、攻守城器械等。10世纪以前军事土木工程的核心内容是筑城，包括城池筑城、野战防御筑城和边防长城。其它重要内容有攻守城作战中的工程作业、军事交通工程(道路、河渠、桥梁)等。本书对这些内容都作了深入的考察，并把中国古代军事工程技术的发生发展置于古代历史的大背景上进行探讨，著重分析了中国古代军事工程技术的发展与战争形态、战争方式演进的交互关系，中国古代军事工程技术与诸多相关技术的密切联系，国家因素在中国古代军事工程技术发展中的重大作用，以及中国古代军事工程技术的独特性。

书　　名　**中国古代科学技术史纲：技术卷**
责 任 者　路甬祥总主编；胡维佳主编
出 版 项　沈阳：辽宁教育出版社，1996
页　　码　658
书　　号　7-5382-4023-3
分 类 号　N092
相关目录　著作/《郑和航海图》/造船与航海/造船/船舶的起源/舫/车船/船型/泉州湾出土的南宋古船/航海/指南针在航海中的应用/郑和下西洋/中国在造船和航海上的独创性贡献

书　　名　**中国古代农耕经济的管理**
责 任 者　国风著
出 版 项　北京：经济科学出版社，2007
页　　码　284
书　　号　978-7-5058-6299-9
分 类 号　F329
相关目录　通商口岸在中国城市史上的意义/舟车之利——交通与运输/馆舍与驿递制度/人工河道/大运河/重要的交通工具：车/船/运输方式的比较/中国传统交通发展的特征/海外贸易的发展/秦汉时代海外贸易的萌芽/六朝时期海外贸易的进展/唐代世界性海上贸易圈的形成/形成世界性贸易圈的外部因素/市舶司制度的建立/唐代广州、扬州的繁荣/五代时期中国海外贸易/宋元时代海外贸易的重大进展/宋元时代海外贸易的盛况/闭关主义下明清时期的海外贸易/郑和下西洋——海禁政策下的王室对外贸易/贡舶贸易制度的转变与西人东来/清初海禁/唐代以后关市税的完善/清代的海关税/清代的厘金

书　　名　**中国古代史**
责 任 者　赵毅，赵轶峰
出 版 项　北京：高等教育出版社，2002
页　　码　806
书　　号　7-04-011502-6
分 类 号　K22
相关目录　第四节 市舶司与海外贸易
内容提要　本书注重中国文明在发生与演变中表现出来的精神特征，依此为主导线索展开对历史事实的叙述。在内容上，尽量反映近年考古学和历史研究的新发现和新成果；在学术思想方面，对中国历史的结构特征、历史变动机制、文明演进与民族关系、各个时期的制度体系和文化精神，以及诸多若干历史问题做了新的表述。

书　　名　**中国古代史论丛(南强史学丛书)**
责 任 者　施伟青著
出 版 项　长沙:岳麓书社,2004
页　　码　638
书　　号　7-80665-466-6
分 类 号　K220.7
相关目录　二、海洋史/郑和下西洋的动机再探/试论促进明代后期潮州地区私人海上贸易发展的若干因素/试论明代闽南私人海上贸易兴起的原因/略论郑成功取得厦门庚子海战胜利的原因/论郑氏名将刘国轩/论郑成功与施琅的恩怨/清朝与台湾政权和谈、动武与统一始末/论施琅的功过/关于施琅复出前夕的若干问题/施琅为什么要乘南风进兵澎湖/施琅进军澎湖几个问题的考订/关于澎湖癸亥海战的气候问题/再论澎湖癸亥海战的气候——也论相关方法论问题/施琅的军事才能和两岸的统一/论施琅的招抚策略及相关问题/施琅和东山宫前妈祖庙/康熙帝对施琅的评价探源/从征澎台的施琅亲属族人考述
内容提要　本书分为"先秦秦汉史(外一篇)"和"海洋史"两大部分,共收录有43篇文章。

书　　名　**中国古代史论集**
责 任 者　华中师范大学历史系中国古代史教研室编
出 版 项　武汉:华中师范大学出版社,2001
页　　码　463
书　　号　7-5622-2486-2
分 类 号　K220.7
相关目录　明清漕运与民间组织探析/清代湖广漕运的社会功能
内容提要　本书收录了二十六篇研究中国古代史的论文。

书　　名　**中国古代史研究:陈连庆教授学术论文集**
责 任 者　陈连庆编著
出 版 项　长春:吉林文史出版社,1991.12
页　　码　1260
书　　号　7-80528-538-1
分 类 号　K220.7
相关目录　中西交通史编/汉晋之际输入中国的香料/汉唐之际的西域贾胡/南海诸岛考略/孙吴时期朱应、康泰的扶南之行/公元七世纪以前中国史上的大秦与拂菻/《三国志·魏志·倭人传》校释/邪马台地望考/《魏书》本纪中地望不详西域诸国考略/《魏书》本纪中所见印巴次大陆诸国考实/《大德南海志》所见西域南海诸国考实/《大德南海志》研究——元代初年广州港的进口商品

书　　名　**中国古代史争鸣录**
责 任 者　南京政治学院历史系编
出 版 项　南京:江苏教育出版社,1992.04
页　　码　712
书　　号　7-5343-1455-0
分 类 号　K220.7
相关目录　第七部分 明清时期(1840年以前)/三、关于明朝郑和下西洋/(一)郑和下西洋的目的/

(二)郑和下西洋的次数和所历国家或地区/(三)关于郑和下西洋的"宝船"/(四)郑和下西洋的作用和影响/四、明朝的"倭寇"问题/五、明末清初来华耶稣会士的评价/六、关于明朝与后金的萨尔浒之战

书　　名　**中国古代四大发明:源流、外传与世界影响**
责 任 者　潘吉星著
出 版 项　合肥:中国科学技术大学出版社,2002
页　　码　654
书　　号　7-312-01201-9
分 类 号　N092
相关目录　第七章 指南针的发明和早期发展/第一节 指南针发明前古人定方位之法/三、中国古代用于天文导航的牵星术 /第三节 指南针的发明和早期发展/一、唐末堪舆用水浮式罗盘针的发明/二、北宋水罗盘的构造和复原/三、南宋时发明的旱罗盘/四、明清的水、旱航海罗盘/第四节 指南针在航海中的应用/一、宋代的航海罗盘和航海图/二、元代的航海罗盘和航海图/三、明代郑和航海针路图和清代的旱罗盘
内容提要　本书共分三部分,主要研究四大发明在中国的起源和发展,何时及如何从中国传向东西方其它国家、地区的历程和发展,以及四大发明如何促进了整个世界文明的进展。

书　　名　**中国古代邮驿史**
责 任 者　刘广生,赵梅庄编著
出 版 项　北京:人民邮电出版社,1999
页　　码　654
书　　号　7-115-07927-7
分 类 号　F632.9
相关目录　第七章 三国两晋南北朝的邮驿/第五节 水陆相兼的南朝邮驿/第十一章 明代的邮驿/第四节 会同馆·水马驿·递运所
内容提要　本书以翔实的史料展示了我国古代邮驿的悠久历史和演变过程,探讨了古代邮驿的性质、特点及发展规律,总结了古人运用通信规律办邮的基本经验,分析了邮驿与政治、经济、军事等方面的联系及作用等。

书　　名　**中国古代邮驿史**
责 任 者　刘广生主编
出 版 项　北京:人民邮电出版社,1986
页　　码　392
分 类 号　F632.9
相关目录　第五章 魏晋南北朝的邮驿/第五节 水陆相兼的南朝邮驿

书　　名　**中国古代造船与航海**
责 任 者　张静芬著
出 版 项　天津:天津教育出版社,1991.11
页　　码　122
书　　号　7-5309-1234-8

分 类 号 F552.9:F426.474

相关目录 一、独木舟、筏与远古航海/二、木板船和风帆的出现/三、舫和船舶的日益大型化多样化/四、春秋战国时古代航海事业的形成/五、秦始皇巡游海上/六、徐福东渡日本/七、汉武帝的"楼船"/八、海上丝绸之路/九、江南造船业的兴盛和中日的海上交往/十、法显从印度洋航归国/十一、隋炀帝的"大龙舟"/十二、隋炀帝的军事航海/十三、盛唐造船业的繁荣/十四、唐代的海上交通和主要海港/1."广洲通海夷道"(从广州通向南洋西亚和东非的航线)/2. 唐与渤海国的海上航路/3. 唐与日本的航线/4. 唐代对堪察加的航线(东北亚航线)/十五、宋代海外的交往和指南针应用于航海/1. 西洋航线/2. 对日航线/3. 对高丽航线/十六、元代的四桅远洋海船和北洋漕运/十七、郑和七下西洋/十八、《郑和航海图》/十九、戚继光抗倭和郑成功收复台湾

内容提要 本书介绍了中国古代船舶变迁的历史,以及历史上重大的航海事件,航海器具。

书　　名 **中国古外销瓷研究论文集**

责 任 者 叶文程著

出 版 项 北京:紫禁城出版社,1988.10

页　　码 341

书　　号 7-80047-047-4

分 类 号 F752.657.3

相关目录 宋元时期中国东南沿海地区陶瓷的外销/宋元时期我国陶瓷器的对外贸易/宋元时期龙泉青瓷的外销及其有关问题的探讨/宋元明时期外销东南亚陶瓷初探/从新安海底沉船打捞的文物看元代我国陶瓷器的发展与外销/试谈元代景德镇青花瓷的外销/明代我国瓷器销行东南亚的考察/郑和下西洋与明代陶瓷的外销/郑和下西洋与明代海外陶瓷贸易的发展/从澎湖发现的宋元陶瓷看宋元时期福建陶瓷器的发展与外销/略谈古泉州地区的外销陶瓷/晋江泉州古外销陶瓷初探/福建晋江县古外销陶瓷探讨/略谈德化窑的古外销瓷器/再谈德化窑的古外销瓷器/畅销国际市场的古代德化外销瓷器/中国黑釉瓷外销初探/中国古陶瓷与国外社会生活

内容提要 本册论文集涉及黑瓷、青瓷、白瓷、青白瓷等釉色品种的古外销陶瓷。

书　　名 **中国古外销陶瓷研究资料:第3辑**

责 任 者 中国古陶瓷研究会,中国古外销陶瓷研究会编辑

出 版 项 广州:中国古陶瓷研究会,中国古外销陶瓷研究会,1983.06

页　　码 174

分 类 号 K876

相关目录 一、日本出土的中国陶瓷/(2)日本出土的唐宋时代的陶瓷/(3)日本出土的元明陶瓷/二、伊朗发现的长沙铜官窑与越窑青瓷/(1)带到伊朗来的唐宋陶瓷/(2)伊朗出土的长沙铜官窑与越窑青瓷/(3)西拉福遗址及其调查/(4)西拉福遗址发现的中国陶瓷/(5)西拉福遗址发现的中国陶瓷之考察/(6)运到西拉福的中国陶瓷的年代/(7)西拉福遗址中各种中国陶瓷的状态/(8)唐代末期的中国陶瓷的性格——特别是长沙铜官窑瓷和象塘窑青瓷/三、唐末作为贸易陶瓷的长沙铜官窑瓷/四、唐三彩的后裔/五、元代陶瓷器和南朝鲜新安海底发现的新资料/六、青森北海道的中国陶瓷——以青森尻八馆出土的中国陶瓷为中心/七、探索海上丝绸之路的中国瓷器/八、熊本县出土的中国陶瓷——熊本县博物馆《中国陶瓷之美》序言/九、日本海的陶瓷贸易/十、景德镇陶瓷生产与贸易状况/十一、天目/十二、美国佛罗里达州文化遗址出土的中国明末清初瓷器碎片/十三、从北美太平洋沿岸遗址发掘的中国瓷器/十四、从美国佛罗里达州文化遗址出土的东方瓷器在考古学上的意义/十五、东非海岸发现的中国瓷器

书　　名　**中国关税史**

责 任 者　孙文学主编

出 版 项　北京:中国财政经济出版社,2003

页　　码　586

书　　号　7－5005－6399－X

分 类 号　F752.59

相关目录　第一编 中国先秦至清前期的关税/第四章 元朝的关税/第一节 元朝的兴衰及关税制度发展的环境/第二节 元朝的关税制度/第三节 市舶课的管理

内容提要　本书系统全面地叙述了中国3000年关税发展的历史史实,客观地评价了历代关税的利弊得失及其历史作用,从而揭示了关税这一范畴的内在运行规律。

书　　名　**中国关税史**

责 任 者　陈向元著

出 版 项　上海:东方印书馆,1929.11

页　　码　300

分 类 号　K20

相关目录　第二章 东西亚的交通/第三章 僧侣经南洋往返印度/第五章 晋唐间海舶情形及物品输入/第六章 第二次海外避难的华侨——胡元入寇中国/第七章 宋遗民海外活动/第八章 宋元两代航海技术的进步/第九章 元初大举征爪哇/第十章 元末明初国人海外事业/第十一章 三保太监下西洋/第十二章 第三次海外避难的华侨——满洲入寇中国/第十三章 海外华侨被屠的惨剧/第十五章 海盗之蔓延南洋

书　　名　**中国广州:中瑞海上贸易的门户**

责 任 者　朱小丹主编

出 版 项　广州:广州出版社,2002

页　　码　149

书　　号　7－80655－351－7

分 类 号　F752.949

相关目录　第一章 绪论/一、瑞国初来/二、粤海关、行商与瑞国商人——广州体系下的贸易/三、贸易的转型与文化交流/第二章 "歌德堡"号与广州/一、"歌德堡"号的具体情况/二、"歌德堡"号第三次航行的艰苦历程/三、"歌德堡"号泊岸时期广州的贸易制度与贸易环境/四、"歌德堡"号的沉没及水下考古/第三章 清代广州十三夷馆中的瑞行/一、名称和位置/二、瑞行的外观和内景/三、瑞行与"洪任辉事件"/四、《防范外夷条规》与瑞行贸易环境的变化/五、清政府在外销丝绸配额上对瑞行的优惠/六、广州瑞行商务的社会经济效益/第四章 茶叶、瓷器及其它——广州的出口商品/一、清代国内市场与外贸的发展/二、茶叶的行销/三、外销瓷器/四、其它外销商品/第五章 中国史籍记载中的瑞典/一、《异域录》/二、《皇清文献通考》/三、《皇清职员图》/四、《海录》/五、《乘槎笔记》/六、《航海述奇》/七、《初使泰西记》/八、《海客日谭》/九、《国朝柔远记》/十、《游历瑞典那威闻见录》/十一、《瑞典游记》/十二、《清史稿·邦交志》/第六章 当代经贸文化交往更加频繁/一、瑞典商人与广交会/二、经贸文化友好往来/三、友好城市交往频繁

内容提要　本书以广州是中瑞海上贸易的门户为主线,并兼及中瑞经贸关系的典籍史料。史料的收集以中文文献资料为主,同时引用、参考外文文献的相关图片和论述。

书　　名　**中国海盗史**

责 任 者　郑广南著

出 版 项 上海:华东理工大学出版社,1998

页　　码 437

书　　号 7-5628-0902-X

分 类 号 D691.9

相关目录 绪论/第一节 海盗的涵义及研究中国海盗史的学术意义/一、海盗名称的由来及其定义/二、关于怎样看待中国历史上的海盗活动问题/三、研究中国海盗史的学术意义/第二节 中国历史上海盗活动的社会基础及海盗史分期/一、海盗活动的海洋地理环境/二、海盗活动的社会基础/三、海盗的活动规律与海盗史分期/第三节 中国海盗史有关史料及学术研究概况/一、文书志乘有关海盗史资料简介/二、中国学者研究海盗史概况/三、外国学者研究中国海盗史的有关论著/第一章 中国历史上海盗活动的兴起及早期的活动摄况/第一节 海盗活动的兴起/一、从海洋成为人们活动场所与战场谈起/二、南越人入江海反秦与蜑民族群的形成/三、田横据海岛为王及其影响/第二节 早期海盗活动的概况/一、东汉永初年间海贼张伯路演出中国海盗第一幕武剧/二、东汉永建至三国东吴永安期间几起海盗反乱事件/第三节 海盗"祖师"孙恩与卢循/一、东晋后期的社会矛盾/二、孙恩、卢循海上大起义/三、孙恩、卢循在中国海盗史上的地位/第四节 隋唐时期的海盗活动与黄巢海上进军广南/一、隋代至唐中叶的海盗活动/二、狼山镇遏使王郢造反海上/三、海盗协助黄巢从海上进军广南/第二章 宋元时期海盗活动的发展与特点/第一节 宋代东南海上的海盗活动/一、东南沿海的社会状况/二、浙、闽的海盗活动/三、广南的海盗活动/第二节 南宋初年军民的抗金斗争与海盗活动/一、东南军民的抗金斗争与海盗活动/二、山东海盗张清航海扰辽东/第三节 宋代海盗亦商活动的兴起/一、海盗亦商活动的历史背景与社会基础/二、海盗亦商活动概况/第四节 南宋末年军民的抗元斗争与海盗活动/一、南宋末年的抗元形势/二、两浙军民的抗元斗争与海盗活动/三、广东军民的抗元斗争与海盗活动/第五节 元初祟明海盗朱清与张瑄创办海漕与经营太仓港市的业绩/一、朱清、张瑄的身世及其海上活动事迹/二、兴办海上漕运/三、营建太仓港市/四、朱清与张瑄家族的兴衰/第六节 元末农民起义与海盗活动/一、元末"海内大乱"/二、浙西的海盗活动与浙东"海精"方国海上起兵/三、元末广东反元起义与海盗活动/第三章 明代海盗亦商亦盗活动高涨/第一节 洪武至天顺期间广东与福建的海盗活动/一、广东海盗李夫人、钟福全与阮瑶、罗刘宁的海上活动/二、"海寇之雄"黄萧养/三、新会海盗黄三与温观彩/四、福建海盗张秉彝与严启盛/第二节 嘉靖期间海盗与倭寇合流/一、海盗与倭寇合流的历史背景与合流概况/二、"净海王"王直/三、徐海与倭寇/四、福建月港通倭海盗谢和、洪迪珍、严山老与张维月港"二十四将"/第三节 嘉靖至万历期间闽、广几位著名的海盗/一、李大用与林国显/二、许栋与许朝光/三、"飞龙人主"张英/四、传奇式的海枭雄吴平/五、林道干与林风/第四节 明末"海上大王"郑芝龙/一、家庭出身与浪迹江湖/二、攻略沿海与劫富济贫/三、攻灭各股海盗与统一东南海洋/四、从事海外贸易活动/五、评论郑芝龙/第四章 清代的海盗活动/第一节 南明军民的抗清斗争与清代前期的海盗活动/一、明末清初的抗清形势/二、江苏、浙江海盗的武装活动/三、海盗的武装活动与郑成功、郑经的抗清斗争/四、广东海盗的抗清活动/第二节 嘉庆年间广东的旗帮海盗/一、粤洋旗帮海盗集团的兴起/二、黑旗帮书生海盗首领郭学显/三、红旗帮女海盗首领郑一嫂石氏/四、旗帮海盗与会党联盟/五、粤洋旗帮海盗活动的终结/第三节 嘉庆年间纵横东南海上的福建海盗蔡牵与朱濆/一、蔡牵、朱濆的身世/二、武装船队纵横东南海上/三、攻略台湾与称王岛上/四、海上抢劫与经济活动/五、蔡牵与朱濆海盗集团的败亡/第五章 中国海盗活动的历史总结/第一节 海盗活动的性质和特点/一、从海盗成员的成分构成和行动目的看其活动的性质/二、海盗活动与"山海之盟"/三、海盗活动与海商贸易/第二节 海盗抗击西方侵略者的事迹/一、施和攻击佛郎机/二、林凤讨伐菲律宾、西班牙殖民者/三、郑芝龙海上战荷兰/四、郑一嫂石氏痛击英国舰队/第三节 海盗活动与海洋开发/一、海盗与造船业/二、海盗活动与海岛开发/三、开辟民间贸易港口与拓展海上交通航线/第四节 海盗的海外活动及其业绩/一、海盗在日本活动及其影响/二、海盗在南洋活动及其贡献/第五节 海盗武装活动与海战军事学/一、海盗与海战/二、海盗的海战战法及其在军事学上的意义/三、海盗的海战经验为筹海者所重视

内容提要 本书叙说从夏商周春秋战国至明清几千年期间海盗活动的兴起、发展及衰落的全过程,将历史上波澜壮阔的海盗活动情况一一展现在读者面前。作者分析论述海盗活动的特点和性质,揭示其活动的发展规律。书中对历代所发生的海盗活动事件及男女海盗首领纵横海上的事迹,作了引人入胜的描述和评论。书的终章对海盗活动进行总结性评述,指出海盗活动虽有用暴力抢劫和破坏性的一面,但他们在反抗官府与地主豪绅、抗击西方侵略者,以及在发展造船业、开发海岛、建设港口、发展海外交通贸易等方面是有业绩的,应予以肯定。此书是一部通史体的专史,资料翔实,其中引录了一些动人的民间传说故事,并附若干历史插图。它既是研究海盗史的学术论著,又具有较强的知识性和可读性,是一本少有的历史读物。

书　　名 **中国海防的反思:近代帝国主义从海上入侵史**
责 任 者 鲍中行编著
出 版 项 北京:国防大学出版社,1990.09
页　　码 383
书　　号 7-5626-0236-0
分 类 号 E296.53
相关目录 第一章 第一次鸦片战争(1839年9月4日至1840年11月20日)/第一节 战争起因/第二节 战争前夕清军海防/第三节 鸦片战争经过/第四节 战争的经验及失败主要原因/第二章 第二次鸦片战争(1856年10月至1860年11月)/第一节 战争起因/第二节 战争经过/第三节 战争的经验教训/第三章 中法战争(1883年12月至1885年4月)/第一节 战争起因/第二节 战前双方军队情况/第三节 战争经过/第四节 清廷乘胜求和/第五节 中法海战中的经验教训/第四章 中日甲午战争(1894年7月至1895年10月)/第一节 战争起因/第二节 战前中日双方军事情况/)第三节 战争经过/第四节 战争的经验教训/第五章 八国联军侵略中国战争(1900年6月至9月)/第一节 战争起因/第二节 战前双方情况/第三节 战争经过/第四节 反对八国联军侵略的经验教训/第六章 日俄争夺辽东战争(1904年2月至1905年5月)/第一节 战争起因/第二节 战前日、俄双方军事情况/第三节 战争经过/第四节 日俄战争的经验教训/第七章 日德争夺山东半岛战争(1914年8月至11月16日)/第一节 战争起因/第二节 战前双方情况/第三节 战争经过/第四节 袁世凯与日签定21条卖国条约/第五节 战争的经验教训/第八章 中国近代海防反思/第一节 帝国主义从海上入侵的特点/第二节 中国战败的原因/第三节 未来海防建设思考

书　　名 **中国海防史:上、下册**
责 任 者 杨金森,范中义著
出 版 项 北京:海洋出版社,2005.10
页　　码 2册(594,1098)
书　　号 7-5027-6411-9
分 类 号 E294.8
相关目录 第一篇 明代的海防(1368-1644)/第一章 朱元璋建立海防防御体系/一、明初的沿海形势/二、外交政策/三、海禁政策/四、沿海防御体系的建立/第二章 永乐至正德年间的海防/一、永乐至宣德年间进一步巩固海防的措施/二、正统正德年间海防逐渐废弛/第三章 嘉靖年间的海防(上)/一、嘉靖初年的外患/二、嘉靖中期后的沿海形势/第四章 嘉靖年间的海防(下)/一、明廷的御倭措施/二、抗倭战役/第五章 隆庆至万历中期的海防/一、海防的状况/二、抗倭援朝战争/第六章 明末的海防/一、海防力量的变化/二、万历中期后倭寇的入侵/三、葡萄牙殖民者窃踞澳门/四、抗击兰殖民者入侵/五、西班牙的野心/第七章 海防思想/一、海防攻略/二、海防战略/三、商贸策略/四、抗倭战术/五、海防要地/第二篇 清代前期

的海防(1644 - 1840)/第一章 清代前期的海防建设/第二章 收复和统一台湾/第三章 保商靖盗和航运管制/第四章 俄国和英国的早期入侵/第五章 清代前期的海防思想/第二篇 主要参考文献/一、实录、圣训、朱批奏折/二、史料汇编/三、通史资料/四、著作资料/五、舆地、史志资料/附录一、直接参考使用的部分上谕和奏议/第三篇 清代后期海防(1840 - 1912)/第一章 鸦片战争时期的海防斗争/一、海防形式/二、英国的战争策划/三、中国的海防力量和战争动员/四、战争进程和重要战斗/五、屈辱的南京条约/第二章 第二次鸦片战争时期的海防斗争/一、形式与任务/二、战争起因于决策/三、广州战役/四、天津条约/五、天津陷落/六、北京遭劫/第三章 俄罗斯割占东北沿海地区/一、强占黑龙江流域/二、强占乌苏里江以东沿海地区/三、日俄战争/第四章 中日中法战争时期的海防斗争/一、日美侵略台湾/二、中法战争/第五章 自强新政与海防建设/一、兴办洋务的决策/二、提升海防的战略地位/三、发展舰船工业/四、发展其它产业/第六章 近代海军建设/一、近代海军的初创/二、建设海军的大讨论/三、近代海军的发展/四、海军舰船和基地/五、海军教育训练机构/第七章 甲午战争时期的海防斗争/一、战前形式/二、谋略和部署/三、平壤战役和黄海海战/四、辽东半岛之战/五、山东半岛抗战/六、马关条约和台湾保卫战/第八章 列强瓜分中国与海防恢复计划/一、列强瓜分沿海地区/二、八国联军入侵/三、恢复海防建设/第九章 清代后期的海防思想/一、海防政治思想/二、海防外交思想/三、海防经济思想/四、海防军事思想/五、海防地理知识/第三篇 主要参考文献/一、实录、圣训、朱批奏折/二、史料汇编/三、通史资料/四、著作资料/五、舆地、史志资料/六、外文译著论著/七、直接参考使用的部分上谕和奏议

内容提要　本书分为上、下册,上册主要内容包括:明代的海防(1368 - 1644)和清代前期的海防(1644 - 1840);下册详细讲述了清代后期海防(1840 - 1912)。

书　　名　**中国海关概论**

责 任 者　王意家

出 版 项　北京:中国海关出版社,2002

页　　码　390

书　　号　7 - 80165 - 054 - 9

分 类 号　F752.5

相关目录　第一章 我国海关的起源和古代海关机构/第一节 我国古代陆地边关/第二节 我国古代沿海海关/第二章 中国近代半殖民地海关/第一节 第一次鸦片战争后,我国关税自主权的丧失/第二节 第二次鸦片战争和海关行政管理权的丧失/第三节 半殖民地的洋关制度/第四节 北洋军阀统治时期半殖民地海关制度的深化/第五节 国民党南京政府统治时期的殖民地、半殖民地海关

内容提要　我国海关的起源和古代海关机构、我国海关的性质和任务、海关工作方针和现代海关制度、海关的权力、海关管理体制等。

书　　名　**中国海关简史**

责 任 者　蔡渭洲编著

出 版 项　北京:中国展望出版社,1989.08

页　　码　339

书　　号　7 - 5050 - 0504 - 9

分 类 号　F752.5

相关目录　绪论/第一节 海关的性质/第二节 海关的产生和发展/第三节 海关史/第一章 我国海关的起源和古代陆地关/第一节 我国海关的起源/一、夏商两代未设海关机构/二、“关”和“关税”的出现/三、关的主要任务——“执禁以讥”/四、关的另一个任务——“关市之征”/五、先秦海关机构的官制/六、研

究本题的意义/第二节 秦汉至南北朝的陆地关/第三节 隋唐的陆地关/第四节 宋元的陆地关/第五节 明清的陆地关/第六节 古代陆地关的特点/第二章 古代沿海海关/第一节 海上交通贸易的发展和市舶司的设立及其机构演变/一、海上交通贸易的发展/二、自秦汉至初唐的海运进出境管理/三、市舶司的设立/四、唐代的广州市舶司/五、宋元两代市舶机构的增置/六、明代市舶机构的精简/七、市舶官制及其领导关系/第二节 唐宋元明市舶制度简介/一、市舶司的职掌/二、管理海舶/三、征收关税/四、处置舶货/五、执行禁令/六、管理外商/七、市舶制度简评/第三节 清代前期的沿海海关/一、闭关政策/二、沿海四海关/三、海关官制/四、船舶管理/五、关税制度/六、行商制度/七、闭关政策的失败和教训/八、本章小结/第三章 帝国主义控制下的近代半殖民地海关(上)/引言/第一节 两次鸦片战争和我国关税自主权及海关管理权的被侵占/第二节 帝国主义侵略的深入和半殖民地海关制度的确立/第四章 帝国主义控制下的近代半殖民地海关(下)/第三节 北洋军阀统治时期半殖民地海关制度的深化/一、帝国主义干涉辛亥革命和海关税款收支保管权的丧失/二、控制"关余",插手中国财政金融/三、两次修改进口税则/四、华盛顿会议与关税特别会议/第四节 国民党政府统治时期的殖民地、半殖民地海关/一、国民党政府的"关税自主"/(一)"关税自主"的实质/(二)"国定税则"制订的真象/(三)关于出口税则/(四)取消和增加的关税税种/(五)关税保管/(六)海关计税单位的变更/(七)海关行政/二、东北沦陷和日本走私/(一)东北沦陷和海关被劫夺/(二)日本的猖狂走私/1. 冀东伪政权的建立和走私的"合法化"/2. 日本对华北和东南沿海的大规模走私/3. 国民党政府和海关当局的缉私措施/4. 日本走私对中国造成的危害/三、抗日战争时期的海关/(一)国统区海关/1. 海关行政/2. 海关税收/3. 战时走私与缉私/(二)沦陷区海关/1. 税款管理权丧失/2. 沦陷区海关关税/3. 沦陷区海关行政/四、抗日战争胜利后的国民党统治区海关/(一)海关组织与机构概况/(二)战后的关税/(三)美货倾销和猖狂走私/简短的小结/第五章 百年来中国人民收回海关主权的斗争(上)/第一节 早期的自发斗争/第二节 太平天国的海关和海关制度/第三节 要求关税自主和反对洋关的斗争/第六章 百年来中国人民收回海关主权的斗争(下)/第四节 中国共产党成立后收回海关主权的斗争/第五节 解放区海关的建立和发展/第六节 解放战争的胜利和接管旧海关/第七节 百年来中国人民为收回海关主权进行长期斗争的主要经验教训

内容提要　本收系统地论述了中国海关起源发慌及其历史演变,包括古代、近代、当代各个时期的中国海关历史,最后一章 立式介绍了现在设立的全国近四十个主要海关的历史和现状。现为适应海关内外对海关史专著的迫切需要,列入《中国海关历史丛书》出版。本书是我国第一本全面、系统介绍中国海关历史的专著,可供全国海关、海关院校以及外贸、交通、外事、财政、司法、公安、工商管理、边防等有关单位、科研机构、文科院校及各地图书馆研究、参考和选作大专院校教材或教学参考书。

书　　名　中国海关史话(中国海关历史学术研究丛书)
责 任 者　姚梅琳编著
出 版 项　北京:中国海关出版社,2004.11
页　　码　443
书　　号　7-80165-244-4
分 类 号　F752.59
相关目录　古代部分/1. 国家、外贸与地理环境——海关产生的一般条件/2. 华夏系国家的形成——中国古代海关产生的政治条件/3. 远古中国的对外贸易——中国古代海关产生的经济条件/4. 中国海关最早产生于何时——海关起源诸说简介/5. 对夏、商、西周的设关考证——是否具备海关的本质特征/6. "关市之赋"与"形班征税"——置疑春秋时期的"关税"/7.《周礼》中的司关制度——兼谈历史文献的鉴别与使用/8. 鄂君启金节 ——现存的战国通关凭证/9. 海关管理思想的"百家争鸣"——丰富而多元的珍贵遗产/10. "关"与"关都尉"——秦汉时期的陆境边关、关吏及其管理/11. 最早的走私罪名——汉朝律令中的"阑"/12. 汉朝创设的"关市"——海关兼具管理与外贸职能之始/13. 汉朝的"候官"——有关迎送

宾客与稽查之职的史料分析/14. 魏晋南北朝时期的"互市"——各政权维护与开拓外贸的努力/15."交市监"与"互市监"——隋唐时期的边关与管理/16. 周庆立——最早的"市舶使"之疑/17. 唐朝市舶使的职能——最早的市舶管理/18."廉泉"与"贪泉——关于古代海关的廉政/19. 五代十国时期海外贸易管理机构的出现——割据战乱中的发展与进步/20. 两宋时期的"三司"——市舶管理机构的设定、完善与变化/21. 宋朝的市舶管理制度——服力于"开源敛财"的经济国策/22."榷场"——宋辽夏金时期的特殊边贸场所/23. 宋辽夏金时期的榷场管理——严密监控下的创新/24. 宋朝的市舶法制建设——从《编敕》到各专项法规/25. 元朝的陆路外贸及其管理——交通畅达下的鼓励促进政策/26. 元朝海上贸易的发展——政府推进下的经营形式多元化/27. 元朝的陆海外贸管理——机构、职能与管理手段的变化和创新/28."公凭"与"公据"——宋元时期的海上贸易许可证/29. 宋元时期的泉州——盛极一时的中国最大外贸港口/30. 元《市舶则法》——中国现存的第一部海关法规/31. 宋朝的外籍市舶使——蒲寿庚/32. 发生在澉浦的一场外商暴动——《乐郊私语》的记载反映了什么?/33. 明朝对外贸易政策的演变——步入封建后期的软弱与动摇/34. 盛极一时的"朝贡贸易"——明王朝"宣示国威"背后的尴尬/35."勘合"——明朝海上贸易的许可证/36. 市舶制度在明朝的衰弱——从变化走向解体/37. 冲破官营外贸的禁令——明朝空前活跃的海上走私贸易/38. 月港"督饷馆"的设置——明王朝被迫开放海禁/39. 清王朝的外贸政策——从入关到鸦片战争前的演变概述/40. 康熙的"对外开放"——清王朝开海贸易的背景/41. 鸦片战争前的清朝四海关——设置与概况/42. 清朝的海关制度——古代海关管理的最高阶段/43."关差"、"笔贴式"与"监督属官"——清朝海关关吏名称简介/44."恰克图互市"——根据条约开展的中俄边贸互市/45."洪仁辉事件"——清王朝关闭三海关的由来/46.《防范外夷规条》——对外商的严厉管束/47."包税制"和"规礼"——清朝关政紊乱腐败的根由之一/48. 清朝的行商制度——特殊的外贸管理形式/49. 清朝后期外贸管理的松弛——原因与现象分析/50. 广州港的历史地位——见证中国古代对外贸易史/近代部分/1. 片面协定关税的由来——从《南京条约》原文说起/2. 1843 年海关税则——近代中国第一个不平等的片面协定税则/3."值百抽五"——近代中国长期低税率原则的由来/4."子口税"制度——对中国内地税主权的侵害/5."复进口半税"——中国沿岸贸易权被侵夺/6."洋药征税"——鸦片贸易的合法化/7. 不平等条约中各种减免税规定——对陆路边境关税主权的严重侵害/8. 从"盘验所"到"江海北关"——江海关面临危机/9. 第一个由外国人管理的海关——江海新关/10. 1858 年海关税则执行中的变异——何桂清赠权外人/11. 总理衙门的设立——海关统辖于外交部门/12. 近代中国海关第一任外籍总税务司——李泰国/13."阿思本舰队事件"——最大的获益者是谁?/14. 长江各通商口岸的开放与设关——《长江通商统共章程》出台始末/15. 总税务司署与《募用外人帮办税务章程》——外籍税务司制度的确立/16. 创建独立自主海关的尝试——太平天国的设关及其管理/17. 赫德——中国近代海关史上永远的话题/18.《局外旁观论》——超脱还是恐吓?/19."会审公制"——中国缉私主权的丧失/20. 带有搜集情报性质的海关新业务——海关统计与海关造册处/21. 近代海关的职能——包罗万象的海关行政/22. 具有公益性质的海务——中国港务、航务等领域近代化的起步/23."国际官厅"——中国人民的耻辱/24.《中国海关管理章程》——近代海关最早的人事管理文件/25."务求优秀人才"——近代海关的招聘录用制度/26."金饭碗"的背后——洋员对华员的绝对统治和华洋歧视/27. 漫漫无期的华员升迁之路——近代海关的晋升制度/28. 汉(英)语的听、读、写能力——近代海关的语言要求/29.《诫程》、奖惩与调遣——近代海关的工作纪律/30. 参与"洋务"——怎样评价海关在中国现代化进程中的作用/31."业余外交"——海关洋员的"居间斡旋"/32. 争夺总税务司职位的斗争——赫德辞去英国公使之职/33. 近代中国的保税仓库——"保税关栈"权益之争/34. 殖民地海关和租借地海关的出现——海关行政权的分离/35. 总理衙门的改称——外国人为何'忧虑重重?/36. 税务大臣的设置——海关转属外交、财政部门共管/37. 税务处的设立——清政府收回海关行政权的意图/38. 海关隶属关系变更的背景——收回海关主权力量的初步形成/39. 提拔华员和开办北京税务学堂——培养中国的海关中高级关员/40."假维新中的真改革"——"清末新政"中海关职权的削夺/41. 从支付赔款、外债到"各国银行联合委员会——海关税款收支权的丧失/42. 黄浦江边的赫德铜像——谁笑到最后？/43. 收回海关主权的呼吁——关税自主运动中北洋政府的行为剖析/44. 反对关税特别会议——民族精神的空前觉醒/45. 北洋政府的"太上财政总长"——安格联/46. 孙中山领导的收回关税主权实践——分拨关余和征收二五附加税/47. 四部"国定税则"颁行前后——"关税自主"的部分实现/48."统一行政"和"关政改革"——部分收回海关主权/49. 东北海关的沦陷与猖獗的华北走私——海关行政再遭破坏/50. 抗战时期及战后的海关管理——随国民党的衰败而式微

内容提要 本书按照古代、近代、现代三个时期,选取了150项涉及中国海关的重大历史事件、重要历史人物、重要制度、重要管理思想或理念等方面的内容,叙述了中国海关发展的历史脉络。

书 名 **中国海关与对外贸易(南强史学丛书)**
责任者 连心豪著
出版项 长沙:岳麓书社,2004
页 码 361
书 号 7-80665-432-1
分类号 F752.95
相关目录 一、设关与对外开放/市舶制度在宋代海外贸易中的地位作用/郑氏海上商业活动的几个问题/施琅与清初开海设关通洋/再论施琅与清初开放海禁/二、海关与中国近代社会/赫德、海关近代化与洋务运动/赫德、海关与中国近代化/海关总税务司垄断北洋政府财政/日本劫夺中国东北海关/近代海港检疫与东南亚华侨移民/菽庄花园与海关税务司公馆讼案始末/三、口岸与对外贸易/唐绍仪与中山港无税口岸/东山商贸口岸及其对台通商贸易/近代海南设关及其对外贸易/近代闽南通商口岸与内地/四、走私与海关缉私/南京国民政府初期海关缉私工作的整顿加强/南京国民政府初期海关缉私工作述评/抗日战争时期海关缉私工作的破坏/战后中国海关缉私述论/近代潮汕地区的走私问题/三十年代台湾海峡海上走私与海关缉私/七十年代以来台湾海峡走私问题

内容提要 本书从"设关与对外开放"、"海关与中国近代社会"、"口岸与对外贸易"、"走私与海关缉私"四个方面收录了作者24篇论文。

书 名 **中国海关与庚子赔款(帝国主义与中国海关资料丛编之七)**
责任者 中国近代经济史资料丛刊编辑委员会主编
出版项 北京:中华书局,1962
页 码 238
书 号 11013·339
分类号 F752.95
相关目录 第一章 庚子赔款的筹拨和用金抑用银支付问题的交涉情况/第二章 第一次世界大战发生后庚子赔款的支付情况/(一)北洋政府与协约七国关于缓付庚款五年的交涉/(二)十月革命后苏联政府自动放弃帝俄部分庚款;北洋政府将庚款照付帝俄驻华公使/(三)德国部分庚款的停付和转作内债基金的情况/(四)奥国部分庚款的停付和转作内债基金的情况/(五)中法关于金佛郎案的交涉;法帝国主义"退还"庚款的情况/(六)中比关于赔款拨付办法的交涉;比帝国主义"退还"庚款的情况/(七)意帝国主义"退㊣㊣"庚款的情况/(八)美帝国主义"退还庚款的情况/(九)英帝国主义"退还庚款的情况/(十)荷兰帝国主义"退还庚款的情况/第三章 日本帝国主义发动侵华战争后庚子赔款的停付情况/附录一、历年支付庚子赔款总额表/附录二、关于金法郎案

内容提要 本编资料主要提供关于帝国主义代理人海关总税务司赫德等人在庚子赔款的支付过程中

如何施展欺骗手段来扩大赔款数额，夺取税款保管权；帝国主义各国利用“退还”的庚款对我国进行经济文化侵略的罪恶活动，以及清朝政府、北洋军阀、国民党反动政府屈从帝国主义的行为。本书分为三章。第一章 是关于用金抑用银支付赔款的交涉和税款保管权落入帝国主义者手中以及赔款筹拨情况的资料。第二章 涉及问题较广，包括缓付赔款问题、帝国主义集团干涉处理俄国部分庚子赔款和苏联放弃帝俄庚款、帝国主义者利用所谓“退还”的赔款对我国进行经济文化侵略。第三章 是关于庚子赔款的结束情况。本编资料主要是从旧海关汉文档案中“庚子赔款”专题卷选用的。

书　　名　**中国海关与义和团运动（帝国主义与中国海关资料丛编之六）**
责 任 者　中国近代经济史资料丛刊编辑委员会主编
出 版 项　北京：中华书局，1983.08
页　　码　116
书　　号　11018・1190
分 类 号　K256.7
相关目录　第一章 赫德向伦敦报导关于北京义和团和侵略军活动情况，和操纵清政府官吏的有关文件/（一）赫德和海关驻伦敦办事处税务司金登干往来文件/（二）赫德和清政府人员往来文件/（三）赫德和各国使馆往来文件/第二章 广州、南京、上海、汉口等地海关洋员勾结当地官吏的有关文件/（一）粤海关税务司庆丕的文件/（二）金陵关税务司韩森的文件/（三）江海关税务司安格联的文件/（四）江汉关税务司何文德的文件/第三章 天津的海关洋员向赫德所送关于当地义和团和侵略军活动的报告/第四章 营口的海关洋员向赫德所送关于当地义和团和侵略军活动的报告

书　　名　**中国海关与邮政（帝国主义与中国海关资料丛编之八）**
责 任 者　中国近代经济史资料丛刊编辑委员会主编
出 版 项　北京：中华书局，1983.08
页　　码　207
书　　号　11018・1191
分 类 号　F632.9
相关目录　第一章 海关兼办邮递和洋员建议开办邮政官局（1867－1896 年）/第二章 邮政官局的开办和发展（1896－1911 年）/（一）开办情况/（二）邮政官局排挤民信局/（三）各国在中国设局侵犯邮权/第三章 邮传部接管邮政官局的经过（1908－1911 年）/附录 台湾省邮政章程（1888 年）
内容提要　帝国主义掠夺中国的邮政管理权，是由海关总税务司英国人赫德开始的。自 1867 年至 1911 年邮政一向属于海关管理，因此在旧海关档案中保存了一部分有关邮政的资料。我们现在把它编辑出来，以供研究邮政史者参考。本编资料所涉时间从 1867 到 1912 年，比较全面而有系统地叙述了中国邮政权如何落入帝国主义者手中，和民办信局和帝国主义国家在华所设“客局”的关系。这是帝国主义者又一次对我交通邮政权掠夺的铁证。

书　　名　**中国海关与中国近代社会：陈诗启教授九秩华诞祝寿文集**
责 任 者　戴一峰主编；厦门大学中国海关史研究中心编
出 版 项　厦门：厦门大学出版社，2005.01
页　　码　485
书　　号　7－5615－2319－X
分 类 号　F752.59－53

相关目录 专题论文/中国的国防现代化与海关岁入:1875－1879/1895－1936 年中国关税制度与外贸状况的变化/闻其言、察其行:《赫德日记》解读——兼论中西文化中介人/近代中国通商口岸与内地——厦门、泉州常关内地税个案研究/再论中国近代海关关栈保税制度的推行/南京政府的内部分裂与海关"完整性"的破坏/晚清海关子口税的起源和发展/晚清海关与金融的关系/中国近代海关人事管理的基本架构和特点/清季朝鲜海关述论/论近代海关与地方社团的关系——以厦门海关兼管常关为例/近代福建海关的海务工作/赫德与中国近代教育/海关邮政的扩张:从地理空间到制度空间(1866－1896)/论赫德的骑马理论及其实践/试析中美、中英、中日关税新约的异同/海关缘——祝陈诗启先生九秩大寿/学问贵有恒/读《中国近代海关史》感言

内容提要 本论文集收录的文章,除来自海内外专家的关于中国海关与中国近代社会专题的研究论文外,还有出自陈诗启教授弟子及在读研究生之手的一批新作。此外,还收录部分专家、学者的贺信、以及陈诗启教授从教六十周年暨九十华诞庆祝会上部分来宾的即席发言。

书　　名 **中国海关与中国近代社会:陈诗启教授从教六十五周年暨 90 华诞的庆贺文集**

责 任 者 厦门大学中国海关史研究中心编

出 版 项 厦门:厦门大学出版社

页　　码 515

书　　号 7－5615－0205－2

分 类 号 K825. 81－53: F752. 59－53

内容提要 本书是庆贺历史学家陈诗启教授从教 65 周年暨 90 华诞的庆贺文集。分纪念文章和专题论文两部分,包括中国近代海关制度、中国海关与外债、中国海关与近代社会经济等内容。

书　　名 **中国海关与中日战争:**

责 任 者 中国近代经济史资料丛刊编辑委员会编;中国近代经济史资料丛刊编辑委员会编

出 版 项 北京:中华书局,1983. 08

页　　码 244

分 类 号 F129. 5

相关目录 第一章 中日战争前朝鲜海关总税务司墨贤理关于 1885－1889 年朝鲜海关总税务司关于朝鲜政治情况的一些反应/第二章 战事发生前后赫德等人的活动/第三章 战争期间的购买军军火和聘请外国军官/第四章 战争期间的借款活动/第五章 帝国主义关于中国战后借款利权的争夺/第六章 1895 年 2 月至 6 月淡水关税务司马士关于台湾情形的报告。

内容提要 辑入 1885 年至 1895 年间中国海关与甲午中日战争关系资料。共 5 章。一、1885－1889 年朝鲜海关总税务司关于朝鲜政治情况;二、战争前后中国海关总税务司赫德等人幕后活动;三、战争期间清政府购买军械,聘请外国军官及借款等;四、战后列强争夺对华借款情况;五、台湾割让前后,淡水关税务司关于台湾情况报告。后附重要人名、行名中外文对照表。本书为"帝国主义与中国海关资料丛编"之四。

书　　名 **中国海疆通史**

责 任 者 张炜,方堃主编

出 版 项 郑州:中州古籍出版社,2003

页　　码 458

书　　号 7－5348－1895－8

分 类 号 K928.19

相关目录 第一编 中国海疆的早期开发/第一章 中国沿海地区的早期文明/第一节 中国海疆的自然地理特征和人文特征/第二节 中国沿海地区的早期文化遗存/第三节 中国沿海早期文明的海外传播/第二章 先秦前期沿海地区经济文化的融通与开发/第一节 五帝始匡华夏,东至于海/第二节 夏定九州岛,“夷夏交争”显现/第三节 商族西进,尝试“以夷变夏”/第四节 周族东征,再现“以夏变夷”/第三章 春秋战国时期的海疆开拓/第一节 诸侯争霸战争中沿海诸侯国家的发展/第二节 沿海地区的经济开发/第三节 海上航线的开辟和沿海港口的出现/第四节 中国古代海军的诞生/第四章 中国海疆早期开发的历史特征/第二编 秦汉时期的中国海疆/第一章 统一多民族封建国家的形成与海疆开发/第一节 秦统一中国及其对域内的治理措施/第二节 秦王朝沿海疆域的行政区划和对沿海的镇辖/第三节 秦统一对沿海经济发展的促进/第四节 秦始皇巡海与秦代的海洋文化观念/第二章 汉代大一统的形成及对海疆的政治经略/第一节 两汉的兴衰与海疆政制沿革/第二节 汉代水军的建立/第三节 两汉时期水军在军事征服中的运用/第三章 两汉时期沿海地区的经济开发/第一节 汉代经济的繁荣对沿海地区经济的刺激与带动/第二节 汉武帝巡海与汉代的海上丝绸之路/第三节 汉代的航海技术和南海的发现/第四章 秦汉时期中国海疆治理的历史特征/第三编 魏晋南北朝时期的中国海疆/第一章 魏晋南北朝时期中国海疆的开发/第一节 分裂状态下中国南北沿海疆域的基本区划/第二节 分裂与混战对中国北方沿海疆域开发的影响/第三节 南方各割据政权统治下沿海疆域的开发与拓展/第二章 魏晋南北朝时期的海上军事活动及中国海疆的拓展/第一节 魏晋南北朝时期沿海水军的设置与扩充/第二节 曹魏征服辽东沿海地区及与日本航海往来的意义/第三节 东吴的军事航海活动及其意义/第四节 西晋时期的海上军事活动/第五节 魏晋南北朝时期海外航线的发展及对外贸易的扩大/第三章 魏晋南北朝时期中国海疆的历史特征/第四编 隋唐时期的中国海疆/第一章 隋朝对沿海疆域的治理与开发/第一节 隋朝统一中国后沿海行政区划的变化/第二节 隋朝对沿海疆域及朝鲜半岛的军事经略/第三节 隋朝统一全国以后沿海经济的发展/第四节 隋朝与海上邻国的交往/第二章 唐前期中国沿海疆域的发展/第一节 疆域的底定与唐代沿海疆域的基本区划/第二节 唐前期东南及南部沿海疆域社会经济的发展/第三节 唐朝对北方沿海疆域的经略/第三章 唐中叶以后的中国沿海疆域及其治理/第一节 唐中叶以后对沿海疆域控制的弱化/第二节 唐中期以后沿海经济的发展状况/第三节 沿海港口及对外贸易的发展/第四节 唐朝对沿海疆域南端的统治实行羁縻政策及对海南的开发/第四章 隋唐时期中国海疆开发与发展的历史特征/第五编 宋元时期的中国海疆/第一章 北宋的统一及其对海疆的治理/第一节 北宋统一后的海疆区划/第二节 积弱积贫的国势与沿海经济的发展/第三节 “强干弱枝、内外相维”的军事方针与沿海防御/第四节 与北宋对峙的北方海疆/第二章 南宋时期的海疆/第一节 宋金“划淮而治”战略格局的形成/第二节 南宋沿海经济的繁荣/第三节 南宋政权对海防的重视和加强/第四节 金朝海疆及其海上活动/第三章 宋、辽、金时期海上贸易及对海疆的镇辖与开发/第一节 宋、辽、金时期海内外航运及贸易/第二节 对海南、台湾及南海诸岛的镇辖、开发与治理/第三节 宋朝与海外周边国家的关系/第四章 元朝时期的海疆/第一节 元朝灭金、灭宋战争及其海疆区划/第二节 元代沿海经济的发展/第三节 承上启下的元代海运业/第四节 元朝的海外军事扩张/第五节 元代海疆镇戍与管辖/第五章 宋元时期中国海疆的历史特征/第六编 明与清前期的中国海疆/第一章 明朝的建立及其对沿海疆域的统治/第一节 明朝建立前后统一海疆的战争/第二节 明代海疆区划及管理模式/第三节 明代的海禁政策及其实施/第四节 明代沿海经济的发展/第五节 明代朝贡贸易与沿海走私/第二章 明代的海防建设与海防斗争/第一节 明代海上安全与海防建设/第二节 抗击倭寇的战争/第三节 沿海地区抗击西方殖民者入侵的斗争/第三章 清朝对海疆的镇辖与防卫/第一节 海疆的统一/第二节 清代的海疆政策及其影响/第三节 康雍干时代所建立的海防体系/第四节 对台湾、海南岛及其它海疆岛屿的镇辖与开发/第四章 明清时期对海疆镇辖和开发的历史特征/第七编 晚清时期的中国海疆(上)/第一章 西方殖民势力冲击下的中国海疆/第一节 19 世纪初期沿海地区的人口与经济/第二节 沿海鸦片贸易对中外经济关系的冲击/第三节 第一次鸦片战争与中国传统海防的崩溃/第四节 从“夷夏之防”到“中外之防”的转变:近代海防思潮的兴起/第二章 海上门户洞开与中国传统社会的嬗变/第一节 清廷因循苟且与第二次鸦片战争/第二节 沿海开埠通商与传统经济政治秩序的解体/第三节 总理各国事务衙门与率先在沿海兴起的近代军事工业/第三章 晚清重构国防体系与兴办近代海防/第一节 普遍边防危机对清廷的压力/第二节 清廷对海疆防御地位的争论/第三节"南北洋"区域设防战略格局的形成/第四节 渐趋成熟的近代海防理论/第四章 两次鸦片战争后中国海疆的基本特征/第八编 晚清时期的中国海疆(下)/第一章 晚清以海防为重点的国防战略转型/第一节 中法海上冲突/第二节 清廷"大治水师"的决策和海防战略的调整/第三节 台湾设省及其战略意义/第二章 洋务运动与沿海经济的发展/第一节 沿海地区传统自然经济的解体/第二节 沿海近代工业对军事近代化的支持/第三节 在"与洋人争利"中兴起的沿海民用企业/第四节 通商口岸经济向内地的辐射作用/第五节 台湾岛的经济开发/第三章 中国近代化海军的建设和运用/第一节 北洋海军成军/第二节 北方沿海防卫体系的营造/第三节 李鸿章 海防战略思想的成就及得失/第四节 中日甲午海战与北洋海军的败没/第四章 海疆的全面危机与中国半殖民地化的加深/第一节 甲午战争对晚清海防的影响/第二节 帝国主义列强瓜分沿海地区的狂潮/第三节 列强的资本输出与中国的半殖民地化/第四节 国民海权意识的觉醒和清廷重建海防的失败/第五章 晚清时期海防建设与沿海经济发展的历史特征

内容提要 国家社会科学基金规划项目、河南省出版发展专项资金资助项目:全书论述了中国海疆的早期开发、秦汉时期的中国边疆、魏晋南北朝时期的中国边疆、隋唐时期的中国边疆、宋元时期的中国边疆、明与清前期的中国边疆以及晚清时期的中国边疆等八编内容。

书　　名 中国海军史概要
责 任 者 史滇生主编
出 版 项 福州:海潮出版社,2005
页　　码 528
书　　号 7-80213-111-1
分 类 号 E29
相关目录 第一章 春秋至秦汉时期的水军/一、中国古代的海洋文化/二、早期的水军和水战/三、秦汉时期的造船/四、秦汉时期的水军和水战/五、三国两晋南北朝时期的水军/第二章 唐宋时期的水军/一、隋唐时期的水军和水战/二、两宋水军的编成和作战/三、两宋造船技术和航海术的进步/四、两宋水军武器装备的发展/五、元代水军与海战/第三章 明代水军及前清时期的水师/一、明代水军/二、明代的造船/三、明代水军的海上作战/四、郑和船队下西洋/五、明代的海防思想/六、清代前期的水师/七、清代统一战争中的水师作战/第四章 晚清时期的水师及其作战/一、鸦片战争时期的中国水师/二、中国水师抗击英军的作战/三、中国近代海防思想的产生/四、太平军水营的建立/五、湘军水师的建立/六、太平军水营与湘军水师的作战/第五章 中国近代海军的创建/一、第二次鸦片战争和中国海防危机的加深/二、清政府建立新式海军的尝试/三、新式造船工业的建立/四、福建海军的创建/第六章 中国近代海军的发展/一、清政府第一次海防筹议/二、南洋海军的建立和发展/三、北洋海军的建设与成军/四、福建海军和广东海军的建设/五、第二次海防筹议及海军衙门的建立/第七章 中国近代海军教育/一、福建船政学堂/二、天津水师学堂/三、江南水师学堂/四、广东水师学堂/五、其它水师学堂/六、海军留学生的派遣/第八章 中法战争中的海军作战/一、战前中法海军态势/二、马江海战/三、台湾地区的海上作战/四、浙江海域的作战/第九章 中日甲午海战/一、战前中日双方海军态势及作战指导思想/二、中日甲午战争的爆发/三、黄海海战/四、威海卫保卫战/五、中国海军失败的原因及教训/第十章 甲午战争后中国海军的重建/一、甲午战争后中国海军状况/二、清政府重建海军的措施/三、20世纪初期的中国海军建设/四、海权理论在中国的传播和影响/五、海军参加辛亥起义/第十一章 北洋军阀统治时期的海军/第十二章 南京国民政府时期的海军/第十三章 抗日战争时期的中国海军/第十四章 抗日战争胜利后的中国海军/第十五章 中国人民解放军海军的创立和初

期建设

内容提要 本书首先介绍了中国古代水军的情况,然后技术了中国近代海军的创建、发展,中国近代海军教育、中法战争中的海军作战、中日甲午海战等,最后简述了中国人民解放军海军的情况。

书　　名 **中国海外交通史(中国文化史丛书)**
责 任 者 陈尚胜,陈高华著
出 版 项 北京:文津出版社,1997
页　　码 340
分 类 号 F552.9:F552.9
相关目录 第一章 海外交通的萌芽和发展/第一节 海外交通的萌芽/第二节 秦汉:海外交通粗具规模时期/第三节 三国两晋南北朝时期海外交通的发展/第二章 隋唐五代十国:海外交通的繁荣/第一节 隋唐五代十国时期海外交通概况/第二节 唐代海上航线和交往的地区、国家/第三节 隋唐五代十国时期的港口和贸易物品/第三章 宋元:海外交通的鼎盛/第一节 宋元时期海外交通鼎盛的社会背景/第二节 宋元时期的航线和交往的地区、国家/第三节 宋元时期对外交通的港口、市舶司和市舶法则/第四节 宋元时期由海道进出口的物品/第五节「蕃客」和「唐人」/第四章 明代:海外交通由盛转衰/第一节 明代前期的海外交通政策/第二节 郑和下西洋/第三节 明代中、后期海外交通政策的变化/第四节 明代中期以后交往的海外地区、国家/第五节 明代中期以后由海道进出口的物品/第五章 清代:海外交通的衰落/第一节 清前期海外交通政策的演变/第二节 清前期与亚洲国家的海上交通/第三节 清前期与西方国家的海上交通/第四节 鸦片战争后的条约港口与海外交通/第五节 清代海外交通与中外文化交流

书　　名 **中国海洋发展史论文集:第7辑**
责 任 者 汤熙勇
出 版 项 台北:中央研究院人文社会科学研究中心
页　　码 798
书　　号 9576716292
分 类 号 P7-092
相关目录 宋、元史籍中的丹流眉与单马令——以出口沉香到中国闻名的一个马来半岛城邦/由荷兰史料看十七世纪的台湾贸易/十七世纪的福佬海商/清康熙——乾隆年间洋铜的进口与流通问题/广东的水上世界:它的生态和经济/1880年代东北亚地区华商的贸易活动/近代长崎华商泰益号与厦门地区商号之间的贸易/近代广东香山商人的商业网路初探/汪伪政府与南洋华侨/附录:第七届中国海洋发展史国际研讨会议程/明代福建海防的水寨与游兵/罪犯或受害者:试析1795年至1810年广东省海盗集团之成因及其成员之社会背景/鸦片战争后日本对东亚海外情报的搜集(1844-1860)——以琉球管道为中心/海运发展与台湾传统港都的形成——以清代的鹿港为例/清代台湾的外籍船难与救助/印度尼西亚华商、台商与日本政府之间:台茶东南亚贸易网络的拓展(1895-1919)/日治初期台湾的海运政策与对外贸易(1895-1914)

书　　名 **中国海洋发展史论文集:第2辑**
责 任 者 中国发展史论文集编辑委员会主编
出 版 项 台北:中央研究院三民主义研究所,1986
页　　码 348
分 类 号 F552.9-53

相关目录　宋元的远洋贸易船：中国海外发展鼎盛时期的交通工具/十六——十八世纪中国海贸思想的演进/海上交通与古代福建地区的开发/十六世纪前期葡萄牙人在中国沿海的贸易据点/清初边界令时中国船海上贸易之研究/清嘉庆年间闽浙海盗组织研究/台湾新竹郑氏家族的发展/明末华人在爪哇万丹的活动/东南亚琼侨移民史/美国排华运动及其对中国移民的影响/加勒比海区域的华人：其移入及适应的过程与特征

书　　名　**中国海洋发展史论文集：第3辑（"中央研究院"三民主义研究所丛刊）**
责 任 者　张炎宪主编
出 版 项　台北："中央研究院"三民主义研究所，1988.12
页　　码　494
分 类 号　P7
相关目录　台湾关系/史前时代台湾与华南关系初探/汉人移民与中港溪流域的拓垦/澎湖的人口迁移——以白沙乡瓦硐村为例/由祭祀圈到信仰圈——台湾民间社会的地域权成与发展/皇民化运动下的台湾长老教会——以南北教会学校神社参拜为例/日据时期来台华工之探讨/海盗与海滩：清代闽台交通问题初探/沿岸对外关系/秦汉变局中的南越国——岭南地区对外发展史研究之一/元代福建北部及其邻近地区所输出的陶瓷器——试论新安沈船为福州为出口港/明洪武朝的中琉关系/明季东南海寇与巢外风气（1567－1644）/十六至十八世纪华人在东亚水域的贸易优势/清开海令后的中日长崎贸易商与国内沿岸贸易（1684－1722）

书　　名　**中国海洋发展史论文集：第5辑（中央研究院中山人文社会科学研究所专书）**
责 任 者　张彬村，刘石吉主编
出 版 项　台北：中央研究院中山人文社会科学研究所，1994
页　　码　740
分 类 号　F552.9－53

书　　名　**中国海洋发展史论文集：第6辑**
责 任 者　张炎宪主编
出 版 项　台北：中央研究院人文社会科学研究中心，1997.03
页　　码　627
书　　号　9576714834
分 类 号　P7－092
相关目录　华商文化的研究[主题演讲]/中国三大商业革命与海洋/五代南汉的对外关系/宋·丽关系与宋代文化在高丽的传播及其影响/两宋闽南广东外贸瓷产业的空间模式：一个比较分析/从《大德南海志》看宋末元初广州的海外贸易/近世江南海神李王考/1780－1800，中西贸易的关键年代/清末对外贸易的关系效果（1860－1911）/近代长崎华商泰益号与上海地区商号之间的贸易/英国东印度公司与台湾郑氏政权/试论清代台湾生番之归化与汉族拓垦：以乾隆至道光年间为中心/台湾中部日本移民村之研究（1932－1945）/日治时期的「台湾华侨」（1937－1945）/在国际经济演变中的台湾贸易关系/德属萨摩亚招募华工的交涉与中国的保侨设领事（1903－1914）

书　　名　**中国海洋发展史论文集：第8辑**
责 任 者　朱德兰

出 版 项 台北:“中央研究院”中山人文社会科学研究所,2002. 05
页　　码 380
书　　号 9576718384
分 类 号 P7 - 092
相关目录 中国沿岸发展关系/清代福建通商口岸的开放及其对邻近地区的正面影响/移民与珠江三角洲海洋经济化/十九世纪香港东部沿海经济发展与地域社会变迁/中国对外关系/清顺治至乾隆时期中国救助朝鲜海难船及漂流民的方法/清代环中国海域的海难时间研究——以清日两国间对外国难民的救助及遣返制度为中心(1644 - 1861)/台湾关系/十九世纪中后期台湾北中部银钱比价变动续探(1839 - 1895)/一个移殖的教派:一贯道在宜兰、汐止、南港一带的发展(1950 - 1999)/海外华人关系/美洲白银与妇女贞洁:1603 年马尼拉大屠杀的牵引与后果/《印地亚法典》中的生理人:试论西班牙统治菲律宾初期有关华人的法律规范

书　　名 **中国海洋发展史论文集:第 9 辑**
责 任 者 刘序枫
出 版 项 台北:“中央研究院”人文社会科学研究中心,2005. 05
页　　码 555
书　　号 9860016682
分 类 号 P7 - 092
相关目录 锡兰世家六百年史探索:兼论十五世纪早期中国海外交通之剧变/港埠的工艺:关于明末清初漳州工艺品二三事/明清时期澳门海上贸易/中国梦魇———一次撤退,两次战败/十七世纪末荷兰东印度公司为什么不再派船到中国来? /十七世纪的中国帆船贸易及赴日唐船源流考/ <唐船图卷> 中的「台湾船」及其设计图之复原/十七至十九世纪初越南沿海的中国帆船贸易/清政府对出洋船只的管理政策(1684 - 1842)/日治初期大阪商船会社与台湾海运发展(1895 - 1899)/图像与历史:西班牙地图与古书呈现的菲律宾华人生活(1571 - 1800)/The State and Market in China's Maritime Sector

书　　名 **中国海洋发展史论文集**
责 任 者 张炎宪主编
出 版 项 台北:“中央研究院”中山人文社会科学研究所,1984
分 类 号 F752. 9

书　　名 **中国海洋文化史长编:先秦秦汉卷**
责 任 者 曲金良主编
出 版 项 青岛:中国海洋大学出版社,2008
页　　码 406
书　　号 7 - 81125 - 118 - 3
分 类 号 K203
相关目录 第一章 中国海洋文化的曙光/第一节 史前海洋文化的遗迹/第二节 夏商周时期的海洋文化/第二章 先秦秦汉时期的海洋社会及人口迁徙/第一节 早期的海洋社会/第二节 内陆与沿海之间的人口迁徙/第三节 中国海外移民的出现/第三章 先秦秦汉时期的海洋科学认知/第一节 早期海洋气象和海洋水文的认识/第二节 海洋地貌知识和海陆循环观的出现/第三节 对海洋生物的认识/第四章 先秦秦汉时期的海洋疆域及海洋军事/第一节 海洋疆域的形成及发展/第二节 先秦时期海洋军事的出现/第三节

秦汉时期海洋军事的发展/第五章 先秦秦汉时期的海洋经济/第一节 先秦时期的海洋经济/第二节 秦汉时期的海洋经济与海外贸易/第三节 先秦秦汉时期的海港/第六章 先秦秦汉时期的海洋交通/第一节 先秦秦汉时期的造船业/第二节 先秦时期的海洋交通/第三节 秦汉时期的海洋交通/第七章 先秦秦汉时期的海洋信仰与崇拜/第一节 早期的海神信仰/第二节 鸟图腾崇拜/第三节 秦汉时期滨海的方士文化/第四节 蓬莱仙话与徐福信仰/第八章 先秦秦汉时期的海洋文学艺术/第一节 早期的海洋艺术创造/第二节 早期的海洋文学作品

内容提要 本书力图通过对国内海洋人文历史学相关学者研究成果的汇总性梳理、集纳，较为全面、系统展示中国海洋文化悠久、丰厚的历史面貌和发展演变轨迹，以期有利于读者在学界相关著述的浩瀚书海中，通过这样一部书的集中介绍，同时通过对各部分内容的出处的介绍，既能够对中国海洋文化史的基本面貌和丰富蕴涵有一个大致的把握，又在一定程度上对我国海洋文化相关研究的学术状况、学者成就有一个大体的了解。

书　　名 **中国海洋文化研究：第1卷**
责 任 者 曲金良主编；青岛海洋大学编
出 版 项 北京：文化艺术出版社，1999
页　　码 201
书　　号 7－5039－1892－6
分 类 号 K203
相关目录 理论探讨/关于海洋文化学基本理论的几个问题/关于建立中国海洋文化学的探索/关于建立中国海洋文化学的思考/海洋文化与海洋文明/关于海洋民俗文化的几点认识/史实考论/海洋底下的人类文明——关于人类“前文明”的探索/亲代文明中河文明与海文明的生存环境差异及其影响/中国古人在认识海洋上的贡献/蓬莱仙话及其文化意蕴/古代山东半岛与朝鲜半岛及日本之间的海上交流/郑和下西洋的历史背景及其海洋发展方略的特点/泉州——妈祖信仰传播的发祥地/天妃信仰的起源、属性、传播及其历史文化背景/胶州湾港口与元明时期的胶莱漕运业/《广东新语》中的海洋世界/“地理大发现”与16世纪港城安特卫普的兴衰/“红毛番”：一个增值的象形文本——近代“海外来人”形象在中国/澳门与海洋文化/天津民间妈祖信仰辨异/民间采风/从元神岗的名称说到元神崇拜/海洲地区灵石崇拜与镇海民俗/荣成的渔家习俗/荣成渔民的谷雨节仪式及其演变/谈谈周戈庄“祭海”风俗/浅谈渔民生活风俗

书　　名 **中国海洋文化研究：第4－5合卷**
责 任 者 曲金良主编
出 版 项 北京：海洋出版社，2004.12
页　　码 400
相关目录 海洋文化的历史视角/中国海洋史与海洋文化研究/中国传统海洋文化中的大陆文化影响/中国海洋文化传统与东亚文明/哲学视野中的“海洋文明”/海洋文化的哲学思考/海洋文明的类型/中国海岛海洋审美文化简论/海洋文化研究的思维方法论探讨/海洋世纪背景下的海洋文化与综合国力竞争/中华民族走向海洋的光辉历史/海洋文化的曙光——浙东稻作农业、石锛、巨石崇拜的传播与交融/试论夏商时期的海洋文化/徐福与哥伦布比较研究略探/徐福东渡与日本弥生文化/论福建在古代中国海上交通的地位/宁波“海上丝绸之路”文化遗存初探/元代海外贸易概论/郑和下西洋的文化成就/郑和之后明代航海业的发展与兴盛/一代海商的悲剧——兼论明代的海禁与“倭患”/姚莹海防思想初探/海上丝绸之路与饮食文化传播/清代福建海商的构成及其经营形态/从“官话”看近世琉球与中国人漂风难民/中国海洋无形文化遗产及其保护/山东蓬莱贝丘遗址研究/宋代妈祖褒封史实综考/海神信仰与佛教、道教/海

洋民俗的调查与研究/二界沟海洋渔业民俗调查——原始苯式樯张网生产作业情形描述/海洋考古学:西方兴起与学术东渐

内容提要 本书收入《海洋文化的历史视角》、《海洋文化研究的思维方法论探讨》、《郑和之后明代航海业的发展与兴盛》、《山东蓬莱贝丘遗址研究》等56篇论文。

书　　名 中国海洋志

责 任 者 曾呈奎等主编;《中国海洋志》编纂委员会编著

出 版 项 郑州:大象出版社,2003

页　　码 1320

书　　号 7-5347-2716-2

分 类 号 P7-12

相关目录 第九篇 中国海洋产业(中)/第一章 航运业/第一节 上古先民及秦汉时期的航运业/第二节 唐宋时期的航运业/第三节 元代海运漕粮/第四节 郑和下西洋/第五节 明代中后期及清初的航运业/第六节 中国近代航运业/第七节 新中国的航运业/第八节 香港、台湾地区航运概况/第二章 海港/第一节 古代海港/第二节 近代海港/第三节 现代海港/第三章 造船业/第一节 从筏、独木舟到木板船/第二节 汉代的船/第三节 由唐宋海船到郑和宝船/第四节 机动船/第五节 现代船舶工业/第十四篇 中国海洋防务/第一章 古代海军与海防/第一节 海军兴衰与海防"/第二节 古代的江河湖海之战/第三节 戚继光和郑成功

内容提要 国家自然科学基金资助项目:本书记述了中国海洋自然存在、自然特征、自然现象、自然演变和有关海洋史及现状。

关 键 词 中国;海洋志

书　　名 中国航海科技史

责 任 者 章巽主编

出 版 项 北京:海洋出版社,1991.11

页　　码 374

书　　号 7-5027-1096-5

分 类 号 U675-092

相关目录 第一章 中国古代的造船技术/第一节 中国舟船的发展具有悠久的历史/第二节 中国的造船技术在汉代获得重大发展/第三节 中国古代造船技术在唐宋时代趋于成熟/第四节 元明两代为中国古代造船技术的鼎盛时期/第二章 中国古代的海上航路/第一节 远古至秦汉时代海上航路/第二节 三国至隋唐时代海上航路/第三节 宋元时代海上航路/第四节 郑和下西洋航路/第五节 明清时代海上航路/第三章 中国古代的地文导航/第一节 以"洋"来划分小海区的研究/第二节 海上地貌知识/第三节 海下地貌探索/第四节 水色与生物导航/第五节 时间与空间统一的记程单位——"更"/第六节 航海器具——指南针、重锤/第七节 更路簿和针经/第四章 中国古代的天文航海技术/第一节 中国古代对天体方位及高度的早期认识/第二节 宋元以前的海上天文定向导航/第三节 宋元时代天文航海术的重大演进/第四节 郑和下西洋时使用的过洋牵星术/第五节 天文气象观测在航海中的应用/第五章 中国古代航海图的发展及其成就/第一节 中国古代航海图的发展概况/第二节 航海图的系统渊源/第三节 现存的两种著名的古航海图/第六章 中国古代的海港/第一节 中国古代海港的兴起时期(秦汉至六朝时期)/第二节 中国古代海港的兴盛时期(隋唐五代时期)/第三节 中国古代海港由极盛到渐衰时期(宋元明清时期)

内容提要 本书是国内外第一部论述中国航海科技史的专著。介绍了中国古代的造船技术、航海路

线、天文、地文航海技术、航海图和海港等。

书　　名 中国航海史:古代航海史

责 任 者 彭德清主编

出 版 项 北京:人民交通出版社,1988.12

页　　码 350

书　　号 7-114-00407-9

分 类 号 F552.9

相关目录 第一章 中国航海的起源和初创/第一节 上古先民的海上活动/一 上古的水上运载工具/二 上古先民的海上活动/三 龙山人和百越人向海外活动的路线及其漂航工具/第二节 中国航海事业的初创/一 夏、商、周三代的船舶/二 夏、商、周三代航海事业的初创/第二章 中国航海事业的发展期/第一节 秦始皇巡海/一 秦始皇四次巡海的经过/二 秦始皇巡海的动因/三 对秦始皇巡海求仙的认识/第二节 徐福东渡与日本弥生文化的关系/一 先秦时期的三神山传说/二 徐福东渡的到达地与日本弥生文化的关系/第三节 西汉海上丝绸之路的开辟/一 西汉时期工商业的发展与中亚商路的兴衰/二 汉武帝巡海及海上丝绸之路的形成/第四节 东汉及六朝时期东西航路的发展/一 东汉时期的国内外形势/二 东汉海上丝绸之路的发展/三 三国及六朝时期的航海活动/第五节 西汉水军建置与东晋的水上军事活动/一 西汉水军/二 东晋农民起义军的海上军事活动/第六节 两汉及六朝的造船与航海技术/一 两汉及六朝的造船/二 两汉及六朝的航海技术/三 航海技术的发展对港口兴衰的影响/第三章 中国航海事业的繁荣期/第一节 唐宋两代航海事业繁荣的国内外因素/一 国内因素/二 国外因素/第二节 唐宋两代的造船技术/一 唐宋时期的海船/二 唐宋造船技术成就/第三节 唐宋两代的航海技术/一 海洋潮汐的研究/二 航海图的绘制/三 指南针用于航海/第四节 唐宋时期的东西洋航线/一 唐代的“广州通海夷道”/二 唐代的对日航线/三 唐代对勘察加航线/四 宋代的西洋航线/五 宋代的对日航线/六 宋代对高丽的航线/第五节 唐宋两代港口的兴衰/一 广州港/二 泉州港/三 明州港/四 扬州港/五 登州港/六 密州板桥镇/第六节 唐宋时期的航海贸易/一 唐宋航海贸易管理机构——市舶司的职责/二 唐宋时期的丝瓷外销/三 唐宋时期的香料进口/四 封建官吏对航海贸易的破坏/第七节 唐宋水军与水战/一 唐宋的舰船与水军建置/二 宋代水战/第四章 中国航海事业的鼎盛期/第一节 元明两代的造船能力/一 元代的船舶/二 明代的海船/第二节 元代与明初的港口及其市舶制度/一 元代的港口/二 元代的市舶管理制度/三 明代初年市舶制度的变化/第三节 元代与明代的海上漕运/一 元代的海上漕运/二 明代的海上漕运/第四节 元代的东西洋航线/一 元代的西洋航线/二 元代的中日航海往来/第五节 明初的“朝贡贸易”与郑和七下西洋/一 郑和七下西洋的目的及其船队的编制/二 郑和船队的航海技术成就/三 郑和的航海活动范围及其影响/第五章 中国航海事业的停滞期/第一节 明代中期以后航海事业的趋势/一 明正统至正德年间国内的生产形势/二 正统初年至弘治末年的航海业/三 正德年间的开海与市舶制度的演变/第二节 明代中期以后的民间航海贸易/一 嘉靖年间的海禁/二 嘉靖年间的海上走私贸易/三 嘉靖年间的海上武装走私/四 嘉靖年间对民间航海事业的镇压/五 隆庆初年至崇祯末年的放宽海禁与航海事业的恢复/第三节 郑成功收复台湾与清朝初年的迁海活动/一 郑成功抗清与其发展航海贸易的关系/二 郑成功收复台湾与清初的禁海政策/第四节 清代前期的航海事业状况/一 清代的航海政策/二 清代的“闭关锁国”与通商四口/三 清代的沿海航运与港口/四 清代前期的远洋航运业/第五节 鸦片战争前中、英、美之间的航海贸易/一 中、英之间的茶叶贸易/二 中、美之间的茶叶贸易/三 英、美对中国的鸦片走私贸易/四 清朝禁止鸦片入口及英国殖民主义者的反应

内容提要 本书系统地叙述了中国古代航海事业的光辉历程,展示了我国祖先在航海方面的辉煌业绩,是一部反映中国古代航海事业兴衰起伏的经济、技术史书。

书　　名　**中国航海史 古代史讲义**
责 任 者　杨熺著
出 版 项　大连:大连海运学院航海史研究室,1985. 12
页　　码　301
分 类 号　F552. 9

书　　名　**中国航海史:近代航海史**
责 任 者　中国航海学会
出 版 项　北京:人民交通出版社,1989
页　　码　534
相关目录　第一章 西方殖民主义者对中国沿海的侵扰和中国航权的丧失/第一节 清代开海对中国社会经济的影响/第二节 19 世纪前期中国木帆船的航海运输/一、沿海航运/二、远洋航运/第三节 外国侵略者在中国沿海的窥探和侵扰/一、飞剪船和鸦片走私/二、英国发动鸦片战争的准备/第四节 中国航权的丧失/一、沿海、内河与内港航权的丧失/二、海关管理权、港务管理权及航标设和管理权的丧失/三、引水权的丧失/第五节 协定关税对中国航业的影响/一、关税/二、内地贸易税/三、船钞/第二章 外船的入侵和对中国江海航运的垄断/第一节 海盗与"护航"/第二节 外船来华剧增和早期设立的外商轮船公司/一、鸦片战争后外船纷纷来华/二、早期设立的外商轮船公司/第三节 外商垄断中国江海及远洋航运/一、江海航线/二、远洋航线/第四节 中国木帆船在内外交困中急剧衰落/一、外国航业对中国木帆船的排挤/二、封建势力的限制和束缚/三、中国木帆船作为轮船运输业的补充而存在/第五节 外商经营的修造船厂/一、广州黄埔修造船厂/二、厦门、福州外商经营的修造船厂/三、上海外商经营的修造船厂/第三章 中国近代航业的诞生/第一节 苏伊士运河通航后轮船逐渐代替帆船/一、苏伊士运河通航对东西航运贸易格局的改变/二、轮船代替帆船,为航海事业开创新的历程/第二节 中国近代航业产生前经历的艰难过程/一、轮船逐渐受到清政府的重视和利用/二、华商航业的诡寄经营/三、从禁止购买到准许买用火轮夹板/四、清政府阻挠华商轮船公司的创办/第三节 轮船招商局的建立及其体制的变迁/一、创办轮船招商局的过程/二、轮船招商局的成立和体制的变迁/三、清政府对招商局的支持和盘剥/第四节 招商局早期的航运业务及与外商航业的竞争/一、漕粮及官物运输/二、江、海及远洋航运/三、在于外国轮船公司竞争中前进/四、收购旗昌轮船公司/五、齐价合同的签订/第五节 民营轮船业的兴起/一、清政府阻碍华商发展轮船业/二、内河及沿海的小轮公司/三、大中型民营航业的开创/第六节 中国早期的海员和海员斗争/第四章 外国航业对中国江海航运的进一步垄断/第一节/ 外商继续在华设立轮船公司/一、英国在华设立的轮船公司/二、日本在华设立的轮船公司/三、美国在华设立的轮船公司/四、其他各国在华设立的轮船公司/第二节 日本在华航业的崛起和各国航运势力的扩张/一、日本在华航业的崛起/二、英国在竞争中仍居首位/三、德、美、俄竭力扩张势力/第三节 第一次世界大战期间英日在华航运形成分霸的格局/一、英国势力相对减退/二、日本乘机发展/第四节 战后形成以英、日、美三霸为主的竞争局面/一、各国在远洋航运上的部署和争夺/二、各国对中国长江和沿海航运的部署和争夺/三、外国航业在中国攫取巨额利润/第五章 中国航业在内忧外患中艰难成长/第一节 招商局的封建买办性阻滞航运的发展/一、从官督商办到收归国营/二、贪污腐败进一步加剧/三、航运业务在挣扎中求发展/第二节 民族资本航业的创建和艰难成长/一、辛亥革命后民族航业发展概况/二、主要民营航运企业的创建和发展/三、航业公司的竞争和合作/四、华侨及华商兴办的远洋航业/五、没收德、奥在华船舶/六、民族航业备受摧残/第三节 沿海船舶修造厂的发展/一、外国船厂的垄断/二、江南造船所及其他官僚资本船厂/三、民族资本修造船厂的发展/第四节 中国海员在反帝反封建斗争中成长壮大/一、孙中山指导早期中国海员运动/二、中国海员工会的成立和香港海员大罢工/三、"五卅"惨案与省港大罢工/四、国民党控制工会组织和海员工会转入地下斗争/五、高级船员的组织和活动/第六章 抗战时期中国的江海航运/第一节 中国航业在抗战初期的贡献和损失/一、征用船舶构筑沿江及港口封锁线/二、船舶被劫、被炸损失惨重/第二节 中国江海航业的艰苦经营/一、海轮改悬外旗继续航行/二、抢运东南沿海工厂器材物资/三、招商局、三北公司经营长江上游航运/四、民生公司在川江航运中的贡献/五、木帆船仍活跃在江海航线上/第三节 抗战初期外轮在中国沿海的航运/第四节 日本侵略者独霸中国航运的局面彻底崩溃/一、东北方面/二、华北方面/三、华中方面/四、上海方面/第五节 抗战时期中国海员在国内外的斗争/第七章 抗战胜利后中国航海事业的繁荣与衰退/第一节 战后招商局航运的发展/一、接收敌伪船舶/二、向国外订购大批船舶/三、战后招商局航运的畸形发展/四、垄断航业体系的建立/第二节 民营航业的恢复与发展/一、战时船舶的损失与赔偿/二、战后民营航业的发展/三、战后主要民营航业的演变/四、解放前夕民营航业的困境/五、争取南北通航/第三节 收回航权与维护航权/一、收回航权/二、维护航权/第四节 重重压迫下的中国渔业航海/一、中国渔业航海的变革/二、日人侵渔和反动政府对渔业的摧残/三、战后美国垄断资本对中国渔业航海的控制/第五节 海损与打捞事业/一、海损频繁与江亚轮的沉没/二、打捞事业的开创/三、解放前几起打捞人物/第六节 战后中国海员的斗争/第七节 解放前夕，大批船舶被劫夺破坏和爱国员工的护产斗争/一、大批船舶被劫夺破坏/二、爱国员工的护产斗争/第八章 中国近代沿海港口的发展和变化/第一节 沿海港口的开放/第二节 条约港口的发展/一、广州港/二、上海港/三、宁波港/四、厦门港/五、福州港/六、汕头港/七、烟台港/八、营口港/九、温州港/十、天津港/十一、北海港/第三节 租(借)占(领)港口的殖民地化/一、青岛港/二、大连港/三、湛江港/第四节 自开港口的演变/一、秦皇岛港/二、连云港/第九章 中国近代海军的创建/第一节 清朝晚期的海军建设/一、试办海军的失败——阿思本事件/二、自造兵船——沪闽设厂/三、向外购舰/四、南北洋水师的建立/第二节 保卫海疆的反侵略战争/一、甲申马尾海战/二、甲午黄海海战/三、甲午战后重建海军/第三节 海军的操练、演习和出访/一、海上操练与演习/二、海军的巡航与出访/第四节 北洋政府海军/一、辛亥革命海军光荣起义/二、南北海军的分与合/第五节 国民政府海军/一、抗战前的舰队编制与实力/二、抗日战争中的海军/三、战后海军的恢复/第十章 航海人才的培养和航海教育的兴办/第一节 近代中国航海人才在实践中成长/第二节 军事航海教育的兴办/一、福州船政学堂/二、天津水师学堂/三、各地水师学堂/四、抗战胜利后的海军学校/第三节 商船、水产航海教育的继起/一、商船学校/二、水产学校/附录 1948 年全国各轮船公司船舶艘数、总吨数统计表

书　　名　中国航海史纲
责 任 者　孙光圻主编
出 版 项　大连:大连海运学院出版社,1991. 03
页　　码　458
书　　号　7 - 5632 - 0205 - 6
分 类 号　F552. 9
相关目录　古代编(新石器时期 - 1840 年)/第一章 航海事业的初创/第一节 远古航海/第二节 夏、商、西周航海/第三节 春秋战国航海/第二章 航海事业的发展/第一节 秦代航海/第二节 两汉航海/第三节 造船水平与航海技术的提高/第三章 航海事业的徘徊与起伏/第一节 三国航海/第二节 两晋航海/第三节 南北朝航海/第四节 造船与航海技术水平的提高/第四章 航海事业的繁荣/第一节 隋代航海/第二节 唐代航海/第三节 五代十国航海/第四节 航海工具与航海技术走向成熟/第五章 航海事业的全盛/第一节 宋代航海/第二节 元代航海/第三节 市舶机构与主要海港/第四节 航海工具与航海技术的重大进步/第六章 航海事业由顶峰转为停滞/第一节 明初郑和下西洋/第二节 封建主义晚期的民间航海政策/第三节 国内航运贸易/第四节 海外航运贸易/第五节 西方殖民主义者之海上东侵/近代编(1840 - 1949 年)/第一章 鸦片战争后中国航权的丧失/第一节 沿海、内河与内港航权的丧失/第二节 引水权的丧失/第三节 海关管理权、港务管理权以及航标设置与管理权的丧失/第四节 协定关税对中国航业的影响/第二

章 外国航业的入侵和对中国航运的垄断/第一节 鸦片飞剪船与茶叶飞剪船/第二节 外轮的入侵和垄断/第三节 在上海设立的美商旗昌轮船公司/第四节 中国木帆船的衰落/第五节 沿海港口的变化/第六节 外商建立修造船厂/第三章 中国近代轮船航运业的创办/第一节 苏伊士运河通航的影响/第二节 轮船招商局创办的历史背景/第三节 轮船招商局体制的演变/第四节 轮船招商局的业务经营/第五节 民营轮船航运业的诞生/第四章 外国航业对中国航运加紧争夺与垄断/第一节 外商继续在华扩张航运势力/第二节各国在华航运势力的消长与变化/第三节 沿海港口的畸型发展/第五章 中国轮船航运业的艰难而缓慢发展/第一节 国民党政府的航政管理/第二节 招商局封建的生产关系阻碍著航运的发展/第三节 中国民营航业在内忧外患中艰难成长/第四节 中国船舶修造业的建立与发展/第五节 中国航海人才的培养与成长/第六章 抗战时期中国航业的艰苦经营与日本独霸局面的崩溃/第一节 抗战时期我国航业的贡献与损失/第二节 抗战爆发后外商在华航业/第三节 战时我国航业惨淡经营/第四节 日本侵略者对中国航运的独霸及其崩溃/第五节 中美、中英新约的签订/第七章 抗战胜利后的中国航海事业/第一节 收回航权与维护航权/第二节 招商局对航业的全面垄断/第三节 民营航业的恢复与发展/第四节 中国渔业航海/第五节海洋打捞事业/第六节 解放前夕招商局船舶被劫和广大员工的护产斗争

内容提要　本书采用通史基本体例阐述中国航海事业的发展过程。分古代编、近代编、现代编3编。古代编(新石器时代－1840年)共6章,为航海事业的初创,航海事业的发展,航海事业的徘徊与起伏,航海事业的繁荣,航海事业的全盛,航海事业由顶峰转为滞期。近代编(1840－1949年)共7章,为鸦片战争后中国航海权的丧失,外国航业的入侵和对中国航运的垄断,中国近代轮船航运业的创办,外国航海对中国航运加紧争夺与垄断,中国轮船航运业的艰难而缓慢发展,抗战时期中国航业艰苦经营与日本称霸局面的崩溃,抗战胜利后的中国航海事业。

书　　名　**中国航运史**
责 任 者　张泽咸,郭松义著
出 版 项　台北:文津出版社,1997
页　　码　330
相关目录　第一章 先秦时期的水运/第一节 舟船的出现/第二节 水运业的开始/第三节 水运与水战/第二章 秦汉魏晋南北朝的水运/第一节 水运工具(造船业)的进步/第二节 内河航运/(一)华北地区的内河航运/(二)南方地区的内河航运/第三节 海上航运/(一)国内沿海的航海活动/(二)海外远洋航海活动/第三章 隋唐五代宋辽金时期的水运/第一节 兴旺发达的造船业/第二节 内河航运概况/第三节 海洋航运/(一)沿海航运活动/(二)海外远洋航运活动/第四章 元明时期的水运/第一节 丰富多彩的造船业/(一)海船/(二)内河船只/第二节 内河航运/(一)蓬勃兴盛的长江航运/(二)珠江及其它河道航运/(三)运河航线/第三节 海上航运/(一)元代的远洋航运/(二)规模空前的郑和下西洋/(三)近海航行/第五章 清代水运/第一节 日趋萎缩的航海业/(一)清政府的航海政策/(二)远洋航运/(三)国内航运/第二节 持续发展的内河航运/(一)形制各异的内河船只/(二)水路航线的扩展/第三节 外国势力的侵入和中国轮船航运的兴起/(一)外国航运势力在中国的扩张/(二)中国轮船业在困顿中产生发展

书　　名　**中国和拉丁美洲关系简史**
责 任 者　沙丁等编著
出 版 项　郑州:河南人民出版社,1986
页　　码　384
分 类 号　D829.73
相关目录　第一章 对中拉古代文化接触的探索/第一节 人种起源上的亲缘关系/第二节 古代文化联

系与"殷人东渡"说/第三节 "扶桑国"考证与中国人发现美洲说/第二章 中拉早期贸易往来及其影响/第一节 中拉早期贸易产生的背景/第二节 太平洋上的"丝绸之路"与"中国之船"/第三节 中拉早期贸易对双方经济发展的影响/第三章 中国人侨居拉丁美洲的开端/第一节 探索中的古代信息/第二节 十六——十九世纪初期中国人开始移入拉丁美洲/第四章 契约华工在拉丁美洲/第一节 中拉人民之间交往的重要阶段/第二节 拉丁美洲大批输入契约华工/第三节 契约华工的境况及其演变/第四节 华工对拉丁美洲的贡献/第五章 清末中拉外交关系的建立/第一节 中拉建交的背景和原因/第二节 中国与古巴、秘鲁建交/第三节 中国与巴西、墨西哥、巴拿马建交/第四节 中拉建交的性质和影响/第六章 民国时期的中拉关系/第一节 渐进的中拉外交和贸易关系/第二节 民国时期的拉美华侨

书　　名　**中国河运地理**
责 任 者　北京大学地质地理系经济地理专业 1955 级编著
出 版 项　北京:商务印书馆,1962
页　　码　303
分 类 号　F552
相关目录　第一篇 总论/第一章 河运的经济特性/第二章 我国河运的优越的自然条件/第三章 我国河运的悠久历史/第四章 半封建半殖民地时期的我国河运/第二篇 长江航运地理/第一章 长江得天独厚的航运条件/第二章 长江的航运历史/第三章 长江航运在国民经济中的重要地位/第四章 长江干流航运地理/第五章 长江上游支流航运地理/第六章 长江中游支流航运地理/第七章 长江下游及淮河流域航运地理/第八章 长江干流的主要港口和江海运输/第三篇 东南沿海诸水系航运地理/第一章 珠江航运地理/第二章 广东其它水系航运地理/第三章 浙江各水系航运地理/第四章 福建各水系航运地理/第五章 台湾航运地理/第四篇 我国北部、西部地区与京杭大运河航运地理/第一章 黄河航运地理/第二章 海河与华北其它水系航运地理/第三章 黑龙江与东北其它水系航运地理/第四章 我国西部地区主要水系航运地理/第五章 京杭大运河航运地理

书　　名　**中国建筑文化向南洋的传播:为纪念郑和下西洋伟大壮举六百周年献礼**
责 任 者　梅青著
出 版 项　北京:中国建筑工业出版社,2005
页　　码　155
书　　号　7-112-07452-5
分 类 号　TU-092:TU-093.3
相关目录　第一章 历史背景/1.1. 中国古代海外交通与南洋移民史/1.5. 马六甲华人移民的组成与居住形式的变迁/第二章 理论背景/2.3. 关于南洋交通与华人移民的建筑文献
内容提要　本书著重探讨了中国建筑对于东南亚的影响,以对于马六甲海峡的华人庙宇和会馆建筑实例的研究,揭开了中国建筑向南洋传播的历史事实。

书　　名　**中国舰船史**
责 任 者　唐志拔著
出 版 项　北京:海军出版社,1989.01
页　　码　236
书　　号　7-5070-0019-2
分 类 号　E925.6

相关目录 第一章 中国船舶的起源/一、原始的渡水工具/二、筏/三、独木舟/四、兵器导源于渔猎工具/五、新石器时代的海上活动/第二章 中国舟船的初步发展/一、木板船的出现/二、夏、商、周时期的造船业和水上交通/三、船舶初涉军事领域/第三章 中国战船的诞生和初步发展/一、春秋战国时期的造船业/二、战船的诞生和初步发展/三、我国最早的舟师、水战和海战/四、春秋战国时期的水战兵器/第四章 秦汉战船跃前矛/一、秦汉时期的造船业和航运业/二、汉代的水师和战船/三、秦汉时期造船技术的成就/第五章 三国至隋朝战船持续发展/一、三国至隋朝的造船业和航运业/二、三国至隋朝的战船和水师/三、三国至隋朝水战兵器的发展/四、三国至隋朝战船的特点/第六章 唐宋时期战船技术趋成熟/一、唐宋时期的造船业和航运业/二、唐宋时期的战船/三、唐宋时期的战船兵器/四、唐宋时期造船技术的成就/第七章 元明时期战船达鼎盛/一、元明时期的造船业和航运业/二、举世无双的郑和下西洋船队/三、明代的战船/四、明代的海防和海战/五、元、明时期水战兵器的发展/六、元、明时期战船技术的成就/第八章 清朝时期古代战船的衰落和近代军舰的兴起/一、清代中期前的水师和战船/二、近代军舰的兴起/三、近代海军的建立和海战/四、重整海军/五、清代海军兵器/第九章 民国时期的军舰/一、民国时期的海军/二、民国时期的军舰

书　　名 **中国江南:寻绎日本文化的源流**
责 任 者 王勇主编
出 版 项 北京:当代中国出版社,1996
页　　码 370
书　　号 7-80092-510-2
分 类 号 G125:K313.03
相关目录 绪论 古代江南与日本的海上航路(王勇)/甲编 原始时代至六朝时期/中国江南地区原始文化由海路输入日本论(王心喜)/古代日本的吴越移民王国(王勇)/江南始祖与日本的“泰伯后裔”说(吕洪年)/慈溪达蓬山的徐福遗址(周乃复)/乙编 隋唐至宋元时期/入宋僧与杭州([日]藤善真澄)/丙编 明清时期/浙江与日本:1684至1728年宁波船的动向([日]大庭修)/宽政十二年远州滩漂流著唐船([日]薮田贯)/王阳明与日本(牛建科)/陈元赟在日本的文化交流活动之轨迹(周如汉)/一百多年前一个日本人的上海手记——岸田吟香的《吴淞日记》(王宝平)/丁编 近现代时期/曾根俊虎与冈千仞的杭州及浙江之行——交流与论争([日]小岛晋治)/阳明学与明治维新(傅振照)/清末民国初期浙江留日学生之动向([日]小岛淑男)/中国省份最早派遣的公费留日学生(吕顺长)

书　　名 **中国交通史(中国文化史丛书)**
责 任 者 白寿彝著
出 版 项 北京:商务印书馆,1937.01
页　　码 276
分 类 号 F512.9
相关目录 第一篇 先秦时代之交通/第一章 先秦交通与民族混合运动/第二章 先秦交通区域之发展/第三章 先秦底都会/第四章 先秦底道路沟渠和馆邮/第五章 先秦底交通工具/第六章 战国晚年之关于交通的传说想象和理想/第二篇 秦汉时代之交通/第一章 秦汉交通与大一统政府/第二章 秦汉版图及域外交通/第三章 秦汉底都会/第四章 秦汉底道路和河渠/第五章 秦汉底馆舍和邮驿/第六章 秦汉底交通工具/第三篇 隋唐守时代之交通/第一章 隋唐宋交通與東南财富/第二章 隋唐宋底国内交通路线/第三章 隋唐宋底运河/第四章 隋唐宋底域外交通/第五章 隋唐宋底大都会/第六章 隋唐宋底馆驿和交通律令/第七章 隋唐宋底交通工具/第四篇 元明清时代之交通/第一章 元明清交通与海运/第二章 元明清之河渠与道路/第三章 元明之邮驿/第四章 元明清之中外交通/第五章 元明清底都会/第六章 元明清底交

通工具

内容提要 依朝代为序,分5编。记述先秦以来,中国各代国内交通情况。书中摘引历代舆、史、经籍原典甚丰,并附参考书目。

书　　名 中国交通史
责 任 者 白寿彝著
出 版 项 郑州:河南人民出版社,1987
页　　码 213
分 类 号 F512.9
相关目录 第一篇 先秦时代之交通/第一章 先秦交通与民族混合运动/第二章 先秦交通区域之发展/第三章 先秦的都会/第四章 先秦的道路沟渠和馆邮/第五章 先秦的交通工具/第六章 战国晚年之关于交通的传说想象和理想/第二篇 秦汉时代之交通/第一章 秦汉交通与大一统政府/第二章 秦汉版图及域外交通/第三章 秦汉的都会/第四章 秦汉的道路和河渠/第五章 秦汉的馆舍和邮驿/第六章 秦汉的交通工具/第三篇 隋唐宋时代之交通/第一章 隋唐宋交通与东南财富/第二章 隋唐宋的国内交通路线/第三章 隋唐宋的运河/第四章 隋唐宋的域外交通/第五章 隋唐宋的大都会/第六章 隋唐宋的馆驿和交通律令/第七章 隋唐宋的交通工具/第四篇 元明清时代之交通/第一章 元明清交通与海运/第二章 元明清之河渠与道路/第三章 元明清之邮驿/第四章 元明清之中外交通/第五章 元明清的都会/第六章 元明清的交通工具

书　　名 中国交通史(中国文化史丛书)
责 任 者 白寿彝著
出 版 项 北京:商务印书馆,1993.07
页　　码 276
书　　号 7-100-00976-6
分 类 号 F512.9
相关目录 第一篇 先秦时代之交通/第一章 先秦交通与民族混合运动/第二章 先秦交通区域之发展/第三章 先秦底都会/第四章 先秦底道路沟渠和馆邮/第五章 先秦底交通工具/第六章 战国晚年之关于交通的传说想象和理想/第二篇 秦汉时代之交通/第一章 秦汉交通与大一统政府/第二章 秦汉版图及域外交通/第三章 秦汉底都会/第四章 秦汉底道路和河渠/第五章 秦汉底馆舍和邮驿/第六章 秦汉底交通工具/第三篇 隋唐守时代之交通/第一章 隋唐宋交通舆東南财富/第二章 隋唐宋底国内交通路线/第三章 隋唐宋底运河/第四章 隋唐宋底域外交通/第五章 隋唐宋底大都会/第六章 隋唐宋底馆驿和交通律令/第七章 隋唐宋底交通工具/第四篇 元明清时代之交通/第一章 元明清交通与海运/第二章 元明清之河渠与道路/第三章 元明之邮驿/第四章 元明清之中外交通/第五章 元明清底都会/第六章 元明清底交通工具

书　　名 中国交通史(民国珍本丛刊)
责 任 者 白寿彝著
出 版 项 北京:团结出版社,2006.01
页　　码 254
书　　号 7-80214-129-X
分 类 号 F512.9

相关目录 第一篇 先秦时代之交通/第一章 先秦交通与民族混合运动/第二章 夏朝形势图/第二章 先秦交通区域之发展/第三章 先秦的都会/第四章 先秦的道路沟渠和馆邮/第五章 先秦的交通工具彩绘木牛车/从甲骨文“舟”的演变,可以看出造船业的发展/第六章 秦汉的交通工具/古代楼船图/舸/东汉张衡所创的指南车模型/第三篇 隋唐宋时代之交通/第一章 隋唐宋交通与东南财富/江南经济发展图/第二章 隋唐宋的国内交通路线/隋朝疆域图/唐朝疆域图/辽北宋西夏时期全图/第三章 隋唐宋的运河通济渠图/隋朝运河及主要粮仓分布图/永济渠图/隋炀帝龙舟模型/清明上河图/中国古代重要运河地图/第四章唐朝对外交往/第四章 隋唐宋的域外交通/第七章 隋唐宋的交通工具/第七章 唐代客船模型/郑和宝船/宋代海船模型/第四篇 元明清时代之交通/第一章 元明清交通与海运/元朝疆域/明朝形势图/清朝疆域图/第二章 元明清之河渠与道路/元运河图/元大运河风景/繁忙的大运河/大运河通州段/黄河/驿道/第三章 元明清之邮驿/牛车/元代的马鞍/舟/第四章 元明清之中外交通/马可波罗像/古代只有上层人士才能穿丝质衣服/郑和下西洋路线图/锡兰/舵杆/第五章 元大都遗址/元明清的都会/第六章 元明清的交通工具/明代船只/郑和下西洋船只

内容提要 《中国交通史》叙述了中国交通的源流、衍变、发展及特征,包括交通工具、道路、设施等各环节的历史演变,是研究中国交通史的重要资料。

书　　名 **中国交通史论**

责 任 者 邱克著

出 版 项 北京:人民交通出版社,1994.01

页　　码 241

相关目录 交往理论与中外关系史研究/《马可·波罗游记》的汉译版本/古代花刺子模/海上丝绸之路与各国船舶/郑和宝船尺寸记载的可靠性/国外对郑和下西洋的研究/试论《郑和航海图》的地名研究/浅谈海洋考古学/我国地名与古代造船/评《中国远古与太平、印度两洋的帆筏、戈船、方舟和楼船的研究》/闭关锁国时代广州与长崎的比较/鸦片战争前中国人的西方知识/论晚清总理衙门之前的“抚局”——近代外交机构名称研究/试述晚清档案中有关中国海关的资料/英人赫德与澳门问题/《清史稿·赫德传》补注/试评汪敬虞先生的《赫德与近代中西关系》/关于《英商否认海关洋员违章 处分的管辖权和〈会讯船货入官章程〉的制定》的补充/有关晚清福州税务司美里登的档案史料/读朱杰勤教授《中外关系史论文集》

内容提要 本书收集了作者的主要研究成果,其中有《交往理论与中外关系史研究》、《浅谈海洋考古学》、《我国地名与古代造船》等25篇文章。

书　　名 **中国近代边防史:1840-1919**

责 任 者 郑汕,傅元祥主编

出 版 项 重庆:西南师范大学出版社,1990.04

页　　码 473

书　　号 7-5621-0376-3

分 类 号 E296

相关目录 第一章 鸦片战争前的中国边防 /第六节 鸦片战争前的东部海疆/第二章 中国边防大门被打开/第一节 打开清朝海防大门的鸦片战争/第三节 进一步打开清朝海防大门的第二次鸦片战争/第四章 周边危机和筹边筹海/第一节 周边危机的形成和海防与塞防之争/第五节 美日侵略台湾和清政府加强台湾防务/第五章 清政府“保藩固圉”的失败 /第二节 中法战争与西南门户被打开/第三节 中日甲午战争和海防的崩溃/第四节 列强瓜分中国的狂潮与清朝边防的全面危机

书　　名　中国近代边界史

责 任 者　吕一燃主编

出 版 项　成都：四川人民出版社，2007

页　　码　1228

书　　号　7－220－07331－3

分 类 号　D829.13

相关目录　第十六章 中国与葡萄牙关于澳门地区领土主权的交涉/第十七章 中国与英国关于香港地区领土主权的交涉/第十八章 中国的南海诸岛/第一节 南海诸岛自古以来就是中国领土/第二节 日商西泽吉次强占东沙岛与清政府维护领土主权的斗争/第三节 清政府巩固东沙、西沙群岛的主权/第四节 民国时期中国政府行使和维护南海诸岛主权的斗争/第十九章 中国东南海疆台湾/第一节 鸦片战争前的台湾/第二节 列强觊觎台湾与台湾官民捍卫领土主权/第三节 1874 年日本出兵台湾与挑起台湾内山领土主权的争论/第四节 法军侵略台湾与台湾建省/第五节 中日甲午战后台湾沦为日本殖民地与台湾人民的反抗斗争/第六节 抗日战争与台湾光复/第七节 钓鱼岛等岛屿的历史和现状

内容提要　本书主要叙述从 1840 年鸦片战争后至 1949 年中华人民共和国建立前边界变迁的历史。

书　　名　中国近代船舶工业史

责 任 者　辛元欧著

出 版 项　上海：上海古籍出版社，1999

页　　码　321

书　　号　7－5325－2646－1

分 类 号　F426.474：U66－092

相关目录　第一章 中国木帆船业的衰落/第一节 海禁制约着中国海洋木帆船业的发展/第二节 航权丧尽、洋船入室给中国木帆船业以沉重打击/第二章 中国近代的外资轮船修造业/第一节 国门洞开后近代外资轮船修造业对中国造船业的挑战/第二节 19 世纪中、后期中国外资船厂的兼并与发展/第三节 20 世纪前半世纪的外资船厂/第三章 中国近代船舶工业的发端/第一节 中国人对西方火轮船的早期探索/第二节 安庆内军械所与“黄鹄”号轮船/第四章 中国近代船舶工业的起伏发展/第一节 晚清江南制造局的创立及其造船活动/第二节 晚清中国近代船舶工业基地——福建船政/第三节 洋务运动中的其它官办造船机构/第四节 20 世纪初福建船政的衰落与江南船坞的崛起/第五节 辛亥革命至抗日战争前的中国近代官办船舶工业/第六节 抗日战争前中国的民营轮船修造业/第七节 抗日战争中的中国船舶工业/第八节 战后至建国前的中国船舶工业/第五章 近代船舶工业的知识传播与人才培养/第一节 晚清西学东渐的重要基地——江南制造局翻译馆/第二节 培育中国近代海军及造船科技人才的摇篮——福建船政学堂/第三节 中国近代造船高等教育的发展/第四节 中国造船工程学会的创立与发展

书　　名　中国近代对外关系史资料选辑：1940－1949，上，第 1 分册

责 任 者　复旦大学历史系中国近代史教研组编

出 版 项　上海：上海人民出版社，1977

页　　码　394

分 类 号　D829

相关目录　第一章 鸦片战争前的中外关系/二、葡、荷、英的海上入侵/第二章 鸦片战争和战后的中外关系（1840 年－1850 年）/一、英国的侵略政策和林则徐的反侵略措施/二、英国发动鸦片战争和清政府的妥协投降/三、第一个不平等条约——中英南京条约及其附约/四、中美望厦条约和中法黄埔条约/五、五

口地区的反侵略斗争和中外交涉/第三章 太平天国的对外关系和第二次鸦片战争(1851 年 - 1864 年)/一、太平天国的对外政策/二、外国侵略者夺取上海海关管理权/三、英、法、美的“修约交涉”和第二次鸦片战争的爆发/四、天津条约和北京条约的订立/五、中俄瑷珲条约和中俄北京条约/六、中外反动势力联合镇压太平天国革命/第四章 第二次鸦片战争后至中法战争中国的对外关系(1861 年 - 1885 年)/一、“总理各国事务衙门”的建立及其外交活动/二、反洋教斗争和清政府的“守定和议”政策/三、美、日侵略台湾/四、日本侵略琉球、朝鲜和中日交涉/五、马嘉里事件和中英烟台条约/八、中法战争和中法会订越南条约

书　　名　**中国近代对外关系史资料选辑:1840 - 1949,上,第 2 分册**
责 任 者　复旦大学历史系中国近代史教研组
出 版 项　上海:上海人民出版社,1977. 09
页　　码　405
书　　号　11171·246
分 类 号　D829
内容提要　本书以中国古代中朝宗藩关系研究为基础,重点论述中朝朝贡制度确立、发展、完善、瓦解的历史过程,比较中朝朝贡与中国和东亚(包括东南亚)国家朝贡制度的异同,力争总结出中朝朝贡制的特征与规律,阐述其在历史上东亚国际关系秩序中的影响与作用。

书　　名　**中国近代反侵略战争史**
责 任 者　雷远高主编
出 版 项　北京:解放军出版社,1988. 11
页　　码　406
书　　号　7 - 5065 - 0502 - 9
分 类 号　K25
相关目录　第一章 第一次鸦片战争/第一节 战前的中英关系/第二节 广东军民抗击英国侵略军/第三节 英国扩大侵华战争/第四节 广州之役/第五节 闽浙之战/第六节 清军抗击入侵长江下游的侵略军/第七节 战败的原因/第二章 第二次鸦片战争/第一节 广州军民抗击英军入侵/第二节 抵御英法联军进犯广州/第三节 大沽炮台之战/第四节 大沽防御作战的胜利/第五节 北塘大沽陆上之战/第六节 保卫京师的战斗/第七节 值得思考的问题/第三章 太平军痛击“洋枪队”/第一节 第一次上海之战/第二节 第二次上海之战/第三节 浙江宁绍地区之战/第四节 苏南城镇保卫战/第五章 中法战争/第一节 战前一般形势/第二节 战争爆发/第三节 战争的扩大/第四节 清军保卫东南沿海/第五节 清军北圻反攻/第六节《中法天津条约》的签订/第七节 历史意义和经验教训/第六章 甲午战争/第一节 战前中日概况/第二节 战争爆发/第三节 平壤之战/第四节 黄海海战/第五节 辽东半岛保卫战/第六节 山东半岛之战/第七节 辽河平原的防守/第八节《马关条约》的签订和清军失败的原因/第七章 台湾军民的抗日斗争/第一节 日军攻战澎湖/第二节 台湾军民反对割让台湾的初期斗争/第三节 台中保卫战/第四节 台南之战/第八章 抗击八国联军侵华战争/第一节 抗击八国联军之战的历史背景/第二节 廊坊大捷/第三节 大沽之战/第四节 天津保卫战/第五节 北运河沿岸之战/第六节 北京防御战/第七节 清廷与列强媾和

书　　名　**中国近代港口图录**
责 任 者　傅国民主编
出 版 项　北京:人民交通出版社,1998
页　　码　144

书　　号　7－114－02939－X

分 类 号　F552.9: U659.2

相关目录　第一部分 鸦片战争与五口通商时期(1840－1856年)/第二部分 第二次鸦片战争与多口通商时期(1856－1894年)/第三部分 帝国主义在瓜分中国的狂潮中对港口的侵占和扩张(1894－1911年)/第四部分 围绕主权的斗争和港口的发展(1911－1937年)/第五部分 抗日战争时期港口的陷落和动荡(1937－1945年)/第六部分 黎明前的港口(1945－1949年)

书　　名　中国近代海防思想史论(海洋发展研究丛书)

责 任 者　刘中民著

出 版 项　青岛:中国海洋大学出版社,2006

页　　码　186

书　　号　7－81067－649－0

分 类 号　E092.5

相关目录　第一章 鸦片战争时期中国海防思想的萌芽/第一节“重陆轻海”的海防观与鸦片战争的败绩/第二节 近代海防思想的萌芽:林则徐的海防思想/第三节 中国近代海权思想的先声:魏源的海防思想/第二章 从鸦片战争结束到辛亥革命前中国海防思想的发展/第一节 第一次海防大讨论与中国海防思想的发展/第二节 第二次海防大讨论与中国海防思想的发展/第三节 从甲午战争后到辛亥革命期间中国的海防思想/第三章 晚清海防思想的主要代表人物及其主张/第一节 李鸿章 的海防思想/第二节 左宗棠的海防思想/第三节 沈葆桢的海防思想/第四节 丁日昌的海防思想/第五节 张之洞的海防思想/第六节 郑观应的海防思想/第七节 马建忠的海军建设思想/第八节 王韬的海防思想/第四章 民国时期中国海防思想的缓慢发展/第一节 孙中山的海权与海防思想/第二节 陈绍宽的海防思想/第三节 蒋介石的海防思想与民国时期的中国海军建设/第四节 抗战胜利后围绕海军重建的讨论/第五节 民国时期学术领域中的海防与海军建设思想

内容提要　本书共分四章,内容包括:鸦片战争时期中国海防思想的萌芽、从鸦片战争结束到辛亥革命前中国海防思想的发展、晚清海防思想的主要代表人物及其主张、民国时期中国海防思想的缓慢发展等。

书　　名　中国近代海关史

责 任 者　陈诗启著

出 版 项　北京:人民出版社,2002

页　　码　948

书　　号　7－01－003660－8

分 类 号　F752.59

相关目录　晚清部分/第一章 西方资本主义势力的入侵和英美法驻沪领事夺取江海关夷税征收权的酝酿/第二章 英美法税务管理委员会接管江海关夷税征收权和海关作为英国对华关系基石的实践/第三章《通商章程善后条约:海关税则》的签订和海关外籍税务司制度的初建/第四章 总理衙门统辖海关和外籍税务司制度的确立/第五章 英国夺取清政府水师船队管辖权的阴谋和李泰国的革职与赫德继任总税务司/第六章 近代中国海关的异态/第七章 海关的行政组织/第八章 海关的人事制度和财务管理/第九章 海关关税及其作用和使用分配问题/第十章 关于海关违章 处分、引水和洋员管辖权问题的争议/第十一章 总税务司赫德和洋务/第十二章 总税务司争夺粤海常关权力和九龙、拱北海关的设立/第十三章 总税务司赫德的业余外交活动/第十四章 民族危机亚重时期海关在列强争夺中国权益中的活动和作用/第十

五章 总税务司总司全国邮政与边关、租借地海关的设置和海关为外商及其自身争夺在华权益的活动/第十六章 义和团运动和修订商约期间海关权势的空前扩展和海关帝国主义本质的充分暴露/第十七章 税务处的设立和海关隶属关系的改变/第十八章 东北海关的"俄罗斯化",海关查禁洋药的任务与中港《关务协定草案》的订立/第十九章 总税务司赫德的日暮途穷/第二十章 海关总税务司在辛亥革命混乱政局中夺取中国关税税款保管权/第二十一章 民国前期海关的行政组织和人事管理/第二十二章 海关管理的特种业务/第二十三章 第一次世界大战理发师中国海关/第二十四章 中国关税自主权的步步丧失和中国代表在巴黎和会与华盛顿会议争取收回关税自主权的曲折斗争。中法金法郎案。/第二十五章 广州军府的建立及其与公使团、总税务司关于摊拨关余问题的长期斗争。总税务司把全部关余移充内债基金和双方矛盾的激化/第四十九章 抗战胜利后国民党政府接管敌伪海关和海关重心的转移。外籍税务司海关制度的衰落及其最后消失/附录一、民国元年至二十三年海常各关税收总数收支表/附录二、1912－1948 年海关职员人数统计表

内容提要 本书对中国近代海关制度的起源和创建,外籍税务司制度的确立,海务部门设立以及列强争夺海关的斗争等中国近代海关史上重大问题作了深入的阐述,包括《通商章程善后条约:海关税则》的签订、税务处的设立、海关隶属关系的改变等内容。

书　　名 中国近代海关史:民国部分

责 任 者 陈诗启著

出 版 项 北京:人民出版社,1999

页　　码 591

书　　号 7－01－003003－0

分 类 号 F752. 95

相关目录 第一章 海关总税务司在辛亥革命混乱政局中夺取中国关税税款保管权/第三章 海关管理的特种业务/第一节 贸易统计/第二节 关产的管理/第三节 港务管理/第四节 港口检疫/第五节 协助商品检验工作/第四章 第一次世界大战与中国海关/第一节 大战的爆发和北洋政府宣布中立与参战。海关增加了战时任务/第三节 中国参战后海关"国际性"的削弱和安格联坚持洋员的统治/第五节 日本乘大战之机攻占德国租借的胶澳全境,接管胶海关/第十四章 海关经办的航政和航政根本方针问题/第一节 海关经办航政和外人垄断引水权与航政根本方针问题的提出/第二节 国防计划委员会筹备收回引水权和日本的阻挠/第十七章 海关行政组织的发展/第三节 通商口岸及通商贸易地方不断增加和海关的增设/第四节 各口海关组织的发展/第二十章 海关缉私问题/第一节 外籍税务司制度建立后海关缉私工作的回顾/第二节 20 世纪 30 年代的走私狂潮和海关缉私制度的建立/第三节 海上缉私舰艇的设置和海上缉私力量的加强/第四节 关警的组织加强了陆路边境的缉私工作/第五节 加强民船管理/第二十三章《海关法规汇编》的刊布/第二节 关于船只进口报关、卸货、进口货物报关等手续及进口税缴纳问题的规定/第三节 关于保税货物问题的规定/第四节 关于出口税和出口货物报关手续问题的规定/第五节 关于复出口、转口、转船及退关货物、退税办法的规定/第六节 转口税及转口贸易/第七节 关于内港行轮规则及航海民船管制的规定/第八节 海关代征的码头、浚河、统税等项捐税的规定/第九节 驻华外国使领人员用品免税办法的规定/第十节 关于船只结关手续的规定/第十一节 关于纳税手续的规定/第十二节 关于违禁品及禁止或限制运输品规定概略/第二十五章 日本侵夺沦陷区海关税款保管权和英日关于中国海关问题的非法协定。日伪接管江海关/第一节 日本侵夺沦陷区海关税款保管权的先行步骤——侵夺津海关和秦皇岛海关税款保管权和总税务司的妥协活动/第二十六章 适应战时的缉私措施/第三节 加强国内贸易民船的管理

内容提要 本书对中国近代海关制度的起源和创建,外籍税务司制度的确立,海务部门设立以及列强争夺海关的斗争等中国近代海关史上重大问题作了深入的阐述,包括《通商章程善后条约:海关税则》的

签订、税务处的设立、海关隶属关系的改变等内容。

书　　名 **中国近代海关史:晚清部分**

责 任 者 陈诗启著

出 版 项 北京:人民出版社,1993.07

页　　码 603

书　　号 7-01-001491-4

分 类 号 F752.95

相关目录 第一章 西方资本主义势力的入侵和英美法驻沪领事夺取江海关夷税征收权的酝酿/第一节 五口通商和海关夷税的开征/第二节 英国重建在华贸易秩序的失败及其终止保障中国关税征收的干预/第三节 上海小刀会起义期间江海关行政的停顿和英美法驻沪领事夺取江海关夷税征收权的酝酿/第二章 英美法税务管理委员会接管江海关夷税征收权和海关作为英国对华关系基石的实践/第一节 上海会议关于组织税务管理委员会的决定及其实施/第二节 夷税开征后关税行政的变化和税务管理委员会时代的海关行政/第三节 英国侵华政策的转变和海关作为英国对华关系基石的实践/第三章《通商章程善后条约:海关税则》的签订和海关外籍税务司制度的初建/第一节《通商章程善后条约:海关税则》关于海关行政问题的规定/第二节 两江总督兼任各口通商大臣和李泰国受命为海关总税务司/第三节 海关外籍税务司制度的筹建/第四节 粤海、潮海新关的开办和赫德的崭露头角/第四章 总理衙门统辖海关和外籍税务司制度的确立/第一节 总理衙门的设立及其统辖海关/第二节 赫德和总理衙门联系的建立及其受命署理总税务司/第三节 各口海关陆续开办和长江设关征税问题/第四节 全国海关行政的统一/第五节 关于海关外籍税务司制度的反对和支持/第五章 英国夺取清政府水师船队管辖权的阴谋和李泰国的革职与赫德继任总税务司/第一节 太平军席卷江南和总理衙门议购新式船炮/第二节 李泰国在英国购船募员的活动及其和阿思本签订的十三条合同/第三节 李泰国和总理衙门的激烈争吵与英国篡夺船队管辖权阴谋的败露/第四节 李泰国的革职和赫德实授总税务司/第五节 全国形势的转变和总税务司奉命迁驻北京/第六章 近代中国海关的异态/第一节 特异的中国海关及其"国际性"/第二节 洋员对华员的绝对统治和关员特殊化/第三节 包罗万象的海关行政/第七章 海关的行政组织/第一节 总税务司署的设立及其发展/第二节 总税务司署船钞部门的设置/第三节 各口海关的组织和海关监督的架空/第八章 海关的人事制度和财务管理/第一节《中国海关管理章程》的公布及其基本内容/第二节 海关人事管理工作的充实/第三节 海关经费及其管理/第九章 海关关税及其作用和使用分配问题/第一节 片面协定税则的规定和进出口货物值百抽五税率的确定问题/第二节 百弊丛生的子口税/第三节 复进口税的确定和沿海贸易权的丧失/第四节 船钞(吨税)和洋药税厘征收问题/第五节 海关关税的增长、作用及其使用分配问题/第十章 关于海关违章处分、引水和洋员管辖权问题的争议/第一节 外商严重的走私偷漏及其处分管辖权问题的争议/第二节 中外会讯违章 案件的酝酿和会讯办法在上海的试行/第三节 会讯章程的制定和中国海关违章 处分管辖权的丧失/第四节 关于引水管辖权问题的争议/第五节 海关洋员法律管辖权问题/第十一章 总税务司赫德和洋务/第一节 英国关于在华开办洋务问题的争议和总税务司《中国问题纪略》的发表/第二节 总税务司洋务活动的发轫——《局外旁观论》的呈递/第三节 总税务司经办的洋务/第四节 总税务司经办的洋务的评价/第十二章 总税务司争夺粤海常关权力和九龙、拱北海关的设立/第一节 以港、澳为基地的鸦片走私浪潮和常关税厂的设立/第二节 澳门小马骝洲税厂的设立和香港殖民当局的反对叫嚣/第三节《烟台条约》及其《续增专条》关于鸦片税厘并征的规定和总税务司赴港谈判鸦片管制问题/第四节 总税务司赴澳门会商管制鸦片问题和葡萄牙的"永据"澳门/第五节 各省大吏反对海关侵夺常海关权力和九龙、拱北两关的设立/第十三章 总税务司赫德的业余外交活动/第一节 海关洋员介入清政府的外交领域和总税务司业余外交渠道的建立/第二节 总税务司业余外交的概况和 19 世纪 70 年代的业余外交活动/第三节 中法战争期间总税务司争夺控制中法谈判的活动/第四节 总税务司争夺总管朝鲜海关及其在中日战争中的业余外交活动/第五节 总税务司的业余外交加深了中国的半殖民地化/第十四章 民族危机严重时期海关在列强争夺中国权益中的活动和作用/第一节 民族危机的步步深入和总税务司与俄法争夺三大借款的激烈斗争/第二节 俄法和英国争夺海关总税务司职位的尖锐化/第三节 税务司贺璧理的“英俄分治中国论”和门户开放政策的促成/第十五章 总税务司总司全国邮政与边关、租借地海关的设置和海关为外商及其自身争夺在华权益的活动/第一节 上谕总税务司总司全国邮政/第二节 边关、租借地海关的设置/第三节 海关与内河开放/第四节 海关为外商及其自身争夺在华权益的活动/第十六章 义和团运动和修订商约期间海关权势的空前扩展和海关帝国主义本质的充分暴露/第一节 义和团围攻使馆、焚炬总税务司署和长江下游税务司与“东南互保”/第二节 八国联军占领北京和赫德关于处理义和团事件的惯犯建议/第三节 总税务司完全掌握清政府的外交谈判及其在赔谈判中的主导作用/第四节 海关接管通商口岸的常关/第五节 各国商约的修订和修改税则与裁厘加税问题/第六节 海关和黄浦江浚治权力的争夺/第十七章 税务处的设立和海关隶属关系的改变/第一节 海关与官民矛盾的急剧发展和税务大臣统辖海关/第二节 各国的反应和总税务司的态度/第三节 税务处的设立和海关发展趋势的转变/第十八章 东北海关的“俄罗斯化”,海关查禁洋药的任务与中港《关务协定草案》的订立/第一节 俄军占领中国东北地区和东北海关的“俄罗斯化”/第二节 东北的开埠设关和大连租借地海关的开办/第三节 海关征收土药统税和查禁洋药的任务/第四节 九龙关税务司和中港《关务协定草案》的订立/第十九章 总税务司赫德的日暮途穷/第一节 赫德晚年对海关的迂腐统治及其请假回英/第二节 反对赫德的浪潮和赫德统治的没落/第三节 赫德的死亡和安格联继任总税务司

内容提要　本书包括:《通商章程善后条约:海关税则》的签订和海关外籍税务司制度的初建、近代中国海关的异态、总税务司赫德赫洋务、税务处的设立和海关隶属关系的改变等。

书　　名　**中国近代海关史大事记(中国海关历史学术研究丛书)**
责 任 者　孙修福主编
出 版 项　北京:中国海关出版社,2005.01
页　　码　526
书　　号　7-80165-245-2
分 类 号　F752.59
内容提要　本大事记记起止年代为1840年至1949年,记述了中国近代海关史,同时也收录少量与海关史密切相关的特别是中国近代政治史和外交史的史实。

书　　名　**中国近代海关史问题初探(中国海关历史丛书)**
责 任 者　陈诗启著
出 版 项　北京:中国展望出版社,1987.10
页　　码　274
书　　号　7-5050-0107-8
分 类 号　F752.5-09
相关目录　中国近代海关的起源和创建/鸦片战争后,资本主义国家逐步控制中国海关和中国海关开始丧失其独立性/1854年英、美、法驻沪领事利用上海小刀会起义,夺取江海关行政管理权和外籍税务监督制度的设立/1858年《通商章程善后条约》规定“邀请”外国人“帮办”税务和海关外籍税务司制度的建立/1861年上谕总理衙门统辖海关清政府和各国驻华公使对海关外籍税务司制度的确认和支持/结语/论中国近代海关的“国际性”和洋员统治的演变/列强争夺在华权益和中国海关的“国际性”/“国际性”海关内部洋员对华员的统治关系/民族意识和民族民主革命的步步高涨和海关“国际性”遭受的沉重打击/

1928年后海关洋员统治的削弱和抗战期间日本对海关控制的加强与海关“国际性”的最后消失/海关监督和外籍税务司的畸形关系/中国近代海关和长江的对外通商(与戴一峰合写)/中国海关的近代化设施及其对清政府的改造/前言/列强改造清朝统治阶级的大本营——海关/1865年总税务司呈递全面改革清政府的方案——《局外旁观论》/海关和同文馆的发展/海关在清政府开拓外交方面的作用/海关与海务工作的设施/赫德发表启导清政府采用近代化设施的意见/海关和北洋海军的始创/海关和邮政的创办/海关近代化设施的局限性及其消极作用/船钞的征收和总税务司保管船钞的决定/中国近代海关海务部门的设立和海务工作的设施/主管海务的船钞部的设立和演变/海关海务工作的设施/关于海关海务工作的评价/英商否认海关洋员关于违章处分案件的管辖权和《会讯船货入官章程》的制定/英国参预中国缉私的条约规定及其撕毁/新关的设立和英商反对英勇关员关于违章 处分的管辖权/《会讯章程》的酝酿和制定/关于《会讯章程》的评价/海关总税务司对鸦片税厘并征与粤海常关权力的争夺和葡萄牙的“永据”澳门/第二次鸦片战争后,以港澳为基地的猖狂的鸦片走私和常关缉私税厂的设立/两广船队围困澳门和小马骝洲税厂的设立。香港殖民当局反对税厂的叫嚣/《烟台条约》及其《续增专条》关于鸦片税厘并征问题的规定和赫德奉派赴港谈判查禁鸦片走私问题/赫德赴澳门会商管制鸦片问题和葡萄牙的“永据”澳门/各省大变反对洋关侵夺常关权力的斗争和通商各口洋药税厘的开征与九龙拱北两关的设立/清季海关与外债的关系和列强争夺海关的斗争(与戴一峰合写)/甲午战争前海关与外债联系的建立/甲午战争后的三次大借款与列强争夺海关的尖锐斗争/庚子赔款与中国海关权势的登峰造极/结束语/论清末税务处的设立和海关隶属关系的改变/海关隶属关系变化的历史背景/反对海关浪潮的步步兴起/各国的反应和赫德的态度/税务处的设立和海关发展趋势的转变/清政府设立税务学堂和接管邮政/海关总税务司和海关税款保管权的丧失/海关税款保管权一向掌握在清政府委派的海关监督手中/辛亥革命爆发,总税务司乘机夺取海关税款保管权/帝国主义剥夺海关税款保管权对中国财政经济的影响

内容提要　本书对中国近代海关制度的起源和创建,外籍税务司制度的确立,海务部门设立以及列强争夺海关的斗争等中国近代海关史上重大问题作了深入的阐述。

书　　名　中国近代海军史
责 任 者　吴杰章等主编
出 版 项　北京:解放军出版社,1989.07
页　　码　442
书　　号　7-5065-1056-1
分 类 号　E296.52
相关目录　第一章 中国近代海军建立前的古代水师/第一节 中国古代水师的产生与发展/第二节 清朝水师的建立与衰败/第三节 太平军水军与湘军水师/第二章 中国近代海防思想的产生与发展/第一节 中国近代海防思想的产生/第二节 近代海防思想的发展/第三章 中国近代海军的初创/第一节 清朝水师近代化改造的最初尝试/第二节 近代造船工业的兴起与舰船外购/第三节 初建近代海军/第四节 中国近代海军初建后的首战——中法马江战役/第四章 近代海军教育的兴起/第一节 水师学堂/第二节 派遣海军留学生/第三节 甲午战争后的海军教育/第四节 近代海军教育的作用和影响/第五章 北洋海军发展成军/第一节 全国海军事务机构的建立和北洋舰队的发展/第二节 北洋舰队的训练/第三节 北洋舰队的基地与防务/第六章 中日甲午海战/第一节 日本加紧备战与中国海军发展停滞/第二节 丰岛海战/第三节 黄海海战/第四节 威海保卫战/第七章 清末民初的中国海军/第一节 清政府重振海军/第二节 辛亥革命时期的海军/第三节 北洋军阀时期的海军/第四节 海军陆战队的产生与发展/第八章 奉系东北海军的兴衰/第一节 吉黑江防舰队/第二节 东北海军的创建与发展/第三节 东北海军的衰落/第九章 国民政府统一全国海军/第一节 北洋海军归顺国民政府/第二节 国民政府中央海军的组建/第三节 地方海军的受编与嫡系海军的初建/第四节 国民党海军的教育与训练/第十章 抗日战争中的国民党海军/第一节 中日海

军实力比较及作战部署/第二节 孤注一掷的海军抗战/第三节 形同虚设的长江阻塞/第四节 汪伪海军机构及其活动/第十一章 抗战后国民党海军的整建与溃败/第一节 抗战后国民党海军的整建/第二节 国民党海军参加内战与倒戈/第三节 国民党海军的全面溃败

书　　名 中国近代海军史
责 任 者 胡立人,王振华主编
出 版 项 大连:大连出版社,1990.02
页　　码 543
书　　号 7-80555-269-X
分 类 号 E296.52

书　　名 中国近代海军史略
责 任 者 张墨,程嘉禾
出 版 项 天津:海军出版社,1989.06
页　　码 400
书　　号 7-5070-0035-4
分 类 号 E296.52-2
相关目录 中国近代海军产生的前夜(1840年-19世纪60年代)/第一章 第一次鸦片战争中的抗登陆战和海战/第二章 太平军水营和湘军水师/中国近代海军的创建和迅速发展(19世纪60年代-1895年)/第三章 中国近代海军的创建/第四章 甲申中法海战和福建海军的覆没/第五章 甲午中日海战和北洋舰队的覆没/中国近代海军的第一次重建(1896年-1911年)/第六章 中国近代海军的恢复/中国近代海军发展的停滞和第二次重建(1911年-1949年)/第七章 中华民国时期的海军

书　　名 中国近代海军与日本
责 任 者 冯青著
出 版 项 长春:吉林大学出版社,2008.12
页　　码 242
书　　号 7-5601-4015-5
分 类 号 E295
相关目录 第一章 北洋海军的访日及其覆灭/一、北洋海军的创立/二、北洋舰队访日与日本的应对/三、日本海军实力的增强与对日败战/第二章 甲午战争后重建海军/一、甲午战争后海军中央管理机构的重建/二、海军重建方案的策定与国内视察/三、海军重建的进展/四、海军重建经费的筹集/第三章 清末海军对日考察与日本的对应(1910年)/一、日本对清政府重建海军的态度、对策/二、考察日本海军的经纬/三、对日考察过程与日本的应对/第四章 重建海军的进展与导入日本模式的尝试/一、海军部的设立/二、购买日本舰艇的嚆矢/三、派遣留日海军学生/四、招聘日本海军教习/第五章 20世纪——二十年代中国海军的困难与日美——围绕贝里咸合同而论/一、中美海军借款合同的成立/二、中华民国初期履行贝里咸合同的尝试/三、延期履行贝里咸合同协定/第六章 留日派与东北海军——以“九·一八”事变前为中心/一、人才:东北留日派的集结/二、舰队:从江防舰队与海防舰队/三、根据地:海军发展与地域建设的连动性/中日海军关系大事年表
内容提要 本书内容包括:北洋海军的访日及其覆灭、甲午战争后重建海军、清末海军对日考察与日本的应对(1910年)、重建海军的进展与导入日本模式的尝试等。

书　　名 中国近代海军职官表
责 任 者 刘传标编纂
出 版 项 福州:福建人民出版社,2004
页　　码 386
书　　号 7-211-04567-1
分 类 号 E296.53
相关目录 清季海军职官/一、中英联合舰队职官/二、福建水师职官表/三、南洋水师职官表/四、粤洋水师职官表/五、北洋水师职官表/六、清廷海军衙门职官表/七、甲午战后海军职官表/八、清廷陆军部海军处职官表/九、清廷筹办海军事务处职官表/十、清廷海军部职官表/十一、清季海军军械修造机构职官表/十二、清季水师学堂职官表/十三、清季水师(海军)练营职官表/中华民国北京政府海军职官表/一、海军易帜时期职官表/二、南京临时政府海军部、北京临时政府海军部职官表/三、北京(北洋)政府海军部职官表/四、北京政府海军总司令处职官表/五、北京政府海军总司令公署职官表/六、北京政府海军舰队职官表/七、海道测量局暨海军测量队职官表/八、海岸巡防处职官表/九、北京政府军事部海军署职官表/十、渤海舰队职官表/十一、东北海军职官表/十二、广东海军职官表/十三、民国初年海军卫队职官表/十四、北京政府海军陆战队职官表/十五、驻闽海军陆战队统带部职官表/十六、海军陆战队第一混成旅职官表/十七、海军造船厂(所)职官表/十八、北京政府海军教育训练机构职官表/十九、北京政府海军练营职官表/二十、海军医院职官表/二十一、海军军港、要塞职官表/中华民国南京政府海军职官表/抗战胜利后南京国民政府海军职官表
内容提要 本书所收录的海军职官上自清朝近代海军诞生,下至国民党统治集团从大陆溃逃台湾之间80多年的海军机关、衙门及附属机关尉级军衔以上的军职、文职人员。

书　　名 中国近代航运史资料:第1辑,1840-1895,上册(中国近代经济史参考资料丛刊)
责 任 者 聂宝璋编
出 版 项 上海:上海人民出版社,1983
页　　码 728
分 类 号 F552.9
相关目录 第一编 十九世纪四十至六十年代西方资本主义侵略者对中国航权的破坏及其船运势力的扩张/第一章 两次鸦片战争期间资本主义国家对中国航权的侵夺与破坏/第二章 十九世纪四十至六十年代外商在华轮船的扩张/第三章 十九世纪四十至六十年代外商在华轮船运输业的发展/第二编 十九世纪六十至九十年代外国在华轮运势力的进一步扩张和国际轮业资本的垄断/第一章 外国在华轮运势力的扩张与中国内地商品市场的扩大/第二章 十九世纪六十至九十年代外国轮运势力的竞争与垄断/第三章 外商码头仓栈、保险与小轮拖驳运输企业/第四章 十九世纪七十至九十年代世界市场和投资范围的争夺与国际轮业垄断资本势力向中国的伸张

书　　名 中国近代航运史资料:第1辑,1840-1895,下册(中国近代经济史参考资料丛刊)
责 任 者 顾家熊,聂宝璋编
出 版 项 上海:上海人民出版社,1983.11
页　　码 1480
书　　号 4074·501
分 类 号 F522.9
相关目录 第三编 轮船招商局的创办及其初期发展历程/第一章 轮船招商局的创办/第二章 轮船招

商局的体制(一)——“商办”与“官督商办”/第三章 轮船招商局的体制(二)——“官为维持”/第四章 轮船招商局的业务经营/第五章 轮船招商局的关系企业/第六章 轮船招商局与外商轮运势力的竞争、联合与勾串/第四编 中国木船运输业的衰落及民族资本轮运业产生的历程/第一章 中国木船运输业的衰落过程/第二章 中国民族资本轮运业的产生过程

书　　名 **中国近代航运史资料:第2辑(中国近代经济史资料丛刊)**

责 任 者 聂宝璋,朱荫贵编

出 版 项 北京:中国社会科学出版社,2002.10

页　　码 2册(845;1439)

书　　号 7-5004-3543-6

分 类 号 F552.9

相关目录 第一编 外国在华轮运业(1895-1927)/第一章 甲午战后列强进一步侵夺中国航权及竞相扩大在华航运势力的政策/第一节 轮船停泊港口的增开、内河内港的开放、税课优例豁免以及有关船栈码头、航行/设备、河道修浚、自由雇用华人等不平等条约的约款特权(节录)/一、1895年4月,中日马关新约/二、1896年7月,中日通商行船条约/三、1897年6月,中英续议缅甸条约附款,专条/附 地区性的税则及行轮章程(1904年,广东江门新关口岸税则并行驶轮船章程)/四、1898年7月1日,内港行船章程(又称“华洋轮船驶赴中国内港章程”)/五、1898年9月,续补内港行轮章程/六、1899年4月,修改长江通商章程(摘录)/七、1901年9月,辛丑和约/八、1902年9月,中英续议通商行船条约/九、1902年9月,中英续议通商行船条约,附件丙,续议内港行轮修改章程/第二章 十九世纪末二十世纪初长江及沿海航线外国轮运势力的扩张/第三章 十九世纪末二十世纪初外国轮运势力向中国各个地区内河航线的伸张/第四章 欧战及军阀战争期间外国在华轮运势力的扩张(1914-1927)/第五章 外国轮业资本对中国进出口贸易的控制及其收益/第二编 轮船招商局/第一章 甲午战后的轮船招商局/第二章 辛亥革命与军阀战争时期的轮船招商局(19]2-1927)/第三章 轮船招商局的垄断地位/第四章 招商局业务的经营与发展/第三编 民族资本轮运业/第一章 甲午战后外国在华轮运势力的扩张在中国社会中引起的反应/第二章 甲午战争以后各地内河小轮业的蓬勃发展(1895-1911)(各地内河小轮业的筹组、创办和竞争情况)/第三章 收回利权运动时期及欧战前后江海航线民族轮业资本大、中型企业及侨商国际航线轮运企业的发展(选辑)/第四章 军阀战争时期的内河小轮业(1912-1927)/第五章 在半殖民地半封建社会条件下小轮业发展的艰难历程/第六章 木船、铁路与轮船/第三编 民族资本轮运业/第一章 甲午战后外国在华轮运势力的扩张在中国社会中引起的反应/第一节 以自保利权、振兴商业、发展轮运业为主要内容的社会舆论/第二节 各地对发展轮运业的要求/一、轮船运输业与内地商业/第三节 国家航业政策的发展变化/一、口岸小轮专章示例/二、各地内港行轮稽查章程条例(示例)/三、鼓励与保护政策/四、“华洋合股”的解禁/第四节 官办、官商合办轮运企业的次第出现/一、东北地区的官设轮船——松黑两江邮船局/二、江浙地区官办、官商合办轮船公司的出现与发展/三、江西地区——江西内河官轮局与江西土药局/四、两湖地区/五、丙广地区的官轮与官商合办通力局/六、其它地区/第五节 远洋轮船的倡办/第二章 甲午战争以后各地内河小轮业的蓬勃发展(1895-1911)(各地内河小轮业的筹组、创办和竞争情况)/第一节 江苏省内河小轮业/一、上海苏州地区/二、镇江南京地区/三、苏南地区:常州、金坛、宜兴/四、苏北地区:扬州、清江、海州、崇明、通州/第二节 浙江省内河小轮业/一、杭州地区/二、宁波地区/三、绍兴地区/四、其它地区:嘉兴、温州、定海、平湖等地/本节附录:浙江商轮公司统计(1907年)/第三节 安徽、江西两省内河小轮业/一、芜湖地区/二、安庆地区/三、九江地区/四、南昌地区/本节附录:长江下游小轮公司统计表(1907年)/第四节 湖北、湖南两省内河小轮业/一、汉口地区/二、沙市宜昌/三、长沙岳州/第五节 广东省内河小轮业/一、广州地区小轮业的迅速发展/二、汕头潮州地区/三、其它地区/第六节 广西省内河小轮业/一、梧州地区/二、其它地区/本节附录:两广商轮公司统计(1907年)/第七节 福建省内河小轮业/一、福州地区/二、厦门地区/本节附录:福

建省商轮公司统计(1907 年)/第八节 山东省内河小轮业/一、烟台地区及小清河航线/二、小清河轮船公司/第九节 河北省内河小轮业/第十节 其它地区/一、黄河航线小轮的倡办/二、东北内河小轮业的初期发展/第三章 收回利权运动时期及欧战前后江海航线民族轮业资本大、中型企业及侨商国际航线轮运企业的发展(选辑)/第一节 收回利权运动时期创办的大、中型轮运企业/一、政记轮船公司/二、张謇资本系统中的轮船公司/三、宁绍商轮公司/四、肇兴轮船公司/五、吉林图长航业股份有限公司(附章程)/六、中国商务轮船会社有限公司/七、西江航业有限公司/八、中国商业轮船股份有限公司/九、其它/第二节 欧战前后创办的民族轮业资本大、中型企业/一、三北轮埠公司的创办及增资过程/二、戊通轮船公司/三、北方航业公司(1917 年,天津)/四、交通轮船无限公司(1920 年,烟台)/五、大通兴轮船公司(又称营口商船公司,1920 年,营口)/六、承租敌船的"风潮"及交部租船监督处的成立/七、其它/第三节 国际航线上侨商资本的轮运企业(1895 - 1927)/一、1899 年,日本航线的轮运经营/二、1902 年,中墨航线的中华轮船公司(又称中国商船公司、中墨轮船公司)/三、1905 年,中国秘鲁航线的利济轮船公司/四、南洋群岛线上的轮运企业/1909 年,中美航线的中美轮船公司/六、国内官商创办远洋轮运企业的呼声/七、1915 年,中美线的中国邮船公司(中华邮船公司)/八、1916 年,厦门宗记公司林桂园的南洋轮业投资计划/九、1919 年,中华航业股份有限公司/十、其它/第四节 民族资本轮运业创办人(或大股东)的身世及社会关系/一、买办商人/二、官僚士绅/三、工商业者/四、华侨商人/本节附录/第四章 军阀战争时期的内河小轮业(1912 - 1927)/第一节 各地内河小轮业的发展/一、东北地区/二、两广地区/三、江浙地区/四、川江航线/五、其它地区/第二节 军阀战争对各地航业的摧残与破坏(示例)/一、两广地区/二、长江航线/三、两湖地区/四、川江航线/第五章 在半殖民地半封建社会条件下小轮业的艰难历程/第一节 官方对轮商的需索/一、繁重的税课/二、厘卡的需索/第二节 官方对小轮业的限制与刁难/一、只准拖带,不准载货/二、规定航线,不能逾越/三、地方政府对轮商的种种刁难/四、申办小轮航线困难案例/第三节 以官权为背景的专利与垄断/一、承饷、报效、包捐与专利/二、专利与垄断/三、封建性把持/第四节 外商小轮依恃特权对华商小轮业的干扰、破坏/一、外商小轮公司对中国轮商的欺凌/二、内河航线外国轮商控制的运价联盟与垄断/第五节 悬挂洋旗假冒外商的诡寄经营活动/一、内港内河小轮业日益普遍的诡寄经营活动/二、收加利权运动时期诡寄经营一度有所收敛/三、诡寄经营的背景/四、戴生昌小轮公司的发展及其国籍问题/五、商船公会的成立/第六章 木船、铁路与轮船/第一节 轮运业的发展对木船业务构成的威胁/一、各地木船业营运概况/二、轮船排挤木船的趋势/三、对木船传统盐运业务的威胁/第二节 木船业的反应/一、各地木船船民与轮运业的对抗/二、为适应竞争,木船业营运中的改进措施/第三节 木船业赖以存在的条件/一、利于轮船税额的高低变化/二、利于轮船运价的起伏涨落/三、适宜利用木船运输的货运/四、作为轮船补充的木船/五、官方对木船业政策上的维护/六、木船依靠轮船拖带/第四节 木船在地区贸易中的地位/一、岳州口/二、营口/三、西江/四、川江/五、青岛/第五节 铁路与轮船/一、轮路运价的比较及铁路运输的优势/二、铁路轮船联运的发展/附录/甲 历年各地区资本五万(两)以上,或船只五百吨以上轮船公司创办情况表(1873 - 1927 年)/乙 征引文献目录/丙 中日年号与公元纪年对照表

内容提要　本辑辑录了外国在华轮运业(1895 - 1927);轮船招商局;民族资本轮运业三部分内容。

书　　名　**中国近代舰艇工业史料集**

责 任 者　《中国舰艇工业历史资料丛书》编辑部编纂

出 版 项　上海:上海人民出版社,1994

页　　码　955

书　　号　7 - 208 - 01858 - 8

分 类 号　F426.474

相关目录　史实综述/一、酝酿探索阶段/二、创立建设阶段/三、曲折发展阶段/四、停滞衰落阶段/文献史料/综合部分/江南机器制造总局——海军江南造船所部分/福建船政——海军马尾造船所部分/天津

军火机器总局——北洋机器局部分/广东军装机器局——黄埔海军造船所部分/北洋水师大油船坞——海军大沽造船所部分/北洋水师旅顺船坞局——海军一〇二工厂部分/中东铁路公司轮船修理工场——大连船渠修船造船机械工厂部分/青岛水师工厂——船机工厂部分/青岛水雷枪械修理厂——海军青岛造船所部分/厦门船坞公司——厦门造船厂部分/广南船坞——广南造船所部分/求新机器制造轮船厂——中法求新机器制造轮船厂部分/扬子机器厂部分/大中华造船机器厂——中华造船机器厂部分/东北造船所部分/武昌机厂——江汉船舶机械公司部分/马勒机器造船厂部分/大事年表/工厂简史/一、江南机器制造总局——海军江南造船所/二、福建船政——海军马尾造船所/三、福建船政学堂/四、天津军火机器总局——北洋机器局/五、广东军装机器局——黄埔海军造船所/六、北洋水师大沽船坞——海军大沽造船所/七、北洋水师旅顺船坞局——海军一〇二厂/八、中东铁路公司轮船修理工场——大连船渠修船造船机械工厂/九、青岛水师工厂——船机工厂/十、青岛水雷枪械修理厂——海军青岛造船所/十一、厦门船坞公司——厦门造船厂/十二、广南船坞——广南造船厂/十三、求新机器制造轮船厂——中法求新机器制造轮船厂/十四、扬子机器厂/十五、大中华造船机器厂——中华造船机器厂/十六、东北造船所/十七、武昌机厂——江汉船舶机械公司/十八、英联船厂/十九、马勒机器造船厂/人物传略/一、丁拱辰/二、郑复光/三、徐寿/四、华蘅芳/五、徐建寅/六、丁日昌/七、沈葆桢/八、温子绍/九、魏　瀚/十、陈兆翱/十一、刘含芳/十二、袁保龄/十三、郑清濂/十四、裴荫森/十五、陈兆锵/十六、吴毓麟/十七、马德骥/十八、巴玉藻/十九、叶在馥/二十、伍景英/重要舰船/一、"黄鹄"号轮船/二、"恬吉"号木壳机动兵船/三、"万年清"号木壳兵商两用船/四、"扬武"号战舰/五、"金瓯"号铁甲炮艇/六、"海东雄"号浅水炮艇/七、"开济"号铁胁巡海快船/八、"平远"号钢甲巡洋舰/九、"建威"号鱼雷快舰/十、"官府"号运输舰/十一、"逸仙"号轻巡洋舰/十二、"平海"号巡洋舰/附录一、中国近代舰艇工业建造的主要舰船一览表/附录二、自制海军飞机一览表

书　　名　**中国近代经济史参考资料丛刊:第五种,中国近代对外贸易史资料,1840－1895,第1册**
出 版 项　北京:中华书局,1962. 11
页　　码　673
书　　号　11018・274
分 类 号　F752. 95
相关目录　绪编 鸦片战争前清政府的对外贸易政策和对外贸易/第一章 清政府的对外贸易政策/绪编 鸦片战争前清政府的对外贸易政策和对外贸易/第二章 中国与友邻国家的贸易关/第三章 西方资本主义国家的入侵/第四章 广州对欧美各国的贸易/第一编 半殖民地性对外贸易的开始(1840－1860年)/第一章 鸦片战争反资本主义国家对中国主权的破坏和中国半殖民地性对外贸易的开始/第二章 国际资本主义在中国的暴力掠夺/第三章 五口通商时期的对外贸易/第二编 半殖民地性对外贸易的发展(1860－1894年)/第一章 第二次鸦片战争后中国市场的进一步开放/第二章 国际资本主义在中国进行暴力掠夺的合法化/第三章 外商在华商品侵略势力的扩大/第四章 60至90年代对外贸易状况/第三编 对外贸易与中国经济(1840－1894年)/第一章 中国自然经济的破坏/第二章 工农业生产对世界市场的依赖/第三章 买办商人和商业高利贷资本的买办化/附录 从统计上看中国对外贸易的演变(1864－1894年)

书　　名　**中国近代经济史统计资料选辑:第一种(中国近代经济史参考资料丛刊)**
责 任 者　严中平,徐义生,姚贤镐,孙毓棠,汪敬虞,李一诚,宓汝成,聂宝璋,李文治,章有义,罗尔纲
出 版 项　北京:科学出版社,1955. 08
页　　码　374
分 类 号　F129. 9
相关目录　一、鸦片战争前的中英贸易/(一)中英贸易的总情况/(二)中英贸易上的主要商品/(三)

鸦片与中英贸易/(四)白银与银价问题/二、商埠、租界、租借地/三、对外贸易/(一)协议关税的税率水平/(二)对外贸易的发展趋势/(三)对外贸易的商品结构/(四)几种出口商品/(五)国际收支/六、轮船航运业/(一)中国轮船航运业的发展/(二)外国在华航运势力

书　　名 中国近代经济史研究:清末海关财政与通商口岸市场圈

责 任 者 (日)滨下武志著

出 版 项 南京:江苏人民出版社,2008

页　　码 1083

书　　号 978-7-214-04958-2

分 类 号 F752.59

相关目录 序——中国近代经济史研究的角度与方法/第一章 清末财政与海关/第一节 清末之时代/第二节 清末财政论/第三节 海关与清末财政/第二章 马士与中国海关/第一节 马士与中国/第二节 马士与上海统计局/第三节 马士与中国国际收支问题/第四节 马士的贸易报告——开放口岸与内地市场的关系/补论中国海关时代以后的马士/第三章 海关与贸易统计/第一节 海关的设立与运营/第二节 海关统计与统计方法的变迁/第三节 亚洲区域内贸易与中国/第四节 香港与新加坡/第四章 通商口岸与地域市场/第一节 亚洲内部市场与中国/第二节 海关和常关——地域市场和地域间关系/第三节 常关、海关与通货、金融问题/第四节 海关与地域市场/结论——厘金、地域市场、金融网络圈/附/一、地图/二、中国海关史资料

内容提要 本书内容包括:清末财政与海关、马士与中国海关、海关与贸易统计、通商口岸与地域市场等共四章。

书　　名 中国近代经济史研究:清末海关财政与通商口岸市场圈(海外中国研究丛书)

责 任 者 (日)滨下武志著;高淑娟,孙彬译

出 版 项 南京:江苏人民出版社,2006

页　　码 853

书　　号 7-214-04417-X

分 类 号 F752.59

相关目录 序——中国近代经济史研究的角度与方法/第一章 清末财政与海关/第一节 清末之时代/第二节 清末财政论/第三节 海关与清末财政/第二章 马士与中国海关/第一节 马士与中国/第二节 马士与上海统计局/第三节 马士与中国国际收支问题/第四节 马士的贸易报告——开放口岸与内地市场的关系/补论中国海关时代以后的马士/第三章 海关与贸易统计/第一节 海关的设立与运营/第二节 海关统计与统计方法的变迁/第三节 亚洲区域内贸易与中国/第四节 香港与新加坡/第四章 通商口岸与地域市场/第一节 亚洲内部市场与中国/第二节 海关和常关——地域市场和地域间关系/第三节 常关、海关与通货、金融问题/第四节 海关与地域市场/结论——厘金、地域市场、金融网络圈/附/一、地图/二、中国海关史资料

内容提要 本书作者从中国清末海关财政与通商口岸市场圈研究入手,通过清末财政与海关、赫德与中国海关、海关与贸易统计和通商口岸与地域市场等问题,对中国地方经济与中央财政的结合与分离、地域经济自律性的相互关系以及对外经济关系等方面的实际状态作了深入研究。

书　　名 中国近代军事后勤史:公元1840-1927(军事后勤历史丛书)

责 任 者 陈崇桥,张玉田主编

出 版 项 北京:金盾出版社,1993.06
页　　码 657
书　　号 7-80022-285-3
分 类 号 E295
相关目录 第一编 对外战争/第一章 两次鸦片战争的军事后勤/第一节 中英战争前清朝军事后勤概况/第二节 鸦片战争的后勤保障/第三节 抵抗英法联军之战的后勤保障/第二章 抗法战争的后勤保障/第一节 马江战前对滇桂边军的后勤支援/第二节 马江战后的后勤保障/第三章 甲午战争的后勤保障/第一节 饷银船械的筹措/第二节 粮饷军械的供应/第三节 后方通讯联系与转运/第四章 抵抗八国联军战争的后勤保障/第十章 北洋海军的后勤/第一节 后勤组织机构和规章/第二节 海军经费的筹集和管理/第十四章 北洋新军时期的军火生产与运输/第一节 军火来源/第二节 交通运输的新形式
内容提要 本书分:对外战争、北洋新军后勤、统一广东革命根据地和进行北伐战争的后勤等7编。

书　　名 **中国近代军事后勤史资料选编:公元1840-1927**
责 任 者 陈崇桥,张玉田主编
出 版 项 北京:金盾出版社,1995.06
页　　码 966
分 类 号 E295
相关目录 第一编 清军八旗绿营的兵制及后勤供应体制/六、马政、船政及其它/第二编 第一次鸦片战争的后勤保障/一、广州地区作战的后勤保障/二、东南沿海及长江下游作战的后勤保障/三、北部海防的后勤战备/第三编 第二次鸦片战争的后勤保障/一、广州战役/二、第一次大沽口之战/三、第二次大沽口之战/四、海口及京东之战/第四编 中法战争的后勤保障/一、马江之战以前反法作战的后勤准备/马江之战后的反法后勤工作/第五编 中日甲午战争的后勤保障/一、筹措饷银、船械/二、饷制及军需供应/三、转运与通讯/第六编 抵抗八国联军战争的后勤保障/第七编 太平军反清战争的后勤

书　　名 **中国近代军事教育史**
责 任 者 史全生主编
出 版 项 南京:东南大学出版社,1996
页　　码 547
书　　号 7-81050-188-7
分 类 号 E295
相关目录 第一章 中国近代军事教育的创始/第一节 从古代传统的军事教育到近代新式训练的转折/第二节 中国近代新式海军教育的肇始——福州船政学堂的创立和影响/第三节 近代海军教育的发展和完善/第二章 清末陆军教育的发展与海军教育的恢复/第一节 各省武备学堂的兴建与武举制度的废除/第三节 甲午战后海军教育的衰败与恢复/第四节 李鸿章、张之洞、袁世凯的军事教育思想
内容提要 本书是国家教委人文科学博士点基金资助项目的科研成果,由洪学智将军题词、郭化若将军作序。本书以大量翔实的历史文献、报刊资料和档案材料显依据,构筑起一个关于中国近代军事教育史的发展体系,把近百年的中国军事教育科学地归纳为五个方面的内容:即清末新式练军和军事学校的创建,北洋军阀军事教育的形成发展与崩溃,国民政府军事教育的发展与崩溃,汪伪军事教育,新民主主义军事教育的产生、发展和全面胜利,沿著这一发展构架,本书全面阐述了中国近代军事教育的发展历程,总结了各时期军事教育的特点,论述了中国近代军事教育对国防和军事近代化的积极作用和对整个中国近代政治与思想文化界的影响,在全面阐述的基础上,重点对福州船政学堂、北洋武备学堂、保定军校、陆军大

学,特别对黄埔军校和中国人民抗日军政大学等的创建、教育特点,在中国各历史时期军事与政治中的作用和地位等方面作了比较详尽的论述,为中国近代史、中国近代军事史和中国近代教育史的研究开拓了一个新的思路。此外书末还附录了中国近代军事院校简表。

书　　名　中国近代军事人物传
责 任 者　张一文,施渡桥主编
出 版 项　北京:解放军出版社,1990.11
页　　码　453
书　　号　7-5065-1401-X
分 类 号　K825.2
相关目录　军事战略家林则徐(施渡桥)/虎门抗英名将关天培(茅海建)/吴淞抗英名将陈化成(茅海建)/秀才出身的湘军水师统帅彭玉麟(舒翼)/淮军和北洋海军创始人李鸿章(尹福庭)/北洋海军提督丁汝昌(姜鸣)/海军爱国名将邓世昌(张辉斌)/海军名将刘步蟾(许华)/海军宿将萨镇冰(杨志本)/探索西方船炮技术的先行者龚振麟(王兆春)/卓越的造船专家徐寿(王兆春)

书　　名　中国近代军事史
责 任 者　张玉田等编著
出 版 项　沈阳:辽宁人民出版社,1983
页　　码　568
书　　号　5090·6
分 类 号　E295
相关目录　第二章 中国军民反对西方资本主义侵略军事斗争的开始/第一节 英军的战略目的和鸦片战争中的两个战役/第三章 抵抗英法联军入侵的两次战斗/第一节 第一次大沽口之战/第二节 第二次大沽口之战/第八章 清朝军队的初步西化/第一节 清军的装备变化与洋式编练/第二节 海军的建立/第九章 抗法战争的几个战斗/第二节 中法战争中成败的两次典型战斗/第十章 甲午中日战争/第一节 日本军国主义的战争阴谋和清政府的消极备战/第二节 日军丰岛突然袭击和清军退出朝鲜战场/第三节 黄海大海战和北洋海军丧失制海权
内容提要　叙述从1840年鸦片战争至1919年“五四”运动80年间的中国近代军事活动。在军队方面,著重介绍在中国近代军事史上曾起过重大作用和影响的几个著名的军事组织的发展、发展和衰亡,以及编制制度、指挥系统、武器装备、军事教育、军事训练以及军需补给等问题;在战争方面,除简介战争过程外,侧重于战术战略的研究和叙述。同时,对近代军事史上曾出现过的重要军事家以及他们的军事思想和理论,也给予相应的介绍。

书　　名　中国近代科学先驱徐寿父子研究
责 任 者　汪广仁主编
出 版 项　北京:清华大学出版社,1998
页　　码　667
书　　号　7-302-03074-X
分 类 号　K826.1
相关目录　三、史料综汇/曾国藩观华蘅芳、徐寿所作汽机、小火轮试验/曾国藩乘火轮自安庆至金陵/“黄鹄”号蒸汽船的建造/曾纪泽乘南京小火轮赴长沙/丁日昌致曾国藩函/曾国藩复李鸿章函/吴嘉善为徐寿等觅得铸熟铁匠人/曾国藩复丁日昌函(节录)/曾国藩批复上海机器局委员徐寿等禀条陈轮船制器四条/曾国藩用小轮船拖带坐舟/两江总督曾国藩观上海新造之轮船/中国始造轮船/曾国藩奏新造第一号轮船工竣并江南制造局筹办情形折/马新贻奏沈保靖等仍请照原保给奖折(附清单)/著曾国藩等酌量保奖上海机器局尤为出力各员之上谕/直隶总督曾国藩:答皇太后问造船事/两江总督马新贻:续造第二号轮船工竣循案具报折/傅兰雅致嘉约翰医生的信/李善兰荐调徐建寅指导制造排灌机械/机器制造局总办郑藻如、冯峻光:上督抚宪禀/两江总督马新贻咨呈总署文:上海机器局第三号轮船"测海"竣工/再拟开办学馆事宜章程十六条/曾国藩验新造轮船/两江总督曾国藩视察江南机器局并观看轮船水师/李鸿章谈徐寿父子/日本柳原前光公使购阅徐寿父子译著/江南制造局禀/制造局第六号轮船下水/制造局六号轮告竣/批机器制造局禀续造第五号轮船现已饬匠改作兵船并现办轮船情形请示由/上海机器局第五号轮船"镇安"改名"海安"及建造试航情形/江南制造局忙于制造四号、五号、六号炮船/李鸿章等奏销江南制造局同治六年至十二年动支各款折/中国最早的铅室法制硫酸/李鸿章等奏上海机器制造局历年办理出力之中外员匠恳恩给奖折(附清单)/吏部奏议上海机器局出力员匠给奖一事折(奏底)/李鸿章等奏上海机器局请奖奉驳各员分别改奖折(附清单)/李鸿章为山东省派员出洋购买机器事致总署函/李鸿章令徐建寅订购铁甲船/文廷式谈徐建寅/著徐建寅赴北洋查验军械谕/推荐徐建寅任北洋水师提督帮办等职,总理各国事务衙门与李鸿章来往电报/刘坤一奏陆元鼎、徐建寅等确查刘麒祥办理上海制造局并无亏短挥霍情事折/徐建寅与梁启超的结识/整顿船政及调徐建寅赴船政局上谕/福州将军兼管船政裕禄:道员徐建寅到工派充提调片/福州将军兼管船政裕禄:挑取生徒入堂肄业并定年限课程片/福州将军兼管船政裕禄:筹造新式快舰现与洋员议定办理情形折

书　　名　中国近代轮船航运业研究

责 任 者　朱荫贵著

出 版 项　北京:中国社会科学出版社,2008.07

页　　码　350

书　　号　978-7-5004-7087-8

分 类 号　F55

相关目录　一、民族资本航运业篇/从轮船航运业的兴办看中日早期近代化的异同/甲午战后中国轮船航运业的兴起和发展/第一次世界大战前后的中国民族资本轮船航运业/1927-1937年的中国轮船航运业/二、外国在华航运业篇/1895年后日本轮运势力在长江流域的扩张/甲午战争后的外国在华轮船航运业/第一次世界大战及战后的列强在华航运业/三、经营管理篇/从戊通公司历史看经营管理方式对中国近代企业发展的影响/"官督商办"与"命令书"——中日政府对近代工商企业经营管理方式的比较研究/中日早期近代海技自立的比较研究——国家政权在中日近代化过程中的作用/四、轮船招商局篇/从19世纪80年代招商局的人事变动看晚清时期的官商关系——以盛宣怀取代唐廷枢、徐润入主招商局任督办为中心的分析/论晚清轮船招商局的对外投资/二十世纪初的轮船招商局——体制变动与军阀战争的干扰影响/五、轮船与近代中国经济篇/轮船与长江流域近代经济的演变/新式交通运输与近代中国社会经济的演变

内容提要　本书是研究中国近代轮船航运业的论文集。论文按中国民族资本航运业、外国在华航运业、轮船航运业的经营管理、轮船招商局和轮船与近代中国经济等五类内容收录。通过收录的15篇论文,重点体现作为现代交通运输工具的轮船航运业在近代中同出现后的发展演变状况

书　　名　中国近代史争鸣录:历史事件篇

责 任 者　中国人民解放军南京政治学院历史学系编

出 版 项　南京:江苏教育出版社,1987
页　　码　617
书　　号　7－5343－0416－4
分 类 号　K250.7
相关目录　第二部分 鸦片战争/一、关于清朝的闭关政策/第五部分 边疆危机与中法、中日战争/一、"海防"与"塞防"之争的性质

书　　名　**中国近代史争鸣录:历史人物篇**
责 任 者　解放军南京政治学院历史学系编
出 版 项　南京:江苏教育出版社,1988.06
页　　码　726
书　　号　7－5343－0437－7
分 类 号　K25
相关目录　丁汝昌/一、甲午战争中丁汝昌是否忠实执行李鸿章的"避战保船"路线/二、对丁汝昌的总评价/刘步蟾/一、刘步蟾在黄海海战中是否擅自下令改变舰队阵形/二、对刘步蟾在黄海海战中的表现的评价/李鸿章/一、对李鸿章 洋务活动的评价/二、关于甲午战争中李鸿章的评价/林则徐/一、关于林则徐家庭出身问题/二、关于林则徐和宣南诗社的关系问题/三、关于林则徐是否有民本主义思想问题/四、对林则徐民心可用思想的评价/五、对林则徐经济思想的评价/六、对林则徐爱国主义思想的评价/七、对林则徐禁烟策略的评价/八、对林则徐在禁烟运动中作用的评价/九、对林则徐处理"回务"、"番务"的评价/十、关于林则徐的死因问题/琦善/一、对琦善禁烟态度的评价/二、对琦善在鸦片战争中表现的评价/三、琦善是否与义律签订《穿鼻草约》/道光帝(旻宁)/一、道光帝何时下决心严禁鸦片的/二、道光帝对林则徐的态度/三、对道光帝在禁烟运动中地位和作用的评价/四、对道光帝在鸦片战争中表现的评价

书　　名　**中国近代造船史**
责 任 者　王志毅著
出 版 项　北京:海洋出版社,1986
页　　码　208
书　　号　11193·0664
分 类 号　U66－092
相关目录　一、鸦片和大炮为外资船厂打开了大门/二、榄文船坞和柯拜船坞——外资在我国香港、广州开设的第一个船厂/三、香港黄埔船坞公司/四、上海早期的外资船厂/五、上海两家最大的外资船厂——祥生船厂和耶松船厂/六、上海外资船厂的竞争和兼并/七、其它各地的外资船厂/八、"师夷智以造炮制船"——洋务运动的兴起/九、我国自制的第一艘轮船"黄鹄"号/十、江南制造局的建立/十一、江南制造局停造轮船——江南船坞的成立/十二、局坞分立/十三、左宗棠创办福州船政局/十四、福州船政局的建设和造船情况/十五、福州船政局的衰败/十六、天津机器局/十七、广州机器局及其经办者温子绍/十八、其它各地筹办船厂情况/十九、洋务运动中造船工业失败的原因/二十、处在夹缝中的民族资本船舶修造业/二十一、江南造船所的鼎盛时期/二十二、二十世纪初至抗战前的船舶修造业/二十三、抗战期间的船舶修造业/(一)沦陷区的船舶修造业/(二)国民党统治区的造船活动/二十四、抗战胜利后的造船业/附录一、近代造船史大事记/附录二、修造船厂总表(1840－1949年)
内容提要　本书叙述鸦片战争至中华人民共和国成立近一百多年来的我国造船业史实。全书共二十四节,按外资船厂、官办船厂、民资船厂三个类咖哩,介绍了创建时的背景、规模以及各个历史时期的情况,

尤其对洋务运动中官办船厂的筹建经过及其背景和失败原因,作了深入论述和探讨;简要地介绍了新中国成立以来我国船舶工业所走过的曲折道路和蓬勃发展情况。本书史料翔实内容丰富,文字通俗,对从事船舶工业的人们、大专院校有关科系的师生,以及史学工作者和海军官兵、海洋工作者都具有参考价值,对一般读者也有启迪教育意义。

书　　名　**中国近代战争史:第2册**
责 任 者　军事科学院《中国近代战争史》编写组编
出 版 项　北京:军事科学出版社,1985
页　　码　337
分 类 号　E296
相关目录　第九章 中法战争/第三节 战争的扩大/三、马江海战/第五节 东南沿海防御作战/第十章 中日甲午战争/第五节 黄海海战

书　　名　**中国近代对外贸易史资料:1840－1895,第3册(中国近工经济史参考资料丛刊:第五种)**
责 任 者　姚贤镐编
出 版 项　中华书局
页　　码　1676
书　　号　11018·274
分 类 号　D6
相关目录　第三编 对外贸易与中国经济(1840－1894年)/第一章 中国自然经济的破坏/第四节 帆船运输业的衰落/第三章 买办商人和商业高利贷资本的买办化/第一节 买办商人/第二节 商业资本的买办化/第三节 高利贷资本的买办化/附录 从统计上看中国对外贸易的演变(1864－1894年)

书　　名　**中国近时外交史(民国丛书)**
责 任 者　刘彦著;张忠绂编著
出 版 项　上海:上海书店出版社,1989.10
页　　码　636
书　　号　7－80569－179－7
分 类 号　Z121.6:D829
相关目录　第一章 鸦片战争/第一节 中西国际交通之起源/第二节 英商鸦片贸易之情状与开战之原因/第三节 中英战况及南京条约/第四章 琉球之丧失/第一节 中日交通之原委/第二节 日本之并合琉球/第八章 中日战争/第一节 韩国与中日二国之关系/第二节 日韩冲突与天津条约/第三节 中日开战之原因及开战前之形势/第四节 中日交战/第五节 中日媾和/第六节 三国干涉与辽东返还

书　　名　**中国近现代航海史略**
责 任 者　大连海事大学
出 版 项　大连:大连海事大学出版社,1989
页　　码　107
分 类 号　F552.9

书　　名　**中国经济通史:六**

责 任 者　赵德馨主编;李干,周祉征著

出 版 项　长沙:湖南人民出版社,2002

页　　码　860

书　　号　7-5438-3180-5

分 类 号　F129:F129.47

相关目录　第九章 元代的海外贸易/第一节 海外贸易的政策和概况/第二节 市舶司管理制度/第三节 海外贸易的交通航线和港口/第四节 通商所及的国家和地区/第五节 输出和输入的商品/第六节 官本船制度/第七节 海外贸易的影响/第十章 元代的交通运输/第一节 大运河/第二节 海运/第三节 驿站/第四节 运输工具

内容提要　本卷为元经济史部分,内容包括元朝统一的多民族国家的建立与经济发展、元代各社会集团的经济关系、元代的土地制度、元代的农业、元代的畜牧业、元代的商业、元代的交通运输等十三章。

书　　名　**中国旧海关与近代社会图史:1840-1949**

责 任 者　马振犊,刘广平主编;中国第二历史档案馆,中国海关总署办公厅编

出 版 项　北京:中国海关出版社,2006

页　　码　10册

书　　号　7-80165-260-6

分 类 号　F752.59-64:K25-64

内容提要　本书收录有关地方政权与中国旧海关的历史照片和档案原件,辅以其它图书馆和档案馆的相关图片,并配以相关文字说明。《中国旧海关与近代社会图史》以中国第二历史档案馆和海关总署的专家学者为骨干,并汇聚全国各地的专家进行选材、编辑,是第一部中国近代海关与社会的历史照片集,其中所用历史照片,绝大部分为第一次发表。

书　　名　**清代后期军事史:上、下册(中国军事通史:第十七卷)**

责 任 者　军事科学院主编;施渡桥等撰

出 版 项　北京:军事科学出版社,1998.10

页　　码　2册(608,1249)

书　　号　7-80137-104-6

分 类 号　E29:E295.2

相关目录　第一章 鸦片战争前的世界与中国/第一节 鸦片战争前资本主义列强与中国的政治经济概况/第二节 鸦片战争前资本主义列强与中国的军事概况/第二章 第一次鸦片战争/第一节 英国以中国查禁鸦片为借口发动侵华战争/第二节 英军由广东北犯与中英大沽交涉/第三节 广东军民的抗英作战/第四节 英国扩大侵华战争与闽、浙军民的抗战/第五节 英军调整战略部署与吴淞、镇江之战/第六节 战略失误是中国战败的直接原因/第三章 第二次鸦片战争/第一节 第一次鸦片战争后的国内外形势/第二节 广州军民抗击英法军队的入侵/第三节 抗击英法联军对大沽的进犯/第四节 京师外围的阻击战/第五节 清政府的重大战略失误/第四章 林则徐、魏源等人的军事思想/第一节 林则徐、魏源的军事思想/第二节 其它主战人士的军事思想/第十二章 中国近代国防工业的兴办/第一节 自强活动与近代军事工业的建立/第二节 近代武器的生产与影响/第三节 中国近代航运、铁路和电报的建设/第十五章 清后期海防/第一节 近代海防筹建背景/第二节 设厂造舰,筹办海防/第三节“海防议”和四洋海军的初建/第四节 北洋近代海防体系的形成/第十六章 清后期边防/第一节 边防军队/第二节 边防设施/第三节 边防建设/第十

七章 中法战争/第一节 序战/第二节 中法战争正式爆发/第三节 法国扩大侵略战争/第四节 清军调整战略,扭转战局/第五节 中国不败而败、法国不胜而胜的奇异结局/第六节 中法战争中双方战略战术评析/第十八章 中日甲午战争/第一节 日本蓄谋发动侵华战争/第二节 战争爆发和双方战略方针/第三节 平壤之战与黄海海战/第四节 辽东半岛之战/第五节 山东半岛之战/第六节 辽东之战/第七节 台湾军民的英勇抗战/第十九章 李鸿章、左宗棠的“自强”、“御侮”思想/第二十章 反对八国联军侵略的战争/第一节 民族矛盾激化与义和团的兴起/第二节 帝国主义合谋侵华与清军作战部署/第三节 大沽、天津之战/第四节 北京之战/第五节《辛丑条约》的签订/第二十五章 清后期军事教育/第一节 概述/第二节 从福州船政学堂到陆军军官学堂/第十五章 清后期海防/第一节 近代海防筹建背景/第二节 设厂造舰,筹办海防/第三节“海防议”和四洋海军的初建/第四节 北洋近代海防体系的形成/第十七章 中法战争/第一节 序战/第二节 中法战争正式爆发/第三节 法国扩大侵略战争/第十八章 中日甲午战争/第一节 日本蓄谋发动侵华战争/第二节 战争爆发和双方战略方针/第三节 平壤之战与黄海海战/第四节 辽东半岛之战/第五节 山东半岛之战/第六节 辽东之战/第七节 台湾军民的英勇抗战/第二十章 反对八国联军侵略的战争/第一节 民族矛盾法制化与义和团的兴起/第二节 帝国义义合谋侵华与清军作战部署/第三节 大沽、天津之战

书　　名 中国军事学术史

责 任 者 糜振玉主编

出 版 项 北京:解放军出版社,2008

页　　码 2卷

书　　号 978-7-5065-5487-9

分 类 号 Z

相关目录 上卷/第四篇 魏晋南北朝时期(公元220年-589年)的军事学术/概述/第十一章 魏晋南北朝时期的战争指导与战法战术/第一节 统一战争的战略指导/第二节 水军的发展及其战法的改进/第三节 重甲骑兵驰骋中原/第四节 八阵——集团方阵战术的发展/第五节 赤壁之战与古代火攻战术/第六节 淝水之战与苻坚统一战略的失策/第十二章 南北对峙战争条件下的国防与军队建设/第二节 各类战船及其功能/第十三章 魏晋南北朝的军事学术理论及其特色/第二节 南船北骑的作战理论/第七篇 明与清代前期(公元1368年-1840年)的军事学术/第二十二章 明代的军事学术(上)/第四节“严加整备、近海歼敌”的海防战略/第二十三章 明代的军事学术(中)/第六节 明代中期抗倭战略策略的失误/第七节 抗倭作战中“戚家军”的“鸳鸯阵”法/第八节“庚戌之变”与“西和东守”的边防战略/第二十五章 清代前期(1644年-1840年)的军事学术/第一节 清军统一全国的战略策略/第二节 郑成功抗清与收复台湾的作战指导/第三节 清军平定“三藩之乱”的战略指导/下卷/第八篇 清代后期(公元1840年-1912年)的军事学术/第三十章 近代海军的诞生及海防战略方针/第一节 边疆危机与备边御侮战略方针的确立/第二节 第一次“海防议”与四洋海军的初建/第三节 第二次“海防议”与北洋海军的成军/第四节《北洋海军章程》的军事学术意义/第五节“以战为防”与“以守为防”两种海防战略方针的分歧

内容提要 本书在对军事学术的概念及其内涵界定的基础上,对原始社会末期至抗美援朝战争上下五千年的中国军事学术史进行了总结:对中国历代主要军事家、军事理论家和主要军事著作的军事学术思想及其对中国军事学术发展的贡献进行了系统的梳理,概括了中国军事学术的主要特点,对影响军事学术发展的相关要素进行了专题的阐述,并就中西方军事学术的不同形态和特征进行了深入的分析比较,从而全面地反映了中国军事学术在不同历史条件下演变的轨迹,提示了中国军事学术发展的一般规律,阐明了中国军事学术在世界军事学术的地位,使中国军事学术史的研究达到了新的水平,是一部填补中国军事史研究空白的专著。

书　　名 中国科学技术史:第四卷,物理学及相关技术:第三分册,土木工程与航海技术
责 任 者 李约瑟(Joseph Needham)著
出 版 项 北京;上海:科学出版社;上海古籍出版社,2008
页　　码 1030
书　　号 978－7－03－022422－4
分 类 号 N092:TU－092:U675－092
内容提要 本书主要论述中国古代土木工程及航海技术的发展历史和主要成就。

书　　名 中国科学技术史:交通卷
责 任 者 卢嘉锡总主编;席龙飞等主编
出 版 项 北京:科学出版社,2004
页　　码 684
书　　号 7－03－011671－2
分 类 号 N092:F512.9
相关目录 第一篇 造船技术史/第一章 中国舟船起源/第一节 原始的渡水工具/第二节 独木舟/第二章 木板船的产生/第一节 独木舟向木板船的演变/第二节 木板船出现的年代/第三节 古文献对早期舟船及舟船活动的记述/第三章 古代造船技术的奠基/第一节 春秋时代的水运船舶及战船/第二节 战国时代的水运及船舶/第三节 从战国随葬船看战国的造船技术/第四节 战国时代战船的形制/第五节 中国船舶风帆出现的年代/第六节 战国时代为发展古代造船业奠定技术基础/第四章 古代造船技术的发展/第一节 秦代的船舶/第二节 汉代南北海上航路的开辟/第三节 汉代船舶及其建造地点/第四节 从出土汉船模型看汉代船舶/第五节 汉代船舶的属具/第六节 汉代造船技术的总结/第五章 造船技术在唐宋时期臻于成熟/第一节 在统一全国战役中发挥作用的隋代五牙舰/第二节 隋代船舶的发展/第三节 唐代的内河及海洋船舶/第四节 唐代由多种舰艇组成的混合舰队/第五节 宋代的内河及海洋船舶/第六节 从出土古船看宋代的造船技术/第七节 传统造船技术的发展与成熟/第六章 古代造船技术鼎盛时期的船舶/第一节 元代的水师、海运与舰船/第二节 元代古船的发掘与研究/第三节 明代的水运与船舶生产/第四节 明代古船的发掘与研究/第五节 中国古代造船技术原结晶——郑和宝船/第七章 中国传统造船业的衰落与外资轮船业的渗透/第一节 海禁制约著中国木帆船业的发展/第二节 航权丧尽,洋船入室给中国木帆船业以致命打击/第三节 国门洞开后近代外资轮船修造业对中国造船业的挑战/第四节 广州地区和上海外资船厂的兼并和发展/第八章 中国近代船舶工业的发端与兴衰/第一节 中国人对西方火轮船的早期探索/第二节 安庆内军械所与“黄鹤”号轮船/第三节 江南制造局的创立及其造船活动/第四节 晚清的中国船舶工业基地——福建船政/第五节 洋务运动中的其它官办造船机构/第六节 福建船政的衰落和江南船坞的崛起/第七节 江南制造局翻译馆的创建及其贡献/第八节 福建船政学堂是培育中国近代造船科技及海军人才的摇篮/第二篇 水运技术史/第九章 海上航路的开辟与演变/第一节 开发海洋的新曙光/第二节 沿海南北航路的开辟与演变/第三节 通朝鲜、日本航路的开辟和演变/第四节 西洋航路的开辟与演变/第十章 海上水运技术/第一节 古代地文航海技术/第二节 古代天文航海技术/第十一章 内河水运技术/第一节 内河水道的特点/第二节 不同河道的船舶驾驶基本要点/第十二章 运河水运工程/第一节 先秦人工运河的开创时期/第二节 历代人工运河的发展和演变/第三节 引水、蓄水济运工程与河道整治/第四节 运河渠化工程中的埭、堰、闸/第五节 运河漕运管理与职官/第十三章 航路指南及水道图/第一节 航路指南的形成和发展/第二节 航海图的发展历史/第三节 江河图的绘制/第十四章 古代的海运管理制度/第一节 中国古代的海运管理机构/第二节 船舶进出港口的管理制度/第三节 古代对外航海贸易的赋税征收/第四节 古代海运管理中的走私缉查制度

内容提要 本书从造船技术史、水运技术史、陆路交通史三个方面论述了中国舟船的起源,中国古代海上航路的开辟与演变,各历史时期陆路交通网络的开拓和发展等。

书　　名 **中国历代重大战争详解:明代战争史**
责 任 者 冯先知编著
出 版 项 长春:吉林文史出版社,2006.01
页　　码 380
书　　号 7-80702-213-2
分 类 号 E29
相关目录 第一章 明朝前期的倭患/第一节 洪武年间倭寇的入侵/第二节 永乐至宣德年间倭寇的入侵/第三节 正统至正德年间倭寇的入侵/第二章 嘉靖年间倭寇的猖獗/第一节 嘉靖初年的外患/第二节 嘉靖中后期倭患的加剧/第三章 嘉靖中后期的抗倭斗争/第一节 朱纨的御倭斗争/第二节 王忬、张经和胡宗宪督军御倭/第三节 戚继光、谭纶、俞大猷御倭/第四章 隆庆后的倭患/第一节 隆庆万历前期的倭寇/第二节 抗倭援朝战争/第三节 万历中期后侯寇的入侵和日本江户幕府的锁国政策

书　　名 **中国历史上的大航海**
责 任 者 云中天编著
出 版 项 北京:中国三峡出版社,2007
页　　码 254
书　　号 978-7-80223-357-7
分 类 号 F552.9
相关目录 中国古代航海史概述/一、远古帆影·三代航踪/夏、商、周海上发展史/夏代航海(公元前21世纪至公元前16世纪)/商代航海(公元前16世纪至公元前11世纪)/西周航海(公元前11世纪至公元前770年)/二、各诸侯国海上争霸/春秋战国的航海活动/海上强国的兴衰/沿海航路与大规模的海上运输/越海航行与远洋探索的盛行/三、秦皇汉武大海情/秦始皇的海洋情结/威震四海——秦始皇/徐福东渡、扶桑之祖/徐福去过日本吗?/大帝雄心战海神/汉武帝巡海/四、海洋上的勇者/僧人远涉重洋/万里蹈海归故国/鉴真东渡/别有情思在东瀛/魏国航海及其与日本的海上交往/两晋对日本列岛海上交通之中断与恢复/南北朝对日本列岛的海上交往/隋代中日航海交往与航路/唐代对日本的官方航海与民间商船的海上贸易/唐代东北少数民族与日本的海上交往与航路/日本遣唐使及其分期/北宋与日本的海上交往/南宋与日本的海上交往/元代与日本的海上交往/五、中国世代通南洋/南洋之谜/历代南洋的航运兴衰史/隋代与南洋的航海交往/唐代与南洋的航海交往/五代十国时期的南方航海活动/宋元时期南洋的航海/北洋漕运的主要航海人物/六、近邻朝鲜一衣带水/历代与朝鲜的海上交往/南北朝时期对朝鲜半岛诸国的海上交往/隋朝对高丽的军事航海活动/七、世界史首次航海壮举/八、中国人的失落——海洋的悲哀/九、管窥航海技术发展
内容提要 本书告诉读者有关中国史上航海事业的发展,具体地论述和剖析了各个不同历史时期中国航海事业特点,科学地总结和评价了中国古代航海事业的杰出成就及其兴衰荣辱的经验教训,为我们面向未来的海洋时代提供了一面镜子。

书　　名 **中国轮船航运业的兴起(中国近代史专题研究丛书)**
责 任 者 樊百川著
出 版 项 北京:中国社会科学出版社,2007

页　　码　508
书　　号　7－5004－6062－7
分 类 号　F552.9

相关目录　第一章 清代的帆船航运/第一节 清代的禁海与开海政策/一、从禁海到开海/二、所谓"闭关锁国"/第二节 远洋帆船航运业由盛而衰/一、清代的商营远洋帆船航运业在规模上超越前代/二、腐朽的封建统治和西方国家的东侵造成中国远洋帆船航运业由盛而衰/第三节 沿海和内河帆船航运业的蓬勃发展/一、长期的政局安定造船清代国内帆船航运业的繁荣和兴盛/二、沿海帆船航运业恢复后迅达昌盛/三、内河航运长期繁荣/第四节 清代帆船型制和载运能力的考察与估计/一、清代帆船型制的规定与实际/二、沿海帆船载运能力的估计/三、内河帆船载运能力的估计/第五节 清代帆船航运业的发展同封建经济相适应/一、适应于封建经济，服务于封建经济/二、同封建经济相一致的生产关系/第二章 外国轮船侵入中国，开始垄断中国江海航运/第一节 外国侵略者用武力掠夺中国江海航运特权/第二节 外国轮船航运势力的侵入/一、早期侵入中国的外国轮船/二、外国在华轮船企业的设立/第三节 外国大轮船公司开始在中国建立垄断势力/一、美商旗昌轮船公司的早期垄断/二、英国的资本输出与太古、怡和两大轮船公司在中国江海航运中垄断地位的确立/三、中国江海航运沦为各国轮船共同掠夺的对象/第三章 半殖民地中国轮船航运业的产生/第一节 外国侵略势力压迫下中国帆船航运业的破产与衰落/一、外国侵略者的劫掠和轮船的使用是造成中国帆船航运业破产和衰落的主要原因/二、沿海和长江主要航线上中国帆船航运业的迅速破产与衰落/第二节 中国民族轮船航运业产生的艰难历程/一、封建统治者阻碍华商投资轮船航运业/二、华商轮船业被迫托庇于外国侵略者/三、内港小轮船航运业在封建统治者严厉限制之下稀疏出现/第四章 早期官僚资本的轮船招商局/第一节 从解决洋务派军事工业财政困难到创办封建大官僚控制下的轮船航运企业/第二节 封建大官僚同大买办相结合的早期官僚资本/一、洋务派大官僚主持下封建官僚同买办的结合/二、"权操在上"的"官督商办"/三、"酌借官帑"与封建买办资本的融合/第三节 同外国航运侵略势力相勾结的封建买办性垄断/一、"略分洋商之利"暴露出早期官僚资本的买办劣根性/二、步步退让，甘当外资轮船公司垄断中国航运业的"小伙伴"/三、封建买办性的垄断/四、一个鲜明的对比/第五章 华商行驶轮船禁令的解除与各地小轮航运业的普遍兴起/第一节 清政府被迫解除华商行驶轮船的禁令/第二节 各地华商小轮船航运业的普遍兴起/第六章 中国轮船航运业在外国垄断势力的夹缝中求生长/第一节 外国航运侵略势力在争夺中加强垄断/一、瓜分危机下外国航运侵略势力蜂拥中国/二、争夺的重点在长江/三、势力范围争夺下的北方航线/四、南方沿海航线的混战/五、侵入西江/六、俄国独占黑龙江、松花江航线/七、侵入中国内港/八、控制中国远洋航运的争战/九、列强共霸中国航运局面的形成/第二节 中国民族大中型轮船航运业生长的艰难与限度/一、华商兴办大中型轮船企业屡受挫折/二、艰苦建立的一些中型轮船企业/三、微弱而分散的中型轮船企业无力构成建立民族近代航业的骨干/第三节 民族资本轮船航运业被迫向内港求发展/一、民族资本轮船业在内港还可获得发展时机/二、上海附近成为内港轮船航运业最发达的地区/三、长江干支流内港轮船航运业的普遍扩展/四、东南沿海与珠江流域内港轮船航运业的普遍建立/五、北方的内港轮船航运业仍较落后/六、内港轮船事业的普遍发展开始造成内港航运业的革命及中国半殖民地航运业的倒悬局面/第七章 新形势下中国轮船航运业的发展和半殖民地轮船航运格局的确立/第一节 新的形势造成中国轮船航运业的较快发展/第二节 民族江海远洋轮船航运业的兴起与建立/一、民族大中型轮船企业的繁兴/二、民族远洋航运业的兴起/三、国内航线上的七大公司和航业集团/四、长江航线民族轮船航运业的建立与困难/五、沿海民族轮船航运业发展比较顺利和初步奠定基础/六、珠江流域民族中型轮船业在吨数上渐占优势/七、黑龙江、松花江流域中国轮船业的发展/第三节 内港小轮船航运业的扩大规模和向可航河流的新推广/一、全国小轮船航运业成倍增长/二、长江内港轮船航运业的扩大企业规模和开辟新航线/三、珠江小轮航运业轮船吨位的增大和各条航线航运力量的扩充/四、中国其他江河和沿海内港小型轮船航运业的继续增长/第四节 各国在华航运侵略势力的消长与英日美三霸并争局面的确立/一、外国航运侵略势力在第一次世界大战期间的部分减退与垄断地位的保持未变和战后的迅即恢复与新争夺/二、日本在华航运侵略势力的新扩展和美国航运侵略势力的重新崛起/第五节 官僚资本企业更加腐朽买办化/一、盛氏集团控制下招商局更加腐败和买办化/二、北洋官僚资本集团的两大轮船机构/第六节 典型的半殖民地轮船航运格局/附录/一、1911 年华资轮船企业统计表/二、1921 年华资轮船企业统计表/三、1921 年华资大中型轮船企业重要航线配船统计表/四、直接征引书目

书　　名 **中国贸易史(中华文化丛书)**
责 任 者 鲁传鼎著
出 版 项 台北:中央文物供应社,1985
页　　码 376
分 类 号 F752.9
相关目录 第一章 中国对外贸易的起源/第二节 汉与罗马的通商/第三节 隋唐时代的对外贸易/第二章 中国海外贸易的开展/第一节 宋代的海外贸易/第二节 元代的海外贸易/第三章 明代对外贸易的演变/第一节 禁海政策与贡舶制度/第二节 对外贸易与舶税制度/第三节 明代与欧洲人的直接贸易/第四章 清代的对外贸易/第一节 鸦片战争以前的贸易/第二节 国际商约对国内经济与国际贸易的冲击/第三节 清末对外贸易的发展与演进/第四节 清廷振兴贸易的措施/第五章 民国建立初期的贸易/第一节 进出口贸易金额、商品结构及贸易地区/第二节 我国主要商埠的贸易形势/第三节 工业发展与对外贸易/第六章 对日抗战以前十年的贸易发展/第一节 进出口贸易形势/第二节 货币金融制度的改革/第三节 关税自主与对外贸易/第四节 我国国际收支的演变/第七章 战时及战后的对外贸易/第一节 抗战期间的贸易外汇政策/第二节 战后的贸易外汇管制/第三节 黄金政策的变迁/第四节 战时及战后的国际收支

书　　名 **中国明代科技史(百卷本中国全史,第 16 卷)**
责 任 者 汪前进
出 版 项 北京:人民出版社,1994.04
页　　码 269
书　　号 7-01-001456-6
分 类 号 K2
相关目录 一、明代科技概述/三、物理学/(一)电、磁学知识/2. 航海罗经的创造/五、天文学/(四)航海天文——过洋牵星术/1. 过洋牵星图/2. 牵星术/六、地学/(三)测量与绘图/3. 郑和航海图/5. 罗洪先和《广舆图》/七、生物学/(四)《闽中海错疏》/十一、建筑与造船/(三)沙船/1. 沙船起源/2. 沙船的特点/3. 郑和宝船/(四)沈啓与《南船纪》/1. 结构/2. 主旨/十二、陶瓷、火器和漆器/十三、中外科技交流
内容提要 明代是中国科技发展的重要时期,传统科学在这一时期开始衰退,传统技术则走向顶峰,农学和医药学则有长足的发展,而西方科技的传入揭开了中国近代科技发展的序幕。本书系统、深入地叙述了中国在这一时期在数学、物理学、化学化工、天文学、地学、生物学、农业科技、医药学,矿冶技术、建筑、造船、陶瓷、火器和漆器等众多方面所取得的成就,并叙述了阿拉伯天文学和欧洲科技在中国的传播和影响。本书以大量原始文献和考古新材料为基础,并广泛吸取今人的研究成果,著重叙述了科技本身的发展,而且探讨了制约和促进科技发展的因素,以及科技进步对社会的影响。

书　　名 **中国南海疆域研究**
责 任 者 李金明著
出 版 项 福州:福建人民出版社,1999
页　　码 262

书　　号　7-211-03492-0

分 类 号　K928.19

相关目录　第一章 中国南海疆域地理概述/一、东沙群岛的地理概况/二、西沙群岛的主要岛礁/三、中沙群岛与黄岩岛/四、南沙群岛的"危险地带"/第二章 中国史籍中有关南海疆域的记载/一、宋元时期有关中国南海疆域的记载/二、明清时期有关中国南海疆域的记载/三、清政府在南海疆域内行使主权和管辖权/第三章 中国南海疆域内的石塘、长沙/一、宋元时期石塘、长沙的位置与范围/二、明清时期的千里石塘、万里长沙/三、千里石塘、万里长沙为中国海与外国海的分界/四、西沙、南沙群岛是中国最早发现和命名的/第四章 元代"四海测验"中的南海/一、"四海测验"的缘起和经过/二、各测点经纬度的推算/三、考定南海测点的具体位置/第五章 越南荒沙、长沙非中国西沙、南沙考/一、长沙是外罗海中小岛、沙洲/二、黄沙渚是理山岛北部的小岛/三、葛鐄是越南中部沿海的"长条地带"/第六章 中国人民开发经营西沙、南沙群岛的证据/一、在西沙、南沙群岛发现的遗址、遗物/二、西沙、南沙群岛保存的古庙遗迹/三、中国渔民在西沙、南沙群岛的生产活动/第七章 抗日战争前后中国政府维护西沙、南沙群岛主权的斗争/一、抗日战争前日本、法国对西沙、南沙群岛的侵占/二、抗日战争胜利后中国政府收复西沙、南沙群岛/三、确定南海疆域线以维护西沙、南沙群岛主权/四、菲律宾对南沙群岛的觊觎/第八章 从国际法看我国对南沙群岛的主权/一、邻近不等于主权/二、克洛马的"发现和占领"是非法的/三、所谓"盟军托管"是捏造的/四、巴拉望西部大陆架划界问题/五、中菲南沙争端的解决前景/第十章 南海领土争议与国际海洋法/一、海洋法公约对南海领土争议的影响/二、南海周边国家执行海洋法概况/三、南海存在的领土争议/四、以国际海洋法为基础解决南海领土争议

内容提要　国家社会科学基金资助项目:本书以历史地理考证、主权法律为特色,为捍卫我国对南海疆域的领土主权和海洋权益提供了确凿的历史证据和法理依据。

书　　名　**中国南海诸岛地名论稿**

责 任 者　刘南威著

出 版 项　北京:科学出版社,1996

页　　码　126

书　　号　7-03-005432-6

分 类 号　K926.67

相关目录　南海诸岛古地名/南海诸岛琼人俗名/中国古代对南海诸岛的命名/THE NOMENCLATURE OF THE SOUTH CHINA SEA ISLANDS IN ANCIENT CHINA/现行南海诸岛地名分析/南海诸岛地名审定/《我中南海诸岛部分标准地名》中的渔民习用地名——南海诸岛地名审定的主要成果/附录《我国南海诸岛部分标准地名》

内容提要　本书系作者多年来对南海诸岛实地考察研究的成果总论。全书以确凿的事实根据,系统地阐述了我国南海诸岛地名的由来、命名和审定等内容,并附我国南海诸岛俗称和标准地名。书中从不同侧面论证了南海诸岛主权属于中国的地名学依据。文字流畅、资料翔实,具有重要的参考使用价值。可供地名学、地理学、历史学等专业人员和政府有关部门及外交人员阅读。

书　　名　**中国南洋交通史(中国文化史丛书)**

责 任 者　冯承钧著

出 版 项　北京:商务印书馆,1937.01

页　　码　296

书　　号　7-100-01437-9

分 类 号 D829.33:F552.9

相关目录 上编/第一章 汉代与南海之交通/第二章 康泰等之使海南诸国/第三章 法显之归程/第四章 南北朝时往来南海之僧人/第五章 常骏等之使赤土/第六章 贾耽所志广州通海夷道/第七章 唐代往来南海之僧人/第八章 宋代之南海/第九章 元代之南海/第十章 郑和之下西洋/下编/第一章 扶南传/第二章 真腊传/第三章 阇婆传/第四章 三佛齐传/第五章 南海群岛诸国传/第六章 马来半岛诸国传/第七章 印度沿海诸国传

内容提要 该书是一部中国古代对外关系史专著,又是一部南洋风土志,是当时《中国文化史丛书》的一种。全书分上、下编,共17章。中国与南洋地区(东起吕宋岛,西至印度西岸)的交往状况。其上编以年代为序,分段叙述了南洋地区的状况及中国各朝与该地区的交往;下编仿正史纪传体裁,分别叙述南洋各地的风土人情、地理历史。书中汇集排比了大量史料,为进一步研究中国与南洋间的往来历史,提供了方便条件。

书 名 **中国南洋交通史(中国文化史丛书)**
责 任 者 冯承钧著
出 版 项 台北:台湾商务印书馆股份有限公司,1962.06
页 码 296
书 号 9570506318
分 类 号 F552.9

相关目录 上编/第一章 汉代与南海之交通/第二章 康泰等之使海南诸国/第三章 法显之归程/第四章 南北朝时往来南海之僧人/第五章 常骏等之使赤土/第六章 贾耽所志广州通海夷道/第七章 唐代往来南海之僧人/第八章 宋代之南海/第九章 元代之南海/第十章 郑和之下西洋/下编/第一章 扶南传/第二章 真腊传/第三章 阇婆传/第四章 三佛齐传/第五章 南海群岛诸国传/第六章 马来半岛诸国传/第七章 印度沿海诸国传

书 名 **中国南洋交通史**
责 任 者 冯承钧著
出 版 项 香港:太平书局,1963
页 码 296
分 类 号 D829.33

相关目录 上编/第一章 汉代与南海之交通/第二章 康泰等之使海南诸国/第三章 法显之归程/第四章 南北朝时往来南海之僧人/第五章 常骏等之使赤土/第六章 贾耽所志广州通海夷道/第七章 唐代往来南海之僧人/第八章 宋代之南海/第九章 元代之南海/第十章 郑和之下西洋/下编/第一章 扶南传/第二章 真腊传/第三章 阇婆传/第四章 三佛齐传/第五章 南海群岛诸国传/第六章 马来半岛诸国传/第七章 印度沿海诸国传

书 名 **中国南洋交通史(中国文化史丛书)**
责 任 者 冯承钧著
出 版 项 台北:台湾商务印书馆股份有限公司,1981.01
页 码 296
分 类 号 F552.9

相关目录 上编/第一章 汉代与南海之交通/第二章 康泰等之使海南诸国/第三章 法显之归程/第四

章 南北朝时往来南海之僧人/第五章 常骏等之使赤土/第六章 贾耽所志广州通海夷道/第七章 唐代往来南海之僧人/第八章 宋代之南海/第九章 元代之南海/第十章 郑和之下西洋/下编/第一章 扶南传/第二章 真腊传/第三章 阇婆传/第四章 三佛齐传/第五章 南海群岛诸国传/第六章 马来半岛诸国传/第七章 印度沿海诸国传

内容提要 近年撰作,颇畏大题目,尤畏他人提出之大题目,是以辞谢者屡。中国南洋交通史亦一大题目,初被征求时,亦未敢妄作,虽因友朋之鼓励,儿子之怂恿,尚犹豫不决。自信是编脱稿后,必不能副人之所期,而其疏漏或与西域地名等。南洋范围广大,涉及语言甚多,非有鸿博学识不足办此;南海地名纂辑已有数年,而尚未敢示人者,职是故也。第思大辂始于椎轮,姑且放胆一为,或可得抛砖引玉之效欤。正踌躇中,吾友向觉明达适由英伦寄惠我 G. Ferrand 撰大食波斯突厥交涉及远东之舆记行传二册,于考订地名上得大助力,余意遂决。

书　　名 中国南洋交通史(中国文化史丛书)
责 任 者 冯承钧著
出 版 项 上海:上海书店,1984
页　　码 296
分 类 号 K203
相关目录 上编/第一章 汉代与南海之交通/第二章 康泰等之使海南诸国/第三章 法显之归程/第四章 南北朝时往来南海之僧人/第五章 常骏等之使赤土/第六章 贾耽所志广州通海夷道/第七章 唐代往来南海之僧人/第八章 宋代之南海/第九章 元代之南海/第十章 郑和之下西洋/下编/第一章 扶南传/第二章 真腊传/第三章 阇婆传/第四章 三佛齐传/第五章 南海群岛诸国传/第六章 马来半岛诸国传/第七章 印度沿海诸国传

书　　名 中国南洋交通史(蓬莱阁丛书)
责 任 者 冯承钧撰;谢方导读
出 版 项 上海:上海古籍出版社,2005.07
页　　码 229
书　　号 7-5325-4100-2
分 类 号 F552.9
相关目录 上编/第一章 汉代与南海之交通/第二章 康泰等之使海南诸国/第三章 法显之归程/第四章 南北朝时往来南海之僧人/第五章 常骏等之使赤土/第六章 贾耽所志广州通海夷道/第七章 唐代往来南海之僧人/第八章 宋代之南海/第九章 元代之南海/第十章 郑和之下西洋/下编/第一章 扶南传/第二章 真腊传/第三章 阇婆传/第四章 三佛齐传/第五章 南海群岛诸国传/第六章 马来半岛诸国传/第七章 印度沿海诸国传
内容提要 本书分为上、下两篇,上篇以事件为主,按时间顺序分十个专题,叙述了汉代到明代与南洋的交通情况;下篇以地区为主,按从东到西顺序分七个专题叙述。

书　　名 中国清代军事史(中国全史第十七卷)
责 任 者 史仲文;胡晓林;刘秀生;庞毅;李尚英
出 版 项 北京:人民出版社,1994.04
页　　码 238
分 类 号 K20

相关目录 一、清代军事概述/二、清前期的战争和军事思想/三、干、嘉时期的战争/四、晚清时期的战争和军事思想/五、清代的兵制/六、清代的军事经济/七、清代的军事教育

书　　名 **中国人对非洲的发现**
责 任 者 (荷)戴闻达(J. J. L. Duyvendak)著;胡国强,覃锦显译
出 版 项 北京:商务印书馆,1983
页　　码 49
书　　号 11017·611
分 类 号 D829.4
内容提要 本书是戴闻达于1947年1月22日、23日在伦敦大学所作的学术报告。本书虽然篇幅不长,但作者以生动的语言记述了中国人民自古以来与非洲的友好往来,特别是明朝郑和通向西方的七次航行;其中第五次,航行到今肯尼亚的马林迪;第六次,航行到今索马里的布腊瓦、摩加迪沙,对研究中非关系有一定参考价值。本书译者为胡国强、覃锦显同志,多数脚注都是覃锦显同志补译的,并由他对全书作了校订。

书　　名 **中国人发现美洲**
责 任 者 卫聚贤著
出 版 项 香港:巨轮出版社,1969
页　　码 146
分 类 号 K703－53:D819－53
内容提要 本书内容共分四大类:美洲特产的动物植物矿物为中国人所知者、美洲地理、中国人知道美洲及往来美洲者、其它各国人在哥伦布以前到过美洲者。

书　　名 **中国人民保卫海疆斗争史**
责 任 者 《中国人民保卫海疆斗争史》编写组编
出 版 项 北京:北京出版社,1979
页　　码 443
书　　号 11071·100
分 类 号 K250.6
相关目录 第一编 鸦片战争前我国人民保卫海疆的斗争(一八四〇年以前)/第一章 我国海疆概貌和古代海防/第二章 鸦片战争前我国人民保卫海疆的斗争/第二编 外国资本主义从海上大规模侵华的开始和我国各族人民保卫海疆的斗争(一八四〇年——一八九四年)/第三章 外国资本主义从海上大规模侵华的开始和我国人民的反抗斗争/第四章 英法联军对我国海疆的侵略和太平天国保卫海疆的斗争/第五章 沙俄强占我国东北东部滨海地区和库页岛/第六章 帝国主义控制下的中国海军/第七章 台湾和东南沿海人民保卫海疆的斗争/第八章 中日甲午战争时期我国海疆主权的进一步丧失/第三编 中日甲午战争后我国海疆主权的进一步丧失(一八九五年——一九一九年)/第九章 沙俄等帝国主义对我国港湾的瓜分和义和团保卫祖国海疆的斗争/第十章 帝国主义绞杀辛亥革命和争夺我沿海地区

书　　名 **中国人与印度洋(中国历史文化知识丛书)**
责 任 者 耿引曾编著
出 版 项 郑州:大象出版社,2009.09

页　　码　164

书　　号　978－7－5347－2032－1

分 类 号　K2

相关目录　一、印度洋沿岸出土的中国文物/(一)非洲东海岸/(二)阿拉伯半岛、波斯湾沿岸、印度半岛/(三)东南亚/二、古代中国人笔下的印度洋/(一)有关印度洋区域的一些记述/(二)有关印度洋航线的记述/(三)外国人的有关记述/三、远洋航行与中华文明/(一)悠久的造船历史/(二)先进的航海技术/(三)丰富的航海知识/四、他们的名字与印度洋水长流/(一)漂洋过海的求法高僧/(二)远洋航海家汪大渊/(三)世界航海史上的伟大航海家郑和

内容提要　浩瀚的印度洋是世界第三大洋,是贯穿亚洲、非洲、大洋洲的交通要道;而中国人早在公元前2世纪就开辟了从雷州半岛出发的、沿岸渐进的印度洋远洋航路。在长达两千多年的历史长河中,中国人在印度洋沿岸留下了大批珍贵的文物,中华文明的先进航海技术和航海知识随著远征流传到印度洋周边的各个国家,而古代中国人眼中的印度洋究竟何样,有哪些中国人曾漂洋过海、在印度洋上烙下了自己的名字？……《中国人与印度洋》将一边为您解说,一边带您去那个蓝色的海洋重温悠久的传统文化。

书　　名　中国人与印度洋(中国历史文化知识丛书)

责 任 者　耿引曾著

出 版 项　郑州:大象出版社,1997

页　　码　165

书　　号　7－5347－2032－X

分 类 号　F552.9:K203

相关目录　一、印度洋沿岸出土的中国文物/(一)非洲东海岸/(二)阿拉伯半岛,波斯湾沿岸、印度半岛/(三)东南亚/二、古代中国人笔下的印度洋/(一)有关印度洋区域的一些记述/(二)有关印度洋航线的记述/(三)外国人的有关记述/三、远洋航行与中华文明/(一)悠久的造船历史/(二)先进的航海技术/(三)丰富的航海知识/四、他们的名字与印度洋水长流/(一)飘洋过海的求法高僧/(二)远洋航海家汪大渊/(三)世界航海史上的伟大的航海家郑和

书　　名　中国日本交通史(民国丛书)

责 任 者　王辑五著

出 版 项　上海:上海书店出版社,1996

页　　码　224

书　　号　7－80569－994－1

分 类 号　Z121.6:D829.313

相关目录　第一章 秦以前之中倭交通/一、中日最古之自然航路/二、周秦间之中倭交通/第二章 两汉与倭国之交通/第三章 魏倭交通/第四章 南朝与大和朝廷之往来/第五章 隋日交通/第六章 唐日交通/第七章 唐日交通之影响/一、留学生与学问僧/二、遣唐使与入日唐人/三、唐文化之东渡/第八章 宋日交通/一、唐亡宋与间之中日交通/二、宋代与日本之贸易/三、宋日间之僧侣往来/第九章 宋日交通之影响/第十章 元代与日本之交通/一、元代与日本之贸易往来/二、元日间之僧侣往来/第十一章 明代与日本之交通/一、明日贸易往来/二、明人与日僧之往来/三、倭寇/第十二章 元明与日本交通之影响/第十三章 清代与日本之交通/一、清初与日本之交通贸易/二、清中叶之中日交通往来/三、晚清之中日交通往来/第十四章 民国以来之中日交通/一、民国与日本之贸易往来/二、日本船运事业与株式会社之发展/三、最近中日往来之航线/第十五章 晚近中日交通之影响/一、清初中国文化对于日本之影响/晚清以来日本政治文

化对于中国之影响

内容提要 本书编辑要旨在阐明中日历代交通之梗概,并注重说明两国文化在交通路上之渡涉事迹。本书依照中国朝代之顺序,区分为十五章。对于古代交通史料之须待考证征及近代交通概况之综的说明,尤力求发挥尽致。本书前四章 所称之"倭"或"倭国",乃指日本列岛而言;盖隋书以前正史皆称日本列岛为"倭"或"倭国",自唐书以降,始改称为日本也。本书所引用之各种文献,均注明出处,俾便读者取证。本书之参考书籍,中文者多参照正史本纪及《东夷传》等;日文者,多取材于辻善之助氏之《增订海外交通史话》,星野恒氏之《和汉交通史》及木宫泰彦氏之《日支交通史》等。

书　　名 中国日本交通史(中国文化史丛书)
责 任 者 王辑五著
出 版 项 上海:商务印书馆,1937
页　　码 224
书　　号 7-100-01580-4
分 类 号 F552.9
相关目录 第一章 秦以前之中倭交通/一、中日最古之自然航路/二、周秦间之中倭交通/第二章 两汉与倭国之交通/第三章 魏倭交通/第四章 南朝与大和朝廷之往来/第五章 隋日交通/第六章 唐日交通/第七章 唐日交通之影响/一、留学生与学问僧/二、遣唐使与入日唐人/三、唐文化之东渡/第八章 宋日交通/一、唐亡宋与间之中日交通/二、宋代与日本之贸易/三、宋日间之僧侣往来/第九章 宋日交通之影响/第十章 元代与日本之交通/一、元代与日本之贸易往来/二、元日间之僧侣往来/第十一章 明代与日本之交通/一、明日贸易往来/二、明人与日僧之往来/三、倭寇/第十二章 元明与日本交通之影响/第十三章 清代与日本之交通/一、清初与日本之交通贸易/二、清中叶之中日交通往来/三、晚清之中日交通往来/第十四章 民国以来之中日交通/一、民国与日本之贸易往来/二、日本船运事业与株式会社之发展/三、最近中日往来之航线/第十五章 晚近中日交通之影响/一、清初中国文化对于日本之影响/晚清以来日本政治文化对于中国之影响

内容提要 该书是一部关于中日海路交通史的开拓性专著,是当时《中国文化史丛书》的一种。分为15章,以中国朝代为序,逐段叙述了中日之间的交通往来。书中系统介绍了自秦至民国以来中日交通史的梗概,并对两国文化在交通过程中的反映,作了著重论述。书中提出不少独到学术见解,例如在考察中日航路的变迁时,分别指出了路线选择的原因,以及造船术、航海术的进步程度对航线选择的影响等等。

书　　名 中国日本交通史(中国文化史丛书,第二辑)
责 任 者 王辑五著
出 版 项 香港:太平书局,1963.05
页　　码 224
分 类 号 D829.313
相关目录 第一章 秦以前之中倭交通/一、中日最古之自然航路/二、周秦间之中倭交通/第二章 两汉与倭国之交通/第三章 魏倭交通/第四章 南朝与大和朝廷之往来/第五章 隋日交通/第六章 唐日交通/第七章 唐日交通之影响/一、留学生与学问僧/二、遣唐使与入日唐人/三、唐文化之东渡/第八章 宋日交通/一、唐亡宋与间之中日交通/二、宋代与日本之贸易/三、宋日间之僧侣往来/第九章 宋日交通之影响/第十章 元代与日本之交通/一、元代与日本之贸易往来/二、元日间之僧侣往来/第十一章 明代与日本之交通/一、明日贸易往来/二、明人与日僧之往来/三、倭寇/第十二章 元明与日本交通之影响/第十三章 清代与日本之交通/一、清初与日本之交通贸易/二、清中叶之中日交通往来/三、晚清之中日交通往来/第十

四章 民国以来之中日交通/一、民国与日本之贸易往来/二、日本船运事业与株式会社之发展/三、最近中日往来之航线/第十五章 晚近中日交通之影响/一、清初中国文化对于日本之影响/晚清以来日本政治文化对于中国之影响

内容提要 本书编辑要旨在阐明中日历代交通之梗概,并注重说明两国文化在交通路上之渡涉事迹。本书依照中国朝代之顺序,区分为十五章。对于古代交通史料之须待考证征及近代交通概况之综的说明,尤力求发挥尽致。本书前四章 所称之"倭"或"倭国",乃指日本列岛而言;盖隋书以前正史皆称日本列岛为"倭"或"倭国",自唐书以降,始改称为日本也。本书所引用之各种文献,均注明出处,俾便读者取证。本书之参考书籍,中文者多参照正史本纪及《东夷传》等;日文者,多取材于辻善之助氏之《增订海外交通史话》,星野恒氏之《和汉交通史》及木宫泰彦氏之《日支交通史》等。

书　　名 中国融入世界的步履:明与清前期海外政策比较研究(明清史研究丛书)
责 任 者 万明著
出 版 项 北京:社会科学文献出版社,2000
页　　码 493
书　　号 7-80149-302-8
分 类 号 D829.10
相关目录 第一章 绪论/第一节 从分散到整体的世界/第二节 海外政策的定义/第三节 中国古代海外关系的历史回顾/第四节 中国传统对外关系的理论架构/第二章 明朝海外政策的静态分析/第一节 海外政策出台的社会背景及其时代特征/第二节 海外政策的目标设置/第三节 海外政策的内涵/第四节 海外政策制定及其实施的框架-决策管理体制与外交礼仪程序/第三章 明朝海外政策的动态分析/第一节 明朝前期海外政策的阶段性/第二节 明初海外政策成功的标志-郑和下西洋/第三节 海外政策的反馈-郑和下西洋的两极效应/第四节 中葡两国第一次正式交往与明朝海外政策的转换/第五节 嘉靖年间海禁政策的流变与"倭寇"/第六节 明朝后期海外政策的张力-重大调整步骤/第四章 清朝前期(1840年以前)海外政策的静态分析/第一节 海外政策出台的社会背景及其时代特征/第二节 海外政策的目标设置/第三节 海外政策的内涵/第四节 海外政策制定及其实施的框架-决策管理体制与外交礼仪程序/第五章 清朝前期(1840年以前)海外政策的动态分析/第一节 清初海外政策的突出体现-禁海迁海/第二节 开海贸易政策及其演变/第三节 中西关系嬗变中的清廷外交/第四节 对西方传教士政策及与罗马教廷的往还/第六章 历史的沉重反思

内容提要 中国国家社会科学基金资助 中国社会科学院学术著作出版基金资助:本书对明清两朝在海外关系上几个重要方面政策的形成及其发展变化的全过程,进行了全面深入的分析。作者采用纵比、横比、同比、异比等多种方式,对明清两朝政策进行解剖,并参照西方同期情况,对中西海外政策进行概括性地比较与总结。

书　　名 中国三千年运河史
责 任 者 嵇果煌
出 版 项 北京:中国大百科全书出版社,2008.08
页　　码 1367
书　　号 978-7-5000-7932-3
分 类 号 K928.42
相关目录 第一章 商、周时代的运河/一、中国最早的运河:太伯渎/二、徐偃王开凿的陈蔡运河/第二章 春秋时代的运河/一、蓬勃发展的水上交通/二、楚国开凿的运河/三、吴国开凿的运河/第三章 战国时

代的运河/一、比春秋时代更发达的水运交通/二、魏国开凿的鸿沟运河/三、齐国开凿的淄济运河/四、燕国开凿的燕下都逗粮河燕国的中兴/五、泰国的都江堰及其逗河/第四章 秦朝的运河/一、灵桀/二、秦朝对江南逗河形成的贡献/三、秦朝的漕运/第五章 西汉时代的运河/第六章 东汉时代的运河/第七章 三国时代的运河/第八章 两晋难不朝时代的运河/第九章 隋朝的运河/第十章 唐朝的运河(上)/第十一章 唐朝的运河(下)/第十二章 五代时期的运河/第十三章 宋朝的运河/第十四章 宋朝的漕运/第十五章 辽、金两朝的运河/第十六章 元朝的运河/第十七章 明朝的运河/第十八章 清朝的运河

内容提要　中国的地形西高东低,因此大江大河都是呈东西走向。黄河、济水、淮河、长江古代称之为四渎。四渎中的济水、淮河流域以及黄河、长江的中下游流域,自古以来就是人烟聚集之地。古代运输粮食和大宗货物,主要靠水运,东西向的水运交通可以利用自然江河,但是南北向的水运交通因没有河道而无法进行,于是人们设法在相邻的自然河道之间开挖人工河道,使两条自然河道相通,这人工河道就是运河。根据《中国大百科全书·交通卷》对运河的释义"人工开凿的航运渠道"和《现代汉语词典》对运河的释义"人工挖成的可以通航的河"。可知所谓运河,必须具备人工开挖和可以航运两个条件,缺一不可。例如,人工挖成的灌溉渠道不属于运河。用于航运的自然河道也不能称为运河。本书介绍了上起商朝下迄清末各朝代开凿和治理运河以及我国运河开凿技术不断发展的历史。我国历史上曾经存在过业已湮废的运河以及至今尚存在的运河,基本上都囊括在本书之中。我国开凿运河的历史,学术界一向认为起始于春秋时代,约有两千多年的历史。本书别突破这一传统观点,介绍并论证了我国早在商朝后期和西周时代就已经开始开凿运河。在古今中外已经出版的运河史专著中,是明确提出我国具有三千年运河历史的第一部书。

书　　名　**中国上古文化的新大陆:《山海经·海外经》考**
责 任 者　喻权中著
出 版 项　哈尔滨:黑龙江人民出版社,1992.10
页　　码　527
书　　号　7-207-02312-X
分 类 号　K928.6
相关目录　《山海经·海外经》考绪论(内容提要略)/《海外南经》考/《海外南经)通论/结匈国考/比翼鸟羽民国考/二八神考/毕方鸟考/欢头国考/厌火国考/三株树考/三苗国考/戴国考/贯匈国考/交胫国考/不死民考/歧舌国考/昆仑墟考/羿与畴华之野考/三首国考/周饶国考/长臂国考/狄山考/祝融考/《海外西经》考/《海外西经》通论/灭蒙鸟考/大乐之野——太原考/三身国考/一臂国考/奇肱国考/刑天考/女祭女戚考/丈夫国考/女丑之尸考/巫咸国考/并封考/女子国考/轩辕国考/诸夭之野考/龙鱼考白民考/肃慎雄常考/长股国考/蓐收考/《海外北经》考/《海外北经》通论/无启国考/钟山考/一目国考/柔利国考/相繇考/深目国考/无肠国考/聂耳国考/夸父、博父国考/禹所积石山考/拘缨国考/寻木考/跂踵国考/欧丝之野考/三桑考/范林考/务隅山考/平丘考/北方诸畏兽考/禺强考/《海外东经》考/《海外东经》通论/大人国考/奢比之尸考/君子国考/天吴与朝阳谷考/青丘国考/竖亥考/黑齿国考/汤谷扶桑考/雨师妾考/玄股国考/毛民国考/劳民国考/句芒考

书　　名　**中国少数民族科学技术史丛书:地学·水利·航运卷**
责 任 者　诸锡斌主编
出 版 项　南宁:广西科学技术出版社,1996.10
页　　码　554
书　　号　7-80619-461-4

分 类 号 N092

相关目录 第一编 汉以前的水利与航运/第二章 早期的航运/第一节 航运知识的萌芽/第二节 北方少数民族航运的出现/第三节 南方少数民族的早期航运/第四节 沿海少数民族的早期航运/第二编 三国到五代时期水利和航运事业的发展/第一章 水利事业的发展/第一节 北方少数民族地区的水利事业/第二节 南方少数民族地区的水利事业/第二章 航运事业的发展/第一节 东北地区的航运/第二节 华北、华东地区的航运/第三节 华南、西南地区的航运/第三编 由宋到明的地学、水利和航运/第三章 进步中的航运业/第一节 西南滇黔地区的航运/第二节 华南广西、东南台湾地区的航运/第三节 东北、西北及辽金时期华北、中原地区的航运/第四节 发达的元代航运/第五节 郑和远航船队及先进的航海技术/第四编 清代的地学、水利和航运/第三章 清代的航运业/第一节 清代的航运政策/第二节 清代的航运贸易与管理/第三节 少数民族舟船发明与航运技术/第四节 洋务运动与近代航运业、海防

书　　名 **中国社会科学院文库·中国近代经济史:上,1840－1894(经济研究系列)**

责 任 者 严中平著

出 版 项 北京:经济管理出版社,2007

页　　码 772

书　　号 7－80207－736－2

分 类 号 F129.5

相关目录 前言/一、海盗掳掠和所谓"闭关自守"/二、所谓贸易自由和两次鸦片战争/第一章 40 年代初至70 年代初西方入侵者对中国政治上的间接统治和经济上的暴力强制/第一节 西方入侵者在中国的行动方式一般/第二节 为所欲为的海陆掳掠/第三节 惨绝人寰的"苦力"贸易/第四节 畅通无阻的鸦片走私和合法商品的走私漏税/第五节 西方入侵者对中国海关行政权的掠夺/第六节 协定关税、免税、减税、退税、逃税和子口半税/第七节 西方入侵者对中国江海领水主权的破坏和洋船对中国航运业的排挤/第八节 全面掠夺中国领土主权的租界——外国"冒险家的乐园"/第九节 中外贸易的基本形势

书　　名 **中国市舶制度研究**

责 任 者 郑有国著

出 版 项 福州:福建教育出版社,2004.12

页　　码 316

书　　号 7－5334－4000－5

分 类 号 F752.9

相关目录 第一章 中国市舶制度的滥觞/第一节 市舶使始置时间之争/第二节 市舶使人选之疑/第三节 唐代市舶使设置地区辨析/第四节 唐代市舶使之我见(上)/第五节 唐代市舶使之我见(下)/第六节 唐代的海外贸易管理制度/第二章 宋代之市舶制度/第一节 宋之"三路舶司"/一、广州市舶司/二、两浙路市舶司/三、泉州市舶司/第二节 宋之市舶司制度/一、市舶官制/二、市舶司署辖/三、市舶司职掌/第三节 宋之市舶征榷、纲运制度/一、抽解、博买制度/二、纲运制度/第四节 "元丰市舶条例"/一、宋初的市舶原则/二、"元丰市舶条例"评析/第五节 南宋之市舶制度/一、南宋的市舶机构设置/二、南宋市舶制度分析/第六节 "蕃坊"与蕃客在华的法律保护/一、蕃客与"蕃坊"/二、蕃长与蕃客在华的法律保护/第三章 元代的市舶制度/第一节 泉州港与蒙元的海外扩张/第二节 "漕运"与元的海上交通/第三节 "官本船"下的市舶制度/第四节 元的市舶抽解及单抽、双抽/第五节 元之市舶法则/第四章 明初的市舶制度/第一节 明初的海禁政策/第二节 明初的朝贡贸易体系/第三节 明初市舶司的设置/第四节 明初市舶机构的职责/一、勘合制度/二、钞买制度/三、馆驿制度/第五章 明中期市舶制度的变化/第一节 明中叶的"倭患"与海禁实

质/第二节 从钞买制走向抽分制/第三节 宦(中)官与明代的市舶制度/第四节 十六世纪的明朝与世界贸易联系/第五节 明朝贡贸易体制下的牙行/第六章 明代市舶制度的衰亡与督饷馆的诞生/第一节 闽人通蕃与海澄立县/第二节 西方商业扩张据点与海澄月港/第三节 贩洋前后的月港及管理/第四节 贩洋与征银制度/第五节 海澄之督饷馆

内容提要 本书对中国市舶制度的形成、发展过程中的一些不同观点进行了综合、分析、对比,发现问题,陈述自己的看法;同时从唐代开始的内陆文明向海洋文明转变角度,论述了自己的观点。

书　　名 中国水运史:古代部分(中国传统文化精粹丛书)
责 任 者 房仲甫,李二和
出 版 项 北京:新华出版社,2003
页　　码 334
书　　号 7-5011-5705-7
分 类 号 F552.9

相关目录 新石器时代/第一章 中国水运事业的发生/第一节 谁是舟船的发明者/一、大自然的恩赐/二、火与石斧——独木舟的出现/三、7000年前海滨的木浆/四、历史传说说明了什么/第二节 跨进了新的境界/一、扩大了渔猎范围/二、海洋文化的发生及其交流/三、远洋漂航的人们/青铜器时代/第二章 中国帆船体系的创始/第一节 夏代的河海定向航行/夏代的木板船/二、《禹贡》揭示的水上交通网思想/第二节 商殷——水运行业的产生/一、商殷造船开始趋于大型化/二、殷人扬帆美洲考/第三节 西周对扩大船体的探索/一、船体横向发展的尝试及验船制度的确立/二、沿海航路及航海技术/铁器时代/第三章 中国水运事业发展期的初级阶段/第一节 大国争霸与重商政策下的春秋水运/一、渭水黄河联运的"泛舟之役"/二、水战与世界上最早的运河/三、早期的海战和海港及航海术/四、艅艎大舰和"船宫"/第二节 为大一统奠基的战国水运/一、军运与货运的航路/二、都会与海港/三、出土文物看造船/四、沿海、临海与南洋航线/第四章 中国水运事业发展期的高级阶段/第一节 一切为了统一的秦代水运/一、扩大水陆交通网以通海漕/二、统一岭南 开凿灵渠/三、海疆梦断 徐福不归/四、徐福探险与日本/第二节 封建制度成长过程中的汉代水运/一、汉代的航道建设与内河水运/二、西汉的楼船军及其基地/三、空前发展的汉代海外交通/四、远洋"丝路"的开辟及其初步发展/五、中国帆船体系的显露及橹和舵出现/六、汉代的航海技术与海港/第五章 中国水运事业步入繁荣期的前奏/第一节 三国鼎立——水运事业的局部发展/一、南北船舰的较量——赤壁之战/二、水运工程的发展/三、南方河运与东吴的造船/四、"巨海为夷庚"——远洋"丝路"的发展/第二节 两晋的水战、河海联航和造船/一、两晋的水战/二、航道建设与河运/三、起义军的河海联航/四、水战与造船——水密隔舱的出现/第三节 南北朝水运及南朝海外经济、文化交流/一、南朝的造船——车轮舟的出现/二、南北朝的货运/三、"商使交属"——南朝的海外经济、文化交流/附录:《梁书》疑案——扶桑国/第六章 中国水运事业的繁荣期/第一节 隋唐水运事业缘何趋于繁荣/一、政治、经济一体化的需要/二、经济增长 文化昌盛/第二节 成就辉煌的隋代水运事业/一、闻名世界的水道开拓工程——南北大运河/二、隋代的造船——五牙战舰出现/三、隋代海上交通及中外友好往来/第三节 空前繁荣的唐代水运事业/一、唐皇朝的生命线——漕运/二、"万斛之舟行若风"的唐代河运/三、江河港埠与都会/四、唐代的海外航路及经济、文化交流/五、唐代的造船技术/六、唐代的海港/七、唐代的航海技术及内河的水文著作/第七章 中国水运事业的创新期/第一节 对世界文明做出贡献的北宋水运事业/一、航海用指南针的发明/二、汴京(开封)与漕运/三、空前繁荣的内河商货运输/四、神州·河船·平衡舵/第二节 海外贸易进一步扩大的南宋/一、指南针等科技用于航海及其外传/二、较前拓展的宋代西洋航线/三、宋代对日本、高丽的航线/四、宋代的海外贸易与文化交流/五、海港与市舶司/六、造船技术及造船工场/七、航海技术/八、以江设防的宋代水军/九、南宋的江海水战/第八章 中国水运事业从高峰趋于低谷/第一节 旷古未有的元代水运成就/一、京杭大运河的取直与整治/二、河漕及其管理/三、海漕与管理/四、内河商运与管理/

五、空前的造船数量和质量/六、元代的航海技术/七、空前繁荣的元代海外贸易/八、元代的海港/九、元代的市舶机构和市舶管理制度/十、海外贸易与中外友好关系及对元代社会的影响/第二节 从高峰趋于低谷的明代水运业/一、南北大运河的整治与漕运/三、明代内河的官私商货运输/三、空前的壮举——郑和下西洋/四、登峰造极的桅帆宝船和明代的造船顶峰期/五、郑和船队的规模和联组/六、郑和航海图和航海技术的进步/七、郑和下西洋与中外经济文化交流/八、明中期后缘何要禁海/九、禁海促成的畸形海上贸易/十、反殖民者的海上斗争/十一、明朝海上传入的美洲植物/十二、畸形的"中国之船"/第九章 河运发展远洋滞后的清代水运业/第一节 河运与沿海航运的持续发展/一、漕运/二、商货运输/三、沿海航运与海港的发展/第二节 清代前期的远洋航业/一、对外航海通商口岸的开放/二、粤海关与广东十三行/三、远洋航海贸易的衰落/第三节 反抗外来侵略者的斗争/一、郑成功率舰收复台湾/二、缘何发生鸦片战争

内容提要 本书从新石器时代、青铜器时代、铁器时代的顺序来叙述中国古代水运史。全书共分九章。

书　　名 **中国丝绸之路货币**

责 任 者 张忠山主编

出 版 项 兰州:兰州大学出版社,1999

页　　码 252

书　　号 7-311-01567-7

分 类 号 K875.64

相关目录 第五章 海上丝绸之路与货币/第一节 江浙海上丝绸之路明州港与货币/第二节 福建海上丝绸之路泉州港与货币/第三节 广州海上丝绸之路与货币

内容提要 本书内容包括:丝绸之路与丝绸之路货币、沙漠绿洲丝绸之路与货币、北方草原丝绸之路与货币、南方丝绸之路的商贸与货币、海上丝绸之路与货币等。

书　　名 **中国引航史**

责 任 者 徐万民,李恭忠主编

出 版 项 北京:人民交通出版社,2001

页　　码 467

书　　号 7-114-03872-0

分 类 号 F552.9:U697.1-092

相关目录 第一章 中国古代引航业的产生/第一节 中国古代航运业的发展/第二节 古代引航的出现/第三节 明清时期引航业的发展/第二章 晚清引航权的丧失和引航业的畸形发展/第一节 中国的衰落与西方的崛起/第二节 不平等条约和中国引航权丧失的开始/第三节 外国航运势力入侵与中国引航权进一步丧失/第四节《中国引水总章》的制定、颁行和全国性引航管理体制的确立/第五节 海关管理港航体制的确立和助航设施建设的起步/第六节 引航队伍的演变/第七节 外籍引航员与中法战争/第三章 20世纪上半期引航业的民族化进程/第一节 20世纪上半期中外关系的演变/第二节 二、三十年代收回引航权的努力/第三节 抗战时期的引航业/第四节 40年代后期引航业的恢复与发展/第五节 引航员群体概览

内容提要 本书叙述从古代到今天中国引航业曲折发展的历史,其中对半殖民地中国引航权的丧失与收回,各个时期的引航规章 制度、管理体制、引航技术等,均有详实的叙述与实事求是的分析。

书　　名 **中国与朝鲜半岛关系史论(吉林大学哲学社会科学学术文库)**

责 任 者 杨军,王秋彬著

出 版 项 北京:社会科学文献出版社,2006.06

页 码 298

书 号 7-80230-115-7

分 类 号 D822.331.2

相关目录 第一章 东亚前国际体系/一、朝鲜半岛早期"国家"再考察/二、新罗、百济、高句丽国家的形成/三、朝鲜半岛最古老的居民/四、东亚前国际体系的转折/五、体系内的层级与关系/六、体系内的互动/七、东亚前国际体系的瓦解/第五章 宗藩朝贡/一、宗藩体系出现的时间/二、宗藩体系的理论基础/三、宗藩体系的特点/四、宗藩体系的层级/五、中国与朝鲜半岛关系的特点/六、面向现代的转折/第六章 "平等"关系的确立与断裂/一、朝鲜的"独立自主"/二、清末中朝边界争端/三、中国与朝鲜半岛关系的扭曲/四、朝鲜独立运动与中国/五、中国与朝鲜半岛关系的特点/第七章 冷战期间中国与朝鲜半岛关系/一、朝鲜半岛分裂体制的形成/二、中国与朝鲜战争/三、中朝:友好关系的曲折发展/四、中韩:由对峙走向接触/五、中国与朝鲜半岛关系的特点/第八章 后冷战时代中国与朝鲜半岛关系/一、中韩关系正常化/二、中朝关系的调整与发展/三、朝鲜半岛南北对话进程/四、从四方会谈到六方会谈:中国的作用/五、中国对朝鲜半岛的政策特征

内容提要 本书从整体上分析了中国与朝鲜半岛关系的发展演变过程及其特点,按中国与朝鲜半岛关系的形态,分为前国际体系、方国际体系、郡县体系、羁縻体系、宗藩朝贡体系、"平等"关系的确立与断裂、冷战期间泾渭分明的"一对二"关系、后冷战时代中朝中韩关系的良性发展等8个大问题。

书 名 **中国与东南亚关系史研究(东南亚文丛)**

责 任 者 韩振华著

出 版 项 南宁:广西人民出版社,1992.06

页 码 362

书 号 7-219-02072-4

分 类 号 D829.33

相关目录 公元前二世纪至公元一世纪间中国与印度东南亚的海上交通/魏晋南北朝时期海上丝绸之路的航线研究/唐代诃陵(阇婆)新考/五代福建对外贸易/宋代两位安海人的安南王/元朝有关澳洲的几个地名名称及其风土人情的记述/论郑和下西洋的性质/论郑和下西洋船的尺度/郑成功时代的对外贸易和对外贸易商/郑成功复台后闽台移民交通的一项物证/我国古代航海用的量天尺/我国古代航海用的几种水时计/我国古代航海用的几种火时计

内容提要 国家教委第二批博士基金资助项目:本书从海上丝绸之路的航线研究,郑和下西洋,郑成功时代等各历史时期,研究了中国同东南亚的关系发展史。

书 名 **中国与东南亚文化交流志(中华文化通志:第10典,中外文化交流)**

责 任 者 中华文化通志编委会编;王介南撰

出 版 项 上海:上海人民出版社,1998

页 码 311

书 号 7-208-02345-X

分 类 号 K203:G125

相关目录 第三章 中国与东南亚的海上文化交流之路/第一节 汉唐时代/第二节 宋元时代/第三节 明清时代/第四节 近现代中国与东南亚的海路文化交流/第四章 中国与东南亚的物质文化交流/第一节 中国传入东南亚的物质文化/第二节 东南亚传入中国的物质文化/第五章 中国与东南亚的精神文化交

流/第一节 中国传入东南亚的精神文化/第二节 东南亚传入中国的精神文化/第六章 中国与东南亚的制度文化交流/第一节 中国科举制度对越南的影响/第二节 中国法律制度对越南的影响/第三节 中国历法在东南亚/第四节 中国干支纪年和生肖文化在东南亚/第七章 中国与中南半岛诸国的文化交流/第一节 中国与印支三国的文化交流/第二节 中国与泰国、缅甸的文化交流/第三节 中国与马来西亚和新加坡的文化交流/第八章 中国与南洋群岛诸国的文化交流/第一节 中国与菲律宾的文化交流/第二节 中国与印度尼西亚的文化交流/第三节 中国与文莱的文化交流/第九章 华侨、华人在中国与东南亚文化交流中的作用/第一节 东南亚华侨简述/第二节 东南亚华侨、华人对中国文化的弘扬/第十章 中国的东南亚研究与东南亚经济腾飞中儒学的复兴/第一节 中国的东南亚研究/第二节 东南亚经济腾飞中儒学的复兴/外国人名中文译名对照表

内容提要 本书共分10章,勾勒出了中国与东南亚文化交流的历史和现状,首次阐明东南亚文化的形成及其演变、中国与东南亚文化交流的大势和主要特点,填补了我国与东南亚文化交流研究领域的一项空白。

书　　名 中国与非洲——中非关系二千年

责 任 者 沈福伟著

出 版 项 北京:中华书局,1990.10

页　　码 599

书　　号 7-101-00590-X

分 类 号 D829.4

相关目录 第一章 早期中非交通的探索/一、摇篮时代的中国文明和埃及古文明/二、横贯亚洲的大动脉/三、犁鞬和大秦/四、《魏略》中的安息南北(海陆)两道/第二章 埃及和中国海上交通的开始/一、印度洋季风贸易的开展/二、五河流域的中介商/三、永昌通非水道/四、最早来华的非洲使节/第三章 中非通航的实现/一、印度洋航路的畅通/二、非洲地理的最早记录/三、埃及和中国的贸易/四、亚历山大和昔兰尼商人到中国/第四章 中国古史上的非洲之角/一、肉桂国和索马里香的输出/二、阿克苏姆的印度洋贸易/三、颇黎贸易和颇黎国/四、小人国和非洲矮黑人/五、《魏书》中的大秦国都安都城/第五章 罗马时代非洲和中国的文化联系/一、新疆的希腊罗马艺术/二、埃及玻璃及其制造法传入中国/第六章 唐代的中非关系/第七章 宋代和东北非、东非国家的交往/一、中世纪的勿斯里/二、红海附近的层檀和霞勿擅、伽力吉/三、三麻兰和麻啰抹/四、南海大食俞卢和地:基卢普——格迪/五、昆仑层期和层拔/第八章 唐宋时期的中非贸易/一、市舶制度和唐宋贸易港的变迁/二、宋代中非贸易的路线和型式/第九章 元代印度洋航运转变期中的非洲国家/一、马木鲁克和中国/二、中国帆船通航非洲/三、元朝和埃塞俄比亚的建交/四、印度洋西部非洲国家的通使/五、元代舆图中的非洲/第十章 汪大渊的非洲见闻/一、《岛夷志略》简介/二、《岛夷志略》记述的非洲/第十一章 摩洛哥旅行家伊本·白图泰和中国/一、旅行家伊本·白图泰/二、伊本·白图泰在中国的旅程/三、伊本·白图泰中国游记/第十二章 十世纪至十六世纪北非、西非各国和中国/一、《岭外代答》和《诸蕃志》中的北非/二、茶弼沙传说/三、丹吉尔使者远赴元朝大都/四、明代鲁迷和日落国/第十三章 明初中非关系的新高潮/一、明朝和埃及的外交关系/二、郑和下西洋和印度洋国际贸易/三、船队五访东非洲/四、《航海图》上的非洲针路/五、中非贸易的兴旺/六、中国航海家探索南印度洋/第十四章 近代非洲和中国的关系/一、非洲地理知识的扩大/二、十九世纪华工对非洲的贡献/三、在反殖民主义斗争旗帜下的中国和非洲人民/第十五章 中国四大发明和非洲/三、罗盘和航海技术的改进/第十六章 非洲原生植物在中国的繁衍/(4) 三世纪的非洲地理和丝路交通图/(5)十——十三世纪中国和非洲海上交通图/(6)非洲出土中国陶瓷和钱币图/(7)元代汪大渊周游非洲图/(8)郑和宝船队的非洲航路

书　　名　中国与海上丝绸之路：联合国教科文组织海上丝绸之路综合考察泉州国际学术讨论会论文集

责 任 者　联合国教科文组织海上丝绸之路综合考察泉州国际学术讨论会组织委员会编

出 版 项　福州：福建人民出版社，1991.01

页　　码　496

书　　号　7-211-01586-1

分 类 号　K203

相关目录　陈炎 论海上丝绸之路与中外文化交流/金秋鹏 海事活动中的中外科技文化交流/陈佳荣 古代香瓷之路刍议/张毅　南方丝绸之路与海上丝绸之路/陈尚胜 明清时期海上丝绸之路与世界市场/庄国土 论明季海外中国丝绸贸易/谢方　16-17世纪的中国海盗与海上丝路略论/肯尼思 麦克费森（澳） 19世纪之前中国与印度洋贸易/邓端本 论“广货”在海上丝绸之路的崛起/高良仓吉（日）　琉球在东洋海上贸易史上的历史地位/李知宴　海上丝绸之路的开拓对中国陶瓷发展的贡献/丽莎·古伦贝克（加） 14-15世纪中伊贸易对伊朗制瓷业的影响/蔡景峰　海上丝绸之路与古代医药交流/闵宗殿　海上丝绸之路和海外农作物的传人/王耀华 中国音乐文化对日本冲绳（古琉球）音乐文化的影响及其特点——海上丝绸之路音乐一隅/华涛 伊本·忽尔答兹贝关于中国海上丝绸之路的记载及其在阿拉伯——伊斯兰地理文献中的地位/李玉昆 略论海上丝绸之路的保护神/陈达生 中国东南沿海地区伊斯兰碑铭研究刚要/庄景辉　陈埭丁氏宗祠的建立及其祖先崇拜/杨钦章 元代泉州与南印度关系新证/孙光圻 中国航海技术的发展与“海上丝绸之路”的演进/杨熺 中国古代航海技术的发展与海上丝绸之路/韩振华　魏晋南北朝海上丝绸之路的航线研究——兼论横越泰国、马来半岛的路线/席龙飞　开辟海上丝绸之路的中国古船/李万权、朱鉴秋《郑和航海图》的综合研究　武定国　郑和下西洋在航海上的伟大成就/吴玉贤、王振镛　史前中国东南沿海海上交通的考古学观察/何翠媚　从考古学证据看1500年以前存在于南部泰国的华人/傅吾康·弗兰克（德） 中文碑铭所反映的1264-1800年中国与东南亚的海外交往/林蔚文 先秦秦汉南中国海外玻璃的输入/傅宗文　论刺桐港对海上丝绸之路的双向支撑/庄为玑 泉州宋船为蒲家私船考/许在全 唐宋时期泉州汉族与阿拉伯民族关系/陈泗东 泉州海外交通与海神信仰/休·克拉克（美） 泉州贸易和泉州市舶司的设立/朱江　扬州与“海上丝绸之路”/邱新民（新加坡） 1819年前海上丝绸之路的新加坡/郑山玉　华侨与海上丝绸之路——部分侨乡族谱中的海外移民资料分析/克洛蒂娜·苏尔梦（法） 18-19世纪东爪哇韩氏家族——企业家与政治家/杜垒（美）中国海上丝绸之路沿线的穆斯林后裔的当代特性/蔡渭洲、陈苍松　中国古代海关管理与丝绸之路的发展

书　　名　中国与海上丝绸之路：联合国教科文组织海上丝绸之路综合考察泉州国际学术讨论会1991.2.17-20论文集续集

责 任 者　联合国教科文组织海上丝绸之路综合考察泉州国际学术讨论会组织委员会编

出 版 项　福州：福建人民出版社，1994.06

页　　码　168

书　　号　7-211-02315-5

分 类 号　K203

相关目录　泉州海外交通史研究概述/元朝在泉州的意大利人/纳格伯蒂纳姆和泉州已消失的寺庙/唐代丝路的变化和海上丝路的兴起/摩尼教——海上丝绸之路与陆上丝绸之路的纽带/明朝长江下游的经济和东亚海上贸易网：16世纪过渡时期的重大意义/元朝与高丽的海上交通/东南亚发掘的中国外销瓷器/《诸蕃志》中南印度“南毗”国名考

内容提要　本书收有论文15篇，其中有《泉州海外交通史研究概述》、《元朝与高丽的海上交通》、《东南亚发掘的中国外销瓷器》等。

书 名 **中国与拉丁美洲大洋洲文化交流志(中华文化通志)**
责 任 者 中华文化通志编委会编;刘文龙,赵长华,黄洋撰
出 版 项 上海:上海人民出版社,1998
页 码 532
书 号 7-208-02352-2
分 类 号 K203:G125
相关目录 中国与拉丁美洲文化交流/第一章 中国与拉丁美洲文化交流探源/一、关于美洲印第安人源于亚洲问题/二、关于"殷人航渡美洲"的考证与论争/三、关于"慧深远涉扶桑国"的考证与论争/四、关于"法显与耶婆提"的讨论/第二章 马尼拉帆船贸易——太平洋丝绸之路/一、马尼拉帆船贸易的开端及其兴衰/二、经由马尼拉的经济文化交流/三、经由澳门的经济文化交往/四、中国与拉美文化的初期交流/第三章 中国与古巴文化关系俄发轫:华工及中华文化的移植/一、古巴华工——华夏文化的最早载体/二、古巴社会文明的发展与华人的贡献/三、自由华人及其社会经济和文化活动/第四章 中国与加勒比地区的早期交往及华人经济文化/一、英属殖民地华人的经济贡献及文化特点/二、荷属殖民地的开发与华人经济文化/三、多米尼加共和国华人经济及其文化传播/第五章 中华文化在墨西哥和中美洲的传播、冲突及融合/一、墨西哥华人文化的兴衰/二、中美洲华人的经济贡献及文化传播/第六章 华工、华人——中国、秘鲁早期交往的媒介/一、十九世纪后期中密交往的独特形式——华工之输入秘鲁/二、早期华人对秘鲁物质文明的贡献/三、华人与秘鲁文化的冲突和融合/第七章 中国与南美洲各国的经济文化关系/一、南美洲北部华人经济及其文化传播/二、中国与南美洲南部国家的经济文化交往/参考文献/译名对照/中国与大洋洲文化交流/第一章 大洋洲的文化/第二章 古代中国和大洋洲的文化联系/一、大洋洲各民族的起源及其与古代中国的文化联系/二、古代中国人对澳大利亚的了解/第三章 近代中国与大洋洲的文化交流与联系/一、近代中国人对大洋洲的了解与介绍/二、近代大洋洲对中国的了解与介绍/第四章 大洋洲的华工与华人移民/一、澳大利亚的华工/二、澳大利亚的华人移民与华人社会/三、澳大利亚华侨与祖国政治/四、新西兰的华工与华人移民/五、大洋洲其它地区的华工与华人移民/第五章 大洋洲的中国研究与中国的大洋洲研究/一、大洋洲的中国研究/二、中国的大洋洲研究
内容提要 本书共分12章,勾画出了中国与拉丁美洲及大洋洲历史文化关系的全景。

书 名 **中国与琉球**
责 任 者 谢必震著
出 版 项 厦门:厦门大学出版社,1996
页 码 347
分 类 号 D829.313

书 名 **中国与马来西亚文化交流史(海南历史文化大系)**
责 任 者 周伟民,唐玲玲著
出 版 项 海口:海南出版社;南方出版社,2008
页 码 538
书 号 978-7-5443-2663-6
分 类 号 K203:K338.03
相关目录 第二章 中国与马来半岛上部落政权之间的文化交流(公元前2世纪至公元1400年)/一、中马文化交流的曙光时代——汉代的过境贸易/二、地峡时代(东汉魏晋六朝及隋)——马来半岛东西方

贸易交会点地位的确定和朝贡贸易的开始/三、7－14世纪中国和马来半岛国家与婆罗洲西北部国家的贸易及文化交流/第三章 满剌加国与中国的朝贡贸易和文化交流（1400－1511年）/一、满剌加国的建立，尹庆出使和郑和下西洋/二、满剌加国前期与中国的友好关系/三、满剌加国后期与中国友好关系中的变化/四、苏丹妈末朝的使臣案和两国交往中断/五、中国与渤泥、彭亨、吉兰丹国的密切关系/第四章 葡、荷、英占领时期中国和马来亚的关系（1511－1937年）/一、葡属马六甲与中国的关系/二、荷属马六甲与中国的关系/三、英属马来亚与中国的关系/四、中国和英属马来亚的经济关系/五、马来亚华侨、华人对中国辛亥革命的贡献（1896－1911年）/六、19世纪后期到20世纪初中国移民对砂劳越、沙巴的开拓/第五章 太平洋战争，马来亚独立以及中马建交（1928－1974年）/一、马来亚英殖民政府对待华侨的抗日救亡运动的态度以及中马两国的关系

内容提要 本书内容包括：史前的中国与马来西亚关系蠡测、中国与马来半岛上部落政权之间的文化交流、满剌加国与中国的朝贡贸易和文化交流、中马文化的交融与互动等。

书　　名 **中国与西班牙关系史**

责 任 者 张铠著

出 版 项 郑州：大象出版社，2003

页　　码 369

相关目录 第二章 海上丝绸之路时代的中国与西班牙（6－15世纪）/一、海上丝绸之路贸易的兴起与后倭马亚王朝向中国派出使节/二、海上丝绸之路联结著中国与西班牙穆斯林世界/三、西班牙穆斯林世界：华夏文明传向欧洲的窗口/四、中国与西班牙穆斯林世界在科学思想方面的双向交流/五、中国历史典籍中的“木兰皮国”/六、西班牙基督教世界与中国之间的相关关系/七、《克拉维约东使记》/第三章 中国－菲律宾－墨西哥－西班牙多边贸易的兴衰——兼论中国－菲律宾－西班牙大三角贸易（16－19世纪）/一、西班牙王室对华策略的确立/二、中国－菲律宾－墨西哥－西班牙多边贸易航线的开通/三、中国－菲律宾－墨西哥－西班牙多边贸易的发展趋势/四、中国－菲律宾－西班牙大三角贸易的开通/五、中国－菲律宾－墨西哥－西班牙多边贸易和中国－菲律宾－西班牙大三角贸易在促进相关国家和地区经济发展及东西方文明交流方面的历史作用/第四章 西班牙来华传教士在促进中国与西方文化交流中的先驱作用/一、方济各·沙勿略揭开基督教第三次传入中国的序幕并为耶稣会“适应”策略确立了基本原则/二、马丁·德拉达：西方第一位汉学家/三、16世纪欧洲人的中国观：门多萨及其《中华大帝国史》/四、从《明心宝鉴》到《无极天主正教真传实录》：高母羡在促进东西方文化交流中的历史作用/五、庞迪我：融入中国社会中的“西儒”/六、西班牙来华传教士与“礼仪之争”/第五章 古巴华工与中国－西班牙外交关系的确立——兼论中西之间关于在菲律宾设立领事馆一事的外交谈判/一、古巴华工问题的由来/二、中国与西班牙《和好贸易条约》的签订/三、中西《中国人民前往古巴如何优待条约》的签订/四、清政府向西班牙和古巴派驻外交使节/五、中国与西班牙围绕在菲律宾设立领事馆问题所进行的外交谈判/第六章 19世纪末叶中国与西班牙相互之间的新认知/一、19世纪末叶中国人的西班牙印象——兼论黎庶昌及其《西洋杂志》/二、19世纪末叶的西班牙汉学家/第七章 20世纪的中国与西班牙/一、中国抗日战争与西班牙内战期间中西两国人民的战斗友谊

内容提要 本书收录了诸多关于西班牙历史的关键性资料和相关插图，本书是对从公元1世纪至20世纪中西两国长达两千年内容丰富、令人难忘的交往史的回顾与总结。

书　　名 **中国远古与太平印度两洋的帆筏戈船方舟和楼船的研究**

责 任 者 凌纯声著

出 版 项 北京：中央研究院民族学研究所，1970

页　　码　237

分 类 号　K871

书　　名　**中国运河传**

责 任 者　傅崇兰著

出 版 项　太原:山西人民出版社,2005.09

页　　码　297

相关目录　导论:中国运河的生命历程/上篇 运河之路/一、春秋战国时期的童年/在楚国出世/司马迁命名/当代自然地理学家对云梦大泽的考察/我对“云梦之野”延续下来的生命的考察/邗沟的排行争议/邗沟的姊妹/鸿沟运河出世/运河童年与黄河水曾是清冽甘甜/二、跟随秦皇汉武走向各地/从秦皇祖先到秦皇执政都离不开河/沟通中原与岭南的灵渠/从长江走到钱塘江/中州留下鸿沟足迹/邗沟两岸遍插茱萸/曹操情系华北诸运渠/曹丕情系淮北诸运渠/少年运河与天然河溪的情结/三、生命的飞跃/隋文帝划一全国水道/琼花雷塘论功共禹/大运河舟载盛唐帝国/长安水上博览会/四、四水贯都/宋王朝的汴河争议/北上漕船的长淮之险/大运河身分半壁江山/五、顺应历史潮流/南北大运河弃“弓”走“弦”/郭守敬与白浮神泉/大运河移步走向闸河/不再依赖黄河水源/运河痛哭藏族宰相桑哥/六、朱棣设了北京港/宋礼与汶上老人白英/陈瑄的规划/黄河与运河分治/朝廷将北京港迁往通州/卫河改善与白河恶化/七、漕艘帆船三千里/康熙、乾隆下江南/《英使谒见乾隆纪事》中的大运河/靳辅、陈潢治河方略/清代的洪泽湖与运河/八、历史与未来的对话/对中国运河的评价/中国运河遗产的传递和更新/现代运河之梦/中篇 运河之城/二、通惠河促使通州“编篱为城”/漕仓近旁筑篱城/南来北往的人流/三、张家湾－通州城－什刹海成三点一线运河码头布局/张家湾名称的来历/郭守敬与张家湾－什刹海两点一线漕运格局/吴仲使通州成为运河北端码头城/张家湾是北京对外的客货码头/通州与张家湾在近代的衰落/四、大运河抚育天津成为繁华商埠/五、“神京门户”、“九达天衢”的德州/六、运河商埠－－临清/“运漕之喉”与“萃货之腹”/运河淤塞与临清的衰落/七、运河重镇济宁/八、邗沟北端城市淮安/九、与邗沟同龄的城市扬州/十、江南运河与镇江、常州、无锡/镇江是江南运河的起点/常州与江南运河/运河与古代无锡的崛起、发展/十一、运河带来苏州的繁华/十二、大运河南端的杭州

内容提要　本书分为上中下三篇:运河之路、运河之城、当代京杭大运河。介绍了春秋战国时期的童年、生命的飞跃、四水贯都、大运河是北京的生命线、运河重镇济宁等。

书　　名　**中国运河史**

责 任 者　常征,于德源著

出 版 项　北京:燕山出版社,1989.04

页　　码　623

书　　号　7－5402－0150－9

分 类 号　K928.42

内容提要　本书包括大运河出现前的地域性运河、大运河的形成始于曹操北伐、以洛阳为中心的隋唐大运河以及元代形成的京杭大运河等。

书　　名　**中国运河文化史**

责 任 者　安作璋主编

出 版 项　济南:山东教育出版社,2001.09

页　　码　2417

相关目录 第一编 早期运河与运河文化/第一章 早期运河的开凿/第二章 运河对政治局势的影响/第三章 运河区域社会经济的发展和城市的兴起/第四章 运河区域文化的繁荣/第二编 隋唐时期的运河与运河文化/第一章 隋唐时期的运河/第二章 运河与隋唐皇朝的统治/第三章 隋唐时期运河区域的社会经济/第四章 隋唐运河沿岸城市的发展与商业的繁荣/第五章 隋唐时期运河区域的学术和教育/第六章 隋唐时期运河区域的文学艺术与科技成就/第七章 隋唐时期运河区域的宗教与民俗/第八章 隋唐时期运河区域的南北与中外文化大交流/第三编 宋元时期的运河与运河文化/第一章 宋元时期运河的扩展与南北大贯通/第二章 宋元皇朝的统治与运河/第三章 宋元时期运河区域社会经济的繁荣与发展/第四章 宋元时期运河区域的学术文化/第五章 宋元时期运河区域的科学技术/第六章 宋元时期运河区域的学校教育、民俗与宗教/第七章 宋元时期运河区域的对外经济文化交流/第四编 明代运河与运河文化/第一章 明代的运河/第二章 明代运河区域的社会与政局/第三章 明代运河区域经济的发展与提高/第四章 明代运河区域的哲学与史学/第五章 明代运河区域的文学艺术和科学技术/第六章 明代运河区域的教育和科举/第七章 明代运河与中外文化交流/第八章 明代运河区域的宗教与民风变迁/第五编 清代运河与运河文化/第一章 清代运河的治理与漕运/第二章 清代运河区域的政治形势/第三章 清代运河区域社会经济的发展/第四章 清代运河区域的学术成就/第五章 清代运河区域的文学艺术/第六章 清代运河区域的科学技术/第七章 清代运河区域的科举与教育/第八章 清代运河区域的宗教与民间秘密会社/第九章 清代运河区域的民俗变化/第六编 民国时期的运河与运河文化/第一章 民国时期运河的变化/第二章 民国时期运河区域的政治局势/第三章 民国时期运河区域的城乡经济/第四章 名国时期运河区域的文学创作/第五章 民国时期运河区域的表演艺术/第六章 民国时期运河区域的美术/第七章 民国时期运河区域的社会科学/第八章 民国时期运河区域的自然科学/第九章 民国时期运河区域的教育/第十章 民国时期运河区域的出版和新闻事业/第十一章 民国时期运河区域的宗教/第十二章 民国时期运河区域的帮会和风俗/第十三章 民国时期运河沿线的古迹/结束语——运河与运河文化的复兴

内容提要 国家社会科学基金项目 山东省社会科学“九五”规划重点研究项目:本书研究的主要内容是春秋战国至民国时期大运河的变迁和运河文化两大部分。重点阐述了运河文化,包括历代运河区域以城市为中心的农业、手工业、商业及城市发展状况,重大历史事件,主要历史人物的事迹、思想、文化各方面的成就,社会组织,与外国的交往等,力求全面反映两千多年运河区域物质文化和精神文化发展的历史。

书　　名 中国运河文化史:上、中、下

责 任 者 安作璋主编

出 版 项 济南:山东教育出版社,2001.09

页　　码 3册(656,657-1407,1408-2417)

相关目录 第一编 早期运河与运河文化/第一章 早期运河的开凿/第二章 运河对政治局势的影响/第三章 运河区域社会经济的发展和城市的兴起/第四章 运河区域文化的繁荣/第二编 隋唐时期的运河与运河文化/第一章 隋唐时期的运河/第二章 运河与隋唐皇朝的统治/第三章 隋唐时期运河区域的社会经济/第四章 隋唐运河沿岸城市的发展与商业的繁荣/第五章 隋唐时期运河区域的学术和教育/第六章 隋唐时期运河区域的文学艺术与科技成就/第七章 隋唐时期运河区域的宗教与民俗/第八章 隋唐时期运河区域的南北与中外文化大交流/第三编 宋元时期的运河与运河文化/第一章 宋元时期运河的扩展与南北大贯通/第二章 宋元皇朝的统治与运河/第三章 宋元时期运河区域社会经济的繁荣与发展/第四章 宋元时期运河区域的学术文化/第五章 宋元时期运河区域的科学技术/第六章 宋元时期运河区域的学校教育、民俗与宗教/第七章 宋元时期运河区域的对外经济文化交流/第四编 明代运河与运河文化/第一章 明代的运河/第二章 明代运河区域的社会与政局/第三章 明代运河区域经济的发展与提高/第四章 明代运河区域的哲学与史学/第五章 明代运河区域的文学艺术和科学技术/第六章 明代运河区域的教育和科举/第七章 明代运河与中外文化交流/第八章 明代运河区域的宗教与民风变迁/第五编 清代运河与运河

文化/第一章 清代运河的治理与漕运/第二章 清代运河区域的政治形势/第三章 清代运河区域社会经济的发展/第四章 清代运河区域的学术成就/第五章 清代运河区域的文学艺术/第六章 清代运河区域的科学技术/第七章 清代运河区域的科举与教育/第八章 清代运河区域的宗教与民间秘密会社/第九章 清代运河区域的民俗变化/第六编 民国时期的运河与运河文化/第一章 民国时期运河的变化/第二章 民国时期运河区域的政治局势/第三章 民国时期运河区域的城乡经济/第四章 名国时期运河区域的文学创作/第五章 民国时期运河区域的表演艺术/第六章 民国时期运河区域的美术/第七章 民国时期运河区域的社会科学/第八章 民国时期运河区域的自然科学/第九章 民国时期运河区域的教育/第十章 民国时期运河区域的出版和新闻事业/第十一章 民国时期运河区域的宗教/第十二章 民国时期运河区域的帮会和风俗/第十三章 民国时期运河沿线的古迹/结束语——运河与运河文化的复兴

书　　名 **中国早期工业化:盛宣怀 1844 –1916 和官督商办企业(中国近代史研究译丛)**
责 任 者 (美)费维恺著;虞和平译
出 版 项 北京:中国社会科学出版社,1990.10
页　　码 363
书　　号 7 –5004 –0721 –1
分 类 号 F429.52
相关目录 第四章 轮船招商局:商人经营/第一节 轮船招商局的起源/第二节 公司所经历的四个年代:1873 –1913/第三节 公司的业务/第四节 经营管理者/第五节 轮船招商局的财务/第六节 官僚主义的经营管理/第七节 舞弊问题/第五章 轮船招商局:官方监督/第一节 官方监督(1872 –1895)/第二节 官方监督(1895 –1909)/第三节 董事会对邮传部(1909 –1911)/第四节 漕粮的运输和免税特权/第五节 官方勒索/第六节 轮船招商局是一个成功的商办企业吗/第六章 三家官督商办企业/第一节 盛宣怀的“帝国”/第二节 中国电报总局

书　　名 **中国造船史**
责 任 者 席龙飞著
出 版 项 武汉:湖北教育出版社,2000
页　　码 346
书　　号 7 –5351 –2633 –2
分 类 号 K826.1
相关目录 第一章 远古时代的海洋文化及舟船起源/第一节 石器时代先民与海洋的接触及其水上活动/第二节 原始的渡水工具/第三节 独木舟及其出现的年代/第二章 上古三代的舟船及舟船活动/第一节 独木舟向木板船的演变/第二节 木板船必备条件及出现的年代/第三节 古文献对上古三代舟船活动的记述/第三章 春秋、战国时代造船技术的进步/第一节 春秋时代的造船技术/第二节 战国时代的水运及船舶/第三节 从战国随葬船看战国的造船技术/第四节 战国时代战船的形制/第五节 中国船舶风帆的出现/第四章 秦、汉时代造船技术获重大发展/第一节 秦代致力于水陆交通的发展/第二节 汉代南北海上航路的开辟/第三节 汉代船舶及其建造地点/第四节 从出土文物看汉船形制/第五节 汉代船舶的属具/第六节 汉代的名著和名舰/第五章 隋、唐时代造船技术的发展/第一节 在统一全国战役中发挥作用的隋代五牙舰/第二节 隋代大运河的开通与船舶的发展/第三节 唐代的内河航运及船舶/第四节 唐代的海上交通与船舶/第五节 唐代的水战具及车轮战舰/第六章 宋代造船技术的进展与成熟/第一节 宋代的内河及海洋船舶/第二节 从出土宋船看宋代的造船技术/第三节 传统造船技术的发展与成熟/第七章 元代的水师、海运与造船/第一节 元初的水师、战船与水战/第二节 元代的海外交通与远洋船第三节 元代的漕运与漕船/

第四节 元代古船的发掘与研究/第八章 明代造船业的繁盛与衰败/第一节 明代的内河航运与海上交通/第二节 文献所记述的明代船舶/第三节 中国的三大船型/第四节 明代古船的发掘与研究/第五节 郑和宝船/第六节 海禁使明代造船业从巅峰上跌落/第九章 清代前期传统造船的变化/第一节 清代的禁海开海政策及其造船业/第二节 清康熙年间抗俄雅克萨战役战船/第三节 清代的内河及沿海船舶/第四节 传统帆船属具的机构/第十章 清末洋务运动与中国近代造船业/第一节 江南制造总局及其所造舰船/第二节福州船政局及其造船技术成就/第三节 天津机器局及北洋水师大沽船坞/第四节 广东军装机器局及所属黄埔船坞/第五节 旅顺船坞和大连修造船工场/第六节 青岛的近代造船业/第七节 近代造船业在中国近代史上的地位

内容提要 本书前9章为古代造船史,第10章 为清末洋务运动与中国近代造船业,概略讲述了中国近代造船史,共计2.4万字。

书　　名 **中国战时交通史**

责 任 者 龚学遂著

出 版 项 北京:商务印书馆,1947

页　　码 414

分 类 号 F512.9

相关目录 中篇 铁路、水运、驿运、空运/第二章 水运

内容提要 分3篇。上、中篇详述抗战时期公路、铁路、水运、驿运、空运方面的机构及运务等;下篇为美顾问团与专业人员的建议。

书　　名 **中国走向世界的历史轨迹:中国海外旅行与文化交流**

责 任 者 彭小平著

出 版 项 长沙:湖南人民出版社,1999

页　　码 269

书　　号 7-5438-1959-7

分 类 号 K203:D829

相关目录 三、输入宗教文化　中国走向世界的步伐加大/法显对佛教经典的引进/《佛国记》与中亚、南亚社情/北魏的宗教外交使者——宋云、惠生/中国求法僧海外之行对沟通中外文化的贡献/四、"西行""东渡" 中国走向世界的新趋势/领先的中国古代航海事业/杜环游历西亚、非洲/鉴真险渡东瀛,缔结中日良缘/鉴真东渡的贡献和影响/周达观游历考察柬埔寨与《真腊风土记》/汪大渊对亚非文化的考察与记载/五、郑和使团"七下西洋" 中国走向世界的高潮/庞大船队的准备与庞大使团的组成/"七下西洋",空前规模的航海旅行/郑和使团"七下西洋"的影响与贡献/郑和远航与西方"地理大发现"之比较/明中叶以后的闭关锁国与中国对外交往的低潮/六、列强入侵　没落王朝被迫重新走向世界/西方殖民者船坚炮利,清政府被迫派员西去考察学习/清政府最初派遣的了解西方社会的使者/工商科技界代表对西方的学习与考察/清政府官遣海外旅行者走出国门对中国社会的影响与作用/清末关于出国旅行考察制度的规定/七、"钦差"游历海外全方位了解世界的新方式/清廷使臣对各国的出访/首任英使郭嵩焘与他的游历记录/薛福成欧洲之行与他的《出使四国日记》/清末政府代表团的出洋游历考察与要求变更政体的奏折/出使钦差对中国政治的影响与作用/八、认清全球发展方向 中国走向世界的新起点/非官遣旅行者对世界各国的游历考察/梁启超在《新大陆游记》中对世界总体发展方向的认识/结束语:中国人走向世界的思考

书　　名 **中韩古代海上交流(韩国研究丛书)**

责 任 者 金健人主编

出 版 项　沈阳:辽宁民族出版社,2007. 11

页　　码　283

书　　号　978 - 7 - 80722 - 479 - 2

分 类 号　D829. 312 - 53

相关目录　新罗和江南/唐末五代福建地区韩国佛迹/纪三津出使新罗和张保皋势力/山东无染院与新罗关系的研究/关于张保皋和文室宫田麻吕的研究/日本的遣唐使和张保皋/新罗人与大宰府贸易/隋唐时期的沿海港口与东北亚的陶瓷贸易/中世纪泉州的先进造船技术与新安沉船复原研究/古代泉州与新罗、高丽的海上交通及其文物史迹探源/古代东北亚海上交流史分期

书　　名　**中韩关系史研究**

责 任 者　魏志江著

出 版 项　广州:中山大学出版社,2006

页　　码　267

书　　号　7 - 306 - 02688 - 7

分 类 号　D829. 312

相关目录　上编　辽金帝国与高丽之关系/第一章 辽丽关系的展开与辽圣宗对高丽的征伐/第一节 辽丽关系的展开/第二节 辽对高丽的第一、二次征伐/第三节 “六城问题”与辽对高丽的第三次征伐/第二章 1020 - 1125 年的辽丽关系/第一节 朝贡关系下辽丽双方的权利与义务/第二节 渤海大延琳之变前后的辽丽关系/第三节 大金的崛起与辽、金和高丽的关系/第三章 辽宋丽三国关系与东亚国际秩序/第一节 辽宋和战及其对宋丽关系的影响/第二节 宋丽关系的演变与辽的反应/第三节 高丽对辽宋“二元”朝贡体制分析/第四章 金建国前东、西女真及其与高丽的关系/第一节 东、西女真与高丽的关系/第二节 高丽向西北和东北地区的封疆开拓/第三节 东女真的海寇问题/第五章 女真与高丽曷懒甸之战考略/第一节 曷懒甸的地理范围及其与女真、高丽的关系/第二节 高丽与女真的曷懒甸之战/第三节 九城撤废与金丽和战/第六章 12 世纪初金国与高丽的外交/第一节 金丽关于“保州问题”的交涉/第二节 金丽朝贡关系的成立/第三节 金丽关于“户口逃移”问题的交涉/第七章 13 世纪初金、蒙古、东夏及其与高丽的多边关系/第一节 辽东变局与金丽关系/第二节 “江东城之役”与蒙丽关系的展开/第三节 东夏、蒙古和高丽之三角关系/第八章 辽金与高丽的经济文化交流/第一节 辽金与高丽的经济交流/第二节 辽金与高丽的文化交流/下编 大清帝国与朝鲜之关系(1619 - 1795)/第九章 萨尔浒之役后金鲜国交的展开/第一节 努尔哈赤建国前后的金鲜交涉/第二节 朝鲜对后金外交政策的调整与明朝的反应/第三节 朝鲜与后金国交的确立与光海君交邻政策/第四节 17 世纪东北亚格局变动的分析/第十章 清鲜宗藩关系的成立及其演进(上)/第一节 “丁卯胡乱”与金鲜议和交涉/第二节 丙子之役与清鲜宗藩关系的成立/第十一章 清鲜宗藩关系的成立及其演进(下)/第一节 以沈馆为中心的清鲜交涉/第二节 助攻皮岛与明清宁锦大战中的朝鲜/第三节 朝鲜“海上沉粮”与“覆没舟师”/第四节 关于朝鲜“暗通明朝”的问题/第五节 1637 - 1644 年清鲜关系的分析/第十二章 清入关初期清鲜关系的发展——以顺治、康熙朝为中心/第一节 清兵入关与清鲜关系的调整/第二节 朝鲜“反清复明”的战略与“北伐论”/第三节 清鲜文化关系的重新认同与两国关系的改善/第四节 清鲜宗藩体制的运作及两国的权利与义务/附录　试论国立中山大学与韩国独立运动

内容提要　中山大学学术著作出版基金资助出版:本书为作者的博士论文和博士后研究报告的主要部分,包括辽金帝国与高丽之关系、大清帝国与朝鲜之关系以及附录三部分。

书　　名　**中韩交流三千年(文史知识文库)**

责 任 者　陈尚胜著

出 版 项 北京:中华书局,1997

页　　码 257

书　　号 7-101-01568-9

分 类 号 D829.312

相关目录 第一章 密切的官方交往 频繁的民间往来——三千年中韩交流背景概述/一、箕子入朝鲜与秦民走海东/二、多国并存 外交竞争——朝鲜半岛三国与中国的政治关系/三、涨海虽然阔 归帆不觉遥——唐朝与新罗关系的全面发展/四、外交利害与文化交流的冲突——宋辽金时期中韩关系述评/五、元代中韩关系的深入发展/六、肝胆每相照 冰壶映寒月——明代中韩友好关系概述/七、清代中韩关系的发展与变化/第二章 中韩经济交流/一、"文皮"和刀钱——早期中韩经济交流一瞥/二、唐罗贸易与张宝皋/三、宋元海商往高丽/四、频频辽东路——中韩之间朝贡贸易的兴盛/五、中韩之间边境贸易的曲折发展/第三章 中韩科学技术的交流/一、中韩天文历法和数学的交流/二、中韩农业技术的交流/三、中韩医学交流/四、中韩造纸和印刷术的交流/五、中韩陶瓷和纺织技术的交流/六、中韩军工技术的交流/第四章 中韩学术思想文化的交流/一、中韩语言文字文化的交流/二、汉唐儒学在韩国的传播及其影响/三、理学在韩国的传播及其影响/四、中韩实学思想的交流及其影响/五、明清之际汉译西学书对韩国的传播及影响/六、中国近代洋务思想对韩国开化思想的影响

书　　名 中韩历史文化交流论文集:第3辑

责 任 者 刘迎胜主编

出 版 项 延吉:延边人民出版社,2007

页　　码 360

分 类 号 K203-53

相关目录 清乾隆年对朝鲜漂海人与跨境海难事件的政策——宗藩框架下的国民救助体系/元代高丽使团研究/近世中国与朝鲜半岛的海上航线——以《宣和奉使高丽图经》及《辽蓟关防地图》的记载为中心/明朝对入华朝鲜漂流民的救助办法初探——以崔溥《漂海录》为中心/试论清初与朝鲜边务关系的调整——兼谈中朝边民的变动

书　　名 中华海权史论

责 任 者 秦天,霍小勇主编

出 版 项 北京:国防大学出版社,2000

页　　码 417

书　　号 7-5626-1031-2

分 类 号 E273

相关目录 第一章 中华海权历史溯源/第一节 中华海洋文明的曙光/第二节 中华海权思想的萌芽/第三节 中华海权的雏形/第二章 海权之旅峰回路转/第一节 走向鼎盛的中华海权/第二节 中华海权的萎缩/第三节 中华海权走向衰弱/第三章 酸辛苦涩的蓝色梦幻/第一节 海权思想呼之欲出/第二节 海权思想变革之路/第三节 海权实践的悲壮之举/第四节 海权努力的强弩之末/第四章 坚强不息的海权呼唤/第一节 华夏复兴的希冀/第二节 军阀混战中的海权沉寂/第三节 民族存亡中的不屈抗争/第五章 蓝色疆域的奋力开创/第一节 历史变革中的海权新篇/第二节 海上长征迈向新里程/第六章 走向深蓝的巍巍壮举/第一节 不战之兵握有威慑之本/第二节 问鼎海疆谁主沉浮/第三节 积极防御实施近海作战/第七章 励精图治的海上进军/第一节 机遇与挑战的碰撞/第二节 走向海洋强国的世纪目标/第八章 经略海洋的宏图大业/第一节 海洋意识与发展战略/第二节 新世纪的宏伟蓝图

内容提要　本书共分八章，通过对历史的回顾和反思，以史论结合的形式，将中华海权的历史、现状和未来展现在读者面前。

书　　名　**中华海权与历史文化（南京市雨花台区文史系列丛书）**
责 任 者　杨新华，时平著；南京市雨花台区文物事业管理委员会编
出 版 项　北京：海潮出版社，1997
页　　码　907
书　　号　7－80054－906－2
分 类 号　E273：K203

书　　名　**中华海洋文化的缩影：泉州海外交通史博物馆**
责 任 者　王连茂，陈丽华著
出 版 项　北京：中国大百科全书出版社，1999
页　　码　185
书　　号　7－5000－6180－3
分 类 号　K878.2
相关目录　“海上丝绸之路”的著名港口/陆上与海上“丝绸之路”/刺桐港的由来/“泉州时代”的到来/马可·波罗说：这是东方第一大港/陶瓷——东西方的又一文明接触点/伟大航海家郑和与明代泉州的海外交通/宋船之歌/一个惊动世界的考古发现/他带来了世界上最先进的造船技术/一个巨大的历史信息宝库/又一艘宋船被发现/灿烂辉煌的中华舟船文化/中华民族史最早发明舟船的民族之一/风情逸趣的江河船/“海上丝绸之路”上的中国海船/神奇无比的中国古战船/蔚为大观的出使船/锚碇家族/一个不同文明荟萃的“光明之城”/丰富的伊斯兰文化遗存/融合多种文化艺术特征的基督教石刻/精美纯粹的印度教石刻/世界奇珍“摩尼光佛”造像/范围广袤的泉州海交民俗文化圈/各种用途的生产工具及生活用具/家庭摆设与祭祀器物/优秀的传统民居建筑/爱国主义教育基地掠影/生动活泼的爱国主义教育基地/回顾与展望/后记

书　　名　**中华经济五千年：公元前3000年——公元2000年（中华文明史话丛书）**
责 任 者　李智舜主编
出 版 项　呼和浩特：内蒙古人民出版社，2002
页　　码　361
书　　号　7－204－04521－1
分 类 号　F129
相关目录　丝绸之路上的对外贸易/汉代造船业的繁荣/大运河与历代的漕运/中国船王卢作孚
内容提要　本书分为古代经济、近代经济、现代经济三部分介绍了中国经济史，包括“原始社会的经济活动”、“红色经济的出现与发展”、“农村经济的互助合作化道路”等内容。

书　　名　**中华开放强国策：中国历代对外经贸政策研究**
责 任 者　董长芝等著
出 版 项　大连：大连海运学院出版社，1992.07
页　　码　410
书　　号　7－5632－0425－3

分 类 号 F752.9

相关目录 五、遣唐使舶——日本与中国的交通贸易/六、海上丝香之路——唐朝“广州通海夷道”的交通贸易/七、指南针——宋代海外贸易的发展/八、忽必烈——元代海陆四达的对外贸易/九、郑和下西洋——明朝前期海外贸易的发展/十、戚继光——明朝中后期的抗倭与闭关/十一、闭关锁国——清朝前中期的对外贸易政策/十二、粤海关——清朝中期管理外贸和征税制度/十三、广州十三行——清朝中期垄断外贸的行商制度/十四、鸦片贸易——清朝中期的中外贸易关系/十五、虎门销烟——林则徐的禁烟斗争/十六、鸦片战争——中国大门被砸开/十七、捍卫主权——太平天国坚持正义斗争/十八、赫德——外国人把持中国海关/十九、协定关税——中国关税自主权的丧失/二十、冒险家的乐园——外国侵略者在上海租界/二十一、漂泊地狱——掠卖华工的苦力贸易/二十二、出超变入超——对华商品输出的剧增/二十三、甲午战争——对华资本输出的开始/二十四、康白度——洋商企业中的买办/二十五、汇丰银行——外商银行扼制中国财政金融/二十六、“门户开放”——列强瓜分中国的恶浪/二十七、“黄鹄号”轮船——近代军事工业的汽笛/二十八、轮船招商局——官督商办的近代民用企业/二十九、“南海风暴”——民办企业登上历史舞台/三十、无产阶级和资产阶级——中国近代新兴的阶级/三十一、戊戌变法——效法明治维新的改良运动/三十二、詹天佑——中国近代的铁路建设/三十三、捍卫铁路权——引发辛亥革命/三十四、全国临时工商会议——各种实业团体纷纷建立/三十五、振兴实业——民国初年的经济政策/三十六、“产业革命”热——民营资本主义的发展/三十七、“黄金时代”——民营资本主义的进一步发展/三十八、回到市场——战后帝国主义卷土重来/三十九、南通大生资本集团——张謇“实业救国”的功绩/四十、江浙资本集团——银行业发展与资本集团形式/四十一、“国定税则”——关税自主权的收回/四十二、怡和洋行——外商洋行垄断中国对外贸易/四十三、不等价交换——中国对外贸易的半殖民地性特点/四十四、沦陷区外贸——日本对关内沦陷区外贸的独占/四十五、“伪满”的外贸——东北对外贸易的殖民地化/四十六、国统区的外贸——战时的外贸统制与作用/四十七、易货贸易——中国对苏美战时贸易/四十八、中美商约——美国独占中国的侵略活动/四十九、“美货成灾”——美货独占中国商品市场/五十、杨子建业公司——垄断对外贸易的官倒公司/五十一、肃清外国经济残余——新中国经济独立自主的发展

内容提要 本书内容涉及中国三千年有文字记载的有关对外经济、文化、交通等方面的历史。

书　　名 **中华开放史**

责 任 者 冯天瑜等著

出 版 项 湖北:湖北人民出版社,1996

页　　码 874

书　　号 7-216-01961-X

分 类 号 F129:G125

相关目录 第五章 陆路内敛、拓展海道的北宋/第一节 “守内虚外”的国策/第二节 雄厚的外贸基础/第三节 与邻邦同发展/第六章 南宋:开四方门户,补国土不足/第一节 畅达的海路/第二节 南北往来,商贾如织/第三节 中华文明远播海外/第七章 开门拓疆的蒙元时代/第三节 繁荣的海上丝路/第八章 民初:朝廷控制下对外交往的扩大/第一节 “以不战为上兵”/第二节 受控于朝廷的贡舶贸易/第三节 海上丝路的空前繁盛/第九章 明清之际的西学东渐与中学西渐/第一节 十字路口的徘徊/第二节 早期的西学东渐/第三节 东方文明的“远征”/第十章 康熙盛世:开与关的碰撞/第一节 曲折发展/第二节 一相情愿的夷人/第三节 不情愿地面对欧风美雨/第十一章 列强敲开中国大门/第一节 睁开眼睛看世界/第二节 大炮下的被迫开放/第三节 梦幻天国中的开放风/第四节 大倡引进的洋务运动/第五节 走进世界的外交

书　　名 **中华妈祖文化学术论坛论文集**

出 版 项 2004.09

页　　码　151

分 类 号　B93

相关目录　一、妈祖文化探微/1.《天妃显圣录》考订(蔡相辉)/2. 天后宫何来泰山娘娘(李世瑜)/3. 明永乐的太监外交与天妃崇拜(蒋维锬)/4. 山东沿海渔民的海神信仰与祭祀仪式(叶涛)/5. 妈祖传说与中国井文化(吴裕成)/6. 天后宫戏楼及匾额考(章 用秀)/7. 历史上的天津皇会(甄光俊)/8. 郑和下西洋与赤湾天后(宫龙辉)/9. 浏河天妃宫考(汪放)/10. 妈祖文化与天后宫诗词(林开明)/11. 妈祖文化研究的几个问题(李正中)/12. 妈祖文化深刻内涵及其强大生命力(罗春荣)/13. 妈祖封号初探(姜维群)/二、妈祖文化的民俗学体现/14. 妈祖信仰的民俗学思考(陶立璠)/15. 浅谈闽台妈祖信仰文化活动(周金琰)/16. 东方海神与西方海神的比较研究——妈祖与波塞冬的比较(邢莉,白庆侠)/17. 妈祖文化与中国道教诸神的泛道教化(刘金山)/18. 从《中国民俗大系》的编辑出版看民俗文化的采集与保存(胡福生)/三、妈祖文化的社会传播/19. 中华妈祖文化——宝贵的非物质文化遗产(刘魁)立/20. 传承妈祖文化彰显城市魅力——为天津第二届妈祖文化论坛而作(罗澍伟)/21. 妈祖信仰的社会契合性(张仲)/22. 妈祖文化在天津的繁荣与发展(周骥良)/23. 戏剧与妈祖文化(黄殿祺)/24. 试论天津天后宫对天津城市形成和发展的影响(董季群)/25. 扩大妈祖文化交流促进社会经济发展(郑启浦)/26. 妈祖文化与天津600年(尚洁)/27. 从津台两地妈祖文化传播的比较研究认识天津天后宫的历史地位(方广岭)/28. 天津天后宫是中国北方妈祖文化的中心(陈健)/29. 妈祖文化刍议——贺中国天津妈祖文化旅游节(德永华)/30. 传统妈祖信仰中的民间记忆与官方记忆(张士闪)/31. 由妈祖故事所引发的思考——妈祖信仰作为一种大众宗教的社会功能(齐静)/32. 妈祖文化旅游资源开发之拙见——兼论上松江妈祖文化旅游产品的开发(许平)/33. 妈祖文化的普及与民族传统精神的传播——略谈天津民俗文化艺术专修学校对妈祖讲座课的开设(李鸿臣)/34. 天津天后宫管理委员会主任蔡长奎先生的发言提纲(蔡长奎)

书　　名　**中华妈祖文化学术研讨会论文稿**

责 任 者　中华妈祖文化学术研讨会组委会编

出 版 项　莆田:中华妈祖文化学术研讨会,2004. 10

页　　码　283

分 类 号　B93

相关目录　一、妈祖信仰起源与妈祖文化综论/论妈祖信仰起源及其意义/妈祖不是出身于疍民/略论妈祖信仰与闽越族原始宗教信仰的渊源/中国的海神信仰/略论妈祖文化/论妈祖信仰与中国传统文化的渊源/妈祖由人入神的原因及其社会环境/妈祖神化升华为妈祖文化的动态发展过程及其丰厚的内涵/妈祖何以深得尊崇/二、台湾妈祖信仰特色/台湾妈祖信仰的特色/台湾妈祖信仰的宗教形态——以北港朝天宫为例/闽台妈祖信仰文化涵构/战后台湾妈祖信仰(1946－1987)初探——北港朝天宫转型和妈祖电影、戏剧、小说为考察中心/大甲镇澜宫往湄洲祖庙进香的影响/台湾妈祖信仰的民俗发展及其功能/三、史料考订与史实考证/从宋代诗词看早期妈祖信仰/郑和对妈祖信仰传播的贡献/天妃附会碧霞元君封号考/从季麒光《募修天妃宫疏》看清代台湾地方官员在妈祖信仰传播中的角色/《天妃显圣录》考订/清代御赐天后宫匾额及其历史背景/从清代闽台自然灾害的频发解读妈祖信仰属性的嬗变进程/妈祖对联文化浅谈/四、各地妈祖信仰源流研讨/明清澳门官建天妃(后)宫的原因与意义/谭世宝澳门妈祖阁遗闻辨识/妈祖信仰在山东地区的传播研究/试论天津天后宫对天津城市形成和发展的影响/妈祖文化与天津600年/闽北妈祖寺庙的初步考察/略论日本、东南亚华侨华人的妈祖信仰/莆田几个妈祖宫庙起落的历史人类学浅析/五、弘扬妈祖文化探讨妈祖文化保护/浅谈千年祭之后妈祖文化对湄洲岛发展的作用/妈祖文化是闽台交流的和平使者/浅谈妈祖文物的保护与利用/妈祖文化旅游资源开发之拙见——兼论上海松江妈祖文化旅游产品的开发/妈祖文化的大众性与旅游资源开发/妈祖国际文化艺术节 建议书/当代大学生妈祖信仰的调查与分析

书　　名　中华水运史
责 任 者　王洸编著；中华文化复兴与运动推行委员会，“中国之科学与文明”编译委员会编
出 版 项　台北：台湾商务印书馆股份有限公司，1982.04
页　　码　664
分 类 号　F552.9

书　　名　中华文化海外传播史：第1卷
责 任 者　武斌著
出 版 项　西安：陕西人民出版社，1998.09
页　　码　776
书　　号　7－224－04544－6
分 类 号　K203
相关目录　导论 追寻我们走向世界的历史/第一章 日出东方：中华文化的最初辉煌及基本特征与品格/第一编 中华文化向海外的早期开拓/第二章 文化开放：秦汉一统的文化盛世/第三章 中华文化向朝鲜半岛的早期传播一远古至先秦中国与朝鲜半岛的文化联系/第四章 中华文化向日本的早期传播/第五章 中华文化在南亚和东南亚初传的踪迹/第六章 西方：对遥远东方帝国的模糊印象/第二编 盛唐文化的世界性辉煌/第七章 盛唐文化与东亚文化秩序的确立/第八章 君之子国，有类中华/一唐朝与新罗的密切往来/第九章 赤县扶桑共此时/第十章 岭南华风，形同内地/第十一章 唐代文化在南亚和东南亚的传播/第十二章 唐代文化的西向传播

书　　名　中华文化海外传播史：第2卷
责 任 者　武斌著
出 版 项　西安：陕西人民出版社，1998.09
页　　码　777－1585
书　　号　7－224－04544－6
分 类 号　K203
相关目录　第三编 宋元至明初：新的境界与新的传播/第十三章 宋元至明初中华文化的发展与对外交流/三、宋元至明初的海外交通与文化交流/第十四章 宋元——高丽王朝：全方位 大规模地传播吸收和移植/一、宋元时代中国与高丽的交通往来/1. 两宋与高丽的交通和官方往来/2. 元朝对高丽的侵略与控制/3. 宋元时代中国与高丽的贸易关系和经济交流/4. 五代至宋元流寓朝鲜半岛的中国移民/5. 高丽时代入华的留学生和留学僧/二、高丽对中国政治制度和经济制度的移植/1. 高丽对中国政治制度的模仿和移植/2. 高丽对中国经济制度的模仿和移植/三、儒家文化在高丽的流传影响和朱子学的初传/1. 高丽对中国教育制度和科举制度的移植/2. 高丽的崇儒之风与学术文化的发展/3. 朱子学在朝鲜半岛的初传

书　　名　中华文化海外传播史：第3卷
责 任 者　武斌著
出 版 项　西安：陕西人民出版社，1998.09
页　　码　1586－2494
书　　号　7－224－04544－6
分 类 号　K203
相关目录　第五编 明清之际：中华文化西传高潮/第二十六章 明清之际中国文化的发展与中西交通

的繁盛/第二十七章 使徒东来和中学西渐/第二十八章 儒家礼治秩序与欧洲启蒙运动(一):启蒙思想家对中华文化的解读/第二十九章 儒家礼治秩序与欧洲启蒙运动(二):东方文化对西方文化的激励与开发/第三十章 吹拂欧洲大陆的中国风/第六编 古老帝国落日余晖中的文化光芒/第三十一章 古老帝国的衰落与西方人中国观的变化/第三十二章 传教士再度东来与中华文化的西传/第三十三章 清代中华文化在俄国的传播/第三十四章 李氏朝鲜对中国明清文化的吸收/第三十五章 江户时代日本对中国清代文化的吸收/第三十六章 海外华人:传播中华文化的生命之桥/第七编 20 世纪:世界对中华文化的再发现/第三十七章 不断被发现的中华文化/第三十八章 东方思想:新的解释与新的接受/第三十九章 东亚奇迹与儒家文化精神

书　　名　**中华文化集粹丛书:工巧篇**

责 任 者　王振铎著

出 版 项　北京:中国青年出版社,1991.10

页　　码　243

书　　号　7-5006-0981-7

分 类 号　K203:T-092

相关目录　独木舟和木船的起源/水密舱壁/中国的沙船/郑和宝船的尺寸/双层板底船/指南针用于航海

内容提要　本书展示了中国古代制造的玉器、铜器、陶瓷、丝织等文物的制作和发展。

书　　名　**中华文化在海外的传播(爱国主义教育丛书)**

责 任 者　武斌著

出 版 项　沈阳:辽宁教育出版社,1993.02

页　　码　331

书　　号　7-5382-1718-5

分 类 号　K203

相关目录　第一章 中华民族的文化创造/一、世界文化格局中的中华文化/二、智慧的民族,伟大的传统/三、中外文化的交流与传播/第二章 辐射与传播:中华文化圈/一、中华文化圈的形成及特征/二、源远流长的中朝文化关系/三、越南对中华文化的接受与回应/第三章 日本文化中的中华文化/一、中国:日本人心中的希腊罗马/二、中日两国的文字因缘/三、儒学东渡/四、佛教文化在日本/五、中华文化对日本学术与艺术的影响/六、沉淀在日本人生活与民俗中的中华文化因素/第四章 中华文化在南洋的扩散/一、郑和大远征与海上丝路的开拓/二、中缅人民的"胞波"之情/三、中华文化在泰国的流播/四、中华文化对菲律宾的影响/五、散落在千岛之国的华夏文明/六、中印两大文明的交汇与碰撞/第五章 中亚与西亚:中华文化西传之桥/一、"丝绸之路"通天/二、中国与伊朗和阿拉伯交通的历史轨迹/三、远播西域的中华物产与科技文化/四、从突厥到奥斯曼/第六章 中华文化与近代欧洲/一、遥远帝国的模糊印象/二、近代欧洲人的"中国热"/三、儒家伦理精神与欧洲启蒙运动/四、洛可可风格与中华艺术/第七章 走向非洲的历史萍踪/一、两大文明的最初接触/二、相互的发现:古代中国与非洲的交通/三、中华文化在非洲大陆传播的踪迹/第八章 向大洋彼岸传达文化信息/一、慧深和尚的传说及其它/二、马尼拉大帆船——中国之船/三、远越大洋的中华文化传播/第九章 四大发明在海外的播扬/一、四大发明:中国人的特殊贡献/二、造纸术的发明与外传/三、印刷术的发明与外传/四、火药和火器的发明与世界意义/五、指南针的发明与航海罗盘的应用

内容提要　本书分中华民族的文化创造、日本文化中的中华文化、中华文化在南洋的扩散、四大发明

在海外的播扬等11章。

书　　名　中华文史论丛:总第73辑
责 任 者　李国章,赵昌平主编
出 版 项　上海:上海古籍出版社,2003.1
页　　码　319
书　　号　7-5325-3498-7
分 类 号　K207
相关目录　宋初市舶司"不以为利"辨——兼论宋朝海外贸易收入的变化趋势/宋代发运使制度考述
内容提要　本书是关于文史论的文集,文章有:汉唐中外文化交流的宏观审视与断想,唐代量移制度与贬谪士人心态考论,宋代制科制度考论等。

书　　名　中华御倭英杰
责 任 者　王建丰等主编
出 版 项　北京:军事科学出版社,1995
页　　码　264
书　　号　7-80021-867-8
分 类 号　K820.5
相关目录　第一章 御倭之英杰/汤和勇挂抗倭帅印/刘荣获捷望海埚/俞大猷获捷王江泾/戚继光大战横屿岛/谭纶获捷平海卫/李如松鏖战平壤/第二章 抗荷复台之英杰/沈有容率舰驱"红毛"/郑芝龙百舰复厦门/郭怀一起义抗荷军/何斌献图/郑成功驱荷外交艺术高/第三章 拒俄之英杰/康熙帝东巡/萨布素、郎坦痛击沙俄侵略军/曾纪泽舌战俄国外交官/左宗棠暮年挂帅伸国威/刘锦棠出奇制胜/凤翔血战瑷珲城/刘、王、杨三忠义御俄/杨儒虎口夺食/渥巴锡率部回归祖国/林则徐虎门销烟/第四章 鸦片战争之英杰/赖恩爵九龙退敌/关于培舍身抗英/姚怀祥定海殉国/祥福献身乌涌/裕谦镇海捐躯葛、郑、王三总兵血溅定海/朱贵父子血洒大宝山/海龄自缢镇江/达洪阿、姚莹获捷台湾/陈化成喋血吴淞口/蔡元隆、谭绍光痛打洋枪队/陈坤书死难常州/第五章 抗法英杰/刘铭传指押基隆保卫战/薛福成、欧阳利见镇海败敌/冯子材获捷镇南关/第六章 甲午英杰/王国成、李仕茂巧用尾炮击敌/邓世昌殉难黄海/左宝贵血洒牡丹台/徐邦道临危受命战旅顺/丁汝昌殉国刘公岛/第九章 抗日英杰/萨师俊舰长与中山舰共存亡

书　　名　中葡关系史:1513-1999
责 任 者　黄庆华著
出 版 项　合肥:黄山书社,2006
页　　码　3册(497,499-931,933-1430)
书　　号　7-80707-306-3
分 类 号　D829.552
内容提要　本书全面叙述了500年中葡关系的历史,主要是中葡之间的政治外交历史。包括明代对外政策概述、葡萄牙海外扩张缘起、天朝体制与中葡关系等章节。本书写作直接利用中葡双方历史资料进行写作,把通过澳门史的中葡关系放大了。

书　　名　中葡关系史地考证(濠海丛刊)
责 任 者　金国平著;吴志良主编

出版项 澳门:澳门基金会,2000.02
页　码 348
书　号 972-658-081-1
分类号 D829.552
相关目录 Macao、Macau 诸名考异/一五五五年亚马港来信/莱奥内尔·德·索札与汪柏/TCHANG-SI-LAO 其人文海钩稽——"海盗说"溯源/从 Chapa de Prata 到 Chapa de Ouro/澳门地租始纳年代及其意义/《东方简志》新释/《广州葡囚信》/《葡萄牙国王遣中华及鞑靼皇帝特使马讷萨尔达聂使京廷简记(1667-1670)广州启程录》/《葡萄牙国王唐·若昂五世遣中华及鞑靼雍正皇帝特使出使简记》/《巴哲格大使敬呈唐·若泽一世国王报告1752年出使京廷记》/陆希言《澳门记》/南北二湾考略/司吖口词源新探/伯多禄何局之长?/Lampacau 史地范围考/Sao Joao、St. John 词源考/读史杂考/龙思泰《早期澳门史》文献源流考/佐堂入出澳考/O Pinhal 与 El Pinal 考/Capitao-mor 释义与加必丹末释疑

书　名 中葡通商研究
责任者 张天泽著;王顺彬,王志邦译
出版项 北京:华文出版社,2000
页　码 126
书　号 7-5075-0966-4
分类号 D829.552
相关目录 第一章 公元1513年以前中国海上贸易的历史概况/第二章 早期中葡通商关系/一、中国和马六甲的陷落/二、葡萄牙人对中国最初的两次访问/三、费尔南·佩雷斯和葡国使团/第三章 驱逐洋人和海禁/一、西芒·德·安德拉德到达中国/二、托姆·比勒斯使命的失败/三、在广东的冲突和葡人被逐/四、中葡八年通商的出口与进口/五、中葡冲突的原因/第四章 通商?不通商?/一、走私/二、为重开广东海禁而努力/三、平托关于公元1542年在宁波之葡的遭屠的故事不可置信/四、朱纨总督的失败和支持通商者的胜利/第五章 澳门的崛起/一、澳门和浪白滘/二、关于葡人定居澳门的争论/三、新的中葡通商中心/四、澳门商业的鼎盛期/第六章 其它欧洲人到达远东和葡萄牙人的地位/一、西班牙人/二、荷兰人的挑战/三、中国人的猜疑日益增加/四、日本人对葡人的嫌厌和不信任/五、中国人的新政策/六、荷兰人占有澳门、垄断中国对外通商的企图的失败/第七章 澳门的忧患、衰落时期和中葡通商的停滞/一、失去在广东的通商特权/二、荷兰人和英国人的残酷侵略/三、失去与日本的通商/四、马六甲的陷落和与马尼拉通商关系的中止

书　名 中葡外交史
责任者 周景濂编著
出版项 北京:商务印书馆,1991.06
页　码 184
书　号 7-100-00886-7
分类号 D829.552
相关目录 第一章 葡人之东来/一、葡人之发见新航路/二、葡人之占领麻剌甲及麻剌甲与我国之关系/三、葡人居麻剌甲与我国商人之周旋/四、葡人来中国之始/第二章 葡使比留斯之来中国/一、安剌德及比留斯之来中国/二、葡使比留斯之滞留广东/三、葡使比留期之入京与其使命之失败/第三章 葡人西蒙安剌德在广东之暴行及其被逐/第四章 葡人被逐于广东后之其它影响/第五章 葡人赴浙江通商之始末/一、葡人通商宁波之起源/二、宁波港之位置及其繁荣/三、葡人之被逐/第六章 葡人赴福建通商之始末/一、葡

人通商漳州之起源/二、漳州居住区之位置及其废绝/第七章 葡人之再至屯门通商及其出入浪白港/第八章 葡人居住澳门之由来/一、澳门之名称/二、葡人居住澳门之由来/三、葡人居住澳门之年代/第九章 葡人澳门居住区在政治上及法律上之地位/一、地租说及其起源/二、澳门之地租额/三、澳门地租缴纳之停止/四、关于澳门之自治权司法权及税权/第十章 澳门之关闸及与中国之划境问题/第十一章 青州天主教堂焚毁事件与郭居静觊觎帝位事件/第十二章 明万历时代澳门日本人之被逐/第十三章 明代澳门之贸易及其繁荣/第十四章 明季对于澳门之戒备与澳门之衰颓/第十五章 清代葡萄牙与中国之关系/一、自清初至十九世纪中叶澳门在政治上之地位/二、清代葡萄牙与中国之贸易/三、葡人在澳门之治外法权/四、葡萄牙与清之外交关系/五、乾隆十四年之澳夷善后事宜/六、一八八七年之中葡条约

内容提要 本书运用大量的文献资料记述了16世纪初至19世纪后期有关中葡外交和经济贸易关系的历史,特别是葡萄牙殖民者由强行租占、不断扩大范围到最后强占澳门的经过。

书　　名 **中葡外交史(新时代史地丛书)**
责 任 者 周景濂编著
出 版 项 北京:商务印书馆,1936
页　　码 184
分 类 号 D829.552
相关目录 第一章 葡人之东来/一、葡人之发见新航路/二、葡人之占领麻剌甲及麻剌甲与我国之关系/三、葡人居麻剌甲与我国商人之周旋/四、葡人来中国之始/第二章 葡使比留斯之来中国/一、安剌德及比留斯之来中国/二、葡使比留斯之滞留广东/三、葡使比留期之入京与其使命之失败/第三章 葡人西蒙安剌德在广东之暴行及其被逐/第四章 葡人被逐于广东后之其它影响/第五章 葡人赴浙江通商之始末/一、葡人通商宁波之起源/二、宁波港之位置及其繁荣/三、葡人之被逐/第六章 葡人赴福建通商之始末/一、葡人通商漳州之起源/二、漳州居住区之位置及其废绝/第七章 葡人之再至屯门通商及其出入浪白港/第八章 葡人居住澳门之由来/一、澳门之名称/二、葡人居住澳门之由来/三、葡人居住澳门之年代/第九章 葡人澳门居住区在政治上及法律上之地位/一、地租说及其起源/二、澳门之地租额/三、澳门地租缴纳之停止/四、关于澳门之自治权司法权及税权/第十章 澳门之关闸及与中国之划境问题/第十一章 青州天主教堂焚毁事件与郭居静觊觎帝位事件/第十二章 明万历时代澳门日本人之被逐/第十三章 明代澳门之贸易及其繁荣/第十四章 明季对于澳门之戒备与澳门之衰颓/第十五章 清代葡萄牙与中国之关系/一、自清初至十九世纪中叶澳门在政治上之地位/二、清代葡萄牙与中国之贸易/三、葡人在澳门之治外法权/四、葡萄牙与清之外交关系/五、乾隆十四年之澳夷善后事宜/六、一八八七年之中葡条约
内容提要 记述自16世纪葡人来华至1887年中葡条约期间的中葡关系。共15章。包括葡使比留斯之来中国、葡人西蒙安剌德在广东之暴行及其被逐、葡人居住澳门之由来、清代葡萄牙于中国之关系等。

书　　名 **中葡早期关系史(明清史研究丛书)**
责 任 者 万明著
出 版 项 北京:社会科学文献出版社,2001
页　　码 338
书　　号 7-80149-539-X
分 类 号 D829.552
相关目录 第一章 明朝朝贡体制与葡萄牙人的扩张东来/第一节 明朝朝贡体制与华夷观念/第二节 葡萄牙人的航海探险及其中国观/第二章 中葡两国的第一次正式交往/第一节 葡萄牙使团的来华/第二节 交往失败及其影响/第三章 冲突在华南/第一节 葡萄牙人在华南的活动/第二节 明朝平定倭寇及引发

的争议/第四章 葡萄牙人入居澳门/第一节 葡萄牙人入居澳门的缘起/第二节 明朝对澳门的政策/第五章 明朝澳门的治理形态/第一节 明朝对澳门的治理/第二节 澳门治理形态的双向源流及特色/第六章 澳门——中外交往的窗口/第一节 国际贸易的中转港/第二节 中西文化的交汇中心/第七章 西方觊觎与明末危机/第一节 西方国家对澳门的争夺/第二节 明末危机与澳门/第八章 清朝对澳门的治理/第一节 澳门管理体制的形成及其强化/第二节 澳门管理体制面临严重挑战/第九章 外交往来与交锋/第一节 清初中葡之间的外交接触/第二节 雍干时期中葡之间的外交往来/第十章 中葡关系的嬗变/第一节 鸦片战争后中葡关系的扭转/第二节 葡萄牙逐步占据澳门

内容提要 本书从中外关系史的角度,围绕澳门,利用中外文献,全面系统地考察了中葡早期关系,揭示了其曲折隐晦的历史过程。

书　　名 中葡早期通商史(中华学术系列)
责 任 者 张天泽著
出 版 项 香港:中华书局香港分局,1988
页　　码 228
分 类 号 F752.948
相关目录 第一章 一五一三年前中国海外贸易的历史概述/初期/公元四世纪至六世纪/公元五八九年至八七三年/公元八七四年至九六〇年/公元九六〇年至一二七九年/公元一二八〇年至一三六七年/公元一三六八年至一五一三年/第二章 中葡早期通商关系/马六甲的衰亡与中国/一五一四年与一五一五—一五一一年/萄牙人对中国两次最早的访问/费尔南·佩雷斯与葡萄牙使团/第三章 外国人被驱逐出中国与禁止对外贸易/西芒·德·安德拉德对中国的访问/托梅·皮雷斯使团的失败/广州冲突与葡萄牙人被遂/中葡贸易八年间中国的进出口商品/中葡冲突的原因/第四章 贸易还是不准贸易/暗中的贸易/关于重新开放广州港的斗争/难以置信的平托对一五四二年葡萄牙人在宁波被屠杀的记述/巡抚朱纨的失败与主张对外贸易者的获胜/第五章 澳门的兴起/澳门与浪白滘/关于澳门葡萄牙人居住地起源的争论/中葡贸易的新中心/澳门商业的鼎盛时期/第六章 其它欧洲人的来到远东与葡萄牙人的处境/西班牙人/荷兰人的挑战/中国人日益产生的疑虑/日本人的反感与怀疑/中国人的新政策/荷兰人企图占领澳门并垄断中国对外贸易的失败/第七章 风雨飘摇中的澳门以及中葡贸易的衰落和萧条/行政腐败与内部不和/对广州通商特权的丧失/气势汹汹的荷兰人与英国人的侵略/对日贸易的丧失/马六甲的沦陷以及澳门与马尼拉通商关系的断绝

书　　名 中日佛教交通史(东初老人全集:2)
责 任 者 释东初编著
出 版 项 台北:东初出版社,1989
页　　码 820
分 类 号 B949.2-52
相关目录 第一章 导论/第一节 先史以前中倭之交通/第二节 吴越先民最早之东渡/第三节 中国文化之东渐/第四节 近世伟人之远见/第二章 先秦以前中倭之交通/第一节 从民族学上看中倭之交通/第二节 从考古学上看中倭之交通/第三节 从古代朝鲜看中倭之交通/第四节 从古代海流看中倭之交通/第三章 周秦时代中倭之交通/第一节 周代中倭之交通/第二节 秦代中倭之交通/第三节 徐福东渡之航路/第四节 神武天皇并非日本人/第五节 徐福是否为神武天皇/第一节 日本史书与我国正史之比较/第四章 汉魏时代中倭之交通/第二节 两汉时代中倭之交通/第三节 曹魏时代中倭之交通/第四节 日本国号来源与倭音读法/第五节 秦汉先民对日文化之贡献/第五章 南北朝时与倭之交通/第一节 南朝与大和朝廷之交

通/第二节 中国文化对日本之影响/第八章 唐代中日佛教之交通/第一节 遣唐使之动机及其目的/第二节 遣唐使之组织及其航路/第三节 遣唐留学生对日文化之贡献/第四节 遣唐留学僧对日佛教之贡献/第五节 遣唐学问僧之往来及其生活/第九章 唐人归化和印度人、西域人之东渡/第一节 唐人、印度人之东渡/第二节 唐僧东渡与汉音传习/第十章 鉴真东渡弘传戒法/第一节 五次东渡失败之经历/第二节 鉴真随使者东渡日本/第三节 鉴真渡日后弘法事迹

书　　名 中日关系简史

责 任 者 杨正光著

出 版 项 武汉:湖北人民出版社,1984

页　　码 276

书　　号 11166·179

分 类 号 D829.313

相关目录 一、中日最早交往的路线/二、徐福有没有到过日本?/三、出土的金印/四、女王国(邪马台国)/五、日本的统一/六、倭的五王/七、"日出处天子"/八、遣唐使/九、中国和日本之间的第一次战争/十、遣唐使的废止/十一、唐代东渡的中国人/十二、频繁交往、互相影响/十三、五代时期的商人外交/十四、贸易和邦交/十五、入宋僧/十六、日本商船与文化交流/十七、元师征日/十八、明初通使日本与朝贡贸易/十九、早期倭寇和中国籍的倭寇/二十、援朝抗倭/二十一、乞师和流亡/二十二、信牌贸易/二十三、从友好到甲午战争/二十四、留学日本热/二十五、中国革命者在日本的活动/二十六、侵略和抵抗

书　　名 中日关系史

责 任 者 孙乃民主编

出 版 项 北京:社会科学文献出版社,2006.09

页　　码 704

书　　号 7-80230-211-0

分 类 号 D829.313

相关目录 第一章 中日两国友好关系的建立及其发展/第一节 中日两国人民友好关系建立的开端/一、中国历史文献中所载中日间的古代交往/二、汉族劳动者移居日本及其传说/第二节 秦始皇时代中日两国间的交通状况/一、中国的海上航路/二、日本的海上交通/三、从航路探讨徐福所得平原广泽的地点/第三节 汉帝国和日本群岛上早期倭人国家间的/友好关系/一、汉代的两条国际通道/二、东汉与倭奴国建交/三、东汉与伊都国建交/第四节 魏与邪马台国建立册封交聘关系/一、带方郡与邪马台国/二、邪马台国使节 赴魏都的时间/三、魏和邪马台女王国间册封关系的建立/四、《三国志·倭人传》中邪马台国的地理位置/第五节 两晋南北朝时期中日两国间的交聘关系/一、西晋内乱与汉族人民迁徙日本群岛/二、大和国家统一日本群岛和朝鲜半岛的局势/三、两晋及南北朝与倭国的册封交聘关系/第六节 汉族"归化人"对传播中国文化的贡献/一、进入日本群岛的汉族"归化人",是中国文化/和生产技术的直接传播者/二、倭王朝廷向中国派出使节 请求技术援助/三、佛教的传入日本和汉族"归化人"的关系/四、汉字传入日本与日本文字的产生/五、中国经典传入日本/第二章 隋唐时期中日关系的发展/第三章 宋元时期的中日关系/第四章 明代与清代初、中期的中日关系/第五章 近代开端后中日关系的演变

书　　名 中日关系史

责 任 者 郑梁生著

出 版 项 台北:五南图书出版有限公司,2001

页　　码　675
分 类 号　D829. 313

书　　名　**中日关系史**
责 任 者　李则芬著
出 版 项　台北:台湾中华书局,1982. 10
页　　码　640
分 类 号　D829. 313

书　　名　**中日关系史:卷1**
责 任 者　张声振著
出 版 项　长春:吉林文史出版社,1986
页　　码　554
分 类 号　D829. 313

书　　名　**中日关系史论(中国高校百部优秀社科专著文库)**
责 任 者　王铁钧著
出 版 项　北京:中国文史出版社,2005
页　　码　398
书　　号　7－5034－1612－2
分 类 号　D829. 3
相关目录　第一章 先秦时期/一、中日关系史探源/第二章 汉、魏时期/一、政治博弈中的利益选择/二、“生口”考/三、“朝贡贸易”辨/第三章 两晋、南北朝时期/一、册封与东北亚政治格局中的日本/第四章 隋朝/一、圣德太子的大陆情结/第五章 唐朝/一、遣唐使的文化角色探实/二、析史笔日本考语之流变/三、问遣唐使所为何来/四、王仁与汉籍东传考/五、人间异数与异国风流/六、后遣唐使时代述论/七、李唐王朝中日关系述评/第六章 宋朝/一、日本僧人与跨文化传通/二、宋代日本对华贸易述略/第七章 元朝/一、元师何以寇日/二、对抗中的妥协/第八章 明朝/一、勘合贸易与倭患东南

书　　名　**中日关系史论丛**
责 任 者　东北地区中日关系史研究会编
出 版 项　沈阳:辽宁人民出版社,1982－1984
页　　码　320
分 类 号　D829. 313－53
相关目录　试论唐代中日关系/鉴真在日本受到过“奈良旧教团”的排挤打击吗?/弘法大师与中国书法/试论以勘合贸易为中心的明日关系/棹铜与清代前期的中日贸易/中国清代文化对日本的影响/魏源的《海国图志》及其对日本的影响/关于北洋舰队的几个问题/试谈甲午战争中北洋海军的使用问题/论三国干涉“还辽”/辛女革命与中国留日学生/孙中山与日本/章 太炎与中日文化交流/宫崎寅藏——中国人民的真诚朋友/幸德秋水与中国革命/中日廷吉边务交涉与吴禄贞

书　　名　**中日关系史论文集**
责 任 者　辽宁大学科研处编

出 版 项 沈阳:辽宁大学出版社,1984.08
页　　码 234
分 类 号 D829.3
相关目录 日本石器时代中日技术文化的联系(张玉祥)/甲午中日战争与中华民族觉醒(关捷)/甲午中日黄海海战杂议(李荣华)/甲午牛庄之败原因考辨(孙克复)/论留学生与北洋舰队(关捷,陈勇)/关于三国“干涉还辽”的几个问题(张凤仙)/甲午战争时期丘逢甲在台湾的抗日斗争(关捷)/浅议甲午战争中的光绪皇帝(孙克复,李莎)/略论甲午战争中的张之洞(关捷,徐迎前)/中日甲午战争与日本资本主义的发展(朱守仁)/黄遵宪诗歌对甲午战争的反映(林熙源)/论中国留日学生反对取缔规则的斗争(董守义)/从八幡制铁所看日本对华经济掠夺(王秀华)

书　　名 **中日关系史论文集**
责 任 者 东北地区中日关系史研究会编
出 版 项 哈尔滨:黑龙江人民出版社,1984
页　　码 361
分 类 号 D829.313 - 53
相关目录 试论古代中日之间的三次战争(王金林,赵健民)/中国古代天文历算科学在日本的传播与影响(田久川)/从渤海与日本交聘看唐代东北地区与日本的经济交流(任鸿章)/也谈以勘合为中心的明日关系(冯兴盛)/试论郑氏与日本的贸易关系(徐恭生)/小仓城与黄檗文化(于植元)/孙中山与日本明治维新(王弋)/近代甲午以前的对日研究与文化交往(吕万和)/甲午战争前后日本与大陆市场的关系(米庆余)/甲午中日战争与光绪帝(孙孝恩)/论留日学生在辛亥革命中的作用(苏贵民)/护法战争时期孙中山与日本(李吉奎)/孙中山的“大亚洲主义”与日本的“大亚洲主义”(赵矢元)/浅论第一次世界大战期间的中日贸易(孙克复,姚玉民)/从《东洋经济新报》看日本资产阶级自由派的对华政策观(熊达云)/石桥湛山与中国 易显石田中义——及其对华侵略的“积极政策”(赵连泰)/论日本“币原外交”破坏1927年中国大革命(沈予)/1905 - 1931 年日本帝国主义通过大连港对中国东北的经济掠夺(关捷,魏然)

书　　名 **中日关系史论文集**
责 任 者 辽宁省中日关系史研究会编
出 版 项 辽宁省中日关系研究会,1984.09
页　　码 350
分 类 号 D829.3
相关目录 从日本唐式建筑风格看中日文化交流(孙德昌)/旅顺大坞的兴建与北洋水师根据地的形成(曲传林,翟云瑞)/论中日甲午战争中的毅军(刘谦)/甲午中日战争时期东三省练军琐谈(刘树泉)/简述甲午中日战争时辽东战场清军后勤的几个问题(潘国华,刘玉歧)/清政府在中日甲午战争中实行奖惩办法初探(关捷,金长奇)/甲午中日战争期间东北人民的抗日斗争(刘玉岐,潘国华)/甲午战争期间辽宁人民自发抗日斗争述略(孙克复)/翁同和与中日甲午战争(李俊山)/刘坤一与甲午中日战争 关捷李秉衡与甲午战争(张作宪)/中日甲午战争中的聂士成(董守义)/甲午中日战争中的左宝贵(杨玉奎)/从中日甲午之役看李鸿章 的误国外交(任鸿章)/李经方在甲午中日战争中的两桩罪案述略(关捷,高美雁)/在日中(甲午)战争中日本是以“人”取胜的((日)安井久善,赵成材)/摘译关于对旅顺几处日俄战争遗址的考察(周祥令)

书　　名 **中日关系史文献论考**
责 任 者 汪向荣著

出 版 项　泰安:岳麓书社,1985
页　　码　288
分 类 号　D829.313
相关目录　中国正史中的日本传/《六国史》中有关中日关系的记事/《唐大和上东征传》考/《大唐传戒师僧名记大和上鉴真传》/关于《筹海图编》/中国第一部研究日本的专著/关于《日本考》/从《经略复国要编》看壬辰抗倭战事

书　　名　**中日关系史研究:第1辑**
责 任 者　《中日关系史研究》编辑组编
出 版 项　1981.08
页　　码　138
分 类 号　D829.313
相关目录　隋唐以前中日交往的海上交通/甘滋芳润洒激情——从渤海和日本诗人之唱和谈中日的友好往来/明初辽东的抗倭战争——望海埚大捷/甲午战争前中日海军试析/近代中国志士的"联日防俄"议/中日甲午黄海海战失败原因初探/简论中日黄海海战的胜负问题/甲午战争中的海城之役/中国日甲午战争中的爱国将领丁汝昌

书　　名　**中日关系史研究论集:1**
出 版 项　台北:文史哲出版社,1990.07
页　　码　174
分 类 号　D829.313
相关目录　一、方志之倭寇史料/二、善本书的明代日本贡使资料/三、嘉靖间明廷对日本贡使策彦周良的处置始末/四、明万历间朝鲜哨报倭情始末/五、明代中琉两国封贡关系的探讨/六、唐大和尚东征传——中国佛教东传的一幕

书　　名　**中日关系史研究论集:2**
责 任 者　郑梁生著
出 版 项　台北:文史哲出版社,1992.01
页　　码　180
分 类 号　D829.313－53
相关目录　一、汉藉之东传对日本古代政治的影响/二、宋元时代东传对日本的大藏经/三、宋元时代东传日本的医学与医书/四、元明时代东传日本的经史子集/五、佚存日本的《全浙兵制考》/六、日本汉学者——神田喜一郎的著述生活

书　　名　**中日关系史研究论集:3**
责 任 者　郑梁生著
出 版 项　台北:文史哲出版社,1993.02
页　　码　210
书　　号　9575470990
分 类 号　D829.313
相关目录　一、宋代理学之东传及其发展/二、日本五山禅僧对宋元理学的理解及其发展/三、日本五

山禅僧的中国史书研究/四、日本汉学家狩野直喜及其《中国文学史》/五、赖世和博士(E. O. Reischauer)与《圆仁入唐求法记》/六、元明时代中日关系史研究之过去与未来

书　　名　**中日关系史研究论集:7(文史哲学集成)**
责 任 者　郑梁生著
出 版 项　台北:文史哲出版社,1997
页　　码　222
书　　号　957-549-059-2
分 类 号　D829.313-53
相关目录　明永乐年间的中日贡舶贸易/二、严嵩与靖倭之役/三、明嘉靖间靖倭督抚之更迭与赵文华之督查军情——一五四七——一五五六/四、明东南沿海地区倭乱对明朝财赋的影响——一五四九——一五六〇/五、明嘉靖间之寇乱与东南沿海地区的社会残破

书　　名　**中日关系史研究论集:8(文史哲学集成)**
责 任 者　郑梁生著
出 版 项　台北:文史哲出版社,1998
页　　码　240
书　　号　957-549-126-2
分 类 号　D829.313-53
相关目录　一、《洪芳洲公文集》之倭寇史料/二、丰臣秀吉的对外侵略/三、明代中韩两国靖倭政策的比较研究/四、明廷对琉球贡使的处置/五、琉球在清代册封体制中的定位试探/六、明清两朝对琉球官生的处置——以《琉球入学闻见录》所见为中心/七、清廷对琉球遭风难民的处置——以嘉庆朝为例

书　　名　**中日关系史研究论集:10(文史哲学集成)**
责 任 者　郑梁生著
出 版 项　台北:文史哲出版社,2000
页　　码　234
书　　号　957-549-316-8
分 类 号　D829.313-53
相关目录　再论明代勘合/壬辰倭乱期间的和谈始末/明万历四十五年东涌平倭始末/明代倭乱对江南地区人口所造成的影响——嘉靖三十二年-三十五年/明代倭寇研究之回顾与前瞻——兼言倭寇史料/清廷对琉球遇劫货船的处置始末

书　　名　**中日关系史研究论集:11(文史哲学集成)**
责 任 者　郑梁生著
出 版 项　台北:文史哲出版社,2001
页　　码　242
书　　号　957-549-395-8
分 类 号　D829.313-53
相关目录　靖倭将军俞大猷/郑舜功《日本一针鉴》之倭寇史料/佚存日本的《甓馀杂集》/佚存日本的

《经国雄略》/唐代学制对日本古代教育的影响/明治《教育勅语》与日本近代化

书　　名 中日甲午海战与李鸿章
责 任 者 郑天杰,赵梅卿同著
出 版 项 台北:华欣文化事业中心,1979.11
页　　码 360
分 类 号 K256.3
相关目录 上篇/海战实况之考证/第一章 绪论/第二章 牙山海战/第三章 大东沟海战/第四章 威海卫攻防战/第五章 参战西人报道之大东沟海战实况/中篇 有关论著之述评/第六章 东方兵事纪略/第七章 中日兵事本末与威海熸师记/第八章 清代通史/第九章 涧于日记/第十章 甲午中日海战见闻记/第十一章 甲午中国海军战绩考/下篇 李鸿章 责任之研究/第十二章 李文忠其人/第十三章 时代背景/第十四章 购舰制械/第十五章 选将/第十六章 用兵/第十八章 结论

书　　名 中日甲午威海之战
责 任 者 戚其章著
出 版 项 济南:山东人民出版社,1978
页　　码 86
分 类 号 K256.3
相关目录 第一章 甲午战争的爆发与扩大/一、甲午战争前我国的国际环境/二、甲午战争前的中国社会和腐朽的清朝统治集团/三、甲午战争的爆发/四、日军进攻辽东和旅大的陷落/第二章 日军进犯山东半岛和荣成的陷落/一、日本海军对威海的扰袭及其在山东半岛的特务活动/二、日本军队登陆龙须岛和荣成陷落/第三章 威海南岸守军英勇抗击侵略军/一、白马河遭遇战/二、南帮陆路炮台的争夺战/三、南帮海岸三台的战斗/四、杨家滩突围/第四章 日本侵略军继续进犯和北帮炮台的陷落/一、激战孙家滩/二、绥军不战而溃和北帮炮台陷落/第五章 刘公岛保卫战/一、保卫刘公岛/二、激烈的海战/三、帝国主义的狠毒阴谋和破坏活动/第六章 甲午战争期间威海人民的抗日斗争/一、日本军队的暴行/二、威海人民的抗日斗争简短的结语/附录 采访人名录

书　　名 中日甲午战争(中国近代史丛书)
责 任 者 郑昌淦著
出 版 项 北京:中国青年出版社,1957
页　　码 135
分 类 号 K256.3
相关目录 一、甲午战前的形势/二、日本发动侵略战争的阴谋与清朝政府的求和活动/三、战争的爆发与清朝政府的战略措施/四、战争的著著失败/五、马关条约的签订/六、台湾人民反侵略反卖国的斗争/七、战争的影响和教训

书　　名 中日甲午战争全史:第2卷,战争篇,上
责 任 者 郭铁桩,杨惠萍,江远主编
出 版 项 长春:吉林人民出版社,2005
页　　码 1073
书　　号 7-206-04774-2

相关目录 第一章 战前中日双方军力对比及战备情况/一、军事力量对比/二、战备情况/第二章 甲午战争的序幕/一、日本不宣而战/二、中日正式宣战/三、战争初期的列强态度/第三章 平壤之战/一、清军在平壤的军事部署/二、日军向平壤进军/三、平壤保卫战/第四章 黄海海战和列强联合干涉/一、黄海海战前的中日海军/二、决战航海/三、黄海海战评析/四、列强联合干涉/第五章 辽东战役/一、辽东南之役(九连城岫岩之战)/二、辽东人民的抗日战争/第六章 辽南战役/一、金大之战/二、旅顺之战与清军反攻金州/三、旅顺大屠杀/四、大连人民的抗日斗争/五、清政府首次遣使赴日

内容提要 第二三卷战争篇(上、下)翔实地叙述了甲午战争的序幕,日本建立战时最高指挥机构——大本营,中日两国的宣战。

书　　名 **中日甲午战争史论丛**
责 任 者 戚其章著
出 版 项 济南:山东教育出版社,1983
页　　码 480
分 类 号 K256.3
相关目录 洋务运动与中国近代海军/中日甲午战争/甲午丰岛海战史实考/甲午丰岛海战中的爱国英雄高善继/甲午黄海海战始末/应该为刘步蟾恢复名誉/刘步蟾黄海战绩考/英人泰莱《甲午中日海战见闻记》质疑——兼与董蔡时同志商榷/甲午黄海之战北洋舰队阵形考/北洋舰队布阵举要/略论邓世昌的爱国主义/方伯谦被杀是一桩冤案吗?——与季平子同志商榷/《冤海述闻》研究/甲午山东半岛防御战/甲午威海海战始末/试谈甲午战争期间威海守将不和的原委/谈丁汝昌的《致戴孝侯书》/有关戴宗骞史料三种/跋《祭乙未殉难诸公文》/从甲午战争看洋务运动的性质及其失败/甲午战争失败与清朝财政/甲午战争与中国的觉醒/甲午战争人物评价问题/甲午战争海军人物传/《清史稿·丁汝昌传》订补/甲午威海之战陆军将领传略/从甲午战争史研究谈史学方法的几个问题

书　　名 **中日交流的考古研究**
责 任 者 蔡凤书著
出 版 项 济南:齐鲁书社,1999
页　　码 284
书　　号 7-5333-0788-7
分 类 号 K220.3:K313.03
相关目录 第一章 中国大陆和日本列岛交流的开端/第二章 公元前4000年到2500年间的中日交往/第三章 中日文化交流的滥觞期——公元前2500年到500年/第四章 中日文化交流的黎明期——从稻米传入日本说起/第五章 支石墓之谜与中日交流的路线/第六章 第一个高潮——战国秦汉时代中国对日本的影响/第七章 第二个高潮——卑弥呼女王与魏晋的交往/第八章 隋唐文化东渐的序幕——4至6世纪的中日之交/第九章 古代中日文化交流的顶峰期——隋唐时代/第十章 藕断丝连——五代以及宋、元时期中日的民间交往

书　　名 **中日交流史中的华侨**
责 任 者 沈殿忠等著
出 版 项 沈阳:辽宁人民出版社,1991.02
页　　码 964
书　　号 7-205-01772-6

分 类 号　D634.331.3

相关目录　第一章 导论/第1节 中日交流史中华桥的产生/第2节 中日交流史中华侨的演变/第3节 中日交流史中华侨的结构/第4节 中日交流史中华侨的特征/第5节 中日交流史中华侨的作用/第二章 秦汉时期旅日华侨的先驱者/第6节 徐福东渡的传说依然是千古之谜/第7节 日本列岛的“第一次渡来人”/第8节 日本列岛的“第二次渡来人”/第三章 两晋南北朝时期的旅日华侨/第9节 两晋时期东渡日本的“汉人”/第10节 南北朝时期东渡日本的“新汉人”/第11节 移居日本列岛的“秦人”/第四章 隋唐时期旅居日本的华侨/第12节 隋唐时期旅日华侨的新贡献/第13节 日本遣唐使中的中国移民/第14节 鉴真东渡与入籍的“唐人”/第15节 “唐人”在日本社会发展中的作用/第五章 宋元时期旅居日本的华侨/第16节 北宋时期旅居日本的中国商人/第17节 南宋时期旅居日本的中国僧人/第18节 元朝时期旅居日本的中国侨民/第六章 明清时期旅居日本的华侨/第19节 龙室道渊与遣明勘合贸易/第20节 明代倭患、从倭华人、被掠华人/第21节 明末清初旅居日本的中国私商/第22节 朱舜水与明末清初旅日的中国文人/第23节 隐元隆琦与旅居日本的明清僧侣/第24节 1688－1840年的长崎唐人街/第七章 近代历史时期旅居日本的华侨/第25节 从长崎分散到各通商口岸的旅日华侨/第26节 立足于“三把刀”和对外贸易的旅日华侨/第27节 从事非商业活动的旅日华侨/第28节 日本华侨社会的酝酿与产生/第29节 日本华侨社会中“新学”教育的兴起/第30节 理事府与旅日华侨的侨务管理/第八章 戊戌变法失败后流亡日本的维新志士/第31节 维新派在朝野人士的营救下流亡日本/第32节 流亡日本的保皇派/第33节 流亡日本的立宪派/第34节 流亡日本的革命派/第九章 清朝末期开始渡日的中国留学生/第35节 从留日先声到留日高潮/第36节 遍布各校的留日学生

书　　名　**中日交通史：上卷、下卷**
责 任 者　木官泰彦著；陈捷译
出 版 项　北京：商务印书馆，1931.05
页　　码　2册(363,462)
分 类 号　K2
相关目录　上卷/第一卷 原始时代中国文化之传播/第二章 倭国与汉魏之交通/第三章 日本与中国南朝之交涉/第四章 上古之归日汉人与文化之移植/第五章 遣隋使/第六章 遣唐使/第七章 遣唐使停止后之唐日交通/第八章 遣唐留学生与文化之移植/第九章 归日唐人印度人西域人与文化之移植/第十章 五代时之中日交通/第十一章 日本与北宋之交通/中日交通年表/下卷/第一章 日本与南宋之贸易/第二章 入宋僧归日送僧与文化之移植/第三章 元师征日/第四章 日本与元人之贸易/第五章 归日元僧与文化之移植/第六章 入元僧与文化之移植/第七章 征西府与明朝之交涉/第八章 足利幕府与明之交通贸易(其一)/第九章 足利幕府与明之交通贸易(其二)/第十章 入明僧及来日明人之移植文化/第十一章 明末之中日交通/第十二章 日本与清之贸易/第十三章 往来日本并永留日本之明清人与文化之移植/中日交通年表

书　　名　**中日交通史(万有文库)**
责 任 者　王云五总编纂；(日)木宫泰彦著；陈捷译
出 版 项　北京：商务印书馆，1935
页　　码　7册(825)
分 类 号　D829.313
相关目录　第一章 原史时代中国文化之传播/一、日本海回流与中国文化/二、海北道中与中国文化之传播/三、海北道中与海神国/第二章 倭国与汉魏之交通/一、倭奴国及倭面土国与汉代之交通/二、倭女王国与魏之交通/三、倭女王国所受中国文化之影响/第三章 日本与中国南朝之交涉/一、大和朝廷之势力

西渐/二、与中国南朝之交涉/三、倭王武之表文/四、倭使通聘之目的/五、记纪所战与吴国之交涉/六、日本与国中南朝之交通路/七、中国南朝文化之影响/第四章 上古之归日汉人与文化之移植/一、秦人汉人之入日本/二、秦人汉人与文化之影响/三、新汉人与文化之移植/第五章 遣隋使/一、隋书记载之倭使通隋/二隋书记之往复/三、遣隋使之目的并国书/四、日隋交通路/五、遣隋留学生与文化之移植/第六章 遣唐使/一、遣唐使之四期/二、遣唐使之组织/三、遣唐使舶/四、遣唐使之航路/五、遣唐使往复状况/六、遣唐使之遭难与其原因/七、遣唐使之畏避与优遇/八、日本对唐之态度/九、遣唐使唐使与文化之移植/十 遣唐使与贸易/第七章 遣唐使停止后之唐日交通/一、商舶之来往/二、学问僧之往复/三、航路并航海之发达/四、贸易品与贸易之方法/第八章 遣唐留学生与文化之移植/一、史籍中之遣唐留学生/二、遣唐留学生之便船与人数/三、遣唐留学生之留学期间/四、遣唐留学生之生活/五、遣唐留学生之学术/六、遣唐学问僧与奈良朝之都市佛教/七、遣唐学问僧与国分寺之建立/八、唐白司马坂之大佛像与日本东大寺大佛/九、天台山五台山炎巡礼与日本之山岳佛教/十 遣唐留学生之携来品/第九章 归日唐人印度人西域人与文化之移植/一、归日唐人与文化的影响/二、鉴真并其弟子之来日与新佛教之关系/三、鉴真并其弟子与佛教艺术之关系/四、鉴真并其弟子与学艺之关系/五、归日印度人与西域人/六、婆罗门僧菩提佛彻二人与文化移植之关系/第十章 五代时之中日交通/一、商舶之来往/二、航海与贸易之状况/三、日本与吴越国之交涉/四、文化的交涉/第十一章 日本与北宋之交通/一、商舶之来往/二、航海与贸易/三、国际之交涉/四、史籍中之人宋僧/五、入宋僧之目的与在宋时之状况/六、入宋僧往来所携之物品/七、源信与日宋文化之交涉/第十二章日本与南宋之贸易/一、商舶之来往/二、贸易港与航海/三、贸易之状态与贸易品/第十三章 入宋僧归日宋僧与文化之移植/一、史籍中之入宋僧/二、入宋僧之游历地/三、入宋僧携来物品/四、宋僧之来日/五、来日宋僧与心的影响/六、宋代文化之移植/第十四章 元帅征日/一、第一期之交涉/二、第二期之交涉/三、第三期之交涉/第十五、日本与元人之贸易/一、商舶之来往/二、天龙寺船/三、贸易港与航海/四、贸易品/五、贸易之状况/第十六章 归日元僧与文化之移植/一、元僧之来日/二、一山一宁与文化的影响/三、清拙正澄与文化的影响/四、明极楚俊竺僊梵仙与文化的影响/第十七章 入元僧与文化之移植/一、史籍中之入元僧/二、入元僧之遊历地/三、入元僧携来品/四、入元僧与中国文艺之移植/五、入元僧与中国寺院制度之移植/六、入元僧与中国式茶会之流行/第十八章 征西府与明朝之交涉/一、明使之往来/二、明使祖阐克勤来日/三、日本使之往来与胡惟庸事件/第十九章 足利幕府与明之交通贸易(其一)/一、足利义满对明国交之开始/二、日明之两期勘合贸易/三、第一期勘合贸易船之往来/四、足利义持对明拒绝国交/五、遣明使节 与使船及航路/六、贸易品与贸易之状态/第二十章 足利幕府与明之交通贸易(其二)/一、第二期勘合贸易船之来往/二、勘合之制/三、日本表文并日本国五印/四、宣德条约与其实行/五遣明使职员/六、日本勘合贸易船之内容组织/七、日明交通路与警备/八、贸易品之种目/九、贸易品/一〇、贸易之状况/第二十一章 入明侩及来日明人之移植文化/一、史籍中之入明侩/二、求法侩与使侩/三、入明侩与使侩/四、入明侩之游历地/五、来日明人与文化之移植/第二十二章 明末之中日交通/一、九州岛诸侯与明之通交及贸易/二、萨摩岛津氏与明之通交及贸易/三、德川氏与明之通交及贸易/四、明末之乞师及乞资/第二十三章 日本与清朝之贸易/一、长崎与长崎之地方官吏/二、清舶之来往/三、贸易额并入港船数之限制/四、清舶入港与回国时情形/五、差宿町唐人住地/六、贸易法/七、贸易税/八、贸易品/第二十四章 往来日本并永留日本之明清人与文化移植之关系/一、来游日本并永留日本之明清侩/二、明清侩与文化之移植/三、留居长崎归顺日本之明清人及其子孙/四、来日之明清人与文化之移植

内容提要　全书分上、下两卷。上卷 11 章,从原始时代述至北宋末年。其中以 5 章 的篇幅叙述隋唐时代的中日交通史。下卷 13 章,记南宋至明末清初。包括日本与南宋之贸易、元师征日、日本与元人之贸易、入元僧与文化之移植、足利幕府与明之交通贸易等。

书　　名　中日历代战史

责 任 者　嵇翥青编

出 版 项 上海:文化印刷社,1936
页 码 369
分 类 号 E29:E313.9
相关目录 卷一/第一章 日本开国与中国之关系/第二章 吴大帝至宋理宗之征倭与倭寇/第三章 元朝征日之第一次失败/第四章 元朝征日之第二次失败/卷二/第五章 明太祖对日外交之局促/第六章 永乐时对日本之优容/第七章 宣德正统间入贡与寇边/第八章 正统至正德之入寇与交涉/第九章 嘉靖初叶日本遣使与寇乱/第十章 江南倭乱之猖獗/第十一章 倭乱流入江北/卷三/第十二章 名将权奸混集一时之倭乱/第十三章 王直徐海之铲除/第十四章 江浙闽粤纷起之倭乱/卷四/第十五章 江苏倭寇之激烈与扫平/第十六章 浙省干城之戚继光/第十七章 闽广贼流劫江西/第十八章 诏令戚继光率师援闽/第二十三章 明军之善后与败退/第二十四章 中日两国议和之始末/第二十五章 日本第二次征韩

书 名 **中日文化交流史大系:1,历史卷**
责 任 者 王晓秋,(日)大庭修主编
出 版 项 杭州:浙江人民出版社,1996
页 码 385
书 号 7-213-01170-7
分 类 号 K203:K313.03
相关目录 第一章 秦汉至隋唐时期的中日文化交流/(一)发轫期:上古中国大陆文化的传播,加速了日本列岛由蒙昧走向文明的过程/(二)渐进期:4-6世纪大陆移民及中日交往在传播大陆文明中的作用/(三)转折期:隋代的中日文化交流/(四)高潮期:日本对唐文化的全面吸收,遣唐使和留学生、学问僧的派遣/(五)以唐代律令为蓝本建立的日本律令制/(六)唐文化在日本各文化领域的传播/第二章 宋元明时期的日中文化交流/(一)遣唐使废止后的日中间往来/(二)宋代的日中间贸易/(三)日宋间的僧侣往来和文化交流/(四)元军征日与日元间贸易/(五)明代前期的日中关系/(六)明代后期的日中关系/第三章 清代的日中文化交流/(一)锁国与长崎/(二)明末的日中关系/(三)明清交替时期中国和日本/(四)唐通事和中国语/(五)对儒学的影响/(六)对文学的影响/(七)对工艺美术的影响/(八)其它物品/(九)草药与本草学/(十)动植物的传入/第四章 近代时期的中日文化交流/(一)近代中日文化交流的先驱者(二)晚清中国驻日使团的文化交流活动/(三)19世纪70-80年代中日文人的互访/(四)20世纪初的中国留日学生与日本教习/第五章 现代中日文化交流及其发展/(一)中国现代文化的兴起与中日文化交流/(二)20-40年代:日本对中国文化研究的展开

书 名 **中世纪的中日关系**
责 任 者 汪向荣,汪皓著
出 版 项 北京:中国青年出版社,2001
页 码 366
书 号 7-5006-4506-6
分 类 号 D829.313
相关目录 一、"蒙古袭来"/二、管军总把印/三、天龙寺船/四、五山文化/五、"老僧亦为避秦来"/六、遣明船/七、足利义满的中国情/八、臣日本国王/九、遣明船的利润是多少/十、勘合/十一、宁波争贡事件/十二、争贡事件对明代日本研究的影响/十三、倭寇/十四、抗倭援朝/十五、一场闹剧/十六、明遗民在日本
内容提要 本书主要内容包括:"蒙古袭来";管军总把印;天龙寺船;五山文化;"老僧亦为避秦来";足利义满的中国情等。

书　　名　中外关系史
责 任 者　芦苇著
出 版 项　兰州:兰州大学出版社,1996
页　　码　416
书　　号　7-311-01165-5
分 类 号　D829
相关目录　第一章 汉代以前的中西交往和早期丝绸之路/(一)中西交往的曙光/(二)早期丝绸之路/(三)中国人民的伟大发明——丝绸/第二章 两汉时期的中外关系/(一)汉代对外的陆海交通/(二)汉代和东西方各国的关系/(三)汉代和东西方各国的经济、文化交流/第三章 魏晋南北朝时期的中外关系/(一)魏晋南北朝中外陆海交通的发展/(二)魏晋南北朝中国和东西方各国的关系/(三)魏晋南北朝中外经济文化交流/(四)魏晋南北朝中外交往中的重要人物和事迹/第四章 隋唐时期的中外关系/(一)隋唐对外陆海交通的发展变化/(二)隋唐和东西方各国的政治关系/(三)唐代中外关系史上的重要人物及其著作/(四)隋唐对外经济文化交流/第五章 两宋时期的中外关系/(一)回鹘西迁和中亚的西辽政权/(二)宋初对外陆路交通和王延德出使高昌/(三)宋代海上交通的发达和海外贸易的繁荣/(四)宋与海外各国的友好关系/(五)宋代海外交通的专著——《岭外代答》和《诸蕃志》/第六章 元代时期的中外关系/(一)元代对外陆路交通和驿站制度/(二)元代海上交通的发达和海外贸易的繁荣/(三)元代和东西方各国的海上交往/(四)中外往来的重要人物及其著作/(五)元代西域人华化和外来宗教/(六)元代的中西文化交流/第七章 明代时期的中外关系/(一)明的西北边疆与对外陆路交通/(二)明前期海上交通的发达和郑和下西洋/(三)私人海外贸易的活跃与明后期的对外关系/(四)东西方新航路的开辟和西方殖民主义者入侵中国/(五)明后期耶稣会士来华与中西文化交流/第八章 清代前期的对外关系/(一)清初的对外政策与海外华侨/(二)清前期和东西方各国的关系/(三)清前期的西方传教士与中西文化交流

书　　名　中外关系史论丛:第四辑
责 任 者　中国中外关系史学会编
出 版 项　天津:天津古籍出版社,1994.03
页　　码　268
书　　号　7-80504-305-1
分 类 号　D829-55
相关目录　古代扬州港及其在中日文化交流史上的地位/汪楫使琉球及其著述论略/英国的"港脚贸易"与广州/清代日本铜的进口与用途/释大汕及其越南之行/古代中国伊朗文化关系略论/可萨汗国——东西方贸易的枢纽/清俄合办外蒙古金矿初探/恰克图买卖城中俄边境贸易的兴衰变化/海上丝绸之路研究/试论南方丝绸之路与海上丝绸之路的关系/郑和下西洋与海上丝绸之路的繁荣/16-18世纪澳门港在海上丝绸之路中的特殊地位和影响/北洋航路拓展与朝鲜半岛制瓷文化的交流/论文摘要/东晋南朝时期外国僧人在我国的活动/南北朝以前江苏的对外经济文化交流/扬州在东西方文化交流中的地位/唐代前期粟特人的经济活动/清初中朝经济交流略论/17-18世纪华人在南圻的垦辟/中国中外关系史学会扬州会议纪要/学者介绍/韩振华教授与中外关系史研究
内容提要　本辑所收文章,主要是参加1992年5月在扬州召开中外关系史学会第四次学术讨论会的论文。

书　　名　中外关系史论丛:第一辑
责 任 者　中外关系史学会编

出 版 项 北京:世界知识出版社,1985

页　　码 194

书　　号 3003·1883

分 类 号 D829-55

相关目录 斯基泰贸易之路和古代中亚的传说/中国和欧洲的直接交往始于何时/十世纪前突厥与匈牙利的关系/从考古发现看内蒙古地区在元代东西交通中的地位/关于马可·波罗的三个年代问题/元代伊斯兰教人物——哈只哈心/利玛窦携物考/利玛窦交游人物表/金猫里、合猫里和猫里务考/明代漳州月港的兴衰与西方殖民者的东来/评《真腊风土记》的三个校注本/关于《两种海道针经》的著作年代

内容提要 除孙毓棠的《前言》外,收专论12篇孙培良《斯基泰贸易之路和古代中亚的传说》、莫任南《中国和欧洲的直接交往始于何时》、龚方震《十世纪前突厥与匈牙利的关系》、盖山林《从考古发现看内蒙古地区在元代东西交通中的地位》、黄时鉴《关于马可·波罗的三个年代问题》、何高济《元代伊斯兰教人物哈心》、王庆余《利玛窦携物考》、林金水《利玛窦交游人物表》、陈佳荣《金猫里、合猫里和猫里务考》、谢方《明代漳州月港的兴衰与西方殖民者的东来》、许肇林《评〈真腊风土记〉的三个校注本》、张崇根《关于〈两种海道针径〉的著作年代》。

书　　名 **中外关系史论丛:第二辑**

责 任 者 中外关系史学会编

出 版 项 北京:世界知识出版社,1987

页　　码 193

书　　号 3003·1724

分 类 号 D829-55

相关目录 中国古琴流传日本考/中国与日本北海道关系史话/郑芝龙、郑成功父子侨居日本考略/宋代早期的中越关系/道明国考/元代爱薛事迹新论/西班牙奥斯定会士的首次泉州之行/俄美公司与广州口岸/1824-1885年的中缅交往/唐诗中的中外关系/记新发现的明末《两仪玄览图》/近年出版的有关香港历史的书籍介绍

内容提要 收专论12篇:谢孝苹《中国古琴流传日本》、陈抗《中国与日本北海道关系史话》、吴凤斌《郑芝龙、郑成功父子侨居日本考略》、戴可来《宋代早期伯中越关系》、黄盛璋《道明国考》、沈福伟《元代爱薛事迹新论》、杨钦章《西班牙奥斯定会士的首次泉州之行》、蔡鸿生《俄美公司与广州口岸》、余定邦《1824-1885年的中缅交往》、耿引曾《唐诗中的中外关系》、王庆余《记新发现的明末〈两仪玄览图〉》、杨诗浩《近年出版有关香港历史的书籍介绍》。

书　　名 **中外关系史论丛:第三辑,中国历史上的开放与闭关政策专辑**

责 任 者 中外关系史学会编

出 版 项 北京:世界知识出版社,1991.08

页　　码 250

书　　号 7-5012-0358-X

分 类 号 D829-55

相关目录 唐代的文化开放政策及其对日本奈良文化的影响/元代的对外政策与中外文化交流/论明永乐时期的"海外开放"/论明代前期中国与南洋外交的演变/明代海防与海外贸易/论明代海禁政策的确立及其演变/明清时期的闭关锁国政策及其历史教训/明代后期部分开放海禁对我国社会经济发展的影响/试论清代并非闭关锁国/清代前期中俄边境贸易关系及其对北方民族社会经济发展的影响/古代阿拉

伯人记中国/汉代有罗马人迁来河西吗——骊靬县的起源问题/俄罗斯使馆医生与清朝宗室的晋接/中国学在印度

内容提要 中国历史上唐、元、明及前清时期的开放与闭关政策专辑。收有《唐代的文化开放政策及其对日本奈良文化的影响》、《元代的对外政策与中外文化交流》、《论明永乐时期的"海外开放"》、《明代海防与海外贸易》、《明清时期的闭关锁国政策及其历史教训》、《清代前期中俄边境贸易关系及其对北方民族社会经济发展的影响》等10篇论文。还收录有《古代阿拉伯人记中国》、《俄罗斯使馆医生与清朝宗室的晋接》等4篇史料性文章。

书　　名 中外关系史论丛:第五辑
责 任 者 中国中外关系史学会编
出 版 项 北京:书目文献出版社,1996
页　　码 208
书　　号 7－5013－1241－9
分 类 号 D829－55
相关目录 中国制造磁器术传入印度(季羡林)/从明中叶华南地区看郑和下西洋的社会效果(万明)/侯显出使榜葛剌考——兼论费信、马欢抵榜葛剌的年代(谢方)/隆庆开放与华南经济(晁中辰)/澳门与日中剑刀贸易(马明达)/广州制度与行商(庄国土)/鸦片战争前英商在广州的贸易(李金明)/佛教海上传入中国之研究(吴廷璆,郑彭年)/唐代广东的佛教(孙繁敏,张连城)/论基督教的传入与澳门的关系(黄鸿钊)/艾儒略与福建士大夫交游表(林金水)/中国中外关系史学会第五届学术讨论会"中国华南对外经济文化交流和发展的历史与现状学术研讨会"综述(夏应元)

书　　名 中外关系史论文集
责 任 者 朱杰勤著
出 版 项 郑州:河南人民出版社,1984
页　　码 600
书　　号 3105·452
分 类 号 D829
相关目录 关于中外关系史研究的几点看法/我国历代关于东南亚史地重要著作述评/中国古代海舶杂考/海神天纪的研究/汉代中国与东南亚和南亚海上交通路线试探/中国和伊朗历史上的友好关系/十八、九世纪中朝学者的友好合作关系/十九世纪后期中国人在美国开发中的作用及处境/华丝传入欧洲考略/十七、八世纪华瓷传入欧洲的经过及其相互影响/中国陶瓷和制瓷技术对东南亚的传播/中国杂技考/明末中国东南沿海人民击退荷兰侵略的纪录/1740年印度尼西亚华侨反抗荷兰殖民者的斗争/十九世纪加里曼丹华侨及其反抗荷英殖民者的斗争/十九世纪中期在印度尼西亚的契约华工/葡萄牙人最初来华时地考/英国第一次使臣来华记/英国第一次使团来华的目的和要求/英国东印度公司之起源及对华贸易之回顾

内容提要 本书系我国著名历史学家朱杰勤教授的论文集。朱教授学问渊博,尤其擅长中外关系史的研究。本书收入了他半个世纪以来关于中外关系史的研究论文二十四篇。内容包括有:关于中外交通史的范围,中国和外国友好关系的发生和发展. 中外经济交流和文化交流,中国与中亚、西亚和欧洲各国的关系以及西方殖民主义者的东来和中国人民反抗殖民主义的斗争等问题。这些论文,内容丰富,资料翔实,多有创见。成一家之言。不仅反映出朱教授个人对这个学科的突出贡献. 而且从中也可以窥见我国中外关系史研究的发展历程。

书　　名 中外关系史研究

责 任 者 卢苇著

出 版 项 兰州:兰州大学出版社,2000

页　　码 377

书　　号 7-311-01627-4

分 类 号 D829

相关目录 中国历史上的闭关政策和封建社会的没落/中国儒学在远东的传播/丝路篇/海上丝绸之路的出现和形成/唐代丝路的变化和海上丝路的兴起/宋代以前长江中下游经济发展和海上丝路的繁荣/南海篇/宋代海外贸易和东南亚各国关系/古代越南吞并占婆——印支半岛上一个文明古国的消失/华侨的旅居印度尼西亚与印度尼西亚的契约华工/印度莫卧儿王朝的阿克巴改革/郑和篇/论郑和下西洋与东西方交往及东南亚地区的繁荣稳定/郑和下西洋与东南亚贸易圈/郑和下西洋和海上丝绸之路的繁荣/海南篇/历史上的海南在国内外贸易中的地位和作用/明代海南的"海盗"、兵备和海防/清代海南的"黎乱"和清朝政府的"治黎"政策

内容提要 本书收录的29篇文章,绝大部分是作者80-90年代发表过的作品。其中包括《中国历史上闭关政策和封建社会的没落》、《丝绸之路的出现和开通》、《古代中亚在世界史中的地位和作用》、《历史上海南在国内外贸易中的地位和作用》等。

书　　名 中外关系史译丛

责 任 者 朱杰勤译

出 版 项 北京:海洋出版社,1984

页　　码 329

书　　号 11193·0299

分 类 号 D829-55

相关目录 中国与阿刺伯人关系之研究/伊斯兰教入中国考/元代马可·波罗所见亚洲旧有之近代事物/明末清初华人出洋考/一五一四年葡人关于东亚之记载/荷兰人侵占澎湖群岛的经过(1622-1624)/欧洲使节来华考/英东印度公司与来华大使马卡特尼通讯录/十八世纪荷兰使节来华记/荷兰使节来华文献补录/二百多年前英舰远航南海记/清代广东十三行行商伍浩官轶事

内容提要 本书共收入十六篇译文,包括中外关系史中有关政治、经济、文化,交通、宗教,人员往来等方面的学术著作。内容丰富,史料珍贵,可为从事中外关系史研究的人员及外事工作者提供有益的帮助,并可供交通史．文化史、华侨史、宗教史研究人员及各大专院校有关部门阅读参考。

书　　名 中外关系史译丛:第一辑

责 任 者 中外关系史学会编

出 版 项 上海:上海译文出版社,1984.06

页　　码 281

书　　号 11188·38

分 类 号 D829-55

相关目录 大食帝国的东部疆域/公元802年骠国使团访华考/信第达巴茂克碑文/清缅关系(1766-1790年)/华人在马尼拉/马尼拉帆船(1739-1745年)/陶瓷之路/中国物品传入西方考证/实地考察南诏的历史/泰国华人的由来/评石铁英著:《古代中国和印度的经济文化交流(公元三世纪前)》

书　　名　中外关系史译丛:第二辑

责 任 者　中外关系史学会编

出 版 项　上海:上海译文出版社,1985

页　　码　269

书　　号　11188·40

分 类 号　D829-55

相关目录　中泰友谊的缔造者——周恩来(〔泰〕弯威·拍贴努泰)/大宦官郑和的航海历险活动(〔英〕威廉·威利茨)郑和访问也门(〔日〕家岛彦一)/中国无产者在沙皇俄国(〔苏〕H·A·波波夫)/东南亚华人(〔英〕V·珀塞尔)/东亚国际交往关系格局的形成和发展(〔日〕田中健夫)/贵霜王国初探(〔印〕A·K·纳拉因)/柔然(蠕蠕)与阿瓦尔同族论的发展(〔日〕内田吟风)/英国——中国——印度三角贸易(〔印〕谭中)/中美第一次交换出版物(〔美〕钱存训)/密西西比三角洲的华人(〔美〕詹姆斯·W·洛伊温)/瓦特尔《国际法》(〔瑞士〕瓦特尔)/河本大作谈炸死张作霖事件(〔日〕森克已 记录)/隋唐时代岭南酋领冯氏与南海贸易(〔日〕河原正博)

书　　名　中外关系史译丛:第三辑

责 任 者　中外关系史学会编

出 版 项　上海:上海译文出版社,1986

页　　码　334

书　　号　11188·49

分 类 号　D829-55

相关目录　暹罗的国家贸易与华人掮客,1767-1855年/华人移居马六甲/十七世纪中国与东南亚的海上贸易/清代前期中英海运贸易研究/唐代大食通中国之海道/伊朗与中国/丝绸贸易/荷兰东印度公司对华贸易

书　　名　中外海上交通与华侨

责 任 者　余思伟著

出 版 项　广州:暨南大学出版社,1991.08

页　　码　314

书　　号　7-81029-085-1

分 类 号　D829.33:F752.92

相关目录　第一编 东南亚史及其与中国的关系/第二编 中国古代对外海上贸易/第三编 梯航懋迁海外华侨与华人

内容提要　本书论述了东南亚史及其与中国的关系;中国古代对外海上贸易;梯航懋迁海外华侨与华人。

书　　名　中外交流史事考述(大象学术书坊)

责 任 者　蔡鸿生著

出 版 项　郑州:大象出版社,2007

页　　码　441

书　　号　978-7-5347-4528-7

分 类 号　D829

相关目录　蔡鸿生《中外交流史事考述》序/上编/唐宋时代摩尼教在滨海地域的变异/唐宋佛书中的昆仑奴/宋代广州的市舶宴/下编/《朔方备乘》俄罗斯馆纪事补正/清朝使臣与俄国汉学家的交往/"商队茶"考释/俄美公司与广州口岸/《四述奇》彼得堡纪事释证/清代瑞典纪事及广州瑞行商务/清代广州的荷兰馆/王文诰荷兰国贡使纪事诗释证/清代广州行商的西洋观——潘有度《西洋杂咏》评说/近代南洋华工史迹/南海之滨的舶影文光/

书　　名　**中外交通史**

责 任 者　陈佳荣著

出 版 项　香港九龙:学津书店,1987. 07

页　　码　581

分 类 号　D829

相关目录　第一编 先秦及秦代之中外交通/第一章 先秦及秦代中西关系蠡测/第一节 先秦载籍中之中西关系/第二节 西方古籍对中国之传述/第二章 秦代同越、朝、日的关系/第一节 秦朝经略骆越与象郡之建立/第二节 早期中朝关系与秦人流韩/第三节 关于徐福之东渡日本/第二编 两汉西域、南海交通孔道之开辟/第三章 两汉同南亚、西亚及欧、非国家之关系/第一节 中国同印度交通之由来/第二节 佛教之传入中国/第三节 两汉同西亚、非洲之交通/第四节 汉朝同罗马帝国之关系/第五节 希腊罗马人关于中国之记载/第四章 两汉时期之海上对外交通/第一节 南海对外交通航道之开辟/第二节 两汉同东南亚各国之交通/第三节 汉朝同朝鲜、日本之关系/第三编 三国两晋南北朝之海陆对外交通/第一章三国时期之海外交通/第一节 三国时对外交通概况/西域通道之增辟/佛教传播之加速/交通大秦之进展/海上交通之发达/第二节 康泰、朱应之出使扶南/第三节 两汉至三国航海造船技术之发展/第二章两晋南北朝之中外交通/第一节 海上对外交通之继续发展/第二节 两晋南北朝同西域各国之关系/第三节 中西僧人之往来/东来翻经之高僧/西行求法之高僧/第四节 关于扶桑僧人慧深与美洲之发现/第三章 法显之访印及其贡献/第一节 法显西行求法之动机与经历/概律藏残缺而西行/横渡流沙翻越葱岭/巡游经历北西天竺/中天胜地遍访佛迹/巴连弗邑苦修梵典/多摩梨帝写经画像/第二节 法显归国之航程/第三节 法显访印对中西交通之贡献/第四编 隋唐时期中外交通之勃兴/第一章 隋代之对外关系/第一节 裴矩所记通西域之三道/第二节 隋朝之屡征高丽/第三节 遣隋使与隋朝对日之交通/第四节 隋朝对林邑之经略/第五节 常骏出使赤土与真腊之来贡/第二章 唐代中外交通兴盛之一斑/第一节 唐帝之被尊为天可汗/第二节 贾耽所记对外交通要道/第三节 市舶使始置与海舶之进步/第四节 诸多宗教之传播/佛教/袄教/景教/回教/摩尼教/第五节 外蕃来华与唐人出海/第六节 中外文化之交流/第三章唐朝与印度之往来/第一节 唐代通天竺之道/第二节 唐代僧人翻经求法概况/隋代东来翻经者/唐代东来翻经者/唐代遵陆求法者/唐代遵海求法者/第三节 玄奘之西游取经/玄奘西行求经之背景/玄奘西游求经之经过/玄奘访印对中西交通之贡献/第四节 王玄策之出使印度/第五节 义净之泛舶西航求法/第六节 慧超及其《往五天竺国传》/第四章 唐代与南海诸国之交通/第一节 唐代的广州通海夷道/第二节唐朝对安南的经略/第三节 唐朝与中南半岛各国的关系/第四节 唐朝与马来西亚、印度尼西亚之交通/第五章 唐朝与中亚、西亚及欧、非各国之关系/第一节 唐代的安西入西域道/第二节 唐代与波斯之交通/第三节 唐朝与阿拉伯的关系/第四节 阿拉伯人关于中国之记载/第五节 唐朝与欧、非国家之关系/第六章 唐朝与朝鲜、日本的关系/第一节 唐代通高丽、日本之道/第二节 唐朝与朝鲜半岛诸国之关系/第三节 遣唐使与中日文化交流/第四节 日本入唐之留学生与学问僧/第五节 鉴真之东渡日本/第五编两宋时期海外交通之发展/第一章 两宋海上对外交通发展概况/第一节 两宋香瓷之路的发展及其原因/第二节 宋代市舶司和贸易港之发达/第三节 宋代造船航海技术之先进/造船工业之发展/航海巨舶之装备/指南针用于远洋航海/季候风之利用/第四节 中国四大发明之外传/第二章 宋代同东亚、东南亚各国之交通/第一节《岭外代答》、《诸蕃志》对海外交通之记载/第二节 两宋同高丽、日本之海路交通/宋代与高丽之往来及徐兢所记航路/两宋时期之中日交通/第三节 两宋同中南半岛诸国之关系/交趾之独立与宋代中越关系/两宋与占城、真腊之往来/宋与真里富、登流眉、蒲甘等国之关系/第四节 两宋同马来西亚、印度尼西亚之往来/第五节 宋代同菲律宾之交通/第三章 宋代同南亚、西亚及欧、非国家之关系/第一节 宋僧访印与三文来华/宋代载籍所记之南亚诸国/宋僧继业三藏等之访印/娑里三文来华之航程/第二节 宋人所记的西亚、欧、非各国/第三节 阿拉伯人之住华与伊斯兰教进一步传播/第四节 犹太人之入居中国/第六编 蒙古西征与元代中西交通之鼎盛/第二章 元朝对海外之经略/第一节 蒙元之征伐高丽、日本/蒙元之征服高丽/元朝之两征日本/第二节 元朝对安南、占城之经略/蒙元之三伐安南/元朝占城之役/第三节 元朝与缅、暹等国之关系/元朝之征伐缅国/元朝之经略八百、老告/元与暹国、罗斛之关系/第四节 元对爪哇等马来诸岛国之经略/元朝之远征爪哇/元朝同马来诸岛国之交往/第五节 亦黑迷失、杨庭璧之出使海外/第六节 周达观之出访真腊及其贡献/周达观出访真腊之经过/《真腊风土记》及其价值/第三章 元代海外贸易与航海之发达/第一节 元代之贸易港与市舶司/第二节 元代之海外贸易/第三节 对航海神天妃之加封/第四节《南海志》所记东西洋及南海航路/第五节 汪大渊之航海及《岛夷志略》之价值/第四章 元代对西方诸国之交通/第一节 元代中国人之西游/耶律楚材及其《西游录》/丘处机与《长春真人西游记》/常德与《西使记》/第二节 元人所记之中亚、南亚、西亚各国/第三节 元人所记之欧、非国家/第四节 元代外来宗教在中国之传播/元代之十字教与也里可温/元代之木速蛮或答失蛮/元代之犹太教、摩尼教与祆教/第五章 元代西方人之来华/第一节 元代西方人来华概况/柏朗嘉宾及其《蒙古行纪》/隆如美之东行/鲁布鲁克及其《东行纪》/海屯及《海屯行纪》/志费尼及其关于中国之记载/波罗父子之东游/约翰．孟德高维诺及其访华信札/安德烈．佩鲁贾等泉州三主教/约翰．科拉及其《大汗国记》/鄂多立克及其《东游录》/马里诺利及其游记/伊本·巴图塔及其游记/拉施特及其《史集》/阿布尔．菲达及其地理书/巴斯喀尔及其遗札/裴哥罗梯及其《通商指南》/第二节 波罗父子东游及《马可波罗行纪》/波罗兄弟、父子之东来/马可·波罗在中国之游历/马可·波罗返国之行程/《马可波罗行纪》及其价值/第三节 鄂多立克及其《东游录》/第四节 伊本·巴图塔之东方游记/第七编 郑和下西洋与明代之中西文化交流/第一章 郑和下西洋/第一节 明初对外政策及东西洋之范围/明初对外政策/明代之东西洋范围/第二节 郑和下西洋之由来与背景/第三节 郑和七下西洋之经过/郑和生平大略/郑和下西洋之经过/郑和航海路线及其所到地区/宣德后之终止下西洋及其原因/第四节 郑和下西洋之伟大成就与贡献/明朝国威远播/扩大中外交流/促进对外贸易/推动海外移民/发展远洋交通/航海史无前例/第二章 明代同东亚、东南亚各国之关系/第一节 明代同日本、朝鲜之关系/倭寇之侵扰与抗倭斗争/中日朝鲜战争/明臣出使琉球与钓鱼列岛问题/第二节 明代同中南半岛诸国之关系/明初对安南之经略/明代同中南半岛诸国之交通/第三节 明代同马来群岛诸国之往来/第四节 明人所记针路与华侨拓殖南洋/明代之海道针经/明代华侨之拓殖南洋/第三章 明代同南亚、西亚与非洲国家之交往/第一节 明代同南亚诸国之交通/第二节 明人所记的中亚、西亚诸国/明代同中亚、西亚诸国之往来/陈诚《西域行程记》以及《沙哈鲁遣使中国记》/第三节 明代与非洲各国之关系/第四章 明代同欧洲国家及美洲之关系/第一节 明初欧洲人对中国之记述/克拉维约之东使/尼科罗·康蒂及其游记/第二节 明人所记之欧洲国家/第三节 地理大发现与西方殖民者之侵华/地理大发现之概况/西方殖民者之侵华/第四节 明代对美洲之了解与交往/第五章 明末西方传教士来华与中西文化交流/第一节 明末西方传教士来华概况/明末西方传教士东来之背景与原因/明季来华之西方传教士/第二节 明末输入中国的西学之内容/第三节 利玛窦等对西学东传之影响与贡献/第八编 清代前期之中外关系/第一章 清代前期对外交往概况/第一节 清初之对外政策/第二节 华人、华工之不断出洋/第三节 对世界情况之新认识/从四夷馆到四译馆/从《坤舆图说》到《海国图志》/第二章 清代前期同亚、非各国之往来/第一节 清初对藩属国之经略/清初之征伐缅甸/清初之征伐安南/第二节 清人所记之东洋、南洋诸国/第三节 清人所记之南亚、西亚及非洲各国/第三章 清代前期同欧、美各国之关系/第一节 清代前期之中西文化交流/西方传教士继续来华/中国经籍、艺术等之西传/第二节 清初之中荷、中俄关系/郑成功收复台湾/清初之中俄关系/第三节 鸦片战争前中国同英、美等国之关系/清人所记之欧、美诸国/英、法、美商船之来华/鸦片战争前夕之中英关系

书　　名　中外交通史(读史要义丛书)
责 任 者　林健发,欧阳伟健编著
出 版 项　香港:海山图书公司,1984
页　　码　151
分 类 号　Z121.6
相关目录　一、先秦对外交通的揣测与徐福的东渡日本/五、魏晋南北朝之对外交通概况与法显之西行求法及其贡献(附图)/六、唐代天可汗制度建立的缘起及其发展与影响/七、唐代中印交通情况及其影响/八、王玄策之出使印度及其贡献/九、玄奘之西行求法及其贡献(附图)/十 义净之西行求法及其贡献(附图)/十一、唐代中日交通概况及其影响(附图)/十二、唐代广州对外交通之情况,船舶之类别及其影响/十三、宋代沿海市舶司之设立,其与外国通商之概况及市舶司之职权/十四、唐宋时代广州及屯门之对外交通(附图)/十五、蒙古三次西征所引起的对外交通和影响(附图)/十六、周远观的生平及其对中西交通的贡献/十七、明初的海外贸易/十八、郑和下西洋(附图)/十九、敦煌资料/二十、附录/1. 佛国记/2. 大唐西域记/3. 诸蕃志/4. 岛夷志略/5. 瀛涯胜览/6. 西洋番国志/7. 西洋朝贡典录/8. 咸宾录/9. 海国闻见录/二十一、历届高级程度会考中国历史科试卷(一)交通史试题

书　　名　中外交通与交流史研究
责 任 者　黄盛璋著
出 版 项　合肥:徽教育出版社,2002
页　　码　492
书　　号　7-5336-1159-4
分 类 号　K203
相关目录　十七世纪中叶以前柬埔寨国都与国际贸易港变迁考/明代后期海禁开放后海外贸易若干历史问题

书　　名　中外经济关系史纲要
责 任 者　丁长清等编著
出 版 项　北京:科学出版社,2003
页　　码　313
书　　号　7-03-011343-8
分 类 号　F129
相关目录　第一篇 古代中外经济关系/一、古代中外经济关系的发展阶段/二、古代中外经济关系的主要内容/第一章 先秦时期的中外经济关系/第二章 秦汉至南北朝时期的中外经济关系/第一节 秦汉时期的中外经济关系/一、中外贸易/二、中外技术交流和人员交往/三、对中国社会经济影响/第二节 魏晋南北朝时期的中外经济关系/一、中外贸易/二、中外技术交流和人员交往/三、对中国社会经济影响/第三章 隋唐至明代前期的中外经济关系/第一节 隋唐时期的中外经济关系/一、中外贸易/二、中外技术交流和人员交往/三、对中国社会经济影响/第二节 两宋时期的中外经济关系/一、中外贸易/二、中外技术交流和人员交往/三、对中国社会经济影响/第三节 元代的中外经济关系/一、中外贸易/二、中外技术交流与人员交往/三、对中国社会经济影响/第四节 明朝前期的中外经济关系/一、中外贸易/二、中外技术交流与人员交

往/三、对中国社会经济影响/第四章 明代中后期至清代前期的中外经济关系/第一节 明代中后期的中外经济关系/一、中外贸易/二、中外技术交流与人员交往/三、对中国社会经济影响/第二节 清代前期的中外经济关系/一、中外贸易/二、中外技术交流和人员交往/三、对中国社会经济影响/第二篇 近代中外经济关系/一、鸦片战争后条约特权的形成/二、甲午战争后条约特权的演变/三、路矿权的收回/四、关税自主权的收回/第五章 中外贸易关系/第一节 近代中外贸易关系的概况和特点/一、近代中国对外贸易的总体发展趋势/二、近代中外贸易关系的特点/第二节 近代中欧贸易/一、中国对欧洲主要国家贸易概况/二、中国对其贸易/第三节 近代中日贸易/一、近代中国对日贸易概况/二、中国对日贸易的进出口商品/三、中国对日贸易的贸易平衡/四、中日贸易的运输/五、中日贸易的经营/第四节 近代中美贸易/一、近代中美贸易概况/二、中国对美贸易的主要进出口商品/三、中国对美贸易的贸易平衡/第六章 近代中外技术交流/第一节 中国近代主要行业的技术引进/一、近代军事工业技术的引进/七、近代交通及通讯技术的引进/第八章 近代外国人在华投资/第九章 中外人员交往关系/第三篇 现代中外经济关系/第十章 中国对外贸易关系/第十一章 中外技术交流关系/第十二章 中国对外服务贸易/第十三章 中国对外投资关系/第十四章 中外劳务合作关系

内容提要　本书主要论述自古至今(20世纪末)中外经济贸易、科技交流(侧重于科技引进)、投资、服务、人员交往等。中外经济关系史表明,中国的社会经济发展离不开世界,闭关自守导致停滞、落后。本书填补了经济史研究,特别是教材中的一个空白。过去研究中国与美、英、日等国双边关系者多,整体关系者少;断代者多,通史者少;某一方面关系者多,全面关系者少。至今尚无一部比较全面的中外经济关系史。此教材的出版弥补丁这一缺陷。本书的特点:①以中外贸易和投资为中心,多层面研究中外经济关系史;②"通古今之变"而"厚今薄古",以近现代为重点系统研究自古至今的中外经济关系;③把中外经济关系放在世界经济历史体系中加以研究;④破世界中心论,立平等交往观。

书　　名　中外史地考证
责 任 者　岑仲勉著
出 版 项　北京:中华书局,2004
页　　码　438
书　　号　7-101-04191-4
分 类 号　K916-53
相关目录　中外史地考证:外一种(上)/《穆天子传》西征地理概测 /西汉对南洋的海道交通/南海昆仑山之最初译名及其附近诸国/《佛游天竺记》名之讨论/晋宋间外国地理佚书辑略/阇婆婆达/奇沙国
内容提要　本书是我国已故著名历史学家岑仲勉先生对于历史地理考证的文集,收录有《评<秦代初平南越考>》、《蜀吴之梵名》、《自汉至唐漠北几个地名之考定》等六十余篇。

书　　名　中外史地考证
责 任 者　岑仲勉著
出 版 项　北京:中华书局,1962
页　　码　736
书　　号　11018·306
分 类 号　K107
相关目录　唐代大商港 Al-Wakin/塔吉克噶勒察及大食三名之追溯/自波斯湾头至东非中部之唐人航线/末罗国/柳衢国 致物国 不述国 文单国 拘蒌蜜国 / Zaitun 非"刺桐"/Quinsai 乃杭州音译/《诸蕃志》占城属国考/明代广东倭寇记

内容提要 本书是作者生前自己编选的关于史地考证的文集,汇集了作者三十年来所写的这方面文章六十余篇。其中对古地名的还原、交通路线的探索及史事的论证,多有创获,虽亦间有可商之处,但均可供进一步参考。

书　　名 **中外文化交流史**
责 任 者 王介南著
出 版 项 太原:书海出版社,2004
页　　码 478
书　　号 7-80550-493-8
分 类 号 K203
相关目录 第二章 秦汉时期对外交通的开拓及与域外的文化交流概述/一、秦汉与东邻朝鲜的经济文化往来/二、秦汉与东邻日本的经济文化往来/三、秦汉对南越的经略开发/六、汉代海上丝绸之路的开辟与对外文化交流/第三章 魏晋南北朝时期的中外文化交流概述/四、东吴康泰、朱应出访扶南及其产生的文化影响/五、东晋法显的求法活动与中外文化交流/六、六朝的海上交通与中外文化交流/七、六朝与东南亚的佛教文化交流/八、中国与朝鲜的文化交流/九、中国与日本的文化交流/十、中外乐舞文化大交流/第四章 隋唐时期的中外文化交流概述/四、唐代陶瓷器及其制作技术的外传/五、遣隋使、遣唐使与中日文化交流/六、唐与新罗的文化交流/七、玄奘与中印文化交流/八、鉴真与中日文化交流/九、中国道教的外传及其影响/十 祆教、景教、摩尼教、伊斯兰教传入唐朝/十一、南传上座部佛教自缅甸、泰国传入中国云南/第五章 宋元时期的中外文化交流概述/一、繁盛的海上丝绸之路与对外文化交流/二、印刷术、火药、指南针的发明和外传/三、妈祖信仰及其外传/五、理学向亚洲邻国的播传及其影响/七、茶文化向日本的传播/八、马可·波罗与中西文化交流/九、伊斯兰教文化与中国传统文化的进一步交流融合/十 宋元与阿拉伯波斯文化的交流/十一、棉花的传入及其影响/第六章 明清时期的中外文化交流概述/一、郑和下西洋与中外文化交流/二、安南建筑师阮安设计建造明初北京城/三、闽菲新航路和大帆船贸易与文化交流/七、华人下南洋及对双边文化交流的贡献/八、欧洲传教士与“西学东渐”/十、洋务运动与西方文化的输入/十一、美国传教士与西方教育文化的输入/十三、鸦片的输入及其危害/十四、中国茶文化的外传/第七章 民国时期的中外文化交流概述
内容提要 本书从万余年前大陆桥淹没之前可能存在的我们祖先向周围岛国的移民文化输出写起,讲述著中国文化与域外文化经由海、陆两条丝绸之路,在物质、精神、制度三个文化层次上的交流、碰撞、融合的历史。

书　　名 **中外文化交流史**
责 任 者 何芳川著
出 版 项 北京:国际文化出版公司,2008.5
页　　码 1536
书　　号 978-7-80173-644-4
分 类 号 K203
相关目录 卷首语:永远的接力棒/第一章 导论:文明、文化与文化交流/一、文化与文明/二、文化交流与文明交汇/三、文化交的特殊状态:暴力与战争/四、文化交流中的“作伪”与“误读”/五、和平交流:全球化中的中国文化旗帜/勾勒篇/第二章 历史上的中外文化交流——两汉魏晋南北朝时期/第三章 历史上的中外文化交流——隋唐至明清时期/第四章 西学东渐与欧洲科学在中国的传播(1582-1793)/第五章 历史悠久的中韩(朝)文化交流/第六章 高潮迭起的中日文化交流/中国—东南亚、南亚篇/第七章 悠

久绵长,交相辉映——中国与越南老挝、柬埔寨的文化交流/第八章 和睦友好的中泰文化交流/第九章 中缅文化交流源远流长/第十章 流光溢彩的中国/第十一章 中印文化交流两千年/中国——西亚、非洲篇/第十二章 丝绸之路上中国与伊朗的文化交流/第十三章 丝绸之路长 长城通天方——中国与阿拉伯世界/第十四章 关山难越/中国——欧洲篇/第十五章 中法文化交流历史启示录/第十六章 龙与鹰——历史上中德民族的文化交汇/第十七章 转变的世纪-18世纪中英文化与政治交往/第十八章 中俄交化交流/第十九章 中国与西班牙——文学的交流与互动/中国——美洲篇/第二十章 跨越太平洋——中国与拉丁美洲的文化交流/第二十一章 中国文化在美国的早期传播及其影响/作者简介

书　　名 中外文化交流史(中外史学丛书)

责 任 者 张明,于井尧编著

出 版 项 长春:吉林文史出版社,2006.01

页　　码 248

书　　号 7-70802-214-0

分 类 号 Z

相关目录 第一编 中国与亚洲国家之间的文化交流/第一章 中印文化交流/第一节 中国蚕丝和中国纸输入印度/第二节 汉代:印度佛教传入中国/第三节 随佛教进入中国的印度文化/第二章 中朝文化交流/第一节 秦汉时期的中国与古朝鲜/第二节 魏晋南北朝隋唐时期:中国与高句丽、百济和新罗/第三节 五代至宋元:中国与高丽/第四节 明清之际:中国与李朝/第三章 中日文化交流/第一节 公元前3世纪至公元6世纪——中国文化输入日本/第二节 公元6世纪至9世纪——中日文化交流的第一次高潮/第三节 公元10世纪至14世纪——以僧侣往来为主的中日文化交流/第四节 近代——以向日本学习为主的中日文化交流/第四章 中越文化交流/第一节 中国与越南的历史关系/第二节 郡县时期汉文化在越南的传播/第三节 独立时期:越南的王朝更迭及其意识形态/第四节 独立时期:中越间广泛而深入的文化交流/第五节 独立时期:汉文化对越南文化的影响/第五章 中国与缅泰柬老诸国间的文化交流/第一节 中缅文化交流/第二节 中泰文化交流/第三节 中柬文化交流/第四节 中老文化交流/第二编 中国与欧洲国家之间的文化交流/第一章 中西文化交流的历史回顾/第一节 丝绸之路通大秦/第二节 蒙古西征与东西方文化交汇/第三节 明清之际传入中国的西方文化/第二章 中意文化交流/第一节 马可·波罗和《马可·波罗游记》/第二节 利玛窦和他在中国的传教活动/第三章 中法文化交流/第一节 13世纪:最初的接触/第二节 17至18世纪:交流与反响/第三节 19至20世纪:相互认识与相互影响/第四章 中德文化交流/第一节 汤若望与中国/第二节 莱布尼茨和《中国近事》/第三节 留学德国的中国精英/第五章 中英文化交流/第一节 马礼逊与新一轮的"西学东渐"/第二节 傅兰雅的中国情结/第三节 集传教士、学者、政客于一身的李提摩太/第四节 李约瑟和他的《中国科学技术史》/第六章 中俄文化交流/第一节《尼布楚条约》签订之后的中俄贸易关系/第二节 中俄《恰克图条约》的签订及其影响/第三编 中国与美洲和阿拉伯世界的文化交流/第一章 中美文化交流/第一节 传教士:为中美之间的文化交流架设桥梁/第二节 丁韪良与洋务时期的中国翻译事业/第三节 林乐知:旁观者清/第二章 中国与拉丁美洲的历史文化联系/第一节 海上的"香料之路"与"丝绸之路"

内容提要 本书系统探讨了自先秦至1999年的五千年中外文化交流的历史,可以说是首次对21世纪前中外文化交流的全面巡礼和总结。通读全书,可以发现,这是一部很有品位的学术佳作。

书　　名 中外文化交通史论丛(民国丛书)

责 任 者 方豪著

出 版 项 重庆:独立出版社,1944.04

页　　码　260

分 类 号　Z121.7

相关目录　(一)嘉靖间葡萄牙人在宁波被屠问题/(二)明季西书七千部流入中国考/(三)明清之际中西血统之混合/(四)伽利略与科学输入我国之关系/(五)望远镜传入中国考/(六)徐霞客与西洋教士关系之初步研究/(七)红楼梦新考/(八)清初宦游云南之犹太人/(九)同治前欧洲留学史略/(十)拉丁文传入中国考/(十一)浙江外来宗教史略/(十二)与友论学书/(附)十七八世纪中外文化交通史要目

书　　名　中外文化交通史论丛

责 任 者　方豪著

出 版 项　上海:上海书店出版社,1992

页　　码　259

书　　号　7-80569-741-8

分 类 号　Z121.6: K203

书　　名　中外文明的交融之路

责 任 者　臧嵘,周瑞祥著

出 版 项　北京:星球地图出版社,2003

页　　码　367

书　　号　7-80104-117-8

分 类 号　K203

相关目录　茶之路/中华国饮/进到朝鲜半岛/嵯峨天皇、荣西和日本茶道/茶路通向俄罗斯/东南亚的茶文化/茶传往西亚和非洲/谁将茶传到了欧洲?/对茶之路作出杰出贡献的荷兰人/鲜花盛开的英国高雅茶文化/茶何时传到美洲、澳洲?/茶路东西南北道/茶文化对人类社会发展的意义/肝胆每相照,冰壶映日月——中朝古文明的交融/中国文化东传的桥梁/乐浪古墓群和《公无渡河》/秦汉时期中朝人才交流/儒学传入朝鲜半岛/汉化佛教传到朝鲜/高句丽古坟艺术/朝鲜半岛的留学长安潮/新罗诗人崔致远在中国/“新罗坊”和“新罗院”/唐朝和新罗全方位文化交流/《宣和奉使高丽图经》/宋和高丽频繁的经济文化交流/中国四大发明传到朝鲜/理学、禅宗、唐诗在朝鲜半岛/明朝的援朝御倭战争/明清王朝和朝鲜王朝的亲密关系/朱子学成为朝鲜官学/琉璃厂——中朝文人的聚会之所/中朝两国学者的金石之交/近代中朝两国文人的革命情谊/遥远和古老的中非友谊/玻璃与宝石——非洲传到中国的最早礼物/克利奥巴特拉的中国丝绸盛装/神秘的“罗马军团”和“骊靬”人后裔/比安敦使者还早来到洛阳的非洲使者/《魏略》中记载的非洲/最早光临南京城的昔兰尼商人秦论/唐朝地理家杜环的非洲之行/“昆仑奴”和“甘棠”使者来华/早期中非工艺技术的交流/“泼寒胡戏”和古埃及乞寒祈年风俗/《岭外代答》《诸蕃志》记载的非洲/非洲古城出土的中国古瓷/元代大旅行家汪大渊的非洲见闻/摩洛哥大旅行家伊本·白图泰的中国之行/元朝大都和开罗的交往/中国四大发明传到非洲/郑和船队五访东非洲/中国明清进步思想家评述的非洲/近代中非人民反帝斗争的相互支持/中西文化交流史上的两颗明星——利玛窦和徐光启/来自动乱欧洲的利玛窦/嘉靖倭患和识大体的两位女性长辈/徐光启青少年私塾生活和科举失意/从教馆生涯到“庙堂之才”/徐光启和利玛窦的第一次会见/徐光启金榜题名/利玛窦在北京建堂/徐光启和利玛窦的其它科学合作项目/利玛窦和其它学者的合作/诗文界的利子西泰/利玛窦之死和他的身后荣哀/利玛窦、徐光启时期其它西方科学之引进

内容提要　本书包括:中华国饮;南方有嘉木;茶事形成高雅文化;台湾茶事;茶路通向俄罗斯;东南亚的茶文化等内容。

书　　名　中外徐福研究

责 任 者　张良群主编

出 版 项　合肥:中国科学技术大学出版社,2007

页　　码　279

书　　号　978－7－312－02155－8

分 类 号　K828.9－53

相关目录　写在《中外徐福研究》付梓之时(代序)/日本前首相羽田孜先生的徐福缘/倭人、倭文化、齐文化、东渡文化及徐福/东亚的徐福研究/略论秦时驰道及其在徐福东渡中的作用/徐姓起源与流播/徐福与徐国关系的探究/论徐福东渡日本——初解徐福东渡之谜/徐福与扶桑之国/从日本地名起源中探究徐福/徐福是日本推广江南稻作文化的先行者/佐贺人心中的徐福/徐福东渡与中日文化交流/童男山古坟与徐福传说/21世纪中日大课题——富士山徐福与《宫下文书》/爱知县东三河的徐福传说/延伸向东海上的长城/神奈川县藤泽市妙善寺徐福子孙墓/徐福形象遍亚洲——从图像考察亚洲各地的徐福踪迹/徐福集团与济州岛/关于济州岛和徐福渡来说的考察/济州的徐福传说/试解"徐福西归之谜"/试论徐福精神的特征及其当代意义/睦邻万邦,一脉相承/徐福东渡的社会意义/徐福在十个方面的影响/以徐福传说为中心构筑地域与人之间的网络/对徐福研究方面的几点思考/徐福研究之船驶向考古学的港湾/怀念罗其湘先生/秦代东渡日本的徐福故址之发现和考证/怀念内藤大典先生/徐福东渡与日本的弥生稻米/佐贺访问纪行/赣榆四访/巾帼能胜须眉——记佐贺村冈央麻先生/论文集《徐福——从传承地看徐福与徐福传说》评介/一本传播徐福学的好书——读《东渡徐福》/徐福像创作记/电影剧本《我们的徐福》/附录Ⅰ徐福东渡2220周年纪念活动的倡议

内容提要　《中外徐福研究》付梓了,这是国内外徐福研究界值得庆贺的一件好事！徐福率众东渡,不仅比明代郑和下西洋早1600多年,比意大利人哥伦布发现美洲大陆和葡萄牙人麦哲伦绕地球航行早1700多年,而且徐福东渡绝非哥伦布和麦哲伦那样以开拓殖民地为终极目的,他带去的是中华民族自强不息和友好合作的精神,为世界文明做出了历史性贡献。徐福是我国古代有文字记载的泛海东渡的第一人,亦是我国历史上第一位伟大的航海家和中外友好交往的开拓者。但是,由于诸多原因,徐福研究长期未得到应有的重视,徐福的历史地位亦未得到恰如其分的确立,徐福一直冷寂于历史伟人之外。

书　　名　中外学者论澳门历史(澳门论丛)

责 任 者　黄启臣,邓开颂著

出 版 项　澳门:澳门基金会,1995

页　　码　387

分 类 号　K296.59

相关目录　澳门历史研究概述(代前言)/澳门沿革/澳门历史概述/葡萄牙人占据澳门考/关于澳门史的考订/明代澳门的贸易及其兴衰/明代中叶后澳门的海外贸易/十六——十七世纪澳门的宗教和贸易中转港之作用/鸦片战争前后澳门地位的变化/一八五四年美国海军准将佩里看到的澳门/十六、十七世纪围绕澳门的中葡关系/澳门是十六至十九世纪中西文化交流的桥梁/中葡两国的互相影响/鸦片战争前澳门的鸦片走私贸易与林则徐在澳门禁烟/论澳门在历史上条约上的地位/附录 澳门历史研究主要参考资料目录

内容提要　本书共选辑论文14篇,其内容包括:第一,介绍澳门历史发展过程5篇;第二,关于葡萄牙人来澳门考证1篇;第三,关于澳门对外贸易的发展3篇;第四,关于中葡关系的4篇;第五,关于澳门的条约1篇。这些文章 中有4篇是中国学者所写,有10篇是葡萄牙、日本、英国、西德和港台地区的学者写的。每篇论文均是他们多年研究澳门历史的心得和体会。其中有些论文的观点我们不一定完全赞同。但

作为学术研究,仍然值得研究澳门历史的学者、专家参考。同时,还附录了《澳门历史研究主要参考资料目录》,虽然难免挂一漏万,但相信多少会给研究者提供一些方便的。

书　　名　**中西交通史(华冈丛书)**

责 任 者　方豪著

出 版 项　台北:华冈出版有限公司,1977

分 类 号　D829

相关目录　第一篇 史前至秦汉魏晋南北朝/第一章 史前史上两问题/第二章 古代传说中之中西关系/第三章 先秦时代中国与面方之关系/第四章 汉以前中国知识之西传/第五章 汉代西域之经略(上)/第六章 汉代西域之经略(下)/第七章 汉击退匈奴后之中西交通/第八章 汉通西域之其它效果/第九章 汉代中印问之交通(上)/第十章 汉代中印间之交通(下)/第十一章 汉对黎轩之认识/第十二章 汉与大秦之关系/第十三章 公元前后希腊罗马作家关于中国之称述/第十四章 魏晋南北期之中西交通/第十五章 汉末这南北期与西方各国之佛教关系/第十六章 法显等之访印及贡献/第二篇 隋唐五代及宋/第一章 隋代之中西交通/第二章 贾耽所记通西方之三道/第三章 唐宋时代中西之海舶/第四章 唐宋时代之市舶司/第五章 唐宋时代之贸易港/第六章 宋人所记中国与南洋及面南亚之文通/第七章 唐宋时代对外侨之管理/第八章 唐宋时代之胡贾/第九章 唐宋时代来华之黑人/第十章 唐宋时代南海华侨之创业/第十一章 隋唐宋时代与中亚之佛教关系/第十二章 隋唐宋时代传入之印度学术/第十三章 唐宋与印度波斯拉伯之政治关系/第十四章 唐宋时代何拉伯人对中国之记载/第十五章 唐宋与佛菻之关系/第十六章 隋唐宋时代中国骄明物之西传/第十七章 隋唐宋时代西域人之华化/第十八章 唐宋之火祆教/第十九章 唐宋之摩尼教/第二十章 唐宋之景教/第二十一章 唐宋之回教/第二十二章 隋唐宋时代传入之西方艺术与游戏/第三篇 蒙元及明/第一章 蒙古之西征/第二章 元代邮驿对中西交通之贡献/第三章 元代与南海之文通/第四章 元代之对外贸易/第五章 元代之贸易港/第六章 元代西游之中国人/第七章 元代记述中国之欧洲人职拉伯人及非洲人/第八章 元代之基督教/第九章 元代之回教/第十章 元时之其它外来宗教/第十一章 元代中西学术之交流/第十二章 明初与西方及南洋之陆海交通/第十三章 郑和之下西洋/第十四章 明初欧洲人对中国之记述/第十五章 明代中叶之中西交通与华侨之拓殖/第十六章 明代中叶欧人之东来/第十七章 嘉靖间西人在我国沿海之活动/第四篇 明清之际中西文化交流史/引言/第一章 天文学与历学/第二章 数学/第三章 机械工程学舆物理学/第四章 军器与兵制/第五章 生物学与医学/第六章 地理学(上)/第七章 地理学(下)/第八章 音乐/第九章 图书/第十章 建筑/第十一章 语文学/第十二章 欧洲宗教与神哲等学之东传/第十三章 中国经籍之西传/第十四章 中国美术之西传

书　　名　**中西交通史**

责 任 者　方豪著

出 版 项　台北:中国文化大学出版社,1983.12

页　　码　1075

分 类 号　D829

相关目录　第一篇 史前至秦汉魏晋南北朝/第一章 史前史上两问题/第二章 古代传说中之中西关系/第三章 先秦时代中国与西方之关系/第四章 汉以前中国知识之西传/第五章 汉代西域之经略(上)/第六章 汉代西域之经略(下)/第七章 汉击退匈奴后之中西交通/第八章 汉通西域之其它效果/第九章 汉代中印间之交通(上)/第十章 汉代中印间之交通(下)/第十一章 汉对黎轩之认识/第十二章 汉与大秦之关系/第十三章 公元前后希腊罗马作家关于中国之称述/第十四章 魏晋南北朝之中西交通/第十五章 汉末至南北朝与西方各国之佛教关系/第十六章 法显等之访印及贡献/第二篇 隋唐五代及宋/第一章 隋代

之中西交通/第二章 贾耽所记通西方之三道/第三章 唐宋时代中西之海舶/第四章 唐宋时代之市舶司/第五章 唐宋时代之贸易港/第六章 宋人所记中国与南洋及面南亚之文通/第七章 唐宋时代对外侨之管理/第八章 唐宋时代之胡贾/第九章 唐宋时代来华之黑人/第十章 唐宋时代南海华侨之创业/第十一章 隋唐宋时代与中亚之佛教关系/第十二章 隋唐宋时代传入之印度学术/第十三章 唐宋与印度波斯拉伯之政治关系/第十四章 唐宋时代何拉伯人对中国之记载/第十五章 唐宋与佛菻之关系/第十六章 隋唐宋时代中国发明物之西传/第十七章 隋唐宋时代西域人之华化/第十八章 唐宋之火祆教/第十九章 唐宋之摩尼教/第二十章 唐宋之景教/第二十一章 唐宋之回教/第二十二章 隋唐宋时代传入之西方艺术与游戏/第三篇 蒙元及明/第一章 蒙古之西征/第二章 元代邮驿对中面交通之贡献/第三章 元代与南海之文通/第四章 元代之对外贸易/第五章 元代之贸易港/第六章 元代西游之中国人/第七章 元代记述中国之欧洲人职拉伯人及非洲人/第八章 元代之基基督教/第九章 元代之回教/第十章 元时之其它氏上来宗教/第十一章 元代中西学术之交流/第十二章 明初与西方及南洋之陆海交通/第十三章 郑和之下西洋/第十四章 明初欧洲人对中国之记述/第十五章 明代中叶之中西交通与华侨之拓殖/第十六章 明代中叶欧人之东来/第十七章 嘉靖间西人在我国沿海之活动/第四篇 明清之际中西文化交流史/引言/第一章 天文学与历学/第二章 数学/第三章 机械工程学舆物理学/第四章 军器与兵制/第五章 生物学与医学/第六章 地理学(上)/第七章 地理学(下)/第八章 音乐/第九章 图书/第十章 建筑/第十一章 语文学/第十二章 欧洲宗教与神哲等学之东传/第十三章 中国经籍之西传/第十四章 中国美术之西传

书　　名 中西交通史(民国丛书)
责 任 者 向达编
出 版 项 上海:上海书店出版社,1996
页　　码 167
书　　号 7-80569-994-1
分 类 号 D829
相关目录 第一章 中国民族西来说/第二章 古代中西交通梗概/第三章 景教与也里可温教/第四章 元代之西征/第五章 马哥孛罗诸人之东来/第六章 十五世纪以后中西交通之复兴/第七章 明清之际之天主教士与西学/第八章 十八世纪之中国与欧洲/第九章 十三洋行/第十章 鸦片战争与中西交通之大开/附录 中西交通大事年表摘要

书　　名 中西交通史:(二)
责 任 者 中华文化出版事业社
出 版 项 台北:华冈出版有限公司,1953.01
页　　码 256
分 类 号 F51
相关目录 第一章 隋代之中西交通/第一节 隋通海外之目的与始末/第二节 隋通海外对后世之影响/第三节 裴矩所记之通拂菻路线/第四节 隋书所见之西亚与中亚/第二章 贾耽所记通西方之三道/第一节 隋唐西域载记/第二节/安西入西域道/第三节 安南通天竺道/第四节 广州通海夷道/第三章 唐宋时代中西之海舶/第一节 唐代前后中国海舶之进步/第二节 唐宋时代中西海舶之比较/第三节 中国海舶之组织及其设备/第四章 唐宋时代之市舶司/第一节 创立及名称/第二节 职务及条例/第三节 官制及无以场务/第五章 唐宋时代之贸易港/第一节 广州与交址/第二节 杭州与明州/第三节 秀州与温州/第四节 澉浦与江阴/第五节 泉漳与福州/第六节 扬州与密州/第七节 琼州与属邑/第六章 宋人所记中国与南洋及西南亚之交通/第一节 周去非之岭外代答/第二节 赵汝适及其诸蕃志/第三节 宋史注辇传之记述/第七章

唐宋时代对外侨之管理/第一节 外侨居住之限制/第二节 外侨犯罪之惩处/第三节 外侨子弟之教育/第四节 蕃汉通婚之禁止/第五节 外侨遗产之处理/第八章 唐宋时代之胡贾/第一节 海运与商货/第二节 胡贾之店肆/第三节 胡贾之豪富/第四节 胡贾之行踪/第五节 国籍与胡俗/第六节 酒家与胡姬/第九章 唐宋时代来华之黑人/第一节 黑人之来源及其异名/第二节 唐代著名之昆仑述例/第三节 见于唐人小说之黑人/第四节 唐宋来华黑人之分析/第十章 唐宋时代南海花侨这创业/第一节 唐代远航南海之中国僧人/第二节 宋代贸易南海之中国商人/第三节 唐家唐人唐字等名之来历/第十一章 隋唐宋时代与中亚之佛教关系/第一节 隋代东来译经师/第二节 唐代西域译经师/第三节 玄奘之西行求法/第四节 慧超之西行求法/第五节 悟空之西行求海/第六节 宋续业等之西行/第十二章 隋唐宋时代传入之印度学术/第一节 隋唐所用之印度历法/第二节 五代所用之印度历法/第三节 唐宋间之印度占星术/第四节 唐宋间之印度天算书/第五节 印度来华著名天算家/第六节 隋唐传入之印度医学/第十三章 唐宋与印度波斯阿拉伯之政治关系/第一节 王玄策等三次出使印度/第二节 唐代印度来华使节 年表/第三节 唐代波斯来华使节 年表/第四节 唐代大食来华使节 年表/第五节 大食东侵与各国之求援/第六节 高仙芝在怛逻斯之败续/第十四章 唐宋时代阿拉伯人对中国之记载/第一节 阿拉伯人之地理知识/第二节 郭达倍麻素提之记述/第三节 阿布赛特哈桑之记述/第四节 慕哈伊尔诸人之记述/第十五章 唐宋与拂菻之关系/第一节 中外学者对拂菻之考证/第二节 唐代载籍中之拂菻大秦/第三节 宋代载籍中之拂菻大秦/第四节 欧洲载籍中之称述中国/第十六章 隋唐宋时代中国发明物之西传/第一节 印刷之西传/第二节 造纸之西传/第三节 罗盘之西传/第四节 火药之西传/第十七章 隋唐宋时代西域人之华化/第一节 隋以前迁华之异族/第二节 隋代华化之西域人/第三节 唐君臣之外国血统/第四节 唐西墟所见之华化/第五节 唐代华化之西域人/第六节 五代华化之西域人/第七节 宋代华化之西域人/第十八章 唐宋之火袄教/第一节 唐以前之始传/第二节 唐宋时之流行/第十九章 唐宋之摩尼教/第一节 摩尼教之传入与分布/第二节 摩尼教之教理与教规/第三节 教会之人物及其组织/第四节 摩尼教与政治之关系/第五节 摩尼教与他教之关系/第六节 摩尼教之禁断与失势/第二十章 唐宋之景教/第一节 基督教传入中国溯原/第二节 景教之创立及其教义/第三节 现存唐宋景教之文献/第四节 景教之入华及其流行/第五节 教理教义教规及组织/第六节 景教在政治上之活动/第七节 景教与他教间之关系/第八节 唐宋间之遭禁及衰落/第二十一章 唐宋之回教/第一节 回教创立与入华之始/第二节 唐宋时代广州之回教/第三节 唐宋时代泉州之回教/第四节 扬州与海南岛之回教/第五节 市舶使蒲寿庚之先世/第六节 南海来华之回教人物/第二十二章 隋唐宋时代传入之西方艺术与游戏/第一节 雕刻建筑图画/第二节 音乐舞蹈百戏/第三节 幻术球戏双陆

内容提要　本书详考史前以至近代中西交通事迹,包括南洋区域在内,阐明民族、宗教、文化交通、艺术、政治、贸易诸般关系,为中西交通史巨著。全书共七十章。分为五册。第一册由史前至魏晋南北朝,计十七章。第二册隋唐宋,计二十二章。第三册元明,计十七章。附图八。第二册明清之际,计七章。附图十。第五册明清之际,计七间。附图十五。第四、五册,并附有《西人原名检查表》。都百万言。

书　　名　中西交通史:(三)
责 任 者　中华文化出版事业社
出 版 项　台北:华冈出版有限公司,1953.01
页　　码　271
分 类 号　F51
相关目录　第二章 元代邮驿对中西交通之贡献/第一节 元驿之沿革与制度/第二节 元驿之组织与牌符/第三节 元驿与欧亚之交通/第三章 元代与南海之交通/第一节 元初对南海之经略/第二节 天后与华侨之南进/第三节 杨庭璧之出使南海/第四节 史弼等之远征爪哇/第五节 周达观之访问真腊/第六节 汪大渊之历游南海/第四章 元代之对外贸易/第一节 元代对外贸易之条例/第二节 蒲氏海外贸易之断绝/第三节 元对航业巨子之压抑/第四节 元代中印贸易之概况/第五章 元代之贸易港/第一节 泉广

对外贸易之盛衰/第二节 浙江对外贸易之要港/第七章 元代记述中国之欧洲/第四节 马可波罗游记及其流传/第五节 孟高维诺与泉州三主教/第九节 伊宾拔都达之中国游记/第八章 元代之基督教/第六节天主教之换气与中西交通之断绝/第十二章 明初与西方及南洋之陆海交通/第一节 明初与撒马尔干一带之交往/第二节 明初与波斯附近一带之交往/第三节 明初中外血统之混合与同化/第四节 明初对南洋各地之政治方策/第五节 明初对海外贸易政策之演变/第十三章 郑和之下西洋/第一节 郑和下西洋之记述与研究/第二节 郑和家世及航海前之准备/第三节 第一次奉使与历次之日期/第四节 第二次至第四次奉使经过/第五节 后三次之出使及末次行程/第六节 旧港之出使与分䑸之航线/第七节 出使之波折与出使之成就/第八节 郑和之前驱及其辅佐人物/第九节 与郑和同时之海外使节 网/第十四章 明初欧洲人对中国之记述/第一节 明初欧洲与中国交通这断绝/第二节 西班牙使节 格拉维和之游记/第三节 威尼斯派驻波斯使节 之游记/第四节 尼古拉公蒂东方诸国历游记/第十五章 明代中叶之中西交通与华侨之拓殖/第一节 与东南亚洲各国间之关系/第二节 与南洋群岛各国间之关系/第三节 与中亚西亚各国间之关系/第四节 国人所著有关西方之典籍/第十六章 明代中叶欧人之东来/第一节 欧洲东行新航路之发见/第二节 达伽马直航印度之成功/第三节 哥伦布航海来华之企图/第四节 葡萄牙海舶之初抵中国/第十七章 嘉靖间西人在我国沿海之活动/第一节 葡人在广东沿海之侵扰/第二节 葡人在浙江沿海之侵扰/第三节 葡人在福建沿海之侵扰/第四节 浪白澳濠镜等地之侵占/第五节 天主教教士之再度来华/(附)明代之四夷馆

内容提要 本书详考史前以至近代中西交通事迹,包括南洋区域在内,阐明民族、宗教、文化交通、艺术、政治、贸易诸般关系,为中西交通史巨著。全书共七十章。分为五册。第一册由史前至魏晋南北朝,计十七章。第二册隋唐宋,计二十二章。第三册元明,计十七章。附图八。第二册明清之际,计七章。附图十。第五册明清之际,计七间。附图十五。第四、五册,并附有《西人原名检查表》。都百万言。

书　　名 中西交通史:(四)
责 任 者 中华文化出版事业社
出 版 项 台北:华冈出版有限公司,1953.01
页　　码 228
分 类 号 F51
相关目录 第一章 天文学与历学/第一节 明末钦天监改用西法与历局之创设/第二节 天文历法书籍之译撰与天象之观测/第三节 明清间国人研究西洋天文学之成就/第四节 西洋天文仪器之输入与自制之仪器/第五节 国人对西洋天文历法之反对与争辩/第六节 明清间钦天监以外西人之天文研究/第七节 伽利略诸人天文学新说之传入中国/第八节 南怀仁以后供职钦天监之西洋教士/第九节 嘉庆年间钦天监观象台之气象记录/第四章 军器与兵制/第一节 佛郎机之初传及中国之仿造/第二节 第一次购募葡炮葡兵之经过/第三节 第二次购募葡炮葡兵之始末/第四节 征募澳门葡兵所引起之反对/第五节 葡兵在登州孙元化幕之报效/第六节 西炮与西书传入朝鲜之经过/第七节 清军最初获得与仿造之火炮/第八节 汤若望之铸炮与所著则克录/第九节 南明与吴三桂军中之西洋炮/第六章 地理学(上)/第一节 明季首先介绍地圆等说之著作/第二节 利玛窦之世界地图与中国地图/第三节 利玛窦世界地图之影响与贡献/第四节 明季鄂本笃由陆道来华之经过/第五节 东西洋考所记述之海舶与针路/第六节 艾儒略之职方外纪与西方答问/第七节 职方外纪所记述之海舶与海道/第八节 龙华民地震解之编著及其内容/第九节 杜奥定渡海苦迹所记航海情形/第十节 徐霞客与西洋教士关系之探索/第十一节 毕方济卜弥格诸人所绘之地图/第十二节 白乃心吴尔铎横断亚洲之旅行

内容提要 本书详考史前以至近代中西交通事迹,包括南洋区域在内,阐明民族、宗教、文化交通、艺术、政治、贸易诸般关系,为中西交通史巨著。全书共七十章。分为五册。第一册由史前至魏晋南北朝,计十七章。第二册隋唐宋,计二十二章。第三册元明,计十七章。附图八。第二册明清之际,计七章。附图十。第五册明清之际,计七间。附图十五。第四、五册,并附有《西人原名检查表》。都百万言。

书　　名　中西交通史:上册
责 任 者　方豪著
出 版 项　长沙:岳麓书社,1987.12
页　　码　452
书　　号　7-80520-019-X
分 类 号　D829
相关目录　第一篇 史前至秦汉魏晋南北朝/第一章 史前史上两问题/第二章 古代传说中之中西关系/第三章 先秦时代中国与西方之关系/第四章 汉以前中国知识之西传/第五章 汉代西域之经略(上)/第六章 汉代西域之经略(下)/第七章 汉击退匈奴后之中西交通/第八章 汉通西域之其它效果/第九章 汉代中印间之交通(上)/第十章 汉代中印间之交通(下)/第十一章 汉对黎轩之认识/第十二章 汉与大秦之关系/第十三章 公元前后希腊罗马作家关于中国之称述/第十四章 魏晋南北朝之中西交通/第十五章 汉末迄南北朝与西方各国之佛教关系/第十六章 法显等之访印及贡献/第二篇 随唐五代及宋/第一章 隋代之中西交通/第二章 贾耽所记通西方之三道/第三章 唐宋时代中西之海舶/第四章 唐宋时代之市舶司/第五章 唐宋时代之贸易港/第六章 宋人所记中国与南洋及西南亚之交通/第七章 唐宋时代对外侨之管理/第八章 唐宋时代之胡贾/第九章 唐宋时代来华之黑人/第十章 唐宋时代感南海华侨之创业/第十一章 隋唐宋时代与中亚之佛教关系/第十二章 隋唐宋时代传入之印度学术/第十三章 唐宋与印度波斯阿拉伯之政治关系/第十四章 唐宋时代阿拉伯人对中国之记载/第十五章 唐宋与拂菻之关系/第十六章 隋唐宋时代中国发明物之西传/第十七章 隋唐宋时代西域人之华化/第十八章 唐宋之火袄教/第十九章 唐宋之摩尼教/第二十章 唐宋之景教/第二十一章 唐宋之回教/第二十二章 隋唐宋时代传入之西方艺术与游戏

书　　名　中西交通史:下册
责 任 者　方豪
出 版 项　长沙:岳麓书社,1987.12
页　　码　1075
书　　号　7-80520-019-X;11285·95
分 类 号　D829
相关目录　第三篇 蒙元及明/第二章 元代邮驿对中西交通之贡献/第三章 元代与南海之交通/第四章 元代之对外贸易/第五章 元代之贸易港/第六章 元代西游之中国人/第七章 元代记述中国之欧洲人阿拉伯人及非洲人/第八章 元代基督教/第九章 元代之回教/第十章 元时之其它外来宗教/第十一章 元代中西学术之交流/第十二章 明初与西方及南洋之陆海交通/第十三章 郑和之下西洋/第十四章 明初欧洲人对中国之记述/第十五章 明代中叶之中西交通与华侨之拓殖/第十六章 明代中叶欧人之东来/第十七章 嘉靖间西人在我国沿海之活动

书　　名　中西交通史:上
责 任 者　方豪著
出 版 项　上海:上海人民出版社,2008.02
页　　码　315
书　　号　978-7-208-07481-1
分 类 号　D829

内容提要 本书是迄今为止第一部最为完整的中西交通史著作。该书共分四大篇章,详尽地论述了史前至近代包括南洋区域在内的中西交往史迹及历史过程,阐明民族、宗教、文化、交通、政治和贸易等诸般关系,尤以明清之际中西文化交流为主。

书　　名 **中西交通史:下**
责 任 者 方豪著
出 版 项 上海:上海人民出版社,2008
页　　码 773
书　　号 978-7-208-07481-1
分 类 号 D829
内容提要 本书是迄今为止第一部最为完整的中西交通史著作。该书共分四大篇章,详尽地论述了史前至近代包括南洋区域在内的中西交往史迹及历史过程,阐明民族、宗教、文化、交通、政治和贸易等诸般关系,尤以明清之际中西文化交流为主。

书　　名 **中西交通史料汇篇:第2册,古代中国与欧洲之交通(民国丛书:第5编,28,政治·法律·军事类)**
责 任 者 张星烺著
出 版 项 上海:上海书店出版社,1930.05
页　　码 591
分 类 号 Z121.7
相关目录 (五)元代/元代世界大通/蒙古人在欧洲之武功/藩国交通/欧洲人东来请愿/欧洲人入仕中国/元时基督教在中国之状况/附录 古代印度基督教状况/元代中欧通商状况/(六)明代/明初中欧交通之断绝/明中中欧交通之恢复/(七)附录 支那名号考

书　　名 **中西交通史料汇篇:第6册,古代中国与印度之交通(民国丛书:第5编,30,政治·法律·军事类)**
责 任 者 张星烺著
出 版 项 上海:上海书店出版社,1930.05
页　　码 620
分 类 号 Z121.7
相关目录 古代中国与印度之交通/印度概观/中印交通之起始/两汉时代中印交通情形/六朝时代中印交通情形/唐时中印交通/唐时印度人入仕中国/印度佛教之输入中国/印度东来中国传灯高僧传/中国西往印度求法高僧传/唐人所记印度矿石及动植物/宋时中印交通/元时中印交通/明时中国与印度陆上交通/明时中国与印度海上交通/增补及修正/本书引用书目/引用外国书目/勘误表

书　　名 **中西交通史料汇编:第一册**
责 任 者 张星烺编注
出 版 项 北京:中华书局,1977.07
页　　码 460
书　　号 11018·709
分 类 号 D829

相关目录　第一编 古代中国与欧洲之交通/第一章 两汉时期中国与欧洲之交通/一、司马迁关于欧洲之记载/二、班固关于欧洲之记载/三、汉武时之犁靬幻人/四、汉武帝时大秦国入贡/五、希腊人克泰夏斯之记载/六、斯脱拉波、马罗、佛鲁罗斯、梅拉之记载/七、白里内《博物志》记中国事情/八、《爱利脱利亚海周航记》记东方情形/九、蒙奇兜勒遣使中国/一〇、甘英使大秦无结果而还/一一、大秦幻人来中国/一二、大秦国及其王安敦遣使来中国/一三、拖雷美《地理书》记东方事情/一四、希腊人包撒尼雅斯之记载/第二章 三国两晋南北朝时期中国与欧洲之交通/一、《魏略·西戎传》记大秦/二、大秦与东吴之交通/三、《晋书》记大秦/四、大秦国贡奇布/五、《那先比丘经》记大秦/六、希腊人马赛里奴斯记中国事情/七、《魏书》记大秦/九、元魏时欧亚外国人杂居中国内地/九、柏罗科劈斯记蚕种传入罗马/一〇、梯俄方内斯记蚕种传入罗马/一一、科斯麻士之《世界基督教诸国风土记》载中国事情/一二、东罗马寓言传入中国/第三章 隋唐五代时期中国与欧洲之交通/一、《隋书·裴矩传》记通拂菻之道/二、《隋书·铁勒传》记里海西北诸部落/三、大秦国文字/四、席摩喀塔之《陶格司国记》/五、《旧唐书》记拂菻国/六、《新唐书》记拂菻国/七、《册府元龟》记拂菻通唐/八、《新唐书》记拂菻降附于唐/九、《通典》记大秦等国/一〇、拂菻国人物器样画与僬侥国/一一、蠕蠖国通使于唐/一二、玄奘之记拂菻国/一三、慧超之记拂菻国/一四、杜环之记拂菻国/一五、《洽闻记》中载拂菻国海中珊瑚/一六、海西国石磬之传入中国/第四章 宋代中国与欧洲之交通/一、《宋史·拂菻国传》/二、四川成都大秦寺/三、陕西盩厔大秦寺/四、西班牙人班哲明游记载中国事情/五、周去非记大秦国/六、赵汝适记大秦国/七、赵汝适记斯加里野国/八、赵汝适记芦眉国/九、赵汝适记木兰皮国/第五章 元代中国与欧洲之交通/一、蒙古人对钦察等部之征服/二、钦察人在中国之情况/三、蒙古人对俄罗斯之征服/四、俄罗斯人在中国之情况/五、蒙古人在波兰及德意志境内之战争/六、蒙古人在匈牙利及奥地利境内之战争/七、蒙古人与在叙利亚十字军之交涉/八、钦察汗国与北京中央政府之通使/九、勃拉妈克劈尼奉使蒙古/一〇、卢白鲁克奉使蒙古/一一、孛罗氏东来中国/一二、入仕元朝之爱薛/一三、《元史》中关于基督教之记载/一四、元时在中国之基督教分两派/一五、元初中国景教徒之西行/一六、北京最初之总主教约翰孟德高维奴/一七、约翰孟德高维奴信之一/一八、约翰孟德高维奴信之二/一九、罗马教皇遣主教至中国协助约翰/二〇、泉州主教安德鲁之信/二一、鄂多立克之东游/二二、北京第二任总主教尼古拉斯/二三、元顺帝谕罗马教皇/二四、阿兰人上罗马教皇书/二五、教皇回报元朝之书/二六、《马黎诺里游记》之发现及其行程/二七、《马黎诺里游记》摘录/二八、元代关于拂郎献马之文献/二九、约翰科拉及其著作/三〇、《大可汗国记》/三一、西班牙驻阿力麻里城传教士巴斯喀尔/三二、巴斯喀尔之信/三三、马祖常和赵世延/三四、汪大渊记印度与欧洲通商/三五、元代海外贸易及征税方法/三六、商人裴哥罗梯及其《通商指南》/三七、《通商指南》中有关中国之记载/第六章 明代中国与欧洲之交通/一、《明史·拂菻传》/二、《殊域周咨录》记拂菻/三、德国人细尔脱白格《游记》/四、西班牙使臣克拉维局《奉使东方记》/五、尼哥罗康梯《游记》/六、博嘉记东方使节/七、意大利人巴巴罗记鞑靼大使之谈话/八、《明史》之阿速、沙哈鲁/九、保罗托斯加内里致哥伦布书谈中国情形/一〇、《明史·佛郎机传》/一一、《皇明世法录》记佛郎机/一二、《殊域周咨录》记佛朗机/一三、香山㊣夷/一四、葡人巴罗斯之记载/一五、赖麦锡记波斯商人哈智摩哈美德之谈话/一六、《明史·鲁迷传》/一七、《皇明世法录》记鲁迷/一八、白斯拜克记土耳其游客之谈话/一九、《明史·意大里亚传》/二〇、《万历野获编》记利玛窦等/二一、明末来华耶稣会士略传/二二、徐光启与李之藻/二三、《明史·和兰传》/二四、《皇明世法录》记和兰/二五、《万历野获编》等关于"红毛夷"的记载/二六、鄂本笃之来中国/二七、王太后及庞天寿致罗马教皇等书/附录"支那"名号考

内容提要　本书是17世纪中叶前中国与欧洲、非洲、西亚、中亚、南亚各国往来关系的主要史料汇编。原书出版于30年代初，由北京辅仁大学印行。编注者吸收大量中外研究成果，并加上自己多年研究所得，写成注释，成为中国中西交通史学的基本文献。70年代后，朱杰勤又进行增补校订，并删去一部分与本书主题无关的材料和议论，重新出版。全书分6册。第一册为古代中国与欧洲的交通，收录汉至明代中外有关史料，按时代顺序排列，对古代地名均作考释；第二册为古代中国与非洲、阿拉伯国家的交通；第三册为古代中国与亚美尼亚、犹太、伊朗的交通；第四、第五册为古代中国与中亚地区的交通；第六册为古代中国

与印度的交通。末附冯承钧对本书的评论和编注者的答辩文章。

书　　名　**中西交通史料汇编:第二册**
责 任 者　张星烺编注
出 版 项　北京:中华书局,1977.12
页　　码　398
书　　号　11018·711
分 类 号　D829
相关目录　第二编 古代中国与非洲之交通/第一章 汉唐中国与非洲之交通/一、唐以前中国与非洲之交通/二、唐代中国史书关于非洲之记载/附:昆仑与昆仑奴考/第二章 宋代中国与非洲之交通/一、非洲东海岸诸国/二、非洲北部诸国/第三章 元代中国与非洲之交通/一、元时中国与埃及之关系/二、马哥孛罗记中国遣使马达甲斯嘉岛/三、汪大渊记非洲东海岸情形/四、摩洛哥旅行家依宾拔都他及其《游记》/五、拔都他自印度来中国之旅行/六、拔都他游历中国记/第四章 明代中国与非洲之交通/一、明初埃及通使中国/二、郑和之出使东非诸国/三、《明史》等记木骨都束国/四、《明史》等记不剌哇国/五、《明史》等记竹步国/六、《明史》等记速麻里儿/七、《明史》等记麻林/第三编　古代中国与阿拉伯之交通/第一章 汉代之条枝/一、《史记》记条枝/二、《汉书》记条枝/三、《后汉书》记条枝四、《拾遗记》、《通典》记条枝/第二章 唐代中国与阿拉伯之交通/一、《旧唐书·大食传》/二、《新唐书·大食国传》/三、《新唐书·南诏传》记黑衣大食兵/四、《通典·大食国传》/五、《经行记》大食国记事/六、《往五天竺国传》大食国记事/七、《册府元龟》等记大食国/八、贾耽记通大食海道/九、大食国人李彦升/十、大食国之物产/第三章 唐与大食之交涉/一、康国之请援/二、安国之请援/三、俱蜜国之请援/四、吐火罗国之请援/五、与石国及大食之交涉/六、印度之请援/第四章 回教之传入中国/一、初期之传入/二、旺各师大人墓志/三、《创建清真寺碑记》/四、《闽书》关于回教在泉州之记载/五、《重建怀圣寺碑》/第五章 阿拉伯人关于中国之记载/一、《苏烈曼游记》/二、阿布赛德哈散之记录/三、依宾库达特拔之《省道记》/四、依宾罗斯德之记载/五、麻素提之《黄金牧地》/六、依宾麦哈黑尔之《游记》/七、阿尔此鲁尼之记载/八、格儿德齐之记载/九、爱德利奚之《地理书》/十、阿伯尔肥达之《地理书》/第六章 宋代中国与阿拉伯之交通/一、《宋史·大食传》/二、《宋会要》记大食国/三、层檀国/四、《岭外代答》记大食诸国/五、《诸蕃志》记大食诸国/六、辽与大食之关系/附:唐宋之海外贸易及大食、波斯商人考/第七章 元代中国与阿拉伯之交通/一、哈里发之灭亡/二、天房国/三、天堂国/四、元代中国之阿拉伯人/第八章 明代中国与阿拉伯之交通/一、天方国/二、默德那国/三、祖法儿国/四、阿丹国/五、剌撒国/六、阿拉伯历法之传入中国/七、阿拉伯人双陆游戏之传入中国
内容提要　本书是17世纪中叶前中国与欧洲、非洲、西亚、中亚、南亚各国往来关系的主要史料汇编。原书出版于30年代初,由北京辅仁大学印行。编注者吸收大量中外研究成果,并加上自己多年研究所得,写成注释,成为中国中西交通史学的基本文献。70年代后,朱杰勤又进行增补校订,并删去一部分与本书主题无关的材料和议论,重新出版。全书分6册。第一册为古代中国与欧洲的交通,收录汉至明代中外有关史料,按时代顺序排列,对古代地名均作考释;第二册为古代中国与非洲、阿拉伯国家的交通;第三册为古代中国与亚美尼亚、犹太、伊朗的交通;第四、第五册为古代中国与中亚地区的交通;第六册为古代中国与印度的交通。末附冯承钧对本书的评论和编注者的答辩文章。

书　　名　**中西交通史料汇编:第三册**
责 任 者　张星烺编注
出 版 项　北京:中华书局,1978
页　　码　324

书　　号 11018 · 729

分 类 号 D829. 12: F512. 9

相关目录 第四编 古代中国与亚美尼亚之交通/第一章 元代以前中国与亚美尼亚之交通/一、亚美尼亚史家记中国事情/二、中国人移居亚美尼亚/三、中国与亚美尼亚政治上之联系/四、唐代亚美尼亚人记中国事情/第二章 元代中国与亚美尼亚之交通/一、元初亚美尼亚降于蒙古/二、海敦王来聘蒙古/三、海敦纪行/四、亚美尼亚亲王海敦《契丹国记》/第五编 古代中国与犹太之交通/第一章 外国文献之记载/第二章 中国文献之记载/一、术忽/二、斡脱/第三章 明清两代开封之犹太人/第六编 古代中国与伊兰之交通/第一章 汉魏时代中国与安息/一、前汉时之安息/二、后汉时之安息/三、三国时之安息/第二章 安息人传布佛教于中国/一、安清/二、安玄 昙帝/三、释吉藏/第三章 北朝时代中国与波斯/一、北魏与波斯/二、安息人后裔入仕于北魏/三、安息人后裔入仕于北齐/四、北周与波斯之交通/第四章 隋唐与波斯之交通/一、隋与波斯之交通/二、<旧唐书》记唐代与波斯之交通/三、《新唐书》记唐代与波斯之交通/四、唐代波斯与中国之通使/五、陀拔萨惮国等之通使/六、玄奘记波斯国/七、慧超记波斯国/八、杜佑记波斯国/九、段成式记波斯国/十、波罗球戏传入中国/第五章 波斯人入仕于唐及五/第九章 辽宋元代中国与波斯之交通/一、辽与波斯之通使/二、宋人所记之波斯国/三、蒙古入侵波斯/四、波斯与元朝之通使/五、《元史》所记波斯地名/六、元朝波斯籍军在泉州/七、元代波斯天文仪器之输入中国/第十章 波斯人记中国事情/一、志费尼及其著作/二、拉施特及其著作/三、拉施特《史记 · 契丹国传》/第十一章 明代中国与波斯各地之交通/一、明与哈烈之交通/二、《使西域记》记哈烈国/三、《明一统志 · 哈烈国记》/四、《殊域周咨录》记哈烈/五、沙哈鲁之遣使中国/六、明与失剌思之交通/七、明与亦思弗罕及乞力麻儿之交通/八、明与讨来思之交通/九、明与忽鲁谟斯之交通

内容提要 本书是17世纪中叶前中国与欧洲、非洲、西亚、中亚、南亚各国往来关系的主要史料汇编。原书出版于30年代初，由北京辅仁大学印行。编注者吸收大量中外研究成果，并加上自己多年研究所得，写成注释，成为中国中西交通史学的基本文献。70年代后，朱杰勤又进行增补校订，并删去一部分与本书主题无关的材料和议论，重新出版。全书分6册。第一册为古代中国与欧洲的交通，收录汉至明代中外有关史料，按时代顺序排列，对古代地名均作考释；第二册为古代中国与非洲、阿拉伯国家的交通；第三册为古代中国与亚美尼亚、犹太、伊朗的交通；第四、第五册为古代中国与中亚地区的交通；第六册为古代中国与印度的交通。末附冯承钧对本书的评论和编注者的答辩文章。

书　　名 **中西交通史料汇编：第六册**

责 任 者 张星烺编注

出 版 项 北京：中华书局，1979

页　　码 485

书　　号 11018 · 762

分 类 号 D829

相关目录 第八编 古代中国与印度之交通/第一章 两汉时期中国与印度之交通/一、上古时代中印之交通目录/二、汉武帝欲通印度/三、西汉时印度通使中国/四、汉通印度之海路/五、东汉时中国与印度之交通/第二章 魏晋南北朝中印之交通/一、《魏略》记印度情形/二、晋代中国与印度之交通/三、宋与师子国之通使/四、宋与天竺之通使/五、《梁书》记天竺国及师子国/六、《南史》记天竺国及师子国/七、北魏与印度诸国之交通/第三章 唐代中国与印度之交通/一、两《唐书》、《通典》记天竺国/二、乌苌王献方物表/三、《册府元龟》记唐与印度之交通/四、天竺僧献长生药/五、《新唐书》记泥婆罗/六、两《唐书》记罽宾国/七、《册府元龟》记罽宾国/八、《新唐书》、《册府元龟》记个失蜜/九、《册府元龟》记诃毗施国/一〇、《新唐书》、《册府元龟》、《通典》记师子国/一一、贾耽记通天竺道/第四章 印度佛教之传入中国/一、佛教之传/二、印度来中国之僧人/三、中国往印度之僧人/第六章 宋代中国与印度之交通/一、天竺国/二、注辇国/三、故临

国/四、西天诸国/五、尼华罗国/六、南毗国/七、胡茶辣国/八、麻罗华国/九、南宋时在印度之中国人/第七章 元代中国与印度之交通/一、蒙古人用兵印度/二、元代迦叶弥儿人与尼波罗人在中国/三、《元史》记印度及锡兰等/四、《岛夷志略》记印度及锡兰等/五、元代中印通商情形/第八章 明代中国与印度之交通/一、阿难功德国/二、尼八剌国/三、郑和、侯显远航印度洋/四、榜葛剌国/五、沼纳朴儿/六、底里/七、西洋琐里/八、加异勒/九、甘巴里/一〇、锡兰山/一一、溜山国/一二、小葛兰/一三、柯枝/一四、古里/附录一、评《中西交通史料汇编》(冯承钧)/附录二、答冯承钧《评中西交通史料汇编》(张星烺)/附录三、引用书目

内容提要　本书是17世纪中叶前中国与欧洲、非洲、西亚、中亚、南亚各国往来关系的主要史料汇编。原书出版于30年代初，由北京辅仁大学印行。编注者吸收大量中外研究成果，并加上自己多年研究所得，写成注释，成为中国中西交通史学的基本文献。70年代后，朱杰勤又进行增补校订，并删去一部分与本书主题无关的材料和议论，重新出版。全书分6册。第一册为古代中国与欧洲的交通，收录汉至明代中外有关史料，按时代顺序排列，对古代地名均作考释；第二册为古代中国与非洲、阿拉伯国家的交通；第三册为古代中国与亚美尼亚、犹太、伊朗的交通；第四、第五册为古代中国与中亚地区的交通；第六册为古代中国与印度的交通。末附冯承钧对本书的评论和编注者的答辩文章。

书　　名　**中西交通史料汇编：全四册**
责 任 者　张星烺编注；朱杰勤校订
出 版 项　北京：中华书局，2003
页　　码　1855
书　　号　7-101-03030-0
分 类 号　D829.12：Z35
相关目录　前编 上古时代之中外交通——汉武帝以前之中外交通/第一章 上古时代中外交通总序/第二章 有史以前民族之迁徙/第三章 黄帝时代中国与域外交通/第四章 颛顼时代中国与域外交通/第五章 帝喾时代中国与域外交通/第六章 唐尧时代中国与域外交通/第七章 虞舜时代中国与域外交通/第八章 夏代中国与域外交通/第九章 商代中国与域外交通/第十章 西周时代中国与域外交通/第十一章 东周时代中与域外交通/第十二章 秦代中国与域外之交通/第十三章 汉初中国与域外之交通/第一编 古代中国与欧洲之交通/第一章 两汉时期中国与欧洲之交通/第二章 三国两晋南北朝时期中国与欧洲之交通/第三章 随唐五代时期中国与欧洲之交通/第四章 宋代中国与欧洲之交通/第五章 元代中国与欧洲之交通/第六章 时代中国与欧洲之交通/第二编 古代中国与非洲之交通/第一章 汉唐中国与非洲之交通/第二章 宋代中国与非洲之交通/第三章 元代中国与非洲之交通/第四章 明代中国与非洲之交通/第三编 古代中国与阿拉伯之交通/第四编 古代中国与亚美尼之交通/第五编 古代中国与犹太之交通/第六编 古代中国与伊兰之交通/第七编 古代中国与中亚之交通(上)/第八编 古代中国与中亚之交通(下)/第九编 古代中国与印度之交通/附录一、评《中西交通史料汇编》/附录二、答冯承钧《评中西交通史料汇编》/附录三、引用书目

内容提要　张星烺先生(1888-1951)字亮尘，江苏泗阳人。其尊翁相文蔚西先生为清季民初史地学名家。先生幼承家学，早读经史。及长，先后留学于美、德(1906-1912)，治化学，暇时好读关于中西交通之著作。回国后，即从事化学工作，而以余力治史学。如1919年应蔡元培先生之聘为北京大学化学系教授，同时兼任该校国史编纂处特别纂辑员，并被派往日本调查民国史料。1926年，先生应聘为厦门大学国学研究所所长，从此专以史学为业。翌年，先生应辅仁大学之聘，任历史系教授兼系主任，直至1948年因病停止工作，前后凡二十一年。书中除改正排印中研究的基本参考书，所以现将它再重印。书中除改正排印中的错字外，还恢复了1977年版中被删去原书中的朱希祖序、自序和前编《上古时代之中外交通》(汉武帝以前的中外交通)。全书分为四册为版，凡是摘引的资料用大字，编注者的文字用小字，以资区别。原书出版不久，冯承钧先生曾有《评中西交通史料汇编》一文，对书中一些材料和考试提出了自己的看法；

张星烺先生亦有《答冯承钧评中西交通史料汇编》一文,并现摘附于全书之后,以供参阅。

书　　名　**中西文化关系史**

责 任 者　张国刚,吴莉苇著

出 版 项　北京:高等教育出版社,2006.07

页　　码　581

书　　号　7-04-019967-X

分 类 号　K248.03

相关目录　上编 古典时代的中西文化交流/第二章 汉唐时期(上)——西域南海的交通/第二节 中西海路交通的形成及初具规模/第三节 汉唐时期的对外交往/第五章 宋元及明前期的中西文化交流/第二节 海路交通的繁荣时代/宋元时期的中西科技文化交流/第五节 明朝前期的中西交通与文化交流/下编 近代早期的中西文化交流/第一章 大航海时代中西关系的历史变奏/第一节 中欧交往的时代背景/第二节 中欧交往的媒介之一——西方使团/第三节 中欧交往的媒介之二——贸易往来/第四节 中欧交往的媒介之三-天主教传教士

内容提要　本书分为上、下两编概述历史上的中西文化关系交往,上编讲述明代中叶以前中国与西方的关系,重点是中国与中亚、西亚和南亚地区的交往经过及文化成果。下编讲述晚明和盛清时期中国与西方的关系,主要是中国与欧洲的往来及文化交流成果。

书　　名　**中西文化交流史(名家名著)**

责 任 者　沈福伟著

出 版 项　上海:上海人民出版社,2006

页　　码　570

书　　号　7-208-06271-4

分 类 号　K248.03

相关目录　第五章 宋元时期中西交通和文化传播/六、宋元时期运销海外的丝绸、瓷器/七、元代输入的阿拉伯科学和艺术/八、阿拉伯人是中国文化西传的桥梁/第六章 明初对外贸易与郑和下西洋/二、郑和时代的印度洋国际贸易/三、郑和下西洋与科学技术的新探索/第七章 中国四大发明者的西传/三、航海罗盘的使用/第八章 中国与美洲的早期联系与欧洲天主教在中国的传布/三、环球航行前后中国和美洲的联系/四、明代耶稣会士的传教/五、清代中叶前的天主教/第九章 明清之际传入中国的西方文化/第十一章 中国在工业化浪潮冲击下起步/一、华茶输出的增长与外销瓷的新动向/二、洞开的海疆:炮舰、开埠与租界/四、从追求船坚炮利的洋务启动现代化进程

内容提要　该书是《中国文化史丛书》的一种,是建国以来第一本从文化史角度研究中外关系的专著。全书以通史的体例,按照历史发展的脉络。分10章 介绍了自新石器时代至18世纪中国文化的起源与传播。中国与中亚、西亚、欧洲、非洲地区的交通。以及中国与上述地域的文化在碰撞、拒斥、交流和融合过程中出现的重大事件和重要人物。书中运用六七十年代大量的考古新发现,确证仰韶文化是在中原地区土生土长的彩陶文化;其诞生以后,呈现出向周围扩散的趋势,在西部地区则表现为由东向西的传播方向。作者善于汲取国内外关于中外关系史研究的已有成果,用以考订史实的地名。对“支那”名称的由来,提出了新见解,支那得名实由于“绮”,由于商周以来制造的丝织品,以绮最为普遍和精致,并输出域外,西亚和印度最初知道的中国就是产绮之国——绮国。并提出,早在春秋战国时期,丝路已经形成。而通常以支那为“秦”的音译是出于误会。书中还提出:中国帆船早在后汉末已经航抵非洲;埃及玻璃及其制造技术于两晋南北朝时期在我国南方广为流传,提高了我国玻璃制品的质量;等等。

书　　名　**中西文化交流史(中国文化史丛书)**

责 任 者　沈福伟著

出 版 项　上海:上海人民出版社,1985

页　　码　469

书　　号　11074·674

分 类 号　K248.03

相关目录　第五章 宋元时期中西交通和文化传播/六、宋元时期运销海外的丝绸、瓷器/第六章 明初对外贸易与郑和下西洋/二、郑和时代的印度洋国际贸易/三、郑和下西洋与科学技术的新探索/第七章 中国四大发明者的西传/三、航海罗盘的使用

书　　名　**中西文化交流先驱:马可·波罗**

责 任 者　陆国俊等主编;中国国际文化书院编

出 版 项　北京:商务印书馆,1995

页　　码　379

书　　号　7-100-01621-5

分 类 号　K835.465.8

相关目录　第一章 马可·波罗到过中国的考证/1. 关于马可·波罗离华的一段汉文记载(杨志玖)/2. 再论马可·波罗书的真伪问题——剖析怀疑论者的论据和心态(杨志玖)/3. 马可·波罗补注数则(陈得芝)/4. 从《马可·波罗游记》联想到的几点(朱江)/5.《马可·波罗游记》在扬州的历史影响和现实意义(李建平)/6. 从扬州地方志印证马可·波罗在扬州的踪迹(韦培春,吴献中)/7. 丝绸之路上的商人、商品和强盗瓦莱里亚·费奥拉尼·皮阿琴蒂尼/第二章 马可·波罗在中国的文化见证/1. 关于茶在北亚和西域的早期传播——兼说马可·波罗未有记茶(黄时鉴)/2. 推动东西文化交流的使者——马可·波罗买买提依明·玉素甫(穆舜英)/3.《马可·波罗游记》中的大都文明(张宁)/4.《马可·波罗游记》中刺桐海船的探讨(陈延杭)/5.《马可·波罗游记》与饮食文化 蒋华/6.《马可·波罗游记》中的中国古代造船文明与航海文明 孙光圻/7. 马可·波罗所见之中国桥 陈世松/8.《马可·波罗游记》描绘的中国王宫 阿利达·阿拉比索/9. 马可·波罗与中国法律 伦索·卡瓦利埃里/10. 马可·波罗关于中国纸的应用和当时中国造纸术状况的记述 埃里萨贝塔·科尔西/第三章 马可·波罗与宗教/1.《马可·波罗游记》所录中国基督教初考 马文宽 李兰琴/2.《马可·波罗游记》与13世纪印度宗教 龙达瑞/3. 马可·波罗对伊斯兰教的看法比昂卡玛丽亚·斯卡西亚·阿莫雷蒂/第四章《马可·波罗游记》对西方文化的影响/1.《马可·波罗游记》与中国在欧洲的影响 许明龙/2.《百万》:崇高的人类友谊和团结变成了卑劣的贪婪 阿德里亚诺·马达罗/3. 马可·波罗时代在中国的意大利人 皮埃罗·科拉迪尼/4.《马可·波罗游记》对14-16世纪欧洲绘画艺术革新的影响 希奥瓦纳·达拉·波萨·佩鲁弗/5.《马可·波罗游记》在古代法国——意大利文学中的地位希奥尔希奥·布塞托/6. 中世纪欧洲旅行家们的中国观 杨清和/第五章 马可·波罗学在中国/1. 试论马可·波罗在中国 蔡美彪/2. 从马可·波罗到利玛窦 沈定平/3.《马可·波罗游记》中几个主要问题评述 余世雄/4. 中国的马可·波罗介绍与研究(1874-1990年) 顾卫民

书　　名　**中西文化交流与岭南社会变迁**

责 任 者　赵春晨等主编

出 版 项　北京:中国社会科学出版社,2004

页　　码　741

书　　号　7-5004-4178-9

分 类 号　K203: K296. 5

相关目录　试论东西方近代早期的思想文化启蒙/海上丝绸之路与中西文化交流的关系/中国火药和火器在亚洲的传播和演进/明清以来中医药学在欧美国家的传播/明末购募西炮葡兵缘由考/大同教传行中国始末/在粤英商团体与鸦片战争时期的中英关系/从晚清书院看19世纪后期中西文化交流的地域差异——以尊经、广雅院为例/再议郑和下西洋:以两次从广东启航为中心/清初的禁海、迁界与澳门/民初中葡澳门界务交涉与粤澳关系

内容提要　全书选收了48篇文章。即《试论东西方近代早期的思想文化启蒙》、《海上丝绸之路与中西文化交流的关系》、《中国火药和火器在亚洲的传播和演进》等。

书　　名　**中西最初的遭遇与冲突**

责 任 者　周宁著

出 版 项　北京:学苑出版社,2000

页　　码　448

书　　号　7－5077－1756－9

分 类 号　D829

相关目录　第一章 相会在古里——卡利卡特/ 4. 郑和下西洋,整个东方航海事业在高峰中结束/5. 65年后,达・伽马的舰队"发现"印度/6. 以"巨大的震惊和恐惧"向东方推进/7. 葡萄牙的远航已到中国/第二章 进退之间/ 8. 大明帝国的奇迹/9. 郑和远航:东方文明中的世界主义/10. 落入空洞的辉煌/11. 明帝国为什么不继续远航/12. 4G:葡萄牙人为什么远航/第三章 冲突在中国海岸/引言/14. 驾大舶突至广州/15. 佛郎机寇/16. 历史像四壁镶满镜子的宫殿/17. 中华帝国的海岸上,出现一座不明不白的"外国城市"/18. 新佛郎机来自"干系腊"/19. 在吕宋岛:大明的官与盗/20."说来奇怪,那就是欧洲人了解别人的能力"/21. 远征中国的"马尼拉计划"/22. 一个世界两个皇帝/23. 西方向中国海岸扩张的三次浪潮/24. 东方贸易,不能不到中国/25. 荷兰人的另一副面孔/26. 世界上两个差异最大的国家/第六章 挑战外洋/引言/41. 1450－1650:完全不同的世界/42. 1450－1650年前后:东方化的世界与西方化的世界/43. 禁海的灾难/44. 开海的艰难/45. 重出外洋/46."中国海的统治者"/47. 收复台湾,失去了世界

内容提要　本书内容包括:"相会在古离——卡利卡特"、"进退之间"、"冲突在中国海岸"和"西方传教士进入中国"等,叙述了明代中国与"西洋"国家的关系。

书　　名　**中兴名臣——曾国藩:上**

责 任 者　唐陵

出 版 项　呼和浩特:内蒙古人民出版社,2000

页　　码　458

书　　号　7－204－05036－3

分 类 号　K827＝52

相关目录　二、人才与政绩/"购买外国炮船,则为今日救时之第一要务""欲拔本根,先剪枝叶""武汉——九江——安庆"三步走——高屋建瓴的战略思想/"诏论国藩功,以创立舟师为首""如龙抱珠,百变而不离其宗"——道建奇功的湘军水师/三、洋务与外交/曾国藩是人所共知的洋务派代表人物,倭仁则是极端守旧派的首领,但他们之间的私人关系,则一度十分密切——倭仁与曾国藩

内容提要　中国近代史上具有重要影响的曾国藩,生前权绾四省,手握重兵,能左右晚清政局,被清政府誉为中兴第一名臣。本书对其一生的方方面面都做了具体的探讨和研究。

书　　名　**中兴名臣——曾国藩：下**

责 任 者　唐陵编著

出 版 项　呼和浩特：内蒙古人民出版社，2000

页　　码　894

书　　号　7－204－05036－3

分 类 号　K827＝52

相关目录　二、人才与政绩/"购买外国炮船，则为今日救时之第一要务""欲拔本根，先剪枝叶""武汉——九江——安庆"三步走——高屋建瓴的战略思想/"诏论国藩功，以创立舟师为首""如龙抱珠，百变而不离其宗"——道建奇功的湘军水师/三、洋务与外交/曾国藩是人所共知的洋务派代表人物，倭仁则是极端守旧派的首领，但他们之间的私人关系，则一度十分密切——倭仁与曾国藩

内容提要　中国近代史上具有重要影响的曾国藩，生前权绾四省，手握重兵，能左右晚清政局，被清政府誉为中兴第一名臣。本书对其一生的方方面面都做了具体的探讨和研究。

书　　名　**中印文化交流史**

责 任 者　季羡林著

出 版 项　北京：中国社会科学出版社，2008

页　　码　279

书　　号　7－5004－6508－4

分 类 号　K203：K351.03

相关目录　六、复苏（明1368－1644年）/（一）复苏的内容与含义/（二）明初中印交通的情况/（三）郑和下西洋/（四）出使的政治意义和经济意义/（五）明初与孟加拉国、古里、柯枝的交通/（六）明代中叶的中印交通

内容提要　本书以时间为序，研究了中印两国在精神文明和物质文明两方面的交流情况，诸如在语言、文学、艺术、哲学、宗教、科学、技术等交流，至于在物质方面，如蚕、丝、茶、火药、印刷术、糖等交流就更多了。

书　　名　**中英关系系年要录：第1卷，公元13世纪－1760年**

责 任 者　刘鉴唐等编著

出 版 项　成都：四川省社会科学院，1989.06

页　　码　751

书　　号　7－80524－162－7

分 类 号　D829.561

相关目录　公元166（东汉桓帝延熹九年）/大秦（罗马）遣使来华/971年（宋太祖开宝四年）/宋太祖在广州设市舶司/1248（淳佑八年）/中国使臣向法国国王呈交信件/1322年（英宗至治二年）/欧洲人鄂多立克从海路抵达中国游历/1369年（明太祖洪武二年）/朝廷规定朝贡货抽分/1374年（洪武七年）/严格海禁，废广州、泉州、宁波三司/1405年（成祖永乐三年）/三保太监郑和奉命出使西洋/1492年（孝宗弘治五年）/哥伦布启石定西行，探寻中国和印度/英王为海外贸易颁布"津贴造船"政策/英王派探险队寻找能往中国之路/1496年（弘治九年）/约翰·卞博特再次出航找寻通往印度和中国的航路/1497年（弘治十年）/达·伽马发现东印度航线/探险家约翰·卞博特父子西行寻找东方航道/1502年（弘治十五年）/达·伽马率船队再驶东方/1514年（正德九年）/葡人在中国海岸贸易/1523年（嘉靖二年）/明廷下令封锁广东海岸，禁止与葡萄牙及欧洲人贸易/1538年（嘉靖十七年）/中国商船结队出洋贸易，防备葡、英海盗/1547年

(嘉靖二十六年)/英王派探险队北向航行探求中国通路/1553年(嘉靖三十二年)/伦敦商人组成“莫斯科公司”,欲打通中国的商道/1554年(嘉靖三十三年)/“莫斯科公司”派出商船沿北路寻找中国的通道/1562年(嘉靖四十一年)/英国航海者霍金斯东航探寻中国未果/1568年(明穆宗隆庆二年)都御史涂泽民请开海禁,准民出洋贸易/1573年(神宗万历元年)/英国出版《论海上霸权》,指出有五条航道通中国/1574年(万历二年)西班牙与中国海商在马尼拉发生战斗/1582年(万历十年)/英、俄两国寻找通往中国的西北航路/1583年(万历十一年)/英“中国公司”从南面进行通往中国的航行/1587年(万历十五年)/中国帆船抵马尼拉与西班牙通商/1589年(万历十七年)明廷议定限制外商来华船数及征税标准/1604年(万历三十一年)/荷兰人航船首次抵广州/1605年(万历十三年)/中国帆船在南洋被英商抢劫/1644年(清世祖顺治元年)/英东印度公司商船“汉特”号抵澳门进行贸易/1651年(顺治八年)/顺治帝谕裁海关冗员/1662年(清圣祖康熙十年)/荷兰人要求与清军共同进攻台湾/1723年(雍正元年)粤海关改由地方官兼管/1736年(乾隆元年)/乾隆帝对闽浙总督奏请出洋商船“填明牌号,永为定规”的批示

书　　名　**众妙之门:东海法石历史与文化研究专辑**
责 任 者　泉州老子研究会编
出 版 项　泉州:泉州老子研究会,2000.02
页　　码　137
分 类 号　Z22
相关目录　刺桐崛起　东海扬帆(吴端萍)/解读法石(杨永义,蔡清泉)/关于法石历史文化的再探讨与再思考——兼论开展区域文化研究的重要性(李国宏)/法石在泉州的历史地位(张家瑜,柯其成)/法石历史文化积淀述略(刘浩然)/东海法石发展旅游事业刍谈(王寒枫,温太平)/法石在海外交通史的地位(沈玉水)/法石在泉州交通航线中的地位(陈垂成)/法石的军事、贸易和文化地位(吴幼雄)/法石自古为海防要地(曾丽民)/法石的造船和航海(陈鹏)/法石的宗教文化(李玉昆)/泉州道教宫观楹联略观(陈进国,何乃川)/略论东海法石一带的王爷文化(张炳熙)/泉州法石真武庙建筑艺术谈(曾经民)/法石美山与“万物有灵论”(叶平安,林崇德)/法石禅寺“璎珞观音”探略(陈岩硕)/天妃宫的建筑特色(叶平安,林宗德)/附录:/蒲寿庚迎驾法石寺(邱剑英)/蒲寿庚与宋帝昺的一曲传奇　周海宇祭海与祈风(周海宇)/“流觞曲水”石(李建成)/海印寺(吴清潭)/漫话素馨(傅金星)

书　　名　**珠江航运史(中国水运史丛书)**
责 任 者　交通部珠江航务管理局编
出 版 项　北京:人民交通出版社,1998
页　　码　584
书　　号　7-114-02856-3
分 类 号　F552.9
相关目录　第二章 先秦至南北朝珠江航运的演变/第一节 流域人类活动与航运源流/第二节 先秦时期楚国对流域航运的影响/第三节 秦代开凿灵渠沟通珠江与长江航运/第四节 两汉时期珠江航运的兴起/第五节 两晋南北朝时期的混乱对流域航运的影响/第三章 隋唐至宋元时期珠江航运的发展/第一节 隋唐航运的发展/第二节 宋元航运发展进入新阶段/第三节 开辟桂柳运河相思埭/第四节 山道开辟与航道整治/第五节 灵渠的维修与管理/第六节 沿江城市港口的形成与发展/第七节 珠江航运与海外交通贸易/第八节 珠江河海航运总枢纽广州港/第九节 造船与航行技术的演进/第四章 明代至清中期鸦片战争前珠江航运的兴衰/第一节 社会商品经济的兴起促进水上运输的繁荣/第二节 航运专业化体系与水运网络初具规模/第三节 水陆联运与跨流域商品流通日益兴旺/第四节 广州对外贸易的兴起/第五节 海禁限

制下商船走私泛滥/第六节 西方殖民主义东侵与澳门港的崛起/第七节 独特的船户经营方式/第八节 航道整治与维修/第九节 港口码头和津渡设施建设/第十节 造船及驾船技术的发展/第十一节 航运管理征榷/第五章 清代鸦片战争至民国时期的珠江航运/第一节 半封建半殖民地社会经济制度下的珠江航运/第二节 列强侵入后通商口岸纷纷被迫开放/第三节 内河航行权的丧失与华洋的激烈竞争/第四节 西江中下游航运在控制与反控制中曲折发展/第五节 北江、长江的南北通道地位日趋衰落/第六节 珠江三角洲木船运输的演变及其特点/第七节 民国时期珠江民营轮运业的兴起于抗争/第八节 珠江特有的花尾渡客货运输的出现与发展/第九节 华商修造船工业的崛起/第十节 航道整治与港口建设/第十一节 航政管理机构的设置和演变/第十二节 还远大罢工与抵制英国航运/第十三节 日本侵略军占领下珠江航运的苦难/第十四节 西江和北江航运在抗日战争中的重要作用/第十五节 抗日战争胜利后珠江航运的荣枯瞬变

书　　名 **自强之路:从江南造船厂看中国造船业百年历程**

责 任 者 叶宝园

出 版 项 北京:中央文献出版社,2008

页　　码 436

书　　号 978－7－5073－2475－4

分 类 号 F42

相关目录 上篇 旧江南时期(1865－1949)/(一)师夷长技:从思想到实践/(二)曾国藩创办安庆军械所/(三)洋务派兴办军事工业/(四)开局之初/(五)江南制造局之发展/(六)传播西学重镇/(七)晚清残梦/(八)“改照商办”/(九)在日本入侵的威胁之下/(十)抗战中的江南造船厂/(十一)烽火耀江南

内容提要 《自强之路》这部书,正是以江南造船厂的历史为主线,从一个侧面展示了中国民族工业特别是船舶工业的自强之路。

书　　名 **走向海洋的中国人:郑和下西洋五百九十周年国际学术研讨会论文集**

责 任 者 南京郑和研究会编

出 版 项 北京:海潮出版社,1996

书　　号 7－80054－788－4

分 类 号 K248.105

相关目录 郑和研究与现代化(陈显泗)/郑和下西洋对发展外向型经济的启迪(李宝民,孙光圻)/郑和下西洋与中国对外贸易(鹿世明)/师郑和遗范,拓中国前途([台湾]申庆壁)/郑和下西洋与中外医药交流(颜夏梅)/纪念·超越·开创新的辉煌——弘扬郑和精神发展江苏远洋航运(徐梁伯)/我国海洋事业的思考(于正江)/郑和下西洋与南中国海(高学敏)/论郑和海权的性质——兼谈郑和海权研究中的几个问题(时平)/中国海洋时代初探([美国]沈己尧)/“东洋”与“西洋”的由来(刘迎胜)/郑和航行时期的东西洋([香港]陈佳荣)/十五世纪中葡海事历史对比([澳门]黄洁娴)/郑和下西洋与哥伦布发现新大陆之比较研究([台湾]熊建成)/郑和下西洋“组群”结构的研究——兼评郑和“十下西洋”之说(郑一钧)/简论郑和船队的“火长”(王杰)/试论郑和船队装备的兵器(唐志拔)/试论郑和宝船的船型(金秋鹏,杨丽凡)/郑和宝船队基本船型的模型研制(王连茂,陈延杭)/文莱苏丹二世([文莱]陛亨·贾米尔)/郑和下西洋与东南亚贸易圈(卢苇)/郑和下西洋与伊斯兰教在东南亚的传播(廖大珂)/郑和与印度尼西亚穆斯林([印度尼西亚]慕·阿敏,李顺南)/马中关系与三宝山([马来西亚]赵泽洪)/郑和下西洋的动因、终止与历史回顾(李金明)/郑和永乐元年奉使暹罗国之商榷([台湾]徐玉虎)/郑和下西洋与海盗问题的解决(王莉)/郑和生卒年之商榷([台湾]孙云南)/郑和的家世与生年存疑([香港]曾铧波)/新的里程,新的进展——郑和研究十年综述(南京郑和研究会)

书 名 走向海洋贸易带:近代世界市场互动中的中国东南商人行为

责 任 者 陈东有著

出 版 项 南昌:江西高校出版社,1998

页 码 380

书 号 7 - 81033 - 865 - X

分 类 号 F752. 95

相关目录 第一章 近代世界市场进逼中国/近代世界市场主要特征/西方商人逐鹿东亚海域/一、葡萄牙人首先逞威/二、西班牙人与葡萄牙人竞争/三、荷兰人闯了进来/四、英国人的加入/五、英国人急于打开中国市场/六、初期的鸦片与沉重的债务/七、英周人登门拜寿/八、鸦片开始占领市场/九、扭曲了的贸易行为/十、鸦片战争爆发/西方商人的行为特征/一、经济利益始终第一/二、海洋争夺强者竟胜/对中国东南市场的拉力/第二章 中国东南市场面临挑战/东南市场的构成/对外贸易的扩张力互动中的东南中外贸易带/一、内层贸易带/二、中层贸易带/三、外层贸易带/第三章 贸易带上的互动行为/内层——中层贸易带之间/一、奔波于京广水陆商路/二、往来于东西山海险途/三、坐镇于外贸市场码头/中层——外层贸易带之间/一、中国——日本/二、中国——吕宋/三、中国——暹罗/四、环中层一外层运动/商人互动的经营方式/一、海商经营方式/二、广州行商的垄断方式/三、其它普通商人的经营/第四方 商人社会对互动行为的控制/商人社会的三种层次关系/一、业缘社会的发展/二、业缘中的血缘关系/三、业缘中的地缘关系/伦理规范身份/压抑陪伴冒险/一、压抑来源于社会/二、冒险不顾及一切/心灵依赖神灵/一、区域与跨区域神灵崇拜/二、海商的妈祖崇拜/三、商人神灵崇拜个案/第五章 政府行为对互动行为的控制/明代禁海与通商之论一、禁海之论二、通商之三、外贸管理建议/清代王权与商利之争/一、中西贸易口岸之争:广东夺得特权/二、丝货贸易禁通之争:江浙闽粤各争其利/三、鸦片贸易禁弛之争:广东先败下阵来/权力与金钱的交易/一、主管官吏的盘剥/二、权钱交易的双刃/第六章 东南商人互动行为的评价/对商人行为的评价/一、发展了地区经济/二、创造了社会财富/三、推动了贩运业和海运业/四、改变了海洋社会经济观念/五、促进了中西文化交流/六、互动行国自身存在问题/对政府行为的批判

内容提要 本书是在博士论文的基础上修改而成的。研究历史,是为了尽可能地“还原”历史,“复忆”历史,并且找出错误,总结教训,这是历史研究的主要重任,也是本书写作的第一出发点。本书的主题是“近代世界市场互动中的中国东南商人行为”,时间主要限定在具有分析意义的16世纪至19世纪中叶。讨论的内容属于中外海上贸易的范畴,但并不是分别讨论商人问题或海外贸易问题、市场问题,不是对中外海上贸易作一般的经济描述,而是重在探讨这种贸易中的商人与市场的关系,把当时活跃在中国东南地区的商人与近代世界市场的互动关系纳入到海洋社会经济的视野进行考察分析。本书在以历史唯物主义和辩证法作为指导思想和基本方法的基础上,以海洋社会经济史和海洋人文社会学的视野来观照考察分析对象。本书需要“科际整合”的研究方法,经济史、社会史的研究内客和方法理所当然地被本书整合进来,其中包括商业史、海外贸易史、海上交通史;海洋社会文化深层的内容,如海商社会及其风俗、海商心态及其精神意识等这些属于海洋人文社会研究的范畴. 为了深入探讨商人的需要,也进行了必要的研究。

书 名 走向海洋贸易带:近代世界市场互动中的中国东南商人行为(海洋与中国丛书)

责 任 者 陈东有著

出 版 项 南昌:江西高校出版社,2007. 04

页 码 3册

书 号 978 - 7 - 81033 - 865 - 3

分 类 号 F752. 9

相关目录 第一章 近代世界市场进逼中国/近代世界市场主要特征/西方商人逐鹿东亚海域/西方商人的行为特征/对中国东南市场的拉力/第二章 中国东南市场面临挑战/东南市场的构成/对外贸易的扩张力/互动中的东南中外贸易带/第三章 贸易带上的互动行为/内层—中层贸易带之间/中层——外层贸易带之间/商人互动的经营方式/第五章 政府行为对互动行为的控制/明代禁海与通商之论/第六章 东南商人互动行为的评价

书　　名 左宗棠传
责 任 者 袁宁著
出 版 项 北京:京华出版社,2002
页　　码 322
书　　号 7-80600-682-6
分 类 号 K827=52
相关目录 第五章 洋务运动/一、从经世派到洋务派/二、福州船政局
内容提要 本书介绍了中国晚清军政重臣、湘军统帅之一、洋务派重要首领左宗棠的一生。全书分:初露锋芒、剿灭天国、洋务运动、收复新疆、晚年抗法等10章。

书　　名 左宗棠传论
责 任 者 沈传经,刘泱泱著
出 版 项 成都:四川大学出版社,2002
页　　码 569
书　　号 7-5614-2267-9
分 类 号 K827=52
相关目录 第四章 兴办"洋务"创建福州船政局/第一节 早期洋务思想和造船的酝酿/第二节 制定建厂造船计划/第三节 船政局的建成与发展/第四章 福州船政局与中国近代海军的诞生/第九章 入值军机 总督两江/第三节 整顿江海防务 筹划反法侵略/第十章 督办福建军务 赍志辞世/第二节 调兵援台 严备闽防/第三节 筹划海防全局 促成台湾建省
内容提要 本书作者根据左宗棠一生镇压起义、兴办洋务、进行改革和反对侵略四个方面,以反侵略和爱国为主题,对左宗棠进行了研究。

书　　名 左宗棠略传
责 任 者 左焕奎
出 版 项 武汉:华中师范大学出版社,1993
页　　码 188
书　　号 7-5622-1229-5
分 类 号 K827
相关目录 十五、首办船政,创始海军。/十八、左、李"塞防"与"海防"之争。/廿六、任督两江,兴办水利

书　　名 左宗棠评传
责 任 者 董蔡时著
出 版 项 北京:中国社会科学出版社,1984

页　　码　294

书　　号　11190·132

分 类 号　K827.52

相关目录　四、在洋务运动中独树一帜/2.“师夷长技以制夷”，左宗棠创办福州船政局/五、新疆危急声中的“塞防”与“海防”之争

书　　名　**左宗棠评传(中国思想家评传丛书)**

责 任 者　孙占元著

出 版 项　南京:南京大学出版社，1995

页　　码　486

书　　号　7-305-02805-3

分 类 号　K827.52

相关目录　生平篇/第四章 创办福州船政局/思想篇/第五章 左宗棠的洋务思想/第六章 左宗棠的外交思想/第七章 左宗棠的军事思想

期刊论文

题　　名　**“《郑和下西洋资料汇编》(中册)所载南京天妃宫碑碑文校正”的校正**
作　　者　唐守林
刊　　名　海交史研究
年 卷 期　1986 年 9 期

题　　名　**“阿美士德”号在我国沿海进行窥探航行的经过与影响**
作　　者　金立成
刊　　名　上海海运学院学报
年 卷 期　1990 年 11 卷 4 期
页　　码　90 – 95
摘　　要　19 世纪 30 年代初,由于飞剪船的出现,西方资本主义国家向中国大量走私鸦片,在这样情况下,英国东印度公司派“阿美士德”号对我国沿海进行窥探航行。本文围绕这一事件作了比较全面的阐述。

题　　名　**“阿思本舰队”流产始末**
作　　者　孙瑞亮,季庆华
刊　　名　军事历史
年 卷 期　1995 年 2 期
页　　码　59 – 61
摘　　要　“北洋水师”为中国近代史上第一支铁甲舰队。但是,早在北洋水师创建之前,中国还曾有过一支在名义上仅存在 5 个月就“夭折”了的铁甲舰队,这就是所谓的“阿思本舰队”。

题　　名　**“阿思本舰队”糜费考辨**
作　　者　张雪蓉
刊　　名　历史教学问题
年 卷 期　1991 年 3 期
页　　码　46 – 48
摘　　要　“阿思本舰队”事件是中国近代海军初创时期的一个重要事件。清政府在这次事件中耗费了巨大的银额。关于这个问题,史界对它的估算历来莫衷一是。本文依据有关档案资料,试图对这个问题作全面的考察,以求一个比较精确的数字,并透过这个数字认识英帝国主义侵华的实质。

题　　名　**“阿思本舰队”与英国的侵华政策**
作　　者　吴乾兑
刊　　名　历史教学
年 卷 期　1984 年 8 期
页　　码　12 – 16
摘　　要　1861 年清政府决定向英国购买船炮,建立新式海军。清政府筹办新式海军,与外国侵略者的怂恿有很大的关系。首先怂恿清政府向外国购买舰船建立海军的英国侵略者,是当时英国驻华公使普鲁斯和英使馆参赞威妥玛。总理衙门后来在致威妥玛函中曾回顾说:“中国购买轮船一事,从前中国举办之初,原因两国既经和好,卜大臣时思为中国设法平贼,贵参赞又尝谓中国非创立新法,不足挽回从前之积习,因而本衙门与赫税司议及外国轮船。”

题　　名　**“阿思本舰队事件”始末**

作　　者　于醒民

刊　　名　社会科学战线

年 卷 期　1988 年 3 期

页　　码　157 - 164

摘　　要　“阿思本舰队”事件,可谓 1862 ~ 1863 年中英政坛上的大事件。从英国的维多利亚女王到中国的慈禧太后,从英国首相帕麦斯顿、外相罗素和其他内阁成员,到中国清廷首辅议政王奕欣、军机处和总理衙门一干大员,从英国最活跃的对华外交官之一李泰国及海军军官阿思本,到中国最有实力的督抚曾国藩,李鸿章等,都卷入了这一事件。

题　　名　**“安史之乱”对唐朝对外交通的影响**

作　　者　王平

刊　　名　黔南民族师范学院学报

年 卷 期　1996 年 1 期

页　　码　77 - 80,87

摘　　要　本文从政治、经济、军事诸方面论述了“安史之乱”和唐朝对江南的开发,对中唐以后对外交通的影响,即“海上丝路”的繁荣,陆上交通衰退。

题　　名　**“百万楼船渡大洋”**

作　　者　冯蔚然

刊　　名　上海海事大学学报

年 卷 期　1986 年 4 期

页　　码　84

摘　　要　国初海运自朱张,百万楼船渡大洋。这是元朝张昱描述当时海运漕粮的诗句。这里所说的朱、张就是指朱清和张玻二人。他俩从小生长在长江口附近(朱清是崇明人,张拉是嘉定人),全是贫民出身。朱清幼年以捕鱼为生,张谊幼年要过饭。后来两人相遇,因生活所迫,一同贩过私盐,做过“海盗”。长期的海上生活使他们积累了丰富的航海知识,对于长江口以北的海区,尤其是上海到天津的航道非常熟悉。

题　　名　**“包恩”号华工起义及琉球国对它的支援**

作　　者　徐恭生

刊　　名　福建师范大学学报(哲学社会科学版)

年 卷 期　1986 年 3 期

页　　码　120 - 125,107

摘　　要　1852 年 3 月 30 日,美国“罗伯特 · 包恩”(Robert Bowne)号船上福建华工举行暴动,并在琉球国人民和政府的支援下获得了胜利。这是中国人民反对西方殖民者掠卖华工斗争的重要事件,也是中琉友好的历史见证。

题　　名　**“北港”与“Pacan”地名考释:兼论十六、七世纪之际台湾西南海域贸易情势的变迁**

作　　者　陈宗仁

刊　　名　汉学研究
年 卷 期　2003 年 21 卷 2 期
页　　码　249 - 278

题　　名　**"本土安全"思想对中国近代海疆安全战略的影响**
作　　者　鞠海龙
刊　　名　中国历史地理论丛
年 卷 期　2008 年 23 卷 3 期
页　　码　92 - 99,139
摘　　要　本土安全是近代中国海疆安全战略的终极目标。由于战略目标的局限,中国虽然拥有具备远洋作战能力的海军,但却无法在海军军备建设、军力部署,以及战略战备等方面摆脱海岸防御战略的影响。受本土安全思想的影响,中国的战略决策者在甲午战争中屡失战机,而近代中国海疆安全战略体系也因此崩溃。

题　　名　**"闭关"或"开放"类型分析的局限性——近 20 年清朝前期海外贸易政策研究述评**
作　　者　陈尚胜
刊　　名　文史哲
年 卷 期　2002 年 6 期
页　　码　159 - 166
摘　　要　我国学术界在近 20 年对于清朝前期海外贸易政策的研究,基本上围绕着是闭关政策还是开放政策进行的。然而,这种模糊于政策的性质与内容之间的类型分析,已难以处理清朝前期海外贸易政策演变的复杂进程,表现出诸多的局限性,也没有揭示出清朝海外贸易政策是如何导致近代中国落后挨打的具体原因。

题　　名　**"舶"与"市舶"及其它——从训诂角度纵谈市舶史有关问题**
作　　者　陈存广
刊　　名　海交史研究
年 卷 期　1988 年 13 期

题　　名　**"漕运"辨义**
作　　者　吴琦
刊　　名　中国农史
年 卷 期　1996 年 15 卷 4 期
页　　码　65 - 66
摘　　要　漕运是我国封建社会一个独特的经济现象,与历代封建王朝(尤其是统一王朝)相始终,是朝廷的重要经济支柱,古代朝野人士曾有过大量的记载和论述。然而,长期以来人们对中国历史上的漕运似无一个清晰的认识,或曰对漕运涵义的理解过于简单,故此,漕运研究受到了较大的局限,深度和广度一直没有得到有效的拓展,这也是漕运研究没有受到重视和难以受到重视的重要原因。基于此,笔者认为有必要对中国历史上的漕运涵义进行基本的阐释和辨析。

题　　名　“朝贡”与“条约”之间

作　　者　小泉顺子

刊　　名　南洋问题研究

年 卷 期　2007 年 4 期

页　　码　64 – 76

摘　　要　本文根据暹罗方面的史料,围绕两国间有关“朝贡”与“条约”的交涉,重新探讨 19 世纪中期至 20 世纪初期中国与暹罗的关系。

题　　名　“车船”,“拍竿”及“木老鸦”考

作　　者　李文彬

刊　　名　辽宁大学学报(哲学社会科学版)

年 卷 期　1981 年 4 期

页　　码　68 – 69

摘　　要　南宋初年的钟相杨么起义,其最主要的特点就是“陆耕水战”。起义军所使用的优越于南宋官军的“车船”,“拍竿”及“木老鸦”在“陆耕水战”中起了很大作用。本文对此三者试加考证。

题　　名　“车船”到底是谁发明的?

作　　者　林琳

刊　　名　学术论坛

年 卷 期　1982 年 2 期

页　　码　90

题　　名　“车船”考述

作　　者　周世德

刊　　名　文史知识

年 卷 期　1988 年 11 期

页　　码　37 – 40

题　　名　“赤壁之战”的赤壁在何处

作　　者　张修桂

刊　　名　文史知识

年 卷 期　2004 年 6 期

页　　码　122 – 127

题　　名　“赤壁之战”是遭遇战吗——与尹韵公同志商榷

作　　者　王陵,王泓

刊　　名　山西师大学报(社会科学版)

年 卷 期　1982 年 1 期

页　　码　58 – 62,54

摘　　要　赤壁之战是一场大战,还是一场小战?是一场决定形势的重大战役,还是一场意外的遭遇战?历史上多数人赞同前者,几乎已成定论。一九八一年三月三十一日《光明日报》史学版,发表了尹韵

公的《赤壁之战辨》,对传统的说法提出了异议。他认为:赤壁之战不是一场决定形势的大战,“是五千而不是八十万曹军同孙、刘联军在赤壁相遇,从而不可避免发生了一场遭遇战。”这个论断听来新鲜,实际上却经不住推敲。我提出一些看法和尹韵公同志商榷。

题　　名 **“赤壁之战”应为江汉之战**
作　　者 吴佑和
刊　　名 南充师院学报(哲学社会科学版)
年 卷 期 1985年3期
页　　码 70 – 71

题　　名 **“赤壁之战”战场因何选在蒲圻**
作　　者 冯金平
刊　　名 咸宁学院学报
年 卷 期 1990年4期
页　　码 93 – 94
摘　　要 湖北江汉地区有五处赤壁,何处是赤壁之战战场?社会公认在湖北蒲圻市西北江滨。不久前,有人在《人民大学学报》发文,重弹东坡赤壁是古战场的老调,甚是不经。本文不想作全面驳斥,只想谈谈孙刘联军和曹军因何选中蒲圻赤壁为战场的原因。

题　　名 **“艟船”考略**
作　　者 王杰
刊　　名 中国科技史料
年 卷 期 1994年15卷1期
页　　码 85 – 88
摘　　要 该文通过分析和考证,首次指出“艟船”一名具有三种释义:小艇、战舰、海船,并非仅仅具有“海船”一种含义。

题　　名 **“船台说”可以休矣——评《广州文物考古集·广州秦造船遗址论稿专辑》**
作　　者 陈华堂,陈天龙
刊　　名 热带地理
年 卷 期 2002年4期
页　　码 382 – 386
摘　　要 根据《广州文物考古集·广州秦造船遗址论稿专辑》所报导发掘的事实,认为“船台说”把南越国宫殿建筑物被大火焚毁后的木柱脚,误认为是“木墩”,进而把“木墩”看成可造船台的“木墩”,又把垫木柱脚的木板,误为船台“滑板”,结果道出“船台”来。所谓“船台”其实是建筑物地基木结构。

题　　名 **“船政根本在于学堂”:船政文化系列之三**
作　　者 王植伦
刊　　名 炎黄纵横
年 卷 期 1998年3期

题　　名　“大明烛扬今无外”：明代皇权对海外贸易的桎梏——李庆新《明代海外贸易制度》读后
作　　者　单世联
刊　　名　开放时代
年 卷 期　2008 年 6 期
页　　码　163 – 172

题　　名　“儋耳”沿革及其他
作　　者　林冠群
刊　　名　海南大学学报(社会科学版)
年 卷 期　1984 年 3 期
页　　码　22 – 26,71

题　　名　“亶洲”不是海南岛
作　　者　李勃
刊　　名　中国历史地理论丛
年 卷 期　1994 年 3 期
页　　码　173 – 178

题　　名　“亶洲”非海南岛说——与袁臻同志商榷
作　　者　陈家麟
刊　　名　学术月刊
年 卷 期　1981 年 10 期
页　　码　54 – 55,19
摘　　要　三国时,孙权派遣一支规模庞大的万人船队出海求夷洲和亶洲,虽然到达了夷洲(台湾岛),可是亶洲并没有找到。亶洲在哪里一直成为历史上的疑案,众说纷纭。最近袁臻同志提出“‘亶洲’,应就是早年的‘儋耳’和‘珠崖’。”即今海南岛。但全文论点很值得商榷。

题　　名　“定远”、“镇远”订购及来华述略
作　　者　关威
刊　　名　历史教学
年 卷 期　2000 年 12 期
页　　码　52 – 54
摘　　要　1874 年,日本以琉球渔民在台湾被杀为借口,派陆军中将西乡从道率领三千余名士兵侵犯中国台湾,挑起中日冲突。清政府派船政大臣沈葆桢率军赴台湾加强防务,扼制了日本的侵略行动。后来列强出面调停,清政府与日本签订了《北京专约》,赔偿日本兵费 50 万两。这一事件发生,清政府受到很大震动。11 月初,总理衙门上奏筹议海防,提出“练兵、简器、造船、筹饷、用人、持久”六项建议,并强调兴办水师之必要和紧迫。朝廷命地方重要督抚商议复奏,于是形成各抒己见的大讨论。

题　　名　“定远”、“镇远”号铁甲舰
作　　者　姜鸣
刊　　名　舰船知识

年 卷 期 2003 年 2 期
页　　码 11－16

题　　名 **“定远号”铁甲舰的仿古设计**
作　　者 刘江波,朱晓东,鲁久荣
刊　　名 船海工程
年 卷 期 2005 年 5 期
页　　码 17－19
摘　　要 介绍“定远号”铁甲舰的历史背景资料,仿古设计意图及设计中主尺度及主要参数选择、总体布置、性能及结构、设备配置及外形仿真,船舶空调系统和压载水系统。

题　　名 **“东方海上丝绸之路”研究的破题之作——《山东半岛与东方海上丝绸之路》评介**
作　　者 王纪孔
刊　　名 中国社会经济史研究
年 卷 期 2008 年 2 期
页　　码 108－109
摘　　要 最近,人民出版社出版了刘凤鸣先生的《山东半岛与东方海上丝绸之路》一书,联合国开发计划署丝绸之路区域项目技术总顾问、联合国派驻中国的丝绸之路项目组最高负责人侯伟泰(Wojciech Hubner,Ph. D)博士对该书赞誉有加。侯伟泰先生在该书前言中说:“这是一部非常合时的著作”,“谱写了该研究领域的新篇章”,“这部著作会给不同的教育背景的人带来具有重大价值的灵感——不仅会启发那些已经在思考、筹划中国和其它周边国家之间的超现代航海联系可能会发展成为这一古代路线现代版的自然拓展的富有想象力的政治家和工程师,而且会直接渗透到世界的其他地方,并影响到未来的几个世纪。”

题　　名 **“发现美洲”者之比较研究——兼论哥伦布在两个文明汇合中的地位和作用**
作　　者 王春良
刊　　名 拉丁美洲研究
年 卷 期 1992 年 6 期
页　　码 13－17

题　　名 **“法显航达美洲”——一个无中生有的妄说**
作　　者 逄文昱
刊　　名 中国海事
年 卷 期 2010 年 6 期
页　　码 72－74

题　　名 **“法显航渡美洲”说批判**
作　　者 张箭
刊　　名 中国历史地理论丛
年 卷 期 1996 年 1 期
页　　码 155－168

题　　名　**“法显与中国佛教文化——纪念法显赴印取经由崂山登陆1590周年学术研讨会”会议综述**
作　　者　郑国
刊　　名　佛学研究
年 卷 期　2003年
页　　码　360－364
摘　　要　为纪念东晋高僧法显由崂山径陆归国1590周年，经青岛市社会科学院提议，中国社会科学院佛教研究中心、法鼓山中华佛学研究所、青岛市社会科学院、崂山风景区管理委员会于9月10日至12日在青岛市联合举行了“法显与中国佛教文化——纪念法显赴印取经由崂山登陆1590周年学术研讨会”。来自中国社会科学院、北京大学、中国人民大学、武汉大学、中山大学、法鼓山中华佛学研究所、中国文化大学、台湾大学等海峡两岸的相关学者20余人，围绕法显等议题展开了深入而热烈的讨论。

题　　名　**“法显与中国佛教文化——纪念法显赴印取经由崂山登陆1590周年学术研讨会”综述**
作　　者　郑国
刊　　名　世界宗教研究
年 卷 期　2003年4期
页　　码　137－140
摘　　要　为纪念东晋高僧法显由崂山径陆归国1590周年，经青岛市社会科学院提议，中国社会科学院佛教研究中心、法鼓山中华佛学研究所、青岛市社会科学院、崂山风景区管理委员会于9月10日至12日在青岛市联合举行了“法显与中国佛教文化——纪念法显赴印取经由崂山登陆1590周年学术研讨会”。来自中国社会科学院、北京大学、中国人民大学、武汉大学、中山大学、法鼓山中华佛学研究所、中国文化大学、台湾大学等海峡两岸的相关学者20余人，围绕法显等议题展开了深入而热烈的讨论。

题　　名　**“番禺之都”的历史地位**
作　　者　吴壮达
刊　　名　岭南文史
年 卷 期　1983年1期
页　　码　45－50
摘　　要　本文原为《“番禺之都”和“秦汉造船工场”遗址问题》的一部分，其前文为“古番禺地理位置的特点”和“关于古番禺兴起于何时的问题”，后文为“秦汉造船工场遗址问题”，均将另行处理。

题　　名　**“蕃客墓”及其有关问题试谈**
作　　者　志诚
刊　　名　海交史研究
年 卷 期　1978年1期

题　　名　**“泛越文化”与“原越文化”论——试论中国百越文化与东南亚、大洋洲群岛周邻文化比较研究之理论框架**
作　　者　陈江
刊　　名　广西民族研究

年卷期　1993 年 3 期
页　码　66 – 72
摘　要　在中国古代百越民族和现代南方少数民族文化中,存在着许多与东南亚、大洋洲群岛等环太平洋周边民族相同的文化,形成了一个特点鲜明、共性突出的文化圈。因此,中外不少学者相应地提出了文化区域说。

题　名　“访采真荃”的空海
作　者　吕元明
刊　名　东北师大学报(哲学社会科学版)
年卷期　1980 年 3 期
页　码　126 – 130
摘　要　千余年来,空海对日本思想、文化有很大影响。他不仅是日本僧教真言宗的开山祖,同时在哲学、语言、文学、书法、教育等方面都有重要贡献。空海生活的年代,正是日本同中国交往最频繁的“遣唐使”时期。空海曾留学中国,吸收了中国文化思想成果,加以消化,为发展和丰富正在成长中的日本古代思想文化做出了重要的贡献。在中日文化交往上,空海是值得纪念的一位人物。

题　名　“非制海权观念”的最后惩罚:中国在甲午海战中失败的深层原因试析
作　者　梁月昌
刊　名　孙子学刊
年卷期　1995 年 1 期

题　名　“封锁”澳门问题与清季中葡关系
作　者　徐素琴
刊　名　中山大学学报(社会科学版)
年卷期　2005 年 2 期
页　码　34 – 39,123
摘　要　“封锁”澳门是同治、光绪年间中葡关系的重要事件。这一事件不仅使粤澳之间冲突频仍,而且直接导致了同、光年间中葡关于澳门周围水域主权归属的争执,其严重性并不亚于“封锁”香港,却始终被清政府看作是粤澳之间的地方性事件,由此引发的各种冲突和纠纷基本上由广东当局直接处理。透过这一事件,可以看出鸦片战争后清政府的对葡政策及中葡关系的发展脉络。

题　名　“扶桑”考证在中国
作　者　赵淑凡
刊　名　世界历史
年卷期　1983 年 3 期
页　码　84 – 87

题　名　“扶桑国在美洲”再考
作　者　张维慎
刊　名　陕西师范大学学报(哲学社会科学版)
年卷期　1998 年 2 期

页　　码　41－47,175

摘　　要　《梁书》中的"扶桑国",其地实当在美洲,它是由受殷文化渐染的中国貉族人建立的;而沙门慧深的功绩,主要是在留有姓名的人当中,是他首次发现了"扶桑国"。

题　　名　"甘英临西海以望大秦"但终未抵大秦之原因分析

作　　者　谢晓燕

刊　　名　内蒙古农业大学学报(社会科学版)

年 卷 期　2009年2期

页　　码　361－362

摘　　要　甘英未到大秦而中止西行,不是因为惧怕海上的艰难险阻和当地各种恐怖的传说,而是受当时社会的客观条件所限制。甘英之行将"丝绸之路"延伸到波斯湾,加深了东汉对西域地区和中亚、西亚各国的了解和认识,促进了中西文化经济交流和各国友好关系的发展。

题　　名　"纲首"与"客纲客纪"释义

作　　者　赵立人

刊　　名　海交史研究

年 卷 期　1990年18期

题　　名　"高升"号事件中英国政府态度转变原因新论

作　　者　陈肖寒

刊　　名　河北师范大学学报(哲学社会科学版)

年 卷 期　2009年32卷3期

页　　码　133－137

摘　　要　在中日甲午丰岛海战中,清政府雇用的英国运输轮"高升"号在向朝鲜运送清军途中,被日舰"浪速"号蓄意击沉,大英帝国震怒。然而经过外交斡旋,日本反使英国认定清政府对此事负有全责并向其提出索赔要求。以往论者多以英国法学界专家撰文支持日本或英国在远东执行"联日防俄"的政策为理由解释英国政府态度转变的原因,本文认为,英国维护自己在华利益、事件调查中新证据的发现以及普通法法系(英美法系)价值准则的应用同英国维护英日友好关系的政策一起,成为英国政府态度转变的原因。

题　　名　"哥德堡"号走私鸦片的反思

作　　者　陈洪波

刊　　名　东南文化

年 卷 期　2007年2期

页　　码　46－48

摘　　要　"哥德堡"号商船的主人瑞典东印度公司,虽然号称从未向中国贩运过鸦片,但其实是中国贩运鸦片的始作俑者。清廷对国内社会各阶层普遍吸食鸦片现象控制不力,从而变相助长了西方列强的鸦片倾销行为,加速了晚清封建社会的崩溃。

题　　名　"哥德堡号"沉船与广州十三行研究

作　　者　何龙宁

刊　　名　广东史志
年 卷 期　2002 年 3 期
页　　码　11 - 16
摘　　要　冷战结束后,和平与发展逐渐发展成为当今世界的主题。随着多极化的国际格局以及经济全球化的发展与形成,世界各国之间进一步加强政治、经济、文化交流与合作,以谋求自身经济文化的发展成了在新的国际形势下各国对外关系的一种必然趋势。这种趋势对作为历史名城的广州也有十分明显的影响,如从上个世纪 80 年代初以来在世界范际形势下各国对外关系的一种必然趋势。这种趋势对作为历史名城的广州也有十分明显的影响,如从上个世纪 80 年代初以来在世界范围内悄然兴起的对古代海上"丝绸之路"研究与考察热潮对广州的影响。这股热潮的掀起,首先始于 1979 年东方几位学者(即日本的三杉隆敏和中国的朱少伟、陈炎等),以其有关古代海上"丝绸之路"的论著揭开其序幕,而真正将古代海上"丝绸之路"研究与考察热推向高潮的还应该归因于瑞典政府于 1984 年底对"哥德堡号"沉船进行全面的考古发掘。对"哥德堡号"沉船的全面发掘,不仅引起了欧洲各界人士的关注,同时也将这一选题的考察与研究热潮迅速推向整个欧美以及南亚、大洋洲等地。

题　　名　**"关余"产生的时间**
作　　者　康之国
刊　　名　史学月刊
年 卷 期　1999 年 3 期
页　　码　83
摘　　要　出现于中国近代关税史中的"关余"这一概念,其产生的具体时间究竟为何时,目前在关税史研究中还是众说纷纭。一般都认为它产生于鸦片战争后,当关税用来作为外债的担保时;也有一些人认为它是指一般的关税交出剩余。其实弄清"关余"产生的时间,绝非是一个简单的时间问题,它关系到对"关余"性质问题的认识与否。因此,我们不能把出现于中国近代关税史上这个特殊产物的概念简单化了。就其性质而言,它是中国关税制度完全半殖民地化的一种表现。具体说就是"关余"的产生标志着中国近代关税制度完全半殖民地化。

题　　名　**"关余"之由来及其真正含义**
作　　者　孙修福
刊　　名　民国春秋
年 卷 期　1994 年 3 期
页　　码　64
摘　　要　所谓"关余",就字面而言,即指海关税收余款或海关税收盈余,它是中国近代海关史上的一个特殊名词,为中国所独有;就实质而言,它是半封建半殖民地中国海关的特征之一,更是中华民族的耻辱。众所周知,海关关税收入是一个国家财政收入不可分割极其重要的组成部分,任何一个主权国家,若其财政收入大于支出,只有财政结余之理,绝无关税盈余之说。中国之所以出现"关余"这一特殊事物,是由于中国近代海关大权操于外人之手以及清政府腐败无能的结果。

题　　名　**"关余"之争:孙中山与帝国主义的首次较量**
作　　者　何俊华
刊　　名　文史杂志
年 卷 期　2007 年 6 期

页　　码　19－22

题　　名　**“广州秦汉造船工场遗址”说质疑**

作　　者　戴开元

刊　　名　武汉理工大学学报(交通科学与工程版)

年 卷 期　1982 年 1 期

页　　码　17－26

摘　　要　本文从造船技术及造船史、古代建筑史等方面,对 1974 年发现的“广州秦汉造船工场遗址”进行了详细分析,认为该遗址很可能是古代木结构建筑遗址。

题　　名　**“广州十三行研究回顾与展望”学术研讨会综述**

作　　者　冷东

刊　　名　广州大学学报(社会科学版)

年 卷 期　2009 年 12 期

页　　码　90－92

题　　名　**“过海大师”与中医药传日——鉴真东渡日本 1250 周年**

作　　者　傅维康

刊　　名　上海中医药杂志

年 卷 期　2003 年 11 期

页　　码　46－47

摘　　要　被尊奉为“过海大师”的唐代鉴真和尚,于1250 年前的公元743 年,第一次东渡日本,最终于公元753 年第6 次扬帆东航才获得成功,为中医药传播日本作出了卓越贡献。

题　　名　**“海防”与“塞防”之辩**

作　　者　杜珂

刊　　名　中国改革

年 卷 期　2004 年 2 期

页　　码　37

题　　名　**“海防”与“塞防”之争中的左宗棠**

作　　者　张繁

刊　　名　巴蜀史志

年 卷 期　2005 年 5 期

页　　码　37－39

摘　　要　19 世纪中后期,在中国边疆海防处于严重危机的形势下。清朝疆臣之间就国防战略部署问题展开了激烈的争论。形成有名的“海防”与“塞防”之争。在这场争论中,时任陕甘总督的左宗棠,以大局为重力排以直隶总督李鸿章为首的重“海防”轻“塞防”及以湖南巡抚王文韶等人为首的重“塞防”轻“海防”的主张,总揽全局,提出“东则海防,西则塞防,二者并重”的战略思想并积极将其付诸实践。

题　　名　“海防与塞防之争”与当前中国地缘战略选择
作　　者　周云亨
刊　　名　江南社会学院学报
年 卷 期　2007 年 9 卷 4 期
页　　码　42－46
摘　　要　19 世纪下半叶中国国内发生了一场关于海防与塞防孰先孰后的大讨论。在当时的特定情境中,从地缘政治与地缘经济等角度分析,海防当属重要、紧急之事。相比而言,塞防则属于紧急但非重要之事。前事不忘,后事之师。时至今日,这场争论仍然可为当前中国国家安全战略选择提供有益参考。随着国家利益的不断扩展,中国应愈益重视海防在国家安全战略中的作用。

题　　名　“海国图志”在日本
作　　者　张焕琴,刘文丰
刊　　名　河北青年管理干部学院学报
年 卷 期　1996 年 3 期

题　　名　“海禁”与舟山佛教文化断层
作　　者　庄和刚
刊　　名　舟山史志
年 卷 期　2004 年 1 期
页　　码　26－30

题　　名　“海禁”政策与朝贡贸易——在封建经济发展中看明朝经济政策
作　　者　马丽丽
刊　　名　青年科学
年 卷 期　2009 年 6 期
页　　码　235
摘　　要　文化交流是人类社会和各民族文化进步发展的重要推动力。我国封建社会无论在政治、经济、文化等方面,长期以来,一直处于世界的前列。有文字记载的中日交流史至少有两千多年。中国近代社会的发展迟缓与日本近代社会的发展迅猛形成了鲜明的对比,究其原因无疑是多方面的。本文试图从经济发展角度,以明朝所施行的海禁政策与朝贡贸易为依据,分析明朝对日贸易及经济政策对中国经济的影响,同时从中日两国的不同立场与角度来分析朝贡贸易对两国经济发展的利与弊。

题　　名　“海禁即开,茶叶日盛”——浅析五口通商后福建茶叶的内地采购制度及其影响
作　　者　廖彦燕
刊　　名　中国科技博览
年 卷 期　2008 年 17 期
页　　码　171,144
摘　　要　福建的武夷山茶早在五口通商之前便闻名于世,五口通商之后福建内地形成了内地采购茶叶制度,这一制度大大地促进了福建茶叶的外销。本文拟从福建内地采购制度的形式及其影响入手,从一个侧面揭示近代福建的茶叶贸易状况。

题　　名　“海权论”东渐及其影响
作　　者　周益锋
刊　　名　史学月刊
年 卷 期　2006 年 4 期
页　　码　38－44
摘　　要　马汉的海权论在世界各国传播的同时,也经由日本传到了中国。马汉海权论的传入,在中国国内产生了两个方面的积极作用:一是扩大了海权论在中国民众中的影响,中国民众对海军在国防和经济中的重要作用有了深刻的认识;二是促使中国人产生了初步的海权思想。但是由于四个方面的原因,晚清政府并没有将海权论用于指导海军建设,国内高涨的革命形势令国人应接不暇,人们对海权论的热情很快就被政治改革的热情所替代,以至于后来,人们连海权论传入中国这一事实本身也被遗忘。所以,晚清海权思想并不成熟。

题　　名　“海上明朝”:鄭氏河仙政权的中华特色
作　　者　李庆新
刊　　名　学术月刊
年 卷 期　2008 年 10 期
页　　码　133－138

题　　名　“海上丝绸之路”研究与吴文良
作　　者　马丁尼
刊　　名　福建论坛(人文社会科学版)
年 卷 期　1991 年 1 期
页　　码　54－58

题　　名　“海上丝绸之路”应称为“瓷器之路”
作　　者　王建辉
刊　　名　求索
年 卷 期　1984 年 6 期
页　　码　123－125
摘　　要　从南中国海经印度洋到非洲,有一条连接中国和沿岸国家以及东非、北非乃至地中海国家古代往来的海上通道。它在中西交通和中外文化交流史上占有十分重要的地位。国内外很多学者称其为“海上丝绸之路”。我认为这种称法不甚适合,应称之为“瓷器之路”。

题　　名　“海上丝绸之路”与“伊斯兰文化”国际学术讨论会述要
作　　者　郑一钧
刊　　名　郑和研究
年 卷 期　1995 年 1 期

题　　名　“海上丝绸之路”与刺桐城
作　　者　胡善美
刊　　名　科学与文化

年 卷 期 1994 年 4 期
页 码 28－29

题 名 **“海上丝绸之路”与钦州的发展**
作 者 吴小玲
刊 名 钦州师范高等专科学校学报
年 卷 期 2002 年 4 期
页 码 58－63
摘 要 自汉代起，中国开辟了以合浦、徐闻为主要起点的对外交往的“海上丝绸之路”，客观上促进了以合浦为中心的钦州湾地区的经济开发和民族的融合。钦州自秦汉以来的开发和发展与“海上丝绸之路”的繁荣有着密切的关系，研究“海上丝绸之路”文化，对钦州的进一步发展将会起到重要的作用。

题 名 **“海上丝绸之路”与中国古代圆形方孔钱在东南亚的传播**
作 者 唐亚林
刊 名 东南亚纵横
年 卷 期 2008 年 1 期
页 码 83－86
摘 要 海上丝绸之路是古代中国与东南亚、南亚等地之间的一条远洋贸易航线，它是古代中国联系东南亚、南亚等地政治、经济、文化交流的重要桥梁之一，古代中国运用这条贸易航线发展对外的经济文化交往。“海上丝绸之路”是中外交流的重要通道之一，在中国与东南亚国家经济交流的过程中逐渐形成了圆形方孔钱文化圈。这一文化圈对东南亚地区的经济、文化的发展有着重要的作用，从而使东方形成了有别于西方的东方货币体系（西方的货币主要是由金、银等贵重金属铸造，作为流通媒介的主要是金、银币，同时西方货币以图案、神像为主题，表现了西方神圣的宗教图腾和神灵崇拜风尚）。圆形方孔钱文化圈是中国与东盟友好往来的见证。

题 名 **“海上丝绸之路与伊斯兰文化”国际讨论会述要**
作 者 郑一钧
刊 名 郑和研究
年 卷 期 1995 年 1 期
页 码 40

题 名 **“海上丝绸之路与伊斯兰文化”国际学术讨论会述评**
作 者 高占福
刊 名 回族研究
年 卷 期 1994 年 2 期
页 码 4－7

题 名 **“海上丝绸之路与伊斯兰文化”国际学术讨论会述要**
作 者 郑一钧
刊 名 中国史研究动态
年 卷 期 1994 年 8 期

页　　码　15－19

题　　名　**“海上丝路”与中国古代的海外移民**
作　　者　肖北婴
刊　　名　八桂侨刊
年 卷 期　2005 年 1 期
页　　码　12－14
摘　　要　唐宋时代，中国人已移居十数国；元明时期，中国人向海外移居的人数日益增多，近代更形成大规模的移民浪潮。不同人群创造的文化存在差异，不同地域的文化风貌也不尽相同，人口在空间的流动，实质上也就是他们所负载的文化在空间的流动。移民运动在本质上是一种文化的迁移。而中国人移民国外，形成华侨华人社会，首先是与中外交通，尤其是航海的发展、贸易的往来联系在一起的。

题　　名　**“海上丝路与广州”研究若干问题的思考**
作　　者　关汉华
刊　　名　广东教育学院学报
年 卷 期　2002 年 22 卷 4 期
页　　码　57－62
摘　　要　广州是传统的海港城市，建城至今已有 2216 年的历史，它建城之始便与我国海上丝路的开辟有着直接联系，因而研究海上丝路的发展，无疑是研究广州发展史的重大课题。从广州城始建特色与海上丝路之开辟、陆上丝路与海上丝路优劣态势互易对广州的影响、海上丝路之多功能、广州港与泉州港地位对比等多角度分析，丝路绝非单一的经贸功能，它同时兼具中外政治交往功能和文化交往功能，只有对丝路这三大功能进行全方位考察，才能真正阐明丝路对促进世界各国社会文明的巨大贡献。

题　　名　**“海上王”张保皋及其研究现状**
作　　者　禹英兰，丁凤熙
刊　　名　当代韩国
年 卷 期　2004 年 1 期
页　　码　32－35

题　　名　**“华侨”一词名称考**
作　　者　庄国土
刊　　名　南洋问题研究
年 卷 期　1984 年 1 期
页　　码　13－19
摘　　要　华侨史的研究在国内已有数十年的历史，但迄今对“华侨”一词的来源与应用尚无统一的认识，以至对华侨史的一系列重要问题，如华侨史研究的对象，分期以及现代华侨问题的研究都有影响。本文探讨“华侨”一词的起源与作用，仅为个人意见，就教于华侨史研究的同仁。

题　　名　**“黄鹄”轮与金陵军械所的创办**
作　　者　徐泓
刊　　名　江苏地方志

年 卷 期 2007 年 3 期

页 码 46 – 47

摘 要 1769 年,英国人瓦特发明蒸汽机,引发了第一次工业革命,而中国的第一台蒸汽机则由徐寿、徐建寅父子制造。徐寿(1818 ~ 1884)无锡人,徐建寅(1845 ~ 1901)系徐寿次子,父子俩为中国近代造船、造舰、造蒸汽机和军事工业的奠基人。

题 名 **“黄河之水通江户”——略谈华北与日本旧石器时代的文化联系**

作 者 盖培

刊 名 化石

年 卷 期 1977 年 3 期

页 码 2 – 4,10

题 名 **“吉野”号的最终下场**

作 者 李晓东,周鹏

刊 名 环球军事

年 卷 期 2007 年 09S 期

页 码 28 – 29

摘 要 “吉野”号快速巡洋舰是中日甲午海战中的日本海军主力舰,是其联合舰队第 1 游击队旗舰。甲午海战中,就是它在逃跑中侥幸用鱼雷击沉了我民族英雄邓世昌所指挥的“致远”舰。甲午海战后,它又参加了 1900 年的八国联军侵华战争和 1904 年的日俄战争。可以说“吉野”舰欠下了中国人民笔笔血债。那么这艘曾经“幸运”过的日舰最终的下场如何呢?

题 名 **“济远”舰后主炮**

作 者 李晶

刊 名 海洋世界

年 卷 期 1996 年 7 期

页 码 28

题 名 **“济远”舰炮械损毁考**

作 者 陈贞寿,黄国盛,谢必震

刊 名 福建论坛(人文社会科学版)

年 卷 期 1993 年 10 期

页 码 25 – 29

摘 要 由于资料等方面缘故,对于“济远”舰该不该撤离大东沟战场,目前尚存一些认识上的分歧:争议焦点之一,便是“济远”舰是否因炮械损毁而失去了战斗力。本文专此作一考证,以供商榷。

题 名 **“济远”舰是早归并非“先逃”**

作 者 林伟功

刊 名 福建论坛(人文社会科学版)

年 卷 期 1993 年 1 期

页 码 36 – 40

摘　　要　黄海海战后第七天，“济远”舰管带副将方伯谦以“首先逃走，致将船伍牵乱，实属临阵退缩”之罪，被清政府处决于旅顺口。对方伯谦案件，究竟是“冤”还是“不冤”的争论，已近百年。近十年来，海峡两岸的学者，对丁汝昌向李鸿章报告中所列举的方伯谦“致将船伍牵乱”及“撞毁扬威”的罪名不能成立，已成共识。而方是否“先逃”则成为争论方案的焦点，本文拟就此发表个人的看法。

题　　名　**“甲午黄海海战图片”补说**
作　　者　周辉湘
刊　　名　北方论丛
年 卷 期　1995 年 4 期
页　　码　64
摘　　要　宋庆同志《甲午黄海海战图片中的致远舰考疑》（载《北方论丛》1994 年 2 期）一文以翔实材料说明史界长期延续的“北洋舰队致远号奋勇冲向敌舰”黄海海战图有误，结论是正确的。但该文却未能指出该图片究竟是一幅什么图片，不能不说这是一个遗憾。

题　　名　**“甲午战争与近代中国和世界”国际学术讨论会综述**
作　　者　刘学照
刊　　名　学术月刊
年 卷 期　1995 年 3 期
页　　码　106 – 110
摘　　要　1994 年是甲午中日战争一百周年。9 月 7 日至 11 日，由山东省宣传部、中国历史学会、山东社会科学院、山东省社会科学联合会、威海市委和市府等单位发起，在山东省威海市举行了“甲午战争与近代中国和世界”国际学术讨论会，来自海峡两岸及日、韩、美、德、加等国的历史学者 125 人与会，提交论文 98 篇。与会者报告了自己的论文，并进行了热烈、广泛的讨论，显示了国际间甲午中日战争史研究的新水平。

题　　名　**“甲戌台湾危机”时中日军力对比**
作　　者　罗肇前
刊　　名　福建论坛（文史哲版）
年 卷 期　1996 年 5 期
页　　码　29 – 32

题　　名　**“建国 60 年郑和研究回顾与展望”学术研讨会综述**
作　　者　董宁宁
刊　　名　郑和研究
年 卷 期　2009 年 4 期
页　　码　34 – 35

题　　名　**“津海关事件”纪实**
作　　者　杨智友
刊　　名　文史精华
年 卷 期　2006 年 8 期

页　　码　41－47

题　　名　**“禁止南洋贸易”后果之我见**
作　　者　冯立军
刊　　名　东南亚
年 卷 期　2001 年 4 期
页　　码　30－35
摘　　要　清初，清政府海外贸易政策屡有变化。先是在 1661 年为消灭台湾郑氏势力实行“迁海”政策。郑氏覆亡后，清政府于 1683 年大开海禁，但到康熙五十六年（1717 年）又下令，禁止商民往南洋贸易。对于“禁止南洋贸易”所造成的后果，史学界一般都认为它的实行具有极大的破坏性，阻碍了海外贸易事业的发展，事实是否如此，这是个值得探讨的问题。

题　　名　**“艟船”考略**
作　　者　王杰
刊　　名　中国科技史料
年 卷 期　1994 年 15 卷 1 期
页　　码　85－87

题　　名　**“开台圣王”郑成功**
作　　者　于重峡
刊　　名　世纪桥
年 卷 期　2005 年 5 期
页　　码　86－88
摘　　要　开万古德未曾有之奇，洪荒留此山川，做遗民世界。极一生无可奈何之遇，缺憾还诸天地，是创格完人。1662 年 2 月 1 日，郑成功经过一年的奋战，沦为荷兰殖民地达 38 年之久的台湾，又重新回到祖国的怀抱。台湾的历史从此写下崭新的一页。在收复台湾的伟大斗争中，郑成功展示了卓越的政治军事外交才能，为中国战争史写下了灿烂的一页。为祖国和人民立下了不朽的功勋，永远值得炎黄子孙的敬仰和怀念。

题　　名　**“勘合船”与明代中国文化对日本的影响**
作　　者　朱亚非
刊　　名　山东社会科学
年 卷 期　1987 年 3 期
页　　码　65－69
摘　　要　明代中日官方贸易的形式是勘合贸易。日本的勘合船多次来到中国，对沟通中日双方经济交往起着桥梁作用。关于这方面的问题，两国史学工作者已有一些专著和论文进行过深入的探讨。本文仅就中国文化的东渡谈点浅见。

题　　名　**“空海与中日文化交流国际学术研讨会”综述**
作　　者　韩昇
刊　　名　学术月刊

年 卷 期 2004 年 8 期
页　　码 109 - 110,112

题　　名 **“理谕、设防、开禁”——沈葆桢处理台湾危机的谋略**
作　　者 郭秀清
刊　　名 福州党校学报
年 卷 期 2004 年 6 期
页　　码 70 - 74
摘　　要 沈葆桢是近代杰出的闽籍封建政治家。他在 1874 年日本制造的侵台事件中临危受命,以钦差大臣的身份办理台湾等处海防监理各国事务,处理台湾危机。在危机中他调兵遣将,积极备战,加强防务,切实部署“理谕”、“设防”、“开禁”三者相结合的有效方针,挫败了怀着狼子野心的日本,保卫了台湾。

题　　名 **“利玛窦难题”与明代海运**
作　　者 解扬
刊　　名 读书
年 卷 期 2010 年 6 期
页　　码 45 - 53

题　　名 **“流马”是船不是车**
作　　者 史继刚
刊　　名 文史杂志
年 卷 期 1999 年 21 卷 1 期
页　　码 78

题　　名 **“琉球”是否指“台湾”,引用必须作分析**
作　　者 朱鉴秋
刊　　名 郑和研究
年 卷 期 1995 年 1 期
页　　码 38

题　　名 **“六国码头”考——兼论拓宽“郑和下西洋在刘家港”的研究视野**
作　　者 吴聿明
刊　　名 郑和研究
年 卷 期 1988 年 12 期

题　　名 **“妈祖”读音考**
作　　者 邓景滨
刊　　名 方言
年 卷 期 1999 年 4 期
页　　码 307 - 309

题　　名　**“妈祖”名称的来源**
作　　者　郭志超
刊　　名　世界宗教文化
年 卷 期　2004 年 2 期
页　　码　23

题　　名　**“妈祖”名称的由来**
作　　者　蒋维锬
刊　　名　东南学术
年 卷 期　1990 年 3 期
页　　码　78 – 80

题　　名　**“妈祖”名称起源于澎湖**
作　　者　蓝岭
刊　　名　福建宗教
年 卷 期　2002 年 4 期
页　　码　46
摘　　要　妈祖崇拜发祥于湄洲岛,而“妈祖”名称则起源于澎湖岛。海神林氏,原是北宋早期的历史人物。据有关林氏的最早文献南宋廖鹏飞《圣墩祖庙重建顺济庙记》,林氏,“湄洲屿人,初,以巫祝为事,能预知人祸福。既殁,众为立庙于本屿”。自宋迄清,历封为夫人、妃、天妃、天后。然而,民间却另有称呼。在南宋的文献中,除敕赐的封号和庙额外,林氏称为“林氏女”、“神女”,其庙称为“神女庙”或“女郎庙”。

题　　名　**“妈祖”原型与许地山小说的关系**
作　　者　张永
刊　　名　江苏社会科学
年 卷 期　2003 年 1 期
页　　码　124 – 129
摘　　要　本文从民俗学角度阐释妈祖文化对许地山创作的影响。妈祖从一个真实普通的女性演化为特异的神灵,并在长期流传中浸染上宗教色彩。小说中人物刻画、意象营造和情节建构都与妈祖原型叙事存在着同构现象。

题　　名　**“麻那里”考辨**
作　　者　许永璋
刊　　名　郑州大学学报(哲学社会科学版)
年 卷 期　2009 年 1 期
页　　码　156 – 158
摘　　要　元代汪大渊《岛夷志略》中记载的“麻那里”,不是澳洲北部达尔文港以东一带,也不是肯尼亚的马林迪,而是坦桑尼亚的松戈・姆纳拉岛。

题　　名　“美洲”地名由来与郑和远航
作　　者　张箭
刊　　名　郑和研究
年 卷 期　1997 年 2 期

题　　名　“蒙冲”是小型战船——与胡继统先生商榷
作　　者　洪光文
刊　　名　语文月刊
年 卷 期　1992 年 6 期
页　　码　14

题　　名　“米昔刀”小考
作　　者　马明达
刊　　名　海交史研究
年 卷 期　2000 年 37 期
页　　码　47 – 49

题　　名　“明代海外贸易简论”读后
作　　者　冯汉镛
刊　　名　读书
年 卷 期　1957 年 5 期
页　　码　16,11

题　　名　“南方丝绸之路”出土海贝与贝币浅论
作　　者　刘世旭
刊　　名　中国钱币
年 卷 期　1995 年 1 期
页　　码　3 – 7

题　　名　“南方丝绸之路”货币初探
作　　者　孙仲文
刊　　名　南洋问题研究
年 卷 期　1993 年 1 期
页　　码　46 – 52,61

题　　名　“南海一号”:海上丝绸之路的荣光
作　　者　张演钦
刊　　名　大地
年 卷 期　2007 年 14 期
页　　码　54 – 57

题　　名　“南洋海军”的来龙去脉

作　　者　韩强

刊　　名　历史学习

年 卷 期　2003年12期

页　　码　14－15

摘　　要　现行高中人教版《中国近代现代史》教材在“洋务运动”的兴起和发展中写道：到80年代中期，洋务派初步建成了北洋、南洋和福建三支海军。对于北洋和福建海军，教材在中日甲午战争和中法战争中均作了介绍和交代。唯独对于南洋海军，教材和教参均未再提及。

题　　名　“南越王船”研究

作　　者　金行德

刊　　名　广东造船

年 卷 期　2009年2期

页　　码　74－75

摘　　要　作者对西汉南越文王墓出土的一个提筒上的船纹进行了研究，发现该船纹绘有首锚、水密舱、尾舵，由此可见首锚、水密舱、尾舵在我国出现的时间应不迟于秦汉时期。

题　　名　“娘妈”、“妈祖”名称新解

作　　者　陈元煦

刊　　名　福建师范大学学报（哲学社会科学版）

年 卷 期　1999年1期

页　　码　121－122

摘　　要　本文对“娘妈”、“妈祖”名称的由来、含义及其演变等问题作了新的探索。

题　　名　“宁波海上丝绸之路学术研讨会”综述

作　　者　白芳

刊　　名　中国史研究动态

年 卷 期　2006年4期

页　　码　26－27

摘　　要　2005年12月10日至12日，由中国中外关系史学会、宁波市文化广电新闻出版局及浙江日本文化研究所联合主办的“宁波海上丝绸之路学术研讨会”在宁波召开。会议收到论文50余篇，来自中国内地、香港、澳门、台湾地区及日本等60余位专家学者出席了会议。

题　　名　“瓯居海中”考

作　　者　梁岩华

刊　　名　东方博物

年 卷 期　2006年4期

页　　码　84－92

摘　　要　《山海经·海内南经》载“海内东南陬以西者，瓯居海中。”该记载是古代瓯人见诸华夏古籍的最早记载之一，在论及浙南古史（尤其是先秦史）时常见引用。然学者们对“瓯居海中”的理解并不一致。本文对“瓯居海中”这一认识出现的时间及当时瓯人的生活环境进行了初步考证，并从古代瓯人与祖国北方及南方内地人们的交往途径角度对“瓯居海中”的内涵及成因作了进一步探讨。

题　　名　“葡人驱逐澳门海盗得澳说”研究思路的历史演变
作　　者　张廷茂
刊　　名　文化杂志
年 卷 期　2004 年 51 期

题　　名　“葡萄牙染色体”——16－18 世纪澳门特色的形成
作　　者　[葡]弗洛雷斯 著;盛力 译
刊　　名　文化杂志
年 卷 期　2003 年 49 期
页　　码　89－96

题　　名　“遣唐使时代的东亚文化交流”国际学术研讨会述要
作　　者　韩升
刊　　名　日本学刊
年 卷 期　1999 年 2 期
页　　码　151－155
摘　　要　首届“遣唐使时代的东亚文化交流”国际学术研讨会,近日在杭州隆重举行。此次会议由浙江大学日本文化研究所主办,日本国际交流基金会赞助,日本驻上海总领事桥本逸男莅会致贺,40 多位中日两国的专家学者相聚西子湖畔,交流学术,切磋问题。

题　　名　“秦汉造船工场”遗址问题
作　　者　吴壮达
刊　　名　开放时代
年 卷 期　1983 年 2 期
页　　码　43－46
摘　　要　1974 年,在位于广州旧城区市街东部的市文化局内,距地面下约 5 米深处,发现大型木建筑遗址。据广州文物管理处试掘和研究的结果,认为是秦汉造船工场遗址,始建于秦代统一岭南时期,到了西汉初年的文、景之际,即南越赵佗割据称帝之后才被废弃填覆的(见《文物》1977 年第 4 期第 15 页)。无疑,这是一个极其重要的发现。

题　　名　“泉州学”？跨文化研究？文化并存
作　　者　王铭铭
刊　　名　海交史研究
年 卷 期　2003 年 43 期
页　　码　81－90

题　　名　“让”姓系明惠帝后代
作　　者　人仄
刊　　名　郑和研究

年 卷 期 2000 年 2 期
页　　码 33

题　　名 **“日落国”考证——兼论明代中国与罗马教廷的交往**
作　　者 廖大珂
刊　　名 厦门大学学报(哲学社会科学版)
年 卷 期 2005 年 4 期
页　　码 108－114
摘　　要 明成祖登基后,实行开放的对外政策,派遣郑和下西洋,与世界各国建立了友好关系。永乐年间,“日落国”入明朝贡,然而“日落国”究竟位于何处,至今是一个谜。事实上,中国记载的“日落国”即阿拉伯人所谓的 Djabulsa,中国载籍中又称“茶弼沙国”,指的是欧洲,而永乐年间入贡的“日落国”即罗马教皇国。“日落国”的入贡,是明代外交和郑和下西洋的一大成就,也是中欧关系史上重要事件。

题　　名 **“三宝太监”是白人**
作　　者 李天纲
刊　　名 书城
年 卷 期 2005 年 3 期
页　　码 33－36

题　　名 **“三保太监”名号的由来**
作　　者 范中义
刊　　名 历史研究
年 卷 期 1982 年 4 期
页　　码 145－146

题　　名 **“三保太监”下“西洋”**
作　　者 陈公元
刊　　名 西亚非洲
年 卷 期 1980 年 1 期
页　　码 64－67
摘　　要 “维峭挂席,际天而行”,明人黄省的这两句词,生动地描绘了一支庞大的船队,在浩瀚的海洋上千帆竞发,乘风破浪,向前挺进的雄伟气概。五百多年前,明代杰出的航海家“三保太监”郑和率领庞大的船队,从苏州刘家河(今江苏太仓浏河)张帆出港,远航“西洋”。

题　　名 **“三保太监下西洋”的保健医生配备略述**
作　　者 傅维康
刊　　名 医古文知识
年 卷 期 2000 年 2 期
页　　码 36
摘　　要 “三保太监下西洋”,是指明朝永乐三年(1405),明成祖朱棣派遣“内官监太监”郑和(小字三保、三宝,1371－1435)率船队首次远航出使“西洋”。当时所称“西洋”,实为现今文莱(Brunei)以西的海洋。这在世界航海史上谱写了中华航海史的辉煌篇章。此次远航，往返历时近2年3个月。其后25年中，他又6次奉派率领船队远航“西洋”，先后到达南洋、印度洋与亚洲、非洲30多个国家和地区。

题　　名　“三保太监下西洋”二三事
刊　　名　上海海事大学学报
年 卷 期　1982年2期
页　　码　22
摘　　要　“三保太监下西洋”，是我国明初大规模的远洋航行，不论在我国航海史上还是在世界航海史上，都是十分有意义的壮举。

题　　名　“三洋海军”考辨——兼论清政府发展近代海军的构想和实施
作　　者　姜鸣
刊　　名　学术月刊
年 卷 期　1986年10期
页　　码　66－70

题　　名　“神武天皇＝徐福”之谜
作　　者　徐秉浩
刊　　名　读者文摘
年 卷 期　1981年4期
页　　码　8－9

题　　名　“沈庄大捷”与《平海寇碑》
作　　者　杉木
刊　　名　平湖编志通讯
年 卷 期　1987年1期
页　　码　37－38

题　　名　“师夷长技”的先驱——江南制造局
作　　者　严海建
刊　　名　装备制造
年 卷 期　2008年6期
页　　码　87－91

题　　名　“师夷长技”与“通经致用”——重读魏源《海国图志》
作　　者　张治江
刊　　名　华夏文化
年 卷 期　2006年3期
页　　码　61－63

题　　名　“师夷长技以制夷”——读《海国图志》札记
作　　者　肖致治
刊　　名　新湘评论
年 卷 期　1981 年 1 期
页　　码　52 – 54

题　　名　“十三行”名称由来考
作　　者　徐新吾，张简
刊　　名　学术月刊
年 卷 期　1981 年 3 期
页　　码　22 – 23

题　　名　“市舶”的演变及其影响
作　　者　张坪
刊　　名　中学历史教学参考
年 卷 期　2001 年 5 期
页　　码　26
摘　　要　唐代海外贸易繁荣，为管理对外贸易，朝廷在广州等港口设立了市舶使，这是我国古代最早的对外贸易官署。其职责为：检查出入海港的外商船舶，征收关税，收购政府专卖品等。

题　　名　“是邦控岛夷，专集聚商舸”——元代的庆元港
作　　者　文彬
刊　　名　宁波经济
年 卷 期　1998 年 5 期
页　　码　43
摘　　要　元世祖至元十三年（公元 1276 年），元军占领明州后，旋即更明州府为庆元府，同年又改庆元路。明州港由此也随之更名为庆元港。元代在对外贸易上，较之两宋时期更为开放，如果说宋代的海外贸易已经从依附于政治的从属地位摆脱出来，而转为对经济利益的追求，那么元代的海外贸易实际上已导向全方位的开放，成为朝廷的基本国策之一。

题　　名　“双屿”考略
作　　者　毛德传
刊　　名　中国方域：行政区划与地名
年 卷 期　1997 年 2 期
页　　码　24 – 25

题　　名　“水稻之路”与弥生文化
作　　者　王勇
刊　　名　浙江社会科学
年 卷 期　2002 年 4 期
页　　码　148 – 151

摘　　要　日本的水稻农耕,一般认为起源于3世纪的弥生时代,但是近20年的考古发现证明,距今约3000年前的绳纹晚期,九州一带已出现大面积水田遗构。围绕日本水稻的起源,历来有"自生说"和"外来说",目前"外来说"已成学界定论,但是关于传播的路线则有多种意见。本文除了水稻、农具之外,还从房居、村落、蚕桑、纺织、粗陶、宗教诸方面寻觅江南文化的印记,以为"江南传播说"提供更多的佐证。

题　　名　**"水密隔舱"发明史话**
作　　者　王心喜
刊　　名　航海
年 卷 期　1992年3期
页　　码　32

题　　名　**"丝绸之船"通美洲**
作　　者　嵇立群
刊　　名　华夏文化
年 卷 期　1997年1期
页　　码　49－50

题　　名　**"丝绸之路"考释**
作　　者　黄启臣
刊　　名　文化杂志
年 卷 期　2003年48期

题　　名　**"丝绸之路"历史进程中的中国——"中国与东南亚"国际学术讨论会综述**
作　　者　叶恩典
刊　　名　海交史研究
年 卷 期　1998年33期

题　　名　**"丝绸之路"与"书籍之路"——试论东亚文化交流的独特模式**
作　　者　王勇
刊　　名　浙江大学学报(人文社会科学版)
年 卷 期　2003年5期
页　　码　5－12
摘　　要　"丝绸之路"最初是西方人针对东西方贸易路线提出的术语,不能无节制地套用于世界其他区域间的文化交流。若从东方人的立场对古代东亚(尤其是中日)文化交流史进行考察,可以发现,东亚文化交流无论在内容、形式,还是在意义、影响等方面,均有别于"丝绸之路",故应倡导"书籍之路"的概念。如果说丝绸是中华物质文明的象征,那么,书籍则是中华精神文明的结晶;一般而言,物质文明缺乏自我再生能力,而精神文明则可影响人们的心灵,并超越时空,惠及后代。日本的遣隋唐使均以购求书籍为重任,这便是中日两国虽然人员往来极少,但日本继承中国文化甚多之原因所在。

题　　名　**"死港"的复活:一个国家的视角**
作　　者　姜修宪

刊　　名　福州大学学报(哲学社会科学版)
年 卷 期　2008 年 3 期
页　　码　5 -9,112
摘　　要　五口通商后,福州港何以在长达十年的时间内几乎没有什么正常的对外贸易?利用现存档案资料分析五口通商时期福州港对外贸易的历史进程,并对制约港口贸易的因素进行分析,可以看出官方对对外贸易态度的变化是导致港口由“死港”走向繁荣的根本原因。换言之,制度变迁导致了港口贸易的繁荣,进而促进了区域经济的发展。

题　　名　**“宋地万人杰 本朝一国师”——高僧一山一宁访日事迹考略**
作　　者　包江雁
刊　　名　浙江海洋学院学报(人文科学版)
年 卷 期　2001 年 2 期
页　　码　24 -26
摘　　要　一山一宁访日正当元世祖两次东征失败之后,恢复了因战争而中断近 20 年的中日关系。一山在日本留居 18 年,创建了禅宗一山派,受到日本两代天皇的尊崇。一山在日本不仅弘扬佛法,而且还传播了宋学、文学及书画艺术,促进了中日文化交流。

题　　名　**“台湾”名称由来考略**
作　　者　邵秦
刊　　名　历史研究
年 卷 期　1982 年 2 期

题　　名　**“太平篮”、“太平筐”考略**
作　　者　李崇州
刊　　名　自然科学史研究
年 卷 期　2005 年 24 卷 1 期
页　　码　91 -96
摘　　要　清代后期,通航北洋漕运的沙船和福建沿海的渔船在海上遭遇风暴时,曾分别使用过两种不同的抢险工具:沙船使用的叫“太平篮”,可使船体避免过度倾斜;福建沿海渔船使用的叫“太平筐”,可使船体保持稳定。

题　　名　**“太平洋丝绸之路”研究的回顾与展望**
作　　者　李毓中
刊　　名　新史学
年 卷 期　1999 年 10 卷 2 期
页　　码　145 -169

题　　名　**“唐船风说书”与流传在日本的乾隆南巡史料**
作　　者　华立
刊　　名　清史研究
年 卷 期　1997 年 3 期

页　　码　97－106

题　　名　“唐人”考略
作　　者　洪卜仁
刊　　名　学术月刊
年 卷 期　1981 年 3 期
页　　码　52－53
摘　　要　一九八〇年第一期的《社会科学辑刊》，发表了日本关西大学大庭脩教授题为《日清贸易概况》一文中提到：“江户时代的日本人之所以把中国称为唐人，中国船称为唐船，其原因可以这样认为，郑成功以及郑氏势力下的人们，从自己反清扶明的意识出发，为了表示自己是唐王的臣民，自称唐人。”大庭脩教授长期从事日中关系史的研究，在学术上的成就是很令人钦佩的，但他论文中关于“唐人”的注释，笔者不敢苟同。史实告诉我们，寓居海外的中国人称“唐人”，航行海外的中国船称“唐船”，由来已久，并非因为唐王朱聿键在福州建立南明隆武小朝廷才开始的。兹就个人接触到的有关史料，略考“唐人”一词的起源及其流传过程，兼就正于大庭脩教授。

题　　名　“陶瓷之路”上的越窑瓷器
作　　者　何鸿
刊　　名　佛山陶瓷
年 卷 期　2002 年 12 卷 5 期
页　　码　36－38
摘　　要　“陶瓷之路”这一概念是由日本古陶瓷学家和历史学家三上次男 20 世纪 60 年代提出的。在其所著《陶瓷之路》一书中，作者系统阐述了中国古陶瓷在各个国家发现、收藏、外销的基本情况，以亲身经历和对中国古陶瓷的精深研究，阐释了中国古陶瓷的世界意义。我们清楚地发现，在这条海上商贸之路——“陶瓷之路”沿岸发现的中国陶瓷，已深深影响了这个地区人们的文化生活，数量之大，灿若群星。我国著名的陶瓷学家叶文程先生指出：“浙江青瓷输往的国家和地区，在亚洲有：越南、朝鲜、日本、菲律宾、马来西亚、文莱、印度尼西亚、巴基斯坦、印度、阿富汗、伊朗、伊拉克、叙利亚、以及阿拉伯半岛的一些国家；在非洲有：摩洛哥、肯尼亚、埃及、埃塞俄比亚、索马里、坦桑尼亚等。我国其他一些瓷器销往国外的，虽然数量和品种也相当可观，但销往的国家和地区都有一定的局限性，根本不能和浙江青瓷相提并论。

题　　名　“天后”、“天上圣母”称号溯源
作　　者　蒋维锬
刊　　名　莆田学院学报
年 卷 期　2004 年 11 卷 1 期
页　　码　74－78
摘　　要　通过引证相关档案和文献史料，论述多年来，中国大陆和台港澳地区出版的许多妈祖研究著作，因袭“天后”之称源于康熙二十三年加封、“天上圣母”之称源于道光十九年加封这一传统说法是错误的，两种称号实均源自民间，前一称号后来获得清朝廷认可，而后一称号则始终停留在民间的自发传播。

题　　名　“天津水师学堂”设立年月考
作　　者　戴建华
刊　　名　辞书研究

年卷期 2005年4期

页　码 189－190

摘　要 《辞海》“水师学堂”条谓“清末的海军学校。1881年(光绪七年)李鸿章在天津最先设立”。关于“天津水师学堂”的设立时间,《辞海》与诸多资料、工具书、教科书的说法不同。

题　名 “通漕”与“变漕”——明清漕运法规变革研究

作　者 吴欣

刊　名 山东师范大学学报(人文社会科学版)

年卷期 2009年54卷3期

页　码 64－68

摘　要 明清时期漕运关涉国家命脉,为保障漕运而制定的各项漕运法规也因此较为严格。明清易帜,漕运之制虽大多被相沿承袭,但有关法规如选补官丁、回空限例、运漕脚价、沿途攒运、船帮额数、扣追欠款等却发生了部分变化,总体呈现愈加细密、严厉的特点。这些应时之变,既是明清社会政治变革、经济发展的必然结果,也反映了立法与执法之间的矛盾。

题　名 “屯门岛”——葡人始占中国据点考辨

作　者 施存龙

刊　名 文化杂志

年卷期 1997年33期

题　名 “倭患”榷疑

作　者 吕继林

刊　名 中学历史教学参考

年卷期 2008年1期

页　码 117－118

题　名 “倭寇”新论——以“嘉靖大倭寇”为中心

作　者 樊树志

刊　名 复旦学报(社会科学版)

年卷期 2000年1期

页　码 37－46

摘　要 明代的“倭寇”,即所谓“后期倭寇”或“嘉靖大倭寇”,在历史上曾掀起轩然大波,朝野上下议论纷纭。从那时以来,对这一历史现象的认识始终是很歧异的。当代中国的历史论著至今仍存在概念与史实的混淆。“倭寇即日本海盗”这种似是而非表述值得商榷。嘉靖年间东南沿海所谓倭患的根源,在于明朝严厉的海禁政策与日趋增长的海上贸易之间不可调和的矛盾。被人们称为“倭寇王”的王直,是徽州海商出身,把他放在当时国际贸易大潮中审视,许多问题便可迎刃而解。

题　名 “我以著述献中华”——深切怀念郑鹤声教授

作　者 陈尚胜

刊　名 海交史研究

年卷期 1992年21期

页　　码　113－115,51

题　　名　“五口通商”对福州社会经济的影响
作　　者　赖素莲
刊　　名　福建史志
年 卷 期　2000 年 4 期
页　　码　43－45,47

题　　名　“五月花”号和鉴真东渡
作　　者　王传顺
刊　　名　美与时代(上半月)
年 卷 期　2007 年 11 期
页　　码　44－47
摘　　要　历史有时会出现惊人的相似。鉴真东渡和“五月花”号就是这样的故事。鉴真出于佛教目的,历尽艰险,先后六次东渡日本弘扬佛教;而乘坐五月花号的英国清教徒们也是出于宗教迫害原因,飘洋过海,到达美洲,在大洋彼岸信守他们的宗教信条。二者的出现都对所到达的国家和地区产生了深远的影响。

题　　名　“武后改倭国为日本”考
作　　者　何萍
刊　　名　贵州文史丛刊
年 卷 期　1990 年 2 期
页　　码　158－159

题　　名　“西南、西北、海上丝绸之路比较研究学术讨论会”综述
作　　者　王文成
刊　　名　云南社会科学
年 卷 期　2002 年 1 期
页　　码　94

题　　名　“西仔反”在台湾——清法战争的基隆、淡水、澎湖之役
作　　者　许毓良
刊　　名　台北文献
年 卷 期　2004 年 150 期
页　　码　299－344

题　　名　“乡土之神”、“公务之神”与“海商之神”——简论妈祖形象的演变
作　　者　李伯重
刊　　名　中国社会经济史研究
年 卷 期　1997 年 2 期
页　　码　47－58

题　　名　**“小黑子”原来是齐氏魟的结鳞——泉州古船出土物鉴定中一个疑难问题**
作　　者　陈允敦
刊　　名　海交史研究
年 卷 期　1978 年 1 期

题　　名　**“邪马台国”与“卑弥呼”**
作　　者　高宝兴
刊　　名　日语知识
年 卷 期　2004 年 12 期
页　　码　36
摘　　要　“绳文时代”和“弥生时代”的日本人的生活情景，是通过出土文物考证，由历史学家描述出来的。而有关其后日本古代社会“邪马台国”的情况，最早的文献记载则源于我国的史书。

题　　名　**“新视野下的中外关系史研究”学术讨论会综述**
作　　者　万明
刊　　名　琼州学院学报
年 卷 期　2008 年 6 期
页　　码　79－81

题　　名　**“徐芇”“徐市”与“徐福”**
作　　者　朱绍侯
刊　　名　寻根
年 卷 期　1999 年 4 期
页　　码　23

题　　名　**“叶调”名源考**
作　　者　程爱勤
刊　　名　河南师范大学学报（哲学社会科学版）
年 卷 期　1993 年 20 卷 5 期
页　　码　36－40

题　　名　**“一口通商”与“澳门航道”**
作　　者　郑德华
刊　　名　学术研究
年 卷 期　1999 年 12 期
页　　码　35－42
摘　　要　本文集中研究了清朝实行广州“一口通商”的原因与背景，并探求澳门的兴起对广州贸易的刺激作用以及鸦片战争前广州与澳门的内河航道，即“澳门航道”在交通、运输、贸易等方面的作用。

题　　名　“夷情”的误读——道光九年英船“延不进口”案评述

作　　者　张坤

刊　　名　苏州大学学报(哲学社会科学版)

年 卷 期　2010年1期

页　　码　106－109

摘　　要　在鸦片战争前的中英交涉中,误读“夷情”是一不可忽视的现象。道光九年英船“延不进口”案中的“夷情”误读,颇具典型性。该年,东生行对西班牙商行的欠款导致英国东印度公司商船“延不进口”长达半年之久,其矛头直指行商制度,是清朝贸易体制首次遭遇外商的攻击。在两广总督李鸿宾的调停下,英商最终开舱贸易,没有造成武装冲突。记载此事的中英双方档案差异甚大,从中可以看出清政府对“夷情”的大面积误读以及双方信息占有不对称的情况,反映出鸦片战争前中英交涉的一个重要缺陷。

题　　名　“夷夏交争”——中华民族早期的陆海融通

作　　者　张炜

刊　　名　云南师范大学学报(哲学社会科学版)

年 卷 期　2010年3期

页　　码　33－40

摘　　要　中华民族负陆面海的地理大环境,是孕育中华陆地文明和海洋文明的深厚渊源,也是中国内陆与沿海地区的政治、经济和文化相互融通的客观物质基础。从传说中的五帝开始,生活在黄河流域中原地区的诸夏部族就与生活在中国东部沿海地区东夷部族开始了这一融通进程,是谓“夷夏交争”。其中,既有“以夏变夷”的努力,也有“以夷变夏”的尝试,生动体现了中华民族陆海疆域和文化融通的进程,是不应该被忽视的。

题　　名　“宜官”还是“宜宫”?

作　　者　刘明金

刊　　名　湛江海洋大学学报

年 卷 期　2005年25卷2期

页　　码　114－116

摘　　要　在徐闻汉代古墓发掘中,出土了大量古代文物,其中有几块带有小篆篆书的墓砖,经一些专家鉴定,认为其篆书是吉利语,初步定为“宜官”。而从古代哲学思想史和文字学史的角度考察,其篆书应该是“宜宫”而非“宜官”。

题　　名　“以海为田”内涵考论

作　　者　于运全

刊　　名　中国社会经济史研究

年 卷 期　2004年1期

页　　码　17－21

摘　　要　在中国海洋社会经济史和海洋文化研究中,“以海为田”一词频繁为学者所引用,但由于对其内涵的理解不同,出现两种截然不同的解读。本文检索使用“以海为田”一词的历史文献,认为“以海为田”是沿海知识分子和官员对海洋社会分工及生业模式的农本式概括,具体是指海洋渔业、航海商贸等海洋产业,而不是指农业种植。并指出,弄清“以海为田”的真实内涵,对中国海洋社会经济史和海洋文化研究思维方式的调整,实现学术思想的转换,具有现实意义。

题　　名　“亦思巴奚”初探
作　　者　廖大珂
刊　　名　海交史研究
年 卷 期　1997 年 31 期
页　　码　75 – 81

题　　名　“抑商”与“海禁”对中国政治经济的影响
作　　者　丁新
刊　　名　历史学习
年 卷 期　2007 年 1 期
页　　码　44

题　　名　“用斗钱运斗米”辨——关于唐代漕运江南租米的费用
作　　者　孙彩红
刊　　名　中国农史
年 卷 期　2002 年 2 期
页　　码　56 – 62

题　　名　“用人为首”——读朱采的《海防议》
作　　者　黄玉兰
刊　　名　河北师范大学学报(哲学社会科学版)
年 卷 期　1983 年 2 期
页　　码　92 – 94,112

题　　名　“运河”正名
作　　者　郑慧生
刊　　名　华侨大学学报(哲学社会科学版)
年 卷 期　2001 年 2 期
页　　码　106 – 107
摘　　要　中国古代把人工开凿的河叫做“渠”,如郑国渠、灵渠、通济渠、永济渠……人工开凿的渠南北走向,才叫做运河,如京杭大运河。但后人不知,把所有人工开凿的河都叫运河,运河的概念就变了,说什么隋炀帝修运河,其实炀帝修的是渠,不是南北走向的运河。

题　　名　“造舟为梁”及早期浮桥史探考
作　　者　王子今
刊　　名　文博
年 卷 期　1998 年 4 期
页　　码　44 – 49,68
摘　　要　顾颉刚先生史学研究创见宏富,其中有关中国古代交通史研究的许多成果,如对于“周行周道”,对于“革船”,对于“砧”与“厉”,对于“赞水者”等专题的考论,都有开拓性的学术贡献。而对于“造舟为梁”的解释,亦予以交通史研究者颇为重要的启示。

题　　名　“针迷舵失”试探——中国14至15世纪初航海的地磁影响
作　　者　戴念祖
刊　　名　海交史研究
年 卷 期　2003年43期
页　　码　51－56
摘　　要　在中国的航海史上,有所谓“下西洋”的远航商贸活动。船从东南沿海出发,经过南海,穿过马六甲海峡,到孟加拉湾,甚而越过印度洋而抵非洲东海岸。航海中以牵星术和罗盘导航。元代汪大渊和明代费信在远航归国后都曾著书以记录航行见闻。他们的著作中都曾言及船舶经过七洲和昆仑时出现“针迷舵失”的现象。舵是以指南针的指向来确定航行路线的,所谓“针迷舵失”意指罗盘上的磁针“迷失”了南北方向。只要磁针尚有磁性,它迷失方向是决不可能的事。对于这历史上的航海之迷迄今未见有文章讨论之。本文就此谈点看法,以就教于读者。

题　　名　“镇远”沧桑
作　　者　陈会杰
刊　　名　平顶山师专学报
年 卷 期　1995年10卷3期
页　　码　41－45,51

题　　名　“郑和发现美洲古地图”并不可靠
作　　者　郑海麟
刊　　名　文史知识
年 卷 期　2006年4期
页　　码　120－121
摘　　要　据元月16日《明报》“国际要闻”版转载英国《经济学人》报道,北京和伦敦的格林威治国家海事博物馆,今天将同时展出一张中国古代地图,也许是证明中国航海家郑和最先发现美洲的理论。如果属实,这意味中国航海家大约早于哥伦布70年便发现了美洲,哥伦布是在1492年发现美洲大陆的。

题　　名　“郑和谜题”:国家的贸易激励、选择权与制度冲突
作　　者　张杰
刊　　名　社会科学战线
年 卷 期　2008年2期
页　　码　79－87
摘　　要　15世纪初期的晚明中国曾面临一次重建全球经济联系的重大历史机遇,作为此间一个标志性事件,郑和的远航壮举并没有将中国经济带入新的全球化发展阶段,相反,随着郑和远航行动的戛然停止,晚明中国的经济体制变得更加封闭,由此留下一个长期令人困惑的“郑和谜题”。通过对这一时期中国社会经济深层因素的考察,发现极低的海外贸易财政贡献度决定了政府低落的海外贸易激励。基于此,在国家拥有海外贸易选择权的前提下,大规模的航海行动极易超越经济目标,此正是郑和航海未能产生长期贸易拓展效应的基本原因。如今,面对新一轮经济全球化的挑战,中国能否把握住机遇,仍将取决于国家主义和开放主义的结合以及国家和经济组织贸易激励的兼容。

题　　名　“郑和铜钟”之谜
作　　者　胡善寿，古山梅
刊　　名　航海
年 卷 期　1993 年 5 期
页　　码　40 - 41
摘　　要　明永乐年间，我国伟大的远洋航海家郑和七次下西洋。每次下西洋，他那浩浩荡荡的船队，都是从江苏刘家港(今太仓浏河)来到福建，驻泊在长乐县吴航候风，然后从五虎门扬帆出国。

题　　名　“郑和下西洋”的历史背景
作　　者　亦明
刊　　名　历史教学
年 卷 期　1959 年 5 期
页　　码　23 - 28
摘　　要　郑和下西洋是 15 世纪上半叶世界历史上的壮举，但它没有象稍后的哥伦布发现美洲那样形成越来越强大的扩张潮流。本文拟从明政府及当时各阶层居民的追求的角度，探讨它的性质及其突然中止的原因。

题　　名　“郑和下西洋”的启示
作　　者　杨杰
刊　　名　中国穆斯林
年 卷 期　2005 年 4 期
页　　码　33 - 34
摘　　要　郑和下西洋是中外关系史上的一件盛事，它不仅在当时对明朝重建“天朝上国”震主之威发挥了积极作用，而且对此后数百年乃至当今的中国外交提供了许多有益的启示。

题　　名　“郑和下西洋”的一个重要史实探讨
作　　者　陈有和
刊　　名　南开学报(哲社版)
年 卷 期　1980 年 4 期
页　　码　74

题　　名　“郑和下西洋”的再认识——兼论“下西洋”同封建专制政治的关系
作　　者　冯尔康
刊　　名　南开史学
年 卷 期　1980 年 2 期

题　　名　“郑和下西洋”现象的文化解读
作　　者　刘振华
刊　　名　学海

年 卷 期 2005年3期

页 码 62－65

摘 要 人类历史是由一组组现象构成的，而任何一个影响深远的历史现象实质上都是一种文化现象。郑和下西洋作为一个对世界航海史产生重大影响的历史现象，包含着经济、政治、文化、外交、贸易、航海等丰富的内涵。郑和以一种积极进取的精神，不畏艰难险阻，创造了七次率领庞大的远洋船队下西洋的奇迹，体现了一个和平友好使者的形象。然而，在国外的郑和研究中，也存在着一些诸如郑和下西洋是"侵略论"之类的"误读"。通过对"郑和下西洋"现象进行文化解读，可以看出郑和远航在走向世界开展和平外交的过程中，以"共享太平之福"为宗旨，弘扬"和为贵"的精神，为传播中华文明作出了杰出的贡献。

题 名 **"郑和下西洋"与"华侨华人"**

作 者 苏海涛

刊 名 重庆社会主义学院学报

年 卷 期 2002年4期

页 码 41－44

摘 要 郑和七下西洋的辉煌与成功，在今天看来，很大程度上得益于东南亚地区华侨华人提供的物质、文化、地理、风土人情上的帮助，及当地政界的支持。否则，郑和不可能与当地的地方政府关系如此密切。另一方面，这也得益于郑和每次下西洋，留下的中国文化的情结和一部分随船去东南亚而定居下来的"华侨华人"，这些人成为郑和再下西洋的得力接应者与援助者。

题 名 **"郑和下西洋与华侨华人论坛"综述**

作 者 晓雾

刊 名 华侨华人历史研究

年 卷 期 2005年3期

页 码 73－76

摘 要 2005年是郑和下西洋600周年，为了纪念郑和下西洋推动和平外交、发展睦邻友好关系，由中国侨联、中国致公党中央委员会主办，全国纪念郑和下西洋600周年活动筹备工作领导小组支持的"郑和下西洋与华侨华人论坛"于2005年5月17日在福建省福州市西湖宾馆举行，论坛主题为："热爱和平、睦邻友好、合作发展"。

题 名 **"郑和与海洋"研讨会学术综述**

作 者 王建成

刊 名 郑和研究

年 卷 期 1998年3期

页 码 11－14

题 名 **"郑和曾东渡日本"受质疑**

作 者 人仄

刊 名 郑和研究

年 卷 期 2004年2期

页 码 61

题　　名　“郑旋风”翩翩下西洋
作　　者　刘重日
刊　　名　中国经贸
年 卷 期　2004 年 9 期
页　　码　80－81
摘　　要　截至永乐 14 年底(公元 1416 年),“西洋”各国(包括东非在内)到中国访问的就有十九个国家的使者,开创了明王朝从来没有过的外交盛况。可以说郑和在 15 世纪初叶的中国对外关系史上掀起了一阵“郑旋风”。

题　　名　“只博黄金不博诗”的宋代海商
作　　者　李冰
刊　　名　海洋世界
年 卷 期　2008 年 9 期
页　　码　12－16
摘　　要　宋代海商的舍身经营,不仅使当时朝廷的税收得以增加,更加强了宋朝与其他国家之间的经济、文化交往,亦带动了周围国家的经济发展,为后世海外贸易的发展提供了借鉴。

题　　名　“至大新政”与元武宗时期的海运
作　　者　孟繁清
刊　　名　河北师范大学学报(哲学社会科学版)
年 卷 期　2006 年 1 期
页　　码　123－128
摘　　要　海运江南粮至大都(今北京),是元朝政府应对南北经济差异,保障京师用粮的重要举措。桑哥秉政时期,曾出现元代海运史上的第一次高峰。元武宗即位后,推行“至大新政”,加强海运管理,提高运粮船户待遇,海运数又逐渐攀升,形成了元代海运史上的第二次高峰。

题　　名　“致远”舰沉没原因考
作　　者　姜峰
刊　　名　兰台世界
年 卷 期　2010 年 7 期
页　　码　52－53

题　　名　“致远”舰沉没之谜
作　　者　李国辉
刊　　名　海洋世界
年 卷 期　1998 年 4 期
页　　码　30－31
摘　　要　民族英雄邓世昌在中日甲午黄海海战中为国捐躯的壮举,早已是妇孺尽知,有口皆碑,但他指挥的“致远”舰是如何沉没,直到今天还众说纷纭,莫衷一是,成为一个百年之谜。

题　　名　“中国兵权不可假与外人”——曾国藩、李鸿章与“阿思本舰队”
作　　者　雷颐
刊　　名　世界知识
年 卷 期　2005 年 22 期
页　　码　60 – 62
摘　　要　“阿思本”舰队从一开始就一波三折,关键是指挥权归谁。舰队刚组建就解散的事实,促使一部分清廷大员逐渐萌发自主建立军事工业的思想。

题　　名　“中国海外贸易与海外移民史”研讨会综述
作　　者　耿昇
刊　　名　深圳大学学报(人文社会科学版)
年 卷 期　2003 年 20 卷 3 期
页　　码　125 – 128
摘　　要　2002 年 12 月 1 – 3 日,中国中外关系史学会与深圳大学联袂召开了“中国海外贸易与海外移民史”学术讨论会,来自全国各地(包括港澳)的 50 余名学者应邀参加这次学术盛会。大会共收到论文 40 余篇,其中不少是上乘之作。

题　　名　“中国皇后”号——到达中国的第一艘美国商船
作　　者　李文俊
刊　　名　海交史研究
年 卷 期　1988 年 14 期

题　　名　“中国皇后”号传奇
作　　者　郑明
刊　　名　中国远洋航务
年 卷 期　2007 年 11 期
页　　码　84 – 96
摘　　要　美国人民十分珍视和怀念他们祖先的“中国皇后”号木帆船,在 1784 年首创远航来东方跨洋航线,为开拓美中直接航海贸易所做的历史贡献。

题　　名　“中国皇后”号开启中美贸易
作　　者　张小丁
刊　　名　文史杂志
年 卷 期　2001 年 3 期
页　　码　62 – 64

题　　名　“中国皇后”号首次来华
作　　者　霍世亮
刊　　名　瞭望周刊
年 卷 期　1984 年 36 期
页　　码　34 – 35

摘　　要　二百年前的八月二十八日，一艘载重三百六十吨的美国商船"中国皇后"号到达了我国广州黄埔港，从这一天起，开始了中美两国之间直接的贸易和文化往来。"中国皇后"号的来华有它当时的历史背景。

题　　名　"重陆轻海"的海防观与鸦片战争的败绩（上）
作　　者　刘中民
刊　　名　海洋世界
年 卷 期　2009年1期
页　　码　68－72
摘　　要　19世纪中叶，当英国以坚船利炮无情地从海上发动鸦片战争撞击国门的时候，当西方的殖民船队漂洋过海来到中国的时候，中国这个曾使西方人羡慕、敬畏的千年帝国却已经失去了往日的光辉。19世纪的中国在政治、经济、军事和文化等备方面都远远落后于英国。而此时的英国已经先后用武力战胜了葡萄牙、西班牙和荷兰等老牌的殖民强国，夺取了海外殖民的霸权。

题　　名　"重陆轻海"的海防观与鸦片战争的败绩（下）
作　　者　刘中民
刊　　名　海洋世界
年 卷 期　2009年2期
页　　码　69－73
摘　　要　19世纪中叶，当英国以坚船利炮无情地从海上发动鸦片战争撞击国门的时候，当西方的殖民船队漂洋过海来到中国的时候，中国这个曾使西方人羡慕、敬畏的千年帝国却已经失去了往日的光辉。19世纪的中国在政治、经济、军事和文化等备方面都远远落后于英国。而此时的英国已经先后用武力战胜了葡萄牙、西班牙和荷兰等老牌的殖民强国，夺取了海外殖民的霸权。

题　　名　"舟船之盛，尽于江西"——历史上江西的航运业
作　　者　许怀林
刊　　名　江西师范大学学报（哲学社会科学版）
年 卷 期　1988年1期
页　　码　15－21
摘　　要　人类对水流的利用，有极为悠久的纪录。黄河、长江，是中华民族古代灿烂文化赖以发展的基本条件。在江西，繁荣的封建经济和文化事业，也是和航运分不开的。本文拟对江西历史上的航运情况，勾画一个轮廓，窥测古代江西的航运能力、兴衰的原因，以及封建官府对航道的制约措施。限于史料不足，在论及事物之间关系的时候，经常是靠逻辑推理来填补空缺的。不妥和谬误之处，企求读者指正。

题　　名　"舟楫为舆马，巨海为夷庚"——东吴的造船与航海
作　　者　冯蔚然
刊　　名　上海海事大学学报
年 卷 期　1986年2期
页　　码　108

题　　名　“朱成功献日本书”的送达者非桂梧、如昔和尚说

作　　者　南炳文

刊　　名　史学集刊

年 卷 期　2003 年 2 期

页　　码　38－40,110－111

摘　　要　《华夷变态》一书载有郑成功 1658 年写给日本德川幕府的一封信,该信的送达者书中没有提及,但近来有的学者提出送达者为桂梧、如昔两个僧人,这是误解。发生这个误解的原因,在于《华夷变态》原文中把信中应为“敢望僧桂悟如昔重来”一句话误印为“敢望僧桂梧、如昔重来”(因字形相近而将“悟”字误为“梧”字,又误加了一个顿点),而这位学者未加辨别。桂悟是明武宗正德年间日本派往明朝进行勘合贸易的遣明使,全名为了庵桂悟,所谓“敢望僧桂悟如昔重来”,其意乃谓“岂敢企盼着如同僧桂悟那样的遣明使像过去那样再次来到(明朝)”,表达了郑成功迫切希望与日通好的心情。

题　　名　“朱垠”即珠崖考

作　　者　李勃

刊　　名　学术研究

年 卷 期　2007 年 7 期

页　　码　158

题　　名　“自开商埠”新议

作　　者　沈锦渝,杨明

刊　　名　西华大学学报(哲学社会科学版)

年 卷 期　1988 年 2 期

页　　码　22－23

摘　　要　商埠,是一个国家向其他国家开放的通商城市。中国古代称“关市”,近代又称“通商口岸”或“通商码头”。中国近代商埠,按其性质可分为两类:(一)“约开商埠”,(二)“自开商埠”。中国近代商埠的历史。是一个值得研究的新领域,有待于大家去开拓。而准确其概念的定义,当是研究的首要前提。

题　　名　“总督河道”与“河道总督”

作　　者　张荣仁

刊　　名　济宁学院学报

年 卷 期　2010 年 31 卷 2 期

页　　码　106－112

摘　　要　“总督河道”是我国明代中央政府派出的专门为疏浚、开凿、治理河道的钦差大臣,故亦称总督河道大臣,其原官位、官阶不变,遇事方派遣,事毕回京复命,为非常设之官员。“河道总督”则是我国清代始设的掌管黄河、运河、永定等河,堤防疏浚、治理事务的专职官员,官阶与掌管行省的总督相同,为正二品,加尚书或都御使衔者为从一品。

题　　名　“总教习”还是“洋文正教习”——严复任职北洋水师学堂期间若干史实考证

作　　者　马自毅

刊　　名　历史研究

年 卷 期　2004 年 2 期

页　　码　68 – 83

摘　　要　严复留英回国后，光绪六年在北洋水师学堂所任职务是“洋文正教习”，而非“总教习”。严复有很强的语言才能，他关注政治、社会和思想文化，但专业成绩与实践能力并不出色。在海军初创、急需舰队军官时，严复虽为驾驶科班出身，却未上战舰，转而从事教学，且所教并非军事技术而是“洋文”。这是沈葆桢、郭嵩焘、李鸿章等人因材用人的安排，并非他人排挤，或不被重用。

题　　名　**“总理海军事务衙门”考**

作　　者　姜鸣

刊　　名　福建论坛（人文社会科学版）

年 卷 期　1987 年 4 期

页　　码　72 – 75

摘　　要　“总理海军事务衙门”，简称“海军衙门”、“海署”，是清季洋务派在“海防”活动中建立的领导全国海军事务的重要机构。是中国历史上第一个独立于“国防部”（兵部）之外的“海军部”。可是，对于这个机构，我们所知甚少。无论《大清会典》、《清朝续文献通考》、《清史稿》等清代典章史料，还是今人的研究著作（如《清代中央国家机关概述》等）都缺乏专门记载和论述。

题　　名　**“足为海军根基”——马尾船政述评**

作　　者　高晓星

刊　　名　军事历史研究

年 卷 期　1998 年 1 期

页　　码　83 – 88

摘　　要　位于福州以东的马尾，是中国近代海军首要的综合建军基地。马尾是中国近代海军的主要军港。这里，建有设施完善的造船厂和中国第一个航空工厂，创办了中国近代第一所海军学校和许多海军教育机构，驻有海防指挥部——总理船政事务衙门和相当数量的海防部队及后勤保障部门。马尾，为中国近代海军的创建和发展立下了不可磨灭的功勋。

题　　名　**《1421 年：中国发现了世界》写作缘起及郑和环球航海新证据**

作　　者　加文·孟席斯，姚继德

刊　　名　回族研究

年 卷 期　2003 年 2 期

页　　码　5 – 11

摘　　要　2003 年 3 月 15 日，英国皇家海军退役军官加文·孟席斯先生历经 14 年的潜心研究，在英国伦敦皇家地理学会发表了中国明朝回族航海家郑和率领的舰队首次完成了环球航行、“郑和是环球航行的第一伟人”的惊人结论。2002 年 12 月 10 – 12 日，北京大学、云南大学和云南郑和研究会联合在昆明召开“第二届昆明郑和研究国际会议”，特邀孟席斯先生莅会发表专题演讲。会议开幕式上，孟氏向大会组委会赠送了 2002 年 11 月刚出版的 578 页的专著《1421 年：中国发现了世界》一书。鉴于是书尚无中文译本，会议期间有多位学者建议孟氏撰写一份简明扼要的全书梗概，寄给会务组翻译后发表出来，以供中国读者了解是书概要。本文即是根据孟席斯先生 1 月 3 日用电子邮件发给译者的稿件翻译而成。为便于读者阅读，译者特加译注数条，供大家阅读时参考。

题　　名　**《1513 年皮里·雷斯地图》解密**

作　　者　龚缨晏，邬银兰

刊　　名　地图

年 卷 期　2005 年 6 期

页　　码　82 – 87

摘　　要　在纪念郑和下西洋 600 周年之际，英国皇家海军退伍军官孟席斯在其《1421 年：中国发现世界》(1421: China Discovered the World)一书中提出郑和船队曾进行了环球航行，他的主要依据就是欧洲人绘制的古地图。我们在上期中已经指出，他所列举的《毛罗地图》实际上与郑和船队没有任何关系。在这一期中，我们要讨论《1513 年皮里·雷斯地图》(The Piri Reis Map of 1513)，因为孟席斯认为该地图是证明郑和船队曾进行过环球航行的"确证"，是揭开郑和舰队航海秘密的"最有价值的关键"证据之一。

题　　名　**《北洋海军章程》及其军事学术价值**

作　　者　张一文

刊　　名　军事历史研究

年 卷 期　1999 年 4 期

页　　码　56 – 60

摘　　要　1888 年(清光绪十四年)10 月，清廷制订并正式颁布《北洋海军章程》，这不仅标志着北洋海军的正式成军，而且在晚清军事思想史上也具有重要的军事学术价值。

题　　名　**《布施锡兰山佛寺碑》碑文及相关史实考**

作　　者　吴之洪

刊　　名　郑和研究

年 卷 期　2005 年 4 期

页　　码　41 – 45

摘　　要　研究郑和下西洋的历史，不能不研究郑和的《布施锡兰山佛寺碑》；研究《布施锡兰山佛寺碑》，就要依据第一手资料，从考证该碑的碑文做起，进而以《布施锡兰山佛寺碑》为突破口，考证郑和下西洋的一个至关重要的政治目的——恭请释迦摩尼佛牙舍利。

题　　名　**《苍梧总督军门志》与明代广东海防研究**

作　　者　何林夏

刊　　名　中国边疆史地研究

年 卷 期　1993 年 2 期

页　　码　30 – 31

题　　名　**《漕河图志》内容与价值述略**

作　　者　许涛

刊　　名　湘潮(下半月)(理论)

年 卷 期　2008 年 1 期

页　　码　77 – 79

摘　　要　明代永乐以后，停罢海运，漕粮运转全赖运河，京杭运河成为南北水上交通的大动脉。有关明代运河文献流传至今还是相当丰富的，既有专著，也有类书、文集、方志中的记载，然而现存记载明代运河史实的文献多半是明后期或清代著作,其内容误漏之处不少,本文试对现存最早的运河专著文献漕河图志内容及价值做简要评述,以便参阅。

题　　名《漕河图志》评介
作　　者 姚汉源,谭徐明
刊　　名 水利史志专刊
年 卷 期 1987 年 2 期
页　　码 24－27

题　　名《长春园集》抄本和明代上海地区御倭事迹考略
作　　者 承载
刊　　名 史林
年 卷 期 1996 年 3 期

题　　名《勅封天后志》与妈祖文化
作　　者 [马]刘崇汉
刊　　名 妈祖研究学报
年 卷 期 2004 年 2 期
页　　码 129－134

题　　名《筹海图编》的版本和作者
作　　者 汪向荣
刊　　名 读书
年 卷 期 1983 年 9 期
页　　码 77－79
摘　　要 有明一代,可以说是和倭患相始终的,嘉靖之后所刊行的论海防著作,太半均以防倭寇为对象。这些论海防的书籍中,《筹海图编》是最值得注意的一部。本书在《四库全书总目提要》、《千顷堂书目》、《明更·艺文志》上都著录为明胡宗宪撰。一般最常见到的明刻本《筹海图编》,殆均为天启刻本,此本亦署:"明少保新安胡宗宪辑议"。胡宗先曾总督江浙等地抗倭军务,编纂这样一本以防倭为中心的海防图籍,似乎是理所当然,但其实,它的真正的编纂人却不是他,而是在胡幕中的贡生郑若曾。

题　　名《船工纪事》及其史料价值
作　　者 王尊旺
刊　　名 福建史志
年 卷 期 2003 年 3 期
页　　码 58－59
摘　　要 近年来,有关福建船政局的研究取得了非常大的进展,一批新的史料在不断地被发掘和利用。《船工纪事》的发现为研究 19 世纪末期的船政局提供了不可多得的原始记载。

题　　名《大彝震遣使聘日年代考》商榷
作　　者 阎万章

刊　　名　北方文物
年 卷 期　1992 年 2 期
页　　码　51 – 52

题　　名　《岛夷志》非汪大渊撰《岛夷志略》辨
作　　者　廖大珂
刊　　名　中国史研究
年 卷 期　2001 年 4 期
页　　码　135 – 142
摘　　要　《岛夷志》是一部介绍海外国家的重要著作，对元明时代中国的航海活动及人们对海外国家的认识均产生过重大影响。今学术界认为《岛夷志》即《岛夷志略》，为元末汪大渊所撰。其实《岛夷志》是作为《清源郡志》的别帙成书于南宋，系泉州人所撰，记载的是宋代海外国家的情况；《岛夷志略》则成书于元，是汪大渊在《岛夷志》记载的基础上，补充了他航海的所见所闻，即元代海外国家的情况。两者不能混为一谈。

题　　名　《东南亚考察论郑和》评介
作　　者　[德]普塔克 著；闫彩琴 译
刊　　名　郑和研究动态
年 卷 期　2009 年 2 期
页　　码　15 – 17

题　　名　《东西洋考》暹罗名胜西塔考——再驳詹夫·威否定郑和的一条论据
作　　者　黎道纲
刊　　名　郑和研究
年 卷 期　2007 年 2 期
页　　码　51 – 57
摘　　要　2005 年 11 月 25 日在曼谷举行了一个学术座谈会，主题是庆祝中泰建交三十周年和纪念郑和下西洋六百周年，若干名流学者在会上作了学术报告，其中一人是来自新加坡国立大学的詹夫·威(GeoffWade)博士，他讲的题目是："重新评价郑和下西洋"。

题　　名　《东西洋考》中的中非航路考
作　　者　黄重言
刊　　名　学术研究
年 卷 期　1978 年 4 期
页　　码　98 – 103

题　　名　《渡来人》——徐福及其所率五百童男女在日本
作　　者　寺尾善维
刊　　名　环球
年 卷 期　1986 年 6 期
页　　码　45 – 48

题　　名　《法显传》不能作域外称中国人为“秦人”的例证——《辞海》“秦人”条纠错
作　　者　计翔翔，周燕
刊　　名　浙江大学学报(人文社会科学版)
年 卷 期　2009 年 39 卷 1 期
页　　码　111－117
摘　　要　有些学者认为，北方和西方的邻族和邻国称“中国人”为“秦人”的做法一直沿用到晋时。该观点以《辞海》为代表，它的例证是《法显传》。这个问题连研究《法显传》的章巽先生也没有细究。但是，仔细研读《法显传》后发现，法显在称中国(或中国的一部分，因为当时的中国存在多个政权)时，概念使用极其严谨：(1)称北部中国为“秦”(源于十六国的“前秦”“后秦”，而非“秦国”“秦朝”)；(2)称南部中国为“晋”(源于“东晋”)；(3)泛称全中国则为“汉”(源于该时期以前的统一王朝)，在个别情况下为“中国”。在第三种情况下并不使用“秦”的概念。由此可见，在汉语典籍中，当时并没有以“秦”来称“中国”的用法。《辞海》等的观点是没有仔细研读原著造成的。

题　　名　《防海新论》与同光之际海防大讨论
作　　者　王宏斌
刊　　名　史学月刊
年 卷 期　2002 年 8 期
页　　码　58－62
摘　　要　德国人希理哈的《防海新论》可能是近代输入中国的第一本外国军事理论著作。由于这本著作所探讨的内容正切合中国海防建设的现实需要，故而引起清廷一部分官员的高度重视。他们在 1874－1875 年的海防大讨论中，一方面吸取了中国第一、二次鸦片战争被动挨打的经验教训，一方面接受了希理哈的海防观念，提出了比较先进的海防建设计划。此次海防讨论虽然最终未能达成共识，但我们仍应肯定希理哈《防海新论》译介到中国后所产生的积极影响。

题　　名　《非幻庵香火圣像记》试析
作　　者　潘群
刊　　名　郑和研究
年 卷 期　2007 年 3 期
页　　码　5－15
摘　　要　对待如何研究郑和，正如怎样研究中国传统文化一样，我以为要坚持“三个原则”即实事求是的原则、百花齐放与百家争鸣的原则、继承与扬弃的原则，处理好“三个关系”即古与今的关系、共性与个性的关系、思想与行为的关系，其中尤以思与行的关系更为重要。作于天顺元年八月十五日《非幻庵香火圣像记》，对于剖析郑和晚年的思想和行为颇显至要。

题　　名　《佛国记》与古代印度史的研究
作　　者　涂厚善
刊　　名　华中师院学报(哲学社会科学版)
年 卷 期　1981 年 3 期
页　　码　71－78

题　　名　《福建海防图》初探
作　　者　姜勇,孙靖国
刊　　名　故宫博物院院刊
年 卷 期　2011 年 1 期
页　　码　67 – 72,158 – 159
摘　　要　《福建海防图》绘制于万历二十五至三十二年之间,以描绘明廷在消弭倭患之后在福建沿海地区的山川形势和军事布防态势为主。图中的标注,体现了明代在长期海防过程中,对福建沿海地区海风、洋流、山川险要等方面知识的总结和认识水平。从绘制风格与部分地物的绘制手法来看,《福建海防图》虽与嘉靖年间郑若曾的《筹海图编》中《沿海山沙图》颇有渊源,但因其系纸本彩绘而非刻版,较好地反映出作者最初所编绘舆图的原貌,可作为明代末期在海防军事战守中所使用的绘本舆图的样本,其价值相当珍贵。

题　　名　《福建水师提督施琅请攻台湾奏本》研究
作　　者　王铭
刊　　名　机电兵船档案
年 卷 期　2001 年 6 期
页　　码　42 – 44

题　　名　《庚申夷氛纪略》:一篇严重失实的第二次鸦片战争史料
作　　者　汪炳明
刊　　名　内蒙古大学学报(人文・社会科学版)
年 卷 期　1998 年 2 期
页　　码　63 – 66
摘　　要　《庚申夷氛纪略》是记载第二次鸦片战争的一篇私家著述,所述僧格林沁在京津保卫战中的“畏葸”表现,近年来已被学术界多所引用。本文依据基本史料,辨析、指出了这篇野史有关记载的严重失实。

题　　名　《公元前后的中西古航线试探》质疑
作　　者　汶江
刊　　名　学术月刊
年 卷 期　1981 年 6 期
页　　码　58 – 61,81

题　　名　《恭陈台湾弃留疏》是施琅以民族大业为重的历史见证
作　　者　吴鸿丽
刊　　名　沧桑
年 卷 期　2004 年 6 期
页　　码　19 – 20
摘　　要　自 1662 年起施琅将军两次率部众进兵台湾,四次上疏议请攻打台湾的专征权,至 1683 年统一台湾,前后经历 20 年。在这期间,施琅忍受两次攻台无功而返的猜疑,更有 13 年统一台湾政治抱负不被理解的痛苦,矢志复台,终于在康熙二十二年统率清朝水师越海征战,一举戡定澎台,实现国家的完全统一,维护中华民族的统一做出了杰出的贡献。施琅20年百折不挠,坚持攻打台湾,统一国家,特别是台湾统一后,在台湾弃或守的关键时刻,施琅以"恭陈台湾弃留疏"这篇重要的历史文献,详陈放弃台湾的严重后果,强烈呼吁台湾不能弃而不守。文献层层剖析,无私无畏,洋溢着维护国家统一的爱国热忱,它是施琅以国家民族大业为重的历史见证。

题　　名　《古今对照郑和航海图》的编制
作　　者　朱鉴秋
刊　　名　地图
年 卷 期　1986年1期
页　　码　11－15
摘　　要　根据全国"纪念伟大航海家郑和下西洋580周年筹备委员会"的决定,在大连海运学院航海史研究室及山东大学历史系中西交通史研究室协作下,我们海军海洋测绘研究所编制了《古今对照郑和航海图》。该图于1985年6月由海军司令部航海保证部出版,作为向郑和下两洋580周年纪念大会的献礼。

题　　名　《关于古代日本称中国六朝为吴》质疑
作　　者　田久川
刊　　名　辽宁师院学报
年 卷 期　1980年1期
页　　码　39－42

题　　名　《关于葡萄牙人居留澳门的备忘录》——葡萄牙寻找澳门主权论据的过程
作　　者　吴志良
刊　　名　近代史研究
年 卷 期　1996年2期
页　　码　263－273

题　　名　《光明之城》:比《马可·波罗游记》更全面展示中国的书
作　　者　罗勤
刊　　名　贵州教育学院学报(社会科学版)
年 卷 期　2000年5期
页　　码　71－75
摘　　要　成书于1280年的雅各·德安科纳《光明之城》,是一部比《马可·波罗游记》更全面展示中国的书。书中透过对泉州的观察,以管窥豹地向西方读者展示了南宋时期中国的面貌:商品经济的发达、社会生活的丰富、政治转型的端倪以及悠久的传统文化和学术思想。该书的价值超过了同一时期任何类似著作。

题　　名　《光明之城》的真伪问题刍议
作　　者　王四达
刊　　名　华侨大学学报(哲学社会科学版)
年 卷 期　2000年2期

页　　码　91－96

摘　　要　文章首先对《光明之城》的真伪问题提出鉴别标准,认为在英译者未能提供原件作科学鉴定的情况下,仅以书中有某些符合历史的事例证其“不是伪书”是不可靠的,只有通过反向求证,考察书中是否有不符合史实的事例才是更有效的鉴别方法。文章随后对书中的若干问题逐一考证,认为它们存在着明显的错误和偏差,把它看作“伪书”是比较慎重的。

题　　名　《光明之城》若干译文浅析

作　　者　陈丽华

刊　　名　海交史研究

年 卷 期　2001 年 39 期

页　　码　32－38

题　　名　《光明之城》三题

作　　者　杨志玖

刊　　名　海交史研究

年 卷 期　2001 年 39 期

页　　码　1－8

题　　名　《光明之城》伪书考

作　　者　黄时鉴

刊　　名　历史研究

年 卷 期　2001 年 1 卷 3 期

页　　码　65－80

摘　　要　《光明之城》出版后受到人们普遍重视。这是因为:如果它是真的,那么这是一个非常重要的中古文献的发现;如果它是假的,那这就是一个令人不齿的文化造假事件。此书的“年代差错”问题乃是辨识其真伪的关键所在。本文通过对十个“年代差错”问题的详细考证,论断《光明之城》是一部后人编造出来的伪书。鉴于有的“年代差错”一直延伸到 20 世纪,译编者塞尔本本人可能正是它的炮制者。

题　　名　《光明之城》与南宋刺桐史实杂谈

作　　者　王连茂

刊　　名　海交史研究

年 卷 期　1999 年 35 期

页　　码　10－20

题　　名　《光明之城》真伪考

作　　者　杨丽凡

刊　　名　海交史研究

年 卷 期　2001 年 39 期

页　　码　17－31

题　　名　《光明之城伪书考》存疑——兼与黄时鉴教授商榷
作　　者　张小夫
刊　　名　海交史研究
年 卷 期　2003 年 43 期
页　　码　91 – 98

题　　名　《广东海上丝绸之路史》评介
作　　者　王元林
刊　　名　中国史研究动态
年 卷 期　2004 年 7 期
页　　码　28 – 29
摘　　要　广东面临南海，拥有漫长的海岸线和优良的港口，独特的地理位置和善于经商的人文环境，造就了广东成为我国历史时期海上丝绸之路的重要发祥地。而且，以丝绸为代表的海上丝绸之路成为联系中外经济和文化交流的桥梁，经久不衰，改革开放以来，广东又成为我国对外贸易的重要口岸。历来广东海上丝绸之路发达，但有关系统地反映广东海上丝绸之路发展历史的著作却难以见到。新近由黄启臣先生主编的《广东海上丝绸之路史》填补了这一研究的空白，是海上交通史方面具有地方特色的区域性著作。笔者拜读之余，欣喜之情无以言表，略述管见，作一评价。

题　　名　《广舆图》图幅数及“副图”辨析
作　　者　朱鉴秋
刊　　名　地图
年 卷 期　1992 年 1 期
页　　码　36 – 37
摘　　要　《广舆图》是明代罗洪先根据元代朱思本的《舆地图》考订增广而成的一部地图集，在我国地图学史上占有重要的地位。该图集约在 1540 年编成，从明嘉靖三十四年（1555 年）至清嘉庆四年（1799 年）的 200 多年中曾多次刻印。各版《广舆图》卷首都有罗洪先所撰《广舆图》序。

题　　名　《海道经》天气歌谣校注释理
作　　者　杨熺
刊　　名　海交史研究
年 卷 期　1999 年 36 期
页　　码　34 – 35

题　　名　《海道经》源流考
作　　者　周运中
刊　　名　海交史研究
年 卷 期　2007 年 51 期
页　　码　129 – 136
摘　　要　《海道经》的作者及成书至今没有定论，本文比较了《江南经略》、《崇祯太仓州志》和《海道经》针路同源的文献，并比较了《广舆图》、二种版本《海道经》、《嘉靖靖江县志》、《东西洋考》的同源占验歌诀。本文指出《海道指南图》、针路、歌诀是明代前期船民所作，明代中后期才经人补缀汇编而成为

《海道经》。

题　　名　《海国图志》《瀛环志略》比较研究
作　　者　詹灵杰,舒习龙
刊　　名　淮北煤炭师范学院学报(哲学社会科学版)
年 卷 期　2004 年 25 卷 5 期
页　　码　62－65
摘　　要　比较研究是史学研究十分重要的方法。探讨《海国图志》《瀛环志略》在编撰背景、体裁、史学思想和学术特色等方面的异同,通过比较发现一些带有规律性的认识,为推进史学史的研究作一些尝试。

题　　名　《海国图志》海防思想研究——兼析《海国图志》的若干新观念
作　　者　刘爱文
刊　　名　中国近代史
年 卷 期　1995 年 11 期
页　　码　60－66

题　　名　《海国图志》海防思想研究——兼析《海国图志》的若干新观念
作　　者　刘爱文
刊　　名　史学集刊
年 卷 期　1995 年 3 期
页　　码　60－66
摘　　要　十九世纪四十年代以后,中国面临着以英国为首的西方殖民者。它们以其坚船利炮打败了清帝国。为了抗御外侮,魏源以十年之功研究中国的海防问题,编纂了卷峡浩繁的《海国图志》。在纪念魏源诞辰二百周年之际,重读《海国图志》,深感其中包含的海防思想博大精深,在当年具有极大的可操作性。

题　　名　《海国图志》与《瀛环志略》——中国近代的始刊启蒙地理书
作　　者　大谷敏夫,胡修之
刊　　名　求索
年 卷 期　1985 年 5 期
页　　码　58－61
摘　　要　《海国图志》(下称《图志》)与《瀛环志略》(下称《志略》),是清朝鸦片战争失败后未几写成的地理志,寓有警世之意。兹将两者的内容加以比较,以探讨其共通点与相异点。

题　　名　《海国图志》与《职方外纪》关系考述
作　　者　许序雅,陈向华
刊　　名　福建论坛(人文社会科学版)
年 卷 期　2004 年 7 期
页　　码　65－69
摘　　要　魏源深受艾儒略的影响,其《海国图志》至少在 33 处引述了艾儒略的《职方外纪》。《海国图志》的内容远比200多年前的《职方外纪》丰富得多,详实得多。但是,《海国图志》仍有许多不足之处,存在着许多知识性错误和认识上的谬误。

题　　名　**《海国图志》与19世纪朝鲜的海防思想**
作　　者　白基龙
刊　　名　邵阳学院学报
年 卷 期　2004年B10期
页　　码　14-16
摘　　要　十九世纪中叶朝鲜亦与中国一样是因西洋的侵略而困难。特别是中国,通过鸦片战争切身体验到痛之入骨的教训。总结鸦片战争所得到的教训写成的书就是魏源的《海国图志》。魏源的《海国图志》不仅对中国的洋务运动和日本的维新运动有很大的影响;同时也深深影响了仍坚定维持锁国政策的朝鲜开化思想和开国论的形成。在因惧怕外来侵略而惶惶不安的时候,不像中国一样有直接性经历的朝鲜,《海国图志》便成为对抗外来侵略的最好教科书及指点书。纪录了对外来侵略应以夷攻夷,师夷制夷,以夷款夷等的对策方案的《海国图志》,被评价为论理的解释十九世纪中国与朝鲜的"御洋论"最典型的原典。

题　　名　**《海国图志》与晚清国防近代化**
作　　者　施渡桥
刊　　名　军事历史研究
年 卷 期　1994年4期
页　　码　136-143

题　　名　**《海国图志》与魏源的国家安全观**
作　　者　亦真
刊　　名　国家安全通讯
年 卷 期　1999年10期
页　　码　39-40

题　　名　**《海国图志》与洋务思潮**
作　　者　徐松荣
刊　　名　学术论丛
年 卷 期　1997年5期

题　　名　**《海国图志》与洋务运动**
作　　者　徐松荣
刊　　名　船山学刊
年 卷 期　1995年1期
页　　码　162-173

题　　名　**《海国闻见录》——中国人开眼看世界的珍贵文献**
作　　者　闫小波

刊　　名　福建论坛(人文社会科学版)

年 卷 期　1993年3期

页　　码　45－46

摘　　要　在中英鸦片战争爆发前,国人对域外世界的认识多局限于中国周边的邻国。对此,林则徐曾痛心地指出:“沿海文武员弁,不谙夷情,震英吉利之名,而实不知其来历。”于是,他组织人员编成《四洲志》草稿,革职后交友人魏源扩充而成《海国图志》。林则徐遂被人誉为“清代开眼看世界的第一人”。时人一般以为“中国人著书谈海事,远及大西洋外,自谢清高始。”其实,早在谢清高之前就出版过由国人撰写的介绍域外世界的著作,这就是尚不为人们所注意的陈伦炯的《海国闻见录》。陈伦炯,福建同安人,字资斋,生年不详,卒于1751年。

题　　名　**《海国闻见录》所载非洲地名考**

作　　者　陈华

刊　　名　暨南学报(哲学社会科学版)

年 卷 期　1993年15卷4期

页　　码　78－82

摘　　要　本文具体论证《海国闻见录》所载的“闾年乌鬼王国”、“闾年绻毛乌鬼地方”、“苏麻勿里”、“乌鬼王国”、“弥黎吕黎、惹林”、“猫喇猫里也”等6个地名应为何地,否定前人旧说。同时指出:考释古籍中的外国地名,在地理方位和对音方面都应慎重;对相互接壤的地区特别要确考,不然就会引起连锁反应,导致一误再误;对原书所说的方位条件要全面分析,不能抓住一点,遽下结论;在对音方面也要注意比较准确的对音,使在方位和对音上都解释得通,不应凭近似对音随便作注,更不能把对音置之不理。

题　　名　**《海国闻见录》与《海录》述评**

作　　者　邱敏

刊　　名　史学史研究

年 卷 期　1986年2期

页　　码　43－50,78

摘　　要　通观二书,虽然同论海上舆地交通,但由于陈氏父子皆为水师官员,任职海疆多年,这就决定了《海国闻见录》详于军事形势,注重海防险要的特点。更可贵者,《海录》还记载了华侨在海外领导反对殖民主义侵略,反对暴政的斗争。《海国闻见录》与《海录》在论述的侧重点上虽有不同,但在史料价值上有共同之处,在明清海上交通史籍中都占有一定地位。首先,二书都详于航海专业资料的记载,特别是对南海交通和南海诸岛的地理认识较之明人有显著的深入。其次,这两部专讲海外舆地形势的著作,都保存了大量关于东南亚和世界其它地区历史地理,民情风俗,刑政物产等方面的资料。

题　　名　**《海国闻见录》中非洲地名考释**

作　　者　许永璋

刊　　名　黄河科技大学学报

年 卷 期　2002年4卷4期

页　　码　91－97

摘　　要　陈伦炯《海国闻见录》一书中,涉及许多非洲地名。应该根据原书所记文字内容及附图,将地名对音与方位、距离、周边等因素结合起来进行考证。

题　　名　《海交史研究》与郑和下西洋研究
作　　者　李玉昆
刊　　名　郑和研究
年 卷 期　2003 年 1 期
页　　码　52 – 55

题　　名　《海录》作者、版本、内容新论
作　　者　安京
刊　　名　中国边疆史地研究
年 卷 期　2003 年 1 期
页　　码　48 – 58

题　　名　《海上集》编前小记、序、编后记
作　　者　庄为玑,郑学檬,庄景辉,侯真平
刊　　名　海交史研究
年 卷 期　1992 年 22 期
页　　码　90 – 99

题　　名　《海上丝绸之路》(一)“丝绸之路”由陆地转向海洋
作　　者　陈炎
刊　　名　瞭望
年 卷 期　1984 年 36 期
页　　码　36 – 37
摘　　要　中国是一个大陆国家,也是一个海洋国家。在漫长的历史发展过程中,中国与世界上许多国家发展了友好的交往,开展贸易,交流文化,结下了深厚的情谊。中国是世界上最早生产丝绸的国家,两千年前便赢得了“丝国”的美名。对中国神奇的丝绸赞叹不已的西方人,起初还有着种种神秘的揣测:古罗马人认为丝绸是生长在树上的,古希腊人则认为是从一种虫的肚子里取出的。随着贸易与文化的交流,他们了解了丝绸,也认识了中国。由于中国古代对外贸易中,丝绸曾是大宗,通往各国的贸易通道,有陆路,也有海路,便以此得名,称为“丝绸之路”。关于陆上“丝绸之路”,近年来已有很多文章与专著问世,而“海上丝绸之路”,则还缺乏系统的介绍。从本期起,本刊连续刊登一组介绍“海上丝绸之路”的文章。撰稿者均系于此研究有素的专家。希望通过这组文章,能使读者对“海上丝绸之路”有一个概略的了解,并引起进一步研讨的兴趣。

题　　名　《海上丝绸之路》(二) 中国航海事业的先驱——徐福
作　　者　阿浦
刊　　名　瞭望
年 卷 期　1984 年 37 期
页　　码　40 – 41

题　　名　《海上丝绸之路》(五)——泉州古港与宋代海船
作　　者　庄景辉

刊　　名　瞭望
年 卷 期　1984 年 40 期
页　　码　46 – 47
摘　　要　海上丝绸之路，经历了唐代的繁荣，到宋代又有了新的发展。只要对一个古代港口作一番比较深入的了解，就会对当时海上贸易的情况，有更具体的印象。泉州，这个中世纪著称于世的对外通商港埠，曾是我国人民走向世界，与亚非各国交往的海上丝绸之路的一个起点。

题　　名　**《海上丝绸之路》（九）——中国古代航海业的中衰**
作　　者　杨熺
刊　　名　瞭望
年 卷 期　1984 年 46 期
页　　码　46 – 47
摘　　要　中国的航海业，在公元一四〇五年到一四三三年间，以郑和庞大船队七下西洋为标志，达到了鼎盛时期。海上丝绸之路（或者因为瓷器也已成了海外贸易的大宗，而被称为海上丝瓷之路）也呈现出空前的繁荣。

题　　名　**《海上丝绸之路》（十）——开放・交流・进步**
作　　者　陈炎
刊　　名　瞭望
年 卷 期　1984 年 47 期
页　　码　45 – 47
摘　　要　绵延近两千年的海上丝绸之路，到明代中叶之后衰落萧条了，但它对古代中国与古代世界经济文化的发展，却立下了不可磨灭的功勋。作为海上丝绸之路的一端，中国曾经输出了它独有的文明。经济、文化、科学技术在古代世界始终处于领先地位的中国，它的文明的输出，无疑曾对世界文明的发展与进步起过巨大的作用。

题　　名　**《汉书・地理志》中的都元国应在越南俄厄**
作　　者　蒋国学
刊　　名　东南亚研究
年 卷 期　2006 年 6 期
页　　码　92 – 96
摘　　要　对《汉书・地理志》中"都元国"的考释，学界人言人殊，没有定论。本文在认同韩振华先生"都元"即"黑都"的基础上，根据俄厄的考古发现和史料记载，推定俄厄即为汉代都元所在，因为俄厄在汉代已是一个连接中西的繁荣港口城市，其居民肤色黝黑并位于汉使南行的必经之路上。

题　　名　**《后魏孝文帝与高句丽王云诏》中所见魏、丽形势及双方关系**
作　　者　姜维东
刊　　名　史学集刊
年 卷 期　2006 年 6 期
页　　码　68 – 73，80
摘　　要　北魏孝文帝给高句丽王高云的诏书是一份非常重要的文献，诏书于太和十六年九、十月份发出,要求高句丽派遣王弟入朝,高句丽最终顺从了北魏的要求。诏书内容可以弥补多件文献阙载的历史事件,可以藉此了解孝文帝精心策划迁都洛阳过程中对内树立权威、对外极力笼络的手段,对研究高句丽国情、魏丽关系大有裨益。

题　　名　**《皇朝经世文编》中的海防思想**
作　　者　代祥
刊　　名　宜春学院学报
年 卷 期　2010 年 9 期
页　　码　144 – 146
摘　　要　《皇朝经世文编》收录清初至道光三年间的经世文章二千多篇,共一百二十卷,反映了此时国人的思想认识水平。关于海防思想内容主要包括总结历史上的海防经验,介绍沿海地理形势及对海外诸国的认识,还有应对海寇的措施等等。

题　　名　**《皇清职贡图》及其研究**
作　　者　佟颖
刊　　名　满语研究
年 卷 期　2009 年 1 期
页　　码　53 – 57
摘　　要　《皇清职贡图》是清代乾隆年间编绘的大型民族图志,由画像和图说两部分组成,生动地描绘了清朝盛世时期藩属国、海外交往诸国以及国内各少数民族人物的样貌、服饰、生活等状况;满汉合璧的图说文字概括地记录了相关国家、民族或部落的地理分布、历史沿革、社会生活、宗教信仰、语言文字、民族关系以及向清政府贡赋等情况。《皇清职贡图》不仅能够为我们全面了解清代少数民族风土人情提供第一手资料,同时也能为中国美术史、中外关系史以及满语文等相关领域的研究提供必要的参考。

题　　名　**《纪念郑和下西洋 600 周年国际学术论坛论文集》评介**
作　　者　杨颖奇
刊　　名　江海学刊
年 卷 期　2006 年 3 期
页　　码　231 – 233
摘　　要　2005 年 7 月 4 – 6 日,由江苏省人民政府和国家纪念郑和下西洋 600 周年办公室主办的“纪念郑和下西洋 600 周年国际学术论坛”在南京与太仓市举行,有 270 余位海内外专家学者到会,其规模之大与学术讨论之热烈,堪称空前。由江苏省社会科学院院长宋林飞教授主编的《传承文明走向世界和平发展——纪念郑和下西洋 600 周年国际学术论坛论文集》(社会科学文献出版社 2005 年版)亦同时出版,论文集中收入精选论文 146 篇,计 119.4 万字。集中反映了海内外郑和研究的最新成果。

题　　名　**《纪效新书》《练兵实纪》的军事法制思想**
作　　者　刘向阳
刊　　名　政法论丛
年 卷 期　2001 年 5 期
页　　码　38 – 39
摘　　要　《纪效新书》、《练兵实纪》的作者是明朝爱国将领戚继光。戚继光(公元 1528 年 ~ 1587

年)的先辈世代居住山东东牟(今蓬莱及其以东)。自幼跟随曾在山东登州(今蓬莱)任指挥佥事的父亲习文练武,青年时数次带兵到蓟镇戍守。他成年后的戎马生涯可分为两段,一是于嘉靖三十四年(公元1555年)至嘉靖四十二年(公元1563年)在浙江、福建、广东抗倭,二是于隆庆元年(公元1567年)至万历十一年(公元1583年)在蓟镇练兵。这期间他潜心研究军事理论和总结战争实践经验,先后写下了《纪效新书》和《练兵实纪》。这部兵书既融会贯通了古代兵法的精华,又有他自己的发挥和创建,对后世兵家研习军事有着深远的影响。

题　　名　**《纪效新书》"军法"思想解析**
作　　者　朱晓红
刊　　名　西安政治学院学报
年 卷 期　2006年19卷4期
页　　码　60－63
摘　　要　戚继光《纪效新书》军事思想的一个突出特点是强调"军法",以"军法"对于军事犯罪的惩处来保障军事利益。"军法"对于军职人员违反各项具体军事行为的规范及其所应受到的刑罚处罚制定具体、详细,具有可操作性,反映明代中叶以后作战样式的变化,对于现代军事立法有启示意义。

题　　名　**《进岭南王馆市舶使院图表》撰者及制作年代考——兼论唐代市舶使职掌及其演变等相关问题**
作　　者　黄楼
刊　　名　中山大学学报(社会科学版)
年 卷 期　2009年49卷2期
页　　码　99－107
摘　　要　《进岭南王馆市舶使院图表》是研究唐代市舶使的珍贵史料,过去学界常误认为德宗朝王虔休所作。据韦光闰神道碑及墓志等史志资料可知,奏表为开元中后期市舶使宦官韦光闰所撰。在此基础上,文章对唐代市舶使的性质、职掌等问题进行了重新探讨,指出市舶使属唐代内诸司使之一,主要负责市易、管理宫廷所需海外珍宝,征收关税、管理贸易等并非市舶使的职掌。

题　　名　**口岸开放与社会变革——近代中国自开商埠研究**
作　　者　李洪超
刊　　名　书品
年 卷 期　2004年4期
页　　码　89－90

题　　名　**《李星使来去信》的发现及其学术价值**
作　　者　陈先松
刊　　名　安徽史学
年 卷 期　2009年5期
页　　码　58－62
摘　　要　《李星使来去信》是北洋军械局与李凤苞之间的信函汇总。这批信函透露了大量的海防史资料,是《李鸿章全集》等资料的有益补充;同时也是较为重要的传记资料。鉴于《李星使来去信》有着重要的史料价值和学术价值,笔者拟对其主要内容及其相关情况作一介绍。

题　　名　《李准日记》记载南海巡弋壮举
作　　者　王炳毅
刊　　名　文史春秋
年 卷 期　2009 年 12 期
页　　码　56 – 57

题　　名　《李准日记》见征广东水师的南海巡弋
作　　者　王炳毅
刊　　名　档案时空
年 卷 期　2009 年 7 期
页　　码　8 – 10

题　　名　《历代妈祖诗咏辑注》与妈祖文化
作　　者　罗渊
刊　　名　莆田学院学报
年 卷 期　2006 年 13 卷 6 期
页　　码　89 – 90
摘　　要　概述妈祖文化属于海洋文化的内涵，重点评析《历代妈祖诗咏辑注》一书的文化史料价值和文学研究价值，并指出一些不足之处。

题　　名　《利玛窦中国札记》所记的明末对外汉语教学状况
作　　者　高永安
刊　　名　中州大学学报
年 卷 期　2007 年 1 期
页　　码　62 – 65
摘　　要　明朝末年，西方耶稣会士学习汉语，是对外汉语教学的早期形态。《利马窦中国札记》中记载了传教士的汉语学习状况。本文穷尽性地搜集了本书中的有关记载。传教士学习汉语的动机是为了传教的需要，所以主动性很强。汉语教师严重缺乏。教会专门建立了学校，其学习汉语的方法主要是靠阅读古代典籍，但是，他们也自已动手编辑了汉语词汇、音韵资料，这也推动了汉语研究。传教士们选择学习官话而不是方言，书面语而不是口语。传教士们学习汉语的效果都很好，他们的汉语已经达到了可以著述立说的程度。

题　　名　《利玛窦中国札记》与《马可·波罗行记》的跨文化想象的异同——两个意大利人的文本的中国形象的比较
作　　者　蒋岱
刊　　名　东方丛刊
年 卷 期　2006 年 4 期
页　　码　82 – 97

题　　名　《岭外代答》佛罗安方位考
作　　者　黎道纲

刊　　名　海交史研究
年 卷 期　2009 年 55 期
页　　码　34－44
摘　　要　宋代《岭外代答》最早提到东南亚一个港口佛罗安,此地名后来先后出现在《诸蕃志》、《大德南海志》和《岛夷志略》。西方学者推断其地在马来西亚,苏继庼认为在今泰国的高头廊。本文通过对高头廊和宋卡历史沿革的深入探讨,结合中泰文文献的记载,确定佛罗安在今泰国南部宋卡府乍汀泊稍北的越帕鹄,这里正是古高头廊即佛罗安所在。

题　　名　**《琉球百问》初探**
作　　者　傅朗,谢必震
刊　　名　海交史研究
年 卷 期　1998 年 33 期
页　　码　109－117

题　　名　**《琉球传》与《东番记》**
作　　者　陈汉光
刊　　名　台湾风物
年 卷 期　1955 年 5 卷 11－12 期

题　　名　**《琉球国记略》非沈复之作考辨**
作　　者　陈毓罴
刊　　名　文学遗产
年 卷 期　2010 年 6 期
页　　码　4－8
摘　　要　《浮生六记》新增补本所收之《册封琉球国记略》,须正名为《琉球国记略》。将它和官书《续琉球国志略》相对照比较,可发现它记载有关嘉庆十三年琉球之行的三个重要日期均有误,且从文风诸方面来看,非沈复之作。其作者很可能是使团中另一位通晓音律的从客。由于他也亲历此行,所述见闻,并非向壁虚造或剿袭拼凑,具有一定的历史和文化价值,但日期之误,须予订正。

题　　名　**《琉球国志略》的修撰和价值**
作　　者　武尚清
刊　　名　史学史研究
年 卷 期　1992 年 2 期
页　　码　66－71
摘　　要　明清藩邦史志,甚为繁富,都有相当的史学、史料价值。从史学史角度看,首应研究者,厥为可从中见出规律性、典型性、承续性之撰著。质言之:(1)其撰述甚富特色,卓有丰厚之内容,以今日史学观点观之,颇能反映历史发展规律,或构成某一特定历史发展典型者;(2)从历史编纂学看,于撰述体例、素材类从、门目设定上,核实谐洽,匠心独具,甚有启发,而有裨于史学总的发展建设者;(3)因使事之需要,有手笔之传承,史志有原有续,自成一纂述系列,蔚为一方可考之文献者。周煌《琉球国志略》(及其后两部续志),总结了明清琉球间宗藩封贡关系之历史,汇总为翔实赅备之书。《琉球国志略》反映了明清时期华夏文化的内蕴力与外烁力都达到了高度发达的成熟阶段,对周边地区民族社会历史的发展,产生了强大的影响，在民族史、文化史、海疆史上，有很重要的价值。

题　　名　**《琉球国志略》文献价值刍议**
作　　者　郑小娟
刊　　名　福建教育学院学报
年 卷 期　2003 年 7 期
页　　码　33－35
摘　　要　《琉球国志略》为清周煌所撰。该书内容涵盖琉球的政治、经济、文化科技及社会观念等诸多方面，具有较高的文献价值，是研究明清中琉关系史不可或缺的重要史料。

题　　名　**《琉球三策》作者考——再论黄遵宪的日本观及他与李鸿章、何如璋的关系**
作　　者　李庆
刊　　名　复旦学报(社会科学版)
年 卷 期　1995 年 4 期
页　　码　101－106
摘　　要　《琉球三策》是近代中日关系史上的重要文献。近年国内外的研究者多视其为黄遵宪所撰，并以此为基础，对黄遵宪的日本观及有关历史进行论说。笔者根据在国外所见的原始资料及当时黄遵宪与李鸿章、何如璋等当事人的关系，认为《琉球三策》的主要思想当归何如璋。并进而对黄遵宪日本观的形成发展，作了较为严密的考察和论述。

题　　名　**《琉球三策》作者考——再论黄遵宪的日本观及他与李鸿章、何如璋的关系**
作　　者　李庆
刊　　名　惠州大学学报(社科版)
年 卷 期　1995 年 10 期
页　　码　113－118

题　　名　**《龙江船厂志》的点校出版——兼论龙江船厂遗址与宝船厂的关系**
作　　者　王亮功
刊　　名　江苏地方志
年 卷 期　2005 年 3 期
页　　码　15－19

题　　名　**《娄东刘家港天妃宫石刻通番事迹记》校读**
作　　者　范金民
刊　　名　郑和研究
年 卷 期　2006 年 4 期
页　　码　52－58
摘　　要　宣德六年(1431 年)春，郑和率领船队第七次下西洋。驻泊太仓时，立下了《娄东刘家港天妃宫石刻通番事迹记》碑。后经福建长乐时。又立下了《天妃灵应之记》碑。这两块碑石。成为研究郑和七次下西洋的最为第一手的资料。学界据此而纠正了《明实录》和《明史》关于郑和历次下西洋的漏记误记。从而得以明了郑和每次下西洋的确切年代。这两块碑石由于具有如此重要的价值，因而数百年来倍受人们重视。遗憾的是。《娄东刘家港天妃宫石刻通番事迹记》。至今未见原碑。后人依据的都只是嘉靖《太仓州志》或嘉靖时苏州人钱穀《吴都文粹续集》或明末顾炎武《天下郡国利病书》所录碑文的文字，而这诸种抄录碑文文字。互有出入。甚至由此数件抄录文字校核。原碑恐也微有舛误；今人更据此数种抄件。辗转相抄。鲁鱼豖亥。手民之误难免。为此。笔者拟据明人碑文抄件。互相比勘，试图恢复碑文原文。

题　　名　《卢氏甲午前后杂记》有关方伯谦记述之思考
作　　者　张凤翔
刊　　名　内蒙古师大学报(哲学社会科学版)
年 卷 期　1995 年 1 期
页　　码　86 – 90
摘　　要　甲午中日战争中，济远舰管带方伯谦在黄海海战后被清廷“正法”，究竟是冤杀，还是罪有应得？对此，以往的史料中存在着截然相反的记载。一些论者根据新近发现的《卢氏甲午前后杂记》的有关记述，认为方伯谦被杀确系冤枉。本文认为：《卢氏甲午前后杂记》关于丰岛海战中的方伯谦和方伯谦被处死的记述，严重失实；关于黄海海战中的方伯谦的记述互相矛盾、漏洞百出。因此，《卢氏甲午前后杂记》非但没有为方伯谦“保船西驶”提供充足的证据，反而恰恰证明了方伯谦“临阵惊慌”、“仓皇脱逃”的可耻行径。

题　　名　《罗兹地图》中的“澳洲”之谜
作　　者　廖大珂
刊　　名　世界历史
年 卷 期　2005 年 1 期
页　　码　80 – 85
摘　　要　英国学者孟席斯最近出版的《1421 年：中国人发现美洲》一书，认为《罗兹地图》上的“澳洲”是复制了郑和船队分䑸所绘制的地图，因此是郑和船队发现了澳洲。但是，中西海图是不同的体系，《罗兹地图》是地理大发现的产物，主要源于葡萄牙人的资料，地图上的“大爪哇”和“小爪哇”反映了当时欧洲人对爪哇岛和南方大陆的混乱认识，与郑和下西洋没有关系。孟席斯之说难以令人信服。

题　　名　《马关条约》与台湾
作　　者　史坤杰
刊　　名　统一论坛
年 卷 期　2005 年 2 期
页　　码　56 – 58
摘　　要　今年 4 月 17 日，是丧权辱国的《马关条约》签订 110 周年，1895 年，日本通过“甲午战争”强迫清政府签订不平等的《马关条约》霸占台湾，直至 1945 年日本在二战中战败后，中国政府才重新对台湾恢复行使主权。有关台湾的全部史实及法律都证明：台湾是中国领土不可分割的一部分。

题　　名　《马凯条约》签订的前后
作　　者　刘甲柱
刊　　名　航海
年 卷 期　1983 年 4 期

页　　码　34－35

题　　名　**《马可·波罗游记》新探**
作　　者　申友良
刊　　名　内蒙古社会科学
年 卷 期　2001年4期
页　　码　55－58
摘　　要　怎样正确认识和看待马可·波罗与他的故事《马可·波罗游记》，特别是找到一条解决问题的正确途径，这对“马可·波罗学”来说已是当务之急了，解决马可·波罗问题的关键，是不能只躺在《马可·波罗游记》上去研究所谓的“马可·波罗学”。其实“马可·波罗”这个名字不一定是指某个特定的人，而是指当前的一批东西交通的开拓者，“马可·波罗”就是他们的代名词，《马可·波罗游记》就是他们当时历险经历的总结。
关 键 词　《马可·波罗游记》；中西交往；马可·波罗

题　　名　**《马可·波罗游记》与西方航海家的东方梦**
作　　者　张箭
刊　　名　国家人文地理
年 卷 期　2009年7期
页　　码　8

题　　名　**《马可·波罗游记》与中西文化交流**
作　　者　余士雄
刊　　名　欧洲
年 卷 期　1993年4期
页　　码　109－114

题　　名　**《马可·波罗游记》在地理学和地理大发现方面的意义**
作　　者　张箭
刊　　名　天府新论
年 卷 期　1993年3期
页　　码　88－91

题　　名　**《马可·波罗游记》中刺桐海船的探讨**
作　　者　陈延杭
刊　　名　海交史研究
年 卷 期　1992年22期
页　　码　31－39

题　　名　**《马可·波罗游记》中的元钞**
作　　者　陈炳应
刊　　名　甘肃金融

年 卷 期 1998 年 11 期
页　　码 58－63

题　　名 **《马可·波罗游记》中的中国古代造船文明与航海文明**
作　　者 孙光圻
刊　　名 海交史研究
年 卷 期 1992 年 22 期
页　　码 21－30

题　　名 **《马可·波罗游记》中的中国酒**
作　　者 李生春
刊　　名 酿酒
年 卷 期 1990 年 5 期
页　　码 36－38

题　　名 **《马可·波罗游记》中的中国历史名城考释**
作　　者 余士雄
刊　　名 中国科技史料
年 卷 期 1985 年 5 期
页　　码 69－72

题　　名 **《马可波罗行纪》中地质矿产史料**
作　　者 闻广
刊　　名 河北地质学院学报
年 卷 期 1992 年 2 期
页　　码 205－213
摘　　要 马可波罗是西方中世纪最伟大的旅行家,他是在中国知名度最高的意大利人。《马可波罗行纪》指引了无数代西方人向东方探索,因其中有不少地质矿产的记载,故意大利地质学界认为他是其故乡威尼斯所在的威尼斯区从事地质研究的先驱者。本文择要摘录其有关内容并加以考证。

题　　名 **《马可波罗行纪》中所涉及的宗教问题研究**
作　　者 龙达瑞
刊　　名 宗教学研究
年 卷 期 1990 年 Z1 期
页　　码 57－64,49

题　　名 **《马可波罗游记》的汉译版本**
作　　者 邱克,王建中
刊　　名 海交史研究
年 卷 期 1986 年 10 期

题　　名　**《马可波罗游记》的历史背景及其对中西交通的贡献**
作　　者　余士雄
刊　　名　读书
年 卷 期　1980 年 7 期
页　　码　75 – 84

题　　名　**《马可波罗游记》和 13 世纪末的杭州**
作　　者　许蓉
刊　　名　台州师专学报
年 卷 期　2001 年 2 期
页　　码　39 – 43,88
摘　　要　《马可波罗游记》对 13 世纪末的杭州在地理位置、人口、交通、商业、娱乐、风俗习惯等各方面进行了生动、细致的描述,它与我国史料记载互为补充,为我们了解当时杭州提供了很好的见证。其价值在于为杭州出现的早期资本主义萌芽提供了第一手史料,同时也促进了中西方文化的交流。

题　　名　**《马可波罗游记》中的陕西地名及陕情记载**
作　　者　贾二强
刊　　名　陕西师大学报(哲学社会科学版)
年 卷 期　1986 年 3 期
页　　码　91 – 94

题　　名　**《毛罗地图》与孟席斯的是非**
作　　者　龚缨晏
刊　　名　地图
年 卷 期　2005 年 5 期
页　　码　88 – 93
摘　　要　1405 年,中国航海家郑和开始率领庞大的舰队远航西洋,在隆重纪念郑和下西洋 600 周年之际,英国退役军官孟席斯(Gavin Menzies)成了一个名人。因为他在 2002 年出版了《1421 年:中国发现世界》(1421,The Year China Discovered the World)一书,提出郑和才是世界上第一个进行环球航行的航海家。

题　　名　**《毛罗地图》与郑和船队——评孟席斯的《1421 年:中国发现世界》**
作　　者　张施娟,龚缨晏
刊　　名　史学理论研究
年 卷 期　2005 年 3 期
页　　码　148 – 151
摘　　要　英国退役军官孟席斯(Gavin Menzies)所著《1421 年:中国发现世界》(1421 The Year China Discovered the World)于 2002 年出版后,引起了国内外的广泛关注。在专业研究者中间,虽然怀疑者不少,但真正对此进行严肃讨论的并不多。其原因之一是由于孟席斯所列举的材料不仅比较芜杂,而且在国内不易获见。本文根据我们所掌握的资料对此书作一评述。

题　　名　《妙法莲华经》惊现平湖报本寺之谜新探
作　　者　郑自海,郑宽涛
刊　　名　郑和研究
年 卷 期　2007 年 1 期
页　　码　48 – 54

题　　名　《闽都别记》与福建古代海外交往
作　　者　林蔚文
刊　　名　海交史研究
年 卷 期　1998 年 34 期
页　　码　65 – 72

题　　名　《名山藏》中有关郑和下西洋的史料
作　　者　廖楚强
刊　　名　郑和研究
年 卷 期　2009 年 3 期
页　　码　37 – 39

题　　名　《明经世文编》中的澳门史料
作　　者　张爱妹
刊　　名　江海学刊
年 卷 期　2001 年 1 期
页　　码　162

题　　名　《明清时期澳门海上贸易史》评介
作　　者　刘强,白晓霞
刊　　名　中国史研究动态
年 卷 期　2005 年 10 期
页　　码　29 – 31
摘　　要　张廷茂的新著《明清时期澳门海上贸易史》(以下简称《海上贸易史》)属于澳亚博士文库的一种,已经由澳亚周刊出版有限公司于 2004 年出版。该书对明清以来澳门的海上贸易之一般、商路之路线、海上贸易对应澳门社会之变迁均以独到之视角,作了精辟的论述。

题　　名　《明人抗倭图》考略
作　　者　孙键
刊　　名　荣宝斋
年 卷 期　2006 年 5 期
页　　码　206 – 213
摘　　要　中国绘画的发展由来已久,一般按照题材的不同多以花鸟、人物、山水等区分之,但是除此之外另有一类以反映当时社会政治、经济、军事等重大题材事件的作品也应当引起我们的高度重视。

题 名 《明实录》葡澳史料辑存
作 者 陈文源
刊 名 文化杂志
年卷期 1996年26期

题 名 《明实录》中确有“洪武二十五年赐琉球闽人三十六姓”的记载
作 者 傅朗,谢必震
刊 名 海交史研究
年卷期 1993年23期
页 码 47-49

题 名 《明实录》中永乐元年至宣德六年造海船记录有关问题试析
作 者 傅朗
刊 名 海交史研究
年卷期 2003年44期
页 码 26-37
摘 要 明初郑和船队七次大规模的洋际航行,是人类航海史上的空前壮举。完成这一壮举的必备条件之一,就是要有能够乘风破浪而行的远洋船只。对郑和下西洋船只诸问题的探讨不仅涉及郑和下西洋史实本身,还与中国古代造船、航海等科技成就有关。但由于史料记载以及人们对史料的理解、释读等方面的因素,长期以来,郑和下西洋的船只问题一直是人们关注的热点和争论的焦点。本文谨就《明实录》中永乐元年(1403)至宣德六年(1431)有关建造、改造海船记录涉及郑和下西洋船只的几个问题提出看法和认识。

题 名 《明史》记载的宝船尺度正确无误
作 者 吴申元
刊 名 航海
年卷期 1983年4期
页 码 35-36
摘 要 丘克辉同志在《郑和下西洋的宝船考》(载《航海》一九八三年第二期)一文中,介绍了学术界、航海界对宝船尺度的不同意见,引起了我的兴趣。经查阅有关史料,我认为,《明史·郑和传》关于宝船尺度“修四十四丈,广十八丈”的记载是正确的,不能轻易否定。

题 名 《明史·佛郎机传》考证
作 者 梁嘉彬
刊 名 中山大学文史学研究所月刊
年卷期 1934年2卷3-4期

题 名 《明史·日本传》中永乐宣德要约辨误
作 者 杨翰球
刊 名 武汉大学学报(哲学社会科学版)
年卷期 1985年2期

页　　码　99－106

摘　　要　本文拟在日本先学，特别是在小叶田淳先生研究成果的基础上，从永乐宣德时期明朝对外政策、日本朝贡贸易实际情况与明代文献三个方面，进一步说明《明史·日本传》中永乐宣德要约记载之不足凭信。

题　　名　《明史·郑和传》对郑和事迹的记录

作　　者　郑铁巨

刊　　名　中南民族大学学报(人文社会科学版)

年 卷 期　1989 年 5 期

页　　码　75－80

摘　　要　《明史》中的《郑和传》，记录了我国著名的回族航海家郑和七下西洋史事和他建立的勋业。尽管该《传》详略失宜，错误之处不少，但仍是研究郑和的最基本史料。本文拟就《郑和传》中所记郑和事迹，表一管之见。

题　　名　《明史·郑和传》中第二次下西洋的时间辨正

作　　者　郑华祥

刊　　名　福建地方志通讯

年 卷 期　1985 年 2 期

页　　码　29

题　　名　《明通鉴·目录》中的“盗、寇、贼”——兼及“倭、虏”

作　　者　高龙奎

刊　　名　邢台职业技术学院学报

年 卷 期　2003 年 20 卷 4 期

页　　码　52－53

摘　　要　史书语料在汉语史的研究中具有重要意义，本文详细考察了《明通鉴目录》中的盗、寇、贼及倭、虏的词义和用法，对这几个词语进行了补充阐释。

题　　名　《南海寄归内法传》中的古地名

刊　　名　河北大学学报(哲学社会科学版)

作　　者　历史系资料室

年 卷 期　1984 年 3 期

页　　码　148－156

题　　名　《南京条约》“默认”鸦片贸易原因浅析

作　　者　梁桂芳

刊　　名　大连大学学报

年 卷 期　1997 年 5 期

页　　码　7－9

摘　　要　马克思指出：“英国人曾为鸦片走私的利益发动了第一次对华战争。”这次战争即是指 1840—1942 年的中英鸦片战争。战争最终以中国的失败而告终，清政府被迫同英国签订了中国近代史上的第一个不平等条约——《南京条约》,从此,中国便陷入了半殖民地的深渊。但值得注意的是,以保护肮脏的鸦片走私为导火线的鸦片战争,在《南京条约》的十三条款中,对鸦片问题却只字未提,为什么会出现这种局面呢?

题　　名　**《南京条约》五项内容的形成与提出**
作　　者　刘鉴唐
刊　　名　文史杂志
年 卷 期　1992 年 5 期
页　　码　9－10

题　　名　**《南京条约》与鸦片贸易问题**
作　　者　关武
刊　　名　广西师范大学学报(哲学社会科学版)
年 卷 期　1992 年 3 期
页　　码　36－37

题　　名　**《南京条约》至《虎门条约》期间英国在上海选择居留地的活动**
作　　者　吴乾兑
刊　　名　史林
年 卷 期　1989 年 4 期
页　　码　29－32

题　　名　**《南宋海外贸易交通示意图》说明**
作　　者　王铨忠 编辑
刊　　名　历史教学
年 卷 期　1981 年 4 期
页　　码　62－63

题　　名　**《南堂诗钞》与施琅收复台湾**
作　　者　王政尧
刊　　名　北京社会科学
年 卷 期　2002 年 2 期
页　　码　31－36

题　　名　**《南洋史地与华侨华人研究》述评**
作　　者　刘永连,石沧水
刊　　名　海交史研究
年 卷 期　2002 年 42 期
页　　码　27－29

题　　名　《盘珠算法》《数学通轨》及其传入日本
作　　者　郭金彬
刊　　名　海交史研究
年 卷 期　1996 年 29 期
页　　码　88－95

题　　名　《漂海录》学术价值再探
作　　者　葛振家
刊　　名　当代韩国
年 卷 期　1994 年 3 期
页　　码　43－48
摘　　要　有一句大家认同的名言:没有比较就没有鉴别。事物本身,在任何情况下都是相比较而存在。关于朝鲜汉文古籍《漂海录》的价值,拙文《漂海录初探》(《漂海录》中国点注本序)已作初步论述。本文将比照《东方见闻录》等域外记述中国的著述再作探讨。

题　　名　《萍洲可谈》涉及的岭南海洋文化
作　　者　欧安年
刊　　名　广州大学学报(综合版)
年 卷 期　1999 年 1 期
页　　码　79－81
摘　　要　《萍洲可谈》的作者朱彧随父亲南下广州的时间应是宋徽宗即位的次年,而不是《广州百科全书》写的北宋绍圣年。该书记述了朱彧在广州的见闻、感受,从中可以窥见广州与海外交往的一些文化现象,是宋元笔记中涉及岭南海洋文化史实最丰富的一部。

题　　名　《奇器图说》及其在中外文化交流史上的地位
作　　者　方世奎
刊　　名　图书馆学刊
年 卷 期　1993 年 3 期
页　　码　57－59

题　　名　《乾隆英使觐见记》与马戛尔尼
作　　者　殷黎明
刊　　名　春秋
年 卷 期　2001 年 5 期
页　　码　51
摘　　要　天津历史博物馆研究员顾道馨先生是一位著名的民俗学专家,虽年逾古稀,仍于 1990 年春开始,和几个青年学者一道,沿大运河考察、采风。临清作为历史上的运河名城,顾老备感兴趣。交谈中他提及天津历史博物馆藏有中华书局 1917 年版、刘半农译注的由英国 1798 年乔治尼古拉出版社出版《乾隆英使觐见记》全册。

题　　名　《琴轩集》与郑和下西洋
作　　者　李庆新
刊　　名　广东社会科学
年 卷 期　2003 年 4 期
页　　码　35
摘　　要　明人陈琏《琴轩集》卷十五《赤松丹房记》云:太医院医士华亭吴仲德,故居在三泖东之张溪,尝名其药室曰“润德堂”,复名炼药之所曰“赤松丹房”;赤松者,所居地名也,间谒文为记。予闻仲德之医,得家传之秘,不惟精丸散之方,复工烧炼之法永乐五年,以名医征隶太医院,达官贵人,以及闾阎士庶,求治病者,往往著奇效。尝三次从诸太监往西洋爪哇、柯枝、锡兰、阿丹等国。经历海洋,往回数万里。今年介八衰,耳聪目明,精神不少衰,非平昔丹药之功所致乎!

题　　名　清朝国旗小考
作　　者　戚超英
刊　　名　社会科学战线
年 卷 期　1986 年 4 期
页　　码　124
摘　　要　清朝国旗究竟始制定于何时,据 1888 年 9 月 30 日清政府制定的《北洋海军章程》记载“同治 5 年(1866 年)总理各国事务衙门初定中国旗式,斜幅黄色,中画飞龙。”旗面为黄色,龙为青色,旗的左上角有一赤色珠。当时这面国旗很少为外国人所知。光绪 7 年(1881 年)驻英公使曾纪泽率由英购买挂有中国龙旗的超勇、扬威两舰由英经大西洋、印度洋驶回,这是中国龙旗第一次航行海外(见池仲祐《海军大事记》影印本)。

题　　名　《清代榷关制度研究》读后
作　　者　邸永君
刊　　名　清史研究
年 卷 期　2005 年 1 期
页　　码　122 – 124

题　　名　《清明上河图》的交通价值
作　　者　李春
刊　　名　北京交通管理干部学院学报
年 卷 期　2005 年 15 卷 2 期
页　　码　12 – 16
摘　　要　从交通文化视角,分析古代名画《清明上河图》,考据北宋时的运河航运、河道治理、南粮北运,及古代桥梁建设的杰作——虹桥。兼论宋代漕运的“以人为本”思想,及运河与丝绸之路的关联。分析开封水运衰落的原因,并指出未来交通发展的契机。

题　　名　《清明上河图》所反映的汴河航运
作　　者　周梦江
刊　　名　河南大学学报(社会科学版)
年 卷 期　1987 年 1 期

页　　码　72 – 74

摘　　要　《清明上河图》以三分之一的篇幅，精心描绘了汴河上紧张、繁忙的航运景象，正如宋人周邦彦在《汴都赋》中所说："舳舻相衔，千里不绝，越舲吴艚，官艘贾舶，闽讴楚语，风帆雨楫，联翩方载，钲鼓镗铃"。展现出北宋首都、当时世界最大城市——汴京的繁华气派。

题　　名　**《清明上河图》所反映的宋代造船技术**

作　　者　马华民

刊　　名　中原文物

年 卷 期　1990 年 4 期

页　　码　73 – 77

题　　名　**《清明上河图》与北宋汴河船**

作　　者　曹凛

刊　　名　中国船检

年 卷 期　2009 年 10 期

页　　码　110 – 113

题　　名　**《清史稿》、《清史列传》之《郑成功传》考异七则**

作　　者　罗桂林

刊　　名　古籍整理研究学刊

年 卷 期　2003 年 5 期

页　　码　36 – 41

摘　　要　学者论及《清史稿》和《清史列传》两书的史料价值时，常常认为《清史列传》高于《清史稿》。本文对这一看法提出不同看法，通过对两书《郑成功传》七则明显不同的记载进行考订，发现《清史稿》虽存在不少错误，而可信之处亦多；《清史列传》虽存在许多优点，而错误亦存不少。评判两书的史料价值，应当进行具体的考订分析，不可一概而论。

题　　名　**《清史稿・漕运》订补六则**

作　　者　殷崇浩

刊　　名　江汉论坛

年 卷 期　1984 年 1 卷 1 期

页　　码　70 – 74

摘　　要　读《清史稿》卷一百二十二《食货三・漕运》（以下简称《漕运》），发现其中有些疵漏，应予订正，另外篇中与它书记载相舛误、而又语焉不详之处，也须加以补充。

题　　名　**《清史稿・漕运》订正一则**

作　　者　丁进军

刊　　名　江汉论坛

年 卷 期　1985 年 11 期

页　　码　51

题　　名　**《泉州海外交通史略》评价**
作　　者　吴诗池
刊　　名　中国史研究动态
年 卷 期　1999 年 4 期
页　　码　28 – 30
摘　　要　李玉昆先生著《泉州海外交通史略》由厦门大学出版社出版。这是作者经近 20 年对泉州海外交通史的思索和潜心研究结出的硕果,值得庆贺。

题　　名　**《泉州伊斯兰教石刻》书评**
作　　者　唐纳德·丹尼尔·莱斯利
刊　　名　海交史研究
年 卷 期　1989 年 16 期

题　　名　**《日本一鉴》中的葡澳史料**
作　　者　汤开建
刊　　名　岭南文史
年 卷 期　1995 年 2 期

题　　名　**《日本一鉴桴海图经》及明代中日海上航路的研究**
作　　者　朱鉴秋
刊　　名　海交史研究
年 卷 期　2000 年 38 期
页　　码　31 – 38
摘　　要　明代郑舜功所撰《日本一鉴桴海图经》详细记述作者出使日本的经过及海上航路,并辑录了多种中日之间的针路资料,是研究明代中日关系及海上航路的重要史料。本文对《日本一鉴桴海图经》的内容及明代中日海上航路作综合性的研究。

题　　名　**《入唐求法巡礼行记》的经济史料价值略述**
作　　者　张剑光,邹国慰
刊　　名　上饶师范学院学报
年 卷 期　1998 年 18 卷 4 期
页　　码　43 – 50
摘　　要　《入唐记》为日本僧人圆仁所作,它记载了今江苏、山东、河北地区的粮食、蔬菜、水果的生产和家禽养殖,留下了山东地区五个十分重要的粮价。该书还记述了扬州等城市及小集镇商业、手工业的情况,记录了衡制中的大小制、管理市场的市头及书价、绢价等内容。

题　　名　**《入唐求法巡礼行记》及所反映的天台宗问题**
作　　者　任林豪
刊　　名　东南文化
年 卷 期　1994 年 2 期
页　　码　153 – 157

摘　　要　中国佛教发展至唐代达到了鼎盛的阶段，同时随着中国其它传统文化的广泛传播，开始影响邻近各国，特别是对日本，更是产生了深远的影响。

题　　名　**三宝太监简史**
刊　　名　郑和研究
年 卷 期　1994年4期
页　　码　48－50

题　　名　**《三宝太监西洋记》中的异域形象**
作　　者　廖凯军
刊　　名　安徽文学（下半月）
年 卷 期　2008年12期
页　　码　219－220
摘　　要　《三宝太监西洋记》描写了很多异国的形象，这些异国形象呈现出一些共同的特点。文章联系文本所处的特定历史文化语境分析了这组异国群像的本质及其背后隐藏的重要信息，发现作者对海外诸国的认识是当时社会集体想象的产物，同时，这些异国形象在本质上还反映了当时中国社会的很多真实情况。

题　　名　**《三宝太监西洋记通俗演义》神魔化浅谈**
作　　者　刘红林
刊　　名　明清小说研究
年 卷 期　2005年3期
页　　码　209－213
摘　　要　明代长篇通俗小说《三宝太监西洋记通俗演义》，是第一部描写郑和下西洋壮举的文学作品。其将过去不久的历史神魔化是有原因的，史料不足、国家贫弱、天朝心态，构成了这部原本描写历史的小说神魔化的基础。

题　　名　**《三宝太监西洋记通俗演义》主角谈**
作　　者　刘红林
刊　　名　明清小说研究
年 卷 期　2006年3期
页　　码　163－168
摘　　要　《三宝太监西洋记通俗演义》尽管演义的是郑和七下西洋的壮举，但小说的主人公并非郑和，而是佛界长老金碧峰。金碧峰在历史上实有其人，小说虚构了他护佑郑和下西洋的故事，并赋予他无边的神力，塑造成集忠诚、仁爱、慈悲、智慧于一身的正面形象。这与作者对佛教的态度有关，更重要的是，作者生于明末季世，世道已经衰落到无法想象能以人的力量廓清海域，乘帆远航。于是，金碧峰的形象既是对过往强盛的追慕和怀恋，也是对与他所生活的时代的一种反照和批判。

题　　名　**《三宝太监西洋记通俗演义》主人公金碧峰本事考**
作　　者　廖可斌
刊　　名　文献

年卷期 1996年1期
页　码 24－46

题　名 《三州府文件修集》初探
作　者 袁丁
刊　名 海交史研究
年卷期 2000年38期
页　码 54－58,30

题　名 《山东半岛与东方海上丝绸之路》读后
作　者 晁中辰
刊　名 东方论坛
年卷期 2009年1期
页　码 129
摘　要 关于丝绸之路,以前研究的重点在陆上;改革开放后,研究的焦点逐渐转为海上,尤其聚集在中国南方的江浙、闽粤诸省,而对从春秋时期就已开辟的山东海上丝绸之路的研究则相对薄弱。鲁东大学刘凤鸣先生《山东半岛与东方海上丝绸之路》(人民出版社2007年12月版)一书,在这方面做了非常有益的探讨,弥补了山东海上丝绸之路学术研究的不足。

题　名 《山海经》与古代台湾
作　者 熊俊
刊　名 江西财经大学学报
年卷期 2003年2期
页　码 110－112
摘　要 《山海经·海外南经》和《山海经·大荒南经》所指的不死民(不死国)、岐舌国、昆仑虚、凿齿国、三首国、周饶国(僬侥国)、长臂国(张宏国)、季厘国、载民国、蜮民国、颛顼国、骊头国共十二个列国是在台湾省内。两《经》内容有所不同,这是反映了台湾古代历史的进步。

题　名 《山海经》与海洋文化
作　者 方牧
刊　名 浙江海洋学院学报(人文科学版)
年卷期 2003年20卷2期
页　码 18－25
摘　要 《山海经》历来被误读,有巫书、地理书、博物志诸说。其实,它是中国古代第一部写海洋的经典,又是一部蒐集古代社会早期文化的经典,一部蕴含中国文学艺术原生态素材的经典。《山海经》以人为本,体现了强烈的人文精神和鲜明的海洋文化特色:一是流变性与包容气魄,二是原创性与求异思维,三是多元化与前瞻理念。

题　名 《山海经》中的上古中日交往史影
作　者 孟宪仁
刊　名 日本研究

年 卷 期　1993 年 4 期
页　　码　70 – 73

题　　名　《善邻国宝记》——一部最早的中日关系史
作　　者　周迅
刊　　名　文献
年 卷 期　1981 年 1 期
页　　码　116 – 122

题　　名　《上海漕河泾沿革小考》补正
作　　者　陈金林
刊　　名　上海师范大学学报(哲学社会科学版)
年 卷 期　1982 年 1 期
页　　码　128,132

题　　名　《社会、贸易与网络:公元 3 至 13 世纪的闽南》评述
作　　者　蓝达居
刊　　名　海交史研究
年 卷 期　1997 年 32 期
页　　码　105 – 109

题　　名　《申报》百年号外见证中法福州马尾海战
作　　者　李贞刚
刊　　名　收藏
年 卷 期　2009 年 3 期
页　　码　122 – 123
摘　　要　号外报是独具魅力的报纸文化精品,记录了时代风云,留下了历史印记,是最有说服力的历史见证之一。最近,笔者从辽宁报友、著名号外收藏家张挺先生那里,见到了一份光绪十年七月七日(1884 年 8 月 27 日)上海出版的《申报》号外,标题是“福州马江又大战,我扬武号等数船沉矣”。这份 1000 字的号外详细地披露了 1884 年 8 月 24 日侵入福建沿海的法国军舰突然袭击在福州马尾港的清朝海军,击沉 7 艘中国舰船的整个过程。

题　　名　《申报》对 1874 年日本侵台事件的评论
作　　者　杨震
刊　　名　江西教育学院学报(社会科学)
年 卷 期　2006 年 1 期
页　　码　102 – 105
摘　　要　1874 年日本侵台事件是中日关系史上的一件大事,它是近代日本侵华的开端。《申报》对这一事件及相关问题发表了大量评论,这是《申报》自 1872 年创刊以来第一次对重大军政事件的大规模追踪评论。这些评论客观、深刻并极具前瞻性。这些评论不但坚持了反侵略的正义立场而且发挥了进步的舆论导向作用。这些评论也为我们了解这一事件及其影响提供了新的视角。同时,《申报》也以自己的业绩在中国近代新闻史上写下了精彩的一笔。

题　　名　**《申报》对研究中日甲午战争的史料价值**
作　　者　韩小林
刊　　名　天府新论
年 卷 期　2004 年 2 期
页　　码　104－108
摘　　要　《申报》对中日甲午战争的新闻报道内容多、信息量大，涉及当时社会各个方面，其新闻的真实性和可信度都较高，对国内民众的影响较大，为我们今天研究中日战争提供了重要的资料来源。

题　　名　**《申报》与 1874 年日本侵台事件**
作　　者　胡连成
刊　　名　同济大学学报(社会科学版)
年 卷 期　2003 年 5 期
页　　码　51－57,81
摘　　要　在 1874 年日本侵台事件中，上海《申报》通过各种中外新闻渠道，以大量篇幅及时地、反复地加以报道；《申报》通过舆论促使国人警醒，敦促清政府采取外交及军事行动。通览这一时期《申报》对日本侵台事件的报道、评论，并对照其他历史文献，可以说《申报》所持立场基本上是公正的，报道基本上是客观的，基本上反映了当时国人的正义呼声。

题　　名　**《申报》与晚清海防、塞防之争**
作　　者　卢宁
刊　　名　华南理工大学学报(社会科学版)
年 卷 期　2010 年 6 期
页　　码　71－77
摘　　要　19 世纪 70 年代，清政府内部出现了海防、塞防之争。李鸿章提出调整国防战略，放弃塞防，专备海防的主张，遭到左宗棠的反对。左宗棠认为有鉴于现阶段西北边疆危机的严重程度，国家防御的当务之急是出兵新疆，收复失地。在清廷内部就海防塞防展开激烈争论时，《申报》发表了若干评论，无意间卷入了此次论争。《申报》反对以东南诸省财富支撑对新疆用兵，对左宗棠向洋人借款提出激烈批评，其舆论造势对李鸿章加强海防的主张起到了推波助澜的作用，对新疆用兵带来了不小的掣肘，招致了左宗棠的厌憎。

题　　名　**《圣经》上的海上贸易图**
作　　者　王寒枫
刊　　名　海交史研究
年 卷 期　1993 年 24 期
页　　码　42－43

题　　名　**《诗经》中的船及其后世的婚媾人类学意义**
作　　者　王政，王维娜
刊　　名　文艺研究

年 卷 期 2006 年 7 期

页 码 38 – 46,158 – 159

摘 要 《诗经》中《柏舟》、《竹竿》、《谷风》、《青青者莪》以及《匏有苦叶》诸篇写到船及渡水,往往与女子及其婚配有关。笔者认为船及渡水或涉水过河从《诗经》时代起就积淀了女身、两性婚媾的象征意味;在后世文学中渐渐发展为一种情爱婚媾的原型。本文把《诗经》中船、渡与婚爱的粘连关系放到后来古典文学以及外国文学的同类意象群体中(以及船的女性文化人类学背景中)去观察,以揭示它的跨民族、跨时代的"集体潜意识"内涵。

题 名 **《诗经·大明》"造舟为梁"——我国古代有文字可考的最早桥梁**

作 者 张剑

刊 名 咸宁师专学报

年 卷 期 2002 年 22 卷 4 期

页 码 47

摘 要 《诗经·大雅·大明》记载的西周文王姬昌为婚娶迎亲在渭河上"造舟为梁",架设浮桥的成功,开了我国古代有文字可考的桥梁建筑史的先河,对我国古代桥梁建筑文化的发展产生了巨大的积极影响,成为中华民族古代优秀文明的又一重要表现。

题 名 **《史记》中的船和舟**

作 者 李波

刊 名 中国典籍与文化

年 卷 期 2008 年 3 期

页 码 88 – 91

摘 要 本文依据频次分析了《史记》中船和舟的使用情况。从使用频次的多寡看,起源较晚的"船"字,在《史记》中与"舟"字产生替换。其中有社会文化的原因,也反映了太史公运用语言的特点。

题 名 **《使琉球录》及治海水伤裂方**

作 者 全瑾,吴佐忻

刊 名 中医药文化

年 卷 期 2011 年 1 期

页 码 46 – 47

摘 要 介绍《本草纲目》引用《使琉球录》中的治海水伤裂方,并提供相应的历史资料。

题 名 **《水经》周水、存水考**

作 者 王元林

刊 名 中国历史地理论丛

年 卷 期 2006 年 3 期

页 码 47 – 54

题 名 **《水经》作者及其成书年代**

作 者 常征

刊 名 中国水利

年 卷 期 1983 年 6 期
页　　码 49－52

题　　名 **《水经·江水注》研究**
作　　者 陈桥驿
刊　　名 杭州大学学报(哲学社会科学版)
年 卷 期 1984 年 3 期
页　　码 109－115

题　　名 **《水经注》水道记述试析**
作　　者 赵建黎
刊　　名 西北大学学报(自然科学版)
年 卷 期 1989 年 1 期
页　　码 105－107

题　　名 **《水经注》所载漕运史与运河史资料及问题考述**
作　　者 张晓东
刊　　名 重庆社会科学
年 卷 期 2007 年 6 期
页　　码 78－82
摘　　要 《水经注》是北魏郦道元的地理学名著,记载了丰富的历史地理资料,其中不少内容与漕运有关,本文按运河史、都城漕运交通、漕仓、军事化漕运活动等方面的问题对《水经注》中的历史资料及其相关的问题进行分类研究。

题　　名 **《说文》与古代交通民俗——《说文》汉字民俗文化溯源研究之七**
作　　者 黄宇鸿
刊　　名 钦州学院学报
年 卷 期 2007 年 2 期
页　　码 77－83
摘　　要 古代交通民俗与物质生产和消费生活密切相关。古代字书民俗史资料证明,早在夏商时代,我国就有了"车马"和"舟楫"等交通工具,而且建立了"驲传"制度。我国古代道路的开辟、桥梁的建筑、车舟的制造、交通的管理,在世界交通史上长期居于领先的地位。

题　　名 **《宋史·高丽传》史源考**
作　　者 顾宏义
刊　　名 中国边疆史地研究
年 卷 期 2007 年 17 卷 4 期
页　　码 122－129
摘　　要 《宋史·高丽传》所依据的史料来源主要有宋代历朝《国史·高丽传》和新、旧《五代史·高丽传》以及《五代会要》、《宣和奉使高丽图经》等宋人文献,并沿袭了这些史料中的不少讹误。

题　　名 《隋书》中的赤土应在何处?
作　　者 周桓
刊　　名 历史教学
年 卷 期 1983 年 7 期
页　　码 60 – 61

题　　名 《台海使槎录》的史料价值与艺术价值——以《番俗六考》与《番俗杂记》为例
作　　者 黄武智
刊　　名 兴大人文学报
年 卷 期 1995 年 36 期
页　　码 419 – 451

题　　名 《太平广记》里的舟船意象
作　　者 李萍萍
刊　　名 辽宁教育行政学院学报
年 卷 期 2008 年 25 卷 5 期
页　　码 96 – 98
摘　　要 《太平广记》小说里出现了很多舟船意象,这里主要以前七十卷为文本对象,从舟船的神异功能,民间信仰背景以及叙事功能等几个方面,探讨舟船作为沟通神人的媒介所体现出来的超越意义和探索意义。

题　　名 《泰国最后一次入贡中国纪录书》初考
作　　者 余定邦
刊　　名 南洋问题研究
年 卷 期 2005 年 1 期
页　　码 1 – 5
摘　　要 《泰国最后一次入贡中国纪录书》是我们看到的泰方唯一的一份有关曼谷王朝遣使来华的泰文纪录。它记述的内容与中国清代官方记载基本相同,它从一个方面说明清代官方记载是真实可靠的,具有很高的史料价值。

题　　名 《唐·新罗·日本政治制度比较研究》刍议
作　　者 刘子敏
刊　　名 延边大学东疆学刊
年 卷 期 2001 年 18 卷 2 期
页　　码 53 – 55
摘　　要 《唐·新罗·日本政治制度比较研究》一书中对“突厥”、“琉球”、新罗统一“三国”、唐太宗征高句丽的战争胜利与失败、新罗与中国的交往、百济两个国王的名字等问题的认识与提法值得再探讨。

题　　名 《唐大和上东征传》(高山寺本)管窥
作　　者 王勇,半田晴久

刊　　名　图书馆工作与研究
年 卷 期　2004 年 3 期
页　　码　43－46
摘　　要　东渡日本的鉴真与西天求法的玄奘，堪称唐代最杰出的两位文化交流使者；而《唐大和上东征传》与《大唐大慈恩寺三藏法师传》，使这两位高僧名垂青史。《唐大和上东征传》流布本均为后世的刻本、影印本，现存日本的多种古抄本则未经系统整理。本文对旧藏高山寺的古抄本进行考释，对抄写年代、抄写之人、抄本特点、校勘价值等提出若干新观点，可裨益于鉴真的基础性研究。

题　　名　《唐大和上东征传》鉴真携带品辨正
作　　者　王勇
刊　　名　文献
年 卷 期　2007 年 1 期
页　　码　173－180
摘　　要　真人元开（Omino Mihune）撰于 779 年的鉴真传记《唐大和上东征传》，有多种写本、刊本传世。1762 年以后的刊本，流传颇广，其对文本的字词误读甚至影响到今天。本稿依据现存日本的古写本及多种刊本，对鉴真第二次东渡携带品的误读进行辨析、纠谬，指出在研究域外汉籍中写本的重要性。

题　　名　《唐大和上东征传》人名和海粮误读辨正
作　　者　王勇
刊　　名　语言研究
年 卷 期　2005 年 25 卷 4 期
页　　码　88－91
摘　　要　真人元开（淡海三船，Omino Mihune）撰于 779 年的鉴真传记《唐大和上东征传》，有多种写本、刊本传世。1762 年以后的刊本，流传颇广，对文本的字词误读甚至影响到今天。本稿依据现存日本的古写本，对刊本的人名、海粮部分的误读进行辨析、纠正，指出在研究域外汉籍中写本的重要性。

题　　名　《唐大和上东征传》札记
作　　者　刘玉红
刊　　名　重庆工商大学学报（社会科学版）
年 卷 期　2007 年 24 卷 4 期
页　　码　115－117
摘　　要　《唐大和上东征传》是一部唐时汉语佛典著作，他记载了唐代高僧鉴真东渡日本传法的事迹，从语言研究角度来说，作为唐时汉语语料，语言学界似乎对该书注意不够，对其中的词义进行讨论，可供汉语词汇史研究和辞书编纂者参考。

题　　名　《唐代新罗侨民在华社会活动的考述》一文的两点订补
作　　者　李恭
刊　　名　中国史研究
年 卷 期　1996 年 3 期
页　　码　166－167

题　　名　《唐代中外交通图》说明
作　　者　王铨忠 编辑
刊　　名　历史教学
年 卷 期　1981 年 3 期
页　　码　33 – 34
摘　　要　唐代国内外交通十分发达,同亚洲、非洲、欧洲各国的友好往来都很频繁。唐朝都城长安,是各国进行经济贸易、文化交流活动的中心,是当时的世界名城之一。

题　　名　《唐史所见张建章其人》辨析
作　　者　房锐
刊　　名　唐都学刊
年 卷 期　2006 年 2 期
页　　码　1 – 4

题　　名　《唐土门簿》与《海洋来往活套》——佚存日本的苏州徽商资料及相关问题研究
作　　者　王振忠
刊　　名　江淮论坛
年 卷 期　1999 年 2 期
页　　码　103 – 112

题　　名　《唐土门簿》与《海洋来往活套》——佚存日本的苏州徽商资料及相关问题研究(续)
作　　者　王振忠
刊　　名　江淮论坛
年 卷 期　1999 年 3 期
页　　码　102 – 111

题　　名　《唐土门簿》与《海洋来往活套》——佚存日本的苏州徽商资料及相关问题研究(续)
作　　者　王振忠
刊　　名　江淮论坛
年 卷 期　1999 年 4 期
页　　码　103 – 112

题　　名　《天房图瑞出》史料探析
作　　者　邵恩库
刊　　名　郑和研究
年 卷 期　2006 年 1 期
页　　码　115 – 118
摘　　要　“天房图”即麦加圣寺清真图,瑞出之意为吉祥的出世。《天房图瑞出》史料是 307 年前清真学人述著,关于十五世纪初,中国伟大的航海家郑和第三次下西洋到达伊斯兰教圣地天方即麦加,并带回了《天房图》的记录遗物。

题　　名　《天妃娘妈传》故事源流考——兼论海神天妃兴衰的时代背景
作　　者　高粱
刊　　名　明清小说研究
年 卷 期　1991 年 3 期
页　　码　134 – 147

题　　名　《天妃显圣录》现存版本及其纂修过程初探
作　　者　蒋维锬
刊　　名　莆田学院学报
年 卷 期　2008 年 15 卷 6 期
页　　码　92 – 95
摘　　要　现存《天妃显圣录》一书的最后一次修订本，其距初稿本的形成时间超过百年。通过对现存版本及相关史料的钩稽研究，初步理出这个版本的体系及其演变的历史过程。

题　　名　《天妃显圣录》之编辑缘由及主要内容考订
作　　者　蔡相辉
刊　　名　莆田学院学报
年 卷 期　2005 年 12 卷 1 期
页　　码　79 – 82
摘　　要　以《天妃显圣录》序文为主，考证该书为林尧俞、林兰友参酌地方文献所增订，最后由丘人龙编次印行。又据宋元相关文献，考订该书主要内容存在一些与史传不符之处。

题　　名　《天妃显圣录》之编辑缘由及主要内容考订
作　　者　蔡湘辉
刊　　名　中华妈祖
年 卷 期　2005 年创刊号
页　　码　16 – 19

题　　名　《天工开物》第九卷舟条读后感
作　　者　胡建国
刊　　名　船史研究
年 卷 期　1985 年 1 期
页　　码　99 – 100

题　　名　《天下全舆总图》与“郑和发现美洲说”
作　　者　牛志男
刊　　名　中国民族
年 卷 期　2006 年 5 期
页　　码　55 – 57

题　　名　《兔园策府》的成书及东传日本

作　　者　葛继勇

刊　　名　甘肃社会科学

年 卷 期　2008 年 5 期

页　　码　196 – 199,204

摘　　要　《杜嗣先墓志》记载了杜嗣先本人的生平活动以及《兔园策府》成书的时间。杜嗣先生前曾参与接待 8 世纪初来华的日本遣唐使,其著作《兔园策府》撰写于七世纪中叶。《兔园策府》很可能在八世纪初已传入日本,并作为启蒙教材而广为流播,是唐代中日“书籍之路”上一道不可多得的亮丽风景。

题　　名　《外国史略》及其作者问题新探

作　　者　邹振环

刊　　名　中山大学学报(社会科学版)

年 卷 期　2008 年 5 期

页　　码　100 – 108,212 – 213

摘　　要　《外国史略》是晚清早期一部“西洋人谭西洋”的重要著述,也是魏源百卷本《海国图志》所引用的两部外人史著之一。学界关于此书不仅在抄本问世的时间上看法不一,特别是关于该书的作者究竟是谁亦众说纷纭。文章通过对该书的内容、结构、特点与译词的分析,提出《外国史略》是马礼逊父子先后接续完成的一部世界史。该书的整体规划和主体结构部分已为罗伯特·马礼逊草拟,马儒翰、马理生在其父亲去世后相继接续父亲撰写、增补了该书后面发生的历史事实。《外国史略》不仅提供了大量关于西方历史和文明的内容以及若干新词汇,而且也给第一代中国西方历史的撰写者提供了新的文明认知的体系。

题　　名　《外国史略》著者考

作　　者　谭树林

刊　　名　浙江师范大学学报

年 卷 期　2003 年 3 期

页　　码　20 – 22

摘　　要　《外国史略》是一部重要的历史、地理著作。但其著者是谁,学术界疏于探究。本文广泛引用中外文献加以考释,认为《外国史略》的著者当为马里生。

题　　名　《卫所武职选簿》所反映的郑和下西洋史事

作　　者　范金民

刊　　名　郑和研究

年 卷 期　2009 年 4 期

页　　码　4 – 18

摘　　要　收录在《中国明朝档案总汇》中的《卫所武职选簿》,至少保留了 180 余名跟随郑和下西洋的卫所官军的升赏情形,于郑和下西洋研究堪称弥足珍贵。据此较为原始的档案,我们可以大致确定郑和下西洋三次军事行动的具体年份,较大程度上填补郑和下西洋官军的具体人名,获知郑和下西洋官军的主要来源,进而确定其部队性质。

题　　名　**《卫所武职选簿》中的郑和下西洋资料**
作　　者　范金民
刊　　名　郑和研究
年 卷 期　2010 年 1 期
页　　码　51 – 62
摘　　要　收录在《中国明朝档案总汇》中的《卫所武职选簿》,保留大量郑和下西洋官军的资料,对郑和下西洋研究堪称弥足珍贵。此辑录于下,供郑和研究者参考。

题　　名　**《卫所武职选簿》资料摘录与郑和下西洋研究中的相关问题**
作　　者　徐恭生
刊　　名　郑和研究
年 卷 期　2009 年 3 期
页　　码　17 – 18
摘　　要　明代兵部编录的《卫所武职选簿》是研究郑和下西洋重要史料之一,本文从中摘录出郑和下西洋军官 169 人简略事迹,由此可以看出郑和下西洋军官死亡数目不少,其中因病而死者居多;其次,郑和第一次下西洋时与海盗陈祖义等作战地点除旧港之外,还有阿鲁洋和棉花屿洋;再次,《卫所武职选簿》史料进一步证实锡兰山战役完全由亚烈苦奈儿"悖逆夺官钱粮"而引起的自卫反击战。

题　　名　**《魏志・倭人传》前四段出自《东观汉记》考**
作　　者　何远景
刊　　名　内蒙古师大学报(哲学社会科学版)
年 卷 期　1994 年 3 期
页　　码　89 – 94
摘　　要　《魏志・倭人传》是研究日本早期历史最翔实的原始资料。本文通过对《魏略》佚文中关于《旧志》的记载和《魏志・倭人传》中"住七八十年"的分析研究,认为该传前四段的主要内容,即有关日本列岛各国的方位里程、风土人情、历史沿革的记载出自《东观汉记・地理志》,其作者是伏无忌和蔡邕,它反映了二世纪初或者更早一些日本列岛的状况。

题　　名　**《吴时外国传》初探**
作　　者　郭振铎,张华腾
刊　　名　殷都学刊
年 卷 期　1989 年 3 期
页　　码　25 – 30

题　　名　**《吴时外国传》考释**
作　　者　赵和曼
刊　　名　印支研究
年 卷 期　1983 年 4 期
页　　码　30 – 39

题　　名　《西国近事汇编》及其船舶制造技术传播
作　　者　原付川，姚远，卫玲
刊　　名　西北大学学报(自然科学版)
年 卷 期　2009 年 39 卷 6 期
页　　码　1102－1106

题　　名　《西山杂志》节文质疑——据《文莱国宋墓考释》征引之一节
作　　者　陈铁凡，傅吾康
刊　　名　海交史研究
年 卷 期　1991 年 20 期
页　　码　54－56

题　　名　《西洋记》发微
作　　者　冯汉镛
刊　　名　明清小说研究
年 卷 期　1988 年 1 期
页　　码　121－134

题　　名　《西洋记》发微
作　　者　冯汉镛
刊　　名　郑和研究动态
年 卷 期　2010 年 2 期
页　　码　24－28

题　　名　《西洋记》研究综述
作　　者　朱鉴秋
刊　　名　郑和研究动态
年 卷 期　2010 年 1 期
页　　码　2－5

题　　名　《西洋记》与《西洋朝贡》
作　　者　赵景深
刊　　名　郑和研究动态
年 卷 期　2010 年 2 期
页　　码　22－23

题　　名　《西洋记》源于戏剧
作　　者　冯汉镛
刊　　名　文史杂志
年 卷 期　2005 年 4 期

页　　码　52 - 54

题　　名　《新唐书》所载日本僧空海留唐时间辨误
作　　者　邱德新
刊　　名　晋阳学刊
年 卷 期　1986 年 5 期
页　　码　46 - 47
摘　　要　日本高僧空海,法号遍照金刚,谥号弘法大师,是日本密教的创始人。空海于公元 804 年来唐学习,公元 806 年秋回国,前后约二年的时间。这本是中日学者公认的事实,但《新唐书》所记空海留唐时间,不是二年,而是二十余年。有学者曾提出,二年或为二十月之误,但未能论定。近年新出版的标点本《新唐书》,对此亦未见说明,因此有必要作一考证,以澄清史实。

题　　名　《新唐书・食货志》玄宗朝两则漕运史料
作　　者　张荣强
刊　　名　史学史研究
年 卷 期　2007 年 3 期
页　　码　104 - 108

题　　名　《新唐书・西域传下》"米国"条"献璧"献疑
作　　者　真大成
刊　　名　中国典籍与文化
年 卷 期　2008 年 1 期
页　　码　116 - 118

题　　名　《徐福志》的编纂价值与特点
作　　者　耿茂华
刊　　名　鲁东大学学报(哲学社会科学版)
年 卷 期　2008 年 25 卷 3 期
页　　码　96

题　　名　《续琉球国志略》的产生和贡献
作　　者　武尚清
刊　　名　史学史研究
年 卷 期　1993 年 1 期
页　　码　64 - 69
摘　　要　清乾隆中期周煌集大成之作《琉球国志略》(二十二年丁丑,1757),也是继往开来之作。其后,又有两部续志:齐鲲、费锡章《续琉球国志略》五卷、首一卷(嘉庆十三年戊辰,1808);赵新《续琉球国志略》二卷、首一卷(同治五年丙寅,1866)。前后还穿插有赵文楷、李鼎元往封尚温(嘉庆四年乙未,1799),林鸿年、高人鉴往封尚育(道光十七年丁酉,1837)两使次。李鼎元撰有《使琉球记》(嘉庆庚申,1800),与齐、赵两部续志合称"后三志"。其中以《齐续志》更为重要。

题　　名　《续日本纪·鉴真卒传》考释——兼与《唐大和上东征传》比较
作　　者　葛继勇
刊　　名　图书馆杂志
年 卷 期　2008 年 27 卷 3 期
页　　码　65－69
摘　　要　《鉴真卒传》作为国家正史的传记具有公的官修性质，更能反映鉴真在奈良时代国家政治和佛教界中的活动实态和影响。在有关朝廷、皇室的公式记录方面，要比《唐大和上东征传》详尽。如果把《鉴真卒传》视为正史卒传而具有律令国家正史性格的话，那么《唐大和上东征传》就是私家版的鉴真传记。

题　　名　《宣和奉使高丽图经》版本源流考
作　　者　祁庆富
刊　　名　社会科学战线
年 卷 期　1996 年 3 期
页　　码　229－234
摘　　要　《宣和奉使高丽图经》四十卷，是宋代徐兢所撰的一本出访高丽见闻录。徐兢生于宋哲宗元祐六年(1091)，卒于宋高宗绍兴二十三年(1153)。兢字明叔，号自信居士，他出身于官宦世家，其上世为建州瓯宁(今福建瓯县)人。徐兢少时颖异不群，然科举考试却不成功。政和四年(1114)二十四岁时，以父任补将仕郎，授通州(今江苏南通县)司刑曹事尚书郎。摄知雍丘县(今河南杞县)，移原武县(今河南原阳县)，皆有政绩。宣和五年(1123)以国信所提辖官身份随使高丽，归后撰《宣和奉使高丽图经》进朝廷，受徽宗赏识，赐同进士出身，擢知大宗正丞事兼掌书学，迁尚书刑部员外郎。徐兢多才多艺，以书法绘画名噪一时。正因如此，才被选为奉使高丽一名主要随员，并能够得心应手地“物图其形”，把奉使所见图录下来。

题　　名　《宣和奉使高丽图经》的史料价值
作　　者　车今顺，郑姬
刊　　名　延边大学学报(社会科学版)
年 卷 期　1997 年 4 期
页　　码　164－166

题　　名　《宣和奉使高丽图经》的史料价值
作　　者　李宝民
刊　　名　郑和研究
年 卷 期　1997 年 4 期
页　　码　26

题　　名　《宣和奉使高丽图经》与宋代的海外交通
作　　者　李玉昆
刊　　名　中国航海
年 卷 期　1997 年 1 期
页　　码　90－96

摘　　要 《宣和奉使高丽图经》是徐兢奉使高丽归国后,就其亲身经历,参考有关典籍撰写的。对高丽的历史、地理、风土民情、典章制度以及宋代与高丽的交通航线,造船技术与工艺,如船的结构、特点,柁、碇、帆等的使用,航海技术如指南针的应用,海图的绘制,季风的利用,天气预测等都有详细的记载,是研究朝鲜历史文化及宋代海外交通的珍贵资料。路允迪宣和奉使高丽后,赐妈祖庙号顺济,标志着妈祖从民间地方性神变为朝廷承认的神,确立了妈祖的海神地位。此后,妈祖信仰从福建向南北发展并走向世界。

题　　名 《延历僧录》中的唐人传记——《高僧沙门释鉴真传》辑佚
作　　者 王勇
刊　　名 文献
年 卷 期 2005 年 4 期
页　　码 119 - 127,158

题　　名 《瀛环志略》及其历史影响
作　　者 任复兴
刊　　名 山西大学学报(哲学社会科学版)
年 卷 期 1989 年 1 期
页　　码 78 - 82
摘　　要 今天,我们站在民主与开放的时代高度上,以生产力为标准审视历史的时候,应当看到徐继畬是近代史开端期一位很值得研究的人物;他辑著的《瀛环志略》是载有大量外部世界信息、包涵着卓越政治见解的奇书,并在近代中国、日本、美国发生过一定影响。

题　　名 《瀛环志略》近代化思想析
作　　者 郭剑化,杨华
刊　　名 山西高等学校社会科学学报
年 卷 期 2000 年 12 卷 2 期
页　　码 75 - 77
摘　　要 作为鸦片战争后“开眼看世界”成果的《瀛环志略》,在向中国人启蒙地球万国一般状况的同时,也进行着近代化思想的启蒙,即认同多元世界,向代表世界最先进潮流的西方列强学习,包括他们的政治、经济、军事、文化各个方面。《瀛环志略》所蕴含的这一思想,对中国近代化历程有着深远的影响。

题　　名 《瀛环志略》与《海国图志》比较研究
作　　者 章鸣九
刊　　名 近代史研究
年 卷 期 1992 年 1 期
页　　码 68 - 81

题　　名 《瀛环志略》与中美文化交流史上的一段佳话
作　　者 何大进
刊　　名 文史知识
年 卷 期 2005 年 8 期

页　　码　74－81

题　　名　《瀛寰志略》与《海国图志》之比较
作　　者　郑大华，喻春梅
刊　　名　晋阳学刊
年 卷 期　2008年6期
页　　码　28－34

题　　名　《瀛涯胜览》版本考
作　　者　宋立民
刊　　名　古籍整理研究学刊
年 卷 期　1988年2期
页　　码　50－54
摘　　要　《瀛涯胜览》是明朝初年记载郑和下西洋的重要史籍。作者马欢是会稽人，字宗道，别字汝钦，自号会稽山樵，回教徒，通阿拉伯文，曾三次随郑和下西洋，担任通事之职。郑和使团奉命出使西洋诸国共七次，马欢参加了第四次，第六次和第七次，时间分别是永乐十一年冬（1413年冬）至永乐十三年七月（1415年8月）、永乐十九年春（1421年春）至永乐二十年八月（1422年9月）、宣德六年十二月（1432年1月）至宣德八年七月（1433年8月）。

题　　名　《瀛涯胜览》所载宝船尺度应该可信
作　　者　杨斌
刊　　名　郑和研究
年 卷 期　2003年1期
页　　码　11－12

题　　名　《瀛涯胜览》所载的西洋穆斯林社会
作　　者　胡玉冰
刊　　名　西北第二民族学院学报（哲学社会科学版）
年 卷 期　1996年4期
页　　码　71－74
摘　　要　《瀛涯胜览》，明马欢撰（一说与郭崇礼合撰）。马欢，字宗道，浙江会稽（今绍兴）人，信奉西域天方教（即伊斯兰教），通晓阿拉伯文，富有才干。曾以通事（即翻译）的身份随郑和三下西洋，跋涉万里，经过南洋群岛，横渡印度洋，取道波斯湾，进入红海区域，先后共涉足二十个国家和地区。《瀛涯胜览》即马欢在这二十个国家的各种见闻录。

题　　名　《瀛涯胜览》杂考
作　　者　宋岘
刊　　名　上海大学学报（社会科学版）
年 卷 期　1985年2期
页　　码　110－115
摘　　要　明代永乐年间，会稽人马欢作为阿拉伯语翻译，曾经三次随郑和下西洋。其后，他将周游列国的见闻记述成《瀛涯胜览》(以下简称《胜览》)一书。本世纪三十年代,我国著名的翻译家、中外关系史专家冯承钧先生依据《胜览》的法文注释本,对此书进行了校注。冯先生的《胜览校注》解答了不少疑问,成就颇著。然而,笔者认为此校注本对一些牵涉阿拉伯文、波斯文的名物尚未做出详尽的考释。为深入研究郑和航海史,本文拟以冯先生的校注本为依据,对《胜览》中的若干问题做一点考释,以就教于研究郑和航海史的同志们。

题　　名 《禹贡》“鸟夷”的考古学探索
作　　者 王青
刊　　名 北方文物
年 卷 期 1995年4期
页　　码 2-10

题　　名 《元史·亦黑迷失传》三国笺证
作　　者 王校阑
刊　　名 学术论坛
年 卷 期 1986年3期
页　　码 57-58

题　　名 《粤大记·广东沿海图》中的澳门地名
作　　者 汤开建
刊　　名 岭南文史
年 卷 期 2000年1期
页　　码 57-59

题　　名 《粤海关志》的一处辨误
作　　者 谭启浩
刊　　名 海交史研究
年 卷 期 1995年27期
页　　码 110,108

题　　名 《张建章墓志》考
作　　者 徐自强
刊　　名 文献
年 卷 期 1979年2期
页　　码 187-197

题　　名 《漳州港》评介
作　　者 万明
刊　　名 中国史研究动态
年 卷 期 2002年3期
页　　码 31-32

摘　　要　李金明教授新著《漳州港》一书，于2001年8月由福建人民出版社出版。既蒙惠赐，抱着先睹为快的心情拜读以后，颇感受益，故此付诸笔端，略述一二。

题　　名　《漳州海澄郑氏造船图谱》解读
作　　者　许路
刊　　名　海交史研究
年 卷 期　2007年51期
页　　码　119－128
摘　　要　传统木帆船的建造方式与现代船舶不同，造船师傅多凭经验尺寸现场放样，而没有精确的图纸。老一辈的造船师傅大都不识字，其造船法式、尺寸搭配以及选料用材等经验只印在头脑中。加上历来师傅们对赖以谋生的技术和手艺都不轻易外传，以至于民间鲜有造船图谱流传。《漳州海澄郑氏造船图谱》系造船师傅王郑文庆于民国年间绘制，残存27页半，记录了16种船型的营造图谱。该图谱以图配文，所用文字多是融入当地特色的鲁班字及闽南语自造字，颇具特色。图谱对船体结构方面的主要尺度、基本造型要素以及船身装饰的某些方面有详细的记录，但对工属具、推进工具以及甲板面和上装建筑方面的记录则较为缺乏。图谱所示的部件重要程度及其标示方法、线型设计方法与其它相关历史文献基本一致，显示出福船建造法式的共性。此外，图谱所暗含的建造顺序与福船传统建造顺序一致，显示出福船建造工艺的历史延续性。总之，《海澄郑氏造船图谱》满足了本家族造船业者依例建造之用，但作为记录当地木帆船建造技术的文献，还欠完备。

题　　名　《浙东运河史》序
作　　者　陈桥驿
刊　　名　浙江教育学院学报
年 卷 期　2009年2期
页　　码　1－4，49
摘　　要　《浙东运河史》阐述了浙东运河的历史变迁。浙东运河是我国最早的运河之一。先秦时期，浙东就出现了“山阴故水道”。到了晋代，地方循吏组织民众，疏凿西兴运河，西兴运河与“山阴故水道”相连，形成了浙东运河的骨架。隋代，连接到杭州的大运河已经与钱塘江对岸的浙东运河相连。

题　　名　《蔗轩日录》与明代中日书籍交流
作　　者　陈小法
刊　　名　中国典籍与文化
年 卷 期　2004年4期
页　　码　47－54
摘　　要　中日之间书籍的交流源远流长，各期的特点不尽相同。从书籍流播的途径、载体以及种类上的不同，可以看出日本不同时期文明程度的差异性以及日本对中国文化的取向性。从《蔗轩日录》中记载的大量中日汉籍交流的资料表明，遣明使是明代中日书籍交流的主要担当者，官方赐予、友人馈赠以及少量的物物交换是当时书籍的主要来源；儒书、医书等是书籍交流的重要内容。

题　　名　《征占日程》初探
作　　者　牛军凯
刊　　名　东南亚

年 卷 期　2001 年 2 期

页　　码　48 – 52

摘　　要　《征占日程》一书,为越南古代汉文书籍,未见专文介绍,也未见著者提及,兹略作介绍,备国内有兴趣之学者参考。

题　　名　《郑和故里和姓氏由来新说》质疑

作　　者　徐克明

刊　　名　云南文史丛刊

年 卷 期　1991 年 2 期

页　　码　111 – 113

题　　名　《郑和航海图》的“指”“角”考释

作　　者　赵鹿军,杨熺

刊　　名　大连海事大学学报

年 卷 期　1985 年 11 卷 4 期

页　　码　110 – 123

摘　　要　本文从对天文航海、季风规律及牵星板结构的分析入手,第一次提出了古代测天高度单位“指”、“角”与今天“度”的正切曲线关系,与过去学术界认为是正比线性关系的传统观点有所不同。同时还计算出牵星板的绳长为 54. 54 cm。本文还系统地考查了《郑和航海图》中 38 个地点的北辰星或华盖星的牵星高度。并由此计算出了近似实际纬度。

题　　名　《郑和航海图》的复原

作　　者　张箭

刊　　名　四川文物

年 卷 期　2005 年 2 期

页　　码　80 – 83

摘　　要　据明清线装刻本《武备志》复原《郑和航海图》,至少全长 7. 2 米,高 0. 2 米,面积 1. 44 平方米。所以它是迄当时为止中国最大的单幅海图 – 地图,也是世界上最大的单幅海图 – 地图之一。可知茅元仪主持刻印的《郑和航海图》是基本成功的,但也不可避免地有一些差错和失真。

题　　名　《郑和航海图》简述

作　　者　朱鉴秋

刊　　名　上海大学学报(社会科学版)

年 卷 期　1985 年 2 期

页　　码　50 – 55

摘　　要　郑和下西洋是我国航海史及中外交通史上一件大事,也是世界航海史上重要的一页。与郑和下西洋联系在一起的《郑和航海图》,不仅是研究中国航海史、中外交通史的重要资料,同时也是我国航海图发展史上一个重要的里程碑。最近的一百年来,国内外不少学者对《郑和航海图》进行了研究,发表了众多的专著及文章。随着研究的深入,近几年解决了一些有关《郑和航海图》的疑点和难点,使它更加焕发出灿烂的光辉。今年是伟大航海家郑和下西洋 580 周年,特撰写此文,对《郑和航海图》作一简要评述,以志纪念。

题　　名《郑和航海图》三题
作　　者 周运中
刊　　名 郑和研究
年 卷 期 2008 年 1 期
页　　码 59 - 61
摘　　要 本文所写有关《郑和航海图》的三个主题，一是对前人没有详细叙述的和刻本《武备志》之《郑和航海图》的评介，一是《郑和航海图》海外地名打金山的考证，一是对明末人在两种版本《郑和航海图》序言里都提到的“武功”二字的释义，因为比较琐碎，所以汇总为一文。

题　　名《郑和航海图》暹罗湾地名考
作　　者 黎道纲
刊　　名 郑和研究
年 卷 期 2000 年 1 期
页　　码 29 - 37

题　　名《郑和航海图》之基本特点
作　　者 朱鉴秋
刊　　名 中国航海
年 卷 期 1984 年 1 期
页　　码 85 - 97
摘　　要《郑和航海图》是在总结郑和船队及前人远航实践的基础上绘制而成的一册图集，其成图时间约为十五世纪中期，比荷兰瓦格涅尔所著的《航海明镜》要早一百多年。它是世界上现存最早的航海图集，有不少问题需要研究。本文分析研究了《郑和航海图》的基本特点，对其中某些长期有争论的问题发表了意见。

题　　名《郑和航海图》中的南海诸岛
作　　者 李金明
刊　　名 郑和研究
年 卷 期 1998 年 4 期
页　　码 34

题　　名《郑和使日问题初探》献疑
作　　者 查锡奎
刊　　名 徐州师范大学学报（哲学社会科学版）
年 卷 期 1986 年 3 期
页　　码 43 - 45
摘　　要《文史哲》一九八二年第三期发表了潘群先生《郑和使日问题初探》一文（以下简称《初探》），首次提出郑和曾在明永乐二年出使过日本，引起了中外学者和广大历史爱好者的广泛兴趣，下面就郑和东渡使日问题提几个疑点，以供潘先生及其他同志在探讨时作参考。

题　　名　《郑和下西洋》与外国地理名称
作　　者　文有仁
刊　　名　知识就是力量
年 卷 期　2009 年 7 期
页　　码　28 – 31

题　　名　郑和下西洋考略(节选)
作　　者　曾鍏波
刊　　名　郑和研究
年 卷 期　1988 年 12 期

题　　名　《郑和下西洋资料汇编》(中册)所载南京天妃宫碑文校正
作　　者　仲跻荣
刊　　名　海交史研究
年 卷 期　1985 年 8 期

题　　名　《支那航海家郑和传》:近代国人研究郑和第一篇
作　　者　邹振环
刊　　名　社会科学
年 卷 期　2011 年 1 期
页　　码　146 – 153
摘　　要　研究郑和的学者都认为,对郑和及其史迹做出较完整研究之开其端者是 1905 年梁启超发表的《祖国大航海家郑和传》。然而,实际上 1903 年 9 月 30 日出版的《大陆报》第 11 期上刊出的《支那航海家郑和传》一文,才是近代国人研究郑和的第一篇。该文首次把郑和下西洋的事迹放在整个世界史的背景下来考察,又首次将技术工具的发展作为研究郑和下西洋的重要问题独立论述,并首次引入当时风靡世界的“海权论”思想,采用中西比较的方法,针对西方海权的扩张和中国海权的积弱,希望以郑和航海的壮举来唤醒中国民众的海权意识与爱国热情。该文不仅对梁启超撰写《祖国大航海家郑和传》带来了深刻的影响,而且也基本上奠定了 20 世纪郑和研究的大致方向。

题　　名　《职方外纪》:世界图像与海外猎奇
作　　者　邹振环
刊　　名　复旦学报(社会科学版)
年 卷 期　2009 年 4 期
页　　码　53 – 62
摘　　要　《职方外纪》是继利玛窦世界地图之后第一部系统介绍世界人文地理的著述,艾儒略在编纂《职方外纪》的过程中,精心编织了绘制世界图像和展示海外奇观两条线索,借助了晚明尚奇的习俗,以“奇人”、“奇地”、“奇事”的雅俗共赏的描述,给明清中国人介绍了大量闻所未闻的海外奇事奇人。这些图像在东西文化初次接触的过程中开阔了中国人的视野,形象化地为国人展示了世界的自然图景和海外的人文奇观,帮助了国人在猎奇意识的支援下能够初步认识和理解一种异域的文化,一定程度上打破了天朝中心主义的陈旧观念,建立起最初的世界意识。

题　　名　《职方外纪》的地理学地位及当时地理知识的中西对比
作　　者　霍有光
刊　　名　中国科技史料
年 卷 期　1996 年 1 期
页　　码　16－25
摘　　要　艾儒略的《职方外纪》是用中文写成的最早介绍世界地理知识的著作之一。有关地球形状、五大洲(实为六大洲)及经纬度知识,明清之际已被我国接受并有所发挥。五大洲及海洋各论共介绍大陆国家 42 个、岛国(屿)21 个、海洋名称 27 个及连接中西的两条海上航线。通过比较,当时我国海上航行只是前往东南亚、何拉伯半岛及非洲东岸,认识国家 90 余个。《职方外纪》深化了我国关于世界地理及地理制图的认识,推动了国人了解和学习欧洲的先进科技。

题　　名　《职方外纪》的地理学地位与中西对比
作　　者　霍有光
刊　　名　自然辩证法通讯
年 卷 期　1995 年 1 期
页　　码　58－64
摘　　要　艾儒略是继利玛窦之后,在中国系统介绍世界地理知识的重要人物,他的著作也是我国最早的中文版世界地理专著,进一步普及和加深了中国人对地球的认识。艾儒略说"偶从蠹简得睹庞氏所遗旧稿,乃更窃取西来所携,手辑方域梗概,为增补以成一篇,名日《职方外纪》。"该书天启年写成,《明史·艺文志》地理类书目中,列入欧洲人专著仅见两种,一是艾儒略《职方外纪》五卷,二是庞迪我《海外舆图说》二卷,但后者可能已佚失,利玛窦《万国图志》则未见列入,表明艾儒略的著作,在明末清初地理著作中不仅具有一定的地位,而且弥足珍贵。

题　　名　《指南正法》成书的年代及其作者质疑
作　　者　郭永芳
刊　　名　文献
年 卷 期　1987 年 1 期
页　　码　277－280

题　　名　《至元市舶则法》中的整治腐败条款
作　　者　张耀华
刊　　名　中国海关
年 卷 期　2000 年 4 期
页　　码　47
摘　　要　1271 年元世祖忽必烈登基后,积极鼓励海上通商,实行开放海禁的政策。但是,权豪富户勾结贪官污吏,偷逃关税,横行不法,不但严重影响了市舶税收的完成,也大大违背了元世祖一贯倡导的"往来互市,各从所欲"的贸易政策,因此,整顿市舶管理制度,制订新的行之有效的市舶法规便成了刻不容缓的大事。

题　　名　《中东战纪本末》与甲午中日战争
作　　者　王林

刊　　名　福建论坛(人文社会科学版)
年 卷 期　2009 年 4 期
页　　码　59－63
摘　　要　《中东战纪本末》是一部以报道和评论甲午中日战争为主要内容的书籍。它通过大量选录、选译中外报刊,对甲午中日战争的过程进行了极为详细的报道。它从军事、政治、宗教等方面对中国战败的原因进行了深刻分析,刺激着中国人深刻自省、因耻思变。它提出的改革建议涉及到政治、经济、教育、风俗、外交等诸多方面,也多有可取之处。《中东战纪本末》对当时的中国人全面认识这场战争,深刻反省战败的原因,提供了有益的素材,对变法思潮的兴起也起到了积极的推动作用。

题　　名　《中国称雄海洋时代》选译
作　　者　路·丽瓦塞斯
刊　　名　郑和研究
年 卷 期　1995 年 3 期
页　　码　40－41

题　　名　《中国古代航海史》序
作　　者　朱杰勤
刊　　名　海交史研究
年 卷 期　1989 年 15 期

题　　名　《中国海关密档:赫德、金登干函电汇编》评介
作　　者　戴一峰
刊　　名　近代史研究
年 卷 期　1991 年 6 期
页　　码　243－247

题　　名　《中国近代海关史》评介
作　　者　王方中
刊　　名　中国经济史研究
年 卷 期　2005 年 1 期
页　　码　145－148
摘　　要　陈诗启教授的专著《中国近代海关史》(人民出版社,2002 年版)包括晚清部分和民国部分。晚清部分完成后,陈教授已年近八十,但他还是奋力完成了民国部分,成就了一部完整的中国近代海关史。这种坚韧不拔的精神令人敬佩,值得学习。海关在近代中国的行政机构中只是很小的一部分,但由于大权掌握在以英国人为主的外国人手中,势力恶性膨胀,远远超出了征收关税的范围,对海务、对外贸易、财政、经济、文化、内政、外交、军事等方面都有或大或小的影响(这种情况以晚清时期最为严重,此后其影响逐步缩小)。海关史成了中国近代史、近代经济史中一个十分显眼、十分重要的部分。

题　　名　《中国引水总章》及其在近代中国的影响
作　　者　李恭忠
刊　　名　历史档案

年 卷 期　2000 年 3 期
页　　码　103－106,112
摘　　要　1867 年制订、试行,并于次年修订颁行的《中国引水总章》,不仅在长达 60 多年里决定了中国引航业的基本框架和运行机制,而且对近现代中国的航运经济、港口发展、军事、国防和外交,都产生过深远的影响。对于这份章程,史学界一直缺乏深入的研究,本文根据有关史料。对其作一初步介绍。

题　　名　《中国印度见闻录》考释
作　　者　宁荣
刊　　名　阿拉伯世界研究
年 卷 期　2006 年 2 期
页　　码　59－64
摘　　要　《中国印度见闻录》根据曾旅居中国的阿拉伯商人的亲身见闻而写于 9 世纪中叶到 10 世纪初,是现存阿拉伯文库藏中最古老的中国游记,也是古代交通史上一部重要文献。但因成书年代较早,此书在为后人留下许多颇具价值的自然与人文地理资料的同时,也将许多极具争议的问题摆在了人们面前。本文在前人研究成果的基础上,对此书重新进行多视角的考证,分析其创作背景与特点,研究其历史意义与地位。

题　　名　《中国运河开发史》概论
作　　者　陈桥驿
刊　　名　杭州师范大学学报(社会科学版)
年 卷 期　2008 年 2 期
页　　码　1－11
摘　　要　运河一词,北宋时著的《新唐书·五行志》已经见及,但古代很少作为专名的地名使用。灌溉运河与农业同时产生,中国早期的运河开发,以东南而论,早在河姆渡和跨湖桥时期就已经开始。先秦时期,亦有多条史书可考的运河。中国运河开发史源远流长,但以“以人为本”为准则来看,历史教训亦深刻。元朝时开发的大运河最后一段——会通河,开通后难以发挥作用,是显著的一例。

题　　名　《中葡关系史资料集》评介
作　　者　黎青
刊　　名　历史档案
年 卷 期　2001 年 2 期
页　　码　135

题　　名　《中葡通商研究》序
作　　者　陈学文
刊　　名　海交史研究
年 卷 期　2000 年 37 期
页　　码　20－21

题　　名　《中日甲午战争史论丛》评介
作　　者　文川

刊　　名　东岳论丛
年 卷 期　1984 年 5 期
页　　码　1－9
摘　　要　1894 年中日甲午战争，是中国近代史上的重大事件，是中国近代民族觉醒进程中的重要转折点。对甲午战争史的研究，是中国近代史学研究的重大课题之一。建国后，尤其是粉碎“四人帮”以来，这一研究进展很快，在广度和深度方面都有一些新的重要突破。值中日甲午战争九十周年之际，山东教育出版社出版的《中日甲午战争史论丛》，就是这一研究课题的重要成果。《论丛》是戚其章同志长期研究甲午战争史的论文结集，共收文章二十九篇，有关于北洋舰队建立、发展、覆灭和甲午战争起因、进程、结局的考证和论述，也有关于人物的评传和史料辨析，还有关于甲午战争史研究概况的评述和理论的阐发等等。全书以马克思主义的历史唯物论为指导，观点鲜明，资料丰富，论说充分，叙述生动，史论结合，寓论于史中，具有较高的学术价值。

题　　名　**《中外旧约章汇编》补正两则**
作　　者　石楠
刊　　名　近代史研究
年 卷 期　1986 年 2 期
页　　码　268－273

题　　名　**《中英南京条约》立约始末**
作　　者　许亚洲
刊　　名　文史精华
年 卷 期　1997 年 3 期
页　　码　56－61

题　　名　**《中英南京条约》与“番妇”来华**
作　　者　吕美颐
刊　　名　历史教学
年 卷 期　1997 年 6 期
页　　码　52－53

题　　名　**《中英续议通商行船条约》与清末修律辨析**
作　　者　陈亚平
刊　　名　清史研究
年 卷 期　2004 年 1 期
页　　码　58－65
摘　　要　学术界一直认为，受《中英续议通商行船条约》关于“弃除领事裁判权”的内容的影响，清政府被迫屈从帝国主义的意志而进行了修订律法的活动。本文认为，“弃除领事裁判权”是中国提出的谈判要求，是近代中国社会变迁的必然选择，并不体现帝国主义的意志。清廷的修律决策不是《中英续议通商行船条约》影响的结果。该项条款也不具有以往所认为的那种转折性的地位。

题　　名　《重修使琉球录》的刻本及其作者
作　　者　王菡
刊　　名　中国边疆史地研究
年 卷 期　2006 年 16 卷 2 期
页　　码　124 - 126

题　　名　《周煌册封琉球登舟图原卷跋》浅析
作　　者　袁明媛
刊　　名　重庆图情研究
年 卷 期　2009 年 4 期
页　　码　52 - 54
摘　　要　周煌,清代学者。本文在介绍馆藏古籍资料的同时,通过周煌册封琉球一事窥周煌人品,为研究周煌一生提供了鲜为人知的史料佐证。

题　　名　《周易》与明代沿海卫所城堡建设
作　　者　周思源
刊　　名　东南文化
年 卷 期　1993 年 4 期
页　　码　165 - 170

题　　名　《诸蕃志》解读
作　　者　杨进
刊　　名　回族研究
年 卷 期　2007 年 1 期
页　　码　15 - 20
摘　　要　生于南宋的地理学家赵汝适撰写的《诸蕃志》,是我国历史上一部著名的地理志书,其翔实的历史记载对研究宋代回族先民在泉州的香料贸易有一定的史料价值。本文从作者及其写作背景、主要内容作一简要的述评。

题　　名　《诸蕃志》中的"番商"与"舶商"辨析
作　　者　聂德宁
刊　　名　南洋问题研究
年 卷 期　1987 年 4 期
页　　码　93 - 97,64
摘　　要　《诸蕃志》是南宋时期的一部地理名著,作者赵汝适于嘉定至宝庆年间(1208—1227 年)任福建路市舶提举时,有感于当时只有《诸蕃图》而无《诸蕃志》,"乃询诸贾胡,俾列其国名,道其风土,与夫道里之联属,山泽之蓄产,译以华言",撰成《诸蕃志》二卷,卷上"志国",卷下"志物"。

题　　名　"抑商"与"海禁"对中国政治经济的影响
作　　者　丁新
刊　　名　历史学习

年 卷 期 2007 年 1 期
页　　码 44

题　　名 **10 世纪前的日本对外贸易**
作　　者 傅朗云
刊　　名 外国问题研究
年 卷 期 1996 年 3 期
页　　码 34－39

题　　名 **10 世纪前占婆与中国关系史述略**
作　　者 刘昕
刊　　名 解放军外国语学院学报
年 卷 期 2001 年 24 卷 4 期
页　　码 112－115
摘　　要 10 世纪前，占婆与中国关系史是一部战争与朝贡相交替的历史。占婆对中国的战争由开始的领土扩张行为逐渐演变为以掠夺财物为目的的寇扰行为。占婆对中国的朝贡是一种利润颇丰的贸易活动，也是迫于中国封建王朝的打击和威慑、接受封授的表现。中国的封建王朝试图通过武力征讨、册封除授而不是完全消灭手段来消除占婆对南部边境的威胁。

题　　名 **10 世纪以前的海上交通与中外文化交流**
作　　者 蒙进君
刊　　名 金陵科技学院学报(社会科学版)
年 卷 期 2007 年 21 卷 1 期
页　　码 30－32
摘　　要 中外文化交流源远流长，海上交往亦有着悠久的历史和辉煌的成就。海上交通的发展扩展了海上交往的内容，并进一步发展了中外文化交流，使中外各民族间的文化影响逐渐扩大，各种不同文化间的相互融合与借取程度逐渐加深，加速了文化融合的进程。

题　　名 **110 年前发生的中国军事变革——读《甲午海祭》一书的几点思考**
作　　者 钱晓虎
刊　　名 军事记者
年 卷 期 2006 年 2 期
页　　码 56－57
摘　　要 110 年前的 1894 年，是中国农历甲午年。那一年，清政府苦心经营的北洋海军同日本海军在黄海大东沟海域展开了一场殊死决斗，最后以北洋海军全军覆没告终。通过《甲午海祭》，我们看到，北洋海军成军是甲午战争前中国军事图强的突出成果，北洋海军的兴衰也成为中国近代一场军事变革成败的缩影。我们探究清末这场军事变革的进程与影响，对认识现阶段我们正在进行的军事变革，有一定的启发意义。

题　　名 **12－18 世纪闽南海商的兴起与妈祖信仰的传播**
作　　者 庄国土

刊　　名　文化杂志
年 卷 期　2003 年 48 期

题　　名　**12 世纪南宋沿海地区舰船数量考察**
作　　者　何锋
刊　　名　中国社会经济史研究
年 卷 期　2005 年 3 期
页　　码　27－43
摘　　要　南宋时期中国的海外活动频繁,政府的军事支持显得特别重要。据对北宋末年两浙路、淮南西路官方船场所造船只吨位的估算,北宋末年沿海地区政府拥有的舰船数约为 1 万艘 80 万吨。到南宋建炎年间沿海新增舰船约 7000 艘 40 万吨。绍兴年间,南宋政府建立了正式的海军中央领导机构——沿海制置使司。到 12 世纪 60 年代,南宋政府拥有 1.8 万余艘舰船,并完成了多支大型海军舰队的组建工作。因孝宗将海军建设经费转投到内河水军的建设,导致海军建设陷入长期停滞、装备破损严重的艰难境地,南宋海军无可挽回地从兴盛走向衰败。

题　　名　**13－14 世纪中国陶瓷的贸易圈**
作　　者　三上次男,杨琮
刊　　名　东南文化
年 卷 期　1990 年 3 期
页　　码　216－225

题　　名　**1375 的 Catalan 地图中的 Taprobana**
作　　者　杨晓春
刊　　名　海交史研究
年 卷 期　2000 年 38 期
页　　码　120－122

题　　名　**1404 年,郑和下东洋**
作　　者　史诚
刊　　名　科技文萃
年 卷 期　2005 年 9 期
页　　码　189－190
摘　　要　14 世纪,日本各种势力割据混战,在混战中失败的武士流为浪人,与活跃于九州、四国间的走私商人勾结,成为倭寇。在中国沿海进行走私、抢劫。明朝建国后,太祖朱元璋遣使与海外各国修好。洪武四年(1371 年),朱元璋把朝鲜、日本、大琉球、小琉球、暹罗、占城、苏门答腊、爪哇等 15 国列为“不征之国”。

题　　名　**1405 郑和下西洋——海上史诗**
作　　者　王宏斌
刊　　名　国学
年 卷 期　2009 年 5 期

页　　码　4－9

题　　名　**1408 年郑和出使暹罗的一桩公案——纪念郑和亲莅暹罗五百九十周年**
作　　者　黎道纲
刊　　名　郑和研究
年 卷 期　1999 年 4 期
页　　码　15

题　　名　**1408 年郑和出使暹罗的一桩公案(续)——纪念郑和亲莅暹罗五百九十周年**
作　　者　黎道纲
刊　　名　郑和研究
年 卷 期　2000 年 1 期
页　　码　14

题　　名　**1421:中国发现了世界**
作　　者　陈振杰
刊　　名　海事大观
年 卷 期　2003 年 2 期
页　　码　3－5
摘　　要　自从英国业余航海史学者加文·孟席斯提出了“中国郑和比哥伦布早 72 年发现美洲大陆,比麦哲伦提前一个世纪完成环球航行”的历史新发现后,他一直吸引着世人的目光。2002 年末。他应邀来到了中国,与中国专家共同探讨他的学说。向我们讲述了他的发现历程。

题　　名　**1424:中国发现世界?**
作　　者　王孟霞
刊　　名　中国船检
年 卷 期　2003 年 1 期
页　　码　19－23
摘　　要　刚刚过去的 2002 年,在航海史学界发生一件震惊世界却又争议破多的新闻:英国人加文·孟席斯提出一个新理论:中国明朝郑和率领的船队比哥伦布早 72 年发现新大陆,比麦哲伦先 100 年绕行世界一周,比达伽马领先一步到印度,比库克早到澳洲,航线一度延伸到了南极,即“郑和最早发现美洲新大陆后最先实现环绕地球航行”。有媒体称孟席斯的发现为“石破天惊”,因为若孟席斯的论点成立,那么包括世界航海史在内在整个世界近代史将被彻底改写。而孟席斯的学说显然并非空穴来风,他掌握了大量的实证。

题　　名　**1459 年毛罗世界地图考述**
作　　者　金国平
刊　　名　郑和研究
年 卷 期　2003 年 F03 期
页　　码　77,79

题　　名　**14 世纪中国东南沿海伊斯兰墓碑石研究札记**
作　　者　陆芸
刊　　名　海交史研究
年 卷 期　2000 年 38 期
页　　码　78 - 83

题　　名　**15 - 17 世纪日本最大的贸易都市堺市的繁荣及其财富去向**
作　　者　角山荣
刊　　名　海交史研究
年 卷 期　2005 年 48 期
页　　码　55 - 61
摘　　要　15 - 17 世纪东亚海域贸易圈的形成促进了日本最大的贸易都市堺市的繁荣,使堺市一跃而成为积聚了大量财富的日本第一个商业资本主义城市。其巨大的财富不仅促进了堺市佛教寺院的发展,并且奠定了日本茶道文化的基础。

题　　名　**1500 - 1800 年间的东南亚国家关系与华侨华人——一种世界体系视角的分析**
作　　者　龙向阳
刊　　名　南洋问题研究
年 卷 期　2006 年 1 期
页　　码　74 - 80
摘　　要　本文以沃勒斯坦世界体系思想作为分析视野,对朝贡体系下的东南亚政治属性及其背景下的华侨华人体系的发展特征作出论述。

题　　名　**1511 年满剌加沦陷对中华帝国的冲击——兼论中国近代史的起始**
作　　者　金国平,吴志良
刊　　名　学术研究
年 卷 期　2000 年 7 期
页　　码　69 - 76,91

题　　名　**1513 - 1520 年葡萄牙人在华贸易及其性质**
作　　者　张廷茂
刊　　名　文化杂志
年 卷 期　2002 年 43 期

题　　名　**15 - 16 世纪环杭州湾地区的港口与航线**
作　　者　刘恒武
刊　　名　中共宁波市委党校学报
年 卷 期　2008 年 2 期
页　　码　117 - 123
摘　　要　15 - 16 世纪是环杭州湾海上交通发展史上的一个重要时期。这一时期受到明政府厉行海禁、钳制私商航海贸易等海政方针的影响,环杭州湾港口的发育与航线的拓辟均受到相当大的制约。然而,随着私商港口的兴起、舟船活动的增多、航行路线距离跨度的增大以及外洋船只出入频度的提高,15－16世纪环杭州湾地区海上交通仍达到了一个新的历史水平。本文将环杭州湾地区分作杭州湾北岸、南岸以及舟山岛群三个区域单元,对相关海上交通节点、航线进行考察。

题　　名　**15－16世纪宁波文人与日本遣明使之间的书画交流**
作　　者　刘恒武
刊　　名　文博
年 卷 期　2008年4期
页　　码　72－80
摘　　要　入明以后,宁波成为中日勘合朝贡使船的唯一登陆口岸。因于地利之便,宁波文人群体与日本遣明使团往来密切,双方之间诗文书画的酬和答对,构成了明代中国与日本文化交流的一道景观。本文试图以日藏15－16世纪有关代表性书画作品为焦点,结合相关文献资料,充分解读文物本身包含的历史信息,以此探察明代宁波文人群体与旅华日本人之间相互交往的历史实像。

题　　名　**15－17世纪中英海外贸易商人主体权利之比较**
作　　者　张乃和
刊　　名　中国社会经济史研究
年 卷 期　2003年2期
页　　码　45－53
摘　　要　15世纪末至17世纪中叶,中英两国都处于中古向近代社会转型的重要变革时期。在这一时期,随着世界大航海时代的到来,海外贸易势力的消长对社会转型的影响至关重要。中英两国虽然共同面临着发展海外贸易的历史性机遇,但是中国日益退缩而英国后来居上,从而深刻影响了两国向近代社会转型的历史进程,其中的重要原因在于两国海外贸易商人主体权利的差异。

题　　名　**15－17世纪中英海外贸易政策比较研究**
作　　者　张乃和
刊　　名　吉林大学社会科学学报
年 卷 期　2001年4期
页　　码　94－99
摘　　要　15世纪末至17世纪中叶,随着世界大航海时代的到来,中英两国政府都力图把海外贸易纳入国家总体发展的轨道。一般认为,这一时期中国固守重农抑商的传统,西方包括英国则盛行重商主义,但两国海外贸易政策之间的异同及其根源、影响有待进一步探讨,这包括海外贸易政策的总体取向、具体进出口商品贸易政策以及国别或地区贸易政策。两国海外贸易政策的变迁不仅影响了海外贸易的兴衰,而且进一步影响到两国现代化因素的成长以及向近代社会转型的道路。

题　　名　**1521－1522年两次中葡之战史实考辨**
作　　者　张廷茂
刊　　名　文化杂志
年 卷 期　2003年46期

题　　名 **1548－1549 年葡萄牙人在浙闽沿海的通商冲突**
作　　者　李金明
刊　　名　文化杂志
年 卷 期　2002 年 42 期

题　　名 **1550－1640 年代澳门对东南亚贸易**
作　　者　李庆新
刊　　名　广东社会科学
年 卷 期　2004 年 2 期
页　　码　104－111
摘　　要　澳门是葡萄牙人海上殖民帝国和海外贸易体系的重要据点，葡人采取王室贸易和私营贸易形式经营澳门对东方贸易，其中东南亚、日本是澳门贸易的主要区域。1550－1640 年代，葡萄牙商船经常进出安宪、会安、暹罗阿瑜陀耶、北大年、马六甲、菲律宾马尼拉、印度尼西亚望加锡、帝汶等港口，构成亚洲贸易体系的重要组成部分。

题　　名 **1553、1849——澳门历史上两个值得重视的年份**
作　　者　［澳］刘羡冰
刊　　名　文化杂志
年 卷 期　1994 年 19 期

题　　名 **1553 年前混进澳门的葡萄牙人**
作　　者　王德昱
刊　　名　文史杂志
年 卷 期　1999 年 6 期
页　　码　22－24

题　　名 **1570－1760 年西属菲律宾流入中国的美洲白银**
作　　者　钱江
刊　　名　南洋问题
年 卷 期　1985 年 3 期
页　　码　96－106
摘　　要　十六世纪中叶之后的中菲贸易史是中国与东南亚关系史上的一个重要课题；1570－1760 年经由西属菲律宾流入中国的美洲白银则为此贸易史研究中的关键问题之一，但迄今为止对这一问题尚缺乏具体、深入的分析，以至于影响到中菲贸易史、菲律宾经济史、以及中国明清社会经济史等重要课题的研究深度。本文拟就 1570－1760 年美洲白银流入中国的原因、数量及其对当时中国社会经济的影响作一初步探讨，提出粗浅的意见，以求教于史学界前辈和同仁。

题　　名 **1570－1760 年中国和吕宋贸易的发展及贸易额的估算**
作　　者　钱江
刊　　名　中国社会经济史研究
年 卷 期　1986 年 3 期

页　　码　69－78,117

摘　　要　中国与菲律宾一水相隔,两国人民之间在经济、文化方面的交往源远流长。但是,在十六世纪七十年代以前,中菲贸易的发展不仅在范围上非常有限,在速度上亦极为缓慢。直至明隆庆元年(1567年)开放海禁后,赴菲律宾吕宋岛等地贸易的中国商船才迅速增多,舳艪相啣,盛况空前,标志着中国与以吕宋为中心的菲律宾之贸易进入了一个勃兴发展的转折时期。本文试对1570年至1760年中国和吕宋贸易的发展作一概述,并就此时期中国商船的贸易额问题提出自己的估算,不妥之处,敬祈教正。

题　　名　**15世纪东西方海上导航技术比较**

作　　者　王莉,孙光圻

刊　　名　船史研究

年 卷 期　1997年11/12期

题　　名　**15世纪和16世纪初琉球群岛的贸易网络**

作　　者　[德]普塔克 著;尚春雁 译

刊　　名　文化杂志

年 卷 期　2004年50期

题　　名　**15世纪后期的福建海商和日本堺市的贸易商人**

作　　者　森村健一,曹建南

刊　　名　海交史研究

年 卷 期　2006年50期

页　　码　70－74

摘　　要　15世纪后期日本的应仁之乱,改变了日明贸易体系,1469年遣明船在堺市的首次入港,标志着堺市和福建海商之间在太平洋南海贸易体系的形成。掌握了日明贸易新体系的主导权的堺市商人,不仅从福建海商那里进口陶瓷、丝绸、砂糖、茶叶等物产,还传递着各种政治信息,对日中两国历史事件的连动关系起着一定的影响作用,而在二者海商之间起桥梁作用的是福建和堺市的一些禅宗寺院的僧侣。

题　　名　**15世纪后期撒马儿罕使臣海路来华与明廷的反应**

作　　者　张文德

刊　　名　西域研究

年 卷 期　2003年4期

页　　码　38－45

摘　　要　本文主要论述明朝成化、弘治年间撒马儿罕使臣由陆路贡狮、海道回国,又从海路入贡过程以及明廷的反应。表面上这是皇帝、宦官、政府官员对贡狮和贡路的争执,实际上反映了明朝中后期尤其是弘治年间明朝对朝贡政策如何调整的问题。由于明朝大臣竭力反对,帖木儿王朝来华贡路复归于陆路。明朝也由此丧失了加强海路贸易的机会,为以后葡萄牙人东占满剌加留下了空隙。

题　　名　**15世纪以来中英航海业逆转的社会生态分析(上)**

作　　者　江道源

刊　　名　海交史研究

年 卷 期　2000年38期

页　码　1－12

题　名　**15世纪以来中英航海业逆转的社会生态分析(下)**
作　者　江道源
刊　名　海交史研究
年卷期　2001年39期
页　码　54－67

题　名　**15世纪中、欧造船与航海技术之比较研究**
作　者　辛元欧
刊　名　哈尔滨工业大学学报(社会科学版)
年卷期　2001年3卷4期
页　码　29－34
摘　要　郑和七下西洋和葡萄牙亨利王子领导的大西洋探险活动是15世纪历史上的重大事件,中外学者对此均分别进行了大量的研究。但由相互间的交流太少,加之文化传统上的差异,某些研究难免执于一端,有所偏颇。为弥补这一缺憾,提倡中西造船与航海技术的比较研究至为重要。这一研究模式似可推广到所有技术史的研究领域。

题　名　**15世纪中、欧造船与航海技术之比较研究**
作　者　辛元欧
刊　名　船史研究
年卷期　2002年17期

题　名　**15世纪中国科技对郑和航海的影响**
作　者　胡一民
刊　名　航海
年卷期　2004年6期
页　码　14－17
摘　要　1405年郑和首下西洋,比哥伦布探险活动早87年,比达伽马早92年,比麦哲伦到达菲律宾早了116年。郑和下西洋的壮举,无论在船队规模、船舶载重吨位、航海应用技术领域均领先于欧洲同行。15世纪以后,我国逐渐丧失了业已确立的远洋航海优势。从表象看,大航海活动的终止是源于大明皇朝的禁海令,其实质是我国科技和生产力在宣德年以后没有进一步的发展,所以导致大规模航海探险活动缺乏内在的动因。同时,也验证了郑和七下西洋成功的史实,是建立在明朝永乐年间昌盛的国力,以及中国古代在天文学、地磁学、应用数学及造船技术成就基础之上的。

题　名　**15世纪中国人的印度洋探险**
作　者　麦耶尔思
刊　名　中国评论
年卷期　1874－1876年3－4期

题　　名　**15 世纪中西航海发展取向的对比和思索**
作　　者　罗荣渠
刊　　名　历史研究
年 卷 期　1992 年 1 期

题　　名　**15 世纪中西航海活动比较——纪念郑和下西洋 600 周年**
作　　者　娄丽芝
刊　　名　湘南学院学报
年 卷 期　2005 年 26 卷 4 期
页　　码　13 – 17,34
摘　　要　15 世纪全球有过三次大的航海活动,即中国的郑和下西洋和西方哥伦布、达·伽马的航海,比较而言,郑和航海较后者时间早、规模大、给世界人民带来的是友谊和进步,而哥伦布、达·伽马的航海则是进行殖民掠夺,给亚非拉人民带来的是深重的灾难。同时,由于经济上、政治上、文化上的不同原因,中西航海活动的目的、性质及后果也各不相同。

题　　名　**15 至 18 世纪中国海外贸易发展缓慢的原因**
作　　者　田汝康
刊　　名　新建设
年 卷 期　1964 年 8 – 9 期

题　　名　**16 – 18 世纪经澳门进入中国内地的西洋音乐家考述**
作　　者　汤开建
刊　　名　西北第二民族学院学报(哲学社会科学版)
年 卷 期　2001 年 3 期
页　　码　25 – 28
摘　　要　利用大量的中西文献及档案,对 16 – 18 世纪经澳门进入中国内地的西洋音乐家钩稽考证,得出有名者 23 人,无名者 9 人,并一一指出了他们的国籍、职业、经历等。为明清中国音乐史的研究提供了有价值的史料。

题　　名　**16 – 17 世纪澳门、中国和日本的历史关系**
作　　者　[葡]塞亚布拉,归祖勤 译
刊　　名　文化杂志
年 卷 期　2004 年 50 期

题　　名　**16 – 17 世纪澳门的地位**
作　　者　[葡]巴列托 著;陈用仪 译
刊　　名　文化杂志
年 卷 期　1998 年 36 – 37 期

题　　名　**16 – 17 世纪耶稣会在日本的贸易活动**
作　　者　李小白

刊　　名　东北师大学报
年 卷 期　2003 年 4 期
页　　码　52－58
摘　　要　自 1549 年耶稣会在日本布教以后，日本耶稣会的教产规模不断扩大。其原因是日本耶稣会在布教的同时热心地从事生丝贸易以及其他被视作违反教宪教规的隐匿贸易。信仰世界的争夺和经济利益的争夺，是耶稣会布教活动始终追逐的目标。为此，布教与贸易互为表里，贸易支持布教，布教掩护贸易，耶稣会成为澳门（生丝）——长崎（白银）海上贸易的中介者及组织者。这种贸易使日本白银大量外流，是锁国政策形成的经济原因。

题　　名　**16－17 世纪在暹罗的葡萄牙人**
作　　者　汤开建，田渝
刊　　名　世界民族
年 卷 期　2005 年 3 期
页　　码　51－62

题　　名　**16－18 世纪白银流入中国数量估算**
作　　者　庄国土
刊　　名　中国钱币
年 卷 期　1995 年 3 期
页　　码　3－10
摘　　要　16 世纪中叶到 17 世纪中叶，世界贸易格局发生巨大的变化。欧人在世界范围的航海探险与沿海殖民扩张基本完成。非洲、美洲、远东的沿海地区相继纳入以欧人为主导的世界性贸易网络。欧人东渐虽然破坏了传统的东西方贸易网络，但他们以通商为目的的远东扩张也极大地推动了东西方贸易。16 世纪以后的中国丝绸和 18 世纪的中国茶叶，以前所未有的规模流入欧洲和美洲，成为欧人东方贸易获利最多的商品之一。在从 16 世纪到 18 世纪前期，传统手工业发达的中国一直保持巨大的对西方的贸易顺差，西人则以美洲的白银支付所购买的中国丝茶，导致长达 280 年的白银大规模流入中国的过程。

题　　名　**16－18 世纪中国航海科技文献考略**
作　　者　孙光圻
刊　　名　航运季刊
年 卷 期　1994 年

题　　名　**16－18 世纪中期澳门海上贸易与东西方文化交流**
作　　者　张廷茂
刊　　名　海交史研究
年 卷 期　2000 年 37 期
页　　码　1－10

题　　名　**16－19 世纪澳门“黑人”来源考述**
作　　者　汤开建，彭蕙
刊　　名　世界历史

年卷期 2005年5期

页　　码 77－83

摘　　要 本文通过对大量中西文资料的整理、分析和考证后认为，16－19世纪澳门“黑人”的来源是多方面的，主要来自东南部非洲（包括西北非洲佛得角群岛）、伊朗（主要指霍尔木兹）、印度（主要指科罗曼德尔）及马拉巴尔、孟加拉、马六甲及帝汶。

题　　名 **16－19世纪初西方殖民者对澳门的争夺**

作　　者 姜秉正

刊　　名 人文杂志

年卷期 1992年3期

题　　名 **16－19世纪前期中西国家政权在东南亚海上贸易中的作用**

作　　者 韦红

刊　　名 中南民族大学学报（人文社会科学版）

年卷期 1990年6期

页　　码 81－86

摘　　要 恩格斯曾指出：国家政权对于经济发展的反作用，“它可以沿着同一方向起作用，在这种情况下就会发展得比较快；它可以沿着相反方向起作用，在这种情况下它现在在每个大民族中经过一定时期就遭到崩溃”。16－19世纪前期，中国和西方在对东南亚的海上贸易中，我们则很明显地看出两种国家政权对于经济发展的两种反作用。这一时期，由于中西政府对海外贸易采取不同的态度和政策，终于导致中西对东南亚的海上贸易发展的不同命运。

题　　名 **1626西班牙进占台湾北部及其相关史料研究**

作　　者 李盛彬

刊　　名 台湾风物

年卷期 1997年47卷3期

页　　码 173－192

题　　名 **1662－1683年清荷关系探讨**

作　　者 邓孔昭

刊　　名 台湾研究集刊

年卷期 1983年2期

页　　码 117－126

摘　　要 1662年，荷兰殖民者被郑成功逐出台湾。1683年，清政府降服台湾郑氏，实现了全国的统一。在这二十多年间，作为中国新统治者的清朝当局，却曾与荷兰殖民者联合在一起，共同征讨郑氏，在国内的斗争中，引入了西方殖民者的力量。过去，有的著作忽视这一历史现象，认为“荷兰殖民者被郑成功赶走以后，不甘心失败，经常勾引清朝政府联合进攻郑成功，但清政府并没有同意。清廷后来攻打郑克塽，也是自己出兵，没有利用荷兰的海船、海军，这也是一件有远见的事情”。有的著作则称，这一时期的“荷人对于中国始终持温和之态度”。怎样评价清荷联合征郑作者不揣浅陋，也谈谈自己的看法。

题　　名　**1664－1670 年从台湾大员到马尼拉的船支文件**
作　　者　方真真,方淑如 译
刊　　名　台湾文献
年 卷 期　2004 年 55 卷 3 期
页　　码　321－352

题　　名　**16 世纪—19 世纪中叶中英海外贸易制度变迁的比较分析**
作　　者　燕玉
刊　　名　沈阳干部学刊
年 卷 期　2006 年 2 期
页　　码　69－78,117
摘　　要　在 16 世纪—19 世纪中叶,长达三个多世纪的时间里,中英两国海外贸易政策的不同主要表现在他们的贸易制度变迁方式不同,一个是强制性制度变迁,一个是政府主导型的诱致性制度变迁。为什么他们的制度变迁方式不同,本文主要从传统观念、价值观和思维方式的角度进行分析。

题　　名　**16 世纪东南中国海上走私贸易探析**
作　　者　崔来廷
刊　　名　南洋问题研究
年 卷 期　2005 年 4 期
页　　码　92－98
摘　　要　16 世纪,在环中国海贸易圈内,传统的贸易格局发生了根本性的变化,这时活跃在东亚贸易大舞台上的除了起主导作用的福建海商,还有新航路开辟后到达这里的葡萄牙人以及日本人,中国东南沿海地区的海洋社会经济逐渐被纳入到近代世界经济体系中去,环中国海贸易圈出现了激烈动荡的局面。

题　　名　**16 世纪葡、西两国武力征服中国的计划及其相关问题**
作　　者　戚印平
刊　　名　澳门研究
年 卷 期　2004 年 25 期

题　　名　**16 世纪葡萄牙的中国观**
作　　者　吴志良
刊　　名　中国史研究动态
年 卷 期　1996 年 9 期
页　　码　2－11

题　　名　**16 世纪葡萄牙人选取澳门的原由**
作　　者　施存龙
刊　　名　郑和研究
年 卷 期　2000 年 2 期
页　　码　7－9
摘　　要　澳门在葡人初到广东时还叫蠔镜澳。葡人是否一开始就要它？它为何被看中？诸书很少讲到或语焉不详。本文愿略述其要。

题　　名　**16世纪前期葡萄牙人借居澳门始末**
作　　者　史建华
刊　　名　合肥教育学院学报
年 卷 期　1999年16卷4期
页　　码　35－37
摘　　要　葡萄牙人入居澳门,经历了借居、租居和强居三个阶段,本文仅就有关史料,梳理一下葡人借居澳门的简略历程。不当之处,还望专家指正。

题　　名　**16世纪以来东西方海上势力的消长及原因之比较**
作　　者　王红雨
刊　　名　聊城大学学报
年 卷 期　2005年6期
页　　码　61－63
摘　　要　1500年前后是人类历史发展的一个转折时期,尤其是在西欧,社会经济发生了重大变化,前资本主义时期因这个变化而告结束,代之而起的是资本主义生产方式的到来,而这个变化的发生,又是以大航海时代的到来为标志的,本文试图从东西方航海事业不同的发展变化情况及其原因之探讨,比较分析资本主义萌芽在东西方发展的不同命运。

题　　名　**16世纪漳泉贸易港与日本的走私贸易**
作　　者　李金明
刊　　名　日本问题研究
年 卷 期　2006年4期
页　　码　1－4,13
摘　　要　十六世纪是中日贸易发生巨大变化的时期。由明朝规定的朝贡贸易制度,因不能满足日本方面对中国商品的迫切需求,造成日本各大名、寺社经常为争夺对明朝贡而展开激烈竞争。这种竞争到后来发展成宁波的拼杀事件——“争贡之役”,明朝以此罢市舶,严海禁,断绝与日本的正式贸易。而一些原先以“朝贡”名义来华贸易的日本商人只好转到漳泉沿海一带从事走私贸易,在当地百姓的接济和一些地方豪门望族的勾引下,这种走私贸易越来越猖獗,遂迫使明朝不得不在福建漳州月港部分开放海禁,准许私人出海贸易,而此后的中日贸易走向已发生变化,成为仅有中国商人载运货物到日本的单向贸易。

题　　名　**16世纪至19世纪前期中国海外贸易航运业的性质和海外贸易商人的性质(上)**
作　　者　韩振华
刊　　名　南洋问题研究
年 卷 期　1996年2期
页　　码　74－81

题　　名　**16世纪至19世纪前期中国海外贸易航运业的性质和海外贸易商人的性质(下)**
作　　者　韩振华
刊　　名　南洋问题研究

年 卷 期　1996 年 3 期
页　　码　76 – 84

题　　名　**16 世纪中国“弛”“禁”之争与澳门开埠**
作　　者　蒋维锬
刊　　名　文化杂志
年 卷 期　1999 年 39 期

题　　名　**16 世纪中国海盗** chang – si – lao **汉名考**
作　　者　李长傅
刊　　名　中南文化
年 卷 期　1934 年 1 卷 2 期

题　　名　**16 世纪中期九州丰后和中国东南沿海的交流**
作　　者　［日］神户辉夫 著；曾丽民 译
刊　　名　海交史研究
年 卷 期　1999 年 35 期
页　　码　113 – 120

题　　名　**16 世纪中叶至 17 世纪中叶澳门作为葡萄牙与日本交往的中介**
作　　者　江滢河
刊　　名　文化杂志
年 卷 期　1996 年 26 期

题　　名　**16 世纪中叶至 19 世纪中叶西洋音乐在澳门的传播与发展**
作　　者　汤开建
刊　　名　学术研究
年 卷 期　2002 年 6 期
页　　码　49 – 54
摘　　要　本文所谓的西洋音乐，是指由欧洲人直接传入澳门及中国内地的欧洲音乐，包括乐曲与乐器。明中叶以后，西洋音乐随着欧洲商人与传教士的东来，传入中国。首先在澳门，并经澳门向中国内地进行传播。本文结合大量中西文材料，对 16 世纪中叶至 19 世纪中叶西洋音乐在澳门的传播与发展进行了详细的分析与考证，并得出了澳门是西洋音乐传入中国的发祥地的结论。

题　　名　**16 至 17 世纪的中国海盗与海上丝路略论**
作　　者　谢方
刊　　名　中国文化
年 卷 期　1991 年 1 期
页　　码　157 – 163

题　　名　**16 至 18 世纪中国远距离贸易和全国性市场的形成**
作　　者　朱大为
刊　　名　福建论坛(人文社科版)
年 卷 期　2003 年 6 期

题　　名　**17、18 世纪华商在越南海贸领域的经营及影响**
作　　者　闫彩琴
刊　　名　东南亚研究
年 卷 期　2009 年 2 期
页　　码　82－86
摘　　要　作为越南海贸市场最具影响力的外商群体,华商主导了 17、18 世纪越南与日本、中国及东南亚其他国家的贸易。华商的贸迁活动,一方面促进了越南经济发展,加强了越南与外部世界的联系;另一方面,提高了当地的生活水平,促进了越南社会风尚的开化与审美观念的改变;同时,还在一定程度上带动了越南本土商人参与本国海外贸易。

题　　名　**17～19 世纪中国与北美洲的医药交流**
作　　者　朱德明
刊　　名　中华医史杂志
年 卷 期　2003 年 2 期
页　　码　41

题　　名　**17～20 世纪初暹罗华人社会的形成**
作　　者　庞卫东,李庆丰
刊　　名　八桂侨刊
年 卷 期　2008 年 1 期
页　　码　21－26
摘　　要　自 17 世纪开始,以商人为主的中国人移居暹罗者日渐增多。从吞武里王朝到曼谷王朝初期,暹罗华人社会出现了新的变化,潮州人成为暹罗华人社会的主角。20 世纪初,随着暹罗社会新因素的出现,华社也呈现出了新的特点。此时,真正意义上的暹罗华人社会形成。

题　　名　**17－19 世纪喜马拉雅地区的羊绒贸易和战争**
作　　者　李强,纪宗安
刊　　名　中国历史地理论丛
年 卷 期　2008 年 4 期
页　　码　57－69
摘　　要　近代以来,西喜马拉雅地区出品的羊绒披肩享誉世界。巨大的利益诱使莫卧儿人、锡克人、道格拉人、英国殖民主义者为争夺羊绒资源,垄断羊绒贸易相互倾轧。作为羊绒输出国,清政府却本着“修其教不易其俗,齐其政不易其宜”的治边理念置身事外,无视自身利益受损,为以后边疆危机的出现种下隐患。

题　　名　**17－19 世纪中叶暹罗对外贸易中的华人**
作　　者　黄素芳
刊　　名　华侨华人历史研究
年 卷 期　2007 年 2 期
页　　码　66－74
摘　　要　选择 17 至 19 世纪中叶暹罗对外贸易中的华人作为研究对象,分不同阶段,对其在暹罗的对外贸易活动进行了描述,对暹罗华人在暹罗对外贸易中的角色和作用进行了探讨。由此得出结论。华人在暹罗对外贸易中,利用其自身优势,逐渐成为主要参与者和经营者。他们通过对外贸易活动,发展了自己的商业,积累了财富,同时满足了暹罗王室对海外贸易的需求,享受到国王赐与的特权,为其在暹罗事业的发展打下基础。

题　　名　**1757 年广州一口通商与洪任辉事件**
作　　者　李金明
刊　　名　南洋问题研究
年 卷 期　1993 年 2 期
页　　码　28－37
摘　　要　乾隆二十二年(1757 年),清政府下令关闭宁波港,限令外商仅能在广州一口贸易,把原来的多口通商转为独口通商。这在清代海外贸易史上,不能不说是一次重大转变,它标志着清代基本闭关时期的开始。与此转变有着直接联系的是,乾隆二十四年(1759 年)英商洪任辉北上宁波、天津,控告粤海关贪污克扣,从而引起的"洪任辉事件"。本文拟对限令广州一口通商与洪任辉事件的发生、发展及其内在联系作一初步的探讨。

题　　名　**17 世纪闭关锁国体制下中日民间贸易探究**
作　　者　李晓燕
刊　　名　天中学刊
年 卷 期　2009 年 3 期
页　　码　114－116
摘　　要　17 世纪,中日两国都实行了闭关锁国的外交政策,官方贸易几乎完全停滞,民间贸易却出现了繁荣的景象。此期,中日民间贸易主要表现为商船往来与货物交流两种形式。繁荣的民间贸易对两国社会文化,尤其是对日本文化产生了深刻的影响。

题　　名　**17 世纪初荷兰人在福建沿海的骚扰与通商**
作　　者　李德霞
刊　　名　海交史研究
年 卷 期　2004 年 45 期
页　　码　59－69

题　　名　**17 世纪初荷兰殖民者在澎湖、台湾的海盗贸易**
作　　者　李金明
刊　　名　台湾研究
年 卷 期　1999 年 3 期

页　　码　84－88

摘　　要　17世纪初，荷兰殖民者继葡萄牙、西班牙殖民者之后来到东方，迫切想打开对华贸易的大门，与中国直接建立贸易联系。当时的中国，正值明朝政府在福建漳州海澄月港部分开放海禁，准许私人海外贸易商申请文引出海贸易，而不准外国商人到福建沿海一带从事贸易。荷兰殖民者在达不到直接通商的目的时，则在福建沿海一带实行海盗式的掠夺，开先后占据我国的澎湖岛和台湾南部，设立贸易据点，把中国商品贩运到日本、欧洲等地，以攫取暴利。

题　　名　**17世纪初明朝与朝鲜海路交通的启用**

作　　者　吴一焕

刊　　名　历史教学

年 卷 期　1996年12期

页　　码　8－11

摘　　要　朝鲜与明朝的交通，分陆道与海道两路，二者的或废或兴，与明朝在辽东的经营及后金势力的兴起有密切关系，本文拟就明末海上通路的启用与演变问题作出考察，并探讨其对这一时期的明与朝鲜关系与交往的重要作用及影响。不妥之处，请方家指正。

题　　名　**17世纪初全球贸易在东亚海域的形成与发展**

作　　者　李金明

刊　　名　史学集刊

年 卷 期　2007年6期

页　　码　35－42

摘　　要　17世纪初，世界贸易形势发生了巨大变化，东来的欧洲殖民者为贩运中国的生丝和丝织品，在东亚海域展开了激烈的商业竞争，于是在东亚海域形成了全球贸易。而此时正值明朝政府在福建漳州月港开放海禁，准许私人出洋贸易，因此大量的中国海商涌向海外，在与欧洲殖民者激烈的商业竞争中，他们以敏锐的商业头脑和强烈的竞争意识取得了成功，使世界各地的白银源源不断地流入中国，使中国成为当时东亚海域的贸易中心。

题　　名　**17世纪初至18世纪中后期越南南河海外贸易中的华商**

作　　者　蒋国学

刊　　名　南洋问题研究

年 卷 期　2008年2期

页　　码　63－71

摘　　要　17世纪初至18世纪中后期，越南南河阮氏政权的海外贸易迅速发展，成为东亚海上贸易的一大亮点。作为当时东亚海上贸易的主导者，华商以操作者、推动者和管理者的身份参与南河海外贸易发展的全过程，为其发展和兴盛做出了重要贡献，同时也为自身的生存和发展打下了坚实的基础。

题　　名　**17世纪的在日华人与南洋贸易**

作　　者　吴伟明

刊　　名　海交史研究

年 卷 期　2004年45期

页　　码　51－58

题　　名　**17 世纪欧洲天主教文献中的郑成功家族故事**
作　　者　张先清
刊　　名　学术月刊
年 卷 期　2008 年 40 卷 3 期
页　　码　131－142
摘　　要　关于郑成功家族的历史活动一直是中外学术界关注的一个重要课题。在数代学者长时期辛苦工作下,目前有关郑氏家族的中文资料已得到比较系统的整理与研究。相比之下,除了部分荷兰文档案外,数量庞大的相关西文资料却一直未获有效开发利用。在 17 世纪三位天主教传教士利胜、闵明我与帕拉福克斯所撰写的西班牙文书稿中,就包含有丰富的郑成功家族史料。这些传教士基本上是同时代郑氏家族兴衰的见证人,利胜甚至还与郑成功及其家族重要成员有过直接的接触。对郑氏家族的内外活动有着细致的观察与描绘。注重解读这些欧洲天主教文献的相关记载,并将其与现存中文文献相互贯通,必将有助于深化郑氏家族史事的研究。

题　　名　**17 世纪上半叶荷兰东印度公司在台湾经营的三角贸易**
作　　者　李德霞
刊　　名　福建论坛(人文社会科学版)
年 卷 期　2006 年 5 期
页　　码　86－90
摘　　要　17 世纪上半叶,随着东亚国际贸易格局的改变,台湾成为中日贸易的一个理想中转站。中国人、日本人、荷兰人和西班牙人都不失时机地在此展开贸易竞争。最具竞争实力的荷兰东印度公司终于排除了各国对手,独占台湾,经营着大规模的中日贸易,并赚取了高额利润,台湾因此成为荷兰东印度公司远东贸易网上的一个重要商站。

题　　名　**17 世纪台湾郑氏海商集团在中国社会经济史上的地位**
作　　者　王恩重
刊　　名　宝鸡文理学院学报(社会科学版)
年 卷 期　2010 年 30 卷 2 期
页　　码　32－40
摘　　要　17 世纪之际,世界市场雏形初具、全球化初露端倪,当时的中国,自明代中叶以后商品经济得到了较快的发展。东南沿海率先展开了由传统自给自足自然经济向以海洋经济为导向的商品经济过渡的结构性转型。这一地区成为中国乃至全球增长最快、最富活力的经济区域之一。在这一历史背景下,郑氏海商集团依傍这一得天独厚的社会环境,得以发展为私人海上贸易的龙头,而后组成了以其为主干的台湾南明割据政权。他与西方新兴资本主义海上贸易势力的发展特点有许多相似之处。

题　　名　**17 世纪以澳门为中心的东亚海上贸易网**
作　　者　李金明
刊　　名　文化杂志
年 卷 期　2003 年 48 期

题　　名　**17 世纪郑氏海商集团地位论**

作　　者　王恩重

刊　　名　学术月刊

年 卷 期　2005 年 8 期

页　　码　103 - 107

摘　　要　17 世纪,中国东南沿海率先展开了由传统自给自足自然经济向以海洋经济为导向的商品经济过渡的结构性转型。郑氏海商集团依傍这一得天独厚的社会环境,得以发展为私人海上贸易的龙头。其发展虽与西方新兴资本主义海上贸易势力的发展特点有许多相似之处,但从其发展轨迹来看,走的是一条完全中国式的市场经济发展的道路。由于历史条件和机遇等原因,郑氏海商集团无力改变中国封建社会长期延续的走向,但为台湾地区的开发和社会经济文化的发展及抵御外敌等方面作出了一定的贡献。应在中国史中给予其一定的地位。

题　　名　**17 世纪中日两国闭关锁国政策中的开放性**

作　　者　李晓燕

刊　　名　南通工学院学报(社会科学版)

年 卷 期　2004 年 3 期

页　　码　6 - 9

摘　　要　17 世纪,中日在对外关系方面不约而同地采取了闭关锁国的外交政策。史学界对这项政策具有的封闭性研究较多,却往往忽视了它所蕴涵的另一项特性——开放性。中国"闭关"政策的开放性主要表现为中外贸易,尤其是中日民间贸易屡禁不止,两国贸易往来事实上成为"公开的秘密"。日本"锁国"政策的开放性主要表现为德川幕府主动开放长崎一港,与外界进行交流。中日两国闭关锁国政策所具有的开放性使中日文化交流的传统得以延续,并且使此期中日文化交流表现出不同于以往的新特点。

题　　名　**1816 年英使觐见嘉庆帝纪事**

作　　者　斯当东,侯毅

刊　　名　清史研究

年 卷 期　2009 年 2 期

页　　码　94 - 105

题　　名　**18 - 19 世纪中国与东南亚的海参贸易**

作　　者　戴一峰

刊　　名　中国社会经济史研究

年 卷 期　1998 年 4 期

页　　码　71 - 81

摘　　要　海参又名海鼠,棘皮动物,多群栖近海。东南亚群岛地区盛产海参,而以菲律宾南部群岛和印度尼西亚东部群岛这一片海域为最,并以位居苏拉威西岛(旧称西里伯斯岛)西南端的望加锡为最大的集散中心。在中国传统的食物文化中,以晒干的海参作汤,素来被视为强身壮魄之佳品,故海参在中国的销场颇大,尤其在南中国。18 - 19 世纪间,中国与东南亚的海参贸易颇见增长,并呈现出一些令人感兴趣的特点。因而,海参贸易在中国与东南亚贸易中虽然所占份量不大,但却有助于我们探究长期以来被学界忽略的有关南海贸易网络的某些问题,从而使我们更全面地认识南海海域贸易格局变化的历史。这便是本文的立意所在。

题　　名　**1834－1867 年我国对外贸易的变化与背景**
作　　者　张仲礼
刊　　名　学术月刊
年 卷 期　1960 年 9 期
页　　码　54－65
摘　　要　我国 1834 年前的对外贸易操纵在东印度公司之手,当时贸易情况曾由外人摩斯根据东印度公司档案,编成《东印度公司对华贸易编年史》一书。自 1859 年到 1867 年间我国海关有《中外贸易统计》年刊(Returns of Trade 1859－1863: Customs Annual Reports 1864－1867),但记载并不完整(如鸦片进口数字大大低于实际数字),统计并混入中国各埠间的贸易。直到 1868 年后,我国始有较完整的海关贸易册,记载对外贸易之数量与金额,并有按贸易港口与国别的统计。所以一般研究我国对外贸易都自 1868 年后开始。贸易进入新阶段的时期,但关于这时期国际贸易情况过去还很少有人研究。我们知道这时期以英为首的外国侵略者正在积极寻找和扩大商品市场,对中国发动两次侵略战争,清政府被迫订立 1842、1858 及 1860 年三次不平等条约。1757 年时清政府规定广州是唯一国际贸易港口,外人从事国际贸易必须通过广州"十三行"官商。本文企图估计这个时期的中国对外贸易的货类、数量与金额,分析贸易港口和国别的变化情况,以及对当时所发生的大事、贸易变化等等加以分析。

题　　名　**1836 年广东淇澳岛人民的反美斗争**
作　　者　黄廷柱
刊　　名　历史教学
年 卷 期　1966 年 1 期
页　　码　51－53

题　　名　**1840－1860 年间清政府三种外交体系分析**
作　　者　何新华,王小红
刊　　名　安徽史学
年 卷 期　2003 年 5 期
页　　码　22－28
摘　　要　两次鸦片战争期间的中外关系,如果按照类型分析法标准来划分,可以基本分为朝贡体系Ⅰ型、Ⅱ型和Ⅲ型三类。中国与三类国家间的关系及其各自体制内部的演变错综复杂。两次鸦片战争之间的中外关系显然发生了重要变化。澄清这一时期中外关系复杂的性质,对中国近代史研究具有重要意义。

题　　名　**1840 年代:英国与舟山**
作　　者　郭卫东
刊　　名　杭州师范学院学报(社会科学版)
年 卷 期　2006 年 4 期
页　　码　33－38
摘　　要　舟山亦称定海,位于杭州湾以南的浙江海面。第一次鸦片战争,英国占领香港,此乃中英关系史上的大事件。但英国对中国领土的最初觊觎目标却并非香港,而是舟山。19 世纪 40 年代,舟山不仅成为英国发动对华鸦片战争最主要的攻击目标;战后,又长期被英军占领,成为中英两国外交的症结。

作为当时世界最强国的英国与中国领土舟山间的关系值得探究。

题　　名　**1840年前后中国水域之汽船推进装置**
作　　者　王志毅
刊　　名　船史研究
年 卷 期　1993年6期
页　　码　17－22

题　　名　**1840年前后中日近代海防思想比较研究**
作　　者　赵勇
刊　　名　江苏科技大学学报(社会科学版)
年 卷 期　2008年8卷2期
页　　码　26－29,37
摘　　要　在1840年前后,由于西方列强的入侵,中日两国的先进分子都意识到了近代海防的重要性,他们著书立说,提出了两国历史上前所未有的近代海防思想。随着两国海防思想的兴起、发展、成熟,两国的命运却截然不同,最终日本在甲午战争中击败清朝。中国近代海防思想在萌芽期就被日本超过,失败的种子在初期已被埋下。

题　　名　**1840至1870年间欧美列强觊觎和侵犯台湾的活动**
作　　者　陈在正
刊　　名　台湾研究集刊
年 卷 期　1992年2期
页　　码　61－68

题　　名　**1841年定海保卫战**
作　　者　王和平
刊　　名　浙江档案
年 卷 期　1990年10期
页　　码　24－25
摘　　要　舟山是鸦片战争的主要战场之一。葛云飞等三总兵指挥的第二次定海保卫战,是最有力的一次抵抗,在中国近代史上写下了光辉的一页。

题　　名　**1842年吴淞之战新探**
作　　者　茅海建
刊　　名　历史档案
年 卷 期　1990年3期
页　　码　84－91
摘　　要　1842年的吴淞之战,是鸦片战争后期的一次重要战斗。以往的研究大体得出下列结论:1. 由裕谦、陈化成等主持修筑的防御体系是适当的,战斗是有可能取胜的;2. 战斗失败的主要原因是带兵增援的两江总督牛鉴和驻守小沙背的徐州镇总兵王志元临阵脱逃,致使在吴淞西炮台激战的陈化成部后援不继,背腹受敌。笔者的研究,得出了与此不同的看法,论述于下,就教于各位师友。

题　　名 **1842年鸦片战争时扬子江战役的几处遗迹**
作　　者 王少华
刊　　名 历史教学
年 卷 期 1981年8期
页　　码 56－57

题　　名 **1849年的“澳门事件”**
作　　者 郑之
刊　　名 世纪行
年 卷 期 1999年2期
页　　码 33

题　　名 **1857年湖北漕改**
作　　者 吴晓斌,李雪亮
刊　　名 华章
年 卷 期 2007年5期
页　　码 97
摘　　要 自太平天国控制长江中下游地区后,清朝南方糟粮无法通过水路运到北方。在此情况下,清政府下令南方有糟诸省实行糟粮变折解京。胡林翼借此良机大刀阔斧地在湖北进行了漕粮改革。力图革除百余年湖北漕粮在征收、交兑、押运中的种种弊病。

题　　名 **1859年大沽之战爆发原因再探**
作　　者 翟厚良
刊　　名 史学月刊
年 卷 期 1985年5期
页　　码 51－58
摘　　要 1858年6月,清政府钦差大臣接受英法侵略者提出的全部条款,签订了《天津条约》,断断续续打了二十个月的第二次鸦片战争似乎应该结束了。但是,事隔一年,大沽口又响起了隆隆的炮声。这就是第二次鸦片战争中的第二次大沽之战。第二次大沽之战爆发的原因何在?通常的解释是:清政府要求英法公使从北塘登陆进京换约,侵略者“定行接仗,不走北塘”,导致战争爆发。但是,征诸史实,这种解释有很大的片面性。这一片面的解释至今为一些史学工作者所接受、沿用,有必要加以订正。

题　　名 **1860－1895年间中国的海战及其所反映的自强运动在科技方面的失败**
作　　者 艾尔曼,黄振萍
刊　　名 中国学术
年 卷 期 2003年3期
页　　码 130－172

题　　名 **1860年太平天国镇江攻防战述评**
作　　者 王明前

刊　　名　镇江高专学报
年 卷 期　2006 年 2 期
页　　码　10 – 13
摘　　要　在 1860 年太平天国东征苏南战役期间,太清双方在镇江的战斗是整个东征战役的重要组成部分。太平军因为以苏南为主攻方向,以及在水师方面明显的战术劣势,对镇江的进攻便只能停留在战术牵制的水平。太平军虽然无法摧毁镇江清军的防御体系,但是仍然实现了他们的战术牵制任务。比较镇江在杨秀清时期,处于天京、镇江、扬州防御三角体系的焦点位置,此时镇江在太平天国战争中战略地位和战术价值之下降,已经是不争的事实。

题　　名　**1860 年以前的潮州海外移民:以族谱资料为中心**
作　　者　黄挺
刊　　名　海交史研究
年 卷 期　2008 年 53 期
页　　码　92 – 105
摘　　要　对潮州海外移民的研究,已经有很丰硕的成果。由于 1860 年汕头开埠后,有更多文献材料存世,研究也更为深入;而为资料所限,汕头开埠前的研究相对较少。本文拟利用以族谱为中心的民间文献,结合有关社会历史背景材料,对 1860 年以前的潮州海外移民情况做点研究。主要内容包括:移民时间及原因、移民规模、移居地,以及从数据中反映出来的本地人对移民和移居地的看法。期望用这些尚未被发掘的资料,对以往的研究,有所补罅。

题　　名　**1862 年的"中英联合舰队"**
作　　者　余先鼎
刊　　名　历史教学
年 卷 期　1981 年 4 期
页　　码　21 – 22

题　　名　**1866 – 1875 年中国第一批近代海军军官在马尾的训练和调遣**
作　　者　庞百腾
刊　　名　船史研究
年 卷 期　1996 年 10 期

题　　名　**1868 – 1936 年中国茶叶贸易衰弱的数量分析**
作　　者　袁欣
刊　　名　中国社会经济史研究
年 卷 期　2005 年 1 期
页　　码　90 – 99
摘　　要　茶叶作为中国近代时期最主要的出口商品,经历了一个由极盛而衰弱的嬗变过程。国际需求的旺盛曾经刺激了国内茶叶的种植和生产,但在外茶的竞争下中国茶叶逐渐丧失了国外市场。通过计量分析,近代中国茶叶出口的价格指数、贸易条件指数、比较优势指数、延伸比较优势指数都呈下降之势。中国茶叶的衰弱,除了外部遭遇的歧视性政策因素以外,内部产业组织形式的原始和落后是其主要原因。

题　　名　**1874 – 1875 年清政府的“海防议”——兼谈对洋务运动和洋务派的几点看法**

作　　者　赵春晨

刊　　名　西北大学学报(哲学社会科学版)

年 卷 期　1983 年 2 期

页　　码　27 – 35

摘　　要　1874 – 1875 年,即同末光初之际,清政府曾就海防建设等问题在中央和地方的重要官员中展开过一次大的讨论,史称“海防议”。这次讨论出现于我国边疆各地普遍遭受外国侵略的危机时刻,讨论的中心是要不要建立和如何建立近代化海防力量的问题。围绕此一问题,清政府中的洋务派与顽固派争论激烈,是洋务运动推行过程中双方又一次大的交锋。同时,“海防议”中又因筹饷问题而牵及塞防,引起“海防与塞防之争”,实际是发展到对整个国防方针的讨论。剖析这场“海防议”产生的原因、争论实质及其作用,无疑将有助于我们对洋务运动性质和清朝统治集团内部派系分化情况的正确认识。

题　　名　**1874 – 1875 年清政府关于海防问题的大讨论与对台湾地位的新认识**

作　　者　陈在正

刊　　名　台湾研究集刊

年 卷 期　1986 年 1 期

页　　码　45 – 59

摘　　要　同治十三年三月(1874 年 5 月),日军侵犯台湾,东南海疆出现危机,清政府受到很大震动。九月,中日双方签订《北京专条》,事件始告平息。接着总理各国事务奕訢等联衔上《海防亟宜切筹》一折,以日军侵台事件为戒,提出加强海防的六条意见。当日奉旨密谕滨海沿江各督抚、将军筹议,从此在清政府内部开始进行了一次关于海防问题的大讨论。通过讨论提出了加强海防的种种措施,突出了台湾在海防中的地位,对以后台湾的建省起了促进作用。本文将探讨这次大讨论的脉络和原委,评述讨论的主要内容、清政府对加强海防的意见及对台湾地位的新认识等,为了解台湾建省提供背景资料。

题　　名　**1874 年日本侵台事件之中日史籍比较**

作　　者　李玲

刊　　名　广州大学学报(社会科学版)

年 卷 期　2006 年 8 期

页　　码　57 – 60

摘　　要　日本明治史家关机的《续近世日本外史》是黄遵宪故居人境庐至今保存完好的一部日本汉籍,是黄遵宪使日时为修撰《日本国志》搜集到的不可多得的资料。在这部藏本中有黑笔圈勾的内容被编入《日本国志》邻交志“1874 年日本侵台事件”。文章通过详细考察黄遵宪利用关机原文编写这一事件的情况,还原他作为一个忧国爱国的史家既要客观实录又要回护本朝颜面的两难处境,指出他实事求是、独立思考的良史精神及其对中国史学的深刻影响。

题　　名　**1874 年日军侵台事件中的“番地无主”论与中国人主权观念的变化**

作　　者　贾益

刊　　名　民族研究

年 卷 期　2009 年 6 期

页　　码　88 – 98,110

摘　　要　在1874年日本侵台事件的交涉中，日本公开提出“番地无主”论。为应对外交挑战，清廷上下对台湾“番民”、“番地”与中国主权的关系，都有了一些新的认识。而这些认识，并非出于对西方“万国公法”的认同，而是传统体系内部的适当调整。另一方面，为应对边疆危机而把“番地”逐渐纳入“腹地”的行动，在近代条件下，成为中国逐渐由“天下”走向“万国”之一的重要一环。

题　　名　**1884年的马江战役**
作　　者　万次夏
刊　　名　历史教学
年 卷 期　1964年10期
页　　码　25－28

题　　名　**1884年以来的天文航海**
作　　者　甄葆春
刊　　名　天津航海
年 卷 期　1987年4期
页　　码　38－44

题　　名　**1885－1949年桂越边境贸易的发展**
作　　者　石立民
刊　　名　东南亚纵横
年 卷 期　1996年2期
页　　码　4－9

题　　名　**1895－1900年的中国民族小轮业**
作　　者　王芳
刊　　名　山东科技大学学报(社会科学版)
年 卷 期　2006年8卷4期
页　　码　95－98
摘　　要　1895－1900年期间是我国小轮业发展史上的转折时期。尽管存在着诸如船资少，船吨位小，发展不平衡以及未能形成航运体系等不足之处，但是我国东南沿海、长江珠江中下游、珠江流域、上海及其他一些地区的小轮业还是取得了一定的成就，为我国以后的轮运业发展奠定了基础。

题　　名　**1898年清政府自主开放秦皇岛港背景探析**
作　　者　王新华
刊　　名　海交史研究
年 卷 期　2004年45期
页　　码　70－74

题　　名　**18世纪初期(1708－1717)的海盗问题初探**
作　　者　王华锋
刊　　名　兰州学刊

年 卷 期　2007 年 3 期

页　　码　148－150

摘　　要　海盗问题是中国海疆史的一个重要内容。史学界对清代海盗问题的研究侧重于两个时期，一是 17 世纪中叶的明清之际，一是 18 世纪末、19 世纪初的乾嘉年间，并取得了诸多研究成果。但是，对于 18 世纪的海盗问题，众多学者却很少涉及。在 18 世纪初期，也就是所谓的康乾盛世的起始阶段，中国的海盗活动却有一次突增的现象，该论文对 1708－1717 年（康熙四十七年至康熙五十六年）的海盗问题及成因加以简单分析说明。

题　　名　**18 世纪的中西贸易**

作　　者　吴建雍

刊　　名　清史研究

年 卷 期　1995 年 1 期

页　　码　111－118，101

摘　　要　18 世纪无论在中国史中还是世界史中，都是一个非同寻常的世纪。其间，中国进入了封建社会最后一个鼎盛时期——康乾盛世。西方主要国家经历着由商业资本主义向工业革命的过渡。在这一百年里，既有中西文化的交流，也有西方使节的东来。但是，双方更直接、更经常的接触却是通过贸易。由于世界经济体系的逐渐形成，中国与西方国家处在相互影响和制约的关系中，并被卷入资本主义“以地球为战场而进行的商业战争”。正是在这场清政府没有意识到的“商战”里中西力量对比的天平，从平衡悄然倾斜。它深刻地影响了下一个世纪中国的历程。本文拟从世纪中西贸易的格局和态势对比考察中西不同的国策，探讨影响清代社会经济发展的内外因素。

题　　名　**18 世纪清泰交涉史**

作　　者　高崎美佐子氏

刊　　名　茶水史学

年 卷 期　1967 年 12 期

题　　名　**18 世纪暹罗吞武里王朝与清朝及缅甸的关系**

作　　者　冷东

刊　　名　东北师大学报

年 卷 期　1999 年 4 期

页　　码　23－28

摘　　要　18 世纪后半期，在清朝对外关系中与东南亚的暹罗、缅甸的关系成为此时的重大事件。暹罗吞武里王朝与中国的关系，历经了一个曲折的发展过程，但是在郑信的不懈努力下，遣使“进贡”事件的顺利解决，使两国恢复了传统的历史友好关系。中缅战争的结果制止了缅甸对中国的侵扰，国王孟云在位期间双方关系正常化，从而维护了东南亚地区的和平与稳定。

题　　名　**18 世纪中国与西欧的茶叶贸易**

作　　者　庄国土

刊　　名　中国社会经济史研究

年 卷 期　1992 年 3 期

页　　码　66－80，94

摘　　要　中国茶叶在17世纪传入西欧，在18世纪前期，成为中国最重要的出口商品，其输入地及贩运者也以西欧国家为主。研究18世纪中国与欧州的海上茶叶贸易，对了解18世纪中外海上交通、白银内流以及中国对外贸易史有着重要意义。

题　　名　**1900年前后的赫德**
作　　者　沈绍根，阳三平
刊　　名　湘潭师范学院学报(社会科学版)
年 卷 期　1998年4期
页　　码　31－34
摘　　要　义和团运动爆发后，在华英国人士赫德曾一度成为左右大局的关键人物。他一方面著文立说，一方面参与议和，既最大限度地维护了英国的在华利益，又扩大了其对中国当局的影响力。其在一些问题上考虑中国特别是清廷的利益也值得关注。

题　　名　**1905年所开东北16处商埠是自开商埠吗？——与徐柳凡、杨天宏先生商榷**
作　　者　王中茂
刊　　名　洛阳工学院学报(社会科学版)
年 卷 期　2001年19卷2期
页　　码　26－29
摘　　要　徐柳凡等依据中日《会议东三省事宜条约》写有“应有中国自开”的字样等理由，认定1905年开放的凤凰城、辽阳等东北16处商埠为“自开商埠”。然而，这些商埠不仅有“约开商埠”的典型特征，即由列强通过逼签不平等条约的形式规定开放，而且商埠章程的制订必须与日方“妥商”，中方在商埠内丧失了大量主权。因此，它们当属“约开商埠”。

题　　名　**1911－1949年的民国海军概观**
作　　者　天鹰
刊　　名　舰载武器
年 卷 期　2006年10期
页　　码　56－62
摘　　要　民国海军是中华民族也是中国近、现代海上力量发展史上不可回避的一页。说起民国海军，还应当从它的前身清末海军谈起。在甲午战争后期的1895年2月，日军围攻清朝北洋舰队驻扎地刘公岛，清军水师提督丁汝昌及管带刘步蟾等重要高级将领在弹尽援绝之下先后自尽，部分中级军官向日军乞降，使得在黄海海战失利后存余的舰艇及基地炮台军资、器械尽被日军虏获。遭受奇耻大辱的清政府遂在1895年3月12日撤销了海军衙门，更将所有北洋水师官兵全部罢遣。至此，曾一度称雄东亚水域并被清王朝苦心经营多年的中国近代海军舰队已是荡然无存。

题　　名　**1912－1949年中国政府行使和维护南海诸岛主权的斗争**
作　　者　林金枝
刊　　名　南洋问题研究
年 卷 期　1991年4期
页　　码　65－75，108

题　　名　**1918－1921 年英国对待关余问题的态度**
作　　者　张北根
刊　　名　民国档案
年 卷 期　2004 年 4 期
页　　码　64－70

题　　名　**1919－1921 年中外交涉关余及接管海关史料(上)**
作　　者　王美嘉,林石川,关宏明
刊　　名　历史档案
年 卷 期　1987 年 1 期
页　　码　51－61
摘　　要　这是馆藏海关英文档案的选译史料。集中反映了 1919 年至 1921 年,南方护法军政府等为争取海关主权及获得关余的合法权益,与帝国主义列强各国进行斗争的情况。对于研究我国海关史、帝国主义侵华史等,均有参考价值。史料中外国人的译名,凡能在《近代来华外国人名辞典》及公开史料查到的,均以该译为准,其余依照音译。为避繁就简,不在各篇中一一注出,仅附英文原文。某些史料标题,系译者根据文意所拟,用“＊”号标明。

题　　名　**1919－1921 年中外交涉关余及接管海关史料(下)**
作　　者　王美嘉,林石川,关宏明
刊　　名　历史档案
年 卷 期　1987 年 2 期
页　　码　71－76

题　　名　**19－20 世纪中国的汤若望介绍与研究——纪念汤若望诞辰四百周年**
作　　者　顾卫民
刊　　名　社会科学
年 卷 期　1992 年 4 期
页　　码　54－58,67

题　　名　**1923 年－1924 年广州关余事件中的民众运动**
作　　者　饶品良
刊　　名　党史研究与教学
年 卷 期　2005 年 2 期
页　　码　72－78
摘　　要　发生于 1923 年－1924 年的广州关余事件,由最初孙中山领导的广州政府单方面交涉,到后来孙中山在中共协助下,借助民众力量,迫使列强作出让步。在整个交涉过程中,民众介入所起的作用,是不应忽视的,但以往人们多着重于政府间的交涉过程,对民众的作用较为忽略,本文拟对此再略作探讨。

题　　名　**1927－1937 年的中国轮船航运业**
作　　者　朱荫贵
刊　　名　中国经济史研究

年 卷 期 2000年1期
页　　码 37－54
摘　　要 本文论述1927－1937年中国轮船航运业的发展状况。这期间中国轮船航运业的发展出现了值得注意的一些变化：例如1. 航运力量增长较快，1936年中国轮船吨位数比1927年增长一倍以上。2. 中国航运公司有相当的发展，1936年时拥有5 000吨以上的大中型轮船公司已达27家。3. 出现了全国性的管理航运业的组织机构航政局。4. 轮船和铁路的联运得到加强，新航线开辟，等等。本文对中外航运力量的对比、中国轮船公司的经营管理等方面进行了论述。本文还对轮船招商局和民生轮船公司这两种不同类型的轮船公司进行了重点探讨。围绕轮船招商局收归国有的过程，显现出南京国民党政府产业政策的一个方面，但招商局的经营则始终未能摆脱困境。民生轮船公司则是民营企业这期间迅速崛起的典型。本文对民生公司的经营状况和成功因素进行了探讨分析。

题　　名 **1929－1933年经济危机与中国人移民马来西亚：一个性别视角的分析**
作　　者 范若兰
刊　　名 海交史研究
年 卷 期 2003年44期
页　　码 107－119

题　　名 **1937－1946年的中泰关系**
作　　者 余定邦
刊　　名 世界历史
年 卷 期 2000年1期
页　　码 68－74

题　　名 **1938年的上海护关运动**
作　　者 蔡渭洲
刊　　名 中国海关
年 卷 期 1995年8期
页　　码 47

题　　名 **1945年以来台湾学者台湾史研究的回顾——课题与研究趋势的讨论(1945－2000)**
作　　者 林玉茹
刊　　名 台湾史料研究
年 卷 期 2003年21期
页　　码 2－33

题　　名 **1985－1986年郑和研究论著述评**
作　　者 郑一钧
刊　　名 郑和研究
年 卷 期 1988年6期

题　　名　1990 年以来中国近代海权问题研究述评
作　　者　史春林
刊　　名　史学月刊
年 卷 期　2009 年 1 期
页　　码　131 - 136
摘　　要　1990 年以来学术界兴起了研究中国近代海权问题的热潮，主要对以下几个问题进行了初步研究：第一，关于中国近代海权观由来与发展过程的研究；第二，关于中国近代名人海权观的研究；第三，关于海权与中国近代战争胜负关系的研究；第四，关于马汉海权论对中国近代海军影响甚微原因的研究；第五，关于中国近代海权意识淡薄及其原因的研究；第六，关于中国近代海权与陆权关系的研究。目前关于中国近代海权的研究虽已取得了一定的进展，但还有许多问题值得进一步探讨，因此希望今后在研究中应注意以下几点：第一，要注意宏观研究与微观研究相结合。第二，要注意定性研究与定量研究相结合。第三，要注意专门研究与综合研究相结合。第四，要注意对历史研究与对现实研究相结合。

题　　名　1996 - 1997 年郑和研究论著述评
作　　者　郑一钧
刊　　名　郑和研究
年 卷 期　1998 年 1 期
页　　码　16

题　　名　19 世纪 30 年代广州口岸的西方投资
作　　者　郭小东
刊　　名　中山大学学报(社会科学版)
年 卷 期　1998 年 4 期
页　　码　85 - 94
摘　　要　本文分两个方面，分别对 19 世纪 30 年代西方在广州口岸的间接投资和直接投资状况进行了说明，与此同时，也对这两种投资在这一时期变化进行了分析。

题　　名　19 世纪 30 年代广州口岸中西贸易探析
作　　者　郭小东
刊　　名　中国经济史研究
年 卷 期　1999 年 1 期
页　　码　76 - 84,157
摘　　要　19 世纪 30 年代是西方为打开中国大门而进行“冲刺”的关键性 10 年。该时期“一口通商”条件下广州口岸的中西贸易发生了不容忽视的变化：贸易规模明显扩大，商品结构不断调整。这些变化构成鸦片战争前夕西方对华冲击强化的重要表现之一。但是，对这 10 年的中西贸易状况，一直缺乏现成的、系统的数字材料加以反映。本文通过对所搜集的中西文字资料的甄选、整理，对这一时期的中西贸易进行了尽可能逼近实际的定量描述，以求对这一重要经济现象进行客观的揭示。

题　　名　19 世纪 70 年代中日之间周边问题及后患
作　　者　陈勇勤
刊　　名　福建论坛(人文社会科学版)

年卷期 2006年6期
页 码 72－75

题 名 **19世纪80年代浙海关、津海关和瓯海关丝绸调查**
作 者 周德华
刊 名 丝绸
年卷期 2001年9期
页 码 44－46

题 名 **19世纪改制运动中的难题:1879年招商汕头分局公私混淆案研究**
作 者 李毅
刊 名 华南师范大学学报(社会科学版)
年卷期 2005年5期
页 码 89－96
摘 要 1879年发生在轮船招商局汕头分局公私混淆案的前因后果显示,在清朝的公共体系之外还有另一个"非正式财政体系";这后一体系虽然无法发展成为独立的参天大树,其能量释放却往往使公共体系的运转打上很大的折扣,并使19世纪的改制运动陷入一种两难的境地。

题 名 **19世纪下半叶的九龙中国海关及其有关交涉**
作 者 刘存宽
刊 名 近代史研究
年卷期 2003年1期
页 码 138－151

题 名 **19世纪中后期中英口岸居留冲突**
作 者 曹英
刊 名 湖南广播电视大学学报
年卷期 2007年4期
页 码 67－70
摘 要 口岸居留冲突是19世纪中后期中英两国重要的外交纠纷之一,它本质上是一场扩张与反扩张的斗争,但其客观原因是中英条约关于口岸通商规定的不明确和中英在条约解释上的分歧。潮州进城事件是这场冲突的典型与特例,也是冲突的高峰。英方在条约谈判中屡次与清政府展开交涉未果,其症结在于近代中英条约的不平等性质。

题 名 **19世纪中暹海上民间贸易的市场运作**
作 者 范丽萍
刊 名 广西师范大学学报(哲学社会科学版)
年卷期 2004年2期
页 码 133－139
摘 要 在19世纪,从事中暹海上民间贸易的商人由侨商、海商和外商组成,其资本经营方式有自船自营型、合资型等类型,并体现出分散性和家族性的特点;商品结构主要是一些农副产品和日用生活必需品;商品的交易过程包括收购、贮存、运输、销售和结算等环节。

题 名 **19世纪中叶美国舆论、传教士和商人对鸦片战争的反应**
作 者 何大进
刊 名 世界历史
年卷期 1998年2期
页 码 28-35
摘 要 鸦片战争既是英国推行其世界殖民霸权的产物,也是清政府长期闭关自守、国势日衰的必然结果,其导火线,则是罪恶的鸦片走私活动与中国政府的禁烟运动。由于战争背景的复杂性,美国民间团体出于不同的立场、不同的价值观念和不同的利益侧重点,对鸦片战争作出了不同解释和不同反应。对于这些反应,学术界过去只是偶有提及,尚未深入探讨。有感于此,本文拟就这些反应的特征、原因,及其与美国对华政策的关系作一些初步的考察,以求收到抛砖引玉之效。

题 名 **19世纪中叶英国对华鸦片贸易政策背景分析**
作 者 王晓焰
刊 名 天津纺织工学院学报
年卷期 1999年3期
页 码 101-104
摘 要 两次鸦片战争前后,鸦片贸易在"三角贸易"中起着举足轻重的作用。为维护"怡和洋行"为代表的鸦片贩子的利益,英、印、中确保英土关系中"鸦片"的重要地位,英国对华实现鸦片贸易是具有实际意义的。从而借"鸦片"维护英镑圈市场良性循环,达到维护资产阶级利益的目的。

题 名 **19世纪中英鸦片贸易合法化探析**
作 者 傅娟
刊 名 四川师范大学学报(社会科学版)
年卷期 1996年2期
页 码 126-132
摘 要 由于吸食鸦片,中国人曾被称为"东亚病夫"。近代鸦片为祸中国的重要转折点,就是1858年的鸦片贸易合法化。探讨这一问题,对研究近代中国社会的变迁,具有重要意义。

题 名 **2000料6桅郑和木质宝船的初步考证与复原研究**
作 者 唐志拔,辛元欧,郑明
刊 名 海交史研究
年卷期 2004年46期
页 码 16-30
摘 要 今年是郑和去世570周年,中国和世界上很多地方都在纪念他。我们希望把郑和宝船复原仿造出来,供海内外公众比较直观地感受和回顾这段中华民族十分光辉的历史。

题 名 **2000料郑和宝船结构计算方法研究**
作 者 马莉莎
刊 名 东华大学学报(自然科学版)

年卷期　2006年32卷5期

页　码　46－49

摘　要　针对无大型木质船舶结构计算法规可参照进行结构计算的现状,提出一种有效实用的计算方法,该法实际是将"木规"方法和"钢规"方法相互补充来决定大型船舶构件的尺寸。作者已用该方法合理地解决了仿古2000料郑和宝船的结构计算问题。

题　名　**2001年海上丝路研究在中国(上)**

作　者　耿昇

刊　名　南洋问题研究

年卷期　2003年1期

页　码　70－79

摘　要　2001年中国对海上丝路的研究蓬勃发展,先后在昆明、宁波、湛江和广州召开了4次有关的学术研讨会。本文试对这4次学术研讨会,略作评述。

题　名　**2001年海上丝路研究在中国(下)**

作　者　耿昇

刊　名　南洋问题研究

年卷期　2003年2期

页　码　66－82

摘　要　2001年中国对海上丝路的研究蓬勃发展,先后在昆明、宁波、湛江和广州召开了4次有关的学术研讨会。本文试对这4次学术研讨会,略作评述。

题　名　**2002年郑和学术研讨会主要观点述评**

作　者　肖季文

刊　名　郑和研究

年卷期　2002年2期

页　码　8－13

题　名　**2007年郑和研究综述**

作　者　彭勇

刊　名　郑和研究

年卷期　2008年1期

页　码　1－9

摘　要　经历郑和下西洋首航600周年系列纪念之后,郑和研究相对趋于平静。2007年发表的论文和出版的专著与前几年相比都有大幅度减少,这也反映了目前郑和研究的基本状态。

题　名　**2008年郑和研究综述**

作　者　彭勇

刊　名　郑和研究

年卷期　2009年1期

页　码　5－12

摘　　要　2008 年郑和研究的最大特色是研究视野的拓展和专题研究的深入，四部专著的问世以及《郑和研究》杂志组织的相关专题研究堪称亮点，对前人研究成果或传统观点的考辨与论争令人耳目一新，以郑和及其时代为凭借展开多学科、多层面和多角度的思考是郑和研究的重要组成部分。

题　　名　**2009・上海郑和研究中心学术年会综述**
作　　者　闫彩琴
刊　　名　郑和研究动态
年 卷 期　2009 年 4 期
页　　码　3－5

题　　名　**2009 年郑和研究综述**
作　　者　彭勇
刊　　名　郑和研究
年 卷 期　2010 年 1 期
页　　码　5－11
摘　　要　2009 年的郑和研究主要集中在三个方面：第一、对研究史料的整理与分析，以期推进郑和研究；第二、就郑和下西洋若干事实展开广泛探讨与争鸣；第三，郑和文化的保护与传承。

题　　名　**20 世纪上半叶泉州与海外华侨教育的互动**
作　　者　吴翠蓉
刊　　名　海交史研究
年 卷 期　2005 年 47 期
页　　码　102－113
摘　　要　19 世纪末至 20 世纪初，中国的教育制度正处于转型时期，废除科举、兴办新学成为这个时期教育思想的主流。而侨乡泉州，由于华侨力量和资金的注入，侨办、侨助学校发展迅速，其教育思想和制度受到很大影响，形成自己的特色，并与海外华侨教育有紧密关系。本文运用有关的档案资料，试图以新的视角探索 20 世纪上半叶海内外华侨教育重要时期的特点及其关系，以此揭示这一时期华侨教育的相互影响与促进。

题　　名　**20 世纪宋代海外贸易研究综述**
作　　者　王庆松
刊　　名　海交史研究
年 卷 期　2004 年 46 期
页　　码　111－118
摘　　要　中国古代对外贸易主要有两大通道：陆路与海路。自汉以来，陆路贸易一直居于主导地位。到了宋代，这种格局发生了重要转折，对外贸易重心完全转移到海上，西北陆上贸易的重要性不断衰减。这种新的格局使得人们在研究宋代对外贸易情况时把更多的眼光投向海路上的贸易。

题　　名　**20 世纪以来中国学者关于清代以前中越关系的研究**
作　　者　王桃
刊　　名　东南亚研究

年卷期　2006 年 3 期
页　　码　83 – 86,96
摘　　要　基于中越之地域与历史关系,中国学者对两国之关系虽然缺乏热情,但一直有所注意。随着近年学界对中外关系史的重视,相关研究成果也有较大的增加,然而至今尚没有总结性的文章。本文试图对过去百年来中国学者在中越关系领域的研究成果进行回顾,并找出存在的问题,希望对推进此领域的研究有所裨益。

题　　名　**20 世纪郑和研究的回顾**
作　　者　罗宗真
刊　　名　郑和研究
年卷期　2003 年 2 期
页　　码　3 – 4

题　　名　**21 世纪初郑和研究中几个问题的思考**
作　　者　时平
刊　　名　郑和研究
年卷期　2003 年 2 期
页　　码　10 – 13
摘　　要　自 20 世纪 80 年代以来,郑和研究逐渐成为引人关注的显学。其研究领域所涉及的学科及内容,已超出了历史学研究的范畴,提出了许多新的观点、新的认识、新的材料和新的方法,值得认真地总结和吸收。这是 20 年来郑和研究发展的主流和趋势。应该指出,郑和研究的繁荣得益于我们所处的充满活力、锐意创新的时代,也更得益于海内外学者的不懈探索。笔者结合 21 世纪初的郑和研究,谈一些个人想法和思考,与诸位专家学者进行交流,欢迎批评指正。

题　　名　**300 年前的国防力著——[明]沈铁"请建澎湖重镇书"**
作　　者　周文顺
刊　　名　学术研究
年卷期　2002 年 11 期
页　　码　84 – 86
摘　　要　公元 l624 年,沈铁向福建巡抚提出《请建澎湖城堡置将屯兵永为重镇书》,堪称我国首篇专论澎湖地区国防建设之重要文献。沈铁的上书,字里行间无不闪烁着"寓兵于民"、"积极防御"的战略思想,与明政府的消极"海禁"政策,形成鲜明对照。

题　　名　**30 年来清代广东海盗研究综述**
作　　者　张代春
刊　　名　广州航海高等专科学校学报
年卷期　2010 年 2 期
页　　码　47 – 49
摘　　要　广东区位复杂,历来盛出海盗。对 30 年来清代广东海盗的研究作挂一漏万式综述,以期能较为清晰地反映此一阶段广东海盗研究的现状,为研究的进一步深入做一些铺垫。

题　　名　3－6 世纪中西间海上航线的变化
作　　者　石云涛
刊　　名　海交史研究
年 卷 期　2004 年 46 期
页　　码　35－48
摘　　要　至 6 世纪，中国所知南海以西国家，史载约有 40 余国。从海道东端即中国方面看，由于分裂割据的局面和地理位置的原因，利用海道与西域交往的，主要是三国时吴、两晋和南朝诸朝。这一时期，由于各国航海水平的提高和造船技术的进步，海上交通的条件有了很大改善，中西间海上交通与交流比之两汉有所发展是以此为基础的。本文想在前人研究的基础上，对这一时期海上航线的变化略作探讨。为了叙述的方便，我们把魏晋六朝时中西间海上航线分为三段。下面略加申说，敬祈教正。

题　　名　500 年前葡萄牙史书对郑和下西洋的记载
作　　者　金国平，吴志良
刊　　名　史学理论研究
年 卷 期　2005 年 3 期
页　　码　54－60，159
摘　　要　一般认为，西方人对郑和的研究始于英国人梅辉立（W. F. Mayers），而国人的郑和研究则以梁启超 1904 年在《新民晚报》发表的《祖国大航海家郑和传》一文为开山之作，故有“百年郑和研究”一说，殊不知，15 世纪的葡萄牙人当年已注意到郑和下西洋的壮举，且对其前因后果以及当时中华帝国的政治、社会状况有相当的了解。本文对葡萄牙官方编年史家巴罗斯（Joode Barros）1563 年出版的《亚洲旬年史之三（Terceira Decada de Asia）》内的一段有关记载进行了详尽评析，并简要评说了郑和研究的整体状况。

题　　名　500 年前郑和研究一瞥——兼论葡萄牙史书对下西洋中止原因的分析
作　　者　金国平，吴志良
刊　　名　澳门研究
年 卷 期　2005 年 26 期

题　　名　50 年来的近代中外关系史研究
作　　者　王建朗，郦永庆
刊　　名　近代史研究
年 卷 期　1999 年 5 期
页　　码　131－156

题　　名　50 年来内地与港澳台地区澳门史研究概述
作　　者　邓开颂，陆晓敏
刊　　名　学术研究
年 卷 期　1999 年 12 期

题　　名　700 年前的中国之旅——马可・波罗和《马可・波罗游记》
作　　者　庞嘉裕

刊　　名　科技潮
年 卷 期　1998 年 12 期
页　　码　37 - 41

题　　名　**7 - 9 世纪日本"遣隋使""遣唐使"的派遣经过及其影响**
作　　者　王立逵
刊　　名　新史学通讯
年 卷 期　1956 年 11 期
页　　码　9 - 13

题　　名　chinchco **地理位置新考——**chinchco **即漳州**
作　　者　程绍刚
刊　　名　海交史研究
年 卷 期　1993 年 24 期
页　　码　68 - 77

题　　名　Lantan **究竟为何地?**
作　　者　施存龙
刊　　名　中国地名
年 卷 期　2002 年 3 期
页　　码　8 - 10

题　　名　Tamão **与西草湾**
作　　者　赵立人
刊　　名　学术研究
年 卷 期　1996 年 3 期

题　　名　Tchang - Si - Lao **其人文海钩稽"海盗说"溯源**
作　　者　金国平
刊　　名　澳门研究
年 卷 期　1998 年 9 期

题　　名　Tiunguy **即"丰州"——对《马可 · 波罗行记》中一条地名的考证**
作　　者　郑弌
刊　　名　南阳师范学院学报
年 卷 期　2004 年 4 期
页　　码　32 - 36,64
摘　　要　近年来,诸多中外学者陆续探讨《马可 · 波罗行记》的真实性,力辨书中之"所见"与"所闻"。特别是英国学者弗朗西丝 · 伍德(Frances Wood)依据种种疑点,否定马可 · 波罗到过中国。但通过《行记》中一条地名 Tiunguy 的考证,从历史地理、方言特征、几种主要的版本和可能出现的书写讹误,以及当时当地陶瓷生产的情况分析,可证实 Tiunguy 即"丰州",重新检测了《行记》的真实性。

题　　名　Tamão:在上川岛还是在屯门澳——Tamão:考订研究的学术史回顾
作　　者　张廷茂
刊　　名　海交史研究
年 卷 期　2006 年 50 期
页　　码　86 - 104
摘　　要　Tamão 地望的考订是早期中葡关系史研究中的一个热点问题。本文对研究中影响较大的两派意见的争论过程进行了学术回顾和评析。文章指出,此一研究经历了两个阶段:纠正上川岛说之误和确定 Tamão 屯门澳内何岛;对上川岛说提出质疑,是 Tamão 考订研究的重要进展,将考察的目光由上川岛转向南头附近的屯门海澳,使此一研究沿着正确的思路发展;在此基础上,通过中外原始文献和地图资料的互补互证,较为妥善地解决了 Tamão 为屯门澳内何岛的问题。最后,文章强调了正确把握学术史和准确运用原始资料对于史学创新的重要性。

题　　名　阿格里柯拉《矿冶全书》在明代中国的流传
作　　者　潘吉星
刊　　名　海交史研究
年 卷 期　1981 年 3 期

题　　名　阿格里柯拉的《矿冶全书》及其在明代中国的流传
作　　者　潘吉星
刊　　名　自然科学史研究
年 卷 期　1983 年 1 期
页　　码　32 - 44
摘　　要　阿格里柯拉是文艺复兴时期的欧洲科学巨人。其《矿冶全书》是欧洲采矿冶金技术的经典。本文拟介绍其生平简历及其《矿冶全书》的内容,并基于一些中、外史料,分四个阶段考证三百多年前此书在中国的流传、改编和翻译情况。本文草于 1963 年,初稿刊于《海交史研究》1981 年第 3 期。此后,又找到一些新资料,解决了《坤舆格致》是否刊行等问题。现在据以补充、扩写,增加插图,并修正了原来的某些结论。

题　　名　阿曼苏哈尔遗址出土的中国陶瓷
作　　者　米歇尔・皮拉左里
刊　　名　海交史研究
年 卷 期　1992 年 22 期
页　　码　100 - 116

题　　名　埃及福斯塔特遗址中发现的中国陶瓷
作　　者　秦大树
刊　　名　海交史研究
年 卷 期　1995 年 27 期
页　　码　79 - 91

题　　名　**艾儒略及其《职方外纪》**

作　　者　谢方

刊　　名　中国历史博物馆馆刊

年 卷 期　1991 年

页　　码　132－139

摘　　要　明末清初，欧洲耶稣会传教士来华，写下了一批介绍“西学”的译著，这是中外文化交流史上的又一件大事。这批译著除了直接宣扬天主教义外，还有不少是属于自然科学和人文科学范围的，包括天文学、数学、生物学、物理学、医学、地理学、哲学、伦理学、语言学、历史学和建筑、艺术等。费赖之《在华耶稣会士列传及书目》一书就列举了耶稣会士的译著共 680 余种。徐宗泽《明清间耶稣会士译著提要》据徐家汇藏书楼书目的统计，也有 402 种，其中属于科学的有 62 种。目前学术界对明末清初中西文化交流问题的研讨正在开展，但还很少见对传教士译著具体研究的文章。现本文仅就耶稣会士艾儒略的《职方外纪》及其有关问题作一探讨，希望能有助于对这一问题讨论的深入。

题　　名　**艾儒略与明末福州社会**

作　　者　林金水

刊　　名　海交史研究

年 卷 期　1992 年 22 期

页　　码　56－66，99

题　　名　**艾儒略与明清之际西方教育的导入**

作　　者　肖朗

刊　　名　社会科学战线

年 卷 期　2001 年 2 期

页　　码　147－154

摘　　要　16 世纪中叶以后，欧洲天主教传教士、特别是天主教耶稣会传教士（以下简称耶稣会士）来华，由此而引起了明清之际中西两大异质异构的文化在历史上的直接交汇；而且，这一过程延续到清初康熙朝，从而形成了学术界习称的第一波“西学东渐”的浪潮。伴随着这一浪潮，西方教育也作为西方文化的重要组成部分始被导入中国，在此过程中艾儒略（J. Aleni）等耶稣会士作出了无可取代的贡献。本文以艾儒略所著《西学凡》、《职方外纪》等书为中心来探讨明清之际西方耶稣会教育的导入及其意义，以期对这一时期耶稣会士的文化教育导入活动作出客观公允的评价。

题　　名　**艾儒略与张赓——明末清初天主教在福建的传教策略**

作　　者　陆芸

刊　　名　福建论坛（人文社会科学版）

年 卷 期　2008 年 3 期

页　　码　77－79

摘　　要　艾儒略是明末清初来华的耶稣会传教士之一，他用中文写了大量的文章来宣传天主教的教义、礼仪，其中《圣梦歌》是和张赓合作完成的，张赓还为艾儒略的《口铎日抄》做序，为《五十余言》做题。本文拟通过两人的交往来探索明末清初天主教在福建的传教策略，以及当时中国天主教徒的心路历程。

题　　名　**艾儒略在泉州的交流与传教活动**
作　　者　林金民,吴怀民
刊　　名　海交史研究
年 卷 期　1994 年 25 期
页　　码　61 - 71,90

题　　名　**爱国名将邓世昌**
作　　者　敬知本,赵建恒
刊　　名　历史教学
年 卷 期　1991 年 1 期
页　　码　52 - 55
摘　　要　爱国主义是中华民族的优良传统。特别是近代以来,由于中国面临被帝国主义瓜分和灭亡的危险,我国人民的爱国精神尤为激越和昂扬,产生了许多为捍卫国家和民族独立而英勇献身的志士和英雄。中日甲午海战中为国捐躯的邓世昌就是其中杰出的一位。他以动人心魄的爱国壮举,在中国人民近代爱国运动史上谱写了光照千古的不朽篇章。

题　　名　**爱国名将俞大猷在兴化抗倭中的作用**
作　　者　张家瑜
刊　　名　泉州师专学报(社会科学版)
年 卷 期　1994 年 1 期
页　　码　56 - 60,51

题　　名　**安徽水运史研究中的几个问题**
作　　者　金家年
刊　　名　安徽大学学报
年 卷 期　1992 年 2 期
页　　码　103 - 109

题　　名　**安南、占婆的百年冲突(1368 - 1471)与明朝的不作为政策**
作　　者　毛春初
刊　　名　中山大学研究生学刊(社会科学版)
年 卷 期　2001 年 22 卷 4 期
页　　码　86 - 91

题　　名　**安南莫朝与中越关系制度的变化**
作　　者　牛军凯
刊　　名　南洋问题研究
年 卷 期　2004 年 2 期
页　　码　67 - 77
摘　　要　安南莫朝与中国建立朝贡关系后,带来中越关系中诸多制度上的变化,包括册封称号的降格,册封制度的降格等。这实际上反映出明朝后期以来中国不愿干涉越南内政,而以外交制度作为调整中越关系的手段。莫朝以来中越朝贡次数的减少,则反映了中越朝贡制度的政治属性。

题　　名　**安庆发现日本德川幕府时代的帐册**
作　　者　卢茂村
刊　　名　海交史研究
年 卷 期　1983 年 5 期

题　　名　**安庆内军械所和我国第一艘蒸汽船**
作　　者　宋子良
刊　　名　船史研究
年 卷 期　1993 年 6 期

题　　名　**安特卫普国家海事博物馆的中国帆船模型**
作　　者　陈丽华
刊　　名　海交史研究
年 卷 期　1997 年 32 期
页　　码　49 – 50,112

题　　名　**安远炮台建造年代考略**
作　　者　包明达
刊　　名　读与写(教育教学刊)
年 卷 期　2007 年 3 期
页　　码　80
摘　　要　镇海口招宝山下的安远炮台,是镇海口海防遗址国家级重点文物保护单位之一。建筑规模宏大,高 6 米厚 2 米直径 12 米,辟有东西二门,是镇海口海防遗迹保存较为完整的一座炮台。该炮台用凝土、石灰、黄沙拌以糯米饭汁捣砌而成,当地人称之为"糯米饭炮台",有"以软克刚"之效,在近现代战争中发挥过重要作用。

题　　名　**澳大利亚土著来源之谜——从《山海经》等古文献看最早的移民来自中国**
作　　者　胡远鹏
刊　　名　化石
年 卷 期　2002 年 4 期
页　　码　36 – 37

题　　名　**澳门:中西文化的交融地**
作　　者　陆亨俊
刊　　名　发展论坛
年 卷 期　1999 年 11 期
页　　码　11 – 12
摘　　要　澳门虽然是弹丸之地(市区 6 – 5 平方公里,总面积 1994 年为 23 – 25 平方公里),人口也只有 40 多万,由于历史上的特殊地位,它却具有十分深厚的文化积淀和内涵。明成祖朱棣曾有派遣郑和

"七下西洋"的光辉一页,但是到了明朝中叶,由于倭寇侵扰东南沿海,明王朝就宣告"海禁"。到了嘉靖年间,又作出"片板不得入海"的规定,实行闭关锁国政策。而从15世纪到19世纪前期,欧洲经历了文艺复兴、地理大发现、宗教改革、产业革命和资本主义生产关系形成等一系列巨大变革,地处东方的中华帝国的明清两朝统治者却对这种剧烈变化一概不知,不闻不问,沉醉于"天朝大国"的狂妄与愚昧之中。1553年(明嘉靖三十二年)葡萄牙人运用欺骗行贿等卑劣手段,在澳门登陆"开埠"。从那时起,到鸦片战争后英国强占香港近200年历史中,澳门在客观上成为中西文化交流的最主要通道,在中外贸易上也起着重要作用。矗立在澳门市区的"大三巴"牌坊是中西文化交流融合的最好历史见证。

题　　名　**澳门——16至19世纪中西文化交流的桥梁**
作　　者　黄启臣
刊　　名　比较法研究
年 卷 期　1999年1期
页　　码　15－36
摘　　要　无论对澳门的未来发展怎样定位,它在以往四个半世纪的中西方文化交流史中所具有的材殊地位,都应是举世公认,没有争议的。早在近代中国被动地实行五口通商差不多300年以前,澳门实际就已经开始担当了沟通中国和西方贸易的角色。毫无疑问,在中西方关系史上,中国最早和西方发生全面接触之地是澳门。虽然澳门在中西方经济交往关系中的地位由于后来诸多海岸城市的对外通商,特别是香港的迅速发展而被削弱,但它在文化交流史上的独特地位却从来没被动摇。就此而言,香港是无法和澳门相比的。所以,研究中西方交往关系的历史,研究中西方文化交流史及其未来的发展,实在不能不研究澳门。澳门以弹丸小城而独引世人瞩目,奥秘就在于此。

题　　名　**澳门——明末清初中西文化交流的枢纽**
作　　者　黄国安
刊　　名　学术论坛
年 卷 期　1990年6期
页　　码　72－77

题　　名　**澳门——西洋美术在中国传播的第一站**
作　　者　汤开建
刊　　名　美术研究
年 卷 期　2002年4期
页　　码　40－45
摘　　要　从16世纪中叶开始,西洋画即已传入澳门,到16世纪下半期,西洋美术在澳门获得较广泛的传播,而且创办了西洋美术的教育机构,并且透过西方传教士逐渐传入内地。到17世纪初,澳门更发展成为西洋美术的传播基地,不仅有一大批的西洋艺术家寓居澳门,而且本土培养的艺术家已开始为澳门及中国内地的传教事业绘制宗教画,还设立专门生产西洋画的画坊,并且将所生产的画销往中国内地及日本、非律宾、越南。据此,本文认为"澳门是西洋美术传入中国的第一站"。

题　　名　**澳门的名称及妈祖阁的建置年代**
作　　者　吕一燃
刊　　名　黑龙江社会科学

年卷期 1998年1期
页　码 54－57

题　名 **澳门的西方地名 Macau、Macao 由来考辨**
作　者 施存龙
刊　名 文化杂志
年卷期 2004年51期

题　名 **澳门地名及开埠时间考**
作　者 魏克智
刊　名 图书馆学研究
年卷期 1999年5期
页　码 98－100

题　名 **澳门港与海上丝路——澳门《文化杂志》反映的研究成果**
作　者 黄晓峰
刊　名 文化杂志
年卷期 2002年44期

题　名 **澳门港在近代海上丝绸之路中的地位和影响——兼论中西文化交流和相互影响**
作　者 陈炎
刊　名 海交史研究
年卷期 1993年24期
页　码 44－57

题　名 **澳门海上贸易的历史作用**
作　者 张廷茂
刊　名 澳门研究
年卷期 1998年7期

题　名 **澳门开埠的若干历史问题**
作　者 谭世宝
刊　名 学术研究
年卷期 1999年8期
页　码 61－70
摘　要 葡人之所以可入住澳门，并非如以往多数论者所认为的是因中国官员徇贿受贿所致，而是明朝政府在知己知彼、权衡利弊的基础上的正确决策。在这种情况下才产生了汪柏与索萨为代表的中葡首次和谈，从而结束了两国的敌对关系，使守法从善的葡国商人加入到与中国友好通商贸易的外商行列之中。

题　　名　**澳门开埠的文化遗产**
作　　者　罗苏文
刊　　名　史林
年 卷 期　2005 年 2 期
页　　码　49 – 65,123 – 124
摘　　要　澳门开埠曾在前近代的东亚沿海城市中留下值得珍视的文化遗产。本文在综合近 20 多年来有关澳门史的部分研究论著、档案文献基础上,将澳门置于同期东亚、东南亚通商港口演变中考察,侧重于探讨澳门自开埠到近代首批五口通商的 290 年间(1553 – 1842),从传统商埠到近代城市的转型对中国近代城市化启动的独特影响。

题　　名　**澳门开埠后葡中外关系的最初十年**
作　　者　[葡]阿尔维斯 著;夏莹 译
刊　　名　文化杂志
年 卷 期　1994 年 19 期

题　　名　**澳门开埠前后的语言状况与中外的语言沟通**
作　　者　刘羡冰
刊　　名　中国语文
年 卷 期　1994 年 1 期
页　　码　53 – 56

题　　名　**澳门开埠时间考**
作　　者　汤开建
刊　　名　暨南学报(哲学社会科学版)
年 卷 期　1998 年 20 卷 2 期
页　　码　72 – 83
摘　　要　关于澳门开埠的确切时间,迄今仍是一颇具争议的问题。概括起来共有七种,即嘉靖八年、嘉靖十四年、嘉靖三十年、嘉靖三十二年、嘉靖三十六年、隆庆初及万历中等。本文根据中外文献原始记载,对各说进行了较为详细的考辨,并得出嘉靖三十三年(1554 年)应是澳门正式开埠的时间。

题　　名　**澳门开埠时期的历史观察**
作　　者　黄晓峰
刊　　名　文化杂志
年 卷 期　1997 年 33 期

题　　名　**澳门历史文化的人文主义——从郑和下西洋谈起**
作　　者　刘月莲
刊　　名　郑和研究动态
年 卷 期　2010 年 1 期
页　　码　8 – 14

题　　名　澳门名称的由来
作　　者　晁启
刊　　名　郑和研究
年 卷 期　1999 年 1 期
页　　码　15

题　　名　澳门模式与鸦片战争前的中西关系
作　　者　陈尚胜
刊　　名　中国史研究
年 卷 期　1998 年 1 期
页　　码　121－130
摘　　要　本文所说的“澳门模式”，是指鸦片战争之前澳门在中外关系中的存在形式。具体地说，它是在中国明清封建王朝的管辖之下，由葡萄牙人居留和经营的贸易特区。那么，作为明清时期中西关系的一种重要形式，它的形成有着什么样的历史文化？

题　　名　澳门史上所谓“屯门岛”应是何岛——初期来华葡人活动地考
作　　者　施存龙
刊　　名　郑和研究
年 卷 期　1999 年 4 期
页　　码　12

题　　名　澳门与旧中国海关
作　　者　孙修福
刊　　名　档案与史学
年 卷 期　1999 年 5 期
页　　码　62－65

题　　名　澳门与历史上的香料贸易
作　　者　纪宗安
刊　　名　文化杂志
年 卷 期　1994 年 19 期

题　　名　澳门与明清之际中外文化交流
作　　者　姜新
刊　　名　徐州师范大学学报(哲社版)
年 卷 期　1999 年 4 期
页　　码　73－77

题　　名　澳门与日中剑刀贸易
作　　者　马明达

刊　　名　文化杂志
年 卷 期　1994 年 19 期

题　　名　澳门与早期鸦片贸易
作　　者　郭卫东
刊　　名　中国边疆史地研究
年 卷 期　1999 年 3 期
页　　码　16 – 22
摘　　要　19 世纪初叶以前相当长的一段时间里,澳门是列强对华鸦片输出重要的转运地。一些本质同一、形色有别的鸦片掮客商寄生于此,遂成暴富,兴风作浪。葡萄牙当局在澳门实行鸦片垄断营销政策,引致与他国(主要是英国)鸦片商的严重冲突,并导致鸦片输华孔道由澳门至黄埔,又到伶仃的依次转移。澳门鸦片问题还引起清朝禁烟政策的几多演变。

题　　名　澳门与中葡关系
作　　者　黄庆华
刊　　名　中国边疆史地研究
年 卷 期　1999 年 2 期
页　　码　14 – 28
摘　　要　自明正德八年第一个葡萄牙人欧维士奉命由水路驾船来华至今,中葡两国的直接交往已有四百多年的历史。然而,由于多种因素,中葡关系史研究长期未能受到重视,两国政治和外交关系中的一些历史问题始终没有得到澄清,以致大多数国人只知澳门为葡萄牙占据,而对葡萄牙人如何占据澳门、葡萄牙人在澳门的蚕食扩张,以及澳门的法律地位变化等问题,却知之甚少。本文依据中外载籍,就葡萄牙人入居澳门以后,中葡关系史上的几个重大问题进行分析和论述。

题　　名　澳门与中外文化交流
作　　者　许友年
刊　　名　东南亚研究
年 卷 期　1998 年 4 期
页　　码　59 – 64

题　　名　澳门在东西方关系中的“特区”作用
作　　者　黄晓峰
刊　　名　华侨大学学报
年 卷 期　1999 年 2 期

题　　名　澳门在海上之路的地位与作用(16 – 17 世纪)
作　　者　邓开颂
刊　　名　文化杂志
年 卷 期　1996 年 29 期

题　　名 **澳门在中华文明远播拉美中的重要作用**
作　　者 周世秀
刊　　名 拉丁美洲研究
年 卷 期 1999 年 6 期
页　　码 1－4,61

题　　名 **澳门遭受葡萄牙殖民统治的回顾**
作　　者 杨永桢
刊　　名 黔东南民族师范高等专科学校学报
年 卷 期 1999 年 5 期

题　　名 **澳门正式对外开埠问题考辨**
作　　者 施存龙
刊　　名 文化杂志
年 卷 期 1997 年 33 期

题　　名 **澳洲大陆西北海岸郑和分艅船队航迹之寻究**
作　　者 刘中刚
刊　　名 郑和研究
年 卷 期 1995 年 2 期
页　　码 26－31

题　　名 **八次下西洋的王景弘**
作　　者 徐晓望
刊　　名 海交史研究
年 卷 期 1995 年 28 期
页　　码 23－26

题　　名 **八次下西洋的王景弘**
作　　者 徐晓望
刊　　名 郑和研究
年 卷 期 1997 年 3 期
页　　码 19

题　　名 **八旗水师事略**
作　　者 傅克东
刊　　名 满族研究
年 卷 期 1986 年 1 期
页　　码 19－25

题　　名　八十年代以来郑和研究的发展

作　　者　朱鉴秋

刊　　名　郑和研究

年 卷 期　2000 年 2 期

页　　码　1 – 6

摘　　要　郑和研究已有一百多年的历史,而在 20 世纪 80 年代以来的二十年中,郑和研究得到了前所未有的发展,取得了丰硕的成果。

题　　名　八十四年的盛与衰——从江南制造局到江南造船所

作　　者　王荣富,张锡贤

刊　　名　江南集团技术

年 卷 期　2003 年 4 期

页　　码　60 – 62

摘　　要　江南造船(集团)公司前身为清政府 1865 年 6 月创办的江南机器制造总局(简称江南制造局),是当时国内最大的军事工业企业。以 1949 年为界碑,“江南”在旧中国经历的八十四年,始终代表着中国工业的最高水平,曾产生了许多中国近代工业的“第一”,充分显示了中华民族的聪明和智慧。几经沧桑,几度波折。

题　　名　巴喇西国的朝贡证明不了郑和到过美洲

作　　者　施存龙

刊　　名　郑和研究

年 卷 期　2005 年 4 期

页　　码　53 – 57

摘　　要　巴喇西是不是巴西,与郑和下西洋是否有直接关系,这是郑和下西洋研究中的新问题。

题　　名　巴山军火船事件与中英交涉

作　　者　戚其章

刊　　名　近代史研究

年 卷 期　1986 年 1 期

页　　码　40 – 55

摘　　要　甲午战争期间发生过若干起英国商船事件。其中多数随即平息,唯独巴山军火船事件却掀起了轩然大波。由此而引起的中英两国之间的交涉,历时十个月才算了结。而且,美国和德国也趁火打劫,致使巴山军火船事件成为中外瞩目的国际性重大事件。

题　　名　巴斯商人与鸦片贸易

作　　者　郭德焱

刊　　名　学术研究

年 卷 期　2001 年 5 期

页　　码　116 – 121

摘　　要　鸦片战争是中国史乃至世界史上的重大事件,这场战争的直接原因是鸦片贸易。鸦片贸易与鸦片战争,国内外学者已进行了非常深入、详尽的研究。但巴斯商人与鸦片贸易的关系,国内学者几乎没有专门论及。本文通过中外原始文献的互证研究证明，巴斯商人在鸦片贸易中扮演的角色绝不可低估。

题　　名　**吧国公堂档案所见之 18 世纪末闽粤出洋人中人制度——以“知见人”“挂沙人”“唛咀人”为中心**
作　　者　黄鹤绵
刊　　名　海交史研究
年 卷 期　2008 年 54 期
页　　码　75 – 87
摘　　要　中人制度是法律史、社会史、经济史等领域关注的重要议题，本文利用《公案簿》材料，以“知见人”、“挂沙人”、“唛咀人”三种常见的中人形式为中心，结合相关文献资料，对 18 世纪末吧达维亚闽粤出洋人的中人制度进行初步的分析，并试图在此基础上，对清代出洋人在东亚水域的跨区域经贸网络运作，提出一些想法。

题　　名　**把历史、传说、戏说区分开来看——也谈徐福东渡**
作　　者　王泰栋
刊　　名　中共宁波市委党校学报
年 卷 期　1998 年 5 期
页　　码　45 – 47

题　　名　**白江鏖兵——中日第一战**
作　　者　樊文礼
刊　　名　军事历史
年 卷 期　1994 年 6 期
页　　码　44 – 45

题　　名　**白江口战役及其影响**
作　　者　梁安和
刊　　名　咸阳师范学院学报
年 卷 期　2001 年 16 卷 4 期
页　　码　32 – 34
摘　　要　本文在论述白江口战役的基础上，分析了该战役对双方的影响，认为白江口战役在客观上促进了中国文化的传播和发展，对中日双方都有利。

题　　名　**白江之战前唐朝与新罗、日本关系的演变**
作　　者　韩昇
刊　　名　中国史研究
年 卷 期　2005 年 1 期
页　　码　43 – 66
摘　　要　白江之战不是孤立的事件，而是唐朝出兵百济后，各方利益矛盾冲突的演变结果。唐朝以臣服高句丽作为重建东亚国际关系秩序的关键，这场战争引起东亚各国关系的重新分化组合，反过来又影响了唐朝对朝鲜的决策,造成唐朝出兵百济的新发展。唐军占领百济之后,新罗想统一朝鲜半岛南部和日本想在朝鲜南部获得利益的目标,同唐朝国际战略的矛盾日益显现,唐、罗联盟出现罅隙,而日本更是大规模出兵朝鲜,与唐朝决战于白江口。从日本出兵的政治和军事战略分析,可以看出其欲控制朝鲜南部的目的,但这也造成了日本指挥上的失误,大败而归。东亚各国均参加的朝鲜战争,却成为东亚世界最终建立的一大契机。

题　　名　**白奇郭姓不是郭子仪的后裔而是回族人**
作　　者　福建省泉州海外交通史博物馆调查组
刊　　名　海交史研究
年 卷 期　1978 年 1 期

题　　名　**白族本主崇拜与“龙舟竞渡”初探**
作　　者　寸若标,和丽东
刊　　名　大理学院学报
年 卷 期　2008 年 7 期
页　　码　8 – 10
摘　　要　以云南省大理州鹤庆县草海镇板桥村为例,初步分析和探讨白族本主崇拜与“龙舟竞渡”间的关系。结果表明,该村的“龙舟竞渡”传统现象源于当地的本主崇拜活动,白族本主崇拜与“龙舟竞渡”的产生和发展有着非常密切的联系。这对于探索白族单项传统体育与本土宗教崇拜之间的关系有着较为重要的意义。

题　　名　**百年不死邓世昌**
作　　者　杨继先
刊　　名　文史精华
年 卷 期　1995 年 4 期
页　　码　16 – 19
摘　　要　邓世昌,是我国近代史上一位可歌可泣、万世留芳的民族英雄。他在 1894 年中日甲午海战中所表现的英雄壮举惊天地、泣鬼神,在中国近代史上留下了极其光辉的篇章。

题　　名　**百年船政 为国图强**
作　　者　李林富,邢杨柳
刊　　名　海峡科学
年 卷 期　2010 年 11 期
页　　码　169 – 170
摘　　要　座落于福州马尾的福建船政,是晚清洋务运动时期创设的我国第一家专业造船厂(民国时期改称福州船政局),为近代中国的造船工业、海军建设、科技人才培育,以及众多工业领域的开拓,都做出令人瞩目的贡献。福建船政的建立是我国近代史上的一件大事。它在政治上、经济上、军事上和科技上都产生了深远的历史影响。以爱国主义为核心的船政文化,是中华民族反对侵略、奋发图强精神的体现,是崇尚科学、勇于变革精神的体现,也是砺志进取、科教创新精神的体现。继承和弘扬福建船政的文化和精神,对于我们今天的社会主义建设事业,具有十分重要的现实意义和历史意义。

题　　名　百年号外:见证福州马尾海战
作　　者　李贞刚
刊　　名　福建史志
年 卷 期　2008 年 2 期
页　　码　52 – 53

题　　名　百年来的沈葆桢研究
作　　者　张立程
刊　　名　兰州学刊
年 卷 期　2006 年 5 期
页　　码　49 – 51
摘　　要　沈葆桢,字幼丹,福建侯官人。他是晚清重臣林则徐的外甥,也是林的女婿。在其短短的一生当中经历了道光、咸丰、同治、光绪四朝。他在中国近代史上占有非常重要的地位。他是中国首任船政大臣,直接处理对日交涉的钦差,台湾地区近代化的开拓者。对于这样一个著名的历史人物,自晚清以来便有多人进行研究。

题　　名　百年来福州船政局研究综述
作　　者　欧阳跃峰,金晶
刊　　名　黄山学院学报
年 卷 期　2006 年 8 卷 4 期
页　　码　62 – 67
摘　　要　福州船政局是我国近代史上第一个机器造船的专业制造局。根据研究深度的划分,可以将其分为开始起步、缓慢发展、初显成果三个阶段。百年来的研究中,学者们对福州船政局资料进行了整理,并对其兴衰原因、相关重要人物等进行了卓有成效的探索。但以往的研究尚有不足,如部分重要船政大臣研究相对薄弱,中外经济技术交流仍有深化研究的必要等。

题　　名　百年来我国对《马可波罗游记》的介绍与研究
作　　者　杨志玖
刊　　名　天津社会科学
年 卷 期　1996 年 1 期
页　　码　73 – 80

题　　名　百年来我国对《马可波罗游记》的介绍与研究(下)
作　　者　杨志玖
刊　　名　天津社会科学
年 卷 期　1996 年 2 期
页　　码　52 – 57

题　　名　百年前人民的水上部队——太平军水营——与罗而纲先生商榷
作　　者　徐力
刊　　名　史学月刊

年 卷 期 1957 年 1 期

页 码 23 – 24

摘 要 太平天国的水军就叫“水营”,是太平军的一个重要构成部分,它对于太平天国革命事业的贡献很大,但罗尔纲先生认为“水营不过只是一种供运输的船舶队,谈不到战斗的,到了汉奸曾国藩创立水师,船坚炮利,太平天国水营遂给敌人烧毁差不多净尽,于是长江之险都归敌有,这是因为太平天国不曾特别求水营的原故”。这种说法,和历史的真象有出入,从而低估了太平军水营所起的作用,下面,提出个人对于这个问题的看法,和罗尔纲先生讨论一下。

题 名 **百年醒世录:战舰篇**

作 者 张炜

刊 名 舰船知识

年 卷 期 1994 年 7 期

页 码 4 – 6

题 名 **百年醒世录:海战篇**

作 者 张炜

刊 名 舰船知识

年 卷 期 1994 年 8 期

页 码 7 – 9

题 名 **百年醒世录:战略篇**

作 者 张炜

刊 名 舰船知识

年 卷 期 1994 年 9 期

页 码 5 – 7

题 名 **百万楼船渡大洋**

作 者 李文轩

刊 名 海洋世界

年 卷 期 2008 年 9 期

页 码 18 – 23

摘 要 元代海运的开通,除了为北方提供了充足的粮食,若从全局考量,更为至关重要的一点即是通过海运,打通了南北海路交通。宋元时代,中国商业资本开始日益发达,全国经济中心由北向南转移,但南北经济已经融为一体,海运在这一时代开通,正深刻地体现了当时中国商业资本对于统一国家的要求,也可以看出宋元时代中国南北经济关系的密切,已渐趋成为一个整体。

题 名 **百余年来 1874 年日本侵台事件研究述评**

作 者 叶纲

刊 名 军事历史研究

年 卷 期 2008 年 1 期

页 码 168 – 181

摘　　要　百余年来，海峡两岸学术界关于1874年日本侵台事件的研究，呈现出明显的阶段性特征。总体来说，两岸学者从各个不同层面和角度就这一事件展开了探讨，并取得了较为丰硕的成果，同时也存在综合运用史料和学术交流借鉴等方面的不足。目前，该课题尚有足够的空间可供继续研究。

题　　名　百越海洋文化特征初探
作　　者　覃如冰
刊　　名　南宁师范高等专科学校学报
年 卷 期　2007年24卷1期
页　　码　9－11
摘　　要　百越民族与海洋关系密切，文章从水稻种植、舟船航行、渔捞作业等物质层面和图腾崇拜、舟船祭祀、文身习俗等精神层面简要分析百越海洋文化的特征。

题　　名　百越文化对东瀛邻国的影响
作　　者　刘茂源，林蔚文
刊　　名　海交史研究
年 卷 期　2000年37期
页　　码　38－46

题　　名　半个世纪以来明代环渤海地区海运研究综述
作　　者　刘洋娇
刊　　名　黑龙江史志
年 卷 期　2009年4期
页　　码　36，53
摘　　要　半个世纪以来，大陆、台湾学者发表关于明代环渤海地区海运论题的研究成果主要有专著1部、论文9篇。这些研究成果主要体现在对官方控制的海运和民间海运研究两个方面，官方控制的海运研究在江淮往来辽东海运、江淮往来直沽海运、登莱往来辽东海运、天津往来辽东海运研究方面成果显著，但尚存有不足，如：研究明代海运缺少对必要的元代海运背景的交待、缺少对必要运河、漕运状况的介绍、有些领域还是空白、已有研究领域内，存在着基本史实不明甚至讹误流传的情况。因此，明代环渤海地区的海运研究需要进一步深入，增强研究的广度和深度。

题　　名　邦人的海外发展与台湾
作　　者　小叶田淳
刊　　名　经济史研究
年 卷 期　1978年27卷4期

题　　名　包世臣与近代前夜的“海运南漕”改革
作　　者　张岩
刊　　名　近代史研究
年 卷 期　2000年1期
页　　码　127－153
摘　　要　雇商海运漕粮，是清代道光年间漕运制度中具有新意的重大变革。包世臣的雇商海运思想虽非首创，却有着更加鲜明的时代特色。雇商海运最终能在道光年间付诸实施，是当时社会政治、经济、文化综合发展的产物，更是经世派官僚士子上下一致共同努力的结果。身为幕僚的包世臣为此奔走呼吁，付出了大量努力，以其敏锐的洞察力和务实精神，开启了道光朝大政改革重视私商力量的先河。包世臣在近代前夜的"海运南漕"改革中所起的实际作用，远超魏源。

题　　名 包世臣与鸦片战争
作　　者 刘佰合，张永
刊　　名 淮北煤炭师范学院学报（哲学社会科学版）
年 卷 期 2008 年 29 卷 4 期
页　　码 107－111
摘　　要 作为嘉道年间著名的经世思想家，包世臣敏锐地意识到鸦片耗银于外夷是导致银价踊贵的主要原因，果断提出杜绝夷舶与撤关罢税的禁烟措施。包世臣于战前即已留心海外、关注夷情，发出战争警报。鸦片战争期间，包世臣时刻关心着战局变化，以其特有的方式参与反侵略战争，指陈形势，筹划御敌之策，其中"必宜通筹全局"、"以夷攻夷之策"、"草泽中固大有人在"等思想最具时代特点。战争结束不久包世臣即提出总结战争经验的命题，他认为战争失败患在封圻节钺，若言补救，唯在收摄人心、物色人才，这是包世臣民本思想在经历战争之后的升华。

题　　名 宝船厂遗址查考
作　　者 洪长倬
刊　　名 航海
年 卷 期 2005 年 5 期
页　　码 34－36

题　　名 宝山烽堠：我国最古老的灯塔考《永乐烽堠御碑》的一个新发现
作　　者 徐作生
刊　　名 中国航海
年 卷 期 1988 年 2 期
页　　码 77－82
摘　　要 明永乐十年春，建于上海高桥海滨的宝山烽堠，历年来一直被认为是明王朝防倭所用，故而未引起学术界注意。笔者从宝山烽堠、御碑铭文，及其形制研究着手，通过查阅大量明代官方文献，并结合实地踏勘，从而得出结论：宝山烽堠实则上是一座灯塔，其作用不同于中国内地的烽堠用于防敌，而是郑和舟师进出长江口、折南入海的航行标识，对研究郑和下西洋时期我国的航海航标史，弥足珍贵。

题　　名 宝顺轮的功绩
作　　者 文彬
刊　　名 航海
年 卷 期 1992 年 2 期
页　　码 28－29

题　　名 保水济运与民田灌溉——利益冲突下的清代山东漕河水利之争
作　　者 吴琦，杨露春

刊　　名　东岳论丛
年 卷 期　2009 年 30 卷 2 期
页　　码　98－103
摘　　要　山东运河是京杭大运河的关键地段，但所处地形条件复杂，水资源相对缺乏，为了保证漕船的顺利通行，清政府采取了严格的保水济运措施，因而与该流域的民田灌溉在对水利资源的利用方面产生冲突；同时，中央和地方为了维护各自的利益，采取了一系列争水利、避水患的措施，仍多是针锋相对的态势。在这场因水资源而产生的利益争夺中，问题的关键在于国家如何统筹，从全局的角度综合治理水利，以便较好地解决由于漕运政策的偏差所引发的矛盾，使双方在水资源的利用与分配中遭受的损害最小化。

题　　名　北方港发展缓慢的历史地理因素
作　　者　杜瑜
刊　　名　海交史研究
年 卷 期　1994 年 26 期
页　　码　9－16

题　　名　北方航线在我国海交史上的地位
作　　者　张毅
刊　　名　海交史研究
年 卷 期　1986 年 10 期

题　　名　北港朝天宫和妈祖信仰
作　　者　陈耀庭
刊　　名　当代宗教研究
年 卷 期　1991 年 1 期
页　　码　53－55

题　　名　北海开埠对近代北部湾对外通道格局形成的影响——百年北部湾对外通道格局变化的透视之一
作　　者　吴小玲
刊　　名　钦州师范高等专科学校学报
年 卷 期　2005 年 20 卷 1 期
页　　码　93－97
摘　　要　近代北海开埠虽然主要是外力强加的结果，但它逐步改变了北部湾对外通道的原有格局，从而形成了近代以北海港为主要进出口中心，以钦州等沿江沿海口岸为客货转运基地的通道新格局。北海开埠后对外贸易的增长是近代对外通道格局出现的物质推动力，它推动了近代交通事业的启动和区域市场从单一格局向多元化格局的发展。

题　　名　北海人出国史略
作　　者　林受千
刊　　名　八桂侨刊

年 卷 期　1989 年 2 期
页　　码　18 – 20,30
摘　　要　在北海这个口岸,人们出国的历史源远流长。依据史料,我们可以追溯到汉代。

题　　名　**北江——唐宋时代的黄金水道**
作　　者　章深
刊　　名　珠江经济
年 卷 期　2007 年 1 期
页　　码　62 – 67

题　　名　**北江流域水神崇拜的考察**
作　　者　王焰安
刊　　名　韶关学院学报
年 卷 期　2009 年 30 卷 10 期
页　　码　5 – 9
摘　　要　北江流域几乎占广东地域面积的三分之一,流经韶关、清远两市各县以及肇庆的怀集、广宁、四会和佛山的三水、南海等县区,历史上这些流域的主干与支流上曾存在过一些水神崇拜,有的还残存至今。通过对有关庙宇和传说的考察,可知有这样几种水神:第一是由广府人传承而接受或受广府文化影响而移植过来的天后崇拜;第二是由有益于地方的官员转化而来的马援、周憬崇拜;第三是由地方名人转化而来的曹主娘娘崇拜;第四是由地方仙人转化而来的石上兄弟崇拜;第五是由著名将领转化而来的关公、岳飞崇拜;第六是由观音菩萨信仰转化而来的观音崇拜;第七是由民族始祖转化而来的盘瓠崇拜;第八是由神奇动物转化而来的龙王崇拜;第九是由守护神转化而来的北帝崇拜。这些崇拜反映了当时北江流域的社会现实和历史进程。

题　　名　**北京城南的唐代古河道**
作　　者　岳升阳,苗水
刊　　名　北京社会科学
年 卷 期　2008 年 3 期
页　　码　96 – 100
摘　　要　2006 年 3 月,在北京外城南护城河和西护城河底的管道工程中发现唐代河道,出土木船遗迹和石筑河岸遗迹,为我们了解隋唐时期蓟城的河道和隋朝永济渠北端位置,提供了重要参照物。

题　　名　**北京的妈祖信仰综考**
作　　者　刘福铸
刊　　名　中国海洋大学学报(社会科学版)
年 卷 期　2008 年 2 期
页　　码　20 – 24
摘　　要　北京作为中国首都,元明清三代都有奉祀海神妈祖的官建天妃宫庙,其建造缘由主要为护卫漕运。明清时代北京的闽人会馆则多以宫馆合一形式供奉天后,文人和商人是妈祖信仰的主体,而御园惠济祠则是清代嘉庆以后皇家祭祀天后的专用祠庙。这些史实说明妈祖信仰亦曾在北京传播和兴盛过。

题　　名　**北京法海寺太监李福善非南京牛首山太监(李)福善**
作　　者　葛晓康
刊　　名　郑和研究动态
年 卷 期　2009 年 3 期
页　　码　9 – 11

题　　名　**北京历史上的妈祖信仰综考**
作　　者　刘福铸
刊　　名　中国道教
年 卷 期　2009 年 2 期
页　　码　25 – 29

题　　名　**北京闽中会馆与妈祖信仰**
作　　者　林国平
刊　　名　东南学术
年 卷 期　1990 年 3 期
页　　码　75 – 77,85

题　　名　**北京水运古今谈**
作　　者　刘树芳
刊　　名　北京水利
年 卷 期　1999 年 2 期
页　　码　39 – 40
摘　　要　北京是一座具有 3 000 余年历史的名城,自金代建中都始,就成为政治、文化的中心都城。在漫长的历史岁月中,为保证这座城市的军需、民用,维持帝王、官吏的庞大消费,在古代各种运输工具尚不发达的情况下,水上运输(漕运)以其方便、快捷、节省工力等优点,占有重要的地位。据史料记载,北京水运已有 2000 多年的历史,它对北京城市的发展、社会经济的繁荣与进步,曾发挥了重要的作用。本文将对北京各个历史时期的水运情况作个简要回顾。

题　　名　**北京通惠河考**
作　　者　蔡蕃
刊　　名　地域研究与开发
年 卷 期　1985 年 1 期
页　　码　49 – 57
摘　　要　元代通惠河的建成,实现了自战国以来修建的京杭运河的全线通航,使江南漕船第一次直达大都(今北京)城内积水潭。本文通过对历代文献资料的考证和实地勘查,全面论述了元代通惠河的建置及明清两代的演变。并重点对通惠河成功的重要原因:为开辟新水源而引用温榆河上源诸泉,增设较大的调节水库,合理布置船闸以及妥善解决通惠河与天然河道(北运河)的衔接等问题进行了分析,以期为今后发展华北地区的内河航运与合理开发利用北京地区水资源提供历史的借鉴。

题　　名　**北京同仁堂二百年前与琉球交流**
作　　者　朱晟
刊　　名　中药材
年 卷 期　1986 年 1 期
页　　码　50
摘　　要　琉球(现日本冲绳)医药家吴继志,采集琉球及其附近岛屿药材,绘为详图,或制成标本,甚至盆栽,通过来华人员,与我国北京、江苏、浙江、江西、福建、广东、山西等地医药家四十六人,分别以笔问笔答方式,广为论证,共一百六十种,作《质问本草》。

题　　名　**北仑区海防遗址考**
作　　者　洪余庆
刊　　名　宁波大学学报(人文科学版)
年 卷 期　1997 年 10 卷 2 期
页　　码　102－106
摘　　要　北仑区海防遗址是镇海口海防遗址的重要组成部分,它从明代起就建有炮台、烽火台等军事防御工事。从鸦片战争到抗日战争,北仑地区战火弥漫,那里的英雄人民同侵略者进行殊死的斗争,留下了可歌可泣的英勇史迹,和众多的海防历史遗址和海防文物,是中国人民的宝贵的历史文化遗产。

题　　名　**北美航线——海上丝绸之路的最远端**
作　　者　马英明
刊　　名　广州航海高等专科学校学报
年 卷 期　2008 年 16 卷 3 期
页　　码　29－31
摘　　要　北美航线是近代以广州为起点的海上丝绸之路的一部分,开端于美国独立后不久的 1784 年美国商船“中国皇后号”中国广州之旅。通过北美航线,美国商人以北美的人参、皮货交换中国的茶叶、丝绸和瓷器,在大洋彼岸的这两个国家互通有无、平等相处了整整 60 年光景。并通过分析北美航线的开端、繁盛和衰落,古为今用,说明了“北美航线”的历史作用。

题　　名　**北美和澳大利亚大陆都是中国人发现的**
作　　者　文舟
刊　　名　科学与文化
年 卷 期　2002 年 4 期
页　　码　25－26

题　　名　**北宋“东南六路”分合考释**
作　　者　任克宁,郑胜明
刊　　名　沧桑
年 卷 期　2008 年 1 期
页　　码　22－23
摘　　要　北宋时期,政府财政开支庞大,漕运发达,负责“东南六路”物资转运事宜的江南、淮南、荆湖路、两浙路发运司(简称江淮发运司)地位非常重要,而宋人“东南六路”具体的指代内容大多语焉不详。

本文对六路的分合和包含的范围做了逐一考证。

题　　名　北宋“元丰市舶条”试析——兼论中国古代的商品经济

作　　者　章深

刊　　名　广东社会科学

年 卷 期　1995 年 5 期

页　　码　95 – 100

摘　　要　北宋熙宁、元丰时期(1068 – 1085 年),宋朝曾发动过一场全国范围的外贸制度改革。“元丰市舶条”(又称“元丰广州市舶条”)是这场改革的一份重要法律文件。过去还没有人对它进行专门研究。中国及其他东方国家在古代一直有着比较繁荣和稳定的商品经济,而在西欧,商品经济曾在中世纪初期被完全摧毁。为什么东方国家的商品经济不能导致资本主义工业化？通过研究“元丰市舶条”我们可以获得一些启示。

题　　名　北宋·郭忠恕船绘图说

作　　者　龙村倪

刊　　名　广西民族大学学报(自然科学版)

年 卷 期　2007 年 13 卷 4 期

页　　码　7 – 12

摘　　要　北宋界画巨匠郭忠恕绘船,比例确实,空间通透,工笔逼真,透视精準,是中国舟船工程图史上的第一人。郭忠恕(917 – 977),字恕先,洛阳人,生活于五代末北宋初,乃著名文士,善界画,尤精篆画、小学。《宜和画谱》称其“画屋木超越前人”;《宋朝名画评》评为“神品”。郭画《雪霁江行》图,因卷上有宋徽宗。赵佶(1082 – 1135)以瘦金体题“雪霁江行图,郭忠恕真迹”十字,咸推为恕先仅存传世真品。台北故宫八十年庆,在《大观大展》(2007 年春)中列展,是平生难得一览的欣赏和研究郭船的机会。该文目的,只是静观直说恕先的“船”,非论画,更不及其它。笔者认为以界笔直尺所绘的宫观楼台、木屋画,是现代建筑工程画的前身;郭船则是现代船图的先行者,在中国工程制图史上有其可贵的特殊谨严的地位,值得有志于中国中世纪造船科技史学者的重视和探讨。

题　　名　北宋·张择端《清明上河图》汴河考

作　　者　李晓光,刘东

刊　　名　泰安教育学院学报岱宗学刊

年 卷 期　2000 年 3 期

页　　码　49 – 50

摘　　要　北京故宫博物院所藏《清明上河图》是我国北宋年间著名画家张择端绘制的传世杰作,系描绘北宋年间京都汴京东南城郊时节的一幅国情长卷。根据卷中绘之汴河,对其流经及发源地作了详查考证,并对汴京其它诸河的来龙去脉以及漕运等作出了可信的分析。

题　　名　北宋漕运发展原因初探

作　　者　周建明

刊　　名　华南理工大学学报(社会科学版)

年 卷 期　2001 年 3 卷 2 期

页　　码　50 – 55

摘　　要　北宋时期,南方农业生产的发展为漕运奠定了雄厚的物质基础;优越的自然地理环境为漕运提供了有利的条件;统治阶级的重视为漕运大开绿灯;造船技术的进步又保证了漕运业对漕船的需要,在诸因素互相作用、影响下,漕运业不断推进。漕运业的发展是历史前进的结果,是历史条件和历史环境促进了北宋漕运的进步。

题　　名　北宋漕运法规述略
作　　者　周建明
刊　　名　学术论坛
年 卷 期　2000 年 1 期
页　　码　125 – 128
摘　　要　北宋漕运的发展与当时建立的漕运法规有密切的关系。北宋有关漕运的法规主要表现为奖罚令、载物令、用人令、管理令诸方面。北宋漕运法规虽无一部专门的成文法典,然仍显示出它的时代特征,体现出阶级性、严厉性、系统性的特点。漕运法规的不断充实、完善,从一个侧面凸现出北宋漕运业的发展。

题　　名　北宋漕运管理机构考述
作　　者　王艳
刊　　名　洛阳师范学院学报
年 卷 期　1998 年 17 卷 4 期
页　　码　85 – 89
摘　　要　北宋有一套设置完备的漕运管理系统。在中央,三司是主管部门,负责统一规划全国范围内的漕运工作。在地方,主管漕运大计的部门有转运司和发运司。前者收缴贡赋,后者要及时发送。漕粮上路后,沿途各催纲司、拨发司要担负押运工作。漕粮至京后,下卸和进仓由在京的四个排岸司和下卸司负责,储备工作也由专人负责。北宋的漕运管理机构相当成熟、完善,反映了北宋漕运事业的发展水平。

题　　名　北宋漕运系统述略
作　　者　沈逸波
刊　　名　上海师范大学学报(哲学社会科学版)
年 卷 期　1992 年 1 期
页　　码　37 – 45
摘　　要　北方是北宋的政治军事重心,但当时经济重心已开始南移,为了以南方的经济实力支持北宋统治,所以漕运对赵宋政权的意义超过以往任何朝代。本文对黄河、长江、珠江流域的漕运状况以及对北宋的政治、军事意义作了详尽的考证、归纳、分析。

题　　名　北宋漕运押纲人员考述
作　　者　陈峰
刊　　名　中国史研究
年 卷 期　1997 年 1 期
页　　码　119 – 123
摘　　要　北宋漕运之盛著称于史,无论是其运输规模,还是其征调范围,都远过于以前诸代,其中仅东南地区漕粮一项,每年就达六百万石以上。在北宋如此大规模的常年漕运业中,存在着一批专门的押运人员，他们直接对漕船运输进行监督和管理。

题　　名　北宋漕运与东京人口
作　　者　周建明
刊　　名　广西师范学院学报（哲学社会科学版）
年 卷 期　1989 年 2 期
页　　码　59－67
摘　　要　关于北宋东京人口的数额，历来是个谜。由于史料记载的阙如，引起了古今史学家们的种种猜测。漕运与东京人口数，似乎是两个截然不同的问题，但实际上漕运在北宋的社会经济生活中占有十分重要的地位，漕粮数额的多少，与东京人口数有着内在的必然的联系。本文试图运用系统论的方法进行分析，从漕粮数额的角度对这一问题进行一些探讨，以期使结论更接近于历史事实。

题　　名　北宋漕运与商品经济的发展
作　　者　王兴文
刊　　名　学术交流
年 卷 期　2004 年 7 期
页　　码　138－141
摘　　要　北宋时期，漕运获得长足发展，漕运网四通八达，管理体系不断健全，漕运方式更加完善，使漕运进入了一个新的阶段。随着漕运业的大发展，商人们开始长途贩运粮食和茶叶，而来自各方的其他物资也得到了广泛流通。这不仅加强了南北之间的经济联系，扩大了商品流通范围，而且促成了一批商业城市的发展和市镇的复苏，从而刺激了商品经济的发展。

题　　名　北宋漕运与水利
作　　者　周建明
刊　　名　阜阳师范学院学报（社会科学版）
年 卷 期　2001 年 5 期
页　　码　111－113
摘　　要　北宋是漕运业空前发达的时代，水利在北宋也得到了长足的发展，北宋漕运业的发展与水利的发展是相辅相成的，一方面漕运业的发展对灌溉、减灾、治河起了积极的促进作用，另一方面又给水利的发展带来矛盾。本文探讨了北宋漕运与水利相互促进、相互制约的关系。

题　　名　北宋漕运与治河
作　　者　周建明，李启明
刊　　名　广西教育学院学报
年 卷 期　2001 年 3 期
页　　码　107－111
摘　　要　北宋内河运输堪称兴旺发达，这与北宋政府重视河政不无关系。本文概述了北宋治理黄河、汴河、蔡河、广济河曲折的历程及其宝贵经验，肯定了宋人治河的历史作用和地位。

题　　名　北宋初年的三门湾航帮
作　　者　曹凛

刊　　名　中国船检
年 卷 期　2009 年 6 期
页　　码　124－127
摘　　要　据史料记载，平衡舵、水罗盘和舭龙骨在北宋已被应用于航行中。浙江三门湾航帮的代表人物周良史，利用这些先进航行技术，率领航帮船队多次成功远航日本，书写了中国古代航运与造船史上一段佳话。

题　　名　**北宋初期水军的科技发明**
作　　者　曹凛
刊　　名　中国船检
年 卷 期　2009 年 5 期
页　　码　118－121
摘　　要　北宋初年，宋真宗赵恒大力提倡科学技术的发明创造，并使之运用到社会生产和军事装备中。因此，北宋水军的造船技术和军事装备有了长足进步，造船图式、各类新式火器与大型铁锚的发明，也应运而生。

题　　名　**北宋初期转运使制度的演变**
作　　者　戴扬本
刊　　名　中华文史论丛
年 卷 期　2007 年 1 期
页　　码　99－127
摘　　要　转运使是北宋地方行政制度设置之一。从北宋立国之初的诸类转运使，到确立并完善为路一级地方行政设置，经历了大约三十年时间。本文对太祖和太宗时期转运使制度演变过程的史料进行了详密的梳理和分析，就有关地方转运使设立的时间、先后步骤、太祖和太宗强化中央集权政治的基本思路等，提出了自己的解释。文章认为，转运使制度的设立，应该作为一个动态的过程来加以考察，作为加强中央集权政治的重要步骤，与传统的"杯酒释兵权"的解释相比，始终按照"稍夺其权，制其钱谷，收其精兵"的方针，协调地方行政机构与中央政府的关系，其意义更为深远，北宋政权亦藉此成功地避免了重蹈五代时期政权短期更替的覆辙。

题　　名　**北宋船场的质量查检和管理**
作　　者　曹凛
刊　　名　中国船检
年 卷 期　2010 年 1 期
页　　码　112－115

题　　名　**北宋的漕运水道及其治理**
作　　者　陈峰
刊　　名　孝感学院学报
年 卷 期　1997 年 3 期
页　　码　78－82
摘　　要　北宋时期，漕运水道与前代发生了较大的变化，形成了以开封为中心的放射型运河网，即汴河、淮南运河、江南运河、黄河、察河、广济河以及御河等。为了确保大规模漕运的正常进行，北宋政府投入了巨大的人力和物力，因地制宜地对各漕运水道加以治理，取得了相当大的成效。但北宋灭亡后，大部分水道因失去了必要的维修，而导致湮灭、荒废。

题　　名　北宋的河北籴便司
作　　者　李晓
刊　　名　中国史研究
年 卷 期　2004 年 2 期
页　　码　77 – 92
摘　　要　北宋的河北籴便司是专管河北沿边军需粮草补给的中央派出机构。本文重点论述了该机构出现的背景及其职能特点。认为河北籴便司是转运司与中央利益悖离的产物，本质上属于针对财政集权所造成的体制弊端而采取的打补丁式的纠偏之举。籴便司的业务特点是，在河北形成了与转运司裂土而治的财政管理格局，直属中央专管沿边军需补给，实行沿边籴买与内地籴买相结合，集购买管理与漕运管理于一身。在宋朝的政府购买管理及执行机构中，河北籴便司有其独特的地位和作用。

题　　名　北宋的战船与造船业
作　　者　崔亿强
刊　　名　历史教学
年 卷 期　1996 年 7 期
页　　码　44

题　　名　北宋东京汴河东水门考
作　　者　李合群
刊　　名　华夏考古
年 卷 期　2005 年 3 期
页　　码　100 – 101
摘　　要　本文综合研究文献记载与考古资料，认为北宋东京汴河东水门应由河道之上的水闸门、汴河南北两岸的陆行门，以及南北拐子城所组成。拐子城，系直门两重，是为了保卫上善与通津两座陆行门和汴河漕运而建，在北宋末年抗击金人的东京保卫战中，起了重要作用。张择端《清明上河图》中所绘制的那座城门，即为汴河南岸的上善门。

题　　名　北宋东南漕运制度的演变及其影响
作　　者　陈峰
刊　　名　河北学刊
年 卷 期　1991 年 2 期
页　　码　77 – 82
摘　　要　北宋时期，漕运得到了巨大的发展，无论是运输规模还是运输范围，都远过于前代。其中东南地区的漕运，在唐代的基础上更进一步增长，成为北宋王朝立国的重要基石和生命线。为了确保东南漕运的畅通，宋政府实行了许多制度和措施。其中，以宋初至崇宁时的“转般法”和崇宁以后的“直达法”最为关键。其发展变化直接关系着东南漕运的盛衰。

题　　名　**北宋对越南从“郡县其地”到宗藩关系确立的转变——从与丁、黎、李朝的关系看宋朝对越南政策**

作　　者　王继东

刊　　名　郑州大学学报(哲学社会科学版)

年 卷 期　2008年41卷2期

页　　码　151－155

摘　　要　五代十国的动荡,使交趾获得了摆脱中国千余年郡县统治的机会,丁部领于公元968年建立了大瞿越国。北宋早期,越南经历丁朝、黎朝和李朝三个朝代的更替。在越南王朝的更迭过程中,宋朝统治者不断调整对越政策。宋朝这种变化集中反映在作为宗藩关系核心内容的册封和朝贡两个方面:在属于政治范畴的册封上,宋朝对越南统治者尤其是新篡立王朝统治者的请封经历了由不愿接受到被迫接受再到主动接受的动态过程;而在对待属于经济范畴的朝贡时,宋朝对越方的积极朝贡反而出现了由欣然接受到不胜其烦再到屡屡“却贡”的过程。

题　　名　**北宋黄河的漕粮运营**

作　　者　郭志安,张春生

刊　　名　保定学院学报

年 卷 期　2009年1期

页　　码　77－82

摘　　要　北宋时期,尤其宋初,黄河的漕粮运输曾一度占据重要地位。此后,伴随着陕西等地经济、军事等形势的变化,加之黄河水道自然运输条件的恶劣,黄河漕粮运输逐步趋于衰落。

题　　名　**北宋明州高丽使行馆**

作　　者　李容准

刊　　名　东南大学学报(自然科学版)

年 卷 期　2003年33卷4期

页　　码　526－528

摘　　要　明州(即宁波)地处中国大陆东海之滨,航道四通八达,海外交通便利,是开展海外贸易较早的城市之一,和世界各国进行通商贸易已有一、二千年的历史。到了宋代,明州和世界各国(如:高丽、东南亚、阿拉伯等)的交往达到繁盛的阶段。特别是到了北宋时期,明州与高丽的交往有了显著的增加。北宋时,由于与高丽的交往日益频繁,高丽来明州的人日益增加,北宋政府为了接待高丽使者和商人,在明州兴建了“高丽使行馆”。为了了解北宋和高丽的交往情况,中韩两国历史学界和建筑学界提供了许多重要的线索,高丽使行馆作为两国交往的重要场所有很高的研究价值。本文尝试了解、研究有关高丽使行馆的情况。

题　　名　**北宋末年市舶司**

作　　者　曹凛

刊　　名　中国船检

年 卷 期　2009年12期

页　　码　90－93

题　　名　**北宋年间汴河漕运**

作　　者　杨慧淑

刊　　名　中州今古
年 卷 期　2000年1期
页　　码　54,56
摘　　要　北宋汴河即隋代开凿的通济渠,是黄河的分支,自孟州河阴县(今郑州西北)引黄河水,经开封东南,于泗州入淮。汴河上接黄河,下通淮河、长江,通过漕运将江、淮一带的粮米,四面八方的百货,源源不断地运到开封,供应军需民用。宋太宗在一次汴河决口后,曾亲自出乾元门视察,并对群臣说:"东京(开封)养甲兵数十万,居人百万家,天下转漕,仰给在此一渠水,朕安得不顾?"这充分说明了汴河和宋王朝的密切关系。

题　　名　北宋前期"以夷制夷"政策初探
作　　者　胡建华
刊　　名　中州学刊
年 卷 期　1988年1期
页　　码　126－128

题　　名　北宋商人的长途贩运与商品经济的发展
作　　者　周建明
刊　　名　广西师范大学学报(哲学社会科学版)
年 卷 期　1998年34卷1期
页　　码　82－86
摘　　要　北宋时期,随着漕运业的大发展及赋税政策的改变,在运输业中粮食、茶叶成为商人长途贩运的大宗商品,秦汉以来流行的"千里不贩籴"的经营思想被打破了。商人们长途贩粮、贩茶,不仅加强了南北之间的经济联系,扩大了商品流通范围,而且使农业生产地域专门化的趋势得到加强,给自然经济带来冲击,从而刺激了商品经济的发展。

题　　名　北宋时期汴河的历史作用及其治理
作　　者　吴海涛
刊　　名　安徽大学学报(哲学社会科学版)
年 卷 期　2003年27卷3期
页　　码　101－105
摘　　要　汴河最早渊源于东汉汴渠、魏、晋、北、魏、隋、唐。历代都对其有所整治。安史之乱后,藩镇割据,五代汴河遂多年失修,到北宋已是淤积多害之水。汴河对于首都汴京有重要意义,北宋政府对汴河进行大规模的整治。治理后的汴河在运输、农业灌溉等方面起了重要作用。

题　　名　北宋时期漕渠的治理
作　　者　王艳
刊　　名　洛阳师范学院学报
年 卷 期　1996年15卷3期
页　　码　66－70
摘　　要　汴河、广济河、惠民河、黄河是北宋重要的漕运四河,政府设置专门机构,以导引水源、清理淤积、加强防汛、沿堤植树等措施不断精心治理,四方财赋得以源原不断地输送到京师开封,使官僚机构正常运转,解决一系列政治、军事和经济问题。

题　　名　北宋时期初创的几项运河工程技术
作　　者　黎沛虹,王绍良
刊　　名　武汉大学学报(工学版)
年 卷 期　1984年4期
页　　码　101-106
摘　　要　北宋自建都汴京至宋室南渡为止的一百七十余年间,在治理运河的实践中创造了许多新技术,保证了当时漕运的畅通,使我国古代人工运河技术发展到一个新的阶段。这些新技术,生动地反映了我国古代劳动人民的智慧和创造力,是我国几千年来光辉灿烂文化遗产的重要组成部分,值得研究与借鉴。本文简介了船闸、澳闸、束水攻沙、古清沙船、破冰船的创立过程和技术概貌。

题　　名　北宋时期的汴河建设
作　　者　黎沛虹,纪万松
刊　　名　史学月刊
年 卷 期　1982年1期
页　　码　24-31

题　　名　北宋时期的中日文化交流
作　　者　滕延振
刊　　名　科技创新导报
年 卷 期　2009年8期
页　　码　208
摘　　要　北宋雍熙元年(公元983年),日本名僧奝然,决心要寻访鉴真的足迹,宁海登岸,宿"白水庵",此后谨见北宋皇帝,游名山大川。日本东京清凉寺中,至今供奉着一尊旃檀释迦牟尼佛像,就是由浙江台州雕刻家张荣制作,从宁海起运的。这些应该是北宋时期中日交流的历史见证。

题　　名　北宋时期河北地区的御河
作　　者　李月红
刊　　名　中国历史地理论丛
年 卷 期　2000年4期
页　　码　161-169
摘　　要　北宋时期,河北路的御河在当时是一条较为重要的内陆运河,它是由隋唐时期的永济渠发展而来的。在北宋一代南北对峙的局势下,御河的河运之职得到了充分发挥,北宋政府通过它运输物资赴河北边地养兵防边。御河作为漕运渠道,其功能的最终消失是由于黄河侵占其河道所造成的。本文试图对北宋一代御河的水源、作用及淤废等问题作初步探讨。

题　　名　北宋时期前往高丽贸易的泉州舶商——兼论泉州市舶司的设置
作　　者　陈高华
刊　　名　海交史研究
年 卷 期　1980年2期

题　　名　北宋时期中日民间交流新探
作　　者　王金林
刊　　名　日本研究
年 卷 期　2010 年 1 期
页　　码　8 – 13
摘　　要　古代中日关系在整个中日关系交流史上占有着重要的地位。不仅政府间交往密切,民间交流也十分频繁。宋朝建立以后中日民间交流进入又一个高潮期。本文主要根据新的历史资料,对两国民间经济贸易往来和文化交流进行论述。

题　　名　北宋洮河可以通航
作　　者　洪威
刊　　名　中国历史地理论丛
年 卷 期　1991 年 3 期
页　　码　202

题　　名　北宋熙宁、元丰年间的市舶制度改革
作　　者　廖大珂
刊　　名　南洋问题研究
年 卷 期　1992 年 1 期
页　　码　89 – 97
摘　　要　北宋熙宁、元丰年间(1068 – 1085 年),宋神宗任用王安石实行改革,史称“王安石变法”。变法的主要目的是通过“理财”,来增加北宋政府的财政收入,改变北宋以来形成的“积贫”局面。围绕着这个目的,变法期间对市舶制度也进行了重要的改革,本文拟就这个问题作些初步的探索。

题　　名　北宋熙宁间地方行政一瞥——以杭、台二州对日僧成寻之接待为中心的考察
作　　者　曹家齐
刊　　名　江西社会科学
年 卷 期　2010 年 4 期
页　　码　129 – 140
摘　　要　今之有关宋代地方行政研究中,州府对具体事务之行政权限、日常工作流程及实际行政效率等问题,是较为薄弱者。日僧成寻之《参天台五台山记》对熙宁五年入宋后于杭州和台州申请参天台、五台山之情况,作了较为详细之记录,使我们可从一个侧面据以得知当时杭、台二州日常行政之状况。从中可以看出,在具体事务处理中,不仅同时有多个机构和官员参与进来,而且完全以文书为行政运作手段,充分体现出宋朝政治制度中分工细致、多机构相互合作与牵制,并严格按照行政规则办事之特点。其中州府的具体权限和在京部门的行政效率,出乎我们的想象。

题　　名　北宋运河走向与政治、经济中心转移
作　　者　王卓然,梁丽
刊　　名　华北水利水电学院学报(社会科学版)
年 卷 期　2007 年 23 卷 5 期

页　　码　134－136

摘　　要　古代开挖大运河的主要目的之一，是为了政治中心与经济中心的沟通，这也无形中影响了运河的走向。北宋运河走向的变化，与当时政治中心与经济中心的日渐分离，政治、经济中心向东、向南的转移有关。北宋运河也成为大运河历史走向从“弓背”向“弓弦”转变的过渡时期。

题　　名　北宋造船三杰

作　　者　曹凛

刊　　名　中国船检

年 卷 期　2009 年 8 期

页　　码　100－103

题　　名　北魏的内河航运

作　　者　薛瑞泽

刊　　名　山西师大学报(社会科学版)

年 卷 期　2001 年 28 卷 3 期

页　　码　28－32

摘　　要　北魏内河航运的发展首先得力于造船业的发展，北魏造船业的发展和北魏早期与中原地区的交往有着颇多的关系，而且随着北魏的向南发展逐渐发达。为了水路的畅通，北魏时期还对以黄河为主的水运通道进行了疏通。北魏的内河航运虽然说在北魏孝文帝迁都洛阳以后得到真正的大发展，但在孝文帝之前，即达到一定的规模。漕运粮食等战略物资到洛阳以及南方前线是此后内河航运的重要内容。黄河水运的开通是保证北魏政权兴盛的重要方面。

题　　名　北魏四夷馆论考

作　　者　王静

刊　　名　民族研究

年 卷 期　1999 年 4 期

页　　码　75－82

题　　名　北魏中西交通的开展

作　　者　石云涛

刊　　名　社会科学辑刊

年 卷 期　2007 年 1 期

页　　码　145－152

摘　　要　自太延元年起，北魏的西域政策发生变化，中西交通开始恢复并相继出现三次高潮，愈到后来，中西交通的规模愈大，在景明元年以后，除了西域诸国，有 97 个国家和地区与北魏通使往来。其规模远超两汉，并启隋唐中西交通之盛，承前启后，影响深远。同时，考诸北魏的中西交通史，也可以看到，影响当时中西交通盛衰不定的主要因素在于，北方柔然以及沿途吐谷浑、高昌、高车、鄯善等国是否加以阻挠，中西交通每次高潮的到来与维持都以北魏在军事上解决相关障碍为前提和背景，这一点与西汉时中西交通时常受到匈奴以及沿途诸国的阻挠的情形十分相似。随着中西交通的展开，中西商贸关系也在不断发展，北魏在贡赐贸易中并未获得实惠，相反付出了巨大的经济代价，倒是民间互市使中西方各国各得其所，兼受其益，这在河西走廊和陇西丝路沿线城市尤为明显，这种格局的形成与北魏统治者处理对外关系的指导思想息息相关。

题　　名　北沃沮人东渡日本考
作　　者　王侠
刊　　名　海交史研究
年 卷 期　1993 年 23 期
页　　码　58－62

题　　名　北线尾荷兰海堡遗址挖掘记
作　　者　赵崇钦
刊　　名　台湾文献
年 卷 期　2001 年 52 卷 1 期
页　　码　131－152

题　　名　北洋购舰考
作　　者　姜鸣
刊　　名　复旦学报(社会科学版)
年 卷 期　1984 年 3 期
页　　码　40－43,79
摘　　要　研究中国近代军事史,必须研究北洋海军。长期以来,学术界习惯把北洋海军研究分属于洋务运动史和中日甲午战争史两个方面,没有形成专史研究。而要对北洋海军作出全面的历史评价,必须考察它的组建过程。鉴于购舰办“海防”,是李鸿章办洋务的重要组成部分,对购舰问题进行深入考析,能够加深对洋务运动以及北洋海军实力的了解,本文拟就北洋购舰作一探索。

题　　名　北洋海军:体制决定胜败
作　　者　雷颐
刊　　名　中国新闻周刊
年 卷 期　2005 年 47 期
页　　码　88
摘　　要　洋务运动最直接的产物之一就是北洋海军的建立。1888 年 12 月 17 日,北洋海军正式成军,这是北洋海军的最鼎盛时期,共有船舰 30 余艘,41000 余吨,大炮 120 门,官兵 4000 多人,当时的军力堪称亚洲第一。甲午战争,中日海军短兵相接。1894 年 9 月 17 日,中日海军主力在黄海决战,北洋舰队出动军舰 10 艘,日本方面则投入战舰 12 艘,北洋舰队重创日本比叡、赤城、西京丸诸舰,但自己却沉四、逃二、伤二、其中包括邓世昌指挥的致远号。1895 年 1 月 20 日－2 月 17 日,威海卫一役,是保卫北洋海军根据地的防御战,也是北洋舰队对日的最后一战。

题　　名　北洋海军“未添一船”辨析
作　　者　张英杰
刊　　名　北京教育学院学报
年 卷 期　2002 年 16 卷 3 期
页　　码　26－27

摘　　要　清末百余年来，北洋海军自成军后就“未添一船”的说法常为治史者引用，影响极大。甚至连吴杰章等先生主编的专著——《中国近代海军史》也持是说（该书 207 页），颇有些定论的味道。然而，这却不符合历史事实。此说最早见于光绪二十年四月二十五日（1894 年 5 月 29 日）李鸿章的《校阅海军事竣折》：“中国自（光绪）十四年北洋海军开办以后，迄今未添一船，仅能就现有大小二十余艘勤加训练，窃虑后难为继。”三个月后，李鸿章在《复奏海军统将折》中又重申此说。此外，北洋海军总教习汉纳根评论黄海海战时说：“中国海军近八年中未曾添一新船，所有近来外洋新式船炮，一概乌有，而倭之船炮，皆系簇新，是以未能制胜”（《清光绪朝中日交涉史料》，卷 23，第 11 页）。

题　　名　**北洋海军——近代中国最大的海军舰队**
作　　者　许华
刊　　名　舰船知识
年 卷 期　1988 年 9 期
页　　码　22 – 25

题　　名　**北洋海军爱国将领传略**
作　　者　戚其章
刊　　名　天津师范大学学报（社会科学版）
年 卷 期　1981 年 2 期
页　　码　55 – 59

题　　名　**北洋海军从筹建到覆灭的若干思考——写在北洋海军成军 120 周年之际**
作　　者　关伟，关捷
刊　　名　辽宁大学学报（哲学社会科学版）
年 卷 期　2008 年 36 卷 5 期
页　　码　91 – 97
摘　　要　适逢近代中国海军创立 120 周年之际，追忆中国海军创立的艰难历程，筹建前的舆论准备，暨创建者李鸿章做出的贡献，以及北洋海军将士在甲午三次海战中表现出的奋勇抵抗，指挥若定和顾全大局、舍生取义、视死如归的精神；总结北洋海军的覆灭，留给后人的启示：捍卫祖国的海疆，建立一支强大的海军，要有一个开明严密的政治体制，一个强有力的指挥核心，一个完善的“后路”保障体系，一支高素质的官兵团队。

题　　名　**北洋海军的“自杀癖”**
作　　者　周英杰
刊　　名　文史天地
年 卷 期　2007 年 2 期
页　　码　51 – 55
摘　　要　研究整个甲午战争中北洋舰队历史的人士，都会注意到一个非常突出的现象，这就是号称“亚洲第一”的北洋舰队，在整个甲午战争历次海战中的表现，不仅大失水准，令战前对它寄予厚望的全国上下大大地失望。

题　　名　**北洋海军的教科书——《电气水雷问答》**
作　　者　杨根有
刊　　名　文物天地
年 卷 期　1990 年 2 期
页　　码　40－41

题　　名　**北洋海军的最后挽歌**
作　　者　马名戈
刊　　名　军事历史
年 卷 期　2006 年 7 期
页　　码　56－61

题　　名　**北洋海军覆灭原因再探讨**
作　　者　杨志本,许华
刊　　名　历史研究
年 卷 期　1992 年 4 期

题　　名　**北洋海军管带群体与甲午海战**
作　　者　苏小东
刊　　名　近代史研究
年 卷 期　1999 年 2 期
页　　码　151－165
摘　　要　本文在肯定北洋海军管带(舰长)群体曾为中国近代化海军建设作出一定贡献、并在甲午海战中均有程度不同的爱国表现的前提下,着重论述构成他们完整形象的另一面,即其作为军事指挥官的素质缺陷以及由此对北洋海军在甲午海战中的作战所产生的严重影响。

题　　名　**北洋海军和甲午战争前的中国军事变革**
作　　者　史滇生
刊　　名　军事历史研究
年 卷 期　2004 年 3 期
页　　码　68－75
摘　　要　军事观念的革新是北洋海军创建发展的思想前提。北洋海军的成军是甲午战争前中国军事变革的突出成果;其武器装备和海防建设是甲午战争前中国军事变革在实现“船坚炮利”方面取得的最重要成就;北洋海军集中展现了甲午战争前中国军事变革在教育训练、军制变革、作战方式革新方面取得的成就。甲午战争北洋海军的覆没同时也暴露了甲午战前中国军事变革的诸多缺陷。

题　　名　**北洋海军后勤建设述论**
作　　者　王冷一
刊　　名　军事历史研究
年 卷 期　1990 年 1 期
页　　码　62－67

摘　　要　后勤是战斗力,打仗在一定程度上,就是打后勤。特别是海军作战能力的强弱,完全取决于后勤力量,与之有着升降相随的依赖关系,离开后勤支援,舰队无疑是堆废铁,所以各国海军建设,无不以后勤为重点,连清朝政府也不例外。综观清代全国军队,可以发现北洋海军的后勤建设颇具领先性,本文就此问题作一番初步的探讨。

题　　名　**北洋海军黄海海战战场指挥失误谈**
作　　者　许华
刊　　名　舰船知识
年 卷 期　1989 年 3 期
页　　码　11 – 12

题　　名　**北洋海军基地建设与晚清国防近代化**
作　　者　姜鸣
刊　　名　华东师范大学学报(哲学社会科学版)
年 卷 期　1987 年 3 期
页　　码　24

题　　名　**北洋海军将领素质与甲午海战**
作　　者　方英
刊　　名　安徽史学
年 卷 期　1994 年 4 期
页　　码　31 – 34
摘　　要　甲午战争中,北洋海军全军覆没。究其原因除力量对比悬殊,武器装备落后等等因素外。北洋海军将领素质也是导致其覆灭的原因之一。本文拟从这一角度作一探讨。

题　　名　**北洋海军将士的民族精神**
作　　者　关伟,关健
刊　　名　北方论丛
年 卷 期　2002 年 2 期
页　　码　118 – 121

题　　名　**北洋海军经费初探**
作　　者　姜鸣
刊　　名　浙江学刊
年 卷 期　1986 年 5 期
页　　码　136 – 141,67
摘　　要　北洋海军经费问题,由于海军衙门档案早已散失,长期缺乏系统研究;而海军经费又与颐和园工程有关。近百年来,人们对北洋海军经费的传说纷纭不一,成了历史上遗留下来始终没有清算的一笔宿帐。本文根据已经发表的档案奏折等正式文件和其它史料,试对海军经费作初步的整理分析,以作引玉之砖。

题　　名　**北洋海军旗帜小考**
作　　者　王记华
刊　　名　现代舰船
年 卷 期　2005 年 11 期
页　　码　48 – 51

题　　名　**北洋海军全军覆灭的威海卫之战**
作　　者　许华
刊　　名　舰船知识
年 卷 期　1989 年 10 期
页　　码　22 – 23

题　　名　**北洋海军提督丁汝昌的身世及早年经历**
作　　者　苏小东
刊　　名　安徽史学
年 卷 期　2010 年 1 期
页　　码　106 – 111
摘　　要　北洋海军提督丁汝昌的身世及早年经历，无疑会对其统领一支近代化海军舰队产生一定的影响，因此有必要认真对待并予以准确解读。但长期以来，研究者大多未经考证即将口碑和方志资料视为信史，结果造成对丁汝昌早年经历的以假乱真的研究现状。有鉴于此，本文依据现有的档案资料，对以下三个问题进行详细考证：一是丁汝昌的身世及从军之谜，二是丁汝昌在淮军中的表现及官职升迁，三是子虚乌有的丁（汝昌）、刘（铭传）交恶。惟因相关资料匮乏，对有关丁汝昌早年经历的某些目前无法印证的孤证或难辨真伪者，则说明存疑以待将来。

题　　名　**北洋海军研究的集大成之作——读王家俭《李鸿章与北洋舰队》**
作　　者　戚其章
刊　　名　学术研究
年 卷 期　2003 年 1 期
页　　码　97 – 99
摘　　要　在近代史研究中，海军的创建与发展是一个十分重要的课题。海军产生于西方资本主义国家在全世界范围内抢占殖民地的时代，是近代工业的产物。中国筹建海军起步较晚，它不是中国社会生产力发展的直接产物，而是从西方引进的一项成果。从 19 世纪 60 年代开始，迄于 1888 年，清政府经过 20 多年的艰难经营，始建成一支具有相当规模的海军。

题　　名　**北洋海军研究又出新成果——读《北洋海军研究》第二辑**
作　　者　时公
刊　　名　历史教学
年 卷 期　2002 年 6 期
页　　码　67
摘　　要　戚俊杰、刘玉明主编的《北洋海军研究》第二辑，目前由天津古籍出版社正式出版发行。该书内容由“北洋海军与甲午之战”“近代海防教育”“人物述评”“反思与启示”“史料辨伪”等五部分组成。继 1999 年问世的《北洋海军研究》第一辑之后，史学界对于北洋海军及甲午战争史的研究与探索，又有了新的进展。《北洋海军研究》第二辑所收录的，就是有关专家学者具有代表性的最新研究成果。

题　　名　**北洋海军洋顾问琅威理**
作　　者　姜鸣
刊　　名　航海
年 卷 期　1992 年 6 期
页　　码　31 - 33

题　　名　**北洋海军与甲午海战**
作　　者　陈政生
刊　　名　国防
年 卷 期　1994 年 9 期
页　　码　7 - 8

题　　名　**北洋海军在甲午战争中的后路保障**
作　　者　苏小东，陈美慧
刊　　名　军事历史研究
年 卷 期　2005 年 3 期
页　　码　95 - 104
摘　　要　北洋海军作为一支近代化的海上武装，其“前路”舰队的一切行动均离不开“后路”保障，在某种程度上甚至后者还对前者作战胜负具有决定性的影响。本文主要考察甲午战争期间对北洋海军机动力、续航力、战斗力及其恢复影响较大的煤炭补给、弹药供应、装备维修等三个方面的保障需求与能力，并兼及其他相关内容，通过厘清具体保障过程和基本史实，评估后路各项保障与综合保障的效能及其对北洋海军作战的实际影响，进而揭示北洋海军前路失败与后路保障的关系。

题　　名　**北洋海军在甲午战争中惧战的心态及表现**
作　　者　姜峰
刊　　名　黑龙江史志
年 卷 期　2009 年 4 期
页　　码　37 - 38

题　　名　**北洋海军战史——日清海战**
作　　者　塔不留·雷阿德·库劳斯
刊　　名　世界航空航天博览(B 版)
年 卷 期　2004 年 11B 期
页　　码　70 - 80
摘　　要　一八九四年七月两国开战，八月一日正式宣战，其原因在此勿庸赘言。总之，关于朝鲜问题两国之间迟早必动干戈，这是势所必然。我的本意则仅就其海战情况加以叙述，关于陆战除在海军直接援助下进行者外则一概从略。但今天尚不能指望本文对这些事件作详细精确的记载。本文系根据以下几方面的材料，即从精通各种情况的可靠方面得到的种种有力的报告和从战场寄来的照片(其中有的是在交战中拍照的),以及在力所能及的范围内搜集的各种报告,经过彼此参酌考证之后而写成此篇。关于海战——战争的一部分的完整的最精密的记事,则有待于他日日本海军部公开出版详细精确的战史。

题　　名　**北洋海军制度述论**

作　　者　黄细嘉

刊　　名　宜春师专学报

年 卷 期　1998 年 20 卷 3 期

页　　码　56 – 59,87

摘　　要　文章从编制、兵役制度、教育、训练制度与后勤体制等方面较全面论述了北洋海军的基本制度。这对研究我国近代军事制度有重要意义。

题　　名　**北洋舰队 1891 年访日及其影响**

作　　者　方堃

刊　　名　安徽史学

年 卷 期　1996 年 3 期

页　　码　39 – 43

摘　　要　1891 年,北洋海军受命第二次访问了东邻日本,关于这次访问,史家有所记载,但多语焉不详,本文拟从各种零碎的材料入手,勾出这一事件的全貌,同时就北洋舰队此次出访的意义及其影响做一简要述评。

题　　名　**北洋舰队的筹建**

作　　者　贾熟村

刊　　名　安徽史学

年 卷 期　2008 年 3 期

页　　码　44 – 49

摘　　要　日本因为拥有铁甲舰,欺中国无铁甲舰,悍然出兵侵略台湾,刺激了清政府。丁日昌等极力主张购买铁甲舰,抵抗日本的侵略。但是,清政府不少高级官员认为,外国的威胁主要来自俄国,不是日本,且财政困难,不赞成购买铁甲舰,致使中国拥有铁甲舰比日本晚了 11 年。1888 年,北洋舰队建成,实力超过了日本。此后,又停滞了,日本海军又远远超过了中国,挑起甲午战争,北洋舰队全军覆没。历史的教训是沉痛的。

题　　名　**北洋舰队访问日本秘闻**

作　　者　王素霞

刊　　名　档案天地

年 卷 期　2008 年 12 期

页　　码　40 – 41

摘　　要　说起北洋舰队,在大家的记忆里面,最为熟悉的就是中日甲午海战,丁汝昌、邓世昌这些历史人物已经深深刻在我们的记忆中。可是不为世人所知的是,早在甲午海战之前,北洋舰队曾经两次访问日本,而这两次访问不仅引发出很多意想不到的故事,而且对日本给予很深的刺激,而这种刺激某种程度上对于甲午海战的结局也产生了意想不到的影响。

题　　名　北洋舰队覆没的历史反思
作　　者　戚其章
刊　　名　百年潮
年 卷 期　2009 年 7 期
页　　码　67 – 72

题　　名　北洋舰队覆灭的谜团
作　　者　张凯蛟
刊　　名　大科技(百科探索)
年 卷 期　2007 年 6 期
页　　码　10 – 11

题　　名　北洋舰队覆灭原因再探讨
作　　者　季云飞
刊　　名　南京社会科学
年 卷 期　1991 年 6 期
页　　码　69 – 72,82
摘　　要　1894 年 7 月至 1895 年 2 月,中国北洋舰队经过丰岛、黄海、威海卫三次海战全军覆灭。军耻国辱,深刻铭记。抚今追昔,认真探讨覆灭原因,总结历史教训,具有深刻的现实意义。长期以来,国内不少学者认为,军事实力上的敌强我弱,是北洋舰队覆灭的最基本原因,笔者认为,这种观点值得商榷,事实上,当时中国海军实力与日本海军相比,并非悬殊不敌。我们不妨先就中日双方海军军事实力作一比较。

题　　名　北洋舰队官兵甲午致败的心理因素
作　　者　许林
刊　　名　南京政治学院学报
年 卷 期　2002 年 18 卷 4 期
页　　码　72 – 74
摘　　要　北洋水师在甲午海战中战败覆灭,官兵心理素质的缺陷是一个重要原因。其表现:在整个海战前后都没有进入相应的应战心理状态;在战斗中怯战,处于过高的应激反应心理;各作战单位之间存在很深的本位自保心态。这些因素最终促成了舰队的失败。

题　　名　北洋舰队两次出访日本风波
作　　者　史春林
刊　　名　科学大观园
年 卷 期　2006 年 17 期
页　　码　72 – 73

题　　名　北洋舰队两访日本刺激其大力发展海军
作　　者　曹军
刊　　名　当代海军

年 卷 期　2007 年 4 期
页　　码　74 – 75

题　　名　**北洋舰队训练述论**
作　　者　姜鸣
刊　　名　东岳论丛
年 卷 期　1986 年 6 期
页　　码　12 – 16
摘　　要　弄清北洋舰队的训练情况,是研究甲午中日海战不可或缺的前提之一,对近代海军史的系列研究也有重要意义。对这个问题,迄今未见专文论述。本文拟对此作一探讨。

题　　名　**北洋舰队与日本海军**
作　　者　韦玉娟
刊　　名　军事历史研究
年 卷 期　2002 年 2 期
页　　码　94 – 107
摘　　要　1874 年,日侵台事件引发了清廷的海防大筹议。不久后,北洋海军在李鸿章的主持下得到了初步的发展。1879 年,日废琉球的刺激,使清廷真正认识到海防的重要性。清廷也终于决心购置铁甲船,切实筹建海防。北洋海军也因此得以较大发展。而 1886 年的长崎事件,使日本深受刺激,其国内迅速掀起海洋扩张热,大力扩张海军。同期的北洋舰队在实力上仍然保持了对日本海军的优势,但其发展步幅已开始落后于日本。1891 年,北洋舰队应邀访日。又一次深受刺激的日本,举国上下以超过北洋舰队为目标,倾全力大治海军。日本海军实力迅速增强并在甲午海战中歼灭北洋舰队。

题　　名　**北洋时期的中国海军**
作　　者　叶赫那拉·煜麟
刊　　名　舰载武器
年 卷 期　2006 年 10 期
页　　码　49 – 55
摘　　要　1912 年 2 月 12 日,袁世凯在北京就任中华民国临时大总统。袁世凯就职后任用私党,扩大势力,力图把海军控制在自己手里。他免去了孙中山任命的海军总长黄钟瑛的职务,改任刘冠雄为海军总长。

题　　名　**北洋时期招商局与外商轮运企业的竞争**
作　　者　汪阳
刊　　名　武汉交通职业学院学报
年 卷 期　2007 年 9 卷 2 期
页　　码　16 – 21
摘　　要　北洋时期,招商局成为商办企业,在这一时期内,它利用欧战的有利时机积极抢占市场份额,利用运价联盟进行竞争以及培养本国航运人才等措施,积极与外国在华航运企业展开竞争,提升了本公司的实力,有力抵御了外国航运势力对中国的控制,对此后招商局的发展产生了深远的影响,在招商局的历史上占有重要的地位。

题　　名　北洋水师——甲午风云
作　　者　胡菲
刊　　名　当代海军
年 卷 期　2005年1期
页　　码　62
摘　　要　甲午战争,是中国和日本之间争夺朝鲜半岛控制权的战争,发生在1894年即清朝光绪二十年,干支为甲午,故史称“甲午战争”。“甲午战争”始于1894年7月25日的丰岛海战,至8月1日中国清朝政府对日宣战和日本明治天皇发布宣战诏书,1895年4月17日以签署中日《马关条约》而告结束。整个战争持续近9个月。

题　　名　北洋水师——丰岛海战
作　　者　胡菲
刊　　名　当代海军
年 卷 期　2005年2期
页　　码　67

题　　名　北洋水师——黄海海战
作　　者　胡菲
刊　　名　当代海军
年 卷 期　2005年3期
页　　码　67
摘　　要　1894年8月1日,中日两国政府同时宣战。此后,战事便在陆上和海上两个战场全面展开。随着日本陆军在朝鲜的作战战场北移平壤,日本联合舰队也相应进泊仁川至大同江口一带,企图挑起战事,歼击北洋海军,夺取黄海制海权,切断中国同朝鲜之间的海上联系。

题　　名　北洋水师——威海卫海战
作　　者　胡菲
刊　　名　当代海军
年 卷 期　2005年4期
页　　码　67
摘　　要　在北洋舰队与日本海军血战的时候,防守大清国东北边境的清军却全线溃败,日军渡过鸭绿江,迅速攻下会州、大连、旅顺、海城。之后将战略进攻方向转至山东半岛,海陆配合攻打威海卫,企图歼灭北洋水师。

题　　名　北洋水师出访与日本海军的崛起
作　　者　张俊
刊　　名　当代海军
年 卷 期　2005年12期
页　　码　62－63
摘　　要　但凡中国人,都忘不了中日甲午海战。可大家对此前北洋舰队两次访问日本并不了解,实际上北洋舰队这两次访日无论是对清朝海军还是对日本海军的发展都产生了一定的影响。清政府认为“日本狡焉思逞,更甚于西洋诸国”,因此对日本十分关注和警惕。北洋水师的缔造者北洋大臣李鸿章也认为:“今之所以谋创水师不遗余力者,大半为制日本起见”,为此北洋舰队在筹建过程中以及成军之后曾有过两次引人注目的访日活动。然而,正是北洋舰队这两次访问却直接或间接促成了日本海军的崛起。

题　　名　**北洋水师大沽船坞初期业务情况**
作　　者　天津市历史研究所 编
刊　　名　天津历史资料
年 卷 期　1980 年 9 期
页　　码　10 - 13

题　　名　**北洋水师大沽船坞及其历史贡献**
作　　者　宋宏修,周忠英
刊　　名　船史研究
年 卷 期　1987 年 3 期

题　　名　**北洋水师大沽船坞历史沿革**
作　　者　天津市历史研究所 编
刊　　名　天津历史资料
年 卷 期　1980 年 9 期
页　　码　2 - 9

题　　名　**北洋水师大沽船坞历史与现状浅探**
作　　者　马渊
刊　　名　小城镇建设
年 卷 期　2007 年 6 期
页　　码　86 - 92
摘　　要　1874 年日本派军舰侵犯台湾和随后强占琉球,造成了中国海防形势的紧张。光绪元年(1875),经过第一次海防大筹议,清廷于是年 5 月 30 日发布上谕,决定分南北洋督办海防,“着李鸿章督办北洋海防事宜,派沈葆桢督办南洋海防事宜,所有分洋、分任练军、设局及招致海岛华人诸议,统归该大臣等择要筹办。”此外还授以南、北洋大臣购买船炮、提拔饷需、保奏人才等事权。

题　　名　**北洋水师大沽船坞之创建**
作　　者　天津市历史研究所 编
刊　　名　天津历史资料
年 卷 期　1980 年 9 期
页　　码　9 - 10

题　　名　**北洋水师大沽船坞之经费**
作　　者　天津市历史研究所 编
刊　　名　天津历史资料

年卷期 1980年9期
页　码 14－15

题　名 **北洋水师的“八大远”**
作　者 王红,唐宏
刊　名 海洋世界
年卷期 1998年9期
页　码 28－29
摘　要 今年是北洋海军建军100周年。1888年,北洋海军正式成立,拥有大小舰艇40艘,总吨位约4万吨,在亚洲首屈一指,世界排名第九。构成北洋海军主力阵容的是8艘“远”字号战舰,即“定远”、“镇远”、“济远”、“经远”、“来远”、“致远”、“靖远”和“平远”8舰,它们被并称为北洋海军“八大远”。

题　名 **北洋水师的覆灭**
作　者 丁瑞
刊　名 海事大观
年卷期 2006年1期
页　码 109－112
摘　要 1894年9月17日,北洋水师提督丁汝昌带领整个舰队,护送参加平壤决战的6000多名清军来到朝鲜。在完成护航任务后,舰队在海上停泊。丁汝昌虽然做好了随时与日军交战的准备,但他并没预感到,再过几个小时,一场深刻影响中日两国历史的海战即将爆发。

题　名 **北洋水师的兴灭**
作　者 戚其章
刊　名 文史知识
年卷期 1984年9期
页　码 40－46

题　名 **北洋水师覆灭真相**
作　者 老兵
刊　名 政府法制
年卷期 2003年7期
页　码 38－39

题　名 **北洋水师舰船分类补正**
作　者 王建科
刊　名 近代史研究
年卷期 1995年1期
页　码 289

题　名 **北洋水师龙旗飘扬的舰队**
作　者 杨帆,许华

刊　　名　华夏人文地理
年 卷 期　2005 年 1 期
页　　码　66－73

题　　名　**北洋水师失败之技术思考**
作　　者　游战洪
刊　　名　科学(上海)
年 卷 期　2008 年 60 卷 4 期
页　　码　40－43

题　　名　**北洋水师为何死不出战?——再祭甲午海战 110 周年**
作　　者　萧中剑
刊　　名　当代海军
年 卷 期　2004 年 12 期
页　　码　52－53

题　　名　**北洋水师学堂简论**
作　　者　李斌
刊　　名　黔东南民族师范高等专科学校学报
年 卷 期　2004 年 22 卷 5 期
页　　码　35－37
摘　　要　北洋水师学堂是近代中国众多军事学堂中水平较高、影响较大的一所,它采用西方先进的教育方式、教学内容,突破了传统教育的束缚,培养出大批有影响的军事人才。

题　　名　**北洋政府海军教育论述**
作　　者　姚锦祥
刊　　名　南京师大学报(社会科学版)
年 卷 期　1988 年 4 期
页　　码　97－104

题　　名　**北洋政府海军总长兼代国务总理杜锡珪**
作　　者　郭波
刊　　名　福建史志
年 卷 期　2000 年 4 期
页　　码　46－47
摘　　要　民国时期,闽籍海军将领在海军界占主导地位,他们的活动对民国时期特别是北洋政府时期的政治、军事、经济有着重大影响。其中杜锡珪就曾以海军总长兼代国务总理,在中华民国史上写下重要一页。后又率领海军加入国民革命军,导致北伐战争迅速胜利,其生平事迹颇值得后人研究。

题　　名　**北洋政府组建吉黑江防舰队述略**
作　　者　苏小东

刊　　名　军事历史
年 卷 期　1996 年 4 期
页　　码　33 – 35

题　　名　**被迫开埠与九江城市近代化**
作　　者　周飞,许海泉
刊　　名　江西师范大学学报(哲学社会科学版)
年 卷 期　1998 年 31 卷 3 期
页　　码　87 – 91
摘　　要　九江被迫开埠后,城市的经济结构、政治结构、市政建设以及交通通讯和人们观念均发生了变化。九江在成为资本帝国主义经济掠夺据点的同时,也在欧风美雨的"孵化"下,开始迈向近代化。

题　　名　**被遗忘的海洋大国——12 至 15 世纪作为海上强国的中国**
作　　者　何锋
刊　　名　国防科技
年 卷 期　2004 年 1 期
页　　码　89 – 90
摘　　要　在人们印象中,中国一直是个具有大陆倾向的国家,而非一个海洋国家。它有幅员辽阔的土地,人数众多的步兵,以及负责漕运和江防的水军,海军似乎是西方国家才有的事物。即便是明朝郑和下西洋的庞大舰队也仅被认为是由 100 多艘船只运送的外交使团,其任务也只是"宣布国威",以使外国来华朝贡。真正在国人心中留下海军的印象,恐怕只有到了 19 世纪 70 年代李鸿章建立北洋舰队才开始。纵观世界历史,西方国家独领海洋风骚始于 15 世纪地理大发现之后,阿拉伯人纵横地中海和印度洋则是在 8 – 11 世纪,而在 12 至 15 世纪的 300 年间,谁又是海洋的霸主呢?答案可能难以置信,它就是农业文明孕育下的中国。

题　　名　**被遗忘的伟大航行——纪念郑和下西洋 600 周年**
作　　者　顾晓红,顾建建
刊　　名　社会观察
年 卷 期　2005 年 7 期
页　　码　2 – 7
摘　　要　郑和下西洋的奇迹是在什么背景下发生的?又怎样会突兀地中止?十五世纪的中西航海应该怎样进行比较?那段历史对于当代中国究竟意味着什么?距今 600 年前,当整个欧洲还未从中世纪神学的束缚下挣脱出来,遥远的东方帝国明王朝已处于中国封建社会后期又一鼎盛时期。经过开国大帝朱元璋二十余年的励精图治,明朝初年出现了一派兴盛景象。明成祖朱棣以其雄才大略指点江山,进一步促进了社会经济的发展,带来了"永乐盛世",天下太平,仓廪丰富,有数据显示当时中国和印度的国民生产总值占了全世界的一半,高得令人咋舌。此外,明代中国的造船和航海技术亦在世界独领风骚,中国人比欧洲各国率先走向远洋要早 300 多年。郑和以明初 30 年奠定的丰厚物质基础为支撑,凭借中国先进的造船和航海技术,统率着庞大的远洋船队,风帆高张,踏浪凌波,驰骋在浩瀚无垠的大海上。它在中国对外文化交流和世界航海史上留下了辉煌的篇章,在人类文明史上具有里程碑的意义。追忆那无与伦比的海上荣光,不禁让今天的国人百感交集,郑和七下西洋这一代表中华文明顶峰的壮举令我们无比自豪又深深叹息。

题　　名　本底国考
作　　者　段立生
刊　　名　印支研究
年 卷 期　1983 年 4 期
页　　码　19－24
摘　　要　本底国是十七至十八世纪在现今越南河仙一带由华侨建立的一个自治体，历时一百余年。因其国小与历史短，素为史家所忽略。其实，无论从华侨史、中外交通史、或东南亚史的角度看，本底国都颇具研究价值。本文试作一初步探讨。

题　　名　本土环境与西方冲击互动中的中国通商口岸——《局外人：西方在印度和中国的经历》述评
作　　者　张笑川
刊　　名　史林
年 卷 期　2006 年 1 期
页　　码　115－121
摘　　要　罗兹·墨菲的《局外人：西方在印度和中国的经历》，①1977 年由密歇根大学出版社出版，是密歇根大学中国研究中心主持的"密歇根中国研究"丛书的一种。它是美国中国近代史研究的名著，其中提出的很多观点引起了西方学者广泛的关注，也引起了很多争论，代表了当时美国中国研究的一种重要倾向。②但此书出版至今近 30 年，却少有中国学者予以深入的介绍和评述。③《局外人》重点研究中国的"通商口岸"和印度的"殖民口岸"对于两国历史发展的不同作用和影响，对于理解作为通商口岸之一的上海历史，具有重要的借鉴意义。

题　　名　笨港聚落的形成与妈祖信仰重镇的确立
作　　者　林永村
刊　　名　台湾文献
年 卷 期　1991 年

题　　名　比哥伦布早一千年发现美洲大陆者是山西人——佛门之珠——法显
作　　者　刘秀，任彩虹
刊　　名　山西档案
年 卷 期　1993 年 2 期
页　　码　36－38

题　　名　比较我国汉、苗、傣族龙舟竞渡文化之异同
作　　者　方桢，杨津津
刊　　名　北京体育大学学报
年 卷 期　2002 年 25 卷 1 期
页　　码　19－21
摘　　要　汉、苗、傣族的龙舟竞渡在我国多种龙舟文化中具有较强的代表性。通过对这三个民族龙舟竞渡的文化渊源、演化过程、祭祀习俗作比较研究，可看出，竞渡活动起源于水上生活和劳作。

题　　名　比利时所见清“粤海关外洋船牌”
作　　者　景乃权
刊　　名　文献
年 卷 期　2000 年 4 期
页　　码　285－288
摘　　要　笔者在布鲁塞尔留学期间结识了国际著名的海洋考古学家杰佛瑞先生。在杰佛瑞先生处藏有一份中国清代海关文件,文件的标题是“粤海关外洋船牌”,用现代术语讲就是中国海关进出口船只的报关单。这份文件对研究我国清朝海关制度和广东早期对外经济交流史具有重要意义。

题　　名　笔谈我国古代科学技术成就——先进的我国古代造船技术
作　　者　周世德
刊　　名　文物
年 卷 期　1978 年 1 期
页　　码　65

题　　名　闭关或“开放”类型分析的局限性——近 20 年清朝前期海外贸易政策研究述评
作　　者　陈尚胜
刊　　名　文史哲
年 卷 期　2002 年 6 期
页　　码　159－166
摘　　要　我国学术界在近 20 年对于清朝前期海外贸易政策的研究,基本上围绕着是闭关政策还是开放政策进行的。然而,这种模糊于政策的性质与内容之间的类型分析,已难以处理清朝前期海外贸易政策演变的复杂进程,表现出诸多的局限性,也没有揭示出清朝海外贸易政策是如何导致近代中国落后挨打的具体原因。

题　　名　闭关锁国政策及其对中国早期现代化的延误
作　　者　赵福超
刊　　名　贵州师范大学学报(社会科学版)
年 卷 期　1995 年 3 期
页　　码　31－34

题　　名　闭关政策新议
作　　者　赵葆惠
刊　　名　韩山师范学院学报
年 卷 期　1995 年 2 期
页　　码　37－43
摘　　要　本文依据事实进行分析,一反传统看法,认为清朝的闭关政策从根本上说,主要不是为了制夷,而是防内,维持其封建统治。这种政策产生有其过程、原因和结果,本文都作了分析和论证。

题　　名　闭眼与开眼——鸦片战争的回顾与反思
作　　者　何泽福

刊　　名　史林

年 卷 期　1990年4期

页　　码　32－38

摘　　要　英国侵略者发动的鸦片战争，打乱了中国社会发展的正常秩序。在封建社会内部孕育的资本主义萌芽还不能脱离其母体而独立生长的时侯，中国就被迫走上了近代化之路，在物质方面既不具备必要的条件，在思想上也缺乏应有的准备。所以。中国人战战兢兢地将闭着的眼睛慢慢睁开，在行动上仍然犹犹豫豫。中国开始走向近代化时的这一特点，是正常发展的国家所没有的。

题　　名　碧海扬波 域外生辉——哥德堡号和海上丝绸之路

作　　者　纪炜

刊　　名　收藏家

年 卷 期　2005年11期

页　　码　5－10

摘　　要　今年9月下旬，“瑞典藏中国陶瓷展”在故宫午门城楼展出。本次展览的主要展品是从瑞典18世纪沉没的“哥德堡号”商船打捞上来的遗存。随着外销瓷在故宫的露面，明清时期中国与欧洲的“海上交易”及“外销瓷”一类话题引起收藏界的兴趣与关注。我们约请展览的中方主持、故宫博物院纪炜先生撰文作特别介绍。

题　　名　边疆安全与伏波神崇拜的结盟——以清代广西左江流域伏波庙为视野

作　　者　滕兰花

刊　　名　广西社会科学

年 卷 期　2009年12期

页　　码　83－87

摘　　要　马援信仰在桂西南地区影响较广泛，龙州、凭祥等地多建有伏波庙。中法战争后，桂西南地区出现严重的边疆危机，伏波神再一次与国家边疆经略结盟，统治集团通过不断重建甚至新建伏波庙来强化王权对桂西南地区的统治，伏波庙承载着中央政治权力对地方民间力量的重塑与创造。

题　　名　卞凤奎译英商道格拉斯汽船公司的台湾航路

作　　者　松浦章

刊　　名　台北文献

年 卷 期　2002年142期

题　　名　汴河漕运与北宋立国

作　　者　石志宏，黎沛虹

刊　　名　湘潭师范学院学报（社会科学版）

年 卷 期　2001年23卷3期

页　　码　115－117

摘　　要　农业生产、漕运条件优越的基本经济区是封建农业中国中央集权国家机器最有力的支撑。基本经济区向南向东的转变在北宋已决定性地实现；而由文化传统所带来的政治惰性以及北部边防需要，给漕运造成极大压力，北宋不得不立都汴京以解决政治中心与经济中心日渐分离的矛盾。通过经营江淮尤其是长江下游圩田和以汴河为主的运河网，北宋将政治中心、经济中心有机地结合起来。并照顾到了军事斗争的需要。

题　　名　**汴河建设与北宋立国**
作　　者　石志宏,黎沛虹
刊　　名　中州今古
年 卷 期　2001 年 6 期
页　　码　4 - 6
摘　　要　历代王朝主要以实物的方式征收赋税,因而漕运为皇族中央官僚、市民、首都警备、国家储备特别是为了防止反叛或者外敌入侵供养一支集中军队所必需。漕运对于封建农业中国的重要性,在汴河漕运北宋立国的相互作用中得到了极其鲜明的体现。

题　　名　**标准化与地方化——宋元以来广东的妈祖信仰研究**
作　　者　王芳辉
刊　　名　文化遗产
年 卷 期　2008 年 3 期
页　　码　98 - 105
摘　　要　自宋代以来,妈祖信仰得到历朝统治者的允准,得以列入标准化祀典。同时,随着时空的转换,妈祖信仰又被不断地方化。女神妈祖从一个区域进入另一个区域,总会与当时当地的地理、历史、社会、文化相融合,成为地域文化传统的有机构成部分。在广东地区,妈祖不但拓展了海神以外的其他职能,形成了地方化的祭典仪式,还拥有独特的属神与显灵方式。妈祖信仰强大的生命力即来自于标准化和地方化两种力量的交互作用。

题　　名　**秉政廉明 宵衣旰食——林则徐在济宁任河道总督**
作　　者　刘广新
刊　　名　济宁师专学报
年 卷 期　1995 年 2 期
页　　码　87 - 92
摘　　要　林则徐被誉为中国近代史上“开眼看世界的第一人”,尤其他在虎门销烟中的爱国壮举和反侵略战争中所建树的光辉业绩名震环宇。1831 年林则徐在济宁任河道总督,疏浚堤防、督催漕运、盘查河运款项、校阅操练官兵,为整顿河工、厘除弊端作出了一定贡献。

题　　名　**玻璃输入与“海上丝绸之路”**
作　　者　周庆基
刊　　名　海交史研究
年 卷 期　1985 年 7 期

题　　名　**伯希和撰郑和下西洋考序**
作　　者　冯承钧
刊　　名　禹贡
年 卷 期　1934 年 2 卷 1 期
页　　码　9 - 12

题　　名　浡泥国王墓六百年祭
作　　者　季士家
刊　　名　郑和研究
年 卷 期　2008 年 1 期
页　　码　23 – 26

题　　名　浡泥王来访南京之前因后果
作　　者　刘孔伏,潘良炽
刊　　名　郑和研究
年 卷 期　2008 年 1 期
页　　码　27 – 30
摘　　要　明王朝与浡泥国建立了亲密良好的关系,堪称明代对外关系的典范。明成祖永乐六年(1408 年)八月,浡泥国王麻惹加那乃亲率王妃携子及弟妹、亲戚、陪臣等 150 余人来明王朝京城南京访问,名动中外,事载史籍。本文拟就其前因后果加以考辨,如有不当之处,敬请方家批评指正。

题　　名　渤海第二次遣日使节诸问题研究
作　　者　石井正敏,刘世哲
刊　　名　世界民族
年 卷 期　1987 年 5 期
页　　码　40 – 47
摘　　要　天平十一年(唐开元二十七,公元 739)七月,渤海使节己珎蒙等随日本遣唐使平群广成等来到了日本。这是渤海继神龟四年(开元十五,公元 727)始通日本十余年后的第二次遣日使节。关于渤海第二次遣使来日及平群广成等由唐经渤海归国的情况,通过平群广成的归朝报告和渤海王大钦茂的国书这两份史料即可得知。

题　　名　渤海国的造船业
作　　者　白沫江
刊　　名　学习与探索
年 卷 期　1982 年 4 期
页　　码　143
摘　　要　渤海境内有很多河流湖泊,东部、南部濒临海,这种优越的自然环境,为渤海水上交通和造船业的发展提供了有利条件。渤海造船业,史无专门记载,考古也未发现造船遗址,但从文献中,却能看到渤海的航海事业很发达。

题　　名　渤海国港口考
作　　者　尹铉哲
刊　　名　北方文物
年 卷 期　2008 年 1 期
页　　码　69 – 72
摘　　要　渤海国海运的高度发展,为国家的整体发展作出了巨大的贡献。本文对其始发港和目的港、航线等内容分别进行叙述。

题　　名　渤海国使者日本打球考
作　　者　韩丹
刊　　名　体育文史
年 卷 期　1998 年 5 期
页　　码　34 – 36

题　　名　渤海国与日本国的外交关系述论
作　　者　曹志
刊　　名　黑龙江省社会主义学院学报
年 卷 期　2007 年 4 期
页　　码　41 – 43
摘　　要　黑龙江地区历史上的渤海国,在其存续的时间里曾 36 次出访日本,与日本国建立了平等友好的外交关系。其重大历史意义在于它开通了从黑龙江到日本的近距离的海上航线,搭建了两国人民友好的平台,为黑龙江地区的外交关系史谱写了光辉的篇章。

题　　名　渤海国与唐朝和日本的友好交往
作　　者　陈振龙
刊　　名　黑龙江史志
年 卷 期　2010 年 5 期
页　　码　7,11

题　　名　渤海使臣使日与日本宫廷的外交礼仪
作　　者　武玉环
刊　　名　北华大学学报(社会科学版)
年 卷 期　2001 年 3 期
页　　码　62 – 64
摘　　要　渤海使臣出使日本期间,日本接待渤海使臣的外交礼仪体现在接待的准备工作、活动安排、参观宫廷的文体娱乐活动、日皇接见、御宴、诗唱酬答、互赠国书、信物等外交活动中。从渤海使臣出使日本所见日本的外交礼仪具有如下特点:日本在公元八世纪已设置专门负责管理外交事务的使臣,同时设立负责翻译的专职人员。接待国外的使者有不同的接待规格。渤海使臣使日期间,除有应酬唱答的文化交流活动外,还进行商贸交易等活动,从而加深了彼此之间的友谊与了解,增进了两国间的友好往来。

题　　名　渤海使者访日启航时间考
作　　者　王侠
刊　　名　辽海文物学刊
年 卷 期　1997 年 2 期
页　　码　104 – 110
摘　　要　在渤海国(以下简称渤海)存世的两个多世纪(公元 698 – 926 年)的时间里,渤海派使者访日 35 次,日本派使者访问渤海 13 次,渤日双方共交往 48 次。如此频繁的往来,是中日关系史上辉煌的一页。这些交往是通过航海来完成的。渤海使者访日启航的港口,经中外一些研究者的考古调查和对文献的考证,认为是渤海东京龙原府(今中国珲春市八连城)境内的盐州(今俄国沿海州波谢特湾的克拉斯基诺古城)。近年来,国外有的研究者对渤海使者访日的启航时间、港口和航线提出了不同的看法。

题　　名　**渤海通事研究**
作　　者　酒寄雅志,刘晓东,陈春霞
刊　　名　黑河学刊
年 卷 期　1991 年 1 期
页　　码　110－120

题　　名　**渤海通事研究(续)**
作　　者　酒寄雅志,刘晓东,陈春霞
刊　　名　黑河学刊
年 卷 期　1991 年 2 期
页　　码　114－119,91

题　　名　**渤海与日本的友好往来**
作　　者　王承礼
刊　　名　学习与探索
年 卷 期　1983 年 2 期
页　　码　123－133

题　　名　**渤海与日本贸易的历史略考**
作　　者　方学凤
刊　　名　延边大学学报(社会科学版)
年 卷 期　1984 年 2 期
页　　码　135－140

题　　名　**渤海在日唐间的中介作用**
作　　者　石井正敏,古清尧
刊　　名　北方文物
年 卷 期　1983 年 4 期
页　　码　110－118,69
摘　　要　自古以来,我国在政治制度和文化等许多方面,都受到中国的强烈影响。中国文物的传入和引进,曾直接、间接地大大依赖兴亡于朝鲜半岛上的各国。这些事实,当是毋庸赘言的了。但是,就八世纪以后的情况来看,在上世纪下半叶,由于百济、高句丽相继被唐朝灭亡,继续与日本交往的朝鲜半岛上的国家,便只有新罗了。然而,日本与新罗的关系,从八世纪初以后,也走上了冷却化的道路。

题　　名　**渤海政权的对外交通及其遗迹发现**
作　　者　魏存成
刊　　名　中国边疆史地研究

年卷期 2007年17卷3期

页码 72-88

摘要 渤海政权对外有六条交通道路,即通往中原的营州道和朝贡道,通往周边民族的契丹道和黑水道,通往朝鲜半岛的新罗道和通往日本的日本道。本文在以往调查和研究的基础上,根据文献记载和近年新的考古发现,分别对各条道路的走向及沿途的重要遗迹进一步做了比较全面的介绍和必要的论证。

题名 **渤海致日本礼物探析**

作者 滕红岩

刊名 中国边疆史地研究

年卷期 2006年2期

页码 69-76,148

摘要 唐代渤海政权与日本隔海相望,往来频繁。本文依据中、日古代文献记载渤海致日本礼物的情况,对其历史过程、致送途径、频繁程度、行为方式进行探讨,并通过渤海对日本所致礼物种类、产地、数量及相关问题研究,进一步揭示渤海致日本礼物活动现象所反映出来的历史本质。

题名 **渤海诸城考**

作者 郑英德,云樵

刊名 吉林师范大学学报(人文社会科学版)

年卷期 1981年4期

页码 16-23

题名 **渤泥"有宋泉州判院蒲公之墓"新考**

作者 林少川

刊名 海交史研究

年卷期 1991年20期

页码 57-64

题名 **不分畛域,共创船政——论淮系集团与福州船政局的发展**

作者 关成刚,杜菲

刊名 中州大学学报

年卷期 2008年25卷4期

页码 16-22

摘要 福州船政局系湘系集团首领左宗棠所创办的大型军工企业,对于近代中国轮船制造业的进步和海防建设具有重要意义。淮系集团及其首领李鸿章,毅然摒弃派系畛域,与湘系官员携手合作,共同促进了福州船政局,乃至整个近代中国轮船制造业和海防建设的发展。

题名 **不该把王景弘写成反面人物——评析章回小说《三宝太监下西洋》**

作者 施存龙

刊名 郑和研究

年卷期 2007年3期

页码 24-28

题　　名　**不贪——航海家萨镇冰的性格和作风**
作　　者　陈贞寿
刊　　名　航海
年 卷 期　1983年1期
页　　码　2-4
摘　　要　航海家萨镇冰(1859-1952),字鼎铭,福州人。于马尾海军船政学堂毕业后,赴英国留学,学习航海,回国后历任前清海军统领、海军大臣、中华民国国务总理、海军总长、海军总司令、福建省长等职。

题　　名　**步履维艰的港口贸易——明清两朝的宁波港**
作　　者　文彬
刊　　名　宁波经济
年 卷 期　1998年6期
页　　码　45

题　　名　**裁海谈概**
作　　者　朱殿卿
刊　　名　江苏地方志
年 卷 期　2000年6期
页　　码　49-51
摘　　要　翻开海属地区的史乘,有关"裁海"、"复海"的条目引起了笔者的兴趣。情况究竟如何,与明清时期的闭关自守政策有无关联。带着此类疑问,笔者进行了一番探究。

题　　名　**蔡牵、朱濆海盗之研究**
作　　者　黄典权
刊　　名　台南文化
年 卷 期　1958年6卷1期

题　　名　**蔡牵海上武装集团与妈祖信仰——读谢金銮《天后宫祭文》有感**
作　　者　陈在正
刊　　名　台湾研究集刊
年 卷 期　1999年2期
页　　码　75-79
摘　　要　谢金銮代撰的《祭天后宫文》实质上是一篇对蔡牵海上武装集团的讨伐令。祭文中体现了镇压蔡牵集团的清水师官兵与反清的蔡牵集团都虔信妈祖,本文对出现这一现象的原因作了分析。同时指出,在目前尚拥有众多信徒的妈祖信仰仍起了联络海峡两岸同胞及海外华人的纽带作用。文末对祭文写作的年代作了考证。

题　　名　**蔡汝贤《东夷图说》中的葡萄牙及澳门资料**
作　　者　汤开建

刊　　名　世界民族
年 卷 期　2001 年 6 期
页　　码　59 – 66

题　　名　**参半国不在文单西北辨——论参半在尖竹汶**
作　　者　黎道纲
刊　　名　东南亚研究
年 卷 期　2008 年 6 期
页　　码　85 – 91

题　　名　**参半国与迦罗舍佛**
作　　者　黎道纲
刊　　名　海交史研究
年 卷 期　1998 年 33 期
页　　码　99 – 103

题　　名　**参加泉州古船出土香药鉴别记**
作　　者　赵正山
刊　　名　海交史研究
年 卷 期　1978 年 1 期

题　　名　**沧波织路 义洽情深——唐代渤海国与日本的友好往来**
作　　者　王侠
刊　　名　天津师院学报
年 卷 期　1980 年 4 期
页　　码　72 – 76

题　　名　**操舵的演变**
作　　者　岳松
刊　　名　航海
年 卷 期　1981 年 3 期
页　　码　42 – 43
摘　　要　船舶要顺利到达彼岸,必须具备两个最基本的条件,即要有前进的动力及控制前进方向的手段。操舵则是人们非常熟悉的专门控制航向的重要方式,它的产生和发展也经历了一个漫长的过程,而且与动力装置的发展密切有关。

题　　名　**漕粮海运与清代社会变迁**
作　　者　倪玉平
刊　　名　江淮论坛
年 卷 期　2002 年 4 期
页　　码　48 – 55

摘　　要　漕粮海运是清代后期政治生活中的大事,对于当时的社会变迁产生了深远的影响。由于牵涉到漕粮运输路线的变化,使得它直接推动了中国传统经济区域的转移;在与西方势力争夺沿海航运权的过程中,李鸿章利用漕粮海运的利润,创办和支撑了洋务运动的最重要企业之一轮船招商局,同时也直接催生了中国的近代化交通工具。因此,漕粮海运对于清代的社会变迁,具有不容忽视的作用和意义。

题　　名　**漕粮海运与清代社会变迁**
作　　者　倪玉平
刊　　名　求索
年 卷 期　2002 年 4 期
页　　码　169－173
摘　　要　漕粮海运是清代后期政治生活中的大事,对当时的社会变迁产生了深远的影响。由于牵涉到漕粮运输路线的变化,使得它直接推动了中国传统经济区域的转移;在与西方势力争夺沿海航运权的过程中,李鸿章利用漕粮海运的利润,创办和支撑了洋务运动的最重要企业之一轮船招商局,同时也直接催生了中国的近代化交通工具。因此,漕粮海运对于清代的社会变迁,具有不容忽视的作用和意义。

题　　名　**漕粮海运与清代运输业的变迁**
作　　者　倪玉平
刊　　名　江苏社会科学
年 卷 期　2002 年 1 期
页　　码　125－130
摘　　要　漕粮海运是清代后期政治生活中的大事。由于牵涉到“雇商海运”,使得它直接推动了中国传统木帆船业的发展和壮大,但由于外国轮船势力的入侵,中国木帆船丧失了沿海贸易的主动权;在与西方势力争夺沿海航运权的过程中,李鸿章利用漕粮海运的利润,创办和支撑了洋务运动最重要的企业——轮船招商局,同时也直接催生了中国近代化的轮船运输业;义和团运动之后,铁路运输也加入到漕运事业中来,加速了中国运输业的近代化步伐。因此,漕粮海运对于清代运输业的变迁,具有不容忽视的作用和意义。

题　　名　**漕盐转运与明代淮安城镇经济的发展**
作　　者　高寿仙
刊　　名　学海
年 卷 期　2007 年 2 期
页　　码　40－52
摘　　要　大运河在隋朝贯通后,淮安成为漕运要道,唐宋后,淮安又成盐运要津。明代以后,两淮盐业更加兴盛,特别是迁都北京后,京城粮米更赖漕运接济,淮安作为漕盐转运的一个重要枢纽,设有众多官府官员,其城市经济也步入繁华时代。

题　　名　**漕运仓储与通州**
作　　者　王文续
刊　　名　文史选刊
年 卷 期　1992 年 10 期
页　　码　4－17

题　　名　**漕运船帮中的协作与秘密结社**
作　　者　刘伯涵
刊　　名　史学月刊
年 卷 期　1985 年 4 期
页　　码　6 - 11

题　　名　**漕运春秋(上)**
作　　者　嵇果煌
刊　　名　交通与运输
年 卷 期　1997 年 5 期
页　　码　44 - 45

题　　名　**漕运春秋(中)**
作　　者　嵇果煌
刊　　名　交通与运输
年 卷 期　1998 年 1 期
页　　码　39 - 41

题　　名　**漕运春秋(下)**
作　　者　嵇果煌
刊　　名　交通与运输
年 卷 期　1998 年 3 期
页　　码　45 - 46

题　　名　**漕运的历史演进与阶段特征**
作　　者　吴琦
刊　　名　中国农史
年 卷 期　1993 年 4 期
页　　码　21 - 26
摘　　要　漕运是中国封建社会的产物,以中央集权政治为母体,以封建自然经济为土壤,始于秦汉而终于晚清,是历代封建王朝的重要经济内容。漕运的发展轨迹与整个封建经济的动向密切相联。秦汉时期,由于社会政治、经济制度处于起步阶段,所以漕运体现出无常制、无常时、无常额的特征,漕粮多为军事费用,漕运方向由东至西。唐宋时期是漕运的大发展时期,由于运河的开通以及经济重心的南移,漕运方向由东西向转为东南西北向,漕运渐趋稳定,有相应的成法、固定的职官和额定的年漕量,漕运成为一个较完整的经济体系。元代由于种种原因,主要采用海运的形式运输漕粮,所以这是一个漕运发展中的特殊时期。明清时期,是漕运制度的完善时期,由于历代的积累和统治者的重视,此期漕运的组织、机构、政策都十分严密和健全;明清漕运涉及的范围很广,由于社会经济的变化,漕运不断发挥诸多的社会功能;此时,漕运重心已完全落在南方,漕运方向转变为南北向。

题　　名　漕运的源流
作　　者　舟济
刊　　名　课外学习
年 卷 期　1985 年 5 期
页　　码　15 - 16

题　　名　漕运对回族在天津聚居点形成与发展的影响
作　　者　杨丽光
刊　　名　东方企业文化
年 卷 期　2010 年 5 期
页　　码　151
摘　　要　中国现有回族 981 万,主要分布在宁夏回族自治区,在甘肃、青海、河南、云南、山东等省份分布也较多,并有大小不等的聚居区。在东部沿海城市中,天津是回族分布较为集中的一个城市。自元至清漕运的发展又是吸引回族来津定居的重要因素。本文旨在通过自元至清天津漕运的发展探究天津回族聚落点的形成与发展。

题　　名　漕运发展的阶段性分析
作　　者　吴琦
刊　　名　江汉大学学报(人文科学版)
年 卷 期　1988 年 4 期
页　　码　72 - 77
摘　　要　纵观各代,遭粮主要用于驻边、驻京军队的兵晌,供给皇帝及皇族縻费,以及朝官的傣禄。本文拟对遭运发展的几个阶段及各阶段的特点作一详析,以期窥见其间反映的社会经济演变的内容。

题　　名　漕运改革:清代的"公用事业民营化"
刊　　名　文史参考
年 卷 期　2007 年 6 期
页　　码　14 - 17

题　　名　漕运襟喉清江闸
作　　者　郭应昭
刊　　名　江苏地方志
年 卷 期　2009 年 6 期
页　　码　45 - 46

题　　名　漕运小史
作　　者　吴忠起
刊　　名　物流技术
年 卷 期　1995 年 2 期
页　　码　34 - 36
摘　　要　从水道运输粮食,供应京师或接济军需,旧时称为漕运。本文叙述了漕运的起源、历史沿革以及重要作用和历史影响。

题　　名　漕运兴废与水神崇拜的盛衰——以明清时期徐州为中心的考察

作　　者　胡其伟

刊　　名　中国矿业大学学报(社会科学版)

年 卷 期　2008年10卷2期

页　　码　108-112

摘　　要　人们对水及其载体河、湖、海等有着天然的敬畏,在水患肆虐的地方更是如此。明清时期,因黄河及运道过境徐州,所属州县内水神崇拜甚为流行,各路神灵被纷纷搬上祭台,甚至武圣关羽、门神尉迟恭都被奉作水神,既说明徐州所属州县水神崇拜之盛,同时也显示了人们对水患的无奈。随着泇河开挖及黄河北徙,徐州漕运中枢地位急遽衰落,导致各种水神崇拜和祭祀活动也随之湮灭不存。本文从地域水环境变迁角度对水神崇拜的盛衰进行了研究。

题　　名　漕运与古代军事

作　　者　吴琦

刊　　名　湘潭师范学院学报(社会科学版)

年 卷 期　1998年1期

页　　码　73-77

摘　　要　漕运是中国封建王朝的根本,治粮供应线支撑着封建王朝的边境军事防御,它也是保障地方驻军和进行统一、征服、镇压、平定战争的有力和必要的后盾。

题　　名　漕运与古代农田水利

作　　者　吴琦

刊　　名　中国农史

年 卷 期　1999年3期

页　　码　55-61

摘　　要　中国古代社会,漕运与农田水利皆受到重视,历代王朝在不影响漕运的前提下,总是尽量兼顾二者。然而,“保运”是朝廷的最高原则,每当漕运与农业生产在用水或排水问题上发生矛盾时,朝廷毫无所惜地以牺牲农田水利、农业生产为代价,给农业发展造成了巨大的破坏。

题　　名　漕运与古代农业经济发展

作　　者　吴琦

刊　　名　中国农史

年 卷 期　1998年17卷4期

页　　码　69-75

摘　　要　漕运的发展与古代农业经济的演变格局,与区域农业生产水平,有着密切的内在联系。农业的发展状况决定漕运的动向,漕运的发展反映农业经济的变化情况。秦汉时期北方农业经济在全国遥遥领先,隋唐时期南方经济迅速发展,宋代“苏湖熟,天下足”谚语流行,明清时期“湖广熟,天下足”新谚流传——中国古代农业经济的这种发展轨迹与特点,在漕运中得到了全面的反映。通过剖析漕运与农业经济的关系,我们确能更深入地认识古代农业发展的特点与一些重要区域的农业经济地位。

题　　名　**漕运与古代天津的兴起**

作　　者　刘文智

刊　　名　天津经济

年 卷 期　2003 年 2 期

页　　码　60 – 61

摘　　要　早在天津城出现以前,天津地区的漕运事业就有了最初步的发展。如果说魏晋时期曹操修人工运渠向北方运输兵马粮草是天津地区最早的漕运的话,那么唐代中叶以后,天津地区已经不仅是内河漕运的枢纽,位于东郊的军粮城还是海运的港口。

题　　名　**漕运与淮安**

作　　者　张强

刊　　名　东南大学学报(哲学社会科学版)

年 卷 期　2008 年 10 卷 4 期

页　　码　96 – 104

摘　　要　明清以后,贯穿南北的京杭大运河成为水路交通运输的主干线,漕运在国家财政税收中的地位日益彰显。淮安地处京杭大运河的中段,是水陆交通的枢纽,其兴衰与漕运的兴衰联系在一起。

题　　名　**漕运与淮安清代经济**

作　　者　江太新,苏金玉

刊　　名　淮阴工学院学报

年 卷 期　2006 年 4 期

页　　码　10 – 14

题　　名　**漕运与淮安清代经济**

作　　者　江太新,苏金玉

刊　　名　学海

年 卷 期　2007 年 2 期

页　　码　56 – 61

摘　　要　本文通过漕运与淮安清代经济关系研究,探讨淮安城市繁荣与衰落和漕运变化之间的关系。并从历史发展变化轨迹中,提出淮安经济今后发展若干问题思考。

题　　名　**漕运与民间组织探析**

作　　者　吴琦

刊　　名　华中师范大学学报(人文社会科学版)

年 卷 期　1997 年 36 卷 1 期

页　　码　120 – 128

摘　　要　封建社会后期,漕运中出现了民间秘密组织,最初是颇具宗教色彩的水手罗教,然后发展为具有宗教色彩和权力体系的水手行帮,最后演变为社会的寄生集团——青帮。这一过程伴随着漕运的由盛至衰,既反映了晚期封建社会的演化格局,又反映了运河生活圈中人们的风风雨雨。不同阶段的这些民间组织,由于社会现实力量的塑造,各具不同的特质与品格,但都是影响当时社会的重要力量。

题　　名　漕运与社会制衡
作　　者　吴琦
刊　　名　华中师范大学学报(人文社会科学版)
年 卷 期　1999 年 38 卷 1 期
页　　码　63－69

题　　名　漕运与中国的封建集权统治
作　　者　陈峰
刊　　名　西北大学学报(哲学社会科学版)
年 卷 期　1990 年 20 卷 2 期
页　　码　6－12
摘　　要　漕运是中国历史上特有的一种现象,即封建王朝通过水运,向其统治中心——京师大规模征运税粮等物资的一种制度。这一现象始于秦代,亡于清末,前后存在了二千年之久,其间统一集权王朝时期,漕运无不兴旺发达,而分裂割据之时,漕运则一蹶不振,可谓与中国的封建集权统治相始终。诚如晚清政治家康有为所言:“漕运之制,为中国大政”。但是,漕运究竟是如何产生的、它与中国封建王朝统治的关系如何,其作用和影响又何在?目前史学界尚未做出完整的回答。因此,对这些问题加以探讨,无疑是有意义的。

题　　名　漕运与中国封建社会的长期延续
作　　者　吴琦
刊　　名　中国农史
年 卷 期　2000 年 19 卷 4 期
页　　码　12－17
摘　　要　漕运与中国封建社会的长期延续存在极大的关联:漕运加强集权政治的稳定性,是封建王朝中央集权不断强化的物质基础;漕运的掠夺性,极大地抑制了社会经济的发展,尤其是延缓了发达地区的前进步伐;漕运一定程度限制了国内市场的发展,漕运给沿线带来的繁荣具有不稳定性,难以引发所在地区的经济发生质的变化;漕运如同沉重的枷锁,把广大的小农固着在土地上,并不断强化农民的保守意识。

题　　名　册封舟上的右旋白螺
作　　者　丁春梅
刊　　名　福建史志
年 卷 期　2007 年 2 期
页　　码　37,47

题　　名　策彦周良两次入明朝贡与海禁
作　　者　凌金祚
刊　　名　浙江海洋学院学报(人文科学版)
年 卷 期　2002 年 19 卷 4 期
页　　码　26－30
摘　　要　明嘉靖年间日僧策彦周良两次渡海入明朝贡的经历,证见了明朝廷对日勘合贸易的某些政策，以及浙东沿海倭患和海禁情状。对此，人们可以从中了解当时舟山的政治、经济、军事和文化环境状况之一二。

题　名　**茶文化与妈祖文化之渊缘**
作　者　祁金华
刊　名　农业考古
年卷期　1997 年 4 期
页　码　21 - 22

题　名　**茶叶、白银和鸦片:1750 - 1840 年中西贸易结构**
作　者　庄国土
刊　名　中国经济史研究
年卷期　1995 年 3 期
页　码　64 - 75

题　名　**茶叶、鸦片贸易对 19 世纪中国经济的影响**
作　者　仲伟民
刊　名　南京大学学报(哲学·人文科学·社会科学版)
年卷期　2008 年 2 期
页　码　99 - 113
摘　要　在 19 世纪，茶叶贸易和鸦片贸易对中国经济产生了巨大影响，突出表现在这两种贸易都对清政府财政起着至关重要的作用。在茶叶和鸦片出口关税方面，中国半殖民地特征非常明显，即对最重要出口商品的茶叶征收很高的出口税，而对最大宗的进口商品鸦片征收很低的进口税，清政府这种“抑内护外”的做法压制了国内优势产业的发展。总体来看，茶叶出口对中国经济的发展起到了促进作用，而鸦片贸易的发展则加重了中国 19 世纪的危机。

题　名　**茶叶·福音·传教——十九世纪来华传教士卢公明弃教从商个案研究**
作　者　林立强
刊　名　福建师范大学学报(哲学社会科学版)
年卷期　2005 年 5 期
页　码　112 - 119
摘　要　卢公明(Justus Doolittle,1824 - 1880)在华传教十余载，其传教活动的进行与福州茶叶贸易发展的兴衰紧密相连。后来他一度放弃传教，在福州茶叶贸易兴盛期间担任美商琼记洋行(Augustine Heard & Co.)的茶商翻译。直接参与晚清茶叶贸易的全过程。本文以卢公明的传教活动为主线，通过他与茶叶关系的个案研究，对传教士从商现象以及茶叶与福音关系等问题进行了深入的探讨。

题　名　**茶叶和鸦片在早期经济全球化中的作用——观察 19 世纪中国危机的一个视角**
作　者　仲伟民
刊　名　中国经济史研究
年卷期　2009 年 1 期
页　码　96 - 105

摘　　要　伴随着武力征服的19世纪全球化以市场全球化为主要表现形式,其中成瘾性消费品扮演了重要角色。在中国被卷入此次大规模的全球化过程中,茶叶贸易和鸦片贸易的作用最为突出。英国国内茶叶需求的迅速增长以及茶税对英国财政的重要性,使英中贸易成为英国在东方最主要的贸易;为了弥补同中国的贸易逆差,英国利用印度殖民地全力发展对华鸦片贸易。在英国—中国—印度三角贸易中,英国是主宰,印度是工具,中国是最终的牺牲品。面对不可阻挡的全球化趋势,中国没有做好应战的准备,甚至没有应战的意识,这导致在战场和商战中全面失败,从而导致19世纪的全面危机。

题　　名　**产权变化对企业制度的影响——浅析中国第一个股份制公司轮船招商局**
作　　者　张洁
刊　　名　内蒙古社会科学(汉文版)
年 卷 期　2002年1期
页　　码　5－7
摘　　要　轮船招商局作为中国近代第一个国人自办的股份制公司,具有进步意义,但由于最初其官督商办形式的确立,决定了商人们始终要为自己的产权而周旋于历届官僚的政治纷争中,并最终没有逃脱被官僚资本侵吞的厄运。招商局的历史也再一次证明了产权是现代企业的核心,直接影响企业的发展。本文从产权经济学的角度对轮船招商局的发展历程作一简要回顾,并着重分析了其产生的历史根源及决定其产权结构的制度性因素,从而表现产权对现代企业的影响。本文认为,中国近代企业制度之所以没有成长为社会主要力量,是因为企业内部产权制度的不合理,导致企业经营不善,管理成本过高,成为近代企业制度发展的桎梏。

题　　名　**长江北三角洲抗倭碑文的史料意义**
作　　者　羽离子
刊　　名　南通师范学院学报(哲学社会科学版)
年 卷 期　2002年18卷4期
页　　码　94－98
摘　　要　长江北三角平原上所遗存的二十余种记及明代倭患和抗倭战争的古代的碑石文献,在数量上据全国各抗倭战区所存的同类文献之首。在内容上,对补充旧史的阙失、订正传误、佐证史实、深化研究也有诸多帮助,尤其是对廓正对倭寇与倭患问题的认识有着积极的意义。

题　　名　**长江和大运河的演变与扬州港的兴衰**
作　　者　林承坤
刊　　名　海交史研究
年 卷 期　1986年9期

题　　名　**长江流域桐油贸易格局与市场整合——以四川为中心**
作　　者　张丽蓉
刊　　名　中国社会经济史研究
年 卷 期　2003年2期
页　　码　54－64
摘　　要　作为民国时期四川重要的出口物资,桐油在贸易数量和贸易格局上一定程度地反映着四川区域经济的特点。本文在前人研究的基础上引入海关贸易统计和日本人调查报告,从贸易格局、市场整合、政府干预等角度进一步探讨民国时期四川桐油贸易的历史全貌。

题　　名　**长江三峡地区舟楫的主要功用和民俗文化**
作　　者　黄诗玫,王巧萍
刊　　名　重庆交通学院学报(社会科学版)
年 卷 期　2004年4卷4期
页　　码　11-14
摘　　要　长江三峡地区自古以来就是水上交通和战略要道。舟楫对这一地区社会、经济的发展起着不可估量的重要作用。它不仅是这一地区运输的大动脉,更是旅游的主力军。此外舟楫与本地区的民俗和文化水乳交融,有着深厚的积淀和内涵,舟楫文化对该地区社会、文化的发展具有深远的影响和意义。

题　　名　**长江通商:以额尔金、巴夏礼溯江行为中心**
作　　者　许新民
刊　　名　云南师范大学学报(哲学社会科学版)
年 卷 期　2008年40卷5期
页　　码　103-108
摘　　要　英、法、美等国通过修约谈判和策动第二次鸦片战争,将长江通商锁定为其一个重要战略目标。1858年11月,英国特使额尔金率舰只入长江勘察。三年后,英国公使参赞巴夏礼带领大队人员、船只闯入长江,先后在镇江、九江和汉口三处租地立市。围绕长江通商问题,清政府、以英国为代表的侵华国家和太平天国三者之间形势交错复杂,激烈博弈,提供了第二次鸦片战争前后民族矛盾与阶级矛盾交织与互动的生动案例。长江开埠通商是近代中外关系史、贸易史上的重要问题,标志着西方殖民国家在华势力上升到一个新阶段,同时中国卷入世界经济体系进入新时期。

题　　名　**长江下游的文明化进程及其原因**
作　　者　曹峻
刊　　名　中国社会经济史研究
年 卷 期　2005年2期
页　　码　98-103
摘　　要　长江下游地区的良渚原始方国是龙山时代中国文明起源的重要成果之一。三代以来这一地区的文明化进程持续推进,但直至两周时期才最终建立本地区最早的国家文明形态——吴、越王国社会。在长江下游文明化进程中,既有自然环境、经济基础的作用,更有来自内部和外部的群体文化,尤其是来自中原等地的异族文化入侵的作用。

题　　名　**长江下游上古海洋稻作文化的构造**
作　　者　朱俊明
刊　　名　贵州师范大学学报(社会科学版)
年 卷 期　1994年1期
页　　码　9-11,5

题　　名　**长江下游史前文化对海东的影响**
作　　者　安志敏

刊　　名　考古

年 卷 期　1984 年 5 期

页　　码　439 – 448

摘　　要　作者曾以《关于河姆渡文化》为题，介绍了河姆渡文化的发现及其概貌，最后指出：以河姆渡及其后续者为代表的长江下游的新石器文化的若干因素，也可能影响到史前日本。如绳文时代的玉玦、漆器以及稻作的萌芽，弥生时代及其以后的干兰式建筑，都可从长江下游找到渊源关系。河姆渡遗址发现木桨和陶船模型，同时沿海的舟山群岛也有同类遗址的分布，至少证实当时具有一定的航海能力。

题　　名　长乐《天妃灵应之记》碑考

作　　者　庄景辉

刊　　名　厦门大学学报（哲学社会科学版）

年 卷 期　1988 年 4 期

页　　码　57 – 62，16

摘　　要　《天妃灵应之记》碑（以下简称《天妃碑》），1930 年发现于福建长乐县城之南山，现存于长乐师范附属小学内原孔庙泮池旁之碑亭。这方明宣德六年（1431 年）刊立的石碑，至今保存基本完好，碑文字迹清晰可读。石碑高 162、宽 78、厚 16 厘米。全碑阴刻，额篆“天妃灵应之记”六字，字框上端及两侧有明月祥云纹样。正文楷书 31 行，共 1 177 字，四周框以缠枝番莲纹。碑文记述了郑和奉命率领舟师出使西洋和赖天妃护佑于长乐南山修建宫殿，以及七次往使西洋各国的时间、经过等情况，是记载郑和下西洋的最珍贵的实物史料。《天妃碑》自出土以来，引起了国内外学术界的广泛重视，不少学者、专家对此作了评介和展开研究。然而，这些评介和研究，虽多有确切之言和精辟之见，却不乏舛讹失实之处和值得商榷之点，而且在许多方面还有待于作进一步的探讨。这里，笔者仅就石碑之庋藏地点和刊立缘由略加考析。

题　　名　长乐对外开放的水运口岸发展史略

作　　者　铭青

刊　　名　郑和研究

年 卷 期　1999 年 4 期

页　　码　60

题　　名　长乐南山寺与《郑和航海图》

作　　者　张善灼

刊　　名　郑和研究

年 卷 期　1996 年 4 期

页　　码　38

题　　名　长崎华侨史迹考察

作　　者　郭梁

刊　　名　南洋问题研究

年 卷 期　1989 年 4 期

页　　码　39 – 48

题　　名　**长崎华侨史迹若干考察**
作　　者　郭梁
刊　　名　华侨华人历史研究
年 卷 期　1990 年 1 期
页　　码　56 – 62
摘　　要　在中日两国经济文化交流史上,日本长崎占有极其重要的地位。在长崎人的生活习俗中,至今仍保留着许多中国人的古风遗迹,而在长崎各地,又到处都可以看到中日两国经济文化交流的遗迹和文物。长崎还是日本华侨的发祥地,世代居住在长崎的华侨就是进行中日交流活动的主角。本文通过对长崎华侨若干史迹的考察,探讨长崎华侨在中日交流史上的作用与地位。

题　　名　**长崎华侨史迹若干考察**
作　　者　李国梁
刊　　名　福建学刊
年 卷 期　1990 年 1 期
页　　码　73 – 79,87

题　　名　**长崎贸易中的唐通事**
作　　者　邵继勇
刊　　名　江南大学学报(人文社会科学版)
年 卷 期　2008 年 5 期
页　　码　60 – 65
摘　　要　唐通事是日本江户时代长崎贸易中对从事汉译人员的通称,唐通事职责重要,社会地位崇高,贡献巨大。唐船贸易长盛不衰的原因诸多,但唐通事发挥的作用不可低估。本文主要探索唐通事产生发展的渊源、构成,阐述分析唐通事在中日经济文化交流中的地位作用。

题　　名　**长沙交通史纲**
作　　者　陈先枢
刊　　名　求索
年 卷 期　2000 年 6 期
页　　码　109 – 112
摘　　要　湖南省会长沙以长江、洞庭湖和湖南四大水系为枝干所形成的水路交通网络,使长沙地区自古以来就成为中原地区南通两广、南海,西进云贵的中转地和走廊;同时,从赣、皖、苏、浙西进,从甘、陕、巴蜀南下和东上,长沙地区都是必经之地。这种区位交通优势对于长沙社会经济开发的促进作用,在古代,其影响力和依托性非常大;到近代,更成为促进长沙城市近代化的重要因素。

题　　名　**长沙开埠与城市空间的演变(1904 – 1927)**
作　　者　曾桂林
刊　　名　湖湘论坛
年 卷 期　2007 年 4 期
页　　码　52 – 54
摘　　要　1904 年长沙开埠通商是近代长沙城市空间演变的开端。商埠和租界的设立,在一定程度上促进了长沙城市经济的发展，由此在清末民初形成了新的经济空间，并导致长沙城墙的拆除，出现了公园、广场、商业建筑等新式的公共空间，从而改变了传统城市的空间形态与结构布局。

题　　名　**长沙开埠与湖南绅民阻止贝纳赐入城**
作　　者　罗玉明
刊　　名　怀化学院学报
年 卷 期　2004 年 23 卷 6 期
页　　码　88 - 91
摘　　要　1904 年，湖南省政府与日本签订条约，将长沙辟为通商口岸，英国政府拒不承认这一章程，支持商人贝纳赐入城经商，引起长沙绅民的反对。湖南政府力图和平解决这一事件，但失败了。长沙绅民在王先谦等的领导下，一方面向湖南政府施加压力，另一方面采取种种措施抵制贝纳赐的经商活动，迫使贝纳赐不得不迁出城外。

题　　名　**长沙窑——中外交流史的积淀**
作　　者　李建民
刊　　名　海交史研究
年 卷 期　1990 年 18 期

题　　名　**长沙窑瓷与丝绸之路**
作　　者　李建毛
刊　　名　海交史研究
年 卷 期　1996 年 29 期
页　　码　27 - 33

题　　名　**长溪赤岸的位置及其他**
作　　者　陈品全，俞郁田
刊　　名　福建论坛（人文社会科学版）
年 卷 期　1984 年 2 期
页　　码　44
摘　　要　沂中同志写的《日本空海和尚来到福州的始末》一文（登本刊 1983 年第三期），深入探索空海和尚来到福州的经过，是很有价值的文章。但文中一些史实，我们认为有出入，特提出商榷。

题　　名　**常骏行程研究**
作　　者　韩振华
刊　　名　中国边疆史地研究
年 卷 期　1996 年 2 期
页　　码　3 - 6，28
摘　　要　隋大业三年（公元 607 年）屯田主事常骏出使赤土国，其行程先后经历了南海诸岛和东南亚诸国，对常骏行程学界鲜有研究。本文考证了常骏海上行程所历诸地，纠正了中外学者在有关地名研究上的“舛误”，并认为：九州石即七洲洋，今之西沙群岛；焦石山为越象山；陵伽钵拨多洲为 Sa - ho 岬之一岛；师子石在暹罗湾中；狼牙须国位于马来半岛北部；鸡笼岛即吉兰丹；赤土国都僧祇城即新加坡岛。通过以上考证,更加丰富了南海史地的研究。

题　　名　畅销国际市场的古代德化外销瓷器
作　　者　叶文程,徐本章
刊　　名　海交史研究
年 卷 期　1980 年 2 期

题　　名　晁衡行实探略
作　　者　郭祝崧
刊　　名　文史杂志
年 卷 期　1999 年 4 期
页　　码　58 - 63

题　　名　巢湖水师俞氏家族之谜
作　　者　戴家彬
刊　　名　志苑
年 卷 期　2008 年 1 期
页　　码　35 - 37

题　　名　朝贡贸易制度论
作　　者　伍庆玲
刊　　名　南洋问题研究
年 卷 期　2002 年 4 期
页　　码　71 - 77
摘　　要　朝贡贸易是存在于古代中国——东亚和东南亚的一种地区合作制度,贸易成为相互联系的手段,目的是维系地区关系的和谐与秩序。它是中国传统文化的一个重要组成部分和外化,是中国古代外交思想的体现。它在有效运作的同时,也存在着因为制度缺陷而引发的矛盾和冲突。本文从历史学与国际关系学相结合的角度,客观评价了朝贡贸易制度的积极作用和不足之处。

题　　名　朝贡体系中的华侨华人(1000 - 1500 年)——一种世界体系视野的分析
作　　者　龙向阳
刊　　名　南洋问题研究
年 卷 期　2004 年 4 期
页　　码　21 - 27
摘　　要　本文以沃勒斯坦世界体系思想作为分析视野,对朝贡体系下的东南亚政治属性及其背景下的华侨华人体系的发展特征作出论述。

题　　名　朝贡制度的崩溃与近代外交制度的建立
作　　者　马彦丽
刊　　名　濮阳职业技术学院学报
年 卷 期　2008 年 21 卷 4 期

页　　码　110－111

摘　　要　朝贡制度曾是中国历代王朝处理民族关系和对外关系的主要模式，但是，自1840年鸦片战争开始，朝贡制度逐渐退出历史舞台，并为近代外交制度所取代。朝贡制度的终结，是中外朝贡关系和宗藩体制瓦解的必然结果。而近代外交翻度的建立，则是在中外实力对比发生变化的情况下，清朝统治者从自身利益考虑出发被迫作出的选择。

题　　名　**朝贡制度的理论渊源与时代特征**

作　　者　李云泉

刊　　名　中国边疆史地研究

年 卷 期　2006年16卷3期

页　　码　37－42

摘　　要　朝贡制度曾是中国历代王朝处理民族关系和对外关系的主要模式之一。源自先秦的华夏中心意识、大一统理念及“事大字小”的交邻之道虽为朝贡制度的建立提供了理论依据，但朝贡制度如何实施并在多大程度上奏效，则与当时局势和国力的强弱密切相关。因此，朝贡制度具有不同的时代特征。

题　　名　**朝鲜白江口之战——中日历史上的首次军事交锋**

作　　者　马钰

刊　　名　北京科技大学学报（社会科学版）

年 卷 期　1999年15卷1期

页　　码　33－37

摘　　要　古朝鲜国和汉四郡在朝鲜半岛的存在，密切了中朝人民之间的接触，加速了朝鲜社会生产力的发展，也加快了朝鲜本地国家政权的形成。朝鲜半岛三国并立及其相互战争，日本对朝鲜半岛的侵略扩张和中朝特殊关系，构成白江口之战的历史背景。中日首次军事交锋的直接导因、经过和基本特点。白江口战役对推动朝鲜半岛由长期分裂走向统一，对促进中日文化交流的繁荣发展，都具有重要意义。

题　　名　**朝鲜半岛的中国移民历史考察**

作　　者　林坚

刊　　名　延边大学学报（社会科学版）

年 卷 期　2009年42卷2期

页　　码　31－38

摘　　要　中国和朝鲜半岛在数千年来的交往中，人员往来频繁，渊源久远。从中国大陆移民到朝鲜半岛，其原因主要有：谋求生存（战乱避难、犯法避祸、宗族传布、东渡谋生），政治因素（政治亡命、外交出使、政治联姻、抗倭援朝），经济因素（外贸商事），偶然因素（遇风漂海），等等。经过漫长的岁月，他们逐渐融入了当地社会，但也保留了许多历史的痕迹。

题　　名　**朝鲜半岛现存金石碑志与古代中韩交往——以唐与新罗关系为中心**

作　　者　拜根兴

刊　　名　陕西师范大学学报（哲学社会科学版）

年 卷 期　2007年4期

页　　码　47－53

摘　　要　现存朝鲜半岛和唐朝关联的金石碑志共有233篇。金石碑志可验证、补充《旧唐书》、《资治通鉴》、《三国史记》等文献记载的缺失,有助于对入唐新罗僧侣关联问题的深入研究,对唐与朝鲜半岛关系重大问题的解决,提供更加翔实有力的证据。

题　　名　**朝鲜半岛与中国文化交流史概说**
作　　者　刘兆伟
刊　　名　锦州师范学院学报(哲学社会科学版)
年 卷 期　1998 年 1 期
页　　码　54 – 56

题　　名　**朝鲜半岛在唐末以前中日海上交往中的地位和作用**
作　　者　王莉
刊　　名　郑和研究
年 卷 期　1997 年 4 期
页　　码　21

题　　名　**朝鲜古代文化之东传(上)**
作　　者　王明星,王东福
刊　　名　通化师范学院学报
年 卷 期　2000 年 1 期
页　　码　36 – 40
摘　　要　在古代东亚世界中,朝鲜古代文化对日本产生过深远影响。本文认为,自百济儒生始传儒学后,姜沆再传具有朝鲜持色的朱学——退溪学,使日本儒学走上了独立的发展之路。同时,古代朝鲜在佛学、饮食等文化东传中也起到一定的作用。

题　　名　**朝鲜古代文化之东传(下)**
作　　者　王明星,王东福
刊　　名　通化师范学院学报
年 卷 期　2000 年 3 期
页　　码　41 – 44

题　　名　**朝鲜人崔溥《漂海录》的语言学价值**
作　　者　汪如东
刊　　名　东疆学刊
年 卷 期　2002 年 19 卷 1 期
页　　码　9 – 13
摘　　要　《漂海录》是 500 多年前朝鲜人崔溥撰写的长篇中国见闻录。本文从语言学的角度探讨其价值。日记中记录了大量口语色彩浓厚的对话,为研究当时的口语提供了宝贵的资料;地名中的儿化、外来语的读音等对汉语史的研究也有参考作用。

题　　名　**朝鲜使臣笔下的明代通州**
作　　者　杨昕

刊　　名　延边大学学报(社会科学版)
年 卷 期　2009 年 42 卷 2 期
页　　码　39－42
摘　　要　在中国与朝鲜长时间相互交往的过程中,中国经济的繁荣发达已经成为朝鲜的社会集体想象。朝鲜使臣在使行中国时,对明朝经济发达的通州留下了许多珍贵的记载。他们不仅记载了通州经济的繁荣,而且对京杭大运河的政治和军事作用提出了自己的见解。他们对通州漕运的盛况给予了详细的记载,并从细节上对中国的漕运制度进行了仔细的观察。通过对通州盛况的观照,朝鲜使臣进一步强化了对中国经济繁荣发达的社会集体想象,而这种社会集体想象,则是朝鲜使臣们希望本国繁荣富强的心理反映。

题　　名　朝鲜使臣眼中的运河与淮安——以权近《奉使录》为中心
作　　者　张德信
刊　　名　淮阴工学院学报
年 卷 期　2006 年 15 卷 6 期
页　　码　6－9
摘　　要　明朝开国之初,百废待兴,营建、粮饷等所需物资繁多,驿站的设置,道路的畅通,势在必然。朝鲜使臣权近往南京朝贡所行路线,由水路南下,经淮安、至南京。而返回时,亦由南京水路经淮安,再改陆路。权近《奉使录》以诗歌形式记述所历之地,所见之事,且在诗末或诗序中述其见闻。

题　　名　朝鲜燕行使臣与西方传教士交往考述
作　　者　杨雨蕾
刊　　名　世界历史
年 卷 期　2006 年 5 期
页　　码　126－131
摘　　要　自 17 世纪初开始,部分朝鲜入华朝贡使臣——燕行使臣在出使中国的过程中接触到西方文化。出于对异质文化的好奇和探求,他们在求购汉译西学书的同时,还访问北京天主堂,并积极主动地寻求与在华西方传教士进行直接对话。在西方传教士还未涉足“隐士之国”朝鲜之时,是燕行使臣的这些活动使西学从中国进一步东传朝鲜。西学初传朝鲜的主要推动者不是耶稣会士,而是朝鲜的燕行使臣,这与大航海时代以来西学初传中国和日本的途径是迥然不同的。

题　　名　潮海开关史事考略
作　　者　陈勇
刊　　名　汕头大学学报(人文社会科学版)
年 卷 期　2010 年 4 期
页　　码　40－45,94
摘　　要　对潮海开关的一些重要史事,诸如开关的具体时间、开关与开埠的关系、开关后潮海关与粤海关的财政关联等问题做了初步探讨。1860 年 1 月 1 日,汕头开埠通商;1 月 19 日,潮海洋关开设,外籍税务司制度建立。潮海开关后,常、洋两税分开征收,但两税的报解、奏销以及海关经费的支销仍归并于粤海关监督,潮海关与粤海关财政关系并未就此切断。

题　　名　潮汕地区的海外移民与地方社会研究述评
作　　者　冷东

刊　　名　海交史研究
年 卷 期　2000 年 38 期
页　　码　93 – 104
摘　　要　移民问题、特别是超越国界的移民问题,从古至今是影响人类社会的重大问题。人类文明在源文化的母体和地域中向外迁徙,从而取得发展和扩大,特别是这些迁移向海洋扩展的时候,影响就更加明显。在中国,这种海外移民并创造出惊人成就的现象,在东南沿海一带表现得特别明显,以东南亚为主要居住地的潮汕地区海外移民又是其中的突出代表,有关研究近年来更成为应令学术界瞩目的历史文化研究领域的新葩。

题　　名　潮汕籍华侨与泰国华侨华人的妈祖信仰
作　　者　李天锡
刊　　名　莆田学院学报
年 卷 期　2008 年 15 卷 1 期
页　　码　78 – 82
摘　　要　在清朝初年和第二次世界大战结束后,先后出现过两次闽粤人民移居泰国的高潮。随着华人的出国,尤其是潮汕人的出国,妈祖信仰开始在泰国传播开来,其传播时间至迟在清乾隆年间。潮汕华侨称所崇拜的妈祖称“七圣妈”,妈祖信仰体现出既保留中国宗教传统又部分与当地宗教文化融合的特色。

题　　名　潮汕善堂文化及其初入泰国考略
作　　者　林悟殊
刊　　名　海交史研究
年 卷 期　1997 年 32 期
页　　码　82 – 97

题　　名　潮汕外贸和潮瓷出口史话
作　　者　朱育友
刊　　名　岭南文史
年 卷 期　1992 年 3 期
页　　码　48 – 49

题　　名　潮州古船概述
作　　者　陈延杭
刊　　名　韩山师范学院学报
年 卷 期　1996 年 1 期
页　　码　46 – 52
摘　　要　潮州地处粤东,紧邻闽南,东南皆海,“左控闽漳,右临惠广,壮全潮之形势,为两省之屏藩”。虽属广东省,但却受福建的诸多影响。韩江北来,南流入海,形成河海水上网络。海湾曲折,南澳岛扼守东南海中,地理位置优越,成为历史上海上交通的要地。

题　　名　**潮州樟林港史略(上)**
作　　者　林远辉,张应龙
刊　　名　海交史研究
年 卷 期　1992 年 22 期
页　　码　80－89

题　　名　**潮州樟林港史略(续)**
作　　者　林远辉,张应龙
刊　　名　海交史研究
年 卷 期　1993 年 23 期
页　　码　92－110,57

题　　名　**车船考**
作　　者　冯汉镛
刊　　名　文史哲
年 卷 期　1957 年 9 期
页　　码　61－62
摘　　要　宋史岳飞传说:“(杨)么负固不服,方浮舟湖中,以轮激水,其行如飞。旁置撞竿,官舟迎之辄碎”。自从宋史记载了这种特殊的船只以后,而“车船”的名称,遂因杨岳大战,乃为人所熟知。不过知道车船的人虽多,但对于车船形状和它的创造时间有所了解的,则为数尚少。

题　　名　**车船制造考略**
作　　者　王界云
刊　　名　学术月刊
年 卷 期　1983 年 11 期
页　　码　75－77,79
摘　　要　宋初,洞庭湖地区的杨么农民起义军,使用过一种“新式战舰”,名曰“车船”,前后有两对轮桨,“置人于前后踏车,进退皆可”,船行如飞。船上还设“拍竿”,“其制如大桅,长十余丈,上置巨石,下作辘轳贯其颠。遇官军船近,即倒拍竿击碎之。”这种大型战舰与轻型的海鳅船(又名鳅头船)配合使用,可组成锐不可当的阵容,旧史称其“车船如陆战之阵兵,海鳅船如陆战之轻兵”,曾使官军“船不能近,每战辄败”。但是,这种奇迹般的车船的来历,长期却没有一个定论。

题　　名　**沉船考古与瓷器外销——以“碗礁Ⅰ号”资料为中心**
作　　者　吕军
刊　　名　博物馆研究
年 卷 期　2007 年 3 期
页　　码　62－65
摘　　要　水下(沿船)考古,在国际上诞生于二次世界大战之后,目前已经发展成为考古学的分支之一。我国的水下考古,则开始于 20 世纪 80 年代后期。目前,已经在广东正式建立了水下考古基地,而且还建立了国家级相关机构——中国水下考古研究中心。20 年来,我国水下考古事业有了一定的发展,开展的项目十数项。本文仅以“碗礁Ⅰ号”沉船资料为例,通过出水瓷器品种、器形以及装饰风格等方面特征的分析,主要探讨当时景德镇瓷业生产和海上“陶瓷之路”贸易情况以及清代瓷器外销路线等相关问题。

题　　名　沉没的锚链——甲午海战前中日海军近代化之比较
作　　者　高相国
刊　　名　军事历史
年 卷 期　1999 年 1 期
页　　码　25 – 31
摘　　要　19 世纪中叶,中日两个古老的东方国家在西方列强的暴力入侵和武力恐吓下被迫敞开已尘封了数百年的国门;在蒙受了签署不平等条约的耻辱后,他们终于直观而又痛苦地认识了近代海军这个新型战争机器的威力。

题　　名　陈偁和泉州市舶司的设置
作　　者　土肥祐子
刊　　名　海交史研究
年 卷 期　1988 年 13 期

题　　名　陈炽的水利河防思想
作　　者　王代莉
刊　　名　贵州师范大学学报(社会科学版)
年 卷 期　2003 年 5 期
页　　码　58 – 61
摘　　要　陈炽注重商业而不偏废农政,对水利河防尤为关注。他指出水利河防不兴则“民必贫窘”,分析水利河防不兴缘于教养缺失、生态不平衡、官僚腐败。提出的具体解决方案是:溯河而上、节节推进;开渠种树,标本兼治;效法英法等国,汇通中西,择善而从;官民共治,以官为主。

题　　名　陈炽与台湾海防浅谈
作　　者　方世藻
刊　　名　赣南师范学院学报
年 卷 期　1991 年 3 期
页　　码　13 – 16
摘　　要　十九世纪六、七十年代的中国,西方资本主义列强纷沓而至,民族危机日愈加深。一批资产阶级改良主义思想家,纷纷发表政论文章,提出“设议院”、“革新政治”、“收利权”、“发展民族工商业”和帝国主义进行“商战”等主张,陈炽便是其中之一。与众不同的是,陈炽对海防问题,独有建树,这便是主张加强台湾海防。本文试就该主张提出的历史背景,主要内容及其评价发表自己的浅见。

题　　名　陈埭丁氏回族汉化的研究
作　　者　庄景辉
刊　　名　海交史研究
年 卷 期　1993 年 24 期
页　　码　93 – 107,77

题　　名　**陈埭丁姓研究**
作　　者　福建省泉州海外交通史博物馆调查组
刊　　名　海交史研究
年 卷 期　1978 年 1 期

题　　名　**陈独秀海权观初探**
作　　者　史春林
刊　　名　安徽史学
年 卷 期　2005 年 3 期
页　　码　108－111
摘　　要　陈独秀认为一个国家要想成为世界上第一强国必定要有海上权力，若一国没有海权便像人没有手足无法行动，并以此为指导对中国近代有关海权的丧失和维护国家海权问题发表了自己深刻的见解，这对唤起当时国人关注海权的收回，增强海权意识具有重要作用。

题　　名　**陈洪照《吧游记略》——清初记述爪哇的另一要籍**
作　　者　陈佳荣
刊　　名　海交史研究
年 卷 期　1994 年 26 期
页　　码　75－82

题　　名　**陈化成厦门抗英说订正——读史小扎**
作　　者　刘广志
刊　　名　史学月刊
年 卷 期　1965 年 3 期
页　　码　84－85
摘　　要　陈化成是鸦片战争中领导吴淞战役的著名抗英英雄。人们论及鸦片战争时，常把林（则徐）邓（廷桢）并列，关（天培）陈（化成）同提，他在中国近代史上的地位愈来愈为人们重视。前年是陈化成殉国的一百二十周年，国内不少报刊发表了陈的传记性纪念文章，表彰他英勇反抗资本主义殖民强盗的不朽业绩。但从涉及的一些文章中看到，不少人对于陈化成是否参加了一八四〇年七月的厦门抗英之战问题还存在一些史实上的误识，因此有必要提出加以订正。

题　　名　**陈化成与吴淞抗英之战**
作　　者　刘广志
刊　　名　开封教育学院学报
年 卷 期　1981 年 1 期
页　　码　27－31
摘　　要　在第一次鸦片战争中，陈化成领导的一八四二年六月吴淞之战，是长江下游抗英斗争中规模最大的一次战役。陈化成和爱国官兵的英勇抗战，给英国侵略军以沉重地打击，表现了中国人民不畏强暴、反抗侵略的崇高爱国主义精神。

题　　名　陈化成与吴淞战役
作　　者　吴必尧
刊　　名　复旦学报(社会科学版)
年 卷 期　1995 年 2 期
页　　码　112－113
摘　　要　陈化成(1776－1842)字业章,号莲峰,出生于福建省同安县丙洲村一个塾师家庭。二十二岁投营于福建水师,累官至江南提督。一生戎马倥偬,著战功于闽、粤、江、浙;为官清正,驭军有纪,约已尤严;在第一次鸦片战争的吴淞战役中壮烈殉国。

题　　名　陈化成与吴淞战役考实
作　　者　李国环
刊　　名　史林
年 卷 期　1996 年 4 期
页　　码　35－41

题　　名　陈侃使琉球及其《使琉球录》的影响
作　　者　傅朗
刊　　名　海交史研究
年 卷 期　1996 年 30 期
页　　码　66－69

题　　名　陈伦炯与《海国闻见录》
作　　者　陈代光
刊　　名　地理研究
年 卷 期　1985 年 4 卷 4 期
页　　码　92－98
摘　　要　陈伦炯所著《海国闻见录》是我国十八世纪的地理著作,对我国后世海岸地理、世界地理的研究影响颇大,对今天的海防建设和沿海港口城市的建设也有参考意义。

题　　名　陈梦雷与妈祖文化
作　　者　郑丽航
刊　　名　莆田学院学报
年 卷 期　2009 年 3 期
页　　码　81－85
摘　　要　陈梦雷虽然一生坎坷,但著述不辍,亦为传承妈祖文化作出了一定贡献,他撰有赞颂妈祖神助收复台湾灵迹的赞文,在所编纂的大型类书《古今图书集成》中更收载有丰富的妈祖史料,对今天妈祖文化的深入研究具有重要意义。

题　　名　陈桥驿《水经注校释》评议
作　　者　严军
刊　　名　北京大学学报(哲学社会科学版)

年 卷 期　2004 年 2 期

页　　码　150 – 153

题　　名　**陈尚胜著《“怀夷”与“抑商”:明代海洋力量兴衰研究》**

作　　者　李金明

刊　　名　历史研究

年 卷 期　1998 年 5 期

页　　码　189

摘　　要　陈尚胜先生多年来致力于明清海外交通史研究,其新著《“怀夷”与“抑商”:明代海洋力量兴衰研究》一书从研究明代对外贸易政策入手,探索明代海洋力量由盛转衰的主要原因,堪称我国海外交通史研究的一部力作。下面粗略对该书作一评介。

题　　名　**陈绍宽海防思想简论**

作　　者　曹敏华

刊　　名　福建论坛(人文社会科学版)

年 卷 期　2003 年 5 期

页　　码　95 – 97

摘　　要　陈绍宽的海防思想是在一战结束后中国海防与海军现状令人堪忧的形势下产生的。海权观构成了其海防思想的核心内容。其海防思想与孙中山的海防思想一脉相承,并将孙中山提出的海军建设计划部分付诸实施,堪称孙中山海防思想的忠实继承者和执行者。

题　　名　**陈绍宽海防思想论析**

作　　者　潘前之

刊　　名　军事历史研究

年 卷 期　2007 年 4 期

页　　码　155 – 158

摘　　要　陈绍宽曾任南京国民政府海军部部长、海军总司令,是中国近代海军杰出将领。他的海防思想,代表了民国海防思想发展的较高水平,内容十分丰富。主要包括三个部分:一是海权关系到国家实力、主权和国际地位的海权思想;二是治标和治本的海军建设思想;三是集中实力等海军战术思想,其中不乏高明之见,对当今海军建设具有一定的参考价值。

题　　名　**陈瑄与《宝山烽堠碑》**

作　　者　饮石

刊　　名　郑和研究动态

年 卷 期　2008 年 3 期

页　　码　19 – 20

题　　名　**陈沂《澳门》一书中保存的中葡澳门交涉史料**

作　　者　田映霞

刊　　名　文化杂志

年 卷 期　1999 年 38 期

题　　名　陈沂和他的《报恩寺琉璃塔记》
作　　者　范金民
刊　　名　郑和研究
年 卷 期　2007 年 4 期
页　　码　9 – 15

题　　名　成国渠及沿线历史地理初探
作　　者　李健超
刊　　名　西北大学学报(哲学社会科学版)
年 卷 期　1977 年 1 期
页　　码　48 – 55,64 – 66

题　　名　成弘时期外来进贡使臣与中国社会——以《皇明条法事类纂》为中心的考察
作　　者　吴启琳,吴自锋
刊　　名　西南科技大学学报(哲学社会科学版)
年 卷 期　2008 年 25 卷 4 期
页　　码　101 – 106
摘　　要　一直以来,学术界对明代朝贡贸易多有关注,但其中大多是从中外交通史角度来认识这一问题,而少有通过外来进贡使臣在中国的活动来认识中国社会内部结构及其变迁的成果。明代中叶法律文书汇编——《皇明条法事类纂》对成弘时期外来进贡使臣在中国的生活有诸多记载,通过对明成弘时期外来进贡使臣在中国的生活情况的考察可以看出,时至成弘时期,伴随着商品经济的繁荣,外来进贡使臣频频来到中国进行所谓的“朝贡贸易”;在中国境内生活期间,与中国社会展开了充分地互动,表明整个明王朝正进行着一次深刻的社会转型。

题　　名　承前启后的元代船舶
作　　者　杨熺
刊　　名　大连海事大学学报
年 卷 期　1983 年 9 卷 S1 期
页　　码　105 – 119
摘　　要　元朝,是立国比较短的一个朝代,其兴衰不过九十年,因此以往对元代的造船历史疏于研究。但元代的造船工业,承于唐、宋之后,又在明代之前,处于我国造船史上的两个高峰之间,居于承前启后的位置。元代致力于发展海、河运输和扩建水军,造船的能力和技术均较前代有所提高。在此基础上,明代继承元制,形成了我国造船史上的元、明鼎盛时期。本文对元代海、河船舶建造的创新和成就,作了一些初步的探讨。

题　　名　乘风破浪话宝船
作　　者　庄为玑
刊　　名　文史知识
年 卷 期　1984 年 3 期
页　　码　83 – 86

题 名 **乘风破浪话船史**
作 者 林琳
刊 名 文史杂志
年 卷 期 1994 年 6 期
页 码 34－35

题 名 **程璧光被刺案考析**
作 者 黄国盛,杨奋泽
刊 名 内蒙古大学学报(人文·社会科学版)
年 卷 期 1984 年 2 期
页 码 76－83
摘 要 程璧光(1861－1918),字恒启,号玉堂,广东香山县(今中山县)人。十六岁入马江船政局水师学堂学习,毕业后,被派当扬武舰见习生,此后即在海军界任职。1916 年黎元洪、段祺瑞执掌中央政权时,曾任海军总长。1917 年被推举为广州护法军政府海军部总长。程璧光是中国近代海军的重要将领之一,也是中国近代史中颇有影响的人物。特别是他在段祺瑞乱国、张勋复辟期间,毅然脱离北洋军阀政府,响应孙中山的护法号召,率领拥有海军主力的第一舰队,南下广州参加护法斗争,轰动中外,影响深远。程璧光的这一行动,对北洋军阀政府是个严重打击,对资产阶级革命派的斗志是个极大鼓舞。

题 名 **程祖洛在福建的海防措施述略**
作 者 汪庆元
刊 名 理论建设
年 卷 期 1988 年 2 期
页 码 94－95

题 名 **澄清船政史研究中的几个问题**
作 者 陈道章
刊 名 船史研究
年 卷 期 1996 年 10 期

题 名 **持渡书在中日书籍史上的意义——以《戌番外船持渡书大意书》为说**
作 者 周振鹤
刊 名 复旦学报(社会科学版)
年 卷 期 2007 年 3 期
页 码 25－32
摘 要 公元 1753 年一南京船漂着于日本八丈岛,船上带有 441 种中国书籍。这些书籍的内容被写成《戌番外船持渡书大意书》,成为一份重要的书籍史研究资料。本文以《大意书》作为例证,分析了清乾隆时期中日书籍交流情况,并进而探索大意书内容在中国目录学与版本学研究方面的重要意义,从而建议有计划地进行江户时代持渡书书目、大意书与中国公私书目、及今日馆藏书目的比较研究,以扩大书籍史的研究范围并提高其水平。

题　　名　**赤岸、空海、中日友谊**
作　　者　王凌
刊　　名　福建论坛(人文社会科学版)
年 卷 期　1986 年 5 期
页　　码　74－75,52

题　　名　**赤壁大战遗址在蒲圻之新佐证——丁母山之战**
作　　者　邹绍华,王钰磊
刊　　名　咸宁师专学报
年 卷 期　2002 年 22 卷 5 期
页　　码　128－129
摘　　要　从丁母山之战这一侧面论证赤壁大战遗址在蒲圻。主要从丁母山的重要的战略位置,丁母山之战两个方面展开讨论。特别是从史籍记载,民间族谱,实地考察,出土文物,遗迹遗址,民间传说等诸多方面来证明公元 208 年赤壁大战前,在丁母山一带曹军与孙刘联军曾发生过一次遭遇战。

题　　名　**赤壁古战场多起烽烟探因**
作　　者　卫衍翔
刊　　名　鄂州大学学报
年 卷 期　1997 年 3 期
页　　码　33－37
摘　　要　本文评析了有关赤壁古战场地址的主张的各自依据,指出各执一词在历史地名沿革上的局限;从而提出诸说兼容的新主张。

题　　名　**赤壁古战场考辩**
作　　者　冯金平
刊　　名　文史哲
年 卷 期　1978 年 5 期
页　　码　75－76

题　　名　**赤壁古战场历史地理研究**
作　　者　张修桂
刊　　名　复旦学报(社会科学版)
年 卷 期　2004 年 3 期
页　　码　94－103
摘　　要　发生在东汉建安十三年的“赤壁之战”,是我国历史上一次著名的战役。本文认为,战役的整个过程,包括赤壁遭遇战、乌林追逐战和华容道逃窜三个不可分割的组成部分,战场纵深三百余里。展开遭遇战的赤壁,即今武汉市武昌西南的赤矶山,虽已湮没,应为其正名。沿江追逐战至乌林结束,其对岸的今赤壁市赤壁山,虽非初战赤壁,但也是整个赤壁古战场的重要组成部分。曹操逃窜的华容道,横贯于今江汉平原的中部。黄州赤鼻山,与“赤壁之战”的赤壁当无关系。

题　　名　赤壁古战场在湖北汉川
作　　者　冯汉江,陈中林
刊　　名　中国农业大学学报(社会科学版)
年 卷 期　2005 年 2 期
页　　码　96 – 100
摘　　要　文章通过理论研究、遗迹考察和战况分析,认为赤壁之战不是发生在长江上,而是发生在汉水上;且赤壁古战场的位置应在湖北汉川赤壁(今汉川市赤壁街)、乌林(今汉川市垌冢镇)一带。

题　　名　赤壁考
作　　者　吴应寿,张修桂
刊　　名　复旦学报(社会科学版)
年 卷 期　1980 年 S1 期
页　　码　131 – 135
摘　　要　东汉末孙权、刘备与曹操之间的赤壁之战,是我国历史上以少击众,以劣势对优势而获胜的著名战例。千多年来,它一直被描写在小说上、戏曲上,为广大人民所熟知。但遗憾的是这个著名战地究竟在何地,至今还没有一个定论。一九七七年《光明日报》史学上发表了丁力同志《赤壁究竟在何处?》的来信,一九七八年《文史哲》第五期又发表了冯金平同志《赤壁古战场考辩》一文,他们都认为解放后不少出版物把赤壁的地点放在今湖北嘉鱼县东北是错误的,是沿袭旧《辞源》之误,古赤壁应是今湖北蒲圻县西北的赤壁山。他们所说的只是唐代以来通行的一种说法,并没有成为定论。古赤壁所在地的传说很多而遗留下来可供鉴别真假的史料却不多。要解决赤壁问题,除就现有史料进行全面深入的分析外,还须与赤壁附近长江河床历史演变的研究结合起来才有可能。这里提出我们的一些看法,供同志们参考。

题　　名　赤壁考
作　　者　丁力
刊　　名　社会科学战线
年 卷 期　1981 年 1 期
页　　码　190 – 199
摘　　要　赤壁之战,是我国历史上著名战役。但赤壁在何处、赤壁与乌林相距多远,自南北朝起,就其说不一,许多史地学家经论证赤壁在今湖北省蒲圻县西北的江南岸,但持异议的仍不少见,如近年有些出版物中,即注为“在今湖北嘉鱼县东南。”甚至还有人根据郦道元的《水经注》和盛宏之的《荆州记》,认为赤壁即今武昌县(纸坊)西南的赤矶山(见一九七七年十二月十五日《尤明日报》《史学》专刊吴应寿同志《也谈赤壁在何处》一文)。因而考定赤壁究竟在何处,还是很有必要的。我经过反复研究并对这一带地形进行了考察,认为:武昌县赤矶山说和嘉鱼县东北说,不能成立。只有蒲沂县赤壁,才是真正的古赤壁。

题　　名　赤壁考
作　　者　陈可畏
刊　　名　史学月刊
年 卷 期　1984 年 3 期
页　　码　24 – 28
摘　　要　东汉末年的赤壁之战,是我国历史上一次以少胜多的著名战役。赤壁之战的统帅之一曹操是当时卓越的军事家,精通《孙子兵法》,善于用兵。例如在官渡之战中,他曾以一万余人击败了袁绍十多万大军,同时还粉碎了刘备割据徐州的尝试和消除了汝南黄巾在后方的威胁。但是在赤壁之战中,他却以二、三十万大军败给了只有四、五万人的孙权、刘备联军。关于赤壁之战的赤壁,众说纷纭,至今还没有一致的结论。古赤壁究竟在何处?仅就这个问题谈一点自己的意见。

题　　名　赤壁考
作　　者　王剑英
刊　　名　史学月刊
年 卷 期　1985 年 6 期
页　　码　27 – 33

题　　名　**赤壁战场在武昌**
作　　者　李永富
刊　　名　咸宁师专学报
年 卷 期　1995 年 1 期
页　　码　58

题　　名　**赤壁战地辨析——与万绳楠先生商榷**
作　　者　王琳祥
刊　　名　安徽师范大学学报(人文社会科学版)
年 卷 期　1992 年 20 卷 4 期
页　　码　446 – 454
摘　　要　近读万绳楠先生的大作《赤壁之战拾遗》(以下简称《拾遗》,载于《安徽师大学报》哲学社会科学版 1992 年第 2 期)受益颇多,万先生否定蒲圻赤壁之说,深得我心,但关于长江南岸的武昌赤壁即孙曹初战的赤壁,而黄州赤壁始于北宋苏轼的论断,笔者却不能苟同,故草撰是篇,旨在共同探讨,恢复历史本来面目。

题　　名　**赤壁战役时间考论**
作　　者　张靖龙
刊　　名　学术月刊
年 卷 期　2004 年 2 期
页　　码　51 – 58
摘　　要　赤壁之战"十月"之说,既与史料记载赤壁之战爆发前的"盛寒"季节不合,又与曹操战前在江陵逗留许久等情况矛盾,难以成立;"十一月"之说,部分受《三国志通俗演义》之影响,且不明该年有闰十二月,以致折中于《三国志》记载与孙盛的疑问之间。孙盛《异同评》之误解,乃因不明纪传体史书中纪、传的不同功能及叙事方法所致。赤壁战役发生时间,陈寿《三国志》、袁宏《后汉纪》记载的"十二月",准确可信。由此为赤壁之战研究中有关分歧的解决奠定了基础。

题　　名　**赤壁之战的若干问题辨正**
作　　者　刘孔伏,潘良炽
刊　　名　贵州文史丛刊

年 卷 期 1990 年 3 期
页　　码 19－23
摘　　要 三国时期的赤壁之战，孙、刘联军以五万人的兵力击败曹操数十万大军，从而揭开了三国鼎立局面的帷幕。有关赤壁之战的若干问题，史学界历来存在着不同意见的争论。早在五十年代，有的史学家就对赤壁是否发生过大规模的战争表示了怀疑，近年来，史学界又就此展开了讨论。这次讨论，是以尹韵公同志的《赤壁之战辨》为发端，他从时间和军事的角度出发，认为赤壁之战不是大战，而是小战，是曹操所率的五千轻骑与数量上占绝对优势的孙、刘联军的遭遇战。这个观点的提出，引起史学界对赤壁之战各方面问题的再次探讨。我们认为，对赤壁之战的研究尽管有了新的争论和进展，但有若干问题尚可再作进一步的。

题　　名 赤壁之战斗舰的复原研究
作　　者 李蕙贤，文尚光
刊　　名 武汉理工大学学报（交通科学与工程版）
年 卷 期 1990 年 14 卷 3 期
页　　码 310－316
摘　　要 斗舰是东汉末年及三国时期长江中下游的一种装备精良的新型战船。在决定三国鼎立局面的赤壁之战中，孙刘联军曾以之作为前锋，一举粉碎了曹操优势兵力的进攻。斗舰的型制在文献中有简略的记载，并有外观草图传世。我们依现代造船原理对这些历史资料进行了分析研究，参照当时的造船技术水平及其他有关材料，进行复原设计，力求再现斗舰之真貌，现已制成 1∶30 的模型，陈列于北京中国人民革命军事博物馆古代战争馆内。

题　　名 赤壁之战古战场新考——真正赤壁之战古战场在汉川
作　　者 冯汉江，陈中林
刊　　名 荆州师范学院学报
年 卷 期 2001 年 6 期
页　　码 102－108
摘　　要 本文以翔实史料论证三国时期的赤壁之战不是发生在长江上，而是发生在汉水上。文章通过对在汉川境内的众多有关赤壁之战遗址、遗迹和遗物的考证以及引证大量的历史文献并结合对赤壁之战当时的战况的分析，指出蒲圻、武昌、嘉鱼、黄州、汉阳、钟祥赤壁不是赤壁古战场；论证真正赤壁之战古战场应在汉水下游的汉川赤壁街和垌冢镇（古代乌林镇）一带。

题　　名 赤壁之战无需置疑——与尹韵公同志商榷
作　　者 谭绍鹏
刊　　名 学术论坛
年 卷 期 1981 年 5 期
页　　码 80－83
摘　　要 《光明日报》今年三月三十一日的《史学》专刊上，发表了尹韵公同志《赤壁之战辨》一文。文中对历史上的著名战役赤壁之战提出了新见解，认为历史上根本没有这场大战，而只是一次小规模的遭遇战。这种对于历史科学勇于探索的精神值得钦佩。然而，本着实事求是的原则，我也在此谈谈个人的看法。

题　　名　赤壁之战析——与尹韵公同志商榷
作　　者　伊丁
刊　　名　青海社会科学
年 卷 期　1981 年 4 期
页　　码　85 – 88
摘　　要　赤壁之战是历史上一次有名的战役,这一战的结局对魏蜀吴三国鼎立的形势发生了决定性作用。这一点是无可置疑的。但是建国以来,有些史学家对赤壁之战规模的大小,曹操之败的原因等等提出疑问。

题　　名　赤壁之战新论
作　　者　闵和顺
刊　　名　湘潭大学社会科学学报
年 卷 期　1987 年 4 期
页　　码　98 – 102

题　　名　赤壁之战新论
作　　者　简修炜,陈长琦
刊　　名　江汉论坛
年 卷 期　1988 年 7 期
页　　码　60 – 64

题　　名　赤壁之战与东风之谜——兼与易中天先生商榷
作　　者　钱玉趾
刊　　名　文史杂志
年 卷 期　2007 年 1 期
页　　码　22 – 24

题　　名　赤壁之战与江汉九赤壁
作　　者　王琳祥
刊　　名　黄冈师范学院学报
年 卷 期　1994 年 14 卷 3 期
页　　码　57 – 61
摘　　要　长江及其支流流经湖北地段,两岸多赤色岩石。由于水流冲击,赤石外现,故“赤壁”之地名甚多。东汉建安十三年(公元 208 年)爆发的一场以少胜多、以弱胜强的著名战役,史书载明其地点是在赤壁,故名“赤壁之战”。1700 多年来,人们考证古战场究竟在哪一个赤壁,一直没有定论,留下一大悬案。近年来开发旅游资源,争论更趋热烈。为探寻赤壁古战场遗址,笔者奔波于各地。现就江汉九赤壁之来龙去脉,提供一个鸟瞰式视角。

题　　名　赤壁之战与借东风——《三国演义》战例分析之一
作　　者　李孝堂
刊　　名　齐齐哈尔大学学报(哲学社会科学版)

年卷期 1990年6期
页　码 69－74

题　名 **赤壁之战再辨**
作　者 尹韵公
刊　名 学习与探索
年卷期 1990年1期
页　码 138－142
摘　要 数年前,拙作《赤壁之战辨》(刊于1981年3月31日《光明日报》史学版)发表后,曾在史学界引起争论。现在仅就其中几个问题再作探讨,如有偏颇之论,不当之处,仍盼师长和方家们多多指教。

题　名 **赤壁之战再评价**
作　者 胡觉照,王铎
刊　名 汉中师范学院学报
年卷期 1997年15卷1期
页　码 27－31

题　名 **赤壁之战战地在黄州**
作　者 刘盛佳
刊　名 华中师范大学学报(人文社会科学版)
年卷期 1991年6期
页　码 115－121
摘　要 东汉末年的赤壁之战是中国历史上最著名的以弱胜强、以少胜多战例,并且还是一战定三分的局面,结束东汉,形成由魏、蜀、吴三国时期的重大战役。历史上赤壁之战研究的最大悬案便是其战地始终未能确指。本文通过赤壁之战前的军事态势和曹军的攻击目标,曹操进攻刘备的进军路线和军事部署,赤壁之战的水陆战场和火烧环境三个部分的分析,认为赤壁之战战地是著名的黄州赤壁。

题　名 **冲绳出土的中世纪中国陶瓷——求证中世纪冲绳与中国陶瓷贸易的接点**
作　者 三上次男
刊　名 海交史研究
年卷期 1988年14期

题　名 **崇明近代军事战略地位探析**
作　者 武吉云
刊　名 军事历史研究
年卷期 2010年4期
页　码 75－83
摘　要 崇明凭藉其得天独厚的军事地理位置,在明清两朝抗倭、荡寇及抵御明朝海上残余势力斗争中发挥了重要作用,军事战略地位曾显赫一时。近代以来,随着海防、海权思想和西方海军建设、战略战术的发展,及清廷在"坚船利炮"面前的海防战略收缩,崇明的军事战略地位日益衰落。崇明近代军事战略地位的历史演变,是本文研究的重点。

题　　名　**初步解读英国学者孟席斯新论**
作　　者　刘达材
刊　　名　郑和研究
年 卷 期　2003 年 F03 期
页　　码　38 – 40
摘　　要　正当举世迎向郑和下西洋 600 周年前夕，继去年 10 月美国“时代”（TIME）周刊发表大幅郑和历史研究之后，今年 3 月英国一位历史学者孟席斯亦公开发表惊世新论：“郑和首先环球航行发现新大陆。”该观点自媒体发表以来，举世震惊。根据他历时 14 年搜集的资料证据与研究，这位英国学者挑战历史的观点，认为：中国人比哥伦布早 72 年首先发现新大陆。此项新的论点果能成立，识者认为真的可以改写历史。

题　　名　**初步解读英国学者孟席斯新论：郑和首先环球航行发现新大陆**
作　　者　刘达材
刊　　名　回族研究
年 卷 期　2003 年 1 期
页　　码　38 – 40

题　　名　**初探近代闽江茶叶贸易对福州港兴衰的影响**
作　　者　刘锡涛，黄廷
刊　　名　茶叶科学技术
年 卷 期　2009 年 2 期
页　　码　44 – 47

题　　名　**初探近代闽江茶叶贸易对福州港兴衰的影响**
作　　者　刘锡涛，牛江红
刊　　名　广东茶业
年 卷 期　2009 年 4 期
页　　码　12 – 16
摘　　要　五口通商以来，福州港很快成为驰名中外的“茶港”，然而，福州港的兴起并不是一帆风顺的：从五口通商后的贸易低潮到十九世纪八十年代的贸易鼎盛，再到后来的低潮，其中茶叶贸易的兴衰变化起了至关重要的影响。

题　　名　**初唐时期的江淮漕运**
作　　者　张荣强
刊　　名　中国社会科学院研究生院学报
年 卷 期　2005 年 1 期
页　　码　112 – 117
摘　　要　《新唐书·食货志》记唐都长安“常转漕东南之粟”，学界通常认为这是安史之乱后的事，这种观点值得进一步分析。唐初武德、贞观年间，“漕事简”，漕粮主要来自传统的赋税基地即黄河中下游流域。高宗、武后时期，随着中央用度的急剧增加，漕运进一步发展。而此时由于东北、北部边境屯驻重兵，黄河中下游地区的租赋主要供应军需，上解京师的数额大为减少。这种形势下，江淮地区就成为入京漕运的主要来源。

题　　名　**初元三年汉弃珠崖郡刍议——兼论汉代边疆政策**
作　　者　高荣
刊　　名　中国边疆史地研究
年 卷 期　1999 年 4 期
页　　码　22－28

题　　名　**除弊兴利 安国惠民——裴耀卿整顿开元漕运及其影响**
作　　者　李永康，张彩琴
刊　　名　沧桑
年 卷 期　1996 年 6 期
页　　码　46－49
摘　　要　裴耀卿(681－743)，字焕之，绛州稷山(今山西省稷山县)人，是河东望族——裴氏家族历史上一个杰出的代表人物，在唐开元年间曾历任长安令、济州刺史、京兆尹、黄门侍郎、同中书门下平章事充江淮、河南转运使、侍中，左、右丞相等职。裴耀卿数十年仕途生涯，职显权重，而又敬业尽职，颇有作为，是开元年间名相。特别是他主持漕运整顿工作，对当时及中唐的政治经济都产生了较大的影响，为开元时期政治的稳定和经济的发展做出了积极的贡献。

题　　名　**楚国的水上交通运输**
作　　者　郭德维
刊　　名　中华文化论坛
年 卷 期　1995 年 2 期
页　　码　40－47

题　　名　**楚国的舟船**
作　　者　郑昌琳
刊　　名　春秋
年 卷 期　1987 年 6 期
页　　码　59－60

题　　名　**楚国水军初探**
作　　者　郭力宜
刊　　名　求索
年 卷 期　1985 年 6 期
页　　码　92－94
摘　　要　春秋中、后期、倚江傍海的吴、越崛起，与“皆在江上楚蛮之地”的楚国分庭抗礼。从此，春秋争霸战场上的战争形式发生了前所未有的变化，由陆上作战转变为水陆两路作战，我国古代最早的水军(《左传》记载，当时称为“舟师”)开始出现了。正如清人顾栋高在《春秋大事表·春秋左传兵谋表叙》中总结的：“传文所载，初年仍古法用车，最后毁车崇卒，吴楚越则用舟师。”本文拟通过对楚国水军及水战的探讨,反映春秋争霸战史的一个侧面。舛误之处,敬请方家指正。

题　　名　楚国舟师略考
作　　者　刘弘,李克能
刊　　名　江汉考古
年 卷 期　1993 年 4 期
页　　码　68－71

题　　名　楚文化于战国秦汉时期的张扬
作　　者　李江涛
刊　　名　湖北美术学院学报
年 卷 期　2008 年 2 期
页　　码　24－27
摘　　要　简要论述了楚文化的精神与特质;战国时期楚文化从江汉平原扩展至整个长江流域;在秦代由方士韩终率楚地罗、卢氏族至朝鲜半岛,至今仍保留在韩国的风俗习惯与楚文化密不可分;两汉时期汉文化中浓重的楚文化痕迹,初步探索楚文化发展与张扬的线索。

题　　名　触手皆珍构宏篇——松浦章《清代上海沙船航运业史的研究》述评
作　　者　范金民
刊　　名　史林
年 卷 期　2005 年 3 期
页　　码　111－115
摘　　要　日本关西大学文学部教授松浦章先生,致力于清代海外贸易史和上海沙船航运史的研究,20 多年来发表了一系列相关论文。继两年多前出版了填补空白性的专著《清代海外贸易史的研究》(朋友书店,2002 年)之后,今又推出另一部集大成式的专著《清代上海沙船航运业史的研究》,作为关西大学东西学术研究所研究丛刊第 25 种,由关西大学出版部于 2004 年 11 月出版。该书为 16 开本,共 565 页。两书堪称分别论述清代对外贸易和沙船沿海航运的姊妹篇。

题　　名　川江航运与啯噜消长关系之研究
作　　者　秦和平
刊　　名　社会科学研究
年 卷 期　2000 年 1 期
页　　码　127－131
摘　　要　游民、游民组织及其消长因素的研究,在今天有着特殊的现实意义。依据史实,以川江上货物、人员的互动关系,剖析清代乾隆至咸同年间活跃在四川的游民团体——啯噜的消长因素,可以发现乾隆年间西南地区铜、铅业的开掘与贩运,失业纤夫等流动人口滞留四川,其中一些人从事抢掠等活动,形成了啯噜,给四川社会造成较大的危害;光绪年间,川江航道上运输业的变化(主要是鸦片外销及走私)等因素的作用,消化了部分外来游民,致使啯噜消亡。

题　　名　川江号子的形成、内容与文化精神
作　　者　李良品

刊　　名　涪陵师范学院学报
年 卷 期　2003 年 19 卷 2 期
页　　码　58 – 61
摘　　要　川江号子是三峡地区船工们拉纤、摇橹、推桡时唱的劳动歌。它的形成与三峡地区特殊的地理环境、三峡人能歌善舞的习俗与直率豪爽的性格有关。川江号子词或描述峡江两岸的风土民情、古迹物产，或反映船工们战滩斗险的风貌及凄苦悲惨的命运，或表达船工夫妻真挚的情爱与调侃异性的诙谐。川江号子中蕴含着三峡人坚毅不拔、团结协作、对外开放的文化精神。这些精神被三峡地区的人们代代传承。这是一笔可贵的精神财富和不朽的文化遗产。

题　　名　**川江木帆船史话**
作　　者　许增泽
刊　　名　巴蜀史志
年 卷 期　2008 年 1 期
页　　码　46

题　　名　**川沙县、武进县发现重要古船——从独木舟向木板船的过渡形式**
作　　者　王正书，杨宗英，黄根余
刊　　名　船舶工程
年 卷 期　1980 年 2 期
页　　码　62

题　　名　**川扬河古船结构的特征及历史意义**
作　　者　王正书
刊　　名　考古
年 卷 期　1984 年 7 期
页　　码　664 – 666，653

题　　名　**传播学视野下郑和下西洋中的物质文化传播**
作　　者　张良君
刊　　名　衡阳师范学院学报
年 卷 期　2008 年 29 卷 5 期
页　　码　133 – 135
摘　　要　在郑和下西洋中，郑和使团与海外诸国进行了多方面的文化传播，物质文化传播是其传播的主要内容之一。在郑和使团与海外进行的物质文化传播中，无论从传播者还是受传者来看，作为传播媒介的物资都有一定的传播意义，传播目的明确，传播类型多样，传播范围广泛，实现了一定的传播效果。

题　　名　**传播中华文明的伟大使者——纪念郑和下西洋 600 周年**
作　　者　万明
刊　　名　求是
年 卷 期　2005 年 13 期
页　　码　15 – 17

摘　　要　在中国乃至世界航海史上,郑和下西洋都是令人瞩目的伟大事件。600年前,以强盛的综合国力为后盾,明朝永乐皇帝作出了派遣郑和下西洋的决策。郑和率领规模庞大的船队七下西洋,在世界航海史上写下了光辉的一页,成为中国古代海洋事业鼎盛的象征。它毋庸置疑地证明:中国拥有当时世界上最为强大的海上力量,中国的造船技术和航海能力达到了当时世界的巅峰。

题　　名　**传承明初的下关造船业**
作　　者　赵洪平
刊　　名　郑和研究
年 卷 期　2008年3期
页　　码　38－39
摘　　要　南京城区西北部的下关,是长江下游的著名港口,也是建康(南京)地区沿袭800多年的船舶修造基地。明初的龙江船厂,在此打造郑和下西洋用船,将我国古代木帆船修造事业推向了世界顶峰;清代,我国第一艘蒸气机轮船"黄鹄"号是在这里试航成功的。新中国建立后,这里又成为南京的船舶制造基地,声振海内外。

题　　名　**传奇海盗汪直和明朝海禁**
作　　者　当年明月
刊　　名　各界
年 卷 期　2008年7期
页　　码　41－45
摘　　要　明朝中期,倭寇成为明政府的重要外患。前期倭寇是"真倭",绝大部分由日本人和少数朝鲜人组成,后期大多数是"从倭",即参与倭寇之乱的中国人。

题　　名　**传统海防观与林则徐海防思想刍议**
作　　者　黄顺力
刊　　名　中国国情国力
年 卷 期　2001年11期
页　　码　69－71
摘　　要　鸦片战争是中国历史发展的一个重大转折点,中国作为一个陆海兼资的大国,曾有着悠久的海防思想遗产、有过较为完整的海防建设体系,但清政府在鸦片战争中却无力应付来自西方海上强权的挑战。鸦片战争的失败,原因甚多,其中传统海防观对国人的深层影响,也是原因之一。本文试就传统海防观与林则徐海防思想的发展变化问题做一点粗浅的分析,就教于各位前辈学长。

题　　名　**传统妈祖信仰中的民间叙事与官方叙事**
作　　者　张士闪
刊　　名　齐鲁艺苑
年 卷 期　2007年6期
页　　码　87－91
摘　　要　本文借鉴法国著名历史学家哈布瓦赫的集体记忆理论,透过千百年间围绕妈祖信仰而孕生出的神话传说、庙记碑文等文本予以分析。笔者认为,这些文本内含民间叙事与官方叙事的不同立场,并反映出国家政治与民间社会的微妙关系。事实上,正是在民间社会与国家政治的长期互动中,妈祖信仰不断地发生重构，从而为两者之间的文化认同提供必要的材料与路径。

题　　名　**船舶石制碇泊工具初考——从泉州湾新发现的三块石碇谈起**
作　　者　杨钦章，叶道义
刊　　名　海交史研究
年 卷 期　1989年15期
页　　码　4－13

题　　名　**船舶始祖——独木舟**
作　　者　吴克彪
刊　　名　中国海事
年 卷 期　2005年5期
页　　码　63
摘　　要　我国水运历史源远流长，史料记载已有7000多年，是以筏和独木舟下水为开端的。独木舟的出现，是人类历史上我们祖先征服水的一项伟大创意。它的出现，使原始人类在水上的活动范围有了新的扩展，为上古的先民开拓了更大的生活领域，捕鱼游猎得以迅速发展，而且扩大了与四邻氏族部落的联系。同时，揭开了水上交通事业历史的序幕。

题　　名　**船的发展历程**
作　　者　沈晓文
刊　　名　科学24小时
年 卷 期　2005年2期
页　　码　42－43

题　　名　**船的起源**
作　　者　狄克莱
刊　　名　船史研究
年 卷 期　1986年2期

题　　名　**船棺种族之属辨诬**
作　　者　李子
刊　　名　武夷学院学报
年 卷 期　2008年27卷1期
页　　码　46－49
摘　　要　本文针对学界将福建上古时期指认为古越地古越人的错误，从“船棺为古闽族人葬俗”入手多方揭示上古时期闽非越或闽越，并指出把闽误认为越的种种原因，还原了被人遗忘和扭曲的古闽地古闽族的历史真实。

题　　名　**船检史话之五：汉代舟船勘察与海上丝绸之旅**
作　　者　曹凛
刊　　名　中国船检

年卷期 2008年7期
页　码 88－90

题　名 **船检史话之三十五:金朝船只的建造与监察**
作　者 曹凛
刊　名 中国船检
年卷期 2011年1期
页　码 82－85

题　名 **船检史话之三十六:《河防通议》与内河施工船**
作　者 曹凛
刊　名 中国船检
年卷期 2011年2期
页　码 92－94

题　名 **船型发展规律初探**
作　者 金柱青,郭彦良,吴正廉
刊　名 船舶工程
年卷期 1986年3期
页　码 35－41

题　名 **船用水时计及泉州出土椰壳等讨论**
作　者 华同旭
刊　名 海交史研究
年卷期 1987年12期

题　名 **船政——中国近代海军的滥觞**
作　者 钟桂臣,张良勋
刊　名 船史研究
年卷期 1996年10期
页　码 35－36

题　名 **船政才子陈季同**
作　者 林声哲
刊　名 引进与咨询
年卷期 2006年2期
页　码 96－97
摘　要 十九世纪八九十年代,法国文化生活中活跃着一位年轻的中国外交官。他频繁出入欧洲外交界和文化界的沙龙,不时应邀出席名目繁多的展览会、报告会;他操流利法语而做的演讲倾倒了无数法国听众,以他的名字发表的法文著作多次再版,转译,并被译为英、德、意、西、丹麦等多种文字,在欧洲大陆产生巨大的影响。他就是在近代中西文化交流史上,与辜鸿铭、林语堂齐名的被称作"福建三杰"的陈季同。

题　　名　**船政根本在于学堂——沈葆桢教育思想初探**
作　　者　林友华
刊　　名　宁德师专学报(哲学社会科学版)
年 卷 期　1990 年 1 期

题　　名　**船政文化产生与福建海洋文化渊源**
作　　者　赵君尧
刊　　名　职大学报
年 卷 期　2006 年 1 期
页　　码　101－105,87
摘　　要　九世纪六十年代在福建马尾诞生了中国的船政文化。文章从"从'篙工楫师'到'海军摇篮'"、"从'古水战场'到'近代军港''、"从'罗星塔'到'罗零点'"这三个方面对船政文化与福建海洋文化渊源进行探讨。

题　　名　**船政文化及其影响**
作　　者　陈道章
刊　　名　马尾造船厂
年 卷 期　2001 年 1 期

题　　名　**船政文化与中国近代社会的发展**
作　　者　廖楚强
刊　　名　福建史志
年 卷 期　2003 年 5 期
页　　码　35－38
摘　　要　19 世纪 60 年代,在英法帝国主义接连侵略中国,使中国逐渐沦为半殖民地的悲惨形势之下,封建统治阶层内部出现了一部分头脑比较清醒的"开明官僚",掀起一场所谓"洋务运动"。而福州船政的创办就是这场"洋务运动"中最先且最有成效的一个业绩。由于福州船政局历年来培养了许多各种学科的杰出人才,他们不仅在科学技术甚至在人文科学、社会科学方面,都产生了巨大影响,对推动中国近代社会科学的发展,作出了很大贡献。因此福州船政局创办的伟大历史意义,不仅仅是局限于造船工业方面,应该是中国近代史上的一个特殊的文化现象,即史家称之为"船政文化"。

题　　名　**船政文化在近代中国文化重组中的作用**
作　　者　陈东
刊　　名　闽江学院学报
年 卷 期　2005 年 25 卷 4 期
页　　码　70－73,90
摘　　要　本文以马尾船政局为研究对象,通过马尾船政局的历史考察,探讨福建船政文化与近代中国社会文化结构重组的内在联系。认为马尾船政局的创立,本身就是近代中国社会文化变迁的体现。马尾船政局创立后,在提高社会科学技术,特别是近代中国造船技术,培养社会专门人才,传播西方资产阶级学说和思想上都产生了深远的影响，参与并推动了近代中国社会文化的重组。

题　　名　**船政学堂的历史地位与中西文化交流——福建船政学堂创办 140 周年纪念**
作　　者　潘懋元
刊　　名　中国大学教学
年 卷 期　2006 年 7 期
页　　码　14－19

题　　名　**船政学堂实施实践教育经验析论**
作　　者　张庆守
刊　　名　闽江学院学报
年 卷 期　2009 年 4 期
页　　码　80－85
摘　　要　船政学堂以培养制船、驾驶等方面应用型工程技术人才为目标。为了实现培养目标，船政学堂选择注重实践教育的办学模式。在成功的办学历程中，船政学堂积累了丰富的实施实践教育的宝贵经验。这些经验有：树立强化实践教育的办学理念，重视实践教育；建立严格、严谨的实习考核、鉴定、升级与补课制度；工读结合，形成企业与办学一体的办学体制；严选教习，明确责任，做好师资队伍建设；想方设法解决学生"练船"和"厂练"的场所，努力改善实训环境与条件。

题　　名　**创建江南制造局的谋士和实干家——丁日昌**
作　　者　石健
刊　　名　船史研究
年 卷 期　1995 年 8 期

题　　名　**春秋战国的舟船**
作　　者　左尚权
刊　　名　郑州大学学报（哲学社会科学版）
年 卷 期　1983 年 2 期
页　　码　84－89
摘　　要　我国舟船的制造历史悠久，先秦古文献谈及我国舟船的制造，多追溯到传说中的轩辕黄帝时代。《史记·河渠书》、《汉书·沟恤志》讲到大禹治水时，都说"陆行乘车，水行乘舟"。现今考古发掘也证实我国新石器时期已出现了独木舟。无论是古文献记载还是现今考古发现，都说明我国舟船的制造和使用早在原始社会末期已经开始。

题　　名　**春秋战国和秦汉时期的古船**
作　　者　邢志忠、刘四海
刊　　名　舰船知识
年 卷 期　1980 年 1 期
页　　码　26－27

题　　名　春秋战国时代我国沿海的重要港口
作　　者　冯蔚然
刊　　名　上海海运学院学报
年 卷 期　1981 年 4 期
页　　码　24

题　　名　春秋战国时期的“鄂君启节”
作　　者　曹凛
刊　　名　中国船检
年 卷 期　2008 年 5 期
页　　码　96－98

题　　名　瓷窑博易——海上瓷路
作　　者　曹新民
刊　　名　陶瓷研究
年 卷 期　2004 年 4 期
页　　码　40－43
摘　　要　据史料记录的推算,今年正是明代郑和下西洋六百周年的纪念。有专家者评论说,郑和开辟的海外贸易通道,实质上就是一条“海上瓷路”。

题　　名　慈禧挪用海军费造颐和园史实考证
作　　者　邹兆琦
刊　　名　学术月刊
年 卷 期　1984 年 5 期
页　　码　23－31
摘　　要　慈禧挪用海军费造颐和园,是甲午海战失败的原因之一。慈禧到底挪用了多少海军费,众说纷纭,莫衷一是。康有为、梁启超都谓清廷办海军“筹款三千万”,如果这是指海军衙门九年中所收海军常年经费的总和,则尚接近事实。但他们究是局外之人,未曾亲身经历其事,不可能对慈禧挪用海军费的数字,作出比较正确的估计,只能笼统地提出海军“仅购数艘而西后即命提全款”的论断。这不独不符事实,而且把慈禧及其帮凶千方百计挪用海军费的卑鄙手段,轻轻一笔带过。

题　　名　磁罗盘在中国发明的社会因素
作　　者　林文照
刊　　名　自然辩证法通讯
年 卷 期　1985 年 5 期
页　　码　49－56,60
摘　　要　磁罗盘是人类文明史上的一项伟大发明,它不仅被广泛地应用于生产、测量和军事方面的辨识方向上,而且还被称为“海船的眼睛”而应用于大海的导航上。它的发明与发展,对于促进人类陆海交通范围的扩大,增进世界文明的交流与发展,起了巨大的作用。这项伟大发明为什么不在其他文明古国中出现而只在古代中国出现?这个问题涉及到磁罗盘发明的社会条件和内在的技术因素诸多方面。本文仅就磁罗盘在中国古代发明的社会因素作一初步的分析。

题　　名　**刺撒国考略**
作　　者　许永璋
刊　　名　西亚非洲
年 卷 期　1989 年 5 期
页　　码　65 – 67,45
摘　　要　明代,随从郑和下西洋的费信,回国后著《星槎胜览》一书,记载了当时亚非一些国家的情况。其中,有一个剌撒国。文曰:“倚海而居,土石为城。连山旷地,草木不生。牛羊驼马皆食鱼乾。民俗颇淳。气候常热,田畴少收,唯麦略有。数年无雨,凿井绞车,羊皮袋水。男女拳发穿长衫。妇女椎点兜头,与忽鲁模斯国同。垒石筑土为屋,三四层者,其上厨婴东厕卧室待客,其下奴仆居之。地产龙涎香、乳香、千里骆驼,余无物也。货用金银、色段、色绢、磁器、米谷、胡椒之属。”这个剌撒国,究竟在什么地方?历来说法不一。

题　　名　**刺桐城墙的十字架**
作　　者　约翰·福斯特
刊　　名　海交史研究
年 卷 期　1989 年 16 期

题　　名　**刺桐港史初探(专著连载之一)**
作　　者　傅宗文
刊　　名　海交史研究
年 卷 期　1991 年 19 期

题　　名　**刺桐港史初探(专著连载之二)**
作　　者　傅宗文
刊　　名　海交史研究
年 卷 期　1991 年 20 期
页　　码　105 – 151

题　　名　**从“海洋”母题看东西方文化传统**
作　　者　刘禹轩
刊　　名　学术月刊
年 卷 期　1987 年 11 期
页　　码　47 – 49

题　　名　**从“汉习楼船”到中国皇家海军学堂**
作　　者　白永兴
刊　　名　中国测绘
年 卷 期　2009 年 5 期
页　　码　74 – 75

题　　名　**从“借师助剿”看十九世纪六十年代的中外关系**
作　　者　宝成关
刊　　名　汕头大学学报
年 卷 期　1988 年 Z1 期
页　　码　30 – 36

题　　名　**从“救兄未救父”的传说看妈祖信仰在琉球的嬗变**
作　　者　薛曦
刊　　名　福建师大福清分校学报
年 卷 期　2001 年 4 期
页　　码　10 – 12
摘　　要　妈祖信仰起源于福建省莆田市湄洲岛。宋朝,妈祖受封“女海神”,声名远播海内外。其中,它在琉球(现日本冲绳县)的传播独具特色——妈祖信仰本土化。同样素材的传说,在中国是“救父未救兄”,但传入琉球后却演变成“救兄未救父”。究其根源,就在于中国社会是以尊敬长者的“儒教伦理观”为基础,而琉球却是本土固有信仰——姊妹神信仰的影响根深蒂固。因此,导致妈祖信仰传入琉球后,从信仰根源上发生了本质的变化。经过两种不同信仰的冲撞与融合,最终妈祖成为姊妹神的载体,得到琉球人民的普遍认可。

题　　名　**从“切实值百抽五”看帝国主义对中国关税的控制和掠夺**
作　　者　康之国
刊　　名　史学月刊
年 卷 期　1990 年 1 期
页　　码　73 – 79,72

题　　名　**从“圣·迭戈”号沉船考古看海上的社会生活**
作　　者　彭维斌,林蓁
刊　　名　南方文物
年 卷 期　2007 年 3 期
页　　码　73 – 77
摘　　要　对古代航海船只上社会群体生活状况的研究是社会史研究的重要课题,也是人类航海史研究不可或缺的内涵构成。但由于资料的缺乏,海上社会生活研究一直没有得到足够的关注。近些年来,由于考古工作者对沉船的科学发掘及对生活遗迹与遗物的详细纪录,使得古代海上社会生活的研究获得越来越丰富的资料。本文以“圣·迭哥”号沉船考古发现为基础,并结合文献资料、航海日记以及其他古代沉船的相关信息,对古代海上社会群体的生活状况以及社会关系进行了复原与探讨,以期能为海上社会生活史的深入研究做基础性的工作。

题　　名　**从“顺风相送”探索郑和或其他同时出使人员来台澎的可能性**
作　　者　方豪
刊　　名　东方杂志(复刊)
年 卷 期　1967 年 1 卷 2 期

题　　名　从"泰兴号"沉船看清代德化青花瓷器的生产与外销
作　　者　郑炯鑫
刊　　名　文博
年 卷 期　2001 年 6 期
页　　码　49－50

题　　名　从"西域"到"西洋"——郑和远航与人类文明史的重大转折
作　　者　万明
刊　　名　河北学刊
年 卷 期　2005 年 25 卷 1 期
页　　码　167－175
摘　　要　追寻全球化的缘起,自古以来,人类交往的主要途径是陆路。西汉张骞凿空西域,东汉甘英望洋兴叹,东西方文明汇聚之地定于西城,也即亚欧大陆,历时上千年不变。至 15 世纪初,郑和七下西洋,持续近三十年,形成了人类交往从陆向海发展的强劲态势,西洋凸显,中外交往从陆向海的转折发生;进而满剌加(马六甲)兴起,人类交往从陆向海的重大转折发生,遂使东西方文明汇聚中心从此脱离亚欧大陆,转移至海上,最终奠定了东西方文明汇合于海上的格局,预示了一个整体世界在海上形成。不仅知此,人类文明史的重大转折,还宣告了人类以人力与马匹为主交往阶段的衰落,和以科技含量占重要地位的交往新阶段的开始。郑和远航是大航海时代的先驱,既是古代传统的一次历史性总结,同时也是一个新时代的开端,在人类文明史上具有里程碑的意义,是改变人类历史的航行。

题　　名　从"殷人东渡"说到"挹娄人"
作　　者　温玉成
刊　　名　海交史研究
年 卷 期　2000 年 38 期
页　　码　18－23

题　　名　从"银本位"说起的中国(五)银本位与对外贸易的流变
作　　者　胡小伟　漫笔
刊　　名　中外企业文化
年 卷 期　2008 年 7 期
页　　码　71－72
摘　　要　自晚唐开始,直到两宋,陆上丝绸之路再次中断。造成这次较长时间中断的原因在于党项族建立的西夏王朝。但古代中国与中亚、非洲和欧洲的贸易却并未停止。以泉州为中心的"海上丝绸之路"更加兴旺,东南沿海的远洋贸易取代了陆上贸易通道并蔚然成风。

题　　名　从"障塞"一词看海上丝路的起始年代
作　　者　刘明金
刊　　名　湛江海洋大学学报
年 卷 期　2002 年 22 卷 2 期
页　　码　22－26
摘　　要　针对 2001 年"海上丝绸之路与南方大港学术研讨会"上,许多学者认为《汉书 · 地理志》

中“日南障塞”的“障塞”是军事要塞、军事屏障,并据此推导出海上丝绸之路徐闻开港时间是汉武帝元鼎六年(公元前111年)的观点,认为:“障塞”只是一个普通的动词,是阻塞不通的意思;徐闻的开港时间也不是元鼎六年,而是元鼎六年之后、汉元帝之前,即大约公元前110年—公元前1年之间。

题　　名 **从“争贡事件”看嘉靖初浙东地区的海交安全隐患**
作　　者 杨心珉
刊　　名 中共宁波市委党校学报
年 卷 期 2009年5期
页　　码 124-128
摘　　要 争贡事件是明代嘉靖年间发生在宁波的一场严重的骚乱事件,这次事件除了造成宁波及周围地区重大的损失之外,还反映了浙东地区当时存在涉及政治、军事、外交、法制、社会等诸多方面的一系列有碍于海交安全的问题,即所谓的海交安全隐患,预示了后世“嘉靖大倭寇”战祸发生的内在原因。

题　　名 **从《丁禹生政书》看丁日昌**
作　　者 范海泉
刊　　名 学术研究
年 卷 期 1986年6期
页　　码 76-82
摘　　要 丁日昌(1823-1882),字禹生,又作雨生,广东丰顺汤坑人。从1854年他三十岁的时候入广东惠潮嘉道李璋煜幕起,到1882年病逝止,先后做过曾国藩、李鸿章的幕僚,做过万安知县、苏淞太兵备道、两淮盐运使、苏州布政使、江苏巡抚、福州船政大臣、福建巡抚兼台湾学政、总督衔会办南洋水师、兼理各国事务大臣。其仕宦生涯达三十年,写下大量著作,但大部分没有公开出版,尤其是包容了他大部分公牍、奏疏的著作集《丁禹生政书》,过去未刊行过,国内仅有一个抄本,现藏广东省社会科学院图书馆。此书按从政时期分编为六种,即《藩吴公牍》、《巡沪公牍》、《淮鹾摘要》、《淮鹾公牍》、《抚吴奏稿》和《抚闽奏稿》,共三十六卷。

题　　名 **从《范司马奏议》看范钦的抗倭活动**
作　　者 袁慧
刊　　名 浙江师范大学学报(社会科学版)
年 卷 期 2002年27卷4期
页　　码 25-28
摘　　要 天一阁藏明嘉靖刻本《范司马奏议》,以第一手资料反映了明代抗倭斗争某些方面的重要史实。作者对此作出评介,使读者能进一步了解范钦(1506-1585)的抗倭业绩,并提出功过评论,以弥补历来研究范钦的学者侧重其藏书事业而忽略其他方面的缺憾。

题　　名 **从《公案簿》新客资料看中国与巴达维亚之间的技术交流**
作　　者 刘永连
刊　　名 海交史研究
年 卷 期 2008年53期
页　　码 59-69
摘　　要 荷印殖民政府控制下的东印度历来是华人移民的重要地区,但到19世纪上半叶由于殖民政府的政策变化，华人对该地区的移民表现出新的特征。其中最为突出的一点是，荷印政府特别强调了对华人新客工匠身份和技能的要求。这一政策在大大遏制华人移民浪潮的同时。无疑也促进了中国与当地的技术交流。吧国（即巴达维亚）华人公堂留下的《公案簿》，保存着19世纪30至40年代有关华人新客入境的大量资料，它以丰富的案例具体细致地反映了以上问题。

题　　名　**从《故马公墓志铭》证郑和为赛典赤·赡思丁后裔**
作　　者　李清升
刊　　名　云南民族学院学报（哲学社会科学版）
年 卷 期　1997年2期
页　　码　81－83
摘　　要　本文根据云南晋宁月山郑和公园现存的《故马公墓志铭》碑记反映的问题，结合文献资料及前辈学者的有关考述，进一步印证了明代航海家郑和确为元咸阳王赛典赤·赡思丁后裔的结论。

题　　名　**从《广志绎》看王士性对于山东海防的思考**
作　　者　彭勇
刊　　名　怀化学院学报
年 卷 期　2008年12期
页　　码　52－54
摘　　要　山东半岛扼渤海而屏京师，地理位置极为重要。受万历朝鲜战争的影响，王士性认为当时山东的海防形势岌岌可危，并对此提出了自己的见解。他认为应该重视朝鲜半岛的作用，在海防政策的制订中要考虑到它的特殊性，反对刻舟求剑式的边备政策。其中某些观点具有相当的独创性和前瞻性，并对今天我国的海防现实具有积极的借鉴意义。

题　　名　**从《海防条议》看丁日昌的洋务思想**
作　　者　赵春晨
刊　　名　汕头大学学报（人文社会科学版）
年 卷 期　1987年1期
页　　码　6－12

题　　名　**从《海国图志》看魏源的对外观念**
作　　者　田得宏，张波
刊　　名　邯郸职业技术学院学报
年 卷 期　2003年1期
页　　码　38－41

题　　名　**从《海国图志》看魏源的中西文化观**
作　　者　赵鸣歧
刊　　名　上海财经大学学报
年 卷 期　1999年2期
页　　码　32－39

题　　名　**从《海国图志》看魏源西洋观的局限性**

作　　者　王发志,刘汉东

刊　　名　淮北煤炭师范学院学报(哲学社会科学版)

年 卷 期　2005 年 26 卷 1 期

页　　码　92 - 93,141

摘　　要　魏源鸦片战争后所写的"开眼看世界"的《海国图志》,不失为表现出"开风气之先"的西洋观的经典著作,但也有很大的局限性,主要原因就是受当时社会背景、个人阶级立场、所引用的材料三方面的影响。

题　　名　**从《甲午风云》《北洋水师》谈刘步蟾的历史功过**

作　　者　经盛鸿

刊　　名　炎黄春秋

年 卷 期　1998 年 2 期

页　　码　69 - 71

摘　　要　在 30 年前拍摄的影片《甲午风云》中,刘步蟾是一位贪生怕死、诡计多端、彻头彻尾的反面人物,然而近年拍摄的电视剧《北洋水师》中,却成了一位忠勇有为、壮烈殉国的英雄。哪种艺术处理符合历史的真实?《甲午风云》对刘步蟾的形象塑造有误,主要来自于英国人有误的"回忆录"。《甲午风云》对刘步蟾这一角色处理的史料依据,来自甲午战争时担任北洋水师副提督兼定远舰帮带(副舰长)泰莱在战后写的《甲午中日海战见闻录》。

题　　名　**从《井真成墓志》看唐朝对日本遣唐使的礼遇**

作　　者　荣新江

刊　　名　西北大学学报(哲学社会科学版)

年 卷 期　2005 年 35 卷 4 期

页　　码　108 - 111

摘　　要　根据对西北大学历史博物馆 2004 年征集到的唐代日本人井真成墓志的研究,井真成可能是以请益僧的身份于开元二十一年入唐的遣唐使成员,井真成的姓或许是南河内藤井寺为根据地的"葛井"氏。井氏到了大唐,曾受到大唐政府高规格的礼遇。

题　　名　**从《岭外代答》解读宋代广西繁荣的商品贸易**

作　　者　郑天一

刊　　名　广西民族研究

年 卷 期　2004 年 3 期

页　　码　109 - 112

摘　　要　透过《岭外代答》的零散记述,可以体察到,宋代广西的商品贸易是繁荣的,境内有纵横西南、通往域外的交通路线,有朝廷规范管理的商品集散地,有为官方和民间认可的多种贸易方式,以及进入流通领域的当地与周边地区和国家丰富的物产。

题　　名　**从《闽都别记》看古代福州商人的活动**

作　　者　徐晓望

刊　　名　福建论坛(人文社会科学版)

年卷期　1989年4期
页　码　47-52

题　名　**从《清实录》看清代在鸦片战争前对外贸易中的禁限运**
作　者　俞信芳
刊　名　丽水师范专科学校学报
年卷期　1990年1期
页　码　74-80
摘　要　清代外贸的禁运、限运物品主要是可能用于军事上的物品。另一种是粮食。因粮食的短缺,会引起社会骚动,所以在人口增殖较快的清帝国不得不设法禁止或限制出口。丝绸也曾一度禁运、限运过。这对丝绸之国来说,不能不视为重大事件。此外,还有大黄、船舶和劳务等,也在禁、限出口之类。贸易的禁运、限运是一项保护性的措施。对它的研究和清理,将有助于对有清一代贸易史的了解。

题　名　**从《入唐求法巡礼行记》看唐代山东的对外交往**
作　者　朱亚非
刊　名　文献
年卷期　1996年4期
页　码　123-139
摘　要　日本著名高僧圆仁(794-864)所著的《入唐求法巡礼行记》(简称"入唐记")是他在中国活动的亲历记,有着极高的学术价值。

题　名　**从《三宝垄华人编年史》看伊斯兰教在印尼的早期传播**
作　者　廖大珂
刊　名　世界宗教研究
年卷期　2007年1期
页　码　98-108
摘　要　《三宝垄华人编年史》原稿出自印尼爪哇三宝垄(Semarang)、塔兰(Talang)、井里汶(Cheribon)三地华人庙宇所珍藏的档案,实际上就是记载15-16世纪当地华人社会的档案。本文根据《三宝垄华人编年史》有关华人穆斯林活动的记载,并结合中外史籍的相关资料,对早期华人穆斯林在印尼伊斯兰教传播中的重要作用作一粗浅的探索,从一个新的视角来考察印尼早期华侨华人的历史,论述华侨华人对印尼历史和文化发展所作出的贡献。

题　名　**从《三国志·魏志·倭人》看邪马台国的社会性质**
作　者　广淇
刊　名　河北学刊
年卷期　1983年1期
页　码　114-119
摘　要　邪马台国是公元二、三世纪时,日本列岛上的一个古代国家。关于邪马台国,日本学者长期以来从各种不同的角度进行了大量的研究工作。有关邪马台国的历史文献资料在日本国内迄今尚未发现,这方面出土文物也不多。在第二次世界大战后,日本考古学界积极地进行了发掘,得到一些有关日本国古代历史的资料。从现有的文献资料来看,有关这个国家的记载,最早见于中国的《汉书》。《汉书·地理志》中有:“夫乐浪海中有倭人,分为百余国,以岁时来献见云”的简要记载。现在,有关邪马台国的历史文献,最早最全的当推《三国志》。

题　　名　从《山海经》等海洋神话探索东海岸海岛先民的生存状态

作　　者　金涛

刊　　名　浙江海洋学院学报(人文科学版)

年 卷 期　2009 年 26 卷 2 期

页　　码　1－4

摘　　要　以《山海经》等中国海洋神话著作为参照,结合古籍《国语·吴语》、《博物志》等记载,并与东海岸的地形地貌和海岛渔民的生存状态作比较,对远古时代海岛先民的生存环境、生产水准、生活状态、图腾崇拜及风俗嗜好等,作出全方位的大胆探索和研究。

题　　名　从《使琉球录》看琉球宫廷舞蹈的发展变化

作　　者　刘富琳

刊　　名　北京舞蹈学院学报

年 卷 期　2010 年 4 期

页　　码　46－55

摘　　要　琉球是明清两代中国的册封朝贡国。每次册封,琉球宫廷都设大小宴会款待中国册封使,并在宴会仪式上表演歌舞以供欣赏。本文主要根据历代《使琉球录》中有关琉球宫廷舞蹈表演的记载,从表演者的人数、身份、年龄、装束、表演、音乐等方面进行分析,总结琉球宫廷舞蹈在历史发展变化中的特点,同时指出琉球宫廷舞蹈与我国舞蹈的联系。

题　　名　从《台湾外记》看施琅对统一台湾的贡献

作　　者　俞黎媛

刊　　名　福建文史

年 卷 期　2002 年 2 期

页　　码　16－21

题　　名　从《天妃图》看海神信仰

作　　者　李露露

刊　　名　中国历史文物

年 卷 期　1991 年 00 期

页　　码　183－191

题　　名　从《条议海防事宜》看郭嵩焘的富强观

作　　者　曾桂林

刊　　名　柳州师专学报

年 卷 期　2003 年 18 卷 2 期

页　　码　106－108

摘　　要　《条议海防事宜》是郭嵩焘在洋务运动时期上呈的一篇奏稿,从中可窥见郭嵩焘别具特色的富强观。他认为中国要致强致富,必须循习西洋政教,发展近代工商业,培养通用之才。这三者构成其富强观的本、方、源。尽管它未被当政者所采纳,但对中国社会走向近代化,谋求富强仍具有重要的思想价值。

题　　名 从《万叶集》看《井真成墓志》中志文的共性与个性
作　　者 傅清音,韩钊
刊　　名 文博
年 卷 期 2011 年 1 期
页　　码 49－53
摘　　要 《万叶集》是日本民族文学发展史上的第一部和歌总集,其中收录了与日本遣唐使有关的二十二首和歌,成为我们研究《井真成基志》的珍贵资料。本文通过将《井真成墓志》与《万叶集》中相关和歌对读,可知《井真成基志》中的"序"可视为对遣唐使这一特殊群体的共性描述;"铭"可作为我们对井真成个性遭遇的分析。综合二者,对于呈现更为丰满的井真成形象将有所裨益。

题　　名 从《望厦条约》的签订看中美外交上的一次交锋
作　　者 熊志勇
刊　　名 近代史研究
年 卷 期 1989 年 5 期
页　　码 1－12

题　　名 从《委黎多报效始末疏》看天启时期荷兰与澳门的关系
作　　者 汤开建,吴青
刊　　名 澳门研究
年 卷 期 2004 年 24 期

题　　名 从《新编郑和航海图集》谈到古地图研究的问题
作　　者 朱鉴秋
刊　　名 地图
年 卷 期 1990 年 3 期
页　　码 38－40
摘　　要 几年前,我在"《古今对照郑和航海图》的编制"一文中谈到:"……因受图幅幅面的限制,新编图比例尺小,《郑和航海图》的内容未能全部在新编图上表示出来;此外,对古今地名对照的考证、航线的校订,只表示了主要的结果,至于其考订过程及根据等,则无法在图内反映出来。……为了弥补这些不足,……准备继续深入研究,争取再编制一本反映《郑和航海图》综合研究成果的图集。

题　　名 从《薛福成日记》看光绪朝前期的对日情报收集
作　　者 徐磊
刊　　名 社会科学战线
年 卷 期 2010 年 10 期
页　　码 242－245
摘　　要 同治十三年(1874)日本武装侵略台湾事件发生后,清政府意识到日本的威胁,开始通过各种途径收集日本相关情报。从获取情报的途径来看,主要有中外报刊、驻日使团的汇报、实地侦察、在日中国商民的汇报等途径。从情报的内容来看,除军事情报外也有政治、经济方面的情报。文章以《薛福成日记》为中心,对光绪朝前期清政府方面收集日本情报以及对日本情报的反应等问题予以考证分析。

题　　名　**从《译余偶拾》看中国和拜占廷帝国的关系**
作　　者　王敦书
刊　　名　史学理论研究
年 卷 期　2004 年 2 期
页　　码　137 – 146

题　　名　**从《英吉利广东入城始末》一文管窥鸦片战争中清英双方的责任**
作　　者　李最欣
刊　　名　石油大学学报(社会科学版)
年 卷 期　2004 年 20 卷 2 期
页　　码　75 – 78
摘　　要　谈及鸦片战争,人们往往谴责英国侵略军的罪恶行径,而很少考虑清朝廷所应担负的罪责。华廷杰著的《英吉利广东入城始末》一文虽然仅有六千余字,但为我们认识那场战争中双方的责任提供了一种新的角度。笔者对《英吉利广东入城始末》一文的文本和作者进行了考索,通过对《英吉利广东入城始末》一文的史料价值以及人们对这篇文章的研究现状的分析,进而认为,反思清朝廷的罪责比一味地谴责英国侵略者要有用得多。

题　　名　**从《中国问题论集》看赫德**
作　　者　叶凤美
刊　　名　海关研究
年 卷 期　2003 年 5 期
页　　码　43 – 48

题　　名　**从《自奉天至广东海域图》谈钓鱼岛属权**
作　　者　李强
刊　　名　历史档案
年 卷 期　2004 年 4 期
页　　码　134 – 136
摘　　要　钓鱼岛自古以来就是中国的领土。1879 年日本吞并琉球后,钓鱼岛是否与南琉球群岛一起被日本所吞并了呢? 笔者就家藏的《八省沿海全图》中的《自奉天至广东海域图》做一些探讨,以期方家指正。《八省沿海全图》是英国海军部于 1860 年第二次鸦片战争之后为适应全面对华贸易而实地测绘制作的地图,图凡 68 种,其中广东 17 种,福建 12 种,江苏 3 种,浙江 7 种,山东 5 种,直隶 6 种,奉天 5 种,台湾 5 种,长江沿岸 7 种,及全国沿海图 1 种。该图 1877 年于英国出版发行,中译本由上海江南制造局 1880 年刊印编译。以后又有若干修订本发行。

题　　名　**从 1885 年盛宣怀入主招商局看晚清新式工商企业中的官商关系**
作　　者　朱荫贵
刊　　名　史林

年 卷 期　2008 年 3 期

页　　码　34 –42,86

摘　　要　近代中国是一个过渡性的社会。在这个时期中,官商关系是制约近代中国经济发展的根本性问题之一。轮船招商局是近代中国第一家由“官”“商”结合兴办、并首创“官督商办”方式进行经营管理的企业。“官督商办”方式包含了官商结合的两种可能性:一种是商人出资、官为扶助,商权较大的“商事商办”;另一种是商人出资,但管理和经营权均被官方或官方色彩浓厚之人控制的“商事官办”。这两种方式又可以转换:1885 年前唐廷枢、徐润经管时期的招商局处于“商事商办”阶段,1885 年盛宣怀入主招商局任督办则是招商局转入“商事官办”阶段的标志。而官对商的不信任是“商事商办”转为“商事官办”的根本原因,这个问题同时也是导致中国早期工业化障碍重重的根本原因之一。

题　　名　从阿思本舰队的购买看清末海防观的改变

作　　者　胡博实

刊　　名　黑龙江史志

年 卷 期　2009 年 3 期

页　　码　29 –31

摘　　要　在中国近代海防史上阿思本舰队事件是清代第一次从西方购买舰队。然而,购舰计划的失败使清王朝的早期海防观念付诸东流。但在此过程中中国人的海防思维在悄然变化着,阿思本舰队的购买正好经历了关键的过渡阶段,在这个阶段中所积累的经验和方法,为后来的清末海防做出了巨大的贡献,意味深远。

题　　名　从澳门回归看赫德当年的阴谋活动

作　　者　沈学海

刊　　名　中国海关

年 卷 期　1999 年 12 期

页　　码　46 –47

题　　名　从澳门民俗看当地居民的妈祖信仰——兼与中外各地妈祖崇拜的比较

作　　者　陈衍德

刊　　名　世界宗教研究

年 卷 期　1999 年 4 期

页　　码　49 –58

摘　　要　本文以实地调查和量化分析为依据,论述了澳门居民的妈祖崇拜具有的民俗与民间信仰的双重性质。这种崇拜既构成澳门渔民生活方式的一个要素,又成为澳门陆上居民生活习俗的一个组成部分。在与中外各地进行的比较中,可以看出崇拜妈祖的民俗活动在澳门具有集中和一致的特点。而妈祖崇拜与各宗教信仰的融汇贯通,在澳门则具有兼备东、西方两个不同文化向度的特点。

题　　名　从澳门史认识试评鸦片战争成因

作　　者　霍启昌

刊　　名　学术研究

年 卷 期　1998 年 3 期

页　　码　87 –92

题　　名　从澳门四百年来的建筑风格看中西文化的交融
作　　者　杨仁飞
刊　　名　海交史研究
年 卷 期　1997 年 31 期
页　　码　82 – 87

题　　名　从吧国公堂《公案簿》看清前期巴达维亚与中国的经济往来
作　　者　刘永连
刊　　名　海交史研究
年 卷 期　2006 年 49 期
页　　码　91 – 100
摘　　要　作为反映巴达维亚华人社会生活的一种重要档案资料,近年整理出版的吧国公堂《公案簿》为我们提供了关于吧中两地经济往来的丰富信息。从中我们可以看出,清朝前期两地有着丰富的货物交流,侨汇和运输业也非常发达,而华侨华人在两地复杂而密切的社会关系更织就了两地之间稳固的贸易网络,形成其独特的贸易方式。

题　　名　从包拯《请权罢陕西州军科率》考析斜谷造船务
作　　者　杨永兴
刊　　名　陕西档案
年 卷 期　2005 年 4 期
页　　码　40 – 42

题　　名　从宝船厂舵杆的鉴定推论郑和宝船
作　　者　周世德
刊　　名　文物
年 卷 期　1962 年 3 期
页　　码　35 – 40
摘　　要　北京中国历史博物馆明代陈列部份,陈列着一个巨型舵杆,铁力木制成,长 11.07 米,真是庞然大物,十分引人注目。该项舵杆是 1957 年南京市文管会在明代宝船厂遗址发现的一件重要历史文物。

题　　名　从北美印第安人之"月相"、慧深所说"扶桑国"之礼俗谈到古代中国人东渡美洲
作　　者　邓少琴
刊　　名　重庆师院学报(哲学社会科学版)
年 卷 期　1983 年 3 期
页　　码　71 – 74
摘　　要　近世中外学者对亚、美两洲古代之关系,古代蒙古利亚种印第安人之泛海东渡于墨西哥等处,以及美洲发现的出土文物及其风俗遗存等的讨论说明:古代美洲文化,其源可能来自中国,或早在哥伦布发现美洲千余年以前。中外学者发表专篇,内容丰富,不胜枚举,兹不赘述。现仅就北美印第安人传述之"月相图"及慧深所说"扶桑国"之礼俗,作一考察。

题　　名　从北洋舰队的平时训练与素质看甲午海战失利的原因
作　　者　程镇芳
刊　　名　福建论坛(人文社会科学版)
年 卷 期　1993 年 1 期
页　　码　54 – 56
摘　　要　导致甲午海战北洋舰队失利的原因是多方面的,其中一个重要因素就是舰队平素"训练无实"。对近代化海军舰队来说,平时的训练状况如何,是它临战时战斗力发挥的关键所在。北洋舰队平时"训练无实",海战开始它的弱点就充分暴露出来。

题　　名　从北洋舰队的战斗队形看丁汝昌的战术思想
作　　者　郭浒
刊　　名　军事历史
年 卷 期　1987 年 2 期
页　　码　26 – 27
摘　　要　1894 年的中日海军的黄海海战,是十九世纪末对发展了的海军技术装备、海上作战艺术的一次大规模实战检验。中国北洋舰队,在这次海战中损失了经远、致远、广甲、扬威、超勇等五艘舰船。北洋舰队的失利,是由于指挥错误造成的。其中很重要的一个因素。是战斗队形不当。

题　　名　从北洋舰队技术装备看甲午海战中国的战败
作　　者　李成生
刊　　名　经济与社会发展
年 卷 期　2005 年 3 卷 5 期
页　　码　144 – 146
摘　　要　清政府经过 20 多年的苦心经营所建成的北洋舰队,在 1894 年爆发的甲午海战中竟被日本舰队所击败。究其原因是多方面的。文章从北洋舰队的技术装备方面思考,对它的舰船航速、舰船吨数、武器装备等方面进行了分析,并列举大量史实充分证明了其舰船性能低劣、装备落后这一客观事实,并认为这是造成甲午海战中国战败的一个不容忽视的因素,并给我们提供了很大的启示。

题　　名　从北洋三口发展的历史脉络看中国近代化历程
作　　者　许檀
刊　　名　天津师范大学学报(社会科学版)
年 卷 期　2005 年 1 期
页　　码　41 – 46
摘　　要　天津、营口、烟台是第二次鸦片战争后在北方开设的三大通商口岸。实际上,这三个城市都是清代前期随着沿海贸易的发展而崛起的,到清代中叶已是北方沿海税收额最高的港口。考察它们在开埠之前的发展脉络,对我们进一步深化关于中国近代化的研究,具有重要意义。

题　　名　从闭关自守到被迫开放的历史考察
作　　者　胡小园
刊　　名　福建论坛(文史哲版)

年 卷 期　1997 年 3 期
页　　码　9 – 14

题　　名　**从渤海国和中央皇朝关系的演变看渤海国的归属性质**
作　　者　肖红
刊　　名　北方文物
年 卷 期　2004 年 1 期
页　　码　89 – 97
摘　　要　本文通过渤海国和我国中央皇朝关系的历史史实,澄清了学术界对渤海归属的一些不正确的看法和疑点,证明了渤海一直是唐的地方政权,始终朝贡于唐,受唐管辖。

题　　名　**从渤海国使节与日本诗人的赋诗唱和看渤日文化交流**
作　　者　郭素美
刊　　名　黑龙江社会科学
年 卷 期　2004 年 4 期
页　　码　67 – 69
摘　　要　渤海国与日本的交往史长达 200 年,其间文化交流是一项主要内容。渤海使节与日本诗人的赋诗唱和,不仅表现了当时渤海和日本的文学发展水平,也反映了当时盛唐文化对渤、日文化的影响。渤海与日本的文化交流是中日文化交流史的重要篇章。

题　　名　**从苍南摩尼寺的发现谈温州摩尼教**
作　　者　周梦江
刊　　名　海交史研究
年 卷 期　1990 年 18 期

题　　名　**从曹氏墓字砖看古代中日关系**
作　　者　李灿
刊　　名　江淮论坛
年 卷 期　1980 年 4 期
页　　码　104 – 106
摘　　要　中日两国隔水相望,是亲近的友邦。大约在两千多年前,相互之间就已有了友好往来。

题　　名　**从漕运与北京的关系看淮安城的历史地位**
作　　者　尹钧科
刊　　名　淮阴工学院学报
年 卷 期　2007 年 16 卷 2 期
页　　码　6 – 8
摘　　要　北京作为封建王朝的都城,其不足的一面就是经济实力的脆弱。北方地区所产的粮食和财富,根本不能满足宫廷皇族、官僚集团、大批驻军及京城居民的消费需求,唯一的解决办法就是漕运,大运河及其漕运是北京城的生命线。淮安地处苏北偏南,约当大运河中点,在元、明、清大运河漕运中处于枢纽的地位,支运是从淮安仓始,兑运也主要在淮安交兑。明清两代,漕运总督皆驻淮安。可以说,淮安一带的黄河安,则大运河安;淮安一带的运河通,则漕道通;淮安的支运、兑运顺,则漕运顺;淮安仓的漕粮足,则京城粮足;驻淮安的漕运总督尽职尽责,则国用无虞。

题　　名 从长乐《天妃灵应之记》碑谈起——兼论郑和下西洋对闽台的影响
作　　者 邓华祥
刊　　名 郑和研究
年 卷 期 1996 年 2 期
页　　码 45

题　　名 从朝贡外交看渤海和日本的关系——以国书体例和聘使往还年限之争为中心
作　　者 王承礼,王巍
刊　　名 北方文物
年 卷 期 1996 年 4 期
页　　码 77 – 80

题　　名 从朝鲜李朝文献看郑氏集团的海外贸易
作　　者 陈柯云
刊　　名 安徽师范大学学报(人文社会科学版)
年 卷 期 1985 年 1 期
页　　码 92 – 100,116
摘　　要 郑氏集团在明末郑芝龙时期,依靠海盗走私贸易崛起于海上;到郑成功、郑经时期,更依赖大规模的海外贸易坚持抗清达三十九年之久。当时,郑氏集团派往日本贸易的商船,有些在海上遭风暴袭击漂流到朝鲜一些地区,当地接待安置他们的地方官把当时的情景和交谈的内容记录下来,遂成为研究郑氏集团的宝贵文献。关于郑氏集团,尤其是郑成功收复台湾之后的海外贸易活动,在《李朝实录》中有所反映,同时在李朝官吏的文集笔记中也有所记录。其中,最近发现的《漂人问答》,原件存在日本天理图书馆。通过对这些文献的研究,有助于我们了解当时郑氏集团海外贸易的一些情况。

题　　名 从筹办铁甲船看沈葆桢的近代海防经略思想
作　　者 覃寿伟
刊　　名 长春工业大学学报(社会科学版)
年 卷 期 2009 年 5 期
页　　码 90 – 92
摘　　要 沈葆桢在晚清筹划海军建设过程中,重视船舰建设,极力主张建设近代中国铁甲舰队,以增强海军威慑力和夺取制海权。他坚持把握铁甲船主权,不拘一格重用民勇,笼络海洋人才,追逐近代舰艇发展方向。沈葆桢经略海防的独特视野和锲而不舍的追求,奠定了近代中国海军根基,对近代中国海防建设和发展产生了重要影响。

题　　名 从出土陶瓷看古代中非关系
作　　者 张维持,胡晓曼
刊　　名 学术研究
年 卷 期 1985 年 1 期

页　　码　75－80

摘　　要　向有“陶瓷之国”称誉的中国和“东方之珠”的菲律宾，是一水之隔的友好邻邦。我国的台湾省离菲律宾群岛的亚米屿只有七十八英里，我国的南沙群岛离菲律宾西南部的巴拉望岛，比台湾和亚米屿之间更近。自古以来，中菲两国人民就有着友好、密切的关系。根据目前人类学、考古学和民族学的材料来看，远在我国新石器晚期和商周时期，居住在我国东南沿海的古越族，已经驾舟航行在南海和太平洋之上，并与居住在菲律宾群岛等太平洋岛屿上的先民们产生了文化交往。中国的制陶技术亦在那时传到了东南亚一带。以后，历经我国秦汉、魏晋南北朝，特别是唐宋元明时期，这种交往发展成为大规模的海上贸易。以陶瓷为大宗的中国商货源源不断地沿着被后人称为“陶瓷之路”的海上航道运到菲律宾等东南亚诸国，甚至远达东非海岸和美洲太平洋沿岸。二次世界大战以后，特别是从本世纪五十年代开始，菲律宾群岛出土了大量的中国古外销陶瓷，为我们重新认识古代中菲关系提供了可靠的实物依据。本文试图依据这些考古材料探讨一下古代两国关系的渊源、兴起和发展等问题。

题　　名　**从出土陶瓷看唐代中外文化交流**

作　　者　乔文征

刊　　名　文博

年 卷 期　1991 年 1 期

页　　码　74－76

摘　　要　具有两千多年历史的丝绸之路，不仅运销五彩缤纷的丝织品，我国另一大特产——瓷器，也通过水路和沿着中亚交通大道，大量地运销国外。中国在世界上享有“瓷国”之称。中国陶瓷向外输出，大概从汉代开始。据考古研究证明：在印尼加里曼旦发现过汉代陶碟，万丹发现过汉代陶瓶。

题　　名　**从出土文物看胶东半岛与辽东半岛史前时期的海上交通**

作　　者　王锡平

刊　　名　海交史研究

年 卷 期　2004 年 46 期

页　　码　31－34

题　　名　**从出土文物看我国早期航运**

作　　者　胡伟民

刊　　名　上海海事大学学报

年 卷 期　1984 年 2 期

页　　码　97－100

摘　　要　关于我国古代最早的航运活动，见于史书记载的有：伏羲（人类的始祖）曾经乘过筏；黄帝（中原各民族的共同祖先）手下的大臣共鼓和货狄发明了舟船，颛顼（古代部族的首领）发明了桨和篙；帝喾（古代部族的首领）发明了舵和橹；尧（父系氏族社会后期部族联盟的首领）发明了纤绳等等。伏羲、黄帝、颛顼、帝喾、尧都是传说中的人物，其年代距今大约 4000～5000 年左右。

题　　名　**从处理“索银事件”看清代对琉球的政策**

作　　者　丁春梅

刊　　名　福建师范大学学报（哲学社会科学版）

年 卷 期　2005 年 6 期

页　　码　107 – 111

摘　　要　自明朝洪武五年(1372)中琉两国建立友好关系以来,明清两朝,两国在政治、经济、文化等方面交往频繁。本文拟通过清乾隆二十一年中国册封使抵达琉球册封新国王尚穆时,随封兵役闹事索银及清廷对当事人的严厉处罚,管窥清政府的对外政策。

题　　名　从传播学角度看郑和下西洋时期的朝贡贸易

作　　者　张良君

刊　　名　新闻爱好者(理论版)

年 卷 期　2007 年 11 期

页　　码　32 – 33

摘　　要　中国历史上史无前例的郑和下西洋开辟了海上丝绸之路,扩大了朝贡贸易,发展了中国与海外的经济文化交流。本文将从传播学角度来解读这种朝贡贸易。

题　　名　从创办福州船政局看左宗棠的自强思想

作　　者　欧阳跃峰

刊　　名　安徽师范大学学报(人文社会科学版)

年 卷 期　1982 年 2 期

页　　码　76 – 79

摘　　要　一八七六年,左宗棠指挥清兵进入新疆,在各族人民的支持下,很快摧毁了阿古柏势力,粉碎了英国和沙俄吞并新疆的野心。作为一个爱国将领,左宗棠的自强、御外思想,早在六十年代便已形成。本文拟就左宗棠创办福建船政局的洋务活动,探讨他的自强思想。

题　　名　从崔致远诸文看唐末与新罗的交往关系

作　　者　党银平

刊　　名　南京师范大学文学院学报

年 卷 期　2004 年 2 期

页　　码　154 – 199

摘　　要　在唐代周边诸国中,新罗与唐的关系最为密切。有关唐末与新罗的往来,中韩史籍多语焉不详,或付诸阙如,唐末来华的新罗文人崔致远的诗文别集《桂苑笔耕集》及韩邦所辑崔氏部分佚文,真实记录了唐末与新罗官方及民间交往的重要史实,为考察唐与新罗的关系史增添了可信的原始资料。

题　　名　从大陆移入台湾的妈祖信仰

作　　者　姚同发

刊　　名　黄埔

年 卷 期　2009 年 5 期

页　　码　46 – 48

题　　名　从档案视角看郑和航海

作　　者　周杨

刊　　名　广东档案

年 卷 期　2008 年 1 期

题　　名　从道光《厦门志》看清朝前期的厦门海关
作　　者　邱普艳
刊　　名　中国地方志
年 卷 期　2010 年 2 期
页　　码　46 –49,5
摘　　要　康熙年间,清廷在收复台湾后,在粤、闽、江、浙四省建立海关,开放海禁。厦门海关作为闽海关最大的口岸,在清代发挥了重要作用。本文通过对道光《厦门志》的考察,结合其他史料,分别对清初厦门海关的设立、机构设置、关税征收、管理及其产生的弊端作一初步探讨。

题　　名　从地理大发现与郑和下西洋看东西方文明的差异
作　　者　余中元
刊　　名　达县师范高等专科学校学报
年 卷 期　2003 年 13 卷 2 期
页　　码　43 –46
摘　　要　15 –17 世纪欧洲的地理大发现与在此之前的中国明代进行的郑和下西洋在时间、背景、起因、动机、影响和目的等方面有差别又有联系,分别在世界上产生了深远的影响,具有重大历史意义。同时二者从不同侧面折射出东西方文明的差异。本文对两次活动进行目的、背景、手段、影响等方面的比较,以探析东、西方文明在包容性、逻辑性、探险性等方面的差异。

题　　名　从东南水师看明清时期海权意识的发展
作　　者　卢建一
刊　　名　福建师范大学学报(哲学社会科学版)
年 卷 期　2003 年 1 期
页　　码　107 –113
摘　　要　明代的东南水师是为了维护国家的海洋权益而创立,其在布防、巡哨等方面具有时代特色。在抗倭、抗御西方殖民者斗争中捍卫了国家海权。郑成功的水师是维护海上贸易的武装,其以强大的海上力量收复台湾,是捍卫国家海权的重大事件。清代东南水师的建制、专业性质等方面更为完善,其防范外敌、维护海权的目的性十分明确。近代海军以维护国家海权为首要建军目的。明清两代水师、海军,都是海权意识发展的产物,并在维护国家海权方面发挥过重要作用。

题　　名　从法国安菲特利特号船远航中国看 17 –18 世纪的海上丝绸之路
作　　者　耿昇
刊　　名　西北第二民族学院学报(哲学社会科学版)
年 卷 期　2001 年 2 期
页　　码　3 –11
摘　　要　在法国于 17 –18 世纪掀起的“中国热”过程中,以希腊海洋女神命名的法国船舶安菲特利特号(L'Amphitrite,海神号)两次远航中国起了重要作用。但由于资料匮缺,国内学者对于该船远航中国的动机、过程与结果的研究甚少。安菲特利特号或海神号船肯定是现在所知的第一艘在中国海岸停泊过的法国大船。这当然并不是说法国直到那时为止从未曾在中国采取过重大商业、宗教和文化活动。自从耶稣会的教祖方济各·沙勿略于 1522 年死于广东上川岛,巴黎外方传教会于 1660 年创建和路易十四于1685年派遣6名"国王的数学家"耶稣会士赴华(其中有5位于1687年莅华),于1688年创建了法国北京传教区以来,法国便在华开展了大量的文化和宗教活动。安菲特利特号船两航中国,既是法国长期在华活动的结果和形成的一次高潮,又为法国后来在华活动开辟了道路,特别是促进了海上丝绸之路的发展。

题　　名　**从帆船到铁路:漕运与中国交通工具近代化**
作　　者　倪玉平
刊　　名　石家庄学院学报
年 卷 期　2010年12卷1期
页　　码　44－50

题　　名　**从福建长乐显应宫看妈祖信仰与郑和信仰的关系**
作　　者　徐心希
刊　　名　郑和研究
年 卷 期　2009年4期
页　　码　37－40

题　　名　**从福州船政局的发展看清末国防科技发展战略**
作　　者　王超,陶新华
刊　　名　网络财富
年 卷 期　2008年5期
页　　码　236－238
摘　　要　左宗棠在复杂的背景下提出创办福州船政局,以抵御西方列强的凌辱。这种观点在当时体现了其高瞻远瞩的战略眼光。而沈葆桢出任福州船政局的第一届船政大臣,他继承了林则徐和左宗棠的思想,为船政局后来的整体发展做出了突出的贡献,这其中的发展战略是正确且非常有效的。船政局的发展为中国近代海军的发展作出了巨大的贡献。对现在我们发展国防科技战略有一定的借鉴价值。

题　　名　**从福州的几处古迹看古代中琉关系**
作　　者　朱振声
刊　　名　海交史研究
年 卷 期　1981年3期
页　　码　94－103

题　　名　**从阜宁县的《平倭碑》说到庙湾倭寇的覆灭**
作　　者　观吾
刊　　名　盐城师专学报(社会科学版)
年 卷 期　1986年1期

题　　名　**从哥伦布与郑和航海的不同结果看地理环境对人类社会发展的作用**
作　　者　赵丽霞
刊　　名　牡丹江师范学院学报(哲学社会科学版)
年 卷 期　1998年1期

页　　码　30－32

摘　　要　地理环境是用来表示与人类社会所处的地理位置相联系的，对人类社会的发展产生现实作用的各种自然条件之总和，包括诸如地理位置、地形、土壤、气候条件、河流海洋、动植物分布情况以及地下矿藏等，范围很宽。地理环境和人类社会发展的关系很早就受到人们的关注。

题　　名　从古代国人大地观看郑和船队环球航行新说

作　　者　赵明海

刊　　名　新乡师范高等专科学校学报

年 卷 期　2006 年 20 卷 3 期

页　　码　16－17

摘　　要　郑和及其船队早于欧洲航海家发现美洲，率先完成环球航行这是英国航海史学家孟席斯在 2002 年提出的新说法。考虑到中国古代人们持有的是地平大地观，从未正确认识到地是一个球体，我同意部分学者认为郑和船队不可能环球航行的观点，但也不能排除偶然因素。孟席斯新论，引发广泛争议，有其特有价值和意义，如打击长期以来西方文明中心史观，宣扬中华文明等。

题　　名　从古代中国看琉球列岛的宝贝

作　　者　木下尚子

刊　　名　四川文物

年 卷 期　2003 年 1 期

页　　码　29－34

摘　　要　中国商周时期已大量使用宝贝，将它们作为货币和财富。这些产于印度洋和太平洋暖热地区的海贝，是如何传到黄河流域的？本文对此作了探讨，认为主要有三条搬运路线，并列举了考古发现方面的依据。

题　　名　从古文化及古生物上看中日的古交通

作　　者　裴文中

刊　　名　科学通报

年 卷 期　1978 年 12 期

页　　码　705－707，722

摘　　要　近些年涌现出来的一系列科学事实说明，在第四纪的大部分时间内，亚洲大陆与日本列岛曾以陆地相连，彼此之间没有像现在这样的被海水隔开。从第四纪哺乳动物、旧石器文化和海底地貌各方面取得的新资料都支持这一个结论。这个结论的意义有二：一是可以进一步阐明中、日之间远古时期的文化交流史；二是有助于深入研究黄海大陆架的发育史。

题　　名　从广东省妈祖宫资料看历史上闽粤关系——《妈祖宫集成》广东省部分

作　　者　张大任

刊　　名　福建论坛（人文社会科学版）

年 卷 期　1996 年 5 期

页　　码　39－43

题　　名　从广东实学馆到黄埔水师学堂——晚清广东的海防教育
作　　者　赵春晨
刊　　名　广州大学学报(社会科学版)
年 卷 期　2001 年 15 卷 1 期
页　　码　8－13
摘　　要　本文论述了晚清广东海防教育发生、发展的情况,认为晚清广东的海防教育虽然已开始起步,并有一定的发展,但是由于近代广东海防地位下降、多数主粤官员对海防建设以及教育事业的漠视等原因,海防教育规模甚小,质量不高,这与广东作为海防大省的战略地位很不相称。

题　　名　从广州秦船台遗址看秦汉时岭南船文化
作　　者　骆腾
刊　　名　岭南文史
年 卷 期　1995 年 1 期
页　　码　12－15

题　　名　从国际法角度评析 1887 年中葡《和好通商条约》
作　　者　柳华文
刊　　名　中国边疆史地研究
年 卷 期　1999 年 2 期
页　　码　83－96
摘　　要　1887 年中葡《和好通商条约》是近代史上唯一一个规定澳门法律地位的条约。本文以此约为主线,从国际法角度,比较学界论点,进行法理分析与评价:条约为澳门规定的是一种特殊的租借地的地位;澳门勘界之争本身不影响条约效力,葡方严重违约才使条约效力发生动摇;1928 年中国国民政府废除此约在法律上是有效的;澳门问题在当代获得解决,体现了国际法在中国的一种实践。

题　　名　从国情国力军力的比较中看中日甲午战争
作　　者　迟云飞
刊　　名　湖南师范大学社会科学学报
年 卷 期　1995 年 1 期
页　　码　115－119
摘　　要　甲午战争之时国力中强日弱,军力中弱日强,中国之弱不在武器,而是在组织制度、官兵素质和对近代战争规律缺乏了解上。国情中劣日优,日本准备充分,中国仓促应战;日本政权稳固,中国政权动摇;日本民族统一,中国一盘散沙。由于军力和国情因素,导致日胜中败。

题　　名　从海防看中日甲午战争中李鸿章的海军战略思想
作　　者　沈远持
刊　　名　孝感师专学报
年 卷 期　1992 年 3 期

题　　名　从海防意识看中国近代衰落的原因
作　　者　艾跃进

刊　　名　南开学报(哲学社会科学版)
年 卷 期　2004 年 6 期
页　　码　85 –91,114
摘　　要　海洋和海洋文明孕育了一个又一个强国,而一支强大的海军又是一个强大国家的重要标志。近代中国之衰落无疑同其海防的衰败相关。封建专制、腐败和意识形态落后,特别是在海洋问题上的陈腐观念,导致中国在近代被列强欺辱。所以,一个国家、一个民族对待海洋的态度,从某种程度上就决定了其自身的命运。因此,我们要努力教育和鼓励我们的国民面向海洋、面向世界、面向太空、面向未来。中华民族的和平崛起和伟大复兴须臾离不开海洋。

题　　名　从海军衙门到海军部——清廷近代海军中央机构的初步建立与人员取用
作　　者　张季
刊　　名　石家庄学院学报
年 卷 期　2010 年 1 期
页　　码　51 –54
摘　　要　清廷近代海军中央机构的建设经历曲折,由海军衙门、筹办海军处到海军部,机构设置日益专职化,地位也不断提升;在此过程中,取用人员的标准也经历了由调用办事能员到取用专门人才的变化。这种变化反映了时代大变局下对于机构设置及取用人员的新要求,在一定程度上推动了清廷近代海军的发展。

题　　名　从海陆两栖帝国到大陆帝国——明王朝丧失海权原因的分析
作　　者　[台]吕士朋
刊　　名　郑和研究
年 卷 期　1998 年 2 期
页　　码　21

题　　名　从海南、泉州穆斯林的流动看中国与东南亚的伊斯兰联系
作　　者　陆芸
刊　　名　西北民族大学学报(哲学社会科学版)
年 卷 期　2009 年 4 期
页　　码　54 –58
摘　　要　中国与东南亚各国很早就发生了联系,除了两者之间的贸易外,东南亚各国还充当了东西方贸易的中转站,波斯人、阿拉伯人是早期东西方贸易的主要参与者。在中国与东南亚的移民活动中,既有海外穆斯林移民中国,也有原先居住在中国的穆斯林移民东南亚,中国与东南亚之间隐约存在着某种伊斯兰联系,而且这种联系随着明代郑和七下西洋得到了进一步的巩固和加强。

题　　名　从海权和社会转型的角度看郑氏水师——兼对中国古代资本主义萌芽问题的再思考
作　　者　倪乐雄
刊　　名　华东理工大学学报(社会科学版)
年 卷 期　1999 年 1 期
页　　码　80 –87
摘　　要　建国以来,史学界对郑成功作了大量研究,其特点主要呈现为:在 1960 年代的时代氛围感染下，学者们大致围绕“抗清复明”、“驱荷复台”两个核心问题展开讨论，对有关人物、时间、地点进行细致的考证补缺。这一时期的研究成果对增强民族自信心，弘扬爱国主义精神起了积极的作用。1980年代后，一些学者对郑成功研究拓宽视野，逐渐侧重于经济角度，尤其注重对台湾的经济、文化开发、以及对东南亚等地的贸易、交往方面的研究，将郑成功研究向前推进了一步。也有一些学者从军事角度出发，专注于郑成功戎马生涯中的战略战术探讨，或具体作战过程之剖析，以及对有关人物、时间、地点进行考证补缺。本文从战争与文化的关系着手，通过中、西历史比较研究，对郑氏海上商业—军事集团进行考察，试图说明郑氏海上军事力量与中国传统水师的性质区别，以及这一海上军事力量同西方意义上的制海权的关系；并试图指出这一军事现象背后的更为深层的社会意义。同时，本文还将进一步探讨郑氏海上商业—军事集团同中国古代资本主义萌芽的关系问题。

题　　名　**从海上交通看中国与百济的关系**
作　　者　周裕兴
刊　　名　东南文化
年 卷 期　2010年1期
页　　码　70－78

题　　名　**从海上丝绸之路的极盛时期看郑和下西洋的时代意义**
作　　者　王锋
刊　　名　郑和研究
年 卷 期　2005年2期
页　　码　1－4
摘　　要　公元1405－1433年，我国明朝回族穆斯林航海家郑和率领庞大的船队七次远航，活跃在东南亚、印度洋、波斯湾、红海、直至非洲东岸，遍访亚非30多个国家。郑和所完成的航海事业，不仅在中国历史上，而且在世界历史上开辟了世界远航史的先河。今年是郑和下西洋600周年，郑和“睦邻友好，科学航海”的思想已深深凝固在海上丝绸之路极盛时期和世界航海史话的雕塑上，成为我国对外交流，和平交往的精神之柱和名片。

题　　名　**从海神信仰看中国古代的海洋观念**
作　　者　朱建君
刊　　名　齐鲁学刊
年 卷 期　2007年3期
页　　码　43－48
摘　　要　海神信仰实际是涉海民众海洋观念的外化表现，通过分侧面地多角度地考察中国古代主要海神信仰从人面鸟身的早期海神到四海海神、海龙王、妈祖、地方海神和专业海神的历史传承与流变，并通过分析海神传说及相关民俗事项，可以透视出中国古代海洋观念三个方面的主要内容和特点，即源远流长的“四海”水体观念，“鱼盐商利”的海洋价值观念，敬畏与驾驭交织的海洋本体观念。总体上看，由海神信仰所折射出的中国古代的海洋观念在现实和虚幻两条轨道上前行，并且随着涉海生活的深入在历史时期内越来越趋向现实，人海关系中人的力量不断增加。所以，那种认为中国古人将大海视为恐怖之地并对之深怀恐惧的说法是不能成立的。

题　　名　**从海洋文化视角看疍民**
作　　者　张莉

刊　　名　海洋开发与管理
年 卷 期　2007 年 1 期
页　　码　157－162
摘　　要　文章从海洋文化的视角,介绍了疍民的概况,考证了疍民的来源,总结了疍民的历史贡献和优良传统,提出了在建设文化强国中发挥其作用的若干建议。

题　　名　**从海运措施看刘铭传经济思想上的两大特点**
作　　者　游鉴
刊　　名　福建史志
年 卷 期　2005 年 5 期
页　　码　38－39
摘　　要　刘铭传于清光绪十年,受清廷委任台湾事务大臣,领福建巡抚。授太子少保。加兵部尚书衔。介入抗法保台之战,管理台湾军事防务。及至战后,筹建台湾设省事宜,及被委任为首任台湾巡抚,于任内,致力于台岛内经济发展,他言道:"台湾孤悬海外,土沃产饶,宜使台地之财足供台地之用,不须取给内地,而后处常处变,均可自全。"又言道:"恒心必根恒产,足食方可足兵,中国生齿日繁,土田日寡,谋生乏术,缓急堪虞,故欲自主,必先致富,欲致富必先经商。"作为封疆大吏,刘铭传的认识在当时的社会形势下,对台湾的经济发展产生了极大的作用。连横在《台湾通史》中评价到"台湾三百年吏才不少,而能立长治是策者,两人:曰陈参军永华,曰刘巡抚铭传,此皆有大勋劳于国家者也。"从他促进台湾经济发展的各项举措来看,刘铭传堪称经济大家。他以"自主"为指导,以"创新"为手段,不惧怕"商政",提倡"官商合办、以商为主",最后虽难免由于其经济思想上的封建性,及社会大环境的不容,没能将经济发展的各项举措执行下去。但他的经济思想仍有太多的可取之处。本文就从台湾的海运措施为背景来分析刘铭传的经济思想。

题　　名　**从海运史角度探讨郑和下西洋在世界史上的意义**
作　　者　[韩]崔在洙
刊　　名　郑和研究
年 卷 期　1998 年 4 期
页　　码　19

题　　名　**从汉使南航到郑和西航——从比较看郑和下西洋在中国古代航海史中之地位**
作　　者　周中坚
刊　　名　广西文史
年 卷 期　2005 年 3 期
页　　码　60－66
摘　　要　中国航海史同中国历史一样久远。其中公元前二世纪汉使南航和公元十五世纪郑和下西洋(本文又称郑和西航和郑和远航),是中国古代海外远航前后两个标志性事件。汉使南航是中国古代明确见诸史籍的第一次海外远航。其后历经一千多年的持续发展,在继承前人航海成果的基础上,郑和下西洋实现了航海活动的全面突破和空前跨越,登上了中国古代航海发展的顶峰,创造了世界航海史上的奇迹,拉开了海洋探索时代的壮阔序幕。

题　　名　**从汉使南航到郑和西航——从比较中看郑和下西洋在中国古代航海史中之地位**
作　　者　周中坚

刊　　名　东南亚
年 卷 期　2006 年 1 期
页　　码　57 – 64
摘　　要　中国航海史同中国历史一样久远。其中公元前二世纪汉使南航和公元十五世纪郑和下西洋(本文又称郑和西航和郑和远航)，是中国古代海外远航前后两个标志性事件。汉使南航是中国古代明确见诸史籍的第一次海外远航。其后历经一千多年的持续发展，在继承前人航海成果的基础上，郑和下西洋实现了航海活动的全面突破和空前跨越，登上了中国古代航海发展的顶峰，创造了世界航海史上的奇迹，拉开了海洋探索时代的壮阔序幕。

题　　名　从航海史学探讨汉使航程问题
作　　者　丁正华
刊　　名　中国航海
年 卷 期　1983 年 2 期
页　　码　104 – 120
摘　　要　公元前二世纪至公元一世纪间，汉使远航南洋、印度洋的航线、所经各国位置及船舶等问题，是在学术界争论和分歧很多的问题。作者根据史籍的记载，以航海史学为主，结合各国社会历史地理状况，航区的气象规律，航海、船舶的条件等进行探讨，提出一些论证和见解。主要的考释结果是：汉使来回所乘均系本国船舶；汉使船舶具有远洋航海的条件和能力，但不能作长达五个月的不着陆连续航行，它的航程时间不是纯航行时间；汉代航海家能利用季风作横越海湾的航行和及时完成各段航程。汉使所达各国中，都元国应在今新加坡一带；邑卢没、谌离、夫甘都卢三国应在今缅甸伊洛瓦底江下游、中游和西部滨海地区；黄支国应在今印度东南沿海之维查雅瓦达一带；汉使回程经已程不国(今斯里兰卡)所至之皮宗，应为今马来半岛东岸之北大年，随后回至日南象林(今越南岘港南)。

题　　名　从航海壮举到近代海军
作　　者　张炜玮
刊　　名　郑和研究
年 卷 期　1996 年 3 期
页　　码　29

题　　名　从何伯南京之行看太平天国的对外姿态
作　　者　黄比新
刊　　名　开放时代
年 卷 期　1986 年 8 期
页　　码　63 – 68
摘　　要　1861 年 2 月至 4 月初，英国侵华海军提督何伯率领舰队前往太平天国首都南京，多次会见太平天国领导人。这是太平天国和外国直接交往中时间最长、涉及内容最多的一场接触，这场接触是我们考察太平天国对西方的认识和姿态的一个重要依据。

题　　名　从宏观环境质疑“船台说”
作　　者　李平日
刊　　名　热带地理

年 卷 期　2001 年 21 卷 4 期

页　　码　378 – 383

摘　　要　从 14C 年代、出土古生物和地理环境提出对广州中山四路儿童公园旁的"秦代船台"遗址提出质疑，认为该处不是海潮可达的江畔，是高地，不适宜造船，是秦汉之交的南越国王宫与宫苑建筑的一部分。

题　　名　从葫芦到独木舟

作　　者　宋兆麟

刊　　名　武汉理工大学学报(交通科学与工程版)

年 卷 期　1982 年 4 期

页　　码　91 – 100

摘　　要　原始的舟船都是用有机物制成的，易腐难存。所以在我国石器时代的考古中尚未发现有古老的舟船。但是，在解放前的某些偏僻的民族地区中，却保留着形形色色的较为原始的浮具和舟船。这些"社会的活化石"，对于认识和研究舟船的产生，有重要的借鉴作用。本文将民族调查中目睹的各式原始浮具和舟船提供出来，结合古文献的记叙和考古发掘的成果，对原始舟船的产生与发展，或可得到较为清晰的脉络。

题　　名　从黄海海战看北洋海军失败的心理原因

作　　者　王义全，马富勇，蒋红

刊　　名　科技信息

年 卷 期　2010 年 20 期

页　　码　433 – 437

摘　　要　北洋海军在黄海海战中的失利，初步显示了中国近代海军的失利，究其原因，诚然，这与清王朝的腐败有关系，但是植根于中国传统文化所造成的中国人的心理缺陷是这次战役失败的一个很重要的原因。本文将从北洋海军部分官兵缺乏高度的爱国的政治责任感；在对待海战时北洋海军官兵严重的贪生自保心态，缺乏对敌作战的勇气；在战争失利之后，缺乏作为军人应该具备心理承受能力这几个方面，表明心理素质较差是北洋海军在黄海海战中失利的重要原因之一。

题　　名　从辉煌到衰落的历史思考——纪念郑和下西洋 600 周年

作　　者　马志荣

刊　　名　回族研究

年 卷 期　2005 年 2 期

页　　码　79 – 83

摘　　要　本文从自然经济、文化观念、政治体制等方面对郑和七下西洋和中国航海事业从辉煌走向衰落的原因进行了分析，并对中国在 15 世纪后期实行海禁政策，放弃向海洋发展，错失战略机遇提出了思考。

题　　名　从回回民族特殊心理意识综观郑和宗教信仰的复杂性

作　　者　林松

刊　　名　回族研究

年 卷 期　1991 年 1 期

页　　码　52 – 59

题　　名　**从几则历史资料看钓鱼岛等岛屿的归属**
作　　者　何慈毅
刊　　名　东南文化
年 卷 期　1993 年 1 期
页　　码　249 – 255

题　　名　**从嘉靖"倭寇"的成份看嘉靖"倭患"的性质**
作　　者　熊梅萍
刊　　名　安徽教育学院学报
年 卷 期　1999 年 17 卷 3 期
页　　码　18 – 21
摘　　要　终明一朝,"倭患"不绝,而嘉靖时期尤为剧烈。然其性质却与此前"倭患"大相径庭,仅从此期"倭寇"的组成成份,便可窥其一斑。

题　　名　**从甲午海战看近代中国海军建设的失误**
作　　者　曹艳红
刊　　名　决策咨询
年 卷 期　1999 年 12 期
页　　码　45
摘　　要　在 1894 年爆发的甲午海战中,中日双方实力相当,而堪称亚洲一流的北洋舰队,几经海战,竟遭覆灭。历史走过百年沧桑,我们不仅要铭记那一幕幕爱国将士浴血奋战的壮举,更要透过这次海战,从近代海军的种种失误中汲取教训。海洋观念淡薄,海权意识落后。鸦片战争之前,中国并未真正受到来自海洋方向的外敌挑战,重陆轻海的守土型国防观念一直占主导地位。1840 年后,英法等西方国家的"坚船利炮"粗暴地撕开了古老中国闭关自守的万里海疆,中国海防藩篱洞开。面对列强的海上威胁,清朝统治者开始广兴学堂,培养海军人才,并从国外购买先进的武器装备,组建了一支较为强大的近代海军。但因统治者缺乏近代海洋观念,建立海军的目的仍是为了自保特别是加强对京畿地区的防卫,他们置日本海军咄咄逼人的侵略意图于不顾,在战前的 6 年中,竟未上添一艘新舰,未装一门新式速射火炮,而是将巨额海军军费挪用到修缮颐和园和慈禧的六旬庆典上。

题　　名　**从甲午战争到《马关条约》——日本强占台湾始末**
作　　者　蒋为清
刊　　名　台湾研究
年 卷 期　1995 年 3 期
页　　码　5 – 9,68
摘　　要　一百年以前,中国发生了两件震撼民魂的事件——中日甲午战争和签订《马关条约》,一百年后的今天我们再来讨论这段历史是有现实意义的。

题　　名　**从甲午战争看洋务运动的性质及其失败原因**
作　　者　戚其章

刊　　名　社会科学辑刊
年 卷 期　1983 年 5 期
页　　码　98－105
摘　　要　中国近代兴起的洋务运动，持续时间达三十年之久。洋务运动是以“富国强兵”为目标的，但重点是“强兵”，洋务运动就是首先从军事工业搞起，而后推衍到民用工业的。在“自强”的口号下，洋务派推行了一系列军事改革，如整饬海防，建制造局，设厂造船，筹建海军，等等。在洋务运动时期，中国经历了中法战争和中日甲午战争。这两次反侵略战争，就是对洋务运动“自强”目的的检验。其中，尤以甲午战争与洋务运动关系至大，它宣告了洋务运动的最后失败。

题　　名　从贾耽的“通海夷道”看唐代中非关系
作　　者　陈公元
刊　　名　西亚非洲
年 卷 期　1983 年 3 期
页　　码　46－52

题　　名　从监督制度缺失看甲午海战失败的原因
作　　者　王占魁
刊　　名　行政与法
年 卷 期　2004 年 12 期
页　　码　77－78
摘　　要　1894 年中日甲午海战造成中国北洋水师全军覆没，军事上的失败缘于政治上的腐朽。因为清政府的国家管理制度一片混乱，最高统治者行使权力的行为不受任何监督，对最高统治者以下的权力监督制度形同虚设，人事监督制度十分落后，军队管理监督制度失灵是形成甲午海战中国失败的共同原因。

题　　名　从鉴真渡日航船看唐代造船水平
作　　者　陈延杭
刊　　名　海交史研究
年 卷 期　1996 年 30 期
页　　码　89－99

题　　名　从胶东半岛新石器遗址的分布看海岸的变迁
作　　者　王锡平
刊　　名　海洋科学
年 卷 期　1985 年 2 期
页　　码　19－22

题　　名　从窖藏和沉船瓷器看景德镇瓷器外销兴旺的历史背景
作　　者　余家栋，余江安
刊　　名　南方文物
年 卷 期　2005 年 3 期

页　　码　58－65

题　　名　**从近代国际法看晚清政府对南海权益的维护**
作　　者　郭渊
刊　　名　求索
年 卷 期　2007年2期
页　　码　201－205
摘　　要　西方列强东来之后,不断侵扰中国南海诸岛。在与列强斗争过程中,晚清政府收回东沙岛主权,并宣示对西沙群岛的主权。与此同时,晚清政府也提出了"水界"区、渔业区海域观念,这有利于中国南海权益的维护。如何从国际法角度认识这段历史,将是一个有益的启示。

题　　名　**从近代宁波轮船航运业的产生和发展看沪甬两地经济互动关系**
作　　者　竺菊英
刊　　名　学术月刊
年 卷 期　1994年9期
页　　码　57－61,56

题　　名　**从禁海到闭关锁国——试论明清两代海外贸易制度的演变**
作　　者　尚畅
刊　　名　湖北经济学院学报(人文社会科学版)
年 卷 期　2007年4卷10期
页　　码　63－64
摘　　要　"闭关锁国"政策由来以久,最早应追溯到明初时期的海禁政策,在此的三百多年间,历代统治者出于政治的需要,对海外贸易采取了不同的政策,经过一段曲折漫长的演变过程,最终导致了整个近代中国社会经济的衰退陨落,也改变了中国近代史的发展方向。

题　　名　**从京杭大运河剖析中国古代物流**
作　　者　阿君
刊　　名　交通建设与管理
年 卷 期　2008年Z1期
页　　码　94－100

题　　名　**从经济发展的角度看郑和下西洋**
作　　者　张彬村
刊　　名　中国社会经济史研究
年 卷 期　2006年2期
页　　码　24－29
摘　　要　本文以欧洲大航海时代为参照,旨在从长期经济发展的角度来检讨郑和下西洋的历史意义。大航海时代以来,欧洲人因为对海外市场和殖民地资源的支配而取得的优势,对于欧洲长期的经济发展具有积极推进作用。郑和下西洋促进建立的朝贡贸易制度,结果却是中国统制经济的强化与市场经济的弱化。郑和下西洋船队空前庞大,经济意义却无足轻重,甚至于对中国经济、中国海洋经济发展产生了严重的负面影响。

题　　名　从经济发展角度看郑和下西洋
作　　者　张彬村
刊　　名　郑和研究动态
年 卷 期　2008 年 3 期
页　　码　6 – 10

题　　名　从净觉寺新出土文物试析始建年代
作　　者　郑宽涛
刊　　名　郑和研究
年 卷 期　2008 年 3 期
页　　码　29 – 32,35

题　　名　从考古发现看秦汉六朝时期的岭南与南海交通
作　　者　李庆新
刊　　名　史学月刊
年 卷 期　2006 年 10 期
页　　码　10 – 17
摘　　要　从上世纪 50 年代以来,中国两广地区、南海诸岛以及越南等地相继发现了一批秦汉六朝时期的有关南海交通与海外贸易的遗址、遗物,展示了岭南社会经济一向的海洋特色,大大改变了岭南的古史景观,也丰富了中国古代海洋文明的篇章。

题　　名　从考古发现看唐宋时期博多地区与明州间的贸易往来
作　　者　李蔚,董滇红
刊　　名　宁波大学学报(人文科学版)
年 卷 期　2007 年 20 卷 3 期
页　　码　81 – 85
摘　　要　通过日本博多和中国明州两地开展贸易的相关考古资料,并联系中日文献中有关鸿胪馆、遣唐使、吴之道、市舶司、越州窑青瓷和进出口帐单等记载,开展比较研究,揭示了唐宋时期两地间的贸易往来情况,从而证明:明州与博多分别是我国与日本唐宋时期的重要对外贸易口岸,它们因各自独特的自然环境、地理位置等条件,发生过密切的贸易往来,有着悠久的交往历史。

题　　名　从考古发现上看阿剌伯国家与中国的友好关系
作　　者　阎文儒
刊　　名　文物参考资料
年 卷 期　1958 年 9 期
页　　码　44 – 45

题　　名　从考古发现我国早期造船业
作　　者　王永波

刊　　名　船史研究
年 卷 期　1989 年 4/5 期

题　　名　从考古文物实验辨析郑和宝船的吨位
作　　者　张箭
刊　　名　华夏考古
年 卷 期　2005 年 4 期
页　　码　88 – 97
摘　　要　郑和下西洋的大宝船据历史文献记载合今长 123 米，宽 50 米。按木帆船的结构规律和造船法式，(型、舱)深应有 25 米。这样，据阿基米德浮力定律，它的满载排水量高达 4 万多吨。下西洋的大船队共有 208 艘船，分超大型、大型、较大型、中型、小型五类。所以，总吨位多达 200 万吨。但迄今为止并没有出土文物考古发现能证明存在过这么大的巨舶，也没有模拟实验和航海试验的成功例子来证实可以有这么大的木帆船。可见，当我们把研究思路从传统的尺寸转换到相应的吨位，问题就清楚多了。

题　　名　从考古学角度看先秦时代中日文化交流
作　　者　张中一
刊　　名　云梦学刊
年 卷 期　1993 年 2 期
页　　码　14 – 16

题　　名　从考古学角度看中日文化交流
作　　者　张中一
刊　　名　贵州社会科学
年 卷 期　1997 年 2 期
页　　码　106 – 110
摘　　要　中日文化交流的历史渊源流长，早在一万二千年前，从日本列岛上的旧石器时代文化与中国大陆的旧石器时代文化内涵基本相同，说明二者之间有一定的交流。到了新石器时代，由于两国隔海交通不便，文化交流中断，日本列岛人类的原始文化朝着适应海岛生活的方向发展，与大陆中国的原始文化始出现差异。然而，这种差异在新石器时代早期不十分明显。因此，日本列岛上新石器早期文化与中国大陆新石器早期文化仍有许多相似之处，如石器的制作方法、用料、器型等，都是继承中国大陆旧石器时代文化而发展起来的。原始陶器的胎质、纹饰、火候、烧制方法也大致相同。

题　　名　从考古学看邪马台国时代的日本
作　　者　王金林
刊　　名　世界历史
年 卷 期　1986 年 4 期
页　　码　39 – 45
摘　　要　我国《魏志 · 倭人传》中的邪马台国，是日本史学界争论多年的历史疑案。

题　　名　从考古学上看唐代渤海文化
作　　者　李殿福

刊　　名　学习与探索
年 卷 期　1981 年 4 期
页　　码　130－137

题　　名　从科技史的视角看《光明之城》——中国古代的造船能力及航海术
作　　者　金秋鹏
刊　　名　海交史研究
年 卷 期　2001 年 39 期
页　　码　9－16,38
摘　　要　在《光明之城》中,雅各·德安科纳到达剌桐港时说到:这是一个很大的港口,甚至比辛迦兰还大,商船从中国海进入到这里,它的周围高山环绕,那些高山使它成了一个逃避风暴的港口。它所在地的江水又广又宽,滔滔奔流入海,整个江面上充满了一艘艘令人惊奇的货船。

题　　名　从空海《为大使与福州观察使书》论唐日关系
作　　者　韩昇
刊　　名　厦门大学学报(哲学社会科学版)
年 卷 期　2001 年 1 期
页　　码　90－96
摘　　要　空海所作《为大使与福州观察使书》,透露了唐朝与日本交往中是否有国书存在的重大线索。根据唐朝关于外国使节入境的一系列法律规定,以及外国使节朝见的仪式,可以判断日本曾向唐朝提交国书,这对于判定两国关系的实质,具有重大的意义。

题　　名　从历史档案看戚继光在山东的防倭活动
作　　者　朱亚非
刊　　名　历史档案
年 卷 期　1991 年 4 期
页　　码　128－130
摘　　要　提起戚继光,人们自然会想到这位挥戈纵横在闽浙沿海、为荡平倭患做出重大贡献的民族英雄。然而,戚继光在故乡山东为防倭所作出的种种努力,则由于资料缺乏,较少为后人注意。1984 年,辽宁档案馆整理出十二份戚继光在嘉靖三十二至三十四年(1553－1555)任山东防倭都指挥佥事时亲自签批处理的文件,从一个侧面为我们了解戚继光在山东的防倭活动,提供了具体而生动的资料。

题　　名　从历史档案看雍正朝中琉难船互救关系
作　　者　李国荣
刊　　名　中国边疆史地研究
年 卷 期　1999 年 4 期
页　　码　49－57
摘　　要　中琉难船互救是两国关系的重要组成部分。雍正一朝,清政府对琉球 1 起遇难贡船和 8 起飘风民船的积极救护与妥善安置,成为清代救助琉球难船有关制度的雏形。同时,琉球对中国飘风民船的救护也十分周密并近乎程序化。而且,以中琉宗藩关系为纽带,海难互救还惠及朝鲜等第三国。中琉难船互救是两国在宗藩封贡体制下密切和谐的善举。

题　　名　从历史上看安海港的兴衰与华侨的关系
作　　者　林金枝
刊　　名　南洋问题
年 卷 期　1986 年 1 期
页　　码　27－35

题　　名　从历史上看闽南华侨与菲律宾人民的友好关系
作　　者　张莲英,林金枝
刊　　名　东南亚
年 卷 期　1984 年 1 期
页　　码　45－51

题　　名　从辽东半岛黄海沿岸发现的舟形陶器谈我国古代独木舟的起源与应用
作　　者　许玉林
刊　　名　船史研究
年 卷 期　1986 年 2 期
页　　码　1－10

题　　名　从临清的衰落看清代漕运经济影响的终结
作　　者　冷东
刊　　名　汕头大学学报(人文社会科学版)
年 卷 期　1987 年 2 期
页　　码　25－32
摘　　要　漕运,本意指水路运输,后专指我国各代封建政府为满足官俸、军晌和宫廷的消耗,将所征粮食解往京师或其它地点的运输。漕运是一项在中央集权严格控制下的、集政治、经济、军事特点于一身的、而又以经济活动为基本内容的制度。从性质上看,无疑是一项典型的封建制度。但从作用上看,漕运的经济影响则远远超出了自身的范围,与商品经济、城市经济、国内市场发生了密切的联系。笔者曾对运河城市之一的临清加以剖析,从微观透视的基础上力求对明代漕运的经济影响作一宏观、总体的评价。由于篇幅有限,未能涉及清代的临清和漕运。本文力图以同样的方法,完成对清代漕运的评价,从临清的兴盛到衰落,进一步认识漕运经济影响的终结,并有助于认识封建社会解体中的某些环节和特点。

题　　名　从临清的兴盛看明代漕运的经济影响
作　　者　冷东
刊　　名　松辽学刊(社会科学版)
年 卷 期　1985 年 8 期
页　　码　70－79

题　　名　从赁居到强占:葡萄牙入据澳门的历史及其原因
作　　者　盛菊,李令彬
刊　　名　淮北煤师院学报(哲学社会科学版)

年 卷 期　1999 年 4 期

页　　码　61 – 64

摘　　要　葡萄牙入据澳门四百余年历史，以鸦片战争为界，可分为赁居和强占两大阶段；从赁居到强占的实现，绝不单纯是葡萄牙人贿赂官员、居心叵测的结果，还有其他因素在起作风，即：明清王朝传统的文化心态与经济利益的作用，以及国际背景下英国人的大力帮助。

题　　名　**从刘铭传在台湾的办防看其国防思想**

作　　者　郑艳

刊　　名　军事历史

年 卷 期　2003 年 2 期

页　　码　72 – 75

摘　　要　台湾的国防建设是台湾国防史上的一件大事，晚清首任台湾巡抚刘铭传（1836 – 1896）在台湾的办防卓有成效。他在台湾的国防建设，折射出他的国防思想。本文试从刘铭传办防的具体行为出发，来探究他的国防思想，以加深对刘铭传和近代台湾国防建设的研究。

题　　名　**从刘铭传在台湾的办防看其国防思想**

作　　者　郑艳

刊　　名　江西社会科学

年 卷 期　2003 年 3 期

页　　码　153 – 156

摘　　要　刘铭传在台湾的国防建设是台湾近代化道路上重要的一步。他在台湾办防的具体举措，一方面是他国防思想的实践，另一方面又折射着他的国防思想。他的国防思想代表了时代的进步潮流。

题　　名　**从琉球群岛的丧失看清政府的外交策略**

作　　者　殷敦新

刊　　名　镇江师专学报（社会科学版）

年 卷 期　1994 年 3 期

页　　码　19 – 22

摘　　要　琉球群岛位于台湾岛的东北海面，与日本九州相望，“自明朝洪武五年起，臣事中国，向我朝贡，列于落属，唯国中政令，听其自治”，自明至清，一直是与中国关系密切的岛国。但是，刚刚经历了“明治维新”的日本，却早已窥视琉球以至台湾诸岛了。1870 年，日本公使柳原前光来华，要求清政府按“西人成例，一体定约”，企图取得与西方资本主义国家同样的在华特权，但清政府深感“日本近在肘液，永为中土之患”而予以拒绝。后来反复磋商，两始于翌年，（1871 年）9 月，在平等互利的基础上，签订了《中日修好条规》及《中日通商章程》。对此，日本毫无便宜可讨，一直耿耿于怀。1871 年 11 月，琉球渔民因遭遇台风漂流至台湾乐海岸，被当地高山族人误杀。日本乘机大做文章，于次年片面宣布流球群岛为其属地（琉球以前曾向日本的萨摩藩“入贡”），封琉球国王尚泰为藩王，列为华族。

题　　名　**从龙江厂看明代船厂的建制与管理系统**

作　　者　顿贺，刘斌

刊　　名　武汉船舶职业技术学院学报

年 卷 期　2006 年 4 期

页　　码　4－7

摘　　要　本文以《龙江船厂志》和《南船记》为主,对明代的龙江船厂的建制、生产管理、质量控制等进行系统分析。论述在五、六百年前中国造船厂的管理已经达到了相当高的水平。

题　　名　从龙王爷到“国家级”海洋女神——中国历代海洋信仰

作　　者　曲金良,周益锋

刊　　名　海洋世界

年 卷 期　2006 年 2 期

页　　码　6－10,13－17

题　　名　从轮船招商局看洋务派经济活动的历史作用

作　　者　汪熙

刊　　名　历史研究

年 卷 期　1963 年 2 期

页　　码　68

题　　名　从轮船招商局看中国近代股份制的兴起

作　　者　李春梅

刊　　名　四川师范大学学报(哲学社会科学版)

年 卷 期　1995 年 22 卷 3 期

页　　码　132－137

摘　　要　股份制最早起源于西方,19 世纪 30 年代传入中国。中国近代自办股份制企业开始于 19 世纪 70 年代,以 1872 年第一家官督商办企业——轮船招商局的创办为标志。继轮船招商局试办成功之后,19 世纪 80 年代初掀起一股投资兴办股份制企业的热潮。由于当时社会历史条件的制约,中国近代股份制的产生是以“官督商办”的形式出现,企业在实际的运作过程中没有完全体现资本主义股份制企业的经营原则,带有一定的时代局限性。

题　　名　从妈祖崇祀到妈祖文化研究——以马新两国为例

作　　者　[马]苏庆华

刊　　名　妈祖研究学报

年 卷 期　2004 年 1 期

页　　码　18－25

题　　名　从妈祖传说故事中所衍生的符号解构

作　　者　[马]李雄之

刊　　名　妈祖研究学报

年 卷 期　2004 年 2 期

页　　码　120－128

题　　名　从妈祖的早期文献看造神过程——谦论妈祖与宁波的关系

作　　者　俞信芳

刊　　名　中共宁波市委党校学报

年 卷 期　2004 年 1 期

页　　码　92－95

摘　　要　妈祖生前深谙巫术，死后民间建祠。后经官吏提倡，官方赐额、封号，夕人润色，妈祖逐步被塑造成圣神；妈祖形象的完善，又与宋元明航海、海运事业的发展紧密联系。

题　　名　从马来文《三宝垄纪年》与《井里汶纪年》看郑和下西洋与印尼华人穆斯林社会

作　　者　钱江

刊　　名　华侨华人历史研究

年 卷 期　2005 年 3 期

页　　码　1－14

摘　　要　通过介绍及解读马来文《三宝垄纪年》与《井里汶纪年》这两部印尼早期华人留下的文献，本文力图说明 15 世纪初印尼群岛信奉伊斯兰教的热潮与郑和的鼓励和推动有莫大的关系。作者认为，在郑和下西洋前，闽南方言群（包括福建漳泉人和广东潮汕人）的私人海商在东南亚各港埠已拥有举足轻重的势力。在郑和的鼓励与推动下，来自云南的中国穆斯林曾在明朝初年大批地经由印支半岛进入印尼群岛。他们在印尼尤其是在爪哇岛华人中的统治地位曾维持了相当长的时期，直到淡目王国衰亡前夕，以闽南方言群体为主的非穆斯林中国移民才在爪哇等地的华人侨居社区中逐渐重新占据主导地位。在郑和及其助手的大力推动和组织下，明代前期的中国穆斯林以占婆为中心，在整个东南亚地区尤其是印尼群岛组成了自己的贸易和传教网络。在这一传播伊斯兰教的过程中，原籍云南但来自占婆王国的华人穆斯林曾发挥了相当重要的作用。

题　　名　从马尾船政局封建经营方式看清末官办近代工业失败的原因

作　　者　林庆元

刊　　名　福建师范大学学报（哲学社会科学版）

年 卷 期　1980 年 1 期

页　　码　17－23

摘　　要　洋务运动是我国近代史上的重要历史事件，对后来历史的影响是不可忽视的。虽然它不是为了发展资本主义，但其所起的积极作用是不能抹杀的。这已另文论述。然而，从总的看，它并不能像同时期日本那样，成为工业近代化的起点，在这个意义上说，它是失败了。“四人帮”出于反对四个现代化的罪恶目的，全盘否定洋务运动，否定引进外国先进技术的必要性，把洋务运动失败的根本原因归咎于所谓推行一条崇洋媚外的办企业路线，似乎洋务企业之所以失败，就是因为从外国引进机器和技术人员，这显然是有意的歪曲。洋务运动失败的原因是多方面的，官办性质及其腐朽的经营方式，是一个重要原因。马尾船政局的经营情况，就是最典型的例证。本文拟就马尾船政局的经营管理做些剖析，借以探讨清代官办近代工业失败的原因。

题　　名　从买办起家的中国第一位近代企业家——唐廷枢

作　　者　邓同莉

刊　　名　江苏工业学院学报（社会科学版）

年 卷 期　2010 年 1 期

页　　码　62－65

摘　　要　唐廷枢早年在英商怡和洋行做过十年买办，积累了丰厚的资产和经营近代企业的经验。

后创办和经营洋务运动时期两个规模较大的民用企业——轮船招商局和开平矿务局,取得了显著的成效。历史事实表明:唐廷枢作为从买办起家的中国第一位具有近代经营管理才干的企业家,以创办和经营近代企业的独特方式,推动了中国社会的近代化进程。

题　　名　**从孟席斯的“新发现”谈谈郑和研究之我见**
作　　者　王天有
刊　　名　郑和研究
年 卷 期　2003 年 F03 期
页　　码　51 – 52

题　　名　**从闽台两地的妈祖信仰看海峡两岸的同根同源**
作　　者　徐宜安
刊　　名　黄淮学刊(哲学社会科学版)
年 卷 期　1996 年 12 卷 2 期
页　　码　54 – 57,61
摘　　要　自宋朝以来,妈祖就是闽南人最崇信、最虔奉的神祇。自宋代随着大陆移民的东渡,妈祖信仰被带到了台湾。现在妈祖信仰在台湾民间信仰中,比其他任何一种民间信仰都更深入人心。随着两地文化的传播和交流,妈祖信仰逐渐渗透到两地民众的日常生活之中,成为民间大众心灵的重要支柱,继而凝聚为两地的共同传统和精神力量,形成了两地较稳定的社会习俗,构成了以渔民为主的妈祖文化区,妈祖则成为两地区域文化认同的标志。妈祖信仰的普遍性和广泛性为海峡两岸的统一奠定了良好的思想文化基础。

题　　名　**从明朝到民国历代政府在澳门问题上的失误**
作　　者　李宜霞
刊　　名　桂林市教育学院学报
年 卷 期　2000 年 3 期

题　　名　**从明朝倭寇的特点看倭寇的历史地位**
作　　者　李春莹
刊　　名　群文天地
年 卷 期　2009 年 8 期
页　　码　69 – 70

题　　名　**从明初官窑的发现论“郑和下西洋”的贸易政策**
作　　者　罗宗真
刊　　名　郑和研究
年 卷 期　1996 年 1 期
页　　码　7

题　　名　**从明代冯梦龙《汰王滩》诗抄考证永泰大樟溪航运史**
作　　者　叶家华

刊　　名　永泰方志通讯
年 卷 期　1985 年 1 期
页　　码　45 – 46

题　　名　**从明代海外交通发展盛衰看对外开放**
作　　者　潘群，申海田
刊　　名　山东社会科学
年 卷 期　1990 年 5 期
页　　码　54 – 58

题　　名　**从明代青花瓷崛起看郑和下西洋伟大功绩**
作　　者　万明
刊　　名　郑和研究
年 卷 期　2007 年 4 期
页　　码　43 – 46
摘　　要　众所周知，郑和下西洋在中国航海史乃至世界航海史上，具有里程碑的意义。而典雅古朴的青花瓷，在中国陶瓷史乃至世界陶瓷史上，也具有里程碑的意义。在中国，从唐代就产生了青花瓷，但是到明代青花瓷才脱颖而出，黄金时代在明朝永乐、宣德时期，与郑和下西洋在时间上重合，这不能不使我们思考：航海与瓷器同时达到鼎盛，仅仅是历史的偶然吗？进一步探讨，从海外遗存、景德镇明代御窑厂遗址、北京出土景德镇瓷器方面的历史见证，证明了以下西洋为分界，作为大航海时代中外文明交融结晶的青花瓷，在明代崛起并形成中国陶瓷主流的历史轨迹。或许我们可以这样说，如果没有郑和远航活跃的对外贸易，青花瓷也许会像在唐代那样昙花一现，或者如元代一样，只是中国瓷器的诸多品种之一，而不会形成中国瓷器的主流，进而成为中国瓷器的代表。

题　　名　**从明清东南海防体系发展看防务重心南移**
作　　者　卢建一
刊　　名　东南学术
年 卷 期　2002 年 1 期
页　　码　29 – 33
摘　　要　继宋代经济重心南移之后，由于沿海客观形势发生深刻变化，明代统治者开始在东南沿海建立海防体系，沿海设水寨、卫所、城堡三重防线。这是海防史上首次在沿海布下责任、分工明确的长期防御线。这是防务重心南移的开始。在明代海防基础上，清代东南海防进一步加强。水师营制更为完备，防守汛地也更为明确。逐步完成了防务重心的南移。从明代东南沿海抗御西方殖民者、平息倭患，到清前期统一台湾、平定海盗，维护沿海社会稳定的效果看，明清时期构筑东南海防体系的历史作用是应该肯定的。

题　　名　**从明清海外交通著作看郑和下西洋与华侨**
作　　者　李秀梅，李玉昆
刊　　名　海交史研究
年 卷 期　2005 年 48 期
页　　码　117 – 124
摘　　要　伟大的航海家郑和，从明永乐三年(1405)到宣德八年(1433)，前后七次下西洋，访问了亚非30多个国家和地区，在世界航海史上和人类文明史上写下了光辉的篇章。郑和下西洋是中国海外交通史的里程碑，它促进了中外政治、经济、文化的交流，而且对华侨社会产生深远的影响。本文拟从明清时期海外交通著作的有关记载，探讨郑和下西洋与华侨的关系。

题　　名　从明州古港（今宁波）出土文物看景德镇宋元时的陶瓷贸易
作　　者　林士民
刊　　名　景德镇陶瓷
年 卷 期　1993年4期
页　　码　40－43

题　　名　从穆斯林的角度看郑和及其航海事业
作　　者　赵国军，马桂芬
刊　　名　回族研究
年 卷 期　2005年2期
页　　码　89－94
摘　　要　郑和是我国历史上的伟大历史人物之一，从1405年至1433年的28年时间里，他率领中国远洋船队先后七次下西洋，访问了30多个国家，促进了中国与世界的经济、文化交流，他的伟大航海壮举，被记入中国和世界航海史册。对他及其航海事业的研究近年来愈来愈热，但是在有些方面还有待进一步探讨。在郑和航海600周年之际，许多地方都在以各种形式举办郑和航海600周年的纪念活动。本文从中国穆斯林的角度对郑和及他的航海事业作了一些探讨。

题　　名　从内陆走向海洋：晚清国人经济观念的转型
作　　者　苏全有
刊　　名　天府新论
年 卷 期　2004年6期
页　　码　103－106
摘　　要　晚清国人经济观念的演变，总体上有一个从内陆走向海洋的趋向。其具体情形大致经历了三个阶段两次鸦片战争期间的感性认识，从洋务运动到甲午战争期间的明确认识，甲午战后至清末的成熟认识。关于晚清海洋经济观念产生的原因，从内因上看乃我国对外贸易本身的长足发展，这可以从关税的迅速增长看出：外因则是西方海洋经济的冲击。而就其影响而言，从经济的角度说无外乎自然经济逐步瓦解，商品经济日渐发展，二者之间相互作用，是互动的关系。但是如果从文化的角度看则可发现，海洋经济观念的发展对晚清文化的西化、进化起着十分巨大的作用。

题　　名　从南方瓷器出土看宋元时期山东水路交通
作　　者　陈杰
刊　　名　山东社会科学
年 卷 期　2004年5期
页　　码　97－102
摘　　要　宋元时期是我国陶瓷手工业发展的高峰之一，山东地区作为南下江浙、北上京津的一个重要通道，也发现了为数不少的南方瓷器。根据纪年墓和其他出土资料所见，南方瓷器在有宋一代多出土于胶东沿海地区，这一时期山东商业运输当以海运为主；至元代则多见于运河及北清河两岸，此时的山东民间商业运输当多赖于内河运输。

题　　名　**从宁波出土长沙窑瓷器看唐时明州港的腹地**
作　　者　虞浩旭
刊　　名　景德镇陶瓷
年 卷 期　1996 年 2 期
页　　码　32 – 33

题　　名　**从宁波庆安会馆看清中叶妈祖文化地域化的演进**
作　　者　黄浙苏
刊　　名　妈祖文化研究
年 卷 期　2003 年 S 期
页　　码　84 – 87

题　　名　**从浦添碑刻看中琉文化交流**
作　　者　徐恭生
刊　　名　海交史研究
年 卷 期　1989 年 15 期

题　　名　**从乾隆朝东南督抚贪腐案看海疆社会经济秩序**
作　　者　覃寿伟
刊　　名　内江师范学院学报
年 卷 期　2009 年 24 卷 11 期
页　　码　46 – 50
摘　　要　清代东南诸省在开禁后与海外世界的接触逐渐增多,社会经济有了较大发展。东南督抚因担任海疆守土重任并兼管海关等事,事巨权重。乾隆后期一系列东南督抚腐败案件的连接出现,其反映的不仅是吏治问题,也涉及社会经济制度和环境等问题。督抚贪腐所得及其投资意向乃至消费习惯等都对地方社会经济发展产生一定的影响。

题　　名　**从遣隋使到遣唐使**
作　　者　王勇
刊　　名　郑州大学学报(哲学社会科学版)
年 卷 期　2008 年 5 期
页　　码　95 – 98

题　　名　**从遣唐使船到唐商船——9 世纪日中交流的演变**
作　　者　村井康彦 著;王勇,葛继勇 译
刊　　名　郑州大学学报(哲学社会科学版)
年 卷 期　2008 年 5 期
页　　码　93 – 95
摘　　要　延绵两千多年的中日关系,周恩来曾用“2000 年友好,50 年对立”予以精辟概括。纵观中

日友好交往的悠久历史，遣隋使和遣唐使开辟的文化交流通道，在古今中外的区域交流中独树一帜，令人回味，发人遐想。千余年前造船技术落后、航海经验匮乏，日本人冒“鲸波之险”，付出数以千计的宝贵生命，究竟肩负何种使命而来？对日本文明发展产生过什么影响？这些疑问如走马灯似的萦绕脑际。翻检中国史书，明代胡宗宪《筹海图编》记载，贞元四年(788)日本“遣文明使贡物”。给遣唐使冠以“文明使”美誉，并非毫无根据。从遣隋使派学问僧学习佛教，到早期遣唐使携留学生学习法制，直至后来学习范围扩大到方方面面，与此同时，唐朝政府的无私馈赠、民间僧俗的热情襄助，这些都为今日的国际文化交流做出了表率。回顾这段温馨的历史，鉴真等赴日唐人的丰功伟绩令人无法忘怀。

题　　名　从遣唐使研究到赴日唐人研究
作　　者　葛继勇
刊　　名　郑州大学学报(哲学社会科学版)
年 卷 期　2008 年 5 期
页　　码　101－102
摘　　要　延绵两千多年的中日关系，周恩来曾用“2000 年友好，50 年对立”予以精辟概括。纵观中日友好交往的悠久历史，遣隋使和遣唐使开辟的文化交流通道，在古今中外的区域交流中独树一帜，令人回味，发人遐想。千余年前造船技术落后、航海经验匮乏，日本人冒“鲸波之险”，付出数以千计的宝贵生命，究竟肩负何种使命而来？对日本文明发展产生过什么影响？这些疑问如走马灯似的萦绕脑际。翻检中国史书，明代胡宗宪《筹海图编》记载，贞元四年(788)日本“遣文明使贡物”。给遣唐使冠以“文明使”美誉，并非毫无根据。从遣隋使派学问僧学习佛教，到早期遣唐使携留学生学习法制，直至后来学习范围扩大到方方面面，与此同时，唐朝政府的无私馈赠、民间僧俗的热情襄助，这些都为今日的国际文化交流做出了表率。回顾这段温馨的历史，鉴真等赴日唐人的丰功伟绩令人无法忘怀。

题　　名　从秦代航海条件看徐福东渡的可能性
作　　者　张良群
刊　　名　日本研究
年 卷 期　1998 年 1 期
页　　码　58－62

题　　名　从秦汉时期造船业看水军战船及后勤漕运保障
作　　者　上官绪智
刊　　名　南都学坛
年 卷 期　2004 年 24 卷 2 期
页　　码　6－10
摘　　要　秦汉时期造船业，设有专门的造船机构，有中央与地方两级之分，皆受中央王权控制；造船的场地分布合理、范围较广，主要在关中、长江沿线、燕齐沿海、南海、洛水一带；造船技术得到快速发展；在船的性能、种类和数量上较前代都有了很大的发展，能够生产多种类型的战船，主要有小型快速攻击战船、大中型战船、侦察船、载重运输船等。这些都为水军装备先进的战船及军事后勤漕运船的保障提供了强有力的支持。

题　　名　从清册封使录及《琉球入学见闻录》看儒学在古琉球的传播
作　　者　王海利

刊　　名　白城师范学院学报
年 卷 期　2010 年 1 期
页　　码　73－76

题　　名　**从清朝档案看中国文化在琉球的传播**
作　　者　谢必震
刊　　名　历史档案
年 卷 期　1994 年 3 期
页　　码　80－83
摘　　要　中琉在长达六百余年的交往中,文化交流有着相当重要的内容,其涉及的面极为广泛,我们可从琉球国的思想、宗教、文学、艺术、建筑、园艺、手工业、生产科技、医药、教育、习俗等方面看到中国文化对琉球的影响。中国文化传播琉球的途径颇多,通过两国使臣的往来、闽人三十六姓移居琉球、琉球来华的留学生、两国的漂风难民,以及其他国家的间接传播,都使得中国文化传播到琉球。然本文依据新近中华书局出版的《清代中琉关系档案选编》,仅从琉球对华贸易的清单上物品种类的变化,来考察中国文化在琉球的传播。

题　　名　**从清朝海防看鸦片战争失败原因**
作　　者　沈波
刊　　名　杭州大学学报(哲学社会科学版)
年 卷 期　1993 年 23 卷 2 期
页　　码　86－91
摘　　要　对鸦片战争失败原因的探讨,由来已久,比较共同的看法是:"由于清朝社会制度的腐败和经济技术的落后……,这是中国在鸦片战争中遭到失败的根本原因。"这一看法无疑是正确的;而社会制度的腐败和经济技术的落后,反映在军事上,就是军事制度、军队素质、武器装备等一系列问题。本文专就清朝当时的海防状况,探讨鸦片战争失败的原因。

题　　名　**从清代台湾妈祖宫庙题匾看妈祖的助战功能**
作　　者　刘福铸
刊　　名　广东海洋大学学报
年 卷 期　2009 年 29 卷 5 期
页　　码　20－25
摘　　要　明代以后,向妈祖宫庙献匾这一妈祖信仰形式渐趋流行。清代台湾妈祖宫庙题匾更是盛极一时,其中反映的妈祖助战功能,独具特色。清代前期反映的是帮助清廷统一和稳定台湾;中后期反映的是帮助台湾地方官府剿寇和平定民变;另外,还反映妈祖能帮助清军顺利渡海和抗击外国侵略者。了解妈祖助战功能可从另一个角度来审视海神妈祖的多元职司,加深对妈祖文化内涵及清廷褒扬妈祖原因的理解。

题　　名　**从清代与越南的朝贡看桂南之中越交通**
作　　者　滕兰花
刊　　名　南宁师范高等专科学校学报
年 卷 期　2007 年 24 卷 1 期

页　　码　12－16

摘　　要　中越宗藩关系以朝贡册封为表现形式。清代时中越之间的朝贡不断,贡路的畅通更是促进了两国关系的持续发展,也带动了贸易的发展考察中越的朝贡关系,可从中透视桂南地区中越交通路线的发展情况,并探寻出交通兴衰与经济发展之间的互动关系。

题　　名　**从清宫档案看清政府对琉球的优惠保护政策**

作　　者　陈培坤

刊　　名　福建师范大学学报(哲学社会科学版)

年 卷 期　1994 年 1 期

页　　码　114－119

摘　　要　笔者最近参与了有关清代中琉关系的档案整理,接触到不少的清廷档案,这些档案有的是皇帝亲自朱批的。这些资料,对于进一步深入地研究中琉之间的友好往来,无疑都是十分珍贵的史料。笔者在整理这些档案的过程中发现,在清代的中琉友好往来中,也曾经发生过一些不愉快的事情,但清政府在处理这些事件时都比较慎重,能从维护中琉的友好出发,体现了对琉球的优惠和保护。本文根据清宫中有关的档案资料,试就以下四个方面进行考察。

题　　名　**从庆安会馆看妈祖文化的地域特色**

作　　者　黄浙苏

刊　　名　宁波论坛

年 卷 期　2003 年 4 期

页　　码　27－29

摘　　要　清中叶,宁波私营海运贸易得到很大发展,航运商帮会馆相继建立。庆安会馆由甬埠北号舶商捐资创建,既是祭祀天后妈祖的殿堂,又是行业聚会的场所。典型的宫馆合一群体,丰富的海事风俗,形成了极富地域特色的浙东妈祖文化景观。

题　　名　**从泉州华侨看泉州港在海上丝路的历史地位**

作　　者　李天锡

刊　　名　泉州师范学院学报

年 卷 期　2003 年 21 卷 1 期

页　　码　72－76

摘　　要　本文通过分析泉州侨乡族谱中的华侨史料,即泉州华侨宋代出国安南、南宋至元代前往海外贸易、明代以后为侨居地的开发和建设所作出的努力、以及进行中外文化交流等情况,说明泉州华侨为海上丝绸之路的形成和发展做出了很大的贡献。由于泉州港是泉州华侨出国的一个主要港口,因而泉州港在海上丝绸之路具有重要的历史地位。

题　　名　**从泉州宋船遗物看宋代海员的生活**

作　　者　沈玉水

刊　　名　航海

年 卷 期　1983 年 1 期

页　　码　20－22

摘　　要　泉州湾宋船船舱中出土的遗物,不仅为研究我国海外交通贸易史,考查这艘海船沉没的年代和原因等，提供了丰富的实物资料；而且为了解我国宋代海员的某些生活状况，提供了可靠的探讨依据。本文拟就宋代船员的分工、物质和文化生活及有关工资问题，谈一些粗浅的看法。

题　　名　**从泉州湾海船的发现看宋元时期我国造船业的发展**

作　　者　叶文程

刊　　名　厦门大学学报（哲学社会科学版）

年 卷 期　1977 年 4 期

页　　码　65－71

题　　名　**从泉州湾宋船看宋代泉州造船技术**

作　　者　沈玉水

刊　　名　武汉理工大学学报（交通科学与工程版）

年 卷 期　1984 年 1 期

页　　码　73－78

摘　　要　本文以泉州湾出土的宋船为主要依据，并引据一些历史文献，较系统地介绍了泉州古代造船业的发达情况；并具体地论述了宋代泉州的先进造船技术，如船型、水密隔舱、多重壳板、多桅杆和升降舵及合理用材等。

题　　名　**从日本出土的铜镜看三世纪倭与中国江南的交往**

作　　者　王仲殊

刊　　名　华夏考古

年 卷 期　1988 年 2 期

页　　码　76－79，68

摘　　要　倭与中国的关系在三世纪有了新的发展。从景初三年开始，邪马台国多次派遣使者到中国的魏朝访问，魏朝也由带方郡派官吏到邪马台国回访，双方关系十分密切。倭魏的官方交往在《魏志·倭人传》中有详细的记载，是人所共知的历史事实。另一方面，在同一时期，倭与中国江南的吴国也有交往。由于倭吴的交往限于民间，在文献中没有明确的记载，所以长期不为人所知。

题　　名　**从日本丹后地区出土中国四神铜镜看其对邪马台国研究的影响**

作　　者　胡晓丁

刊　　名　世界历史

年 卷 期　1994 年 4 期

页　　码　122－123

题　　名　**从日本神话与神道之关系看徐福东渡之谜**

作　　者　朱颖

刊　　名　浙江国际海运职业技术学院学报

年 卷 期　2006 年 4 期

页　　码　28－35

题　　名　**从儒家思想角度解读郑和下西洋**
作　　者　周思敏
刊　　名　吉林工程技术师范学院学报
年 卷 期　2006 年 22 卷 10 期
页　　码　28 – 30
摘　　要　郑和下西洋是世界航海史上的壮举，但这一壮举并没有像同时期的哥伦布发现北美大陆那样对世界造成了深远的影响，究其历史和社会根源，中国封建社会的正统思想——儒家思想，起到了不可忽视的作用。

题　　名　**从儒家文化角度解析郑和下西洋**
作　　者　刘兴杰
刊　　名　聊城大学学报(社会科学版)
年 卷 期　2010 年 2 期
页　　码　245 – 246
摘　　要　因为儒家文化讲究仁义、诚信、贵和，所以虽然当时明王朝是世界上最强大的海洋大国，在郑和下西洋过程中却没有走上侵略扩张的道路。

题　　名　**从儒家文化看明朝对琉球的外交政策**
作　　者　周典恩
刊　　名　福建史志
年 卷 期　2004 年 5 期
页　　码　40 – 41，54

题　　名　**从入唐蕃人的姓名汉化看井真成其人姓名**
作　　者　惠瑛
刊　　名　考古与文物
年 卷 期　2006 年 5 期
页　　码　92 – 98
摘　　要　蕃人入唐不可避免地会受到本地区文化等各方面的影响，因此蕃人汉化也是长期以来备受学者关注的研究课题之一，蕃人汉化的表现众多，例如穿汉服、信仰的转变、丧葬习俗的改变等等各个方面。本文拟从入唐蕃人姓名汉化这一角度稍作探究。

题　　名　**从若干碑铭看清代中前期泉州的海关及贸易**
作　　者　杨钦章
刊　　名　海交史研究
年 卷 期　1988 年 13 期

题　　名　**从三代江海关署的更替看近代上海建筑的国际性**
作　　者　钱宗灏
刊　　名　同济大学学报(社会科学版)
年 卷 期　2009 年 20 卷 3 期

页　　码　36 – 40

摘　　要　上海外滩的海关从1857年建立之后经历了两次重建，从表面上看只是建筑体量和建筑形态发生了变化，但实际上却反映了上海建筑走出传统、走向现代的历程。在这一过程中，建筑师的设计理念、社会的价值取向和公众的审美趣味都发生了深刻变化。我们将这种变化解释为中国近代开放城市中的公共建筑从民族性走向国际性的必由之路。

题　　名　从陕西“周老虎”想到广州“麦船台”——评麦英豪的“广州秦汉考古三大发现”

作　　者　席龙飞

刊　　名　热带地理

年 卷 期　2009年1期

页　　码　96 – 101

摘　　要　以陕西“周老虎”做比较，指出广州“麦船台”同为假点。上世纪70年代麦英豪定性的“秦汉造船工场遗址”，30多年来始终得不到造船工程界和船史学界的认同，地理和地质学界认为这里并不存在造船和下水的条件，建筑工程和建筑考古学界则以大量出土文物证实其为南越王宫苑遗址。被国务院确定为国家重点文物保护单位的“秦造船工场遗址”既无保护，又无展出，也没有专著出版，在全国的学术界出现一片质疑和遣责声。这是麦英豪以排他性的专家“鉴研会”排斥多学科的全国性学术研讨会。文中呼吁麦英豪应正视现实，修正失误，广州的文物部门领导也应当检讨不作为的过失。

题　　名　从社会层面解读中国漕运——评吴琦《漕运与中国社会》

作　　者　杨纯瑛

刊　　名　中南民族学院学报（人文社会科学版）

年 卷 期　2002年22卷1期

页　　码　133 – 134

摘　　要　中国漕运因其规模大、牵涉广、事务繁、耗费巨、延续时间长而成为中国封建社会独特的社会现象。它是以封建集权政治为母体，以封建自然经济为土壤的封建产儿，同时也是中国封建政权存在的物质基础，被视为“天庾正供”、“中国大政”，备受历代统治者的重视。我国古代文献对漕运的记述史不绝书，有关漕运制度的著作更是鸿篇巨制。但是，从总体上看，漕运研究在学术界仍然是一个薄弱环节。从现有的研究成果看，多局限于断代漕运，研究的广度和深度不足，尤其是缺乏对漕运的宏观把握及其社会意义的总体研究。由华中师范大学出版社出版的、吴琦先生撰写的《漕运与中国社会》一书，则恰好填补了这一学术领域的空白。

题　　名　从社会史的角度审视中国漕运——评吴琦《漕运与中国社会》

作　　者　冯玉荣

刊　　名　中国社会经济史研究

年 卷 期　2001年2期

页　　码　92 – 93

摘　　要　漕运是我国两千余年封建集权王朝的生命线，也是经济资源的补给线。历代统治者都十分重视，把漕运视为“国之大政”，为国运攸关的大事。在我国史籍中，有关漕运的记载林林总总，可谓汗牛充栋。近年来有关漕运研究出现了不少成果，但多局限于断代漕运研究，缺乏对漕运的宏观把握和对漕运社会意义的总体研究。由华中师范大学出版社出版的，由吴琦撰写的《漕运与中国社会》一书，恰恰填补了这项空白。

书在版编目(CIP)数据

国航海史基础文献汇编．第4卷，学术卷/孙光圻主编．—北京:海洋出版社,2015.4
N 987－7－5027－9207－7

中…　Ⅱ．①孙…　Ⅲ．①航海－交通运输史－文献－汇编－中国　Ⅳ．①F552.9

国版本图书馆 CIP 数据核字(2015)第170167号

辑：张　荣
制：赵麟苏
出版社　出版发行
www.oceanpress.com.cn
海淀区大慧寺路8号　邮编:100081
州制图印刷厂北京分厂印刷　新华书店发行所经销
4月第1版　2015年 4月北京第1次印刷
80mm×1230mm　1/16　印张:214
060千字　定价：780.00元
2147016　邮购部:68038093　总编室:62114335

中国航海史基础文

第四卷·学术卷

(2)

中国航海史基础文献汇编编辑委
孙光圻　主　编　刘义杰　张世平　副

海洋出版社
2015年·北京

题　　名　从神灵信仰比较内陆文化与海洋文化——以山东地区泰山娘娘与海神娘娘信仰为例
作　　者　宋田田
刊　　名　当代文化与教育研究
年 卷 期　2007 年 9 期
页　　码　60 - 61,99
摘　　要　泰山娘娘与海神娘娘是山东地内最广泛的神灵信仰，是内陆文化和海洋文化的代表。本文通过对二者神灵信仰的源流、历史及信仰内容的比较，进而揭示了两种文化的内涵，显现两种文化的差异。

题　　名　从生物学角度分析郑和船队杨敏远航分队(1421 - 1425)发现世界的可能性
作　　者　陈平平
刊　　名　南京晓庄学院学报
年 卷 期　2010 年 2 期
页　　码　51 - 64
摘　　要　杨敏是明成祖信任、富有航海与外交经验的宦官，为郑和第六次下西洋船队的重要领导成员。1421 - 1425 杨敏分队的远航，是郑和七下西洋中持续航行时间最长，访问国家最多，航程最远者。杨敏分队奉使海外，宣德化而柔远人，在到达非洲后，可独立活动，开拓新航线，通好诸国，有实力和充裕的时间，顺洋流乘季风继续航行。在郑和第六次下西洋之后，哥伦布、麦哲伦、达·伽马等航行完成之前，中国已出现了含有美洲一些特产动植物的图志、美洲原产的一些作物在中国引种栽培与应用的本草和地方志著作以及澳洲及其至中国航线的航海图；同时在美洲、澳洲也已经存在有来源于中国和亚洲的一些植物、动物、人和有关的遗物、遗迹。这些情况显示杨敏分队，可能经过美洲、澳洲后，回到祖国。杨敏分队的远航是加文·孟席斯《1421：中国发现世界》中没有写到、较少为人知晓、郑和第六次下西洋船队中一次特殊而有重要意义的航行，系 15 世纪前期中国和世界航海史上光辉的一页，为中国发现世界之说提供了客观可能性的支持，值得关注、探讨、研究。

题　　名　从石锚辨殷人航渡美洲
作　　者　张箭
刊　　名　文史杂志
年 卷 期　1992 年 6 期
页　　码　41 - 42

题　　名　从史学观点谈郑和下西洋的时代背景
作　　者　宗霖
刊　　名　云南文献
年 卷 期　1976 年 6 期

题　　名　从史志资料看福建与澎湖的交通往来
作　　者　滕元明
刊　　名　中国地方志
年 卷 期　2006 年 1 期
页　　码　55 - 57

摘　　要　福建与澎湖的交通往来,历史悠久。古代台湾海峡的“陆桥”,据有关史志资料记载,其实是福建内陆与澎湖列岛在远古时期的一条陆路通道,只是由于地震的原因,最终沉没于大海之中。这条陆桥的沉没,使得福建和澎湖的交通往来,由陆路转向水路。文章介绍了有史记载以来的从三国到明朝两地的水路往来,由此考证台湾与祖国内陆的渊源。

题　　名　从世界视野纪念郑和下西洋 600 周年
作　　者　陆儒德
刊　　名　郑和研究
年 卷 期　2002 年 1 期
页　　码　9 – 12

题　　名　从世界文明体系看 16 至 18 世纪中外关系
作　　者　孙易红
刊　　名　福建论坛(人文社会科学版)
年 卷 期　2005 年 S1 期
页　　码　104 – 105

题　　名　从水师的落后看鸦片战争失败的原因
作　　者　郑云波,宁波
刊　　名　学术交流
年 卷 期　2008 年 12 期
页　　码　279 – 281
摘　　要　鸦片战争以清王朝的失败而告终,人们在反思战争失败原因时,不难发现清代水师在建军方略上存在重大失误,由海防观念的缺失,水师体制的落后,海军知识的缺乏以及水师的腐败等各种因素交织在一起,导致了水师的落后,从而使得清代水师面对列强叩关而失去锁关之力,导致了鸦片战争最后失败的结局。

题　　名　从水下考古的发现看福建古代瓷器的外销
作　　者　栗建安
刊　　名　海交史研究
年 卷 期　2001 年 39 期
页　　码　98 – 106

题　　名　从水运发展看隋唐时期的旅游业
作　　者　常青
刊　　名　淮南师范学院学报
年 卷 期　2005 年 7 卷 5 期
页　　码　39 – 41
摘　　要　隋唐时期,南北统一的政治格局形成。封建经济、文化逐渐趋于繁荣,尽管隋朝存在的时间不长,但对于水道建设、造船和发展其他国家的友好往来与经济文化交流仍然起了很大的作用,为唐代水运事业进一步发展奠定了基础,水运的发展促进了旅游业的繁荣,增强了各地之间的经济文化交流,水运发展无疑对旅游业的发展有着重大而深远的影响。

题　　名　**从丝绸之路到茶叶之路**
作　　者　庄国土
刊　　名　海交史研究
年 卷 期　1996年29期
页　　码　1-13

题　　名　**从思维方式的不同看哥伦布与郑和的航海活动**
作　　者　孙海英
刊　　名　郑和研究
年 卷 期　1999年1期
页　　码　29

题　　名　**从思想主张到政府决策——晚清“自开商埠”决策过程研究**
作　　者　杨天宏
刊　　名　云南民族学院学报(哲学社会科学版)
年 卷 期　2002年19卷1期
页　　码　37-41
摘　　要　鸦片战争结束不久,“自开商埠”思想便已在魏源等人的言论中初露端倪,但当时多数国人对此尚难以认同,致使魏源等人的主张在将近二十年的时间里,找不到知音与同调。《北京条约》签订之后,中外交通益加频繁,“商战”呼声高涨,思想家郑观应、陈炽等人明确提出“自辟商埠”的主张,朝廷为对付边疆危机,在“守四境不如守四夷”的传统国防战略的指导下,主张将自开商埠政策用于越南等“藩属”国家,成为中国自开商埠的前导。甲午战争之后,受日本全境对外开放的影响,加之偿付赔款需广开财源,在朝野上下的极力主张和维新运动的推动下,自开商埠终于作为一项国家政策,付诸实施。

题　　名　**从宋代诗词看早期妈祖信仰**
作　　者　刘福铸
刊　　名　莆田学院学报
年 卷 期　2006年13卷1期
页　　码　80-84
摘　　要　搜集宋代有关妈祖的诗词,结合宋代文献,探讨作品所反映出的妈祖多元神职、妈祖信仰的早期传播地区及其相关的一些民俗活动。

题　　名　**从谭宗浚《于滇日记》看辰沅水道**
作　　者　侯峰
刊　　名　云南师范大学学报(哲学社会科学版)
年 卷 期　2000年32卷5期
页　　码　43-45
摘　　要　诸多的云南史料中,笔记野乘是一个引人注目的部类。本文简单介绍了清人谭宗浚及其赴滇上任之札记《于滇日记》,并依据作者的记述,对辰沅水道作了简单考证。

题　　名　**从唐代陶瓷的发展看中国和亚非国家的关系**

作　　者　李知宴

刊　　名　中国历史文物

年 卷 期　1985 年 00 期

页　　码　53－61

摘　　要　在研究中国和亚非国家关系的时候，陶瓷是值得注意的一个方面。陶瓷是一种艺术和技术相结合的实用工艺美术品，深受人们喜爱，也是中世纪中国与各国通商的重要商品。中国的海外交通开拓到那里，陶瓷就输送到哪里，哪些国家和中国发生过贸易联系，哪里就会有中国陶瓷。中国陶瓷以其独特的品格，成为探讨中国和各国友好往来历史的一种最生动的证据。唐朝是中国和亚非友好关系史上的重要时期，本文将从唐代陶瓷的发展来探讨当时中国和亚洲、非洲（主要指非洲北部和东部）的关系。

题　　名　**从陶磁贸易看中日文化的友好交流**

作　　者　三上次男，贾玉芹

刊　　名　社会科学战线

年 卷 期　1980 年 1 期

页　　码　219－223

题　　名　**从田野调查看明清时期泉州明教的走向**

作　　者　粘良图

刊　　名　海交史研究

年 卷 期　2008 年 54 期

页　　码　102－114，87

摘　　要　宋元时期，泉州的明教（摩尼教）活动甚盛。从考古和历史资料证明，宋代有大批明教徒聚会于晋江华表山麓的草庵，元代在泉州城里专门设有管理江南诸路明教和秦教（基督教）的机构。元至元五年（1339），明教徒在草庵建构石室，镌刻“道貌佛身”的摩尼光佛像，以吸引大批信众前来朝拜。然而，如《闽书》所云，建立明朝的朱元璋以“上逼国号”为罪名，厉禁明教，使明教趋于衰落。明清以来，除何乔远在《闽书》中的记载之外，涉及泉州明教的文字资料极少，以致诸多研究摩尼教的学者对于这一时期泉州明教的活动情况，也只能笼统以“衰微”或“消亡”概言之。2004 年以来，笔者在晋江草庵周边进行田野调查，通过查询族谱，访问乡老，考察民间宗教活动，发现了一些有关明教（摩尼教）的踪迹，希望能藉此理出明清以来泉州明教活动的走向。

题　　名　**从外国资料看施琅统一台湾**

作　　者　杨彦杰

刊　　名　清史研究

年 卷 期　1997 年 4 期

页　　码　114－118

摘　　要　施琅作为清初一名杰出的历史人物，他率军攻打澎湖，并最终以和平方式统一台湾，在中国历史上写下了光辉的一页。近十几年来，有关施琅统一台湾的研究取得了显著进展，不仅发掘、整理了一批中文档案资料，而且据此发表了不少重要成果。但相对而言，以往的研究对外国资料却注意不够。因此，本文拟根据英国东印度公司当年留下的部分档案，结合中国历史文献记载，对施琅统一台湾的具体过程及其与英国人的关系作一论述。

题　　名　从晚清建设近代海军舰船装备中所看到的
作　　者　张家瑞
刊　　名　船史研究
年 卷 期　1994 年 7 期

题　　名　从汪柏与索萨议和看早期中葡关系的转变
作　　者　张廷茂
刊　　名　安徽史学
年 卷 期　2007 年 2 期
页　　码　24 – 29
摘　　要　1554 年,广东海道副使汪柏与葡萄牙船队司令索萨达成一项口头协议,葡萄牙人以纳税20% 为条件获准在中国港口贸易。此次和解虽为临时性安排,却构成了早期中葡关系史上的转折点:中葡两国结束了武装冲突,葡人获得了公开贸易的资格,他们在华活动的临时据点由上川岛转移到了距离广州更近的浪白澳。从此,中葡贸易关系开始在稳定的基础上得到持续性发展。然而,此次和解并未决定葡人入居澳门之事。

题　　名　从文化角度看北宋和高丽的关系——兼与辽、丽关系作比较
作　　者　芦敏
刊　　名　南洋问题研究
年 卷 期　2007 年 2 期
页　　码　83 – 89
摘　　要　作为近邻,中韩自古以来就存在着密切的经济、文化往来。历经千百年的发展、融合,双方堪称文化同源,进而在心理上形成一种认同感,由此奠定了双方政权在不同时期的友好关系。北宋与高丽即是在此基础上展开友好交往,而文化迥异的辽却只能借助强权来维持其与高丽的朝贡关系。尽管宋、丽往来常常受制于辽,然而悠久的历史与文化纽带又使得双方的关系能够断而不绝。

题　　名　从文明交往论看伊斯兰教在东南亚的传播
作　　者　蒲瑶,彭树智
刊　　名　人文杂志
年 卷 期　2006 年 5 期
页　　码　124 – 128
摘　　要　历史上,伊斯兰教的传播与阿拉伯帝国的武力扩张相辅相成。然而,阿拉伯帝国的军队从未涉足过东南亚,伊斯兰教却是该地区最主要的宗教之一。约占东南亚总人口的 40% 、超过 2 亿是穆斯林。文章以史为基础,指出东南亚的伊斯兰教既有阿拉伯、波斯、印度商人的东进传播,又有郑和下西洋的西进传播。着重运用文明交往理论对伊斯兰教在东南亚传播的原因、载体、方式等方面进行分析,寻求文明传播的内在规律,深化对文明交往的认识。

题　　名　从文契看清代福建市场流通的外币
作　　者　周玉英

刊　　名　海交史研究
年 卷 期　2000 年 37 期
页　　码　65－71

题　　名　**从文物看闽西与台湾的渊源关系**
作　　者　吴福文，张树廷
刊　　名　龙岩学院学报
年 卷 期　2007 年 25 卷 4 期
页　　码　5－7
摘　　要　从闽西出土的古文物、汀州天后宫、定光古佛寺庙、姓氏祖墓宗祠、李友邦及台湾义勇总队活动遗迹等方面，论证闽西与台湾有关方面的渊源关系。

题　　名　**从文物资料看中国古代造船技术的发展**
作　　者　王冠倬
刊　　名　中国历史文物
年 卷 期　1983 年 5 期
页　　码　17－33
摘　　要　我国造船业有着悠久的历史，而且取得了辉煌的成就。史籍提供了研究资料，文物对史籍又作了补充。本文试从文物方面按时代先后对中国古代造船业的发展作一叙述。

题　　名　**从倭人字砖论古代中国与日本的文化往来**
作　　者　李灿
刊　　名　汉中师院学报（哲学社会科学版）
年 卷 期　1984 年 1 期
页　　码　51－67

题　　名　**从吴淞路案和建平教案看沈葆桢的涉外态度**
作　　者　林庆元
刊　　名　福建论坛（人文社会科学版）
年 卷 期　1994 年 3 期
页　　码　50－54，73
摘　　要　十九世纪七十年代后，清政府面临列强同时用武力与外交手段蚕食我边疆领土、勒索我经济利权的局势。1875 年两江总督沈葆桢上任不久，便不得不连续处理涉外的吴淞路案和建平教案。由于吴淞案又与马嘉理案交相纠缠，使之处理这些涉外案更为复杂和艰巨。然而，沈葆桢却以坚韧的精神，实事求是的态度，较好地处理了这些案件。在处理过程中，他既不盲目排外，也不迁就要协，有别于一般的清朝大吏，值得借鉴。

题　　名　**从西汉前中日文化交流看徐福东渡的可能性**
作　　者　王金林
刊　　名　天津社会科学
年 卷 期　1988 年 1 期

页　　码　82－86

摘　　要　徐福东渡日本的问题，由于近年来徐福村的发现，日渐受到中国史、中日关系史以及日本史研究者的注意。应当承认，关于徐福东渡的文字记载是极少的，除非发掘出新的文字史料，不然仅从现有的文字记载很难作出徐福确系东渡的结论。因此，需要我们从各个领域中入手，进行综合性的共同研究，或许可以找到确切的答案。本文拟从日本史的角度，利用近年来日本的考古发掘资料，探索徐福东渡的可能性。

题　　名　**从西汉至唐代中央封建政权对海南岛统治的探讨**
作　　者　杨德春
刊　　名　海南大学学报(社会科学版)
年 卷 期　1984年4期
页　　码　13－17

题　　名　**从先秦濮越文化信息解日本古代国名**
作　　者　易永卿
刊　　名　学术月刊
年 卷 期　2004年11期
页　　码　72－79

摘　　要　日本古代国名问题的争论由来已久，对这一问题的误解必然影响到中日两国古代历史研究的进程。日本文化属于外向型文化，其古代文化主要受到中国的影响，“扶桑”“倭奴”“狗奴”“邪马台”“大和”等日本古代国名均可以从中国先秦时期濮越文化的遗传信息中得到启示，从而破解这一历史悬案。

题　　名　**从新安海域打捞的文物看元代我国瓷器的外销**
作　　者　谢文程，丁炯淳
刊　　名　海交史研究
年 卷 期　1985年8期

题　　名　**从新发现的赛典赤家谱中进一步探讨郑和的家世源流**
作　　者　李士厚
刊　　名　云南文史丛刊
年 卷 期　1985年1期
页　　码　49

题　　名　**从新发现的史料看民族英雄左宝贵**
作　　者　张现民
刊　　名　文史杂志
年 卷 期　2004年4期
页　　码　74－76

摘　　要　众所周知，左宝贵是我国近代著名的反帝爱国将领、民族英雄，在中日甲午战争中英勇作战，终因众寡悬殊，慷慨就义。有关左宝贵的史料大多散见于中国军事博物馆、山东省博物馆、刘公岛甲午战争纪念馆等地。

题　　名　**从徐福东渡的传说看中日友好交往的渊源**
作　　者　陶雪
刊　　名　山东教育学院学报
年 卷 期　1993 年 6 期
页　　码　38－44,50

题　　名　**从徐福研究看中日文化交流**
作　　者　高立保
刊　　名　日本研究
年 卷 期　1994 年 1 期
页　　码　51－53

题　　名　**从徐公山岛看舟山海洋历史文化**
作　　者　郭振民
刊　　名　浙江海洋学院学报(人文科学版)
年 卷 期　2006 年 23 卷 3 期
页　　码　21－24
摘　　要　地处长江口的弹丸小岛徐公山岛,曾有 3000 多年前的徐偃王南渡踪迹,2200 多年前徐福东渡传闻和 930 多年前日僧成寻西渡记述,汇聚了舟山海洋历史文化的厚重沉淀和灿烂光束,具有独特的历史价值。

题　　名　**从徐海、汪直之死看十六世纪"倭乱"**
作　　者　陈贵洲
刊　　名　连云港教育学院学报
年 卷 期　1999 年 3 期

题　　名　**从徐建寅禀看丁汝昌的指挥失误**
作　　者　苏小东
刊　　名　历史研究
年 卷 期　1994 年 6 期
页　　码　176－178

题　　名　**从徐闻、合浦到广州对外贸易港口的变迁**
作　　者　王元林
刊　　名　岭南文史
年 卷 期　2002 年 s1 期

题　　名　**从鸦片贩运与苦力贸易看澳门的海上交通**
作　　者　黄绮文

刊　　名　汕头大学学报(人文社会科学版)
年 卷 期　1999 年 15 卷 4 期
页　　码　83 - 89
摘　　要　澳门是重要的国际港口,在历史上的海上交通推动了丝绸之路的发展,但也曾因为殖民帝国从事罪恶的鸦片贩运和苦力贸易而臭名昭著。本文论述了澳门海运的形成发展,阐述其举足轻重的东方贸易基地的地位及发展前景。

题　　名　从鸦片贸易和鸦片战争看外国资本主义对中国的侵略——兼评资产阶级价值观的实质
作　　者　王相钦
刊　　名　北京工商大学学报(社会科学版)
年 卷 期　1990 年 2 期
页　　码　58 - 65
摘　　要　1990 年是鸦片战争爆发 150 周年。150 年前,以英国为首的西方资本主义侵略势力,对中国进行的鸦片走私贸易以及由此而引起的鸦片战争,是由资本主义的侵略本性所决定的,也是资产阶级唯利是图、极端利己主义价值观的大暴露。

题　　名　从延平条陈看郑成功的治政思想
作　　者　陈利华
刊　　名　漳州职业技术学院学报
年 卷 期　2006 年 4 期
页　　码　78 - 81
摘　　要　延平条陈是郑成功在追随隆武政权据闽抗清时于延平城(今福建省南平市)提出的一项重要建议,其内容虽仅区区十六字,但却高度集中体现了他周全的军事、政治和经济方略,是当今史学界研究郑成功治政思想的重要基础。然而由于历史的原因,这一课题一直以来乏人研究,致使相关郑成功的研究成果,大多都倾向于他的中、后期活动上,这不能不说是史界的一个遗憾。为此,致力于郑成功早期功绩的研究,意义可谓重大深远。

题　　名　从要求通商到武力征服——试析鸦片战争前英国对华政策的调整
作　　者　陈大士,潘家德
刊　　名　宜宾学院学报
年 卷 期　2006 年 2 期
页　　码　31 - 34
摘　　要　19 世纪前期,英国三次遣使来华要求通商,均遭到清政府的拒绝,英国逐渐走上了对华侵略的道路。"炮舰政策"的出笼,它既是资本主义内在的扩张欲望膨胀的结果,又与中英地缘政治关系的升起、鸦片丰厚利润的诱引和澳门模式的借鉴有着直接的关系。

题　　名　从殷契东渡与玉米西传的古文物考证看我国古代海上交通
作　　者　曲石
刊　　名　天津航海
年 卷 期　1991 年 1 期
页　　码　36 - 39

摘　　要　美洲位于西半球，与中国一洋之隔，相去近万里。这里不仅是当今世界最发达的地区，而且在遥远的过去也是世界古文明的摇篮之一。据北美考古发掘提供的证据表明，早在距今两三万年以前，人类便涉足至此。

题　　名　**从印纹陶对西南和台湾等地的影响与传播看百越民族的流向**
作　　者　彭适凡
刊　　名　中南民族学院学报（社会科学版）
年 卷 期　1986 年 81 期
页　　码　126－133
摘　　要　几何形印纹陶是古代南方百越民族重要的物质文化特征之一，它产生于浙、闽、粤、赣一些新石器时代晚期遗存，发展兴盛于相当中原的商、西周至春秋，衰退于战国，它的兴衰历程，在某种意义上说，和南方百越民族的兴衰是一致的。

题　　名　**从营口港的外贸看列强对东北经济侵略的特性**
作　　者　王鹏
刊　　名　辽宁工程技术大学学报（社会科学版）
年 卷 期　2006 年 8 卷 5 期
页　　码　523－525
摘　　要　为了解决东北史研究中出现的列强对东北的经济侵略问题，以东北最早开埠的营口港为基点，从港口的对外贸易出发，运用比较借鉴的方法，总结了列强对东北经济侵略的共性。研究结果表明，列强对东北的经济侵略是以鸦片为突破口，以商品倾销为手段，以掠夺资源为最终目的。该研究对东北经济史的研究具有一定的参考价值。

题　　名　**从雍正圣旨探台山古代海上丝绸之路**
作　　者　蔡锋
刊　　名　新宁杂志
年 卷 期　2008 年 1 期

题　　名　**从有关郑和下西洋的三项文献看明代的对外政策和舆论**
作　　者　施子愉
刊　　名　郑和研究
年 卷 期　1995 年 3 期
页　　码　16－22

题　　名　**从月港兴衰看明代海外贸易**
作　　者　黄涛
刊　　名　福建史志
年 卷 期　2006 年 2 期
页　　码　35－39
摘　　要　中国既属亚洲东部大陆大国，也是太平洋西岸海岸古国。早在上古就产生民间海上交通与贸易，到了两汉。中央政府直接派遣官吏进行一定规模的海外贸易，标志着海外贸易正式成立，此后广州就首先成为国际贸易重要港口之一。自唐代玄宗开元二年(714 年)在广州设立市舶使制度以来,历朝在沿海的广州、泉州、温州、明州、杭州、密州等外贸口岸职掌检查出入海港的船舶,征收商税,收购政府专卖品和管理外商等事务。宋元时期,泉州海外贸易空前繁荣,成为当时世界上最大的商港之一。

题　　名 **从造船的条件要求质疑"船台说"**

作　　者 金行德

刊　　名 热带地理

年 卷 期 2009 年 2 期

页　　码 194 - 196

摘　　要 广州"秦汉造船遗址"根本就不存在,只不过是少数人的主观臆造而已。"船台说"者采取先定性后论证及排斥不同意见的做法,具有一定的欺骗性。实际上,所谓的"造船遗址"并不具备造船的基本要素,文中提出了一系列"船台说"者无法自圆其说的问题。最后呼吁"船台说"者及政府有关部门采取实事求是的负责的态度,促成问题的早日解决。

题　　名 **从战略和心理角度解读刘铭传基隆退兵之得失**

作　　者 郭锋

刊　　名 传承

年 卷 期 2009 年 18 期

页　　码 68 - 69

摘　　要 有关刘铭传基隆退兵之得失,褒贬不一。从军事战略角度出发,认为从全局上考虑来说,基隆退兵利大于弊;从分析刘铭传的心理因素论述基隆退兵之必然性。

题　　名 **从战略思想看甲午战争清海军的失败**

作　　者 程利

刊　　名 云南农业大学学报(社会科学版)

年 卷 期 2008 年 2 卷 6 期

页　　码 113 - 116

摘　　要 通过对晚清海军战略思想发展演变的论述,指出近代中国海军建立虽然较早,但由于其战略思想深受陆防战略影响,表现出很大的保守性。长期坚持防口守岸的消极防御战略,形成有海无防的局面,从而酿成甲午海战中北洋舰队全军覆没的惨剧。

题　　名 **从战术思想论甲午海战**

作　　者 魏大柱

刊　　名 河北学刊

年 卷 期 1985 年 1 期

页　　码 97 - 100

摘　　要 甲午黄海海战,规律巨大,影响深远。从战术指挥思想角度,探讨一下清日双方的优劣,对于深入研究甲午战争的历史教训,想必是不无补益的。

题　　名 **从折扇看古代中日文化交流**

作　　者 许修仲,张东升

刊　　名　徐福文化交流
年 卷 期　1997 年 1 期
页　　码　43－44

题　　名　**从征澎台的施琅亲属族人考述**
作　　者　施伟青
刊　　名　台湾研究集刊
年 卷 期　1998 年 3 期
页　　码　65－71
摘　　要　康熙二十二年(1683 年)六月,福建水师提督施琅奉旨专征澎台,其亲属及晋江浔海施氏族人纷纷跟随渡海,披甲上阵。他们在海战中同心协力,勇往直前,为夺取澎湖战役的胜利,作出了贡献。本文拟就从征的施琅亲属及族人略作考述,并探讨他们参战的积极意义。

题　　名　**从郑和到郑芝龙:祭奠中国民间海上英雄**
作　　者　周宁
刊　　名　随笔
年 卷 期　2006 年 2 期
页　　码　73－86

题　　名　**从郑和海图看十五世纪中国对南海的认识**
作　　者　宫崎正胜,曲翰章
刊　　名　国外社会科学
年 卷 期　1987 年 2 期
页　　码　68－71

题　　名　**从郑和看中国近代航运与造船业的兴衰**
作　　者　顾家骏
刊　　名　上海造船
年 卷 期　2005 年 2 期
页　　码　27－30
摘　　要　郑和船队的规模近百倍于哥伦布船队,时间也早近一个世纪,但两次航海对社会经济发展的作用迥异。文章探讨了中国封建社会对科学技术与航运造船的束缚,指出了纪念郑和下西洋对于发展航运与造船的重要意义。

题　　名　**从郑和铜钟看明代冶金技术的进展**
作　　者　刘克明
刊　　名　有色金属再生与利用
年 卷 期　2004 年 11 期
页　　码　33－35
摘　　要　明永乐三年(1405 年)至宣德八年(1433 年),郑和(1371－1435 年)“提三万七千之师,运六十有二之舶,舶非新机,师非素练,纵横海上数万里。”七下西洋,历时廿有八年,遍访亚非三十余国和地区，最远到达红海与非洲东海岸。此次航海盛举，无论在中国历史，或是世界历史上，都是一个伟大的壮举，对发展中国与亚非各国的文化交流、促进友好往来，起了重大的作用。

题　　名　**从郑和下西洋到福建船政教育的历史功绩**
作　　者　江定涛
刊　　名　交通职业教育
年 卷 期　2004年5期
页　　码　64－66
摘　　要　公元1405年至1433年，世界航海史上产生了一个伟大的创举，明朝的郑和先后率领庞大的船队七下西洋，经东南亚、印度洋远航亚非地区，最远到达红海和非洲东海岸，总计航程逾30万公里，足迹遍及亚非30多个国家。

题　　名　**从郑和下西洋的辉煌到割让香港的耻辱——兼谈中国海权的兴衰**
作　　者　弋胜
刊　　名　郑和研究
年 卷 期　1997年3期
页　　码　4

题　　名　**从郑和下西洋看明成祖的海防战略思维**
作　　者　朱亚非，赵红
刊　　名　郑和研究
年 卷 期　2005年4期
页　　码　58－63
摘　　要　郑和下西洋是中国外交史上的璀璨明星，也是世界航海史上的伟大壮举。近年来，“郑和研究与明初海防”已成为学术界关注的一个重要课题。这一课题的展开，不仅有助于揭示郑和下西洋这一历史事件的原点，而且有助于考察明初海防事业的历史全貌，并对今天的海防建设提供有益的历史借鉴。本文拟以郑和下西洋为切入点，对明成祖的海防战略思维作一探讨，希望能对这一课题的研究有所裨益。

题　　名　**从郑和下西洋看明成祖视野下的天下格局**
作　　者　毛佩琦
刊　　名　故宫博物院院刊
年 卷 期　2005年3期
页　　码　6－12，156

题　　名　**从郑和下西洋看明初的对外开放政策**
作　　者　宋崇元
刊　　名　天津航海
年 卷 期　1985年2期
页　　码　1－4

题　　名　从郑和下西洋看明代和平外交政策
作　　者　耿立强
刊　　名　郑和研究
年 卷 期　1993 年 3 期

题　　名　从郑和下西洋看明代中非关系
作　　者　张忠祥
刊　　名　历史教学问题
年 卷 期　1996 年 6 期

题　　名　从郑和下西洋看明王朝的睦邻政策
作　　者　郭渊
刊　　名　郑和研究动态
年 卷 期　2008 年 4 期
页　　码　7 – 11

题　　名　从郑和下西洋看明王朝的宗藩思想
作　　者　郭渊,王静
刊　　名　求索
年 卷 期　2005 年 6 期
页　　码　181 – 184
摘　　要　中国传统文化的宗藩思想,深刻地影响着明王朝对周边国家的外交行为,这主要体现在如下几个方面:遣使四达,睦邻求宁;恩赐有加,朝贡频来;宗藩有序,扬华夏文明;华必统夷,天威不可侵犯;以德来远,审慎用兵。这在郑和下西洋过程中有集中体现。郑和代表明王朝所推行的“睦邻政策”,是今天中国政府所推行的“与邻为善,以邻为伴”政策的重要文化源泉和理论基础之一,它对思考我国未来的周边安全战略不乏历史借鉴意义。

题　　名　从郑和下西洋看南海的政治、经济与军事
作　　者　孟俭红
刊　　名　郑和研究
年 卷 期　1996 年 3 期
页　　码　35

题　　名　从郑和下西洋看我国古代的舟船文化
作　　者　顿贺
刊　　名　海军工程大学学报(综合版)
年 卷 期　2005 年 2 期
页　　码　36 – 39
摘　　要　以郑和下西洋时所使用的航船为研究的切入点,通过条分缕析的方式,从技术角度总结了中国古代辉煌灿烂的舟船文化。

题　　名　从郑和下西洋看信仰、友谊、贸易的关系
作　　者　米寿江
刊　　名　甘肃民族研究
年 卷 期　1995 年 1 期
页　　码　79－81,86

题　　名　从郑和下西洋看中华民族和平崛起之必然
作　　者　薛三让
刊　　名　西北民族大学学报(哲学社会科学版)
年 卷 期　2005 年 4 期
页　　码　95－98
摘　　要　郑和下西洋,以先于西方人的地理大发现、胜于西方人的航海技术,开创了人类大航海的历史纪元,揭开了世界航运从陆地转向海洋的序幕。十五世纪中国人通过海洋走向世界,为蓝色文明的崛起树起了一尊不朽的丰碑,且永远地成为世界海洋文化史上最辉煌、最珍贵的人类共同遗产和精神财富。人们纪念郑和,在于他所代表的一种文化精神以及所产生的巨大影响。600 年过去了,让我们用战略的眼光审视海洋,以冷静的思维及广泛的交往来认识世界、融入世界、走向未来。

题　　名　从郑和下西洋看中外经济文化交流
作　　者　何萍
刊　　名　贵州文史丛刊
年 卷 期　1998 年 4 期
页　　码　27－29,16
摘　　要　十五世纪是世界航海事业蓬勃发展的时期,在这个世纪之初出现了郑和下西洋的壮举,而在世纪之末,则出了哥伦布发现新大陆和达·伽马开辟新航线。在此之后,世界上几个孤立发展的地区——亚洲、非洲、欧洲、美洲被连结起来,改变了世界历史发展的进程。对此,美国学者斯塔夫里阿诺斯说了一句公道的话,他在《全球通史》中写道:"人们往往想当然地认为:只有西方人才能作出那些改变人类生活道路、开划世界历史新纪元的富有历史意思的发现。这种观点是完全没有道理的,尤其是如考虑到中东的穆斯林和东亚的中国人所具有的伟大的航海传统的话。

题　　名　从郑和下西洋审视中国科学文化的发展
作　　者　郑玲玲
刊　　名　时代人物
年 卷 期　2008 年 4 期
页　　码　246－247

题　　名　从郑和下西洋说起——谈古代对外贸易中的调查研究
作　　者　马玲珍
刊　　名　国际商务研究
年 卷 期　1982 年 3 期
页　　码　52
摘　　要　我国古代著名的航海家郑和,从永乐三年(1405 年)到宣德八年(1432 年),作为明朝的政

治使节和商务代表率领船队先后七次下西洋，经历了亚非三十多个国家。郑和等下西洋的结果，加强了和各国的友好往来，扩大了对外贸易，使明朝的对外交往远胜唐宋。这里且不谈郑和等下西洋的政治目的，也不谈他们航海所取得的成就，我们单就他们在对外贸易的调查研究方面作些介绍和说明。

题　　名　**从郑和研究的历史和现状看在郑和研究中亟待辨清的几个问题**
作　　者　郑一钧
刊　　名　郑和研究
年 卷 期　2005 年 1 期
页　　码　2 - 5

题　　名　**从郑和研究看中国——东盟战略伙伴关系**
作　　者　梁立基
刊　　名　郑和研究
年 卷 期　2008 年 1 期
页　　码　44 - 53
摘　　要　郑和七下西洋是中国封建王朝历史上空前的、最大规模的和平外交行动，特别为中国与东南亚国家的和平友好关系奠定了历史基础，写下了最光辉的历史篇章。如今在全球化的时代，中国与东南亚国家联盟建立了战略伙伴关系，本文试图从中国传统文化和郑和研究中探讨二者的历史传承关系。

题　　名　**从郑和与哥伦布航海活动的比较中看中国资本主义萌芽缓慢的原因**
作　　者　唐任伍
刊　　名　中学历史教学
年 卷 期　1985 年 4 期
页　　码　11 - 13

题　　名　**从郑氏海商活动看海峡两岸通航的客观必然性**
作　　者　于清河，吴长春
刊　　名　大连海事大学学报
年 卷 期　1993 年 19 卷 3 期
页　　码　278 - 283
摘　　要　通过对 17 世纪中国东南沿海最大的海商——郑氏海商活动的分析，论述了台湾岛与大陆之间通航贸易往来对双方社会各方面的影响，指出两岸通航在双方关系乃至这一地区、整个东南亚、东西方之间关系中的重要作用；适应通航的客观需要，顺应历史规律双方都会受益，否则就受到不利影响和阻碍。最后就如何从这段历史中借鉴受益的东西提出了自己的看法。

题　　名　**从制度史视野探索传统中国的海外贸易机制——李庆新《明代海外贸易制度》评介**
作　　者　普塔克，陈贤波
刊　　名　广东社会科学
年 卷 期　2008 年 6 期
页　　码　126 - 128
摘　　要　李庆新《明代海外贸易制度》是“东方历史学术文库”收录的最新专著之一，由社会科学文献出版社2007年出版发行。该书的主旨在于勾勒出明代海外贸易的体制，并历时性地考察其演变的脉络。在这个意义上，作者的做法与以往研究中国海外贸易和商业的著作截然不同，它们通常关注的只是一些重要的历史事件，要么遵照机械的编年史方式来写作，要么强调的是贸易的不同地缘背景、活动网络、商人群体和商品流通。反之，作者将目光集中在制度的架构上，试图考察这个架构如何与整个明代行政体系的全局发生关系，以及它为何能够适应或者不适应当时经济发展的需求。为了完成此书，李庆新查阅了大量的原始文献和第二手资料，这些资料展现了中国人以外的诸多问题。

题　　名　从制海权和社会转型看郑成功的海军
作　　者　倪乐雄
刊　　名　华东理工大学学报(社会科学版)
年 卷 期　1997年3期
页　　码　61-64

题　　名　从制海权看甲午海战的结局
作　　者　戚其章
刊　　名　东岳论丛
年 卷 期　1996年4期
页　　码　77-83

题　　名　从中国古代航海史料谈钓鱼岛归属问题
作　　者　朱鉴秋
刊　　名　海洋测绘
年 卷 期　1997年1期
页　　码　2-5
摘　　要　本文引用明、清时期航海史料中有关钓鱼岛、黄尾屿、赤尾屿的记述，并对这些资料进行分析，论证钓鱼岛等岛屿自古以来是中国的领土。

题　　名　从中国古代造船史看科学和技术发展的规律
作　　者　朱晓军，钟书华
刊　　名　船舶工程
年 卷 期　2006年28卷6期
页　　码　75-77

题　　名　从中国海洋经济社会人文的视野考察海外移民——评《明清中国沿海社会与海外移民》
作　　者　郝海东
刊　　名　海交史研究
年 卷 期　1997年32期
页　　码　103-104

题　　名　从中国航海事业的发展到航海日的确定
作　　者　廖大珂

刊　　名　郑和研究
年 卷 期　2006 年 3 期
页　　码　16－20

题　　名　从中国合浦到斯里兰卡——论合浦（北海）为中国最早最大的海上丝绸之路始发港
作　　者　赵明龙
刊　　名　东南亚纵横
年 卷 期　2002 年 7 期
页　　码　38－42
摘　　要　以往学术界把泉州作为中国最早的海上丝绸之路始发港。近年来，广东学术界认为，广东徐闻和广州是中国海上丝绸之路最早的始发港，比泉州早 10 个世纪。笔者认为，史料和文物证明广西合浦（北海）是中国古代海上丝绸之路最早最大的始发港。

题　　名　从中国历史地理认识郑和航海的意义
作　　者　葛剑雄
刊　　名　中国文化
年 卷 期　2004 年 1 期
页　　码　10－13
摘　　要　从明朝永乐三年（1405 年）起，由郑和率领的庞大船队进行了人类历史上空前规模的七次航海，历时 28 年，遍及亚洲和东非 30 多个国家和地区，充分显示了当时中国已达到的科学技术水平和经济实力，进一步加强了中国与外界的联系，产生了巨大的影响。

题　　名　从中日地名看洞庭稻作文化的传播
作　　者　刘向政
刊　　名　企业家天地（理论版）
年 卷 期　2007 年 6 期
页　　码　155－156
摘　　要　洞庭稻作文化传播至日本后，不仅改变了日本的农业结构，即改主种玉米、薯类为水稻，同时也改变了日本人民的饮食结构，使他们视大米为“生力之米”，大米饭为“生力之饭”，与稻作文化相关的一系列地名也应运而生。由此，亦折射出与中国洞庭稻作文化的同源。

题　　名　从中日勘合贸易看明朝对外政策
作　　者　朱亚菲
刊　　名　山东师大学报 C
年 卷 期　1989 年 4 期

题　　名　从中日两国近代航运业发展状况的不同看国家政权在近代化过程中的作用
作　　者　朱荫贵
刊　　名　教学与研究
年 卷 期　1994 年 2 期
页　　码　67－71

摘　　要　19世纪中叶开始中日两国都进入了一个严峻的时代。由于西方资本主义列强的冲击，中日两国分别在“鸦片烟火”和“黑船来航”的压力下洞开了国门，以被迫签订一系列不平等条约为起点，两国原来的发展道路都被打断，不仅被强行纳入世界资本主义市场和体系之中，更面临着进一步沦为列强殖民地的现实危险。此后，在外来的危机和内在的变革压力下，两国政府都采取了自上而下的变革措施，分别兴起了“求强求富”的洋务运动（中国）和“殖产兴业、富国强兵、文明开化”（日本）的明治维新运动。这两个运动的核心都是以学习西方，引进和兴办一系列以西方近代企业为中心的活动。但由于两国政府在兴办近代企业上的认识不同，追求的目标和实行的决策不同，导致两国政府发挥的作用不同，而这种不同，不仅使得洋务运动和明治维新的结局迥异，也使中日两国在现代化道路上的差距越拉越大。下面，我们就以中日两国轮船航运业的兴办为例，来具体探讨一下国家政权在经济发展中的作用问题。

题　　名　**从周去非的《岭外代答》看宋代南海海道的朝贡贸易**

作　　者　胡杨

刊　　名　科教文汇(中旬刊)

年 卷 期　2007年11期

页　　码　158-159

摘　　要　周去非的《岭外代答》是研究宋代中西海上交通和贸易往来的重要著作。书中所述内容揭示了宋代朝贡贸易的特殊性质和由盛而衰的历史趋势。

题　　名　**从朱然墓的出土文物谈吴国海上丝绸之路**

作　　者　卢茂村

刊　　名　海交史研究

年 卷 期　1990年18期

题　　名　**从装备上看北洋水师覆亡的原因及几点启示**

作　　者　吴长春

刊　　名　大连海事大学学报

年 卷 期　1994年20卷3期

页　　码　108-112

摘　　要　就1894年中日甲午战争中国海军覆亡的装备上的原因进行了分析。装备落后是中日甲午海战中方失败的一个重要原因。最后就这一问题提出几点启示。

题　　名　**从族谱资料看闽粤人民移居海外的活动及其对家乡的贡献**

作　　者　林金枝

刊　　名　东南文化

年 卷 期　1990年3期

页　　码　194-204

题　　名　**从族谱资料看闽粤人民移居海外的活动及其对家乡的贡献**

作　　者　林金枝

刊　　名　华侨华人历史研究

年 卷 期　1991年1期

页　　码　23－30

题　　名　**崔溥漂海登陆点与行经路线及《漂海录》**
作　　者　金贤德
刊　　名　浙江海洋学院学报(人文科学版)
年 卷 期　2006年23卷4期
页　　码　22－24
摘　　要　十五世纪朝鲜国成宗朝五品文臣崔溥在济州岛执行公务时,得知父亡,遂率随从乘船回家乡罗州奔丧,不意途遇风暴,同船43人漂流到我国台州府临海县牛头洋,终于在金木沙登陆,即被礼送至桃渚千户所验明身份,由官府护送北京,尔后经陆路回国。崔溥回国后,把途中经历与见闻用汉字记述成书,长达五万余言,定名为《漂海录》。该书详细记述了朝鲜成宗时代;中国明朝弘治年间的社会、政治、经济、军事、文化、交通及社会风俗等,颇有值得研究的历史价值。

题　　名　**崔忻出使渤海时间考**
作　　者　赵评春
刊　　名　北方文物
年 卷 期　1986年3期
页　　码　77,106
摘　　要　关于唐先天二年(即开元元年,713年),崔忻出使渤海、册封大祚荣之事,文献及旅顺鸿胪井刻石均有记述。但由于文献语焉不详,加之当时正值睿宗与玄宗分头执政,"皇帝以听小事","太上皇以听大事",因而有关崔忻出使的具体时间,及此行究意是受睿宗抑或是受玄宗所遣等问题,学术界的认识至今并不十分清楚。对此,本文试图做一辨析,以求教于学术界。

题　　名　**达蓬山并非徐福下海处——答范觉甫先生的"直言"**
作　　者　方祖猷
刊　　名　宁波高等专科学校学报
年 卷 期　2000年12卷1期
页　　码　50－53
摘　　要　《史记》未提徐福到过慈溪,地方志也未记载徐福在达蓬山下海。至于秦渡庵东渡庵的名字,凭老农之口不足为据。而从所谓"秦渡庵岩画"上刻的字迹来看,说的不是徐福东渡却与佛教有关。

题　　名　**打开中国大门的是棉纺织品还是鸦片?——兼析两次鸦片战争期间英国对华政策目标选择**
作　　者　王晓焰
刊　　名　东华大学学报(自然科学版)
年 卷 期　1999年25卷1期
页　　码　119－122
摘　　要　由于英中棉纺织品和丝茶贸易的不平衡发展,鸦片贸易在"三角贸易"中起举足轻重的作用,为维护怡和洋行为代表的鸦片贩子的利益,以及"英镑圈"内英国和土耳其关系中鸦片问题的重要地位等因素,说明英国为控制英镑圈内的市场,在两次鸦片战争期间对华政策的主要目标是"实现鸦片贸易合法化"。换言之,英国打开中国大门的重炮不是棉纺织品而是鸦片。

题　　名　大阪华侨史述略
作　　者　罗晃潮
刊　　名　华侨华人历史研究
年 卷 期　1986 年 Z1 期
页　　码　47 – 52
摘　　要　近代大阪华侨社会的形成(1867 ~ 1893)日本大阪古称浪速,又名难波,自古以来就与中国有着密切的文化经济往来。隋大业四年(公元 608 年),炀帝派遣的使臣裴世清等人便曾到过难波,而日本历史上有名的遣唐使也很多是从难波起航的。由于它濒临濑户内海,所以又是日本商业和对外贸易发展最早的一个地区。

题　　名　大沽保卫战与僧格林沁
作　　者　冯士钵,于伯铭
刊　　名　中州学刊
年 卷 期　1985 年 2 期
页　　码　119 – 124
摘　　要　第二次鸦片战争中,英法侵略军在沙俄和美国的支持下,于咸丰八年——十年(1958 – 1860 年)曾先后三次进犯天津大沽海口。守卫大沽的清军爱国官兵在当地人民群众的支援下,对进犯的侵略军进行了“顽强而且固执”的抵抗,众多爱国官兵为维护民族的尊严血染疆场。由于清王朝的腐败,大沽保卫战未能取得最后胜利。侵略者“在付出很大损失的代价”并体会了“血是浓于水”的味道后,才得以踏上中国的土地。侵略军在大沽遭到的打击,是他们当中“没有一个人在以前曾经领教过”的。大沽保卫战,是第二次鸦片战争中为数不多的战例,因此,它在第二次鸦片战争中就占有更为突出的地位。在大沽保卫战前后三次战役中,僧格林沁直接指挥了两次战役。

题　　名　大沽口船舶事件:晚清外交运用国际法的成功个案
作　　者　况落华
刊　　名　安庆师范学院学报(社会科学版)
年 卷 期　2006 年 25 卷 1 期
页　　码　21 – 24
摘　　要　19 世纪 60 年代,作为西学的一部分,近代国际法传入中国,促进了近代外交关系的转变。清政府首次正确运用它解决了发生在中国领海的普(鲁士)丹(麦)大沽口船舶事件,这是晚清外交的一场胜利,有助于我们全面认识晚清外交。

题　　名　大沽口之役与僧格林沁
作　　者　张礼恒
刊　　名　聊城大学学报(社会科学版)
年 卷 期　1988 年 3 期
页　　码　53 – 56

题　　名　大沽口之战考实
作　　者　茅海建
刊　　名　近代史研究

年 卷 期 1998 年 6 期
页 码 1－2

题 名 **大规模远洋航行的序幕——《海上丝绸之路》(三)**
作 者 杨恩璞
刊 名 瞭望
年 卷 期 1984 年 38 期
页 码 42－43
摘 要 如果说秦代的航海,开拓了东北航线的海上“丝绸之路”,那么,两汉与两晋便开辟了西南航线的海上“丝绸之路”。这条漫长的航线,成为中国与东南亚、南亚、西亚及东非许多国家发展经济、文化交流的纽带。虽然这一时期,陆上“丝绸之路”在中西交通史上占有更加重要的位置,但海上“丝绸之路”确已开辟,而且为中西交通的重心从陆路转向海路,准备了各方面的条件。我们可以称这一时期为中国远洋航行的初创时期。

题 名 **大海、海神崇拜和《庄子·秋水》寓言**
作 者 朱任飞
刊 名 求是学刊
年 卷 期 1997 年 1 期
页 码 76－79
摘 要 战国时期,诸子蜂起,百家争鸣,尽管各派学者因主张不同而相互辩难,却又几乎都毫不例外地面向大海去寻找精神家园。他们把长生久视的愿望寄托于大海,大海成为追求生命永恒者的企慕对象。

题 名 **大津巴布韦与中国瓷器**
作 者 马文宽
刊 名 海交史研究
年 卷 期 1985 年 8 期

题 名 **大连港的中转贸易(1907－1931)**
作 者 姚永超
刊 名 中国历史地理论丛
年 卷 期 2004 年 19 卷 1 期
页 码 69－73,81
摘 要 由于优越的地理位置和自由港的贸易政策,1907 年后大连成了中国北方诸港与日本之间贸易的中转港。大连港的崛起,一方面加深了日本与北方诸港的贸易交往,另一方面也导致了大连与北方诸港间相互地位的调适。

题 名 **大连祭海文化考察**
作 者 赵箭平
刊 名 边疆经济与文化
年 卷 期 2010 年 12 期

页　　码　77－79

摘　　要　大连周边地区海岛供奉神灵的特点很有地方特色，其中包含着丰富多彩的民间故事和传说，揭示了大连地区的海洋文化特征。

题　　名　大明山龙母文化与华南族群的水神信仰

作　　者　黄桂秋

刊　　名　广西师范学院学报（哲学社会科学版）

年 卷 期　2006 年 27 卷 3 期

页　　码　1－10

摘　　要　龙母文化的实质是水神信仰。中国华南族群的水神信仰按发生时间先后大致分为：泛水神图腾信仰、龙母信仰、妈祖信仰等三种形态，其共同渊源应为壮族先民古越人信奉的水界之神图额。广西大明山龙母文化具有鲜明的原生态水神信仰特征，并以其山神和水神融合，生态美和道德美统一，而成为中国华南龙母文化的重要源头和核心区域，从发生学的角度来看，大明山龙母文化是大明山自然生态环境、壮族先民的信仰思维、农耕稻作文化、生态审美意识诸因素形成的民间信仰文化现象。

题　　名　大钦茂时期渤海国与日本交往的必然性

作　　者　张韬

刊　　名　通化师范学院学报

年 卷 期　2007 年 28 卷 7 期

页　　码　5－7

摘　　要　渤海国是中国古代东北地区粟末靺鞨族建立的一个政权。它不仅是唐王朝的藩属国，而且也是唐王朝的羁縻府州。面对新罗势力的日益强大，为了维护自身的安全和利益大钦茂既对唐王朝频繁朝贡，也进一步加强与日本的交聘。这一时期，渤海国与日本相互交聘是由当时东亚政治环境决定的，同时也是渤海国与日本国内政治经济发展的必然结果。

题　　名　大钦茂王时期的渤日交往史事新探

作　　者　张岩，徐德源

刊　　名　日本研究

年 卷 期　1993 年 4 期

页　　码　63－69

摘　　要　大钦茂王是渤海国十五代王中的第三代王。在位期间渤日交往非常频繁，共遣使日本十一次。日本方面，在此期间共遣使渤海达九次之多。从渤日交往的总过程来看，渤海向日本共遣使三十四次，大钦茂王时期约占总数的三分之一。日本国共派遣使渤海使十三次，而大钦茂时期占了九次，可见这一时期是渤日交往的最高峰。有的日本学者称这为“日渤的蜜月时代”。关于这一时期的渤日交往的问题，中外学者的论著中虽然涉及很多，但是有些问题还有进一步加以探讨的必要。

题　　名　大清国出使西洋各国的第一任钦差——美国人蒲安臣

作　　者　孙闻浪

刊　　名　湖北档案

年 卷 期　2003 年 6 期

页　　码　43－44

题　　名　大清海军甲午遗事(一)——殉国第一舰“广乙”
作　　者　萨苏
刊　　名　紫禁城
年 卷 期　2008 年 4 期
页　　码　216 - 225

题　　名　大清海军甲午遗事(二)——殉国第一舰“广乙”
作　　者　萨苏
刊　　名　紫禁城
年 卷 期　2008 年 5 期
页　　码　222 - 227

题　　名　大清海军甲午遗事(三)——殉国第一舰“广乙”
作　　者　萨苏
刊　　名　紫禁城
年 卷 期　2008 年 6 期
页　　码　220 - 227
摘　　要　评价一名军人的最好地方,应该就是战场,那么,还是让我们回到丰岛的战场上,看看林国祥和广乙舰的表现吧。我个人以为:广乙舰虽然最终力战沉没,但它的作战经验,对大东沟海战中陷入困境后的中国军舰,还是提供了借鉴价值。

题　　名　大型郑和宝船的存在及其出现的年代探析
作　　者　席龙飞
刊　　名　郑和研究动态
年 卷 期　2009 年 3 期
页　　码　3 - 8

题　　名　大型郑和宝船的存在及其出现的年代探析
作　　者　席龙飞
刊　　名　海交史研究
年 卷 期　2010 年 1 期
页　　码　55 - 65
摘　　要　《明史·郑和传》中有“造大舶,长四十四丈,广十八丈者六十二”句,这说明长 44 丈的大型宝船是下西洋过程中的代表性船型,但并非在第一次出洋时就能出现,甚至在前三次下西洋时都没有出现过。根据《明成祖实录》所载造船上谕,在永乐六年正月,有“命工部造宝船 48 艘”的记载。这是永乐上谕中第一次出现“宝船”字样。永乐六年开始建造宝船,当来不及用于永乐七年第三次下西洋,却可以在第四次下西洋时使用,而且载入马欢的《瀛涯胜览》,这当是跟随郑和第四次出洋的随行翻译马欢亲眼所见。后四次下西洋的航程远较前三次为远,使用大型船舶是合理的。随着航海、造船经验的丰富,出现大型宝船也是顺理成章的。根据新近查找到的文献,确知明代的南京不仅有龙江船厂和宝船厂,还有黄船厂和拨船厂,南京是明代全国造船中心。明代南京宝船厂遗址发掘成果的存在,任何再企图否定大型宝船的观点都将难以立足了。

题　　名　**大型郑和宝船复原研究**
作　　者　董元胜,龚昌奇
刊　　名　船海工程
年 卷 期　2005 年 3 期
页　　码　62 – 65
摘　　要　通过研究历史文献和考古发掘成果,走访苏、浙、闽地区的木船修造工匠,调查现存的木船和相关资料,对郑和宝船的型线、布置和结构进行了探讨,并完成了宝船的复原工作。

题　　名　**大一统秩序下的华夷之辨、天朝想象与海禁政策**
作　　者　李宪堂
刊　　名　齐鲁学刊
年 卷 期　2005 年 4 期
页　　码　41 – 47
摘　　要　大一统是华夏文明对于世界的表象,也是中华民族进行资源组织和动员的方式与机制,它以绝对者的名义强调了中央对四方的统摄、王权对万物的占有,以天道的光辉塑造着天朝上国的荣耀和尊严。作为大一统内部核心系统与次级系统之间的一条边界,华夷之辨起着约束系统能量、强化系统向心力的作用,实际上是系统进行自我调节与自我防卫的反馈机制,其诉求点在于核心系统即华夏文明的安全和稳定;海禁政策则是沉浸于天朝想象中的统治者在华夷边界漫溢、大一统秩序濒于崩溃之时采取的本能反应。

题　　名　**大运河——唐代饮茶之风的北渐之路**
作　　者　李菁
刊　　名　中国社会经济史研究
年 卷 期　2003 年 3 期
页　　码　49 – 54
摘　　要　唐人贵茶有个南风北渐的过程。饮茶之风在北方的兴起与佛教发展、文人宣扬及唐代江淮种茶业迅速发展有关,但这些都是外部原因。本文认为,由于隋唐大运河是唐代茶商的主要贩运之路,是茶商通过大运河将茶叶贸易这一物质行为与饮茶风俗向北流传这一文化现象有机地结合起来。因此,大运河可视为唐代饮茶之风的北渐之路。而这种现象的出现又与唐代南北文化的融合密切相关。

题　　名　**大运河漕运的兴衰**
作　　者　陈宁骏
刊　　名　文史春秋
年 卷 期　2007 年 3 期
页　　码　35 – 38

题　　名　**大运河漕运与中国封建社会的长期延续**
作　　者　郭孟良,孔祥君
刊　　名　商丘师范学院学报

年 卷 期 1992 年 3 期

页　　码 7－15

摘　　要 漕运起源于先秦时代，自隋炀帝修建大运河，形成了以洛阳为中心，西通关中，南至余杭，北达涿郡的长达 5000 余里的水上运输线，从而使古代漕运跃进到一个新阶段：至元明清时候又通过山东将运道拉直，成为一个新的运河系统、一条名符其实的“漕运”。这条贯穿南北五大水系的大运河对中国传统社会的历史发展产生过巨大而深远的影响。

题　　名　大运河的开凿与隋炀帝的功过

作　　者 罗传栋

刊　　名 武汉教育学院学报

年 卷 期 1996 年 2 期

页　　码 48－52

摘　　要 大运河的开凿是隋朝统一中国后社会政治、经济发展的客观要求，它为我国封建社会中后期的经济繁荣与水上交通运输事业的发展发挥了不可估量的历史作用。隋朝人民为此付出了巨大的痛苦与牺牲，而隋炀帝的积极作用，也应予以充分肯定。

题　　名　大运河的通塞与唐王朝的兴衰

作　　者 张义丰，高溪泉，慧慕

刊　　名 齐齐哈尔大学学报（哲学社会科学版）

年 卷 期 1986 年 1 期

页　　码 84－91

摘　　要 “隋氏作之虽劳，后代实受其利”，隋是个短促的朝代，运河开通后不久便告灭亡。于是大运河对继隋而起的唐王朝起了重大作用，成了唐王朝的经济命脉。运河一旦出了问题，唐王朝也就危在旦夕。因此，大运河的畅通滞塞直接关系到唐王朝的兴盛衰败。唐代运河的变迁是反映唐代兴衰的一个重要侧面。本文力图从唐代对漕运的改革入手，来阐述其发展过程。

题　　名　大运河历史兴衰及原因之探究

作　　者 梅芸

刊　　名 武汉大学学报（工学版）

年 卷 期 2010 年 S1 期

页　　码 391－396

摘　　要 大运河自兴建开始就对中国南北地区之间的经济、文化发展与交流，特别是对沿线地区工农业经济的发展和城镇的兴起起了巨大作用。大运河是我国古代劳动人民创造的一项伟大工程，是祖先留给我们的珍贵物质和精神财富，是活着的、流动的重要人类遗产。我们今天所说的大运河开掘于春秋时期，完成于隋朝，繁荣于唐宋，取直于元代，疏通于明清，前后共持续了 1779 年。在漫长的岁月里，主要经历三次较大的兴修过程。在大运河漫长的历史中，有兴盛和衰落的不同阶段，最后在新中国成立后得到了维护和修复并持续发挥着重要作用。

题　　名　大运河名物考察

作　　者 顾建国，马婷婷

刊　　名 淮阴师范学院学报（哲学社会科学版）

年卷期　2009年1期

页　　码　77－83,140

摘　　要　古老的南北大运河历经千年的沧桑巨变,原有的互联水口及其周边的城镇景观等,亦随之显隐、变更或消逝,这些先后成为人们记忆的名物,正是大运河历史文化的重要构成。本文通过对末口、淮泗口、角城等个案的历史考察,彰显了运河文化考古亟待开发的内容。

题　　名　**大运河商船队伍的内幕**

作　　者　赫树权

刊　　名　商业研究

年卷期　1991年7期

页　　码　44－46

摘　　要　开凿北方大运河的功绩,始于吴越春秋时代的吴王夫差,继续于隋唐北宋,完成于元代。运河为我国漕运之河,是世界上人工凿成的最长的水道。运河的开通,是历史发展的需要。它加强了南北交通的联系,又对文化经济发展和祖国的统一起了很大的作用,这是劳动人民对历史的伟大贡献。

题　　名　**大运河与我国回族散杂居格局的形成**

作　　者　王树理

刊　　名　回族研究

年卷期　2001年4期

页　　码　102－104

摘　　要　本文从运河流域回族散杂居的客观现实出发,研究了大运河在我国回族散杂居格局形成中的地位和作用,提出运河文化作为一种理性文化,是形成散杂居的思想基础;作为漕运大动脉,适应了回族商本农末的从业需求,是散杂居的经济基础;作为中原地区向外扩散的基地,对回族成长起了滋润、培育、催化作用,有一定学术价值和社会意义。

题　　名　**大运河与中国古代运河城市的双向互动**

作　　者　王明德

刊　　名　求索

年卷期　2009年2期

页　　码　163－172

题　　名　**代理总税务司罗福德对近代中国海关缉私情形的回顾**

作　　者　郑泽隆

刊　　名　历史档案

年卷期　1992年2期

页　　码　68－73,99

摘　　要　1934年6月19日,国民党政府颁布《海关缉私条例》,8月4日,代理总税务司罗福德发出第4913号通令,饬令各地海关税务司遵行,并系统介绍了1843年以来中国的走私状况和海关缉私章则的演变,反映了海关行政客卿制度和治外法权对缉私工作的影响,现选译刊出,供研究近代经济史及海关史参考。

题　　名　**戴宗骞和甲午威海之役**
作　　者　廖宗麟
刊　　名　安徽史学
年 卷 期　1984 年 6 期
页　　码　56 – 59

题　　名　**儋耳、珠崖郡始建时间考**
作　　者　梁统兴,陈献池
刊　　名　海南师院学报
年 卷 期　1996 年 2 期
页　　码　96 – 100

题　　名　**儋耳的来源和迁徙**
作　　者　何光岳
刊　　名　海南大学学报(社会科学版)
年 卷 期　1990 年 3 期
页　　码　68 – 73

题　　名　**亶洲新探**
作　　者　许永璋
刊　　名　中国史研究
年 卷 期　1997 年 1 期
页　　码　88 – 96

题　　名　**亶洲再探**
作　　者　许永璋
刊　　名　郑州大学学报(哲学社会科学版)
年 卷 期　2002 年 1 期
页　　码　145 – 148
摘　　要　据《三国志》载,秦代徐福渡海所到达的地方,名叫“亶洲”。从孙权寻求亶洲的时间和动机、亶洲的方位和距离、地名对音和含义、中国与印尼的交往、生活方式与风俗习惯等五个方面的情况来分析,亶洲是指以爪哇岛为中心的印度尼西亚。

题　　名　**淡水开港与大稻埕中心的形成**
作　　者　温振华
刊　　名　师大历史学报
年 卷 期　1978 年 6 期

题　　名　**淡水开港与设关始末**
作　　者　赖永祥

刊　　名　台湾风物
年 卷 期　1976 年 26 卷 3 期

题　　名　**淡水之役清军取胜原因之探析**
作　　者　魏晓锴
刊　　名　濮阳职业技术学院学报
年 卷 期　2009 年 22 卷 2 期
页　　码　27 –28,32
摘　　要　1884 年 10 月的淡水之役是中法战争中的重大事件。督办台湾事务的刘铭传基于双方军事力量对比,采取以守为攻的军事牵制战略,利用气候和沪尾附近有利山势地形及民心等有利条件,最终取得淡水战役胜利,实现了抗法保台的战略目标。

题　　名　**疍民的历史来源及其文化遗存**
作　　者　蒋炳钊
刊　　名　广西民族研究
年 卷 期　1998 年 4 期
页　　码　77 –84

题　　名　**蛋民与“蛋”**
作　　者　刘淑萍
刊　　名　文史杂志
年 卷 期　2010 年 2 期
页　　码　78 –79

题　　名　**蹈海惊雷:北洋海军装备的鱼雷艇**
作　　者　陈悦
刊　　名　现代舰船
年 卷 期　2005 年 9B 期
页　　码　111 –112

题　　名　**道光六年漕粮海运的几个问题**
作　　者　倪玉平
刊　　名　清史研究
年 卷 期　2002 年 3 期
页　　码　70 –75
摘　　要　1826 年的漕粮海运,是清朝的首次漕粮海运和道光初政中的重要事件,也是陶澍、魏源等人直接参预的重要政治活动,因而是研究清代漕运和评价陶澍等人的热点问题之一。然而,由于在资料选择上的过于倾向性,导致以往学者对此次海运的评价,有普遍的拔高之处。本文即就其中三个最重要的观点:“雇商海运”、“行走与内河无异”以及“较常年河运所省之数甚多”进行批驳,指出应正确评价此次漕粮海运,并得出了自己的观点。

题　　名　道光年间的中国水师积弊
作　　者　刘海峰
刊　　名　成功(教育)
年 卷 期　2008 年 9 期
页　　码　270 – 271
摘　　要　道光年间的水师,由于穆彰阿及其势力的腐败治军,出现了因循守旧、轻视水勇、军机败坏、纵盗殃民、战船废弛、讳匿与欺饰、吸食鸦片、操演废弛等诸多积弊,以致外不足以抵抗外辱,内不足以平息海盗。

题　　名　道光年间海运漕粮史料选辑(上)
作　　者　叶志如,丁进军 编选
刊　　名　历史档案
年 卷 期　1995 年 2 期
页　　码　38 – 52
摘　　要　道光六年(1826),因运河河道阻塞,江南漕粮试行海运。现从馆藏宫中朱批全宗中选辑的这组史料,基本反映了道光年间海运漕粮的具体情形,可供研究清代漕运史参考,现予刊布。

题　　名　道光年间海运漕粮史料(下)
作　　者　叶志如,丁进军 编选
刊　　名　历史档案
年 卷 期　1995 年 3 期
页　　码　41 – 47,60
摘　　要　山东巡抚张沣中为报已入东境江南海运漕船数目事奏折道光二十八年三月二十二日山东巡抚臣张沣中跪奏,为江南海运粮船入境日期,恭折奏报,仰祈圣鉴事。

题　　名　道光前期中西贸易的变化及其影响
作　　者　杨国桢,黄福才
刊　　名　中国社会经济史研究
年 卷 期　1989 年 1 期
页　　码　53 – 61,38
摘　　要　清代道光朝(1821 – 1850 年),是中国社会急剧变动,也是中西贸易发生重大转变的关键时期。中西贸易在这三十年间的重要变化,对中国社会与中西关系产生了深刻的影响,是中国发生“千古奇变”的经济根源之一。本文拟分析道光前期中西贸易的主要变化及其对中国社会的影响。

题　　名　道光十六年整顿漕务史料
作　　者　方裕谨
刊　　名　历史档案
年 卷 期　1990 年 4 期
页　　码　54 – 60
摘　　要　漕粮运通,是解决清廷中央官员及京师驻军俸米给养的主要来源,也是清之经济命脉,清政府对此十分重视。在漕运过程中,漕船水手或单独,或伙同漕河沿岸兵役,不时作案。为防止此类事件发生,并使水手能够敛戢自己,以保漕运畅通,大学士、九卿遵旨制定了约束漕船水手章程,并议定革除漕务积弊办法五条。道光帝为此发出谕旨,要求漕督及有漕各省督抚及官员兵役等,严格按照这些章程和办法行事。现从馆藏军机处上谕档中选出有关档案史料,予以刊布,供研究参考。

题　　名　**道光五年试行海运漕粮述略**
作　　者　郑师渠
刊　　名　历史档案
年 卷 期　1999 年 3 期
页　　码　100 - 104

题　　名　**道光五年议行漕粮海运事宜史料(上)**
作　　者　叶志如
刊　　名　历史档案
年 卷 期　1988 年 3 期
页　　码　16 - 26
摘　　要　漕粮海运始于元代,明永乐会通河修通以后,即行长运。清沿明旧,但海运还时而实行。道光四年,因南河黄水漫溢,高邮、宝应至清江浦运道浅阻,无法维持漕粮河运的正常进行,故有“借黄济运”之议。

题　　名　**道光五年议行漕粮海运事宜史料(下)**
作　　者　叶志如
刊　　名　历史档案
年 卷 期　1988 年 4 期
页　　码　20 - 26

题　　名　**道咸时期雇商海运漕粮的得失**
作　　者　张照东
刊　　名　历史档案
年 卷 期　1988 年 2 期
页　　码　97 - 101
摘　　要　雇商海运漕粮,是清政府于道光初年实行的一项漕运改革措施,它曾经对道咸时期的经济生活产生过深远影响。但关于这项措施实行后的得失问题,迄今尚未见专文论述。现根据我在中国第一历史档案馆查阅到的档案资料,结合有关文献,对这一问题作些初步考察,以就教于专家学者。

题　　名　**稻作东传之路与舟山群岛**
作　　者　陶和平
刊　　名　浙江海洋学院学报(人文科学版)
年 卷 期　2000 年 4 期
页　　码　29 - 32
摘　　要　日本的水稻种植由古代中国传入。中日学者在论述稻作东传的诸多路线,似以长江口与钱塘江口直接东传的可能性最大。而舟山群岛由于其独特的地理位置、洋流、气候与交通诸条件,对中国稻作文化东传日本起到了中继站与“跳板”的作用。但稻作东传也不能排除其偶然性因素。

题　　名　**得之无所加，不得无所损——清统一台湾后控制台湾海峡的幻象**
作　　者　王前山
刊　　名　海洋世界
年 卷 期　2005 年 6 期
页　　码　41－43
摘　　要　中国，一个天然的濒海大国就这样被自我限定为一个内陆农业大国，而在地球的另一边，西方列强围绕海上霸权的拼杀长期以来未曾中止，当通过海战而确立起海上新霸权地位的英国为打开其对中国的贸易困境而对中国动用武力时，结局似乎早已注定。

题　　名　**德国军事技术对北洋海军的影响**
作　　者　游战洪
刊　　名　中国科技史料
年 卷 期　1998 年 19 卷 4 期
页　　码　25－39
摘　　要　中国清政府 19 世纪 80 年代建立的北洋海军是当时亚洲最强大的舰队。北洋海军主力舰有 2 艘铁甲舰和 3 艘巡洋舰购自德国，装备德国克虏伯巨炮，其天然良港基地旅顺和威海卫筑有德式炮台。该文从铁甲舰技术、克虏伯火炮技术、炮台工程技术 3 个方面，分析德国军事技术对北洋海军建军所起的积极作用，兼论北洋海军在甲午战争中失败的技术因素。

题　　名　**德国侵占胶州湾始末**
作　　者　刘萍，张继国
刊　　名　军事历史
年 卷 期　2001 年 3 期
页　　码　72－75
摘　　要　胶州湾位于山东省的东南部，古代曾称幼海、少海、小海和南海。它与旧金山、东京、直布罗陀、马耳他岛几乎处在同一纬度线上。19 世纪 80 年代，清朝官员就指出：该地“上顾旅顺，下趋江浙”，或者说“上可蔽登莱，下可控江浙，盖形胜必争之地”。显然，从古到今，无论从军事还是经济角度考虑，其地理位置都相当重要。在腐败无能的清王朝统治时期，胶州湾优越的地理位置和得天独厚的自然环境，令诸多帝国主义列强垂涎三尺，频频染指于美丽的港湾。清军在青岛的海防建设 1840 年，英国发动了侵略中国的鸦片战争。这年 8 月 5 日，英舰驶过山东半岛，长驱北上，令朝野上下惶惶不可终日。至此，海防事务才进入统治者的视线。1858 年 6 月，中英、中法《天津条约》签订，把山东登州作为通商口岸。而后的短短一年时间，山东沿海地区就有 6 处设立厘税局，这是各口岸贸易税收的管理机关。其中即墨的金家口厘税局下设青岛口、女姑口分局。从此，“青岛”开始在各类文书中频频出现。

题　　名　**德教海外扬教与“香叻暹汕”贸易体系**
作　　者　陈景熙
刊　　名　海交史研究
年 卷 期　2008 年 53 期
页　　码　106－122

摘　　要　德教是一种发源于20世纪三四十年代的广东省潮汕侨乡，广泛流布于今日泰国、新加坡、马来西亚等国的新兴的世界性华人宗教。二战后初期，德教在东南亚地区的传播，是潮汕商人在以汕头港为出发点，以香港为中转站的“香叻暹汕”跨国贸易体系中开展的文化传承活动。

题　　名　**登州道辩考——兼与魏存成先生商榷**
作　　者　金光明
刊　　名　黑龙江史志
年 卷 期　2009年12期
页　　码　21－22
摘　　要　在唐一朝，通往朝鲜半岛的北方海路有两条。其一是从山东半岛出发经辽东半岛过鸭绿江口南下至德积岛后驶入南阳湾的唐恩。其二是从山东半岛直接渡过黄海到达朝鲜黄海道长渊郡附近，然后南下到德积岛，驶入南阳湾的唐恩。这两条海路至今都是学界普遍争论的话题。从航路名称到路径等等，都没能有一个统一的答案。登州至唐恩这段海路就是一个值得探讨的话题。

题　　名　**登州的历史沿革及其特点初探**
作　　者　董奕，杨丽敏
刊　　名　山东档案
年 卷 期　2009年5期
页　　码　60－62

题　　名　**登州港变迁及其在历史上的作用**
作　　者　李步青，王锡平
刊　　名　海交史研究
年 卷 期　1988年14期

题　　名　**登州港与东方海上丝绸之路**
作　　者　朱龙，董韶华
刊　　名　中国海洋大学学报(社会科学版)
年 卷 期　2004年4期
页　　码　19－23
摘　　要　登州港作为古代我国重要的贸易港和军事要塞，由于其特定的海洋地理区位，由自然港湾形成和发展为我国古代主要港口和海上交通要道，成为我国东方海上丝绸之路的一处重要起点。随着历史的发展、演进，登州港逐渐成为山东半岛的政治、经济和对外贸易中心，同时，作为海防要塞中心，在抵御外族入侵方面起到了屏障作用。日本曾6次、朝鲜新罗曾30余次派遣唐使由此登陆抵达唐都长安进行友好往来，极大地促进了中日韩的政治、经济、文化等方面的交流，增强了两地人民的友好往来，并产生了深远的历史影响。

题　　名　**登州港在唐代的历史贡献**
作　　者　顿贺
刊　　名　武汉船舶职业技术学院学报
年 卷 期　2005年5期

页　　码　98-101,105

摘　　要　登州港是历史悠久的古港之一,唐代,它更是北方重要港口。中华优秀的传统文化对朝鲜半岛和日本的传播,登州港功不可没。本文介绍了传播的内容和影响,从一个侧面反映了登州港的历史功绩。

题　　名　登州港在中国军事史上的地位

作　　者　迟金光

刊　　名　山东档案

年 卷 期　2008 年 5 期

页　　码　66-67

题　　名　登州与唐代的海上交通

作　　者　樊文礼

刊　　名　海交史研究

年 卷 期　1994 年 26 期

页　　码　25-34

题　　名　邓世昌民族英雄理想化的建构

作　　者　姜峰

刊　　名　军事历史研究

年 卷 期　2009 年 S1 期

页　　码　103-107

摘　　要　邓世昌在黄海海战自杀殉国后,清廷虽不赞同他的这种行为,但从强化政治权威的角度出发,在公开场合仍给其极高的褒奖,极力将其树立为民族英雄。同时,社会上的知识精英们面对民族危机的日益加深,急于寻找一种对抗残酷现实的精神寄托,将邓世昌的英雄形象不断加以戏剧化。整个社会对于那些不利于将邓世昌建构为"理想化"民族英雄的记述进行了有意识的"遗忘",从而共同把邓世昌建构成为了一个毫无瑕疵的"理想化"的民族英雄。

题　　名　邓世昌殉国情形考辨

作　　者　廖宗麟

刊　　名　学术研究

年 卷 期　1984 年 3 期

页　　码　64

摘　　要　在《辞海》的《邓世昌》条目中,曾写到邓世昌管带致远舰殉国情形:"9 月 17 日在黄海海战中,虽弹尽舰伤,仍下令加快速度猛撞敌舰吉野,不幸被鱼雷击中,与全舰官兵二百五十人壮烈牺牲。"这段描述来源于清人姚锡光所撰《东方兵事纪略·海军篇》上的记载。但姚的记载有许多失实之处,且就其中两个问题略作辨证。

题　　名　地方政府与宋、丽外交

作　　者　孙建民

刊　　名　殷都学刊

年卷期　1997年1期
页　　码　52－54
摘　　要　宋朝与高丽的交往中，地方政府也承担了部分外交职能。据统计，神宗朝后，宋方往高丽多达25次，地方政府承担接待使人，救援遇难使者、船民、商人等职责。起到了刺探海外消息、传递情报、处理外交事务等外交作用。

题　　名　地方志中的王景弘
作　　者　陈延杭
刊　　名　郑和研究
年卷期　1995年2期
页　　码　36

题　　名　地理大发现与中国海洋观的演变
作　　者　黄顺力
刊　　名　厦门大学学报（哲学社会科学版）
年卷期　2000年1期
页　　码　101－107
摘　　要　十五六世纪之交的地理大发现揭开了世界大航海时代的序幕，而适逢其时的明代统治者却在张弛交替的“禁海”过程中，逐步从海洋上退缩。严厉的“禁海“政策不仅使民间海外贸易沦为非法而逼商为“寇”，而且扭曲了原本正常发展的海洋观念，助长了封建统治者的虚骄，对后世产生了深远的消极影响。

题　　名　地理环境对徐福东渡历史事件的影响
作　　者　程功弼
刊　　名　哈尔滨师范大学自然科学学报
年卷期　2004年20卷1期
页　　码　90－95
摘　　要　徐福东渡的历史传说源远流长，徐福故里——“徐福村”也在近年大白于天下。但目前对于徐福东渡事件的研究还偏重于历史方法，本文通过研究认为：此事件的发生与当时的区域地理环境有很大关系，一定的自然条件和人文条件对此事件的发生有很大影响，其中既有必然因素也有偶然因素。当地区位条件——“秦东门”——使徐福村在当时有着重要的地理和军事政治意义；自然地理环境气候、地形地貌、海岸线等因素是徐福在此东渡的主要条件；当时的人文地理环境对徐福乃至整个秦国有着探索新知的推动作用。

题　　名　地缘政治视野下的琉球交涉
作　　者　范春昕
刊　　名　三明学院学报
年卷期　2006年23卷3期
页　　码　304－307
摘　　要　琉球交涉是中日之间在19世纪后期发生的一次严重外交冲突。在日本咄咄逼人的攻势下，中国在琉球交涉中反应较为软弱，这是中国在当时地缘政治形势下的无奈选择。晚清地缘政治的形势使中国由陆权国家向海权国家的转换非常艰辛,步履维艰;加之海防重点的选择及对琉球战略地位的误判;海陆疆危机的同时爆发;导致清政府在琉球交涉中底气不足,态度暧昧。琉球交涉在地缘政治视野之下对中国的国防战略,海权观念有较大的借鉴功能和意义。

题　　名 地缘政治视野下的隋唐征高句丽之战
作　　者 刘军
刊　　名 黑龙江史志
年 卷 期 2009 年 2 期
页　　码 31 – 32
摘　　要 隋唐两代之所以征高句丽,很重要的原因是地缘政治方面的。首先,这是中原王朝统一战争的一部分;其次,高句丽已经成为隋唐中央政权在地缘上的强大竞争对手;再次,从维护以中原王朝东亚朝贡体系这一地缘政治体系的角度出发,隋唐两代也必须征讨高句丽。

题　　名 地缘政治与明朝对外政策
作　　者 伍玉西
刊　　名 求索
年 卷 期 2009 年 3 期
页　　码 214 – 216,207
摘　　要 明太祖朱元璋基于“宗藩”地缘政治理念和明初的地缘政治形势,确立了明朝对外政策两大支柱——海禁政策和朝贡贸易。他的后世子孙根据地缘政治形势的变化,对涉外政策进行调整,这种调整反过来又影响到明朝的地缘政治形势,二者在东亚“宗藩”地缘政治格局内互动。

题　　名 帝国主义劫夺我国引水权的始末
作　　者 任唯铿
刊　　名 学术月刊
年 卷 期 1961 年 9 期
页　　码 13 – 16

题　　名 帝国主义利用营口港对旧中国东北的经济侵略
作　　者 李成义
刊　　名 辽宁师范大学学报
年 卷 期 1988 年 1 期
页　　码 84 – 88

题　　名 帝国主义侵略与中国海关的半殖民地化
作　　者 叶凤美
刊　　名 高校社会科学
年 卷 期 1989 年 5 期
页　　码 44 – 52
摘　　要 海关是一个国家的经济大门,对于任何独立自主的国家来说,这个门上的钥匙总是由该国家自己掌握的。但在中华人民共和国成立前的一百年间。中国海关却掌握在帝国主义手中,成为他们侵略中国的有力工具。自从 1840 年英国发动侵略中国的鸦片战争、强迫中国签订了不平等的《南京条约》后,中国开始沦为列强的半殖民地,中国海关也随之半殖民地化。

题　　名　第二次大沽口之战谁先开炮新论
作　　者　陈发扬,吴孔明
刊　　名　黑龙江史志
年 卷 期　2009 年 10 期
页　　码　203
摘　　要　从咸丰帝的不能衅自我开、僧格林沁的一再忍让、丁韪良的记述、英法联军的作战日记、清军将领的记述我们可以得出一个结论:第二次大沽口之战,首先开炮的是英法联军。本文从僧格林沁的心理和行动、英法联军的记录等方面论证了第二次大沽口之战究竟谁先开炮。

题　　名　第二次定海战役考辨——兼论镇江战役并非第一次鸦片战争中最激烈的战役
作　　者　周静芬,张乐燕
刊　　名　浙江师大学报(社会科学版)
年 卷 期　1994 年 5 期
页　　码　89－94
摘　　要　史学界的一般著述,对鸦片战争中的镇江战役都相当重视,多把镇江战役作为整个鸦片战争中最激烈、中英双方伤亡最惨重的战役。“在镇江府战役的全部力量,比起过去历次在中国战场上所投入的力量要大得多,但是他们在镇江战役中所遭受的损失,比起以往任何战役都要惨重”,恩格斯有句话也常常被人们引用,以证明镇江战役是鸦片战争中最激烈的战役,这句话就是“如果这些侵略者到处都遭到同样的抵抗,他们绝对到不了南京”。事实上,早在镇江战役之前,英国侵略者就遭到比之更为激烈的抵抗,那就是 1841 年 9 月 26 日至 10 月 1 日的第二次定海保卫战。本文从定海战役持续时间之长,将士之英勇卓绝,中英双方伤亡之惨重诸方面论证第二次定海战役是第一次鸦片战争中最激烈的战役。

题　　名　第二次鸦片战争大沽战役失败的原因
作　　者　万勇平
刊　　名　西南交通大学学报(社会科学版)
年 卷 期　2007 年 8 卷 2 期
页　　码　93－96
摘　　要　第二次鸦片战争中,清政府与英法进行了一系列的战役,1860 年的大沽战役是这次战争胜负的关键。影响这次战役成败的原因主要有两个,第一,清政府在政治上对西方列强采取避战求和的“羁縻”政策,影响了前线的军事部署;第二,大沽统帅僧格林沁在战术上犯了一系列致命的错误,如:弃守北塘,认为夷兵不善陆战等。这两方面的原因最终导致战争的失败。

题　　名　第二次鸦片战争期间招工出洋合法化探析
作　　者　徐玲玲
刊　　名　北京化工大学学报(社会科学版)
年 卷 期　2008 年 2 期
页　　码　56－59
摘　　要　第二次鸦片战争前,招工出洋合法化因国内外形势的变化已呈现出必然趋势。第二次鸦片战争爆发后,列强将招工出洋合法化权利从广州一口扩展到了中国各通商口岸,由此对中国近代社会产生了巨大的影响。

题　　名　**第二次鸦片战争与华工出洋合法化**
作　　者　宁宁
刊　　名　安庆师范学院学报(社会科学版)
年 卷 期　2008 年 8 期
页　　码　52－56
摘　　要　鸦片战争后,英法为首的西方国家对劳工的需求和清政府禁止华工出洋的传统政策发生了激烈冲突。英法等国迫切希望谋得在华招工的合法地位,而第二次鸦片战争正好为它们提供了契机,战争形势左右着华工问题的交涉。在英法等国的军事威胁下,合法招工权利首先被清政府两广地方官员所承认,随后的《北京条约》更是将招工合法化扩大到各个通商口岸。第二次鸦片战争是导致华工出洋合法化的主要客观因素。

题　　名　**第二次鸦片战争与叶名琛的悲剧**
作　　者　李贵录
刊　　名　韶关大学学报(社会科学版)
年 卷 期　1996 年 17 卷 1 期
页　　码　72－78
摘　　要　在第二次鸦片战争中,作为两广总督的叶名琛,战败被俘,在中国近代史上又留下了屈辱的一页。历史学者多以此归罪于叶之无能与妥协投降,本文试图分析当时的各种因素,说明叶名琛的悲剧固然有其身的原因,而更重要的根源是在清廷内部的举措失误。

题　　名　**第二次鸦片战争中的叶名琛评价管见**
作　　者　伯钧,世博
刊　　名　天津师范大学学报(社会科学版)
年 卷 期　1984 年 3 期
页　　码　64－68
摘　　要　1856 年英国制造了"亚罗"号事件。随之,法国也以"马神父事件"为由,和英国共同行动,组成英法联军,在美国的支持下,以要求进广州城为借口,对我国发动了新的侵略战争——第二次鸦片战争。战争爆发时任两广总督的是叶名琛。叶名琛并没有经历战争的全过程,从咸丰六年九月"亚罗"号事件发生,到咸丰七年十一月叶名琛被侵略军俘获,前后只有一年多的时间。叶名琛在这段时间内的功过是非,历来褒贬不一。解放后出版的一些中国近代史著述,对叶名琛多持全面否定态度。我们认为,如何评价叶名琛在此期间的表现,仍有进一步探讨的必要。

题　　名　**第二次鸦片战争中法军侵占烟台的几个问题**
作　　者　史秀莲
刊　　名　烟台师范学院学报(哲学社会科学版)
年 卷 期　2000 年 3 期
页　　码　46－47,61
摘　　要　本文对 1860 年法军侵占烟台的几个问题进行了考察。认为法军侵占烟台是蓄谋已久的,并曾因此与英国发生利益冲突；文献所载法军侵占烟台的人数有出入；清政府对侵烟法军的基本政策是“暗为防堵”、“剀加开导”和严禁内地百姓为其接济食物，但这些措施对法军并没有产生多少影响。

题　　名　第二次鸦片战争中三次大沽之战述评

作　　者　李桑

刊　　名　军事历史研究

年 卷 期　1996 年 1 期

页　　码　100 – 107

摘　　要　1856 至 1860 年间，美国和法国在沙俄和美国的支持下联合发动了新的侵华战争，目的在于攫取比(南京条约)、(黄埔条约)更多的持权。英法联军侵略中国的战争，其作战时间。规模和给予中国的破坏和影响，都超过了第一次鸦片战争。而发生于京津门户的三次大沽之战，清政府经历了败—胜—败的曲折，对整个战局有巨大影响。本文拟对三次大沽之战的简单经过和胜负原因，作初步的分析探讨，以就正于方家。

题　　名　第二次鸦片战争中英军侵占大连湾始末

作　　者　左域封

刊　　名　辽宁师范大学学报(社会科学版)

年 卷 期　1981 年 1 期

页　　码　44 – 47

摘　　要　第二次鸦片战争中，英法联军曾三次践踏我国神圣领土。其中，一八六〇年最后一次进犯时，英军曾在大连湾一带强行登陆，非法占据一个多月，犯下了种种罪行，使旅大人民生命财产遭到了严重的浩劫。

题　　名　第六届中国・琉球历史关系研讨会综述

作　　者　刘兰青

刊　　名　清史研究

年 卷 期　2002 年 1 期

页　　码　114 – 115

摘　　要　2001 年 10 月 15 日至 18 日，由中国第一历史档案馆与日本冲绳县教育委员会联合主办的“第六届中国・琉球历史关系研讨会”在北京召开。来自中国第一历史档案馆、中央档案馆、国家档案局、北京市档案馆、中国社会科学院、北京社会科学院、故宫博物院、中国人民大学、福建师范大学，以及日本冲绳县教育委员会、冲绳县公文书馆、琉球大学、大东文化大学等中日两国的专家学者总计 49 人参加了本届研讨会。中国第一历史档案馆馆长、研究馆员邢永福，日本冲绳县教育委员会委员长津嘉山朝祥分别代表中日双方致开幕词。中国第一历史档案馆副馆长刘余才主持大会开幕式，副馆长、研究馆员冯伯群主持大会闭幕式并致闭幕词。在本届研讨会上，中日双方学者提交学术论文并做了大会发言。他们分别从政治关系、经济贸易、文化交流等方面，探讨了中琉历史关系中的一些问题，披露并利用了一些鲜为人用的新史料，以新颖的立意和选题，提出了一些颇有新意的学术观点。

题　　名　第四届中国・琉球历史关系研讨会综述

作　　者　邹爱莲，刘兰青

刊　　名　清史研究

年 卷 期　1998 年 1 期
页　　码　118－119
摘　　要　由中国第一历史档案馆和日本冲绳县教育委员会联合主办的“第四届中国·琉球历史关系研讨会”，于 1997 年 10 月 28 日在北京召开。中国第一历史档案馆馆长邢永福、日本冲绳县历代宝案编集委员会副委员长、琉球大学教授金城正笃先生分别率中、日学术代表团出席会议。参加本届研讨会的专家学者来自中日两国研究中琉关系史及与其相关的部门，日本方面有：日本冲绳县公文书馆、冲绳县立博物馆、琉球大学、神户女学院大学、冲绳县立艺术大学、九州大学；中国方面有：中国第一历史档案馆、中央档案馆、国家档案局、中国档案报社、《中国档案》杂志社、北京市档案馆（局）、首都图书馆、中国革命博物馆、北京图书馆、故宫博物院、中国社会科学院、中国人民大学、中国政法大学、福建师范大学等，与会专家学者总计 49 人。

题　　名　**第一次铁甲舰之战（上）**
作　　者　曹子珏，张玉坤
刊　　名　现代舰船
年 卷 期　2003 年 8 期
页　　码　43－46

题　　名　**第一次铁甲舰之战（下）**
作　　者　曹子珏，张玉坤
刊　　名　现代舰船
年 卷 期　2003 年 9 期
页　　码　44－47

题　　名　**第一次鸦片战争后进出口税率史实考**
作　　者　陈敏辉
刊　　名　福建师范大学学报（哲学社会科学版）
年 卷 期　1994 年 3 期
页　　码　119－122
摘　　要　第一次鸦片战争结束之后，清政府被迫与英国签订了《南京条约》，这个条约规定“应纳进口出口货税饷费，均宜秉公议定则例”。从此，中国丧失了关税自主权。为了确定战后新税则，中英双方于 1843 年又签订了《五口通商章程·海关税则》，这是中国历史上第一个不平等的协定税则，这一税则伴随着《望厦条约》、《黄埔条约》的签订，也成为美、法两国对中国贸易的税则。有些论著认为新税则制定以后，大多数进出口货物按“值百抽五”的方法征税，并且新税则确立了这一原则。笔者以为这种说法与史实不符。

题　　名　**第一次鸦片战争后中国海关行政权丧失述略**
作　　者　姚贤镐
刊　　名　社会科学战线
年 卷 期　1983 年 3 期
页　　码　144－150
摘　　要　第一次鸦片战争以后，资本主义列强逼迫清朝政府签订了一系列丧权辱国的不平等条约，从此，打开了外国资本主义侵入中国的大门。在一八四二年签订的《南京条约》上，英国侵略者就迫使清政府接受"领事报关"制，破坏了中国海关行政的独立自主权。一八五三年上海小刀会起义期间，英国侵略者又伙同美、法侵略者乘机拒绝清地方当局执行海关征税权，建立所谓"领事代征"制和"关税管理委员会"，进一步掠夺上海的海关行政权，为后来外籍税务司制度的形成开了恶劣的先例。

题　　名　**第一次鸦片战争前后仿造西式战船的活动**
作　　者　林庆元
刊　　名　船史研究
年 卷 期　1989 年 4/5 期

题　　名　**第一次鸦片战争前后英国对舟山群岛的侵略**
作　　者　郭双林
刊　　名　中州学刊
年 卷 期　1989 年 5 期
页　　码　103 – 106
摘　　要　翻开任何一部中英早期关系史，其内容大都不出东印度公司与广州十三行的贸易以及由此而引起的纠纷等。1834 年东印度公司对华贸易的垄断权被取消后，中英关系发生了重大变化，最后终于导致了第一次鸦片战争的爆发。但是，不论是早年东印度公司与广州十三行的贸易与纠纷，还是后来英国政府发动的这场侵华战争，都与舟山群岛有密切的关系。为什么英国殖民主义者对舟山群岛这么感兴趣？在此期间英国是如何侵略舟山的？对此过去很少有人作系统的论述，在沿海城市开放的今天，笔者拟对这些问题作一考察，或许可以帮助人们去重新认识舟山群岛的价值。

题　　名　**第一次鸦片战争前清政府的对外贸易政策**
作　　者　来新夏，李喜所
刊　　名　文史哲
年 卷 期　1980 年 2 期
页　　码　35 – 42
摘　　要　清代前期的对外贸易政策经历了由禁海闭关到开禁，由多口贸易到严加限制的广州一口贸易的变化。大体说来，略可分为两大时期三个阶段：第一时期，从顺治元年起到康熙二十三年止（1644 – 1684），这四十年间是实行海禁时期，其中又可分为两个阶段，即从顺治元年起到十二年止（1644 – 1655）是沿袭明制实行海禁的第一阶段；从顺治十二年起到康熙二十三年止（1655 – 1684）为对付扰清力量实行严厉海禁的第二阶段。康熙二十二年清政府攻占台湾，郑氏政权覆灭，严禁的主要意义消失，清政府的严禁阶段基本结束。康熙二十三年决定开禁，清代的对外贸易进入了开放海禁但严加限制的第二个时期。现就清代一六八四年以后到一八四〇年以前这个时期的对外贸易政策试作初步探讨。

题　　名　**第一次鸦片战争时期的山东海防——以山东巡抚托浑布的筹海举措为中心**
作　　者　赵红，曹鲁超
刊　　名　齐鲁学刊
年 卷 期　2007 年 1 期
页　　码　48 – 50
摘　　要　第一次鸦片战争是中国有史以来第一次遭受到的西方资本主义国家从海上发动的大规模

侵略。在这次空前严重的海疆危机中，山东巡抚托浑布积极布防，使战前已经废弛的山东海防得到了改观。透析托浑布的筹海举措，不难发现，它并没有跳出传统思维模式的窠臼，因而整饬后的山东海防根本不能适应近代战争的需要。山东海防是当时中国整体海防链条中的重要一环。它的实效证明，清朝传统的海防已经完全不适应它所遇到的强权时代，晚清中国海防的近代化已是当务之急。

题　　名　第一次鸦片战争时期中英双方火炮的技术比较

作　　者　刘鸿亮

刊　　名　清史研究

年 卷 期　2006 年 3 期

页　　码　31－42

摘　　要　第一次鸦片战争时期，中英两军的火炮主要都是 17 世纪以来欧洲普遍采用的前装滑膛炮，其内装火药都是黑火药，这种基本的技术原理决定了中英火炮从质的意义上讲，还属于同一技术时代的产品。但是，因工业革命发生与否的影响，此时的英军火炮从数量意义上讲，在其设计思想、炮身材质、铸造工艺、弹药质量、火炮射程、舰炮品质、火炮机动性、射击精度和射速等技术关键之处优于清军火炮。这些技术关键之处，显现了中英双方火炮技术的巨大差距。

题　　名　第一次鸦片战争时期中英双方火炮发射火药的技术研究

作　　者　刘鸿亮

刊　　名　福建师范大学学报（哲学社会科学版）

年 卷 期　2007 年 4 期

页　　码　111－118

摘　　要　从局部上看，此时期的清军火炮发射火药与英军相比，除了制作方法和生产规模不同之外，还处于同一发展阶段，皆为黑色有烟火药。此时，清朝沿海一些省份中也已制成和使用了效力不次于英军的新式火药，其中尤以福建水师提督陈阶平所配置的火药为上乘。道光皇帝曾屡次发布上谕，命令各直省一体按陈阶平所配制的火药方法如式制造。但是，从整体上看，清朝沿海大多省份的火药制造因是封建的手工生产方式，再加上火药赔累制度等社会因素的制约，导致火药的生产规模、性能和实战效果与英军火药相比存在着巨大差异。

题　　名　第一次鸦片战争与台湾

作　　者　杨彦杰

刊　　名　福建论坛（人文社会科学版）

年 卷 期　1990 年 4 期

页　　码　10－15，57

摘　　要　1840 年爆发的第一次鸦片战争的主要战场在中国东南沿海各省，其中以广东、福建、浙江，江苏四省为最重要。而台湾位于东南海上，也受到战争的波及。本文拟就战前英国侵略者对台湾的窥伺，以及战争期间台湾军民的筹防备战与抗英斗争作一简要论述。

题　　名　第一次鸦片战争与英国割占香港岛

作　　者　丁琼

刊　　名　紫禁城

年 卷 期　1997 年 2 期

页　　码　8－22

摘　　要　鸦片战争以前，中国是一个闭关自守、以自给自足自然经济为主的封建国家。由于西方资本主义入侵危机的日益严重，清朝政府强化了闭关锁国的政策。广州作为对外贸易的唯一口岸，并设立公行，由行商垄断对外贸易，为了加强控制，还制定了《防范外夷条规》，严禁外国人留居中国。闭关锁国政策的实施，一方面防止了西方殖民主义势力在中国的扩张，因而引起了西方资本主义国家的强烈反对。另一方面，又严重阻凝了中外文化的交流，扼制了中国资本主义的发展，使我们这个具有古老文明、对世界文明做出过巨大贡献的国家，逐步落到世界发展潮流的后面。

题　　名　第一次鸦片战争中的水战

作　　者　叶赫那拉·煜麟

刊　　名　舰载武器

年 卷 期　2006 年 6 期

页　　码　81－87

题　　名　第一届世界华人郑和论坛——郑和与航海、文化、科技学术研讨会述评

作　　者　时平

刊　　名　郑和研究动态

年 卷 期　2009 年 4 期

页　　码　6－12

题　　名　滇南沙甸的郑和后裔

作　　者　金树荣

刊　　名　郑和研究

年 卷 期　1995 年 3 期

页　　码　46－48

题　　名　电白与南海海上交通贸易

作　　者　白芳

刊　　名　南方论刊

年 卷 期　2007 年 10 期

页　　码　79－80，78

摘　　要　电白有着优越的地理位置、悠久的航海事业、丰富的物产资源，加之政府的有效管理，电白自古就在南海海上交通贸易中占据着重要的历史地位，电白是我们在研究海上交通贸易史中不容忽视的重要港口之一。

题　　名　电视剧《郑和下西洋》的严重缺陷

作　　者　郑闰

刊　　名　郑和研究

年 卷 期　2009 年 2 期

页　　码　62－64

摘　　要　近日，电视剧《郑和下西洋》正在中央电视台电视剧频道热播，各界反应强烈。因为，“郑和下西洋”这一重大历史事件，终于能让中国人民，让全世界人民知悉了解。问题在于，电视剧《郑和下西洋》既以郑和真人真事为题材，就得尊重郑和后裔繁衍至今的历史真实。然而，《郑和下西洋》的编剧朱苏进居住在南京市区，明知南京有郑和后裔，明知南京有“郑和研究会”，却不愿合作，反而“闭关写作”，谎编、胡扯郑和收养“宋莲芯”遗腹子故事，从而造成“路人皆知”郑和后裔原来如此的“历史假象”。

题　　名　**奝然和中日文化交流**
作　　者　李春光
刊　　名　辽宁大学学报(哲学社会科学版)
年 卷 期　1985年6期
页　　码　70－71
摘　　要　唐代是古代中日文化交流的黄金时代，中国的文化不断地移植于日本，对日本的政治、经济、文化的发展起了巨大的作用。可是，到了宋代，日本社会的发展已达到较高水平，对于中国文化的需求大为减弱。中日文化的交流相对地降至低潮。“久停方贡之使而不遣”，两国政府间的关系基本断绝。但日宋间的民间交往仍在继续，不少日本僧徒随着往来的商船来到中国，为中日文化的交流做出了贡献。其中最引人注目的就是日本东大寺的名僧奝然。

题　　名　**钓鱼岛及其附属岛屿归属考——从明代陈侃《使琉球录》谈起**
作　　者　米庆余
刊　　名　历史研究
年 卷 期　2002年3期
页　　码　182－189
摘　　要　钓鱼岛及其附属岛屿的主权问题，在现今的中日关系中存在争议。1534年中国明代琉球册封使陈侃上呈的《使琉球录》中，便对中琉疆界作有明确记载，后世中、日、琉球三国的政府官员、学者乃至岛民水夫亦皆以为是。这充分证明：钓鱼岛及其附属岛屿原本便是中国领土，历史记载的古米山（现今的久米岛）才是古代琉球王国的西部疆土。“古人日以远，青史字不泯”。只有尊重历史，才能认识和解决现实问题。

题　　名　**钓鱼岛及其附属岛屿归属考——从明代陈侃《使琉球录》谈起**
作　　者　米庆余
刊　　名　明清史
年 卷 期　2003年1期
页　　码　182－189
摘　　要　钓鱼岛及其附属岛屿的主权问题，在现今的中日关系中存在争议。1534年中国明代琉球册封使陈侃上呈的《使琉球录》中，便对中琉疆界作有明确记载，后世中、日、琉球三国的政府官员、学者乃至岛民水夫亦皆以为是。这充分证明：钓鱼岛及其附属岛屿原本便是中国领土，历史记载的古米山（现今的久米岛）才是古代琉球王国的西部疆土。“古人日以远，青史字不泯”。只有尊重历史，才能认识和解决现实问题。

题　　名　**丁宝桢边防思想初探**
作　　者　陈朝祥，杨秀莲
刊　　名　毕节师范高等专科学校学报(综合版)

年 卷 期 2001 年 1 期

页　　码 35－39

摘　　要 第一次鸦片战争是中国有史以来第一次遭受到的西方资本主义国家从海上发动的大规模侵略。在这次空前严重的海疆危机中，山东巡抚托浑布积极布防，使战前已经废弛的山东海防得到了改观。透析托浑布的筹海举措，不难发现，它并没有跳出传统思维模式的窠臼，因而整饬后的山东海防根本不能适应近代战争的需要。山东海防是当时中国整体海防链条中的重要一环。它的实效证明，清朝传统的海防已经完全不适应它所遇到的强权时代，晚清中国海防的近代化已是当务之急。

题　　名 丁宝桢的海防思想及其海防建设

作　　者 赵红

刊　　名 山东省农业管理干部学院学报

年 卷 期 2003 年 1 期

页　　码 133－135

摘　　要 丁宝桢（1820－1886），字稚璜，贵州平远（今织金县）人。同治二年（1863 年）至光绪二年（1876 年）任山东按察使、巡抚。丁宝桢抚鲁期间，尤其是进入 70 年代后，外国列强对中国的侵略步步加紧，边疆危机频繁发生，海疆重地山东也相应受到严重威胁。所以，1870 年后，丁宝桢多次向清廷密奏加强山东海防，提出了一系列有价值的思想并积极进行海防建设。

题　　名 丁宝桢与山东海防建设

作　　者 朱以青

刊　　名 烟台师范学院学报（哲学社会科学版）

年 卷 期 1986 年 1 期

页　　码 72－77

摘　　要 丁宝桢，字稚磺，贵洲平远人。同治二年（1863 年）任山东按察使，次年，任布政使，同治六年（1867 年）升为山东巡抚。光绪三年（1877 年）至光绪十二年（1886 年）任四川总督。在任初期，主要镇压捻军起义。在镇压捻军起义的过程中，深深体会到了洋枪、洋炮的威力，随着外国资本主义侵略的加深，进行了一系列洋务活动。在山东筹办海防，创建山东机器局，调任四川后，又建成四川机器局，由一个封建官吏转变成洋务派官僚，比那些冥顽不灵的顽固派前进了一步。在清政府中，象丁宝桢这样的封疆大吏，能支持并且亲身参与洋务活动的是不多见的。他所从事的洋务活动，虽不如洋务派大官僚那样广泛，但他所进行的海防建设和创办的军事工业对加强地方势力，抵抗外国侵略也起过一定的作用。本文仅将丁宝桢建设山东海防的活动作一简介。

题　　名 丁日昌的海防思想（上）

作　　者 刘中民

刊　　名 海洋世界

年 卷 期 2010 年 1 期

页　　码 70－72

题　　名 丁日昌的海防思想（下）

作　　者 刘中民

刊　　名 海洋世界

年 卷 期 2010 年 3 期
页　　码 68 – 69

题　　名 **丁日昌学术讨论会论点综述**
作　　者 廖远飞,凌峰
刊　　名 学术研究
年 卷 期 1986 年 6 期
页　　码 130
摘　　要 广东历史学会和丰顺县政协于今年 10 月 7 日至 9 日在广州联合举行“丁日昌学术讨论会”。一百多位到会者就丁日昌的洋务活动、政治、经济、军事、外交、教育、吏治实践等问题进行了认真讨论和评估。有的同志认为,对丁日昌的重新评价,是洋务运动史研究的一大突破。丁日昌是洋务运动的开创者之一。中国近代的第一条铁路、第一批赴美留学生、第一个航运公司等都同丁日昌的名字相联系。他是中国近代化事业的奠基者之一。过去的一些论著对他作了不恰当的评价,现在应当纠正过来。

题　　名 **丁日昌与江南制造总局**
作　　者 赵春晨
刊　　名 汕头大学学报(人文社会科学版)
年 卷 期 1990 年 1 期
页　　码 70 – 75
摘　　要 江南制造总局(也称上海机器局、上海制造局或沪局)是洋务运动中所创建的中国第一个大型近代军事工业,也是中国人移植外国先进生产技术、使用机器的开始。它在中国近代化的历程上,占有重要的历史地位。然而以往一些论著在叙述这一近代军事工业的创建过程时,往往只提倡议于上的曾国藩、李鸿章,而对从事实际筹划、组建的丁日昌却甚少论及,或者语焉不详,这不能不说是一个缺陷。实际上,丁日昌乃是江南制造总局的主要创建者之一。他的思想和活动对该局的创建和初期发展都曾有直接的影响。本文即试就这一问题作一些论述。

题　　名 **丁日昌与近代海军**
作　　者 贾熟村
刊　　名 岭南文史
年 卷 期 2004 年 S1 期
页　　码 50 – 53

题　　名 **丁日昌与晚清海防论**
作　　者 陈绛
刊　　名 军事历史研究
年 卷 期 1987 年 3 期
页　　码 154 – 160

题　　名 **丁日昌与洋务运动**
作　　者 郑衡
刊　　名 岭南文史

年 卷 期 1984 年 2 期

页　　码 121－125,59

摘　　要 清同治二年(1863),江苏巡抚李鸿章奏请朝廷调用丁日昌:“查有同知衔江西候补知县丁日昌学识深醇”,求“咨调该员来沪,专办制造事宜。”从此丁日昌便参与洋务运动。而且逐渐成为洋务运动的重要人物,例如翁同榆在日记中写道:“郭筠仙来,其言欲遍天皆开(火乙)铁,又欲中国皆铁路。又言方今洞悉洋务者只三人:李相国、沈葆桢、丁日昌也。”

题　　名 **丁汝昌“避战保船”辩**

作　　者 孙峰

刊　　名 东岳论丛

年 卷 期 1992 年 3 期

页　　码 84－86

摘　　要 许华同志在《福建论坛》(文史哲版)1989 年第 4 期上发表的《李鸿章“避战保船”新探》一文(以下简称“许文”)认为:所谓李鸿章“避战保船”之说,主要见于姚锡光所著之《东方兵事纪略》、蔡尔康编译之《中东战纪本末》等私家著述,而从官方文电档案中可以看出,清廷、李鸿章根本没有命令北洋舰队“避战保船”或株守军港,力主避战保船和株守军港的,是北洋舰队提督丁汝昌。事实果真如此吗?这是需要进行认真研究的。

题　　名 **丁汝昌非长江水师出身辨**

作　　者 戚其章

刊　　名 安徽史学

年 卷 期 1986 年 2 期

页　　码 16－17

题　　名 **丁汝昌和旅顺之役——从一则史料的辨伪谈起**

作　　者 廖宗麟

刊　　名 复旦学报(社会科学版)

年 卷 期 1982 年 1 期

页　　码 109－112

题　　名 **丁汝昌甲午年援旅问题探讨**

作　　者 吕良海

刊　　名 近代史研究

年 卷 期 1989 年 3 期

页　　码 63－76

摘　　要 丁汝昌甲午年对救援旅顺所采取的态度及其表现究竟怎样,史学界的看法不尽一致,是一个有待进一步深入研究的问题。把这个问题讨论清楚,对于正确评价丁汝昌在金旅战役期间的活动,研究丁汝昌的军事思想,以至总结金旅战役的经验教训,都有一定作用。因此,笔者拟就这个问题作一点粗略的探讨,谈一点不成熟的意见,请读者指正。

题　　名　丁汝昌事迹辨正
作　　者　夏中南
刊　　名　合肥学院学报(社会科学版)
年 卷 期　2004 年 21 卷 4 期
页　　码　31 – 35
摘　　要　通过对丁汝昌提督北洋水师,尤其是中日甲午战争爆发至自尽于提督任上这段时间的史料进行梳理,来重新探讨丁汝昌对旅顺、威海之失的责任问题,并对其“杀身”作出重新的价值评定。

题　　名　丁汝昌与北洋海军
作　　者　苏小东
刊　　名　安徽史学
年 卷 期　1999 年 4 期
页　　码　36 – 42
摘　　要　百余年来,史学界对丁汝昌的评价或忽高忽低,或莫衷一是,迄无定论。本文亦欲就其提督北洋海军的功过是非发表一孔之见,以求教于学界同仁。一毫无疑问,丁汝昌并不是北洋海军提督的合适人选。而他之所以能够以外行身份统领北洋海军,除其个人选择和集团利益的因素外,更主要的则是当时特定的历史背景使然。

题　　名　丁汝昌与甲午海战
作　　者　苏小东
刊　　名　安徽史学
年 卷 期　2005 年 3 期
页　　码　85 – 103
摘　　要　在甲午海战中,丁汝昌作为中国海军参战部队北洋舰队的统帅,其作用无疑十分重要。但丁汝昌究竟能够发挥出什么样的作用,既取决于其自身的素质,也受到他周围各种因素的制约。如果全面考察就会发现,战争爆发后,丁汝昌这位并不称职的海军提督,率领着一支实力不强、士气低落和保障不力的舰队,在决策者或盲目或保守的作战指挥下,被动消极地与日本舰队进行了三次交锋,最终以他本人的自杀和北洋海军残余兵力的投降结束了这场海战乃至整个战争。战争实践表明,仅就海军本身而言,中国当时还没有成长出符合近代化要求的海军将领,丁汝昌当然也不例外。

题　　名　丁汝昌与甲午中日战争
作　　者　孙克复
刊　　名　史学月刊
年 卷 期　1980 年 3 期
页　　码　49 – 54
摘　　要　北洋海军提督丁汝昌是一个人们所熟习的近代历史人物。甲午战争时,他屡遭纠劾,被抨击为“于海军之奥妙全然不知”的门外汉;“畏葸无能,巧猾避敌”的懦夫。受到革职留任处分。直到目前,有些论著的字里行间,仍然把他描写为不谙海事,指挥无能的庸才,李鸿章妥协路线的拥护者和忠实执行人。丁汝昌在甲午战争中表现到底如何?本文想就这个问题做些探讨,欢迎批评指正。

题　　名　**丁汝昌与威海卫防御战**
作　　者　郑守正
刊　　名　历史档案
年 卷 期　1995 年 4 期
页　　码　107 – 111
摘　　要　中日甲午海战包括丰岛、黄海和威海卫三次海战，是近代史上中国人民反抗日本军国主义侵略的伟大爱国战争。丰岛海战是序战，黄海海战是关键一战，而威海卫防御战则是决定战争最终胜负的一场重要海战，关系重大，影响深远。这次海战从光绪二十一年元月初一日至十八日（1885.1.26 – 2.12），历时 18 天，以威海卫沦陷，北洋海军全军溃灭而告终。此次海战我国千千万万海陆军将士孤军奋战，宁死不降，与舰船、阵地、炮台共亡，谱写了中华男儿英勇奋战、为国捐躯的死烈赞歌。本文将根据近年新发现的史料，就威海卫防御战与北洋海军提督丁汝昌在防御战中的表现试加评论。

题　　名　**丁汝昌之死考析**
作　　者　张凤翔
刊　　名　内蒙古大学学报（人文·社会科学版）
年 卷 期　1986 年 3 期
页　　码　83 – 85，72
摘　　要　甲午中日海战中，北洋舰队提督丁汝昌死于何时？是死于舰队投降之前，还是之后？他的死与北洋舰队的投降关系如何？自范文澜在其所著《中国近代史》（上册）中提出丁汝昌“威海被围，宁死不降，在当时将帅中还算是难能可贵的人物”之后，许多近代史论著都持此说，没有提出疑义者。

题　　名　**定海、镇海之役及殉国英雄事略**
作　　者　来可泓
刊　　名　杭州师范学院学报（社会科学版）
年 卷 期　1982 年 3 期
页　　码　72 – 77

题　　名　**定海“红毛馆”与十八世纪舟山对外贸易**
作　　者　贝逸文
刊　　名　浙江海洋学院学报（人文科学版）
年 卷 期　1999 年 16 卷 3 期
页　　码　29 – 31，80
摘　　要　定海“红毛馆”是康熙乾隆年间浙江对外贸易的一个窗口，开放了半个世纪。“红毛馆”的兴废反映了清朝统治者对外政策的变化，其历史教训值得后世思索玩味。

题　　名　**定海湾沉船考古的新收获与宋元明福州港的对日贸易**
作　　者　吴春明
刊　　名　中国社会经济史研究
年 卷 期　1997 年 1 期
页　　码　37 – 41

题　　名　东北亚地区的古代文化交流
作　　者　佐川政敏
刊　　名　昭乌达蒙族师专学报(汉文哲学社会科学版)
年 卷 期　2004 年 2 期
页　　码　10 - 11
摘　　要　佐川先生就东北亚和中国古代文化交流问题,从旧石器时代到新石器时代一直讲到隋唐、辽、元,他特别强调新石器时代中日文化的交流,将是今后研究的重大课题。报告从三个方面宏观阐述了中日古代文化交流诸多问题,本刊摘要发表以期与读者进行交流。

题　　名　东北亚海上丝绸之路——唐代渤海国的"龙原日本道"
作　　者　孟东风
刊　　名　中国典籍与文化
年 卷 期　1993 年 3 期
页　　码　18 - 23
摘　　要　在唐代,吉林省延边地区属渤海国版图。渤海"地方五千里",号称"海东盛国"。从 698 年粟末靺鞨大祚荣在今敦化东牟山下"筑城以居",到 926 年灭亡,始终隶属大唐帝国。渤海统治者在政治、经济、文化诸方面全方位的学习唐朝,在较短时间内,迅速发展起来。经过不断地征讨、开拓,"尽得扶余、沃沮、弁韩、朝鲜海北诸国"(《新唐书·渤海传》)。

题　　名　东北造船所的创建及其历史作用
作　　者　曲培林
刊　　名　船史研究
年 卷 期　1989 年 4/5 期

题　　名　东渡琉球的"闽人三十六姓"
作　　者　李冰
刊　　名　海洋世界
年 卷 期　2008 年 7 期
页　　码　16 - 22

题　　名　东渡日本 还是葬身大海——徐福出海求仙药之谜
作　　者　李桂海
刊　　名　学海
年 卷 期　1992 年 4 期
页　　码　79 - 82

题　　名　东方丝路的反馈贸易
作　　者　傅朝云
刊　　名　东南文化
年 卷 期　1993 年 2 期
页　　码　141 - 144

摘　　要　丝绸之路又简称丝路，根据传统的认识，历史上丝绸之路始发西安，进入西北，经中亚一带，分别进入欧洲和非洲。严格地说，这只能叫西方丝路。西安以东，经由华北、华东，分别进入我国东北地区，通过东北亚，远达阿留申群岛，或由海上，经朝鲜半岛到达日本，后来又有从宁波出海，或经淹美（今名大岛）去日本，或自宁波直达日本。这就是东方丝绸之路，简称东方丝路。

题　　名　**东方新航路的发现及其历史意义**
作　　者　黄鸿钊
刊　　名　海交史研究
年 卷 期　2003 年 43 期
页　　码　1 - 15

题　　名　**东方与西方交往的嬗变**
作　　者　时平
刊　　名　学海
年 卷 期　1998 年 1 期
页　　码　102 - 105

题　　名　**东方最大的古代贸易船舶的发掘——新安海底沉船**
作　　者　崔光南
刊　　名　海交史研究
年 卷 期　1989 年 15 期

题　　名　**东海关 1876**
作　　者　辛俊玲
刊　　名　中国海关
年 卷 期　2008 年 Z 期
页　　码　114 - 115

题　　名　**东海关设关考略**
作　　者　丁抒明
刊　　名　近代史研究
年 卷 期　1985 年 2 期
页　　码　314 - 318，293
摘　　要　历史上曾有过不少关于设置东海关的记载，但大都比较简略，而且颇多错讹。主要有：第一，在东海关的设置日期上，或指为一八六二年，或指为一八六三年，这是主要的也是比较流行的两种说法；第二，认为东海关是由英国人创建的。

题　　名　**东海神的崇拜与祭祀**
作　　者　王元林，李华云
刊　　名　烟台大学学报（哲学社会科学版）
年 卷 期　2008 年 21 卷 2 期

页　　码　91－94,113

摘　　要　黄淮海平原是先民们最早的活动地区之一,先民们很早就萌发了对其东部辽阔大海的崇拜,出现了对东海神的祭祀。从东海到东海神的形成,从东海神纳入国家祀典的岳镇海渎到历代统治者的祀典礼制不断完善,东海神的封号与神祠位置也都随之发生了变化。宋代东海神崇拜与祭祀日隆,就与庇佑社稷和护卫海上交通有关。东海神崇拜与祭祀的变迁可谓是国家祀典岳镇海渎变迁的一个缩影。

题　　名　**东海丝绸之路初探——唐代以前的东海航路和丝绸外传**
作　　者　陈炎
刊　　名　海交史研究
年 卷 期　1985 年 8 期

题　　名　**东海丝绸之路和中外文化交流**
作　　者　陈炎
刊　　名　史学月刊
年 卷 期　1991 年 1 期
页　　码　105－111

摘　　要　丝绸是中国最早发明的。中国丝绸誉满天下,早在公元前就分陆海两路外传。中外学者偏重于对陆上丝绸之路的研究,并已取得了不少成果。而对海上丝绸之路的研究,特别是结合我国丝绸外传,论证它在中外文化交流中的历史地位和影响,以及它对人类社会的进步和对世界文明的贡献,还很少有人作过系统的专门研究。其实,中国丝绸通过海路外传,比陆路外传延续的时间更长,到达的地区更广,影响和贡献也更大。

题　　名　**东晋末年的孙恩卢循起义**
作　　者　萧耦
刊　　名　文史哲
年 卷 期　1955 年 12 期
页　　码　31－42

题　　名　**东晋末年卢循集团的性质**
作　　者　关治中,王克西
刊　　名　渭南师专学报
年 卷 期　1989 年 2 期
页　　码　41－45

题　　名　**东晋南北朝时代中国与海东诸国的关系**
作　　者　王仲殊
刊　　名　考古
年 卷 期　1989 年 11 期
页　　码　1027－1040

题　　名　**东晋南北朝时期的淮河流域漕运**
作　　者　王鑫义
刊　　名　安徽史学
年 卷 期　1999 年 1 期
页　　码　28 – 30
摘　　要　东晋南北朝时代是淮河流域漕运发展的一个承上启下的重要时期。虽然南北分治与战争严重制约了该流域漕运的发展,但南北政府出于军事需要,时或修治原有漕路,甚至还开辟了某些新航道,不但适应了当时的需要,而且对后世该流域漕运事业的发展也产生了积极影响。

题　　名　**东晋时期的民船观检与改良**
作　　者　曹凛
刊　　名　中国船检
年 卷 期　2008 年 9 期
页　　码　96 – 98

题　　名　**东晋政权的衰亡与孙恩卢循的起义**
作　　者　段昌同
刊　　名　历史教学
年 卷 期　1954 年 12 期
页　　码　26 – 29

题　　名　**东南文化中的妈祖信仰**
作　　者　陈国强
刊　　名　东南文化
年 卷 期　1990 年 3 期
页　　码　40 – 43

题　　名　**东南亚的保护神**
作　　者　E·史蒂安温
刊　　名　郑和研究
年 卷 期　1995 年 2 期
页　　码　47 – 48

题　　名　**东南亚的中国贸易陶瓷器**
作　　者　杨琮,林蔚文
刊　　名　海交史研究
年 卷 期　1987 年 12 期

题　　名　**东南亚发掘的中国外销瓷器**
作　　者　青柳洋子,梅文蓉,王宁

刊　　名　南方文物
年 卷 期　2000 年 2 期
页　　码　105－107
摘　　要　众所周知，自古以来丝绸是中国贸易的大宗货物，公元九世纪以后，瓷器也成为新的重要贸易品。幸运的是，瓷器与丝绸不同，能保存数千年，即便碎成瓷片，仍然残留在人们当初得到或使用它们的地方。这就意味着倘若我们细致调查这些地区，就能获得弄清当时这些瓷器出口所在国家的社会文化状况的富有价值线索。下面我就东南亚所发明瓷器的时代、地点作一说明，并与大家一同探讨海上贸易线路网络及各时期贸易者的特点。

题　　名　东南亚缝合船初探
作　　者　姚丹，陈磊
刊　　名　海交史研究
年 卷 期　1987 年 11 期

题　　名　东南亚各土著政权对华人的政策和态度
作　　者　庄国土
刊　　名　海交史研究
年 卷 期　1998 年 34 期
页　　码　73－80

题　　名　东南亚古代国际贸易港
作　　者　王士鹤
刊　　名　地理集刊
年 卷 期　1959 年 2 期

题　　名　东南亚古陶瓷研究综述
作　　者　戴国华
刊　　名　海交史研究
年 卷 期　1990 年 17 期

题　　名　东南亚华人民间信仰中的“郑和崇拜”
作　　者　施雪琴
刊　　名　八桂侨刊
年 卷 期　2006 年 1 期
页　　码　45－49
摘　　要　郑和崇拜是东南亚华侨华人社会民间宗教信仰的重要组成部分。本文简单考察了郑和崇拜在东南亚的建构方式与演变，郑和崇拜生成的原因以及郑和崇拜对延续与巩固东南亚华人族群文化意识的作用。指出东南亚华侨郑和崇拜的产生实际上已经突破了华侨传统民间宗教信仰中的乡土界限，也超越了对中华文化传统价值观的肯定与认同，在一定程度上反映了早期华侨的故国情结以及渴望得到封建国家保护的心理。

题　　名　东南亚华人网络与早期中英贸易的发展
作　　者　石坚平
刊　　名　五邑大学学报(社会科学版)
年 卷 期　2007 年 9 卷 4 期
页　　码　50 – 54
摘　　要　早期中英贸易的发展因遭遇中国传统朝贡贸易体制的阻滞而陷入困境,利用和参与亚洲区间贸易便成为英商开拓对华贸易行之有效的途径,遍布东南亚的华人网络成为英国扩展对华贸易的重要资源。华人网络在商业信息搜集、海峡产品生产开发、航运网络利用等方面,为英国早期对华贸易的发展做出了重要贡献。

题　　名　东南亚客家社会的回顾与展望
作　　者　廖楚强
刊　　名　海交史研究
年 卷 期　1998 年 34 期
页　　码　81 – 90

题　　名　东南亚与海上丝绸之路
作　　者　马勇
刊　　名　云南社会科学
年 卷 期　2001 年 6 期
页　　码　77 – 81
摘　　要　东南亚作为海上丝绸之路的咽喉孔道,它的社会历史发展与海上丝绸之路的兴衰有着较为密切的关系。一方面,东南亚国家为海上丝绸之路的开辟做出了重要贡献;另一方面,海上丝绸之路的发展对东南亚地区的社会历史发展产生了巨大的影响。

题　　名　东沙群岛主权属中国的历史根据
作　　者　林金枝
刊　　名　南洋问题
年 卷 期　1979 年 6 期
页　　码　67 – 90

题　　名　东山商贸口岸及其对台通商贸易
作　　者　连心豪
刊　　名　台湾研究
年 卷 期　1998 年 2 期
页　　码　65 – 68,96
摘　　要　东山陆桥作为古人类由祖国大陆迁徙台湾的通道,是连接祖国大陆与台湾的纽带。明清以来,东山以其优越的港口地理优势,一直与台湾保持着密切的通商贸易关系。

题　　名　东莞却金亭碑小考
作　　者　袁丁

刊　　名　海交史研究
年 卷 期　1988 年 14 期

题　　名　东吴长江防线兵要地理初探
作　　者　赵小勇
刊　　名　中国历史地理论丛
年 卷 期　2006 年 21 卷 2 期
页　　码　104 - 115
摘　　要　东吴长江防线的形成,是三国政治形势、长江地理条件、东吴国力水平的综合产物。整个防线共划分为江陵防区、武昌防区和建业防区三部分。其中江陵防区约有部队 5 万人,建业防区约为 13 万。东吴经营防线的策略是守江而争淮汉。长江防线的存在,使东吴割据政权得以长期维持;东吴对长江防线的经营,促进了沿江城市的发展;长江防线的巩固,促成了东吴君臣的偏安心理。防线最后的崩溃,与其西端没有牢固的依托点密切关联。

题　　名　东吴末年江防兵力考释
作　　者　赵小勇,汪守林
刊　　名　连云港师范高等专科学校学报
年 卷 期　2005 年 1 期
页　　码　20 - 21
摘　　要　长江防线是东吴守备的重点。其兵力配属以江陵和建业为核心,建立起荆州和扬州两大防御区。东吴末年,江防兵力总计为十八万到二十一万。

题　　名　东吴卫温、诸葛直远规台湾出海港口考析
作　　者　叶哲明
刊　　名　东南文化
年 卷 期　1990 年 6 期
页　　码　295 - 296

题　　名　东吴卫温诸葛直从章安古港远规海外及到达台湾之研究
作　　者　叶哲明
刊　　名　古今谈
年 卷 期　2007 年 4 期
页　　码　9 - 13

题　　名　东吴之舟师及作战特点——兼论“限江自保”说
作　　者　周兆望
刊　　名　陕西理工学院学报(社会科学版)
年 卷 期　1991 年 2 期
页　　码　50 - 57
摘　　要　三国鏖兵,战事频仍,在历时半个多世纪中,三方斗智斗勇,战争形式多样,不乏著名战例,从军事史的角度而言,可谓绚丽多采,而东吴之舟师及作战,颇具时代特色,认真予以探讨,对于丰富我国古代军事史不无重要意义。本文就此问题,试作简要论述。

题　　名　东吴舟师作战特点
作　　者　周兆望
刊　　名　南京史志
年 卷 期　1991 年 3 期

题　　名　东西方大航海探源
作　　者　翟涛
刊　　名　地图
年 卷 期　2005 年 6 期
页　　码　30－33
摘　　要　今年恰逢郑和下西洋 600 周年,同时又是中国人海权意识觉醒的历史时刻,因此全社会都在反思 500 多年前的东西方大航海动机、后果的异同。值得一提的是 2002 年初,英国退役潜艇军官孟席斯提出了“郑和首先发现新大陆”的骇世新论之后,全球范围内勃发了一场“郑和热”。孟席斯的论点及其新书《1421:中国发现了世界》(1421: China Discovered The World)虽然没有得到学术界的认可,但是引发了人们对东西方大航海更多的思索。人们一直热衷于对东西方的大航海追根溯源。众所周知,东西方不同的社会结构和社会发展趋势从根本上左右了航海活动。长期以来,西方资本主义生产方式被作为大航海活动最重要的源头来加以强调。然而,如果从社会生产方式及社会关系的角度来分析航海的动机,我们就很难解释为什么首开航海之举的是强大的封建专制国家中国、西班牙和葡萄牙。

题　　名　东亚关系的变动与遣唐使始末
作　　者　韩昇
刊　　名　郑州大学学报(哲学社会科学版)
年 卷 期　2008 年 5 期
页　　码　98－99
摘　　要　延绵两千多年的中日关系,周恩来曾用“2000 年友好,50 年对立”予以精辟概括。纵观中日友好交往的悠久历史,遣隋使和遣唐使开辟的文化交流通道,在古今中外的区域交流中独树一帜,令人回味,发人遐想。千余年前造船技术落后、航海经验匮乏,日本人冒“鲸波之险”,付出数以千计的宝贵生命,究竟肩负何种使命而来?对日本文明发展产生过什么影响?这些疑问如走马灯似的萦绕脑际。翻检中国史书,明代胡宗宪《筹海图编》记载,贞元四年(788)日本“遣文明使贡物”。给遣唐使冠以“文明使”美誉,并非毫无根据。从遣隋使派学问僧学习佛教,到早期遣唐使携留学生学习法制,直至后来学习范围扩大到方方面面,与此同时,唐朝政府的无私馈赠、民间僧俗的热情襄助,这些都为今日的国际文化交流做出了表率。回顾这段温馨的历史,鉴真等赴日唐人的丰功伟绩令人无法忘怀。

题　　名　东亚海神信仰考述
作　　者　金涛
刊　　名　民间文化论坛
年 卷 期　1997 年 3 期
页　　码　53－63
摘　　要　中国、日本和朝鲜,都处于亚洲太平洋东部这一特定的海域内,属于东亚文化圈范畴。他们的海洋文化有许多相同的文化因子，但也有所差异。

题　名　**东亚海域漳州时代的发端——明代倭乱前的海上闽南与葡萄牙(1368－1549)**
作　者　杨国桢
刊　名　文化杂志
年卷期　2002年42期

题　名　**东夷海洋文化及其走向**
作　者　朱建君
刊　名　中国海洋大学学报(社会科学版)
年卷期　2004年2期
页　码　21－25
摘　要　由于深受海洋的影响，东夷文化具有着厚重的海洋文化性质。首先，东夷人靠海用海，从海洋中获取物质生活来源，不仅大量食用，而且将贝等海物作为装饰品、货币以及铲、锄等工具。其次，东夷人的航海活动开拓了东北亚海上交往越渤海，抵辽东、朝鲜半岛及日本列岛的传统航线。同时，靠海用海和屡涉风涛，东夷人产生了人面鸟身的海神信仰和鸟与太阳通体崇拜的信仰习俗。然而，海洋文化发达的东夷部族与创造了南方海洋文化的百越部族相比，更早受到了中原文化的影响；随着秦始皇灭六国而一统天下，东夷海洋文化便在大陆型主体文化的笼罩和辐射之下，开始居于从属与边缘地位了。

题　名　**东印度公司对华贸易垄断权的终结与驻华商务监督的设立**
作　者　张春季
刊　名　信阳农业高等专科学校学报
年卷期　2008年18卷4期
页　码　58－60
摘　要　英国东印度公司对华贸易垄断权的终结，为中英双方改善关系，提供了契机。英国政府在华设立商务监督，是顾及英国在华商人利益，同时也是为了扩大中英贸易，发展两国关系。

题　名　**东印度公司对华贸易垄断权废止的原因和影响**
作　者　徐方平
刊　名　湖北大学学报(哲学社会科学版)
年卷期　1997年2期
页　码　76－79
摘　要　英东印度公司自成立以后对英中贸易的兴起和发展产生了重大影响。进入19世纪，随着自由贸易原则逐渐为西方各国所认同，东印度公司对华贸易垄断权遇到了前所未有的挑战。在英国新兴工业资产阶级、港脚商人及美国商人的强烈反对下，1833年，东印度公司对华贸易垄断权被废止。它的废止改变了英中贸易体制，也在较大程度上促使了英国对华外交政策的转变。

题　名　**东印度公司银币在舟山的流通**
作　者　王美玲
刊　名　浙江海洋学院学报(人文科学版)
年卷期　1999年3期

页　　码　26－28

摘　　要　本文从舟山发现的东印度公司的银币，探讨其流入的年代与途径，并论述其正负两个方面的意义。

题　　名　**东印度公司与明清瓷器外销**

作　　者　万钧

刊　　名　故宫博物院院刊

年 卷 期　2009年4期

页　　码　113－123

摘　　要　明清时期中欧海上航线开通后，中国的瓷器、丝绸、茶叶在西方广受欢迎，荷兰、英国等国家组建东印度公司从事与东方的贸易。东印度公司在中国瓷器大量销往海外的过程中发挥着至关重要的作用。这一时期，明清政权交替、西方列强对海上霸权的争夺战争等中外时局变化与重大历史事件对中国瓷器的输出以及中外瓷器贸易的格局产生重大影响。

题　　名　**东印度公司与英、印、中三角贸易关系**

作　　者　龚小夏

刊　　名　南亚研究

年 卷 期　1985年2期

页　　码　74－80,4

摘　　要　公元1600年，英国女王伊丽莎白一世在颁发给东印度公司的特许状中，授予公司在“好望角到麦哲伦海峡之间”进行商业活动的垄断权，这片地理上不甚明确的地区包含了亚洲的全部与非洲、美洲的相当部分，囊括了整个太平洋与印度洋。从此，英国在亚洲、太平洋与印度洋地区的殖民活动便有了一个统一的中心。随着英国本土资本主义生产关系的发展，东印度公司也逐步从商业公司发展成为一个拥有行政权与军权的殖民机构，成为印度次大陆的统治者，并且将殖民活动进一步扩展到了远东。

题　　名　**洞头女神崇拜的深层心态**

作　　者　钱恒晓

刊　　名　民间文学论坛

年 卷 期　1995年2期

页　　码　24－25

摘　　要　在洞头民俗中，女人是不准下船的，女人下船被视为不吉利。相反，女神在洞头民众中却倍受崇拜，特别是海神妈祖在渔岛崇拜中占着极其重要的地位。

题　　名　**都元，屈都乾与卡蒂加拉考**

作　　者　牛军凯

刊　　名　海交史研究

年 卷 期　2001年40期

页　　码　87－96

题　　名　**都元国考**

作　　者　谢光

刊　　名　世界历史
年 卷 期　1988 年 6 期
页　　码　105 – 115

题　　名　督战镇海的抗英民族英雄——裕谦
作　　者　马开俊
刊　　名　军事历史
年 卷 期　1987 年 2 期
页　　码　32 – 33,9

题　　名　读《浡泥入贡记》与《浡泥国表》
作　　者　仲跻荣
刊　　名　郑和研究
年 卷 期　2008 年 1 期
页　　码　31 – 33

题　　名　读《关于孙恩卢循起兵的性质》——与杨伟立同志商榷
作　　者　刘静夫
刊　　名　历史教学
年 卷 期　1964 年 5 期
页　　码　53 – 56

题　　名　读《海运千户杨君墓志铭》札记
作　　者　何兆吉
刊　　名　西北第二民族学院学报（哲学社会科学版）
年 卷 期　2001 年 4 期
页　　码　77 – 81
摘　　要　《海运千户杨君墓志铭》是元代中外关系史、航海史上的重要文献。首先发现这方墓志的是清代乾嘉学者钱大昕。他以此碑考订《元史·成宗纪》行年纪事，认为当时中国与西亚关系密切，“使命往还，来往不绝”。而杨枢送使西还，事在大德八年，《元史》确有记载，如“诸王合赞遣使来贡珍物，即其事也”，可见此碑的文献价值。由于年代久远，碑志中的典章政事大都淹没，今作诠释以备读此碑者参考。

题　　名　读《两种海道针经》札记
作　　者　周益群
刊　　名　海交史研究
年 卷 期　1990 年 18 期

题　　名　读《岭外代答》札记
作　　者　凌彦
刊　　名　中山大学研究生学刊（社会科学版）
年 卷 期　1998 年 4 期

页　　码　51－56

摘　　要　宋人周去非的《岭外代答》一书在考证东南亚、西亚、东非及北非诸地方面占有重要地位，尤其是对东南亚的记载，使我们了解到宋代中国与东南亚的海外交通、航线航程以及边境贸易的情况。作者对东南亚整体地理观的认识，又说明了当时航海技术的发展和中外交流的繁盛。

题　　名　读《三国志·倭人传》——曹魏与日本列岛诸国的往来

作　　者　祝国红

刊　　名　济南职业学院学报

年 卷 期　2005 年 2 期

页　　码　96－102

摘　　要　正史对日本记载仅寥寥几笔；其后多起来。陈寿撰《三国志》首次为日本立《传》，当是重要证据。该《传》记载由中国前往日本的路线、里程，女王国的结构、物产、法制，日本人的服饰、发式、婚姻、丧葬习俗等，同时还记载了倭女王与曹魏 6 次使者交往及礼品、赏赐等。《倭人传》中某些记载需考证、辨别，但毕竟是研究早期日本及中日关系史的宝贵资料，在中日史学界都具有较高的学术地位。《倭人传》史料，大体来自王沈《魏书》和鱼豢《魏略》，前者为官修，故有条件使用大量官方史料。

题　　名　读《五口通商变局》

作　　者　谭玉秀

刊　　名　读书

年 卷 期　2008 年 3 期

页　　码　16－18

摘　　要　《五口通商变局》搜寻了大量极为罕见的中外史料，探索五大开放口岸的渊源、演变以及商贸体制和区划，力图澄清近代以来诸多疑难习说。

题　　名　读《元代海外贸易研究》

作　　者　李治安，申万里

刊　　名　中国史研究动态

年 卷 期　2000 年 11 期

页　　码　26－29

摘　　要　谈到元代的海外贸易，陈高华、吴泰先生的《宋元时期的海外贸易》当属开山之作。此书成书于 1981 年拨乱反正之时，其丰富的史料和严密的论证受到史学界的一致好评。17 年之后，四川人民出版社推出了这一领域的又一部新著——高荣盛《元代海外贸易研究》（以下简称《研究》）。这部 25 万字的学术专著，在前人研究的基础上注重史料的挖掘和内容的创新，将元代海外贸易的研究，又推进到一个新阶段。

题　　名　读《郑和航海图》札记

作　　者　仲跻荣

刊　　名　郑和研究

年 卷 期　1994 年 2 期

页　　码　48－49

题　　名　读《郑和航海图》札记
作　　者　仲跻荣
刊　　名　郑和研究
年 卷 期　1994 年 4 期
页　　码　47

题　　名　读《郑和航海图》札记
作　　者　仲跻荣
刊　　名　郑和研究
年 卷 期　1995 年 1 期
页　　码　37

题　　名　读《中国近代航运史资料》第二辑
作　　者　凌耀伦
刊　　名　中国经济史研究
年 卷 期　2004 年 2 期
页　　码　104－105,109
摘　　要　中国近代航运史的发展,可以说是中国近代社会经济发展轨迹的一个显著航标。它是帝国主义入侵中国的触须,是中国国家资本主义经济最先进入的支柱产业,也是中国民族资本主义最先开拓的领域之一。可以说,中国轮船航运业是中国资本主义近代企业产生最早的部门,同时也是中国近代企业中数量最多、分布领域最广、最为活跃的领域,研究轮船航运业发展史,不仅对于中国近代经济史和资本主义发展史的研究有重要意义,而且对于企业史、交通史、金融史、贸易史等等领域的研究都具有不可忽视的重要参考价值。

题　　名　读《中国人发现美洲》
作　　者　游修龄
刊　　名　古今农业
年 卷 期　2002 年 2 期
页　　码　65－68

题　　名　读林仁川副教授新著《福建对外贸易与海关史》
作　　者　东阳
刊　　名　海交史研究
年 卷 期　1992 年 21 期
页　　码　116－117,86

题　　名　独辟蹊径的研究——评《明末清初私人海上贸易》
作　　者　吕功
刊　　名　福建论坛(人文社会科学版)
年 卷 期　1990 年 3 期
页　　码　75－76

题　　名　**独木舟的由来**
作　　者　冯蔚然
刊　　名　上海海事大学学报
年 卷 期　1982 年 2 期
页　　码　108
摘　　要　我国有很多的江河湖泽,给我们以舟楫和灌溉之利;有很长的海岸线,给我们以交通海外各民族的方便。这些为我们的水上交通事业的发展提供了极为有利的条件。我国造船事业的悠久历史,素为世界各国所称誉。早在原始社会里,我们中华民族的祖先就用他们的聪明智慧和辛勤劳动,制作了我国古代史上最早的船只——独木舟。

题　　名　**杜环《经行记》及其重要价值**
作　　者　吴毅
刊　　名　西北大学学报(自然科学版)
年 卷 期　2008 年 6 期
页　　码　1029 - 1033
摘　　要　目的 梳理杜环《经行记》内容及相关材料,为唐代中西科技文化交流提供依据。方法 文献考证与分析。结果《经行记》记述了公元 8 世纪中期中亚、西亚乃至北非的地理环境,物产名俗,宗教,法律等重要内容,弥足珍贵地记载了中华文明对中亚、西亚以及对阿拉伯的浸染。结论 杜环《经行记》不仅是一部单纯的游记类地理著作,更重要的它是中西文化交流的见证,是中华文明尤其是以纺织、造纸为主的科技文化西传的最早记录,具有“凿空”价值的珍贵文献,是中西文化交流的重大科技史事件。

题　　名　**杜环非洲之行考辨**
作　　者　艾周昌
刊　　名　西亚非洲
年 卷 期　1995 年 3 期
页　　码　57 - 60,47

题　　名　**渡海登陆作战的成功范例**
作　　者　朱之江
刊　　名　南京政治学院学报
年 卷 期　2002 年 1 期
页　　码　49 - 51
摘　　要　今年 2 月 1 日,是民族英雄郑成功驱逐荷兰殖民统治者、收复台湾 340 周年。16 至 17 世纪间,当西欧殖民者侵入美洲、非洲、东南亚,把大片土著居民世代居住的家园变成其殖民地的时候,他们却在中国碰得头破血流,打着降幡黯然离开。作为以维护祖国神圣领土伟大壮举而名世并光照史册的杰出人物,郑成功对台湾的收复及其后世子孙在康熙年间的归清,不仅深刻地影响了几百年来祖国宝岛台湾的历史走向,而且不断触发着后人的多方思考。为了纪念这位对台湾发展和祖国统一有着巨大贡献的历史先驱人物,我们编发了这组学术笔谈。

题　　名　渡河跨海看周船(水运史话)
作　　者　房仲甫
刊　　名　舰船知识
年 卷 期　1979 年 6 期
页　　码　20 - 22

题　　名　对“海防”“塞防”之争的另一种解读——清末近代中国的国家整合与国防重构
作　　者　薛小荣
刊　　名　探索与争鸣
年 卷 期　2006 年 7 期
页　　码　57 - 60
摘　　要　晚清时期的“海防”与“塞防”之争及清政府在新疆建省的决策,应该放在近代世界和中国发展的特殊历史背景之下进行理解,才能更准确地把握这一争论的实质,即在西方主导下以民族国家为主体的近代国际关系体系的冲击之下,传统中国如何实现向近代中国的转型。也就是说,国家的整合应该从何处着手？作为国家权力表征的国防如何重构？

题　　名　对“海上丝绸之路始发港”之我见
作　　者　李娟芳
刊　　名　社科与经济信息
年 卷 期　2001 年 5 期
页　　码　94 - 97

题　　名　对“史可法奏折”中的海洋战略和水军建设部份的初步研究
作　　者　程天柱,管祖喻
刊　　名　船史研究
年 卷 期　1994 年 7 期

题　　名　对“中国宝船”的再认识——读万明的“明钞本《瀛涯胜览》校注”有感
作　　者　郑明
刊　　名　郑和研究
年 卷 期　2005 年 4 期
页　　码　49 - 52
摘　　要　郑和下西洋档案没有完整保留下来,也可能还没有完全发掘出来,郑和本人又没有描述,仅有几块碑刻,因此今人所见下西洋原始史料中最重要的一部当推马欢的《瀛涯胜览》(下简称《瀛》)。在纪念郑和下西洋 600 周年活动中,万明同志默默耕耘,对几种该古籍的明钞本进行校勘、注释,出版了“明钞本《瀛涯胜览》校注”(下简称“明注本”)为学术界和广大公众提供了一本可靠的、集成的、实用的史料。在她为该书写的“马欢《瀛涯胜览》源流考”(下简称“源流考”)中对下西洋宝船和人员的记载,又提出了新的考证论点,发人深思。

题　　名　对《澳门开埠初期史研究》中若干问题的质疑
作　　者　张廷茂

刊　　名　文化杂志
年 卷 期　2000 年 40 - 41 期

题　　名　对《北京三宝胡同》一文的补充
作　　者　朱鉴秋
刊　　名　郑和研究
年 卷 期　1994 年 2 期
页　　码　33

题　　名　对《福建摩尼教寺院遗址考》一文的质疑
作　　者　叶翔
刊　　名　海交史研究
年 卷 期　2005 年 47 期
页　　码　85 - 89
摘　　要　笔者以为,《福建摩尼教寺院遗址考》一文中以"白衣"来判定金粟洞琉璃院为摩尼寺有误;将定光大师判定为摩尼师缺乏直接证据,将有"定光"名的寺、院、阁、庵、堂等都定为摩尼教寺院更无道理;以《马可波罗游记》中福州一教派不明的寺院作为福州台江福寿宫是摩尼教遗址的证据也是不确的。

题　　名　对《海国闻见录》中"南澳气"的考释
作　　者　王静
刊　　名　兰台世界
年 卷 期　2008 年 14 期
页　　码　49 - 50
摘　　要　清代陈伦炯的《海国闻见录》中关于"南澳气"的记载,很多学者对其进行了考证。本文试图从地图地理、地名学等角度,并结合现代学者对东沙群岛的研究成果,考释"南澳气"中"气"、"尽北处有两山"、"长沙门"等具体内容。

题　　名　对《马可波罗游记》Bangala 史实的考释
作　　者　石坚军
刊　　名　中国历史地理论丛
年 卷 期　2007 年 3 期
页　　码　136 - 148
摘　　要　《马可波罗游记》对 Bangala 的记载多有疏漏讹误之处,国内外学者对 Bangala 的考释众说纷纭,而在马可波罗出使云南时是否到过 Bangala 问题上尚有较大争议。笔者发现《马可波罗游记》并未记载缅城至 Bangala 的日程,从而对学界较为流行的马可波罗出使 Bangala 说提出了质疑。本文以《马可波罗寰宇记》及《马可波罗注》为主要参考依据,在前人研究的基础上考证出 Bangala 即孟加拉,而马可波罗并没有到过其地,并指出了《〈马可波罗行纪〉云南史地丛考》所谓马可波罗 1287 年出使 Bangala 说值得商榷之处。

题　　名　对《洋务运动》丛刊本若干史料的订正和补遗
作　　者　林庆元
刊　　名　社会科学战线
年 卷 期　1982 年 4 期
页　　码　140－141
摘　　要　中国史学会主编的《洋务运动》丛刊本（以下简称《丛刊本》）第五册收入了有关福建船政局的资料，其中关于裴荫森任船政大臣时期的奏稿，用的是光绪二十一年刊的刘名誉的《越事备考》，错讹、脱漏颇多。《丛刊本》之所以选录此本，可能是当时尚未找到《裴光禄遗集》和《船政奏议汇编》（以下简称《汇编》）。

题　　名　对《中法战役炮击孤拔之周玉泉》一文的不同意见
作　　者　文凡
刊　　名　社会科学战线
年 卷 期　1980 年 3 期
页　　码　333

题　　名　对《中国海外交通史研究的回顾与展望》一文的补充
作　　者　史春林
刊　　名　历史研究
年 卷 期　1997 年 5 期
页　　码　152－154
摘　　要　对《中国海外交通史研究的回顾与展望》一文，对史学工作者在 20 世纪以来中国海外交通史方面的研究作了综合性的介绍，特别是重点介绍了 80 年代以来史学工作者在这方面研究的最新成果。但是陈先生却忽略了 80 年代以来港航界人士对中国海外交通史研究的重要贡献，只简单提到了朱鉴秋、李万权主编的《新编郑和航海图集》，中国航海学会编写的《中国航海史》以及孙光圻所撰写的《中国古代航海史》等著作。实际上，自 80 年代以来，港航界人士异军突起，成为这方面研究的一支不可忽视的主力。这些研究中国海外交通史的港航界人士以前大都学过海上专业，后来又上船工作或随船到世界各地考察。因此，他们对海上交通有一种切身的感受，对航海技术比较了解，能够独辟蹊径，从航海技术角度对中国海外交通的历史进行总结和概括，取得了令人瞩目的学术成果，引起了国内外学术界的广泛关注。因此，本文拟在这方面作两点补充性介绍，以便使广大读者对中国海外交通史的研究能有一个更加全面的认识。

题　　名　对《钟相杨幺起义》一书的几点商榷意见
作　　者　张翼之
刊　　名　华中师院学报（哲学社会科学版）
年 卷 期　1978 年 4 期
页　　码　44－48

题　　名　对 1842 年吴淞之战的几点看法
作　　者　任晓初
刊　　名　上海师范大学学报（哲学社会科学版）

年卷期　1998年27卷2期

页　码　154－155

摘　要　1842年吴淞之战发生在鸦片战争末期，英国侵略者侵犯吴淞是蓄谋已久。鸦片战争之前，早已进行过侦察活动。战争爆发后，1841年9月，他们又制订入侵长江下游，切断运河漕运，逼使清朝政府彻底妥协的“扬子江战役”计划，侵犯吴淞就是实施这个阴谋的首要环节。然而，中外学术界对吴淞之战的有关论述却往往焉言不详。

题　名　**对澳门海外贸易的历史考察——兼析陶瓷世界贸易**

作　者　詹嘉

刊　名　陶瓷研究

年卷期　2001年16卷1期

页　码　42－46

摘　要　文章从经济、政治、地理方面考察了澳门海外贸易兴衰的历史原因，阐述了关税及牙行、牙商的管理制度。分析了明代中国商品经济，特别是陶瓷、丝绸对其拓展国际市场的支持作用，论证了澳门海外贸易对中国及世界商贸发展的影响。

题　名　**对澳门妈阁庙、望厦村等一些传说的透视——兼对徐晓望先生的商榷作一些回应**

作　者　谭世宝

刊　名　比较法研究

年卷期　1999年1期

页　码　163－170

题　名　**对长乐出土郑和群塑的考证**

作　者　郑明

刊　名　郑和研究

年卷期　2003年1期

页　码　49－51

题　名　**对长乐出土郑和群塑的思考**

作　者　郑明

刊　名　海交史研究

年卷期　2003年44期

页　码　39－43

题　名　**对船舶概论一书有关我国造船历史的意见**

作　者　陈丰澄

刊　名　中国造船

年卷期　1957年3期

页　码　69－72

摘　要　上海造船学院1956年10月出版由杨櫆、李永庆尔先生编译的《船舶概论》一书第二章“造船和造船科学的发展”中，谈到一些关于我国古代造船的历史（原书第6节至7节）。为了使从事或将来准备从事造船工业工作的同志们了解一些关于我国造船的历史，是很有好处的。因此这一段文章，深受读者欢迎。

题　　名　对佛教初传中国内地的时间及路线的再考察
作　　者　张晓华
刊　　名　史学集刊
年 卷 期　2001年1期
页　　码　16－21
摘　　要　佛教传入中国内地的时间历来众说纷纭，传入路线亦有陆上及海上两说。事实上，佛教是逐渐地而且是从不同的方向、通过不同的方式传来的。在北方，由印度经中亚，沿丝绸之路进入中国内地；在南方，通过海上丝绸之路传至广州、交州等地，再进入中国内地。传入时间大致为两汉之际。而且无论以何种方式传入，都与中国同当时的印度与中亚等地的商业活动密切相关。

题　　名　对福建惠安有关郑和传说的研究
作　　者　陈仲丹
刊　　名　东南文化
年 卷 期　1990年3期
页　　码　232－233

题　　名　对古代“海上丝绸之路”问题的再商榷
作　　者　陈代光
刊　　名　羊城今古
年 卷 期　1990年6期
页　　码　20－25

题　　名　对古代“海上丝绸之路”诸问题的商榷
作　　者　陈代光
刊　　名　羊城今古
年 卷 期　1990年2期
页　　码　14－17

题　　名　对古代中国实行开放政策与海禁、“闭关”政策的综合思考
作　　者　丁明国
刊　　名　中南民族大学学报（人文社会科学版）
年 卷 期　1989年5期
页　　码　100－107
摘　　要　现在，中国人民正在集中力量进行现代化建设。为了顺利实现现代化这个伟大目标，中国政府把实行对外开放政策作为一项基本国策确定下来，坚持付诸实践，收到了良好的效果。但是，当谈到中国历史上的对外关系的时候，人们往往有一种误解，好象中国历史上是长期实行闭关政策的，有一种自我封闭的传统。当论及实行海禁、闭关政策的原因时，学术界也有不同意见。

题　　名　对广州秦汉造船台“遗址”的浅议
作　　者　刘龙文
刊　　名　广东造船
年 卷 期　1995 年 2 期
页　　码　38－41
摘　　要　1974 年 10 月，在广州文化局院内发掘出一批古代文物，其中有三对平行纵向木阵，长近百米，由枕木及纵向扁平木材组成，其上有榫卯固定方形木桩，木桩上端是凸凹不平碳化顶部。编号 1 的一对纵向木材，中距为 1.8 米，编号 2 的一对中距为 2.8 米，编号 3 的一对中距为 1.2 米。一些学者认为，该出土物是秦汉时期造船台的三对滑道，可建造 3.6－8.4 米宽、30－40 米长的船。同时，在附近还发现一些锈蚀铁件及凹形铁凿，这些学者认为是造船用铁丁及木船捻缝专用工具。但亦有的同志提出否定意见，认为这不是造船场地，而是一处古建筑的基础。

题　　名　对韩国新安海底沉船的研究
作　　者　席龙飞
刊　　名　海交史研究
年 卷 期　1994 年 26 期
页　　码　55－74

题　　名　对历史负责——史学界重评甲午海战中的方伯谦纪实
作　　者　林谋荣，林伟功
刊　　名　日本研究
年 卷 期　1992 年 1 期
页　　码　58－60
摘　　要　方伯谦在中日甲午海战中是“战将”还是“逃兵”？尽管学界争论不息，史料尚未全部发掘，但人们普遍接触到的历史著作、文艺作品和学校教材，却都将其作为一个临阵脱逃的胆小鬼来描绘，似乎历史的本来面目即是如此。1987 年，一次偶然的机会，本刊获悉旅居美国的方伯谦侄孙女方丽祥女士，多年来广泛搜集，详加考证甲午海战史料，多方为其伯公辩诬后，认为澄清中日关系史上的这段史实，是我们义不容辞的责任，于是主动向方女士邀稿。编辑部细读了方女士的来稿，并查阅大量资料后，为对历史负责，对后代负责，也是对方伯谦及其亲属负责，决定在本刊开展学术讨论，并将方丽祥的文章题目改作《为我伯公方伯谦鸣冤》，附编者按语，在 1988 年第 2 期《日本研究》杂志全文发表，引发了关于重新评价方伯谦的这场学术争论。

题　　名　对立和统一——评施琅与郑成功之间的关系
作　　者　王宏志
刊　　名　清史研究
年 卷 期　1997 年 1 期
页　　码　70－75
摘　　要　在中国古代的历史长河里，有许多知名人物处在对立的状态。他们之中，有的自始至终是敌对的双方，如忽必烈和文天祥，多尔衮和史可法，等等；有的则曾经处于一个统一体内，后来却转变为敌对的双方，如刘邦和项羽，曹操和诸葛亮，等等。上述对立着的人物，都在中国历史的舞台上演出了生动的一幕幕，都在不同的方面为中华民族的发展作出了不同程度的贡献。本文所要讲到的郑成功和施琅，就属于后一种状况的敌对双方。如何评价对立双方的历史人物呢？这是个值得探讨而又很有意思的问题。因为人们常常习惯于将对立的双方，简单的肯定一方而否定另一方。事实上，对立的双方在一定的条件下是可以统一的，因而对立双方的历史人物不少都是在历史上值得肯定的杰出人物。本文仅就对立中的施、郑之间的关系加以评论。

题　　名　**对孟席斯索引资料中有关译名的考证**
作　　者　李万权
刊　　名　郑和研究
年 卷 期　2003 年 2 期
页　　码　52 – 53
摘　　要　两个月前，接到江苏省郑和研究会惠寄的“孟席斯学术交流专刊”，阅读之下，颇为受益，敬此致谢！近年来，虽不时见到孟著的片段介绍，惜未看到更多内容，今在专刊中得以见到时平先生对该书大概介绍，以及孟氏在南京学术讲稿和索引资料等颇感欣慰。深感孟氏十多年航行世界各地，查阅史料，考察探索，精神可嘉。不管其立论可否确信，却给郑和研究以新的启迪。但愿在今后共同努力，把这项研究工作推向一个新的历史里程。

题　　名　**对明代梁山古船的测绘及研究**
作　　者　顿贺，席龙飞，何国卫，唐志拔
刊　　名　武汉交通科技大学学报
年 卷 期　1998 年 22 卷 3 期
页　　码　258 – 261
摘　　要　1956 年在山东梁山的宋金河发现一艘明代帆船。经过实船测绘，现就船型、用途、结构和复原问题发表一得之见。

题　　名　**对明清政府海外贸易政策的反思——纪念郑和下西洋 600 周年**
作　　者　冯飞鹏
刊　　名　玉林师范学院学报
年 卷 期　2006 年 27 卷 2 期
页　　码　91 – 96
摘　　要　在 15 世纪早期这段异乎寻常的历史中，明朝的航海事业以其杰出的技术和惊人的范围，明确证明了中国在世界航海业中的领先地位。本文从封建制度、文明传统、思想观念和军事力量等方面，分析了自明代以来，资本主义因素日益增长的情况下，明清政府为什么没有顺应时代潮流做到自我更新走向近代化道路的根源。

题　　名　**对南京天妃宫及天妃宫碑有关问题的探讨**
作　　者　许亚洲
刊　　名　郑和研究
年 卷 期　2005 年 4 期
页　　码　46 – 47
摘　　要　5 月 3 日，南京重建的天妃宫落成开放。这为纪念郑和下西洋首航 600 周年、弘扬民族文化、促进海内外尤其是海峡两岸文化交流及友好往来，增添了一处盛景。但是在有关新闻报道中，却把天妃官碑错写为始立于郑和第一次下西洋回国后。其实,关于南京天妃宫的建宫、立碑时间的错误由来已久,时而有见。早在纪念郑和首次下西洋580周年的1985年,笔者发表于《南京史志》总第11期的文章已初步指出这个错误。

题　　名　对宁波古船的研究
作　　者　席龙飞,何国卫
刊　　名　武汉理工大学学报(交通科学与工程版)
年 卷 期　1981年2期
页　　码　23-32
摘　　要　一九七九年在宁波发现宋代海船一艘。这对研究宁波的海外交通史和中国造船发展史,都具有一定价值。本文阐述了宁波古船在船型、结构以及造船工艺方面的技术成就。着重提出,宁波古船装有具有减缓摇摆作用的舭龙骨,该舭龙骨的安装部位以及长宽等尺寸,都与现代船舶的要求大致相符。这一成就要比其他国家早几百年。我国的这一重要发现,必然会引起国内外同行们的极大兴趣和重视。本文还对古船的复原进行了探讨,给出了复原尺度并画出了复原和型线草图。

题　　名　对清代朝贡体制地位的再认识
作　　者　祁美琴
刊　　名　中国边疆史地研究
年 卷 期　2006年16卷1期
页　　码　47-55
摘　　要　长期以来朝贡制度被认为是古代中国与边疆民族及周边国家和地区交往的惟一持久而普遍的关系,但却忽视了这一制度本身的发展特点,尤其忽视了朝贡制度在明清两代的差别。本文认为,清代虽然延续了明代的朝贡制度,但实质已经转化为一种处理与周边国家关系的政治方式,剔除了明代中原王朝与边疆民族之间、中国与西洋诸国之间形成的藩属关系,且朝贡中的贸易性质也远不同于明朝。本文对学术界混淆朝贡体制与朝贡贸易体制的观点进行了批驳,阐述了清代朝贡体制的地位与特点。

题　　名　对清末海军学堂师资聘请、培养使用制度初探
作　　者　景广学
刊　　名　太原师专学报(哲学社会科学版)
年 卷 期　1988年1期

题　　名　对泉州"伊斯兰历史文化"陈列捐赠品考释
作　　者　张海波
刊　　名　海交史研究
年 卷 期　2001年40期
页　　码　135-136

题　　名　对泉州湾出土的宋代海船及其复原尺度的探讨
作　　者　席龙飞,何国卫
刊　　名　中国造船
年 卷 期　1979年2期

页　　码　109－117

摘　　要　1974年夏,在福建省泉州湾的后渚港发掘出土了一艘宋代木造航海货船。这一重大考古发现,对研究泉州湾的海外交通史和我国造船发展史,都具有一定的价值。本文结合这一发现,阐述了泉州古船的船型和结构特点。

题　　名　对泉州湾出土宋代海船上船料使用情况的考察

作　　者　李国清

刊　　名　船史研究

年 卷 期　1986年2期

页　　码　32－38

题　　名　对泉州湾宋代海船复原的几点看法

作　　者　杨槱

刊　　名　海交史研究

年 卷 期　1982年4期

题　　名　对日本德川时代朱印船贸易发展过程的历史考察

作　　者　吴佩军,尤建设

刊　　名　历史教学(高校版)

年 卷 期　2009年1期

页　　码　71－76

摘　　要　朱印船贸易是德川幕府实施的官方许可贸易制度。这一制度是为了对内强化德川幕府的统治,对外打破葡萄牙商人对日贸易的垄断地位而确立的。朱印船贸易的终结,是幕府采取禁教和锁国政策的必然结果。朱印船贸易刺激了“日本—中国—东南亚”贸易圈商品经济的发展,促进了各地区之间的文化交流,反映了区域经济发展的相互依存性。

题　　名　对日本现存《三宝太监西洋记》版本的考证

作　　者　[日]山根幸夫

刊　　名　郑和研究

年 卷 期　1996年2期

页　　码　42

题　　名　对山东蓬莱发现高丽青瓷的思索

作　　者　袁晓春

刊　　名　东疆学刊

年 卷 期　2006年23卷3期

页　　码　32－35

摘　　要　在山东半岛蓬莱市登州古港发现高丽镶嵌青瓷,是中国第一次从古代海船上发现高丽青瓷,表明高丽青瓷从海路输入中国的历史情况,填补了中韩经贸史的空白。高丽镶嵌青瓷的面世,对中韩文化交流、经贸史、陶瓷史、航运史的研究具有重要的意义。

题　　名　对隋炀帝开运河的再评价
作　　者　陈志勇
刊　　名　福建商业高等专科学校学报
年 卷 期　2002 年 2 期
页　　码　29－31
摘　　要　隋代大运河是我国历史上具有重大影响的巨型水利建设工程。关于隋炀帝开运河这一历史事件,颇为史学界所重视。在六十年代前期,曾就隋炀帝开运河的动机和作用等方面,进行了比较集中的讨论,肯定了其历史作用,本文在此基础上,试从其开凿的过程,对炀帝开运河进行再探讨。

题　　名　对晚清在南洋设立领事馆的反思
作　　者　庄国土
刊　　名　厦门大学学报(哲学社会科学版)
年 卷 期　2006 年 5 期
页　　码　79－86
摘　　要　近代国家外交护侨的主要措施是建立领事馆。随着晚清朝野对华侨认识的逐渐转变,保护和利用华侨成为清朝华侨政策的主要内容。南洋在中国周边地区具重要战略地位,也是华侨聚居之地,应当是清朝设领的重点地区。但由于朝廷对设领的重要性认识不足,推动不力,且外交人才缺乏、驻外使节布局失误和外交事权分散等,因此屡误设领时机,导致在晚清时期中国所设的 45 个领事馆中,在南洋地区仅设立 7 个领事馆。

题　　名　对万吨级宝船的质疑
作　　者　施鹤群
刊　　名　郑和研究
年 卷 期　2005 年 1 期
页　　码　39－43
摘　　要　从 1405 年至 1433 年,航海家郑和七次下西洋。这是中国历史上规模空前的一次政治、军事、经济、外交活动,也是世界航海史上的奇迹。

题　　名　对我国古代航海史料中“更”的几点认识
作　　者　王振华,范中义
刊　　名　海交史研究
年 卷 期　1984 年 6 期

题　　名　对徐福东渡的几点思索
作　　者　邱文山
刊　　名　淄博学院学报(社会科学版)
年 卷 期　1995 年 3 期
页　　码　39－42

题　　名　对徐福是神武天皇的前辈之考证
作　　者　闻江涛

刊　　名　四川教育学院学报
年 卷 期　2009 年 6 期
页　　码　46－47,62
摘　　要　从中日两国古籍记载时间看,日本的神武天皇要早于中国秦朝的徐福。但若要理性地从思想的统一、国家的建立、社会发展条件等方面考虑,徐福应该早于日本的神武天皇的时代。所以就以这几方面作为切入点进行研究考证。

题　　名　对于赤壁所在地的一点看法
作　　者　杨贯一,丁力
刊　　名　中国历史文物
年 卷 期　1979 年 00 期
页　　码　40－42,5

题　　名　对于中国海外交通史研究的管见
作　　者　朱杰勤
刊　　名　海交史研究
年 卷 期　1985 年 7 期

题　　名　对元代传教士东来之论述
作　　者　鲁人
刊　　名　中国天主教
年 卷 期　1984 年 10 期
页　　码　33－37

题　　名　对郑和、哥伦布航海事件的另类解读
作　　者　黄文平
刊　　名　大经贸
年 卷 期　2004 年 1 期
页　　码　68－69

题　　名　对郑和、哥伦布航海事件的另类解读
作　　者　黄文平
刊　　名　珠江经济
年 卷 期　2004 年 4 期
页　　码　72－74
摘　　要　明朝伟大航海家郑和七下海洋的故事,已为大多数中国人耳熟能详;同样的,意大利著名航海家哥伦布发现美洲大陆的说法也已根深蒂固,本文关注的是,郑和下西洋与歌伦布航海两者之间,是否存在某些人们平时所忽视的东西?

题　　名　对郑和宝船尺度的分析
作　　者　晓照

刊　　名　大连海事大学学报
年 卷 期　1985 年 11 卷 3 期
页　　码　110
摘　　要　郑和七下西洋,所驾之"宝船"究竟有多大,这个问题吸引了国内外学者的很大兴趣,他们各抒已见作了极其有益的探索和考证。

题　　名　**对郑和航海和郑和宝船研究之管见**
作　　者　杨槱
刊　　名　上海造船
年 卷 期　2005 年 2 期
页　　码　31 – 35
摘　　要　今年是我国伟大的航海家郑和下西洋 600 周年。郑和下西洋这一世界航海史上的伟大壮举,是中华民族优秀的文化遗产和宝贵的精神财富。长期以来,在郑和航海和郑和宝船的学术研究方面存有不同的声音。只有认识历史真相,才能古为今用。为了求得真知和丰富学术内涵,作者针对郑和航海和郑和宝船研究发表一些个人见解,以同业界商讨。

题　　名　**对郑和西航兴衰史的再认识(上)**
作　　者　傅成纶
刊　　名　郑和研究
年 卷 期　2004 年 3 期
页　　码　9 – 13
摘　　要　公元 230 年,在三国竞争统一的重要时刻,孙权为实现"普天一统,开拓海疆",遣将卫温、诸葛直率甲士万人,从浙东古港章安出使海外,远规台湾。《三国志 · 吴主传》载:"黄龙二年春正月,浮海求夷洲(即台湾)及宫洲(海南岛),军行经岁,士卒疾疫死者十八九。但得夷洲(即台湾)数千人还。"这是古代东亚航海史上一大罕见壮举。

题　　名　**对郑和下西洋"外交成就"的一点看法**
作　　者　吴长春
刊　　名　大连海事大学学报
年 卷 期　1989 年 15 卷 2 期
页　　码　92 – 96
摘　　要　本文首先概述了郑和下西洋所取得的外交成就。并就学术界以往对其过高的评价和赞誉提出了异议。认为,郑和下西洋所取得的外交成就是以巨大的经济扭失为代价换来的,下西洋并没有给中国带来更多的短期和长久利益。对郑和下西洋的外交成就要从历史的角度给予客观全面的评价。

题　　名　**对郑和下西洋的几点认识**
作　　者　杨槱
刊　　名　船史研究
年 卷 期　2002 年 17 期

题　　名　**对郑和下西洋的冷思考**
作　　者　施鹤群
刊　　名　郑和研究
年 卷 期　2005 年 4 期
页　　码　18 – 22
摘　　要　在对郑和下西洋进行了深入、广泛的研究以后，一个问题引起了人们的思索：既然郑和是位伟大的航海家，郑和下西洋是航海史奇迹，但是这位伟大航海家及其伟大壮举在世界航海史上为什么会受到冷遇？在世界航海史上，郑和的知名度无法与西方航海家哥伦布、达·伽马、麦哲伦相比，郑和下西洋成为航海史上“被遗忘的伟大航行”。而且，在中国历史上，郑和之后，再没有出现伟大航海家和航海壮举，郑和下西洋为何成会绝响？在明代郑和下西洋后，中国船队的远航活动没有被继续，刚刚开放的国门又被关上，而且实行“长期闭关自守，把中国搞得贫穷落后，愚昧无知。”这是什么原因呢？

题　　名　**对郑和下西洋和平外交政策的探究**
作　　者　王翔
刊　　名　中国水运（理论版）
年 卷 期　2006 年 4 卷 3 期
页　　码　12 – 13
摘　　要　郑和七下西洋，共历时 29 年。在郑和及他的同伴们的共同努力下不但让明朝威名远播，而且让世界知道了中国，了解了明朝……同时与世界很多国家建立了良好的邦交关系，中华民族就是在了解、吸收异域文明、吐故纳新、兼容并蓄的过程中走向强大的。

题　　名　**对郑和下西洋之目的及其相关问题的几点思考**
作　　者　郭兰英
刊　　名　考试周刊
年 卷 期　2009 年 21 期

题　　名　**对中国近代海防工业建立与发展的反思**
作　　者　汪杰
刊　　名　重庆社会科学
年 卷 期　1998 年 1 期
页　　码　76 – 79
摘　　要　中国近代海防工业的建立与发展，是中国近代军事工业的主旋律，它在中国近代军事史上有着不可忽视的积极意义。首先，它孕育和产生了新的军事思想和海防理论，有力地冲击着陈腐的封建军事思想。其中最具代表性的是“师夷长技以制夷”的军事发展战略和积极防御的海防主张。林则徐、魏源就是这种崭新军事思想的积极倡导者。

题　　名　**对中日甲午战争双方海军战略的比较考察**
作　　者　刘向阳，张红军
刊　　名　临沂师专学报
年 卷 期　1994 年 4 期
页　　码　20 – 23

摘　　要　中日甲午海战是一场近代化的大规模海战,其胜负不仅取决于双方海军力量的强弱,更取决于双方海军战略的优劣。在这场战争中。中日双方究竟各自采取了何种海军战略？双方的海军战略究竟孰优孰劣？是什么原因导致了双方海军战略的巨大差异？本文试图通过比较考察中日双方制定与实施海军战略的过程,对这些问题作些粗略分析和探讨。

题　　名　对中西方航海活动结果不同的理性思考

作　　者　马红霞,孙燕

刊　　名　河南师范大学学报(哲学社会科学版)

年 卷 期　2006 年 33 卷 2 期

页　　码　135 - 138

摘　　要　15 - 16 世纪初,中西方都进行了大规模的航海活动,但产生的结果却大相径庭:中国的航海活动由于耗资巨大,没有实际效果,后被当作"弊政"革除;而西方的航海活动却发现了"新大陆",促进了世界贸易的发展,并为科学研究提供了第一手资料。为什么同是航海活动却会产生如此明显不同的结果呢？这主要是由于,与西方人不同,中国人没有"地是球"的观念,没有征服异族的思想,对自然现象的研究也仅限于实用目的。

题　　名　敦煌文物中的舟船史料及研究

作　　者　王进玉

刊　　名　中国科技史料

年 卷 期　1994 年 15 卷 3 期

页　　码　75 - 82

摘　　要　敦煌壁画保存了丰富的舟船形象资料,种类有飘板、小舟、帆船、楼船等数种,绘画时代分别为北周、隋、唐、五代、北宋、西夏。敦煌藏经洞遗书和纸画中也有记载船的资料和图画。

题　　名　顿逊考

作　　者　邓端本

刊　　名　海交史研究

年 卷 期　1987 年 11 期

题　　名　多学科综合研究海交中的新成果——《海外交通史迹研究》评介

作　　者　吴孙权

刊　　名　中国社会经济史研究

年 卷 期　1997 年 4 期

页　　码　91 - 92

题　　名　多学科综合研究海交史的新成果——《海外交通史迹研究》评介

作　　者　吴孙权

刊　　名　海交史研究

年 卷 期　1997 年 32 期

页　　码　110 - 112

题　　名　多元复合的宗教文化意象——临水夫人形象探考
作　　者　连镇标
刊　　名　世界宗教研究
年 卷 期　2005 年 1 期
页　　码　129 - 141
摘　　要　在海峡两岸,临水夫人被民众尊奉为“陆上女神”,而与“海上女神”妈祖一道受到最隆重的礼拜,临水夫人信仰也成了我国民俗文化尤其是闽浙赣粤湘台乡土文化的重要组成部分。本文从宗教哲学的角度出发,以分析临水夫人的原型入手,着重阐析了临水夫人儒道释三位一体的宗教形象,庶几有助于人们对临水夫人信仰这一民俗文化现象有较全面、深入的认识。

题　　名　多元文化视角下的丁汝昌评论
作　　者　姜峰
刊　　名　学理论
年 卷 期　2009 年 25 期
页　　码　73 - 74
摘　　要　在北洋海军提督丁汝昌自杀以后,不同国籍、不同身份的人士对其作出了各自不同的评价:在外国人眼中丁汝昌是一位鞠躬尽瘁、颇具古代豪杰式的人物;而中国士大夫则认为,丁汝昌是一个给民族带来深重灾难的人物,其罪过“虽寸磔不足谢天下”。通过作者的考察认为,这些评价之所以不同与这些评论人的社会文化背景有着极大的关系。

题　　名　舵的产生及演进刍议
作　　者　文尚光
刊　　名　武汉理工大学学报(交通科学与工程版)
年 卷 期　1982 年 3 期
页　　码　35 - 40
摘　　要　据确凿无疑的出土的及传世的文物,中国船舶的舵是由桨演变而来的。在西汉时已开始演变,舵至迟产生于东汉时代。本文依据很多古代文献,对这一问题进一步作了一些探索,认为似有可能在两千一百年前的西汉武帝时,即已由桨初步演变为“桨形舵”。笔者希望能在将来的出土文物中得到印证。本文还据古代文献,补充论证了舵是由桨演变而来的;并且指出,在一千七百多年前的东汉末年至三国初年,曾对舵作了重大的改进,向舵的成熟和完善的阶段又跨进了一步。

题　　名　讹诈与再讹诈——《英军退还舟山条约》纪事
作　　者　姜秉正
刊　　名　宝鸡师院学报(哲学社会科学版)
年 卷 期　1985 年 3 期
页　　码　69 - 75,84
摘　　要　《英军退还舟山条约》,是 1846 年 4 月 4 日(道光二十六年三月九日)由两广总督耆英与英国驻华公使德庇时在虎门签订的。它是英军侵占定海,并据以进行讹诈、再讹诈的历史纪录。

题　　名　俄国与甲午中日战争
作　　者　梁景和

刊　　名　辽宁师范大学学报(社会科学版)
年 卷 期　1990 年 5 期
页　　码　65 - 67
摘　　要　日本早有觊觎朝鲜和中国领土的野心,于 1894 年终于出兵朝鲜进而挑起了掠夺中国的侵略战争。面对日本的挑衅,以西太后为首的后党集团和掌握清政府外交大权的直隶总督李鸿章主张"避战自保"。李鸿章深知,中国的经济和军事力量已落后于日本,战必败。所以无奈又拿出他那惯用的以夷制夷政策,想依靠第三国的力量迫使日本停止军事行动。

题　　名　**鄂伦春族四种古老的水上交通工具**
作　　者　赵复兴
刊　　名　内蒙古社会科学(汉文版)
年 卷 期　1992 年 2 期
页　　码　35 - 38,45

题　　名　**二千料海船是郑和船队的主力**
作　　者　郑明
刊　　名　中国国家地理
年 卷 期　2005 年 4 期
页　　码　52 - 53

题　　名　**二千料郑和木质宝船的初步考证与复原研究**
作　　者　唐志拔,辛元欧,郑明
刊　　名　郑和研究
年 卷 期　2004 年 3 期
页　　码　26 - 36

题　　名　**二十世纪的郑和研究**
作　　者　时平
刊　　名　郑和研究
年 卷 期　2001 年 2 期
页　　码　2 - 10

题　　名　**二十世纪九十年代以来清代漕运研究述略**
作　　者　王含卿
刊　　名　当代学术论坛
年 卷 期　2008 年 4 期

题　　名　**二十四桥扬州船**
作　　者　曹凛
刊　　名　中国船检
年 卷 期　2009 年 9 期

页　　码　108－111

题　　名　**二战后的中法海防军事冲突**
作　　者　王熙章
刊　　名　湖北档案
年 卷 期　2009 年 6 期
页　　码　45－46

题　　名　**发炮击退法舰重伤孤拔者考**
作　　者　王泰栋
刊　　名　浙江学刊
年 卷 期　1985 年 3 期
页　　码　86－89
摘　　要　一八八五年三月中法战争镇海口战役,究竟是谁为主发炮击退法舰,重伤孤拔？近年来在报刊上出现了各种说法:有的认为是周玉泉所为,有的认为是欧阳利见的功劳,也有认为孤拔是一八八四年八月马江战役中被杨金宝击毙的。笔者不同意这些说法。击退法舰,重伤孤拔一事,镇海炮台守备吴杰当推首功。

题　　名　**发现世界的先驱**
作　　者　刘钢
刊　　名　郑和研究
年 卷 期　2005 年 4 期
页　　码　64－69

题　　名　**发现新大陆者并非哥伦布**
作　　者　刘玉峰
刊　　名　郑和研究
年 卷 期　1997 年 4 期
页　　码　37

题　　名　**发扬中国文化的海洋传统**
作　　者　沈福伟
刊　　名　海交史研究
年 卷 期　1989 年 16 期

题　　名　**法国东印度公司与中法贸易**
作　　者　康波
刊　　名　学习与探索
年 卷 期　2009 年 6 期
页　　码　234－236
摘　　要　长期以来,法国东印度公司一直鲜为人知。十七八世纪,它作为法国对东方唯一执行殖民地和海外商务政策的工具,经历了一个独特的产生、发展的变化过程。从其兴建、运行及特点等方面,可以反映东印度公司的演变及其与中国的贸易关系。

题　　名　法国汉学界有关郑和下西洋的研究
作　　者　耿昇
刊　　名　中国文化研究
年 卷 期　2006 年 2 期
页　　码　162 – 173
摘　　要　法国汉学界对郑和下西洋的研究成果颇丰,人才辈出。本文从中选择几本较新的著作做一介绍,其中对郑和下西洋的缘起、过程和影响等作了独到的分析。

题　　名　法国学者对丝绸之路的研究
作　　者　耿昇
刊　　名　中国史研究动态
年 卷 期　1996 年 1 期
页　　码　2 – 11

题　　名　法国研究郑和新著《龙之光》内容梗概
作　　者　[法]勒列沃德 著;韩旭 译
刊　　名　郑和研究
年 卷 期　1996 年 2 期

题　　名　法国与福州船政局
作　　者　胡晓,何东
刊　　名　西南交通大学学报(社会科学版)
年 卷 期　2002 年 3 卷 3 期
页　　码　31 – 37
摘　　要　福州船政局是左宗棠借助法国技术力量创办的重要军事企业。它的建立与发展,推动了中国造船工业以至整个近代工业的发展。本文试从福州船政局在酝酿、建立、发展乃至衰落的各个过程中与法国、法国人的关系,论述法国对船政局所起的正负两方面作用,从而对 19 世纪六、七十年代中法经济和技术交往作初步的探讨。

题　　名　法国与丝绸之路
作　　者　鲜于浩,雷斌
刊　　名　社会科学研究
年 卷 期　2004 年 4 期
页　　码　123 – 127
摘　　要　中法关系缘起于蒙古帝国西征。陆上丝绸之路重新开通,传教士循陆上丝路东来,从而开启了中法外交之门。现代意义上的中法外交关系的建立却是在 19 世纪 70 年代。中法经济、文化关系的开启则是传教士自海上丝路东来。丝绸之路是中法关系的通道,传教士、教徒是中法关系启动、展开的中介人。

题　　名　法商魏池在闽招募华工述评
作　　者　许金顶
刊　　名　海交史研究
年 卷 期　1992 年 22 期
页　　码　67 - 72

题　　名　法显《佛国记》和谁最先发现新大陆
作　　者　祝注先
刊　　名　中南民族学院学报(哲学社会科学版)
年 卷 期　1995 年 4 期
页　　码　62 - 64
摘　　要　法显《佛国记》和谁最先发现新大陆祝注先东晋至十六国时代(公元 317 - 420 年)的佛门弟子法显因著有《佛国记》而闻名于世。《四库全书》独具慧眼把《佛国记》列入史部・地理类。《辞源》、《辞海》都收录了《佛国记》条目。

题　　名　法显比哥伦布早 1080 年到达美洲?
作　　者　刘树人
刊　　名　地球信息科学
年 卷 期　2002 年 4 期
页　　码　105 - 108
摘　　要　根据《佛国记》的记载,晋法显于公元 412 年随中国商船队自锡兰返国,因遇大风穿越太平洋航行 105 天,到达名叫"耶婆提"的国家,可能系中美洲墨西哥南部到危地马拉一带,比哥伦布早 1080 年到达美洲。停靠 5 个月,补充粮、水等食物,返程时再次穿越太平洋航行 115 天,最后到达今青岛崂山登陆。

题　　名　法显乘船的国籍、数量、乘员和航经的海区
作　　者　张箭
刊　　名　中国史研究
年 卷 期　1997 年 3 期
页　　码　77 - 82

题　　名　法显法师东归行程考
作　　者　云川
刊　　名　现代佛学
年 卷 期　1955 年 1 期
页　　码　25 - 26

题　　名　法显赴美质疑
作　　者　薛克翘
刊　　名　佛学研究

年卷期 1994年
页　码 233-236

题　名 **法显何曾到过美洲**
作　者 袁维学
刊　名 东南亚
年卷期 1994年2期
页　码 51-53
摘　要 前不久,有幸拜读了连云山先生的力作《谁先到达美洲》。我深为连先生的胆识所折服,但对有些观点却不敢苟同。所以,想就法显是否到过美洲一事谈谈自己的愚见。

题　名 **法显和尚航海归国记**
作　者 高事恒,王季深
刊　名 航海
年卷期 1981年3期
页　码 8-9

题　名 **法显及其《佛国记》的几个问题**
作　者 靳生禾
刊　名 山西大学学报(哲学社会科学版)
年卷期 1980年1期
页　码 25-34
摘　要 法显,我国东晋时期的高僧,杰出的翻译家和旅行家。法显以其和邻邦人民交往中,扩大了人们的地理视野,促进了国际友好交流,为中外人士所称颂。法显以其游记《佛国记》的学术价值,见重于世界学术界。然而,法显是以佛教人物出现的,在当时社会上知道他的人是不多的,官修史传中更不可能多说到他。因此,有关法显生平的资料十分缺乏,他的著作的研究亦受到局限。本文试图对法显及其《佛国记》作点探讨。

题　名 **法显及其《佛国记》拾遗**
作　者 靳生禾
刊　名 山西师大学报(社会科学版)
年卷期 1981年1期
页　码 86-90,75
摘　要 东晋时期杰出的旅行家和翻译家法显(约334-420),平阳武阳(今山西临汾)人。他是一位虔诚正直的佛教徒,在"五胡十六国"那佛教空前发展,同时又腐朽日亟之时,他不沉默,不合流,而愤然出国,搜求戒律,力图矫正。他在古代地理知识贫乏,交通手段极端落后的条件下,西渡流沙,从中亚到南亚,涉绝幕,渡重洋,百折不挠,终返祖国,表现了坚苦卓绝的可贵精神。他在海外的活动,扩大了人们的地理视野。

题　名 **法显求法归程考**
作　者 陈慎

刊　　名　史地学报
年 卷 期　1926 年 1 期
页　　码　55－59

题　　名　法显时代的印尼爪哇岛宗教
作　　者　张箭
刊　　名　宗教学研究
年 卷 期　1997 年 3 期
页　　码　81－84

题　　名　法显西行求法及其现代价值
作　　者　杨茂林
刊　　名　五台山研究
年 卷 期　2010 年 3 期
页　　码　3－9
摘　　要　围绕法显西行求法的伟大事迹和历史贡献，着重探讨了法显西行活动的缘起、过程以及结果的现代价值，并得出如下结论，即不同文化的开放与交流是文化创新发展的基本途径；文化交流不是均衡进行的，一般是高水平文化影响和推动低水平文化，但后者中的积极因素也会在交流中融入新的文化；文化之间的沟通交往和创新发展往往需要孜孜不懈的追求精神和锲而不舍的推动力量，这种精神和力量由于自信、自励、自强的信仰和坚持而体现出一种忘我的、不屈的、务实的、爱家乡的激情与品格、活力与能力。法显在西行中坚定信仰佛法和坚持不懈求法就是这种现代价值的诠释。

题　　名　法显西行求法寻踪
作　　者　晓石
刊　　名　南京政治学院学报
年 卷 期　1993 年 5 期
页　　码　42－46

题　　名　法显西行述论
作　　者　刘进宝
刊　　名　甘肃社会科学
年 卷 期　1987 年 5 期
页　　码　83－90
摘　　要　对于中西交通史的研究，人们往往注意于汉唐盛世，研究较多的也是汉代的张骞和唐朝的玄奘。而对于中西交通史上的一个重要阶段——魏晋南北朝时期却注意不够，对于此时期中西交通上的一个伟大人物——法显亦研究甚少。其实法显西行，对中西交通的贡献，和张骞、玄奘一样，都是很大的。

题　　名　法显玄奘西行之比较
作　　者　诸葛麒
刊　　名　史地学报
年 卷 期　1924 年 3 期

页　　码　47－58

题　　名　**法显玄奘西行之比较(续)**
作　　者　诸葛麒
刊　　名　史地学报
年 卷 期　1924 年 4 期
页　　码　65－76

题　　名　**法显玄奘西行之比较(续)**
作　　者　诸葛麒
刊　　名　史地学报
年 卷 期　1925 年 5 期
页　　码　77－85

题　　名　**法显与《法显传》**
作　　者　陈桥驿
刊　　名　太原师范学院学报(社会科学版)
年 卷 期　1989 年 2 期
页　　码　8－11
摘　　要　古代山西省地理学家法显(约 337－422 年),冒着生命危险,跋涉于人迹罕见的沙漠和高山地区,从今新疆帕米尔进入印度,在印度十三年,足迹遍南亚,最后从海道回国,撰写著名的《法显传》(《佛国纪》)一书,成为我国历史上最早的一部实地考察的外国地理专著。本文拟对法显和《法显传》作一点介绍。

题　　名　**法显与《法显传》:研究史的考察**
作　　者　王邦维
刊　　名　世界宗教研究
年 卷 期　2003 年 4 期
页　　码　20－27
摘　　要　本文系统地考察了古今中外对《法显传》的研究,勾勒了《法显传》的研究历史,指出了历史上一些研究《法显传》的失误,如清人的自大和无知,以及国外对《法显传》的评价。文中还对今后的《法显传》研究提出了看法,认为应该加强与《法显传》有关的研究,扩大研究视野,以及加强对法显所译的经典的研究。

题　　名　**法显与《法显行传》**
作　　者　刘宁
刊　　名　唐都学刊
年 卷 期　2010 年 1 期
页　　码　81－85
摘　　要　法显是中国佛教史上一位卓越的革新人物,是中国第一位到海外取经求法并返回的大师。《法显行传》详细记录了法显求法的历程,集中体现了法显坚强的性格和艰苦卓绝的精神,对于当代心灵的启示主要体现在：一、信仰与坚持；二、胆识与忘我；三、团结与爱国。

题　　名　法显与《历游天竺记传》
作　　者　郭鹏
刊　　名　法音
年 卷 期　1994 年 11 期
页　　码　11 – 15

题　　名　法显与《历游天竺记传》
作　　者　郭鹏
刊　　名　文献
年 卷 期　1995 年 1 期
页　　码　201 – 211
摘　　要　晋僧法显于公元 399 年以 64 岁高龄西行取经，13 年间，游历天竺 30 余国，取回大批佛经，历尽艰辛，归国译经。法显是我国历史上第一个由陆路向天竺，然后由海路归国的取经者，也是第一个用文字记述天竺见闻的人。他所撰的《历游天竺记传》对研究中印交通、中印佛教、地理、民俗、文化等，是不可多得的宝贵史料文献。然而，长期以来，由于版本错讹，典籍驳杂，使这一文献有关史实尚存在一些需要探究之处。

题　　名　法显与佛教在中国的传播
作　　者　秦艳
刊　　名　五台山研究
年 卷 期　2010 年 3 期
页　　码　23 – 27
摘　　要　作为西行求法的第一人，法显对佛教在中国的立足与传播有着极其重要的意义。他对佛教思想、佛教制度在中国的传播与发展，佛教从宗教走向信仰方面有着他人无可比拟的开创作用。法显西行所取经书丰富了中国佛学宝库；律藏的搜求与翻译对佛教僧团制度的完善与发展起到了重要作用；《佛国记》中对印度各地佛教供养行为的记录与传播，对推动佛教在中国从贵族走向平民，从宗教走向信仰，起了极大的引导作用。法显西行其始也简，而成之却也巨。

题　　名　法显与中国古代中西交通
作　　者　郭永琴
刊　　名　五台山研究
年 卷 期　2010 年 3 期
页　　码　14 – 18
摘　　要　法显是我国东晋时期著名高僧。他不畏艰难，履艰涉险 13 年，西行求法，游历近 30 个国家，不仅带回和翻译了重要的佛教典籍，同时也开辟了对陆往海归西行求法的路线。这不仅为中国古代中西交通做出了巨大贡献，而且促进了中国与南亚和东南亚地区的相互了解和交流。

题　　名　法显与中斯佛教文化交流
作　　者　邓殿臣，赵桐

刊　　名　南亚研究
年 卷 期　1994 年 4 期
页　　码　77 – 83

题　　名　**法显与中印佛教文化交流**
作　　者　陈永祥
刊　　名　华夏文化
年 卷 期　2003 年 4 期
页　　码　29 – 30
摘　　要　中国和印度都是驰名世界的文明古国，两国之间的文化交流可谓源远流长。公元前 3 世纪中叶，佛教由中印度传入西、北印度。不久，中亚地区大月氏、康居以及安息的佛教僧侣纷纷沿“丝绸之路”东来传教。自汉至晋，佛教在中国内地传布渐广。佛教既受提倡，佛典的翻译便显得格外需要。西域各国、印度、月氏、安息、康居高僧来华后，在洛阳与汉族沙门、清信士合作，从事梵典的转译。自汉开始，迄于唐代，成为中国古代最伟大的翻译事业。佛教传入中土后，佛教文化交流成了中印文化交流史的重要组成部分，而两国佛教僧侣的传道求法又成为中印佛教文化交流的重要途径。

题　　名　**法显与中印文化交流**
作　　者　王璐，秀梅
刊　　名　塔里木大学学报
年 卷 期　2008 年 20 卷 1 期
页　　码　55 – 58
摘　　要　法显西行取经是中印文化交流史上的重大事件。法显在印度（天竺）期间，积极参加各种佛事活动，并详细记录了他的所见所闻，为研究印度、斯里兰卡诸国古代佛教、地理、社会风俗等保存了珍贵的历史资料。法显的故事还是中印友好往来的历史见证，为中印文化交流做出了卓越贡献。

题　　名　**法显在狮子国**
作　　者　百浪达
刊　　名　聊城师范学院学报（哲学社会科学版）
年 卷 期　2001 年 6 期
页　　码　37 – 39
摘　　要　法显西行斯里兰卡是中斯两国历史上的重大事件。法显在斯里兰卡期间，积极参加各种佛事活动，并详细记录了他的所见所闻，为研究斯里兰卡古代佛教、地理、社会风俗等保存了珍贵的历史资料。法显的故事还是中斯两国友好往来的历史见证，法显为中斯两国古代文化交流做出了卓越贡献。

题　　名　**帆字考识**
作　　者　曲石
刊　　名　天津航海
年 卷 期　1988 年 1 期
页　　码　3 – 6
摘　　要　近年从考古发掘出土的古舟船已经证实，我国人民大约早在距今五六千年以前，就发明使用了十分科学的不沉之舟：大约距今三四千年以前，又创造制作出工艺先进的木板船。

题　　名　**番禺是华南海上丝路最早的始发港——对《关于中国古代“海上丝绸之路”最早始发港研究述评》的意见**

作　　者　赵焕庭

刊　　名　地理科学

年 卷 期　2006年26卷1期

页　　码　118－127

摘　　要　韩湖初等评述中国古代海上丝路最早始发港问题的文章有几点不足:①论题虚大,拟谈中国,却只谈华南;②说人们已得出比较一致的意见,认为北部湾合浦、徐闻和日南3海港是华南古代海上丝路最早的始发港,否定番禺说。这并不符合实际,因为有些番禺说的论文未被列为参考文献予以分析;③否认番禺说与赞同北部湾说的根据是不能令人信服的。笔者根据历史文献、考古成果与历史地理条件,逐一分析韩文的理据,得出番禺是华南古代海上丝路最早始发港的结论。

题　　名　**蕃客东来与郑和出使西洋**

作　　者　杨怀中

刊　　名　回族研究

年 卷 期　2005年2期

页　　码　71－78

摘　　要　唐宋时代,阿拉伯、波斯人掌握有先进的航海技术,拥有精确的海程记载。元代回回人继承了唐宋时代阿拉伯、波斯人的航海技术。明太祖、明成祖两代帝王了解唐宋元数百年间回回民族及其先民阿拉伯、波斯人在中国的海外贸易中的贡献及其所处的重要地位。所以当明成祖物色出使西洋的领导人员时,很可能把预选人员锁定在具有航海经验的回族官吏中,这样郑和才有了浮出的机会。郑和是伊斯兰教圣裔,他七次出使西洋所到国家,有伊斯兰国家,也有佛教国家。作为统帅的郑和要顺利地完成出使西洋的任务,必须充分尊重各国家、各民族的宗教信仰自由和不同的风俗习惯。为此,郑和曾在航海过程中多次参加佛教、道教活动,此实为作为出使西洋的正使的政治家的政治行为,不是他个人宗教信仰的具体功修和实践的表现。郑和第七次出使西洋返航时亡于古里,此说言之有据。

题　　名　**反对法商魏池在闽掠夺华工的一些补述**

作　　者　郑炳山

刊　　名　海交史研究

年 卷 期　1995年27期

页　　码　75－78

题　　名　**反走私之战——明代嘉靖年间海上贸易之反思**

作　　者　翁礼华

刊　　名　中国财经信息资料

年 卷 期　2001年16期

页　　码　47－52

摘　　要　近年来,关税大幅度增收是中国政府坚持对外开放和严厉打击走私两手抓方针的重大胜利,它不仅促进了我国国内经济繁荣,而且对我国今后的对外贸易政策取向有着重要的指导意义。笔者以为,若以此为基点,回溯历史,让我们以经济的视角重新审视明朝嘉靖年间海上贸易及其引发的战争之成败得失,亦不无历史意义。

题　　名　反走私之战;明代嘉靖年间海上贸易之反思
作　　者　翁礼华
刊　　名　浙江财税与会计
年 卷 期　2000 年 4 期
页　　码　10 - 14

题　　名　泛舟之役
作　　者　冯蔚然
刊　　名　上海海事大学学报
年 卷 期　1983 年 1 期
页　　码　56
摘　　要　“泛舟之役”是我国古代人民充分认识了水上运输的优越性,大规模地利用水运的优势,开展合理运输的典型。据《史记·秦本纪》记载:“十二年……晋旱,来请粟。丕豹说缪公勿与,因其饥而伐之。缪公问公孙支,支曰:‘饥穰更事耳,不可不与。’问百里奚,奚曰:‘夷吾得罪於君,其百姓何罪?’於是用百里奚、公孙支言,卒与之粟。以船漕车转,自雍相望至绛。”史称之为:“泛舟之役”。

题　　名　方伯谦“正法”案考析
作　　者　孙克复
刊　　名　近代史研究
年 卷 期　1992 年 4 期
页　　码　250 - 260
摘　　要　北洋海军副将、济远舰管带方伯谦的军前正法,作为中国近代史上的一桩疑案,引起了长期的争论。有的人认为方氏的被杀是罪有应得,“无冤可言”,有的认为“军中冤之”,理应翻案。两种观点对立,双方各执一词,但都值得商榷。笔者不揣翦陋,现就方氏正法一案,作一粗浅考析,欢迎批评指正。

题　　名　方伯谦“正法”是否冤案
作　　者　孙克复
刊　　名　社会科学研究
年 卷 期　1984 年 4 期
页　　码　99 - 103

题　　名　方伯谦案新探
作　　者　陈贞寿,黄国盛,谢必震
刊　　名　福建师范大学学报(哲学社会科学版)
年 卷 期　1988 年 2 期
页　　码　87 - 91
摘　　要　方伯谦被杀是不是一桩冤案,学术界已进行过一些有益的探讨,但至今尚无定论。本文根据尚未发表过的史料——卢毓英的《卢氏甲午前后杂记》(手稿本),并参考其它有关史籍,认为方伯谦被杀确系冤案。

题　　名　**方伯谦案研究中的几个关键点**
作　　者　王民
刊　　名　福建论坛(人文社会科学版)
年 卷 期　1993 年 1 期
页　　码　45 - 48
摘　　要　经历了近百年的研究与争论,对方伯谦案件中有关“济远”舰在丰岛海战中的表现,及黄海海战中“牵乱船伍”、“撞坏扬威”等问题,已经基本取得了共识。因此,本文仅就方案研究中尚需说明与深入的某些关键点发表一孔之见,敬请指正。

题　　名　**方伯谦被处斩冤枉吗?**
作　　者　张凤翔
刊　　名　内蒙古大学学报(人文・社会科学版)
年 卷 期　1997 年 1 期
页　　码　44 - 50
摘　　要　北洋舰队济远舰管带方伯谦,于甲午中日黄海海战后被李鸿章奏请清廷正法,究竟是冤杀,还是罪有应得?百余年来一直众讼纷纭。本文根据新近发现的原始资料《卢氏甲午前后杂记》,佐之以其他有关史料,认为黄海海战中,方伯谦在济远舰尚有战斗能力的情况下,“首先逃走”,“实属临阵退缩”。因此,按照北洋舰队的有关“军律”,将其处以极刑,是罪有应得,无冤可言。

题　　名　**方伯谦被杀是历史冤案吗?**
作　　者　宫志远
刊　　名　东岳论丛
年 卷 期　1992 年 5 期
页　　码　107 - 108
摘　　要　在中日甲午海战中,济远舰管带方伯谦因首先遂离战场而被清政府以“临阵退缩”罪正法。九十多年来,人们对此看法不一。近年来随着新资料的发现,为方伯谦翻案的呼声愈来愈高。笔者通过对有关材料的分析认为,方伯谦在黄海海战后被杀不能视为冤案;新发现的材料尚不能成为翻案的证据。

题　　名　**方伯谦被杀是一桩冤案吗?——与季平子同志商榷**
作　　者　戚其章
刊　　名　历史研究
年 卷 期　1981 年 6 期

题　　名　**方伯谦被杀一案考析**
作　　者　徐彻
刊　　名　辽宁师范大学学报(社会科学版)
年 卷 期　1981 年 3 期
页　　码　33 - 37,22
摘　　要　这是一桩历史的冤案。一八九四年九月二十四日,中日甲午黄海海战的第六天,硝烟未散,济远舰管带(舰长)方伯谦即被正法。清帝赐予的罪名颇为吓人:“首先逃走,致使船伍牵乱,实属临阵退缩。”于是,一个小舰长便背负了黄海大海战失败的全部罪责。从此,方伯谦成了历史的罪人。时至今日,已达八十余年。历史的实际果真如此吗?这要从头查起。

题　　名　方伯谦被杀罪名质疑
作　　者　叶昌友,刘向东
刊　　名　社会科学辑刊
年 卷 期　2004 年 5 期
页　　码　105 - 108
摘　　要　方伯谦被杀是罪有应得还是代人受过当了替罪羊?由于这个问题牵扯到中国近代史上诸多历史人物的评价,所以,百余年来史学界对此争论不休。根据中外有关历史资料和文献,对致方氏之死的三条罪状进行比较分析后发现,方氏完全是晚清封建社会特殊环境下的牺牲品和代人受过的替罪羊。

题　　名　方伯谦及其海军生涯
作　　者　戴学稷
刊　　名　福建论坛(人文社会科学版)
年 卷 期　1993 年 1 期
页　　码　49 - 53
摘　　要　方伯谦(1854 - 1894)是清末北洋海军屈指可数的高级将领,他的一生与海军有着不可分割的关系,对我国早期海军的建设曾有过一定的贡献。本文拟对他的略历及其海军生涯作一介绍。

题　　名　方伯谦甲午海战临阵脱逃真相考实
作　　者　戚其章
刊　　名　新华文摘
年 卷 期　2009 年 10 期
页　　码　57 - 60

题　　名　方伯谦是勇将还是“逃军”?——甲午中日海战史料拾遗与质疑
作　　者　薛世平
刊　　名　福建师大福清分校学报
年 卷 期　1992 年 2 期
页　　码　29 - 30,40
摘　　要　方伯谦(1853 - 1894),福州人,历任北洋水师威远、济远舰管带,累迁至副将。在甲午中日丰岛海战中以一敌三,受嘉奖;而在黄海海战后,竟被清廷以“逃军”罪名正法。方到底是位英勇善战的爱国将领还是贪生怕死的胆小鬼?笔者认为应尊重客观史实,细加考究,解开疑点,还其本来的面目。

题　　名　方伯谦与丰岛海战
作　　者　郑守正
刊　　名　史学月刊
年 卷 期　1994 年 5 期
页　　码　40 - 46

题　　名　**方伯谦冤案辨析**
作　　者　敬木
刊　　名　福建论坛(人文社会科学版)
年 卷 期　1993年1期
页　　码　41-44,40
摘　　要　1894年9月24日凌晨,清政府以北洋舰队"济远"舰管带(舰长)方伯谦在中日黄海海战中"首先退避将队伍牵乱"、"撞坏'扬威'"等罪名,将其正法于军门之前。方伯谦被处以军前正法极刑,是罪有应得抑是一桩冤案?本文拟就此问题,提出个人看法。

题　　名　**方伯谦之冤狱**
作　　者　郑天杰
刊　　名　福建论坛(文史哲版)
年 卷 期　1993年1期
页　　码　30-35
摘　　要　甲午海战,海军将士,战勇死烈,北洋海军战败,系由于政略战略错误,快船快炮太少。实人谋之不臧,非缘战阵之不力。而大臣诿过,方伯谦蒙冤,驯致海战胜败之因果不明,责任不清。特就伯谦之被诬代罪,详研经过,以剖白乡贤百年之沉冤。

题　　名　**方士徐福东渡日本是自"千童城"启航**
作　　者　李刚
刊　　名　中国道教
年 卷 期　2001年4期
页　　码　29-32

题　　名　**仿隋唐东瀛建制藏书——日本对古代中国藏书体系的移植**
作　　者　羽离子
刊　　名　图书馆
年 卷 期　1993年1期
页　　码　33-36
摘　　要　"(日本推古天皇)十五年,遣大礼小野臣妹子、通事鞍福利等于隋,太子托求佛经,兼使沙门数十人受法侍。"在中日两国政治、文化关系上这一次著名的划时代的日本遣使大隋的活动,同时也揭开了两国的图书事业不必再经由朝鲜半岛,而直接发生关系的新的一幕。

题　　名　**非洲出土的中国钱币及其意义**
作　　者　马文宽
刊　　名　海交史研究
年 卷 期　1988年14期

题　　名　**菲律宾"安蒂波罗女神"信仰与"妈祖"信仰对比研究**
作　　者　吴杰伟

刊　　名　东南亚研究
年 卷 期　2004 年 5 期
页　　码　89 – 92,96
摘　　要　菲律宾是一个海岛国家,在不同的历史时期形成了不同形式的海上信仰形式,其中之一就是安蒂波罗女神信仰。本文主要分为三个部分。第一部分介绍了安蒂波罗女神信仰的形成过程,第二部分运用功能主义学派的观点分析了这一民间信仰形式在菲律宾社会中三个方面的功能。第三部分对比安蒂波罗女神信仰和福建妈祖信仰在社会功能、形成过程、表现形式等方面的异同。在对比研究的基础上,笔者强调功能的相似性决定了文化形式的相似性。

题　　名　菲律宾史上李马奔 Limahong 之真人考
作　　者　张星烺
刊　　名　燕京学报
年 卷 期　1930 年 8 期

题　　名　菲律宾史上李马奔 Limahong 之真人考“补遗”
作　　者　李长傅
刊　　名　燕京学报
年 卷 期　1931 年 9 期

题　　名　费信岛与《星槎胜览》
作　　者　甘雨
刊　　名　郑和研究
年 卷 期　1995 年 1 期
页　　码　36

题　　名　费信和《星槎胜览》中的东南亚
作　　者　陆泰
刊　　名　历史知识
年 卷 期　1985 年 5 期
页　　码　34 – 35

题　　名　费毓卿与镇海之战
作　　者　刘冀
刊　　名　苏州史志资料选辑
年 卷 期　1990 年 1 期
页　　码　98 – 101

题　　名　汾河何时失去漕运之利
作　　者　马志正,许韶立
刊　　名　山西师大学报(社会科学版)
年 卷 期　1984 年 1 期

页　　码　80

题　　名　**丰成秀吉之死与壬辰倭乱**
作　　者　陆成侯
刊　　名　新史学通讯
年 卷 期　1956 年 9 期

题　　名　**丰岛海战**
作　　者　季平子
刊　　名　历史研究
年 卷 期　1980 年 4 期
页　　码　51

题　　名　**丰岛海战“济远”击伤“吉野”真伪考**
作　　者　丛中笑,谷美清
刊　　名　春秋
年 卷 期　2010 年 5 期
页　　码　47 – 48

题　　名　**封贡体制与琉球来华留学生教育**
作　　者　黄新宪
刊　　名　河北师范大学学报(教育科学版)
年 卷 期　1998 年 1 卷 2 期
页　　码　32 – 37
摘　　要　琉球留学生来华是明清封贡体制的产物。明清政府及琉球都给予了高度重视。这种留学教育反过来又大大丰富了体制的内容,产生了一系列综合效应。留学生做为维系中琉封贡体制的一支重要力量曾为维护中琉之间的封贡关系做出过重大贡献。

题　　名　**封侯非我意 但愿海波平——明朝抗倭民族英雄戚继光**
作　　者　李占良
刊　　名　国防
年 卷 期　2007 年 11 期
页　　码　74 – 75

题　　名　**封建与海禁**
作　　者　冰刃
刊　　名　江西社会科学
年 卷 期　2000 年 Z1 期
页　　码　104 – 105

题　　名　**封开:海陆丝绸之路对接一个要冲**

作　　者　司徒尚纪

刊　　名　岭南文史

年 卷 期　2004 年 3 期

页　　码　16－17

摘　　要　近年,以中山大学教授、广东省珠江文化研究会会长黄伟宗教授为首的一批学者,在研究我国海上丝绸之路过程中,不断思考,考察一个问题,即我国海陆丝绸之路不止一条,它们主要是沟通我国与海外往来,其出发港(或起点)可以在沿海某个港口或内地某个港口或内地某座城市,但它们彼此间有没有联系,以何种方式沟通,经过哪些省区,亦即海陆丝绸之路衔接与延伸问题。这在中外交通史上或地方史研究上是一个崭新问题,过去未有学者涉足,但它无论在学术上还是实际应用上都有重要意义。当然这个学术问题的解决,有赖于各个学科专家学者的努力,提出多方面的证据,而且事实上也会有许多争议,但不管怎样,发现并提出这个科学问题,已标志着事情有了一个良好开端。

题　　名　**冯焌光和江南制造局**

作　　者　贾熟村

刊　　名　学术研究

年 卷 期　2000 年 8 期

页　　码　95－100

摘　　要　本文记述了被人称在军事工业方面“类能苦心探索,引伸触类,拓取法之门径,守核实之常经”,主持江南制造总局达 10 年之久的军工名家冯焌光的一生经历尤其是他的军工生涯。

题　　名　**凤翔府斜谷造船务和征税官船**

作　　者　曹凛

刊　　名　中国船检

年 卷 期　2009 年 7 期

页　　码　116－119

题　　名　**奉天命三保下西洋——明宫戏台上浓缩的历史**

作　　者　万明

刊　　名　紫禁城

年 卷 期　2005 年 4 期

页　　码　30－35

题　　名　**佛道介入与妈祖信仰的嬗变**

作　　者　李舒燕,马新广

刊　　名　广东海洋大学学报

年 卷 期　2008 年 28 卷 2 期

页　　码　20－23

摘　　要　通过对道教和佛教介入,妈祖信仰在其能指与所指之间流溢动荡过程的梳理,认为妈祖信仰与二者存在“家族相似性”的关系,佛道介入深深地影响并改变了妈祖信仰的形式和内容。

题　　名　佛教海路传入中国论
作　　者　李刚
刊　　名　东南文化
年 卷 期　1992 年 5 期
页　　码　133 – 147
摘　　要　佛教初传中国是否只有西北丝路一道？这是个争论已久的问题。本文作者主张佛教最先是由海路传入中国的。早期佛教的传播是观念的播迁，佛教率先流行的西域滨海地区的“胡人”为佛教文化的载体，公元前二世纪左右开始，这些“胡人”以奴隶、商人、艺人、佛教徒等身份从海上入居中国东南沿海地区，从而把佛教带进了中国，其明显的表现就是当时本地区民俗观念的巨大变化。今天所见的狮、象、鸽子等象征性的动物形象，堆塑器、塔式罐之类的象征性建筑造型以及“托钵僧”俑、胡人俑和佛像等，是佛教文化从战国以后至东汉时期在中国东南沿海地区逐渐流行的艺术积淀。文章说明，佛教初传中国是个十分复杂的学术问题，传统观点只依文献中残缺不全的记载为据，确有进一步讨论的必要。作者提出的观点和研究对认识早期中西文化交流史也有一定价值，值得一读。

题　　名　佛教海上传入述评
作　　者　盛利，于澎
刊　　名　海交史研究
年 卷 期　1997 年 31 期
页　　码　61 – 67

题　　名　佛教海上传入中国之研究
作　　者　吴廷璆，郑彭年
刊　　名　历史研究
年 卷 期　1995 年 2 期
页　　码　20 – 39

题　　名　佛教先传入广州所起的历史作用
作　　者　易行广
刊　　名　岭南文史
年 卷 期　2006 年 2 期
页　　码　16 – 21
摘　　要　史家探索佛教自印度传入中国，分别由陆、海丝绸之路而来的说法，往往强调陆上传来的作用，而忽视海上传来为先的巨大作用；虽然清末学者梁启超在《佛教之初输入》一文中，早就明言“佛教之来非由陆路而由海，其最初根据地不在京洛而在江淮。”

题　　名　佛教在高句丽、百济和新罗的传播足迹考
作　　者　潘畅和，李海涛
刊　　名　延边大学学报（社会科学版）
年 卷 期　2009 年 1 期
页　　码　63 – 68
摘　　要　公元 4 世纪，佛教经由中国传入朝鲜半岛。此时，正值高句丽、百济、新罗鼎足而立之际。

虽然三个国家都接受了佛教，并把它看成求福护国的工具，但由于三者的地理、政治、经济、文化的不同，而使得佛教在传入三国的时间上，高句丽最早，百济次之，新罗最晚。

题　　名　**佛郎机火铳最早传入中国的时间考**
作　　者　林文照，郭永芳
刊　　名　自然科学史研究
年 卷 期　1984 年 4 期

题　　名　**佛郎机助明剿灭海盗考**
作　　者　汤开建
刊　　名　文化杂志
年 卷 期　1999 年 39 期

题　　名　**佛朗基考**
作　　者　庄申
刊　　名　大陆杂志
年 卷 期　1954 年 8 卷 5 期

题　　名　**伏波将军马援与二征起事的若干问题**
作　　者　郭振铎，张笑海
刊　　名　黄河科技大学学报
年 卷 期　1999 年 1 期
页　　码　61 – 65
摘　　要　公元之初，汉朝正在南中国所辖之交址郡大力推行封建郡县制时，交址郡发生了“二征起事”。马援奉命出征平息了“起事”。对于“二征起事”的原因，马援平息“起事”经过，某国学者的说法与古史记载不符。马援对我国东汉王朝政权建立和巩固起了重大作用。马援平息“二征起事”加快了越南原始民族社会的瓦解，对越南较早地进入封建社会功不可没，为后来越南马克思主义史学家所肯定。

题　　名　**伏波惟愿裹尸还——晚清/民国海军“伏波”舰小史**
作　　者　吉辰
刊　　名　舰载武器
年 卷 期　2007 年 9 期
页　　码　50 – 53
摘　　要　19 世纪中后期，清廷在列强一次次的叩关中感受到了西方坚船利炮的威力，对新式军舰的需求与日俱增。经历了阿思本舰队事件之后，朝廷将目光由外购转向了自产。在这种情况下，福州船政局应运而生，事业蒸蒸日上。1869 年 2 月至 1874 年 2 月的五年间，船政局共造舰船 15 艘，其中的第四号舰就是本文的主角“伏波”舰，它以赫赫有名的伏波将军马援的名号命名，寄寓了清廷对于平定海疆的希望。

题　　名　**扶南——古代东西方的海上桥梁**
作　　者　周中坚

刊　　名　学术论坛
年 卷 期　1982 年 3 期
页　　码　52 – 57

题　　名　扶南王国与古代中国的关系
作　　者　余思伟
刊　　名　东南亚研究资料
年 卷 期　1981 年 4 期
页　　码　106 – 108

题　　名　扶桑国猜想与美洲的发现——兼论文化传播问题
作　　者　罗荣渠
刊　　名　历史研究
年 卷 期　1983 年 2 期

题　　名　福船——世界航海史上的骄傲
作　　者　曾筱霞
刊　　名　管理与财富
年 卷 期　2005 年 6 期
页　　码　33 – 35
摘　　要　海洋分割了人类,各个文明散落在世界各地独自发展。自从人们发明了横渡大洋的海舶,海洋变成了通途。可以说,是远洋船只改变了世界的面貌,沟通了不同的文明。福船作为,华夏文明特别是福建海洋文明的传播者,是木质时代远洋船只中的佼佼者。

题　　名　福船文化:福州独特的海洋文化因子
作　　者　刘锡涛
刊　　名　中国海洋大学学报(社会科学版)
年 卷 期　2009 年 4 期
页　　码　53 – 57
摘　　要　福州地处中国东南沿海,为典型的河口盆地城市,三面环山,一面临海。其船政文化悠久,既有古代造船远航的历史,又有近代设船政局,立船政学堂的辉煌,成为中国近代先进文化的大纛。

题　　名　福冈市圣福寺发现的遗物
作　　者　冈崎敬
刊　　名　海交史研究
年 卷 期　1989 年 15 期
页　　码　73 – 82

题　　名　福建(马尾)船政文化民族精神研究
作　　者　陈沙麦
刊　　名　福州大学学报(哲学社会科学版)

年卷期 2005年1期

页　码 86－90

摘　要 福建(马尾)船政文化所塑造的以爱国主义为核心的民族精神,是中华民族民族精神的重要组成部份。福建(马尾)船政民族精神丰厚的文化底蕴,既泽及中国近代社会,又激励和深刻影响着后人。

题　名 **福建安溪发现郑和下西洋随行人员族谱**

作　者 李玉昆

刊　名 郑和研究

年卷期 2005年2期

页　码 54－55

摘　要 伟大的航海家郑和,从明永乐三年(1405)到宣德八年(1433),前后七次出使西洋,访问了亚非30多个国家和地区,在我国和世界航海史上,写下了光辉的一页。

题　名 **福建版《马可·波罗游记》再质疑——马可·波罗并未到过南中国**

作　者 方如金

刊　名 浙江师范大学学报

年卷期 1987年4期

页　码 86－92

题　名 **福建长乐高丽王祖墓考**

作　者 朴现圭

刊　名 海交史研究

年卷期 2007年52期

页　码 90－98

摘　要 在福建长乐有一个从很早流传下来的高丽王祖墓的故事。高丽王祖墓位于长乐资寿寺后面的利充山上,即今天鹤上镇北山村的闽山公园。元朝王宜星成了高丽国王忠宣王的养子。后来,忠宣王去世后,因他没有儿子,王宜星就继承了高丽王位。但是高丽王祖墓的故事是和历史事实不符的历史虚构物。这样的故事,可能是因为长乐王氏和高丽国之间的交流关系而产生的。

题　名 **福建陈埭回族的形成与发展**

作　者 陈国强

刊　名 民族研究

年卷期 1991年4期

页　码 56－59

题　名 **福建船政的辉煌在于学堂**

作　者 林友华

刊　名 闽江职业大学学报

年卷期 1999年1期

页　码 39－41

摘　　要　创办于1866年的马尾船政局是当时我国最大的制造新式轮船基地,也曾是远东最大的造船企业,在我国近代化进程中有着不容忽视的地位。然而,它对中国近代历史进程具有重大意义、产生深远影响的则是它的船政学堂培养出一大批杰出人才,在近代教育史上写下了辉煌篇章。

题　　名　福建船政对广东近代海防和造船工业的贡献
作　　者　李春潮
刊　　名　船史研究
年 卷 期　1996年10期

题　　名　福建船政局的创办及其发展和衰落
作　　者　林庆元
刊　　名　中国社会经济史研究
年 卷 期　1983年3期
页　　码　106－118
摘　　要　福建船政局创办于1866年,是洋务派左宗棠奏准创办的一家近代轮船制造及其附属部件的工厂。它的规模仅次于江南制造总局,为当时全国唯一专门制造轮船的大机器工厂。这家历史悠久的工厂,在洋务运动时期对中外均有重要的联系和影响,并且起了“开中国制造之先”的作用。然而,规模如此之大的造船工厂,作为中国近代造船工业的先驱,却没进一步推动中国造船工业向更高阶段发展,而本身又在二十世纪初就衰落下去,这究竟是什么原因呢?要正确回答这个问题,这里有必要对船政的创办及发展中的若干矛盾进行一些历史的分析,寻找其兴衰的原因。

题　　名　福建船政局历史地位论略——兼谈关于海务运动评价的一些问题
作　　者　黄政
刊　　名　船史研究
年 卷 期　1987年3期

题　　名　福建船政局历史几个问题的述评
作　　者　志诚
刊　　名　福建论坛(人文社会科学版)
年 卷 期　1987年1期
页　　码　79－81
摘　　要　福建船政局和船政学堂历史的研究,素为治史者所注目。建国以来,公开发表有关这方面的研究论文,约达二十余篇。而1986年由福建人民出版社出版的林庆元所著《福建船政局史稿》,则是第一次系统地论述福建船政历史的专著,它对福建船政局的历史得失,作了颇为精辟的剖析。这部专著的发表,无疑将对福建船政史的研究,起着积极的影响。最近,福州马尾造船厂和马尾商船学校等十六个单位主办的马尾船政创办120周年全国性学术讨论会在福建福州马尾召开。与会者提出了七十五篇学术论文和纪念文章,对船政局历史作了更加深入的探索,并展开了争鸣。福建船政局是十九世纪六十年代开始的洋务运动的产物,由于史学界对洋务运动认识差异,所以对福建船政局的历史评价,亦有分歧,本文拟对有关分歧问题,予以评述。

题　　名　福建船政局剖析
作　　者　郑剑顺,罗耀九
刊　　名　福建论坛(社科教育版)
年 卷 期　1983 年 5 期
页　　码　85 –91
摘　　要　福建船政局,也称福州船政局或马尾船政局。它座落于闽江和乌龙江汇合处的马江江边。地名马尾,上抵福州南台水程四十里,下抵闽江五虎门海口水程八十里。1866 年 5 月 13 日(农历,下同),闽浙总督左宗棠奏请在此设局制造轮船,同年 6 月 3 日,得到清朝廷批准。年底,正式破土动工,第二年 12 月 5 日,第一座船台告竣,24 日,开始造船。这是当时洋务派兴办的全国数一数二的一个军事工业局厂。“窥一斑而知全豹”,解剖这一局厂(同治、光绪时期),对了解洋务派兴办的军事工业及认识洋务运动的面目是有裨益的。

题　　名　福建船政局衰败的社会原因
作　　者　郑剑顺
刊　　名　福建论坛(人文社会科学版)
年 卷 期　1992 年 2 期
页　　码　68 –73
摘　　要　福建船政局从 1866 年创办到 1907 年停办的 41 年间,从产生、扩展到衰败,给后人留下了值得总结的经验教训。其衰败原因是多方面的,我以为,有经营管理上的原因,也有历史的、时代的原因,例如思想氛围、官场习气、社会教育、文化素质等。本文试就后者对船政衰败的影响作些探讨。

题　　名　福建船政局兴衰论
作　　者　罗耀九
刊　　名　近代史研究
年 卷 期　1993 年 6 期
页　　码　205 –214

题　　名　福建船政局与台湾
作　　者　郑剑顺
刊　　名　福建史志
年 卷 期　2007 年 6 期
页　　码　37 –39
摘　　要　清同治五年(1866 年)创办的福建船政局,其创办的目的、经营过程中的物资采购、成船的调拨使用、人员往来等,都与台湾有密切关系。考察、探讨这一关系,对加深认识船政的创办、发展、作用和台湾的地位问题有积极意义。以往对此问题尚无专文论述,本文拟就此作考察和探讨,以就教大家。

题　　名　福建船政衰败的科技因素分析
作　　者　黄汉民
刊　　名　船史研究
年 卷 期　1996 年 10 期

题　　名　福建船政学堂的办学特色
作　　者　钱曼倩
刊　　名　华东师范大学学报(自然科学版)
年 卷 期　1983 年 2 期
页　　码　31 – 34
摘　　要　福建船政学堂是我国第一所军事技术学堂,也是最早的海军学校,它培养了我国第一批海军人材,选派了第一批留欧学生。毕业生中的严复、邓世昌、魏瀚、刘步蟾等都是近代的著名人物。船政学堂是附设在福建马尾船政局的。办局和办学的目的,在创办人左宗棠的奏折里说得很清楚:"为欲防海之害而收其利,非整顿水师不可;欲整顿水师,非设局监造轮船不可。泰西巧而中国不必安于拙也,泰西有而中国不能傲以无也。"又说"成一船即练一船之兵"。

题　　名　福建船政学堂的办学体制与特点
作　　者　柳靖,黄鹍
刊　　名　燕山大学学报(哲学社会科学版)
年 卷 期　2008 年 9 卷 1 期
页　　码　96 – 98,142
摘　　要　作为我国近代第一所高等实业学堂,福建船政学堂的办学指导思想、课程体系、免费职业教育制度、产学一体、开放办学等经验对今天的职业院校还有借鉴与启示作用。

题　　名　福建船政学堂的兼容性特征及对晚清社会的影响
作　　者　黄新宪
刊　　名　教育科学
年 卷 期　1998 年 2 期
页　　码　49 – 51
摘　　要　在洋务运动初期创办的福建船政学堂,是中国近代史上具有重要地位的新式学堂。它从自强、求富的目标出发,广泛吸收和借鉴当时先进的资本主义国家的教育经验,结合晚清社会的实际情况加以灵活运用,形成了独具特色的办学格局。其鲜明的兼容性特征是在长期的办学实践中形成的,主要体现在移植英法等国的教育教学体制、大胆聘用洋教习教育中国士子、引入西方国家的教育实习制度、派遣留学生等方面,反映了洋务运动时期教育的最主要的特点。

题　　名　福建船政学堂的历史地位及其影响
作　　者　潘懋元
刊　　名　汕头大学学报(人文科学版)
年 卷 期　1998 年 14 卷 2 期
页　　码　41 – 50
摘　　要　本文辨析中国近代高等教育产生的历史,提出福建船政学堂为近代最早的高等教育机构的观点,论述福建船政学堂在办学体制及模式、推动社会近代化发展和促进中西文化交流等方面的历史地位和深刻影响。

题　　名　福建船政学堂的历史地位及其影响
作　　者　潘懋元

刊　　名　教育研究
年 卷 期　1998 年 8 期
页　　码　35－42
摘　　要　福建船政学堂在中国近代高等教育史上的地位福建船政学堂作为中国近代第一所高等实业学堂，相当于后来的职业技术性高等专门学校或专科学校，是一般中国高等教育史所认可的。但它是否也是中国近代第一所高等学校，则是最近才有青年学者提出的新问题。

题　　名　福建船政学堂的历史地位与中西文化交流
作　　者　潘懋元
刊　　名　东南学术
年 卷 期　1998 年 4 期
页　　码　80－87
摘　　要　福建船政学堂在中国近代高教史上的地位福建船政学堂作为中国近代第一所高等实业学堂，相当于后来的职业技术性高等专门学校或专科学校，是一般中国高等教育史所认可的。但它是否也是中国近代第一所高等学校，则是最近才有青年学者提出的新问题。如果这个论断成立，则中国近代第一所高等学校不是创办于北京或天津，而是创办于福建。

题　　名　福建船政学堂的新文化影响
作　　者　罗桂生
刊　　名　福建史志
年 卷 期　2004 年 4 期
页　　码　40－43
摘　　要　洋务运动被称为中国最早的近代化运动。在这场运动中，由于面临着"造船制械"等各项新事业。使传统的旧体制下产生的封建"人才"无法满足现实的需求，所以在兴办洋务中，洋务运动的倡导者开始为培养新式人才而创办洋务学堂，福建船政学堂作为洋务学堂之一。就是在这种情况下应运而生的。福建船政学堂作为近代新思想、新文化的代表和传播者，它对近代中国早期的新文化产生了深远的影响。

题　　名　福建船政学堂对高职教育人才培养模式的启示
作　　者　沈斐敏，金秋蓉
刊　　名　高教发展与评估
年 卷 期　2007 年 5 卷 5 期
页　　码　68－71
摘　　要　在分析福建船政学堂人才培养模式的基础上，对高等职业教育人才培养过程中的培养思想、价值取向、产学合作等要素进行反思，在高职教育人才的定位、教育对人的关怀、政府和学校在产学合作中的作用等问题上提出一些看法。

题　　名　福建船政学堂考试制度初探
作　　者　樊本富，李军
刊　　名　青岛农业大学学报(社会科学版)
年 卷 期　2007 年 19 卷 1 期

页　　码　69－71,76

摘　　要　我国近代历史上第一所高等实业学堂——福建船政学堂的考试制度有着鲜明的特点。从考试这一视角来研究福建船政学堂,分析当时实施这项考试制度的时代背景、历史条件、具体措施及其给社会带来的巨大贡献。这对我们今天高等职业教育考试制度的改革有着重要的借鉴意义和现实意义。

题　　名　福建船政学堂课程设置的特色及借鉴

作　　者　雷培梁,汪启思,李萍,傅高升

刊　　名　湖北第二师范学院学报

年 卷 期　2010 年 5 期

页　　码　96－100

摘　　要　作为洋务时期创办的一所新式高等实业学堂,福建船政学堂在专业与课程建设方面进行了大胆的探索,初步建立了富有高职特色的专业课程体系。通过简要介绍福建船政学堂的课程设置,挖掘其在课程价值、课程结构、课程内容、课程实施、课程评价等方面形成的特色,并探讨其对当前高职课程理论建设和改革实践的启示。

题　　名　福建船政学堂历史地位新探

作　　者　沈岩

刊　　名　福建农林大学学报(哲学社会科学版)

年 卷 期　2006 年 2 期

页　　码　87－90

摘　　要　1866 年清廷在福州马尾创办船政学堂,创造了中国近代教育史上的许多奇迹。她是中国近代第一所与国际接轨的、首创留学生教育制度的、产学一体多元结合的高等院校,是中国近代科技和海军的摇篮,是近代中西方文化交流的一面旗帜,是近代西方先进教育模式中国化的典范。

题　　名　福建船政学堂与近代西学传播

作　　者　郑剑顺

刊　　名　史学月刊

年 卷 期　1998 年 4 期

页　　码　35－40

摘　　要　福建船政学堂通过聘请洋教师(教习)向学生教授西学,选派毕业学生出洋学习西学,学生学成后再回国实践西学、传授西学等方式,在近代西学传播中起了重要作用和影响。船政学堂毕业学生和留洋回国学生,在近代轮船制造业、轮船运输业和海军、海防建设及路政、矿政、邮政等近代化建设中发挥了技术和管理骨干作用。学堂学生或通过翻译西方的自然科学著作和社会科学著作传播西学或通过在学堂任教传授西学,为近代西学的传播作出了贡献。

题　　名　福建船政学堂与留欧学生

作　　者　郑登云,金林祥

刊　　名　华东师范大学学报(自然科学版)

年 卷 期　1983 年 2 期

页　　码　25－30,24

摘　　要　同治五年(1866)十二月左宗棠奏请创设的福建船政学堂(原名“求是堂艺局”)是近代中

国第一所海军学校。1877 年(光绪三年),洋务派从这所学堂中挑选制造、驾驶学生以及艺徒等共 38 人,派赴法、英等国学习制造、驾驶以及矿学、化学、交涉公法等。这是船政学堂第一届留欧学生。以后又以船政学堂学生为主,分别在 1881 年(光绪七年)派出李鼎新、王迥澜等 10 人、1885 年(光绪十一年)派出刘冠雄、李大受等 33 人、1896 年(光绪二十二年)派出施恩孚等 7 人,前后四届共计 88 人。这些较早接受西方教育的中国人,是近代中国开始向资本主义国家寻求科技文化和军事技术的先行者,是我国最早科技人才以及海军专门人才的重要来源,曾对中国近代经济、政治、军事以及文化教育发生了重要影响。本文就这批留欧学生派遣的原因,以及它的一些主要特点作些探讨。

题　　名　**福建船政学堂与中国教育的近代化**
作　　者　柏荣
刊　　名　黑龙江史志
年 卷 期　2009 年 22 期
页　　码　160 - 161
摘　　要　福建船政学堂是中国近代历史上第一所高等实业学堂,它的出现和发展是中国教育史上的一次重大创新,同时开启了中国教育的近代化。本文试图从福建船政学堂的创办发展、课程设置、教学制度和教育管理的进步来考察它在中国近代教育史上的重要地位。

题　　名　**福建船政学堂与中国近代教育——兼论洋务派“中体西用”的教育理念**
作　　者　薛菁
刊　　名　闽江学院学报
年 卷 期　2004 年 1 期
页　　码　102 - 105
摘　　要　文章从福建船政学堂创办的目的、课程的设置及其取得的成绩等方面进行论述,充分肯定了船政学堂在中国近代教育史上的重要地位。同时对洋务派的“中体西用”教育理念作了客观的历史评价。

题　　名　**福建船政与江南制造局的比较和思考**
作　　者　石健
刊　　名　船史研究
年 卷 期　1996 年 10 期

题　　名　**福建船政与台湾海防建设**
作　　者　陈静
刊　　名　黑龙江史志
年 卷 期　2009 年 7 期
页　　码　27 - 28
摘　　要　福建船政在同治五年(1866)创办,有其时代先进性。本文试从加强海防建设方面对福建船政创办的积极意义进行阐述,福建船政局的建立对加强包括台湾在内的东南沿海防务有重要意义,而且福建船政局的设立还有“护商”、“辑盗”等作用,促进东南沿海及台湾的商贸交通,保障海途顺畅,对促进台湾开发建设起了很重要的作用。

题　　名　福建船政与晚清海洋观念的更新
作　　者　刘学赵,陈美眼
刊　　名　船史研究
年 卷 期　1996 年 10 期

题　　名　福建船政在近代反侵略斗争中的作用
作　　者　周霞,谢高潮
刊　　名　船史研究
年 卷 期　1996 年 10 期

题　　名　福建船政在科教兴国方面的历史贡献
作　　者　席龙飞,刘研
刊　　名　船史研究
年 卷 期　1996 年 10 期

题　　名　福建疍民名称和分布考
作　　者　林蔚文
刊　　名　东南文化
年 卷 期　1990 年 3 期
页　　码　30 – 31

题　　名　福建第一大民间信仰——浅论妈祖信仰在福建
作　　者　何绵山
刊　　名　福建广播电视大学学报
年 卷 期　1998 年 2 期
页　　码　32 – 36

题　　名　福建番薯在琉球的传播
作　　者　王晓云
刊　　名　福建史志
年 卷 期　2004 年 6 期
页　　码　49

题　　名　福建古代的制糖术与制糖业
作　　者　徐晓望
刊　　名　海交史研究
年 卷 期　1992 年 21 期
页　　码　77 – 86

题　　名　福建古代港口经济贸易的发展——兼谈漳州港口建设的意义
作　　者　李珊珊

刊　　名　发展研究
年 卷 期　2009 年 4 期
页　　码　79－82
摘　　要　在福建古代海外贸易历史上有过“四大商港”的兴衰迭替。其中漳州月港凭借其优良的港口地理环境,成为福建著名的“四大商港”之一,积累了丰富的发展港口经济历史经验和教训,对于当前漳州市实施依港立市的计划,发展海峡西岸港口经济具有重要的历史借鉴意义。

题　　名　福建古代海洋文化历史轨迹
作　　者　赵君尧
刊　　名　集美大学学报(哲学社会科学版)
年 卷 期　2009 年 12 卷 2 期
页　　码　10－16
摘　　要　在漫长的洪荒年代,勤劳勇敢的闽族先民依靠富饶的海洋资源,艰苦卓绝地开创出独具福建地域特色的海洋文化。经过先秦发展,从秦汉到隋唐五代,伴随中原百姓南迁入闽,大陆文化与海洋文化进一步融合。降至宋元,福建古代海洋文化得到全面发展。明清时期中国封建社会开始走向衰弱,面向海洋的福建地区中外文化交流、生活方式、社会生活出现新的变化,呈现出一条福建古代海洋文化历史发展的轨迹:源于先秦,成于汉晋,兴于隋唐五代,繁荣于宋朝,发展于元代,盛极而衰于明清。

题　　名　福建古代海洋文化历史轨迹探微
作　　者　赵君尧
刊　　名　职大学报
年 卷 期　2009 年 1 期
页　　码　59－65
摘　　要　在漫长的洪荒年代,勤劳勇敢的闽族先民依靠富饶的海洋资源,艰苦卓绝地开创出独具福建地域特色的海洋文化。经过先秦发展,从秦汉到隋唐五代,伴随中原百姓南迁入闽,大陆文化与海洋文化进一步融合。降至宋元,福建古代海洋文化得到全面发展。明清时期中国封建社会开始走向衰弱,面向海洋的福建地区中外文化交流、生活方式、社会生活出现新的变化,演绎出一幕幕传播中华文明、反抗侵略斗争、捍卫海洋主权等可歌可泣的场面,呈现出一条福建古代海洋文化历史发展的轨迹:源于先秦、成于汉晋、兴于隋唐五代、鼎盛于宋朝、发展于元代,盛极而衰于明清。

题　　名　福建海军舰船编制考略
作　　者　杨奋泽,黄国盛
刊　　名　近代史研究
年 卷 期　1987 年 3 期
页　　码　216－225
摘　　要　不少论著和中国近代史教科书把中法马江战役时在马尾军港的十一艘舰船,看作是福建海军的总舰数,并由此产生了福建海军全军覆灭的说法。笔者不敢苟同,本文拟从考察福建海军的舰船编制入手,对此问题进行初步探讨。

题　　名　福建海洋发展模式的历史选择
作　　者　杨国桢

刊　　名　东南学术
年 卷 期　1998 年 3 期
页　　码　56－60

题　　名　福建海洋文化特质对早期留欧教育的影响
作　　者　黄新宪
刊　　名　东南学术
年 卷 期　2008 年 3 期
页　　码　132－138
摘　　要　近代以来,在与西方海洋文明的碰撞与交融之中,福建的海洋文化逐步孕育成熟,形成了独有的特质,即自觉的海权意识、开放的胸襟、冒险拼搏的精神、多元性与兼容性,以及同舟共济的团结自强精神。洋务运动时期,这种海洋文化特质鲜明地体现在以福建船政局为主体实行的早期留欧教育上。二者的密切结合,在海洋文化史和留学教育史上都留下了鲜明的印迹。

题　　名　福建涵江霞徐妈祖信仰调查
作　　者　许莹莹
刊　　名　莆田学院学报
年 卷 期　2008 年 15 卷 3 期
页　　码　84－88
摘　　要　简述福建涵江传播妈祖信仰的历史背景。通过对涵江最具代表性的妈祖庙霞徐天妃宫的田野调查,结合相关文献,描述该妈祖庙的历史与现状,并探讨涵江霞徐妈祖信仰的一些特色。

题　　名　福建华侨出国的历史和原因分析
作　　者　温广益
刊　　名　中国社会经济史研究
年 卷 期　1984 年 2 期
页　　码　75－89
摘　　要　福建华侨出国的历史,根据我国历代统治阶级对国人移居海外的政策和对海外华侨的态度、移民的性质和出国原则等因素,大体上可分为三个阶段:一、从五代至宋元;二、从明朝至鸦片战争前;三、鸦片战争至中华人民共和国成立前。

题　　名　福建华侨旅居日本史略
作　　者　林金枝
刊　　名　南洋问题
年 卷 期　1984 年 4 期
页　　码　47－61

题　　名　福建画坛对琉球画派的影响
作　　者　梁桂元
刊　　名　国画家
年 卷 期　2002 年 4 期

页　　码　42 – 45

摘　　要　古琉球国(今日本国冲绳县),是中国东南太平洋上的一个岛国,其历史可上溯到远古时代。据日本冲绳浦添市博物馆所藏的"元押",论证可能在元代时琉球群岛部落政权即与中国有贡使关系(《第五届中琉历史关系学术会议》论文集第 59 页)。但中琉建立正式的邦交,则是在明代洪武五年(1372),至光绪五年(1879)日本国以武力强行吞并琉球为止。长达 500 余年的中琉密切交往,因而使琉球的文化艺术深受中国的影响。

题　　名　**福建惠安大岞村的妈祖信仰调查**
作　　者　石奕龙
刊　　名　东南文化
年 卷 期　1990 年 3 期
页　　码　44 – 46

题　　名　**福建家谱与琉球久米村系家谱的比较及其思考**
作　　者　方宝川
刊　　名　海交史研究
年 卷 期　1997 年 31 期
页　　码　114 – 124

题　　名　**福建晋江草庵发现"明教会"黑釉碗**
作　　者　黄世春
刊　　名　海交史研究
年 卷 期　1985 年 7 期

题　　名　**福建妈祖信仰的新特点及对台湾的影响**
作　　者　陈启庆
刊　　名　莆田学院学报
年 卷 期　2005 年 12 卷 3 期
页　　码　85 – 88

摘　　要　指出近 20 多年来,福建的妈祖信仰在传承中得到了进一步的发展,呈现出一些新特点,而莆田在福建妈祖信仰中占有特殊地位。福建妈祖信仰新特点也给台湾民众和社会带来了若干新的影响。

题　　名　**福建马尾是中国近代造船教育的发源地**
作　　者　杨宗英,黄根余
刊　　名　船史研究
年 卷 期　1989 年 4/5 期

题　　名　**福建民间信仰在东南亚的传播及其影响**
作　　者　李天锡
刊　　名　华侨大学学报(哲学社会科学版)
年 卷 期　1998 年 1 期

页　　码　120－125

摘　　要　本文介绍了妈祖、保生大帝、清水祖师、广泽尊王等福建主要民间信仰在东南亚传播的历史和现状,并对其作为中国传统文化的组成部分所具有的向心力、凝聚力作了分析,认为其在联络乡侨共同奋斗、密切华侨华人与祖籍国联系方面发挥过很大作用。同时,也进一步指出,随着华侨华人逐渐融合进当地社会,某些民间信仰已经发生了变化,有的还在当地社会产生一定的影响。

题　　名　福建摩尼教寺院遗址考

作　　者　陈一舟,涂元济

刊　　名　海交史研究

年 卷 期　2004 年 45 期

页　　码　75－83

题　　名　福建南安惊现郑成功族谱始末

作　　者　施其杏,傅文忠

刊　　名　统一论坛

年 卷 期　2002 年 2 期

页　　码　54－55

摘　　要　值此纪念郑成功收复台湾 340 周年之际,一本明末版的南安石井郑氏族谱被厦门一位郑姓男子托人送到郑成功的故乡——南安延平郡王祠管委会,该族谱记载了南安石井郑氏一世至十二世的情况据有关文史界的专家称,这本郑氏族谱对郑成功的先祖情况及明朝郑氏家族开发台湾等方面的研究有着重要价值。

题　　名　福建宁德支提寺惊现郑和木刻文物

作　　者　郑宽涛

刊　　名　郑和研究

年 卷 期　2009 年 2 期

页　　码　46－48

摘　　要　2005 年 1 月 29 日,笔者在《江南时报》和《福州日报》发表《郑和曾与建文帝谋面?》一文,在社会上引起反映,尤其得到福建文史工作者的重视。郑和在福建期间曾到过闽侯雪峰寺的事实,得到诸多专家、学者的认同。郑和当年在长乐等候出洋信风期间,还到过福建哪些地方? 这引起许多郑和研究学者的研究兴趣。

题　　名　福建青瓷考察

作　　者　陈鹏

刊　　名　海交史研究

年 卷 期　1986 年 9 期

题　　名　福建泉州古港与著名“景瓷”外销的深远关系

作　　者　黄天柱

刊　　名　景德镇陶瓷

年 卷 期　1993 年 3 期

页　　码　56－61

摘　　要　福建泉州，是中国第一批历史文化名城之一，她在历史上曾以“刺桐港”之名驰誉海宇。宋、元两朝是其最辉煌的时期，以世界最大的对外贸易港屹立于亚洲的东方。数百年间，其商航辐射到亚、非、欧各洲，是“海上丝绸之路”的重要起点站。本文就泉州古港与景德镇陶瓷外销的深远关系作一探讨，以证实泉州在中世纪对外贸易的盛况与景德镇陶瓷在“海上丝绸之路”沿途所发挥的重大作用与影响。

题　　名　福建泉州回族的形成及其特点谈薮

作　　者　黄天柱，廖渊泉

刊　　名　中央民族大学学报（哲学社会科学版）

年 卷 期　1987年6期

页　　码　29－31

摘　　要　福建泉州（包括市治鲤城区和晋江、惠安、南安、安溪、永春、德化六县）现有回族4万多人，占我国东南地区回族人口的五分之一。泉州回族形成的历史和民族特性，与西北地区回族相比，既有共同之处，又具有不同特点。本文爰就调查所得，对此作一初探。

题　　名　福建泉州景教碑名的发现及其研究

作　　者　牛汝极

刊　　名　海交史研究

年 卷 期　2007年52期

页　　码　1－48

摘　　要　20世纪初以来，泉州陆续发现一批珍贵的基督教东方教派景教石刻，为我们研究东西方交流史提供了丰富材料。本文首先介绍了景教碑铭在泉州的发现情况，其次，重点对泉州发现的叙利亚文、回鹘文、八思巴文景教铭文进行了首次系统、全面的解读、考证和译释。这批石刻多是元代色目人，尤其是畏吾儿人的遗存。

题　　名　福建人与澳门妈祖文化渊源

作　　者　徐晓望

刊　　名　文化杂志

年 卷 期　1997年33期

题　　名　福建人与澳门妈祖文化渊源——兼与谭世宝先生商榷

作　　者　徐晓望

刊　　名　学术研究

年 卷 期　1997年7期

页　　码　59－64，65

题　　名　福建商人与妈祖信仰

作　　者　张桂林，罗庆四

刊　　名　福建师范大学学报（哲学社会科学版）

年 卷 期　1992年3期

页　　码　105－110

题　　名　福建省泉州海外交通史博物馆三十周年记事(1959 年 -1989 年)
作　　者　陈鹏,郭慕良
刊　　名　海交史研究
年 卷 期　1989 年 16 期

题　　名　福建师范大学图书馆藏中琉关系史料述略——明清文献之一
作　　者　方宝川
刊　　名　福建师范大学学报(哲学社会科学版)
年 卷 期　1999 年 3 期
页　　码　127 -132

题　　名　福建师范大学图书馆藏中琉关系史料述略——明清文献之二
作　　者　方宝川
刊　　名　福建师范大学学报(哲学社会科学版)
年 卷 期　2001 年 3 期
页　　码　153 -159
摘　　要　本文系《福建师范大学图书馆藏中琉关系史料述略——明清文献之一》的续作,并承上文之体例,分为:一、册封使的著作;二、历史、地理类典籍;三、诗文集、类书、笔记、杂著等三个部分。将馆藏有关中琉关系的 17 种明清文献,分别述其要略,以便向学术界提供史料参考。

题　　名　福建市舶司废于嘉靖六年吗?
作　　者　陈尚胜
刊　　名　厦门大学学报(哲学社会科学版)
年 卷 期　1984 年 3 期
页　　码　36
摘　　要　陈支平同志《嘉靖年间闽、浙市舶司废置时间考》(载《厦门大学学报》八一年增刊),依据《明世宗实录》资料,指出了《明史》有关记载浙、闽市舶司停罢于嘉靖元年或嘉靖二年的错误。该文依据谈迁《国榷》卷五三"(嘉靖六年十月)壬子,裁浙江市舶司"之记载,做出了闽、浙二市舶司皆停罢于嘉靖六年的结论。嘉靖时期,福建市舶司是否因浙江市舶司出现倭患问题而罢废,颇有怀疑之处。

题　　名　福建市舶司副提举罗伦与泉州
作　　者　徐从花
刊　　名　福建史志
年 卷 期　2005 年 1 期
页　　码　35 -36

题　　名　福建私新钱
作　　者　陈自强
刊　　名　海交史研究
年 卷 期　1999 年 35 期

页　　码　129 - 130

题　　名　**福建陶瓷外销的港口、航线和地区**
作　　者　叶文程
刊　　名　东方收藏
年 卷 期　2010 年 11 期
页　　码　25 - 29

题　　名　**福建文化在琉球的传播与影响**
作　　者　谢必震
刊　　名　东南文化
年 卷 期　1996 年 4 期
页　　码　95 - 100
摘　　要　古代琉球(今日本冲绳)在福建东南的海上。明初,凡外商入贡者皆设市舶司以领之,“在福建者专为琉球而设”。清沿明制,福建仍是通琉球的唯一口岸。因此,在长达五百余年的福建与琉球的交往中,福建文化通过各种途径输入琉球。

题　　名　**福建文化中的海洋意象:兼论闽文化对中华文明的独特贡献**
作　　者　苏文菁
刊　　名　福建省社会主义学院学报
年 卷 期　2009 年 1 期
页　　码　39 - 44,102
摘　　要　从宋代以来,福建文化中大量的海洋交通、海洋商贸与海外世界的文献,为汉语典籍增加了大陆之外的海洋世界的汛息,表达了以海洋文明为立场的、对中国文明的思考。《诸番志》、《岛夷志略》展现了宋元时期中国海洋事业的繁盛;《东西洋考》展现“海禁”的明代政府与民间知识体系的失衡;《瀛环志略》则是地处福建的清末官员对中国前途的深切思考。

题　　名　**福建武夷山船棺的木材构造特征及其性质的初步研究**
作　　者　陈承德
刊　　名　福建林学院学报
年 卷 期　1980 年 2 期
页　　码　29 - 36

题　　名　**福建武夷山船棺的木材构造特征及其性质的初步研究**
作　　者　陈承德
刊　　名　福建文博
年 卷 期　1980 年 2 期
页　　码　42 - 46

题　　名　**福建武夷山船棺若干问题探讨**
作　　者　林蔚文

刊　　名　南方文物
年 卷 期　1989 年 3 期
页　　码　19 - 22,5
摘　　要　位于福建省北部崇安县境内的武夷山风景区,至今在高崖峭壁中还藏匿着许多船棺。

题　　名　**福建乡镇志中的妈祖史料**
作　　者　刘福铸
刊　　名　莆田学院学报
年 卷 期　2004 年 11 卷 1 期
页　　码　79 - 83
摘　　要　通过检阅福建现存的部分乡镇志,发现其中有不少有关妈祖信仰的史实记载。这些史料对于妈祖文化及其相关领域的学术研究都具有参考价值。

题　　名　**福建与大帆船贸易时代的中拉交流**
作　　者　廖大珂
刊　　名　南洋问题研究
年 卷 期　2001 年 2 期
页　　码　80 - 90
摘　　要　由于以漳州月港为起点,马尼拉为中点,阿卡普尔科为终点的中国——菲律宾——墨西哥的大帆船贸易航路的开辟,福建在中国与拉丁美洲经济文化交流中发挥了桥梁作用。首先,大量的中国丝绸和瓷器通过福建输入拉美,不仅丰富了当地人民的生活,而且促进了拉美经济的发展;同时,拉丁美洲的白银也大量流入中国,对中国社会经济发展起了积极的作用。其次,天主教传教士沿着大帆船贸易航路来到福建,扩大了双方的宗教文化交流。第三,福建移民移居拉丁美洲,将中国文化传入拉丁美洲。

题　　名　**福建与东亚贸易的三个关键时期**
作　　者　徐晓望
刊　　名　福建史志
年 卷 期　2009 年 2 期
页　　码　36 - 38

题　　名　**福建与郑和下西洋的船只**
作　　者　傅朗
刊　　名　东南学术
年 卷 期　2006 年 1 期
页　　码　161 - 168
摘　　要　从对文献记载的直接史料和间接旁证的综合分析中可知,构成明初福建沿海海防体系的十一个卫都有自己的造船厂。由这些造船厂构建,以福州三卫所属船厂为核心的明初福建造船业,成为为郑和舟师提供船只的物质基础。郑和舟师七次下西洋的主要船型是福船,而这些福船的大多数应当是福建沿海官办造船厂建造的。郑和舟师的出洋宝船就是福建建造的福船。福建不仅以其沿海造船业为郑和舟师建造、修理船只,还为出洋前的郑和舟师提供临时调剂船只的船源。从与郑和同时,亦同为宦官,在洪熙至宣德年间曾四次出使琉球的柴山所立碑文中,称自己乘坐由皇帝敕建的册封舟为“宝船”的记载看,

“宝船”并非郑和舟师船只的专称，而是当时皇帝派往海外使臣乘坐船只的共名。所谓“郑和宝船”就是册封舟。

题　　名 **福建漳州窑系瓷器的特征、年代及对日本瓷业的影响**

作　　者 张仲淳

刊　　名 海交史研究

年 卷 期 2005 年 48 期

页　　码 105－112

摘　　要 “漳州窑系”瓷器的研究方兴未艾。有许多新的研究成果，也有不少待解的疑问。本文根据历年来在国外许多国家和地区的遗址、沉船中大量发现的，尤其是日本各大博物馆和收藏家手中大量收藏的明末清初“漳州窑系”瓷器，以福建漳州平和县南胜、五寨窑产品为代表，结合文献资料和考古成果，对“漳州窑系”瓷器的内涵、生产年代以及对日本制瓷业的影响等有关问题，提出了自己的学术观点。

题　　名 **福康安征台与妈祖信仰传播**

作　　者 刘福铸

刊　　名 广东海洋大学学报

年 卷 期 2008 年 28 卷 5 期

页　　码 15－20

摘　　要 清将福康安是乾隆帝的宠臣，也是平定台湾林爽文事件的功臣。福康安因征台和渡海需要而推崇和传播妈祖信仰，不但倡建有三座妈祖庙，而且留有题匾、碑记等。一方面他想证明清廷得到了妈祖神助，另一方面也想表明清廷认同妈祖信仰，这对抚慰台湾同胞心灵和强化妈祖信众的国家认同意识都起积极作用，而在北京创建的天后宫对妈祖信仰在京城的传播也起到了推动作用。

题　　名 **福清与台湾关系初探**

作　　者 刘福铸

刊　　名 福建师大福清分校学报

年 卷 期 2002 年 4 期

页　　码 5－13

摘　　要 福清与台湾仅一水之隔。两地有相同的古文化遗存，人员来往较多，台湾的佛教和黄檗寺也由福清传去。由此可证，福清与台湾的关系源远流长，两地皆属于闽台统一的文化区域。

题　　名 **福泽谕吉与甲午战争**

作　　者 赵福超

刊　　名 贵州文史丛刊

年 卷 期 1996 年 6 期

页　　码 20－25

题　　名 **福泽谕吉与甲午战争**

作　　者 吴丽华

刊　　名 历史教学(高校版)

年 卷 期 2008 年 2 期

页　　码　89－92

摘　　要　福泽谕吉是日本近代杰出启蒙思想家,日本近代文明的缔造者之一,被誉为“日本的伏尔泰”。福泽谕吉在推动日本近代化过程中,也引导日本走向了对外扩张之路。

题　　名　福州船厂之沿革

作　　者　王信忠

刊　　名　清华大学学报(自然科学版)

年 卷 期　1932年S1期

页　　码　1－57

摘　　要　本篇大部材料取给于船政奏议汇篇。此书共五十卷,所集奏稿至光绪二十四年止。二十四年后之奏稿文件;现时不易搜集,故本篇所叙,亦以光绪二十四年为一段落。

题　　名　福州船政横空出世:船政文化系列之一

作　　者　王植伦

刊　　名　炎黄纵横

年 卷 期　1998年1期

题　　名　福州船政横空出世:船政文化系列之二

作　　者　王植伦

刊　　名　炎黄纵横

年 卷 期　1998年2期

题　　名　福州船政局的几个问题

作　　者　孙占元

刊　　名　山东师范大学学报(人文社会科学版)

年 卷 期　1986年4期

页　　码　17－22

摘　　要　福州船政局是洋务运动时期创办较早规模较大的官办军事工业。洋务派为什么要创办福州船政局?该局的性质如何?对该局的作用究竟应该怎样评价?这些问题都有深入探讨的必要。

题　　名　福州船政局的技术引进(1866－1912)

作　　者　巴斯蒂

刊　　名　船史研究

年 卷 期　1996年10期

题　　名　福州船政局经营管理问题浅探

作　　者　邹范林

刊　　名　广播电视大学学报(哲学社会科学版)

年 卷 期　1998年3期

页　　码　90－93

摘　　要　晚清洋务派创办的福州船政局难以摆脱封建性的生产方式带来的重重弊病,导致了企业的失败;但对其进行科学的分析也可看到在个别方面仍有可取之处:注重培养技术人才;在一定程度上独立自主,不肯完全受制于外人;在后期受到价值规律的影响,缓慢地向商品生产方向转化,等等,就应予肯定。

题　　名　**福州船政局人才培养的经济分析**
作　　者　姚会元
刊　　名　军事经济研究
年 卷 期　1992 年 6 期
页　　码　89 -93,1
摘　　要　福州船政局是中国最早的军事生产单位,由左宗棠创办的福州船政学堂是中国近代第一所军工企业学堂,它培养了中国最早的造船、驾驶专业的军事科技人才,在当时的历史条件下促进了中国机器工业的发展,支持了洋务运动;同时也造成了开风气、扫暗闷,思想观念上冲击封建统治秩序的潜流。

题　　名　**福州船政局与江南制造局在旧中国生产发展之比较**
作　　者　姜铎
刊　　名　福建论坛(人文社会科学版)
年 卷 期　1987 年 1 期
页　　码　61 -67
摘　　要　1866 年创办的福州船政局与 1865 年创办的江南制造局,同为洋务运动中创办最早的两个大型近代工业,又同为旧中国近代造船工业的开端。现仅就福州船政局与江南制造局在旧中国生产发展进行比较,就教于海内外经济史研究的同仁们。

题　　名　**福州船政局与近代反侵略斗争**
作　　者　周霞
刊　　名　福建论坛(文史哲版)
年 卷 期　1997 年 1 期
页　　码　19 -21
摘　　要　1866 年,时任闽浙总督的左宗棠从“师夷长技以制夷”的指导思想出发,创办了我国近代史上第一个造船的专业工厂——福州船政局,成为当时我国最大的造船基地;同时,船政局附设有船政学堂,它为我国近代培养了一大批科技人才和海军人才。福州船政局在中国近代工业史上占有重要地位,对于它在我国轮船制造、海军建设、技术引进以及科技兴国等方面的作用和贡献,已有不少专家学者予以论述,但对福州船政局在近代反侵略斗争中的作用,则很少有人进行研究。本文试图在这方面作点尝试。以福州船政局创办的动机和目的看,有治运的需要,也有防洋辑盗的目的,但最主要的方面还是为了抵御外侮,反抗西方列强的侵略。

题　　名　**福州船政局与近代人力资源管理思想的形成**
作　　者　李福英
刊　　名　贵州社会科学
年 卷 期　2005 年 6 期
页　　码　133 -135
摘　　要　福州船政局创建与发展的过程,实现了人才观念、人才的选用、人才的激励制度从传统向近代的转型,从而形成了中国近代人力资源管理思想。

题　　名　**福州船政局与台湾基隆煤矿**
作　　者　潘健
刊　　名　福建史志
年 卷 期　2010 年 1 期
页　　码　52 – 55

题　　名　**福州船政前学堂与中国近代海防教育**
作　　者　孙占元
刊　　名　山东师大学报(人文社会科学版)
年 卷 期　2001 年 5 期
页　　码　42 – 45
摘　　要　福州船政学堂的创办开近代海防教育之先河。洋务派提出了"艺局为造就人才之地"和"船政根本在于学堂"的主张。福州船政学堂在教学模式上顺应了教育近代化的趋向,通过聘用外籍教师、派出留学生等形式培养了近代海防人才,并为提高艺科人才的地位涉及对传统科举制的改革。福州船政学堂为加强近代海防教育起到前驱先路的作用。

题　　名　**福州船政学堂不是技工学校**
作　　者　高孔荣
刊　　名　教育评论
年 卷 期　2004 年 25 卷 1 期
页　　码　102 – 105
摘　　要　文章从福建船政学堂创办的目的、课程的设置及其取得的成绩等方面进行论述,充分肯定了船政学堂在中国近代教育史上的重要地位。同时对洋务派的"中体西用"教育理念作了客观的历史评价。

题　　名　**福州船政学堂的外籍雇员与中国近代军事人才培养**
作　　者　叶绿
刊　　名　贵州教育学院学报
年 卷 期　2006 年 22 卷 5 期
页　　码　33 – 38
摘　　要　第二次鸦片战争后,闽浙总督左宗棠从巩固海防的目的出发,筹建了福州船政局并设立了中国第一所海军制造学校——福州船政学堂,以培养海军人才,并先后聘用了很多外籍人员。这些外籍雇员通过在学堂中从事教育、管理工作,对我国近代军事人才培养产生了深远的影响。

题　　名　**福州船政学堂及其科学教育**
作　　者　王冬凌
刊　　名　大连海事大学学报(社会科学版)
年 卷 期　2004 年 3 卷 1 期
页　　码　72 – 75

摘　　要　福州船政学堂是近代中国第一所海军制造学校，培养科技人才是该学堂的办学目标。学堂中的专业设置以造船、驾驶和轮机为主。为使学生受到更全面的训练和了解掌握本专业的世界先进水平，福州船政学堂从19世纪70年代中期开始向欧洲派遣留学生。福州船政学堂的创办，反映了近代中国经济结构变动的要求，代表了近代教育发展的新方向。福州船政学堂实施科学教育所取得的成绩和历史作用不能磨灭。

题　　名　**福州船政学堂教育与甲午海战**
作　　者　陈名实
刊　　名　福建论坛(人文社会科学版)
年 卷 期　1994年4期
页　　码　56－59
摘　　要　1866年6月25日，闽浙总督左宗棠上《试造轮船先陈大概情形析》，建议在福州建厂造船，并打算在造船的同时设局，雇请洋人教习造船、驾驶等技术。他的奏折得到清廷批准，但不久调任陕甘总督。左宗棠在选择沈荷桢主理船政，并聘任法国人口意格与德克碑任船政正，副总监后方离开福州。福州船政局成立后，采取一系列教育措施，使船政学堂教育取得巨大成功。

题　　名　**福州船政学堂始末——介绍我国第一所培养航海轮机造船人材的学校**
作　　者　郑仪璋，刘古台
刊　　名　上海海事大学学报
年 卷 期　1983年2期
页　　码　87－83
摘　　要　我国近代设立学校培养航海技术人材，系自十九世纪六十年代中叶开始，迄今已有百余年了。在这一时期中，先后造就了许多专门人材，其中不乏在国内外及历史上比较知名的航海人士。为了适应当前我国航海教育事业改革的需要，我们将陆续发表有过较大影响的航海学校的简史，以供从事航海教育的同志们参考。但是，过去对于航海教育史资料缺乏系统的整理和研究，我们在这方面的资料，和研究工作也需进一步深入。希望读者提出宝贵意见，或提供更为详尽的史实使得这些资料得以更好地反映我国近代航海教育的面貌，有助于当前的教育改革。

题　　名　**福州船政学堂与中国海军教育近代化**
作　　者　陈小锦
刊　　名　经济与社会发展
年 卷 期　2002年1期
页　　码　137－139
摘　　要　福州船政学堂是中国最早创立的军事学校，它的诞生标志着“中国防海设军之始，亦即海军铸才设校之基”。中国海军的建设从购舰到造舰、从科举到西法取贤经历了一个曲折的发展历程。分析船政学堂的创办原因、建制、流变及影响可以一窥中国海军教育近代化的历史轨迹，对我国海军的近代、现代发展有现实的意义。

题　　名　**福州船政学堂与中国近代高等工程教育起步**
作　　者　王列盈
刊　　名　高等工程教育研究

年 卷 期 2004 年 4 期

页　　码 74 – 77

摘　　要 论文对洋务运动期间成立的福州船政学堂进行了分析，认为该学堂在中国近代首次承担了培养高等工程技术人员的历史任务，是中国近代高等工程教育的起点。它所奠定的基础，对中国近代高等工程教育的发展产生了深远的影响。

题　　名 福州船政学堂与中国近代海军教育体系的形成

作　　者 陈美慧

刊　　名 宁夏社会科学

年 卷 期 2004 年 5 期

页　　码 88 – 90

摘　　要 福州船政学堂是中国近代第一所海军学校，它率先引进西方军事教育的体制及内容，在招收学生、聘用教习、教学内容以及教学方法等方面都具有与传统封建教育所不同的特点，因而在中国的土壤上建立起一套全新的教育体系，开创了中国近代海军教育的先河，对中国近代海军教育的发展产生了重要的影响。

题　　名 福州船政学堂与中国近代职业教育

作　　者 张玉山

刊　　名 新乡学院学报（社会科学版）

年 卷 期 2010 年 4 期

页　　码 84 – 87

摘　　要 福州船政学堂是洋务派创办的中国近代最早的实业学堂。从它的培养目标、课程设置、专业划分、教学模式和学生就业等方面，可以看出其具有鲜明的职业教育特点。福州船政学堂的创办对中国近代职业教育的形成和发展产生了重要的影响。

题　　名 福州船政学堂在中国近代海军教育中的地位

作　　者 苏小东，陈美慧

刊　　名 军事历史研究

年 卷 期 2006 年 4 期

页　　码 79 – 85

摘　　要 福州船政学堂是中国近代第一所海军学校，它以全新的教育体制开创了中国近代海军教育的先河，为中国近代海军的建立和发展培养了大批人才，为其后创办海军学堂提供了经验和人才支持，在中国近代海军教育史上占有重要地位。

题　　名 福州的琉球会馆

作　　者 ［日］米仓二郎 著；郑国珍 译

刊　　名 福建文博

年 卷 期 1989 年 1/2 期

页　　码 167 – 169

题　　名　福州海防思想研究
作　　者　卢建一
刊　　名　福建史志
年 卷 期　2003 年 6 期
页　　码　28－34
摘　　要　海防思想是人类对海上及沿海地区生存环境,结合国内经济、政治、文化诸要素而产生的海上及沿海防御的客观认识。福州由于自身的地理环境,自古以来就有海上活动,《后汉书·郑弘传》称:“旧交趾七郡贡献转运,皆从东冶泛海而至。”随着社会生产力的发展与造船水平的提高,拓展和加强与外部世界的联系,向海洋发展的趋势是历史的必然。海上活动必须有海防力量的支持,海防思想也随着海防实践而萌发,进而指导海防建设。本文就福州海防思想发展的几个阶段,阐述海防思想与当时社会政治、经济的关系,以期对海洋世纪的福州发展起借鉴作用。

题　　名　福州开埠与近代福州茶市
作　　者　陶德臣
刊　　名　古今农业
年 卷 期　2001 年 3 期
页　　码　56－62,78
摘　　要　福州是近代中国著名茶市和三大砖茶中心之一。研究福州茶市的兴衰,揭示其在近代中国茶业中的地位,具有多方面意义。本文将着重讨论二大问题:福州开埠及其对茶业的影响;福州茶市的衰落与教训。

题　　名　福州刘华墓出土的孔雀蓝釉瓶的来源问题
作　　者　陈存洗
刊　　名　海交史研究
年 卷 期　1985 年 8 期

题　　名　福州明代福建市舶司衙署考
作　　者　王铁藩
刊　　名　海交史研究
年 卷 期　1986 年 10 期

题　　名　福州三江口水师旗营建制前后之追思
作　　者　蓝锡麟
刊　　名　满族研究
年 卷 期　2008 年 2 期
页　　码　75－76

题　　名　福州有关册封琉球人员的摩崖石刻述辨
作　　者　傅朗
刊　　名　海交史研究
年 卷 期　2002 年 41 期

页 码 84－91

题 名 **福州与琉球关系**
作 者 张玉霖
刊 名 福建史志
年 卷 期 2003 年 6 期
页 码 35－37

题 名 **福州与那霸关系史初探**
作 者 徐恭生
刊 名 福建论坛(社科教育版)
年 卷 期 1981 年 5 期
页 码 68－72

题 名 **腐败——甲午海战败北的主要原因**
作 者 孙先文
刊 名 兰台世界
年 卷 期 2009 年 1 期
页 码 66－67
摘 要 发生于一百多年前的甲午黄海鏖战,是“人类战争史上第一场大规模铁甲舰参加的海战”。

题 名 **腐败导致惨败——鸦片战争中国失败原因辨析**
作 者 隋喜文
刊 名 北京社会科学
年 卷 期 1990 年 4 期
页 码 58－62
摘 要 1840 年的鸦片战争,中国以惨败告终。造成中国惨败的原因,人们可以从中国社会发展程度和与西方资本主义经济发展差距悬殊,中国武器装备陈旧,以及清政府在军事上指挥失当等多方面罗列原因,因之得出“失败难免”的结论。但是笔者认为,中国在这场战争中惨败的更主要、更直接的原因是政治腐败;特别是吏治腐败,失败不是“难免”,也不是“必然”,而是具有某些偶然性。

题 名 **腐败断送北洋水师**
作 者 肖健民,佚名
刊 名 焦点
年 卷 期 2003 年 8 期
页 码 10－11

题 名 **腐败是鸦片战争失败的主要原因**
作 者 刘琼霞
刊 名 广西梧州师范高等专科学校学报

年卷期 2002年3期

页　　码 21－23

摘　　要 鸦片战争是西方列强对中国发动的第一次大规模侵略战争，这场战争由于清朝政治、军事的极端腐败，掌握战争领导权的封建统治者和本国的广大人民处于尖锐对立的地位，使我之所长不能发挥，敌人之短却得以避免，造成了战败的结局。

题　　名 腐败问题的制度透视——基于清后期漕运改制思想的分析

作　　者 韩丽娟

刊　　名 兰州大学学报(社会科学版)

年卷期 2008年36卷4期

页　　码 44－47

摘　　要 腐败是清后期漕弊的突出表现，是社会经济发展的产物，但由吏治而海运而停漕的漕运改制思想提供了一种切实可行的腐败治理思路。同时，清政府的偏好受河运派和海运派两大利益集团博弈的影响，思想付诸实践的过程出现了一些反复。

题　　名 腐朽导致失败——纪念鸦片战争爆发一百五十周年

作　　者 徐虎

刊　　名 天中学刊

年卷期 1990年4期

页　　码 62－67

摘　　要 一百五十年前＜公元一八四〇年＞，一个小小的资本主义的英国，派出一支一万多人的侵略军，远涉重洋，侵略一个拥有辽阔国土和四万万人口的东方大国——大清帝国。这似乎是十分荒唐可笑的事情，但是英国人却取得了连他们自己也没有预料到的巨大胜利，而中国则从此开始了它悲惨痛苦的不幸历史。

题　　名 负重下的努力：宣统朝海军经费的筹措

作　　者 尹传刚

刊　　名 兰台世界

年卷期 2011年1期

页　　码 30－31

题　　名 赴日唐僧与奈良佛教

作　　者 葛继勇

刊　　名 郑州大学学报(哲学社会科学版)

年卷期 2007年40卷5期

页　　码 112－114

摘　　要 在整个奈良时代(710－794)赴日的唐僧中，前期赴日的道璿等人与中期赴日的鉴真僧团具有代表性的意义。道璿不仅结交当时的文人政客，参与国家的佛教大典，而且对于天台教学在日本的传播也起了奠基作用。在鉴真的弟子中，留下著述的法进与思托二人无疑是两个特殊的存在。思托撰写的鉴真传记为我们保留下研究鉴真乃至唐日文化交流的重要资料，而法进不仅仅身体力行授戒，传播戒律台教，而且还撰述经论，从理论的深层对奈良朝的佛教社会施加影响。

题　　名　傅兰雅日记：驶向中国(一)
作　　者　傅兰雅 著；华文军 译
刊　　名　档案与史学
年 卷 期　1997 年 2 期
页　　码　28 – 34

题　　名　傅兰雅日记：驶向中国(二)
作　　者　傅兰雅 著；华文军 译
刊　　名　档案与史学
年 卷 期　1997 年 4 期
页　　码　29 – 34

题　　名　傅兰雅日记：驶向中国(三)
作　　者　傅兰雅 著；华文军 译
刊　　名　档案与史学
年 卷 期　1997 年 5 期
页　　码　21 – 25

题　　名　傅云龙《游历日本图经》征引文献考
作　　者　王宝平
刊　　名　浙江工商大学学报
年 卷 期　2008 年 2 期
页　　码　71 – 76

题　　名　甘、宁、青地区的水运航道——甘、宁、青水上交通史研究之一
作　　者　刘再聪
刊　　名　中国社会经济史研究
年 卷 期　2008 年 1 期
页　　码　21 – 27
摘　　要　黄河上游长途航运全线开通经过了漫长的历史过程。依据文献记载，最早的长途运输出现在西汉晚期，航段从湟水流域至金城。其次是北魏时期，航段从博骨律镇至沃野镇。唐朝，黄河航段从灵州上逆至会州乌兰县乌兰桥下。北宋时期，黄河兰州至会州段出现放木情形。至此，今青海境内至内蒙古包头之间的黄河上游航段全线开通。清朝中晚期以来，黄河上游航道逐渐进入繁盛时期。

题　　名　甘肃皮筏探源
作　　者　杨兴茂
刊　　名　兰州学刊
年 卷 期　1986 年 5 期
页　　码　94 – 96
摘　　要　皮筏作为饶有地方特色的水上运输和摆渡工具，在历史上为甘肃风情和甘肃水运频添丰

采。甘肃皮筏的制作工艺,活动地域和运载地方特产等史实,已多为史地学界所论及。但是,关于甘肃皮筏究竟渊源于何时何地,其沿革兴替情况如何,谈及者尚不多见。兹综辑史料,试溯其史,初探其源,并就教于方家。在皮筏没有问世之前,我国古代的水上运输工具主要是舟船和竹木筏子(古代史书叫做槎)。皮筏是由牛羊皮胎演变而来的。与皮胎有关的载籍,发端于春秋时代。

题　　名　**甘棠港辨析——与王铁藩同志商榷**
作　　者　林光衡
刊　　名　福建论坛(文史哲版)
年 卷 期　1985 年 3 期
页　　码　59－62

题　　名　**甘棠港的位置及其兴衰初探**
作　　者　廖大珂
刊　　名　南洋问题研究
年 卷 期　1993 年 3 期
页　　码　93－101
摘　　要　王审知治闽时,为了发展海上交通和贸易,开辟了甘棠港,这是我国海交史上的一个重要事件。然而,甘棠港究竟在何地?长期以来众说纷纭,莫衷一是。本文试就甘棠港的地理位置以及海上交通发展变化对其兴衰的影响作一些粗浅的探索。

题　　名　**甘棠港考释**
作　　者　廖楚强
刊　　名　海交史研究
年 卷 期　1986 年 9 期

题　　名　**甘棠港位置探索**
作　　者　黄荣春
刊　　名　海交史研究
年 卷 期　1990 年 18 期

题　　名　**甘英出使大秦的路线及其贡献**
作　　者　莫任南
刊　　名　世界历史
年 卷 期　1982 年 2 期
页　　码　13－19

题　　名　**甘英出使大秦受阻原因分析**
作　　者　钱允凤
刊　　名　西安文理学院学报(社会科学版)
年 卷 期　2009 年 3 期
页　　码　20－23

摘　　要　汉和帝永元九年(97)甘英出使大秦,到达地为今天的波斯湾沿岸,由于大海阻隔,未能完成使命。本文对学术界有关甘英出使中途而返的原因进行了分析,认为甘英返回是多种原因造成的,史书中记载的“海中有思慕之物,往者莫不悲怀”是阻止甘英渡海的最直接原因。

题　　名　**甘英出使大秦线路及其意义新探**
作　　者　杨共乐
刊　　名　世界历史
年 卷 期　2001 年 4 期
页　　码　115 – 118
摘　　要　“丝绸之路”从张骞“凿空”以来,一直是中西交通的要道,是我国与中亚、西亚、南亚以及欧洲国家和人民加强联系,进行经济、文化交流的重要通道。在开辟这一通道的过程中,两汉时代的中国和大秦(罗马)等国的使者都发挥了十分重要的作用,其中甘英就是这些使者中最具代表性的一位。由于资料所限,本文只能对甘英出使大秦的线路和意义作一简要考察。

题　　名　**甘英出使大秦原因考**
作　　者　姚胜
刊　　名　塔里木大学学报
年 卷 期　2009 年 1 期
页　　码　82 – 86
摘　　要　秦汉四百年间,北方的匈奴始终是中原王朝的巨大威胁,东汉前期概莫能外。如何消除匈奴的威胁是一件令东汉朝廷头疼的事情。与汉武帝基本相同,东汉明、和二帝对北匈奴的政策也是军事打击。班超正是在这种情况下被派往西域,经略三十余年的。和帝永元九年(公元 97 年),西域都护班超派遣副使甘英出使大秦。甘英途径十余国,往返三万八千多里,“穷临西海”,遥望大秦。西汉张骞出使西域是为了联合大月氏夹击匈奴,班超派甘英出使大秦也是为了联合大秦夹击北匈奴,而非发展与大秦的经济贸易。二者活动的目的是一致。

题　　名　**甘英到过大秦国吗?**
作　　者　李振中
刊　　名　阿拉伯世界研究
年 卷 期　2006 年 5 期
页　　码　64

题　　名　**甘英西使大秦获闻希腊神话传说考**
作　　者　张绪山
刊　　名　史学月刊
年 卷 期　2003 年 12 期
页　　码　118 – 120

题　　名　**尴尬的开放——近代长江行轮与重庆开埠**
作　　者　张莉红
刊　　名　天府新论

年卷期　1998年2期
页　　码　74－77

题　　名　**港、澳鸦片税厘并征与中葡北京条约**
作　　者　陈晓东
刊　　名　苏州铁道师范学院学报（社会科学版）
年卷期　2000年17卷4期
页　　码　86－89
摘　　要　清政府为解决财政危机，谋求在香港实行鸦片税厘并征。英国为了维护其在香港的鸦片贸易利益，以葡萄牙在澳门同时实行鸦片税厘并征为条件。英籍中国海关总税务司赫德，为扩大其控制的中国海关的权力，顺应葡萄牙欲使占领澳门合法化的侵略要求，从中斡旋，促成中葡北京条约的签订。该条约承认葡萄牙占领澳门是“合法”的，为葡萄牙占领澳门提供了40年的条约依据。

题　　名　**港澳台的妈祖文化述论——港澳台汉族民间文化研究系列论文之一**
作　　者　廖杨
刊　　名　广西民族研究
年卷期　1999年4期
页　　码　103－110
摘　　要　妈祖文化作为中国民间信仰文化的一个组成部分，它在港澳台地区也很流行。港澳台妈祖文化的形成除了受当地特殊的自然环境影响之外，还与港澳台多闽粤移民和中国历代封建统治阶级的封赐褒扬及文人儒士的宣扬有关。港澳台的妈祖文化基本上是一种“移民”文化，它既具有中国民间信仰文化的特点，同时又由于所处的特殊环境具有自己的文化特点，其中主要表现在妈祖文化与当地政治、经济的互动方面。

题　　名　**港脚贸易与英国东印度公司对华茶叶贸易**
作　　者　龚高健
刊　　名　福建师范大学学报（哲学社会科学版）
年卷期　2005年4期
页　　码　37－40
摘　　要　在英国东印度公司对华茶叶贸易史上，港脚贸易扮演着特殊而重要的角色，它们之间既有相辅相成、互相促进发展的一面，又存在相互排斥、彼此竞争的关系。在历史推进的过程中，英国对华贸易的两大商业势力之间的矛盾日益尖锐，相互排斥的一面逐渐占据了上风。

题　　名　**港脚商与鸦片战争**
作　　者　房德邻
刊　　名　北京师范大学学报（社会科学版）
年卷期　1990年6期
页　　码　7－14
摘　　要　港脚商在早期中英关系史上占有重要地位，他们是鸦片走私贩子，又是最早把英国的棉纺织品带到中国市场的自由商人，他们的贸易活动改变了由东印度公司和中国广州公行两个贸易垄断组织所构成的中英贸易格局，给予英国政府的对华政策以深刻的影响，并最终引起了鸦片战争。

题　　名　**港口:联结近代上海与长江流域的枢纽**
作　　者　戴鞍钢
刊　　名　郑州大学学报(哲学社会科学版)
年 卷 期　2006 年 6 期
页　　码　9 – 10

题　　名　**港口体系变迁与唐宋扬州盛衰**
作　　者　周运中
刊　　名　中国社会经济史研究
年 卷 期　2010 年 1 期
页　　码　73 – 78
摘　　要　宋代扬州经济相比唐代衰落很多。本文先考证唐代的扬州商贸范围,辨明海陆变迁只是扬州衰落的基础。十国割据形势对扬州经济虽然有很大打击,但也不是其衰落的主要原因。唐宋之际长江三角洲港口体系变迁,真州、润州、江宁、通州、江阴、青龙港等六个港口分担了扬州原有的贸易职能,这才是宋代扬州衰落的最关键原因。

题　　名　**港口与腹地:近代九江与南昌贸易互动因素的历史考察**
作　　者　李学忠,陈晓鸣
刊　　名　江西教育学院学报
年 卷 期　2010 年 5 期
页　　码　94 – 99
摘　　要　近代九江的开埠通商,使得赣中北地区的南昌、九江成为江西经济新的增长极,由此形成了以九江——南昌为中轴的发展格局。九江口岸贸易的迅速发展带动了以省会南昌为中心的货物集散市场的繁荣,近代九江与南昌贸易往来频繁,互相依赖,相辅相成。透过港口贸易与腹地经济的关系来观察两地,经济地理区位和交通运输基础是两地互动的基本前提。

题　　名　**港台的徐福研究及其在日本的影响**
作　　者　常扬
刊　　名　中国史研究动态
年 卷 期　1985 年 4 期
页　　码　10 – 13

题　　名　**高句丽与南北朝朝贡关系变化研究**
作　　者　刘文健
刊　　名　东北史地
年 卷 期　2010 年 2 期
页　　码　38 – 42
摘　　要　南北朝时期,高句丽的朝贡活动非常频繁,在朝贡史研究中具有典型性。高句丽对南北朝的朝贡活动分为 413 – 475 年(“均等”朝贡阶段)、476 – 519 年(“一边倒”朝贡阶段)、520 – 589 年(起伏变化朝贡阶段)三个时期,高句丽根据自身安全的需要、外部环境的压力以及南北朝的实力对比情况来对南北朝进行朝贡,因而出现了不同时期对南北朝的朝贡次数、密度的差异。

题　　名　**高丽时代妈祖接触考**
作　　者　朴现圭
刊　　名　鲁东大学学报(哲学社会科学版)
年 卷 期　2009年26卷3期
页　　码　26-30
摘　　要　在北宋宣和年间,以路允迪为首的宋朝使团来到了高丽国,向高丽人谈到了妈祖信仰。到了高丽末期,高丽人对妈祖的信仰变得更为积极。郑梦周、李崇仁、权近、朴宜中等高丽使臣们渡过渤海湾,找到了在北方最早被分派的沙门岛天妃庙,在那儿向妈祖神致祭或是留下了吟咏妈祖信仰之灵验的作品,可以作为在高丽末期妈祖信仰曾流传过的一个很好的证据。而当时往来渤海湾的高丽渔民曾非常虔诚地信奉妈祖。

题　　名　**高丽使节郑梦周登州史迹考**
作　　者　袁晓春
刊　　名　延边大学学报(社会科学版)
年 卷 期　2010年1期
页　　码　65-69
摘　　要　郑梦周是高丽王朝著名的政治家、文学家、外交家,他4次出使中国,多次在登州往来,他与登州的渊源颇深。郑梦周所见和记录的登州港、蓬莱阁、苏轼碑等文化遗迹,至今保存完好,甚至高丽后期郑梦周时期高丽使团使用的海船,近年来在蓬莱登州古港也被发现出土。

题　　名　**高丽伊斯兰教徒剌马丹**
作　　者　朴现圭
刊　　名　海交史研究
年 卷 期　2006年50期
页　　码　47-54
摘　　要　位于东亚的韩国与西亚的伊斯兰国家的交往由来已久,古代已有韩国人踏访伊斯兰国家。本文所要介绍的,正是古代韩国人和伊斯兰国家接触的物证之一——剌马丹墓碑。高丽人剌马丹在元朝为官,死后被葬在广东的伊斯兰教徒墓园。他是现存资料中以伊斯兰教礼入葬的高丽第一人。剌马丹墓碑是最近广州都市扩大规划工程中被偶然发现的。笔者通过广州博物馆副馆长李穗梅得知此事后,亲访广州,经由广州博物馆和广州伊斯兰教协会始得观剌马丹元朝墓碑及求得相关资料。本论文将围绕剌马丹墓碑,着重介绍墓碑及其收藏现状、具体事项以及笔者的寻访过程及墓碑发掘的意义等内容。为了便于读者理解,还将顺带介绍与剌马丹墓碑有关的广州伊斯兰教遗址。

题　　名　**高丽与唐王朝互使述论**
作　　者　李大龙
刊　　名　黑龙江民族丛刊
年 卷 期　1995年1期
页　　码　55-61

题　　名　**高僧法显求法轶事**
作　　者　肖韵
刊　　名　沧桑
年 卷 期　1995 年 2 期
页　　码　54 – 55
摘　　要　法显(约 334 – 420),俗姓龚,平阳郡武阳(今临汾西南)人。我国东晋时代的高僧,杰出的翻译家和旅行家,是中国僧人中最早去印度取经的人,比唐僧西域取经早 200 多年。

题　　名　**高僧一山一宁东渡日本与元代的中日文化交流**
作　　者　郧军涛
刊　　名　陇东学院学报(社会科学版)
年 卷 期　2004 年 2 期
页　　码　74 – 77
摘　　要　元代发动的两次征日战争,使得 13 世纪末期的中日关系阴云密布,紧张万分。元成宗继位后,委派高僧一山一宁为信使东渡日本。一山一宁赴日后,进行了弘扬佛法以及传播禅学、宋学、文学、书画艺术等一系列的努力,对日本的社会、文化产生了深远的影响,使因战争而一度中断的中日文化交流得以恢复、扩大并出现了繁荣局面。一山一宁揭开了中日友好交流的新篇章,在中日关系友好发展史上具有重要的地位。

题　　名　**高升号殉难爱国官兵人数考**
作　　者　戚其章
刊　　名　近代史研究
年 卷 期　1984 年 2 期
页　　码　297 – 298
摘　　要　在甲午丰岛海战中,乘坐英国商船高升号的中国爱国官兵,临危不惧,勇抗强虏,其事迹真是可歌可泣！可是,当时殉难的爱国官兵到底有多少？迄今尚无可靠的说法。

题　　名　**高原明珠滇池走出的伟大航海家——记少年郑和**
作　　者　蔡杰
刊　　名　郑和研究
年 卷 期　2004 年 F07 期
页　　码　56 – 57

题　　名　**高原战舰育海魂——桐梓“中华民国海军学校”**
作　　者　黄光荣
刊　　名　贵州文史天地
年 卷 期　2000 年 4 期
页　　码　17 – 19

题　　名　**高宗、睿宗朝日使来唐事考**
作　　者　戴禾

刊　　名　文史哲
年 卷 期　1982 年 6 期
页　　码　37 - 39
摘　　要　《文史哲》一九八〇年第三期所载宋锡民、宋百川《日本遣唐使者小考》(下称《小考》)一文,认为高宗总章二年、咸亨元年、睿宗景云二年各有一次日使来唐事;并认为景云二年来唐者是不见于日籍记载的非正式使节,总章二年和咸亨元年来唐日使中也有一次非正式使节。我们认为《小考》所谓景云二年日使至唐事应在开元五年,景云二年并无日使来唐;总章二年、咸亨元年至唐者是同一次使节,其中并无所谓非正式使节。

题　　名　**哥伦布,郑和及其出使人员来台、澎的可能性**
作　　者　毛一波
刊　　名　台北文献
年 卷 期　1968 年 4 期

题　　名　**哥伦布前一千年中国僧人发现美洲考**
作　　者　朱谦之
刊　　名　北京大学学报(人文科学)
年 卷 期　1962 年 4 期
页　　码　55 - 62

题　　名　**哥伦布与郑和的比较研究**
作　　者　谢海泉
刊　　名　郑和研究
年 卷 期　1988 年 12 期

题　　名　**哥伦布之前的中国航海(一)**
作　　者　房仲甫
刊　　名　海洋世界
年 卷 期　2008 年 3 期
页　　码　59 - 63

题　　名　**哥伦布之前的中国航海之二 船头像和发现季风**
作　　者　房仲甫
刊　　名　海洋世界
年 卷 期　2008 年 4 期
页　　码　59 - 63

题　　名　**哥伦布之前的中国航海之三 夏商时期的航海与造船**
作　　者　房仲甫
刊　　名　海洋世界
年 卷 期　2008 年 5 期

页　　码　50－58

摘　　要　如果不是山东胶县出土了距今5000年前、产于远海的蓝点马鲛和鳓鱼等的骨骼和鱼鳞，人们可能至今都很难相信《竹书纪年》所说4000年前大禹第8世国王帝芒“东狩于海，获大鱼”是真实的。关于夏代的航海活动，史书上还有大禹治水时“水行乘船”(《史记》)，而不说用舟，船大舟小。乘船指导导水入海。其实，禹还在辅佐舜为臣平洪水时，就很重视商品交换活动了。

题　　名　哥伦布之前的中国航海之四 一切为了统一

作　　者　房仲甫

刊　　名　海洋世界

年 卷 期　2008年6期

页　　码　52－56

题　　名　哥伦布之前的中国航海之五 秦始皇巡海与徐福东渡

作　　者　房仲甫

刊　　名　海洋世界

年 卷 期　2008年8期

页　　码　62－65

题　　名　哥伦布之前的中国航海之六 千年丝绸之路的开辟

作　　者　房仲甫

刊　　名　海洋世界

年 卷 期　2008年9期

页　　码　38－39

摘　　要　“泛楼船兮济汾河，横中流兮扬素波。”——汉武帝公元前113年，汉武帝七次巡海之后，于汾河之上即兴作了此诗。《汉书》说，武帝在汾河大型楼船上设国宴招待各国使节。楼船上一时载歌载舞，笙鼓喧闹，这一场面曾使外国客人为之一惊。于此可见，当时楼船之大，稳性之好，结构之牢。

题　　名　歌德与中国艺术的关系

作　　者　杨恩霖

刊　　名　海交史研究

年 卷 期　1999年35期

页　　码　41－47

题　　名　跟随郑和下西洋的穆斯林

作　　者　魏德新

刊　　名　郑和研究

年 卷 期　2008年2期

页　　码　37－45

摘　　要　郑和每次出海的船队不仅人数多，而且信仰各异，有信仰伊斯兰教、佛教、道教等多个宗教的船员。在远航活动中，一大批回族穆斯林，也分别从各自不同的角度为这一永载史册的壮举立下了丰功伟绩。郑和船队的这些回族穆斯林，他们不仅有着娴熟的航海技术，通晓阿拉伯语、波斯等语种，熟知伊斯兰国家的风土人情,同时还有着极其丰富的远洋航海实践经验,因此,这是一支"具有世界主义色彩的船队"。

题　　名　跟随郑和下西洋的正使王景弘

作　　者　魏德新

刊　　名　郑和研究

年 卷 期　2005 年 3 期

页　　码　61－64

摘　　要　王景弘,明代伟大的穆斯林航海家、外交家和军事家。综观郑和下西洋这一震惊海内外的壮举,郑和之所以能够顺利完成使命,这与其船队中有着一批杰出的统领指挥和优秀航海家是分不开的。

题　　名　庚子议和时期赫德改革方案述评

作　　者　钟勇华

刊　　名　社科纵横

年 卷 期　2011 年 1 期

页　　码　109－111,120

摘　　要　庚子议和时期,赫德在其发表的多篇论述"中国问题"的文章以及他同各方的往来文件和私人书信中,基于其在华观察和认识,就如何处理义和团事件和中外关系提出了许多与当时西方主流观点不同的意见,同时亦提出了其改革方案,其内容涉及经济、政治、文化教育等各个方面。其方案中的许多主张和建议后被清政府所采纳,对清末新政产生了很大影响。但由于其改革方案既欲维护清政府统治又想保障列强尤其是英国的根本利益,因此,也就不可避免地陷入悖论当中。

题　　名　公元 7－12 世纪靺鞨民族在西北太平洋的航行

作　　者　孙光圻

刊　　名　中国水运研究

年 卷 期　1990 年 1 期

题　　名　公元 8－9 世纪新罗与唐的海上交通

作　　者　孙光圻

刊　　名　海交史研究

年 卷 期　1997 年 31 期

页　　码　30－42

题　　名　公元六、七世纪中印关系史料考释三则——婆利国考、赤土国考、丹丹国考

作　　者　韩振华

刊　　名　厦门大学学报(哲学社会科学版)

年 卷 期　1954 年 1 期

页　　码　93－114

题　　名　公元前二世纪至公元一世纪间中国与印度东南亚的海上交通——汉书地理志粤地条末段考释

作　　者　韩振华

刊　　名　厦门大学学报(社会科学版)
年 卷 期　1957 年 2 期
页　　码　195 – 227

题　　名　**公元前后的中西古航线试探**
作　　者　李成林
刊　　名　学术月刊
年 卷 期　1980 年 3 期
页　　码　77 – 81
摘　　要　班固在《汉书》地理志中,记载着一条由中国雷州半岛经南洋到达印度洋西北海岸的古航线,记载着西汉使节"黄门"译长等大航海家沿着该航线遍历南洋、南亚、波斯湾与红海的动人事迹。但是由于多年来对这条航线所经各国的译名考释不一,因而这条可以称之为"海上丝绸之路"的中非古航线,不曾确定其全部走向。现在我们有必要根据史料记载重新进行探讨,以便更深刻地了解我国古代人民对于世界文明作出了何等有益的贡献。

题　　名　**公元一世纪——七世纪中朝两国人民的文化交流**
作　　者　朴真奭
刊　　名　延边大学学报(哲学社会科学版)
年 卷 期　1978 年 1 期
页　　码　67 – 75

题　　名　**宫室乎? 船台乎?——关于"秦汉船台"争论的点滴回忆和体会**
作　　者　曾昭璇
刊　　名　热带地理
年 卷 期　2002 年 22 卷 1 期
页　　码　93 – 96
摘　　要　通过对众多的各不同专业的专家学者所持观点的回顾和分析,认为所谓的广州"秦汉船台",实际上应为"干栏式古建设"遗址。

题　　名　**沟通东西文化的"陶瓷之路"**
作　　者　陈桥驿
刊　　名　天津社会科学
年 卷 期　1985 年 1 期
页　　码　91 – 95
摘　　要　我国是世界上最早制造陶器的国家之一。近年来,在河南省新郑县裴李岗和河北省武安县磁山出土的新石器时代的陶器,据测定,其制造年代都在距今七、八千年以前。仰韶文化是我国北方早期的新石器文化,这个时期的窑址,据统计已发现了十五处,共有陶窑五十四座。当时,陶器制造的技术已经颇高,彩陶即是一种相当高的技术成就。以后,我国陶器制造技术一直在进步与发展,唐朝的三彩陶器和明代盛行的宜兴紫砂陶器等,都是其中技术精湛的产品。

题　　名　孤拔伤亡于镇海当系子虚——从新发现的史料说《中法战争诸役考》
作　　者　洪余庆
刊　　名　学术论坛
年 卷 期　1999年4期
页　　码　95－97
摘　　要　许多中国历史文献和口碑传说称,中法战争时期法国远东舰队总司令孤拔在镇海之役中受伤或阵亡。黄振南在《中法战争诸役考》中经过翔实的考证,指出此说是不可靠的。最近在该战役发生地发现的两件时人文书说明,孤拔在镇海伤亡之说值得怀疑。作者认为,此说非但可疑,而且子虚乌有。

题　　名　孤拔之死辨析
作　　者　齐上志
刊　　名　福建史志
年 卷 期　2005年6期
页　　码　50－51
摘　　要　孤拔是1884年中法马江海战法国侵略军的首领,关于他的死,众说纷纭,莫衷一是,成为一百多年来的一宗历史疑案。究竟孤拔死于何时?有两种说法:一说是在1884年8月的中法马江海战中被击毙;另一种说是在1885年6月死亡的。

题　　名　孤本《咸阳家乘》(《大理马姓家谱》)研究
作　　者　马颖生
刊　　名　回族研究
年 卷 期　2004年2期
页　　码　30－34
摘　　要　孤本《咸阳家乘》是大理回族学者马元所藏谱牒,它与巍山本《马氏家乘》同属一个源流,为赛典赤家族谱牒之一,具有重要的史料价值和学术价值。

题　　名　古"丹江漕运"考
作　　者　牛新亚
刊　　名　公路交通编史研究
年 卷 期　1989年6期
页　　码　58－61

题　　名　古百济国400艘倭船遗踪查勘录
作　　者　徐作生
刊　　名　海交史研究
年 卷 期　2000年38期
页　　码　114－119,113

题　　名　古刺桐港"海上丝绸之路"上的奇葩——港口史海拾零之泉州港(一)
作　　者　张钧雷
刊　　名　水运管理

年 卷 期 2010 年 11 期
页 码 38 – 40

题 名 **古刺桐港 古代华夏的国际性海上商贸枢纽——港口史海拾零之泉州港(二)**
作 者 张钧雷
刊 名 水运管理
年 卷 期 2010 年 12 期
页 码 43 – 44

题 名 **古代“东瓯国”杂考五题**
作 者 钱志熙
刊 名 绍兴文理学院学报(哲学社会科学版)
年 卷 期 2009 年 5 期
页 码 54 – 61

题 名 **古代“海上丝绸之路”的发祥地**
作 者 曾新
刊 名 羊城今古
年 卷 期 2003 年 1 期
页 码 9 – 14

题 名 **古代“海上丝绸之路”释疑**
作 者 袁钟仁
刊 名 羊城今古
年 卷 期 1989 年 6 期
页 码 2 – 6

题 名 **古代“海上丝绸之路”释疑续述**
作 者 袁钟仁
刊 名 羊城今古
年 卷 期 1990 年 6 期
页 码 15 – 19

题 名 **古代川江天险行船经验**
作 者 冯蔚然
刊 名 上海海事大学学报
年 卷 期 1985 年 4 期
页 码 101 – 103

题 名 **古代从海路外传的植物与生产技术初探**
作 者 林更生

刊　　名　海交史研究
年 卷 期　1988 年 14 期

题　　名　**古代从海路引进福建的植物**
作　　者　林更生
刊　　名　海交史研究
年 卷 期　1982 年 4 期

题　　名　**古代大连航海地位沿革初探**
作　　者　孙光圻
刊　　名　大连海运学院学报
年 卷 期　1983 年 9 卷 1 期
页　　码　89－98
摘　　要　大连,地处辽东半岛南端,是我国东北门户,海上交通枢纽。本文计图通过对有关出土文物和历史资料的考察和分析,对古代大连的航海地位的沿革,进行初步的探索和研究,以期引起对此问题的进一步关注。

题　　名　**古代大陆移民与日本民族文化心态**
作　　者　王顺利
刊　　名　外国问题研究
年 卷 期　1993 年 1 期
页　　码　40－45,62

题　　名　**古代大运河入海通道考述**
作　　者　王健
刊　　名　江海学刊
年 卷 期　2006 年 6 期
页　　码　159－166
摘　　要　古代京杭大运河沿线主要有三大入海通道:天津通道,北运河、南运河在此与海河联结,通向渤海;江浙通道,大运河沟通淮河、长江、太湖三江、钱塘江入海水道;宁波通道,浙东运河北接大运河,东与涌江、姚江相汇后在宁波入海。

题　　名　**古代的港口城市——宁波**
作　　者　林士民
刊　　名　海交史研究
年 卷 期　1981 年 3 期

题　　名　**古代的楼船**
作　　者　邓端本
刊　　名　航海
年 卷 期　1983 年 5 期

页　　码　25 – 26

摘　　要　古代的楼船就是战舰。这些战舰均有多层的建筑，所以称为楼船。楼船是仿照楼车制成的，楼车是一种有楼的兵车，作战时可以居高临下打击敌人。由于水上作战同样需要居高临下这一优势，所以楼船便在战争中应运而生了。

题　　名　古代的日中关系——从志贺岛的金印到高松塚的海兽葡萄镜

作　　者　王仲殊

刊　　名　考古

年 卷 期　1989 年 5 期

页　　码　463 – 471，429

摘　　要　作为太平洋西部的岛国，古代日本走向国际化的主要目标在于大陆的中国。从公元一世纪开始，日本长期谋求与中国交往。随着东亚国际形势和日本国内形势的变化，日中两国之间的关系也处在不断的变化之中。在到七世纪为止的七百年间，日本对中关系的开展可以分为“初发期”、“确立期”、“急进期”和“成熟期”等四个时期。

题　　名　古代的暹罗华侨

作　　者　G·威廉·史金纳，王云翔

刊　　名　南洋问题资料译丛

年 卷 期　1962 年 2 期

页　　码　105 – 122

题　　名　古代的中柬贸易

作　　者　赵和曼

刊　　名　学术论坛

年 卷 期　1981 年 3 期

页　　码　70 – 74

题　　名　古代的中日医药交流

作　　者　周启乾

刊　　名　史学集刊

年 卷 期　1987 年 3 期

页　　码　72 – 73

摘　　要　相传中国医药学最初是经由朝鲜半岛传入日本的，至公元六世纪，吴人知聪携带医药书籍渡日，是最早的直接来往，但双方开始比较频繁的交流，则是在七世纪以后。公元六〇八年，日本推古天皇时，随遣隋使派在中国的首批日本留学生中，就有人学习医学。六三〇年，日本派出的第一次遣唐使，负责人之一即是几年前从中国留学归来的医生惠日。

题　　名　古代帝王对南海神的封号

作　　者　黄淼章，邝桂荣

刊　　名　岭南文史

年 卷 期　2001 年 2 期

页　　码　53 - 56

题　　名　**古代东北黑龙江"丝绸之路"**
作　　者　张克
刊　　名　黑龙江史志
年 卷 期　2006 年 8 期
页　　码　47 - 49
摘　　要　历经两汉与唐宋元明清诸朝近 2000 年的我国西北丝绸之路，与明代郑和七次远航开通印度洋海上丝绸之路，是中华民族文明史和世界文明史中的辉煌篇章。在我国西南古代有通往东南各国的茶马古道；东南沿海各省古代也都有与朝鲜、琉球、日本、菲律宾等国贸易、文化交往的海上丝绸之路。东北地区，尤其是北部黑龙江地区，一向被称之为偏荒之地甚至被叫做北大荒，似乎一直交通闭塞，与"丝绸之路"无缘。其实远非如此。不过是因为地处偏远，不为中原史家关注而已。草创于辽金，经元代，到明清时期日臻完善发展的东北——黑龙江丝绸之路，一条大通道自南而北贯穿辽吉黑大地，直通黑龙江下游地区与库页岛。众所周之，早在 3000 年前，以今天黑龙江、吉林东部牡丹江为中心居住地的东北先民肃慎人，已开始南移长白山地区，与中原商、周王朝有了交往。先秦古籍中关于"肃慎氏之贡矢"——北"土"贡品矢石就是明证。此后，辽西走廊和辽东半岛与山东半岛之间的渤海海路，便成为中原与东北地区往来的通道。

题　　名　**古代东北亚海上交流史分期**
作　　者　金健人
刊　　名　社会科学战线
年 卷 期　2007 年 1 期
页　　码　131 - 141
摘　　要　通常以历史朝代作为海上交流史的分期，这比较简便但并不切合实际。本文以船舶制造和航海技术发展所带来的不同海上交流方式变化作为分期的主要依据，把古代东北亚海上交流史划分为桴筏漂流期、舟船近海航行(远海漂流)期、船舶跨海航行期三个阶段，同时阐明了三个阶段不同的海上交流方式及特点所带给东北亚各民族之间不同的文化交流和社会发展。

题　　名　**古代东南海上的流浪汉**
作　　者　林蔚文
刊　　名　航海
年 卷 期　1984 年 3 期
页　　码　28 - 29

题　　名　**古代东南海洋性瓷业格局的发展与变化**
作　　者　吴春明
刊　　名　中国社会经济史研究
年 卷 期　2003 年 3 期
页　　码　33 - 41
摘　　要　陶瓷是古代中国对世界影响最大的手工业产品，中国陶瓷主要是通过海洋传播和影响世界，我国海洋性瓷业中心是浙、闽、粤、赣等东南沿海。环中国海沉船瓷器和国内外陶瓷考古发现与研究表明,东汉六朝时期东南沿海青瓷业经济与贸易体系的雏形已经形成。隋唐宋元时期东南青瓷、青白瓷、黑釉瓷等主要的海洋性瓷业生产规模急剧扩大并向内陆腹地广泛辐射,海洋经济地带从东亚岛弧地带急剧扩张到印度洋两岸地区,华瓷经济与贸易体系逐步进入了繁荣发展阶段。明清时期以东南青花瓷为代表的海洋性瓷业持续发展,并伴随着东、西方海洋势力的变化消长,青花瓷的海洋辐射范围从印度洋两岸推进到了大西洋两岸,凸显东南海洋瓷业的强大生命力和对世界的影响力。

题　　名　古代东南越地水陆交通的开拓
作　　者　林蔚文
刊　　名　广西民族研究
年 卷 期　1988 年 1 期
页　　码　27－32

题　　名　古代东南越人的造船业
作　　者　李少明
刊　　名　中国社会经济史研究
年 卷 期　1990 年 2 期
页　　码　92－97
摘　　要　本文所说的古代东南越人系指先秦、秦代和汉初主要活动于今浙江、福建、广东和江西东部南部的于越、瓯越、闽越和南越诸国越人。多年来历史学界对吴越历史文化已多有研究,本文拟就古代东南越人的造船业作一专述,不足之处敬请批评补正。

题　　名　古代福建对日贸易与文化交流
作　　者　林家恒
刊　　名　海交史研究
年 卷 期　1996 年 30 期
页　　码　46－51

题　　名　古代福建港口的南药进口贸易
作　　者　黄坚航
刊　　名　中药材
年 卷 期　2005 年 7 期
页　　码　623－627
摘　　要　古代福建港口的南药进口历经兴起、繁盛到衰落的过程。本文介绍宋代以前,宋元和明清等三个不同时期福建港口的南药进口贸易情况。

题　　名　古代福建港口经济发展探析
作　　者　龚高健,张燕清
刊　　名　福建论坛(社科教育版)
年 卷 期　2007 年 S1 期
页　　码　241－249

题　　名　古代福建沿海居民的海神信仰

作　　者　谢必震

刊　　名　福建师范大学学报(哲学社会科学版)

年 卷 期　1998 年 2 期

页　　码　95－98

摘　　要　福建地处东南沿海,航海交通发达,沿海居民信仰的海神除天妃外,还有临水夫人、龙神、拿公、陈文龙、苏臣等。祭祀海神的活动也是多方面的。古代福建沿海居民的海神信仰,随着福建人民的海上活动传遍了世界各地。但那不是单纯的民间信仰的传播。事实上,在世界各地人民接受了古代福建海神信仰的同时,他们也继承发扬了福建人民与大自然抗争的顽强拼搏精神。

题　　名　古代福建与日本经济文化交流探略

作　　者　何敦铧

刊　　名　福建论坛(人文社会科学版)

年 卷 期　1991 年 2 期

页　　码　52－56

题　　名　古代福建与新罗、高丽关系若干问题研究

作　　者　叶恩典,李玉昆

刊　　名　海交史研究

年 卷 期　2008 年 53 期

页　　码　26－51

摘　　要　福建与朝鲜半岛新罗、高丽两朝的交往关系由来已久。早在唐五代乃至宋元时期,福建人就在中国与新罗、高丽的互动中,扮演着极其重要的角色,其最主要的表现在于通过海路所进行的政治、经济、文化、物产、宗教等方面的交流。作者通过对相关文献资料及历史遗迹的综合考察,以大量的历史资料作为具体的研究素材,充分印证了这一历史事实。

题　　名　古代福州造船航海及海外文化交流史探

作　　者　赵君尧

刊　　名　职大学报

年 卷 期　2004 年 1 期

页　　码　94－98,72

摘　　要　古代福州造船航海及海外文化交流源远流长,历经三个阶段:源于先秦、成于汉晋、兴于隋唐五代;鼎盛并发展于宋元;盛极而衰于明清。既伴随中国封建社会的盛衰,又显示出福州独特的海洋文化地域特色。

题　　名　古代各国船舶——兼论中国船史与世界船史的关系

作　　者　邱克

刊　　名　船史研究

年 卷 期　1986 年 2 期

题　　名　古代各时期河套段黄河航道考略

作　　者　王天顺

刊　　名　宁夏大学学报(人文社会科学版)

年 卷 期　2002 年 4 期

页　　码　89 -91,94

摘　　要　黄河航运事业开发很早。据古文献记载,黄河上、中游在夏代就被辟为运输贡品的水道。以后历代都用这条水道作为军事物资和邮传信使的水上交通线。河套段的航道从今宁夏横城渡开始,至于今内蒙古托克县河口镇。上溯至宁夏中卫开始,整段河道可行木船,其长度绵亘千余公里。但各代通航线路长短不一。在统一安定的情况下,航道畅通,航线加长;在战争割据状态下,航线缩短。河套段黄河冬季冰期较长,并非一年四季通航。河套地区三面环绕黄河,出入河套的许多津渡在沟通套内套外,塞内塞外的交通中起着重要作用,历史上已形成了一些著名的商埠和水旱码头。

题　　名　古代广州的对内交通和贸易初探

作　　者　徐俊鸣,郭培忠

刊　　名　中山大学学报(自然科学版)

年 卷 期　1980 年 4 期

页　　码　111 -120

题　　名　古代桂东南沿海地区对外贸易的历史回顾及其启示

作　　者　俞德华

刊　　名　广西社会科学

年 卷 期　1991 年 2 期

页　　码　109 -113

摘　　要　桂东南沿海地区,历史上曾是我国通往南海诸国的门户,今天其若干市县已被划为广西对外开放区。探讨广西开放区的历史、现状、前景,制定其外向型经济发展的战略,已成为一个理论上和实践上的重要课题。本文对古代桂东南沿海地区对外贸易作概略的回顾,追溯广西开放区的历史渊源,从中领略一些启示,应是颇有意义的。

题　　名　古代海盗行为述论

作　　者　徐松岩

刊　　名　世界历史

年 卷 期　1999 年 4 期

页　　码　65 -72

摘　　要　海盗行为通常是指海上劫掠、绑架勒索等暴力行为,它是与古代地中海地区奴隶制文明的兴衰相伴随的。现代学者在论及古代海盗行为时,往往习惯地从看待后世海盗行为的观念出发,较多地强调它对古代社会发展的负面影响,从而基本否认其历史进步性。对此我们尚不敢苟同。笔者拟通过对古代地中海地区海盗行为的历史考察,就其性质、地位和作用略陈管见。

题　　名　古代海盗之一:倭寇

作　　者　禾成

刊　　名　人民公安

年卷期 2000年12期
页　码 8

题　名 **古代海盗之二——“艇匪”与“旗帮海盗”**
作　者 禾成
刊　名 人民公安
年卷期 2000年12期
页　码 12

题　名 **古代海上丝绸之路对南海区域的影响**
作　者 张一平
刊　名 新东方
年卷期 2010年3期
页　码 17－22

题　名 **古代海洋意识的文化内涵**
作　者 张淀
刊　名 上海海运学院学报
年卷期 1999年20卷1期
页　码 95－101

题　名 **古代海运上的“北泉州”**
作　者 满维钧
刊　名 大连海事大学学报
年卷期 1985年11卷3期
页　码 133－135

题　名 **古代海战武器小史**
作　者 邓端本
刊　名 航海
年卷期 1984年2期
页　码 45,31

题　名 **古代杭州是个大海港**
作　者 吴振华
刊　名 航海
年卷期 1983年6期
页　码 14－15

题　名 **古代航海技术与郑和下西洋**
作　者 魏巍

刊　　名　中国水运
年 卷 期　2005 年 9 期
页　　码　54 – 55
摘　　要　郑和下西洋是中国古人挑战自然的一个伟大创举,这一创举所展示的不仅是中华泱泱大国的气魄,更多的是中国古代那骄人的航海技术和造船技术,正是中国古代无数的工匠和航海家的智慧和汗水造就了郑和下西洋的成功。

题　　名　古代京杭运河与中外文化交流
作　　者　朱亚非
刊　　名　淮阴工学院学报
年 卷 期　2008 年 17 卷 4 期
页　　码　14 – 18
摘　　要　京杭运河是沟通中国北方政治中心和南方经济中心的交通动脉。运河沿线的诸多城市都留下了外国人士的足迹。通过外国人在山东运河沿岸城市的活动和山东沿运河城镇居民与外国友人的交往及经济文化交流,可以探讨运河在中外文化交流中的作用。

题　　名　古代雷州半岛海神信仰略析
作　　者　张莲,李雄飞
刊　　名　广东海洋大学学报
年 卷 期　2010 年 2 期
页　　码　47 – 50
摘　　要　古代,雷州半岛信仰的海神主要有伏波将军和妈祖,尤其是元代以后,妈祖影响超过伏波,这主要有三方面原因:1)妈祖得到上层统治阶级的青睐,2)雷州半岛的汉人多为福建移民,3)雷州半岛少数民族的外迁。

题　　名　古代连云港地区的对朝交通——海上丝路的东延
作　　者　李洪甫
刊　　名　东南文化
年 卷 期　1990 年 5 期
页　　码　206 – 209
摘　　要　1980 年,我在《从中外交通及佛事遗迹看孔望山造像产生的背景》(载《法音》1981 年第 4 期)一文中提出从朐县(今连云港)出海至西域的海上丝绸之路。当时,虽已想到这条海路从朐县向高句丽、乐浪和马韩等地的北上和东延。但未加陈述,那是为了集中就孔望山造像来讨论佛教艺术由西域传人中土的途径。1988 年,我写出《古代连云港地区的中外交通——兼识海上丝路》一文(载《连云港论坛》1989 年第 1 期),着重探讨了古海州与美洲、日本等地的文化交通。本文意在探讨古代作为出海门户之一的连云港地区的对朝交通,从而明确海上丝路东延的路线问题。

题　　名　古代刘家港崛起与衰落的探讨
作　　者　林承坤
刊　　名　地理研究
年 卷 期　1996 年 15 卷 2 期

页　　码　61－66

摘　　要　明代早期建都南京，当时贴木儿帝国崛起于中亚，一度阻断了丝绸之路，北方大运河严重淤积，明王朝只能采用海运与通过海上丝绸之路开展海内外贸易。长江河口成为南京的通海捷径，刘家港位于娄江（刘洒）与长江河口交汇处，太湖平原的东北部。娄江在宋代以前严重淤积，经元代至明初的治理，特别是明初"掣淞入刘"的整治工程后，娄江河道水深河阔，全江畅通，成为长江河口地区兴建大型海港的最佳的港址。娄江又能同富饶的太湖平原相沟通，使其成为刘家港的经济腹地。以上原因使刘家港在明初崛起，成为"海运千艘所聚"的大海港与郑和下西洋的出海始发港。明王朝迁都北京后开展大运河的治理，减少对海运的依赖，郑和下西洋终止与倭寇骚扰，均促使海运衰退。长江河口南岸严重崩塌，使刘家港崩塌入海。娄江严重淤积。以上原因导致刘家港衰落。

题　　名　古代琉球的华裔伟人

作　　者　谢必震

刊　　名　华侨华人历史研究

年 卷 期　1997 年 S1 期

页　　码　53－56

摘　　要　闽人三十六姓在琉球生息繁衍，"子孙秀者读书南雍"，即作为琉球的留学生派往中国留学，学成回国后在琉球社会的发展中有着举足轻重的作用。他们中间有的人担任权倾朝野的琉球国相；有的人位居于一言九鼎的司法官；更多的人成为琉球历史上著名的政治家、思想家、科学家、医学家和民族英雄。正是这一优秀的知识群体的聪明才智的发挥，才使得"地无货殖"，"商贾不通"，"缚竹为筏，不驾舟楫"的弹丸岛国琉球，一跃而成为"以海舶行商为业"，号称"以舟楫为万国之津梁"的发达国家。也就是说，在琉球社会翻天覆地的历史进程中，闽人三十六姓及其后裔中的许多人对琉球社会的进步起了极其重要的作用，并影响了那一段的历史。他们中间有蔡温、程顺则、郑迥、魏士哲、林世功等。本文利用日本冲绳那霸市史文化振兴课保存的清代琉球闽人三十六姓的家谱资料，拟对这些华裔伟人，作一客观的评价。

题　　名　古代洛阳与南海丝绸之路

作　　者　许永璋

刊　　名　史学月刊

年 卷 期　2000 年 1 期

页　　码　30－36

摘　　要　南海丝绸之路的开辟，始于西汉时期。宋元明时期随着经济重心的南移，陆上丝绸之路衰落，南海丝绸之路则得到长足发展。古代洛阳连接南海丝绸之路的陆上通道有三条，即从会稽、东冶至洛阳，从广州至洛阳，从缅甸经云南、四川至洛阳。沿着这三条路线，古代从海路来华并到达洛阳的国外使者、商人、僧侣，主要来自柬埔寨、缅甸、印度尼西亚、印度、埃及等地。

题　　名　古代南海交通史上的"海""洋"考释

作　　者　陈佳荣

刊　　名　厦门大学学报

年 卷 期　1981 年 S 期

页　　码　110－117

题　　名　古代南海交通中心的变迁

作　　者　周中坚

刊　　名　海交史研究
年 卷 期　1982 年 4 期

题　　名　**古代飘流来南通的外国客人**
作　　者　王秉钧,张晓玲
刊　　名　航海
年 卷 期　1992 年 4 期
页　　码　37 – 38

题　　名　**古代羌人的一项重要发明——也论“皮筏”的历史及其它**
作　　者　聪喆
刊　　名　青海民族学院学报
年 卷 期　1983 年 2 期
页　　码　13 – 17
摘　　要　《兰州学刊》八一年第三期刊登了邵永强,魏通两同志题为《黄河上的天之骄子——羊皮筏子》的一篇文章,对所谓兰州地区“独特”的水上交通工具作了介绍,引起了很多人的兴趣。但是,原文不长,疏漏却是不少,特别是皮筏创造发明的时间、地点和人物,都有许多错讹和不当的认识。作为一种学术刊物发表的文章,这不能不使人感到遗憾! 因此,我认为有必要再作考证和阐述,以便使读者能够比较确切地认识我国古代这一伟大发明及其在我国历史上所作的贡献,从中得到应有的教益。同时,我还认为“皮筏”的发明与创造,是我国少数民族的一大功绩,这个功绩不应埋没,应该特别加以总结、整理和赞扬。下面,笔者将首先从皮筏子的历史谈起。

题　　名　**古代钦州湾地区的对外交往述论**
作　　者　吴小玲
刊　　名　广西师范大学学报(哲学社会科学版)
年 卷 期　2003 年 39 卷 3 期
页　　码　126 – 169
摘　　要　自汉代起,以合浦、徐闻为起点的海上丝绸之路的开辟,使钦州湾地区成为中国古代对外交往和贸易的重要出海通道。钦州湾地区古代的对外贸易经历了以朝贡贸易为主到以市舶贸易为主的两个发展阶段,贸易中心经历了从合浦到钦州再到北海的一再变易,民间贸易一直长盛不衰。其中钦州港及其港外海域是海上丝绸之路的起点之一和必经通道。

题　　名　**古代秦皇岛航海地位沿革概述**
作　　者　王庆普
刊　　名　中国航海
年 卷 期　1994 年 2 期
页　　码　92 – 98
摘　　要　秦皇岛作为我国北方海域的重要航海口岸,自古人类活动以来,就与中原地区发生了海上联系,其航海地位已初具雏形。自先秦至隋唐时期,由于历代帝王对秦皇岛航海地位的重视,使秦皇岛与山东、辽东及东南沿海的联系更加密切,其航海规模一次比一次宏大。迨至明清时期,因秦皇岛所处的战略地位,以军事运输为主的航海活动空前活跃起来。设置“海运厅”后,秦皇岛地区的海运管理更趋健全和严密;为保障行船安全,出现了早期的导航标志和组织,是秦皇岛航海技术和航海设施的重大进步。清末,秦皇岛自开口岸被帝国主义骗占后,其航海地位是悲惨和畸形的,直到1948年秦皇岛解放,其航海地位揭开了崭新的一页。本文比较系统地概述了古代秦皇岛航海地位,对文史工作者研究秦皇岛古代航海活动有一定的参考价值。

题　　名　**古代泉商的拓海贡献与原因**
作　　者　王伟明
刊　　名　黎明职业大学学报
年 卷 期　2007年4期
页　　码　14－16
摘　　要　泉商的贡献有别于其他地域的商帮,其主要的贡献在于"拓海",参与中国的海洋经济活动。其表现为:是海上丝绸之路的主体力量、在东南海洋贸易带上发挥枢纽作用、是台湾成为汉人主体社会的奠基者等五个方面。究其发挥拓海贡献的原因有:地理因素、人文积淀和大航海时代的三个方面主要原因。

题　　名　**古代泉州阿拉伯穆斯林与泉州港的盛衰**
作　　者　黄天柱,廖渊泉
刊　　名　东南亚
年 卷 期　1984年1期
页　　码　24－32,23
摘　　要　泉州是唐、宋、元时期我国东南四大海港之一,是与埃及亚历山大港齐名的世界两大商港,以"刺桐港"之名称蜚声寰宇。明清以来,它始降为地方性港口。关于泉州盛衰的原因,不少中外史学者写了论著,从地理、物产、经济、政治等方面进行了研究与评述。但对唐、宋、元以来在泉州的阿拉伯穆斯林与泉州盛衰的关系,却没有专文作比较系统地论述。本文拟从这一个历史角度探讨泉州港的盛衰。

题　　名　**古代泉州港兴衰史浅探**
作　　者　周中坚
刊　　名　天津师范大学学报(社会科学版)
年 卷 期　1981年4期
页　　码　70－76
摘　　要　在中国古代的海港中,泉州港的兴起是比较晚的,但它后来居上,宋元时期一跃成为举世闻名的大海港,在中外往来中发挥了极其重要的作用;元末明初又突然衰落,并且一蹶不振。古代泉州港的迅速兴起、无比繁荣和急剧衰落,在海港史上是很罕见的。这方面的研究,不但可以通过重现历史的光辉,激发我们的爱国主义精神,增进同各国人民的友谊,而且可借以探索港口发展的规律,为社会主义现代化建设提供历史借鉴。笔者不揣谫陋,在中外学者研究成果的基础上,对古代泉州港的兴衰过程及其原因,作一些介绍和探讨。

题　　名　**古代泉州与大食商人**
作　　者　宋岘
刊　　名　海交史研究
年 卷 期　1988年13期

题　　名　古代日本“邪马台国”所在地争论浅见
作　　者　邹有恒
刊　　名　外国问题研究
年 卷 期　1981年2期
页　　码　1-6,13

题　　名　古代日本的吴越移民王国
作　　者　王勇
刊　　名　浙江社会科学
年 卷 期　1996年2期
页　　码　86-92

题　　名　古代日本南洋文化交流史初探
作　　者　野村亨
刊　　名　亚洲文化
年 卷 期　1996年20期
页　　码　108-114

题　　名　古代日本人来华活动路线研究
作　　者　夏应元
刊　　名　世界历史
年 卷 期　1992年6期
页　　码　10-15,27

题　　名　古代日琉关系考
作　　者　米庆余
刊　　名　世界历史
年 卷 期　2000年3期
页　　码　58-65
摘　　要　清代光绪年间,中日围绕“琉球问题”有过长达数年的争议。1879年8月2日,日本驻华公使向总署转交外相寺岛宗则7月16日发出的《说略》,内称:“琉球为我南岛久矣……国史记南岛朝贡事,实在中国隋唐之际。天平七年(唐开元二十三年),太宰府遣使于南岛……既在我政教之下矣。”“保元中(当宋绍兴时),源为朝居伊豆大岛,浮海略诸岛至琉球,娶岛酋大里按司女弟,生男尊敦。为朝还大岛,尊敦立为琉球王,是为舜天王……其后二百余年,将军足利义教赏萨摩守岛津忠国功,赐以琉球(嘉吉元年、明正统六年)尔来,隶属岛津氏为其附庸。”“丰臣氏伐朝鲜之役,命征兵粮琉球,尚宁王仅输其半。德川氏继丰臣氏,命岛津家久发兵讨之。尚宁出降,家久引谒江户(庆长十四年、明万历三十七年)。”“庆长征服之后,并之萨摩封土,统其内政,兵戎其土,吏理其民,经其田,收其税。布禁行令,不一而足。内属附庸,誓文在案。家久得德川氏命,世管琉球地,遣吏人,理岛政,正经界……自此其后,世服萨摩吏治,于今经三百年矣。”“今也,我政府一变旧制,尽废建邦,易以郡县……而非灭人之国、绝人之祀者也。是系我国之内政,宜得自主而不容他邦之干涉也。”以上《说略》是日本政府在有关“琉球问题”的交涉中,最为冗长的一次照会,也是陈述日琉关系最为完整的一次。它直接关系到中日交涉的结局和近代日本“废琉置县”的性质。本文拟就其中的主要观点和日本学界的研究,作些必要的考察。

题　　名　古代日中关系史上的问题点——以隋、唐、渤海的交流为中心
作　　者　王维坤
刊　　名　西北大学学报(哲学社会科学版)
年 卷 期　1996 年 26 卷 3 期
页　　码　83 - 85
摘　　要　本文是日本大阪府立女子大学校长、京都大学名誉教授、文学博士上田正昭先生,在 1995 年 9 月 22 日我校举行的西北大学授予上田正昭先生名誉教授仪式上所作的学术报告的讲演稿。他在报告中,对古代日中关系的研究提出了许多新见解,令学术界耳目一新。他强调指出,古代日中关系是极其和平和友好的。但遣唐外交并不是在和平友好的气氛中展开的,而是在极其紧张和对立的复杂环境下进行的。同时,他还指出在遣唐外交的背后,还存在着日本和渤海国之间的交流关系。

题　　名　古代山东的海神崇拜与海神祭祀
作　　者　王赛时
刊　　名　中华文化论坛
年 卷 期　2005 年 3 期
页　　码　50 - 54
摘　　要　在山东沿海地区,自古以来就流行着海神崇拜的习俗,人们通过这种崇拜意识来表达自己对海洋的认识。同时,沿海居民还经常举办祭祀海神的活动,用以祈求海事平安。在漫长的历史时期内,山东沿海地区形成了独具特色的海神文化。

题　　名　古代山东与辽东的航海往来
作　　者　王赛时
刊　　名　海交史研究
年 卷 期　2005 年 47 期
页　　码　34 - 44
摘　　要　很早以前,山东半岛与辽东半岛之间就开辟了海上通道,使两地人民能够紧密接触。随着航海技术的发展,海路交往的密度和力度都在增大,这种海上交往不但提高了古人的航海能力,还使得渤海两岸的经济文化相互沟通,促进了两地经济的发展与交融。本文就我国宋代以前山东与辽东之间的航海过程略作论述,并对这片海区早期航行的史实进行探索。

题　　名　古代上海与日本交往
作　　者　谯枢铭
刊　　名　史林
年 卷 期　1990 年 2 期
页　　码　35 - 39,65
摘　　要　上海为我国沿海重要港口,自从唐宋以来,就与日本人民多有交往。这是中日人民友好史上重要一页。对此,历来论述甚少,故有必要加以整理、研究。

题　　名　古代时期的中、日琉球关系研究——以明以前为研究对象

作　　者　柳岳武，王禹

刊　　名　广西社会科学

年 卷 期　2006年5期

页　　码　142-145

摘　　要　位于东南亚的古琉球国很早就是中国的属国。它虽然与日本地缘相近，但却归属于不同的种族，有着不同的民族语言、风俗习惯、经济关系。大量证据表明，日本所谓的琉球、日本祖先"同缘论"只是日本为其吞并琉球行为所作出的无聊狡辩；相反，早在明以前的古代时期，琉球就同中国有了密切的联系。

题　　名　古代世界最大港口——泉州港

作　　者　艾力云，冯蔚然

刊　　名　航海

年 卷 期　1980年3期

页　　码　2-3

摘　　要　我国宋代的泉州港，曾经以它的繁荣著称于世。当时意大利著名旅行家马可波罗(Marco-polo)在他的《马可波罗游记》中认为，泉州港是当时世界两个最大的贸易港之一。他在写到泉州的繁荣时说，各地商贾贩运货物的数量，"虽合全世界也不及刺桐(即泉州，因初筑城时环植刺桐树，亦称刺桐港)一个大港。"另一个当时著名的旅行家，摩洛哥人伊本·拔图塔也在他的《在美好国家旅行者的欢乐》游记中盛赞："刺桐的港口，是世界最大的港口之一，或许是世界最大的港口。"泉州在当时成为世界著名的通商大港，是不容置疑的。

题　　名　古代水军重镇——蓬莱水城

作　　者　崔世辉

刊　　名　中国水运

年 卷 期　1995年1期

页　　码　44

题　　名　古代水陆交通与城镇演变(上)

作　　者　纪立虎

刊　　名　交通与运输

年 卷 期　2002年1期

页　　码　44-46

题　　名　古代水陆交通与城镇演变(下)

作　　者　纪立虎

刊　　名　交通与运输

年 卷 期　2002年2期

页　　码　44-45

题　　名　古代天津港的形成与变迁
作　　者　刘致勤
刊　　名　天津社会科学
年 卷 期　1986 年 4 期
页　　码　94 –96,80
摘　　要　天津地处渤海向西凹入部分的顶点,自古以来,天津地区就是华北平原大部河流汇注入海之处,天津港很早就在沟通我国南北经济及文化交流中起过重要的作用。

题　　名　古代天文航海仪《璇玑》的探讨
作　　者　曲贵春
刊　　名　天津航海
年 卷 期　1983 年 2 期
页　　码　17 –21
摘　　要　自《尚书,舜典》载璇玑一名,至今对于璇玑意义的解释,一向只限于古代文献记载、注释、以及璇玑的造字而论。本文拟综合前人研究的成果,结合客观天象的复原,以及考古发现对璇玑的最早使用年代。

题　　名　古代外贸的通道——丝绸之路
作　　者　赫树权
刊　　名　商业研究
年 卷 期　1989 年 12 期
页　　码　27 –29
摘　　要　丝绸之路,也称“丝路”,是古代横贯亚洲的东西交通要道。约自公元前二世纪起,中国的大宗丝和丝织品皆由此路西运欧亚非三洲,故称为“丝绸之路”。此外,也有取道海上者,东去朝鲜、日本,南至东南亚各国;或经由云南进入缅甸通道,再自缅甸南部西运转达印度,再由海上西运。

题　　名　古代西江的货运
作　　者　易源
刊　　名　人民珠江
年 卷 期　1994 年 6 期
页　　码　47 –50

题　　名　古代西江的客运
作　　者　易源
刊　　名　人民珠江
年 卷 期　1993 年 6 期
页　　码　47 –48

题　　名　古代先民的水崇拜及其民俗透视
作　　者　刘雅杰
刊　　名　山东工商学院学报

年 卷 期　2007年4期

页　　码　108－111

摘　　要　在以农耕经济为主的中国古代，水对于古代先民的影响非常广泛而重要，人们对水的依赖到了一种无以复加的地步。人缘水而生，缘水而居，甚至恋爱、结婚、生子以及祭祀祖先都离不开水。在万物有灵的观念支配下，人们对水充满了无限向往和崇拜，并由此产生了一系列与之相关的风俗习惯。

题　　名　**古代暹罗与中国的友好关系**

作　　者　江应樑

刊　　名　思想战线

年 卷 期　1983年4期

页　　码　44－52

题　　名　**古代移民和海南的早期开发**

作　　者　纪宗安

刊　　名　暨南学报（哲学社会科学）

年 卷 期　1990年4期

页　　码　109－120

题　　名　**古代已有亚洲移民到美洲的新论证**

作　　者　委历

刊　　名　世界历史

年 卷 期　1981年2期

页　　码　81－93

摘　　要　在有关亚洲与美洲文化渊源的探讨中，委内瑞拉学者安东尼奥·莫雷诺·维亚弗兰卡提出了一种新观点：在印第安人定居美洲以后，公元前1400年和公元700年先后有两批亚洲移民进入美洲，他们的文化对美洲文化的发展曾起过重要的推动作用。根据他的研究，在公元前1400年左右（中国商朝），一批中国移民从黄河流域向东迁徙，越过太平洋后在中美洲登陆。他们高度发展的文化在美洲传播的结果产生了前奥尔梅克和奥尔梅克文化。

题　　名　**古代越人的航海能力及东渡美洲**

作　　者　林蔚文

刊　　名　海交史研究

年 卷 期　1986年9期

题　　名　**古代越人的神木崇拜**

作　　者　林蔚文

刊　　名　中央民族大学学报（哲学社会科学版）

年 卷 期　2001年2期

页　　码　68－72

摘　　要　通过丰富的考古发现和文献资料，证明古越人有神木崇拜的习俗，集中表现为独木棺、独木舟的广泛使用及用巨木雕制图腾柱。今南方各民族普遍存在的神树崇拜习俗，亦与古越人的神木崇拜有着密切的关系。

题　　名　古代早期的中国南海与西海的地理概念
作　　者　王元林
刊　　名　西域研究
年 卷 期　2006 年 1 期
页　　码　73－78
摘　　要　四海是对中国周边海湖和地区的称谓,早期的四海没有确指海域,只是泛指和对举而言。受地理形势和人们认识的限制,春秋越国所临海既可称“东海”,又可作“南海”;秦以后,“南海”主要指今我国南海以及其南的东南亚、太平洋印尼至澳大利亚以及印度洋的海域。而早期的“西海”所指地域也多难考求,后人们认识扩大,“西海”指代我国西部和西域各湖泊不一。

题　　名　古代占婆对华朝贡之动因探析
作　　者　李未醉
刊　　名　广西社会科学
年 卷 期　2006 年 3 期
页　　码　100－102
摘　　要　古代占婆是位于东南亚的国家之一,它竭力谋求对华朝贡,其动因是依靠中国的强大实力,保障本国的安全;以朝贡活动为幌子,追求巨大的物质利益;以朝贡关系为外衣,蚕食中国的领土并不断侵略他国。

题　　名　古代战船和海战
作　　者　陈燮阳,乔惠英
刊　　名　汽车研究与开发
年 卷 期　1998 年 4 期
页　　码　56－59
摘　　要　东同时期中国的战船已有相当规模和一定规格了。我国古代战船的分类大体上都以效用划分,但各个朝代的战船种类繁多,名称也不一致。

题　　名　古代浙江地区对外贸易述略
作　　者　姚文仪
刊　　名　史林
年 卷 期　1997 年 2 期
页　　码　41－44,111

题　　名　古代浙江丝绸的生产、外销与对外技术交流
作　　者　余敏敏
刊　　名　海交史研究
年 卷 期　1998 年 33 期
页　　码　68－72

题　　名　**古代浙江在海上"丝绸之路"中的地位——兼论浙江历代的海外丝绸贸易**
作　　者　陈炎
刊　　名　商业经济与管理
年 卷 期　1982年4期
页　　码　46－53,76
摘　　要　我国是最先发明养蚕和纺织丝绸的国家。美丽的中国丝绸早在公元以前,就通过陆路和海路向国外传布。横贯欧亚大陆的西域丝绸之路,最初就是以对外进行丝绸贸易而闻名于世的。陆上除这条西北的丝绸之路外,还有一条从我国西南通过缅甸向外传布丝绸的西南丝绸之路。以上两条丝绸之路,虽然开始的时间很早,但都是陆路,有其一定的局限性。到唐代中期,由于多种原因,其中最主要的原因是,陆路运输已不能满足对外贸易日益发展的需要,而逐渐为海路所代替。海上"丝绸之路"就是在这种情况下,形成发展起来的。

题　　名　**古代中阿交往路线**
作　　者　郭应德
刊　　名　阿拉伯世界
年 卷 期　1994年1期
页　　码　48－50
摘　　要　古代中国和阿拉伯的交通路线,即中西交通路线分陆海两路。中外史籍对此都有记述。唐德宗贞元间(785－805),宰相贾耽(730－805)著《皇华四达记》,对有关中阿陆海交通路线的记述较详,《新唐书·地理志》中曾引用。半个多世纪后,阿拉伯阿拔斯朝吉巴勒省邮政和情报局长伊本·胡尔达兹贝(约820－912)完成了他的《道程及郡国志》。该书关于中阿陆海交通路线的记载,与《皇华四达记》大体一致。

题　　名　**古代中朝海上交往与船文化交流**
作　　者　辛元欧
刊　　名　中国航海
年 卷 期　2000年2期
页　　码　94－100
摘　　要　本文以古代中朝海上交通为主线,论及华夏文明在朝鲜半岛的传播以及中国古代造船技术对朝鲜的影响。频繁的海上贸易导致黄海两侧中朝港口的繁荣。

题　　名　**古代中朝丝绸文化的交流**
作　　者　赵丰
刊　　名　海交史研究
年 卷 期　1987年12期

题　　名　**古代中非关系史研究的回顾与思考**
作　　者　许永璋
刊　　名　西亚非洲
年 卷 期　1994年5期
页　　码　62－67

摘　　要　古代中非关系史是古代中外关系史的重要组成部分。同时,研究非洲古代史,也不能不研究古代中非关系。因此,我国史学工作者尤其是从事非洲史研究的学者,历来十分重视古代中非关系史的研究。在这篇文章里,笔者打算概略地介绍迄今为止古代中非关系史的研究情况,并在此基础上提出一些想法和建议。

题　　名　古代中非关系史中的黎轩和“已程不国”究竟在哪里?
作　　者　陈乐民
刊　　名　西亚非洲
年 卷 期　1994 年 1 期
页　　码　72

题　　名　古代中非关系与贸易
作　　者　杨静林
刊　　名　东南亚纵横
年 卷 期　2010 年 6 期
页　　码　73 – 76
摘　　要　从公元 3 世纪到 16 世纪上半叶,中菲关系与贸易得到了一定程度的发展。这与当时中国经济的繁荣、中央政府外交政策的积极推动以及航海技术的进步密不可分。中菲间长达千年之久的往来促进了两国社会的共同发展,尤其对古代菲律宾社会的发展起到了一定的推动作用。

题　　名　古代中国船只到达美洲的文物证据——石锚和有段石锛
作　　者　石钟健
刊　　名　思想战线
年 卷 期　1983 年 1 期
页　　码　39 – 49,95,2
摘　　要　本文试就古代太平洋航路的开通和最早到达美洲的人是谁这两个问题,根据文物,给予说明,并作出论证。

题　　名　古代中国的朝贡制度和古罗马的海外行省制度——中华法系和罗马法系形成的制度基础
作　　者　朱景文
刊　　名　法学杂志
年 卷 期　2007 年 3 期
页　　码　153 – 156
摘　　要　古代中国的朝贡制度和古罗马的海外行省制度是两个古代大帝国把自己与周围世界、周边国家联系起来的制度,在此基础上分别形成了中华法系和罗马法系。作为前现代的全球化的形式,它们虽然有许多相似之处,但是从它们的成因、实现方式、目的等方面却有着重大的差别,对后世,包括近代、现代以至当代有着不同的影响。对它们进行比较分析,对我们有许多启发意义。

题　　名　古代中国的探险家
作　　者　埃文 · 哈丁赫姆,山海
刊　　名　郑和研究

年 卷 期 2004 年 1 期
页　　码 53－54

题　　名 **古代中国的沿海文化与日本文化**
作　　者 王金林
刊　　名 天津社会科学
年 卷 期 1990 年 6 期
页　　码 70－75

题　　名 **古代中国对日本称名演变的历史考索**
作　　者 陆晓光
刊　　名 华东师范大学学报(哲学社会科学版)
年 卷 期 2000 年 1 期
页　　码 26－34
摘　　要 中国古代典籍中的对日本称名经历了一个由以“倭”指称转为以“日本”指称的变化过程,变化的主要原因与日本方面视“倭”为“不雅”之名有关。本文在追溯考察对日称名之演变过程基础上,对古汉语中的“倭”字意味以及它当时成为对日称名的可能原因作了考论,认为“倭”称在古汉语中实际是个中性而略具褒美意味的语词,以“倭”为“不雅”之名在古汉语中并无根据。在中国古代典籍中,“倭”称真正成为“不雅”乃至贬义鲜明的特称词语是明代以后始有之现象,其背景原因则是明代时期日本方面对中国沿海地区的侵掠暴行。中国古籍对日称名由“倭”改称为“日本”反映了中国古代对日本民族的尊重和宽容,而“倭”称在古书中从一个不无褒美意味的语词转变为一个贬义鲜明的特称,则是中国古代语言文化之道义立场在对日关系方面的表现。

题　　名 **古代中国海上事业衰落的动因种种**
作　　者 Michael L. Bosworth
刊　　名 21 世纪商业评论
年 卷 期 2005 年
页　　码 138－139

题　　名 **古代中国和非洲的医药交流**
作　　者 朱德明
刊　　名 中华医史杂志
年 卷 期 1997 年 2 期
页　　码 43－46
摘　　要 中国和非洲虽远隔重洋,古代双方医药交流的历史却源远流长。从中医药传入非洲和那里的医药反传两方面来看,非洲医学界人士来华的人数和次数逾越中国之右,那里香药传入我国的规模亦比中药反传大得多。随着清朝闭关自守政策的日趋酷严,这种友好的科技交流亦告停顿。

题　　名 **古代中国货币流入日本的主要途径**
作　　者 周爱萍
刊　　名 河南教育学院学报(哲学社会科学版)

年 卷 期 1996 年 2 期

页 码 62－67

摘 要 17 世纪末期以前,中国货币曾大量流入日本,对日本的社会政治、经济生活及货币文化等产生了广泛、深远的影响。古代中国货币流入日本的主要途径略有:朝贡贸易、民间贸易、半官方贸易、中国移民携入、日本留学生带回等。中国货币流入日本,其数量之大、种类之多、历时之长,在世界上实属罕见。

题 名 **古代中国人是否到过美洲**

作 者 李颖

刊 名 温州师范学院学报(哲学社会科学版)

年 卷 期 1995 年 5 期

页 码 54－55

摘 要 1492 年 10 月 12 日,航海家哥伦布,历时 71 天发现了“新大陆”——美洲,遮已早诚定论。但是在哥伦布之前,中国古代是否有人已先期到过美洲?这是个古老而又令人、特别是中国人,倍感兴趣的问题。

题 名 **古代中国通向阿拉伯的海上航路及其沿革**

作 者 孙光圻

刊 名 中国航海

年 卷 期 1987 年 1 期

页 码 55－65

摘 要 本文以中国古代航海文献为主要依据,论述了公元前二世纪至公元十五世纪中叶,古代中国通向阿拉伯的海上航路及其沿革。作者希望本文能从主要链节上勾勒出中国古代远洋航业的基本轮廓,以推动对此课题的深入研究。

题 名 **古代中国与“岛夷”日本之间的国家理性——从邪马台国的所在地展开**

作 者 细野浩二,蔡建国,何凤圆

刊 名 史林

年 卷 期 1993 年 3 期

页 码 73－83

题 名 **古代中国与朝鲜半岛国家文化交流述略**

作 者 王世贤

刊 名 烟台大学学报(哲学社会科学版)

年 卷 期 1992 年 4 期

页 码 51－59

题 名 **古代中国与东南亚中医药交流**

作 者 冯立军

刊 名 南洋问题研究

年 卷 期 2002 年 3 期

页　　码　8－19,101

题　　名　**古代中国与琉球王国友好关系的确立与中断**
作　　者　庞培法,刘金国
刊　　名　山东师大学报(社会科学版)
年 卷 期　1995年5期
页　　码　47－50,70
摘　　要　千百年来,在人类历史发展的长河中,古代中国同周边国家,不断建立和发展着友好睦邻关系,共同推动了这一地区的繁荣。中国与隔海相望的琉球王国,自明代洪武年间到清代光绪五年年一直保持着友好合作关系这是中国人民同冲绳人民的宝贵财富。而中国同琉球王国友好关系的中断,是当时中日关系中的大事。一个世纪之后回顾这段历史,对于加强中国人民同冲绳人民的友好关系具有十分重要的意义。

题　　名　**古代中国与南洋诸国通商考**
作　　者　苏干英
刊　　名　南洋研究
年 卷 期　1944年11卷2期

题　　名　**古代中国与史前时代的日本——中日文化交流溯源**
作　　者　蔡凤书
刊　　名　考古
年 卷 期　1987年11期
页　　码　1026－1031
摘　　要　中国和日本是一衣带水、一苇可航的友好邻邦。两者之间悠久的交往活动,一直是两国史籍记载和传颂的内容之一。鉴真和尚东渡日本,大量的日本"遣唐史"和"学问僧"到中国求学或求法等,早已传为历史佳话。

题　　名　**古代中国越人到过美洲吗?——与石钟健同志商榷**
作　　者　沈根荣
刊　　名　思想战线
年 卷 期　1983年6期
页　　码　71－75,40
摘　　要　一七六一年法国汉学家德吉尼斯提出,在公元前五世纪,即哥伦布发现新大陆以前一千年,中国僧人慧深就已经到达美洲的假说。二百多年来,各国学者对此假说一直争论不休。一九八三年第一期《思想战线》杂志发表了石钟健同志的《古代中国船只到达美洲的文物证据——石锚和有段石锛》(以下简称"石文"),根据北美发现的"浅海石锚"和散布在太平洋群岛以至南美洲厄瓜多尔等地的有段石锛,提出中国古代越人船队,早在公元前一、二千年,就开辟了太平洋北岸航路和中部航路,到达美洲的观点,比德吉尼斯之说又提前了一千多年。笔者不同意这个看法。现就有段石锛作一些分析,以此就教于石钟健同志。

题　　名　古代中韩海上交流学术研讨会综述
作　　者　毛毛雨
刊　　名　当代韩国
年 卷 期　2005 年 4 期
页　　码　100
摘　　要　2005 年 11 月 1－3 日，在韩国海上王张保皋纪念事业会资助下，浙江大学韩国研究所举办了“古代中韩海上交流学术研讨会”，中韩日三国二十余位学者参加了此次会议。会议以一度称雄东亚地中海的新罗商人张保皋为中心议题，对八九世纪唐、新罗和日本的海上贸易往来、日本遣唐使与新罗的关系等进行了学术交流。与会的三国学者共提交了 13 篇学术论文，与同行充分交换了学术观点和各自的最新研究成果。韩国张保皋研究会金文经会长《新罗和江南》一文，论述了新罗与中国江南活跃的人员往来、贸易关系、航路、造船业、瓷器以及佛教的传播等方面历史事实，阐明了韩国古代和中国江南的深厚渊源。东国大学曹永禄的《唐末五代福建地域韩国佛迹》，从福建闽江边的韩国佛迹、闽南的海洋环境等处为切入点，充分论证了古闽国和朝鲜半岛之间密切的佛教交流。

题　　名　古代中韩文化交流探析
作　　者　李英武，郝淑媛
刊　　名　东北亚论坛
年 卷 期　2005 年 5 期
页　　码　90－93
摘　　要　古代中韩文化交流源远流长，对双方的政治、经济、军事、文化教育、文学艺术、体育娱乐乃至日常习俗等各领域，都产生过深刻的影响，形成了很多相似的文化传统。在今后的文化交流中，中韩两国既要保持本民族文化的独特性，也要相互尊重对方国家的独特性，扩大双方的共同性。

题　　名　古代中韩医药交流
作　　者　朱建平
刊　　名　当代韩国
年 卷 期　1998 年 1 期
页　　码　60－62

题　　名　古代中日交往与日本文字的形成
作　　者　王秀文
刊　　名　辽宁师范大学学报
年 卷 期　1989 年 2 期
页　　码　56－60
摘　　要　上古时的日本列岛居民，只有语言没有文字。平安时代初期斋部广成编著的《古语拾遗》中记载：“盖闻上古之世未有文字，贵贱老少口口相传，前言往行存而不忘。”公元一世纪前后，日本人开始接触汉字。据出土文物证明，当时中国的手工业品已传入日本，其中许多金石器物上，如铜镜、印章以及货币等，都有铭文。这些铭文虽然只是不成文的单个汉字，但这是日本人最初接触到的文字。

题　　名　古代中日经济文化交流的门户——大宰府
作　　者　王仁波

刊　　名　海交史研究
年 卷 期　1982 年 4 期

题　　名　**古代中日丝绸文化的交流与日本织物的发展**
作　　者　严勇
刊　　名　考古与文物
年 卷 期　2004 年 1 期
页　　码　65 – 72

题　　名　**古代中外关系系史研究中的史料问题**
作　　者　马新
刊　　名　山东大学学报(哲学社会科学版)
年 卷 期　1990 年 4 期
页　　码　72 – 75
摘　　要　近几十年来,中国古代对外关系史的研究取得了较大进展,但史料建设迟迟未得到应有的重视。几十年前,张星烺先生瘁力编集的《中西交通史料汇编》,推动了一代中外关系史的研究,由于当时条件的限制与中外关系史史料的复杂特性,这套史料汇编尚有一些不足,而且,仅此一种史料汇编也难以完全解决古代中外关系史研究中的史料问题。古代中外关系史应当建立自己的史料学体系——中国古代对外关系史史料学,探索与把握本学科史料的特性,以更好地整理与使用,推进古代中外关系史的研究。

题　　名　**古代中外海上交通**
作　　者　刘欣尚
刊　　名　国际经济合作
年 卷 期　1987 年 3 期
页　　码　61 – 62
摘　　要　今天,各种现代化的巨轮穿梭般地航行于波涛汹涌的海洋上,连结着世界各大洲人民的友谊和经济文化的交往,为现代文明的发展发挥着重要的作用。然而,今天世界航海事业的发达,又是与古代中国和世界各国人民在长期的生活和斗争实践中,不断发展造船技术,积累和丰富航海经验,开辟古代中外海上交通的伟大贡献分不开的。

题　　名　**古代中西贸易的纽带——丝绸之路与陶瓷之路**
作　　者　梅鹤群
刊　　名　地理教育
年 卷 期　1991 年 3 期
页　　码　15

题　　名　**古代中越中医中药交流初探**
作　　者　冯立军
刊　　名　海交史研究
年 卷 期　2002 年 41 期
页　　码　47 – 56

题　　名　古代舟船、海道及其文化
作　　者　车干，林娜
刊　　名　中文自学指导
年 卷 期　2000 年 5 期
页　　码　13 – 18

题　　名　古汉字中的舟文化
作　　者　刘金荣
刊　　名　绍兴文理学院学报(哲学社会科学版)
年 卷 期　2009 年 29 卷 6 期
页　　码　103 – 105
摘　　要　从舟以及含舟意符的几个会意字等古汉字中，可以分析出汉民族远古生活中的舟文化，汉民族的祖先在几千年前就发明了独木舟，而且舟在先民的生活中扮演着重要的角色。

题　　名　古今变通之际的福建船政学堂
作　　者　江克英
刊　　名　福建广播电视大学学报
年 卷 期　2006 年 3 期
页　　码　69 – 71
摘　　要　福建船政学堂培养出一批出色的技术、翻译人才，在中国近代教育史上有其重大影响。本文分析了福建船政学堂创建的社会历史背景及创建的原因，揭示其出现的历史必然性。

题　　名　古今长江三峡舟楫的主要类型和支流特色船
作　　者　黄诗玫
刊　　名　重庆交通学院学报(社会科学版)
年 卷 期　2004 年 3 期
页　　码　17 – 20
摘　　要　三峡地区的先民们早在远古时代便在沿江定居，生息繁衍。正是他们开始了长江上最原始的航行，写下三峡航运最初的篇章。从某种意义上说，三峡就是一个古今舟楫的自然博物馆，各个不同时代都有它的主要船型和独特功用。各支流上还活跃着各种各样的船只，这些船只不仅种类繁多，而且在造型上独具风格，功用上各有所长。

题　　名　古琉球确即瀛洲考释
作　　者　梁嘉彬
刊　　名　思想与时代
年 卷 期　1948 年 50 期
页　　码　14 – 25

题　　名　古罗马的海上丝绸贸易之路
作　　者　宋建良

刊　　名　陕西教育学院学报
年 卷 期　2006 年 3 期
页　　码　22
摘　　要　在丝绸之路开通之前，中国丝绸已流入古罗马，引发了古罗马对丝绸需要的矛盾，使其急待寻求和开辟丝绸贸易途径，虽然开通了南北两条陆上贸易之路，但更为重要的是在公元前开辟了一条通向中国海岸的远洋航道，使古罗马有了海上的丝绸贸易之路。

题　　名　**古泉州港与海上丝路的关系**
作　　者　黄天柱
刊　　名　浙江理工大学学报
年 卷 期　1993 年 3 期
页　　码　71－73
摘　　要　本文就泉州港的兴衰及其丝绸外销与丝绸生产的情况，证实泉州在历史上，特别是宋元时期，繁荣了海上丝瓷之路，是“海上丝绸之路”的起点站，泉州对人类的物质文明、文化交流、友好往来和经济发展，都曾作出过巨大的贡献。

题　　名　**古文献中的“江”不是长江的专称**
作　　者　石泉
刊　　名　文史
年 卷 期　1979 年 6 期

题　　名　**古越族的舟船文化与中华木帆船的形成**
作　　者　陈延杭
刊　　名　海交史研究
年 卷 期　1991 年 20 期
页　　码　31－44

题　　名　**故苏禄国白本头墓研究**
作　　者　徐作生
刊　　名　郑和研究
年 卷 期　1999 年 4 期
页　　码　33

题　　名　**挂锔连接工艺及其起源考**
作　　者　徐英范
刊　　名　船史研究
年 卷 期　1985 年 1 期
页　　码　64－71

题　　名　**关于宁波为吴东渡日本出海口的考证**
作　　者　李军

刊　　名　南方文物
年 卷 期　2004 年 1 期
页　　码　33 – 37，18

题　　名　**关天培粤省海防**
作　　者　玉华
刊　　名　岭南文史
年 卷 期　1993 年 2 期
页　　码　51 – 56
摘　　要　鸦片战争之前，清朝政府奉行"闭关"政策，仅开广州一口同外人接触。作为清朝国防力量一个重要组成部分的广东水师，无疑对这一国策的维护，有着重大的责任。历任广东水师提督也都把"缉盗防夷"当作他的重要职守。鸦片战前，在清朝的历任广东水师提督中，关天培是最杰出、也是最重要的一位，他对广东省的海防作出了杰出贡献，并悲壮地牺牲，长留英名于后世。

题　　名　**关于"疍民"的族名问题**
作　　者　林永锐
刊　　名　文史杂志
年 卷 期　1988 年 5 期
页　　码　39

题　　名　**关于"海国图志"**
作　　者　钱实甫
刊　　名　学术月刊
年 卷 期　1962 年 1 期
页　　码　39 – 40

题　　名　**关于"海上丝绸之路"概念及其历史下限的思考**
作　　者　赵春晨
刊　　名　学术研究
年 卷 期　2002 年 7 期
页　　码　88 – 91
摘　　要　"海上丝绸之路"是指以丝绸贸易为象征的、曾在中国古代长期存在的、中外之间的海上交通线及与之相伴随的经济贸易关系。明清时期，是其发生演变并最后终结的时期。虽然从形式上看，中外海上交通的道路并未如古代陆上的"丝绸之路"那样因阻断而荒废，反而借着西人的东来殖民而更趋畅达和兴盛，然而中西之间贸易关系的性质却在发生急剧的变化，传统模式的"海上丝绸之路"正日渐让位于隶属于世界资本主义经济的近代中西贸易关系。

题　　名　**关于"料"的探讨**
作　　者　顿贺
刊　　名　船海工程
年 卷 期　2004 年 4 期

页　　码　35－36

摘　　要　探讨船史研究及古船复原中常常遇到的“料”的含意，分析研究明代“料”作为尺度、容积、体积等计量单位时的换算关系。

题　　名　关于“闽人三十六姓”姓氏源流的探讨

作　　者　吴永宁

刊　　名　福建省社会主义学院学报

年 卷 期　2010 年 2 期

页　　码　79－85

摘　　要　明初“闽人三十六姓”遵照国谕赴琉球，担负造化、沟通往来之使命。此后便定居琉球之“久米村”，世代繁衍生息。根据现存的福建诸姓族谱及其内容，分析并推断赴琉球之“闽人三十六姓”的姓氏源流，并以此对两地之文化往来做进一步的探讨。

题　　名　关于“徐福东渡”之我见

作　　者　蔡凤书

刊　　名　山东大学学报（哲学社会科学版）

年 卷 期　1997 年 3 期

页　　码　97－101

题　　名　关于“张琏”“南澳”误传辨正

作　　者　施存龙

刊　　名　文化杂志

年 卷 期　2003 年 47 期

题　　名　关于“郑和航海中 VC 来源”一文的补充

作　　者　陈亚昌

刊　　名　郑和研究

年 卷 期　2000 年 1 期

页　　码　27－28

题　　名　关于“郑和文化”内涵之我见

作　　者　郑源

刊　　名　郑和研究

年 卷 期　2005 年 1 期

页　　码　20－23

题　　名　关于《光明之城》的讨论

作　　者　李玉昆

刊　　名　中国史研究动态

年 卷 期　2007 年 2 期

页　　码　15－19

题　　名　关于《海录》及其作者的新发现与新认识
作　　者　安京
刊　　名　海交史研究
年 卷 期　2002 年 41 期
页　　码　36 – 46

题　　名　关于《三国志·孙权传》上的“亶洲”
作　　者　袁臻
刊　　名　华南师院学报(哲学社会科学版)
年 卷 期　1980 年 2 期
页　　码　100 – 103

题　　名　关于《史记》东传日本的时间起点
作　　者　覃启勋
刊　　名　文史杂志
年 卷 期　1989 年 6 期
页　　码　12 – 13

题　　名　关于《宣和奉使高丽图经》需要说明的几个问题
作　　者　孙希国
刊　　名　兰台世界(下半月)
年 卷 期　2009 年 12 期
页　　码　67 – 68
摘　　要　本文在前人研究成果的基础上,对高丽国王俣逝世及徐兢出使高丽的时间、徐兢出使高丽所乘的舟楫、徐兢出使高丽往返的具体时间和乾道本《宣和奉使高丽图经》的刊刻之地等相关问题再次加以说明。

题　　名　关于 13 – 14 世纪刺桐(泉州)的外文资料——对方济各会修士信函的初步看法
作　　者　徐小虎
刊　　名　海交史研究
年 卷 期　2001 年 39 期
页　　码　43 – 53

题　　名　关于 15 – 16 世纪世界性大航海的几点浅见——纪念郑和远航开始 600 周年
作　　者　南炳文
刊　　名　吉林大学社会科学学报
年 卷 期　2004 年 6 期
页　　码　61 – 67
摘　　要　15 – 16 世纪的世界性大航海活动,标志着人类开始由世界各大洲居民相对封闭隔绝的状态,转向彼此交往日密、渐成一体的状态,文明发达程度急剧提高。对这一划时代的伟大历史活动,仍需继续加强研究。当前最需搞清的问题之一,当是要将近来提出的郑和船队分确否绕过好望角、进入大西洋、实现环球航行的论证,进一步审核,找出真相。这一上百年的伟大历史活动,主要是通过中国人和欧洲人之手完成的,其功不可没,但还应认识到,其成功实乃全世界各国人民长期共同努力的结果。强调这一点,不仅具有学术意义,而且能启发今人和后人自觉地加强全人类在征服自然中的相互交流和协作,具有实践意义。在这一历史活动中,中国人和欧洲人分别采取了建立朝贡体系和建立殖民地体系两种对外关系模式。两种模式从道德角度讲可分上下,而从实际后果角度讲,皆遭否定。这提示后人,应该探索出新的国与国之间的外交模式,这种新模式起码是各国,尤其是大国强国,不可忘记实行互利的原则。

题　　名　**关于16-17世纪初华商在东南亚活动的西方文献**
作　　者　张廷茂
刊　　名　中国史研究
年 卷 期　2004年2期
页　　码　139-151
摘　　要　本文介绍了作者在西葡两国各图书馆所搜集到的一些有关16-17世纪初华商在东南亚活动的西方文献,主要包括信函、游记、专书和编年史等。这批资料全部为域外原始资料,内容涵盖了华商出海船队之规模、贸易的商品结构和地理布局、华人在当地的经济生活、社会组织、宗教习俗等,且绝大部分是我国学者所没有使用过的。因此,对这批资料加以开发和利用,必将大大推进该时期中外关系史和海外华人史的研究。

题　　名　**关于澳门历史上“守澳官”“海道副使”等问题**
作　　者　杨仁飞
刊　　名　文化杂志
年 卷 期　1997年33期

题　　名　**关于澳门历史上所谓赶走海盗问题**
作　　者　戴裔煊
刊　　名　中山大学学报(社会科学版)
年 卷 期　1957年3期
页　　码　144-165

题　　名　**关于北宋初期转运使的几个问题——兼议北宋几则早期文献的史料意义**
作　　者　戴扬本
刊　　名　历史教学问题
年 卷 期　2007年4期
页　　码　18-23
摘　　要　受《通考》引述吕祖谦观点的影响,北宋初期转运使制度的设立,多被认为始于随军转运使一职。从文献资料来看,随军提供粮草,仅为其功能之一种。事实上,宋初转运使一职所对应的职能有四,而建隆年间开始在地方设置转运使实施行政管理的做法,是太祖和太宗为避免重蹈五代覆辙,苦心经营的强化中央集权策略的重要内容。

题　　名　关于北洋海军经费被挪用的几个问题
作　　者　吴长春
刊　　名　世界海运
年 卷 期　1994 年 1 期
页　　码　54 – 56
摘　　要　1894 年中日甲午战争中,中国近代海军中最大的一支——北洋海军全军覆没。学术界对甲午战争中国海军失败的原因说法多样,争论不止。其中关于北洋海军经费被挪用,影响海军发展。对海战失败的影响程度,是一个比较重要的问题。在挪用的数额上,说法差异甚大。关于挪用经费对海战的影响程度,有人认为对海战胜负影响不大。

题　　名　关于北洋舰队舰只的辨证
作　　者　永石
刊　　名　湘潭大学社会科学学报
年 卷 期　1983 年 4 期
页　　码　128 – 129

题　　名　关于层檀国使者访华次数问题
作　　者　许永璋
刊　　名　海交史研究
年 卷 期　1994 年 26 期
页　　码　83 – 85

题　　名　关于大连海事大学校史起源时间问题的几点考证
作　　者　许传鹏
刊　　名　大连海事大学学报
年 卷 期　1994 年 20 卷 2 期
页　　码　107 – 112
摘　　要　大连海事大学(原大连海运学院),于 1953 年由原上海航务学院、东北航海学院和福建航海专科学校合并而成。上海航务学院,其前身为上海吴淞商船专科学校;东北航海学院,源于 1927 年东北航警处筹办的东北商船学校;福建航海专科学校,则与爱国华侨陈嘉庚先生于 1920 年创办的集美学校实业部水产科有着较深的历史渊源。三校系晚清至新中国建立 40 余年间中国仅有的三所海运高等院校,而三校历史,又以上海航务学院最为悠久,其前身可追溯到近代中国海运高等教育之滥觞——晚清邮传部上海高等实业学堂船政科。而船政科,又是中国历史上第一所高等航海学府——邮传部高等商船学堂之前身。

题　　名　关于淡水之役的几个问题
作　　者　黄振南
刊　　名　军事历史研究
年 卷 期　1996 年 4 期
页　　码　100 – 111
摘　　要　淡水之役是中法战争后期的一次港口防御战,也是清廷下诏对法宣战后旗开得胜之役,有

“淡水大捷”之称。以巡抚衔督办台湾军务的刘铭传认为,在整个台湾保卫战中,“论战功固以沪尾一捷为最著”。由于法军在战斗中受创,史学界对此役评价甚高。然而,由于各种条件的限制,论者多就清朝方面的记载进行研究。一面之词不免失之偏颇,有些情节或夸大或缩小,与事实不甚契合。本文拟将笔者阅及的法国有关档案和著作,结合中国现存史料进行比照分析,旨在揭示淡水之役的若干内幕。

题　　名　**关于丁汝昌在黄海海战中负伤原因的不同记载**
作　　者　杨生祥
刊　　名　历史教学
年 卷 期　1988 年 7 期
页　　码　49
摘　　要　众所周知,北洋海军提督丁汝昌在甲午中日战争黄海海战开始时负伤,但史料对丁汝昌负伤的原因却有不同的记载。

题　　名　**关于丁汝昌之死的几个问题**
作　　者　戚其章
刊　　名　日本研究
年 卷 期　1989 年 2 期
页　　码　57 – 62
摘　　要　近代著名爱国诗人黄遵宪有一首《降将军歌》,其中写道:“冲围一舸来如飞,众军属目停鼓鼙。船头立者持降旗,都护遣我来致词。”“船头立者”,谓广丙舰管带程璧光;“都护”,系指北洋海军提督丁汝昌。此诗乃讥讽所传丁汝昌遣程璧光向日人乞降之事而作。那么,丁汝昌到底降敌没有?北洋舰队之投降日军,究竟是在丁生之前,还是在他既死之后?对此,长期聚讼纷纭,疑案莫明。

题　　名　**关于东瓯古史的几个问题**
作　　者　胡珠生
刊　　名　浙江学刊
年 卷 期　1988 年 5 期
页　　码　115 – 117

题　　名　**关于鄂多立克来华的登陆地点问题**
作　　者　李玉昆
刊　　名　海交史研究
年 卷 期　1982 年 4 期

题　　名　**关于方伯谦的三项罪名纯属捏造**
作　　者　季平子
刊　　名　福建论坛(人文社会科学版)
年 卷 期　1993 年 1 期
页　　码　22 – 24,53
摘　　要　代理北洋舰队提督刘步蟾于光绪二十年八月二十三日以丁汝昌名义致李鸿章报告黄海海战经过的电文提出方伯谦的罪名有三:1、首先逃跑;2、将队伍牵乱;3、撞坏“扬威”。其中 2、3 两罪名之属于捏造已成定论，只有第一罪名是否成立尚有不同意见，现先对第2、3两罪名略作说明，然后讨论第1罪名。

题　　名　关于福建船政局的成效问题
作　　者　郑剑顺
刊　　名　中国社会经济史研究
年 卷 期　1988年3期
页　　码　48－53
摘　　要　福建船政局办得成效如何，这是很有争议的问题。笔者认为，正确评价福建船政局的成效，不仅要看清政府当事者的各种言论措施，更应当考察它的实际情况。是海上“剿贼”，办得成效不佳，是失败的；还有的认为创办目的是防御侵略，发属海运，不存在“剿贼”的问题，办得成功等等。各有所据，结论难于统一。笔者认为，考察这一问题，要将言论与实际情况联系起来考察。出现歧异结论，正是多少缺乏这种必要联系的结果。

题　　名　关于福建船政局的几个问题
作　　者　郑剑顺
刊　　名　中国社会经济史研究
年 卷 期　2005年2期
页　　码　45－48
摘　　要　改革开放以来，船政研究引起学界关注，有许多成果面世。本文就船政名称问题、性质问题、管理问题、作用问题再作检点和思考，提出见解以供进一步研究。

题　　名　关于福建泉州回族形成时代的讨论
作　　者　史明
刊　　名　民族研究
年 卷 期　1993年3期
页　　码　56－63
摘　　要　关于回族的形成，学术界大都认定在明代。最近发表的几篇关于泉州回族形成的文章，也认为泉州回族形成于明代。我国回族的来源主要有海路和陆路两条路线，海路比陆路早几百年。泉州回族来源主要是海路。由于来源的路线和时代的不同，我国各地回族的形成时间可能有早有晚。从泉州的历史考察，明代是泉州回族被迫向外迁徙的历史时期，因而泉州回族的形成只能在此之前的元代。本文仅就这个问题进行一些探讨，不妥之处，请识者指正。

题　　名　关于福州港的研究情况
作　　者　林广森，钟建明
刊　　名　井冈山师范学院学报
年 卷 期　2003年24卷S1期
页　　码　56－57，70
摘　　要　福州港位于闽江入海口，依靠着江海中转与腹地纵深的条件，在中国航运与贸易史上发挥着重要作用。本文以福州港发展的四个阶段，展现了福州港历史上的兴衰史，并突出其作为闽江重要港口的作用与地位。

题　　名　关于福州水上居民的名称、来源、特徵以及是否少数民族等问题的讨论
作　　者　陳碧笙
刊　　名　厦门大学学报(哲学社会科学版)
年 卷 期　1954 年 1 期
页　　码　115－126
摘　　要　关于福建有没有存在过蜒族,是一个值得研究的学术问题,本文作者根据文献的记载以及今日福州水上居民的生活情况,认定其和古代的蜒族无直接的关系,因而不应当把它看作少数民族。作者提出他的新意见固然掌握有一定的资料。惟以这一个问题牵涉很广,为早日获得科学的定说,希望能引起国内少数民族史研究者们的注意,更好的对这一问题展开讨论。

题　　名　关于庚子大沽之战中的几个问题
作　　者　姜文英
刊　　名　河北大学学报(哲学社会科学版)
年 卷 期　1988 年 4 期
页　　码　43－47
摘　　要　1900 年 6 月 1 日七国侵略军攻占大沽炮台的战争,是义和团运动史上的重要事件。战后,大批帝国主义侵略联军由此登陆疯狂地屠杀中国人民。义和团运动进入了以反抗八国联军侵略的新阶段。同时,也是清政府由抵抗到失败,最后签订大量出卖国家主权《辛丑条约》的关键一战。对庚子大沽之战进行深入细致研究是研究义和团运动的重要一环。本文就大战的必然性,战争的性质,清政府战败的原因以及美国是否参战等问题作一评述。

题　　名　关于孤拔之死
作　　者　林其泉,张步奇
刊　　名　厦门大学学报(哲学社会科学版)
年 卷 期　1983 年 4 期
页　　码　34－36

题　　名　关于古代刘家港港区问题的论证
作　　者　吴聿明
刊　　名　海交史研究
年 卷 期　1994 年 25 期
页　　码　34－36

题　　名　关于古代日本邪马台国的所在问题
作　　者　林秀峰
刊　　名　湖南师院学报(社会科学)
年 卷 期　1962 年 1 期
页　　码　54－58

题　　名　**关于古代中日漆艺交流**
作　　者　周启乾
刊　　名　海交史研究
年 卷 期　1981年3期

题　　名　**关于古基督教传入泉州的问题**
作　　者　黄天柱
刊　　名　海交史研究
年 卷 期　1978年1期

题　　名　**关于海南岛历史上开发的若干问题**
作　　者　司徒尚纪
刊　　名　中山大学学报(自然科学版)
年 卷 期　1986年1期
页　　码　65－69

题　　名　**关于航海技术史研究的若干问题**
作　　者　冯兴耿
刊　　名　大连海事大学学报
年 卷 期　1983年9卷1期
页　　码　99－106
摘　　要　当前,开展航海技术史的研究,无疑对航海科学技术现代化,航海教育的改革和航海技术人员的培养都具有重要的意义。本文在指出这点之后,进而论述了关于航海技术史这一学科的性质、对象和内容。本文还对当前如何开展这一学科的研究和普及工作,如集中、选拔研究人员,组织研究队伍,加强资料搜集,筹备出版工作,建设航海博物馆,以及在高等院校中开设航海技术史的选修课等提出了一些积极的建议。

题　　名　**关于黄海海战胜负问题的探讨**
作　　者　刘江华,周丹丹
刊　　名　三峡大学学报(人文社会科学版)
年 卷 期　2007年29卷S1期
页　　码　118－119
摘　　要　众所周知,黄海海战在甲午战争史研究中历来占有重要的地位。尤其是关于黄海海战胜负的问题,历来是学者们关注的焦点。他们各抒己见,提出了自己的看法。讨论了学者们关于黄海海战的胜负问题的看法,吸取了前辈的看法。最后得出了北洋舰队在与日本海军的对抗中遭遇了巨大的挫折,居于失败地位的结论。

题　　名　**关于黄海海战中国舰队接战队形问题**
作　　者　姜鸣
刊　　名　华东师大学报
年 卷 期　1989年5期

题　　名　关于嘉靖朝“倭寇”的几个问题
作　　者　刁书仁
刊　　名　史学集刊
年 卷 期　1995 年 3 期
页　　码　22 – 25
摘　　要　十六世纪嘉靖年间的“倭寇”问题，震撼了明朝封建统治下的中国东南沿海，是中国历史上的一件大事，很有必要进行探讨。

题　　名　关于嘉庆年间广东海盗的几个问题
作　　者　刘平
刊　　名　学术研究
年 卷 期　1998 年 9 期
页　　码　78 – 84
摘　　要　清朝中衰的一个重要标志是以白莲教为主的农民起义与各种社会动乱交织一体。嘉庆年间浙闽粤沿海大股海盗的出现，加剧了清朝统治的危机。在国内关于嘉庆时期海盗问题的研究中，闽浙方面的蔡牵匪股曾有人作过探讨，但广东方面郑一、郑一嫂、张保仔等大股海盗的活动却被人忽略了（在其高峰期，人数达 5 万以上，船艇上千只）。本文针对这一时期广东海盗的联合与演变情况进行论述，望能引起人们对这一问题的关注。

题　　名　关于甲午黄海海战的几个问题
作　　者　戚其章
刊　　名　史学月刊
年 卷 期　1982 年 1 期
页　　码　38 – 43，23
摘　　要　甲午黄海海战是中日双方海军的一次主力决战。这次海上鏖战，其规模之巨大，战斗之激烈，时间之持久，在世界海战史上是罕见的。海战中，北洋舰队广大官兵用自己的生命和鲜血谱写了一曲爱国主义的英雄赞歌。但是，目前史学界对这次海战的认识，还存在着很大的意见分歧。对此，本文试作初步探讨，希望有助于进一步展开讨论。

题　　名　关于甲午战争中日军在山东的登陆地点
作　　者　宋文瑄，蒲增繁
刊　　名　历史教学
年 卷 期　1983 年 6 期
页　　码　49

题　　名　关于建炎四年在福建施行的通商法
作　　者　渡边纮良
刊　　名　海交史研究
年 卷 期　1988 年 13 期

题　　名　关于鉴真东渡二题
作　　者　杨曾文
刊　　名　郑州大学学报(哲学社会科学版)
年 卷 期　2007 年 40 卷 5 期
页　　码　103 – 106
摘　　要　佛教东传日本之后,一直没有形成完备的戒律制度,私自出家现象日益严重,日本朝廷对此难以控制,特派使者赴唐邀请律学高僧鉴真赴日,授戒传律。鉴真在中国所学及到日本后所传授的律学主要为唐代道宣的四分律南山律宗,被日本律宗奉为初祖。

题　　名　关于江户时代中国船漂流日本的资料
作　　者　大庭修,高洪译
刊　　名　日本研究
年 卷 期　1987 年 3 期
页　　码　38 – 39

题　　名　关于江南大报恩寺与琉璃宝塔
作　　者　王引
刊　　名　郑和研究
年 卷 期　2007 年 3 期
页　　码　33 – 37

题　　名　关于军持的几个问题
作　　者　李知宴,黄宝玲
刊　　名　海交史研究
年 卷 期　1982 年 4 期

题　　名　关于开埠前澳门半岛上的“村”的传说探真
作　　者　谭世宝
刊　　名　学术研究
年 卷 期　1996 年 7 期
页　　码　65 – 70

题　　名　关于康熙“开海”的几个问题
作　　者　冯一下
刊　　名　中学历史教学
年 卷 期　2008 年 6 期
页　　码　47 – 49
摘　　要　清朝的海外贸易政策,几经调整,多次变化。从顺治入关到宣统覆亡,大体可分为允许贸易(1644 ~ 1654)、严厉禁海(1655 ~ 1683)、开海贸易(1684 ~ 1756)、闭关锁国(1757 ~ 1841)、被动开放(1842 ~ 1912)五个阶段。要全面论述这五个阶段的情况,颇费笔墨,现仅就相当重要但说法不一,且为中学历史教学界长期忽视的“开海贸易”阶段的几个问题谈一些看法,供大家参考。

题　　名　关于康熙二十二年六月清郑澎湖海战的天气及相关方法论问题的探讨
作　　者　周翔鹤
刊　　名　台湾研究集刊
年 卷 期　2002年1期
页　　码　93－96

题　　名　关于空海到赤岸的几个问题之管见
作　　者　林华章,周朝泉,陈品全
刊　　名　东南学术
年 卷 期　1990年1期
页　　码　68－72
摘　　要　空海到赤岸这段史实,我们王今尚未找到中国文献资料记载,又无遗址文物发现,因此,可以说这在我国还是一段历史空白。目前日本国方面主要依据是作为日本国史的《日本后纪》和空海自己撰述的《性灵集》、《御遗告》,但对这段史实也是语焉不详,资料不足。因而中日双方研究空海入唐足迹的学者众说纷纭莫衷一是。本文就中日学者近年来对空海到赤岸的几种不同说法,提出我们的看法,不当之处,还请批评指正。

题　　名　关于轮船招商局产生与初期发展的几个问题
作　　者　张国辉
刊　　名　经济研究
年 卷 期　1965年10期
页　　码　60－69
摘　　要　在讨论洋务运动与中国资本主义的发生、发展问题时,人们常拿轮船招商局作为分析研究的典型。用这个典型作为中国资本主义发生、发展过程的缩影是富有意义的。因为,在中国近代企业的发生史上,轮船招商局是出现最早、规模最大、关系又很复杂的一个企业。它的产生、发展过程能够说明中国资本主义发生、发展的某些特点。近几年来,有不少同志已经在这方面作了许多可贵的工作,同时也还存在着一些不同的意见,有些史实也有待于进一步的考订。本文准备对轮船招商局从产生至甲午战争期间的历史作一简单的分析,借以说明中国资本主义发生的某些特点。

题　　名　关于轮船招商局产生与初期发展的几个问题(续)
作　　者　张国辉
刊　　名　经济研究
年 卷 期　1965年11期
页　　码　43－57

题　　名　关于轮船招商局激励措施的历史考察
作　　者　樊翠花
刊　　名　佳木斯大学社会科学学报
年 卷 期　2003年21卷6期
页　　码　90－92

摘　　要　轮船招商局崛起发展于西方航运公司严厉排挤和制约的时代，它采取怎样的经营管理技巧以争得生存和发展的空间成为了一种必须。本文将探究轮船招商局如何运用物质因素和精神因素的杠杆激励股东和员工，在夹缝中求生存，以追求更大的利润。尽管其激励机制还不完善，但对今天企业管理仍有积极意义。

题　　名　关于妈祖的几个问题
作　　者　李露露
刊　　名　东南文化
年 卷 期　2000 年 8 期
页　　码　36 - 37

题　　名　关于妈祖研究的几个问题
作　　者　郭庆文
刊　　名　东南文化
年 卷 期　1990 年 5 期
页　　码　216 - 218

题　　名　关于妈祖与妈祖庙
作　　者　林文豪
刊　　名　中华妈祖
年 卷 期　2005 年创刊号
页　　码　13 - 15

题　　名　关于马神甫事件
作　　者　邢夙麟，海阳
刊　　名　社会科学战线
年 卷 期　1983 年 3 期
页　　码　151 - 156
摘　　要　英法发动对华第二次鸦片战争的借口，是广东的阿罗号事件和广西的马神甫事件。关于阿罗号事件，多有撰述。但关于马神甫事件，则很少介绍，甚至有的人还认为马神甫是“病死西林”。为此，本文拟就马神甫事件作一粗浅概述，供教学和研究参考。

题　　名　关于美商旗昌轮船公司的几个问题
作　　者　史春林
刊　　名　社会科学探索
年 卷 期　1997 年 4 期

题　　名　关于美洲由郑和船队发现的见解
作　　者　林贻典
刊　　名　海交史研究
年 卷 期　2002 年 42 期

页　　码　5－13

摘　　要　现时的历史书都提及美洲是由哥伦布发现的，其航海的动机是找寻前往东方之新航线。本人认为不甚正确，因为哥伦布亦曾向西班牙国王提出条件，若他发现新陆地，他要继任该陆地的总督及世袭十分之一的土地。因此哥伦布实际已经知道由大西洋往西航行，一定可以发现新陆地，这才是他的真正目的。

题　　名　关于明朝与佛郎机最初接触的一条史料

作　　者　李斌

刊　　名　文献

年 卷 期　1995 年 1 期

题　　名　关于明代"倭寇"与中国资本主义萌芽的一些问题——与唐力行同志商榷

作　　者　孙玉琴

刊　　名　中国经济史研究

年 卷 期　1991 年 3 期

页　　码　110－116

摘　　要　近年来，史学界就早成定论的明代倭寇问题展开了重新讨论。一些学者提出：所谓倭寇是中国东南沿海出海从事正常贸易的农民，市民及各阶层人民，他们的活动促进了中国资本主义萌芽的产生与发展。最近，唐力行同志又从"徽州海商"入手，对此观点作了进一步论证。尽管他的研究从理论到方法论上都有所创新，但其观点却值得商榷。本文试就有关问题提出不同意见，错误之处，恳请唐力行等同志指正。

题　　名　关于明代的倭寇问题

作　　者　秦晖

刊　　名　函授教育

年 卷 期　1987 年 2 期

题　　名　关于明代徽州海商作用的经济学诠释

作　　者　许顺进

刊　　名　黄山学院学报

年 卷 期　2006 年 8 卷 4 期

页　　码　39－42

摘　　要　明朝的对外经济政策从官方和民间两个层面上严重阻碍了明朝的对外经济活动，这与当时的国内外经济发展要求严重背离，因而成为海寇滋生泛滥的经济根源。徽州海商正是这一矛盾的产物。从本质上说，徽州海商依然是以追求自由贸易，追逐商业利润为特征的具有资本主义萌芽性质的海商。他们通过大规模的民间海上贸易活动，极大地促进了明朝工商业城市的发展、加快了明朝白银货币化的进程、促使了明朝实施更加开放的对外贸易政策、推动了世界经济体系的建立，从而在客观上为明代商品经济和世界贸易的发展作出了贡献。

题　　名　关于明代嘉靖年间倭寇性质的质疑

作　　者　章凤池

刊　　名　定海修志探微
年 卷 期　1990 年 1 期
页　　码　9－16

题　　名　关于明代鸟铳的来源问题
作　　者　阎素娥
刊　　名　史学月刊
年 卷 期　1997 年 2 期

题　　名　关于明代葡萄牙人入居澳门问题
作　　者　万明
刊　　名　中国社会科学院研究生院学报
年 卷 期　1999 年 5 期
页　　码　5－14

题　　名　关于明代月港海外贸易的几个问题
作　　者　唐晓
刊　　名　福建史学
年 卷 期　1994 年 4 期

题　　名　关于明代中后期对外贸易港口的一点考辨
作　　者　郑镛
刊　　名　历史教学
年 卷 期　1989 年 11 期
页　　码　21－24
摘　　要　长期以来,我国的一些教科书在阐述明代中后期的对外贸易主要港口时总是列举广州、宁波,泉州和福州。如人民教育出版社出版的现行中学课本《中国历史》第二册就是这样提的。其它诸如部分大专院校的教科书和一些历史知识普及读物也只是提及以上四个港口,而忽略了明代中后期我国东南地区的另一个海外交通贸易中心——漳州月港。其实,在我国海外交通史贸易史上,明代漳州月港的地位是十分突出的,甚至比泉州港、福州港还来得重要。为说明这一问题,有必要对广州、宁波、泉州、福州和漳州等港口的兴衰进行逐个的考察,然后再进行比较。

题　　名　关于明惠帝为僧的又一传说
作　　者　晨星
刊　　名　郑和研究
年 卷 期　2000 年 1 期
页　　码　26

题　　名　关于明末意大利耶稣会士毕方济奏折的几个问题
作　　者　汤开建,王婧
刊　　名　中国史研究

年 卷 期 2008 年 1 期

页　　码 139 – 162

摘　　要 《毕方济奏折》是明末天主教史料中极为重要的一份中文资料，晚清黄伯禄最早将其著录于《正教奉褒》一书中，其后研究天主教史及明清西学的大家无不征引，但无论著录者还是征引者均未对《毕方济奏折》的上疏时间进行认真考释，致使此奏折内容在利用上存在极大误区。其中特别是将南明时期中西交往之史实误植于崇祯朝，明末（含南明）时又将毕方济三次出使澳门之史实混淆，致使历史之颠覆。本文不揣谫陋，利用大量中西文献资料，对《毕方济奏折》上疏时间加以考证，并力图厘正前人研究中的一些错误，以期对明末活跃在明朝与澳门外交事务中的毕方济有一更清楚的认识。

题　　名 **关于明清（鸦片战争前）海外贸易的几个问题**

作　　者 陈柯云

刊　　名 海交史研究

年 卷 期 1989 年 15 期

题　　名 **关于明清西安龙首、通济二渠的几个问题**

作　　者 吴宏岐，史红帅

刊　　名 中国历史地理论丛

年 卷 期 2000 年 1 期

页　　码 117 – 137，250

摘　　要 本文通过对相关史料记载的细致考证，深入分析和研究了龙首渠的渠源与流路、通济渠在西安城内与城外的渠道长度、龙首与通济二渠在西安城内的会通点、所谓的“余公渠”、康熙初年疏浚通济渠的具体时间、明清史志对于龙首与通济二渠的混淆等涉及明清时期西安龙首、通济二渠的几个相关问题，对文书及个人论著中的诸多错误说法做了纠正。

题　　名 **关于宁波“海上丝绸之路”各个时期特点的探讨**

作　　者 林浩

刊　　名 东方博物

年 卷 期 2005 年 2 期

页　　码 58 – 63

摘　　要 宁波“海上丝绸之路”开通于东汉晚期，发展于唐代，鼎盛于宋元，后续发展于明清，本文就各个时期的特点进行了探讨。

题　　名 **关于宁波为吴东渡日本出海口的考证**

作　　者 李军

刊　　名 南方文物

年 卷 期 2004 年 1 期

页　　码 33 – 37，18

摘　　要 近年来笔者在对“海上丝绸之路”形成与发展课题研究的同时，结合宁波的地理位置、港口发展历史及航线拓展等方面考察后认为，当时的宁波就是吴时中国江南与海外通航较早的口岸并且是通往日本的主要出海口。对这一问题的进一步考证，将有助于我们全面了解宁波港口发展的延续历史，从而更深入地揭示宁波在中日海上交通史上所占有的重要地位和所起到的重要历史作用。

题　　名　关于澎湖癸亥海战的气候问题
作　　者　施伟青
刊　　名　台湾研究集刊
年 卷 期　1997 年 2 期
页　　码　74 – 77
摘　　要　台湾学者周明德先生的《天气对"澎湖癸亥海战"之影响》(下简称周文)一文,利用一些史籍中关于当时气候的记载,对清初福建水师提督施琅选择于康熙二十二年(癸亥年,1683 年)六月进攻澎湖的缘由、澎湖海战时气候的变化及其它有关问题作了探讨。周文在台湾史学界似影响较大,有的台湾学者甚至认为,离开周文就无法对清、郑双方在澎湖的海战作深入的研究。然而,笔者细读周文,却发现它存在着许多谬误,它所提出的有关观点也是缺乏根据的,下面即逐一列举,并加以分析,以澄清事实。

题　　名　关于评价方伯谦的若干问题
作　　者　宋庆,方毅
刊　　名　求是学刊
年 卷 期　1995 年 6 期
页　　码　97 – 101
摘　　要　甲午海战中,北洋舰队"济远"舰管带方伯谦临阵脱逃,被清政府正法。有关方伯谦是否属罪有应得,史学界曾有过争议。本文作者就争议集中的四个问题:牵乱队伍是方伯谦还是丁汝昌、刘步蟾;"济远"舰是否撞坏了"扬威"舰;"济远"舰是否率先逃走;丁汝昌是否挟嫌陷害方伯谦等问题进行了论述。在澄清史实的基础上,作者得出结论,方伯谦主要罪行属实,被处以死刑罪有应得,因此方伯谦一案绝非冤狱,更不可将罪名转嫁他人。

题　　名　关于评价钟相杨幺起义的几个问题
作　　者　王兴亚
刊　　名　求索
年 卷 期　1982 年 6 期
页　　码　110 – 111

题　　名　关于葡萄牙人居澳缘由的再探讨
作　　者　谢飞
刊　　名　辽宁教育学院学报
年 卷 期　1999 年 4 期
页　　码　30 – 31

题　　名　关于葡萄牙人占据澳门的历史考察
作　　者　冯敏强
刊　　名　九江师专学报
年 卷 期　1999 年 3 期
页　　码　10 – 12
摘　　要　葡萄牙人"永驻管理澳门",经历了入据、盘据和强据三个阶段,历时 330 年。在澳门即将回归之际,回顾这段漫长屈辱的历史,有助于对西方殖民主义的进一步认识和对澳门回归祖国意义的深刻理解。

题　　名　关于戚继光籍里考
作　　者　卢茂村
刊　　名　南方文物
年 卷 期　1985 年 2 期
页　　码　111 - 112
摘　　要　最近看了《江西历史文物》1984 年第二期《关于抗倭英雄戚继光祖籍的调查》,使我浮想联翩。关于民族英雄戚继光的祖籍问题,众说纷纭,莫衷一是,成了历史疑案。江西赣县博物馆的同志,通过细致的文物普查,走访有关人士,得出的调查结论是:“戚继光将军乃赣县湖江戚氏后裔”,这无疑对上述问题的解决,又提供了新的线索。

题　　名　关于清朝闭关政策性质的商榷
作　　者　林祥瑞
刊　　名　福建论坛(社科教育版)
年 卷 期　1981 年 1 期
页　　码　71 - 78
摘　　要　清朝的闭关锁国政策,不仅影响了中国对外贸易的发展,而且阻碍着中国资本主义的萌芽,对于中外文化思想的交流,也是极不利的,它无疑是我国封建专制主义安在国门槛上的绊脚石。然而,这块“无才补天”的顽石,长期来,却被当作闪闪发光的“宝玉”加以推崇和保护。诸如说它“是对于十六世纪以后欧洲的海盗商人的不法行为的一种合理的答复”,是“弱者对抗强者的一种自卫手段”,具有“防范”资本主义入侵的作用,“并不就是造成中国科学技术相对落后的原因”,等等。以上的种种观点,不管他们是从什么角度提出来的,都很值得商榷。实际上,清朝的闭关政策,矛头主要是对内,目的是维护封建统治,效果和影响都很不好。它不仅给沿海人民带来深重灾难,而且也大大阻碍了中国社会的前进,根本没有丝毫进步意义可言。本文拟从政策制定者的主观愿望,闭关政策的内容,和实施后的效果三方面,试论证其反动性,以期引起深入的讨论和研究。

题　　名　关于清代嘉道年间的漕粮海运问题
作　　者　易升运
刊　　名　华中师范大学学报(人文社会科学版)
年 卷 期　1985 年 2 期
页　　码　92 - 97

题　　名　关于清代榷关“差官”问题的考察
作　　者　祁美琴
刊　　名　清史研究
年 卷 期　2003 年 4 期
页　　码　44 - 57
摘　　要　清代榷关的管理分专管与兼管两种形式,本文通过对专管官即监督的身份、品秩、铨选方式和兼管官即有关省份的督抚、将军及其委员的身份职责等规定与变化的梳理,对内务府官员与榷关监督关系等方面的分析,揭示清代榷关人事管理中的一般与特殊的关系。

题　　名　**关于清代榷关额税的考察**
作　　者　祁美琴
刊　　名　清史研究
年 卷 期　2004 年 2 期
页　　码　61－70
摘　　要　清代榷关制度的核心内容是税收,而税收的核心内容就是“额税”的确定;“额税”的确定始于明朝的钞关。清朝统治者在对明代钞关制度的继承与发展中,首要任务就是对明末钞关“额税”重新核定以及对清代新增榷关额税的确定。本文考察的清代榷关的“额税”专指作为其正项收入的正额和盈余两部分。

题　　名　**关于清政府实行“闭关政策”的原因及其实质——并答复和求教于孔经纬先生**
作　　者　湖北大学国民经济史教研小组
刊　　名　理论战线
年 卷 期　1960 年 Z1 期
页　　码　53－57

题　　名　**关于泉州湾出土海船的几个问题**
作　　者　陈高华,吴泰
刊　　名　文物
年 卷 期　1978 年 4 期
页　　码　81－85

题　　名　**关于泉州郑和行香碑刻**
作　　者　张六一
刊　　名　福建地方志通讯
年 卷 期　1984 年 1 期
页　　码　70

题　　名　**关于日本第七次遣唐使的始末**
作　　者　王仲殊
刊　　名　考古与文物
年 卷 期　2000 年 3 期
页　　码　21－27

题　　名　**关于日本侵略海南岛的考察**
作　　者　房建昌
刊　　名　中国边疆史地研究
年 卷 期　1998 年 3 期
页　　码　76－84

摘　　要　自公元 14 世纪开始,倭寇就已入侵海南岛。而后,抵琼的日本人不绝如缕。1939 年 2 月,日军公然非法侵占了海南岛,一直到 1945 年 8 月日本投降,本文利用日文史档,揭露日本侵略海南岛的历史,并指出在海南岛的历史研究中,国内外对日文第一手资料的使用是远远不够的。

题　　名　关于入宋僧奝然的事迹
作　　者　鹈饲光昌
刊　　名　佛学研究
年 卷 期　1996 年 0 期
页　　码　25 - 29

题　　名　关于施琅的叛郑投清
作　　者　汪敏芬
刊　　名　浙江师范大学学报(社会科学版)
年 卷 期　1984 年 1 期
页　　码　47 - 52
摘　　要　1983 年 8 月是康熙统一台湾的三百周年。对康熙及其将领施琅,以积极稳妥的方针,深远的眼光,将台湾重新统一于祖国怀抱的伟大功绩,今天史学界是一致公认的。但是,对施琅在顺治初年,抗清斗争高潮之际,离开了坚决抗清的郑成功,转而投奔清王朝,并多次参与镇压郑成功领导的抗清斗争这段早年的历史,应作怎样的评价,还是值得探讨的。

题　　名　关于施琅的再评价
作　　者　王铎全
刊　　名　上海师范大学学报(哲学社会科学版)
年 卷 期　1983 年 3 期
页　　码　89 - 95
摘　　要　在清初的历史上,施琅是个颇有影响的人物。然而,过去的史学论著对他颇多贬抑,有的骂他“汉奸”,有的斥之“叛徒”;近年来,在一些评论施琅的文章中,虽原则上对他作了肯定,但对其降清之举、平台动机以及个人品德方面的看法,仍众说纷纭,分歧颇大。因此,有必要对施琅进行再评价。

题　　名　关于施琅复出前夕的若干问题
作　　者　施伟青
刊　　名　台湾研究集刊
年 卷 期　1997 年 3 期
页　　码　79 - 82,90
摘　　要　众所周知,施琅的复出,与李光地的保荐密切相关,而据有关记载,施琅曾经于事先要求李光地给予举荐。本文拟就这个问题涉及的几个方面略作探讨。

题　　名　关于十六世纪末澳门海上贸易的注释
作　　者　[葡]奥莱罗 著;李长森 译
刊　　名　文化杂志
年 卷 期　1993 年 13 - 14 期

题　　名　关于十五世纪以前中国航海技术的考察
作　　者　刘景华
刊　　名　长沙理工大学学报(社会科学版)
年 卷 期　1993 年 4 期
页　　码　106 - 111
摘　　要　本文考察了 15 世纪以前中国航海技术的成就。重点论述了航海天文在中国的发展,认为古代世界天文导航的最高成就——牵星术最先起源于中国;概述了指南针在中国发明和应用的历史过程;论述了包括更路薄、针经、海图等在内的各种航海手册在古代中国航海事业中使用的广泛性。从而揭示出高度发达的航海技术成就,是使 15 世纪初中国郑和船队得以首开穿洋远航世界纪录的优势条件之一。

题　　名　关于宋代泉州舶使的若干人与事——读史札记
作　　者　陈自强
刊　　名　海交史研究
年 卷 期　2005 年 48 期
页　　码　95 - 99
摘　　要　宋代泉州港的海外交通非常发达,朝廷对这里的市舶收入及市舶司十分重视。然而,史籍对宋代提举福建路市舶名录的记载不一,有些散见于各种地方文献,本文将近年来读史所抄录的若干人与事加以整理,以作补充。

题　　名　关于宋元木石锚形制的设想——从日本鹰岛町水下出土的碇具说起
作　　者　王冠倬
刊　　名　船史研究
年 卷 期　1997 年 11/12 期
页　　码　162 - 170

题　　名　关于孙恩、卢循起义的性质问题
作　　者　董家遵
刊　　名　学术研究
年 卷 期　1963 年 6 期
页　　码　72 - 80

题　　名　关于孙恩卢循起兵的性质
作　　者　杨伟立
刊　　名　历史教学
年 卷 期　1963 年 5 期
页　　码　34 - 38,43

题　　名　关于台湾问题的讨论——以《皇朝经世文编》为中心
作　　者　代祥
刊　　名　广州社会主义学院学报

年 卷 期 2009 年 1 期
页 码 62－65
摘 要 《皇朝经世文编》中的文章主要从弃留、地理海防、治理等各个方面对台湾问题进行讨论。这些学者、官员基本能根据台湾的实际情况来提出合理建议，并且影响了清政府的决策。这对保持台湾的社会稳定，开发、发展台湾，加强台湾和祖国大陆的关系都有积极作用。

题 名 关于太平军的水战问题
作 者 张墨
刊 名 史学月刊
年 卷 期 1984 年 5 期
页 码 54－59
摘 要 太平军水营，从 1852 年 12 月萌发到 1863 年 11 月唐正才牺牲而解体的十一年中，所进行的重大水战大都集中在定都天京后到 1857 年 10 月的第二次鄱阳湖水战期间。这些长江水战的作战目的，无非是想沿江而上，重新夺取沿江战略要地——安庆、九江、武昌，以便有效地保卫天京的安全。由此，发生的一连串的水战，其实质系为了争夺长江控制权。

题 名 关于唐、五代市舶机构问题的探讨
作 者 林萌
刊 名 海交史研究
年 卷 期 1982 年 4 期

题 名 关于唐代广州港年外舶数及外商人数之质疑
作 者 陈坚红
刊 名 海交史研究
年 卷 期 1987 年 12 期

题 名 关于唐代有海上交通图的考证
作 者 吴承园
刊 名 天津航海
年 卷 期 1994 年 2 期
页 码 30－32

题 名 关于晚清政府对海防问题讨论的几点考察
作 者 杨永福
刊 名 西北民族学院学报（哲学社会科学版·汉文）
年 卷 期 1999 年 3 期
页 码 107－114
摘 要 1874 年至 1875 年，清政府高层发生了一场关于如何筹办海防的讨论。讨论各方的人员组成、主要观点及讨论的影响，几方面的情况表，这场讨论实质上是两种文化价值观念的摊牌性质的激烈辩难。洋务派借此机会阐明了向西方学习的主张，守旧派则以“夷夏之防”为理论依据激烈反对。清政府基本采纳了洋务派筹办海防的策略主张，奠定了近代中国海军的基础。这次讨论在近代中国社会向西方学习的过程中占有重要的地位。

题　　名　**关于文化交流研究的思考——兼谈徐福研究的意义**
作　　者　郑金兰
刊　　名　昌潍师专学报(社会科学版)
年 卷 期　1995 年 1 期
页　　码　3 – 4

题　　名　**关于我国第一部清代中外关系史——《清史稿·邦交志》**
作　　者　张明
刊　　名　北京社会科学
年 卷 期　1987 年 4 期
页　　码　125 – 134
摘　　要　《清史稿·邦交志》是我国第一部较全面地记述整个清代中外关系的史籍,本文拟对该志以及成书活动,作者情况作些初步的探讨和评介。

题　　名　**关于我国历史上海盗活动若干问题的探讨**
作　　者　郑广南
刊　　名　福建师范大学学报(哲学社会科学版)
年 卷 期　1986 年 4 期
页　　码　97 – 103,133
摘　　要　我国历史上所谓的"海盗"是活跃在海上的武装集团,在明清资本主义萌芽时期,海盗多数是武装海商。从海盗活动的性质看,"海盗"与"陆寇"都是反抗封建统治阶级的人民起义。长期以来,史学界重视研究农民战争史,而忽视对农民起义的海上方面军,即海盗的研究。本文试就我国历史上海盗活动的若干问题作些探讨,以求正于高明。

题　　名　**关于五口开埠通商的日期**
作　　者　范启龙
刊　　名　社会科学战线丛刊
年 卷 期　1980 年 2 期
页　　码　157 – 162

题　　名　**关于五口通商时期鸦片贸易的两个问题**
作　　者　胡维革
刊　　名　史学集刊
年 卷 期　1989 年 4 期
页　　码　52 – 55,30

题　　名　**关于邪马台国的若干问题**
作　　者　王金林
刊　　名　天津社会科学

年 卷 期 1984年5期

页　　码 54－59

摘　　要 近年来，随着日本史和中日关系史研究的深入，邪马台国问题也引起了许多中国学者的重视。和日本史学界一样，中国学者间，对邪马台国问题的观点也是不一致的。就邪马台国的所在地来说，也有九州说和畿内说的分歧。我是主张九州说的中国学者之一。今天，我不打算在邪马台国的所在地问题上赘述，只想就所在地以外的若干问题发表一点粗浅的看法，有不当之处，敬请批评。

题　　名 关于新安沉船重叠嵌接型船体结构和流体特性研究

作　　者 李昌亿

刊　　名 海交史研究

年 卷 期 1992年22期

页　　码 117－128

题　　名 关于新安沉船重叠嵌接型船体结构和流体特性研究

作　　者 李昌忆

刊　　名 船史研究

年 卷 期 1993年6期

页　　码 77－93

题　　名 关于新世纪郑和研究的几点思考

作　　者 王健

刊　　名 郑和研究

年 卷 期 2004年1期

页　　码 14－17

摘　　要 上世纪，郑和研究取得了令人注目的成绩，在新世纪为推进郑和研究更加深入，借江苏省郑和研究开座谈会之机，谈几点不成熟的看法。

题　　名 关于徐福东渡的几个问题

作　　者 崔坤斗，逄芳

刊　　名 中国海洋大学学报(社会科学版)

年 卷 期 1994年4期

页　　码 56－61

题　　名 关于徐福东渡问题的发言提要

作　　者 毛昭晰

刊　　名 中共宁波市委党校学报

年 卷 期 1998年4期

页　　码 46

题　　名 关于徐福即神武天皇的探讨

作　　者 李永先

刊　　名　哲学社会科学动态
年 卷 期　1990 年 7 期

题　　名　**关于徐市(福)研究的一些问题**
作　　者　王文清
刊　　名　学海
年 卷 期　1994 年 2 期
页　　码　68 – 73

题　　名　**关于鸦片贸易合法化的几个问题**
作　　者　夏笠
刊　　名　上海师范大学学报(哲学社会科学版)
年 卷 期　1990 年 4 期
页　　码　53 – 59,35
摘　　要　作为中国近代史开端之标志的鸦片战争,是以英国侵略者用武力维护鸦片走私为直接原因而爆发的。战争以后,清政府虽然被迫默许外国烟贩走私贩毒,但并未取消国内的鸦片禁令,于是又有第二次鸦片战争期间洋药纳税进口条款的签订,从而实现了外国侵略者鸦片贸易合法化的夙愿。近几年来,有几位同志就两次鸦片战争之间的鸦片贸易问题发表了论文,读后深受启发;但觉得某些史实尚待澄清,有的问题也可作进一步探讨或补充。爰草此文,祈请教正,并以之纪念鸦片战争 150 周年。

题　　名　**关于鸦片战争后中国被动开放诸问题的辨正考察**
作　　者　董守义,徐彻
刊　　名　辽宁师范大学学报(社会科学版)
年 卷 期　1988 年 5 期
页　　码　66 – 72
摘　　要　中国在鸦片战争中的失败,昭示着古老的农业大国已经不可能自处于世界资本主义体系之外,必须向世界开放。但是,对于这个大趋势,中国却经历了 20 多年从极力抵制到勉强认可的痛苦过程。

题　　名　**关于鸦片战争时期“断绝中英贸易”的时间**
作　　者　宫玉振
刊　　名　历史教学
年 卷 期　1994 年 2 期
页　　码　40 – 41
摘　　要　第一次鸦片战争期间,林则徐宣布“奉旨断绝中英贸易”,标志着清政府对英政策的重大转变。但中英贸易究竟断于何时?是道光帝的哪道上谕断绝中英贸易令?众说纷纭,有必要做进一步的探讨。

题　　名　**关于杨么的评价问题**
作　　者　郑国弼
刊　　名　文史哲

年 卷 期 1984 年 5 期
页　　码 35 - 41

题　　名 关于杨幺起义的若干问题
作　　者 陈士谔
刊　　名 武陵学刊
年 卷 期 1997 年 4 期
页　　码 59 - 61,64

题　　名 关于印尼三堡垄三保庙性质的探讨
作　　者 孔远志
刊　　名 郑和研究动态
年 卷 期 2008 年 4 期
页　　码 5 - 6

题　　名 关于咏航海家徐福的诗
作　　者 史春林,于霞
刊　　名 中国海洋大学学报(社会科学版)
年 卷 期 2003 年 2 期
页　　码 62 - 63
摘　　要 徐福多次出海为秦始皇寻找长生不死仙药,目前公认的说法是最后到了日本,因此他被看成是中日交往史上的先驱者,也是中国最早的著名航海家。但由于年代久远,史料记载不详,因而中日两国留下许多关于徐福传说的诗歌。

题　　名 关于越南“黄沙”和“长沙”的问题——驳武海鸥《越南对黄沙和长沙两群岛的主权非常明确,不容争辩》一文的谬论
作　　者 吴凤斌
刊　　名 南洋问题
年 卷 期 1981 年 3 期
页　　码 88 - 100

题　　名 关于在南中国海发现的四艘明代沉船的消息批露
作　　者 袁随善
刊　　名 船史研究
年 卷 期 1997 年 11/12 期

题　　名 关于张保皋在唐贸易中转站赤山法华院的几个问题
作　　者 禹英兰,樊文礼
刊　　名 鲁东大学学报(哲学社会科学版)
年 卷 期 2005 年 1 期
页　　码 20 - 24

摘　　要　赤山浦(今石岛湾)是新罗航海贸易家张保皋在唐贸易最重要的联络地和中转站。为保佑其事业的兴旺发达和给生活在当地的新罗人进行佛事活动提供方便,张保皋在赤山村建造了一座法华寺院。赤山村一带是唐代登州地区新罗人口最集中的地区,他们主要是来这里经商贸易的新罗商人及其家属。勾当新罗所设置在文登县清宁乡。直属登州都督府,但也不能抛开文登县行事。所谓"管文登县清宁乡",是指管理该乡的新罗人户,到"敕平卢军节度同军将兼登州诸军事押衙张咏勾当文登县界新罗人户"后,勾当新罗所管理的新罗人户便由清宁乡扩展至整个文登县。

题　　名　关于招商局轮船首航梧州的史实
作　　者　廖宗麟,陈金源
刊　　名　学术论坛
年 卷 期　1983 年 6 期
页　　码　78 – 79

题　　名　关于郑成功"抗清"问题之我见
作　　者　张国梁
刊　　名　泉州师范学院学报
年 卷 期　1998 年 S2 期
页　　码　35 – 38
摘　　要　郑成功是我国杰出的民族英雄,这是众所公认的。但对郑成功的抗清活动这一历史事件的看法,却颇有不同。例如有人就认为对郑成功的抗清活动"不应有过多渲染",因为"各族的抗清力量,都不过是清统一中国过程中的一个插曲而已。就抗清而言,郑成功和其他抗清力量一样,迟早是要失败的"。照此说法,郑成功和其他抗清力量,所进行的反抗斗争,几乎是微不足道的,没有什么意义。对这种看法,拙者不敢苟同,在此谈一谈自己的看法。

题　　名　关于郑成功的评价
作　　者　傅衣凌
刊　　名　厦门大学学报(哲学社会科学版)
年 卷 期　1962 年 1 期
页　　码　139 – 146
摘　　要　郑成功是我国历史上一个伟大的民族英雄,今年正值他驱逐荷兰殖民者,收复国土台湾的三百周年。本文试图就这一伟大人物在中国历史上的地位和作用,作个初步的评价。马克思列宁主义一向教导我们,评述任何一个历史人物,都不能脱离他所属的阶级和其所处的时代背景,也就是说知人必先论世。今天我们要给郑成功以一定的评价,首先须从郑成功的时代背景谈起。

题　　名　关于郑成功和施琅的评价
作　　者　王铎全
刊　　名　学术月刊
年 卷 期　1982 年 8 期
页　　码　4 – 6,19
摘　　要　郑成功和施琅生于同时,地亦相近,关系也很密切,在收复和开发台湾以及实现国家统一方面,又都先后作出过巨大的贡献。如果说历史研究离不开时、地、人及其具体条件的话,那末,将郑、施二人放在一起考察，进行分析评价，是再恰当不过的了。

题　　名　关于郑成功抗清复明观点的评价
作　　者　刘志坚
刊　　名　中国科技信息
年 卷 期　2009 年 15 期
页　　码　208 - 209
摘　　要　郑成功一生的英雄业绩，包括抗清复明，驱荷复台两大部分。在郑成功评价问题上出现了一种倾向：肯定、歌颂他驱荷复台的业绩，而贬低、否定他抗清复明的斗争。抗清复明与驱荷复台是紧密联系，不可分割的，如果将郑成功两件大事分开和对立的做法，与历史相去甚远。

题　　名　关于郑成功评价问题的历史回顾
作　　者　林庆元
刊　　名　历史教学
年 卷 期　1994 年 12 期
页　　码　12 - 15
摘　　要　郑成功是我国最早一位反对西方殖民主义者的民族英雄。他的业绩集中反映在他的一首诗里："开辟荆榛逐荷夷，十年始克复先基；田横尚有三千客，茹苦间关不忍离。"正因为如此，他成为我国最早反对西方殖民主义者的英雄和开发台湾的先驱，而他收复台湾和开发台湾，为我国台湾的发展奠定了始基，是对中华民族的历史性贡献，可以彪炳千秋。

题　　名　关于郑成功时代若干经济问题的讨论
作　　者　西河
刊　　名　中国社会经济史研究
年 卷 期　1982 年 3 期
页　　码　113 - 114

题　　名　关于郑成功收复赤嵌城和台湾城一些问题的辨正
作　　者　陈国强
刊　　名　福建论坛(社科教育版)
年 卷 期　1982 年 3 期
页　　码　11 - 14,5
摘　　要　在郑成功收复台湾过程中，收复赤嵌城和台湾城是两件大事。关于这两城及其收复过程，我国史籍记载较简单，现根据其他外文记载，补充较详细的情况，并纠正一些错误说法。

题　　名　关于郑成功收复台湾的年代问题
作　　者　冯华
刊　　名　史学月刊
年 卷 期　1964 年 9 期
页　　码　43
摘　　要　现行《中国历史》第二册(人民出版社编，1955 年第一版，1960 年第七版)第三十五章《疆域广大的多民族的封建国家——清》中,课本第75页第7行写的是:"1661年,在东南沿海领导抗清斗争的郑成功,带领战舰三百五十多艘,将士二万五千人,从金门、厦门两岛出发,渡海到台湾。在台湾人民的支持下,郑成功驱逐了盘踞在台湾的荷兰殖民者,达对台湾的建设提供了条件。"同时,课本中《中国历史大事年表》(从隋到清雅片战争以前)写的是:"1661年——郑成功驱逐荷兰人,收复台湾。"(第90页)。

题　　名　关于郑和宝船尺度出自《瀛涯胜览》的论点质疑
作　　者　唐志拔
刊　　名　船史研究
年 卷 期　1997年11/12期
页　　码　130－131

题　　名　关于郑和宝船尺度出自《瀛涯胜览》的论点质疑
作　　者　唐志拔
刊　　名　郑和研究
年 卷 期　1995年3期
页　　码　27－28

题　　名　关于郑和宝船尺度的技术分析
作　　者　辛元欧
刊　　名　郑和研究
年 卷 期　2002年2期
页　　码　29－38,58
摘　　要　为纪念郑和下西洋600周年,有人提议应建造一艘郑和宝船实船,并按当年郑和七下西洋的船队航行路线走一遍,重走郑和路,重现郑和宝船雄姿,这当然是件十分有意义的事。可是建造郑和宝船却非易事,于是郑和宝船究竟有多大,应该如何复原。再次提上日程,因为这是一个必须逾越的程序。

题　　名　关于郑和宝船尺度的技术分析
作　　者　辛元欧
刊　　名　船史研究
年 卷 期　2002年17期

题　　名　关于郑和宝船尺度问题的探讨
作　　者　郭之笏
刊　　名　海交史研究
年 卷 期　1985年8期
页　　码　88－92

题　　名　关于郑和宝船船型的探讨
作　　者　金秋鹏,杨丽凡
刊　　名　自然科学史研究
年 卷 期　1997年16卷2期

页　　码　183－196

摘　　要　该文系定量研究郑和宝船的初步尝试。关于郑和宝船的船型,历来有两种不同的意见:一种认为是沙船型,一种认为是福船型。该文根据我国古代木帆船的营造法式,复原了沙船型宝船和福船型宝船的主体尺度,并运用现代船舶理论,研究了两种船型的摇荡性能。结果表明,福船型宝船的横摇周期接近于现代船舶的横摇周期,而沙船型宝船的横摇周期则太小,摇荡太剧烈。从抗风浪性和舒适性考虑,笔者认为郑和宝船为福船型。该文考察了宝船航行海域的气候条件、风浪状况和海流流向后,进一步计算了福船型宝船的航行阻力,推算出宝船的帆面积和摇橹水手人数,并据此印证了宝船为福船型结论的合理性。

题　　名　关于郑和宝船的论辩

作　　者　席龙飞,何国卫

刊　　名　郑和研究

年 卷 期　2004 年 2 期

页　　码　45－50

题　　名　关于郑和船队的几点质疑

作　　者　陈亚昌

刊　　名　吴中学刊(社科版)

年 卷 期　1992 年 4 期

页　　码　45－49,74

题　　名　关于郑和船队的一段重要史料——披览阿拉伯古籍札记之二

作　　者　盖双

刊　　名　回族研究

年 卷 期　2007 年 2 期

页　　码　141－144

摘　　要　近些年来,郑和研究几成显学。在当前国内外大环境下,郑和下西洋的意义从来没有提升到今天这样的高度。加之适逢纪念郑和出使 600 周年,相关的论文、专著、译著和普及读物,以前所未有的数量涌现于中国读者面前。然而,如此之多的相关文字中,似乎很少见以专文形式论及阿拉伯古籍对这一人类航海史上重大事件的史料记载。

题　　名　关于郑和的本名、俗名、官衔及其奉使下西洋的缘由

作　　者　刘志鹗

刊　　名　历史教学

年 卷 期　1986 年 3 期

页　　码　64

题　　名　关于郑和军事思想的探讨

作　　者　杨新华,俞韵

刊　　名　郑和研究

年 卷 期　1994 年 1 期

题　　名　关于郑和墓的新观点
刊　　名　郑和研究动态
年 卷 期　2009 年 2 期
页　　码　3

题　　名　关于郑和七下西洋
作　　者　朱伯康
刊　　名　复旦学报(社会科学版)
年 卷 期　1984 年 3 期
页　　码　104 - 107
摘　　要　郑和出使西洋,比之 1492 年哥伦布发现美洲新大陆及达·马伽海上航行,时间早半个世纪以上,在船队规模、人员多寡、船只大小、装备、装载物资数量,都超过好几倍。哥伦布当年的航行,在地理上、历史上都有开创新世界和新世纪意义,至今美国人民及美洲其他国家移民,均以每年十月十二日为"哥伦布日",用以纪念这一伟大历史事件。而中国对于明代郑和七下西洋的业绩,四五个世纪以来,均未予以足够的重视。

题　　名　关于郑和下西洋的随员
作　　者　[日]松浦章 著;王海燕 译
刊　　名　郑和研究
年 卷 期　1996 年 2 期
页　　码　49

题　　名　关于郑和下西洋年代的一些问题
作　　者　陈得芝
刊　　名　郑和研究
年 卷 期　1998 年 4 期
页　　码　15

题　　名　关于郑和下西洋随行人员事迹
作　　者　[日]松浦章 著;王海燕,时平 译
刊　　名　郑和研究
年 卷 期　2002 年 1 期
页　　码　52 - 61

题　　名　关于郑和研究的几个问题
作　　者　王国平
刊　　名　郑和研究
年 卷 期　1995 年 1 期
页　　码　8

题　　名　关于郑和研究的思考
作　　者　罗宗真
刊　　名　郑和研究动态
年 卷 期　2010 年 2 期
页　　码　2 – 3

题　　名　关于郑和研究的再思考
作　　者　万明
刊　　名　中国史研究动态
年 卷 期　2003 年 7 期
页　　码　8 – 15
摘　　要　在古代中国乃至世界史上,郑和下西洋是最令人瞩目的事件之一。明朝永乐三年(1405年)至宣德八年(1433 年),郑和以明王朝强盛的综合国力为后盾,率领船队七下西洋,规模庞大,历时 28 年之久,"涉沧溟十余万里",遍及亚非三、四十个国家和地区。

题　　名　关于郑和研究中的几个问题
作　　者　陈有和
刊　　名　历史知识
年 卷 期　1984 年 3 期
页　　码　41

题　　名　关于政记轮船公司的几个问题
作　　者　史春林
刊　　名　东北沦陷史研究
年 卷 期　1998 年 2 期

题　　名　关于中法勘界斗争中的北部湾海域问题
作　　者　沈固朝
刊　　名　中国边疆史地研究
年 卷 期　1995 年 1 期
页　　码　37 – 42

题　　名　关于中法马江战役的几个问题
作　　者　郑剑顺
刊　　名　学术月刊
年 卷 期　1985 年 2 期
页　　码　55 – 60
摘　　要　1884 年 8 月 23 日(光绪十年七月初三)下午一点五十六分,法国侵略舰队在福州马尾军港内的马江江面上向清朝福建海军舰队开炮,爆发了中法马江战役。马江是闽江分歧流过福州后的重新汇合处,传说江中有礁石似马尾,潮退则现,故名。从马江到入海口,尚有八十里水程,因此,严格地说,这场战斗不能称"海战",只能称为"战役"。这是法国侵略者蓄意挑起侵略中国的一场很不光彩的表演。法国侵略者的罪恶炮火吞噬了清朝福建海军,摧残了福建船政局。这一惨痛的历史虽然距今已整整一百周年,但是,总结这一历史的经验教训,正确地认识它,却仍然是十分必要的。有关马江败事的记载,其中一些事实与是非曲直颇多异词,本文试图加以辨正后再作评论,有望大家惠教。

题　　名　**关于中法马江战役孤拔伤亡问题**
作　　者　高炳康
刊　　名　福建论坛(人文社会科学版)
年 卷 期　1984 年 4 期
页　　码　63－64

题　　名　**关于中法战争镇海战役中的几个问题**
作　　者　沈雨梧
刊　　名　杭州师范学院学报(社会科学版)
年 卷 期　1986 年 4 期
页　　码　103－108
摘　　要　一百多年前的中法战争镇海口战役,是我国东南沿海军民抵抗帝国主义侵略,保卫海疆斗争的一个成功战例,研究和探讨这个战役中若干问题,对于当前反霸斗争是有意义的。

题　　名　**关于中国古代“海上丝绸之路”最早始发港研究述评**
作　　者　韩湖初,杨士弘
刊　　名　地理科学
年 卷 期　2004 年 24 卷 6 期
页　　码　738－745
摘　　要　通过广东近年有关中国古代海上丝绸之路始发港的研究,得出比较一致的意见是:①番禺(广州)虽是岭南有名的大都会,但并非最早始发港;②中国西汉对外海上贸易和交通中心在北部湾,故其沿海地区的合浦、徐闻和日南(今越南境内)成为海丝路的最早始发港;至吴晋以后海上贸易中心始转移到番禺;③合浦与徐闻同为始发港,但合浦的自然条件更为优越,其地位比徐闻更为重要,汉时也比徐闻繁荣。

题　　名　**关于中国古代海军史几个问题的再思考**
作　　者　张墨
刊　　名　史学月刊
年 卷 期　2002 年 4 期
页　　码　26－34
摘　　要　哀公十年(前 485 年),吴徐承帅舟师沿海北上攻齐进行海战事,似难确认。襄公二十四年(前 549 年),楚以舟师伐吴,是为史籍明确记载的第一次动用舟师的征战,但恐难排除此前已发生过动用舟师征战的事实,是故中国古代海军的产生(形成)时间,尚需进一步科学、准确论证。“海军”是个历史范畴,在不同的历史时期具有不同的形态,称谓也有所变化。中国古代海军的主要称谓有舟师、楼船军、水军、水师等。

题　　名　**关于中国海疆史地学术研究的思考**
作　　者　李国强
刊　　名　中国边疆史地研究
年 卷 期　2001 年 2 期
页　　码　7 – 9

题　　名　**关于中国在台湾主权的一场严重斗争——1874 年日本侵犯台湾之役再探讨**
作　　者　张振鹍
刊　　名　近代史研究
年 卷 期　1993 年 6 期
页　　码　90 – 111

题　　名　**关于中琉贸易**
作　　者　罗振玉
刊　　名　中国近代经济史研究集刊
年 卷 期　1932 年 1 卷 1 期

题　　名　**关于中世纪中西航海史的若干问题——《中国与葡萄牙的航海和造船技术交流》读后**
作　　者　张箭
刊　　名　海交史研究
年 卷 期　2000 年 38 期
页　　码　13 – 17
摘　　要　读了陈延杭先生在《海交史研究》1999 年第 1 期发表的论文《中国与葡萄牙的航海和造船技术交流》，有些感想忍不住要说说。我觉得陈文第四部分《16 世纪中葡造船技术的交流》和第三部分的最后 1/3 写得较好。

题　　名　**关于左宗棠的评价问题**
作　　者　胡滨
刊　　名　文史哲
年 卷 期　1997 年 3 期

题　　名　**关羽水军南下考略**
作　　者　魏殿文
刊　　名　辽宁大学学报(哲学社会科学版)
年 卷 期　1996 年 4 期
页　　码　5 – 9
摘　　要　关羽在收编刘表、刘琮襄阳水军投降将卒的基础上建立了自己的水军，并从樊城南下，经襄阳、汉津、寻口三大战役，摆脱曹军的追击拦截，胜利地到达夏口，为刘备保存了军事主力，使其得以联吴破曹，拓定荆州，进取益州，与曹、孙形成鼎足之势。

题　　名　**观念的成长与主体的缺席——20年代初收回引水权的尝试**
作　　者　李恭忠
刊　　名　福建论坛(人文社会科学版)
年 卷 期　2001年3期
页　　码　71-75
摘　　要　本文揭示了现代中国收回主权运动史上鲜为人知的一幕。20年代初期,国人的引水权观念成长起来,开始尝试收回晚清时期丧失于外人之手的引水权。但与主权观念成长不同步的是,权利的主体却仍然缺席。二者的断裂,决定了这次尝试的失败。

题　　名　**观音与妈祖——浙闽台海洋宗教信仰之比较**
作　　者　程俊
刊　　名　浙江海洋学院学报(人文科学版)
年 卷 期　2005年22卷1期
页　　码　48-51
摘　　要　观音与妈祖是活跃在浙闽台沿海的两个护卫神,一外来一本土。外来的本上化了,本土的走向了世界;她们既是区域的,更是世界的。在她们身上,集中体现了东方海洋文化所特有的和平、安详、平等、共存的文化精神。观音与妈祖信仰都产生于民间,但官方认为有可利用价值,才获得了隆崇的地位。

题　　名　**官员宣称:郑和将军早于库克到达澳大利亚**
作　　者　彼得·佛雷,马春华
刊　　名　郑和研究
年 卷 期　2003年F03期
页　　码　87-88,96

题　　名　**管中窥豹,小中见大——从狮子入华看郑和下西洋的成就**
作　　者　翟杰
刊　　名　山东教育学院学报
年 卷 期　2005年1期
页　　码　26-28
摘　　要　自西汉开通西域到郑和下西洋,一千多年里,狮子作为中外友好交往的象征性使者,自域外源源而来。时期不同,来华狮子的国别不同,来华路径不同,来华方式也不同,将郑和下西洋前的狮子来华与郑和下西洋后的狮子来华作一比较,可以从一个侧面反映出郑和下西洋的成就。

题　　名　**管中窥豹,小中见大——从狮子入华看郑和下西洋的成就**
作　　者　翟杰
刊　　名　郑和研究
年 卷 期　2005年3期
页　　码　47-50

题　　名　**光辉的蔚蓝色文明——中国航海史概论**
作　　者　孙光圻

刊　　名　海运季刊(Sea View)
年 卷 期　1990 年冬季号期

题　　名　**光荣或梦想:郑和下西洋祭**
作　　者　周宁
刊　　名　书屋
年 卷 期　2004 年 12 期
页　　码　4 – 11
摘　　要　距今整整 600 年前,1405 年,郑和率领庞大的明朝皇家船队,自福建五虎门放洋……世界历史上不可思议、中国历史上难以忘怀的伟大远航,郑和七下西洋,从此开始了。

题　　名　**光绪朝三海工程与北洋海军**
作　　者　叶志如,唐益年
刊　　名　历史档案
年 卷 期　1986 年 1 期
页　　码　106 – 112
摘　　要　长期以来,史学界对清代光绪朝的颐和园大修工程及其对北洋海军的影响十分重视,评述很多,而对于同一时期进行的另一个规模更大的南海、中海、北海(下称三海)的修缮工程,则往往重视不够,特别是修建这个工程还挪借了大量海军经费,人们知道得更少。本文试图用新发现的清代内务府奉宸苑的一些档案史料,对这个工程的历史背景及其规模,以及它对北洋海军的影响做一概述。

题　　名　**光绪乙酉年间“海防筹议”述论**
作　　者　季云飞
刊　　名　学术界
年 卷 期　1994 年 4 期
页　　码　23 – 28
摘　　要　光绪乙酉年间(公元 1885 年),清廷内部进行了一次“海防筹议”。(下文简称“乙酉筹议”)这是继同光之交“海防筹议”后的又一次大“筹议”。近年来,史学界对同光之交“海防筹议”评述较多,而对“乙酉筹议”并没有引起重视,至今未见专文论述。鉴于此,本文拟对“乙酉筹议”作简要评述,以求加深对近代中国海防建设发展史的研究。

题　　名　**光绪元年的海运漕粮**
作　　者　吕小鲜
刊　　名　历史档案
年 卷 期　1983 年 3 期
页　　码　21 – 31
摘　　要　漕运是我国封建社会田赋转输的一种方式,目的是满足封建国家庞大开支的需要。历代封建王朝,都将漕运视为经济命脉,给以特别重视,漕运也就成为封建国家的一件大事。同时,漕运促进了物资交流,加强了中央与地方的联系,对封建社会都市和商业的发展,也有很大影响。清代漕运,中叶以前由河运,至道光五年,由于运河淤塞,始改海运,旋于次年停罢。道光二十六年,再改为海运。同治十一年,又改轮船运漕。本组史料,选自我馆所藏军机处录副奏折,它反映了改由轮船运漕之后的情况,对于研究清代漕运史有一定的参考价值,现分省编排公布,供研究参考。

题　　名　光耀祖国航海伟业——纪念郑和下西洋600周年
作　　者　韩成敏
刊　　名　航海技术
年 卷 期　2005年3期
页　　码　4
摘　　要　距今600年前,当整个欧洲还沉睡于中世纪的氤氲之际,在遥远的东方,正是中国明王朝的鼎盛时期。从永乐三年至宣德八年(1405－1433)的28年间,有一支庞大的远洋船队,以无所匹敌的阵容,浩浩荡荡,先后七次航行于从中国海至印度洋乃至红海,并数次远达东非海岸浩瀚无垠的辽阔海域,问鼎世界三大洋。这就是郑和将军和他率领的中国远航船队七下西洋的壮举。这一历史壮举在中国对外文化交流和世界航海史上留下了辉煌的篇章。

题　　名　光昭日月 垂范千古——纪念鉴真大和尚东渡1250周年
作　　者　杨曾文
刊　　名　法音
年 卷 期　2003年11期
页　　码　29－34
摘　　要　1250年前,即公元763年的年底,唐代著名律僧鉴真大和尚在经历艰难曲折的连续5次东渡失败之后,终于第6次东渡成功,开始了长达10年的传法授戒的生涯,为佛教戒律在日本的传播,为中日两国佛教文化交流,写下了光辉夺目的一章。今年既是鉴真大和尚成功东渡1250周年,又是鉴真大和尚圆寂1240周年,并且还是中日两国和平友好条约签订25周年,可谓因缘殊胜,千载一时。在此时刻,重新回顾鉴真大和尚不惜身命毅然东渡传法的感人事迹,从中汲取为了实现理想而不畏艰难百折不挠的精神,是有重要意义的。

题　　名　广东缝合木船初探
作　　者　戴开元
刊　　名　海交史研究
年 卷 期　1983年5期

题　　名　广东古代水上交通运输的几个问题
作　　者　叶显恩
刊　　名　广东社会科学
年 卷 期　1988年1期
页　　码　97－107

题　　名　广东海关档案与辛亥革命
作　　者　黄菊艳
刊　　名　广东史志
年 卷 期　2002年4期
页　　码　47－50

摘　要　广东是辛亥革命的策源地，在辛亥革命中占有重要的地位。广东省档案馆馆藏粤海关、九龙海关、潮海关、琼海关、江门关、三水关等海关档案中保存有大量辛亥革命时期的档案。由于广东省档案馆馆藏中缺少清朝地方官衙和民初广东地方政府的档案，因此，这批海关档案对于研究广东辛亥革命的情况具有其独特的史料价值。

题　　名　广东机器局及其总办温子绍
作　　者　李春潮
刊　　名　船史研究
年 卷 期　1987年3期

题　　名　广东近代诗歌海洋意识与海上丝路
作　　者　张松才
刊　　名　湛江海洋大学学报
年 卷 期　2002年22卷5期
页　　码　14－20
摘　　要　广东近代诗歌浓郁的海洋意象与海上丝路有着密切的联系。海上丝路深刻地影响了广东近代文学，为之提供了丰富的创作题材和空间；而广东近代文学又反过来促进了海上丝路的发展和繁荣。

题　　名　广东旧海关档案史料价值初探
作　　者　朱荣基
刊　　名　档案学通讯
年 卷 期　1981年1期
页　　码　38－42
摘　　要　一九四九年以前，设在广东省内的海关，主要有粤海关、九龙海关、琼海关、潮海关、江门海关、雷州海关、拱北海关等。它们遗留下来的档案全宗，虽然由于历史上的种种原因，有的已残缺不全，但是，总的来说，现存数以百万份计的历史文件，仍不失为我国近代史研究的可贵史料。

题　　名　广东开放海外贸易两千年——以广州为中心
作　　者　黄启臣
刊　　名　深圳大学学报（人文社会科学版）
年 卷 期　2007年24卷2期
页　　码　150－157
摘　　要　本文叙述广东（以广州为中心）自汉朝至今天对外开放海外贸易的兴起和持续发展两千多年、且经久不衰的历史轨迹，说明今天广东成为中国开放改革前沿地、对外贸易居全国首位和经济发展欣欣向荣，是历史发展的必然。

题　　名　广东南澳——平台大将军施琅人生转捩地
作　　者　李涛，欧瑞木
刊　　名　创业者
年 卷 期　2006年8期
页　　码　15－17

题　　名　广东南澳岛的三保公庙
作　　者　陈廷杭
刊　　名　郑和研究
年 卷 期　1995 年 1 期
页　　码　35

题　　名　广东省海康县出土粤海关收税铜砝码
作　　者　谭启浩
刊　　名　海交史研究
年 卷 期　1994 年 25 期
页　　码　113

题　　名　广东十三行考
作　　者　梁嘉彬
刊　　名　清华周刊
年 卷 期　1932 年 37 卷 5 期

题　　名　广东十三行商人的民商本质——对关于其性质为官方代表的商榷与讨论
作　　者　宋韵琪，谭元亨
刊　　名　今日南国（理论创新版）
年 卷 期　2009 年 9 期
页　　码　84－86
摘　　要　广东十三行商人创造了清代对外商贸的一个奇迹。一直以来，学术界都偏向于把他们定位为官商，是朝廷利益的代表。但通过史料考察，我们可以发现他们其实是一群具有自我思想主张的商界人物，他们对政府从未盲从，甚至时时与之对抗。同时，他们与外国商人有着密切的私下往来，私交甚笃，也有巨额的境外投资。本文将从几个方面着眼，讨论十三行商人们的民商本质。

题　　名　广东十三行衰败原因试探
作　　者　张晓宁
刊　　名　中国社会经济史研究
年 卷 期　1996 年 2 期
页　　码　84－90
摘　　要　广东十三行是鸦片战争前“广州通商制度”的一个重要组成部分。清政府通过它控制对外贸易和限制外商在华活动。因此广东十三行在清代对外贸易中占有重要地位。

题　　名　广东是“海上丝绸之路”的东方发祥地
作　　者　黄启臣
刊　　名　广东蚕业
年 卷 期　2002 年 36 卷 1 期
页　　码　44－45

摘　　要　闻名于世的“海上丝绸之路”的东方发祥地是中国的广东省。本文拟就广东在“海上丝绸之路”的发祥地地位情形、原因和影响作一探索。

题　　名　**广东水神溯源**
作　　者　叶春生
刊　　名　民俗研究
年 卷 期　1992 年 1 期
页　　码　96－102

题　　名　**广东丝绸生产、贸易与“海上丝绸之路”**
作　　者　毛铿祖
刊　　名　广东蚕业
年 卷 期　2001 年 35 卷 4 期
页　　码　1－4
摘　　要　蚕丝起源于中国，距今已有 5000 多年的历史。丝绸早在 3000 多年前已通过“丝绸之路”远销欧亚等国，是历史上重要的出口商品，也是土生土长富国裕民的“国宝”，世界人民誉为“纤维皇后”，蚕丝在人类数千年服饰文化上记载着光辉的一页。本文主要介绍广东丝绸生产、贸易与“海上丝绸之路”的一些情况。

题　　名　**广东徐闻东汉墓——兼论汉代徐闻的地理位置和海上交通**
作　　者　何纪生，吴振华
刊　　名　考古
年 卷 期　1977 年 4 期
页　　码　268－277，261，296

题　　名　**广东沿海有宝船吗？**
作　　者　梁山
刊　　名　航海
年 卷 期　1987 年 4 期
页　　码　16－17

题　　名　**广西对外贸易的历史概述**
作　　者　李炳东
刊　　名　广西社会科学
年 卷 期　1994 年 1 期
页　　码　61－66
摘　　要　广西的对外贸易，历史久远。早在公元前 2 世纪，广西就和越南、马来西亚、印度尼西亚、缅甸、印度、斯里兰卡发生了贸易关系，从汉、晋以来，由广东、广西沿海港口通往东南亚、非洲以至欧洲的这条海上通道，成为我国南方的“海上丝绸之路”。19 世纪下半叶以后，由于北海、梧州、南宁、龙州的开埠，广西对外贸易也随之扩大。我们研究广西对外贸易的历史，不仅可以看到对外贸易的演变，了解广西经济发展的情况及其原因，而且可以为进一步发展广西的对外贸易提供历史借鉴。

题　　名　**广信是西汉海上丝绸之路与内动互动的枢纽**
作　　者　黄启臣
刊　　名　岭南文史
年 卷 期　2004 年 3 期
页　　码　18 – 19
摘　　要　我国是世界上最早发明养蚕丝织的国家。古希腊历史学家希罗多德(Herodotos,约公元前484 – 425)在其著《历史》一书中,称中国为丝国(Seres)。西汉武帝中期(公元前一世纪),中国蚕丝和丝织品由渭水流域(长安)经河西走廊陆路西运到大秦(罗马);和由徐闻(具体港口在今徐闻县五里镇仕尾村、二桥村的尾湾)、合浦(具体港口在今北海市的合浦县谦州镇西南 5 公里的乾体圩旁南流江出海口三汉港)出海西南航运至已程不国(斯里兰卡)以远,从而形成后来被人们称之为陆上和海上丝绸之路。从此中国的蚕丝和丝织品在世界各国更加闻名遐迩,以至后来西方国家人以此谐音称中国人为"Chinese"和称中国为"China"。

题　　名　**广州"巴斯"研究的创新佳作——评郭德焱博士《清代广州的巴斯商人》**
作　　者　王川
刊　　名　学术研究
年 卷 期　2008 年 12 期
页　　码　157 – 158

题　　名　**广州"番坊"一名始见于宋**
作　　者　黎小明
刊　　名　广州研究
年 卷 期　1985 年 6 期
页　　码　64 – 66

题　　名　**广州"海上丝绸之路"及其相关研究的新进展——"广州与'海上丝绸之路'学术座谈会"评述**
作　　者　章深
刊　　名　岭南文史
年 卷 期　2001 年 3 期
页　　码　11 – 14
摘　　要　最近,由广东省历史学会,广州地方史学会和广州市社会科学院等单位共同举办,与会者包括中山大学,暨南大学,广东省历史学会,广东省社会科学院,广东省博物馆,广州市社会科学院,广州市考古研究所,越秀区地方志办公室等单位的专家学者二十余人参加的广州与"海上丝绸之路"学术座谈会,受到了社会的关注。

题　　名　**广州"造船工场"实为建筑遗存**
作　　者　杨豪
刊　　名　南方文物
年 卷 期　1997 年 3 期

页　　码　91－98

摘　　要　广州市中山四路原市文化局操场地下的建筑遗存，自七十年代末被发掘和有关部门定性为“广州秦汉造船工场”以来，国内外的有关学者无一不以惊愕和喜悦的心情注视着。这里有三条板道，板上镶嵌有木柱（原简报称木墩），被称为“第一号船台板道”上，保留有柱十三对，与此经定称作“船台”后，按结构估计，已可以造出长20余米，载重达二、三十吨，或是数十吨的船只，这在距今已有二千多年的秦汉时代，于世界航运史上，都已是史无前例、无与伦比的划时代的光辉成就，这是一件能激发后人爱国、爱族感情的事情，它历经岁月沧桑，时至今天犹能完好保存，仍能与人会面，这怎能不让人惊愕与喜悦呢！

题　　名　**广州不是中国汉代海上丝绸之路始发港**

作　　者　邓家倍，任建芬

刊　　名　广州社会主义学院学报

年 卷 期　2004年1期

页　　码　59－64

摘　　要　近几年来，广州多家报纸特别是《广州日报》连续发表专家学者文章和新闻报道，几乎众口一词地说广州是中国汉代海上丝绸之路的“始发港”、“最早始发港”、“最早起点”等。本文据古今有关史料，提出了不同的见解。

题　　名　**广州的英印港脚商与鸦片战争**

作　　者　朱新镛

刊　　名　广东省社会主义学院学报

年 卷 期　2010年2期

页　　码　83－87，10

摘　　要　从19世纪初开始，曾是东印度公司对华贸易附庸的广州“英印港脚商人”逐步崛起，成为了英国产业资产阶级对华扩张的重要有力量，他们成功地打破了清帝国的对外贸易体制，在广东沿海进行大规模的商品和鸦片走私，并直接参与英国政府发动的对华战争——鸦片战争。

题　　名　**广州蕃坊考**

作　　者　邓端本

刊　　名　海交史研究

年 卷 期　1984年6期

题　　名　**广州港：从石门到虎门——历史时期广州港口地理变化及其对城市空间拓展的影响**

作　　者　梁国昭

刊　　名　热带地理

年 卷 期　2008年28卷3期

页　　码　247－252

摘　　要　广州是我国古代海上丝绸之路最重要的始发港之一。由于自然与人为的原因，2000多年来广州的水陆环境不断发生变化，历代港口码头的位置也随之发生变化。从石门之南的兰湖古码头到今天虎门之南的南沙港码头，港口位置经历了一个大体由北而南、从西向东的迁移扩展过程，这一过程同时也对城市的空间拓展产生引导作用，对城市形态发展产生重要影响。

题　　名　**广州古代建筑与海上“丝绸之路”**
作　　者　邓其生，曹劲
刊　　名　广东经济
年 卷 期　2003 年 1 期
页　　码　35 – 37
摘　　要　海上丝绸之路兴起于两汉，吴晋南朝中国开通直航波斯湾的航道，广州成为南海交通的枢纽；唐代中后期，以唐帝国与阿拉伯商人为轴心形成世界性海洋贸易圈，促进了中国传统南、东向分途贸易的衔接。广州因应成为东方的大港。广州于元代曾一度降格，入明又恢复主港的地位，乾隆二十二年甚而独占海贸鳌头。海上丝绸之路的中外贸易交往，不仅对各朝社会的政治经济产生巨大影响，更对位于海上丝路起点的广州。

题　　名　**广州海交史上几则新材料**
作　　者　吴凌云
刊　　名　羊城今古
年 卷 期　2002 年 2 期
页　　码　30 – 31
摘　　要　近读《中国·广州海上丝绸之路的文化遗址》一书，就广州作为海上丝绸之路上的长盛不衰的世界贸易大港，从文献和实物作了详尽考述，认为广州作为海上丝绸之路的始发港起源于先秦，形成于两汉，兴盛于唐，扩充于宋元，延伸于明清，在唐中后期成为世界性海洋贸易圈的中心之一。读后信然。现补充几则尚不为注意的材料，以求教于方家识者。

题　　名　**广州汉代考古与海交史研究**
作　　者　黄展岳
刊　　名　海交史研究
年 卷 期　1989 年 16 期

题　　名　**广州怀圣塔建筑年代考**
作　　者　廖大珂
刊　　名　南洋问题研究
年 卷 期　1990 年 1 期
页　　码　88 – 93
摘　　要　唐宋时期广州与阿拉伯帝国的海上贸易出现了空前的繁荣，大批阿拉伯商人航海东来，在此经商、定居，并传播伊斯兰教，因此留下了不少伊斯兰遗迹，其中最早的伊斯兰建筑是怀圣寺和怀圣塔。唐宋时代的怀圣寺今已不存，现在的怀圣寺是元代重建的，但是怀圣塔至今完好无损，仍耸立于珠江之滨。

题　　名　**广州怀圣塔建筑问题初探**
作　　者　廖大珂
刊　　名　宁夏社会科学
年 卷 期　1992 年 1 期
页　　码　53 – 60
摘　　要　中国和阿拉伯自古以来就有了往来，双方存在着密切的政治、经济和文化关系。唐宋时期，由于阿拉伯帝国的兴起，中阿之间的海上交通和贸易出现了空前的繁荣，阿拉伯人（包括阿拉伯帝国境内各民族）来中国者甚众。随着阿拉伯人的足迹所至，伊斯兰教也传入中国，因此留下了不少伊斯兰教古建筑，其中最古老的清真寺应首推广州怀圣寺。怀圣寺的原寺已遭毁损，现存的建筑物大多为清代重修，只有寺之西南隅的宣礼楼——怀圣塔是原始的建筑，至今完好无损，仍耸立于珠江之滨，是当时伊斯兰教传播的物证，十分珍贵。

题　　名　**广州口岸与美国对华贸易的缘起**
作　　者　梁碧莹
刊　　名　中山大学学报（社会科学版）
年 卷 期　2000 年 6 期
页　　码　73－78
摘　　要　美国对华贸易缘起于美国商船“中国皇后”号通航广州。那时，广州口岸已有悠久的对外贸易的历史。第一批到来的美国人，不得不探索一种新的方式处理对华商务和人际关系。

题　　名　**广州南海神庙始建年代考**
作　　者　陈典松
刊　　名　广东史志
年 卷 期　2001 年 1 期
页　　码　39－40
摘　　要　广州南海神庙位于黄埔区庙头村，“是古代岭南地区最重要的祭海场所，也是我国‘海上丝绸之路’的重要史迹。”1991 年 2 月 9 日，联合国教科文组织“海上丝绸之路考察团”乘“和平之舟”来中国时，就是按古代传统，下船伊始，立即到南海神庙，首开中国考察活动的。关于广州南海神庙的建立时间，一般以清代学者范端昂的《粤中见闻》和《隋书》卷七《礼仪志》为依据，认为“创建于隋开皇十四年（594）”，这一观点被普遍采用。

题　　名　**广州蒲氏源流再考——兼正《南海甘蕉蒲氏家谱》若干之误**
作　　者　陈鸿钧
刊　　名　海交史研究
年 卷 期　2008 年 54 期
页　　码　88－101
摘　　要　宋时，自阿拉伯地区来广州住在“番坊”的外国人颇多，史称“番客”。随着时代发展，绝大多数“番客”均已华化，融入汉民族当中。如今广州地区唯一有迹可寻的“番客”，乃为散布于南海、黄埔、白云地区的蒲姓族人。该蒲氏南宋时来华，聚居广州“番坊”，至元末明初衍分八房，至今仍自认其先世为阿拉伯系统，家谱有载，宗祠俨然，史乘可征。作为外来种族，蒲氏诚中国回族早期来源之一，在航海、商贸、建筑方面显示了卓越的能力，促进了伊斯兰教在中国的传播，在与汉民族交往中，渐被汉化。

题　　名　**广州秦造船工场遗址废置说质疑——以赵佗执政时期南越国的水上军事活动为证**
作　　者　陈泽泓
刊　　名　岭南文史
年 卷 期　2001 年 1 期
页　　码　60－64

摘　　要　1974 年,在广州市区内的中山四路发现一处大型古代建筑遗址,当事者判断其为造船工场遗址(以下简称"遗址")。1977 年由新华社播发消息,正式向外界报告此处遗址为秦汉造船工场遗址。这一发现是中国乃至世界考古界的大事,自发现公布以来一直为考古、历史、造船、海交、地理、古建筑等各方面的人士所关注。

题　　名　广州十三行的兴与衰
作　　者　王树恩
刊　　名　档案天地
年 卷 期　2010 年 10 期
页　　码　28 – 30

题　　名　广州十三行及其清宫档案开发
作　　者　覃波
刊　　名　中国档案
年 卷 期　2004 年 2 期
页　　码　56 – 57
摘　　要　广州十三行是 18、19 世纪中国走向世界,世界透视中国的一大枢纽,在"海上丝绸之路"及清前期中西关系中起着重要作用。中国第一历史档案馆保存的有关清宫档案,真实地再现了这个盛极一时的早期东方世贸中心。

题　　名　广州十三行连带互保制度的经验和教训
作　　者　吴庆
刊　　名　调查研究报告
年 卷 期　2007 年 61 期
页　　码　1 – 22
摘　　要　清代广州十三行实施的连带互保制度是现代存款保险制度的原型。它能够成功处置行商倒闭留下的未偿债务的原因有二:高额行业垄断利润和审慎性准入门槛。后来,皇帝和各级官吏越来越高的索求逐渐抵消了垄断利润;审慎性监管却仅仅停留在行业准入层面。加之清政府对夷商债权的过度保护使夷商不顾风险地放款,亏空的行商总有机会借钱冒险,道德风险十分严重,最重导致十三行制度不可持续。本文总结清政府管理广州十三行的经验和教训,期望对当前中国建立存款保险制度的研究提供借鉴。

题　　名　广州十三行商馆区的历史地理——我国租界的萌芽
作　　者　曾昭璇,曾新,曾宪珊
刊　　名　岭南文史
年 卷 期　1999 年 1 期
页　　码　28 – 38

题　　名　广州十三行商与林则徐领导的禁烟运动
作　　者　黄景听
刊　　名　中山大学研究生学刊(社会科学版)

年 卷 期 1998 年 19 卷 3 期

页 码 57－61

摘 要 本文通过叙述广州十三行商与鸦片贸易的密切关系，再现伟大的民族英雄林则徐在禁烟运动中对十三行商的利用打击的高明策略。

题 名 **广州十三行与清宫生活**

作 者 覃波

刊 名 紫禁城

年 卷 期 2004 年 3 期

页 码 65－69

摘 要 广州十三行是清朝特许专门经营对外通商贸易的垄断性商行，不仅曾在古代中国走向世界的“海上丝绸之路”发挥过独特作用，而且还与紫禁城内的生活有着不解之缘。

关 键 词 十三行；海上丝绸之路；对外贸易

题 名 **广州市舶史研究的新成果——评王川《市舶太监与南海贸易》**

作 者 董少新

刊 名 海交史研究

年 卷 期 2001 年 40 期

页 码 137－138

题 名 **广州市舶司的历史沿革及其在对外贸易中的作用和影响**

作 者 余思伟

刊 名 海交史研究

年 卷 期 1983 年 5 期

题 名 **广州市舶司始于何时**

作 者 高美玲

刊 名 广州史志

年 卷 期 1987 年 5 期

页 码 36

题 名 **广州是“海上丝绸之路”的始发港**

作 者 陈柏坚

刊 名 岭南文史

年 卷 期 1992 年 2 期

页 码 46

摘 要 “任何科学的结论，都是建筑在现有材料的基础上。”这个论点是精辟的，是符合客观规律的。事实上，事物的存在，随着时间的推移，虽有古籍作论证，但还需出土文物来作考据。本文就是依据历史文献和现有出土文物，说明广州（古称番禺）是“海上丝绸之路”的始发港。海上丝绸之路，即古代的中外海上交通贸易的航线。货通万里重洋，情系亚非欧美，追源溯流，“海上丝绸之路”的始发港，应该说是中国外贸名城——广州。首先，从广州的地理位置上说，广州位于珠江三角洲，是西、北、东三江出海之汇合处。南临南海，往南行可直达东南亚，往西行可到印度洋，通西亚、北非和南欧，往东行可通太平洋与美洲交往。这样，以广州为中心，编织成海上市场网络，形成海运交通枢纽。

题　　名　**广州是海上丝绸之路发祥地质疑**
作　　者　余庆绵
刊　　名　羊城今古
年 卷 期　2002 年 1 期
页　　码　27,26
摘　　要　1986 年 2 月 9 日，联合国科教文组织海上丝绸之路考察队 30 余国专家学者到广州东郊的南海神庙考察，今年 2 月 10 日《广州日报》B4 版发表顾涧清文章《海上丝路应申报世界文化遗产》（下称《顾文》）和谭元亨文章《三千年古港又有新依据》（下称《谭文》）。同版还刊出了《开发海上丝路五条具体建议》。

题　　名　**广州是华南海上丝绸之路最早的始发港（Ⅰ）**
作　　者　赵焕庭
刊　　名　热带地理
年 卷 期　2003 年 23 卷 3 期
页　　码　294－297
摘　　要　概述了中国在史前已发明了养蚕与纺织丝绸，用作宗教祭祀器物，周秦用于服饰和书写纸，并流传海外。丝绸之路就是古代中国向国外输出丝绸等并从外国输入货物所经之路，有海陆多条。华南海上丝绸之路始发港，据《汉书》记载 111BC 有日南港、徐闻港和合浦港。据现代学者研究，秦汉时（200BC 前）有番禺港（今广州）；南宋和元代（12－14 世纪）有刺桐港（今泉州）。最早的始发港问题引起争论，焦点集中在徐闻说与番禺说。文中为进一步讨论而整理了持徐闻说和否定番禺说的依据。

题　　名　**广州是华南海上丝绸之路最早的始发港（Ⅱ）**
作　　者　赵焕庭
刊　　名　热带地理
年 卷 期　2003 年 23 卷 4 期
页　　码　394－400
摘　　要　华南海上丝绸之路最早的始发港是番禺（广州），主要依据：①番禺区位优越，腹地巨大，具备优良自然条件；②番禺地区古越族有纺织传统，秦汉时种桑、养蚕、缫丝，丝织业发达；③古越族的造船技术先进，所造的海船备舵和帆；④古越族习水行舟，有远航和外贸传统；⑤番禺城在 878～111BC 一直是岭南区域首府，成为区域政治、文化和经济中心。番禺在秦汉时期是中国 9 大城市之一，文献显示，华南海上丝路在 4 世纪 BC 已通向印度。据考古学研究，广州西汉南越王赵㊞墓陪葬的贵重物品有大量丝绸，以及来自东南亚、伊朗、非洲和意大利的进口货，说明华南海上丝路在 122BC 之前已开通，番禺是最早的始发港。

题　　名　**广州是我国最早的对外贸易港**
作　　者　邓端本
刊　　名　海交史研究
年 卷 期　1986 年 9 期

题　　名　广州外经机构沿革
作　　者　方忠英
刊　　名　广东史志
年 卷 期　1996 年 3 期
页　　码　37－41
摘　　要　广州是我国对外开放最早的城市，早在新石器时期，广州在未形成港市前，就与我国北方和南洋各国有了交往和物与物的交换关系。广州又是我国海上“丝绸之路”的起点，早在公元前 4、5 世纪，就与巴比伦有贸易往来。

题　　名　广州外贸渊源及早期发展
作　　者　邓端本
刊　　名　学术研究
年 卷 期　1987 年 2 期
页　　码　65－70
摘　　要　广州何时有外贸？论者多认为始于秦汉。然此说的依据是什么？目前仍限于简单的陈述。本文拟对这个问题作较为系统探讨。

题　　名　广州外侨总商会与鸦片战争前夕的中英关系
作　　者　吴义雄
刊　　名　近代史研究
年 卷 期　2004 年 2 期
页　　码　91－116，316
摘　　要　1836 年，西方商人在广州组织了广州外侨总商会。这个以英国商人为主导的商会的成立，以中英关系基本格局的演变为背景，反映在华西方商人群体力图维护自身利益的意愿。该商会在其存在的两年多时间内，起到维护交易秩序、制订并实施交易规则、协调各方关系、维护外商利益的作用。它作为广州外商群体的代表，也卷入了中英交涉与冲突之中。其各种活动对中西关系的演变产生了一定的影响。

题　　名　广州一口通商与洪任辉事件
作　　者　史彦
刊　　名　羊城今古
年 卷 期　1989 年 6 期
页　　码　35－36

题　　名　广州与古代僧人的海外往来
作　　者　黎小明
刊　　名　法音
年 卷 期　1988 年 8 期
页　　码　31－34，13
摘　　要　我国古代的对外活动中，通商贸易是一个主要的内容，另一个主要内容，则是佛教中僧人的往来海外,这两者构成了古代海外交通史的主要部分。古代对外交往中,僧人的活动占有相当大的比例。中外僧人或海路、或陆路,或求法、或弘法,往返于中国大陆与海外诸国之间,他们的动机或目的尽管是源于宗教信仰,但不管在客观上,还是在主观上都为古代中外经济、文化等方面的交流作出了贡献。同时,他们还留下了大量的文字记载。研究古代海交史,就不能不注意古代僧人的对外活动,不能不借鉴他们所留下的具有重要史料价值的记载。

题　　名　**广州造船史话三则**
作　　者　梁允麟
刊　　名　羊城今古
年 卷 期　2002 年 2 期
页　　码　21 – 24

题　　名　**鬼泣神嚎的马尾海战**
作　　者　张元龙
刊　　名　历史教学问题
年 卷 期　1994 年 3 期
页　　码　58 – 60

题　　名　**贵州古代远航考**
作　　者　夏鹤鸣
刊　　名　贵州文史丛刊
年 卷 期　1983 年 1 期
页　　码　14 – 21
摘　　要　贵州内河有水运活动记载的,开始于战国,当时贵州大部为夜郎。夜郎北与巴、蜀两国为邻。巴蜀领土也包括今黔北部分地区。巴、蜀以北为秦国。今黔东一带,则属于楚国的黔中地。列国中秦、楚较强。两国的对外扩张,对贵州东部及北部河流水运的发展,产生了直接的影响。

题　　名　**贵州铜仁徐福后裔考**
作　　者　徐世汪
刊　　名　贵州文史丛刊
年 卷 期　1995 年 2 期
页　　码　48 – 49,38

题　　名　**郭实腊《贸易通志》简论**
作　　者　熊月之
刊　　名　史林
年 卷 期　2009 年 3 期
页　　码　62 – 67,189
摘　　要　《贸易通志》是鸦片战争以前传教士所写中文读物中,介绍西方商业制度、贸易情况最为详尽的一本,学术界以往对此虽有述及,但无专门研究。本文逐章介绍了《贸易通志》的主要内容,论述了此书的叙述特点,将《海国图志》征引此书的内容与原文作了比较,说明魏源所引,都是节录与改写。《小方壶斋舆地丛钞》所收《贸易通志》内容，皆为《海国图志》摘录《贸易通志》的内容，编者王锡祺并未看到《贸易通志》原书。

题　　名　**郭守敬南海测量考**
作　　者　厉国青，钮仲勋
刊　　名　地理研究
年 卷 期　1982 年 1 卷 1 期
页　　码　79－85

题　　名　**国际法视角下中法马江海战起因探究**
作　　者　韩琴
刊　　名　闽江学院学报
年 卷 期　2008 年 29 卷 4 期
页　　码　100－106
摘　　要　根据《中法简明条款》法文本，北圻的清军在最终条约缔结之前屯扎原驻地待命是守约、合法的；法军在最终条约缔结之前，前去攻占清军原驻地谅山是违约、非法的。但茹费理政府为了占越南为殖民地的目的，谙法玩法，并加武力威胁，逼迫清政府承认背约。软弱、昧法的清政府未能在外交上戳穿对方的谙法玩法，步步退让，但坚持“中国既未违约，实不能认此无名之费”的底线。茹费理政府继续恃强玩法，以“报复”为遮羞，发动了中法马江海战。

题　　名　**国际关系演变视角下的甲午战争与中国对东西方世界之认知**
作　　者　翁有为
刊　　名　史学月刊
年 卷 期　2008 年 11 期
页　　码　133－136

题　　名　**国门口两种制度文化的碰撞——广州柯拜船坞的沧桑与历史地位的分析**
作　　者　杨幸何
刊　　名　岭南文史
年 卷 期　2008 年 2 期
页　　码　9－18
摘　　要　坐落在广州黄埔区长洲岛上的“柯拜船坞”人称中国第一家外资企业，第一代产业工人诞生地。作为中国第一个石质船坞，已经历了 140 多年的风雨侵蚀。柯拜船坞诞生于大清帝国的国门被打开的那段如晦的岁月，她多舛的命运也见证了五千年的封建帝制文化与商业资本体制文化之间曲折复杂的交汇与碰撞，同时本身也成了这段历史的一个内涵丰富、外延广阔的符号注脚。如今，这里仍然是一个造船企业——黄埔船厂的所在地，作为一个具有国家级文物价值的工业遗产，正受到史学界、规划界、旅游界以及军事界、政治界的人们广泛的关注。

题　　名　**国民经济恢复时期海运史述略**
作　　者　钱玉戡
刊　　名　上海海事大学学报

年 卷 期 1986 年 4 期
页　　码 89 - 99
摘　　要 本文概述了我国海运事业在建国头三年的艰苦创业史及其主要成就。其中着重就收回祖国航权;接管改造官僚资本航业,建立国家管理海运行政机构与国营海运企业;扶持私营航业,并发挥其积极作用,团结依靠广大航运职工迅速恢复航运,保证城市粮煤运输,支援解放沿海岛屿,活跃城乡经济,促进国民经济早日恢复等方面作了历史回顾。作者还指出,研究恢复时期的海运史,能为我们当前海运管理体制和海运企业的改革提供历史的借鉴。

题　　名 **国内第一座郑和庙调查**
作　　者 陈延杭
刊　　名 海交史研究
年 卷 期 1990 年 18 期

题　　名 **国内史学界“中国人发现美洲”问题研究概述**
作　　者 王桂山
刊　　名 扬州教育学院学报
年 卷 期 2001 年 19 卷 4 期
页　　码 34 - 38
摘　　要 在哥伦布以前是否有人从旧大陆到过美洲,这是一个“世界之谜”,中国人最先发现美洲说,即是谜底之一。国内学术界对哪一位中国人先于哥伦布发现美洲,中国人于何时到达美洲等问题进行了三次比较广泛的争论。

题　　名 **国衰兵弱 甲午战争前中日两国的海陆争锋**
作　　者 李同勇
刊　　名 军事历史
年 卷 期 2006 年 4 期
页　　码 60 - 63

题　　名 **国外航天学者为何注意研究中国明朝航海史**
作　　者 安嘉欣
刊　　名 国际太空
年 卷 期 1996 年 8 期
页　　码 1 - 2
摘　　要 中国古代曾拥有世界上最大的船队,并有引以自豪的航海记录,但在明朝由于复杂的原因,使航海业停滞而最后衰落。对于这段我们几乎淡忘的史实,却在较长一段时间里在美国有关空间技术发展战略研究的论述中多次出现,并常作为反证说明保守导致落后的道理,对此应引起我们的重视与深思。下面引述三段美国有关学者在不同时期的空间政策研究中对中国明朝航海史的评述,并进行简单说明。

题　　名 **国外学者论郑和宝船**
作　　者 邱克

刊　　名　舰船知识
年 卷 期　1985 年 7 期
页　　码　8 – 9

题　　名　**过洋牵星术考证**
作　　者　袁启书
刊　　名　中国航海
年 卷 期　1986 年 1 期
页　　码　71 – 79

题　　名　**孩儿茶考辨**
作　　者　李峻杰
刊　　名　海交史研究
年 卷 期　2010 年 1 期
页　　码　74 – 84
摘　　要　孩儿茶是一外来物质，其称谓多样，如乌爹泥、孩儿香、孩儿土等。它主要是作为药用，但它还可入茶、做香料、咀嚼槟榔等。孩儿茶产自于印度西南沿海、苏门答腊至中南半岛一带，同时也是榜葛剌、满剌加、爪哇、暹罗等国的朝贡物品之一。它在宋代已广为人们所认识，但《本草纲目》将其列为新增药物值得商榷。同时本文还对孩儿茶的其他方面进行了考察，以期揭示其背后所隐藏的中外文化交流之图景。

题　　名　**海澄之月港港考**
作　　者　林汀水
刊　　名　中国社会经济史研究
年 卷 期　1995 年 1 期

题　　名　**海船镜**
作　　者　张英
刊　　名　北方文物
年 卷 期　1985 年 1 期
页　　码　47 – 49
摘　　要　近年在古林省延吉、前郭以及黑龙江省阿城等地相继发现三面“海船镜”（封三：图一），形制与中国历史博物馆藏的“海船镜”同（封三：图二）。镜质不甚光滑，缘呈八角菱花形，直径 17、厚 4 厘米。背面浮雕的是一只头东尾西的舸舟，落帆扬“标”，在惊涛骇浪的大海中航行的图案，气势磅礴。镜钮上方铸有古文四字。这类镜在朝鲜和日本等地也曾出土过，所以受到许多学者的关注。笔者拟就这类“海船镜”的年代等问题作一概要的探讨，不当之处望读者指正。

题　　名　**海岛与中国海疆史的研究**
作　　者　李国强
刊　　名　云南师范大学学报（哲学社会科学版）
年 卷 期　2010 年 3 期

页　　码　21－25

摘　　要　中国海疆史的学术架构从地理范畴而言，涵盖了海岸线、海岛和海域三大要素，而海岛在海疆史研究中具有十分重要的地位，无论是其人文特征，还是其人文形态，不仅突显出海疆史研究的内涵和精髓，而且成为海疆史学术体系中不可或缺的核心环节。围绕海岛构筑中国海疆史的学术体系，不仅是由海疆的自然地理范畴所决定的，同时是由海疆的人文特质所决定的。

题　　名　**海的600年祭——纪念郑和下西洋600周年**

作　　者　张之杰

刊　　名　科学月报

年 卷 期　2005年36卷7期

页　　码　542－550

题　　名　**海防爱国主义与创建近代海军的早期设想**

作　　者　邵先军，崔家生

刊　　名　湖北第二师范学院学报

年 卷 期　2010年4期

页　　码　66－69

摘　　要　近代中国的显著特点之一是帝国主义海上入侵接连不断，海防危机日趋深重，这极大地激发了国人的反抗侵略和建设海防的巨大热情，形成了爱国主义在特定历史条件下的特殊形态——近代中国海防爱国主义。以林则徐、魏源为代表的近代早期爱国主义者，在战争中积极抗敌，战后认真分析研究海防形势，总结反思海防斗争的经验教训，提出和发展了创建近代海军的早期设想，并为实现这一设想指明了“师夷长技以制夷”的正确方向，从而使源远流长的爱国主义传统获得了新的历史内容，直到今天仍富含巨大的现实价值和启示意义。

题　　名　**海防筹议述论**

作　　者　明立志

刊　　名　山东师范大学学报（人文社会科学版）

年 卷 期　1984年2期

页　　码　28－36

摘　　要　在中国近代史上为时三十余年的洋务运动中，洋务派“筹办海防”的活动是整个洋务活动的重要内容和发展环节之一，也是评价洋务运动的重要方面。到目前为止，不少论者认为，包括筹议海防在内的筹建海防活动，是洋务派勾结外国资本主义借用“洋枪洋炮”镇压人民反抗的产物，因而全面否认它具有“御侮”、“自强”的性质。如果就中外反动派共同镇压农民起义这一点来说，这种观点诚然是有道理的。然而要仔细研究一下筹议海防开始时的“奏议”、“廷议”和“决议”的具体内容，是不是还有“御侮”的面？为此，本文仅就洋务派“筹议海防”的过程作简略的叙述，以期有益于这个问题的讨论。

题　　名　**海防的起源和海防概念研究述评**

作　　者　高新生

刊　　名　中国海洋大学学报（社会科学版）

年 卷 期　2010年2期

页　　码　22－28

摘　　要　海防的起源众说纷纭。海防概念随社会的发展而不断变化。海防概念与海权、海军、海疆、边防、国防等概念既有区别，又有联系。新形势下，海防问题成为中国国家战略和军队建设发展中的重要问题。

题　　名　**海防经费原拨数额考**
作　　者　陈先松
刊　　名　中国经济史研究
年 卷 期　2010 年 3 期
页　　码　159 – 166
摘　　要　学术界通常认为海防经费原拨数额为 400 万两，笔者对此持怀疑态度。据筹拨海防经费的原折，粤海等关洋税项下并没有固定的解拨数额，"四百数十万两"只是在陕饷、淮饷等原有协款假设停拨基础上的估计数额，而在此之前仍需"循旧协拨"。通过对粤海等关四成洋税数额及扣拨款情况的仔细梳理，海防经费的原拨数额实际上只有 350 多万两。清廷对海防建设的忽视是晚清海军败于日军的根本原因。

题　　名　**海防之议与甲午战争**
作　　者　孙占元
刊　　名　社会科学辑刊
年 卷 期　1995 年 4 期
页　　码　101 – 107
摘　　要　本文对晚清从甲戌至甲午 20 年间的海防之议与甲午战争的关系进行了系统论述。首先，由 1874 年日本侵台事件而引发的第一次海防之议为北洋海军的初创提供了契机。其次，因 1884 年中法战争而再次兴起的海防之议，清政府制订了"以大治水师为主"的计划，使北洋海军于 1888 年正式成军。第三，1894 年的中日甲午战争爆发不久，清廷重申"海军为国家第一要务"。北洋海军虽有黄海一搏，却又在李鸿章"保船"思想的束缚下，逐步失去了制海权，最终坐以待毙。持续了 20 余年的海防之议经甲午之役是可以总结出成效与教训的。

题　　名　**海关始于汉代之珠崖**
作　　者　房建昌
刊　　名　学术研究
年 卷 期　1983 年 3 期
页　　码　35

题　　名　**海关总税务司对鸦片税厘并征与粤海常关权力的争夺和葡萄牙的永据澳门**
作　　者　陈诗启
刊　　名　中国社会经济史研究
年 卷 期　1982 年 1 期
页　　码　36 – 51

题　　名　**海国图志——试论当代中国"海权"问题**
作　　者　张文木

刊　　名　中国远洋航务公告
年 卷 期　2005 年 5 期
页　　码　48 - 50
摘　　要　进入市场经济的中国已成为与世界发生广泛联系的国家，其海洋权益泛布于世界，并随中国经济总量的扩大而持续扩大；与此同时，中国实现其“海权”的内部需求动力和外部压力也在同时增大。这是中国“海权”与世界其他国家“海权”实践的共性方面。但是，中国“海权”不可能不具有中国自己的个性。

题　　名　海疆迷失：对中国传统海疆观念的反思
作　　者　李德元
刊　　名　厦门大学学报(哲学社会科学版)
年 卷 期　2006 年 2 期
页　　码　43 - 50
摘　　要　中国传统海疆观念是中国社会的经济、政治、文化、军事等的反映，具有弛张更替、强干弱枝、守土防御等特质。“天地君亲师”，“安内攘外”、“重陆轻海”，“和柔四夷”、“以夷制夷”等传统疆国观念是其产生与发展的渊源。这些传统海疆观念缺乏对海疆观念整体性的把握，延缓与桎梏了中国海洋社会经济的整体成长，加大了民族间的隔阂，不利于民族间平等交往。

题　　名　海交史上的苏木
作　　者　赵丰
刊　　名　海交史研究
年 卷 期　1986 年 9 期

题　　名　海交史研究的回顾与展望
作　　者　陈高华
刊　　名　海交史研究
年 卷 期　1989 年 16 期

题　　名　海交史研究的新硕果——评《古代山东与海外关系史》
作　　者　安克骏
刊　　名　海交史研究
年 卷 期　1996 年 29 期
页　　码　117 - 118

题　　名　海交史札记
作　　者　喻常森
刊　　名　海交史研究
年 卷 期　1990 年 17 期

题　　名　海禁时期的两大舰队
作　　者　王前山

刊　　名　海洋世界
年 卷 期　2005 年 4 期
页　　码　44－47

题　　名　**海禁下的亦盗亦商——明代海商演义**
作　　者　莫知
刊　　名　海洋世界
年 卷 期　2008 年 9 期
页　　码　24－29
摘　　要　在人类的历史上,16 世纪是个大航海、大发现、大贸易的伟大时代。而在中国,15 世纪郑和七下西洋的辉煌已成过眼云烟,明朝政府实施严厉的禁海政策,留给海外贸易一条“濒死的生路”:朝贡勘合贸易。

题　　名　**海禁政策对明代潮州社会的影响**
作　　者　黄挺
刊　　名　海交史研究
年 卷 期　1996 年 29 期
页　　码　40－51

题　　名　**海军大臣载洵访美与中美海军合作计划**
作　　者　崔志海
刊　　名　近代史研究
年 卷 期　2006 年 3 期
页　　码　92－105
摘　　要　1910 年清朝海军大臣载洵访美和 1911 年中美海军合作计划,是晚清海军史和中美关系史上的一件大事。这一事件具体揭示了在塔夫脱政府“金元外交”政策的指导下,美国的在华势力和影响不但在铁路和财政金融领域获得重大突破,而且也渗透到长期受欧洲和日本影响的军事领域;同时也表明随着东亚国际格局的变化,清政府在军事上开始改变以往一味依赖欧洲和日本的政策,转而寻求美国的合作与支持,将美国视为依赖的主要对象,体现了当时清政府意欲与美国结盟的外交意图。

题　　名　**海军大臣载洵访美与中美海军合作计划**
作　　者　崔志海
刊　　名　文史知识
年 卷 期　2006 年 7 期
页　　码　25
摘　　要　1910 年清朝海军大臣载洵访美和 1911 年中美海军合作计划,是晚清海军史和中美关系史上的一件大事。这一事件具体揭示了在塔夫托政府“金元外交”政策的指导下,美国的在华势力和影响不但在铁路和财政金融领域获得重大突破,而且也渗透到长期受欧洲和日本影响的军事领域;同时也表明随着东亚国际格局的变化,清政府在军事上开始改变以往一味依赖欧洲和日本的政策,转而寻求美国的合作与支持,将美国视为依赖的主要对象,体现了当时清政府意欲与美国结盟的外交意图。

题　　名　**海军大臣载洵访美与中美海军合作计划**
作　　者　崔志海
刊　　名　历史教学
年 卷 期　2006 年 12 期
页　　码　37
摘　　要　1910 年清朝海军大臣载洵访美和 1911 年中美海军合作计划,是晚清海军史和中美关系史上的一件大事。这一事件具体揭示了在塔夫脱政府“金元外交”政策的指导下,美国的在华势力和影响不但在铁路和财政金融领域获得重大突破。而且也渗透到长期受欧洲和日本影响的军事领域;同时也表明随着东亚国际格局的变化,清政府在军事上开始改变以往一味依赖欧洲和日本的政策,转而寻求美国的合作与支持,将美国视为依赖的主要对象。体现了当时清政府意欲与美国结盟的外交意图。

题　　名　**海军教育与中国近代化**
作　　者　杨凤玲
刊　　名　绥化学院学报
年 卷 期　2005 年 25 卷 3 期
页　　码　99 – 101
摘　　要　中国近代的海军教育,肇始于水师船政学堂的创办。这是清政府经历两次鸦片战争失败,在体会到西方列强坚船利炮之后,以学习西方“求强求富”为目的,开始筹划海防,创建海军,其前提和标志就是创建海军水师船政学堂。关于创建水师学堂的动因,是极其复杂的,对清廷统治者和开明地主洋务派而言,更是极其痛苦和艰难的过程。

题　　名　**海军宿将萨镇冰**
作　　者　陈贞寿
刊　　名　福建论坛(社科教育版)
年 卷 期　1983 年 3 期
页　　码　78 – 83
摘　　要　萨镇冰是中国近代史上一位著名的人物。他从前清咸丰到新中国诞生,饱经动乱,近一百年。他的一生活动,贯串于中国近代海军史,在中国近代史上占有一定的地位。

题　　名　**海军宿将萨镇冰**
作　　者　黄典文
刊　　名　文史春秋
年 卷 期　2007 年 9 期
页　　码　32 – 37
摘　　要　萨镇冰——中国近代海军军制的开创者。1884 年中法海战,福建水师全军覆没,萨镇冰初露锋芒,担任北洋水师舰长,带领舰队成为捍卫中国海防的惟一力量;1895 年甲午海战,清海军全军覆没,萨镇冰大显身手,兼任南北洋水师统帅,第一次比较完整和科学的组建了一支具有相当实力的国家海军。辛亥革命、军阀混战、新中国成立,每一个时期萨镇冰都见证了海军的兴衰与成长,是我国海军史上具有时代意义的人物,其传奇的一生为海军谱写了一曲壮丽的诗篇。

题　　名　海军统帅丁汝昌的悲剧
作　　者　许华
刊　　名　航海
年 卷 期　1983 年 6 期
页　　码　32 - 34,37

题　　名　海军学术的视角与近代海防的理论和实践——纪念甲午海战 100 周年学术研讨会综述
作　　者　方坤,张炜
刊　　名　近代史研究
年 卷 期　1995 年 1 期
页　　码　294 - 303

题　　名　海军衙门与洋务运动
作　　者　杨益茂
刊　　名　中国人民大学学报
年 卷 期　1993 年 5 期
页　　码　99 - 105
摘　　要　总理海军事务衙门由于曾担负为慈禧修"三海"、颐和园而长期受到世人指责和否定,但实际上,海军衙门成立以来,不仅改变了长期以来由军机处和总理衙门共同指导洋务的旧格局,而且在昏愦、懦弱的晚清官场显示了少有的胆识与气魄,为推进洋务运动、加强海防、拓宽工业基础做出了重要贡献。它在推进我国近代化方面的作用,理应受到重视和肯定。

题　　名　海军在南宋国防中的地位和作用
作　　者　王青松
刊　　名　南都学坛
年 卷 期　2004 年 24 卷 3 期
页　　码　35 - 36
摘　　要　南宋海军在总兵力中所占比例大幅度增加,在诸军中的地位也明显上升,引起时人对海军的相当重视。南宋海军在海战中起主导作用,在历次战争中配合全局战略,越海深入敌境协助陆军作战,参加长江防线的防御,保卫临安陷落后的南宋流亡政府,进行最后的抵抗和恢复。南宋海军发挥了较突出的国防作用,但也受到时人陆战思维和南宋国防战略思想的影响和制约。

题　　名　海龙王信仰与舟山渔民的双重心理
作　　者　金涛
刊　　名　浙江海洋学院学报(人文科学版)
年 卷 期　2007 年 1 期
页　　码　38 - 40
摘　　要　东海龙王信仰是舟山渔民三大信仰之一。海龙王信仰的形成是综合了龙崇拜中的王权思想、海神信仰、佛经诸大龙王和道教龙王杂说而成,这也是中外文化交流融合的结果,是独立的龙文化体系。舟山渔民对龙王既有信仰崇敬,又有蔑视、轻慢的双重心理。

题　　名　**海贸与移民互动:17－18世纪闽南人移民海外原因分析——以闽南人移民台湾为例**
作　　者　庄国土
刊　　名　华侨华人历史研究
年 卷 期　2001年1期
页　　码　28－41
摘　　要　17－18世纪是闽南人海外移民的高潮时期,也是台湾移民社会形成和发展时期。台湾移民以闽南人为主,可说是闽南社会在海峡对岸的延伸。推动闽南人移民海外的内因是明中叶以来的人口压力,而16世纪中叶欧人东来以后带动的商贸和东亚、东南亚沿海地区的开发使对中国商贩和劳力的需求大增,则是吸引闽南移民的拉力。在整个17－18世纪,始终存在着华人海上商贸和海外移民的互动。闽南人冒险、重商的人文精神,则是使这种推力与拉力作用得以实现的主观原因。17世纪20年代以来,由泉籍郑氏集团主导的海外华商网络和台湾开发则是台湾泉籍人多于漳籍人和泉籍人主导台湾商贸的主要原因,这与17－18世纪海外华商网络和华人社会以闽南人为主、闽南籍者又以泉府人居多是相一致的。

题　　名　**海贸与移民互动:十七—十八世纪闽南人移民台湾原因——兼论漳泉籍移民差异**
作　　者　庄国土
刊　　名　台湾文献
年 卷 期　2000年51卷2期
页　　码　11－25

题　　名　**海南《三亚港通村蒲氏简谱》失落、复得及其文化价值**
作　　者　周伟民,唐玲玲
刊　　名　新东方
年 卷 期　2009年12期
页　　码　21－25

题　　名　**海南岛古代行政建置略述**
作　　者　张雄
刊　　名　中南民族学院学报(哲学社会科学版)
年 卷 期　1988年4期
页　　码　43－46

题　　名　**海南岛何时纳入中国的版图**
作　　者　阎根齐
刊　　名　海南大学学报(人文社会科学版)
年 卷 期　2009年27卷1期
页　　码　1－5
摘　　要　海南岛在汉代及其以前都是中国版图的一部分,因而不存在西汉武帝元封元年(前110年)始在海南设立儋耳、珠崖2郡,海南岛才正式纳入中国版图的问题;生活在海南岛上的人根在祖国大陆;汉代在海南岛的设郡,只是海南从由地方诸侯国管辖变为由汉朝中央政府直接管辖。

题　　名　**海南岛历代人口资料初析**
作　　者　杨德春
刊　　名　南方人口
年 卷 期　1986 年 1 期
页　　码　79 – 84

题　　名　**海南岛历代人口资料初析**
作　　者　杨德春
刊　　名　海南大学学报(社会科学版)
年 卷 期　1986 年 4 期
页　　码　66 – 72

题　　名　**海南岛史略**
作　　者　马湘泳
刊　　名　郑和研究
年 卷 期　2000 年 1 期
页　　码　57 – 59

题　　名　**海南岛先秦及秦汉时的民族和经济**
作　　者　杨东晨
刊　　名　海南大学学报(社会科学版)
年 卷 期　1994 年 2 期
页　　码　23 – 27
摘　　要　作者认为海南岛在新石器时代才有人类活动,其经济以渔猎为主,农业为辅;文化处于几何印纹陶文化阶段。夏、商、周时代,海南还处于原始部落的历史阶段;秦汉时代海南岛才出现封建社会,经济、文化的发展才有转机,海南岛进入了历史新时期。

题　　名　**海南岛冼夫人崇拜与妈祖信仰比较研究**
作　　者　李娟,王元林
刊　　名　广西民族研究
年 卷 期　2009 年 4 期
页　　码　78 – 83
摘　　要　海南岛冼夫人崇拜和妈祖信仰非常普遍,是海南娘嬷信仰的代表。但寻根溯源,两者在信仰习俗及祠庙分布、神灵的起源和来源、历代赐额封号的要旨、神职功能的特点及其演变等方面还是有很大差别的。比较两者异同,可从中探求两大崇拜的文化蕴涵与海南岛民间信仰的内在规律。

题　　名　**海南岛渔民开发经营西沙、南沙群岛的历史功绩**
作　　者　何纪生
刊　　名　学术研究
年 卷 期　1981 年 1 期
页　　码　34 – 43

题　　名　海南岛诸别称之由来
作　　者　李勃
刊　　名　中国边疆史地研究
年 卷 期　2000 年 3 期
页　　码　69 – 78

题　　名　海南古港与西方的早期交往
作　　者　黎贵才
刊　　名　航海
年 卷 期　1991 年 3 期
页　　码　38
摘　　要　海南岛是我国同东南亚各国交往最捷便的门户,从海南岛的榆林港到菲律宾的马尼拉,航程仅 650 海里,也是中国具有独特热带资源优势和地理优势的宝岛。自明以来,与西方许多国家和地区建立了贸易关系,为我国海外贸易之路的开拓和发展,海南岛做出了重大的贡献。海南岛古时孤悬海外,同西方发生接触较晚。明中叶以后,西方商人来中国贸易者接踵而至,但海南岛不是重要通商口岸,西方商人的船只是经由大海驶向东南沿岸商埠,所以没有停泊海南岛的意图。

题　　名　海南黎族古老的水上交通工具
作　　者　李露露
刊　　名　中国历史博物馆馆刊
年 卷 期　1994 年 1 期
页　　码　93 – 97

题　　名　海南西汉珠崖郡罢郡历史研究
作　　者　李琳
刊　　名　文博
年 卷 期　2002 年 1 期
页　　码　42 – 48

题　　名　海南渔民敬拜的海神
作　　者　兰台山人
刊　　名　海南档案
年 卷 期　2008 年 4 期
页　　码　33
摘　　要　俗话说:“行船河海三分性命。”这是由于古代造船技术简单,泛舟海上危险性很大。加上人们对大自然认识不够,靠海为食的人们为了寻求帮助和保护,便企图借超自然的力量与其竞争,于是便产生了海神。

题　　名　海南与“海上丝绸之路”
作　　者　何翔,梁永强,张书裔

刊　　名　海南金融
年 卷 期　1995 年 12 期
页　　码　36－38

题　　名　**海权纲鉴——《辛丑条约》百年祭**
作　　者　尤子平
刊　　名　现代舰船
年 卷 期　2001 年 12 期
页　　码　2－4

题　　名　**海权和海神**
作　　者　李慕如
刊　　名　中华战略学刊
年 卷 期　2001 年
页　　码　109－158

题　　名　**海权决定大国兴衰**
作　　者　戴旭
刊　　名　同舟共进
年 卷 期　2009 年 11 期
页　　码　13－15

题　　名　**海权论的传入和晚清海权思想**
作　　者　周益锋
刊　　名　唐都学刊
年 卷 期　2005 年 21 卷 4 期
页　　码　141－146
摘　　要　马汉的海权论在世界各国传播的同时,也经日本传到了中国。马汉海权论的传入,在中国国内产生了两方面的积极作用。一是扩大了海权论在中国民众中的影响。受海权论的影响,中国民众对海军在国防和经济中的重要作用有了深刻的认识。二是促使中国人产生了初步的海权思想。但是由于四个方面的原因,晚清政府并没有将海权论用于指导海军建设,国内高涨的革命形势令国人应接不暇,人们对海权论的热情很快就被政治改革的热情所替代,以致后来人们连海权论传入中国这一事实本身也被遗忘。所以,晚清海权思想并不成熟。

题　　名　**海权论与清末海军建设理论**
作　　者　皮明勇
刊　　名　近代史研究
年 卷 期　1994 年 2 期
页　　码　37－47
摘　　要　甲午战争是对洋务运动时期中国海军建设成果的一次总检阅,北洋海军的覆灭,暴露了中国海军建设中的诸多问题,也显示了当时中国对海军的学术研究存在着明显局限性。甲午战争失败后,列强在中国掀起划分势力范围的狂潮，紧接又是八国联军侵华，中国海军力量微弱给国防所带来的严重危机使当时人刻骨铭心。一批有识之士在痛心疾首之余，为寻求救国之道，开始了对海军建设问题更深入的学术思考。他们闯东洋，游欧美，学会了用世界海军的眼光来审视中国的海军问题，发现了西方正在走红的海权论。他们怀着忧喜交加的心情，很快便接受了这种理论，一面向国内加以翻译介绍，一面用这种新理论指导现实问题研究，使20世纪初年的中国在海军建设的研究方面呈现出一种前所未有的新气象。这就是中国人在20世纪对海权论的第一次发现。在这之后，由于诸多因素的制约，中国在很长的历史时期内并没有成为海权大国，以致于到后来对海权论的发现这一事实本身都已被遗忘。近期出版的有关专著或语焉不详，甚或无一语及之。本文有鉴于此，拟就中国海军学术发展史的这二重要史实略作述论。

题　　名　**海权与近代中国的历史命运**
作　　者　许华
刊　　名　福建论坛(文史哲版)
年 卷 期　1998年5期
页　　码　25－28

题　　名　**海权与近代中国海军的命运——国际海洋年暨北洋海军成军110周年的历史反思**
作　　者　许华
刊　　名　当代海军
年 卷 期　1998年6期
页　　码　6－9
摘　　要　1998年是联合国确定的国际海洋年，也恰逢中国近代史上著名的北洋舰队组建成军110周年。值此我们探讨海洋与近代中国历史的有关问题，自然具有特别的意义。

题　　名　**海商与元代东南社会**
作　　者　王秀丽
刊　　名　华南师范大学学报(社会科学版)
年 卷 期　2003年5期
页　　码　83－86，91
摘　　要　元代是继宋之后东南地区海外贸易发展的又一个高峰时期，中国海商活动的范围进一步向西延伸；海商经济实力进一步增长，成为东南地区一支举足轻重的社会力量。海商在地方社会中的影响日渐增长，东南地区的社会生活中出现了一种十分明显的士商亲融现象，士人一反传统的抑商老调，开始对商人与商业大唱赞歌。

题　　名　**海上“丝绸之路”**
作　　者　冯蔚然
刊　　名　上海海事大学学报
年 卷 期　1983年3期
页　　码　68
摘　　要　提起“丝绸之路”，很容易使人联想到“沙漠之舟”的骆驼队，驮着丝绸包裹，沿着通向西城的道路逶迤西去的情景。也可能还有人不知道，在唐代还有一条更加辽阔、更加繁荣的海上“丝绸之路”。当时，在这条航线上“舟船继路、商使交属”，好不繁荣。

题　　名　海上“丝绸之路”
作　　者　陈炎
刊　　名　国际贸易
年 卷 期　1983 年 4 期
页　　码　30 – 31
摘　　要　中国的丝绸远在二千年前就已誉满世界。横贯欧亚大陆的“丝绸之路”,就是以向外输送丝绸而闻名于世的。但从唐代中期以后,我国丝绸主要是从海上运出的。这条向外输送丝绸的海上航路,被人称为海上“丝绸之路”。

题　　名　海上“丝绸之路”
作　　者　胡善美
刊　　名　地理知识
年 卷 期　1984 年 7 期
页　　码　26 – 27

题　　名　海上“丝绸之路”的兴衰
作　　者　梁励
刊　　名　中学历史教学参考
年 卷 期　2004 年 9 期
页　　码　35 – 37

题　　名　海上“丝绸之路”的重要史迹——广州南海神庙
作　　者　陈典松
刊　　名　文史知识
年 卷 期　1997 年 7 期
页　　码　117 – 119

题　　名　海上“丝绸之路”与文化交流
作　　者　常任侠
刊　　名　社会科学战线
年 卷 期　1985 年 3 期
页　　码　54

题　　名　海上“丝瓷之路”
作　　者　廖渊泉,黄天柱,郑焕章
刊　　名　航海
年 卷 期　1982 年 1 期
页　　码　22 – 24

题　　名　**海上“丝瓷之路”的开拓者——徐福**
作　　者　邬江
刊　　名　舰船知识
年 卷 期　1985 年 12 期
页　　码　30

题　　名　**海上“越瓷之路”航线开辟发展研究的几个问题**
作　　者　魏建钢
刊　　名　绍兴文理学院学报
年 卷 期　2008 年 28 卷 2 期
页　　码　45－49
摘　　要　中国大规模的海上陶瓷贸易从唐代越瓷开始，起点在明州港，贸易地遍及东亚、东南亚、南亚、西亚以及东非。传统的陶瓷北方陆地贸易为何会转入南方海上“陶瓷之路”？以越瓷作为大宗贸易商品的“越瓷之路”主要开辟了哪些航线？生产力水平比较落后的唐宋时期，越瓷在海洋贸易中又是如何依靠自然条件来完成航行任务？此文作了分析和探索。

题　　名　**海上茶路：宁波的文化输出**
作　　者　柴利能
刊　　名　建筑与文化
年 卷 期　2008 年 5 期
页　　码　26－27

题　　名　**海上茶路大事记**
作　　者　A＋C 整理
刊　　名　建筑与文化
年 卷 期　2008 年 5 期
页　　码　12－13

题　　名　**海上茶路之韩国关键词**
作　　者　A＋C 整理
刊　　名　建筑与文化
年 卷 期　2008 年 5 期
页　　码　22－23

题　　名　**海上茶路之日本关键词**
作　　者　A＋C 整理
刊　　名　建筑与文化
年 卷 期　2008 年 5 期
页　　码　16－18

题　　名　海上瓷路
作　　者　曹新民
刊　　名　陶瓷研究
年 卷 期　2004 年 4 期
页　　码　40 – 43

题　　名　海上帝国室利佛逝及其与中国南海贸易的关系
作　　者　吴长春
刊　　名　大连海运学院学报
年 卷 期　1988 年 2 期
页　　码　106 – 112
摘　　要　本文对东南亚历史上海上帝国室利佛逝的兴衰进行了探讨,回顾了其在东南亚海运活动中的贡献,同时也分析了中国南海贸易与室利佛逝帝国兴衰的关系,从一个侧面揭示了七 ~ 十三世纪东南亚海上贸易型式的发展变化,以及中国在其中所占的重要地位。

题　　名　海上交通与伊斯兰文化学术研讨会概况
作　　者　李静蓉,王丽明
刊　　名　海交史研究
年 卷 期　2008 年 54 期
页　　码　127 – 128
摘　　要　2008 年 11 月 25 日 – 27 日,由中国海外交通史研究会、福建社会科学院、福建省海峡文化研究会及泉州市人民政府联合举办的"海上交通与伊斯兰文化"学术研讨会,在泉州海外交通史博物馆隆重举行。80 多位中外学者与会,大会精选了 63 篇论文进行交流讨论。

题　　名　海上贸易与宋元泉州农业经济特色
作　　者　袁冰凌
刊　　名　中国社会经济史研究
年 卷 期　1992 年 3 期
页　　码　43 – 49
摘　　要　宋元时代,泉州跃升为中国对外贸易的主港,在与东南亚、日本、朝鲜以及欧洲的贸易中扮演了十分重要的角色,成为中外经济、文化交流的交汇点。海上贸易的繁盛,促使当地社会经济结构发生了某些变化。本文选择宋元泉州农业经济作为研究对象,所要阐述的就是在地狭人稠、民业不丰的条件下,泉州地区怎样顺应海上贸易发展及时调整农业生产结构,走出一条颇具特色的区域经济发展道路。

题　　名　海上贸易与宋元泉州商业经济
作　　者　袁冰凌
刊　　名　南洋问题研究
年 卷 期　1992 年 3 期
页　　码　100 – 109
摘　　要　泉州地处魏国东南沿海,濒海而多山,土瘠而人稠。早在唐五代,自然条件对农业经济的侧约已使当地人民较早地寻求各种谋生之道,为商、为释、为道、为技艺者无所不有。唐宋以来,科技班步与当地农业、手工业生产结构与布局的变化,商品经济的繁荣,为泉州商业经济发展提供了先决条件和物质基础,尤其是,北宋元枯二年(1087年)市舶司的设置,确立了泉州作为正式对外贸易港的地位,促进了商业的发达与商人资本的活跃。商业日益成为当地社会经济的重要组成部分,与农、渔、工业四足鼎立,较为均衡地发展,多少改变了以农立国的传统经济模式。

题　　名 **海上女神**
作　　者 张宝三
刊　　名 中华妈祖
年 卷 期 2005年2期
页　　码 55-56

题　　名 **海上女神——妈祖考**
作　　者 张清和
刊　　名 中国地名
年 卷 期 1996年2期
页　　码 26-27

题　　名 **海上平安女神妈祖与湄洲祖庙**
作　　者 樊如霞
刊　　名 文史知识
年 卷 期 1995年4期
页　　码 123-125

题　　名 **海上商旅**
作　　者 周平
刊　　名 中国陶瓷
年 卷 期 1989年5期
页　　码 59-62

题　　名 **海上史诗——郑和下西洋**
作　　者 李菁菁,夏维中,朱鉴秋 等
刊　　名 华夏人文地理
年 卷 期 2001年2期
页　　码 34-36
摘　　要 约600年前,明朝钦差正使总兵太监郑和率领着27,000余人、200余艘船的庞大舰队。从璀璨的东方驶向启蒙中的西方。他先后七次下西洋,完成了人类航海史上最伟大的壮举。600年物换星移,我们追溯那段历史,还有多少遗迹可寻?近起中国本土,远至郑和足迹最远的非洲东岸,照着当年远航的海图走一遭,一部恢弘的海上史诗跃然显现。

题　　名 **海上示威,意在倭寇**
作　　者 施存龙

刊　　名　郑和研究
年 卷 期　1994 年 1 期

题　　名　**海上丝绸路和广东茶文化**
作　　者　黎紊
刊　　名　中国对外贸易(英文版)
年 卷 期　2006 年 14 期
页　　码　29－31
摘　　要　茶叶、丝绸和瓷器曾是200多年前中瑞贸易的拳头产品。此次“哥德堡号”复航广州，瑞典东印度公司中国区总裁扬·鲁迪克先生把眼光首先投向了中国独有的云南普洱茶，借“哥德堡号”推广中华茶文化。1吨重的云南普洱茶将登上“哥德堡号”，再续茶马古道与海上丝绸之路的对接，将中国茶文化再次带到欧洲，重现中国茶文化在西方的辉煌历史。

题　　名　**海上丝绸之路**
作　　者　索占鸿
刊　　名　大陆桥视野
年 卷 期　2006 年 11 期
页　　码　13－15

题　　名　**海上丝绸之路(汉朝)**
作　　者　徐鞠
刊　　名　椰城
年 卷 期　2008 年 3 期
页　　码　23－25

题　　名　**海上丝绸之路(明朝)**
作　　者　徐鞠
刊　　名　椰城
年 卷 期　2008 年 8 期
页　　码　25－26

题　　名　**海上丝绸之路(南朝时期)**
作　　者　徐鞠
刊　　名　椰城
年 卷 期　2008 年 5 期
页　　码　18

题　　名　**海上丝绸之路(清代)**
作　　者　徐鞠
刊　　名　椰城
年 卷 期　2008 年 9 期

页　　码　19

题　　名　**海上丝绸之路(三国时期)**
作　　者　徐鞠
刊　　名　椰城
年 卷 期　2008 年 4 期
页　　码　19

题　　名　**海上丝绸之路(宋元时期)**
作　　者　徐鞠
刊　　名　椰城
年 卷 期　2008 年 7 期
页　　码　29 – 31

题　　名　**海上丝绸之路(隋唐时代)**
作　　者　徐鞠
刊　　名　椰城
年 卷 期　2008 年 6 期
页　　码　29 – 30

题　　名　**海上丝绸之路:曾经的贸易辉煌**
作　　者　李庆新
刊　　名　进出口经理人
年 卷 期　2008 年 5 期
页　　码　79 – 80

题　　名　**海上丝绸之路——蓝色财富通道**
作　　者　刘中卫
刊　　名　华人世界
年 卷 期　2007 年 7 期
页　　码　46 – 47
摘　　要　在西方殖民主义东来以前,海上丝绸之路扮演着东西方文化交流的主渠道的角色。除了十字军东经和蒙古海外征服以外,东西海路基本上是和平之路。在数千年的交流史中。中国人民和旧大陆各族人民都是受惠者。

题　　名　**海上丝绸之路——普陀山高丽道头探轶**
作　　者　王连胜
刊　　名　浙江海洋学院学报(人文科学版)
年 卷 期　2002 年 19 卷 1 期
页　　码　11 – 14
摘　　要　普陀山向有日僧慧锷于唐咸通年间请观音像滞留岛上而开山之说,近见宋人记载该山有高丽道头，为通商高丽、日本诸国，舟楫取道候风候潮之地，岛上洞穴峰岭、寺院古迹，皆以观音信仰得名。而韩国学术界亦有普陀山观音像系“新罗贾人”所请，不肯去观音院乃新罗人模仿韩国洛山寺所创之见。其实这些正是唐宋时期中、日、韩三国使节、商贾来往，佛教文化和海洋文化频繁交流所藉普陀山海上丝绸之路的见证。

题　　名　**海上丝绸之路——徐闻古港的兴衰**
作　　者　沈荣嵩
刊　　名　珠江水运
年 卷 期　2001 年 4 期
页　　码　43 –44
摘　　要　徐闻，是我国古代重要的南疆重镇，陆路驿站、海道要津和滨海县治，并且曾经是雷州半岛和海南岛的政治经济中心，也是我国古代对外贸易最早的通商口岸之一。徐闻港从汉代兴起后，一直到三国、东晋南北朝时、对外通商贸易都相当发达。

题　　名　**海上丝绸之路的出现和形成**
作　　者　卢苇
刊　　名　海交史研究
年 卷 期　1987 年 11 期

题　　名　**海上丝绸之路的东方门户——上海丝绸业发展历程**
作　　者　徐善成
刊　　名　丝绸
年 卷 期　1989 年 8 期
页　　码　41 –43

题　　名　**海上丝绸之路的起点站——双屿港**
作　　者　杨成鉴
刊　　名　浙江纺织服装职业技术学院学报
年 卷 期　2005 年 1 期
页　　码　67 –71，76
摘　　要　明代宁波府郭巨所属下的双屿港，是海上丝绸之路的起点站，16 世纪的东方海上明珠。曾有市政厅、教堂、医院及 1 000 幢民居，人口 3 000 以上。在港城仅葡萄牙人的贸易额就为 300 万葡萄牙金币。双屿港还几乎垄断了日本、琉球的对华贸易，成为远东繁华的国际贸易港。丝绸、瓷器的大量出超，换回巨额白银，使白银成为中国的流通货币。浙江巡抚朱纨用兵荡平双屿，给海上丝绸之路留下最惨痛的一页。

题　　名　**海上丝绸之路航线上雷州半岛主港概述**
作　　者　阮应祺
刊　　名　湛江师范学院学报
年 卷 期　2002 年 2 期
页　　码　14 –17

摘　　要　雷州半岛是海上丝绸之路前沿地段。自汉至清2000年间,雷州半岛主港口自南向北多次选址迁移,先后形成西汉徐闻港、唐宋元雷州港、明清赤坎港,在一定程度上反映了海上丝绸之路发展过程的阶段性。

题　　名　**海上丝绸之路和《泉州访古记》**
作　　者　叶国庆
刊　　名　厦门大学学报(哲学社会科学版)
年 卷 期　1992年3期
页　　码　1-3
摘　　要　由联合国教科文组织主持的丝绸之路的考察活动,于1991年在福建泉州开了国际学术讨论会,参加讨论会的论文,共50篇,同年在福建刊出,定名为《中国与海上丝绸之路》。这是国际文化史上的杰作之一。从开会的地址和论文涉及泉州古今的史迹来看,泉州是当时海上丝绸之路的重点基地。丝绸之路,就我国历史而言,经历了唐宋元明诸朝代,就公元而言,即是在中世纪的时代。据此情况,中世纪时代泉州地区的文风习俗以至泉州港海外交通往来的史迹,不论文字记录或具体物品,就成为追求丝绸之路历史所要探寻的内容。1926年厦门大学国学研究院诸位教授赴泉州访古调查,缀集见闻所得的地方史迹史料,写下论文若干篇。这一活动就成为探讨海上丝绸之路的先声。

题　　名　**海上丝绸之路疏证**
作　　者　唐嘉弘,张建华
刊　　名　南方文物
年 卷 期　1997年2期
页　　码　65-69
摘　　要　中国丝绸及丝绸之路,作为中国传统文化对世界文明有重大贡献的事物之一,历来受到人们的广泛关注。关于海上丝绸之路,不少历史学家也有所考订,迄今为止,由于年湮代远,史料不足,还有不少问题尚待进一步探索。下面拟就此问题的不同层面进行论述,综合一些学者的具体认识,从宏观角度作些分析考述,聊当引玉之砖而已。

题　　名　**海上丝绸之路溯源——兼论古代南方蛮族的历史性贡献**
作　　者　卢美松,欧潭生
刊　　名　南方文物
年 卷 期　1992年4期
页　　码　31-37
摘　　要　"丝绸之路"是古代横贯亚、欧大陆的交通道路。在这条通道上主要进行的是当时被西方国家视为奇珍异宝的丝织品贸易,陆上"丝路"从汉代首都长安向西通过河西走廊经新疆境内的塔里木盆地南、北沿、越过葱岭,再经中亚、西亚最终到达地中海东岸(古罗马境内),而后再由此转往欧洲各地。共计行程近二万里,自西汉至唐代中晚期的千余年间,中国的丝织品和其它商品大多经由此路西运。整个古代和中世纪东西方的经济和文化交流,也多通过此路。

题　　名　**海上丝绸之路体育文化研究**
作　　者　曾飙,汪玮琳
刊　　名　赣南师范学院学报

年 卷 期 1999 年 3 期

页　　码 81 – 83

摘　　要 “丝绸之路”有陆路和水路之分。本文研究的海路是指从广东沿海港口出发，至东南亚诸国。从古代长安到番禺，有一条水路，曾为赣南的政治、经济、文化体育交流和发展起了积极作用。

题　　名 **海上丝绸之路研究在福建**

作　　者 张明俊

刊　　名 海洋开发与管理

年 卷 期 1997 年 4 期

页　　码 74 – 76

摘　　要 中国历史上的丝绸之路分为陆路和海路两部分。根据我国学术界的研究，海路比陆路持续的时间更长，到达的地区更广，在历史上的影响也更大。福建是我国海上丝绸之路的重要组成部分。

题　　名 **海上丝绸之路与“中国之船”**

作　　者 吴瑞根

刊　　名 拉丁美洲研究

年 卷 期 1983 年 1 期

页　　码 43 – 44

摘　　要 早在十六世纪末叶，墨西哥人就把从马尼拉驶往墨西哥的、满载中国和其他东方国家货物的商船称为“中国之船”。当时，新西班牙（今墨西哥）阿卡普尔科港，是中国——菲律宾——新西班牙之间进行三角贸易的一角。每当“中国之船”到达，人们便纷纷前往购买中国的丝绸、香料、瓷器和各种手工艺品。运抵阿卡普尔科港的中国丝绸，经海陆分散到其他地区。自那以后，中国同拉丁美洲国家的贸易往来一直持续不断。“中国之船”为开辟中国同拉美国家的“海上丝绸之路”作出了重大贡献。

题　　名 **海上丝绸之路与 14 世纪中韩航海交流——以蓬莱高丽古船为中心**

作　　者 袁晓春

刊　　名 当代韩国

年 卷 期 2006 年 3 期

页　　码 90 – 94

题　　名 **海上丝绸之路与福建海上交通技术的发展**

作　　者 陈喜乐

刊　　名 福建史志

年 卷 期 1996 年 2 期

页　　码 45 – 49

题　　名 **海上丝绸之路与福建手工技术的发展**

作　　者 陈喜乐

刊　　名 福建史志

年 卷 期 1998 年 2 期

题　　名　**海上丝绸之路与古泉州港**
作　　者　刘义杰
刊　　名　海洋世界
年 卷 期　1990 年 7 期
页　　码　5

题　　名　**海上丝绸之路与广州**
作　　者　张难生,叶显恩
刊　　名　中国社会科学
年 卷 期　1992 年 1 期
页　　码　191 –214

题　　名　**海上丝绸之路与广州十三行**
作　　者　刘亦文
刊　　名　广东蚕业
年 卷 期　2002 年 36 卷 1 期
页　　码　46

题　　名　**海上丝绸之路与海南岛港口**
作　　者　姜樾
刊　　名　广东技术师范学院学报
年 卷 期　1991 年 3 期
页　　码　54 –59

题　　名　**海上丝绸之路与明州港**
作　　者　盛观熙
刊　　名　内蒙古金融研究
年 卷 期　2003 年 S3 期
页　　码　209 –213,162

题　　名　**海上丝绸之路与泉州的造船业**
刊　　名　福建文史
年 卷 期　1994 年 7 期

题　　名　**海上丝绸之路与泉州宗教文化**
作　　者　吴幼雄
刊　　名　福建文史
年 卷 期　1995 年 10 期

题　　名　**海上丝绸之路与我国南海传统疆域形成**
作　　者　司徒尚纪

刊　　名　广东蚕业
年 卷 期　2002 年 36 卷 1 期
页　　码　45－46
摘　　要　海上丝绸之路历史意义不仅在于中外商业贸易、友好往来和文化交流，而且对我国在南海传统疆域的形成也是一个重要因素，同时也为今天实施《联合国海洋法公约》关于海洋国土条款提供历史依据和决策重要参考。

题　　名　**海上丝绸之路与我国在南海传统疆域的形成**
作　　者　司徒尚纪
刊　　名　云南社会科学
年 卷 期　2001 年 6 期
页　　码　72－76
摘　　要　海上丝绸之路的兴起，它的重要意义不仅在于商业贸易、友好往来和文化交流，而且对于我国在南海传统疆域的形成与发展也是一个重要因素。作者对海上丝绸之路对我国南海传统疆域的形成进行了深入探讨，并对南海传统疆域的历史变迁进行了系统阐述。

题　　名　**海上丝绸之路与西方法律法学的东渐及其影响**
作　　者　陶广峰
刊　　名　西北史地
年 卷 期　1993 年 4 期

题　　名　**海上丝绸之路与阳江特产**
作　　者　冯峥
刊　　名　岭南文史
年 卷 期　2004 年 2 期
页　　码　58－60

题　　名　**海上丝绸之路与粤洋西路之海盗**
作　　者　吴建华
刊　　名　湛江师范学院学报
年 卷 期　2002 年 23 卷 2 期
页　　码　24－28
摘　　要　从汉代“海上丝绸之路”开始，随着航线的延伸与贸易的扩展，粤洋西路海盗此起彼伏，绵延不断。他们或割据一方，烧杀抢掠；或协作配合，与官府对抗。研究历史上的海盗现象，对于今天的社会经济建设具有一定的现实意义。

题　　名　**海上丝绸之路与中、菲、美之间的文化联系**
作　　者　陈炎
刊　　名　海交史研究
年 卷 期　1991 年 20 期
页　　码　1－5

题　　名　海上丝绸之路与中国古代圆形方孔钱在东南亚的传播
作　　者　唐亚林
刊　　名　东南亚纵横
年 卷 期　2008 年 1 期
页　　码　83 – 86

题　　名　海上丝绸之路与中国民歌四行诗之西传
作　　者　段宝林
刊　　名　民族艺术
年 卷 期　1999 年 2 期
页　　码　24 – 28
摘　　要　四行体民歌是中国民歌的古老形式。而欧洲原来没有这种四行体。四行体民歌的西传有南北两条道路。过去的研究比较重视北路。本文根据人类学与民俗学资料,认为南方丝绸之路也是一条重要通道,同样需要重视,因此,澳门与葡萄牙的有关葡文资料值得很好研究。

题　　名　海上丝绸之路与中泰两国的文化交流
作　　者　陈炎
刊　　名　海交史研究
年 卷 期　1996 年 29 期
页　　码　14 – 26

题　　名　海上丝绸之路与中西经济交流研究
作　　者　姚润田
刊　　名　集团经济研究
年 卷 期　2006 年 03S 期
页　　码　226 – 227

题　　名　海上丝绸之路与中西文化交流
作　　者　林子雄
刊　　名　广东史志(视窗)
年 卷 期　2006 年 1 期
页　　码　43 – 47
摘　　要　丝绸之路起点于中国,海上丝绸之路始于粤、闽;自丝绸之路开通,中国与他国人民进行物质交流和文化交流。岭南一直是中国对外贸易和中西文化交流融合的主要地区。从西汉时起,中国人就从广东徐闻、广西合浦出海,在南海和印度洋上同外国通商。三国时期,孙权遣宣化从事朱应、中郎康泰联系南海诸国,他们所经历听说的国家有 100 多个。刘宋以后,海上交通更加发达,“自梁革运,其奉正朔,修贡职,航海岁至,逾于前代矣。”随着海上丝绸之路的兴起发展与中西文化交流,对岭南,乃至中国社会科学文化的进步有着积极的推动作用。

题　　名　**海上丝绸之路与中药外传:宋代中药海道外传路线考述**
作　　者　王棣
刊　　名　广东社会科学
年 卷 期　1992 年 2 期
页　　码　75 – 79
摘　　要　古代国粹外传,以丝绸、瓷器最为中外学者瞩目,研究论述者亦多。然同为国粹之中国药物外传,都几乎无人问津。中国学者在讨论古代中外贸易和物质文化交流时,很少提到它,而个别国外学者,甚至将中药西传定在公元 16 世纪的明中期,与事实相距甚远。可见,对中药外传实有进行深入系统研究的必要。这也是古代中国对世界文明发展的贡献,不应忽视。今撰此文,拟对宋代中国药物经海道外传的路线作一考述。宋代中国与国外的交往,以海路为主。同样,中药外传也主要是通过海上航路,大致有以下几条路线。

题　　名　**海上丝绸之路与宗教文化的交流**
作　　者　陆芸
刊　　名　中国宗教
年 卷 期　2007 年 10 期
页　　码　34 – 36
摘　　要　海上丝绸之路不仅仅是古代中外贸易的线路,也是一条宗教文化传播交流的通道。早期佛教在中国的传播,就有不少外国或中国僧人取道海上丝绸之路,其中最著名的有昙摩耶舍、菩提达摩、法显、义净等。同样,在伊斯兰教东传的过程中,海上丝绸之路也发挥了重要的历史作用。当时穆斯林商人一手提着货物,一手拿着《古兰经》,乘着海船向东方而来,在中国古代名港广州、泉州、扬州等地留下了不少伊斯兰教的遗迹。16 世纪天主教耶稣会传教士入华也大都通过海路而来,如利玛窦、汤若望等,他们一方面向中国人传播西方的科学知识和天主教教义,另一方面将中国文化介绍到西方,从而在西方形成一股东方热潮。中国既是宗教文化的接受者,也是宗教文化的传播者。中国的儒家文化、佛教、道教曾对周围国家产生了不小的影响,例如佛教在传入日本、朝鲜的过程中,中国的天台宗、华严宗、禅宗对其影响巨大。此外,以妈祖信仰为代表的中国民间信仰也随着海员、海外移民而传入海外,尤其是在东南亚地区,其影响不容忽视。这些都说明了海上丝绸之路的形成和发展不仅促进了宗教文化的传播和交流,而且也间接地促进了民族、国家间的交流和了解。

题　　名　**海上丝绸之路在宗教文化传播中的作用和影响**
作　　者　陆芸
刊　　名　西北民族大学学报(哲学社会科学版)
年 卷 期　2006 年 5 期
页　　码　9 – 14
摘　　要　海上丝绸之路不仅仅是条中外贸易的线路,也是一条宗教文化传播交流的通道。早期佛教、伊斯兰教、基督教等宗教文化都曾通过海上丝绸之路传播到中国,中国的宗教文化如儒教、佛教、道教也沿海上丝绸之路传入了朝鲜、日本等国,以妈祖信仰为代表的中国民间神也随着中国移民传入到东南亚地区。

题　　名　**海上丝路**
作　　者　黄新亚

刊　　名　中国经贸
年 卷 期　2005 年 9 期
页　　码　82 – 83
摘　　要　海上丝路是有大量中国商人参加的、与东南亚和南亚土著居民关系极其密切的、对世界古代社会影响巨大的文化汇集之所。郑和七下西洋,其实是中国明朝政府企图取代民间,直接经营海上丝路的尝试。

题　　名　海上丝路的中国古瓷沉宝
作　　者　庾莉萍
刊　　名　当代旅游
年 卷 期　2004 年 1 期
页　　码　22 – 23

题　　名　海上丝路话徐闻
作　　者　陈立新
刊　　名　岭南文史
年 卷 期　2000 年 4 期
页　　码　22 – 27

题　　名　海上丝路研究札记
作　　者　莫任南
刊　　名　海交史研究
年 卷 期　1987 年 11 期

题　　名　海上丝路与古代广州的繁荣
作　　者　叶显恩,周兆晴
刊　　名　珠江经济
年 卷 期　2008 年 4 期
页　　码　90 – 96
摘　　要　本文论述了岭南地区海上贸易出现的地理背景和历史过程。由于海上丝路的开拓,广州(番禺)成为持续二千余年的中国对外贸易的中心港市,也因为侈奢品贸易,古代广州获得都市型经济的空前繁荣。

题　　名　海上丝路与古代农业科技文化交流
作　　者　缪祥山
刊　　名　中国农史
年 卷 期　1994 年 13 卷 4 期
页　　码　100 – 104

题　　名　海上丝路与陆上丝路衔接探微
作　　者　孙光圻,李宝民

刊　　名　海洋开发与管理
年 卷 期　1998 年 4 期
页　　码　76 – 79
摘　　要　辟自西汉年间的海上与陆上丝绸之路原为独立沟通东西方的通道，然而到两晋时代，这两条通道已交汇连接成一个环形的整体，这在人类交通文明史上具有重大意义。作为最先体现这一历史性进步的代表人物，便是东晋的法显和尚。

题　　名　海上丝路最早的始发港番禺论——兼论汉代徐闻县治位置
作　　者　赵焕庭，王丽荣
刊　　名　南海研究与开发
年 卷 期　2003 年 1 期
页　　码　1 – 8
摘　　要　中国古代海上丝绸之路正式记载见东汉班固《汉书·地理志》，始于西汉武帝（公元前 140 – 87 年在位）。其实它在公元前 2 世纪以前已存在。百越人创造了舟，岭南人可能开始同南洋和南亚贸易，也许在商周时代已有部分人移居太平洋诸岛。百越人发明的树皮布技术随人员自华南传向中南半岛，抵东南亚岛屿，又经太平洋岛屿进入中美洲。春秋战国时番禺（今广州）贸易点收购犀角、象牙、珍珠及其它土产与舶来品，反映南海航路已开通，沿岸航行可至中南半岛和巽他群岛的一些岛国。秦汉统一岭南，实行民族团结、不纳税等宽松政策，开关市，进一步开拓海外贸易；汉人带来先进的文化和农业技术，兴起种桑养蚕；又开凿运河和五岭山路，改善与中原的交通，经济明显发展。番禺拥有优越的地理位置、自然环境和水陆交通条件，物产丰富，土特产（包括丝绸）、中原货（包括四川丝绸）和舶来品在此集散，其经济、政治与文化地位雄居岭南九郡之首，也成为中国九大都会之一。广州西汉南越王墓陪葬的贵重舶来品也提供了证明。海上丝路最早的始发港应是番禺，而不是徐闻。那种把海路交通贸易都会与海舶出发点分割的观点是没有根据的。《汉书·地理志》著者在岭南外贸出发港名单上漏写了番禺，显然是一个不小的失误。同时，笔者研究认为，汉代徐闻县治在今雷州市雷城镇，而不是在今徐闻县西南边角尾湾畔（湾头新地村、港头村或东岬二桥村一带某处）。汉代徐闻县今雷州市南渡河北岸雷城镇也是海上丝路的一个港口；至于二桥村或新地村那一类古“讨网村”，可能设有次级行政与军事机构，负责接待、监管和保护过往船只，提供饮食补给、买卖和避风的方便。

题　　名　海上陶瓷之路
作　　者　季学源
刊　　名　文化交流
年 卷 期　2001 年 2 期
页　　码　22 – 24
摘　　要　当西汉王朝迈进鼎盛期时，汉武帝于建元二年（前 139）派出了杰出的使臣张骞访问西域诸国。这位大使在两次出使的 10 余年间，拓展畅通了名垂青史的大陆桥丝绸之路，促进了我国和西域诸国的经济、文化方面的交流、发展。

题　　名　海上陶瓷之路的形成与发展
作　　者　詹嘉
刊　　名　中国陶瓷
年 卷 期　2002 年 38 卷 2 期

页　　码　44 - 48

摘　　要　文章论述了唐、宋、元三代政治经济，特别是商业贸易对陶瓷生产的影响，对陶瓷之路形成、发展的推动作用，阐述了中国陶瓷，尤其是景德镇陶瓷对世界文化的影响，证论了陶瓷之路源在中国，流在世界。

题　　名　海神、海神信仰与祭祀仪式——山东沿海渔民的海神信仰与祭祀仪式调查

作　　者　叶涛

刊　　名　民俗研究

年 卷 期　2002 年 3 期

页　　码　65 - 80

题　　名　海神妈祖

作　　者　张伟明

刊　　名　华夏人文地理

年 卷 期　2005 年 1 期

页　　码　34 - 39

题　　名　海神妈祖信仰在天津之变化及衰落原因再分析

作　　者　曹琳

刊　　名　中国海洋大学学报(社会科学版)

年 卷 期　2005 年 2 期

页　　码　22 - 25

摘　　要　兴盛于东南沿海尤其是闽台地区的海神妈祖(即天后)信仰，因封建国家经济行为的需要传播北方，然而随着历史的发展，北方妈祖信仰呈现了不同的发展态势。因天津地方是中国封建社会北方重要的出海口和贸易港，遂成为北方妈祖信仰的中心地，故本文以天津为例，旨在对妈祖信仰于内容及性质上出现明显变易、由最初的海神转变为地方保护神、又在近代以降社会动荡的冲击下显现出与闽台信仰的生命力差距等现象及原因进行更深入探讨。

题　　名　海神天妃的故事在明代的西传

作　　者　杨钦章

刊　　名　海交史研究

年 卷 期　1987 年 11 期

题　　名　海神信仰与海洋开发——从《广东新语》说起

作　　者　柳超球

刊　　名　中国海洋大学学报(社会科学版)

年 卷 期　1998 年 2 期

页　　码　46 - 50

摘　　要　海神信仰是古人在海洋开发中借助想象征服海洋的幻想。广东海岸线长达 4,300 公里，占了全国的四分之一，“郡邑多濒于海”，人们的生活生产与海洋息息相关，海洋文化历来十分发达，海神信仰也非常普遍，“粤人事海神甚谨”。

题　　名　**海坛崇武海战与郑经弃金厦退守台湾**
作　　者　陈在正
刊　　名　台湾研究集刊
年 卷 期　1988 年 1 期
页　　码　57 - 66,93
摘　　要　海坛、崇武一带福建沿海岛屿与港湾,系厦门的北部屏藩。清初郑成功父子据守厦门期间,成为清郑双方水师进攻或捍卫厦门的海防重镇。康肥十九年(1680 年),清军进攻厦门,亦以水师进攻海坛(今平潭)发其端,并以崇武洋面为决战之所,为攻取厦门立下了首功。本文拟对海坛崇武海战作一历史回顾,并考察这一战役对清军恢复厦门所起的作用。

题　　名　**海天友谊一帆通——郑和下西洋与明代水运**
作　　者　房仲甫
刊　　名　舰船知识
年 卷 期　1985 年 4 期
页　　码　28 - 29

题　　名　**海图符号的基本概念、发展过程及趋势**
作　　者　李树军
刊　　名　海洋测绘
年 卷 期　1998 年 1 期
页　　码　48 - 50
摘　　要　本文阐述了海图符号的基本概念及其主要功能,介绍了从中世纪世界波托兰海图和中国明朝郑和航海图以来海图符号的发展,论述了符号学、地图符号学对海图符号学的影响。最后,从深加工和积极引进符号学和地图符号学的先进研究成果等方面提出了海图符号学今后的发展方向。

题　　名　**海外华人传统文化的继承与创造——以日本长崎为例**
作　　者　王维
刊　　名　海交史研究
年 卷 期　2001 年 40 期
页　　码　114 - 127

题　　名　**海外贸易发展与宋代明州经济结构的变迁**
作　　者　朱爱武
刊　　名　宁波工程学院学报
年 卷 期　2008 年 20 卷 4 期
页　　码　38 - 42
摘　　要　宋代是我国古代海外贸易迅速发展的时期,由于经济的发展和重心的南移,航海技术的进步,宋代明州的海外贸易得到快速发展,成为重要的对外贸易的港口。海外贸易的日趋繁荣又促进明州区域经济和经济结构的变化,主要表现在:粮食生产的发展及其商品化;经济作物种植范围的不断扩大;制陶业和造船业的发展;市镇的兴起和大都市的繁华。

题　　名　**海外贸易和南洋开发与闽南华侨出国的关系——兼论华侨出国的原因**
作　　者　庄国土
刊　　名　华侨华人历史研究
年 卷 期　1994 年 2 期
页　　码　55 – 59,54
摘　　要　关于华侨出国的原因,历代各家论述连篇累牍,基本归结于经济、政治、社会三大原因,这三大原因可以说能适用于任何时期和任何地区。但我们说,不同时期、不同地区的华侨出国现象常基于大相径庭的因素。就闽南华侨出国现象来看,明初以前,主要是与对外贸易相联系。明中期以后,则主要与西方殖民者东来和南洋的开发有关。贯穿始终的,则是中国与南洋经济发展差异产生的移民现象。这种经济差异产生的劳力、资本乃至高科技人才流动,并非华侨才具有,汉唐中原人民南下移民,英人开发美洲、澳洲,甚至非洲黑奴贩卖活动,都是经济发展差异产生的移民现象,特别是资本原始积累时期和早期资本主义经济的发展需要大量劳动力,更加速了世界范围的移民,造就了大量移民国家的出现。美国、加拿大、澳大利亚、新加坡、马来西亚等国都是以移民为主或有相当大比重移民的国家。

题　　名　**海外贸易商业资本的代言人——评清代前期三位漳州学者的海外贸易思想**
作　　者　陈自强
刊　　名　海交史研究
年 卷 期　1994 年 25 期
页　　码　72 – 77,97

题　　名　**海外贸易与宋元泉州若干经济文化观念**
作　　者　袁冰凌
刊　　名　南洋问题研究
年 卷 期　1992 年 2 期
页　　码　72 – 78

题　　名　**海外贸易与唐宋明州社会经济的发展**
作　　者　李小红,谢兴志
刊　　名　宁波大学学报(人文科学版)
年 卷 期　2004 年 17 卷 5 期
页　　码　8 – 12,34
摘　　要　海外贸易在唐宋时期整个国家的社会经济中总体处于无足轻重的地位,但就作为局部地区的明州而言,海外贸易与该地区区域地位的提升、商贸的发展、产业结构的变化都有着莫大的关系。从这个角度而言,海外贸易是唐宋时期明州地区社会经济发展的外在推动力。

题　　名　**海外穆斯林商人与明朝海外交通政策**
作　　者　陈尚胜
刊　　名　文史哲
年 卷 期　2007 年 1 期
页　　码　103 – 112

摘　　要　海外穆斯林商人与明朝前期(1368－1505)的海外交通政策曾相互影响。洪武时期,由于明太祖在海外交通政策上推行勘合制度,曾促使海外穆斯林商人借助官方使节的身份开展对华贸易活动;永乐时期,海外穆斯林商人则把明成祖的"通四夷"政策引向西洋(印度洋)地区,郑和正是凭借了海外穆斯林的商业网络而使下西洋活动获得成功;宣德以后,明朝停止主动派遣使节下西洋,海外华人穆斯林则在中外海上交往活动中扮演了主要角色。通过与海外穆斯林的交往,明朝社会也形成了一个诚信守规、扶贫济苦、清洁卫生的伊斯兰文明观。

题　　名　**海外文化交流史研究的新成果**
作　　者　魏志江
刊　　名　郑和研究
年 卷 期　1996 年 4 期
页　　码　48

题　　名　**海外政策对国内社会经济的影响——以明代为例**
作　　者　晁中辰
刊　　名　山东大学学报(哲学社会科学版)
年 卷 期　1990 年 4 期
页　　码　69－71

摘　　要　中国封建社会为什么能够长期延续?中国资本主义萌芽为什么发展迟缓?这些问题长期吸引着史学界的关注和争论。以前,学者们基本上都着眼于对中国社会经济结构的分析,而没有从更广阔的国际背景上进行考察。当然,社会变革的根本原因归根结蒂要到国内社会经济结构中去寻找。但是,外部因素的影响也是不可忽视的。

题　　名　**海外竹枝词与中外文化交流**
作　　者　丘进
刊　　名　海交史研究
年 卷 期　1995 年 28 期
页　　码　41－52

题　　名　**海峡两岸的古代对渡**
作　　者　久忆
刊　　名　政府法制
年 卷 期　2009 年 9 期
页　　码　43

摘　　要　据史书记载,清朝时,台湾与大陆之间先后开辟了多个对渡港口。最早通航的港口是台湾鹿耳门港与大陆厦门港。

题　　名　**海洋贸易与重商主义:中国曾经错失的战略机遇——纪念郑和下西洋 600 周年**
作　　者　柳思维
刊　　名　求索
年 卷 期　2004 年 12 期

页　　码　4－7

摘　　要　600 年前郑和七下西洋开创了世界航海史上的奇迹，但郑和下西洋与哥伦布等人的远航存在着巨大的目的动机差异、文化背景差异、制度设计差异；错失了近代海洋贸易与重商主义的战略机遇，中国由盛而衰持续悲哀；珍惜和抓住新的战略机遇，努力实现贸易大国向贸易强国的转变。

题　　名　海洋迷思——《三宝太监西洋记通俗演义》与《镜花缘》海洋观念的比较研究

作　　者　唐琰

刊　　名　明清小说研究

年 卷 期　2006 年 1 期

页　　码　171－179，235

摘　　要　罗懋登的《三宝太监西洋记通俗演义》和李汝珍的《镜花缘》都把目光投向广阔的海外，描写了作为现实存在的海洋活动。但是传统观念的影响以及明清时期严厉的“禁海”政策，使二者都出现了海洋迷思，并且因时代不同各有特点。

题　　名　海洋探索与唐宋社会

作　　者　王赛时

刊　　名　河南师范大学学报（哲学社会科学版）

年 卷 期　2006 年 2 期

页　　码　11－12

摘　　要　自从日本著名汉学家内藤湖南先生首倡“唐宋变革”论之后，中外学者就这一问题进行了广泛而深入的研究。学术界普遍认为唐宋时代是中国古代历史发生巨变的重要时期，也是中国古代社会由前期步入后期的重要转折时期。这种变化在政治、经济、文化等诸多领域内都有明显的体现。近年来，随着关于唐宋社会变革的研究日益成为历史学关注的热点问题之一，如何从多元视角来认识和理解这段历史就显得尤为重要。

题　　名　海洋文化视野下的南海神庙

作　　者　尹伶俐

刊　　名　广州航海高等专科学校学报

年 卷 期　2006 年 14 卷 2 期

页　　码　44－47

摘　　要　南海神庙是岭南文化海洋性特质和中西文化融合、创新的一个典范。从海洋文化视角审视南海神庙，南海神庙是广州海上丝路文化的集中体现，是海神民间崇拜的中心，蕴含着丰富的广州海洋民俗文化历史，是从大陆文化到海洋文化转折点的一个见证，具重要的海洋历史文化价值。继承和弘扬南海神庙所表现的传统文化，是广州海洋文化建设的主要组成部分。

题　　名　海洋渔船的神灵性探讨

作　　者　王荣国

刊　　名　中国社会经济史研究

年 卷 期　2000 年 1 期

页　　码　80－82，94

摘　　要　渔船是渔民从事海洋渔业经济活动的工具。渔民在海上的捕鱼作业、渔产品加工及其运输都离不开渔船。但渔船又具有神灵性。其神灵性是如何获得,它与海洋渔业经济活动有何关系?鲜有论及者。本文拟就明清时期这一问题作一番初浅探讨。现阐述一己之见。

题　　名　海洋与母性——关于妈祖文化的思考
作　　者　[马]安焕然
刊　　名　妈祖研究学报
年 卷 期　2004年2期
页　　码　24-33

题　　名　海运、海商、海军、海权——魏源世界意识中的“海国”理念
作　　者　盛邦和
刊　　名　福建论坛(人文社会科学版)
年 卷 期　2010年6期
页　　码　88-92
摘　　要　漕粮海运,发展海洋运输事业;发展“海商”,倡导国际贸易;建立新式海军,强化中国海权。海运-海商-海军-海权,成为魏源“强国”思想的逻辑主线。魏源世界意识中有一个“海国”理念,企望中国由“陆国”变为“海国”,从“古代”变为“现代”。

题　　名　海运船户与元末海寇的生成
作　　者　陈波
刊　　名　史林
年 卷 期　2010年2期
页　　码　105-111,189
摘　　要　元代承运海漕的船户有贩盐行劫、作风彪悍的群体特质,元末以来船户由于负担深重,以及内部的巨大分化,很多人为逃避服役亡人海岛,形成海寇,成为崛起海滨的方国珍政权完成武力积累的重要社会基础。

题　　名　海战二千五百年——从“零”的肉搏到全方位智斗
作　　者　史红卫
刊　　名　航海
年 卷 期　1996年2期
页　　码　36-37

题　　名　海战二千五百年(连载之二)——从“零”的肉搏到全方位智斗
作　　者　史红卫
刊　　名　航海
年 卷 期　1996年3期
页　　码　32-33

题　　名　海战二千五百年(连载之三)——从“零”的肉搏到全方位智斗
作　　者　史红卫

刊　　名　航海
年 卷 期　1996 年 4 期
页　　码　22 – 23

题　　名　**海战二千五百年(连载之四)——从“零”的肉搏到全方位智斗**
作　　者　史红卫
刊　　名　航海
年 卷 期　1996 年 5 期
页　　码　37 – 38

题　　名　**海战二千五百年(连载之五)——从“零”的肉搏到全方位智斗**
作　　者　史红卫
刊　　名　航海
年 卷 期　1996 年 6 期
页　　码　38 – 39

题　　名　**海战史上的“不沉舰”**
作　　者　刘建铭,许仁鹏
刊　　名　国际展望
年 卷 期　2001 年 9 期
页　　码　90 – 93
摘　　要　中国有一句古话,叫“文死谏,武死战”。意思是:武将多战死沙场,而文臣皆因谏上而获罪,总之难逃一死。战争中的装备也有着同样的命运,能在漫天战火中幸免于难的主战兵器可以说少之又少。我们翻遍战争史才找到仅有的这几艘舰船,它们身经百战,屡建奇功却次次死里逃生,被誉为“不沉”舰,在海战史上留下了一段趣闻。这里记述的便是它们传奇般的经历。

题　　名　**海州自开商埠的历史考察**
作　　者　阎建宁
刊　　名　重庆科技学院学报(社会科学版)
年 卷 期　2009 年 7 期
页　　码　143 – 144
摘　　要　清末政府为保主权、振兴商务,在全国自开商埠。在这一浪潮中,海州(今属江苏省连云港市)获准对外开放。但是由于国内局势的变化,开埠事宜直到 1926 年才规划齐备。海州开埠对地方经济的发展起了直接的推动作用,加强了与国内外市场的直接或间接的联系,给地方经济的发展注入了新的活力,给相对封闭的经济形态带来了一定的冲击。

题　　名　**涵江天后宫的明代星图**
作　　者　福建省莆田县文化馆
刊　　名　文物
年 卷 期　1978 年 7 期
页　　码　74 – 76,102

题　　名　韩国崔溥《漂海录》中的负面中国形象
作　　者　曹春茹
刊　　名　当代韩国
年 卷 期　2007 年 4 期
页　　码　95－99
摘　　要　韩国崔溥的《漂海录》全方位、多层面地描述了明代中叶的中国形象，包括以自我形象为参照系形成的许多负面中国形象，如儒风不振、局部社会治安混乱以及民众的不良风俗等。这些负面中国形象有一定的客观性，同时也是崔溥以及全体韩国人对中国集体想象的结果，包含夸饰成分，言说了他者进而凸显了自我，也反映了朝鲜王朝进一步认识、利用中华文化的愿望。

题　　名　韩国文化与中国楚文化渊源初探
作　　者　杨万娟
刊　　名　中南民族大学学报（人文社会科学版）
年 卷 期　2005 年 1 期
页　　码　10－14
摘　　要　本文引用大量中韩文献史料论证韩国古辰韩居民是楚国的罗氏、卢戎之后裔，他们是在秦朝末年跟随着方士韩终到的韩国。檀君神话是在新罗统一朝鲜半岛后出现的，韩终可能就是檀君神话中桓雄的原型。新罗以熟练使用汉字的优势，创造并记录下来了开国神话，神话中融进了大量中国楚文化的色彩。事实说明，韩国文化主流与中国楚文化有着深厚的渊源关系。

题　　名　韩国新安沉船与中国古代沉船之比较研究
作　　者　袁晓春
刊　　名　当代韩国
年 卷 期　2004 年 4 期
页　　码　25－29
摘　　要　1976 年，韩国新安郡海域发现亚洲最大的古代国际贸易沉船，这一发现在国际考古学领域引起强烈反响。新安沉船的出水和修复影响到中国水下考古学的诞生和发展，多年来中国学者一直关注新安沉船的修复和研究工作。本文拟对新安沉船与中国古代沉船进行比较研究，以就教于专家学者。

题　　名　韩国珍岛出土独木舟发掘
作　　者　［韩］李昶根
刊　　名　船史研究
年 卷 期　1994 年 7 期

题　　名　韩国珍岛发现中国宋朝独木舟
作　　者　袁晓春
刊　　名　海交史研究
年 卷 期　1994 年 25 期
页　　码　114－116

题　　名　**韩滉与唐代漕运**
作　　者　王力平
刊　　名　河北师院学报(哲学社会科学版)
年 卷 期　1987 年 4 期
页　　码　8－13

题　　名　**韩日传统造船技术之比较研究**
作　　者　崔云峰
刊　　名　海交史研究
年 卷 期　2009 年 55 期
页　　码　45－54
摘　　要　从古代开始,韩国和日本就受到中华文明的影响,成为中华文化圈里的一员,但在此后的历史发展过程中却各自形成了具有不同特色的文化。例如,由于所处地理环境、海洋环境及民族特性的不同,两国在建造传统船舶时所采用的造船工艺有着很大的差异。

题　　名　**韩振华教授与中外关系史研究**
作　　者　廖大珂
刊　　名　南洋问题研究
年 卷 期　2004 年 4 期
页　　码　83－88,98
摘　　要　韩振华教授是我国著名的中外关系史专家,在中国海外交通史、我国南海主权以及华侨史研究等方面都取得令人瞩目的丰硕成果。同时他还为培养中外关系史的研究人才做了大量工作,为壮大科研队伍作出重要贡献。

题　　名　**韩中贸易往来和世代友好的历史见证——读刘凤鸣先生的《山东半岛与东方海上丝绸之路》**
作　　者　金德洙
刊　　名　当代韩国
年 卷 期　2008 年 4 期
页　　码　99
摘　　要　今年春天,我在韩国见到《山东半岛与东方海上丝绸之路》(刘凤鸣著,人民出版社 2007 年 12 月版)一书,文中记述了很多关于中韩商贸往来、文化交流及民间友好交往的史实与资料,并以翔实的史料和考古发现证明早在 2600 多年前山东半岛就与朝鲜半岛之间有了商贸、文化的往来。该书观点独创,论理严谨,内容出新,史料丰富,令人耳目一新,是一本难得的研究东亚历史与文化的好书。

题　　名　**韩终的去向和三神山**
作　　者　都珧淳
刊　　名　宗教学研究
年 卷 期　1995 年 3 期
页　　码　11－12

题　　名　汉、晋与日本关系研究
作　　者　张碧波
刊　　名　黑龙江民族丛刊
年 卷 期　2004 年 6 期
页　　码　98 - 103
摘　　要　自汉代始，中日（倭）之间有了正式的政治文化关系，汉光武之诏封"汉委奴国王"、魏明帝之诏封倭女王卑弥呼为"亲魏倭王"，证明中日（倭）之间已建立册封朝贡制度和宗藩关系，从而构建了东亚政治新格局。此时期正是日本大和王朝统一与形成时期，由于地缘战略的驱动，开始了向朝鲜半岛扩张与殖民，并形成了东北亚政治新格局。这两种政治格局的交差发展，成为这一时期及以后相当一段时期东亚史以及国际关系史的新特点。

题　　名　汉代"海上丝绸之路"始发港——徐闻
作　　者　鸿道
刊　　名　航海
年 卷 期　2000 年 6 期
页　　码　29
摘　　要　雷州半岛，古称荒蛮之地，是历代流放犯人的地方，可是你可能不知道，在汉代，她的南部沿海曾经商贾云集，繁荣一时呢！秦亡汉立，汉初奖励农耕，减免赋税，与民休养生息，逐渐医治了战乱的创伤，到汉武帝时已是"天下安平，百姓殷富"。当时，汉武帝积极鼓励贸易，国内不设关禁，商旅通行无阻，同时从海陆两路开展对外贸易，这便有了陆海"丝绸之路"。而海上丝绸之路的始发港便选址徐闻。

题　　名　汉代"海上丝绸之路"最早始发港——徐闻古港
作　　者　林南生
刊　　名　广东史志（视窗）
年 卷 期　2007 年 4 期
页　　码　60 - 63
摘　　要　徐闻县，是西汉元鼎六年（公元前 111 年），武帝遣伏波将军路博德和楼船将军杨仆率师平定南越后设置的滨海县治之一。其隶属于合浦郡（郡治在徐闻），管辖整个雷州半岛（含今徐闻、雷州、遂溪三县市和湛江市部分市区），是雷州半岛和海南岛的政治经济中心。

题　　名　汉代的"海贼"
作　　者　王子今，李禹阶
刊　　名　中国史研究
年 卷 期　2010 年 1 期
页　　码　37 - 50
摘　　要　东汉时期的文献记录明确出现"海贼"称谓，然而反政府的海上武装集团在西汉时期已经形成历史影响。"海贼"活动对"缘海"地方行政秩序形成威胁。"海贼""引兵入海"之众至于"万数"，推想已经形成船只数量可观的舰队。"海贼"在海滨作战的机动能力甚强，往往"乘船浮海，深入远岛"，汉王朝军队以为"攻之未易"。陈寅恪曾经提示"天师道与滨海地域之关系"。"滨海地域"形成了具有鲜明个性的特殊的文化区域，当与自勃海至南海漫长地带南北相互联系的方便的交通条件有关。除了秦汉时期"并海道"的陆路交通条件而外，因航运能力的提高，沿海地方相互间近海交通的便利也许表现出更重要的意义。汉代“海贼”利用了这样的条件,也以自己的政治经济实践,推促了海上交通的新的历史进步。探讨中国古代海洋文化的发展,不宜忽视这一社会力量的历史作用。

题　　名　**汉代的造船业与海外贸易**
作　　者　林凤江,陈秀娟
刊　　名　黑龙江社会科学
年 卷 期　1994 年 6 期
页　　码　65 – 67
摘　　要　很古的时候起,我国与东南亚各国就有海上交通和贸易的关系。但是这种关系获得大规模发展,是在西汉,特别是在汉武帝时期。

题　　名　**汉代古港徐闻的兴衰历史原因**
作　　者　沈荣嵩
刊　　名　岭南文史
年 卷 期　2000 年 4 期
页　　码　28 – 29
摘　　要　徐闻,是我国古代重要的南疆重镇,陆路驿站、海道要津和滨海县治,并且曾经是雷州半岛和海南岛的政治经济中心,也是我国古代对外贸易最早的通商口岸之一。徐闻港从汉代兴起后,一直到三国、东晋南北朝时,对外通商贸易都相当发达。

题　　名　**汉代广州的海上交往**
作　　者　向晋艳
刊　　名　广东民俗
年 卷 期　2000 年 1 期
页　　码　34 – 37

题　　名　**汉代合浦港在南海丝绸之路中的特殊地位和作用**
作　　者　覃主元
刊　　名　社会科学战线
年 卷 期　2006 年 1 期
页　　码　168 – 171
摘　　要　在过去海上丝路研究中,对合浦是南海丝路始发港及商贸枢纽地位多有忽略。本文以文献记载、考古成果为据,论述合浦在地理、资源、交通、航贸等方面的地位与作用,证明合浦港是中国汉代南海丝绸之路最早最繁荣的始发港和海上交通枢纽与贸易中心。

题　　名　**汉代合浦郡与东南亚等地的“海上丝绸之路”及其古钱币考证**
作　　者　廖国一
刊　　名　广西金融研究
年 卷 期　2005 年 S2 期
页　　码　4 – 8

题　　名　**汉代合浦郡与海上丝绸之路**
作　　者　梁旭达,邓兰
刊　　名　广西民族研究
年 卷 期　2001 年 3 期
页　　码　86 - 91
摘　　要　公元前 111 年,汉武帝平定南越国后,析秦置之三郡为九郡,合浦就是其中之一郡。尔后,汉王朝开辟了一条被称为“海上丝绸之路”的商贸通道,合浦港就是其中的重要港口。本文通过考古材料和有关文献资料,论述汉代合浦郡治、合浦港口的具体位置和这段繁荣兴旺的历史面貌。

题　　名　**汉代环北部湾货币流通圈与海上丝绸之路——以环北部湾地区中国与越南汉代墓葬出土钱币为例**
作　　者　廖国一
刊　　名　广西金融研究
年 卷 期　2006 年 S1 期
页　　码　40 - 46
摘　　要　环北部湾地区是古代中国一个重要的经济文化圈。近三十多年来,汉代考古是该地区考古发掘和研究最重要的成果之一。考古工作者在这一地区发掘了大量的汉代墓葬,出土了数量众多的铜器、陶器、玉石器、金器和圆形方孔铜钱等随葬品。其中的钱币有明确的出土地点、确切的年代,是通过科学的考古发掘而获得的第一手资料,为我们认识该地区汉代货币流通的地域特征及其与古代东南亚货币的关系,提供了重要的实物资料。

题　　名　**汉代及其以前的漕运**
作　　者　孙慰祖
刊　　名　粮食经济研究
年 卷 期　1987 年 1 期
页　　码　48 - 51

题　　名　**汉代交州合浦港口的兴起与对外贸易**
作　　者　王杰
刊　　名　大连海事大学学报
年 卷 期　1991 年 17 卷 2 期
页　　码　205 - 209
摘　　要　合浦港口作为我国第一条远洋航线的出发港与归航港,作为我国第一个海关——候官的设置地,在汉代海外贸易中具有突出的地位。合浦港口这一地位的取得,是与其在交洲乃至整个中国大陆所处的地理位置息息相关的。

题　　名　**汉代我国与东南亚国家的海上交通和贸易关系**
作　　者　周速宽,张荣芳
刊　　名　文史
年 卷 期　1980 年 9 期

题　　名　**汉代徐闻港在海上丝绸之路中的历史地位**
作　　者　阮应祺
刊　　名　岭南文史
年 卷 期　2000 年 4 期
页　　码　19－21
摘　　要　把古代从中国出发的中西交通海上航线概括性地称为海上丝绸之路,已为国际学术界普遍认同。我国史籍最早记录这条海上通道的,是《汉书·地理志》粤地末段。本文仅依据该段史载,对汉代徐闻港的历史地位问题作一点探讨。

题　　名　**汉代徐闻与海上交通**
作　　者　张荣芳,周永卫
刊　　名　中山大学学报(社会科学版)
年 卷 期　2002 年 3 期
页　　码　1－8
摘　　要　位于雷州半岛的徐闻,扼琼州海峡的咽喉,不仅是汉朝控制海南岛的关键,而且是汉朝对交趾、九真、日南等地实施有效管辖的关键所在,其战略地位十分重要。汉代在徐闻设置的左右候官并非中国最早的海外贸易官员,而是属于合浦都尉属下的一级军事组织。徐闻等地与北方的海上交通历史悠久,在公元 83 年以后仍然发挥着重要的作用。考古发现证明,徐闻等地与南海的民间贸易比官方的朝贡贸易更为重要,更值得重视。

题　　名　**汉代中国"海上丝绸之路"**
作　　者　曾昭璇
刊　　名　广东史志
年 卷 期　1991 年 2 期

题　　名　**汉代中国与东南亚和南亚海上交通路线试探**
作　　者　朱杰勤
刊　　名　海交史研究
年 卷 期　1981 年 3 期

题　　名　**汉代珠崖郡治城址考**
作　　者　李琳
刊　　名　考古与文物
年 卷 期　1999 年 1 期
页　　码　74－79

题　　名　**汉口开埠设关与武汉城市格局的形成**
作　　者　皮明庥,李策
刊　　名　近代史研究
年 卷 期　1991 年 4 期
页　　码　99－110

摘　　要　武汉从中古走向近代经历了城市的巨大变迁。正是开埠,扭动了武汉城市变迁的关键;也正是立关,制约和影响着近代武汉国际性商场的形成。本文拟探讨开埠与立关如何牵引武汉城市的发展这一问题。

题　　名　**汉口开埠时期武汉商业发展研究**
作　　者　梁长明
刊　　名　中国商界
年 卷 期　2008 年 10 期
页　　码　183－185
摘　　要　汉口开埠作为中国近代史中的一个重大史实,它给中华民族的生存和安危,特别是城市商业发展带来了哪些影响和作用?笔者从汉口开埠后武汉商业发展的进程入手,剖析洋商的侵入与“示范”,官商的应激与“表率”,民商的奋起与开拓,共同演绎着武汉商业近代化的文明。抚今追昔、与时俱进,发扬和创新汉商的“通”、“合”、“灵”、“变”的商业底蕴,以期实现武汉商业由财富型汉商向人文型汉商转变、从流通型汉商向定价型汉商转变、从区域汉商向天下汉商转变的三大历史跨越。

题　　名　**汉使航程问题——评岑韩二氏的论文**
作　　者　周连宽
刊　　名　中山大学学报(哲学社会科学版)
年 卷 期　1964 年 3 期
页　　码　98－120

题　　名　**汉唐时期的合浦与北部湾海上丝绸之路**
作　　者　梁炳猛
刊　　名　创新
年 卷 期　2010 年 1 期
页　　码　24－29
摘　　要　汉唐时期的合浦是南方重要的政治、经济、军事、交通和贸易中心,当时发生在南方的许多重大事件与合浦息息相关,同时合浦又是汉代海上丝绸之路的起点。通过海上丝绸之路,汉唐与东南亚及世界其他地区进行贸易往来。合浦作为汉代的海上丝绸之路的起点为近年来合浦汉墓的考古发现所证实。海上丝绸之路的开通,扩大了中国的对外交往,汉唐时期中国沿这条海上丝绸之路进行贸易的同时,传播了中华文化,扩大了中国的影响。观广西北部湾经济区的开放开发既有历史的根据,也符合现实的需要。

题　　名　**汉唐时期中国通往朝鲜半岛和日本的文化线路及文化交流**
作　　者　魏存成
刊　　名　吉林大学社会科学学报
年 卷 期　2008 年 1 期
页　　码　89－95,159－160
摘　　要　中国古代与朝鲜半岛和日本的文化交流,汉唐时期达到了高潮,形成了相对稳定的三条主要的文化线路,即北方经辽西辽东到朝鲜半岛的陆路、从山东半岛出海的海路以及南方从长江口出海的海路。这三条主要文化线路的畅通,极大地促进了中国古代与朝鲜半岛和日本的文化交流。

题　　名　**汉唐时期中国与南海诸国之关系**
作　　者　廖寅
刊　　名　学术论坛
年 卷 期　2007年11期
页　　码　93－96
摘　　要　汉唐时期是中国与南海诸国关系发展的起步阶段，初步形成了以中国为中心，“诸国辐辏”的朝贡体系，尽管此期中国对南海诸国的印象有虚有实，还不清晰，但双方的贸易、文化交流已经取得了很大的发展，形成了“互利互惠”的贸易关系和文化多元的“生活圈”，奠定了后世双方关系的基础。

题　　名　**汉唐之际的海上历险故事**
作　　者　王青
刊　　名　大连大学学报
年 卷 期　2008年29卷2期
页　　码　52－57
摘　　要　渔民、僧人、使者的海上历险是传奇产生的丰厚土壤。由海上漂流所得的见闻有的进入正史，成为海外知识的主要来源之一；更多的经过夸饰与想象，成为传奇小说的重要类型。佛教徒利用此类故事宣扬因果报应、法术灵验等宗教观念；而道教徒则利用此类故事论证神仙可求、仙境实有。海上历险这一情节框架与中土殊方异域的传闻一起，构成了海上乌托邦故事，成为新的时代条件下的彼岸想象，并对后世小说的主题内容产生重大影响。

题　　名　**汉唐至宋元时期的闽台交流**
作　　者　廖大珂
刊　　名　中国边疆史地研究
年 卷 期　2002年4期
页　　码　78－85，119
摘　　要　福建与台湾两地早在汉代就开始了交往，但是却长期处于停滞状态。唐中叶以后，随着福建社会经济的发展，与台湾的交流逐渐密切起来。到了宋元时期，福建人民移居澎湖，从事开发，由此以澎湖为桥梁，闽台两地各种形式的交流也日益频繁，从而揭开了闽台关系史上新的一页。

题　　名　**汉唐中外朝贡制度述论**
作　　者　李云泉
刊　　名　东方论坛
年 卷 期　2002年6期
页　　码　79－86
摘　　要　朝贡制度是古代中外交往的主要模式之一。汉唐时期，随着中外朝贡关系的扩大，朝贡制度逐渐有了比较固定的内涵，贡、封之间，已有定例可循。与此同时，从中央到地方政府对朝贡事务的组织与管理日益周密而具体。

题　　名　**汉武帝的法家路线与造船技术的发展**
作　　者　洪舸

刊　　名　力学学报
年 卷 期　1975 年 1 期
页　　码　2 – 3
摘　　要　我国是具有悠久造船历史的国家。早在远古时代，我国的劳动人民便就地取材，“刳（音枯）木为舟，剡（音眼）木为楫（音及）”（《易经 · 系辞》），以独木舟作为水上活动的工具。由奴隶制向封建制转变的春秋、战国时代，我国的南方出现了专门造船的工场——“船宫”。这时的船舶不仅用于水上运输，而且应用于水战，出现了水上作战部队“舟师”。自秦始皇统一中国，建立中央集权的封建国家之后，特别是在西汉初期汉武帝刘彻当政的时候，造船技术有了进一步的发展，船舶的数量和质量都是空前的，成为我国造船发展史上的一个重要时期。

题　　名　**汉徐闻港地望历史地理新探**
作　　者　司徒尚纪，李燕
刊　　名　岭南文史
年 卷 期　2000 年 4 期
页　　码　13 – 16
摘　　要　东汉班固撰《汉书 · 地理志》有一段著名文字，指出我国海上丝绸之路最早经过的国家和地区。其日：“自日南障塞、徐闻、合浦，船行可五月，有都元国，又船行可四月，有邑卢没国，又船行可二十余日，有湛离国，步行可十余日，有夫甘都卢国。自夫甘都卢国，船行可二月余，有黄支国。

题　　名　**汉元帝罢珠崖郡后海南岛之归属考**
作　　者　李勃
刊　　名　中国边疆史地研究
年 卷 期　2009 年 19 卷 1 期
页　　码　117 – 126，150
摘　　要　本文依据学术界较少提及的重要古籍资料和西汉“朱庐执刲”银印所蕴涵的重要信息，从六个方面进行考察，认为西汉合浦郡的朱卢县在海南岛，汉元帝虽罢珠崖郡，但该岛仍在西汉王朝的版图之内。

题　　名　**汉族人民早期移居台澎探析**
作　　者　林仁川
刊　　名　福建论坛（文史哲版）
年 卷 期　2000 年 4 期
页　　码　84 – 88
摘　　要　汉族人民移居台湾始于宋元时期。移民的原因首先是宋元时漳泉人口增长较快，不得不迁居台澎。其次，宋末元初战乱也迫使一部分南宋遗民遁逃台澎。第三，宋元航海业的发达提供交通条件。汉族移民到台湾后主要从事种植业和渔业，同时也进行海上贸易等商业活动。

题　　名　**杭州市舶司和海关沿革述略**
作　　者　竺晓莉
刊　　名　杭州市志通讯
年 卷 期　1989 年 3 期

页　　码　43－45

题　　名　**杭州市舶司研究**
作　　者　吴振华
刊　　名　海交史研究
年 卷 期　1988 年 13 期

题　　名　**杭州湾地区原始文化海路输入日本论**
作　　者　王心喜
刊　　名　文博
年 卷 期　2002 年 2 期
页　　码　54－61,53

题　　名　**航标史话**
作　　者　冯心恺
刊　　名　珠江水运
年 卷 期　2008 年 2 期
页　　码　63－64

题　　名　**航海侯张赫与明初海运**
作　　者　岳涌
刊　　名　郑和研究
年 卷 期　2010 年 2 期
页　　码　49－52
摘　　要　南京市博物馆于 2007 年 4 月在南郊雨花台区刘家村发掘一座明初墓葬,出土石墓志一合,墓主为航海侯张赫。墓葬为双室券顶砖墓,有短甬道与斜坡墓道,全长 15.6、宽 4.8、高 4.6 米。由封门分为前后两室,出土金饰件、金钱、银碗、银高足杯、铜炉、铜器盖、铁罐、锡器、玉带片、釉陶瓶、陶缸及石墓志等器物二十余件。部分墓砖上有模印阳文,内容为“抚州府崇仁县”、“总甲杨荣、甲首陈来保、小甲阳叔六、窑匠刘福造、砖人夏胜”等。

题　　名　**航海家、外交家侯显**
作　　者　杨继民
刊　　名　益阳师专学报
年 卷 期　1988 年 2 期
页　　码　56

题　　名　**航海家汪大渊与《岛夷志略》**
作　　者　黄天柱,张翊华
刊　　名　东南亚纵横
年 卷 期　1989 年 4 期
页　　码　34－37

题　　名　**航海家王景弘谜案·南京篇**
作　　者　郑宽涛
刊　　名　郑和研究
年 卷 期　2006 年 1 期
页　　码　106 - 107
摘　　要　在郑和近 30 年(1405 - 1433)的航海事业中,与郑和同为正使的王景弘始终协助郑和一起率领船队,不畏艰难险阻,积极开展和平外交。郑和去世后,王景弘继续带领船队完成最后一次远航。他同郑和一样是我国历史上伟大的航海家、外交家。

题　　名　**航海家王景弘谜案·南京篇**
作　　者　郑宽涛
刊　　名　航海
年 卷 期　2007 年 2 期
页　　码　32 - 34
摘　　要　在郑和近 30 年(1405 - 1433)的航海事业中,与郑和同为正使的王景弘始终协助郑和一起率领船队,不畏艰难险阻,积极开展和平外交㊣郑和去世后,王景弘继续带领船队完成最后一次远航。他同郑和一样,是我国历史上伟大的航海家㊣外交家。

题　　名　**航海家郑和与哥伦布**
作　　者　叶洵灶
刊　　名　浙江师大学报(社会科学版)
年 卷 期　1995 年 4 期
页　　码　9 - 13
摘　　要　15 世纪,世界航海史上出现了奇迹,从而造成 16 世纪人类历史上的伟大转折。其中最为伟大的是郑和七次下西洋和哥伦布四次西航到美洲。但这两位举世闻名的航海家所处的时代背景,远航的目的性质、规模及影响各不相同。本文就此作一比较。

题　　名　**航海女神与杭州的天妃宫遗址**
作　　者　吕洪年
刊　　名　古今谈
年 卷 期　2007 年 2 期
页　　码　40 - 42

题　　名　**航海与医学交流**
作　　者　刘敏
刊　　名　航海
年 卷 期　1981 年 2 期
页　　码　46
摘　　要　一千多年来,通过航海进行医学交流,对中外医学发展起了很大的推动作用。

题　　名　航运实业家郑观应的开拓精神
作　　者　吴彬
刊　　名　航海
年 卷 期　1988 年 2 期
页　　码　20 – 21

题　　名　濠镜澳、澳门与 Macao 等的名实源流考辨
作　　者　谭世宝
刊　　名　文物
年 卷 期　1999 年 11 期

题　　名　合浦——汉代海上丝绸之路始发港
作　　者　熊昭明
刊　　名　中国文化遗产
年 卷 期　2008 年 5 期
页　　码　63 – 66
摘　　要　汉代海上丝绸之路的开辟先秦时期，中国大地上的燕、齐、吴、越各国已有频繁的航海活动，但大规模的官方海上对外贸易，学术界多认为应自汉武帝时期才得以开始。

题　　名　合浦畅想——关于海上稻谷、瓷器、丝绸之路的思考
作　　者　过伟
刊　　名　钦州师范高等专科学校学报
年 卷 期　2003 年 18 卷 1 期
页　　码　75 – 77
摘　　要　2000 年 4 月，在北海听诸贤宏论，获益良多，引发缕缕思考，由西汉上溯 5000 年、悠悠万年，从合浦越过南岭，远游荆楚、百越、南方稻作、中华文明、世界稻作，神思飘飘，畅想翩翩。现今北海管合浦，古代合浦管北海，当然今之合浦与古之合浦，辖区有所变化，随笔书写《合浦畅想》。

题　　名　合浦乾体古港作为“海上丝绸之路”始发港探源
作　　者　周家干
刊　　名　广西地方志
年 卷 期　2002 年 5 期
页　　码　71 – 73，56

题　　名　合浦是中国汉代海上“丝路”始发港
作　　者　邓家倍
刊　　名　广西地方志
年 卷 期　2002 年 5 期
页　　码　67 – 70

题　　名　合浦是最早海上丝绸之路始发港的研究与开发
作　　者　北海市海上丝绸之路始发港课题组
刊　　名　经济与社会发展
年 卷 期　2004 年 2 卷 10 期
页　　码　112 – 116
摘　　要　文章从文献记载、物证、考古、成因四个方面论证合浦是最早的海上丝绸之路始发港之一,并对合浦是最早的海上丝绸之路始发港这一历史资源的开发进行了探讨。

题　　名　合浦与徐闻在海上丝路始发港地位与作用比较研究
作　　者　邓家倍
刊　　名　中国地方志
年 卷 期　2005 年 10 期
页　　码　55 – 59
摘　　要　合浦与徐闻是汉代海上丝路始发港,但对两者作为海港的地位和作用的比较研究至今是一片空白。文章从两者的地理条件、汉墓群的规模影响和分布、交通条件、军事条件方面进行综合分析后,认为合浦港具有徐闻港无法比拟的优势,影响大于后者是显然的。

题　　名　何如璋与福建船政局
作　　者　俞政
刊　　名　岭南文史
年 卷 期　1991 年 2 期
页　　码　32 – 35
摘　　要　从 1883 年 12 月 29 日接印,到 1884 年 10 月 3 日移交,何如璋实任福建船政九个月。扣除战前准备和败后善后的时间,主持船政建设仅半年多。但在这短短的半年中,不仅前任张梦元手上尚未完工的一艘铁胁木壳兵船继续建造,而且在 1 月份新安装了两条快船的龙骨,船政局出现了三船并举的空前兴旺景象。由于马江之战的干扰,这三条船的完工日期大大推迟,命名为横海、镜清、寰泰。

题　　名　何如璋与马江海战
作　　者　江上县
刊　　名　宁德师专学报(哲学社会科学版)
年 卷 期　1996 年 3 期
页　　码　44 – 45

题　　名　何如璋与早期中日琉球交涉
作　　者　戴东阳
刊　　名　清史研究
年 卷 期　2009 年 3 期
页　　码　62 – 76
摘　　要　光绪元年(1875)日本挑起阻贡事件后,清政府的对琉政策由被动而主动,一个重大的促动力是首任驻日公使何如璋的积极建议。本文深入考察了何如璋的琉球建议,及其促使清政府对琉政策发生转变的前因后果。进而深入考查了何如璋在东京与日本政府的具体交涉,认为所谓的“暴言事件”

(即照会事件)的出台,与寺岛宗则、森有礼为代表的日本方面的操作有一定的关系。户玑回国后,何如璋对琉球问题的关注并未就此打住,而是继续为重议球案作了不少努力。本文对现存何如璋琉球论著的写作时间,也作了相应的考证。

题　　名　**何如璋与中法马江战役**

作　　者　叶玉琴

刊　　名　福建师大福清分校学报

年 卷 期　1988 年 2 期

页　　码　35 – 38

摘　　要　中法战争是中国近代史上的一次反侵略的民族自卫战争。中法战争的战场蔓延到广西、云南边境,台湾岛,浙江镇海和福建马江五处。前四处互有胜负,其中广西镇南关大捷震惊中外,迫使法国茹费理政府垮台。唯独马江战役却以惨败告终。清政府经营多年的三大海军之一——福建海军,仅半小时就全军覆没。九艘军舰、十九艘商船全被轰毁击沉。将士死伤七百多人,中国最大的造船基地马尾船政局遭受严重破坏。从马尾至闽江入海口近百里的岸防设施尽被摧毁,失败惨重,教训深刻。

题　　名　**和平促进国际文明交流的文化使者——郑和与 15 世纪初中外文化交流**

作　　者　赵德兴,付启元,李惠芬

刊　　名　南京社会科学

年 卷 期　2005 年 8 期

页　　码　60 – 64

摘　　要　当今世界需要文明的对话与文明的交流。15 世纪初的明代中国在世界格局中处于领先地位。我国伟大的航海家郑和奉明王朝之命,以和平的方式,向广大时处落后的亚非国家和地区传播了先进的中国文化,同时也吸收了一些亚非国家的文化精华,对中国与亚非国家的文化交流发挥了积极作用。郑和下西洋对中外文化交流的推动是多方面的,内容丰富多彩,本文主要从历法、冠服、科举制度的颁给,先进生产力的传播,图书、乐器、度量衡的赠予,宗教信仰的尊重和崇扬,绘画、建筑、雕刻艺术的交流,珍奇动植物的引进等方面作简要叙述。郑和是和平友好的使者,他的远航扩大了中国的影响,促进了东南亚国家的社会进步与经济文化的发展,增进了我国与亚非国家的友谊,丰富了中国对世界的认识,对于今天不同文化、不同文明之间的相互对话与交流,有重要的借鉴意义。

题　　名　**和平使者——郑和:首航 600 周年设想**

作　　者　陈凯希

刊　　名　回族研究

年 卷 期　2003 年 1 期

页　　码　107 – 109

题　　名　**河姆渡遗址史前水文化探讨**

作　　者　李可可,谌洁

刊　　名　中国水利

年 卷 期　2007 年 5 期

页　　码　52 – 55

摘　　要　河姆渡遗址是我国东南沿海极为重要的新石器时代遗址,出土的众多文物充分反映了河

姆渡文化中独具特色的水文化。大量人工栽培稻谷的发现,以及与水稻生产相联系的众多骨耜的出土,说明稻作文化是河姆渡文化的象征。稻作文化又是建立在水利的基础之上,加上遗址中水井和干栏式建筑物的发现,说明了水利文化是河姆渡文化的精髓。独木舟、船桨、陶灶、石碇、企口板等器物以及大量河口与海洋生物骨骸的发现,充分证明了河姆渡文化中的海洋文化因素,反映出海洋文化是河姆渡文化的一道亮色。

题　　名　**河姆渡遗址文化与越族先民**
作　　者　杨成槛
刊　　名　宁波大学学报(人文科学版)
年 卷 期　1994 年 2 期
页　　码　1 - 8
摘　　要　河姆渡文化是东南江海文化的代表,它具有开放性特色。河姆渡人即是越族先民,海洋是他们的驰骋之所。他们带着水稻向东南沿海和东南亚发展。历史上的"有巢氏"、"姚墟"、"羽人"国等,指的都是河姆渡地区居民,就是越族先民。

题　　名　**河姆渡遗址与跨湖桥遗址的比较研究**
作　　者　黄渭金,张殿发,杨晓平
刊　　名　东方博物
年 卷 期　2008 年 2 期
页　　码　26 - 33

题　　名　**河姆渡舟船技术浅析**
作　　者　陈延杭
刊　　名　海交史研究
年 卷 期　1997 年 32 期
页　　码　38 - 48

题　　名　**河神的崇拜及河伯族的来源和迁徙**
作　　者　何光岳
刊　　名　中南民族学院学报(哲学社会科学版)
年 卷 期　1988 年 1 期
页　　码　21 - 29

题　　名　**河神黄大王:明清时期社会变迁与国家正祀的呼应**
作　　者　李留文
刊　　名　民俗研究
年 卷 期　2005 年 3 期
页　　码　205 - 216

题　　名　**荷据时期大陆汉民有组织移台及其影响**
作　　者　刘建涛

刊　　名　安康学院学报
年 卷 期　2008 年 1 期
页　　码　75－77
摘　　要　公元 1624 年至 1661 年为台湾历史上的荷据时期，在此期间，大陆汉人开始有组织地移民台湾。这一时期的移民对于台湾土地的开发、汉族移民基础的奠基以及中华传统文化的传播产生了重大而深远的影响。

题　　名　**荷据时期澎湖的历史地位与作用**
作　　者　杨彦杰
刊　　名　台湾研究
年 卷 期　2003 年 2 期
页　　码　85－90

题　　名　**荷兰东印度公司档案有关台湾史料介绍**
作　　者　林伟盛
刊　　名　汉学研究通讯
年 卷 期　2000 年 19 卷 3 期

题　　名　**荷兰东印度公司时期中国对巴达维亚的贸易**
作　　者　伦纳德·鲍乐史，温广益
刊　　名　南洋资料译丛
年 卷 期　1984 年 4 期
页　　码　67－80

题　　名　**荷兰东印度公司与中国明清瓷器**
作　　者　冯先铭，冯小琦
刊　　名　南方文物
年 卷 期　1990 年 2 期
页　　码　101－114，117

题　　名　**赫德与阿思本舰队事件**
作　　者　方堃
刊　　名　天津师大学报（社会科学版）
年 卷 期　1994 年 1 期
页　　码　55－59
摘　　要　19 世纪 60 年代初发生的阿思本舰队事件，是英国插手近代中国海军建设的一个阴谋。在这次事件中，两个有着共同目标的英国人分别扮演了不同的角色。其中“一位是时任中国海关总税务司的李泰国，他因明目张胆地攫取中国海军的指挥权而被清政府罢免；另一位是李泰国的继任者赫德，他在这次事件中获得了清政府的信任，并从此把持中国海关长达 50 年。对前者的行径，研究者已多有论述，但对赫德的活动，以及他是如何利用这次事件达到其个人目的的，论者却多语焉不详。赫德究竟在阿思本舰队事件中扮演了什么角色？本文试就这一问题谈一些浅见。

题　　名　赫德与阿斯本舰队风波
作　　者　葛建男
刊　　名　沧州师范专科学校学报
年 卷 期　2004 年 20 卷 1 期
页　　码　36 – 37
摘　　要　阿斯本舰队事件是赫德在中国政治生涯的转折点,从此,赫德把持中国海关 50 年,那么,赫德是怎样通过阿斯本事件而飞黄腾达的呢? 一、在清政府危难之际显身手。二、进退两难的赫德。三、确立地位的赫德。

题　　名　赫德与澳门:晚清时期澳门民船贸易的管理
作　　者　戴一峰
刊　　名　中国经济史研究
年 卷 期　1995 年 3 期
页　　码　83 – 90
摘　　要　晚清时期澳门民船贸易的管理,曾是一个引人注目而又颇为棘手的问题。围绕这一问题,葡萄牙澳门当局,中国海关总税务司赫德,清朝中央政府以及广东地方政府间曾引发了诸多风波,对近代澳门和晚清社会均产生了重要影响。本文拟利用中国海关档案资料和其它文献资料,对晚清时期澳门民船贸易管理的曲折演化及其透露的晚清内政外交的若干重要问题,详加评述。

题　　名　赫德与丁汝昌
作　　者　贾熟村
刊　　名　东方论坛(青岛大学学报)
年 卷 期　2007 年 4 期
页　　码　100 – 103
摘　　要　赫德认为丁汝昌是一位很出色的好老头,但是,他既不是个军人,也不是个海员。赫德处心积虑地要使英国人主持中国海军,因此,当丁汝昌访问英国时,他要金登干予以帮助,琅威理来华后他要他不要被丁利用。后因琅威理缺乏耐心,使赫德的目标落了空。

题　　名　赫德与戈登
作　　者　贾熟村
刊　　名　东方论坛
年 卷 期　2010 年 1 期
页　　码　85 – 89
摘　　要　赫德与戈登都是英国人,在太平天国时期,他们之间,合作得相当好。在中俄伊犁交涉时期,他们之间产生了矛盾,后来,又和好如初。他们的关系好坏,都与中国近代外交息息相关,很值得研究。

题　　名　赫德与郭嵩焘
作　　者　贾熟村
刊　　名　湖南城市学院学报
年 卷 期　2010 年 1 期

页　　码　32－37

摘　　要　赫德认为郭嵩焘有学问，有能力，性情温和，头脑清醒。郭嵩焘认为赫德为中国办事十分出力，极有心计。双方关系是友好合作的。赫德认为马格里是李鸿章的人，力求将马格里挤出公使馆，因为郭嵩焘与李鸿章关系密切未能如愿。

题　　名　**赫德与琅威理**

作　　者　贾熟村

刊　　名　东方论坛

年 卷 期　2008年1期

页　　码　82－87

摘　　要　赫德很欣赏琅威理的才干，极力向英国外交部、海军部说明，为了英国在华的巨大利益，将琅威理推荐给李鸿章，担任了北洋舰队的总查，期望琅威理能像他控制中国海关一样控制中国海军。琅威理工作相当出色，但他在李鸿章未能满足他指挥实权之际愤而辞职，使赫德大为失望。

题　　名　**赫德与葡萄牙强占澳门**

作　　者　张模超

刊　　名　西南师范大学学报（人文社会科学版）

年 卷 期　1999年25卷6期

页　　码　1－4

摘　　要　鸦片战争后，葡萄牙多次无理要求清政府承认其永驻已长期强占的澳门未果。后来在英国人赫德的支持下，强迫清政府签订不平等条约承认葡萄牙永驻澳门。赫德为了完全夺取澳门地区的鸦片税厘，以达到控制清朝统治者使其为英国殖民利益服务的目的，在葡萄牙强占澳门的政治交易中，充当了一个损害中国主权的帮凶角色。

题　　名　**赫德与鸦片"税厘并征"**

作　　者　陈勇

刊　　名　暨南学报（哲学社会科学版）

年 卷 期　2006年28卷4期

页　　码　140－147

摘　　要　"税厘并征"是晚清鸦片税征管制度的一次重要改良。总税务司赫德为扩大海关权限，积极促成海关介入洋药厘金的征收，并不惜牺牲中国领土主权，换取税厘并征在港、澳地区的施行，进而又借土药税厘并征企图插手中国内地税政。鸦片税政改良，虽有助于清中央集权财政体制的巩固，但同时也奠定了海关在清财政中的重要地位，从而确保了英国在华利益。

题　　名　**赫德与中法谈判（1884－1885年）**

作　　者　曹必宏

刊　　名　历史档案

年 卷 期　2005年3期

页　　码　99－106

题　　名　**赫德与中葡《和好通商条约》**
作　　者　相瑞花
刊　　名　中国边疆史地研究
年 卷 期　1999 年 4 期
页　　码　58－67
摘　　要　本文阐述了清政府与葡萄牙签订《和好通商条约》的背景和过程；平实、公允地评价了赫德在签订《和好通商条约》过程中所起的作用，也有力地揭露了他操纵谈判及同谈判对方联手损害中国权益的恶劣行径。

题　　名　**鹤顶红、西洋布及其他——《新增格古要论》与明初中外交流**
作　　者　周运中
刊　　名　郑和研究
年 卷 期　2009 年 2 期
页　　码　49－51
摘　　要　《新增格古要论》一书的原本《格古要论》为明初松江府华亭县（今属上海市）人曹昭所作，序言时间为“洪武二十一年戊辰春三月望”，即公元 1388 年。此书到景泰时，为吉安府吉水县（今江西吉水县）人王佐校订、增补，成为《新增格古要论》。新增凡例说：“是编自景泰七年丙子夏四月中旬得李、孙二公旧本，至其七月考校、增完，又至天顺三年己卯夏四月上旬欲命工锓梓点校始完。”

题　　名　**黑龙江流域与日本东北及北海道的古代文化交流**
作　　者　王禹浪
刊　　名　学习与探索
年 卷 期　1998 年 5 期
页　　码　125－129

题　　名　**黑龙江水师建立探源**
作　　者　吴绍礼
刊　　名　齐齐哈尔大学学报（哲学社会科学版）
年 卷 期　1987 年 1 期
页　　码　84－89

题　　名　**黑龙江水运水师在雅克萨战争中的重要作用**
作　　者　郑承龙
刊　　名　黑龙江史志
年 卷 期　2004 年 5 期
页　　码　43－44
摘　　要　公元 1650 年 7 月 20 日，沙俄侵略头目哈巴罗夫奉沙皇派遣，以偷袭的方式侵占了我黑龙江上游少数民族聚居的雅克萨城（今俄境阿尔巴津）。并以此为据点，到处抢劫杀戮，扰乱边境，扩大占领，无恶不作。到了 17 世纪 80 年代，清政府康熙执政的鼎盛时期，经外交途径不断交涉无效后，终于发动了一场震撼山河、光照千秋的雅克萨自卫反击战。由于这场战争的正义性和部署指挥的正确性，因而获得了全胜。其中，黑龙江水运水师发挥了重要作用。

题　　名　**弘法大师空海**
作　　者　郗政民
刊　　名　民办教育研究
年 卷 期　2004 年 6 期
页　　码　74 – 76,108
摘　　要　本文通过日本来唐著名学问僧弘法大师空海,传教大师最澄等入唐求法以及与唐代文人墨客的诗文酬作,回顾唐朝中日文化交流的光辉灿烂的历史,对于振兴中华,弘扬民族文化,增进中日两国关系友好发展,会有积极意义。

题　　名　**弘法大师与日本佛教**
作　　者　忻中
刊　　名　社会科学
年 卷 期　1980 年 4 期
页　　码　141 – 143
摘　　要　弘法大师是日本平安朝前期的一位高僧,曾随日本第十七次“遣唐使”来中国留学约二年,回国后开创真言宗,著书立说,为日本佛教事业的发展和中日两国的文化交流建树了不朽的业绩。弘法大师在日本文化史上的功绩是卓著的,其影响远不止于佛教领域,对日本的文学、语言、教育、书法、绘画、建筑、雕塑、产业等方面都有贡献。

题　　名　**弘法大师与中日文化交流**
作　　者　忻中
刊　　名　人文杂志
年 卷 期　1981 年 3 期
页　　码　68 – 70,76
摘　　要　弘法大师是日本高僧空海的敕赐法号,是中日文化交流史上一位值得纪念的杰出的人物。他和阿倍仲麻吕、鉴真大师等历史上许许多多的先人们一样,为促进中日两国文化的发展,建立了不朽的业绩,是中日文化交流的先躯者之一。弘法大师生于日本光仁天皇宝龟五年(即唐代宗大历九年,公元七七四年),三十一岁时(日本桓武天皇延历二十三年,唐德宗贞元二十年,公元八〇四年),随日本第十七次遣唐使来中国,在中国留学约二年,于公元八〇六年八月离开中国回日本。

题　　名　**弘法千余年,从此不言佛——由“郑和下西洋”个案论中国与东南亚地区佛教关系的转变**
作　　者　程爱勤
刊　　名　郑和研究
年 卷 期　2004 年 2 期
页　　码　40 – 43

题　　名　**红军历史上最早的海上交通线——闽东船民工会和海上游击队**
作　　者　王凌
刊　　名　党史研究与教学
年 卷 期　1992 年 2 期

页　　码　104 - 106

题　　名　**红头船的产生及其作用和影响**
作　　者　黄光武
刊　　名　汕头大学学报(人文社会科学版)
年 卷 期　1993 年 9 卷 4 期
页　　码　89 - 94
摘　　要　本文以事实的资料对红头船产生的时间作了精密的考证,指出前人认为红头船产生于清雍正九年的错误,比较确切地回答了红头船产生的时间问题。同时,文章依据红头船产生的年代及社会背景,提出了红头船是潮汕华工较大规模向东南亚移民的时间上限的标志的观点,为红头船与潮汕华侨出洋史的关系作了进一步的探讨。

题　　名　**宏观考察倭寇的有益尝试——《倭寇——海上历史》评介**
作　　者　罗通秀
刊　　名　武汉大学学报(哲学社会科学版)
年 卷 期　1988 年 5 期
页　　码　122 - 123

题　　名　**洪保寿藏铭综考**
作　　者　王志高
刊　　名　郑和研究
年 卷 期　2010 年 3 期
页　　码　10 - 23

题　　名　**洪仁辉事件与单口通商体制的形成**
作　　者　韩仕海
刊　　名　广西右江民族师专学报
年 卷 期　1999 年 1 期
页　　码　35 - 36
摘　　要　1757 年,清政府开始执行的一口通商的对外贸易体制,其直接诱因是洪仁辉事件,其深刻动因是统治者的思想文化作祟,还有当时清政府的财政收入状况使然。

题　　名　**洪仁辉事件与乾隆的限关政策**
作　　者　朱雍
刊　　名　故宫博物院院刊
年 卷 期　1988 年 4 期
页　　码　10 - 16,49
摘　　要　在清代中外关系史上,洪仁辉事件与乾隆帝限关政策的强化有着直接的联系,研究乾隆二十四年的洪仁辉事件,有利于我们完整地掌握乾隆限关政策产生、发展、定形的全过程。本文拟就中外档案及有关书籍所见,叙述洪仁辉事件与乾隆限关政策的内在联系,以促进该专题的深入研究。

题　　名　洪武年间明朝与东南亚的使者往来
作　　者　钟小武
刊　　名　中山大学研究生学刊(社会科学版)
年 卷 期　1999 年 20 卷 3 期
页　　码　54 - 62
摘　　要　本文考察了洪武年间明朝与东南亚国家使者往来的情况,对当时中国与东南亚关系的状况、性质等作了浅近的探讨。

题　　名　侯显事辑
作　　者　王继光
刊　　名　兰州大学学报(社会科学版)
年 卷 期　1987 年 2 期
页　　码　77 - 79

题　　名　侯裕田和太平天国水军
作　　者　盛巽昌
刊　　名　航海
年 卷 期　1994 年 2 期
页　　码　34 - 35

题　　名　后渚古船——宋季南外宗室海外经商的物证
作　　者　傅宗文
刊　　名　海交史研究
年 卷 期　1989 年 16 期

题　　名　厚积薄发 深入浅出——晁中辰著《明代海禁与海外贸易》评介
作　　者　刘瑛
刊　　名　中国社会经济史研究
年 卷 期　2005 年 4 期
页　　码　102 - 105
摘　　要　晁中辰先生的《明代海禁与海外贸易》最近由人民出版社出版了,我捧读一过,深深为其深厚的积累、鲜明的个性和流畅简洁的文笔所吸引。

题　　名　厚积薄发的力作——简评《中国与琉球》
作　　者　石言
刊　　名　中国社会经济史研究
年 卷 期　1998 年 2 期
页　　码　90 - 91
摘　　要　古代琉球(今日本冲绳),是中国东南太平洋上的一个岛国。明洪武五折(137 年),中国与琉球建立正式的邦交关系,直至清光绪五年(1879 年)日本吞并琉球,中国与琉球友好交往长达 500 年。明清政府先后二十三次对琉球国隆重册封,派出正副册封使 43 名,形成亲密的宗藩关系;琉球属于“不征之国"，是对中国朝贡贸易次数最多的国家，两国之间私人贸易活跃，琉球的中介贸易在明清国际贸易圈中占有重要地位；中国对琉球影响至深，涉及到社会生活的许多层面。上述的一些政治、经济、文化方面的缘由，造就了中国与琉球在中外关系史上的特殊地位，也正因为如此，谢必震先生用心良苦地选择了中琉关系史作为研究中外关系史的突破口，力求一斑窥全豹，深人揭示中外关系史的真实面目。

题　　名　**候风扬帆的地方长乐太平港——郑和下西洋**
作　　者　胡善美，游品莲
刊　　名　航海
年 卷 期　1991 年 3 期
页　　码　33－34

题　　名　**忽必烈东征日本失败的教训**
作　　者　朱翔
刊　　名　决策与信息
年 卷 期　2009 年 6 期
页　　码　59－60

题　　名　**忽必烈两征日本失败记**
作　　者　汪公纪
刊　　名　法制博览
年 卷 期　2007 年 01S 期
页　　码　44－45

题　　名　**胡光墉与福建船政**
作　　者　陈道章
刊　　名　船史研究
年 卷 期　1996 年 10 期

题　　名　**胡宗宪抗倭事迹探论**
作　　者　张邦建
刊　　名　学术界
年 卷 期　1999 年 2 期
页　　码　42－45
摘　　要　胡宗宪（？－1565 年），字汝贞，绩溪（今安徽绩溪县）人。嘉靖年间，胡宗宪率领明朝官兵屡次粉碎倭寇对东南沿海地区的入侵，在明代抗倭史上，写下光辉的一页。然而，因胡宗宪诱杀了与倭寇勾结的奸商王直等人，而遭一些学者非议。究竟怎样评价对他的是非功过，就需要我们全面地、历史地考察其所作所为。

题　　名　**胡宗宪与明代抗倭战争**
作　　者　赵连稳
刊　　名　社会科学辑刊

年 卷 期 1995 年 4 期

页 码 93－100

摘 要 抗倭战争是明朝历史上的重大事件，亦是明史的显著特征之一。明嘉靖中期，倭患日烈。朝廷以胡宗宪任抗倭总督后，才基本上奠定了抗倭战争的胜局。然而他曾阿附权臣严嵩、赵文华，故长期以来，史学界对其评价褒贬不一，以贬居多。笔者认为，身为抗倭主帅的胡宗宪，对击败在我国东南沿海猖獗侵扰的倭寇，贡献突出，表现非凡，对其功过应做实事求是的评价，恢复历史的本来面貌。

题 名 **胡宗宪御倭活动述评**

作 者 赵广华

刊 名 河南师范大学学报（哲学社会科学版）

年 卷 期 1992 年 19 卷 1 期

页 码 70－74

摘 要 胡宗宪宦海浮沉二十多年，有“倜傥非常之才”，多有建树。尤其是任御倭总督近七年，“仗钺东南，鲸波就括。”起着举足轻重的作用。然因他阿附严嵩、赵文华，古今不少史著对其厚加非议，而忽视了他为抗倭斗争所做出的巨大贡献。本文试就此作以论述。

题 名 **虎门海口章程与广州南大门**

作 者 黄利平

刊 名 羊城今古

年 卷 期 2006 年 3 期

页 码 53－54

摘 要 随着“哥德堡”号在南沙的隆隆炮声。世界的目光再一次聚集在广州的南大门。在这里“哥德堡”号结束了长达 10 个多月的航行，回到了阔别 260 多年的广州。我们虽然不知道在它眼里 260 多年前广州南大门和今天有多少不同，但是可以肯定的说，当时它到这里一定不会没有看到虎门炮台。遗憾的是，这次在南沙接待“哥德堡”号时，在看到听到仿制古船的风采和礼炮的同时，却既听不见也看不到昔日广州南大门的标志——虎门炮台的炮声和海口西侧虎门炮台的雄姿。

题 名 **护航神和护航人**

作 者 胡伟民

刊 名 航海

年 卷 期 1980 年 5 期

页 码 28－29

摘 要 上海苏州河上有座河南路桥，原先叫天妃宫桥，这是因为在桥堍有一座天妃宫而得名，至今尚有遗迹可寻。天妃宫不仅上海有，在我国东南沿海、沿江的城镇，几乎都有天妃宫或天后宫，如南京弘仁普济天妃宫、刘家港天妃宫等。在东南亚国家的沿海城市，也建有不少天妃宫。天妃宫里供奉的天妃，相传是我国古代航海的保护神。解放前，每当海船出海之前，船工们总要到天妃宫向天妃顶礼膜拜，虔诚地祈祷，保佑他们一帆风顺，平安地到达彼岸。那天妃究竟是何许人？又有什么神通呢？

题 名 **华南沿海的景教徒和摩尼教徒**

作 者 刘南强

刊 名 海交史研究

年 卷 期 1987 年 12 期

题　　名 **华侨传说与史料考证——明初与南海诸国关系史杂议之二**
作　　者 朱育友
刊　　名 东南亚研究
年 卷 期 1991 年 2 期
页　　码 43－49

题　　名 **华侨华人历史研究的丰硕成果——读《华侨华人民间信仰研究》**
作　　者 李玉昆
刊　　名 海交史研究
年 卷 期 2003 年 43 期
页　　码 125－126

题　　名 **华侨华人社会妈祖信仰的特点与前景**
作　　者 刘晓斌
刊　　名 东南文化
年 卷 期 1993 年 5 期
页　　码 139－142

题　　名 **华侨下南洋与郑和下西洋**
作　　者 张炜玮
刊　　名 郑和研究
年 卷 期 1995 年 1 期
页　　码 23

题　　名 **华侨与海上丝绸之路——部分侨乡族谱中的海外移民资料分析**
作　　者 郑山玉
刊　　名 华侨华人历史研究
年 卷 期 1991 年 1 期
页　　码 23－30
摘　　要 海上丝绸之路发端于中国而延伸至世界各地。就广义而言，中国的海外移民（亦即华侨）及其对侨居地的开发建设，促进中外友好关系、交通贸易和科技文化交流等方面，成为“海上丝路”的重要组成部分。海上丝绸之路发端于中国而延伸至世界各地。就广义而言，中国的海外移民（亦即华侨）及其对侨居地的开发建设，促进中外友好关系、交通贸易和科技文化交流等方面，成为“海上丝路”的重要组成部分。

题　　名 **华人的妈祖信仰与环南海经济圈**
作　　者 徐晓望
刊　　名 妈祖研究学报
年 卷 期 2004 年 1 期

页　　码　11－17

题　　名　话谈中药(七)鉴真在中日医药交流上的杰出贡献
作　　者　马堪温,黄楷
刊　　名　中国中药杂志
年 卷 期　1982年2期
页　　码　43－45
摘　　要　中、日两国是一衣带水的近邻。自古以来,两国人民就有着友好往来。许多先驱者曾为中、日两国的文化和医药交流做出了贡献,鉴真便是其中的卓越代表人物。

题　　名　淮安榷关简论
作　　者　何本方
刊　　名　淮北煤师院学报(社会科学版)
年 卷 期　1988年Z1期
页　　码　27－36

题　　名　淮系集团与轮船招商局的创办
作　　者　张勤
刊　　名　安徽教育学院学报(社会科学版)
年 卷 期　1996年4期
页　　码　21－24

题　　名　还原妈祖的真实形象——论林默的人格魅力
作　　者　詹晨引,孟建煌
刊　　名　黑龙江史志
年 卷 期　2010年23期
页　　码　150－151
摘　　要　从传记文学里的妈祖和神怪小说里的妈祖,以两岸不同作家的作品为研究个案作对比分析,揭示并还原妈祖的真实形象,论述林默娘的人格魅力。

题　　名　还原真相:1684年一位中国海商的案件分析
作　　者　方真真
刊　　名　人文及社会科学集刊
年 卷 期　2008年20卷2期
页　　码　243－280

题　　名　环北部湾沿岸古代文化的考古发现和研究——环北部湾沿岸经济文化变迁系列研究论文之一
作　　者　廖国一,黄华枢
刊　　名　广西民族研究
年 卷 期　1998年2期

页　　码　54－61

摘　　要　自先秦至明清时期,环北部湾沿岸的文化经历了起源、发展和繁荣的阶段。根据考古学材料和文献的记载,环北部湾沿岸的文化既有本地的特色,又与中原文化,以及东南亚、南亚等外来文化有着密切的联系。环北部湾沿岸的合浦、徐闻等地,是古代“海上丝绸之路”的起点,是中原文化和外来文化的交汇点。环北部湾沿岸的农业文化、商业文化、陶瓷文化、青铜文化、珍珠文化、佛教文化的起源和发展,与当地所处的自然环境和地理位置有着密切的联系。

题　　名　环渤海地区史前文化的关系与文明试论
作　　者　杨治国
刊　　名　文物世界
年 卷 期　2010 年 1 期
页　　码　42－45,64

题　　名　环江东兴“马援碑”考
作　　者　施铁靖
刊　　名　河池师专学报(文科版)
年 卷 期　1991 年 1 期
页　　码　62－64

题　　名　黄鹄号——中国自造第一艘轮船
作　　者　李蕙贤
刊　　名　船史研究
年 卷 期　1986 年 2 期
页　　码　87－93

题　　名　黄海大战与北洋水师
作　　者　卓敏
刊　　名　知识
年 卷 期　1981 年 4 期
页　　码　32－34

题　　名　黄海大战中北洋舰队的队形是否正确
作　　者　郭浒
刊　　名　文史哲
年 卷 期　1957 年 10 期
页　　码　63－65

题　　名　黄海海战结局再认识
作　　者　聂慧丽
刊　　名　中共南京市委党校学报
年 卷 期　2010 年 3 期

页　　码　105－107

摘　　要　黄海海战在中日甲午战争中具有举足轻重的作用,它的成败历来富有争议,本文主要从战争的影响、目的、损失三个方面谈了对海战的结局的再认识,旨在进一步厘清人们对清政府战略方向的判断。

题　　名　**黄海海战研究——关于北洋舰队的失利原因及阵形问题**

作　　者　潘向明

刊　　名　清史研究

年 卷 期　1994年4期

页　　码　86－94

摘　　要　1894年9月17日,在鸭绿江口外黄海水面发生的中日两国海军主力交战,即黄海海战,是甲午战争中一次极其重要的战略性决战。交战结果,中国北洋舰队失利,日方遂因此可由海上输送陆军,先后在我辽东和山东半岛登陆,致我渤海锁钥与京津门户险要尽失,几成兵临城下之势。清朝当局正是在这种情况下被迫签订了空前丧权辱国的《马关条约》。而这一条约的苛刻内容又给中国乃于整个东亚地此后数十年的历史演变造成深刻的影响,适足见黄海海战后果之大。因此。关于北洋舰队在这次海战中所以失利的原因问题,便是一个非常值得我们深入探讨的研究课题。

题　　名　**黄海海战与邓世昌的爱国献身精神**

作　　者　丘均元

刊　　名　广东职业技术师范学院学报

年 卷 期　1994年3期

页　　码　5－8

题　　名　**黄海海战与马江之战的比较观**

作　　者　唐上意

刊　　名　广东职业技术师范学院学报

年 卷 期　1994年3期

页　　码　1－4

题　　名　**黄海海战中日舰西京丸是否沉没**

作　　者　李国辉

刊　　名　辽宁师范大学学报(社会科学版)

年 卷 期　1987年2期

页　　码　82－85

题　　名　**黄海海战中日双方战术分析**

作　　者　许华

刊　　名　华夏人文地理

年 卷 期　2005年1期

页　　码　72－73

摘　　要　黄海海战,是世界海战史上规模最大的海战之一。在这场战役规模的海战中,中日海军参战的军舰各是12艘,势均力敌(参见右表)。经过近5小时的鏖战,北洋舰队被击沉或击毁军舰5艘,被击伤军舰4艘;而日本联合舰队仅被击伤军舰5艘,未失一舰。这一结果,与双方的实力是大大不成比例的,非常值得探讨一番。

题　　名　黄河航运的见证——民国皮筏档案解读

作　　者　陈乐道,王艾邦

刊　　名　档案

年 卷 期　2003年6期

页　　码　36－38

摘　　要　皮筏,作为古老黄河上重要的航运工具,早已退出历史舞台。但其作为黄河文化之组成部分,却深深印在人们的心里,且已成为一种旅游项目,如今仍荡漾在黄河之上,吸引着众多中外游客。假日闲暇,人们乘坐皮筏在黄河上观光游览,回味流年似水般的峥嵘岁月,别有一种"轻似沙鸥水上浮,随波一刹过前洲"的奇妙感觉。

题　　名　黄河河性与我国古代漕运

作　　者　马瑞俊

刊　　名　河南大学学报(自然科学版)

年 卷 期　1989年3期

页　　码　89－98

摘　　要　黄河流域成为我国古代文明的摇篮,不是一种偶然现象,而是自然和人类社会历史发展必然结果,是当时生产力发展水平和黄河下游地区较为优越的自然条件相结合的产物。在没有现代交通设施的古代,内陆的水路交通具有重要意义。

题　　名　黄河上游地区传统皮船技术的调查研究

作　　者　梅小青,张柏春

刊　　名　哈尔滨工业大学学报(社会科学版)

年 卷 期　2007年9卷1期

页　　码　1－8

摘　　要　浮囊技术可能已被殷商时期或更早的华夏民族所掌握。浑脱标志着浮囊制作工艺的一个转变。北方少数民族最晚约在公元6世纪左右就已经掌握浑脱工艺。宋元时期,浑脱在战争中的使用达到高峰。在浑脱的基础上,至迟在11世纪人们已经知道如何制作皮筏,最早制作皮筏可能是北方游牧民族。早在公元1世纪,已有用马皮制作的革船。制作皮船的材料主要是羊皮、牛皮、马皮等,以及木材、植物油、盐。在制作皮筏过程中,浮囊的制作是一个关键工艺。历史上,不同部族之间的交往、迁徙、征战,有助于皮船技术的传播。

题　　名　黄河与运河关系的历史研究

作　　者　钮仲勋

刊　　名　人民黄河

年 卷 期　1997年1期

页　　码　50－53,60

摘　　要　历史上黄河与运河的关系相当密切,两者之间常发生交汇或联通,黄河的决溢往往给运河带来影响,因之,探讨黄运关系对黄河史的研究具有一定的意义。历史上黄运关系涉及的时空范围均较广,本文仅择其主要内容来论述。

题　　名　**黄骅——徐福船队的出发港**
作　　者　王杰
刊　　名　海交史研究
年 卷 期　1992 年 21 期
页　　码　65 – 76

题　　名　**黄梨洲朱舜水乞师日本辨**
作　　者　梁启超
刊　　名　东方杂志
年 卷 期　1923 年 20 卷 6 期

题　　名　**黄龙旗下的仓皇过客 鲜为人知的大清海关舰队**
作　　者　刘怡
刊　　名　舰载武器
年 卷 期　2006 年 5 期
页　　码　42 – 46
摘　　要　在中国近代海军创建活动的过程中,曾催生了一支奇特的舰队——它们不是正规海军的组成部分,却拥有威力强大的阿姆斯特朗大炮和吨位堪比小型巡洋舰的舰只;它们保卫着大清帝国的经济权益和沿海安全,悬挂的却是别具一格的海关旗;它们在中国舰员的操纵和运作下,却始终必须服从外籍舰长的指挥……这支被人遗忘许久的奇特舰队,就是大清历史上的海关舰队。

题　　名　**黄县为徐福故里新证**
作　　者　李永先
刊　　名　烟台师范学院学报(哲学社会科学版)
年 卷 期　1989 年 4 期
页　　码　3 – 10,33

题　　名　**黄秀烺墓志:20 世纪初期的华侨、侨乡与中国现代化**
作　　者　宋怡明
刊　　名　海交史研究
年 卷 期　2003 年 43 期
页　　码　100 – 105

题　　名　**黄遵宪与苏州开埠交涉**
作　　者　杨天石
刊　　名　学术研究
年 卷 期　2006 年 1 期
页　　码　90 – 96

摘　　要　1895年签订的《马关条约》规定开辟沙市、重庆、苏州、杭州为商埠，日本侵略势力即将深入中国内地。为了尽量减少这一规定给中国国家税收和“华民生计”带来的巨大冲击，光绪皇帝要求有关臣僚“预筹善策”，设法补救。黄遵宪在受命主持苏州开埠谈判过程中，力谋贯彻光绪皇帝的意旨。当时，日本企图按照广州和上海的模式，在苏州开辟“专管租界”，而黄遵宪则主张采取“宁波模式”，以巧妙的方法尽可能维护国家主权。由于这一方案表面上有某些让步，因此受到张之洞的严厉批评；日本方面则由于阴谋受阻，也拒绝接受，并撤回谈判代表。最终，清政府在日本的强力压迫下低头妥协，全盘接受日方要求，黄遵宪精心设计的方案遂付之东流。

题　　名　**辉煌灿烂的南越古国文明及其成因**
作　　者　成国雄
刊　　名　传承
年 卷 期　2008年6期
页　　码　92－93
摘　　要　岭南地区优越的自然地理环境是南越国文明产生的自然物质条件；原始居民百越人的辛勤开拓为南越国文明的出现奠定了坚实的基础；赵佗时期的善治为南越国文明的出现创造了较为安定和平的政治环境；北方大批南下移民带来了先进的生产工具和生产技术；南越国利用优越的航海条件，成为“海洋文明的先驱”。

题　　名　**徽商人物——王直**
作　　者　唐力行
刊　　名　徽州社会科学
年 卷 期　1990年1期

题　　名　**徽商与嘉靖海乱——兼与戴裔煊先生商榷嘉靖海乱性质**
作　　者　郑力民
刊　　名　徽州社会科学
年 卷 期　1990年4期

题　　名　**徽州海盗商人胡胜**
作　　者　王廷元
刊　　名　安徽师范大学学报(人文社会科学版)
年 卷 期　2003年31卷1期
页　　码　8－11
摘　　要　从《甓余杂集》记载的徽州海盗商人胡胜等的供状中可以看出，他们充当了葡萄牙殖民势力侵华的帮凶，是葡人在商业上的附庸。胡胜等人的活动有悖于徽州商业资本的运动方向。

题　　名　**徽州海商王直与日本**
作　　者　[日]松浦章
刊　　名　明史研究
年 卷 期　1999年6期

题　　名　回归中新泛起的葡人剿盗得澳新辩护研究——《佛郎机助明剿灭海盗考》考析
作　　者　施存龙
刊　　名　文化杂志
年 卷 期　2003 年 46 期

题　　名　回回民族航海传统的继承和发扬——从回回民族史角度看郑和七下西洋
作　　者　杨怀中
刊　　名　回族研究
年 卷 期　2003 年 1 期
页　　码　89 – 92
摘　　要　唐宋时期中国在海上丝绸之路的贸易达到了一个鼎盛时期,阿拉伯穆斯林商人活跃在南海丝绸之路上,成为南海丝绸之路一支活跃的力量。后来留居中国本土的他们的后裔成为形成中的回回民族的一个组成部分。到了元代,朝廷重视海外贸易,擢任回回人主持海外贸易机构,使元代的海外贸易较唐宋时期更加发达。

题　　名　回族的优良传统哺育出一代航海家郑和
作　　者　郑勉之
刊　　名　船史研究
年 卷 期　1997 年 11/12 期

题　　名　回族古籍整理兼及郑和二三事
作　　者　吴建伟
刊　　名　回族研究
年 卷 期　2005 年 4 期
页　　码　31 – 34
摘　　要　自从有了回族书籍,回族古籍整理工作就从未间断,它是书籍阅读与利用并使知识不断延伸与再造的内部要求,并在忠于原著的基础上,具有学术规范的现实意义。现存 400 余种回回古籍正处于流散、损坏之中,编辑《回回古代全书》(纸本、光盘)的构想若能付诸实际,可彻底挽救这批濒临灭亡的珍贵古籍,并辑佚、复原主要著作,为深入开展回族文化研究备一份权威性的基础材料。最后,就现代书籍中有关郑和的错误记载,通过考证原著,对《航海图》的编著者、郑和朝觐等议论纷杂的问题提出见解。

题　　名　回族学者马欢及其游记《瀛涯胜览》
作　　者　胡玉冰
刊　　名　宁夏大学学报(社会科学版)
年 卷 期　1996 年 18 卷 2 期
页　　码　113 – 117,125
摘　　要　15 世纪的郑和下西洋在中国对外交通史上是一次非常重要的历史事件。当时随郑和下西洋归国后写书记录见闻的有马欢的《瀛涯胜览》、费信的《星槎胜览》、巩珍的《西洋番国志》,这是记载郑和下西洋的 3 部最初史料。马欢所著的《瀛涯胜览》,尤以其独有的价值而倍受后人重视。本文试就回族学者马欢及其游记的史料和文学价值略论如下。

题　　名　惠安“番驸马”的传说及其考证
作　　者　林瑞峰
刊　　名　海交史研究
年 卷 期　1998 年 34 期
页　　码　128－130

题　　名　慧深赴美洲大陆路线考
作　　者　卢荫慈
刊　　名　晋阳学刊
年 卷 期　1989 年 3 期
页　　码　88－90
摘　　要　公元 458 年宋大明二年，释慧深为寻找日出之处的乐土而航海东渡，历尽艰辛，到达美洲大陆。本文拟就慧深赴美洲大陆的路线作一考察，就教于学林同道。

题　　名　慧深和扶桑问题
作　　者　张志
刊　　名　世界历史
年 卷 期　1979 年 3 期
页　　码　63－69

题　　名　慧深其人和“东渡扶桑”之谜
作　　者　逄文昱
刊　　名　中国海事
年 卷 期　2010 年 4 期
页　　码　70－71

题　　名　魂归扶桑 情系长安——日本遣唐使井真成墓碑发现随想
作　　者　董振华
刊　　名　友声
年 卷 期　2005 年 1 期
页　　码　10－11
摘　　要　2004 年 10 月 10 日，日中友好协会和陕西省政府在西安共同举办纪念日本高僧空海大师入唐 1200 周年。在朝雨淅沥的西安城南门，身着唐装的宫女、士兵、文武百官汇聚一堂，欢迎远道而来的异国宾客，举行了庄严肃穆的入城仪式。独特的仪式再现了唐朝的风貌，使两国出席人员重温了盛唐中国的繁荣景象。就在这一天，陕西省文物部门和西北大学博物馆在陕西省历史博物馆举行新闻发布会，报道了最近在西安发现唐代日本留学生井真成墓碑一事，引起轰动。连日来，不仅中国的新闻媒体，而且日本的《朝日新闻》、《每日新闻》、《读卖新闻》、《日本经济新闻》、《东京新闻》、《产经新闻》等各大报纸都作了长篇幅的报道。《朝日新闻》还发表社论，称赞唐朝时期中日交往的盛况。日中友好协会会长、东京艺术大学校长平山郁夫先生也特意在《朝日新闻》撰文，详细评述。那么井真成到底是什么时候来到中国学习的呢？

题　　名　**魂归太阳:神树、离鸟、灵舟——“巴蜀图语”船形符号试析**

作　　者　程地宇

刊　　名　重庆三峡学院学报

年 卷 期　1994 年 4 期

页　　码　15 - 22,87

题　　名　**活跃在中日交通史上的使者——明清时代的唐通事研究**

作　　者　刘小珊

刊　　名　江西社会科学

年 卷 期　2004 年 8 期

页　　码　167 - 172

摘　　要　在长达200多年的锁国时代、在只对中国和荷兰国打开门户的日本唯一的开港地长崎,大规模的、持久不断的汉书的输入,是将中国语言、文化传入日本的一条主要的途径。唐(中国)(荷)兰商船频频来访长崎港,带来了长崎乃至日本贸易的繁荣。活跃在中日文化和贸易交流中的是一群被称为“唐通事”的中国人。唐通事产生于1631年,正值中日贸易的高峰时期,他们的祖先大都是远渡赴日定居的中国人。唐通事的任命资格非常严格,当时作为一种官职地位很高,在日本社会享有很高的声誉。唐通事担任的工作是多方位的,在江户时代,主要从事对外贸易的翻译和实务工作。唐通事为推动中国文化的传播作出了很大的贡献。

题　　名　**机缘巧合与心态调整:解读两宋海外贸易之谜**

作　　者　张杰

刊　　名　中国金融

年 卷 期　2008 年 18 期

页　　码　88

题　　名　**箕子东渡考索**

作　　者　朱亚非

刊　　名　寻根

年 卷 期　1995 年 4 期

页　　码　9 - 11

题　　名　**集团利益与国运衰变——明清漕粮河运及其社会生态后果**

作　　者　马俊亚

刊　　名　南京大学学报(哲学·人文科学·社会科学版)

年 卷 期　2008 年 2 期

页　　码　114 - 126,143

摘　　要　明代以前,中国海运的技术和条件已十分成熟,明初郑和的船队更是极当时世界之盛。但自明成祖时起,明清中央政府却开始畏惧海洋,在向京师运送漕粮时,长期弃海运、行河运,造成了国家财政极大的浪费,并牺牲了许多无辜百姓的性命。更为严重的是,维持河运给苏北、皖北、鲁南等地区造成了不可估量的生态灾难,并使中国忽视了海军建设,使中国在欧洲列强开始海上争霸之时,由航海强国突变为被海洋所抛弃的没落帝国,最终为海洋国家所征服。而维持河运的真实目的,相当程度是既得利益集团为了一己之利所造成的。

题　　名　**记历史上台湾的两次收复**
作　　者　王溪
刊　　名　北京档案
年 卷 期　2000 年 10 期
页　　码　36 – 38
摘　　要　台湾是中国神圣领土不可分割的一部分。历史上,台湾曾被西班牙、荷兰、日本先后占领。抗日战争胜利后,台湾重归中国的版图。1949 年以后,由于众所周知的原因,台湾与祖国大陆处于分离状态。

题　　名　**记载郑和下西洋的"三书一图"——《瀛涯胜览》《星槎胜览》《西洋番国志》《郑和航海图》**
作　　者　张箭
刊　　名　历史教学
年 卷 期　2005 年 2 期
页　　码　72 – 74
摘　　要　郑和七下西洋是明初盛事,也是世界大航海时代的滥觞。记载反映涉及下西洋的典籍文献很多,还有明人讴歌下西洋的长篇小说《三宝太监西洋记通俗演义》。但最为集中、全面、系统记载的重要史籍莫过于"三书一图"——即《瀛涯胜览》《星槎胜览》《西洋番国志》和《郑和航海图》。

题　　名　**记载郑和下西洋使用牵星术的海图**
作　　者　刘南威,李竞,李启斌
刊　　名　地理科学
年 卷 期　2005 年 25 卷 6 期
页　　码　748 – 753
摘　　要　从航海天文角度研究了《郑和航海图》的价值。《郑和航海图》是中国古代航海经验的结晶,它既是郑和等人航海实践的记录,又是宋、元时代牵星航海经验的总结。文章推算出牵星术"一指"相当于天体高度的 1.9°。同时考证出以"指"为量度单位起源于战国时期,证明中国的天文导航技术由来已久,且独具特色,自成体系。

题　　名　**纪念郑和的文化价值**
作　　者　时平
刊　　名　郑和研究
年 卷 期　2005 年 1 期
页　　码　16 – 19

题　　名　**纪念郑和下西洋 590 周年大会暨国际学术研讨会综述**
作　　者　董宁宁
刊　　名　郑和研究
年 卷 期　1995 年 4 期

题　　名　**纪念郑和下西洋600周年**
作　　者　陈敦平
刊　　名　天津市工会管理干部学院学报
年 卷 期　2005年13卷2期
页　　码　62－65
摘　　要　我国杰出航海家郑和组建了二百多艘海船的庞大船队，历时28年，先后7次远航西洋，历访68多个国家和地区，使我国古代的航海事业走上鼎盛时期。

题　　名　**纪念郑和下西洋600周年国际学术论坛综述**
作　　者　周志斌
刊　　名　郑和研究
年 卷 期　2005年3期
页　　码　2－8

题　　名　**纪念郑和下西洋600周年系列(一)郑和——世界历史上最伟大的航海家**
作　　者　刘重日
刊　　名　中国经贸
年 卷 期　2004年6期
页　　码　70－71
摘　　要　"三宝太监下西洋"是我国明朝初期对外关系的一件大事，也是15世纪初叶世界航海史上的空前壮举。2005年是郑和远航600周年，为弘扬华夏文明，传承中华民族爱国进取、和平睦邻之一贯精神，增强对青少年自尊自爱的文化素质教育，本刊特邀请明史研究造诣颇深的刘重日先生撰写系列文章，对郑和做深入介绍，以此纪念这位世界航海的先导者、世界最伟大的航海家、外交家。

题　　名　**纪念郑和下西洋600周年系列(三)使日成功，郑和初下西洋**
作　　者　刘重日
刊　　名　中国经贸
年 卷 期　2004年8期
页　　码　84－85
摘　　要　郑和使日证明了他是个交涉谈判的能手，是个才华出众的外交家，也为他能初下西洋奠定了基础，而初下西洋则在再次证明他的外交能力外，显示他非凡的军事才能。

题　　名　**纪念郑和下西洋600周年系列(四)"郑旋风"翩翩下西洋**
作　　者　刘重日
刊　　名　中国经贸
年 卷 期　2004年9期
页　　码　80－81
摘　　要　截至永乐14年底(公元1416年)，"西洋"各国(包括东非在内)到中国访问的就有十九个国家的使者，开创了明王朝从来没有过的外交盛况。可以说郑和在15世纪初叶的中国对外关系史上掀起了一阵"郑旋风"。

题　　名　纪念郑和下西洋600周年专题之二 福州方言俗语中残留着郑和下西洋遗迹

作　　者　池敬嘉

刊　　名　台声

年 卷 期　2004年9期

页　　码　76－79

摘　　要　六百年前，紧挨着福州的长乐太平港，不仅是三宝太监郑和下西洋的始发港，而且也是每一次下西洋的惟一避风港。因此，福州与长乐两地留下了众多与郑和下西洋有关的传说与遗址。同样，也有不少反映人类这一伟大壮举的俗言俚语词汇，至今犹存活于民间。

题　　名　纪念郑和下西洋六百周年系列活动暨研究综述

作　　者　彭勇

刊　　名　郑和研究

年 卷 期　2006年1期

页　　码　1－9

摘　　要　2005年是郑和下西洋首航六百周年。2001年4月中国政府正式决定纪念活动，成立郑和下西洋600周年纪念活动筹备领导小组。此后，有关政府机关和学术团体等陆续筹备组织研究会议和庆祝活动，掀起了“郑和下西洋”研究的新热潮。五年间。海内外筹备的大型国际和国内学术研究会不下50次，发表有1000余篇(部)作品，把纪念郑和下西洋活动及研究推向新高潮。

题　　名　技术进步：两宋航运业发展的动力

作　　者　郑学檬

刊　　名　厦门大学学报(哲学社会科学版)

年 卷 期　1995年2期

页　　码　71－77

摘　　要　两宋的科学技术以三大发明为标志，在中国和世界历史上引人注目，其中指南针应用于航海，为东西方的经济、文化交流创造了前所未有的良好条件。但是，除了三大发明以外，两宋的技术进步还表现在农业、制造业、加工工业各个方面。本文仅以造船和航运的技术进步为中心，论述两宋航运业的发展趋势及其对经济繁荣、尤其对南方经济繁荣所产生的影响。

题　　名　季麒光与清初台湾的妈祖信仰

作　　者　李祖基

刊　　名　台湾研究

年 卷 期　2005年4期

页　　码　60－64

摘　　要　妈祖信仰是当今台湾最有影响的民间信仰之一，其神庙与信众的数量远远超出其他民间信仰之上，这从大甲镇澜宫的每年声势浩大的绕境游行和北港朝天宫旺盛的香火中可见一斑。实际上，妈祖信仰在台湾广为传播并非始自今天，据尹士俍《台湾志略》的记载，早在清雍正、乾隆年间，妈祖就与关帝、大道公等同为台湾“灵异最著而为民所咸奉”的神明。至嘉庆年间，妈祖神庙已遍布台湾各地，谢金銮《续修台湾县志》记载：“天后庙祀，所在多有。官建者尚有鹿耳门庙；康熙五十八年，文武官公建，经历王士勍董其事。今总镇爱新泰重修。又，道署、府同知署皆有庙。其附郭者，如镇北坊水仔尾，俗呼小妈祖宫；则始初庙祀也。

题　　名　**济宁古运河主航道船闸考**
作　　者　张荣仁
刊　　名　济宁师范专科学校学报
年 卷 期　2006 年 5 期
页　　码　105 – 109
摘　　要　京杭运河沟通我国五大水系,流经六省市,全程约三千六百里。山东段古运河长约占京杭运河总长的近三分之一;济宁古运河占山东运河总长的三分之一以上。元明清三代于山东运河主航道共建船闸七十二座,其中济宁段古运河建闸三十六座,恰为山东运河建闸总数的二分之一。

题　　名　**济宁是京杭大运河的河都——从元明清三代派驻济宁司运机构看济宁的历史地位**
作　　者　汪孔田
刊　　名　济宁师范专科学校学报
年 卷 期　2003 年 24 卷 2 期
页　　码　5 – 10,29
摘　　要　济宁位处京杭大运河中枢区段,元明清三代都把这段河道作为漕运重点,把济宁运道的维护和治理视作贯通大运河的关键,列为朝务重中之重,不断派高官重臣到济宁治运司运。在济宁,从中央到省道府州县各级衙门林立,特别是三代都将最高水利衙门——河院总督署开设在济宁。三代数百位河道总督以济宁为大本营和司令部,不辞辛苦,呕心沥血,为 600 年漕河畅通和大运河的建设做出了贡献。

题　　名　**加赠郑和以“外交家”的桂冠**
作　　者　卫太夷
刊　　名　中国航海
年 卷 期　2005 年 2 期
页　　码　1 – 4,27
摘　　要　自 1904 年梁启超发表《祖国大航海家郑和传》以来,史学界根据新发现的遗迹及史料,翔实证明和评价郑和为中国明代大航海家是中肯的,毫无异议的。但是在郑和下西洋的目的这一命题的学术争鸣中,却众说纷纭,有踪迹建文说、宣扬国威说、耀兵异域说、贸采琛异说、经营国际贸易说、朝贡贸易说等等,莫衷一是。笔者以为郑和七下西洋的使命,其目的是贯彻执行明成祖对外开放、和平友好、共享太平之福的外交政策,其次为航海贸易。据此笔者在文中缕述三条论据,以及郑和七下西洋的全部外交活动予以阐明。郑和七下西洋 28 年的历程,是以航海为载体,从事频繁的外交活动,架设起中国连接亚非各国的友谊桥梁,这在中国乃至世界航海史和外交史上,留下了璀璨夺目的一页,功不可没。因此笔者提出:对郑和历史地位和作用的评价,应在大航海家的桂冠之上,加赠明代杰出外交家的桂冠。

题　　名　**嘉道时期漕运旗丁的若干问题**
作　　者　杨杭军
刊　　名　河南师范大学学报(哲学社会科学版)
年 卷 期　1998 年 25 卷 2 期
页　　码　62 – 66
摘　　要　嘉庆以后,漕运制度运作困难,各个环节失调,运达京师漕粮减少。从州县兑漕开始,千里运河漕运以及通仓交粮,自始至终都有旗丁的责任,而且各种漕运弊端多与旗丁牵连,所以朝野对于旗丁的非难随处可闻。在这些弊端中,旗丁究竟扮演了什么样的角色,时人犹在庐山之中:就事论事,漕运中许多弊端确与旗丁纠葛不清,但是,旗丁毕竟只是具体运漕的丁夫,他们怎么能有如此能量兴风作浪,危害漕政,而执政者长期没有良策使之就范,其中复杂的社会及时代背景应该引起足够的重视,也许会有趋于合理的解释。

题　　名　**嘉道之际的漕弊问题**
作　　者　倪玉平
刊　　名　石家庄师范专科学校学报
年 卷 期　2003 年 5 卷 4 期
页　　码　59 – 61,96
摘　　要　漕政为历代政府所重视。清前中期大力整顿漕弊,成效斐然;但到嘉道时期,随着吏治的腐败,国家控制能力下降,漕弊渐生,包括官吏的贪污、旗丁的勒索与被勒索、对百姓的浮收等等。嘉道时期漕弊的存在,为清代的漕粮海运提供了坚实的基础,并事实上成为中国漕运制度废除的理论前提。

题　　名　**嘉靖"倭患"探实**
作　　者　陈抗生
刊　　名　江汉论坛
年 卷 期　1980 年 3 期
页　　码　51 – 56
摘　　要　通常的历史教科书告诉人们:明中叶,倭寇侵掠我国东南沿海地区,使这一带中国人民的生命财产蒙受了重大损失,因此抗倭战争是爱国的、正义的战争。这个结论,长期以来为人们接受。但事实上,明中叶,特别是嘉靖年间的所谓"倭寇",从领导者到基本群众都是中国人;这些中国人是为了冲破明王朝反动的"海禁"政策才被迫拿起武器的;他们的斗争对于中国社会发展具有进步意义,而他们之被镇压是历史的悲剧。

题　　名　**嘉靖"倭患"与晚明士人的日本认知——以唐顺之及其《日本刀歌》为中心**
作　　者　刘晓东
刊　　名　社会科学战线
年 卷 期　2009 年 7 期
页　　码　107 – 114
摘　　要　嘉靖"倭患"对晚明士人"日本观"的影响是多元化的,晚明士人的日本观虽不乏"趋恶"的一面,但基本尚处于可接受的华夷层级秩序的维度之内。而基于战争的矛盾体悟,使一部分晚明士人理解日本的视点已开始超越了传统的"同文"层面,而关注到了"武"的层面,并促发了晚明重新认识日本思潮的兴起。同时,士人之刀剑情怀由中国传统之剑刀向日本刀的推衍,也反映出了晚明士林对"倭寇"问题的相对宽容与认知日本的热情。但这种热情最终未能突破"华夷观念"的狭隘与自大,也影响了他们对日本认知的深入。

题　　名　**嘉靖甲寅倭变纪略**
作　　者　无根
刊　　名　历史研究
年 卷 期　1956 年 10 期

题　　名　**嘉靖间浙市舶司废置时间考**
作　　者　陈友年
刊　　名　厦门大学学报
年 卷 期　1981 年 S1 期

题　　名　**嘉靖年间的海禁**
作　　者　怀效锋
刊　　名　史学月刊
年 卷 期　1987 年 6 期
页　　码　28－32
摘　　要　在中国封建社会的漫长历史中，重农抑商政策始终是统治阶级的传统经济政策，历期无不用法律强制推行这一政策。到了明清时期，这一政策又发展为在对外贸易上实行闭关锁国的海禁，其中以嘉靖年间的海禁最为严厉，对明清社会经济的影响较为深远。本文拟从统治阶级运用法律推行海禁的角度进行论述。

题　　名　**嘉靖年间广东的海盗**
作　　者　蒋祖缘
刊　　名　学术研究
年 卷 期　1994 年 6 期
页　　码　101－105

题　　名　**嘉靖年间海防重建与倭寇溃败——兼论中日关系变化与断绝**
作　　者　张德信
刊　　名　明史研究论丛
年 卷 期　2004 年 6 期

题　　名　**嘉靖年间海禁之争性质初探**
作　　者　王志明
刊　　名　青年史学
年 卷 期　1987 年 31 期

题　　名　**嘉靖年间闽、浙市舶司废置时间考**
作　　者　陈支平
刊　　名　厦门大学学报
年 卷 期　1981 年 S 期
页　　码　15－16

题　　名　**嘉靖时期东南沿海的倭寇**
作　　者　陈鸣钟

刊　　名　史学月刊
年 卷 期　1955 年 2 期
页　　码　9－12

题　　名　**嘉靖御倭战争胜利与明朝的将帅集团**
作　　者　胡凡
刊　　名　求是学刊
年 卷 期　1993 年 6 期

题　　名　**嘉靖中淮安的倭患和沈坤的抗倭斗争**
作　　者　蔡铁鹰
刊　　名　淮阴师专学报(社会科学版)
年 卷 期　1985 年 3 期

题　　名　**嘉靖中浙江福建地区反对葡萄牙殖民者的斗争**
作　　者　陈智超
刊　　名　北京大学学报
年 卷 期　1963 年 1 期

题　　名　**嘉庆帝驱逐英使阿美士德述论**
作　　者　刘兰青
刊　　名　北京档案史料
年 卷 期　2007 年
页　　码　207－219
摘　　要　清嘉庆二十一年(1816),英国为拓展对华贸易派遣阿美士德使团访华。这是继乾隆末期英国首次派遣马戛尔尼使团访华失败后,中英之间的第二次正式外交活动。然而,阿美士德使团不远万里来到中国却因觐见礼仪问题遭到嘉庆帝驱逐,成为中英关系史上又一个重要的历史事件。外交礼仪冲突仅是表象,实质则是东西方文明的冲突,其间隐藏着深刻的政治与经济较量,并对中英之间正常的外交关系等多方面造成了不良而深远的影响。

题　　名　**嘉庆十年广东海上武装公立约单**
作　　者　叶志如
刊　　名　历史档案
年 卷 期　1989 年 4 期
页　　码　19
摘　　要　嘉庆九年,那彦成任两广总督时,遵旨密查"洋匪逆词内伪号、伪官、伪印"情况。翌年清军在广州湾攻打海上武装吴尚德船队时,搜获了麦有金等七人公立约单盖印原纸,详细记述了其行动宗旨和约规等。现将宫中朱批奏折中约单之原文公布,供研究者参考。

题　　名　**嘉庆十三年《澳门形势图》研究**
作　　者　汤开建

刊　　名　广西民族学院学报(哲学社会科学版)
年 卷 期　2000 年 2 期
页　　码　92 – 96
摘　　要　嘉庆十三年《澳门形势图》原件现藏于中国第一历史档案馆,这是一幅极为稀罕珍贵的澳门地图。该图提供了诸多清朝时期有关澳门的弥足珍贵的史料,具有很高的学术价值。

题　　名　**嘉庆十一年京畿船户投充王府宗室史料**
作　　者　吕小鲜 编选
刊　　名　历史档案
年 卷 期　1993 年 3 期
页　　码　24 – 33,7
摘　　要　清代惯例,天津至通州一带,每年当运送漕粮之时,需封雇民船剥浅。由于官给雇值极低,胥役复又敲诈勒索,得钱卖放,越是无钱船户越难幸免,因而广大贫苦船户重负难堪,渡日艰难。嘉庆十年秋,有人以船投充京城贵胄之家,以逃避州县胥役封拿,致使船户纷纷效法。但是,这一作法不久即被清廷严行禁止。本专题收录的几件档案,均选自中国第一历史档案馆藏军机处录副,内容都是对船民投充事件的处理,其中既反映了船户所受到的欺压和盘剥,也在一定程度上反映了京城权贵与地方势力的利益冲突。

题　　名　**嘉兴与郑和下西洋**
作　　者　于金良
刊　　名　郑和研究
年 卷 期　2007 年 2 期
页　　码　58 – 59
摘　　要　郑和是世界航海的奠基人,是世界文明交流的先行者。他于 1405 年到 1433 年的 28 年间,率领船队七下西洋,沟通并拓展了中国与南洋、印度洋、阿拉伯海,直至非洲东岸等国家与地区的海上交通,为世界航海事业的发展和各国人民的交流做出了不可磨灭的贡献。郑和下西洋是世界古代的航海史上时间最早、人数最多、规模最大、技术最先进、活动范围最广的航海活动,堪称世界航海史上旷古未有的壮举。

题　　名　**甲骨文所见商代的水上交通工具**
作　　者　吴浩坤
刊　　名　陕西师范大学学报(哲学社会科学版)
年 卷 期　1995 年 24 卷 4 期
页　　码　110 – 113
摘　　要　商代时期气候温暖,黄河中下游流域河流湖泊交错纵横,因而商代水上交通十分发达。甲骨文常见涉河(黄河)、涉滴、涉等记载。甲骨文所见之舟非独木舟,而是像首尾上翘、平底、用木板拼接而成的木板船。从甲骨文还可知,商代舟船行驶工具有篙、航桨和风帆三类。

题　　名　**甲骨文所见舟人及相关国族研究**
作　　者　彭邦炯
刊　　名　殷都学刊

年 卷 期　1995 年 3 期
页　　码　1 – 5

题　　名　**甲申马尾之役法国宣战史实辨误**
作　　者　郑师渠
刊　　名　福建论坛(社科教育版)
年 卷 期　1983 年 3 期
页　　码　84 – 85,88

题　　名　**甲申事变前后黎庶昌的琉球策略**
作　　者　戴东阳
刊　　名　历史研究
年 卷 期　2007 年 2 期
页　　码　88 – 107
摘　　要　1881 年中日琉球交涉中断后,驻日使臣黎庶昌力谋贯彻清政府“存球祀”意旨,最初将球案作为独立的外交问题单独对待。甲申事变后,随着朝鲜通商开港政策陷入困境,黎庶昌又将琉球与朝鲜问题相联系,提出“朝鲜·琉球交换”论。1887 年第二次使日后,由于朝鲜问题始终未息,其琉球策略大要不离“朝鲜·琉球交换”论。黎庶昌的球案交涉,早期有声有色,后期则主要限于提出书面策略。这与日本通过情报系统对清政府的球案政策有充分把握而立场渐趋强硬有相当关系。

题　　名　**甲申浙东海防图说**
作　　者　孟东平
刊　　名　安徽史学
年 卷 期　2000 年 2 期
页　　码　44 – 45
摘　　要　《甲申浙东海防图》,是清光绪甲申十年(1884)中法浙江镇海之战图卷。1883 年,法国侵略越南,爆发了中法战争。次年,法国海军进犯台湾基隆、福建马尾,转而北犯浙江镇海。“相持四月,他处胜负互见,惟浙全胜。”(朱孔彰《刘尚书秉璋别传》)当时,浙江巡抚刘秉璋将这次浙东海战的过程,绘制成图。《甲申浙东海防图》共十二幅,每幅纵 77.5 厘米、横 106.5 厘米。图为绢本,设色山水,工笔人物,将作战双方列阵形势、紧要之处地名、营垒、军种番号、将官姓名,一一标明。并在每图上方空白处楷书题说本图内容。

题　　名　**甲申至甲午间北洋在海军建设上的若干失误**
作　　者　罗肇前
刊　　名　福建论坛(人文社会科学版)
年 卷 期　1994 年 4 期
页　　码　43 – 46
摘　　要　慈禧太后挪用大量海军经费建造颐和园,是公认的甲午战争最主要败因之一。除此之外,北洋当局于战前近十年间在海军建设上的若干失误亦为不容忽视的致败因素。本文将就这些失误进行探讨。

题　　名　**甲申中法马江海战**

作　　者　陈奇,陈公远

刊　　名　中国航海

年 卷 期　1984 年 1 期

页　　码　66 – 84

摘　　要　一八八四年八月廿三日(清光绪十年、农历甲申七月初三)下午一时五十六分法国侵略者命令其海军远东舰队司令孤拔(Amedde Anatole Prosper Courbet)指挥停泊在马江的“伏尔他”(Volta)等十艘舰艇向我“扬武”等十一艘舰艇发动突然进攻,由于我国清廷封建统治者妥协畏战屈求和议,以致备战不力贻误戎期,在短短的三十分钟时间内我沉舰九艘,将士死亡七百六十人。继之,船厂、沿江炮台均受到严重的毁坏。这就是震惊中外的“甲申中法马江海战”。战后两年在马江之畔建立一座“昭忠祠”作为对忠烈将士永远之纪念。于今百年岁月已经过去,古老的中国在中国共产党领导之下已经独立解放,走上繁荣昌盛之途。今日凭临江海战场,缅忆苦难岁月,凭吊马江忠魂,当能激人以奋发图强之志,励人以中兴力行之心,期使社会主义祖国早臻富强。兹将海战始末综述于后。

题　　名　**甲申中法马江之役析疑三题**

作　　者　龙永行

刊　　名　思想战线

年 卷 期　1992 年 2 期

页　　码　92 – 94

摘　　要　甲申马江海战是中法战争史中的一个重要问题,近年来,国内学术界对其研究取得了不少可喜的成就,但仍有许多问题需要继续探讨。本文根据自己所掌握的史料和实地调查,对马江海战法国侵略者是否采取突然袭击的方式;张佩纶是否怯战先逃;中国方面的伤亡人数究竟是多少这三个问题,提出己见,以期引起研究的深入。

题　　名　**甲午“高升”号事件经过情形考辨**

作　　者　李娟芳

刊　　名　学术论坛

年 卷 期　2001 年 2 期

页　　码　98 – 101

摘　　要　在中日甲午战争之始,日方即袭击我运兵船高升号。事后,有关方面曾调查此事,并为史学界所关注。本文对于当事人的一些说法进行考辨,提出对于此事的看法。

题　　名　**甲午北洋舰队援旅问题新探**

作　　者　马骏杰

刊　　名　军事历史研究

年 卷 期　1999 年 2 期

页　　码　95 – 101,94

摘　　要　中日甲午战争中,中国在辽东半岛战役中的失败,使战略要地旅顺失守,渤海门户洞开,加速了中国失败的进程。由于北洋舰队没有全力援救旅顺,因而不仅在当时遭到朝野的普遍责难,而且还一直为后人所垢病。近年来,学术界对北洋舰队援旅问题有了更加深入的研究,提出了许多新的见解。也许正因为如此,北洋舰队没有积极援救旅顺的“罪责”似乎更加充分了,指责的主要对象也由李鸿章转向丁汝昌。但是,就笔者接触的史料来看,感到仍有商榷的余地。在此,笔者不揣浅陋,申述浅见于下,并就正于专家学者。

题　　名 甲午惨败前清政府外交政策之检讨
作　　者 戴建安
刊　　名 江苏广播电视大学学报
年 卷 期 2005年5期
页　　码 48－50
摘　　要 清政府在甲午战争前夕外交政策的总体特征主要表现为:缺乏对中日两国国力的清醒判断,过于拘泥"以和为贵"的成见而缺乏敌变我变的积极应对之策,对国际调停、国际规则过于迷信,以及缺乏以国家利益为重共同抵御外侮的气量和智慧。其教训,至今仍值得我们认真总结和深刻反思。

题　　名 甲午丰岛海战失败责任在李鸿章
作　　者 郑守正
刊　　名 天津社会科学
年 卷 期 1994年5期
页　　码 97－84
摘　　要 本文拟根据近年来发现的史料论证丰岛海战失败的责任,既不应由直接参战的方伯谦负责,也不应由北洋海军提督丁汝昌负责,而应由真正统帅北洋海军的李鸿章负责。

题　　名 甲午丰岛海战始末
作　　者 孙克复
刊　　名 历史教学
年 卷 期 1979年11期
页　　码 11－15
摘　　要 1894年7月25日的丰岛海战,是甲午中日战争的序幕,对整个战争影响颇大。本文拟对丰岛海战作一初步探讨,并就教于史学界。

题　　名 甲午海城之役与日本的军事冒险主义
作　　者 吕万和
刊　　名 近代史研究
年 卷 期 1982年2期
页　　码 164－175

题　　名 甲午海战
作　　者 何迪
刊　　名 舰船知识
年 卷 期 1980年4期
页　　码 14－16

题　　名　甲午海战,令人心痛的"众不敌寡"
作　　者　金一南
刊　　名　法制博览
年 卷 期　2008 年 1 期
页　　码　30 – 34

题　　名　甲午海战——中日主力战舰比较
作　　者　张强
刊　　名　世界航空航天博览(A 版)
年 卷 期　2002 年 16 期
页　　码　18 – 19

题　　名　甲午海战的历史地位与军事意义
作　　者　许华
刊　　名　海洋世界
年 卷 期　1994 年 9 期
页　　码　2 – 4
摘　　要　1894 年爆发的中日甲午战争,是中国近代史和亚洲及远东国际关系史上的一个重大事件。这是一场陆海战场交替的近代化战争,尤其以拥有独立的海上战场而为其显著特征。这场战争的海上作战即甲午海战,具有十分重要的历史地位与军事意义。

题　　名　甲午海战的历史地位与军事意义
作　　者　许华,姜鸣
刊　　名　福建论坛(人文社会科学版)
年 卷 期　1995 年 1 期
页　　码　26 – 31,68
摘　　要　甲午战争是一场陆海战场交替的近代化战争,尤其以拥有独立海上战场而为其显著特征。回顾这场战争,特别是这场战争中至关重要的海上作战行动,不难发现甲午海战在中国近代史上所具有的历史地位。这场战争,也为世界近代海军及其装备的发展,提供了十分宝贵的实战经验。深刻反思检讨甲午海战在历史与军事方面的经验教训,刘于今天的海军与海防建设,具有重要的借鉴与启示意义。

题　　名　甲午海战对我国海军建设的几点启示
作　　者　张伟,乔清明
刊　　名　理论界
年 卷 期　2006 年 3 期
页　　码　181 – 182
摘　　要　在 1894 年爆发的甲午海战中,中国海军一败涂地。从军事方面来看,中日双方海军战略的优劣是决定此次海战胜负的重要原因,中国之所以没能制定一个正确的海军战略,是因为军事思想和军事理论的落后、对制海权的忽略和漠视、军事领导体制存在较大弊端、舰队的机动性和进攻性没得到充分发挥以及不注重海陆协同等。这些暴露出来的问题对我们今天的海军建设有着重要的启示。

题　　名　甲午海战和北洋海军
作　　者　史滇生
刊　　名　现代军事
年 卷 期　1994 年 8 期
页　　码　43－45
摘　　要　100 年前的今天是中日甲午海战酣战之时，是令所有中国人扼腕痛心之时，其痛楚、耻辱之深，让我们今天乃至永远都要提一个问题：清政府耗巨资组建的北洋水师为何不敌日本侵华海军，数月之内便全军覆没？在痛心耻辱之余，我们应该如何汲取这惨痛教训，引以为戒，更好地进行人民海军的建设，加强全民的国防意识？本期特发表《甲午海战和北洋海军》一文以纪念中日甲午海战 100 周年。

题　　名　甲午海战后的清朝海军
作　　者　戴彦清，唐宏
刊　　名　海洋世界
年 卷 期　1996 年 6 期
页　　码　29－30
摘　　要　清海军自甲午战败后，恢复十分缓慢。宣统元年（1909 年），清政府为维护其风雨飘摇的统治，着手加强陆海军力量，决定第一年拨给海军开办经费 700 万两，以后每年拨绘经费 500 万两。同时，决定设立筹办海军事务处，任命郡王衔贝勒载洵和提督萨镇冰为筹办海军大臣，负责海军的整建工作。

题　　名　甲午海战前日本民众对华态度变化原因探析
作　　者　鄢家会，张海霞，赵冬梅，李超
刊　　名　内江师范学院学报
年 卷 期　2008 年 S1 期
页　　码　130－132，135
摘　　要　甲午海战是日本对中国发动的一场倾其全力的侵略战争。这个向来对中国倍加敬仰的弹丸小国居然有如此大的动作，让从来不将其放在眼里的清王朝深感困惑和忧虑。古代中国国力强盛，科技文化领先世界。长久以来东亚文明以中国为中心向周边国家传播发展。无论是中国的政权组织形式、经济模式还是科技文化都在日本民众心中烙下了深深的“中国印”。但近代日本民众对华态度从畏惧推崇到蔑视甚至侵略中国，让人始料未及。日本民众对华态度的转变原因是多方面的，更是深层次的。

题　　名　甲午海战前中日海军舰船建设的对比与启示
作　　者　郑明
刊　　名　船史研究
年 卷 期　1994 年 7 期

题　　名　甲午海战失败的原因及其启示
作　　者　于家明，任翠霞
刊　　名　文教资料
年 卷 期　2009 年 17 期
页　　码　84－86
摘　　要　中日甲午海战清政府因为战略判断失误、吏治及军队腐败、派系争斗内耗等原因而战败。

甲午海战对今天中国在世界上的发展和崛起具有重要的启示意义。

题　　名　**甲午海战与军事技术**
作　　者　陈祖恩
刊　　名　社会科学
年 卷 期　1984 年 2 期
页　　码　73－75
摘　　要　1859 年,世界上第一艘铁甲舰诞生。1894 年中日甲午战争中的黄海之战,是世界史上首次以蒸汽铁甲舰为主力的大规模海战,在海战史上占显著地位。对清政府在黄海之战中的失败,笔者认为北洋海军军事技术及其运用方面的落后,是造成失败的一个重要原因。

题　　名　**甲午海战争鸣问题新论**
作　　者　陈明福
刊　　名　政工学刊
年 卷 期　2004 年 3 期
页　　码　53－54
摘　　要　今年 9 月是甲午海战 10 周年。甲午海战虽然才过一百余年。但留下的历史谜团很多。普遍关注和争鸣的问题之一,是北洋舰队主力巡洋舰"致远"号迅速沉没的原因究竟是什么?

题　　名　**甲午海战之谜**
作　　者　苏小东
刊　　名　海洋世界
年 卷 期　1994 年 9 期
页　　码　30－31

题　　名　**甲午海战之谜(续)**
作　　者　苏小东
刊　　名　海洋世界
年 卷 期　1994 年 11 期
页　　码　25－26

题　　名　**甲午海战中北洋海军舰艇技术保障的主要经验教训**
作　　者　左森
刊　　名　中国修船
年 卷 期　1994 年 6 期
页　　码　1－8

题　　名　**甲午海战中出色的指挥者刘步蟾**
作　　者　马骏
刊　　名　军事历史
年 卷 期　1984 年 3 期

页　　码　60

摘　　要　在清光绪20年(1894)中日甲午战争的黄海海战中,除了出现过邓世昌、林永升等英勇作战的爱国志士外,指挥北洋舰队抗击敌人的右翼总兵、兼领“定远”号管带(舰长)刘步蟾,也是一位值得称道的爱国者。刘步蟾(1852-1895),福建侯官(今闽侯)人,字子香,少年时就考入福州船政学堂,开始了海军生涯。1875年,刘步蟾被选送到英国学习海军。他在留学期间,怀着“奋发有为,期于穷求洋人奥秘,冀备国家将来驱策”的志向,刻苦学习,成为我国最早的一位海军人材。

题　　名　**甲午海战中的方伯谦是被诬陷致死**

作　　者　郑守正

刊　　名　紫禁城

年 卷 期　1993年5期

页　　码　40

摘　　要　中日甲午海战中的济远号管带副将方伯谦,以‘逃军’罪被杀。本文根据近年新发现的广甲号管轮卢毓英以亲见、亲闻、亲历所著《卢氏甲午前后杂记》提供的史料,辅以其它史料,论证方伯谦被杀是一桩冤案。

题　　名　**甲午海战中的福州籍将士**

作　　者　林伟功

刊　　名　福建论坛(人文社会科学版)

年 卷 期　1994年4期

页　　码　51-55

题　　名　**甲午海战中的鱼雷艇作战**

作　　者　王红,梁淑艳

刊　　名　现代舰船

年 卷 期　2004年8期

页　　码　37-40

题　　名　**甲午海战中方战败不可忽视的原因**

作　　者　野草

刊　　名　国际展望

年 卷 期　2007年11期

页　　码　8-9

题　　名　**甲午海战中国败北之主因**

作　　者　梁红

刊　　名　科学大观园

年 卷 期　2008年24期

页　　码　51-52

摘　　要　英国海战史学家评价“大东沟海战的结果是双方对海战理论无知的产物。假如日本多了解一些海战理论,就根本不敢挑战实力更强,拥有坚不可摧铁甲舰的北洋舰队而假如北洋舰队多了解一下海战理论,又怎么可能在拥有大舰巨炮的情况下仍然以的悬殊“比分”惨败呢”?

题　　名 **甲午海战中国失利的原因及其对东亚格局的影响**
作　　者 刘鹏
刊　　名 长春大学学报
年 卷 期 2008 年 5 期
页　　码 57 - 60
摘　　要 甲午中日战争最终以中国的失败告终。而这场战争中的核心战役就是甲午海战。从这关键的一战中,我们可以很清晰地看到清政府极其保守、腐朽的思想意识,而正是这一点将中国引向了甲午海战,乃至整个甲午战争失败的深渊,并导致中国东亚霸主地位的沦丧。此战的失利对东亚格局造成了深远影响,而这一切都与统治者的思想意识密不可分。

题　　名 **甲午海战中两个问题之我见**
作　　者 史滇生
刊　　名 安徽史学
年 卷 期 1994 年 3 期
页　　码 32 - 36
摘　　要 以往的甲午海战研究取得了不少成果。笔者认为,还有一些问题有进一步探讨的必要。在此仅就其中的两个问题提出自己一些不成熟的看法,求教于各位方家。

题　　名 **甲午海战中名垂青史的粤籍名将邓世昌**
作　　者 王明霞
刊　　名 广州航海高等专科学校学报
年 卷 期 2008 年 16 卷 3 期
页　　码 32 - 34
摘　　要 邓世昌是中日甲午海战中涌现出来的一位民族英雄,探讨他的海防观的形成及爱国主义思想具体表现,对大力弘扬民族精神,把握社会主义核心价值体系精神有重要的意义。

题　　名 **甲午海战中日指挥员素质之比较**
作　　者 叶春雷,卢飞
刊　　名 军事历史
年 卷 期 2009 年 2 期
页　　码 27 - 30
摘　　要 军事战役战术指挥员素质对一场战争的胜负起着至关重要的作用。在 1894 年的中日甲午海战中,清朝北洋水师以全军覆灭而告终,如此惨败的重要原因之一就是清军的战役战术指挥员的素质同日本海军相比差距甚大。不仅在思想素质、军事素质、科文素质不如日本海军,就是在身体素质和心理素质方面也相形见绌。

题　　名 **甲午海战中水师提督丁汝昌功过的再考析**
作　　者 羊非,李富轩
刊　　名 华中理工大学学报(社会科学版)

年 卷 期 1994 年 1 期
页 码 91－95

题 名 **甲午海战中殉难的陈金揆**
作 者 杨过
刊 名 上海文史资料选辑
年 卷 期 2002 年 1 期
页 码 254－255

题 名 **甲午黄海大战北洋舰队阵形的得失**
作 者 孙克复
刊 名 文史知识
年 卷 期 1984 年 9 期
页 码 47－50

题 名 **甲午黄海海战“西战场”说质疑**
作 者 孙克复,张立真
刊 名 近代史研究
年 卷 期 1997 年 1 期
页 码 250－256

题 名 **甲午黄海海战北洋舰队失败的原因**
作 者 孙克复,关捷
刊 名 历史知识
年 卷 期 1981 年 5 期
页 码 14－16

题 名 **甲午黄海海战北洋舰队阵形考**
作 者 戚其章,孙克复,关捷
刊 名 辽宁大学学报(哲学社会科学版)
年 卷 期 1983 年 1 期
页 码 49－53

题 名 **甲午黄海海战始末**
作 者 戚其章
刊 名 历史教学
年 卷 期 1981 年 2 期
页 码 17－22

题 名 **甲午黄海海战图片中的致远舰考疑**
作 者 宋庆

刊　　名　北方论丛
年 卷 期　1994 年 2 期
页　　码　106－107

题　　名　**甲午黄海战役的结局及其在近代海战史上的意义**
作　　者　林庆元
刊　　名　福建论坛(人文社会科学版)
年 卷 期　1994 年 4 期
页　　码　18－25
摘　　要　甲午中日海战是世界海战史进入“钢铁时代”的第一次重要的海战。投入战争的中国和日本的海军力量,与西欧列强相比,实是微不足道,但在战略和战术、海军装备等方面,在世界海战史上却处于一个新的变革时期,因而这次的海战就具有深远的意义。就中日两国而言,其筹建海军的起点和时间大体相同,但结局却大不一样,其中原因,本文拟做些论述。由于此战争发生于世界军舰装备重要改革时期,这些海军军备变革也直接反映甲午黄海战役,影响于海战的结局,本文也同样予以论析。

题　　名　**甲午黄海战役的结局及其在近代海战史上的意义**
作　　者　林庆元
刊　　名　中国近代史
年 卷 期　1994 年 11 期
页　　码　101－108

题　　名　**甲午黄海之役北洋海军缺乏炮弹说质疑——兼论其失利原因问题**
作　　者　潘向明
刊　　名　清史研究
年 卷 期　2009 年 1 期
页　　码　83－93
摘　　要　关于甲午黄海海战北洋海军失利原因的解释,传统观点有所谓缺乏炮弹之说,在社会和学术界都有很大影响。此说主要出自当时几个来华西人,即泰莱、赫德、汉纳根等人的相关说法。但笔者认为,此说大可怀疑,难以成立,是对失利原因的一种错误解释。
关 键 词　北洋海军;黄海海战;失利原因;炮弹

题　　名　**甲午金州保卫战述论**
作　　者　戚其章
刊　　名　辽宁师范大学学报(社会科学版)
年 卷 期　1989 年 1 期
页　　码　82－88
摘　　要　金州保卫战是甲午战争中的重要一仗,对金旅战役乃至整个辽东战局影响至大,有必要对它进行深入的探讨。本文试作初步论述。

题　　名　**甲午开战与“陆奥外交”——以日本“六·二出兵”为中心**
作　　者　戚其章

刊　　名　山东社会科学
年 卷 期　2001 年 1 期
页　　码　31－37
摘　　要　陆奥宗光作为日本外务大臣,以外交手段“狡狯”而闻名,对促成甲午对华开战负有重大的责任。但在日本国内,长期以来流行一种观点,认为陆奥外交是和平主义的。此观点能否成立,值得重新研究。本文认为,日本的“六・二出兵”最可表明“陆奥外交”的性质。

题　　名　**甲午年北洋舰队援旅问题新探**
作　　者　马骏杰
刊　　名　福建论坛(文史哲版)
年 卷 期　1998 年 5 期
页　　码　29－33
摘　　要　中日甲午战争中,中国在辽东半岛战役中的失败,使战略要地旅顺失守,渤海门户洞开,加速了中国失败的进程。由于北洋舰队没有全力援救旅顺,因而不仅在当时遭到朝野的普遍责难,而且还一直为后人所诟病。近年来,学术界对北洋舰队援旅问题有了更加深入的研究,提出了许多新的见解。也许正因为如此,北洋舰队没有积极援救旅顺的“罪责”似乎更加充分了,指责的主要对象也由李鸿章转向丁汝昌。但是,就笔者接触的史料来看,感到仍有商榷的余地。在此,笔者不揣浅陋,申述浅见于下,并就正于专家学者。

题　　名　**甲午年北洋舰队援旅问题新探**
作　　者　马骏杰
刊　　名　历史档案
年 卷 期　1999 年 1 期
页　　码　109－115,119
摘　　要　中日甲午战争中,中国在辽东半岛战役中的失败,使战略要地旅顺失守,渤海门户洞开,加速了中国失败的进程。由于北洋舰队没有全力援救旅顺,因而不仅在当时遭到朝野的普遍责难,而且还一直为后人所诟病。近年来,学术界对北洋舰队援旅问题有了更加深入的研究,提出了许多新的见解。对北洋舰队没有积极援救旅顺的“罪责”认识,似乎更加充分了,指责的主要对象也由李鸿章转向丁汝昌。但是,就笔者接触的史料来看,感到仍有商榷的余地。现申述浅见于下,以就正于专家学者。

题　　名　**甲午前夕朝鲜海上对外贸易初探(1884－1893)**
作　　者　毛立坤,张金苹
刊　　名　安徽史学
年 卷 期　2008 年 4 期
页　　码　36－46
摘　　要　甲午前夕朝鲜对外贸易发生重大转型,进出口商品结构次第翻新,海上对日贸易取代陆上边境对华贸易成为其对外贸易的新主流。受不同贸易主导因素的影响,仁川、釜山、元山三口岸的具体贸易情形同中有异,支配朝鲜贸易活动的中日两国商人也各有优劣势。虽然有诸多不利因素制约着贸易的扩大,但对外贸易仍使朝鲜体验到外向型经济发展带来的好处。朝日贸易的互补性急剧增强是促使日本决心发动甲午战争进而吞并朝鲜的重要原因。

题 名 **甲午清廷备战内幕述评**

作 者 廖宗麟

刊 名 广西社会科学

年 卷 期 1986 年 4 期

页 码 228 – 245

摘 要 在甲午战争中，中日两国军队的装备和训练相近，而日本国小兵寡，跨海侵略，劳师袭远。中国则国大兵众，且多在本土作战，占有地利，因此，优势本来是在中国一边。但是，战争却以中国惨败、日本全胜而告结束。为什么会出现这种反常的现象呢？过去，许多研究者曾经指出清政府在备战问题上的严重失策是导致中国战败的主要原因。但是，是谁造成这一失策？具体情况如何？对于战争进程发生了什么影响？学术界对子这些问题还缺乏具体的深入的研究。下而，试就我所掌握的材料来谈谈这些问题。

题 名 **甲午威海海战北洋海军失败原因探**

作 者 穆景元

刊 名 渤海大学学报（哲学社会科学版）

年 卷 期 1987 年 4 期

页 码 46 – 51

摘 要 甲午威海海战，是决定整个中日战争胜负的关键一战。在这次战役中，中国北洋海军全军覆没，清政府被迫签订了丧权辱国的《马关条约》，使中国蒙受了割地赔款的奇耻大辱，加剧了帝国主义列强瓜分中国的民族危机，加深了中国半殖民地化的程度。关于中国北洋海军在这次战役中的失败原因，历来看法不一现在有些论者认为是因为李鸿章的“避战保船”的朱败主义方针所误，认为“只要坚持抵抗，主动出击，尚可与日舰决一胜负。”这种观点，目前似乎已成定论。但笔者认为这种看法并不符合实际，值得商榷。本文抱着学习探讨的态度，谈谈自己的粗浅看法。

题 名 **甲午威海海战始末**

作 者 戚其章

刊 名 东岳论丛

年 卷 期 1981 年 5 期

页 码 94 – 100

摘 要 甲午海战，包括三次海战，即丰岛海战、黄海海战和威海海战。威海海战，乃是甲午战争期间中日双方海军的最后一战。这次海战，虽然由于种种原因而以中国的失败而告终，但北洋舰队广大将士威武不屈的民族气节和至死不渝的爱国精神，却是将永远彪炳史册的。

题 名 **甲午序战——丰岛海战**

作 者 王琰

刊 名 红河学院学报

年 卷 期 2003 年 1 卷 5 期

页 码 12 – 19

摘 要 文章系统地讨论了方伯谦在第一次中日战争爆发前夕提出的中国应采取攻势防御战略的建议和中日两国实际指导战争的方略，在上述战略讨论的基础上，重新审视了战前的紧张局势，中日两国的备战措施和丰岛海战的过程，深入探讨了中国海军此次海战中失利的原因和方伯谦的个人表现、评价问题。

题　　名　**甲午御敌谋略:以攻为守的“直捣日本”之计**
作　　者　苏小东
刊　　名　军事历史研究
年 卷 期　2001 年 4 期
页　　码　70 - 80
摘　　要　中日甲午战争期间,中国朝野有识之士纷纷就反击日本侵略而建言献策,其中建议最多、酝酿时间最长的御敌谋略,当属直捣日本的以攻为守之计。其具体作战方案,依所用兵力划分主要有四种,即分别以南洋军舰、北洋舰队、民船商船及外购军舰载兵勇远袭日本本土。直捣日本是为了改变中国在反侵略战争中被动挨打的地位,因此颇能引起国人的共鸣,有的方案甚至已为当权者所采纳。惟一旦要付诸实施,辄因困难重重而搁浅,最终都成了纸上谈兵。事实证明,只有将直捣日本之计提到积极防御的战略高度加以筹划才有成功的可能,而仅作为临战时的一种应急之策,清政府既不能于短时间内最大限度地调动全国力量予以支持,就必然会因兵力、技术条件的限制而“望洋兴叹”。

题　　名　**甲午战对近代日本的影响**
作　　者　周启乾
刊　　名　日本学刊
年 卷 期　1994 年 5 期
页　　码　119 - 132
摘　　要　今年是中日甲午战争 100 周年。1894 ~ 1895 年中日甲午战争的结果,不仅为列强侵华进一步开辟了道路,加速了中国半殖民地化的进程,而且对日本近代历史的发展也产生了重要影响。在此前后,日本摆脱了西方列强不平等条约的束缚,并以战争胜利为契机,推动本国经济迅速发展,实现了从被压迫国向压迫国的转变,同时也带来了社会状况的巨大变化,产生了一系列新的社会问题。本文拟对此作一探讨。

题　　名　**甲午战后的海军建设和海防思想**
作　　者　黄乘矩
刊　　名　中国边疆史地研究
年 卷 期　1994 年 4 期
页　　码　16 - 28
摘　　要　史学界对于中国近代海军史的研究,大多集中于 19 世纪洋务运动发端至中日甲午战争北洋海军筱灭这一时期,而对于甲午战后海军的建设和发展,则鲜有论及。这固然是因为前一时期是中国近代海军诞生和莫基时期,它在中国近代海军史上的重要性确是其它时期所不能比拟;同时,也多少受到甲午战败宣告洋务运动彻底破产这一传统观点的影响一既然已“彻底破产”,当然就无重大洋务活动可言。实际上,自 1895 年 1 月威海卫之战北洋舰队覆灭时起,清政府就立即提出了“重整海军”的间题。此后,从 19 世纪末直到清朝彼亡前夕,清政府和直接担负海军建设责任的大臣,多次重申“整顿海军”或强调大办海军的重要性。甲午战后的海军建设一直没有停止,而且具有一定的规模。发端于鸦片战争时期的中国近代海防思想,通过对甲午海战惨败的反思,在吸取前一时期经验教训的基础上,也随着海军建设的实践继续向前发展。它们都在中国近代海军发展的轨迹上,留下了自已的一段痕印。笔者不惴浅陋,对这一时期的海军建设和海防思想,做一粗浅的述评。不当之处,期望得到专家学者和关注海军史的读者的教正。

题　　名　**甲午战后的海军留英教育**
作　　者　刘晓琴
刊　　名　天津师范大学学报(社会科学版)
年 卷 期　2003 年 6 期
页　　码　39－43
摘　　要　海军留英教育是晚清海军留学教育的重要内容,可以大致划分为甲午战前的船政留英和甲午战后的海军留英两大阶段。中日甲午战争后,清政府计划续派船政留英生,但未能实施;20 世纪初,江南水师学堂、天津水师学堂等相继派出了留英学生;特别是随着晚清海军重建计划的展开,以国内海军教育的发展为基础,清季海军留英规模超过了甲午战前,海军留英教育也呈现出一些新的特点。

题　　名　**甲午战后中国海军近代化建设述论(1896～1911)**
作　　者　王双印
刊　　名　中国社会科学院研究生院学报
年 卷 期　2003 年 6 期
页　　码　92－96,112
摘　　要　尽管甲午战后中国重建海军出现重重困难,但复兴海军的活动并没有停止。在 1896～1911 年的十多年时间里,清政府在吸取甲午战争前经营海军经验教训的基础上,又开启了争取海军全面近代化的艰辛历程。经过重建的海军不仅在实力上初具规模,而且在战略上和体制上也终于步入近代化、正规化的轨道。所以,甲午战后海军重建过程,是中国近代海军发展史上不可或缺的历史阶段,在整个中国近代军事史上亦占有重要地位。

题　　名　**甲午战前二十年的清廷财政与北洋海防建设中的经费问题**
作　　者　孙明
刊　　名　历史教学
年 卷 期　1999 年 10 期
页　　码　11－15
摘　　要　北洋海军是中国第一支近代化海军,北洋海防建设是当时清政府边防建设的重中之重,对其研究更因其与洋务运动及中日甲午之战的密切关系而具有重要意义。本文拟从甲午战前二十年的清廷财政状况入手,探讨其时财政制度的弊端,及对北洋海防建设的不良影响。

题　　名　**甲午战前中日两国富强兵道路之比较观**
作　　者　刘前
刊　　名　黑龙江教育学院学报
年 卷 期　1994 年 1 期
页　　码　39－41

题　　名　**甲午战争、日俄战争与清末政治**
作　　者　刘世龙
刊　　名　史林
年 卷 期　1995 年 2 期
页　　码　38－44

题　　名　甲午战争110周年学术讨论会综述
作　　者　苏小东,陈美慧
刊　　名　学术界
年 卷 期　2005年1期
页　　码　264-276
摘　　要　2004年9月17日至19日,"甲午战争110周年学术讨论会"在山东威海召开。本文就提交会议的论文,择要从甲午战前日本蓄谋侵华与中国的应对措施、中国方面战时的和战决策及实施、甲午陆海战及中国失败的教训、甲午战败对中国社会的影响等四个方面作一综述。

题　　名　甲午战争爆发前中日各自决定派兵赴朝的原因
作　　者　陈贵宗
刊　　名　吉林大学社会科学学报
年 卷 期　1994年1期
页　　码　73-79
摘　　要　1894年,朝鲜政府请求清政府派兵帮助镇压东学党起义,经历了做出决议、派人接触和正式"呈文"三个步骤,有一个演变过程。6月2日,朝鲜正式请兵和清政府决定派兵尚未发生,日本政府就悍然做出立即出兵朝鲜的决定,其借口是"朝鲜官兵屡败,乱民猖獗";依据为日朝《壬午条约》。清政府所以决定派兵赴朝,是采纳袁世凯主张出兵的建议,接受朝鲜政府的正式邀请,至于日本方面的怂恿、引诱虽然起了某种作用,但却非主要的,更非唯一的。

题　　名　甲午战争的背景及其对中日关系的影响
作　　者　张志宇
刊　　名　日本问题研究
年 卷 期　1994年3期
页　　码　56-61
摘　　要　1894年爆发的甲午中日战争是中日两国间近代史上第一次大规模的战争,在中日关系史上占有极其重要的地位。"前事不忘后事之师"。今年正值中日甲午战争爆发100周年,从宏观上全方位地探讨这次战争的背景及战争对中日关系的影响,对吸取历史教训,振奋民族精神,免蹈覆辙是不无裨益的。

题　　名　甲午战争和马关条约
作　　者　邓立勋
刊　　名　湖南科技大学学报(社会科学版)
年 卷 期　2006年9卷3期
页　　码　78-80
摘　　要　甲午战争的起因是朝鲜事件,对日方来说是明治维新之后急于向外扩张的蓄谋已久的侵略战争,是不以中国人的意志为转移的。中国在战争中海陆军均遭惨败,其后承受的条约之苛、屈辱之深前所未有。甲午战争和马关条约改变了中、日两国的命运,中国的失败不是武器和战争指挥的问题,而是落后的政治制度和"中国全国军族皆腐败"的问题。

题　　名　甲午战争和中国海军的近代化
作　　者　史滇生
刊　　名　军事历史研究
年 卷 期　1994 年 1 期
页　　码　126 – 134
摘　　要　甲午战争是十九世纪末日本对中国发动的侵略战争。这场战争虽然分海陆两个战场,但是,无论是日本的侵略还是小国的反侵略,双方都以一支近代化的海军作为战争的主要工具。战前两国海军近代化进程的快慢和水平的高低,直接影响到战争的胜负结局。探讨甲午战争同中国海军近代化的关系,不仅有助于对甲午战争史的深入研究,而且可以对今天的国防现代化建设提供历史的借鉴。

题　　名　甲午战争后保卫台湾之战
作　　者　戚其章
刊　　名　东岳论丛
年 卷 期　1984 年 4 期
页　　码　92 – 99
摘　　要　甲午战争后保卫台湾之战,是近代中国人民反帝斗争史上最光辉的篇章之一。但迄今为止,对这次战役的研究还相当不够,有不少问题亟待于进一步探讨。

题　　名　甲午战争后的清朝海军述论
作　　者　沈毅
刊　　名　辽宁大学学报(哲学社会科学版)
年 卷 期　1992 年 4 期
页　　码　99 – 102

题　　名　甲午战争后广州对外贸易新论
作　　者　杨瑞贞
刊　　名　开放时代
年 卷 期　1992 年 6 期
页　　码　34 – 38
摘　　要　鸦片战争后,中国的对外贸易发生了质的变化。从清朝控制的封建闭关的独口贸易演化成西方资本主义控制的门户洞开的半殖民地化贸易。甲午战争后,中国外贸自主权进一步丧失。对外贸易入超日趋严重,严重危害了近代中国经济的发展。作为南方的重要都市,广州也难逃厄运。甲午战争后,广州沙面洋行的势力进一步加强,直接控制了广州进出口贸易的经营权。

题　　名　甲午战争后清政府重建海军的努力及其结果
作　　者　刘申生
刊　　名　法制与社会
年 卷 期　2010 年 36 期
页　　码　232 – 233
摘　　要　北洋水师在甲午海战中全军覆没后,面对内忧外患,清政府决定重建海军,经过几年的苦心经营,北洋海军才勉强成军,但是由于内外交困财力枯竭,海军恢复到战前规模亦不可能,再加上晚清动荡的政局,又使海军发展失去了有利的客观环境。随着辛亥革命的爆发,清政府苦心经营的海军却很快倒向革命派加速了清政府的灭亡。

题　　名　甲午战争赔款问题考实
作　　者　戚其章
刊　　名　历史研究
年 卷 期　1998 年 3 期
页　　码　65 - 78
摘　　要　甲午战争赔款问题,是一个受到普遍关注的课题,时贤已有不少论述,然尚有若干可存疑之处,需要进一步探讨。到底问题在哪里? 笔者认为,仅从中日双方所签订的条约本身来研究是不够的,还必须透过条约的条款背后,甚至对条约以外的情况及其细节进行认真考察,才有可能对甲午战争赔款问题有真正切实的了解。因有此篇之作,希望得到读者的指正。

题　　名　甲午战争期间赫德与英国远东政策
作　　者　王宇博
刊　　名　江苏社会科学
年 卷 期　2000 年 5 期
页　　码　139 - 142
摘　　要　1894 年甲午战争爆发后,因中日两国实力的变化,英国借助日本之力维护远东现状的新远东政策取代了利用中国稳定远东局势的旧远东政策。这一转变对远东格局的变化以及清政府的外交政策和中国的国际地位产生了重大影响。在这一过程中,赫德活动积极,作用特殊,确保了英国远东政策的执行和外交意图的实现。

题　　名　甲午战争期间蓬莱事件初探
作　　者　迟金光
刊　　名　兰台世界
年 卷 期　2008 年 20 期
页　　码　56 - 57

题　　名　甲午战争前对西方海军建设理论和情况的译介及其影响
作　　者　皮明勇
刊　　名　军事历史研究
年 卷 期　1993 年 2 期
页　　码　51 - 58

题　　名　甲午战争前后日本在东亚的侵略活动——写在《马关条约》签订 110 周年之际
作　　者　谢俊美
刊　　名　江西师范大学学报(哲学社会科学版)
年 卷 期　2005 年 38 卷 4 期
页　　码　84 - 89
摘　　要　《马关条约》曾规定朝鲜为“自主之国”,但战后十四年,日本就吞并了朝鲜。条约规定日本勒索中国银2亿库平两,日本则通过所谓库平需实足色、银镑兑换比价、驻军等手法,又多向中国勒索8350万两(含"赎辽费"在内)。日本强占台湾五十年,给台湾带来的不是"东洋文化",而是暴虐统治和疯狂屠杀,日本殖民侵略对中国人民犯下了滔天罪行。

题　　名　甲午战争前中日海军力量之对比
作　　者　关捷
刊　　名　东北师大学报(哲学社会科学版)
年 卷 期　1982年1期
页　　码　55-60
摘　　要　在一八九四——一八九五年的甲午中日战争中,中日海军对战争进程起了重要作用。因此,探索中日海军的创立、扩大,剖析其力量对比,对总结甲午战争是有意义的。

题　　名　甲午战争清廷筹款考析
作　　者　刘志坚
刊　　名　福建论坛(人文社会科学版)
年 卷 期　1994年4期
页　　码　32-37

题　　名　甲午战争失败的根本原因是清朝的腐败
作　　者　高虹
刊　　名　齐齐哈尔大学学报(哲学社会科学版)
年 卷 期　1995年5期
页　　码　158-160

题　　名　甲午战争失败的原因
作　　者　白皋
刊　　名　贵阳文史
年 卷 期　2005年3期
页　　码　63
摘　　要　中国甲午战争的失败,有以下原因:其一,清王朝对可能发生的侵略战争,缺乏预见,准备不足,此为认识原因;其二,一味依靠外国调停,没有把立足点放在自身力量上来,此为战败的外部原因;其三,信奉"武器决定论"是战败的思想原因;其四,放弃和丧失制海权是战败的战略原因;其五,腐败没落的封建统治是战败的政治原因;其六,军队素质低、战斗力弱。

题　　名　甲午战争时期有关台湾外债问题的几点辨析
作　　者　马陵合
刊　　名　福建文史
年 卷 期　2002年1期
页　　码　31-35

题　　名　甲午战争时期张之洞的保台活动

作　　者　黎仁凯,王姗萍

刊　　名　历史教学

年 卷 期　2002 年 4 期

页　　码　5 – 9

摘　　要　甲午战争时期,署理两江总督张之洞不分畛域,积极参与筹划台湾防务,协济饷械,支持台湾军民的反割台斗争,并开展一系列旨在保台的外交活动,在爱国官员中产生了重要影响。

题　　名　甲午战争与《马关条约》

作　　者　邵永灵

刊　　名　红旗文稿

年 卷 期　2007 年 18 期

页　　码　8 – 10

题　　名　甲午战争与近代海防学术研讨会综述

作　　者　刘玉明

刊　　名　历史教学

年 卷 期　1997 年 1 期

页　　码　52 – 53

题　　名　甲午战争与清廷财政

作　　者　梁义群

刊　　名　学术月刊

年 卷 期　1988 年 5 期

页　　码　59 – 64

摘　　要　在中国近代史上,甲午中日战争是一场影响深远的战争。清政府在这场战争中失败的原因是什么?这是史学界一直比较注意研究的课题。但感到不足的是,大多偏重从政治制度、军事装备和训练诸方面找原因,几乎都忽略从财政问题上总结失败原因。为此,本文想就这个问题谈点粗浅看法,以求教于史学界同仁。

题　　名　甲午战争与日本割台计划的实施

作　　者　柯平

刊　　名　东岳论丛

年 卷 期　2004 年 25 卷 3 期

页　　码　155 – 158

摘　　要　在台湾学术界有一种论调,认为日本割台是台湾“被(中国)遗弃的历史”。而历史事实证明日本割台是蓄谋已久而且是分三步实现的:第一步,利用甲午战争中国败绩之机非法“窃取”钓鱼岛;第二步,利用中日马关议和之机抢先攻占澎湖;第三步,通过《马关条约》“割台”条款完成了割台的三步曲。日本明治政府是发动侵略战争和割台的罪魁祸首,一些人别有用心地论证中国方面“遗弃”台湾,纯属是对历史事实的歪曲和颠倒。

题　　名　**甲午战争中北洋海军的败设与舰艇装备**
作　　者　杨志木
刊　　名　船史研究
年 卷 期　1994 年 7 期

题　　名　**甲午战争中北洋水师上层人物的心态——营务处总办罗丰禄家书解读**
作　　者　孔祥吉
刊　　名　近代史研究
年 卷 期　2000 年 6 期
页　　码　140 - 160
摘　　要　北洋水师营务处总办罗丰禄的数十封未刊家书真实地反映了北洋水师上层在中日交战时的精神状态和内心活动。早在战争爆发前，李鸿章、罗丰禄等人，即从思想认识上将抵御外辱视作“开衅”，行动上则抱定“海上断不用兵”的宗旨。因此，在甲午战端甫开，日本大举进兵之际，北洋水师即奉行避敌自保的方针；当日本在辽东半岛登陆时，北洋水师则避往威海；最后，当日本在山东半岛荣成登陆时，北洋水师仍是“蠖屈于威海”，宁肯坐困待毙，也不执行光绪帝提出的遇有倭船即英勇出击的积极战略方针。罗丰禄作为营务处总办，主持对外交涉，是李鸿章与北洋水师之间承上启下的关键人物，在战事吃紧、形势危殆的情势下，罗氏不在筹划战事上用心思，却整日苦苦思念妻妾，家书络绎，几无虚日。他甚至利用在北洋的关系网，在荣成战役爆发前夕，将其侄从“康济”练船上撤退下来，送其还家。这种弥漫于北洋上下的畏惧、自私、不负责任的心理状态，是导致清廷在与日军较量中惨败的重要原因。

题　　名　**甲午战争中的大清海军众生相**
作　　者　西门送客
刊　　名　法制博览
年 卷 期　2009 年 9 期
页　　码　26 - 29

题　　名　**甲午战争中的丰岛海战**
作　　者　陈晓东
刊　　名　苏州科技学院学报(社会科学版)
年 卷 期　2002 年 19 卷 4 期
页　　码　104 - 108
摘　　要　经过明治维新，有了强大海军的日本，为了切断中国与朝鲜之间传统的宗藩关系，以朝鲜为跳板进攻中国，挑起丰岛海战，使甲午战争爆发。在丰岛海战中，处于劣势的中国舰队，进行了英勇抵抗，打击了骄横的日本舰队。因双方实力相差悬殊，中国的旗舰济远号管带方伯谦，在作战失利后，又放弃了护航任务，一味退走，致使中方在海战中损失惨重，800 多名船载陆军官兵葬身海底。北洋舰队的爱国官兵由此产生了强烈的复仇情绪。李鸿章却畏敌，放弃了制海权，导致中国在整个甲午战争中的失败。

题　　名　**甲午战争中的皖籍爱国将领丁汝昌**
作　　者　刘殿滨
刊　　名　江淮文史
年 卷 期　1994 年 6 期

页　　码　145－148

题　　名　**甲午战争中的翁同龢**
作　　者　张凤翔
刊　　名　内蒙古大学学报(社会科学版)
年 卷 期　1994年4期
页　　码　118

题　　名　**甲午战争中国失败的原因和教训**
作　　者　成伟明
刊　　名　湘潭师范学院学报(社会科学版)
年 卷 期　2004年26卷6期
页　　码　50－53
摘　　要　甲午战争是近代史上划时代的重大事件。这是一场由日本发动的侵略战争。日本政府坚定的对外扩张和侵略的国家意志,以及神道文化对天皇制政府的坚定维护,使日本国民在国家意志的指挥下形成了国民普遍的进取心。而中国传统文化的惰性——安于现状、消极隐退、保守封闭,空谈“义、理”,较少研究维护“义、理”的方略,这注定清政府不可能形成坚强的战争意志,进取的大国精神。清政府的腐败和战争意志的薄弱以及国民精神的颓废决定了战争的结果。这是构成中国失败的根本原因。由此,我们得出,国家意志的正确和坚强以及国民精神的奋发向上也是硬道理。这也是维系一个国家能否由弱到强,长盛不衰的永久的动力支持。

题　　名　**甲午战争中国失败的原因探析**
作　　者　董贵胜
刊　　名　石油大学学报(社会科学版)
年 卷 期　1994年4期
页　　码　86－88
摘　　要　百年前爆发的甲午中日战争最终以中国战败而告终。中国失败的原因是多方面的,人们从政治、经济等大的方面研究的比较多,本文拟从另外的角度来总结这场战争的历史教训,仍然是有意义的。

题　　名　**甲午战争中国战败原因之分析**
作　　者　牛士敏
刊　　名　咸阳师范专科学校学报
年 卷 期　1994年9卷5期
页　　码　54－56

题　　名　**甲午战争中清军败北原因探析**
作　　者　王楚良,施渡桥
刊　　名　军事历史
年 卷 期　1994年5期
页　　码　16－18

摘　　要　1894年(清光绪二十年)发生的中日甲午战争,经过不到一年时间的较量,清政府便无力再战而被迫求和。清朝泱泱大国,何以如此之快地败在"蕞尔小邦"日本之手?这是值得深思的。诚然,中国战败的原因是多方面的,但军队建设和战备工作存在的诸多问题,是其中最重要的原因。本文拟就此问题谈些看法。

题　　名　**甲午战争中清廷战略决策评议**
作　　者　张一文
刊　　名　军事历史
年 卷 期　1994年5期
页　　码　13－15
摘　　要　1894年(清光绪二一年)爆发的中日甲午战争,以清军的惨败而告终。清军战败的原因是多方面的,其中既有战前多年来国防发展战略的失误,也有作战指导方面的失误。而在作战指导方面,则既有前线将领作战指挥方面的原因。也有清廷中枢战略决策方面的原因。那么,甲午战争中清廷中枢的战略决策究竟如何呢?本文拟对此作一简要的评述。

题　　名　**甲午战争中日双方海军战略比较考察**
作　　者　张红军
刊　　名　齐鲁学刊
年 卷 期　1998年5期
页　　码　83－86
摘　　要　在甲午中日海战中,日本为其海军制定了进攻战略,将作战目标放在战胜清朝海军夺取制海权上。清政府则采取了消极防御战略,旨在"保船"守口,不敢将海军用于积极主动的作战行动,漠视对制海权的争夺。另外,在发挥攻击性和机动性特点上、在海陆军协同作战方面,清军都不及日军。其原因在于向西方学习后,日本比清政府的军事改革更为全面、彻底。

题　　名　**甲午战争中日双方力量及损失对比**
作　　者　刘薇
刊　　名　中共贵州省委党校学报
年 卷 期　2005年6期
页　　码　43－44
摘　　要　甲午战争是中国近代史上规模最大影响最深远的一次战争。在海战中,清政府苦心经营多年的北洋舰队全军覆没;陆战中,清政府人员、武器、物资等损失惨重。明治维新后的日本在这次侵略战争中获利,从此走上了对外侵略的历史道路,而清朝则更加积贫积弱,从此一蹶不振。

题　　名　**甲午战争中最大的一桩冤案——卫汝贵被杀案考析**
作　　者　戚其章
刊　　名　安徽史学
年 卷 期　1990年1期
页　　码　33－39
摘　　要　在甲午战争中,清廷为惩处逃将,下令斩决高级将领多人。其中职位最高者,恐怕要属甘肃宁夏镇总兵盛军统领卫汝贵了。长期以来,卫汝贵一直被看作是淮军逃将的突出典型。对此,迄今尚无人提出异议，似乎此案已经盖棺论定了。其实，只要认真地考察一番，便可以发现，其罪名多不能成立，应属冤案之列。

题　　名　甲午之战日军在荣成湾登陆攻陷威海军港事略
作　　者　王可举
刊　　名　山东省志资料
年 卷 期　1958 年 1 期
页　　码　3－6

题　　名　甲午中国惨败的原因及其历史教训
作　　者　王大同
刊　　名　东南学术
年 卷 期　1995 年 3 期
页　　码　70－72
摘　　要　今年 4 月 17 日是《马关条约》签订 100 周年的重大国耻纪念日。100 年前，由于日本军国主义的野蛮侵略和清朝政府的腐败无能，中日甲午战争以中国惨败，被迫与日本签订严重丧权辱国的《马关条约》而告终，这是中国人民的奇耻大辱。综观这次中国惨败的历史，探究其惨败的原因和应吸取的历史教训是十分必要和有深远意义的。

题　　名　甲午中国海军战迹考
作　　者　张荫麟
刊　　名　清华大学学报（自然科学版）
年 卷 期　1935 年 10 卷 1 期
页　　码　61－95

题　　名　甲午中国战败琐议
作　　者　郭世佑
刊　　名　社会科学战线
年 卷 期　1997 年 1 期
页　　码　206－215
摘　　要　自日本挑起甲午战争至今整整一个世纪的时空里，历史的陈迹并不因岁月的流逝而消失，战争双方的后代及至“地球村”上的其他居民都不曾漠视这场战争留给世人的不尽思索。也许因为一纸《马关条约》给原本十分孱弱的中国套上比《南京条约》实有过之而无不及的沉重枷锁，并且由此带来一连串的后遗症，也许因为国人意念中的“东方大国”不仅败于首创资本主义工业文明的西方殖民者，而且败于同属东方文明圈并且还是靠吸吮盛唐文明的乳汁发育成人的“蕞尔岛国”日本而更加显得难堪，故一个世纪以来，炎黄子孙们从那令人悲酸的败局中所引发出的议论与反思也从来没有中止过，中方战败的主要原因及至全部原因仍被继续寻找和谈论着。

题　　名　甲午中日海上角逐与制海权问题
作　　者　戚其章
刊　　名　江海学刊

年 卷 期 2002年4期

页 码 154－161

摘 要 海军战争的理论核心是制海权问题，甲午战前，中国一直强调陆军为立国根基，其海防思想始终未跳出单纯海岸守口主义的窠臼。而日本参谋本部于战争前夕制定的海陆兼顾统筹的作战计划，却以夺取制海权为基本战略方针。战争初期，虽然从理论上说中日双方皆未掌握制海权，但日本海军采取多种手段和战术，使北洋舰队疲于奔命、徒劳无功，从而在实际上获得了行动的自由权，经过黄海决战，北洋舰队更主动地放弃了制海权，终于落得全军覆灭的结局。

题 名 甲午中日海战

作 者 桑田忠亲，李凡

刊 名 日本学论坛

年 卷 期 1982年4期

页 码 55－60，54

题 名 甲午中日海战的历史教训

作 者 张墨

刊 名 史学月刊

年 卷 期 1986年3期

页 码 47－53

摘 要 中日甲午海战是十九世纪末的一场大规模海战。它对于此后的水面舰艇海上反袭击作战、海上遭遇战和海上防御战，都产生了重大影响。我们从海军作战的角度反复思量，感到确有一些耐人寻味的问题。

题 名 甲午中日海战见闻记

作 者 张荫麟 译

刊 名 东方杂志

年 卷 期 1931年6期

页 码 65－76

题 名 甲午中日海战见闻记(完)

作 者 张荫麟 译

刊 名 东方杂志

年 卷 期 1931年7期

页 码 65－74

题 名 甲午中日黄海之战述略

作 者 邱远猷

刊 名 前线

年 卷 期 1982年9期

页 码 57－59

题　　名　**甲午中日战争前的福建近代洋行**
作　　者　赖华辉
刊　　名　龙岩师专学报
年 卷 期　1996 年 14 卷 1 期
页　　码　93 – 95,100

题　　名　**架起郑和下西洋与现代化中国的桥梁**
作　　者　丁勋民
刊　　名　郑和研究
年 卷 期　2005 年 4 期
页　　码　5 – 12
摘　　要　15 世纪,正是西方国家迈出现代化步伐的时候,也是中国落后、衰败、由强转弱的关键时期。15 世纪前期,明朝统治下的中国,以郑和七下西洋为标志,是人类历史上首次实现全球航行的国家。当时从南京建造驶出的郑和船队,是世界上最大的商业航海船队,也是世界上最强大的海军混合舰队。其规模和远洋航海水平之高,至今犹令人称奇。可惜的是明朝统治者没有抓住历史给予中国的这一机遇,面向海洋,走向世界,在郑和七下西洋形成的海洋科技和工艺的基础上再进一步,使中国成为全球性的强国。

题　　名　**柬埔寨潮商简史**
作　　者　徐名文,沈建华
刊　　名　潮商
年 卷 期　2008 年 1 期
页　　码　82 – 83

题　　名　**简记黄埔古港的兴衰**
作　　者　罗国雄
刊　　名　广东史志
年 卷 期　1994 年 4 期
页　　码　58 – 60

题　　名　**简论《澳门记略》及其作者**
作　　者　赵春晨
刊　　名　汕头大学学报
年 卷 期　1988 年 Z1 期
页　　码　42 – 47

题　　名　**简论 16 – 19 世纪果阿与澳门关系**
作　　者　黄鸿钊
刊　　名　澳门研究
年 卷 期　2004 年 24 期

题　　名　简论北洋海军
作　　者　王秀杰
刊　　名　理论观察
年 卷 期　1997 年 4 期
页　　码　59 – 61

题　　名　简论东南华侨华人对郑和崇敬的伊斯兰教因素
作　　者　冯立军
刊　　名　东南亚
年 卷 期　2005 年 4 期
页　　码　45 – 49
摘　　要　郑和去世已近六个世纪,但他以及他所从事的伟大航海事业在东南亚华侨华人中仍然有着深深的影响。600 年来,郑和的名字几乎成了东南亚华人社会中祖国的代名词。在东南亚,许多华人、华侨和当地人谈起郑和就肃然起敬,称郑和是伟大的和平使者,具有泱泱大国的风范。

题　　名　简论丰岛海战对甲午战争双方的影响
作　　者　陈宪宇
刊　　名　中山大学研究生学刊(社会科学版)
年 卷 期　1996 年 17 卷 4 期
页　　码　44 – 49,56
摘　　要　在甲午中日战争中,日本以弹丸小国打败了天朝大国,不是偶然的,是日本帝国主义长期准备的结果。本文就甲午战争的序幕——丰岛海战来分析中日双方的战争准备及海战对整个战争双方的影响。

题　　名　简论古代中国与朝鲜的音乐交流
作　　者　李未醉,江艳
刊　　名　上饶师范学院学报
年 卷 期　2008 年 1 期
页　　码　107 – 111
摘　　要　自古以来中国与朝鲜有着密切联系,两国的音乐交流频繁。在吸收中国音乐文化的同时,朝鲜也把她独特的音乐文化传入中国。朝鲜音乐丰富了中国的音乐宝库。

题　　名　简论古丝绸之路上贡赐交往中的经贸意义和作用
作　　者　蒋致洁
刊　　名　北京工商大学学报(社会科学版)
年 卷 期　1993 年 2 期
页　　码　60 – 63
摘　　要　近年来着重从经济这一本原涵义出发探讨丝绸之路、亦即丝路贸易史的研究已引起学术界的重视。有关论著中颇多真知灼见,然而其中也有一些问题仍缺乏深入研究,纵有涉及,其观点也往往是仁智互见。例如对发生在丝绸之路上的中国与西域诸国、诸地区诸民族之间的朝贡和赏赐,究竟应该怎样认识或评价?一种看法认为贡赐是中原政权统治者政治外交上好大喜功之举,并无多大经济意义;另一种意见却认为贡赐往来基本上体现了一种文明平等的贸易关系。笔者以为这两种观点虽各有其合理之处,但也都有一定的片面性。对于历史上中西之间的贡赐交往,似可从以下三个方面来认识。

题　　名　简论华茶贸易衰落的原因
作　　者　陶德臣
刊　　名　镇江师专学报(社会科学版)
年 卷 期　1994 年 1 期
页　　码　54－59

题　　名　简论近代福建佛教向东南亚的传播
作　　者　王荣国
刊　　名　海交史研究
年 卷 期　1997 年 32 期
页　　码　63－69

题　　名　简论梁廷枏对岭南史的研究与著述
作　　者　叶淑芬
刊　　名　惠州学院学报(社会科学版)
年 卷 期　2010 年 5 期
页　　码　73－77
摘　　要　梁廷枏先生是近代广东著名的爱国学者,其治学领域包括经、史、诗、词、曲等方面,而史学尤为突出,可谓超越流辈、独树一帜。梁先生治史领域大体不脱岭南地区,其中,《南汉书》《粤海关志》《夷氛闻记》堪称先生在岭南史方面的代表著述,通过对这三部书作的述评,可帮助我们认识梁延枏先生在中国近代史学上的贡献及地位。

题　　名　简论轮船招商局的性质和历史作用
作　　者　关玉惠
刊　　名　南开经济研究
年 卷 期　1992 年 5 期
页　　码　75－79
摘　　要　成立于 1872 年的轮船招商局和近代其他官督商办企业一样,都是洋务运动的产物。学术界对于这类企业的性质及其在历史上所起的作用,至今仍众说纷纭、褒贬各异,未能取得共识。本文想就此提出一些粗浅的看法,以求得到有关专家和学者的批评指正。

题　　名　简论民国时期的领海制度建设问题——以领海划界问题为中心
作　　者　刘利民
刊　　名　贵州师范大学学报(社会科学版)
年 卷 期　2008 年 1 期
页　　码　19－22
摘　　要　领海划界问题在民国时期取得了较大的进步。在内外因素的刺激下,中华民国政府经过几次讨论,于 1931 年颁布了三海里令,标志着中华民国领海制度的正式建立,这在中国领海制度发展史上具有里程碑的意义。除三海里令的颁布外,中华民国政府还颁布了其他一些领海法令,表明中华民国在领海制度建设方面取得了一定成绩。当然,民国政府在此问题上的不足也是显然的。

题　　名　简论明初的茶禁政策
作　　者　萧国亮
刊　　名　上海经济研究
年 卷 期　1986年5期
页　　码　47－49
摘　　要　明初的茶禁政策是明代茶政的一个重要组成部分,对明代的茶叶生产及其流通具有深远的影响。本文试图对明初茶禁政策略加考察,揭示其在当时的政治作用。

题　　名　简论明初的朝贡制度
作　　者　张钰梅
刊　　名　云南教育学院学报
年 卷 期　1995年1期
页　　码　58－62

题　　名　简论明清时期广东对外丝绸贸易
作　　者　李登峰
刊　　名　五邑大学学报(社会科学版)
年 卷 期　2002年4卷1期
页　　码　58－62
摘　　要　丝绸是我国传统的最大宗输出商品,广东作为"海上丝绸之路"的主要起点,其对外丝绸贸易在明代、清前期和清后期三个阶段经历了曲折的发展过程。

题　　名　简论南海丝绸之路
作　　者　陈代光
刊　　名　地域研究与开发
年 卷 期　1990年2期
页　　码　58－60,27
摘　　要　今天,每提起丝绸之路,人们很自然想起发自长安(今西安市)、洛阳,经河西走廊,穿过新疆中部,到达西亚各国的陆上丝绸之路。这条道路在隋唐以前是我国输出丝绸及其他商品的主要交通干线。但应该看到,丝绸之路并非单一输出丝绸,实际上是一条中外通商大道。丝绸之路并非一条。据文献记载,早在纪元前,我国的丝绸就分别从陆、海两路向外传播,形成了多条海、陆丝绸之路。其中最重要的首推河西走廊上丝绸之路及南海海上丝绸之路。

题　　名　简论南海丝绸之路
作　　者　陈代光
刊　　名　羊城今古
年 卷 期　1989年2期
页　　码　7－13

题　　名　简论葡占澳门
作　　者　周敏之
刊　　名　辽宁师范大学学报
年 卷 期　2002 年 2 期
页　　码　102 – 104

题　　名　简论戚继光的治军练兵思想
作　　者　尹建强
刊　　名　河南师范大学学报(哲学社会科学版)
年 卷 期　1999 年 5 期
页　　码　48 – 49
摘　　要　明代英雄戚继光的治军思想集中体现在他的《纪效新书》和《练兵实纪》两部著作之中。在全部封建制武学著作中,这两部著作有着最精彩的内容。

题　　名　简论旗昌轮船公司对中国的影响
作　　者　曾志
刊　　名　中山大学研究生学刊(社会科学版)
年 卷 期　1994 年 1 期
页　　码　88 – 95

题　　名　简论秦皇方士无“徐福”其人
作　　者　桂心仪
刊　　名　中共宁波市委党校学报
年 卷 期　1997 年 3 期
页　　码　47

题　　名　简论清初收复台湾
作　　者　王政尧
刊　　名　清史研究
年 卷 期　1995 年 3 期
页　　码　11 – 21,100

题　　名　简论清代海防观念的缺失
作　　者　宁波,郑云波
刊　　名　学术交流
年 卷 期　2010 年 9 期
页　　码　176 – 178
摘　　要　清代建国伊始,海防观念的缺失和海权意识的薄弱就从各个方面表现出来:禁海迁界,毁船内缩,使清朝放弃了进取、主动的海洋战略与海防策略,在借助海洋而咄咄逼人的西方侵略者面前,被动挨打;以禁为防,使中华帝国在西方海权意识蓬勃发展,海外殖民活动如火如荼的重要时期远离了海洋,走上了另一个极端;重陆轻海,使清朝坐失良机,自酿苦果,形成了有海无防、有海难防的局面。海防观念严重缺失,海权意识极为淡漠,使得陆权也难以维护,最终导致了鸦片战争的失败。

题　　名　简论清代前期的外商政策
作　　者　王丽英
刊　　名　惠州学院学报
年 卷 期　2006 年 2 期
页　　码　23 – 27
摘　　要　清代前期的对外贸易政策一直被称为是闭关政策,而外商政策作为对外贸易政策的一部分却体现了清朝对外商的友好与开放。从清代管理外商的机构、优待政策、具体管理等方面看,说明清代已形成自己系统的外商管理政策。这种政策与一口通商形成互补,有力地推动了清代前期对外经济的发展。

题　　名　简论日本遣唐使
作　　者　孙宏
刊　　名　黑龙江社会科学
年 卷 期　1996 年 2 期
页　　码　51 – 54
摘　　要　中国和日本是一衣带水的近邻,两国之间有着两千多年友好往来的历史。到了唐代,双方友好往来和文化交流逐渐达到了高潮,日本陆续不断地派出遣唐使来中国,吸收中国先进的政治、经济和文化成果。

题　　名　简论宋代漕运与武职押纲队伍及舟卒
作　　者　王云裳
刊　　名　绍兴文理学院学报(哲学社会科学)
年 卷 期　2010 年 1 期
页　　码　60 – 64
摘　　要　漕运自秦朝产生以来,为历代封建统治者所重视,至宋代达到鼎盛,被宋朝历代统治者视为“国计”。本文探讨了宋代漕运中低级武职押纲者与舟卒在各时期的发展变化情况,有关政策规定,奖惩办法及其原因、意义、作用等。

题　　名　简论宋明清漕运中私货贩运及贸易
作　　者　陈峰
刊　　名　中国经济史研究
年 卷 期　1996 年 1 期
页　　码　120 – 127
摘　　要　漕运是存在于中国封建时代的一种最重要的官方运输形式,即封建政府组建水运队伍和机构,通过内河(包括运河)统一运输,将各地征收的粮食和物资征调到都城及指定地区的制度。这种纯粹官方经营的运输业,到宋以后内部开始发生一些变化,出现了运输者利用漕船贩运、贸易私货的活动,并且日益活跃,愈演愈烈,成为宋明清时期商业领域中一个独特而又重要的组成部分。

题　　名　简论汪大渊对印度洋区域贸易的考察——古里佛、甘埋里、麻呵斯离、麻那里札记
作　　者　沈福伟
刊　　名　中国史研究
年 卷 期　2004 年 2 期
页　　码　123 - 138
摘　　要　1309 年出生的汪大渊,是位事迹可与同时代摩洛哥旅行家伊本·白图泰(公元 1303 - 1377 年)相媲美的海外贸易家。他在两次出航中到过古里佛、甘埋里、麻呵斯离、麻那里这四个印度洋重要的中转港。本文重新辨明了它们的所在。古里佛的对音是南印度西岸的 KollamPantalayini(在卡利卡特之北),附近的下里是 Chaliam。甘埋里不是哲朗岛,而是卡伊斯岛(Qaisben'Umaira)。麻呵斯离并非内陆城市摩苏尔,而是阿曼的马斯喀特(Masqat·Shih·r),此地古称"甘露王如来",原音是"卡尔马特极端派"。

题　　名　简论我国早期海关之雏型设于徐闻
作　　者　罗晃潮
刊　　名　岭南文史
年 卷 期　2000 年 4 期
页　　码　55 - 56

题　　名　简论西学传入中国的社会环境及其媒体
作　　者　林庆元
刊　　名　海交史研究
年 卷 期　1993 年 24 期
页　　码　58 - 67

题　　名　简论中国近代海外贸易思想萌芽
作　　者　施瀚文
刊　　名　湖南行政学院学报
年 卷 期　2004 年 1 期
页　　码　36 - 39
摘　　要　中国近代海外贸易思想在明朝中后期开始萌芽,主要内容表现在开放海外贸易论者对开展海外贸易作用的认识和政策构想两个方面。中国近代海外贸易思想具有与传统海外贸易思想不同的特点和性质,其萌芽思想的产生也有着深刻的经济、政治、社会、文化等方面的原因。

题　　名　简评甲午中日战争中的丰岛海战
作　　者　郁振伟
刊　　名　潜艇学术研究
年 卷 期　1999 年 5 期
页　　码　62 - 64

题　　名　简评李鸿章的洋务活动
作　　者　沈寂

刊　　名　安徽大学学报(哲学社会科学版)
年 卷 期　1989年2期
页　　码　72－76
摘　　要　洋务运动是我国近代史上的第一次西化运动,李鸿章是这一运动的开拓者。李鸿章自1862年带淮军到上海,与洋枪队接触,就“深以中国军火远逊外人为耻”,“虚心忍辱,学得西人一二秘法,期有增益”。于是尽力倡导洋务。声言若不谈洋务,则“天下赖何术以支持耶?”李鸿章虽没有留下有关论述洋务的宏篇巨著,却称自己的洋务实际是“得手文字”。通过李鸿章的活动,来探讨洋务运动,是最恰当不过的。

题　　名　简述1511年至现代葡萄牙与暹罗的关系
作　　者　Antonio da Silra Rego,王国强
刊　　名　海交史研究
年 卷 期　2002年42期
页　　码　37－47

题　　名　简述江苏几处有关郑和的文物遗迹——纪念郑和下“西洋”五百八十周年
作　　者　罗宗真
刊　　名　文物
年 卷 期　1985年6期
页　　码　80－83
摘　　要　我国明代伟大的航海家郑和(1371－1435年)率领船队出使“西洋”,是我国航海史上的伟大壮举。从明永乐三年(1405年)到明宣德八年(1433年),在前后近三十年时间内,郑和率庞大船队七次出洋,“涉沧溟十万余里”,足迹遍及亚非三十余国,最远曾到达红海和非洲东海岸,促进了中国与亚非国家经济和文化的交流。江苏的南京、太仓等地曾是郑和居住和活动的地方,留存着不少有关郑和的文物遗迹。令年正当郑和第一次下“西洋”五百八十周年,为了纪念这位伟大的航海家,我们根据南京市文物管理委员会的普查资料,将有关郑和在江苏的文物遗迹作一概要的整理。

题　　名　简述康熙统一台湾中的名将施琅
作　　者　万彩艳
刊　　名　辽宁商务职业学院学报
年 卷 期　2000年1期
页　　码　67－68,34
摘　　要　清代名将施琅,不仅是智勇双全的将才,而且极具政治家的胸襟与气度。在康熙统一台湾大业中,作为福建水师提督率军跨海征伐,以最快的速度,最小的代价,超凡的军事指挥才能完成了祖国统一大业。

题　　名　简述宋代漕运中押纲武臣与舟卒的营私获利活动
作　　者　王云裳
刊　　名　宁波大学学报(人文科学版)
年 卷 期　2009年22卷6期
页　　码　82－86

摘　　要　宋代漕运由低级武臣押纲,又有舟卒随船,是其重要特点。押纲武臣和舟卒等同纲船上其他人员营私舞弊,从中获利的不法行为频频发生。营私获利活动包括纲运时夹带私货贩易、在与一般交装中营私舞弊、直接侵盗官物、擅自靠港、违程住滞及南宋时期的“随纲”等。

题　　名　**简述洋务派买船与造船活动所遇到的阻力**
作　　者　孙占元
刊　　名　山东师大学报
年 卷 期　1996 年 2 期

题　　名　**简谈“争贡”事件**
作　　者　贺文彬
刊　　名　航海
年 卷 期　1990 年 5 期
页　　码　30－31
摘　　要　明世宗嘉靖二年(1523 年),发生在宁波的“争贡”事件,是中日贸易史上一次重大的政治事件。这件事件的直接后果,导致宁波市舶提举司的罢废和对日“勘合”贸易的最终断绝。“争贡”事件的发生,不是偶然的,它有着深刻的历史根源和复杂的社会背景。今天我们重温这段历史,这对进一步了解明朝的对外政策、社会现状及其对宁波港所造成的严重影响,不无补益。

题　　名　**简谈日本平户、鹰岛现存宋元碇石**
作　　者　王冠倬
刊　　名　海交史研究
年 卷 期　1986 年 9 期

题　　名　**简析近代中国海防实践失败的原因**
作　　者　张仁善
刊　　名　历史教学
年 卷 期　1993 年 3 期
页　　码　8－10
摘　　要　中国近代海防实践肇始于 19 世纪 40 年代,经过四、五十年的缓慢发展,到 90 年代,海防建设初具规模,但由于近代海防建设的筹划组织者是腐朽没落的统治阶级,又是在半封建半殖民地社会的历史条件下进行的,这就使海防实践具有如下几个特点,成为近代中国海防实践失败的主要原因。

题　　名　**简析林则徐的海防思想**
作　　者　黄晴
刊　　名　文学界(理论版)
年 卷 期　2010 年 8 期
页　　码　204
摘　　要　中国自近代以来,受到了列强的多次侵略,而这些侵扰多数时候是从海上开始的,以林则徐为代表士大夫对于西方的海上力量的认识也多数时候处于一种由传统走向现代的过程。在某些方面现在看来甚至是很愚昧的。

题　　名　简析刘邦时期的漕运
作　　者　罗庆康
刊　　名　益阳师专学报
年 卷 期　1998 年 19 卷 3 期
页　　码　33－37
摘　　要　本文着重分析了刘邦时期漕运的表现、特点及作用,并把刘邦时期的漕运和西汉后期的漕运从多角度上作了比较,有一定的学术价值。

题　　名　简析清代后期漕运制度的变化对直、鲁两省沿河地区社会的影响
作　　者　隋亮
刊　　名　沧州师专学报
年 卷 期　2002 年 18 卷 4 期
页　　码　17－19
摘　　要　清代后期,漕运制度伴随着封建统治的逐步解体,从改制到最后废止。它对当时华北地区(主要是直、鲁两省)运河沿岸地区社会的政治、经济等各方面产生巨大了的影响,拟对漕运制度的改制、废止的原因、过程及影响进行扼要的分析和评述。

题　　名　简析清政府“闭关政策”的历史作用
作　　者　肖季文
刊　　名　学术界
年 卷 期　1988 年 3 期
页　　码　53－56,1
摘　　要　“闭关政策”,清季对外政策一大措施,历行八十余年,播及、影响所在甚大。其历史作用究竟如何,学界颇多争议。提出新的观点,认为在特定的历史条件下,清政府实施“闭关政策”,具有民族自卫的客观效果。

题　　名　简析施琅对清政府收取台湾、统一大业的贡献
作　　者　季云飞
刊　　名　南京政治学院学报
年 卷 期　1996 年 3 期
页　　码　51－53
摘　　要　施琅是清初的军事将领,在 1683 年(清康熙二十二年)率军收取台湾,完成了清政府统一中国的大业。施琅的主要贡献是:一,提出并实施了以重兵夺取战略要地澎湖,然后对台“明郑政权”实行政治瓦解攻势,最后实现了和平收取台湾的战略目标;二,充分认识台湾在整个中国海防中的重要战略地位,力主加强台湾防务建设,使清政府的台湾善后建设走上正轨。施琅堪称海峡两岸炎黄子孙共同崇敬的杰出的爱国者和卓越的军事家。

题　　名　简析宋朝《市舶条法》的基本范畴
作　　者　任满军
刊　　名　盐城师范学院学报(人文社会科学版)

年 卷 期　2006 年 26 卷 2 期
页　　码　23－27
摘　　要　宋朝的《市舶条法》是世界上最早的成文海商法，它系统地规定了海外贸易的主管机关、贸易主体、出入境管理、经营许可证以及外商保护制度等内容，它构建了古代海商法的基本框架。由于该法律条文早已佚失，故本文通过对史料记载中所发现的相关概念进行分析，试图系统地阐述宋朝市舶制度的基本内容。

题　　名　**简析台湾洋务新政特点形成原因**
作　　者　孙春芝
刊　　名　太原师范学院学报（社会科学版）
年 卷 期　2003 年 2 卷 4 期
页　　码　71－75
摘　　要　台湾洋务新政初始于 1874 年，止于 1895 年割台。20 年中，台湾的军事防务、政治面貌、经济建设都发生了巨大变化。与大陆各省进行的洋务运动相比较，表现出起步晚、见效快的鲜明特点。其原因就在于清朝廷的重视，几任抚臣前后相继的努力，以及大陆重臣的支持和台籍士绅的协助。台湾洋务新政的成就为其后来的近代化发展奠定了坚实的基础。

题　　名　**建国前福建海关概况**
作　　者　志选
刊　　名　福建史志
年 卷 期　2004 年 2 期
页　　码　17－20
摘　　要　福建地处东南沿海，境内多山，耕地面积小。沿海有“以海为田”的习惯。从事渔业和海上贸易。在绵延 2000 余里的海岸线上，有厦门、泉州、福州、三都澳等历史上著名港口。泉州在宋元时期即有东方第一大港之美誉，万贾云集，商通四海，盛极一时。宋元韦占二年（1087 年），朝廷在泉州设市舶司管理海上贸易。这是福建省最早的对外贸易管理机构。标志着福建对外贸易置于国家管理之下。此后，受朝代更迭和对外贸易政策变化的影响。以及国内其他大港的竞争，市舶司机构曾几度罢而复置。

题　　名　**建国以来国内外徐福研究述评**
作　　者　周延云，宫同文
刊　　名　烟台大学学报（哲学社会科学版）
年 卷 期　1994 年 3 期
页　　码　83－93

题　　名　**建文帝出亡考证续闻**
作　　者　徐作生
刊　　名　郑和研究
年 卷 期　2007 年 4 期
页　　码　56－57

题　　名　**建文帝从南京出逃新探**
作　　者　郑自海
刊　　名　郑和研究
年 卷 期　2007 年 3 期
页　　码　29－32

题　　名　**建文帝隐藏闽侯雪峰寺与郑和谋面之我见**
作　　者　郑宽涛
刊　　名　郑和研究
年 卷 期　2010 年 2 期
页　　码　57－61
摘　　要　通过对福建闽侯雪峰寺的细致考察，结合《罪惟录》与清代《江宁县志》等史料分析，提出“建文帝曾藏身雪峰寺并与郑和谋面”的推断。再通过研究《雪峰山志》历代主持的事迹认为明永乐时期主持雪峰寺的洁庵禅师安排隐匿了建文帝，而永乐十七年胡濙也为追查建文帝下落来到雪峰寺，还留下碑刻。福建闽侯雪峰寺是建文帝逃难隐居最重要地点之一。

题　　名　**建文帝足迹云南说**
作　　者　徐克明
刊　　名　郑和研究
年 卷 期　2002 年 1 期
页　　码　45－48

题　　名　**建阳水运史话**
作　　者　许道和
刊　　名　建阳县志通讯
年 卷 期　1986 年 2 期
页　　码　48－49

题　　名　**建颐和园并未挪用“海军巨款”**
作　　者　廖宗麟
刊　　名　学术研究
年 卷 期　1985 年 3 期
页　　码　109

题　　名　**鉴真“六次东渡，五次失败”考**
作　　者　许凤仪
刊　　名　扬州大学学报（人文社会科学版）
年 卷 期　1989 年 2 期
页　　码　136－138
摘　　要　在中日两国人民悠久的友好交往史上，有许多著名的活动家，唐代扬州高僧鉴真大师就是其中杰出的一位。他应日本僧人的邀请，几度东渡，出生入死，历尽艰辛，最后终于到达日本，以一个双目失明的老人，留居日本，辛勤不懈地活动了十年，传播了唐代多方面的文化成就。他的历史功绩，一直为中日两国人民所传颂。鉴真从唐代天宝元年接受邀请，发愿东渡，到天宝十二年东渡成功，历时十二年，其间数度东渡，一再失败。鉴真究竟几次东渡，几次失败？现代人所写的文章、出版的书籍，以及许多学术报告，几乎众口一词："六次东渡，五次失败。"笔者对这一说法是存疑的。我们首先想弄清"六次东渡，五次失败"的说法源于何处。

题　　名　**鉴真——唐代中日文化交流的先驱**

作　　者　张碧清

刊　　名　世界知识

年 卷 期　1979年16期

页　　码　12－13

摘　　要　"鉴真盲目航东海，一片精诚照太清，舍已为人传道艺，唐风洋溢奈良城"。这是郭沫若同志一九六二年为纪念唐代高僧鉴真逝世一千二百周年而题的诗。那时，为缅怀和颂扬鉴真对中日文化交流作出的出色贡献，日本来良唐招提寺和我国扬州法净寺，都举行了隆重纪念活动。日本著名小说家井上靖将鉴真的光辉业绩写成小说《天平之甍》，日本著名演员河原崎长十郎又将这部小说改编成话剧公演，博得日本人民的热烈欢迎和好评。这些活动对中日友好起了很好的促进作用。

题　　名　**鉴真大师备船东渡**

作　　者　曹凛

刊　　名　中国船检

年 卷 期　2009年1期

页　　码　104－106

摘　　要　在日本奈良唐招提寺，有一尊僧人雕像，受到当地民众的特别保护，每年只开三天，供人瞻仰。这尊僧像，就是被称为日本律宗开山鼻祖的中国高僧鉴真。

题　　名　**鉴真的东渡与中日文化交流**

作　　者　周一良

刊　　名　文物

年 卷 期　1963年9期

页　　码　1－9

摘　　要　中日两国之间经济文化的交流和相互影响，有悠久的历史。两千年来，两国不知有多少人冒着惊涛骇浪，不顾生命危险，或者东渡，或者西来，对于经济文化的交流作出了贡献。在这许多人当中，唐朝的鉴真大和尚是很突出的一个。他以年近古稀的高龄，双目失明以后，还排除一切困难，东渡日本传戒，又把中国的文化艺术介绍到日本去。

题　　名　**鉴真弟子法进的出身考论**

作　　者　葛继勇

刊　　名　信阳师范学院学报(哲学社会科学版)

年 卷 期　2007年27卷6期

页　　码　122－124

摘　　要　中国佛教史上名为法进的僧侣有多人。唐僧法进乃赴日高僧鉴真的弟子，被誉为赴日宣扬戒律的第二人。其俗姓王氏，王道之后，为申州义阳（今河南信阳）人。

题　　名　鉴真弟子法进的东渡活动与《进记》
作　　者　葛继勇
刊　　名　唐都学刊
年 卷 期　2007年23卷4期
页　　码　49－54
摘　　要　法进作为鉴真的弟子，跟随鉴真东渡共五次。与其一同遣往福州买船备粮的“近事”，乃在家亲近奉事三宝、受持五戒的优婆塞。携带的“轻货”为铜器、真珠、翡翠等较轻且贵重之物。法进在海中遭难时曾有祈求海龙王，力助佛舍利失而复得之举。其所撰的《进记》记载了其赴日传法的活动。

题　　名　鉴真东渡
作　　者　道睿
刊　　名　佛教文化
年 卷 期　2003年5期
页　　码　17－22
摘　　要　今年是鉴真和尚圆寂1240年周年，中国和日本两方面的人民和佛教界都有隆重的文化纪念活动，以纪念这位伟大的佛教僧人为发展中日两国人民文化往来和宗教文化事业所作出的重大历史贡献。本刊特选介一篇叙述这位高僧东渡日本弘法瀛洲的文章，以志纪念。

题　　名　鉴真东渡
作　　者　格桑尼玛
刊　　名　佛教文化
年 卷 期　2006年2期
页　　码　59－68

题　　名　鉴真东渡的物质准备
作　　者　卞孝萱
刊　　名　徐州师范大学学报（哲学社会科学版）
年 卷 期　1980年2期
页　　码　82－88
摘　　要　中国与日本，虽然隔着汪洋大海，但考古资料证明，早在公元以前，两国就有了文化的联系。根据文字记载，东汉时，两国就建立了正式往来。此后，交往日益频繁。到唐代，达到了中日文化交流的高峰。通过两国使节和人民的往还，当时比较先进的中国文化传入日本，对日本的政治制度、生产技术、文学艺术以及社会风习诸方面，都产生了广泛的影响。

题　　名　鉴真东渡动机诸说批判——剖析日本学者的几种观点
作　　者　王勇
刊　　名　扬州大学学报（人文社会科学版）
年 卷 期　2009年4期
页　　码　43－48

摘　　要　唐代鉴真东渡日本的事迹,可谓众所周知;渡海期间饱受千辛万苦的经历,大概也为世人熟知。然而,有关鉴真远赴日本的真实动机,国内学者很少有人论述,国外学者提出的观点则难以令人首肯。日本学者有几种具有代表性的观点,如立足于日本史而倡导的"留学僧怂恿说"和"圣德太子敬慕说",着眼于中国的政治形势和社会背景而臆造出的"鉴真间谍说"以及"鉴真亡命说"等,应对此进行剖析和批判,以在此基础上提出中国学者独立思考而得出的结论。

题　　名　鉴真东渡概述
作　　者　蒋华
刊　　名　海交史研究
年 卷 期　1980 年 2 期

题　　名　鉴真东渡和对日本建筑、雕塑艺术的影响
刊　　名　建筑学报
年 卷 期　1980 年 3 期
页　　码　5,45

题　　名　鉴真东渡及其影响
作　　者　中村顺昭,葛继勇
刊　　名　唐都学刊
年 卷 期　2007 年 23 卷 6 期
页　　码　63 – 67
摘　　要　鉴真自唐赴日传播戒律是众所周知的史实,以鉴真东渡为线索可以窥视当时的日唐关系。鉴真僧团前五次东渡均试图利用民船,可以推测 8 世纪日唐之间存在着民间往来。围绕着鉴真至日后的授戒,僧侣间出现了对立,这与当时的政治状况密切相关。鉴真用来创建唐招提寺的寺地,是继承新田部亲王宅地的盐烧王被贬为臣籍之后被没收为官地的。鉴真携带的天台典籍是最澄创建天台宗的前提。鉴真东渡遭遇的苦劳昭示了日唐间渡航的危险。

题　　名　鉴真东渡受"官厅阻挠"说质疑
作　　者　许凤仪
刊　　名　扬州大学学报(人文社会科学版)
年 卷 期　1984 年 1 期
页　　码　91 – 93
摘　　要　有些文章提到鉴真六次东渡,其中五次失败的原因之一是"官厅阻挠",笔者是不能同意的。诚然,鉴真东渡不是一帆风顺的,遇到了许许多多的艰难险阻,但到底有没有受到"官厅阻挠"? 答曰:"没有!"为了说清这个问题,我们还是从完整、翔实记载鉴真东渡事迹的《唐大和上东征传》中加以研究和探讨。《唐大和上东征传》成书于公元七七九年,是鉴真逝世后的十六年。这期间,和鉴真一起东渡的人还有不少活着,因此,该书所记载的史实,是可信的。千百年来,虽经辗转传抄,版本较多,但关于鉴真东渡所谓被"官厅阻挠"的记述,是基本相同的。只要把这几次经过的来龙去脉弄清楚,那么,所谓"官厅阻挠"的问题也就解决了。

题　　名　鉴真东渡受阻来粤述略
作　　者　李涵
刊　　名　岭南文史
年 卷 期　1992 年 1 期
页　　码　35 – 37

题　　名　鉴真东渡五题
作　　者　卞孝萱
刊　　名　江汉论坛
年 卷 期　1980 年 5 期
页　　码　73 – 77
摘　　要　一提起研究鉴真，人们就说，材料太少。记载鉴真的直接材料，确实是少，但我国历史文献是丰富的，从丰富的历史文献中，可以找到许多间接的材料。我们应该尽量利用间接材料，补充直接材料之不足，以加深对鉴真东渡的理解。这篇小文，不过是举几个例子。

题　　名　鉴真东渡兴律缘由考论
作　　者　顾自奋
刊　　名　扬州大学学报（人文社会科学版）
年 卷 期　1992 年 1 期
页　　码　140 – 142

题　　名　鉴真东渡与日僧西行——以《东征传》与《天平之甍》中的人物形象为中心
作　　者　张体勇
刊　　名　济南大学学报（社会科学版）
年 卷 期　2010 年 6 期
页　　码　14 – 18
摘　　要　以《东征传》和《天平之甍》所讲述的鉴真东渡事件为中心，在东亚文化圈的视域内探讨其深层佛教文化根源及社会性因素，同时围绕历史小说《天平之甍》中的主要人物形象，从史学和文学方面进行多向度的深层分析，探究诸多历史文化现象的生成背景以及作者的文学创作意图。

题　　名　鉴真东渡与书籍之路
作　　者　王勇
刊　　名　郑州大学学报（哲学社会科学版）
年 卷 期　2007 年 5 期
页　　码　107 – 111
摘　　要　鉴真东渡对日本文化影响广泛，由他开创的律宗列“南都六宗”之一，在日本佛教史上意义重大自不待言，还涉及建筑、美术、工艺、书法、医学等，甚至连传播豆腐、香木、砂糖、纳豆、茶道、酱菜之类也算在鉴真的功劳薄上。鉴真携往日本的书籍，真实地反映出他的精神信仰及理想抱负。鉴真及其弟子通过“书籍之路”及设坛授戒，极大地传播了宗教文化。他们携带的这些经卷对最澄开创日本天台宗有直接影响。

题 名 鉴真东渡与舟山诸岛关系质疑及其在中日海岸交通史上的重要意义
作 者 郭振民
刊 名 浙江国际海运职业技术学院学报
年 卷 期 2006 年 1 期
页 码 27 – 32
摘 要 文章以较为翔实的史料,并通过亲身实地踏勘考证,运用史料与实际勘考相结合的途径,历史与现代交汇渗透的视角,和空间交流的比较式研究方法,对鉴真东渡这一事关中日文化交流和中日海上交通史发展的重大历史事件,与舟山诸岛的关系,以及舟山群岛在中日海上交通史和文化交流中的重要地位与作用,进行了深入的探讨。

题 名 鉴真东渡在航海史上的意义
作 者 丁正华
刊 名 航海
年 卷 期 1981 年 6 期
页 码 4 – 5
摘 要 唐代高僧鉴真东渡日本,以及由此产生的佛学和文化艺术等方面的影响,是一千二百多年来中日友好交往的历史象征,并为两国人民世世代代所传颂。许多国内外学者对鉴真作过不少研究,写过许多文章,对了解鉴真的事迹和贡献起了很好作用。但是,对于鉴真东渡的另一个重要方面,就是他的航海经历及其多次失败的原因,至今还未从航海技术和航海发展史的角度,作系统的分析研究。因为,鉴真东渡已成为中日交往史上一个著名的事例,与航海有关,而且发生在唐代盛世,这就必然出现这样一些问题:他的航海事迹是不是反映了当时中日海上交通情况?是不是代表唐代的航海和造船技术的发展水平?鉴真可不可以称为一个航海家?在研究航海史时,这些都是需要澄清的问题。本文试从这些方面作初步的分析和探讨。

题 名 鉴真对日本佛教文化的影响
作 者 郭天祥
刊 名 宝鸡文理学院学报(社会科学版)
年 卷 期 1996 年 4 期
页 码 29 – 33
摘 要 鉴真对日本佛教文化的影响主要体现在三个方面:一是为日本佛教建立了严格的授戒制度,使其走上了有序发展的轨道;二是创造了日本律宗的祖庭——唐招提寺;三是为天台宗、密宗在日本的兴盛奠定了基础。至于作为律学大师的鉴真,为什么会与天台宗、密家发生关系?文章提出了新看法。认为传律授戒是律学师傅的宗教义务,其服务的对象是整个佛教界,并不局限于一宗一派。因而律宗很难算得上独立的佛教宗派。在此基础上,作者进一步考证,认为鉴真应属天台宗信徒,但他又能根据客观需要,在实践中吸收密宗的某些仪轨。

题 名 鉴真对日本医学的贡献刍议
作 者 何永华
刊 名 日本研究
年 卷 期 1988 年 2 期
页 码 42 – 45

摘　　要　今年是鉴真和尚诞生1300年，圆寂1225周年。作为一代高僧，他佛学深湛，德流八紘，为江淮佛界所钦服；作为中日文化交流的先驱，在长达十二年的时间里，他六次东渡，五次失败，古稀高龄，復兼失明，仍夙志不改，终于把唐代的灿烂文化带到日本，自己也瘗身扶桑。鉴真学识广博，在日本，他不仅弘法布道，授戒传律，而且与弟子们尚就医学、药学、建筑学、绘画书法、文字声韵、酿造烹调等诸多方面进行了无保留的传授，为日本天平文化带来了旋转乾坤，决定气运的影响。本文仅就鉴真东渡前后的有关医事活动，作一评述。

题　　名　鉴真赴日进行医药交流动因研究
作　　者　杜箐
刊　　名　中国中医基础医学杂志
年 卷 期　2010年2期
页　　码　118,120

题　　名　鉴真和日本奈良
作　　者　朱江
刊　　名　扬州大学学报(人文社会科学版)
年 卷 期　1979年1期
页　　码　49－51

题　　名　鉴真和尚和唐代扬州
作　　者　蒋华
刊　　名　扬州大学学报(人文社会科学版)
年 卷 期　1979年1期
页　　码　46－48

题　　名　鉴真和尚医药史迹考——纪念鉴真和尚东渡1226周年
作　　者　宋大仁
刊　　名　浙江中医药大学学报
年 卷 期　1979年2期
页　　码　65－67

题　　名　鉴真和尚与阿倍仲麻吕
作　　者　屈庆璋
刊　　名　重庆与世界
年 卷 期　2010年2期
页　　码　66－69

题　　名　鉴真和尚与海南佛教文化
作　　者　陈喆烨，周泉根
刊　　名　西安社会科学
年 卷 期　2009年27卷1期

页　　码　52－54

摘　　要　佛教在唐代已落户海南，并得到了长足的发展，鉴真就是海南佛教文化的重要代表，正是他的到来架起了中原佛教文化与海南文化的桥梁。因此，分析鉴真的到来始末及其抵达后的行迹，作为对海南佛教文化历史资源的挖掘和梳理就显得至关重要。

题　　名　鉴真和尚与日本律宗的建立

作　　者　何满子

刊　　名　社会科学

年 卷 期　1980年1期

页　　码　153－159，134

摘　　要　鉴真和尚一行在日本文化史上刻下了深刻的印痕，其影响远不止于佛教领域，对日本的建筑、雕塑、描画、书法、医药等许多方面的贡献，不仅大量地记载在日本的史籍里，而且迄今还有不少实物，作为日本的"国宝"存留在奈良市，供人凭吊，显示了中日两国民族友谊之深厚和源远流长。然而最重要的，当然是鉴真对日本的僧伽制度和佛教文化方面所起作用。他是日本佛教正规戒律的确立者，日本律宗的开山祖。律宗在佛教信仰活动中具有两重性，一方面，它是佛教者宗之一，在修行根本的戒、定、慧三者之间宗奉以戒律为主的教义：另一方面，由于戒律是所有佛教信徒都必须遵守的法度和规范，因此，律宗倡导的教义，特别是受法、戒相等属于制度条规性的方面，又带有超乎佛教诸宗的普遍教主的性质。所以作为日本律宗的创始人，鉴真对日本佛教事业的影响，更非其它宗派的创立者可比。

题　　名　鉴真和尚与世界最早的印刷品

作　　者　孙蔚民

刊　　名　扬州大学学报(人文社会科学版)

年 卷 期　1979年1期

页　　码　41－43

摘　　要　世界现存的最早印刷品，东西方学者一致认为，是公元770年日本印刷的《陀罗尼经咒》刻本。现在日本大和省奈良市法隆寺还保藏着许多原刻本，英国博物馆藏有三纸，东德来比锡博物馆藏有一纸，成为世界印刷史上极其珍贵的文物。不久前，我国四川成都唐墓中也出土印本《陀罗尼经咒》一方，约一尺见方，中刻佛象一尊，环绕佛象刊印梵语经文，四边印各种小佛象。日本佛教系由中国传入。我国是世界印刷术发明最早的国家(创始于公元600年左右)。这种作为佛教印刷品在日本出现，是中国印刷术在日本的最早的引入。

题　　名　鉴真和尚与扬州大明寺

作　　者　能度

刊　　名　法音

年 卷 期　1998年5期

页　　码　30－31

摘　　要　鉴真和尚与扬州大明寺能度今年是中日邦交正常化26周年。饮水思源，我们不得不提起我国唐代的一位著名高僧鉴真和尚。当年他应邀赴日本，出生入死，经六次东渡，方才实现。他留居日本十年，毫无保留地将我国的佛教及建筑、雕刻、文学和医药等传播过去。

题　　名　鉴真与佛教文化的传播

作　　者　孙晓钢

刊　　名　中国宗教
年 卷 期　2003 年 11 期
页　　码　54－56
摘　　要　鉴真是我国唐代著名高僧,佛教文化的伟大传播者。为了弘扬鉴真“经国为民、舍生忘死、百折不回”的精神,今年 11 月 1 日至 3 日,鉴真大师的故乡——江苏省扬州市隆重举办了鉴真东渡成功 1250 周年纪念大会、鉴真佛学院奠基仪式、《鉴真》专题纪录片首播式和有关图片展、书画展、学术研讨会、纪念法会等多项活动。一代大师跫音已远,但他的精神和意志却透过历史的帷幕,长久地拨动着我们的心弦。

题　　名　鉴真与日本佛教
作　　者　郝润华
刊　　名　文史知识
年 卷 期　2005 年 8 期
页　　码　110－114
摘　　要　鉴真(688－763),唐扬州江阳(今江苏扬州)人。武周长安二年(702)出家,随扬州大云寺的智满禅师为沙弥。有人认为,鉴真初人佛门学的是禅宗,这种说法值得商榷。考察《续高僧传》、《宋高僧传》等文献,许多天台宗的大师都不约而同被称为“禅师”。鉴真初出家随智满学习的实际是天台宗,而不是禅宗。中宗神龙元年(705),18 岁的鉴真在大云寺从光州道岸律师受菩萨戒。

题　　名　鉴真与他羁旅海南期间的事迹
作　　者　陈世民,文山
刊　　名　海南师范学院学报(人文社会科学版)
年 卷 期　1996 年 9 卷 1 期
页　　码　118－122
摘　　要　在佛文化交流中,人们往往津津乐道的是法显、玄西行求法的大无畏献身精神。其实,唐高僧鉴真为弘扬中华文化和促进中日两国人民友好往来,不顾生命安危,冒着骇浪惊涛,冲破重重险阻,六次东渡日本的壮举,是完全可以与他们媲美的。

题　　名　鉴真与天台宗关系新探
作　　者　卞孝萱
刊　　名　广东社会科学
年 卷 期　2004 年 3 期
页　　码　89－94

题　　名　鉴真与扬州
作　　者　卞孝萱
刊　　名　扬州大学学报(人文社会科学版)
年 卷 期　1980 年 1 期
页　　码　71－77

题　　名　**鉴真与中日医药交流**
作　　者　张慰丰
刊　　名　江苏中医药
年 卷 期　1979 年 3 期
页　　码　33－35
摘　　要　一千二百多年前,唐代扬州高僧鉴真大师应日本僧徒之邀请,不顾沧海之险,远涉重洋,东渡日本,为增进中日两国人民的友谊和文化交流,作出了不朽的贡献。今年鉴真和尚生前的塑像回国探亲,日本文化界、宗教界、医药界人士也将随同来江苏扬州等地与我国人民共同集会,举行纪念活动。本刊特刊此文,以志纪念。

题　　名　**鉴真圆寂后日本国使扬州报丧时间考辨**
作　　者　许凤仪
刊　　名　扬州大学学报(人文社会科学版)
年 卷 期　2006 年 10 卷 5 期
页　　码　89－91
摘　　要　唐代扬州高僧鉴真,东渡日本,弘扬佛法,传播文化,被日本人民誉为文化恩人。鉴真圆寂后,日本特派国使赴扬州报丧。关于报丧时间,中日学者各执所见。

题　　名　**鉴真在长安**
作　　者　耿鉴庭
刊　　名　陕西中医
年 卷 期　1981 年 2 卷 3 期
页　　码　45－46
摘　　要　鉴真是唐代渡海赴日传播文化的高僧,他在中日两国学术交流史和科技交流史上,作出了一定的贡献。1980 年,鉴真生前的塑像回国巡展,各报章杂志报道已多。但关于他学问的来源,尤其是青壮年在故乡扬州和洛阳长安的学习阶段,很少有人提到。现根据文献,因限于篇幅,姑以医药及他在长安的有关活动,重点介绍于下。

题　　名　**鉴真在江西**
作　　者　耿鉴庭,傅景华
刊　　名　江西中医药
年 卷 期　1981 年 1 期
页　　码　56－58
摘　　要　鉴真是一千二百多年前中日友好和文化交流的伟大使者,也是中日医药交流史上杰出的人物。他把盛唐时期的文化艺术全面地介绍给日本人民,除佛学外,对日本的医药、建筑、雕塑、刻缕、铸造、绘画、书法、文字、声韵、工艺、刺绣、缝纫、酿造、烹调、园艺、种植等方面,都作出了巨大贡献。两国人民世世代代深切铭记鉴真大师为中日友好往来和文化交流所立下的不朽业绩,近年来曾举行了各种形式的纪念活。1980 年 4 月 13 日,我国政府应日本唐招提寺森本孝顶长老的请求,热烈欢迎鉴真大师塑像回国巡展,透过这一活动,又为中日友谊的进一步发展谱写了新的篇章。

题　　名　鉴真在岭南的活动
作　　者　耿鉴庭,傅景华
刊　　名　新中医
年 卷 期　1980 年 3 期
页　　码　52－55
摘　　要　鉴真是唐朝广陵江阳县(即今扬州市)人,俗姓淳于,生于唐睿宗垂拱四年(公元688年)。他十四岁在扬州大云寺出家,二十岁去长安,洛阳等地游学,亲受弘景、道岸、融济等名师陶诱,不仅成为一个学识渊博的高僧,而且在建筑学和医学等多方面颇有造诣。

题　　名　鉴真在日本
作　　者　安藤更生,陈正奇
刊　　名　唐都学刊
年 卷 期　2008 年 24 卷 6 期
页　　码　10－13
摘　　要　鉴真是中日关系史上至关重要的历史人物,五次东渡未果,在66岁高龄且双目失明的情况,历经千辛万苦终于到达日本,携带了大量的佛经、佛像、书籍等。鉴真在日本除传授戒律外,在建筑、雕刻、医学、文字等方面也有颇多建树,成为大唐文化的重要传播者,为中日文化交流做出杰出的贡献。

题　　名　鉴真在日本
作　　者　汪向荣
刊　　名　社会科学战线
年 卷 期　1978 年 2 期
页　　码　123－136

题　　名　鉴真在日本受到“奈良旧教团”的排挤打击吗?
作　　者　王金林
刊　　名　天津社会科学
年 卷 期　1982 年 1 期
页　　码　59－65
摘　　要　近二十年来,中日两国学者对唐代东渡日本的高僧鉴真,进行了广泛而深入的研究。鉴真百折不回东渡邻邦的事迹,以及他在日本受到欢迎、敬重的史实,已得到大多数学者的公认。六十年代初日本有的学者在研究鉴真时,为促进中日友好,曾指出奈良时代,日本有个别僧侣不尊敬鉴真,并为此表示遗憾。日本友人借古喻今,表示对发展中日友好关系的愿望,这是可以理解的。然而,自1978年以来,我国学术界有人就上述观点加以发展,认为鉴真在日本曾受到“奈良旧教团”的冷视和打击。对此,谈一点不同的看法。

题　　名　鉴真在中日文化交流史上的杰出作用
作　　者　孙蔚民
刊　　名　扬州大学学报(人文社会科学版)
年 卷 期　1979 年 2 期
页　　码　49－52,66

题　　名　**江、浙地区的早期玻璃器和先秦时期的中西文化交流**
作　　者　姚勤德
刊　　名　东南文化
年 卷 期　1990 年 5 期
页　　码　186 - 190

题　　名　**江潮澎湃 海运宏开——纪念国立吴淞商船专科学校建校 95 周年**
作　　者　洪振权
刊　　名　航海
年 卷 期　2004 年 4 期
页　　码　41 - 44,42

题　　名　**江海关——钟声里的记忆**
作　　者　杨智友
刊　　名　档案春秋
年 卷 期　2006 年 4 期
页　　码　38 - 40

题　　名　**江海关究竟设在哪里**
作　　者　李荣昌
刊　　名　学术月刊
年 卷 期　1985 年 11 期
页　　码　20 - 23
摘　　要　康熙二十四年,清政府撤除“海禁”,设粤、闽、浙、江四海关。这是清代前期政府商业政策的一大改变。但是,关于江海关的设关地点,历来观点纷纭。考诸史籍,设关地点有三说。其一,据夏燮《中西纪事》与王之春的《国朝柔远记》称,江海关设于“江南之云台山”。此说影响最大,至今为许多有影响的著作所沿用。其二,据《清史稿·食货志》称,江海关设于“云山”。此说影响最小,很少为人引用。其三,据上海地方史乘及清政府的一些官方文件记载,江海关设于上海。今人著作中有采用此说的,如关贵芳的《古代上海述略》。彭泽益先生曾根据王士祯的《北归志》,提出江海关系设于上海。但此说影响不大,直至最近人们提及此事时仍称江海关设于云台山。

题　　名　**江海关究竟设在哪里**
作　　者　吴永涛,朝鲁,方连运
刊　　名　西北大学学报(哲学社会科学版)
年 卷 期　1990 年 3 期
页　　码　82 - 85
摘　　要　清初,台湾尚未统一,清政府一直推行海禁政策,以隔绝内地人民与外界的联系。康熙二十二年(1683 年)台湾郑氏败亡后,清政府宣称:“海内一统,环宇宁谧”,遂于康熙二十四年(1685)开放海禁,谕示“满汉人民视同一体,应令其出洋贸易,以彰富庶之治。”并在沿海设置四海关;粤海关、闽海关、浙海关、江海关,负责管理中外贸易、征税、缉私等事务。指定外商可在上述四口互市。但不到八十年,即乾隆二十二年(1757 年),又以“民俗易嚣,洋商错处,必致滋事”为由,关闭了三个海关,只准外商在广州一地通过“公行”进行贸易或交谈有关事宜。鸦片战争后,通商口岸渐多,故将旧有之“关”称之为“常关”,新设之“关”称之为“海关”或“新关”,以示区别。

题　　名　**江海关始设地址之我见**
作　　者　张耀华
刊　　名　学术月刊
年 卷 期　1994 年 10 期
页　　码　95 - 96

题　　名　**江南地区史前文化海路输日蠡测**
作　　者　王心喜
刊　　名　浙江海洋学院学报(人文科学版)
年 卷 期　2006 年 1 期
页　　码　40 - 46
摘　　要　研究表明,日本早期绳纹文化和弥生文化的若干因素,都可以从我国江南地区史前文化中找到渊源关系或相似特点。江南居民从杭州湾出发,借助季风、海流移动的力量以及天文、地文导航直接东渡日本,并非没有可能。不过,江南史前文化由海路输入日本,是自发的,断断续续的,应当不是一次完成,而是在相当长的时期内多次完成的。

题　　名　**江南地区新石器时代文化对日本影响的蠡测**
作　　者　王心喜
刊　　名　南昌大学学报(人文社会科学版)
年 卷 期　1987 年 4 期
页　　码　41 - 44

题　　名　**江南地区原始文化由海路输入日本论**
作　　者　王心喜
刊　　名　杭州教育学院学报
年 卷 期　1996 年 1 期
页　　码　32 - 39,100
摘　　要　本文以考古学、历史学、地理学和第四纪学的研究成果为依据,在分析江南地区原始文化对日本影响的基础上,论证了江南原始居民由海路东渡日本的可能性以及航海路线;并对江南原始居民东渡日本的缘由作了蠡测。

题　　名　**江南地区远古居民航渡日本试论**
作　　者　王心喜
刊　　名　海交史研究
年 卷 期　1987 年 12 期

题　　名　**江南建造总局从成立到“局坞分立”时的演变**
作　　者　刘大钧
刊　　名　船史研究
年 卷 期　1987 年 3 期

题　　名　**江南精神的核心是创时代之新——从江南机器制造总局到海军江南造船所**
作　　者　辛元欧
刊　　名　船舶工程
年 卷 期　2005 年 27 卷 S1 期
页　　码　64 - 68
摘　　要　首先回顾了江南造船厂 84 年(1865 - 1949)的发展历程,然后总结了江南造船的历史经验和办厂特色,并相信江南精神必将继续发扬光大、与时俱进。

题　　名　**江南名舟西漳船**
作　　者　李心言
刊　　名　郑和研究
年 卷 期　2002 年 2 期
页　　码　42 - 45

题　　名　**江南省海关设于庙湾考**
作　　者　赵树廷
刊　　名　江海学刊
年 卷 期　2006 年 2 期
页　　码　90

题　　名　**江南文化和古代的日本**
作　　者　安志敏
刊　　名　考古
年 卷 期　1990 年 4 期
页　　码　375 - 380,384
摘　　要　位于亚洲东部的中国和日本,是一衣带水的友好邻邦。尽管隔着浩瀚的大海,远古以来便开始了连续不断的文化交流,如日本列岛旧石器和细石器的出现、陶器和农耕的发生、青铜器和铁器的输入等,都可溯源于中国大陆的古代文化。远在先土器时代,由于冰川的作用降低了海水面,日本列岛和大陆联结在一起,成为人类往来和文化交流的桥梁。不过从绳文时代以来,海水面重新上升,日本列岛已处于同大陆相隔离的状态,只有通过海路才可能与大陆发生文化联系。

题　　名　**江南运河的形成**
作　　者　李心言
刊　　名　郑和研究
年 卷 期　2001 年 2 期
页　　码　45 - 46

题　　名　**江南早期文化对日本稻作文化的影响**
作　　者　黄粟嘉
刊　　名　农业考古
年 卷 期　2000 年 3 期
页　　码　92

题　　名　**江南造船厂与近代中国的工业化**
作　　者　黄汉民
刊　　名　船史研究
年 卷 期　1995 年 8 期

题　　名　**江苏北部古代海堤与海陆变迁**
作　　者　赵清，林仲秋
刊　　名　徐州师范大学学报(自然科学版)
年 卷 期　1995 年 7 卷 2 期
页　　码　33－38
摘　　要　千余年来，苏北东部沿海为抵御潮患曾先后筑起过三条海堤。随海水东去，现已沦为历史遗迹，但却为研究苏北东部海陆变迁提供了可靠的依据。根据古代海堤的分布位置和兴废时间，分析苏北沿海平原及沿江平原的成陆历史及形成因素，探讨海堤兴废与气温、海面变化等因素的耦合关系。

题　　名　**江苏古代造船与水运**
作　　者　刘沛安
刊　　名　江苏船舶
年 卷 期　1982 年 2 期
页　　码　51－56
摘　　要　江苏是全国水运事业较发达的省份之一，也是我国古代造船基地之一。一九五八年在武进县奄城掘出一只长十一米、宽九十厘米的独木舟，据考证这只独木舟是春秋时期的遗物；一九六〇年在扬州施桥镇出土宋代独木舟和木船，独木舟长 13.65 米，宽 0.75 米，深 0.56 米为国内目前发现的最长一艘独木舟；木船残长 18.4 米，宽 4.3 米，深 1.3 米。分为五舱，整船以榫头与铁钉并用连结方法建造。此外尚在如皋出土唐代木船，在南京出土明朝大型运洋海船的舵杆，这些文物足以证明我省造船事业有悠久的历史。

题　　名　**江苏境内古代运河的变迁**
作　　者　莫云
刊　　名　江苏地方志
年 卷 期　2004 年 1 期
页　　码　29－31

题　　名　**江苏如东发现古代独木舟**
作　　者　钱锋，李文明

刊　　名　东南文化
年 卷 期　1985 年 00 期
页　　码　34 - 37
摘　　要　一九八四年四月,如东县汤园乡长田村农民在翻土种地中,发现一只古代独木舟。现报导如下,并对这一发现的重要意义作一简单分析。

题　　名　江苏太仓发现郑和家庙
作　　者　刘孔伏,周喻
刊　　名　郑和研究
年 卷 期　2006 年 4 期
页　　码　132 - 134
摘　　要　关于郑和的家世与出身,由于史料记载的缺失,所以人们知之甚少。《明史 · 郑和传》仅言其为"云南人"。经过学术界的不懈努力,陆续发现了《赛典赤家谱》、云南《郑和家谱》与南京《郑氏家谱首序》等几部家谱数据,这才搞清楚了郑和家世源流与出身。

题　　名　江苏郑和遗址遗迹述略
作　　者　季士家
刊　　名　江苏地方志
年 卷 期　2005 年 3 期
页　　码　4 - 7
摘　　要　明朝初年,明太祖朱元璋、成祖朱棣等对周边各国实行睦邻友好、和平相处的外交政策。自明永乐三年至宣德八年(1405 - 1433)的 28 年间,郑和率领举世无双的庞大船队 7 次下西洋,出色地完成了外交使命,为明初睦邻友好的外交作出不可磨灭的历史贡献。南京是郑和下西洋的决策地和始发港,太仓刘家港是郑和船队的出海港。郑和在江苏生活了 34 年,留下了众多的遗址遗迹。

题　　名　江苏最早的海军学校——江南水师学堂
作　　者　吴欣迎
刊　　名　好家长
年 卷 期　1996 年 5 期
页　　码　49 - 50

题　　名　江夏赤壁考
作　　者　徐忠影
刊　　名　武汉文史资料
年 卷 期　1994 年 13 卷 4 期
页　　码　33 - 38
摘　　要　赤壁之战,是我国历史上的一次著名战役。公元 208 年(建安十三年)孙、刘联军以夏口为根据地,用 5 万人马大败北方曹操的 20 多万大军,创造了我国历史上以弱胜强、以少击众的著名战例。此战,对三国的形成和发展,起了决定性的作用。

题　　名　**江浙地方士绅与御倭政策——以张经总督剿倭时期(1554－1556)为例**
作　　者　[台]吴大昕
刊　　名　暨南史学
年 卷 期　2000年3期

题　　名　**蒋洲出使日本考**
作　　者　王佩弦
刊　　名　中国市场
年 卷 期　2010年48期
页　　码　154－157
摘　　要　明代嘉靖年间,倭寇肆虐东南沿海,王直就是倭寇之中最重要的一支。为了招抚王直,胡宗宪派蒋洲等人出使日本,诱降王直。蒋洲等人不畏艰难险阻,最终完成诱降任务。本文就是以此为研究对象,研究蒋洲出使日本的具体活动。

题　　名　**交通贸易与明代山东土地开发**
作　　者　成淑君
刊　　名　史学月刊
年 卷 期　2005年8期
页　　码　37－41,65
摘　　要　交通与贸易是影响土地开发的两个重要因素。明代山东各地虽然都不同程度地开展了一些贸易活动,并且也或多或少地促进了当地土地的开发,但总体来看,多数地区仍面临着因交通贸易相对欠发达而造成的土地开发受阻的事实。具体而言,各地又有所差别,地处东部沿海的青州、莱州、登州三府因在交通与贸易方面皆远远落后于地处西部运河沿岸的济南、兖州、东昌三府,因此交通贸易对土地开发的限制较西三府表现得更为突出。有鉴于东三府交通贸易严重阻碍土地开发的现状,任职于当地的一些官员提出了实行海上自由贸易及开通胶莱河等主张。

题　　名　**交通运输与中日甲午战争**
作　　者　何家伟,龚松柏
刊　　名　安徽大学学报(哲学社会科学版)
年 卷 期　2001年25卷4期
页　　码　12－17
摘　　要　交通运输业同其他物质生产部门一样,构成国家经济发展的基础,并形成该国的军事潜力。在战争条件下,交通运输业的作用十分重要,没有铁路,进行现代战争就是空谈。中日甲午战争,由于交通运输的落后,尤其是铁路的缺乏,对中方造成了严重制约,使战前清军的布防失去先机,使战时支援不力,导致清军一败再败。

题　　名　**交易费用不对称与企业产权制度选择——对轮船招商局“官督商办”体制的一种解释**
作　　者　曹正汉
刊　　名　佛山科学技术学院学报(自然科学版)
年 卷 期　1997年3期
页　　码　60－65

摘　　要　当保护产权和市民权利的法律制度不完善,官员的权力难以按法律程序有效制约时,界定和实施产权的交易费用在官员和市民之间就会出现不对称分布。在交易费用不对称条件下,投资者与官员可能会达成某种程度的合作:投资者提供资本,官员承担保护企业产权的责任,形成为依附型产权,剩余收益权在投资者与官员之间进行分配。轮船招商局"官督商办"体制形成的原因,并非仅出于清政府和洋务派官僚单方面的意愿,而是洋务派官僚与买办商人均衡选择的结果。

题　　名　胶东半岛上发现的古代独木舟
作　　者　王永波
刊　　名　考古与文物
年 卷 期　1987 年 5 期
页　　码　29 – 31

题　　名　胶东半岛在元明清海运中的地位
作　　者　卞师军
刊　　名　烟台师范学院学报(哲学社会科学版)
年 卷 期　1989 年 1 期
页　　码　75 – 80
摘　　要　胶东半岛是我国古代北方重要的航海基地。在元、明、清三朝海运中更占重要地位,探讨这一问题,对发展今天胶东的海上交通事业有一定的借鉴意义。

题　　名　胶西海战金军战败原因探析
作　　者　赵晓帆
刊　　名　沧桑
年 卷 期　2010 年 10 期
页　　码　106 – 108
摘　　要　胶西海战是宋金战争中一次影响很大的海上战役。通过对双方海船技术水平、对气候的利用及情报获取的优劣得失等进行深入分析比较,以探讨海战金水军失败的原因。

题　　名　脚踏车船不始自杨么
作　　者　王瑞明
刊　　名　江汉学报
年 卷 期　1963 年 4 期
页　　码　51
摘　　要　吴示模同志在《试论锺相杨么起义在历史上的作用》(《史学月刊》1960 年 3 月)一文中提到:这次起义发明了"脚踏车船",说这是一个巨大的飞跃,一次技术革命,打下了用机器代替人力的基础,揭开了我国舟船发展史上新的一页。这一说法,与史实不符。

题　　名　揭开"北洋水师"覆亡之谜——王明皓和他的"北洋水师"情结
作　　者　张群
刊　　名　华人时刊
年 卷 期　2000 年 7 期

页　　码　24－25

题　　名　**揭开郑和宝船五大谜团**
作　　者　张华念,施剑松
刊　　名　报刊荟萃
年 卷 期　2005 年 10 期
页　　码　46－48

题　　名　**解放前上海造船工业中的包工制度**
作　　者　经江
刊　　名　学术月刊
年 卷 期　1981 年 11 期
页　　码　17－21,31
摘　　要　解放前上海造船工业中的包工制度具有很浓厚的半殖民地半封建的剥削特色。现将我们调查的材料整理出来,供研究旧中国工人历史和工业管理制度的同志们参考。

题　　名　**解放战争时期国民党海防第二舰队起义**
作　　者　尤冠南
刊　　名　文史春秋
年 卷 期　2010 年 12 期
页　　码　39－41

题　　名　**解开丁汝昌自杀的谜团**
作　　者　戚其章
刊　　名　广东社会科学
年 卷 期　2005 年 2 期
页　　码　133－138
摘　　要　近代爱国诗人黄遵宪曾作《降将军歌》,讥讽北洋海军提督丁汝昌“已降复死”。丁汝昌到底投降日本人没有？北洋舰队之降,究竟是在丁之生前,还是在他死后？对此,一百年来聚讼纷纭,疑案莫明,成为历史之谜。本文对丁汝昌的“仰药”时间详加考证,认为北洋舰队投降是在丁死之后,“已降复死”之说与历史事实不符,是不能成立的。

题　　名　**介绍李金明新著《明代海外贸易史》**
作　　者　韩振华
刊　　名　南洋问题研究
年 卷 期　1990 年 3 期
页　　码　103－105
摘　　要　明代在我国海外贸易史上占有相当重要的地位,明史上一些重大问题,如明代初期实行海禁政策,郑和七次下西洋,明代中期以后的倭寇之乱,明代后期的海盗商人等等问题,无不与当时海外贸易发生了密切的联系,这很需要有系统地加以研究和论述。李金明同志所著《明代海外贸易史》一书(中国社会科学出版社,1990 年出版)对上述这些问题,给以圆满的回答,堪称明代海外贸易史的一部优秀著作。

综观该书,具有观点新颖、史料翔实这两大优点。兹将该书一些具有创新的看法,略述如下。

题　　名　金代的交通及其管理
作　　者　崔广彬
刊　　名　学术交流
年 卷 期　1996 年 6 期
页　　码　113－116
摘　　要　交通的发展是人类社会进步、发展的标志之一,交通运输情况反映着一定时期社会生产力发展的水平。交通是国家维系其有效统治、进行商业贸易、社会运输、外交等方面的重要手段和保证。笔者就金代交通中的邮驿、交通运输工具及漕运与海运等方面进行一些探讨,以就教于学界同仁。

题　　名　金代的造船与水战
作　　者　周峰
刊　　名　博物馆研究
年 卷 期　2008 年 1 期
页　　码　31－34
摘　　要　金代的造船技术由建国前只能建造独木舟,发展到完颜时期能建造大型战舰,主要是吸收了宋朝的先进经验,也是完颜亮出于战争的需要。但是,完颜亮的水军在侵宋战争中仍不是装备了先进战舰、拥有丰富水战经验的宋朝水军的对手。水战的失利,也最终导致了完颜亮的覆亡。

题　　名　金登干与中英炮舰贸易
作　　者　程秀玲
刊　　名　和田师范专科学校学报
年 卷 期　2009 年 5 期
页　　码　229－230
摘　　要　金登干是晚清政府派驻伦敦代购舰只的代理人,他在职期间为清政府购买了数十艘炮舰,为清政府引进了西方先进的炮舰技术,在一定程度成提高了晚清海军的实力。但其过分夸大了这些炮舰的能力,再加上清政府的盲从,花费大量白银购买了一些战斗力并不很强的炮舰。同时,赫德通过金登干的购船活动妄图控制中国的海军大权,其侵略性可见一斑。

题　　名　金陵大报恩寺琉璃塔浅说
作　　者　马忠
刊　　名　郑和研究
年 卷 期　2008 年 1 期
页　　码　20

题　　名　金陵大报恩寺与琉璃塔的历史渊源
作　　者　蒋赞初
刊　　名　郑和研究
年 卷 期　2007 年 4 期
页　　码　7－8

题　　名　金陵何处稳船湖
作　　者　郑自海
刊　　名　郑和研究
年 卷 期　2006 年 1 期
页　　码　119 – 120
摘　　要　金陵城北曾有一大湖,东晋时苏峻与祖约起兵谋反,名将温峤、庾亮等出兵讨伐,苏峻战败被杀于此,后称此湖为苏峻湖。宋元时期称张阵湖,清同治《上江两县志》记载:在张阵湖旁的晋宁朔将军竺瑶墓前有块碑,上刻“明曰稳船湖,地近宝船厂,太监郑和下西洋试船于此”。说明因郑和远航前在此试航宝船,张阵湖更名为稳船湖。

题　　名　金陵咸阳世家马府郑氏家事
作　　者　郑勉之
刊　　名　郑和研究
年 卷 期　1997 年 1 期

题　　名　金尼阁与中西文化交流
作　　者　计翔翔
刊　　名　杭州大学学报(哲学社会科学版)
年 卷 期　1994 年 3 期
页　　码　51 – 57

题　　名　金仁问前三次入唐考——兼与姜维东先生商榷
作　　者　金光明
刊　　名　博物馆研究
年 卷 期　2009 年 1 期
页　　码　49 – 52,48
摘　　要　中国学者陈景富先生评价金仁问为“新罗出色的外交家”;韩国学者赵甲济先生评价金仁问为相当于“驻美大使”一样的赫赫人物。《三国史记》(卷 44,金仁问传)对金仁问的介绍要比其他史书详细很多。但即便这样,史书中关于他的记载还很匮乏,有待挖掘。由于史料的缺乏使得学界对他的关注并不高,因此,时至今日仍有许多问题无法考证且多有歧义。例如金仁问前三次入唐是在什么时候,尚无定论。笔者希望能够借助本文进一步接近事实的真相。

题　　名　金仁问研究中的几个问题
作　　者　拜根兴
刊　　名　海交史研究
年 卷 期　2003 年 44 期
页　　码　72 – 77

题　　名　金上京城的水陆交通
作　　者　景爱

刊　　名　北方文物
年 卷 期　1988 年 4 期
页　　码　61－67
摘　　要　在海陵完颜亮迁都燕京前，上京是金朝的首都，是黑龙江地区最大的城市。皇室、官府和居民的粮食、食盐等生活物资，主要靠外地供应。皇帝的诏令、官府的公文，要及时送达各地。这都要求上京城有良好的对外交通。金上京的对外交通，有陆路和水路。陆路用以传递公文和使节往来，水路则是漕运的渠道。

题　　名　**金乡卫大捷应予重视**
作　　者　姚效群
刊　　名　郑和研究
年 卷 期　2003 年 1 期
页　　码　9－10

题　　名　**近 1300 年来古胶州港位置的变迁**
作　　者　于世永，朱诚，卢春成，杨绍礼
刊　　名　海洋湖沼通报
年 卷 期　1995 年 4 期
页　　码　16－20
摘　　要　本文主要依据有关方志、文史资料，着重考证了近 1300 年来古胶州港位置的变迁，研究发现，古胶州港的位置自唐代至清末近 1300 年间，沿胶州湾西、北岸大致经历了 7 次变更，特别自明代开始，港口位置变迁尤为频繁，作者初步分析认为这与历史时期胶州湾内西、北岸的不断淤涨和胶莱南河、大沽河口的冲淤作用有关。

题　　名　**近 30 年来的中国海外移民：以福州移民为例**
作　　者　庄国土
刊　　名　世界民族
年 卷 期　2006 年 3 期
页　　码　38－46

题　　名　**近 30 年来清代民国川江航运研究综述**
作　　者　王文君
刊　　名　中华文化论坛
年 卷 期　2009 年 2 期
页　　码　188－192
摘　　要　近 30 年来，我国学术界对清代民国川江航运的研究成果丰富。本文在此对这些研究成果作一个梳理，总结已有的成绩，并对今后的研究提出自己的看法。

题　　名　**近 50 年明清“闭关政策”研究综述**
作　　者　郑佳明，朱柏林
刊　　名　湖南社会科学

年 卷 期 2002 年 6 期

题 名 **近八十年来清代海盗史研究状况述评**
作 者 季士家
刊 名 学海
年 卷 期 1994 年 5 期
页 码 84 – 88
摘 要 海盗现象,乃为阶级社会里的一种社会现象。其产生的原因,基本上是由于生活所迫。清代海盗现象,与清朝历史相始终。由于乾隆末年至嘉庆上半叶,出现了东南沿海海盗的反清高潮,构成了对清廷的威胁,成为清中叶重大的政治事件,其中特别是以蔡牵为首的队伍,称王举义,进行反清,发动了为夺取台湾的斗争。因此,清代海盗史的研究,又多偏重在对蔡牵的研究上。

题 名 **近百年的郑和研究**
作 者 时平
刊 名 回族研究
年 卷 期 2003 年 1 期
页 码 65 – 69
摘 要 郑和研究,从 1904 年梁启超肇始,迄今走过了近百年的历程。它伴随着 20 世纪中国历史变迁的脚步,逐步走向繁荣,显露出蓬勃的生机。毋庸置疑,20 世纪的郑和研究是一个迅速发展的时期,是继往开来的时期。今天,回首审视郑和研究的发展,对于我们推动 21 世纪郑和研究事业,无疑是一个重要的基础和前提,也是不可或缺的有益补充。全面地总结 20 世纪的郑和研究,是一项艰苦繁重的工作。本文是在吸收和整理前人成果的基础上完成的。根据 20 世纪郑和研究发展的特点,可以分为 5 个阶段。

题 名 **近百年来帝国主义对厦门棉布市场的掠夺**
作 者 林光祖
刊 名 厦门大学学报(哲学社会科学版)
年 卷 期 1963 年 1 期
页 码 44 – 51
摘 要 1842 年“南京条约”签订以后,厦门被辟为五口通商口岸之一。这一时期正是英国资本主义刚渡过经济危机走向经济复苏、大量工业品迫切需要国外市场的时候。马克思说过:“1842 年底,英国工业从 1837 年所几乎不断遭受的那种停滞情况,已开始和缓。在以后的两年中,国外对于英国工业品的需求更增加了;1845 至 1846 年是商业兴旺达于极点的一个时期。1843 年,鸦片战争替英国商业开辟了中国市场。新开辟的市场,尤其是给了纺织业之发展(纺织业当时已处于完全兴旺的状态)以新的推动”。外国资本之义既用武力打破了当时中国闭关自守政策的障碍,这就获得了在经济上大举掠夺的条件。棉布是当时外国资本主义进行经济侵略的主要输出商品,厦门既被辟为通商口岸,也就很自然地要成为外国资本主义对我国倾销纺织品的主要市场了。

题 名 **近百年来妈祖研究综述**
作 者 贺逸夫
刊 名 妈祖文化研究
年 卷 期 2003 年 S 期

页　　码　94－101

题　　名　**近代澳门与内地的茶叶贸易**
作　　者　张晓辉
刊　　名　中国农史
年 卷 期　2007 年 26 卷 4 期
页　　码　39－45
摘　　要　近代澳门与内地的茶叶贸易以清末为盛,茶源以西江下游沿岸所产红茶为大宗。拱北口是最重要的贸易场,销往澳门的茶叶大部分转输香港,供港人和南洋华侨消费,一部分直接运销欧美市场。清末澳门一度成为粤茶出口之重镇,对于本地及内地的经济贸易产生了重要影响。后由于茶质疏于改进、洋茶的残酷竞争,以及澳门商务地位日降,至于民初,澳门与内地的茶叶贸易陷于湮没无闻。
关 键 词　近代;澳门;拱北;茶叶;外贸

题　　名　**近代澳门在中西文化交流中的地位和作用**
作　　者　黄鸿钊
刊　　名　中国边疆史地研究
年 卷 期　1994 年 2 期
页　　码　1－12

题　　名　**近代北方口岸与上海间外贸埠际转运变迁**
作　　者　唐巧天
刊　　名　史学月刊
年 卷 期　2008 年 10 期
页　　码　89－97
摘　　要　北方口岸在开埠后相当长时期内,需要依赖上海作为对外贸易的中转点,但这种外贸埠际转运关系并非一成不变,而是经历了由紧密到疏离的变化。由于北方原有中心口岸贸易条件的成熟、北洋三口的新组合及日本着力发展对华贸易等因素,北方口岸在 20 世纪上半叶逐渐脱离了上海外贸转运的辐射范围。这种转变使上海由全国外贸转运中心降为华中地区区域性外贸转运中心,并反映出 20 世纪中国内外政治经济变化下国内口岸贸易格局的重要演变。

题　　名　**近代北海、龙州、梧州、南宁开埠及其对区域贸易的影响**
作　　者　朱从兵,庞广仪
刊　　名　广西社会科学
年 卷 期　2008 年 6 期
页　　码　23－27
摘　　要　在国内外贸易局势的推动之下,清政府连续开放了北海、龙州、梧州、南宁四个位于今天广西境内的通商口岸。四埠开放是近代中国口岸开放史的缩影,口岸开放使广西对内对外贸易格局发生了质的变化,广西与国际市场、与以穗港为中心的沿海市场的连接由此更加直接和紧密,云南和贵州两个内陆省份很大程度上也通过该四埠与沿海和国际市场发生联系。但是,在半封建半殖民地的大历史环境之下,与国际市场连接客观上也给广西、云南、贵州等省带来了“烟毒遍地”等恶劣影响。

题　　名　近代茶叶贸易对福州及其闽江流域腹地社会变迁的影响
作　　者　郭秀清
刊　　名　历史教学问题
年 卷 期　2006 年 6 期
页　　码　71－74,62
摘　　要　第一次鸦片战争后福州被辟为首批通商口岸之一,因西方国家对武夷茶叶的极度渴求,福州成为驰名中外的“茶港”。茶叶贸易的兴盛给福州及其广大的闽江流域带来了极为深刻的变化,同时也给福州的社会变迁带来了重大影响。

题　　名　近代长江的开放与开发
作　　者　徐伟民
刊　　名　探索与争鸣
年 卷 期　1996 年 6 期
页　　码　43－45

题　　名　近代东南沿海通商口岸城市城乡关系的透视——以福州和厦门为个案
作　　者　林星
刊　　名　中国社会经济史研究
年 卷 期　2007 年 2 期
页　　码　72－78
摘　　要　鸦片战争后,沿海通商口岸城市首先开始向近代化工商业城市转化,城市周边农村的农业生产结构、乡村手工业、社会经济结构随之发生变化,由此促进了城乡关系的近代化转型。本文以东南沿海的重要城市福州和厦门为个案,探讨近代城市发展与农村社会经济的关系。

题　　名　近代福建大米进口贸易影响因素探析
作　　者　刘梅英
刊　　名　廊坊师范学院学报
年 卷 期　2007 年 23 卷 4 期
页　　码　44－46
摘　　要　近代福建洋米进口呈现了起伏不定的波浪形发展趋势,但整体来看,甲午战后较战前,进口量大大增长。福建洋米进口的消长变化,是生产之影响、环境之影响、交通之影响、制度之影响等多方面原因共同作用的结果。从大米进口可以看出,供求的变化是支撑福建洋米消长变迁的逻辑支点。

题　　名　近代福建海关的建立及对社会经济的影响
作　　者　林仁川
刊　　名　中国社会经济史研究
年 卷 期　1992 年 4 期
页　　码　73－81
摘　　要　近代福建海关指鸦片战争后建立的闽海关、厦海关和一八九九年开设的福海关,它的建立和发展对近代福建社会经济产生一定的影响。本文利用近年来搜集到的一批海关档案和地方文献,对海关与鸦片贸易,茶叶输出二个方面的关系作初步的探讨。

题　　名　近代福州港对外贸易述略

作　　者　张振玉

刊　　名　福建史志

年 卷 期　2000 年 6 期

页　　码　32－33

摘　　要　第一次鸦片战争失败后,1842 年 8 月 29 日,中英《南京条约》签订,福州成为五口通商口岸之一,英国可派驻领事等官。开埠后,福州除成为英国输入福建的鸦片和棉纺织品重要入口处外,还成为福建茶叶、丝、木材、樟脑等土特产输出的重要港口基地。

题　　名　近代广东军事航海教育的演进

作　　者　张代春

刊　　名　黑龙江史志

年 卷 期　2008 年 13 期

页　　码　14－15,11

摘　　要　广东是中国的门户,近代中国海防的要津。第一次鸦片战争后,随着西方军事科学技术的日趋渐在"师夷长技以制夷"思想的指导下,广东开始了军事航海教育的历程。从清末到民初,从广东实学馆到黄埔海军学校,近代广东军事航海教育成果丰硕,在全国军事航海教育领域占有重要的地位。

题　　名　近代广西口岸开放及其对区域贸易的影响

作　　者　朱从兵,庞广仪

刊　　名　广西民族研究

年 卷 期　2008 年 2 期

页　　码　161－166

摘　　要　本文对近代广西四关开放的主客观原因及其过程,四埠对广西外贸的促进以及对整个西南地区强劲的经济辐射进行了初步探讨,试图论证近代广西开埠是顺应并推动了国内外以及本区域的经贸发展这一事实。

题　　名　近代广州城西南的"澳门航道"与划船比赛

作　　者　吴宏岐,张亚红

刊　　名　徐州师范大学学报(哲学社会科学版)

年 卷 期　2009 年 1 期

页　　码　14－19

摘　　要　涉及澳门历史的有关地名的正确翻译与解释,是澳门史研究中值得充分关注的问题。揆诸相关史料,近代西方文献中所谓的"澳门航道"(Macao Passage)并不在澳门,而是指广州城西南的珠江后航道,即当时由广州至澳门的内河水道的一段,"澳门航道"的得名乃取其通往澳门之义。由于江阔水深,"澳门航道"成为洋商由广州取道内河航线到澳门的重要通道。当时,侨居在广州的洋商除了利用"澳门航道"南下澳门外,还在这条水道上进行划船比赛,并多少促进了当地民间造船业的发展。

题　　名　近代国际法视野下的中日丰岛海战

作　　者　郭渊

刊　　名　东北史地
年 卷 期　2007 年 5 期
页　　码　54－59
摘　　要　中日丰岛海战期间,中国和日本对近代国际法持有大相径庭的态度,深谙公法的日本屡屡干犯国际法,公然蔑视公法的道义与权威。与此同时,清朝却诚实而谨慎地应用国际法处理国际关系,努力恪守国际法。丰岛海战前后,中、日、英对近代国际法的不同应用和对待,彰显了国际法背后的强权殖民行为和它对弱国极其有限的维权作用。

题　　名　近代国际法与中法马江战役
作　　者　郑剑顺,张卫明
刊　　名　学术月刊
年 卷 期　2005 年 6 期
页　　码　102－107
摘　　要　晚清中法马江战役期间,法国和中国对近代国际法持有大相径庭的态度。深谙公法的法国屡屡干犯国际法,公然蔑视公法的道义与权威。与此同时,清朝却诚实而谨慎地应用国际法处理国际关系,努力恪守国际法外交、战时条例。近代国际法在马江战役期间中法双方的不同应用和对待,彰显了国际法背后的强权殖民行为和它对弱国极其有限的维权作用。

题　　名　近代海防观的萌发与海防议
作　　者　孙占元
刊　　名　浙江学刊
年 卷 期　1995 年 5 期
页　　码　101－104
摘　　要　从鸦片战争至甲午战争的 50 余年中,由于中国海疆备受列强侵扰,海防问题的严重性愈益受到国人的关注,于是不仅有近代海防观的萌发,而且通过两次规模较大的海防之议,促成了中国近代海防的不断加强,从而冲击了传统的漠视海防观念。但传统的以守海口为主的海防观又束缚着近代海防观的深化,制海权意识的淡薄,恰为甲午战败埋下了伏笔。

题　　名　近代海港检疫与东南亚华侨移民
作　　者　连心豪
刊　　名　海交史研究
年 卷 期　1998 年 34 期
页　　码　104－116

题　　名　近代海关华洋员人数变迁及分布管窥
作　　者　文松
刊　　名　民国档案
年 卷 期　2002 年 2 期
页　　码　97－103

题　　名　近代海军的摇篮:船政文化系列之四
作　　者　王植伦
刊　　名　炎黄纵横
年 卷 期　1998 年 4 期

题　　名　近代海军建设史上的一场骗局——关于设立海军衙门和宣布北洋海军成军二事的实际意义
作　　者　季平子
刊　　名　河北学刊
年 卷 期　1994 年 4 期
页　　码　95－100

题　　名　近代海军文化史研究
作　　者　陶思睿
刊　　名　文学教育
年 卷 期　2009 年 17 期
页　　码　57
摘　　要　清末轰轰烈烈的海军建设在近代史研究中占据着十分重要的地位,但至今对于中国近代海军史的研究中仍存在一些缺陷。概念上存在着不清楚的地方,在研究的时间和地域范围上也集中于洋务运动前后及北洋海军,而对于清中后期的南方海域海军力量研究存在较大缺陷。

题　　名　近代海军学校的测绘教育
作　　者　王树连
刊　　名　中国测绘
年 卷 期　2009 年 2 期
页　　码　54－57

题　　名　近代海军作战的阵法与战法述论
作　　者　杨志本,许华
刊　　名　历史档案
年 卷 期　1988 年 2 期
页　　码　102－107
摘　　要　近些年来,史学界一些专家发表了很多关于近代海军与海战,特别是北洋海军与中日甲午海战的论文和专著。这些论著,有不少很好的见解,但可能是原始资料受限或对近代海军的有关情况不够熟悉等原因,有些论著在论述近代海军作战的阵法与战法时,还存在着一些混乱、不确切或错误的说法,直接影响到对海战等一系列具体问题的评论。有鉴于此,本文谨就近代海军作战的阵法与战法问题,作一些基本的叙述与必要的评论。

题　　名　近代海门开埠与社会变迁
作　　者　林荫
刊　　名　黑龙江史志

年 卷 期 2009 年 2 期
页 码 41 – 42
摘 要 本文主要对浙江台州的港口城镇海门(现椒江区)在近代开埠后的崛起和发展进行历史考察,重点论述近代海门开埠后带来的社会面貌的重大变化,以使人们更好地认识近代小城镇的现代化进程。

题 名 近代海南设关及其对外贸易
作 者 连心豪,谢广生
刊 名 民国档案
年 卷 期 2003 年 3 期
页 码 105 – 110
摘 要 本文所谓对外贸易,泛指海南岛以外的所有贸易,并非专指国际贸易,还包括海南与英、葡殖民统治下的香港、澳门,法属租借地广州湾(即湛江),以及国内其他埠际贸易。本文将简要勾勒海南设关的历史,并围绕二十世纪二十年代至四十年代的海南对外贸易作一概述。

题 名 近代河南成为通商口岸经济腹地研究
作 者 王志军
刊 名 前沿
年 卷 期 2010 年 9 期
页 码 100 – 103
摘 要 近代河南因为有传统水路和现代铁路交通,丰富的资源,发达的城镇,以及子口税对贸易的助推作用,逐步发展成上海、天津等沿海、沿江六大通商口岸的经济腹地。通过与通商口岸经济上的互动,加速了近代河南经济商品化和外向化的进程。

题 名 近代环北部湾沿岸的对外开放及其启示——环北部湾沿岸经济文化变迁系列研究论文之三
作 者 廖国一
刊 名 广西民族研究
年 卷 期 1998 年 4 期
页 码 85 – 90

题 名 近代口岸城市开放研究述评
作 者 梁耕溥
刊 名 江苏工业学院学报(社会科学版)
年 卷 期 2007 年 3 期
页 码 76 – 80
摘 要 开放口岸通商作为西方列强首先侵入中国的方式之一,其演变历程构成了近代中国对外关系、社会变迁与近代化发生发展的基本线索和重要内容。目前对这一主题的研究呈现出力度加大、视角转换、领域细分的趋势,局部个案剖析与整体规律探索相结合、主体理论取向与多样视角观点相结合,推动了研究不断深化,取得了一大批较高水准的成果。

题　　名　近代辽河航运业的衰落与沿岸早期城镇带的变迁
作　　者　曲晓范,周春英
刊　　名　东北师大学报(哲学社会科学版)
年 卷 期　1999 年 4 期
页　　码　14 - 21
摘　　要　清末民初东北社会变迁的历史转折点通常是以 1905 年辽河航运经济由兴盛走向衰败为界标的。在详细考察辽河航运业衰落的主要成因基础上,从社会学的互动理论研究出发,可以发现辽河航运经济的衰败与辽河流域早期城镇带的解体和迁移之间的内在联系。辽河航运的衰败对区域社会发展所带来的负面影响是多元的,这其中最突出的一点是导致了辽河流域大约半个世纪的逆城市化变迁。

题　　名　近代辽河航运与沿岸城镇的兴起
作　　者　侯峻,曲晓璠
刊　　名　社会科学战线
年 卷 期　1998 年 6 期
页　　码　184 - 190

题　　名　近代列强攫取在华沿海和内河航行权的经过
作　　者　李国华
刊　　名　史学月刊
年 卷 期　2009 年 9 期
页　　码　133 - 136

题　　名　近代列强入侵与岭南各通商口岸地位的变迁
作　　者　张晓辉
刊　　名　岭南文史
年 卷 期　2002 年 4 期
页　　码　51 - 56
摘　　要　近代岭南通商口岸不仅数量多、种类复杂,各埠功能亦不尽相同。除了广州、澳门等少数传统的通商口岸外,大多数都是被迫新开的,20 世纪以后则出现了少数自动开埠的情况。这些通商口岸属于殖民地或半殖民地的性质,发展机遇与列强侵华政策及资本主义国际市场密切关联,并以其需求为转移。

题　　名　近代岭南商埠格局的变迁(1843 - 1939)
作　　者　方书生
刊　　名　中国历史地理论丛
年 卷 期　2004 年 19 卷 2 期
页　　码　34 - 43
摘　　要　自 1843 年广州开埠后,岭南的商埠格局就由传统的一口朝贡贸易逐渐演变为一个近代商埠贸易体系。本文从时间演进和空间推移的角度,描述了这一商埠格局的初步形成、发展变迁以及趋于稳定的历史进程,分析比较了各个商埠的开放及其腹地的调整,动态地重现了岭南近代商埠的格局及其变迁,并通过对商埠格局变迁的把握初步展示了岭南早期近代化从沿海、沿边向内陆的推进历程。

题　　名　**近代旅日闽籍华侨研究**
作　　者　许金顶
刊　　名　海交史研究
年 卷 期　2000 年 38 期
页　　码　81 – 96

题　　名　**近代旅日闽侨社团构成及其功能**
作　　者　许金顶
刊　　名　海交史研究
年 卷 期　2003 年 44 期
页　　码　97 – 106

题　　名　**近代旅日闽商社会生活述评**
作　　者　许金顶
刊　　名　海交史研究
年 卷 期　2002 年 42 期
页　　码　81 – 96

题　　名　**近代民族航运企业与外国在华航运企业的关系**
作　　者　李宝民
刊　　名　学海
年 卷 期　1997 年 6 期
页　　码　89 – 91
摘　　要　中国近代的民族航运企业是在航权丧失、传统帆航业衰落、外国在华航运企业垄断航运市场的历史背景下产生的。因此,注定了其发展道路的艰难曲折。为了更进一步地理解这种艰难、曲折的发展,从而正确地反映其发展的历程,本文将从其与外国在华航运企业的关系入手,说明中国近代的民族航运企业是在与外国在华航运企业的不断竞争中发展壮大的。

题　　名　**近代闽江航运业初探**
作　　者　戴一峰
刊　　名　中国社会经济史研究
年 卷 期　1986 年 3 期
页　　码　105 – 113
摘　　要　闽江是福建省最大的河流。它发源于闽赣边界的武夷山脉,由西北向东南横贯全省,流经省内三十四个县市。其水系河流总长 2,872 公里,流域面积 6,0806 平方公里,占全省面积的一半,对福建经济发展影响甚大。近代,随着位居闽江尾闾的福州开辟为通商口岸,随着闽江流域商品流通的发展,闽江航运亦随之有所发展并呈现若干特色。对此,本文拟作一初步探讨。舛误之处,还望专家赐教。

题　　名　**近代宁波对外贸易衰落原因探析**
作　　者　竺菊英

刊　　名　浙江学刊
年 卷 期　1996 年 2 期
页　　码　68－73

题　　名　近代宁波港衰弱的原因分析及启示
作　　者　郭剑波，赵红峰
刊　　名　宁波通讯
年 卷 期　2005 年 2 期
页　　码　48－49

题　　名　近代炮艇“车轮战船”诞生记
作　　者　沈志远
刊　　名　航海
年 卷 期　1983 年 1 期
页　　码　16－17

题　　名　近代赔款与中国海关
作　　者　苏鑫鸿，李泽彧
刊　　名　史学月刊
年 卷 期　1990 年 2 期
页　　码　46－51
摘　　要　中国海关创设于 1685 年，清政府在澳门、漳州、宁波、台山等口岸分设粤海关、闽海关、浙海关和江海关。以海关命名的中国管理对外贸易征税机构，其行政组织、官员任命、方针政策和章则条例，一直为清政府所掌握，这是一个主权国家按照自己的意愿而设立的行政机关。鸦片战争伊始，中国海关有如中国社会走上半殖民地化道路，不能幸免地逐步丧失其独立性。其中，中国近代赔款对于海关权力渐入他人之手的影响甚大。

题　　名　近代秦皇岛自开商埠探微
作　　者　崔鹏飞
刊　　名　历史教学（高校版）
年 卷 期　2008 年 3 期
页　　码　14－17
摘　　要　自开商埠是清政府为杜绝外人觊觎，保全主权而开辟的一些口岸。本文阐释了晚清自开商埠的历史原因，并解读了秦皇岛开埠的根源，在此基础上进一步考证了秦皇岛开埠的准确时间。

题　　名　近代泉州民教冲突及教案初探
作　　者　张钟鑫
刊　　名　海交史研究
年 卷 期　2004 年 46 期
页　　码　97－106

题　　名　**近代上海的对外佛教文化交流**
作　　者　吴平
刊　　名　海交史研究
年 卷 期　2000 年 37 期
页　　码　96－101

题　　名　**近代上海港是怎样成为远东航运中心的**
作　　者　金立成
刊　　名　中国港口
年 卷 期　1996 年 6 期
页　　码　26－27

题　　名　**近代上海航运发展与城市变迁**
作　　者　凌弓
刊　　名　社会科学
年 卷 期　1996 年 12 期
页　　码　48－51
摘　　要　城市发展在很大程度上有赖于基础设施,其中交通运输是一个相当重要的因素。本文力图通过对近代上海航运的发展及原因的阐述,从一个方面了解其对城市发展的影响。

题　　名　**近代上海南洋庄和南洋贸易**
作　　者　李伯祥,蔡永贵
刊　　名　中国社会经济史研究
年 卷 期　1986 年 3 期
页　　码　94－104

题　　名　**近代上海宁波两港之比较研究**
作　　者　周庆南
刊　　名　海交史研究
年 卷 期　1998 年 34 期
页　　码　117－127

题　　名　**近代史初期几个致力于了解和学习西方世界的有识之士——梁廷枏、邹伯奇、丁拱辰小传**
作　　者　戴学稷
刊　　名　海交史研究
年 卷 期　1985 年 7 期

题　　名　**近代台湾防务的开拓者——沈葆桢**
作　　者　季云飞
刊　　名　求索

年 卷 期　1998 年 5 期
页　　码　114－119
摘　　要　沈葆桢(1820－879),福建侯官人。他是晚清海军建设的重臣之一,同时又是近代中国台湾防务思想的奠基者和台湾防务建设的开拓者。他经营福州船政局与福州船政学堂八年之久,主持筹建南洋水师近五年,为清末海军建设作出了巨大贡献。对此,史学界论述颇多。而对于沈的台湾防务思想及台湾防务建设,很少有学者全面论述,鉴于此,本文拟对沈葆桢的台湾防务思想与实践作初步探析,旨在推动近代台湾防务的研究。

题　　名　近代天津兴盛的对外贸易
作　　者　刘文智
刊　　名　天津经济
年 卷 期　2004 年 7 期
页　　码　77－78
摘　　要　在第二次鸦片战争中,英法资本主义列强逼迫清政府签订了丧权辱国的《天津条约》和《北京条约》,于 1860 年将天津开辟为通商口岸。这两个条约的签订,打开了这座城市对外开放的大门,从此天津成为外向型的城市,曾以盐业和漕运业为中心的封建城市的经济结构逐步解体,代之以对外贸易为重心的开放性的城市经济结构,并很快发展成中国北方最大的港口贸易城市。

题　　名　近代外国兵舰攫取在华航行权的历史考察
作　　者　郭卫东
刊　　名　社会科学研究
年 卷 期　1998 年 2 期
页　　码　106－112

题　　名　近代外国人在华海关行政管理权的取得
作　　者　康大寿,杨宁
刊　　名　江苏科技大学学报(社会科学版)
年 卷 期　2008 年 3 期
页　　码　11－16
摘　　要　《南京条约》签订后,英国等国商人在华大做进出口贸易,海关作为管理中外贸易的中枢机构地位日益重要,并逐渐成为英国等列强觊觎的目标。以英国为首的列强为了控制中国海关便开始酝酿夺取中国海关的行政管理权,他们的第一个夺权阴谋在上海得逞。第二次鸦片战争后,以英国为首的列强又全面取得其他各口海关的行政管理权,从此中国海关便演变成为列强控制中国的殖民机构。

题　　名　近代温州的开埠和港口的演变
作　　者　周厚才
刊　　名　浙江学刊
年 卷 期　1990 年 4 期
页　　码　48－52

题　　名　**近代武昌自开商埠探析**
作　　者　廖桂华
刊　　名　湖北教育学院学报
年 卷 期　2005 年 22 卷 6 期
页　　码　59 – 60
摘　　要　自开商埠是清政府为杜绝外人觊觎,保全主权而开辟的一些口岸。在当时的历史条件下,自开商埠虽然无法扭转时局,但它对中国的民族经济和社会发展确实产生了积极的效果。自开商埠之一的武昌,对当地经济的发展也产生了不可低估的作用。

题　　名　**近代武汉、九江发展之比较——试谈近代九江发展缓慢之因**
作　　者　汪兴华
刊　　名　江西师范大学学报(哲学社会科学版)
年 卷 期　1997 年 30 卷 4 期
页　　码　167 – 172
摘　　要　武汉、九江是长江中游的两大重要港口城市,发展历史悠久。近代以前,发展程度无甚大差距。然而自鸦片战争以后,随着这两个城市先后被帝国主义当成掠夺中国财富的据点,其城市经济结构发生重大变化。武汉迅速崛起,而九江则由于中外反动势力的种种盘剥及本身的历史局限等种种因素影响,发展呈缓慢态势。

题　　名　**近代西方列强屡次从海上侵略中国原因管见**
作　　者　周仕德
刊　　名　史学月刊
年 卷 期　2006 年 4 期
页　　码　122 – 123
摘　　要　翻阅《中国近现代史》的多部论著,在研读《帝国主义侵华史》(丁名楠、赵明杰等著:《帝国主义侵华史 · 第二卷》人民教育出版社 1986 年版;丁名楠、余绳武等著:《帝国主义侵华史 · 第一卷》科学出版社 1958 年版)著作过程中,笔者发现,百余年间里中国先后遭到列强从海上入侵几十次,不禁产生了疑问:为什么近代西方列强入侵者主要是来自海上呢?中国古代史上不也是海洋大国吗?如著名的海上丝绸之路,明朝七下西洋的郑和船队等,不都是中国人的骄傲吗?那么,为什么到了近代,中国的海疆防御就如此不堪一击呢?对此问题,笔者详细的查阅了若干关于《中国近代史》方面的论著,发现史学界研究的重点在于近代列强侵华战争中中国为什么战败,以及对战争事件的个案研究,目前还没有发现专门涉及此问题研究方面的研究(笔者查阅:吉林大学历史系资料室中国近代史教研室编,中国近代史论文资料索引(1949 – 1976. 9);徐立亭,熊炜主编,中国近代史论文资料索引(1949 – 1979);祝胜华,杨福美主编,史学论文资料索引(1988 – 1989);武汉大学历史系资料室编,史学论文资料索引(1982 – 1984)以及中国人民大学书报资料中心,报刊资料索引(1990 – 2004))。现结合有关史料对此问题略陈浅见,以求教于大家。

题　　名　**近代西江流域中外轮船运输比较研究——以广西为中心进行考察(1897 – 1937)**
作　　者　宋永忠,李志亮
刊　　名　传承
年 卷 期　2008 年 8 期

页　　码　133－134

摘　　要　近代西江航运业，中外轮船运输对比变化主要历经了四个阶段：一是1897－1907年，轮船运输基本由外轮垄断；二是1908－1913年，民族轮运业兴起，并渐显头角；三是1914－1926年，民族轮运业赶超并逐步占据主导地位；四是1927－1937年，梧州外港运输优势重被外人执掌，但内港运输保持一枝独秀的局面。

题　　名　**近代西学东渐的序幕——早期传教士在南洋等地活动史料钩沉**

作　　者　熊月之

刊　　名　史林

年 卷 期　1992年4期

页　　码　15－25

题　　名　**近代烟台漕运的特点及现实意义**

作　　者　王彦智

刊　　名　中国市场

年 卷 期　2008年19期

页　　码　126－127

摘　　要　烟台自古以来就是一个天然良港，在历史上南北漕运中扮演着重要的角色。开埠后，烟台成为我国近代最早的有规模的海运港埠之一，在近代中国经济发展中起着重要的作用，也为近代烟台城市的兴起，作出了重要的贡献。因此，探寻近代烟台漕运发展脉络，对研究制定当代烟台临港产业、临港经济发展战略有着十分重要的现实意义。

题　　名　**近代沿岸贸易税述论**

作　　者　吴亚敏，邵锦华

刊　　名　中国社会经济史研究

年 卷 期　1989年2期

页　　码　57－65

摘　　要　所谓沿岸贸易税，是指对外籍船舶装运土货自一通商口岸至另一通商口岸所征的出口税和进口税。沿岸贸易税源于外国船从事的土货沿岸贸易，这个税从开始征收到裁撤经历了一个复杂的历史过程，深受近代中国社会形势的左右，并对中国社会经济产生了很大的影响。本文想就笔者掌握的材料，对沿岸贸易税的起源、发展、裁撤及其影响做一述论，以期弄清沿岸贸易税的基本脉络。

题　　名　**近代以来我国的留学浪潮及其在莆仙地区的表现**

作　　者　戴学稷

刊　　名　湄州论坛

年 卷 期　1991年9期

题　　名　**近代早期东亚海域中外贸易中的白银问题**

作　　者　李德霞

刊　　名　中国社会经济史研究

年 卷 期　2006年2期

页　　码　76－81

摘　　要　在近代早期的中外贸易中，由于中国人对白银的无限渴慕，白银扮演着十分重要的角色。相继东来的欧洲殖民者正是凭借多种途径获取的白银，与中国这个强大而又富庶的东方国家进行着商贸往来。因此，当时的白银在中西交易中具有无比的威力。白银问题是一个值得思考的问题。

题　　名　近代早期企业的治理特征——以1873年－1911年的轮船招商局为例

作　　者　冀满红

刊　　名　暨南学报(人文科学与社会科学版)

年 卷 期　2004年26卷4期

页　　码　101－107

摘　　要　从近代早期企业的内部治理来看，轮船招商局实质上是一种"官权"与"股权"的合伙治理，轮船招商局的官款存局、官利制度是企业治理中的一系列"合约"安排，其剩余索取权由股东及其主要经营管理人员共同分享，剩余控制权则由督办及主管大官僚李鸿章掌握，他们同清政府一起享有剩余索取权。轮船招商局的管理人员既是股东又是官员这种双重身份本身就体现了"官权"与"股权"合伙治理的特征。轮船招商局中的生产要素构成、利润分配、权利分享以及人事安排都体现了这一治理特征。

题　　名　近代早期中英海外贸易市场体系发育之比较

作　　者　张乃和

刊　　名　北方论丛

年 卷 期　2003年6期

页　　码　56－60

摘　　要　近代早期中英两国的海外贸易市场体系皆经历了蜕变与重建的过程。中国由朝贡贸易转向民间海外贸易，英国则由商站贸易转向特许贸易。世界商品市场开始孕育成长，世界格局进入转换和重组的关键时期。海外贸易市场体系的发育，对两国国内社会经济发展和国际地位的变化都产生了深远的影响。

题　　名　近代造船在买造间迷失

作　　者　秦伟

刊　　名　装备制造

年 卷 期　2009年8期

页　　码　84－86

题　　名　近代中国"开埠"述论

作　　者　余才恒

刊　　名　南京社会科学

年 卷 期　1993年4期

页　　码　74－80,86

摘　　要　开埠通商是商品经济发展的产物，它对世界各国的经济发展和社会进步起过促进作用，给人类社会带来过物质文明和精神文明。中国自唐宋以来也曾有过辉煌的中外通商的历史，也给人类社会的文明作出过杰出的贡献。但是中国真正广开商埠，和世界各国广泛交往，却是十九世纪四十年代以后才逐步实现的。与人类社会发展规律发生出入的是，中国广开商埠以后，不是如同世界各国那样迈进资本主义社会，而是沉沦为半封建半殖民地社会的深渊。这是一段血泪的历史、屈辱的历史，认真回顾一下这段历史，对中国现在的对外开放不是没有裨益的。

题　　名　近代中国的海军总司令
作　　者　唐宏
刊　　名　海洋世界
年 卷 期　1994 年 10 期
页　　码　28 – 30

题　　名　近代中国的海权与主权
作　　者　张仁善
刊　　名　文史杂志
年 卷 期　1990 年 4 期
页　　码　2 – 4

题　　名　近代中国的挑战与机遇——从福建船政局与 1874 年日本侵台事件的关系看晚清的近代化
作　　者　陈双燕，唐晓涛
刊　　名　厦门教育学院学报
年 卷 期　2004 年 6 卷 3 期
页　　码　13 – 17
摘　　要　福建船政局的发展，为 1874 年清政府抵御日本侵略台湾的战略部署提供了强有力的人力物力支持，初步显示了清政府近代海军的优势。而 1874 年日本侵台事件也触动了清政府对近代海防的重视，从而推动了福建船政局的进一步发展。福建船政局与 1874 年日本侵台事件之间的关系，从一个侧面反映了中国近代化的艰难历程。

题　　名　近代中国低关税局面形成的原因
作　　者　陈赞绵，胡艳杰
刊　　名　苏州市职业大学学报
年 卷 期　2005 年 16 卷 1 期
页　　码　46 – 49
摘　　要　近代中国海关在鸦片战争后根据不平等条约的规定而设立，至 1845 年前，中英《南京条约》规定开辟的五处通商口岸俱征夷税。然而，整个近代中国却一直处于严重的低关税局面，这成了近代中国海关的异态之一。本文就这种局面形成的原因从三个方面加以论述。近代中国海关成立的特殊历史背景使其成为维护列强利益的工具。列强根据自身利益必然压低关税；近代中国关税自主权的丧失，列强强加给清政府的协定税则是近代中国低关税局面形成的最直接原因；列强对关税税则修改的种种限制又决定了近代中国一直处于低关税局面。

题　　名　近代中国第一个舰队的"覆没"
作　　者　朱少伟
刊　　名　航海

年卷期 1989年3期

页 码 30－31

摘 要 1863年(清同治二年)8月。浩瀚的印度洋上,风平浪静,波光粼粼。一个由七艘兵船组成的舰队,排成“八”字形,轻辗碧波驶向东方。这就是中国近代第一个舰队。它们虽然属于清朝政府所有,但在船上任职的却没有一个中国人,而是以英国皇家海军上校阿思本为首的600余名英籍官兵,所以被称为“阿思本舰队”。这个舰队还未抵达广东,清朝政府内部关于如何置它们已议论纷纭,争执不休。要揭示其中奥秘,尚须从头说起。

题 名 **近代中国第一所军校**

作 者 李军

刊 名 知识窗

年卷期 2006年5期

页 码 6－7

摘 要 19世纪中期,随着《南京条约》《天津条约》等一系列不平等条约的签署,清王朝逐渐意识到岌岌可危的处境,萌发出“即日夜图维,业已不及的危机感,深感过去安于不知,已使江河日下的局面”。一些爱国有识之士主张放眼看世界,“师夷长技以制夷”。清朝一些较开明的官员也开始清醒,把设局造船、兴办海防、整建海军列为当务之急。在这种历史背景下,中国最早的军校——福州船政学堂应运而生。

题 名 **近代中国工程教育和海权思想的实践——以福州船政局的实践为例**

作 者 杨晓东

刊 名 中共山西省委党校学报

年卷期 2009年32卷2期

页 码 84－85

摘 要 鸦片战争的失败唤起了近代中国海权意识的觉醒。福建船政局的建立开启了我国大规模学习西方工程技术的先河,也是中国海权思想首次真正意义上的实践。虽然福建船政局在苦心经营44年后黯然地退出了历史舞台,但其所开创的近代中国工程教育和海权思想的实践,将永载史册。

题 名 **近代中国海军的早期教育**

作 者 范进发,李克明,王福州

刊 名 军事历史

年卷期 1993年3期

页 码 24－26

摘 要 19世纪60－90年代,清政府一部分当权官僚掀起了一股办洋务热。近代中国海军便是清政府兴办洋务的产物。为了培养掌握海军先进技术的专门人才,清政府建立了近代中国海军的早期教育体系。分析其得失,于今天的军事教育不无裨益。

题 名 **近代中国海军教育与甲午海战**

作 者 高翠莲

刊 名 军事历史研究

年卷期 1990年2期

页 码 110－116

摘　要　中国,作为陆上强国,曾一度使她的版图横跨欧亚。十九世纪中叶,随着科学技术的日新月异,世界列强凭借坚船利炮,从海上轰开中国的大门,践踏中国的领土。剧烈的阵痛迫使中国的有识之士急切地寻求自保之方,于是整顿海防、创立海军迫在眉睫。海军教育应着时代的要求,成为一个迫切的新课题。

题　名　近代中国海军四次到过新加坡
作　者　余定邦
刊　名　东南亚研究
年卷期　1993 年 Z1 期
页　码　99 - 101

题　名　近代中国海权意识的觉醒
作　者　王秀英
刊　名　辽宁青年管理干部学院学报
年卷期　1999 年 3 期
页　码　12 - 14
摘　要　在近代,随着西方列强在东南海疆的蚕食,极大地刺激了中华民族海权意识的觉醒。具体表现在清代前期中国海权意识不断增强和鸦片战争之后中国海权意识的全面觉醒。

题　名　近代中国人研究郑和应始于 1905 年——梁启超《郑和传》发表时间考
作　者　王健
刊　名　江海学刊
年卷期　2005 年 3 期
页　码　161 - 162

题　名　近代中国通商口岸分布特点及影响
作　者　王海明,吴海银
刊　名　中学历史教学研究
年卷期　2001 年 5 期
页　码　45 - 45
摘　要　开埠通商是近代中国许多不平等条约中的重要内容之一,它始于 1842 年中英《南京条约》的签订,列强通过开埠通商打开了中国的大门。

题　名　近代中国通商口岸研究——历史与现状
作　者　杜语
刊　名　中国社会科学院研究生院学报
年卷期　1996 年 6 期
页　码　41 - 44
摘　要　作者认为,近代中国的所谓城市化过程,实际上只是一个通商口岸化的过程。通过对通商口岸和通商口岸化的考察,准确地把握中国作为半殖民地、半封建社会下沉的程度,可以准确地把握中国畸形城市外壳内部潜生的现代化种粒如何冲破重压,逐步发育成长。

题　　名　近代中国通商口岸与内地——厦门、泉州常关内地税个案研究
作　　者　连心豪
刊　　名　民国档案
年 卷 期　2005 年 4 期
页　　码　111－114
摘　　要　地理概念上的口岸与内地分别指沿海港口和内陆腹地。但在近代中国，口岸是根据中外不平等条约的规定而对外开放的商埠，称为通商口岸，或称条约口岸、约开口岸。除此之外，即便是沿海港口亦属内地。这是中国近代半殖民地社会的特殊产物，完全是一种政治概念。作为出入境口岸，厦门充当了对外传播中华民族文化和吸纳外来文化的枢纽，同时也必然首当殖民文化之冲击。在经济贸易方面，在厦华商得以分沾外国商人在通商口岸所享有特权利益之余沥。厦门对地处沿海的泉州等内地具有通商口岸的优越感，并力图保持和维护这种经济贸易主从关系的优势地位。这在中国近代社会是一种相当典型的现象。

题　　名　近代中国西南沿海沿边五口开埠对区域贸易的影响
作　　者　韦福安
刊　　名　广西民族师范学院学报
年 卷 期　2010 年 2 期
页　　码　43－48
摘　　要　近代西南沿海沿边五口开埠是帝国主义侵略中国由沿海向内地渐次推进和英法两国在东南亚的地缘政治和地缘经济角逐的直接结果。口岸的开放使西南边境地区比内陆更早并且直接参与到世界经济交往圈中，加快了口岸网络体系的形成步伐，密切了西南地区的经济联系。也给中国——东盟区域合作新格局中实施沿海沿边口岸体系的“边海互动”战略和中国西南“缘边国际经济合作带”的构建带来新的启示。

题　　名　近代中国鸦片贸易合法化问题初探
作　　者　徐精鹏，沈蓓绯
刊　　名　华东船舶工业学院学报（社会科学版）
年 卷 期　2002 年 4 期
页　　码　67－70
摘　　要　鸦片贸易合法化是指鸦片作为商品经主权国家对外贸易特定监管机构海关许可，列入正常贸易货单并征收一定比例关税的国际贸易行为。发生在近代中国的鸦片贸易合法化，作为人类历史上一个独特的现象，有其特定的社会历史背景，其演变过程漫长而曲折，对近代中国社会所产生的影响复杂而深远。

题　　名　近代中国鸦片贸易及其税厘的演变
作　　者　刘华
刊　　名　职大学刊
年 卷 期　1998 年 3 期
页　　码　8－12
摘　　要　近代中国，由于鸦片的大量输入严重影响着中国社会经济的正常发展，清政府虽然企图以

增加鸦片税厘的手段来减少鸦片输入。但是事实证明,外国资本主义始终不肯放弃利用鸦片这种特殊商品对中国的经济侵略,而在半殖民地半封建社会,腐败的清政府是根本无法阻止这一罪恶贸易的。

题　　名 近代中国与法属印度支那的贸易往来
作　　者 聂德宁
刊　　名 南洋问题研究
年 卷 期 1997 年 1 期
页　　码 54－63

题　　名 近代中国与菲律宾的贸易往来
作　　者 聂德宁
刊　　名 海交史研究
年 卷 期 1998 年 34 期
页　　码 91－103

题　　名 近代中国与西方的茶叶贸易
作　　者 胡赤军
刊　　名 东北师大学报
年 卷 期 1994 年 1 期
页　　码 25－31
摘　　要 18 世纪以来,西方消费市场对茶叶的旺盛需求刺激了中国与西方的茶叶贸易,中国茶叶在世界市场上的独占地位使中国对外贸易长期顺差。与此同时,英国等西方国家也在茶叶贸易中赢得了自己的利益。由于 19 世纪中叶印度、日本、锡兰等国茶叶开始大量出口,中国茶叶出口贸易地位不断下降。从国际贸易的发展趋势看,中国已不可能继续依赖初级产品出口实现贸易优势,但发展相对优势的茶叶商品出口仍可以使中国取得对外贸易的比较利益。

题　　名 近代中国与西属菲律宾的贸易关系
作　　者 喻常森
刊　　名 东南亚学刊
年 卷 期 1998 年 1 期
页　　码 54－60,63

题　　名 近代中国与暹罗的贸易往来
作　　者 聂德宁
刊　　名 南洋问题研究
年 卷 期 1996 年 1 期
页　　码 16－23

题　　名 近代中国与英属马来亚的贸易往来
作　　者 聂德宁
刊　　名 南洋问题研究

年 卷 期　1996 年 4 期
页　　码　47 - 56

题　　名　**近代中国造船工业的创建和发展**
作　　者　戚其章
刊　　名　军事历史研究
年 卷 期　1990 年 4 期
页　　码　85 - 92,180
摘　　要　在中国近代国防工业中,以造船工业发展最早,又最有成绩,成为中国近代化的嚆矢。但是,近代中国造船工业的发展历经曲折,既有成功的经验,也有惨痛的历史教训。今天重新审视这段历史,对其进行科学的总结,无疑还是很有必要的。

题　　名　**近代中国造船工业的创建和发展**
作　　者　戚其章
刊　　名　东岳论丛
年 卷 期　1991 年 6 期
页　　码　50 - 56
摘　　要　在中国近代国防工业中,以造船工业发展最早,又最有成绩,成为中国近代化的嚆矢。但是,近代中国造船工业的发展历经曲折,既有成功的经验,也有惨痛的历史教训。今天重新审视这段历史,对其进行科学的总结,无疑还是很有必要的。

题　　名　**近代中国郑和研究始于 1905 年**
作　　者　王健
刊　　名　郑和研究
年 卷 期　2005 年 2 期
页　　码　30 - 31
摘　　要　2005 年 7 月 11 日是郑和七下西洋首航 600 周年纪念日,是值得今日中国人自豪和隆重纪念的日子。从 1405 到 1433 年 28 年的不平凡岁月中,明朝伟大航海家郑和率领约 27000 人、200 余艘大小船只的庞大舰队,历经千难万险,七下西洋,纵横驰骋在太平洋、印度洋、波斯湾、红海的辽阔水域,足迹遍及亚、非沿岸三十多个国家和地区,创造了中国乃至世界航海史上的奇迹,是古代中国人对世界文明与进步做出的不可磨灭的卓越贡献。

题　　名　**近代中国政府和人民维护南海诸岛主权概论**
作　　者　吕一燃
刊　　名　近代史研究
年 卷 期　1997 年 3 期
页　　码　1 - 39

题　　名　**近代中国政府建设台湾防务史绩之评析**
作　　者　邵建东
刊　　名　台湾研究

年 卷 期 2000 年 3 期
页　　码 92 - 96

题　　名 **近代中国自开商埠的历史使命及其命运探析——以葫芦岛开埠为中心的考察**
作　　者 张博
刊　　名 历史教学(高校版)
年 卷 期 2007 年 6 期
页　　码 92 - 95
摘　　要 1840 年鸦片战争后,西方侵略者通过一系列不平等条约,先后强迫清政府开放了 77 个通商口岸,一般称之为“约开口岸”。在约开口岸中,列强享有片面最惠国待遇,对中国疯狂地进行政治、经济、文化侵略。

题　　名 **近代中日“闭关”与“锁国”政策的异同与历史进程**
作　　者 孟昭臣
刊　　名 黑龙江社会科学
年 卷 期 2008 年 5 期
页　　码 125 - 127
摘　　要 19 世纪 40 年代,中日两国都曾遭遇西方的殖民侵略。面临殖民地危机时刻,中日两国因采取不同政策而产生不同结果。日本明治政府推行“殖产兴业”、“富国强兵”、“文明开化”的开放政策,积极学习西方为其所用而迅速跻身列强;而保守的清政府却采取“悉如旧制”的闭关政策,遂成为列强刀俎之肉,其历史教训是极其深刻的。

题　　名 **近代中日两国出使西洋的比较研究**
作　　者 田毅鹏
刊　　名 历史教学
年 卷 期 1993 年 4 期
页　　码 14 - 18
摘　　要 19 世纪 60 - 70 年代,在远东各国面临殖民地化危机总的历史背景之下,中日两国被迫放弃闭关锁国政策,走向开国,先后组织了遣使西洋的活动。从近代化角度看,这是两国加入近代国际秩序。实现外交近代化的一个关键步骤,在中日两国的历史转折关头,其意义自不待言。但如果结合史实,对两国出使活动进行综合比较研究,则会发现,两国出使西洋的行动有较大不同。本文试从出使过程、出使目的及成效等方面对两国出使西洋的活动作一比较性探讨。

题　　名 **近代中日两国开埠研究述论**
作　　者 张晓刚,刘续
刊　　名 大连大学学报
年 卷 期 2009 年 2 期
页　　码 22 - 26
摘　　要 近代沿海港口城市的对外开放和开发成为东北亚地区早期现代化的滩头据点,并由此辐射内地,带动了全局的发展进程。中日两国开埠的方式不同,从而导致中日两国现代化的结果也不尽相同。任何国家都难以在封闭状态中求得发展进步,开放是实现现代化的必要前提,中国惟有自主开放才有走出一条独特现代化发展道路的现实可能性。

题　　名　**近代中西文化交流第一人——利玛窦来华传教经历简考**
作　　者　王殿卿
刊　　名　洛阳大学学报
年 卷 期　1999 年 1 期
页　　码　16 – 21

题　　名　**近代中西文化交流中的一个海外传教组织——关于恒河外方传教团的创建及其对华影响的考察**
作　　者　谭树林
刊　　名　齐鲁学刊
年 卷 期　2005 年 5 期
页　　码　51 – 57
摘　　要　恒河外方传教团,是 19 世纪初来华基督新教传教士马礼逊等基于当时中国艰难的传教形势,为向华土等“恒河外方”输入新教,在南洋马六甲创建的一个传教组织。对于这个在艰难中建立,又为近代中西文化交流做出重要贡献的传教团体,学术界至今尚来给以应有的关注。考察和了解这一海外传教组织的创建过程、传教方式以及对近代中西文化交流的作用和影响,对推进中西文化交流史的研究具有重要意义。

题　　名　**近代中英茶叶贸易衰败的原因和启示**
作　　者　徐方平
刊　　名　江汉论坛
年 卷 期　1998 年 10 期
页　　码　49 – 52,57

题　　名　**近代最早的造船工程师**
作　　者　吴知
刊　　名　航海
年 卷 期　1984 年 1 期
页　　码　24 – 25

题　　名　**近二十年来对哥伦布、麦哲伦的研究述评**
作　　者　张箭
刊　　名　郑和研究
年 卷 期　1999 年 1 期
页　　码　24

题　　名　**近二十年来明朝海禁政策研究综述**
作　　者　魏华仙
刊　　名　中国史研究动态

年 卷 期 2000 年 4 期
页 码 12 - 18

题 名 **近二十年明代海盗史研究综述**
作 者 黄秀蓉
刊 名 历史教学问题
年 卷 期 2006 年 1 期
页 码 91 - 93
摘 要 "倭寇"原指日本海盗,但明代的倭寇,还包括中国的海盗,西方殖民海盗,他们同在中国东南沿海从事劫掠性质的活动,为了便于叙述,本文把它们都纳入"海盗"这一词目。"海盗"这一现象,伴随着古代航海业的发展而产生,在世界广阔的大洋上扮演了一个重要角色。明代是中国海盗史上的"黄金"时期,对这一时期的海盗进行研究,不仅有利于梳理其发展脉络,认清其本质,而且通过分析其活动及影响,可以进一步深化对明代东南沿海社会变迁的研究,因而引起学术界的兴趣和高度的重视。二十世纪八十年代以来,史学工作者在已有成果的基础上,将明代海盗史的研究提升到了一个新的高度。本文对这一时期的研究成果作一回顾,为进一步研究明代海盗史作参考。

题 名 **近古中琉文化关系及其对日本之影响**
作 者 杨仲揆
刊 名 东西文化
年 卷 期 1967 年 1 期

题 名 **近来别具一只眼 另察中国衰弱源——简评李金明博士《明代海外贸易史》**
作 者 陈尚胜
刊 名 海交史研究
年 卷 期 1991 年 19 期
页 码 49 - 52

题 名 **近年来 Liampo、双屿研究述评**
作 者 龚缨晏,杨靖
刊 名 中国史研究动态
年 卷 期 2004 年 4 期
页 码 13 - 19
摘 要 1498 年,达·伽马绕过好望角来到印度洋地区,1510 年葡萄牙人占领印度的果阿,1511 年,葡萄牙人攻占马六甲,1513 年,葡萄牙人欧维斯(JorgeAlvares)来到广州珠江口外,成了第一个来华的葡萄牙人。从此,来到广州一带活动的葡萄牙人不断增多。1522 年,明朝军队在新会县西草湾大败葡萄牙人,并将其从广东沿海逐出。葡萄牙人于是沿中国海岸线北上,在福建、浙江沿海活动,并且在浙江沿海建立了一个被欧洲人称作 Liampo 的据点。

题 名 **近年来 Liampo、双屿研究述评**
作 者 龚缨晏
刊 名 澳门研究

年 卷 期 2004 年 25 期

题　　名 **近年来关于“殷人航渡美洲”问题的研究述评**
刊　　名 中国史研究动态
年 卷 期 1996 年 2 期
页　　码 16 – 21
摘　　要 商代时的殷人有没有到过美洲？如果说到过，那么是何时到的，怎么去的，去了多少人；他们对美洲产生了什么影响，留下了什么遗迹。如果说没有到过，那么“殷人航渡美洲”的肯定者是怎样立论的，否定者又是怎样驳论的。

题　　名 **近年来明清时期的榷关研究**
作　　者 廖声丰
刊　　名 中国史研究动态
年 卷 期 1997 年 11 期
页　　码 25 – 27

题　　名 **近年来郑和研究论著述评**
作　　者 郑一钧
刊　　名 中国史研究动态
年 卷 期 1990 年 2 期

题　　名 **近年来郑和研究述评**
作　　者 郑一钧
刊　　名 中国史研究动态
年 卷 期 1989 年 8 期
页　　码 21 – 22

题　　名 **近年蓬勃发展的中外关系史研究**
作　　者 耿升
刊　　名 中国文化研究
年 卷 期 2003 年 2 期

题　　名 **近年徐福故里讨论述评**
作　　者 韩玉德
刊　　名 中国史研究动态
年 卷 期 1993 年 1 期
页　　码 21

题　　名 **近年中国海外贸易之情形**
作　　者 陈烈动

刊　　名　清华大学学报(自然科学版)
年 卷 期　1915 年 00 期
页　　码　147 – 154

题　　名　**近年中国市舶司制度研究综述**
作　　者　李玉昆
刊　　名　中国史研究动态
年 卷 期　1988 年 1 期
页　　码　21 – 24

题　　名　**近三十年来法显研究简述**
作　　者　冯素梅
刊　　名　五台山研究
年 卷 期　2010 年 3 期
页　　码　28 – 32

题　　名　**近十年来国内钓鱼岛问题研究综述**
作　　者　刘中民,刘文科
刊　　名　中国海洋大学学报(社会科学版)
年 卷 期　2006 年 1 期
页　　码　21 – 25
摘　　要　钓鱼岛问题作为中日关系中一个十分复杂而又重要的问题,由于其涉及国家主权、历史问题、法律问题及敏感的现状,使其成为历史学、国际法学、国际关系等学科专家学者共同关注的焦点。近十年来,国内外学者发表了大量著述,从各个角度对钓鱼岛问题进行了阐述。为进一步推动钓鱼岛问题的研究,对近十余年国内钓鱼岛问题的研究现状进行综述,其内容主要涉及钓鱼岛问题的地理与历史研究、法理研究、现状及影响研究等若干个领域。

题　　名　**近十年来甲午战败原因研究综述**
作　　者　周雪莉
刊　　名　南京政治学院学报
年 卷 期　2004 年 20 卷 S1 期
页　　码　195 – 197
摘　　要　近十年来,史学工作者在充分搜集和占有资料的基础上,进一步加强了甲午战争研究,又有不少新的成果问世。现将近十年史学界研究甲午战败原因作一简要综述,并以此文纪念甲午战争 110 周年。

题　　名　**近十年来近代川江航运史研究综述**
作　　者　迟香花
刊　　名　乐山师范学院学报
年 卷 期　2008 年 23 卷 4 期
页　　码　107 – 109

摘　　要　在1998年到2007年的十年中，有关近代川江航运史研究的论文约十几篇，其内容包括不同时期航运发展状况及从不同视角探讨航运的发展及其作用等；当然，研究中也存在着许多不足，还需要继续探索。

题　　名　**近十年来京杭运河史研究综述**
作　　者　王云
刊　　名　中国史研究动态
年 卷 期　2003年6期
页　　码　12－21

题　　名　**近十年来我国近代航运史研究综述**
作　　者　苏全有
刊　　名　南通航运职业技术学院学报
年 卷 期　2004年3卷4期
页　　码　1－4，16
摘　　要　在1994年到2003年的十年中，有关近代中国航运史研究的论文约有二三十篇，其内容包括近代各地区航运发展状况及从不同视角探讨航运的发展等；当然，研究中也存在着许多不足，总体上讲，该领域的研究处于一个较低的水平。

题　　名　**近世金龙四大王考——官民互动中的民间信仰现象**
作　　者　申浩
刊　　名　社会科学
年 卷 期　2008年4期
页　　码　161－167
摘　　要　金龙四大王是明清时期在运河区域具有较广泛影响力的漕运信仰。以往的研究在有关金龙四大王的最早记载、成神原因及最初形成区域等方面都有值得商榷的地方，并且未就这一信仰形成的过程进行解读。本文认为，金龙四大王最初是在江南地区形成的，明代永乐迁都北京以后，江南地区漕运负担加剧，从而在信仰层面形成了以护佑水运、漕运为主的神灵崇拜，并沿运河传播开来。金龙四大王信仰的形成过程典型地体现了官民互动的结果，官民双方力量的对比或态度的趋向会影响到对民间信仰的价值评判——是淫祀还是正祀。在官民互动的过程中，金龙四大王因在信仰的取向上更加契合国家正统理念，因而官方致祭的色彩越来越浓，最终被列入国家祀典，淡化了原有的民间性、地域性立场。

题　　名　**近世泰西诸国直航来华之起源**
作　　者　时昭瀛
刊　　名　武大社会科学季刊
年 卷 期　1933年4卷1期

题　　名　**近现代对“郑和下西洋”的研究**
作　　者　徐澄清
刊　　名　文教资料简报
年 卷 期　1985年3期

页　　码　76－87

题　　名　**近现代中国与缅甸的贸易往来**
作　　者　聂德宁
刊　　名　南洋问题研究
年 卷 期　1998 年 4 期
页　　码　67－77

题　　名　**晋朝僧人法显与丝绸之路**
作　　者　卢滨玲
刊　　名　丝绸之路
年 卷 期　1997 年 5 期
页　　码　53－54

题　　名　**晋代“八槽舰”复原研究**
作　　者　龚昌奇，席龙飞，吴琼
刊　　名　武汉理工大学学报（交通科学与工程版）
年 卷 期　2003 年 27 卷 5 期
页　　码　735－738
摘　　要　“八槽舰”是晋代跟随孙恩海上起兵的卢循建造的，其特点是利用水密舱壁将船体分隔成 8 个船舱。即使某个舱破洞淹水，船体仍可保证安全和不致沉没。水密舱壁是中国古代造船术的重大技术创造，对世界造船技术的发展作出了应有贡献。文中根据文献记载，对船舶尺度、型制进行了研究，并给出了“八槽舰”的总布置图及结构图样。

题　　名　**晋江海岸变迁与泉州港的衰落**
作　　者　李仲钧
刊　　名　海交史研究
年 卷 期　1985 年 7 期

题　　名　**晋江泉州古外销陶瓷初探**
作　　者　叶文程
刊　　名　厦门大学学报（哲学社会科学版）
年 卷 期　1979 年 1 期
页　　码　105－111
摘　　要　古泉州地区的晋江县和泉州，是宋元时代盛产陶瓷的重要地区。在宋元时代，这里出现许多烧制陶瓷器的窑场，其中较著名的古窑场有晋江县磁灶乡、泉州市郊东门窑等。由于这里所处的特定地理环境，东南临海，泉州又是中世纪海外交通非常发达的著名港口，因此，这一地区在南宋及其以后，古代陶瓷窑场的大量出现和外销有密切的关系。

题　　名　**禁海与开海——鸦片战争前清政府的外贸政策试析**
作　　者　张彦

刊　　名　天府新论
年 卷 期　2003 年 6 期
页　　码　97 – 100
摘　　要　清朝前期,清政府受海防思想的影响,曾一度采取过禁海政策。但是世界范围内资本主义的蓬勃兴起,以及国内资本主义经济的萌芽和商品经济的繁兴,推动了清朝前期对外贸易的发展,清政府不得不顺应历史潮流,打开国门,开放沿海市场。然而受顽固保守思想的局限,清政府在开放海外市场的同时,却为外贸设置了种种限制。

题　　名　禁烟运动中的粤海关与沿海贸易——英国收藏的豫堃致林则徐咨文考释
作　　者　杨国桢
刊　　名　中国社会经济史研究
年 卷 期　2007 年 4 期
页　　码　53 – 58
摘　　要　道光十九年(1839 年)禁烟运动中,粤海关在抵制外国商船夹带走私鸦片、维护正常国际贸易上,起了重要的作用。但它在管理和维护广州与内地沿海贸易的作用,却鲜为人知。英国国家档案局收藏的粤海关监督豫堃致钦差大臣林则徐咨文,为这段史实补一空白。本文对此进行整理介绍,并稍作考释,指出它的研究意义。

题　　名　京杭大运河山东段——“济州河”和“会通河”探析
作　　者　袁静波
刊　　名　济宁师专学报
年 卷 期　1996 年 2 期
页　　码　91 – 94

题　　名　京杭大运河与漕运
作　　者　杨小法,池飞飞
刊　　名　中国地名
年 卷 期　2002 年 1 期
页　　码　31 – 32

题　　名　京杭大运河与聊城经济文化影响的地理分析
作　　者　陈永金,李胜虎,赵立霞,刘加珍
刊　　名　商业研究
年 卷 期　2011 年 1 期
页　　码　52 – 56
摘　　要　以漕运为目的的京杭大运河的开通对中国政治、经济、文化产生了深远影响,会通河的开凿促进了聊城经济社会的大发展,经济社会的发展带来文化的空前繁荣。本文以地理学的视角分析了聊城市在运河中的地位及运河开通对聊城经济、文化的影响,这对进一步开发运河文化资源,推动聊城市社会经济发展和生态文明建设具有学术意义。

题　　名　京杭大运河与镇江城市文明的兴起和发展
作　　者　王玲真
刊　　名　南通大学学报(社会科学版)
年 卷 期　2008 年 24 卷 1 期
页　　码　21 – 24
摘　　要　古代的城邑往往首先出现在交通要道上,或港口、河口、山口或军事要冲。镇江是长江的重要港口,属东南锁钥之地,且城中有山,山中有城,本身就具有得天独厚的地理优势。京杭大运河的开凿贯通更为它提供了一个发展的契机。交通的便捷使处于运河和长江交汇处的镇江迅速发展成为一座著名的历史文化古城。可以说,古运河承载了镇江从古到今的财富与文明,记载了镇江的历史变迁,孕育了镇江的城市文化。

题　　名　京杭大运河中心城市的形成与辐射
作　　者　张强
刊　　名　淮阴师范学院学报(哲学社会科学版)
年 卷 期　2008 年 30 卷 1 期
页　　码　40 – 41,114
摘　　要　北方运河废弃以后,京杭大运河沿岸成为中国最有经济活力的地区。在漕运的刺激下,京杭大运河沿岸城市的经济得到迅猛的发展,一些中心城市不但承担了国家税收的重任,而且成为区域性的贸易中心和商品集散地。京杭大运河中心城市形成以后产生了巨大的辐射力,刺激商品经济的发展和繁荣。在京杭大运河中心城市的辐射下,一些小镇也发展起来。

题　　名　京杭运河防务考略
作　　者　朱承山,武健
刊　　名　济宁师范专科学校学报
年 卷 期　2002 年 23 卷 2 期
页　　码　9 – 12
摘　　要　京杭运河自隋代通航以来,历代均设有管理机构,至明清时期尤为完备。这些管理机构包括治河、漕运、兵防三类。其机构因时代不同而有分有合,本文重点探讨河防沿革。

题　　名　京杭运河与明代经济
作　　者　孙秋燕
刊　　名　菏泽学院学报
年 卷 期　2006 年 28 卷 1 期
页　　码　108 – 111
摘　　要　水资源是人类生存和经济发展的宝贵资源。明代京杭运河的浚通,促进了运河区域工商业的发展,进而导致一批运河城市的繁荣,给这些城市带来了巨大的经济效益。以京杭运河给山东东昌府带来的经济繁荣为例,说明京杭运河的贯通对经济发展具有巨大的带动作用。

题　　名　京杭运河枣庄段水源头新考
作　　者　时太伟
刊　　名　枣庄学院学报

年卷期 2009年1期

页　码 132－134

摘　要 开通泇运河(京杭运河枣庄段),根本上解决了运河漕运受黄泛制约的问题,泇运河的水源头之一为承水河,承水河来源于抱犊崮山区的沧浪渊,沧浪渊有着优美的景色及悠久的历史文化传说。

题　名 **京师昆明湖水操学堂史论**

作　者 秦雷

刊　名 北京社会科学

年卷期 2006年10期

页　码 40－46

摘　要 本文对清朝历史上的惟一一所八旗海军学校——昆明湖水操学堂给与了全面、深入、翔实的研究与评述,展拓和深化了既往水操学堂研究的内容;并将其放在晚清历史大背景下予以考察,通过丰富、新鲜的史料,对学堂创立的目的、过程、意义,学堂与颐和园重建的关系,学堂人物的后期命运,以及学堂在中国近代史上的地位和影响等进行了叙述和评介。

题　名 **井真成墓志铭释读再探**

作　者 贾麦明,葛继勇

刊　名 西北大学学报(哲学社会科学版)

年卷期 2005年35卷2期

页　码 92－97

摘　要 自唐代来华的日本人井真成的墓志铭正式发布之后,中日专家学者对此倍加关注。由于墓志的记载极为简单,且日本文献中未有相关记载,目前对墓主井真成的身世及留学生涯的论争非常激烈。但管见所及,学界对最基本的墓志铭的理解、释读存在一些问题,特别是围绕着墓志残缺之处的填补文字。对墓志铭再次进行了解读,尤其注重对其中所用典故的梳理以及残缺处填补文字的查证,认为该碑缺损文字为“衔”、“而”、“鏨”、“哀”、“给”、“东”、“客”、“命”等的可能性较大。

题　名 **井真成墓志文试补释**

作　者 王子今

刊　名 西北大学学报(哲学社会科学版)

年卷期 2005年4期

页　码 112－115

摘　要 西北大学文博学院收藏的唐朝日本人墓志,作为重要的实物资料,由于字迹漫漶而保留信息不够完整。通过翻检大量的文献资料去考证残缺部分,还碑文原信息,是一项有意义的工作,在前贤释读的基础上予以补释,力图恢复原碑文。

题　名 **井真成墓志研究的开拓之作——评《特集遣唐使墓誌をめぐる日中交流史》**

作　者 葛继勇

刊　名 唐都学刊

年卷期 2005年21卷5期

页　码 86－89

摘　要 2005年5月19日上午,笔者接到了铃木靖民先生寄赠的《特集遣唐使墓をめぐる日中交

流史》(下略称《特集》)一书。左翻右看,爱不释手。此前笔者已获知,这部由铃木先生策划、大和书房出版的第一部研究井真成墓志的学术论集将于近日问世。对该墓志的研究一直比较关注的笔者,对这部学术论集更是翘首以待,期盼早日一睹为快。拜读是著,犹如久旱逢甘雨,体味到的是前所未有的爽快。自2004年10月10日井真成墓志在陕西省历史博物馆对外公开以来,围绕着井真成的生平事迹、墓志的大小规格以及残缺处的补字等,专家学者相继发表论著予以阐释、解说,论争一直没有停息。墓志所载的"国号日本"、井真成的唐风姓名,更是日本学界论争的焦点,也是媒体乃至民众关注的热点。

题　　名　井真成墓志与唐国子监

作　　者　王勇

刊　　名　日本学刊

年 卷 期　2006年2期

页　　码　121－128

摘　　要　2004年发现的一方唐代墓志,在学术界引起轰动。墓主井真成是一位埋没千余年的日本遣唐使。墓志引起轰动的一个重要原因,是它在现存实物中最早出现"日本"国号,引发日本国号乃唐朝所赐之类的议论。同时它传递着鲜为人知的诸多信息,在某些局部问题上很可能会改写历史。本文围绕井真成与唐国子监的问题展开探讨,力图为中日文化交流史研究再添新说。

题　　名　井真成与阿倍仲麻吕·吉备真备

作　　者　王仲殊

刊　　名　考古

年 卷 期　2006年6期

页　　码　60－66

摘　　要　从西安市东郊出土的墓志推定,井真成与阿倍仲麻吕·吉备真备同为唐玄宗时受遣前来中国的日本留学生。阿倍仲麻吕慕中华文化,仕唐不归,才华出众,扬名于世。吉备真备返日本,长期任官,多贡献,声望至高。井真成患病急逝,葬在长安,其墓志之出土深受中日两国学术界重视,成为考古学和古代史研究的热门课题。

题　　名　景德"青花"下西洋

作　　者　龙村倪

刊　　名　广西民族学院学报(自然科学版)

年 卷 期　2005年11卷3期

页　　码　13－19,26

摘　　要　中国有"青花瓷"始于唐,成于南宋(1127－1279),圆熟于元(1279－1368),兴盛于明初,特别是永乐(1403－1425)、宣德(1426－1436)、成化(1465－1488)三朝。江西"景德镇"的产品,更是独步世界,达到了登峰造极的水平。"三保太监"郑和(1371－1433)七下"西洋"(1405－1433)时,"彩绢瓷器"是最重要的"赏赐"品,大量青花乃随"宝船"远走四方,或赠或售扬名四海。青花用"回青"直接在瓷胚上画绘,再上一层无色透明釉,然后入窑,以高温还原焰一次烧成。青花的成功,除中国独有制瓷传统和瓷匠的精研努力外,另一项特殊因素是使用了"伊斯兰"传统的蓝色釉料:回青、回回青和"南海"周边国家的苏麻离青、苏泥腊青、勃青等等。青花不仅使用了域外原料,在造型和纹饰上,也容纳了"伊斯兰"宗教和民族风格。这里仅讨论明初"青花",且以景德镇所出,于15世纪郑和下西洋时代前后者为主,也略论中国青花与阿拉伯青花间的关联。

题　　名　**靖海侯施琅与台湾**
作　　者　徐凯
刊　　名　统一论坛
年 卷 期　1997 年 1 期
页　　码　60 – 61

题　　名　**静海寺始建年代小考**
作　　者　杨波
刊　　名　郑和研究
年 卷 期　2005 年 1 期
页　　码　37 – 38

题　　名　**静海寺为明仁宗敕建并赐额**
作　　者　产中
刊　　名　郑和研究
年 卷 期　2005 年 3 期
页　　码　58 – 60

题　　名　**静心研究深，波推郑和热：读陆静波著《郑和下西洋》**
作　　者　凌鼎年
刊　　名　郑和研究
年 卷 期　2005 年 3 期
页　　码　75 – 76

题　　名　**九江关史略**
作　　者　姚梅琳
刊　　名　中国海关
年 卷 期　1997 年 1 期
页　　码　41 – 43

题　　名　**九十年代以来中琉关系史研究概述——以中国大陆为中心**
作　　者　徐恭生
刊　　名　福建师范大学学报（哲学社会科学版）
年 卷 期　2002 年 4 期
页　　码　35 – 40
摘　　要　中琉关系史研究在中外关系史学中作为一门分支领域，还很年轻，经过中日两国学者的努力近来取得可观的成绩。本文围绕中琉历史档案的整理出版、使琉球录等相关文献的研究，史迹文物的发掘以及国际学术交流几个方面，对 90 年代以来中国大陆在这些方面所取得的进展和存在的问题进行扼要叙述。

题　　名　**九世纪初连结中国与波斯湾的外销瓷：勿里洞沉船的例证**
作　　者　约翰·盖伊，王丽明
刊　　名　海交史研究
年 卷 期　2008年54期
页　　码　14－26
摘　　要　公元8－9世纪亚洲商业贸易非常活跃。中国与西亚之间不仅通过陆上丝绸之路进行贸易往来，而且开辟了海路新航线。通过海上和陆上丝绸之路，中国与西亚各国不断进行双向交流。沉没于印尼海域的勿里洞阿拉伯沉船，首次以大量生动的艺术品证据，印证这一时期中国与波斯湾之间活跃的商业往来和文化交流。勿里洞阿拉伯沉船上出土的文物有60000多件，其中98%是陶瓷。这些陶瓷烧造于中国各窑口，但器物上的装饰具有明显的伊斯兰元素，是以伊斯兰工艺品为模板，为迎合伊斯兰市场制作的。它们得自进口的伊斯兰艺术品灵感，被复制于陶瓷上，又出口回波斯湾，完成了艺术制作上一个有趣的循环。

题　　名　**九世纪唐日贸易中的东亚商人群**
作　　者　吴玲
刊　　名　西北工业大学学报（社会科学版）
年 卷 期　2004年24卷3期
页　　码　17－23
摘　　要　九世纪，唐日贸易舞台上出现了一批东亚商人。他们的出现，意味着迄今为止的以遣唐使为主角的唐日官方贸易逐渐转变成了唐日民间贸易，他们对九世纪唐日间经济和文化的交流所起的作用是不容忽视的。本文分析了他们的组成、出现背景以及他们所起到的作用和意义。

题　　名　**酒与航海、郑和下西洋的关系**
作　　者　张元放，彭小琴
刊　　名　郑和研究
年 卷 期　2009年4期
页　　码　41－42

题　　名　**旧中国的天津口岸**
作　　者　赵禹辰
刊　　名　现代财经（天津财经学院学报）
年 卷 期　1990年3期
页　　码　37－42
摘　　要　今年是天津口岸开港130周年。回顾一下解放前天津口岸对外贸易的概况，深入认识它的殖民地性质和特点，重温帝国主义对我国残酷侵略掠夺的历史，这对激发人们的爱国主义思想和促进今后对外贸易的发展，都具有重要的意义。天津港以广阔的华北、西北、东北地区为腹地，联系着极为富饶的农、牧、矿产资源，具有开展海洋贸易的优越位置和条件。

题　　名　**旧中国海关总税务司、税务司名录（上）（1859年－1949年）**
作　　者　刘武坤
刊　　名　民国档案

年卷期 1986年3期
页　码 134－136
摘　要 为了给史学界同志提供旧中国海关高级职员活动的线索，以及为研究、翻译旧海关史料和档案的同志提供方便，现将旧海关1859年至1949年的总税务司、副总税务司和税务司（不包括署理、代理及以税务司衔退职的人员），进行整理、翻译，按任职时间顺序编排，名之为《旧中国海关总税务司、税务司名录》。1859年至1875年，因材料收集不全，表中“关名”项内所缺关，均以“?”表示。1929年以后，陆续有华人晋升为税务司，为保持史料的完整性，这部份华人税务司也全部编入。表中“国籍”“关名”项内的用字，除个别外，一般沿用档案中原字，未予更改。

题　名 **旧中国海关总税务司、税务司名录（下）**
作　者 刘武坤
刊　名 民国档案
年卷期 1986年4期
页　码 112－131

题　名 **旧中国引水权是如何丧失的**
作　者 传林
刊　名 航海
年卷期 1983年6期
页　码 40
摘　要 凡是经常乘船的同志都会注意到，吴淞口外的铜沙洋面，常年停泊着一艘白色轮船。不管是春夏还是秋冬，也不论是暴风还是大雨，它都在固定地点巍然屹立，守卫着东海大门。这里就是上海港引航站，凡是要进港的外国船，都要在驾驶台上挂起蓝黄相嵌请求引航的信号旗在这里等侯引航。当我国引航员踏上外轮时，它立即在主桅杆升起庄严的五星红旗。这是对我国主权的尊重，也是应有的国际礼节。外轮开进我国港口，必须由我国熟悉航道并有驾驶经验的人员引领进港。担任这项任务的叫引航员，也称引水员。引水员不得由外国人担任。这是国家的主权，称为引水权。但是解放前旧中国的一百多年里，引水权为帝国主义所劫夺，引水业务也受外国人操纵，对我国经济和军事造成严重损害。

题　名 **救生船局与清代两湖水上救生事业**
作　者 杨国安
刊　名 武汉大学学报（人文科学版）
年卷期 2006年1期
页　码 69－74
摘　要 辽阔的水域、繁忙的水运，使得清代两湖地区的水上救生活动非常活跃，并形成以半官僚化的专业水上救生组织——救生局和其它民间善会善堂相结合的多层次的水上救生网络。在这些水上救生组织及其救生活动中，国家及各级地方官员扮演着重要的角色，并且国家权力与民间力量呈现出彼此依赖、联结与交融的互动关系。

题　名 **就《对“澳门开埠初期史研究”中若干问题的质疑》答张廷茂博士**
作　者 汤开建
刊　名 文化杂志

年 卷 期 2002 年 45 期

题　　名 就《华夷变态》谈康熙年间海外交通贸易的若干情况
作　　者 陈自强
刊　　名 海交史研究
年 卷 期 1990 年 18 期

题　　名 居延简文"临淮海贼"考
作　　者 王子今
刊　　名 考古
年 卷 期 2011 年 1 期
页　　码 85－90,109

题　　名 鞠躬尽瘁,死而后已——郑和最后一次"下西洋"
作　　者 刘重日
刊　　名 中国经贸
年 卷 期 2004 年 11 期
页　　码 84－85
摘　　要 诚如名家梁启超所言:怎样评价郑和都"无以过之,其不畏艰难困苦,一往无前的献身精神,永远值得后人学习和怀念"。

题　　名 举世无双的古远航船队——郑和船队
作　　者 施鹤群
刊　　名 科学实验
年 卷 期 1984 年 1 期
页　　码 30－31

题　　名 巨舰之谜——郑和一号宝船考
作　　者 王冠倬
刊　　名 华夏人文地理
年 卷 期 2005 年 7 期
页　　码 85－90
摘　　要 有关郑和航海,保存至今的仅限一些郑和随员的私人记录,内容有限且残缺不全,致使本来盛极一时的远航在 600 年间疑云重重。有关郑和一号宝船的船型、尺寸、造船地点至今众说纷纭,更有人认为所谓的一号宝船不过是个摆设而已,并没有真的跟随郑和船队下西洋……那么,事实究竟如何呢?本月,中国国家博物馆《云帆万里照重洋——郑和下西洋 600 周年纪念展》即将开幕,让我们走近历史,一探究竟。

题　　名 据风向考订法显航程之商榷
作　　者 许云樵
刊　　名 南洋学报

年 卷 期　1950 年 2 期
页　　码　1－4

题　　名　**据清代档案考订郑成功史事十二则**
作　　者　陈在正
刊　　名　历史档案
年 卷 期　1983 年 2 期
页　　码　82－88
摘　　要　杨英的《从征实录》、阮曼锡的《海上见闻录》、夏琳的《海纪辑要》、《闽海纪要》、《闽海纪略》、黄宗羲的《赐姓始末》、郑亦邹的《郑成功传》等书，是公认的研究郑成功史事的重要文献。但这些著述，对郑成功史事日期的记载，有不少缺漏或不详之处。本文拟根据清代官方有关郑成功的档案资料，略作考析，或能补充订正诸书对一些重要史事日期的记载。

题　　名　**据史敷陈　缘实成章——曾少聪博士《东洋航路移民》评介**
作　　者　鲁乔
刊　　名　中国社会经济史研究
年 卷 期　1999 年 3 期
页　　码　92－94

题　　名　**军备动力与军事文明论清朝海军后期停滞的深层原因**
作　　者　侯昂好
刊　　名　军事历史
年 卷 期　2006 年 6 期
页　　码　54－57

题　　名　**开埠初期闽浙沿海的海盗活动初探**
作　　者　姜修宪，王列辉
刊　　名　安徽史学
年 卷 期　2006 年 2 期
页　　码　24－30
摘　　要　海盗作为沿海地区一种常见的历史现象，在不同的历史时期往往呈现不同的表现形式，其产生原因和发展过程亦因历史条件的变化而各异。本文主要集中于目前史学界较少涉猎的开埠初期的海盗活动，力图复原历史原貌，探究本期海盗活动的特点和成因，提出鸦片走私贸易是海盗行为盛行的直接诱因，中外双方的联合和先进船只的运用在对海盗的搜剿中起了重要作用。

题　　名　**开埠对近代烟台社会的影响探析**
作　　者　邓云
刊　　名　西安社会科学
年 卷 期　2009 年 27 卷 2 期
页　　码　90－91
摘　　要　烟台古代习惯被称为芝罘，但二者并不指同一地方，正所谓烟台与芝罘“隔海相望，非一地也”。明代,明洪武三十年(公元1398年),为防倭寇侵扰,当地军民于临海北山上设狼烟土墩台,发现敌情后,昼则升烟,夜则举火,作为报警信号,故简称“烟台”,1861年烟台开埠,在西学东渐之风的浸染下,烟台社会发生了巨大的变化,为烟台的近代化起到了助推器的作用。

题　　名　开埠后烟台城市空间形态变迁探析
作　　者　支军
刊　　名　烟台职业学院学报
年 卷 期　2007年13卷2期
页　　码　28－32,80
摘　　要　从传统港口城镇演变为近代商埠城市,从封闭性城堡转变为开放的口岸城市,开埠后烟台城市空间形态发生了深刻变迁。在近代转型过程中,烟台城市空间形态的演化处于充满偶然性的地域开放系统中,具有在外力楔入下产生突变的特征,催化了内部形态的演替重组和外部形态的拓展扩散,并在特定的历史时空中形成近代特征的城市内部空间结构

题　　名　开埠前后的汉口茶市
作　　者　陈倩
刊　　名　湖北经济学院学报(人文社会科学版)
年 卷 期　2007年4卷9期
页　　码　33－34
摘　　要　以1861年汉口开埠为界,晋商和俄商在汉口茶叶贸易中有一个势力消长的变化过程,并由此对当地的经济格局和社会发展产生多种影响。本文试图应用相关经济学贸易理论对这一历史现象予以考察。

题　　名　开埠前后日本与宁波、上海联系的转变
作　　者　王列辉
刊　　名　浙江学刊
年 卷 期　2009年4期
页　　码　64－68
摘　　要　开埠前后日本与长江三角洲地区交流的港口有个转变的过程,开埠之前主要和宁波港往来,开埠之后则与上海港进行往来。于此相应的是,开埠之前,宁波在日本的发展过程中起很重要的作用。上海的开埠,缩短了西方国家通向日本的航线,也为日本诸港的开放提供经验和条件,客观上起到了促进日本诸港开放的作用。

题　　名　开埠前宁波对外贸易历史地位探析
作　　者　竺菊英
刊　　名　中国社会经济史研究
年 卷 期　1995年1期
页　　码　57－66

题　　名　开埠前期上海贸易的发展及城市经济功能的变化(1843～1895)——上海经济发展历史回顾之一
作　　者　张忠民

刊　　名　上海综合经济
年 卷 期　1994 年 9 期
页　　码　42－43

题　　名　开埠通商对南宁城市发展的影响
作　　者　廖建夏
刊　　名　广西地方志
年 卷 期　2007 年 3 期
页　　码　82－87
摘　　要　开埠通商加快了南宁城市的现代化进程,使南宁城市的地理优势得以发挥;促使南宁和国际发展及国际市场紧密相连,对外贸易的加速发展极大推动南宁的早期现代化;加速了南宁城市现代化的进程,城市面貌发生改变;在中西文明的交融与冲突中,南宁人的思想观念逐步开始现代化。

题　　名　开埠通商与腹地商业——以闽江流域墟市的考察为例
作　　者　姜修宪,张忠福
刊　　名　历史教学(高校版)
年 卷 期　2008 年 7 期
页　　码　54－58
摘　　要　本文主要利用现存地方志对明中叶以来闽江流域各县墟市的发展状况作一详细的梳理以探寻其发展大势,并通过与全国其他地区的比较对本区墟市发展水平在全国所占的地位作一大致的定位。此外,本文还指出与江南地区相比,福州开埠后的近代化过程并没有引起腹地墟市数量、结构和层级的根本性变迁。此外,文中对目前集市史研究中的一些结论和方法作出回应。

题　　名　开埠通商与中国近代城市发展及早期现代化的启动
作　　者　何一民
刊　　名　四川大学学报(哲学社会科学版)
年 卷 期　2006 年 5 期
页　　码　33－40
摘　　要　19 世纪中叶,中国被迫对外开放,一批城市被强行开埠通商,由此使中国开始了半殖民地化,但同时也使这些开埠通商城市获得了新的发展动力,这些城市开始了早期现代化进程,由农业时代的城市向工业时代的城市转型。

题　　名　开埠与九江区域经济中心地位的确立
作　　者　龚喜林
刊　　名　九江学院学报
年 卷 期　2008 年 4 期
页　　码　25－27,63
摘　　要　第二次鸦片战争后的开埠通商,使九江成为江西区域经济的中心并促进了九江地方经济社会的发展。但由于以转口贸易为特征的单一经济发展形态,后随江西经济中心南移,九江的区位优势逐渐散失并由此而衰落。

题　　名　**开埠之初的澳门与中西交流**

作　　者　叶美兰

刊　　名　学术论坛

年 卷 期　1999 年 3 期

页　　码　77－80

摘　　要　澳门开埠后，经过中外商民数十年的经营，很快就进入到了黄金时期。在开埠初期长达半个多世纪的繁荣与发展中，澳门既是沟通东西方经济的重要国际商埠，是天主教在远东的传教中心，也是架接中西方文化的桥梁，它对促进中西经济、宗教、文化的交流和发展起着特别重要的作用。

题　　名　**开山抚番：沈葆桢台湾防务建设中的重大举措**

作　　者　吕宁，白纯

刊　　名　军事历史研究

年 卷 期　2006 年 4 期

页　　码　94－98

摘　　要　1874 年日本侵台事件发生后，沈葆桢临危受命，赴台筹办台防。鉴于台湾生番地区的重要性，沈葆桢审时度势，着眼于台湾防务建设，施行了以“外防内治”为目的的开山抚番政策：开山修路、开禁招垦、增府置县、设立番学等，为促进台湾的政治、经济、文化全面发展，巩固台湾防务，发挥了积极作用。

题　　名　**开拓创新，立论严谨——陈信雄《宋元海外发展史研究》评介**

作　　者　陈尚胜

刊　　名　海交史研究

年 卷 期　1993 年 24 期

页　　码　108－111

题　　名　**开拓南洋第一伟人郑和**

作　　者　黄好友

刊　　名　南国少年

年 卷 期　1939 年 2 期

页　　码　33－40

题　　名　**开拓郑和研究的新视野——由航海家王景弘谈起**

作　　者　时平

刊　　名　郑和研究

年 卷 期　2004 年 3 期

页　　码　68－70

摘　　要　近百年的郑和研究，学术界围绕着郑和及其下西洋展开了广泛而深入的探讨，逐渐由历史领域中的专题研究，到 20 世纪 80 年代中期形成分学科和多学科的合作研究，使得郑和研究呈现学科不断融合及拓宽的趋势。随着郑和研究的深入，人们对王景弘的研究也愈来愈重视，发掘并考证了一些新的材料，涌现出一些新的研究成果。可见，对王景弘的研究，是郑和研究深入发展的结果，已经成为郑和研究的一个重要组成。

题　　名　**开拓中国近代海防史研究的新领域——王宏斌《晚清海防:思想与制度研究》评介**
作　　者　田海林
刊　　名　河北师范大学学报(哲学社会科学版)
年 卷 期　2009 年 1 期
页　　码　160

题　　名　**堪与马可波罗游记比美的佳作——谈古朝鲜人崔溥《漂海录》**
作　　者　傅璇琮
刊　　名　中国图书评论
年 卷 期　2003 年 3 期
页　　码　48－49

题　　名　**康乾年间中琉宗藩贸易研究**
作　　者　柳岳武
刊　　名　江苏社会科学
年 卷 期　2006 年 5 期
页　　码　206－212

题　　名　**康乾盛世下中国、日本、琉球三国关系研究**
作　　者　柳岳武
刊　　名　人文杂志
年 卷 期　2007 年 3 期
页　　码　126－135
摘　　要　康乾盛世时期是中、日、琉球关系发展的关键时期。此时中、日对琉球的不同政策进一步导致了中国对琉球的影响之日益衰落和日本对琉球的影响之日益增强。通过康乾盛世近二百年时间,日本极大地增强了对琉球的实际控制。而与此相反,中方的琉球宗主权相对于日本而言却在日益衰落。

题　　名　**康乾盛世与海疆政策**
作　　者　何瑜
刊　　名　清史研究
年 卷 期　1993 年 1 期
页　　码　28－29

题　　名　**康乾之际的民人出洋及回籍政策考察**
作　　者　李伟敏
刊　　名　兰州学刊
年 卷 期　2008 年 5 期
页　　码　158－163
摘　　要　清朝统治者出于对汉人的猜忌、防范心理及维护满洲贵族统治的狭隘目的,对汉人与任何外来势力的交往保持高度戒备,康乾之际的民人出洋及回籍政策为此提供了最好的证明。清廷基于这种心理制定的民人出洋及回籍政策,必定是周密、严谨而又严厉的。

题　　名　**康熙初年荷兰船队来华贸易史料**
作　　者　安双成
刊　　名　历史档案
年 卷 期　2001 年 3 期
页　　码　11－17
摘　　要　16 世纪中叶,西方的殖民主义势力争先恐后地向外扩展。17 世纪初,荷兰占据了我国的台湾,并谋求与中国通商。顺治十八年(1661 年),郑成功统率舟师南下,从荷兰军队手中收复了台湾,以作"反清复明"的大本营。而从台湾撤出的荷兰军舰则跑到福建沿海,要协助清军攻打郑成功,并借机提出了与中国通商贸易的要求。现从馆藏内阁满文密本档中选译有关史料刊布,供研究参考。

题　　名　**康熙帝对施琅的评价探源**
作　　者　施伟青
刊　　名　台湾研究集刊
年 卷 期　2000 年 1 期
页　　码　73－77
摘　　要　康熙帝对施琅的认识有一个过程,他对施琅所作的两种截然不同的评价是先后提出的:即施琅是"粗鲁武夫,未尝学问,度量偏浅,恃功骄纵"的看法形成于前;施琅"才略夙优"、"有谋""善断"的看法形成于后。而此后二种看法并存。文章阐述了康熙帝先后对施琅作出两种不同评价的原因。

题　　名　**康熙帝海疆政策反复变易析论**
作　　者　王日根,苏惠苹
刊　　名　江海学刊
年 卷 期　2010 年 2 期
页　　码　161－168
摘　　要　康熙朝海疆政策屡有变革,这缘于对客观形势变化的因应。由于康熙本人及其大部分臣僚不熟悉海洋,制定海洋政策的分寸就很难把握。来自地方和民间的奏章和呼声,有的无法上达;有的虽然上达,也不一定马上被中央所理解和认可,直至变成政策。当政策施之于实践时,不同的官员又往往有不同的理解和应对态度,执行起来又会多种多样。正因为康熙帝力图沟通中央与地方、把握各方面的实态并及时调整政策,才导致了康熙朝海疆政策中时禁时开、时严时弛、多有反复的现象。

题　　名　**康熙帝统一台湾斗争方略探析**
作　　者　季云飞
刊　　名　学术论坛
年 卷 期　1997 年 4 期
页　　码　85－88

题　　名　**康熙帝与日本的海船互市新例**
作　　者　松浦章,常家勤
刊　　名　社会科学辑刊
年 卷 期　1987 年 2 期

页　　码　79－82

题　　名　**康熙对台政策剖析**
作　　者　卢建一
刊　　名　福建师范大学学报(哲学社会科学版)
年 卷 期　1988年3期
页　　码　113－118,112
摘　　要　1683年,康熙帝一举统一祖国,丰功伟绩,彪炳日月。但七十年代前,史学界尚有一部分同志从大汉族主义观念出发,对康熙统一祖国的历史功绩认识不足,对“奉明正朔”的郑氏割据政权歌功颂德,斥责归附清王朝、原郑氏部将施琅为“叛徒”、“叛将”,对姚启圣也认为不屑一提。近年来,对此问题已取得基本一致的正确看法。

题　　名　**康熙和平统一台湾**
作　　者　陆茂清
刊　　名　炎黄春秋
年 卷 期　1995年5期
页　　码　27－30
摘　　要　郑成功收复台湾后的22年中,与大陆上的清王朝紧张对峙。雄才大略的康熙皇帝力求两岸和平统一,屡次派员招抚,怎奈郑氏依恃优越的地理位置,只同意息兵罢战,坚持台湾独立为国,双方谈谈打打,难成和议。后康熙帝把握时机,以战逼和,真诚承诺,郑氏终于作出了明智的抉择,台湾和平回归。

题　　名　**康熙和平统一台湾的尝试**
作　　者　杨海峰
刊　　名　台声
年 卷 期　2000年10期
页　　码　40－41

题　　名　**康熙和施琅**
作　　者　苏双碧
刊　　名　中共福建省委党校学报
年 卷 期　2003年10期
页　　码　48－51

题　　名　**康熙皇帝与中国古代水上救生事业**
作　　者　孙之祜
刊　　名　中国海事
年 卷 期　2009年11期
页　　码　69－71

题　　名　**康熙年间的海外贸易**
作　　者　徐凤媛

刊　　名　黑龙江民族丛刊
年 卷 期　1997 年 2 期
页　　码　65 – 67

题　　名　康熙收复台湾的澎湖之战
作　　者　左立平
刊　　名　现代兵器
年 卷 期　1996 年 8 期
页　　码　40 – 42
摘　　要　台湾位于我国大陆东南 100 多公里的海面上,西隔台湾海峡与福建省相望,东临太平洋。自古以来台湾就是中国的领土,早在 2 万多年前的旧石器时代晚期就同大陆有文化联系。但几百。年来,台湾和澎湖列岛多次受到外国列强和民族分裂集团的霸占。清朝入关后的第二代统治者康熙皇帝为收复台湾,派清军水师在澎湖海域歼灭了台湾郑氏集团的主力军。此战结束了郑氏集团割据一方、两岸分离长达 20 年的政治局面,完成了清王朝统一台湾的大业。

题　　名　康熙统一台湾
作　　者　李鸿彬
刊　　名　福建师范大学学报(哲学社会科学版)
年 卷 期　1980 年 3 期
页　　码　79 – 85,78
摘　　要　康熙(爱新觉罗 · 玄烨,1654 – 1722 年)是清朝一个颇有作为的皇帝。他在位六十一年,为医治长期战争创伤,恢复和发展社会经济;抵抗外来侵略,保卫国家主权;维护祖国统一,反对分裂割据等方面,作出了一定的历史贡献。本文拟就康熙统一台湾及其历史作用问题作些初步探讨,供清史教学和研究参考。

题　　名　康熙统一台湾
作　　者　陈闽光
刊　　名　齐齐哈尔社会科学
年 卷 期　1988 年 6 期
页　　码　43 – 46

题　　名　康熙统一台湾的历史作用
作　　者　李尚英
刊　　名　中国社会科学院研究生院学报
年 卷 期　1983 年 5 期
页　　码　61 – 68
摘　　要　三百年前,清康熙统一了台湾,这不仅是有清一代的重大事件,也是我国历史上的重要篇章。本文对这一历史事件作了比较深入的探讨,同时还就几个有关问题提出了作者自己的看法。

题　　名　康熙统一台湾的战略决策
作　　者　林乾

刊　　名　清史研究
年 卷 期　2000 年 3 期
页　　码　44 – 49
摘　　要　本文论述了康熙统一台湾的战略转变及其过程。清政府最初致力于和平统一方略，并为此做出重大让步，但当郑氏集团坚持“照朝鲜例”，即将走上“版图之外，另辟乾坤”的危险道路后，康熙适时地把战略重点转移到武力统一上来，从而保证了台湾的顺利回归。

题　　名　**康熙统一台湾的政策与刘国轩的最后选择**
作　　者　郭蕴静
刊　　名　天津社会科学
年 卷 期　1985 年 4 期
页　　码　80 – 84
摘　　要　康熙二十二年（1683 年）七月，台湾从郑氏集团统治下回归祖国怀抱，清廷完成了统一大业，其关键在于人心所向和正确的政策。

题　　名　**康熙统一台湾期间清廷同荷兰的军事接触**
作　　者　李中勇
刊　　名　历史档案
年 卷 期　2005 年 3 期
页　　码　76 – 82

题　　名　**康熙统一台湾史实考述**
作　　者　秦新林
刊　　名　殷都学刊
年 卷 期　2001 年 4 期
页　　码　50 – 53
摘　　要　清初，民族英雄郑成功从荷兰人手中收复了台湾。我国各族人民一起开发和建设了宝岛台湾。但到郑经继位后，面对清朝统一台湾的形势，郑氏集团企图进行分裂活动。清朝政府坚决反对分裂，派施琅率水师攻取台湾，台湾回归祖国。

题　　名　**康熙晚年清政府海疆政策变化原因探析**
作　　者　何瑜
刊　　名　清史研究
年 卷 期　1991 年 2 期
页　　码　50 – 54

题　　名　**康熙严查海贼**
作　　者　刘研
刊　　名　兰台世界
年 卷 期　1998 年 9 期
页　　码　42 – 43

题　　名　康熙治漕述略
作　　者　彭云鹤
刊　　名　首都师范大学学报(社会科学版)
年 卷 期　1990 年 4 期
页　　码　87 – 92
摘　　要　清圣祖爱新觉罗·玄烨(1654 – 1722)(年号康熙),是我国封建社会后期最著名的皇帝之一,是清朝定鼎北京后最有作为的创业之君。他在位长达六十一年,亲政亦有五十五年之久,在政治经济和科学文化的发展,民族的团结和国家的统一,以及边防的巩固和疆域的奠定等方面,都有着不少的重大建树,开启了为时一个多世纪的"康乾盛世",同历史上的"文景之治"、"贞观之治"和"开元盛世"并驾齐驱。兹仅就其在治理黄河,确保漕运方面的主要活动及其贡献,做一简要的论述和评介。

题　　名　康雍乾三帝对日本的认识及贸易政策比较
作　　者　陈东林
刊　　名　故宫博物院院刊
年 卷 期　1988 年 1 期
页　　码　12 – 20

题　　名　康雍时期的特使与中日贸易
作　　者　何宇
刊　　名　辽宁大学学报(哲学社会科学版)
年 卷 期　2009 年 3 期
页　　码　66 – 71
摘　　要　清代康雍时期两位帝王出于各种目的,都曾派遣特使东渡日本。康熙帝两次直接派遣官吏赴日,雍正帝起初授意沿海地方官吏雇佣商人担任朝廷特使,商总制度建立后,商总成为朝廷兼职使臣。这些正式和兼职使臣的历次出使活动影响了两位帝王对日本的看法,进而对当时的中日贸易产生了极为重要的影响。

题　　名　抗击外夷侵略者的民族勇将——评僧格林沁在大沽口战役中的历史功绩
作　　者　包虎
刊　　名　内蒙古民族大学学报(社会科学版)
年 卷 期　1986 年 2 期
页　　码　1 – 3
摘　　要　当前,学术界对僧格林沁在天津大沽口战役中的功过问题,有不同的观点,归纳起来主要有两种:一是全盘否定,一是肯定他有不可抹煞的历史功绩。我认为后一种比较确切,符合历史事实。评价历史人物,要辩证地、历史地、全面地分析,特别是对在近代史上十分显赫的僧格林沁,更应遵循这一原则。天津大沽口战争,是我国近代史上震惊世界的抗击外国武装进攻的反侵略战争,是第二次鸦片战争的重要组成部分。这次战争有胜有败,败多胜少,但胜败之中,有不少可歌可泣的英雄事迹。值得一提的是,第二次大沽口战役,由于大清皇朝的钦差大臣僧格林沁"调度有方",广大爱国清兵英勇奋战,"幸获全胜"。恩格斯对这类战争给予高度的评价:"这是保卫社稷和家园的战争,这是保存中华民族的人民战争"。僧格林沁在这次战役中,统帅清兵,断然还击,给英法侵略军以应得的惩罚,为捍卫中国领土和主权,为维护中华民族的利益,立下了不可磨灭的历史功绩。他作为蒙古族将领,统帅少数民族为主体的清兵,以抬枪、鸟枪、长茅和弓箭为主要武器,战胜具有先进装备的英法联军,这在中华民族抵御外夷侵略者的英雄史上还是第一次。

题　　名　**抗日战争前后中国海军学术述论**
作　　者　皮明勇
刊　　名　军事历史研究
年 卷 期　1994 年 3 期
页　　码　100 – 110,151
摘　　要　1928 至 1949 年,是中国近代海军学术发展的最后一个时期。从世界海军学术发展的角度看,在这一时期,第二次世界大战从酝酿到爆发,再到大战结束以及战后的初步调整,给各国的海军理论界以极大的影响,各国都在围绕海军与世界大战这一主题进行研究。中国海军学术界也不例外。

题　　名　**抗日战争时期海关缉私工作的破坏**
作　　者　连心豪
刊　　名　中国社会经济史研究
年 卷 期　1991 年 2 期
页　　码　86 – 93
摘　　要　南京国民政府建立之初,趁帝国主义在华统治出现松动的有利时机,收回部分海关主权,海关缉私工作也得以整顿加强。然而,由于日本帝国主义大举侵华,中国的国家主权完整遭受严重的破坏,海关缉私工作丧失了根本的保证,因此呈现出急转直下的衰败景象。

题　　名　**抗日战争中的中国海军**
作　　者　任保军,叶介甫
刊　　名　党史文汇
年 卷 期　2005 年 11 期
页　　码　4 – 9
摘　　要　自中日甲午战争后,由于政府昏庸、外国侵略、内战连绵,中国海军一直没有得到很好的建设和发展。到抗日战争爆发前,中国海军只有各类舰艇 120 余艘,总吨位不足 7 万吨。而且舰艇普遍吨位小,质量差,服役时间长,其中吨位最大的"海圻"号巡洋舰排水量只有 4300 吨,已有近 40 年的舰龄。而这一期间,日本海军的实力却迅猛发展,到 1937 年全面发动侵华战争前,海军实力已接近美英,共有舰艇 308 艘,其中仅大型舰艇就有:战列舰 10 艘、航空母舰 6 艘、水上飞机母舰 5 艘、潜水艇母舰 7 艘、巡洋舰 37 艘、驱逐舰 104 艘,总吨位达 120 余万吨,拥有舰载和陆基飞机 1000 余架。中日海军实力悬殊极大,面对强敌,弱小的中国海军保持与发扬了中国人民的爱国传统和民族气节,与强大的日本海军展开了殊死的搏斗,创造了一个个奇迹,谱写了一曲曲爱国篇章。

题　　名　**抗日战争中的中国海军(上)**
作　　者　任保军,叶介甫
刊　　名　环球军事
年 卷 期　2005 年 15 期
页　　码　42 – 44

题　　名　**抗日战争中的中国海军(下)**
作　　者　任保军,叶介甫
刊　　名　环球军事
年 卷 期　2005 年 16 期
页　　码　56 – 57

题　　名　**抗倭英雄丁汝昌**
作　　者　汪金玉
刊　　名　军事历史
年 卷 期　1986 年 1 期
页　　码　50 – 51

题　　名　**抗战初期沉船堵江塞港状况及评价**
作　　者　史春林
刊　　名　长白学刊
年 卷 期　2004 年 3 期

题　　名　**抗战期间民国海军的整合**
作　　者　黄山松
刊　　名　中共浙江省委党校学报
年 卷 期　2006 年 6 期
页　　码　111 – 114
摘　　要　1911 年辛亥革命爆发,晚清海军以易帜的方式,驶入了民国时代。在袁世凯当国期间,海军尚能保持相对统一,但随着袁死之后的北洋分裂,民国海军很快陷入了四分五裂的局面。这种局面一方面表现为以闽籍人为主的、依附历届北洋政府的中央海军内部,因政治立场的不同而几度发生的分裂。另一方面,则是海军不同派系的逐渐形成。中国近代海军起源于福建,故早期的海军以闽籍人居多,尤其是海军的中高级军官,大都由闽籍人担任。进入民国以后,历届中央政府海军部、海军司令部基本上是由他们把持,其所属各舰队的司令、舰长,也大都由他们担任。虽然由于政治立场或所依附的军阀势力不同,闽籍人控制的海军自身也曾几度分裂,但一旦利益趋同,他们又会和好如初。与此同时,对于海军内的非闽籍人,他们则是尽量予以排斥。由此,形成了非闽籍人与闽籍人的矛盾。这样,'民国海军在北洋政府时期,大致上是形成了闽系、青岛系、粤系等不同的海军派系。其中闽系依附于历届北洋政府,始终以正统自居。认为北洋政府是当时世界各国承认的唯一的合法政府,其经费也皆由中央政府拨给,因而视经费出自地方割据政府的粤系、青岛系为杂牌的地方海军。

题　　名　**抗战前后中国政府维护西沙、南沙群岛主权的斗争**
作　　者　李金明
刊　　名　中国边疆史地研究
年 卷 期　1998 年 3 期
页　　码　68 – 75
摘　　要　中国南海疆域中的西沙、南沙群岛曾是帝国主义觊觎的对象。本文通过对抗战前后中国政府为维护主权,反对法、日帝国主义侵占西沙、南沙群岛的描述,肯定了当时的中国政府外交斗争的积极作用。

题　　名　**抗战胜利后林遵率舰队收复南沙诸岛始末**
作　　者　徐世强
刊　　名　文史春秋
年 卷 期　2010 年 4 期
页　　码　14 – 16

题　　名　**抗战时期各国在华海运势力的变化**
作　　者　史春林,吴长春
刊　　名　大连海事大学学报
年 卷 期　1996 年 1 期

题　　名　**抗战中期福建军民保卫海岸控制权的斗争论析**
作　　者　吴国安
刊　　名　福建党史月刊
年 卷 期　1990 年 5 期
页　　码　24 – 27

题　　名　**考察徐福东渡遗迹的创举**
作　　者　杨正光
刊　　名　徐福文化交流
年 卷 期　1997 年 1 期
页　　码　21 – 22

题　　名　**考空海入唐时福州的风貌——与村上春次先生商榷**
作　　者　王铁藩
刊　　名　东南学术
年 卷 期　1989 年 5 期
页　　码　70 – 74,69
摘　　要　日本国高僧空海(774 – 835),于唐贞元二十年(公元 804 年)5 月,随遣唐使入唐求法,因船遇风,至 8 月 10 日始漂至福州长溪县(今霞浦)赤岸登陆。在长溪逗留 41 天,被福建观察使兼福州刺史阎济美接到福州,具文上报,等待朝廷指示。据《日本后纪》记载:空海自是年 10 月 3 日到达州城,至 11 月 3 日北上长安,居住在福州的时间整整有 1 个月。在这期间有何活动?村上春次先生根据《福州府志》并到实地调查,作出推论,写就《空海入唐的足迹》,无疑是研究空海入唐史迹的重大突破,是一项很有意义、很有价值的工作。但先生所根据的《福州府志》却是明、清时期的著作。因而《足迹》所描写城内的景物大多数是明清时期的,并非唐城风貌。为此笔者认为有必要把空海入唐时福州城的风貌作基本概述。唐代福州城情况,史书没有留下完整记载,后人也没有发表专文进行研究。本文仅以宋《淳熙·三山志》记载为依据并结合当前基建所出土的文物进行判断。同时,针对先生所提空海在福州登陆地和所经的箱头、亭头、马尾、魁岐以及启程北上的“三山驿”,空海自福州至延平(南平)“水路而陆行”等问题谈谈自己的看法,供先生参考。

题　　名　考释《山海经》中有关古朝鲜的两条史料

作　　者　顾铭学

刊　　名　社会科学战线

年 卷 期　2002 年 4 期

页　　码　169 - 177

摘　　要　《山海经》中,多处谈到上古朝鲜半岛的事物和情况,而明确标出"朝鲜"二字者却只有两条,按袁珂先生 1995 年的《山海经校译》本,则为《海内东经》篇的"海北山南"条和《海内经》篇的"朝鲜天毒"条。对于前者,如果明确了"在列阳东"和"海北山南"的各自含意,便可知晓古朝鲜(起码是公元前四至二世纪)的基本位置,从而否定了什么"辽宁说"和"迁移说"。对于后者,主要是把"天毒"二字解释明白。研究者们对"天毒"二字其说不一,有"衍文说"、"东屠说"、"沃沮说"、"带方孤竹说"和"辽西孤竹说"等,而笔者则主张其为"王居说",它是古朝鲜都城在从古朝鲜语转化为汉语时的译音,即战国时译为"天毒",其后又译为"险渎",最后落实到《史记》朝鲜列传一文中的"王险城",古时的王险城即今日朝鲜首都——平壤。而如"天毒"不是郭璞所注之古代"天竺国",则《辞源》中的"天毒"条似亦难于成立。

题　　名　考析孟席斯"郑和环球航行说"举证的关键地图

作　　者　朱鉴秋

刊　　名　海交史研究

年 卷 期　2003 年 44 期

页　　码　1 - 6

摘　　要　2002 年 3 月,英国业余航海史研究者孟席斯(Gavin Menzies)在皇家地理学会作了"郑和首先环球航行并发现美洲"的报告,世界各地媒体相继对此作了报道,把新闻炒得火热。学术界则有的支持,有的质疑。笔者也曾以新闻报道的内容为依据,撰写了《我对郑和环球航行新说的看法》、《郑和航海最远到哪里?——兼评"郑和发现美洲"说》,对此问题发表了意见。2002 年 11 月,孟席斯的著作《1421:中国发现世界》正式出版,新闻界进行了广泛的宣传;同年 10 月及 12 月,孟席斯相继在中国的南京、昆明和北京三地作了报告。笔者听了他在南京的报告,后又翻阅了他的著作,对他的观点及证据有了较全面的了解。

题　　名　拷贝与借鉴——论渤海国与唐廷和日本的文化交流

作　　者　吕叔宝

刊　　名　日本学论坛

年 卷 期　2002 年 Z1 期

页　　码　69 - 73

摘　　要　渤海国从建国伊始,便积极从事对外、特别是与唐廷和日本的文化交流,促进了其政治体制的成熟和经济的发展。本文认为渤海国热心于对外文化交流的动因,最初是出于藩国本身政治和军事的需要。并从意识形态、生活方式、文学艺术三个方面,分析了其在对外文化交流过程中,对唐廷和日本文化的不同摄取方式。渤海国对盛唐文化全盘吸收,使用的是拷贝式的摄取方式;而与日本的文化交流,则是同一文化圈内各子文化系统之间的借鉴式交流。文章还就渤海国在政治实体消亡后,灿烂辉煌的渤海文化几乎顷刻淹灭的文化发展史之迷,作了尝试性回答。

题　　名　**科学历史在这里沉思——郑和航海与近代世界**
作　　者　宋正海
刊　　名　科学学研究
年 卷 期　1995年13卷3期
页　　码　8－13
摘　　要　地理大发现推动了世界的近代化，形成了今日的世界格局。比地理大发现早半个多世纪的郑和航海也完全有实力绕过好望角到达西欧，从而导致地理大发现。但即使郑和船队到达了西欧，导致了地理大发现，世界历史格局也不可能有根本性变化。变化只表现在：(1)郑和取代哥伦布、达·伽马、麦哲伦成为地理大发现的英雄；(2)加速了西欧资本主义崛起和中国等东方国家的殖民地、半殖民地化；(3)美洲的发现要晚得多，但印第安帝国的毁灭在劫难逃。

题　　名　**克拉克瓷器的历史与分期**
作　　者　莫拉·瑞纳尔迪 著；曹建文，罗易扉 译
刊　　名　南方文物
年 卷 期　2005年3期
页　　码　83－85

题　　名　**空海——中日友好的先驱**
作　　者　黄道立
刊　　名　华中师范大学学报(人文社会科学版)
年 卷 期　1984年2期
页　　码　80－83
摘　　要　空海(公元774－835年)是日本古代的一位学问僧。804至806年留学唐朝。一生“博览经史，殊好佛经”。在唐期间，从惠果学习密教经典，并广罗儒、释、道“三教之中经律、论疏、传记，乃至诗赋、碑铭、卜医、五明，所摄之教可以发启蒙济物者。”归国后奠定日本佛教真言宗，同时努力传播中国古代文化，促进日本文化的发展。

题　　名　**空海到达霞浦赤岸时的中国主人**
作　　者　陈国强
刊　　名　福建史志
年 卷 期　1996年3期

题　　名　**空海对中日文化的贡献**
作　　者　张卫红
刊　　名　东方艺术
年 卷 期　2001年2期
页　　码　58－60
摘　　要　空海(774－835)，这位日本国民家喻户晓、至深敬仰的圣者，对日本文化的贡献可谓横绝千古，无人能匹。空海早年的作品《三教指归》(原本称《聋瞽指归》)是空海向同胞阐释刚从中国传入不久的儒释道三教思想精髓的典范之作，最后作者假托“假名乞儿”抑儒抑道，力陈佛教教义，为书中的“蛭牙公子”指点迷津，达其佛归。指出唯有示解脱涅之道的佛教最为优胜，而其中大乘佛法最可崇奉。

题　　名　空海入唐——佛学之旅与文学之旅
作　　者　卢盛江
刊　　名　文史知识
年 卷 期　2009 年 1 期
页　　码　96－101
摘　　要　日本高僧空海(774－835),是中日文化交流史上的重要人物:空海入唐,也是中日文化交流史上的一件重要事情。

题　　名　空海入唐路线考略
作　　者　牛康
刊　　名　福建史志
年 卷 期　1996 年 5 期

题　　名　空海入唐求法福州行止处所新探
作　　者　林伟功
刊　　名　海交史研究
年 卷 期　1994 年 25 期
页　　码　51－55

题　　名　空海入唐求法琐记
作　　者　忻中
刊　　名　文史杂志
年 卷 期　1988 年 6 期
页　　码　17－18
摘　　要　空海(公元 774－835 年)是日本中古时代赞岐闰多度郡屏风浦(今日本香川县善通寺市)人,俗姓佐伯直,幼名真鱼,日本佛教真言宗创始人,密号“遍照金刚”,谥号“弘法大师”。

题　　名　空海入唐与《文镜秘府论》的编撰
作　　者　卢盛江
刊　　名　江西师范大学学报(哲学社会科学版)
年 卷 期　2004 年 3 期
页　　码　60－63
摘　　要　空海入唐与《文镜秘府论》编撰意识的形成有密切关系。空海在福州和阎济美、马总的交往就与文学有关系,可能有意识地要和当地文人交往。在京城长安,空海的主要精力在寻道求法,但仍和义操等“缁素”文人有过“诗赋往来”。离京之后在越州和朱千乘等人互赠诗,向越州节度使求内外书,有意寻访文学类书。他访得的诗文论著作,后来多编入了《文镜秘府论》。这说明,空海此时可能已有某种编撰意识,至少客观上为《文镜秘府论》的编撰作了资料准备。

题　　名　空海携回日本的《悟空入竺记》及悟空行程
作　　者　小野胜年,聂静洁

刊　　名　南亚研究
年 卷 期　2010 年 1 期
页　　码　147－160
摘　　要　本文主要介绍 9 世纪初日本入唐僧空海抄本《悟空入竺记》在日本的流传状况，并对唐释悟空入竺及归国经行的某些地点进行了考证。

题　　名　**空海与汉文学**
作　　者　兴膳宏，戴燕
刊　　名　南开学报（哲学社会科学版）
年 卷 期　1995 年 3 期
页　　码　20－29
摘　　要　空海（774－835）是日本平安时代的一位著名僧侣。公元 804 年 10 月，他跟着遣唐使一行到中国来，在长安师事印度高僧惠果学密教，806 年回国。他将密教的教义系统地传达给日本，成为真言宗派的开山大师。

题　　名　**空海与日本国书**
作　　者　韩昇
刊　　名　日本研究
年 卷 期　2000 年 3 期
页　　码　54－59
摘　　要　《遍照发挥性灵集》（日本东京岩波书店“日本古典文学大系版”）第五卷首篇，收录空海为日本第十六次遣唐使团大使藤原葛野麻吕所作的《为大使与福州观察使书》。日本遣唐使与唐朝官府之间的来往文书，流传下来的不多，完整保存者更少，故此文书件对于研究当时东亚世界通行的文书格式，中日交往的具体形态以及日本对唐朝的认识等诸多问题，都提供了确实的证据与线索，其学术价值无须多论。

题　　名　**空海与袁晋卿**
作　　者　韩昇
刊　　名　文献
年 卷 期　1997 年 2 期
页　　码　214－227
摘　　要　从《为藤真川举净丰启》说起日本一代高僧空海聪慧博学，精于辞赋，擅长书法，一生写下许多诗文，由其弟子真济萃其精华，汇编为《遍照发挥性灵集》，成为传世佳作。在《性灵集》第四卷里，有一篇《为藤真川举净丰启》。描述了唐朝到日本的移民家族的活动事迹及其际遇，蕴含着空海对唐人的深厚感情，实是研究中日文化交流史和中国到日本的移民史的重要文献，这篇启文为骈俪体。

题　　名　**空海与中日文化交流**
作　　者　于春梅，邵淑月
刊　　名　齐齐哈尔大学学报（哲学社会科学版）
年 卷 期　1995 年 5 期
页　　码　197－199

题　　名　空前盛举　辉煌业绩——纪念郑和下西洋五百九十周年
作　　者　云海
刊　　名　中国水运
年 卷 期　1995 年 8 期
页　　码　30－35

题　　名　口岸贸易与晚清上海金融业的互动
作　　者　戴鞍钢
刊　　名　复旦学报(社会科学版)
年 卷 期　2003 年 2 期
页　　码　106－111
摘　　要　上海自 1843 年开埠后,迅速崛起,成为近代中国的航运、经贸和金融中心,并历久不衰,扬名中外。追溯其发展轨迹,口岸贸易与金融业之间互为促进的双向关系,引人注目。口岸贸易的繁盛,刺激了商业的兴旺,商业的发展特别是埠际贸易的开展,有赖于金融业在资金融通方面提供的便利,而金融业的发展因此也得到有力的推动。

题　　名　跨文化传播的桥梁:中国近代海关洋员与中西文化交流
作　　者　詹庆华
刊　　名　海交史研究
年 卷 期　2006 年 49 期
页　　码　114－130
摘　　要　以往研究中国近代海关史大多从制度沿革及政治经济层面进行考察,较少从文化维度进行分析。本文用全球化视野首次考察中国海关洋员在中西文化交流进程中的桥梁特征和作用,论述中突破了传统学界所持的"文化侵略"、"文化殖民"等传统单向话语,建构再现了早期全球化进程中跨文化双向传播这一鲜为人知的历史,不仅对深化中国近代海关史研究,而且对中国近代史和当今文化全球化理论研究都不无裨益。

题　　名　跨学科研究的成功范例——评王荣国新著《海洋神灵》
作　　者　邓子美
刊　　名　世界宗教文化
年 卷 期　2004 年 2 期
页　　码　56－57

题　　名　跨越南洋的明朝使团——评《郑和与海上丝绸之路》
作　　者　[德]普塔克 著;邓安琪 译
刊　　名　郑和研究动态
年 卷 期　2008 年 3 期
页　　码　2－5

题　　名　**宽商与惠商:宋元明州海外贸易繁荣的理性选择**
作　　者　陶云飞
刊　　名　宁波论坛
年 卷 期　2002 年 4 期
页　　码　29－31

题　　名　**昆明首届郑和研究国际会议讨论综述**
作　　者　马兴东
刊　　名　中国史研究动态
年 卷 期　1994 年 2 期

题　　名　**拉达出使福建记**
作　　者　何高济,杨钦章 译
刊　　名　海交史研究
年 卷 期　1986 年 9 期

题　　名　**来日清人与日中文化交流**
作　　者　松浦章,葛继勇
刊　　名　唐都学刊
年 卷 期　2009 年 2 期
页　　码　68－74
摘　　要　江户时代,来航至长崎贸易的中国大陆商船有很多,但其中大都是为贸易而来的商人,并不是以文化交流为目的的人物往来。不过,由于江户时代的日本与海外的交往被严格制限在长崎,因此,与赴长崎的唐船和荷兰船乘员进行交流,对江户时代的日本人来说,是能够接触外国人的唯一机会,许多日本文人为此而造访长崎。本文以在长崎从事日中交流的来日清人为中心,窥探当时日中文化交流之一斑。

题　　名　**来唐日本人在唐都长安**
作　　者　李令福
刊　　名　唐都学刊
年 卷 期　2001 年 4 期
页　　码　24－26
摘　　要　唐都长安是一个国际性大都市,也居住有不少来唐的日本人,这些来唐日本人包括遣唐使及随船带来的留学生与学问僧。他们在唐都长安学习唐朝先进文化,积极开展朝见皇帝、进献贡物、读书学习、访师求友、收集书籍等活动,为促进中日文化交流做出了重大贡献。

题　　名　**来自闽西山村的航海家王景弘**
作　　者　刘燕燕
刊　　名　管理与财富
年 卷 期　2005 年 9 期
页　　码　35－37

摘　　要　在我国的南沙群岛中有一群以人物命名的岛屿,包括“郑和”、“马欢”、“费信”、“赵述”等,这是1946年民国政府为了纪念郑和下西洋的伟大历史事件而命名的。其中将一处曾为日军占领的小岛命名为“景弘岛”。这个叫景弘的人,由于没有具体的史料记载,人们只能通过零碎的历史片段来认识“景弘”,随着学者们研究的不断深入,一个伟大的航海家呈现在我们面前。王景弘,一个来自福建闽西大山的航海家,他在郑和七下西洋中究竟扮演着什么样的角色,又是如何成为东南亚海外华人所尊敬的“王三保”呢?

题　　名　**赖恩爵指挥反侵略战争第一战**
作　　者　纪志龙
刊　　名　南方文物
年 卷 期　2001年1期
页　　码　110－112
摘　　要　九年七月廿七日(公元1839年9月4日),清军水师大鹏营参将赖恩爵指挥各水师船和九龙寨炮台,向对我武装挑衅的英国兵船开炮,战斗持续5小时,此仗为中英间最早的“鸦片战争”,亦为中国反击英军侵略的最早战争,是中国近代史上反侵略战争的第一战。

题　　名　**濑户美浓窑对福建陶瓷的模仿和中日禅僧**
作　　者　森村建一
刊　　名　海交史研究
年 卷 期　2007年52期
页　　码　65－74
摘　　要　12世纪以后的濑户美浓窑是对福建陶瓷的模仿,是福建陶瓷的日本化生产。濑户美浓窑的模仿生产,时间上正值东亚社会的国际局势发生动乱的时期,技术工艺上受福建陶工的直接指导,濑户美浓窑所模仿生产的产品,均为日本饮食文化和茶文化中所需要的器皿。为福建陶瓷工来到濑沪美浓提供方便的是福建和濑户美浓的禅僧以及福建和堺市的海商,而12世纪末期构建起来的福建与堺市的贸易体系基础——东海太平洋禅宗网络的存在使陶工的移动成为可能。

题　　名　**兰溪琉球国使墓考略**
作　　者　胡汝明,姜于风
刊　　名　浙江学刊
年 卷 期　1985年1期
页　　码　98－99

题　　名　**兰溪琉球墓碑考释**
作　　者　谢必震
刊　　名　福建论坛(人文社会科学版)
年 卷 期　1989年2期
页　　码　79－81

题　　名　**蓝色文明的曙光——纪念郑和下西洋600周年**
作　　者　陈述彭

刊　　名　地球信息科学
年 卷 期　2005年7卷1期
页　　码　1－3
摘　　要　郑和下西洋，先于哥伦布横渡大西洋70年。长期以来，包括中国的旧教科书，都沿用欧洲人的说法，把哥伦布作为14－16世纪地理大发现的第一人。但是，20世纪末，人们有了很大的进步，取得了共识，还其历史的本来面目，被扭曲的历史终于端正过来了。

题　　名　蓝色文明的曙光——纪念郑和下西洋600年
作　　者　陈述彭
刊　　名　地图
年 卷 期　2005年3期
页　　码　38－41
摘　　要　郑和下西洋，先于哥伦布横渡大西洋70年。长期以来，包括中国的旧教科书，都沿用欧洲人的说法，把哥伦布作为14－16世纪地理大发现的第一人。但是，20世纪末，人们有了很大的进步，取得了共识，还其历史的本来面目，被扭曲的历史终于端正过来了。

题　　名　蓝色印迹——郑和下西洋与宝船复原考析
作　　者　郑明
刊　　名　中国远洋航务公告
年 卷 期　2005年4期
页　　码　52－57
摘　　要　郑和下西洋，继承和发展了中华民族汉唐宋元以来的海上航线，使中国远洋航行出现划时代的。全面的、实质性的突破，形成多点交叉的综合性海上航路网络，航线之远。纵横交叉之多都超过前代。郑和船队不仅熟练地航行在已开辟的航路上，而且还开辟了通过印度古里(今卡泽科特)和溜山(今马尔代夫群岛)直达阿拉伯半岛红海沿岸和横渡印度洋到东非海岸一些港口的航线。

题　　名　琅威理：龙旗舰队的洋"提督"
作　　者　唐博
刊　　名　地图
年 卷 期　2010年6期
页　　码　118－125

题　　名　琅威理事件与中国近代海军
作　　者　张践
刊　　名　文史杂志
年 卷 期　1995年1期
页　　码　5，4

题　　名　琅威理与北洋海军
作　　者　戚其章
刊　　名　近代史研究

年 卷 期　1998 年 6 期

页　　码　53 – 72

摘　　要　在北洋海军所聘用的众多洋员中，以琅威理（Captain · William · M · Lang）表现最为突出，影响也最大。他先后两次应聘来华，对北洋海军的发展和正规化作出过贡献；最终又辞职返国，不仅使北洋海军的发展受到重大影响，而且还酿成中英之间的一场严重外交风波。琅威理与北洋海军的兴衰关系至大。惜乎百余年来，对其进行专门的研究却不多见。故撰此文，谈点浅见。

题　　名　**崂山沙子口湾海庙和天后宫的变迁**

作　　者　李玉尚

刊　　名　民俗研究

年 卷 期　2008 年 2 期

页　　码　120 – 137

摘　　要　沙子口湾位于今青岛市崂山区东南部，崂山南麓。历史时期位于该海湾海岸带上的姜哥庄、石湾等村庄，一直以渔业为主；此湾北岸的沙子口在同治以后发展为市镇。这一区域社会经济结构的变化，以及青岛港兴起等外来因素，影响到庙宇的性质、职能与归属。位于沙子口湾海岸线上的庙宇为海庙和天后宫，本文通过分析这两个庙宇的产生、发展及变化原因，来揭示一个区域内庙宇系统与特定人群、社会经济结构以及政治权力之间的关系。

题　　名　**雷州半岛民间的妈祖信仰崇拜**

作　　者　叶立青

刊　　名　海洋开发与管理

年 卷 期　2001 年 4 期

页　　码　76 – 77

题　　名　**雷州半岛与海上丝绸之路的文物**

作　　者　杨晓东

刊　　名　岭南文史

年 卷 期　2000 年 4 期

页　　码　30 – 33

摘　　要　海上丝绸之路从汉武帝元鼎六年（前 111）开始，从日南障塞、徐闻、合浦出发，经现在的马来半岛、新加坡、缅甸、印度半岛南部，最远到达斯里兰卡的“已程不国”，对此，已有不少专家学者进行了深入细致的研究。作为文物工作者，本文试图从雷州半岛考古调查资料和馆藏文物中，对海上丝绸之路作初浅的认识，当是为学者们提供研究的资料。

题　　名　**雷州人对海神妈祖“敬之独深”试释**

作　　者　吴建华

刊　　名　湛江师范学院学报（社会科学版）

年 卷 期　1996 年 17 卷 4 期

页　　码　94 – 98

摘　　要　海神妈祖崇拜源于闽南，流传于我国沿海各地，并走向世界，形成了一个庞大的“妈祖文化圈”。而作为“天南重地”的雷州人对其“敬之独深”。文章从雷州人与闽南人的历史渊源以及雷州本地因素等角度，分析了其信仰形成的原因。

题　　名　雷州文化的历史及特征与“海上丝绸之路”
作　　者　刘佐泉
刊　　名　湛江师范学院学报
年 卷 期　2002 年 23 卷 2 期
页　　码　18－23
摘　　要　“海上丝绸之路”肇始于雷州半岛等地古越人文化和南越、西汉的外贸方略，而“海上丝绸之路”又为雷州文化的产生创造了条件。但雷州文化又未能真正承继“海上丝绸之路”的远涉鲸波、开拓进取之精神，局限于“兴渔盐之利，行舟楫之便”，未能走向以海为商的发展道路，以致民性保守，“惰向外志向，乏进取毅力”。在谁拥有海洋谁就拥有世界的当今，真正继承和发扬“海上丝绸之路”的精神，应是发展雷州文化的应有之义、必由之路。

题　　名　李朝船的造船式图
作　　者　[韩]金在瑾
刊　　名　船史研究
年 卷 期　1994 年 7 期

题　　名　李朝太祖在位时期中朝关系述论
作　　者　姜龙范，刘子敏
刊　　名　延边大学学报(哲学社会科学版)
年 卷 期　1998 年 3 期
页　　码　57－60

题　　名　李凤苞、徐建寅主持购买铁甲舰考论
作　　者　刘振华
刊　　名　军事历史研究
年 卷 期　2009 年 1 期
页　　码　81－88
摘　　要　1879 年后，晚清海防形势日益严峻，清政府撇开赫德，委派李凤苞、徐建寅主持购买铁甲舰；李凤苞、徐建寅主持购买铁甲舰的曲折过程及其中复杂的人事关系折射出晚清海军建设的艰辛。

题　　名　李凤苞贪污案考析
作　　者　李喜所，贾菁菁
刊　　名　历史研究
年 卷 期　2010 年 5 期
页　　码　178－188

题　　名　李凤苞与晚清海军建设
作　　者　王伟
刊　　名　辽宁教育行政学院学报

年 卷 期 2008 年 3 期

页　　码 15 – 17

摘　　要 李凤苞是晚清第一批走出国门的驻外使节之一,1878 – 1884 年先后任驻德、奥、意、荷、法等国公使。李凤苞不仅在中国近代外交史上占有一席之地,更重要的是他在晚清海军建设方面有着诸多贡献。李凤苞在海防理论的译著、海军人才的培养、海军舰艇的购买等诸多方面都做出了重要贡献。

题　　名 **李纲造船史事考证**

作　　者 李心言

刊　　名 郑和研究

年 卷 期 2008 年 3 期

页　　码 33 – 35

摘　　要 李纲(1083 – 1140),无锡人,两宋抗金名将,北宋徽、钦朝名臣。南宋第一任宰相、开国公,罢相后历任观文殿大学士提举杭州洞霄宫、荆湖广南路宣抚使兼知潭州、江南西路安抚制置大使兼知洪州等。绍兴十年(1140)正月病逝于福州,淳熙十六年(1189)谥"忠定"。李纲是南宋立国时期朝廷的中流砥柱,被周恩来总理誉为"中国历史上一位民族英雄"。李纲在南宋治水军期间,创制了防沙平底船、车船,在抗金战争中发挥了重要作用。李纲是古代无锡船舶制造写进国史的第一人。

题　　名 **李光地、施琅、姚启圣与清初统一台湾**

作　　者 邓孔昭

刊　　名 台湾研究集刊

年 卷 期 1993 年 1 期

页　　码 68 – 76

摘　　要 清初统一台湾,是继郑成功收复台湾之后,在台湾这块土地上发生的又一重大历史事件。在这一历史事件过程中,施琅与姚启圣建立了不朽的功勋,这已有许多学者进行过论述。而李光地作为当时康熙皇帝身旁的谋臣,也曾积极参与此事。李光地与施琅、姚启圣有着非同一般的关系,对他们二人的作为也产生过很大的影响。本文拟简要论述他们三人在统一台湾过程中的相互作用以及各自所作出的贡献。

题　　名 **李光地与施琅——兼论李光地在统一台湾中的贡献**

作　　者 李宇思,施宣圆

刊　　名 安徽史学

年 卷 期 1998 年 1 期

页　　码 27 – 29

摘　　要 在清康熙统一台湾中,福建水师提督施琅将军大展其文韬武略,功勋赫赫,史绩传世。有的在评论这个重大历史事件时,大书福建总督姚启圣保荐施琅之功劳,只字不提李光地,甚至还以一偏之论,掩没李光地为多民族国家的统一所创建的不朽奇功。本文拟就此作些论述。

题　　名 **李鸿章"保船制敌"新议**

作　　者 张凤翔

刊　　名 内蒙古大学学报(社会科学版)

年 卷 期 1995 年 2 期

页　　码　23 - 29

摘　　要　甲午中日海战中,李鸿章究竟为北洋舰队制定了什么样的作战方针?以往的有关论著,大都认为是"避战保船"。本文认为,甲午中日开战后的一个多月,李鸿章对比中日海军实力,从实际出发,制定了"保船制敌"的作战方针。综观甲午中日海战的全过程,李鸿章在海战的任何一个阶段都未指示过北洋舰队通过"避战"而"保船"。恰恰相反,李鸿章一再命令北洋舰队主动"出击"、"截击"敌舰队。即使在威海被围,北洋舰队危急存亡之际,李鸿章还数次命令丁汝昌率领舰队和敌舰队"拼死一战"。因此,"避战保船"的不是李鸿章,而是北洋舰队的提督丁汝昌。

题　　名　李鸿章"避战保船"新探

作　　者　许华

刊　　名　福建论坛(人文社会科学版)

年 卷 期　1989 年 4 期

页　　码　32 - 35

摘　　要　许多中国近代史著作,在论及中日甲午战争时,无不指责李鸿章严令"避战保船",致使北洋海军株守威海卫军港直至全军覆灭。近年来,笔者查考了有关档案史料,认为对李鸿章的上述指责是有待进一步商讨的。在此,本文专就李鸿章"避战保船"以及山东半岛战役威海卫之战的战役指挥等有关问题,略陈愚见,求教于专家。

题　　名　李鸿章"招商"思想及其实效之研究

作　　者　周军

刊　　名　云南财贸学院学报

年 卷 期　1994 年 4 期

页　　码　61 - 65

题　　名　李鸿章筹建北洋海军述略

作　　者　苑书义

刊　　名　河北师院学报(哲学社会科学版)

年 卷 期　1987 年 1 期

页　　码　17 - 21

题　　名　李鸿章筹建北洋海军述略(续完)

作　　者　苑书义

刊　　名　河北师院学报(哲学社会科学版)

年 卷 期　1987 年 2 期

页　　码　55 - 63

题　　名　李鸿章创办轮船招商局

作　　者　徐川一

刊　　名　江淮文史

年 卷 期　1993 年 4 期

页　　码　100 - 107

摘　　要　设总部于上海，筹建于1872年10月，成立于1873年1月的轮船招商局，是我国历史上第一家民族资本近代企业。值此第一家民族资本近代企业诞生120周年之际，回顾它艰苦创业、惨淡经营的历史，不是没有意义的。

题　　名　李鸿章的国际法意识与琉球宗主权的丧失
作　　者　黄俊华
刊　　名　郑州航空工业管理学院学报(社会科学版)
年 卷 期　2005年24卷3期
页　　码　12-14
摘　　要　李鸿章虽然对日本吞并琉球持消极态度，但他并未置之不理，而是主张运用国际法同日本进行交涉，要求琉球自主。这种处理方式虽对扩张中的日本不可能产生遏止作用，并又影响到了以后对越南、朝鲜问题的处理，中国被迫卷入了中法战争和中日战争，加深了中国的半殖民地化程度。但其力图在国际法的框架下解决争端，却也无不显露出其思想的先进性，表明了中国传统外交观念的转变。

题　　名　李鸿章的海防思想(上)
作　　者　刘中民
刊　　名　海洋世界
年 卷 期　2009年7期
页　　码　58-61

题　　名　李鸿章的海防思想(下)
作　　者　刘中民
刊　　名　海洋世界
年 卷 期　2009年8期
页　　码　76-79

题　　名　李鸿章的海防思想和实践
作　　者　方伟君
刊　　名　绍兴文理学院学报(社科版)
年 卷 期　2005年25卷1期
页　　码　77-80
摘　　要　李鸿章是清政府海防建设的主要领导人和实践者。在与列强打交道过程中，觉察到日本的侵略野心，构思出以防日为主的水陆防御体系的海防思想，并进行了一定程度的海防实践，其作用不可低估。

题　　名　李鸿章的练兵制器与海防建设思想初探
作　　者　施渡桥
刊　　名　军事历史研究
年 卷 期　1993年3期
页　　码　110-120
摘　　要　晚清军政重臣李鸿章，是洋务派实行“师夷长技”为核心的“自强”活动首领之一。他围绕着“自强”“御侮”为目的的一系列活动,对于国防建设的近代化,作出了积极贡献。本文着重对其“自强”活动的主要内容,即练兵制器与加强海防建设的指导思想,作一初步探讨。

题　　名　李鸿章的战略思想与甲午之败
作　　者　林子年
刊　　名　福建论坛(人文社会科学版)
年 卷 期　1994 年 4 期
页　　码　47 – 50

题　　名　李鸿章对甲午中日战争采取的策略及其原因分析
作　　者　蔡榕津
刊　　名　宜春学院学报
年 卷 期　2010 年 5 期
页　　码　65 – 67
摘　　要　李鸿章与甲午中日战争,一直是学者讨论的焦点问题之一。大多数学者是从战争最后的结果即清政府失败的角度入手来探讨李鸿章在此期间的失误。本文不从战争的结果,而是从战争的过程这个角度来客观地看待李鸿章在不同阶段的举措并分析其原因。

题　　名　李鸿章对日海军威慑战略与甲午海战
作　　者　苏小东
刊　　名　近代史研究
年 卷 期　1994 年 5 期
页　　码　39 – 51
摘　　要　在李鸿章的海防思想中,海军威慑始终是核心内容,占有极为突出的地位。全面考察李鸿章创建和运用近代化海军的过程,就会发现,他的海军威慑思想不仅在指导海军建设中起了重要的作用,而且对海军的战略运用,尤其是在中日甲午战争而且对海军的战略运用,尤其是在中日甲午战争中的战略运用也产生了极大的影响。今天,认真研究李鸿章的海军威慑思想,总结其经验教训,仍然是十分有意义的。

题　　名　李鸿章海防思想试析
作　　者　张海华
刊　　名　军事历史
年 卷 期　2002 年 5 期
页　　码　68 – 71
摘　　要　中国近代史以清政府遭受海上进攻开幕。百余年间,千年文明古国在任人宰割的屈辱中抗争,一个民族的自尊和自信在战败的硝烟中遇到了从未有过的严峻挑战。清政府在其苟延残喘的最后几十年中,一度致力于海防建设,李鸿章是其中的主要领导人和实践者。他提出了理论主张,进行了探索尝试,主持建立了近代中国最强的、也是当时亚洲最强的海军,但如昙花一现。后人评说,晚清海防,成也李鸿章,败也李鸿章。李鸿章的海防思想,是清统治者在“未有之变局”中应付“未遇之强敌”的海防理论的集中体现。本文通过分析其海防思想产生的条件、内容的变化、失败的原因,试图找出一个军政要员在传统和创新之间徘徊的思维痕迹。今后,我们面对的将是从未经历过的新型战争,历史能启发人们的,不仅是具体的经验,更有怎样认识变化、面对变化、应付变化的思维历程。研究李鸿章的海防思想并以史为鉴当具有重要意义。

题 名 **李鸿章和北洋海防**
作 者 史滇生
刊 名 安徽史学
年 卷 期 1992 年 3 期
页 码 45 - 50
摘 要 从 19 世纪 70 年代开始,李鸿章受命督办北洋海防长达 20 余年之久。北洋海防建设不仅是李鸿章后半生最重要的活动,也是清末中国海防建设的缩影。探析李鸿章同北洋海防建设的关系,总结其中的成败得失和经验教训,无论是对李鸿章的研究,还是对近代中国军事历史的研究,都有重要的意义。

题 名 **李鸿章和局思想与甲午中国战败**
作 者 杨全顺
刊 名 广西社会科学
年 卷 期 2003 年 7 期
页 码 130 - 131
摘 要 李鸿章外交思想的核心是争取和局。李鸿章对时局的清醒认识,是他和局思想形成的根本原因。就其和局思想本身来说具有一定的合理性与积极性,但他的这一思想客观上却直接导致了甲午战争的失败。应客观公正地评价李鸿章。

题 名 **李鸿章家族海上沉浮录(上)**
作 者 宋路霞
刊 名 江淮文史
年 卷 期 2000 年 1 期
页 码 100 - 108

题 名 **李鸿章家族海上沉浮录(中)**
作 者 宋路霞
刊 名 江淮文史
年 卷 期 2000 年 2 期
页 码 136 - 144

题 名 **李鸿章家族海上沉浮录(下)**
作 者 宋路霞
刊 名 江淮文史
年 卷 期 2000 年 3 期
页 码 96 - 103

题 名 **李鸿章甲午海战作战指导方针探析**
作 者 季云飞

刊　　名　安徽史学
年 卷 期　1995 年 1 期
页　　码　40 – 44
摘　　要　1894 年 7 月至次年 2 月,中国北洋舰队经过丰岛、黄海、威海三次海战全军覆灭。北洋舰队何以覆灭:有论者归咎于李鸿章采取了一条“避战保船”的消极防御方针。笔者综合分析李鸿章指导海战的有关电稿,认为这种结论有失偏颇。鉴于此,本文拟对李鸿章在甲午海战期间的海军作战指导方针作些探析。不妥之处,祈请专家指正。

题　　名　**李鸿章经营北洋舰队之功过**
作　　者　姜雪,佟玉兰
刊　　名　北京科技大学学报(社会科学版)
年 卷 期　2003 年 19 卷 1 期
页　　码　68 – 71
摘　　要　作为北洋舰队的创始人,李鸿章经过多年的苦心经营,终于于 1888 年建成了位居世界第四位的海军舰队,使北洋防区实现了近代化。他忠于朝廷,但同时也热爱自己的祖国。在多灾多难、备受凌辱的国家中任国家重臣,他竭尽所能,却因多方原因最终亲手葬送了北洋舰队。客观而全面地分析李鸿章的海防思想与经营北洋舰队的功过,我们可以得到许多启示。

题　　名　**李鸿章扣压效卯急电与方伯谦冤案**
作　　者　方俪祥
刊　　名　历史档案
年 卷 期　1995 年 2 期
页　　码　95 – 99

题　　名　**李鸿章是怎样开始购买铁甲舰的**
作　　者　罗肇前
刊　　名　福建论坛(人文社会科学版)
年 卷 期　1993 年 4 期
页　　码　58 – 63,57
摘　　要　李鸿章曾在“海防议”后的数年间执意拒绝向外国购买铁甲舰,致使清朝外海水师的形成被推迟了数年,这几年中,李鸿章与沈葆桢之间进行了要不要购买铁甲舰的海防政策大争论,这是继众所周知的李鸿章与左宗棠之间要不要筹办“塞防”的争论之后,洋务派内部的又一国防政策大争论。本文将根据笔者所看到的一些材料,特别是未付诸刊刻的沈葆桢的文书材料,对晚清外海水师的形成和北洋购买铁甲舰的过程进行初步探讨。

题　　名　**李鸿章是中日甲午战争中清方“主角”论质疑**
作　　者　竺柏松
刊　　名　江汉论坛
年 卷 期　1985 年 1 期
页　　码　55 – 58
摘　　要　在一些中日甲午战争史论著中,不恰当地夸大了李鸿章的地位和作用。比如,有的说:

“李鸿章是甲午战争中满清方面的主角，不论西太后、光绪帝对他支持或反对，都只能起着次要的作用。”其他类似的说法，有说李鸿章“掌握清朝政府军事外交大权”；也有说李鸿章掌握清朝“最大的实权”，“在中日战争中避战求和、造成败局的是他，签订《马关条约》的也是他”；又有说“李鸿章是战争的总指挥和中外交涉的负责人”，等等。我认为，这些说法不仅与史实不符，而且客观上开脱了慈禧的罪责，故有提出质疑与商榷之必要。

题　　名　**李鸿章为什么奉行“避战自保”的方针**

作　　者　漆志忠

刊　　名　历史学习

年 卷 期　2001 年 4 期

页　　码　3－4

题　　名　**李鸿章心态与甲午惨败**

作　　者　刘光永

刊　　名　安徽史学

年 卷 期　1991 年 1 期

页　　码　44－48

摘　　要　在与日本交往、争战的过程中，李鸿章的心态大致可分为四个层面：因承袭传统而得鄙薄心；由于对明治维新的皮毛了解而生敬慕心；因感知日本军事实力而生防范心；出于封建地主阶级大官僚的虚弱本质而生畏惧心。这四个层面的心态，因李鸿章在晚清政治舞台上举足轻重的地位，都曾在中国近代历史的发展进程中产生过影响：“敬慕心”诱使他在领导洋务运动的过程中隐然以日本为师；“鄙薄心”又导致他对日本的仿效停留于“袭其皮毛”的浅层次上；“防范心”促使他以“制驭日本”为目标大办海军、加强海防；“畏惧心”则决定了他在中日战争中消极避战、拱手让敌，终于葬送了他苦心经营 20 载的北洋舰队，铸成了千古遗恨！

题　　名　**李鸿章应对甲午战争的失败负主要责任**

作　　者　余明侠

刊　　名　苏州大学学报（哲学社会科学版）

年 卷 期　1985 年 3 期

页　　码　94－100

摘　　要　中日甲午战争（1894－1895 年）已经过去九十年了。当前史学界在讨论清政府在这次战争中失败的原因时，对于李鸿章是否应负主要责任问题，还存在着一些不同的看法。本文拟从当时的国际形势入手，分析李鸿章在外交上军事上的误国之罪，不当之处请同志们批评指正。

题　　名　**李鸿章与“球案”**

作　　者　谢必震

刊　　名　福建论坛（人文社会科学版）

年 卷 期　1991 年 6 期

页　　码　48－51

题　　名　李鸿章与1874年日本侵台事件
作　　者　邵建东
刊　　名　安徽史学
年 卷 期　1998年2期
页　　码　47－53

题　　名　李鸿章与阿思本舰队
作　　者　雷颐
刊　　名　法制博览
年 卷 期　2009年15期
页　　码　4－6

题　　名　李鸿章与北洋海军
作　　者　陈萍
刊　　名　华北电力大学学报(社会科学版)
年 卷 期　1996年1期
页　　码　48－52

题　　名　李鸿章与北洋海军的创建
作　　者　戚海莹
刊　　名　东岳论丛
年 卷 期　2008年29卷6期
页　　码　139－141
摘　　要　李鸿章不仅是晚清倡导海军建设的主要人物之一,而且是北洋海军的创建者。在北洋海军筹办过程中,李鸿章不顾顽固派大臣的反对,坚持己见,力排众议,积极营建海军基地,多方购买舰炮,培养海军人才,为北洋海军成军做了大量实际的和开拓性工作,推进了中国近代海军建设,使北洋海军的实力跃居亚洲第一。在当时它不仅增强了中国海防力量,而且在相当长的一段时间内遏止了日本侵略中国的野心,推迟了日本侵略中国战争的发生,并在甲午战争期间为防御和抗击日本的侵略发挥了一定作用。对此,应该给予基本肯定。

题　　名　李鸿章与北洋海军的殊缘
作　　者　胡小园
刊　　名　海洋世界
年 卷 期　1994年9期
页　　码　26－27

题　　名　李鸿章与朝鲜
作　　者　贾熟村
刊　　名　安徽史学
年 卷 期　1999年4期
页　　码　31－35

题　　名　李鸿章与朝鲜
作　　者　谢世诚
刊　　名　江苏社会科学
年 卷 期　2006 年 6 期
页　　码　127 - 134

题　　名　李鸿章与朝鲜对西方的缔约开放
作　　者　陈尚胜
刊　　名　山东大学学报(哲学社会科学版)
年 卷 期　1990 年 2 期
页　　码　83 - 89

题　　名　李鸿章与朝鲜问题
作　　者　尹小红
刊　　名　宿州师专学报
年 卷 期　2001 年 16 卷 4 期
页　　码　17 - 19

题　　名　李鸿章与海塞防之争——晚清思潮与人物新探之一
作　　者　袁伟时
刊　　名　开放时代
年 卷 期　1992 年 6 期
页　　码　30 - 33
摘　　要　19 世纪下半叶的中国真是一波未平一波又起,每 10 年必有一次重大战争。从 70 年代起,李鸿章都是这些战争的重要当事人之一。最近,忙里偷闲,偶与友人漫议晚清史事与人物,语涉李氏,倒也别开生面。爰书其要,公诸同好,聊博一哂。

题　　名　李鸿章与甲午战争
作　　者　贾熟村
刊　　名　河北学刊
年 卷 期　2000 年 5 期
页　　码　93 - 98

题　　名　李鸿章与甲午中日议和新探
作　　者　杨惠萍
刊　　名　中南民族学院学报(哲学社会科学版)
年 卷 期　1994 年 3 期
页　　码　62 - 67
摘　　要　1894 年,日本发动了旨在彻底制服中国,统治并掠夺中国的甲午战争。开战伊始,日本丝毫不考虑和谈问题,而清政府对日本发动的这场战争,其内部态度不一,有的主张一战到底,有的主张和谈。因此，在整个战争中，战与和的问题不断出现，人们的争执也不断激化。清政府始终是“傍徨于备战与求和之间”，而执掌军事、外交实权的李鸿章则不注重备战，却千方百计地求助于各国的调停，谋求和谈。本文拟通过战争期间李鸿章与中日和谈，探讨双方对谈判的方针、策略等，总结其经验教训。

题　　名　**李鸿章与江南制造局**
作　　者　[美]康念德
刊　　名　船史研究
年 卷 期　1995 年 8 期

题　　名　**李鸿章与琉球宗主权的丧失**
作　　者　王瑛
刊　　名　云梦学刊
年 卷 期　2006 年 27 卷 1 期
页　　码　59－61
摘　　要　1879 年日本吞并琉球，对于日本在琉球的行为，李鸿章从国家利益的角度出发，主张琉球自主，这一主张最终导致了清朝对琉球宗主权的丧失，但也反映出李鸿章在同资本主义打交道的过程中，他的近代国家利益思想有不断增强的趋势，他将国际公法同中国传统的“存祀主义”糅合在一起，试图以西方的理论来解决中国传统的宗藩问题，具有开放性；其同意琉球自主，又体现了他主权观念的萌发，表现出新旧思想的杂糅。

题　　名　**李鸿章与轮船招商局**
作　　者　靳柏年
刊　　名　学习与批判
年 卷 期　1976 年 7 期
页　　码　53－55

题　　名　**李鸿章与清末遣使驻外**
作　　者　张富强
刊　　名　广东社会科学
年 卷 期　1991 年 2 期
页　　码　46－51

题　　名　**李鸿章与山东海防建设**
作　　者　赵红
刊　　名　泰山学院学报
年 卷 期　2006 年 28 卷 5 期
页　　码　72－76
摘　　要　光绪元年(1875)，李鸿章奉命督办北洋海防，总揽了山东海防事业。作为总设计师，李鸿章逐步开展了山东海防建设，一方面购买船舰，裁减山东旧式水师；一方面营建威海、烟台和胶州湾海防，将晚清山东海防事业的发展推向了最高峰。但李鸿章的山东海防建设不可避免地具有时代的局限性。

题　　名　**李鸿章与唐廷枢关系述论**
作　　者　聂好春
刊　　名　河南科技大学学报(社会科学版)
年 卷 期　2008 年 6 期
页　　码　5 - 10
摘　　要　洋务运动时期,李鸿章起用了买办出身的唐廷枢经营管理轮船招商局等民用企业,李鸿章知人善任,唐廷枢务实负责,二人相得益彰,为中国早期工业化作出了贡献。

题　　名　**李鸿章与天津北洋水师学堂**
作　　者　李长莉
刊　　名　南开史学
年 卷 期　1983 年 2 期
页　　码　168 - 183

题　　名　**李鸿章与晚清漕粮海运**
作　　者　倪玉平
刊　　名　安徽史学
年 卷 期　2007 年 1 期
页　　码　94 - 98
摘　　要　晚清漕粮海运与李鸿章的关系密不可分。他通过恢复海运扩大漕粮海运的参与省份,调整海运规章、抚恤海运群体,扶植轮船招商局、促进漕粮运输工具近代化等方式,对漕粮海运的变革产生了全方位影响,成为推动中国社会走向近代的重要人物。

题　　名　**李鸿章与晚清对日外交**
作　　者　李建权
刊　　名　国际关系学院学报
年 卷 期　2007 年 3 期
页　　码　26 - 30

题　　名　**李鸿章与晚清海权**
作　　者　李斌
刊　　名　历史教学问题
年 卷 期　1994 年 6 期
页　　码　61 - 65,44

题　　名　**李鸿章与晚清华侨政策的变化——晚清华侨政策研究之二**
作　　者　庄国土
刊　　名　南洋问题研究
年 卷 期　1984 年 4 期
页　　码　27 - 34
摘　　要　十九世纪六十年代是中国的多事之秋。太平天国、捻军与清朝军队苦战不休,第二次鸦片战争的炮火又使咸丰皇帝避走热河。内忧外患使清朝的政治格局起了变化，一批靠镇压太平天国起家、握有实权的地方汉族官吏开始参与中央政治。清朝统治阶级中一部分实权派开始认识到天朝上国不是尽善尽美，夷狄之船坚炮利也非雕虫小技，他们秉承前一代地主阶级先进分子林则徐、龚自珍、魏源等人"师夷之长"的主张，要求了解外部世界，学习西方先进的工艺技术和某些制度，进而推行新政，自强求富，这些人就是所谓的"洋务派"。所谓的"洋务派"。晚清政府华侨政策的变化与洋务运动息息相关，犹与洋务派代表人物之一李鸿章的活动密切相连。本文对李鸿章个人不作全面评价，仅探讨他在晚清华侨政策变化中的地位和作用。

题　　名　李鸿章与晚清外交
作　　者　崔萍
刊　　名　华北电力大学学报(社会科学版)
年 卷 期　1995年2期
页　　码　59－63
摘　　要　李鸿章的一生，历经道光、咸丰、同治、光绪四朝，宦海沉浮而成为晚清政治舞台上一个举足轻重的重臣，参与朝政长达半个世纪之久，权倾一时。他以办团练，镇压太平天国和捻军起义起家；兴洋务、创办江南制造总局和北洋水师；办外交调处大小教案。签订《马关条约》以及一系列丧权辱国条约。他一生的功过生前已毁誉交加，死后更是贬责无息，有人称他为"不间断地寻求富国强民的纤夫"，有人又认为他是"误国能臣"。对历史人物作用的评价历来错综复杂，本文仅就李鸿章与晚清外交的关系谈谈自己的看法。

题　　名　李鸿章与中国近代海军装备建设
作　　者　张家瑞
刊　　名　福建论坛(文史哲版)
年 卷 期　1998年3期

题　　名　李鸿章与中国近代早期留学运动
作　　者　梁龙
刊　　名　广播电视大学学报(哲学社会科学版)
年 卷 期　2001年4期
页　　码　104－106

题　　名　李鸿章与中国军队近代化
作　　者　李志松
刊　　名　华夏文化
年 卷 期　2003年2期
页　　码　24－26
摘　　要　李鸿章是中国近代史上的重要人物。无论生前还是死后，人们始终对其褒贬不一，毁誉参半。目前学术界对于其在近代政治、外交、军事、教育等方面的思想与实践已有若干论著面世，本文拟就李鸿章与近代中国军队近代化的历史关系加以论述。

题　　名　李鸿章与中日甲午海战
作　　者　杜耀云
刊　　名　山东师范大学学报(人文社会科学版)
年 卷 期　1991 年 3 期
页　　码　47－50
摘　　要　洋务派是在洋务活动中,首次同中国的近代化发生了联系的政治派别。筹设海防建立新式海军是洋务活动的重要内容。“洋务之兴,办理海防之任,惟李鸿章为最久,其受恩亦最深。”甲午中日海军在黄海之战中,双方均以新式舰炮,猛烈博击历五小时之久,这在世界海战史上还是第一次;李鸿章也称之“环球各国所罕闻”。甲午海战的过程,既是中日两国海防近代化历程强烈反差的反映;也寓有李鸿章久理海防中的是非正误。

题　　名　李鸿章与中日琉球交涉
作　　者　戚其章
刊　　名　历史教学(高校版)
年 卷 期　2007 年 3 期
页　　码　11－15
摘　　要　在近代中日关系史上,中日琉球交涉占有特殊的地位,身为北洋大臣的李鸿章在交涉中的表现为世诟病,然考诸史实,李鸿章虽在琉案发生之初持消极态度,但后来他坚持“兴灭继绝,护持弱小”的原则,否定日本灭之琉球的两分办法,提出“存琉球”案以复国的两分琉球主张,并反对总理衙门与日使章签《琉球条约》《配加条款》是应当肯定的。

题　　名　李鸿章左宗棠海防思想比较
作　　者　史滇生
刊　　名　安徽史学
年 卷 期　1996 年 2 期
页　　码　44－46
摘　　要　19 世纪 60 年代开始的洋务运动,其中一项重要内容是建设海军、加强海防。作为当时筹办洋务的军政重臣李鸿章和左宗棠,在海防、海军建设中是两位举足轻重的重要人物。两人的海防思想和实践,既有许多共同之处,也有不少不同之点,并从多方面对晚清海防、海军建设产生了影响。本文拟对此进行一些探讨,以求教正。

题　　名　李厚基等关于海军独立参加护法运动来往密电选
作　　者　潘涛,方山
刊　　名　民国档案
年 卷 期　1986 年 3 期
页　　码　33－37

题　　名　李经芳签订“割台让渡证书”始末
作　　者　张明金
刊　　名　百年潮
年 卷 期　2000 年 11 期

页　　码　16 - 20

题　　名　**李士桢《抚粤政略》中四篇关于澳门的奏章**
作　　者　汤开建
刊　　名　海交史研究
年 卷 期　1997 年 31 期
页　　码　88 - 97

题　　名　**李泰国与天津条约**
作　　者　蒋耘
刊　　名　历史档案
年 卷 期　2006 年 1 期
页　　码　84 - 87
摘　　要　1858 年签订的《天津条约》是继《南京条约》之后又一丧权辱国的条约。《天津条约》的主要内容有:各国公使常驻北京;增开牛庄(后改营口)、登州(后改烟台)、台湾(台南)、淡水、潮州(后改汕头)、琼州、汉口、九江、南京、镇江为通商口岸;英法等国人可往内地游历、通商、自由传教;外国商船可在长江各口岸往来;修改税则、减低商船吨税;中国分别向英国赔款银 400 万两,向法国赔款银 200 万两等。《天津条约》的附约明文规定:鸦片贸易合法化;中国海关由英、美、法人"帮办税务","各口划一办理"洋员任用,并修改税则。经过修改的税率,比 1843 年《五口通商章程与税则》所规定的进出口货物的税率都有所降低;对一般进出口货物仅按"值百抽五"征税;货物转口运销,除按价值抽 2.5% 的子口税外,免征一切内地税。《天津条约》及其附约在中国近代史上,尤其是在中国近代海关史上,具有举足轻重的地位。

题　　名　**李约瑟及其中国古船文化研究——纪念李约瑟博士诞辰 100 周年**
作　　者　辛元欧
刊　　名　上海造船
年 卷 期　1999 年 2 期
页　　码　67 - 71,6

题　　名　**李至刚墓与《李氏宗谱》**
作　　者　刘文庆,郑自海
刊　　名　郑和研究
年 卷 期　2006 年 4 期
页　　码　65 - 66

题　　名　**李至刚与《故马公墓志铭》**
作　　者　郑宽涛
刊　　名　郑和研究
年 卷 期　2005 年 4 期
页　　码　31 - 33
摘　　要　今年是郑和首下西洋 600 周年纪念,郑和研究方面的著作也层出不穷。关于郑和的籍贯、身世、任职、赐姓等事迹最主要的依据是郑和为父亲马哈只墓所立的《故马公墓志铭》石碑。该碑文不仅是珍贵的郑和家世研究资料，也是伊斯兰教的珍贵史料。撰写该墓志铭的是时任礼部尚书兼左春坊大学士的李至刚。关于李至刚的生平目前鲜为人知，本文将对李至刚的事迹作详细介绍，并对李至刚撰写的《故马公墓志铭》作新的探索。

题　　名　**理谕、设防、开禁——沈葆桢处理台湾危机的谋略**

作　　者　郭秀清

刊　　名　福州党校学报

年 卷 期　2004 年 6 期

页　　码　70－74

摘　　要　沈葆桢是近代杰出的闽籍封建政治家。他在 1874 年日本制造的侵台事件中临危受命，以钦差大臣的身份办理台湾等处海防监理各国事务，处理台湾危机。在危机中他调兵遣将，积极备战，加强防务，切实部署"理谕"、"设防"、"开禁"三者相结合的有效方针，挫败了怀着狼子野心的日本，保卫了台湾。

题　　名　**醴泉寺及其在中日韩关系史上的价值**

作　　者　曲延庆

刊　　名　春秋

年 卷 期　2003 年 6 期

页　　码　45－47

摘　　要　2002 年 7 月 7 日，时值抗日战争爆发 65 周年纪念日。这天，日本驻华大使夫人阿南史代女士率日本国家电视台一行 4 人，来到邹平，拍摄有关醴泉寺古迹的历史采访记录片，作为纪念中日关系正常化 30 年的献礼片。从交谈中得知，这次日本电视台来中国采访，主要是沿着唐朝时日本圆仁和尚的《入唐求法巡礼行记》一书所描绘的行踪路线，追寻中日友好关系史的历史印记，采访拍摄中日关系史上的友好篇章。

题　　名　**历代敕建妈祖庙考略**

作　　者　蒋维锬

刊　　名　莆田学院学报

年 卷 期　2006 年 13 卷 6 期

页　　码　83－88

摘　　要　通过元、明、清三个朝代敕建妈祖庙的史实考证，探析妈祖信仰在不同历史时期所承担的重任及其所具有的一些共性。

题　　名　**历代大运河的修治情形**

作　　者　黎国彬

刊　　名　历史教学

年 卷 期　1953 年 2 期

页　　码　23－24

题　　名　**历代皇帝给妈祖的"封号"趣谈**

作　　者　竹间，虹虾

刊　　名　炎黄纵横
年 卷 期　2006 年 7 期
页　　码　35 – 36

题　　名　**历代诗咏与妈祖信仰**
作　　者　欧孟秋，许更生
刊　　名　福建论坛（人文社会科学版）
年 卷 期　1990 年 4 期
页　　码　45 – 47

题　　名　**历代水利之发展和漕运的关系**
作　　者　李文治
刊　　名　学原
年 卷 期　1948 年 8 期
页　　码　62 – 83

题　　名　**历史创举——元代首次海上通漕运粮成功**
作　　者　崔世辉
刊　　名　中国水运
年 卷 期　1994 年 9 期
页　　码　47
摘　　要　元代对发展海上漕运十分重视。至元十九年（卫 282 年），丞相伯颜向元成东建议利用海路运粮。当年委托上海总管罗壁、朱清和张渲等人打造平底船 60 只，将江南各地的粮食集中扬州，沿海路北上，第一次海上通漕运粮获得成功。这一历史创举，为江南至渤海沿岸开辟了一条较为安全可靠的货运航线，为以后大规模海上运输打下了基础。

题　　名　**历史的悲歌 凝重的启示——纪念甲午海战 110 周年**
作　　者　姜洪军
刊　　名　现代舰船
年 卷 期　2004 年 11 期
页　　码　8 – 10

题　　名　**历史链条中的海峡两岸闽南人移民群体**
作　　者　陈衍德
刊　　名　海交史研究
年 卷 期　2008 年 53 期
页　　码　79 – 91，58
摘　　要　福建南部的闽南人和台湾的闽南人同属一个地缘群体，台湾社会基本上是闽南人移民台湾后形成的。海峡两岸的闽南人向海外移民并在异国创业，虽然在时间上有先后，在地域分布上也不尽相同，但属于同一根历史链条上的同一个整体。他们在海外的活动互为交织，特别是进入全球化时代以来，他们在回到祖国大陆投资方面有许多共性，而台商投资东南亚所形成的事实上的移民，也与东南亚的闽南人互动频繁。本文将海峡两岸的移民群体置于明末清初至20世纪末21世纪初的历史长河中进行关联性的论述,客观上将对两岸关系的研究作出具有特色的贡献。

题　　名　历史没有允许殷人航渡美洲
作　　者　施存龙
刊　　名　世界历史
年 卷 期　1995年2期
页　　码　88－95
摘　　要　中国是环太平洋沿岸最早的文明古国,又是西岸的文明发源地和传播中心。很早就善于造船和勇于航海的中国先民,不是没有可能在1492年哥伦布到达美洲之前先横渡大洋抵达美洲。但实际是否抵达,何时以何方式抵达,应持谨慎态度。笔者认为航海能力是否具备是一切研究中国先民航抵美洲之谜的关键所在。由于在各种说法中,殷人航抵美洲说在80年代以来最为突出,本文专论其是否横渡太平洋登上美洲(至少从亚洲大陆东北跨至美洲大陆的远古人类迁移问题,不在本文讨论范围)。

题　　名　历史上的"龙江"
作　　者　孔令仁
刊　　名　郑和研究
年 卷 期　2004年2期
页　　码　51

题　　名　历史上的苏州海外贸易
作　　者　黄锡之
刊　　名　海交史研究
年 卷 期　1996年29期
页　　码　52－56

题　　名　历史上湖南湘江流域水神信仰初探
作　　者　王元林
刊　　名　求索
年 卷 期　2009年1期
页　　码　203－206
摘　　要　湘江流域独特的自然、社会条件,对形成诸多水神奠定了基础。历史时期湘江流域水神祠庙所祀奉的神灵有湘妃等神话传说型,柳毅、杨泗等人物实体型和龙王、水府等普通大众型三类。各类水神也有一定的祭祀区,形成了湘水神祠主要以上游永州和下游长沙、岳州为中心的两大祭祀圈;洞庭湖神祠也多分布于沿湖的各州县。唐代以前,湘妃信仰居上;唐宋以后,洞庭湖神封号迭加。寻其原因当与湖泊水面扩大而致水旱灾害频发,以及显圣阴助官军有关。

题　　名　历史上黄河航运的兴与衰
作　　者　陈钲
刊　　名　人民黄河
年 卷 期　1990年5期

页　　码　67－72

摘　　要　黄河航运，历史悠久，对黄河流域乃至整个中华民族的经济、文化发展作出过重大的贡献。本文分时期记述了有历史记载以后至民国期间黄河流域及其相关地区航运事业的发展与衰退，主要包括各个历史时期的社会背景、运河的兴废和漕运量的增减等，简要地叙述了黄河流域航运发展的历史。

题　　名　**历史上妈祖与揭阳林氏的亲缘关系——兼论对妈祖文化研究的意义**

作　　者　徐光华

刊　　名　广东史志（视窗）

年 卷 期　2006年4期

页　　码　54－55

摘　　要　妈祖文化的文化源，就是以布遍全潮汕、香港、澳门、台湾甚至全世界的妈祖庙、妈祖宫、天后宫、天妃宫等而产生的。但不管叫什么宫或庙，祀奉的都是同一位女神。祀奉这位女神的所有宫和庙，无不香火极旺。在揭阳，人们称为妈祖宫或妈祖庙，但揭阳林氏却称之为姑母宫或姑母庙。这是多么亲切的称呼啊！久而久之，随着时间的推移，揭阳人也都习惯成自然地随林氏族称为姑母宫或姑母庙了。

题　　名　**历史上泉州的海洋文化**

作　　者　李双幼

刊　　名　福建史志

年 卷 期　2007年4期

页　　码　32－35

摘　　要　泉州地处我国东南沿海，是闽南历史文化名城，也是历史上闻名的东方贸易大港。在我国古代海外贸易发展史上占有特殊的重要地位。南朝史籍中开始有泉州与国外的往来记载，唐代后期泉州已经成了南方重要港口之一。两宋时期，泉州港的社会经济进一步发展，至元代进入极盛时期，成为与亚历山大港齐名的世界贸易大港。明清两代，泉州的海外交通贸易逐渐衰落。

题　　名　**历史上日本人和海南岛的关系**

作　　者　王裕秋

刊　　名　海南师范学院学报（人文社会科学版）

年 卷 期　2001年14卷3期

页　　码　54－58

摘　　要　历史上日本人和海南岛之间的关系渊远流长。早在汉代，日本人的一些习俗就与儋耳、珠崖相同；唐代日本学问僧曾随鉴真大师在海南造佛殿、讲经学；宋代后，日本倭寇侵入海南，进行掠夺活动；清代，日本和海南的贸易开始有所进展，两地通商略为活跃；近代，日本人对海南进行地理、资源和军事调查，居心叵测；到了现代，日本对海南的野心已昭然若揭，连侨民也成了特务和侵略者。日本人和海南岛的关系进一步恶化，海南岛笼罩着腥风血雨。

题　　名　**历史上温榆河的漕运**

作　　者　蔡蕃

刊　　名　北京水利史志通讯

年 卷 期　1984年2期

页　　码　23－26

题　　名　历史上中国和印尼的友好交往及经济文化交流
作　　者　黄国安
刊　　名　东南亚纵横
年 卷 期　1990 年 1 期
页　　码　32 - 36,49

题　　名　历史上中柬交往的港口
作　　者　周中坚
刊　　名　东南亚
年 卷 期　1988 年 Z1 期
页　　码　33 - 42
摘　　要　柬埔寨是中国的友好近邻,两千年来,两国交往频繁,关系密切,在两国各自的对外关系中,中柬往来都占有重要的地位。在中柬交通史上,海路一直是两国交往的通道,始终起着主要的作用。港口是海上交通的基本条件,港口史是海上交通史的重要组成部分,它的重要意义在以海道为主的中柬往来中表现得非常明显,本文叙述中柬之间往来港口的发展过程,试图从港口这个侧面来反映中柬近两千年的友好关系史,又从中柬往来这个角度探寻一下港口发展的轨迹。

题　　名　历史深处的福建船政局
作　　者　肖来付
刊　　名　中国社会导刊
年 卷 期　2007 年 13 期
页　　码　52 - 54

题　　名　历史深处的马尾船政局
作　　者　肖来付
刊　　名　民主
年 卷 期　2008 年 4 期
页　　码　36 - 37

题　　名　历史时期雷州半岛主要港口兴衰原因探析
作　　者　赖琼
刊　　名　中国历史地理论丛
年 卷 期　2003 年 3 期
页　　码　101 - 106
摘　　要　徐闻港和雷州港是历史时期雷州半岛两个主要对外贸易港口。徐闻港位于今雷州半岛南端徐闻县,是秦汉时期海上丝绸之路始发港之一。雷州港位于今雷州半岛中部雷州市,秦汉以后取徐闻港而代之,成为雷州半岛的主要对外贸易港口。徐闻港和雷州港的兴衰主要是受港口所在地当时的经济开发程度、其在对外交通格局中所处的地位以及国家政治、军事和对外贸易政策的制约。

题　　名　**历史性所有权原则与中国对南沙群岛的主权**
作　　者　曹鉴燎
刊　　名　学术研究
年 卷 期　2002 年 4 期
页　　码　85 – 88
摘　　要　历史性所有权原则是国际法中解决国家间领土冲突时所遵循的一项关键原则,最先占领、有效管辖是构成历史性所有权原则的基本要素,历史性水域是历史性所有权原则的海洋领土争端中的具体实践。中国之所以对南沙群岛拥有排他的、无可置疑的主权,其原因就在于:中国是首先发现、首先开发并首先对这些岛屿行使了长期有效管理的国家,南沙群岛及其附近海域是中国的历史性水域。

题　　名　**历史与小说的错误交织——解开"郑和宝船之谜"**
作　　者　苏明阳
刊　　名　船史研究
年 卷 期　2002 年 17 期
页　　码　139 – 153

题　　名　**历史渊源古物载——港澳台与东南亚族群关系研究之一**
作　　者　廖杨
刊　　名　广西民族研究
年 卷 期　2001 年 3 期
页　　码　103 – 110
摘　　要　远古时期的港澳台地区属于我国南方古代"百越文化圈"。本文从石器时代和铜器时代的考古发现探讨百越文化圈与东南亚族群的历史渊源关系,并简要分析了古越人南下东南亚的海陆(或东西)两条路线及古越人与东南亚主要先民之一马来人的血缘关系。

题　　名　**利马窦成名肇庆之因初探**
作　　者　韦相伍
刊　　名　广东史志(视窗)
年 卷 期　2007 年 2 期
页　　码　72 – 75
摘　　要　利马窦(Matteo Ricci 1552 年 – 1610 年),号泰西,又号西江,意大利马塞拉塔人,天主教耶稣会传教士。他在中国传播天主教福音二十多年,主张将孔孟之道和宗法敬祖思想同天主教相融合,使天主教东传的历史进入了一个新阶段,是世界宗教史上富有传奇色彩的人物之一,为明朝时期中西方相互间的文化交流作出了应有贡献。如果说北京最终成就了他"沟通中西文化第一人"的美誉,是他的名扬天下的宝地的话,那么,作为他传教的第一站——肇庆就是他的成名地。本文试图通过回顾利马窦在肇庆的传教经历,对其成名之因作初浅的探讨,以求教于史志界同仁。

题　　名　**利玛窦等早期传教士的学术传教策略及其文化意义**
作　　者　刘耘华
刊　　名　天津社会科学
年 卷 期　2003 年 6 期

页　　码　130－135

题　　名　**利玛窦进京朝贡时间问题(上)**
作　　者　梁子涵
刊　　名　大陆杂志
年 卷 期　1958 年 16 卷 6 期

题　　名　**利玛窦进京朝贡时间问题(下)**
作　　者　梁子涵
刊　　名　大陆杂志
年 卷 期　1958 年 16 卷 7 期

题　　名　**利玛窦世界地图研究百年回顾**
作　　者　黄时鉴
刊　　名　暨南学报(哲学社会科学版)
年 卷 期　2006 年 2 期
页　　码　119－123

题　　名　**利玛窦与西学东渐**
作　　者　于春梅,刘淑梅
刊　　名　齐齐哈尔大学学报(哲学社会科学版)
年 卷 期　2002 年 1 期
页　　码　51－53
摘　　要　利马窦是明末来华的天主教传教士,他来华 28 年,由于中国实际情况的影响,他不得不将主要精力用于学习儒家经典和介绍西方学术上,将西方近代自然科学介绍进我国,对我国文化产生了深远的影响。

题　　名　**利玛窦与中国**
作　　者　林金水
刊　　名　中国社会科学院研究生院学报
年 卷 期　1982 年 4 期
页　　码　73－75
摘　　要　利玛窦是明清之际中西交通史上的一位重要人物。对中国社会影响“至深且巨”的西学东渐,就是从他开始的。他对中西文化交流作出的贡献是不可磨灭的,近三百年来一直为人们所称道。因此,研究利玛窦在华活动对中国社会所起的影响,对于了解明清时期的中外关系史、中国科技史、中国天主教史等等,都有重大的意义。

题　　名　**连城县芷溪村的妈祖信仰初探**
作　　者　黄洁琼
刊　　名　闽西职业技术学院学报
年 卷 期　2008 年 10 卷 3 期

页　　码　6－8,59

摘　　要　芷溪村地处福建西部连城县的南端,在古代不仅交通闭塞,而且当地山多田少,耕地十分贫瘠,气候亦十分恶劣,因此,百姓缺乏足够的粮食,这迫使一部分村民必须外出谋生,这为神灵信仰的产生提供了可能。芷溪村民的信仰复杂,他们信仰的神灵主要有:洪福公王、观世音、关帝、公爹、妈祖等。以保航护驾著称的妈祖在偏僻的客家山村并没有因为远离大海而失去了她的用武之地,而是在进入芷溪后,找到了自己的位置。她调整了自己的神性,在这里不适用的功能渐渐被淡忘,而村民们需要的护境安民、保赤送子、救难解厄等等与人们日常生活息息相关的功能被逐渐加到妈祖身上。而她似乎也没有让芷溪人失望,因而才有今天的香火不断。

题　　名　连云港市的"前世今生"——无法割断的海洋文化渊源

作　　者　郝新建

刊　　名　海洋世界

年 卷 期　2006 年 3 期

页　　码　18－21

题　　名　联结中、日、朝的稻米之路

作　　者　安志敏,金元龙,贺川光夫,西谷正,崔大勇

刊　　名　东南文化

年 卷 期　1990 年 3 期

页　　码　131－134

题　　名　联系福建与拉美贸易的海上丝绸之路

作　　者　李金明

刊　　名　东南学术

年 卷 期　2001 年 4 期

页　　码　167－175

摘　　要　1565 年,西班牙殖民者开辟了自菲律宾马尼拉至墨西哥阿卡普尔科的大帆船贸易航线,把墨西哥银元载运到马尼拉,换取由福建商船载运到马尼拉的中国丝绸等商品。这条航线人们普遍称之为"海上丝绸之路",它前后维持长达两个半世纪,为世界航海史上持续时间最长且经历最多艰难险阻的航线之一,它促进了拉美社会的繁荣与发展。

题　　名　联系中国与拉美贸易的"海上丝绸之路"

作　　者　李金明

刊　　名　海交史研究

年 卷 期　2001 年 40 期

页　　码　78－86,136

摘　　要　1565 年,西班牙殖民者为了维护其在菲律宾及拉丁美洲的殖民统治,开辟了自菲律宾马尼拉至墨西哥阿卡普尔科的大帆船贸易航线,把墨西哥银元载运到马尼拉,以换取中国的丝绸等商品。这条贸易航线前后维持长达两个半世纪,在世界航海史上,没有任何一条贸易航线能持续到如此之久,没有任何一种正规航行曾经历过如此艰难险阻。由于大帆船载运的主要货物是中国的生丝和丝织品,故人们普遍称之为"海上丝绸之路"。

题　　名　梁安郡历史与王氏家族
作　　者　廖大珂
刊　　名　海交史研究
年 卷 期　1997年32期
页　　码　1－5,37

题　　名　梁山泊水军泰州抗金
作　　者　殷勇
刊　　名　江苏地方志
年 卷 期　1999年4期
页　　码　55
摘　　要　南宋初年,张荣与贾虎、孟威、郑渥等人率领梁山泊(在今山东梁山、郓城、巨野之间)抗金义军转战南下至淮东楚州(治淮安)、承州(治高邮)、泰州(治海陵)一带,屡创金军,取得了宋金战争史上著名的缩头湖(今兴化得胜湖)大捷。

题　　名　梁廷枏《夷氛闻记》及其鸦片战争史研究
作　　者　陈恩维
刊　　名　五邑大学学报(社会科学版)
年 卷 期　2009年2期
页　　码　11－15
摘　　要　梁廷枏《夷氛闻记》记录、分析鸦片战争爆发的原因、经过及其影响,寻求御敌制夷之法,弘扬抵抗精神,体现了强烈的爱国思想。《夷氛闻记》以当时人记当时事,兼具私史和当代史的二重性质,具有引领清代史学变迁的学术史意义。

题　　名　梁廷枏《粤海关志》及其海关史研究
作　　者　陈恩维
刊　　名　史学史研究
年 卷 期　2009年3期
页　　码　72－80
摘　　要　梁廷枏总修的《粤海关志》,对粤海关进行了全方位考察,实际上兼具工具书与学术专著的二重性质。《粤海关志》作为我国第一部海关专史与通史,不仅提供了丰富的对外贸易史、税政史、海防史史料,而且填补了海关史研究的学术空白,具有一定的学术地位。

题　　名　梁廷枏《粤海关志》文献价值初探
作　　者　关汉华
刊　　名　图书馆论坛
年 卷 期　2009年6期
页　　码　278－281
摘　　要　梁廷枏总纂的《粤海关志》,是我国第一部地方海关志。它辑录了大量原始文档、历代文献、诏谕、奏议,翔实地记叙了粤海关之机制、税则及世界各国对华贸易的发展脉络,具有很高的文献价值。

题　　名　**梁廷枏反侵略海防思想探析**
作　　者　王金锋
刊　　名　聊城大学学报(社会科学版)
年 卷 期　2006年4期
页　　码　50－54
摘　　要　梁廷枏是道、咸年间广东著名学者,是民间的知识分子,但他究心西事,热心御辱,热情支持林则徐和邓廷桢领导的禁烟和抗英斗争,成为林则徐、邓廷桢禁烟的助手和抗英的谋士,在面对面的对敌斗争中,梁廷枏逐渐形成了与众不同且带有近代色彩的反侵略海防思想。

题　　名　**梁廷枏研究梳拢**
作　　者　蓝奕
刊　　名　五邑大学学报(社会科学版)
年 卷 期　2006年8卷4期
页　　码　27－29
摘　　要　梁廷枏是清代广东的著名学者,治学涉猎戏曲、史学、政治等诸多领域。他长期从事岭南地区的学堂教育工作,曾参与粤海关的修志工作和广州的反英斗争。他较早接触西方文化,研究国际形势,是近代中国"开眼看世界"的先进知识分子,但儒家本位思想和阶级时代局限阻碍了他对西方学习的深入。

题　　名　**梁廷枏与地方海防通史《广东海防汇览》**
作　　者　陈恩维
刊　　名　中国地方志
年 卷 期　2010年10期
页　　码　50－56,5
摘　　要　清中叶岭南爱国史学家梁廷枏编撰的《广东海防汇览》是一部广东海防通史与专史。该书是一部具有个人著述性质的官修之书,它在资料收集上搜罗古今、综合公私,在学术视野上着眼广东而筹划全局。它既是一部经世致用的应时之作,也适应了清中叶我国边疆史地研究的学术新变。

题　　名　**梁廷枏与《粤海关志》**
作　　者　丁宁,周正山
刊　　名　学术月刊
年 卷 期　1986年6期
页　　码　72－76,71
摘　　要　《粤海关志》为清代举人梁廷枬主纂的地方关志书,叙述了鸦片战争以前粤海关的沿革、行政制度和通商情况。它不仅对我们考察西方殖民主义者对我国东南地区的早期侵略活动的历史,而且对研究清朝政府在"闭关政策"期间推行的外贸政策以及中外关系的演变,均有重要的参考价值。

题　　名　**梁廷枏与《合省国说》**
作　　者　袁钟仁
刊　　名　广东史志

年卷期 1994年3期
页 码 73－75

题 名 **梁廷枏《粤海关志》及其海关史研究**
作 者 陈恩维
刊 名 文史知识
年卷期 2009年11期
页 码 14

题 名 **两次鸦片战争期间英军对大连的侵略与骚扰**
作 者 郭铁桩
刊 名 辽宁师范大学学报(社会科学版)
年卷期 2008年2期
页 码 117－123
摘 要 两次鸦片战争期间,英军曾对大连进行侵略与骚扰。侵略与骚扰的目的是解决英军给养、集结、休整等一系列迫切需要解决的有关问题。清政府对英军入侵、骚扰大连的态度基本上还是所谓妥协羁縻政策。

题 名 **两方明代石碑 一则海贸故实——《却金坊碑》《却金亭碑》考述**
作 者 陈鸿钧
刊 名 岭南文史
年卷期 2001年4期
页 码 46－50
摘 要 位于中南半岛南端的暹罗(泰国)很早便与中国有着海贸来往,六朝时期的汉文文献即记载了两国之间的交通往来。

题 名 **两关以东的“丝绸之路”——兼与鲜肖威同志商榷**
作 者 吴礽骧
刊 名 兰州大学学报
年卷期 1980年4期
页 码 44－51

题 名 **两汉合浦、徐闻与南海丝路的关系**
作 者 王元林
刊 名 广西民族研究
年卷期 2004年4期
页 码 86－89
摘 要 两汉时期,合浦、徐闻在岭南和中外商贸中的作用重大。《汉书・地理志》载两地为汉代南海丝路重要的始发港,在当时造船业还不发达,沿近岸航行的条件下,其地位是无法代替的。两地交通、政治、经济、军事地位重要,合浦采珠业的发展,也为这一商贸活动注入活力。而岭南、南海诸国的珍宝、珍禽异兽、异香美木、佳果等,共同组成了亮丽的南海海上丝路航线。

题　　名　**两汉六朝岭南海外交通的发展及其影响**
作　　者　吕名中
刊　　名　中南民族大学学报(人文社会科学版)
年 卷 期　1991年6期
页　　码　68－77
摘　　要　越族先民自古就居住于我国东南沿海地区及一些海岛上。长期的水上活动,炼就了越族先民善于驾舟的本领。《越绝书》说:"以船为车,以楫为马,往若飘风,去则难从",是"越之常性"。从江河和沿海活动,逐渐到进行远距离的海上航行,是古越人水上活动能力的必然发展。百越先民是开拓我国南方海外交通的先驱,他们同南迁的汉人一道,共同开发了海外经济文化交流事业。

题　　名　**两汉三国时期的印度洋航业**
作　　者　沈福伟
刊　　名　文史
年 卷 期　1986年26期

题　　名　**两汉时期的海上丝绸之路**
作　　者　桑希臣
刊　　名　科学大观园
年 卷 期　2009年21期
页　　码　70－72

题　　名　**两汉时期的雷州半岛及其在中国历史上的地位**
作　　者　张荣芳,周永卫
刊　　名　湛江师范学院学报
年 卷 期　2002年23卷2期
页　　码　7－13
摘　　要　汉代的雷州半岛是汉族和少数民族的聚居之地,是当时闻名全国的采珠业和商贸业十分发达的地方,也是海外交通和对外交往十分频繁的地方,其政治经济地位非常重要。两汉朝臣因获罪而流放合浦,实开唐宋名贤谪迁雷州半岛之先河。雷州半岛扼琼州海峡的咽喉,不仅是汉朝控制海南岛的关键所在,而且是汉朝对交趾等地实施有效管辖的关键所在,其战略地位亦十分重要。

题　　名　**两汉时期岭南商品经济发展浅析**
作　　者　何海龙
刊　　名　中国社会经济史研究
年 卷 期　2008年4期
页　　码　1－5
摘　　要　两汉时期是中国古代商品经济发展的重要时期,本文结合传世文献与考古资料,对两汉时期岭南商品流通渠道的畅通、城镇市场的出现、与周边地区商业交往的活跃、特色商品以及货币流通的增多、海上丝绸之路的兴起等方面进行分析,认为两汉时期岭南的商品经济已摆脱萌芽状态取得一定的发展。

题　　名　两汉时期徐闻港的重要地位和崛起原因——从岭南的早期开发与历史地理角度探讨
作　　者　吴松弟
刊　　名　岭南文史
年 卷 期　2002 年 2 期
页　　码　21－29,10

题　　名　两晋南北朝时期广州外贸考略
作　　者　邓端本
刊　　名　广州研究
年 卷 期　1985 年 2 期
页　　码　55－58

题　　名　两千多年前广州古城区有过半岛和河汊吗——与《广州秦汉考古三大发现》作者商榷
作　　者　黄少敏
刊　　名　热带地理
年 卷 期　2002 年 2 期
页　　码　185－189
摘　　要　从第四纪地质学及历史地貌学出发，对《广州秦汉考古三大发现》一书中所提出的，在 2100 多年前广州古城区曾经出现过东、西半岛和古河汊地貌表示怀疑。据当时的古地理环境看，古代南越国王宫遗址的建筑是在已干涸的陆地之上进行的，而王宫建筑底部的木质结构是一种建筑基础措施，而非“造船工场(船台)”。

题　　名　两千年前“走失”的舰队——秦人徐福东渡的前前后后
作　　者　丁慧倩，张和勇
刊　　名　三月风
年 卷 期　2006 年 3 期
页　　码　47－50

题　　名　两宋东南沿海地区海洋发展路向论略
作　　者　葛金芳
刊　　名　湖北大学学报(哲学社会科学版)
年 卷 期　2003 年 30 卷 3 期
页　　码　71－79
摘　　要　本文从我国古代社会的发展路向入手，认为汉唐时期头枕“三河”、面向草原，运行在大陆帝国的轨道上，而两宋时期经济重心南移，商品经济发展，海外贸易兴盛，至少在东南沿海地区出现了海洋发展路向，这是我国传统社会演进轨迹的重大转折。

题　　名　两宋海外贸易发展的社会基础
作　　者　王嘉
刊　　名　东疆学刊

年 卷 期　2000年17卷4期

页　　码　35－41

摘　　要　宋代是我国海外贸易大发展的时期。陆上“丝绸之路”的阻塞，手工业的蓬勃发展，造船业的迅猛发展，指南针的使用和宋王朝对海外贸易的鼓励政策，种种良好的社会基础使宋代的海外贸易空前兴盛。

题　　名　两宋海外贸易立法演变论略

作　　者　陈景良

刊　　名　南京社会科学

年 卷 期　1992年5期

页　　码　65－70

摘　　要　我国历史悠久，物产丰富，既有广阔的陆地大川作为农产作物的基地，又有万里之长的海岸线可供舟楫之利以发展海外贸易。两宋时期，在我国黄海、东海、南海碧波万倾的海疆上，经常活跃着数支满载商品及友谊的船队，他们穿梭于亚非各国之间，乘风破浪于浩瀚的西太平洋及印度洋的海面之上。这就是两宋王朝的对外贸易船舶及其亚非各国来华贸易和船队。这些商船既从海外运来了琳琅满目的珠宝，香药等丰富的商品，促进了宋朝国内市场的繁荣，又把驰名于世界的中国丝绸品、陶瓷和其他货物运往东亚、南亚、西亚乃至非洲海岸的一些国家，驾起了一条连接宋与亚非各国人民友谊的桥梁。

题　　名　两宋海外贸易与中世纪欧洲海外贸易的比较

作　　者　吴升

刊　　名　金卡工程(经济与法)

年 卷 期　2011年2期

页　　码　329－330

摘　　要　宋代是海外贸易空前发展时期，形成了一整套调整海外贸易的法律制度。中世纪欧洲海外贸易也在这一阶段得到迅速的发展，对这两者海外贸易的比较有助于我们全面了海外贸易的历史演进，并对中国的海外贸易提供有益的启示。

题　　名　两宋时代的对外贸易政策和市舶体制

作　　者　杨伟鲁

刊　　名　山西财经大学学报

年 卷 期　2000年S1期

页　　码　58，63，66

摘　　要　由于两宋时代特殊的政治经济背景，其对外贸易政策和市舶体制较前有巨大的发展，机构、制度完备，是两宋政府将市舶贸易作为重要的财政来源的结果。

题　　名　两宋时代江淮地区的水上物资转输

作　　者　高荣盛

刊　　名　江苏社会科学

年 卷 期　2003年1期

页　　码　192－197

摘　　要　北宋定都汴京，进一步便利了与东南地区的联系。当时东南六路的漕粮和土贡赋物，均须通过四通八达的水运网转送汴京和全国各地。宋室南迁后,江南运河的重要性进一步突出,江西、湖广的粮食物资经由长江和江南运河与杭州沟通。围绕着政治中心的变迁,统治者也采取各种措施加强东南财赋区与政治中心的联系,商运与其他私人商业性转运也有相应发展。因此,作为全国经济中心之一的江淮地区不仅为宋王朝提供了大量财赋,其水运枢纽的重要作用也得以充分显现。与之同时,得益于物资流通的空前活跃,以水道沿线市镇的复兴和繁荣为标志,江淮地区的社会经济也获得一定程度的发展。

题　　名　**两宋时期的"市舶司"**

作　　者　郑欣

刊　　名　历史学习

年 卷 期　2001 年 6 期

页　　码　23－24

摘　　要　中国对外贸易的发展是从汉代开始的,但这时的贸易是以陆路为主。虽然汉武帝时期开始有了官营的海外贸易,但汉代的海路贸易还很不发达。隋唐时期中国的海外贸易虽有进一步的发展,也仍没有占主要地位。到宋朝时期,情况就有了很大的变化,其对外贸易在我国对外贸易史上占有十分重要的地位,尤其是海路贸易的兴起和蓬勃发展,使朝廷获得的收入愈来愈多。于是,两宋政府沿袭唐制,专门设立了管理对外贸易事务的机构——"市舶司"。

题　　名　**两宋时期东亚国际关系中的佛僧**

作　　者　郭万平

刊　　名　广西社会科学

年 卷 期　2006 年 11 期

页　　码　125－128

摘　　要　两宋时期,东亚各国的国内、国际局势均发生了重大变化,原来以隋唐帝国为核心的东亚格局也随之改变。这一时期,中国与高丽、日本等东亚诸国的关系日益密切和复杂化。各国之间既有使节互访,也有僧侣往来和双边或多边贸易,以中外僧侣为主体的东亚佛教交流活动,是当时东亚国际关系的主要内容之一。在特定的历史时期,佛教僧侣充当了国际关系中的重要角色,他们既是文化交流的主力军,也是当时东亚国际关系的主要调节因素。

题　　名　**两宋时期广州的对外贸易**

作　　者　黎小明

刊　　名　国际商务研究

年 卷 期　1985 年 3 期

页　　码　49－50,38

摘　　要　在我国古代的对外交往活动中,陆地上有条著名的"丝绸之路",在海上则有条"香料之路",这就是指我国古代沿海各城市口岸利用海上交通,与世界各国进行商业和文化的大交流。广州这个华南的最大城市,由于地理位置上的得天独厚,城市历史文化的悠久,早在秦汉时期,就是对外活动的重要口岸,到唐代,海外贸易已经居全国各口岸的首位,及至两宋时期,更是进入一个新的历史发展阶段,并由此给两宋政权带来了巨大的经济收益。

题　　名　**两宋时期海外贸易与税收管理**

作　　者　于一贫

刊　　名　涉外税务
年 卷 期　1999 年 8 期
页　　码　73
摘　　要　宋朝建国后,对海外贸易十分重视。公元 987 年,宋太宗派宦官八人,分四路到南海诸国招徕商人来华贸易,首先续通了唐时自广州 - 越南 - 印尼 - 大食(阿拉伯)的海上商运航线,而后开通了明州(宁波)、泉州到日本及高丽的航线。到宋哲宗时,将密州(诸城)板桥镇开辟为贸易港,北可到高丽、日本,南可通南海各港,内陆可与内河漕运相连接,是当的一条重要的河海贸易线路,加上宋哲宗时增开的泉州可直达阿拉伯各国的航线,使宋朝的海外贸易逐渐发展起来。

题　　名　两宋时期中国与东南亚的贸易
作　　者　林家劲
刊　　名　中山大学学报(社会科学版)
年 卷 期　1964 年 4 期
页　　码　16 - 19
摘　　要　东南亚各国主要分布在中国南海及以外的一些岛屿,它们与中国之间的友好交流,历史十分悠久。两宋时期,中国与东南亚交往日益频繁。“海上丝绸之路”由此也走向繁盛。

题　　名　两宋时期中国与东南亚的贸易
作　　者　陈永华
刊　　名　东南亚纵横
年 卷 期　2004 年 5 期
页　　码　16 - 19
摘　　要　东南亚各国主要分布在中国南海及以外的一些岛屿,它们与中国之间的友好交流,历史十分悠久。两宋时期,中国与东南亚交往日益频繁。“海上丝绸之路”由此也走向繁盛。

题　　名　两宋时期中国与东南亚关系考略
作　　者　陈永华
刊　　名　求索
年 卷 期　2005 年 8 期
页　　码　180 - 182
摘　　要　两宋时期,中国成为东南亚诸国的交流中心,两地以朝贡及朝贡贸易为主要形式的交流日益频繁,市舶贸易也异常繁荣。两宋时中国与东南亚的关系在我国的海外交通尤其是所谓的“海上丝绸之路”的发展史占有重要地位。这一局面的形成与整个两宋的边境形势、与政府推行的对外发展战略、与航海条件的进步等都有着密切的联系。

题　　名　两宋市舶贸易出口税初探
作　　者　汪廷奎
刊　　名　广东社会科学
年 卷 期　1993 年 3 期
页　　码　60 - 63
摘　　要　继唐代海上对外贸易蓬勃发展之后,在宋重商政策的推动下,两宋的市舶贸易尤盛于唐。

这时的市舶贸易,中国方面有无出口税的问题,迄今未见认真研究。本文就此作一初步探索。

题　　名　两宋与三佛齐友好关系略述
作　　者　林家劲
刊　　名　中山大学学报(社会科学)
年 卷 期　1962 年 4 期
页　　码　99 - 107

题　　名　两种珠光茶碗
作　　者　稻垣正宏
刊　　名　海交史研究
年 卷 期　1997 年 31 期
页　　码　110 - 113

题　　名　两座招宝山
作　　者　郑自海,郑宽涛
刊　　名　郑和研究
年 卷 期　1996 年 1 期
页　　码　20

题　　名　辽东半岛战役的历史启示
作　　者　杨翕
刊　　名　锦州师院学报(哲学社会科学版)
年 卷 期　1994 年 4 期
页　　码　82 - 85

题　　名　辽河漕运
作　　者　任殿俊
刊　　名　铁岭市志通讯
年 卷 期　1988 年 1 期
页　　码　32 - 33

题　　名　辽河航运史大事记(近代部分)
作　　者　辽河航运史编写组
刊　　名　公路交通史料
年 卷 期　1984 年 1 期
页　　码　28 - 33

题　　名　列强对南海疆域的侵略与晚清政府的海权维护
作　　者　郭渊

刊　　名　中州学刊
年 卷 期　2008 年 1 期
页　　码　201 - 205
摘　　要　清朝末年,东西方列强频频非法勘测中国南海诸岛,侵扰中国海疆国土。在维护海权的斗争中,晚清政府多次进行主权宣示,收回东沙岛主权,并提出"水界"区、海洋渔业区等观念,为维护海洋国土主权做出一定程度的贡献。

题　　名　林葆怿传略
作　　者　刘传标
刊　　名　船史研究
年 卷 期　1996 年 10 期

题　　名　林凤的海上武装活动及其反西班牙殖民者的斗争
作　　者　孙福生
刊　　名　学术研究
年 卷 期　1979 年 6 期
页　　码　18 - 22
摘　　要　林凤,广东饶平县人,十六世纪下半叶活跃于闽粤沿海的一支海上武装队伍的著名领袖。他的海上活动,尤其是 1574 年到菲律宾驱逐西班牙殖民者的斗争,在广大人民群众中留下了深刻印象。林凤的战斗轶事在东南亚华侨和当地国人民中广泛流传,脍炙人口。但是,零星散见于中外史籍的林凤生平事迹,由于长期失之整理,谬传之处颇多,加之封建统治者和西方殖民者歪曲历史诬指为"海盗",从而使林凤海上武装活动的性质,及其与菲律宾人民共同进行反殖斗争的历史作用未得到应有的评价。本文就林凤的海上武装活动及其反西班牙殖民者的斗争作一粗浅的分析与探讨。

题　　名　林则徐、魏源的海防战略思想是消极的吗?
作　　者　施渡桥
刊　　名　军事历史
年 卷 期　1992 年 4 期
页　　码　53 - 55

题　　名　林则徐的海防思想
作　　者　吴大康
刊　　名　安康师专学报
年 卷 期　1997 年 2 期
页　　码　32 - 35
摘　　要　林则徐的思想主要表现在两个层面上:一是禁烟思想,二是海防思想。史界对林则徐的禁烟思想著述颇丰,但对林则徐的海防思想涉及甚少。本文力图就林则徐的海防思想作一概述,期望能弥补史界研究之欠缺。

题　　名　林则徐的海防思想(上)
作　　者　刘中民

刊　　名　海洋世界
年 卷 期　2009 年 3 期
页　　码　71－73
摘　　要　林则徐作为近代封建士大夫中最早睁眼看世界的代表，其海防思想的历史局限性反映出当时中华民族的海洋观念仍然没有走出长期迷惘的思想困境。

题　　名　**林则徐的海防思想（下）**
作　　者　刘中民
刊　　名　海洋世界
年 卷 期　2009 年 4 期
页　　码　71－73
摘　　要　林则徐所提出的“制炮必求极利，造船必求极坚”的构想，被魏源概括和升华为“师夷长技以制夷”的思想，对于中国海防战略思想的发展乃至对整个中国的近代化进程都产生了深远的影响。

题　　名　**林则徐货币改革思想探析——兼论清代“闭关政策”下的中外货币流通**
作　　者　林友华
刊　　名　闽江学院学报
年 卷 期　2003 年 6 期
页　　码　62－67
摘　　要　在清王朝实行闭关政策时期，中外贸易仍有较高速发展，洋钱在中国日益广泛流通。由于鸦片走私泛滥，致使中国的国际收支发生逆转，白银大量外流。鉴此，林则徐提出自铸银币以抑洋钱，严禁鸦片以根治“银荒”等顺应民情、有利于货币流通及商品经济发展的主张，为应对外来货币经济的挑战进行积极而可贵的探索，开启中国近代币制改革之先河。

题　　名　**林则徐与关天培的友谊——兼论两人对广东海防的部署**
作　　者　李才垚
刊　　名　岭南文史
年 卷 期　1985 年 1 期
页　　码　50－53

题　　名　**林则徐与广东的海防建设**
作　　者　程镇芳
刊　　名　福建师范大学学报（哲学社会科学版）
年 卷 期　1982 年 4 期
页　　码　134－138

题　　名　**林则徐与海关**
作　　者　谭启浩
刊　　名　中国海关
年 卷 期　1994 年 3 期
页　　码　46－47

摘　　要　林则徐是我国近代史上的伟大爱国主义者，他是在西方资本主义国家开始大举侵略我国的时候，首先举起反侵略旗帜的民族英雄。林则徐在广东查禁鸦片的斗争，与海关有着密切的关系，当时的粤海关监督豫堃给他以全力的支持，是近代中国海关史光彩的一页。

题　　名　林则徐与海难救助

作　　者　张劲草

刊　　名　福建论坛（人文社会科学版）

年 卷 期　1984 年 4 期

页　　码　65 – 66

摘　　要　正当义律率领英国侵略军不断侵犯中国，连续爆发九龙、穿鼻洋、官涌山等多次战役，中英两国关系空前紧张之际，一八三九年十二月十六日，林则徐会同广东地方官员邓廷桢、怡良等人于天后宫接见了在海南岛附近遇难沉没的三桅船“杉达号”上的十五名英国船员，并“面谕约逾一时之久”。在这次接见中，林则徐首先对英国遭遇海难人员表示亲切的慰问，并垂询其航行情况以及世界各国概况；英国朝野是否知道中英之间的冲突；对他们讲明中国禁烟真相，希望中英友好；请随船医生喜尔（Dr. Hill）对正在翻译西书中的误译地方予以订正；又请其检查、修改中国致英王照会中的讹误之词。此外，林还赐给他们茶点等食物，对此，落难者十分感激，纷纷脱帽致敬。

题　　名　临水夫人与妈祖信仰关系新探

作　　者　叶明生

刊　　名　世界宗教研究

年 卷 期　2010 年 5 期

页　　码　70 – 80

摘　　要　临水夫人与妈祖，是福建乃至海内外都具有重要影响的两位女神。从当代信仰情况看，她们从神格、社会功能及地位影响都有较大差异，但是从历史文献及当代大量民祀情况分析，两位女神原属同一神班，妈祖即是“陈林李三夫人”中的林九娘。出于政治需要与社会功利原因，历代统治阶层对妈祖频频敕封，对临水夫人进行抑制，这使得不同社会阶层和不同地域的信众对两位女神之不同的诠释，造成她们主从及神职等方面的转换，其关系十分微妙。

题　　名　岭南——中国和世界海洋商贸文化的重要基地

作　　者　孙关龙

刊　　名　澳门研究

年 卷 期　2004 年 21 期

题　　名　岭南对伏波将军的崇拜风俗

作　　者　刘金顺

刊　　名　羊城今古

年 卷 期　2001 年 3 期

页　　码　46 – 48

题　　名　领先于哥伦布、麦哲伦的航海巨人——郑和

作　　者　郑一钧

刊　　名　郑和研究
年 卷 期　2003 年 F03 期
页　　码　48 - 50

题　　名　**刘步蟾——中国近代海军栋梁之材**
作　　者　许华
刊　　名　当代海军
年 卷 期　2001 年 10 期
页　　码　36 - 38
摘　　要　19 世纪 70 年代，中国向西方海军强国派出了第一批海军留学生；这批留学生后来成为中国近代海军的栋梁之材。刘步蟾，就是这批最早的海军留学生中的杰出代表人物。

题　　名　**刘步蟾爱国主义思想浅析**
作　　者　朱兰英
刊　　名　中共福建省委党校学报
年 卷 期　1989 年 4 期
页　　码　33 - 35,28
摘　　要　刘步蟾是中日甲午战争期间的爱国将领。长期以来却被歪曲为临阵退缩，贪生怕死的懦夫。前几年，史学界曾对刘步蟾的评价问题展开了热烈的讨论，改变了过去那种全盘否定的一边倒局面，但主要着重讨论他在黄海海战中的战绩，其它方面仍尚欠注意。本文拟就这方面作点补充，以为引玉之砖。

题　　名　**刘步蟾黄海战绩考**
作　　者　戚其章
刊　　名　北京师范大学学报(社会科学版)
年 卷 期　1982 年 2 期
页　　码　55 - 61
摘　　要　近几年来，史学界对刘步蟾的评价问题展开了热烈的讨论，改变了过去那种对刘步蟾全盘否定的一边倒局面。目前讨论还在继续进行，并开始注意有关具体问题的探讨，因此对刘步蟾的研究也逐步深入。但是，研究中存在着一种倾向，即对刘步蟾本人的具体实践方面重视不够，研究不多，不能不是一个很大的缺陷。“事修而谤兴，德高而毁来”，这可是古今一律。前人的某种看法固然可作为研究的参考，而最重要的还是要考察其本人的实践及其效果。爰作斯文，胪陈刘步蟾在黄海海战中的战绩，以期对他作出实事求是的评价。

题　　名　**刘步蟾冒功说质疑**
作　　者　戚其章
刊　　名　探索与争鸣
年 卷 期　2005 年 1 期
页　　码　27 - 29
摘　　要　黄海海战中，刘步蟾是不是有冒功的嫌疑？在详加考证中外史料的基础上，本文认为刘步蟾不存在冒功的嫌疑。

题　　名　**刘步蟾小传**
作　　者　戚其章
刊　　名　东岳论丛
年 卷 期　1980 年 2 期
页　　码　121
摘　　要　长期以来,刘步蟾在近代史上以反面人物出现,被赐以"懦夫"、"投降派"等恶谥,我曾有《应该为刘步蟾恢复名誉》(《破与立》1978 年第 5 期)一文为之辩诬,得到读者的鼓励。今再将刘步蟾的生平事迹作一简单介绍,以答对此问题关心的同志。

题　　名　**刘步蟾与甲午海战**
作　　者　汪润元,勾利军
刊　　名　名人传记
年 卷 期　1994 年 11 期
页　　码　38 - 47

题　　名　**刘河镇及其港口海运贸易的兴衰**
作　　者　陈忠平
刊　　名　南京师大学报(社会科学版)
年 卷 期　1991 年 3 期
页　　码　50 - 56
摘　　要　刘河镇位于长江口南岸,地处古太湖下游三江之一——娄江的入海口,在中国封建社会后期,刘河镇及其港口的海上漕运与贸易曾数度兴衰,给人们留下了颇为深刻的历史启示。

题　　名　**刘家港港史述识**
作　　者　汪放
刊　　名　郑和研究
年 卷 期　2004 年 3 期
页　　码　74 - 78,70
摘　　要　元统治者选择海上漕运港口在太仓,虽有人为机缘的因素,更主要的是,此时太仓具有良好的港口地理条件。南宋末年,太湖的泄水大道"古三江"已塞东江和吴淞江,仅存娄江。娄江承载着浩瀚的太湖水,从吴县鲇鱼口流经富饶的江南经济腹地吴县、苏州、昆山、太仓,倾泻入海。当时刘家港口外即是波涛滚滚的长江入海口,一日二汛的海潮,可达太仓城东的半泾和张泾。娄江潮头到明代还十分壮观,高宗本记娄江潮云:"惟八月中秋四、五日,潮平地涌起十余丈,雪山横江,雷霆震耳,变怪百出,如钱塘然"。在潮头的冲击下,刘家港"水面宏广","近海口处,阔有二里许","潮汐两汛,可容万斛之舟"。江海之汇的太仓拥有当时江南仅存的深水港,又处中国东部海岸线之腰。集散粮食、货物十分方便。因此,元代选择太仓刘家港作为漕粮海运的起始地,应是历史的必然。

题　　名　**刘家港与江南区域经济开发**
作　　者　张守广
刊　　名　郑和研究

年 卷 期 1997年4期
页　　码 33

题　　名 **刘坤一与甲午战争**
作　　者 商鸣臣
刊　　名 烟台师范学院学报(哲学社会科学版)
年 卷 期 1995年2期
页　　码 20-26,44
摘　　要 在一百年前的中日甲午战争中,刘坤一任钦差大臣,督办东征军务。如何评论他在这场战争中的功过是非,至今仍是人们关注的问题。本文拟就此作初步探讨。

题　　名 **刘坤一与甲午中日战争**
作　　者 关捷
刊　　名 湘潭大学社会科学学报
年 卷 期 1984年4期
页　　码 111-116

题　　名 **刘铭传撤基援沪与沪尾大捷述论**
作　　者 戚其章
刊　　名 台湾研究集刊
年 卷 期 1992年2期
页　　码 53-60
摘　　要 刘铭传撤基援沪一事,百余年来毁誉不一,聚讼不休。笔者认为,此事须同当时整个台北战局之发展联系起来考察,才可得出确凿可信的结论。爰陈愚见,以就正方家。

题　　名 **刘铭传撤师基隆之我见**
作　　者 黄振南
刊　　名 近代史研究
年 卷 期 1992年3期
页　　码 80-89

题　　名 **刘铭传的海防思想与实践——兼论台湾在中国海防中的战略地位**
作　　者 苏小东
刊　　名 安徽史学
年 卷 期 2007年1期
页　　码 99-105
摘　　要 刘铭传以武将而跻身于封疆大吏之列,其一生之建树重在“事功”而非“理论”。正因为如此,他虽然也曾就海防及其相关问题有过全面系统的论说,但其认识水平显然不及同时代之佼佼者。关于台湾在中国海防中的战略地位,他也是在领导抗法保台、建台的过程中逐步加深认识的,并以首任台湾巡抚之地位不遗余力地将其思想主张付诸实践,开创了包括海防在内的台湾近代化新局面。刘铭传加速台湾建设、加强台湾海防的初衷是为了抵御日本的侵略,不料数年之后,台湾竟因北洋海防的崩溃而落入日本之手。这绝不是刘铭传个人的悲哀,实乃国家民族之大悲剧。

题　　名　**刘铭传的台湾防务思想及其防务建设**
作　　者　季云飞
刊　　名　历史教学
年 卷 期　1994 年 12 期
页　　码　45－47
摘　　要　刘铭传(1836－1896),清末淮系名将。1884 年 6 月,奉命督办台湾军务,筹划台湾抗法斗争事宜。1885 年 10 月,清政府改台湾府为行省,刘铭传被任命为台湾省第一任巡抚。刘铭传在督办台湾事务和台湾省巡抚任内(1885 年 10 月－1891 年 5 月),对如何加强台湾防务提出了一系列有价值的思想。首先,刘铭传认为:台湾在中国整个海防中的战略地位是"南北洋关键"、"东南七省门户";维护国家安全,必须加强台湾防务。这是刘铭传台湾防务思想的根本出发点和归宿,也是刘铭传台湾防务思想的精华。

题　　名　**刘铭传对沈葆桢筹划台湾海防的继承与发展**
作　　者　王生怀
刊　　名　安庆师范学院学报(社会科学版)
年 卷 期　2003 年 22 卷 5 期
页　　码　89－92
摘　　要　刘铭传继承了沈葆桢筹划台湾海防的思想:讲求武备,力主保台;善后筹划,防患于未然;依托大陆,台闽联防;派大员常驻。由于时代、形势的变法,刘铭传的海防思想又有所发展,一是入手点不同,二是布防的重点不同。

题　　名　**刘尚马援五溪征蛮之地小考**
作　　者　瞿湘周
刊　　名　中南民族学院学报(哲学社会科学版)
年 卷 期　1988 年 5 期
页　　码　47－48

题　　名　**刘宋时遣使来华的迦毗黎国在南亚何处**
作　　者　莫任南
刊　　名　海交史研究
年 卷 期　1992 年 21 期

题　　名　**刘晏与唐代漕运**
作　　者　付志方
刊　　名　学术月刊
年 卷 期　1982 年 6 期
页　　码　51－56
摘　　要　漕运是中国封建王朝利用水路调运粮食供给官军食用、兼以调剂民生的一种专门运输制度。对于保证封建王朝的基本需要,维持其统治,有着不容忽视的经济和政治意义。对唐政府来说,漕运更为命脉所系,向被视为理财的重要环节。唐代著名的理财家刘晏竭尽心力改革漕运制度,被誉为历代理财家中的矫矫者，为后人留下了一笔颇为丰厚的遗产。

题　　名　**浏河天妃宫和郑和纪念馆**
作　　者　吴聿明
刊　　名　上海大学学报(社会科学版)
年 卷 期　1985 年 2 期
页　　码　126－127
摘　　要　太仓古称娄东，濒临东海，地处长江入海口岸。据《太仓州志》记载，在元、明二代太仓曾设有漕运中转的海运仓，史称"六国码头"、"天下第一码头"。太仓县境内的浏河镇，古名刘家港、刘家口，是历史上远洋航海的重要港口。太仓郑和纪念馆就座落在浏河镇北漕漕口，假座于郑和曾率水军将士朝拜进香的历史遗迹"天妃宫"内。

题　　名　**留学生参加中法马尾海战和中日甲午海战的意义**
作　　者　赵巍巍，乔瑞
刊　　名　世纪桥
年 卷 期　2009 年 21 期
页　　码　33－34
摘　　要　中法马尾海战和中日甲午海战是中国近代史上人民反抗外来侵略的两起重要的海战，很多中华儿女为保卫祖国而英勇献身。这其中就有一部分是我国早期由清政府派遣留学美国、欧洲的青年知识分子。他们是随着中国近代社会的转型而产生的新式知识分子，代表着当时中国先进的科学技术水平。他们的参战大大地增加了当时中国海军的战斗力。更重要的是在海战中，留学生们英勇战斗，不畏牺牲，表现出了中华民族的英雄气概。作为近代中国新型的知识分子，在海战中表现出的战斗风貌、爱国精神，值得我们后世炎黄子孙永远学习和怀念。

题　　名　**留学生与晚清海防事业的近代化**
作　　者　刘一兵
刊　　名　徐州师范大学学报(哲学社会科学版)
年 卷 期　1996 年 4 期
页　　码　21－27
摘　　要　在晚清海防事业的发展中，留学生建立了不朽的功勋。他们是晚清海防事业近代化的先驱和中坚，在海防教育、舰船制造、海军建设以及对外反侵略战争等方面作出了巨大贡献，大大推动了中国海防近代化的进程。

题　　名　**留学生与晚清海军教育**
作　　者　李来容
刊　　名　徐州师范大学学报(哲学社会科学版)
年 卷 期　2007 年 33 卷 6 期
页　　码　7－12
摘　　要　推行新式海军教育是近代军事变革的一项重要内容。为适应制器、练兵和加强海防建设的需要，晚清海军教育以兴办水师学堂为先，首开中国近代军事教育的先河。自 19 世纪 80 年代起，军事留学生陆续学成归国。作为早期比较系统地学习西学技艺的新型人才，其中一部分人与晚清海军教育多有联系,或投身海军教育,出任海军学堂教习、总办等职务,个别的还亲自创办海军学堂,或在一定程度上发展完善了近代海军教育的思想理念。留学生群体由此在晚清的海军教育中发挥了重要的媒介作用,培养了一大批新式人才,促进了晚清海军教育的近代化。但由于留学生群体主观因素、客观因素的制约,尤其是在当时沉闷的教育体制和教学氛围的影响下,晚清海军教育仍存在着诸如从事海海军教育的留学生师资较少、教学质量不高、教学目的过分偏重技术等问题。

题　　名　**留学生中的典范——阿倍仲麻吕**
作　　者　杨爱琴
刊　　名　科学教育
年 卷 期　2010 年 4 期
页　　码　69 – 70

题　　名　**琉案述略**
作　　者　李希言
刊　　名　江苏社会科学
年 卷 期　1991 年 5 期
页　　码　64 – 66

题　　名　**琉球人对"明清册封使者所乘海船"称谓考**
作　　者　徐玉虎
刊　　名　政大历史学报
年 卷 期　1987 年 5 期
页　　码　21 – 55

题　　名　**琉球、钓鱼岛与中日关系**
作　　者　方堃
刊　　名　中国边疆史地研究
年 卷 期　2002 年 1 期
页　　码　90 – 92
摘　　要　琉球问题和钓鱼岛问题,是中日关系史上重要而敏感的问题。在相当长的时间里,学术界对上述两个问题的研究,受到种种条件的制约与限制。在新的世纪,要让历史还复本来面目,使国民了解日本帝国主义侵略中国的全过程,了解中日两国领土争端的产生及其发展现状,客观地评价争议双方的立场以及依据,对 21 世纪的中日关系乃至亚太地区和平都有着重要意义。鞠德源先生所著《日本国窃土源流 · 钓鱼列屿主权辨》的问世,为上述目标的实现提供了重要的条件。他对中日关系史上位属关键且争议最大问题的严肃论述,是继吴天颖先生有关著作之后中国学术界对这两个问题研究的又一重要成果。

题　　名　**琉球《冠船に付评价方日记》的史料价值**
作　　者　谢必震
刊　　名　海交史研究
年 卷 期　1999 年 35 期
页　　码　104 – 112

题　　名　琉球的“闽人三十六姓”后裔在华留学考述
作　　者　黄新宪
刊　　名　教育研究
年 卷 期　1996 年 2 期
页　　码　71 – 74

题　　名　琉球观音信仰研究
作　　者　林国平
刊　　名　海交史研究
年 卷 期　2010 年 1 期
页　　码　85 – 121
摘　　要　观音信仰作为外来宗教信仰在宋代咸淳年间传入琉球,因无法适应当时的社会条件和文化背景而一度衰落。一个世纪后,观音信仰从日本再次传入琉球,在历代统治阶级的保护和扶植下,得到迅速传播和发展。17 世纪以后,观音信仰从琉球的都市逐渐扩展到乡村、甚至离岛,许多观音堂被陆续建造起来。反观妈祖信仰在琉球的局部地区和特定群体中流传及近代的急遽衰落,我们从中可以得到这样的启示:外来宗教信仰要在异国他乡求得生存和发展,关键在于要积极地融入当地民众的生产和生活中,建构深厚的信仰基础。

题　　名　琉球官话课本编写年代考证
作　　者　濑户口律子,李炜
刊　　名　中国语文
年 卷 期　2004 年 1 期
页　　码　77 – 84
摘　　要　本文主要采用历史学的考证方法并结合历时语法的研究对四种琉球汉语官话课本的编写年代进行了考证。结论是:《官话问答便语》应作于 1703 年或 1705 年,《白姓官话》作于 1750 年,《学官话》作于 1797 年,《广应官话》作于 1797 年到 1820 之间。《官》、《白》、《学》的语料对于历时语法具有较高的参考价值。

题　　名　琉球官话课本的“官话”性质
作　　者　李丹丹,李炜
刊　　名　吉林大学社会科学学报
年 卷 期　2008 年 1 期
页　　码　138 – 143
摘　　要　琉球官话课本的“官话”性质目前有“北方官话”、“南京官话”、“南方(地区)官话”、“福州官话”四说。将琉球官话课本与同时期北方官话作品“清本老乞大”进行比较,发现两者在语法上存在一系列的差异;与吴、闽、粤、客的方言材料进行比较,发现两者在语法上存在一系列的对应。琉球官话课本的“官话”是吴、闽、粤、客四大南方方言在“官话”层面上的投射,即南方官话。

题　　名　琉球国覆亡之谜
作　　者　陈福康

刊　　名　法制博览
年 卷 期　2007 年 8S 期
页　　码　44 - 45
摘　　要　历史上的琉球国，位于中国大陆东方台湾岛的东北方、日本九州岛西南方的大海中，为一群岛。同古代日本一样，关于其国的最早的文字记载见于中国古史。《隋书》中即有《琉求传》。据 1650 年成书的该国用汉语自撰的第一部国史《中山世鉴》称：“盖我朝开辟，天神阿摩美久筑之。”

题　　名　**琉球国给中国表奏文书的特点**
作　　者　丁春梅
刊　　名　档案学研究
年 卷 期　2007 年 3 期
页　　码　11 - 13
摘　　要　明清时期，琉球国为中国的藩属国。在与中国长达 500 年的交往的过程中，琉球国王呈递给中国大量的表奏文书，这些表奏文书不仅采用汉字书写，而且使用中国纪年和公文格式。这些特点，一方面反映中国与琉球国的君臣关系，同时也反映出中国汉文化对琉球的影响，是中琉两国友好交往的真实写照。

题　　名　**琉球国是怎样变成日本冲绳县的**
作　　者　张伟
刊　　名　党政论坛
年 卷 期　2005 年 B09 期
页　　码　32 - 33
摘　　要　据《古春风楼琐记》记载，琉球国位于福建以东的海上，《隋书》中称为“流求”，《元史》中写作“瑠求”。元朝末年，琉球分裂为三个各自独立的国家：中山、山南和山北。其中，以中山国的势力最为强大。在此后很长一段时间内，琉球三国都是与日本历代政权平等交往的国家。

题　　名　**琉球国在华留学生**
作　　者　徐恭生
刊　　名　福建师范大学学报（哲学社会科学版）
年 卷 期　1987 年 4 期
页　　码　102 - 107

题　　名　**琉球汉诗：中国诗歌移植的硕果**
作　　者　黄裔
刊　　名　福建师范大学学报（哲学社会科学版）
年 卷 期　1995 年 3 期
页　　码　45 - 51

题　　名　**琉球汉诗论略**
作　　者　黄黎星
刊　　名　漳州师范学院学报（哲学社会科学版）

年 卷 期　2001 年 1 期

页　　码　45 – 51

摘　　要　今日本冲绳县所辖的琉球群岛,古为独立的琉球王国,历史上与中国有密切的关系。明、清二代尤其是清顺治亚光绪间,琉球国官员、学者、文士深受中华文化影响,创作了为数不少、颇具特色的汉诗作品。从历史渊源、创作概貌、艺术特色、思想内容等方面对琉球汉诗论述评述,有助于海交史研究。

题　　名　**琉球汉诗再探**

作　　者　黄裔

刊　　名　语文学刊

年 卷 期　1995 年 4 期

页　　码　22 – 25

题　　名　**琉球路次乐六首曲目旋律源流考**

作　　者　王耀华

刊　　名　黄钟(武汉音乐学院学报)

年 卷 期　2008 年 1 期

页　　码　21 – 34

摘　　要　路次乐,是琉球王朝时期的一种仪式音乐,它是(琉球)王朝时代,国王庆贺使的行进队列和仪式演奏的室外音乐,在地方上的乡村戏剧和乡村节庆时也吹奏。作者对琉球路次乐六首曲目旋律路次乐旋律的源流,作了深入地探寻。

题　　名　**琉球民族与华夏文化**

作　　者　武尚清

刊　　名　世界民族

年 卷 期　1995 年 2 期

页　　码　64 – 76

题　　名　**琉球名称的演变与冲绳问题的产生**

作　　者　王海滨

刊　　名　日本学刊

年 卷 期　2006 年 2 期

页　　码　29 – 41

摘　　要　琉球曾经是中华朝贡属国体系中的重要成员之一,但 1879 年日本吞并琉球之后,将其划为冲绳县,从而改变了琉球原来的政治属性及地域范围。二战结束以后,美国基于冷战的需要,急于实现对日媾和。日本则趁此机会将琉球的名称及地域范围作了有利于自身的修改,并在旧金山《对日和约》中予以确认。旧金山《对日和约》的签署标志着冲绳问题的产生,而冲绳问题对战后中日关系、美日关系的发展都产生了深远的影响。

题　　名　**琉球漂民事件与日军入侵台湾(1871 – 1874)**

作　　者　米庆余

刊　　名　历史研究

年 卷 期　1999 年 1 期
页　　码　21 – 36

题　　名　**琉球三线"一扬调子"考**
作　　者　王耀华
刊　　名　交响(西安音乐学院学报)
年 卷 期　1989 年 2 期
页　　码　9 – 14

题　　名　**琉球事件期间的何如璋——兼论晚清驻外大使对外交近代化的影响**
作　　者　贺琤
刊　　名　衡阳师范学院学报
年 卷 期　2006 年 27 卷 1 期
页　　码　107 – 111
摘　　要　在琉球事件期间,中国驻日本公使何如璋的处理意见不无正确,然而未被采纳,致使中国在琉球事件中一步步地丧失了主动地位,日本把琉球夷为冲绳县。驻外大使的意见没有得到充分尊重,外交理念没有改变,事务性地派遣驻外使节致使早期的驻外使节不能有效地发挥作用,这也许不仅仅是何如璋一个人的郁闷和悲哀,也是晚清外交近代化的悲哀。

题　　名　**琉球天妃信仰状况及其嬗变**
作　　者　谢必震,陈硕炫
刊　　名　莆田学院学报
年 卷 期　2005 年 12 卷 3 期
页　　码　79 – 84
摘　　要　阐述琉球天妃宫的状况、天妃信仰传入琉球的主要途径,探讨天妃信仰在琉球受容的原因,并对天妃信仰在琉球的神祇功能、祭祀嬗变等方面进行考察。

题　　名　**琉球亡国与东亚封贡体制功能的丧失**
作　　者　修斌,姜秉国
刊　　名　日本学刊
年 卷 期　2007 年 6 期
页　　码　117 – 127
摘　　要　近代以前东亚地区传统的国际秩序框架是以中国为中心的封贡体制,其功能主要体现在政治、经济和文化三个方面。明清时期是封贡体制发展的鼎盛时期,同时也是其功能逐渐丧失、走向崩溃的时期。琉球王国是这一时期封贡体制内的重要成员,随着日本的对外扩张和东亚地区形势的变化,琉球逐渐走向灭亡。琉球的亡国对传统东亚封贡体制产生了重要影响。本文从封贡体制的内部和外部两个方面考察了琉球亡国的原因。

题　　名　**琉球王权的成立与国际贸易城市泉州**
作　　者　安里 进,崎原丽霞,Susumu Asato
刊　　名　海交史研究

年 卷 期 2005 年 47 期
页　　码 31 – 33

题　　名 **琉球音乐对中国音乐受容的两种样式及其规律**
作　　者 王耀华
刊　　名 音乐研究
年 卷 期 2004 年 4 期
页　　码 54 – 60

题　　名 **琉球与明三十六姓**
作　　者 陈创
刊　　名 寻根
年 卷 期 2006 年 5 期
页　　码 41 – 43

题　　名 **琉球与中国的历史关系**
作　　者 董蔡时
刊　　名 历史教学
年 卷 期 1955 年 4 期
页　　码 24 – 28

题　　名 **琉球与中国之历史关系(上)**
作　　者 汪诒荪
刊　　名 学原
年 卷 期 1948 年 8 期
页　　码 20 – 30

题　　名 **琉球与中国之历史关系(下)**
作　　者 汪诒荪
刊　　名 学原
年 卷 期 1947 年 9 期
页　　码 26 – 32

题　　名 **琉球御座乐《福寿歌》**
作　　者 王耀华
刊　　名 中国音乐学
年 卷 期 2001 年 1 期
页　　码 60 – 65
摘　　要 本文试图以琉球御座乐《福寿歌》为例，考其歌词、曲调的源流，略窥海上丝绸之路音乐交流之一斑。前半部分，通过《福寿歌》、《福寿颂》、《明良时》、《熙朝治》、《圣寿颂》、《颂圣寿》的歌词对照，说明它们是同一曲的诸多变体，具有相同的赞颂国王、王朝的颂歌性内容和基本接近的句式结构。后半部分从唱词和旋律方面考证其源流，其唱词是琉球人按中国诗词风格创造的自成一体的长短句，旋律是从闽剧《清言词》、民歌《茉莉花》接受影响、吸收养分而进行的重新创作。由此曲可见，作为海上丝绸之路音乐交流之一隅的中琉文化交流，中国音乐曾经对琉球音乐有过重要影响，但是，琉球人在接受中国音乐的过程中，往往按照自身的需要进行选择，进而付出创造性劳动作加工改造，使之逐渐成为自己的东西。

题　　名　**琉球之命名考**
作　　者　姚烈文
刊　　名　雄风
年 卷 期　1947 年 2 卷 2 期

题　　名　**琉球组舞音乐及其结构特征**
作　　者　刘富琳
刊　　名　福建师范大学学报（哲学社会科学版）
年 卷 期　2001 年 4 期
页　　码　142 – 145
摘　　要　琉球组舞是历史上的琉球王国为款待中国的册封使，在宫廷宴会仪式上表演的一种艺能，其音乐由器乐和唱腔两部分构成，本文分别对组舞的乐器、器乐、唱腔和音乐结构进行论述，从而对琉球的组舞音乐提供一个较为完整的认识。

题　　名　**柳州市博物馆藏日本“九谷”款青花杯探略——兼谈中国陶瓷文化东传**
作　　者　徐海生
刊　　名　南方文物
年 卷 期　2000 年 4 期
页　　码　109 – 110，126

题　　名　**六朝的漕运、地域格局与国家权力**
作　　者　张晓东
刊　　名　史林
年 卷 期　2010 年 3 期
页　　码　48 – 56，189
摘　　要　六朝的漕运受到地域格局和国家权力斗争的影响，呈现曲折的发展。六朝时期都城依赖长江下游三吴地域的漕粮供应，而军事防御重心在上下游间的变动导致了迁都的压力，使漕运系统结构整体出现变动。六朝国家中央权力与上游大族势力以及不同地域力量的角逐也通过争夺对中上游地域漕运掌控权体现出来。六朝漕运发展的特殊性说明了历史时期漕运的重大战略意义。

题　　名　**六朝时期的海上丝绸之路**
作　　者　黄菊艳
刊　　名　广东档案
年 卷 期　2006 年 5 期
页　　码　34 – 36

题　　名　六朝时期广州海外贸易的崛起与港市的繁荣
作　　者　赵庆伟
刊　　名　中南民族学院学报(哲学社会科学版)
年 卷 期　1994 年 2 期
页　　码　94 -99
摘　　要　六朝时期在广州港市的发展史上是一个极为重要的时期。这一时期,广州的海外贸易在继两汉之际的一度沉默之后重新崛起,为广州港市的繁荣奠定了良好的基础。本文拟对这一历史现象进行粗浅的探讨,以就教于方家。

题　　名　六朝时期中国对外文化交流
作　　者　罗宗真
刊　　名　文史哲
年 卷 期　1993 年 3 期
页　　码　75 -77

题　　名　六朝时期中国与百济的友好往来与文化交流
作　　者　范毓周
刊　　名　江苏社会科学
年 卷 期　1994 年 5 期
页　　码　84 -89
摘　　要　中、韩两国境上相邻、唇齿相依,自古以来友好往来、文化交流未曾间断。这些友好往来和文化交流活动,曾在两国的历史上对经济发展、文化繁兴和社会进步产生过重要的推动作用和积极影响。

题　　名　六朝隋唐时期长江流域航运交通的开发
作　　者　何荣昌
刊　　名　苏州大学学报(哲学社会科学版)
年 卷 期　1993 年 2 期
页　　码　95 -100,89

题　　名　六朝唐宋时期的台海交通与汉人拓殖台澎的早期历史
作　　者　吴春明
刊　　名　岭南文史
年 卷 期　2002 年 4 期
页　　码　47 -49

题　　名　六朝文化东渐与书籍之路开启
作　　者　王勇
刊　　名　广东外语外贸大学学报
年 卷 期　2010 年 1 期
页　　码　5 -9

题　　名　六朝政权与朝鲜半岛国家之间的交流
作　　者　卢海鸣
刊　　名　金陵职业大学学报
年 卷 期　2000 年 2 期
页　　码　48－52
摘　　要　该文运用文献和考古材料,对六朝政权与朝鲜半岛高句丽、百济和新罗三个国家之间的交往分别进行了论述,揭示了六朝政治、经济、文化等等方面对朝鲜半岛三国的文明进程产生的影响及其具体表现。

题　　名　六朝政权与朝鲜半岛国家之间的交流
作　　者　卢海鸣
刊　　名　东南大学学报(哲学社会科学版)
年 卷 期　2000 年 S1 期
页　　码　125－129
摘　　要　本文运用文献和考古材料,对六朝政权与朝鲜半岛高句丽、百济和新罗三个国家之间的交往分别进行了阐述,揭示了六朝政治、经济和文化等方面对朝鲜半岛三国的文明进程产生的影响及其具体表现。

题　　名　六世纪前的交趾与内地交通
作　　者　张金莲
刊　　名　学术探索
年 卷 期　2005 年 1 期
页　　码　109－114
摘　　要　自汉代在今越南地区设置交趾郡及交州以来,交趾、交州就渐成为古代越南的代名词,直到唐设立安南都护府后,才被"安南"一词所代替。交趾,为今越南北部,自古就与中原来往不断,在经秦汉及六朝的统治后,交趾与内地的交通得到了发展,并形成了这一时期中越交通道路的特点:具体交通线路尚不明晰;主要以水路为主;功能主要为军事战争使用;交通中合浦的地位尤为重要;奠定了古代中越交通格局。由于道路畅通,两地之间人民往来不断,互通有无,使双方的经济文化得到发展,交州也成为了这一时期中原与南海诸国交往的前沿大门。

题　　名　六世纪前泰国湾和泰国境内的古国在东西海上交通中的地位
作　　者　陈炎
刊　　名　东南亚
年 卷 期　1993 年 4 期
页　　码　41－47
摘　　要　两汉时泰国湾是汉船必经之地西汉武帝时,中国国力强盛,为进一步扩大西汉王朝在海外的威望,重视发展对外的陆海交通。汉武帝在两次遣张骞出使西域诸国。开辟举世闻名,横跨欧亚大陆的陆上丝绸之路的同时,积极发展与海外各国的贸易和文化联系,又开辟了从我国雷州半岛起航的南海丝绸之路。

题　　名　**龙江宝船厂遗址是世界级造船博物馆**
作　　者　郑自海,郑宽涛
刊　　名　郑和研究
年 卷 期　2005 年 3 期
页　　码　54－57
摘　　要　南京是六百年前郑和七次下西洋的决策地、始发地,下关则是明初全国最大的皇家造船基地。明代茅元仪将《郑和航海图》的全称称之为《自宝船厂开船从龙江关出水直抵外国诸番图》已经明确郑和下西洋时下关龙江宝船厂的地位。本文试图就近二十年来对龙江宝船厂的实地考察和出土文物的分析向世人展现当年郑和下西洋造船的宏伟场面,提高对其历史价值的重视程度。

题　　名　**龙江关关署遗址今在何处**
作　　者　赵洪平
刊　　名　郑和研究
年 卷 期　2007 年 3 期
页　　码　46－47
摘　　要　龙江关是明初南京最为繁荣的码头之一,又是郑和下西洋远航船队的始发港。对于这个闻名于世的税关,应该有其历史地位,考其遗址,立碑纪念。

题　　名　**龙母信仰的历史发展——悦城龙母信仰研究之三**
作　　者　蒋明智
刊　　名　广西民族研究
年 卷 期　2003 年 4 期
页　　码　52－59
摘　　要　悦城龙母信仰自秦代以来,已有二千多年的历史。它经历了龙图腾崇拜、水神崇拜和祖先崇拜的历史演变。至今,龙母信仰在华南地区、香港、澳门和东南亚一带仍有着深广的影响,但其信仰的基点却是在祖先崇拜基础上形成的寻根尚本、眷恋故土的思想,这对民族文化的认同和民族精神的凝聚,有着重要意义。

题　　名　**龙蟠使槎**
作　　者　曾树铭
刊　　名　船史研究
年 卷 期　2002 年 17 期
页　　码　49－64

题　　名　**龙旗的飘落:北洋海军失败原因的再思考**
作　　者　任同芹
刊　　名　兰台世界
年 卷 期　2010 年 19 期
页　　码　58－59

题　　名　龙涎香与葡人居澳之关系考略
作　　者　李飞
刊　　名　海交史研究
年 卷 期　2007 年 52 期
页　　码　109 – 126
摘　　要　中文文献虽未明载葡人入居澳门的具体时间，却留下大量线索供后人考索。以龙涎香为切入点对中文文献进行梳理，可以发现中文记载与葡文记载能够相互参证。之所以长久以来对葡人入居澳门的时间争论不休，一则源于史料本身晦涩，二则是对文献的误读和曲解。对文献正确合理的解读，仅是重返历史现场的第一步。

题　　名　隆庆开放与中国资本主义萌芽
作　　者　晁中辰
刊　　名　学术研究
年 卷 期　1987 年 5 期
页　　码　78 – 80
摘　　要　明王朝从建立到嘉靖末年，一直实行海禁政策。隆庆皇帝即位后，才正式宣布解除海禁，准许私人出海贸易。也正是在隆庆、万历年间，中国资本主义萌芽在东南沿海地区才得到较快的滋生和成长。本文仅就隆庆开放和世界市场对中国资本主义萌芽的促进作用作初步探讨。

题　　名　垄断政策下的东印度公司对华茶叶贸易
作　　者　张燕清
刊　　名　浙江学刊
年 卷 期　2006 年 6 期
页　　码　73 – 76
摘　　要　在英国东印度公司对华茶叶贸易史上，垄断是公司坚定不移地实行的首要的一项基本政策，这项政策是伴随着茶叶在公司对华贸易中日益重要而逐渐形成的。进入 18 世纪后，这项政策不断得到完善和加强。在这种垄断政策之下，东印度公司逐渐建立了独特的贸易机制，而这种贸易机制反过来又进一步促进和巩固了公司的垄断政策。正是这项长期实行的垄断政策，直接保证了东印度公司对华茶叶贸易的蓬勃发展，使茶叶成为“一个世纪以来在东印度公司的垄断之下和中国通商的记录”。

题　　名　卢循领导的活动不是农民起义——与刘静夫同志商榷
作　　者　张中民
刊　　名　历史教学
年 卷 期　1965 年 7 期
页　　码　55 – 58

题　　名　陆游词中的舟船意象
作　　者　练怡
刊　　名　安徽文学(下半月)
年 卷 期　2009 年 12 期
页　　码　96 – 97

摘　　要　中国古典诗词通常通过意象这一符号委婉含蓄地表达中国人深沉丰富的情感世界。陆游词大量选用了舟船意象。其对舟船意象的使用既有对前人舟船意象内容的继承又有自己的发展创新,通过内容上的巧妙组合和意象群的创设,舟船意象在陆游笔下焕发出了无穷的艺术魅力。

题　　名　陆游没有参加过瓜洲水战
作　　者　刘耀华
刊　　名　航海
年 卷 期　1983 年 3 期
页　　码　38
摘　　要　语文课本中选用爱国诗人陆游的《书愤》诗作为教材,其中有"楼船夜雪瓜洲渡、铁马秋风大散关"一联。一般教学者认为陆游在西北大散关与金兵作战过,又根据他曾任镇江通判一事,断定他在瓜洲参加了与金人的水战。其实这是错的。

题　　名　旅日华商"泰益号"经营网络结构剖析
作　　者　戴一峰
刊　　名　中国社会经济史研究
年 卷 期　1997 年 4 期
页　　码　58 – 64

题　　名　旅日华商"泰益号"若干问题考察
作　　者　郑山玉,蔡先杰
刊　　名　海交史研究
年 卷 期　1994 年 25 期
页　　码　91 – 97

题　　名　旅顺船坞史略
作　　者　段学勤
刊　　名　船史研究
年 卷 期　1987 年 3 期

题　　名　旅顺大坞的兴建与北洋水师根据地的形成
作　　者　曲传林,翟云瑞
刊　　名　辽宁师范大学学报(社会科学版)
年 卷 期　1984 年 3 期
页　　码　63 – 67
摘　　要　北洋水师的成军应是中国近代海军形成阶段,而旅顺大坞的的兴建为北洋水师的发展建立了一个巩固的根据地。本文试将旅顺大坞的兴建与旅顺口作为北洋水师根据地的形成过程作一个概括地叙述。

题　　名　律劳卑来华与鸦片战争
作　　者　郑永福

刊　　名　史学月刊
年 卷 期　1986 年 5 期
页　　码　38 - 44
摘　　要　1840 年爆发的鸦片战争,曾对中国的历史进程产生过巨大的深远的影响。研究这场战争爆发的原因及其性质,不能不想到 1834 年律劳卑的来华。因为正是从这一事件起,中英间的国际关系发生了重大的变化。律劳卑来华,是英国资产阶级政府妄图对中国实行殖民政策的一次试探。由于清政府的坚决抵制,律劳卑来华的目的没有达到。但此后,从总的趋向来说,中英关系急转直下,最终发展到 1840 年的鸦片战争。迄今为止,史学界对这一事件的研究是不够的,本文拟就律劳卑来华的历史背景及其影响,作一初步的考察和分析。

题　　名　略论“入唐八家”及中国高僧对于沟通中日文化的卓越贡献
作　　者　苏渊雷
刊　　名　学术月刊
年 卷 期　1988 年 5 期
页　　码　65 - 68,55
摘　　要　中日两国,隔海相望。历代民间和信使往还,史不绝书。从汉光武封赐倭奴国王印起,至今已有近两千年的历史;自唐武后改称倭国为日本国,从此这个国号就确定下来。公元 600 - 614 年,约当推古皇朝,日本派遣大型的遣隋使,跟着第三次选派留学生与学问僧,到中国学习佛法和汉学以后,中日邦交就进入一个新的历史阶段。从公元 630 年第一次遣使起,二百六十年间先后共派出十九次(两次未达),这就把两国关系提到前所未有的密切程度,对此后发展日本文化,改造国家体制,丰富人民生活方式,都做出划时代的贡献。现在仅从两国僧侣学人长期往来,特别是日本佛教史上艳称的“入唐八家”,即最澄和他的法裔圆仁、圆珍等属于天台宗的三家,以及空海和他的法裔常晓、圆行、慧运、宗睿等属于真言宗的五家的沟通中日文化的卓越贡献,作一概况的评述。

题　　名　略论 16 至 19 世纪中国东南中外贸易带
作　　者　陈东有
刊　　名　南方文物
年 卷 期　2005 年 3 期
页　　码　8 - 14

题　　名　略论 18 世纪英属东印度公司开辟北方商路始末
作　　者　李强
刊　　名　青海师范大学民族师范学院学报
年 卷 期　2008 年 1 期
页　　码　1 - 6
摘　　要　1757 年,清政府开始实行一口通商的贸易紧缩政策,在征服孟加拉的英属东印度公司时却发现喜马拉雅地区长久以来就存在进入中国腹地的商路。当东印度公司明确西藏是中国不可分割的领土后,廓尔喀的崛起和中廓战争关闭了开通北方商路的一切可能,东印度公司逐步制定控制廓尔喀和掌握地区霸权的北部边疆政策。

题　　名　略论 19 世纪 70 - 90 年代的中国木船业
作　　者　王林

刊　　名　江南大学学报(人文社会科学版)
年 卷 期　2006年5卷3期
页　　码　55－58
摘　　要　在近代,随着外国侵略势力的到来,中国航运业受到了很大的冲击,中国古老的航运工具——木船受到了排挤。但由于各种原因,在19世纪70－90年代这段时间里中国木船业并没有走向灭亡,而是持续的向前发展。

题　　名　**略论安海在宋元时期泉州港海外贸易中的地位**
作　　者　吴泰
刊　　名　海交史研究
年 卷 期　1985年8期

题　　名　**略论北宋的漕粮**
作　　者　陈峰
刊　　名　学术界
年 卷 期　1997年1期
页　　码　34－38
摘　　要　漕运自秦汉兴起后,历千余年演进,至北宋达到极盛之时,运河网密布,管理制度及机构发达,而每年调运到都城的漕粮量更达到了罕见的水平,不仅远过于前代,也为后世诸朝所不及。北宋漕粮数额何以能达到空前绝后的记录,当时漕粮来自何地、其意义影响又何在?这些问题无疑都是值得深入探讨和研究的。

题　　名　**略论北宋的漕粮**
作　　者　陈峰
刊　　名　贵州社会科学
年 卷 期　1997年2期
页　　码　95－99
摘　　要　漕运自秦汉兴起后,历千余年演进,至北宋达到极盛之时,运河网密布,管理制度及机构发达,而每年调运到都城的漕粮量更达到了罕见的水平,不仅远过于前代,也为后世诸朝所不及。北宋漕粮数额何以能达到空前绝后的记录,当时漕粮来自何地、其意义影响又何在?这些问题无疑都是值得深入探讨和研究的。

题　　名　**略论北洋水师覆灭的教训**
作　　者　郭海文,张小荣
刊　　名　武警工程学院学报
年 卷 期　2009年1期
页　　码　56－59
摘　　要　北洋水师的覆灭,从其本身内在原因讲,主要问题是:放弃与丧失制海权是战争惨败的军事战略原因,以及战斗意志教育严重缺损、对战略战术教育训练的认识十分落后、谎报军情、军心涣散等。

题　　名　**略论漕运与北宋的集权统治**
作　　者　陈峰
刊　　名　历史教学
年 卷 期　1986 年 10 期
页　　码　14 – 18
摘　　要　漕运是我国古代输送财赋的一种形式,通常是利用内河航运,将各地征收的以粮帛为主的物资运至都城。从根本上说,漕运是中央王朝直接掌握地方财富的手段,是我国古代专制集权统治的特有产物。北宋是我国历史上中央集权空前发展的时期,从而使漕运量达到了空前的地步,漕运与北宋集权政治发生了密切地联系,并对其统治产生了深刻的影响。目前对此问题的研究还比较薄弱,有必要继续探讨。

题　　名　**略论朝贡制度的虚幻:以古代中国与东南亚的朝贡关系为例**
作　　者　庄国土
刊　　名　南洋问题研究
年 卷 期　2005 年 3 期
页　　码　1 – 8,96
摘　　要　很多东西方学者所认为的中国与东南亚之间长期存在的“朝贡贸易与宗藩关系”,实际上并不具备“朝贡”和“宗藩”的实质。将到中国者统称为朝贡者,基本上是中国统治者以及历代史官、文人的一厢情愿。中国朝廷通常没有也不打算利用这种表面上的、自我安慰式的“朝贡宗藩”关系来干预东南亚地区事务。实行“朝贡体制”数百年的明清两朝,其海外政策基本上是不作为的自我封闭政策,并没有获得对东南亚的实际政治影响力。

题　　名　**略论朝鲜与清朝贸易的形态和意义**
作　　者　李宗勋,陈放
刊　　名　东北师大学报(哲学社会科学版)
年 卷 期　2007 年 4 期
页　　码　33 – 37
摘　　要　朝清两国在宗藩关系的架构下,双边贸易按性质可分为公贸、私贸和密贸。公贸主要包括朝贡贸易、边境贸易和使团贸易;私贸一般指在公贸过程中的非法贸易,如后市贸易;密贸是指私商们进行的纯粹意义上的非法走私贸易。由于封建的历史局限性,两国对经贸的多方限制,至 19 世纪末宗藩关系的解体下,双方的传统贸易关系亦终结。分析朝清贸易,对于现今两国贸易发展有着相当重要的意义。

题　　名　**略论船政文化对中国职业教育文化的丰富与发展**
作　　者　金秋蓉,沈斐敏
刊　　名　交通职业教育
年 卷 期　2008 年 6 期
页　　码　7 – 10,34
摘　　要　福建船政学堂作为国内第一所高等实业学堂,对中国近代社会的现代化进程产生了深远影响,船政文化是其留给后人的宝贵精神财富。从中国职业教育文化的现实困境切入,论述了船政文化特殊的文化内涵及其对中国职业教育文化的丰富与发展,提出了高等职业教育文化建设的思路。

题　　名　略论船政学堂的高职教育特色
作　　者　沈岩
刊　　名　福建教育学院学报
年 卷 期　2004 年 4 期
页　　码　84 – 86
摘　　要　福建船政学堂是我国第一所成效卓著的高等实业学堂，其办学思想明确，培养方案务实，专业设置合理，工学结合紧密，学规整肃严厉，育人精益求精，高职特色十分鲜明。

题　　名　略论丁日昌提出的“三洋”方针
作　　者　奚纪荣
刊　　名　军事历史研究
年 卷 期　1986 年
页　　码　60 – 66

题　　名　略论东丝绸之路与日本九州
作　　者　侯灿
刊　　名　新疆师范大学学报(哲学社会科学版)
年 卷 期　1995 年 2 期
页　　码　1 – 8
摘　　要　目前国际学术界或我国的一些学者，在研究丝绸之路时，往往把由汉代的京部长安或东都洛阳出发，经过河西走廊进入今新疆(古称西域)地区，再越帕米尔高原而达地中海沿岸请他的陆路通道称为“丝绸之路”。这无疑是正确的，因为这条通路是西汉武帝命张骞出使西域后，最早被西汉政府承认并加以保护而载入史籍的通路。但是，随着学术研究的深入，除了这条通路之外，学术界还提出了经过北方草原游牧地带的草原丝绸之路；由长安向川滇行进至印度的西南丝绸之路；还有由东南沿海往水路发展，进入印度洋到达波斯湾和阿拉伯半岛的海上丝绸之路等等。联合国教科文组织还把由长安至大夏(今阿姆河上游地区)的丝绸之路称为沙漠丝绸之路，这些也都是无可非议的。可是，我认为在历史上还有一条很重要的向日本发展的丝绸之路，这就是东丝绸之路。

题　　名　略论发现美洲的先驱与郑和航海壮举
作　　者　路志宏
刊　　名　漯河职业技术学院学报
年 卷 期　2008 年 7 卷 1 期
页　　码　67 – 68
摘　　要　中国古代先民比哥伦布早 1000 多年就已发现美洲大陆，而明朝大航海家郑和船队的航迹更是遍及到世界三大洋。以历史唯物主义的观点对史料的细究及考古新发现的佐证，往往打破人们的思维定势。

题　　名　略论方伯谦对付日本侵略的战略思想
作　　者　林友华
刊　　名　福建论坛(文史哲版)
年 卷 期　1994 年 4 期

页　　码　60－61

题　　名　**略论扶南的海上贸易**
作　　者　廖大珂
刊　　名　南洋问题研究
年 卷 期　1994年4期
页　　码　51－58
摘　　要　扶南是古代吉蔑人建立的国家,它于公元1世纪崛起于中南半岛,并称雄东南亚达数世纪之久,“是东南亚历史上第一个大国,像欧洲历史上的罗马一样,它的威望在亡国后还维持得很久”,对东南亚的历史发展产生了深远的影响。扶南的强盛是建立在发达的海上贸易基础之上,从扶南建国到6世纪走向衰落期间,它的商船东达中国,西抵阿拉伯海,海上贸易十分活跃,对促进东西方各国的经济文化交流起了巨大的作用。

题　　名　**略论福建市舶司的迁司问题**
作　　者　沈王水
刊　　名　海交史研究
年 卷 期　1988年13期
页　　码　163－171

题　　名　**略论福建市舶司的设迁问题**
作　　者　沈玉水
刊　　名　福建史志
年 卷 期　1988年1期
页　　码　22－25

题　　名　**略论福州港在明代海外贸易中的历史地位**
作　　者　谢必震
刊　　名　东南学术
年 卷 期　1990年5期
页　　码　71－73,59
摘　　要　明成化年以前,福州港在中国古代海外贸易史上没有什么显著的地位可言,其原因在于当时广州港、泉州港都在海外贸易中占主导的地位。成化年以后,随着明统治者对外政策的变化,福州港在海外贸易中逐渐显现出它的突出地位,成为全国首屈一指的港口。本文拟对福州港在明代海外贸易中的历史地位做一客观的评介。

题　　名　**略论古代广州外贸的对外开放**
作　　者　陈柏坚
刊　　名　岭南文史
年 卷 期　1988年1期
页　　码　70－76

题　　名　**略论古代中菲关系**
作　　者　杨立冰
刊　　名　东南亚纵横
年 卷 期　1987 年 1 期
页　　码　44－49
摘　　要　菲律宾是我国东南一海之隔的近邻,全国由大小七千多个岛屿组成。很早以前,中菲关系就已开始。平等互利的贸易往来与和平友好的朝贡关系,组成了中菲两国友好关系史。在中菲友好往来的的漫长岁月里,中国沿海尤其是福建、广东部分人民逐渐移居菲律宾,他们带去了先进的生产工具和生产技术,在开发和建设菲律宾、促进菲律宾经济繁荣和社会进步中,艰苦奋斗,付出牺牲,建立了永不磨灭的功勋,为中菲关系史谱写了光辉的篇章。本文拟就三个问题略谈一孔之见,以就教于诸学者。

题　　名　**略论海上“丝绸之路”**
作　　者　陈炎
刊　　名　历史研究
年 卷 期　1982 年 3 期
页　　码　161－180

题　　名　**略论海上丝绸之路引种的几个有争议问题**
作　　者　刘明金
刊　　名　湛江海洋大学学报
年 卷 期　2005 年 25 卷 5 期
页　　码　21－23
摘　　要　陆海两条丝绸之路的开辟,至今已有 2100 多年的历史。由陆海两条丝绸之路引进的植物种苗不计其数。针对芒果、木菠萝、菩提树、椰子等几种有争议的植物引种问题进行探讨。

题　　名　**略论赫德对晚清海防的影响**
作　　者　郭剑林
刊　　名　集美大学学报(哲学社会科学版)
年 卷 期　1999 年 2 卷 1 期
页　　码　121－125
摘　　要　清末筹议近代海防、组建阿思本舰队之时,赫德即在其中起了推动作用。他一度控制着中国海军的购船大权并图谋指挥中国舰队的实际权力,在失败之后转而又企图通过扶植琅威理掌握中国海军大权。客观上他对中国海军的创建和发展起了一定的推动作用,但他的目的所在,并不是为了中国的利益,而是想把中国海军“掌握在英国人手里”。

题　　名　**略论洪武朝的对外关系——质疑“厚往薄来”说**
作　　者　刘扬,刘永兴
刊　　名　四川理工学院学报(社会科学版)
年 卷 期　2006 年 21 卷 1 期
页　　码　71－74
摘　　要　推翻元朝而建立起来的明朝在民族复兴的旗帜下对国家的内政外交进行了大规模的复古

改革，但时移事易，完全恢复到过去已不再可能，对外关系就是其中典型代表。

题　　名　**略论嘉靖倭患——与“反海禁”论者商榷**
作　　者　晓学
刊　　名　贵州民族学院学报（哲学社会科学版）
年 卷 期　1983 年 00 期
页　　码　137－143
摘　　要　倭寇侵扰始终是明代的一个严重问题。明世宗嘉靖时期（公元 1522 年－1566 年）一直被我国史学界公认为倭寇猖獗、为患酷烈的时期。近年来，有些同志对此提出异议，他们认为：嘉靖时期的“倭寇”，其基本成员乃至首领都是中国人，真倭即日本人极少，又不占主导地位。他们提出：嘉靖“倭患”的根本原因，是明朝封建政权实行严厉的海禁政策，压制新发展起来的私人海上贸易，迫害海商。由此推论出：嘉靖“倭患”是由海商领导的反海禁斗争。这一斗争促进了当时社会生产力的发展。对此，笔者不能赞同，现就这一问题谈一点不成熟的看法，就教于史学工作者。

题　　名　**略论甲午中日海战中之丁汝昌**
作　　者　张凤翔
刊　　名　内蒙古大学学报（人文·社会科学版）
年 卷 期　1988 年 3 期
页　　码　51－58

题　　名　**略论江南制造局的历史地位**
作　　者　夏东元
刊　　名　船史研究
年 卷 期　1995 年 8 期

题　　名　**略论江南制造局局坞分家的历史经验**
作　　者　姜铎
刊　　名　船史研究
年 卷 期　1995 年 8 期

题　　名　**略论金代的漕运**
作　　者　吴宏岐
刊　　名　中国历史地理论丛
年 卷 期　1994 年 3 期
页　　码　81－94，166

题　　名　**略论近代沙市社会经济的变迁——近代长江中游通商口岸研究之一**
作　　者　徐凯希
刊　　名　江汉论坛
年 卷 期　2003 年 7 期
页　　码　78－81

摘　　要　甲午战争后,在外国资本入侵和国内商品经济缓慢发展的双重刺激下,地处川楚贸易枢要之区的沙市经济开始出现明显变化。一方面,它逐步丧失了原有的自然发展状态,被纳入半殖民地半封建城市经济发展的轨道;另一方面,它则摆脱了以往发展的相对迟缓,增加了许多近代化的时代特征:进出口贸易的迅速增长,成为近代沙市经济发展的重要前提,随之而来的是商人社会地位的逐步提高,以及传统商人组织的不断发展。

题　　名　**略论近代世界市场互动中的中国东南中外贸易带**
作　　者　陈东有
刊　　名　南昌大学学报(人文社科版)
年 卷 期　2000 年 2 期
页　　码　95 – 101

题　　名　**略论李鸿章与甲午海战**
作　　者　何平立
刊　　名　上海大学学报(社会科学版)
年 卷 期　1989 年 2 期
页　　码　71 – 77
摘　　要　本文对甲午战争中李鸿章的军事、政治、外交上的表现作出了新的评价,认为李鸿章在甲午海战中的“指示”无可厚非,其“保船制敌”的军事方针符合当时中日海军力量对比的实际情况,是可取的。至于战争前的外交活动与军事准备,李鸿章的作为也是有其一定积极意义的。对此观点,我们欢迎展开讨论,希望有关学者踊跃发表意见。

题　　名　**略论历史上交通运输与社会经济发展的关系**
作　　者　邹逸麟
刊　　名　复旦学报(社会科学版)
年 卷 期　1991 年 1 期
页　　码　34 – 38
摘　　要　1840 年前,我国长期处于封建社会阶段,商品经济不发达,因而没有出现过近代资本主义社会那种发达的交通运输事业。但是我国在二千多年前已开始形成了大一统的国家,以后虽有过分裂时期,但大一统的趋势,始终是历史的主流。在封建社会里,历代统治者为了加强其辖区范围内的统治,掠夺当地的财赋,以至扩展新的领土,往往借助于水陆交通路线的开辟,以达到其目的。因而开辟和维护水陆交通道络,成为历代政府的重要职责。早在公元前二世纪秦汉帝国时代,我国已形成以首都为中心辐射到四边地区的水陆交通网。这种全国性交通网络的出现,客观上促进了各地区经济发展,加强了各地区之间的经济联系和相互依存,最终有利于大一统国家的巩固和发展。因而回顾一下历史时期交通运输事业与社会经济发展的关系,可能对今天我们考虑中国交通运输发展的战略问题会有一定的参考意义。

题　　名　**略论琉球的中国移民问题——从谱牒资料记载移民琉球谈起**
作　　者　白晓东
刊　　名　华侨华人历史研究
年 卷 期　1992 年 4 期
页　　码　61 – 65

题　　名　略论六世纪前佛教入华的源头、路线和语言
作　　者　陈寒
刊　　名　唐都学刊
年 卷 期　2002 年 2 期
页　　码　66－69
摘　　要　自中印文化始有交流以来，佛教即为其中至为重要的一个部分。印度佛学输入中原汉地，过程繁复，路经殊途，语言繁杂。六世纪前印度佛教输入汉地，以贵霜的分崩、月氏人的东迁为源头，以陆海两条丝路商道为主要路线，经数百年语言文化的碰撞冲突，最终在隋唐时期得以完全中国化。

题　　名　略论隆庆时期的改革
作　　者　张钰梅
刊　　名　云南教育学院学报
年 卷 期　1995 年 11 卷 3 期
页　　码　29－35
摘　　要　明朝隆庆历时只有短短五年，时间虽短，但在边务、海禁、赋役等方面实施了不少改革措施，把自嘉靖中期开始酝酿的改革浪潮推向了一个新的层次，为万历长期的稳定扫清了障碍。

题　　名　略论轮船招商局的历史作用
作　　者　曹晓君
刊　　名　黑龙江教育学院学报
年 卷 期　1995 年 1 期
页　　码　89－90

题　　名　略论轮船招商局股份制变异之表现（1872－1911）——以企业主体性和企业内部治理结构为透视点
作　　者　陈明辉，史亚楠
刊　　名　武汉交通职业学院学报
年 卷 期　2010 年 2 期
页　　码　13－18
摘　　要　轮船招商局是在西方在华洋行的示范、刺激以及洋务官僚的极力倡导下产生的近代企业。它仿行西法，采用西方股份制，但由于当时社会历史条件的制约，在采用西方股份制及实际运作过程中发生了诸多变异，突出表现在企业主体性缺乏以及企业内部治理结构缺乏有效制衡两个方面。

题　　名　略论妈祖的神化及其社会作用——纪念妈祖拯难 1000 周年
作　　者　林建法
刊　　名　历史教学问题
年 卷 期　1987 年 5 期
页　　码　11－13

题　　名　略论妈祖文化的形成及其特色
作　　者　李玉昆
刊　　名　妈祖研究学报
年 卷 期　2004 年 2 期
页　　码　81 – 86

题　　名　略论妈祖信俗的性质及中国学术与宗教的多元互化发展
作　　者　谭世宝
刊　　名　岭南文史
年 卷 期　1996 年 3 期
页　　码　44 – 48

题　　名　略论马礼逊在中西文化交流史上的贡献
作　　者　王玉贵,陈丽
刊　　名　五邑大学学报(社会科学版)
年 卷 期　2007 年 4 期
页　　码　55 – 58
摘　　要　马礼逊作为第一位来华传教的新教徒,在中西文化交流史上有着重要的地位。他通过创办报刊、设立学校、翻译《圣经》、编纂字典等活动,为传播西学做出了杰出贡献。马礼逊传播基督教,配合英国对华贸易掠夺,是出于为殖民势力服务的初衷,具有历史的局限性。

题　　名　略论马尾船政局
作　　者　杨东梁
刊　　名　求索
年 卷 期　1983 年 6 期
页　　码　140 – 146
摘　　要　马尾船政局(亦称福州船政局)是洋务运动时期创办的重要企业之一。这个造船厂从 1866 年创设到 1907 年停办,经营达四十年之久(后来又曾恢复生产)。无论从投资、规模和成效来看,它在当时都具有一定的典型意义。下面拟对船政局创办的目的、企业的控制权以及它的经营管理、作用、教训等作些具体分析。

题　　名　略论闽澳妈祖文化渊源
作　　者　戴世锋
刊　　名　福建宗教
年 卷 期　2000 年 5 期
页　　码　33 – 34
摘　　要　400 多年前,葡萄牙人从妈阁庙附近登陆后,问当地人这是什么地方? 当地人回答说,"妈阁"。葡萄牙人误以为"妈阁"是这里地名,于是 MACAU 又被译为中文,叫"澳门"。这一"历史性误会"叫出来的地名一直沿用至今,也从此改写了澳门的历史,并使澳门蒙上了殖民主义统治的耻辱。但澳门与祖国内地山水相连,民间关系密切,风情习俗、语言文学等文化传统更是一脉相承,这是谁也割断不了的。这从闽澳人民对妈祖和妈祖文化的态度上得到充分证实。

题　　名　略论闽北的妈祖信仰

作　　者　黄睦平

刊　　名　莆田学院学报

年 卷 期　2006 年 13 卷 3 期

页　　码　78 –91,85

摘　　要　简要介绍闽北妈祖庙宇的分布情况,阐述闽北与妈祖信仰有关的各种信俗表现,并探讨历史上闽北山区兴起妈祖信仰以及在现代妈祖信仰发生嬗变的一些原因。

题　　名　略论闽台的王爷信仰

作　　者　李玉昆

刊　　名　世界宗教研究

年 卷 期　1999 年 4 期

页　　码　119 –127

摘　　要　本文通过大量地方史资料对流行于闽台地方的王爷信仰进行了全面论述。在闽台民间信仰中,作为瘟神的王爷是少数,大部分王爷是地方保护神或万能之神。传说中的王爷多为历史人物,或为救民而取瘟药自服,或为民献身、勤政为民……而成为王爷,受到人们的崇敬。王爷信仰通过送王船和请香火分炉方式传播到台湾各地。

题　　名　略论明朝的海洋政策

作　　者　孙海峰

刊　　名　河南大学学报(社会科学版)

年 卷 期　2003 年 43 卷 2 期

页　　码　66 –68

摘　　要　明朝的海洋政策具有外向性和内收性并存的特点。外向性集中体现在郑和下西洋时代,是时的海洋政策具有明确的海权意识和经略西洋的主观动机,是中国古代海洋事业的顶峰;内收性体现在贯穿明朝始终的海禁国策。

题　　名　略论明朝对郑和下西洋的反对及其终止

作　　者　王冬青

刊　　名　郑和研究

年 卷 期　2007 年 2 期

页　　码　43 –50

题　　名　略论明朝中后期福建私人海外贸易的发展与海外移民

作　　者　肖方峥

刊　　名　福建史志

年 卷 期　2003 年 2 期

页　　码　34 –36

摘　　要　明朝,福建海外贸易在宋元时期发展的基础上又有了新的发展,不仅有兴盛一时的市舶贸易、朝贡贸易,而且到了中后期还有方兴未艾的私人海外贸易。私人海外贸易的发展对福建的社会生活产生了很大的影响,其中之一就是促进了福建海外移民以前所未有的速度增长。下面,本文拟就明朝中后期福建私人海外贸易发展的原因、私人海外贸易发展的表现和私人海外贸易影响下海外移民的情况作一浅论。

题　　名　略论明初朝贡贸易与郑和下西洋

作　　者　吴越

刊　　名　上海大学学报(社会科学版)

年 卷 期　1985 年 2 期

页　　码　31－37

摘　　要　关于郑和下西洋的原因,众说纷纭,然笔者认为郑和下西洋的根本目的主要是建筑在政治基因上,其宗旨在于建立"朝贡宗藩"关系,开拓一个"万国咸宾,天下治平"的盛世皇朝宏伟局面,强化专制皇权,巩固封建统治。而下西洋进行的贸易活动,亦仅是借以招徕海外诸国称藩朝贡的手段,并以此作为纽带,运用怀柔羁縻、恩威并举的外交手腕,建立大明皇朝的宗主国地位。因此,郑和下西洋的政治目的乃是寓于经济手段之中,其外交宗旨的表面遮盖着一层商业贸易的薄薄面纱。

题　　名　略论明初海外镇山与郑和下西洋

作　　者　何平立

刊　　名　上海大学学报(社会科学版)

年 卷 期　1997 年 4 卷 4 期

页　　码　107－112

摘　　要　古时代,在强大的自然力支配下人们对山岳产生种种神秘感与崇拜。而古代帝王们对山岳进行封禅祭祀,则以示君权神授、镇服天下,并祈求成仙。明朝伊始,洪、永继承历代山岳崇拜与祭祀之传统,进而对周边藩属封祀镇山,以示天下一统。郑和下西洋期间,明廷屡屡封祀海外镇国之山与开展朝贡贸易,不仅表现了明朝宗主国的观念意识,而且也体现出明朝为取得东西海疆周边安定和平环境之良苦用心。

题　　名　略论明代宝船的船型及尺度

作　　者　杨斌

刊　　名　郑和研究

年 卷 期　2004 年 3 期

页　　码　37,73

摘　　要　明代郑和下西洋的船队,因其承担着多种任务,故而由不同种类的海舶组成,由于船种的不同,绝不会是一种船型,应该有尖底的福船型,也有平底的沙船型。但是对郑和宝船的船型和尺度,学界争论不休,在此笔者试用较可信的史料来分析、研究,提出浅见。

题　　名　略论明代初、中期的"朝贡"与"赐赉"

作　　者　周积明

刊　　名　湖北大学学报(哲学社会科学版)

年 卷 期　1983 年 5 期

页　　码　77－83

摘　　要　"朝贡"与"赐赉"是封建时代边外诸国同明王朝国际交往的一种主要形式。早在周成王之世,便有旃涂国。祇因国、燃丘国(古代五印度境内)来献方物的记载(王嘉《拾遗记》)。汉武帝时,张骞通西域,中外交往更为频繁。盛唐之世,周边诸国,“贡输不绝”(《旧唐书·西戎传》)。迨至明代初年,朝贡关系进一步发展,出现“远迈汉唐”盛况。本文不拟对“朝贡”问题展开全面论述,仅就明代“朝贡”的若干问题提出一己之见。

题　　名　**略论明代对外贸易与银本位、货币财政制度**
作　　者　梅新育
刊　　名　学术研究
年 卷 期　1999 年 2 期
页　　码　3－10

题　　名　**略论明代福建对日贸易**
作　　者　陈自强
刊　　名　海交史研究
年 卷 期　1985 年 8 期

题　　名　**略论明代福建海商**
作　　者　刘岳龙
刊　　名　宁德师专学报(哲学社会科学版)
年 卷 期　1989 年 2 期

题　　名　**略论明代闽人移居琉球的历史作用**
作　　者　谢必震
刊　　名　海交史研究
年 卷 期　1986 年 10 期

题　　名　**略论明代之前潮州港的发展**
作　　者　廖大珂
刊　　名　南洋问题研究
年 卷 期　1994 年 2 期
页　　码　1－6,13
摘　　要　明清时期,潮州港的对外贸易非常繁荣,名扬中外。潮州港的崛起,虽然是由当时社会的政治、经济条件所促成,但它同明代以前潮州港的交通和贸易的长期发展也是分不开的。因此,有必要对明代之前潮州港发展的历史作一些探索。

题　　名　**略论明代中后期福建的对日交通**
作　　者　陈自强
刊　　名　海交史研究
年 卷 期　1985 年 2 期
页　　码　46－50

题　　名　**略论明代中后期私人海洋贸易活动的特点**
作　　者　唐群
刊　　名　河南大学学报
年 卷 期　1998 年 38 卷 3 期
页　　码　87 – 89

题　　名　**略论明后期的中日贸易**
作　　者　朱亚非
刊　　名　东岳论丛
年 卷 期　1985 年 4 期
页　　码　97 – 101

题　　名　**略论明清军事文化发展与西学东渐**
作　　者　沈瑞英
刊　　名　军事历史研究
年 卷 期　2000 年 3 期
页　　码　109 – 115
摘　　要　明清之际，与改朝换代的惨烈的军事冲突相伴随，中国社会掀起了中西文化交流的又一高潮。期间，以利玛窦、汤若望、南怀仁等为代表的耶稣会士，不仅以科学传教的方式引进了西方的军事技术，改变了战场上军事力量的对比，影响了历史进程，而且他们所传播先进的西方科学与思想文化也促进了中国社会的发展。本文拟就这方面略作论述。

题　　名　**略论明清时期的卫所漕运**
作　　者　李巨澜
刊　　名　社会科学战线
年 卷 期　2010 年 3 期
页　　码　94 – 101
摘　　要　明代前期，统治者对漕运体制进行改革，以东南有漕省份卫所取代粮户运送漕粮，卫所成为漕运职业运输机构，漕运是其最重要的经济职能。新的漕运体制一直延续至清末。明清时期的漕运卫所对于保障漕运顺利进行，促进南北商品交流和社会发展都具有十分积极的作用。以卫所运送漕粮亦是对中国传统漕运方法的成功改革，提高了漕运效益。

题　　名　**略论明清时期福建生产技术在琉球的传播**
作　　者　赖正维
刊　　名　海交史研究
年 卷 期　2002 年 41 期
页　　码　75 – 83
摘　　要　福建与琉球（今日本冲绳）由于其特殊的地缘关系，在明清时期曾有过一段不同寻常的交往。明初，凡外商人贡者皆设市舶司以领之，“在福建者专为琉球而设”。清袭明制，福建仍是中琉交往的唯一口岸，在明清中琉友好交往的五百余年间，福建文化通过各种途径输入琉球，对琉球的宗教思想、文学艺术、生产科技、教育医学、园林建筑、饮食文化、生活习俗等方面产生了深刻的影响。本文拟对明清时期福建生产技术在琉球的传播作一粗浅的考察。

题　　名 **略论明州在宋丽官方贸易中的地位**
作　　者 张伟
刊　　名 宁波大学学报(人文科学版)
年 卷 期 2000 年 13 卷 4 期
页　　码 50 – 55
摘　　要 北宋中期,随着明州地区经济的发展、造船与航海技术的进步及周边政治形势的变化,明州一跃成为宋丽贸易的主要港口。明州作为联结两国往来的纽带和窗口,在此后两国间的经济交往过程中,起着十分重要的作用。

题　　名 **略论欧阳修"通漕运"主张**
作　　者 方竞
刊　　名 安徽教育学院学报
年 卷 期 1999 年 17 卷 4 期
页　　码 22 – 23
摘　　要 宋仁宗统治时期,漕运呈现出衰败的趋势,这不仅影响了京师供给,也致使军需物资的转输发生困难,影响了北方抵御西夏和辽的战备,在这种情况下,欧阳修提出"通漕运"主张不仅有利于解决京师供给和西北前线物资运输问题,同时也为经济繁荣创造了条件。
关 键 词 欧阳修;通漕运

题　　名 **略论蓬莱元朝战船**
作　　者 袁晓春
刊　　名 海军工程大学学报
年 卷 期 1990 年 4 期
页　　码 106 – 110
摘　　要 本文从蓬莱古战船的发掘和复原的过程及研究中,论述了该古战船的结构特点、性能及武器装备情况,着重分析了快速性、适航性、抗沉性等特点,论证了其兵器在当时也是位于世界先进之列。

题　　名 **略论牵星板**
作　　者 金秋鹏
刊　　名 海交史研究
年 卷 期 1996 年 30 期
页　　码 83 – 88

题　　名 **略论乾隆年间从暹罗运米进口**
作　　者 李鹏年
刊　　名 历史档案
年 卷 期 1985 年 3 期
页　　码 83 – 90

题　　名　略论秦汉时代的运河和漕运

作　　者　潘京京

刊　　名　云南师范大学学报(哲学社会科学版)

年 卷 期　1993 年 25 卷 2 期

页　　码　17 – 21

摘　　要　运河的开凿、疏浚,和漕运是秦汉时代的重要国策,因为它们关系到秦汉帝国的统一和兴衰隆替,所以秦汉朝廷都重视运河的整理和开凿,以利于漕运而养关中。本文论述了秦汉两代对运河的整理、开凿和作用。

题　　名　略论清朝朝贡体系

作　　者　沈春英

刊　　名　齐齐哈尔师范高等专科学校学报

年 卷 期　2006 年 3 期

页　　码　76 – 77

摘　　要　文章以史实为依据,论述了中外关系史上清朝全盛期朝贡体系的四个层次,并在对该体系作出基本评价的基础上简要分析了清朝朝贡体系盛极而衰的原因。

题　　名　略论清朝的朝贡制度

作　　者　杨雪芹

刊　　名　龙岩师专学报

年 卷 期　1995 年 2 期

页　　码　65 – 69

题　　名　略论清朝嘉道时期漕运之弊及其影响

作　　者　杨杭军

刊　　名　中州学刊

年 卷 期　1998 年 1 期

页　　码　108 – 111

题　　名　略论清初浙江沿海的迁界

作　　者　张宪文

刊　　名　浙江学刊

年 卷 期　1992 年 1 期

页　　码　117 – 121

摘　　要　迁界,也叫迁海或内徙,是清顺治、康熙间政府强迫沿海居民迁居内地,以坚壁清野来对付郑成功抗清的斗争策略。其时间之长,地区之广,祸害之深,影响之大,实为清代前期的重大历史事件。迁界又是满清贵族统治出于民族歧视对沿海汉族人民的压迫措施,故清代史书讳言其事。经后世删改过的顺、康两朝《实录》,只在诏谕及臣工奏折中透露一些情况;至于《清史稿》的《世祖 · 圣祖本纪》,都只字不提,仅于《兵志》九《海防》及郑成功等传中以片语涉及。因而,迁界始末及有关情况诸多未详。本文兹就所见文献资料,以浙江温州为重点,对迁界一事,概括为几个问题,略加论述如次。

题　　名　略论清代的漕弊

作　　者　陈峰

刊　　名　西北大学学报(哲学社会科学版)

年 卷 期　1998 年 28 卷 4 期

页　　码　89 - 92

摘　　要　清代历史上,在官方向农民征收漕粮的的过程中,存在着贪官污吏百般勒索的突出现象,即所谓"漕弊"。由于漕弊的长期存在,广大农民背负了异常沉重的纳漕负担,其结果是不仅严重地影响了清政府的国库收入,而且极大地激化了社会矛盾,引起了农民的强烈不满和反抗。

题　　名　略论清代前期宁波口岸的中英贸易

作　　者　陈君静

刊　　名　宁波大学学报(人文科学版)

年 卷 期　2002 年 19 卷 1 期

页　　码　83 - 87

摘　　要　清代前期,宁波口岸与英国东印度公司的贸易曾出现过两次高潮。虽然双方的贸易量并不大,但却对全国海外贸易的发展,以及清朝海外政策的演变,产生了重要的影响。

题　　名　略论清代至民国时期四川的天后信仰

作　　者　谭世宝,胡孝忠

刊　　名　莆田学院学报

年 卷 期　2007 年 14 卷 4 期

页　　码　76 - 83

摘　　要　在现有研究成果的基础上,利用地方志和近年出版的文献资料,提出天后信仰传入四川的时间是在清初,流行于清中后期,主要依靠闽粤移民、商人、官员来传播,且与各类会馆结合紧密。内陆四川的天后信仰其功能转为侧重于农业神和作为移民联络乡谊的纽带。民间的儒家"道师"参与推动其传播,佛、道、儒三家都在其身上打上了印记。

题　　名　略论清前期暹罗与福建的大米贸易

作　　者　兰雪花

刊　　名　韶关学院学报

年 卷 期　2008 年 29 卷 10 期

页　　码　74 - 78

摘　　要　福建与暹罗大米贸易源远流长。清前期,为了缓和东南沿海的粮食危机,福建与暹罗大米贸易关系产生,并且随之兴旺发展。作者通过探讨清前期暹罗大米远销福建的缘起。大米贸易的兴衰阶段和衰落的原因,以及清政府在大米贸易中采取的优惠政策等几个方面,阐述了当时福建与暹罗粮食贸易的社会经济状况。今天的泰国仍然是我国进口大米主要来源地,泰国大米仍在福建市场流通,研究清代福建与暹罗大米贸易对于福建今天对外粮食贸易仍具有一定的现实意义。

题　　名　略论清前期中暹大米贸易的作用及其影响

作　　者　兰雪花

刊　　名　黔南民族师范学院学报

年卷期 2008年28卷5期
页　码 21－25

题　名 **略论清政府创建近代海军的动机**
作　者 许华
刊　名 安徽史学
年卷期 1985年2期
页　码 42－46
摘　要 前些时候,史学界有人提出中国古代不存在海军,只是到近代才开始有了海军。我因不同意这一看法,所以特地使用了“近代海军”一词,专指中国近代仿效西方所创建的新式海军,以与中国古代海军(老式海军)相区别。

题　名 **略论清政府经营轮船招商局的成败**
作　者 董贵成
刊　名 河北师范大学学报(哲学社会科学版)
年卷期 2001年24卷4期
页　码 70－73
摘　要 近代中国的航运业是被迫开放的最早行业之一,也正是在这个行业,清政府比较成功地利用了资本主义国家资本输出在客观上提供的有利条件,借鉴了先进的生产工具和经营管理方式,创办了中国第一个民用企业轮船招商局。招商局从成立伊始就是作为外资航运业的对立面出现的。在洋务派的扶持和保护下,轮船招商局采取切实可行的措施,努力扩充自己的力量,积极参与国际竞争,并取得了一定的成绩。但封建的清政府终究不能使它在竞争中取得彻底的胜利。

题　名 **略论清政府在1874年日本侵台事件中对琉球主权处理的失误**
作　者 赵东明
刊　名 锦州师范学院学报(哲学社会科学版)
年卷期 2002年4期
页　码 29－31,39
摘　要 1874年日本以两起船难事件为借口,公然侵略我台湾,受到清政府及人民的英勇抗击。狡猾的日本处心积虑地使用偷换事件内涵的做法,瞒过了缺少外交经验的清政府,签订了使中国丧失琉球主权的《北京专条》条约,后来在日本侵占琉球过程中,琉球曾向清政府恳求援助,但由于清政府的软弱无能,拒绝对琉球的援助,最终丧失了琉球的主权。

题　名 **略论泉州“海上丝绸之路”与中外文化交流**
作　者 詹艳
刊　名 黔东南民族师范高等专科学校学报
年卷期 2005年23卷5期
页　码 43－44
摘　要 福建泉州作为中国古代“海上丝绸之路”的起点,在东西方经济、文化交流中作出过伟大贡献,有重要的研究价值和现实意义。

题　　名　**略论泉州法石出土的西班牙银币**

作　　者　陈鹏,刘志成

刊　　名　海交史研究

年 卷 期　1981 年 3 期

页　　码　113 – 120

题　　名　**略论日本发动甲午战争的背景、过程及其影响**

作　　者　丁名楠

刊　　名　中国社会科学院研究生院学报

年 卷 期　1985 年 2 期

页　　码　62 – 68

摘　　要　本文是作者提交甲午战争九十周年学术讨论会的一篇论文。文章具体分析了日本军国主义发动甲午战争的国内历史背景,介绍了整个战争的经过,最后探讨了这次战争对中国、日本和远东国际形势的深远影响。

题　　名　**略论日本在东亚朝贡体系中的角色与作用**

作　　者　付百臣

刊　　名　社会科学战线

年 卷 期　2007 年 6 期

页　　码　150 – 155

摘　　要　在东亚历史上曾长期存在着朝贡体系,这是近代以前以中国为中心的东亚地区的基本国际关系形态。日本曾经是这个体系中的一个成员。与朝鲜、越南、琉球等国相比,日本独具特点,是反复无常的朝贡国,也是这一体系的终结者之一。

题　　名　**略论十六——十七世纪中国与欧洲列强关于东南亚事务的冲突**

作　　者　何爱国

刊　　名　昆明理工大学学报

年 卷 期　2001 年 1 卷 4 期

页　　码　35 – 42

摘　　要　明代中期以来,西方殖民者相继来到东方,与传统的亚太国际关系体系的主导国——中国,展开对处于两洋(太平洋和印度洋)两洲(亚洲和大洋州)的十字路口的东南亚地区的争夺,中国与欧洲列强就三大问题产生了矛盾和磨擦:一是东南亚诸国被西方列强侵占,破坏了以中国为中心的朝贡体系,二是大批东南亚华侨遭虐待、驱逐和屠杀,三是中国在东南亚的采矿计划遭到西方国家的强烈反对。本文将围绕这三大问题进行讨论,对冲突的原因、特点、双方态度进行剖析,以深入理解资本主义崛起时代中西社会的历史走向。

题　　名　**略论十五世纪中国与西欧航海活动的政治和经济目的**

作　　者　施子愉

刊　　名　上海师范大学学报(哲学社会科学版)

年 卷 期　1993 年 1 期

页　　码　100 – 105

题　　名　略论市舶制度在宋代海外贸易中的地位和作用
作　　者　连心豪
刊　　名　海交史研究
年 卷 期　1988 年 13 期

题　　名　略论宋朝铜钱在海外诸国的行用
作　　者　黄纯艳
刊　　名　中州学刊
年 卷 期　1997 年 6 期
页　　码　141 – 145

题　　名　略论宋代市舶制度
作　　者　王兴文
刊　　名　白城师范学院学报
年 卷 期　2003 年 17 卷 1 期
页　　码　35 – 40
摘　　要　市舶制度是我国封建社会一项重要的经济制度。它创始于唐,经历宋元明三代,历时千余年。宋代在唐代的基础上,“制度渐见完备”。并且由于宋代特殊的国情——积贫积弱,使得它在宋代的经济地位非常突出。本文拟从宋代对海舶和外商的管理,市舶关税,收买政府专卖品,市舶官制,及其在宋代的经济地位等几个方面对宋代市舶制度作出粗浅地探讨。

题　　名　略论宋代中外朝贡关系与朝贡制度
作　　者　李云泉
刊　　名　山东师范大学学报(人文社会科学版)
年 卷 期　2003 年 2 期
页　　码　101 – 104
摘　　要　朝贡制度是古代中外交往的主要模式之一。宋代中外朝贡关系具有两个鲜明的特征:一是其政治性、军事性,尤以韩中朝贡关系为甚;二是随着市舶贸易的发展,统治者不断控制朝贡贸易的规模,朝贡贸易遂经历了由盛入衰的转变。与此同时,宋代的朝贡制度亦有所发展变化。

题　　名　略论宋元时期的纲首
作　　者　廖大珂
刊　　名　海交史研究
年 卷 期　1993 年 24 期
页　　码　5 – 11

题　　名　略论隋炀帝时中日外交关系的空前发展
作　　者　魏华仙
刊　　名　常德师范学院学报(社会科学版)
年 卷 期　2003 年 28 卷 4 期

页　　码　80－82,94
摘　　要　杨广即位后,凭着国力的强大,进一步推行开放的外交政策,加强与日本的联系。日本多次派遣隋使团来中国;隋炀帝第一次接受日本留学生,并派裴世清回访日本,把中日友好关系推向了一个新的阶段。

题　　名　略论孙恩、卢循起义的性质
作　　者　梁赞英
刊　　名　浙江师范学院学报
年 卷 期　1983 年 1 期
页　　码　55－59

题　　名　略论台湾的细绳纹陶文化
作　　者　臧振华
刊　　名　浙江学刊
年 卷 期　1990 年 6 期
页　　码　48－49

题　　名　略论台州倭患的特点和性质
作　　者　林作民
刊　　名　台州师专学报(哲学社会科学版)
年 卷 期　1993 年 4 期
页　　码　72－77

题　　名　略论太平军与外国侵略者之争夺长江——兼论双方关系之演变
作　　者　朱哲芳
刊　　名　广西民族学院学报(哲学社会科学版)
年 卷 期　1993 年 2 期
页　　码　45－54

题　　名　略论太平洋贸易网亚太经济合作组织与郑和下西洋
作　　者　王介南
刊　　名　郑和研究
年 卷 期　1997 年 1 期
页　　码　19－22

题　　名　略论唐代渤海国文化在东北亚双向交流中的历史地位
作　　者　黄大年
刊　　名　辽宁师专学报(社会科学版)
年 卷 期　1999 年 3 期
页　　码　29－34
摘　　要　本文从文化大视野的角度,仅就唐代渤海国与东北亚邻国和地区双向交流中的开创性的历史地位，描述了历时229年（公元698－927年）“海东盛国”——渤海国利用东北文明古道进行这一交流具有互通有无、互惠互补的双向特点。

题　　名　**略论唐代的漕运**
作　　者　杨希义
刊　　名　中国史研究
年 卷 期　1984年2期
页　　码　53－66

题　　名　**略论唐代的市舶事务**
作　　者　顾敦信
刊　　名　扬州大学学报（人文社会科学版）
年 卷 期　1990年2期
页　　码　103－108
摘　　要　我国的市舶事务开创于唐代，这是当前学术界一致的意见。对其开创的时间、官员的设置和职权等方面，看法却不尽相同。这与资料不足，以及对一些资料的理解不同有关。唐代有关市舶的资料绝大部分都是记载在广州发生的事情，其时间的跨度，从武后光宅元年（684年）直到僖宗乾符六年（879年），延续达二百年之久。显然，广州应是唐代开展市舶事务最重要的港口。可以设想。在这近二百年的时间里，市舶事务不可能一成不变，而应当有一个发生发展的过程。本文试图通过对有关广州的资料的剖析，对这方面作一些探索。

题　　名　**略论唐宋时期的运河管理**
作　　者　赵冕
刊　　名　华北水利水电学院学报（社科版）
年 卷 期　2003年19卷4期
页　　码　9－11
摘　　要　一部大运河的历史文化，是与中华民族全部历史文化进程紧密相连的。唐宋时期，大运河是联系国家政治军事中心与经济中心的纽带，直接为“国命所系”，朝廷非常重视大运河的管理。漕运的有序管理，为经济的繁荣发展提供了前提条件。

题　　名　**略论唐宋时期福建与日本的海外贸易**
作　　者　胡沧泽
刊　　名　海交史研究
年 卷 期　2001年39期
页　　码　68－75
摘　　要　唐宋时期是中日海外贸易发展的重要阶段，地处东中国海西岸的福建与日本进行频繁的海外贸易和经济文化交流。本文拟就这一时期福建与日本的海外贸易状况、规模、特点、原因及影响作一探讨，以求正于方家。

题　　名　**略论外国轮运势力觊觎我国漕运**
作　　者　郭孝义

刊　　名　江苏大学学报(高教研究版)
年 卷 期　1990 年 1 期
页　　码　76－80,84

题　　名　略论晚清的海防塞防之争——以地缘政治的角度来考察
作　　者　刘新华,秦仪
刊　　名　福建论坛(人文社会科学版)
年 卷 期　2003 年 5 期
页　　码　90－94
摘　　要　中国是陆海复合型国家,兼具海陆地理特点,其国防战略不能不受这一特点的制约。19世纪 70 年代,清政府内部出现了海防塞防之争。争论的结果使中国传统的以塞防为主的国防战略转向以海防为主的国防战略。从地缘政治的角度看,塞防的根本问题是确保陆权,海防的根本问题是发展海权。国家战略资源的有限性使中国不能二者兼顾,必须正确处理确保陆权与发展海权的关系。晚清的海防与塞防之争为当代中国提供了有益的经验教训。

题　　名　略论晚清福建船政与台湾经济近代化
作　　者　徐心希
刊　　名　台湾研究
年 卷 期　2006 年 3 期
页　　码　54－58,64
摘　　要　晚清进入同治、光绪两朝,与我国福建及东南诸省的经济近代化步伐紧密相关的事件千头万绪,笔者以为其中最重要的则是两件大事,其一是福州马尾船政局的开办,其二就是台湾经济的近代化。本文以此为锲入点,谈谈一些不成熟的看法以就正于方家。

题　　名　略论晚清海防思想与战略
作　　者　何平立
刊　　名　上海大学学报(社会科学版)
年 卷 期　1992 年 3 期
页　　码　43－50
摘　　要　与战略的深刻影响下,中国建成了第一支近代化的海军,御侮图强的洋务运动蓬勃兴起。因此认真研究晚清海防思想与战略,是中国近代史中一个极其重要的课题。

题　　名　略论晚清泉州绅商
作　　者　陈桂炳
刊　　名　中国社会经济史研究
年 卷 期　2000 年 2 期
页　　码　66－71
摘　　要　对于泉州经济史,长期以来学者们的研究热点侧重于宋元时期的海外贸易,清代的泉州经济,其研究则显得相对薄弱。关于晚清的泉州绅商问题,至今尚未见有专文论述,拙文拟就此作一初步探讨,略抒管见,以请教于方家。

题　　名　略论我国古代的合理运输
作　　者　胡伟民
刊　　名　上海海运学院学报
年 卷 期　1986 年 3 期
页　　码　59－66

题　　名　略论我国古代航海图的发展与海上交通贸易的关系
作　　者　朱鉴秋
刊　　名　海交史研究
年 卷 期　1988 年 13 期

题　　名　略论五代广州的中外经济交流
作　　者　张金铣
刊　　名　岭南文史
年 卷 期　1993 年 1 期
页　　码　11－14

题　　名　略论五口通商时期的洋货市场
作　　者　郭立珍
刊　　名　石家庄经济学院学报
年 卷 期　2008 年 31 卷 4 期
页　　码　120－123
摘　　要　五口通商时期洋货进口规模尽管不大,但为之后洋货能够打开中国市场奠定了基础,所以对这一时期洋货在华销售市场和消费主体进行考察,不仅可以在一定程度上揭示出洋货进口发展的特点和成因,而且可以管窥出洋货进口最初打开中国市场的轨迹。

题　　名　略论徐继畬与《瀛环志略》
作　　者　俞彤
刊　　名　丹东师专学报
年 卷 期　1997 年 4 期
页　　码　63－65
摘　　要　徐继畬是中国近代历史上开眼看世界的先驱。鸦片战争以后,为了寻求富国强兵之道,徐继畬开始认真探究西方列强的虚实,他编撰了一部与《海国图志》并称与世的介绍外国历史地理的名著——《瀛环志略》。与《海国图志》相比,《瀛环志略》有三个明显的特点:一、资料比较准确。二、记叙比较全面,介绍了世界近八十个国家和地区的历史地理。三、对资本主义的民主政治制度作了较系统地记载。力图探索西方的制度与国家独立富强之间的联系。虽然《瀛环志略》在问世之初未受到重视,但在传入日本后,对日本的明治维新产生了较大影响。在 19 世纪 60 年代以后,该书对我国近代的洋务派和维新人士以及中国同盟会员都有重要的启迪作用。

题　　名　略论鸦片战争后福建的外销茶贸易
作　　者　张应龙

刊　　名　饮食文化研究
年 卷 期　2006 年 2 期
页　　码　44 - 49

题　　名　**略论洋务运动时期留学生派遣制度形成的背景及影响**
作　　者　王凯
刊　　名　传承
年 卷 期　2009 年 14 期
页　　码　78 - 79
摘　　要　洋务运动时期,由于中国政治形势的变化、有识之士的积极倡导、培养外交人才和加强海防的需要,以及"中体西用"理论的指导等,洋务派向美、英、法、德等国派出了留学生,开始了近代中国留学生派遣制度实践之先河。虽然此制度的封建属性还不可避免,但它在客观上却对中国近代社会产生了深远的影响。

题　　名　**略论英国东印度公司对华茶叶贸易起源**
作　　者　张燕清
刊　　名　福建省社会主义学院学报
年 卷 期　2004 年 3 期
页　　码　64 - 68
摘　　要　本文从 17 世纪英国东印度公司的建立与兴起、对外贸易的指导思想、对华茶叶贸易的发生和发展等方面探讨了英国东印度公司对华茶叶贸易起源问题。

题　　名　**略论元朝的西路漕运**
作　　者　吴宏岐
刊　　名　河北学刊
年 卷 期　1991 年 5 期
页　　码　88 - 90
摘　　要　元朝的政治中心大都,远离当时的全国经济重心,需要源源不断地调运所谓"南粮"(指来自江南地区的漕粮)和"北粮"(指来自中原地区的漕粮)入京。然而,在整个元朝统治时期,大都所需要的漕粮并非只有"南粮"和"北粮",西北的宁夏地区和东北的辽阳行省也都曾是重要的漕粮供给地。这在元初以及元末尤显突出。元朝的宁夏漕运,也就是西路漕运,需要利用黄河水道,因而在黄河水利开发史上有着极其重要的意义。本文所要论述的就是这一西路漕运开辟的时间、路线、运输能力及其作用诸方面的问题。

题　　名　**略论元代的海外贸易**
作　　者　李幹,周祉征
刊　　名　历史教学
年 卷 期　1983 年 10 期
页　　码　2 - 5
摘　　要　中国的海外贸易,秦汉已有记载。唐代盛世每年到广州的海舶多达四千余艘,北宋更有发展,南宋虽偏安一隅,但市舶收入仍为朝廷所倚重。元代海外贸易在两宋已具的规模上又有所发展。本文拟就有关资料,对元代海外贸易问题谈些粗浅看法,请同志们指正。

题　　名　**略论元代泉州的繁盛及其原因**

作　　者　庄景辉

刊　　名　东南学术

年 卷 期　1989 年 1 期

页　　码　45 - 50,18

摘　　要　在元代,泉州曾以"东方第一大港"而著称于世。那么,元时泉州的繁盛状况究竟怎样?产生这种繁盛局面的原因是什么?这里,笔者拟通过对当时海外贸易的兴盛、港市的繁荣,以及泉州在元初的特殊地位等方面的考察与分析,来揭示和认识泉州发展史上这一黄金时期的真实面貌。

题　　名　**略论元和初期李巽的盐法漕运改革**

作　　者　吴立余

刊　　名　清华大学学报(哲学社会科学版)

年 卷 期　1986 年 1 卷 2 期

页　　码　87 - 97

题　　名　**略论元明清三代对江淮运河的治理**

作　　者　吴士勇

刊　　名　淮阴师范学院学报(哲学社会科学版)

年 卷 期　2008 年 30 卷 4 期

页　　码　520 - 525

摘　　要　江淮运河乃沟通南北运河之枢纽,元明清三代政府都极为重视对其整治与管理。元政府一方面防止其北段与黄河合流,另一方面加强整治淮扬运河,但随着元代海运的兴起,河运的整治与管理逐渐流于形式。明政府整治湖漕的重点在于疏浚清口与修建闸坝。清代康熙治河工程主要集中在清口、高家堰和海口三处。明清时期还加强了对河运的垂直管理。三代政府对江淮运河的精心治理,使得南方巨额的漕粮源源不断地运往北方,并促成了运河沿线商品经济的发展和工商业城镇的崛起。

题　　名　**略论粤海关的若干特殊制度及其影响**

作　　者　黄启臣,邓开颂

刊　　名　开放时代

年 卷 期　1985 年 1 期

页　　码　66 - 70

题　　名　**略论早期美国赴华传教士的鸦片贸易观**

作　　者　何大进

刊　　名　历史教学

年 卷 期　1998 年 4 期

页　　码　5 - 9,2

题　　名　略论早期中国人对澳洲的认识
作　　者　廖大珂
刊　　名　社会科学战线
年 卷 期　2000 年 3 期
页　　码　165－172

题　　名　略论早期中国与葡萄牙关系的特点(一五一三——一六四三)
作　　者　庄国土
刊　　名　文化杂志
年 卷 期　1994 年 18 期

题　　名　略论早期中美贸易的特点
作　　者　梁碧莹
刊　　名　史学月刊
年 卷 期　1985 年 5 期
页　　码　102－107
摘　　要　从 1784 年美国商船“中国皇后号”前往中国到 1844 年中美“望厦条约”订立,这是中美两国初步建立贸易交往的时期。基于中美当时的特定历史条件,美利坚资产阶级共和国同中国建立的贸易关系,与欧洲老牌殖民国家,如葡萄牙、西班牙、英国等国家同中国的贸易关系有相同的一面;但由于美国作为一个新独立的、弱小的国家涉足欧洲各国早已角逐的中国市场,又不能不带有自己的许多特点。本文涉及的正是这个课题。

题　　名　略论招商局历史上的三次发展
作　　者　姜铎
刊　　名　社会科学
年 卷 期　1993 年 3 期
页　　码　46－49

题　　名　略论郑成功取得厦门庚子海战胜利的原因
作　　者　施伟青
刊　　名　学术月刊
年 卷 期　1997 年 9 期
页　　码　103－105,109

题　　名　略论郑成功收复台湾
作　　者　张桂林
刊　　名　中国历史文物
年 卷 期　1985 年 00 期
页　　码　82－87
摘　　要　郑成功驱逐荷兰殖民者以后,他和他的继承者,积极开发台湾,从大陆引进先进的生产技术,增强了台湾高山族和内地各族人民之间的经济文化交流。促进台湾社会生产力的发展,使外国侵略者吞并台湾的阴谋，长期不能得逞。郑成功是我国历史上一位赫赫有名的民族英雄，是值得全国各族人民纪念的伟大的爱国者。

题　　名　略论郑和崇拜与妈祖信仰

作　　者　刘新慧

刊　　名　乐山师范学院学报

年 卷 期　2006 年 21 卷 9 期

页　　码　89 - 92

摘　　要　郑和与妈祖，前者是航海巨人，后者是“海上守护神”，二者都曾是中国历史上的真实人物，在他们去世后，其事迹被人们广为传颂的同时也加入了许多附会与想象的成份，被海内外许多人视为神明。郑和崇拜、妈祖信仰成为中国海洋文化的一部分，本文拟通过论述郑和崇拜与妈祖信仰的形成、传播等，探寻二者共有的海洋文化精神。

题　　名　略论郑和船队后勤保障对海军后勤建设的启示

作　　者　姚江

刊　　名　郑和研究

年 卷 期　1995 年 4 期

页　　码　39

题　　名　略论郑和的海权思想

作　　者　郑一钧

刊　　名　郑和研究

年 卷 期　2006 年 3 期

页　　码　9 - 15

摘　　要　郑和下西洋这一历史事件能不能体现出中国人的海权意识，在郑和下西洋的特定历史背景下，当时的中国人，尤其是郑和。能不能产生海权思想，这是当前学术界有争议的一个问题。由于历史上的原因，郑和下西洋时期的有关资料，或者没有流传下来，或者尚待进一步去查找、证实，使我们在研究这一问题时感到有一定的难度，也就难以使有争议的双方达成共识。这在当前的郑和研究中也不是个别的现象，如关于郑和宝船的尺度，也是当前学术界有争议的一个问题。

题　　名　略论郑和的军事才能

作　　者　孔令仁，马光汝，仲跻荣

刊　　名　思想战线

年 卷 期　1988 年 2 期

页　　码　63 - 65，89

摘　　要　伟大的航海家郑和七次下西洋，在我国和世界航海史上留下了光辉篇章。郑和下西洋之所以能够顺利完成对亚非各国的出使任务，除了明初所具备的经济、政治的因素外，还与郑和本人所具有的非凡军事才能及船队强大的武备力量的保证作用分不开。从 1405 年到 1433 年二十八年里，郑和七次率领庞大的船队海上远航，突出地反映了明初海上的军事力量。

题　　名　略论郑和西航的历史继承性
作　　者　刘琨
刊　　名　郑和研究
年 卷 期　1996年1期
页　　码　14

题　　名　略论郑和下西洋的船
作　　者　郑鹤声,郑一钧
刊　　名　文史哲
年 卷 期　1984年3期
页　　码　3-9
摘　　要　郑和下西洋的船,是郑和航海史研究中的重要问题,尤其是关于郑和船队中的宝船究竟有多大,近来意见比较分歧,颇有争论。《明史·郑和传》记载,郑和出使曾"造大舶,修四十四丈,广十八丈者六十二。"这一说法究竟可信还是不可信,成为人们争议的焦点。由于建造宝船的详细技术资料早已失传,要彻底解决这个问题是有一定难处。本文仅就我们所见到的若干资料,对有关问题发表一些不成熟的看法,以供讨论。

题　　名　略论郑和下西洋的时代意义
作　　者　张建民
刊　　名　船史研究
年 卷 期　1997年11/12期

题　　名　略论郑和下西洋对明代太仓社会发展的影响
作　　者　朱巍
刊　　名　郑和研究
年 卷 期　2006年4期
页　　码　67-70
摘　　要　位于长江口东海之滨的江苏太仓自元代海运漕粮而兴起,开放的外贸政策使其曾有"六国码头"之誉。在明代郑和下西洋的28年中,太仓又成为郑和船队的起锚地和归舶港。在郑和航海事业中占有十分重要的地位。

题　　名　略论郑和下西洋选址太仓作为启锚地之原因
作　　者　陆静波
刊　　名　郑和研究
年 卷 期　2004年2期
页　　码　52-57

题　　名　略论郑和远航的动因及其历史意义
作　　者　张显清
刊　　名　中国远洋航务公告
年 卷 期　2005年7期

页　　码　49－52

摘　　要　15世纪初叶的郑和远航是人类航海史上的空前壮举。惟其惊世骇俗,对其动因极易引起不同解释;加之永乐帝乃“篡位”之君,又为其涂抹上神秘色彩。而对远航动因的不同理解,又直接关系对其历史价值和意义的评价。对这一问题的研究虽已有一些成果,但仍存歧意,因此很有进一步加以辨析的必要。

题　　名　**略论郑和之宗教观**

作　　者　何平立

刊　　名　上海大学学报(社会科学版)

年 卷 期　1985年2期

页　　码　23－30

摘　　要　近年来,史学界对于郑和下西洋这一明初盛事,从社会背景、政治、经济、文化和科学技术等方面进行了大量的研究与论述,然而对于明初宗教思想与郑和下西洋的关系、影响,迄今为止尚无系统地研究。但是,宗教却与郑和的政治生涯、外交使命和航海事业有着极其重要的联系,这对于全面研究郑和来说,又是绝对不允许忽视的。

题　　名　**略论中法战争期间法国的大米禁运政策**

作　　者　黄振南,峤粟

刊　　名　广西社会科学

年 卷 期　1987年3期

页　　码　197－211

摘　　要　将大米列为战时违禁品而阻止中国南粮北运,是中法战争后期法国用以胁迫清政府接受不平等条约的海盗行径之一,它不但直接影响中国漕运,而且损及列强利益;不但破坏主权国家的尊严,而且践踏国际准则,是中法战争中的重要事件。本文试对这一未曾引起学术界注意的事件作一探讨,以揭露侵略者的罪恶手段和政策。

题　　名　**略论中法战争时期张佩纶的战略思想**

作　　者　李明伟

刊　　名　辽宁大学学报(哲学社会科学版)

年 卷 期　1993年5期

页　　码　54－58

摘　　要　中法战争期间,张佩纶力主保边抗法,并提出了一系列建议和主张,对中法战争的进程以及晚清海防建设产生了重要影响,他因此也曾名噪一时。但在马尾海战中,他指挥失措,弃师而逃,断送了闽洋舰队的命运,其功过是非,非一语能以蔽之。

题　　名　**略论中国古代妨害运河漕运的犯罪**

作　　者　张光辉

刊　　名　华北水利水电学院学报(社科版)

年 卷 期　2008年24卷5期

页　　码　14－17

摘　　要　漕运是我国历史上一项重要的经济制度,历朝政府都设立了专门的管理机构,采取严明的法律手段保障其运行，严厉惩处各种妨害运河漕运的犯罪。探讨漕运的管理机构及妨害漕运的犯罪及其惩罚措施。

题　　名　**略论中国人对澳洲的早期认识**
作　　者　廖大珂
刊　　名　厦门大学学报（哲学社会科学版）
年 卷 期　1999年2期
页　　码　81－86，126
摘　　要　在欧洲人看来，澳洲是他们发现的。其实根据中国史籍记载，早在唐宋时期，中国人就对澳洲有所认识。最初中国人对澳洲的知识是通过与马来人和阿拉伯人的接触得来的，其中难免掺杂了道听途说的成分。随着海外交通的发展，中国人对澳洲的认识也从模糊到逐渐清晰。宋元时期，中国帆船远航澳洲海岸，与澳洲发生了直接的接触，对当地风土人情有了较为翔实的记载。史实表明，尽管郑和下西洋未到过澳洲，但是在郑和之前的遥远时代，中国人早已航抵澳洲大陆。

题　　名　**略论中外经济文化交流中的陶瓷**
作　　者　苏振兴
刊　　名　喀什师范学院学报
年 卷 期　2003年24卷4期
页　　码　45－48
摘　　要　中国陶瓷制造技术历史悠久。从唐至宋元明清，中国陶瓷通过“丝绸之路”和“陶瓷之路”不断运销到亚非欧和美洲，遍及世界各地。在漫长的国际陶瓷技术交流中，中国制瓷业也从国外获得了物质和技术上的借鉴。中国陶瓷的输出，不但刺激了国内商业经济的繁荣与发展，也对世界各国的陶瓷制造业产生了深远的影响。

题　　名　**略论中外饮食文化交流**
作　　者　林乃燊
刊　　名　海交史研究
年 卷 期　1993年23期
页　　码　1－12

题　　名　**略评续四库全书本《瀛涯胜览》**
作　　者　苏月秋
刊　　名　郑和研究
年 卷 期　2006年3期
页　　码　45－48
摘　　要　《瀛涯胜览》是研究郑和下西洋三部基本文献中最为重要的一部，其版本源流也是三部中最为复杂的一部。近年来，有不少学者对此书的版本源流进行梳理，对它的内容进行校勘，但仍有不足之处。为纪念郑和下西洋600周年，海洋出版社出版的万明所著《明钞本〈瀛涯胜览〉校注》（下称“万明本”）是较为完善的校注本。万明本对《瀛涯胜览》的版本谱系进行了较好的梳理，介绍了《国朝典故》本、《说集》本、淡生堂本、《三宝征夷集》本、张异本和《艺海汇函》本。此外，除万明提到的几种明钞本，笔者又发现了《续四库全书》中辑录有《瀛涯胜览》一书（下称“续四库本”）。将万明本与续四库本对校，可发现续四库本的价值和不足,同时也有助于《瀛涯胜览》校勘工作的进一步完善。

题　　名　略评续四库全书本《瀛涯胜览》(连载二)
作　　者　苏月秋
刊　　名　郑和研究
年 卷 期　2006 年 4 期
页　　码　49 – 51

题　　名　略评续四库全书本《瀛涯胜览》(连载三)
作　　者　苏月秋
刊　　名　郑和研究
年 卷 期　2007 年 1 期
页　　码　40 – 43

题　　名　略述林泰曾、杨用霖与镇远舰
作　　者　关捷,关伟
刊　　名　日本研究
年 卷 期　1999 年 3 期
页　　码　19 – 25
摘　　要　林泰曾与杨用霖先后任北洋舰队左翼总兵统率镇远舰,在甲午战争中立下了卓越功勋,全舰官兵之爱国精神,体现了中华国魂。回首百年,前瞻 21 世纪,重温甲午黄海海战、威海海战中镇远舰官兵的舍生取义,为国捐躯,为民族殉节的浩然正气,对激励我们承继中华民族的光荣传统,振兴中华是有意义的。

题　　名　略述垄断政策下的东印度公司对华茶叶贸易
作　　者　龚高健
刊　　名　福建论坛(人文社会科学版)
年 卷 期　2005 年 S1 期
页　　码　118 – 121
摘　　要　英国东印度公司是 17 – 18 世纪欧洲各国成立的东印度公司中实力最雄厚、在历史舞台上最引人注目的贸易垄断组织。它创立于 1600 年 12 月,至 1834 年对华贸易垄断权终止,1873 年最后解散。在英国东印度公司对华贸易史上,中国茶叶是其"商业王冕上最贵重的宝石","是一个世纪以来在东印度公司的垄断之下和中国通商的记录"。在这一个多世纪里,伴随着英国国内茶叶市场的逐渐扩大,东印度公司对华茶叶贸易日益奉行着垄断政策,这项政策直接保证了其茶叶贸易规模的发展,直至成为华茶在欧洲市场的代理商。

题　　名　略述民国政府对西沙的开发
作　　者　邢增杰
刊　　名　新东方
年 卷 期　1999 年 4 期
页　　码　94 – 96

题　　名　略述明初接待外宾的机构
作　　者　陈建新
刊　　名　郑和研究
年 卷 期　2000 年 1 期
页　　码　18－20

题　　名　略述明代青花瓷器的外销
作　　者　张浦生,程晓中
刊　　名　海交史研究
年 卷 期　1987 年 12 期

题　　名　略述秦汉时期的舟车制造业
作　　者　余华青
刊　　名　青海社会科学
年 卷 期　1985 年 1 期
页　　码　92－97
摘　　要　舟车是人类重要的运载工具。在我国,舟车的制造与利用有着悠久的历史。根据有关史籍中的一些零星记载,我国舟车的发明年代可以追溯到远古传说中的黄帝时期。从考古发掘的材料以及甲骨文中舟车二字的字形来看,至迟在商代时,我国已经可以制造结构比较复杂的舟车了。其后,舟车制造业不断发展。至秦汉时期,舟车制造业已成为当时的一个重要的手工业生产部门,舟车的生产规模和制造技术比前代均有显著的发展。本文即对秦汉时期舟车制造业的发展状况略作考察。

题　　名　略述中国东南沿海古代民族造船与航海技术对人类的重要贡献
作　　者　王天杞
刊　　名　福建史志
年 卷 期　2001 年 2 期
页　　码　31－34
摘　　要　中国东南沿海,史前时期生活着闽、越、东夷三大航海民族,创造出光辉灿烂的中华民族海洋文明,其卓越、领先世界的造船与航海技术,是对人类作出的重要贡献。英国学者坦普尔指出:“现代世界赖以建立的基本发明创造,有一半以上源自中国,可能其中绝大部分出自中国东南沿海”。

题　　名　略说徐福东渡之谜
作　　者　苏晰
刊　　名　华侨大学学报(哲学社会科学版)
年 卷 期　1997 年 1 期
页　　码　109－113

题　　名　略谈福建崇安武夷山的架壑船棺
作　　者　蒋炳钊
刊　　名　厦门大学学报(哲学社会科学版)

年 卷 期　1978 年 4 期

页　　码　98 - 105

摘　　要　福建武夷山新发现的架壑船棺，虽然已遭到严重破坏，但是它的发现为研究福建古代史提供了一份新的重要的考古资料。1977 年四月间，怀着很大的兴趣参观了这具船棺，并沿九曲实地察看了一些有船棺分布的地方。现根据武夷山观音岩发现的船棺结合文献资料，谈谈一些粗浅的看法，请予批评教正。

题　　名　**略谈福建古代海上交通发展的原因**

作　　者　曾文成

刊　　名　科技信息

年 卷 期　2008 年 5 期

页　　码　228

摘　　要　福建交通四海有着极其悠久的历史，不仅促进了中华民族的发展，也向世界各国传播了中华文化，对世界文明的进步做出了重大贡献。今天我们探究古代福建海上交通兴盛、发展的原因，是为了揭示其客观规律，以使我们更好地顺应历史潮流，促进福建的发展。

题　　名　**略谈古代名贵香药——龙涎的传入**

作　　者　骆萌

刊　　名　海交史研究

年 卷 期　1986 年 10 期

题　　名　**略谈甲午海战北洋舰队的议定队形**

作　　者　吴如嵩

刊　　名　苏州大学学报(哲学社会科学版)

年 卷 期　1981 年 3 期

页　　码　92 - 93

题　　名　**略谈甲午海战失败的原因**

作　　者　葛建男

刊　　名　沧州师范专科学校学报

年 卷 期　2002 年 18 卷 1 期

页　　码　36 - 37

摘　　要　甲午海战的失败绝非偶然，而是历史的必然。这一结果是由以下原因造成的：清政府的腐败是甲午海战失败的总根源；从双方海军实力看，敌强我弱；战略方面，采取“避战保船”的消极防御方针，放弃了制海权；丁汝昌的指挥失误。

题　　名　**略谈甲午之役李鸿章增兵牙山的决策**

作　　者　王楚良

刊　　名　军事历史

年 卷 期　1992 年 5 期

页　　码　27 - 29

摘　　要　中日甲午战争,是以日本联合舰队在丰岛海面袭击中国护航舰只及运兵船拉开序幕的。而这次中国舰船在丰岛海面所以受到日本联合舰队的袭击,与李鸿章由海路增兵牙山的决策失误有关。本文拟就此问题做一简要的分析和探讨。

题　　名　略谈蓬莱元朝战船及登州港
作　　者　袁晓春
刊　　名　海交史研究
年 卷 期　1990 年 18 期

题　　名　略谈泉州港兴衰的主要原因
作　　者　林汀水
刊　　名　厦门大学学报(哲学社会科学版)
年 卷 期　1984 年 1 期
页　　码　109 - 115
摘　　要　我们认为,决定泉州港的兴衰,关键应是在于福建和泉州地区本身经济的发展和变化。为说明问题,以下列举一些事实加以论证。

题　　名　略谈宋、元、明江西瓷器的外销及其它
作　　者　余家栋
刊　　名　景德镇陶瓷
年 卷 期　1990 年 2 期
页　　码　42 - 45
摘　　要　瓷器是我国古代劳动人民的重要发明之一,也是我国对世界古代文化的一大贡献。远在唐代,中国瓷器就通过著名的“丝绸之路”与海路远销国外,在世界各地享有很高的声誉,中国因之荣获有“瓷国”的称号。江西是我国瓷器烧造的重要区域之一,景德镇又有我国“瓷都”之称。宋代时,由于朝政大力鼓励海外贸易,加以当时造船业的发达,指南针的运用,海上交通十分便利,据《岭外代答》和《诸蕃志》等史书记载,与我国有贸易往来的国家和地区就有五十多个。

题　　名　略谈晚清轮船招商局的衙门作风
作　　者　周静芬
刊　　名　浙江师范学院学报(社会科学版)
年 卷 期　1981 年 1 期
页　　码　94

题　　名　略谈我国古代陶瓷器在国外畅销的情况与原因
作　　者　郑炳山
刊　　名　福建论坛(社科教育版)
年 卷 期　1982 年 5 期
页　　码　82 - 85
摘　　要　瓷器,是我国古代劳动人民重要发明之一,也是自古以来,我国畅销国外的重要出口产品之一,深受世界各国人民的喜爱,享誉至隆,渊源久远。早在汉代,我国就有一些陶瓷器,经过海上和陆地的"丝绸之路",运销至邻近诸国。

题　　名　**略谈营口开埠设关及其经济地位的兴衰**
作　　者　亦然,洪钧
刊　　名　社会科学辑刊
年 卷 期　1993 年 2 期
页　　码　95 - 101
摘　　要　营口的开埠设关,是其本身优越的地理条件所决定的。营口,位于辽东湾北岸,辽河入海口偏向东南一方,距离入海处 13 公里。早在 200 多年前,也就是清朝嘉庆之际,它只是辽河淤积的一块陆地形成的一个荒僻的小渔村,因为此地居民张帐幕而居,名曰窝棚,窝棚相连,恰如军营,便得名营子。这个地方还有一处水沟名潮水沟,潮落时沟水干涸,涨潮时沟水溢满且淹没周围地区。但是潮水不大,潮之涨落,对当地居民没有造成损害,所以,人们又把这个地方叫作没沟营。这也是营口最初的正式名称。

题　　名　**略谈俞大猷在平海卫之役中的作用**
作　　者　董惠民
刊　　名　西华师范大学学报(哲学社会科学版)
年 卷 期　1987 年 1 期
页　　码　38 - 40
摘　　要　平海卫之役,是明代抗倭爱国战争中的一次重要战役,是役收复了被倭寇占据的平海卫和兴化府城,擒歼倭寇二千三百七十余人,救回被虏男女三千余人,给予盘据福建沿海之倭寇以沉重打击,为在福建全境最后肃清倭寇奠定了基础。平海卫之役的胜利,是以俞大猷、戚继光、刘显等为代表的爱国将士,历时半年,协同作战而取得的。但是长期以来,史学界把此役的最后获胜,归于戚继光的名下。对俞大猷在此役中的作用,则常常忽视不书,至多是作为配角而轻描淡写地一笔带过。

题　　名　**略谈元代的漕运**
作　　者　匡裕从
刊　　名　郧阳师专学报
年 卷 期　1981 年 1 期

题　　名　**略谈郑和下西洋的宝船尺度**
作　　者　杨槱,杨宗英,黄根余
刊　　名　海交史研究
年 卷 期　1981 年 3 期

题　　名　**略谈中外经济文化交流中的陶瓷**
作　　者　苏振兴
刊　　名　康定民族师范高等专科学校学报
年 卷 期　2003 年 2 期
页　　码　50 - 53
摘　　要　中国陶瓷制造技术历史悠久,从唐至宋元明清,中国陶瓷通过"丝绸之路"和"陶瓷之路"不断运销到亚非欧和美洲,遍及世界各地。在漫长的国际陶瓷技术交流中,中国制瓷业也从国外获得了物质和技术上的借鉴。中国陶瓷的输出，不但刺激了国内商业经济的繁荣与发展，也对世界各国的陶瓷制造业产生了深远的影响。

题　　名　**略析清代乾嘉道时期(1757－1842年)管理外商之法规**
作　　者　侯俊云
刊　　名　兰州学刊
年 卷 期　2006年11期
页　　码　55－56
摘　　要　18世纪，随着越来越多的欧洲国家来华贸易，新的贸易情况的出现，促使清政府不得不调整对外贸易政策，在一口通商到五口通商时期制定颁布了一系列管理外国商人的法规。

题　　名　**轮船初现甬江口——宁波早期轮船史琐考**
作　　者　龚缨晏
刊　　名　宁波经济(三江论坛)
年 卷 期　2008年8期
页　　码　44－47
摘　　要　轮船是在鸦片战争期间伴随着英国侵略军而首次出现于浙江洋面的。这种新式的海上交通工具被当时的人们称为"烟菌夹镕公"、"车轮夷淞"。在鸦片战争抗击英国侵略军的过程中，宁波一些官员试图仿照轮船以克敌制胜，如龚振麟等人的努力。鸦片战争期间是宁波早期轮船史的初始阶段，即形式上摹仿，但尚未采取蒸汽动力。也有宁波人试图制造过以蒸汽为动力的轮船，并造出了能在陆地开动的模型。1855年宁波人集资购得"宝顺"号轮船，这也是近代中国引进的第一艘轮船。

题　　名　**轮船的引进与中国近代化**
作　　者　聂宝璋
刊　　名　近代史研究
年 卷 期　1988年2期
页　　码　141－161
摘　　要　长期以来在中国近代史研究中，论证外国资本主义侵略性质多，谈外来侵略对中国封建经济体制的作用与影响少，谈外来侵略势力入侵以后封建势力对中国近代化进程的阻碍作用更少。单单揭露侵略活动、论证侵略性质是比较简单的。如果联系到中国封建经济结构深入研究侵略势力的作用与影响，阐明中国近代化曲折进程的特点，问题要复杂得多。本文仅就轮船的引进及外商在华轮运势力扩张所起的作用与影响进行一些具体分析。

题　　名　**轮船兴起后的江苏木帆船**
作　　者　郭孝义
刊　　名　西北第二民族学院学报(哲学社会科学版)
年 卷 期　1990年2期
页　　码　79－89
摘　　要　19世纪60年代，外国资本主义轮运势力凭借不平等条约的特权侵入长江，1861年，美商琼记洋行的"火鸽"号先闯进，接着，美商旗昌，英商宝顺、怡和等洋行的轮船蜂拥而至，二、三年间，便有20艘左右的轮船先后在上海至汉口的航线行驶。外国轮船不仅攙夺了将近四分之一的木帆船货源，而且彼此之间争夺激烈，竞相降价，曾使上海至汉口间的轮船运费一度暴跌至上行每吨5两，下行每吨2两4钱，致使木帆船亏折甚巨。过去土货除由陆路运输外，水路均由木帆船运输，但沿途关卡林立，捐税繁多，由外轮运输，不仅稳速，更可免去苛捐杂税，因此，“土货多改由洋船，以期运输敏捷，杂税免除”。同时，“中国帆船，行程迟缓，不但有欠安稳，而且航无定期，上行时尤感困难”。沪汉之间，往返一次常需要三个月左右，而轮船只需半个月。因此，几年以后，长江的“数千艘帆船便被逐入支流”。

题　　名　轮船与飞剪船的竞争
作　　者　王志毅
刊　　名　船史研究
年 卷 期　1993年6期

题　　名　轮船招商局成长策略及其现实意义
作　　者　张光文
刊　　名　吉首大学学报(社会科学版)
年 卷 期　1993年1期
页　　码　85－90

题　　名　轮船招商局的创立及其在中国近代史中的积极作用
作　　者　刘燕京
刊　　名　中国航海
年 卷 期　1996年2期
页　　码　88－93
摘　　要　招商局是中国创办最早、历史悠久的航运企业，至今已经渡过了125个春秋。招商局的成立使中国的水上运输业从木帆船时代走向机器船时代，实现了中国航海史上的一次重大变革。招商局的成立还打破了帝国主义对中国航运业的垄断，带头在中国走出了一条以招商集股方式，创办大型交通企业的路子。另外，招商局在创办的过程中积极吸收和引进西方先进的管理技术，注重培养中国自己的航运经营管理人才，为提高中国航运事业的技术和管理水平起到了一定的积极作用。

题　　名　轮船招商局的经营策略与“商战”
作　　者　朱苏南
刊　　名　商业文化
年 卷 期　1996年4期
页　　码　28－31

题　　名　轮船招商局股份制特征浅论
作　　者　张世红，胡海建
刊　　名　江苏商论
年 卷 期　2004年2期
页　　码　162－164
摘　　要　轮船招商局是中国近代第一个自办的大型股份制企业，1873年，徐润和唐廷枢入主招商局后，制定两个股份制的纲领性文件：《章程》和《局规》。在这两个文件的指导下，开始中国近代第一个自办的大型股份制企业的建设工作,并取得突破性的成就。在股份设置、经营管理、盈利与分配、账目公布、股权运作等方面,不仅吸收了西方股份制中的积极内容和运作模式,而且完善和发展了西方股份制,使它既具备了近代资本主义股份制的特征,又具备中国特色,适应中国近代企业股份制的运作方式和特性。

题　　名　**轮船招商局官督商办经营体制形成的原因及影响**
作　　者　罗苏文
刊　　名　史林
年 卷 期　2008 年 2 期
页　　码　18－32
摘　　要　晚清招商局的创办是在官府控制、庇护下,利用上海租界文化环境优势、华人商股实现的,并由此确立官督商办的经营体制。由于官府对招商局的事实占有及侵权损害,致使股东、经理者均无法完整行使其权利义务,招商局在官府的庇护、控制下转向官督官办。

题　　名　**轮船招商局盘购旗昌轮船公司述论**
作　　者　陈潮
刊　　名　史林
年 卷 期　1988 年 1 期
页　　码　51－58
摘　　要　轮船航业,在中美近代经济关系史上居于令人瞩目的地位。一位美国经济学家曾经评论:“十九世纪七十年代以前,美国航业的重要,是美国参加中国国际贸易的显著特点,而且是美国其他事业所不可比拟的”。但是,这个“不可比拟的事业在七十年代以后急剧衰落,直到第一次世界大战结束才重新崛起。而在七十年代以后,中国的轮船航运业则作为规模最大的民族资本主义行业兴起。1877 年初,诞生不久的中国轮船招商局买下了称雄于中国江海十五年之久的美商旗昌轮船公司(Shanghaisteam Navigation Co.),从而成为美国在华航运业急剧衰落和中国民族资本航运业发展的转折点。深入探讨招商局盘购旗昌轮船公司的来龙去脉,并予以恰当的历史评价,这对研究中美近代经济关系无疑具有重要意义。

题　　名　**轮船招商局史研究综述**
作　　者　段金萍
刊　　名　滨州职业学院学报
年 卷 期　2008 年 5 卷 4 期
页　　码　73－77

题　　名　**轮船招商局视阈下的中越关系新探(1880～1883 年)**
作　　者　王志强
刊　　名　东南亚纵横
年 卷 期　2010 年 9 期
页　　码　61－65
摘　　要　中法战争前夕,越南对清朝的朝贡行为及其贡道受到法国殖民侵略当局的有意阻挠,中越官方往来几至断绝。此时,轮船招商局及其越南航线遂成为中越之间使者往来的主要渠道;轮船招商局在越南海防、顺安等地设立的分局,则又成为清政府及时了解越南现地实情的主要信息来源。轮船招商局成为中法战争前夕影响中越关系的重要媒介与因子。

题　　名　轮船招商局洋员聘用情况初探
作　　者　樊勇
刊　　名　社科与经济信息
年 卷 期　2001 年 1 期
页　　码　64－66
摘　　要　19 世纪 60 年代,以奕訢、曾国藩、李鸿章为代表的洋务派本着“中体西用”的思想,以兴办军事工业为开端,开始了近代著名的洋务运动。

题　　名　轮船招商局与近代宁波港
作　　者　周静芬
刊　　名　浙江师范大学学报(社会科学版)
年 卷 期　1993 年 4 期
页　　码　91－94,50

题　　名　轮船招商局与近代宁波港
作　　者　周静芬
刊　　名　中国近代史
年 卷 期　1993 年 11 期
页　　码　90－93

题　　名　轮船招商局与天津城市近代化
作　　者　宋美云
刊　　名　南方论丛
年 卷 期　2008 年 2 期

题　　名　轮船招商局与晚清海防
作　　者　刘丁
刊　　名　四川理工学院学报(社会科学版)
年 卷 期　2006 年 21 卷 3 期
页　　码　81－84
摘　　要　洋务派在创办轮船招商局之初,就有着以其民用企业之体,而达到海防之用的设想,并力图将这种设想付诸实践。轮船招商局在晚清海防中确实做出了不可忽视的贡献。它在北洋、南洋海防的筹饷、军运等方面以及台湾海防方面作出了贡献;它租领马尾船政局所造船只,对维系马尾船政局的生存和发展作出了贡献;它寓兵于商,对增强晚清国防实力作出了贡献。

题　　名　轮船招商局与中国近代航海教育
作　　者　史春林
刊　　名　交通高教研究
年 卷 期　2004 年 5 期
页　　码　40－43

摘　　要　轮船招商局作为中国近代第一家也是历史最悠久和最大的航运企业,为了培养高级航海人才在一定程度上支持了中国近代航海教育的发展,从而促进了企业的自身发展。但由于种种原因也留下了深刻的历史教训,这些教训可以为今天高等航海教育的改革与发展提供一定的历史借鉴作用。

题　　名　轮船招商局与中国近代化
作　　者　胡显中
刊　　名　天府新论
年 卷 期　1993 年 3 期
页　　码　26 – 30

题　　名　论“漕本”思想的形成、演变及其历史作用
作　　者　宋源
刊　　名　学习与探索
年 卷 期　1987 年 3 期
页　　码　83 – 88
摘　　要　本文认为,唐宋直至明清漕运事业的兴盛和片面发展所导致的“以漕为本”思想、政策的产生和不断强化,加深了封建政府的腐朽性和寄生性,造成了全国土地、人力、财力资源的巨大浪费和社会经济效益的低下,同时严重地阻塞了商品流通渠道,极大地挫伤和抑制了商品经济的正常发育,也是中国封建社会后期经济发展迟缓的重要原因之一。

题　　名　论“广州秦代造船工场遗址”的地貌
作　　者　陈华堂
刊　　名　热带地理
年 卷 期　2001 年 21 卷 4 期
页　　码　384 – 385
摘　　要　讨论“广州秦代造船工场遗址”的地貌,认为从地貌形态、地貌组成物质及“遗址”所处的地貌部位看已不适宜造船,其“船台”应属其他建筑遗址。

题　　名　论“闽人三十六姓”在中国海外移民史上的特殊性——东亚朝贡体制下的海外移民个案分析
作　　者　孙清玲
刊　　名　福建教育学院学报
年 卷 期　2006 年 10 期
页　　码　94 – 93
摘　　要　“闽人三十六姓”,是明朝政府赐给琉球以发展该国与中国的朝贡贸易的移民。与同时期同属于中国朝贡体制下的东南亚国家的其他海外移民相比较,这支移民具有自身的一些特点:比如他们是明朝的政治移民,人数不多,最初仅为“三十六姓”,且明代“三十六姓”在琉球的发展,曾一度出现凋零,以致于后来有万历“再赐”和琉球国王“补姓”之举。尽管如此,他们在琉球的特殊地位与深远影响却令人刮目相看。他们往往身居高位,有担任权倾朝野的国相,有担任举足轻重的法司官,相当多的人都获得爵位,担任紫金大夫、正议大夫等官职的人比比皆是,在科学、教育、文化等领域中,他们也发挥了重要作用。这支移民的身分、构成、在居留国的地位与影响都具有特殊性和典型意义,是以往华人华侨史研究中所忽略的问题。

题　　名　论"前期倭寇"的成份、性质及其产生原因——与新井章介先生等人商榷

作　　者　李昌植

刊　　名　延边大学学报(社会科学版)

年 卷 期　1998 年 1 期

页　　码　12－17

摘　　要　在中世纪中朝日三国关系史中,长期阻碍和困扰三国间友好交往的一大悬案是倭寇问题。关于倭寇的诸问题,如,其成份、性质、产生原因,以及发生过程、影响、后果等,历来众说纷纭,不乏见仁见智。本文拟就"前期倭寇"的成份、性质及其产生的原因,重点考察日本史学界的研究动向,同时,一并阐述作者的见解。

题　　名　论"英中联合海军舰队"事件

作　　者　戚其章

刊　　名　社会科学辑刊

年 卷 期　1991 年 3 期

页　　码　82－89

摘　　要　轰动一时的"英中联合海军舰队"事件,是发生于 19 世纪 60 年代初期的举世注目的重大事件,对尔后洋务运动的发展关系至大,需要认真地加以探讨。

题　　名　论"郑和下西洋还算是开放的"

作　　者　陈子华

刊　　名　郑和研究

年 卷 期　1996 年 4 期

页　　码　5

题　　名　论"紫石英"号事件

作　　者　陈谦平

刊　　名　南京大学学报(哲学人文科学社会科学版)

年 卷 期　1998 年 2 期

页　　码　57－66

摘　　要　1949 年 4 月"紫石英"号事件的发生同英国的炮舰政策有关,但英国并没有帮助国民党阻止人民解放军渡江的意图,也没有首先炮击解放军阵地。而待命渡江的人民解放军发现外国军舰突然闯入防区,在鸣炮示警无效的情况下断然开火,则是无可指责的。事件发生后,中共和英国均采取了理性的克制态度,防止了事态进一步恶化。谈判达不成协议的症结在于英国不肯承认"擅自侵入"中国内河的"基本错误",这种态度最终导致了令人遗憾的结局。

题　　名　论《北洋海军章程》

作　　者　马骏杰

刊　　名　历史档案

年 卷 期　2000 年 4 期

页　　码　102 - 109

摘　　要　《北洋海军章程》(以下简称《章程》)是中国近代海防建设发展到一定阶段的产物,是中国近代海军法规建设的重要成果,它标志着北洋海军的正式成军。虽然它从完成到最终失去效力仅有短短的6年时间,但它颁行的意义以及对甲午海战产生的影响,是非常值得研究的。

题　　名　**论《武备志》和《南枢志》中的《郑和航海图》**

作　　者　周运中

刊　　名　中国历史地理论丛

年 卷 期　2007年22卷2期

页　　码　145 - 152

摘　　要　过去学界长期使用的《郑和航海图》是向达先生根据《武备志》所录图的整理本,其实这个版本并非出自明天启年间的《武备志》原刻本,而是出自清初的删改本,《故宫珍本丛刊》中所收录的《武备志》才是明原刻本。过去学界只知《武备志》中有此图,其实成书于明末的《南枢志》中也录有此图。本文比较了上述三书中所录的《郑和航海图》,发现三者互有对错,因而不能在使用中简单地去一存一,将三图结合考其讹误,辨伪存真,作出新本将是解决这一问题的根本方向。

题　　名　**论《瀛环志略》的特色**

作　　者　洪九来

刊　　名　福建论坛(文史哲版)

年 卷 期　1993年2期

页　　码　54 - 58

题　　名　**论15 - 19世纪初海外华商经贸网络的发展——海外华商网络系列研究之二**

作　　者　庄国土

刊　　名　厦门大学学报(哲学社会科学版)

年 卷 期　2000年2期

页　　码　58 - 67

摘　　要　从明初到鸦片战争前夕,海上华商网络经历了摧残、重建、武装、渗透等恢复和发展的阶段。15世纪初到17世纪初,海外华商为对抗明朝打击海上私商贸易和移民的政策,从合法商人转为走私海商,再以武装海商集团对抗朝廷的武力镇压。后期,朝廷不得不开放海禁,海商归位为合法商人,海外华商网络重焕活力。尤其是郑氏家族建立的"海上帝国"主导了远东海上商贸。郑氏以后,海外华商网络的支柱和大本营,逐渐从中国沿海地区转移到海外华人社区。

题　　名　**论15世纪前中华文明在世界的领先地位及其传播**

作　　者　刘丹忱

刊　　名　中国青年政治学院学报

年 卷 期　2002年5期

页　　码　140 - 143

摘　　要　中华文明15世纪以前在全世界是领先的。中国的丝织、制瓷、筑石窟、造桥以及造船、航海术等多项科技工艺,特别是"四大发明",首先传播于朝鲜、日本及东南亚,再及南亚、非、欧。中华文明促进了亚非欧经济、文化的发展和欧洲文艺复兴的产生,先进的精神文明推动了物质文明和制度文明的发展。

题　　名　**论16世纪前中外文化交流的发展进程和基本特点**

作　　者　陈尚胜

刊　　名　文史哲

年 卷 期　2000年4期

题　　名　**论17－19世纪闽南海商主导海外华商网络的原因**

作　　者　庄国土

刊　　名　东南学术

年 卷 期　2001年3期

页　　码　64－73

摘　　要　从清代前期到鸦片战争前夕，闽南人一直主导着海外华商网络，其影响力至今犹在。闽南海商集团崛起于宋元时期，明代中期以后，以漳州人为主的闽南海商成为中国走私贸易的中坚。明代后期漳州月港被定为中国帆船的发舶地、清初厦门被定为往南洋贸易的发舶地、长期垄断对台交通和移民等，都是闽南人独特的发展机遇，从而使闽南人在发展海外贸易和海外移民、组构海外商贸网络等活动中占有先机。郑氏海上帝国时期是海外华商网络的黄金时代，以泉州人为主的闽南海商集团掌控了北起日本、南括东南亚地区的东亚、东南亚华商网络。

题　　名　**论1757－1794年荷兰对华贸易中巴达维亚的角色**

作　　者　刘勇

刊　　名　南洋问题研究

年 卷 期　2008年3期

页　　码　55－67

摘　　要　从1729年至1794年，荷兰东印度公司(1602－1794)操作的荷兰对华贸易可分为3个阶段:1729－1734,1735－1756和1757－1794。其中，第三阶段跨越了将近整个18世纪后半期，是该贸易最成功的阶段。此阶段中，虽然巴达维亚荷印殖民政府对该贸易失去了直接控制，但荷兰对华贸易的成功很大程度上归功于巴达维亚在该贸易中所扮演的重要角色:重要贡献者与有限受益者。但无论如何，从荷兰东印度公司最高领导层的角度来看，虽然巴达维亚自身利益在公司对华贸易新的运营形式中受到损害，但公司的整体利益却得到了最大限度的保证。

题　　名　**论17世纪荷兰殖民者与福建商人关于台湾海峡控制权的争夺**

作　　者　徐晓望

刊　　名　福建论坛(人文社会科学版)

年 卷 期　2003年2期

页　　码　32－38

摘　　要　根据新翻译的荷兰档案，荷兰殖民者侵略澎湖与台湾，其主要目的是想垄断中国的商品出口，切断福建与马尼拉、澳门及东南亚之间的直接贸易，并取而代之。他们的侵略行动受到福建商人的抵制，以郑芝龙为首的福建商人利用包买制度反而控制荷兰人。但在荷兰人的军事压力下，郑芝龙被迫同意开放对台湾的贸易，并运去大量商品。这标志着荷兰从福建商人手中瓜分了相当一部分的商业利益。荷兰殖民者最终被郑成功驱逐，是因为他们的存在妨碍了东亚国际贸易的正常秩序。

题　　名　**论17世纪郑氏海商集团的生存困境**
作　　者　谈谭
刊　　名　中州学刊
年 卷 期　2010年2期
页　　码　193－197
摘　　要　17世纪中国东南沿海的郑氏海商集团确实具有某些“近代特征”——以海上商业贸易为经济基础,以军事实力和国家政权做后盾的重商政策,特别是它代表着当时中国商业经济的发展方向,具有相当的积极意义。然而,长期的大一统观念成为郑氏海商集团无法逾越的生存障碍。在此种意识形态主导下,郑氏海商集团的生存和发展取决于清郑双方的军事实力、郑氏集团的组织制度和经营理念,更重要的是取决于海商集团的“商业性生存要素”——海上贸易的顺利进行。当清王朝统一大陆后坚持消灭郑氏集团,同时强力推行“海禁”“迁界”政策时,郑氏集团的覆亡也就为期不远了。

题　　名　**论17世纪中国的开放倾向——中、西文明在北太平洋首次较量之初探**
作　　者　张德明
刊　　名　武汉大学学报(哲学社会科学版)
年 卷 期　1992年2期
页　　码　71－78
摘　　要　本文从北太平洋地区的角度来考察中国问题,提出了与传统看法不同的新观点,即在17世纪中、西文明的首次较量中,中国呈现开放倾向,而非闭关自守。文章着重探讨了官方和民间的态度,从两个方面进行论证。经济方面,东南沿海民间势力克服了国内外障碍,顽强的向海上发展,进行积极的贸易竞争。

题　　名　**论1884－1885年反法侵略的台湾保卫战**
作　　者　韦庆远
刊　　名　台湾研究集刊
年 卷 期　1984年1期
页　　码　1－17

题　　名　**论18世纪广州在中西文化交流中的历史地位**
作　　者　白芳
刊　　名　岭南文史
年 卷 期　2008年3期
页　　码　71－74
摘　　要　广东濒临南海,海岸线漫长,天然良港众多,内河纵横交错,经济腹地深广。东江、西江、北江三大干流形成的东、西、南、北四大航线使广东的经济腹地扩展到西南、华中、江南、中原以至全中国各个省区。优越的地理环境,使广东成为海洋交通和内陆交通的重要枢纽。

题　　名　**论7－9世纪中韩经济交流及其影响**
作　　者　王春辉,张安福
刊　　名　石家庄师范专科学校学报

年 卷 期 2004年4期
页　　码 51-54,65
摘　　要 7-9世纪是中韩交流史上划时代的阶段。在这一时期,朝鲜半岛全面学习中国先进的社会制度,积极进行经贸往来,促进了韩国社会的飞跃发展和快速转型。隋及唐代早期两国经贸往来中朝贡贸易频繁,唐中后期民间贸易逐步发展并超过朝贡贸易,成为贸易的主体。频繁的民间贸易使两国航海和造船技术进一步成熟,并出现了中韩之间的海上直航。在此基础上,中外贸易的海上航线以中韩航线为北方起点,呈扇面向南、向西拓展,并由此开启了宋明时期"海上丝绸之路"的先河。

题　　名 **论澳门"开埠"以来法律地位的变迁**
作　　者 管从进
刊　　名 社会科学家
年 卷 期 1997年4期
页　　码 81-86
摘　　要 澳门自"开埠"以来,在任何历史阶段,都不是通常所谓"殖民地",而一直是中国领土;葡人居留澳门及葡国对澳门的事实统治,不能从法律上否定中国对澳门的法定领土主权;澳门回归祖国,不是领土主权再转移式地确定主权归属,而是结束中国依法对澳门行使主权受阻却的非正常状态。

题　　名 **论巴人与"土船"**
作　　者 邓晓
刊　　名 重庆师范大学学报(哲学社会科学版)
年 卷 期 2006年5期
页　　码 87-92
摘　　要 根据对"土船"史料的分析,认为古代巴人的"土船"意即"本土之船",而非人们通常认为的"土造陶制"之船。同时,还对巴人"土船"的原貌进行了探讨。

题　　名 **论百年郑和研究的发展**
作　　者 时平
刊　　名 社会观察
年 卷 期 2005年7期
页　　码 12-15
摘　　要 郑和因七次下西洋的航海;仕举而名垂青史。但历史上的郑和与后人的评价是不能同日而语的。随着时代的发展,郑和作为中国历史上对外交往的一位杰出人物、一位伟大的航海家。一位和平友好的使者,成为世界上公认的历史文化名人。郑和下西洋作为人类文明发展进程中一个重要成果,得到后人的尊重和重视。研究和纪念郑和最热烈的时代是我们刚刚经历的100年,从1905年中国近代维新思想家梁启超发表《祖国大航海家郑和传》,到2005年国家隆重纪念郑和下西洋首航600周年。

题　　名 **论北宋汴河漕运制度**
作　　者 王艳
刊　　名 信阳师范学院学报(哲学社会科学版)
年 卷 期 1999年1期
页　　码 77-80

摘　　要　北宋汴河的漕运制度是健全的。漕船的运行以纲为编制单位，发运司共掌200纲。纲船实行官、私船分运制。在正常的年份，汴河实行一年四运制，每年漕运的时间约有二百余日，冬日需关闭汴口。最重要的漕运制度是转般法，在它运行的百余年间，对汴河漕运产生了积极而深远的影响。北宋对汴河漕额的规定是较稳定的，基本保持在每年600万石左右。有了这套健全的漕运制度，北宋才能维系其生存和发展。

题　　名　**论北宋漕运**
作　　者　周建明
刊　　名　中国社会经济史研究
年 卷 期　2000年2期
页　　码　57－65
摘　　要　北宋定都开封，"当四通五达之道，非若雍洛有山足恃，特倚重兵以立国耳，兵恃食，食恃漕运。"由此漕运对北宋有着特别重要的意义。对于北宋漕运业发展的情况，日本学者青山定雄先生根据汴河转般法实行变化的情况，把北宋漕运的发展划分为三个阶段（参见《中国史研究动态》81年第5期）。笔者认为，转般法的变化，固然是漕运发展的一个重要方面，但就整个北宋漕运而言，转般法主要在汴河上实行，而其他的漕运三河（蔡河、广济河、黄河）则没有实行这种运输方式，因此仅以转般法变化的情况来划分整个北宋漕运发展的阶段，便有失偏颇。纵观整个北宋漕运四河发展兴衰的情况，笔者把北宋漕运划分为四个时期，以勾画出北宋漕运发展的基本趋势。

题　　名　**论北宋漕运转般法**
作　　者　周建明
刊　　名　史学月刊
年 卷 期　1988年6期
页　　码　18－22
摘　　要　转般法是北宋漕运最重要的制度，它对北宋漕运的发展起着举足轻重的作用。然而，长期以来，史学界对这一重要的制度却缺乏足够的重视，本文试对这一问题作一初步的探讨。

题　　名　**论北宋初期的茶叶贸易法令**
作　　者　黄纯艳
刊　　名　厦门大学学报（哲学社会科学版）
年 卷 期　1999年1期
页　　码　101－106
摘　　要　北宋榷茶制度产生于建隆三年，其始为禁榷自新春北销的江南茶。乾德二年扩大为对所有江南北销茶的禁榷。乾德二年茶法仍仅针对江南北销茶，淮南茶的禁榷始于乾德三年。太平兴国二年开始将榷茶制推行于统一后除川、陕、广南外的江南诸路。雍熙三年茶叶首次用于沿边折中，但规模有限，未对茶法产生大的影响。至道二年以前的太宗朝茶法改革的主要问题是解决茶叶停积难售的弊病，为此，端拱二年张泊提出"通商法"，实即贴射法，淳化三年贴射法实行于淮南。淳化四年刘式改革江南法仍是交引法，而不是贴射法，至道初陈恕再改江南茶法，是恢复榷货务卖茶制，不是三说法。刘式、陈恕茶法也是为了解决茶叶停积问题。

题　　名　**论北宋的漕运管理**
作　　者　李兆超

刊　　名　粮食经济研究
年 卷 期　1987 年 4 期
页　　码　45 – 48

题　　名　**论北宋河政管理中的责任追究**
作　　者　郭志安
刊　　名　安徽师范大学学报(人文社会科学版)
年 卷 期　2008 年 36 卷 5 期
页　　码　567 – 571
摘　　要　在北宋河政管理中,针对治河过程中所出现的官员贪污、渎职等现象,宋廷相应制定了一套较为严格的责任追究制度,以行政贬黜、经济制裁等多种手段对其严惩。从责任追究的内容来看,涉及治河官员征集使用物料、河工等诸多方面的失职。在北宋河政管理中,责任追究及时,惩处严厉,从而在一定程度上保障了河政的良好运行。

题　　名　**论北洋海军的兴衰**
作　　者　石军
刊　　名　开封师专学报(社会科学版)
年 卷 期　1993 年 3 期
页　　码　82 – 84

题　　名　**论北洋海军将士的民族精神**
作　　者　关伟,关捷
刊　　名　北方论丛
年 卷 期　2002 年 2 期
页　　码　118 – 121
摘　　要　中国近代史上的北洋海军存在于世虽仅七年,但海军将士的民族精神却令人难忘,追寻与探析北洋海军将士自强不息的求实精神、耿耿忠烈的爱国情怀以及大义凛然的民族气节,将会给后人以深刻启迪。

题　　名　**论北洋海军洋员**
作　　者　马军
刊　　名　学术季刊
年 卷 期　1995 年 3 期
页　　码　159 – 167

题　　名　**论北洋海军战役指挥问题**
作　　者　戚其章
刊　　名　近代史研究
年 卷 期　1989 年 3 期
页　　码　48 – 62
摘　　要　甲午海战中北洋海军的战役指挥问题,断断续续地争论了九十多年。随着争论的进行,研究者的认识也在不断深入。最近,杨志本、许华二同志又发表了《论丁汝昌海上战役指挥失误问题——兼与戚其章等同志商榷》一文,对北洋海军战役指挥问题提出了一些值得重视的见解,读后颇受启发。但是,杨文涉及到北洋海军战役指挥的两个关键性问题,我认为还有必要作进一步的探讨。

题　　名　论北洋舰队筹建原因、构成、作用和覆灭
作　　者　云天禄
刊　　名　新西部
年 卷 期　2010 年 8 期
页　　码　118,115
摘　　要　文章探讨了甲午海战中北洋舰队的筹建、构成、作用和覆灭原因。因第一次、第二次鸦片战争的惨败,面临被欧美日等列强殖民瓜分的窘境,清政府建成北洋舰队。但由于清政府的腐败,加之战斗指挥失误,导致了舰队的覆灭。

题　　名　论北洋政府时期的海关与内债
作　　者　戴一峰
刊　　名　中国社会经济史研究
年 卷 期　1994 年 4 期
页　　码　57 - 63

题　　名　论北运河复航与可持续发展
作　　者　王俊安,郑大伟,张广利等
刊　　名　中国水运(学术版)
年 卷 期　2007 年 7 卷 3 期
页　　码　204 - 206
摘　　要　北运河是京杭大运河中沟通京津的一段,向为漕运,于清朝末期全线停航。通过南水北调工程的实施以及北京市水环境的恢复,可为满足北运河复航水质水量的需求提供保障。北运河的复航,将促进京津冀地区环境与经济的可持续发展,复兴大运河文化并赋予其新时代内涵。

题　　名　论渤海国的对外文化交流
作　　者　吕书宝
刊　　名　北方论丛
年 卷 期　2003 年 3 期
页　　码　45 - 49
摘　　要　中古时期在东北亚地区存续二百多年的渤海国,积极从事与唐廷和日本的文化交流,促进了其政治体制的成熟和经济的发展,从而将渤海国建设成著名的“海东盛国”。渤海国对盛唐的文化全盘吸收,使用的是拷贝式的摄取方式;而与日本的文化交流,则是同一文化圈内各子文化系统之间的借鉴式交流。渤海国热心对外文化交流的动因,最初是出于藩国本身政治和军事的需要。渤海国在政治实体消亡后,灿烂辉煌的渤海文化几乎顷刻淹灭,也成为一个令人费解的文化史之谜。
关 键 词　渤海国;唐廷;日本;拷贝;借鉴;文化交流

题　　名　**论渤海国与唐朝的关系**
作　　者　严圣钦
刊　　名　北方文物
年 卷 期　1982 年 1 期
页　　码　55－58
摘　　要　渤海国是粟末靺鞨人建立的国家，为唐朝的地方政权。公元六九八年，从高王大祚荣建国开始，到九二六年末王大諲譔降辽止的二百二十多年间，渤海国和唐朝的关系极为密切。渤海武王大武艺时虽曾一度和唐朝发生冲突，但总的来说，始终保持君臣朝贡关系，而且，存在极为密切的经济、文化联系。

题　　名　**论蔡东藩对近代郑和下西洋研究的开拓**
作　　者　陈平平
刊　　名　郑和研究
年 卷 期　2010 年 2 期
页　　码　26－35
摘　　要　在对建国以来郑和研究回顾与展望的过程中，发现民国九年蔡东藩《明史演义·郑中官出使外洋》(1920)，长期以来被郑和研究学界所忽略。蔡文不仅是 20 世纪早期(1905－1920)郑和研究起步阶段初、寥若晨星的梁启超等三篇郑和传外被长期忽略了的一篇；而且实际上乃是 20 世纪我国第一篇直接以郑和下西洋为题的重要郑和研究资料；所述及的有些问题和观点实开近现代郑和研究有关领域之先河。蔡东藩实为我国近代郑和研究早期梁启超之后一位重要的代表人物和开拓者。《明史演义》不同于一般演义小说的历史真实性；论述了《郑中官出使外洋》中十九个方面问题和观点的开拓性，价值与意义；蔡文对现代郑和研究仍有启示作用，不少观点值得重视和深入研究。

题　　名　**论漕运对中国古代社会的消极影响**
作　　者　陈峰
刊　　名　陕西师范大学学报(哲学社会科学版)
年 卷 期　1992 年 21 卷 4 期
页　　码　63－70
摘　　要　漕运作为中国封建时代的一项大政，对集权统治有着极其重要的经济意义，客观上对带动古代水运业的发展及密切各地的联系，也产生了颇大的积极影响。但是，漕运作为封建王朝大规模强制性征调财赋的工具，又对社会经济造成了巨大的破坏影响。这主要表现在：直接地掠夺；高成本和高代价；“保运”对农业生产的破坏；“保运”对治河的影响。正因为如此，漕运便成为寄生于中国古代社会经济之上的巨大毒瘤。

题　　名　**论茶之东渡日本**
作　　者　熊仓功夫，玉美，云翔
刊　　名　农业考古
年 卷 期　1991 年 2 期
页　　码　249－253，248

题　　名　**论传教士利胜与郑氏集团的关系——以利胜的外交使命为中心的考察**
作　　者　陈忠纯

刊　　名　台湾研究集刊
年 卷 期　2010 年 2 期
页　　码　9－15
摘　　要　利胜因为同时作为明郑与菲律宾的代表，参与两者谈判，为史家所关注。但利胜与明郑的关系，却长期被学界忽视或误读。实际上，利胜的传奇经历，与他和郑成功及郑氏集团不同寻常的关系紧密相关。若非深得郑成功的了解和信任，利胜不会被选中出使马尼拉；同样，利胜自告奋勇代表马尼拉返回明郑，也因他与明郑高层的关系是其他人无法比拟的。利胜想通过他与郑氏的特殊关系，促成明郑与菲律宾的和平，并最终通过与郑泰等人的关系，完成使命。然而，利胜没能缓和与郑经的关系，当郑泰势力被清除后，他也被明郑抛弃。利胜在明郑的不同时期，际遇不同，反映了郑成功父子对天主教的不同态度，也有助于我们了解明郑与天主教之间的复杂关系。

题　　名　**论船棺的起源和船棺葬所反映的宗教意识**
作　　者　车广锦
刊　　名　东南文化
年 卷 期　1985 年
页　　码　49－33
摘　　要　船棺葬是长江以南乃至东南亚一带的特殊葬俗，考古学界和民族学界都对它做过多方面的研究。本文，从这种葬俗的分布范围、葬具形态、葬制、地方志记载以及诸多的旁证资料出发，提出船棺起源于独木舟，并认为这种葬俗反映了古人灵魂升天的宗教观念。

题　　名　**论船棺葬**
作　　者　陈明芳
刊　　名　东南文化
年 卷 期　1991 年 1 期
页　　码　23－31
摘　　要　船棺葬是中国南方和东南亚各地乃至太平洋群岛普遍流行的一种葬俗。本文广泛收集了到目前为止发现的有关船棺葬的考古学资料和民俗学资料，进而论述了船相葬的分布、时代、族属和所反映的丧葬观念。文章认为，行船棺葬的民族均属蒙古利亚人种南亚类型，船棺葬俗实际是海洋民族的重要文化特征。船是海洋民族生产与生活中不可缺少的用具，死后以船为棺，目的是满足死者在想象的另一世界中的生存需要，并祈求死者福佑活着的人们，即行船棺葬的目的是为了人，而不是为了神。它集中体现了海洋民族的信仰，追求和生活方式。

题　　名　**论船政文化及启示**
作　　者　陆琼瑶
刊　　名　吉林工程技术师范学院学报
年 卷 期　2010 年 1 期
页　　码　7－9
摘　　要　1866 年清廷在福州马尾创办船政，其辉煌历史孕育了优秀的船政文化。船政文化吹响了中国社会向近代化进军的号角，它的许多精神和原则，至今仍有现实意义与借鉴价值。

题　　名　**论大航海时代及其四个阶段**
作　　者　张箭

刊　　名　海交史研究
年 卷 期　1998 年 34 期
页　　码　1－7

题　　名　**论丹江水运与明清陕西商品经济的发展**
作　　者　李刚,卫红丽
刊　　名　人文杂志
年 卷 期　2004 年 3 期
页　　码　160－163
摘　　要　明清之际,丹江水运是联系陕西与中西部贸易的主要运输通道,它的兴盛是明清陕西商品经济发展的必然产物。本文通过对丹江水运贸易的分析,考察明清时期丹江流域商品经济的发展及其市镇化进程,研究这一历史过程对于了解明清之际陕西商品经济的发展及其对促进今日西部大开发均具有重要的理论意义和历史借鉴作用。

题　　名　**论道光朝漕政**
作　　者　郑师渠
刊　　名　历史档案
年 卷 期　1997 年 4 期
页　　码　103－109

题　　名　**论第二次鸦片战争对镇江港的影响**
作　　者　马红霞,蔡舸
刊　　名　江苏社会科学
年 卷 期　1999 年 5 期
页　　码　118－121
摘　　要　英、法发动的第二次鸦片战争迫使清政府增开一批通商口岸,镇江港是其中之一。镇江开埠及海关的设立对镇江港产生了深刻的影响;港口腹地的经济受到洋货的巨大冲击。港口的行政管理权、经营自主权及引航权等均为洋人所把持。与此同时,镇江港也逐步由一个传统商业城市发展为一个重要的商品转输口岸,但在进出口贸易方面镇江港一直处于入超的不利状态。

题　　名　**论丁日昌的国防近代化思想**
作　　者　吴福环
刊　　名　军事历史研究
年 卷 期　1988 年 3 期
页　　码　52－59

题　　名　**论丁汝昌**
作　　者　孙克复
刊　　名　湘潭大学社会科学学报
年 卷 期　1983 年 1 期
页　　码　59－65,58

摘　　要　北洋水师提督丁汝昌是中国近代史上一个有影响的历史人物。生前,曾受到“卿贰科道连章纠劾”,抨击他“性情浮华,毫无韬略”,“畏葸无能,巧滑避敌”(《中日战争》刊第3册、第67、96页)。并受到革职留任处分。1895年他在威海卫兵败自杀殉国后,八十多年来人们对他的评价,褒贬异词。有人赞扬他“英名左邓同千古”(《旧廨吊忠》),也有人认为他不谙海事,指挥无能,是李鸿章妥协路线的忠实执行者;统率海军,任令腐化,对甲午战争的失败应负重大责任。直到最近有的论者还责难他在抗击日本侵略问题上“阳奉阴违”(《历史研究》1980年第4期)。如此可见,怎样评价丁汝昌,特别是如何评价他统率北洋舰队和在中日甲午战争中的功过,还是一个需要进一步探讨的问题。正确评价丁汝昌,不仅关系他个人的荣辱,也牵涉北洋舰队广大将士的声誉。本文准备对丁汝昌作一粗浅评论,以就正于大雅。

题　　名　论丁汝昌海上战役指挥失误问题——兼与戚其章等同志商榷

作　　者　杨志本,许华

刊　　名　近代史研究

年 卷 期　1988年1期

页　　码　37－50

题　　名　论蕃坊

作　　者　陈达生

刊　　名　海交史研究

年 卷 期　1988年14期

题　　名　论方伯谦被杀是否冤案问题

作　　者　戚其章

刊　　名　东岳论丛

年 卷 期　2000年21卷1期

页　　码　106－113

摘　　要　方伯谦于甲午黄海之役后被清廷军前正法,究竟是否冤案,百年来聚讼不断。近年来学界部分人士及方氏后裔撰文为之翻案,论争加剧,引人注目。然揆诸史实,最早为方氏鸣冤之《冤海述闻》一书,虽有相当的史料价值,但作者在书中多有歪曲史实以回护方氏之处,不能视之为信史,因而不能作为翻案之据;80年代在福州发现的《卢氏甲午前后杂记》稿本,所述之事前后乖误,错漏百出,不可采信,亦不能依此为方氏翻案;方氏后裔及某些学人提出所谓“时差”说和“西战场”说,更属主观臆造,毫无史料根据,也就无法洗脱方氏的罪责;方氏逃离战场后的“方伯谦自白”,却明白无误地证明济远舰在海战结束前两小时就逃离了战场。因此,方氏被诛,证据确凿,无可为之翻案。

题　　名　论方伯谦被杀问题——答戚其章同志

作　　者　季平子

刊　　名　上海师范大学学报(哲学社会科学版)

年 卷 期　1983年3期

页　　码　102－106

摘　　要　戚其章同志在《历史研究》1981年第6期发表《方伯谦被杀是一桩冤案吗?》一文,对拙作《丰岛海战》(《历史研究》1980年第4期)提出一些意见。本文将就戚文所提意见,对丰岛海战作些补充说明,并讨论方伯谦被杀问题。

题　　名　**论方伯谦问题**
作　　者　刘申宁
刊　　名　近代史研究
年 卷 期　2000 年 3 期
页　　码　229 - 254
摘　　要　方伯谦是北洋水师济远舰管带,1894 年 9 月 24 日,因临阵脱逃等罪名,被清廷军前正法。自方氏问斩后,为其鸣冤叫屈者代有其人,此案成为百年来一直聚讼不休的问题。近年来,由于《卢氏甲午前后杂记》在福建被发现,加之方氏后裔的不懈努力,方伯谦问题再次成为中国近代史研究领域中的一个热点。

题　　名　**论淝水之战**
作　　者　李季平
刊　　名　史学月刊
年 卷 期　1957 年 5 期
页　　码　3 - 7
摘　　要　淝水之战是中国历史上一次著名的战争,千余年来一直流传在我国广大人民中间。因为它不仅是一次"以少击众,以劣势对优势而获胜"的出色的战争,而且是中国人民反抗外来侵略和压迫的一次伟大的正义战争。

题　　名　**论分艅航行在郑和远航中的作用**
作　　者　仲跻荣
刊　　名　郑和研究
年 卷 期　1987 年 1 期

题　　名　**论佛教文化交流对人类文明发展的巨大促进作用——兼谈比哥伦布早 1000 年发现美洲大陆的中国僧人慧深**
作　　者　王仲尧
刊　　名　法音
年 卷 期　1992 年 2 期
页　　码　21 - 27,47

题　　名　**论福建船政的历史地位和作用**
作　　者　沈传经
刊　　名　船史研究
年 卷 期　1996 年 10 期

题　　名　**论福建船政科学技术的成就**
作　　者　陈道章
刊　　名　船史研究
年 卷 期　1996 年 10 期

题　　名　论福建船政学堂与福建教育的近代化
作　　者　陈清辉
刊　　名　福州党校学报
年 卷 期　2006 年 2 期
页　　码　53 – 56
摘　　要　福建船政学堂被誉为中国海军的摇篮，他的出现和发展初步动摇了中国古典人文教育传统，是中国教育史上的一次重大创新，他的出现同时也开启了福建教育的近代化。本文试图从福建船政学堂课程设置、教学方法、教育观念的进步来考察它在福建近代教育史上的重要地位。

题　　名　论福建古代海上贸易
作　　者　何绵山
刊　　名　厦门广播电视大学学报
年 卷 期　2002 年 2 期
页　　码　91 – 98
摘　　要　福建古代海上贸易在福建经济中占有重要地位，本文拟就福建古代海外贸易的特点、原因、影响谈些肤浅的看法。

题　　名　论福建在明清中琉关系史上的地位
作　　者　赖正维
刊　　名　福建论坛（文史哲版）
年 卷 期　1997 年 4 期
页　　码　63 – 67
摘　　要　明初，凡外商入贡者皆设市舶司以领之。“在福建者专为琉球而设”。清袭明制，福建仍是中国通琉球（今日本冲绳）的唯一口岸，因此福建成为中琉关系发展的重要省份。中国册封琉球使团在福建造船、招募使团人员，福建是中国册封琉球使团启航和返航的地点；琉球来华进贡使团均在福建上岸，进京人员均由福建政府派人护送；琉球政府曾派遣大批的留学生在福建学习各种生产技术和文化艺术；为了发展中琉友好关系，明政府还曾颁令让闽人 36 姓移居琉球。由此可见，福建在中琉两国之间政治交往、文化交流、贸易交通等方面起了极其重要的作用。

题　　名　论福州船政局
作　　者　沈传经
刊　　名　近代史研究
年 卷 期　1983 年 2 期
页　　码　242 – 257
摘　　要　历时三十多年的洋务运动，是十九世纪后期近代中国史上的一项重要内容。一八六六年，闽浙总督左宗棠奏请创办的福州船政局，是洋务运动中一个规模较大的军事造船工业，有一定的代表性。对福州船政局作一些具体考察，不仅有助于了解这个企业，也有助于认识洋务运动和这个时期的历史。因此，本文拟就福州船政局的创立、性质和作用，作一些初步论述。

题　　名　论福州船政局技术力量之成长
作　　者　董方奎
刊　　名　华中师范大学学报(人文社会科学版)
年 卷 期　1983 年 3 期
页　　码　90 – 98
摘　　要　洋务运动时期,许多工厂都雇了洋匠,购买了外国的机器设备及材料。对于这些问题的评价,有人斥之为“崇洋”“媚外”,也有指为“根本缺乏独立自主、自力更生的精神”、“主要依靠洋人的技术,有些厂的管理权也为洋人所操纵,成为帝国主义推销产品的工具,具有一定程度的买办性”。应该怎样看待十九世纪七十年代中国雇聘洋员及技术引进?是不是依赖洋人?我们将通过福州船政局技术力量的成长过程,具体地考察一些有关问题,使洋务运动史的讨论深入一步。错误之处,敬请指正。

题　　名　论高拱的治漕方略——兼论与张居正的分歧
作　　者　岳天雷
刊　　名　黄河科技大学学报
年 卷 期　2009 年 11 卷 4 期
页　　码　38 – 41
摘　　要　明嘉、隆时期,由于漕河淤塞,厉行海禁,无法保证京师及辽东军队所需漕粮的供给。为改变这一漕运废弛的局面,高拱执政后,提出疏通漕运,恢复海运,推行河海“二路并运”的治漕方略。这一治漕方略由于同张居正存在分歧,在隆庆后期没有得到全面实施,但在万历初元却得到了张居正的大力推行,并取得了显著成效。就此而言,高拱的治漕方略在隆万改革中具有开创之功。

题　　名　论庚子大沽口之战
作　　者　戚其章
刊　　名　近代史研究
年 卷 期　1997 年 1 期
页　　码　116 – 130
摘　　要　在义和团运动史研究中,1900 年大沽口之战是一个应该十分重视的问题。然前此的研究,对其某些方面不是略而不详,就是尚需重新探讨,致使对此问题的研究迄难定论。本文拟胪陈管见,以就正于高明。

题　　名　论公元 7 世纪前华人向东南亚地区移动的特点
作　　者　程爱勤
刊　　名　海交史研究
年 卷 期　2003 年 44 期
页　　码　86 – 96

题　　名　论古代三峡水上交通的开发对经济的影响
作　　者　李良品,谭清宣
刊　　名　重庆交通学院学报(社会科学版)
年 卷 期　2002 年 2 卷 4 期
页　　码　23 – 26

摘　　要　长江是历史上四川对外的重要交通路线,而三峡则是这条交通路线的必经之道,是川鄂交通的咽喉,是连接我国东西南北的交通枢纽,是王朝东西交通的漕运干道。三峡水上交通的开发经历了先秦、秦汉六朝、唐宋元、明清四个不同的历史发展阶段。三峡水上交通的开发和利用促进了沿江居民经商观念的形成、过境转输的发达、官府关税的巨增及大批城镇(市)的崛起。

题　　名　论古代山东的对外交往
作　　者　朱亚非
刊　　名　齐鲁学刊
年 卷 期　1996 年 3 期
页　　码　88 – 93

题　　名　论古代中国海洋文化在世界史上的地位
作　　者　徐晓望
刊　　名　郑和研究
年 卷 期　1999 年 1 期
页　　码　36

题　　名　论古水道与交通(续,终)
作　　者　蒙文通
刊　　名　禹贡
年 卷 期　1934 年 2 卷 3 期
页　　码　2 – 8

题　　名　论广西狼兵在明代沿海抗倭战争中的地位和作用
作　　者　韦天富
刊　　名　广西地方志
年 卷 期　2010 年 5 期
页　　码　43 – 46

题　　名　论广州“秦代造船工场遗址”问题
作　　者　郭钦华,郑洁红
刊　　名　热带地理
年 卷 期　2002 年 22 卷 3 期
页　　码　286 – 289
摘　　要　根据钻孔资料的古地理环境分析结果显示,“秦代造船工场遗址”附近在距今 2000 余年期间已成为陆地,不可能提供营造大型船只的水域环境。结合其他方面因素综合判断,原船台遗址解释为大型的南越王宫殿等建筑物的地基和基础更为合理。

题　　名　论广州港口与对外贸易的历史发展
作　　者　左正
刊　　名　暨南学报(哲社版)

年 卷 期　2002 年 5 期
页　　码　39 –46,126
摘　　要　鸦片战争后,广州的全国对外贸易中心地位逐渐被上海所取代,但它仍是华南地区的中心城市,广州港之所以能成为华南地区最大的外贸港口,是有着其深厚的历史底蕴和独特的地缘经济优势。

题　　名　**论广州港在广州历史上的地位与作用**
作　　者　程浩
刊　　名　海交史研究
年 卷 期　1995 年 27 期
页　　码　38 –44

题　　名　**论广州港在海上"丝绸之路"的地位和作用**
作　　者　杨万秀
刊　　名　学术研究
年 卷 期　1990 年 6 期
页　　码　81 –87
摘　　要　我国的丝绸自古闻名海外,深受各国的欢迎。中国被称为"丝绸之国"。在历史上,我国的丝绸等商品输往国外有陆路和海路两条路线。海路即海上"丝绸之路"。其主要路线从我国沿海港口出发,经东南亚和南亚国家,再远航阿拉伯半岛、欧洲和非洲。通过这条航线,我国的丝绸源源不断地输往沿线的国家。当然,输出的不只是丝绸,还有陶瓷、茶叶等其他产品。

题　　名　**论广州在古代中外交通史上的地位和作用**
作　　者　陈世柏
刊　　名　牡丹江师范学院学报(哲学社会科学版)
年 卷 期　2009 年 5 期
页　　码　35 –37
摘　　要　广州地处南海之滨,自然条件优越,海外交通便利,是海上丝绸之路在中国的始发港和发源地,是中国两千年不衰的对外通商口岸,在古代的中外交通和中西交往中占据着非常重要的地位。

题　　名　**论广州在宋代对外关系中的作用——并就"熙宁十年三佛齐注辇国'朝贡'问题"与戴裔煊先生商榷**
作　　者　郭威白
刊　　名　学术研究
年 卷 期　1962 年 6 期
页　　码　27 –34

题　　名　**论郭汝霖《重编使琉球录》的史料价值**
作　　者　徐恭生,谢必震
刊　　名　海交史研究
年 卷 期　1996 年 30 期
页　　码　60 –65

题　　名　**论郭嵩焘《条议海防事宜》的思想价值**
作　　者　张良俊
刊　　名　江西社会科学
年 卷 期　1994 年 4 期
页　　码　66 – 69

题　　名　**论国家政权在中日近代化过程中的作用——十九世纪中日两国海技自立的比较研究**
作　　者　朱荫贵
刊　　名　中国经济史研究
年 卷 期　1994 年 2 期
页　　码　81 – 95
摘　　要　关于十九世纪下半期中日两国近代化结局大相径庭的原因,学术界已有不少的研究成果问世。本文通过对中日两国近代典型企业——中国轮船招商局和日本邮船会社在培养本国海技人才以取代替换外国高级船员垄断把持局面的具体研究,探讨两国政府在近代化过程中的地位和作用。进而说明,在一定的历史时期内,特别是在自身社会经济发展尚不具备或不完全具备发动工业化条件的国家,国家政权在其中扮演的角色和发挥的作用,在很大程度上将决定其以工业化为中心的近代化的发展方向和成败。这一点,也正是中日两国近代化出现不同结局的重要原因之一。

题　　名　**论海关行政管理对晚清政制改革的影响**
作　　者　杨军
刊　　名　经济师
年 卷 期　2006 年 6 期
页　　码　280 – 282
摘　　要　晚清海关自外籍税务司制度建立以后,海关行政管理发生了很大的变化,在管理上引进了西方先进的行政管理制度。从行政管理的理念、方法、措施到海关组织机构的设置、海关人事管理、海关财务管理、海关事务管理等方面,都随着海关关务的开展和海关业务的扩大而不断得到完善。海关行政管理高效的运作机制、良好的管理绩效、科学的制度管理、严格的财务纪律,对晚清社会产生了深远的影响,在管理方面为清政府的政制改革,起到了借鉴与参考作用,促进了晚清行政管理的现代化。

题　　名　**论海商法的起源与发展的历史背景**
作　　者　侯军
刊　　名　上海海运学院学报
年 卷 期　1986 年 4 期
页　　码　67 – 76

题　　名　**论海外竹枝词**
作　　者　丘良任
刊　　名　长沙理工大学学报(社会科学版)
年 卷 期　1992 年 7 卷 3 期
页　　码　61 – 64

题　　名　论海峡两岸的妈祖文化
作　　者　田真
刊　　名　北京航空航天大学学报(社会科学版)
年 卷 期　2003 年 16 卷 S1 期
页　　码　78 – 80
摘　　要　妈祖文化是中国民间信仰的一部分,它是海峡两岸民间共同信奉的保护神。妈祖文化作为从大陆出去的"移民"文化,它深深影响着台湾民众的信仰,并且在一定程度上成为台湾同胞回大陆寻根的宗教文化纽带。

题　　名　论海峡两岸宗教文化传承之根
作　　者　邵长虎
刊　　名　哈尔滨学院学报
年 卷 期　2010 年 3 期
页　　码　1 – 4
摘　　要　中华传统文化在其数千年的发展历程中,经历了不同地域、不同民族以及外来文化的融合发展,形成了统一性、多样性和地域性相结合的发展模式。闽台两地丰富而神秘的民间宗教文化具有丰厚的中华传统文化底蕴,富有深厚的民族历史、社会和艺术等方面的文化积淀,对海峡两岸的社会文化生活产生了广泛而深刻的影响。文章尝试从中华传统文化与海峡两岸文化的发展变迁的历史进程以及两岸长期以来所形成的共同的民间信仰——妈祖文化,论述海峡两岸的文化之根基就是中华传统文化。

题　　名　论汉江流域交通与近代陕南商业的发展
作　　者　陈卓
刊　　名　安康学院学报
年 卷 期　2007 年 19 卷 2 期
页　　码　43 – 46
摘　　要　从鸦片战争到抗日战争的百余年间,陕南地区得汉江舟楫之利,汉白公路之便,加之政府和当地百姓的努力开拓,交通状况较以往有了很大变化,使陕南商品经济有了几度短暂繁荣和发展。通过对汉江流域交通贸易的分析,考察了近代汉江流域水运、公路、航空的发展进程,论证了"商业是交通的先导,交通是商业的基础"的观点,从而为当前陕南经济发展提供历史借鉴。

题　　名　论汉唐时代铜钱在边境及国外的流传——从开元通宝的出土看琉球与中国在历史上的关系
作　　者　王仲殊
刊　　名　考古
年 卷 期　1998 年 12 期
页　　码　58 – 76

题　　名　论洪仁辉案
作　　者　孙光圻
刊　　名　海交史研究

年 卷 期　1988 年 13 期

题　　名　**论忽必烈时期元日关系中高丽王朝的态度**
作　　者　薛磊
刊　　名　内蒙古大学学报(人文·社会科学版)
年 卷 期　2002 年 34 卷 2 期
页　　码　17－21
摘　　要　元世祖忽必烈统治时期,高丽国对元日关系的态度前后发生了明显的转变。高丽元宗一方面出于中韩长期交往的经验,另一方面由于害怕蒙古军队进入高丽及日本“倭寇”入侵便反对元朝与日本交往。而其后的高丽忠烈王面对蒙元的强权政治,为了巩固王位、铲除“倭寇”,并争取更多的国家主权,却极力迎合元朝发动对日本的战争。

题　　名　**论胡林翼整顿湖北漕政**
作　　者　潘家德
刊　　名　西华师范大学学报(哲学社会科学版)
年 卷 期　1990 年 2 期
页　　码　8－11
摘　　要　漕粮,是中国封建社会赋税的一个重要组成部分。自清初以来,漕粮一直是重要的田赋形式之一,被清政府视为“天庾正供,俸米旗饷,计口待食,为一代之大政”咸、同时期,正当清军与太平军决战于江南、胜负未卜之际,长江中下游各省份(湘、鄂、皖、赣,苏、浙),或先或后实行了改漕“减赋”。其中,尤以湘系党魁之一、湖北巡抚胡林翼对漕政的清厘整顿较为完善,影响颇大。

题　　名　**论湖口之战后太平军的战略失策**
作　　者　冯凤珠
刊　　名　南昌大学学报(人文社会科学版)
年 卷 期　1984 年 4 期
页　　码　88－91
摘　　要　太平天国定都天京以后,主要的作战对手逐渐由八旗、绿营转变为湘军。湖口之战是太平军与湘军水师之间的一次著名战役,对双方兴衰具有相当重大的影响。然而史家论著大多着重评述太平军湖口大捷的历史意义和石达开扭转战局的功绩,很少分析太平军在此战役后的种种失策。本文从这方面进行一些探索,不妥之处,尚祈教正。

题　　名　**论华侨的形成与发展**
作　　者　廖楚强
刊　　名　海交史研究
年 卷 期　1994 年 26 期
页　　码　86－94

题　　名　**论华侨华工对世界饮茶文化的积极贡献**
作　　者　陶德臣
刊　　名　农业考古

年卷期 2005年2期

页　码 255－260

摘　要 中华文明源远流长，绚丽灿烂，在世界文明史上占据特突地位。作为饮食文化的中华茶文化更是勤劳勇敢的中华民族对世界作出的杰出贡献。而华侨华工在世界范围内传播茶文化，满足国际市场的饮茶需求，乃至发展世界茶业诸方面均作出了不可磨灭的贡献，赢得了世人的尊敬。

题　名 论华商在宋钱流入印尼古代诸国中的作用

作　者 马冠武

刊　名 广西金融研究

年卷期 2004年Z1期

页　码 53－55

摘　要 大量宋钱流入印度尼西亚古代诸国，这是一个客观存在的史实，文献记载、调查访问和实物出土的有关材料，都证明了这一点。

题　名 论淮安清口惠济祠的妈祖信仰及其遗产价值

作　者 徐业龙

刊　名 莆田学院学报

年卷期 2010年6期

页　码 1－5

摘　要 梳理江苏淮安清口惠济祠的历史沿革。重点对妈祖入祀惠济祠的缘由，入祀后的鼎盛时期以及余绪与回响进行考述，最后从四个方面说明惠济祠的文化影响及其遗产价值。

题　名 论徽商的抗倭斗争

作　者 王世华

刊　名 安徽师范大学学报（人文社会科学版）

年卷期 1986年1期

页　码 52－60

摘　要 明代的抗倭斗争是一场波澜壮阔的反海盗斗争。徽商是明代中期崛起的重要商帮。在以往的研究中，人们已开始注意到徽商与这场斗争的关系，但一般认为徽商通倭。这是值得商榷的。大量事实表明，徽商非但不通倭，而且还积极抗倭。为什么会出现这种现象？它说明了什么？深入探讨这些问题，对于我们进一步认识徽商的性质、特点，是有意义的。

题　名 论火药和指南针在下西洋中的应用

作　者 张箭

刊　名 古代文明

年卷期 2008年2卷1期

页　码 78－83

摘　要 火药和指南针发明后，国人既用于爆竹神鬼，堪舆风水，也用于兵器战争，航海指向。在郑和下西洋的壮举中，火器已是远洋海船的主要武器装备之一，指南针也是最主要的导航指向仪器。那种认为在中国古代火药长期主要只用于烟花爆竹，指南针到下西洋时仍只是辅助导航仪器的观点，是不符合历史实际的。

题　　名　论嘉靖时的倭寇问题
作　　者　陈学文
刊　　名　文史哲
年 卷 期　1983年5期
页　　码　78－83
摘　　要　倭寇是明代的大祸患，对人民生命财产、生产事业、海防、交通都带来巨大损失，经数十年才平定。历来人们都认为御倭战争及其将领是值得赞颂的，但是近年来有人提出这是传统的旧看法了。他们则从明代海外贸易的发展和海禁政策的弊端来探讨倭寇问题，认为倭寇具有“反海禁”的性质，镇压倭寇是“历史的悲剧”。倭寇首犯之一王直则是“明代视野最广泛、思想最解放的一部分中国人”之一，而戚继光等爱国名将是“朱厚熜的爪牙”。提出了要重新评价倭寇问题。这些新看法确是值得研讨。

题　　名　论嘉靖时期倭寇的发端及抗倭的结果
作　　者　王丁国，毛大龙
刊　　名　浙江纺织服装职业技术学院学报
年 卷 期　2007年2期
页　　码　80－82，85
摘　　要　以嘉靖朝抗倭斗争为例，从经济角度分析当时沿海地区新的经济形势与所处的国际环境，指出了后期倭寇，即嘉靖时期倭寇的发端；从军事角度分析当时抗倭斗争的盲目性及其产生不利于国家长远发展的结果。从而认清经济和军事的辨证关系，对我国及世界的经济发展与和平稳定有积极的借鉴作用。

题　　名　论嘉庆年间广东海盗的联合与演变
作　　者　刘平
刊　　名　江苏教育学院学报（社会科学版）
年 卷 期　1998年3期
页　　码　105－111

题　　名　论甲申易枢后清流党人任海疆三会办问题
作　　者　陈勇勤
刊　　名　历史档案
年 卷 期　1992年1期
页　　码　121－125，132
摘　　要　甲申易枢是发生于光绪甲申年即1884年4月8日的军机处大改组事件。以恭亲王奕訢为首的军机五大臣，全部被罢免。新班子出台后，在5月8日发布谕旨，任命吴大澂、陈宝琛、张佩纶分别为北洋、南洋和福建海疆会办。吴、陈、张皆为清流党重要成员。此事与当时的政局有何关系？有必要进行深入的探讨。

题　　名　论甲午丰岛海战的几个问题
作　　者　戚其章
刊　　名　江海学刊（文史哲版）

年 卷 期 1985年6期

页 码 64－70

题 名 **论甲午海战后丁汝昌谎报军情的原因**

作 者 王绪渊

刊 名 西南交通大学学报(社会科学版)

年 卷 期 2007年8卷2期

页 码 97－100

摘 要 1894年甲午海战后,丁汝昌关于这场战争的战报与实际战况存在很大差距。除了客观因素外,丁汝昌的主观谎报是最主要的原因。表面上看,丁汝昌的谎报是他为了保住职位的虚夸,而在本质上却反映了当时"轻日"思想和"保船制敌"路线的矛盾和北洋舰队高级将领集体对清政府的欺骗。

题 名 **论甲午海战中李鸿章"保船制敌"策略**

作 者 何平立

刊 名 军事历史研究

年 卷 期 1989年3期

页 码 95－101,107

摘 要 甲午海战乃中日甲午战争之关键一役,然而清北洋舰队自黄海之战后株守蜷伏军港,惨遭全军覆没,严重影响了整个战局。以往史著均将甲午海战的失败归结于李鸿章"保船制敌"的策略,认为这是"避战保船"的失败主义方针,但笔者在认真查考研究了有关史料之后,认为这种看法并不符合历史实际,尚值得进一步商讨。

题 名 **论甲午黄海大战与中国北洋海军**

作 者 郭毅生,唐池安

刊 名 文史哲

年 卷 期 1957年6期

页 码 42－53

题 名 **论甲午威海之战中国军队战败的原因**

作 者 王国洪

刊 名 烟台师范学院学报(哲学社会科学版)

年 卷 期 1991年1期

页 码 33－38

摘 要 甲午威海之战,是决定整个中日战争胜负的关键一战。在这次战役中,日军占领了威海卫,中国北洋海军全军覆没,清政府被迫签订了丧权辱国的《马关条约》,使中国蒙受了割地赔款的奇耻大辱,大大加深了中国半殖民地化的程度。这一战役中国军队战败的原因,无疑是清政府的腐败无能,但对其具体表现认识却不尽一致。有的论者认为是北洋海军实行的消极防御方针的结果,也有的论者认为是威海陆路防守不力所致。笔者不揣冒昧,也谈点自己的一孔之见。

题 名 **论甲午战前中国之海战理论与北洋舰队作战指导的失误**

作 者 皮明勇

刊　　名　孙子学刊
年 卷 期　1994 年 3 – 4 期

题　　名　**论甲午战争期间的盛宣怀**
作　　者　张红军
刊　　名　山东社会科学
年 卷 期　1993 年 6 期
页　　码　84 – 87
摘　　要　甲午战争期间,盛宣怀身兼津海关道、轮船招商局督办、中国电报总局督办和总理后路转运事宜四项职务,他作为直接指挥战争的北洋大臣、直隶总督李鸿章的重要助手,是甲午战争中一个值得注意的人物。笔者略述己见,以俟指教。

题　　名　**论甲午战争时期的丁汝昌**
作　　者　梁世灿
刊　　名　吉林师范大学学报(人文社会科学版)
年 卷 期　1985 年 4 期
页　　码　50 – 55,66
摘　　要　丁汝昌统带北洋舰队十多年。“养兵千日,用兵一时”。评价丁汝昌,主要看他在甲午战争时期的表现。我认为,甲午战争时期的丁汝昌,有功亦有过,功与过相比,过是主要的。本着对甲午战争时期的丁汝昌应做全面分析的精神,本文对丁汝昌在这次战争中的主要表现,谈点粗浅看法,以就教于史学界诸同志。

题　　名　**论甲午战争中李鸿章“主和”的原因**
作　　者　赵丕强
刊　　名　广东职业技术师范学院学报
年 卷 期　1999 年 2 期
页　　码　63 – 67
摘　　要　本文认为,在甲午战争中,李鸿章“主和”有着多方面的原因:一是秉承清廷圣谕的结果;二是为了“避战保船”,保存实力;三是恃强”轻敌之故;四是一味依赖西方一“调停”及迷信“万国公法”所致。

题　　名　**论兼融“陆、海”的中国传统文化**
作　　者　潘群
刊　　名　郑和研究
年 卷 期　1994 年 3 期
页　　码　26 – 30

题　　名　**论鉴真东渡后唐代佛教对日本佛教的影响**
作　　者　李寅生
刊　　名　贵州文史丛刊
年 卷 期　2002 年 3 期

页　　码　17 – 19

摘　　要　唐代高僧鉴真是中日佛教文化交流史上具有重要影响的人物之一，他历尽艰辛，东渡弘法，使日本的佛教发生了新的变化，被称之为日本新佛教。本文所论述的即是鉴真东渡后唐代佛教对日本佛教的影响，从中亦可看出七、八世纪时中日文化交流的盛况。

题　　名　论鉴真对日本天台宗、密宗兴起的影响

作　　者　郭天祥

刊　　名　湛江师范学院学报

年 卷 期　2004 年 25 卷 4 期

页　　码　65 – 69

摘　　要　东渡日本的唐代高僧鉴真大师，为建立、完善日本授戒制度，开创日本律宗做出的贡献，早已得到了中外学者的一致肯定。但是，鉴真对日本天台宗和密宗的兴起做出的奠基性贡献，学术界至今探讨得还很不够。文章在肯定鉴真开创日本律宗的基础上，着重分析讨论了鉴真对日本天台宗和密宗兴起所做的贡献及其背后的原因。同时还提出了鉴真既是律宗高僧，又是天台宗大德的新观点。

题　　名　论江海湖泊的女神形象

作　　者　刘明金

刊　　名　文史博览(理论)

年 卷 期　2007 年 4 期

页　　码　13 – 15

摘　　要　中国有数不清的江河湖泊女神形象，有许多形象遭到污染或玷污。惟有妈祖形象风采依旧，而且形成了妈祖信仰崇拜，不能不说是一个奇迹。为什么妈祖形象越来越光彩夺目呢，原因可能是她救苦救难、乐于助人的品质使然。

题　　名　论江南制造局

作　　者　姜铎

刊　　名　中国社会经济史研究

年 卷 期　1983 年 4 期

页　　码　103 – 117，102

摘　　要　清政府洋务派创建于上海的江南制造局，是旧中国近代军事工业中兴办最早的企业之一，也是规模最大的近代企业之一，同时又是洋务运动的重要企业，是现在新中国大型造船工业——江南造船厂的前身。这个局于 1865 年 6 月在收买美商旗记铁厂的基础上设立，1867 年夏，从虹口迁至高昌庙，大事扩充，至 1890 年止，已发展成拥有十三个分厂和一个工程处，各种工作母机 662 台，使用动力的总马力达 10，657 匹，厂房 2，579 间，员工总数 3，592 人的一个大型近代军火工厂。我在编写江南造船厂厂史的过程中，对该局作了初步研究，兹特撰写此文，提供国内外关心洋务运动历史的同仁们参考，并请批评指正！

题　　名　论交通对晚清东北开埠历程的影响

作　　者　费驰

刊　　名　东北师大学报(哲学社会科学版)

年 卷 期　2007 年 6 期

页　　码　30 - 34

摘　　要　在晚清东北商埠形成发展历程中,交通因素在某种程度上制约着商埠地域分布及发展建设前景。商埠与近代交通的结合,对东北社会经济产生了诸多影响:引起东北商埠城市经济中心地位的重新排序;拓展了商埠港口之腹地并使二者协调发展;同时,加剧了边疆危机,便利了列强对东北地区的经济掠夺和控制等。

题　　名　**论近代广西商埠的经济联系**

作　　者　唐凌

刊　　名　广西师范大学学报(哲学社会科学版)

年 卷 期　2000 年 36 卷 4 期

页　　码　82 - 87

摘　　要　近代广西的三个商埠龙州、梧州、南宁对外开放后,贸易量不断增加,其中龙州、梧州的对外贸易长期处于入超的地位,与国际市场的联系较密切,南宁的出口比较活跃,与国内市场联系紧密。广西 3 个商埠与国内外市场联系的加强,有赖于轮船运输、邮电通讯、报关转运、批发商、平码行等经济行业及经济实体的作用。近代广西商埠与外界经济联系的加强主要是外力作用的结果。

题　　名　**论近代海关与地方社团的关系——以近代厦门海关兼管常关为例**

作　　者　水海刚

刊　　名　史林

年 卷 期　2005 年 3 期

页　　码　15 - 19,38

摘　　要　近代中国海关(洋关)兼管常关这一事件给海关处理其与地方社团的关系提供了一个全新的场所和考验。本文以厦门海关兼管常关为例,指出海关在处理与地方社团关系时,首先在一定程度上保障地方社团的利益,在此基础之上以期实现对海关和地方事务的控制,而双方在利益一致的前提之下往往也呈现出某种合作关系。

题　　名　**论近代清江浦城市衰落的原因**

作　　者　金兵

刊　　名　江苏社会科学

年 卷 期　2007 年 6 期

页　　码　205 - 209

摘　　要　清江浦曾是运河沿岸重要的交通枢纽,然而到近代却逐渐走向衰落。尽管清江浦在许多城市史著作中被当作近代衰落城市的典型,但是至今却少有详细的个案研究。近代清江浦的衰落是由多方面原因造成的,漕运的没落、河工的废弛、灾害的侵袭、战乱的破坏、城乡经济结构的单一都是导致其衰落的原因。而近代交通线路、交通方式的变更,对于作为交通枢纽的清江浦的打击应该更为关键。

题　　名　**论近代营口的开埠对东北地区的影响**

作　　者　吕秀莲

刊　　名　北华大学学报(社会科学版)

年 卷 期　1998 年 19 卷 2 期

页　　码　60 - 62

摘　　要　营口开埠是英国凭借不平等条约对中国进行侵略的产物。营口开埠后,英国及沙俄等资本主义国家纷纷入侵,对整个东北地区进行殖民统治。其严重影响有:鸦片的大量涌入带来深重的毒害;倾销商品、掠夺原料、开设洋行,对东北地区进行疯狂的经济侵略;利用宗教进行文化侵略。随着外国资本主义侵略的深入,东北地区迅速地沦为列强的半殖民地。

题　　名　论近代中国船政创新与中国文化转型
作　　者　陈日红
刊　　名　福建农林大学学报(哲学社会科学版)
年 卷 期　2007 年 10 卷 3 期
页　　码　119 – 124
摘　　要　中国近代船政文化的开拓者们曾经造就亚洲最先进的近代造船基地和近代海军,培养出许多近代新型人才,为中国传统文化的近代转型作出了杰出的历史贡献。然而,由于清朝政府未能及时进行全面深刻的体制改革,中国近代船政创新惨遭失败;由于许多中国人深受君主专制主义观念的束缚,中国文化转型之路曲折漫长。认真吸取中国近代船政文化历史所提供的经验教训,有助于尽快完成中国传统文化的现代转型。

题　　名　论近代中国的“自开商埠”
作　　者　张九洲
刊　　名　河南大学学报(社会科学版)
年 卷 期　1996 年 36 卷 1 期
页　　码　61 – 66
摘　　要　自《南京条约》开始,清政府根据一系列不平等条约规定,相继开放了一大批通商厂’口岸作为外商居住和贸易的地方,这些口岸我们叫“约开商埠”或“约开口岸”;“约开商埠”是西方资本主义损害中国主权,并对中国进行全面侵略的桥头堡。

题　　名　论近代中国引水权的沦丧
作　　者　张代春
刊　　名　经济与社会发展
年 卷 期　2009 年 5 期
页　　码　100 – 103
摘　　要　引水权是一个国家为维护主权和国防机密,保障港口和船舶的安全,对进入本国领水区域的外籍船舶,执行强制引水的权力。中国是世界上很早就实行强制引水的国家,但自第一次鸦片战争后,随着一系列不平等条约的签定,这个关乎主权和国防机密的行业逐步丧失终致全部沦陷,引水权的沦丧也是近代中国主权沦丧的一个缩影。

题　　名　论京杭运河山东运道的开辟与经营
作　　者　汪孔田
刊　　名　济宁师专学报
年 卷 期　1999 年 6 期
页　　码　78 – 81,88
摘　　要　山东运河是京杭大运河的关键运道,元明清三代王朝全力经营山东运河。山东运河开辟与经营的过程中，成功地解决了水源补给、水量分配、水位平衡、洪水调蓄以及避黄保运等一系列重大问题，保证了大运河的全线畅通，显示出我国古代劳动人民的智慧和力量，谱写了京杭运河开发史和人类水运史上璀璨辉煌的篇章。

题　　名　论九世纪初张保皋海洋活动的动因
作　　者　拜根兴
刊　　名　唐都学刊
年 卷 期　2008 年 24 卷 3 期
页　　码　67 – 72
摘　　要　活动于 9 世纪三四十年代的新罗人张保皋，是东亚世界颇具影响的历史人物。关于张保皋的海洋活动，自 20 世纪 60 年代以后，韩、日学界就掀起了研究热潮。本文即在此前研究基础上，对当时中、韩、日航路的开辟及其频繁利用，海船制造技术的提高，人们对海洋潮汐认识的提高及掌握程度的加深，唐中后期缘边地方政府对边疆事务的权力和态度，张保皋海洋活动的原发力来自何方等问题试作探讨，力图从不同的侧面对张保皋海洋活动提供新的解释。

题　　名　论巨文岛事件与甲午战前的远东国际局势
作　　者　张礼恒
刊　　名　东岳论丛
年 卷 期　1995 年 S1 期
页　　码　98 – 102
摘　　要　巨文岛事件是 19 世纪 80 年代远东国际危机的焦点，当时世界上的几个主要国家英、俄、德、美、日、中等纷纷介于其间。弄清事件的原委，有助于我们深化对甲午中日战争的研究。

题　　名　论康熙帝进取台湾的战略决策及其实施
作　　者　季云飞
刊　　名　江海学刊
年 卷 期　2001 年 6 期
页　　码　132 – 137
摘　　要　自康熙元年(1662)至康熙二十二年(1683)，清中央政府与台湾明郑当局对峙 22 年。康熙二十年(1681)，康熙帝抓住国内“三藩之乱”平定、郑军败退台湾、郑经死去以及清福建水师恢复等有利时机，作出进取台湾的战略决策。决策后，康熙帝令施琅独任攻台主帅、抓紧进取台湾的军事准备，并确立“相机进攻”、“剿抚并用”进取台湾的方略。施琅遵旨于康熙二十二年六月武力攻克澎湖，随后即以和平的手段收取了台湾本岛，完成了海峡两岸的统一大业。

题　　名　论康熙时期从禁海到开海的政策演变
作　　者　韦庆远
刊　　名　中国人民大学学报
年 卷 期　1989 年 3 期
页　　码　103 – 111
摘　　要　根据清官档案，从当时社会经济、政治的总体格局对清代设置海关的过程及其机制、关税政策等进行考察，本文认为康熙采取开海的决策反映了当时国内社会经济发展要求开拓中外贸易以及其它交往的现实，适应了形势发展的需要，因此是明智之举。但是，随着开海政策的实施，加速了西方文化与中国传统文化、皇权统治之间的碰撞，因此反过来对开海政策产生消极的影响。

题　　名　论科学技术对唐代中阿海路贸易发展的促进作用

作　　者　景兆玺，高红梅

刊　　名　西北第二民族学院学报(哲学社会科学版)

年 卷 期　2005 年 1 期

页　　码　66－69

摘　　要　在中阿贸易发展史上，唐代是一个关键时期。在唐代之前，中阿贸易主要通过陆上丝路进行，从唐代中后期开始，海上丝路逐渐取代陆上丝路，成为中阿贸易的主要通道。唐代中阿海路贸易的快速发展是诸多因素共同作用的结果，科学技术是其中的一个重要促进因素。本文从天文定位、地文导航、利用信风、造船技术等方面，探讨了科技因素对唐代中阿海路贸易发展的促进作用。

题　　名　论空海大师对传播炎黄文化的伟大贡献

作　　者　陈品全

刊　　名　东南学术

年 卷 期　1994 年 2 期

页　　码　71－74

题　　名　论赖恩爵的历史地位

作　　者　黄文德

刊　　名　南方文物

年 卷 期　2006 年 1 期

页　　码　115－116

摘　　要　赖恩爵(1795－1849 年)，字简廷，广东省新安县大鹏城人(今深圳市龙岗区大鹏镇鹏城村)，一代水师名将，曾在中英鸦片战争中与英殖民者首次交战，并取得辉煌胜利，史称九龙海战。清道光年间任广东水师提督(从一品)，封振威将军(从一品)。赖恩爵在中国古代史向近代史过渡的转折时期首次奋起抵抗英殖民入侵，有着重要的历史地位，是深圳最重要的历史名人。

题　　名　论蓝鼎元的对外贸易思想

作　　者　陈跃，井红波

刊　　名　黄山学院学报

年 卷 期　2006 年 1 期

页　　码　49－51

摘　　要　蓝鼎元是清初著名的经世思想家、学者、政治家，在中国经济思想史上有一定的地位。他从发展国民经济的角度来论证对外贸易的利益，同时提出了要警惕西方资本主义国家对中国的侵略。他是中国近代开放思想的先驱者。

题　　名　论李鸿章的海防思想

作　　者　戚海莹

刊　　名　安徽史学

年 卷 期 1997 年 2 期
页　　码 32 - 36

题　　名 论李鸿章的海防思想
作　　者 李严成,金胜利
刊　　名 湖北大学学报(哲学社会科学版)
年 卷 期 2001 年 28 卷 6 期
页　　码 84 - 87
摘　　要 李鸿章在与列强打交道过程中,觉察到日本侵略中国的野心及潜在的威胁,构思出以防日为主的水陆防御体系的海防思想,并进行一定程度的海防建设。但在中日甲午战争中,李鸿章却执行了与自己海防思想和海防建设相悖的保守战略,放弃制海权使中国处于被动挨打地位,从而导致战争彻底失败。

题　　名 论李鸿章的日本观
作　　者 韩小林
刊　　名 广西社会科学
年 卷 期 2006 年 6 期
页　　码 90 - 94

题　　名 论李鸿章海防建设思想
作　　者 张秀娟
刊　　名 贵阳学院学报(社会科学版)
年 卷 期 2006 年 4 期
页　　码 25 - 29
摘　　要 1874 年,日本出兵台湾,基于来自海上的威胁不断加深,李鸿章的海防思想渐渐形成。总体上看,这是一种比较全面的国防建设思想,在近代中国具有非常重要的地位,它既有具体的海防建设内容,同时也充分考虑到从各个方面保障这一海防建设的实施,它的失败,一方面有李鸿章个人的原因,同时也有外在因素的作用。

题　　名 论李鸿章海防战略思想的变化
作　　者 施渡桥
刊　　名 近代史研究
年 卷 期 1993 年 4 期
页　　码 53 - 63
摘　　要 众所周知,李鸿章在甲午战争中所奉行的"保船制敌"实质是保船避战的战略方针,毫无疑问是消极的,造成的恶果也是显而易见的。千是,大量近代史论著便依此为据,笼统地称李鸿章的海防战略思想是消极的。其实,这是不完全准确的。笔者认为,李鸿章在 1870 - 1894 年间的战略防御思想,并非都是消极的、一成不变的,而是经历了消极一积极一消极曲折变化的过程。正是这种变化,对北洋海防尤其是北洋海军建设,既产生了积极作用,又产生了消极作用。

题　　名　论李鸿章海军发展战略
作　　者　韩文琦
刊　　名　安徽史学
年 卷 期　2001 年 3 期
页　　码　25 - 30
摘　　要　19 世纪 70 年代,晚清政府揭开了筹建近代海军的历史巨幕。李鸿章作为其倡导者、组织者、领导者,进行了卓有成效的艰苦工作,不仅促使中国近代海军得以迅速建成,而且还从理论上对近代海军的发展目标、发展规模、发展措施等问题作了系统阐述,形成了极具特色的近代海军发展战略。但由于李鸿章海军发展战略思想自身的矛盾性、狭隘性和被动性,决定了其必然失败的命运。

题　　名　论李鸿章与北洋舰队
作　　者　关捷
刊　　名　洋务运动讨论专辑
年 卷 期　1980 年 2 期
页　　码　313 - 331

题　　名　论李鸿章在创办轮船招商局中的作用
作　　者　许顺富
刊　　名　怀化师专学报
年 卷 期　1996 年 15 卷 1 期
页　　码　41 - 44
摘　　要　轮船招商局是洋务派创办的第一个近代民用企业,它的兴起打破了“利权外溢”的传统格局,刺激了中国民族资本主义的产生。本文主要探讨李鸿章在其筹建,保护中所起的作用。

题　　名　论历史时期大陆向台湾的移民与往来
作　　者　徐滢,许正文
刊　　名　陕西师范大学成人教育学院学报
年 卷 期　1999 年 2 期
页　　码　15 - 18
摘　　要　台湾与大陆自古以来就有着悠久的历史渊源,考古发掘和文献记载证明,其土著居民高山族同大陆古越族有浓厚的血缘关系和相同的习俗。大陆居民从三国东吴黄龙二年开始入居台湾及澎湖岛以来,从此代不乏人且日益频繁。元代至元年间设专门政权机构澎湖巡检司,至清代统一台湾,其间郑芝龙、郑成功经营台湾和设立台湾府,促成了大陆移民台湾的三次高潮。历史事实证明台湾人民和大陆人民同属炎黄子孙、华夏儿女。

题　　名　论历史时期大陆向台湾的移民与往来
作　　者　许正文
刊　　名　中国历史地理论丛
年 卷 期　2001 年 3 期
页　　码　68 - 72,128
摘　　要　台湾自古与大陆就有着悠久的历史渊源,考古发掘和文献记载证明,其土著居民高山族人同大陆古越族有浓厚的血缘关系和相同的习俗。大陆居民从三国东吴黄龙二年开始入居台湾及澎湖岛以来,从此代不乏人且日益频繁。元至元年间始设专门政权机构澎湖巡检司,隶属福建省晋江县,至清代统一台湾,其间郑芝龙、郑成功经营台湾人民和设立台湾府,促成了大陆移民台湾的三次高潮。历史事实证明台湾人民和大陆人民同属炎黄子孙、华夏儿女。

题　　名　**论历史时期大陆向台湾的移民与往来**

作　　者　许正文

刊　　名　天水师专学报

年 卷 期　1998 年 1 期

页　　码　46 – 49

摘　　要　台湾自古与大陆就有着悠久的历史渊源,考古发掘和文献记载证明,其土著居民高山族人同大陆古越族有浓厚的血缘关系和相同的习俗。大陆居民从三国东吴黄龙二年开始入居台湾及澎湖岛以来,从此代不乏人且日益频繁。元至元年间始设专门政权机构澎湖巡检司,隶属福建省晋江县,至清代统一台湾,其间郑芝龙、郑成功经营台湾和设立台湾府,促成了大陆移民台湾的三次高潮。历史事实证明台湾和大陆人民同属炎黄子孙、华夏儿女。

题　　名　**论历史时期淮安在运河水运中的地位与作用**

作　　者　朱士光

刊　　名　淮阴师范学院学报(哲学社会科学版)

年 卷 期　2009 年 3 期

页　　码　344 – 348,398,420

摘　　要　位于淮河下游之淮安,因又挖掘古今泗水入淮之河口,所以春秋时期前即已是江淮间与河淮间水运交通要津。春秋至战国期间建成鸿沟水系,自也成为沟通江、淮、河、济"四渎"之运河水运枢纽。隋通济渠与唐宋汴渠建成,使淮安在黄河、淮河与长江,以至钱塘江间水运枢纽地位得到加强。后至元明清时期,随着京杭大运河通航,特别是明、清时期,漕运总督设于淮安府,使之成为指挥漕运的中枢所在。

题　　名　**论利马窦等传教士的知识传教及其西学带来的影响**

作　　者　王俊才

刊　　名　河北师范大学学报(哲学社会科学版)

年 卷 期　2006 年 1 期

页　　码　141 – 147

摘　　要　以利马窦为首的传教士在明末来到中国,经过几十年的摸索,终于探讨出一条使天主教在华扎根的成功之路。而在明清嬗代之际传教士通过展示自己在火器、历法以及地理学等方面的知识优势获得了最高统治当局的赞许与支持,从而大张旗鼓地收徒传教。由于在整个传教过程中传教士始终紧盯着王贵与士林,并且一直以传播知识为旗帜,所以传教士的活动表现为知识传教的特征,与之相应,在社会政治与学术思想领域传教士所带来的主要不是宗教神学的影响,而是以科学技术为主的西学的影响。如果说这种影响在社会政治领域是短暂、浅显的,那么在学术思想领域就显得长久而深远了。

题　　名　**论利玛窦之万国全图**

作　　者　陈规胜

刊　　名　禹贡

年 卷 期 1934 年 1 卷 7 期

题　　名 **论两次鸦片战争期间的山东海防建设**
作　　者 赵红
刊　　名 鲁东大学学报(哲学社会科学版)
年 卷 期 2006 年 23 卷 3 期
页　　码 11 – 14
摘　　要 第一次鸦片战争失败后,山东在道光帝的督促下,提出了山东海防的建设方案。这一方案主要包括五个方面:改造船炮,增加水师兵额,加强水师训练,修筑炮台,建设军储仓。尽管这一方案具有保守性和滞后性,但从某种意义上说,它是对晚清山东海防建设的探索,具有一定的进步性。然而,由于各方面的限制,山东海防建设方案并没有真正落实。晚清山东海防事业因而失去了一次发展机遇,迄第二次鸦片战争前夕,依然处于十分落后的境地。

题　　名 **论林则徐整顿海防**
作　　者 戚其章
刊　　名 齐齐哈尔大学学报(哲学社会科学版)
年 卷 期 1985 年 4 期
页　　码 1 – 7,88
摘　　要 林则徐是中国近代睁眼看世界的第一人,也是建设近代化海防的第一个倡导者。他在广东查禁鸦片期间,大力整顿海防,成功地击退了英国舰队的多次进犯,粉碎了英国侵略者的军事冒险计划,不愧为中国近代史上第一位杰出的民族英雄。

题　　名 **论岭南龙母信仰的地域扩展**
作　　者 王元林,陈玉霜
刊　　名 中国历史地理论丛
年 卷 期 2009 年 24 卷 4 期
页　　码 49 – 61
摘　　要 龙母信仰是岭南地方特色的水神崇拜,早在先秦时龙母已产生于西江岸旁的悦城,汉晋南朝民间崇拜持续,唐宋以后,在封建统治者的封敕和信徒的拥戴下,龙母信仰地域不断扩展,形成了以西江为中心,且随移民、官商等的迁移和交流,跳越式在江西、四川出现零星分布的特征。这一信仰不但形成了与岭南其他水神不同的地域特色,且保留有岭南祖先崇拜的印痕。而龙母信仰的地域扩展,与岭南俗信鬼神,朝廷推崇,民间信仰的地方性与官方正统性相结合,也与流动官员、士商和移民等集团的推动等密切相关。

题　　名 **论刘坤一与李鸿章争夺轮船招商局**
作　　者 卢伯炜
刊　　名 苏州大学学报(哲学社会科学版)
年 卷 期 2007 年 6 期
页　　码 94 – 100
摘　　要 1881 年,湘、淮派系争夺轮船招商局的斗争,以李鸿章淮系的“胜利”告一段落。本文深入论述了这场争夺的过程及其前因后果,揭示了洋务派内部的派系纷争对洋务企业的发展和洋务运动的推进所产生的种种影响。

题　　名 **论留学生与北洋舰队**
作　　者　关捷,陈勇
刊　　名　社会科学研究
年 卷 期　1984 年 6 期
页　　码　52－57

题　　名 **论琉球组舞的形成**
作　　者　刘富琳
刊　　名　福建师范大学学报(哲学社会科学版)
年 卷 期　2000 年 3 期
页　　码　147－151
摘　　要　有关琉球组舞的形成问题,日本音乐学界大多从日本本土的角度出发与“能”进行比较,认为组舞是接受了日本本土“能”的影响而形成的。本文以琉球历史发展为脉络,从中、琉、日三个角度对琉球组舞的形成进行了探讨,其中着重论述中国戏曲对琉球组舞形成的影响。

题　　名 **论六朝时期造船业的发展状况**
作　　者　卢海鸣
刊　　名　南京社会科学
年 卷 期　2000 年 4 期
页　　码　41－45
摘　　要　本文从六朝时期船舶数量和规模、种类、造船技术水平、造船业基地诸方面对六朝造船业的发展状况进行了深入细致的论述。同时,根据大量无可辩驳的史料,指出六朝造船业不仅满足了当时战争的需要,而且已经具备了为当时商业发展提供充足水上交通运输工具的职能。

题　　名 **论隆庆时期“南倭北虏”问题的缓和**
作　　者　王红,凌文超
刊　　名　忻州师范学院学报
年 卷 期　2006 年 22 卷 6 期
页　　码　70－72,109
摘　　要　隆庆时期,在经济、政治的发展,军事力量的壮大,以及其他一些有利因素的条件下,明朝通过开放海禁、“俺答封贡”使一直困绕明朝的“南倭北虏”问题得到基本解决,促进了社会的发展,影响了历史的进程。

题　　名 **论隆武帝与郑氏家族的权力之争**
作　　者　徐晓望
刊　　名　福建师范大学学报(哲学社会科学版)
年 卷 期　2002 年 1 期
页　　码　109－114
摘　　要　隆武帝与郑氏家族是隆武政权的核心。传统的史书多将隆武帝当作郑芝龙的傀儡,实际上,隆武帝是一个颇有谋略的帝王。隆武帝登基后,来自各省的财源与政治支持使他的地位日益巩固。于是他策略地利用文臣与郑芝龙的矛盾,展开了与郑氏家族的权力斗争。隆武帝北征闽北之后,郑芝龙留在福州,而其他郑氏将领被派到前线作战,藉此机会,隆武帝逐渐压倒郑芝龙成为隆武朝真正的掌权者。

题　　名　**论隆武帝与郑芝龙**
作　　者　徐晓望
刊　　名　福建论坛(人文社会科学版)
年 卷 期　2002 年 3 期
页　　码　11－16
摘　　要　本文根据新发现的《隆武纪略》等第一手史料,第一次详细研究了隆武帝与郑芝龙关系的变化。作者认为:隆武帝政权内部海商与士大夫阶层的冲突相当激烈,隆武帝一开始倚重于郑芝龙,而后逐渐向士大夫倾斜,最后与郑芝龙决裂,表明士大夫难以接受海商与其分享政权的事实。二方的破裂最终无法避免。

题　　名　**论卢作孚统一川江航运**
作　　者　张莉
刊　　名　重庆三峡学院学报
年 卷 期　2006 年 4 期
页　　码　78－80,108
摘　　要　19 世纪 30 年代,卢作孚依托民众的反帝爱国运动,依靠自身卓越的才干,利用政府、军阀的支持,“化零为整”,合并华轮、兼并外轮,最终实现了“统一川江航运”的爱国志向。

题　　名　**论罗懋登著《三宝太监西洋记通俗演义》**
作　　者　觉明
刊　　名　郑和研究动态
年 卷 期　2010 年 2 期
页　　码　8－10

题　　名　**论妈祖民间传说、民间信仰之形成**
作　　者　汪梅田
刊　　名　民间文化论坛
年 卷 期　1996 年 1 期
页　　码　10－19

题　　名　**论妈祖文化精神**
作　　者　吴珊珊
刊　　名　东南学术
年 卷 期　1999 年 6 期
页　　码　56－59

题　　名　**论妈祖信俗的性质及中国学术与宗教的多元互化发展**
作　　者　谭世宝
刊　　名　学术研究
年 卷 期　1995 年 5 期
页　　码　85－89

题　　名　**论妈祖信仰的教统归属**
作　　者　[马]李雄之
刊　　名　妈祖研究学报
年 卷 期　2004 年 1 期
页　　码　96－101

题　　名　**论妈祖信仰与中国传统文化的渊源**
作　　者　王连弟
刊　　名　妈祖研究学报
年 卷 期　2004 年 2 期
页　　码　75－80

题　　名　**论妈祖信仰与中国传统文化的渊源**
作　　者　王连弟
刊　　名　闽江学院学报
年 卷 期　2004 年 25 卷 6 期
页　　码　19－22
摘　　要　妈祖信仰与中国古代传统文化有着很深的渊源。文章试从“积善成德而神明自德”的古老理念；畏惧自然的神威，渴望战而胜之的人性本能；生命短暂、人生无常、祈求幸福安康的心理期盼等角度解读妈祖信仰与中国古代传统文化的渊源关系。

题　　名　**论妈祖与中国海洋文化精神**
作　　者　徐晓望
刊　　名　东南学术
年 卷 期　1997 年 6 期
页　　码　68－72

题　　名　**论马关条约、辛丑条约对海关制度的影响**
作　　者　蔡渭洲
刊　　名　国际商务（对外经济贸易大学学报）
年 卷 期　1989 年 3 期
页　　码　45－49

题　　名　**论马戛尔尼使团访华失败的原因**
作　　者　朱雍

刊　　名　大庆社会科学
年 卷 期　1988 年 3 期
页　　码　76 – 80

题　　名　**论马援**
作　　者　施铁靖
刊　　名　河池师专学报(文科版)
年 卷 期　1986 年 2 期
页　　码　37 – 45

题　　名　**论马援精神**
作　　者　施铁靖
刊　　名　河池学院学报
年 卷 期　2009 年 3 期
页　　码　107 – 111
摘　　要　马援将军对于子侄们来说,是一个美其道,慎其行的严父良师。马援的“择君”思想是对国家的高度负责任的政治态度。它不仅为历代志士仁人所效仿,就是今天仍有积极的现实意义。马援一生中表现出的“老当益壮,马革裹尸”和公忠为国的精神,是我们中华民族的优良传统。

题　　名　**论马援平定交趾之乱对北部湾地区经济发展的影响**
作　　者　张坚
刊　　名　广西师范大学学报(哲学社会科学版)
年 卷 期　2007 年 3 期
页　　码　94 – 100
摘　　要　马援在出兵交趾过程中,促进了岭南地区内河通道以及北部湾海上通道的建设,一方面促使岭南地区与中原地区的交往从传统的以战争为主要动力的阶段向以和平贸易、移民为主要动力的阶段转化,另一方面,使北部湾地区逐渐从一个相互封闭的地理区域转化为一个受地区分工主宰的经济区域。上述转变对北部湾地区的经济发展产生了积极影响。

题　　名　**论马祖列岛的水神信仰与祖地福建**
作　　者　徐晓望
刊　　名　台湾研究
年 卷 期　2008 年 3 期
页　　码　58 – 63
摘　　要　马祖列岛历史上曾分属福州府的连江县与长乐县管辖,当地流行的神灵崇拜以水神为主,本文主要考证这些神明信仰在福建的形成及其传播到马祖列岛的过程。

题　　名　**论民国时期日本对华侵渔活动及其特点与影响**
作　　者　刘利民
刊　　名　吉首大学学报(社会科学版)
年 卷 期　2006 年 27 卷 2 期

页　　码　51－57

摘　　要　按照国际法或国际惯例,沿岸国对于本国领海内的渔业资源享有独占权。自从19世纪末20世纪初以来,中国渔业权的保护问题变得日益突出,中国的专属渔权受到了严重侵犯,民国时期日本对华侵渔活动尤其猖獗。民国时期,日本政府及私人组织对中国沿海渔业资源状况进行了大量的调查,开始了蓄谋已久的对华侵渔活动,从中国东北沿海到闽粤沿海,没有一处地方见不到日本侵渔渔轮的身影。相对于其他列强对华侵渔来说,日本侵渔具有自身的特点。日本侵渔持续了半个多世纪,产生了非常深远的影响。它迟缓了中国渔业发展步伐,破坏了中国领海主权完整。同时,它在客观上刺激了中国领海制度的建设。

题　　名　论闽东南港市海洋人文的研究
作　　者　蓝达居,林元平
刊　　名　海交史研究
年 卷 期　2000年38期
页　　码　84－92,104

题　　名　论闽东南与东南亚之间的海洋人文互动
作　　者　蓝达居
刊　　名　海交史研究
年 卷 期　1998年33期
页　　码　9－18

题　　名　论闽南文化对郑成功的影响
作　　者　许维勤
刊　　名　福建论坛(人文社会科学版)
年 卷 期　2003年5期
页　　码　85－89

摘　　要　明清时代达到成熟状态的闽南文化,显示出两种显著倾向,一是海商文化对主流文化的介入,二是海商势力对主流政治的介入,这两种倾向给闽南社会带来张扬的活力,使闽南文化充满独立不羁、尚武任勇的特点和近代式的冒险、进取精神。郑成功从小在这一特定的时空环境中接受系统的教育,他身上的忠义正气、开拓进取、崇源重本、精明务实等品格,所体现的正是闽南文化的典型气质。

题　　名　论闽台文化的地域特征
作　　者　刘登翰
刊　　名　东南学术
年 卷 期　2002年6期
页　　码　109－119

摘　　要　本文从地理、历史、经济、文化的不同层面,对闽台文化的总体性特征提出四点分析,指出闽台文化是从大陆文化向海洋文化过渡的多元交汇的"海口型"文化;在闽台迟缓于中原发展的从蛮荒之地到理学之乡的建构中,充满了"远儒"的开放、叛逆与"崇儒"的规范、制约的文化辩证;自明代以降六百余年反映农业文明与商业文化冲突的"禁海"与"开海"的反复,强化了闽台社会的商品经济生产和商业文化意识;而近代以来屡受帝国主义掠夺、侵占的屈辱和抗争历史,正反两面地在闽台社会留下深刻印痕,激发了闽台人民的民族意识和斗争精神，这是维系民族团结、实现祖国统一的宝贵精神财富。

题　　名　论闽台文化的海洋性特征
作　　者　庄锡福，吴承业
刊　　名　华侨大学学报（哲学社会科学版）
年 卷 期　2000 年 4 期
页　　码　78－86
摘　　要　闽台文化虽具有重工商、勇开拓、蔑权威、尊海神、乐兼容的海洋性特征，但其深层仍不改华夏文化本色，表现为重工商而不废耕读、勇开拓而不忘根基、蔑权威而昭著信义、敬海神而并尊诸神、乐兼容而不失本位。文章进一步揭示了这种现象的原因及其启示。

题　　名　论闽台文化的海洋性特征
作　　者　庄锡福，吴承业
刊　　名　台湾研究
年 卷 期　2000 年 4 期
页　　码　85－92
摘　　要　台湾与福建隔海相望，一衣带水，两岸文化有不少相同或相似之处，显著的海洋性特征即是其中之一。

题　　名　论闽粤内陆的妈祖信仰与航运业及林姓的关系
作　　者　石奕龙
刊　　名　莆田学院学报
年 卷 期　2008 年 15 卷 1 期
页　　码　72－77
摘　　要　闽粤内陆地区有许多崇奉海神的妈祖庙，有人认为其传播的主要媒介是商人和船工，然而，仔细分析建庙原因，可发现它们有部分是因航运的需要，有部分是因林姓的移民关系。虽不能排除有其他理由如“显灵”、受到妈祖恩惠等关系建立起来的，但是，真正把妈祖信仰传播到闽粤内陆的主要力量应是航运业和林姓移民。

题　　名　论明版《三宝太监西洋记通俗演义》
作　　者　庄为玑
刊　　名　海交史研究
年 卷 期　1985 年 7 期
页　　码　39

题　　名　论明朝的海禁
作　　者　张荷
刊　　名　郑和研究
年 卷 期　1994 年 3 期
页　　码　1－6

题　　名　论明朝对澳门实施的外贸税制

作　　者　杨仁飞

刊　　名　学术研究

年 卷 期　1994 年 2 期

页　　码　93 – 99

摘　　要　明朝的外贸税制极为复杂。朝贡贸易体制下的税制与市舶贸易下的税制有不同。即使在市舶贸易中,明廷对广东与对福建的外贸税制规定又有很大差别。本文着重分析明中叶后足以影响明外贸体制的澳门外贸税制,希望以此能理清明廷对澳门实施的外贸税制的发展脉络。

题　　名　论明朝海外贸易制度的演变

作　　者　张振

刊　　名　今日南国(理论创新版)

年 卷 期　2008 年 12 期

页　　码　148 – 150

摘　　要　明朝建立以来,中国历史上一直处于发展之中的海外贸易在此时骤然衰落。这与明朝实行的特有的海外贸易管理制度有密切关系。这一制度与前代相比发生了一系列演变,首次实行了严厉的海禁政策,形成了独特的双轨制管理。由于海外贸易的发展与社会发展的进程息息相关,对该时期的海外贸易管理制度的研究,可以更加深入的了解近代中国落后的原因,从而对法律制度的作用有更明确的认识。

题　　名　论明朝海外贸易制度的演变

作　　者　张振

刊　　名　法制与经济(下旬刊)

年 卷 期　2009 年 1 期

页　　码　133 – 134,封三

摘　　要　明朝建立以来,中国历史上一直处于发展之中的海外贸易在此时骤然衰落。这与明朝实行的特有的海外贸易管理制度有密切关系。这一制度与前代相比发生了一系列演变,首次实行了严厉的海禁政策,形成了独特的双轨制管理。由于海外贸易的发展与社会发展的进程息息相关,对该时期的海外贸易管理制度的研究,可以更加深入的了解近代中国落后的原因,从而对法律制度的作用有更明确的认识。

题　　名　论明朝勘合(朝贡)贸易的性质

作　　者　李银,张增强

刊　　名　河北经贸大学学报(综合版)

年 卷 期　2009 年 9 卷 1 期

页　　码　58 – 61

摘　　要　明朝,由于国内外的政治、经济压力,屡屡实行海禁政策,而勘合制度是其实施海禁政策的重要手段,勘合应用领域主要扩展为行移往来与对外关系。由于勘合对朝贡年限、停船港口、进贡船数和随从人数以及贡品的种类等都作了严格的规定,一方面加强了国家对朝贡贸易的有序管理;另一方面,则促使了大规模走私的形成。

题　　名　**论明朝月港开放的局限性**
作　　者　陈尚胜
刊　　名　海交史研究
年 卷 期　1996 年 29 期
页　　码　34 – 39

题　　名　**论明成祖的海防政策在山东的实践**
作　　者　赵红
刊　　名　鲁东大学学报(哲学社会科学版)
年 卷 期　2009 年 4 期
页　　码　9 – 11
摘　　要　海防是关系明初政权稳固的大问题。针对海疆不靖的严峻形势,明成祖励精图治,积极筹防。从他在山东的海防作为来看,其海防政策有诸多特点,诸如"以陆固海"、"以海屏陆"、重视海防军政和"行海禁"等,其中重视陆海结合和行政建制是其亮点,并对山东海防有显著作用。但他仍然例行洪武时期的海禁并罢掉海运是其政策的败笔,这对其后中国明清政府一直没有致力于海洋发展产生深远影响。

题　　名　**论明成祖因循洪武海禁政策**
作　　者　苏松柏
刊　　名　海交史研究
年 卷 期　1990 年 17 期

题　　名　**论明初的海禁与朝贡贸易**
作　　者　李金明
刊　　名　福建论坛(人文社会科学版)
年 卷 期　2006 年 7 期
页　　码　73 – 77
摘　　要　海禁与朝贡贸易是明初对外关系的两件大事。明初实行海禁的主要目的是抵御倭寇,它对于加强海防、维护新生的明王朝具有一定的积极意义。与海禁相辅相成的朝贡贸易包含着相当大的商业成分,它首先考虑的是贸易,其次才是政治。因其在执行过程中,加重了地方的财政负担,引起地方官员和民众的不满,加剧了朝廷与地方的矛盾,因此难以长期维持下去。

题　　名　**论明初俸赏折支与郑和下西洋**
作　　者　何平立
刊　　名　学术月刊
年 卷 期　1987 年 8 期
页　　码　76 – 79
摘　　要　在有关郑和研究中,许多学者认为郑和下西洋贸易采办的番货,解决了明朝国用问题,如用胡椒、苏木折支官吏军士的俸禄赏赐即为一例,因此而认为郑和下西洋的贸易采办活动有利于明朝社会经济的发展云云。然而笔者认为俸赏析支椒木,是明初专制皇帝因国库空虚、财政支出困难,而转嫁于百官军队的一种剥削方式。以下拟对明初俸赏折支与郑和下西洋之间的关系,进行具体的研究分析。

题　　名　**论明初洪武时期的山东海防**
作　　者　赵红
刊　　名　烟台大学学报(哲学社会科学版)
年 卷 期　2005年18卷4期
页　　码　454－460
摘　　要　明初洪武时期的海防与防御倭寇、海盗侵扰密不可分。明初洪武时期，山东是遭受倭寇侵害较为严重的地区。明太祖采取各种措施加强山东海防：一是与日本进行外交交涉，但以失败告终；二是厉行“海禁”政策，虽对防御倭寇起到了一定作用，但其负面影响更是深远；三是加强海防建设，包括建设水军、设置沿海卫所、建立海防工事等，并取得了显著成效。由于明太祖励精图治，洪武时期的山东海防部署日臻完善，初步形成了以卫所为中心、水陆配合的海防体系。但是，透析这些措施可以看出，明初洪武时期的海防政策在发挥积极作用的同时，已呈现出日趋消极保守的态势。

题　　名　**论明初辽东海运**
作　　者　张士尊
刊　　名　社会科学辑刊
年 卷 期　1993年5期
页　　码　116－122
摘　　要　明朝初年，明太祖朱元璋为了解决辽东十余万兵马的粮饷供应问题，采取了一项重要措施，这就是充分利用海运。它体现了朱元璋英明的战略思想。海运措施的实施，对东北边防的稳定与巩固起到了积极的作用。

题　　名　**论明初外交使节**
作　　者　朱亚非
刊　　名　海交史研究
年 卷 期　1993年24期
页　　码　78－86，111

题　　名　**论明初与榜葛剌国交往及沈度麒麟图**
作　　者　常任侠
刊　　名　南洋学报
年 卷 期　1948年5卷2期

题　　名　**论明初造船与郑和出使船舶**
作　　者　于正江，时间
刊　　名　郑和研究
年 卷 期　1995年3期
页　　码　23－25

题　　名　**论明初浙江与朝鲜和南洋诸国的交往**
作　　者　周莉萍
刊　　名　赣南师范学院学报

年 卷 期　2008 年 4 期
页　　码　91－95
摘　　要　明朝在初期与海外各国均建立了友好关系，并通过朝贡贸易方式确立海外诸国与明朝的藩属关系，与海外各国的联系空前密切，尤其是郑和七下西洋，推动了中外经济文化交流。浙江作为明代初期重要的对外贸易基地，在中国与朝鲜和南洋诸国的交往中起到了重要作用。

题　　名　论明代潮州抗倭的“邹堂之捷”
作　　者　郑智勇
刊　　名　汕头史志
年 卷 期　1996 年 3 期
页　　码　88－91

题　　名　论明代的朝贡贸易
作　　者　晁中辰
刊　　名　山东社会科学
年 卷 期　1989 年 6 期
页　　码　79－85
摘　　要　明王朝处于十四世纪至十七世纪，这在世界史上是一个航海事业大发展、世界面貌发生急剧变化的时期。正是在这样一个大有作为的时代，明王朝却一反宋元以来大力发展海外贸易的旧制，将海外贸易严格限制在“朝贡贸易”的范围内，从而对中国社会产生了极为重大的影响。这无疑是一个很重要和值得进行深入探讨的问题。

题　　名　论明代的朝贡贸易
作　　者　田培栋
刊　　名　郑和研究
年 卷 期　2000 年 2 期
页　　码　16－21，33
摘　　要　明初，屡次发布诏令，严禁沿海军民出海贸易。海外贸易完全由明政府控制，洪武十六年，始给朝贡诸国“勘合号簿”，永乐二年，又发置缴外土官“信符金牌”等，这两种凭证都是作为贸易时的依据。这种把商业关系纳入朝贡形式之中的朝贡贸易，无疑对宋元以来私人繁荣的海外贸易是一次严重的破坏与逆转，也是中国对外贸易史上的一种新形式。

题　　名　论明代的海禁
作　　者　晁中辰
刊　　名　山东大学学报（哲学社会科学版）
年 卷 期　1987 年 2 期
页　　码　120－127
摘　　要　明代实行海禁，这在以前历代王朝是不曾有过的。它开了一个很坏的先例，对中国历史的发展产生了极大的影响。本文拟对明代海禁的原因、实施及其所产生的影响等问题，作一初步的探讨。

题　　名　**论明代的海禁政策**
作　　者　刘成
刊　　名　海交史研究
年 卷 期　1987 年 12 期

题　　名　**论明代的睦邻政策——中国古代传统“邦交”思想的沉积**
作　　者　郭渊，王静
刊　　名　长白学刊
年 卷 期　2005 年 1 期
页　　码　94－98
摘　　要　中国传统文化的深沉积淀，深刻地影响着明代对周边国家的外交行为，主要体现在重邻倚邻，亲仁善邻；强基固本，以德服邻；避战慎战，宁边安邻；礼义为先，厚往薄来；恩威并重，怀柔羁縻。郑和下西洋所体现的睦邻政策，是今天中国政府所推行的“与邻为善，以邻为伴”政策的重要源泉和理论基础之一，对思考我国未来的周边安全战略不乏历史借鉴意义。

题　　名　**论明代的市舶管理**
作　　者　邓端本
刊　　名　海交史研究
年 卷 期　1988 年 13 期

题　　名　**论明代的私人海外贸易**
作　　者　晁中辰
刊　　名　东岳论丛
年 卷 期　1991 年 3 期
页　　码　88－93
摘　　要　综观有明一代的私人海外贸易，大体可以分为三个阶段：洪武至弘治时为前期。由于明王朝厉行海禁，私人海外贸易只能在暗中艰难进行；正德、嘉靖两朝为中期，私人海外贸易得到较快发展，并出现了一些大的海商集团；隆庆至明末为后期，私人海外贸易终于冲破海禁，出现了前所未有的繁荣。

题　　名　**论明代福建妈祖信仰的特征**
作　　者　刘福铸，王连弟
刊　　名　中国海洋大学学报（社会科学版）
年 卷 期　2006 年 4 期
页　　码　10－15
摘　　要　明代妈祖信仰比之宋元时代，在封号等方面都显得衰微，但因为自永乐朝始采取相对开放政策，海上经贸活动增加，加上十多批次册封琉球使者以及郑和等太监使团的出洋，均与福建和妈祖信仰有关，因此明代福建的妈祖信仰在传播的范围、方式等方面，却都得到一定的发展，呈现出较明显的一些特征，也反映出福建在明代妈祖信仰传播进程中占有十分重要的地位。

题　　名　**论明代福建商人的海洋开拓**
作　　者　徐晓望

刊　　名　福建师范大学学报(哲学社会科学版)
年 卷 期　2009 年 1 期
页　　码　112－117,172
摘　　要　福建海商在明代实行海禁的特殊情况下,仍控制了浙江和广东沿海的海上贸易,几乎垄断了当时中国的对外贸易市场。本文通过研究明代福建沿海的漳州、泉州和福州三大海商的特点,阐述福建海商在当时以及现今对中国海上贸易的影响。

题　　名　论明代徽州海商与中国资本主义萌芽
作　　者　唐力行
刊　　名　中国经济史研究
年 卷 期　1990 年 3 期
页　　码　90－101
摘　　要　徽州海商是明代嘉隆年间"倭寇海盗"的中坚力量。近年来,由戴裔煊先生发起的对"倭寇海盗"的重新评价,已引起史学界的关注,并有数位学者继其后,从不同的角度,为早已盖棺论定的"倭寇海盗"正名。他们一反传统的观念,指出嘉隆年间的"倭寇"不同于万历年间的真正倭寇;所谓倭寇海盗实际上是不顾封建地主阶级的海禁,出海从事正常贸易的无以为生的农民、市民及各阶层的人民;"倭寇海盗"是在中国资本主义萌芽已经生长的时代出现的,它们与封建统治者之间的阶级斗争的实质是海禁与反海禁之间的斗争,是国内的阶级斗争。这些见解恢复了历史的本来面目,也是笔者深为赞同的。但是,由于他们对"倭寇海盗"与中国资本主义萌芽的关系论证还不够充分,尤其是对资本主义萌芽的认识仍受传统观念的束缚,没有在理论上和方法论上有所突破,因而对"倭寇海盗"性质的界定仍不明确,这就影响到对"倭寇海盗"反抗运动性质的认识和评价。本文拟从剖析徽州海商的经营活动入手,进而探讨"倭寇海盗"与中国资本主义萌芽的关系,并就中国资本主义萌芽问题略陈浅见。

题　　名　论明代回回的朝贡贸易
作　　者　胡云生
刊　　名　回族研究
年 卷 期　1997 年 2 期
页　　码　37－55,104
摘　　要　明代"回回"释义;回回朝贡贸易的缘起;回回朝贡贸易概观;回回的贡品及朝贡回回的来源;回回朝贡贸易的历史意义。

题　　名　论明代会同馆与对外朝贡贸易
作　　者　魏华仙
刊　　名　四川师范学院学报(哲学社会科学版)
年 卷 期　2000 年 3 期
页　　码　16－21
摘　　要　明代会同馆在明代朝贡贸易较为兴盛的前期、中期分别由兵部及兵部和礼部掌管。会同馆对于贡使从吃、喝、穿、住到看病、交易等方面给予照顾,以体现天朝大国"怀柔远人",其目的是彼此相安。同时明朝统治者也对海外诸国朝贡贸易作出了限制,采取封闭自守政策,从而妨碍了中国人对海外世界的认识。

题　　名　**论明代山东海防与山东沿海社会的发展**
作　　者　赵红
刊　　名　泰山学院学报
年 卷 期　2009 年 5 期
页　　码　83 – 87
摘　　要　明代,海防是影响海疆开发的重要因素。作为国家整体海防链条中的重要一环,山东海防促进了山东海滨城镇的兴起和发展,改善了山东沿海农业垦殖的落后局面,影响了山东海疆地域文化的构建和传承,保护了山东海运的顺利开展。当然,山东海防中的某些错误政策的实行,也制约了山东向海洋空间发展的步伐。明代山东海防的这种"双刃剑"作用启示我们,海防除御敌外,还应该着眼于促进国家海洋经济的建设和发展,谋求沿海社会经济、文化等各方面的全面进步。这为我们今天的海防建设提供了有益借鉴。

题　　名　**论明代实行海禁的原因——兼评西方殖民者东来说**
作　　者　晁中辰
刊　　名　海交史研究
年 卷 期　1989 年 15 期

题　　名　**论明代市舶司制度的演变**
作　　者　陈尚胜
刊　　名　文史哲
年 卷 期　1986 年 2 期
页　　码　55 – 61
摘　　要　长期以来,我们对海外贸易管理制度史缺乏足够的注意和研究。本文试图以明代市舶司制度演变为线索,考察由唐宋元明四代市舶司制度向清代行商制度与海关制度演变的过程。

题　　名　**论明代市舶太监牛荣走私案**
作　　者　王川
刊　　名　海交史研究
年 卷 期　2000 年 37 期
页　　码　84 – 87

题　　名　**论明代台湾北港的崛起**
作　　者　徐晓望
刊　　名　台湾研究
年 卷 期　2006 年 2 期
页　　码　48 – 52
摘　　要　北港又名大员、台员、安平,它是明代台湾最有名的港口。谁是北港的最早开发者？有人认为:是荷兰人建立热兰遮城后,才有了大员港;也有人以为:是日本商人在台湾的鹿皮贸易造就了北港;其实,福建渔民才是北港最早的发现者,明代北港最早是一个渔港,而后成为贸易港口。在北港的发展史上,闽粤移民起了极为重要的作用。即使其后荷兰人占据了北港,但福建商人仍在北港占有重要地位。

题　　名　**论明代倭患产生及其泛滥的原因**
作　　者　刘文兵
刊　　名　山东理工大学学报(社会科学版)
年 卷 期　2003年19卷3期
页　　码　40-43
摘　　要　倭患产生于动乱的日本,由日本封建统治阶级组织、支持境内的浪人武士,支持他们到中国沿海地区劫掠。由于明朝中后期政治日益腐朽,贪污之风盛行,武备愈益废弛,再加上假倭、西方殖民者的参与,使倭患到嘉靖时达到最泛滥的程度。

题　　名　**论明代倭寇及御倭战争**
作　　者　蒯伯赞
刊　　名　中苏文化
年 卷 期　1940年6期
页　　码　45-54

题　　名　**论明代厦门湾周边港市的发展**
作　　者　徐晓望
刊　　名　福建论坛(人文社会科学版)
年 卷 期　2008年7期
页　　码　67-72
摘　　要　明代漳州的月港与采州的安平港相继成为对外通商的大港。它们分别代表了漳州商人与采州商人的利益。二者商人集团利益的相融,导致厦门港的崛起。本文考证厦门湾三个港口相继崛起的过程。

题　　名　**论明代漳州月港**
作　　者　陈自强
刊　　名　福建论坛(社科教育版)
年 卷 期　1982年2期
页　　码　89-92
摘　　要　明代,“闽人通番,皆自漳州月港出洋”。月港(今龙海县海澄),在漳州城东南五十里,因“其形如月而得名”。该港为九龙江出海处,江面开阔,淡咸相接,潮汐吐纳。其港道从海澄港口起,沿南港顺流往东,经海门岛,至九龙江口的圭屿,再经厦门岛出外海。明代宗景泰四年,月港海外贸易开始兴起。从明宪宗成化十年,到明神宗万历年间约一百五十多年时间,月港逐渐走向全盛阶段。

题　　名　**论明代漳州月港的历史地位**
作　　者　陈自强
刊　　名　海交史研究
年 卷 期　1983年5期

题　　名　**论明代郑和下西洋的军事性质与作用**
作　　者　何平立

刊　　名　军事历史研究

年 卷 期　1991 年 2 期

页　　码　120－130

摘　　要　英国研究中国科技史的著名学者李约瑟曾指出："明代海军在历史上可能比任何亚洲国家都出色，甚至同时代的任何欧洲国家，以致所有欧洲国家联合起来，可以说都无法与明代海军匹敌。"确实，明代郑和率领规模巨大的船队七下西洋，(1405－1433 年)，远航印度，阿拉伯和非洲，不仅是中国航海史上的伟大壮举，而且亦对世界历史具有重要意义。

题　　名　论明代中后期海外贸易思想

作　　者　施瀚文，龚抗云

刊　　名　探求

年 卷 期　2004 年 2 期

页　　码　44－47

摘　　要　明代中后期，开放海外贸易论者肯定海外贸易对沿海地区财政和人们生活的重要性，提出了许多积极的海外贸易管理政策。本文通过分析明代中后期开放海外贸易思想的主要观点及其本质，揭示了明代中后期海外贸易思想的发展轨迹以及它对社会发展的历史导向。

题　　名　论明代中前期中朝使臣的走私贸易

作　　者　王剑

刊　　名　吉林大学社会科学学报

年 卷 期　2003 年 5 期

题　　名　论明嘉靖年间倭寇的性质

作　　者　范中义

刊　　名　明史研究

年 卷 期　2003 年 8 期

题　　名　论明嘉靖中期倭寇的性质

作　　者　张声振

刊　　名　学术研究

年 卷 期　1991 年 4 期

页　　码　69－73，77

摘　　要　明嘉靖中期，国内外贸易状况日趋复杂，国内阶级矛盾日益尖锐，倭寇猖獗，海禁与反海禁斗争，错综复杂地交织一起。明统治者把这种状况简单地概括为倭寇问题，从而增加了识别的难度。一为了更好地认识嘉靖中期倭寇的活动及其性质，需要简略地回顾倭寇的发生以及与其相关联的但又必须加以区别的一些基本情况。

题　　名　论明末清初发展对外贸易的历史机遇

作　　者　张晓堂

刊　　名　北京工商大学学报(社会科学版)

年 卷 期　2008 年 23 卷 5 期

页　　码　109－114

摘　　要　明末清初，中国的商品经济有一定的发展，国内市场初步形成，人们对商业与贸易有了较深的认识，商人的社会地位明显提高，许多国家都有开展对华贸易的强烈愿望，中国的商品具有很强的竞争力，海商实力非常雄厚，历史给了中国发展对外贸易的难得机会。

题　　名　**论明末清初福建对日走私贸易**

作　　者　满霞，荆晓燕

刊　　名　山东教育学院学报

年 卷 期　2009 年 3 期

页　　码　105－108

摘　　要　明中叶后，广东、福建、江浙等地的中日走私贸易逐步发展起来。到明末清初这一时期，福建地区的对日贸易特别活跃，超过了广东和江浙。这是由多种原因共同促成的：明末隆庆开禁的地点就在福建漳州月港，虽然“严禁贩倭奴”，但海商还是想尽办法通过月港赴日贸易；在明末清初特殊的政治环境下，郑氏海商集团以福建为基地，垄断了东南沿海的对日贸易。这些因素都为福建对日贸易的发展提供了契机。

题　　名　**论明末清初西方科技的输入**

作　　者　倪学德

刊　　名　湖南师范大学社会科学学报

年 卷 期　1994 年 4 期

页　　码　84－89

题　　名　**论明末清初漳州区域市场的发展**

作　　者　徐晓望

刊　　名　中国社会经济史研究

年 卷 期　2002 年 4 期

题　　名　**论明末援朝抗倭之得失**

作　　者　关庆凡

刊　　名　黑龙江史志

年 卷 期　2008 年 1 期

页　　码　9－10

摘　　要　1592－1598 年中朝两国在联合御倭战争过程中取得了巨大胜利，但明朝也因此国力大耗，辽东边防大坏，满族乘机起兵，阶级矛盾、民族矛盾激化，致使明朝在不到半个世纪后终告灭亡。尽管如此，援朝抗倭的必要性应予以肯定，因为它不仅粉碎了日本吞并朝鲜进而侵略明朝的罪恶企图，而且进一步巩固了中朝关系。

题　　名　**论明清的海寇**

作　　者　古鸿廷

刊　　名　海交史研究

年 卷 期　2002 年 41 期

页　　码　19－35

摘　　要　近年来,学术界对“海洋中国”的研究兴趣和贡献日益增加。与此同时,对明清时期在海洋中国中扮演重要角色的海寇亦渐成研究的课题。明清两代具备高度活跃力的海寇,因其特殊性及势力之巨大,引起许多国内外学者专家的兴趣和注意。本文研究建立在过去的学术成果上,除了对海寇的宏观历史背景分析外,将以王直、曾一本、林道乾、林凤、郑氏集团和蔡牵等重要海寇集团为例,探讨明清海寇的崛起、没落及其所处的时代特征与意义,并将焦点放在海寇的活动特色,试图解释为何这些在海上称霸一时的海寇,未能为我国在海外开拓疆土和殖民海外。

题　　名　论明清福州城市发展及其重商习俗

作　　者　徐晓望

刊　　名　闽江学院学报

年 卷 期　2008年29卷1期

页　　码　34－39

摘　　要　明清时代福州的工商业有很大发展,城市扩展很快,五口通商前后,福州仅次于广州是东南沿海排名第二的城市。福州人以工商为生,养成了重视商业的习俗,他们为了谋生跑遍福建及东南沿海的大小城市,各地的三山会馆是他们经商成功的见证。福州人勇于海外探险,富有开拓进取精神。

题　　名　论明清广东国际贸易与近代中泰之关系

作　　者　梁嘉彬

刊　　名　中泰文化论集

年 卷 期　1957年

题　　名　论明清海洋经济中权力与金钱的交易

作　　者　陈东有

刊　　名　南昌大学学报(社会科学版)

年 卷 期　1998年29卷2期

页　　码　111－117

摘　　要　明清时期(主要是16世纪至19世纪中叶)中国海洋经济发展中,专制王权和腐败的官僚制度对这一经济过程的破坏作用,主要表现是在中央朝廷的“禁”和“通”的政策实施中地方政府及有关部门官僚吏员对中外商人的盘剥与勒索行为。这种行为的实质就是利用各种政策所赋予的特权与金钱交易。这种行为的结果是,由于可以通过金钱买到经济活动中的一定程度的自由,使中国的海洋经济有了一条可以发展的生路;但是权钱交易的祸害更大,专制王权和腐败的官僚制度对海洋经济的垄断管制极大地限制了中国海洋经济的顺利发展。这是中国在300多年中由强大转而衰落的主要原因之一。

题　　名　论明清环渤海区域的海洋发展

作　　者　杨强

刊　　名　中国社会经济史研究

年 卷 期　2004年1期

页　　码　9－16

摘　　要　“环渤海区域”是中国海洋社会经济史框架下的一个概念。环渤海区域是以渤海和黄海北部海域为中心、包含有自然、经济、社会诸子系统的多层次综合的区域系统,经济系统在其中起主导作用。明清时期是本区海洋发展的关键时期。这一时期,本区的海洋开发日趋活跃并逐渐融为一体,区域内部和区域外海洋世界的经济联系更趋紧密,初步展现了海洋区域的活力和发展潜质,提升了本区地位。

题　　名　**论明清青花瓷业海洋性的成长——以“漳州窑”的兴起为例**
作　　者　王新天,吴春明
刊　　名　厦门大学学报(哲学社会科学版)
年 卷 期　2006 年 6 期
页　　码　61－68
摘　　要　明清青花瓷业发展、变化的一个主要特点是海洋性的成长,漳州窑的兴起是其中的典范。漳州窑的兴起是景德镇窑青花瓷业向闽粤沿海空间转移的一个直接成果,其青花瓷业的形成是模仿明代中后期以来景德镇青花瓷业技术的产物。漳州窑的兴起根植于以东南沿海为中心的环中国海海洋社会经济文化体系,以月港为中心的闽粤沿海海洋社会经济的繁盛和葡、西、荷等西方洋船的东渐,是漳州窑兴起的外在拉力。

题　　名　**论明清时期澳门商贸经济的发展**
作　　者　陈衍德
刊　　名　厦门大学学报(哲社版)
年 卷 期　1999 年 4 期
页　　码　42－47

题　　名　**论明清时期的茶叶政策**
作　　者　李绍祥
刊　　名　东岳论丛
年 卷 期　1998 年 1 期
页　　码　70－74

题　　名　**论明清时期的造船与外贸**
作　　者　李绍强
刊　　名　东方论坛
年 卷 期　2001 年 1 期
页　　码　62－66
摘　　要　中国古代自夏朝开始造船并在汉代开通海外贸易以来,官私外贸以双轨制的形式随造船与航海技术的发展而发展,到宋元时期达到极盛后被明清的海禁政策所改变,从而导致了中国造船与外贸的整体性衰落,使中国减少大量转口利润和丧失走向世界机会的同时,延长了封建社会的存在。

题　　名　**论明清时期福建海洋社会官民力量的交争**
作　　者　蓝达居
刊　　名　海交史研究
年 卷 期　2003 年 43 期
页　　码　112－121

题　　名　**论明清时期福建中心港市的发展**
作　　者　蓝达居
刊　　名　南方文物
年 卷 期　2005 年 3 期
页　　码　86－89
摘　　要　港市是指以海上通商贸易为主要经济特征的海港城市,它具有地理属性,是特定的时空座落,又是一种经济区域和一种人文区域,因而港市是一种复杂的自然人文现象。港市的生成与发展,是福建社会发展的一个重要人文传统。以福州、泉州、漳州及厦门四大港市为中心的闽海港市体系的发展,在中国海洋人文发展史上占有突出而重要的地位。由于港市的长期发展,使闽海区域成为中国海洋人文发展最为活跃的区域之一。

题　　名　**论明清时期山东半岛与朝鲜的交往**
作　　者　朱亚非
刊　　名　山东师范大学学报(人文社会科学版)
年 卷 期　2004 年 49 卷 5 期
页　　码　81－85
摘　　要　山东半岛与朝鲜隔海相望。自古以来,山东半岛居民与朝鲜居民就多有交往。明清时期,山东半岛在中朝交往中发挥了重要的作用,成为中朝之间经济文化交流的桥梁和援助朝鲜反击倭寇侵略的战略基地,同时山东半岛在西学对朝鲜的传播与中日朝商品贸易方面也起到了重要作用。

题　　名　**论明清小说中汪直的复杂形象**
作　　者　聂红菊
刊　　名　前沿
年 卷 期　2009 年 9 期
页　　码　192－195
摘　　要　汪直作为明代倭寇现象的核心人物之一,一直以来备受关注。人们对其毁誉参半,这使得明清小说中对汪直形象的塑造出现了多样化,汪直有通倭海盗,汉奸走狗,好汉商人,海上帝王等多重形象。透过小说中汪直的复杂形象,也可看到当时一部分知识分子的思想状态。

题　　名　**论明清以来儒者关于妈祖神性的定位**
作　　者　徐晓望
刊　　名　福州大学学报(哲学社会科学版)
年 卷 期　2007 年 2 期
页　　码　9－10,73
摘　　要　明代中期,儒者在朝廷中的影响越来越大,许多儒者将妈祖信仰视为淫祀,地方官往往采取撤毁妈祖庙的措施。清代初年,康熙帝仍然沿袭儒者贬低民间信仰的传统。迄至信奉道教的雍正皇帝上台,官府才开始大力推崇妈祖信仰。受其影响,儒者编制了妈祖为林孝女的神话。民国初期,文化界再一次掀起毁淫祠的活动,但林孝女祠仍被保留下来。

题　　名　**论明清之际中国海疆政策的失误**
作　　者　刘庆

刊　　名　郑和研究
年 卷 期　2000 年 1 期
页　　码　43 – 48
摘　　要　中国自古以来就拥有漫长的海岸线，拥有星罗棋布的海上岛屿和辽阔的海洋国土，聪慧勇敢的各族人民在这里垦山耕海，靠自己勤劳的双手获取“渔盐之利”和“舟楫之便”。然而从先秦至宋元几千年间，历代王朝对海疆的治理往往着眼于维护中央对地方的统治，没有也不可能涉及诸如对付来自海上的入侵、经略海洋国土、保护海外贸易和海上交通线等一系列问题，也就无法产生真正意义上的海疆政策。

题　　名　论明神宗与援朝御倭战争
作　　者　朱法武
刊　　名　东岳论丛
年 卷 期　2010 年 1 期
页　　码　53 – 58
摘　　要　16 世纪末发生在明、朝、日之间的援朝御倭战争是东亚朝贡体制下的重要事件，对明、朝、日三国都产生了深远的影响。在战争过程中，明神宗的决策是战争取得胜利的重要因素，而其在战争、议和之间立场的摇摆不定与他的外交理念、对形势的把握、个人性格特征是分不开的；战争进一步恶化了明朝的政治经济形势，但对明神宗的作用应该加以肯定。

题　　名　论明太祖对外政策的变化及失败
作　　者　陈尚胜
刊　　名　社会科学战线
年 卷 期　1991 年 2 期

题　　名　论明王朝海禁之害
作　　者　薛国中
刊　　名　武汉大学学报（人文科学版）
年 卷 期　2005 年 2 期
页　　码　11 – 170
摘　　要　明王朝建立后不久，为巩固其专制统治，厉行海禁，并定为基本国策。海禁从其本意来说，主要是针对中国人民（首先是东南滨海居民）的，“以海道可通外邦，故禁其往来”。与此同时，也极力限制乃至阻止海外客商进入中国贸易，亦海禁之义。这一政策极大地损害了中华民族的利益，严重影响中国历史进程。

题　　名　论明中期以后的海外贸易
作　　者　晁中辰
刊　　名　文史哲
年 卷 期　1990 年 2 期
页　　码　90 – 94
摘　　要　明中期以后，海禁政策日渐松弛，私人海外贸易得到迅速发展。尤其是隆庆元年部分解除海禁以后，更出现了前所未有的繁荣，白银大量地流入中国，商品经济迅速发展，东南沿海地区最早出现了资本主义萌芽。国内生产力的提高是社会发展变革的根本原因，但在一定历史条件下，外部因素的影响也不可忽视。在此期间,海外贸易的发展与中国资本主义萌芽的滋生、成长几乎同步进行。

题　　名　论南京宝船厂遗址出土舵杆与郑和二千料宝船匹配关系
作　　者　郑明,张纬康,纪刚 等
刊　　名　郑和研究
年 卷 期　2006 年 1 期
页　　码　51－59
摘　　要　借郑和下西洋 600 周年纪念活动的东风。复原研究郑和宝船。不仅能正确评价历史。保护历史遗产。而且具有政治、外交、文化、科技和经济方面的多重意义。

题　　名　论南京郑和遗迹的历史文化价值
作　　者　郑一钧
刊　　名　郑和研究
年 卷 期　2004 年 F07 期

题　　名　论欧阳利见督师镇海之役
作　　者　欧阳友徽
刊　　名　零陵学院学报
年 卷 期　1986 年 2 期
页　　码　56－60

题　　名　论蓬莱出土的高丽古船在韩国船舶史上的意义
作　　者　崔云峰,金成俊
刊　　名　海交史研究
年 卷 期　2007 年 52 期
页　　码　99－108
摘　　要　1984 年和 2005 年在山东省蓬莱市所发掘的 4 艘古船中,根据船体舷板的连接方式判断,第 3 号船和第 4 号船公认为是高丽船。由于蓬莱第 4 号船的船体的残存量很少,因此无法推断其原来的结构特点,但被称之为高丽船的第 3 号船,因其比较完整地保存了船底板、舷板以及其他相关部件,可供我们推断其结构特点。第 3 号船的舷板是采用传统韩船的制造方式进行连接,在船体内部并没有设置加龙木而是采用设置隔舱板的方法提高船体的横向强度。韩国船舶史界普遍认为传统的韩船是通过设置加龙木来提高船体的横向强度,因此蓬莱出土的高丽古船,在韩国的学术界乃至在中国的学术界都引起了相当大的争论。在这篇论文中,准备初步探讨拥有隔舱板的韩国古船——蓬莱 3 号船,在韩国船舶史研究方面带来的意义;同时回顾－下所谓"在韩船中没有隔舱板"观点的形成过程,以及在考察蓬莱高丽古船的发掘概况和结构特征的基础上,重新整理其他学者对蓬莱 3 号船的有关观点。

题　　名　论普陀山南海观音之形成
作　　者　贝逸文
刊　　名　浙江海洋学院学报(人文科学版)
年 卷 期　2003 年 20 卷 3 期
页　　码　26－31,76

摘　　要　普陀山南海观音源自古印度南滨海，经由斯里兰卡等南海诸国传入。南海观音在民间被普遍视为“慈航普渡”、“救苦救难”的海上保护神，其形成与航海关系密切。由于普陀山具备了对外交流的地域与人文优势，故南海观音在魏晋之际已有流布迹象，并于南朝萧梁时期成形。

题　　名　论戚继光的军事改革

作　　者　李鹏青
刊　　名　军事历史研究
年 卷 期　1989 年 3 期
页　　码　117－127

摘　　要　戚继光的名字，在我国明代史上是与抗倭斗争联系在一起的。因而明以后的历代学者，对于戚继光的研究，也多是客观地记叙他在抗倭战争中的英雄业绩，而很少研究他的军事改革实践和经验。然而，当我们认真考察了戚继光军事活动的全过程之后，就不难发现，戚继光不仅是战功赫赫的一代名将、民族英雄，而且是一位勇于改革、锐以创新的军事改革家。他无论是在东南沿海的抗倭战争中，还是在镇守蓟门边防期间，都是通过切合实际的改革，来达到提高军队战斗力、平定倭患、巩固边防的目的。可以这样说，戚继光通过改革，展报国胸怀，成功的改革实践又使戚继光名扬后世。本文拟从戚继光军事改革的历史背景、改革的重要内容、改革成功的原因和对今天军事改革的启示等三个方面，加以简略的论述。

题　　名　论戚继光的军事思想——纪念戚继光逝世四百周年

作　　者　朱清泽，童来喜
刊　　名　军事历史
年 卷 期　1988 年 1 期
页　　码　44－48

摘　　要　明代抗倭民族英雄戚继光(1528 年 11 月 12 日—1588 年 1 月 5 日)，不仅是一位英勇善战的著名将领，而且是一位具有独到见解的军事理论家。他戎马生涯 40 余年，身经百战，屡建奇功，在建设国防、练兵和作战过程中，继承和吸取历代军事思想之精髓，总结了自己练兵、育将、作战的实践经验，写下了《纪效新书》、《练兵实纪》等著名兵书，正确地处理了继承和发展，冷兵器与火器，技术与战法，士卒与将帅，军人与军队，军事与政治诸方面的关系，丰富了我国古代军事学的宝库。他的军事思想，是中国古代军事思想宝库中的一颗明珠。本文仅从以下三个方面对其军事思想进行探讨。

题　　名　论秦代以前越族船舶制造业的发展

作　　者　林琳
刊　　名　中央民族大学学报(哲学社会科学版)
年 卷 期　1997 年 4 期
页　　码　30－33

摘　　要　古代越族是分布在我国东南和南方广大地区的一个大族群，这个大族群在古代一段漫长的历史时期内曾被称为“百越”(又称为“百粤”)。正如《汉书·地理志》颜师古注引臣瓒说：“自交趾至会稽，七八千里，百粤(越)杂处，各有种姓”“族以百称”，说明种类繁杂，分布颇广。古代越族不仅是组成我国统一的多民族大家庭历史发展中不可缺少的成员，而且对缔造祖国历史文明曾作出过卓越贡献。造船和操舟泛海，是古代越族对祖国历史文明的重大贡献之一。

题　　名　论秦汉时期越族船舶制造业的发展

作　　者　林琳

刊　　名　贵州民族研究
年 卷 期　1999 年 4 期
页　　码　62 – 69

题　　名　**论清朝闭关锁国政策的历史根源及其教训**
作　　者　常筑
刊　　名　贵州大学学报(社会科学版)
年 卷 期　2001 年 5 期
页　　码　50 – 57
摘　　要　研究历史的最终目的,是为了以史为鉴,以免重蹈覆辙,因此应充分挖掘其现实意义。清代的闭关锁国政策给中国社会带来了严重的后果,导致了近代中国落后挨打的被动局面。因此,国家要发展,闭关是不行的,必须坚定不移地实行对外开放的基本国策,才能弥补过去闭关锁国造成的损失,加速发展。

题　　名　**论清朝闭关政策对国内经济的影响**
作　　者　王建花
刊　　名　中北大学学报(社会科学版)
年 卷 期　2008 年 1 期
页　　码　7 – 10
摘　　要　通过论述清朝前期具有保守主义性质的闭关政策的内容,说明闭关政策是封建专制和蒙昧主义的产物。它的主要内容不是为限制外商而制订的公行制度和《防范外夷条例》,而是对国内人民在经济、文化上的限制。其主要目的是保护小农经济,防止封建经济解体,以维护封建统治者的专制统治。通过论述闭关政策对国内工商业和资本主义发展的阻碍作用以及对航海、外贸的影响,来证明闭关政策总体上是保守落后的,是近代中国经济逐渐落伍的主要原因之一。

题　　名　**论清朝对台湾的统一**
作　　者　许正文
刊　　名　陕西师范大学继续教育学报
年 卷 期　2000 年 17 卷 4 期
页　　码　51 – 54
摘　　要　台湾自古以来是中国的神圣领土,可是到了 16 世纪中期,台湾成为西方列强争食的对象。1662 年郑成功收复台湾、光复祖国领土的业绩在中华民族的历史上写下了光辉的一页。1683 年清王朝统一台湾,设立台湾府,以后随着经济、人口的不断发展,正式设立台湾省,实现了祖国领土的大一统。

题　　名　**论清朝舰队巡历海外华埠**
作　　者　庄国土
刊　　名　华侨华人历史研究
年 卷 期　1990 年 1 期
页　　码　36 – 41
摘　　要　晚清时期,清朝政府改变了敌视海外华侨的政策,采取了一系列措施保护和拉拢华侨,旨在利用华侨的经济力量为国内的洋务活动服务,进而试图控制海外华人社会,使华人社会保持对清朝政府的效忠。派舰巡历海外华埠就是其中的重要措施之一。

题　　名　论清朝前期的闭关政策

作　　者　张光灿

刊　　名　宁夏大学学报(人文社会科学版)

年 卷 期　1985 年 2 期

页　　码　20－25

摘　　要　清朝前期实行的闭关政策,主要包括两方面内容:一方面,严格禁止或限制大陆人民出海贸易;另一方面,严格管制和限制外国商人来华贸易。这一政策的形成,经历了近半个世纪,含康、雍、乾三朝的漫长过程。

题　　名　论清朝前期国际贸易政策中内外商待遇的不公平问题——对清朝对外政策具有排外性观点的质疑

作　　者　陈尚胜

刊　　名　文史哲

年 卷 期　2009 年 2 期

页　　码　101－111

题　　名　论清朝前期海外贸易政策的"非闭关性"

作　　者　李想,杨维波

刊　　名　湛江师范学院学报

年 卷 期　2008 年 29 卷 4 期

页　　码　64－67

摘　　要　虽然清政府在前期实行了禁海、一口通商、公行制度以及对外商来华贸易的种种限制措施,但这并非就是闭关性的政策。实际上清政府实行的是一种带有封建垄断性的、建立在严格管理基础上的对外开放的"非闭关性"政策。

题　　名　论清初的"海禁"

作　　者　陈柯云

刊　　名　首都师范大学学报(社会科学版)

年 卷 期　1980 年 1 期

页　　码　38－44

摘　　要　关于清初的"海禁",史学界较流行的看法是:它破坏了中外贸易,严重阻碍了中国资本主义萌芽的发展,是造成我国封建经济长期停滞不前的一个重要原因。实际上,这种观点是值得商榷的,清初的"海禁",时间很短,共计不足三十年,它的起因既不是以中断海外贸易为目的,而施行的结果,也并没有中断和严重减少海外贸易。显然,那种认为清初的"海禁"严重阻碍了中国资本主义萌芽发展的观点,是和历史实际不符的。

题　　名　论清初的"海禁"与资本主义萌芽

作　　者　陈柯云

刊　　名　首都师范大学学报(社会科学版)

年 卷 期　1983 年 2 期
页　　码　58 – 65
摘　　要　清初虽然实行了“海禁”,对海外贸易造成一些不利的影响,但就全国来说,社会经济仍然获得较快地恢复和发展。至康乾盛世,商品经济超过前代的发展水平,资本主义萌芽比明代也有一些发展。那种认为清初的“海禁”严重阻碍甚至扼杀了资本主义萌芽的论断未必符合历史实际。

题　　名　论清初的“海禁”与资本主义萌芽——与陈柯云同志商榷
作　　者　林祥瑞
刊　　名　首都师范大学学报(社会科学版)
年 卷 期　1981 年 4 期
页　　码　80 – 84
摘　　要　《北京师院学报》1980 年第一期发表了陈柯云同志《论清初的“海禁”》一文,该文对认为“海禁严重阻碍了中国资本主义萌芽”这一史学界较流行的看法提出商榷的意见。陈同志明确指出:清初的“海禁”,时间很短,共计不足三十年,它的起因既不是以中断海外贸易为目的,而施行的结果,也并没有中断和严重减少海外贸易。显然,那种认为清初的“海禁”、“严重阻碍了中国资本主义萌芽发展的观点,是和历史实际不符合的”。我们认为清初的“海禁”尽管时间“不足三十年”,起因“不是针对当事存在的资本主义萌芽”,但是它所造成的恶果,却严重地阻碍了资本主义的萌芽。现把意见写出来,希望引起深入的探讨。

题　　名　论清初统一后的台湾海防
作　　者　卢建一
刊　　名　福建论坛(人文社会科学版)
年 卷 期　2003 年 3 期
页　　码　105 – 108
摘　　要　清初统一台湾后,台湾作为沿海数省之门户,其海防战略地位得以确立。清朝统治者开始重视台湾的海防建设,在台湾驻兵之多、设防之周密,均史无前例。从客观效果上看,自清初统一后到鸦片战争前的一个多世纪中,台湾海防曾对东南海疆安定发挥过积极作用。

题　　名　论清代茶叶贸易的社会影响
作　　者　陶德臣
刊　　名　史学月刊
年 卷 期　2002 年 5 期
页　　码　90 – 95
摘　　要　清代是中国茶叶外销兴盛时期。由于世界茶叶市场的需求拉动和国内茶叶生产的发展,茶叶出口量迅速扩大,成为中西贸易的核心商品,获取了丰厚利润。茶叶贸易对发展茶叶生产、改善交通运输、活跃金融、繁荣经济,产生了积极影响,并成为外交和军事斗争的重要武器。

题　　名　论清代的“禁教”与“防夷”——“闭关主义”政策再认识
作　　者　王先明
刊　　名　近代史研究
年 卷 期　1993 年 2 期

页　　码　97－106

摘　　要　清朝适逢其时，迎头撞上了中西文化交汇激荡的浪潮。面对中西文化的两极相逢，清朝断然推出"闭关主义"政策，以应付这千古未有之奇变，从而，对于中国社会在世界历史进程中的路向选择和发展轨程，产生了极大影响。

题　　名　**论清代的闭关政策**

作　　者　谢俊美

刊　　名　历史教学

年 卷 期　1979 年 10 期

页　　码　16－21

摘　　要　关于清代闭关政策，目前中外学者在史书论著中有着一些不同的看法，归纳起来，主要有以下几种：一种认为：闭关政策"是对于十六世纪以后欧洲的海盗商人的不法行为的一种合理的答复"，是"弱者对抗强者的一种自卫手段"，它具有保护封建经济，防范资本主义入侵的作用。一种认为：闭关政策是资本主义国家和封建国家"两种通商制度的矛盾"，而这个矛盾则是"两个社会制度矛盾的表现"。"对外闭关并不就是造成中国科学技术相对落后的原因"。

题　　名　**论清代奉天与内地间粮食海运贸易**

作　　者　谢景芳

刊　　名　辽宁师范大学学报

年 卷 期　1989 年 3 期

页　　码　82－88，81

摘　　要　由于清代的闭关锁国政策及东北实行的封禁政策，史学界一般认为清代的海运贸易是不足称道的，尤其是内地与东北地区的海运贸易更不会是值得注意的问题。然而事实恰恰相反，清代中期，不仅沿海商业活动相当活跃，且内地与东北地区的粮食海运贸易尤其发达，甚至在相当程度上冲击以致破坏了清廷闭关政策的施行，对清代中期社会的稳定和东北边疆的开发有着重大的影响。本文试就清代奉天与内地间粮食海运贸易诸问题作一初步探讨。

题　　名　**论清代福建的妈祖信仰特色**

作　　者　刘福铸

刊　　名　浙江国际海运职业技术学院学报

年 卷 期　2006 年 3 期

页　　码　31－35，41

摘　　要　通过调查挖掘相关史料，文章论述了清廷的对台用兵，活跃的闽商海上贸易，闽商热衷兴建天后宫、会馆和普遍奉祀妈祖，是清代福建妈祖信仰兴盛的主要原因。同时说明妈祖信仰普及福建全省后，其功能发生一定嬗变，呈现出一些不同的地域特色。

题　　名　**论清代福建妈祖信仰的兴盛及其原因**

作　　者　刘福铸

刊　　名　武汉科技大学学报（社会科学版）

年 卷 期　2007 年 9 卷 2 期

页　　码　186－190

摘　　要　以史料为依据,论述明末清初郑成功收复台湾、清廷对台用兵、海上闽商集团增多、各地闽商兴建会馆天后宫等,是促使清代福建妈祖信仰兴盛的主要原因。当妈祖信仰普及福建全省后,呈现出了一些不同的特色。

题　　名　论清代海上机动作战能力的丧失

作　　者　王宏斌,孟庆奇

刊　　名　史学月刊

年 卷 期　1997 年 5 期

页　　码　19－27

摘　　要　清朝战船管理体制不良,导致战船修造质量不断变劣,性能退化。为了保持战船对民船的某种优势,清廷设法将民船的制造工艺、规格等限制在便于控制的低水平状态,这是用法律强制手段阻止中国造船业与航海业的进步。在战船缺乏改良机制情况下,民船制造业如果能够自由发展,还可以为战船改造提供动力和必要的技术;而限制了民船工艺的进步,等于作茧自缚,完全断绝了战船改造条件,严重束缚了国家海上力量的成长。

题　　名　论清代前期的禁海闭关

作　　者　汪敬虞

刊　　名　中国社会经济史研究

年 卷 期　1983 年 2 期

页　　码　4－16

题　　名　论清代前期的闽台对渡贸易政策

作　　者　黄国盛

刊　　名　福州大学学报(社会科学版)

年 卷 期　2000 年 14 卷 2 期

页　　码　54－56,132

摘　　要　清朝统一台湾后,即开始弛海禁,允许福建厦门与台湾鹿耳门进行单口对渡贸易,后在闽台人民私航活动的推动下,逐步改为指定多口对渡贸易。清代闽台对渡贸易政策的实施和不断调整,有力地将海峡两岸社会经济推入了新的发展时期。

题　　名　论清代前期的闽台对渡贸易政策(续)

作　　者　黄国盛

刊　　名　福州大学学报(社会科学版)

年 卷 期　2000 年 14 卷 3 期

页　　码　14－18,105

摘　　要　清朝统一台湾后,即开始弛海禁,允许福建厦门与台湾鹿耳门进行单口对渡贸易,后在闽台人民私航活动的推动下,逐步改为指定多口对渡贸易。清代闽台对渡贸易政策的实施和不断调整,有力地将海峡两岸社会经济推入了新的发展时期。

题　　名　论清代前期对外经济交往的阶段性特点

作　　者　谢必震,黄国盛

刊　　名　福建论坛(文史哲版)
年 卷 期　1992 年 6 期
页　　码　52－58,72

题　　名　**论清代前中期广东对外贸易的若干特殊政策**
作　　者　邓开颂
刊　　名　中国社会经济史研究
年 卷 期　1988 年 3 期
页　　码　26－30
摘　　要　从清初至鸦片战争的一百九十六年间,由于广东独特的地理条件、经济情况和历史传统,清政府在全国实行严格的外贸管理政策的同时,对广东的海外贸易实行了一些特殊政策和灵活措施。本文谨就这些政策的实施情形及其社会影响作一粗浅评述,以求教于致力清代对外贸易史的专家学者。

题　　名　**论清代水路漕运方式的演变及其社会经济影响**
作　　者　张照东
刊　　名　社会科学战线
年 卷 期　1989 年 2 期
页　　码　190－197
摘　　要　水路漕运作为江南粮米输往京师的主要运输方式,曾经在清王朝的经济生活中占有重要地位。但迄今为止,史学界对这方面的论述却寥若晨星。本文根据已公布的故宫有关档案,结合有关文献资料,试就清代水路漕运方式演变的过程、原因及其社会经济影响作些初步考察,以期有助于清代经济史研究。

题　　名　**论清代台湾籍水师提督王得禄**
作　　者　徐明德
刊　　名　浙江大学学报(人文社会科学版)
年 卷 期　1990 年 20 卷 1 期
页　　码　88－94
摘　　要　王得禄是一位具有大陆血统的台湾籍水师将领,身经百战,英勇顽强,清代中期为平息东南沿海盗患作出了一定的贡献。本文拟对王得禄将军的历史地位等一些重要问题进行探讨,以就教于政界和史学界。

题　　名　**论清代政府的治台政策——以施琅与清初大陆移民渡台之规定为例**
作　　者　李祖基
刊　　名　台湾研究
年 卷 期　2001 年 3 期
页　　码　89－96
摘　　要　康熙二十二年,清政府削平了台湾的明郑政权。次年,又采纳了施琅的建议,将台湾收归版图,设立一府三县,派官治理。其后为了防止台湾再度成为所谓的“盗薮”,有关方面对祖国大陆人民渡台制定了相关的政策,规定祖国大陆人民须先在原籍申领照单,再经厦台两地之查验方得进入台湾;移民渡台时不得携伴家眷及粤地为海盗渊薮,禁其民渡台,等等。由于迄今为止大家都未见到这一规定的相关的原始史料，所以学术界对清初移民渡台政策颁行的时间、具体的内容以及这一政策的制定是否与当时担任福建水师提督的施琅有关等问题上有不一同的看法。本文试结合相关史料对这些问题作了尹进一步的探讨，并提出自己的看法，祈请专家学者批评指正。

题　　名　**论清代中国的东方明珠——浙江乍浦港**
作　　者　徐明德
刊　　名　清史研究
年 卷 期　1997 年 3 期
页　　码　36－48

题　　名　**论清代中英茶叶贸易**
作　　者　苏全有
刊　　名　聊城大学学报(社会科学版)
年 卷 期　2004 年 2 期
页　　码　58－63
摘　　要　鸦片战争前的中英茶叶贸易以东印度公司为主体，存在着发展中的不发展的问题。而至鸦片战后，刚步入兴盛期，这与茶价、供需及国家政策有关。进入 19 世纪 60 年代，由于印度茶的竞争，中英茶叶贸易趋于衰落。

题　　名　**论清方在甲午海战中的作战指导问题**
作　　者　张一文
刊　　名　军事历史研究
年 卷 期　1996 年 3 期
页　　码　106－112
摘　　要　百余年前爆发的中日甲午战争，是一次有海陆军参加的近代战争。由于两国之间横隔大海，海战的成败得失对整个战争的胜负具有举足轻重的影响。终因清方作战指导上的无能和一系列的失误，北洋舰队在战争中遭到全军覆没，从而加速了清方在整个战争中的失败。本文拟从作战指导的角度分析、评述北洋舰队战败的原因。

题　　名　**论清季轮船招商局的性质**
作　　者　夏东元，杨晓敏
刊　　名　历史研究
年 卷 期　1980 年 4 期
页　　码　55－66

题　　名　**论清季轮船招商局的资金外流**
作　　者　朱荫贵
刊　　名　中国经济史研究
年 卷 期　1993 年 2 期
页　　码　10－21

题　　名　论清季中国海军建设
作　　者　王琰
刊　　名　红河学院学报
年 卷 期　2004 年 2 卷 4 期
页　　码　47 – 55
摘　　要　清季中国近代海军之基在于福州船政，福州船政的兴衰系决于清廷发展海军的方针的演变，福州船政的兴衰和国防战略的演变则影响、决定着中国近代海军的兴衰。

题　　名　论清康熙时期的纳台争议与台湾开发政策
作　　者　汤熙勇
刊　　名　台北文献
年 卷 期　1995 年 114 期

题　　名　论清末北洋海防建设
作　　者　史滇生
刊　　名　军事历史研究
年 卷 期　1991 年 2 期
页　　码　91 – 100，68
摘　　要　鸦片战争后，海防建设逐步成为中国国防建设的重点。清政府在进行海防建设过程中，对北洋海防实行优先发展的政策，采取了许多措施着重加强北洋海防。北洋海防建设情况是清末海防建设的缩影。探析北洋海防建设的成败得失，总结其中的经验教训，是近代中国军事历史研究中一项有意义的工作。

题　　名　论清末福建船政学堂
作　　者　郑剑顺
刊　　名　厦门大学学报(哲学社会科学版)
年 卷 期　1985 年 S1 期
页　　码　97 – 107
摘　　要　福建船政学堂，也名求是堂艺局。1866 年 12 月 23 日(同治五年十一月十七日)，它伴随着福建船政局的创办而诞生，是一所“随厂学堂”。开办之初，在福州“城外先设学堂一处，城内暂设两处”。以后，船政局所在地马尾校舍落成，才迁到马尾。从诞生至 1912 年(民国元年)北洋政府接管，在清末经历了 46 年。探讨这所学堂创办的前因后果、性质及其影响，有助于对洋务运动和清末政治的认识，也是文化教育史研究不可忽视的课题。本文拟就这所学堂的创办意图、办理成效、性质和地位等方面略陈管见，以就教大家。

题　　名　论清末海外中华总商会的设立——晚清华侨政策研究之五
作　　者　庄国土
刊　　名　南洋问题研究
年 卷 期　1989 年 3 期
页　　码　83 – 90
摘　　要　十九世纪七十年代以后，晚清政府积极推行拉拢和控制海外华人社会的政策，先后在华埠建立数十处领事馆。但清朝领事馆的官方色彩较浓,既容易受到当地政府的掣肘,也经常受到海外康、梁信徒和孙中山革命党人的抵制和攻击。在清朝政府的一手扶持下,海外各华埠陆续建立中华总商会,使之作为领事馆的外围组织和华人社会的最高社团。华人社团组织产生甚早。各种社团组织一方面起了保护、组织华人的作用,但另一方面由于各自门户之见,沟壑极深,却影响了华人社会的整体统一。而超地域、帮派的中华商会的成立,终于使华人社会有一个统一的协调机构,对加强华人社会的团结及海外华人与祖国的关系起了极大的作用。

题　　名　**论清末济南、周村、潍县三地开埠**
作　　者　李岫
刊　　名　文史哲
年 卷 期　1995 年 2 期
页　　码　24－29

题　　名　**论清末洋务派的海防建设**
作　　者　李少莉
刊　　名　辽宁师范大学学报(社会科学版)
年 卷 期　1992 年 5 期
页　　码　75－79
摘　　要　自 19 世纪 70 年代清政府以抵御外国入侵为目的筹建北洋、东洋、南洋海军,到 1895 年中日甲午战争北洋水师威海卫全军覆灭,洋务派苦心经营二三十年,把海防建设列为国防建设的一项重要任务。纵观中国近代海防建设的全过程,其基本宗旨是抵御处侮的,并且起到一定的积极作用。今天,我们对洋务派的海防建设应予以肯定。

题　　名　**论清末之“自开商埠”**
作　　者　郑义风
刊　　名　天府新论
年 卷 期　1996 年 1 期
页　　码　77－80
摘　　要　所谓“自开商埠”是与“约开商埠”相对而言的。自《南京条约》开放五口通商以后,清廷相继开辟了近百处通商口岸,但都是在殖民者的恐吓、威胁下,按照不平等条约而开的,因而被称作“约开商埠”。而“自开商埠”则是清廷主动开放、利权归己的。

题　　名　**论清前期闽台海防对海外贸易的影响**
作　　者　卢建一
刊　　名　海交史研究
年 卷 期　2001 年 39 期
页　　码　107－114
摘　　要　本文主要探讨清前期闽台海防对海外贸易的影响,国家海防政策与经济的关系,以祈对改革开放、经济建设,提供历史借鉴。

题　　名　**论清廷收复台湾的决策过程**

作　　者　张晓松

刊　　名　漳州师范学院学报(哲学社会科学版)

年 卷 期　1999 年 1 期

页　　码　78 - 82,106

摘　　要　清廷收复台湾的决策过程,大致可以分为三个阶段:第一阶段从康熙初年至康熙亲政前一年(1662 年 - 1666 年);第二阶段从康熙亲政到康熙十六年(1667 年 - 1677 年);第三阶段从康熙十七年至康熙二十二年(1678 年 - 1683 年)。

题　　名　**论清政府对澳门的海关管理**

作　　者　杨仁飞

刊　　名　广东社会科学

年 卷 期　1993 年 2 期

页　　码　54 - 61

摘　　要　自明中叶澳门开埠贸易,明清政府一直对澳门的商贸活动进行有效的管理。清初在澳门设粤海关正税总口,建关部行署,委派旗员防御以直接方式辖理。这一设施对当时澳门的经贸活动和社会影响极大。本文拟对此作些分析,冀能较清晰地勾画出清朝在澳门设海关正税总口的来龙去脉及其管理体系、管辖功能的作用与演变。

题　　名　**论清政府与台湾郑氏集团的谈判和“援朝鲜例”问题**

作　　者　邓孔昭

刊　　名　台湾研究集刊

年 卷 期　1997 年 1 期

页　　码　66 - 74

题　　名　**论清政府自开口岸决策**

作　　者　周妤

刊　　名　前沿

年 卷 期　2010 年 4 期

页　　码　21 - 23

摘　　要　1887 - 1909 年,清政府为了适应世界经济发展形势,发展对外贸易、解决财政困难,宣布对外开放沿海和内地通商口岸 21 处,约占中国全部通商口岸的 1/3。中国政府充分拥有这些“自开口岸”的土地所有权、行政管理权、警察权等主权国家应该享有的权利,也不另设租界,外国人在这些口岸之中不享有“约开口岸”的特权。中国近代政府出台支持“自开口岸”的政策在客观上推进了各口岸及其周边地区的经济、社会发展和城市化进程,其经验对于现今中国各级政府灵活地、正确地处理对外关系、对外贸易、发展区域经济有着借鉴意义。

题　　名　**论日本“仿制三角缘神兽镜”的性质及其与所谓“舶载三角缘神兽镜”的关系**

作　　者　王仲殊

刊　　名　考古

年 卷 期　2000 年 1 期

页　　码　78－88,104

摘　　要　日本是周围皆海的岛国,其古代对外往来交通工具唯船,故以“舶载”二字表示从国外的输入。日本考古学上所称的“舶载镜”,是指从国外输入之镜。在古代日本的邻近诸国中,只有中国盛行制作铜镜(有时亦铸铁镜)。所以,“舶载镜”实际上是专指从中国输入的铜镜(偶尔亦有铁镜)。

题　　名　论日本出土的青龙三年铭方格规矩四神镜——兼论三角缘神兽镜为中国吴的工匠在日本所作

作　　者　王仲殊

刊　　名　考古

年 卷 期　1994年8期

页　　码　727－735

题　　名　论日本古代造船技术的发展

作　　者　辛元欧

刊　　名　船史研究

年 卷 期　1994年7期

题　　名　论日本遣隋使

作　　者　王心喜

刊　　名　历史教学

年 卷 期　2002年7期

页　　码　14－19

摘　　要　文章从日本遣隋使来华目的、遣使概况和遣隋使在中日文化交流中的地位与作用等方面进行了较为全面的论述。

题　　名　论日本推古朝的对华外交

作　　者　王顺利

刊　　名　外国问题研究

年 卷 期　1997年4期

页　　码　31－34

题　　名　论日本圆仁《入唐求法巡礼行记》对历史细节的描写

作　　者　鲜于煌

刊　　名　贵州文史丛刊

年 卷 期　2000年2期

页　　码　32－37,61

摘　　要　中国的正史不管是二十四史还是二十五史,都可以说是“官史”或“宫史”,再或者说是皇帝王朝的家族史。至于民间的稗官野史,那是很难登大雅之堂的。因此,可以说所有的正史它都有一个严重的先天不足:它缺乏来自民间的对历史若干细节的真实描写和记载。而日本圆仁所写的《入唐求法巡礼行记》(以下简称《入唐》),以他到中国十年的亲身经历,所描写和记载的都是耳闻目睹来自民间的事情,因此它正好弥补正史中的某些不足,起到珠联璧合、相得益彰的作用。

题　　名　论日僧空海对中日文化交流的贡献
作　　者　高文汉,李秀英
刊　　名　文史哲
年 卷 期　1999 年 2 期
页　　码　78 – 84
摘　　要　日僧空海曾随第 17 次遣唐使团留学长安,广泛涉猎密宗佛学、中国文学、文字学和书法等学科。回国后,他创立日本佛教真言宗即"东密",历久昌盛不衰。空海长于草书,并为创造日本文字平假名作出过贡献。他还尊奉孔子"有教无类"学说,创办了日本首家公学。他所著《篆隶字书》,为日本现存最早的汉字辞书。其诗论《文镜秘府论》,推动了日本汉诗的创作;诗词文赋集《遍照金刚性灵集》对传播中国文化起到巨大作用。

题　　名　论三角缘神兽镜所见古代日本对江南文化的吸收
作　　者　徐坚
刊　　名　东南文化
年 卷 期　2000 年 1 期
页　　码　69 – 72
摘　　要　三角缘神兽镜的研究是中日两国学界共同关注的课题。本文认为日本出土的三角缘神兽镜是长江中下游地区的吴镜传统在日本的延续,它是经南路进入日本的吴地铜镜本土化的结果。

题　　名　论三口通商大臣在晚清外交中的地位
作　　者　李新军
刊　　名　科教文汇(中旬刊)
年 卷 期　2008 年 9 期
页　　码　195
摘　　要　第二次鸦片战争以后,清廷迫于列强的压力开放更多的通商口岸,为了加强对北方口岸的管理,清廷设立了三口通商大臣,专门管理牛庄、天津、登州的三口通商事务。后来随着中西交往的日渐频繁,三口通商大臣的职能逐步扩大,其中重要的一项职能就是参与了晚清的外交。三口通商大臣在晚清外交中的地位如何,本文将进行分析。

题　　名　论沙劳越"橡胶经济"与福州籍移民
作　　者　詹冠群
刊　　名　海交史研究
年 卷 期　1999 年 35 期
页　　码　121 – 128

题　　名　论上海仓城漕运文化的商业化及其效益
作　　者　王辉,魏农建
刊　　名　山东省青年管理干部学院学报
年 卷 期　2009 年 2 期
页　　码　124 – 126

摘　　要　本文基于对上海仓城历史文化风貌区的实地调研，探讨了仓城漕运文化的商业化思路。仓城漕运文化的商业化应基于其独特的文化蕴涵，通过对仓城地区漕运文化氛围的整体性营造、创新性地设计漕运文化产品与服务，以及战略性地打造漕运文化产业链和历史文化产业集群，来有效地实现商业化。漕运文化商业化将给仓城地区的发展带来良好的经济效益和社会效益。

题　　名　**论沈葆桢维护主权与对外开放思想**
作　　者　孙佳
刊　　名　福建史志
年 卷 期　2004 年 3 期
页　　码　39 –42，49
摘　　要　对外开放与维护主权是中国近代两大突出主题。国家在遭受西方列强的侵略下，如何避免主权的丧失。成为晚清朝野内外必须面对和思考的问题。同时被迫打开国门的中国，又必须回答如何开放以及如何在开放中维护主权的问题。

题　　名　**论沈葆桢与近代中国海军的复兴**
作　　者　邓泳有
刊　　名　科技信息
年 卷 期　2009 年 2 期
页　　码　139
摘　　要　说到中国近代海军，我们绝不能忘记清末船政大臣沈葆桢，正是在他主持福州船政局的八年中，中国的造船工业从无到有，建成了当时亚洲最大的船厂——福州船政局，并利用该厂生产的轮船建立了中国近代第一支舰队，被誉为“中国近代海军之父”。他关于海军发展的一系列思想至今仍具有极高的参考价值，对当前我国发展远洋海军也具有重要的借鉴意义。

题　　名　**论沈葆桢与清政府治台政策的转变——以大陆移民渡台及理“番”政策为中心**
作　　者　李祖基
刊　　名　台湾研究
年 卷 期　2004 年 3 期
页　　码　59 –64
摘　　要　康熙二十二年（公元 1683 年），郑氏政权投降之后，清政府采纳施琅之建议，在台湾设立一府三县，派官治理，但对台湾之开发持消极之态度，如对大陆移民渡台实行限制，并禁止汉人进入“番”地等等。近代以后，随着台湾口岸的开放，外国势力的入侵，清廷消极治台政策的弊端日渐凸现，乃至成为列强窥伺觊觎的借口。

题　　名　**论施琅的历史评价**
作　　者　施伟青
刊　　名　东南文化
年 卷 期　1993 年 4 期
页　　码　121 –126
摘　　要　应如何对施琅作出历史评价？这是一个海内外史学界较有争议的问题。究其原因，既有史实问题，更有史学观点问题。本文就此淡谈个人的浅见。

题　　名　论施琅统一台湾的历史功绩
作　　者　陈梧桐
刊　　名　中国边疆史地研究
年 卷 期　1996 年 3 期
页　　码　17 – 27
摘　　要　本文着重探讨施琅在清初统一台湾中的若干问题，并对其一生的功过评价发表了看法。认为施琅在康熙初年两次征台，时机并不成熟。“三藩”之乱平定后，统一台湾的时机才告成熟。此时他再度受命出征，多次疏请专征之权。主要是为了确保征台的成功。而征台的胜利，除了清军政治、军事、经济上的优势，还应归功于施琅作战指导的正确。文章最后指出，施琅年青时代政治上尚不成熟。在民族矛盾极其尖锐之时两度降清，虽事出有因，毕竟有亏大节。后经京师 13 年官宦生涯的磨炼，他政治上日臻成熟，因而在海峡两岸力量对比和战争性质发生根本变化后，才得以充分施展政治和军事才能，成就其统台、保台、治台的光辉业绩而垂勋于史册。

题　　名　论施琅在闽台海防史上的地位
作　　者　李国宏
刊　　名　中共福建省委党校学报
年 卷 期　2004 年 3 期
页　　码　58 – 61

题　　名　论施琅在清统一台湾过程中的历史功绩
作　　者　郑以灵
刊　　名　史学集刊
年 卷 期　1993 年 4 期
页　　码　16 – 20
摘　　要　康熙二十二年(1683 年)，清朝平定了台湾，从而完成了国家的统一。这是台湾地方史上划时代的重大事件。施琅是平定台湾的关键性人物。

题　　名　论施琅在台湾问题上的高瞻远瞩——纪念清朝统一台湾 320 周年
作　　者　张杰
刊　　名　辽宁大学学报(哲学社会科学版)
年 卷 期　2003 年 31 卷 2 期
页　　码　50 – 56
摘　　要　康熙帝对台湾以招抚为主，在施琅多次上疏请求下，终于决定武力平台；在台湾用兵上，姚启圣主张乘北风出师，施琅上疏取得专征权，用南风进军完成祖国统一大业，在台湾弃留上，施琅力斥李光地放弃台湾的荒谬意见，促使清政府设防台湾，巩固东南海疆，并为康乾盛世的形成奠定了基础。

题　　名　论十九世纪五十年代初清海防奏议
作　　者　茅海建
刊　　名　贵州社会科学
年 卷 期　1985 年 9 期

页　　码　45－49

摘　　要　本文通过对十九世纪五十年代初清海防奏议的论述及分析指出，这些奏议反映了那个时代清帝及沿海疆吏的水平和能力，是清朝在第二次鸦片战争中失策的渊薮。

题　　名　**论十六世纪浙江双屿港国际贸易市场**

作　　者　徐明德

刊　　名　海交史研究

年 卷 期　1987 年 11 期

题　　名　**论十七世纪中国与南洋各国海上贸易的演变**

作　　者　林仁川

刊　　名　中国社会经济史研究

年 卷 期　1994 年 3 期

页　　码　40－47

摘　　要　十七世纪是中国海上贸易的转型期，随着中国封建社会的开始解体和东西方贸易势力的消长，中国与南洋各国的海上贸易发生了变化，以皇室为中心的封建专制政权的严格控制下的官方海上贸易逐渐为私人海上贸易所取代，成为海上贸易的主体。为什么会发生这一转变呢？是与当时国内外的形势分不开的。

题　　名　**论十三行的起源**

作　　者　赵立人

刊　　名　广东社会科学

年 卷 期　2010 年 2 期

页　　码　105－112

摘　　要　屈大均 1650 年为僧，法号今种，1662 年还俗。《澳门记略》收录释今种的诗作多首。这组诗记录屈氏 1662 年由广州航行至澳门途中，及逗留澳门期间的见闻和感慨，由此可判断屈大均《广州竹枝词》所述“洋船争出是官商……银钱堆满十三行”所记为康熙元年（1662）事。故十三行之出现，远早于康熙二十三年（1684）清政府设立粤海关开海贸易。梁廷枬《粤海关志》、裴化行《天主教十六世纪在华传教志》均可为佐证。《广东新语》又记是时经营外贸之“官商”为“揽头”，两者应属同一性质，惟“揽头”所指为商人，而“十三行”所指为商号。明代史料涉及“揽头”者不少，亦可为佐证。

题　　名　**论十四至十九世纪中国闭关锁国政策的历史教训**

作　　者　徐明德

刊　　名　中国水运史研究

年 卷 期　1987 年 2 期

题　　名　**论十四至十九世纪中国的闭关锁国政策**

作　　者　徐明德

刊　　名　海交史研究

年 卷 期　1995 年 27 期

页　　码　19－37

题　　名　**论市舶司性质和历史作用的变化**
作　　者　陆韧
刊　　名　海交史研究
年 卷 期　1988 年 13 期
页　　码　5 – 13

题　　名　**论市舶太监在唐代岭南之产生**
作　　者　王川
刊　　名　中山大学学报(社会科学版)
年 卷 期　2000 年 40 卷 2 期
页　　码　92 – 98
摘　　要　文章论述了市舶使的出现、市舶太监的出现及其产生于唐代岭南的原因。认为,市舶太监之产生,既与垄断“市舶之利”、搜求“南海宝货”有关,又是西汉以来中央王朝差遣宦官市物南海及主持南海贸易之传统的必然发展;此外,还与唐代的“宫市”、“宫市使”有一定关系。

题　　名　**论述妈祖信仰中的性别观念**
作　　者　叶烨,侯杰
刊　　名　学理论
年 卷 期　2010 年 26 期
页　　码　109 – 110
摘　　要　中国古代男权至上的社会形态,使得女性成为男性的附庸。神灵世界中亦同样存在性别差异。神灵自古以男性居多,但湄洲岛的妈祖从诸多神灵中脱颖而出,一跃成为“天后”,不仅在地位上超越了男性神灵,而且不论男女信众皆顶礼膜拜。这对男权社会而言似乎有违常理,但妈祖作为女神确实也融合了古代社会男女在性别地位上的差距。信仰的统一将减少性别带来的社会摩擦。不同性别在宗教中获取的诉求及充当的传播载体也不尽相同。

题　　名　**论宋朝海商在中外关系中的作用**
作　　者　黄纯艳
刊　　名　云南社会科学
年 卷 期　1995 年 5 期
页　　码　78 – 83,77
摘　　要　宋代把从事海外贸易的商人称为海商或舶商。宋代海外贸易是我国海外贸易史中的一个高潮。其中的推波助澜之功主要归之于那些航行于东西大洋的海商。由于两宋特殊的历史条件,海商空前地兴盛和活跃,并在当时中外政治、经济、文化交往中发挥了不可取代的作用。

题　　名　**论宋初泉州商人违禁海上走私高丽的背景与影响**
作　　者　陈丽华
刊　　名　黎明职业大学学报
年 卷 期　2007 年 2 期
页　　码　7 – 10

摘　要　宋初朝廷屡禁海商走私，而泉商走私高丽活动依旧活跃。评判泉商走私高丽不应只从经济方面看，全面考察其产生的政治背景和异地背景，正可探得泉州人冒险、开拓的海洋文化性格。泉商走私高丽客观效果上为泉州历史人文底蕴起到作用，殊具影响。

题　名　**论宋代瓷器外销的历史条件**
作　者　戴鸿文
刊　名　辽宁大学学报(哲学社会科学版)
年卷期　1994年5期
页　码　55－60
摘　要　中国瓷器的外销，始于晚唐，成熟、发展于宋代。宋代瓷器外销所以致盛，是因为宋代农、工、商业经济的发展，为瓷业繁荣提供了物质前提，而社会生活尚瓷与饮茶之风，也促进了瓷业的兴旺和竞争机制的产生、制瓷技术的加强，以致瓷业产品既多且美，在宋代造船航海业与海外贸易发达的条件下，瓷器外销空前发展。

题　名　**论宋代贸易港的布局与管理**
作　者　黄纯艳
刊　名　中州学刊
年卷期　2000年6期
页　码　165－169
摘　要　宋代是我国古代海外贸易得到较大发展的时期，港口数量显著增加是其中的重要标志之一。宋代以前，贸易港基本上是零星的点状分布，相对而言，宋代贸易港呈现出广南、福建、两浙三个自成体系的区域，各区域中有主导港、辅助港、附属港，主次分明，相互补充。其中两浙路港口数量最多，密度最大，机构设置也最完备，福建、广南又依次稍逊。这样的布局是由当地的经济、交通等自然条件所决定的，同时也与宋王朝的行政调控很有关系。宋政府还根据形势需要调整港口的开闭和机构设置。宋代在码头建设、货物屯放、港口安全等多方面都建立了较为完备的管理制度。宋政府对港口布局的调整和港务的管理体现了其对贸易既鼓励又控制的态度，也反映出宋代贸易制度较之前代更为完善。

题　名　**论宋代浙江与日本的文化交流**
作　者　徐吉军
刊　名　浙江学刊
年卷期　1993年5期
页　码　100－106
摘　要　宋代，是浙江与日本文化交流十分频繁的时期，在中日文化交流史上占有重要的地位。在当时，浙江是全国经济、文化最为发达的地区，而日本的文化也有了很大的进步，因此双方的文化交流呈现出全方位、多层次的特点。下面，作者就宋代浙江与日本的文化交流问题作一探讨。

题　名　**论宋金茶叶贸易**
作　者　杜文玉
刊　名　渭南师专学报
年卷期　1993年4期
页　码　69－76

摘　　要　南宋与金国之间的茶叶贸易,主要包括榷场贸易和走私贸易。不平等的贸易虽不利于金国经济的发展,却使南宋获益非小。尽管当时南北方分割为两个对峙的政权,但中华民族这个共同体内的经济联系却是任何力量也割裂不了的。

题　　名　**论宋元明时期妈祖信仰的传播**
作　　者　李少园
刊　　名　福建论坛(文史哲版)
年 卷 期　1997 年 5 期
页　　码　6 – 12

题　　名　**论宋元时期明州与高丽的友好交往**
作　　者　林士民
刊　　名　海交史研究
年 卷 期　1995 年 28 期
页　　码　27 – 34,86

题　　名　**论隋唐开发淮河流域交通的国策**
作　　者　周怀宇
刊　　名　安徽大学学报
年 卷 期　1999 年 5 期
页　　码　20 – 25
摘　　要　本文从区域经济史和交通史的角度对隋唐时期淮河流域交通事业进行考察,侧重对交通开发的轨迹与成就进行探索与总结。叙述了运河沿线、淮西琵琶沟、淮南鸡鸣冈、沂泗水系等重大的开发工程,勾勒了淮河流域五大骨干运输系统和纵横密布的水、陆交通网络。文中结合历史背景从决策层面分析,提出了一个新的认识,即封建国家顺应历史趋势的决策,淮河流域交通经济优势的特点,是淮域交通开发获得成就,产生社会历史效应的两个重要因素,修正了过去单一的归结为生产力发展的片面总结。

题　　名　**论隋炀帝开运河的历史作用——与林杰同志商榷**
作　　者　王义耀
刊　　名　学术月刊
年 卷 期　1964 年 3 期
页　　码　48 – 56,66
摘　　要　最高的抽象只能在最丰富的具体中产生,要使历史主义与阶级观点的关系这一理论问题的讨论更加深入,必须把它与具体历史问题的研究结合起来。这里我只想从隋炀帝开运河来探讨一下统治阶级的历史作用及其与劳动人民历史作用的关系。

题　　名　**论隋炀帝与大运河的开凿**
作　　者　李筑
刊　　名　贵州师范大学学报(社会科学版)
年 卷 期　1990 年 3 期
页　　码　54 – 58

摘　　要　在中国历史上,以暴君昭著于世的隋炀帝,却成功地组织了大运河的开凿。这一奇特历史现象的背景是什么?支撑隋炀帝的潜动力在哪里?是暴君的末路还是英雄的悲剧?本文试作探析,以就教于前辈。

题　　名　**论所谓"法显航渡美洲"说**
作　　者　张箭
刊　　名　世界历史
年 卷 期　1997 年 2 期
页　　码　98 – 106

题　　名　**论所谓海防与塞防之争**
作　　者　杨策
刊　　名　近代史研究
年 卷 期　1987 年 4 期
页　　码　54 – 71
摘　　要　清季同末光初之际,清朝政府内就国防战略决策问题,曾展开一场至关重要的讨论,史家向称此乃"海防"与"塞防"之争。又咸举李鸿章、左宗棠分别为两派之主要代表人物,而认为这是出诸淮系、湘系两个集团之争夺经费和扩张实力。近年来,更有论者进而认为这是一场爱国与卖国的斗争,认定凡主塞防者即系爱国派,凡主海防者即属卖国派。然钩稽史籍,众说不尽确当,实有辨明澄清之必要。

题　　名　**论所谓中国人发现美洲的问题**
作　　者　罗荣渠
刊　　名　北京大学学报(人文科学)
年 卷 期　1962 年 4 期
页　　码　73 – 78

题　　名　**论台湾民众在郑成功驱荷复台斗争中的作用**
作　　者　孙文广,李胜江,杜伟伟
刊　　名　军事历史研究
年 卷 期　2002 年 1 期
页　　码　28 – 36
摘　　要　1661 年 4 月至 1662 年 2 月,郑成功经过九个月艰苦卓绝的斗争,击败了荷兰殖民者,收复了祖国神圣领土台湾。在郑成功驱荷复台的准备和实施过程中,台湾民众在物资准备、军粮供给、情报搜集和武力配合等方面给予了极大的支持和援助。台湾民众的热情支援,鼓舞了郑军士气,增强了郑军的战斗力。更重要的是,它显示了中国人民合力抵抗外侮、要求收复祖国神圣领土的决心和意志,使得荷兰殖民者分裂中国的图谋在这种决心和意志面前遭到了可耻的失败。

题　　名　**论台湾与大陆汉民族的关系和交往**
作　　者　杨东晨,杨建国
刊　　名　固原师专学报
年 卷 期　2001 年 22 卷 2 期

页　　码　28－33

摘　　要　台湾群岛自古就是中国大陆的一部分，与福建地区密切相连，百余万年前华南的哺乳脊椎动物就从福建移入台湾。之后，大陆的智人约于五万年前徙入台湾。旧石器时代末与新石器时代，大陆的古越人又从福建或从迁入的南洋群岛徙入台湾，逐渐形成台湾地区的诸多氏族或部落。炎帝、黄帝的后裔在漫长的历史时期内相继迁入台湾，以及建国前大陆大批汉人的迁入，形成今日台湾约2100余万同胞。同时，从三国起，大陆王朝就与台湾有了交往，宋、元已在台湾设立行政机构，明末清初郑成功收复台湾后，又建立了尊奉明朝的郑氏王朝政权，清康熙帝统一台湾，建立了地方机构台湾府，派官员治理。其后，台湾省一直隶属于中国政府管辖。

题　　名　论太平军水营的兴衰

作　　者　管仕福

刊　　名　衡阳师专学报（社会科学版）

年 卷 期　1986年1期

题　　名　论太平天国时期海关自主权的沦丧

作　　者　李丽

刊　　名　学术交流

年 卷 期　2008年12期

页　　码　282－284

摘　　要　海关是监督对外贸易、管理关税的国家行政机构。但近代以来，由于列强的入侵，外国列强逐步取得了中国的海关行政管理权、关税自主权以及关税税款支配权。领事代征制度使海关行政管理权开始遭破坏，英、美、法三国税务监督组成的关税管理委员会的建立导致中国通商口岸的海关行政权完全控制在外国势力手中，领事对海关事务的干涉也大大加强，洋人控制税务司制度的建立标志着中国海关行政管理权的沦丧。《海关税则》的签订，使中国丧失了关税自主权，半殖民地性质的海关关税制度开始形成；《天津条约》及其附约的签订，加深了中国海关的半殖民地化。列强还利用各种手段，迫使清政府把关税作为战争赔款的抵押和向外国借款的担保，并最终取得了关税税款的支配权。

题　　名　论泰国华人社会中的妈祖信仰

作　　者　巫秋玉

刊　　名　莆田学院学报

年 卷 期　2008年15卷4期

页　　码　84－90

摘　　要　泰国的华人普遍崇信天后妈祖，尤其是福建人、潮州人和海南人，妈祖庙宇散布泰国各府县，妈祖信仰在泰国华人社会中具有相当的影响力，对泰国华人社会发展、华人成功融入泰国社会、泰国华人海洋经营以及中泰文化交流融合等方面都起着重要的促进作用。

题　　名　论谭纶对明代抗倭斗争的贡献

作　　者　朱崇业

刊　　名　社会科学战线

年 卷 期　1987年3期

页　　码　161－164

摘 要 倭寇对中国沿海的骚扰,始于元末明初,尤以在嘉靖年间为最烈。这一时期,由于倭寇侵袭,东南沿海苏、浙、闽、粤一带的社会经济和人民生命财产遭到了巨大的损失。当时在抗击倭寇侵略的斗争中,涌现出一大批爱国将领,其中最为人知的是戚继光和俞大猷。戚继光、俞大猷在抗倭斗争中,战功卓著,固然值得称道,但另一名将谭纶的功绩,同样不能忽视。笔者认为谭纶在抗倭斗争中的贡献,不在戚、俞之下。过去,史学界关于抗倭斗争的研究中,忽视了谭纶的重要作用。因此,笔者有必要就他对抗倭斗争的贡献作一论述,以弥补过去之不足。

题 名 论唐朝与新罗的文化交流
作 者 陈尚胜
刊 名 山东大学学报(社会科学版)
年 卷 期 1995 年 4 期
页 码 45 – 51

题 名 论唐代漕运及其影响
作 者 邵院生
刊 名 华北水利水电学院学报(社科版)
年 卷 期 2004 年 20 卷 1 期
页 码 49 – 50
摘 要 唐代漕运因袭汉代以来特别是隋朝的水运系统而得到蓬勃发展,对唐朝的政治稳定、经济繁荣起着举足轻重的作用,同时也对唐代文学特别是唐诗产生了深刻的影响。

题 名 论唐代的造船业
作 者 王赛时
刊 名 中国史研究
年 卷 期 1998 年 2 期
页 码 70 – 78
摘 要 船舶是水上交通以及商贸运输的工具,在唐代社会经济生活中起着重要作用。本文主要通过唐朝水上船舶的活跃程度与区域分布,来探讨当时的造船业规模,并对唐代船舶的类型结构和制造技术略作研究,以期大体勾勒出唐代造船业的历史风貌。

题 名 论唐代对外贸易的四大海港
作 者 沈福伟
刊 名 海交史研究
年 卷 期 1986 年 10 期

题 名 论唐代广州的海外交易、市舶制度与财政
作 者 陈明光,靳小龙
刊 名 中国经济史研究
年 卷 期 2005 年 1 期
页 码 107 – 115
摘 要 以往有不少论著把唐朝以广州为中心的海外交易视为国家财政收入的重要来源,这种论断值得重新考虑。本文区分帝室财政、国家财政、地方财政三个层面,结合其它财政制度,从海外进口商品构成、“收市”的财政意义、“进奉”的不同财政内涵、商税制度等方面,详加探讨,认为广州海外交易、市舶制度与唐朝财政的关系,最基本或最主要的关系是为帝室财政采购进口珍异,这对于国家财政是一笔不菲的财政支出;无论是国家财政收入或是地方财政收入,从广州海外贸易的受益均微乎其微。广州海外贸易、市舶制度在唐朝财政中的这种地位,除了受当时进口商品构成及帝室奢侈性消费需求的制约,还与在商品经济有待发展的社会经济背景之下,唐朝君臣利用商品交换手段理财的自觉性不高有关。

题　　名　**论唐代广州内外港与海上交通的关系**
作　　者　王元林
刊　　名　唐都学刊
年 卷 期　2006 年 22 卷 6 期
页　　码　22 – 28
摘　　要　唐代广州港分为扶胥港等外港和广州城等内港。扶胥港是中外商舶进出广州的必经之地,人们在此停泊一般与参拜南海神庙有关,扶胥港在中外商贸活动中作用有限。但其在护卫中外商贸交通,保证海上丝路畅通方面起到了重大作用。而广州对外贸易的繁荣与海上交通密不可分,广州城港不仅可利用珠江与广大腹地相连,而且直接与海外交通。广州城内外的相关官署和海阳等馆驿大都位于沿城南、城西的水滨,与海外贸易交通有关。唐代中后期历任广州地方官员的贪廉都对外贸的发展产生了一定的影响。

题　　名　**论唐代明州在中日航海史上的地位**
作　　者　丁正华
刊　　名　中国航海
年 卷 期　1982 年 2 期
页　　码　114 – 118
摘　　要　明州(今宁波)作为一个海港,在中日航海发展史上具有重要的地位。特别是在唐代,中日航海史上出现了重大的转折,明州港在这一历史转折中起了很好的作用。本文从航海史研究的角度,对明州港的形成及其历史地位进行了探讨。

题　　名　**论唐代内地与边疆的“互市”和“朝贡”贸易**
作　　者　管彦波
刊　　名　黑龙江民族丛刊
年 卷 期　2007 年 4 期
页　　码　84 – 88
摘　　要　唐王朝与边疆各民族之间除了以“互市”为主的贸易往来外,在唐王朝开疆拓土的一系列过程中,或通过武力威慑,或通过政治联姻,或通过遣使册封、赏赐,与边疆民族之间所达成的在政治上表示友好和隶属关系的“贡赐”贸易,也是一种不可忽视的经济贸易形式。

题　　名　**论唐代山东地区的新罗侨民村落**
作　　者　陈尚胜
刊　　名　东岳论丛
年 卷 期　2001 年 22 卷 6 期

页　　码　103－107

题　　名　论唐代扬州为鉴真东渡提供的社会基础
作　　者　许凤仪
刊　　名　唐都学刊
年 卷 期　2007 年 23 卷 4 期
页　　码　55－58
摘　　要　唐代扬州为全国第一大都市,著名国际通商口岸,全国和东南亚物资集散地。经济繁荣,物产丰盛;商贾云集,百货丰足;水运发达,造船业兴盛;手工业发达,工匠如云;佛教兴盛,高僧辈出;文人荟萃,文化昌盛,为鉴真东渡和文化传播提供了得天独厚的社会基础。

题　　名　论唐代中外僧侣的海上求法热潮
作　　者　张菁
刊　　名　江苏社会科学
年 卷 期　1999 年 4 期
页　　码　131－134
摘　　要　唐朝的高僧们曾经掀起过一场海上求法弘法热潮。为了弘传佛教,唐代高僧络绎不绝地从海路前往印度、日本等地求法弘法,形成一次取经的热潮。同期。亚洲各国的高僧泛舟而行,川流不息地来到中国求取佛经、弘扬佛门。华蕃僧侣的频繁往来对亚洲地区的文化发展起到了促进作用,对中外交通的发展,航海技术的提高也有着重要的意义。唐宋以来,我国海外贸易规模的不断扩大,航海技术的不断提高,为郑和的远航创造了极为有利的条件。

题　　名　论唐宋汴河
作　　者　马正林
刊　　名　陕西师范大学学报(哲学社会科学版)
年 卷 期　1986 年 3 期
页　　码　78－81

题　　名　论唐宋时期往来中日间的"明州商帮"
作　　者　虞浩旭
刊　　名　浙江学刊
年 卷 期　1998 年 1 期
页　　码　77－80
摘　　要　中日两国隔海相望,是一衣带水的邻邦,彼此交往有着两千余年的历史。特别是在唐宋时期,中日之间的交通贸易更加兴盛。此时的明州港成为对日交往的主要港口,一批以明州商人为主、以明州港为基地、以日本为主要贸易对象的明州商帮应运而生,在历史上发挥了重大的作用。

题　　名　论唐廷枢买办生涯的两重性
作　　者　胡海建
刊　　名　益阳师专学报
年 卷 期　2002 年 23 卷 4 期

页　　码　62－65

摘　　要　唐廷枢(1832－1892)是中国近代著名买办、实业家,又是清末洋务运动的重要官员。1863－1873年是唐廷枢从事买办生涯的十年。在这十年中他扮演了两重性角色:一方面凭自己的学识和能力为怡和洋行不断开创在中国的业务,为英国在华的经济侵略起到了推波助澜的作用,明显表现他的买办性;但另一方面,作为洋行的高级"打工仔",不信任和屈辱时时伴随着他,特别是在经营洋行的轮船业务中,作为中国人的唐廷枢强烈意识着要拥有自己的轮船招商局,从而表现出强烈的民族性。

题　　名　论唐廷枢与轮船招商局
作　　者　余德仁
刊　　名　河南师范大学学报(哲学社会科学版)
年 卷 期　1993年20卷1期
页　　码　1－6
摘　　要　唐廷枢及其业绩,在中国近代航运史上,特别是在轮船招商局的历史上,殊为占有一定的重要地位。兹届招商局成立120周年之际,将他与招商局关系以及居间发挥的相应作用撰文论述如后。

题　　名　论陶澍与道光丙戌海运
作　　者　陶用舒
刊　　名　江苏大学学报(高教研究版)
年 卷 期　1995年3期
页　　码　62－66

题　　名　论天津机器局
作　　者　孙占元
刊　　名　社会科学战线
年 卷 期　1989年2期
页　　码　198－203
摘　　要　天津机器局创办于清末洋务运动时期,它是继江南制造总局、金陵机器局、福州船政局之后清政府经营的又一个规模较大的办军事工业。本文试就该局的创办原因、经营过程作一些必要的探讨,并提出几点粗浅的看法。

题　　名　论通济渠系沿蕲水故道兴修
作　　者　戴兴华
刊　　名　宿州学院学报
年 卷 期　2008年2期
页　　码　42－43
摘　　要　隋炀帝兴修的通济渠后人称之为汴河、大运河。它并不是平地开挖的,而是对天然河道的"浚治加宽"。在河南省商丘以东至入淮河处主要是沿蕲水故道兴修的。《水经注·睢水》对蕲水多次作点击式记述。蕲水上游出自睢水,与睢水并行东来,其距离形成剪刀差,两水各自出口处已南北相距百里以上。

题　　名　论铜鼓纹饰上的越海船
作　　者　石钟健
刊　　名　中央民族学院学报
年 卷 期　1992 年 4 期
页　　码　29 - 35

题　　名　论外籍雇员与福州船政局
作　　者　甄进忠
刊　　名　中州大学学报
年 卷 期　2000 年 2 期
页　　码　11 - 13
摘　　要　本文主要论述了福州船政局雇佣外籍雇员的原因及外籍雇员在福州船政筹建、发展及派遣留学生等方面的作用,并分析了外籍雇员与清政府之间的关系。

题　　名　论晚明对台湾、澎湖的管理及设置郡县的计划
作　　者　徐晓望
刊　　名　中国边疆史地研究
年 卷 期　2004 年 3 期
页　　码　110 - 117,151
摘　　要　从万历后期开始,闽粤海盗以台湾为根据地,频频袭击台湾海峡的过往船只,日本、荷兰等国都有窥视台湾的计划。为了驱散台湾海盗及防御日本、荷兰的侵略,晚明福建官府有在台湾、澎湖驻军屯垦及设置郡县的计划。郑成功在台湾设置一府二县,使这一计划最终实现。本文详细考证了明朝在澎湖、台湾驻军与屯垦的计划及其实施过程。

题　　名　论晚明泉州区域市场与发展的瓶颈
作　　者　徐晓望
刊　　名　福建论坛(人文社会科学版)
年 卷 期　2009 年 8 期
页　　码　60 - 66
摘　　要　明代泉州区域市场发展的主要动力在于沿海区域的城镇化与对外贸易。而泉州城市和泉州山区诸县发展较慢,受惠于沿海区域的动力。但泉州沿海港口因交通问题缺乏广泛的内腹,也因粮食问题受制于海盗活动与朝廷的海禁政策,因而,晚明泉州的发展出现难以穿越的瓶颈,清代泉州发展迟滞,其原因在此。交通与缺粮两大问题在东南沿海是普遍性的。其中关键在于商品生产与市场发展不平衡。

题　　名　论晚清的子口税与厘金
作　　者　戴一峰
刊　　名　中国社会经济史研究
年 卷 期　1993 年 4 期
页　　码　78 - 87
摘　　要　晚清的子口税与厘金,关系异常微妙。两者在咸丰年间相继产生,此后则一直处于互为消长的关系中,并由此引出两者间的某种制约关系。而围绕着两者的矛盾关系,又有着晚清中央与地方财政

关系演化的复杂背景。对此,本文拟作一深入探讨。

题　　名　**论晚清海防建设观念的三大误区**
作　　者　张芳
刊　　名　军事历史研究
年 卷 期　2010年2期
页　　码　62－69
摘　　要　晚清海防建设历史教训是深刻而沉痛的,解读其海防建设观念中以自我为中心的海防安全观、非国家至上的战争利益观、浮于表面的局部改革观三个历史误区,无疑是学术界一件很有意义的事情。

题　　名　**论晚清海关行政管理体系及其运作——以海关人事管理为例**
作　　者　杨军
刊　　名　湖南科技学院学报
年 卷 期　2005年26卷12期
页　　码　40－45
摘　　要　晚清海关自外籍税务司制度建立以后,在整个海关系统逐渐推行了以西方文官制度为基础的行政管理制度,改变了旧海关的落后的封建的管理体系,创新了一套完整的现代行政管理机制,使海关管理绩效得到了很大的提高,为清政府提供了日益增多的税收。海关的人事制度、财务制度、稽核制度等在整个海关体系运作时,又是那样的协调和高效率,并对洋务运动及晚清管理现代化提供了示范。考察它内部的运行机制、特点、规律对晚清社会的影响应该是很有必要的。

题　　名　**论晚清海军教育的成功之处**
作　　者　陆儒德,刘绍志
刊　　名　航海教育研究
年 卷 期　1998年1期
页　　码　21－24,31
摘　　要　中国航海教育始于海军教育,晚清洋务派领袖以西方模式兴办水师学堂,力主向国外著名学校派遣海军留学生,使中国的海军和航海教育步入了近代教育,为海军培养出了大批杰出人才,加速了清朝海军近代化建设,其办学思想、教育制度和重视从实践中育才等方面值得借鉴和发扬。

题　　名　**论晚清海权思想与海防建设**
作　　者　唐纯立
刊　　名　科技信息
年 卷 期　2010年6期
页　　码　147－149
摘　　要　自1840年鸦片战争以来,清政府中的一些有识之士对国家所面临的来自海洋方向的严重危机有了较为清醒的认识,并陆续提出了一些应对之策,其中不乏远见卓识。然而大多数人的思想停留在海口防御上,海权观念极其淡薄,没有走向海洋的意识。19世纪70年代开始的近代海军的创建,也不是海权意识的产物,而只是用于看护家园,最终惨败收场。可见,没有成熟的海权思想作指导,是晚清海防建设衰败的一个重要原因。

题　　名　论晚清海洋经济思想的嬗变
作　　者　苏全有
刊　　名　河南师范大学学报(哲学社会科学版)
年 卷 期　2001 年 28 卷 3 期
页　　码　32 - 36
摘　　要　晚清海洋经济思想的发展,大致经历了三个阶段:四五十年代魏源等人的感性认识,这突出地表现在农商关系及对外贸易上;六十至九十年代郑观应等人的明确认识,主要内容是明确批判重农抑商,宣传重商、商战,流露出重工思想;甲午战后至清末张謇等人的成熟认识,主要内容是强调以工立国,力主推动经济一体化进程,着意于政治体制改革,以适应海洋经济的需要。关于晚清海洋经济思想嬗变的原因,乃我国对外贸易本身的长足发展,这可以从关税的迅速增长看出。而就其影响而言,从经济的角度说无外乎自然经济逐步瓦解。商品经济日渐发展,二者之间相互作用,是互动的关系。但是如果从文化的角度看则可发现,海洋经济思想的发展对晚清文化的西化、进化起着十分巨大的作用。中西冲突表现在经济上是海洋经济与内陆经济的对撞。结果我国的主体经济——自然经济分崩离析,日驱式微。经济西化了,建构在之上的文化西化当然不可避免。

题　　名　论晚清轮船与火车引进方式
作　　者　郑连明
刊　　名　福建论坛(人文社会科学版)
年 卷 期　1992 年 3 期
页　　码　62 - 66,74

题　　名　论晚清轮船招商局资金流失的原因
作　　者　李林
刊　　名　漯河职业技术学院学报
年 卷 期　2007 年 6 卷 4 期
页　　码　88 - 89
摘　　要　轮船招商局是部分淮系人物创办的全国第一家民用企业,在资金严重短缺的情况下,招商局资金严重流失,限制了招商局生产规模的扩大,究其资金流失的原因主要有二:其一是招商局内部监督机制不健全,其二是招商局所有权和经营管理权不统一。在此近一步探讨,仍具有现实的借鉴意义。

题　　名　论晚清上海的洋商与传教士
作　　者　周武
刊　　名　史林
年 卷 期　1999 年 2 期
页　　码　26 - 37

题　　名　论晚清上海作为全国外贸中心的影响力(1864 - 1904)——以外贸埠际转运为视角
作　　者　唐巧天
刊　　名　中国历史地理论丛
年 卷 期　2006 年 21 卷 3 期

页　　码　64－73

摘　　要　作为中国最早开放的通商口岸之一，上海开埠后即迅速跃升为全国对外贸易中心。上海通过与各口岸间的外贸埠际转运，将其外贸影响辐射至大半个中国，显示出其全国外贸中心的地位。本文利用系统的海关数据及文字报告，阐述了晚清上海外贸埠际转运在全国的地位、上海的外贸转运网络及其特点，以此为视角反映出晚清上海作为全国外贸中心的影响力。

题　　名　**论晚清时期福建船政局的员工管理**

作　　者　潘淑贞

刊　　名　福建师范大学学报(哲学社会科学版)

年 卷 期　2006年6期

页　　码　149－156

摘　　要　1866年创办的福建船政局，为了能制造自己的轮船，重金聘请法国工程师来闽教习指导，因此在管理上存在着明显不同的两种风格。在洋员方面，船政以合同来约束，有利于船厂洋员的管理，也有利于船政局接任者的执行和监督。华员方面，更多的则是借助船政大臣个人的威望和能力，管理上侧重于船政的日常管理。

题　　名　**论晚清招商局企业制度的内在矛盾**

作　　者　李严成，何宗军

刊　　名　湖北大学学报(哲学社会科学版)

年 卷 期　1999年26卷3期

页　　码　72－75

摘　　要　轮船招商局是中国第一家股份制公司企业。招商局企业制度是近代中国学习西方公司企业制度的产物，经历了“官督商办”、“民营”、“国营”三个阶段。本文着重论述了“官督商办”阶段招商局企业制度的内在矛盾性。通过分析招商局内部权力、利益关系，揭示出了招商局企业制度内部存在着一些自身无法克服的矛盾，并分析出了这些矛盾的深刻根源。本文的目的在于通过招商局企业制度内在矛盾的分析，为当前国有大中型企业建立现代企业制度提供一点有益的借鉴。

题　　名　**论晚清政府在南洋的设领护侨活动及其作用——晚清华侨政策研究之一**

作　　者　庄国土

刊　　名　南洋问题研究

年 卷 期　1983年3期

页　　码　48－58

摘　　要　清朝建立以后，一直对人民出国采取禁绝的态度。《大清律例》规定：凡无文引私渡关津者杖八十，若关不由门，津不由渡(别从间道)而越者杖九十。商人私入生番地、违禁下海等都在禁令之内。第一次鸦片战争打破了中国闭关锁国的状况。特别是第二次鸦片战争后，民族危机进一步加深，西方资本主义国家凭籍其“船坚炮利”，兵临城下，用武力逼迫清政府，掠夺更多的特权。咸丰十年(1858)，中英、中法续约规定：华民情甘出口、或在英(法)所属各处，或在外洋别地承工，俱准与英(法)民立约为凭，毫无禁阻。从此，出国之禁实际上是不废自废了。民族危机的加深迫使社会各阶层寻求自救与救国道路，洋务派的自强运动正是在这种背景下产生的。不同于满州贵族盲目排外、愚昧保守，一部分洋务派要求了解西方，学习西方，求富自强，改变现状。他们一定程度上逐步认识到华侨的潜在力量，希望华侨能在自强运动中起作用。因此，在对待华侨政策上，从十九世纪七十年代初以后起了较大的变化，从敌视华侨逐步改变为同情华侨、设领保护华侨,给予华侨在国内一定的政治、经济地位、藉以利用华侨的力量。护侨设领活动始于七十年代初清朝官员为保护秘鲁,古巴华工所作的努力。南洋的设领护侨活动正是清朝政府对华侨政策变化的产物。本文着重探讨清朝在南洋的设领护侨活动的背景、过程、作用,以期为现代华侨政策提供有益的历史教训。

题　　名　**论王景弘的历史功绩**

作　　者　郑一钧

刊　　名　郑和研究

年 卷 期　2004 年 3 期

页　　码　59－67

摘　　要　郑和下西洋,从 1405 年(明永乐三年)到 1433 年(明宣德八年),先后进行了七次大规模的航海活动,遍访亚非沿岸 30 多个国家和地区,在人类航海史上写下了光辉的篇章。郑和下西洋的壮举得以实现,除了依靠船队船舶性能优良,组织系统严密,掌握了先进的航海技术,更重要的,还在于有一批统领船队的杰出的航海家。在指挥郑和船队的航海家中,郑和与王景弘是其中最重要的人物。由于各种原因,以往人们在论及永乐、宣德年间七次下西洋的历史时,却很少研讨王景弘在下西洋事业中的地位与作用,未能充分肯定王景弘的历史功绩。这不仅对王景弘这个历史人物是不恰当的,而且郑和下西洋研究因此也缺少了一个相当重要的内容。所以,重视和加强对王景弘的研究,不仅是要给予他应有的评价,使其在郑和下西洋历史上有应得的一席之地,而且也有助于全面了解郑和下西洋的历史。

题　　名　**论望海埚之战**

作　　者　宗惠玉

刊　　名　延边大学学报(社会科学版)

年 卷 期　1989 年 Z1 期

页　　码　182－189

摘　　要　望海埚之战是发生在明永乐十七年(1419)的一次辽东抗倭战争。这次战争的胜利,有力地打击了元末明初以来为患于辽东半岛的倭寇,巩固了海疆,振奋了人心,并为以后的抗倭斗争积累了经验。历史文献对这一战争多有记载,可惜失之零散;中、日两国学者对这一战争也陆续有所研究,但考证者居多,全面论述者甚少。本文拟对望海埚之战做一全面地论述,以就教于国内外学人。

题　　名　**论魏源《海国图志·筹海篇》**

作　　者　张海鹏

刊　　名　松辽学刊(人文社会科学版)

年 卷 期　2002 年 6 期

页　　码　18－20

摘　　要　魏源是中国近代“开眼看世界”的先驱者之一,其《海国图志·筹海篇》系统体现了他的海防思想,《筹海篇》主张“以守为战”,“师夷长技以制夷”,“以夷制夷”,“以夷款夷”,阐述了一种攻守兼备的战略思想,其中“师夷长技以制夷”的思想,更使鸦片战争后的思想界有了较为明确的奋斗目标,为后人所效法。

题　　名　**论倭寇的南侵问题**

作　　者　段念兹

刊　　名　抗战与文化
年 卷 期　1940年11期
页　　码　3-6

题　　名　论我国茶叶对外贸易的起源和发展
作　　者　管家骝
刊　　名　茶业通报
年 卷 期　1986年1期
页　　码　32-35

题　　名　论我国古代航海和造船技术的成就——兼评中国海外交通史研究中的几个问题
作　　者　汶江
刊　　名　海交史研究
年 卷 期　1984年6期
页　　码　1-12

题　　名　论我国海防思想的演变与发展
作　　者　苏读史
刊　　名　中国军事科学
年 卷 期　1993年3期

题　　名　论我国海关的起源和发展
作　　者　周熊
刊　　名　上海师范大学学报(哲学社会科学版)
年 卷 期　2001年30卷3期
页　　码　52-57
摘　　要　中国海关产生和发展的历史,源远流长。只有坚持马克思主义历史唯物论的观点,才能通过正确分析中国古代社会历史发展不同阶段的政治和经济,寻访我国海关产生和发展的轨迹。认为古代海关远在封建社会初期就已经形成,或认为中国海关是19世纪的"舶来品"的观点,都是不正确的。探寻我国海关萌芽、成形和发展的历史,不仅对深化古代经济史和海关史的研究,而且对今天建设具有中国特色的现代海关制度,都具有现实意义。

题　　名　论吴朴的海洋意识
作　　者　陈自强
刊　　名　漳州师范学院学报(哲学社会科学版)
年 卷 期　2008年3期
页　　码　112-116
摘　　要　吴朴在《龙飞纪略》一书中往往在记述史事之后加上"臣按",以表达己见。其中数十条涉及海外交通贸易的有关问题,对明政府的海禁政策颇有微词,主张发展海外交通,开展互市,听民贸迁,显示鲜明的海洋意识。这些按语还有助解读《渡海方程》的某些内容。

题　　名　论吴越国的海上外交

作　　者　何勇强

刊　　名　杭州师范学院学报(社会科学版)

年 卷 期　2001 年 3 期

页　　码　22－27

摘　　要　吴越国自钱鏐起即确立了尊崇中原、对抗淮南的对外战略,它在发展与海外诸国的政治关系上是服从于这一战略大局的。但它与这些国家的关系在政治的定位上有所不同,它对契丹称臣,对高丽、百济等国则以宗主国的身份行使册封之权,在日本面前也以臣属自居,这反映了在外交上的务实政策。

题　　名　论五代吴越国与日本的交往

作　　者　王心喜

刊　　名　海交史研究

年 卷 期　2004 年 45 期

页　　码　29－38

题　　名　论五口通商后徽州茶商贸易重心转移

作　　者　王国键

刊　　名　安徽史学

年 卷 期　1998 年 3 期

页　　码　44－49

摘　　要　目前,学术界对徽州茶商研究十分重视,陆续取得了一批学术成果,但是,五口通商以后徽州“洋庄”茶贸易重心从广州到上海的战略转移,还缺乏深入研究,笔者试就这一问题作一些粗浅探讨。

题　　名　论五口通商时期的鸦片走私及英国对华鸦片政策的确立

作　　者　付娟

刊　　名　西南民族大学学报(人文社科版)

年 卷 期　2005 年 5 期

页　　码　344－346

摘　　要　鸦片是危害近代中国人的一大毒瘤,而鸦片贸易合法化政策则是这一毒品的保护伞。本文通过分析五口通商时期的鸦片走私情况,英国政府对鸦片走私认识的转变过程,以及鸦片贸易对英印财政收入的影响程度,从英国的角度探讨了英国确立对华鸦片贸易合法化政策的原因和目的,因此就从侧面说明,鸦片贸易合法化,英国起了主要作用,应负主要责任。

题　　名　论五口通商时期的中西贸易

作　　者　黄家信

刊　　名　广西师范大学学报(哲学社会科学版)

年 卷 期　1999 年 35 卷 1 期

页　　码　76－79

摘　　要　五口通商时期是中国社会历史的一次大转型时期。这时期的中西贸易具有不平等性质,也有剧烈竞争的性质,而且中优西劣明显。不平等性质的中西贸易使得中国对外贸易的主动权逐步落到外国列强手中,中国社会经济逐渐陷入了半殖民地半封建社会的深渊。

题　　名　论五口通商时期清政府的鸦片政策
作　　者　黄兰,王淑玲
刊　　名　博物馆研究
年 卷 期　1998 年 2 期
页　　码　42 - 44

题　　名　论五口通商时期香港与内地的贸易制度
作　　者　曹英
刊　　名　湖南商学院学报
年 卷 期　2010 年 3 期
页　　码　32 - 36
摘　　要　香港在近代中国的沿海贸易中具有非常特殊的地位,五口通商时期是香港开埠的初期,这一时期香港与大陆的贸易制度遵循《五口通商附粘善后条款》的规定,但这一制度不但没有得到执行,反而由于其在法律上对香港贸易的限制,成为五口通商时期中英矛盾的一个重要方面,最终在英国商人的刁难和香港殖民政府的破坏下,走向流产。

题　　名　论五口通商以后江南地区蚕桑业的发展及其影响
作　　者　李国环
刊　　名　浙江学刊
年 卷 期　1984 年 3 期
页　　码　66 - 70
摘　　要　江南地区是我国蚕桑业最发达地区之一。尤其是鸦片战争以后,上海被强辟为商埠,附近的江浙地区受商品化经济影响,蚕桑业发展迅速。它促进了江南地区自然经济的瓦解、商品经济的发展和近代新式丝厂的产生,对江南地区以至整个近代中国社会经济发展有着重要影响。

题　　名　论五口通商至清末福建茶叶的发展与进步
作　　者　郑乃辉,杨江帆
刊　　名　福建农林大学学报(哲学社会科学版)
年 卷 期　2006 年 9 卷 3 期
页　　码　89 - 93
摘　　要　本文以五口通商时期为背景,描述了福建通商的口岸(福州、厦门和三都澳)在这一时期的繁荣景象,并就这一时期福建茶区的扩大、产量的增加、茶业加工业的发展和茶类的创新进行了比较详细的论述。

题　　名　论西方传教士在明清之际中西文化交流中的作用
作　　者　丁顺茹
刊　　名　广州师院学报
年 卷 期　1997 年 3 期
页　　码　52 - 59
摘　　要　17、18 世纪出现了以西方天主教传教士为主要媒介的中西文化大交流。本文从传教士所起的作用入手,探讨这一次文化交流的内容、特点及意义。

题　　名　论析郑和首次下西洋日期
作　　者　池敬嘉
刊　　名　台声
年 卷 期　2005年4期
页　　码　70－72
摘　　要　郑和出使东西洋各国的详细档案资料,已被兵部车驾郎中刘大夏一把火烧了个精光,而跟随郑和下西洋的通事马欢、费信和巩珍等人在所留下的《瀛涯胜览》、《星槎胜览》和《西洋番国志》等著作中,对郑和首次下西洋具体日期均未作详细记载。包括郑和在太仓与长乐亲自所立之碑,七次下西洋虽有案可查,然而也仅仅只有年月,缺乏准确的开洋之日子,可供后人稽查。

题　　名　论先秦至隋唐台湾海峡两岸的民族关系
作　　者　辛土成
刊　　名　东南文化
年 卷 期　1993年6期
页　　码　47－53

题　　名　论暹与罗斛的合并
作　　者　田渝
刊　　名　东南亚纵横
年 卷 期　2007年5期
页　　码　56－59

题　　名　论行政权力对明代宁波海外贸易的影响
作　　者　乐承耀
刊　　名　宁波大学学报(人文科学版)
年 卷 期　2003年16卷1期
页　　码　81－84
摘　　要　明初,政府利用行政权力,轮番采取"通"与"禁"的政策,使宁波海外贸易曲折发展。明中叶以后,政府又实施"海禁"、"限制私人贸易"的政策,致使地方政府不得不运用行政权力,放纵私人贸易,甚至出现与商人权钱交易的现象,从而使民间贸易快速发展。

题　　名　论徐福东渡的历史意义
作　　者　丁正华
刊　　名　中国航海
年 卷 期　1991年1期
页　　码　103－107
摘　　要　公元前219年,方士徐福以"求海中神山仙药"为名,取得秦始皇的信任和派遣,率领三千童男女及百工、武士远航海外,到"平原广泽"称"王"不回。对《史记》这一记载。作者曾从航海史学的研究,认定徐福确是到达日本列岛。本文则进一步从当时历史背景即社会的变革和发展来论证徐福东渡的原因和实质并非为秦始皇去采“长生不死”药,而是他的道家思想与秦始皇在政治、文化方面的极端专制统治相悖,为避秦世,采取隐讳方法集体移民并开拓他的理想王国。本文还从航海的发展探讨徐福使用大队船舶及其航海条件与航线,提出了中国古代航海技术发展的四大历史时期,徐福航海的特点,以论证其在航海发展上的历史地位,以及从徐福东渡到郑和下西洋前后所启示的历史意义。

题　　名　**论徐福东渡的历史意义**
作　　者　丁正华
刊　　名　海交史研究
年 卷 期　1991 年 19 期
页　　码　23 - 29

题　　名　**论徐福东渡日本的必然性**
作　　者　文贝武,黄慧显
刊　　名　中国海洋大学学报(社会科学版)
年 卷 期　1994 年 1 - 2 期
页　　码　96 - 103

题　　名　**论徐福东渡与中华文化的探索精神**
作　　者　於贤德
刊　　名　汕头大学学报(人文社会科学版)
年 卷 期　2010 年 6 期
页　　码　75 - 80,93
摘　　要　徐福是中华文化交流活动的最早楷模和典型代表,他开启了中国文化外向传输与探索的先河。徐福的文化探索与传播活动,是出于他对暴政恶行的反抗与斗争,对真善美的向往与追求,还表现了他对外在世界的自觉探究,这种勇敢的探究行为正是代表了人类自由自觉的创造性生活的本质特征。他所从事的文化交流活动是以和平的方式展开的,在不同文明的积极融合中推进了人类社会的进步。徐福的文化探索活动对于中国文化的探索精神产生了重要的影响,从张骞、玄奘、鉴真直到郑和,都用“动态和谐”的理念进行文化探索与传播活动,这样一种文化交流模式至今仍然具有十分重要的积极意义。

题　　名　**论徐福和徐福传说**
作　　者　安志敏
刊　　名　考古与文物
年 卷 期　1997 年 5 期
页　　码　19 - 23

题　　名　**论徐福与秦始皇**
作　　者　赵志坚,高广政
刊　　名　徐福文化交流
年 卷 期　1997 年 1 期
页　　码　35 - 38

题　　名　**论徐福与郑和的民族精神**
作　　者　田连谟
刊　　名　郑和研究
年 卷 期　1996 年 3 期
页　　码　20

题　　名　**论徐兢及其《宣和奉使高丽图经》**
作　　者　梁利
刊　　名　河南大学学报(社会科学版)
年 卷 期　1998 年 38 卷 2 期
页　　码　67－71,80
摘　　要　宋与辽、金的南北对峙,使辽、金后方的高丽在宋朝的对外战略中具有举足轻重的地位。徐兢出使高丽,撰作的《高丽图经》一书,一方面是履行其作为使者的责任;另一方面则是对"联丽制辽"政策的回应。它还为人们研究宋代政治提供了许多有益的线索。

题　　名　**论许寅辉《客韩笔记》的史料价值**
作　　者　张辉
刊　　名　科教文汇
年 卷 期　2008 年 1 期
页　　码　154

题　　名　**论宣德至弘治时期(1426－1505)明朝对外政策的收缩**
作　　者　陈尚胜
刊　　名　山东大学学报(社会科学版)
年 卷 期　1994 年 2 期

题　　名　**论悬棺葬的起源地和越人的海外迁徙**
作　　者　石钟健
刊　　名　贵州社会科学
年 卷 期　1983 年 1 期
页　　码　58－67,51

题　　名　**论鸦片贸易合法化对中国近代禁烟的影响**
作　　者　付娟
刊　　名　四川师范大学学报(社会科学版)
年 卷 期　2006 年 6 期
页　　码　132－135
摘　　要　在第二次鸦片战争后,中英签订"准许鸦片输入中国合法化"条约,不仅加剧了中国的土药泛滥,导致国内烟毒问题更加严重,还影响到清政府的禁烟政策,使本属中国内政的禁烟上升为需经外交协商的敏感问题。

题　　名　**论鸦片战争后清朝中西贸易管理征税体制的变革**
作　　者　戴一峰
刊　　名　海交史研究
年 卷 期　1991 年 19 期
页　　码　43 - 48

题　　名　**论鸦片战争前"港脚商"与东印度公司在对华贸易上的特殊关系**
作　　者　李宽柏
刊　　名　湖北省社会主义学院学报
年 卷 期　2004 年 6 期
页　　码　92 - 94
摘　　要　鸦片战争前的中英贸易实际上是英国对华的经济扩张,而"港脚贸易成了整个结构的基石"。最初,港脚商是在东印度公司的控制下进行对华贸易的,双方互为依赖、互为补充的贸易商。之后,伴随着对华贸易的发展,双方的冲突也在不断升级,关系日趋紧张,最终导致东印度公司贸易垄断权的废止。他们的港脚贸易,尤其是鸦片的走私贸易不仅为英国政府最大限度的获取东方殖民体系的利益提供了可靠的依靠,还使得中国人民深受其害,大量的白银流失以及肉体的折磨与精神的败坏。

题　　名　**论鸦片战争前后中国茶叶的发展及其对世界的贡献**
作　　者　杨江帆,郑乃辉
刊　　名　福建农林大学学报(哲学社会科学版)
年 卷 期　2004 年 1 期
页　　码　84 - 87
摘　　要　以鸦片战争前后(17 世纪初至 20 世纪初)300 多年中国茶叶发展为主线,论述了中国茶叶对世界茶叶发展的贡献:(1)鸦片战争前,中国茶叶的发展拓展了国际市场,推动了欧洲饮茶风气的兴起;(2)鸦片战争后,南亚一些国家和俄国等兴起了引种中国茶树的热潮,促进了中国茶叶的传播。

题　　名　**论鸦片战争前林则徐的对外思想**
作　　者　冯细荣,邱泉
刊　　名　大众文艺(理论)
年 卷 期　2009 年 9 期
页　　码　124
摘　　要　本文通过对鸦片战争前林则徐的对外思想进行分析,反映了林则徐对外思想转变的原因、过程以及影响,表征了以林则徐为代表的部分士大夫阶层以自己的智慧和特有的深层方式参与近代化潮流,可以为当今对外发展思想的建设提供有益的参考。

题　　名　**论鸦片战争前清政府的对外贸易**
作　　者　徐启亚
刊　　名　思想战线
年 卷 期　1988 年 2 期
页　　码　80 - 84

题　　名　论鸦片战争前清政府对澳门的经济政策

作　　者　卜奇文

刊　　名　广西师范大学学报(哲学社会科学版)

年 卷 期　2000年36卷1期

页　　码　77－80

摘　　要　在鸦片战争前,由于当时国内形势和国际环境的变化,清政府对澳门的经济政策呈现明显的阶段性。这些经济政策的实施,一方面维护了中国对澳门的主权,同时使澳门成了中国对外贸易的中心,另一方面也在一定程度上阻碍了澳门的商业发展,限制了澳门的发展空间。

题　　名　论鸦片战争前清政府对澳门的经济政策

作　　者　蒋贤斌

刊　　名　江西社会科学

年 卷 期　2000年3期

页　　码　25－27

摘　　要　从顺治元年(1644年)到道光二十年(1840年)近二百年的时间里,清政府根据当时形势的需要和自身利益的考虑,对澳门的经济政策采取了不同的态度。

题　　名　论鸦片战争前夕美国"具结"问题

作　　者　凌兴珍

刊　　名　西南民族学院学报(哲学社会科学版)

年 卷 期　2000年21卷11期

页　　码　122－139

摘　　要　具结政策是鸦片战争前夕中外贸易的管理政策,是外国人进入中国内地进行合法贸易的保证书,是林则徐禁烟政策的重要构成部分。美国人虽然最初拒绝遵式具结,但是在广东对外贸易重开后,美国人却最先具结,并且按林则徐拟具的不同样式具结。美国成为当时具结船只最多、受益最大的国家。追求贸易利益、与英国争夺中国市场、鸦片贸易有损美国利益以及林则徐区别不同对待外国人策略的影响等等,是美国人遵式具结的主要原因。美国人虽然遵式具结进口贸易,但是这并不等于美国人完全拥护林则徐的具结政策,不等于美国人不再染指鸦片走私,也并不能排除美国人在中英之间做居间贸易。尽管如此,美国人遵式具结对当时及以后的中美关系史仍产生了巨大而深远的影响。

题　　名　论鸦片战争前中西经济关系的发展阶段——兼论中国闭关政策的历史作用

作　　者　李刚

刊　　名　西北大学学报(哲学社会科学版)

年 卷 期　1994年24卷2期

页　　码　20－26

摘　　要　本文将鸦片战争以前的中西经济关系区分为两个阶段,即15世纪到1780年的资本原始积累时期和1780－1840年的资本积累时期。在这两个阶段中国政府采取的闭关政策具有不同的历史作用,在第一阶段主要具有民族自卫、反侵略、反掠夺的性质;在第二阶段则对中国社会经济发展主要起了阻挠和破坏的作用。并从这一观点出发探讨了鸦片战争深刻的经济原因。

题　　名　**论鸦片战争前中英贸易的特征及其影响**
作　　者　杨丽
刊　　名　河南大学学报(社会科学版)
年 卷 期　2002年42卷3期
页　　码　73－78
摘　　要　贸易是资本产生的历史前提。鸦片战争以前三个多世纪的中英贸易,发生在资本主义上升时期的英国与封建制度日趋没落的中国。中英之间基本上是不等价贸易,掠夺性贸易,走私贸易以及与此相关的掠卖华工、侵犯领土、破坏主权之侵略活动。中英贸易,对中国的社会经济秩序、人民经济生活、社会阶级结构等,均产生了一定的影响。对英国而言,中英贸易之结果,进一步扩大了英帝国的政治声威;加快了英国的资本积累及其殖民地的经济发展。殖民与反殖民的斗争,在中英两国贸易中表现得越来越突出,终于导致了鸦片战争的爆发。

题　　名　**论鸦片战争吴淞战役**
作　　者　郑剑顺
刊　　名　厦门大学学报(哲学社会科学版)
年 卷 期　1994年1期
页　　码　59－64
摘　　要　1842年6月16日,发生在长江口的吴淞战役是中英鸦片战争的一个重要战役,也是被英国侵略军称为"扬子江战役"的第一战。这一抗英战役在江南提督陈化成指挥下进行。陈化成两载备战,费尽心血,坚守阵地,血洒炮台,壮烈殉难。最后,炮台失守,英国侵略军占领吴淞、宝山,进而攻上海、镇江,进迫南京。战迹感人,结局悲惨。为什么会是如此结局?以往教科书等有关论著大多语焉不详,有失深入考究。因此,有必要对当年战役的前因、后果及其失败原因作一认真考察和思索。

题　　名　**论鸦片战争中英军首先侵占舟山群岛的战略意图——兼谈英军第一次撤出定海的原因**
作　　者　王和平
刊　　名　历史档案
年 卷 期　1991年2期
页　　码　102－107
摘　　要　1840年6月,英国"东方远征军"侵入我国领海,在封锁珠江、顺犯厦门、递交《英致中国钦命宰相书》副本后,根据英国政府的训令,于7月5日大举入侵舟山,占领了定海。从而,正式揭开了鸦片战争的序幕。英军侵占定海,这是在第一次鸦片战争中被英国侵略军用武力征服的中国第一个县城。但在时隔7个月之后,英军又撤出了定海,占领了香港。英国侵略者为什么要放弃县城,而占据香港呢?本文试据有关档案及文献对这一问题作些探讨,以求证于专家、学者。

题　　名　**论沿海文化——兼论以郑成功为代表的郑氏政权的文化特征**
作　　者　靳维柏
刊　　名　东南文化
年 卷 期　2004年1期
页　　码　61－64
摘　　要　中国的东南沿海地区和埃及的地中海沿岸属于比较典型的沿海文化。沿海文化或许再向前发展一步可以成为海洋文化,或许因为它产生的历史背景和本质的局限,决定了它只能停留在这个层面上。

题　　名　**论杨仆击朝鲜楼船军“从齐浮渤海”及相关问题**
作　　者　王子今
刊　　名　鲁东大学学报(哲学社会科学版)
年 卷 期　2009 年 26 卷 1 期
页　　码　1 – 6
摘　　要　汉武帝“遣楼船将军杨仆从齐浮渤海”,对于朝鲜置郡有重要作用。这一行动,是航海史、军事史上的重大事件。由“从齐浮渤海”,“楼船将军将齐兵七千人先至王险”等记录,以及渤海“楼船军”基地位置的推定,可以了解东亚海路交通进步的历程,也可以增进对当时齐人海洋开发能力的认识。历史事实告诉我们,战国至于西汉时期山东半岛地方的文化优势和文化强势,除了儒学的丰厚内容和广泛影响而外,还表现为航海技术和海洋学的先进。

题　　名　**论洋务派官督商办企业的经营形式——以轮船招商局及李鸿章为中心**
作　　者　王开玺
刊　　名　河北学刊
年 卷 期　2009 年 29 卷 3 期
页　　码　69 – 76
摘　　要　官督商办等企业经营方式,并非洋务派的首创,而是其对清廷原有手工矿厂经营方式驾轻就熟的沿袭。这一企业经营形式的出现,反映出历史的、经济的和政治的逻辑必然。李鸿章提出的“由官总其大纲,察其利病”,并非完全是向官督商办企业争权,而是在适度放权,同时也是其对清廷内部顽固势力指责的一种回应。李鸿章提出的“所有盈亏,全归商认,与官无涉”,并非只要官督,不管企业盈亏,而是强调清政府不对其经营成功与否、盈亏与否承担连带的经济责任。这不仅是李鸿章等洋务派的主张,也是早期维新思想家的主张。官督商办的企业经营形式一度受到欢迎,有其进步的意义。

题　　名　**论洋务派兴建海军的目的和作用**
作　　者　王承仁,刘铁君
刊　　名　武汉大学学报(哲学社会科学版)
年 卷 期　1986 年 3 期
页　　码　106 – 112
摘　　要　兴建海军和海防,是洋务派“自强”活动的重要内容。目前,学术界围绕洋务派兴办海军的目的和作用开展的争议,既是一个如何用正确的方法客观地反映这一历史事件的本质的问题,也是关系到对洋务运动的评价。我们拟就这个问题谈些粗浅看法,就教于学术界。

题　　名　**论姚启圣**
作　　者　邓孔昭,孔立,陈在正
刊　　名　台湾研究集刊
年 卷 期　1984 年 1 期
页　　码　39 – 48

题　　名　论姚启圣对统一台湾的贡献
作　　者　孟文镛
刊　　名　绍兴文理学院学报(社科版)
年 卷 期　1990 年 3 期
页　　码　31 – 38
摘　　要　姚启圣于康熙十七年(1678)年六年至二十二年(1683)年十一月任福建总督期间,为平定台湾,实现国家统一做出了卓越的贡献。

题　　名　论姚启圣为统一台湾所作的历史贡献
作　　者　徐晓望
刊　　名　中共福建省委党校学报
年 卷 期　1989 年 3 期
页　　码　37 – 39
摘　　要　1883 年,姚启圣和施琅督率清军克复台湾,施琅因功被封为靖海候,而同为统一台湾做出巨大贡献的福建总督姚启圣,却未得清廷任何奖赏,愤恚而终。令人费解的是,这种"不平等"至今还存在于学术界,许多人仍把统一台湾全归功于施琅,而贬低姚启圣。其实,姚启圣是清廷统一台湾的核心人物,他的贡献是不可替代的。

题　　名　论叶名琛的对外交涉与第二次鸦片战争的关系
作　　者　陈双燕
刊　　名　厦门大学学报(哲学社会科学版)
年 卷 期　2003 年 3 期
页　　码　103 – 109
摘　　要　1857 年,英法联军攻陷广州后,英法两国和清朝政府都把战争的责任归咎于叶名琛办事不力。但在事实上,叶名琛忠实地执行了清政府的对外政策,并受到清政府的褒扬。清廷之所以将广州失陷的责任归咎于叶名琛,一是在中国传统的封建君主专制制度下,只有没用的臣子,没有昏庸的君主;二是清廷想设法以此转圜。而英法两国对叶名琛的责难则是想以此为武装侵略中国的借口。

题　　名　论叶名琛的外交思想及其失败原因
作　　者　赵佳楹
刊　　名　外交学院学报
年 卷 期　1989 年 4 期
页　　码　55 – 61

题　　名　论伊本·白图泰和他的《旅途各国奇风异俗珍闻记》
作　　者　李光斌
刊　　名　海交史研究
年 卷 期　2003 年 43 期
页　　码　16 – 29

题　　名　论雍正时期对台湾的开发
作　　者　李国荣
刊　　名　历史档案
年 卷 期　1992年4期
页　　码　94－98
摘　　要　台湾为海疆重地。在其开发史上，雍正帝的有关政策起了重要的促进和推动作用。因此，雍正一朝虽仅有十三年，但海岛台湾却得到了很大的开发和利用。

题　　名　论俞大猷抗倭的策略思想
作　　者　张吉昌，蔡长溪
刊　　名　泉州教育学院学报
年 卷 期　1993年1期
页　　码　18－21

题　　名　论元、明、清河漕与海运之变迁
作　　者　冯超，张义丰
刊　　名　安徽大学学报（哲学社会科学版）
年 卷 期　1987年3期
页　　码　89－94
摘　　要　在我国历史上，政治中心的迁徙往往带来交通中心的转移，元以前的漕运以运河为主，具有从中心向外辐射的特点，即从政治、经济中心的中原地区指向四方，指向边防重镇的河北，指向财赋所出的江南。元建都北京后即改变了上述情况，漕运路线偏居东部地区，并转变为单一的南北向的运输形式。漕运路线的东迁，为元、明、清三代提供了这样的可能性，即在开展河漕的同时又可发展海运。然而，实际上并非如此，情况相当复杂。

题　　名　论元代的湄洲庙与妈祖信仰
作　　者　徐晓望
刊　　名　莆田学院学报
年 卷 期　2007年14卷3期
页　　码　79－84
摘　　要　指出湄洲祖庙自元代始成为妈祖信仰的中心。分析蒲师文与天妃封号的降赐关系，考证元代妈祖“泉州神女”称号的由来，概述元代朝廷使者祭祀湄洲天妃史实以及探讨圣墩庙与湄洲庙兴衰与“祖庙”地位之争的关系。

题　　名　论元代福建商品生产的发展
作　　者　徐晓望
刊　　名　中国社会经济史研究
年 卷 期　2000年3期
页　　码　57－63

题　　名　论元代市舶制度与海外贸易
作　　者　程皓
刊　　名　高等函授学报(哲学社会科学版)
年 卷 期　2009 年 22 卷 4 期
页　　码　33－35
摘　　要　元代沿袭宋代制度,在东南沿海各主要港口设置了市舶机构,履行对海外贸易监管的职责。市舶机构对海外贸易的监管主要体现在对出海贸易的监管、征收进口税、违禁品检查、优待中外客商等方面。元代的市舶制度在规范海外贸易的同时,其封建本质也限制和削弱了海外贸易进一步发展的潜力。

题　　名　论元代市舶制度与海外贸易
作　　者　程皓
刊　　名　江南论坛
年 卷 期　2009 年 4 期
页　　码　59－60

题　　名　论元末采石之战对建立明王朝的作用
作　　者　陶锡良
刊　　名　安徽史学
年 卷 期　1988 年 1 期
页　　码　6－8
摘　　要　采石之战大体可分为两个阶段;第一个阶段是采石渡江战斗。至正十五年六月初一(1355 年 7 月 10 日),朱元璋率万余兵将,自和州东渡大江,夺得采石镇。第二阶段是以采石镇作为立足江南的桥头堡,迅速挥师南下,夺取和保卫太平府治姑孰城,直到至正十六年二月,朱元璋与元军经过反复的拉锯战,俘元降卒近万人,元将蛮子海牙、康茂才败走集庆(今南京)。从此,姑孰城成了朱元璋开拓江南、北定中原,争霸全国的根据地,采石之战是朱元璋开国称帝迈出的重要一步。如果没有成功的采石渡江之战,如果没有富饶的太时府作为可靠的后方,朱元璋就不能“杀尽江南百万兵”,更不能“要与西风战一场”。为了详细论述采石战役在建立明王朝中所起的历史作用,试从下述四个方面进行分析探讨。

题　　名　论运河经济对商业繁荣的促进作用
作　　者　刘长源
刊　　名　江苏商论
年 卷 期　1997 年 11 期
页　　码　45－47
摘　　要　建成于公元 618 年,全长 1794 公里的我国南北大运河,是举世闻名的伟大工程。它是经济的跨越,文化的摇篮,为商业繁荣首开先河,留下了非凡的影响和文化底蕴。

题　　名　论早期海外华商经贸网络的形成——海外华商网络系列研究之一
作　　者　庄国土
刊　　名　厦门大学学报(哲学社会科学版)
年 卷 期　1999 年 3 期

页　　码　32 – 40

摘　　要　华商海上贸易网络的初步形成，至迟在明初已呈现，此说可纠正国际史学界长期以来认为的华商海上网络是欧人东来以后才建立的观点。华商海上贸易网络的形成条件，在于宋元时期中国南方商品经济的发展，航海、造船业的兴起，以及朝廷鼓励海上贸易的政策；还在于东南沿海，尤其是闽南海商的崛起和海外中国移民的逐渐增多。华商贸易网络形成，不但一改宋以前中外贸易主要由蕃商蕃舶主导的局面，而且形成以中国商品、中国帆船和中国市场为依托，华商初步主导东亚、东南亚的海上贸易网络的格局。

题　　名　**论早期台湾开发史的几个问题**

作　　者　徐晓望

刊　　名　台湾研究

年 卷 期　2000 年 2 期

页　　码　74 – 81

题　　名　**论早期新加坡华族的妈祖信仰**

作　　者　童家洲

刊　　名　寻根

年 卷 期　1996 年 1 期

页　　码　26 – 29

题　　名　**论早期新加坡华人的妈祖信仰**

作　　者　童家洲

刊　　名　八桂侨刊

年 卷 期　1996 年 2 期

页　　码　54 – 58

题　　名　**论早期中美贸易**

作　　者　项立岭

刊　　名　北京师院学报（社会科学版）

年 卷 期　1983 年 4 期

页　　码　41 – 47

摘　　要　中国对外贸易史还没有明确地划分过时期，中美贸易的“早期”，也很难表明一个明确的界限。然而，鸦片战争后的《南京条约》，把中国置于不平等条约的束缚之下。《望厦条约》则使中美贸易也进入了不平等的时期。因此，本文就把中美贸易开始到鸦片战争，作为“早期”。我国学者的论文和著作，对早期中美贸易的性质，认为是侵略与被侵略的关系居多，也有一部分论述，认为这一时期两国的经济往来，是平等的。不论哪种观点，提出结论的多，对当时两国社会情况，特别是贸易的具体情况的分析都较少。本文仅想作一尝试。

题　　名　**论造船科学（摘录）**

作　　者　辛一心

刊　　名　船史研究

年 卷 期 1996 年 9 期

题　　名 **论占城在郑和下西洋中的历史地位与作用**
作　　者 梁志明
刊　　名 南洋问题研究
年 卷 期 2004 年 4 期
页　　码 1－10
摘　　要 15 世纪初,郑和出使西洋是中国与世界航海史和中外关系史上的盛举,已载入史册,受到学术界的关注。但对郑和下西洋的首泊站——占城国却往往一笔带过,罕有论及。本文试对占城在郑和下西洋中的历史地位与作用,以及明初中国——占城之间的经贸与文化交流关系作专题探讨。

题　　名 **论张、邵东渡与日本广岛拒使**
作　　者 戚其章
刊　　名 齐鲁学刊
年 卷 期 1989 年 5 期
页　　码 83－89
摘　　要 在甲午战争期间的议和活动中,张荫桓、邵友濂之东渡乞和,占有重要的地位。正由于此,才揭开了李鸿章马关议和的序幕。所以,对于张、邵东渡及日本广岛拒使,有进一步探讨的必要。

题　　名 **论张佩纶与马尾海战**
作　　者 郑师渠
刊　　名 史学月刊
年 卷 期 1983 年 4 期
页　　码 48－53
摘　　要 关于马尾海战中的张佩纶,迄无专文论列。举凡近代史有关论著,历来视其为李鸿章一类的投降派,而予以否定。此种观点值得商榷。张佩纶作为清流健将,其遭际在当时具有一定的典型性。如何实事求是地评价马尾海战中的张佩纶,关系到对马尾海战史实的认识,也关系到对清流派,以及统治阶级内部矛盾的认识。

题　　名 **论张燮《东番考》的资料来源**
作　　者 张彩霞,林仁川
刊　　名 中国社会经济史研究
年 卷 期 2009 年 2 期
页　　码 64－66
摘　　要 明末张燮《东西洋考・东番考》中有关台湾的记述,是研究早期台湾原住民历史文化的重要史料之一。史学界普遍认为,张燮的《东番考》主要源自陈第《东番记》。其实认真查对这两本书的异同,同时结合明朝末年台湾海峡两岸的形势进行考察,就会发现历史事实并非如此,文章对此作了深入探讨。

题　　名 **论张之洞兴办洋务事业中的“抵洋”思想及其实践**
作　　者 钟康模

刊　　名　贵州文史丛刊
年 卷 期　1987 年 2 期
页　　码　91 – 97
摘　　要　张之洞是洋务运动的后期首领。早在 1881 年出任山西巡抚时,他就开始设立“洋务局”,致力洋务事业。1884 年赴两广总督任后,他根据“方今万国盟聘,事变日多”的形势,明确提出了“洋务最为当务之急”的主张,开始筹建织布局、铁厂,着手兴办枪炮厂,粤洋水师,水陆师学堂等,倾心洋务,图强御侮。1889 年 7 月,张之洞移督湖广,官鄂近二十年。他以武汉为根据地,励精图治,不图苟安,先后创办了许多新式军事工业和民用性企业,异军突起,把湖北武汉变成了洋务活动的另一个中心地区,被誉为“东方的芝加哥”。纵观张之洞兴办的洋务企业,其中虽有买办性和依赖性的一面,但始终存在着明显的、大量的抵制外国资本主义经济侵略,保权保利的积极因素,这是不容忽视的。本文拟就张之洞洋务活动中的“抵洋”思想作一番粗浅的分析和探讨。

题　　名　论浙江乍浦的妈祖信仰特色

作　　者　刘福铸
刊　　名　浙江国际海运职业技术学院学报
年 卷 期　2007 年 2 期
页　　码　31 – 35,41
摘　　要　通过调查挖掘相关史料,文章论述了清廷的对台用兵,活跃的闽商海上贸易,闽商热衷兴建天后宫、会馆和普遍奉祀妈祖,是清代福建妈祖信仰兴盛的主要原因。同时说明妈祖信仰普及福建全省后,其功能发生一定嬗变,呈现出一些不同的地域特色。

题　　名　论浙江竹枝词中的妈祖文化

作　　者　刘福铸
刊　　名　浙江海洋学院学报(人文科学版)
年 卷 期　2009 年 4 期
页　　码　33 – 40
摘　　要　搜集文人创作的与浙江妈祖文化有关的竹枝词,主要从反映民间妈祖庙会或庆典的盛况、反映船家和商贾敬奉妈祖的习尚和反映民间与妈祖相关的信俗及典故等三个方面来分析浙江竹枝词与妈祖文化的关系,另外还指出一批吟咏台湾及其他地方的妈祖竹枝词亦为浙江籍文人所创作。因此,浙江为中国妈祖文化的最重要的传播省份之一。

题　　名　论真人元开《东征传》的史料价值

作　　者　郭天祥
刊　　名　甘肃社会科学
年 卷 期　2004 年 5 期
页　　码　93 – 96
摘　　要　日本文豪真人元开公元 779 年撰写的《东征传》,不仅对研究唐代高僧鉴真大师的生平事迹、中日文化交流史具有很高的史料价值,而且对于唐史研究也同样具有很高的史料价值。文章从唐史研究的诸多方面具体地分析了《东征传》的价值,同时也客观地指出了使用《东征传》应注意的问题。

题　　名　论镇江开埠对港口的影响

作　　者　马红霞,魏惠卿

刊　　名　江苏理工大学学报(社会科学版)
年 卷 期　1999 年 3 期
页　　码　82 – 84
摘　　要　第二次鸦片战争后,根据中英《天津条约》,镇江被列为首批开放的长江三个口岸之一。本文论述了开埠使镇江港口腹地经济受到冲击;港口的主权遭到践踏;港口成为重要的商品转输口岸,使镇江港口的发展打上了殖民主义的烙印。

题　　名　**论郑成功的军事思想**
作　　者　杨友庭
刊　　名　厦门大学学报(哲学社会科学版)
年 卷 期　1992 年 3 期
页　　码　16 – 22
摘　　要　郑成功是明末清初著名的抗清将领,又是收复祖国神圣领土台湾的民族英雄。其所以能和强大的清政权抗衡十几年,并一举驱逐当时号称"海上霸王"的荷兰殖民者,原因就在于他具有杰出的军事指挥才能和运用了正确的战略战术。郑成功的大半生都是在马背上渡过的,用兵打仗是他的主要活动,因此探讨郑成功的军事思想,对于研究和了解郑成功是十分必要的。

题　　名　**论郑成功的历史贡献**
作　　者　陈国强
刊　　名　东南学术
年 卷 期　1993 年 1 期
页　　码　70 – 73,77

题　　名　**论郑成功海上起义**
作　　者　庄为玑
刊　　名　福建论坛(社科教育版)
年 卷 期　1982 年 3 期
页　　码　6 – 10

题　　名　**论郑成功驱荷复台的英雄业绩**
作　　者　陈梧桐
刊　　名　中央民族大学学报(哲学社会科学版)
年 卷 期　2001 年 28 卷 4 期
页　　码　1 – 7
摘　　要　郑成功是中华民族一位伟大的民族英雄。他一生的英雄业绩,包括抗清与收复台湾两大部分。其收复台湾的英雄业绩,一是表现在捍卫了中国的主权和领土完整,二是为缩小台湾与大陆的差距奠定了基础,三是鼓舞和支持了亚洲人民反对殖民主义的斗争。

题　　名　**论郑成功收复台湾**
作　　者　陈国强
刊　　名　云南社会科学

年卷期 1989年1期
页　　码 90－96

题　　名 **论郑成功与施琅发生冲突的原因**
作　　者 徐晓望
刊　　名 福建论坛(人文社会科学版)
年卷期 2005年11期
页　　码 26－30
摘　　要 1651年,郑成功诛杀大将施琅的父亲与弟弟,迫使施琅降清。研究明郑史的学者多叹息郑成功这一决策错误,从而化友为敌,埋下32年后施琅率清军攻克台湾消灭明郑政权的种子。本文认为,郑、施虽为同一时代的英雄人物,但不同的政治态度注定了他们要分道扬镳;其矛盾激化在实质上是郑成功军队内部亲清派与拥明派的一场权力斗争。

题　　名 **论郑和宝船与册封舟——纪念郑和下西洋六百周年**
作　　者 傅朗
刊　　名 福建师范大学学报(哲学社会科学版)
年卷期 2004年2期
页　　码 104－109
摘　　要 从《明实录》中郑和第一次下西洋前夕有关造海船的记载、历史上福船在远洋航行和海战威力方面所居优势地位以及明初福建海防和造船业格局等诸方面分析,福船应是第一次下西洋的主要船型。而与郑和同时为中官、且在洪熙、宣德中曾四次奉敕出使琉球的柴山亦称自己所乘福船型册封舟为“宝船”。由此可以认为,同为福船的宝船与册封舟只是一物二名而已。因此,我们将较可信的静海寺残碑和《前闻记》下西洋题本摘要中有关郑和船只的记载,与明朝后期册封琉球使臣们所撰《使琉球录》中关于册封舟形制的详细描述相结合并加以研究,相信有助于人们对郑和宝船获得符合客观实际的认识。

题　　名 **论郑和船队远洋航行的航海技术**
作　　者 陈宏,林志忠
刊　　名 航海技术
年卷期 2005年3期
页　　码 8－10
摘　　要 中国有着悠久的航海历史,最早可以追述到距今7000年前的新石器时代晚期,我们的祖先已能用火与石斧“刳木为舟,剡木为楫”,利用原始舟筏在海上航行了。在中国辉煌的航海史中最让国人骄傲的是明永乐至宣德年间(1405年～1433年),航海家郑和先后七次率领当时世界上最庞大的远洋船队,纵横驰骋于西太平洋和北印度洋,到达亚非几十个国家和地区。

题　　名 **论郑和的多元宗教信仰**
作　　者 周凝华,田海蓝
刊　　名 武汉理工大学学报(社会科学版)
年卷期 1994年2期
页　　码 51－54
摘　　要 郑和是15世纪中国伟大的航海家和外交家。在近30年时间内,他七下西洋,遍访30余国,迎送各国使者,促进了中国与世界的经济、文化交流。郑和的成功,原因是多方面的,其中,他的多元宗教信仰对其航海和外交事业的发展,起了布道铺路的作用。

题　　名　**论郑和的航海观**
作　　者　王鉴清
刊　　名　郑和研究
年 卷 期　2000 年 1 期
页　　码　11－13

题　　名　**论郑和的时代精神**
作　　者　李繁
刊　　名　井冈山学院学报(自然科学版)
年 卷 期　2005 年 12 卷 4 期
页　　码　173－174
摘　　要　在人类由区域文明向世界文明的转换过程中,郑和精神更折射出时代特色,本文试图从爱国、创新、开放和和平四个方面,探讨郑和的时代精神。

题　　名　**论郑和的为宦时间**
作　　者　陈有和
刊　　名　云南社会科学
年 卷 期　1985 年 6 期
页　　码　75－78
摘　　要　今年是郑和首次出使西洋五百八十周年。我认为要纪念郑和、研究郑和在世界航海史上所作出的突出贡献,不可不弄清他的历史,特别是他为宦的时间及其背景。因为解决这个问题对更好地研究他后来之所以能肩负重任,数度出使各国有着极为密切的关系。

题　　名　**论郑和航海事业终止的原因**
作　　者　晁中辰
刊　　名　海交史研究
年 卷 期　1985 年 8 期

题　　名　**论郑和七下西洋时间的确定——纪念郑和第 7 次出使 560 周年**
作　　者　尚恒元
刊　　名　运城学院学报
年 卷 期　1991 年 2 期
页　　码　4－7
摘　　要　15 世纪初,我国伟大的航海家郑和,曾率领一支强大的船队,先后七次远航亚、非两大洲沿海各地,不仅加强了这些地区与我国的联系,在政治上、经济上、文化上具有重大意义。而且,由于这一航行,远在西方航海家哥伦布与达·伽马之前近一个世纪,并且后者的航行无论从出航的规模,还是从舰船的先进性,都是无法与前者比拟的。因而由世界航海史的角度去考察,实为亘古未有之壮举。这是中华民族对世界文化交流的又一伟大贡献,也是我们民族的骄傲。

题　　名　**论郑和下西洋**
作　　者　郑鹤声,郑一钧
刊　　名　海交史研究
年 卷 期　1983 年 5 期

题　　名　**论郑和下西洋的性质**
作　　者　韩振华
刊　　名　厦门大学学报(哲学社会科学版)
年 卷 期　1958 年 1 期
页　　码　172 – 188

题　　名　**论郑和下西洋的重大意义**
作　　者　肖忠生
刊　　名　福建地方志通讯
年 卷 期　1985 年 2 期

题　　名　**论郑和下西洋对“永乐盛世”的突出贡献**
作　　者　于海明
刊　　名　郑和研究
年 卷 期　2005 年 2 期
页　　码　8 – 14

题　　名　**论郑和下西洋对中国海外开拓事业的破坏**
作　　者　庄国土
刊　　名　历史教学
年 卷 期　2006 年 1 期
页　　码　44

题　　名　**论郑和下西洋对中国海外开拓事业的破坏——兼论朝贡制度的虚假性**
作　　者　庄国土
刊　　名　厦门大学学报(哲学社会科学版)
年 卷 期　2005 年 3 期
页　　码　70 – 77
摘　　要　集中体现在郑和下西洋的明初海外政策,其核心是朝贡制度和海禁政策。郑和下西洋的动机,既是为了营造“万国来朝、四夷成服”“天朝”的气势,也是中央集权政府打击东南沿海民间贸易和海上流民的措施。其结果是“倾国力”进行的“下西洋”活动因国库告罄而无力继续,“厚往薄来”的朝贡贸易随之烟消云散,宋元时期国人方兴未艾的海外拓殖也为之中断。明朝政府也因此背向海洋,继续维持海禁政策。中央政府对东南沿海人民的海外拓殖事业的敌视,是明清时期国人海外贸易与移民扩张的最主要障碍,它使中国多次丧失向海洋发展的机会。

题　　名　**论郑和下西洋与东西交往及东南亚地区的繁荣稳定**
作　　者　卢苇
刊　　名　广东社会科学
年 卷 期　1991 年 4 期
页　　码　97－100,127
摘　　要　郑和下西洋，是世界远洋航行史上的空前壮举，是震撼了当时东西方的伟大事件，它对当时中国，并对亚洲、非洲，乃至东西方世界都具有深远的影响和重要的历史意义。本文，仅就郑和下西洋在东西方交往和东南亚社会发展中所起作用问题加以探讨。

题　　名　**论郑和下西洋与明成祖的威慑外交战略**
作　　者　王冬青
刊　　名　江苏社会科学
年 卷 期　2005 年 1 期
页　　码　205－211
摘　　要　发生在 600 年前的郑和下西洋是当时最伟大的海上远征。从一个历史学者的视角看，郑和下西洋所引发的问题远多于能够令人满意的答案。笔者将郑和下西洋与明成祖的威慑外交结合，认为《明史》所说的“耀兵异域”是保障朝贡贸易和郑和下西洋顺利进行的必要手段。郑和下西洋是含有威慑手段的外交出使，军事威慑、朝贡贸易、文化交流共同构成了郑和下西洋的多重目的。

题　　名　**论郑和下西洋与明初的经贸活动**
作　　者　张赛群
刊　　名　郑和研究
年 卷 期　2006 年 3 期
页　　码　32－38

题　　名　**论郑和下西洋中的宗教文化传播**
作　　者　张良君
刊　　名　甘肃社会科学
年 卷 期　2006 年 3 期
页　　码　135－137,141
摘　　要　在郑和下西洋过程中，无论在郑和使团内部成员之间还是郑和使团与海外之间都进行了宗教文化传播，并产生了一定的传播效果。其中，传播的内容是当时流行的三大宗教——佛教、伊斯兰教、道教，传播方式大多是人际传播、群体传播和组织传播，传播媒介主要是口头语言、体态语和文字等，传播者和受传者之间呈现出信息接受与反馈的双流向。

题　　名　**论郑和下西洋中宗教文化的规范性传播**
作　　者　张良君
刊　　名　船山学刊
年 卷 期　2008 年 1 期
页　　码　190－192
摘　　要　在下西洋中，郑和使团作为中国对外传播文化的使者，在海外进行了多种文化传播活动。

无论在郑和使团内部还是在郑和使团与海外人民之间,都进行了宗教文化传播。且大多通过宗教活动进行传播,从传播目的、传播内容、传播方式及传播效果上,都体现了规范性传播的特点。

题　　名　**论郑和与东南亚的伊斯兰教**
作　　者　孔远志
刊　　名　东南亚研究
年 卷 期　2006 年 1 期
页　　码　70 – 79
摘　　要　郑和出身于穆斯林世家,他在国内从事多种伊斯兰教活动。关于郑和在海外传播伊斯兰教一事,中国史籍上没有涉及,但海外却有不少这方面的记载和传说。本文联系当时东南亚的社会背景介绍了海外有关记载,并分析了长期以来中外学者关于郑和在海外传播伊斯兰教的研究很少的原因。作者认为,七下西洋期间,郑和在完成明廷使命之余,在海外传播伊斯兰教是完全可能的。海外有关的记载和传说,固然尚待进一步考证,但毕竟为我们提供了十分宝贵的线索,有助于我们了解郑和下西洋的全面情况,尤其是他在 15 世纪东南亚伊斯兰教发展过程中的作用。如事实确凿,这也是中国与东南亚文化交流的组成部分。

题　　名　**论郑和与东南亚的伊斯兰教(上)**
作　　者　孔远志
刊　　名　郑和研究
年 卷 期　2007 年 4 期
页　　码　25 – 32
摘　　要　郑和出身于穆斯林世家,他在国内从事多种伊斯兰教活动。七下西洋期间,他是否曾在海外传播伊斯兰教?对此,中国史籍上没有记载。但海外却有不少这方面的记载和传说。本文联系当时东南亚的社会背景,介绍海外有关记载,特别是(印尼)茫雅拉查翁冈·巴林桐安的专著《端古劳》。文中分析了长期以来中外学者关于郑和在海外传播伊斯兰教的研究很少的原因。作者认为,七下西洋期间,郑和在完成明廷使命之余,在海外传播伊斯兰教是完全可能的。海外有关的记载,固然尚待进一步考证,但毕竟为我们提供了十分宝贵的线索,值得我们认真研究,以便了解郑和下西洋的全面情况,尤其是他在 15 世纪东南亚伊斯兰教发展过程中的作用,这也是中国与东南亚文化交流的组成部分。

题　　名　**论郑和与东南亚的伊斯兰教(下)**
作　　者　孔远志
刊　　名　郑和研究
年 卷 期　2008 年 1 期
页　　码　34 – 43

题　　名　**论郑和远航在中非关系史上的意义**
作　　者　李安山
刊　　名　东南亚研究
年 卷 期　2005 年 6 期
页　　码　85 – 92
摘　　要　本文从郑和远航以前的中非关系、郑和远航与中非关系以及郑和非洲之行留下的疑问等三个方面探讨了郑和远航在中非关系史上的意义。中非关系源远流长，郑和远航将这一关系推至一个新的巅峰。在郑和之行与非洲的关系上，作者就郑和非洲之行的肇始、航线、结果、影响与意义阐述了自己的看法。作者认为，郑和的非洲之行至少在6个方面留下了疑问，这些问题都在待于在今后的研究中寻求答案。

题　　名　**论中国传统“重陆轻海”国防观的成因**
作　　者　孙成华，陈阳
刊　　名　政工学刊
年 卷 期　2009年10期
页　　码　55－56

题　　名　**论中国船的船料及其计算法则**
作　　者　韩振华
刊　　名　海交史研究
年 卷 期　1988年13期
页　　码　197－205

题　　名　**论中国东南沿海古代阿拉伯、波斯文碑铭之研究**
作　　者　陈达生
刊　　名　回族研究
年 卷 期　1991年1期
页　　码　60－67，59

题　　名　**论中国古代漕运体系发展的几个阶段**
作　　者　王明德
刊　　名　聊城大学学报（社会科学版）
年 卷 期　2008年3期
页　　码　8－12
摘　　要　漕运是封建王朝政治活动的产物，它的发展必然以政治中心为转移，以满足都城物资需求为目标，以连接都城与漕粮产地的水路为载体；同时漕运又是一种经济活动，它的发展又受经济活动规律和运河发展状况等因素的制约。根据王朝都城的位置变迁、漕粮主要来源地的变化以及运河网络的发展，可将中国古代漕运系统的发展概括为四个阶段，即以长安为中心、以“关东之漕”为内容的发生阶段；以洛阳为中心、以“关东之漕”向“江淮之漕”的转折为内容的蓬勃发展阶段；以汴京为中心、以“江淮之漕”为内容的繁荣发展阶段；以北京为中心、以“江南之漕”为内容的高度发展与终结阶段。漕粮来源地的变化典型地反映了中国古代漕运体系发生、发展、繁荣和终结的全过程。

题　　名　**论中国古代海军和海防思想**
作　　者　王寅宝
刊　　名　海军军事学术
年 卷 期　1996年3期

题　　名　**论中国古代以广州为起点的"海上丝绸之路"的发展**
作　　者　曾昭璇,曾新,曾宪珊
刊　　名　中国历史地理论丛
年 卷 期　2003年18卷2期
页　　码　67－78,160－161
摘　　要　本文依据海上交通史料,以广州城为主要论述线索,全面阐述了海上丝绸之路的历史发展过程,认为广州是我国海上丝调之路的最早始发港和海岸城市。徐闻和泉州是在特定条件下,如徐闻在番禺城烧毁,南越国灭后的外贸中成为新兴始发港;泉州是南宋偏安后,朝廷特别经营下成为超广州的外贸中心,全国最大的外贸城市。在徐闻、泉州兴盛时,广州外贸并未消失,而只是退居次要地位。

题　　名　**论中国海权思想发展的历史进程——纪念郑和下西洋600周年**
作　　者　邢焕革,麻力强
刊　　名　海军工程大学学报(综合版)
年 卷 期　2005年2期
页　　码　44－47
摘　　要　分析了古代中国与古代西方海权思想的差异,阐述了中国没有形成近代海权思想的历史原因,指出重视海权思想是中华民族复兴的一个重要方面。

题　　名　**论中国海洋史上的两次发展机遇与丧失的原因**
作　　者　庄国土
刊　　名　南洋问题研究
年 卷 期　2006年1期
页　　码　1－9,46
摘　　要　宋元时期和明末清初,是中国海洋发展史上的两次发展机遇,但分别被明清政府所扼杀。东南沿海商民的海外开拓,在极端专制的明清政府看来,是游离于朝廷控制的不安定因素,必须予以打击。郑和则是实施明初海外政策的执行者,其结果是中国背向海洋,毁灭了宋元时期中国走向海洋大国的机遇。郑芝龙海商集团的崛起是中国海洋发展史上的第二次机遇。但满清入主中原后,建立同样的极端专制统治,基本上继承明代的内外政策,葬送了明末清初中国海洋发展的第二次机遇。在明清数百年东南沿海商民面向海洋和朝廷背向海洋的抗争中,强大的中央政权都是最后的胜利者。

题　　名　**论中国近代的海防与塞防**
作　　者　杨东梁
刊　　名　军事历史
年 卷 期　1990年6期
页　　码　17－21
摘　　要　我们多民族统一国家的疆土基本上是清朝前期奠定的。康熙、乾隆年间,清王朝为统一全国、稳定版图做出了不懈努力,终于使中国疆域东至库页岛,东南至台湾;西跨葱岭,西北至巴尔喀什湖;南包南海的南沙群岛;北连西伯利亚。这样一个空前统一的封建帝国,不仅陆疆广大,而且海域辽阔。因此,从国防战略角度考察,海防与塞防都是不容忽视的问题。

题　　名　论中国近代海关的"国际性"和洋员统治的演变
作　　者　陈诗启
刊　　名　中国经济史研究
年 卷 期　1987 年 1 期
页　　码　129 – 146
摘　　要　中国近代的海关,是在各国洋员共同管理之下,因此,外国人把它看作是"国际性"的组织。这个组织是由洋员统治的。这是中国近代海关一个最大的特点。明瞭了这个特点,对于中国近代海关的本质,就可以得到大致的了解。这是中国近代海关史上一个极其重要的问题。本文拟就这一特点的形成和演变作一个综合论述。要把这个问题论述透彻,就我们的水平来说,确实力不从心。现在只能就目前掌握的资料,作个初步探索。

题　　名　论中国近代史上的"塞防"与"海防"之争
作　　者　牟安世
刊　　名　河北学刊
年 卷 期　1986 年 5 期
页　　码　53 – 58
摘　　要　距今百余年前,在十九世纪七十年代至八十年代,清政府内部曾就是否恢复我国新疆领土问题展开了一场影响极其深远的重大争论,也就是我们今天通常所说的"塞防"与"海防"之争。就其实质讲,这场争论,是处于半殖民地半封建社会形成时期的中国,对于列强侵略到底是应该是应该采取抵抗自卫政策还是采取投降妥协政策的根本问题。因此,在中国进代史上是一场具有重要历史意义的争论。

题　　名　论中国近代通商口岸的范围及列强的侵权
作　　者　王国平
刊　　名　江海学刊
年 卷 期　2001 年 4 期
页　　码　147 – 152
摘　　要　中国近代通商口岸的范围问题是直接涉及条约权利受益范围的重要问题。澄清这一问题,有助于更清晰地解读和评论在通商口岸发生的历史事件。在列强看来,《天津条约》订立以后,通商口岸的范围已扩大到一百里以内。按本文的考察,通商口岸的范围应以英国公使德庇时、驻沪领事巴富尔与苏松太道宫慕久的约定和照会为准,"以早出晚归,不准在外过夜为断。"著名国际法学家威罗贝认为,"关于条约口岸的范围,没有一个条约是明确的。"相对于列强单方面按一百里范围解释近代通商口岸的范围而言,威罗贝的说法更近乎有关条约的真实。中国近代通商口岸的范围绝不是一百里,这应该是确定无疑的。

题　　名　论中国历史上内陆文化和海洋文化的交征
作　　者　徐晓望
刊　　名　东南文化
年 卷 期　1988 年 Z1 期
页　　码　1 – 6,12

题　　名　论中国人没有参与地理大发现的地理原因
作　　者　张箭
刊　　名　南开学报(哲学社会科学版)
年 卷 期　2005年1期
页　　码　104－112
摘　　要　地理发现应指文明民族的代表首次到达了或最早了解了各文明民族均前所未知的地表的某一部分,或率先确定了地表已知各部分之间的空间联系。中国人没有参与地理大发现,是由于中国缺乏参与地理大发现的理想的自然地理条件和位置。因为从中国横渡太平洋到美洲的距离是从西欧或西非横渡大西洋到美洲的距离的几乎三倍。中国缺乏从事地理大发现的合适的政治地理环境。中国人难以向南航海去发现澳洲,因为文明的东南亚把中国和澳洲隔开。如果中国人(明人)要向北探险去发现北亚西伯利亚,又被游牧民族如蒙古人、女真人－满人、维吾尔人、哈萨克人等锁闭。中国优越的经济地理状况在地理大发现方面反而起了负作用。中国自来是个大国,地域辽阔、物产资源丰富、经济发达,而且其人口直到明末清初仍不多。中国在经济上不需要外贸和外国,因此在中国,海陆探险和地理发现缺乏经济刺激和人口压力。

题　　名　论中国人移民东南亚的四次大潮
作　　者　庄国土
刊　　名　南洋问题研究
年 卷 期　2008年1期
页　　码　69－81
摘　　要　中国人移民东南亚历史,根据其动力和规模,可分为四次大潮。东南亚为中国海外移民的最主要目的地。中国人大规模移民东南亚始于17世纪,盛于20世纪上半叶,历三波移民高潮。20世纪50年代初期至中国改革开放前,移民东南亚工程中断。随着大陆改革开放及中国与东南亚经济合作的飞速发展,中国人重启移民东南亚热潮。虽然推动不同时期的移民潮各有其不同的国内外因素,但就四次大规模移民潮而言,中国与东南亚的经贸发展和合作都是主要动力之一。随着中国与东南亚经济一体化进程加速,如中国与东南亚的政治关系保持良好,前往东南亚的移民潮仍将继续。与此同时,东南亚各国进入中国的移民也将日益增多,并呈加速之势。

题　　名　论中国丝绸的外传
作　　者　王翔
刊　　名　苏州大学学报(哲学社会科学版)
年 卷 期　1991年1期
页　　码　114－122,30
摘　　要　中国丝绸的发展,是中国古代文明的见证。中国丝绸向外传播,是中华民族在世界文明史上的一个不可磨灭的丰功伟绩。丝绸外传的迅捷步伐与雄猛力度,不仅开拓了几条古代世界最长的国际交通线——陆上与海上的“丝绸之路”,沟通了东西方之间的经济贸易和文化交流,进而辗转导致“地理大发现”等一系列世界历史性的伟大转折;而且把丝绸生产这一中华民族的光辉发明,传布到世界各地,使之成为全人类共有的利薮和富源;同时,也给本国的经济发展和社会进步,注入了强劲的激素和新的活力。

题　　名　论中国与东南亚交往发轫期的宗教因素
作　　者　程爱勤

刊　　名　郑和研究
年 卷 期　2002 年 2 期
页　　码　46 – 53

题　　名　**论中日甲午高升轮事件的法律责任**
作　　者　孙放
刊　　名　日本研究
年 卷 期　1989 年 4 期
页　　码　48 – 51

题　　名　**论舟楫文化对吴越地区民俗和民歌的影响**
作　　者　蔡丰明
刊　　名　民间文艺季刊
年 卷 期　1988 年 2 期

题　　名　**论朱棣的开拓意识**
作　　者　田培栋
刊　　名　郑和研究
年 卷 期　1995 年 3 期
页　　码　10 – 15

题　　名　**论朱舜水对中日文化交流的贡献**
作　　者　李春光
刊　　名　社会科学辑刊
年 卷 期　1987 年 4 期
页　　码　50 – 56
摘　　要　朱舜水是明末热诚的爱国主义者，杰出的学者、思想家和教育家。他在居留日本二十多年的时间里，对中日文化的交流做出了巨大贡献。本文就此谈谈看法。

题　　名　**论朱元璋的琉球移民政策及其作用**
作　　者　谢必震
刊　　名　安徽史学
年 卷 期　1988 年 1 期
页　　码　23 – 26
摘　　要　朱元璋的琉球(今日本冲绳县)移民政策，对于明代中外关系的发展起了不可估量的作用，迄今仍有深远的历史影响，这是值得我们认真探讨的问题。

题　　名　**论自开商埠对近代岳阳城市的影响**
作　　者　李斌
刊　　名　湖南城市学院学报
年 卷 期　2006 年 27 卷 5 期

页　　码　27 – 32

摘　　要　在清政府"自开口岸"政策以抵制列强侵略的大背景下,具有包容性文化特征的岳州人接纳了开放岳州为商埠的决策。岳州开埠客观上促进了岳阳城市的近代转变,与此同时,市场商品经济结构及经济行业、岳阳市民的价值观念等都发生了近代性变化。

题　　名　论罪恶的鸦片贸易以及中国人民开始遭到双重掠夺
作　　者　朱哲芳
刊　　名　社会科学探索
年 卷 期　1990 年 4 期
页　　码　7 – 12

题　　名　论左宗棠与洋务运动
作　　者　林庆元
刊　　名　社会科学战线
年 卷 期　1986 年 1 期
页　　码　252 – 260

题　　名　罗马帝国沿海路向东方的探索
作　　者　张绪山
刊　　名　史学月刊
年 卷 期　2001 年 1 期
页　　码　110 – 118,26

题　　名　罗荣光与大沽口保卫战
作　　者　陈延亮
刊　　名　民族论坛
年 卷 期　1988 年 3 期
页　　码　48 – 51
摘　　要　1900 年(光绪二十六年),英、德、俄、法、美、日、意、奥等八国组成的侵略联军,发动了侵华战争。6 月 17 日,八国联军在沙俄海军将领海尔德市布兰特的指挥下,向天津门户大沽口炮台发起进攻,当时镇守炮台的广大爱国官兵在炮台守将天津总兵、67 岁高龄的罗荣光率领下顽强抵抗。他们在侵略者的强大进攻面前,誓死不屈,用鲜血和生命谱写了一曲中华民族的爱国主义颂歌。

题　　名　罗文藻生卒年考
作　　者　罗一鸣
刊　　名　海交史研究
年 卷 期　1997 年 31 期
页　　码　98 – 100

题　　名　妈祖——海上保护神
作　　者　西蒙

刊　　名　文史天地
年 卷 期　1994年2期
页　　码　51－52

题　　名　**妈祖——海峡两岸和平女神**
作　　者　文刀
刊　　名　中国道教
年 卷 期　2001年3期
页　　码　16－17

题　　名　**妈祖——一位广受国际崇仰的航海保护神**
作　　者　林秀栾
刊　　名　福建杂志
年 卷 期　1988年37期
页　　码　6－13

题　　名　**妈祖——郑和下西洋的精神支柱**
作　　者　徐克明
刊　　名　郑和研究
年 卷 期　2008年2期
页　　码　64－66

题　　名　**妈祖褒封史实综考**
作　　者　刘福铸
刊　　名　湛江海洋大学学报
年 卷 期　2005年25卷5期
页　　码　11－16
摘　　要　通过挖掘宋代相关文献,纠正清代以来妈祖志书沿袭的褒封记载讹误。重点考述“顺济”赐额时间应为宋宣和五年,“灵惠”首个封号应缘于姜特立征海寇之役;另外,对存在实据的妈祖早期其他七个封号,亦皆予以查证。

题　　名　**妈祖不是出身于疍民**
作　　者　石奕龙
刊　　名　莆田学院学报
年 卷 期　2004年11卷4期
页　　码　73－75
摘　　要　指出一些学者提出的“妈祖出身于疍民”的新说,实际是对文献史料的误读;并从六个方面论证妈祖不是出身于疍民,而是出身于汉族渔民。

题　　名　**妈祖成为海神的时代背景及职能演变**
作　　者　李露露

刊　　名　中华妈祖
年 卷 期　2005 年 1 期
页　　码　14 – 15

题　　名　**妈祖的功用与社会的和谐**
作　　者　韩风春
刊　　名　中华妈祖
年 卷 期　2005 年 2 期
页　　码　25 – 27

题　　名　**妈祖的护佑职能及其变迁**
作　　者　[马]安焕然
刊　　名　妈祖研究学报
年 卷 期　2004 年 1 期
页　　码　33 – 47

题　　名　**妈祖护使授封考**
作　　者　陈钧
刊　　名　神州
年 卷 期　2006 年 Z1 期
页　　码　94 – 96

题　　名　**妈祖祭典文化元素的构成与再造——以湄洲妈祖祭典为例**
作　　者　黄秀琳,黄新丰
刊　　名　莆田学院学报
年 卷 期　2010 年 4 期
页　　码　5 – 9
摘　　要　“妈祖信俗”的申遗成功是妈祖文化正式成为全人类共同文化遗产的标志,而妈祖祭典则是妈祖信俗的重要组成部分,它肩负着弘扬妈祖文化的特殊使命。妈祖祭典历经千年,其文化元素极其丰富,包含了建筑、哲学、宗教、艺术、礼仪等。在现代文化旅游不断升温的背景下,妈祖祭典文化元素还可以在品牌、语言、生态和教育文化元素方面进行再造和创新,以有助于祭典更好地传承与保护。

题　　名　**妈祖进封天后时间刍议**
作　　者　张章录
刊　　名　黎明职业大学学报
年 卷 期　1994 年 1 期
页　　码　63 – 65

题　　名　**妈祖历代褒封考**
作　　者　陈钧
刊　　名　神州

年 卷 期 2006 年 1 期
页　　码 51 – 56

题　　名 **妈祖取代鄱阳湖宫亭庙神及二者神性比较**
作　　者 吴国富
刊　　名 莆田学院学报
年 卷 期 2009 年 16 卷 1 期
页　　码 78 – 83
摘　　要 鄱阳湖的宫亭庙神是一个重要的水神,在魏晋南北朝时期它甚至是九江水府的水官大帝依托对象,但随着海运的发展,天妃妈祖的形象日渐凸显,并回流到鄱阳湖、长江一带,而宫亭庙的形象则逐渐淡隐,但宫亭庙神与天妃妈祖之间的联系仍清晰可见,二者也体现了许多类似的神性。

题　　名 **妈祖生地家世考**
作　　者 陈钧
刊　　名 神州
年 卷 期 2006 年 1 期
页　　码 57 – 62

题　　名 **妈祖世谱考论**
作　　者 谢重光
刊　　名 东南文化
年 卷 期 1992 年 1 期
页　　码 203 – 206

题　　名 **妈祖文化与郑和下西洋**
作　　者 周金琰
刊　　名 中华妈祖
年 卷 期 2005 年 1 期
页　　码 21 – 22

题　　名 **妈祖信俗——出身平民的精神力量**
作　　者 晓航
刊　　名 产权导刊
年 卷 期 2010 年 9 期
页　　码 75 – 76

题　　名 **妈祖信仰的对外传播**
作　　者 林家恒
刊　　名 文史知识
年 卷 期 1997 年 8 期
页　　码 67 – 71

题　　名　**妈祖信仰的发展、传播及融合——以中国、琉球、日本为中心**
作　　者　施敏洁
刊　　名　浙江万里学院学报
年 卷 期　2007 年 20 卷 1 期
页　　码　23－25
摘　　要　妈祖信仰是中国、琉球、日本三个区域共同拥有的海神信仰。作为航海守护神，在传入琉球后与当地固有的守护神闻得大君、姐妹神信仰一起合力保护着琉球海民的安全。以琉球为中转站，妈祖信仰进入日本，并与当地海神信仰实现了融合。

题　　名　**妈祖信仰的起源及其在宋代的传播**
作　　者　朱天顺
刊　　名　厦门大学学报（哲学社会科学版）
年 卷 期　1986 年 2 期
页　　码　102－108

题　　名　**妈祖信仰的形成和发展**
作　　者　李玉昆
刊　　名　世界宗教研究
年 卷 期　1988 年 3 期
页　　码　122－136

题　　名　**妈祖信仰分布的地理特征分析**
作　　者　郑衡泌，俞黎媛
刊　　名　福建师范大学学报（哲学社会科学版）
年 卷 期　2007 年 2 期
页　　码　19－27
摘　　要　妈祖信仰是中国一种古老的民间信仰。它从宋代形成以来，其分布地域不断扩大。现今，妈祖庙的分布区在中国已经扩大到了北至东北辽河流域，南至海南南沙群岛，东部遍布沿海各地，西至四川云南的广大地区。其态势既反映妈祖信仰扩展的历史过程，也反映了妈祖信仰与区域自然和人文环境的关系。影响妈祖信仰分布的因素很多，本文就其中最为重要的海洋因素进行了统计学的分析。

题　　名　**妈祖信仰略论**
作　　者　陶思炎
刊　　名　东南大学学报（哲学社会科学版）
年 卷 期　2007 年 9 卷 5 期
页　　码　95－98
摘　　要　妈祖信仰在海峡两岸及世界华人间维系着相互认同的神缘关系，作为民间宗教现象，妈祖信仰归属俗信的范畴，它不仅对宗教民俗学等学科的研究具有理论意义，同时在实践的层面上具有和平统一、卫国守土、世界和谐、繁荣发展的启示作用。

题　　名　妈祖信仰与道教关系调查研究
作　　者　王福梅
刊　　名　宗教学研究
年 卷 期　2010 年 4 期
页　　码　194 - 196
摘　　要　妈祖信仰的广泛社会影响,引来了儒、释、道三教对它的创造和吸收。文章结合文献资料和田野调查,试图在前人研究的基础上,从神话传说、有关经籍、妈祖祭祀活动以及宗教活动的组织和管理四方面,分析道教对妈祖信仰的影响。

题　　名　妈祖信仰与海内外华人的文化认同
作　　者　周伟民
刊　　名　妈祖研究学报
年 卷 期　2004 年 1 期
页　　码　88 - 95

题　　名　妈祖信仰与海外闽商侨居社区
作　　者　钱江
刊　　名　文化杂志
年 卷 期　1997 年

题　　名　妈祖信仰与海峡两岸的文化同缘关系
作　　者　李文
刊　　名　鹭江职业大学学报
年 卷 期　2003 年 11 卷 4 期
页　　码　43 - 46
摘　　要　文章分析了海峡两岸经济结构的互补性及由历史原因造成的妈祖信仰从起源地向台湾传播的原因与过程,并阐述了海峡两岸缠结在这一神缘纽带上深厚的地缘、血缘、业缘等诸多向心力量,以论证在妈祖信仰的表象之下,呈现海峡两岸不可分割的文化同缘关系。

题　　名　妈祖信仰与海洋文化
作　　者　许在全
刊　　名　炎黄纵横
年 卷 期　2002 年 6 期
页　　码　35 - 36

题　　名　妈祖信仰与华侨社会
作　　者　李玉昆
刊　　名　文史杂志
年 卷 期　1996 年 5 期
页　　码　30 - 31

题　　名　妈祖信仰与经济文化的互动:澳门和闽南的比较
作　　者　陈衍德
刊　　名　海交史研究
年 卷 期　1997 年 32 期
页　　码　70 – 81

题　　名　妈祖信仰与钱妃信仰之比较
作　　者　曾美香
刊　　名　莆田学院学报
年 卷 期　2007 年 14 卷 3 期
页　　码　85 – 88
摘　　要　妈祖和钱妃是宋代福建莆田相继出现的两位影响后世的女性水神。通过对二者的生平事迹、信仰产生与发展过程、海洋水神与农业水神等差异性比较分析,说明海洋文化与农耕文化的差异以及合流趋势。

题　　名　妈祖信仰在北方港的传播
作　　者　李玉昆
刊　　名　海交史研究
年 卷 期　1994 年 26 期
页　　码　112 – 118

题　　名　妈祖由巫到神的嬗变及其成因探析
作　　者　李小红
刊　　名　宁波大学学报(人文科学版)
年 卷 期　2009 年 4 期
页　　码　56 – 60

题　　名　妈祖与保生大帝进香仪式的比较研究
作　　者　范正义
刊　　名　中国社会经济史研究
年 卷 期　2008 年 4 期
页　　码　97 – 104
摘　　要　本文以保生大帝的个案来反思学界有关妈祖进香仪式研究上的不足,强调进香仪式的研究要注意共时性与历时性的结合,不仅要剖析“香火”带有的文化象征意义,还要进一步考察由进香仪式建构起的香火网络,以及由这一网络关系生发出的权力与利益的再生产过程。只有这样,我们才能深入理解闽台民间进香仪式长盛不衰的原因以及这一仪式存在的社会功能。

题　　名　妈祖与海洋文化发展的关系
作　　者　蔡泰山
刊　　名　中国海洋大学学报(社会科学版)
年 卷 期　2005 年 2 期

页　　码　26 – 28

摘　　要　中国沿海各省包括台湾，百姓皆以海事为他们工作的主轴，频繁的海事活动使中国人真正认识到大海的伟大，从心理产生了崇拜海洋的情结，这种感情抒发于信仰领域，便成了航海保护神的崇拜——妈祖信仰。妈祖信仰早期的传播，发生在湄洲岛对面的大陆沿岸，传播的主要力量来自民间。福建概分为内陆山地和沿海平原两个区域，沿海狭长的平原可以视为四个由山脉走向形成的河流流域分割开的四部分，除了海上的交通之外，水系提供了福建省内运输网的支架，而妈祖信仰就是因为莆田海滨海域的有效开发，妈祖的信仰才逐渐伸展，而演变成至今的国际性、传统性的民间信仰。

题　　名　妈祖与海洋文化发展关系
作　　者　蔡泰山
刊　　名　历史文物
年 卷 期　2005 年

题　　名　妈祖与湄洲湾
作　　者　郑世雄
刊　　名　中华妈祖
年 卷 期　2005 年 1 期
页　　码　16 – 17

题　　名　妈祖与民间信仰
作　　者　樊树志
刊　　名　妈祖文化研究
年 卷 期　2003 年 S 期
页　　码　4 – 6

题　　名　妈祖与我国古代河神、海神的比较研究
作　　者　谢重光
刊　　名　东南学术
年 卷 期　1990 年 3 期
页　　码　68 – 74，63

摘　　要　妈祖是海神，确切地说是航海神或河海航行保护神。自从妈祖被塑造成航海神而具有了总领四海的职能之后，我国古代旧有的河神、海神在人们的心目中都退居次要地位，甚至成为妈祖的下属。这是妈祖研究者所公认而熟知的事实。但是，后起的妈祖何以能取得航海神的地位而寝寝驾乎历史悠久的旧有河神、海神之上？迄今这方面的研究尚嫌薄弱。笔者认为，深入探讨这个问题，有助于我们把握妈祖信仰的性质，也有助于加深对宗教心理学和宗教进化论的认识。本文试从比较研究入手，提出自己对上述问题的看法，期望获得批评指正。

题　　名　妈祖元始金身考
作　　者　蔡相辉
刊　　名　妈祖研究学报
年 卷 期　2004 年 2 期

页　　码　96－103

题　　名　**马府街发现“和”字石刻小考**
作　　者　郑宽涛
刊　　名　郑和研究
年 卷 期　2007年2期
页　　码　60－61
摘　　要　位于南京城南、太平南路和长白街之间，有一条不长的小街——马府街。马府街由于郑和而得名。据考证，明代初年，七次下西洋的郑和把府邸设在这条街上，郑和原来姓马，马府街因此而得名。

题　　名　**马革裹尸何处还——马援征武陵蛮殁地新考**
作　　者　罗维庆，罗中
刊　　名　中央民族大学学报（哲学社会科学版）
年 卷 期　2010年3期
页　　码　80－86
摘　　要　东汉伏波将军马援南征武陵蛮，病死军中，后当地形成广泛的马援崇拜民俗。通常认为马援身故之处是沅水壶头山，今据史料考证及民间采访，认为应是澧水上游的张家界天门山。

题　　名　**马哈只碑后云南最重要的发现——评李士厚《影印原本郑和家谱校注》**
作　　者　马超群，马颖生
刊　　名　回族研究
年 卷 期　2006年2期
页　　码　64－65
摘　　要　世界航海先驱郑和是中国家喻户晓的历史伟人，但他的出生地、家世却鲜为人知。因史书记载仅有《明史·郑和传》“郑和，云南人”5字，其余官书、地方志书都未载，因而郑和的身世一直是个谜。直到1911年，经济特科状元袁嘉谷发现昆阳马哈只碑；1936年辛亥革命元老李鸿祥、云南通志馆李士厚发现玉溪东营《郑和家谱》，才揭开了这一尘封500余年的历史之谜。如果说马哈只碑标明郑和的籍贯、先祖、民族、家庭情况外，那么《郑和家谱》就是对郑和的事功、德行、家世全方位的记载了。

题　　名　**马汉“海权论”对近代中国海军缘何影响甚微**
作　　者　王义民
刊　　名　许昌学院学报
年 卷 期　2006年3期
页　　码　113－115

题　　名　**马汉与《海上力量对历史的影响》**
作　　者　张晓林
刊　　名　军事历史研究
年 卷 期　1995年3期
页　　码　121－134

题　　名　马欢《瀛涯胜览》明代淡生堂抄本寻访记
作　　者　席龙飞,何国卫
刊　　名　海交史研究
年 卷 期　2005 年 47 期
页　　码　18－21,17

题　　名　马欢的族属与《瀛涯胜览》的地位
作　　者　张箭
刊　　名　西南民族大学学报(人文社科版)
年 卷 期　2005 年 26 卷 6 期
页　　码　144－149
摘　　要　马欢随郑和三下西洋,担任阿拉伯语翻译,为下西洋的事业做出了独特的贡献。马欢信仰伊斯兰教,是穆斯林。根据他会说阿拉伯语、信伊斯兰教、姓马,又主要说汉语用汉文写作,我们把他的族属识别为回族。他是回族历史文化名人。马欢写的《瀛涯胜览》记录了下西洋者的见闻和所到地区的概况。在"西洋"史地学三书中,《瀛涯胜览》对同一个国家和地区的记载最详,因而最为重要珍贵,并且对后来的"西洋"史地学书和中西交通史书影响最大。

题　　名　马欢和马德新朝觐比较研究
作　　者　沈玉萍
刊　　名　青海社会科学
年 卷 期　2009 年 2 期
页　　码　108－113
摘　　要　马欢和马德新是明清两代到伊斯兰教圣地天方——今沙特阿拉伯麦加进行朝觐活动的古代中国穆斯林的代表人物。他们生活的时代相隔四百多年,其朝觐活动也各具特色,马欢的朝觐活动带有官方色彩,而马德新的朝觐活动带有个人性和学术性的色彩。本文从他们的朝觐活动、他们对克尔白的描述、他们对麦地那的描述及朝觐外的活动和朝觐的行程等几个方面对马欢和马德新的朝觐活动做了比较研究。

题　　名　马欢所见的西洋穆斯林
作　　者　胡天冰
刊　　名　中国穆斯林
年 卷 期　2001 年 1 期
页　　码　28－29

题　　名　马欢与《瀛涯胜览》
作　　者　甘雨
刊　　名　郑和研究
年 卷 期　1994 年 4 期
页　　码　50

题　　名　马欢与《瀛涯胜览》
作　　者　周志强
刊　　名　黑龙江史志
年 卷 期　2008 年 19 期
页　　码　19－20
摘　　要　马欢曾 4 次跟随郑和下西洋，归国后撰写了《瀛涯胜览》，该书详细记载了跟随郑和下西洋的经过及其所见所闻。本文引用了许多史料，详细论述了《瀛涯胜览》的重要学术价值。论述了此书不仅对郑和下西洋伟大壮举做了详实的记载，而且还对 15 世纪亚非许多国家和地区的基本情况做了比较充分的记述，同时对于科技史的研究也具有重大的参考价值，并且在回族史学发展史上具有重要的地位。

题　　名　马戛尔尼的使命——鸦片战争前中英关系再探
作　　者　吴大康
刊　　名　安康师专学报
年 卷 期　1999 年 11 卷
页　　码　24－27

题　　名　马戛尔尼跪谒乾隆帝考析
作　　者　王开玺
刊　　名　历史档案
年 卷 期　1999 年 2 期
页　　码　90－94
摘　　要　1793 年 9 月 14 日，英国使臣马戛尔尼觐见了清乾隆帝。英使是以何种礼仪方式觐见清帝的，中外记载截然相反。许多外国人，如美国的普理查德教授、法国的佩雷菲特先生等，还有不少中国的学者，大多认为英国使臣并未向乾隆帝行三跪九叩之礼。事实真相究竟如何，这是人们十分感兴趣却又难以轻易说清的问题。笔者拟就此试作考析。

题　　名　马戛尔尼和阿美士德对华评价与态度的比较
作　　者　张顺洪
刊　　名　近代史研究
年 卷 期　1992 年 3 期
页　　码　1－16

题　　名　马戛尔尼使华动因探析
作　　者　李林
刊　　名　贵州教育学院学报
年 卷 期　2007 年 6 期
页　　码　92－95
摘　　要　1793 年马戛尔尼使华，客观上反映了 18 世纪末英国资本主义的发展对改善中英关系和扩大对华贸易的迫切要求。具体说来，降低自华进口茶叶税、减少清廷对英贸易限制、改善英商在华处境、开拓新的殖民市场和争取领事裁判权是英国对华贸易亟待解决的问题，也是英方此次遣使访华的根本动因。而先进科学技术的传播，只是近代西方殖民扩张的附加结果，不能作为使团此次出访的动因。

题　　名　马戛尔尼使华期间的外交收获
作　　者　侯强
刊　　名　江西社会科学
年 卷 期　2003 年 5 期
页　　码　137 – 140
摘　　要　马戛尔尼出使中国无疑是一次失败,但在出使失败的主旋律中,也夹杂着一些使团出使取得收获的讯息。马戛尔尼使团通过与清政府的实际接触,从反面对清政府的内外政策有了进一步的认识,收集了大量的有关中国的经济、军事情报,并在一定程度上推进了中英关系的发展。

题　　名　马戛尔尼使华期间中英双方心态研究
作　　者　侯强
刊　　名　南通师范学院学报(哲学社会科学版)
年 卷 期　2003 年 1 期
页　　码　74 – 78
摘　　要　马戛尔尼使华期间,中英双方存在的冲突侧映出中英双方不同的心态。清廷的闭关政策虽对外国势力的对华扩张起到了一定的阻挡作用,但对中国的损害远大于对外国造成的不便。面对马戛尔尼使团的挑战,清廷以一种保守的心态回应,没有处理好稳定与发展的关系,而此时英人的心态却是积极主动的,决意打开中国市场的大门,并展开了咄咄逼人的攻势。

题　　名　马戛尔尼使华事件中的英吉利“表文”考
作　　者　计秋枫
刊　　名　史学月刊
年 卷 期　2008 年 8 期
页　　码　48 – 55

题　　名　马戛尔尼使华与传教士和传教问题
作　　者　黄兴涛
刊　　名　清史研究
年 卷 期　1993 年 3 期
页　　码　17 – 26,16
摘　　要　马戛尔尼使团访华,是 18 世纪中英关系史上最为重要的事件之一,也是中英通使的开端。对这一历史事件,人们已做过多方面的研究,取得不少成绩。但仍存在着许多问题有待深入考察。比如,这次使团来华究竟是否提出过传教要求?它是怎样接受和完成东印度公司交给的关于传教士方面的任务的?在这次使华过程中传教士所起的作用如何等等,就是如此。概括起来说,也就是英使访华与传教士和传教问题的关系。本文拟就此问题做一粗略探讨,以求教于同仁。

题　　名　马戛尔尼使团对华外交策略评析
作　　者　陆建洪,侯强
刊　　名　海交史研究
年 卷 期　2003 年 44 期

页　　码　78－85

题　　名　**马戛尔尼使团来华“名义”辨**
作　　者　李学智
刊　　名　历史教学(中学版)
年 卷 期　2009年4期
页　　码　5－8

题　　名　**马建忠的海防思想(上)**
作　　者　刘中民
刊　　名　海洋世界
年 卷 期　2010年8期
页　　码　63－64

题　　名　**马建忠的海防思想(下)**
作　　者　刘中民
刊　　名　海洋世界
年 卷 期　2010年9期
页　　码　66－67

题　　名　**马建忠与近代中国海军建设**
作　　者　薛玉琴
刊　　名　史林
年 卷 期　2002年1期
页　　码　51－54,34
摘　　要　作为近代著名的维新思想家,马建忠对近代海军建设的贡献主要表现在两个方面:一编译《法国海军职要》;二撰写《上李伯相复议何学士如璋奏设水师书》,系统阐述他的设立专门化海军管理机构,创立水师小学、大学院,建立新的官制,改招募制为兵役制,开源节流等建设中国近代海军的思想。

题　　名　**马江海战及其参战舰船**
作　　者　黄政
刊　　名　舰船知识
年 卷 期　1989年8期
页　　码　30－31

题　　名　**马江海战三题析辨**
作　　者　龙永行
刊　　名　近代史研究
年 卷 期　1990年4期
页　　码　73－79
摘　　要　1884年8月23日至8月30日发生的马江之战,是近代史上时间最早、规模较大的海战,至今仍是近代史研究中的一个重要课题。作为一名史学工作者,不揣浅陋,想就此次海战中共同关心的几个问题,略陈管见,以求教于海内同仁。

题　　名　**马江海战谈往**
作　　者　林更生
刊　　名　前进论坛
年 卷 期　2006 年 2 期
页　　码　41 – 43

题　　名　**马江海战疑难考辨**
作　　者　龙永行
刊　　名　大同职业技术学院学报
年 卷 期　1997 年 11 卷 1 期
页　　码　24 – 31
摘　　要　本文对中法战争之马江海战诸项问题考辨,认为马江海战的失利,除法军预谋偷袭、装备先进等外,主要原因在于清政府的错误政策之指导和清军战术指挥失当、张佩纶等主要官员临阵怯战失措所致,并指出詹天佑参战之说可信,对清军装备人员伤亡损失情况也进行了考证与修订。

题　　名　**马江战役与洋务运动的关系——与"洋务运动开始破产论"商榷**
作　　者　王民
刊　　名　争鸣
年 卷 期　1989 年 6 期

题　　名　**马江战役中的"缺嘴将军"与福建克虏伯大炮的两次辉煌**
作　　者　胡汉辉
刊　　名　中国文化遗产
年 卷 期　2005 年 5 期
页　　码　84

题　　名　**马江之战——《皇帝与官员》选译**
作　　者　劳埃德·伊斯特门,俞政
刊　　名　历史教学
年 卷 期　1986 年 2 期
页　　码　50 – 52

题　　名　**马江之战中、法舰队对比表**
作　　者　俞政
刊　　名　湖南城市学院学报
年 卷 期　1986 年 1 期
页　　码　83 – 92
摘　　要　1884 年马江之战中,中、法舰队兵力对比如何?史学界一向采用马士的叙述:"在开战的那一天,法军有兵舰八艘(两艘装甲的),计一万四千五百十四吨,还有两艘鱼雷艇,官兵共一千七百九十人,装有七十七尊几乎全是重型的大炮,此外还有一些最新式的机关枪。中国方面共有兵舰十一艘(其中九艘是木制的),约计六千五百吨,官兵共一千零四十人,装有四十五尊炮,其中仅有少数是大口径的;此外,还有十三只旧式的炮船和一些武装的划船。”这一叙述已经粗略地勾画出“法强我弱”的特点,但尚有修订的必要。兹将双方舰队情况详细列表,以便更好地把握马江之战的历史真相。

题　　名　**马可·波罗的中医中药见闻**
作　　者　傅维康
刊　　名　医古文知识
年 卷 期　1999年3期
页　　码　32－33

题　　名　**马可·波罗杭州行迹探究**
作　　者　鲍志成
刊　　名　杭州研究
年 卷 期　2001年4期
页　　码　48－51

题　　名　**马可·波罗及其福建之行**
作　　者　翁国珍
刊　　名　海交史研究
年 卷 期　1980年2期

题　　名　**马可·波罗与《马可·波罗游记》新探**
作　　者　申友良
刊　　名　湛江师范学院学报
年 卷 期　2001年1期
页　　码　61－66
摘　　要　怎样正确认识和看待马可·波罗与《马可·波罗游记》,特别是找到一条解决问题的正确途径,这对马可·波罗学来说已是当务之急了。而解决马可·波罗问题的关键,是不能只躺在《马可·波罗游记》上去研究所谓的“马可·波罗学”。其实,“马可·波罗”这个名字不一定是指某个特定的人,而是指当时的一批东西方交通的开拓者。“马可·波罗”就是他们的代名词,《马可·波罗游记》就是他们当时历险经历的总结。

题　　名　**马可·波罗与东南亚**
作　　者　马勇,罗亚文
刊　　名　东南亚研究
年 卷 期　1997年5期
页　　码　63－65

题　　名　马可波罗出使云南时间考
作　　者　石坚军
刊　　名　云南师范大学学报(哲学社会科学版)
年 卷 期　2007 年 1 期
页　　码　68 – 71
摘　　要　国内外学者对马可波罗东方行程和年代的注释众说纷纭,莫衷一是,而在马可波罗何时出使云南这一问题上更是存在着激烈争论。笔者在前人研究的基础上,以《马可波罗寰宇记》及《马可波罗注》为主要参考依据,对马可波罗出使云南的时间作了新的探讨,认为马可波罗出使云南应在 1281 – 1282 年之间。

题　　名　马可波罗到过中国——对《马可波罗到过中国吗?》的回答
作　　者　杨志玖
刊　　名　历史研究
年 卷 期　1997 年 3 期
页　　码　107 – 123

题　　名　马可波罗对杭州的记述
作　　者　龚缨晏
刊　　名　杭州大学学报(哲学社会科学版)
年 卷 期　1998 年 1 期
页　　码　34 – 40

题　　名　马可波罗与航海
作　　者　应国靖
刊　　名　航海
年 卷 期　1980 年 5 期
页　　码　32 – 34

题　　名　马可波罗与丝绸之路
作　　者　钱志清
刊　　名　国际经济合作
年 卷 期　2004 年 12 期
页　　码　41 – 42

题　　名　马可波罗与苏州
作　　者　王翔
刊　　名　世界知识
年 卷 期　1980 年 3 期
页　　码　17

题　　名　马可波罗在北京

作　　者　林梅村

刊　　名　中国历史文物

年 卷 期　2008 年 2 期

页　　码　22－33

摘　　要　13 世纪末，马可波罗在欧、亚、非三大洲进行了长达 25 年的探险旅行。这位意大利旅行家的东方之旅，有三分之一是在元大都（今北京）度过的，但是他在北京的故居至今下落不明。其实，马可波罗就住在大都北城会同馆。据元末熊梦祥《析津志》，大都会同馆在北中书省西边。据我们调查，这座会同馆可能毁于 1368 年徐达筑明北京北城墙之际，故址在今北京旧鼓楼大街北口滨河公园的西部。本文还根据元大都考古资料，讨论了会同馆周边街市和建筑。

题　　名　马克思笔下的中国人——叶名琛

作　　者　刘冰

刊　　名　大连教育学院学报

年 卷 期　1996 年 2 期

页　　码　28－32

摘　　要　第二次鸦片战争期间主持广州战事的两广总督叶名琛，是马克思笔下的两个中国人其中的一个，也是清代中国的高级官员被外敌掳走的唯一的一个总督大员。广州陷落，总督被掳，国人把种种怨愤自然地加到叶名琛的头上，文人们更把他讥为"六不将军"。然而，马克思站在国际主义的立场上却给叶很高的评价。叶名琛到底如何评价？他是否"不战不和不守"？他又为何甘做英人俘虏？这实际上是些未解之谜。本文对这些问号做出了说明。

题　　名　马来群岛与满剌加考

作　　者　格伦威尔德

刊　　名　通报

年 卷 期　1986 年

题　　名　马来西亚华侨华人妈祖信仰窥探

作　　者　李天锡

刊　　名　八桂侨刊

年 卷 期　2009 年 1 期

页　　码　65－69

摘　　要　本文通过回顾妈祖信仰在马来西亚传播的情况，分析了马来西亚华侨华人妈祖信仰的特点；（一）妈祖庙与华侨宗乡会馆有密切联系；（二）妈祖信仰与祖先崇拜相互促进；（三）海南华侨华人经常把妈祖与水尾圣娘、108 兄弟公等神明一起供奉。

题　　名　马礼逊与早期中英外交关系考析

作　　者　陈才俊

刊　　名　广东社会科学

年 卷 期　2008 年 5 期

页　　码　111－117

摘　　要　鸦片战争以前,英国是与中国交往最密切的西方国家。当时来华的英国人基本上以商贾、军僚、传教士为主,他们成为这一时期中英外交活动的主体。早期来华基督新教传教士,由于谙熟中国语言与文化,往往充当商业乃至政治的世俗角色。"传教先驱"马礼逊便是其中的典型代表。本文通过考析马礼逊出任澳门东印度公司译员、参与中英冲突交涉、作为阿美士德使团秘书访京、出任英国驻华商务监督秘书兼翻译等史实,对其于早期中英外交关系中之重要作用予以粗浅阐释。

题　　名　马礼逊与中西文化交流
作　　者　卞湘川,陈申如
刊　　名　史林
年 卷 期　1988 年 2 期
页　　码　65 - 71
摘　　要　英人马礼逊(Robert Morrison 1082 - 1834)是历史上第一个来华传播新教的传教士。十九世纪初马礼逊来到中国,实际在华传教长达二十五年。在中国他又长期受聘于殖民机构东印度公司,还第一个提出了"领事裁判权"的设想,因而一直被当作近代列强侵华的先遣人物。如何正确地评价一个历史人物,不仅要衡量这个人本身的价值及其作用,还必须联系他所处的时代的发展阶段和他本人的处境和作为。否则,复杂的历史现象就会简单化,复杂的历史人物也会脸谱化。本文就马礼逊来华的背景,他与东印度公司的关系以及他在中西文化双向交流方面起的作用等方面作初步探讨,提出我们一些不成熟的看法,敬请专家指正。

题　　名　马礼逊与中西文化交流
作　　者　顾卫星
刊　　名　外国文学研究
年 卷 期　2002 年 4 期
页　　码　116 - 120,175
摘　　要　本文对第一位新教传教士马礼逊在中西文化交流方面的作用作了简要分析。马礼逊翻译《圣经》和中国文化经典,编纂《华英字典》以及创办近代学校等中西文化交流活动,客观上架起了中西文化交流的桥梁,但同时又为促进基督教思想的传播和配合贸易掠夺服务,有一定的历史局限性。

题　　名　马林迪的建立及其早年情况
作　　者　[美]埃斯蒙德·布兰德利·马丁
刊　　名　郑和研究
年 卷 期　1988 年 12 期

题　　名　马六甲"官厂"遗址考
作　　者　陈达生
刊　　名　郑和研究
年 卷 期　2006 年 3 期
页　　码　52 - 55
摘　　要　中国史书中有数处注明郑和下西洋时曾经建立了最少两个"官厂",如须文答腊(苏门达腊岛亚齐市附近)及满剌加(今马六甲)都有"官厂"的设立。但是它们真正的遗址何在?它设立的目的是什么?它的性质是什么?新加坡国立大学的伟介夫博士说它是明朝的殖民地,是明朝向外扩张领土的军事基地。到底他的论调的可信度有多大呢？马六甲“官厂”的设计与面貌如何？六百年后的今天，它又有什么新面貌与新任务？以上所提的这些问题是本文所要探讨的。我们虽然花了数年时间，从多方面来考证，也有不少收获。希望把我们的发现与大家分享，更欢迎各位专家能为我们提供宝贵意见，以便将来能作修正。

题　　名　**马六甲——郑和在西洋的重要基地**
作　　者　胡善美
刊　　名　航海
年 卷 期　1996 年 2 期
页　　码　30－31

题　　名　**马六甲王朝与明朝的朝贡关系**
作　　者　龚晓辉
刊　　名　韶关学院学报
年 卷 期　2009 年 30 卷 2 期
页　　码　51－54
摘　　要　中国与马来半岛有着悠久的民间交往历史，马六甲王朝是马来半岛第一个统一的马来人政权，其与明朝的朝贡关系持续了 119 年，在中马关系史上占有重要的地位。中马两国的外交往来具有官方垄断的唯一性，朝贡贸易是两国朝贡关系的主要形式，也是两国政治经济文化交流的重要渠道。

题　　名　**马六甲早期华人聚落的形成和涵化过程**
作　　者　陈志明，丁毓玲
刊　　名　海交史研究
年 卷 期　2004 年 46 期
页　　码　1－15

题　　名　**马尼拉大帆船与来华法国耶稣会士——兼论十八世纪前来华西班牙传教士**
作　　者　牛军凯
刊　　名　东南亚学刊
年 卷 期　1998 年 3 期
页　　码　46－57

题　　名　**马尼拉帆船贸易——太平洋丝绸之路**
作　　者　刘文龙
刊　　名　复旦学报（社会科学版）
年 卷 期　1994 年 5 期
页　　码　104－108
摘　　要　十六世纪末到十九世纪初，马尼拉帆船贸易，在浩渺的太平洋上开辟了一条丝绸之路。藉此，中国的丝绸、瓷器等产品源源不断地输入拉丁美洲各地；反过来，美洲的作物烟草、玉米、甘薯，以及墨西哥的银元等传播到中国，影响到明清以来的经济和文化活动。显然，马尼拉帆船贸易不仅推动了太平洋东西两岸的物质文化交流，而且也促进了两地知识界的相互认识和了解，这是具有重要的历史和现实意义的。

题　　名　马沙利与上海海关
作　　者　梁侃
刊　　名　近代史研究
年 卷 期　1988 年 3 期
页　　码　5 – 14

题　　名　马士在通商口岸外国人群体中的领袖地位初探——以 1907 年的活动为例
作　　者　李爱丽
刊　　名　历史教学(高校版)
年 卷 期　2008 年 10 期
页　　码　5 – 9
摘　　要　马士作为研究中国问题的历史学家和长期在中国海关任职的税务司,其学术生涯和职业生涯在学术界已有一定的研究,本文尝试揭示马士在华期间作为通商口岸外国人领袖的社会生涯。1907 年,马士在上海担任海关总税务司署造册处税务司期间,广泛参与亚洲文会北中国支会、中国基督教青年会和美商中华协会的各项活动,并在这些团体中担任重要职务,同时,马士还主持迎接了访问上海的美国陆军部长塔夫脱。本文试图说明,海关官员的身份有助于马士成为通商口岸外人群体的领袖,他身为清政府官员,也同时服务于外人在华的外交、司法、学术、宗教和商业事务,这些经历为马士成为中国问题专家奠定了基础。

题　　名　马他伦来华事件始末
作　　者　黄比新
刊　　名　岭南文史
年 卷 期　1988 年 1 期
页　　码　152 – 159
摘　　要　1838 年 7 月 12 日,英国东印度舰队总司令马他伦(Frederick Maitland)少将,率领他的旗舰“威里士厘”号及另一艘军舰“阿吉林”号,突然从马六甲到达中国澳门海面。在此之前,他于 4 月从印度派出的军舰“拉尼”号已先行到达。这是自 1715 年英国东印度公司决定正式参加对华贸易以来,继马嘎尔尼、阿美士德之后,英国政府派遣的第三位“慰问”中国的高级官员,而派遣这样一位高级武官,这在中英关系史上尚属首次。这位英国海军舰队司令在中国停留时间长达两个多月。

题　　名　马尾船政局的兴衰
作　　者　林樱尧
刊　　名　船史研究
年 卷 期　1987 年 3 期

题　　名　马尾船政局历史地位论略——兼谈关于洋务运动评价的一些问题
作　　者　黄政
刊　　名　福建史志
年 卷 期　1987 年 1 期

题　　名　**马尾船政局略考**
作　　者　郭金彬
刊　　名　中国科技史杂志
年 卷 期　1988 年 9 卷 1 期
页　　码　71 – 79
摘　　要　马尾船政局又名福州船政局,简称闽局或闽厂。船政局制船厂设在马尾,此地距省会福州20 公里。马尾船政局是洋务运动时期创办的一个专门造船的军事工业,它在中国海军史上和中国近代科技史上都占有显要的地位。

题　　名　**马尾船政局聘用外国人员的性质和作用**
作　　者　林庆元
刊　　名　洋务运动讨论专辑
年 卷 期　1980 年 2 期
页　　码　203 – 228

题　　名　**马尾船政局与晚清社会**
作　　者　王民
刊　　名　文史知识
年 卷 期　1995 年 4 期
页　　码　13 – 18

题　　名　**马尾船政局早期工人的生活与斗争**
作　　者　福建师范大学历史系理论组
刊　　名　历史研究
年 卷 期　1976 年 4 期
页　　码　96 – 104

题　　名　**马尾船政文化考评**
作　　者　李芳
刊　　名　中共福建省委党校学报
年 卷 期　2003 年 11 期
页　　码　60 – 64
摘　　要　马尾船政学堂在我国率先引进西方自然科学教材和教育文明,开近代教育之先河,船政还派出中国赴欧留学生,他们学成归国报效国家,又深刻地影响了中国社会。马尾船政敢于开放引进的观念与实践,促进中西文化的交流。

题　　名　**马尾船政文化嬗变的脉络**
作　　者　林致燊
刊　　名　中共福建省委党校学报
年 卷 期　2010 年 9 期

页　　码　85－87

摘　　要　马尾造船厂的建立，是出自抵御外侮的实际需要，世人也把船政看做爱国抗敌的典范，这种看法一直持续到新中国成立。在建国后的很长一段时期内，船政文化被压制，船政被认为是买办哲学的代表。到了新时期特别是21世纪以来，船政文化逐渐被挖掘出来，呈现百花齐放的态势。

题　　名　马尾船政文化形成的因素分析

作　　者　林新媚

刊　　名　福建工程学院学报

年 卷 期　2007年5卷5期

页　　码　413－416

摘　　要　马尾船政的创建是中国近代史上的一件大事。她是中国近代海军的摇篮和近代军事工业基地之一，培育了一大批海军和科学技术人才。马尾船政文化是中国近代社会大变迁、福建优越的地理环境和人文环境共同作用的结果。船政文化的形成具备了天时、地利、人和的条件。文章主要从文化社会学的角度，详尽分析了船政文化的形成要素。

题　　名　马尾船政学堂——中西文化交流的契合点

作　　者　吴永宁

刊　　名　福建论坛（人文社会科学版）

年 卷 期　2005年S1期

页　　码　116－117

摘　　要　第二次鸦片战争以后，以“师夷长技以制夷”为宗旨的洋务运动开始登上历史的舞台。1866年，两江总督左宗棠奏准在福州马尾创办船政局，建造近代中国第一个大型新式造船厂，后又附设船政学堂。培养轮船制造和驾驶人才是船政学堂创办的最初宗旨。然而，在这个西方文化汹涌而至、中西文化交流大跃进的历史时期，船政学堂的意义绝不仅仅存在于军事科技领域。在它存在的46年里船政学堂从计划到实施的一系列的过程无不体现中西方文化的共同影响，同时在中西文化交流中它也发挥了不可忽略的作用和影响。

题　　名　马尾船政与台湾的近代化建设

作　　者　沈岩

刊　　名　交通建设与管理

年 卷 期　2010年5期

页　　码　104－105

题　　名　马尾船政与台湾的近代化建设（续）

作　　者　沈岩

刊　　名　交通建设与管理

年 卷 期　2010年6期

页　　码　78－79

题　　名　马尾船政与台湾的近代化建设（续）

作　　者　沈岩

刊　　名　交通建设与管理
年 卷 期　2010 年 7 期
页　　码　54－56

题　　名　**马尾海战与中国近代化**
作　　者　韦健玲
刊　　名　学术论坛
年 卷 期　1991 年 4 期
页　　码　111－115
摘　　要　1884 年 8 月 23 日，法国驻福州领事发出通告，对华宣战。一个多小时后，福建水师马尾军港里的全部中国船只，就被同时停泊在那里的法国舰队击沉了，附近的福建船政局亦受重创。福建水师及福建船政局是早期洋务运动的重要成果，马尾海战中这两者的重创，促使人们重新理性地思索、鉴别、抉择中国的出路，从而使得马尾海战本身在中国步履维艰的近代化进程中，产生了重要的影响。

题　　名　**马尾海战中的何如璋**
作　　者　韩路
刊　　名　岭南文史
年 卷 期　1984 年 2 期
页　　码　151－156
摘　　要　一八八四年八月二十三日（清光绪十年七月初三日）爆发的中法马尾海战，迄今已一百周年了。百年来，人们对当时的福建船政大臣何如璋（字子峨，广东大埔双坑乡人，一八三八——八九一）褒贬不一。在他首任出使日本国钦差大臣期间，由于他不计较个人得失，为国争公理，抗强权，坚持睦邻友好，终于完成艰巨使命，不负国人期望，故被后人誉为“不辱使命的何如璋”。在他回国后出任福建船政大臣期间，由于历史条件及职权所限，不可避免地执行了清政府的投降路线。马尾海战惨败，不能辞其咎，因而受到“革职充军”的处分，故又被贬为“腐朽的清朝官吏”等。对此，笔者不揣冒昧，欲对中法马尾海战中何如璋的责任问题提出浅见，以就教于史学界。

题　　名　**马尾海战中的勇士——詹天佑**
作　　者　潘君祥
刊　　名　人物
年 卷 期　1982 年 2 期
页　　码　131－133

题　　名　**马援《武溪深行》地望考**
作　　者　黄志辉
刊　　名　岭南文史
年 卷 期　1998 年 1 期
页　　码　40－41

题　　名　**马援安宁立铜柱辨**
作　　者　李埏

刊　　名　思想战线
年 卷 期　1990 年 3 期
页　　码　82－86

题　　名　**马援崇拜的地理分布:以伏波庙为视角**
作　　者　范玉春
刊　　名　广西师范大学学报(哲学社会科学版)
年 卷 期　2007 年 3 期
页　　码　101－105
摘　　要　东汉初期,交趾女子征侧、征贰反汉,马援奉命率军南征,平定岭南六十余城,开辟道路,兴办水利,福泽深远,受到南征沿途各地民众的崇祀,形成特有的马援崇拜民俗事象。作为马援崇拜的主要载体,伏波庙的地理分布相当广泛,其北界可达湖南沅水、澧水流域,东至广东武水流域,南至广西南部沿海以及少数民族聚居的左右江流域,其中尤以湖南沅水流域和广西的桂江流域、西江流域以及沿海地区最为广泛,并呈现逐渐向边缘地区扩散的趋势。

题　　名　**马援南征“分兵进交趾”质疑——与滕兰花博士商榷**
作　　者　施铁靖
刊　　名　广西文史
年 卷 期　2010 年 2 期
页　　码　55－58

题　　名　**马援平定交趾及对交趾的贡献**
作　　者　李新平
刊　　名　科教文汇(上旬刊)
年 卷 期　2010 年 11 期
页　　码　55－56
摘　　要　东汉开国名将马援,一生英勇善战,立下战功无数。在他的人生鼎盛时期,他奉命平定了交趾地区爆发的“二征起义”。在此过程中,他对当地的政治制度、基础设施、文化思想等方面进行了改革,有力推动了岭南百越地区郡县制和封建生产方式的发展,为岭南地区社会进步和民族和谐,作出了杰出贡献。

题　　名　**马援与滇越古代交通**
作　　者　徐兴祥
刊　　名　云南民族学院学报
年 卷 期　1984 年 4 期
页　　码　10－16,26

题　　名　**马援与我国民族地区的羁縻制度——马援研究之十六**
作　　者　施铁靖
刊　　名　广西民族研究
年 卷 期　2011 年 1 期

页　　码　121－126

摘　　要　从当代的行政管理学意义上看，马援在陇西执行的民族羁縻政策，在管理上有了质的突破。在岭南，"悉定郡县为令长也，"用拥护汉朝的骆越贵族和骆越族的平叛将领作为新设郡县的官吏，并且用汉朝法律予以约束，这实际上是民族羁縻制度的雏形，为后来最终形成一套严密、完善的民族羁縻制度体系提供了有益的尝试。

题　　名　**马援在广西**
作　　者　施铁靖
刊　　名　河池师专学报（社会科学版）
年 卷 期　2003 年 3 期
页　　码　40－45

题　　名　**马援征交阯出发地点考**
作　　者　宗玉磊
刊　　名　河池学院学报
年 卷 期　2008 年 6 期
页　　码　95－96，119

摘　　要　建武十六年（40 年），交阯雒将女子徵侧等起兵反叛，汉光武帝派遣马援平叛。依据对史料的整理与分析，可确定马援得到南征命令的地点在皖城。

题　　名　**玛雅文化是中国连云港市先民航海去创造的吗？——评《谁先到达美洲》等**
作　　者　施存龙
刊　　名　世界历史
年 卷 期　1998 年 3 期
页　　码　104－111

题　　名　**买办与中国航运业的近代化**
作　　者　王汉筠
刊　　名　临沂师范学院学报
年 卷 期　2002 年 24 卷 4 期
页　　码　67－70

摘　　要　轮船航运业是中国近代化起步较早的行业，轮船招商局是其代表。买办和新式商人在这一过程中发挥了重要作用：不仅投资于外资轮船公司，客观上加速了中国旧式帆船业的衰落，为招商局的成立提供了有利的条件，而且在招商局成立之后，投资并经营了该企业。航运业的近代化，带动了其他行业的近代化进程，带动了近代产业思想和经营理念的发展变化。

题　　名　**满剌加的陷落与中葡交涉**
作　　者　廖大珂
刊　　名　南洋问题研究
年 卷 期　2003 年 3 期
页　　码　77－86

摘　　要　14世纪初,在明朝的支持下,满剌加取得独立,并迅速发展成为东南亚国际贸易的中心。然而,16世纪初葡萄牙殖民者侵入东南亚,占领了满剌加,导致东南亚国际形势发生剧变,从根本上动摇了以“朝贡”制度为基础的“华夷秩序”。面对这一空前的变局,明朝最高统治者愚昧无知,不了解世界大势,做出不合时宜的反应与决策;加之明朝国力式微,缺乏坚强的实力作后盾,在对葡交涉中软弱无力,其结果只能是坐视满剌加的灭亡,从此我国丧失了在东南亚原有的地位,东南亚逐步沦为西方的势力范围。

题　　名　**满剌加——读《郑和航海图》札记**
作　　者　仲跻荣
刊　　名　郑和研究
年 卷 期　2001年2期
页　　码　60－61
摘　　要　满剌加在(郑和航海图)中占着非常重要的地位,这里是太平洋与印度洋的必经地之一,控制着今马六甲海峡。郑和历下西洋时,其庞大的船队也是必经之地,并以此地作为集散地,附近的“官厂”也可作为证明。对于满剌加地位的重要性,姚梓良先生有过较全面的评价。

题　　名　**满清的海防思想**
作　　者　翊麟
刊　　名　舰载武器
年 卷 期　2005年6期
页　　码　32－36
摘　　要　来自黑土地的统治者清朝是由东北地区满洲族入主中原后建立的一个少数民族国家。据说,满人入关前全族的人还没有明朝的军队人多,但就是这个睿智民族,利用当时汉族自相残杀而一举夺取天下。定鼎中原后,清政府十分注意加强对藏疆的治理。改革西藏的政教体制,创立金瓶掣签制度,确立中央政府对达赖和班禅活佛的册封权,设立驻藏大臣,加强中央和西藏的联系。新疆对整个清代是比较头痛的地方,直到清末左宗棠才算是基本平定新疆,这可算是清代的一大历史功绩。对广西、云南等南方边疆少数民族比较多的地方实行改土入流的政策,削弱土司权力,设立官府进行管理。清朝的这些做法都有利于巩固边疆,维护国家统一。

题　　名　**满清的海禁与“闭关”**
作　　者　王仁忱
刊　　名　历史教学
年 卷 期　1954年12期
页　　码　29－32

题　　名　**曼谷的华人庙宇:19世纪中泰社会资料来源**
作　　者　何翠媚
刊　　名　海交史研究
年 卷 期　1996年30期
页　　码　100－108

题　　名　**漫话川江航运的今昔**
作　　者　冯蔚然，胡伟民
刊　　名　上海海运学院学报
年 卷 期　1979 年 1 期
页　　码　100－104

题　　名　**漫话崖门水道古战场**
作　　者　刘方玉
刊　　名　珠江水运
年 卷 期　1995 年 7 期
页　　码　31－32

题　　名　**漫话崖门水道古战场(续)**
作　　者　刘方玉
刊　　名　珠江水运
年 卷 期　1995 年 8 期
页　　码　31－32

题　　名　**漫谈南京妈祖庙与妈祖文化**
作　　者　郑宽涛
刊　　名　郑和研究
年 卷 期　2008 年 2 期
页　　码　60－63

题　　名　**没有帝国的商人——侨居海外的闽南人**
作　　者　王赓武
刊　　名　海交史研究
年 卷 期　1993 年 23 期
页　　码　111－125

题　　名　**湄洲妈祖**
作　　者　张向冰
刊　　名　海洋世界
年 卷 期　2009 年 11 期
页　　码　66－67
摘　　要　千百年来，妈祖一直被奉行为“海上保护神”。古人云：天下之险，莫过于海。“灭顶之灾”是人们面对大海发出的无奈。因此，妈祖信仰也就自然而然地成为沿海人们的一种精神寄托，代表着人间相互关爱的美好化身。

题　　名　**美国的华人移民简史**
作　　者　弗朗塞斯科·科尔达斯科，钱粱美

刊　　名　民族译丛
年 卷 期　1993 年 1 期
页　　码　64 – 68

题　　名　**美国第一艘商船来广州贸易**
作　　者　陈柏坚
刊　　名　岭南文史
年 卷 期　1991 年 4 期
页　　码　59

题　　名　**美国东部郑和下西洋研究的历史和现状**
作　　者　施存龙
刊　　名　郑和研究
年 卷 期　2010 年 2 期
页　　码　36 – 39
摘　　要　我在 1992 年以前为了研究中国人是否先到美洲问题和纪念哥伦布到达美洲 500 周年写论文时，接触到美国人普遍褒扬哥伦布航海史绩的情况。2004 年接到美国大华府地区（指以首都华盛顿特区为中心的包括马里兰州、弗吉尼亚州周围地区）中文报刊为纪念郑和下西洋 600 周年征文的启示后，一方面写应征文章，一方面搜集美国书刊对郑和下西洋事业研究的资料，对旅美华人之对郑和认知和研究水平有了初步的了解。

题　　名　**美国加利福尼亚海岸出水石锚的地质学考证**
作　　者　方爱民，刘小汉，李继亮，徐文立
刊　　名　地质科学
年 卷 期　1999 年 1 期
页　　码　102 – 109

题　　名　**美国人著述《郑和与航海》评析**
作　　者　施存龙
刊　　名　郑和研究
年 卷 期　1998 年 1 期
页　　码　56

题　　名　**美国商船“中国皇后”号首航广州的历史背景及其影响**
作　　者　梁碧莹
刊　　名　学术研究
年 卷 期　1985 年 2 期
页　　码　75 – 79
摘　　要　1784 年 2 月 22 日，一艘载重 360 吨的美国商船——“中国皇后”号（The Empress of China）从纽约启航，渡过了大西洋，绕过好望角，通过印度洋，向着中国广州破浪前进。它于 8 月 23 日抵达澳门，8 月 28 日到达广州黄埔港，成功地完成了首次从纽约到广州的航行。这次历史性的航行，开拓了中美

之间的联系。两国开始建立了直接的贸易和文化关系。

题　　名　美国商船首次来华贸易
作　　者　史春林
刊　　名　世界海运
年 卷 期　1995 年 3 期
页　　码　47－49

题　　名　美国耶鲁大学图书馆珍藏的古中国航海图
作　　者　李弘祺
刊　　名　中国史研究动态
年 卷 期　1997 年 8 期
页　　码　23－24
摘　　要　1841 年中英鸦片战争时，一艘名为“先驱”号的英国军舰包围没收一艘约四五百吨重的传统中国商船。在这艘中国船上，英国军官拿走了一册商船航海时使用的航海图。后来，这册航海图流传到耶鲁大学的图书馆。

题　　名　蒙·元时期的波斯与中国
作　　者　马建春
刊　　名　回族研究
年 卷 期　2006 年 1 期
页　　码　103－108
摘　　要　蒙·元时期蒙古人的西征和扩张以及由此形成的政治格局，致使亚欧陆地境域获得全面开放，加之东西方驿站通道的设置及伊利汗国与元廷始终保持着陆、海两道的密切联系，乃使这一时期中国与波斯的交往，较之以往大为拓展。而这时特殊的政治环境，又为大量波斯地区的回回人自觉或不自觉地东向迁移提供了便捷的条件。可以说，蒙·元时期中国与波斯间的人口往来，始终未曾间断。而随着他们的东来，波斯地区的学术、技艺等亦随之传播到元朝，因而大大丰富了中国文化的内容，并对元代中国文化产生了重大影响。

题　　名　蒙古国早期的水军与水战
作　　者　安京
刊　　名　内蒙古社会科学（汉文版）
年 卷 期　2001 年 22 卷 1 期
页　　码　63－67
摘　　要　蒙古（元）水军是中国历史上发展最快、规模最大、发挥作用最强的水军之一，在中国水军发展史上占有重要地位。其形成发展可分为初创、鼎盛和衰落三个时期。初创期大致起自成吉思汗晚期，至蒙哥汗时为止，这期间南方的金、南宋为主要敌人，尤其是在对南宋的作战中，逐渐成为一支重要的军事力量。鼎盛期大致在忽必烈时期，此间，这支水军承担了江、河、湖、近海的防卫任务，参与了大规模的海外作战及大规模的海上粮食运输。忽必烈统治结束后，元水军逐步进入衰落期。

题　　名　**蒙元时代西方在华宗教修会**
作　　者　张国刚,吴莉苇
刊　　名　海交史研究
年 卷 期　2003 年 43 期
页　　码　57－64

题　　名　**蒙元时期的中西文化交流——《马可·波罗游记》史事探论**
作　　者　申友良
刊　　名　社会科学辑刊
年 卷 期　2001 年 5 期
页　　码　99－104
摘　　要　怎样正确认识马可·波罗与《马可·波罗游记》,特别是找到一条解决问题的正确途径,这对“马可·波罗学”来说已是当务之急了。目前学术界“肯定论者”所提出的“确凿证据”充其量只可作为一种间接材料。靠一二条间接材料加上逻辑上的“猜想”,在理论上是无法让人信服的,这也是中国学者疲于应付“怀疑论”者论战的根本原因;而“怀疑论”者对马可·波罗的某些苛求,在逻辑上讲确实是站不住脚的。解决马可·波罗问题的关键,是不能只躺在《马可·波罗游记》上去研究所谓的“马可·波罗学”。其实,“马可·波罗”这个名字不一定是指某个特定的人,而是指当时的一批东西方文化交流的开拓者。“马可·波罗”就是他们的代名词,《马可·波罗游记》就是他们当时历险经历的总结。

题　　名　**孟席斯“郑和发现美洲说”证据辨析**
作　　者　朱鉴秋
刊　　名　郑和研究
年 卷 期　2006 年 4 期
页　　码　42－44
摘　　要　英国人孟席斯的著作《1421:中国发现世界》提出郑和船队于 1421 年－1423 年发现美洲并实现环球航行的观点,书内列举了很多证据,其中重要的一项是哥伦布西航时带着表示了美洲的地图启航的。而这地图是据郑和船队的航海资料绘制的。笔者不同意此说法,本文对此作一辨析。

题　　名　**孟席斯“郑和首先环球航行”新说的影响和学术之争**
作　　者　马颖生
刊　　名　回族研究
年 卷 期　2005 年 4 期
页　　码　28－30
摘　　要　英国加文·孟席斯先生的“郑和首先环球航行发现新大陆”的惊世之说提出 3 年多来,引发了全球性的郑和旋风和大讨论。本文以广博资料,详细评述孟席斯“新说”的影响、主要论点及围绕孟氏“新说”的讨论和争鸣。

题　　名　**孟席斯“郑和首先环球航行”新说的影响和学术之争**
作　　者　马颖生
刊　　名　甘肃社会科学
年 卷 期　2006 年 2 期

页　　码　80

题　　名　**孟席斯的郑和环球航行新论初评**
作　　者　宋正海
刊　　名　太原师范学院学报(社会科学版)
年 卷 期　2002 年 3 期
页　　码　22－29
摘　　要　英国航海史学家孟席斯(Gavin Menzies)历时 14 年收集资料和研究后,于 2002 年 3 月提出郑和船队早在哥伦布前 72 年就航行到美洲;早在达·伽马前 77 年就绕过好望角;早在麦哲伦前一个世纪就完成了环球航行;早在库克前 350 年就到达澳洲。据宋正海掌握的资料,郑和船队有可能已绕过好望角到达非洲西海岸并北上到达佛得角群岛,郑和船队不可能进行环球航行,但也不能排除郑和船队中一些离队船只到达过美洲。总之,孟席斯关于中世纪人类航海研究的新论,将有力地推动航海史研究进入一个新的高潮。

题　　名　**梦断粤海关——清末海关的书吏形象**
作　　者　刘小萌
刊　　名　中国海关
年 卷 期　2001 年 11 期
页　　码　54－56
摘　　要　书吏地位虽低,其工作却涉及海关的各个环节,位卑而权重《二十年繁华梦》对海关书吏的斑斑劣迹,刻画得入木三分触目惊心的情节,无不以清末海关中的丑恶现象为蓝本。

题　　名　**描写妈祖和林兆恩“三一教”的两部古代长篇小说**
作　　者　齐学东
刊　　名　福建师大福清分校学报
年 卷 期　2004 年 4 期
页　　码　52－56
摘　　要　海神妈祖和林兆恩创立的“三一教”是最有代表性的民间信仰,成为中华文化的重要组成部分。明代万历年间产生了以妈祖和三一教为题材的长篇小说:《天妃娘妈传》和《三教开迷归正演义》。了解和研究这两部古代小说,对研究妈祖和林兆恩故事的演变,对研究莆仙文化,乃至整个中华文化是很有意义的。

题　　名　**庙岛群岛在古代东北亚海上交通史上的地理定位**
作　　者　徐娜娜
刊　　名　中国海洋大学学报(社会科学版)
年 卷 期　2008 年 1 期
页　　码　95－96
摘　　要　庙岛群岛位于山东半岛与辽东半岛之间的黄渤海交界处,史前时期已在人类文化的传播与交流中发挥着重要作用。庙岛群岛是中原王朝与东北亚地区政治关系史上的海上联结点、军事运作史上的海上桥头堡,是中国南北海运海贸史上的海上集散地,在古代海上交通史上占有重要地位。

题　　名　民初至抗战前长江三角洲棉制品进口贸易态势——以海关史料为中心的考察

作　　者　于新娟

刊　　名　中国社会经济史研究

年 卷 期　2008 年 3 期

页　　码　81－89

摘　　要　本文主要依据海关史料对南京、镇江、上海、苏州、杭州和宁波六港棉制品净进口的记载，对长江三角洲棉制品进口的种类、价值和数量进行系统的统计分析，以求全面考察民初至抗战前长江三角洲棉制品进口贸易的态势变化。

题　　名　民国初年的中国海军

作　　者　陈长河，丁思泽

刊　　名　安徽史学

年 卷 期　1986 年 2 期

页　　码　23－29

题　　名　民国海疆版图演变与南海断续国界线的形成

作　　者　徐志良

刊　　名　太平洋学报

年 卷 期　2010 年 4 期

页　　码　92－97

摘　　要　南海诸岛，主要是指处于南海之上的东沙群岛，西沙群岛，中沙群岛和南沙群岛。历史上这些群岛，分别以“涨海崎头”、“磁石”、“千里长沙”、“万里石塘”为名归入中国版图。但是到了清末民初，外国列强屡屡犯边，其中，日本和法国曾相继占领和控制了南海诸岛部分岛礁达 40 年之久。本研究从新近陆续查核到的历史地图证实，中国的海疆界线经历了一个从清末全面收缩到民国末年的部分恢复的过程。并指出，我国南海断续国界线主张与同期美国提出的大陆架主张、南美国家提出的 200 海里领海权主张一样，都是主权国家主张海洋边界的模式，因而理应得到国际法的尊重。

题　　名　民国海军第三舰队兴衰记

作　　者　陈光荣

刊　　名　当代海军

年 卷 期　2006 年 4 期

页　　码　67－69

摘　　要　民国时期的海军，是在清朝末年海军的残破基础上建立起来的。民国初年，由于军阀混战，其海军曾分裂成地域性的闽、粤、东北三大派系(亦称马尾系、黄埔系、青岛系)1932 年，蒋介石为增植自己的嫡系海军，在江苏省镇江筹办了电雷学校(又称电雷系)。

题　　名　民国前期粤港航运业

作　　者　张晓辉

刊　　名　广东史志

年 卷 期　1994 年 3 期

页　　码　34－36

题　　名　民国时期的广东商船航海教育
作　　者　张代春
刊　　名　黑龙江史志
年 卷 期　2008 年 8 期
页　　码　16 – 19
摘　　要　广东商船航海教育机构诞生于二十世纪三十年代，截止到 1949 年新中国成立，广东先后举办了广东航海讲习所、广东航海学校、广东省立海事专科学校、广东省立潮汕高级商船职业学校等四所商船教育机柏，培养了一批掌握先进知识与技能的航海从业人员，为新中国航海教育事业的发展作出了应有的贡献。

题　　名　民国时期的海军陆战队
作　　者　文锋
刊　　名　当代海军
年 卷 期　2006 年 5 期
页　　码　73 – 74
摘　　要　中国近代史上的海军陆战队，最早始自清末。1909 年，筹办海军大臣载洵出国考察期间，受到外国海军陆上部队的启发，于 1910 年 4 月上奏朝廷："查英国有海军警备队之制，平时保卫本国海疆，以补陆军所不逮；战时占据要地，以助海军之进攻；而整饬舰队纪律等事，亦归管理。中国从前办理海军，尚缺此项制度，现拟采用其制"。

题　　名　民国时期的航海节
作　　者　史春林
刊　　名　航海
年 卷 期　2001 年 2 期
页　　码　37 – 38

题　　名　民国时期的南海地缘环境与我国对南海诸岛主权的维护
作　　者　郭渊
刊　　名　中州学刊
年 卷 期　2009 年 6 期
页　　码　190 – 194
摘　　要　进入 20 世纪，中国南海诸岛不断遭到日法等列强的侵扰，南海局势也日趋恶化。为了维护南海权益，当时的国民政府展开了外交斗争，并采取各种措施开发建设东沙、西沙群岛。国民政府维护南海权益之举，为以后我国对南海诸岛的主权捍卫起到了一定的积极作用，但是也有一些经验教训值得我们认真总结。

题　　名　民国时期的南海诸岛问题
作　　者　吴士存
刊　　名　民国档案
年 卷 期　1996 年 3 期

页　　码　127－132

摘　　要　南海诸岛是中国南部海疆的第一道防线，其星罗棋布的岛礁沙滩洲，以及富饶丰裕的海底资源和控扼咽喉要道的地理位置，在我国国防和海洋经济建设中，有着尤为重要的地位。早在民国时期，南海诸岛主权和开发建设问题就已经凸现出来。本文将简要考察民国政府围绕南海诸岛主权所展开的外交斗争以及为开发南海诸岛所作的各种努力，并试图分析其利弊得失。

题　　名　**民国时期东北海防舰队始末**

作　　者　赵守仁

刊　　名　辽宁师范大学学报(社会科学版)

年 卷 期　1990 年 3 期

页　　码　70－73

摘　　要　民国时期，东北海军是以江防舰队的建立为其开端，以海防舰防为其主体的一支近代化新式海军。这支海防舰队的建立和发展在民国时期的中国海军史上占有相当重要地位，并在当时历史条件下起过一定的积极作用。本文试就此作一探讨。

题　　名　**民国时期东北海军小史**

作　　者　罗世伟

刊　　名　舰载武器

年 卷 期　2007 年 11 期

页　　码　47－52

摘　　要　成因疆域辽阔的中国东北地区，不仅土地肥沃，物产丰富，而且还蕴藏着极大的矿藏及森林资源；其东北及南部更拥有天然的出海口。历史上，东北地区周边有两个贪婪的邻居，即沙皇俄国与日本，在从 18 世纪开始发展的过程中，一个因西伯利亚荒凉而贫瘠，一个因海岛国土狭小而面临困难，所以变得强悍而凶恶。他们面对中国东北诱人的“蛋糕”，窥视多时且垂涎久矣，于是便迫不及待地(一个在北、一个在南)加紧了侵略东北地区的步伐。

题　　名　**民国时期福建海洋航运业的发展**

作　　者　廖大珂

刊　　名　南洋问题研究

年 卷 期　2002 年 2 期

页　　码　73－80

摘　　要　民国建立以后，福建的海外远洋航运虽仍然处于外国势力的控制之下，但是由于强加于民间航运业的封建束缚有所削弱，同时一战期间，西方列强忙于在欧洲争夺，暂时放松了对中国的侵略，为福建近代海洋航运业的发展提供了一个空前有利的环境和条件。民族资本和海外华侨创办远洋轮船航运业顿呈活跃，海外航线不断增多。然而，在帝国主义压迫和国民党政府的腐败统治下，民族海洋航运业是难以得到真正的发展。

题　　名　**民国时期海关档案简介**

作　　者　张海梅

刊　　名　民国档案

年 卷 期　2003 年 3 期

页　　码　115－118

摘　　要　海关是对进出国境的物品和运输工具进行监督、征收关税并查禁走私的国家行政管理机关。1685年，清政府在澳门、漳州、宁波和云台山等口岸分设粤海关、闽海关、浙海关和江海关，管理对外贸易、监督外国商人。鸦片战争以后，中国门户被迫开放，清政府陆续在各通商口岸设立海关，并设海关总税务司署进行管理。进入民国以后，各地海关仍然隶属于海关总税务司署。在很长时间内，中国海关受洋人控制，洋人把持着各地海关的高级职位，中国关税不能自主。第一次世界大战后，中国人民开始了争取关税自主的斗争，直至南京国民政府成立后，与各国重新签订了关税协定，各国才承认了中国的关税自主权。海关还办理邮政事务，提供气象信息，参加水道勘测和疏浚，同时调查当地情况，搜集各种政治、经济情报，海关的势力涉及到社会的各个方面。全国各档案馆收藏了大量的民国海关档案，对研究中国海关史及中华民国史，有着很大的利用价值。这些档案绝大多数为英文，只有少量中文，还有部分日文、俄文。本文拟从下面几个部分对全国各档案馆收藏的民国海关档案作一综述，以供专家学者参考。

题　　名　民国时期航海图的初步研究

作　　者　汪家君

刊　　名　中国航海

年 卷 期　1992年1期

页　　码　84－91

摘　　要　本文讨论了民国时期航海图的历史分期、基本特征和初步评价。这些讨论具有一定的史料价值，可供航海史和海图史的研究编写人员参考，也为海洋工程的科技人员提供资料索引。

题　　名　民国时期中外新条约的签订与领水主权的部分恢复

作　　者　刘利民

刊　　名　中南大学学报（社会科学版）

年 卷 期　2006年12卷3期

页　　码　328－332

摘　　要　民国时期，中国政府意识到领水主权丧失所带来的危害，要求列强放弃在华领水特权已经成为民国政府废约运动的重要内容。随着废约运动的开展，收回领水主权的努力逐渐得到回报。当时一系列新条约的签订事实上就意味着中国领水主权的逐渐得以恢复。新约的签订使中国领水主权无疑得到了尊重，尽管这还只是条约文本意义上的尊重，但毕竟从法律上解除了中国领水主权所受到的约束。对于这种法律程序上的主权恢复活动，还是应该给予一定的肯定。这是自鸦片战争以后中国领水主权回归正常状态的重要步骤。当然，新约的签订并不意味着中国领水主权的立即恢复。由于列强不愿意真正放弃原有特权，加上国民党政府的腐败卖国，中国领水主权并没有得以完全恢复。新条约签订后，中国领水主权依然不是完整的。这种状况一直延续到国民党政权垮台。

题　　名　民国水上警察制度考略

作　　者　董纯朴

刊　　名　黑龙江史志

年 卷 期　2009年4期

页　　码　47－48

摘　　要　1840年鸦片战争以后，我国水上警察制度经历了晚清、民国和中华人民共和国三个不同历史时期。我国近代水上警察制度正式形成于民国时期。民国时期的水上警察组织是以清末水师旧制为基础，同时根据形势的发展和加强军事独裁的需要而建立起来的。民国政府在水上警察组织机构建设、水上警察工作职责的确定、水上警察教育制度形成等方面的警政建设上采取了一系列的实际步骤，使中国近、现代水上警察制度得到了较大的发展。

题　　名　民国政府与南沙群岛
作　　者　李国强
刊　　名　近代史研究
年 卷 期　1992 年 6 期
页　　码　163－174

题　　名　民间海外运输贸易的高潮与终结
作　　者　陈信雄
刊　　名　21 世纪商业评论
年 卷 期　2005 年 4 期
页　　码　140
摘　　要　不同时代的人有不同视野，所见景象并不相同，郑和下西洋也一样。明代中期迄今五百年以来，天下人看到的郑和下西洋不是同一种形象，明初的人，看待郑和下西洋，是不同的形象；站在宋元的时空，又是另一种形象。

题　　名　民无换输之劳 国有储蓄之富——军国之资的元代海运
作　　者　舒振邦
刊　　名　内蒙古社会科学(汉文版)
年 卷 期　1990 年 6 期
页　　码　58－61
摘　　要　海运之法，自秦已有之。但一直到忽必烈统一南宋之前，南北海上运输并不发达，更谈不上用之以足国用，忽必烈统一南宋之后，定都在燕。“百司庶府之繁，卫士编民之众，无不抑给于江南”。但从江南运粮到大都，不仅漕运的数量有限，而且旷日持久，不能解决日益增长的粮食和手工业品的需要。为了便利东南地区粮食对大都的供应和大都方面与东南沿海国外贸易的联系，元世祖忽必烈便在至元十九年(1282 年)开始试行海运。

题　　名　民族英雄关天培殉难新说
作　　者　郭成
刊　　名　清史研究
年 卷 期　2001 年 4 期
页　　码　109－110

题　　名　民族英雄左宝贵生平事迹考
作　　者　王景义
刊　　名　绥化学院学报
年 卷 期　1992 年 3 期
页　　码　62－66

摘　　要　我国近代史记满了民族的屈辱，但也端端正正地写着我国各族人民英勇抗击外来侵略者的英雄业绩。左宝贵就是无数这样的英雄中的一位。他在98年前的中日甲午战争中英勇抗敌，为国捐躯。左宝贵将军的为了民族的生存和发展不畏强暴的精神，和当时抗日将领邓世昌等民族英雄一样，永远存留在人民的心中。

题　　名　闽北宋元瓷器的生产与外销
作　　者　林忠干，王治平，卢保康
刊　　名　海交史研究
年 卷 期　1987年12期

题　　名　闽东"咸水"妈祖与"淡水"妈祖——以霞浦沿海渔村和福安沿江集市为例
作　　者　蓝炯熹
刊　　名　世界宗教研究
年 卷 期　2007年2期
页　　码　77－86
摘　　要　本文以福建省霞浦沿海渔村和福安沿江集市的妈祖婆信仰为例，比较二者在鼎建宫庙、信仰人群、置办庙产、祭祀活动等方面的异同，探讨了闽东咸水区与淡水区妈祖信仰的地方性特征，以及妈祖信仰从闽东咸水区传播到淡水区的过程。

题　　名　闽东的妈祖崇拜与同根文化
作　　者　李红萍
刊　　名　福建广播电视大学学报
年 卷 期　2003年4期
页　　码　62－65
摘　　要　本文论述了闽东的妈祖崇拜，妈祖文化是海峡两岸人民的同根文化，中华民族文化的根在祖国大陆。

题　　名　闽东海港古今谈
作　　者　王凌
刊　　名　福建论坛（经济社会版）
年 卷 期　1985年4期
页　　码　45－46

题　　名　闽都文化与近代中西文化交流
作　　者　徐晓望
刊　　名　闽江学院学报
年 卷 期　2009年30卷3期
页　　码　1－5
摘　　要　在近代中西文化交流方面，福州的贡献是独特的。林则徐提出"师夷长技以制夷"的口号；福建巡抚徐继畲作《环瀛志略》一书，全面介绍世界各国；马尾船政学堂的建立，是中国最早引进西方科技体系的尝试，为近代中国科学技术的发展奠定了基础；在船政学者中，严复翻译《天演论》、《法意》等西方社会政治学名著,使中国人认识到“物竞天择,适者生存”的残酷现实,从而推动了清末的维新运动;而林纾与船政学堂人士合作,翻译了大量的西洋名著,给中国文人展示了西方文学世界;他们的贡献为铸就新一代中国人奠定了文化基础。此外,在法国生活的陈季同,用法文介绍中国的传统文化,在沟通中西文化交流方面做出了卓越的贡献。

题　　名　**闽国“甘棠港”考**
作　　者　廖大珂
刊　　名　东南学术
年 卷 期　1988 年 5 期
页　　码　60 - 65,59

题　　名　**闽海关(福建常关)历史沿革初探**
作　　者　许毅明
刊　　名　海交史研究
年 卷 期　1992 年 21 期
页　　码　57 - 64

题　　名　**闽江下游早期几何印纹陶遗存**
作　　者　吴绵吉
刊　　名　东南文化
年 卷 期　1990 年 3 期
页　　码　91 - 97

题　　名　**闽南的海外移民与海洋文化**
作　　者　曾少聪
刊　　名　广西民族学院学报(哲学社会科学版)
年 卷 期　2001 年 23 卷 5 期
页　　码　54 - 59
摘　　要　闽南人的形成,经历了农耕族群和海洋族群接触和融合的过程;明清以后,随着闽南人大批移居海外,在闽南侨乡形成了一些海洋性习俗,使得闽南文化具有农耕文化的性格,也兼具海洋文化的特征。其海洋文化的特征主要表现在:信仰海神妈祖、民间的送船科仪、国内亲人将客死海外之移民的灵魂引渡回来的引水魂仪式;特殊的婚姻形式、双边家庭以及抱养子从事海上贸易和在海外发展;闽南话的外来语借词和歌谣等方面。厘清闽南的海外移民与海洋文化的关系以及闽南海洋文化的表现和特征;为研究闽南文化所不可缺少。

题　　名　**闽南地区的海洋民俗**
作　　者　曾少聪
刊　　名　中国社会经济史研究
年 卷 期　1999 年 4 期
页　　码　44 - 48
摘　　要　中华民族的形成,经历了农耕族群和海洋族群接触和融合的过程。地处中国边睡的闽南,长期处于中央王朝权力控制的边缘地带,又承袭了闽越族善舟揖的传统,海洋社会经济和文化得到较大的发展,成为中国向海洋发展的一股强劲力量。

题　　名　**闽南海商势力的扩张与台湾早期汉人社会的形成**
作　　者　汤锦台
刊　　名　中国政协
年 卷 期　2002 年 2 期
页　　码　66 - 69

题　　名　**闽南海商势力的扩张与台湾早期汉人社会的形成(续)**
作　　者　汤锦台
刊　　名　中国政协
年 卷 期　2002 年 3 期
页　　码　87

题　　名　**闽南妈祖信仰之民俗表现初探**
作　　者　刘丽莉
刊　　名　文学界(理论版)
年 卷 期　2010 年 12 期
页　　码　264 - 265
摘　　要　妈祖信仰至今已有一千多年的历史。它在中国沿海地区拥有众多的信众,早年从福建传到台湾,并且随着华人足迹传播到世界各地,妈祖信仰是在广泛传播过程中形成、积累起来的一种源于中华民族传统道德观和价值观的具有鲜明民族特色的文化。本文讲述了妈祖信仰在衣食方面的民俗表现,是各种形式的妈祖文化遗产中的重要组成部分。

题　　名　**闽南民系的社会经济特征与台湾开发**
作　　者　徐晓望
刊　　名　福建论坛(文史哲版)
年 卷 期　2000 年 1 期
页　　码　37 - 43
摘　　要　闽南人是汉族的一个民系,她在形成过程中融入了蛋民与宋元时期的蕃商,这使其具有独特的海洋文化性格。宋元明清以来,闽南人逐步形成了遍及中国沿海及东南亚的商业网络以及重商的商业文化传统。因此,闽南人进入台湾之后,以商业带动台湾的开发,这使台湾的开发从一开始便建立在发达的小商品经济之上,这与中国许多地区的开发从自然经济开始是不同的。

题　　名　**闽南人口东移因由考析**
作　　者　陈永安
刊　　名　人口学刊
年 卷 期　1990 年 3 期
页　　码　35 - 40
摘　　要　有人把台湾称为“福建第二”是不无道理的。因为台湾岛上闽籍多,十个台湾人,祖籍福建者就有七八个。闽籍台人之中，尤以闽南籍最多，占此中8/10。闽南话，成为台湾的通行方言；台湾的民情风俗、宗教信仰、地方戏曲、民间艺术、民间建筑，都与闽南相似，甚至于相同。促成闽南人大量移居台湾的原因是什么呢？本文试就这一问题，作一番考析。

题　　名　**闽南人移居台湾考析**
作　　者　陈永安
刊　　名　文史杂志
年 卷 期　1990年3期
页　　码　25－26

题　　名　**闽南人与中华文化在菲律宾的传播**
作　　者　李金明
刊　　名　华侨华人历史研究
年 卷 期　1998年1期
页　　码　161－170

题　　名　**闽南士绅与嘉靖年间的走私贸易**
作　　者　[台]林丽月
刊　　名　师大历史学报
年 卷 期　1980年8期

题　　名　**闽南王爷信仰起源初探**
作　　者　张辉
刊　　名　台湾源流
年 卷 期　2004年26期
页　　码　112－120

题　　名　**闽南文化与伊斯兰文化的互动和交融**
作　　者　谢重光
刊　　名　海交史研究
年 卷 期　2006年49期
页　　码　101－113
摘　　要　闽南是伊斯兰教传入中国最早的地区之一，伊斯兰教传入的过程，就是伊斯兰文化与闽南文化互动以至交融的过程。由于闽南文化与伊斯兰文化的互动和交融，闽南的伊斯兰文化与域外及我国西北地区伊斯兰文化有着诸多不同的特点，本文试就其中若干重要的问题，作一初步的探讨。

题　　名　**闽南文化与漳州月港的兴衰**
作　　者　李金明
刊　　名　南洋问题研究
年 卷 期　2004年3期
页　　码　75－81

摘　　要　16世纪后期,福建漳州月港从一个偏僻的海滨村落崛起为中外闻名的对外贸易港口,然经历了短暂的65年之后,又匆匆地退出历史舞台。有关漳州月港兴衰的原因,学术界众说纷纭,本文从闽南文化的角度,论述了闽南人独特的海洋文化与漳州月港兴衰的有机联系。

题　　名　**闽南与琉球**
作　　者　王晓云
刊　　名　南洋问题研究
年 卷 期　2003年4期
页　　码　71-80
摘　　要　在交通不发达的古代,闽南与琉球地缘相近,顺风顺水,很早就有了接触。到了明清之季,由于政治,经济发展的需要,两地交往更为密切。在开发琉球历史上做出巨大贡献的"闽人三十六姓"中就有善于驾舟航海的闽南人。随着中琉封贡关系的发展,两地通过互救飘风难民,护送贡使进京,发展商品贸易,派遣闽南册使,交流情报信息等途径,增进了了解。现今,我们仍处处可见闽南文化对琉球的深远影响。

题　　名　**闽南早期历史研究的现代新趋势——《刺桐梦华录》书评**
作　　者　休·克拉克,王丽明
刊　　名　海交史研究
年 卷 期　2008年53期
页　　码　1-11
摘　　要　苏基朗的《刺桐梦华录》一书,通过三个交织在一起的主题:繁荣、区域和制度,来分析闽南泉州的经济演变,是史学界研究方法的一种突破。该书探讨了不少在前辈的研究中难以深入的问题,但终因缺少确凿的实证基础而只能采用逻辑推理的方法。这种研究方法使其得出的结论缺少客观性,但却为闽南史学研究提出了新的思考。

题　　名　**闽人与琉球**
作　　者　赖正维,黄珊
刊　　名　福建史志
年 卷 期　2002年4期
页　　码　37-40
摘　　要　闽人三十六姓其对琉球国社会发展及文化的繁荣亦做出了卓越贡献。中国的戏剧作品,正是通过闽人三十六姓传入琉球的。中国流行的传统剧目,或歌颂封建伦理道德,或歌颂反抗富贵强暴、争取幸福美好的生活,都给琉球社会打上深深的中国传统伦理及文化影响的烙印。不仅如此,由于闽人三十六姓的移居,将中国的园林建筑风格亦带入琉球。

题　　名　**闽人在郑和下西洋中的作用——以福建现存碑刻为例**
作　　者　吴艺娟,黄明珍
刊　　名　福建史志
年 卷 期　2008年2期
页　　码　54-57
摘　　要　从永乐三年(1405年)到宣德八年(1433年),郑和率领庞大舟师七次下西洋,"涉沧溟十万余里”,行程远至于东南亚、印度洋、红海以及东非 30 多个国家和地区,进一步促进了中国与亚非国家的友好睦邻关系及政治、经济、文化各方面的交流,在世界航海史上产生了深远的影响。

题　　名　**闽商与海上贸易**
作　　者　余丽红
刊　　名　福建商业高等专科学校学报
年 卷 期　2007 年 6 期
页　　码　26 - 29
摘　　要　闽人受西风熏染较早,自古善于海上贸易,曾一度成为中国的十大商帮之一。福建海上贸易的发展是由客观的资源禀赋和商品经济发展的客观需要所决定的。海上贸易促进福建发展,引发社会文化价值取向的转变,刺激闽人的成就意识,丰富闽商海洋文化的内涵。

题　　名　**闽台崇祀妈祖比较研究**
作　　者　金文亨,黄谦
刊　　名　理论学习月刊
年 卷 期　1990 年 7 期
页　　码　48 - 50

题　　名　**闽台的王爷信仰**
作　　者　颜立水
刊　　名　台湾源流
年 卷 期　1999 年 15 期
页　　码　119 - 123

题　　名　**闽台港口的对渡与防御——道光间金门林树梅《闽海握要图》略论**
作　　者　陈茗
刊　　名　福建论坛(人文社会科学版)
年 卷 期　2010 年 11 期
页　　码　52 - 56
摘　　要　明中叶后,中国沿海受倭寇侵扰,闽、粤首当其冲,海防尤其重要。海防虽有专书,但今昔悬殊,并存在讹误,旧著不能适应新形势的需要。道光间,自幼随父镇守海疆的将门子弟林树梅,精心绘制了《闽海握要图》,并撰《〈闽海握要图〉说》。书中有两个非常重要的观点。一是闽省的防守,海重于山,水重于陆;其次,是建立闽台一体的海防防守体系。林树梅不厌其烦地解说闽台各港对渡的要领,目的也是为此。

题　　名　**闽台关系史丛谈**
作　　者　汪毅夫
刊　　名　东南学术
年 卷 期　2006 年 1 期
页　　码　145 - 151
摘　　要　本文就“‘闽在海中’与台湾的早期住民”、“澎湖与泉州的行政隶属关系”和“台湾光复初期的闽台关系”诸问题取证设论。本文认为,台湾是古闽越族的住地之一,古闽越族为台湾的早期住民;泉州官府在澎湖驻兵设官的时间应不迟于宋乾道四年(1168);台湾光复初期的闽台关系充分体现了“兄弟相扶持”的情分。

题　　名　**闽台关系视野中的福建船政局**
作　　者　黄新宪
刊　　名　教育评论
年 卷 期　2007年5期
页　　码　105－107

题　　名　**闽台关系视野中的清代闽安水师**
作　　者　翁伟志,薛菁
刊　　名　闽江学院学报
年 卷 期　2010年3期
页　　码　19－24
摘　　要　从碑刻和文献等史料出发,探讨清代闽安水师在加强和维护闽台联系方面的表现。清初,为了对抗郑成功,清政府增派水师驻扎于闽安镇,并在当地修建了大量各种军事设施。清政府统一台湾之后,闽安水师派出班兵前往台湾驻防,各级军事官员也在两地间流动。这些军事人员,平时在台湾海峡内巡防缉拿海盗,往返两岸运送班兵、兵米和台湾所需要的饷银;非常时期,为了维护台湾的安定稳定以及国家主权,闽安水师也参与涉台的相关军事行动。从现存的一些碑刻中还可看到闽安与台湾的一些水师人员为两地的公益设施建设做出了贡献。

题　　名　**闽台航运史的史料探索**
作　　者　陈榕三
刊　　名　现代台湾研究
年 卷 期　2001年6期
页　　码　35－39

题　　名　**闽台两岸的天妃崇拜**
作　　者　杨琮
刊　　名　民俗研究
年 卷 期　1992年2期
页　　码　58－65
摘　　要　天妃,是闽、台两地民众曾共同信仰的海上护佑女神。至今对其崇祀的习俗仍在流传。到目前为止,对天妃海神的信仰和崇拜还继续流行于我国大陆沿海地区、台湾地区的民间及日本冲绳、美国檀香山和东南亚各国的华裔人民中间。而其中尤以闽、台两地为最盛。本文专论闽、台两地天妃海神崇拜的历史情况以及由此所反映出的,自中国封建社会后期以来闽、台文化一体性的一个侧面。

题　　名　**闽台妈祖崇拜的民族性**
作　　者　李红萍
刊　　名　广播电视大学学报(哲学社会科学版)

年卷期 2004年1期
页 码 127

题 名 闽台妈祖信仰同根同源
作 者 徐宜安
刊 名 台声
年卷期 1996年6期
页 码 22－23

题 名 闽台妈祖信仰文化考察
作 者 陈炎正
刊 名 台湾源流
年卷期 1999年

题 名 闽台妈祖信仰宗教属性比较——以湄洲祖庙和北港朝天宫为例
作 者 王福梅
刊 名 长春工程学院学报(社会科学版)
年卷期 2010年3期
页 码 8－11
摘 要 以湄洲妈祖祖庙和北港朝天宫为例,探讨了闽台妈祖祖庙与分灵庙之间宗教属性之异同,指出闽台的妈祖信仰是一种由巫鬼崇拜发展而来的具有实用功利性、功能性和融合性等特点的民俗宗教信仰,台湾妈祖信仰呈现出"本土化"特征。

题 名 闽台女神信仰的文化内蕴
作 者 黄建铭
刊 名 中国宗教
年卷期 2006年10期
页 码 32－33

题 名 闽台人民古代的海上交往
作 者 林蔚文
刊 名 航海
年卷期 1984年5期
页 码 33

题 名 闽西客家地区的妈祖信仰
作 者 谢重光
刊 名 世界宗教研究
年卷期 1994年3期
页 码 74－84,155
摘 要 闽西客家山区,远离海滨,不知海舶为何物,但却普遍信仰发源莆田海滨、被沿海人民奉为海神的妈祖。本文对这个问题作了具体探讨,认为妈祖信仰传到客家山区后,对原有信仰形态有继承有改造,其被客家山区人民通过多种途经、多种方法、多种因素改造过的一种信仰形态,即传统妈祖信仰的变异形态。

题　　名　**闽系海军的兴衰及功过**
作　　者　刘传标
刊　　名　福建论坛(文史哲版)
年 卷 期　1994 年 2 期
页　　码　73－77

题　　名　**闽在海中:福建的地域、族群、时代与文化的独特性**
作　　者　苏文菁
刊　　名　宁德师专学报(哲学社会科学版)
年 卷 期　2008 年 2 期
页　　码　53－63
摘　　要　福建区域“多山”、“滨海”的地理环境,不安命运、敢于找拼的族群个性,以及纪元 8 世纪与纪元 15 世纪以来、两次国际上洲际海洋贸易网络与全球化发端的时代诱因所共同作用的结果。闽商是海洋文化的实践者与精神的体现者。

题　　名　**名目繁多的琉球来华使节**
作　　者　吴元丰
刊　　名　历史档案
年 卷 期　2004 年 2 期
页　　码　131－132

题　　名　**明“嘉靖大倭寇”成因探析**
作　　者　刘国华
刊　　名　乐山师范学院学报
年 卷 期　2004 年 19 卷 7 期
页　　码　106－109
摘　　要　明嘉靖年间,中国东南沿海以中国人为主的“倭寇”猖厥一时。考察其成因,明政府实行严厉的海禁政策虽是形成嘉靖“大倭寇”的主要原因。但除此之外,流民的影响、政治上的黑暗、军备的松弛,以及葡萄牙人东来和日本战混乱等外部因素的刺激也是形成明“嘉靖大倭寇”的重要原因。

题　　名　**明“倭寇”成分辨及其它**
作　　者　何成刚
刊　　名　历史学习
年 卷 期　2001 年 12 期
页　　码　35
摘　　要　关于倭寇的成分,似乎不是一个问题,并没有引起史学界的关注。我们的历史教科书也说:“明朝中期,海防松弛,日本的武士、商人和海盗,经常骚扰我国沿海地区,这就是倭寇之患。”另外,上海辞书出版社1995年出版的《中国历史大辞典·明史卷》基本上也持类似的看法："（明倭寇指）骚扰中国沿海一带的日本海盗。"其实这一问题绝非如此简单，从中我们倒是发现国内史学工作者浓烈的民族情绪。

题　　名　明《漕运通志》点校本前言

作　　者　荀德麟

刊　　名　淮阴工学院学报

年 卷 期　2006年4期

页　　码　15－18,26

摘　　要　《漕运通志》编纂于明嘉靖初年。《漕运通志》十卷，明杨宏撰。延瓯宁谢纯考古今沿革，作表六卷，又作略三卷，通观全书，立例严谨，分类科学。内容非常全面系统，记述了漕运这一重要经济活动所涉及的方方面面的内容，可以说，是当时的一部"漕运大全"。

题　　名　明《天启五年赵[彦]等条陈澎湖善后事宜题行稿》小议

作　　者　庞乃明

刊　　名　中国历史文物

年 卷 期　2006年2期

页　　码　44－53,66

摘　　要　明《天启五年赵[彦]条陈澎湖善后事宜题行稿》是当时兵部题行澎湖善后事宜奏稿之前半部分，结合现存台湾的奏稿后半部分和相关背景知识，我们可以大致弄清天启年间有关澎湖善后的系列重大问题，这对于研究明朝后期福建海防史，明代中荷关系及政治、军事史都有重要参考价值。

题　　名　明钞关的设置与管理制度

作　　者　魏林

刊　　名　郑州大学学报（哲学社会科学版）

年 卷 期　1986年1期

页　　码　94－102

摘　　要　钞关，是明代榷关中最主要的一种，它主要设置于运河与长江这两条国内最重要商道的要冲之处，掌国货之节，是明代经济史研究中的一个重要部分。对于钞关，前人论著中虽已有所涉及，但对之系统论述的专文目前尚不多见，本文主要就钞关设置的历史背景、沿革变化及其管理制度作一试探性论述，以求教于大家。

题　　名　明钞关制度对商人资本发展的阻碍作用

作　　者　魏林

刊　　名　郑州大学学报（哲学社会科学版）

年 卷 期　1989年1期

页　　码　23－29

题　　名　明朝采海珠初探

作　　者　曲明东

刊　　名　达县师范高等专科学校学报

年卷期 2004年14卷3期
页　码 71－73
摘　要 采珠活动在我国历史久远。蛋民是专门的采珠人员。明朝时,采珠更加兴盛,封建政府加大监控力度,设立专门的珠池太监来长久监守珠池,防止私采。封建皇帝不顾珠贝的自然生长规律,无休止的驱逐蛋户入海采珠,不仅劳民伤财,而且对珠贝资源造成了极大的破坏。

题　名 **明朝出使满剌加的一次海难**
作　者 马明达
刊　名 海交史研究
年卷期 2001年39期
页　码 122－125

题　名 **明朝出使占城使节考(上)**
作　者 刘利华
刊　名 阜阳师范学院学报(社会科学版)
年卷期 2002年1期
页　码 122－124
摘　要 占婆是一个古老的印度支那王国。在我国古代文献典籍中称为林邑、环王、占城。有明一代,占城与明朝一直保持着友好的外交关系。本文对明朝洪武至永乐年同派往占城的使节做一次系统料理,对有关人物进行一些考证,以求从一个侧面深入考察明朝与占城的关系史。

题　名 **明朝出使占城研究**
作　者 陈文
刊　名 东南亚
年卷期 2004年2期
页　码 46－52

题　名 **明朝初年的福建沿海及海防**
作　者 郑克晟
刊　名 史学月刊
年卷期 1991年1期
页　码 45－50

题　名 **明朝初期与朝鲜海上交通考**
作　者 陈尚胜
刊　名 海交史研究
年卷期 1997年31期
页　码 43－52

题　名 **明朝对日本贸易政策的演变**
作　者 李金明

刊　　名　福建论坛(人文社会科学版)
年 卷 期　2007 年 2 期
页　　码　68－73
摘　　要　明朝对日本实行的贸易政策,围绕着被动依赖日本方面抑制倭寇活动或主动加强海禁、打击倭寇骚扰等问题,随时进行着调整。刚开始对日本实行羁縻政策,准许他们入明朝贡,企图通过外交活动来抑制倭寇的侵扰,但由于双方对朝贡贸易的理解不一样,遂引发了宁波的拼杀事件——“争贡之役”。明朝以此罢市舶,严海禁,断绝与日本的朝贡贸易关系,并一直维持到明朝末年。

题　　名　**明朝对中朝朝贡的组织管理及其影响**
作　　者　栾凡
刊　　名　西南大学学报(社会科学版)
年 卷 期　2007 年 33 卷 5 期
页　　码　46－52
摘　　要　朝贡的组织与管理是明朝朝贡制度完善的具体体现,从中央到地方,都有专门的机构和人员负责朝贡事务,不仅设置完备的机构,在朝贡的组织过程中也有条不紊,有章可循。对朝鲜的特例,使明朝与朝鲜的朝贡关系比其他朝贡国更为密切,给两国之间的政治、经济、文化发展带来了深刻的影响。

题　　名　**明朝官方对外贸易浅析**
作　　者　秦超超
刊　　名　成功(教育)
年 卷 期　2009 年 9 期
页　　码　259
摘　　要　中国与周边国家贸易的记录自古就有,海上贸易更是从未间断,《尚书》中就有记载,唐朝政府专门设立市舶司管理海外航运,元代蒙古皇帝出于对欧洲和中亚各蒙古汗国的控制考虑把出海航线纳入政府的官方航道。经历了几千年的发展,明代海外贸易管理制度与时俱进,日趋完善,规模不断扩大,明初元史就载有“宁波东往扶桑,泉州达琉球,广州通占城、暹罗、西洋诸国”。

题　　名　**明朝海禁与日本的关系**
作　　者　郑梁生
刊　　名　汉学研究(台北)
年 卷 期　1983 年 1 卷 1 期

题　　名　**明朝海禁政策与近代西方国家的第一次对华军事冲突**
作　　者　王冬青,潘如丹
刊　　名　军事历史研究
年 卷 期　2004 年 2 期
页　　码　138－147
摘　　要　屯门之战和西草湾之战是近代西方国家对中国的第一次海上军事冲突,造成冲突的根本原因是近代西方国家的殖民扩张与明朝的朝贡贸易和海禁政策之间不可调和的矛盾。本文对鲜为人知的屯门之战进行了史料分类和梳理,并认为中葡关系的恶化导致明朝强化海禁政策,对其后“嘉靖大倭寇”的泛滥产生了重要影响。

题　　名　明朝海外贸易对福建社会的影响
作　　者　李源
刊　　名　福建史志
年 卷 期　2004年6期
页　　码　31－35
摘　　要　由于独特的地理环境、自然、社会因素,福建有史以来就与海洋结下了不解之缘。这种难以割舍的与海所缔结的亲密关系,经过隋唐、宋元的一步步积淀,到了明朝,充分体现在福建对外贸易上。

题　　名　明朝何以丧失海上力量优势
作　　者　陈高峰,李守林,张东航
刊　　名　文史博览
年 卷 期　2005年21期
页　　码　57－59
摘　　要　2005年是郑和下西洋600周年。阅江楼下的静海寺见证了这样一段辉煌的历史:从1405年至1433年,郑和先后七次受中国明成祖朱棣派遣,率领庞大的船队从今天的南京出发,经马来群岛、斯里兰卡、印度、阿拉伯地区,最远抵达非洲东部(有史学家甚至认为,他们绕过非洲最南端的好望角到达了西南非洲)。半个多世纪后(1488年),欧洲人才第一次绕过好望角,进入印度洋。可见,当时明朝的海上力量相对于欧洲占有多大的优势。但是,在后来的不到一个世纪里,明朝的海上力量优势就丧失殆尽。这确实发人深省。

题　　名　明朝洪武、永乐时期对外政策的变化
作　　者　于春梅
刊　　名　齐齐哈尔大学学报
年 卷 期　1999年4期

题　　名　明朝后期筹海过程考论
作　　者　陈尚胜
刊　　名　海交史研究
年 卷 期　1990年17期

题　　名　明朝会同馆论考
作　　者　王静
刊　　名　中国边疆史地研究
年 卷 期　2002年12卷3期
页　　码　53－62,116－117
摘　　要　明朝建有会同馆作为专门接待周边四夷朝贡使节的馆舍与机构。会同馆还是中央政府与四夷贡使进行经济贸易的场所及四夷贡使了解华夏礼仪文化的场所。会同馆是中国古代中央客馆建制的一个重要的组成部分。它的设置,对维护和发展明王朝与周边各族的关系具有积极的促进作用。

题　　名　明朝抗倭地图:《筹海图编·沿海山沙图》
作　　者　孙果清
刊　　名　地图
年 卷 期　2007 年 2 期
页　　码　114－115
摘　　要　“沿海山沙图”是中国明代编绘的一种海防图。这种地图的产生与明王朝抗击“倭寇”有着直接关系。

题　　名　明朝两次出兵援朝抗日
作　　者　张万钧
刊　　名　学术论坛
年 卷 期　1981 年 6 期
页　　码　86

题　　名　明朝名将谭纶的军事思想评析
作　　者　胡长春
刊　　名　江西社会科学
年 卷 期　2008 年 3 期
页　　码　150－155
摘　　要　明朝名将谭纶不仅是一位杰出的爱国主义军事家,而且是一位优秀的军事理论家。近三十年的军事斗争实践,加上他对战争规律的深刻感悟,形成了他的丰富而深刻的军事思想。本文从治军思想、战争指导原则、边海防战略、武器装备建设等方面,对其军事思想进行概略的评述分析。

题　　名　明朝末期登莱饷辽海运述略
作　　者　韩行方,王宇
刊　　名　辽宁师范大学学报(社会科学版)
年 卷 期　1992 年 4 期
页　　码　85－88
摘　　要　明朝末年,明与后金战事频仍,旷日持久的战争造成辽东明军粮秣拮据,于是明廷发动了一次规模空前的登莱饷辽的海运活动。这次饷辽之举,牵动了朝野上下,从京畿到江南,从山东到辽东都被卷入其中,也给人民带来了灾难。但饷辽海运首尾四年间,基本满足了抗击后金的明军粮秣需要。

题　　名　明朝年间澳门的檀香木贸易
作　　者　[德]罗德里克·帕达克 著;谭炳铨 译
刊　　名　文化杂志
年 卷 期　1987 年 1 期

题　　名　明朝宁波的私人对外贸易
作　　者　葛国培
刊　　名　浙江学刊
年 卷 期　1991 年 3 期

页　　码　47－50

摘　　要　明朝时，宁波的私人对外贸易空前活跃。海商曾建立庞大的贸易集团，形成以双屿港为代表的诸贸易市场，还连舶驶往日本等地贸易，并赢得声誉。但是，它为明廷所不容，屡遭明军的围攻。海商始则被迫走私，继而同倭寇、西方殖民者勾结，骚扰沿海地区。矛盾错综复杂，斗争分外激烈，各种人物俱被卷入漩涡。结果，宁波海商被围歼，贸易基地被逐一摧毁，沿海居民备受倭寇荼毒，中华民族也痛失首次走向世界的际遇。这是一个历史的悲剧。本文力求阐明明朝宁波海商的活动，并予公正的评述。

题　　名　明朝前期海外贸易研究——兼论郑和下西洋的性质

作　　者　田培栋

刊　　名　首都师范大学学报（社会科学版）

年 卷 期　1983 年 4 期

页　　码　48－53，95

摘　　要　明朝前期在海外贸易方面推行的“朝贡贸易”是宋元以来海外贸易大发展的一个逆转，也是中国对外贸易史上的一种新形式。这种贸易形式的出现，与当时专制主义中央集权政冶的加强、皇权的提高，是有直接的关系。明朝建立后、朱元璋不仅调整国家机构、扩大皇帝权力，更有力地镇压农民；在经济方面也是进行严密的控制，如对海外贸易的独占与垄断，毫无疑问就是这种权力的强化在经济上最明显的一种表现。“朝贡贸易”的实行，对宋元以来繁荣的海外贸易是一次严重的破坏和摧残，对以后中国社会经济的发展更是起到了扼杀的作用，影响十分深远。

题　　名　明朝时期的琉球、鸡笼——台湾

作　　者　尤中

刊　　名　思想战线

年 卷 期　2002 年 28 卷 1 期

页　　码　71－78

摘　　要　明朝时期史籍对台湾的记载有不同的称谓，“琉球”指的是今台中以南地区；“鸡笼”指的是今台北之基隆市；台湾的称谓则出自闽音“台员”，指的是今台北。这一时期，台湾与明中央王朝有着亲密的“封贡”关系。有明一代，台湾的历史是一部日本“倭寇”及荷兰、西班牙殖民主义者入侵和大陆与台湾人民反抗侵略的历史。至清顺治十八年（1661 年）郑成功收复台湾建立政权，此后台湾得到更进一步的开发和发展。

题　　名　明朝时期中、日、琉球关系研究

作　　者　柳岳武

刊　　名　安徽史学

年 卷 期　2006 年 4 期

页　　码　25－34

摘　　要　明际中、日、琉球关系的发展与变化对此后的中日关系产生了深刻的影响。明廷在前期以及中后期对琉球的一系列不当政策导致了琉球与日本联系以及日本对琉球控制的加强。日本对琉球由此前的陌生、淡薄转化为对它的积极进取与控制。随着明末国家实力的衰落，以及明廷对琉球采取保守的宗藩政策，日本在琉球的优越地位日益上升。这一地位的上升是日本在东亚执行对外积极扩张政策的开始。日本正是以琉球为起点开始走上奴役东亚邻国的道路。

题　　名　明朝私人海外贸易刍议
作　　者　吴光会,向远莉
刊　　名　唐山师范学院学报
年 卷 期　2005 年 27 卷 3 期
页　　码　76 - 78,91
摘　　要　以隆庆元年(1567 年)为分水岭,明朝的私人海外贸易大致经历了“海禁”和有条件的贸易两个阶段。明朝私人海外贸易得以较快发展,究其原因主要有:私人海外贸易来源于国际贸易的需要;沿海地区的生活环境郭定私人海外贸易必然存在;“海禁”政策,对私人海外贸易起着一定的推动作用等。与此同时,明朝私人海外贸易的发展也给明朝政治、经济、和社会生活等多方面带来了重要的影响。

题　　名　明朝芜湖榷关法制研究
作　　者　姚国艳
刊　　名　安徽师范大学学报(人文社会科学版)
年 卷 期　2008 年 36 卷 6 期
页　　码　691 - 695
摘　　要　榷关税收在明朝的商业税收中占有重要地位,芜湖榷关对明朝税收有重要意义。明朝对芜湖榷关的机构、编制、职责,以及税收形式、原则、程序等均有明确的法律规定。芜湖榷关法制具有法律渊源多样化、法律规范细致详密、榷关官员行政自由裁量权较大等特点。

题　　名　明朝与安南朝贡及民间贸易问题探析
作　　者　陈文源,吴青
刊　　名　江苏商论
年 卷 期　2005 年 7 期
页　　码　160 - 162
摘　　要　朝贡贸易作为中国古代一种重要的贸易形式,在当时的政治、经济领域具有重大意义。安南即今越南,与我国的交往源远流长,在政治和经济上受到我国的深远影响,之间发生的外贸行为很值得探讨。

题　　名　明朝与八百媳妇国关系析论
作　　者　朱亚非
刊　　名　文史哲
年 卷 期　1992 年 1 期
页　　码　49 - 55

题　　名　明朝与朝鲜交通路线变化考
作　　者　张士尊
刊　　名　鞍山师范学院学报
年 卷 期　2000 年 4 期
页　　码　13 - 17
摘　　要　明朝与朝鲜半岛高丽和朝鲜王朝之间交通路线经历过从海路、陆路和海陆并用到洪武二十年以后完全走陆路的变化过程,这个过程受到双方关系变化的影响。正统以后,双方又为是否改变东八站驿路,进行多次交涉,最后,以明朝加强东八站建设而告结束。

题　　名　**明朝与荷兰的海上较量**
作　　者　杨军
刊　　名　知识窗
年 卷 期　2007 年 1 期
页　　码　18 - 19

题　　名　**明朝与琉球的海上航路**
作　　者　王文楚
刊　　名　史林
年 卷 期　1987 年 1 期
页　　码　29 - 34

题　　名　**明朝与琉球关系之研究**
作　　者　徐玉虎
刊　　名　边政研究所年报
年 卷 期　1976 年 7 期

题　　名　**明朝与琉球王国封贡制度之建立**
作　　者　徐玉虎
刊　　名　历史月刊
年 卷 期　1993 年 61 期
页　　码　30 - 35

题　　名　**明朝与清朝前期的对外贸易情况比较**
作　　者　李凤琼,秦超超
刊　　名　企业技术开发
年 卷 期　2009 年 7 期

题　　名　**明朝与日本的朝贡贸易**
作　　者　夏灿
刊　　名　中国市场
年 卷 期　2011 年 1 期
页　　码　164 - 165
摘　　要　朝贡贸易是一种由“朝贡”和“赏赐”所表示的、官方严格控制的交换活动,完全意义上的朝贡贸易只存在于实行海禁政策的明朝。明日朝贡贸易与海禁政策、倭寇问题互相交织,本文重点分析了明初洪武年、永乐年、宣德年和明中后期中日朝贡贸易的发展脉络。从洪武、建文年间朝贡贸易体制初建,到永乐年间朝贡贸易达到鼎盛,再到宣德年间回落,最后到明中后期时朝贡贸易开始萎缩、寥落,唐、宋、元三朝形成的海洋优势最终流失到了西方列强手中。

题　　名　明朝在澳门设立的有关职官考证
作　　者　汤开建
刊　　名　暨南学报(哲学社会科学版)
年 卷 期　1999 年 21 卷 1 期
页　　码　72－88
摘　　要　关于明朝在澳门设立的职官,文献记载缺略,且无系统,导致今天学者认识模糊。本文在大量文献的钩稽中进行较系统的考证,对于明代设在澳门及香山地区的提调、备倭、巡缉、海道副使、海防同知、关闸把总、前山参将及市舶提举等职的职能、驻地等作了一完整表述。

题　　名　明朝张居正时代应对欧力东渐之得失
作　　者　庞乃明
刊　　名　求是学刊
年 卷 期　2009 年 36 卷 4 期
页　　码　129－135
摘　　要　张居正时代是明代中欧关系的重要转折时期。面对不断东来的欧洲势力,张居正当局在外贸制度、欧侨管理、沿海防务等方面都进行了一定调整,初步呈现创新制度、增加税收、增进了解、促进发展之效果,迈出了前近代早期中国融入世界新秩序的可贵一步。但这些应对举措大多集中在经贸层面,发生于漳州、澳门、广州等局部地区,缺乏系统而长远的规划,以维护专制统治为终极目的,对中国社会之转型推动作用有限。明朝专制政体的内在缺陷,明人对欧势力的忽略轻视,乃是导致这一时期应对不足的根本原因。

题　　名　明朝中后期中菲贸易的迅速发展对马尼拉华侨华人社会的影响
作　　者　郭立珍
刊　　名　洛阳师范学院学报
年 卷 期　2002 年 6 期
页　　码　94－97
摘　　要　明朝中期以后,由于受明王朝海禁政策的部分解除、西班牙占领马尼拉后以其为中转站以及用拉丁美洲的白银交换运到马尼拉的中国丝绸等商品诸因素的影响,中菲贸易得到迅猛发展。中菲贸易的发展,商船频繁往来于两地,方便了中国东南沿海地区人民到菲律宾群岛谋生。到菲岛谋生中国人有很多留居马尼拉,这样就在该地形成了一个较大的华侨华人聚居区。八连市场就是适应中菲贸易的发展而设立的,其存在和发展在一定程度上受中菲贸易状况的影响。

题　　名　明朝中琉封贡关系论析
作　　者　李金明
刊　　名　福建论坛(人文社会科学版)
年 卷 期　2008 年 1 期
页　　码　46－51
摘　　要　明初,琉球与明朝建立了朝贡与册封关系,成为明朝的藩属。对于琉球的朝贡,明朝将之看作是“万国来朝”、“四夷咸服”的盛世象征,而琉球却认为是难得的赢利机会,频繁来贡,使明朝不胜其烦。至于对琉球国王的册封,虽说明朝很重视,派遣给事中、行人等近臣涉险渡海前往琉球,但其中亦包含有贸易成分,即册封使随从携带货物过海以牟利,以至于到后期的册封几乎是流于形式。不过,琉球通过与明朝建立的封贡关系，大量吸取中国的先进文化，而中国文化亦通过明太祖派往琉球的闽人三十六姓和册封使等传播到琉球。

题　　名　明朝中晚期私人海上贸易的地位
作　　者　肖智慧
刊　　名　宜宾学院学报
年 卷 期　2005 年 8 期
页　　码　41－43
摘　　要　明朝中晚期，私人海上贸易冲破封建政府的阻碍，迅速发展起来。在国际市场上，中国海商凭借质优价廉的商品，击败西欧商人，取得竞争中的优势地位，并推动了世界经济交流。在国内，私人海上贸易通过商税的形式支持地方财政，弥补军费的不足，成为明代经济领域中一支不可忽视的力量。

题　　名　明成化嘉靖间福建市舶司移置福州考
作　　者　萨士武
刊　　名　禹贡
年 卷 期　1937 年 7 卷 1－3 期
页　　码　247－250

题　　名　明成祖即位初期的外交活动及海外诸国的朝贡
作　　者　申海田
刊　　名　齐鲁学刊
年 卷 期　1997 年 5 期
页　　码　78－81
摘　　要　明成祖朱棣在位 22 年决定实施的诸件大事中，轰动中外、名垂青史的要算郑和下西洋了。郑和七次大规模下西洋的航海壮举，除与我国历代航海经验的积累、造船和航海技术的进步等诸多主客观原因有关外，更重要的是具有雄才大略的明成祖适时地实施了一条立足本国、放眼世界，试图“共享太平之福”的对外开放政策。在郑和船队大规模正式下西洋以前，明成祖面对不利于他统治的内外形势，他首先采取措施，基本上清除了建文帝的残余势力，控制了全国。但外部仍不安宁，许多海外国家对明朝政权的更替还不了解，对明政权持不信任不尊重态度，需遣使诏谕他们；同时海道的阻塞，各国间的矛盾和斗争，海寇对海防边境的侵扰，北部蒙元势力时刻准备卷土重来等，对明朝统治形成外部威胁。因此，明成祖朱棣又开始了他对周围各国全面的外交活动。这也成为之后郑和大规模船队七下西洋的必要前奏和准备。

题　　名　明成祖即位初期的外交活动及海外诸国朝贡
作　　者　申海田
刊　　名　郑和研究
年 卷 期　1999 年 2 期
页　　码　20

题　　名　明成祖与郑和下西洋
作　　者　刘璞

刊　　名　商丘师范学院学报
年 卷 期　1993 年 9 卷 1 期
页　　码　87 – 90
摘　　要　从永乐三年(1405 年)到宣德八年(1433 年)之间,郑和率领船队七下“西洋”,前后经历了亚、非三十多个国家。其规模之大,人数之多,时间之长,足迹之广,是中外航海史上的壮举。它比哥伦布远航美洲,达·伽马绕好望角抵印度洋要早半个多世纪。这在我国和世界航海史上都传为佳话。这一史实引起国内外学者的浓厚兴趣,学者们探讨了郑和下西洋的许多问题,而下西洋成功的原因也是他们的重要议题之一,本文拟就这一问题作一新探。

题　　名　**明崇祯朝册封琉球始末考辨**
作　　者　韩行方
刊　　名　海交史研究
年 卷 期　1993 年 23 期
页　　码　42 – 46

题　　名　**明初“抑商”到“便商”政策下的商人与商业**
作　　者　余同元
刊　　名　烟台师范学院学报(哲学社会科学版)
年 卷 期　2002 年 19 卷 2 期
页　　码　40 – 43
摘　　要　本文考察了明初商业政策的演变及其历史影响。认为:不能把明初的商业政策看成是单纯的“抑商”政策或单纯的“通商”政策;从洪武、永乐、洪熙、宣德四朝民族贸易政策、海外贸易政策和金融税务政策的演变过程上看,当时商业政策在总体上呈现出从“抑商”到“便商”的变化趋向;这一经济政策的变化趋势,取决于社会经济变迁的作用和影响,推动了当时社会经济的健康发展,因而为明中后期“边禁”“海禁”“银禁”的开放与商人活跃局面的出现提供了前提条件。

题　　名　**明初浡泥国王的朝贡礼品及其生物分类学研究**
作　　者　陈平平
刊　　名　南京晓庄学院学报
年 卷 期　2008 年 4 期
页　　码　44 – 50
摘　　要　明初浡泥是中国友好往来较为密切的海外国家之一。洪武—永乐—洪熙时期,浡泥国使团多次来华访问,其中二次由国王亲自率领。每次均递交国书、赠送礼品,表示对中国的友好,展现了该国的物产,扩展了中国人民的视野,促进了两国间的贸易。礼品种类颇多,大都系其生物类特产,有些属于珍稀濒危物种,多非国人所熟悉。逐一解读它们的科学名称与分类位置,其中不少种类具有较高的经济价值,有些成为我国进口的商品,有些被我国栽培、饲养,对我国人民的生活起了有益的作用。

题　　名　**明初漕运问题考述**
作　　者　铮铮
刊　　名　新东方
年 卷 期　1941 年 5 期

页　　码　132－143

题　　名　明初朝贡贸易与儒家思想
作　　者　赵敏鉴
刊　　名　船山学刊
年 卷 期　2006年3期
页　　码　83－85
摘　　要　明初是我国海外贸易的转折点,政府控制的朝贡贸易取代私人贸易成为对外贸易的主要形式,这一措施的实行有其政治原因,也有深刻的思想因素,即儒家思想的指导作用。

题　　名　明初朝贡制度析论
作　　者　何平立
刊　　名　学术界
年 卷 期　1988年4期
页　　码　31－35
摘　　要　明初是中国封建社会中央集权制度趋臻巅峰之时期,研究与剖析明初朝贡制度对于整个封建社会对外关系,不仅有其特殊地位。而且具有典型意义。笔者于此对明初朝贡制度试作论析,以就正于史界学者。

题　　名　明初的海洋政策与郑和的海权思想
作　　者　李金明
刊　　名　郑和研究
年 卷 期　2006年4期
页　　码　37－41
摘　　要　明太祖立国之初,在东南沿海一带为防止元末农民起义的残部流窜到海外。与倭寇相互勾结。不时对沿海进行骚扰。危及新生政权的稳定。在海洋方面实行了一系列对外羁縻对内封闭的政策。为了扩大在海外的影响。明初几位皇帝都在即位伊始。就派遣使者遍谕海外诸国。

题　　名　明初的经济外交与郑和下西洋
作　　者　唐文基
刊　　名　福建师范大学学报(哲学社会科学版)
年 卷 期　1985年4期
页　　码　102－106,101
摘　　要　十五世纪初,伟大航海家郑和率庞大舟师七下西洋,历二十八载,经三十余国,扬帆万里,远航至阿拉伯和东非海岸,开创了中国与亚非各国友好关系的新局面。世界航海史上这一空前壮举,引起中外学者的浓厚兴趣,成了半个世纪以来举世瞩目的科研课题。笔者不揣謭陋,试对郑和下西洋的动因、性质和终止原因作一简略探索。

题　　名　明初的物质文明与郑和下西洋
作　　者　张华
刊　　名　南京大学学报(哲社版)

年 卷 期　1984 年 4 期

题　　名　**明初对外关系的方针与郑和下西洋中的外交策略探究**
作　　者　张波
刊　　名　郑和研究
年 卷 期　2009 年 3 期
页　　码　42－44
摘　　要　明初，在战乱结束，经济萧条，民心动荡的背景下，明太祖朱元璋对内提出“天下始定，整顿秩序，民财力俱困，要在休养安息”的立国方针；对外采用“远迩相安无事”，才能君臣百姓“共享太平之福”。由此制订了安边保境与各国建立友好宗藩关系稳定边防的对外方针。

题　　名　**明初对外政策和郑和下西洋**
作　　者　洪焕椿
刊　　名　南京大学学报（哲社版）
年 卷 期　1984 年 4 期

题　　名　**明初访华的东南亚国王**
作　　者　李金明
刊　　名　东南亚
年 卷 期　1994 年 2 期
页　　码　54－56
摘　　要　明太祖朱元璋刚建立明朝时，为了肃清元朝近百年统治的影响，以取得海外诸国的承认，在外交上实行了一系列“怀柔远人”，鼓励海外诸国人明朝贡的政策。这种政策在明成祖朱棣继位后又得到进一步的发展。明成祖除了广泛派出使者到海外诸国，招徕他们人明朝贡外，还不惜耗费巨资，派遣郑和七下西洋，携带敕书及精致手工艺品遍赐海外诸国，从而大大提高了明朝的国际地位。当时在郑和下西洋活动的影响下，就有东南亚 4 个国家的 9 位国王 8 次来华进行访问。

题　　名　**明初废罢海运试探**
作　　者　魏林
刊　　名　郑州大学学报（哲学社会科学版）
年 卷 期　1987 年 5 期
页　　码　10－17

题　　名　**明初福建卫所与郑和下西洋**
作　　者　徐恭生
刊　　名　海交史研究
年 卷 期　1995 年 28 期
页　　码　10－22

题　　名　**明初海防与郑和下西洋**
作　　者　陈尚胜

刊　　名　南开学报(哲社版)
年 卷 期　1985 年 5 期

题　　名　**明初海禁与东南亚贸易的发展**
作　　者　李金明
刊　　名　南洋问题研究
年 卷 期　1998 年 2 期
页　　码　60 – 67
摘　　要　明初厉行海禁,规定“片板不许下海,禁革双桅大船”。从表面看来,似乎把一切海外贸易都给切断了,其实不然,明初的海外贸易不仅没有停止过,而且与东南亚的贸易还有所发展,正如谢杰在《虔台倭箕》中所描述的:“片板不许下海,艨艟巨舰反蔽江而来;寸货不许入番,子女玉帛恒满载而去。”出现这种情况的原因是什么呢?当时与东南亚的贸易是如何发展呢?它对明初社会经济的发展起到什么作用呢?这些是本文所要探讨的几个问题。

题　　名　**明初海军的衰落**
作　　者　罗荣邦,陈希育
刊　　名　南洋资料译丛
年 卷 期　1990 年 3 期
页　　码　83 – 92
摘　　要　十五世纪最初的二十五年,当中国在东方作为主要的海上力量获得暂时声望时,她已达到三个世纪航海活动的鼎盛时期。向海洋挺进始于南宋时期,当时中国船队控制了中国海东部;元朝时期,中国进而取得在南中国海的优势。明初中国的航海活动达到登峰造极的地步,中国战船进入并巡航于印度洋,以显示中国的军事力量,在短暂的一段时间里,给中国带来了从日本至非洲东海岸辽阔地区的霸权。

题　　名　**明初海洋政策探析**
作　　者　杜强
刊　　名　鸡西大学学报
年 卷 期　2010 年 5 期
页　　码　139 – 141
摘　　要　明初,朱元璋采取保守性海洋政策,实施海禁等一系列措施,朱棣则放松海禁,郑和下西洋树立了明朝的威信,扩大了明朝在海洋的影响力。明初海洋政策受到陆权思想等因素影响。

题　　名　**明初海运与海防的关系**
作　　者　陈波
刊　　名　郑和研究
年 卷 期　2007 年 4 期
页　　码　33 – 42

题　　名　**明初航行非洲海图的研究**
作　　者　徐玉虎
刊　　名　非洲研究

年 卷 期 1973 年 2 期

题　　名 **明初军港的衰落**
作　　者 罗荣邦著;陈希育译
刊　　名 郑和研究
年 卷 期 1998 年 3 期
页　　码 52

题　　名 **明初辽河航运研究**
作　　者 张新清
刊　　名 辽宁大学学报(哲学社会科学版)
年 卷 期 1996 年 4 期
页　　码 19－23
摘　　要 辽河最迟在魏晋时已有大批船队抵达辽阳的记录,经过历朝的努力,到明初江河入海口至开原老米湾全面通航,船只超过数千艘,运输粮购供辽东驻军,在此基础上出现了民间水上运输,明初辽河航运是辽河航运史上的重要时期。

题　　名 **明初孟加拉国贡麒麟图**
作　　者 常任侠
刊　　名 故宫博物院院刊
年 卷 期 1983 年 3 期
页　　码 14－18
摘　　要 在十五世纪初明永乐时,我国曾派遣三宝太监郑和、王景弘等,出使南洋群岛和印度,从南海的菲律宾,向西一直达到非洲的东岸,在海上,这个庞大的船队曾经往返七次,把中国辉煌的文化向西南各民族国家传播,同时也输入了西南亚非各国的文化和物产。

题　　名 **明初明军兵种的配置及战术的衍变**
作　　者 张兴吉
刊　　名 海南师院学报
年 卷 期 1997 年 4 期
页　　码 89－94

题　　名 **明初遣日僧使考**
作　　者 任宜敏
刊　　名 江海学刊
年 卷 期 2008 年 4 期
页　　码 52－56
摘　　要 朱元璋奄奠海宇、肇成帝业之后,效法元世祖忽必烈及元成宗铁穆耳选派高僧充任国使出使邻邦之先例,特遣仲猷祖阐、无逸克勤两位硕德率僧团出使日本,希望循唐宋故事,共修和好。建文、永乐两朝,惠帝朱允炆和成祖朱棣,亦曾选派多位高僧使日。这些内德外应、津梁兼济的僧使,对促进中日两国间的友好交往,厥功甚伟。

题　　名　明初泉州港衰落原因新论
作　　者　李金明
刊　　名　海交史研究
年 卷 期　1996 年 29 期
页　　码　57 – 61

题　　名　明初社会转型与郑和下西洋
作　　者　徐心希
刊　　名　郑和研究
年 卷 期　2006 年 1 期
页　　码　66 – 72
摘　　要　明初洪武至永乐年间，在我国的部分地区，尤其是东南地区，已经出现社会转型的现象，即从封闭式的封建自然经济转向相对开放型的商品经济。这种社会转型对于明朝封建统治者的大政方针也产生了一定的影响，主要体现在改变以往向周边国家宣示国威的传统，而更多地呈现出沟通列国，广交友邦，互通有无的经济思想。郑和下西洋则是这种社会转型与新的经济思想的集中体现。学术界对此尚无深入探讨。本文在此抛砖引玉，略述孔见，希冀引起学术界更多的注意。

题　　名　明初思想文化变迁与郑和下西洋
作　　者　杨光民
刊　　名　郑和研究
年 卷 期　1994 年 3 期
页　　码　38 – 44

题　　名　明初苏麻离青考
作　　者　赵新图
刊　　名　西南科技大学学报（哲学社会科学版）
年 卷 期　2007 年 24 卷 1 期
页　　码　64 – 67
摘　　要　郑和船队七次下西洋，近三十年间，遍访亚、非数十个国家和地区，进行了广泛深入的物质、文化交流，规模之大，历时之久，史无前例，对中国艺术界产生了很大的影响。本文试图从苏麻离青的命名、产地和输出等几方面，说明苏麻离青与郑和下西洋的必然联系。

题　　名　明初我国与东南亚的伊斯兰联系
作　　者　陆芸
刊　　名　广西社会科学
年 卷 期　2005 年 8 期
页　　码　86 – 88
摘　　要　明初我国与马六甲关系的确立和发展，不仅仅是我国与东南亚一个国家关系的确立，也是我国与东南亚伊斯兰关系的开端。而郑和下西洋、早期的东南亚商业移民关系更加强了我国与东南亚伊斯兰的联系。

题　　名　明初与暹罗之交涉
作　　者　藤原利一郎氏
刊　　名　史窗
年 卷 期　1962 年 21 期

题　　名　明初张璇下西洋卒于孟加拉珍贵史料解读
作　　者　周运中
刊　　名　南亚研究
年 卷 期　2010 年 2 期
页　　码　123 – 133
摘　　要　本文首次揭示并分析了明末张鼐《宝日堂初集》记载其先祖张璇永乐十年随少监杨敏的船队出使榜葛剌国(今孟加拉国)并葬于察地港(今吉大港)官厂的珍贵史料,解决了费信《星槎胜览》记载的两次随郑和或侯显出使榜葛剌国的疑点,考证了明朝在察地港设置官厂的原因。本文还考证了《郑和航海图》榜葛剌国附近的地名,提出图上没有去榜葛剌国针路及孟加拉湾海岸中断的问题,并予以解释。

题　　名　明初政策的消极倾向
作　　者　晁中辰
刊　　名　东岳论丛
年 卷 期　2003 年 24 卷 4 期
页　　码　86 – 89
摘　　要　明初政策的消极倾向突出表现在三个方面:朱元璋一改宋元不抑商的政策,厉行重本抑末,使明初及此后相当长一段历史时期内工商业发展水平十分低下;摧折士人,窒息思想学术,其严厉和残忍程度为历代所罕见;他不务远略,厉行海禁,严重阻碍了海外贸易的发展。朱元璋将这些政策定为“祖训”,要后世皇帝奉行不渝,故消极影响特别深远。明王朝处于 14 至 17 世纪,这正是世界面貌发生急剧变化的时期,也是中国在世界上的领先地位丧失的时期。这种变化可以从明初政策的消极倾向中找到些许原因。

题　　名　明初之世界观及郑和下西洋的时代意义
作　　者　赵令扬
刊　　名　郑和研究
年 卷 期　2004 年 3 期
页　　码　49 – 55

题　　名　明初中菲关系之探讨——中菲关系史论丛之八(上)
作　　者　吴景宏
刊　　名　大陆杂志
年 卷 期　1967 年 35 卷 6 期

题　　名　明初中菲关系之探讨——中菲关系史论丛之八(中)
作　　者　吴景宏

刊　　名　大陆杂志
年 卷 期　1967 年 35 卷 7 期

题　　名　**明初中非关系之探讨——中非关系史论丛之八(下)**
作　　者　吴景宏
刊　　名　大陆杂志
年 卷 期　1967 年 35 卷 8 期

题　　名　**明初中国与东南亚的海上贸易**
作　　者　李金明
刊　　名　南洋问题研究
年 卷 期　1991 年 2 期
页　　码　81 – 88
摘　　要　明太祖立国之初,为了防御倭寇侵扰,为了羁縻海外国家,实行了一种海禁与朝贡贸易相结合的对外政策。一方面,禁止沿海居民私通海外诸国,规定"片板不许入海";另方面,鼓励海外诸国入明朝贡,随带方物进行贸易。因此,明初中国与东南亚的海上贸易基本是限制在朝贡贸易这唯一合法的渠道上。

题　　名　**明初中日贸易与倭寇**
作　　者　李金明
刊　　名　南洋问题研究
年 卷 期　1993 年 3 期
页　　码　86 – 92
摘　　要　明初的中日关系,由于倭寇的骚扰,变得异常复杂。明太祖朱元璋为了抑制倭寇的入患,采取了朝贡与海禁相结合的对外政策。这种政策在以后的几位继任者中不断沿袭,遂使明初中日之间的正式贸易,始终保持在朝贡贸易的基础上。然而,这种贸易并不能满足日本方面对中国商品的迫切需求,于是日本各大名、寺社经常为争夺对明朝贡而激烈地竞争着。这种竞争到后来发展成宁波的拼杀事件——"争贡之役",明朝政府以此罢市舶,严海禁,断绝与日本的正式贸易,而一些以"朝贡"为名的日本商人则不得不转入走私贸易,他们与中国的海寇商人互相勾结,由走私转而寇掠,使倭寇之患愈演愈烈。

题　　名　**明初中西交通使者傅安出使略考**
作　　者　万明
刊　　名　中国边疆史地研究
年 卷 期　1990 年 2 期
页　　码　30 – 33,29
摘　　要　明朝初年,明太祖朱元璋与其子太宗朱棣,屡派使臣四出宣扬国威,欲重修与邻近各国的睦邻友好关系,招致各国来朝。对于郑和及陈诚的出使研究,学界已有丰硕成果,然而,对六次出使西域中亚的傅安其人其事,则因既无出使记录保留稽考,又无《明史》立传可为凭据,久已湮沉,鲜见专门论述。我试以所见材料加以略考,以见教于方家。

题　　名　明初中越关系与成祖征安南之役
作　　者　朱亚非
刊　　名　烟台大学学报(哲学社会科学版)
年 卷 期　1994 年 1 期
页　　码　60－68

题　　名　明初舟山群岛废县徙民及其影响
作　　者　包江雁
刊　　名　浙江海洋学院学报(人文科学版)
年 卷 期　1999 年 16 卷 4 期
页　　码　28－31
摘　　要　元末明初,舟山群岛是方国珍及其余部反元抗明的最主要根据地。朱元璋为防止他们与内陆的反明势力联合,以防止"倭寇"为名,在舟山实行迁卫、废县、徙民措施,接着在全国实施严厉的海禁政策。舟山群岛的废县徙民不仅造成舟山的渔农业长期荒芜、交通停顿、文教中断,而且引发海上武装走私猖獗,并导致所谓嘉靖年间长达几十年的"倭患"和"平倭战争",使舟山及东南沿海的经济遭到更大的摧残。

题　　名　明初最大规模的外交使团和贸易商队——略论郑和船队下"西洋"
作　　者　刘伯午
刊　　名　现代财经(天津财经学院学报)
年 卷 期　1993 年 3 期
页　　码　45－48,44
摘　　要　明朝永乐至宣德年间(公元 1405－1433 年),在中国封建社会航海史上,出现了一个高峰。其船队规模之大,航程之远,次数之频繁,准备之充分,组织之严密,器械之精良,物资之充沛,所到国家之多,在当时世界上都是绝无仅有的,这就是举世闻名的郑和船队下"西洋"。本文拟就其背景、原因与使命,成就、意义与影响,简略做些论述。

题　　名　明赐琉球闽人三十六姓考述
作　　者　谢必震
刊　　名　华侨华人历史研究
年 卷 期　1991 年 1 期
页　　码　38－45

题　　名　明代"朝贡贸易"的实质及其影响
作　　者　朱江
刊　　名　江苏商专学报
年 卷 期　1989 年 4 期

题　　名　明代"佛郎机黑番"籍贯考
作　　者　廖大珂
刊　　名　世界民族

年卷期 2008年1期
页　码 79－87

题　名 明代“海禁”与“宽海”浅析
作　者 胡晏
刊　名 明史研究专辑
年卷期 1994年11期

题　名 明代“隆庆开放”与海上贸易发展
作　者 冯之余
刊　名 社科纵横
年卷期 2008年23卷2期
页　码 139－141
摘　要 隆庆元年(1567年),明朝政府在福建漳州月港开放海禁,厉行二百年之久的海禁政策终于被打破。这次开海史称“隆庆开放”。隆庆开放是明政府接受嘉靖年间“倭患”教训的直接结果。它突破了朝贡贸易的局限,促进了民间私人贸易的繁盛,大大推进了中国与国际市场的联系,促使晚明中国白银货币化的最终完成。它在中国古代经济史和对外贸易史上占有重要的地位,对中国乃至世界经济发展都起到一定的影响。

题　名 明代“潜入日本”的宁波人宋素卿杂考
作　者 陈小法
刊　名 海交史研究
年卷期 2005年47期
页　码 51－61
摘　要 鉴于宁波在明代中日交流中的特殊地位,宁波人也在两国的关系史上扮演了重要角色。富有争议的历史人物宋素卿,其东渡日本的动机未必如以往学界所说的那样是“抵债”,可能是蓄意“潜入”。同时,通过宋素卿渡日后的活动以及在勘合贸易中的表现,为进一步廓清明代中日关系特别是勘合贸易颇有裨益。

题　名 明代“苏式”工艺美术与海外贸易
作　者 郑丽虹
刊　名 南京艺术学院学报(美术与设计版)
年卷期 2009年4期
页　码 60－64
摘　要 明代中晚期,苏州依托太仓刘河口通向外海的航运优势,一方面输出丝绸、工艺品和书画,对日本等国的工艺美术发生深刻影响;另一方面也通过贸易输入高档材料、工艺品和工艺技术,从而产生了如硬木家具、倭漆、折扇等新鲜样式或新兴品种,有力地推动了“苏式”工艺美术的进一步发展。

题　名 明代“倭患”问题辨析
作　者 任世江,何孝荣
刊　名 历史教学(中学版)

年 卷 期　2008 年 5 期

页　　码　5 – 12

摘　　要　2005 年 1 月，上海《新民晚报》报道，一些日本人捐资在明代倭寇首领王直的家乡安徽省歙县柘林村修建了“王氏祖墓”，纪念王直的功绩。网络、报纸纷纷转载，指责之声轰然四起。浙江丽水学院、南京师范大学的两名非历史专业教师怒不可遏，愤然奔赴歙县，凿毁墓碑上所有“王直”二字，用行动向世人表明态度。一时间，怎样看待明代“倭患”的历史问题与现实紧密结合起来，在媒体的组织下，明史专家介入讨论。

题　　名　明代“援朝逐倭”探微

作　　者　孙文良

刊　　名　社会科学辑刊

年 卷 期　1994 年 3 期

页　　码　94 – 99

摘　　要　本文从稀见的《思庵实纪》谈起，叙述了一位直接参与“援朝逐倭”的明军将领事迹。文中提出，当年日本丰臣秀吉挑起的这场侵略战争，虽狂喊要“用朝鲜之兵，以入于明”，合三国为一，实际他心有余而力不足，不过是虚张声势而已。其真正意图，无论是在战场上，还是在“议和”中，皆表现为誓必吞并朝鲜而后快。明朝应邀为存亡继绝而战，投入人力物力知多少？此文有个分次排列和综合统计，并说明这种慷慨相助赢得了邻邦的永恒友谊，却使自身元气大伤。资料新颖，见解独具。

题　　名　明代爱国名将俞大猷

作　　者　张桂林

刊　　名　福建师范大学学报(哲学社会科学版)

年 卷 期　1987 年 3 期

页　　码　112 – 117

摘　　要　俞大猷(公元 1503 – 1580 年)川，字志辅，号虚江，福建泉州人。武举出身，历任千户、参将、总兵、都督。卒溢武襄。他“文能附众，武能威敌”，文武双全。其主要著作有《正气堂集》、《洗海近事》和《剑书》等。明代嘉靖年间，当倭寇侵扰我国东南沿海地区时，爱国名将俞大猷满腔热情地参加抗倭斗争，转战江苏、浙江、福建和广东等地，屡立战功，特别是浙江王江径、福建兴化、广东海丰等战役，战果辉煌。他在捍卫祖国南疆和被贬大同期间，也立下战功，在治理金门和海南岛等地，都有出色的政绩，得到当地民众的称道，人民为之建祠纪念，称他为“俞佛”。所以，俞大猷一生的功绩，赢得了当代以至后世人民的赞扬。

题　　名　明代澳门的国际转口贸易

作　　者　李志军

刊　　名　郑和研究

年 卷 期　1999 年 1 期

页　　码　10

题　　名　明代澳门地区华人居住地钩沉——兼论望厦村妈阁庙及永福古社之起源

作　　者　汤开建，叶恩典

刊　　名　海交史研究

年卷期 1998年33期
页　码 38－52,84

题　名 **明代澳门对外贸易的发展**
作　者 黄启臣,邓开颂
刊　名 文化杂志
年卷期 1987年1期

题　名 **明代澳门与海上丝绸之路**
作　者 万明
刊　名 世界历史
年卷期 1999年6期
页　码 2－8
摘　要 海上丝绸之路,顾名思义,是以中国享誉世界的丝绸命名的,以中国丝绸占主导地位的东西方交往的海上通道。它的产生正是由于自古以来中国丝绸就是这一通道上的主要输出品,丝绸自东到西,连接了东方与西方,成为中国与西方经济文化交往的海上纽带,而这条纽带的形成,是古代东西方各国人民共同劳动的结晶。就这个意义而言,16－17世纪中叶的海上丝绸之路,谈不上发生自东向西至自西向东的转向,毕竟当时的欧洲尚拿不出能够与东方抗衡的商品,中国丝绸仍旧在东西方交往中占有不可替代的重要地位,因此,不能把当时的海上丝绸之路完全简单地视为西方海外扩张的工具。

题　名 **明代白粮解运的方式与危害**
作　者 鲍彦邦
刊　名 暨南学报(哲学社会科学版)
年卷期 1982年3期
页　码 37－47
摘　要 明代的白粮是一种供特殊用途的漕粮,专门送纳到京师内府供应宫廷、宗人府的消费及百官俸禄的需要。它在经济上维持明朝封建专制政权的正常活动中起着重要的作用。因此,明朝政府对白粮的解运工作极其重视和讲究,并逐步制定一套相当严密而苛刻的制度。本文试图就明代白粮解运的方式及其对人民的危害进行初步的研究。

题　名 **明代白银货币化——中国与世界连接的新视角**
作　者 万明
刊　名 河北学刊
年卷期 2004年24卷3期
页　码 145－154

题　名 **明代兵制与济宁“卫所”的设置及演变**
作　者 张荣仁
刊　名 济宁师范专科学校学报
年卷期 2004年25卷1期
页　码 59－61

摘　　要　“卫所”是明代军队的基层织组。洪武时,济宁设有济宁卫、济宁左卫和兖州鲁王府护卫。景泰元年,济宁左卫调往临清,改称临清卫,而屯田和屯田军仍在济宁。嘉靖十八年,兖州护卫分改任城卫。清初,裁卫设县。承有漕运任务的济宁“卫所”保留未变,改隶漕运总督;从卫指挥至千、百户等官全裁,另设守备、千总,分理屯务和领运管河。光绪二十八年,因漕粮改由海运,屯卫弁丁及职官全部被裁撤,漕运屯田至此废止。

题　　名　明代漕船的修造及船料的派征

作　　者　鲍彦邦

刊　　名　中国社会经济史研究

年 卷 期　1986 年 1 期

页　　码　44－52

摘　　要　明代自永乐年间(一四〇三至一四二四年)迁都北京以后,为了确保京师百官和京边卫军的粮食供给,以加强明朝封建专制政权的统治,每年需要从东南地区通过南北大运河调运数百万石粮食到北京等地。因而修造漕船以资粮运就成为明代漕运的当务之急。明朝统治者对此极为关注,把它视为“军国大计”,专门对漕船的修造办法特别是船料的派征作出严密的规定,并在赋役形式下把这项沉重负担无偿地摊派到东南农民身上。本文仅就明代漕船的修造办法与船料派征的方式及其影响进行初步的探讨。

题　　名　明代漕船漂流的规定

作　　者　李俊丽

刊　　名　郑州航空工业管理学院学报(社会科学版)

年 卷 期　2010 年 3 期

页　　码　44－46

摘　　要　明代,运送漕粮的漕船经常在运河上遭遇风浪,导致漕船被损坏,漕米被漂失。为了减少这种情况的发生,同时也为了防止漕运人员为图谋不轨而假捏漕船漂流,明政府制定了众多相关规定,如勘查漕船漂流的规定、漂失漕粮赔补的规定、对相关人员的处罚规定。

题　　名　明代漕船修造制度述略

作　　者　封越健

刊　　名　中国社会经济史研究

年 卷 期　1997 年 4 期

页　　码　44－57

摘　　要　漕运是由水路转运各地漕粮供应京师百官俸禄、军饷和宫廷消费的一种运输方式。漕运方式早在秦汉时就已出现,唐宋以降,随着经济重心南移,转漕京师日益重要。明初为了供应辽东等地军饷,曾由太仓海运粮食至辽东、天津;永乐十三年(1415)会通河开通后罢海运,南方漕粮经由运河北上,但仍有部分漕粮经由天津海道运往蓟州等仓,隆庆、万历之间还短暂地实行过从淮安到天津的海运。永乐迁都北京后,京师百费仰赖南方漕粮供给,保证漕粮如额如期输达北京成为明朝至关重要的军国大事,为此明朝制定了一系列制度。漕运制度是明代最重要的财政制度之一。

题　　名　明代漕军制初探

作　　者　林仕梁

刊　　名　北京师范大学学报(社会科学版)
年 卷 期　1990 年 5 期
页　　码　79 - 87
摘　　要　漕军,是明代军队中一支鲜为人知的特殊部队,它虽然没有军事上的辉煌战绩,然而它在千里漕河上将数百万石漕粮运往京师,为维系明朝的政治统治,促进南北经济的交流,却立下了汗马功劳。正如明人王在晋所言,“(漕)军尽则不知所为漕事计,又安知所为军国万年根本计。”(《通漕类编·序言》)可谓一语中的。本文不揣浅陋,试就漕军制的建置和变迁作一粗浅的探讨,抛砖引玉,以就教于前辈和同行。

题　　名　**明代漕军制的形成及演变**
作　　者　王伟
刊　　名　聊城大学学报(社会科学版)
年 卷 期　2007 年 2 期
页　　码　68 - 70
摘　　要　明朝是中国历史上漕运高度发展的时期,在大规模的明朝官方漕运队伍中,存在着人数达十万余人的职业运输军队。明朝的漕运法经过了支运、兑运与支运相参,最后变为长运后,职业性的漕军应运而生,成为漕运的主要运输力量。漕军对维护明王朝漕运的正常运行,发挥了极其重要的作用,也是维系明朝京都命脉的重要支柱。

题　　名　**明代漕粮“支运”考辨**
作　　者　唐文基
刊　　名　中国史研究
年 卷 期　1988 年 1 期
页　　码　46 - 48

题　　名　**明代漕粮新征的数额、用途及影响**
作　　者　鲍彦邦
刊　　名　暨南学报(哲学社会科学版)
年 卷 期　1994 年 1 期
页　　码　75 - 83

题　　名　**明代漕粮运费的派征及其重负**
作　　者　鲍彦邦
刊　　名　暨南学报(哲学社会科学版)
年 卷 期　1995 年 17 卷 2 期
页　　码　61 - 71
摘　　要　明代漕粮是专门供给京师贵族、官僚及京边卫军的消费,为了将东南海粮无偿地调拨到京师地区,明政府在赋役形式下制定了漕粮运费的编派原则和办法,并根据漕运的实际需要对漕粮运费实行部分的折征。但出于明中叶后各级官府对漕粮运费的不断加征及其对粮户的搜刮掠夺,遂致漕粮运费的负担极为苛重,它从一个侧面反映了明代漕政的黑暗腐败及漕粮的掠夺性质。

题　　名　明代漕粮折色的派征方式
作　　者　鲍彦邦
刊　　名　中国史研究
年 卷 期　1992 年 1 期
页　　码　34 – 44

题　　名　明代漕粮折征的数额、用途及影响
作　　者　鲍彦邦
刊　　名　暨南学报（哲学社会科学版）
年 卷 期　1994 年 16 卷 1 期
页　　码　75 – 83
摘　　要　明代的漕粮是旨在确保北方政治中心的供给，以维持封建国家机构的正常运转。为此，明政府对漕粮的折征实行了严格而有限量的控制，同时对漕折银的用途也作出了明确的规定，并把它作为弥补中央年度财政亏缺的应急措施之一。但自明中叶以后，由于漕粮的“改折数多”和漕折银的“积年通欠”，直接引致了京边等仓储的匮乏，从而对明代社会及明王朝的专制统治产生了严重的影响。

题　　名　明代漕运的几个问题——读《明史・食货志・漕运篇》札记
作　　者　李天佑，蒿峰
刊　　名　山东师范大学学报（人文社会科学版）
年 卷 期　1982 年 1 期
页　　码　18 – 23
摘　　要　《明史・食货志・漕运篇》记述明代漕运云：“自成祖迁燕，道里辽远，法凡三变。初支运，次兑运、支运相参。至支运悉变为长运而制定。”关于“支运”，《漕运篇》写得很清楚。有的论著却作了特别的阐释。关于“兑运”，《漕运篇》显然记述有误。有的论著却不加考辨，而沿袭了《漕运篇》的错误，从而对“兑运”、“改兑”及“长运”诸问题，也作出了不确切甚至错误的论述。

题　　名　明代漕运管理初探
作　　者　成刚
刊　　名　财经研究
年 卷 期　1993 年 7 期
页　　码　52 – 54
摘　　要　漕运是中国封建政府为满足其官俸、军饷和宫廷消费的需要，利用水路转输田赋的一种专门运输制度。它对于维持历代王朝统治的政治、经济生命，都有着至关重大的意义。漕运萌芽于秦汉，兴盛于唐宋，而明代则是潜运管理制度变革较频繁的时代，为治理好漕政，各种理漕之议纷陈杂出，思想材料也较为丰富。本文拟从管理体制演变和政策思想方面对明代漕运作一粗浅的探索。

题　　名　明代漕运史浅谈
作　　者　刘清平
刊　　名　沧桑
年 卷 期　2005 年 Z1 期
页　　码　20 – 21

摘　　要　漕运之制起于西汉，盛于唐宋，延至明清，辛亥革命后废止。明代漕运分为两类，一是民运，一是军运。本文把明代漕运分为四个阶段，并就漕运的行政管理体制、漕船的只数、运粮数量、漕运时限，以及漕运的正面和负面影响进行了论述。

题　　名　明代漕运与会通河的疏浚
作　　者　蒿炎培
刊　　名　山东师范大学学报（人文社会科学版）
年 卷 期　1979 年 6 期
页　　码　73 - 75，18
摘　　要　公元一四〇二年，燕王朱棣夺取帝位后，为其政治、军事统治的需要，长期驻在北京。到一四二一年正式将明王朝首都从南京迁往北京。随着全国政治中心的北移，南粮北运问题，成了明朝需要迫切解决的问题。当时，明朝每年需要从南方运近四百万石粮食供应北京。开始“转漕东南，水陆兼挽，仍元人之旧，参用海运。”“海运险远多失亡，而河运则由江淮达阳武，发山西、河南丁夫陆挽百七十里入卫河（也称御河——笔者），历八递运所，民劳其苦。”因此，怎样才能保证每年把几百万石粮食稳妥地如期运到北京而又费少时速，便成为明朝统治者需要研究解决的重要问题。当时即有人主张疏浚会通河，以恢复大运河的全线通航，来担负起繁重的漕运任务。

题　　名　明代漕运与江南重赋
作　　者　赵全鹏
刊　　名　历史教学问题
年 卷 期　1995 年 2 期
页　　码　61 - 63

题　　名　明代漕运与天津商业城市的兴起
作　　者　林纯业
刊　　名　天津社会科学
年 卷 期　1984 年 5 期
页　　码　87 - 90
摘　　要　有明一代，漕运十分发展，不仅满足了明王朝政治，军事，经济之需，而且促进了南北经济的交流和商品经济的发展。特别是在大运河贯通之后，运河沿岸地区的经济发展呈现突飞猛进之势，逐渐兴起了一批商业城市。天津，就是在此时兴起的。

题　　名　明代漕运制度的创立人——陈瑄
作　　者　华红安
刊　　名　水利天地
年 卷 期　2010 年 2 期
页　　码　27，39

题　　名　明代漕运中的商业活动
作　　者　赵全鹏
刊　　名　史林

年 卷 期　1996 年 1 期
页　　码　22－26,59
摘　　要　明代漕运是北部政治重心区与江南经济重心区在空间上相分离的经济格局下,从社会生产中分化出来的粮食运输系统。这个粮食运输系统实质上只是对田赋进行单纯的异地转移,对于依赖漕运生存的北部地区政治集团来说,漕运的存在和正常运行具有极其重要的经济意义,然而从经济学角度而言,漕运安全不同于以增值为目的的商业贩运。因此,从这个意义上说,漕运对社会的发展没有任何的经济意义。然而,漕运毕竟是在区域经济发展不平衡前提下产生,并借助流通的方式存在着。这种经济特性再与明王朝特殊的漕政相结合,便在非经济意义的漕运系统当中产生了广泛的商业活动。

题　　名　明代漕运中的商业思想
作　　者　赵全鹏
刊　　名　河南师范大学学报(哲学社会科学版)
年 卷 期　1995 年 1 期
页　　码　38－42
摘　　要　漕运是明王朝政治经济生活中一项重大的南粮北调工程。到明代中后期,一是由于漕政的驰废使南粮北调工程出现了危机;另一方面,随着社会生产的发展、商品经济的繁荣,区域性的粮食市场已经形成。在这种形势下,明王朝中的一部分有识之士提出了利用商品经济来解决北部地区政治集团的粮食消费和开辟南北运输渠道发展南北地区商品经济的思想,这在自然经济占主导地位的封建社会里是一种进步的思想潮流。

题　　名　明代册封琉球“航海针路”之诠释
作　　者　徐玉虎
刊　　名　边政研究所年报
年 卷 期　1978 年 9 期

题　　名　明代常镇运河的利用和整治
作　　者　奚国金
刊　　名　东南文化
年 卷 期　1985 年 00 期
页　　码　220－226
摘　　要　明代漕河因地为号,分为白漕、卫漕、闸漕、河漕、湖漕、江漕和浙漕共七段。江南运河即浙漕,起自京口闸,终于杭州北郭务,全长近七百里。明代国家财赋主要仰赖东南,每年有二百余万石粮通过运河北运。因此运河是明代经济的重要命脉,常镇运河是江南运河的西北部分,是明代东南漕运的关键地段。“三吴之粟,必由常镇”,它可以说明常镇运河在明代漕运中的地位和作用。本文主要分析明代常镇运河的利用和整治,以恢复明代常镇运河通航的历史,从中了解运河利用中的得失,以指导我们现在的运河利用和整治工作。

题　　名　明代钞关税收的变化与商品流通
作　　者　林葳
刊　　名　中国社会科学院研究生院学报
年 卷 期　1990 年 3 期

页　　码　67 – 73

题　　名　明代钞关制度研究中的四个问题
作　　者　余清良
刊　　名　学术月刊
年 卷 期　2009 年 11 期
页　　码　120 – 130
摘　　要　钞关制度是明代的一种重要社会经济制度，其关涉到政治、经济、商业、赋税等许多领域的相关理论问题。明代钞关的建置沿革是由明代区域商品经济和商品贸易发展的情况所决定的，其必须要具备一定的客观经济基础，两者之间蕴藏着一种内在的因果关系；差官方式的调整、变更实质上是根据明王朝对地方控制的需要以及这种控制力的强弱来进行的，体现了两者之间的一种利益博弈关系；征课客体的演变和不时反复，其本质是因明皇室和政府两者对其所需的不同而引起的，反映了明代皇室和政府在钞关税上的一种争夺和分配关系；税额的多寡则由明代商业贸易的规模所决定的，明后期南、北钞关税额的消长变迁，体现了当时经济和商业重心的逐渐南移趋势。

题　　名　明代朝贡国琉球的地位及其演变
作　　者　冈本弘道
刊　　名　海交史研究
年 卷 期　2001 年 39 期
页　　码　76 – 97
摘　　要　本文以明朝、琉球间关系的推移为重点，考察明朝对琉球优待政策的背景及构思，希望对理解琉球在亚洲地区的海上贸易活动全局有一定的帮助。

题　　名　明代朝贡贸易衰败的经济原因探析
作　　者　凌文峰
刊　　名　株洲师范高等专科学校学报
年 卷 期　2006 年 11 卷 3 期
页　　码　56 – 58
摘　　要　明代建立了一套完备的朝贡贸易体系。隆庆元年，漳州月港的开放标志着朝贡贸易体系解体，朝贡贸易也随着衰败，其解体的经济原因主要是贡品对国内经济发展价值不大；朝贡贸易违背了等价交换原则；朝贡贸易程序复杂费用高，使明政府在贸易中得不偿失。

题　　名　明代朝贡贸易制度
作　　者　管照微
刊　　名　贸易月刊
年 卷 期　1941 年 4 卷 7 期

题　　名　明代朝鲜朝贡路线的演变
作　　者　张婷婷
刊　　名　南阳师范学院学报
年 卷 期　2004 年 3 卷 4 期

页　　码　37－39

摘　　要　明代中国与朝鲜关系十分密切。朝鲜通过定期向中国朝贡来维持与中国的宗藩关系,其朝贡的路线也几经变化,经历了由海路到陆路再到海路的演变过程。路线的变化与两国间的关系及国家间势力的强弱有着密切关系。

题　　名　明代朝鲜船漂到中国之事件

作　　者　松浦章,卞凤奎

刊　　名　海交史研究

年 卷 期　2001 年 2 期

页　　码　27－37

摘　　要　关于在明代漂流到中国之朝鲜人船舶,最为人知者是崔溥所著之"漂海录",被评论是极具参考价值。关於此资料,引用进行研究者相当多。但是,朝鲜人船舶漂流至中国,崔溥所著之"漂海录",则并非仅是举例而已。在此,本稿系探讨关于明代时期,漂流至中国之朝鲜人船舶之各种实态,特别是在万历三十九年(1661)漂流至浙江省台州府治下之朝鲜渔船为例,作一介绍和探讨。

题　　名　明代朝鲜船漂到中国之事件

作　　者　松浦章

刊　　名　中国社会经济史研究

年 卷 期　2001 年 4 期

页　　码　48－57

摘　　要　本稿系探讨关于明代时期,漂流至中国之朝鲜人、船舶之各种实态,特别是在万历三十九年(1661)漂流至浙江省台州府治下之朝鲜渔船为例,作一介绍和探讨。

题　　名　明代潮州对外贸易研究

作　　者　刘强,王元林

刊　　名　汕头大学学报

年 卷 期　2006 年 2 期

页　　码　76－80,92

摘　　要　明代,潮州私人海外贸易兴盛,主要外贸对象有日本、暹罗、爪哇、葡萄牙、西班牙、荷兰等国。外贸特点主要表现为"下海通番"、"做地通番"和"劫掠通番"三种形式。其出口商品主要是丝绸、瓷器、铁器等大宗货物,也有各种生活用品;进口货物多为贵金属和香料等高档消费品。在潮州的对外贸易中,"粮食贸易"发挥了独特的推动作用。

题　　名　明代潮洲海盗论析

作　　者　冷东

刊　　名　中国社会经济史研究

年 卷 期　2002 年 2 期

页　　码　9－13

摘　　要　中国幅员广大,历史进程不仅在时间序列上有快慢之分,中央集权的一些关键性决策又加速或延缓了某些区域的发展,并导致中央与区域社会的矛盾冲突。本文以明代潮州地区的海盗现象为例证,简要分析了明代海禁政策与潮州地区海盗产生的关系,潮州地区海盗的性质和特点,潮州地区海盗的结局和原因,以及这种冲突对潮州地区社会发展、经济结构,乃至文化风俗等方面造成的深刻影响。

题　　名　明代初期广东沿海贡舶贸易港考
作　　者　王元林
刊　　名　中国历史地理论丛
年 卷 期　2003 年 18 卷 1 期
页　　码　57 – 66,160
摘　　要　澳门兴起前的广东贡舶贸易主要在浪白等沿海澳口进行,正德时商舶兴起,出现贡舶与商舶并存的局面。广东市舶司迁徙至高州电白县,除政治原因外,与电白县的地理位置有关。由于浪白等澳“风高浪大,水土甚恶,难以久住”,嘉靖十二年后,“蚝镜独为舶薮”。近现代由于海岸线不断向外推移,许多港口位置难以确定,本文对此一一予以考证。

题　　名　明代瓷器的海外贸易
作　　者　贾敬颜
刊　　名　历史教学
年 卷 期　1954 年 8 期
页　　码　28 – 29

题　　名　明代赐赴琉球册封使及赐琉球国王礼服辨析
作　　者　赵连赏
刊　　名　故宫博物院院刊
年 卷 期　2011 年 1 期
页　　码　96 – 106,160
摘　　要　琉球作为中国的海上邻国,自洪武五年与明确立往来关系后,双方一直交往密切,几乎所有新立琉球国王都要请求明朝皇帝的册封。作者通过对明太祖洪武十六和十八年两次赐琉球国王印的史实分析,提出明帝对琉球国王册封的起始时间可能早于永乐二年的看法。册封是国家外交礼仪的具体表现形式,明帝赐赴琉球册封使和琉球国王的礼服存在着明显的越级与混合现象。通过对册封礼服和印章等级规格的辨析,不仅可以观察出明代朝廷对琉球的礼仪规格和外交策略,同时,还从另一个侧面折射出了中国古人利用服饰传达的和平理念。

题　　名　明代大航海家郑和
作　　者　彭新
刊　　名　苏州教育学院学报
年 卷 期　1992 年 2 期
页　　码　25,30
摘　　要　五百多年前,在广阔的海面上,一支威武的舰队正浩浩荡荡地向西航行,看上去煞是气派。它是一支组织严密的混合舰队,由宝船、战座船、粮船、水船等组成。领航的是一艘非常壮观的宝船,它昂首翘尾,风帆高张,双层楼阁的舱房上飘扬着一面绚丽的帅旗,旗下站着一位体魄雄健的指挥官,他远眺着连天的碧波,镇定自若地指挥舰队奔向远方。他,便是我国历史上伟大的航海家郑和。

题　　名　明代大陆人民向台湾迁移及对台湾的开发
作　　者　林仁川
刊　　名　中国社会经济史研究
年 卷 期　1991 年 3 期
页　　码　34 – 46

题　　名　明代大闽江口区域海洋发展探析
作　　者　崔来廷
刊　　名　中国社会经济史研究
年 卷 期　2005 年 1 期
页　　码　60 – 66
摘　　要　明初，朝廷实行积极的海洋政策，驻扎在大闽江口区域的卫所将士以及民间航海技术人员为确保郑和下西洋的成功做出了巨大贡献。成化年间，福建市舶司移至福州，福州成为专通琉球的朝贡贸易港口。明中期后，在海禁政策的高压下，民间海洋发展转向为反体制的走私贸易。月港开放后，大闽江口区域又逐渐成为福建对日本海上走私贸易的中心与对日本长崎的移民中心。

题　　名　明代大运河的治理及其有关重要历史作用
作　　者　钱克金，刘莉
刊　　名　社科纵横
年 卷 期　2002 年 17 卷 4 期
页　　码　66 – 68
摘　　要　自朱棣迁都于北京之后，中国政治、军事中心与经济中心相分离。作为唯一贯通南北的大运河，它对明王朝的生存、发展所起的历史作用是不可或缺的。鉴于此，明政府对运河进行了非常有效的治理，这又为明王朝国家的运转、经济的发展、商业的繁荣提供了一个至关重要的条件。

题　　名　明代大运河南茶北运及其对沿岸茶文化影响初探
作　　者　吕聃
刊　　名　农业考古
年 卷 期　2010 年 5 期
页　　码　64 – 66

题　　名　明代大运河沿线驿站选址初探
作　　者　王越
刊　　名　小城镇建设
年 卷 期　2007 年 3 期
页　　码　85 – 90
摘　　要　大运河自古以来就是重要的内陆交通水道。明初由于海上倭寇猖獗，明廷被迫放弃元朝海运为主、漕运为辅的方针。尤其是永乐以后，两京并置，大运河当时已成为明廷惟一可依赖的南北水路交通命脉。而依附于这条交通动脉的驿递系统——作为“通往来，重使臣，崇王命”的统治工具——也因大运河的重大意义而具有更突出的地位。

题　　名　**明代的澳门与早期中葡关系——《澳门开埠初期史研究》读后**
作　　者　夏泉
刊　　名　东南亚研究
年 卷 期　2000 年 4 期
页　　码　79 – 80

题　　名　**明代的漕军和漕船**
作　　者　唐文基
刊　　名　中国史研究
年 卷 期　1989 年 4 期
页　　码　47 – 57

题　　名　**明代的朝贡贸易**
作　　者　秦佩珩
刊　　名　经济研究季刊
年 卷 期　1941 年 1 卷 2 期

题　　名　**明代的朝贡贸易制度**
作　　者　[日]内田直作 著;王怀中 译
刊　　名　食货半月刊
年 卷 期　1935 年 3 卷 1 期

题　　名　**明代的海防经营**
作　　者　洪淑湄
刊　　名　史学会刊
年 卷 期　1989 年 19 期

题　　名　**明代的海禁与倭寇**
作　　者　陈学文
刊　　名　中国社会经济史研究
年 卷 期　1983 年 1 期
页　　码　30 – 38
摘　　要　明代倭寇问题的研究,一九八〇年有人提出要“进行求实的研究,给予科学的评价”,认为倭寇就是反海禁斗争,倭寇王直是“记上一大功”的“视野最广阔、思想最解放的一部分中国人”。此一旧题,一经提出新论,响应者有之,辩论者却少见著文,显得沉寂。

题　　名　**明代的海外贸易**
作　　者　黄鸿钊
刊　　名　中学历史教学
年 卷 期　1986 年 5 期

题　　名　明代的海运和造船工业
作　　者　方楫
刊　　名　文史哲
年 卷 期　1957 年 5 期
页　　码　46－52
摘　　要　明代在农业、手工业恢复和发展的基础上,商业资本的活动范围广大了,国内外贸易在不同时期、不同程度上显现了活跃与繁荣的新景象,航运事业也获得相应的发展。海运方面,运输量之大,航程之长,航线开辟之早,都成为明代航运事业中的特色。通商贸易的海船,往来于东南亚以及中国沿海。作为通使的海船队,还曾到达过阿曼湾、阿剌伯半岛和北非东部沿海。这对于扩大物资交流的范围,促进国际间经济、文化的联系,都起了有益的作用。

题　　名　明代的通海思潮
作　　者　毛佩琦
刊　　名　河北大学学报(哲学社会科学版)
年 卷 期　1985 年 2 期
页　　码　134－142
摘　　要　海禁是明朝的一项基本国策,而明代又是商品经济日趋活跃,萌芽资本主义的时代。私人海上贸易在重重困难之下缓慢发展起来,海上商民也形成了一股相当的势力。一方面,他们公然违抗朝廷的旗令,私自出海贸易,甚至不惜勾引"夷人",诉诸武力;另一方面,朝野上下许多人呼吁政府改变海禁政策。在通海论者之中,有的是从维护封建政权的安定、繁荣或自身的享乐出发,有的则是从事海上贸易的商民的代表。特别可贵的是,一些有识之士认识到了某些经济规律,为了富国强兵、抵御外患,站在更高的角度要求通海。所有这些,无疑对海上贸易乃至对社会经济的发展都是有利的。但是,封建统治者的愚昧、保守、妄自尊大成为这种要求的严重障碍。当时的侨患,以及由于处置不当而引起的与外商的冲突,又成为实行通海政策的严重干扰。而西方海盗商人的野蛮行径,重农贱商思想,和腐败的统治者借口通海进行搜刮掠夺所造成的祸患,又成为反通海论者的重要口实。终明之世,海禁政策时松时紧,通海思潮却一直向前发展。然而,通海思潮和其与之相适应的商品经济、资本主义萌芽一样微弱,在封建主义与自然经济的汪洋大海中得不到正常发展,对经济,特别是对政治,不能发挥很大的影响。但是,它虽微弱却顽强,即使象明末清初那样天崩地坼般的社会大动荡,也无法将其中断。

题　　名　明代的倭患和抗倭斗争——嘉靖年间的抗倭斗争
作　　者　张静芬
刊　　名　历史学习
年 卷 期　1994 年 2 期
页　　码　6－7

题　　名　明代的倭患与中国的日本学研究
作　　者　王铁钧
刊　　名　华侨大学学报(哲学社会科学版)
年 卷 期　2003 年 1 期
页　　码　117－122
摘　　要　中国真正意义上的日本学研究形成于有明一代。和民族的忧患结伴而行,它的勃兴之日恰是倭患深重之时。有别于传统的学术研究,它更注重实用,也更追求社会功利价值。明代日本学研究的形成具有深远的意义,因为它代表了一个新的学术领域和新的研究方向的确立。

题　　名　**明代的倭寇**
作　　者　王裕群
刊　　名　史学月刊
年 卷 期　1956年2期
页　　码　15－20

题　　名　**明代的倭寇与海商**
作　　者　孟庆梓
刊　　名　承德民族师专学报
年 卷 期　2005年25卷1期
页　　码　51－52
摘　　要　明代中后期,在我国东南沿海一带出现了旷日持久的倭患问题。在此次倭患中,倭寇与海商具有共同行动的表现,但这并不能掩盖他们本质上的不同点。从中国内部来看,二者的根本区别在于海商具有反海禁的进步性,而倭寇则是侵略性的。

题　　名　**明代的渔政制度及其变迁——以机构设置沿革为例**
作　　者　尹玲玲
刊　　名　上海师范大学学报(哲学社会科学版)
年 卷 期　2003年32卷1期
页　　码　96－103

题　　名　**明代的运军**
作　　者　陈峰
刊　　名　中州学刊
年 卷 期　1997年1期
页　　码　119－122
摘　　要　明代是中国历史上漕运高度发展的时期之一,所谓“京师百司庶府,卫士编氓,仰哺于漕粮”。大规模的明官方漕运业中,存在着人数达十数万人的专业运输军队,明人称其为“运军”。这支庞大的运军对维持大部分时期里明王朝的漕运的正常进行,无疑发挥了极其重要的作用。

题　　名　**明代的浙江倭寇**
作　　者　李絜非
刊　　名　东方杂志
年 卷 期　1945年41卷15期

题　　名　**明代的中朝科学技术交流**
作　　者　何孝荣
刊　　名　文史杂志

年 卷 期 1998 年 1 期
页　　码 11 – 13

题　　名 **明代的中朝文化交流(上)**
作　　者 何孝荣
刊　　名 文史知识
年 卷 期 1998 年 3 期
页　　码 70 – 75

题　　名 **明代的中朝文化交流(下)**
作　　者 何孝荣
刊　　名 文史知识
年 卷 期 1998 年 4 期
页　　码 38 – 43

题　　名 **明代的中菲贸易与华侨对中菲经济文化交流的作用**
作　　者 张莲英,林金枝
刊　　名 南洋问题
年 卷 期 1983 年 1 期
页　　码 27 – 46

题　　名 **明代的中国对外交往**
作　　者 任丽洁,裴琦
刊　　名 文史杂志
年 卷 期 1994 年 4 期
页　　码 14 – 15

题　　名 **明代的中日勘合贸易与倭寇**
作　　者 时晓红
刊　　名 文史哲
年 卷 期 2002 年 4 期
页　　码 141 – 145
摘　　要 明代中日勘合贸易的兴始和断绝,都与倭寇问题相关联。永乐年间,明廷希国以勘合贸易换取日本政府对倭寇的抑制,然而,由于日本政局的变化,出现了事与愿违的结果,并导致了勘合贸易的断绝。宣德八年以后,以消弭倭寇为切入点,中日勘合贸易再度恢复,由于在勘合贸易中日本实际上占据着主动地位,使勘合贸易成为明朝沉重的包袱,并最终因倭寇问题导致了嘉靖年间勘合贸易的再一次断绝。

题　　名 **明代东兰韦虎臣祖孙四代抗倭卫国事迹述评**
作　　者 韦平
刊　　名 广西民族学院学报(哲学社会科学版)
年 卷 期 1987 年 2 期

页　　码　118－120,149

题　　名　**明代东南海防中敌我力量对比的变化及其影响**
作　　者　王日根
刊　　名　中国社会经济史研究
年 卷 期　2003年2期
页　　码　28－34
摘　　要　本文从敌我力量对比的角度,分析明代海防政策的演变及其效果。在明代初期,官方海防建设成绩显著,有效地保持了东南海疆的安全,倭寇、海盗尽管有所活动,但没有构成大祸。到明代中叶,由于政治腐败,军事制度、军事设施废坏,军队战斗力下降,国内外反政府势力纷纷聚集,形成了敌强我弱的格局,抗倭斗争历经艰辛和曲折,狼兵等各类客兵的调入不但收效不大,反而构祸于当地。明中后期改用募兵制度,再加上实现了官民海防力量的结合,甚至"化敌为友",海上盗寇才得以平息。

题　　名　**明代东南倭乱及其对于社会经济之影响**
作　　者　郑书祥
刊　　名　社会科学(福建)
年 卷 期　1945年1卷4期

题　　名　**明代东南沿海的倭乱**
作　　者　云川
刊　　名　史学月刊
年 卷 期　1955年6期
页　　码　13－16
摘　　要　近读陈鸣鐘同志的"嘉靖时期东南沿海的倭寇"一文(发表于"新史学通讯"一九五五年二月号),引起我对明代的倭乱,作进一步的考证。

题　　名　**明代对佛郎机炮的引进和发展**
作　　者　王若昭
刊　　名　清华大学学报
年 卷 期　1986年1期
页　　码　101－110
摘　　要　在明代的火器发展史上,曾先后引进了安南的神枪、葡萄牙的佛郎机炮、日本的鸟铳及欧洲的西洋大炮等先进武器,并加以融化和发展,创造出自己更加优异的新式火器。其中吸收得最好、影响极大的,就是明代中期对佛郎机炮的引进和创新,取得了累累硕果,辉煌战绩,为明代火器向高速化、多样化、准确化方向发展作出了贡献。本文仅就佛郎机炮的引进、使用及演变创新情况作简要介绍。

题　　名　**明代对佛郎机炮的引进与发展**
作　　者　李映发
刊　　名　四川大学学报
年 卷 期　1990年2期
页　　码　91－97

摘　　要　16世纪初,西方葡萄牙殖民主义者来到中国。当时,明朝人称之为佛郎机、葡都丽加、干系腊。“宫军得其炮,即名为佛郎机”。明朝人称葡萄牙炮为佛郎机,或佛郎机铳、佛郎机炮、佛郎机神器。那时,“佛郎机最凶狡,兵械较诸蕃独精”。佛郎机炮是当时世界上先进的火器(17世纪的先进重型火炮是荷兰的红夷炮。明朝对它的引进,笔者已另撰文阐述),比之于明朝及其四周邻国的火器独步精良。明朝兵家对这种火炮及其制造工艺迅速地进行了引进,并将火器发展推向了一个新的阶段。本文对此试作考述,冀图探讨古代对西方科学技术引进的历史和经验。舛误之处,请读者指正。

题　　名　明代对外政策对福建海外贸易的影响探析
作　　者　卢平
刊　　名　福建省社会主义学院学报
年 卷 期　2001年1期
页　　码　45－48
摘　　要　明代是我国海外贸易史上的一个重要朝代,它经历了我国海外贸易由盛转衰的主要过程,福建由于地处东南沿海,在明代的海外贸易发展史上占有重要地位。而明代的对外政策对福建海外贸易产生了重要的影响,本文拟从明代对外政策的演变来看福建海外贸易的兴衰,以求得出规律性的启示。

题　　名　明代纺织品流传日本之研究——以入明僧策彦周良为例
作　　者　李志梅,陈小法
刊　　名　唐都学刊
年 卷 期　2009年25卷2期
页　　码　75－79
摘　　要　在明代中日关系中,纺织品交流是重要的一个内容,其中又以明代纺织品流播日本为主。本文主要以两次入明进行朝贡贸易的日本使臣策彦周良为例,以其朝贡日记《初渡集》为基本素材,分析和研究明代中日纺织品交流的特点。总的来说,明代纺织品流播日本的方式和途径主要有政府赏赐、友人馈赠、使臣自购以及走私贸易等。而赏赐品中以纻丝、文绮、纱罗、绢布及金织袭衣等为多见,馈赠品以便于携带、轻巧的手巾、帽巾、手套、枕盖等为主,使臣自购物中尤以红线、毡毯为多。

题　　名　明代福建的海外贸易
作　　者　韩振华,李金明
刊　　名　东南文化
年 卷 期　1990年3期
页　　码　226－231
摘　　要　明代是我国海外贸易史上的一个重要朝代,它经历了我国海外贸易由盛转衰的主要过程。福建由于地处东南沿海,在明代的海外贸易发展史上占有重要地位。本文拟按照明代海外贸易的发展过程,分三个时期对明代福建的海外贸易作一初步的论述。

题　　名　明代福建对外贸易港研究
作　　者　胡寄馨
刊　　名　福建省研究院研究汇报
年 卷 期　1947年2期

题　　名　明代福建海商力量的崛起及其对海洋观的影响
作　　者　黄顺力
刊　　名　厦门大学学报(哲学社会科学版)
年 卷 期　1999 年 4 期
页　　码　116－123
摘　　要　明初虽然实行“禁海”政策,但随着商品经济的发展,明中后期福建沿海一带私人海上贸易发展迅速,逐步形成具有海上政权雏形的“海商——军事复合体”。由此,在民间形成一种“海中以富为尊”的社会风气,并孕育了海权思想的萌芽。地方官府则对严厉的禁海政策作了新的思考,主张开海贸易,既利民生,又弭寇患。而郑氏海商集团提出“通洋裕国”论,力主“大开海道,兴贩各港”,集中反映了明代后期整个民间海洋观念的变化趋势。

题　　名　明代福建华侨史略
作　　者　林蔚文
刊　　名　东南文化
年 卷 期　1987 年 2 期
页　　码　53－59

题　　名　明代福建市舶司及漳州舶税征收机关考
作　　者　胡寄馨
刊　　名　社会科学(福建)
年 卷 期　1945 年 1 卷 4 期

题　　名　明代福建丝织业考略
作　　者　徐晓望
刊　　名　福建史志
年 卷 期　2004 年 1 期
页　　码　32－36
摘　　要　明代福建是我国东南重要的丝织品产地,从早期的官营织染局到晚期的民营生产,福建的丝织业都在国内占有一定地位。明末,中国的丝绸向日本与欧美市场大量出口,由于当时的福建是中国的主要口岸,福州、泉州、漳州三大城市的丝织业相当兴盛。

题　　名　明代福建同安的海上贸易——读《洪芳洲文集》
作　　者　林仁川
刊　　名　海交史研究
年 卷 期　1993 年 24 期
页　　码　12－19

题　　名　明代福建倭患初稿
作　　者　徐天胎
刊　　名　福建文化
年 卷 期　1941 年 1 卷 2 期

题　　名　**明代福建沿海抗倭史实汇考**
作　　者　陈香
刊　　名　食货(复刊)
年 卷 期　1978 年 7 卷 11 期

题　　名　**明代福建造船航海技术向海外传播述略**
作　　者　赖正维
刊　　名　莆田学院学报
年 卷 期　2005 年 12 卷 3 期
页　　码　28 – 31
摘　　要　福建自宋元以来成为全国最主要的造船基地之一。明代福建先进的造船航海技术随着中外使节往来、华人向海外移民、私商贸易等渠道源源不断向海外传播。这不仅促进东亚、东南亚诸国造船航海技艺的提高,而且对福建自身造船航海技艺的发展也大有裨益。

题　　名　**明代赣县瓷窑及其外销琉球产品的调查记略**
作　　者　薛翘,罗星
刊　　名　南方文物
年 卷 期　1983 年 2 期
页　　码　50 – 53
摘　　要　赣县是江西南部建置最早的三大古县之一,位于赣江上游,是古代我国南北交通的要道。而且,它是历代赣南政治、经济中心约赣州治所。一九八 O 年六月,赣州博物馆在赣县瓷厂的协助下,于该县大湖江公社新缅大队调查了一处明代古窑址。在采集该窑址出土的瓷器中,发现有外销琉球的产品。这是继赣州七里镇窑发现古外销瓷后,在赣南新发现的一处外销瓷产地,它对于研究古代江西附瓷行销东亚各国的历史,具有重要的意义。

题　　名　**明代贡舶贸易研究**
作　　者　陈玉英
刊　　名　树德学报
年 卷 期　1975 年 3 期

题　　名　**明代广东的对外贸易**
作　　者　李龙潜
刊　　名　文史哲
年 卷 期　1982 年 2 期
页　　码　58 – 66
摘　　要　在明代,广东是对外贸易的重要地区之一。明代广东的对外贸易,若从贸易的方式看,可以分为市舶贸易和商舶贸易两种。明人王圻说:“贡舶与市舶一事也。……贡舶者王法之所许,市舶之所司,乃贸易之公也。海商者王法之所不许,市舶之所不经,乃贸易之私也。”这种解释,在严格执行海禁时期,从法的观点来划分,分为合法贸易,即贡舶贸易,非法贸易,即商舶贸易,是对的。但隆庆以后,海禁松弛,允许海商出洋贸易,商舶贸易不再是非法而是合法的了。因此,本文所说的贡舶贸易,以王圻所说为据，商舶贸易则包括海商的合法非法贸易在内，并不拘泥于海商的非法贸易的叙述。今为便于叙述起见，先从贡舶贸易谈起。

题　　名　明代广东的市舶太监
作　　者　黎宏韬
刊　　名　汕头大学学报(人文社会科学版)
年 卷 期　2008年24卷1期
页　　码　80－84,95
摘　　要　广东是明朝的外贸中心，其市舶贸易管理备受重视。自永乐朝派遣宦官提督市舶后，广东的市舶事务就基本上处于市舶太监的管理之下，明初的市舶管理体制被改变。明代中叶以后，广东市舶太监权势不断扩张，更加横行无忌，引起官民的强烈反对而两度被裁撤，最终无权干预广东的市舶事务。我国历代有差遣宦官直接参与广东海外贸易的传统；在宦官专权最为严重的明代，派遣宦官主导广东市舶事务是中央加强经济控制的必然趋势和宦官势力扩张的结果，同时也与中央强化海禁和朝贡贸易政策有关。

题　　名　明代广东的倭寇
作　　者　刘伯骥
刊　　名　更生评论
年 卷 期　1938年3卷2期

题　　名　明代广东的造船业
作　　者　叶显恩
刊　　名　学术研究
年 卷 期　1987年6期
页　　码　118－120,149

题　　名　明代广东的珠池市舶太监
作　　者　谭启浩
刊　　名　海交史研究
年 卷 期　1988年13期

题　　名　明代广东三十六行初探
作　　者　吴仁安
刊　　名　学术研究
年 卷 期　1980年2期
页　　码　18－23
摘　　要　明朝的广东三十六行，它和以后清代的广东洋行即十三行的产生及形成，有着历史的渊源联系。而关于清代广东十三行的起源，中外学者历来众说纷纭，莫衷一是，至今仍然是一个是而未决的历史疑案。本文试就明朝广东三十六行的命名含义、行商数额及其与清初广东十三行的关系等方面作一初步探索。

题　　名　**明代广东三十六行新论**
作　　者　李金明
刊　　名　学术研究
年 卷 期　1988 年 3 期
页　　码　63－68

题　　名　**明代广东市舶司征税考略**
作　　者　邓端本
刊　　名　岭南文史
年 卷 期　1991 年 2 期
页　　码　15－16
摘　　要　市舶司是中国古代集海关、外贸职能于一身的机构。它创建于唐代(唐称市舶使),终结于明代。明代在浙江、福建、广东三地设市舶司,时废时复,可以说是日趋没落的年代。对于其征税情况,史书记载也比较模糊,这亦是明朝闭关锁国政策破产和市舶司职能衰退的一种表现。所以,有加以考证的必要。

题　　名　**明代广东水陆交通建设及对商贸发展的作用**
作　　者　蒋祖缘
刊　　名　广东史志
年 卷 期　2001 年 3 期
页　　码　3－11

题　　名　**明代广州的海外贸易**
作　　者　黄启臣
刊　　名　中国经济史研究
年 卷 期　1990 年 4 期
页　　码　107－124
摘　　要　广州于秦汉年间最早形成中国第一个港市之后,至南宋初年,一直是中国最大的海外贸易港口。到了元代,泉州港崛起,广州才退居第二位,但仍然保持繁荣的局面。降至明代,广州的海外贸易又复兴盛,成为全国海外贸易的中心。

题　　名　**明代广州的海外丝绸贸易**
作　　者　徐俊鸣,郭培忠
刊　　名　岭南文史
年 卷 期　1986 年 2 期
页　　码　6－11
摘　　要　朱元璋推翻元朝统一全国后,采取了一些有利于社会生产的政策,封建经济比前代进一步发展。海外贸易也有新的趋向。本文就明代广州海外丝绸贸易的情况,提出一些初步的看法。

题　　名　**明代广州的商业中心地位与东南一大都会的形成**
作　　者　蒋祖缘

刊　　名　中国社会经济史研究
年 卷 期　1990 年 4 期
页　　码　19 – 29

题　　名　**明代广州对外贸易试探**
作　　者　李庆新
刊　　名　广东社会科学
年 卷 期　1988 年 1 期
页　　码　108 – 117
摘　　要　明代广州对外贸易,可分为贡舶贸易和商舶贸易两种形式。按照明人王圻在《续文献通考》一书中的说法,贡舶贸易,“为王法所许,司于市舶,贸易之公也”,亦即合法的官方贸易;它确立于洪武间,永乐、宣德间臻于鼎盛,但正德之后就趋于衰微。商舶贸易,“为王法所不许,不司于市舶,贸易之私也”,亦即私人贸易;在隆庆改元之前,这种贸易形式是非法的,受到明廷的禁止,但在此之后,开放海禁,这种贸易勃兴而居广州对外贸易的主导地位。因此,我们可以隆庆改元为界标,把明代广州对外贸易分为前后二个时期:前期:洪武至隆庆改元,为贡舶贸易时期。后期:隆庆改元后至明终,为商舶贸易时期。本文要探讨的,就是这二大时期广州对外贸易两种形式的发展、内容、影响等问题。

题　　名　**明代广州港抗英记**
作　　者　程浩
刊　　名　航海
年 卷 期　1984 年 1 期
页　　码　26 – 27

题　　名　**明代广州市舶司迁设澳门考**
作　　者　施存龙
刊　　名　文化杂志
年 卷 期　1998 年 34 期

题　　名　**明代广州之海舶贸易**
作　　者　张德昌
刊　　名　清华大学学报(自然科学版)
年 卷 期　1932 年 2 期
页　　码　1 – 18
摘　　要　广州,由康熙二十五年(一六八六年)起到道光鸦片战争前的一百五十余年间,是中外国际贸易最重要的一个口岸。

题　　名　**明代国际贸易与银的输出入**
作　　者　梁方仲
刊　　名　中国社会经济史集刊
年 卷 期　1939 年 6 卷 2 期

题　　名　明代国家祭祀体系中的天妃考述
作　　者　郑丽航
刊　　名　中国海洋大学学报(社会科学版)
年 卷 期　2009年4期
页　　码　58－63
摘　　要　妈祖作为民间神,在明代国家祭祀体系中占有一定地位。在朝廷赐额封号方面,明永乐初加封妈祖为"护国庇民妙灵昭应弘仁普济天妃",赐庙额曰"弘仁普济天妃之宫";在祀典等级方面,洪武初已规范国家祀典,妈祖极有可能在当时已纳入朝廷祀典的"名山大川"之类,由地方官祭祀,永乐初妈祖正式纳入明代朝廷京都祀典,并至少保持至万历间;在祭祀规格方面,在都城建有国家等级庙宇,由朝廷每年定期遣太常寺官致祭,祭祀时配有乐舞。明代对天妃的官方祭祀活动除朝廷祀典与地方祀典之祭外,还包括了卫所官兵、外遣使臣的祭祀活动。

题　　名　明代国人航海贸易考
作　　者　胡寄馨
刊　　名　社会科学(福建)
年 卷 期　1946年2卷3－4期

题　　名　明代海防建设与倭寇、海贼的炽盛
作　　者　王日根
刊　　名　中国海洋大学学报(社会科学版)
年 卷 期　2004年4期
页　　码　13－18
摘　　要　明朝建立后,为了防范逃至海上的张士诚、陈友谅及倭寇等的侵扰,朱元璋加强了海防的建设,局部维持了沿海地区的安定。但随着社会经济的积累,商品经济的日益繁荣,西方资本主义势力的东来,沿海的防备越来越显出漏洞,海防设施内徙了,海上官兵逃亡了,沿海官员与盗贼相互多有勾结,商盗结合、商人武装化等现象都令明政府不断致力于加强海防,不断致力于加强对沿海官员的配备和调换,但倭寇、海贼等力量却越来越炽,官方或者借助客兵兴剿,或者竭力招抚,都没有肃清海氛。最后只能和成长壮大起来的郑氏势力联合,才形成了东南海上的安宁局面。

题　　名　明代海防述略
作　　者　范中义
刊　　名　历史研究
年 卷 期　1990年3期

题　　名　明代海防图籍录
作　　者　王以中
刊　　名　清华周刊
年 卷 期　1932年37卷9－10期

题　　名　明代海防政策演变的内因初探
作　　者　刘兴旺李意根

刊　　名　郑和研究
年 卷 期　2000 年 2 期
页　　码　10－15
摘　　要　我国明代的海防主要是因为防御倭寇而形成的。倭寇对中国的侵扰，出现于南宋，元末趋于严重，到明代更为猖獗。在前后 200 余年里，倭寇曾剽掠我国辽东、山东、江苏、福建、浙江、广东沿海数千里的土地约七、八百次之多。

题　　名　**明代海防重镇大鹏所城**
作　　者　高宜生
刊　　名　山西建筑
年 卷 期　2009 年 35 卷 8 期
页　　码　35，164
摘　　要　阐述了大鹏所城肇设的历史背景及城堡选址，分析了城堡的结构与布局，探讨了所城的建筑特色，介绍了所城振威将军赖恩爵及晚清九龙海战，以期通过对该所城的剖析，揭示明代南部沿海卫所的价值特点。

题　　名　**明代海关管理制度的演变**
作　　者　林仁川
刊　　名　平淮学刊
年 卷 期　1989 年 4 期

题　　名　**明代海关税制的演变**
作　　者　晁中辰
刊　　名　东岳论丛
年 卷 期　2000 年 21 卷 2 期
页　　码　98－103
摘　　要　明朝初年设市舶司，后设督饷馆，实际上是近代海关的前身。明代海关税制的演变大致可分为三个阶段：正德以前为第一阶段，海关无任何税收；正德、嘉靖年间为第二阶段，征收 20% 的实物税；自隆庆开放后为第三阶段，进出口税制逐步完备，由抽实物税改为抽银。随着西方势力的东渐和世界市场的逐步形成，明朝海关从无税到有税，从实物税到货币税，不仅反映了明朝海外贸易政策的变化，而且反映了典型的封建性海关向近代海关的过渡。

题　　名　**明代海疆军事要塞——福全**
作　　者　蒋阿福
刊　　名　政协天地
年 卷 期　2010 年 1 期
页　　码　59－60

题　　名　**明代海禁及其对中国政治经济的影响**
作　　者　丁新
刊　　名　历史学习

年 卷 期　2004 年 7 期

页　　码　3－5

摘　　要　“凡将马、牛、军需、铁货、铜钱……私出外境货卖及下海者，杖一百，……物货船车入官。若将人口、军器出境及下海者绞，因而走泄事情者斩，其拘该官司及守把之人，通同夹带，或知而放纵者，与犯人同罪。”这段话是《皇明世法录》中对明代“海禁”制度的记载。那么，海禁为何会在明代出现？海禁的历史演变过程如何？海禁对中国历史产生了哪些影响？本文将对海禁制度进行概述，并着重分析其对中国政治经济产生的巨大影响。

题　　名　**明代海禁与潮州府进士登科的关系探析**

作　　者　郑向东

刊　　名　广西民族师范学院学报

年 卷 期　2010 年 4 期

页　　码　10－12

摘　　要　潮州人民诸多事业与海洋息息相关。明朝，潮州府海盗活动猖獗，其原因是政府的海禁政策。请求朝廷调整政策是潮州府从平民百姓到地方士绅的共同愿望，而这一重任就落在有机会进入权力中枢的潮籍进士的肩上。明代的潮州进士登科表现良好，反映了面对海禁，潮州各利益团体，大力培植人才，向朝廷反映诉求的理性选择。

题　　名　**明代海禁与海外贸易研究——简评《明代海禁与海外贸易》一书**

作　　者　王晶，董江

刊　　名　现代商贸工业

年 卷 期　2008 年 20 卷 1 期

页　　码　93

摘　　要　晁中辰先生关注明代海禁与海外贸易有二十余年之久，在这个领域已发表二十多篇论文，《明代海禁与海外贸易》是晁先生这二十多年对该领域研究的系统化和精华提炼。

题　　名　**明代海禁政策对明代潮州社会的影响**

作　　者　黄挺

刊　　名　韩山师范学院学报

年 卷 期　1996 年 1 期

页　　码　5－16

摘　　要　宋元以来，潮州的海上贸易活动已经十分发达，并在整个社会的发展方面有着举足轻重的作用。明初，朱元璋因张士诚、陈友谅余党勾结倭寇，行锁海政策，严禁人民私自进行海外贸易。后此诸帝继续实行这一政策，时常重申禁令。因而，自宋元以来潮州人民努力建立的与海外通商的传统，陷于停顿状态，未能再进一步发展。这一政策，对明代潮州的社会状况、经济结构，乃至文化风俗等等方面的变化，产生了深刻的影响。

题　　名　**明代海禁政策及其对中暹经贸关系的影响**

作　　者　李未醉，李魁海

刊　　名　兰州学刊

年 卷 期　2004 年 5 期

页　　码　253－255

摘　　要　1368年明朝建立后，朱元璋实行海禁政策。采取海禁政策的最直接的原因是他开国之初国防上的需要，除了针对倭寇之外，更主要的是针对张士诚、方国珍等残余势力。明代私人海商活动也已成力明朝政府最大心患之一，实行海禁政策也有防范明代私人海商的一面。至隆庆元年(1567)，明朝政府被迫放宽海禁。200多年的海禁政策，影响了中暹经贸关系。海禁的严紧和松驰对朝贡贸易产生了直接的影响。明廷制定的海禁政策，只是束缚了中暹民间的海外贸易，而为官方的垄断贸易提供了条件。隆庆时期，海禁宽驰，民间贸易便成为中国对外经济联系的主要形式。

题　　名　**明代海禁政策下的海南经济社会变化**

作　　者　林明，向广宇

刊　　名　新东方

年 卷 期　2010年1期

页　　码　21－24

题　　名　**明代海禁政策下的中国海外贸易**

作　　者　丁厚雷

刊　　名　河南科技大学学报(社会科学版)

年 卷 期　2009年4期

页　　码　80－83

摘　　要　明代是我国历史上由开放逐渐走向封闭的一个逆转时期，这在一定程度上归咎于明初的海禁政策。明代前期海禁政策下的“朝贡贸易”作为当时国家海外贸易的唯一合法形式，充当着对外交往的主要媒介。然而官方对海外贸易的垄断并不能满足民间对贸易的需求，随着朝贡贸易的衰落，私人贸易兴盛起来。

题　　名　**明代海禁政策与福建海防**

作　　者　卢建一

刊　　名　福建师范大学学报(哲学社会科学版)

年 卷 期　1992年2期

页　　码　118－121，138

题　　名　**明代海南岛的进出口贸易**

作　　者　张雪慧

刊　　名　中国社会经济史研究

年 卷 期　1991年4期

页　　码　25－32，61

摘　　要　海南岛是我国南海的一颗明珠，她有着优越的自然地理环境和丰富的财产。从远古以来，海南就与祖国大陆有着政治、经济、文化上的联系。到明代，海南的历史可以说达到了一个新的里程碑。其社会经济的发展和人文的昂扬，确实令中原人瞠目以羡。海瑞几至家喻户晓；以丘浚为首，“策名天府、冠冕佩玉、立于天子殿陛之间，行道以济时”者，亦不乏其人。有关的正史传记、稗史轶闻是非常的丰富与生动。但是关于明代海南经济史的研究却相当寥落。本文愿作一小小的引玉之砖，择其中一个小题目试加以粗略的探讨。

题　　名　**明代海南的“海盗”、兵备和海防**
作　　者　卢苇
刊　　名　暨南学报(哲学社会科学版)
年 卷 期　1990 年 4 期
页　　码　99 – 108

题　　名　**明代海商集团与漳州月港兴衰**
作　　者　陈榕三
刊　　名　现代台湾研究
年 卷 期　2002 年 2 期

题　　名　**明代海上“丝绸之路”与广州对外贸易**
作　　者　李萍
刊　　名　岭南文史
年 卷 期　2000 年 1 期
页　　码　15 – 20
摘　　要　海上“丝绸之路”主要路线是从我国沿海港口出发,经东南亚和南亚国家,再远航至阿拉伯半岛、非洲和欧洲。通过这条航线,我国的丝绸以及陶瓷、茶叶等商品源源不断地输往沿线国家,同时沿途各国出产的产品或由他国贩来的商货运来我国,广州不仅是海上“丝绸之路”的起航点,也是海上“丝绸之路”的最重要港口,它在丝路上的地位和作用是其他港口无法取代的。本文就明代来谈谈海上“丝绸之路”与广州对外贸易。

题　　名　**明代海上力量建设中的官民互动**
作　　者　何锋
刊　　名　厦门大学学报(哲学社会科学版)
年 卷 期　2008 年 5 期
页　　码　114 – 121
摘　　要　明朝的海上力量大致由民间海上力量和政府主导的国家海上力量两部分构成。在海上力量建设的过程中,明初呈现出官方主导的态势,明中后期,民间海上力量渐渐壮大,且与政府形成了明显的互动关系。这种互动一方面表现在政府对民间海上力量采取的双重政策上,另一方面表现在民间海上力量向国家海上力量的转化上。在明代民间海上力量向官方海上力量转化的过程中,既有成功的事例,亦有失败的个案。时局、民间海上力量的实力,乃至其领导者的素质,均是重要的影响因素。

题　　名　**明代海上丝绸之路与澳门**
作　　者　刘重日
刊　　名　东岳论丛
年 卷 期　1999 年 20 卷 5 期
页　　码　92 – 96
摘　　要　海上丝绸之路是指古代中国与东亚、东南亚、南亚、西亚以及东非诸国家或地区之间的海上交往和贸易的航线。海上丝绸之路,秦、汉时期是探索阶段,唐、宋时期是发展阶段,元代、特别是明初,由于郑和七下西洋的伟大壮举,使中国海上丝绸之路得到前所未有的延伸和扩展,并使之进入鼎盛辉煌时期——中国商人建立了自太平洋西岸至印度洋北部范围广袤的国际市场网络,显示出海外贸易的巨大优势。然而,随着郑和下西洋的停止,中国海上丝绸之路由极盛转向衰败。16世纪中叶,葡萄牙人由西方到达中国沿海,并于1553年及其后以行贿、威胁等欺诈手段租取我广东香山县之蠔镜澳,逐步开行设市,辟为商埠,是为澳门。撇开政治的因素和影响不说,由于葡人对澳门的经营,一是打破了东方传统海上丝绸之路的旧格局,将海上丝绸之路拓展至世界各主要国家,形成由新的内容形式构成的新格局。二是由于葡人的经营和澳门的繁荣,促进了明中后期中国商品的出口和大量白银的流入,对中国社会经济的发展是有益的。

题　　名　**明代海外朝贡贸易实质初探**
作　　者　李金明
刊　　名　中国社会经济史研究
年 卷 期　1988年2期
页　　码　72－77

题　　名　**明代海外朝贡贸易中的华籍使者**
作　　者　李金明
刊　　名　南洋问题研究
年 卷 期　1986年4期
页　　码　107－118
摘　　要　明代对海外诸国的贸易采用了一种“朝贡贸易”制度,即寄市舶于贡舶,“有贡舶即有互市,非入贡即不许其互市”。这种朝贡贸易有不少是由华籍使者来承担的。这些华籍使者为什么到国外定居呢?他们在朝贡贸易中起着什么作用呢?明政府对他们采取了什么政策呢?这是值得探讨的一些问题。本文拟以史籍中明确记载为华籍的使者为例,作一初步的论述,以求为华侨、华人史的研究提供点滴素材。

题　　名　**明代海外华商经营策略浅析**
作　　者　曹琳
刊　　名　商场现代化
年 卷 期　2008年1期
页　　码　157－158
摘　　要　明代、尤其十六世纪以后,中国人开始大规模往海外经商和移民,活动范围主要是日本和东南亚一些国家。清初以前,海外华人侨民职业以经商为主,商贩和亦工亦商的手工匠人是其主体。而了解明代海外华商的经营策略,是了解海外华商贸易史的基础,本文即对此做一粗浅探讨。

题　　名　**明代海外华商经营活动探析**
作　　者　曹琳
刊　　名　福建师范大学学报(哲学社会科学版)
年 卷 期　2009年1期
页　　码　106－111
摘　　要　明代中期以后,中国人开始大规模地向海外经商和移民,其活动范围主要是日本、菲律宾群岛、印尼群岛和中南半岛的一些国家。至清初以前，上述各地华人华侨的职业以经商为主，他们凭借辛勤艰苦的劳动和敏锐超卓的商业智慧，取得了事业的成功。本文即从市场开发、商品创新、资源配置、合作关系及经营方式、经营原则等方面，对明代海外华商的经营活动作一分析探讨。

题　　名 **明代海外贸易的发展与中国人在南洋的黄金时代**
作　　者 蒯伯赞
刊　　名 时事类编特刊
年 卷 期 1941年63期

题　　名 **明代海外贸易管理机构的演变**
作　　者 彭巧红
刊　　名 南洋问题研究
年 卷 期 2002年4期
页　　码 78－88,96
摘　　要 兴于唐、发展于宋、完善于元的海外贸易管理制度—市舶制度，为明王朝所继承。然而，明代市舶司在机构设置、职能发挥、选官制度等方面较之前代均有明显的变化。随着朝贡贸易的衰落和私人海外贸易的兴盛，市舶司的政治性职能逐渐减弱，经济性职能日益增强；其管理海外贸易的方式相应地由官方贸易为主体演变为以民间贸易为主体。明代中叶以后，不仅私人海外贸易势力直接冲击着明代的市舶制度，西方殖民者的东来，亦直接瓦解着市舶制度所维系的朝贡贸易体系。面对着东南海防与财政危机，迫使明政府不得不调整其海外贸易政策，而主持海外贸易的市舶司机构，也不得不改弦易辙，在职能方面有所转换。明代后期将打击走私贸易的防海机构—海防馆改为督晌馆，督晌馆的设立对我国海外贸易管理机构由市舶司向海关转变，起到了承上启下的过渡作用。

题　　名 **明代海外贸易管制中的寻租、暴力冲突与国家权力流失：一个产权经济学的视角**
作　　者 郭艳茹
刊　　名 世界经济
年 卷 期 2008年31卷2期
页　　码 84
摘　　要 本文研究了明代长期海外贸易管制对社会政治、经济的深远影响。在贸易管制的条件下，私人从事贸易的权利被国家剥夺，私人总是会利用监督的不足，实际获取贸易权利，这使得正式制度在边际上被实际调整。这种调整从短期来看的确能够创造更多的经济收益，但是从长期来看，则隐藏着巨大的社会危机和政治风险。私人为竞争非法贸易租金所进行的寻租和暴力冲突，会导致国家权力流失，威胁到国家统治安全和社会稳定。

题　　名 **明代海外贸易及其世界影响——兼论明代中国在亚太地区贸易上的历史地位**
作　　者 陈尚胜
刊　　名 海交史研究
年 卷 期 1989年15期

题　　名 **明代海外贸易与“倭寇之患”**
作　　者 高言弘

刊　　名　广西文史
年 卷 期　2005 年 3 期
页　　码　67 – 70
摘　　要　中国的对外贸易,很早就开始了,有史可考者,当自汉代始,以后唐宋元各朝代均有规模不同的发展。当时主要的商路,有陆海两路,陆路即著名的丝绸之路通往欧洲,据史料记载公元前四、五世纪,中国就与希腊发生了商业关系,当时占主要地位的商品,是中国所产的丝,这条商路延续历史悠久。元明时代海上交通发展起来之后,才逐渐失去它的重要性。

题　　名　**明代海外贸易政策研究——兼评海禁与弛禁之争**
作　　者　王守稼
刊　　名　史林
年 卷 期　1986 年 3 期
页　　码　40 – 50
摘　　要　明代的对外贸易,可分为海上和陆上两路。陆路,主要是与北方少数民族的贸易交往,如马市;海外贸易,则是指与日本和东南亚各国的贸易,正德、嘉靖以后,葡萄牙、荷兰、西班牙商人相继东来,与中国的贸易交往也频繁起来。明政府对于海外贸易,基本上实行闭关自守的海禁政策。民间私人的海外贸易,在长时期间,一直被视为非法而遭到禁止,因此始终存在着海禁与反海禁的斗争。然而,这种传统的海禁政策,在明中叶遭到了挑战。

题　　名　**明代海运衰落原因浅析**
作　　者　王玉祥
刊　　名　中国史研究
年 卷 期　1992 年 4 期

题　　名　**明代杭州抗倭史考**
作　　者　王心喜
刊　　名　杭州教育学院学报
年 卷 期　1999 年 5 期
页　　码　63 – 65
摘　　要　明代倭寇入侵杭州地区时期,乡邑连遭兵洗,人民备受蹂躏,农业生产遭到极大破坏。倭寇的暴行,使杭州军民同仇敌忾,万众一心,取是了一次又一次抗倭斗争的胜利,直致最终肃清倭患。文章依据历史资料,对明代杭州地区的抗倭斗争,作了较为详尽的考证。这对杭州地方史研究和弘扬爱国主义精神,都具有重要意义。

题　　名　**明代航海事业的终结**
作　　者　刘重日
刊　　名　中国经贸
年 卷 期　2004 年 12 期
页　　码　82 – 83

题　　名　明代和平外交政策与郑和下西洋
作　　者　潘德深
刊　　名　福建地方志通讯
年 卷 期　1985 年 2 期

题　　名　明代洪武年间出使南洋使节研究
作　　者　彭蕙
刊　　名　东南亚研究
年 卷 期　2004 年 1 期
页　　码　80－86
摘　　要　使节是国家间官方外交往来的重要承担者。明代与南洋诸蕃国交往密切,使者往来频繁,作为持掌捧节奉使之职的使节很好地履行了自己的职责。本文从洪武年间派往南洋主要国家的使节入手,对洪武年间南洋使节试作一论述。

题　　名　明代洪武年间中朝两国政治游戏中的官方贸易
作　　者　林金树
刊　　名　大连大学学报
年 卷 期　2007 年 28 卷 1 期
页　　码　1－11
摘　　要　明代洪武年间,中朝两国的官方贸易,包括朝贡贸易和互市两种。根据当时朝鲜国内政局的变化,其过程可以分为三个阶段。各个阶段的情况与特点有所不同,总的说来是处于反复与缓慢发展之中。其间问题最多的是洪武中期前后,表现形式为官方贸易时断时续,有失常态。贸易,离不开政治。明王朝从一开始就推行"国无大小"、"推诚以待"、"修礼睦邻"、和平友好的外交政策。对朝鲜更是始终予以特别重视。然而,终洪武之世,中朝两国的政治关系却很不稳定,于是引致官方贸易屡生摩擦。之所以出现这种现象,主要是由于在朝鲜王朝建立以前,朝鲜当权者在对待当时明朝最主要的威胁——"北元"的问题上,与明朝存在着根本对立的政治分歧。或者说,操演着两面讨好的政治游戏。同时朝鲜"贡不如约",不遵守"常制",态度又缺乏诚信,每每诉难,强调客观困难,尤其是朝贡和互市的商品经常存在质量问题。当然,明太祖的大国思想有时也加剧了双方的贸易纠纷。

题　　名　明代洪武永乐初年的中日外交关系与两国勘合贸易的建立
作　　者　方安发
刊　　名　浙江师范大学学报(社会科学版)
年 卷 期　1988 年 1 期
页　　码　79－85,25
摘　　要　自永乐二年至嘉靖二十六年(日本应永十一年至天文十六年,公元 1404－1547 年),中日两国之间进行了长达近一个半世纪的"勘合贸易"。所谓勘合贸易就是让海外各国持明朝政府发给的勘合符为凭证(以区分走私船、海盗船与官方贸易船)来华以朝贡的形式与明朝进行的定期合法的海上贸易。近年来史学家对明代中日勘合贸易问题进行了精辟的探讨,为深入研究这个问题奠定了基础。但是,史学界却很少探讨中日勘合贸易的建立与两国外交关系的联系。笔者认为,明代中日勘合贸易的建立决非偶然发上的历史现象,它与洪武永乐初年中日两国外交政策有着不可分割得密切关系。

题　　名　**明代后期部分开放海禁对我国社会经济发展的影响**
作　　者　李金明
刊　　名　海交史研究
年 卷 期　1990 年 17 期

题　　名　**明代后期船引之东南亚贸易港及其相关的中国商船、商侨诸研究**
作　　者　黄盛璋
刊　　名　中国历史地理论丛
年 卷 期　1993 年 3 期
页　　码　45 – 102

题　　名　**明代后期的海外贸易与海外移民**
作　　者　李金明
刊　　名　中国社会经济史研究
年 卷 期　2002 年 4 期
页　　码　19 – 25
摘　　要　明代后期，正值西欧殖民者在东亚海域为争夺中国商品而展开激烈的商业竞争时，明朝政府在福建漳州海澄月港部分开放海禁，准许私人出海贸易，因此使中国海外贸易得以迅速发展，大量的海外贸易船涌向马尼拉、日本等地贸易，以中国的生丝、丝织品换取大量的墨西哥银元和日本白银，随之亦形成了一股海外移民浪潮。这些移民海外的华人，以其辛勤的劳动，为侨居地的开发与繁荣做出了贡献。

题　　名　**明代后期海澄月港的开禁与督饷馆的设置**
作　　者　李金明
刊　　名　海交史研究
年 卷 期　1991 年 19 期
页　　码　21 – 30

题　　名　**明代后期海禁开放后海外贸易若干问题**
作　　者　黄盛璋
刊　　名　海交史研究
年 卷 期　1988 年 13 期

题　　名　**明代后期海外贸易研究——兼论倭寇的性质**
作　　者　田培栋
刊　　名　首都师范大学学报(社会科学版)
年 卷 期　1985 年 3 期
页　　码　49 – 56
摘　　要　明代在对外贸易中厉行海禁，这一政策到嘉靖以后便呈现出严重危机并造成了不少社会问题。对于明代后期海禁政策的深入研究，探讨我国社会经济为什么在明代中叶开始落后于西方这一重大课题上将是一个十分重要的方面。本文仅就以下几个方面的问题做一些初步的探讨。

题　　名　明代后期闽粤之交的海洋社会:分类、地缘关系与组织原理
作　　者　黄挺
刊　　名　海交史研究
年 卷 期　2006 年 50 期
页　　码　123 – 134
摘　　要　本文使用明清潮州地方志书作为基本材料,以明代后期闽粤之交海域的海上活动为研究对象,从联系纽带和观念、行为规范方面,讨论了海洋社会群体的分类、地缘关系和社群组织原理。认为,这一时期的海洋社会组织和陆上社会组织之间,确实存在很大区别。但同时指出,不能在两者之间划分出一道绝对的界线,必须清醒意识到作这样的二元划分,可能存在严重的缺陷。

题　　名　明代后期私人海外贸易的发展与华侨出国高潮的形成
作　　者　李金明
刊　　名　华侨大学学报(哲学社会科学版)
年 卷 期　1983 年 00 期
页　　码　56 – 64
摘　　要　在我国历史上,曾经出现过几次华侨出国高潮,其中要数明代后期形成的高潮较为典型,它不仅在出国人数上急遽地增多,而且开始形成了"华侨社会"。当然,这次高潮形成的原因是多方面的,可是明代后期私人海外贸易的发展无疑是主要的原因之一,因为当时出海贸易的商船是广大移民远渡重洋的主要交通工具,海外贸易的发展越快,出海贸易的船舶越多,随船而去的中国移民也就愈多。因而,本文拟联系明代后期私人海外贸易的发展,对华侨出国高潮的形成过程作一初步的探讨。

题　　名　明代后期私人海外贸易性质初探
作　　者　李金明
刊　　名　南洋问题研究
年 卷 期　1985 年 4 期
页　　码　20 – 29
摘　　要　明代后期私人海外贸易的发展,部分的代替了前期的"朝贡贸易",使我国历史上持续了一千多年的以官方垄断为主的海外贸易发生了根本性的变化,使我国海外贸易史进入了一个崭新的时期。然而,这时期私人海外贸易本身的性质如何呢? 这是一个值得探讨的问题。

题　　名　明代后期西方传教士来华尝试及其成败述论
作　　者　万明
刊　　名　北京大学学报(哲学社会科学版)
年 卷 期　1993 年 5 期
页　　码　50 – 60,84 – 128
摘　　要　基督教传入中国,是中西文化交流史上的重大历史事件。本文对明代后期西方传教士长达半个世纪的来华尝试历史过程进行了具体考察,认为两种不同的传教方式的选择和斗争贯穿着过程始终。这种根源于对中国的不同的思想认识及态度的矛盾和争论,以其不可调和性不仅导致了传教士来华尝试的两种截然不同的结果,而且对明清之际基督教第三次入华成果的最终逆转,也产生了重大的影响。

题　　名　**明代后期中朝关系的重要史实见证——李朝档案《朝鲜迎接天使都监都厅仪轨》管窥**
作　　者　万明
刊　　名　学术月刊
年 卷 期　2005 年 9 期
页　　码　97－104
摘　　要　朝鲜李朝在中国保存下来的档案文书弥足珍贵。李朝《朝鲜迎接天使都监都厅仪轨》，是朝鲜为了迎接和接待明朝使臣，特设临时性专门机构都监都厅所遗的档案文书。这份朝鲜光海君朝两度接待明朝使臣的簿册档案，由上下两部分组成。上部分起自明万历三十六年至万历三十七年(1608－1609年，朝鲜宣祖四十一年至光海君元年)，下部分自明万历四十八年至天启元年(1620－1621 年，光海君十二年至十三年)，为我们提供了中朝关系史实的第一手资料，大部分内容为《明实录》、《李朝实录》所未载，记录了当时中朝外交的历史真相，反映了明朝与后金关系的变化直接影响着中朝关系的变化。

题　　名　**明代后期中国——马尼拉——墨西哥贸易的发展**
作　　者　王士鹤
刊　　名　地理集刊
年 卷 期　1964 年 7 期

题　　名　**明代淮安府倭患述略**
作　　者　蔡铁鹰
刊　　名　淮阴志林
年 卷 期　1987 年 2 期
页　　码　42－46

题　　名　**明代宦官杨庆墓的考古发掘与初步认识**
作　　者　邵磊
刊　　名　东南文化
年 卷 期　2010 年 2 期
页　　码　52－64
摘　　要　2005 年 10 月在南京江宁区韩府山东麓发掘的杨庆墓，是一座规格较高且形制独特的明代宦官墓葬。墓主杨庆，永乐时期极为受宠，永宣之际备受重用，并还参与过郑和七下西洋。墓志揭示了杨庆在永乐朝受宠有其必然性及其在郑和七下西洋过程中所起的实际作用。杨庆墓采用了铁索悬棺的奇特葬式，可能体现了宋元以来热衷道教的宦官对这种葬式的心理认同。杨庆墓志的书写人与刻工均为极一时之选的名家，从一个侧面印证出杨庆即便左迁南京依旧权倾一时。

题　　名　**明代宦官杨庆墓的考古发掘与初步认识**
作　　者　邵磊
刊　　名　郑和研究
年 卷 期　2010 年 2 期
页　　码　28－38
摘　　要　2005 年 10 月上旬，位于南京江宁经济技术开发区的南京航空航天大学正德学院在校区建教职工宿舍楼时发现一座古代砖室墓，南京市博物馆、江宁区博物馆获悉后随即前往进行调查，并在施工方的协助下于10月25日对已经暴露的古墓葬进行了抢救性发掘。

题　　名　明代宦官杨庆墓的考古发掘与初步认识
作　　者　邵磊
刊　　名　郑和研究
年 卷 期　2010年3期
页　　码　28－38

题　　名　明代宦官与广东经济
作　　者　杜婉言
刊　　名　中国社会经济史研究
年 卷 期　1992年2期
页　　码　40－49
摘　　要　明代宦官对经济领域各方面的严重干预，是明代宦官擅权乱政的一个重要方面，我们曾分别就全国的情况，以及在作为明代“财富之薮”的江南地区和浙江的情况，作过一些探讨。这里，我们再对广东——“国家一大边”的情况作些考察，看看宦官对这地区的社会经济以及国计民生，是否亦起了破坏作用。

题　　名　明代回回人对“贡赐”贸易的垄断
作　　者　马建春
刊　　名　丝绸之路
年 卷 期　1996年6期

题　　名　明代会通河水源补给问题初探
作　　者　孟艳霞
刊　　名　河南理工大学学报(社会科学版)
年 卷 期　2008年9卷4期
页　　码　518－521
摘　　要　京杭大运河的开凿对加强南北联系发挥了重要作用，尤其是在南粮北运方面更是功不可没，明代会通河疏浚以后，成为南方漕粮北上的必经之路，由于气候等因素的影响，枯涩之患多有发生，如何解决水的补给问题，成为保证通航的关键。大部分学者认为会通河补给之水皆赖于泉水，而本文认为，除了泉水以外，河水、湖水也是会通河补水的重要源泉。

题　　名　明代会同馆管理人员及其职掌考述
作　　者　王建峰
刊　　名　烟台大学学报(哲学社会科学版)
年 卷 期　2005年18卷2期
页　　码　218－223
摘　　要　明代会同馆是明朝政府设立于京师的中央客馆。北京会同馆设立提督会同馆主事、大使副使、通事、医生及杂役等人员。对会同馆中诸多管理人员的设立、调整变化及其职掌作全面考察，是明代对外关系史和边疆民族史研究的一个重要补充。

题　　名　**明代会同馆职能考述**
作　　者　王建峰
刊　　名　兰州大学学报(社会科学版)
年 卷 期　2006 年 34 卷 5 期
页　　码　100 – 106
摘　　要　会同馆是明朝政府设立于京师的中央客馆。它不仅是接待外国和边疆民族使者的场所,也是明朝与四方使团进行经济贸易活动和进行外交活动的主要场所。会同馆活动是明朝与周边国家和民族接触并了解的重要渠道,有力地促进了双方的经济文化交流。

题　　名　**明代惠东地区的海洋社会经济生活及其变迁**
作　　者　石奕龙
刊　　名　中国社会经济史研究
年 卷 期　2000 年 3 期
页　　码　20 – 29

题　　名　**明代嘉靖年间的宁波港**
作　　者　万明
刊　　名　海交史研究
年 卷 期　2002 年 42 期
页　　码　60 – 69
摘　　要　宁波之名,始自明代,源自海上。明太祖朱元璋取"海定则波宁"之义,赐名宁波,一直沿用至今。故宁波与海洋的渊源可谓深矣。宁波这一中国东南的海上门户,在唐代称明州。唐宋以来,成为长江下游重要的对外贸易港口,在海上丝绸之路上有着重要地位和作用。南宋《乾道四明图经》卷一《分野》中记载:"南则闽广,东则倭人,北则高句丽,商舶往来,物货丰衍"。作为海外交通的重要口岸,宁波在海上贸易中的特殊地位和作用,在明初业已显示出来,由于东望日本的地理位置,宁波成为明初设立掌管海外贸易事务的三个市舶提举司所在地之一,主要贸易对象是日本。明中叶以后,商品货币经济发展迅速,社会内部涌动变革的潜流,私人海上贸易蓬勃兴起,继之西方葡萄牙人扩张东来,在世界格局急遽变动之中,嘉靖年间海上风云变幻,在新的贸易体系酝酿中,宁波港也出现了新的特点,成为海上丝绸之路繁盛的联结点,凸显出作为国际贸易港的重要作用。

题　　名　**明代建文朝同李氏朝鲜的友好交往**
作　　者　刘子敏,姜龙范
刊　　名　延边大学学报(哲学社会科学版)
年 卷 期　1999 年 2 期
页　　码　76 – 80

题　　名　**明代杰出的军事家——戚继光**
作　　者　范兆琪
刊　　名　历史知识
年 卷 期　1982 年 2 期

题　　名　明代金山卫
作　　者　严其林
刊　　名　江西师范大学学报(哲学社会科学版)
年 卷 期　1993年26卷1期
页　　码　90－91
摘　　要　金山卫初设于明洪武朝,是明初在山东莱州至浙江沿海所筑五十九座城池之一,其规制宏大,地理位置险要,所辖区域包括今淞南(苏州河以南)及浦东的大半个上海地区,在抗倭斗争中起过重要作用。明初金山卫既是军镇,又是通海港埠,十分繁盛,但至嘉靖时已渐趋衰微,至清顺治二年被废。

题　　名　明代军事海防城堡的缩影——明代福建崇武城形态研究
作　　者　郭琳
刊　　名　东南大学学报(自然科学版)
年 卷 期　2005年20卷5期
页　　码　91－99
摘　　要　本文在实地考察和文献资料的基础上,研究了明代福建惠安崇武城,得出崇武城在选址上,发挥了天然地理条件,组织了有力的防御。文章着重分析了以中军台为中心的崇武军事防御空间的结构并介绍了附属的防御设施。指出,由于经济,文化依付于军事这一属性,使崇武城形成了独特的形态,成为明代军事海防城堡的缩影。

题　　名　明代勘合制度
作　　者　左书谔
刊　　名　求是学刊
年 卷 期　1991年3期

题　　名　明代抗倭的壮族女英雄瓦氏
作　　者　周宗贤
刊　　名　广西民族学院学报(哲学社会科学版)
年 卷 期　1979年1期
页　　码　105－107

题　　名　明代抗倭监军赵大河评述——以赵用贤撰写的墓志铭为中心
作　　者　陈学文
刊　　名　江苏科技大学学报(社会科学版)
年 卷 期　2009年9卷2期
页　　码　10－12,16
摘　　要　明万历时,吏部左侍郎赵用贤为嘉靖三十五年进士、义乌知县赵大河撰写墓志铭,透露了他们两人意气相投,性刚有才,但仕途多舛的共性。赵大河为抗倭名将戚继光的莫逆之交,协助戚招募义乌兵组训成抗倭主力戚家军,并任监军。他爱国爱民,刚毅清正,为人所敬仰,却为历史所湮没,幸赖赵用贤撰写的墓志铭得以留传后世。

题　　名　明代抗倭名将朱纨
作　　者　陈学文
刊　　名　历史知识
年 卷 期　1984 年 3 期
页　　码　31－32

题　　名　明代抗倭戚家军组建
作　　者　陈学文
刊　　名　浙江学刊
年 卷 期　2009 年 6 期
页　　码　42－47
摘　　要　明代倭寇不断侵扰我东南沿海,江浙成为重灾区,也是抗倭的主战场。幸赖以义务兵为主体的戚家军平息了倭患。有关为何召募义乌兵的缘起、召募的经过以及由召募而引起深远的影响,历史记载不足,本文略作考释、评述和补正。

题　　名　明代两大舰队之比较
作　　者　王前山
刊　　名　文史杂志
年 卷 期　2005 年 4 期
页　　码　50－52
摘　　要　明代以海禁为国策,却先后出现了两支在当时堪称世界一流的强大舰队,显示出中华民族开拓海洋世界的巨大能量。它们分别是:明前期的郑和舰队和明晚期的郑氏(郑芝龙父子)舰队。郑和下西洋至今仍为不少人津津乐道;而对于郑氏舰队,除了郑成功收复台湾,人们关注甚少。将明代这两大舰队作一简略比较,对探究古代中国海上力量的发展很有意义。

题　　名　明代两浙商盐的生产与流通
作　　者　蒋兆成
刊　　名　盐业史研究
年 卷 期　1989 年 3 期
页　　码　25－35

题　　名　明代辽东路河考
作　　者　张士尊
刊　　名　东北史地
年 卷 期　2008 年 5 期
页　　码　71－76,56
摘　　要　路河,是明代辽东都司利用天然河道所开凿的人工运河。它东起东昌堡,西至制胜堡,全长 170 余里,是跨越辽泽的惟一通道,对沟通辽东辽西曾发挥过重要的作用。本文运用中外文献资料,对辽东路河的修浚,起点、终点、走向及功能进行了探讨和考证,以图恢复明代辽东路河的历史原貌。

题　　名　明代临清钩沉
作　　者　毛佩琦
刊　　名　北京大学学报(哲学社会科学版)
年 卷 期　1988 年 5 期
页　　码　84－95
摘　　要　古今城市的兴起,除政治原因外,经济的发展是最主要的原因,而这两者无不联不于共时其地的交通条件。所以,城市多在交通路线上,或路边,或河畔,或港口。明代由于会通河的疏浚,处于会通河与卫河会合处的哈清,随着大运河交通作用的发挥,迅速地繁荣起来。本来一个无足轻重的偏僻小县,成为北方一个重要的都会,其战略地位也从而提高。这种情况在明代一道没有改变。清代末期,黄河北徙,运河淤塞,遭运制度也渐行破坏,东南物资兼用商运。追海运大开,运河的作用已经微乎其微了。平汉、津浦铁路的开通,南北运输便全被取代。与临清的繁荣相一致,运河作为南北交通大动脉的作用消失后,临清的繁荣便迅即成了历史的陈迹。明代的临清号称名城,它的面貌到底怎样?它在明代社会生活中究竟有怎样的地位和作用?本文试图就史籍所载加以考察。我想,这不仅有助于了解明代临清,而且有助于了解明代社会生活,即对今日城市经济的发展也不无借鉴之益吧?本文所述,拟为三题,有关问题则分别附之。

题　　名　明代琉球的封贡
作　　者　胡致
刊　　名　国魂
年 卷 期　1953 年 69 期

题　　名　明代龙江宝船厂觅踪
作　　者　涤尘山人
刊　　名　华人时刊
年 卷 期　2001 年 5 期
页　　码　38－39

题　　名　明代隆庆、万历年间的海寇商人
作　　者　聂德宁
刊　　名　厦门大学学报(哲学社会科学版)
年 卷 期　1992 年 2 期
页　　码　46－52
摘　　要　在明代海外贸易史上,隆庆、万历年间(1567－1619)是一个重要的转折时期。隆庆初年,明朝于福建海澄月港局部开放海禁,允许海商告给文引出洋兴贩,标志着明代的民间海外贸易开始从“非法”转为“合法”的活动。然而,明朝在这一时期实行的饷税贸易制度,以及其对民间海商所采取的种种限制和迫害,依然极大地阻碍着民间海外贸易活动的正常发展。本文拟考察和分析明代隆、万年间在明朝饷税贸易制度限制之下的民间海商,如何由商转寇以及其活动变化发展的规律。

题　　名　明代隆庆、万历以前海寇商人的实质及其活动特点
作　　者　聂德宁
刊　　名　南洋问题研究

年卷期 1990年2期
页　码 39－47,58

题　名 **明代妈祖信仰的趋势及其原因**
作　者 杨振辉
刊　名 理论学习月刊
年卷期 1990年7期
页　码 54－56

题　名 **明代闽南通琉球航路史事钩沉**
作　者 杨国桢
刊　名 海交史研究
年卷期 1991年20期
页　码 16－20

题　名 **明代闽人移居琉球史实考辨**
作　者 方宝川
刊　名 福建师范大学学报(哲学社会科学版)
年卷期 1988年3期
页　码 119－123

题　名 **明代闽人移居琉球史实考辨**
作　者 方宝川
刊　名 人口学
年卷期 1988年5期
页　码 93－97

题　名 **明代末期的海外贸易**
作　者 松浦章
刊　名 求是学刊
年卷期 2001年28卷2期
页　码 98－104
摘　要 文章根据稀见史料,系统地探讨了17世纪初期,包含明末的中国、日本、东南亚地区等广大地域的航海贸易的真实情况,尤其是中国福建、浙江商人的航海贸易的实际状况。诸如倭寇绑架中国人又转手贩卖的实情,葡萄牙人的亚洲贸易,在日中国商人参与策划日本海外贸易等,均从不同侧面予以阐述,尤其是文中引用大量漂流到朝鲜半岛的中国、日本商人的供状,亦属首次公布,对研究明代末期的海外贸易,具有极其重要的价值。

题　名 **明代内官第一署变动考——以郑和下西洋为视角**
作　者 万明
刊　名 北京联合大学学报(人文社会科学版)

年 卷 期　2010 年 8 卷 4 期

页　　码　12－21

摘　　要　明初内官监为内官第一署，后其地位为司礼监所替代。对于宦官制度的这一重要变动，学界一般认为是司礼监地位的提升。然而，却显然没有考虑到内官监沉降与司礼监上升的互动关系。永乐初年作为内官监太监的郑和，具有内官第一署长官的显赫地位，其在下西洋决策中的作用应该重新审视；解析内官监职掌，说明下西洋与迁都北京有着直接关联，而持续 28 年出使海外，为宫廷取宝是下西洋主要目的，内官监的采办职能由此凸显；而后郑和守备南京，内官监的营建职能凸显，形成了由近侍主管到职掌营造的转变，乃至后来内府工部的定位。下西洋导致了内官监疏离内廷中枢，成为其内官第一署地位丧失的关节点。

题　　名　**明代南北港口经济职能的比较研究**

作　　者　沈定平

刊　　名　海交史研究

年 卷 期　1993 年 23 期

页　　码　80－91

题　　名　**明代南京龙江船厂考**

作　　者　王志高

刊　　名　江苏文史研究

年 卷 期　2005 年 2 期

页　　码　28－34

题　　名　**明代南京守备太监罗智墓志考释**

作　　者　邵磊

刊　　名　郑和研究

年 卷 期　2010 年 2 期

页　　码　39－44

题　　名　**明代南京守备太监罗智墓志考释**

作　　者　邵磊

刊　　名　郑和研究

年 卷 期　2010 年 3 期

页　　码　39－44

题　　名　**明代南京造船厂探微**

作　　者　刘义杰

刊　　名　海交史研究

年 卷 期　2010 年 1 期

页　　码　31－54

摘　　要　有明一朝，南京乃全国造船和管理中心。由于隶属关系不同，明代南京造船虽有四部专著，但均未能厘清南京造船的大概情况，致使在讨论郑和宝船的建造时也意见各异。本文认为，明代南京造船厂除龙江船厂和宝船厂外,还有快船厂、马船厂和黄船厂,所造之船如快船、平船、马船、遮洋船等,涵盖了明代建造的大部分船型。以建造海船为主的快船厂位于新江口地区,与郑和宝船厂的位置重迭,现在被称为宝船厂遗址的地方就是快船厂遗址。本文简要介绍了《南船纪》、《船政》、《龙江船厂志》和《船政新书》,认为这四部专著乃是了解明代南京造船业的基本著作,应予以足够的重视。

题　　名　明代宁波对日贸易衰落的原因

作　　者　马恩铭

刊　　名　宁波大学学报(教育科学版)

年 卷 期　1991 年 13 卷 2 期

页　　码　45 –48

摘　　要　唐、宋、元数百年来,宁波的对日贸易日益发展。明朝前期,宁波的对日贸易也颇为兴旺。但到嘉靖初年突然发生“事贡事件”,由此撤销宁波市舶司,关闭宁波港,宁波的对日贸易一下子跌入低谷。这一历史突变发生的原因何在?本文试作初步探索。

题　　名　明代宁波港的海外贸易及其历史作用

作　　者　徐明德

刊　　名　浙江师范大学学报(社会科学版)

年 卷 期　1983 年 2 期

页　　码　56 –63

摘　　要　宁波港位于东海之滨,是我国古代很早就形成的一座对外贸易的重要港口。

题　　名　明代宁波在中日经济交往中的地位——兼论官、民贸易方式的转变与嘉靖“大倭乱”的起因

作　　者　王慕民

刊　　名　宁波大学学报(人文科学版)

年 卷 期　2004 年 17 卷 5 期

页　　码　23 –28

摘　　要　作为专通日本的惟一港口,再加上拥有比较发达的江浙皖地区作为经济腹地,宁波在明代中日经济交往中占据了中心地位。文章着重从朝贡贸易和民间贸易两个方面论述了宁波的这一重要地位,同时研究分析了上述两种贸易方式转换的原因,指出以朱纨为代表的海禁政策的失败引发了历时十余年的嘉靖“大倭乱”。

题　　名　明代潘荣出使琉球述略

作　　者　张日庆

刊　　名　福建史志

年 卷 期　2006 年 6 期

页　　码　40 –41

摘　　要　潘荣,字尊用,号晦庵,明永乐十三年(1415 年)出生于福建龙溪县潘社(今属龙海市颜厝镇官田村),明正统十三年(1448 年)29 岁中进士,历任吏科给事中、左给事中、户部右侍郎,官至南京户部尚书。天顺年间潘荣以钦命正使身份出使琉球。

题　　名　**明代葡人入居濠镜澳考略**
作　　者　陈祖源
刊　　名　历史学报
年 卷 期　1936 年 1 期

题　　名　**明代葡萄牙人率先对我国粤闽浙海港的叩撞及其后果**
作　　者　施存龙
刊　　名　中国水运史研究
年 卷 期　1990 年 12 期

题　　名　**明代葡萄牙人窃居澳门始末**
作　　者　曹雅韦,张宁
刊　　名　理论学习与研究
年 卷 期　1999 年 4 期
页　　码　35 –36,15

题　　名　**明代葡萄牙殖民者对中国的侵略**
作　　者　张献忠
刊　　名　历史教学
年 卷 期　1997 年 10 期
页　　码　50 –51

题　　名　**明代起绒织物的生产及外传日本的情况**
作　　者　赵翰生
刊　　名　自然科学史研究
年 卷 期　2000 年 2 期
页　　码　188 –196
摘　　要　起绒织物属于贵重织品,其责重程度仅次于锦和缎,是中国历代对外输出丝织品中的重要部分。文章阐述了明代起绒织物的生产、利用以及起绒织物和起绒技术外传日本的情况;论述了日语“ロト”一词实是源自中国福建省漳、泉地区的“倭缎”一词。

题　　名　**明代前期潮州的海防建置与地方控制**
作　　者　黄挺
刊　　名　广东社会科学
年 卷 期　2007 年 3 期
页　　码　126 –133
摘　　要　从国家视角看,潮州是一个开发时间比较晚的地方。一直要到宋代,国家才开始真正有效地控制潮州。明初新政权加强潮州的海防建置,虽然有关御倭和对付方、张余党的国策,但更加直接的目的,显然是为了控制地方社会势力。对明初海防、海禁的研究,必须兼顾到国家政策、地方传统以及两者之间的互动,方可以有更接近于事实的结论。

题　　名　明代前期潮州海防及其历史影响(上)
作　　者　陈春声
刊　　名　中山大学学报(社会科学版)
年 卷 期　2007 年 47 卷 2 期
页　　码　24 - 32,125
摘　　要　明代潮州的海防格局,是在洪武朝30多年间逐步建立起来的。文章主要通过明代地方文献的分析,描述明初潮州海防系统建立的缘由、过程和制度变迁,探讨沿海卫所布局所反映的潮州地方社会情形,从一个侧面反映明初中央王朝的政策在沿海边远地区推行的实况及地方社会的因应过程。文章也力图从当时社会的实际情况出发去理解海防体系建构过程的种种安排,并揭示这一过程对地方社会的长远影响。文章试图说明,就户籍和田土管理制度而言,明初潮州地方确实存在着行政和军事两大相互独立的系统,但与北方和西南沿边地区不同的是,东南沿海的"沿海卫所"和"内地卫所"可能并未因为这种管理体制的差别,而成为独立于府县之外的"地理单位"。相反地,潮州沿海的各个守御千户所都与周围的乡村有密切的联系,成为理解小范围地域社会发展脉络不可或阙的重要因素。明初潮州海防另一影响深远的举措,是南澳岛的弃守。洪武初年曾将粤闽交界洋面南澳岛的居民纳入版图,但洪武、永乐年间"弃而不守"。南澳岛因而成为各国商人和各种海上活动力量聚集之区,从而变成有明一代闽粤海防的心腹大患,其影响直至清初实施迁界政策之后。文章也对这一举措的历史影响进行了讨论。

题　　名　明代前期潮州海防及其历史影响(下)
作　　者　陈春声
刊　　名　中山大学学报(社会科学版)
年 卷 期　2007 年 47 卷 3 期
页　　码　46 - 52,126

题　　名　明代前期的香料输入
作　　者　李斌
刊　　名　暨南大学研究生学报(社科版)
年 卷 期　1998 年 1 期
页　　码　151 - 156

题　　名　明代前期之中越关系
作　　者　吕士朋
刊　　名　东南大学图书馆学报
年 卷 期　1971 年 11 期

题　　名　明代泉州港与福州港的比较研究
作　　者　魏献策
刊　　名　福建教育学院学报
年 卷 期　2006 年 8 期
页　　码　52 - 54
摘　　要　明代,中国古代对外贸易由开放走向封闭,在这大背景下,福建的海外贸易港口发展发生了巨大的变化。明初,福建市舶司所在地泉州掌管对琉球等国的朝贡贸易,在海外贸易中占有重要地位,而同时期的福州港却默默无闻。到了成化年间,福建市舶司由泉州迁往福州,“东方第一大港”的泉州开始走向衰落。福州港取而代之在中琉贸易中的地位,成为明代海外贸易的最重要港口。本文拟对两个港口地位的转化做一个比较研究。

题　　名　明代泉州人旅居东南亚的谱牒资料分析
作　　者　郑山玉
刊　　名　华侨华人历史研究
年 卷 期　1998年1期
页　　码　31–37
摘　　要　泉州作为海上丝绸之路的起点,伴随着海外交通贸易的发生和发展,先民乘槎浮海出洋谋生,乃至移居海外的历史悠久、源远流长。一般认为,泉州的海外移民(亦即华侨)肇始于唐至五代,而自宋以还,泉州华侨的出现则已日益成为普遍的现象。有关泉州人在海外活动的情况,历代文献虽有或多或少的记载,但显然是挂一漏万,远未能充分反映泉州华侨的全貌。而民间谱牒以其具体记录出洋族人的特有资料,则可在相当程度上,弥补一般史籍文献之不足。虽然由于年代久远,早期的谱书资料继承下来无多,特别是早年(明代以前)族人出洋的资料几乎无可寻觅;但至明代的出洋资料,尚可找到部分可谓珍贵的原始记录。本文即拟就所见的谱载出洋资料,对明代泉州华侨移居东南亚的情况,略作出分析探讨。

题　　名　明代泉州倭寇问题探索
作　　者　郑金顺
刊　　名　泉州师专学报(社会科学版)
年 卷 期　1992年2期
页　　码　54–60

题　　名　明代山东海防的“营、卫、所”体制
作　　者　张玉强
刊　　名　春秋
年 卷 期　2010年6期
页　　码　51–53

题　　名　明代山东倭患述略
作　　者　黄尊严
刊　　名　烟台师范学院学报(哲学社会科学版)
年 卷 期　1996年3期
页　　码　12–17
摘　　要　从元朝末年至整个明代,中国始终存在着“倭寇”(日本海盗)之患。山东半岛作为我国北方交通海外的主要门户,为倭寇最早侵扰的地区。其后,倭寇劫掠的主要目标虽逐渐转向了东南沿海一带,但山东的倭患仍时断时续,给山东沿海地区人民的生命财产以至于整个山东社会经济的发展造成了极大危害。由于史学界迄今尚无专文论述,故本文拟就山东倭患发生及演变的历史概况、原因、危害诸问题,作一初步探讨。

题　　名　**明代少数民族外交使者侯显及侯家寺**
作　　者　杨士宏
刊　　名　西北民族学院学报(哲学社会科学版·汉文)
年 卷 期　2001 年 3 期
页　　码　62－65

题　　名　**明代设过多少市舶司机构?——《明史》标点本辨误**
作　　者　陈尚胜
刊　　名　海交史研究
年 卷 期　1985 年 7 期

题　　名　**明代社会中的伊斯兰教和穆斯林**
作　　者　葛壮
刊　　名　世界宗教研究
年 卷 期　2002 年 1 期
页　　码　113－122
摘　　要　在明代社会中,穆斯林的社会地位已经截然不同于元代。统治者的民族与宗教政也发生了改变。新政权在服装、语言、姓氏等方面对包括穆斯林在内的少数民族进行了限制;同时,明王朝的最高统治者对伊斯兰教信仰又表示了尊崇。好几任皇帝都曾支持清真寺的修建工作。明武宗朱厚照甚至对伊斯兰教表示了浓厚的兴趣。一些穆斯林在明朝受到重用,其中最著名的就是 7 次率领船队出访亚、非各国的郑和,其船队中有不少人是穆斯林。回族在明代已经完全形成,伊斯兰教在这漫长的历史过程中,成为极其重要的文化核心,产生巨大的凝聚力。这一宗教为回族穆斯林提供了无形而又坚实的文化屏障,并遏止了汉文化继续对回族穆斯林进一步产生影响。

题　　名　**明代使琉球"册封舟"考述**
作　　者　赵建群,陈铿
刊　　名　船史研究
年 卷 期　1989 年 4/5 期

题　　名　**明代使琉球"封舟"考述**
作　　者　赵建群,陈铿
刊　　名　福建师范大学学报(哲学社会科学版)
年 卷 期　1987 年 2 期
页　　码　85－90,107
摘　　要　长期以来,史学界在论述明朝与海外诸国的关系时,所谈及的航海交通工具,无不以郑和宝船作为典型例子。至于明代中国政府的使者出使琉球时的乘船——封舟,则鲜为人知。我们不揣谫陋,试作考述。

题　　名　**明代世界上最大的运洋船队——郑和下西洋的宝船和船队**
作　　者　铭传
刊　　名　中国水运

年卷期 1995年8期

页 码 41

摘 要 郑和出使西洋的船队,在15世纪时,是世界上最大、最完备的远洋船队。船队约有大小船舶200余艘,可以说是一支大型特混舰队。

题 名 **明代市舶司的沿革与市舶司制度的演变**

作 者 李金明

刊 名 南洋问题研究

年卷期 1987年2期

页 码 42-51

摘 要 我国历史上的市舶司制度开始于唐代,发展于宋、元,至明代又有了较大的变化。明朝统治者为了加强海禁,招徕海外诸国入贡,承继了前代的做法,在对外贸易的主要港口设置了市舶司,其职责在于“掌海外诸蕃朝贡、市易之事,辨其使人表文勘合之真伪,禁通番,征私货,平交易,闲其出入而慎馆谷之”。这同宋代市舶司的职责“掌番货、海舶征榷贸易之事,以来远人、通远物”相比已有了较大的差别,因此,有必要对明代市舶司的沿革以及市舶司制度的演变作一番考察。

题 名 **明代市舶司制度的态度及其政治文化意蕴**

作 者 李庆新

刊 名 海交史研究

年卷期 2000年37期

页 码 72-83

题 名 **明代市舶司制度与海外贸易**

作 者 陈尚胜

刊 名 中国社会经济史研究

年卷期 1987年1期

页 码 46-52

摘 要 唐、宋、元、明四代,都先后设置过市舶司机构。用来检查出入海港的贸易船舶、征收关税、收购政府专买品、管理进出口货物贸易以及其它对外事务的专门机构。明朝规定,市舶司“掌海外诸番朝贡市易之事。辨其使人表文勘合之真伪,禁通番,征私货,平交易,闲其出入而慎馆穀之。”其主要事务,实则体现于辨勘合、征私货、平交易三个方面。明代市舶司,先后设于黄渡、宁波、泉州、广州、云屯、福州诸港。各个港口海外交通条件的差别以及其它方面的不同影响,使得各个港口在具体制度方面也略有差别。本文先对明代市舶司制度作一初步考察,并据此探讨明代中外海上贸易的发展。

题 名 **明代市舶司治所及其变迁**

作 者 王杰,周炜

刊 名 郑和研究

年卷期 2000年1期

页 码 21-24

摘 要 明代是我国市舶体制的最后阶段。在不足300年的时间里,明王朝曾先后在南京(今苏皖地区)、浙江、福建、广东、交趾等地设置过市舶司,其驻地屡有迁移,机构本身亦迭经废立,终于走到了它的历史尽头。

题　　名　**明代市民反"海禁"斗争述略**
作　　者　吴光耀
刊　　名　江汉大学学报(社会科学版)
年 卷 期　1984年3期
页　　码　95－100
摘　　要　中国封建社会发展到明代,已经进入了它的后期,生产关系和生产力、上层建筑和经济基础的矛盾日益尖锐,社会阶级矛盾不断激化。鉴于此,明初太祖朱元璋就强化封建专制中央集权的统治,并在经济上强制实行"海禁"、"山禁"、"矿禁"诸政策,其中尤以"海禁"政策,影响最大。无疑,明朝政府推行的海禁政策,对我国明初以来社会经济的发展,起了一定的阻碍作用;对我国封建制度的生存、也起了延缓的作用。

题　　名　**明代首任漕运总兵官:陈瑄**
作　　者　陈文娟
刊　　名　聊城大学学报(社会科学版)
年 卷 期　2009年2期
页　　码　141－143
摘　　要　明清时期是漕运高度发展、制度渐趋完备的时期,而对明代漕运贡献最大者当属陈瑄。陈以武将出身,总董漕运三十余年,为第一任漕运总兵官。他在任期间所做的通河、凿渠、运粮、建仓、置舍等工作,奠定了明清漕运的基石。

题　　名　**明代双屿国际贸易港港址研究**
作　　者　王慕民
刊　　名　宁波大学学报(人文科学版)
年 卷 期　2009年5期
页　　码　64－68
摘　　要　新航路开辟后,葡萄牙海商和中国、日本以及南海诸国海商在浙东宁波双屿港建立起当时远东最大的私人贸易基地,促进了中国海外贸易和江南商品经济的发展。在海禁政策之下,明政府于1548年春调集闽浙两省海军剿平双屿海商,并以木石筑塞港口。此后,双屿港便消失在人们的视野之中,并成为历史的谜团。关于双屿港港址所在,至今学界仍众说纷纭,难有定论。本文在前人研究基础之上,提出:在今舟山六横岛西侧"大麦坑与张起港之间的棕榈外湾和棕榈湾所组成的单一港口,可能就是16世纪那个闻名于世的国际海商贸易基地"。

题　　名　**明代私人海上贸易商人与"倭寇"**
作　　者　林仁川
刊　　名　中国史研究
年 卷 期　1980年4期

题　　名　**明代私人海外走私贸易兴起的原因探析**
作　　者　郭学礼

刊　　名　科技风
年 卷 期　2008 年 14 期
页　　码　149
摘　　要　明代私人海外贸易空前繁荣,沿海民众冲破海禁封锁纷纷下海从事走私贸易活动,使明朝海禁政策形同虚设,走私屡禁而不止。然而,海外走私贸易的存在和发展,究其原因,有着现实的合理性。

题　　名　**明代苏东淮南盐区的抗倭战争**
作　　者　张荣生
刊　　名　盐业史研究
年 卷 期　2005 年 4 期
页　　码　15 – 23
摘　　要　发生在 16 世纪中叶的日本海盗集团侵扰中国东南沿海和该地区官民奋起进行反侵扰的战争,实际上是 20 世纪上半叶日本军国主义发动全面侵华战争和中国政府与人民奋起开展民族解放战争的一次预演。在这场血与火的战争中,与当时中国财赋重心扬州相毗邻的淮南通泰盐区是主要战场之一。战区的盐民武装与政府的官军互相合作,军民协同,经过反复较量,打赢了战争,巩固了祖国的东南海防。

题　　名　**明代苏禄三国王访华:中菲关系史的光辉篇章**
作　　者　黄国安
刊　　名　东南亚纵横
年 卷 期　1994 年 3 期
页　　码　25 – 26
摘　　要　中国和菲律宾是一衣带水的邻国。早在唐代,两国间已经有了贸易往来。宋元时期,双方交往较前代频繁。到了明代,两国间的贸易进一步发展,特别是永乐年间,两国交往空前频繁,关系十分密切。

题　　名　**明代太仓、交阯市舶司考辨**
作　　者　陈尚胜
刊　　名　苏州大学学报(哲学社会科学版)
年 卷 期　1986 年 1 期
页　　码　75
摘　　要　明代市舶司机构始设于太仓黄渡。据《明太祖实录》卷二十四记载,吴元年(1367 年)十二月"置市舶提举司,以浙东按察使陈宁等为提举。"但同书卷一二九却云:"陈宁……丙午(1366 年)降太仓市舶令"。显然,《实录》关于其时间记载有矛盾之处。

题　　名　**明代屯门地区海防与贸易**
作　　者　李庆新
刊　　名　广东社会科学
年 卷 期　2007 年 6 期
页　　码　90 – 97
摘　　要　古代屯门包括今香港和深圳南头等陆地及附近海域,历来是"全广门户"和贸易要区。明朝设置官军,重兵镇守,在粤海海防中占有十分显要的位置。明中期南头贸易一度形成与广州相配合的运作机制,可名之为“南头体制”,在广东海外贸易转型与管理制度演变中起着重要的作用。

题　　名　明代外交家——侯显
作　　者　赵翎
刊　　名　社科纵横(新理论版)
年 卷 期　2008年23卷2期
页　　码　207－208
摘　　要　永乐年间,明成祖朱棣积极开展与四方部族和国家的关系,这时奉派出使的多数是宦官。由于郑和七下西洋的盛举,百年来的学者对郑和以及宝船到南洋诸国的研究比较重视,其实,在朱棣积极与各国开展交往倡导下,明朝值得关注的外交家何止郑和一人,《明史·宦官一》记载“:(侯显)……五使绝域,劳绩与郑和亚。”侯显不仅率舟前往南亚诸国,而且还活跃于西藏等地区,本文将试着去揭开侯显传奇的一生。

题　　名　明代万历后期通番案述论
作　　者　范金民
刊　　名　南京大学学报
年 卷 期　2002年39卷2期
页　　码　84－92
摘　　要　万历后期的违禁通番贸易,较之嘉靖后期更盛。出海地点自南至北,由福建转向浙江,人员构成由福建为主转向江浙为主。地方各级官府对于通番性质的认定也有所不同。通番之所以屡禁不止,最根本的是因为走私日本利润丰厚,也在于较之合法的“东西洋”贸易利润要高得多,与海防主管部门、税监官员以及巡缉兵丁的劣行也均有关系,明廷的对外贸易政策不尽合理,疏于防范,也是要因。

题　　名　明代卫河的地位及作用
作　　者　孟祥晓
刊　　名　中国水利
年 卷 期　2010年16期
页　　码　66－67,61

题　　名　明代卫所《武职选簿》发现王景弘后裔新史料
作　　者　张金红,徐斌
刊　　名　福建史志
年 卷 期　2005年5期
页　　码　52－56
摘　　要　近年来,随着郑和问题研究的进一步深入和扩展,国内外的专家学者通过对郑和史料的再发掘,就王景弘问题展开了多方探讨和研究。已有的研究成果涉及王景弘的生平简历,王景弘与郑和的关系,王景弘的航海专长,王景弘的历史功绩以及在海外的影响等多领域。

题　　名　明代温州倭寇研究
作　　者　蔡瑞霞
刊　　名　浙江学刊

年 卷 期 2010年5期
页 码 41－46
摘 要 倭寇侵扰温州,根据其活动区域与强度,可以分为三个阶段。从洪武二年到嘉靖三十一年之前,倭寇开始在平阳、乐清沿海一带活动;嘉靖三十一年“壬子之乱”至嘉靖四十一年的“嘉靖大倭寇”时期,倭寇从沿海深入内地,活动频繁,为温州倭患最严重的阶段;嘉靖四十二年后至万历四十五年,倭寇基本在平阳、瑞安沿海零星骚扰,倭患平复。

题 名 **明代倭变端委考**
作 者 郝毓楠
刊 名 中国史研究
年 卷 期 1981年4期

题 名 **明代倭寇产生及其猖獗的原因**
作 者 刘文兵
刊 名 内蒙古电大学刊
年 卷 期 1988年12期
页 码 15－17
摘 要 倭寇在明代始终存在。明初倭患多在北方沿海地区。倭寇有真倭假倭之说,而此时为患者,绝大多数为真倭。明中后期,倭患渐移到东南沿海地区。倭寇成份趋向复杂,倭乱也更加猖獗。本文拟就上述现象的分析,说明倭寇产生及其猖獗的原因。

题 名 **明代倭寇海盗、海禁与中国资本主义萌芽问题——读《明代嘉隆间的倭寇海盗与中国资本主义的萌芽》**
作 者 徐振武
刊 名 贵州社会科学
年 卷 期 1983年4期
页 码 109－112
摘 要 十六世纪明代嘉靖隆庆年间的倭寇海盗问题,是中国历史上的一件大事。明清统治者从封建地主阶级的立场出发,把东南沿海地区人民不顾封建政府海禁前往日本、东南亚各国从事海外贸易,诬为倭寇海盗,并进行了残酷的镇压。长期以来,很少有人对此进行专门的研究,解放后,一些书刊仍沿袭旧的观点,把一场人民的正义斗争,也说成是倭寇海盗,对封建统治者镇压人民的行动,不加分析地一律给予肯定和赞扬。由中国社会科学出版社出版的中山大学戴裔煊教授《明代嘉隆间的倭寇海盗与中国资本主义的萌芽》一书,提出了一些新的看法,澄清了一些历史事实,为深入研究明代的资本主义贫芽和东南沿海地区的倭寇海盗的关系提供了有益的启示。

题 名 **明代倭寇考略(陈懋桓著)**
作 者 庚年
刊 名 大公报图书副刊
年 卷 期 1953年63期

题 名 **明代倭寇侵扰沿海各地年表**
作 者 何格恩

刊　　名　岭南学报
年 卷 期　1933 年 2 卷 4 期

题　　名　**明代倭寇事件性质的探讨**
作　　者　陈牧野
刊　　名　江海学刊
年 卷 期　1958 年 7 期

题　　名　**明代倭寇述要**
作　　者　杜鸣治
刊　　名　文科季刊(河南中山大学)
年 卷 期　1930 年 1 期

题　　名　**明代倭寇问题研究**
作　　者　山根幸夫,邱明
刊　　名　商丘师范学院学报
年 卷 期　1992 年 1 期
页　　码　78－82,116

题　　名　**明代倭寇研究之回顾与前瞻——兼言倭寇史料**
作　　者　郑梁生
刊　　名　淡江史学
年 卷 期　2000 年 11 期

题　　名　**明代倭寇之患与中琉关系**
作　　者　王晓云
刊　　名　五邑大学学报(社会科学版)
年 卷 期　2009 年 11 卷 1 期
页　　码　62－65
摘　　要　古琉球王国与中国有着长期交往和密切联系。到明代,前后持续长达 300 余年的倭寇之患对中琉关系影响巨大。倭患使明政府的册封和琉球使团在华朝贡活动无法正常开展,并影响到中琉之间封贡贸易的进行。琉球政府协助明朝驱逐、抗击倭寇,促进了中琉关系的发展。

题　　名　**明代倭寇之研究**
作　　者　戚公用
刊　　名　河南政治
年 卷 期　1942 年 7－10 期

题　　名　**明代倭事月表**
作　　者　王扶生 辑

刊　　名　建国月刊
年 卷 期　1933 年 9 卷 4－6 期

题　　名　明代吴平海商集团的覆灭和诏安海外贸易的兴衰
作　　者　郑美华
刊　　名　福建文史
年 卷 期　2006 年 3 期
页　　码　5－8

题　　名　明代吾国与倭寇之贸易关系
作　　者　郑宗棨
刊　　名　经济学季刊
年 卷 期　1934 年 5 卷 2 期

题　　名　明代西洋三书的域外史记载与世界性意识——读《瀛涯胜览》《星槎胜览》《西洋番国志》
作　　者　毛瑞方，周少川
刊　　名　淮北煤炭师范学院学报（哲学社会科学版）
年 卷 期　2007 年 28 卷 6 期
页　　码　21－25，41
摘　　要　明初郑和船队七下西洋，随行的马欢撰《瀛涯胜览》、费信撰《星槎胜览》、巩珍撰《西洋番国志》。三书表达了明朝“宣德柔远”，加强中外联系、“共享太平之福”的意愿。书中大量记载了海外各国的天时气候、“土产之别，疆域之制”；记载了万里远航中“浮针于水，指向行舟”的行程；还从社会制度、文化习俗、经济活动等各个方面，向国人介绍海外诸国的社会面貌，用以开阔明朝观察世界的视野。三书说明了中外交流的历史成就和意义，以及中华文明在世界范围的重要地位，反映出鲜明的世界性意识。

题　　名　明代下西洋终止原因略论
作　　者　何平立
刊　　名　郑和研究
年 卷 期　1987 年 2 期

题　　名　明代仙游抗倭护城之战
作　　者　周益民
刊　　名　福建史志
年 卷 期　2001 年 6 期
页　　码　32－33
摘　　要　明嘉靖年间（1522～1566 年），倭寇数次大举袭扰莆仙沿海一带，给莆仙人民造成极大危害。嘉靖四十一年（1562 年），倭寇攻占兴化府城（今莆田荔城），在城内盘据了两个多月，四出抢掠。又连续攻破岐头，平海；同时，虎视仙游县城，弄得仙游人心惶惶。

题　　名　明代徐州段运河的乏水问题及应对措施
作　　者　李德楠

刊　　名　兰州学刊
年 卷 期　2007 年 8 期
页　　码　161 - 165
摘　　要　黄河的决徙变迁，经常导致黄运交会的徐州段运河水量不足。为确保漕运畅通，明政府采取了引黄河水、东诸泉、沁河水，疏濬河道，修建闸坝、堤防等应对措施。到万历中期黄河两岸全面筑堤以后，黄河主流被固定于徐州运道，乏水问题暂时得到了缓解，但好景不长，此后水流愈加湍急险恶，河堤决徙频繁，不得不改道泇河，避黄行运。泇河的开凿由引黄河水改为引沂、沭河水，避开了徐州段运河乏水问题的困扰，但是也给徐州城市发展来了一定的负面影响。

题　　名　**明代徐州段运河河道整治与漕运管理述略**
作　　者　胡梦飞
刊　　名　华北水利水电学院学报(社科版)
年 卷 期　2010 年 5 期
页　　码　122 - 124
摘　　要　漕运作为封建王朝的重要经济命脉，在明代发展到了一个新阶段。由于运河徐州段在整个南北漕运中位置的重要性，明代政府极为重视对徐州段运河河道和漕运的管理，除了治理险段、开凿新河道外，还设置众多漕运机构进行管理，在保证南北漕运的安全畅通的同时，对徐州城市发展也产生了重要影响。

题　　名　**明代宣德时期的中外关系**
作　　者　赵中男，于虹
刊　　名　西南师范大学学报(人文社会科学版)
年 卷 期　2004 年 30 卷 6 期
页　　码　120 - 123
摘　　要　明宣宗朱瞻基在位期间，大体上调整了永乐时期的对外政策，从安南撤军，与朝鲜和东南亚等国保持友好关系，密切了同日本的经济往来，并派郑和第七次远航西洋，加强了中国与东北非一些国家的交往，使中国保持了一个大国的国际地位。

题　　名　**明代巡猎与郑和下西洋**
作　　者　何平立
刊　　名　郑和研究动态
年 卷 期　2009 年 1 期
页　　码　3 - 6

题　　名　**明代亚洲外国官生在华留学及科举考试状况探议**
作　　者　黄明光
刊　　名　学术研究
年 卷 期　1996 年 1 期
页　　码　55 - 58
摘　　要　明太祖朱元璋建国以后，为集中精力处理国内矛盾，发展生产，在对外关系上基本采取了“和平相处”方针。永乐年间，明成祖又派遣郑和下西洋，出使亚、非部分国家，促进了中国同这些国家的经济、文化的交流。明朝初期社会的安定、经济的发展,加之朝廷友好的外交政策,使得亚洲部分国家派遣使者至京师朝贡,谱写了中外关系史上的又一新篇章。当今学者对明代中国与外国关系的研究,在政治、经济贸易方面撰文颇多,然于文化方面,特别是在教育方面尤少。笔者不自量力,撰写此文,希补其遗缺,亦望起"抛砖引玉"之效。

题　　名　**明代沿海城镇对日贸易浅谈**
作　　者　朱亚非
刊　　名　山东社会科学
年 卷 期　1991年5期
页　　码　61-64

题　　名　**明代盐阜地区抗倭斗争事迹考略**
作　　者　孙炳元
刊　　名　盐城师专学报(社会科学版)
年 卷 期　1986年1期

题　　名　**明代抑商政策对中国经济发展的影响**
作　　者　王兴亚
刊　　名　郑州大学学报
年 卷 期　2002年35卷1期
页　　码　125-131
摘　　要　商业是与人民大众生活息息相关的。明代商品经济得到进一步发展。朱元璋及其继承者固守抑商的国策,严禁去农从商,以商税来抑制商业发展,以节俭来抑制消费增长,限制对外贸易,商人社会地位低下,生命财产得不到保障。其结果,不仅延缓了沿海地区经济的快速发展,限制了整个国民经济的发展,并使国家财政收入减少,致使中国在世界历史发展的转折关头,失去了经济发展的机遇,落在了先进国家的后边。

题　　名　**明代渔禁对沿海渔村社会的影响**
作　　者　欧阳宗书
刊　　名　中国社会经济史研究
年 卷 期　1995年3期
页　　码　37-45

题　　名　**明代与东南亚关系之研究(上)**
作　　者　徐玉虎
刊　　名　人文学报(辅仁大学)
年 卷 期　1976年5期

题　　名　**明代与东南亚关系之研究(下)**
作　　者　徐玉虎
刊　　名　人文学报(辅仁大学)

年 卷 期　1977 年 6 期

题　　名　**明代与日本之勘合贸易**
作　　者　[台]叙荪
刊　　名　铬传学报
年 卷 期　1965 年 2 期

题　　名　**明代与日本足利幕府关系之研究**
作　　者　吴先培
刊　　名　东方杂志
年 卷 期　1937 年 34 卷 14 期

题　　名　**明代御倭战争中的戚继光和戚家军**
作　　者　李光璧
刊　　名　历史教学
年 卷 期　1955 年 10 期
页　　码　14 – 20

题　　名　**明代御倭战争中的赵文华**
作　　者　马景荣
刊　　名　青海师范大学学报(社会科学版)
年 卷 期　1988 年 2 期
页　　码　44 – 49

题　　名　**明代运军的编制、任务及其签补制度**
作　　者　鲍彦邦
刊　　名　暨南学报(哲学社会科学版)
年 卷 期　1992 年 3 期
页　　码　82 – 92
摘　　要　明代运军是漕运的主要承担者,由中央漕司统辖,其组织采取卫所制和编甲连坐制,实行编队运行原则,以保证漕运的畅通和安全。运军主要担负漕运任务,此外还有各项经常性或临时性的附带任务,这无疑是维护明王朝的专制统治,但它本身又是异常繁剧和痛苦的差役。为保持现役运军的数额,明政府制定了签补运军的原则和措施,它具有严密而强制的特点,从一个侧面反映了明朝漕政的黑暗、吏治的腐败以及漕运制度的废弛破坏。

题　　名　**明代在中南半岛所置十宣慰司**
作　　者　凌纯声
刊　　名　大陆杂志
年 卷 期　1950 年 1 卷 1 期

题　　名　**明代占城通使中国考**
作　　者　刘利华
刊　　名　船山学刊
年 卷 期　2009年3期
页　　码　177－180
摘　　要　占城为印支半岛古国,今属越南。本文依据明朝实录、文献和档案中记载的数量极少的相关史料,对明代占城向中国遣使修好的过程进行考证,以期进一步加深对明王朝与占城外交关系的全面认识。

题　　名　**明代漳州海上贸易的发展与海商反对税监高寀的斗争**
作　　者　林仁川
刊　　名　厦门大学学报(哲学社会科学版)
年 卷 期　1982年3期
页　　码　80－85
摘　　要　漳州月港是明代中后期我国东南沿海主要的对外贸易商港,是东南地区海外交通的中心。万历年间,在全国各地反对矿监税监斗争的怒潮中,漳州海商首先发难,掀起福建人民反对税监高寀的斗争,并取得了一定的胜利。本文拟对这次斗争的经济背景和经过作一简要的探讨。

题　　名　**明代漳州商人与中琉贸易**
作　　者　徐晓望
刊　　名　海交史研究
年 卷 期　1998年34期
页　　码　43－57,90

题　　名　**明代漳州月港续论**
作　　者　陈自强
刊　　名　漳州职业大学学报
年 卷 期　1999年3期
页　　码　65－68
摘　　要　漳州月港是明代重要的海外交通贸易港口。月港海舶抵达东、西洋的40多个港口,进口商品达110多种,我国的丝织、瓷器等物产也畅销东南亚并转销欧、美。左右月港海外交通贸易的是地主阶级的豪门巨室,但市民阶层中的富商也是一股重要力量,而众多的散商则是月港海外交通贸易的基础。

题　　名　**明代漳州月港研究学术讨论会综述**
作　　者　陈自强
刊　　名　福建论坛(社科教育版)
年 卷 期　1982年6期
页　　码　95－97
摘　　要　明代漳州月港研究学术讨论会最近在福建省漳州市举行。与会的同志就月港兴衰原因、地位,以及研究月港历史的意义作了探讨。

题　　名　明代遮洋总的沿革与运输路线
作　　者　王尊旺
刊　　名　厦门大学学报(哲学社会科学版)
年 卷 期　2009 年 5 期
页　　码　52 - 59
摘　　要　明代遮洋总自永乐年间设立后,除隆庆时期有短暂革除外终明一代一直存在。万历以后朝野上下所建议恢复的不是遮洋总本身,而是它的海运功能。隆庆以前,遮洋总的主要职能是负责运输山东河南的部分漕粮供应蓟州军饷,此后和漕运其他各总共同运输北京附近各镇的军饷。随着明代漕运体制的变化,不同时期遮洋总有不同的运输路线。宣德七年前的遮洋海运从淮安或刘家港出发通过海路到达天津,其后则从河南小滩镇由内河驶抵入海口。所谓海运仅仅是其运输路线中的一小部分。

题　　名　明代浙江军事布防考
作　　者　章年海
刊　　名　浙江师大学报
年 卷 期　1996 年 1 期
页　　码　35 - 39

题　　名　明代浙江市舶司废止考
作　　者　白斌,王慕民
刊　　名　海交史研究
年 卷 期　2008 年 53 期
页　　码　52 - 57,91
摘　　要　明代作为专通日本的浙江市舶司,其机构设置随着中日关系的变化而不断调整,对于其废止的次数和年代,当今学者提出了很多不同的看法,本文以《明实录》的史料为依据,兼以《国榷》等史料为辅,对明代浙江市舶司的废止年代进行考证。

题　　名　明代浙江市舶司兴废问题考辨
作　　者　陈尚胜
刊　　名　浙江学刊
年 卷 期　1987 年 2 期
页　　码　52 - 54
摘　　要　浙江宁波,自古就是我国海外交通的重要港口。宋、元、明三代,都曾在宁波设立海外贸易的管理机构——市舶司。然而,关于明代浙江宁波市舶司的兴废以及其它有关问题,《明史》等书的记载却很混乱。不但妨碍了我们对于明代浙江海外贸易的研究,而且也有碍于我们对明代中日关系的研究,实有必要弄清楚。

题　　名　明代郑和的塑像——福建长乐显应宫出土彩塑再探
作　　者　万明
刊　　名　故宫博物院院刊
年 卷 期　2005 年 3 期
页　　码　13 - 22,156 - 157

摘　　要　1992年福建长乐漳洪镇仙岐村显应宫出土5组神像。位于前殿右侧神台上的一组彩塑，民间传说名“巡海大臣(神)”。自出土以来,就有这组塑像是郑和一说,但一直没有研究确认,也没有研究者阐述它产生的历史年代和背景。作者从明朝衣冠制度出发,主要依据5种历史文献(图文)记载加以初步考察,认定主塑像就是郑和;同时又从塑像形象入手,进一步全面分析和论证塑像即郑和造像,是迄今为止国内首次发现,也是国内外造像时间最早的郑和塑像。

题　　名　**明代郑和之出使南洋**
作　　者　宋泽生
刊　　名　中兴周刊
年 卷 期　1946年3期

题　　名　**明代之漕运**
作　　者　清水泰次 著;王崇武 译
刊　　名　禹贡
年 卷 期　1936年1期
页　　码　35-50

题　　名　**明代至清初的十三行与十字门海上贸易——以屈大均1662年澳门之行为中心**
作　　者　赵立人
刊　　名　海交史研究
年 卷 期　2004年46期
页　　码　77-82

题　　名　**明代治河和通漕的关系**
作　　者　方楫
刊　　名　历史教学
年 卷 期　1957年9期
页　　码　17-24

题　　名　**明代中朝朝贡礼仪的制度化**
作　　者　栾凡
刊　　名　社会科学战线
年 卷 期　2008年12期
页　　码　109-112
摘　　要　明朝所建立的朝贡制度与元朝相比,体现出不同的特征。明朝在与各国建立朝贡关系之前,就已经制定了一整套内容完整的朝贡制度,与朝鲜之间的朝贡也是如此。明朝时期的中朝朝贡制度既有与其他朝贡国相同的内容,又有许多独特之处,这是由朝鲜与明朝地域相接、朝贡频繁、朝贡贸易广泛等方面的特点决定的。明朝时期是中朝朝贡制度的完善时期,也为清朝时期的中朝朝贡制度奠定了基础。

题　　名　**明代中国人在暹罗之贸易**
作　　者　张美惠

刊　　名　文史哲学报
年 卷 期　1951 年 3 期

题　　名　**明代中国与菲律宾的友好关系**
作　　者　江醒东
刊　　名　中山大学学报(社会科学版)
年 卷 期　1981 年 1 期
页　　码　80 – 91
摘　　要　美丽富饶的群岛之国菲律宾,位于亚洲东南的太平洋面,与我国台湾省只隔着一个巴士海峡,真是一衣带水的邻国。中菲两国人民的友好往来历史悠久,有人说始自周朝,有人说始自汉朝,有人说始自第三世纪,这些说法的论据还有待进一步探讨。根据信史记载和考古证明,两国关系至少可以追溯到唐、宋,这在《新唐书》、《文献通考》、《宋史》、《诸蕃志》、《宋会要辑稿》等重要史籍中都有具体的记载。但是,唐、宋、元的中菲关系毕竟基本上还是局限于贸易方面。到了明朝初期,情况就大不相同了。中菲两国政府之间加强了政治交往,建立了友好的外交关系,从而使传统的贸易关系得到进一步发展。本文准备就明代中菲之间政治上的友好往来、经济上的相互贸易、华侨对菲律宾的贡献和两国人民在反对殖民主义斗争中的深厚友谊四个问题,对明代中菲的友好关系加以论述。

题　　名　**明代中国与柯枝之交通**
作　　者　马泰来
刊　　名　珠海学报
年 卷 期　1978 年 10 期

题　　名　**明代中国与琉球的友好往来**
作　　者　李未醉,赖文斌
刊　　名　商丘师范学院学报
年 卷 期　2005 年 1 期
页　　码　60 – 62
摘　　要　琉球是古代东亚的岛国,明代时期与中国建立了外交关系,两国成为友好邻邦。政治上,琉球三国中山、山南、山北多次遣使明廷,明朝对琉球进行赏赐、册封;两国在抗倭斗争中相互支持。经济上,互通有无。文化上,明代皇帝多次赐《大统历》,中国儒生侨居琉球传播先进文化,琉球派遣王从子、寨官子、陪臣子、官生、女官生等入明朝国学学习。

题　　名　**明代中国与天方之交通**
作　　者　周永新
刊　　名　大陆杂志
年 卷 期　1969 年 38 卷 9 期

题　　名　**明代中国与印度尼西亚的贸易及其作用**
作　　者　林金枝
刊　　名　南洋问题研究
年 卷 期　1992 年 4 期

页　　码　17－27

题　　名　**明代中国之外国贸易**
作　　者　［日］百濑弘 著;郭有义 译
刊　　名　食货半月刊
年 卷 期　1936年4卷1期

题　　名　**明代中后期的市舶税**
作　　者　林枫
刊　　名　中国社会经济史研究
年 卷 期　2001年2期
页　　码　1－8
摘　　要　嘉万时期,东南沿海私人海上贸易迅速发展;葡萄牙人独据澳门,也从海上贸易中获利丰厚。政府对月港华商、澳门外商实行了有别于贡舶抽分制的新税制。本文对两地贸易额、贸易利润与税额之间的比例进行分析,认为:月港开放有限,走私普遍存在,政府课税对象狭隘,且税率极低,巨额财富滞留海商手中,国家税源严重流失;政府对澳门外商缺乏有效税收征管,使利用税收对葡商所获巨额利润进行调节、实现利益重新分配的可能落空。

题　　名　**明代中后期葡萄牙与宁波的交往**
作　　者　王慕民
刊　　名　宁波师院学报(社科版)
年 卷 期　1997年4期
页　　码　16－19

题　　名　**明代中后期中国东南沿海与世界贸易体系——兼论月港"准贩东西洋"的意义**
作　　者　郑有国,苏文菁
刊　　名　福州大学学报(哲学社会科学版)
年 卷 期　2009年1期
页　　码　5－9,112
摘　　要　欧洲早期殖民者的商业扩张,一定程度上破坏了东亚历史以来以中国为中心的朝贡体系,同时也借助东亚原有的朝贡网络编织起更为广泛的贸易体系;中国东南沿海的部分岛屿、港口由此而纳入了16世纪之后以欧洲人为主导的新的世界贸易体系。明政府选择月港为私人海上贸易的开放港,是多方力量博弈的结果,体现了封建王朝的保守性。

题　　名　**明代中琉贸易的特点与福建市舶司的衰亡**
作　　者　林仁川
刊　　名　海交史研究
年 卷 期　1988年13期
页　　码　163－171

题　　名　**明代中琉之间的册封关系**
作　　者　米庆余
刊　　名　日本学刊
年 卷 期　1997 年 4 期
页　　码　122 – 132

题　　名　**明代中葡关系与澳门之地位**
作　　者　朱亚非
刊　　名　史学集刊
年 卷 期　1995 年 4 期
页　　码　47 – 53

题　　名　**明代中葡两国的第一次正式交往**
作　　者　万明
刊　　名　中国史研究
年 卷 期　1997 年 2 期
页　　码　129 – 139

题　　名　**明代中期以后中国沿海的海盗活动**
作　　者　[台]潘敏德
刊　　名　史绎
年 卷 期　1978 年 15 期

题　　名　**明代中期中日贸易简论**
作　　者　朱亚非
刊　　名　齐鲁学刊
年 卷 期　1984 年 6 期
页　　码　50 – 56

题　　名　**明代中日朝贡贸易与漆器交流**
作　　者　程红梅
刊　　名　海交史研究
年 卷 期　2002 年 41 期
页　　码　64 – 74

题　　名　**明代中日朝鲜战争**
作　　者　李树桐
刊　　名　文史杂志
年 卷 期　1941 年 1 卷 6 期

题　　名　明代中日关系述评
作　　者　李映发
刊　　名　史学集刊
年 卷 期　1987 年 1 期
页　　码　62 – 63

题　　名　明代中日间“永乐条约”与“宣德条约”辨正
作　　者　陈景彦
刊　　名　吉林大学社会科学学报
年 卷 期　1990 年 3 期
页　　码　36 – 40

题　　名　明代中日间真有《永乐条约》与《宣德条约》吗
作　　者　陈景彦
刊　　名　日本研究
年 卷 期　1991 年 2 期
页　　码　49 – 53

题　　名　明代中日僧侣的友好往来
作　　者　崔荣华,陈情
刊　　名　南通师范学院学报
年 卷 期　1996 年 1 期
页　　码　22 – 25

题　　名　明代中日书籍之路
作　　者　宋东映
刊　　名　科教文汇(下旬刊)
年 卷 期　2008 年 10 期
页　　码　220,222
摘　　要　古代中外文化交流,一方面是物质层面的,另一方面是精神层面的。精神层面则主要是书籍交流。明代,中日之间的书籍交流是广泛而深远的,由于明代大量汉籍的东传,中国文化对日本各方面都产生了影响,日本通过汉籍的输入不断吸收中国文化。本文拟从交流的方式、交流的路线、交流的内容来对明代中日书籍之路进行论述。

题　　名　明代中暹的贸易关系及华侨对暹罗经济发展的作用
作　　者　张莲英
刊　　名　中国社会经济史研究
年 卷 期　1982 年 2 期
页　　码　31 – 39
摘　　要　中国和暹罗(今泰国)的友好往来,可以追溯到西汉平帝元始年间(公元一至五年),中国曾派出使者远航印度,途经暹罗湾,到达过暹罗南部。到了明代,随着中暹两国社会经济的发展,两国之间政治上友好往来的密切,中暹传统的经济贸易、文化交流得到了进一步的发展。本文企图通过明代中暹贸易关系及华侨对暹罗经济发展作用的叙述,论证中暹两国之间悠久的友好关系。

题　　名　**明代中央外事机构论考**
作　　者　李云泉
刊　　名　东岳论丛
年 卷 期　2006 年 27 卷 5 期
页　　码　128 - 133
摘　　要　中国古代一直没有专职外交机构,外事管理分隶不同官衙。明代在因袭唐宋旧制的墓础上,外事管理与分工更趋严密而具体,形成礼部主管、中央其他官衙协同管理的格局。其中,礼部主客司全面负责外事活动,会同馆为外事接待机构,四夷馆是中国最早的官办外事翻译机构,鸿胪寺专司外事礼仪,行人司则以奉旨出使为要务。本文对以上机构的设置、沿革、职能等问题作了简要考察分析。

题　　名　**明代中叶的社会政治经济的变化与“倭寇运动”**
作　　者　秦沪鹰
刊　　名　青年史学
年 卷 期　1985 年 21 期

题　　名　**明代中叶后澳门的海外贸易**
作　　者　全汉升
刊　　名　香港中文大学中国文化研究所学报
年 卷 期　1972 年 5 卷 1 期

题　　名　**明代中叶后漕军的积债问题**
作　　者　李想
刊　　名　井冈山学院学报
年 卷 期　2008 年 29 卷 9 期
页　　码　67 - 69
摘　　要　明代漕军是漕运任务的主要承担者。明中后期由于漕军的收入有限而负担却异常沉重,又遭受种种剥削勒索,陷入了非借债不能维生的地步。借债不但没有能解决问题,反而成为漕军的另外一项重负,致使漕军逃亡与侵盗漕粮不断。明代政府采取了一些补救的措施,但收效甚微。明代漕军的积债问题反映了明代漕政的废弛与明代吏治的腐败。

题　　名　**明代重农抑商政策的演变**
作　　者　于少海
刊　　名　东华理工学院学报(社会科学版)
年 卷 期　2004 年 23 卷 1 期
页　　码　39 - 42
摘　　要　明代统治者对工商业的政策是复杂而又多变的,在不同时期有不同的特点。简单地以重农抑商来概括明代工商业政策既不符合历史实际,也无法解释其间政策变化的情况,更无法说明明中后期社会经济生活中出现的新现象。文章试图通过从制度、制度环境和明中期出现的社会现象入手,对明王朝的重农抑商政策和举措进行分析,以探究其政策的内在逻辑和演变规律。

题　名　明代总理河道考
作　者　张艳芳
刊　名　齐鲁学刊
年 卷 期　2008 年 3 期
页　码　64－67
摘　要　明代的中央财政收入,依赖于东南地区,通过运河输送至京。为保证漕运的畅通,自明宪宗时在中央设立总理河道一职,专门负责运河管理。总理河道官员身兼数衔,有权节制地方军卫和有司,对运河的河道设施及通航秩序进行有效的管理,最大限度地保障了南方赋税的北运。总理河道的设立,不仅对明代水路交通的发展极为有利,而且对明朝商品经济的发展与政权的巩固都起到了很重要的作用,这一制度也为此后的清政府沿用。

题　名　明帝国海禁之祸
作　者　王磊石
刊　名　时代教育
年 卷 期　2008 年 18 期
页　码　94－101

题　名　明帝国南海外交使节考
作　者　张奕善
刊　名　国立台湾大学历史学系学报
年 卷 期　1976 年 3 期

题　名　明帝国与南海政略
作　者　张奕善
刊　名　国立编译馆馆刊
年 卷 期　1974 年 3 卷 1 期

题　名　明封琉球国王尚丰敕跋
作　者　罗振玉
刊　名　东北丛镌
年 卷 期　1931 年 13 期

题　名　明海寇林阿凤考
作　者　陈慎
刊　名　东方杂志
年 卷 期　1934 年 31 卷 7 期
页　码　143－145

题　　名　**明海洋管理制度化进程中的朝廷与地方**

作　　者　王日根,苏惠苹

刊　　名　大连大学学报

年 卷 期　2008 年 25 卷 4 期

页　　码　14－19

摘　　要　月港地方的走私贸易由来已久,但一直没有引起统治者的注意,嘉靖年间严重的倭乱才使其进入明王朝的统治视野之中,中央朝廷开始在这个地方设置军事机构,力图稳住东南海疆。为了加强对地方社会的控制,朝廷一方面采取中原体制的做法——设县直接统治;另一方面,经过反复权衡,被动地、有限度地选择月港开海贸易,由此海澄(月港)开始了合法发展海外贸易的新时代,商税制度亦逐渐建立起来。从海澄设县、隆庆开海乃至商税制度建设,中央与地方的慢慢磨合,官方与民间长期以来所形成的自然默契昭然可见。

题　　名　**明洪武、永乐时期的对外政策**

作　　者　胡晏

刊　　名　西北民族大学学报(哲学社会科学版)

年 卷 期　1987 年 3 期

页　　码　92－96

摘　　要　明洪武、永乐时期,在对外政策的制订以及如何执行方面,“形同”而“实异”。前者对外政策是采取闭关自守的严厉海禁;后者对外政策则是采取积极主动而宽弛“海禁”。两者相较,永乐时期实行的对外开放政策,较之洪武时期实行的对外闭关自守政策更目光远大,合乎历史潮流。本文拟就此略述肤浅之见,以求教正。

题　　名　**明洪武初中日僧人间的文化交往——以日僧绝海中津为例**

作　　者　牛建强

刊　　名　西南大学学报(社会科学版)

年 卷 期　2007 年 6 期

页　　码　61－68

摘　　要　在日本中世,以五山寺院为中心的禅僧垄断汉文学,并介入对华外交事务。自宋元以来以两国僧人交往活动(或日僧直接来华,或中国僧人赴日)为核心的中日文化交流在明洪武初仍在继续并得到新的发展。当时,作为京都五山文化代表的绝海中津亲自渡明,居留时间长达八年,习禅之余,间染汉诗,水平几敌中土。绝海虽称典型,然也浓缩和反映出其时中日文化频繁交往的情形。

题　　名　**明洪武年间的睦邻外交与海禁**

作　　者　陈梧桐

刊　　名　史学集刊

年 卷 期　1988 年 2 期

页　　码　1－8

题　　名　**明洪武年间明朝与高丽王朝关系略论**

作　　者　薛篁

刊　　名　社会科学战线

年 卷 期 1997年4期
页 码 165－169

题 名 **明后期白银的大量内流及其影响**
作 者 晁中辰
刊 名 史学月刊
年 卷 期 1993年1期
页 码 33－39
摘 要 明朝后期,尤其是隆庆元年部分开放海禁以后,白银象潮水一样大量流入中国。这是一个十分引人注目的重大社会经济现象,对中国历史的发展产生了极为深远的影响。迄今为止,人们对这个问题尚未引起足够的重视,本文即是对这一问题所作的初步探讨。

题 名 **明后期海禁的开放与商品经济的发展**
作 者 林仁川
刊 名 安徽史学
年 卷 期 1992年3期
页 码 14－18

题 名 **明后期隆庆开放与华侨出国**
作 者 晁中辰
刊 名 华侨华人历史研究
年 卷 期 1994年2期
页 码 47－54

题 名 **明后期同东南亚地区贸易迅速发展的原因**
作 者 郭立珍
刊 名 洛阳师范学院学报
年 卷 期 2003年6期
页 码 85－88
摘 要 明朝后期中国同东南亚地区贸易迅猛发展。产生这一历史现象有国内、国外两方面原因。国内原因是:贸易形式的转变;国内商品经济的发展;闽粤地区拥有大批高素质、富于冒险和开创精神的对外贸易人才;郑和下西洋打通了往东南亚各地的海上通道;中国急需白银的刺激;航海和造船技术的先进等。国外原因是:东南亚和欧美人民对中国商品的喜爱;东南亚地区优惠贸易政策的吸引;东南亚华侨社会的初步形成,在中国与东南亚地区间架起一座贸易桥梁等。

题 名 **明后期中葡贸易中丈抽税银制的实行:1571－1597年**
作 者 陈青松,汤开建
刊 名 江苏商论
年 卷 期 2006年12期
页 码 173－175
摘 要 明代中葡贸易中饷税问题经历过不同的发展阶段,隆庆时,针对贸易发展的新情况,以及饷税中所出现的新问题,明政府实行了丈抽税银制这一制度。明政府在澳门实行的这一制度与同时期漳澄等地实行的贸易制度两者之间似是而非,令人往往混为一谈,有澄清的必要。

题　　名　明后期中日两国的双边贸易政策及其演变
作　　者　朱亚非
刊　　名　烟台大学学报(哲学社会科学版)
年 卷 期　1992 年 1 期
页　　码　49－54

题　　名　明及清前期保守主义的海外贸易政策
作　　者　史志宏
刊　　名　中国经济史研究
年 卷 期　2004 年 2 期
页　　码　33－41
摘　　要　以地理大发现为开端的世界近代史是西欧资本主义强权通过海洋向全球扩张的时代,是其高扬海权、以炮舰为后盾推行重商主义、殖民主义的时代。这股汹涌的世界大潮摧毁了亚、非、美洲的许多古文明,拥有悠久而辉煌历史的华夏文明也从 16 世纪起,与西欧资本主义的勃兴形成鲜明对照地走上了下坡路,逐渐落后于西方并最终被其打败,从鸦片战争起忍受了长达百年的历史屈辱。本文通过检讨明及清前期封建王朝的海外贸易政策,分析其保守主义的实质。作者认为,这一时期封建王朝所实行的与世界发展大势相悖的海外政策,导致了近代中国的落伍。

题　　名　明及清前期保守主义的海外贸易政策形成的原因及历史后果
作　　者　史志宏
刊　　名　中国经济史研究
年 卷 期　2004 年 4 期
页　　码　34－42
摘　　要　本文是《明及清前期保守主义的海外贸易政策》一文的续篇,进一步讨论该时期中国保守主义海外政策的形成原因及历史后果。认为文化传统、现实政治因素、经济发展阶段以及大国经济的自给性是这一时期封建王朝实行保守主义海外贸易政策的主要原因。违反时代潮流的保守主义的海外政策,使中国在世界近代史上一次又一次失去了继续保持大国领先地位的宝贵机遇并最终被西方所打败。

题　　名　明及清前期的旅顺
作　　者　魏刚
刊　　名　大连大学学报
年 卷 期　2004 年 5 卷 1 期
页　　码　24－26
摘　　要　旅顺是海路咽喉、京津门户,在明初统一东北的战争和明朝防倭援朝战争中均发挥了极为重要的作用;明末,明与后金为争夺旅顺进行过反复而激烈的较量;清朝前期,旅顺水师营的兴衰反映了辽东海防建设的变化。

题　　名　**明季澳门与马尼拉的海上贸易**
作　　者　张廷茂
刊　　名　岭南文史
年 卷 期　1999 年 1 期
页　　码　12 – 15
摘　　要　葡萄牙人于 16 世纪中期入居澳门后,除大力发展里斯本至澳门、澳门至日本的航运与贸易外,还开辟了新的澳门——马尼拉航线与贸易。菲律宾的马尼拉成为澳门葡人同东南亚地区开展海上贸易的重要地区,其重要性仅次于对日贸易。

题　　名　**明季葡萄牙对中国的侵略和它对我澳门的窃据**
作　　者　洪启翔
刊　　名　华南师院学报
年 卷 期　1960 年 3 期

题　　名　**明季葡萄牙殖民者占据澳门的缘由管见**
作　　者　丁顺茹
刊　　名　学术研究
年 卷 期　1999 年 6 期

题　　名　**明季葡萄牙殖民者占据澳门缘由管见**
作　　者　丁顺茹
刊　　名　学术研究
年 卷 期　1999 年 6 期
页　　码　62 – 67
摘　　要　关于葡人入居澳门缘由的研究,归纳起来主要有四种说法:借地说、混入说、占领说和酬劳说。通过分析这几种说法,笔者认为,唯有混入说较能反映历史的真实。

题　　名　**明季西班牙在吕宋与中国之关系**
作　　者　张维华
刊　　名　禹贡
年 卷 期　1937 年 6 卷 8 – 9 期

题　　名　**明季以降白银内流及其对中国经济制度之影响——兼论澳门在其中的作用**
作　　者　梅新育
刊　　名　文化杂志
年 卷 期　1999 年 39 期

题　　名　**明季寓居澳门的日本基督徒及广东政府的管治与防范**
作　　者　汤开建,吴青
刊　　名　中华文史论丛

年 卷 期　2008 年 1 期
页　　码　201－242,390
摘　　要　万历年间,由于澳门葡萄牙人大量地蓄养倭奴,耶稣会以澳门为基地大批地培养日本基督徒及日本禁教后大批基督徒到澳门避难等原因,澳门聚居着为数不少的日本人。在此期间,澳门爆发了一系列与居澳日本人相关的冲突事件,引起了广东政府的警惕,并在澳门发起了一场持续数年的"驱倭"运动。为了加强对澳门葡人的防范与管理,广东政府在"驱倭"的基础上,制定了一系列办法,将澳门葡人纳入到明王朝的有序管理之中。

题　　名　明季中国与菲律宾间的贸易
作　　者　全汉升
刊　　名　香港中文大学中国文化研究所学报
年 卷 期　1968 年 1 期

题　　名　明季中葡关系述略
作　　者　赵旭
刊　　名　历史知识
年 卷 期　1987 年 5 期

题　　名　明嘉靖间葡人在宁波被屠问题
作　　者　方豪
刊　　名　新北辰
年 卷 期　1937 年 3 卷 5 期

题　　名　明嘉靖年间的中日贸易
作　　者　志梁
刊　　名　中华月报
年 卷 期　1944 年 7 卷 1 期

题　　名　明嘉靖年间浙江之倭患
作　　者　袁建禄
刊　　名　浙江月刊
年 卷 期　1977 年 9 卷 5 期

题　　名　明嘉靖时期的海禁与倭寇
作　　者　林瑞荣
刊　　名　历史档案
年 卷 期　1997 年 1 期
页　　码　86－88,85
摘　　要　倭寇原产生于日本因战乱而流亡于海上的人们当中,他们既是海盗,也从事商业贸易。倭寇对中国沿海地区的骚扰始于元末明初,但在明嘉靖以前并未酿成大患。只是到了 16 世纪中叶的明朝嘉靖年间;中国东南沿海地区的"倭患"才突然严重起来。此后,明政府采取了大规模的军事行动,进行了长达20多年的“御倭战争”。在“倭患”特别严重的嘉靖时期,“倭寇”从主要首领到基本成员大都是中国人,尽管其中也有少部分是倭人,但他们并不起主要作用。

题　　名　明嘉靖时期抗倭战争真相考——评初中《中国历史》第二册有关编写内容
作　　者　王柏生
刊　　名　泉州学刊
年 卷 期　2002年2期
页　　码　84-85

题　　名　明嘉靖倭寇研究的回顾
作　　者　[台]吴大昕
刊　　名　明代研究通讯
年 卷 期　1999年2期

题　　名　明嘉靖辛酉郭汝霖李际春《重编使琉球录》解题之研析
作　　者　徐玉虎
刊　　名　海交史研究
年 卷 期　2001年40期
页　　码　56-77,105

题　　名　明嘉靖中期的倭患与东南人民的抗倭斗争
作　　者　胡云谖
刊　　名　文史教学
年 卷 期　1959年3期
页　　码　23-26

题　　名　明将刘綎与朝鲜义僧四溟堂协同抗倭事迹探论
作　　者　李江,曹国庆
刊　　名　江西师范大学学报(哲学社会科学版)
年 卷 期　2008年41卷2期
页　　码　86-91
摘　　要　16世纪末日本大举进犯朝鲜,明将刘綎受朝廷委派两度援朝抗倭,朝鲜义僧四溟堂募集僧兵保家卫国。战争中,四溟堂接受刘綎的指挥,多次受命进入倭营搜集情报或与倭谈判周旋,为援朝明军筹措粮草。刘綎用人不疑,二人同心合作,为抗倭战争的胜利作出了积极贡献。

题　　名　明抗倭名将沈有容试传
作　　者　徐晓望
刊　　名　福建史志
年 卷 期　1996年3期

题　　名　明末澳门葡商对日贸易的若干问题
作　　者　戚印平
刊　　名　浙江大学学报(人文社会科学版)
年 卷 期　2006年5期
页　　码　155-162
摘　　要　明末澳门葡商的对日贸易具有大航海时代典型的多元特质:它是由澳门葡萄牙商人的商业行会在广州的外贸易集市上统一购入以生丝为主的中国商品,用定期商船的形式输往日本;由于葡萄牙王国实行"为了胡椒与灵魂的拯救"的海外政策,澳日贸易与耶稣会士的传教活动密切相关,并成为后者的主要经费来源与换取传教许可的政治筹码。因此,当贸易与政治情境发生变化时,澳日贸易便与宗教传播同归于尽了。

题　　名　明末福建海关情况及其它地点变迁考略
作　　者　薛澄清
刊　　名　禹贡
年 卷 期　1936年7卷1-2期

题　　名　明末海商传奇
作　　者　周志明
刊　　名　海洋世界
年 卷 期　2008年9期
页　　码　30-33
摘　　要　中国古代航海历史悠久、技术先进,明初的郑和下西洋在航行距离、船队规模等方面均创造了当时的世界记录。在此条件下,至16世纪,中国海商业已形成自己的东西洋贸易网络体系。因此,在葡萄牙人、西班牙人、荷兰人、英国人等渐次来到东方后,中国海商于传统中整合发展,书写海洋贸易传奇。

题　　名　明末荷兰叩关管窥
作　　者　曹秀丽
刊　　名　工会论坛(山东省工会管理干部学院学报)
年 卷 期　2008年14卷1期
页　　码　146-147
摘　　要　明朝末年,荷兰舰队来到中国海域,要求通商贸易。时值东南沿海倭寇猖獗,明朝海禁甚严,加之其"未具金叶表文",从未朝贡,被拒之门外。荷兰人便开始用武力强夺澳门,强占澎湖,但均遭失败。从荷兰人叩关失败的一系列活动中,我们可以一窥晚明政府在面对西方殖民势力的挑战时,虽能抵抗其殖民侵略,但其对外通商政策仍不能做出适时的调整。

题　　名　明末闽台沿海局势与明政府之对策
作　　者　朱亚非
刊　　名　山东师大学报(社会科学版)
年 卷 期　1994年3期
页　　码　44-47

题　　名　明末清初澳门的海外贸易
作　　者　聂德宁
刊　　名　厦门大学学报(哲学社会科学版)
年 卷 期　1994 年 3 期
页　　码　64－70

题　　名　明末清初的福建海商与陶瓷贸易
作　　者　庄景辉
刊　　名　福建文博
年 卷 期　1995 年 1 期

题　　名　明末清初的华东市场与海外贸易
作　　者　陈东有
刊　　名　厦门大学学报(哲学社会科学版)
年 卷 期　1996 年 4 期
页　　码　80－85
摘　　要　明末清初,商品经济较为发达的华东地区拥有全国 80% 以上的主要商品和商品流通量以及商业资本。然而国内市场的不充分,促使华东市场的这种优势产生的扩张力只有向海外发展。这种扩张力与正在形成的世界海洋经济市场的拉力发生互动作用,促成了十分活跃的海外贸易,拉开了中国近代中外贸易的序幕。

题　　名　明末清初的民间海外贸易结构
作　　者　聂德宁
刊　　名　南洋问题研究
年 卷 期　1991 年 1 期
页　　码　8－17
摘　　要　明末清初的民间海外贸易活动,基本上沿袭了明中叶以来海澄月港请给商引贩贸东西二洋的传统,因而在海外贸易的结构上,仍可以东、西二洋来划分。尽管如此,随着时间的推移,以及海内外形势的变化,明末清初的民间海外贸易结构也有其自身的特色。本文拟就明末清初这一时期民间海外贸易的商品结构与市场结构,进行初步的考察和分析,从而来探讨这一时期民间海外贸易结构的发展演变进程。

题　　名　明末清初日本长崎福建籍华侨述略
作　　者　童家洲
刊　　名　福建师范大学学报(哲学社会科学版)
年 卷 期　1990 年 4 期
页　　码　115－121

题　　名　明末清初苏州商船滞日八年辨伪
作　　者　魏能涛
刊　　名　故宫博物院院刊

年 卷 期　1984 年 3 期
页　　码　72 – 75

题　　名　**明末清初唐船赴日贸易与唐船考**
作　　者　辛元欧
刊　　名　船史研究
年 卷 期　1989 年 4/5 期
页　　码　5 – 29

题　　名　**明末清初厦门港的崛起与陶瓷贸易**
作　　者　陈建标
刊　　名　南方文物
年 卷 期　2004 年 2 期
页　　码　77 – 79

题　　名　**明末清初中国帆船与荷兰东印度公司的贸易关系**
作　　者　聂德宁
刊　　名　南洋问题研究
年 卷 期　1994 年 3 期
页　　码　67 – 74,87
摘　　要　在明末清初中国帆船的海外贸易活动中,荷兰东印度公司既是一个主要的贸易往来对象,同时也是一个强大的贸易竞争对手。他们彼此之间贸易关系的建立及其发展变化,与当时东方海上贸易格局的变迁以及双方各自在东方海上势力的消长息息相关,是构成这一时期民间海外贸易活动的一个重要组成部分。

题　　名　**明末清初中国海外移民潮的动因**
作　　者　韦国友
刊　　名　广西右江民族师专学报
年 卷 期　1999 年 12 卷 2 期
页　　码　86 – 88
摘　　要　西方殖民者东来对中国海外移民形成一股外部的拉力;明中叶以后海洋社会经济的兴起和嘉靖时期倭患造成沿海社会动荡,对海外移民形成一股内部的推动力。

题　　名　**明末清初中国商船带到日本的海外政治情报**
作　　者　松浦章
刊　　名　海交史研究
年 卷 期　1990 年 17 期

题　　名　**明末清初中国文人东渡对日本文化的影响**
作　　者　李晓燕
刊　　名　盐城工学院学报(社会科学版)

年 卷 期　2008 年 1 期

页　　码　68－70,74

摘　　要　在明末清初的朝代更替中,有不少中国文人由于种种原因东渡扶桑,在形成一次移民浪潮的同时,也掀起了中日文化交流史上中国向日本进行文化传播的高潮。在文化传播过程中,中国文人在儒学、教育、史学、文学、武术、建筑、书法、绘画、医学等方面对日本产生了巨大的影响。

题　　名　明末清初中国与荷属东印度贸易对巴达维亚华侨社会的影响

作　　者　郭立珍,索秋平

刊　　名　洛阳大学学报

年 卷 期　2003 年 3 期

页　　码　17－21

摘　　要　明末清初,中国与荷属东印度贸易由于受中国对外贸易政策的松动、国内商品经济的发展、官府和民间急需白银、高额利润的驱使等因素的共同作用,得以迅速发展。中国的商船频繁往来于中国和巴达维亚等地,为中国东南沿海地区人民移居巴达维亚提供了便利。中国与荷属东印度贸易在巴达维亚华侨聚居区的形成中起了推波助澜的作用。

题　　名　明末清初中日私人海外贸易的间接渠道初探

作　　者　荆晓燕

刊　　名　中国社会经济史研究

年 卷 期　2010 年 1 期

页　　码　8－14

摘　　要　明末清初的中日私人海外贸易是有多方共同参与的,除了中日两国商人之间的直接贸易外,还有其它的间接贸易渠道。这些间接渠道主要有葡萄牙商人操纵的澳门——长崎贸易,荷兰商人控制的大员——长崎贸易,以及日本通过萨摩藩、对马藩分别与琉球和朝鲜所进行的藩属贸易。这些间接渠道是当时中日贸易的重要组成部分,共同促进了明清之际中日私人海外贸易的繁荣,并对当时东北亚地区的贸易格局及力量对比产生了深远影响。

题　　名　明末清初中日私商贸易与华侨

作　　者　童家洲

刊　　名　海交史研究

年 卷 期　1993 年 24 期

页　　码　20－32

题　　名　明末清初中日之间的海上贸易

作　　者　何志标,吴春芳,顿贺

刊　　名　武汉船舶职业技术学院学报

年 卷 期　2007 年 1 期

页　　码　6－8

摘　　要　中国和日本是近邻,有着两千多年的文化、科学技术、贸易交流的历史。本文仅就明末清初中国与日本之间海上贸易的情况作一介绍。

题　　名　**明末壬辰战争与中国海商**
作　　者　周志明
刊　　名　福建师范大学学报(哲学社会科学版)
年 卷 期　2009年4期
页　　码　124-128
摘　　要　明万历二十年(1592),在朝鲜大地上出现了一场悲壮、激烈的中朝人民共同抗击侵略者的战争,即著名的壬辰战争。在此次战争中,中国海商的表现颇值一提。他们于日本发动战争前冒险回国递告军情,在战争打响后联络日本的和平力量,架构中日和平通商之桥梁,为朝廷拟定正确策略和减少战争伤亡做出了贡献。

题　　名　**明末商人心灵世界的写真——《叠居奇程客得助三救厄海神显灵》文化解读**
作　　者　邓作惠
刊　　名　阜阳师范学院学报(社会科学版)
年 卷 期　2007年4期
页　　码　39-41
摘　　要　凌蒙初《二拍》中《叠居奇程客得助三救厄海神显灵》是描写明末商人生活和命运的名篇。小说通过对年轻商人程宰因艳遇海神,从而发家致富,逃过厄运,前困后享的描写,真实地表现了当时商人群体的心灵世界,生活欲望和追求——渴望美丽女性、预知商品信息,祈求生命安全、具有深刻的典型意义和认识价值。

题　　名　**明末西班牙人占据台湾鸡笼、淡水时期与大陆的贸易**
作　　者　徐晓望
刊　　名　台湾研究集刊
年 卷 期　2010年2期
页　　码　1-8
摘　　要　1626年,西班牙殖民者继荷兰人之后,侵占中国台湾北部的鸡笼和淡水作为殖民地。让西班牙人感到困惑的是,虽然这两个港口离福建主要贸易港口很近,但福建商人到本港贸易的数量极少,让西班牙人无法维持港口的经营。笔者根据何乔远《镜山全集》所载相关史料,分析明末福建商人不去鸡笼、淡水贸易的原因在于:台湾海峡的海盗活动、荷兰殖民者的干扰、福建官府对贸易的限制、闽南商人经商意愿在于台湾南部以及日本锁国政策对西班牙商人的拒绝导致淡水中转港地位的下降等。

题　　名　**明末在菲律宾的华人经济**
作　　者　黄启臣
刊　　名　华侨华人历史研究
年 卷 期　1998年1期
页　　码　18-25
摘　　要　明末在菲律宾的华人经济黄启臣菲律宾位于亚洲的东南部,与台湾省隔海相望。因为地缘接近,中菲两国人民早在唐代已有交往,宋元时代已有贸易往来。但华人大批到菲律宾定居及发展经济,则是明隆庆开海贸易之后。

题　　名　明末至清前期负责同欧洲国家交往的“通事”

作　　者　张廷茂，汤后虎

刊　　名　贵州文史丛刊

年 卷 期　2006年2期

页　　码　12－16

摘　　要　明朝末年，葡萄牙、西班牙、荷兰、英国和法国陆续来到中国，并在1685年清朝政府下令四口通商后，同中国展开大规模经济贸易。这种交往催生出了负责同非中国朝贡国的欧洲国家交往的通事。他们既是翻译官，又是政府对外政策的执行者，对中西方之间的交流起到了一种推动作用。

题　　名　明末中国东南沿海人民击退荷兰侵略的纪录

作　　者　朱杰勤

刊　　名　厦门大学学报（哲学社会科学版）

年 卷 期　1962年1期

页　　码　25－56

题　　名　明内府钞本《奉天命三保下西洋》杂剧探析

作　　者　万明

刊　　名　郑和研究

年 卷 期　2005年1期

页　　码　30－36

题　　名　明前期海外政策简论

作　　者　万明

刊　　名　学术月刊

年 卷 期　1995年3期

页　　码　96－101

摘　　要　对于明朝的开放和闭关问题多年来史界争论不休聚讼难下，成为明史研究的重大课题。虽然产生论点分歧的因素有多种，但重要因素之一是对明朝海外政策整体理解的差异。实际上朝贡贸易与海禁构成明代海外政策的两大支柱二者相辅相成不可孤立看待却又判然有别，不应混淆为一。以往的研究中却多忽略了这一点，以致许多问题解释不清，看法分歧，造成历史的误解应予澄清。明代前期即明开国至正德初年的一百多年间，明朝海外政策定型于兹，调整于兹，在面临前所未有的西方历史性冲击的前夜中国社会内部已经涌动变革潜流，这时封建王朝海外政策的变化趋向，对中国社会的发展具有重大影响，尤当引起足够的注意。政策的制定是一个动态的过程。明代前期以朝贡贸易和海禁为两大支柱的海外政策，实际含有颇具特征的三个发展阶段。本文试从政策的动态性及其互动作用分阶段进行论述，以期有助于我们对明朝海外政策整体的理解和认识。

题　　名　明前期明朝向朝鲜索征的“别贡”

作　　者　刁书仁

刊　　名　东北师大学报（哲学社会科学版）

年 卷 期　2009年3期

页　　码　60－66

摘　　要　史学界通常认为,在中朝两国关系发展史上,明朝与李氏朝鲜的宗藩关系最为典型,是两国关系最好的时期。两国之间保持着频繁的往来,朝鲜定期遣使朝贡,明朝对其贡献的方物,本着"厚往薄来"的原则,给予丰厚的回赐。而对明朝不时向朝鲜索征贡物的史实,往往给以忽视,或避而不谈。而明前期,明朝向朝鲜索征"处女"、"火者"、"海青鹰子"等就属于"别贡"性质。这种"别贡"给朝鲜带来沉重的负担,给两国关系带来很大的影响。

题　　名　明前期市舶宦官与朝贡贸易管理
作　　者　李庆新
刊　　名　学术研究
年 卷 期　2005 年 8 期
页　　码　102－107,148
摘　　要　永乐元年,明朝复置广东、福建、浙江三市舶司,同时差遣中使提督,市舶宦官成为朝贡贸易的实际管理者。正统以后市舶宦官经常兼任或转迁提督地方军务、海道、盐政、珠池等职,权势倍增。嘉靖初年,裁撤外派内官,市舶宦官暂时退出海外贸易管理。宦官主导贸易管理,不仅构成明前期朝贡贸易管理的特色,而且体现了明朝宦官势力发展的一般趋势。

题　　名　明前期中国与东南亚国家的朝贡贸易
作　　者　和洪勇
刊　　名　云南社会科学
年 卷 期　2003 年 1 期
页　　码　86－90
摘　　要　朝贡贸易是古代中国长期沿用的一种寓政治和经济为一体的特殊对外政策。在促进古代中国与海外国家(特别是东南亚国家)政治、经济交往中发挥了重要的作用。明代立国后继承了这一传统,并又有新的发展。作者从朝贡贸易的实行措施、鼎盛表现和历史意义等三个方面对明代前期中国与东南亚国家的朝贡贸易进行全面考察。

题　　名　明清(前期)浙江海防战略地位的演变
作　　者　刘庆
刊　　名　军事历史研究
年 卷 期　2009 年 3 期
页　　码　116－121
摘　　要　本文重点阐述了明初浙江海防的战略地位,明代抗倭战争中浙江的海防战略地位,清前期浙江的海防战略地位,从而勾勒出明清(前期)浙江海防战略地位演变的主要轨迹。

题　　名　明清澳门海上贸易史研究的回顾与设想
作　　者　张廷茂
刊　　名　中国史研究动态
年 卷 期　1996 年 12 期
页　　码　2－8

题　　名　**明清澳门海外贸易的特性与影响**
作　　者　黄启臣,邓开颂
刊　　名　岭南文史
年 卷 期　1984 年 1 期
页　　码　70－79
摘　　要　澳门是我国南海沿岸的一个小半岛,属广东省香山县(中山县)诸海港之一。它原来是一个小渔村,明嘉靖三十二年(1553),葡萄牙人用欺骗手段混入居住,万历六年(1578)用贿赂手法霸占之后,海外贸易迅速发展,成为广州对外贸易的外港和西方殖民主义国家在东方最大的国际贸易中心。

题　　名　**明清闭关锁国的危害和教训**
作　　者　鲁尧贤
刊　　名　安庆师范学院学报(社会科学版)
年 卷 期　1985 年 3 期
页　　码　45－51

题　　名　**明清漕运述略**
作　　者　樊树志
刊　　名　学术月刊
年 卷 期　1962 年 10 期
页　　码　23－29
摘　　要　漕运是封建王朝为了满足其官俸、军饷和宫廷糜费的庞大需要,而将田赋加以转输的一种方式。许慎《说文解字》:“漕,水转谷也。”司马贞《史记索隐》:“车运曰转,水运曰漕。”一般说来,漕运始于秦汉,而终于清朝,贯串于整个封建社会乃至半殖民地半封建社会的漫长历史中。秦时,“使天下蜚刍挽粟,起于东睡、琅邪负海之郡,转输北河,率三十钟而致一石”。汉代初年,“转漕关东粟,以给中都官,岁不过数十万石”。这可以说是漕运的开始时期。

题　　名　**明清漕运与地方救荒——以明清徐州漕粮救荒为中心的考察**
作　　者　胡梦飞
刊　　名　江西教育学院学报
年 卷 期　2010 年 5 期
页　　码　89－93
摘　　要　明清时期徐州自然灾害频繁发生,救荒成为地方社会生活的重要内容。漕粮通过多种方式被用于地方救荒,在地方社会救荒中发挥了重要作用。漕粮救荒成为徐州地方荒政建设的重要组成部分,漕粮参与地方社会救荒更是在一定程度上实现了国家力量与地方社会之间的良性互动。

题　　名　**明清漕运与通州城市建设研究**
作　　者　刘捷
刊　　名　华中建筑
年 卷 期　2008 年 26 卷 7 期
页　　码　173－175
摘　　要　该文通过论述明清通州仓、城市变迁、城市主要道路以及桥梁等与漕运的关系,说明漕运对明清通州城市建设的重要作用。

题　　名　明清册封琉球论略
作　　者　谢必震
刊　　名　海交史研究
年 卷 期　1991 年 19 期
页　　码　30－42

题　　名　明清册封使及其从客在中琉关系中的作用
作　　者　方宝川
刊　　名　福建师范大学学报(哲学社会科学版)
年 卷 期　1989 年 4 期
页　　码　110－115

题　　名　明清朝贡制度之比较
作　　者　马彦丽
刊　　名　湖北教育学院学报
年 卷 期　2007 年 24 卷 4 期
页　　码　42－44
摘　　要　中国自汉代实行朝贡制度,唐代走向成熟,明清两代发展到完全成熟时期。清代的朝贡制度是对明朝制度的沿袭,但同时,两者由于存在的历史条件、存在的方式不同,导致两朝统治者对这一制度的认识也不同,朝贡贸易在朝贡关系中也居于不同地位,朝贡关系的实质也发生变化。

题　　名　明清潮州海商与区域社会
作　　者　冷东
刊　　名　东北师大学报(哲学社会科学版)
年 卷 期　2003 年 1 期
页　　码　13－20
摘　　要　明清时期的潮州地区由于地方经济条件特色和国家海禁政策而发展起海盗现象。潮州海盗亦盗亦商,应该被称为"海上盗商"。他们与地方社会利益有紧密的关联,与中央政府有持久的矛盾。他们的发展为清代潮州地区的海外移民奠定了基础。海外的潮州商人在发展中逐渐形成勇于冒险、注重家族关系和富于乡土情怀的文化特色。

题　　名　明清大运河的奠基人——宋礼
作　　者　王质彬
刊　　名　中国水利
年 卷 期　1984 年 6 期
页　　码　35

题　　名　明清大运河兴废与黄河关系考
作　　者　王质彬

刊　　名　人民黄河
年 卷 期　1983 年 6 期
页　　码　51 – 55

题　　名　**明清大运河与德州城市发展初探**
作　　者　王滨
刊　　名　安徽文学(下半月)
年 卷 期　2008 年 9 期
页　　码　247
摘　　要　明代以前,德州在中国历史上一直是一个默默无闻的政治性浓厚的小城,明清时期大运河全线贯通,为了便于漕运,政府在德州设立水次仓,并建立大型码头,使得德州成为漕运的重要中转站和南北经济文化交流的中心从而推动了德州城市的发展,铸就了德州的辉煌历史。

题　　名　**明清地图记载中南海诸岛主权问题的研究**
作　　者　吴凤斌
刊　　名　南洋问题研究
年 卷 期　1984 年 4 期
页　　码　92 – 111
摘　　要　我国的南海诸岛,在古代图籍中是怎样记载的？它是如何发展变化的？与我国人民对南海诸岛的开发经营有什么联系？这是很值得研究的重要课题。明清地图记载中的南海诸岛,称为“石塘”,“长沙”或“万里(千里)石塘”,“万里(千里)长沙”,它们是由珊瑚礁石形成的岛、洲、沙、礁、滩。这些古地名在不同时期的图籍记载并不尽相同,就是同一时代的图籍记载也因有所差异。下面就明清时代古地图记载中的南海诸岛结合有关史料予以剖析。

题　　名　**明清东南海商压抑心态初探**
作　　者　陈东有
刊　　名　南昌大学学报(社会科学版)
年 卷 期　1999 年 30 卷 1 期
页　　码　59 – 64
摘　　要　从明中叶开始,中国东南商人积极参与了世界市场与中国东南市场的互动,但由于明清两朝多采取对外管制和有限贸易的政策,对海商心理产生了极大的压抑作用。在这种压抑的心态中,海商原有的冒险精神与求利动机构成了既不顾一切又有极大局限的冒险行为。

题　　名　**明清伏波神信仰地理新探**
作　　者　王元林
刊　　名　广西民族研究
年 卷 期　2010 年 2 期
页　　码　112 – 119
摘　　要　伏波信仰是国家祭祀与地方秩序构建互动中的代表。一方面,两伏波将军通过国家册封、地方官员倡建庙宇、士人歌颂其建功立业的英雄主题等形式,形成了神灵在中央的正统性和弘扬的主题；另一方面,原来建功于地方的伏波神灵不断显灵异,屡屡有为于地方,被地方官民所接受,国家神灵在地方上真正落地,形成了明清以北部湾乃至琼州海峡为中心的祭祀带,伏波神职多为庇佑江海航海安全职能;五岭山地、粤西一带的祭祀带,神职也多为水上交通与地方安定;湘沅流域祀伏波神,也多彰昭其有功于地方。在不同的历史时期,三大伏波信仰的中心和主题存在着一定的空间规律。伏波信仰的变化,渗透着国家祭祀的逐渐地方化,渗透着国家在地方秩序构建中,利用英雄等神灵信仰在地方的空间逐步展开和深化。

题　　名　**明清福建的旅日僧侣与日本宗教的发展**

作　　者　沈燕清

刊　　名　福建史志

年 卷 期　2000 年 5 期

页　　码　27 –29

摘　　要　明清时期,福建人民出于政治、经济等原因,到国外定居的人很多。其中有不少佛教僧侣前往日本,他们在日本弘讲佛法、监造佛寺、培养门徒,或是传播医术、汉文学、雕刻艺术等,把中华民族文化卓有成效地传播到日本,对日本社会方方面面产生重大影响,形成了自唐代鉴真东渡以来又一次中日文化交流的高潮。本文试就这一时期福建籍僧侣在日本弘法的情况及其对日本宗教发展所产生的作用作一分析研究。

题　　名　**明清福建社会经济史料杂抄(续九)**

作　　者　傅衣凌,陈支平

刊　　名　中国社会经济史研究

年 卷 期　1988 年 2 期

页　　码　110 –113

摘　　要　何乔远《镜山全集》中收有《海上小议》、《开洋海议》、《请开海禁疏》等多篇文章,记述作者要求开放海禁、让民间自由通商的主张,尤其是作者同情郑芝龙,极力呼吁明朝中央政府及福建当道者信任、重用郑芝龙,洵为当时难得之见。现特摘录如下,以供研究者的参考。

题　　名　**明清福建社会经济史料杂抄(续十)**

作　　者　傅衣凌,陈支平

刊　　名　中国社会经济史研究

年 卷 期　1988 年 3 期

页　　码　104 –106,110

摘　　要　关于王在晋:《越镌》中的海上贸易资料,我已在《从一篇史料看十七世纪中国海上贸易商性质》(载《文汇报》1962 年 11 月 2 日)一文中加以引述。事过二十余年,《越镌》一书更难获见,为了保存资料,爰就我当年所抄转载于此,以供同好们更好地分析这篇资料。

题　　名　**明清福州琉球馆考**

作　　者　李莉

刊　　名　福建师范大学学报(哲学社会科学版)

年 卷 期　2002 年 4 期

页　　码　29 –34

摘　　要　明清时期,福建是通交琉球的门户。福州琉球馆在当时的中琉交往中发挥着重要的历史作用。本文利用中日有关史料，考察了琉球馆名称的由来，梳理了明清时期琉球馆的历史沿革，并从政治、经贸、文化诸方面再现中琉间，尤其是琉球与福州地方间友好交往的历史。

题　　名　**明清广东蛋民的生活习俗与地缘关系**
作　　者　叶显恩
刊　　名　中国社会经济史研究
年 卷 期　1991 年 1 期
页　　码　56－62

题　　名　**明清广东海洋农业之管见**
作　　者　刘正刚
刊　　名　学术研究
年 卷 期　1997 年 10 期
页　　码　47－48

题　　名　**明清广东水运营运组织与地缘关系**
作　　者　叶显恩
刊　　名　广东社会科学
年 卷 期　1989 年 4 期
页　　码　66－73
摘　　要　广东素以水运发达而著称。明中叶，随着商品经济的兴起，水上运输愈加发展。关于广东水运史的问题，迄今为止尚乏人作系统的专门研究。王洸教授编著的交通海运丛书，也只着重论述清同治十一年（1872 年）招商局建立后所开创的近代航运业的情形。在此之前的水运虽有提及，但未加详论。有鉴以此，1985 至 1987 年间，笔者与同事谭棣华、罗一星先生曾着力搜集鸦片战争前广东水运史的有关资料，并亲往珠江水系的干流及沿海各港口作实地考察，搜集有关文物和口碑资料，我们已将初步的研究成果，由笔者任主编，写成《广东航运史》（古代编）一书，（北京：人民交通出版社 1989 年出版）这里仅就远洋贩运、沿海与内河贩运和短途水上运输三个方面，分别考察水运的经营组织，并对它与地缘的关系作一初步的探讨。

题　　名　**明清广西对外贸易述略**
作　　者　吴晓
刊　　名　学术论坛
年 卷 期　2005 年 11 期
页　　码　143－146
摘　　要　明清时期是广西经济发展史上的重要时期，其对外贸易占有特殊的地位。文章从广西的朝贡贸易、边境贸易及进出口主要商品作比较深入的研究，论述明清时期广西对外贸易的主要情况，对我们构建中国——东盟自由贸易区也有历史的借鉴意义。

题　　名　**明清国家祭祀视野下的金龙四大王信仰变迁研究**
作　　者　王元林，褚福楼
刊　　名　暨南学报

年 卷 期　2009 年 2 期
页　　码　209 - 214
摘　　要　明清国家通过敕建庙宇、颁发匾额、赐予封号等形式祭祀金龙四大王,渗透着皇权至上的等级观念。祭祀中官方祈神“捍御河患、通济漕运”的心理诉求表现强烈,河工现场官民在应激和紧张心理支配下共同缔造的显圣事件成为国家祭祀的直接动因。国家祭祀推动了金龙四大王信仰的地域扩展,造成了此信仰传播的南北差异,也使大运河、黄河下游地域形成了庙宇密集的祭祀带,并播及数省。

题　　名　明清海防初探
作　　者　曾红玲
刊　　名　大众文艺(理论)
年 卷 期　2009 年 20 期
页　　码　233 - 234

题　　名　明清海防军事要塞大鹏城
作　　者　吴曾德
刊　　名　文物
年 卷 期　1990 年 11 期
页　　码　44 - 47,74
摘　　要　大鹏城是明、清两代广东海防中路的军事重镇,位于深圳市宝安县东端大鹏半岛的大鹏山南麓,西临乌涌村,东近大海。1989 年被公布为广东省重点文物保护单位。1984 年和 1988 年,深圳市政府两次拨款对城中部分建筑进行了修复。深圳一带的海防设置可追溯到唐代,开元二十四年(736 年)设屯门镇,防区包括现深圳沿海地区。到宋代,改置屯门寨。明洪武元年(1368 年)4 月,征南将军廖永忠、副手朱亮祖奉命从海路取广州。不久,因广东沿海地区寇患,命朱亮祖镇守广东,并于沿海要害地区设置卫所。

题　　名　明清海禁立法之比较
作　　者　叶萍
刊　　名　法制与社会
年 卷 期　2008 年 32 期
页　　码　55 - 56
摘　　要　中国的海外贸易从汉代丝绸之路始,到元朝海陆并进,取得了辉煌的成就。进入明以后,对外政策由开放趋向保守及至全面的海禁。明清二朝尽管都实行了大规模的海禁政策,但在此问题的立法上存在着明显的差异,同时也体现出了鲜明的继承性。

题　　名　明清海禁政策对闽广地区的影响
作　　者　冷东
刊　　名　人文杂志
年 卷 期　1999 年 3 期
页　　码　111 - 116
摘　　要　明清之际,中国多民族统一国家内部存在的经济、政治和文化的不平衡,导致一些中央决策与区域社会的利益产生尖锐的矛盾。历时 300 余年的禁海与开海之争就是以闽广两省为代表的东南沿海地区与中央朝廷的矛盾焦点。中央决策视野如何看待闽广地区的利益，官吏层面的地方利益集团对中央决策有何影响，以及中央决策对闽广基层社会有何影响，都集中反映了在国际环境变化下中国传统政治体制、经济结构和文化观念所发生的变化。

题　　名　明清海外贸易史与海外华商贸易网络研究的新探索——（荷兰）包乐史著《巴达维亚人与中荷贸易》评介

作　　者　聂德宁

刊　　名　中国社会经济史研究

年 卷 期　2003 年 3 期

页　　码　87－92

摘　　要　在中国海外贸易史上，从明代后期以至清朝的乾、嘉之际，是中国帆船海外贸易的鼎盛时期。在这一时期，中国帆船纵横东西二洋，川行于远东海域的各大商埠和港口，贩洋贸易的规模和范围不仅前所未有，而且贸易往来和竞争的对象更扩大至当时相继东来的西方殖民列强，尤其是当时号称“海上马车夫”的荷兰殖民主义者。在西方殖民列强的远东扩张史上，如果说 16 世纪是葡萄牙和西班牙称雄于远东海域的时期，那么，从 17 世纪 20 年代起直至 18 世纪末期，荷兰人在远东海上占据了较为优势的地位，是这一时期西方殖民者在远东进行殖民征服和掠夺的典型代表。

题　　名　明清海洋管理政策刍论

作　　者　王日根

刊　　名　社会科学战线

年 卷 期　2000 年 4 期

页　　码　171－179

摘　　要　对于海洋，唐代以前历朝经常视之为天然屏障，海防相当薄弱。但是，随着宋元时期海外贸易的发展，走向海洋的人类型日趋复杂，日本浪人组成的倭寇、中国沿海海盗势力的发展与膨胀、西方殖民者的东来等等因素已使统治者意识到大海的天然屏障作用已不复存在，他们亦认识到应该把海洋管理放到议事日程上来。考察明清海洋管理政策的演进，有利于我们从一个角度认识中国走向世界的艰辛历程，克服诸多简单化的成见。

题　　名　明清海洋移民的两类宗族组织发展比较

作　　者　曾少聪

刊　　名　厦门大学学报（哲学社会科学版）

年 卷 期　1998 年 2 期

页　　码　41－44，62

摘　　要　明清海洋移民移居台湾岛和菲律宾，宗族组织也被移植到移居地。台湾既有大宗族组织，也有小宗族组织；菲律宾只有宗亲会而没有小宗族组织。这是因为台湾自晚清以后经过移民社会向定居社会的转变，而菲律宾没有经过这种转变。这种情形反映了明清海洋移民在国内和国外宗族发展的不同趋势。

题　　名　明清海洋移民菲律宾的变迁

作　　者　曾少聪

刊　　名　中国社会经济史研究

年 卷 期 1997 年 2 期
页　　码 70 – 77

题　　名 **明清海洋渔业及其重要地位**
作　　者 欧阳宗书
刊　　名 古今农业
年 卷 期 1998 年 4 期
页　　码 28 – 37

题　　名 **明清海洋政策对民间海洋事业的阻碍**
作　　者 范金民
刊　　名 学术月刊
年 卷 期 2006 年 38 卷 3 期
页　　码 138 – 144
摘　　要 明清时代的海洋政策，无论是严禁还是开海，无论是四口通商还是一口通商，指导思想上尽量限制民间航海力量与海外的交往。具体措置是，极力控制民间贸易的规模和实力，对于商民出海不但不予鼓励和扶持，反而采取各种措施予以限制。对于东亚海域的庞大市场，始终没有予以应有的重视，不是广开利源大力发展贸易，而是不计经济税收之得失，寓种种限制于对外商品流通之中。中国民间海外贸易势力始终得不到正常的发展，民间海上力量也就难以与有着国家强大支持的西方殖民航海势力相竞争。

题　　名 **明清海运的历史作用**
作　　者 高春平
刊　　名 晋阳学刊
年 卷 期 1988 年 6 期
页　　码 84，93
摘　　要 南粮北运是中国封建社会中后期关系国计民生的重大问题。自隋唐以来，运河一直为南北物资流通的大动脉，但到明代后期嘉靖、万历年间，清代中期嘉庆，道光年间，由于黄河水患与漕运弊政的影响，河运不断地发生危机，在统治阶级内部，多次引起河运还是海运的激烈争论。

题　　名 **明清河南漕粮探析**
作　　者 李留文
刊　　名 开封教育学院学报
年 卷 期 2003 年 23 卷 1 期
页　　码 25 – 28
摘　　要 明成化八年河南漕粮按照依赋定漕兼顾运输难易的原则分派于除南阳、汝宁二府外的各府州县。后由于运输艰难，清代把距离卫辉水次四百里以外州县的漕粮改派在了仪封、考城及河北三府。这一措施避难就易值得肯定。由于浮收严重和粮价上涨，北部州县漕粮负担大大增加，尽管如此，由于河南漕粮总数有限，所以漕粮负担仍在粮户承受力之内。

题　　名 **明清淮安商品流通地理初探**
作　　者 王元林

刊　　名　淮阴工学院学报
年 卷 期　2007 年 2 期
页　　码　1－5
摘　　要　明清淮安商品贸易发达，成为运河沿岸重要的经贸城市，这种商品流通首先与运河的南北交通密切相关；而淮安商品流通的种类繁多，流通地区广泛；加上不同地区商人的参与，使南北商品地理交流呈现多样性的特点。南北商品贸易促使了淮安城市和附近城镇规模的不断扩大，使运河沿岸淮安的诸多城镇在商品流通中，起到联系各级集镇和专业集镇的中心枢纽作用。

题　　名　明清徽商与茶叶市场
作　　者　秦宗财，王艳红
刊　　名　安徽师范大学学报（人文社会科学版）
年 卷 期　2006 年 4 期
页　　码　453－458
摘　　要　明清茶叶市场有初级、中级、边疆和海外运销四个类型，其时的徽州茶商根据经营方式的不同，分为产销型和贩销型两类。贸易区域的扩大、饮茶风习盛行、茶叶生产的进步和商茶法的松动促进了这一时期茶叶市场的发展。徽商的发展与市场的活跃两者处在互动之中。

题　　名　明清间美洲白银的输入中国
作　　者　全汉升
刊　　名　香港中文大学中国文化研究所学报
年 卷 期　1969 年 2 卷 1 期

题　　名　明清江南地区造船业的发展
作　　者　李伯重
刊　　名　中国社会经济史研究
年 卷 期　1989 年 1 期
页　　码　24－30
摘　　要　江南地区很早就出现了相当规模的造船业。宋元时期江南造船业已颇为发达，而明清时期更有进一步的发展，成为江南主要产业部门之一。关于明清江南地区的造船业，已有不少中外学者进行过研究，并已取得了成就。不过，这些研究主要集中于宝船与沙船，而多未涉及其他船只；其次，在对沙船的研究中，也有一些方面尚待于进一步深入；还有，用工场手工业时代西欧（特别是英国）造船业发展的情况进行比较研究，可以更清楚地看到明清江南造船业发展的特点，但在这个方面，过去工作做得还不够。因此，从上述几方面展开进一步的探讨，对于明清江南造船业的深入研究来说，是十分必要的。

题　　名　明清京杭运河漕运运输管理及规章制度——京杭运河管理研究之二
作　　者　徐明
刊　　名　水利史志专刊
年 卷 期　1988 年 5 期
页　　码　28－31

题　　名　明清两代册封琉球使中的闽籍正副使考
作　　者　郑国珍
刊　　名　海交史研究
年 卷 期　1986 年 10 期

题　　名　明清两代汉语在琉球的传播
作　　者　董明
刊　　名　世界汉语教学
年 卷 期　1996 年 4 期
页　　码　109－111

题　　名　明清两代黄浦江口军事部署述评
作　　者　章采烈
刊　　名　军事历史研究
年 卷 期　1991 年 2 期
页　　码　131－139
摘　　要　黄浦江古称吴淞江,西与太湖沟通,东与长江汇合,同入东海,是长江三角洲南侧的一条最重要河流。沿河两岸,地域平坦,土壤肥沃,物产丰富,人口稠密,向来是中国东南沿海最富庶的地域之一。1840 年,鸦片战争后,上海辟为对外通商口岸,由一个极不起眼的渔村一跃而为继广州之后的全国最大工商业城市。而黄浦江与苏州河流经市区,这样,浦江口名符其实地成了大上海进出世界各国商船的最重要门户,浦江口的军事部署之得当与否,对大上海的安危存亡,至关重要。笔者特撰成此文,对明清两代浦江口的军事部署,理清其脉络头绪,作一简要述评。

题　　名　明清两代来华外人考略
作　　者　张恩龙
刊　　名　图书馆学季刊
年 卷 期　1930－1931 年 4 卷 3－4 期

题　　名　明清两代来华外人考略
作　　者　张恩龙
刊　　名　东方文化
年 卷 期　1942 年 1 卷 4 期

题　　名　明清两代来华外人考略(续)
作　　者　张恩龙
刊　　名　图书馆学季刊
年 卷 期　1931 年 5 卷 1 期

题　　名　明清两代外银输入中国考
作　　者　傅镜冰

刊　　名　中行月刊
年 卷 期　1933 年 7 卷 6 期

题　　名　**明清两代与暹罗**
作　　者　李光涛
刊　　名　大陆杂志
年 卷 期　1962 年 24 卷 2 期

题　　名　**明清两代中国对琉球的册封**
作　　者　吴霭华
刊　　名　中华文化复兴月刊
年 卷 期　1975 年 8 卷 5 期

题　　名　**明清两淮盐私和漕运**
作　　者　彭云鹤
刊　　名　盐业史研究
年 卷 期　1991 年 4 期
页　　码　8 - 12
摘　　要　盐课乃我国封建王朝的重要财赋之一。到明、清更是"国用所需,边饷所赖,半出于兹。""佐司农之储者,盐课居赋税之半。"真可谓"损益盈虚,动关国计。"故"煮海之利,历代皆官领之。"为此,各代统治者均立以峻法酷刑,严禁盐之私产私运私销。然而,盐又是人民日常生活必需品,不可一日离弃。所以他们总是要想方设法,通过各种正常的或不正常的、合法的或非法的渠道,获取之以维生。因此,盐利便成为封建政府和官私商人激烈争夺的集中目标。

题　　名　**明清临清水次仓探析**
作　　者　张春红
刊　　名　现代交际
年 卷 期　2010 年 2 期
页　　码　47 - 48
摘　　要　明清之季,定鼎北京,京师百官六军仰给江南,运河漕运尤为重要,为转输漕粮,永乐十三年在运河沿线修建水次仓,清因明制。临清仓为全国五大水次仓之一,自明中叶"许粮户赍银径赴水次收买",岁额三十余万石,每年成千上万只漕船来往于临清,促进了临清社会经济的发展,亦显示了明清时期临清战略地位的重要性。

题　　名　**明清琉球册封使与中国文化传播**
作　　者　李金明
刊　　名　历史档案
年 卷 期　2005 年 3 期
页　　码　56 - 61

题　　名　**明清琉球来华留学生对琉球文教事业的贡献**
作　　者　郑辉
刊　　名　东疆学刊
年 卷 期　2007 年 24 卷 3 期
页　　码　40 - 44
摘　　要　明清时期琉球来华留学生有他们相承于国人的学制、课程设置及成效，他们学成回国后在移植中国儒家文化思想、教育体制和推动琉球文教事业发展等方面做出了卓越贡献。

题　　名　**明清琉球使录述议**
作　　者　武尚清
刊　　名　中国边疆史地研究
年 卷 期　1988 年 3 期
页　　码　15 - 20，14

题　　名　**明清欧人对来华通道的探寻(一)**
作　　者　吴孟雪
刊　　名　文史知识
年 卷 期　1996 年 2 期
页　　码　64 - 69，74

题　　名　**明清欧人对来华通道的探寻(二)**
作　　者　吴孟雪
刊　　名　文史知识
年 卷 期　1996 年 3 期
页　　码　59 - 64

题　　名　**明清欧人对来华通道的探寻(三)**
作　　者　吴孟雪
刊　　名　文史知识
年 卷 期　1996 年 4 期
页　　码　82 - 88

题　　名　**明清欧人对来华通道的探寻(四)**
作　　者　吴孟雪
刊　　名　文史知识
年 卷 期　1996 年 5 期
页　　码　44 - 50

题　　名　**明清欧人对来华通道的探寻(五)**
作　　者　吴孟雪

刊　　名　文史知识
年 卷 期　1996 年 6 期
页　　码　43－49

题　　名　明清时代的朝鲜使节与中国记闻——兼论《朝天录》和《燕行录》的资料价值
作　　者　陈尚胜
刊　　名　海交史研究
年 卷 期　2001 年 40 期
页　　码　38－55

题　　名　明清时代的海盗
作　　者　松浦章,李小林
刊　　名　清史研究
年 卷 期　1997 年 1 期
页　　码　10－17

题　　名　明清时代的南洋海运水运史话
作　　者　冬生
刊　　名　水运
年 卷 期　1963 年 4 期

题　　名　明清时代的上海海运
作　　者　朱少伟
刊　　名　上海海运学院学报
年 卷 期　1982 年 4 期
页　　码　93－95

题　　名　明清时代福建的土堡
作　　者　杨国桢,陈支平
刊　　名　中国社会经济史研究
年 卷 期　1985 年 2 期
页　　码　45－57
摘　　要　明清两代,福建西、北部广大山区,由于佃农反抗、起义以及小股经济土匪活动的频繁,而沿海一带又屡遭倭寇的侵扰和海盗的劫掠,出现了许多地主筑建的或以乡族名义筑建的土堡。这些土堡,是中国封建社会晚期农村社会的产物,有很高的文物价值。在某种意义上说,它对研究明清农村生活、乡族关系、阶级斗争和民俗演变以至于建筑艺术,都是珍贵的实物资料。厦门大学明清福建社会经济史研究组于一九八四年冬、一九八五年春两次赴闽南、闽西、闽中诸县调查,发现若干明代始建的土堡及筑堡民间文献。现将所得参照史志资料,予以初步的剖析。

题　　名　明清时代海盗
作　　者　[日]松浦章

刊　　名　清史研究
年 卷 期　1997 年 1 期
页　　码　10 – 17

题　　名　明清时代琉球入贡中国之研究
作　　者　吴霭华
刊　　名　东方杂志(复刊)
年 卷 期　1975 年 9 卷 3 期

题　　名　明清时代中日长崎商船贸易
作　　者　魏能涛
刊　　名　中国史研究
年 卷 期　1986 年 2 期

题　　名　明清时期"海上丝绸之路"的重要环节——中琉"贡赐关系"下的贸易
作　　者　郑国珍
刊　　名　华人之声
年 卷 期　1997 年 4 期
页　　码　36 – 38

题　　名　明清时期澳门对外贸易的官、私商之争
作　　者　杨仁飞
刊　　名　澳门研究
年 卷 期　1999 年 12 期

题　　名　明清时期澳门港的特有地位及葡萄牙独占后的演变
作　　者　施存龙
刊　　名　中国水运史研究
年 卷 期　1991 年 13 期

题　　名　明清时期澳门海上贸易的兴衰
作　　者　石元蒙
刊　　名　江苏商论
年 卷 期　2003 年 9 期
页　　码　37 – 38
摘　　要　明清之际,世界航路全面贯通,世界贸易格局发生了重大变化。在此国际背景之下,澳门这个广东省香山县濒海的小渔村,奇迹般地崛起为远东地区最重要的国际商港,成为葡人的远东贸易基地。以澳门为中心兴起的海上贸易随之经历了兴起、繁荣和衰落的阶段。

题　　名　明清时期澳门海外贸易的盛衰
作　　者　黄鸿钊

刊　　名　江海学刊
年 卷 期　1999 年 6 期
页　　码　118 – 132

题　　名　**明清时期澳门人在帝汶的活动**
作　　者　汤开建,彭蕙
刊　　名　世界民族
年 卷 期　2007 年 2 期
页　　码　47 – 57
摘　　要　帝汶很早即与中国有来往。明清时期,同为葡萄牙殖民地的澳门和帝汶相互往来频繁。本文就所掌握的资料,综合论述明清时期澳门人在帝汶的活动。

题　　名　**明清时期澳门在中西贸易中的地位**
作　　者　陈小锦
刊　　名　广西师院学报(哲学社会科学版)
年 卷 期　2001 年 22 卷 2 期
页　　码　114 – 118
摘　　要　澳门兴起从葡人贿赂海道副使汪柏始,由于澳门港地理环境变化、葡国国力兴衰、明清政府海禁政策的调整,使澳门在中西贸易中地位从一个国际大商埠沦为一个以赌博为主的“梳打埠”。澳门兴起开辟了中西交通史的新纪年,对世界贸易经济交流与发展起了重要作用。而澳门贸易地位的大起大落更发人深省。

题　　名　**明清时期澳门主权之演变**
作　　者　朱亚非
刊　　名　山东师范大学学报(人文社会科学版)
年 卷 期　1999 年 5 期
页　　码　3 – 7

题　　名　**明清时期闭关自守政策及其历史教训**
作　　者　李骏
刊　　名　广西社会科学
年 卷 期　1995 年 5 期
页　　码　76 – 79,57
摘　　要　邓小平同志指出:“现在的世界是开放的世界。中国在西方国家产业革命以后变得落后了,一个重要原因就是闭关自守。”“总结历史经验,中国长期处于停滞和落后状态的一个重要原因是闭关自守”。邓小平同志认为;“现在任何国家要发达起来,闭关自守都不可能,我们吃过这个苦头,我们的老祖宗吃过这个苦头。如果从明朝中叶算起,到鸦片战争,有三百多年的闭关自守,如果从康熙算起,也有近二百年。长期闭关自守,把中国搞得贫穷落后,愚昧无知。”研究明清时期的闭关政策,回顾一下历史教训,对于我们加深理解小平同志倡导的开放政策的必要性和重要性,增强执行这种政策的自觉性和坚定性,具有十分重要的意义。

题　　名　**明清时期漕运对徐州地方文化影响探析**
作　　者　胡梦飞
刊　　名　湖北职业技术学院学报
年 卷 期　2010年13卷4期
页　　码　54－57,78
摘　　要　徐州是明清时期运河流经的重要地区,漕运对徐州的地方文化产生了重要影响。漕运的畅通促进了明清小说和地方戏曲的传播,明清时期徐州兴盛的科举教育、繁荣的建筑文化和商业文化也都与便利的漕运密切相关。明清时期漕运对徐州地方文化的作用和影响推动了徐州运河文化的形成和发展。

题　　名　**明清时期长江、珠江三角洲商品经济发展的比较**
作　　者　陈忠平
刊　　名　学术研究
年 卷 期　1989年5期
页　　码　64－67

题　　名　**明清时期潮、汕、漳、厦港口的发展及其局限**
作　　者　杜瑜
刊　　名　海交史研究
年 卷 期　1997年32期
页　　码　6－20

题　　名　**明清时期潮州粮食供给地区及路线考**
作　　者　王元林,刘强
刊　　名　中国历史地理论丛
年 卷 期　2005年1期
页　　码　22－28
摘　　要　明清时期,潮州地区由于商品经济的发展,粮食日益不能自给,不得不到本地区之外购买粮食。随着粮食需求的不断增大,江西赣州,广东雷州、琼州、高州,福建厦门、台湾,东南亚暹罗、越南等国先后成为潮州粮食的供给地。粮食供给地的变化,引起贸易路线的变迁。潮州粮食贸易亦与潮州华侨出国有很大关系,潮州的粮食贸易形成自己独特的原因和规律。

题　　名　**明清时期崇武在闽台关系中的地位与作用**
作　　者　周立方,杨彦杰
刊　　名　台湾研究集刊
年 卷 期　1987年2期
页　　码　74－81

题　　名　**明清时期的"海禁"与"闭关锁国"政策**
作　　者　宋景田
刊　　名　新高考(政治历史地理)

年 卷 期 2009 年 12 期
页 码 33 - 35

题 名 **明清时期的钞关(榷关)研究综述**
作 者 廖声丰
刊 名 中国社会经济史研究
年 卷 期 1997 年 3 期
页 码 90 - 92

题 名 **明清时期的海禁政策与福建财政经济积贫问题**
作 者 陈克俭,叶林娜
刊 名 厦门大学学报(哲学社会科学版)
年 卷 期 1990 年 1 期
页 码 90 - 95,120
摘 要 纵观福建历史,一个发人深思的历史现象,就是近代以降,财政经济积贫非常突出。对此,有两种流行的看法,一是认为福建的积贫是由其山多田少、交通不便、煤铁资源贫乏等自然环境所决定的;二是认为福建的积贫是由于鸦片战争后帝国主义的侵略所造成的。我们认为这两种看法只反映问题的一方面,而没有抓住问题的内在症结,解放前福建积贫的关键在于政府的反动政策,特别是明清时期的海禁政策。

题 名 **明清时期的海洋渔业**
作 者 闵宗殿
刊 名 古今农业
年 卷 期 2000 年 3 期
页 码 14 - 21

题 名 **明清时期的韩江流域经济区**
作 者 黄挺
刊 名 中国社会经济史研究
年 卷 期 1999 年 2 期
页 码 26 - 34

题 名 **明清时期的徽商与福建**
作 者 甘满堂
刊 名 福州大学学报(哲学社会科学版)
年 卷 期 2002 年 2 期
页 码 84 - 87
摘 要 徽商在明清时期活动异常活跃,地处徽州以南的福建也因丰富的商品资源和广阔的市场吸引徽商往来贸易。徽商在福建所从事的行业众多,其中在明代中期,徽州海寇商人还积极与福建海寇商人联手发展武装海上贸易,可以说徽州海商的成功得益于福建海商的大力支持。徽商在福建的频繁活动有力地促进了福建社会经济的发展。

题　　名　**明清时期的江西漕运**
作　　者　杨竹森
刊　　名　修志文丛
年 卷 期　1990 年 1 期
页　　码　36

题　　名　**明清时期的临清商业**
作　　者　许檀
刊　　名　中国经济史研究
年 卷 期　1986 年 2 期
页　　码　135－157
摘　　要　宋元以来直至明初,我国北方经济远远落后于江南。明成祖迁都北京以后,京师所需及北边军用,除每年供应"百官六军之食"的数百万石漕粮需自南方各省北运外,"公私一切应用货物"也多需仰给东南。明代因长期禁海而海运驰废,陆路转输又费用不赀。因此,自永乐中会通河浚通后,运河就成为南北物产交流的主要运输渠道,为当时国计民生命脉之所系。这样,运河自南而北所经淮安、济宁、临清、德州以及天津等各大码头,自然成为经济上的重要城镇;其中,临清又具有特殊重要的地位。

题　　名　**明清时期的榷(钞)关研究概述**
作　　者　黑广菊
刊　　名　历史教学
年 卷 期　2004 年 4 期
页　　码　75－78

题　　名　**明清时期的芜湖榷关**
作　　者　陈联
刊　　名　安徽师范大学学报(人文社会科学版)
年 卷 期　2000 年 1 期
页　　码　133－137
摘　　要　芜湖榷关是在明中叶后商品流通,特别是沿长江的东西贸易迅速发展的背景下,因芜湖具有良好的交通条件而设立。芜湖榷关在税则上有独特之处,征税范围逐步扩大。其税收增长迅速,在明末清初时曾居诸关之首,具有重要的财政意义。

题　　名　**明清时期的运河与济宁**
作　　者　王淑琴
刊　　名　辽宁教育行政学院学报
年 卷 期　2007 年 24 卷 11 期
页　　码　33－35
摘　　要　运河通,济宁兴,河运废,济宁衰阐明了运河与济宁的经济社会生活等方面的关系。自元修复大运河以来,济宁发挥了在河运中的有效作用,成为运河上的枢纽——货物转运商品交易之地,络绎不绝的人群繁荣了济宁的商贸业、饮食业等服务业。可知冷落的旧济宁,自水运开通后变成水陆通衢、商贾云集的新州城了。

题　　名　**明清时期的中琉贸易及其影响**
作　　者　谢必震
刊　　名　南洋问题研究
年 卷 期　1997 年 2 期
页　　码　8 – 18

题　　名　**明清时期的中琉往来**
作　　者　郑剑顺
刊　　名　福建文史
年 卷 期　2001 年 1 期
页　　码　16 – 19
摘　　要　琉球与福州一水之隔，位于福州东面大海中，径直海面距离 1700 里。站在鼓山顶，在天气晴朗、海上没有云雾的情况下，可以隐约见到琉球群岛。中国人早在隋朝时就发现了琉球。《隋书》、《宋史》上称“流求”，《元史》上称“瑠求”。隋元两朝都曾遣人往琉球，劝谕琉球臣服，均无功而返。到明洪武五年(1372 年)，明太祖派遣行人杨载赍诏书往琉球劝谕，获得成功。琉球中山王察度首次派遣其弟泰期到中国朝贡。

题　　名　**明清时期的总河**
作　　者　袁明全
刊　　名　中国水利
年 卷 期　1986 年 5 期
页　　码　41 – 42
摘　　要　总河是我国明清时期为治理黄、运等河流而设立的高级职官。明代称为总理河道，清代称为河道总督。总河的设立，与明清时期的漕运政策密切相关。明成祖朱棣迁都北京，但国家财赋大半出自江南，为了便于调运粮食，永乐九年(1411 年)修复会通河，使大运河南北贯通，得以将每年在南方征敛的 400 万石粮食及百货源源运入京师。从此，维护漕运的畅通无阻，就成为封建王朝政治经济生活中的一件十分重要的大事。

题　　名　**明清时期东南商人的神灵崇拜**
作　　者　陈东有
刊　　名　中国文化研究
年 卷 期　2000 年 2 期
页　　码　46 – 51,145

题　　名　**明清时期福建的旅日僧侣及其对日本文化的影响**
作　　者　沈燕清
刊　　名　八桂侨刊
年 卷 期　2000 年 2 期
页　　码　12 – 15

摘　　要　明清时期，福建人民出于政治、经济等原因纷纷出洋，其中有不少佛教僧侣前往日本，他们在日本弘讲佛法、监造佛寺、培养门徒，或是传播医术、文学、雕刻艺术等，把中华民族文化卓有成效地传播到日本，对日本社会方方面面产生重大影响，形成了自唐代鉴真东渡以来又一次中日文化交流的高潮。本文试图就这一时期福建籍僧侣在日本弘法的情况及其所产生的作用作一分析研究。

题　　名　**明清时期福建沿海地区与琉球造船航海技术交流考述**
作　　者　赖正维
刊　　名　长沙电力学院学报（社会科学版）
年 卷 期　2003年18卷4期
页　　码　79－83
摘　　要　明清时期福建沿海地区与琉球造船航海技术的交流有着十分丰富的内容，福建先进的造船航海技术通过琉球使团、闽人三十六姓及其后裔、中国册封使团等多种渠道源源不断传入琉球，极大促进了琉球海外交通和中介贸易的发展，同时这种交流也促进了福建造船工艺的提高及商品经济的繁荣。

题　　名　**明清时期福州手工技艺在琉球传播与影响**
作　　者　赖正维
刊　　名　中共福建省委党校学报
年 卷 期　2005年1期
页　　码　79－81
摘　　要　明清时期福建是中国与琉球交往的唯一口岸，福州地区较为先进的手工技艺作为双方文化交流的一部分，通过闽人36姓及其后裔、中琉双方使团往来、琉球留学生等各种渠道传入琉球，对琉球生产技术的提高及社会的发展与进步产生了积极影响，这种交流也加深了琉球人民与福州人民的友好情谊。

题　　名　**明清时期广东士宦开海思想的历史发展**
作　　者　刘志伟，戴和
刊　　名　学术研究
年 卷 期　1986年3期
页　　码　71－76
摘　　要　明清两代，是我国历史上推行海禁政策最为严厉的王朝。但明中叶以后，就广东地区而言，对外贸易得到了较快的发展。究其原因，除了中央政府对广东实行特殊政策，以及当时国内社会经济的进步和国际贸易环境的变化等因素之外，明清两朝的广东士宦为解除海禁、开海通商的争辩和疾呼，亦起着无可否认的积极作用。本文试图就明中叶至鸦片战争前广东士宦开海思想的发展及其对中央政府外贸政策的影响，并对产生这些思想的社会经济根源作初步的探讨。

题　　名　**明清时期海南岛的妈祖信仰**
作　　者　王元林，邓敏锐
刊　　名　海南大学学报（人文社会科学版）
年 卷 期　2004年22卷4期
页　　码　381－386
摘　　要　通过系统考察明清时期海南妈祖庙分布以及其所反映的规律，探讨海南妈祖信仰兴盛的原因,并述及妈祖信仰经由海南人传到海外的情况以及妈祖崇拜在东南亚海南华人崇拜中的地位。

题　　名　**明清时期海上陶瓷之路的繁荣**

作　　者　詹嘉

刊　　名　中国陶瓷

年 卷 期　2002 年 38 卷 6 期

页　　码　35 – 39

摘　　要　文章论述了明清两代政治经济,以及郑和下西洋、世界新航线与商业贸易对陶瓷行业的影响,特别是对陶瓷之路发展繁荣的推动作用,中国陶瓷尤其是景德镇陶瓷对世界文化的贡献,论证了陶瓷之路源在中国,流在世界。

题　　名　**明清时期海神信仰与海洋渔业的关系**

作　　者　王荣国

刊　　名　厦门大学学报(哲学社会科学版)

年 卷 期　2000 年 3 期

页　　码　131 – 135

摘　　要　明清时期中国沿海渔民的种种海神祭祀活动,尤其是渔船上神龛供奉的诸神合祀现象等,揭示了海洋渔业生产与海神信仰的密切关系。渔民的海神信仰具有强烈的功利性,其目的归结到一点,即平安捕鱼、多捕鱼、捕好鱼。这是渔民海神信仰活动的出发点与归宿点。但海神祭祀活动只能是消除渔民的紧张心理,获得心灵上的宽慰,从而增强漂泊于大海的信心与勇气,去追求海洋渔业的经济利益。

题　　名　**明清时期汉口的发展历程**

作　　者　陈锋

刊　　名　江汉论坛

年 卷 期　2002 年 11 期

页　　码　56 – 61

摘　　要　明清时期汉口的发展经历了三个阶段:一是明代中期至汉口开埠,它是传统商业市镇的兴起与鼎盛时期;二是汉口开埠至张之洞督鄂,它是早期现代化的萌动时期;三是张之洞督鄂至清朝灭亡,它是早期现代化的发展时期。这三个阶段的历史各有其不同的特点,不论是从城市史的角度,还是从早期现代化的角度,都值得加以总结。

题　　名　**明清时期华侨对菲律宾发展的贡献**

作　　者　陈学文

刊　　名　海交史研究

年 卷 期　1992 年 21 期

页　　码　28 – 33

题　　名　**明清时期华人向暹罗的移民**

作　　者　汤开建,田渝

刊　　名　世界民族

年 卷 期　2006 年 6 期

页　　码　53－63

摘　　要　15 世纪初，中国东南沿海地区的一些居民开始移居暹罗。到 20 世纪初，华人移居暹罗的规模越来越大，逐渐形成历史上华人向暹罗移民的高潮。不少华人与暹罗妇女通婚，定居于此，并遵从暹罗的习俗、文化，逐渐被暹罗人同化。

题　　名　明清时期黄淮运关系及其治理方针

作　　者　于见

刊　　名　治淮

年 卷 期　1986 年 33 期

页　　码　43－45

题　　名　明清时期京杭运河闸官研究

作　　者　于琪

刊　　名　聊城大学学报（社会科学版）

年 卷 期　2009 年 2 期

页　　码　136－138

摘　　要　明清时期的闸官是专责闸务的官吏，掌各闸储泄、启闭之事。闸官一职由来已久，但直至到了元代，"闸官"才正式出现。闸官作为运河基层管理组织中的一类，要与林林总总的过闸人员打交道。闸官的职责与运河的畅通息息相关，是运河上的一个重要官职。

题　　名　明清时期两个家族的人口移动

作　　者　王连茂

刊　　名　海交史研究

年 卷 期　1991 年 19 期

页　　码　1－22

题　　名　明清时期两湖外运粮食之过程、结构、地位考察——"湖广熟，天下足"研究之二

作　　者　张国雄

刊　　名　中国农史

年 卷 期　1993 年 12 卷 3 期

页　　码　40－46

摘　　要　"湖广熟，天下足"这种经济现象产生于明朝中后期，消失于新中国的建立。这个期间两湖外运的粮食。有漕粮、官府采买和民间贩卖的商品粮，它们的集中方式、所要解决的问题以及产生的作用，各不相同。商品粮是这一经济现象的主要内容。在同时期的余粮输出省中，两湖居首位，地位高于四川、江西等省。

题　　名　明清时期临清钞关的作用及影响

作　　者　向福贞

刊　　名　聊城大学学报（社会科学版）

年 卷 期　2009 年 4 期

页　　码　57－59

摘　　要　临清钞关是明清时期朝廷在运河沿岸的重镇——临清设置的对过往船只进行收税的机构。临清钞关是中央设在地方的征税机构，它在经济上发挥了显著作用。钞关还行使着重要的政治职能，由于钞关的存在，管关官员与当地土绅、过往的官宦之间经常进行交游酬唱，钞关官员的这些行为都在客观上加强了临清与外界的文化交流，促进了当地民众文化素质的提高。

题　　名　明清时期临清钞关及其功能

作　　者　黑广菊

刊　　名　清史研究

年 卷 期　2006 年 3 期

页　　码　52 - 58

摘　　要　明代宣德年间，政府在临清设置钞关作为征收过往船只税与商税的专门机构，这与其优越的地理位置密切相关。以往学者对临清商业及城市的情况有详尽的论述，但是对其收税机构——临清钞关涉及不多。本文主要对临清钞关的设置沿革、管关官员与外界的互动以及钞关对本城市产生的影响作一历史考察，旨在探求钞关这一经济行政组织的性质及其功能。

题　　名　明清时期临清钞关设置的背景

作　　者　向福贞

刊　　名　消费导刊

年 卷 期　2008 年 11 期

页　　码　215 - 216

摘　　要　临清钞关是明朝宣德年间朝廷在运河沿岸设立的，对过往船只及商品进行收税的国家机构。明政府选择临清设立收税机构，主要原因有三：一是国家政治经济形势发展的必然结果；二是临清所处的独特的地理位置；三是临清自身的发展。三者的合力促成了临清钞关的设立。

题　　名　明清时期琉球的闽人姓氏源流

作　　者　郑国珍

刊　　名　福建史志

年 卷 期　1997 年 2 期

题　　名　明清时期琉球国的汉语教育

作　　者　罗小东

刊　　名　世界汉语教学

年 卷 期　2007 年 1 期

页　　码　136 - 142

摘　　要　在漫长的封建时代，中国作为东方大国、强国，对周边国家的政治、经济、文化都曾产生过巨大而深刻的影响。周边国家对汉语、汉文化的学习，人们所熟知的当推唐朝日本的遣唐使和朝鲜新罗、百济的“遣子入学”。在这种源远流长的汉文化浸染下，形成了世界瞩目的东方汉文化圈。

题　　名　明清时期琉球人的汉语汉文化学习

作　　者　董明

刊　　名　北京师范大学学报(社会科学版)

年 卷 期　2001 年 1 期

页　　码　109 – 116

摘　　要　明初，琉球始与中国建交。当时，汉语和部分汉语书面语语料在该国已然有所传播。此后，琉球对汉语汉文化的需求愈加迫切，曾先后至少 16 次派人到中国留学，并在国内兴办教育，推广汉语汉字，以改变文化的落后面貌。入清，琉球一如既往，重视汉语汉字的学习，除继续大力兴办各类学校外，也像明代一样不断向中国派遣留学生。琉球留学生除官生以外，还有勤学人。这些留学生成了维系中琉友好关系和在琉球继续传播汉语汉字与中国文化的中坚力量。

题　　名　明清时期论述郑和的资料

作　　者　盛巽昌

刊　　名　上海大学学报(社会科学版)

年 卷 期　1985 年 2 期

页　　码　105 – 109

摘　　要　郑和下西洋是明初三十年举国震动的大事。郑和七次下西洋，显示了大明帝国的实力，扩大了中国与当时世界的影响，写下了世界航海史的重要篇章；它在中外关系史上也占有相应的地位。郑和出使海外，远涉重洋，一年三百六十日，多在波间浪里行，其时间的悠悠，路程的漫漫，那是古今中外所罕有的。

题　　名　明清时期妈祖信仰传台过程及影响寻踪

作　　者　姜红星

刊　　名　东南传播

年 卷 期　2008 年 1 期

页　　码　24 – 25

摘　　要　本文对明清时期妈祖信仰传台的过程作了梳理，并对其对台湾的影响予以概述。文章还从社会、心理和血缘等角度分析了妈祖信仰在台得到广泛传播的原因。

题　　名　明清时期闽东南中心港市的发展

作　　者　蓝达居

刊　　名　华侨大学学报(哲学社会科学版)

年 卷 期　2000 年 4 期

页　　码　87 – 92

摘　　要　明清时期闽东南沿海主要海港城市因应海陆人文的互动以及国家与社会互动而发展；而沿海港市的发展对区域社会经济的发展起了重要的辐射作用，并导致区域社会文化的变迁。本文从总体上论述明清时期闽东南沿海中心港市的发展动力和作用。

题　　名　明清时期闽南人口的海路外流

作　　者　苏鑫鸿

刊　　名　中国社会经济史研究

年 卷 期　1987 年 4 期

页　　码　46 – 53

摘　　要　闽南地区的大规模开发，是唐宋时期河南、安徽等地汉族人民南迁的结果。但是，宋元时期，闽南人口便呈现出从海路外流的趋势，只是这种流动数量不大，且极分散，始终是一种无组织的个别的行动。到了明清时代，当封建生产关系所加给农业的种种破坏而引起农村破产的时候，闽南地区人口海路外流真正形成高潮，且趋于复杂化。因此，探讨这一时期闽南人口的海路外流，对于了解闽南地区的社会经济形态不无意义。

题　　名　**明清时期闽台海岛状况蠡测**
作　　者　卢建一
刊　　名　贵州师范大学学报(社会科学版)
年 卷 期　2006 年 5 期
页　　码　44 – 48
摘　　要　明清时期，闽台海岛开发经历了巡检司、卫所或寨游、军镇发展为海岛行政区。海岛居民的经济开拓，减轻了海禁政策的消极影响，由传统自然经济向以海洋经济为导向的商品经济过渡，海岛的经济发展与军事驻防相辅相成。海岛教育基本上按照内地的模式，共同的科举制度将海岛与内地的读书人紧密地联系在一起，思想文化上相互影响，形成了有鲜明的区域特色的闽台文化。探讨海岛开发的不利因素与不足之处，祈望能为发展海洋经济提供有益的借鉴。

题　　名　**明清时期闽台自然灾害对妈祖信仰的影响**
作　　者　徐心希
刊　　名　莆田学院学报
年 卷 期　2004 年 2 期
页　　码　68 – 71
摘　　要　由于明清时期福建及台湾地区自然灾害发生频繁且破坏严重，促使发端于宋代莆田湄洲岛上的妈祖信仰更加兴盛，并对其属性产生一定的影响，如多元化、人性化及信仰主体的"分身"等。

题　　名　**明清时期南澳港的海上贸易**
作　　者　林仁川
刊　　名　海交史研究
年 卷 期　1997 年 31 期
页　　码　10 – 18

题　　名　**明清时期宁波地区"海盗式"私人海上贸易初探**
作　　者　章玲
刊　　名　浙东文化
年 卷 期　1997 年 2 期

题　　名　**明清时期农业科学技术文化交流**
作　　者　陈伟明
刊　　名　海交史研究
年 卷 期　1993 年 23 期
页　　码　32 – 41

题　　名　明清时期泉州港衰落的原因浅析

作　　者　洪荣文

刊　　名　哈尔滨学院学报

年 卷 期　2004 年 25 卷 5 期

页　　码　86 - 89

摘　　要　泉州港在明清时期衰落的原因有三个方面:(1)明清时期实行的海禁政策是泉州港由繁荣走向衰落的关键原因;(2)福建省市舶司由泉州迁到了福州,使泉州港失去国际贸易的地位;(3)西方殖民主义者的东侵影响了泉州港的发展。

题　　名　明清时期泉州私人海外贸易兴盛原因初探

作　　者　苏鑫鸿,郑雨婷

刊　　名　厦门大学学报(哲学社会科学版)

年 卷 期　1989 年 1 期

页　　码　74 - 78

摘　　要　私人海外贸易是一种以经营各种手工原料及日常生活用品为主,在经济上追求高额利润、牟取暴利为目的的新型海上贸易,它是在明代之后官方海上贸易日渐衰颓之时,取代官方朝贡贸易而成为泉州海上贸易的主体的。

题　　名　明清时期儒学东渐日本简论

作　　者　朱亚非

刊　　名　孔子研究

年 卷 期　2004 年 5 期

页　　码　95 - 104,128

摘　　要　明清时期是中国儒学东传日本的高潮时期,日本思想家全面接受和吸取了儒学思想,并结合日本国情加以阐释和创新,将传统的儒学思想融入日本社会各个层面,对日本文化发展及其社会进步起了重要作用。同时,也产生了某些消极因素。

题　　名　明清时期山东运河区域的徽商

作　　者　王云

刊　　名　安徽史学

年 卷 期　2004 年 3 期

页　　码　12 - 19

摘　　要　明清时期,山东运河区域以其便利的交通,优良的棉、麦、梨、枣等土特产和市场活跃的工商业城镇,吸引大批徽商来此货殖;他们主要集中在临清、济宁等区域中心城市,从事布帛、食盐、典当、杂货、中药等行业的经营;徽商在侨寓地还进行联姻、入籍、科考、捐资等活动,树立起了“义利兼顾”的“良贾”形象。徽商在山东运河区域的长期居住经营,不仅在一定程度上改变了一些城镇的居民结构,而且促进了山东运河流域的南北物资文化交流,带动了这一区域社会经济的发展。

题　　名　明清时期山东运河区域的金龙四大王崇拜

作　　者　王云

刊　　名　民俗研究

年 卷 期 2005 年 2 期

页 码 126 - 141

摘 要 金龙四大王崇拜，是明清时期伴随着京杭运河的全线贯通和漕运的兴盛而产生的一种新的民间信仰。它最初形成于山东运河区域，之后迅速向南北传播，其信仰范围覆盖了北方数省，并波及江浙。这一重要的社会历史文化现象，至今学界尚缺乏深入的研究。本文搜集正史、类书、方志笔记、碑文、小说中的有关资料，对明清时期广泛存在于中国北方的金龙四大王崇拜现象进行梳理和探析。

题 名 明清时期实行闭关锁国政策根本原因的分析

作 者 赵志龙

刊 名 零陵学院学报

年 卷 期 2003 年 5 期

页 码 197

摘 要 现在很多资料普遍认为明清时期之所以实行闭关锁国的政策，其根本原因是因为当时中国的经济还处在自给自足的自然经济状态，也就是小农经济占绝对优势的原因而造成的，但笔者不敢苟同。

题 名 明清时期我国与爪哇海上针路

作 者 徐云根

刊 名 海交史研究

年 卷 期 1990 年 18 期

题 名 明清时期我国蔗糖外销的流向

作 者 周正庆

刊 名 广西师范大学学报(哲学社会科学版)

年 卷 期 2004 年 40 卷 2 期

页 码 129 - 132

摘 要 与其他商品相比，中国的蔗糖较早地参与了国际市场的竞争。从明末清初开始，中国糖类产品的出口量日渐增大，至鸦片战争前，我国蔗糖的出口范围几乎遍及全球各地。鸦片战争后，中国糖类产品的输出地更广泛，贸易对象更多。总的看来，从明末开始，中国的蔗糖已经成为世界糖业经济市场上一支重要的力量，对世界糖业市场的发展起着重要的作用。

题 名 明清时期我国最大沿海贸易港的北移趋势与上海港的崛起

作 者 吴松弟

刊 名 复旦学报(社会科学版)

年 卷 期 2001 年 6 期

页 码 27 - 34,84

摘 要 明代和清前期私人海上贸易相当兴盛。宁波双屿港的繁盛，隆庆以后从福建的月港——江南港日——日本或南洋的三角贸易，都显示出，自明代开始，我国最大的沿海贸易港已出现向江南北移的趋势，上海港发展为我国最大的沿海贸易港是这一趋势的最终体现。导致这一趋势出现的根本原因是，江南既是我国明清时期出口商品的主要来源地区，也是进口商品的主要销售地区，并有着发展海上贸易的良好的区位条件。

题　　名　**明清时期西欧殖民主义国家对澳门贸易的争夺**
作　　者　黄启臣,邓开颂
刊　　名　广东社会科学
年 卷 期　1986 年 3 期

题　　名　**明清时期运河的商品流通**
作　　者　许檀
刊　　名　历史档案
年 卷 期　1992 年 1 期
页　　码　80 – 85
摘　　要　京杭大运河全长 1700 多公里,作为贯通南北的唯一航道,实际上成为当时南北物资交流的大动脉。特别是明中叶直至清中叶的三四百年间,运河的商品流通量远远超过其漕粮运输量,它在全国商品流通中发挥了极为重要的作用。然而,以往对运河的研究大多侧重于其漕运功能,至于运河的商品流通则很少见有专文论述。明清时期运河商品流通的规模如何?其内容与特点是什么?以及它在全国商品流通中所处的地位等等,本文试就此作一初步探讨。

题　　名　**明清时期中国瓷器文化在欧洲的传播与影响**
作　　者　李金明
刊　　名　中国社会经济史研究
年 卷 期　1999 年 2 期
页　　码　42 – 49

题　　名　**明清时期中国对日丝绸贸易**
作　　者　范金民
刊　　名　中国社会经济史研究
年 卷 期　1992 年 1 期
页　　码　28 – 37
摘　　要　明清时期,以江南丝绸为主体的中国丝绸畅销于世界各国。日本一直是中国的较大买主,可自清中期起,随着本国蚕丝丝绸生产的迅速兴起,日本由丝原料输入国逐渐变为输出国,并最终超过中国而一跃成为最大的生丝出口国。中国丝绸对日贸易的兴衰消长,实质上体现了中日生丝及丝货生产格局的前后根本变化。今就这种贸易的经营者、过程、数量、利润率及其兴衰原因等问题略作探讨,以期行家指正。

题　　名　**明清时期中国教育制度对琉球的影响**
作　　者　谢必震,蔡惠琼
刊　　名　教育评论
年 卷 期　1994 年 3 期
页　　码　61 – 62

题　　名　明清时期中国培养琉球留学生述略
作　　者　谢必震
刊　　名　教育评论
年 卷 期　1992 年 2 期
页　　码　52－56
摘　　要　琉球(今日本冲绳)自明洪武五年(1372 年)与中国建立友好关系以来,先后向中国派遣了二十多批的留学生(明清史籍中称"官生")来中国学习先进的文化科技,以推动改变琉球国的落后面貌。明清政府对琉球在华留学生极为关怀,不仅为他们选派最好的教习,而且在日常生活学习等方面给予最优厚的待遇。并下文规定,所有琉球留学生在华待遇,"俱照进贡都通事之例"。究竟明清政府是如何培养琉球留学生的,这一问题迄今鲜为人知,本文不揣谱陋,拟对此作一粗略的考述。

题　　名　明清时期中国世界经济中心地位质疑
作　　者　谷加恩
刊　　名　襄樊职业技术学院学报
年 卷 期　2005 年 1 期

题　　名　明清时期中国同东南亚地区贸易发展的特点
作　　者　郭立珍
刊　　名　石家庄经济学院学报
年 卷 期　2005 年 28 卷 4 期
页　　码　499－503
摘　　要　明清时期中国同东南亚地区贸易迅速发展,是中国海外贸易发展史上的一个重要时期。这一时期贸易的特点是:贸易是基于和平方式、互利目的、已加入世界贸易网的情况下进行的,且受制于政府政策,华侨华人在贸易中起了桥梁和纽带作用。

题　　名　明清时期中国与琉球贸易关系探析
作　　者　陈智为
刊　　名　北京档案史料
年 卷 期　1999 年 2 期
页　　码　274－284

题　　名　明清时期中国与西属菲律宾的贸易
作　　者　喻常森
刊　　名　中国社会经济史研究
年 卷 期　2000 年 1 期
页　　码　43－49
摘　　要　早在宋、元时期,中国帆船就开辟了通往菲律宾群岛的定期贸易航线。入明以后,菲律宾群岛中的苏禄王国与中国政府建立了十分友好和密切的朝贡关系。明穆宗隆庆元年开放海禁,允许民间商船经营海外贸易。"于是,四方之贾,熙熙水国,刳租,分市东西洋。"其中,东洋贸易主要就是指与菲律宾群岛各地开展的贸易。当时,正值西班牙人在菲律宾群岛地区大肆进行殖民扩张。1565 年 6 月,西班牙东方远征军在黎牙实比的率领下,在菲律宾群岛占领了第一个殖民据点——宿务。1569 年 8 月,西班牙国王任命黎牙实比为第一任菲律宾总督。1571 年 5 月,西班牙又占领了菲律宾群岛中最大的岛屿——吕宋,并以马尼拉为中心,建立了西属菲律宾殖民地。直到 1898 年被美国取代,西班牙人在菲律宾进行了长达四百多年的殖民统治。本文主要探讨明中叶至清末中国与西属菲律宾的贸易关系。

题　　名　**明清时期中国政府对澳门海关的管理**
作　　者　黄启臣
刊　　名　中山大学学报(社会科学版)
年 卷 期　1996 年 1 期
页　　码　71 - 82
摘　　要　自从 1553 年葡萄牙人进入和租居澳门之后,就以澳门为基地,开展澳门—长崎、澳门—果阿—里斯本、澳门—马尼拉—墨西哥的国际贸易。但是,葡萄牙人的贸易活动,一直是在中国政府直接管理之下进行的,一直到 1887 年《中葡和好通商条约》为止。本文通过明清中国政府管理澳门海关的历史事实,从一个侧面证明在 19 世纪 80 年代前,中国政府对澳门是行使主权的。

题　　名　**明清时期中韩文化交流概况**
作　　者　吴莲姬
刊　　名　当代韩国
年 卷 期　2002 年 3 期
页　　码　48 - 53
摘　　要　中韩两国作为一衣带水的国家,历来频繁交往,关系密切。中国的明清时期(1368 - 1860)相当于朝鲜的李朝时期(1392 - 1910),当时中朝两国在政治上保持了比较友好的关系,尤其是明朝于公元 1592 - 1598 年间两次派大军援助李朝击退倭寇,取得抗倭援朝战争的胜利,不仅进一步巩固了两国的友谊,而且为日后两国的文化交流与发展奠定了基础。研究历史上两国的关系与文化交流,对于加强理解目前日益密切的中韩关系与交流活动,具有重要的现实意义。

题　　名　**明清时期中琉关系史的珍贵档案——《历代宝案》**
作　　者　亚平
刊　　名　历史档案
年 卷 期　1989 年 3 期
页　　码　133 - 136,132
摘　　要　明清两代,琉球作为中国封建王朝的藩属长达五百余年。其间,琉球国频频入贡,中国封建王朝亦时常遣使前往册封,彼此关系十分密切。对此,明清两代的正史、实录、会典、方志、丛书以及笔记中有关记载很多。然而,这些记载或过于琐碎,或失之于简略,难以给人以清晰、完整的轮廓。在这一方面,琉球编纂的《历代宝案》恰好弥补了不足。鉴于这部历史档案的史料价值甚高,而且国内流传不广,知者有限,本文拟对《历代宝案》一书的编纂、版本及其流传情况、具体内容、以及史料价值作一概述,惟望能对史学界、档案学界的研究有所帮助。

题　　名　**明清时期中葡航海比较及中西文化交流**
作　　者　石元蒙
刊　　名　甘肃理论学刊
年 卷 期　2003 年 2 期

页　　码　62 - 66

摘　　要　中西征服海洋站在同一起跑线上，但双方航行的背景、目的不一样，从而结局也不一样，随着葡人东来后贸易活动的开展，大批传教士借助往来于欧亚的大帆船，奔走于东西方之间，充当了传教骨干和文化使者，促进了中西文化交流。

题　　名　**明清时期中日长崎商船贸易**

作　　者　魏能涛

刊　　名　中国史研究

年 卷 期　1986 年 2 期

题　　名　**明清时期中西法律文化交流初探**

作　　者　王健

刊　　名　华东政法学院学报

年 卷 期　2001 年 6 期

页　　码　59 - 65

摘　　要　中西法律文化迄今未曾间断的交流始于 16 世纪西洋传教士来华。然而基于种种复杂的原因，他们在向中国传播西方法律文化方面所做的贡献，不仅与其反向的情形不成比例，也无法与 19 世纪来华的新教传教士相媲美。随着中国文化性质的争论的激化而导致的中西的恶化，中国封闭了对外开放的大门，也失去了洞悉外情、比较和认识西洋文化的机会；西方则在双向认识中把握了主动。

题　　名　**明清士大夫与琉球**

作　　者　谢必震

刊　　名　福建师范大学学报（哲学社会科学版）

年 卷 期　2002 年 4 期

页　　码　9 - 15

摘　　要　明清时期，琉球是中国的一个藩属国，中国士大夫在中琉交往过程中起到了重要的作用。中国士大夫册封琉球，精心培养琉球来华之留学生，并在日本吞并琉球的事件中各抒己见，商议对策等。明清士大夫与琉球的交往，从一个特定的角度反映了中国与琉球的外交关系，反映了明清中国的对外政策。

题　　名　**明清私人海上贸易的特点**

作　　者　林仁川

刊　　名　中国社会经济史研究

年 卷 期　1987 年 3 期

页　　码　10 - 17

摘　　要　明清私人海上贸易不仅规模庞大，人数众多，而且在性质上也起了变化。如果说明代中叶以前的对外贸易是在封建政权控制下的官方朝贡贸易，那末嘉靖以后的对外贸易主要是私人海上贸易，这种海上贸易无论是方式或者性质上均与官方朝贡不同，表现出自己新的特点。

题　　名　**明清外销瓷的工艺与文化特色**

作　　者　陈伟明

刊　　名　海交史研究
年 卷 期　1994 年 25 期
页　　码　98 – 106

题　　名　**明清小说与运河水运**
作　　者　赵维平
刊　　名　贵州社会科学
年 卷 期　2007 年 4 期
页　　码　31 – 34
摘　　要　以京杭运河为干线的水运交通网，是明清两代沟通天下的主要水上客运、货运通道。明清小说反映了运河水运文化。货运方面写及漕粮运输、商贾货运和官船挟带；客运方面写及包船搭船、船速运价和生命财产风险；运道保障方面反映了志士仁人与洪水斗争的业绩，也暴露了贪官污吏中饱私囊、坑害社会的种种劣行。可以说，明清小说是运河水运文化的重要载体，运河水运文化是明清小说的重要表现内容，它们是中华传统文化的重要组成部分。

题　　名　**明清扬州繁华之探讨**
作　　者　江太新，苏金玉
刊　　名　盐业史研究
年 卷 期　2006 年 3 期
页　　码　3 – 8
摘　　要　扬州，地处南北大运河与长江交汇点，水陆交通便利，是南来北往的枢纽。明清之际，商业尤为繁盛，其原因是多方面的。漕运的便利对繁荣扬州的商品市场起了很大作用，徽州商人的商业活动更与之密不可分。

题　　名　**明清以来广东民间“天后”女神崇拜与社会经济的发展**
作　　者　陈忠烈
刊　　名　广东社会科学
年 卷 期　1994 年 5 期
页　　码　113 – 119
摘　　要　“天后”女神（以下简称女神）崇拜起于福建，据传福建莆田湄州林氏女，生而灵异，殁而为神，往来海上，庇护航行，救人出险，祷之辄应，遂为福建沿海人民所信奉。降及明清，广东社会经济发生了深刻变化，商品经济持续上升，舶运物资从传统的“奇珍宝货”转而为关乎民生日用的市场商品，下海自古就是广东人生财的最佳途径，此时积聚起来的商业资本有了更为广阔的出路，进一步推动了内地贩运性商业，粤商成为全国大商帮之一而执华南商业之牛耳。广东民间天后女神崇拜不但借助历史惯性而获得延伸，而且不断发生着适应时代新主题的转化和变革。官书和广东地方志上“建置”、“坛庙”、“风俗”诸章以及文人笔记虽有记录，然语焉不详，且由于时过境迁，当年文献所载的许多事迹已不复存在，很难据此追索这种崇拜的形态、作用及其发展过程。近几年，笔者在广东各地进行考察，发现明清以来广东民间天后女神崇拜实际上比文献所载更为丰富而生动活泼。笔者拟运用调查考察所得并结合文献资料，对此作些初步的探讨。

题　　名　**明清以前妈祖信仰的演变**
作　　者　石万寿

刊　　名　台湾文献
年 卷 期　1989 年

题　　名　**明清粤闽海商的构成与特点**
作　　者　陈伟明
刊　　名　历史档案
年 卷 期　2000 年 2 期
页　　码　80 – 87
摘　　要　海商,系指从事海上商业活动的商人,尤其是指从事海外贸易的商人。明清两朝,随着社会经济的发展繁荣,对外贸易更加兴旺发达。国内不少商人集团,特别是以粤、闽商人集团为主,开始把商业目光从国内市场转向海外市场,纷纷利用自身的经济实力与能力,组织参与海外贸易活动,即内商外贸或海商外贸。明中叶以后,中国海外贸易也开始了新的转型。

题　　名　**明清粤闽海商的海上营运架构**
作　　者　陈伟明
刊　　名　海交史研究
年 卷 期　2000 年 37 期
页　　码　55 – 64
摘　　要　海商,乃指从事海外贸易的海上商人。海上营运架构,主要是包括海外贸易中海船的构造与配置,海船人员的组织与构成,实际上是海船船只与船员的运作架构。明清时期海上私人贸易的日趋发展,进一步促进了海上营运架构的完善与发展。明清粤闽地区,海上私人贸易最为发达,其海上营运架构更是严密系统。探讨明清粤闽海商海上营运架构的具体运作与组织特色,可以从更多方面认识明清时期中国海外贸易运作的发展状况与特点,特别是其营运架构中所表现的某些新生产关系萌芽因素,反映了当时中国社会经济发展的历史潮流。

题　　名　**明清粤闽海商的海外贸易与经营**
作　　者　陈伟明
刊　　名　中国社会经济史研究
年 卷 期　2001 年 1 期
页　　码　12 – 24
摘　　要　明清粤闽海商的海外贸易与经营,是社会发展的必然,进一步加强了中外经济文化的交往。粤闽海商在不同国家会受到不同贸易政策的影响,而粤闽海商的海外贸易经营活动,形式多样,灵活多变,公平竞争,因而能够打开国际贸易市场,促进了海外诸国的经济发展。但是,粤闽海商必须承受来自国内海外的繁重税收,还受到封建社会自然经济发展的束缚限制。因此,明清粤闽海商的海外经济贸易,始终未能改变其封建经济的性质,因此也不可能改变中国封建社会的发展命运。

题　　名　**明清粤闽海商的贸易税收**
作　　者　陈伟明,许艳青
刊　　名　暨南学报(人文科学与社会科学版)
年 卷 期　2004 年 26 卷 3 期
页　　码　109 – 115

摘　　要　明清时期,粤闽海商的海外贸易活动所承担的商业税收,包括国内征收与海外征收两大部分。国内部分,明清时期大体可以划分为两大类,一类为正常关税,或有从量税性质,按照海船容积载重量等作为计征标准,或有从价税性质,按不同商品价值价格征收不同的关税;一类为特殊关税,主要是地方政权及有关官员,巧立名目,征收各种特殊的商品附加税。总的发展方向是从过去的实物抽分为主逐步过渡到以货币征收为主。而海外征收的商业税,不同国家地区,不同时期,则有不同的税制,主要实行比例税率或定额税率两类,总的发展趋势表现为税率不断提高。明清时期粤闽海商的外贸商业税收,从一个侧面反映了当时中外社会政治经济状况及粤闽海商在中国与国际市场上所具有的历史地位。

题　　名　**明清之际澳门海上丝路贸易述略**
作　　者　杨仁飞
刊　　名　中国社会经济史研究
年 卷 期　1992 年 1 期
页　　码　59－64,71

摘　　要　明清之际,随着世界航路的全面贯通,西方势力的东渐,全球性广泛联系的建立,世界贸易格局为之大变。在此历史大背景下,中外交流的历史古道“海上丝绸之路”亦发生重要变化。不仅仅是欧亚之间建立直接的交往关系,而日。伴随着澳门港在珠江三角州的兴起和世界市场对中国丝货的追求,海上丝路规模和影响均有所发展和扩大,且形成以澳门为中心,以广州乃至整个大陆,特别是沿海地区为腹地,向太平洋、大西洋、印度洋发展的海上丝路国际性贸易大循环。在这一段时间中,中国丝货作为最重要和最大宗的货物被运送到世界各地,这种贸易数量之多、规模之大乃是前所未有的。而且中国丝货和欧美之白银,通过澳门架起富有特色的国际性贸易大循环。本文试分析这一海上国际丝路贸易的构成,特点及影响,从而希望能反映该时代变局中的一些情形。

题　　名　**明清之际潮州的海盗与私人海上贸易**
作　　者　陈春声
刊　　名　文史知识
年 卷 期　1997 年 9 期
页　　码　42－45

题　　名　**明清之际的海禁政策与海商**
作　　者　赵志军,谢海涛
刊　　名　法制与社会
年 卷 期　2009 年 24 期
页　　码　336－337

摘　　要　自明代中叶以来,我国海上贸易发达,但明清统治者以沿海安定和统治需要为由,厉行海禁政策,阻挠了中外海上贸易的顺利进行。但海禁政策并不能完全阻断中外海上贸易往来的历史大趋势,海商集团在夹缝中求得生存,沟通中外海上商路,连接中外两个市场,带动了国内手工业及其他相关行业的发展。

题　　名　**明清之际的移民与台湾开发**
作　　者　陈一平
刊　　名　南京化工大学学报(哲学社会科学版)

年 卷 期 2001年4期

页　　码 38－42

摘　　要 台湾与中原早有联系。明清之际的移民，使这种联系有了实质性的变化。明清之际的移民潮，以郑氏父子的移民活动为起点，到清时进入高潮。汉人的大量移入，将汉族文化带入了台湾，改变了台湾的人口结构，促进了台湾的开发，推动了台湾经济的发展，加速了台湾与中原的融合过程，从而使台湾成为中国不可分割的一部分。

题　　名 明清之际的运河与济宁

作　　者 张庆正

刊　　名 西安社会科学

年 卷 期 2010年3期

页　　码 91－92

题　　名 明清之际东南沿海经济发展的机遇及其丧失

作　　者 刘玲

刊　　名 徐州教育学院学报

年 卷 期 2002年4期

题　　名 明清之际福建的民间海外贸易港口

作　　者 聂德宁

刊　　名 中国社会经济史研究

年 卷 期 1992年4期

页　　码 39－45

摘　　要 明朝隆庆年间(1567－1572)鉴于前此倭寇海盗活动的频繁，遂于福建漳州海澄的月港局部开放海禁，准许民间海商告给文引出洋兴贩，于此确立和实施了“纳饷过洋”的饷税贸易制度，海澄月港因而成为当时福建乃至全国唯一合法的民间海外贸易口岸。除月港之外，从其他口岸出入的民间海外贸易活动，均为明朝视为非法而加以取缔和镇压。明王朝这种有限度的开禁，长此以往，不仅无法顺应民间海外贸易活动日益发展的需求，而且也难以适应当时西方殖民者日趋东来以后变化多端的海外局势。

题　　名 明清之际福建籍高僧拙公和尚的越南之行——以笔者田野调查和新发现的珍贵史料为依据

作　　者 谭志词

刊　　名 海交史研究

年 卷 期 2005年48期

页　　码 13－29

摘　　要 明清之际福建籍高僧拙公和尚赴越南弘扬佛法长达20年，成为越北方临济禅派的开山祖师，这是岭南与东南亚文化交流史上的重要事件，而国内对他的研究几乎还是空白，本文根据笔者在越南田野调查和新发现的珍贵史料为依据，结合国内的相关史料，对拙公和尚的姓氏名号、籍贯和生平作了初步的考证。

题　　名 明清之际西方火器引进初探

作　　者 刘旭

刊　　名　湘潭大学学报(哲学社会科学版)
年 卷 期　1995年4期
页　　码　38－43
摘　　要　探讨明清之际西方火器及技术的引进,对促进中西科学文化的交流,极有意义。本文认为,明清之际当政者很注意西方先进火器如佛郎机炮、红衣炮和鸟铳等的引进与份化并重视聘用西洋大器专家如汤若望、南怀仁等制造火器,还注重吸收西方先进火器技术创制新式火器,在此基础上,一批系统总结和介绍西方火器技术的军事科学理论专著在明清之际也相继问世,如《西法神机》、《火攻挈要》等,而明清之际引进西方先进火器及技术这一举措本身,又具有重要历史意义与明显的局限性。

题　　名　**明清之际郑氏集团海上贸易的组织与管理**
作　　者　聂德宁
刊　　名　南洋问题研究
年 卷 期　1992年1期
页　　码　98－105
摘　　要　在明末清初海外贸易史上,郑氏海商集团有着极为重要的地位。对构成郑氏海商集团海外贸易活动重要组成部分之一的海外贸易组织与管理,进行考察和分析,是从一个侧面研究郑氏海商集团如何从事其海外贸易活动的一项必不可少的课题。

题　　名　**明清之际中日文化交流途径研究**
作　　者　李晓燕
刊　　名　东南亚纵横
年 卷 期　2008年2期
页　　码　88－91
摘　　要　中日文化交流源远流长,绵延不绝。即使在两国实行闭关锁国政策时期,文化交流与人民的友好往来也没有停止过。17世纪,中国处于明清之际,而日本正处于江户时代(1603～1867年)初期,中国和日本虽然分别实行闭关与锁国的外交政策,但仍然通过中国文人与僧侣东渡扶桑、民间贸易以及战争等3种途径进行文化交流。

题　　名　**明清中琉往来航路考略**
作　　者　郑志锋
刊　　名　福建史志
年 卷 期　2004年6期
页　　码　39－41

题　　名　**明清中日海商在普陀的贸易活动**
作　　者　邬永昌
刊　　名　舟山史志
年 卷 期　2004年1期
页　　码　46－52

题　　名　明清珠江三角洲商业与商人资本的发展
作　　者　黄启臣
刊　　名　中国社会经济史研究
年 卷 期　1984 年 3 期
页　　码　37 – 50
摘　　要　明清时期，广东珠江三角洲（包括番禺、顺德、中山、斗门、珠海等县的全部，三水、新会、南海、东莞等县的大部分，高鹤、增城、宝安等县的一部份，和广州，佛山、江门等三市），是一个商业繁荣、商人活跃和商人资本发达的地区，不仅胜于本省的其他地区，而且可与苏、松、杭地区、泉、漳地区、徽州地区、潞、泽地区相媲美。其时，珠江三角洲的商品畅销国内外，商人足跡遍天下，商人资本发达。为什么明清时期珠江三角洲的商业如此繁荣？商人资本这样发达？它的发展趋势和作用怎样？回答这些问题，对于中国社会经济史、特别是对于沿海地区资本主义萌芽和封建社会长期延续问题的深入研究和讨论，是有一定的科学价值的。

题　　名　明人佛郎机观初探
作　　者　庞乃明
刊　　名　兰州大学学报（社会科学版）
年 卷 期　2006 年 1 期
页　　码　31 – 36
摘　　要　被称作佛郎机的葡萄牙是最为明代中国人所熟知的欧洲国家。明人之佛郎机认识已经涵盖了葡萄牙的不少方面，其中关于地理方位、人种归属、火器战船、殖民扩张以及物产风俗之认识已经达到一定深度。明人佛郎机观相对于以往华人对外部世界的认识，既体现出一些新的特点，又表现出明显不足，而且对明朝中后期之社会政治生活产生了相当深刻的影响。

题　　名　明深沪巡检司始置年代正误
作　　者　林德民
刊　　名　海交史研究
年 卷 期　1997 年 31 期
页　　码　125 – 130

题　　名　明史佛朗基传考证
作　　者　梁嘉彬
刊　　名　文史学研究所月刊
年 卷 期　1934 年 2 卷 3 – 4 期

题　　名　明史中郑和下西洋年代之谬误考
作　　者　徐玉虎
刊　　名　大陆杂志
年 卷 期　1960 年 20 卷 6 期

题　　名　明双屿港地望说
作　　者　王建富，包江雁，邬永昌

刊　　名　中国地名
年 卷 期　2000 年 4 期
页　　码　44－45
摘　　要　1553 年前，也就是葡人到澳门之前，中国海盗曾引葡人到双屿港盘踞、走私 22 年。关于双屿港的位置，在八十年代以前的文献中，有一些不同的表述，有将这定位为福建省境内的，也有将之定位在我省象山港的。然近二十年来，经过文史界，特别是舟山学者的努力查考，认定位置，即今浙江省舟山市普陀区西南部的双屿门水道沿岸。

题　　名　**明太监杨庆事迹考略**
作　　者　陈平平
刊　　名　郑和研究
年 卷 期　2006 年 1 期
页　　码　101－105

题　　名　**明太祖的海外交往政策及其得失**
作　　者　张祝平
刊　　名　南通大学学报(社会科学版)
年 卷 期　2006 年 22 卷 6 期
页　　码　87－90
摘　　要　明朝建立初始，明太祖朱元璋就汲取了历史教训，根据地理特点，审时度势制定了海外交往睦邻友好的大政方针，并实行了海禁、文教、厚往薄来、防诈限贡等一系列政策，这些政策的实施在南海取得很好的效果，但也留下了东夷倭乱不尽的后患。明朝后代基本上沿用了太祖的海外交往政策。

题　　名　**明太祖对于海上的设施**
作　　者　郑师许
刊　　名　南洋研究
年 卷 期　1944 年 11 卷 3 期

题　　名　**明太祖时代与琉球国三王关系之研究(上)**
作　　者　徐玉虎
刊　　名　东方杂志
年 卷 期　1972 年 10 期
页　　码　25－29

题　　名　**明太祖时代与琉球国三王关系之研究(下)**
作　　者　徐玉虎
刊　　名　东方杂志
年 卷 期　1972 年 11 期
页　　码　30－34

题　　名　**明万历年间中菲关系初探**
作　　者　段妍
刊　　名　东南亚
年 卷 期　2000 年 2 期
页　　码　43 – 49
摘　　要　中国与东南亚各国的交往可谓源远流长,有关中南半岛国家的记载早在西汉时期即见于中国典籍。由于海洋的分隔,中国与海岛诸国的交往,略迟于陆路各国,本是一衣带水的菲律宾也较迟才见于中国史籍著述中。菲律宾本岛考古一度发现唐代文物,证实了唐朝时中菲已有往来。中国史籍中对于中菲关系第一次有明确记录当始于北宋,即《宋史》卷四八九《婆传》中载:"又有摩逸国,太平兴国七年(公元 982 年),载宝货至广州海岸。"从此以后,宋、元两朝各类官史或私家著述中方见有关菲律宾群岛(以下简称菲岛)古国如吕宋苏禄等记载,但除宋人周去非的《岭外代答》、赵汝适的《诸蕃志》及元朝汪大渊的《岛夷志略》记载较详外,均是星星点点散见于各书中。本文拟就明神宗万历年间,明朝与西菲殖民政府关于中菲间三次重大事件的交涉,来探究这一时期的中菲关系及其深层因素。

题　　名　**明万历援朝将士与韩国姓氏**
作　　者　王秋华
刊　　名　中国边疆史地研究
年 卷 期　2004 年 14 卷 2 期
页　　码　121 – 129
摘　　要　万历年间,明廷援朝抗倭将士立下赫赫战功。战后许多将士落籍朝鲜,亦有许多将士的子孙东渡定居。明朝将士落籍及援朝将士子孙东渡使朝鲜的姓氏结构发生了变化,增加了韩国历史上从未有过的姓氏 4 个,本贯 14 个。这些华裔在朝鲜朝廷和地方都受到重用,在军事、经济、文化等各个领域都做出了贡献。

题　　名　**明万历援朝抗倭与韩国之浙籍华人**
作　　者　柳斌
刊　　名　浙江档案
年 卷 期　2003 年 7 期
页　　码　42
摘　　要　明万历二十年(1592)和二十五年(1597)日本两度入侵朝鲜,以中国干支纪年,此两年分别为壬辰、丁酉,故史称壬辰、丁酉倭乱。在此事件中,明王朝出兵援朝抗倭,于是构成早期韩国华人产生原因之一。其中二十四姓韩国华人始祖均为壬辰、丁酉倭乱中援朝抗倭之将领,他们或在战争结束后留居韩国,或其后裔由中国大陆重返韩国侨居,成为韩国华人。二十四汉姓中,本籍为浙江者即有徐、柴、施、刘、张、彭、片七姓,约占总数三分之一。本文据有关史籍及韩国片乱基先生所存史料,仅描述明代援朝抗倭之经过以及韩国浙籍华人来源情况之大略。

题　　名　**明末南洋华侨的数量推算和职业、籍贯构成**
作　　者　庄国土
刊　　名　南洋问题研究
年 卷 期　1990 年 2 期
页　　码　16 – 21

摘　　要　对鸦片战争以前南洋华侨的人口数量与职业、籍贯构成的分析较为困难。日人成田节男说:“从来关于华侨的文献都只写到暗示华侨存在的程度,要据此以考察华侨的人口和生活就不免有隔靴搔痒之感。”中国史料向来缺乏统计数据,西方资料除荷属东印度公司的吧城史料外,也缺乏鸦片战争以前的华侨统计材料,而大多是鸦片战争以后,特别是20世纪30年代的数据。除黄文鹰先生根据吧城荷文档案,对17－18世纪的吧城人口作出杰出研究外,鸦片战争以前华侨人口结构尚无人作出专门研究。现综合国内外资料,对这方面问题进行归纳,以求对这一时期南洋华侨的人口结构有一概况性认识。

题　　名　**明西安通济渠之开凿及其变迁**
作　　者　王其祎,周晓薇
刊　　名　中国历史地理论丛
年 卷 期　1999年2期
页　　码　73－98,250
摘　　要　本文以《新开通济渠记》碑文为主要线索,结合史籍志乘,从通济渠开凿的原因、时间、长度、水量、质量、督役人、管理状况、流经脉络和后世修浚、变迁及湮废等诸方面,条分缕析,纲举目张,使对通济渠的探索,略趋周详,其对研究历史上西安地区的水道变迁以及西安水利资源问题,当有较为重要的参考价值。

题　　名　**明下西洋郑和、王景弘两正使的卒事考——兼谈郑和的宗教观**
作　　者　庄为玑
刊　　名　郑和研究
年 卷 期　1987年2期

题　　名　**明宣德年间之中日关系**
作　　者　[日]三浦周行 著;爽庵 译述
刊　　名　清华政治学报
年 卷 期　1932年1卷1期

题　　名　**明遗民东渡及其对日本文化的影响**
作　　者　周中坚
刊　　名　海交史研究
年 卷 期　1992年22期
页　　码　50－55

题　　名　**明永乐至宣德间的太监外交与天妃崇拜**
作　　者　蒋维锬
刊　　名　莆田学院学报
年 卷 期　2004年11卷2期
页　　码　72－75
摘　　要　通过相关史料的搜集、整理和考证,简要勾勒出明永乐至宣德间的太监出使与天妃崇拜这一独特的历史风貌,从中亦可看出妈祖信仰在15世纪初期对推动中国海洋外交所起的特殊作用。

题　　名　**明与后金对旅顺的争夺**
作　　者　魏刚
刊　　名　辽宁师范大学学报(社会科学版)
年 卷 期　1999年2期
页　　码　86-88
摘　　要　旅顺是海路咽喉,在明与后金的战争中处于极为重要的战略地位。明与后金为争夺旅顺进行了反复较量,最终以后金的胜利而告终。明朝失去旅顺的主要原因:一是在兵力部署上,重山海轻沿海;重皮岛轻旅顺;二是明军内部矛盾重重,削弱了自身的力量;三是后金开始装备有战船和火炮,使明军独具的优势日渐丧失。

题　　名　**明与清前期海外贸易政策比较——从万明《中国融入世界的步履》一书谈起**
作　　者　陈尚胜
刊　　名　历史研究
年 卷 期　2003年6期
页　　码　45-57,190
摘　　要　万明《中国融入世界的步履——明与清前期海外政策比较研究》一书认为,就海外贸易政策总体发展趋势而言,明代是开放的,清代是封闭的。这种观点具有片面性。从官方出海贸易政策、海外国家朝贡贸易政策、本国商民出海贸易政策、外国商民来华贸易政策、关税政策等五个方面分析,明朝与清朝前期没有本质的差异。清朝前期的许多海外贸易政策不仅直接继承于明朝,而且在很多方面比明朝更加务实,更有利于国计民生。

题　　名　**明御用监太监李童为郑和研究留下诸多课题**
作　　者　郑自海
刊　　名　郑和研究
年 卷 期　2005年4期
页　　码　26-30

题　　名　**明郑成功时代志士对日本时代的贡献**
作　　者　黄玉斋
刊　　名　台湾文献
年 卷 期　1963年

题　　名　**明郑的海权掌握和对外关系**
作　　者　方豪
刊　　名　中国一周
年 卷 期　1950年10期

题　　名　**明郑对日关系与存银事件**
作　　者　林子侯
刊　　名　台湾文献
年 卷 期　1974年25卷4期

题　　名　**明郑家族与安平港**
作　　者　吴凤斌
刊　　名　南洋问题
年 卷 期　1985 年 4 期
页　　码　30 – 37

题　　名　**明郑时代台湾与菲律宾的贸易关系——以马尼拉海关纪录为中心**
作　　者　方真真
刊　　名　台湾文献
年 卷 期　2003 年 54 卷 3 期
页　　码　59 – 105

题　　名　**明郑时代台湾与英国之商务关系(上)**
作　　者　陈春生
刊　　名　东方杂志
年 卷 期　1978 年 11 卷 10 期

题　　名　**明郑时代台湾与英国之商务关系(中)**
作　　者　陈春生
刊　　名　东方杂志
年 卷 期　1978 年 11 卷 11 期

题　　名　**明郑时代台湾与英国之商务关系(下)**
作　　者　陈春生
刊　　名　东方杂志
年 卷 期　1978 年 11 卷 12 期

题　　名　**明郑时期台湾海峡海上交通问题的探讨**
作　　者　邓孔昭
刊　　名　台湾研究集刊
年 卷 期　2001 年 4 期
页　　码　10 – 16,33

题　　名　**明郑时期台湾经营日暹贸易之研究——以胡秋言,蓝津两艘船为例**
作　　者　朱德兰
刊　　名　东海学报
年 卷 期　1987 年 28 期

题　　名　**明郑史料与日本林罗山家**
作　　者　黄玉斋

刊　　名　台北文物
年 卷 期　1961 年 10 卷 2 期

题　　名　**明郑台湾建置考**
作　　者　邓孔昭
刊　　名　台湾研究集刊
年 卷 期　2004 年 3 期
页　　码　69 – 77
摘　　要　1661 年，郑成功将已收复的台湾赤崁地方改为“东都明京”，并在台湾设立了承天府和天兴、万年二县。1664 年，郑经改“东都”为“东宁”。郑成功为什么要在台湾设立“东都”和“承天府”？郑经又为什么要把“东都”改为“东宁”？改“东都”为“东宁”之后，承天府作为一个府的建置是否依然存在？对这些问题本文将提出自己的看法。

题　　名　**明郑与西班牙帝国：郑氏家族与菲律宾关系初探**
作　　者　李毓中
刊　　名　汉学研究
年 卷 期　1998 年 16 卷 2 期
页　　码　29 – 59

题　　名　**明政府京城漕运管理政策初探**
作　　者　吴晓辉
刊　　名　北京商业
年 卷 期　2008 年 2 期
页　　码　9 – 12
摘　　要　公元 1420 年明成祖宣布以北平为京师，改称北京，将南京作为陪都，并于 1421 年正式迁都北京。无论明政府定都南京还是北京，都没有离开从南方到北方的漕运。只是元代以海运为主、河运为辅，而明代罢废了海运只用河运。

题　　名　**明至清前期海外关系的变化与史学**
作　　者　向燕南
刊　　名　史学月刊
年 卷 期　2002 年 10 期
页　　码　5 – 11
摘　　要　明至清前期，随着海外关系的变化，史学也表现出不同的特点。明前期，皇朝海外关系是建立在“宣威柔远”政治目的基础之上的。这种关系因郑和“下西洋”的活动达到高潮，史学则因此出现了几部反映这种海外关系特点的著作。晚明，倭患问题与私人违禁进行海外商贸等问题交织在一起，经权衡利弊，皇朝开始改变初期的海禁政策，私人海外贸易迅速发展；与此同时，西方殖民者东来，与中国开始发生直接的接触；随着传教士“精神狩猎”的开始，中西文化交流逐渐展开。这些海外关系的特点，都在史学中得到体现。清前期是海外关系大倒退的时期，中西文化交流逐渐偃息，史学的发展也受到影响。

题　　名　**明治时期日本官书对“尖阁列岛”地位的认识**
作　　者　张植荣，张启雄
刊　　名　中国边疆史地研究
年 卷 期　2008年1期
页　　码　98－106
摘　　要　本文试图从历史与法律的角度，去伪存真，分析明治时期日本政府官书（政府文书）对“尖阁列岛”的“无主地先占论”及其依据。本文认为，日本方面宣称对钓鱼列岛“无主地先占”的历史依据与国际法依据，均相当不足。日本是借着甲午战争中国战败之机，在文书上窃占了钓鱼岛。而其在文书上的窃占过程，其资料证据又相当不完整。

题　　名　**明中后期澳门葡人帮助明朝剿除海盗史实再考——以委黎多《报效始末疏》资料为中心展开**
作　　者　汤开建，张照
刊　　名　湖北大学学报（哲学社会科学版）
年 卷 期　2005年32卷2期
页　　码　192－197
摘　　要　有关明中后期澳门葡人帮助明朝政府剿除海盗之事，中外学者历来争论不休。近来在韩霖《守圉全书》之委黎多《报效始末疏》中发现了很多十分重要的有关澳门葡人帮助明朝驱除海盗的新史料，为其他中文文献所缺载。本文以此新史料为基础，以期重新考证葡萄牙人帮助明朝政府剿除海盗这一史实。

题　　名　**明中后期广州交易会始末考**
作　　者　汤开建，严忠明
刊　　名　学术研究
年 卷 期　2005年5期
页　　码　104－109
摘　　要　明中后期广州交易会问题盘根错节。葡萄牙商人被明朝政府获准进入广州的时间是在1554年底至1555年初；一年两季的“广州交易会”始于万历八年（1580年），而不是万历六年；自1571或1572年广州交易会重新开放后，逐渐发展成为一种常设性、制度化的交易会。天启末年时，由于中国官员的阻挠与反对，葡萄牙商人已经逐渐退出广州的市集，转而委托中国商人为其代理人去广州贸易，这些中国代理商就是充斥于文献中的“闽揽”。广州交易会成为葡商往来于印度—中国—日本的重要衔接点。

题　　名　**明中期的海盗与倭寇**
作　　者　姜秀琴
刊　　名　河北师院学报
年 卷 期　1986年2期

题　　名　**明中叶“争贡之役”透视**
作　　者　程彩霞
刊　　名　江苏社会科学
年 卷 期　1992年2期

页　　码　82－86

题　　名　**明中叶的海商、海盗集团与漳州的对外贸易**
作　　者　毛丽
刊　　名　福建史志
年 卷 期　2008年3期
页　　码　34－36
摘　　要　明代中叶，中国的东南海上活跃着众多的海上集团。他们亦商亦盗，凭借着雄厚的经济、军事实力，既从事私人海外贸易，又同当时的倭寇混同一起，干些烧杀抢劫的海盗行径。但总体上，他们还是以海外贸易为主，对私人海外贸易起了促进作用。因此，当时的漳州及漳州的对外贸易与他们关系密切。

题　　名　**明中叶浙东海上私人贸易及其影响**
作　　者　陈君静
刊　　名　宁波大学学报（人文科学版）
年 卷 期　2003年16卷2期
页　　码　98－101
摘　　要　明嘉靖年间，葡萄牙人与日本、中国海盗勾结，盘踞双屿港进行海上走私贸易长达20余年。文章通过对双屿港海上私人贸易兴衰的论述，就明中叶浙东沿海“倭寇”的组成，以及海上走私贸易对明海外政策的影响，作了简约的分析。

题　　名　**明中叶至清初的中日私商贸易**
作　　者　黄启臣
刊　　名　文化杂志
年 卷 期　2003年49期

题　　名　**明中叶中国海上贸易与徽州海商**
作　　者　叶显恩
刊　　名　明清论丛
年 卷 期　2004年5期

题　　名　**明州出海唐商的兴起与东亚贸易格局**
作　　者　车垠和
刊　　名　社会科学辑刊
年 卷 期　2008年5期
页　　码　139－143
摘　　要　根据对9世纪从明州出海前往日本贸易的唐朝商人情况的考察，从明州出海的唐朝商人能在9世纪后期主导对日本的贸易，得益于以下三方面因素：一、明州港在中日海上航线的优越位置开始发挥作用；二、浙东地区盛产丝绸和陶瓷等货物，为跨国贸易提供了可能；三、当时东亚贸易势力之主体——新罗张保皋海上势力覆灭，同时，日本对唐货也表现出强烈的需求，对唐商高度重视。这一切都促成了明州出海唐商的迅速崛起。

题　　名　明州港的丝绸外贸与技术交流
作　　者　忻鼎新高汉玉
刊　　名　海交史研究
年 卷 期　1982 年 4 期

题　　名　明州港研究的重要成果——评《海上丝绸之路的著名海港——明州》
作　　者　虞浩旭
刊　　名　海交史研究
年 卷 期　1991 年 19 期
页　　码　116

题　　名　明州市舶史略
作　　者　林瑛
刊　　名　海交史研究
年 卷 期　1981 年 3 期

题　　名　明州与高丽的交往以及高丽使馆
作　　者　许孟光
刊　　名　海交史研究
年 卷 期　1995 年 28 期
页　　码　35－40

题　　名　明州与日本平泉“海上丝路”的开通
作　　者　林士民
刊　　名　宁波经济(三江论坛)
年 卷 期　2007 年 2 期
页　　码　28－30
摘　　要　作为“海上丝绸之路”的始发港之一,明州(今宁波)港与一衣带水的日本列岛从唐代开始就有着频繁的友好交往。考古发掘和相关遗存表明,在十一世纪(宋代)明州与日本平泉已有交往,通过“海上丝绸之路”,两地架起了友谊的大桥。

题　　名　明朱吾弼《参粤珰勾夷疏》中的澳门史料——兼论李凤与澳门之关系
作　　者　汤开建
刊　　名　岭南文史
年 卷 期　1999 年 1 期
页　　码　154－173

题　　名　模范军人——萨镇冰
作　　者　吴琼

刊　　名　当代海军
年 卷 期　2002 年 10 期
页　　码　38 – 39

题　　名　**模仿与启示:中国和巴士拉之间的陶瓷贸易**
作　　者　吉亚大·哈雷特
刊　　名　海交史研究
年 卷 期　1995 年 27 期
页　　码　92 – 94,18

题　　名　**摩尼教和草庵遗迹**
作　　者　林文明
刊　　名　海交史研究
年 卷 期　1978 年 1 期
页　　码　22 – 40

题　　名　**摩尼教在福建的传播与演变**
作　　者　廖大珂
刊　　名　中国文化研究
年 卷 期　2005 年 3 期
页　　码　10 – 18
摘　　要　摩尼教披着佛教和道教的外衣,在唐末、五代传入福建,与福建的民间信仰相结合,开始在下层民众之间流传。宋元时期,摩尼教取得合法地位,迅速崛起,盛极一时,但逐渐演变成具有地方特色的一种宗教信仰。明清时期,由于封建统治者的迫害,摩尼教迅速走向衰亡,并最终融入白莲教的罗教。

题　　名　**漠视信息与清朝甲午惨败**
作　　者　赵丕强,黄志开
刊　　名　学术论坛
年 卷 期　2002 年 4 期
页　　码　97 – 99
摘　　要　在中日甲午战争中,清朝在练兵、置船、备战和外交活动中得信息而弃之不用,导致了北洋水师军力转弱,备战未就绪,战机坐失,外交失误,从而在战场上不堪一击,迅即溃败。可见,漠视信息,得信息而弃之不用是清朝甲午惨败的主要原因之一。

题　　名　**墨西哥及菲律宾所藏有关台湾的西班牙史料**
作　　者　李毓中
刊　　名　汉学研究通讯
年 卷 期　2001 年 77 期

题　　名　**目的明确与计划周密的古代航海典范**
作　　者　仲跻荣

刊　　名　郑和研究
年 卷 期　2009 年 1 期
页　　码　35 – 37
摘　　要　关于郑和出使西洋的目的，多年来已从政治、经济、外交与文化等方面进行了深入的探讨。而对于如郑和这般大规模的、持续的航海活动，其目的也不会是单一的。更重要的是对于任何目的的实现，都需要制定一个可靠的计划。郑和历次远航之前都有一个完整的蓝图，这就是周详的活动计划，虽然在史籍上并没有多少直接的记载。也正是这样，才有可能来让我们进行必要的探索。

题　　名　**睦邻友好的杰出使者——郑和**
作　　者　范金民
刊　　名　中国民族
年 卷 期　2005 年 5 期
页　　码　21 – 23
摘　　要　郑和自明朝永乐三年至宣德八年(1405 – 1433 年)的近 30 年间，率领举世无双的庞大船队前后七次下西洋，远航亚非 30 多个国家和地区，忠实地执行明朝对外睦邻友好的政策，出色地完成了艰巨的外交使命，为明初睦邻友好的外交作出了不可磨灭的历史贡献，成为中华民族对外友好的杰出代表。

题　　名　**暮色昏霭映夕阳——论李鸿章的海防战略**
作　　者　林龙
刊　　名　舰载武器
年 卷 期　2007 年 10 期
页　　码　53 – 55
摘　　要　作为晚清重臣，李鸿章是位被后人褒贬不一的历史人物。以历史的观点实事求是地说，抛开外交上的许多媚外和软弱行为，单就他的战略思想而言，在当时应说具有一定的合理性，对清朝的国家战略产生过重要影响。他的海防战略是中国近代海防意识与西方海军战略理论结合的产物，尽管有很大局限性，但在中国近代史上也起过积极作用。本文从当时的历史背景入手，试论其理论基础和基本出发点、指导思想及合理性内核、局限性以及对现实的启示。

题　　名　**穆斯林航海家郑和宗教信仰辨析**
作　　者　潘仲元
刊　　名　郑和研究
年 卷 期　1994 年 2 期
页　　码　34 – 40

题　　名　**穆斯林航海家郑和的家世与功绩**
作　　者　姚继德
刊　　名　中国穆斯林
年 卷 期　2005 年 2 期
页　　码　16 – 19
摘　　要　在世界古代航海史的群英谱上，闪耀着一颗璀璨的东方明星，他就是中国明朝初年的回族穆斯林大航海家、外交家和军事家郑和(1371 – 1435)。他受中国明朝成祖、仁宗和宣宗三位皇帝的派遣，以中华帝国钦差总兵的身份，统率着由200余艘大型海船和28000名船员组成的和平友好远洋船队，从公元1405年至1433年的28年间，往返驰骋在太平洋与印度洋辽阔的海面上。

题　　名　穆斯林在郑和下西洋中的作用
作　　者　马广德
刊　　名　回族研究
年 卷 期　2005年2期
页　　码　84－88
摘　　要　本文根据基本的历史事实，把穆斯林作为一个整体，来探讨他们在郑和下西洋中的作用。认为在郑和下西洋的历史事件中，穆斯林在决策、指挥船队和记载地理方面起到了关键作用；在缔结邦交、进行贸易等方面起到了积极的作用，其中也离不开所访穆斯林国家和地区人民的通力合作和大力支持。

题　　名　内河漕船考
作　　者　郑和平
刊　　名　公路交通编史研究
年 卷 期　1985年5期
页　　码　65－66

题　　名　内河漕运与内河航运比较研究
作　　者　刘国祥
刊　　名　常熟高专学报
年 卷 期　2003年3期
页　　码　13－18
摘　　要　内河漕运与内河航运在功能上相似，在发展过程上有许多共同之处；研究内河漕运的兴废史，对振兴我国内河航运事业有重要参考价值。目前，中国内河航运事业的发展，迫切需要国家重视：加大资金投入；协调五种运输形式；节省和保护土地；水资源综合开发；改善生态环境；建立全国性的领导机构，管理和规划内河航运事宜；以达到内河航运可持续性发展的目的。

题　　名　内蒙古赤峰市松山区出土的也里温教瓷质墓碑
作　　者　张松柏
刊　　名　海交史研究
年 卷 期　1994年25期
页　　码　117－118

题　　名　纳格伯蒂纳姆和泉州已消失的寺庙
作　　者　约翰·盖伊
刊　　名　海交史研究
年 卷 期　1995年28期
页　　码　53－56

题　　名　**南澳岛在明清中外关系史上的重要地位**
作　　者　徐明德
刊　　名　杭州大学学报(哲学社会科学版)
年 卷 期　1995 年 25 卷 1 期
页　　码　56 - 61

题　　名　**南澳航标灯史话**
作　　者　林俊聪
刊　　名　海洋世界
年 卷 期　1995 年 1 期
页　　码　7 - 8
摘　　要　粤东南澳岛处于闽、粤、台三省及国际航线的海上交通要冲,由于这里屿多礁繁、给过往船只,造成威胁。为了保证舟船航行安全,自清代以来,人们在南澎等处。建了航标灯。如今,这里有大小航标灯 8 座。

题　　名　**南北朝时期朝贡关系对高句丽的影响**
作　　者　刘文健
刊　　名　北华大学学报(社会科学版)
年 卷 期　2009 年 5 期
页　　码　109 - 111
摘　　要　南北朝时期,高句丽与南朝、北朝双方的朝贡活动非常频繁。大密度的朝贡往来,不仅使高句丽与南、北朝建立了政治上的关系,而且也使双方的经济、文化交流日益紧密,这对促进高句丽政治、经济、文化诸方面的发展都产生了积极的影响。

题　　名　**南北朝时期与朝鲜半岛诸国的交往**
作　　者　薛瑞泽
刊　　名　吉林师范大学学报(人文社会科学版)
年 卷 期　2005 年 5 期
页　　码　80 - 83
摘　　要　南北朝时期,朝鲜半岛诸国就与南北朝频繁地交往。朝鲜半岛诸国遣使贡献方物,而中原王朝的使节也出使诸国,并多次授诸国国君以封号,在此基础上,文化交流也开始了。

题　　名　**南北朝隋唐与百济新罗的往来**
作　　者　韩国磐
刊　　名　历史研究
年 卷 期　1994 年 2 期
页　　码　21 - 42

题　　名　**南北大运河始于曹魏论**
作　　者　王育民
刊　　名　上海师范大学学报(哲学社会科学版)

年 卷 期 1986年1期
页　　码 75－84,70

题　　名 **南北洋舰队援闽的不可行性——从中法两国舰队的战略部署分析**
作　　者 李兆勇,林平安
刊　　名 牡丹江教育学院学报
年 卷 期 2008年3期
页　　码 14－15
摘　　要 马江战役之前,法国舰队灵活多变的军事部署使中国各支海军在实际操作中不能集中兵力;张佩纶轻敌主战,将原来散处各处的福建舰队的弱舰集中到马江与法方的强舰对峙,本意是先发制人,因受到清政府的阻挠反而成为法舰的靶子。所以,在当时的情况下,援闽的中国船只越多,损失就会越大,南北洋舰队未能援闽也有其合理性。

题　　名 **南北运河与中国封建社会后期的经济**
作　　者 杜长征
刊　　名 济宁师范专科学校学报
年 卷 期 2003年2期
页　　码 14－19
摘　　要 南北运河对中国封建社会后期的经济有过重大的积极影响,包括对社会分工和商品交换的促进、对区域经济发展的促进以及对宏观经济稳定的促进;另一方面,也有过一定的消极影响,如运河的开挖与维修对当时经济或多或少地破坏,如运河的联络与沟通功能对明清时期闭关锁国政策的不可忽视的影响。一般说来,消极的影响是次要的,积极的影响是主要的,可谓泽被当时,惠及今世。

题　　名 **南朝时期的水军和水战**
作　　者 谭书龙,马晓琼
刊　　名 许昌学院学报
年 卷 期 2006年25卷4期
页　　码 14－19
摘　　要 南朝宋、齐、梁、陈四代偏居江南,凭借其地理优势,利用南方人习水之长,大力发展水军,以抗击北方国家强大的步骑力量;同时也借用训练有素、英勇善战、灵活机动的水军镇压国内叛乱,达到巩固国家统治的目的。

题　　名 **南朝鲜新安沉船的保护研究**
作　　者 崔光南
刊　　名 海交史研究
年 卷 期 1990年17期

题　　名 **南方政府截取关余事件与英国的反应(1923－1924)**
作　　者 张俊义
刊　　名 历史研究
年 卷 期 2007年1期

页　　码　115－129,191

摘　　要　20世纪20年代广东革命政府收回关余运动对列强产生了强烈冲击,对英国更是如此。关余事件中,为避免南方政府将反帝矛头指向英国,英国外交部尝试采取相对保守与稳妥的政策,希望在不放弃原有对华政策,即承认北洋政府为中国唯一合法政府的前提下,由列强共同出面对北洋政府施压,促其就关余问题与南方达成某种妥协。然而,英国外交部的建议遭到其他列强和本国驻华使领的反对与冷遇,其试图通过谈判来解决关余的努力最终未获成功。

题　　名　南海"海上丝绸之路"合浦始发港具体所在刍议

作　　者　黄家蕃

刊　　名　广西文史

年 卷 期　2002年2期

页　　码　19－21

摘　　要　近现代举世关注的中国古代南海"海上丝绸之路"始发港所在问题,成为中外学者百家争论的热点,归纳起来,有"泉州说"、"番禺说"、"徐闻说"与"合浦说"等几种说法。除了合浦说和徐闻说,都拿不出令人折服的物证和理证。

题　　名　南海沉船与宋代瓷器外销

作　　者　孙键

刊　　名　中国文化遗产

年 卷 期　2007年4期

页　　码　32－45

题　　名　南海海神信仰文化研究:以南海神和妈祖为例

作　　者　傅轶,黄少辉

刊　　名　海洋开发与管理

年 卷 期　2009年11期

页　　码　84－87

题　　名　南海航运在中印经济文化史上的考察

作　　者　陈竺同

刊　　名　南洋研究

年 卷 期　1944年11卷3期

题　　名　南海华人海上武装与越南西山农民起义

作　　者　武尚清

刊　　名　华侨华人历史研究

年 卷 期　1991年2期

页　　码　68－69

题　　名　南海交通史研究若干问题浅探

作　　者　蔡鸿生

刊　　名　海交史研究
年 卷 期　2002年41期
页　　码　123－126

题　　名　**南海交通史研讨会综述**
作　　者　曾玲玲，殷小平
刊　　名　海交史研究
年 卷 期　2002年41期
页　　码　127－131
摘　　要　近几年来，“海上丝绸之路”热，已由学术界扩展到社会，这与媒体的炒作以及经济利益的驱动当然不无关系；尤其是在某些沿海城市，随着申报“世界遗产”工作的开展，有关的活动异常热闹，呈现出一派你方唱罢我登场的景象。仅在2001年，湛江、宁波、广州等城市，便都先后举办了相关的学术研讨会；除了学术单位外，诸多社会团体、文化机构、行政部门等都参与其中。这一方面体现出各界对海上丝绸之路的重视，对有关的学术研究自有推动之功；但另一方面，由于过多地掺杂了非学术的因素，也造成了学术研究及其活动的某些失范。

题　　名　**南海神庙“万里波澄”碑考略**
作　　者　胡晓宇
刊　　名　岭南文史
年 卷 期　2004年3期
页　　码　48－49

题　　名　**南海神庙——海上交通贸易的历史见证**
作　　者　甘叔
刊　　名　岭南文史
年 卷 期　1992年1期
页　　码　46－47
摘　　要　羊绒新入景——南海神庙，座落在黄埔云樯附近，是一座建于隋开皇十四年（594）的著名古建筑。其在广州历史上颇负盛名，位于“扶胥之口，黄木之湾”，即令黄埔新港附近的庙头村。这里古代称为扶胥镇，是广州与海上交通贸易之重镇，在南海海上丝绸之路中占有极其重要的位置。

题　　名　**南海神庙——中国古代海上丝绸之路的重要遗迹**
作　　者　闫晓青
刊　　名　南方文物
年 卷 期　2005年3期
页　　码　95－99
摘　　要　广州是我国历史上最著名的对外贸易港口之一，是一个两千年长盛不衰的港口，是海上丝绸之路的重要停泊地，其至今仍保留着许多重要的对外交往、贸易的史迹。其中南海神庙即是最有代表性的遗迹之一。

题　　名　南海神庙史实辨正——与王元林先生商榷
作　　者　赵立人
刊　　名　海交史研究
年 卷 期　2007 年 51 期
页　　码　59 – 65
摘　　要　王元林《宋南海神东、西庙与广州海上丝路》一文，与史实相去甚远。兹辨正如下：一、王文所谓“大溪岛”即今香港大屿山，而非其所谓“大、小万山群岛”。二、所谓“扶胥镇不是外贸港口”完全违背史实。三、“南海西庙迁移”之说为无中生有，王文“发现”的“洪圣庙”建庙时间，与西庙无关。四、所谓“从宁宗开禧至南宋末，广东海上丝路日趋式微”之说不确。当时广州海外贸易确曾一度萧条，但淳祐年间已恢复发展。

题　　名　南海神庙四大文化主题探析
作　　者　陈典松
刊　　名　广东史志
年 卷 期　2001 年 3 期
页　　码　33 – 37
摘　　要　广州南海神庙是我国现存规模最大、保存最完整、留下研究资料最齐全的海神庙，其被看作中外交通史上的历史见证而受到关注，有“海上丝绸之路的起点”之说。笔者因工作关系，于 1996 年至 1997 年近两年的时间置身于庙内从事专题研究，近几年在这个基础上又进行了一些新的探讨。关于南海神庙的文化内涵，我以前也发表过一些文章谈自己的看法，随着研究的深入和接触材料的丰富，我对这个问题又有了新的认识。我认为南海神庙有四大文化主题内涵。谨此对这四大文化主题作些粗浅的探析，以就教于有关专家、学者。

题　　名　南海神庙铜鼓诗与铜鼓文化考
作　　者　伍文义
刊　　名　佛山科学技术学院学报（社会科学版）
年 卷 期　2005 年 5 期
页　　码　35 – 39
摘　　要　南海神庙是中国南海丝绸之路的重要象征，其铜鼓诗及其铜鼓文化反映珠江三角洲族群团结、勇敢和开拓胸襟，是岭南文明的一朵奇葩。这种优秀传统既是源于当地生产、生活，又是融合了四方先进文化来发展自己的真实写照。它是一种艺术，更是一种精神。

题　　名　南海神庙铜鼓诗与铜鼓文化考
作　　者　伍文义
刊　　名　学术研究
年 卷 期　2005 年 11 期
页　　码　118 – 121
摘　　要　南海神庙是中国南海丝绸之路的重要象征，其铜鼓诗及其铜鼓文化反映珠江三角洲族群团结、勇敢和开拓的胸襟，是岭南文明的一朵奇葩。这种优秀传统是源于当地的生产、生活，又是融合了四方先进文化来发展自己的真实写照。它是一种艺术，更是一种精神。

题　　名　**南海丝绸之路第一港——徐闻港**
作　　者　申友良
刊　　名　中央民族大学学报(哲学社会科学版)
年 卷 期　2004年31卷3期
页　　码　73－79
摘　　要　海上丝绸之路是一条从中国出发的国际性贸易交往的海上通道,其形成与衰败有一个漫长的历史过程,也受制于特定的自然及技术条件。汉代的徐闻港是这条国际性贸易交往通道开创阶段的始发港,它既是一个货物集散的中转港口,也是一个重要的军事港口。晋代以后,徐闻港开始衰落。

题　　名　**南海丝绸之路与东南亚**
作　　者　卢苇
刊　　名　海交史研究
年 卷 期　2008年54期
页　　码　5－13
摘　　要　南海丝路是海上丝绸之路的重要段落,曾对东南亚历史起过巨大的促进作用。古代南海丝路出现过三次繁荣高潮,东南亚历史正是在三次繁荣高潮中不断发展。第一次繁荣高潮中,东南亚第一个海上强国——扶南在东南亚半岛地区出现;第二次繁荣高潮,南海丝路已从半岛地区转移到了海岛地区,不仅带动了海岛国家的兴起,并使海峡地带成为了掌控东南亚经济命脉的地区;第三次繁荣高潮中,古代东南亚历史发展到了新的高潮,马六甲王国成了亚洲贸易中心。不过,南海丝路三次繁荣高潮都和中国有密切关系:第一次繁荣高潮,正当两汉及其以后的中国和西方丝绸贸易的兴起时期;第二次繁荣高潮,适逢唐宋时期的中国和阿拉伯帝国交往的黄金年代;尤其是第三次繁荣高潮是在郑和下西洋影响下形成的。因此,通过南海丝路,古代东南亚和中国形成了牢固的友好关系。

题　　名　**南海熙熙五百年——古代泉州港兴盛时期与东南亚的往来**
作　　者　周中坚
刊　　名　南洋问题研究
年 卷 期　1993年2期
页　　码　11－19,37
摘　　要　众所周知,宋元两代是泉州港的兴盛时期。实际上,古代泉州的兴盛时期唐末就已开始,中经五代、北宋、南宋、元代,到明初才结束,即从公元十世纪到十四世纪,持续了大约五百年时间。这个时期,泉州港由兴起而繁荣,宋元之际臻于极盛,成为中国以至“世界上最大之港”。其海外联系,西及非欧,东北至日本朝鲜,范围十分广阔,主要包括阿拉伯、南亚、东南亚、东北亚四大区域,其中东南亚是泉州的近邻,隔着南海相望,往来特别频繁,关系尤为密切。今天,我们从这段历史的回顾中仍能得到有益的启示。

题　　名　**南海诸岛的命名小考**
作　　者　施存龙
刊　　名　郑和研究
年 卷 期　1998年3期
页　　码　42

题　　名　**南海诸岛地名初探**
作　　者　刘南威
刊　　名　岭南文史
年 卷 期　1985年2期
页　　码　94－98
摘　　要　南海诸岛是南海的东沙群岛、西沙群岛、中沙群岛、南沙群岛的总称。它由二百多个大小不等、露出水面或潜伏水中,主要由珊瑚礁体构成的岛屿、沙洲、暗礁、暗沙和暗滩组成。它们都是我国神圣不可分割的领土。地名是人类社会发展到一定阶段的产物,海上岛屿的命名,也不例外。很早以前,我国人民就在南海上从事航海和生产活动,从而最早发现了南海诸岛,并最早给予命名。随着生产和科学的发展,我国人民不断加深了对南海诸岛的认识,不断对南海诸岛各岛礁进行命名。对南海诸岛古地名的研究,不仅有利于探索南海诸岛地名的由来和演变,而且有利于了解我国人民发现和经营南海诸岛的历史。

题　　名　**南海诸岛地名的初步研究——南海诸岛自古以来是我国领土的古地名证据**
作　　者　鞠继武
刊　　名　南京师大学报(自然科学版)
年 卷 期　1981年2期
页　　码　72－82
摘　　要　散布在我们伟大的社会主义祖国大陆的南方、烟波浩淼的南海上,由东沙群岛、西沙群岛、中沙群岛及南沙群岛等四大岛、屿,洲、礁、沙、滩群所组成的南海诸岛,自古以来就是我国的领土,是我国人所发现、命名、开发和实施行政管理的。这是为大量的中外史料及出土文物所证明的,是无可辩驳的。

题　　名　**南海诸岛历来是中国领土的历史证据**
作　　者　黄盛璋
刊　　名　东南文化
年 卷 期　1996年4期
页　　码　81－91
摘　　要　南中国海域中的东沙、西沙、南沙、中沙诸岛,历来是中国领土的重要组成部分。本文作者通过大量的中外历史文献资料,以及水下、地面出土文物的不断发现,雄辩地证明:中国人民历来是最早发现、开发和建设南海诸岛的唯一真正主人。

题　　名　**南海诸岛名称考略**
作　　者　王一生,王斌
刊　　名　中国地名
年 卷 期　1993年1期
页　　码　33－33

题　　名　**南海诸岛史地研究札记**
作　　者　李金明
刊　　名　中国边疆史地研究
年 卷 期　1995年1期
页　　码　21－26

题　　名　**南海诸岛史话(上)**
作　　者　冯仁鸿
刊　　名　岭南文史
年 卷 期　1992 年 1 期
页　　码　38 – 40

题　　名　**南海诸岛史话(下)**
作　　者　冯仁鸿
刊　　名　岭南文史
年 卷 期　1992 年 2 期
页　　码　34 – 36

题　　名　**南海诸岛外来地名的命名背景及其历史影响**
作　　者　孙冬虎
刊　　名　地理研究
年 卷 期　2000 年 2 期
页　　码　217 – 224
摘　　要　19 世纪中叶至 20 世纪 30 年代英美等国在我国南海海域的测绘活动,给这里的岛礁留下了一大批以英语为主的外语名称。文中论述了南海诸岛外来地名的命名背景及其对我国三次公布官方名称所产生的深刻影响,在总结历史教训的基础上,分析了当前处理南海地名问题的缺陷,提出了若干改进建议。

题　　名　**南海诸岛中的几个地名考证**
作　　者　吴凤斌
刊　　名　南洋问题研究
年 卷 期　1981 年 3 期
页　　码　101 – 108
摘　　要　南海诸岛是我国神圣领土的组成部分,研究南海诸岛是极其重要而迫切的任务。有关南海诸岛的地名,国内外不少专家和学者已作过一些研究和考证。然而,还有一些南海诸岛的古地名,见于中外图籍的记载,仍未有人作过考证,至今不知其所指。本文拟就有关南海诸岛中的一些古地名如银屿、九乳螺州、红毛浅、龙御和龙蛇屿等作一初步考证。不足之处,敬希指正。

题　　名　**南汉时期的海外贸易管理制度研究**
作　　者　周加胜
刊　　名　求索
年 卷 期　2008 年 3 期
页　　码　221 – 223
摘　　要　唐末黄巢起义之后,中国的海外贸易尤其是海上丝绸之路曾一度陷入困顿,然而并没有中断。刘岩建立南汉王朝之后,继续开展海外陶瓷贸易,延续并且发展了唐代对海外贸易的管理制度,加强了对藩坊的管理,取消了市舶使,扩大了押番使的权力。这一系列的海外贸易及其管理制度对今天的海外贸易管理制度仍然具有重要的借鉴作用。

题　　名　南怀仁《坤舆全图》的文献价值
作　　者　崔广社,荣国庆
刊　　名　河北大学学报(哲学社会科学版)
年 卷 期　2006 年 31 卷 5 期
页　　码　104－108
摘　　要　南怀仁《坤舆全图》于康熙甲寅年(1674)木板印制。全图布局合理,恢宏大气,图文并茂,制作精致,设色鲜明。南怀仁巧妙地运用"动静之义",论证舆图的"地圆说"。用经纬理法的科学制图方法,标识出五大洲的南北东西迄点。对世界各地的风土、人情、物产等做了全面的记述,又对全球著名的山岳高度、河流长度等做了大量的数据统计。第一次提出小西洋的概念,即印度洋水系。南怀仁《坤舆全图》,是中国古代中文版世界地图的集大成者,具有里程碑的意义。

题　　名　南京《郑和家谱首序》的发现及南京《郑和家谱》的续修
作　　者　郑自海
刊　　名　江苏地方志
年 卷 期　2005 年 3 期
页　　码　12－14
摘　　要　中国谱学源远流长。力倡谱学者当推宋代范仲淹和朱熹,在号称"江南第一家"浙江浦江义门郑氏宗谱中,还保存着这两位大家"郑氏家宝"、"忠孝传家"的墨宝。明代航海家郑和是我国姓氏学演变史中最复杂的案例之一。郑和家谱总谱可分为:"西宗以白帝真君为始祖,入中国则朝奉王为始祖;入滇则以咸阳王为始祖;入宁则以郑和为始祖"。

题　　名　南京《郑和家谱首序》发现经过及南京《郑和家谱》的续修
作　　者　郑自海
刊　　名　郑和研究
年 卷 期　2005 年 2 期
页　　码　47－50

题　　名　南京宝船厂遗址的发掘成果
作　　者　席龙飞
刊　　名　社会观察
年 卷 期　2005 年 7 期
页　　码　26－27
摘　　要　南京明代宝船厂遗址是国内目前保存面积最大的古代造船遗址。遗址位于南京市区西北部的中保村,西临长江。由于船厂的存在,自古以来,当地一直被称为"宝船厂"。根据明代《龙江船厂志》、《武备志》以及《明史》等文献记载综合分析,宝船厂创建于明朝永乐初期,是专门为郑和下西洋出访各国所兴建的大型官办造船基地,郑和船队中很大一部分船只由该厂负责建造。

题　　名　南京宝船厂遗址提供的重要信息
作　　者　仲跻荣

刊　　名　郑和研究
年 卷 期　2005 年 4 期
页　　码　48
摘　　要　宝船问题的研究,是郑和研究中的主要课题之一。几十年来,对宝船研究的分歧主要集中在两方面:一是宝船的吨位有多大,一是宝船的船型是福船还是沙船。其所以难以统一意见,主要在于直接资料的缺乏。

题　　名　**南京宝船厂遗址研究——读《郑和航海图札记》之一**
作　　者　仲跻荣
刊　　名　郑和研究
年 卷 期　1996 年 4 期
页　　码　41

题　　名　**南京大报恩寺地宫发掘情况综述**
作　　者　郑宽涛
刊　　名　郑和研究
年 卷 期　2008 年 4 期
页　　码　40 – 44

题　　名　**南京大报恩寺及其琉璃塔在国外的影响**
作　　者　夏维中,冯洪河,郑玉超
刊　　名　郑和研究
年 卷 期　2008 年 4 期
页　　码　34 – 39

题　　名　**南京大报恩寺是为报谁之恩而建**
作　　者　严中
刊　　名　郑和研究
年 卷 期　2007 年 4 期
页　　码　16 – 18

题　　名　**南京大报恩寺研究的若干问题**
作　　者　郑宽涛
刊　　名　郑和研究
年 卷 期　2009 年 4 期
页　　码　54 – 58

题　　名　**南京古代船文化溯源**
作　　者　徐龙梅,徐延平
刊　　名　江苏地方志
年 卷 期　2007 年 5 期

页　　码　59－61

摘　　要　南京有着丰富的水系，襟江带湖，河道纵横，因此，自六朝以来，南京的造船业就比较兴盛。东吴时便有了大规模船队出海的记载；至今遗址尚存的龙江宝船厂，不仅造出了令人叹为观止的郑和宝船，而且早在宋元时期就是一座规模庞大的造船场地了；而今天用于秦淮河观光的那些仿古画舫，更让人难忘旧日秦淮河上的风雅……正是这些，构成了南京璀璨夺目的特色船文化。

题　　名　**南京国民政府建立初期海关缉私工作述评**

作　　者　连心豪

刊　　名　中国社会经济史研究

年 卷 期　1989 年 4 期

页　　码　77－83，90

题　　名　**南京龙江关的来龙去脉**

作　　者　杨波

刊　　名　郑和研究

年 卷 期　2008 年 3 期

页　　码　36－37

摘　　要　明清两朝，南京地区经济繁荣，税关机构相对稳定。因各关隶属关系不同，隶属户部的称户关，隶属工部的称工关。第一次鸦片战争后，中国开辟广州、福州、宁波、厦门、上海五个通商口岸，均设新海关。原有税关称旧关或常关，海关称新关或洋关。南京境内先后有龙江关、西新关、上新河关等常关独立机构。

题　　名　**南京明故宫“光禄寺”出土青花瓷画五桅宝船图**

作　　者　杨明生

刊　　名　郑和研究

年 卷 期　2005 年 2 期

页　　码　44－46

摘　　要　南京是郑和的第二故乡。南京留下了许多郑和的遗址和遗物。仅南京明故宫旧址就出土过许多与郑和下西洋有关的永乐、宣德时期青花瓷片标本及其遗物。

题　　名　**南京牛首山弘觉寺塔地宫初探**

作　　者　葛晓康

刊　　名　东南文化

年 卷 期　1996 年 2 期

页　　码　110－116

摘　　要　牛首山弘觉寺是明初南京八大皇家寺院之一。明代为牛首山寺院最鼎盛时期之一。弘觉寺创建于南朝梁天监年中，时称佛窟寺，南唐时改称弘觉寺，宋代改名崇教寺，明初仍称佛窟寺，正统年间敕赐弘觉禅寺，清代避乾隆弘历名讳，改称宏觉禅寺。现存弘觉寺塔始建于宣德年末。塔分七级八面，为砖木结构。塔的外壁转角有倚柱，它是由特制子母砖固定在转角墙体内，每层拱门四实四虚，塔身用青砖砌筑，灰缝用石灰加糯米汁，十分坚固。塔基为岩石，数百年来。虽历经战火地震未见倾斜，主体结构保存十分完好，弘觉寺塔是南京地区珍贵的文化遗产。

题　　名　南京牛首山弘觉寺塔地宫二探
作　　者　葛晓康
刊　　名　东南文化
年 卷 期　1997 年 2 期
页　　码　120 – 122
摘　　要　1996 年本刊第 2 期《南京牛首山弘觉寺塔地宫初探》一文论证了弘觉寺塔地宫为明三保太监郑和部分遗骨归葬之墓,目前位于牛首山南麓的郑和墓实为衣冠冢。本文作为上篇文章的续篇,又提供了一些重要的补充材料。

题　　名　南京牛首山弘觉寺塔地宫之谜
作　　者　郑宽涛
刊　　名　郑和研究
年 卷 期　2005 年 2 期
页　　码　35 – 43

题　　名　南京牛首山弘觉寺塔及其地宫出土文物综述
作　　者　李蔚然
刊　　名　东南文化
年 卷 期　2002 年 9 期
页　　码　70 – 73
摘　　要　牛首山弘觉寺塔的建筑年代创议于宣德末年,落成于正统四年或五年。其地宫鎏金铜塔所刻"御用监太监李福善施奉"文字中之李福善其人既非和尚,更非郑和。

题　　名　南京牛首山弘觉寺郑和德塔考证——兼考"三宝"和"三保"太监
作　　者　葛晓康
刊　　名　中国历史文物
年 卷 期　2008 年 5 期
页　　码　9 – 25,90 – 93
摘　　要　伟大的航海家郑和,其葬所至今成为历史上的悬案。本文通过对明宣德八年(1455 年)建造的南京牛首山弘觉寺舍利塔地宫出土文物与相关文献的研究,发现地宫内有一组出土文物系郑和第七次下西洋前曾奉旨在明留都的旧郊坛南京牛首山祭天所用,后用作赐葬和镇塔的象征放入地宫。尤其是通过解读这组出土文物上的铭文,发现郑和为了使祭天之物不被反对派毁灭并能将其留传后世,以及祈望在佛教圣地牛首山能够修成正果,而精心设计了此铭文。根据曾任第七次下西洋副使太监周满所撰《非幻庵香火圣像记》中有关赐葬郑和的记载,该地宫实为郑和部分遗骨的归葬处。同时,对学术界长期争论的"三宝"和"三保"太监等问题,也提出了新的见解。

题　　名　南京牛首山弘觉寺郑和德塔考证补遗
作　　者　葛晓康
刊　　名　中国历史文物
年 卷 期　2009 年 3 期

页　　码　70－71

摘　　要　本文通过进一步对郑和德塔地宫出土文物喇嘛塔铭文的研究,发现铭文中的"李"字不是姓氏,而是"使者"之意。又有证据显示,这位使者的身份是武官,官衔为一品。郑和是统领近三万官兵第七次下西洋的主帅,而且曾皈依佛门并有法名"福善"也早已为学术界定论。因此,铭文中的御用监太监福善就是郑和,郑和德塔也就是郑和在南京牛首山的归葬处。

题　　名　**南京牛首山郑和归葬处之考证——兼考"三宝"和"三保"太监**
作　　者　葛晓康
刊　　名　郑和研究
年 卷 期　2003 年 1 期
页　　码　36－48

题　　名　**南京牛首山郑和归葬处之考证拾遗**
作　　者　葛晓康
刊　　名　郑和研究
年 卷 期　2003 年 2 期
页　　码　50－51

题　　名　**南京天妃宫、天妃宫碑之纠偏**
作　　者　许亚洲
刊　　名　金陵瞭望
年 卷 期　2005 年 9 期
页　　码　39－40
摘　　要　5 月 3 日,为纪念郑和下西洋首航 600 周年,南京重建的天妃宫落成开放。遗憾的是,南京有媒体在报道这一消息时,又一次错将天妃宫碑的始立,说成是于郑和第一次下西洋回国后。

题　　名　**南京伊斯兰教研究**
作　　者　李兴华
刊　　名　回族研究
年 卷 期　2005 年 2 期
页　　码　146－162
摘　　要　本文叙述了南京伊斯兰教的地位,介绍了伊斯兰教元之前传入南京的一些可能,罗列了明前期南京穆斯林频繁迁移的种种情形,研究了明伊斯兰教政策首先在南京实施以及这种实施对南京伊斯兰教的影响,对南京的清真寺及有关场所作了分类,对净觉寺幸存文物作了列举。并着重从伊斯兰教在中国全面中国化的角度,研究了郑和下西洋与南京伊斯兰教、经堂教育、汉文译著活动的关系,使研究更具历史感。最后简单论述了南京伊斯兰教的近代转型。

题　　名　**南京与海上丝绸之路**
作　　者　李洪甫
刊　　名　文博
年 卷 期　1992 年 6 期

页　　码　26－28,74

题　　名　**南京郑和文化初探**
作　　者　范金民,刘迎胜
刊　　名　郑和研究
年 卷 期　2004年F07期
页　　码　25－33
摘　　要　南京,物华天宝,四大古都之一,最具无限韵味和重要价值的是其丰厚的历史文化。在这笔丰厚的历史文化中,明文化与六朝文化、民国文化同为南京文化最为恢宏的一篇华章。惟其如此,明文化在璀灿的南京文化中具有承前启后、继往开来的地位,在南京文化中展示出独特的魅力。

题　　名　**南京郑氏家谱——咸阳世家宗谱**
作　　者　郑自海
刊　　名　郑和研究
年 卷 期　1996年4期
页　　码　12

题　　名　**南京政府与修订《中美续议通商行船条约》**
作　　者　仇华飞
刊　　名　民国档案
年 卷 期　1997年4期
页　　码　134－139
摘　　要　1903年清政府和美国政府签订的《中美续议通商行船条约》(简称《中美商约》)是中美两国通商贸易史上一个极为不平等的条约,条约对美国在华的各种特权作了内容最为详细、全面的规定。1934年,南京政府向美国提出修约要求,由于修约的尝试最终失败,加上南京政府有关修约的历史文献和档案资料已保存不全,在中美关系史研究中,对这一问题或未涉及,或述而不详。本文根据目前现有的历史资料,论述南京政府在当时的情况下,既要求美国答应修订《中美商约》,放弃各种在华特权,又希望得到美国支持,以对付日本的侵略,结果未能坚持到底,最终使修约的尝试彻底失败,表现出对外政策上严重的妥协性。

题　　名　**南明时期中琉关系探实**
作　　者　吴元丰
刊　　名　中国边疆史地研究
年 卷 期　2002年2期
页　　码　81－88
摘　　要　南明时期的八个政权中,只有弘光、隆武和监国鲁王与琉球国有过交往关系。这一时期中琉的交往始于1644年,终于1649年,5年间琉球国6次遣派使臣,中琉关系不仅得以维系,而且保持相互友好交往,起到了承上启下的作用,应予充分肯定。

题　　名　**南明与安南关系初探**
作　　者　牛军凯

刊　　名　南洋问题研究
年 卷 期　2001 年 2 期
页　　码　91－97
摘　　要　南明初期,安南仍与南明政权保持了较好关系。随着清军逐步南进,安南开始改变对南明的态度。清军进入广西、云南后,虽然南明仍有永历政权,安南各政权已开始建立了与清朝的宗藩关系。这段历史反映了古代中越关系史中,不是正统观念,而是政治实力才是双方建立朝贡关系的基础。

题　　名　**南沙群岛考察史**
作　　者　赵焕庭
刊　　名　热带地理
年 卷 期　1995 年 15 卷 1 期
页　　码　19－29
摘　　要　本文论述了南沙群岛被中国古人发现和开发利用,地名沿革,中国政府对其管辖和行使主权,古代对其自然的记述,近代和现代对其综合科学考察。

题　　名　**南沙群岛历来就是我国领土**
作　　者　吴凤斌
刊　　名　南洋问题
年 卷 期　1979 年 6 期
页　　码　29－66

题　　名　**南沙群岛历来就是中国的领土**
作　　者　李亚明
刊　　名　海交史研究
年 卷 期　1995 年 28 期
页　　码　5－9

题　　名　**南沙群岛历来就是中国领土**
作　　者　李亚明
刊　　名　岭南文史
年 卷 期　1995 年 3 期
页　　码　25－28

题　　名　**南沙群岛史地问题的综合研究**
作　　者　林荣贵,李国强
刊　　名　中国边疆史地研究
年 卷 期　1991 年 1 期
页　　码　81－91

题　　名　**南神北上的境遇——论明清时期山东的妈祖信仰**
作　　者　陶道强

刊　　名　康定民族师范高等专科学校学报
年 卷 期　2008 年 17 卷 6 期
页　　码　40 - 44
摘　　要　山东是妈祖信仰北线传播的重要省份。明清时期山东妈祖庙主要分布在沿海和运河沿岸,未见兴盛,与沿海大省的地位并不相称。究其原因,本文认为主要是明清时期,山东不具备妈祖信仰传播的有利条件,而其中,明清时期兴起于山东的碧霞元君女神信仰是妈祖信仰在山东传播的最大障碍。

题　　名　**南宋车船的风雨征程**
作　　者　曹凛
刊　　名　中国船检
年 卷 期　2010 年 3 期
页　　码　112 - 115

题　　名　**南宋初期的杭州船运**
作　　者　曹凛
刊　　名　中国船检
年 卷 期　2010 年 2 期
页　　码　98 - 101

题　　名　**南宋福建路海防力量的构成**
作　　者　丁辉
刊　　名　商业文化(学术版)
年 卷 期　2007 年 8 期
页　　码　10 - 11
摘　　要　福建路在南宋时期,由于其特殊的政治、经济地位,维护其海防安全就成为了一个重要的内容。南宋朝廷通过设置水军以及组织民间武装等方式,实施了积极的海防战略,有力地保障了福建路的安定,为巩固南宋政治、文化、经济重心所在的东南沿海地区做出了巨大的贡献。

题　　名　**南宋官营船场船只的监制和查验**
作　　者　曹凛
刊　　名　中国船检
年 卷 期　2010 年 5 期
页　　码　100 - 103

题　　名　**南宋海船建造工艺**
作　　者　曹凛
刊　　名　中国船检
年 卷 期　2010 年 9 期
页　　码　98 - 101

题　　名　南宋海防初探
作　　者　王青松
刊　　名　中国边疆史地研究
年 卷 期　2004年14卷3期
页　　码　98－107,149
摘　　要　南宋偏安东南所形成的海疆形势和立国态势使得海防在南宋的国防格局中具有事关全局的地位。为了应对来自海上的军事威胁,南宋政府加强了对海防的统一领导,设立了沿海制置司。在防御上,实行了以海上防御为主的海防战略,在沿海建立了多支水军,并建立了相应的警戒和通信系统,同时又依靠巡检、县尉等其他政府武装以及民间武装,在千里海岸建立起了严密的防御体系。南宋在海防上采取的措施和战略保证了东南沿海地区长期的安全。

题　　名　南宋救助打捞船
作　　者　曹凛
刊　　名　中国船检
年 卷 期　2010年8期
页　　码　86－88

题　　名　南宋军船建造与查验
作　　者　曹凛
刊　　名　中国船检
年 卷 期　2010年11期
页　　码　94－96

题　　名　南宋明州建筑技术传入东瀛探源
作　　者　林浩
刊　　名　宁波经济(三江论坛)
年 卷 期　2008年7期
页　　码　40－43
摘　　要　南宋时期作为中国对外贸易和文化交流主要口岸的明州港与一衣带水的日本国交流相当频繁。其间,明州的建筑业兴盛发达,精湛的建筑技艺吸引了重源、荣西与道元等东瀛高僧跨海求艺,并将宋代建筑样式全盘移植传入东瀛;同时作为明州建筑技艺人才输出的陈和卿、伊行末等人赴东瀛则直接推动了东瀛建筑业的快速发展,对后来日本建筑业的发展产生了深远的影响。

题　　名　南宋内河漕运船建造与检验
作　　者　曹凛
刊　　名　中国船检
年 卷 期　2010年7期
页　　码　94－97

题　　名　南宋泉州“酒库造碾”和“小口陶瓶”
作　　者　曾萍莎,陈建鹰

刊　　名　海交史研究
年 卷 期　2005 年 48 期
页　　码　113 – 116
摘　　要　泉州磁灶窑生产的“小口陶瓶”在闽南、台湾澎湖、日本博多及东南亚各地屡有发现。这种陶瓶的用途虽然一直备受关注和讨论，但至今没有定论。本文以近年泉州中山公园出土的南宋“酒库造碾”和“小口陶瓶”为据展开讨论，为学术界关于这种陶瓶是用来装酒的酒瓶的推论提供了直接的佐证。

题　　名　**南宋泉州海船的抽调与巡检**
作　　者　曹凛
刊　　名　中国船检
年 卷 期　2010 年 4 期
页　　码　106 – 109

题　　名　**南宋时期明州港兴盛原因探讨**
作　　者　张锦鹏
刊　　名　华中科技大学学报（社会科学版）
年 卷 期　2007 年 1 期
页　　码　61 – 67
摘　　要　从北宋末期到南宋一代，明州港迅速发展成为中国三大海外交通港口之一。明州港的兴盛繁荣主要源于区位因素和市场因素。明州港具有海航行程短，可近距离辐射中国近海海域的国家和地区，有便捷的内陆运河和陆路交通连接长江黄金水道，靠近南宋都城杭州这一巨大消费市场等区位优势，这些区位优势决定了明州港处于连接海洋经济和内陆经济、国内市场和海外市场的交接点，为明州港海外交通贸易发展奠定了良好的基础条件。与此同时，南宋以长江三角洲为核心的江南商品经济的快速发展，形成了强劲的市场拓展力，极力面向近海市场扩张，明州港因而成为南宋商品经济从内陆向海洋，从区域市场向近海市场扩张的桥头堡。可以说，是南宋商品经济向海外扩张的动力机制推动了明州港走向繁荣。

题　　名　**南宋时期浙江与国外的医药交流**
作　　者　朱德明
刊　　名　医学与哲学
年 卷 期　2005 年 13 期
页　　码　40 – 43
摘　　要　南宋时期，浙江一举成为中外科技文化交流的重地。临安（今杭州）、明州（今宁波）、台州、温州等与东南亚诸国、阿拉伯国家乃至东北非洲，都有广泛的医药交流，在中外医药交流史、科技发展史上占有重要的地位。

题　　名　**南宋市舶司初探**
作　　者　章深
刊　　名　学术研究
年 卷 期　1992 年 5 期
页　　码　97 – 100
摘　　要　宋朝是中国古代市舶司制度发展的重要时期。目前我们对宋代市舶司还缺乏系统的了解,本文试图探讨南宋市舶机构及其官员的设置,并由此对宋代市舶司制度的成熟和衰败,以及南宋泉广贸易地位等问题提出自己的看法。

题　　名　**南宋亡国的厓山海战述评**
作　　者　王曾瑜
刊　　名　南开学报(哲学社会科学版)
年 卷 期　2008 年 1 期
页　　码　80－87,132
摘　　要　南宋亡国的厓山海战决不是一场不对称的军事较量,相反,宋军在船舰数量方面还占有优势。宋军所以彻底失败,是张世傑的军事指挥失误所造成的。厓山海战是继百馀年前宋金胶西海战后,又一次使用火药兵器的大海战,在世界海战史上应占相当的地位。

题　　名　**南宋温州海外贸易发达的原因**
作　　者　倪尔爽
刊　　名　海交史研究
年 卷 期　1998 年 34 期
页　　码　35－42

题　　名　**南宋修船业的发展**
作　　者　曹凛
刊　　名　中国船检
年 卷 期　2010 年 6 期
页　　码　96－99

题　　名　**南宋沿海制置司考**
作　　者　熊燕军
刊　　名　浙江大学学报(人文社会科学版)
年 卷 期　2007 年 37 卷 1 期
页　　码　47－55
摘　　要　南宋高宗绍兴二年(1132),为防御金人从海上偷袭,设立了沿海制置司。沿海制置司最初只有一个官署,其后分为浙东沿海制置司和浙西沿海制置司,分别驻在平江府许浦镇和明州定海县,两司废置不常,最后只有浙东沿海制置司保留了下来。沿海制置使例由所在地守令兼,其日常工作由副使负责,因其军事性质,副使通常为武职担任。沿海制置司掌握了数量可观的军事力量,本来是一个纯粹的军事部门,但在其发展过程中,民政的色彩越来越浓。

题　　名　**南宋已在台湾地区建立政权机构**
作　　者　张崇根
刊　　名　社会科学战线
年 卷 期　1979 年 4 期
页　　码　191－192

题　　名　南通元代古船的木材鉴定
作　　者　徐永吉,吴达期,李大纲,陈瑞英
刊　　名　福建林学院学报
年 卷 期　1995 年 15 卷 1 期
页　　码　87－90
摘　　要　本文对南通如东县出土的元代古船作了木材鉴定,古船用材有杉科的杉木,杨柳科的柳树和榆科的榉树等木材。根据古船用材材种分析,为我国南方造的船。

题　　名　南洋风浪险如何 一艇归来万贯罗——厦门港史话
作　　者　陈国清
刊　　名　航海
年 卷 期　1992 年 3 期
页　　码　12－13

题　　名　南洋古麻剌朗国续考
作　　者　徐作生
刊　　名　郑和研究
年 卷 期　1999 年 3 期
页　　码　41

题　　名　南洋海军的来龙去脉
作　　者　韩强
刊　　名　历史学习
年 卷 期　2003 年 12 期
页　　码　14－15

题　　名　南洋海军未能援闽的思想及现实原因
作　　者　林平安
刊　　名　考试周刊
年 卷 期　2007 年 44 期
页　　码　153
摘　　要　马江战役前,张佩纶等福建官员电请南北洋舰队拨船援闽,曾国荃、李鸿章均表示拒绝,福建水师几乎全军覆灭。关于援闽问题,史学界多从北洋海军角度分析拒绝援福建的原因。本文拟从南洋海军的战略思想和防务任务来分析未能援闽的原因。

题　　名　南洋海军援台与中法镇海之役
作　　者　戚其章
刊　　名　社会科学辑刊
年 卷 期　1995 年 6 期
页　　码　104－110
摘　　要　南洋海军在中法战争中仓促建成,仅粗具规模。对于它在中法战争中的表现,历来论者颇

多微词。其实,南洋三轮虽然援台未成,但协守镇海是有功的。镇海之役的胜利揭示了这样一条历史经验:建设强大的海军,陆海两军协同作战,才是克敌制胜、巩固海防的重要保证。

题　　名　**南洋华人社会**
作　　者　黄新亚
刊　　名　中国经贸
年 卷 期　2005 年 11 期
页　　码　86 – 87
摘　　要　郑和船队七下西洋,在数十国建立起以中国商品为中心的海外市场体系,在很大程度上是依靠海外华人社会的巨大支持。这个海外华人社会在明清以前并不为中国统治者所知,直到郑和船队抵达南洋,中国社会各界才逐渐了解到它对于中国对外经贸事业无可替代的作用。可以说如果没有这个海外华人社会,就不会有郑和下西洋的千秋功业。

题　　名　**南洋马来族与华南古民族的关系**
作　　者　林惠祥
刊　　名　厦门大学学报(学报)
年 卷 期　1958 年 1 期

题　　名　**南洋输入生产品史考**
作　　者　陈竺同
刊　　名　南洋研究
年 卷 期　1936 年 5 卷 6 期

题　　名　**南洋输入生产品史考**
作　　者　陈竺同
刊　　名　南洋研究
年 卷 期　1936 年 6 卷 1 期

题　　名　**南洋诸岛自古以来是中国的神圣领土**
作　　者　马湘泳
刊　　名　郑和研究
年 卷 期　1996 年 4 期
页　　码　16

题　　名　**南越国与海外交流**
作　　者　冯雷
刊　　名　岭南文史
年 卷 期　2000 年 3 期
页　　码　45 – 48

题　　名　**南越王墓出土铜提筒船纹顺序考**
作　　者　高占盈
刊　　名　西北美术
年 卷 期　2006 年 3 期
页　　码　5－7

题　　名　**南越王墓船纹铜提筒纹饰研究**
作　　者　高占盈
刊　　名　华南理工大学学报(社会科学版)
年 卷 期　2008 年 4 期
页　　码　31－34
摘　　要　对广州象岗南越文王赵昧墓中出土之编号为 B59 的“羽人船纹”铜提筒的研究,前人已做过很多工作,但多从历史学、民族学、考古学等方面对其纹饰含义进行解读,而很少关注其纹饰本身形式问题。本文主要从形式切入,结合艺术学的研究方法,对纹饰中四艘船的排列形式(即顺序)问题进行探讨,最后认为其为“一组完整,有序的船队”纹饰。

题　　名　**南越族是中国古代海洋文化的先驱**
作　　者　彭年
刊　　名　中华文化论坛
年 卷 期　2004 年 4 期
页　　码　51－54
摘　　要　南越族不是“男耕女织”的农耕民族,而是“以射猎为业”,具有海上航运悠久历史的海洋民族,是海上丝绸之路的开拓者,中国古代海洋文化的先驱。

题　　名　**聂士成与中日甲午战争**
作　　者　陈英
刊　　名　安徽史学
年 卷 期　2000 年 3 期
页　　码　44－48
摘　　要　聂士成为晚清军界一颇为重要的人物。对于他在中日甲午战争中的表现,以前史学界有所论及,但大多是一带而过,缺乏整体的认识与研究。下面笔者从四个方面就聂士成在甲午战争中的表现作一简单的论述。

题　　名　**宁波“海上丝绸之路”学术研讨会综述**
作　　者　鲍志成,林士民
刊　　名　东方博物
年 卷 期　2006 年 1 期
页　　码　112－119

题　　名　**宁波对外开放于 659 年**
作　　者　施存龙

刊　　名　宁波论坛
年 卷 期　2002 年 2 期
页　　码　31 – 34
摘　　要　宁波何时开始对外国开放？迄今各说纷纭。我认为,《宁波港史》称始于唐玄宗年间,比较接近史实,但具体也须商榷。

题　　名　**宁波港对日交往何时始**
作　　者　贺文彬
刊　　名　航海
年 卷 期　1990 年 2 期
页　　码　41 – 42

题　　名　**宁波港对外关系史略**
作　　者　王泰栋,李政
刊　　名　宁波师专学报(社会科学版)
年 卷 期　1982 年 2 期
页　　码　99 – 104

题　　名　**宁波港考略**
作　　者　袁元龙,洪可尧
刊　　名　海交史研究
年 卷 期　1981 年 3 期

题　　名　**宁波港历史上的衰落**
作　　者　周中夏
刊　　名　海交史研究
年 卷 期　1985 年 7 期

题　　名　**宁波现存日本国太宰府博多津华侨刻石之研究**
作　　者　顾文璧,林士民
刊　　名　文物
年 卷 期　1985 年 7 期
页　　码　26 – 31

题　　名　**宁波与海上丝路文化的发展**
作　　者　陈炎
刊　　名　宁波论坛
年 卷 期　2002 年 1 期
页　　码　13 – 15

题　　名　**宁波与妈祖信仰渊源关系辨析**
作　　者　董贻安
刊　　名　妈祖文化研究
年 卷 期　2003 年 S 期
页　　码　81 - 83

题　　名　**宁德嘉靖倭患若干史事考**
作　　者　李颖伦
刊　　名　宁德师专学报(哲学社会科学版)
年 卷 期　1999 年 2 期
页　　码　45 - 47
摘　　要　对于明代嘉靖年间的倭寇问题,曾有人质疑并作“假倭”之说。此说依史实推断,嘉靖间的所谓倭寇,真倭实际上很少,“充其量不过占十分之一左右”,而“十分之八、九都是假倭”、是中国人伪装的,这个观点有一定道理。但是,此说又断言,假倭“绝不是胡作妄为,乱劫掠一气”,他们“爱憎分明”,“与人民群众打成一片”;“明朝封建统治者站在反人民的立场”,“诬蔑”他们为“倭寇、海盗”,“极尽诬蔑之能事”,而且“后人也跟着前人一直在骂”,这些则是笔者不敢苟同的。因为单从闽东宁德的历史来看,情况就不是这样。现依据(宁德县志)(清乾隆四于六年刊本,以下简称《县志》)谈谈这个问题。

题　　名　**凝聚在台湾民间郑成功传说与妈祖传说中的民族情结**
作　　者　陶德宗
刊　　名　民族文学研究
年 卷 期　2006 年 4 期
页　　码　93 - 96
摘　　要　郑成功传说与妈祖传说是台湾民间故事的重要构成部分。这种由台湾人民集体创作并在台湾民间代代相传的大众文学,深深寄寓了台湾人民极为丰富的思想感情与祈盼追求,深沉的民族情结更是其核心因素。发掘和弘扬凝聚其间的民族情结,不独有利于我们准确把握台湾这两类民间故事的精神特质,并在海峡两岸人民共谋祖国统一与民族复兴的今天有着特别重要的现实意义。

题　　名　**怒海掀澜 谁与争锋——明末清初海上陶瓷贸易战一掠**
作　　者　董亮
刊　　名　中外文化交流
年 卷 期　2007 年 1 期
页　　码　62 - 63
摘　　要　16 世纪后期,葡萄牙海船历经千难万险终于闯入中国,成为第一个与中国进行贸易的国家,并由此揭开了海上陶瓷贸易战的序幕,葡萄牙商人从中国大量购买的各类商品中,有很大的一部分是瓷器,由于路途遥远和当时航海技术尚不发达,葡萄牙人不能直接运输瓷器至欧洲,便在亚洲各国间转卖,充当起一个亚洲贸易中间人的角色,而不断地将赚取的金银财富运回国内。

题　　名　**女权视角下的妈祖形象解读**
作　　者　余荣敏
刊　　名　福建省社会主义学院学报

年 卷 期 2007 年 4 期

页　　码 34－37

摘　　要 从女权的角度来看，妈祖成为女性中的杰出人物，得益于她不凡的学识和阅历，她的行为中体现了追求自由、平等权利的意识。妈祖的女神形象，超越了社会性别规范的限制。然而在封建社会男尊女卑的制度下，历代统治阶级对妈祖褒奖和敕封的本意不在于提升女性的地位，而是带有强烈的功利性。

题　　名 **女神信仰与妈祖崇拜的比较研究**

作　　者 张珣

刊　　名 中央研究院民族学研究所集刊

年 卷 期 1995 年

题　　名 **欧阳利见是抗法民族英雄吗？**

作　　者 姚辉

刊　　名 浙江学刊

年 卷 期 1985 年 3 期

页　　码 90－93

摘　　要 中法战争的镇海之役，是一次胜利的海战，它打破了法国侵略者企图占领我国东南沿海一地以为质的“担保政策”，在近代中国人民反侵略斗争史上写下了光辉的一页。镇海抗法将士的爱国主义精神，一百年来一直为广大人民所传颂。镇海战役的统帅欧阳利见，也就被视为抗法民族英雄。《清史稿》把欧阳利见和赫赫有名的抗法民族英雄冯子材、苏元春合传。解放后的一些论著，似乎也未及深考。有的说：“提督欧阳利见据守招宝山炮台，轰伤孤拔坐船”。有的认为：“法舰犯浙江镇海，又被提督欧阳利见率军击退”。但也有同志持不同意见，认为：“法海军攻浙江镇海县海口，炮台参将吴杰奋勇抵抗，发大炮还击，法海军退去”。有的同志则说：“（法）舰队进攻浙江镇海口，受到中国方面的炮台轰击，未能得逞”。众说纷纭。对欧阳利见这个人物的评价是有分歧的。本文拟从考正史实着手，对这个问题提出个人的看法，就正于专家学者。

题　　名 **欧阳利见与镇海口战斗**

作　　者 世博，伯钧

刊　　名 历史教学

年 卷 期 1983 年 4 期

页　　码 32－35

摘　　要 光绪十一年初旬（1885 年 3 月）的浙江镇海口战斗，是中法战争时期中国陆海军配合、多次击退法舰、取得“有胜无败”的一次重要战斗，清军浙江提督欧阳利见督率四统领，在四营务处配合下，筹措战备，亲临前敌，指挥全局，功居首位，是近代中国人民抗击外国侵略战争中涌现出来的又一名爱国将领。初中《中国历史》第三册《中法战争》一章中曾讲到镇海海口战斗，但因不是教学重点，讲得比较简略，也没有提到欧阳利见。下面，对欧阳利见及其指挥的镇海口战斗作一简介，以供教师备课时参考。

题　　名 **欧洲华侨华人——沟通中欧交往的桥梁——李明欢著《欧洲华侨华人史》评介**

作　　者 聂德宁

刊　　名 海交史研究

年 卷 期 2005 年 47 期
页　　码 114 – 117

题　　名 **欧洲使节来华考**
作　　者 朱杰勤
刊　　名 史学专刊
年 卷 期 1935 年 1 卷 1 期

题　　名 **欧洲与中国早期的海上航行及航海家**
作　　者 [美]雷蒙德 · G · 奥康纳 著;田佳 译
刊　　名 四川大学学报(哲社版)
年 卷 期 1996 年 3 期
页　　码 89 – 92

题　　名 **欧洲郑和研究一部力作——《郑和:形象与理解》**
作　　者 金国平,吴志良
刊　　名 郑和研究
年 卷 期 2005 年 2 期
页　　码 32 – 33

题　　名 **瓯人及其海洋稻作文化的扩散**
作　　者 朱俊明
刊　　名 贵州师范大学学报(社会科学版)
年 卷 期 1991 年 1 期
页　　码 54 – 58

题　　名 **瓯越人和东瓯国**
作　　者 杨成鉴
刊　　名 宁波大学学报(人文科学版)
年 卷 期 1998 年 2 期
页　　码 8 – 12

题　　名 **潘季驯《河防一览图》考**
作　　者 周铮
刊　　名 中国历史文物
年 卷 期 1992 年 00 期
页　　码 109 – 120

题　　名 **潘明洛与海外通商**
作　　者 潘炯辉

刊　　名　贵州文史丛刊
年 卷 期　2004 年 3 期
页　　码　63 – 66
摘　　要　广东佛山人潘明洛，清末曾任独山州府师爷，民国时首任三合县商会长。他在与海外通商方面，注重航运资源，招商引资，促进了地方经济的繁荣并较早地为贵州赢得了海外经商的窗口。

题　　名　**潘相与清代国子监琉球官生**
作　　者　林少骏
刊　　名　漳州职业大学学报
年 卷 期　2001 年 1 期
页　　码　31 – 33
摘　　要　潘相，字润章，号经峰，湖南安乡东高里人。乾隆六年拔贡生，乾隆二十八年中进士。后入国子监琉球官学任教习四年，写下《琉球入学见闻录》一书。该书记叙了琉球官生在国子监的学习生活。

题　　名　**盘瑶渡海神话考释**
作　　者　罗宗志
刊　　名　贵州民族学院学报（哲学社会科学版）
年 卷 期　2003 年 5 期
页　　码　29 – 31
摘　　要　渡海神话在国内外盘瑶中广为流传，历来是中外瑶学研究者所关注的热点之一。但由于缺乏史料记载，造成研究上的很多分歧，难以形成共识。本文检视各家的说法后认为，应纳各家之说弄清历史事实。并侧重研究它的象征意义和影响。

题　　名　**判读与诠释——论《大明混一图》的地理范围**
作　　者　张箭
刊　　名　郑和研究
年 卷 期　2008 年 1 期
页　　码　54 – 58

题　　名　**庞大的船队 空前的壮举——郑和七下西洋**
作　　者　范中义，王振华
刊　　名　知识
年 卷 期　1980 年 3 期
页　　码　43 – 44

题　　名　**炮舰外交：大清水师也曾很牛**
作　　者　王伟
刊　　名　文史博览
年 卷 期　2009 年 9 期
页　　码　18 – 20

题　　名　**炮舰政策与晚清教案**
作　　者　牛济赵树好
刊　　名　延安大学学报(社会科学版)
年 卷 期　2001 年 4 期
页　　码　67－70
摘　　要　晚清时期,列强利用炮舰干涉教案的政策分为四个阶段,变幻莫测。法、英、美、德是利用炮舰干涉教案的四个主要国家,它们的政策也有差异,列强利用炮舰干涉教案的政策对中外双方都产生了重要影响,并给中国人民留下了深刻的历史教训。

题　　名　**裴荫森与福建船政局的重振及发展**
作　　者　王民
刊　　名　福建师范大学学报(哲学社会科学版)
年 卷 期　1989 年 3 期
页　　码　120－124,114
摘　　要　1884 年 8 月 24 日,清政府军用工业的重要一支——福建船政局,在中法马江战役中遭到重创。"各厂所外围残缺,屋宇多伤,机器料件亦间有损坏"。之后,福建船政局是"始终未能恢复"呢,还是间有发展?史学界虽然看法不一,但很少有人对这个问题作深细的考察。本文拟截取马江战役后裴荫森主政福建船政局的这段历史,从认识和生产的角度,对 1885 年至 1890 的福建船政局及其外延问题作一初步的探讨和评析。

题　　名　**彭玉麟的洋务思想**
作　　者　邱展雄
刊　　名　湖南城市学院学报
年 卷 期　1986 年 2 期
页　　码　12－15

题　　名　**蓬莱发现高丽镶嵌青瓷探析**
作　　者　袁晓春
刊　　名　当代韩国
年 卷 期　2006 年 1 期
页　　码　77－80

题　　名　**蓬莱古船的结构及建造工艺特点**
作　　者　顿贺,王茂盛,袁晓春,罗世恒
刊　　名　武汉造船
年 卷 期　1994 年 1 期
页　　码　18－28
摘　　要　本文作者通过对 1984 年出土的蓬莱古船(1990 年安装复原)的实测,较为详细地绘制出蓬莱古船的结构图。并对当时该船的建造工艺作了分析,提出了自己的看法。

题　　名　**蓬莱古船的结构及其建造工艺特点**
作　　者　顿贺等
刊　　名　船史研究
年 卷 期　1994 年 7 期
页　　码　37 – 51

题　　名　**蓬莱古船的年代及用途考**
作　　者　邹异华，袁晓春
刊　　名　武汉理工大学学报（交通科学与工程版）
年 卷 期　1989 年 13 卷 1 期
页　　码　9 – 12
摘　　要　本文据在该古船上发现的元代高足杯，古船出土时的地层，蓬莱古港建筑的沿革及航道情况，断定该古船为元代古船。又据船型、船上遗物及古港历史，认为该船系战船，可能系沿袭宋代刀鱼战船而改造之快速战船。

题　　名　**蓬莱古舵杆的研究**
作　　者　袁晓春，顿贺，韦文禧
刊　　名　武汉船舶职业技术学院学报
年 卷 期　2007 年 3 期
页　　码　15 – 17
摘　　要　依据蓬莱 2005 年出土的一根长 9.25 米的木料实测数据及初加工的情况，经分析，认为它是舵杆毛料，同时对其年代也进行了一定的探讨。

题　　名　**蓬莱古战船及其复原研究**
作　　者　席龙飞，顿贺
刊　　名　武汉理工大学学报（交通科学与工程版）
年 卷 期　1989 年 13 卷 1 期
页　　码　1 – 7
摘　　要　1984 年在山东省蓬莱水城出土了一艘古船，残长 28m，是在我国已出土的古船中最长的一艘。船体修长，长宽比值近于 5。在船体结构上还有与已出土的诸货船相区别的特点，本文认定这是一艘战船。该船与登州一带传统的方头子底船型不同，尖头而且有龙骨，当属浙闽沿海一带的船型。本文对船舶主尺度、型线、结构以及帆装等总体布置进行了复原研究并绘有复原图。

题　　名　**蓬莱明代古舵杆研究**
作　　者　顿贺，罗世恒
刊　　名　船海工程
年 卷 期　1993 年 3 期
页　　码　47 – 53
摘　　要　1984 年山东蓬莱水城出土了一根明代古舵杆，笔者对其文字记载，材料产地，舵杆复原为舵的可能性及明代船舶用尺长度值的又一种可能性进行了探讨，以此求教于专家学者，以活跃、丰富船史研究工作。

题　　名 **鹏霄榭:清代闽南一个回族文人社团**
作　　者 蓝炯熹,刘冬
刊　　名 海交史研究
年 卷 期 2004 年 46 期
页　　码 83 – 92
摘　　要 福建省的回族绝大多数是宋元时期从海上丝绸之路来到中国的古阿拉伯、波斯人的后裔,晋江市陈埭镇丁氏回族便是其中的主要现存者之一。一般学术界认为,丁氏回族一世祖丁节斋于宋咸淳年间自姑苏货贾于闽泉,并卜居于泉州文山里,至三世祖硕德率子于元末迁居陈埭。由于长期处于汉族社会之中,在风俗习惯上受到汉人的熏染,特别是在明清科举时代,陈埭丁氏不断有人进入仕途。

题　　名 **澎湖航线研究**
作　　者 吴幼雄
刊　　名 福建学刊
年 卷 期 1989 年 4 期
页　　码 72 – 76

题　　名 **澎湖群岛的拓殖**
作　　者 林建红
刊　　名 海交史研究
年 卷 期 1994 年 25 期
页　　码 110 – 112

题　　名 **邳州市发现京杭大运河古船闸遗址**
作　　者 姚景洲,盛储彬
刊　　名 东南文化
年 卷 期 1999 年 4 期
页　　码 39 – 41
摘　　要 1995 年在邳州市发现的一处京杭大运河古船闸遗址,对于了解明末至清徐州的水利、清运有一定的研究价值。

题　　名 **皮筏是羌人的发明吗?——与聪喆先生商榷**
作　　者 汪受宽
刊　　名 青海民族学院学报
年 卷 期 1989 年 4 期
页　　码 46 – 48
摘　　要 聪品先生在《青海民族学院学报》(社科版)1982 年第二期发表(古代羌人的一项重要发明一也论“皮筏”的历史及其它》一文(以下简称“聪文”),批评邵永强、魏通二同志关于皮筏自元代始有的误说,认为皮筏是东汉时期生活于青藏高原的羌人的发明,且由此铺陈这一发明的原因、意义与作用。

题　　名　偏师横海扬义风——纪念郑成功光复台湾 320 年
作　　者　孙光圻
刊　　名　航海
年 卷 期　1982 年 1 期
页　　码　2 – 6

题　　名　平凡中见光彩——重读《三宝太监西洋记通俗演义》
作　　者　李平
刊　　名　上海大学学报(社会科学版)
年 卷 期　1985 年 2 期
页　　码　116 – 122

题　　名　平谷县水运史
作　　者　平谷县公路管理所编史组
刊　　名　北京公路交通史料汇编
年 卷 期　1982 年 6 期
页　　码　19 – 28

题　　名　平湖报本塔藏经考
作　　者　蒋苍苍
刊　　名　郑和研究
年 卷 期　2006 年 1 期
页　　码　98 – 100

题　　名　平潭琉球国驸马墓与中琉关系
作　　者　吴怀民
刊　　名　福建史志
年 卷 期　2004 年 3 期
页　　码　57 – 58
摘　　要　琉球国驸马墓位于福建省平潭县苏澳镇钟门猫头乾村,背山面海,墓朝南,面积约 60 平方米,呈台阶式,分上下两层,每层长约 4 米,宽 7 米,三合土封顶。墓前粗石砌墙,墙上立碑,墓体保存较好。据说原来墓碑有 20 多块,现仅存 3 块,保存在县文化馆文物室。

题　　名　平托《远游记》中 Liampo 纪事考订研究述评
作　　者　张廷茂
刊　　名　文化杂志
年 卷 期　2003 年 47 期

题　　名　评“法显航渡美洲”说的理论和方法
作　　者　张箭

刊　　名　史学理论研究
年 卷 期　1997 年 2 期
页　　码　144 - 147
摘　　要　1992 年,连云山先生出版了专著《谁先到达美洲》。该书系统详细地提出并论证了东晋高僧法显航渡美洲到达墨西哥说,并产生了一定的影响。1994 年,《解放军报》和《中国青年报》分别对此作了长篇报道。本人对此说已写出论文予以商榷,这里我拟就"法显航渡美洲"研究中的指导理论和研究方法问题谈一些看法。

题　　名　**评《光明之城》——咸淳间的刺桐港是"自由贸易区"吗?**
作　　者　吴幼雄
刊　　名　泉州师范学院学报
年 卷 期　2000 年 5 期
页　　码　68 - 72,87

题　　名　**评《唐代广州至波斯湾的海上交通》**
作　　者　汶江
刊　　名　文物
年 卷 期　1978 年 11 期
页　　码　68 - 74,67

题　　名　**评《天妃娘妈传》一书的学术价值——兼说孙行者的原型在闽的论争佐证问题**
作　　者　薛世平
刊　　名　福建师大福清分校学报
年 卷 期　1995 年 3 期
页　　码　33 - 35

题　　名　**评《吴越文化的越海东传与流布》**
作　　者　黄景春
刊　　名　民俗研究
年 卷 期　2006 年 2 期
页　　码　266 - 267,265

题　　名　**评《邪马台国》**
作　　者　林隐
刊　　名　世界历史
年 卷 期　1983 年
页　　码　93 - 95

题　　名　**评《郑和下西洋资料汇编》上册**
作　　者　施子愉
刊　　名　思想战线(昆明)

年 卷 期 1982 年 6 期
页　　码 80 – 82

题　　名 评《中国大运河史》
作　　者 徐兴海
刊　　名 江南论坛
年 卷 期 2002 年 2 期
页　　码 45 – 46

题　　名 评《中国海关简史》
作　　者 詹庆华
刊　　名 中国社会经济史研究
年 卷 期 1990 年 1 期
页　　码 89 – 90
摘　　要 中国历史上的海关机构，最早可以追溯到先秦时期设在内陆边境的“关”，唐宋以后逐渐移至沿江、沿海，又有市舶司、户关、工关、海关等不同名称。古今中外，有不少学者写过中国海关史志，如明朝高岐的《福建市舶提举司志》、清朝梁廷枏的《粤海关志》、日本学者藤田丰八的《宋代之市舶司与市舶条例》、民国初年黄序鹤的《海关通志》、近代海关英籍税务司莱特的《中国近代海关的起源和发展》等，都是有关中国海关史的专著。但是，前人的这些著述难免有其时代的局限，未能正确客观地反映中国海关的全部历程。

题　　名 评《中国远古与太平印度两洋的帆筏戈船方舟和楼船的研究》
作　　者 邱克
刊　　名 海交史研究
年 卷 期 1987 年 12 期

题　　名 评《中国造船史》
作　　者 石阶池
刊　　名 科技进步与对策
年 卷 期 2000 年 17 卷 5 期
页　　码 118 – 119
摘　　要 由席龙飞同志著作、湖北教育出版社新出版的《中国造船史》，是一部图文并茂、学术性与可读性俱强的专业史学力作。

题　　名 评陈诗启著《中国近代海关史》
作　　者 戴一峰
刊　　名 历史研究
年 卷 期 1994 年 6 期
页　　码 181 – 183

题　　名　**评丁日昌筹办海疆防务的思想主张**
作　　者　丁焕章
刊　　名　甘肃社会科学
年 卷 期　1987 年 3 期
页　　码　64 – 70

题　　名　**评丁汝昌**
作　　者　敬知本
刊　　名　历史教学
年 卷 期　1984 年 10 期
页　　码　14 – 19

题　　名　**评估郑和:对西方历史学说的挑战——我们该如何正确看待孟席斯的研究成果**
作　　者　许森安,刘容子
刊　　名　海洋世界
年 卷 期　2003 年 9 期
页　　码　6 – 8
摘　　要　孟席斯是英国的业余航海史学家。他在 14 年时间里,足迹遍及 120 多个国家、900 多个博物馆、档案馆、图书馆,惟一的目的就是研究中国古代航海家郑和。2002 年 10 月,《1421 年中国发现了世界》一书正式出版。孟席斯的主要研究结论是,中国人通过 15 世纪的一系列航海活动,绘制了大致正确的世界地图,而西方 16 世纪的"地理大发现"是在使用了 15 世纪、16 世纪初绘制的世界地图的前提下,由葡萄牙人完成了"发现新大陆"的壮举。

题　　名　**评荷兰在台湾海峡的商战策略**
作　　者　林仁川
刊　　名　中国社会经济史研究
年 卷 期　2004 年 4 期
页　　码　65 – 72
摘　　要　本文采用荷兰的档案材料对十六世纪台湾海峡贸易形势、荷兰人在台湾海峡的商战策略及其效果进行评述。荷兰人到达台湾海峡时,各国海商集团已经群雄鼎立,各自占有一定的市场份额。荷兰人为了打破已有贸易格局,在东亚贸易网络上占有一席之地,采取和战结合、各个击破、海上拦阻等一系列的商战策略,但是无法实现称雄的愿望。在郑成功部队围攻的炮声中,结束了其东亚海上商业霸主的美梦。

题　　名　**评价施琅应以多民族国家为前提**
作　　者　吴思
刊　　名　人民论坛
年 卷 期　2002 年 10 期
页　　码　58 – 60

题　　名　**评介林仁川著《明末清初私人海上贸易》**
作　　者　王日根,成之平
刊　　名　中国社会经济史研究
年 卷 期　1988 年 3 期
页　　码　100 - 102
摘　　要　林仁川同志著《明末清初私人海上贸易》是我国第一部研究私人海上贸易史的专著。该书由华东师范大学出版社出版,共三十九万字,对明末清初私人海上贸易发展的历史背景,私人海上贸易商人反海禁斗争,私人海上贸易集团的形成,商港的出现,贸易的国家和地区,贸易的商品,贸易额和利润率,贸易的管理和条令,贸易的特点和性质,贸易的影响和作用,贸易的困难障碍等问题展开了全面系统的论述。因此该书出版后,很快受到了学术界的重视。

题　　名　**评柯胡《社会、贸易及组织:3 世纪至 13 世纪的闽南》**
作　　者　苏基朗,叶妮雅
刊　　名　海交史研究
年 卷 期　2009 年 55 期
页　　码　117 - 122

题　　名　**评李鸿章选择旅顺建立海军基地**
作　　者　王楚良
刊　　名　军事历史
年 卷 期　1989 年 2 期
页　　码　16 - 18
摘　　要　19 世纪 80 年代,李鸿章在筹办北洋海军过程中,因海军基地选择在旅顺口,引起了中外人士的议论。本文就此问题作一些肤浅的评析。

题　　名　**评马援南征**
作　　者　傅纯英
刊　　名　史学月刊
年 卷 期　1993 年 2 期
页　　码　22 - 28,68

题　　名　**评麦哲伦**
作　　者　孙光圻
刊　　名　历史研究
年 卷 期　1985 年 2 期

题　　名　**评明、清两朝的“海禁”“闭关”政策**
作　　者　蒋作舟,陈申如
刊　　名　历史教学问题
年 卷 期　1987 年 4 期
页　　码　12 - 17,11

题　　名　评葡人平托所撰之《游记》
作　　者　王慕民
刊　　名　世界历史
年 卷 期　2000 年 4 期
页　　码　50 – 57

题　　名　评戚其章新著《晚清海军兴衰史》
作　　者　姜铎
刊　　名　学术月刊
年 卷 期　1998 年 10 期
页　　码　111 – 113

题　　名　评乾隆帝致英王乔治三世的敕谕
作　　者　孙光圻
刊　　名　大连海事大学学报
年 卷 期　1990 年 3 期
页　　码　325 – 330
摘　　要　清乾隆帝致英王乔治三世的两道敕谕，是鸦片战争前中外关系与航海贸易史上的著名文献。本文以历史唯物主义的观点，剖析了敕谕的基本内涵，揭示了中国晚期封建主义闭关自守政策的时代特征与历史本质。

题　　名　评清末广东水师提督李准
作　　者　骆永寿
刊　　名　四川教育学院学报
年 卷 期　1996 年 12 卷 3 期
页　　码　31 – 39

题　　名　评僧格林沁在大沽口战役中的历史功绩
作　　者　包虎
刊　　名　内蒙古社会科学(汉文版)
年 卷 期　1988 年 1 期
页　　码　60 – 62
摘　　要　当前，学术界对僧格林沁在天津大沽口战役中的功过问题，有不同的观点，归纳起来主要有两种：一是全盘否定，一是肯定他有不可抹煞的历史功绩。我认为后一种比较确切，符合历史事实。评价历史人物，要辩证地、历史地，全面地分析，特别是对在近代历史上十分显赫的僧格林沁，更应遵循这一原则。天津大沽口战役，是我国近代史上震惊世界的抗击外国武装进攻的反侵略战争，是第二次鸦片战争的重要组成部分。这次战争有胜有败，败多胜少，但胜败之中，有不少可歌可泣的英雄事迹。

题　　名　评施琅在维护祖国统一中的历史作用
作　　者　杨亲华

刊　　名　社会科学
年 卷 期　1996 年 11 期
页　　码　69 – 71,6

题　　名　**评十九世纪七十年代中期清政府关于海防的讨论**
作　　者　杨永福
刊　　名　文山师范高等专科学校学报
年 卷 期　1994 年 S1 期
页　　码　90 – 96
摘　　要　1874 年 10 月至 1875 年 5 月,在外患日急的情况下,清政府各级官员中发生了一场关于筹办新式海军的讨论。这场讨论不同于海防与塞防之争,中心议题是要不要及如何筹办近代海防的问题。从他们对海防问题的不同态度中,我们可以察视到洋务运动所处的某些政治环境,因而对这方面的考察是洋务运动研究必不可少的部分。笔者再次就这个问题谈点自己的看法,请各位同仁斧正。

题　　名　**评述孟席斯新著引起的争论**
作　　者　王育三
刊　　名　郑和研究
年 卷 期　2003 年 2 期
页　　码　33 – 34
摘　　要　自英国退休潜艇指挥官孟席斯(Gavin Menzies)于 2002 年年底出版的新书:1421:中国发现世界(1421—the Year China Discovered the world)以来,激起各界激烈的争论不休。

题　　名　**评苏基朗《刺桐梦华录》**
作　　者　李静蓉,斯波义信
刊　　名　海交史研究
年 卷 期　2009 年 55 期
页　　码　113 – 116
摘　　要　在中华帝国历史上的第一个千年里,中国与欧亚大陆其他地区之间的联系主要是通过陆路,由此可见,当时的中华帝国基本上是一个自给自足的农业社会。中唐以后,情况有所改变,来自波斯、阿拉伯、印度、南亚、日本、朝鲜半岛的商船开始频繁地出入中国沿海的主要港埠。中国对新兴的海上贸易形势迅速作出反应,并在 12 至 15 世纪之间,逐步地发展成为一个重要的海上强国,拥有一支由中国帆船装备而成的富有战斗力的海军,控制着从印度东南沿海到南中国海及中国东海的航路。

题　　名　**评武安隆的《遣唐使》**
作　　者　韦介夫
刊　　名　历史教学
年 卷 期　1986 年 8 期
页　　码　61 – 62
摘　　要　黑龙江人民出版社最近出版了武安隆的《遣唐使》,此书值得一读。读后印象最深刻的,是其历史视野的开阔。自 630 年到 894 年,日本曾十三次派遣使团来唐,此即所渭“遣唐使”。这一研究课题,看上去并非具有宏观意义的大题目,但该书试图通过论述遣唐使的活动及其影响,以说明不同国家的和平共处与积极交往对各国历史发展的积极意义,并从中探求日本民族善于吸收外来先进文化的特性及其规律,这就把宏观研究与微观研究结合起来了。

题　　名　**评叶志超甲午平壤溃围**
作　　者　曾明
刊　　名　近代史研究
年 卷 期　1989 年 1 期
页　　码　280 – 286

题　　名　**评中法战争中的杨玉科**
作　　者　龙永行
刊　　名　中央民族大学学报(哲学社会科学版)
年 卷 期　1992 年 1 期
页　　码　41 – 46

题　　名　**婆利即骠国考——海上丝绸之路研究**
作　　者　刘真伦
刊　　名　中国边疆史地研究
年 卷 期　1996 年 3 期
页　　码　85 – 88
摘　　要　建国于公元初期的骠国是缅甸古代早期的国家政权。《旧唐书》始正式为骠国立传。中缅之间的官方正式交往至迟在南朝刘宋间就已有记载,中国古代正史也早在《梁书》中就正式为该国立传,只是在这些早期史籍中所采用的译名不同,同时该国使团早期多取道经广州来华,不同于中唐以后多取道陆路经云南、四川入长安,所以,人们没有意识到《后汉书》中的盘起、《梁书》中的婆利,也就是《旧唐书》中的骠国。

题　　名　**鄱阳湖之战**
作　　者　朱子彦
刊　　名　航海
年 卷 期　1982 年 2 期
页　　码　40 – 42

题　　名　**破解秦朝徐福东渡三大谜团**
作　　者　张星海
刊　　名　科学大观园
年 卷 期　2004 年 10 期
页　　码　15 – 16

题　　名　**破译郑和之父马哈只墓碑铭**
作　　者　李清升
刊　　名　回族研究

年 卷 期　2003 年 1 期
页　　码　71 – 72

题　　名　剖析航海家郑和的伊斯兰教信仰——兼评郑氏“奉佛”、“崇道”说(上)
作　　者　林松
刊　　名　宁夏社会科学
年 卷 期　1985 年 1 期
页　　码　12 – 20
摘　　要　人们都确认七下西洋、举世震惊的著名航海家郑和(公元 1371 – 1433 年,一说卒于 1435 年)是回族人,但关于他的宗教信仰,却存在种种说法。至今出版的一些书刊中,多有说他是佛教徒者;而且,在他的远航历程中,跟道教也有紧密联系。当然,亦有充分的资料反映他是穆斯林。郑和究竟信仰什么宗教,人们各执一端,结论互异,但又确实各有所本,言而有据,决非无稽之谈。因此,也就有探讨的必要。

题　　名　剖析航海家郑和的伊斯兰教信仰——兼评郑氏“奉佛”、“崇道”说(下)
作　　者　林松
刊　　名　宁夏社会科学
年 卷 期　1985 年 2 期
页　　码　24 – 31

题　　名　扑朔迷离的郑和“宝船”
作　　者　吴晓
刊　　名　档案与建设
年 卷 期　2004 年 5 期
页　　码　49 – 50
摘　　要　公元 1405 年,明三宝太监郑和率领一支由 200 余艘船舶、2 万多名官兵组成的庞大舰队,开始了七下西洋的壮举。可惜的是,关于郑和的公务档案已在明朝万历年间毁于兵部尚书刘大夏之手,郑和所乘“宝船”的真实面目后来变得扑朔迷离。

题　　名　莆田“五日岁”与抗倭斗争
作　　者　林劲松
刊　　名　福建史志
年 卷 期　2008 年 1 期
页　　码　52 – 53

题　　名　莆田《祥应庙记》碑述略
作　　者　蒋维锬
刊　　名　海交史研究
年 卷 期　1994 年 25 期
页　　码　119 – 122

题　　名　**莆田涵江发现摩尼教碑刻**
作　　者　陈长城
刊　　名　海交史研究
年 卷 期　1988年14期

题　　名　**莆田涵江又发现摩尼教残碑**
作　　者　程德鲁
刊　　名　海交史研究
年 卷 期　1991年19期
页　　码　52

题　　名　**莆田妈祖信仰习俗琐谈:兼论妈祖信仰习俗传承的原因**
作　　者　陈元煦
刊　　名　妈祖研究学报
年 卷 期　2004年1期
页　　码　63－68

题　　名　**莆田显惠侯神灵及其对船员的保护**
作　　者　柯胡
刊　　名　海交史研究
年 卷 期　2005年48期
页　　码　1－5
摘　　要　著名的莆田祥应庙前身是当地白杜方氏家族专用的祠堂。庙里供奉的神灵显惠侯,当地的百姓把他视为农业生产及生命财产的保护神,同时,他也是航海者信奉的神灵。本文作者以周尾和朱纺这两人出海之前均到该庙膜拜的典型事例,分析指出上述二人的出海经商与白杜方氏家族存在着直接关系,可能是受雇于当时既从事农业又涉猎海上贸易的白杜方氏家族,因此宋时显惠侯只是一个地方性的神灵,只对某一部分人提供某些特定的庇护,并不具有普遍意义。

题　　名　**菩提达摩来华事迹考——兼与胡适、孙述圻先生对话**
作　　者　王荣国
刊　　名　世界宗教研究
年 卷 期　2006年3期
页　　码　30－38
摘　　要　《续高僧传·菩提达摩传》中的"宋境"一词有"时间＋空间"的含义,意即"刘宋的境内",并非孙述圻所说是泛指五到六世纪的"中国南方政权"的辖地。菩提达摩的于刘宋明帝至顺帝年间取海路来华,抵达"宋境南越","菩提达摩是否谒永宁寺"是确定《续僧传》与《伽蓝记》所载的"菩提达摩"是否为同一人的重要逻辑环节,胡适没有作这一环节的"求证"。考古资料揭示,道宣对永宁寺的记载有失实;文献考证表明,道宣撰《续高僧传》时,依据《洛阳伽蓝记》一书,但删去菩提达摩谒永宁寺一事,证明了二书所载的"菩提达摩"同为一人。菩提达摩大致于神龟元年(518)至永安三年(530)之间谒永宁寺。

题　　名　**葡萄牙强占澳门与清政府拒绝批准中葡《和好贸易条约》**

作　　者　吕一燃

刊　　名　中国边疆史地研究

年 卷 期　1999 年 2 期

页　　码　66 – 82

摘　　要　英国发动的鸦片战争,是澳门历史的重大转折点。从 16 世纪下半期开始,葡萄牙人就以僦居者的身份,在中国领土澳门居住、贸易。19 世纪中叶,英国发动鸦片战争,逼迫清政府割让香港。葡萄牙政府妄图步英国的后尘,要求把澳门划归其所有。当这一侵略要求被拒绝之后,它便采用蛮横的手段,擅自宣布澳门为自由港,驱逐澳门的中国官吏,封闭澳门的中国海关,镇压澳门人民的反抗,强占澳门,实行殖民统治。为了使占领澳门合法化,也为了获得与英、美、法等国一样的通商特权,葡萄牙在法国的帮助下,与清政府进行立约谈判,草签了《和好贸易条约》。清政府发现条约中有损害中国领土主权的条款,不予批准,并提出修改后互换的意见。中葡双方围绕互换条约问题展开了长期的交涉,葡萄牙企图利用互换条约使其侵占澳门合法化,清政府则想通过换约谈判收回澳门主权,双方目的相反,无法取得一致,中葡《和好贸易条约》终于成为一个未经清政府批准、未经中葡双方互换、没有法律效力的条约。

题　　名　**葡人"漳州失守"说考辨——与施白蒂《澳门编年史》对话**

作　　者　施存龙

刊　　名　澳门研究

年 卷 期　2004 年 22 期

题　　名　**葡人驱盗入居澳门说新史料**

作　　者　汤开建

刊　　名　文化杂志

年 卷 期　2004 年 51 期

题　　名　**葡人入居澳门开埠历史渊源新探**

作　　者　[葡]金国平,[葡]吴志良

刊　　名　澳门文化杂志

年 卷 期　2002 年 43 期

题　　名　**葡人入居澳门前侵占我国"南头"考实**

作　　者　施存龙

刊　　名　中国边疆史地研究

年 卷 期　1999 年 2 期

页　　码　53 – 63,65

摘　　要　本文系对欧洲殖民主义者葡萄牙人初到中国广东沿海时所占据的第一个据点的考证,包括中葡双方和第三方对葡人侵占中国海疆第一个据点的地望和行为的记载,中国文献上所称被占据地"南头"的地名,地望沿革和性质分辨,对我国学术界 3 种主要误解的评论。对"南头"考证为南头岛。论证西方人所谓的 Is. Tamao 及其汉译"屯门岛"就是南头岛。

题　　名　**葡人入据澳门开埠历史渊源新探**
作　　者　金国平,吴志良
刊　　名　文化杂志
年 卷 期　2002年43期

题　　名　**葡人私据浙东沿海 Liampo——双屿港古今地望考实**
作　　者　施存龙
刊　　名　中国边疆史地研究
年 卷 期　2001年10卷2期
页　　码　79-86
摘　　要　本文是对16世纪葡萄牙人私据的 Liampo 和中国文献称为"贼巢"的双屿港的新考证。文中对19世纪初以来中外学者研究所达到的水平和遗留问题,以及当前学者研究的误解做了评述订正,认为双屿港埠当在今六横岛涨起港。

题　　名　**葡人与 Liampó 考证**
作　　者　施存龙
刊　　名　文化杂志
年 卷 期　2002年42期

题　　名　**葡人在福建活动地 Chincheo 重考**
作　　者　施存龙
刊　　名　澳门研究
年 卷 期　2003年19期

题　　名　**葡人最初来华时地考**
作　　者　朱杰勤
刊　　名　社会科学(福建)
年 卷 期　1947年4卷1期

题　　名　**葡商集中澳门前的"家"——浪白澳(岛)考辨**
作　　者　施存龙
刊　　名　文化杂志
年 卷 期　2000年40-41期

题　　名　**葡萄牙第一次来华使臣事迹考**
作　　者　张维华
刊　　名　史学年报
年 卷 期　1933年1卷5期

题　　名　**葡萄牙海商始达双屿通商时间考**
作　　者　王慕民

刊　　名　宁波大学学报(人文科学版)
年 卷 期　1999 年 12 卷 3 期
页　　码　61－63
摘　　要　浙江宁波的双屿港是葡人在进占澳门前所建立的影响很大的国际走私贸易基地。文章在发掘、梳理、研析文献资料的基础上,考定葡萄牙海商私市双屿应始于明嘉靖初年,即 1522 到 1527 年间,其中最有可能为 1526 年。

题　　名　**葡萄牙和中国外交关系史的几点补充**
作　　者　[葡]布拉章
刊　　名　文化杂志
年 卷 期　1994 年 18 期

题　　名　**葡萄牙进驻澳门时中葡两国的形势与澳门的中西文化交流**
作　　者　杨翠微
刊　　名　中国文化研究
年 卷 期　2004 年 3 期
页　　码　160－167
摘　　要　澳门是中国最早进行中西文化交流的桥头堡,也是西方了解和进驻中国大陆的首选,葡萄牙最早进驻澳门时,中国和西方世界处于不同的形式当中,两个世界有完全不同的文化观念,两国的政治形势以及当时世界的趋势,对葡萄牙进驻澳门的影响很大,而且也影响了中西文化交流的形式和特点。

题　　名　**葡萄牙强占澳门与清政府拒绝批准中葡《和好贸易条约》**
作　　者　吕一燃
刊　　名　中国边疆史地研究
年 卷 期　1999 年 2 期
页　　码　64

题　　名　**葡萄牙侵占澳门的历史回顾**
作　　者　李为香
刊　　名　东北师大学报(哲学社会科学版)
年 卷 期　1999 年 6 期
页　　码　54－59
摘　　要　葡萄牙通过走私贸易、派遣使臣、贿赂官员及发动战争等卑劣手段侵占了澳门。明政府为控制居澳葡人而设置关闸,反而导致葡人划地自治。清初,中国政府以禁海政策拒葡,葡人则假意朝贡,从中获取商利;《管治澳门章程 12 条》使中葡关系呈缓和之势。鸦片战争前,虽然澳门领土争端纷起,但澳门官吏均由中国政府所派,并向中国政府交纳地租,说明澳门主权属于中国。鸦片战争后,葡人在澳门既屯兵又收税,并取消了澳门向中国交纳地租的法令,严重破坏了澳门领土与主权完整。以澳门为中介的华工贸易是葡萄牙侵占澳门造成的恶劣后果之一,是欧美列强对中国人民所犯下的血腥罪恶,是中国近代史之一大屈辱。

题　　名　**葡萄牙侵占澳门的历史考察**
作　　者　李玉荣
刊　　名　中国成人教育
年 卷 期　1999 年 6 期
页　　码　46 – 47

题　　名　**葡萄牙侵占澳门始末**
作　　者　张凤翔
刊　　名　广播电视大学学报(哲学社会科学版)
年 卷 期　2000 年 4 期
页　　码　88 – 90
摘　　要　澳门地处广东濒海、珠江口西岸,地理位置优越,海上交通发达,很早就为西方国家觊觎,1517 年葡萄牙商船首次到达中国,要求通商,被明朝政府拒绝。以后葡萄牙利用中国封建政府的腐朽,通过贿赂等手段,逐渐混入澳门,意图强占。鸦片战争后,趁清政府被打败的时机,葡萄牙拒绝交纳地租,1887 年 12 月 1 日诱使清政府签订了《中葡通商条约》,骗取了澳门的"永租权"。

题　　名　**葡萄牙人 chincheo 贸易居留地探寻**
作　　者　杨国桢
刊　　名　中国社会经济史研究
年 卷 期　2004 年 1 期
页　　码　1 – 8
摘　　要　16 世纪上半叶,葡萄牙海盗式商人和航海探险家在 Chincheo(漳州)持续进行长达三十年之久的隐藏式贸易(Trade Under),是西方东进亚洲海域的一个不可忽视的环节。但以往研究存在盲点,以致成了 16 世纪海洋史的一件公案。本文对中葡史料作了对照比较,同意 Chincheoo 系闽南话漳州的记音,并进一步指出:葡萄牙人最早抵达 Chincheo 的"海岸城市",很可能指月港,而不是漳州府城或泉州府城;Chincheo 葡萄牙居留地在同安极南的浯屿,而不是浯州屿(金门岛);在漳州岬甲和漳州河口的陆地上建立葡萄牙居留地的可能性不大,在月港建有葡萄牙居留地的说法则应予否定。

题　　名　**葡萄牙人初寓蠔镜澳的历史考察**
作　　者　张德信
刊　　名　东岳论丛
年 卷 期　1998 年 2 期
页　　码　5 – 13
摘　　要　自 1514 年葡萄牙船队到达我国闽、广沿海后,多行不法,引起明政府的警惕并派兵荡击。葡萄牙官方曾多次要求与中国遣使通商,均遭明政府拒绝。但为高额商业利润的驱使及对中国广大市场的垂涎,葡商仍长期活跃于我国闽、广沿海,从事或合法或非法的贸易活动,并于嘉靖三十二年(1553)贿赂海道副使汪柏,租借蠔镜澳作居留之地,"岁输课二万金,地租五百两。"蠔镜澳由此成为葡商的对华贸易基地。但终明之世,葡商寓居蠔镜澳并未得到明政府的批准,只是民间行为而非政治协议,明政府对蠔镜澳仍行使着绝对主权,包括政治、军事、经济、司法等主权。

题　　名　**葡萄牙人东来和早期中葡关系**
作　　者　周世秀
刊　　名　湖北大学学报(哲社版)
年 卷 期　1999 年 6 期
页　　码　65 - 69

题　　名　**葡萄牙人留居澳门年代考**
作　　者　李金明
刊　　名　中国边疆史地研究
年 卷 期　1999 年 3 期
页　　码　9 - 15
摘　　要　葡萄牙人何年开始留居澳门,既无正式的文件记载又无确凿的史料依据,长期以来一直是中外学者争论的焦点之一,至今殆无定论。本文就有关葡萄牙人留居澳门年代的几种看法进行了考释。

题　　名　**葡萄牙人如何进入澳门问题辨正**
作　　者　费成康
刊　　名　社会科学
年 卷 期　1999 年 9 期
页　　码　63 - 67

题　　名　**葡萄牙人入居澳门的再研究**
作　　者　赵立人
刊　　名　学术研究
年 卷 期　1998 年 8 期
页　　码　85 - 88

题　　名　**葡萄牙人入居澳门再探**
作　　者　陆晓敏
刊　　名　广东社会科学
年 卷 期　2005 年 6 期
页　　码　172 - 178
摘　　要　通过对岗萨雷斯(Gregorio Gonzalez)信函的解读,我们可以肯定葡萄牙人入居澳门的时间应为 1554 年。此外,从当时朝廷大员的数份奏疏来看,至少在 1564 或 1565 年之前,明朝中央政府尚不知葡人已入居澳门,今人所谓明朝政府通过汪柏将葡人迁移到澳门半岛之说是不能成立的。

题　　名　**葡萄牙人与丝绸之路——明朝末年的澳门与马尼拉**
作　　者　[葡]鲁伊·罗里多 著;张廷茂 译
刊　　名　文化杂志
年 卷 期　2002 年 44 期

题　　名　**葡萄牙人在澳门的拓居——从中日交流和海上活动史看葡人在远东的扩张政策**
作　　者　[意]卡里奥蒂 著;张雨虹 译
刊　　名　文化杂志
年 卷 期　2004 年 50 期

题　　名　**葡萄牙人在广东沿海早期活动的地点**
作　　者　赵立人
刊　　名　海交史研究
年 卷 期　1993 年 24 期
页　　码　87－92

题　　名　**葡萄牙人在浙江沿海的通商与冲突**
作　　者　廖大珂
刊　　名　南洋问题研究
年 卷 期　2003 年 2 期
页　　码　83－98
摘　　要　嘉靖元年(1522 年)西草湾之战后,葡人被逐出广东,在中国私商的导引下,占据浙江双屿港作为国际走私贸易的据点。起初,葡萄牙人在双屿主要从事中国沿海的走私贸易,后发展成在日本、闽浙和满剌加之间从事三角贸易。随着走私贸易的发展,双屿形成了一个具有相当规模的葡萄牙人居留地。然而,由于葡人在浙江沿海从事海盗活动,以及中葡商人的"商欠"纠纷,促使中葡关系不断恶化,并导致中葡之间的大规模武装冲突,其结果是葡萄牙人被逐出浙江沿海,结束了在那里的通商活动。

题　　名　**葡萄牙人在中国的最早居留地:聚焦十六世纪前期浙江双屿港国际贸易市场**
作　　者　徐明德
刊　　名　情系中华
年 卷 期　2000 年 2 期
页　　码　41－45

题　　名　**葡萄牙人早期在广东活动地——Is. Tamao 应为我国何岛**
作　　者　施存龙
刊　　名　海交史研究
年 卷 期　1999 年 35 期
页　　码　60－72

题　　名　**葡萄牙人占据澳门之诸问题**
作　　者　藤田丰八
刊　　名　东洋学报
年 卷 期　1918 年 8 卷 1 期

题　　名　**葡萄牙人占领澳门的第一步**
作　　者　苏新

刊　　名　华人时刊
年 卷 期　1999 年 9 期

题　　名　葡萄牙史料中所见郑和下西洋史实述略
作　　者　金国平,吴志良
刊　　名　郑和研究
年 卷 期　2003 年 1 期
页　　码　16 – 32

题　　名　葡萄牙与《中葡和好贸易条约》的签订
作　　者　刘小萌
刊　　名　中国边疆史地研究
年 卷 期　2000 年 2 期
页　　码　65 – 74

题　　名　葡萄牙与近代太平洋贸易网的形成
作　　者　何芳川
刊　　名　文化杂志
年 卷 期　1998 年 34 期

题　　名　葡萄牙与中国的第一次官方接触
作　　者　李福君
刊　　名　历史教学
年 卷 期　1994 年 1 期
页　　码　27

题　　名　葡萄牙占领澳门的历史过程
作　　者　邓开颂
刊　　名　历史研究
年 卷 期　1999 年 6 期
页　　码　23 – 35

题　　名　葡萄牙殖民者侵占澳门的历史考略
作　　者　黄国安
刊　　名　广西社会科学
年 卷 期　1988 年 2 期
页　　码　53 – 73
摘　　要　西方殖民者对中国早期的侵略是从葡萄牙殖民者开始的。澳门是葡萄牙殖民者入侵中国最早的根据地。葡萄牙人入侵澳门的历史在中国史和世界史中具有特殊的地位。研究葡萄牙殖民者侵占澳门的历史,对于明清史的研究有着重要的意义,对于了解昨天的中国,汲取今日所需要的历史经验教训也是有意义的。

题　　名　葡萄牙殖民者侵占澳门历史考
作　　者　王希莲
刊　　名　聊城师范学院学报
年 卷 期　1995 年 1 期
页　　码　77 – 82

题　　名　葡萄牙殖民者侵占澳门前在中国的侵略
作　　者　胡代聪
刊　　名　历史研究
年 卷 期　1959 年 3 期

题　　名　蒲甘来使入宋考
作　　者　陈炎
刊　　名　东南亚
年 卷 期　1987 年 1 期
页　　码　3 – 8
摘　　要　十至十一世纪,对中缅两国来说,都是重要的历史转折点。中国宋王朝的建立结束了五代十国的割据局面,统一了中原和东南沿海地区,政治经济中心南移。由于北方被辽金、西夏所占,对外交通的重心也由西北的陆路转向东南的海路。宋政权在东南沿海的海港城市广设市舶司,大力发展海外贸易,推行一系列对外开放政策,不但促进了海上交通的飞速发展,而且在各国友好交往和经济文化交流中,也出现了空前的繁荣。

题　　名　蒲寿庚家谱始祖蒲宗孟及其性行
作　　者　刘铭恕
刊　　名　海交史研究
年 卷 期　1991 年 19 期

题　　名　蒲寿庚是否任过平章政事
作　　者　自强幼雄
刊　　名　海交史研究
年 卷 期　1987 年 11 期

题　　名　蒲寿庚是西域华化广州回民考
作　　者　曾昭璇
刊　　名　岭南文史
年 卷 期　1991 年 1 期
页　　码　21 – 22,26

题　　名　蒲寿庚为占城人非阿拉伯人说
作　　者　张秀民

刊　　名　兰州大学学报(社会科学版)
年 卷 期　1979 年 1 期
页　　码　68 – 73

题　　名　**濮越人的舟楫文化对我国海洋文化的贡献**
作　　者　何英德
刊　　名　南方文物
年 卷 期　2000 年 2 期
页　　码　35 – 36,99

题　　名　**浦江郑氏宗谱对苏州郑和家谱的影响**
作　　者　郑自海,郑宽涛
刊　　名　郑和研究
年 卷 期　1999 年 2 期
页　　码　40

题　　名　**普丹大沽口船舶事件和西方国际法传入中国**
作　　者　王维俭
刊　　名　学术研究
年 卷 期　1985 年 5 期
页　　码　84 – 90
摘　　要　近代国际法产生于欧洲。作为国家之间的法律,西方国际法随着中国和欧美国家的交往而逐步传入中国。自林则徐 1889 年在广州主持翻译瑞士滑达尔《各国律例》后,时隔二十余年,1864 年又由美国传教士丁韪良在几名中国学者的协助下将美国惠顿的《国际法原理》译成中文,取名为《万国公法》。这是第一部以专书出版的比较完整的西方国际法著作中译本。它由清朝中央政府出资刊印,在近代中国政界、外交界和知识界广为流传,影响较大。本文不拟对《万国公法》成书得失和影响作全面探讨,只想着重介绍一下,丁氏初译《万国公法》之时,清政府如何采用该书包含的有关国际法原则,处置 1864 年普鲁士公使李福斯在大沽口中国内海扣留丹麦商船事件。这是目前有案可查的、西方国际法传入中国后由中国政府自觉采用国际法原则处理中外交涉事件的第一回。事件本身虽然并不复杂,但在近代中外关系史上却自有其研究的特殊意义。

题　　名　**普陀山抗倭石刻小考**
作　　者　卜国群
刊　　名　北京大学学报(哲学社会科学版)
年 卷 期　1985 年 3 期
页　　码　127 – 128
摘　　要　历史系中国史专业明清史研究生于 1984 年 4 月间赴舟山群岛普陀山参观考察,在该岛东南角著名古迹潮音洞旁,看到了一块抗倭记功刻石,上刻二十八个碗口大小的字迹:明嘉靖癸丑季秋,副使李文进、参将俞大酉,都司刘恩致督兵灭倭于此。嘉靖癸丑即明世宗嘉靖三十二年(公元 1553 年),季秋为九月,距今已有四百三十二年。这是明军在普陀山一举歼灭来犯倭寇的历史记录。

题　　名　七—九世纪日本“遣隋使”“遣唐使”的派遣经过及其影响
作　　者　王立达
刊　　名　史学月刊
年 卷 期　1956 年 11 期
页　　码　9 – 13

题　　名　七世纪至十世纪海上丝绸之路的发展与经济文化交流
作　　者　许在全
刊　　名　泉州学林
年 卷 期　2005 年 3 期
页　　码　74 – 77

题　　名　七下西洋成壮举——明代航海家郑和
作　　者　杨文衡
刊　　名　新湘评论
年 卷 期　2008 年 12 期
页　　码　46

题　　名　七下西洋的功与过
作　　者　顾家骏
刊　　名　航海
年 卷 期　1983 年 4 期
页　　码　13 – 17
摘　　要　郑和下西洋,不仅是中国历史上的盛举,在世界史上也是值得大书而特书的重要事件。那62 艘宝船,最大的长达 44 丈,宽达 18 丈,载着二万七千八百名船员、军人和官吏,在浩瀚无垠的大洋上结队航行的壮丽景象,完全可以列为人类征服自然的一个里程碑而永垂不朽。然而,人们在自豪之余,却不禁会产生一个疑问,这种领先的地位,怎么会在随后几百年间丧失殆尽,以至于拥有四亿人口、富甲天下的清帝国,会在西方一些小国的炮舰轰击之下毫无还手之力,一败再败,割地赔款,丧权辱国,终于沦为半殖民地的悲惨境遇的呢?

题　　名　七州洋考
作　　者　韩振华
刊　　名　南洋问题研究
年 卷 期　1981 年 3 期
页　　码　1 – 31

题　　名　戚继光和《战船器用说》
作　　者　何泉达
刊　　名　军事历史研究
年 卷 期　1986 年 00 期
页　　码　131 – 134,168

摘　　要　史称“谈兵者遵用”的《纪效新书》，载有《战船器用说》一篇。其宗旨不过二百三十余字，却言简意赅地揭示了戚继光关于武器在战争中之效用的基本思想。读来字清意新，每有启迪。且行文无艰涩简古之嫌，特迻录于下，备同好共飨。

题　　名　**戚继光建设与运用水师的卓越才能**
作　　者　张铁牛
刊　　名　军事历史
年 卷 期　1988 年 1 期
页　　码　50 – 53

题　　名　**戚继光剿灭海寇吴平**
作　　者　郑美华
刊　　名　福建史志
年 卷 期　1997 年 4 期

题　　名　**戚继光闽南“化神”考**
作　　者　郑镛
刊　　名　泉州师范学院学报
年 卷 期　2007 年 25 卷 3 期
页　　码　12 – 16
摘　　要　明嘉靖四十三年二月，戚继光率部在闽南汤坑蔡陂与大股倭寇进行了惨烈的遭遇战，戚家军战死者达 80 余人。岁月流转，数百年后，战死的戚家军将士成为奉祀对象——“大众爷公”，后又转化为对主帅戚继光的崇拜。考察这一民俗演变过程，有助于理解中国传统社会的造神活动，更有利于我们对民间信仰的积极引导。

题　　名　**戚继光南澳剿匪史略**
作　　者　李涛
刊　　名　广东史志（视窗）
年 卷 期　2005 年 2 期
页　　码　51 – 52
摘　　要　明洪武期间，南澳岛因地处闽粤海上交通要塞而备受海匪、倭寇的青睐，加上其时朝廷未在南澳设置官衙，遂成为海匪、倭寇的聚居地。此时，南澳岛上内寇外夷猖獗恣睢，几无宁日。明洪武二十二年（1387），为防备倭寇骚扰闽粤海疆，朱元璋曾命国公汤和、江夏侯周德兴分巡海上，然巡海兵船一直视南澳岛为匪徒聚集的地方而不予理采，遂使倭寇、海匪更加肆无忌惮。

题　　名　**戚继光在登州**
作　　者　曲树程
刊　　名　山东社会科学
年 卷 期　1992 年 4 期
页　　码　66 – 70
摘　　要　有关一代名将戚继光的传记读物，多是着重记述他在南方抗倭和北方镇蓟的事迹和贡献，而对他青年时代在登州期间的作为,却未予应有的重视。其实这个时期是戚继光世界观的形成时期,是未来事业的基础,它与英雄一生的成就作为是不可分离的一体。而仔细研读现存的资料,还是能够理出戚继光这个时期的经历、作为和思想轨迹的。这篇文章便是基于上述考虑而写的,着重介绍青年戚继光自袭职登州卫指挥佥事,至升任都指挥佥事总督山东备倭事务这期间的任职情况。

题　　名　**戚继光在福州的抗倭斗争**
作　　者　肖忠生
刊　　名　福建史志
年 卷 期　2008 年 5 期
页　　码　38 – 40
摘　　要　戚继光为明代抗倭民族英雄,杰出的军事家。他二次率兵入福建。其中有四次在福州沿海一带抗击倭寇的侵犯,连续取得了十余次重要战斗的胜利。

题　　名　**戚继光在浙江台州抗倭斗争述论**
作　　者　蔡俊士
刊　　名　杭州大学学报(哲学社会科学版)
年 卷 期　1991 年 21 卷 2 期
页　　码　122 – 128
摘　　要　浙江台州是 16 世纪中叶东南倭患的重灾区。台州的抗倭斗争是东南抗倭斗争的重要组成部分。戚继光领导的台州抗倭斗争取得大捷,是明代抗倭斗争的转折点,在明代抗倭斗争史上占有重要的地位。它不仅标志着浙江抗倭斗争已取得了彻底胜利,为闽、广抗倭斗争的胜利奠定了基础;而且对明代后期沿海政治、经济、文化各方面产生了深远的影响。

题　　名　**戚其章与甲午战争史研究**
作　　者　郭墨兰
刊　　名　山东社会科学
年 卷 期　1990 年 6 期
页　　码　82 – 87
摘　　要　提起甲午中日战争史的研究,人们便会想到戚其章的名字。戚其章的名字和甲午战争史联系在一起决非偶然,是他几十年如一日呕心沥血在这块领域内潜心研究的结果。尤其是近十几年来,党的正确的方针政策给他带来了施展才华的春天,拼搏的用武之地,因此,在甲午战争史研究上结出了丰硕成果。

题　　名　**戚其章著《晚清海军兴衰史》**
作　　者　王家俭
刊　　名　历史研究
年 卷 期　1999 年 2 期
页　　码　189 – 192

题　　名　**麒麟入贡——《瑞应麒麟图》考析**
作　　者　李若晴

刊　　名　中国花鸟画
年 卷 期　2007 年 4 期
页　　码　77－79,83
摘　　要　自永乐四年开始,受明成祖之命。郑和进行了一系列著名的远航行动。他所率领的庞大船队曾往返七次,在传播中国文化的同时,也带回东南亚、西亚沿海各国的文化和物产。当时西洋诸国陆续向明廷朝贡瑞兽,其中永乐十二年榜葛剌进贡的麒麟尤为轰动一时。马欢《瀛涯胜览》一书,详细记载了麒麟的长相:"阿丹国有麒麟,前二足高九尺余,后两足约高六尺,头抬颈长一丈六尺,首昂后低,人莫能骑。

题　　名　麒麟形象的变迁与中外文化交流的发展
作　　者　许秀娟
刊　　名　海交史研究
年 卷 期　2002 年 41 期
页　　码　57－63

题　　名　企业经营方式的近代化——轮船招商局与日本邮船会社的比较研究
作　　者　张伯昭
刊　　名　中国经济史研究
年 卷 期　1989 年 4 期
页　　码　104－119
摘　　要　关于十九世纪中、日两国的早期资本主义工业化和近代化的成败问题的比较研究,国内外学者已有过较多的论述。本文拟从轮船招商局和三菱——日本邮船会社所走过的道路入手,对影响十九世纪中、日两国的早期资本主义工业化和近代化的成败的主客观因素,作一较为具体的对比。

题　　名　气候与郑成功用兵成败之关系
作　　者　周翔鹤
刊　　名　台湾研究集刊
年 卷 期　1993 年 2 期
页　　码　65－70

题　　名　迄今发现最早的郑和下西洋船队图像资料——《天妃经》卷首插图
作　　者　金秋鹏
刊　　名　中国科技史料
年 卷 期　2000 年 1 期
页　　码　61－64
摘　　要　郑和下西洋是航海史上的壮举,但是关于下西洋所使用的大型船舶——宝船的船型及样式,却一直缺乏历史的图像资料。文章仅就新发现的一幅(天妃经)的卷首插图郑和航海图进行介绍。文中指出,该图关于郑和船队的形象,可以作为宝船是福船型的有力证据。

题　　名　迄今发现最早的郑和下西洋船队图像资料——《天妃经》卷首插图
作　　者　金秋鹏

刊　　名　郑和研究
年 卷 期　2002 年 2 期
页　　码　57 – 58

题　　名　**契约华工在南非(1904 – 1910)——兼论南非华、印侨工之比较**
作　　者　桑艳东
刊　　名　华侨华人历史研究
年 卷 期　2001 年 1 期
页　　码　52 – 56
摘　　要　本文以 19 世纪末、20 世纪初世界经济转型和劳动力大迁徙为国际背景,记载了 1904—1910 年南非契约华工的历史。文章主要围绕契约华工赴南非的历史原因,中、英两国政府的相关政策,华工在南非金矿的劳动和生活状况以及南非契约华工的历史影响与贡献等方面进行分析与阐述。此外,本文通过记述劳动力迁移过程中,南非契约华工与印度侨工的不同经历,比较了二者在迁移类型和生活境遇上的异同;并针对其产生差异的原因作出分析。

题　　名　**千帆竞渡 百舸争流——抗战中的水运事业**
作　　者　张劲
刊　　名　同济大学学报(社会科学版)
年 卷 期　1996 年 7 卷 1 期
页　　码　73 – 79
摘　　要　利用江河湖海为人类提供舟船之利,在中国已有数千年的历史,其中尤以大运河的开凿及郑和下西洋为水运史乃至人类文明史上的瞩目壮举。近代随着西方海盗的驾舰东来,以内燃机为动力的轮船,开始逐渐排挤中国传统的木制船只,在中国的领海及内河横行。为反对洋人称霸中国的水上运输,自清末轮船招商局开办始,中国民族的轮船运输事业兴起并艰难发展,到 20 世纪 30 年代初,已取得了相当的成效。但是,随日军的全面侵华,给中国现代的轮船运输业以致命的打击,中华民族不甘屈服,随之以大量的木制帆船来弥补水上运力之不足,为抗战的最终胜利作出了重大贡献。

题　　名　**千帆竞渡 百家争鸣 共同繁荣郑和研究——一年来加文·孟席斯新说讨论述评**
作　　者　时平
刊　　名　郑和研究
年 卷 期　2003 年 F03 期
页　　码　1 – 5

题　　名　**千峰翠色 亦真亦幻——浅谈宝应宋墓出土的青瓷**
作　　者　赵进,季寿山
刊　　名　东南文化
年 卷 期　2002 年 8 期
页　　码　52 – 59
摘　　要　唐宋时期的扬州,为我国东南沿海一座繁华的商业都市和著名的对外贸易港口。宝应地处江淮之间,位于北方通向扬州的运河线上。由于漕船穿梭来往和外国使者、商人纷纷沿运北上,使宝应这座小城日益繁荣。近年来,随着旧城改造和城市建设步伐的加快,宝应县城中心发现了两处重要的北宋时期的墓群，其中出土了大量珍贵的瓷器，特别是出土的二十多件具有耀州窑和临汝窑风格的青釉瓷器，造型丰富，器物完整，质量上乘，不但填补了扬州过去同类出土文物的空白，也引起了许多古陶瓷研究专家的关注。

题　　名　**千古奇变：晚清海防教育与国民海权意识的觉醒**
作　　者　黄顺力
刊　　名　中国国情国力
年 卷 期　2004年4期
页　　码　52－55
摘　　要　晚清数次涉外战争的失败在国人的心灵深处可谓创巨痛深，一贯以“天朝上国”自居、凭借“弓马骑射”打天下的清朝统治者，竟然屡屡被“鼓浪而来”的“蕞尔岛夷”打得晕头转向，并接连签下屈辱的城下之盟。这种“数千年未有之奇变”的世局，一方面促使有识之士痛定思痛，努力思考战争缘何失败的因由，另一方面也警醒国人，作为天然屏障的万里海疆，其传统意义上的“海上长城”已不复存在。

题　　名　**千古未解之谜——徐福东渡**
作　　者　海望
刊　　名　东方世界
年 卷 期　1986年6期
页　　码　9－10

题　　名　**千古英雄郑成功**
作　　者　郑明
刊　　名　海洋世界
年 卷 期　2002年2期
页　　码　17－18
摘　　要　1661年4月—1662年2月是中国伟大的民族英雄郑成功在十七世纪奋起抗击西方荷兰殖民者，跨海东征，收复祖国宝岛台湾的光辉的一年，距今已有340周年。怀着崇敬的心情，我在2001年回到福建故乡和广东参观访问了有关郑成功的遗迹与纪念馆，受益匪浅，追记如下。

题　　名　**千古之谜殷人是否横渡了太平洋？**
作　　者　嵇立群
刊　　名　华夏文化
年 卷 期　1996年4期
页　　码　14－16

题　　名　**千年古事两岸谈——第三届国际徐福学术研讨会综述**
作　　者　史殿广
刊　　名　烟台大学学报（哲学社会科学版）
年 卷 期　1995年1期
页　　码　95－96

题　　名　千年绢绣改写了医学史——海上丝路的物证
作　　者　杨成鉴
刊　　名　浙江纺织服装职业技术学院学报
年 卷 期　2006 年 1 期
页　　码　84 – 86
摘　　要　1000 年前,日本高僧奝然访问宋朝,巡礼佛法,得到宋太宗的礼待。回国时,他带去敕版《大藏经》和旃檀释迦佛像。1953 年,在佛像胎内发现了 28 件文物。其中一块绢绣五脏图引起日本医学界的震动,从而改写了世界医学史。这块绢绣是台州妙善寺尼姑清晓等所绣。佛像胎内还珍藏 104 片平绢断片:它们都是千年海上丝绸之路的物证。

题　　名　千年石锚出海底 一叶扁舟航下危——最早移民至美洲的印第安人来自何处?(三)
作　　者　胡远鹏
刊　　名　化石
年 卷 期　2001 年 1 期
页　　码　24 – 26

题　　名　千童城遗址和徐福东渡出海港考辨
作　　者　李永先
刊　　名　海交史研究
年 卷 期　1994 年 26 期
页　　码　17 – 24

题　　名　牵星术——我国明代航海天文知识一瞥
作　　者　严敦杰
刊　　名　科学史集刊
年 卷 期　1966 年 9 期
页　　码　77 – 88

题　　名　签谱在海外的传播和影响
作　　者　林国平
刊　　名　海交史研究
年 卷 期　2006 年 49 期
页　　码　1 – 14
摘　　要　签谱作为俗文化具有强大的生命力,不但在中国民间广泛流传,而且在异国他乡传播。本文简要介绍签谱在日本、琉球、东南亚、美国等地的传播和影响;分析签谱在海外拥有广大信众的原因;认为签谱在海外的流传,延续着中国文化的一些传统;指出签谱在异国他乡传播时,受异文化的影响,形成了新的特色,我们在注意签谱的传承性的同时,也应该关注其在海外传播时所产生的变异性。

题　　名　前福建厦门水师提督陈汶环的《陈氏宗谱》及后裔考略
作　　者　李淑清
刊　　名　图书馆建设

年 卷 期　2007 年 3 期
页　　码　107－108,112
摘　　要　笔者通过对前福建厦门水师提督陈汶环的《陈氏宗谱》及后裔情况的研究与考证,对其家谱及家族的族源、发展和迁徙黑龙江的缘由,以及陈汶环受清政府调遣率福建水师参加抗俄战争的全过程和创建以福建水师为骨干的黑龙江水师营,在保卫黑龙江领土等方面所做出的重要贡献进行了论述。同时对陈汶环后裔的情况也做了简要介绍。

题　　名　**钱氏吴越国与日本的交往及其在中日文化交流史上的地位**
作　　者　王心喜
刊　　名　杭州师范学院学报(社会科学版)
年 卷 期　2003 年 2 期
页　　码　89－93,100
摘　　要　五代十国时期,钱氏吴越国积极发展与日本的关系,但日本国对此却持消极的态度,双方的交往主要通过民间进行,局限在经济、文化领域。研究表明,此间中日交流出现了新的动向,即从以前中国方面的单方输出、日本方面的积极接受,开始变为中日双方的双向交流。尽管此时日本的"逆输出"在质和量上都不足道,但这毕竟是值得注意的历史现象,也可称为中日文化交流史上的一个转折点。

题　　名　**钱氏吴越国与日本的交往及其在中日文化交流史上的地位**
作　　者　王心喜
刊　　名　中国文化研究
年 卷 期　2003 年 3 期
页　　码　60－67
摘　　要　五代十国时期,吴越国积极发展与日本的关系,但日本国对此却持消极的态度,双方的交往主要通过民间进行,局限在经济、文化领域。研究表明,此间中日交流出现了新的动向,即从以前中国方面的单方输出、日本方面的积极接受,开始变为中日双方的双向交流。尽管此时日本的"逆输出"在质和量上都不足道,但这毕竟是值得注意的历史现象,也可称为中日文化交流史上的一个转斩点。

题　　名　**乾嘉道时期天津海防述论**
作　　者　金卫国
刊　　名　天津职业院校联合学报
年 卷 期　2006 年 8 卷 4 期
页　　码　109－113
摘　　要　乾嘉道时期天津作为首都门户的战略地位得到一定程度的重视。但由于复杂的历史原因,决策者往往强调陆防,而对海防重视不够。尤其是作为具有水上机动作战能力的水师严重薄弱,甚至几度裁撤,从而给虎视眈眈的英国殖民者以可乘之机,造成后来鸦片战争形势的急转直下,给中国历史带来了深刻的影响。从中英两国对天津海防的认识及措施入手,揭示其中的原因,反思历史教训,会对当今的海防提供一些历史启示。

题　　名　**乾嘉年间广东海上武装活动概述——兼评麦有金等七帮的《公立约单》**
作　　者　叶志如
刊　　名　历史档案

年 卷 期　1989 年 2 期

页　　码　96 – 101

摘　　要　清入主中原以后，东南沿海人民的反清斗争从未间断。从康熙朝开始。清政府一直实行严厉的禁海迁界高压政策。康熙二十二年后，虽然开放了海禁，但清廷始终未能彻底摈弃禁海政策，以致乾隆中叶以后，还时有所行。这一政策的直接恶果，使得边海地区人民陷入痛苦的深渊，失地无业游民成为东南沿海地区“海盗”泛起的动乱之源。

题　　名　乾嘉时期粤洋西路海盗猖獗的原因浅谈

作　　者　何靖

刊　　名　传承

年 卷 期　2008 年 22 期

页　　码　92 – 93

摘　　要　海盗自古以来便已存在，粤洋西路僻在一隅，向来不为各朝政府重视，海盗活动也陆陆续续贯穿历史。直到乾嘉时期，受越南政局的变动这一外在影响，粤洋西路自身易于海盗藏密的地理状况、海防过于疏忽等因素一下子暴露了出来。种种因果造成了乾嘉粤洋西路海盗猖獗的局面。

题　　名　乾嘉之交广东海盗与西山政权的关系

作　　者　刘平

刊　　名　江海学刊

年 卷 期　1997 年 6 期

页　　码　117 – 123

摘　　要　清朝中衰的一个重要标志是以白莲教为主的农民起义与各种社会动乱交织一体。浙闽粤沿海大股海盗的出现，则加剧了清朝统治的危机。本文拟就乾嘉之交广东海盗与越南西山政权的关系作一初步探讨，以求教于方家。

题　　名　乾隆二年妈祖加封“天后”辨误

作　　者　李祖基

刊　　名　台湾研究集刊

年 卷 期　2010 年 6 期

页　　码　73 – 77

摘　　要　妈祖何时由“天妃”加封为“天后”，是妈祖信仰史研究中的一个重大问题，历史文献对此记载互有歧异，主要有康熙二十三年说及乾隆二年说两种。本文根据相关史料，对此问题作了深入、详细的考证，指出乾隆二年并无加封“天妃”为“天后”一事，乾隆朝《钦定大清会典则例》中所谓“乾隆二年，加封‘天妃为护国庇民妙灵昭应弘仁普济福佑群生‘天后”的记载是错误的，而据此认为乾隆二年正式加封妈祖为“天后”的观点当然也是站不住脚的。

题　　名　乾隆二十一年随封兵役勒赏滋事案析

作　　者　俞玉储

刊　　名　历史档案

年 卷 期　2000 年 4 期

页　　码　87 – 94

摘　　要　乾隆二十一年(1756年),清朝政府遣翰林院侍讲全魁为正使、翰林院编修周煌为副使,册封琉球国中山王尚穆。六月初十日,册使船及护送之船放洋长行,于十四日到达琉球姑米山洋面,因风势转为东北,不得已下碇等候顺风。至二十四日夜,突然台飓大作。护送之二号船被风飘回,另换船只,再次整装放洋赴琉。册使所坐头号船,碇索顿断,船身触礁破损。随封兵役所带货物和行李,被水濡湿,或者漂失。册使人等倚山登岸,幸无人员伤亡。琉球国王派人将册使等人迎接到那霸,并送银五千两,以资恤赏。但兵役人等仍不满足,在营兵管队陈国栋等人的倡谋下,发生了随封兵役挟制使臣向琉球国王转呈勒赏的严重事件。全魁等在册封事毕返回福建后,在向乾隆帝上陈渡海情形奏折时,只字未提此案。但此案被福建巡抚钟音和闽浙总督先后察知,上报乾隆帝。结果,为首滋事兵役人等受到了严厉惩处。本文拟根据中国第一历史档案馆所藏有关档案史料,对此案的始末进行考析,并对与此案有关的一些问题进行探讨,祈方家教正。

题　　名　**乾隆年间白氏飘琉获救叙事述论**
作　　者　徐艺圃
刊　　名　历史档案
年 卷 期　1994年1期
页　　码　109－115

题　　名　**乾隆年间海上贸易商人的几件史料**
作　　者　松浦章,冯佐哲
刊　　名　历史档案
年 卷 期　1989年2期
页　　码　133－136,126－127
摘　　要　清代的海上贸易是在康熙二十三年(1684年)解除海禁以后发展起来的。中国民众积极活跃于海外和沿海各地的事实,是近年来逐渐弄明白的。但是,有关每个海商是如何活动的问题,尚有许多不明确的地方。因此,本文拟以清代海商活动的几件珍贵史料为中心,从一个侧面叙述其实际情况。

题　　名　**乾隆年间榷关的免税措施**
作　　者　何本方
刊　　名　历史档案
年 卷 期　1987年4期
页　　码　87－93

题　　名　**乾隆年间由泰国进口大米史料选**
作　　者　林京志
刊　　名　历史档案
年 卷 期　1985年3期
页　　码　17－27

题　　名　**乾隆时漕粮宽免的原因及其作用**
作　　者　殷崇浩
刊　　名　武汉大学学报(哲学社会科学版)

年 卷 期 1988 年 4 期

页 码 31－35

摘 要 本人已经撰文叙述了乾隆时漕粮的宽免情况，那么，此宽免是何原因引起的呢？在当时有什么作用呢？本文试粗略地谈谈这两个问题。

题 名 乾隆时期的粤海关腐败案

作 者 卢金玲，刘正刚

刊 名 江苏商论

年 卷 期 2006 年 1 期

页 码 161－162

摘 要 乾隆时期实行广州一口通商政策，粤海关成为最重要的肥缺所在地，各种贪污勒索等腐败案件不断。腐败案件之所以得不到有效遏制，与最高统治者对犯官的纵容不无关系。

题 名 乾隆实施“一口通商”政策的原因——以清代前期海关税收的考察为中心

作 者 廖声丰

刊 名 江西财经大学学报

年 卷 期 2007 年 3 期

页 码 89－94

摘 要 清政府实行一口通商的原因主要有三点：一是便于统一管理对外贸易，同时维护政治稳定，严防西方势力渗透；二是考虑社会稳定；三是国内统一市场体系的建立和完善，使大国经济对海外贸易依赖有限。

题 名 乾隆限令广州一口通商政策及英商洪任辉事件述论

作 者 陈东林，李丹慧

刊 名 历史档案

年 卷 期 1987 年 1 期

页 码 94－101

摘 要 清代对外贸易的历史，大致可以划为三个阶段。一、康熙二十三年开海禁，允许各港通商，此后为基本自由贸易时期；二、乾隆二十二年清廷下令关闭宁波港，限令广州一口对外通商，开始了基本闭关时期；三、道光二十年鸦片战争爆发，两年后签订南京条约，中国进入了被迫开关时期。在这开关、闭关、再开关的二百年中，乾隆二十二年限令广州一口通商，是一个重要转折点，标志着清代闭关政策的制度化。

题 名 黔东南台江施洞“子母船”在太平洋文化史上的意义

作 者 吴春明

刊 名 贵州民族研究

年 卷 期 2008 年 28 卷 5 期

页 码 157－167

题 名 黔铜仁秦徐福后裔考

作 者 徐世汪

刊 名 贵州文史天地

图书在版编目(CIP)数据

中国航海史基础文献汇编．第4卷，学术卷/孙光圻主编．—北京：海洋出版社，2015.4
ISBN 987-7-5027-9207-7

Ⅰ．中… Ⅱ．①孙… Ⅲ．①航海-交通运输史-文献-汇编-中国 Ⅳ．①F552.9

中国版本图书馆CIP数据核字(2015)第170167号

责任编辑：张 荣
责任印制：赵麟苏
海洋出版社 出版发行
http://www.oceanpress.com.cn
北京市海淀区大慧寺路8号 邮编：100081
中煤涿州制图印刷厂北京分厂印刷 新华书店发行所经销
2015年4月第1版 2015年4月北京第1次印刷
开本：880mm×1230mm 1/16 印张：214
字数：4060千字 定价：780.00元
发行部：62147016 邮购部：68038093 总编室：62114335

年卷期 1997年5期
页　码 14－16

题　名 **浅论宝船尺度及其他**
作　者 杨斌
刊　名 郑和研究
年卷期 2002年1期
页　码 34－35
摘　要 我国伟大航海家郑和奉朱棣之命七下西洋距今已近600年，由于当时的特殊原因致使有关史料缺失严重，留下很多疑团。人们只能从一些间接史料中和其遗址、遗迹等方面进行考察、研究、推论。故而当年曾随郑和船队下西洋的马欢、费信等人的著作《瀛涯胜览》和《星槎胜览》就很有研究价值了。但由于研究者的见解不同，就会对同一件史料得出不同的结论。

题　名 **浅论长安昆明池的开挖缘由**
作　者 杨金辉
刊　名 西安文理学院学报（社会科学版）
年卷期 2007年10卷3期
页　码 57－60
摘　要 长安昆明池是汉武帝时期在都城长安西南开挖的一处重要池苑，运用历史文献、考古资料等进行分析，笔者认为操练水师并非昆明池开挖的真正缘由，它的开挖是几种因素综合作用的结果，其中城市供水和调节漕运是主要缘由，皇家游乐也是一个重要原因，操练水军虽历时短暂但影响深远。

题　名 **浅论大陆援助台湾抗法战争**
作　者 张壮强
刊　名 广西社会科学
年卷期 1999年3期
页　码 67－69
摘　要 在中法战争中，法国侵略者曾制定了“占据台湾作为质押品，向中国勒索巨额赔款”的阴谋，长期骚扰台湾海陆和侵占基隆和澎湖，给台湾人民带来极大的危害。台湾军民与法国侵略者进行了长达10个月的艰苦战争，在大陆军民的无私援助下，终于挫败了法军的侵略，共奏了一曲两岸合作、共抗外敌的凯歌。

题　名 **浅论海外潮人社团的地缘特色**
作　者 石岩
刊　名 新学术
年卷期 2008年1期
页　码 71－74
摘　要 潮州市位于我国东南沿海，昔有“海滨邹鲁”之誉。随着入宋以后以陶瓷为代表的经济迅速发展，对外贸易也日趋活跃，成为我国“海上陶瓷之路”的始发地之一，于是潮人的足迹开始涉及东南亚各地。故《泰国潮州会馆特刊》说：“潮州人之移植泰国，约始于南宋末年”；近年位于婆罗洲的东马砂拉越州，也曾出土我国家代的船只。潮人潮字当头，始终与水联系在一起。“有海水的地方就有潮人”，世界各地有海水的地方，就有华侨谋生发展的足迹。而在他们离家出海同时，把当地的传统文化带到居住地，并以地缘为纽带在异国他乡组建大小不一的社团组织。

题　　名　浅论近代中国海防思想的萌生及其“师夷”色彩
作　　者　陈文
刊　　名　宜宾学院学报
年 卷 期　2008 年 5 期
页　　码　35 – 36
摘　　要　鸦片战争前后，自林、魏倡议“师夷长技”，筹划海防，是为近代海防思想之萌生；其后近代海防思想又随洋务运动的兴起而不断发展，但综其始末都没有跳出“师夷”的窠臼。有鉴于此，本文拟对近代海防思想萌生、发展过程作一简要论述。

题　　名　浅论康熙朝海峡两岸的和谈
作　　者　郑以灵
刊　　名　福建论坛（人文社会科学版）
年 卷 期　2004 年 5 期
页　　码　68 – 70
摘　　要　康熙朝清廷与占据台湾的郑氏政权有过多次谈判，郑经在谈判中声称台湾“非中国版图”，始终坚持“效朝鲜例”，其目的是要把台湾从祖国的怀抱中分离出去。郑经的观点与台湾的历史毫不相符，也是对其郑氏祖先开发并收复台湾历史的否定，当然不能为清廷所接受。

题　　名　浅论康熙的开海政策
作　　者　邓坚雄
刊　　名　广西师范大学学报（哲学社会科学版）
年 卷 期　1985 年 4 期
页　　码　72 – 81
摘　　要　清朝康熙（玄烨）皇帝是我国封建社会后期地主阶级的杰出政治家。他统治天下达六十一年，不仅在政治、军事、文化等方面有突出的成就，而且在经济、在对外开放方面也有不可忽视的贡献。目前，史学界对康熙皇帝的政治、军事、经济、文化等方面已有许多论述，其中有些文章或论著中也提到过康熙的开海政策，然而都没有作深入的阐述。对这个问题作进一步的分析和研究，不仅有助于全面地评价康熙这一历史人物，而且具有很大的现实意义。

题　　名　浅论妈祖信仰宗教属性
作　　者　周金琰
刊　　名　妈祖文化研究
年 卷 期　2003 年 S 期
页　　码　59 – 67

题　　名　浅论明代大号宝船船型
作　　者　杨斌
刊　　名　郑和研究

年 卷 期 2003 年 2 期
页　　码 60 – 61
摘　　要 郑和下西洋船队中长 44.4 丈、宽 18 丈的大号宝船(以下简称:宝船)是一种庞大无比的木质海船。曾随郑和船队下西洋的金陵人巩珍在他所著的《西洋番国志》(自序)中谓:“其所乘之宝舟,体势巍然,巨无与敌,篷帆锚舵,非二三百人莫能举动。”由于历史原因,宝船为后世留下很多谜,多少年来至今尚无法确定宝船是平底沙船型还是尖底福船型,不少研究者提出了自己的看法,因为角度、见解不同故分歧较大。

题　　名 **浅论明代倭患问题**
作　　者 张兆茹
刊　　名 沧州师范专科学校学报
年 卷 期 1985 年 2 期
页　　码 84 – 89
摘　　要 倭患问题是明代的一个严重问题。倭寇的骚扰,不仅使我国东南沿海一带正在高度发展的经济遭到了破坏,也使这一带人民的生命、财产直接受到不可估量的损失,而且还使沿海诸港长期与海外建立的贸易关系受到了损害。本文试图阐明明代倭患产生以致猖獗的原因,并由此论证御倭战争的作用。

题　　名 **浅论明清海岸带和陆岛间际移民**
作　　者 李德元
刊　　名 中国社会经济史研究
年 卷 期 2004 年 3 期
页　　码 62 – 65
摘　　要 海岸带移民指沿海某一海岸带区域经由陆路和海路长距离的向沿海另一区域的移民迁徙;陆岛间际移民指的是大陆经海路向海岛或海岛向海岛的移民。明清时期中国海岸带和陆岛间际的移民活动达到高潮,本文对此问题进行了系统的整理和论述。

题　　名 **浅论清朝前期的海禁政策**
作　　者 黄君景
刊　　名 钦州师专钦州教院学报
年 卷 期 1997 年 12 卷 1 期
页　　码 51 – 54
摘　　要 本文论述了清朝期顺治、康熙、雍正、乾降四朝实行海禁政策的有关情况,分析了清朝的实行这一政策的原因及其对中国社会发展所产生的影响,借此说明海禁政策是使中国未能领先走向近代社会的一个重要因素。

题　　名 **浅论日本华侨、华人的佛教信仰与中日文化交流**
作　　者 童家洲
刊　　名 海交史研究
年 卷 期 1994 年 26 期
页　　码 95 – 104

题　　名　浅论外来宗教的本土化——以泉州宗教文化为契入点
作　　者　张仲鑫
刊　　名　海交史研究
年 卷 期　2002 年 41 期
页　　码　98－103

题　　名　浅论我国航海天文的起源与发展
作　　者　曲贵春
刊　　名　天津航海
年 卷 期　1984 年 4 期
页　　码　8－12
摘　　要　我国航海史中,海上航行是靠观测日、月、星辰自然天体来判断海上船舶方向、位置的一种导航方法。本文在这里仅就日、月、星辰所能起到的导航作用,结合我国古代先民对太阳的崇拜、对星辰的观测以及田野考古工作中取得的成果、对我国航海天文起源何时的问题作一推论,尔后再对航海天文中所使用的几种导航工具作一比较研究,找出其亲缘关系,供同事们参考。

题　　名　浅论烟台的近代商业贸易
作　　者　刘玫
刊　　名　鲁东大学学报(哲学社会科学版)
年 卷 期　2010 年 1 期
页　　码　36－40
摘　　要　19 世纪 60 年代,烟台的开埠通商促进了近代烟台商业贸易的繁荣发展。随着对外贸易的兴起,烟台逐步融入到资本主义市场体系中,其商业结构随之发生了变化。

题　　名　浅论英国选择广州、上海等五城市作为通商口岸的动因
作　　者　邢甲志
刊　　名　牡丹江师范学院学报(哲学社会科学版)
年 卷 期　2006 年 3 期
页　　码　52－53
摘　　要　鸦片战争后,清政府被迫与英国签订了中国近代史上第一个屈辱的不平等条约——《南京条约》。在该条约第二款中规定中国开放广州、福州、厦门、宁波、上海等为通商口岸,史称“五口通商”。这一时期指的是从 1843 年到 1858 年《天津条约》签定后,中国沿江、沿海更多的口岸被开放。英国侵略者选择上述五个口岸作为中国近代第一批开放城市的动因,首先是这五个口岸城市的地理位置非常重要;其次,这五个城市均为中国的历史文化名城和工商业中心。

题　　名　浅论郑和下西洋的动因
作　　者　于海明
刊　　名　水运科学研究
年 卷 期　2005 年 1 期

题　　名　**浅论郑和宗教信仰的包容性**
作　　者　吴琳
刊　　名　武汉交通管理干部学院学报
年 卷 期　2002 年 4 卷 1 期
页　　码　29 – 32
摘　　要　宗教被其信仰者崇拜为超脱凡俗的神奇力量。我国伟大的航海家郑和虽然是一位虔诚的伊斯兰教信仰者,但他对其他的宗教尊重、推崇,具有宽泛的宗教信仰的包容性。由此,极大地促成了他的伟大历史壮举。

题　　名　**浅论郑芝龙的海上商业活动**
作　　者　郑以灵
刊　　名　史学集刊
年 卷 期　1996 年 1 期
页　　码　29 – 33
摘　　要　自明中叶始,我国东南海上相继出没着一系列被旧史称为"海寇"的海上武装集团。至明后期,"海寇"活动尤为频繁,其著名的有杨禄、杨策、颜思齐、郑芝龙、李魁奇、钟斌、刘香等集团。这些海上武装集团在对抗官军的同时,又相互吞并,终为郑芝龙所灭。自此,郑氏"一门声势,旭赫东南"。在群雄逐鹿中,郑芝龙独操胜券,控制了整个东南海面,这绝非偶然现象。本文拟就郑芝龙海上商业集团兴起与发展的原因及其对历史所产生的直接或间接的影响,作一番粗略的探讨。

题　　名　**浅评左宗棠的洋务思想**
作　　者　王秀杰,何绍波,唐薇
刊　　名　晋中师专学报
年 卷 期　1997 年 2 期
页　　码　37 – 39

题　　名　**浅述法国大米禁运政策的出笼**
作　　者　黄振南
刊　　名　学术论坛
年 卷 期　1987 年 6 期
页　　码　59 – 63
摘　　要　通过阻止中国漕运胁迫清政府,是法国在中法战争后期使用的手段之一。长达数月的大米禁运,曾配合法国的军事、外交斗争,发挥了一些作用。对此,史学界还没有进行全面,深刻的研究,本文拟就这一政策从提出到实施所经过的周折以及法国推行这一政策的目的等作一剖析。

题　　名　**浅说"迁海令"对深圳龙岗地区的影响**
作　　者　纪小明,尚明权,秦加生
刊　　名　广东史志(视窗)
年 卷 期　2008 年 1 期
页　　码　48 – 51
摘　　要　清顺治末到康熙初年的"迁海令",是清王朝一项重要的治国方略。对此,专家学者的研究和论述不少。笔者想就“迁海令”，对深圳龙岗中东部地区带来的影响，谈一点粗浅的看法。

题　　名　**浅谈“码头”**
作　　者　张善钧
刊　　名　郑和研究
年 卷 期　1997 年 2 期
页　　码　22

题　　名　**浅谈“丝割符”与江户前期对外贸易**
作　　者　高洪
刊　　名　日本研究
年 卷 期　1987 年 Z1 期
页　　码　58 – 61
摘　　要　丝割符是日本江户时期海外贸易输入品的包买专卖制度。本文拟就丝割符的产生、兴衰，结合幕府贸易方针、政策的转变过程，对其历史地位、社会作用，进行一些粗浅的论述。

题　　名　**浅谈《郑和航海图》**
作　　者　罗维吉
刊　　名　历史知识
年 卷 期　1983 年 4 期
页　　码　14

题　　名　**浅谈安平旧聚落的王爷信仰**
作　　者　陈宏田
刊　　名　台南文化
年 卷 期　2001 年 3 期
页　　码　130 – 161

题　　名　**浅谈沉没马公港的日本军舰——松岛号**
作　　者　陈文添
刊　　名　台湾文献
年 卷 期　2004 年
页　　码　24 – 29

题　　名　**浅谈船舶动力的发展**
作　　者　梁淑芬
刊　　名　船海工程
年 卷 期　1982 年 1 期
页　　码　91 – 92
摘　　要　从舟筏发展到现代船舶，船舶动力不断地更新它的面貌。古代的船舶多用人力风力推进。随着科学技术的发展，到十九世纪初期开始采用蒸汽机作为船舶动力。柴油机、蒸汽轮机、燃气轮机以及原子动力在船舶上的应用,更进一步促进了船舶的发展。

题　　名　浅谈船政文化凸显的民族精神
作　　者　林樱尧
刊　　名　福建省社会主义学院学报
年 卷 期　2004年4期
页　　码　58－59
摘　　要　船政文化内涵深厚、色彩鲜明,与中华民族精神具有内在的关联。

题　　名　浅谈对闭关政策的几点认识
作　　者　龚鹏,许凤林
刊　　名　萍乡高等专科学校学报
年 卷 期　2002年1期
页　　码　46－48
摘　　要　1840年的鸦片战争,是中国由封建社会逐渐沦为半殖民地半封建社会的一个历史转折点。这是清政府实行闭关政策的结果。闭关政策并没有阻止外国的入侵,反而妨碍了对世界发展趋势的了解。本文试图说明作者对闭关政策的几点看法。

题　　名　浅谈对郑和宝船的疑问
作　　者　付忠信
刊　　名　辽宁师专学报(社会科学版)
年 卷 期　2007年1期
页　　码　129－130
摘　　要　郑和七下西洋,充分显示了我国明王朝科学技术、航海等方面的先进,并以其规模大、航程远、历时长著称于世。从史料记载可见郑和宝船之巨,但由此也引发了人们对宝船的一些疑问。

题　　名　浅谈鄂州出土铜镜与日本神兽镜的关系
作　　者　董亚巍
刊　　名　中国历史文物
年 卷 期　2003年4期
页　　码　72－79,88
摘　　要　本文通过对鄂州出土的东汉、三国、两晋时期各种神兽镜铸制技术的研究,考察了塑铸分工的铸制关系;通过对同时期其它镜种形制的研究,考察了铸制技术的进步与镜体剖面几何形状变化的关系;通过对日本三角缘神兽镜铸造技术的研究,提出了其铸造者应为三国时期及其后中国吴地的工匠。

题　　名　浅谈仿郑和宝船桅帆的设计
作　　者　李军
刊　　名　船舶设计技术交流
年 卷 期　2004年3期
页　　码　24－26
摘　　要　本文主要介绍了在仿郑和宝船的设计中,对郑和宝船的桅帆所作的研究、探讨工作。

题　　名　浅谈费信及其《星槎胜览》
作　　者　翁国珍
刊　　名　福建师范大学学报(哲学社会科学版)
年 卷 期　1986 年 1 期
页　　码　93－98
摘　　要　"郑和下西洋"是我国海外交通事业的空前壮举,也是世界航海史上的重要里程碑。郑和从永乐三年至宣德八年(公元 1405－1433 年)七次率领庞大的舰队,从福建出海,经南海、印度洋、红海,至非洲东海岸。他们在"洪涛接天,巨浪如山"的万顷海洋中"云帆高张,昼夜星驰","涉沧溟十万余里",友访了亚非"三十余国",并与它们建立了友好邦交关系,促进了我国和亚非各国的经济、文化交流。因此,郑和下西洋的历史佳话,在亚非各国人民中广为流传,影响极为深远。本文着重介绍郑和下西洋的随行记者、通事、作家费信及其杰作《星槎胜览》,如有不当之处,祈望批评指正。

题　　名　浅谈海上丝绸之路的始发港问题
作　　者　王珺
刊　　名　广东档案
年 卷 期　2007 年 5 期

题　　名　浅谈海洋考古学
作　　者　丘克
刊　　名　海交史研究
年 卷 期　1984 年 6 期

题　　名　浅谈荷据时代台湾转口贸易——兼谈十七、八世纪陶瓷贸易
作　　者　成耆仁
刊　　名　国立台湾历史博物馆馆刊——历史文物
年 卷 期　1994 年 4 卷 3 期

题　　名　浅谈甲午战争与港台问题
作　　者　彭明
刊　　名　清史研究
年 卷 期　1994 年 4 期
页　　码　116

题　　名　浅谈近代中国海关自主权的丧失
作　　者　汪良平
刊　　名　江苏教育学院学报(社会科学版)
年 卷 期　2007 年 23 卷 1 期
页　　码　78－79
摘　　要　在鸦片战争后,中国海关的自主性逐步丧失。特别是 1853 年上海小刀会占领上海,上海海关(江海关)被捣毁后,驻沪的英军乘机关闭海关。随后清政府与英、美、法领事签署协议,成立了由英、

美、法把持的上海税务管理委员会。从此,外国人开始“帮办”中国海关,使中国近代海关逐渐丧失自主权,并成为英、美、法领事馆的附庸。

题　　名　**浅谈李鸿章的洋务成就**
作　　者　程仁保,黎剑飞
刊　　名　黑龙江史志
年 卷 期　2010 年 1 期
页　　码　10 – 11
摘　　要　洋务运动是晚清在内外交困的情况下,试图借西法以自救的运动,而李鸿章是这一运动的领导者,半生致力于这一事业,在整个洋务运动中居有很重要的地位。本文将从李鸿章的洋务总纲入手,来简要论述他在这一思想指导下办理的具体洋务活动,并列举出在军事、民用工业和科技育才方面的突出成就。

题　　名　**浅谈妈祖研究中的几个问题**
作　　者　陈元煦
刊　　名　福建师范大学学报(哲学社会科学版)
年 卷 期　1991 年 1 期
页　　码　44 – 49
摘　　要　近年来,妈祖研究硕果累累,涉及的问题相当广泛,诸如妈祖信仰的起源、传播、影响、传说和她的家世、生卒时间以及历代褒封等问题,都作了深入的探讨,并提出许多颇有见地的学术观点,使妈祖研究出现了“百花齐放,百家争鸣”的可喜局面。笔者在学习前人研究成果中获得了有益的启迪,拟就有关妈祖研究中的一些问题,谈点肤浅的意见,以就教于专家学者。

题　　名　**浅谈妈祖与佛教及民间文化的关系——以天津天后宫为背景**
作　　者　叶烨,敖堃
刊　　名　黑龙江史志
年 卷 期　2010 年 15 期
页　　码　158 – 159
摘　　要　人类创造的宗教信仰会因为不同地域而产生相应改变,尤其是作为一种外来宗教,当其传入另一个文化圈时,就会吸收当地民间文化,改造自身文化的同时,也与民间文化产生了新的民间习俗。妈祖信仰在天津的传播过程就是上述文化变异的典型,不仅如此,妈祖信仰还与佛教信仰有着千丝万缕的联系,宗教互补的关系十分明显。

题　　名　**浅谈马尾船政局在近代史上的地位与影响**
作　　者　林祥利,陈世基
刊　　名　福州社科通讯
年 卷 期　1984 年 4 期

题　　名　**浅谈美国早期对华鸦片贸易**
作　　者　李守郡
刊　　名　历史档案

年 卷 期　1983 年 2 期
页　　码　104 - 109
摘　　要　1784 年 8 月,美船"中国皇后"号首航中国到达广州,从那时起,到 1844 年望厦条约签订止,是中美关系史的早期阶段。六十年间,两国的贸易迅速发展,相互了解不断加深,两国之间保持了基本平等的关系,这是应该肯定的。但是,又必须看到,在早期中美关系史上,也还存在着美国对华鸦片贸易这样的问题,它对早期及整个中美关系造成了危害和影响,我们在早期中美关系史的研究中,应该对它给予应有的重视。

题　　名　**浅谈明初对外国使者的接待**
作　　者　杨钊
刊　　名　郑和研究
年 卷 期　2004 年 1 期
页　　码　38 - 42
摘　　要　中华民族历来以热情好客著称于世,中国政府在对外交往中,非常重视对外国使者的接待,很早就形成了一整套的典章制度。据东汉班固《汉书》记载:孝武之世,"殊方异物,四面而至。于是广开上林,穿昆明池,营千门万户之宫,立神明通天之台,兴造甲乙之帐,落以随珠和璧,天子负黼依,袭翠被,冯玉几,而处其中。设酒池肉林,以飨四夷之客"。

题　　名　**浅谈明初市舶司的职能**
作　　者　杨洋
刊　　名　科教文汇(上旬刊)
年 卷 期　2009 年 2 期
页　　码　228,236
摘　　要　明代不仅是我国海外贸易的重要转折时期,而且是我国海外贸易管理的变革时代。市舶司作为我国明代管理朝贡贸易的重要官职。研究其职能是为了更好地研究我国明代海外贸易,对当今我国海外贸易也具有重要的借鉴意义。

题　　名　**浅谈明代的中非贸易**
作　　者　张莲英,林金枝
刊　　名　海交史研究
年 卷 期　1984 年 6 期

题　　名　**浅谈明代行人的妈祖信仰**
作　　者　李登峰,马五海
刊　　名　洛阳师范学院学报
年 卷 期　2002 年 3 期
页　　码　89 - 91
摘　　要　明代行人是明王朝专门从事对外工作的人才,他们在出使过程中面对变幻莫测的大海,无不将自身在使途中的平安寄希望于妈祖这一海神。本文主要从妈祖信仰之由来、明代行人出洋之艰险与妈祖信仰、明代行人妈祖信仰之具体表现、明代行人妈祖信仰与"人定胜天"的关系四个方面谈谈对明代行人的妈祖信仰这一问题的一点理解。

题　　名　浅谈明清时期开放海外贸易思想的发展及其历史导向
作　　者　施瀚文
刊　　名　湖南财经高等专科学校学报
年 卷 期　2004 年 20 卷 1 期
页　　码　13－15
摘　　要　在明代中后期海外贸易禁与通的争论中，产生了一种具有近代海外贸易思想性质的开放海外贸易思想，这种思想持续地影响到了清代一些思想家，并对中国近代化的进程起了一定的推动作用。

题　　名　浅谈明清时期中国与琉球中医药交流
作　　者　冯立军
刊　　名　历史档案
年 卷 期　2007 年 1 期
页　　码　65－73
摘　　要　琉球早年的医学并不发达。陈侃出使琉球时曾说，琉球“国无医药”郑若曾在《琉球图说》中也有记载，其国“人无贵贱，皆矫健，善走耐劳，苦饥寒，不知医药，而无疾疫”郭汝霖的（重编）《使琉球录》对此亦言：“其人矫健则诚是也，盖生有膂力，耐饥渴劳苦……寒湿不能使疾也。国无医药，民亦不夭折。”然而，自明代以来，随着琉球与中国交往的日益增多，先进的中医药学不断传入琉球，改变了琉球“国无医药”的状况，从而促进了琉球医药卫生事业的发展以及社会的进步。

题　　名　浅谈澎湖的海防枢纽地位
作　　者　卢建一
刊　　名　福建史志
年 卷 期　2002 年 5 期
页　　码　34－37
摘　　要　澎湖群岛位处台湾海峡，包括 64 个岛屿和许多岩礁，总面积约 127 平方公里，海岸线长约 320 公里。其地理位置险峻，在东南沿海众多海防要冲的岛屿中，“最险要而纡回则莫如澎湖。”自古以来，无论在政治、经济、军事乃至人口流动中，其联系大陆与台湾的枢纽作用，无一岛屿可以替代。本文拟从军事上对澎湖的海防枢纽地位，以及在闽台海防史中所起到的关键作用，做一初步探讨。

题　　名　浅谈遣唐使对日本的影响
作　　者　罗旭华
刊　　名　玉林师专学报（社会科学版）
年 卷 期　1987 年 4 期

题　　名　浅谈清初海禁对台湾开发的作用
作　　者　范东升
刊　　名　武汉教育学院学报（哲学社会科学版）
年 卷 期　1989 年 3 期
页　　码　95－99

题　　名　浅谈清代大运河的兴废
作　　者　王永谦
刊　　名　中国历史文物
年 卷 期　1993 年 1 期
页　　码　68－71
摘　　要　清代的大运河，北起北京，南迄杭州，是由人工河连通天然河组成，全长一千七百九十四公里，统称大运河或京杭大运河。因为它是清代运输漕粮的主要渠道，所以又称"漕河"，俗称"运粮河"。它流经北京、天津、河北、山东、江苏、浙江六个省市，贯穿海河、黄河、淮河、长江和钱塘江五大流域，是中国南北水路交通的要道。它还可以经由五大江河出海，与海运联系起来，形成中国东部地区河运与海运相连通的水上交通网。它是中国历史上最伟大的工程之一，也是全世界最长和最著名的运河。

题　　名　浅谈泉州与妈祖封神
作　　者　王耕
刊　　名　世界宗教研究
年 卷 期　2000 年 4 期
页　　码　13－15
摘　　要　"妈祖"，在元明清先后得到"夫人""妃""天妃""天后"等各种封号。这与中国古代的民俗心理、神教信仰、海岛拓殖、帝王统治的需要，又与作为世界著名通商口岸及海上丝绸之路起点的泉州有着千丝万缕的联系。

题　　名　浅谈沈葆桢的经济思想
作　　者　林利本
刊　　名　福建史志
年 卷 期　2000 年 3 期
页　　码　43－44，56
摘　　要　沈葆桢（1820－1879 年）是福建近代史上继林则徐之后的又一位爱国的、清廉的封建政治家和务实的、开拓的洋务派船政、企业专家和经济思想家。他顺应了历史潮流。在以"自强"为目的的洋务运动中，在创办当时远东地区最大的船厂、中国最大的企业——马尾造船厂。以及开发和保卫台湾所进行的海防建设事业中，都做出了杰出的贡献。也给后人留下了极其珍贵的经济思想的遗产。整理、总结沈葆桢的经济思想理论。对于了解中国近代经济发展的所电以及当今现代化建设。无疑有着重要的参考和借鉴价值。

题　　名　浅谈丝割符与江户前期对外贸易——以中国生丝输入为中心
作　　者　高洪
刊　　名　齐齐哈尔大学学报（哲学社会科学版）
年 卷 期　1987 年 3 期
页　　码　75－80
摘　　要　本文拟就丝割符的产生、兴盛、衰落的不同阶段与当时日本海外贸易的关系，结合幕府贸易方针、政策的转变过程，对丝割符建立、发展、消亡的原因及其历史地位、社会作用、意义进行一些粗浅的论述。

题　　名　**浅谈宋以前福建海上丝绸之路的形成和发展**
作　　者　赖俊哲,唐莉
刊　　名　福建文博
年 卷 期　1999 年 2 期

题　　名　**浅谈宋元时期的泉州市舶课税**
作　　者　黄富元
刊　　名　福建税务
年 卷 期　1998 年 S1 期
页　　码　107 – 108

题　　名　**浅谈宋元时期闽南石文化**
作　　者　林元平
刊　　名　南方文物
年 卷 期　2001 年 1 期
页　　码　90 – 93
摘　　要　闽南地区石艺源远流长,早在商周时期即有石刻。漳州华安仙字潭石刻至今尚未被破译。随着北人南渐,晋室南渡,闽南地区的经济、文化得以迅猛发展。至宋元时期的闽南地区,特别是泉州,长年经营的海上"丝绸之路"四通八达,畅通无阻,不仅地方经济获得丰厚的累积,南渡后的宋王朝亦赖以苟安。事实上,因市舶动辄收入百万,导致上层统治阶级对海上经营青睐有加的同时,加速了闽南地区石艺的喧嚣。这种因海上贸易空前繁荣带动的经济发达及外来文化侵入形成的整合为闽南地区文化艺术的扩张奠定了坚实的基础。因缘际会,以"石"为主旨的技术创新及艺术活动达到了前所未有的高峰。作者以为闽南地区在不同载体上积淀了深厚底蕴的石文化乃是基于海上经营而形成的一种人文历史文化,因此略加探讨,以就教于大家。

题　　名　**浅谈隋唐时期岭南的对外丝绸贸易**
作　　者　朱立智
刊　　名　岭南文史
年 卷 期　2001 年 4 期
页　　码　41 – 45
摘　　要　岭南的对外丝绸贸易主要在广州,隋唐两代因为生产技术的发展,中央王朝的重视与连通南北的大运河的开通,广州成为中国对外贸易的第一大港;大批的丝绸经由内地运过南岭,再由广州出口。随着丝绸贸易的扩大,我国航海造船技术的进步,加上市舶制度的建立,使岭南经济、政治地位大幅提升。

题　　名　**浅谈唐代周边少数民族及海外诸国朝贡**
作　　者　陈瑞霞
刊　　名　沧桑
年 卷 期　2010 年 2 期
页　　码　90 – 91,100
摘　　要　有唐一代,因唐王朝国力昌盛,周边少数民族及海外诸国对唐朝或和亲或内附或敬慕,大多来朝贡。其所贡物品纷繁多样。朝贡关系促使了唐朝与周边少数民族及海外诸国在政治、经济、文化、风俗习惯等各方面的交流,产生了深远的影响。

题　　名　**浅谈晚清水师学堂的办学特色及影响**
作　　者　乔继宁
刊　　名　历史学习
年 卷 期　2003 年 10 期
页　　码　3 - 4
摘　　要　晚清的水师学堂是为适应当时加强海防、防夷制夷、创建近代海军的需要而设立的。19 世纪五、六十年代,在太平军和英法列强的打击下,清朝的"天朝大国"的优越感损失殆尽,统治者强烈地意识到,"今日之敌,非得其所长,断难与抗。"因此,扑灭太平天国后,学习西方坚船利炮和整顿海防之事便提上了日程,正如左宗棠奏折中所说:"欲防海之害而收其利,非整顿水师不可;欲整顿水师,非设局监造轮船不可。"而船政要达到能造船、能驾船、能海战的关键目的,"根本在于学堂"。所以,1866 年,左宗棠奏准开办了福州船政局,并附设福州船政学堂。福州船政学堂是晚清的第一所水师学堂,也是中国近代最早的海军学校。

题　　名　**浅谈我国古代的车轮战船**
作　　者　廖渊泉
刊　　名　历史学习
年 卷 期　1990 年 1 期
页　　码　39 - 40

题　　名　**浅谈我国历朝的经济政策与古港口的兴衰**
作　　者　贺文彬
刊　　名　大连海事大学学报
年 卷 期　1993 年 19 卷 3 期
页　　码　365 - 369

题　　名　**浅谈我国先秦的丝绸及其西运**
作　　者　陈亮
刊　　名　宝鸡师院学报(哲学社会科学版)
年 卷 期　1990 年 2 期
页　　码　66 - 69
摘　　要　中国素有丝绸王国之称,丝绸生产及其西运在科技史和中外关系史的研究中,以其显赫的地位和丰富的内涵而为中外学者所注目。但长期以来,由于史料和实物资料的缺乏等原因,对于该问题的研究甚为薄弱。本文试图通过近年来的考古成果和一定的史籍资料,对我国先秦丝绸的生产和西运情况作一浅析,以企能对廓清这一问题的全貌有所裨益。

题　　名　**浅谈霞浦赤岸的对外开放**
作　　者　王凌
刊　　名　东南学术
年 卷 期　1989 年 5 期

页　码　53,52

摘　要　在永乐迁都北京以后的二百多年时间里,明王朝的政治、军事重地一直在北方。为维持北京作为首善之地粮米什物的供给,从江南向北京运粮遂成为维系明王朝命脉的根本性经济问题。几经权衡筹措后,开通运河运送漕粮成为最佳选择。但漕运所资之运河在航道上却要借黄通漕,这就使治河受到"保漕"这个事关明王朝根本利益的经济问题的影响,在此原则基础上明代治河重北轻南,北部筑堤以使黄河南流,同时又要保持漕运所需的水位。

题　名　**浅谈徐继畬与福州神光寺事件**

作　者　史革新

刊　名　晋阳学刊

年卷期　2009年2期

页　码　29-32

摘　要　徐继畬在鸦片战争时调署汀漳龙道,在漳州前线积极抗英。在担任福建巡抚兼署闽浙总督期间,他主动了解外情,编撰《瀛寰志略》,向国人介绍世界大势,属于林则徐一派能够"开眼看世界"的开明士人。咸丰初年,徐继畬尽管在处理神光寺事件上有可訾议之处,但他并无媚敌妥协的主观动机,又能积极主动地考察外情,对中外大势保持着清醒而理智的头脑,这在当时多数人都处于混混噩噩之状态的官场上,是颇为难能可贵的。

题　名　**浅谈姚广孝在郑和下西洋中的作用**

作　者　姚行亮

刊　名　郑和研究

年卷期　2009年3期

页　码　40-41

题　名　**浅谈伊斯兰教传入泉州**

作　者　黄秋润

刊　名　海交史研究

年卷期　1980年2期

题　名　**浅谈郑成功的抗清与驱荷斗争**

作　者　匡兰香

刊　名　临沂师范学院学报

年卷期　1998年20卷4期

页　码　30-31

题　名　**浅谈郑成功收复台湾的成功之道**

作　者　王辅一,童来喜

刊　名　军事历史

年卷期　1987年5期

页　码　29-30

题　　名　浅谈郑和、王景弘下西洋

作　　者　白庭阶,石秀珠

刊　　名　福建史志

年 卷 期　2009 年 2 期

页　　码　39－40

摘　　要　郑和、王景弘下西洋,是世界航海史上的壮举。其历时之久、规模之大、人数之众、组织之严密、技术之先进、经过地区之广、影响之深远,在当时都是空前的。正如英国科技史大师李约瑟博士所作的评价:"郑和下西洋在世界创造了几个第一:规模最大,时间最早;造船技术最先进;航海技术最先进。"郑和、王景弘不愧为杰出的航海家。

题　　名　浅谈郑和舰队下西洋对季风和洋流的利用

作　　者　冯立权,张桂兰

刊　　名　地理教学

年 卷 期　2009 年 3 期

页　　码　4－6

摘　　要　在中学地理课程中,季风和洋流的知识是教学的重点也是难点。如何通过有效的教学手段和案例,让学生真正掌握季风和洋流的基本知识,学到对今后生活有用,对终身发展有益的地理知识,一直是教师不断探索的课题。郑和船队下西洋对季风和洋流的利用为地理教学提供了一个很好的教学案例。本文将以图文结合的形式为广大教师僻读郑和船队下西洋是如何利用季风洋流的知识为航海服务的。

题　　名　浅谈郑和下西洋的目的

作　　者　刘剑

刊　　名　中学历史教学

年 卷 期　2007 年 11 期

页　　码　20－21

摘　　要　公元 1399 年,明惠帝刚刚改元建文,燕王朱棣即高举"靖难"大旗挥师南下,并于三年后攻入南京,一把夺过侄子的皇帝宝座而称帝,史称明成祖。在初步稳定国内局势之后,明成祖于永乐三年(1405 年)六月,"命和及其侪王景弘等通使西洋,将士卒二万七千八百余人,多赍金币,……以次遍历诸番国"。

题　　名　浅谈中国帆船对日本帆船的影响

作　　者　金行德

刊　　名　船史研究

年 卷 期　1989 年 4/5 期

题　　名　浅谈中国历史上的开放与封闭

作　　者　吕志宏

刊　　名　学习月刊

年 卷 期　1995 年 3 期

页　　码　46－47

摘　　要　“有朋自远方来，不亦悦乎？”是孔子的一句名言，它高度地浓缩了中国这个具有悠久历史的文明古国很早就是一个对外开放的国度，纵观历史，一般认为中国古代的对外开放萌芽于商周，兴起于秦汉，盛行于隋唐，发展于宋元，动摇于明代，中断于清初。这条简单的线索表明，在中国漫漫历史长河中，对外开放是其主流，而闭关锁国是相对短暂的支流。但开放与封闭，给中国带来的影响却又是那样的不同。对外开放是中国优秀的传统中国古代的对外开放，大体上是依据这么三条途径实现的：一是对外贸易的途径，二是对外政治外交关系的途径，三是宗教文化传播的途径，它们构成了中国古代对外开放的主旋律。

题　　名　浅谈中国与菲律宾的关系

作　　者　杨玉梅

刊　　名　郑和研究

年 卷 期　2000 年 2 期

页　　码　39 –40,53

摘　　要　菲律宾毗邻中国台湾省，厦门的南部，是一个多岛之国，与我国隔海相望。地理位置的邻近，使中国和菲律宾自古以来关系颇为密切。

题　　名　浅谈中国早期的造船业与航海术

作　　者　陈利，张艳霞

刊　　名　丹东师专学报

年 卷 期　2002 年 24 卷 3 期

页　　码　37 –39,71

摘　　要　人类与海洋接触的历史几乎与人类本身的历史一样悠久。古代的中国人民在最初的造船业和早期的航海术开创了历史的先河，在世界造船史和航海史上留下光辉的一页。

题　　名　浅探明末资本主义萌芽的几个促进因素

作　　者　马华阳

刊　　名　黑龙江科技信息

年 卷 期　2008 年 7 期

页　　码　77,65

摘　　要　从商品经济的发展、市舶司性质的变化、明对外政策的变化、一条鞭法的推行等几个方面探讨了明末资本主义萌芽的促进因素，证明了中国资本主义萌芽在明末出现不是偶然的。

题　　名　浅析《敕谕》保护伊斯兰教与郑和的关系

作　　者　黄秋润

刊　　名　郑和研究

年 卷 期　1999 年 4 期

页　　码　17

题　　名　浅析 1874 年前的清政府对台政策

作　　者　宋晓飞

刊　　名　福建文史

年 卷 期　2001 年 1 期
页　　码　20－22

题　　名　浅析 1949 年以前泉州沿海走私与缉私的斗争
作　　者　陈丽华
刊　　名　福建论坛(文史哲版)
年 卷 期　1994 年 5 期
页　　码　47－50

题　　名　浅析百越文化特征中的环境因素
作　　者　周典恩
刊　　名　贵州民族研究
年 卷 期　2005 年 3 期
页　　码　86－91
摘　　要　本文通过对百越饮食习俗、交通方式、建筑风格、断法文身、崖葬习俗、蛇图腾等独具特色的文化特征与其环境之间关系的分析,揭示了环境因素在民族文化特征形成过程中具有不可估量的重要作用。

题　　名　浅析北宋定都开封的原因
作　　者　肖翔文
刊　　名　赤峰学院学报(汉文哲学社会科学版)
年 卷 期　2010 年 4 期
页　　码　12－14
摘　　要　北宋定都开封有其深刻的政治和经济背景。北宋立国之后,天下未定,时开封虽为"四战之地",同时却也堪称为"四达之会"的交通要冲。而且开封漕运发达,漕运成为北宋立国之基础,它的发展是开封繁荣的必要因素,它的衰落也成为北宋衰落的重要原因。

题　　名　浅析北宋时期中日交往中的"僧侣现象"
作　　者　谭锐
刊　　名　西华师范学院学报(社会科学版)
年 卷 期　2003 年 2 期
页　　码　6－9
摘　　要　北宋时,中日之间几乎没有派遣正式的政府使节,但在相互交往中两国的僧侣起到了媒介作用。本文首先考察了北宋时中日僧侣交往的概况,其次着重分析"僧侣现象"的政治背景、经济原因以及日僧入宋目的。北宋中日僧侣交往,改变了宋人对日本的看法,也进一步促进了中日双方的文化交流,影响极为深远。

题　　名　浅析丁汝昌提督北洋海军之功过
作　　者　范尧
刊　　名　宜宾学院学报
年 卷 期　2008 年 9 期

页　　码　35－37

摘　　要　清末北洋海军提督丁汝昌是甲午战争中的关键人物。百年来史学界对丁汝昌的评价褒贬不一，至今为止，亦无定论。其实在当时的背景之下，各种复杂因素夹杂其中，作为外行提督的丁汝昌对于当时战务的处理已经尽力了。可以这样说，他的功是大于过的。

题　　名　**浅析荷兰东印度公司与郑氏海商集团之商业关系**

作　　者　李德霞

刊　　名　海交史研究

年 卷 期　2005年48期

页　　码　67－80

摘　　要　17世纪上半叶，占据台湾的荷兰东印度公司(VOC)与当时垄断了中国东南沿海一带贸易的郑氏海商集团之间的关系最为密切，双方为了各自的利益，既互相利用，又互相竞争，构成了一种错综复杂的商业关系。然而，在郑氏集团强有力的竞争下，荷兰东印度公司最终被迫于1662年撤出台湾，失去了在远东贸易的一个宝贵的转运基地。

题　　名　**浅析赫德获得清政府重用的原因——以阿斯本舰队事件的解决为例**

作　　者　周媛

刊　　名　黑龙江史志

年 卷 期　2010年19期

页　　码　36－38

摘　　要　赫德是中国海关第二任总税务司，他执掌中国海关长达近半个世纪。在这漫长的45年中他不仅管理着整个海关，而且是总理衙门的最高顾问，恭亲王亲切地称他为“我们的赫德”，他俨然成为了清政府对外交往中不可缺少的人物。那么作为一个为中国服务的英国人，他是怎样平衡本国利益和中国利益，又是怎样获得清政府的信任和重用的呢？而作为一个清政府眼中的“蛮夷”，恭亲王和总理衙门的高级官员为什么会对他另眼相看并大加重用呢？本文即是想通过在阿斯本舰队事件中赫德个人的态度和总理衙门的评价以及赫德与李泰国的处事方法相对比来找到答案。

题　　名　**浅析嘉靖时期倭寇猖獗的由来**

作　　者　李凤君

刊　　名　佳木斯教育学院学报

年 卷 期　1997年3期

题　　名　**浅析康熙朝晚期禁海的原因**

作　　者　王静芳

刊　　名　前沿

年 卷 期　2005年7期

页　　码　238－241

摘　　要　康熙二十三年开海贸易后，海外贸易一直很活跃，然而，康熙却于五十六年下达了禁止与南洋通商的命令。为什么会如此？本文试从当时的社会政治环境以及康熙的个人因素等五个方面进行分析，探究其实行这一政策的原因。

题　　名　**浅析刘步蟾改阵**
作　　者　吴如嵩
刊　　名　苏州大学学报(哲学社会科学版)
年 卷 期　1979 年 4 期
页　　码　30－34

题　　名　**浅析明初的中日关系**
作　　者　张德信
刊　　名　北京行政学院学报
年 卷 期　2000 年 2 期
页　　码　61－64
摘　　要　明朝时期,朝贡贸易构成中日关系的核心。本文考察了明朝初年的中日关系史,认为其时朝贡贸易关系的建立、终止和恢复,都在很大程度上取决于两国的政治和经济形势的变化。同时,由于在封建社会中,最高统治者享有至高无上的权力,他们的个人素质也对两国关系产生了巨大而直接的影响。

题　　名　**浅析明代"总河"一职的产生**
作　　者　王柠
刊　　名　水利发展研究
年 卷 期　2007 年 3 期
页　　码　60－62
摘　　要　"总河",总理河道的简称,是明代的重要职官,主要担负河道、运道治理重责。然而学术界在论及明代的水利制度、河工制度时,并没有对作为重要职官的"总河"做深入的阐述。涉及这一问题的文章,有袁明泉先生的《明清时期的总河》和丁建军先生的《顺康时期的河道总督探讨》。本文在此基础上,对明代"总河"的产生进行简单论述。

题　　名　**浅析明代的倭寇与海防建设——兼论明代中日关系走向**
作　　者　张德信
刊　　名　明清论丛
年 卷 期　2004 年 5 期

题　　名　**浅析明代防务重心南移**
作　　者　宋睿奇
刊　　名　今日科苑
年 卷 期　2010 年 16 期
页　　码　277,273
摘　　要　明代之前,中国历朝的防务重心都在北方。明朝建立之初,为剿灭东南沿海的反对势力,防务重心南移。明朝中后期,随着日本战国时代的开始,东南沿海倭乱加剧,明政府更加强了在东南沿海的防务力量。倭寇的侵犯成为防务重心南移的直接原因,而究其本质则是明代时期东南沿海地区成为中国经济发达区域和对外贸易的重心地区。

题　　名　**浅析明嘉靖朝武装打击东南海商走私活动之得失：以浙江双屿港被毁为例**
作　　者　刘宝坤
刊　　名　青年科学
年 卷 期　2009 年 11 期

题　　名　**浅析明清法律的抑商色彩**
作　　者　马珺
刊　　名　唐都学刊
年 卷 期　2005 年 21 卷 2 期
页　　码　154－157
摘　　要　中国在 16 世纪中叶，从封建社会母体内诞生了资本主义萌芽。而明清统治者推行的"抑商"政策及其派生的相关法律制度，却严重阻碍了商品经济的发展，摧残了资本主义萌芽，造成中国社会发展的长期停滞。

题　　名　**浅析明中后期海防废弛与倭寇猖獗**
作　　者　田秀娟
刊　　名　辽宁教育行政学院学报
年 卷 期　2008 年 25 卷 11 期
页　　码　46－48
摘　　要　明代初期，政府十分重视海防建设，经过几十年的发展，明朝形成了以海上的巡逻和陆上的警戒、城池的防守相配合的一个比较完整的海防体系，这时倭寇没有酿成大祸。但是到了明中后期随着政治的腐败、军队实力的消弱，海防逐渐废弛，倭寇日益猖獗给明廷和沿海地区的人民造成了巨大的损失。

题　　名　**浅析南、北洋大臣的演变及其职掌**
作　　者　张徐乐
刊　　名　南都学坛
年 卷 期　1993 年 13 卷 2 期
页　　码　56－60

题　　名　**浅析宋代的对外贸易**
作　　者　霍贺
刊　　名　青海社会科学
年 卷 期　2006 年 1 期
页　　码　101－103，112
摘　　要　宋代的对外贸易是在商品经济与航海技术的发展和繁荣的基础上而兴盛起来的，是中国古代对外贸易史上的鼎盛时期。宋代对外贸易的发展与繁荣缓解了宋朝国内的财政危机，顺应了自隋唐以来南北经济构成一体的趋势。

题　　名　**浅析隋唐时期中日文化交流的重要人物及其影响**
作　　者　张云飞
刊　　名　佳木斯教育学院学报

年 卷 期　2011年1期
页　　码　369
摘　　要　隋唐时期，是中国封建文化发展最为强盛的时期，这时的中日交往更为密切。在彼此交往的历史上，有几个重要的历史人物在中日交流史上做出了重大的贡献。

题　　名　**浅析台湾高山族同胞支持郑成功复台的原因**
作　　者　林蔚文
刊　　名　福建论坛(社科教育版)
年 卷 期　1982年3期
页　　码　15－17

题　　名　**浅析晚清官督商办股份制企业的历史特点**
作　　者　罗静
刊　　名　科技风
年 卷 期　2008年9期
页　　码　110－111
摘　　要　通过对二十世纪上半期上海轮船招商局的个案考察，从产权制度、治理机制、分配模式等方面探讨了官督商办股份制企业的历史特点，揭示出中国近代企业在中国近代社会特定的历史背景下，模仿西方近代企业制度的同时，在组织和经营管理制度方面经历了一系列诱导性的制度变迁，以谋求和西方近代企业的竞争、合作、利用、借鉴以及共生。

题　　名　**浅析晚清海关监督职权变化及其原因**
作　　者　谭锐
刊　　名　乐山师范学院学报
年 卷 期　2007年22卷10期
页　　码　102－105
摘　　要　海关监督作为清朝海关的主管官员，其主要职权为管理外贸及征税等。但自鸦片战争后，海关监督的主要职权却逐渐演变为参与晚清的对外交涉。此种现象的出现，既有海关隶属关系和出任官员变更的原因，也与税务司对关务的把持是分不开的。这一变化，一方面成为近代中国地方外交各自为政弊端的渊源之一，另一方面也间接造成了晚清在对外交涉时处于被动地位的局面。

题　　名　**浅析晚清海外采购的渠道**
作　　者　贾伟川
刊　　名　广西社会科学
年 卷 期　2005年3期
页　　码　108－110
摘　　要　晚清时期中国在海外的采购既涉及到民间的购买活动，也涉及到清政府的购买活动。无论是在规模上还是在对中国近代化的意义上，政府的购买活动都是占主要地位的。晚清海外采购的渠道主要有洋商、各国驻华公使及洋员等、赫德掌管的中国海关及中国在国外的派出人员。

题　　名　浅析威海战中的海军防御
作　　者　葛彦波
刊　　名　安康师专学报
年 卷 期　2004 年 16 卷 2 期
页　　码　61－63,72
摘　　要　海上决战依据的是海军实力,当实力对比悬殊时,盲目发动决战无异于加速自己的死亡。丰岛、黄海战后,北洋舰队受到严重削弱,其主力舰吨位数已不到日本联合舰队的三分之一。根据当时的情况而言,摆在北洋舰队面前的只有一种选择,那就是放弃出海歼敌的行动。客观实力使然,北洋舰队只能采取防御,去做积极的防守。

题　　名　浅析吴越文化对日本的影响
作　　者　张震
刊　　名　日语知识
年 卷 期　2003 年 8 期
页　　码　32－33
摘　　要　吴,即今苏南、皖南、浙江北部一带。越是由我国的一个古老民族——百越族而来,最初分布于我国的东南及南部,后多聚集于长江以南的广大地区。所谓吴越文化即指这一特定区域内的特有文化形态。在研究吴越文化的过程中,人们发现,由于特殊的地理位置,吴越地域文化对一衣带水的日本产生过特殊的影响。本文试从海上丝绸之路、佛教、儒学等几方面进行逐一论述。

题　　名　浅析新加坡在古代中西方交通贸易往来中的地位和作用
作　　者　夏秀瑞
刊　　名　对外经济贸易大学学报
年 卷 期　1990 年 6 期
页　　码　12－18

题　　名　浅析鸦片战争前的英国远东贸易
作　　者　陈卫峰
刊　　名　唐都学刊
年 卷 期　2007 年 23 卷 3 期
页　　码　81－83
摘　　要　英国早期在印度的殖民统治和经济掠夺遇到了困难;同时在与中国发生的贸易关系中处于不利地位,承受着巨额贸易逆差。通过英国与印度;英国与中国;印度与中国在鸦片战争前贸易关系的比较分析,可以看出在英国东印度公司的活动下,英属印度对华贸易加大,利用原棉和鸦片吸收了中国大量的资金,形成了英、印、中三角贸易,彻底解决了英国在印度和中国进行经济入侵的主要难题。

题　　名　浅析叶名琛的悲剧
作　　者　张小萍
刊　　名　吕梁高等专科学校学报
年 卷 期　2006 年 3 期
页　　码　30－31

题　　名　**浅析英国东印度公司从事华茶贸易的双面影响**
作　　者　兰日旭,徐生忠
刊　　名　农业考古
年 卷 期　1999年2期
页　　码　219－221

题　　名　**浅析永乐朝发展朝贡贸易的措施及其弊端**
作　　者　杨欢
刊　　名　黑龙江教育学院学报
年 卷 期　2008年3期
页　　码　92－94
摘　　要　明代永乐朝是朝贡贸易进一步完善和发展的时期,特别是郑和下西洋将朝贡贸易推向顶峰。明成祖大力发展朝贡贸易,采取了遣使四出招徕朝贡、对贡使厚重赏赐及多方优待等措施,达到了“怀柔远人”、巩固统治的目的,但也造成国家财政的巨大亏损,财富大量外流,加剧了人民的负担,激化了矛盾。朝贡贸易暴露的种种弊端给此后近百年的惨淡经营埋下了伏笔。

题　　名　**浅析元朝海外贸易政策**
作　　者　沈自强
刊　　名　辽宁教育行政学院学报
年 卷 期　2007年24卷11期
页　　码　31－32
摘　　要　元王朝是依靠军事征服建立起来的空前统一的封建帝国,元帝国政治和军事的强大实力为海外贸易的发展提供了有利的条件。元代的海外贸易在社会经济发展和开放政策的推动下,其涉及地区之广、贸易商品之多、规模之大都是空前的。海外贸易经营形式的多元化也有别于历代,得到了前所未有的发展。从元朝的海外贸易政策的角度来分析对元朝海外贸易的影响,可以加深对元朝海外贸易的全面了解。

题　　名　**浅析郑成功的军事思想——纪念郑成功驱荷复台340年**
作　　者　吴明
刊　　名　统一论坛
年 卷 期　2002年3期
页　　码　46－47

题　　名　**浅析郑成功收复台湾的主观动机**
作　　者　莫树灿
刊　　名　东南文化
年 卷 期　1990年3期
页　　码　240－245
摘　　要　伟大的民族英雄郑成功在公元1662年二月,打败荷兰殖民主义者,收复了中国的神圣领地台湾。郑成功为什么要收复台湾,也就是说郑成功收复台湾的主观动机是什么？史学界对这个问题研究不多。其实,研究郑成功复台的动机,有助于对他作出全面和客观的评价。本文试就这个问题及相关问题作初步的探讨,发表自己几点不成熟的看法。

题　　名　**浅析郑成功收复台湾及其政权败亡之原因**
作　　者　张太新
刊　　名　太原城市职业技术学院学报
年 卷 期　2004 年 2 期
页　　码　173 – 174
摘　　要　文章介绍了郑成功收复台湾这一历史事件,分析了其政权败亡的原因。

题　　名　**浅析郑和经营西洋的总体战略**
作　　者　陈举
刊　　名　郑和研究
年 卷 期　1996 年 3 期
页　　码　48

题　　名　**浅析舟船舶三字之演变**
作　　者　沈荣嵩
刊　　名　航海
年 卷 期　1982 年 6 期
页　　码　36 – 37
摘　　要　舟、船、舶三字为水上运输工具的同义词。但考其字源却有不同含义,同时也反映了水上运输工具发展的不同历史阶段的不同形态的标志,并且也反映了我国海外交通的情况。

题　　名　**浅议《星槎胜览》的版本和史料价值**
作　　者　陈有觉
刊　　名　江海学刊(文史哲版)
年 卷 期　1985 年 3 期
页　　码　42 – 44

题　　名　**浅议八世纪初以前遣唐使开辟南岛路航线的原因**
作　　者　张燕燕
刊　　名　科技信息
年 卷 期　2008 年 35 期
页　　码　635,633
摘　　要　南岛路航线的开辟是遣唐使航海线路变更的一种新尝试,其开辟的原因与日本国内引进大陆先进律令制度的需求、国内对外气运的高涨、东亚政局变动等国内外情况息息相关。

题　　名　**浅议地理环境对北方、南方陆上丝路及海上丝路的影响**
作　　者　王元林
刊　　名　新疆大学学报(哲学人文社会科学版)

年 卷 期　2006 年 34 卷 6 期

页　　码　60 - 65

摘　　要　中国独特的地理环境决定了历史时期中国对外交通必须通过北方、南方陆上和海上丝路联系域外,三大丝路沿线的自然环境决定了各自丝路的交通方式和规模。北方草原丝路和北方绿洲丝路是早期比较繁荣的陆上交通线,交通工具多为耐旱的骆驼和马匹。南方陆上丝路经过的地区多岭谷山地和雨林灌丛地区,形成了“马帮”的运输形式。受海上自然环境与造船、航海水平的影响,海上丝路的航线不断延伸。随着陆上自然环境的恶化和各种人文因素的影响,三大丝路的变迁最终以海上丝路成为联系中外的主旋律。

题　　名　**浅议丁日昌的海权意识**

作　　者　韩晓娟

刊　　名　经济研究导刊

年 卷 期　2010 年 18 期

页　　码　237 - 238

摘　　要　在西方列强残暴地侵略中国的痛苦过程中,一部分先进的中国人渐渐产生起始朦胧而后清晰的海权意识,在这些人当中,丁日昌无疑是个领军人物,他较早意识到中国在海上所面临的严峻形势,力主中国须尽早尽快建立新的海防,在此基础上,对于中国海防的战略布局、如何打造强大的海军以及台湾在中国海防中十分突出的战略地位,他都有着独到的见解和一系列切实可行的构想。丁日昌的海权意识在晚清举步维艰的海军建设的过程发挥着举足轻重的影响力。

题　　名　**浅议古代中日官方贸易的特点**

作　　者　黄尊严,王芳

刊　　名　青岛大学师范学院学报

年 卷 期　2004 年 21 卷 4 期

页　　码　41 - 46

摘　　要　官方贸易在古代中日经贸交往中占据主导地位。综观古代中日官方贸易,其总体特点大致有以下数端:它实质上是一种朝贡贸易;对于当时的中华帝国来说,是一种厚往薄来的不等价贸易;以两国的政治需要为前提,带有浓厚的政治色彩;往往伴随着广泛的人才和文化交流。

题　　名　**浅议甲午战争中的“禁米出洋”政策**

作　　者　孙洪军,王国平

刊　　名　福建论坛(人文社会科学版)

年 卷 期　2004 年 8 期

页　　码　50 - 53

摘　　要　甲午战争中,清政府严厉强化其传统的禁米出洋政策,其目的有二:一是对外,严厉禁止清国人民运米济倭,以此作为打击日本侵略军的手段;二是对内,保证军需民食,维护社会的稳定。在政策的执行过程中,出现了许多窒碍难行的情形,清政府据此对禁米出洋政策做了一些调整。但是,由于清朝政治的腐败、军事上的失利,禁米出洋政策在打击日本侵略军、保证军需民食方面所起的作用是十分有限的,它挽救不了清朝在甲午战争中失败的命运。

题　　名　**浅议灵渠的开凿在秦汉时期的历史意义**

作　　者　雷少园,罗彩阳

刊　　名　传承
年 卷 期　2009 年 6 期
页　　码　160 - 161
摘　　要　灵渠开凿的最初原因是为了军事上征服岭南，从而统一全国。灵渠开凿以后，在经济文化上，更加方便了农业灌溉，促进了当地农业的发展，促进了岭南与岭北的经济文化以及海外经济贸易文化的交流。同时，促进了汉越的文化融合，为汉民族的形成作出了伟大的贡献。

题　　名　**浅议马江之败**
作　　者　齐钟久
刊　　名　中国历史文物
年 卷 期　1986 年 00 期
页　　码　118 - 121
摘　　要　十九世纪七、八十年代，法国资产阶级为推行殖民扩张政策，发动了对中国邻邦越南的侵略战争，企图以越南为跳板，进而侵略中国。1883 年 8 月，法国侵略军攻陷越南顺化，强迫越南订立了《顺化条约》，取得对越南的保护权。此后，法国便把矛头直接指向中国，命令军队向北进犯，并声言将占领越南的山西、兴化、北宁。12 月，法军开始向驻守越南山西的中国军队发起进攻，中法战争由此爆发。由于清军的腐败，使法国先后占领山西和北宁，迫使清政府与之订立了中法简明条约。但是，法国侵略者并不以此为满足，为了进一步扩大殖民特权，在与清政府交涉期间，继续调兵遣将，加紧备战，并将战火扩大到中国境内。本文仅就中法马江海战失败的原因，作一简要的论述。

题　　名　**浅议明代中后期治理黄河的"两难"**
作　　者　吕天佑
刊　　名　历史教学
年 卷 期　2001 年 12 期
页　　码　6 - 11
摘　　要　在永乐迁都北京以后的二百多年时间里，明王朝的政治、军事重地一直在北方。为维持北京作为首善之地粮米什物的供给，从江南向北京运粮遂成为维系明王朝命脉的根本性经济问题。几经权衡筹措后，开通运河运送漕粮成为最佳选择。但漕运所资之运河在航道上却要借黄通漕，这就使治河受到"保漕"这个事关明王朝根本利益的经济问题的影响，在此原则基础上明代治河重北轻南，北部筑堤以使黄河南流，同时又要保持漕运所需的水位。

题　　名　**浅议台湾"女神"妈祖**
作　　者　刘启芳
刊　　名　中华女子学院学报
年 卷 期　2003 年 15 卷 2 期
页　　码　60 - 62
摘　　要　自从妈祖传到台湾后，得到广泛的传播和发展，如今已经成为台湾主要的民间信仰之一。妈祖信仰之所以能在台湾风行，有几点原因：独特的发展历史、自身的魅力、官方的支持，及台湾民间信仰与祖国大陆传统文化的渊源联系。

题　　名　**浅议唐代赤山法华院在三国交流中的作用**
作　　者　孙娟

刊　　名　延边教育学院学报
年 卷 期　2010 年 1 期
页　　码　9－12
摘　　要　赤山法华院始建于唐穆宗时期，此期中、韩、日三国呈现了民间贸易逐渐繁荣的景象。随着民间贸易的蓬勃开展，三国间的文化交流日益频繁。新罗人张保皋利用自身优势，顺承时运，开创了“海上丝绸之路”，并建立了赤山法华院，作为自己在唐贸易的一个主要据点。日本圆仁法师则慕唐佛法而几经周折，在得到赤山法华院的帮助下，求法成功，深刻影响了日本天台宗，赤山明神信仰亦随之泛播海外。唐代赤山法华院在三国交流中的作用亦凸显于此。

题　　名　浅议唐代广东的海上丝绸贸易
作　　者　朱鹏
刊　　名　五邑大学学报(社会科学版)
年 卷 期　2003 年 5 卷 1 期
页　　码　54－57
摘　　要　丝绸历来是中国对外贸易的大宗商品，广东作为中国对外交往的南大门和海上丝绸之路的主要起点，在丝绸的外销中一直起着不可替代的作用。唐代是我国历史发展的一个重要时期，也是丝绸贸易由陆路向海路的转折时期，广东的丝绸贸易从产品来源、贸易范围、贸易方式到贸易管理都较前代有很大发展。

题　　名　浅议唐代市舶制度
作　　者　梁军
刊　　名　甘肃政法成人教育学院学报
年 卷 期　2007 年 5 期
页　　码　116－117
摘　　要　唐代国势强盛，随着造船与航海技术的进步，海外贸易日益增多，对海外贸易进行管理的制度即市舶制度在这一时期应运而生了。唐代向安南、广州派出市舶使，在广州建立市舶使院并建立各项市舶管理制度，这些标志着我国古代市舶制度的初步确立。本文结合唐代市舶制度的特点，从整体上对这一制度进行阐述。

题　　名　浅议新航路开辟的原因
作　　者　田丰秋
刊　　名　考试周刊
年 卷 期　2007 年 35 期
页　　码　153－154
摘　　要　新航路是指 15 世纪末至 16 世纪初欧洲人开辟的通向东方的海上通道。新航路的开辟，可谓是继郑和下西洋后世界航海史上的又一壮举，在世界历史上占有十分重要的地位，因此，弄清楚新航路开辟的有关问题非常有必要。下面笔者单就新航路开辟的原因谈一下自己的肤浅看法。

题　　名　浅议郑和船队台湾之行及其影响
作　　者　耿立强
刊　　名　郑和研究

年卷期 1994年3期
页　码 24－25

题　名 **遣隋(唐)使与东亚交流**
作　者 阿南惟茂,葛继勇
刊　名 唐都学刊
年卷期 2010年5期
页　码 61－63

题　名 **遣隋使研究专题——日本古代对华外交中的遣隋(唐)使**
作　者 刘建强
刊　名 唐都学刊
年卷期 2008年24卷4期
页　码 23－28
摘　要 遣隋(唐)使无疑是日本古代对华外交中引人注目的章节。然而作为日本古代对华外交的组成部分,遣隋(唐)使与隋唐前的日本对华外交活动存在不少明显的不同。本文在论述日本古代各次对华外交活动的实质和特点的基础上,采用对遣隋使及遣唐使与隋唐前日本对华外交进行比较的手法,探究其间的不同,并对这些不同产生的原由作出分析。

题　名 **遣唐使初探**
作　者 刘淑梅
刊　名 史学集刊
年卷期 1995年4期
页　码 42－46,75
摘　要 中日两国是一衣带水的邻邦。自古以来,两国人民就有着友好的密切往来。在长达两千年的文化交流中,其佼佼者,当首推遣唐使。本文围绕遣唐使的派遣次数、路线及不同阶段目的的变化等问题试作探讨。

题　名 **遣唐使和中日文化交流**
作　者 王仁波
刊　名 西北大学学报(哲学社会科学版)
年卷期 1975年4期
页　码 69－81
摘　要 中日友谊,源远流长。中国人民的伟大领袖毛主席指出:“日本人民同中国人民是好朋友。”中日两国是一衣带水的邻邦,有着两千年友好交往的历史。唐代是中日友好往来和文化交流发展的重要时期。唐代高度发展的封建经济和封建文化曾给予周围各国以积极的影响,同时它还广泛地吸收外国文化的优秀成果,互相交流,取长补短,共同提高。首都长安成为亚洲和世界经济、文化交流的中心之一。这一时期,以遣唐使为标志,揭开了中日友好往来和文化交流的新的篇章。

题　名 **遣唐使时代的“书籍之路”**
作　者 王勇

刊　　名　甘肃社会科学
年 卷 期　2008 年 1 期
页　　码　69 – 74
摘　　要　研究汉唐以来中外关系史,学界大多套用“丝绸之路”的思维模式。但如果着眼于古代东亚各国的文化交流,丝绸往往不是主要的流通物品,而书籍扮演了更为重要的角色。本文首先勾勒出中国江南始发、经朝鲜半岛百济、再至日本列岛的早期“书籍之路”航线,接着论证日本遣隋唐使肩负购求书籍之使命、从而开拓中日直航“书籍之路”的存在,继而梳理中国书籍东传的各种渠道,最后论及佚书回归的史实以证明“书籍之路”具有双向互流乃至东亚环流的特点。

题　　名　遣唐使小考
作　　者　张万钧
刊　　名　学术论坛
年 卷 期　1980 年 3 期
页　　码　14

题　　名　遣唐使与日本的汉字教育
作　　者　王献玲
刊　　名　郑州大学学报(哲学社会科学版)
年 卷 期　2008 年 5 期
页　　码　99 – 101
摘　　要　日本推广汉字教育,对其社会改新具有决定性的历史意义,可以想象,没有汉字教育,在文明史上古代日本民族或许会在黑暗中摸索更长的时间。

题　　名　遣唐使与唐代中日文化交流研究(笔谈)——从遣唐使船到唐商船——9 世纪日中交流的演变
作　　者　[日]村井康彦
刊　　名　郑州大学学报(哲学社会科学版)
年 卷 期　2008 年 41 卷 5 期
页　　码　93 – 95
摘　　要　延绵两千多年的中日关系,周恩来曾用“2000 年友好,50 年对立”予以精辟概括。纵观中日友好交往的悠久历史,遣隋使和遣唐使开辟的文化交流通道,在古今中外的区域交流中独树一帜,令人回味,发人遐想。千余年前造船技术落后、航海经验匮乏,日本人冒“鲸波之险”,付出数以千计的宝贵生命,究竟肩负何种使命而来? 对日本文明发展产生过什么影响? 这些疑问如走马灯似的萦绕脑际。翻检中国史书,明代胡宗宪《筹海图编》记载,贞元四年(788)日本“遣文明使贡物”。给遣唐使冠以“文明使”美誉,并非毫无根据。从遣隋使派学问僧学习佛教,到早期遣唐使携留学生学习法制,直至后来学习范围扩大到方方面面,与此同时,唐朝政府的无私馈赠、民间僧俗的热情襄助,这些都为今日的国际文化交流做出了表率。回顾这段温馨的历史,鉴真等赴日唐人的丰功伟绩令人无法忘怀。中国的政府使节、民间商贾、佛教僧侣等,他们同样经历了惊涛骇浪的考验,九死一生抵达日本,以各种形式推动“唐风文化”在日本扎根,从而加快了日本文明的进程,促进了奈良与平安文化的勃兴。“以史为鉴,开创未来。”在当今中日全面推进战略互惠关系之时,本期组织的中日文化交流专题研究,意在围绕一个重要的历史话题深入探究中日间剪也剪不断的联系。

题　　名　**遣唐使制度废止原因试析**
作　　者　孙玉巧
刊　　名　咸宁学院学报
年 卷 期　2003年23卷2期
页　　码　52－54
摘　　要　日本于公元894年废止遣唐使制度。引发此举的一般原因,即前人所归纳的唐朝国势之衰微、日本政府财力之不足以及渡海入唐之困难等因素。根本原因则是:遣唐使的直接使命已经完成,而为了消化已经引入的先进中华文化因素并建成一种更适合国情的国风文化,日本需要集中大量的时间和精力,因此遣唐使制度的废止成为必然。

题　　名　**侨批业与海外交通**
作　　者　李天锡
刊　　名　海交史研究
年 卷 期　1991年20期
页　　码　70－78

题　　名　**侨乡族谱与华侨华人问题研究**
作　　者　郑山玉
刊　　名　海交史研究
年 卷 期　1995年27期
页　　码　64－74

题　　名　**侵华法国远东舰队司令孤拔毙命之谜**
作　　者　吴瑞虎
刊　　名　军事历史
年 卷 期　1998年2期
页　　码　61－62

题　　名　**侵入上海的第一艘外国商轮——麦都萨号**
作　　者　金立成
刊　　名　学术月刊
年 卷 期　1961年6期
页　　码　59

题　　名　**侵台战争与吞并琉球——近代日本"大陆政策"的初步形成**
作　　者　李良玉
刊　　名　阜阳师范学院学报(社科版)
年 卷 期　1999年4期
页　　码　97－103

题　　名　**秦朝方士徐福后代考察记**
作　　者　蓝东兴
刊　　名　贵州文史天地
年 卷 期　1997 年 5 期
页　　码　4－8

题　　名　**秦朝海外的探索:徐福东渡日本三大谜团**
刊　　名　科学大观园
年 卷 期　2009 年 3 期
页　　码　66－67
摘　　要　公元前 210 年,徐福奉秦始皇之命,率“童男童女三千人”和“百工”,携带“五谷子种”,乘船泛海东渡寻找长生不老之药。那么,徐福东渡是否到了日本?有人认为,徐福东渡确实到了日本,甚至有人提出,徐福到日本后建立了日本王朝,徐福就是神武天皇。但是,也有很多学者对徐福到过日本一说提出质疑。他们认为,徐福的船队无法战胜海洋上的狂风恶浪。近来,随着国内学者对当时造船技术和航线的不断深入研究以及对徐福登陆地点的考证,一个个谜团相继被揭开。

题　　名　**秦朝时期的船质监管**
作　　者　曹凛
刊　　名　中国船检
年 卷 期　2008 年 6 期
页　　码　88－90

题　　名　**秦代漕运初探**
作　　者　沈颂金
刊　　名　中国经济史研究
年 卷 期　2000 年 4 期
页　　码　114－119,153
摘　　要　漕运是中国历史特有的一种现象,起源于先秦,消失于清末,贯穿于整个封建社会。对于研究中国社会的政治、经济、军事,都有重要的意义。秦代漕运主要是为军事征战服务的,特别是西北、西南地区的用兵,耗粮巨大,因此,秦政府重视道路的修建和粮仓的管理,以保证粮食充足而有效地运送。漕运的粮食来自关东和巴蜀两大产粮区,采用陆路和水运相结合的方式,所需劳动力则是征发民众,成了人民的沉重负担,也导致了秦王朝的灭亡。

题　　名　**秦代方士徐福东渡日本新探**
作　　者　阎孝慈
刊　　名　徐州师范大学学报(哲学社会科学版)
年 卷 期　1984 年 1 期
页　　码　84－88

题　　名　**秦代方士徐福东渡日本新探**
作　　者　阎孝慈

刊　　名　史学情报
年 卷 期　1985 年 1 期
页　　码　22－23

题　　名　**秦代方士徐福东渡日本再探**
作　　者　阎孝慈
刊　　名　徐州师范大学学报(哲学社会科学版)
年 卷 期　1986 年 1 期
页　　码　23－25

题　　名　**秦代航海**
作　　者　孙光圻
刊　　名　大连航海
年 卷 期　1984 年 2 期

题　　名　**秦代航海家徐福**
作　　者　钱玉戢
刊　　名　上海海事大学学报
年 卷 期　1987 年 4 期
页　　码　60

题　　名　**秦代造船工场与广州古代海上交通**
刊　　名　中国对外贸易(英文版)
年 卷 期　2006 年 14 期
页　　码　66

题　　名　**秦方士徐福东渡目的再认识**
作　　者　左文
刊　　名　历史教学问题
年 卷 期　1993 年 6 期
页　　码　17－19

题　　名　**秦国粮食运输政策探略**
作　　者　蔡万进
刊　　名　郑州大学学报(哲学社会科学版)
年 卷 期　2001 年 34 卷 1 期
页　　码　65－70
摘　　要　战国及秦始皇时期,秦国是最为富庶的一个诸侯国家,为了政治、经济、军事及战略的需要,国内粮食运输经济十分发达,并由此建立起一套严密的粮食运输制度和布局合理的粮食转运仓储体系。粮食运输分收纳租粮运输、地区间粮食调节运输、军需与工程建设用粮运输;运输方式以陆路和漕运为主;法律规定百姓必须亲自转输粮食,中途不得私自停留;为方便运输,在全国各地专门设置了敖仓等转运粮仓。

题　　名　**秦汉漕运的军事功能研究——以秦汉时期的漕仓为中心**
作　　者　张晓东
刊　　名　社会科学
年 卷 期　2009 年 9 期
页　　码　136－144,191
摘　　要　秦汉时期的漕仓不仅储备大量粮食,还多有高大的仓城设施,可以为调运军粮服务,也可以迅速转作军用堡垒。秦汉漕仓的交通地理条件优越,因之也在军事地理格局中具备了特殊的战略地位。即使在稳定时期,各地的仓城,在水陆漕运交通线的联接下形成网络,配合国家战略部署,为军事活动服务,形成了国家权力在各地的坚实支撑。这体现了早期漕运与军事政治的密切关系,以及早期漕运的战略作用。

题　　名　**秦汉黄河津渡考**
作　　者　王子今
刊　　名　中国历史地理论丛
年 卷 期　1989 年 3 期
页　　码　127－134

题　　名　**秦汉江汉漕运的演进及其历史价值**
作　　者　张晓东
刊　　名　重庆社会科学
年 卷 期　2008 年 1 期
页　　码　87－90
摘　　要　秦汉江汉漕运系统的形成,无疑对政治、经济、军事、社会等各个领域产生了重要的历史影响,从历史和战略的高度折射出古代漕运活动和漕运系统在大一统国家形成和发展过程中的所起到重要辅助作用。

题　　名　**秦汉三国时代的海上交通**
作　　者　章巽
刊　　名　地理知识
年 卷 期　1955 年 12 期

题　　名　**秦汉时期的船舶**
作　　者　上海交通大学“造船史话”组
刊　　名　文物
年 卷 期　1977 年 4 期
页　　码　18－22
摘　　要　“中国是世界文明发达最早的国家之一”。勤劳勇敢的中国人民对古代科学技术的发展曾经作出了巨大的贡献。早在秦汉时期,随着统一的封建国家的形成,生产力有了巨大的发展。造船业和其他行业一样,出现了一个空前繁荣的时期。

题　　名　秦汉时期的船舶制造业
作　　者　王子今
刊　　名　上海社会科学院学术季刊
年 卷 期　1993 年 1 期
页　　码　156 – 164
摘　　要　秦汉时期是中国水路交通得到突出发展的重要历史阶段,秦汉船舶制造业的成就成为这一历史进步的基础。秦汉社会生产与社会生活中使用数量空前的船舶。秦汉船舶的承载力、快速性和稳性等,都已达到相当高的水平。楼船的出现与应用,是造船业发展的例证之一。当时还出现了多种适应不同需要而设计制作的异型船。大量考古资料可以说明,秦汉造船技术已经相当成熟。船舶成品下水后的系泊试验和航行试验也已受到重视。秦汉时期已经形成生产能力相对集中的若干造船基地,其中多数为后世造船业的发展奠定了历史基础。当时水路交通的发展不仅为经济文化的进步和政治的统一创造了条件,秦汉船舶远航东洋、南洋,也打开了世界认识中华文化的窗口。

题　　名　秦汉时期的东洋与南洋航运
作　　者　王子今
刊　　名　海交史研究
年 卷 期　1992 年 21 期
页　　码　1 – 8

题　　名　秦汉时期的近海航运
作　　者　王子今
刊　　名　福建论坛(人文社会科学版)
年 卷 期　1991 年 5 期
页　　码　61 – 64,72

题　　名　秦汉时期的中国战船
作　　者　唐志拔
刊　　名　舰船知识
年 卷 期　1988 年 1 期
页　　码　24

题　　名　秦汉时期的中印交通与农业科技文化交流
作　　者　朱宏斌
刊　　名　安徽农业科学
年 卷 期　2006 年 34 卷 14 期
页　　码　3558 – 3559,3561
摘　　要　对秦汉时期中国与印度的交流进行考证,在丰富的史料基础上,研究了当时中印的交通状况与农业科技文化交流。

题　　名　秦汉时期广州对外贸易刍议

作　　者　陈广恩

刊　　名　江苏商论

年 卷 期　2005 年 5 期

页　　码　161－162

摘　　要　秦汉时期,广州已经成为中国对外贸易的重要港口城市。秦始皇开凿渠道,迁徙居民,设立行政机构,奠定了广州外贸港口城市的地位。两汉在秦的基础上,积极发展广州与海外诸国贸易,无论来广州贸易的国家,交易货物的品种,交易的规模,航海的技术,均比秦朝有了长足的发展,从而巩固了广州作为中国古代主要外贸港口的地位。

题　　名　秦汉时期海疆的经略

作　　者　安京

刊　　名　中国边疆史地研究

年 卷 期　1995 年 1 期

页　　码　8－12

题　　名　秦汉时期江南地区海上交通的发展

作　　者　肖华忠

刊　　名　江西教育学院学报

年 卷 期　1999 年 20 卷 5 期

页　　码　47－50

摘　　要　江南地区地处我国流量最大、河面最宽的最大河流——长江的中下游,并向浩瀚无边的太平洋敞开。自远古以来,水路交通发达便是这一地区的基本特色,与此相适应,其海上交通发展的历史也相当悠久,到秦汉时期,其海上交通得到进一步发展,并形成了固定的交通路线及其港口。

题　　名　秦汉时期岭南和岭北的交通举要

作　　者　余天炽

刊　　名　历史教学问题

年 卷 期　1984 年 3 期

页　　码　62－64

摘　　要　东起大庾岭,逶迤向西,直迄越城岭的南岭(又称五岭)山脉,横断南北,成为岭南和岭北地区古代交通的天然阻障。然而,远在三代时期,五岭南北之间的经济交往就开始了。周公摄政六年,岭南的越裳国就以“三象重泽而献白雉”于周室。(郑樵《通志》卷一百九十八)广西的骆越人也曾献“大竹”“翡翠”给周成王。(《逸周书·成周之会》)“越骆之菌”(竹笋)、越蓆亦早已饮誉中原。当时,五岭南北两地人民想必已借助五岭山脉之山隘小路互为交往了。但是,从历史记载来看,把沟通五岭南北交通视为加强中原和岭南地区的政治经济联系的纽带,并构筑穿越五岭山脉的交通道路的时代,当始于秦汉开发岭南时期。本文试就秦汉时期五岭南北的水陆交通要道略作举要,以待同仁斧正。

题　　名　秦汉时期山西水运试探

作　　者　石凌虚

刊　　名　晋阳学刊

年卷期 1984年5期

页 码 68－72

题 名 秦汉通南越要道考略

作 者 吕名中

刊 名 中南民族大学学报(人文社会科学版)

年卷期 1983年3期

页 码 59－65

摘 要 越是我国南方广大地区的古老族群,《吕氏春秋·恃君览》有"扬汉之南,百越之际"的说法,证明古代长江和汉水以南都有越人居住。春秋战国时,由于楚国在南方的扩展,至秦汉时,越人虽仍居于东南沿海及西南部分地区,但主要已移居于五岭一带及其以南地区了。此时期中,汉族与岭南百越的关系,构成了我国民族关系的一个重要方面。中原的华夏、汉族与五岭南北的越族交往的途径如何？本文试图从有关文献和考古资料,作一考察,说明秦汉时期岭南百越地区,以哪些主要通道为纽带,与祖国内地已成为紧密联系的整体。

题 名 秦皇岛开埠动因初探

作 者 武杏杏,姚喜平

刊 名 燕山大学学报(哲学社会科学版)

年卷期 2009年4期

页 码 141－144

摘 要 秦皇岛以煤港定位,成为一种历史发展和现实考量的必然。论文对秦港开埠的动因加以探究,指出秦皇岛开埠缘于其优越的区位条件、当时决策者观念的改变和主权意识的提高、加强京师军事防御和复兴海军的战略需要、囿于政府财力不济和扩充利源的折衷决策。

题 名 秦皇岛开埠与发展的三大特征

作 者 崔鹏飞,徐建平

刊 名 河北学刊

年卷期 2008年28卷2期

页 码 230－232

摘 要 一个城市早期的规划和发展在一定程度上决定着这个城市的前途和命运。在秦皇岛城市近代化的发展过程中,表现出三个明显的特征:一是分散的城市空间架构的互补共生;二是近代社团在城市发展过程中的重要作用;三是港城发展的严重失衡。

题 名 秦良玉抗倭辨析

作 者 彭福荣

刊 名 军事历史研究

年卷期 2009年4期

页 码 169－175

题 名 秦论来华与朱应、康泰出使南海诸国

作 者 许永璋

刊　　名　东南亚
年 卷 期　1998 年 3 期
页　　码　53 - 56

题　　名　**秦始皇东巡会稽与江南运河的开凿**
作　　者　张承宗,李家钊
刊　　名　浙江学刊
年 卷 期　1999 年 6 期
页　　码　145 - 147,154
摘　　要　秦始皇东巡会稽与江南运河的开凿,是江南文化开发史上的两件重要大事。本文对这两件大事的起因、过程及其社会影响作了比较系统翔实的评述。

题　　名　**秦始皇江海巡游**
作　　者　冯蔚然
刊　　名　上海海运学院学报
年 卷 期　1984 年 4 期
页　　码　25

题　　名　**秦始皇求仙使臣、日本神武天皇徐福之谜**
作　　者　贺国波
刊　　名　中州今古
年 卷 期　2004 年 9 期
页　　码　71

题　　名　**青岛地区妈祖信仰的历史与现状**
作　　者　梁莉莉,李海强
刊　　名　港航论坛
年 卷 期　2005 年 1 期
页　　码　54 - 61
摘　　要　妈祖信仰是中国民间信仰非常重要的组成部分,对它的研究已达到了相当的高度和成熟度。本文拟以这些前人的研究成果为参照系,把妈祖信仰与青岛地方的独特文化相结合,探讨妈祖信仰与青岛地区各港口互动的动态过程,并以此为凭藉,阐述妈祖神性职能的变迁过程及结果,力争为妈祖信仰研究作有益的补充,并提出了它对青岛现实社会的应用价值。

题　　名　**青岛对外贸易渊源初探**
作　　者　姜培玉
刊　　名　国际贸易
年 卷 期　1984 年 7 期
页　　码　59,40
摘　　要　“遥看碧水接青天,海上波涛笼暮烟,最是春秋明月夜,风光不让五湖边。”位于黄海之滨的青岛历来有“东方瑞士”之雅号。青岛不仅是我国的游览胜地,更是我国较大的对外贸易港口之一。青岛于1922年12月10日从日本占领下收回之后,正式宣布开为商埠。由于优越的地理位置,得天独厚的自然条件和深阔的港湾,不冻、不淤的码头以及方便的交通网络,青岛很快发展成为我国对外贸易的重要港口。近百余年来,我国东部和北部地区出产的大宗货物,长期通过青岛港输往国外,外国货物输入我国,也大部分经由青岛港。青岛地区的对外贸易,并不是从开埠后才开始的。早在开埠前的古代,现青岛所辖胶县的板桥镇,已开始同国外发生贸易往来。到了两宋期间,则成为我国北方海上丝绸之路东方航线上非常繁荣的重要城镇。

题　　名　**青墩稻作文化对日本弥生文化的影响**
作　　者　王其银
刊　　名　江苏地方志
年 卷 期　2004年4期
页　　码　29－31

题　　名　**青年时代的鉴真与日本邀请鉴真的原因**
作　　者　安藤更生,郭天祥,陈正奇
刊　　名　西安教育学院学报
年 卷 期　1995年3期
页　　码　56－60

题　　名　**青山遮不住　东流传岐黄——清代医师旅日史钩沉**
作　　者　郭秀梅,冈田研吉,酒井シヅ
刊　　名　医古文知识
年 卷 期　1998年4期
页　　码　18－23
摘　　要　18世纪初至19世纪初的100年间,20余位中国医师先后应日方招聘,随商船旅日,行医授徒,并与日本医师进行学术交流。由于日本当局与清朝皇帝实行锁国政策,他们的活动范围、时间受到了限制。笔者在日本查阅了大量资料,踏寻了几位旅日医师的足迹,清理了这一个多世纪头绪纷繁的人员往来和交流活动。本文重点介绍其中影响较大的朱来章、朱子章、周歧来、赵淑阳、李仁山、胡兆新等人的事迹。

题　　名　**轻操舴艋战恶浪——古代东北人民的航运活动**
作　　者　冯蔚然
刊　　名　上海海事大学学报
年 卷 期　1986年1期
页　　码　30
摘　　要　在一千多年前,我国住在黑龙江两岸的赫哲族人和鄂伦春族人,就已经漂舟江上,进行捕鱼活动。鱼不但是他们的主要食物,而且“有以大鱼皮为衣者。”(《扈从东巡日录》)他们吃的是鱼肉,穿的是鱼皮做成的衣服,鱼成了他们的主要生活资料,而渔船成了他们的主要生产工具,操船则成了一门专门的技术了。经过长期的水上活动,掌握了“独桨轻操舴艋船”驾驶本领。

题　　名　清《顺风得利》(王国昌抄本)更路簿研究
作　　者　曾昭璇,曾宪珊
刊　　名　中国边疆史地研究
年 卷 期　1996 年 1 期
页　　码　86 – 103
摘　　要　《更路薄》是历史上我国海南、广东沿海渔民在南海长期作业的航程记录和航行指南。现已见到的清代各种抄本的《更路薄》已达十余种,而《顺风得利》是其中最完备者之一,它成于同治以前,涉及南海诸岛的地名、航线及海洋知识,记录范围广、更路多、地名多,并对某些更路加以核证,具有突出的特色。该抄本明确了清代在南海诸岛三条作业线的最佳航路。深入说明了有清一代这里正成为我国渔民进行生产活动的主要地区。它不仅对我们考定南沙群岛的地名有重要参考价值,并且对南海史地的科学研究提供了大量资料,从而对维护我国的南海主权、对开发建设南海诸岛均具有深远的现实意义。

题　　名　清册封琉球使者的妈祖信仰
作　　者　张文绮
刊　　名　海交史研究
年 卷 期　2000 年 37 期
页　　码　88 – 95,101

题　　名　清朝北洋舰队的两次日本之访
作　　者　史春林
刊　　名　海事大观
年 卷 期　2006 年 5 期
页　　码　80
摘　　要　1886 年 7 月,李鸿章接到袁世凯报告,说朝鲜有人谋划联俄防英,而俄国正在觊觎元山口外的永兴湾。清政府深知。一旦朝鲜落入它国,必将危及自身安全,于是命令丁汝昌和吴安康分别率领北、南洋舰队前往朝鲜的永兴湾一带巡防,北洋水师提督丁汝昌、琅威理接到命令后立即率“定远”号、“镇远”号、“济远”号、“威远”号、“超勇”号、“扬威”号等 6 艘军舰前往朝鲜东海岸海面操演。铁甲舰由于海上长途航行需要加油、修理,于是。定远”号、“镇远”号、“济远”号和“威远”号等 4 艘军舰奉李鸿章之命在丁汝昌的率领下前往日本长崎进行大修。

题　　名　清朝北洋舰队两次访日
作　　者　史春林
刊　　名　炎黄春秋
年 卷 期　2004 年 9 期
页　　码　66 – 69

题　　名　清朝闭关政策及其对两次鸦片战争和洋务运动的消极影响
作　　者　孙占元
刊　　名　山东师范大学学报(人文社会科学版)
年 卷 期　1993 年 5 期
页　　码　33 – 38

摘　　要　在世界历史发展的长河中,中国曾经是一个拥有悠久灿烂的文化和发达的封建经济而长期处于领先地位的文明古国。然而,中国在它的最后一个封建王朝——清王朝统治时期,由于封建统治者昧于世界大势的发展变化,采取了闭关锁国政策,致使中国未能跟上世界近代历史前进的步伐,当西方许多国家已经冲破中世纪封建社会的羁绊而跨入资本主义社会的时候,清朝封建统治者却仍然昏睡在自给自足的封建"乐园"之中,最终把中国拖入落后挨打的境地。闭关锁国政策虽然被鸦片战争的炮火所打破,但它根深蒂固的潜在作用并没有消失,而是在晚清社会中留下了深深的痕迹。本文着重就清朝闭关锁国政策的消极影响予以考察。

题　　名　**清朝闭关政策研究述评**
作　　者　夏泉
刊　　名　清史研究
年 卷 期　2002 年 4 期
页　　码　122 – 124

题　　名　**清朝册封琉球国王航海针路之考实**
作　　者　徐玉虎
刊　　名　政大历史学报
年 卷 期　1987 年 5 期
页　　码　115 – 132

题　　名　**清朝的禁烟政策与鸦片贸易合法化问题述论**
作　　者　吕秀莲,刘艳秋
刊　　名　北方论丛
年 卷 期　1998 年 2 期
页　　码　47 – 49
摘　　要　鸦片问题是近代中国社会最严重的社会问题之一,鸦片其危害之大,甚于战争。在中国近代史上,鸦片问题可以说是一个可耻的象征。本文试就清朝的禁烟政策与被迫承认鸦片贸易合法化问题略作论述,以就教于同仁。

题　　名　**清朝的粤海关**
作　　者　西无
刊　　名　知识窗
年 卷 期　1997 年 8 期
页　　码　10 – 11

题　　名　**清朝对华侨看法的变化**
作　　者　颜清湟,庄国土
刊　　名　南洋资料译丛
年 卷 期　1984 年 3 期
页　　码　79 – 89

题　　名　清朝对台湾的治理与开发
作　　者　娄杰
刊　　名　两岸关系
年 卷 期　2008 年 3 期
页　　码　70－72

题　　名　清朝广东水师提督沿革考
作　　者　李媚
刊　　名　岭南文史
年 卷 期　2008 年 4 期
页　　码　13－16

题　　名　清朝海关对于民间海外贸易的管理
作　　者　陈希育
刊　　名　海交史研究
年 卷 期　1988 年 13 期

题　　名　清朝海关证税额的递增机制
作　　者　张晓堂
刊　　名　商业文化
年 卷 期　2007 年 15 期
页　　码　70－73
摘　　要　清朝政府口口声声说开海设关并不是为了些许税收,而是为百姓提供谋生之路,果真如此吗?从清代的海关税则及税率来看,名义税率确实不高,还有严惩海关人员勒索的告诫,这就使得清代的海关表面来说是轻税,其实具有很大的欺骗性,认真研究之后发现,清代的海关征税内含一个税额递增机制。从根本上决定了清朝海关税收的加重趋势。

题　　名　清朝海军兴衰初探
作　　者　袁瑛
刊　　名　重庆三峡学院学报
年 卷 期　1998 年 14 卷 4 期
页　　码　34－36
摘　　要　由于闭关锁国政策,清政府前期一直未重视海军的发展。鉴于两次鸦片战争的失利,从19 世纪 60 年代起,清廷开始着手组建近代海军,建立了较精锐的北洋舰队。由于清政府的腐败无能和李鸿章的指挥错误,使得福建水师和北洋舰队在中法马尾海战和中日甲午战争中先后被消灭。从此,清朝海军形同虚设,再无任何作战能力。

题　　名　清朝海军兴衰初探
作　　者　袁瑛
刊　　名　海洋开发与管理
年 卷 期　1999 年 2 期

页　　码　70－72

题　　名　**清朝末年海军经费的筹集**
作　　者　张瑞泉
刊　　名　军事经济研究
年 卷 期　1990年1期
页　　码　64－66

题　　名　**清朝前期的沿海贸易政策**
作　　者　吴育频
刊　　名　吉林财贸学院学报
年 卷 期　1990年3期
页　　码　62－64
摘　　要　清朝前期的沿海贸易政策,总的来看,是从开始偏紧而后又逐渐宽松的趋势。之所以如此,是由于各时期贸易政策变迁的经济、非经济诸因素所致。清朝建立之后,随着政局的日益稳定和沿海敌对势力日益削弱,加之开海贸易可以调剂地区供需,增加政府税收等一系列经济效益,所以便出现开海通商之举,对当时的经济发展无疑具有推动作用。

题　　名　**清朝前期的沿海四关——海关史话之四**
作　　者　蔡渭洲,谢咸铠
刊　　名　国际贸易
年 卷 期　1984年3期
页　　码　39
摘　　要　清初实行严厉的海禁。郑成功抗清运动失败后,清政府宣布开放海禁,但仍对海外贸易和国际交往严加限制,实行闭关政策。康熙24年(1685),清政府在广州、漳州(厦门)、宁波、江南(上海)四处设立海关,称为粤海关、闽海关、浙海关、江海关。当时这四个沿海海关和陆地关均由清政府的户部管理,所以又统称"户关"。四海关的负责官员也称"监督"。在清初的沿海四关中,以粤海关最为重要。

题　　名　**清朝前期海外贸易政策的"非闭关性"**
作　　者　李想,杨维波
刊　　名　粤海风
年 卷 期　2008年1期
页　　码　22－25

题　　名　**清朝前期与英国海外贸易政策的初步比较**
作　　者　陈尚胜
刊　　名　海交史研究
年 卷 期　2010年1期
页　　码　66－73
摘　　要　本文从造船和海洋航运政策、对本国海商和外国商人的政策、对进出口的管理措施和关税等三个方面,就清朝前期与英国海外贸易政策进行了比较研究。通过比较可以看出,清朝与英国在海外贸易政策上的差别，从政策倾向性上说是一种限制海外贸易和促进海外贸易的根本差别。

题　　名　清朝实行闭关政策的根本原因
作　　者　王卫恒
刊　　名　历史学习
年 卷 期　2003 年 Z1 期
页　　码　56 – 57

题　　名　清朝收复台湾策略述论
作　　者　王兴亚
刊　　名　河南大学学报(社科版)
年 卷 期　1998 年 4 期
页　　码　4 – 8
摘　　要　台湾自古以来就是中国的领土。清朝初年，台湾为郑氏所据有。为了收复台湾，清政府先后同郑氏集团进行了 11 次谈判。由于清政府缺乏坚强的军事实力，郑氏没有诚意，结果失败。在此期间，清政府曾经采用经济封锁手段，促其归附，也未能如愿。随着三藩之乱的平定，康熙二十二年，清政府改变策略，以战逼和，命施琅统兵进攻澎湖，一举攻占了澎湖列岛，歼灭了郑氏集团的军事力量，进而展开政治攻势，促使郑氏集团接受招抚条件，最终实现了台湾的和平统一。

题　　名　清朝台湾开发过程中的族群冲突
作　　者　褚静涛
刊　　名　南京社会科学
年 卷 期　2001 年 4 期
页　　码　44 – 49
摘　　要　清政府将台湾收归版图后，推行海禁政策。因闽粤人多地少，闽粤居民多偷渡台湾。在开发台湾的过程中，为获取生存空间，闽粤移民与原住民族发生冲突。闽粤移民逐渐占居主导地位的过程中，漳州人、泉州人、客家人之间因经济利益、文化信仰等问题产生矛盾与冲突，引发大规模的分类械斗。游民充斥，是台湾的变乱之源。清朝台湾开发过程中的族群冲突，与移垦社会的结构密切相关。

题　　名　清朝统一台湾和东南地区经济的发展
作　　者　吴量恺
刊　　名　华中师范大学学报(人文社会科学版)
年 卷 期　1982 年 1 期
页　　码　37 – 42

题　　名　清朝与朝鲜在盛京将军辖区的使行贸易
作　　者　金悦
刊　　名　辽宁经济
年 卷 期　2008 年 8 期
页　　码　100
摘　　要　所谓使行贸易，是指中国古代藩属国使团利用到北京朝贡的机会，同中国官方和民间进行的商品贸易。其形式有两种,一是同官方的贸易,也称为朝贡贸易,这是双方的宫廷贸易;二是同中国民间的贸易,即使团贸易,包括同中国商人的贸易和同普通市民的贸易。在17世纪初至19世纪末近300年的时间里,清朝与朝鲜在朝贡体制下保持了密切的政治经济联系,其中使行贸易作为双方重要的合法贸易方式,对双方的经济往来发挥了极为重要的作用。清代的盛京将军所辖区域,是中朝往来的必经之路,朝鲜使团在途中与中国官方和民间进行了大量的贸易活动,使盛京地区在两国经贸往来史上扮演了重要的角色。

题　　名　清朝与缅甸、暹罗封贡关系比较研究
作　　者　王巨新
刊　　名　广州大学学报(社会科学版)
年 卷 期　2010年11期
页　　码　92－96
摘　　要　缅甸、暹罗同处东南亚,同为朝贡国,但清朝与两国的封贡关系在建立、制度规定、发展演变、结束等方面有较大的差别。清朝与暹罗、缅甸封贡关系的差异性,说明清朝朝贡制度本身具有很强的国别和地区差异性。清朝与两国封贡关系的发展演变,则说明清朝朝贡制度是一个不断发展演变的过程。

题　　名　清朝乍浦水师营初探
作　　者　王惠
刊　　名　文教资料
年 卷 期　2006年26期
页　　码　76－77
摘　　要　乍浦水师营是清朝比较重要的一个水师营,也是发展比较成熟的一个。本文以乍浦水师营为例,力图从其建立、发展及衰落的过程中探讨清朝八旗水师的具体运作。

题　　名　清朝政府对待华工出国的政策——晚清华侨政策研究之四
作　　者　庄国土
刊　　名　南洋问题研究
年 卷 期　1985年3期
页　　码　87－95

题　　名　清朝中期的华侨出入国政策
作　　者　庄国土
刊　　名　南洋问题研究
年 卷 期　1986年2期
页　　码　43－50
摘　　要　雍正、乾隆年间,是清代华侨出国史上的一个重要阶段。在这一阶段中,清朝政府对华侨出入国的各项禁令逐步完备,并基本上稳定下来。

题　　名　清初(1683－1727)海上贸易政策和南洋禁航令
作　　者　庄国土

刊　　名　海交史研究
年 卷 期　1987 年 11 期

题　　名　**清初“海禁”期间海外贸易政策考**
作　　者　陈尚胜
刊　　名　文史
年 卷 期　2004 年 4 期

题　　名　**清初“迁海”对广东社会经济的影响**
作　　者　李龙潜,李东珠
刊　　名　暨南学报(哲学社会科学版)
年 卷 期　1999 年 21 卷 4 期
页　　码　47－57
摘　　要　清初“迁海”对广东社会经济的影响:一是严重地破坏了农业生产力,二是破坏了手工业生产,主要是盐业和制香业等,三是阻碍了沿海商品经济的发展,四是造成地方财政困难,加重了人民的赋役负担。此外,对文化教育的影响也很大。总之,“迁海”是清政府的弊政。推迟了广东社会经济的发展几十年。

题　　名　**清初闭关锁国政策再探讨**
作　　者　陈为
刊　　名　文教资料
年 卷 期　2007 年 21 期
页　　码　121－123
摘　　要　中国封建社会在相当长的历史时期内遥遥领先于世界前列,这种辉煌与发达铸就了中华民族强大的自尊与骄傲。鸦片战争后,当中国从世界发达国家的名单中消失之后,一部分先进的中国人开始反思,造成近代中国落伍的主要原因到底是什么? 一般认为,是清朝长期实行的闭关锁国政策。事实上,造成近代中国落后的原因是多方面的,闭关锁国政策固然难辞其咎,但这一政策在清初也曾起到过一定的积极作用。

题　　名　**清初漕赋**
作　　者　赵践
刊　　名　历史档案
年 卷 期　1999 年 3 期
页　　码　86－92
摘　　要　明清之际,赋役普遍征银,所谓“今日输官之物皆用银。”但是漕赋制度仍然存在,因而漕粮的征收作为漕赋的实质,也就愈益突出了。

题　　名　**清初册封琉球国王尚质始末**
作　　者　吴元丰
刊　　名　历史档案
年 卷 期　1996 年 4 期

页　　码　75－83

摘　　要　中琉两国关系源远流长，早在隋唐时期就有了交聘往来。至明洪武年间，明朝开始册封琉球国王，使两国关系更加密切。清朝建立全国性政权后，沿袭明制，仍册封琉球国王。清朝第一个册封的琉球国王是尚质，其册封过程经历了十余年时间，通过这次册封，最终恢复了清代的中琉两国关系。所以，搞清楚清初册封琉球国王尚质的全部过程，对研究有清一代中琉关系史具有十分重要的意义。本文根据新近发现的清宫满汉文档案，并结合有关文献，对清初册封琉球国王尚质的全过程试作论述。

题　　名　**清初赐封妈祖天后问题新探**

作　　者　徐晓望

刊　　名　福建师范大学学报（哲学社会科学版）

年 卷 期　2007 年 2 期

页　　码　28－35

摘　　要　本文通过对康熙朝原始资料的考证，证明清朝廷在康熙二十三年前后未曾授封妈祖为天后，清代文献中记载康熙二十三年赐封天后的记载，是后人篡改原始文献的结果。但是，康熙中叶，闽台沿海民间皆有人称呼妈祖为天后，受其影响，雍正年间的闽台官员多以为康熙二十三年确实有天后之封，并将其上奏皇帝，造成雍正帝的错误。乾隆皇帝不愿彰显其父的错误，将错就错，正式封赐天妃为天后。其后，在官方政书中，将封赐天后远溯康熙二十三年，编造了施琅请封天后、康熙帝批准的神话。

题　　名　**清初的迁海**

作　　者　顾诚

刊　　名　北京师范大学学报（社会科学版）

年 卷 期　1983 年 3 期

页　　码　60－72

题　　名　**清初的中暹日三角贸易**

作　　者　沙拉信·维拉福尔，颜章炮

刊　　名　南洋资料译丛

年 卷 期　1991 年 2 期

页　　码　102－109

题　　名　**清初的中暹走私贸易**

作　　者　沙拉信·维拉福尔，颜章炮

刊　　名　南洋资料译丛

年 卷 期　1991 年 1 期

页　　码　81－90

题　　名　**清初福建赶缯战船复原**

作　　者　许路

刊　　名　现代舰船

年 卷 期　2010 年 1 期

页　　码　55－59

题　　名　清初福建赶缯战船复原研究
作　　者　许路
刊　　名　海交史研究
年 卷 期　2008 年 22 卷 54 期
页　　码　47 – 74

摘　　要　古代的福船究竟是什么样子？怎样建造起来的？又是如何操控驾驶？《钦定福建省外海战船则例》和《闽省水师各标镇协营战哨船只图说》是记载清初水师战船建造工料定额的官方文件，这两册古籍的发现、解读和研究，以及沿用福建传统造船法式对其中一款赶缯战船进行复原建造实验，从造船技术史角度初步解开了清初福建外海赶缯战船的船型与建造技术之谜。

题　　名　清初福建与日本的贸易
作　　者　韩昇
刊　　名　中国社会经济史研究
年 卷 期　1996 年 2 期
页　　码　59 – 64

题　　名　清初广东"迁海"的经过及其对社会经济的影响——清初广东"迁海"考实
作　　者　李东珠
刊　　名　中国社会经济史研究
年 卷 期　1995 年 1 期
页　　码　94 – 101

题　　名　清初广东海洋经济
作　　者　刘正刚
刊　　名　暨南学报（哲学社会科学版）
年 卷 期　1999 年 21 卷 5 期
页　　码　106 – 115

摘　　要　清初为了对付台湾郑氏政权，清廷在沿海地区实行了残酷的迁海措施。迁海实质是防内之海防。防内几成为清前期海防之国策。迁海期间，各种海防工事的构筑与严密防守，对宋明以来蓬勃发展起来的广东海洋经济是一次灾难性的打击。

题　　名　清初广东商人麦灿宇和日本的长崎贸易
作　　者　罗晃潮
刊　　名　岭南文史
年 卷 期　1994 年 2 期
页　　码　45 – 46

题　　名　清初海禁期间的中暹朝贡贸易
作　　者　沙拉信 · 维拉福尔，颜章炮
刊　　名　南洋资料译丛

年卷期　1990年4期
页　　码　94－101
摘　　要　满洲人在征服中国东南部的过程中，继承了这一地区与东南亚及东洋其它地区帆船贸易的传统。但是，这一地区是北京新王朝最后获得的版图。在胜利进京后的近四十年时间里，这些外来征服者在广东、福建和浙江沿海面临着严重的安全问题，各种反满复明的抵抗新政权的斗争此起彼伏，连绵不断。中国清朝和暹罗阿瑜陀耶王朝就在这样的背景下开始了双方的贸易。

题　　名　**清初海禁时期广东的海外贸易与十三行**
作　　者　赵立人
刊　　名　国际经贸探索
年卷期　1985年4期
页　　码　49－51

题　　名　**清初江海关关址质疑**
作　　者　谢俊美
刊　　名　历史教学
年卷期　1990年12期
页　　码　41－43
摘　　要　1685年(清康熙二十四年)海禁解除，清政府开放粤海、闽海、浙海、江海四关。粤海关设于澳门(旋改广州)，闽海关设于漳州，浙海关设于宁波，但江海关设于何处未作明文规定，以致长期以来成为史学界争论的问题。

题　　名　**清初金沙江航道的开凿工程与航运效益**
作　　者　羊枣
刊　　名　曲靖师范学院学报
年卷期　1993年12卷1期
页　　码　12－17
摘　　要　金沙江航道的开凿，在中国航运史上写下了光辉的一页。其工程之浩大在中国古代史中实属罕有。其航道畅通不独产生经济效益，且对边地民生有利。促进了沿江两岸经济繁荣和社会发展。特别当今国务院把金沙江航道开发列为重要项目之际，前人这一壮举对今天不无借鉴参考之意义。

题　　名　**清初金沙江航道开凿的背景与争论**
作　　者　羊枣
刊　　名　曲靖师范学院学报
年卷期　1992年11卷3期
页　　码　66－70
摘　　要　金沙江航道的开凿，在长江的航运史上有着十分重要的意义。交通的发展与生产规模的扩大总是相辅相成的，铜矿和铅矿的开采、冶炼，原木的采伐与利用，促进了金沙江航道的开凿，也引发了开凿航道疏通的有关争论。

题　　名　**清初开“海禁”后天津的繁荣**
作　　者　群力
刊　　名　天津史志
年 卷 期　1986 年 4 期
页　　码　71 – 73

题　　名　**清初开放海禁考略**
作　　者　刘奇俊
刊　　名　福建师范大学学报(哲学社会科学版)
年 卷 期　1994 年 3 期
页　　码　123 – 125
摘　　要　清初何时开放海禁?目前史学界有多种说法。一种观点认为,1684 年(康熙二十三年)开了海禁,允许外商自由到广州、漳州、宁波、云台山等四口通商;另一种观点认为,1685 年(康熙二十四年)开了海禁,设闽、粤、江、浙四关;还有一种观点认为,1684 年(康熙二十三年)正式停止海禁,次年分别设立四省海关。以上说法笔者均不敢苟同。本文试就清代前期开放海禁的过程作一探索。

题　　名　**清初两次对台斗争及其经验启示**
作　　者　郭振
刊　　名　南京社会科学
年 卷 期　2000 年 6 期
页　　码　30 – 34
摘　　要　明末清初,我国历史上曾出现过两次对台斗争。一次是郑成功的收复台湾,一次是康熙帝领导、施琅指挥的统一台湾。这两次斗争的共性就是以军事斗争为主的各种斗争方式综合运用。这说明了在对台斗争中和平方式与武力方式综合运用的科学性,也说明了我们不承诺放弃武力的必要性。从这两次对台军事斗争的经验和教训中,我们可以得出今天解决台湾问题的一些重要启示。

题　　名　**清初闽粤人口压迫与偷渡台湾**
作　　者　庄吉发
刊　　名　大陆杂志
年 卷 期　1980 年 60 卷 1 期
页　　码　25 – 33

题　　名　**清初南洋铜商与中日贸易**
作　　者　姚礼林,姚钢
刊　　名　牡丹江师范学院学报(哲社版)
年 卷 期　2003 年 5 期
页　　码　41 – 42,97

题　　名　**清初迁海界对广东沿海地区经济的破坏**
作　　者　蔡琼红
刊　　名　汕头方志通讯

年 卷 期　1990 年 1 期
页　　码　38－45

题　　名　清初迁海时期澳门考略(1661－1683)
作　　者　郑德华
刊　　名　学术研究
年 卷 期　1988 年 4 期
页　　码　63－67
摘　　要　清初,统治集团为了扑灭在台湾的郑氏势力,决定在东南沿海 5 省实行迁徙政策。广东经康熙元年(1662)和三年(1664)两次大迁徙,从饶平县的分水关至钦州的防城沿海一带,几乎成了无人居住的禁区,惟独澳门例外。以往论及迁徙问题的论著不少,但奇怪的是,在这些论著中却很少论及澳门问题,或往往"点到即止"。因而,清初朝廷对澳门的基本政策,迁徙时期澳门采取的措施,这个时期澳门贸易状况等等问题,值得进一步探讨。

题　　名　清初迁海时期的海外贸易形式
作　　者　李金明
刊　　名　南洋问题研究
年 卷 期　1995 年 3 期
页　　码　1－8,25

题　　名　清初迁海事件中的潮州宗族
作　　者　黄挺
刊　　名　社会科学
年 卷 期　2007 年 3 期
页　　码　139－151
摘　　要　清初迁海事件,一直为国史和地方史研究者所关注,已经有许多出色的研究成果。本文的旨趣,不在迁海事件本身,而以潮州为例,利用族谱、碑刻等地方文献资料,论述迁海与复界的过程,宗族作为一种自 16 世纪以后日益重要的地方社会力量,与执行国家权力的官府之间的互动。

题　　名　清初迁海与郑氏势力控制下的厦门海外贸易
作　　者　冯立军
刊　　名　南洋问题研究
年 卷 期　2000 年 4 期
页　　码　85－94
摘　　要　清政府为消灭郑氏势力,实行迁海政策,企图使郑氏由于军需枯竭,不战而败。但使清政府始料不及的是,郑氏海商集团乘机垄断了对日本和东南亚的贸易,不仅组织山海十大商进行贸易,而且成立东西洋船队,出租海船,收取租金。在郑氏的苦心经营下,厦门逐渐发展成为清初东南沿海重要的海外贸易港口之一。

题　　名　清初迁界令考
作　　者　浦廉一 著;赖永祥 译

刊　　名　台湾文献
年 卷 期　1955 年 6 卷 4 期

题　　名　清初迁界令时期明郑商船之研究
作　　者　朱德兰
刊　　名　史联杂志
年 卷 期　1985 年 7 期

题　　名　清初琼州与日本长崎的贸易钱币
作　　者　芮锡森,张书裔
刊　　名　海南金融
年 卷 期　1995 年 9 期
页　　码　44 – 45

题　　名　清初人口流动与乾隆年间(一七三六——一七九五)禁止偷渡台湾政策的探讨
作　　者　庄吉发
刊　　名　淡江史学
年 卷 期　1989 年 6 期

题　　名　清初人口流动与乾隆年间禁止偷渡台湾政策的探讨
作　　者　庄吉发
刊　　名　淡江史学
年 卷 期　1989 年 1 期

题　　名　清初四榷关地点和贸易量的考察
作　　者　彭泽益
刊　　名　社会科学战线
年 卷 期　1984 年 3 期
页　　码　128 – 133
摘　　要　清初四榷关在中国经济史研究和教学中是经常被提及的。但是,四榷关到底设在哪里?四港贸易量到底有多大?从商业外贸关系中反映当时商品经济又有哪些发展变化?这都是值得注意和探讨的问题。

题　　名　清初四省海关衙署设置新探
作　　者　黄国盛
刊　　名　福建师范大学学报(哲学社会科学版)
年 卷 期　1999 年 2 期
页　　码　89 – 95
摘　　要　著名学者彭泽益先生曾撰文对江海关署设云台山之说提出辩疑。但至今仍众说纷纭,或有学者认为江海关初设于江南云台山、或有论者以为设在镇江云台山。学术界对其他省份海关设置地点的看法亦不尽相同。本文发掘人们未曾关注的重要史料,不仅考证了以往“流行说法的最初源头”;考察了清初四省海关的实际设置过程；而且结合对清初“海关”职能、特点的分析，得出结论——清代海关衙署设置的最大特色就是：海关监督衙署所在地，或是该省沿海政治、经济重心地区，或是该省沿海首屈一指的重要通商口岸。

题　　名　**清初苏州商船赴日贸易史实辨析**
作　　者　荆晓燕
刊　　名　故宫博物院院刊
年 卷 期　2007 年 4 期
页　　码　62 - 65
摘　　要　顺治九年(1652)，一艘赴日本贸易的苏州商船回国。史学界对该商船的赴日时间及贸易方式存在争议：一说是 1644 年赴日，在日本进行了八年的海外贸易；一说是 1650 年或 1651 年私自出海，交易完毕后即回国。本文根据明清档案及朝鲜史料对该事件的记载，以及当时中国、东南亚、日本之间的贸易状况进行综合考察，可以肯定该商船是于 1644 年前往日本，并在日本与交趾之间从事贸易活动。

题　　名　**清初台湾郑氏政权与英国东印度公司的贸易**
作　　者　林仁川
刊　　名　中国社会经济史研究
年 卷 期　1998 年 1 期
页　　码　8 - 15，38

题　　名　**清初统一台湾过程中闽海制海权的争夺**
作　　者　曾景春
刊　　名　军事历史
年 卷 期　2004 年 2 期
页　　码　32 - 34
摘　　要　1683 年，康熙派福建水师提督施琅，东征台湾。施琅统率水师，经 7 天惨烈海战，击溃据守澎湖的郑军水师，逼使割据台湾的郑氏政权降清，从而实现了统一台湾的大业。这个历史业绩的获得，是历经了 20 年艰难、反复的较量，清朝付出重大代价夺得闽海的制海权之后才取得的。

题　　名　**清初吴川海禁迁界**
作　　者　白虹 整理
刊　　名　湛江史志
年 卷 期　1990 年 1 - 2 期
页　　码　31 - 32

题　　名　**清初鸦片战争前夕南洋华侨的人口结构**
作　　者　庄国土
刊　　名　南洋问题研究
年 卷 期　1992 年 1 期
页　　码　65 - 72
摘　　要　清初至鸦片战争前夕，南洋华侨社会有了很大发展，华侨的数量、职业和籍贯结构与明代相比，起了很大变化。

题　　名　**清初在华欧洲传教士与中国早期的海外留学**
作　　者　谭树林
刊　　名　历史教学
年 卷 期　2002 年 6 期
页　　码　25－29
摘　　要　中国人到欧洲留学始于清初，发起者为在华欧洲传教士。这些留欧学生在海外学习西方语言和基督教理的同时，也向所到国家适时介绍有关中华民族的思想文化和生活习俗，谱写了中西文化交流的新篇章。

题　　名　**清初在拉发渡口制造战船概述**
作　　者　安双成
刊　　名　历史档案
年 卷 期　1995 年 2 期
页　　码　82－84
摘　　要　在有清一代的我国东北，每当谈及制造船只，人们自然与吉林（今天的吉林市）联系在一起，因为吉林素有船厂之美名。但很少有人知道另一个造过船只的地方，即盛京（今沈阳市）以东宁古塔（今宁安）所辖之拉发渡口。档案史料证明，曾经在这里制造过许多战船，并在抗击沙俄侵略方面发挥了很大作用。本文拟围绕清顺治十四五年间在拉发渡口制造战船，以及造船之目的、过程等问题，作一简要介绍。

题　　名　**清初郑成功残部之移植南圻（上）**
作　　者　陈荆和
刊　　名　新亚学报
年 卷 期　1960 年 5 卷 1 期

题　　名　**清初郑成功残部之移植南圻（下）**
作　　者　陈荆和
刊　　名　新亚学报
年 卷 期　1968 年 8 卷 2 期

题　　名　**清初至道光年间漕运、盐业与汉口的城镇经济**
作　　者　罗晓辉
刊　　名　天府新论
年 卷 期　2006 年 Z1 期
页　　码　106－107
摘　　要　汉口处水路交通要道，明清以来，漕运与盐业借此大发展。粮食与食盐的大额贸易带动了汉口相关行业的发展，促进了汉口与其他地区的经济联系，推动了码头建设，是汉口经济鼎盛的重要原因。汉口的城市经济与盐、漕业兴衰密不可分。

题　　名　清初中国与南洋关系

作　　者　庄国土

刊　　名　台湾研究集刊

年 卷 期　1983 年 2 期

页　　码　127 – 132

摘　　要　三百年前,康熙统一台湾,使千百年来中华子孙开辟的宝岛隶属统一的中央政权,结束了中国大陆与台湾和其他沿海岛屿长达三、四十年的军事对峙局面,其政治、经济乃至军事意义是难以概述的。本文只略述统一台湾前后中国与南洋的贸易和华侨出国之概况,从这个角度说明康熙统一台湾的意义。

题　　名　清初中琉交涉及封贡关系的确立——兼论清初封贡关系的特点

作　　者　朱法武

刊　　名　求索

年 卷 期　2009 年 12 期

页　　码　199 – 202

摘　　要　清代初期,清王朝谋求构建以其为中心、涵盖周边国家的封贡体制。而就此体制与琉球的交涉中,清廷采取积极主动的态度;而琉球出于对本国安全及贸易利益的考虑,对清廷的交往要求显现出犹豫观望的立场,在清廷、南明政权之间及在三藩之乱中采取等距离外交的策略。直到清王朝的统治完全确立后,方才同清建立了稳固的封贡关系。清琉交涉也反映了清初封贡体制的建立特点。

题　　名　清初中日长崎贸易

作　　者　李金明

刊　　名　中国社会经济史研究

年 卷 期　2005 年 3 期

页　　码　44 – 49

摘　　要　清初的中日贸易实际是中国商船到长崎的贸易。日本政府为防止国内白银和铜的大量外流,多次采取各种限制措施。中国商人在长崎除了受到各方面的限制外,还要面对荷兰东印度公司的竞争和日本实行的贸易保护主义。至乾隆初年,云南铜矿产量大增,取代了日本铜的使用,中日长崎贸易遂逐渐走向衰落。

题　　名　清初中日海上贸易

作　　者　李金明

刊　　名　南洋问题研究

年 卷 期　1993 年 1 期

页　　码　53 – 61

摘　　要　清政府入主中原后,为了解决铸造钱币所需要的铜斤,一反明朝对日本实行海禁的政策,鼓励商民到日本贩运洋铜,遂使清初的中日海上贸易迅速地发展起来,即使在实行海禁以至迁海期间,中日海上贸易仍然以不同的方式进行着。本文拟对迁海时期以及康熙开海禁后中日海上贸易的发展作一初步的探讨。

题　　名　清代(1644 – 1840)中日两国贸易管理之比较

作　　者　胡孝德

刊　　名　史学月刊
年 卷 期　2001 年 5 期
页　　码　53 – 57
摘　　要　清朝政府通过设立海关和任命海关官员、征收关税、加强对贸易商船的管理来进行对日贸易管理,有一整套管理制度,而日本政府则没有形成系统的管理制度,但管理方法切实可行。两国政府从统治者的立场出发,采取种种措施,限制两国贸易的进行,有较严格的封闭性;在具体的管理方法上,各有特点,两国的管理措施都是严密有效的。

题　　名　清代“广东十三行”的贸易制度演化
作　　者　隋福民
刊　　名　社会科学战线
年 卷 期　2007 年 1 期
页　　码　81 – 84
摘　　要　本文以新制度经济学理论为视角对清朝的“广东十三行”贸易制度演化历史作一简要梳理。清朝的贸易制度在中央政府、地方官吏、行商、散商、外商、外国政府等多个主体的持续博弈中不断演化,最终完成了制度变迁:朝贡体制变成国与国对等的贸易体制。

题　　名　清代“海禁”对中国航海事业的影响
作　　者　吴长春
刊　　名　大连海事大学学报
年 卷 期　1992 年 18 卷 3 期
页　　码　332 – 336
摘　　要　论述了“海禁”政策对中国航海事业所造成的消极影响和破坏作用,分析了“海禁”政策造成中国航运贸易衰弱,“海禁”使中国科学技术落后停滞,造船业大倒退,航海技术停滞等后果。

题　　名　清代《天后宫过会图》释析
作　　者　李露露
刊　　名　东南文化
年 卷 期　2002 年 2 期
页　　码　6 – 26
摘　　要　北京中国历史博物馆收藏一件清代《天后宫过会图》画册,这是反映天津祭祀海神娘娘盛会的生动写照,又是华北地区民间文艺的集萃。《天后宫过会图》是一部以绘画形式,并配有较详细的文字说明,真实地描述了清代天津天后宫的盛会场面。该图纸本设色,共有 89 幅,每幅纵 63 厘米、横 113 厘米,清人无名氏绘。

题　　名　清代《天后圣母圣迹图志》版系探佚
作　　者　蒋维锬
刊　　名　莆田学院学报
年 卷 期　2009 年 4 期
页　　码　71 – 73
摘　　要　清代影响最大、重刻次数最多的一部妈祖志书为《天后圣母圣迹图志》,但该书原编者及初刊年代,目前均不详。通过梳理史料,该书的流传本,大体可归纳成江苏苏州初版、广东版系和闽浙版系三个版本系统。对各版系刻本亦略作考证,可供妈祖志书研究者作参考。

题　　名　**清代安康地区河运习惯法碑刻资料解读**

作　　者　孙丽娟

刊　　名　清史研究

年 卷 期　2002 年 4 期

页　　码　57－69

摘　　要　清代安康地区河上运输非常繁忙,对安康地区经济文化的对外交流与发展贡献极大。但由于地理环境的因素,河上运输的风险大,事故与纠纷频繁,于是安康地区河运习惯法应运而生,填补了国家制定法的不足。从已发掘的碑版资料来看,安康的河运法不仅包含有调整河运纠纷的具体规定,且体现出现代商事法及其特别法海商法的一些主要的原则和精神,颇有值得研究的价值。

题　　名　**清代庵埠港的盛衰**

作　　者　洪英

刊　　名　汕头大学学报(人文社会科学版)

年 卷 期　2005 年 21 卷 1 期

页　　码　85－89

摘　　要　庵埠港在清代潮汕地区的沿海各港口对外贸易中,占有十分重要的地位,它兴衰隆替的历史变迁,从一个侧面反映了当时潮汕地区经济由盛而衰的历程。根据对史料的分析,可以认为,地理位置的优劣、港口的通塞和统治阶级的对外贸易政策等一系列因素是清代庵埠港兴衰更替的主要原因。

题　　名　**清代保障商旅安全的法律机制——以《西江政要》为例**

作　　者　龚汝富

刊　　名　清史研究

年 卷 期　2004 年 4 期

页　　码　46－50

摘　　要　商旅安全是商业社会非常重要的社会问题,直接关系到市场的形成和稳定。根据商旅行程的基本规律,要确保其安全,关键是规范陆路脚夫、水路船户和歇店的法律责任。本文通过引用清代《西江政要》中的法律文本和案例,分析了清代保障商旅安全的法律措施的运用情况,藉以对我国封建社会后期商业运行机制及其管理办法进行探讨,对目前我国建立和完善市场经济主体的责任归属问题,提供一个历史参照。

题　　名　**清代北部湾的航运主角——头艋**

作　　者　黄家蕃

刊　　名　航海

年 卷 期　1984 年 3 期

页　　码　18－19

摘　　要　广西频南的北部湾,不但以优良的渔场著称于世,而且沟通钦州地区腹地的钦江和北流江、浔江,自秦汉以来,是我国与东南亚各国和地区的海上交通要道。自元朝以后,进入北部湾各口岸的远洋"番舶"与日俱增,设有专司管理外国商船的机构"市舶司"。明嘉靖以后,结束了明初的闭港政策,港口对外重开，巨型商船日益增多。

题　　名　清代北京的朝鲜使馆
作　　者　祁庆富，金成南
刊　　名　清史研究
年 卷 期　2004 年 3 期
页　　码　107－114

题　　名　清代闭关锁国政策述评
作　　者　常霞
刊　　名　濮阳教育学院学报
年 卷 期　2003 年 3 期
页　　码　11－12
摘　　要　18 世纪上半叶，由于西方殖民主义列强入侵，对中国主权形成严重威胁，而清王朝的对外政策逐渐走向力图禁绝一切中外交往的闭关锁国之路，使中国被隔绝于世界之外，从而错过了与世界同步发展的近代化历程。

题　　名　清代闭关锁国政策新论
作　　者　徐映奇
刊　　名　广州社会主义学院学报
年 卷 期　2004 年 1 期
页　　码　65－69
摘　　要　学界在“一口通商”研究中，囿于“闭关”与“开放”二元对立思维定势，无法打破或闭关，或开放，或折中调和论的怪圈。用发展的眼光去考察它的形成和演变，从而打破思维习惯，在充满矛盾的意见或现象中找到潜在的统一逻辑，认为发展具有明显的阶段性，“一口通商”不是一成不变的，18 世纪的“一口通商”适应了历史的发展，19 世纪的“一口通商”则不适应历史的发展。

题　　名　清代闭关政策评析
作　　者　庞云平
刊　　名　理论探索
年 卷 期　1986 年 2 期
页　　码　1－23
摘　　要　人们习惯上把清代的对外政策称为闭关政策。其实，闭关政策不仅是清代的对外政策，同时也是一种对内政策。它是由明代的“海禁”政策演变发展而来的。所不同的是，清代闭关政策不只限于外贸和外交领域，而且在政治、经济、思想、文化、科学技术以及社会生活等方面带有与世隔绝和盲目排外的倾向。

题　　名　清代闭关政策释疑二则
作　　者　刘晓娟
刊　　名　历史学习
年 卷 期　2002 年 2 期

页　　码 37

题　　名 **清代闭关政策原因浅论**
作　　者 康庚
刊　　名 长江论坛
年 卷 期 1985 年 6 期
页　　码 44－46,43
摘　　要 满清入关之初,为了对付郑成功的反抗,曾经实行严厉的海禁。康熙二十三年(1684)施琅平定郑克塽后即令开海,设广州、漳州、宁波、云台山四关与海外贸易。乾隆二十二年(1757)关闭三关,只留广州一处。而且设立公行,以十三公行垄断进出口事务。又对外商在华活动规定种种限制:乾隆二十五年(1760)两广总督李侍尧上奏《防夷五事》,由政府颁布执行;嘉庆十四年(1809)颁布《民夷交易章程》;道光时制定《防范夷人章程》及《八条章程》等。此外,还对输出物资严加控制——清朝政府的这些旨在阻遏或限制中外交流的措施,通常被称作"闭关政策"。清史及近代史学者从来重视对这一政策的研究,因为它不仅是清朝政府的基本对外方针,而且作为传统,极大地影响了近代甚至现代中国的对外态度。在这样一个重大课题中的许多问题上,史学界向有争议,本文不揣鄙陋,试图对这一政策产生的原因作一个粗浅的论述,以求正于大家。

题　　名 **清代漕粮海运与经济区域的变迁**
作　　者 倪玉平
刊　　名 石家庄学院学报
年 卷 期 2005 年 7 卷 4 期
页　　码 17－21,109
摘　　要 漕粮海运是晚清最重要的漕粮运输方式。这种运输方式的变化,对清代运河经济区和沿海经济区产生了非常重要的影响。河运漕粮的盛行,直接推动了运河沿岸城镇的繁荣与商品经济的发展。一方面,漕粮海运是构成运河带经济区衰落的重要原因。另一方面,漕粮海运对沿海经济的兴起起了推动作用。它对沿海经济的影响,由点到面,重点集中于若干个与漕运相关的城市。

题　　名 **清代漕粮加赋初探**
作　　者 晏爱红
刊　　名 中国经济史研究
年 卷 期 2009 年 4 期
页　　码 59－65

题　　名 **清代漕粮在京城的社会功用**
作　　者 吴琦
刊　　名 中国农史
年 卷 期 1992 年 2 期
页　　码 60－62,18
摘　　要 几乎所有给"漕运"下有定义的文章著述,均认为漕粮在京城的作用只限于供给皇室及宗族的靡费,满足京城百官的俸禄,以及提供驻京军队的兵饷,这是极不全面的。漕粮在京城的社会功用十分广泛,主要包括:(1)供应皇室及王公的日用食粮;(2)用于京籍百官和驻京军队的俸禄和兵饷;(3)赈济灾民；(4)平粜以稳定市场；(5)支付京城各衙门吏役、各部工匠等的食粮。

题　　名　**清代漕粮征派中的官府、绅衿、民众及其利益纠葛——以清代抗粮事件为中心的考察**
作　　者　吴琦，肖丽红
刊　　名　中国社会经济史研究
年 卷 期　2008年2期
页　　码　48－59
摘　　要　漕粮征派将朝廷、州县官府、绅衿胥吏与地方民众有机地联系了起来。漕粮征收的顺利完成需要多方力量的协同合作。然而驱动各社会力量形成互动的不仅仅是漕粮征派这一形式，还有由此而形成的利益关系，漕运中众多重大社会事件无不由此而生。抗粮事件不仅是征漕各方矛盾爆发的一种形式，更是群体利益关系中本质问题的集中体现。本文以此为中心的考察，揭示了清代社会各阶层的生存状况及他们之间在利益纠葛下的群体互动，并从一个侧面透视出清代漕政的制度缺陷以及社会变化。

题　　名　**清代漕运水手的结帮活动及其对社会的危害**
作　　者　陈峰
刊　　名　社会科学战线
年 卷 期　1996年2期
页　　码　140－145
摘　　要　在清代以输送粮食为主的官方漕运业中，存在着近十万人的一大批职业水手，这些人既是生活在社会底层的劳动者，也是当时颇具破坏性的社会阶层之一。他们最初结帮活动的目的具有明显的互助共济性，但到清中叶以后，在日益浓厚的流氓作风的影响下，其帮会活动的方向逐渐转向排它性和破坏性，从而对运河两岸广大地区带来了相当严重的危害，晚清漕运终结后，原来水手的帮会组织遂演变成“清帮”这一著名的黑社会组织。

题　　名　**清代漕运水手行帮会社的形成：从庵堂到老堂船**
作　　者　吴琦
刊　　名　江汉论坛
年 卷 期　2002年12期
页　　码　57－61
摘　　要　漕运水手行帮会社的形成标志着漕运水手组织在性质上的根本转变。在乾隆三十三年的水手罗教案中，清廷采取了与前朝完全不同的处置方式：拆毁水手赖以生存的庵堂，销毁罗教经像，治罪教内主要成员。严厉的惩治迫使水手罗教的活动由庵堂转移至老堂船，由公开转向秘密，并逐渐建构起了一套权力体系，最终促使具有宗教互助性质的水手罗教转变为具有民间秘密组织性质的行帮会社。此后，随着运河河运的废止，这一组织遂演化为早期青帮。

题　　名　**清代漕运兴废与山东运河沿线社会经济的变化**
作　　者　戴鞍钢
刊　　名　齐鲁学刊
年 卷 期　1988年4期
页　　码　89－93
摘　　要　清王朝建立后，沿袭明代成法，规定每年从鲁、江、浙、赣、洲、鄂、皖和豫八省，额征漕粮四百万石,经京杭大运河输往北京,以满足其官俸、军饷和宫廷靡费的需要。漕运的推行,直接关系到封建国家机器的运转,向来受到清政府的重视,所谓"漕粮为天庾正供,俸米旗饷计口待食,为一代之大政。"山东是八省漕粮必经之地。大运河从鲁南兖州府峄县台庄由苏北进入山东境内,转向西北过微山、昭阳、南旺、安山等湖,进入鲁西平原,最后由德州桑园镇出境进入直隶,纵贯山东,全长一千余里,途经四府两直隶州。清代漕运鼎盛时,每年有各省漕船六千余艘,循运河经这些地区北上。漕运的兴废,与山东运河沿线社会经济的变化息息相关。

题　　名　**清代漕运与南北物资交流**
作　　者　张照东
刊　　名　清史研究
年 卷 期　1992 年 3 期
页　　码　67 – 73
摘　　要　漕运在维持清朝封建统治方面所起的经济命脉作用,已为史学界所熟知。而清代漕运在沟通南北物资交流方面的作用,却很少被人们所论及。现根据我在中国第一历史档案馆查阅到的档案资料,结合有关文献,对这一问题作些初步考察,以期有助于清代社会经济史研究。

题　　名　**清代漕运与商业**
作　　者　吴琦
刊　　名　研究生学报
年 卷 期　1986 年 3 期

题　　名　**清代漕运运输者的私货运销活动**
作　　者　陈峰
刊　　名　西北大学学报(哲学社会科学版)
年 卷 期　1997 年 27 卷 4 期
页　　码　30 – 33
摘　　要　清代时期,在官方性的漕运业中广泛地存在着运输者以盈利为目的的私货运销活动,其活动方式多样,经营品种广泛。对此清王朝继承了前代的做法,采取了更为现实的态度,不断放松对私货的限制,遂使这种活动的规模日益扩大,在当世南北商品流通交换领域里扮演了独特而重要的角色。

题　　名　**清代漕运组织及其吏治**
作　　者　吴琦
刊　　名　研究生学报
年 卷 期　1987 年 2 期

题　　名　**清代册封琉球体制初探**
作　　者　丁春梅
刊　　名　福建师范大学学报(哲学社会科学版)
年 卷 期　2008 年 5 期
页　　码　107 – 112
摘　　要　有清一代,政府一共八次遣使琉球册封新国王。清政府极其重视对琉球新国王的册封活动,从册封使的遴选、各级官府积极备办册封事务,到册封使往返琉球的情形,在中琉关系档案中均有记载,这些档案为我们研究清代的册封体制提供了弥足珍贵的史料。

题　　名　**清代册封使与中琉文化交流**
作　　者　吴怀民,明磊
刊　　名　福建史志
年 卷 期　2003 年 2 期
页　　码　31 – 33
摘　　要　自清初康、雍时期直至鸦片战争以前,清政府建立了以中国为中心的对周围许多属国的册封朝贡体制,琉球即是其中一个重要的属国。清代往封琉球国王共 8 次,往封的使臣(册封使)多选品学兼优的翰林官担任,使团规模庞大,使臣从客中聚集了文学、书画、音乐、医术等多方面的人才,在琉球活动时间长达数月,使团人员同琉球各界人士广泛接触,为中琉文化交流做出了很大的贡献。

题　　名　**清代茶叶贸易盛衰原因浅析**
作　　者　张静
刊　　名　茶业通报
年 卷 期　1985 年 3 期
页　　码　30 – 31
摘　　要　1866 – 1886 年,此二十年是清朝茶叶生产发展和对外贸易的兴盛时期,但从 1886 年以后,清代茶叶就开始每况愈下,岌岌可危,至 1918 年后,陷入衰退时期。试就清茶盛衰的原因,提些不成熟意见。

题　　名　**清代茶叶贸易兴衰初探**
作　　者　俞其坤,宿迷菊
刊　　名　中国茶叶加工
年 卷 期　2007 年 2 期
页　　码　43 – 47
摘　　要　我国清代的茶叶贸易经历了一个由发展到兴盛再到衰退的过程。本文对清代茶叶贸易的兴衰进行了概述,并探索了其由盛及衰的原因。以期达到回顾历史,以史为镜的作用,来促进我国现代茶叶贸易的健康发展。

题　　名　**清代长江上游救生红船制初探**
作　　者　蓝勇
刊　　名　中国社会经济史研究
年 卷 期　1995 年 4 期
页　　码　37 – 43
摘　　要　长江上游自古滩多水险,舟行稍有不慎即遭覆没。早在唐代就有专门的“篙工”专司引导航,明清时期也有专门的滩师专司过滩引导,但是仍免不了常常失事成灾。明清时期中国政治经济重心东移南迁已成定局,四川东南部地区经济发展加快,长江上游航运的地位更加重要,失事之事更加频繁。为了减小失事之事的后果和影响,一些地方官员开始着力于失事船只的及时抢救,便首先开始在长江上游江河险滩上设置木船专司对失事船只的抢救,形成一整套的制度。因其救生船系用红色涂刷为标志,故又习惯称为“救生红船制”。对于救生红船制以往学者论及甚少。基于此,笔者感到有必要对清代救生红船制作系统研究,以补史志之明。

题　　名 **清代长江上游救生红船制续考**

作　　者 蓝勇

刊　　名 中国社会经济史研究

年 卷 期 2005 年 3 期

页　　码 50 – 54

摘　　要 本文认为清代长江上游救生红船数应比以前统计的更多,地域分布也更广一些;同时对清代救生红船的形制、每船水手数、运作经费和水手报酬、救护奖励和义埋制、管理体制与衰败原因等问题作了更深入的考证,提出救生红船的每船水手数在实际运行中并不固定,而水手的报酬因时因地相差较大;最后提出清代长江上游救生红船除随时救险外,还有租赁护航的功能,其救护制度在中国水上慈善救护史上有开创之功。

题　　名 **清代长崎的同安商人及其贸易网络**

作　　者 戴一峰

刊　　名 中国社会经济史研究

年 卷 期 1996 年 4 期

页　　码 31 – 37

题　　名 **清代常关及其历史地位述论**

作　　者 廖声丰

刊　　名 南昌航空工业学院学报(社会科学版)

年 卷 期 2007 年 1 期

页　　码 70 – 75

摘　　要 清政府不仅继承了明代的钞关制度,并且进行了许多重要创新,从而形成了一套远比明代钞关制度规范的清代常关制度。至清代中期,常关税收入仅次于田赋、盐税,在国家财政中占有重要地位。

题　　名 **清代朝鲜使团贸易制度述略——中朝朝贡贸易研究之一**

作　　者 刘为

刊　　名 中国边疆史地研究

年 卷 期 2002 年 4 期

页　　码 36 – 47,116

摘　　要 清代中朝之间建立了稳固的宗藩关系,朝鲜使团进行的朝贡贸易也是其中重要内容之一。清代朝鲜使团的主要贸易形式是“八包”贸易,清朝给予朝鲜朝贡贸易最优厚的政策,朝鲜方面则对朝贡贸易进行多方限制,其中有“八包”定额、用银等制度,抑制了贸易规模的扩大。本文对这些制度的形式、内容以及缘起、影响进行论述。

题　　名 **清代初期治台政策的检讨**

作　　者 张菼

刊　　名 台湾文献

年 卷 期 1970 年 21 卷 1 期

题　　名 **清代川江铜铅运输简论**
作　　者 张永海，刘君
刊　　名 历史档案
年 卷 期 1988 年 1 期
页　　码 87－91
摘　　要 清代滇黔铜铅川江运输，不仅对清朝政治、经济、军事发生了重大影响，而且在川江航运史上也占有重要的地位。本文依据四川省档案馆馆藏清代巴县档案，拟就滇黔铜铅转输北京的所谓“京铜”、“京铅”出入川江的转运组织制度、规模、运价及历史作用等四个方面，作一初步探讨。

题　　名 **清代大运河的经济价值与环境制约**
作　　者 张照东
刊　　名 东岳论丛
年 卷 期 1992 年 2 期
页　　码 86－89

题　　名 **清代大运河之帆船航运**
作　　者 松浦章
刊　　名 淮阴工学院学报
年 卷 期 2010 年 6 期
页　　码 1－8
摘　　要 自中国封建王朝定都北京以来，连接北京和杭州的大运河一直作为水上要道发挥着重要作用。特别是在明清两代，大运河作为最重要的漕运通路，承担了江南税粮输送的任务。可以说，从某种意义上看，大运河与北京政权的命运息息相关。但到目前为止，这些承担输送任务的漕船到底如何在大运河上航行的问题，仍然不甚清晰。因此，以清代的档案史料为中心，来分析运河漕船的航行情况。

题　　名 **清代的“封舱”制度**
作　　者 程明
刊　　名 华南师范大学学报（社会科学版）
年 卷 期 1989 年 4 期
页　　码 28－33
摘　　要 1839 年 2 月 10 日，林则徐鉴于外商拒不缴交鸦片，“将停泊黄埔贸易各国夷船先行封舱，停止买卖，一概不准上下货物”。同时派兵封锁广州的外国商馆。三天后，英国商务总督义律被迫代表外商呈缴鸦片。由此看来，“封舱”问题在清代的外交、外贸史上应占有一席位置，可惜前人对之甚少研究。本文试图对“封舱”制度的起源、特点、作用和教训等问题作一探讨。

题　　名 **清代的闭关政策述评**
作　　者 饶怀民，周新国
刊　　名 西南民族大学学报（人文社科版）
年 卷 期 1990 年 5 期

页　　码　72 – 78

摘　　要　如何评价清代的闭关政策？这是史学界长期有争议的问题，有的论者虽然承认这种政策阻碍了中国社会的发展；但又认为它“有抵抗侵略的因素”，“在一定程度上防备了外国的侵扰”，“还不失为一种保卫政策”。因此，探讨清代闭关政策的演变、内容、产生的根源和危害，充分揭示其反动性，不仅对于研究中国近代史有作用，而且对于我们今天坚定不移地实行改革开放政策、加强国际间的交往与合作、繁荣社会主义经济、振兴中华，都具有重要的现实意义。

题　　名　清代的漕运和仓场

作　　者　朱小平

刊　　名　海内与海外

年 卷 期　2009 年 3 期

页　　码　43 – 44

题　　名　清代的茶叶贸易与资本原始积累

作　　者　程镇芳

刊　　名　福建师范大学学报（哲学社会科学版）

年 卷 期　1990 年 1 期

页　　码　96 – 102

摘　　要　各国资本原始积累都有自己的特点。清代的茶叶对外贸易，正式揭开了中国资本原始积累的序幕。在 17 世纪末叶以后的一个多世纪中，茶叶的生产与贸易，成为中国资本原始积累的主要手段，曾经为中国导向近代化进程，提供了优良的物质条件和千载难逢的历史机遇。从清代茶叶生产与贸易所造成的资本原始积累状况和发展趋势看，19 世纪以降，倘不遭受西方资本主义列强的侵掠，中国完全有条件、有能力跟上世界近代化的潮流。

题　　名　清代的船帮水手及其破坏性

作　　者　陈峰

刊　　名　西北大学学报（哲学社会科学版）

年 卷 期　1995 年 25 卷 4 期

页　　码　77 – 80，49

摘　　要　雇募水手是清代船帮队伍的主力，在与残酷、不稳定的生存环境抗争中，他们建立了自己的秘密帮派组织，以互济相助。但由于他们大多来自社会底层，具有浓厚的流氓无产者习气，因此又对运河沿线居民、商家从事敲诈及抢劫活动，干扰了运河两岸人民的正常生产和生活。

题　　名　清代的海上贸易与海盗

作　　者　松浦章 著；刘序枫 译

刊　　名　史联杂志

年 卷 期　1997 年 30 – 31 期

题　　名　清代的海外贸易商人

作　　者　陈希育

刊　　名　海交史研究

年 卷 期 1991 年 20 期
页　　码 99－104

题　　名 清代的榷关与内务府
作　　者 何本方
刊　　名 故宫博物院院刊
年 卷 期 1985 年 2 期
页　　码 3－11,48

题　　名 清代的天后宫与会馆
作　　者 陈尚胜
刊　　名 清史研究
年 卷 期 1997 年 3 期
页　　码 49－60

题　　名 清代的外交礼仪之争与文化传统
作　　者 王开玺
刊　　名 北京师范大学学报(社会科学版)
年 卷 期 2008 年 2 期
页　　码 58－65
摘　　要 1793 年英国马戛尔尼使团来华后,西方资本主义国家与清廷的外交礼仪冲突就不断发生。冲突的原因是多方面的,但根源却是中外国情、文化传统及价值观念的不同。毋庸讳言,中外交往之初,清朝统治者严重存在着唯我独尊的高傲心态,自以为天朝上国,决无国家平等的理念,更不可能采用平等的外交礼仪。这些无疑是错误的。但是,清廷所坚持的,往往是与本国文化传统和价值观念相一致的外交礼仪与规矩;而外国方面则不同,它们的外交礼仪要求,虽然有些符合近现代国家关系平等原则和外交惯例,但也有一些则完全违背了其本国的文化传统、价值观念和礼仪惯例,暴露出资本帝国主义强权政治、炮舰政策的侵略本质。

题　　名 清代的一口通商及此间的对外贸易问题
作　　者 周正庆
刊　　名 历史教学
年 卷 期 2000 年 6 期
页　　码 48
摘　　要 在十几年的高中和大学的教学过程中,发现学生很容易误认为:清政府实行一口通商是为了严厉限制对外贸易,而且,实行一口通商后,严重地影响了西方的来华贸易。事实上这种看法是不全面的。因而,笔者就这一问题谈两点粗浅看法。

题　　名 清代东北封禁政策述评
作　　者 曲淑珉
刊　　名 中国边疆史地研究
年 卷 期 1989 年 2 期

页　　码　1 - 7

题　　名　**清代东北沿岸在地缘政治概念中的演变**
作　　者　林珍珠,林纪焘
刊　　名　东南学术
年 卷 期　2002 年 1 期
页　　码　19 - 28,16
摘　　要　清初统治者把战略重心放在东北。1684 年康熙实行开海贸易政策后,促进了东南地区的繁荣,并使得东南沿海与东北沿岸的商业网络连为一体;加上其他方面的因素,统治者逐渐形成了东北与东南密不可分、战略利益与商业利益紧密结合的新的战略观。

题　　名　**清代督抚满保与东南海防**
作　　者　孟繁勇
刊　　名　社会科学战线
年 卷 期　2009 年 9 期
页　　码　127 - 131
摘　　要　满保是清皇室觉罗,从康熙末年至雍正初年先后任福建巡抚、闽浙总督达 14 年之久。在任期间,尤其是任闽浙总督 10 年间,他大力加强沿海防务,在东南沿海的海防建设上作出了重大贡献。他加强海防的措施,虽然有一些起了消极作用,但从总体上看,其功绩还是主要的,应该给予充分肯定。

题　　名　**清代对妈祖的敕封与祭祀**
作　　者　杨永占
刊　　名　历史档案
年 卷 期　1994 年 4 期
页　　码　92 - 95
摘　　要　妈祖原名林默娘,是宋朝时福建莆田湄洲岛上的一位渔家姑娘。据《林氏宗谱》记载,她是“晋安郡王禄公二十二世孙,惟悫公(林愿)第六女”,“生于宋太祖建隆元年(960)庆申三月二十三日酉时。”妈祖从小善良正直,乐于助人,常帮助附近乡民采药治病,颇受当地乡民敬重。宋雍熙四年(987)九月初九日离开人间,年仅二十八岁。之后被人们奉为神灵;留下了大量传说和故事。传说妈祖死后时常显灵,常衣着红衣,飞翻海上,救助遇难船只,被人们称为海上保护神。每年三月二十三日,东南沿海渔民百姓,都要赶赴妈祖庙会,拈香祭拜。就是在今日的台湾和香港,参拜亦仍属盛事。人们纪念她,是把她看作乐善好施、扶危济难这一中华民族传统美德的化身。本文拟根据清代档案及文献的记载,对妈祖神号的迭封和祭祀活动略作介绍。

题　　名　**清代对台湾的统一与建治**
作　　者　冷其林
刊　　名　成都行政学院学报
年 卷 期　1999 年 3 期
页　　码　56 - 57

题　　名　**清代对外贸易政策的变化——兼谈清代是否闭关锁国**
作　　者　郭蕴静
刊　　名　天津社会科学
年 卷 期　1982 年 3 期
页　　码　52 – 57

题　　名　**清代帆船航运与金门船员**
作　　者　蔡雅云，松浦章，王亦铮
刊　　名　海交史研究
年 卷 期　2008 年 54 期
页　　码　27 – 45
摘　　要　从 17 世纪以迄 19 世纪后期，清代的中国帆船是东亚海域最具有优秀航运能力的船舶。其中，福建帆船的航运能力更称得上是首屈一指。福建帆船以台湾海峡为主要的活动区域，其航线不局限于台湾本岛、北洋的黄海和渤海海域，更远至东亚海域。在明代，福建帆船的活动海域和部分航路早已为人所知。据〈明史〉记载，从福州的闽江口至台湾北部的鸡笼山约五更的距离；从台湾本岛往澎湖岛有 4 更距离；从澎湖岛出发经台湾海峡，7 更可达金门岛；从鸡笼山到日本需 70 更，到吕宋较近为 60 更。到了清代，中国帆船的沿海航运和海外贸易更加繁盛。从乾隆十九年（1754）广东官员的一份奏折中可以得知。做海上贸易的，均为福建、广东、江南、浙江、山东等沿海地区的居民。尤以闽人为多，也最具有实力。而广东人则次之。本报告将列举活跃在福建帆船中的金门籍船员的事例为主，并进行一番考证。

题　　名　**清代福建的海外贸易**
作　　者　松浦章，郑振满
刊　　名　中国社会经济史研究
年 卷 期　1986 年 1 期
页　　码　97 – 104

题　　名　**清代福建的外贸港口**
作　　者　陈希育
刊　　名　中国社会经济史研究
年 卷 期　1988 年 4 期
页　　码　75 – 81
摘　　要　鸦片战争以前，福建外贸港口经历了多港、一港、走私小港的演变过程。这一变迁，对于福建外贸的发展颇有影响。这里将通过港埠这一窗口，以窥见清代福建的海外贸易。

题　　名　**清代福建的鸦片贸易**
作　　者　林仁川
刊　　名　中国社会经济史研究
年 卷 期　1985 年 1 期
页　　码　62 – 71

题　　名　**清代福建汀州人入台垦殖及文化展拓**
作　　者　高峻,俞如先
刊　　名　福建师范大学学报(哲学社会科学版)
年 卷 期　1994 年 1 期
页　　码　109 – 113

题　　名　**清代关内外贸易商道**
作　　者　李敖
刊　　名　满族研究
年 卷 期　1995 年 1 期
页　　码　29 – 31

题　　名　**清代官方在妈祖信仰传播中的作用**
作　　者　杨永占
刊　　名　史学月刊
年 卷 期　1997 年 2 期
页　　码　36 – 40

题　　名　**清代官方在台对妈祖信仰的推动**
作　　者　郑崇阳
刊　　名　福建文史
年 卷 期　2000 年 2 期
页　　码　7 – 9
摘　　要　众所周知,妈祖信仰源于民间,初期仅在闽、粤一带流传,是专司海上安全的女神。经过宋、元、明、清诸代王朝的 20 余次褒封,而成为中国官方、民间共同祭祀的诸神之一。自宋宣和五年赐"顺济庙额"始,标志妈祖信仰开始得到官方认可。至明末,已经加封至"青贤普化感应碧霞元君",其爵位由夫人爵上升到天妃爵,身份日尊。清代更是继承历代对妈祖褒封的传统,且远远超过以往,至同治年间褒封时,已经是"转不足以昭郑重,只加一'嘉佑'二字",总计达 18 次之多,封号达 64 字之多,还有 4 次赐匾。由此就可以折射出清廷对妈祖信仰在台的传播起到的巨大推动作用。

题　　名　**清代广东的码头纠纷与公共秩序**
作　　者　衷海燕
刊　　名　华南农业大学学报(社会科学版)
年 卷 期　2009 年 8 卷 3 期
页　　码　98 – 103
摘　　要　清代,广东凡是近河海的墟镇、商埠和港市,均设有码头。码头往往是商品的集散地,又是商贾进出货物的要地,并自成一个相对独立的社会空间,各种社会力量为占有其中的资源而明争暗夺,码头纠纷事件不断发生。官府总的调控原则是根据码头的既生关系,即行动者之间的斗争态势、力量对比,以及社会舆情、民间俗例等来判案,并逐渐形成结构性的调控原则,以维系码头的公共秩序。当然,码头纠纷解决的调控性结构与原则是不断改变的,其维系或改变端赖于行动者的斗争逻辑与态势。

题　　名　清代广东水运与社会经济

作　　者　叶显恩

刊　　名　中国社会经济史研究

年 卷 期　1987 年 4 期

页　　码　1 - 10

摘　　要　人类社会的运输活动是伴随生产活动而出现的。众所周知,在蒸汽机作为交通动力出现之前,天然河道是人们生产、生活的重要条件,交通运输是以水运为主的。然而,广东在自然经济的体制下,长距离的水运,除奇珍异宝、香料等舶来品和传统的出口产品丝绸、陶瓷、漆器以外,就是专卖品盐和铁几乎没有其他的民生日用商品。客运方面,除逃避战乱的中州士民包专船南来外,一般都是货、客混杂。乘客,也只限于富商大贾和官吏,"上司往来、巡历住札及公差使客",或战时的兵士。应该说,唐代之前,用于军事和邮传等政治目的水运量,远超于经济目的商货量。宋代之后,商品性的运输量日渐增加。然而,具有民生日用商品意义的水运,要到明代嘉、隆年间之后。

题　　名　清代广西伏波庙地理分布与东汉马援征交趾

作　　者　滕兰花

刊　　名　广西文史

年 卷 期　2005 年 4 期

页　　码　60 - 65

题　　名　清代广西伏波庙地理分布与伏波祭祀圈探析

作　　者　滕兰花

刊　　名　广西民族学院学报(哲学社会科学版)

年 卷 期　2006 年 4 期

页　　码　110 - 114

摘　　要　清代广西伏波庙的地理分布及其相关传说,表明了民间社会对东汉马援征交趾史实的一种集体记忆。伏波庙集中分布在桂东北、桂东南及桂西南地区,大体上与马援南征路线相吻合,形成了一个以马援为主神的祭祀圈,折射出汉文化自北向南传播的历史过程。

题　　名　清代广西天后宫的地理分布探析

作　　者　滕兰花

刊　　名　广西文史

年 卷 期　2007 年 2 期

页　　码　4 - 10

摘　　要　民间信仰地理研究是文化地理学的内容之一。民间信仰最有地域特色的是地方神信仰,妈祖信仰的一个物化表现就是分布在各地的天后宫(或妈祖庙),这些庙宇的空间分布在一定程度上体现着天后信仰的传播及影响范围。在对明清时期被沿海民众广泛信奉的天后研究中,很多学者在妈祖的身世与生平、信仰的起源与传播、历代赐封、信仰圈等多方面硕果累累。

题　　名　清代广西天后宫的地理分布探析

作　　者　滕兰花

刊　　名　中国边疆史地研究

年 卷 期　2007 年 3 期

页　　码　89 - 100

摘　　要　清代时,天后宫遍及广西各地,其空间分布呈现出桂东地区多、桂西地区少的格局,这与清代时大量的广东商人进桂密切相关,广东商帮的力量是天后宫在广西各地广泛分布的主要原因。天后宫的空间分布实际上就是广西各地区广东商帮的势力分布东强西弱的折射,反映了两广之间的地缘吸引力。

题　　名　清代广州"十三行"档案选编

刊　　名　历史档案

年 卷 期　2002 年 2 期

页　　码　9 - 22

摘　　要　广州"十三行"设立于康熙时期。它是清政府指定专营对外贸易的商行,具有半官半商性质,在清前期中西关系中起着重要的作用。特别是乾隆二十二年(1757 年)以后,清政府关闭了沿海江、浙、闽三关,仅保留粤海关一口对外通商,广州"十三行"便成为当时唯一合法的进出口"贸易特区"。直到道光二十二年(1842 年)中英《南京条约》订立,统揽中国外贸特权 80 多年的广州"十三行"被废止。本组史料选自馆藏内阁起居注、军机处上谕档、录副奏折及宫中朱批奏折,浓缩了"十三行"商馆的兴衰历程,可供研究清代中外贸易史参考。

题　　名　清代广州"十三行"制度的政治考量

作　　者　江波

刊　　名　佛山科学技术学院学报(社会科学版)

年 卷 期　2008 年 26 卷 5 期

页　　码　52 - 57

摘　　要　清代广州"十三行"制度是清朝政府在"闭关锁国"的宏观政治经济政策的前提下,为应对全球的商业经济对贸易扩大的需求,在明代市舶司制度的基础上实施公私结合的对外贸易经济体制。在鸦片战争前后近百年间,担负着清政府垄断和管理经营对外贸易的重责,它的出现、兴盛到衰败,其根本因由则是大清帝国出于维护集权统治的政治妥协和经济上的权宜之计。

题　　名　清代广州独口对外通商及其影响

作　　者　李真锦

刊　　名　广东社会科学

年 卷 期　1986 年 2 期

页　　码　90 - 96,101

摘　　要　乾隆二十二年(1757 年),清政府关闭了江、浙、闽三海口,限定广州为全国对外通商的唯一口岸。广州独口通商后,其外贸状况如何?对当时广东社会经济产生怎样的影响?这是研究广州乃至中国外贸史的重要课题。本文仅就 1757 年至 1825 年前后近七十年间(即乾隆二十二年至道光初年。此后鸦片走私泛滥,广东外贸发生质的变化,故本文暂不予讨论)这个历史时期的上述问题作一初步的探讨。

题　　名　清代广州十三行研究

作　　者　黄静

刊　　名　档案学通讯

年 卷 期 2010 年 2 期
页　　码 49 – 51

题　　名 **清代广州十三行与中西文化交流**
作　　者 冷东,林瀚
刊　　名 广东社会科学
年 卷 期 2010 年 2 期
页　　码 113 – 120
摘　　要 广州在历史上长期是中外经济与文化交流的中心,清朝中期从事对外贸易的"十三行"起了重大的作用。长达 85 年的岁月里,广州十三行以其得天独厚的地理环境、开放的人文意识和悠久的商贸传统,吸引着来自世界各国的商船,与处于工业革命时期的西方各国在政治、经济、文化上进行了全面交流,取得了丰富的成果。

题　　名 **清代广州十三行在中西交流中的历史地位**
作　　者 林瀚
刊　　名 广州大学学报(社会科学版)
年 卷 期 2006 年 5 卷 8 期
页　　码 61 – 64
摘　　要 清代广州十三行是政府特许的外贸垄断组织。在广州一口通商时期,十三行成为中国走向世界的桥梁,世界透视中国的主要窗口,在中西交流中起着十分重要的作用。

题　　名 **清代广州外销画中的瓷器烧造图研究——以瑞典隆德大学图书馆收藏为例**
作　　者 江滢河
刊　　名 故宫博物院院刊
年 卷 期 2008 年 3 期
页　　码 99 – 109,160
摘　　要 瑞典隆德大学(Lund University)图书馆收藏的一套 50 幅的中国瓷器烧造图,是 18 世纪上半期绘制于广州的早期外销画作品,由瑞典东印度公司首任大班坎贝尔从广州购回,是目前所知的数量最多的一套瓷器烧造图。这套广州外销画的早期图册,为我们了解早期外销画的发展、早期中瑞贸易史、瑞典早期远东科学考察史以及中国瓷器生产史,提供了非常珍贵的图像资料,其历史价值和文化价值值得肯定。

题　　名 **清代广州行商的西洋观——潘有度《西洋杂咏》评说**
作　　者 蔡鸿生
刊　　名 广东社会科学
年 卷 期 2003 年 1 期
页　　码 70 – 76
摘　　要 清康熙二十四年,粤海设关,开辟了中西通商的新时代。广州行商直接参与华洋互市,处于中西文化交汇的前沿。他们对中西文化差异的感知程度如何,形成什么样的西洋观,是一个值得探索的问题。本文以乾隆年间十三行总商潘有度 20 首《西洋杂咏》诗为标本,探究清代广州行商的西洋观。

题　　名　清代广州行商制度研究
作　　者　萧国亮
刊　　名　清史研究
年 卷 期　2007 年 1 期
页　　码　32 – 48
摘　　要　清代前期实行的行商制度，具有对外贸易垄断所有权与垄断经营权相分离的垄断特征。它使具有官商特征的行商成为专制国家统制对外贸易的工具。行商握有垄断经营对外贸易的权力，同时又负责征收进出口货物的关税，代表清政府与外商交涉并进行严格的管制。行商制度在实际的运行过程中，涉及到清代专制国家、粤海关等衙门的官吏、行商、外国商人和中国私商集团之间的利益关系。这些利益关系的变动最终导致了行商制度的衰落，由此可见在中国传统社会里专制国家与经济制度变迁的关系。

题　　名　清代桂西南地区伏波庙文化探析
作　　者　滕兰花
刊　　名　广西地方志
年 卷 期　2007 年 4 期
页　　码　53 – 57
摘　　要　清代时，桂西南地区的伏波庙分布较多，而且在中法战争后所出现的边疆危机更是推动着马援信仰在桂西南地区影响力的确立，并通过不断重建甚至新建伏波庙来强化王权对桂西南地区的统治。伏波庙所承载的文化蕴含着中央政治权力对地方民间力量的重塑与创造，神与国家边疆社会秩序的结盟。

题　　名　清代国家祭祀体系中的天后考述
作　　者　郑丽航
刊　　名　海南大学学报（人文社会科学版）
年 卷 期　2009 年 27 卷 5 期
页　　码　582 – 587
摘　　要　清初对台湾统一问题的重视，使清王朝对海神妈祖赋予了极大关注与推崇，并于康熙十九年敕封妈祖为“护国庇民妙灵昭应弘仁普济天妃”，正式纳入国家祭祀体系。之后，更随着对台统治、琉球外交与漕运等国家大事对天妃神灵的依赖，清廷对她一再加封，并多次御赐匾额。雍正十一年后，天后还纳入各省沿江河地方祀典，享春秋二祭。嘉庆二十二年在都城建成国家性质庙宇，由中央朝廷派遣圆明园官员定期祭祀。祭祀规格上，取少牢之祭，行“三跪九叩”礼，配有简单乐舞。有清一代，共加封妈祖十五六次之多，封号多达 62 字，这对纳入国家祭祀体系的民间神来说，是极大的褒宠。

题　　名　清代国子监的琉球官学
作　　者　秦国经
刊　　名　历史档案
年 卷 期　1993 年 1 期
页　　码　86 – 94

题　　名　清代海关的“政治关税”特点、成因及其教训
作　　者　朱淑娣
刊　　名　法商研究（中南政法学院学报）

年 卷 期 2000 年 4 期

页　　码 118 – 123

摘　　要 我国"入世"在即,内外形势使完善海关税法成为当务之急。"关务以税为重",清初四关,以粤海关最重。本文主要以粤海关为对象,对鸦片战争前清代政治关税的特点及其成因作初步考析,并简论由此引出的几点启示,试图为完善我国海关税法提供参考。

题　　名 **清代海关的设置与关税的征收**

作　　者 李金明

刊　　名 南洋问题研究

年 卷 期 1992 年 3 期

页　　码 78 – 90

摘　　要 康熙二十三年(1684 年)清政府开放海禁后,则分别于广东、福建、浙江、江南四省设立粤海关、闽海关、浙海关和江海关,目的是管理海上贸易与征收进出口关税,这就是我国历史上正式设立海关的开始。当时海关的职责,不仅管理对外贸易,而且亦管理国内的沿海贸易,甚至于内河航运。故为了论述方便,本文仅着重谈其与海外贸易有关的部分。

题　　名 **清代海关的索贿弊习及其恶果**

作　　者 马东玉

刊　　名 史学月刊

年 卷 期 1990 年 4 期

页　　码 50 – 55

摘　　要 海关,自产生以来就是国家机构极其重要的部分。它收入大量关税,是国家的财政来源之一;它保护和调节国民经济,是发展民族工商业不可忽视的门户。清代的中国海关,其地位尤为重要,在鸦片战争前的 150 多年和战后相当长的历史时期,它不仅是中外贸易的职能部门,同时又是中外邦交的唯一孔道。但是,由于海关积久成习的严重索贿和种种舞弊行为,使中国海关历来黑幕重重,不仅没有起到上述作用,反而给中国的政治、经济、外交诸方面带来许多不幸。过去有关论述只注重于外人的破坏行为,这虽然理所当然,但仅止于此却远远不够。本文试将中国海关内部陋习加以探讨,也许可以起到一些补苴或借鉴作用。

题　　名 **清代海关的走私和反走私**

作　　者 刘小萌

刊　　名 中国海关

年 卷 期 2001 年 12 期

页　　码 58 – 60

题　　名 **清代海疆政策的思想探源**

作　　者 何瑜

刊　　名 清史研究

年 卷 期 1998 年 2 期

页　　码 77 – 89

题　　名　**清代海军大臣座舰——“联鲸号”炮舰**
作　　者　吴天明
刊　　名　上海集邮
年 卷 期　2009年2期
页　　码　13－14

题　　名　**清代海军府将刘步蟾蒙冤考**
作　　者　许华
刊　　名　航海
年 卷 期　1983年2期
页　　码　18－20

题　　名　**清代海商眼中的世界——《海录》**
作　　者　黄顺力
刊　　名　中国社会经济史研究
年 卷 期　1996年4期
页　　码　93－94
摘　　要　鸦片战争前,清朝统治者实行严厉的闭关政策,中外之间的联系交往不多,国人对外部世界知识的了解也很少。但值得注意的是,成书于嘉道年间的《海录》,却从一个海商看世界的角度,为我们描述了当时人们对外部世界的初步认识。

题　　名　**清代海外贸易的经营与利润**
作　　者　陈希育
刊　　名　中国社会经济史研究
年 卷 期　1992年1期
页　　码　51－58
摘　　要　康熙二十三年(1684年),清朝解除海禁,设立海关,允许商人出洋贸易。在鸦片战争以前,中国海关贸易规模之巨、出洋商人数量之多,都超越前代。过去治清代海外贸易史的学者,多从宏观的角度考察外部状况。然而,海外贸易的发展与否,同其内部结构息息相关。有鉴于此,本文力图探讨清代海外贸易经营方式和利润分配的特点,以便了解海外贸易的全貌。

题　　名　**清代海外贸易政策的演变**
作　　者　王超
刊　　名　辽宁师范大学学报(社会科学版)
年 卷 期　2001年1期
页　　码　99－101
摘　　要　清政府在对外贸易上所实行的闭关政策被认为是近代中国落后的原因之一,但闭关政策的形成实际上是经过禁海——开放——闭关发展过程的。清代海外贸易政策的发展是清代政治、经济环境所造成的,同时它也反映出清代各个时期政治、经济上的变化,以及它对各个时期海外贸易所造成的不同影响。

题　　名　清代海外游历笔记中的华侨社会
作　　者　沈燕清
刊　　名　八桂侨刊
年 卷 期　2005 年 5 期
页　　码　48 - 52
摘　　要　本文主要介绍清代一些较重要的海外游历笔记,并通过这些游历笔记来研究清代海外华侨社会的基本状况,以此突显其史料价值。

题　　名　清代海峡两岸“对渡直航”与台湾开发
作　　者　叶伟奇
刊　　名　文史杂志
年 卷 期　2001 年 5 期
页　　码　28 - 29
摘　　要　公元1683 年(清康熙二十二年),清政府进兵澎湖,克取台湾,实现全国统一,这是清代前期中国历史上的一个重大事件。清统一台湾之初,朝廷内曾发生过关于台湾弃留问题的激烈争论,最后康熙皇帝采纳了施琅等人的守台建议。第二年,清廷在台湾设立一府三县的行政管理机构,隶属于福建省。台湾又一次纳入中央王朝的版图。清初,因与郑氏政权对峙,清政府实行严厉的禁海禁渡政策,不允许人民下海、渡台,并在沿海地区实行迁界。

题　　名　清代蚶鹿对渡史迹调查
作　　者　吴金鹏
刊　　名　中国社会经济史研究
年 卷 期　2007 年 4 期
页　　码　45 - 52
摘　　要　晋江与台湾一水之隔,是台湾同胞主要祖籍地之一。晋江蚶江与台湾彰化鹿港对渡,从乾隆四十九年(1784 年)开始至光绪二十一年(1895 年)台湾被日本侵占终止,前后延续 110 年之久,促成了晋台贸易的全面繁荣。本文在社会调查的基础上,拟就晋江(包括今石狮市)境内有关清代蚶鹿对渡的史迹进行较为全面的介绍,希望能引起海峡两岸学者的关注,加强对这些具有重要历史价值史迹的保护和研究。

题　　名　清代汉江水运
作　　者　萧正红
刊　　名　陕西师范大学学报(哲学社会科学版)
年 卷 期　1988 年 4 期
页　　码　73 - 79
摘　　要　汉江源于汉中宁强境内大巴山北坡之嶓冢山,蜿转曲折地穿流于秦岭、巴山之间,是联结陕南、鄂西和汉口的唯一水路。本文拟探讨清代汉江水运的变迁及其原因。

题　　名　清代和日治时期福州台湾间之木材贸易
作　　者　松浦章
刊　　名　台北文献

年卷期 2004年143期
页　码 59－87

题　名 **清代河道总督的综合治理功能**
作　者 姚树民
刊　名 聊城大学学报(社会科学版)
年卷期 2007年2期
页　码 98－100
摘　要 清代河道总督的主要职责是治河,但其在地方的综合治理方面也发挥着非常重要的作用,这种作用在立足未稳的初期和内忧外患的晚期尤为重要。清代河道总督的综合治理功能主要表现在维护治安、催赶漕船、祭天敬神、设仓济民、会审案狱等方面。

题　名 **清代河道总督建置考论**
作　者 张轲风
刊　名 历史教学(高校版)
年卷期 2008年9期
页　码 100－104
摘　要 河道总督是清代河政实施的中心枢纽,也是清代治河行政体系中最重要的一个政府环节。清代河道总督一职的设置变更频繁,因此,对其历史沿革进行详细梳理非常必要。同时,频繁的制度变更状况说明清政府面临着一个无法回避的难题,即河道总督的设置面临着通筹全河与分区治理的两难。

题　名 **清代河南漕运述论**
作　者 邓亦兵
刊　名 中州学刊
年卷期 1985年5期
页　码 115－118,128
摘　要 漕运是封建王朝为了军饷、官俸和宫廷需要,从各省区向京师转输田赋的一种形式,有河运、陆运和海运。在中国历史上从秦汉开始到清末,漕运始终是历代朝廷财政经济中的一项重要制度。由于封建社会政治中心和经济重心的迁移,漕运方向也随之变动,处于黄河流域的河南省,由转输漕粮的重要地区,逐渐沦为极次要的地方。

题　名 **清代河运停止时间考**
作　者 张照东
刊　名 社会科学辑刊
年卷期 1988年5期
页　码 78
摘　要 关于清代河运停止的时间,记载与史实出入甚大。如《辞海》在解释"漕运"时说"……同治十一年(1872年)用海轮运漕粮后停止河运"。(见《辞海》缩印本1979年版,第986页)又如《简明社会科学词典》谓:"……至同治年间河运完全停止。"(见《简明社会科学词典》1982年版,第1078页)再如周伯棣《中国财政史》认为,清中叶改行海运后,"由上海雇商船转漕京师,河运自此废置。"(见周伯棣《中国财政史》,上海人民出版社1981年版)根据笔者所接触的文献和档案资料看,上述说法均与史实不符。现考证如下。

题　　名　清代河运向海运的转变
作　　者　熊元斌
刊　　名　江汉论坛
年 卷 期　1984 年 1 期
页　　码　63－69
摘　　要　漕运是封建社会中央集权制国家为保证官吏俸饷，宫廷糜耗以及巨额军粮等需要，凭借其政权力量，将从农民手中征收的漕粮进行转输的一种方式。漕运制度，秦汉时即已产生，开始有陆运、河运，以后又有海运这一运输形式。其中河运行之最久，海运盛行于元代及明初。明永乐后，会通河开，仍行河运。清承明制，在前期几乎全行河运，但至嘉道以后，便开始了河运向海运的转变。

题　　名　清代黑龙江的水师
作　　者　梁志忠
刊　　名　黑河学刊
年 卷 期　1986 年 4 期
页　　码　4－7，3

题　　名　清代黑龙江水师营
作　　者　姜涛
刊　　名　北方文物
年 卷 期　1987 年 2 期
页　　码　101－104

题　　名　清代黑龙江雅克萨战役战船的复原
作　　者　席龙飞
刊　　名　武汉理工大学学报（交通科学与工程版）
年 卷 期　1994 年 4 期
页　　码　50－54
摘　　要　确认雅克萨战役战船建于吉林乌拉街，是平底、方头方梢有甲板的单桅帆船，同时设桨与橹，文中给出船舶主要尺度并绘出总布置图和船中刮面结构图。战船除使用弓、矢等冷兵器外，还应用管状火器铜铳和红衣炮。依本文的结果，已制成 1∶30 的战船模型，现展于北京中国人民革命军事博物馆。

题　　名　清代湖广漕运的社会功能
作　　者　吴琦
刊　　名　中国经济史研究
年 卷 期　1993 年 4 期
页　　码　103－107
摘　　要　漕运是社会发展的产物，与社会的诸多领域有着密切的联系。时迄封建社会晚期，由于社会经济的发展，新的经济因素的影响，封建漕运行业出现了前所未有的经济现象。清代漕运的社会功能十分广泛，而湖广地区漕运的社会功能尤为突出。它不仅涉及到社会的许多领域和行为，而且关系全国十数省灾民的赈济,市场的稳定,社会的安定,影响到商品经济、商人、市民以至于广大的农村。分析清代湖广漕运的种种社会功能,以及对封建经济的正、反作用,可分为二大部分:受控于封建经济体制之内,维系封建秩序的社会功能;不断瓦解封建秩序,代表经济发展趋势的社会功能。

题　名　**清代湖广漕运特点举述**
作　者　吴琦
刊　名　中国农史
年卷期　1989 年 3 期
页　码　19－26,82
摘　要　清代湖广是重要的有漕省区,由于农业生产水平、经济环境、地理条件等因素的影响,清代湖广漕运,从漕运组织和机构的建置,有漕州县的确定,漕额及随漕款项问题,漕运具体环节和事项,帮、船的配、造,以及南粮问题等方面都具有突出的特点。从一个角度反映出这个地区的经济状况和总体经济作用。

题　名　**清代湖广漕运与商品流通**
作　者　吴琦
刊　名　华中师范大学学报(人文社会科学版)
年卷期　1989 年 1 期
页　码　78－82,66
摘　要　漕运是中国封建社会一项重要的经济制度,在封建社会晚期,具有广泛的社会功能。清代湖广是重要的有漕省区。由于清政府实施相对宽松的漕运和商业政策,以及漕运人员的非法商业活动等,因此,漕运促进了商品流通,并对清代城镇繁荣起了直接推动作用。

题　名　**清代虎门炮台略——兼评苏氏的小册子《虎门》**
作　者　李才尧
刊　名　岭南文史
年卷期　1988 年 1 期
页　码　160－167,159

题　名　**清代护送琉球贡使之伴送规定**
作　者　丁春梅
刊　名　福建论坛(人文社会科学版)
年卷期　2006 年 S1 期
页　码　82－85

题　名　**清代华茶的出口贸易**
作　者　周靖民
刊　名　中国茶叶
年卷期　1988 年 3 期
页　码　26－28

题　　名　清代华夷观念的变化与闭关政策的形成
作　　者　向玉成
刊　　名　四川师范大学学报(哲学社会科学版)
年 卷 期　1996 年 23 卷 1 期
页　　码　131－137
摘　　要　近代闭关政策形成的原因颇为复杂,而清代内涵和特点都发生了重大变化的华夷观念,实乃其思想基础。在此思想基础指导下,闭关政策从雍正朝后期开始酝酿,至 18 世纪 50 年代末正式形成。

题　　名　清代徽商与茶叶贸易
作　　者　周晓光
刊　　名　安徽师范大学学报(人文社会科学版)
年 卷 期　2000 年 3 期
页　　码　336－345
摘　　要　茶叶贸易是徽州商帮在明代中叶形成以后最重要的经营活动之一。入清之后,徽商茶叶贸易经历了兴盛、低谷、中兴和衰落四个阶段,并形成了经营方式一体化、经营活动季节性、兼营现象普遍和资本组合多样性等突出的特点。光绪中叶以后,因入侵的外国资本主义势力的打击、国际市场上洋茶的冲击及徽商本身在非经营性消费方面投入过多等因素,徽商茶叶贸易最终走向衰落。清代徽州茶商的兴衰历程,正是传统的中国封建商人在近代社会中的缩影。

题　　名　清代会同四译馆论考
作　　者　王静
刊　　名　西北大学学报(哲学社会科学版)
年 卷 期　2006 年 5 期
页　　码　125－128
摘　　要　清代建有会同四译馆作为专门接待周边藩属国朝贡使节的馆舍与机构。会同四译馆还是清政府与周边藩属国贡使进行经济贸易的场所。会同四译馆的设置,对发展清与藩属国的关系起着积极的作用。

题　　名　清代活跃在中日贸易及日本港市的广东商人
作　　者　黄启臣,庞新平
刊　　名　中山大学学报(社会科学版)
年 卷 期　2000 年 40 卷 1 期
页　　码　29－33
摘　　要　本文阐述清代广东商人往日本长崎、神户、大阪、横浜等港市进行贸易,和在当地定居创业、建立商号以及地缘性组织“广东会所”的历史轨迹;分析广东商人在日本经商贸易的地位,指出广东商人是一支强劲的商人队伍,名曰广东帮,与三江帮(江苏、浙江)、福建帮(泉州、漳州、福州)商人齐名,并成为日本华侨社会的侨领之一,深受日本华侨华人的拥护和爱戴。

题　　名　清代及近代河口镇的茶叶贸易
作　　者　施由民
刊　　名　农业考古

年 卷 期　1993 年 2 期
页　　码　204－207

题　　名　**清代及民国时期乌江水道盐运研究**
作　　者　李良品,吴冬梅
刊　　名　长江师范学院学报
年 卷 期　2008 年 24 卷 3 期
页　　码　62－68
摘　　要　盐业是中国历代中央政府十分重视的一个特殊行业,历来属于官营专卖业。乌江水道不仅是川盐入黔的主要运道,而且也是川盐进入湘西、鄂西及渝东南有关州县食盐的重要运道。清代的食盐管理制度有票盐制、盐引制、计口授盐制、官运商销制;民国时期的食盐管理制度有自由运销、官办运销、食盐专卖、监销及零售公卖。乌江水道食盐的运输路线众多,其里程各不相同。乌江水道主要采取水陆驿运配合方式,并形成了以木船和背篼等为主要运输工具。

题　　名　**清代济宁"河道总督衙门"**
作　　者　刘广新
刊　　名　安徽史学
年 卷 期　1996 年 4 期
页　　码　96
摘　　要　清代济宁"河道总督衙门"刘广新为适应政治、经济的需要,元初至元年间沟通了南北交通大动脉——大运河。元至元廿年(1283)大运河中段济州河沟通,濒临运河的山东济宁逐渐成为"高堑深隍,水陆交汇,北方冲要之区;襟带汉泗,控引江淮漕运咽喉。"。

题　　名　**清代嘉道年间漕运与盐法的改革**
作　　者　李瑚
刊　　名　求索
年 卷 期　1983 年 5 期
页　　码　102－104
摘　　要　清代中叶以后,社会经济中出现了很多问题,尤其严重的是漕运和盐务中的问题。漕运关系到清朝统治者和旗民的俸饷食米问题,盐法关系到清政府的国课问题,因此引起统治阶级的重视,也引起关心国计民生的知识分子的忧虑。

题　　名　**清代嘉陵江上游航运述略**
作　　者　李进
刊　　名　中国历史地理论丛
年 卷 期　1990 年 1 期
页　　码　179－188

题　　名　**清代嘉庆年间"雷州海盗"初探**
作　　者　刘佐泉
刊　　名　湛江师范学院学报(社会科学版)

年 卷 期 1999年20卷2期
页　　码 25－29
摘　　要 海盗，特别是“雷州海盗”素乏系统、全面研究。本文根据档案、方志等记录，较系统、全面地探讨清代嘉庆年间莫官扶、东海霸、乌石二海盗集团兴亡及其原因、性质和影响。

题　　名 **清代嘉庆时期的海盗与广东沿海社会**
作　　者 曾小全
刊　　名 史林
年 卷 期 2004年2期
页　　码 57－68
摘　　要 嘉庆时期是中国海盗发展史上的鼎盛时期。此时活动于广东洋面的海盗，无论在规模上、范围上，还是在组织上都达到无与伦比的地步。此时的广东海盗主要是在清中期人口压力、政府控制弱化和越南西山政权的庇护下产生的，而1805年海盗联盟的结成使他们成为一个有组织的社会团体，同时清政府的政策也相应经历了一个由“剿”—“抚”—“剿抚”兼施的过程。

题　　名 **清代江南河道总督与相关官员间的关系演变**
作　　者 王英华，谭徐明
刊　　名 淮阴工学院学报
年 卷 期 2006年6期
页　　码 10－13，26
摘　　要 黄河南侵夺淮后，黄、淮、运在江苏淮安清口一带相互纠结。至清代，这里集中了大量复杂的工程。由此，负责该区的江南河道总督的地位日益凸显。根据清代故宫档案、实录和文集等史料，研究清代江南河道总督地位的变化及其与相关官员间的关系演变，从而揭示其与清代河务的相关关系。

题　　名 **清代江南内河的水运**
作　　者 松浦章
刊　　名 清史研究
年 卷 期 2001年1期
页　　码 35－41
摘　　要 中国自古就有“南船北马”之称。在江南，水运是非常重要的交通方式。本文利用清代盗案材料，具体分析当时的水路交通网及水运对人民生活的重要性。

题　　名 **清代江南丝绸的国内贸易**
作　　者 范金民
刊　　名 清史研究
年 卷 期 1992年2期
页　　码 15－21

题　　名 **清代江西漕运研究述略**
作　　者 余少奇
刊　　名 工会博览·理论研究

年卷期　2009年9期

页　码　73

摘　要　漕运对清王朝至为重要,乃“天下之大命所系”。作为清朝征集漕粮的重要省份之一,漕运问题一直是江西的重中之重。漕运的变迁与江西地方社会的发展紧密相连。因此本文对建国以来国内清代江西漕运的研究作一个简单概述。

题　名　**清代江西漕政述略**

作　者　戴鞍钢

刊　名　江西社会科学

年卷期　1988年3期

页　码　132－136

摘　要　清王朝建立后,沿袭明代成法,规定每年从江西、江苏、浙江、湖南、湖北、河南、安徽和山东八省,额征漕粮四百万石,经京杭大运河输往北京,以满足其官俸、军饷和宫廷靡费的需要。江西物产丰富,是征纳漕粮的主要省份之一。

题　名　**清代江西诬扳漕运军丁讼案浅析——以《康熙四十五年诬扳军案集录一本永远存据》为例**

作　者　龚汝富

刊　名　清史研究

年卷期　2006年4期

页　码　59－64

题　名　**清代郊商与海洋文化**

作　者　史伟

刊　名　中国社会经济史研究

年卷期　2007年4期

页　码　59－64

摘　要　郊为清代闽台地区从事海洋贸易的商业贸易组织。它随着清政府海洋政策由禁海至开海的转变和台湾的开发而发展壮大,至清政府割让台湾于日本后走向衰落。郊商作为郊的运营主体,在郊的组织管理下,从长期的海洋贸易实践中摸索出了一套经营模式,有效地确保了贸易往来安全顺畅的进行。经过漫长历史发展时期形成的郊商文化本质上是一种海洋文化,它在诸多层面上均呈现异质性,但在传统文化的强势包压下,郊商文化的屈服和妥协在所难免。

题　名　**清代晋商茶叶贸易定量分析——以嘉庆朝为例**

作　者　石涛,李志芳

刊　名　清史研究

年卷期　2008年4期

页　码　81－95

摘　要　到底是何等规模的利润,驱使着清代前期的山西商人在与家乡相隔万里的福建、恰克图之间跋山涉水从事长途贩运？有关清代晋商茶叶贸易的利润和经营绩效问题,引起了国内国际经济史学界的广泛关注,其中尤以刘建生、吴丽敏的《晋商茶叶贸易绩效分析》为代表,对这一问题进行了剖析,但遗憾的是,由于史料阙如,这些论述多以定性分析为主,究竟清代晋商茶帮的利润率是多少,目前尚没有定量研究成果问世。本文力图在一个相对纯的环境内,选择嘉庆年作为时代背景,通过对茶路长度的考证、山西茶商每天运程的平均里数、当时人均每日的消耗、船、马、驼的平均运力及消耗,得出运输成本。以武夷山各类茶叶的均价和恰克图茶叶的平均售价进行比较,得出茶商的平均收益,进而推算出清代晋商茶叶贸易的利润率。

题　　名　清代晋商的对俄茶叶贸易
作　　者　张正明,张梅梅
刊　　名　农业考古
年 卷 期　1997 年 4 期
页　　码　119 – 123
摘　　要　清代对外茶叶贸易,有海陆两路,其中陆路对外贸易,主要是晋商的对俄贸易。由于这一贸易一段时期以茶叶贸易为大宗,而被人们称为“茶叶商路”。可谓继“丝绸之路”之后以清代晋商为主体开辟的又一条陆上国际贸易之路。本文试就清代晋商对俄茶叶贸易的兴衰历史作一探讨。

题　　名　清代禁烟时期鸦片走私贸易初探
作　　者　李春,阎建宁
刊　　名　淮海工学院学报
年 卷 期　1999 年 8 卷 S1 期
页　　码　52 – 54
摘　　要　近代中国,鸦片泛滥成灾,成为当时最为严重的社会问题,而这一问题几乎与清王朝相始终。试从鸦片走私组织、鸦片运销方式、鸦片走私量的估计等几个方面入手,来展示清代禁烟时期鸦片走私的局部面貌。

题　　名　清代京杭大运河全图初探
作　　者　王耀
刊　　名　故宫博物院院刊
年 卷 期　2008 年 2 期
页　　码　91 – 108
摘　　要　本文将收集到的国内外清代京杭大运河全图作为史料处理,结合相关文献一一解读各幅运河图本身蕴涵的信息。在此基础上,挖掘出清代在绘制运河全图时常用的一些绘制手法,并就运河图的载体、装订形式加以分析。进而根据绘制风格等的差异,将清代运河全图的绘制划分为前期和后期,又依据用途和内容的不同,划分为运河河工图、漕运图、运河泉源图和运河景观图四种。作者试图通过分析论证,挖掘出地图的史料价值,找到一个利用地图学视角观察社会历史景观的路径。

题　　名　清代经济的兴衰与对外交往
作　　者　郭蕴静
刊　　名　天津社会科学
年 卷 期　1991 年 6 期
页　　码　68 – 71

题　　名　**清代经营海外贸易的行商**
作　　者　李金明
刊　　名　海交史研究
年 卷 期　1993 年 24 期
页　　码　33－41,11

题　　名　**清代岭南地区伏波庙地理分布与历史记忆**
作　　者　滕兰花,袁丽红
刊　　名　广西民族研究
年 卷 期　2008 年 2 期
页　　码　133－138
摘　　要　清代岭南地区伏波庙的空间分布主要是在马援南征所路过之地。伏波祭祀圈的形成,表明了人们对马援南征的集体记忆,以及对他在维护国家统一、边疆稳定方面的历史功绩之肯定。伏波神祭祀圈的存在有助于加强华夏文明对边疆地区的凝聚力。

题　　名　**清代刘家港的豆船字号——《太仓州取缔海埠以安海商碑》所见**
作　　者　范金民
刊　　名　史林
年 卷 期　2007 年 3 期
页　　码　87－99
摘　　要　清代乾隆初年,刘河镇上由山东、关东和江苏商人开设的豆船字号当在百家左右。豆船字号是运销豆麦杂粮的商业资本主开设的铺号,拥有巨额商业资本,为时有长达几十年者,其中来自山东登州、胶州的两帮实力最为雄厚,其押运标银的气派和声势为当时民间商业运输所罕见。豆船字号大多采用委托经营的方式,交易商品的结算方式独特而先进,货银定有标期,十天一标,到期送上标银清算。清前期苏州发达的金融市场,正是由包括刘河豆业字号在内的商品流通造就的。因为交易量巨大,税额可观,地方政府特设“保税行”,既确保了税收,也方便了交易。商客(豆船字号)、豆行、保税行,形成了相互关连互负责任的商业经营链。

题　　名　**清代琉球船漂风台湾考**
作　　者　赖正维
刊　　名　台湾研究
年 卷 期　2003 年 4 期
页　　码　88－93

题　　名　**清代琉球贡使居京馆舍研究**
作　　者　戈斌
刊　　名　历史档案
年 卷 期　1994 年 3 期
页　　码　84－92
摘　　要　琉球国中山王不远万里派遣使臣向清帝朝贡,清帝对琉球贡使主从一行待之以上宾之礼。清政府参与接待工作的部门很多,如:福建督抚衙门负责奏报入贡日期、人数、贡使在福建馆舍(柔远馆驿)的衣食住行、挑选伴送官员及伴送贡使及贡物(硫磺贮福建藩库)进京等。贡使进京途经的浙江、江苏(含安徽)、山东、直隶等省的督抚衙门,负责贡使主从一行在本省内的伴送和奏报。贡使抵京后,接待工作主要由礼部承担,户部、兵部、工部、内务府等衙门分别配合承担财务报销、安全保卫、馆舍修缮、后勤保障等项工作。本文围绕琉球贡使在京城下榻的馆舍,结合档案史料加以叙述,旨在阐明清朝皇帝对琉球使臣的款待是周到细致和盛情有加的。

题　　名　**清代琉球国朝贡活动概述**
作　　者　戈斌
刊　　名　历史档案
年 卷 期　1993 年 2 期
页　　码　90－98
摘　　要　中国第一历史档案馆保存明清档案 1000 余万件,内容涉及有清一代的政治、经济、军事、文化等诸方面,其中不乏记载清政府与琉球国交往的文件。本文仅就馆藏档案中有关琉球朝贡的部分记载,描述琉球国朝贡活动的全过程。

题　　名　**清代琉球国的谢恩与表奏文书**
作　　者　朱淑媛
刊　　名　清史研究
年 卷 期　1998 年 4 期
页　　码　94－101

题　　名　**清代琉球国贡使官生的病故及茔葬考**
作　　者　朱淑媛
刊　　名　历史档案
年 卷 期　1994 年 2 期
页　　码　80－88
摘　　要　中国是一个具有悠久历史的文明古国,自古以来就注重发展与周边国家的友好关系。琉球国是中国的友好邻邦之一,中国与琉球国的友好关系,可以上溯到公元七世纪的隋朝。隋朝末年,隋炀帝曾派遣朱宽到琉球国访问,开创了中琉交往的先河,这是见诸史料最早的记载。随着时间的推移,中琉两国人民的友好关系不断发展,明清之际达到有史以来的最密切时期。清沿明制,对明朝政府与琉球王国建立的藩属关系,清政府加以继承、巩固和发展。本文仅就中国第一历史档案馆馆藏档案中已查找到的清代中琉关系档案,对琉球国王所遣贡使、官生在中国病故及茔葬问题作一粗浅探讨。

题　　名　**清代琉球唐人墓考述**
作　　者　谢必震
刊　　名　华侨华人历史研究
年 卷 期　1996 年 3 期
页　　码　69－71

题　　名　**清代旅顺水师营初探**
作　　者　江红春

刊　　名　大连大学学报
年 卷 期　2004年25卷1期
页　　码　27－29
摘　　要　作为清朝北洋水师防御体系的重要的组成部分，旅顺海防一直受到人们的重视。旅顺北洋水师的创立与旅顺水师营的建革有密切的关系，旅顺水师营的创建与发展在清朝海军发展史上有着重要的地位和作用。我们可以从旅顺水师营的沿革中认识清朝辽南地区海防建设的发展。

题　　名　清代妈祖作为钦定护佑神的多重角色定位
作　　者　高伟浓
刊　　名　东岳论丛
年 卷 期　2007年28卷1期
页　　码　127－134
摘　　要　清代，最高统治者因应民众及地方官吏的要求及维护自身统治的需要，曾先后给妈祖（天妃）钦定过多个不同的"水府"护佑神角色。按照这些护佑神角色（海战护佑神、江河护佑神、泛佑神、航运护佑神、旱涝护佑神）出现的大体年代次序展开研究，可清晰了解其受封的因果关系。

题　　名　清代满族八旗兵驻防广州缘由探析
作　　者　关溪莹，翟麦玲
刊　　名　湘潮（下半月）（理论）
年 卷 期　2008年3期
页　　码　81－82
摘　　要　广州世居满族是清乾隆年间派驻广州的满族八旗兵的后裔，他们是珠三角重要少数民族之一，为岭南社会得发展做出重要贡献。本文追溯了广州世居满族的形成过程，指出清政府派八旗兵驻防广州是为在平定三藩之乱之后稳定政局以及为广州的"一口通商"提供军事保障。因此，驻粤八旗部队一直处于政府的严密操控之中，保存了大量传统民俗，对其日后在移入地进行文化重构产生重要影响。

题　　名　清代闽海关重要史实考略
作　　者　黄国盛，谢必震
刊　　名　海交史研究
年 卷 期　1990年17期

题　　名　清代闽台"三通"及其历史影响
作　　者　黄国盛
刊　　名　福建师范大学学报（哲学社会科学版）
年 卷 期　2009年6期
页　　码　105－113
摘　　要　明末清初，中国沿海地区长期蒙受"海禁"政策之危害，社会经济停滞不前。清朝统一台湾后，当局以"国计民生"为念，果断结束"海禁"政策，转而实施开海贸易与闽台对渡政策，闽台由单口对渡逐步发展到"三口对渡"，实现了清代的"三通"。这是一项足以影响中国历史进程的重大决策，顺应了社会发展之潮流，推动了海峡两岸社会经济的巨大进步，为台湾经济提供了前所未有的发展契机。

题　　名　清代闽台海防一体化思想的发展与实践
作　　者　卢建一
刊　　名　福建师范大学学报(哲学社会科学版)
年 卷 期　2001年4期
页　　码　85－90
摘　　要　闽台的海洋地理环境决定海防是须臾不容忽视的问题。本文从清代闽台区域的海防实践,传统海防观向近代海防思想发展的过程,论述林则徐、魏源建立外洋海军以为海疆久远之谋的海防思想,以及对闽台海防思想较有影响的左宗棠、沈葆桢、丁日昌、刘铭传的海防思想。海防思想的中心是"师夷之长技以制夷",这个时期的海防思想对尔后兴起的维新变法思想起了筚路蓝缕的开拓作用。

题　　名　清代前期澳门对外贸易的衰微
作　　者　黄启臣
刊　　名　广西社会科学
年 卷 期　1988年2期
页　　码　74－97

题　　名　清代前期漕粮蠲缓改折概论
作　　者　俞玉储
刊　　名　历史档案
年 卷 期　1990年2期
页　　码　80－88
摘　　要　漕粮被称为"天庾正供"、"朝廷血脉",历代封建统治者均非常重视,因而历来"不蠲不赦"。但是,到了清代前期(这里指顺康雍乾四朝),"不蠲不赦"的原则发生了很大变化,蠲缓改折的现象大量出现。本文试图通过中国第一历史档案馆所藏的档案史料及有关资料,对清代前期漕粮的镯缓改折进行初步探讨。以就教于史学界同仁。

题　　名　清代前期漕运及其对国内市场的影响
作　　者　周祚绍
刊　　名　山东大学学报(社会科学版)
年 卷 期　1994年1期
页　　码　55－62
摘　　要　漕运是有清一代的大政,在清政府的财政收入中居有性要的地位。清代历朝统治者对漕运极为重视,顺治二年,顺治帝就采纳巡漕御史刘明所奏:"额数宜清,运法宜定,修造宜急,运道宜豫",恢复明代的漕运旧制。康熙帝曾将漕运与河"书宫中柱上",作为"治国要务"。顺治、康熙两朝,着力在整顿漕政、加强漕运官司、疏通河道和严格考成等方面,全面恢复漕运,卓见成效,因而在康雍乾时期,出现了漕运畅通,仓储充裕的局面。康熙五十八年,"京城通州仓内,贮米甚多,各省运至漕粮,亦无亏欠;在仓内堆积,恐致红朽。"清政府只好下令于苏州、镇江、江宁、淮安等处,各截留三万至十五万石不等,以备动用。这种现象,与顺治初期"节年拖欠,多至数百万石"相比。显然有了根本的转变。

题　　名　清代前期的海防体系与广东海盗
作　　者　曾小全

刊　　名　社会科学
年 卷 期　2006 年 8 期
页　　码　144 – 156
摘　　要　有清一代，广东盗匪不断出现，嘉庆皇帝在位其间，便有天地会、黎民起义和海盗等。本文对这时期的广东海盗与广东海防体系作初步的考察，指出这一时期广东海防体系中以“三路设防，重在东路”的局面与该时期的海盗活动存在着紧密的联系。

题　　名　清代前期的海外贸易政策
作　　者　夏秀瑞
刊　　名　广东社会科学
年 卷 期　1988 年 2 期
页　　码　87 – 92
摘　　要　清代前期的海外贸易政策，长期以来被认定是“闭关锁国”。但是，如果我们能够实事求是地作一番分析和研究，则会得出大别于此的“有限制的开海贸易”的结论。限于篇幅，本文仅从微观的角度对这一问题作一探讨。

题　　名　清代前期的粮食运销和市场
作　　者　邓亦兵
刊　　名　历史研究
年 卷 期　1995 年 4 期
页　　码　151 – 161

题　　名　清代前期的龙江、西新关与南京商业
作　　者　许檀，高福美
刊　　名　历史研究
年 卷 期　2009 年 2 期
页　　码　68 – 81，191
摘　　要　龙江、西新关均位于南京。清代前期二关税额有大幅度的增长，从清初的 5 万余两，到乾隆年间增至 20 余万两，成为长江沿线的重要税关。经由该关流通的商品以竹木、粮食、丝绸等项为大宗，大宗商品的转运贸易构成南京商业的重要组成部分。围绕这些商品的运销，大量客商云集，在南京建立了 30 多座会馆。物流与人流的聚集带动了相关行业的兴盛，南京本地商人多从事牙行经纪等业，为商品流通服务；城市的饮食服务等业也随之得到发展。乾隆年间，南京已成为一个重要的流通枢纽城市。

题　　名　清代前期的民间造船业
作　　者　徐建青
刊　　名　中国经济史研究
年 卷 期　1992 年 4 期
页　　码　134 – 149
摘　　要　在近代交通运输发展之前，水运是主要运输方式，木船是主要运输工具。中国的造船业具有悠久的历史。宋元时期，中国的木帆船制造已经达到很高水平，明清时期继续发展。造船有官营，也有民营。历史上官营造船业曾经占有主要地位，并代表了当时技术上的最高水平。明代以后，官营造船业仍然占有重要地位，主造漕船、战船，但它在整个造船业中比重有所下降，民间造船业逐渐发展。清代，在近代轮船制造业兴起之前，民间木船制造业曾一度兴旺。船舶作为运输工具，属于生产资料，其生产与整个社会经济联系密切。关于明清时期造船业的研究已有不少，各有建树。但专就清代前期民间造船业的研究还不算多，本文试就这一方面作一考察。

题　　名　清代前期的山海关与东北沿海港口
作　　者　许檀
刊　　名　中国经济史研究
年 卷 期　2001 年 4 期
页　　码　57－70

题　　名　清代前期的芜湖榷关及其商品流通
作　　者　廖声丰
刊　　名　中国社会经济史研究
年 卷 期　2004 年 1 期
页　　码　41－45
摘　　要　文章主要依据中国第一历史档案馆所藏关税档案，对清代前期芜湖关的设置和管理以及商品流通形式进行了探讨，发达的长江航运及其本身所具有的重要的手工业和商业城市的地位，为清代芜湖关的设置提供了有利条件。芜湖关税则规范，征税口岸的分布，均有定章，并且防范严密。同时由于所处的地理位置，使大量的关系国计民生的商品，经过芜湖关中转到全国各地，促进了清代全国商品市场的发展，芜湖成为长江沿线重要的商品流通枢纽。

题　　名　清代前期的厦门海关与海外贸易
作　　者　陈希育
刊　　名　厦门大学学报（哲学社会科学版）
年 卷 期　1991 年 3 期
页　　码　111－118
摘　　要　康熙 23 年（1684），清朝宣布解除海禁。随后在闽、粤、江、浙等省相继设立海关，管理东南沿海的海上贸易。海关既是清朝政策的执行工具，又是经济发展的一面镜子。在众多海关中，厦门海关占有独特而重要的地位。然而，史学界对此却很少研究。厦门海关的早期历史依然扑朔迷离。本文主要利用清朝官方档案和地方志，对于厦门海关及其与海外贸易的关系作初步的探讨。

题　　名　清代前期对藩属国的封赏与朝贡贸易
作　　者　李云泉
刊　　名　东方论坛
年 卷 期　2003 年 6 期
页　　码　96－102
摘　　要　对藩属国的册封、赏赐，是朝贡制度的主要内容之一。清初对藩属国的赏赐，并未秉承明代“厚往薄来”的传统，康熙末年以后，这一传统的对外交往原则才逐渐有所体现。随着时间的推移，清代的朝贡贸易日呈繁荣之势。

题　　名　清代前期凤阳榷关的征税制度与商品流通

作　　者　廖声丰

刊　　名　淮南师范学院学报

年 卷 期　2005 年 1 期

页　　码　70－73

摘　　要　文章主要依据中国第一历史档案馆所藏关税档案，对清代前期凤阳关的税收制度以及商品流通进行了探讨。凤阳关税则规范、税口的分布、制度约束和考核检查等方面均有定章，凤阳关所处淮河的地理位置，使大量的国计民生的商品，经过凤阳关中转到全国各地，促进了清代全国市场的发展，凤阳成为清代前期淮河沿线最主要的商品流通枢纽。

题　　名　清代前期关于福建台湾海防地理形势的认识

作　　者　王宏斌

刊　　名　史学月刊

年 卷 期　2001 年 2 期

页　　码　44－48

摘　　要　清代前期出现了一批研究海防地理的著名学者。他们认真总结了明代抗倭海防斗争的经验教训，主张加强岛防，这是一个重要进步。他们认识到了台湾、澎湖等岛屿对于祖国大陆所起的“屏翰”保护作用和国际海上交通的枢纽地位。他们敏锐地感受到了西方的冲击，以警惕的目光注视着西方殖民者在亚洲地区的侵略活动，呼吁加强海防。这些认识为清代前期的海防兵力部署和调整提供了宝贵的理论依据。

题　　名　清代前期广东巡抚考述

作　　者　关汉华

刊　　名　广东社会科学

年 卷 期　2004 年 2 期

页　　码　97－103

摘　　要　清代前期，巡抚已正式成为封疆大吏，其治绩优劣，实与一省之吏治民生、社会发展密切相关。本文对自顺治至道光前期出任粤抚之人选进行了历史考察，并结合广东的实际情况，对他们在稳定社会秩序、振兴社会经济以及盐政、粮政、开放海禁、开发矿藏、加强海防、严禁鸦片、遏制民间械斗等领域之施政得失，作出详尽的考察与评述。其正反事例均有借鉴意义。

题　　名　清代前期广州与东南亚的贸易关系

作　　者　余思伟

刊　　名　中山大学学报(社会科学版)

年 卷 期　1983 年 2 期

页　　码　73－83

摘　　要　广州是我国最主要、历史最悠久的对外贸易港口之一。我国第一个外贸机构市舶司于唐时最先在广州设置。明洪武初起，在三个设市舶司的城市中，“宁波通日本，泉州通琉球，广州通占城、暹罗、西洋诸国。”清沿习明惯例，广州仍作为与东南亚贸易的主要港口。

题　　名　清代前期海外贸易管理中的具结现象

作　　者　郭孟良

刊　　名　中国边疆史地研究
年 卷 期　2002 年 2 期
页　　码　89 – 95
摘　　要　在清代前期的海外贸易管理中，具结现象普遍存在。具结不仅是广大从业人员资格审查和认证的基本方式，而且在海外贸易实践中得到广泛应用，从而成为封建官府规范管理的基础。具结现象对于维护传统的海外贸易体制、确保封建官府对海外贸易的管理与控制起到了一定的作用，但在当时的历史环境中，也不可避免地限制和阻滞了海外贸易的发展。

题　　名　清代前期海外贸易商的构成
作　　者　邱旺土
刊　　名　中国社会经济史研究
年 卷 期　2007 年 4 期
页　　码　25 – 34
摘　　要　清代前期，在社会经济发展的同时，沿海地区由于人口的迅速增长，造成靠田地耕作难以为生的困境，加上海外贸易获利丰厚的吸引，社会各阶层都积极投身到海外贸易中，即使在海禁时期也以走私形式进行。本文对清代前期海外贸易商人的构成做些具体的分析，以窥清代前期海外贸易之情景。

题　　名　清代前期河督考述
作　　者　关文发
刊　　名　华南师范大学学报（社会科学版）
年 卷 期　1998 年 4 期
页　　码　79 – 86，118
摘　　要　治河成效，直接关系国计民生与社会稳定，因而历来备受当政者重视。清代河督体制，是为了适应治河、导淮、济运三者的协调与综合治理而建置的。它标志着我国治河史进入了一个新的历史阶段。本文对河督沿革、置立河督的战略目标、何督体制及河督选任作了详实考述；对清代前期历任河督的治绩得失作了分析与总结，其中的经验教训，实足引为鉴戒。

题　　名　清代前期江海关的商品流通与上海经济的发展
作　　者　廖声丰
刊　　名　上海财经大学学报
年 卷 期　2008 年 10 卷 5 期
页　　码　11 – 17
摘　　要　清代前期，上海不仅是东南沿海重要的粮食转运中心，而且也是江南地区手工业贸易的转运中心，繁荣的商品流通推动了江海关的设立与发展；而江海关的设立又为上海的发展提供了难得的发展机遇，两者形成有机的互动。

题　　名　清代前期开海设关的历史地位与经验教训
作　　者　黄国盛
刊　　名　东南学术
年 卷 期　1999 年 6 期
页　　码　86 – 95

摘　　要　自康熙二十三年(1684 年)清政府宣布开海设关,至鸦片战争前夕,历经约一个半世纪。这是中国历史转型的关键时期。这段历史错综复杂。如何认识清代前期闭关与开关的实际状况?清代前期开海设关有何成就、有何教训?这些问题值得进一步研讨。

题　　名　**清代前期泉州湾蚶江口岸初探**
作　　者　丁玲玲
刊　　名　泉州师范学院学报
年 卷 期　2002 年 20 卷 5 期
页　　码　69 – 75
摘　　要　清朝统一台湾后,海禁废弛,允许海峡两岸进行经贸往来,先后在福建开辟了 3 个对台贸易的口岸,蚶江口岸是其中之一,在清代前期闽台贸易中起着重要的作用。本文就蚶江口岸的设置过程及其作用进行初步探索。

题　　名　**清代前期台湾与沿海各省的经贸往来**
作　　者　黄国盛
刊　　名　福建师范大学学报(哲学社会科学版)
年 卷 期　2004 年 1 期
页　　码　31 – 36
摘　　要　清朝统一台湾后,即解除海禁、实施开海贸易政策。在民众私航活动的推动下,台湾与沿海各省之间的通商口岸不断增多。闽商脱颖而出,在台湾与沿海各省经贸往来中担负特殊使命。清前期,海峡两岸间的物资交流进入了空前繁荣的时期,台湾一跃而成为这时期中国经贸活动最为发达的地区之一。台湾与沿海各省经贸往来的发展与扩大,标志东南沿海地区社会经济进入了新的发展阶段,也表明整个中国沿海各区域之间的经济联系、协作发展迈入了新的时期;这对于中国沿海统一市场的最终孕育成熟,具有划时代积极意义。

题　　名　**清代前期天津商品经济的发展**
作　　者　林纯业
刊　　名　天津社会科学
年 卷 期　1987 年 4 期
页　　码　83 – 86
摘　　要　清代初年,清政府采取了有利于工商业发展的措施,如列商人为四民之一,提高商人的社会地位,提出“恤商”,制止官吏对商人随意苛取勒索,废止匠籍制度,松弛手工业生产者对封建国家的人身依附关系,增加商品货物的生产与流通,允许一定数量的私盐煎煮与运销,允许运粮漕船揽载商人货物,统一台湾后又开放“海禁”,发展海上贸易。这使早在明代中叶即已兴起的天津商业恢复了生机,漕运的兴盛,特别是取消海禁带来的海上运输业的活跃,给因河、海运输而发达的天津商业注入了活力,不断获得新的发展。至清中叶,天津的商业有了进一步的繁荣,天津成为沟通南北方、沿海各埠与内地经济联系的重要商业中心城市,在促进社会经济特别是商品经济的发展中,发挥着越来越显著的作用。

题　　名　**清代前期厦门与东南亚的贸易**
作　　者　李金明
刊　　名　厦门大学学报(哲学社会科学版)

年 卷 期 1996 年 2 期
页　　码 48－53
摘　　要 清代前期，厦门作为福建通洋正口，与东南亚的贸易发展迅速，其主要贸易国有：暹罗、吕宋、苏禄、噶喇吧、新加坡等国家，其贸易规模、贸易结构及发展经过各有特点。

题　　名 清代前期学者关于渤海周围地区海防地理形势的认识
作　　者 宋平章
刊　　名 信阳师范学院学报（哲学社会科学版）
年 卷 期 2001 年 21 卷 1 期
页　　码 107－109
摘　　要 清代前期，杜臻、顾祖禹、陈伦炯等学者，较为详细地分析了渤海周围地区的海岸、海岛和海区的地理形势，分析了海口、海港和海道的军事、经济价值，为当时的海防建设提供了理论依据和参考意见。

题　　名 清代前期沿海粮食运销及运量变化趋势——关于粮食运销研究之三
作　　者 邓亦兵
刊　　名 中国社会经济史研究
年 卷 期 1994 年 2 期
页　　码 47－58

题　　名 清代前期沿海运输业的兴盛
作　　者 邓亦兵
刊　　名 中国社会经济史研究
年 卷 期 1996 年 3 期
页　　码 40－52

题　　名 清代前期粤海关的商品流通及税收
作　　者 廖声丰
刊　　名 华南农业大学学报（社会科学版）
年 卷 期 2009 年 8 卷 1 期
页　　码 111－118
摘　　要 清代前期，长距离贸易的兴盛，推动了不同经济区域之间的商品交流，粤海关也由此成为全国最主要的商品流通枢纽之一。清代前期粤海关对全国经济发展起到了重要的作用，既为全国各大区域之间的经济往来提供了平台，促进了全国各区域之间的商品流通，满足了市场需求，又推动了广东自身商品经济的进一步发展。乾隆朝以后，粤海关税收增长主要依赖其良好的区位条件、发达的交通、优惠的外贸政策以及繁华的商品流通所致。

题　　名 清代前期中国海外移民的主要类型
作　　者 谢美华
刊　　名 八桂侨刊
年 卷 期 2010 年 3 期

页　　码　13 - 18

摘　　要　清代前期是华侨出国的重要时期。就出洋动机而言,清初海外移民可分为三个类型:不愿臣服清朝统治的政治难民和战乱及海禁迁界期间的经济难民;从事海外贸易的商民;寻求较好谋生条件的经济移民。这些大多前往南洋和台湾,少数避难日本。到海禁开放以后,中国海外移民基本上是经济移民。就移民职业而言,从事佣工的移民一直占多数。

题　　名　清代前期中国与东南亚的大米贸易

作　　者　李金明

刊　　名　南洋问题研究

年 卷 期　1990 年 4 期

页　　码　97 - 104

摘　　要　清代前期中国与东南亚的海上贸易,自康熙二十二年(1683 年)解除海禁,宣布开海贸易后,即急速地发展起来。作为中国与东南亚贸易口岸的厦门,据估计,贸易最盛时每年的出洋帆船当在 100 - 200 艘之间,其载运能力约有十万吨左右。这些贸易帆船遍及东南亚各地、有"噶喇吧、三宝垅、实力、马辰、T3 仔、暹罗、柔佛、六坤、宋居 T4、丁家卢、宿雾、苏禄、柬埔、安南、吕宋诸国"。在其载运的进出口贸易品中,最值得注意的是从东南亚各地进口的大米,它对解决当时中国东南沿海地区粮食短缺,发展中国与东南亚之间的贸易往来,均起了一定的积极作用。因此,本文拟就康熙末年至乾隆年间,中国与东南亚大米贸易发展的原因,清政府采取的鼓励措施以及大米贸易的意义作一初步的论述。

题　　名　清代前期中日民间交往与文化交流

作　　者　冯佐哲

刊　　名　史学集刊

年 卷 期　1990 年 2 期

页　　码　63 - 71,74

题　　名　清代前期中泰大米贸易及其作用

作　　者　陈希育

刊　　名　福建论坛(人文社会科学版)

年 卷 期　1987 年 2 期

页　　码　56 - 59,49

摘　　要　清代前期中国与泰国等东南亚国家之间的大米贸易,是由中国海商和泰国华侨共同参加,并且得到清朝鼓励的一种特殊的贸易。它的兴起,对于推进中国的海外贸易;解决迫在眉睫的民食问题,缓和社会矛盾;促进泰国华侨经济以及中泰友好关系的发展,都起到独特的作用。

题　　名　清代前期中西交流中止原因探析

作　　者　孙立忠

刊　　名　河南师范大学学报(哲学社会科学版)

年 卷 期　2003 年 1 期

页　　码　106 - 108

摘　　要　中国与西方在很早已有交往。明末清初,交往已相当频繁,西方一些传教士曾涉入中国上流社会,担任宫廷教师、对外谈判翻译等重要职务,很受当权者重视,甚至部分高层人士还接受了西方宗教,成为信徒,中西文化一度出现交融的前景。但因中国传统文化与西方文化间的种种差异、西方人的行为使中国人对其产生的种种误解及中国国内的现实状况等因素的综合作用,使中国突然关闭了刚刚开启的国门,使中西隔离,当西方工业文明崛起之时,中国仍沉浸在天朝大国的梦幻之中,使中国失去了分享人类文明成果的大好时机和一次飞跃发展的良好机遇,最终因落后而被西方殖民者的炮舰冲开国门,陷入百年屈辱历史。

题　　名　**清代前期中暹大米贸易初探**
作　　者　公羽
刊　　名　东岳论丛
年 卷 期　1986 年 3 期
页　　码　62 -67,30
摘　　要　中暹(暹罗——今泰国)两国人民的友好往来源远流长。中暹大米贸易是两国人民贸易和友好交往中的重要内容。在有清一代的数百年中,暹罗大米一直畅销于我国东南沿海的两广、闽、浙诸省,并对中国社会发生了某些影响。这是中外关系史上的一个重要问题,但至今尚未有专文论述。笔者承中山大学黄重言先生的指导,草拟此篇,略陈管见,以就教于有关专家和学者。

题　　名　**清代前期中暹民间贸易**
作　　者　粟明鲜
刊　　名　海交史研究
年 卷 期　1986 年 10 期

题　　名　**清代前中期的沿海贸易与山东半岛经济的发展**
作　　者　许檀
刊　　名　中国社会经济史研究
年 卷 期　1998 年 2 期
页　　码　33 -45

题　　名　**清代前中期东北的沿海贸易与营口的兴起**
作　　者　许檀
刊　　名　福建师范大学学报(哲学社会科学版)
年 卷 期　2004 年 1 期
页　　码　6 -11,21
摘　　要　清代东北的沿海贸易始于康熙中叶,乾、嘉年间得到长足的发展。东北向南方输出的主要是大豆、杂粮等农副产品,从南方输入则以棉布等手工业品为主。营口是随着东北沿海贸易的发展而兴起的港口城镇,清代中叶逐渐取代锦州成为东北沿海税收额最高的海口。鸦片战争后营口成为东北第一个通商口岸,完全是由于它当时在东北沿海贸易中的地位。

题　　名　**清代前中期福建造船业概述**
作　　者　赵建群
刊　　名　中国社会经济史研究
年 卷 期　1993 年 4 期

页　　码　70－77,25

题　　名　**清代前中期广州的对外贸易与广州城市文明发展的关系**
作　　者　蒋祖缘
刊　　名　暨南学报(哲学社会科学)
年 卷 期　1987 年
页　　码　29－36

题　　名　**清代乾嘉时期朱濆海上起事考辩**
作　　者　陈启汉
刊　　名　广东社会科学
年 卷 期　2010 年 3 期
页　　码　109－115
摘　　要　朱濆是清代乾隆、嘉庆时期东南海上起事帮派首领,与同时起事的著名帮派首领蔡牵时分时合,自有其本身领导渔民反抗沿海贪官污吏剥削暴政的历史作用。但史书对其有关记载比较简略,且史料零散。至于其活动海域地名,古今称谓不同,亦须对图查证。本文参考有关文献和地图,力求系统而准确地说明其海上斗争的经过。

题　　名　**清代乾隆朝的中英关系**
作　　者　戴逸
刊　　名　清史研究
年 卷 期　1993 年 3 期
页　　码　1－8

题　　名　**清代乾隆中、晚期的潞河漕运——《潞河督运图卷》的初步研究**
作　　者　王永谦
刊　　名　中国历史文物
年 卷 期　1983 年 5 期
页　　码　113－118
摘　　要　元、明、清三朝建都北京,通州是左辅京师的首都东门,是京畿仓储所在,地位十分重要。同时,自通州东由潞河可达天津而入海,南循卫河(也称御河)可控江淮,陆路扼东北诸关塞,是水陆要冲、舟车辐辏的交通枢纽。尤以潞河“为万国朝宗之地。”千樯云集,车毂织络,“盖仓庚之都会,而水路之冲透也。”特别自元以来,每年由东南地区供给京师的数百万石漕粮,不论海运、河运,都要从天津进北运河(即潞河)而抵通州,然后分运京、通仓储。潞河与通州遂被称为“天庾重地”。乾隆中、晚期潞河上下“漕艘栉比,凛栗云屯”,漕运业极其繁盛。

题　　名　**清代乾隆中、晚期的潞河漕运——《潞河督运图卷》的初步研究**
作　　者　王永谦
刊　　名　北京文史
年 卷 期　2001 年 2 期
页　　码　10－13

题　　名　**清代泉台贸易对泉州沿海港口的影响**
作　　者　丁玲玲
刊　　名　福建论坛(社科教育版)
年 卷 期　2008 年 S2 期
页　　码　75 - 77
摘　　要　福建泉州与台湾一水相隔,咫尺相望,海上交往十分频繁。清朝统一台湾以后,驰禁开海贸易,泉州充分利用其所处的地理优势和国家统一后的社会背景,积极开展对台贸易。清代泉台贸易的发展,对泉州沿海港口经济的恢复和发展起了十分重要的促进作用。

题　　名　**清代泉州东石港航运业考析——以族谱资料为中心**
作　　者　粘良图
刊　　名　海交史研究
年 卷 期　2005 年 48 期
页　　码　81 - 94,80
摘　　要　东石海港为泉州"三湾十二港"之一,早有以海为田的传统。清初郑成功收复台湾,东石民众许多随往台地定居。随着台湾经济发展,人口增多,贸易需求亟增。东石人乘此机遇,合力疏通新港,开凿船坞,组建郊行,藉人缘地缘之亲近,发展对台贸易,置船数以百计,川走南北,冲风搏浪,世代为业。笔者据最近进行的涉台文物调查,特别是东石各族氏保存的族谱资料,记录、考析当时东石著名的"周益兴号"、"德泰记"、"源利号"、"玉记"四家船商的兴衰历程,冀以介绍清代东石航运贸易之盛况。

题　　名　**清代泉州海商碑刻资料辑述**
作　　者　黄真真
刊　　名　中国社会经济史研究
年 卷 期　2010 年 3 期
页　　码　103 - 104

题　　名　**清代泉州晋江沿海商人的乡族特征**
作　　者　陈支平
刊　　名　清史研究
年 卷 期　2008 年 1 期
页　　码　20 - 36
摘　　要　泉州安海商人,在明代私人海上贸易史上占有重要的地位。入清以来,随着郑芝龙、郑成功集团的衰亡,安海商人也出现了衰退的局面。而与此同时,泉州府晋江县沿海地带的商人们,却能够依仗海洋交通便利的地理优势,因时而起,得到较快的发展,成为清代福建地区最具影响力的地方商帮。特别是随着清代中期台湾经济地位的提升及其与大陆经济交往的发展,晋江沿海商人形成了以闽台海峡两岸贸易为重心、兼及东南沿海船运商业的经营模式。清代晋江沿海商人在经营上的成功,是以充分利用家族、乡族的互助力量紧密联系在一起的,而家族、乡族的联系纽带又使得商人们在经营关系和经济关系处于比较错综复杂的境地。这种比较复杂的经营关系和经济关系,将对商业资本的发展产生一定的促进和阻滞的作用,因而对于以往关于家族、乡族制度阻碍社会经济发展的传统方法,有必要予以重新的审视。

题　　名　**清代榷关税收制度述论——以赣关考察为中心**
作　　者　廖声丰
刊　　名　江西财经大学学报
年 卷 期　2009年1期
页　　码　85-90
摘　　要　清政府为保证赣关关税的征收,力图从制度约束和考核检查等方面予以加强,以确保国家对榷关的切实控制和榷关功能的正常执行。这些税收制度维持了赣关的运转,也取得了一定的效果。通过对清代赣关税收制度的个案考察,可以得到两个较为宏观的结论:一是推行"恤商"政策、保护商品流通是清政府的基本立场,二是正是像赣关这样的分布在全国各地的榷关,对于清代专制主义中央集权统治的地方控制,具有重要意义。

题　　名　**清代山东境内的漕粮运输**
作　　者　温洪镭
刊　　名　齐鲁文史
年 卷 期　1996年4期
页　　码　22-24

题　　名　**清代山东运河城市发展原因初探**
作　　者　王滨
刊　　名　今日南国(理论创新版)
年 卷 期　2008年8期
页　　码　188-190
摘　　要　清中前期,山东大运河沿岸城市有了很大的发展,成为全国最重要的城市带之一。山东运河城市发展的原因主要有四个方面,一是大运河的带动作用;二是明清时期,由于中国社会整体生产力的提高而导致的商品经济的发展;三是得益于政府的漕运这样一种超经济运输方式;四是在清中前期,政府的海禁政策客观上促进了运河沿岸城市的发展;五是南方尤其是江南社会经济的发展,也为山东沿岸地带城市的发展起了推动作用。

题　　名　**清代商帮会馆与天后宫**
作　　者　蒋维锬
刊　　名　海交史研究
年 卷 期　1995年27期
页　　码　45-63

题　　名　**清代商帮会馆与天后宫**
作　　者　蒋相辉
刊　　名　妈祖研究学报
年 卷 期　2004年2期
页　　码　87-95

题　　名　清代上海的海关邮政
作　　者　悠悠
刊　　名　上海师范大学学报(哲学社会科学版)
年 卷 期　1991 年 4 期
页　　码　66

题　　名　清代上海地区沙船业的兴衰
作　　者　李国环
刊　　名　南京经济学院学报
年 卷 期　1997 年 4 期
页　　码　73 – 77
摘　　要　上海地区的沙船业发展和兴盛起于中国清代的中前期,衰落和消亡于中国半殖民地半封建社会经济逐渐形成的清代末叶。对上海地区沙船业在清代的发展、兴盛和衰亡过程的研究,有助于了解中国封建经济发展以及中国近代半殖民地半封建经济形成的过程。

题　　名　清代上海盐政若干问题述论
作　　者　吴仁安
刊　　名　盐业史研究
年 卷 期　1997 年 2 期
页　　码　24 – 29

题　　名　清代上海盐政若干问题述论(续)
作　　者　吴仁安
刊　　名　盐业史研究
年 卷 期　1997 年 4 期
页　　码　17 – 26

题　　名　清代盛京沿海贸易重心转移述略
作　　者　张博
刊　　名　南开学报(哲学社会科学版)
年 卷 期　2001 年 6 期
页　　码　73 – 76
摘　　要　有清一代,盛京沿海贸易重心经历了由锦州到营口,再由营口到大连的转移过程。在这一转移过程中,口岸的经济腹地宽阔与否、口岸自身条件以及口岸与经济腹地沟通方式等起到了至关重要的作用;而政治因素的介入,对口岸之间势力的此消彼长影响颇巨,在清末尤为如此。

题　　名　清代十三行吸纳西方文化的成就与影响
作　　者　蒋祖缘
刊　　名　学术研究
年 卷 期　1998 年 5 期
页　　码　75 – 79

摘　　要　清初实行海禁政策,广州的对外贸易曾一度陷于停顿。康熙二十四年(1685),设立粤海关,允许开海贸易。从翌年至道光二十二年(1842)这150多年间,设在广州西关的十三行不仅在很大程度上独揽了广州的外贸,还自乾隆二十二年(1757)撤销闽海关、浙海关、江海关,只保留粤海关一口对外贸易的80余年间,总揽了全国的进出口贸易。十三行成为我国独特的商贸团体,西关成为我国唯一合法的外贸区。明初,广州的对外贸易大多只与亚洲南洋诸国和地区进行,明中期开始才有与西方国家葡萄牙的贸易。清代转向以西方为主的资本主义国家。这是我国外贸史上一大显著变化,在文化交流方面也相应出现了一些新的变化。本文试就十三行吸纳西方文化的成就及其影响作些探讨。

题　　名　清代时期汉语在琉球的传播

作　　者　于亚娟

刊　　名　福建论坛(人文社会科学版)

年 卷 期　2006年S1期

页　　码　100-101

题　　名　清代双桅帆船

作　　者　郑明,张恩海

刊　　名　中国远洋航务

年 卷 期　2007年4期

页　　码　101

摘　　要　中华传统帆船在20世纪60-70年代逐步从捕鱼、运输等经济领域退出,这是生产力和科学技术发展的正常现象。但中华传统帆船作为海洋文化艺术、舟船历史遗产的象征和标志,应代代传承下去。本刊和一些学者最近接触到一些外国朋友,他们向我们推荐了他们国家在过去和近期关于世界造船、航海历史的图书。这些图书编辑了在历史上曾灿烂现身的中国传统帆船,精心构图、笔调细致、结构工整、比例恰当、色彩真切,把中华传统帆船的特色表现得十分到位。不论从造船航海史料、舟船技术研究及海洋文化艺术欣赏方面都是难得的佳作。为了推动各界人士来关注、挖掘和贡献出更多关于中华传统帆船的作品,本刊将邀请相关学者,以图文并茂的方式,每期介绍一艘中国古船,以弘扬祖国的海洋文化宝库。

题　　名　清代水师的军饷和奖惩

作　　者　风驹

刊　　名　当代海军

年 卷 期　1994年4期

页　　码　34

题　　名　清代四川的榷关

作　　者　鲁子健

刊　　名　中国社会经济史研究

年 卷 期　1987年3期

页　　码　25-29,44

题　　名　清代四川天后宫考述

作　　者　刘正刚

刊　　名　汕头大学学报(人文科学版)
年 卷 期　1997 年 13 卷 5 期
页　　码　52 - 60
摘　　要　天后又称妈祖,是宋代以来东南沿海民间信仰崇拜的主要乡土神之一。清代乾隆以降,四川却出现大量崇拜天后的庙宇——天后宫。这一历史现象产生的原因,迄今尚未进行讨论。本文较系统地考察了四川天后宫建立的背景、分布状况及其社会功能问题,以期对闽粤的四川移民活动问题有所认识。

题　　名　**清代苏禄国朝贡史研究**
作　　者　郗玲芝
刊　　名　德州学院学报
年 卷 期　2010 年 1 期
页　　码　76 - 80
摘　　要　古苏禄国与中国的交往最早可追溯至唐宋时期,明永乐十五年东、西、峒三王来朝将两国关系推向高潮,但自永乐二十二年后便断绝了朝贡往来,三百多年后,于清康熙年间复又请求朝贡。雍乾三十多年间,苏禄国仅经准许的官方朝贡就达六次之多,未经准许的朝贡与民间来往更是数不胜数。但清政府对苏禄国朝贡采取的是怀柔友好的政策以及两国朝贡往来的目的有着本质差别,即清政府重在政治需要,而苏禄国则强调经济目的。

题　　名　**清代台海两岸航行时间**
作　　者　陈孔立
刊　　名　台湾研究集刊
年 卷 期　2009 年 3 期
页　　码　65 - 71
摘　　要　为了解决清代台海两岸之间航行需要多少时间的问题,本文依据文献及档案史料的具体记载,给予回答。总的来说,在木帆船时代,顺风时,福建沿海不及两天可达澎湖,甚至一昼夜即可到达台湾,一般则需要 4 ~ 5 天;在轮船时代,快则 17 ~ 18 小时,一般也要 2 ~ 3 天。气候因素对航行时间影响极大,有时候风长达一个月以上,有时船只遭风飘流,甚至触礁沉没,片板不留。

题　　名　**清代台湾边疆移垦社会之特点与妈祖信仰**
作　　者　李祖基
刊　　名　台湾研究集刊
年 卷 期　1990 年 23 期
页　　码　150 - 159,164

题　　名　**清代台湾大米对福建的输入——以兵眷米谷为中心**
作　　者　杨彦杰
刊　　名　中国社会经济史研究
年 卷 期　1988 年 1 期
页　　码　69 - 77
摘　　要　台湾;大米;福建;台米输出;兵眷米谷

题　　名　**清代台湾的抚垦措施之成效及其影响**
作　　者　宋增章
刊　　名　台湾文献
年 卷 期　1979 年 30 卷 1 期

题　　名　**清代台湾地区的妈祖碑刻述论**
作　　者　黄腾华,李小稳
刊　　名　福建省社会主义学院学报
年 卷 期　2008 年 1 期
页　　码　52－56,103
摘　　要　清代台湾妈祖信仰十分兴盛,也产生了很多的有关妈祖信仰的碑刻。这些保留下来的碑刻是研究清代台湾地区妈祖信仰不可或缺的原始资料,研究这些碑刻对保存和传承妈祖文化遗产具有深远的历史意义和现实意义。

题　　名　**清代台湾海峡的自然灾害与闽台贸易**
作　　者　徐心希
刊　　名　海交史研究
年 卷 期　2005 年 47 期
页　　码　73－84,113
摘　　要　清代福建海外贸易的衰微,论者多以为是清朝统治者闭关自守政策所致。实际上笔者以为与清代台湾海峡进入自然灾害高发期有关。影响台湾海峡地区海上贸易的自然灾害主要有暴风与瘟疫等灾害。本文研究清代上述灾害对两岸海上航运造成的影响及两地官员与民众的救灾措施。

题　　名　**清代台湾航运史初探**
作　　者　松浦章 著;刘序枫 译
刊　　名　台北文献
年 卷 期　1998 年 125 期

题　　名　**清代台湾所遇琉球遭风难民事件**
作　　者　吴幅员
刊　　名　东方杂志
年 卷 期　1980 年 13 卷 9 期

题　　名　**清代台湾武备制度之研究**
作　　者　黄典权
刊　　名　成大历史学报
年 卷 期　1978 年 5 期

题　　名　**清代台湾与琉球关系考**
作　　者　张先清,谢必震

刊　　名　中国社会经济史研究
年 卷 期　1998 年 1 期
页　　码　46 - 57
摘　　要　清代中琉关系十件密切。2 个多世纪以来,双方舟辑不断,往来频繁。值得一提的是,原本孤悬东南一隅的祖国宝岛台湾,自康熙 22 年(1683)正式纳入清政府版图后,在清中央政府与属国琉球这种日益密切交往中,起到了一定的作用与影响。本文拟根据琉球历代主案,清代宫中档案等丰富的文献资料,对此做一初步探讨。

题　　名　清代台湾与美国的接触和难船事件
作　　者　林子侯
刊　　名　台湾文献
年 卷 期　1978 年 28 卷 3 期

题　　名　清代台湾与祖国大陆的贸易结构
作　　者　林仁川,陈杰中
刊　　名　中国社会经济史研究
年 卷 期　1983 年 2 期
页　　码　37 - 42,56

题　　名　清代泰米进口对中泰民间贸易的影响
作　　者　郭净
刊　　名　东南亚
年 卷 期　1988 年 1 期
页　　码　34 - 42
摘　　要　清代中泰大米贸易是一个尚待深入研究的课题。至于泰米进口与 17 - 19 世纪中叶中泰贸易结构演变的关系,至今未见有专文加以论述。有鉴于此,笔者在广泛收集资料的基础上,拟对这一问题作较深入的剖析。千虑之一得,还望学者们多作指教。

题　　名　清代同安造船业兴衰初探
作　　者　林靖
刊　　名　福建商业高等专科学校学报
年 卷 期　2002 年 3 期
页　　码　32 - 33
摘　　要　本文试图探寻清代同安造船工业兴衰的原因。清代同安县隶于泉州府,辖现在的同安,金门岛(料罗)、厦门岛及其附近诸岛屿,还有集美、杏林和龙海角美的部分。清代同安是福建对台、对南洋航运的重要口岸,也是福建几个造船基地之一。其造船业于清初始兴,盛于清中叶雍乾年间,衰于乾隆晚年至道光年间。其详貌如何? 因何而兴? 因何而衰? 这是本文所要讨论的。

题　　名　清代统一澎湖台湾的重要史料
作　　者　王国华
刊　　名　北京社会科学

年 卷 期 1990 年 2 期
页　　码 48 - 50

题　　名 **清代统一台湾始末**
作　　者 陈九如
刊　　名 统一论坛
年 卷 期 1999 年 1 期
页　　码 53 - 54

题　　名 **清代屯田与漕运**
作　　者 李文治
刊　　名 学原
年 卷 期 1949 年 2 期
页　　码 52 - 55

题　　名 **清代外销瓷与早期中美贸易**
作　　者 吴建雍
刊　　名 北京社会科学
年 卷 期 1987 年 1 期
页　　码 88 - 93
摘　　要 大约在十六世纪中期,中国瓷器开始传入美洲。进入清代,由于中西贸易的扩展,绚丽的华瓷不断被英国、荷兰、西班牙、法国的商船,载往北美大陆。但是,中国瓷器畅销美洲的高峰期,却是在中美直接通商后。从乾隆四十九年(1784 年),美国"中国皇后"号到达广州,直到鸦片战争前夕,瓷器与茶叶、丝绸、共同构成中国向美国出口的主要商品,瓷器贸易,则在促进中美文化交流中,发挥了特殊的作用。

题　　名 **清代卫所职能略论**
作　　者 李巨澜
刊　　名 淮阴师范学院学报(哲学社会科学版)
年 卷 期 2001 年 6 期
页　　码 734 - 738
摘　　要 清代卫所的主要职能为屯田与漕运,另有民事、教育、司法和军事等附属职能。清代的卫所职能来自于明朝,为了确保卫所功能的正常发挥,清政府制定了较为严密的规制,对清代社会的稳定发展起到了积极作用。

题　　名 **清代卫所制度述略**
作　　者 李巨澜
刊　　名 史学月刊
年 卷 期 2002 年 3 期
页　　码 36 - 40
摘　　要 清代卫所制度是对明代卫所制度的改造和调整,其官员由世袭改为任命,职能由原先的军事、经济相结合转变为纯粹的经济职能。

题　　名　**清代厦门港的海外贸易与华侨**
作　　者　陈希育
刊　　名　南洋问题研究
年 卷 期　1987 年 3 期
页　　码　36 – 48
摘　　要　明末清初，厦门港异军突起，取代漳州月港，成为中国东南沿海颇具特色的大商港。本文拟就鸦片战争以前厦门港海外贸易的盛衰之变、特点及其与华侨的关系等问题作初步探讨，敬祈指正。

题　　名　**清代暹罗贡船上的压舱货物**
作　　者　田渝
刊　　名　集团经济研究
年 卷 期　2007 年 04Z 期
页　　码　319

题　　名　**清代咸丰初年江浙漕粮海运中的省际矛盾**
作　　者　倪玉平
刊　　名　学术月刊
年 卷 期　2009 年 41 卷 1 期
页　　码　122 – 127

题　　名　**清代鸦片战争前国外粮食输入问题**
作　　者　崔宪涛
刊　　名　中国社会经济史研究
年 卷 期　1990 年 4 期
页　　码　57 – 62

题　　名　**清代鸦片战争前之中西沿海通商**
作　　者　张德昌
刊　　名　清华大学学报(自然科学版)
年 卷 期　1935 年 1 期
页　　码　97 – 144

题　　名　**清代严禁沿海人民偷渡来台始末(上)**
作　　者　庄金德
刊　　名　台湾文献
年 卷 期　1964 年 15 卷 3 期

题　　名　**清代严禁沿海人民偷渡来台始末(下)**
作　　者　庄金德

刊　　名　台湾文献
年 卷 期　1965 年 15 卷 4 期

题　　名　清代移民思想的演变
作　　者　孙谦
刊　　名　八桂侨刊
年 卷 期　1996 年 2 期
页　　码　11－14

题　　名　清代以后妈祖信仰传播的主要历史条件
作　　者　朱天顺
刊　　名　台湾研究集刊
年 卷 期　1986 年 2 期
页　　码　49－57

题　　名　清代以前中泰中医药交流
作　　者　冯立军
刊　　名　南洋问题研究
年 卷 期　2004 年 4 期
页　　码　71－78,98
摘　　要　本文通过对清代以前中泰中医药交流的阐述,分析了这种交流给双方所带来的积极影响和重要意义,从而充分展现了中泰两国在这一时期以频繁的贸易往来和文化交流为基础的友好和睦的邦邻关系。

题　　名　清代渔政与钦廉沿海的海洋渔业
作　　者　余汉桂
刊　　名　古今农业
年 卷 期　1992 年 1 期
页　　码　67－71,78

题　　名　清代御赐天后宫匾额及其历史背景
作　　者　蒋维锬
刊　　名　莆田学院学报
年 卷 期　2005 年 12 卷 4 期
页　　码　79－86
摘　　要　搜集近年新发现的有关清代御赐天后宫的匾额史料,归纳御赐匾额的主要缘由有八种,以类相从,合并为四大类。并考证相关的历史背景,指出一些有关妈祖宫庙赐额的错误说法。

题　　名　清代粤海关的设置与关税征收
作　　者　李金明
刊　　名　中国社会经济史研究

年 卷 期　1995 年 4 期

页　　码　28 – 36

摘　　要　康熙二十三年(1684)清政府开放海禁后,则分别于广东、福建、浙江、江南四省设立粤海关、闽海关、浙海关和江海关,目的是管理海上贸易与征收进出口关税,这就是我国历史上正式设立海关的开始。本文拟就粤海关的设置、关税的征收以及征收过程中出现的弊端等问题作一初步的探讨。

题　　名　**清代粤海关税收的考核与报解制度论述**

作　　者　戴和

刊　　名　海交史研究

年 卷 期　1988 年 13 期

题　　名　**清代粤海关税收述论**

作　　者　戴和

刊　　名　中国社会经济史研究

年 卷 期　1988 年 1 期

页　　码　61 – 68,27

摘　　要　康熙二十四年(1685 年)清政府解除了自顺治末年以来的海禁,开海通商,设置江、浙、闽、粤四海关作为管理机构。由于历史和地理等方面的因素,自开海通商后,粤海关关部所在地的广州对外贸易发展很快,逐步成为中外贸易的一个集结点,特别是在洪任辉案后,清政府于乾隆二十二年(1757 年)宣布西洋船只只许在广东收泊贸易,不得再到其他关口通商,从而把粤海关置于中国与西洋贸易的独占地位。当然清政府并没有罢废其余三关,中国与南洋地区的通商仍可照样在闽海关进行,前往日本的中国商船仍照样经江、浙两海关发帆出洋。只是由于在整个清代的对外贸易中,与西洋的贸易占着极大的比重,因而粤海关的地位也就显得格外地重要。

题　　名　**清代运河衰落原因论析**

作　　者　王频

刊　　名　淮阴师范学院学报(哲学社会科学版)

年 卷 期　2008 年 3 期

页　　码　336 – 343

摘　　要　京杭大运河曾经是中国唯一的运输大动脉。但其运道畅通的维持却一直是历经磨难,举步维艰。大运河自身地理环境的严重制约,注定了其命运多舛;封建政府治河保漕的根本目的导致了对运河治理的失当;河政的腐败使运河走向衰败;太平天国运动加速了运河体系的崩溃。

题　　名　**清代运军的构成与性质**

作　　者　黄十庆

刊　　名　江淮论坛

年 卷 期　1990 年 3 期

页　　码　74 – 79

摘　　要　清代运军来自有漕卫所,身属军籍,管驾漕船;不出运时,则耕种屯田,交粮纳赋。运军不同于一般的农民,属于清代社会中一个特殊的阶层,是清朝漕运制度的一个重要组成部分。

题　　名　清代浙江漕政与农民的抗漕斗争
作　　者　戴鞍钢
刊　　名　浙江师范大学学报(社会科学版)
年 卷 期　1988 年 3 期
页　　码　84 - 89
摘　　要　清代围绕着遭粮征收,农民与地主及清政府之间的对立和斗争也格外鲜明和尖锐。由于资料散见,这方面的研究尚很薄弱。本文拟就此作番努力,以期加深对浙江社会经济史中这一重要问题的了解,增进对清代浙江农村阶级关系的认识。

题　　名　清代知识分子对欧洲科技文化的介绍与认识
作　　者　陈伟明
刊　　名　海交史研究
年 卷 期　1998 年 34 期
页　　码　58 - 64

题　　名　清代治台政策的再检讨:以渡台禁令为例
作　　者　黄秀政
刊　　名　文史学报
年 卷 期　1990 年 20 期

题　　名　清代中朝之间的使行贸易及影响
作　　者　赵兴元
刊　　名　北华大学学报(社会科学版)
年 卷 期　2006 年 7 卷 5 期
页　　码　89 - 93
摘　　要　清代,朝鲜使团利用到北京朝贡的机会同中国进行商品贸易,其形式主要有三种,即政府间的贸易、同中国商人的贸易和同普通市民的贸易。使行贸易对两国经济发展产生了巨大影响。使行贸易带动了中国辽东运输业的兴起,促进了商路经济的繁荣;也刺激了朝鲜手工业、畜牧业的发展,满足了朝鲜方面对部分商品的需求。

题　　名　清代中国茶叶外销口岸及运输路线的变迁
作　　者　甘满堂
刊　　名　农业考古
年 卷 期　1998 年 4 期
页　　码　201 - 206

题　　名　清代中国对琉球的册封
作　　者　吴怀民
刊　　名　福建师范大学学报(哲学社会科学版)
年 卷 期　1992 年 3 期
页　　码　92 - 98

题　　名　清代中国对琉球遭风船只的抚恤制度及特点
作　　者　李少雄
刊　　名　海交史研究
年 卷 期　1993 年 23 期
页　　码　50 - 57

题　　名　清代中国对日本漂泊民的厚遇——以越前宝力丸漂靠川沙厅为例
作　　者　松浦章,赵哲
刊　　名　日本研究
年 卷 期　1986 年 2 期
页　　码　50 - 52

题　　名　清代中国和琉球贸易初论(上)
作　　者　俞玉储
刊　　名　历史档案
年 卷 期　1993 年 3 期
页　　码　86 - 92
摘　　要　中国和琉球国的历史关系,源远流长。据史籍记载,始于中国隋朝大业元年(605)隋炀帝派朱宽等出使琉球。此后数百年间,双方续有来往,因史籍记述无多,详情不得而知。明洪武五年(1372)琉球国中山王察度遣使入贡,从此,约 500 多年的明清两代,中琉之间的友好交往日益密切。随着中琉友好关系的发展,中琉之间的经济贸易往来也日益频繁。由于篇幅所限,本文仅根据中国第一历史档案馆所藏清代有关中琉关系的档案及资料,对清代中国和琉球之间的贸易往来进行初步探讨。

题　　名　清代中国和琉球贸易初论(下)
作　　者　俞玉储
刊　　名　历史档案
年 卷 期　1993 年 4 期
页　　码　91 - 100

题　　名　清代中国和暹罗的友好关系
作　　者　黄国安
刊　　名　东南亚纵横
年 卷 期　2000 年 S2 期
页　　码　115 - 118

题　　名　清代中国药材输入疏球考
作　　者　谢必震,傅朗
刊　　名　中国社会经济史研究
年 卷 期　1995 年 1 期
页　　码　83 - 93

题　　名　**清代中国与苏禄的贸易**
作　　者　钱江
刊　　名　南洋问题研究
年 卷 期　1988 年 1 期
页　　码　85 – 92
摘　　要　苏禄(Sulu),位于今菲律宾群岛的南部,为古代东南亚著名的商业岛国。元大德年间(1297 – 1307 年)与中国正式建立通商关系。其后,舟舶继路,商使交属,彼此在政治、经济方面的交往甚为密切,并一度在明朝初期达到高潮。鉴于史学界以往多侧重于研究明朝中国与苏禄的关系,尤其是政治上的友好关系,本文拟对清代中国与苏禄的贸易关系作一初步的考察。

题　　名　**清代中后期淮安水运业的兴衰**
作　　者　施春生
刊　　名　档案与建设
年 卷 期　2000 年 3 期
页　　码　22 – 24

题　　名　**清代中琉册封贸易述略**
作　　者　赖正维
刊　　名　宁德师专学报(哲学社会科学版)
年 卷 期　2005 年 2 期
页　　码　49 – 53
摘　　要　明洪武五年(1372 年)中国与琉球建立正式的藩属关系,此后两国密切往来五百余年,政治、经济、文化交往频繁。随着清朝政权稳固、经济繁荣及睦邻友好外交政策的实施,中琉双方的册封贸易也成为两国经济交流的重要内容之一。其结果不仅极大促进了琉球经济的繁荣及社会的进步,而且推动了福建商品经济的发展,促进了福州港的兴盛。

题　　名　**清代中琉贸易与福建手工业**
作　　者　徐晓望
刊　　名　海交史研究
年 卷 期　1997 年 32 期
页　　码　21 – 32

题　　名　**清代中期关于漕粮加赋的三次政策辩论**
作　　者　晏爱红
刊　　名　史林
年 卷 期　2010 年 5 期
页　　码　100 – 107,190
摘　　要　清代嘉、道两朝江南有漕省份传统漕运体制的危机达于极点,漕粮应否在原额基点上加赋引起朝廷内部争议,“不加赋”的祖制虽一再受到挑战,却未被突破。咸丰以降,大故迭起,中国面临数千年未遇之变局,有漕省份相继更改漕务章程,原来恪守的“不加赋”祖制被打开缺口,鉴于完全依赖河运的漕运旧制支离破碎且已难照旧复原，胡林翼、曾国藩、李鸿章、左宗棠等地方督抚推行“穷变通久”之策，重建漕运新制，而部分言官祭出祖制法宝已黯然失去昔日法力。数十年间，世间百态和人们的观感竟发生如此大的改变，令人感慨太平军兴前后社会变迁之巨。

题　　名　**清代中暹贡赐往来及其影响**
作　　者　汤开建，田渝
刊　　名　广西民族学院学报（哲学社会科学版）
年 卷 期　2004 年 26 卷 2 期
页　　码　139 – 143
摘　　要　清代中暹之间的贡赐往来，对暹罗而言，虽说主要是为其经济利益所驱使，但客观上，也达到了中暹之间物质上的互通有无，文化上的相互交流和影响，实现了双方经济文化的交流。

题　　名　**清代中暹贸易及其活跃广东经济的作用**
作　　者　陈坚红
刊　　名　海交史研究
年 卷 期　1989 年 15 期

题　　名　**清代中叶（约 1780 – 1860）台湾到大陆之间的帆船贸易——以船舶为中心的数量估计**
作　　者　陈国栋
刊　　名　台湾史研究
年 卷 期　1994 年 1 卷 1 期
页　　码　55 – 96

题　　名　**清代中叶广东的太平关及其商品流通**
作　　者　许檀
刊　　名　历史档案
年 卷 期　2005 年 4 期
页　　码　67 – 73
摘　　要　本文主要利用太平关关税档案资料，对乾隆年间太平关税则的修订，以及清代中叶经由太平关的商品流通做一些具体考察。

题　　名　**清代驻台班兵防考**
作　　者　李汝和
刊　　名　台湾文献
年 卷 期　1970 年 21 卷 3 期

题　　名　**清代转运天津截漕述论——以雍正二年转运至通州为例**
作　　者　李俊丽
刊　　名　许昌学院学报
年 卷 期　2010 年 3 期
页　　码　82 – 85

摘　　要　清代,从东南地区运往北京、通州及边陲的漕粮时常由于漕船迟至、北运河不畅等原因被截留在天津,这些截留在天津的漕粮会在适当的时候再行转运。记载转运天津截漕过程的史料很少,雍正初年曾任兵部侍郎的李绂在其文集《穆堂别稿》中留下了一篇日记,详细记载了雍正二年转运天津截漕至通州的全过程。

题　　名　**清代走向世界的广货——十三行外销银器略说**

作　　者　雷传远

刊　　名　学术研究

年 卷 期　2004 年 10 期

页　　码　99－102

摘　　要　广州十三行的外销银器,是清代走向世界的广货之一。十三行街区曾形成一个银器市场。银器的造型和纹饰,充分表现出广州能工巧匠的工艺水平。外销银器既是商品又是工艺品,从侧面反映出行商与洋商的人际交往,以及中西方文化的交流。

题　　名　**清道光后改革漕制议——江南农村经济变化、漕运体制矛盾加剧与议行改制**

作　　者　李文治

刊　　名　中国经济史研究

年 卷 期　1989 年 1 期

页　　码　29－44

摘　　要　清代征漕省分和定额与明朝相同。以省分言,有山东、河南,曰北漕,有湖北、湖南、江西、浙江、江苏和安徽,曰南漕。南北漕正米定额合计为 400 万石。本文所说的江南指太湖流域苏、松、常、镇、太、杭、嘉、湖等七府州重漕区。这个地区从隋唐开始一直到清前期,农村经济一直在继续发展,持续了一千多年。到清嘉道之际开始发生变化,农村经济趋向衰落,从而严重影响了国家所依重的漕运。本文拟专就这一问题进行探讨。

题　　名　**清法战争中的基隆之役——兼论民族英雄墓的由来**

作　　者　许毓良

刊　　名　台湾文献

年 卷 期　2003 年 54 卷 1 期

页　　码　295－326

题　　名　**清宫藏海防舆图与澳门**

作　　者　刘若芳

刊　　名　档案学通讯

年 卷 期　1999 年 6 期

页　　码　67－68

摘　　要　海防舆图是清宫舆图档案中的一部分,她以舆图的形式反映清代中央及地方政府对海防的认识,是研究清代海防史的重要史料。澳门地处南海,系海防之要地,中西贸易的一个中心。由于她的特殊地位,为清政府所重视。清宫档案中不仅有大量的文字档案记载了对澳门的管理与经营,而且在舆图中也有充分的体现。海防图是从海防的角度反映澳门在清代海防中的地位与作用。现就几幅重要的海防图中对澳门的标识介绍于此,供研究者参考。

题　　名　清宫广州十三行档案的珍贵价值
作　　者　覃波
刊　　名　历史档案
年 卷 期　2003 年 4 期
页　　码　117 – 123
摘　　要　广州十三行是 18、19 世纪中国走向世界、世界透视中国的一大枢纽，在“海上丝绸之路”及清代中西关系中起着重要作用。中国第一历史档案馆保存的有关清宫档案，真实地再现了这个盛极一时的早期东方世贸中心。

题　　名　清光绪朝淮安关正额绌收原因探微
作　　者　刘洪石
刊　　名　东南文化
年 卷 期　1993 年 3 期
页　　码　86 – 94

题　　名　清后期漕运衰亡的综合分析——兼评胡林翼漕运改革
作　　者　吴琦
刊　　名　中国农史
年 卷 期　1990 年 2 期
页　　码　69 – 76，47
摘　　要　漕运发展到清中期以后，逐渐走向衰亡。漕运的衰亡，是由诸种社会因素综合作用的结果，如漕弊积重、农业凋蔽、清政府腐败、河道淤塞、社会动荡、商品经济活跃、近代运输业兴起等等。尽管清后期一些漕运官员对漕政进行了整饬，实施改革（如文中论及的胡林翼漕运改革），但是，由于封建社会已经走到了它的尽头，整个社会从经济基础到上层建筑都濒临崩溃，故而，一切措施都难取得“回天”之功，作为封建社会的产物，漕运的衰亡是历史的必然。

题　　名　清后期广东茶商的发展阶段与特点
作　　者　刘志华，黄超
刊　　名　古今农业
年 卷 期　2009 年 3 期
页　　码　57 – 61
摘　　要　中国茶叶外销历史悠久，在中国古代茶叶的对外贸易中，广东茶商占据着极其重要的位置。从“一口通商”时期到“五口通商”时期，广东茶商精于商、勤于作，为我国茶叶的对外贸易做出了重大贡献。文章探讨了清后期广东茶商的发展阶段及其经营方式与特点。

题　　名　清季漕运遗闻
作　　者　马云青
刊　　名　近代史资料
年 卷 期　1957 年 6 期
页　　码　82 – 88

题　　名　清季淡水开港之研究(1860－1894)
作　　者　戴宝村
刊　　名　台北文献
年 卷 期　1983年66期

题　　名　清季东北“自开商埠”述论
作　　者　杨天宏
刊　　名　长白学刊
年 卷 期　1998年1期
页　　码　92－96
摘　　要　清末新政期间,清政府毅然实施开放政策,在其视为“发祥之地”的东北三省,于既有的“条约口岸”之外,自辟商埠十六处。此举对东北地区社会经济的发展产生了一定影响。鉴于学术界对这一问题尚缺乏专门研究,作者拾遗补阙,草成此文,希望于东北近代经济史研究能有些微裨益。

题　　名　清季轮船招商局的开创
作　　者　周静芬
刊　　名　浙江师范大学学报(社会科学版)
年 卷 期　1983年2期
页　　码　64－71

题　　名　清季遣使之争与驻外使馆的建立
作　　者　周海生
刊　　名　历史教学
年 卷 期　2006年11期
页　　码　74－76
摘　　要　为“册封藩属”而派出的使节,也是事毕即返。康熙、雍正年间,遣使俄罗斯敦好睦谊,亦属临时性质,尚无派遣使节常驻外国之惯例。鸦片战争后,西方列强凭借坚船利炮叩开中国大门,随着总理各国事务衙门的设立和中外交涉事务的日益繁重,在外人的敦促和自身对国际形势体认的基础上,清政府逐步转变心态与观念,建立了驻外使馆制度,渐由“天朝上国”融入多元的国际政治社会。

题　　名　清季三口通商大臣职能考述
作　　者　叶开锋
刊　　名　许昌学院学报
年 卷 期　2007年26卷3期
页　　码　97－100
摘　　要　三口通商大臣是第二次鸦片战争后清廷为适应中外情势变化而在天津设立的一个新官职,设立于1861年底,裁撤于1870年天津教案后,期间皆由满清贵族崇厚充任。其最初职能为办理三口通商交涉事宜,并兼管天津钞关,后来又逐渐扩充到练兵、海防、制器诸项,并兼及地方政务领域,对同治年间的内政、军事、外交等均有重要影响。三口通商大臣职能的演变,是外国列强、清廷中央以及崇厚本人三方综合作用的结果。

题　　名　**清季首批自开商埠考**
作　　者　杨天宏
刊　　名　历史研究
年 卷 期　1998 年 2 期
页　　码　149 – 154

题　　名　**清季西方资本与长江航运的近代化**
作　　者　陈绛
刊　　名　上海社会科学院学术季刊
年 卷 期　1987 年 4 期
页　　码　140 – 150
摘　　要　本文认为,长江航运的近代化,以中国航运主权丧失为代价。西方资本的垄断、控制与彼此争夺,带来近代化严重的半殖民地畸形性质,同时刺激了中国轮船航运的兴起。轮船招商局作为西方轮运企业的对立物,加入长江航运近代化的历史历程。它同西方企业之间对抗与妥协并存的关系,组成了长江航运近代化的复杂画面。西方航运技术的引进引起长江航运的深刻变化,但是传统的木帆船仍然承担重要的运输任务,近代化实现的程度是相当有限的。

题　　名　**清季一大冤案——方伯谦被杀真相**
作　　者　刘志坚
刊　　名　上海师范大学学报(哲学社会科学版)
年 卷 期　1989 年 1 期
页　　码　68 – 74
摘　　要　本文根据新发现的《卢氏甲午前后杂记》和《盛宣怀档案资料》分析了济远管带方伯谦被杀的真正原因是李鸿章、丁汝昌为推卸甲午海战战败的罪责。丁汝昌给清政府的报告歪曲了事实,而方伯谦在济远舰严重受损情况下"保船西驶"是必要的,正确的。

题　　名　**清季自开商埠海关的设置及其运作制度**
作　　者　杨天宏
刊　　名　社会科学研究
年 卷 期　1998 年 3 期
页　　码　93 – 99,140

题　　名　**清季自开商埠经费的筹措与开支问题**
作　　者　杨天宏
刊　　名　中国社会经济史研究
年 卷 期　1999 年 2 期
页　　码　77 – 88
摘　　要　戊戌之后,为应付面临的内外危机,清政府在其统治的最后 14 年时间里,先后主动开辟商埠 35 处,这使近代中国在条约口岸之外,出现了一种当时被称为"自开商埠"的新型对外贸易埠头。从此,"自开商埠"取代条约口岸,成为中国在经济上对外开放的主要形式。一个国家在如此短暂的时间里,开放如此众多的对外通商口岸,其工程之浩繁,靡费之巨大,可想而知。清季开商埠的成效,在很大程度上均受制于经费,苟无经费,则一切建置均无从下手。而清季又正当国家财政最为困难之时,筹措巨额经费,谈何容易。故各自开商埠经费之筹措颇费周折。留下的经验教训亦不在少。鉴于学术界迄今尚无人问津这一问题,本文拟将清季自开商埠的开办经费和常年经费的筹措及开支情况,略加陈述,并对经费支细的原因,作一些具体分析。

题　　名　**清嘉庆朝赵文楷使琉球的影响与贡献**
作　　者　傅朗
刊　　名　福建师范大学学报(哲学社会科学版)
年 卷 期　2001 年 1 期
页　　码　109－113
摘　　要　嘉庆五年出使琉球的赵文楷是清朝历任册封使中对下属约束最严格、自身最清廉的一位。他限制封舟贸易的货物数量和种类;减少册封使团庞大的日常生活开销;免去琉球国王为册封使所设的 7 次国宴,并拒收国王赠送的礼金。这既切实减轻了琉球的经济负担,又融洽了中琉关系。赵文楷等人还就书法、语言文字、诗歌等与琉球人士进行广泛、密切的交流,促进了中国文化在琉球的传播。由于在海途遭遇风暴和海盗的双重打击,赵文楷的身心健康受到严重影响,回国 7 年后,就猝死于任上,时年 48 岁。

题　　名　**清嘉庆年间的海盗及其性质试析**
作　　者　李金明
刊　　名　南洋问题研究
年 卷 期　1995 年 2 期
页　　码　54－58,47
摘　　要　乾隆末年,清朝统治已逐渐走向衰败,加之漳泉一带屡遭水灾,粮价昂贵,百姓无法存活,相率入海为盗,至嘉庆初年,东南沿海一带的海盗活动已异常猖獗。这些海盗,分散成帮,遍布于闽、浙、粤沿海,或掠夺商船,劫人取赎;或私设税局,征收洋税;甚至于抢劫前来贸易的外国商船,直接影响到当时海外贸易的发展。本文拟对其活动和性质作一初步的分析。

题　　名　**清军入闽与郑芝龙降清事考**
作　　者　徐晓望
刊　　名　福建论坛(人文社会科学版)
年 卷 期　2007 年 7 期
页　　码　70－77
摘　　要　本文考证了清军入闽之后的仙霞岭之战、分水关之战以及清军攻克建宁府、延平府、汀州府、福州府的过程,从而证明《清实录》《清史稿》等书所载博洛等人苦战而得闽中的记载为谎言。对郑芝龙降清一事,作者也根据新史料对其动机与过程进行了详细的考订。文章认为:明末清初的中国海洋势力有拥清派与拥明派两大派系,郑芝龙降清失利,表明获得统治权的清廷尚不理解东南的海洋势力,这一问题最终在康熙朝获得解决。

题　　名　**清军水师装备近代化的先声**
作　　者　何锡荣
刊　　名　社会科学

年 卷 期 1983 年 6 期
页 码 75

题 名 清浚"疆图"今安在?
作 者 陈佳荣
刊 名 海交史研究
年 卷 期 2007 年 52 期
页 码 49 – 62
摘 要 明洪武廿二年(公元 1389 年)的《大明混一图》,及稍后的朝鲜《混一疆理历代国都之国》,在狄亚士抵达好望角约 100 年前,已率先绘出了非洲南端的三角地形,并载及许多非洲乃至欧洲的地名。其底图之一是元清浚的《混一疆理图》,唯清浚之图久未见传;后由明叶盛《水东日记》知其绘有《广舆疆里图》,但也仅有文字介绍。2007 年 9 月 1 日,笔者在香港大学图书馆由景印文渊阁《四库全书》版的《水东日记》卷十七发现清浚《广轮疆里图》的摹本;不久,复于同年同月 22 日在同地,由《水东日记》嘉靖癸丑刻本,看到另一张更为详细的《广输[轮]畺[疆]里图》原图摹本。此两张地图虽均为清浚地图的摹本,但详略不同,为使大家能尽快掌握相关资料,以便进一步展开研究,笔者乃草成本文将两图同时刊布。在文中,笔者也抛砖引玉,提出一些不成熟的推论,例如:清浚的《广轮疆里图》,并非《混一疆理图》;清浚在明初颇受朱元璋信用,应是《大明混一图》的主要绘制者;《大明混一图》原名可能是《混一疆理图》,到建文后才易今名。欢迎学界先进大力斧正。

题 名 清浚元图记录泉州对伊斯兰地区的交通
作 者 陈佳荣
刊 名 海交史研究
年 卷 期 2009 年 55 期
页 码 27 – 33
摘 要 天台僧人清浚的《广轮疆里图》作于公元 1360 年(元顺帝至正二十年),在中国古代地图史上占有一席显要的地位。它既是现存最详尽、准确的元代疆里总图,又是明初《大明混一图》、《混一疆理历代国都之图》等的重要底图。正是在清浚的地图上,对泉州的海外交通航线作了非常值得注意的记录:"自泉州风帆,六十日至爪哇,百二十八日至马八儿,二百余日至忽鲁没思。"这说明当时泉州航抵海外的广阔地区,包含东南亚、南亚乃至西亚等地。在一张硕果仅存的元代全国舆地总图上,只标明了唯有的一条中国远洋航海线路,它不啻是元代泉州第一大港地位的重要佐证。

题 名 清康乾嘉时期的中琉贸易
作 者 赖正维
刊 名 中国社会经济史研究
年 卷 期 2005 年 3 期
页 码 55 – 63
摘 要 明洪武五年(1372 年)中国与琉球建立正式的藩属关系,此后两国密切往来五百余年,政治、经济、文化交往频繁。尤其是清康乾嘉时期,随着清朝政权稳固、经济繁荣及睦邻友好外交政策的实施,中琉双方的贸易交流进入清代最鼎盛时期。其结果不仅极大促进了琉球经济的繁荣及社会的进步,而且推动了福建手工业的发展、繁荣了商品经济市场、促进了福州港的兴盛,在一定程度上为沿海民众提供了谋生机会。

题　　名　清康熙末年禁止南洋贸易对南洋华侨的影响
作　　者　李金明
刊　　名　南洋问题研究
年 卷 期　1995 年 4 期
页　　码　41 – 45

题　　名　清康熙年手绘《澎台海图》
作　　者　王宇,孙慧珍,张帮义
刊　　名　东南文化
年 卷 期　1994 年 6 期
页　　码　128 – 130

题　　名　清康熙时期开海与禁海的目的初探
作　　者　李金明
刊　　名　南洋问题研究
年 卷 期　1992 年 2 期
页　　码　63 – 71
摘　　要　清康熙时期的海外贸易,经历了从禁海到开海、再禁海的演变过程。这些过程的演变既和当时的政治、经济形势有联系,又与清朝统治者为维护其封建统治的目的分不开,它直接影响到海外贸易的发展与沿海一带社会经济的恢复。本文拟就当时开海与禁海的目的、实行的政策以及所造成的社会影响作一初步的探讨。

题　　名　清康熙时期中国与东南亚的海上贸易
作　　者　李金明
刊　　名　南洋问题研究
年 卷 期　1990 年 2 期
页　　码　48 – 58
摘　　要　清初康熙时期(1662 – 1722 年)的海外贸易大抵可分为三个阶段:康熙元年(1662 年)至康熙二十二年(1683 年)的海禁阶段,康熙二十三年(1684 年)至康熙五十五年(1716 年)的开海阶段,康熙五十六年(1717 年)以后的禁止南洋贸易阶段。然而,不管是海禁实行与否,中国与东南亚之间的海上贸易均未曾间断过,所不同的只是贸易的形式与发展的程度而已。即使是康熙本人亦不得不承认:“向虽严海禁,其私自贸易者,何尝断绝”。因此,本文拟就这三个阶段中国与东南亚海上贸易的表现形式与发展程度作一初步的探讨。

题　　名　清康熙时与台湾郑氏之和战及其历史启示
作　　者　李春光
刊　　名　辽宁大学学报(哲学社会科学版)
年 卷 期　2005 年 3 期
页　　码　89 – 92
摘　　要　清初台湾郑氏政权逐渐蜕变为与清政府相抗衡的地方割据政权,且日渐腐朽。康熙初年一个空前未有的幅员广阔的统一的多民族的封建国家正在形成。台湾与大陆的统一已成为历史发展的趋势。清政府力主和谈，促成统一，坚拒“别立乾坤”。澎湖之战后，郑氏政权终于做出正确抉择，实现了统一。其间之和战给予我们深刻的历史启示。

题　　名　**清末澳门华人纳税制度的形成与发展**
作　　者　汤开建，马根伟
刊　　名　浙江师范大学学报
年 卷 期　2005 年 6 期
页　　码　1 - 12
摘　　要　鸦片战争之前，澳城外华人向香山县缴纳赋税，澳城内华人亦受清政府管辖。鸦片战争后不久，葡萄牙人单方面宣布澳门为自由港，取消了澳门中葡两国海关，失去了主要的财政收入；他们欲向整个澳门半岛及离岛的华人征税以弥补损失，同时也想借此机会攫取澳门主权中最为关键的一环——税收主权，最终达到摆脱清政府控制、夺得澳门管治权的政治目的。澳门华人纳税制度经历了三个阶段的演变，19 世纪 50 年代是雏形期，70 年代是成熟期，80 年代则最终成形。

题　　名　**清末北洋海军的作战阵法**
作　　者　许华
刊　　名　舰船知识
年 卷 期　1989 年 1 期
页　　码　14

题　　名　**清末漕运史料选辑**
作　　者　丁进军
刊　　名　历史档案
年 卷 期　1989 年 1 期
页　　码　31 - 49
摘　　要　清末，统治者鉴于漕弊丛生和财用匮乏，于光绪二十七年颁布上谕，责令以往有漕各省一律改征折色。然而，此谕并未能在有漕诸省普遍实施，江浙地区的漕粮仍以海运的形式一直延续到清末。现从馆藏军机处录副奏折和宫中朱批奏折中，选辑出这一时期的漕运史料予以发表，供研究清代漕运史及赋税制度史参考。

题　　名　**清末茶叶对外贸易衰退后的挽救措施**
作　　者　王力
刊　　名　中国社会经济史研究
年 卷 期　2005 年 4 期
页　　码　75 - 82
摘　　要　茶叶曾经是近代中国最为重要的出口商品，但在 19 世纪后期，在国际市场上遭遇了印度、锡兰和日本等国的激烈竞争，加之国内茶叶生产、流通等多方面原因，中国茶叶的出口和国际市场占有额出现了明显下降。中国茶叶出口的衰退对清政府、茶商、茶农都造成了损害。为此，各方都采取了相应的措施，试图挽回已经衰退的茶叶贸易。其中包括引进制茶机器，控制伪劣茶叶出口，吸收和普及茶叶生产知识，拓展茶叶销路，减轻茶叶关税等举措。

题　　名　清末大阪商船公司开设长江航路始末
作　　者　松浦章,徐建新
刊　　名　近代史研究
年 卷 期　1992 年 6 期
页　　码　71 - 83

题　　名　清末东北地区开埠设关及其关税制度
作　　者　戴一峰
刊　　名　社会科学战线
年 卷 期　1988 年 2 期
页　　码　209 - 216
摘　　要　中日甲午战后,帝国主义列强为了争夺东北权益,或沆瀣一气,或剑拔弩张,展开一场颇为复杂激烈的角逐。清末东北地区开埠设关及其关税制度的建立,即是列强角逐东北的产物。

题　　名　清末东北地区商埠的开辟与区域经济的近代化
作　　者　衣保中
刊　　名　北方文物
年 卷 期　2007 年 2 期
页　　码　78 - 84
摘　　要　第二次鸦片战争以后,清政府陆续在东北地区开设了 29 处商埠。随着商埠的大量开辟,外商纷纷涌入,东北经济迅速被纳入资本主义世界市场体系中,对外贸易日益发展,推动了东北地区农业商品化,促进了东北传统手工业和流通业的近代化,成为影响东北区域经济近代化的重要因素。

题　　名　清末福建船政局的技术引进
作　　者　郑剑顺
刊　　名　中国社会经济史研究
年 卷 期　1994 年 4 期
页　　码　77 - 84
摘　　要　清同治五年(1866 年)创办的福建船政局是当时全国最大的专门制造轮船的工厂。清朝统治者鉴于西方列强的船坚炮利,于是破除“夷夏之防”的传统观念,开始学习西方(“师夷”)制船造炮,以求“师其所长,夺其所恃”。制造近代轮船,这是当时中国人“见所未见,闻所未闻”的事。所以,船政局的轮船制造技术和驾驶技术都是引进的。以往把这种“引进”斥为“买办性”,显然不是实事求是的评价。笔者以为,这种引进有值得肯定的一面,也存在不可忽视的严重问题和教训。

题　　名　清末福建船政局的人才引进
作　　者　郑剑顺
刊　　名　人才
年 卷 期　1992 年 7 期
页　　码　31 - 32

题　　名　**清末福建船政局评价的两个问题**

作　　者　郑剑顺

刊　　名　学术月刊

年 卷 期　1988 年 6 期

页　　码　75 – 79

摘　　要　清末福建船政局创办于 1866 年,停业于清朝复灭前四年的 1907 年。对这一洋务企业的创办、盛衰成败、经验教训等问题的评价,近几年来学术界论说不少,褒贬不一。笔者仅就其中两个问题,略抒管见。

题　　名　**清末福建海军舰船编制考略**

作　　者　杨奋泽,黄国盛

刊　　名　内蒙古大学学报(人文·社会科学版)

年 卷 期　1987 年 4 期

页　　码　75

题　　名　**清末海防大讨论述论**

作　　者　谢建美,何新华

刊　　名　和田师范专科学校学报

年 卷 期　2006 年 3 期

页　　码　220 – 221

摘　　要　清末海防大讨论是清廷一次关于防务的讨论,这次讨论中,清廷的各个大员提出了很多的建议,对中国的各方面产生了重大地影响,体现了清廷的一种开放的言论姿态,但很遗憾的是里面充满了封建社会固有的权势、派系之争,以李鸿章为首的淮系在此次讨论中主张放弃新疆等地,趁机对左宗棠为首的湘系进行挤压,清廷对此进行了平息,并随后进行了大规模的海军及军事建设。在取得短暂的军事“优势”后,他们关于防务的防俄、防日梦也因固有的权势、派系之争而彻底破碎。

题　　名　**清末海防思想的演进**

作　　者　张一文

刊　　名　军事历史研究

年 卷 期　1998 年 4 期

页　　码　104 – 110

题　　名　**清末海关的薪酬制度**

作　　者　刘小萌

刊　　名　中国海关

年 卷 期　2001 年 10 期

页　　码　56 – 58

摘　　要　晚清的中国海关,是隶属于中国政府却又由洋人长期把持的特殊机构。在英国人赫德担任总税务司时,曾一扫旧机构办事拖沓、无章可循、贪污腐败的积弊,按照西方模式建立起一套近代海关制度。这套制度中有两个突出特点,一个是洋员众多,一个是关员待遇高。

题　　名　**清末海关邮政50年**
作　　者　黄臻
刊　　名　中国海关
年 卷 期　2007年5期
页　　码　52－53
摘　　要　中国近代邮政发源于旧中国海关，这段史实在中国邮政史上占有重要地位：成功地创办了“国家统一邮政”，变“官办官用”为“官办民用”；发行了中国第一套邮票——海关大龙邮票；同时，奠定了中国近代邮政制度的整体设计与运行的基础。

题　　名　**清末海军创建动机略论**
作　　者　符太浩
刊　　名　吉首大学学报（社会科学版）
年 卷 期　1992年13卷1期
页　　码　135－139

题　　名　**清末海军教育的发展及其对科举制度的冲击**
作　　者　寇江南
刊　　名　科教文汇（下旬刊）
年 卷 期　2011年1期
页　　码　192－194
摘　　要　清末，中国面临西方文明的强烈冲击，近代海防意识逐渐形成，海军建设成为国防之重，海军的近代化教育模式得到推崇，科举制度因此受到一定程度的冲击，中国传统的教育模式走向近代化与此有着密切的关联。

题　　名　**清末海军军事经济思想的几个闪光点**
作　　者　张瑞泉
刊　　名　军事经济研究
年 卷 期　1991年2期
页　　码　85－87

题　　名　**清末海军疑案之“阿思本”舰队始末**
作　　者　翊麟
刊　　名　舰载武器
年 卷 期　2005年7期
页　　码　31－36

题　　名　**清末海军与辛亥革命——兼论萨镇冰对革命的态度**
作　　者　范启龙
刊　　名　福建师范大学学报（哲学社会科学版）
年 卷 期　1997年4期
页　　码　102－108

摘　　要　本文简述了清末海军创建的经过,着重阐述了清末海军在辛亥革命中或同情革命,或易帜起义,从而加速了清王朝的灭亡。同时兼论了清海军统制萨镇冰对革命的态度。

题　　名　**清末海权意识的初步觉醒**
作　　者　史春林
刊　　名　航海
年 卷 期　1998 年 1 期
页　　码　40 - 41

题　　名　**清末海洋观与海军建设**
作　　者　李国华
刊　　名　历史研究
年 卷 期　1990 年 2 期

题　　名　**清末汉文文献中有关马可·波罗来华的最早记述**
作　　者　邹振环
刊　　名　世界历史
年 卷 期　1999 年 5 期
页　　码　79 - 83

题　　名　**清末甲午战后重建海军述略**
作　　者　陈崇桥
刊　　名　辽宁大学学报(哲学社会科学版)
年 卷 期　1993 年 2 期
页　　码　88 - 91,103

题　　名　**清末美国舰队两访厦门的石刻铭文考**
作　　者　郭存孝
刊　　名　福建论坛(人文社会科学版)
年 卷 期　1987 年 2 期
页　　码　67 - 68,66

题　　名　**清末民初川江轮船运输的兴起与济楚川盐运输近代化**
作　　者　谭刚
刊　　名　盐业史研究
年 卷 期　2006 年 2 期
页　　码　13 - 18

摘　　要　清末民初,川江轮船运输业开始兴起并迅速发展。由于轮船运输较传统的木船运输具有运量大、运速快、安全可靠等优势,因此新兴的轮船运输业极大地冲击了传统的木船运输业。尤其是对传统木船盐运业的冲击。尽管广大木船盐运户为维护自身利益作出了种种努力。甚至动用暴力阻止轮船运盐。但到 1926 年济楚川盐全部改用轮船运输。实现了济楚川盐运输的巨大变革。从而推动了川江航运的近代化。

题　名　**清末民初的上海制造局(上海兵工厂)考述**
作　者　李琴芳
刊　名　军事历史研究
年 卷 期　2006 年 3 期
页　码　104－112
摘　要　本文剖析了中国最早的军事工业上海制造局(原称江南制造总局)创办的原因、经过，及其规模、人才、经费和经营管理等状况，阐明了其历史地位和对中国军工事业的作用及影响。

题　名　**清末民初东北地区海关的设立及其业务活动**
作　者　黄定天
刊　名　北方文物
年 卷 期　2005 年 4 期
页　码　93－98
摘　要　东北地区海关的设立肇始于 1864 年，随着 20 世纪初东北地区主要城镇对外开放，国际经济交往日趋活跃，于 1907 年起在各口岸陆续设关。清政府设关的本意在于实施进出口货物的监管和缉私以增加税收，然而设关伊始就受制于帝国主义列强，特别是在日俄两国的一再要挟下，清政府多次被迫与之订立不平等的关税协定，使日俄两国获利甚巨。东北地区海关的设立不但没能保障本国的经济利益、反而成为帝国主义列强对东北地区进行经济掠夺的门户。

题　名　**清末民初淮河流域自开商埠探析**
作　者　张崇旺
刊　名　民国档案
年 卷 期　2006 年 4 期
页　码　113－119
摘　要　清末民初政府为保主权、振兴商务，在淮河流域选择了交通和商务基础比较好的海州、郑州、济宁、徐州、蚌埠自开为商埠。这些地方的主动开放，加强了与国内外市场的直接或间接的联系，从而给这些城市注入了些许新的活力，在不同程度上促进了开埠城市工商业的发展，也使开埠城市与腹地的经济联系以及商品集散地功能相应地得到增强，进而给淮域传统的封闭经济形态造成了一定的冲击。不过，由于政治动荡、战争摧残以及淮域传统文化等因素的影响，除了郑州、蚌埠发展情况稍好外，淮域自开商埠多无大的进展和成效，留给后人的教训非常深远。

题　名　**清末民初龙口开埠设关论略**
作　者　连心豪
刊　名　鲁东大学学报(哲学社会科学版)
年 卷 期　2009 年 26 卷 1 期
页　码　25－31
摘　要　民国初年自辟龙口为商埠，龙口商埠虽然在港口贸易方面获得了一定发展空间，但始终无法摆脱“烟台副港”的三流小港命运，龙口分关在东海常关系统中的地位也显得不太重要。后来作为开埠的首要标志，龙口在海关系统中的作用虽有所加强，但海关并未于龙口商埠建筑关署，没能拉动龙口商埠新市地价，带动龙口商埠市场兴旺。

题　　名　清末民初轮船招商局组织概况

作　　者　陈长河

刊　　名　史学月刊

年 卷 期　1984 年 1 期

页　　码　61－65

摘　　要　十九世纪七十年代以后，洋务派官僚在兴办以“自强”为中心的军事工业的同时，也开始创办若干以“求富”为目的的民用性企业。这一显著变化，颇引起世人的关注。这种新式的近代民用企业，到九十年代甲午战争以前，约有二十个，而以北洋大臣兼直隶总督李鸿章在上海开办的轮船招商局为其发端。轮船招商局（简称招商局），是我国第一家具有资本主义性质的近代轮船航运公司，也是清末洋务运动中我国设立的规模最大的民用性企业。该局从清同治年间创立起到 1949 年大陆解放止，存在了七十多年的时间，在我国近代工业发展史上尤其是航运发展史上，占有极其重要的地位。现据中国第二历史档案馆馆藏档案及其他有关资料，将 1927 年国民党政府统治前该局的组织沿革情况，作一简要的介绍（国民党统治时期该局组织概况已有专文另行介绍），供史学界参考。

题　　名　清末民初山东漕粮的征收

作　　者　温洪镭

刊　　名　粮食经济研究

年 卷 期　1989 年 4 期

题　　名　清末民初山东的漕粮征收

作　　者　温洪镭

刊　　名　齐鲁文史

年 卷 期　1998 年 1 期

页　　码　25－26

题　　名　清末民初中葡关于澳门的交涉和新约的签订

作　　者　黄鸿钊

刊　　名　中国边疆史地研究

年 卷 期　1999 年 2 期

页　　码　93－113

摘　　要　本文通过对清末、民初的中葡澳门勘界谈判的回顾，揭示了清、民国政府与葡萄牙政府围绕勘界展开斗争的过程。由于这一时期适逢中国政府发生更替，葡国政权也有变更，因而中葡谈判过程变得更为复杂。本文在评述这一时期的中葡关系时，特别注意到地方民众运动对于推动政府外交所起的促进作用，并予肯定。

题　　名　清末民初自开商埠简论

作　　者　徐柳凡

刊　　名　历史教学

年 卷 期　1995 年 3 期

页　　码　8－12

摘　　要　清末民初,中国宣布自开了许多通商口岸。这些自开口岸,在中国近代商埠史上占有重要地位,对中国近代政治、经济、外交乃至整个近代社会的文明进程,产生了重大影响。

题　　名　清末民初自开商埠探析

作　　者　徐柳凡

刊　　名　南开学报(哲学社会科学版)

年 卷 期　1996年5期

页　　码　19－24

题　　名　清末南宁开埠与设关述略

作　　者　黄汪然

刊　　名　中国海关

年 卷 期　1998年7期

页　　码　44－45

题　　名　清末南宁商埠的"自开"

作　　者　黄汪然

刊　　名　广西地方志

年 卷 期　1998年1期

页　　码　50－52

题　　名　清末日本对湖南内河航运的侵略

作　　者　李坚,张海山

刊　　名　湖南工业职业技术学院学报

年 卷 期　2006年6卷4期

页　　码　80－82

摘　　要　清末日本航运势力对湖南内河大肆入侵,本文拟对其入侵原因、手段、公司经营概况和影响做一定的探讨。

题　　名　清末商标法律订立的肇始——中外续约谈判中最早涉及的商标保护条款

作　　者　张丽红

刊　　名　山西警官高等专科学校学报

年 卷 期　2007年15卷2期

页　　码　45－52

摘　　要　中国正式引入商标保护制度始于清末中英通商行船续订条约的谈判和规定。随后,清政府和英、美、日等国签订了一系列的通商行船续订条约,其中均规定了商标保护条款。尽管它们都是不平等条约,但是有关商标保护条款的订立,给中国人淡漠的商标保护意识以很大的冲击,为近代商标保护和管理、以及随后清末第一部商标法的颁布都起了推动作用。

题　　名　**清末时期川江的木船运输**
作　　者　迟香花
刊　　名　西南农业大学学报:社会科学版
年 卷 期　2008 年 1 期
页　　码　80 – 86
摘　　要　清末时期,重庆的开埠带动了川江木船运输业的发展,由此川江木船运输进入了一个繁荣的时期,川江木船运输的货物结构发生了很大变化。这一时期的川江木船分为挂旗船和厘金船,挂旗船是外国侵略者进行经济侵略的运输工具,但是厘金船的数目和运输量还是大大超过挂旗船;同时,川江木船运输业的发展也促进了川江上木船船帮的形成和发展,为四川经济的发展做出了积极贡献。

题　　名　**清末台湾的防军**
作　　者　许毓良
刊　　名　近代史研究
年 卷 期　2007 年 3 期
页　　码　78 – 99

题　　名　**清末新政时期自开商埠的设置**
作　　者　杨天宏
刊　　名　四川师范大学学报(社会科学版)
年 卷 期　2002 年 29 卷 6 期
页　　码　109 – 116

题　　名　**清末沿海航运中的海盗及海盗护航**
作　　者　张代春
刊　　名　兰台世界
年 卷 期　2009 年 14 期
页　　码　67 – 68
摘　　要　在《南京条约》签订后,海盗问题成为正常贸易最主要的障碍,由此有了海盗护航的出现,最后这些问题以中国传统的沿海航运业的全面崩溃及航权的全面沦陷而告结束。

题　　名　**清末粤海关税收评析(1861 年 – 1910 年)**
作　　者　郑作勋,温春来
刊　　名　中山大学研究生学刊(社会科学版)
年 卷 期　1998 年 19 卷 3 期
页　　码　46 – 56
摘　　要　本文通过分析 1861 – 1910 年间粤海新关的机构、税项及税收数据,揭示了半殖民地海关、经济的一些性质。

题　　名　**清末直隶河防议事会考略**
作　　者　朱吉杰
刊　　名　科技创新导报

年卷期 2008年3期

页　　码 120,122

摘　　要 清末直隶在传统河政的发展已臻于极致,为防河弊,引进一些先进的管理模式,河防议事会的成立即是这一时期努力的重要成果。

题　　名 **清末中国对《马克波罗游记》的介绍与研究**

作　　者 李长林

刊　　名 内蒙古民族师院学报(社会科学汉文版)

年卷期 1988年4期

页　　码 5-6,42

题　　名 **清末中国海军到南海重申主权前后**

作　　者 宋小山

刊　　名 共产党员(上半月)

年卷期 2009年6期

页　　码 57

摘　　要 清朝末期,南中国海上列强环伺,法国、英国、日本等国虎视眈眈,想侵夺我国南海诸岛。广东水师提督李准经朝廷批准,积极部署了针锋相对的南海巡视。由清军伏波号、琛航号、振威号三艘军舰组成的小型舰队,有官兵170多人。

题　　名 **清末最后一批巡洋舰的命运**

作　　者 孙冬,陈晓

刊　　名 知识就是力量

年卷期 2007年10期

页　　码 64-66

题　　名 **清前朝广东造船业的技术特点浅析**

作　　者 刘波

刊　　名 广东史志

年卷期 2003年1期

页　　码 29-33

题　　名 **清前期广东造船业资金来源初探**

作　　者 刘波

刊　　名 广东史志

年卷期 2002年1期

页　　码 13-15

题　　名 **清前期广州的中英茶叶贸易**

作　　者 杨仁飞

刊　　名 学术研究

年 卷 期　1997 年 5 期
页　　码　56 – 61

题　　名　**清前期国内贸易政策初探**
作　　者　吴晓辉
刊　　名　北京财贸职业学院学报
年 卷 期　2009 年 25 卷 1 期
页　　码　9 – 13

题　　名　**清前期海峡两岸的通航及其影响**
作　　者　林仁川
刊　　名　史学集刊
年 卷 期　1994 年 1 期
页　　码　17 – 24

题　　名　**清前期鹿港与蚶江口的设置及其影响**
作　　者　祁开龙,庄林丽
刊　　名　濮阳职业技术学院学报
年 卷 期　2010 年 5 期
页　　码　52 – 57
摘　　要　清统一台湾后,结束了“海禁”政策,开设鹿耳门与厦门作为两岸交往的口岸。两门单口对渡,持续了一百多年。后随着移民台湾的增多,台湾的渐次开发,单口对渡已经不能满足闽台经贸、人员交往的需求,需要开设新的对渡口岸。鹿港与蚶江口以其特殊的地理及经济优势成为继两门之后新的对渡口岸。鹿港与蚶江口成为正口后,对两地及邻近地区的发展,起了极大的带动作用。

题　　名　**清前期上海港发展演变新探**
作　　者　张忠民
刊　　名　中国经济史研究
年 卷 期　1987 年 3 期
页　　码　85 – 94
摘　　要　本文旨以史料为据,力图对清前期上海港那个发展演变的历史过程及其与周围口岸盛衰变迁的联系作一全方位的考察,以求对上海港近代之前的发展历史有一较为清晰的认识。

题　　名　**清前期粤海关腐败研究**
作　　者　袁瑞芹
刊　　名　广东史志
年 卷 期　2003 年 4 期
页　　码　19 – 20

题　　名　**清前期粤海关税则考**
作　　者　王巨新

刊　　名　历史教学(下半月刊)
年 卷 期　2010 年 5 期
页　　码　12－18
摘　　要　清前期的粤海关税则,始终处于不断调整完善之中。其税收主要分为正税和杂税两大部分。正税包括船钞和货税两部分,主要对进出口船只和货物征收。杂税即附加税,主要包括规礼、分头、担头、缴送、火耗、平余、行用等,条目繁多,数额甚至浮于正税。与正税相比,杂税引起来华外商的质疑与诟病更多,也是清政府海关税制改革的主要方面。

题　　名　**清前期中国与巴达维亚的帆船贸易**
作　　者　吴建雍
刊　　名　清史研究
年 卷 期　1996 年 3 期
页　　码　31－41
摘　　要　中国与巴达维亚(雅加达)的帆船贸易,既是清前期南洋贸易的主体,也是中荷通商的重要组成部分。一个多世纪,它经历了三个发展阶段。它的兴衰,反映了荷兰东印度公司对中国东南沿海地区帆船业由依靠、利用到排斥的过程;同时,也记录了中国商人和南洋华侨,在西方资本主义掀起的商战中,反抗霸权主义的斗争,以及他们对印尼经济发展做出的卓著贡献。

题　　名　**清前期中西茶叶贸易**
作　　者　吴建雍
刊　　名　清史研究
年 卷 期　1998 年 3 期
页　　码　12－22

题　　名　**清前期中西贸易中的文化交流与融合**
作　　者　吴建雍
刊　　名　清史研究
年 卷 期　2008 年 1 期
页　　码　81－89
摘　　要　商业的沟通从来就是文化的交流与融合。清前期在粤海关进行的对外贸易是中西文化交流的重要载体。传统的中国出口商品,凝聚着数千年的文化积淀,既展现着精美的工艺,也传递着东方的风物人情和社会景象。它们走进西方的日常生活,融入了欧洲的饮食、服饰文化,并且开创了一个被称为罗柯柯的艺术时代。同样,欧洲文化也在中国东南沿海地区得以传播。外销商品的定购与生产,使西方的宗教故事、神话传说传入中国民间,而且造就了一批掌握了西方绘画技艺的大师。西方的医学、商业文化也都不同程度地被中国同行所接受。

题　　名　**清前期中英之间的绿茶贸易**
作　　者　汤后虎
刊　　名　贵州文史丛刊
年 卷 期　2005 年 3 期
页　　码　20－23

摘　　要　十八世纪后，英国逐渐占据了中国同西方贸易的主导地位，茶叶取代丝绸成为他们从中国进口的主要商品。中国的绿茶凭借优良的品质倍受英国人青睐，大量运销英国。绿茶的大量出口推动了茶叶商品经济地发展，同时也带动了相关产业地兴起。

题　　名　**清前中期潮州对外贸易研究**
作　　者　王元林，刘强
刊　　名　汕头大学学报
年 卷 期　2005 年 2 期
页　　码　81－85，92
摘　　要　清前中期，潮州外贸对象主要有日本、暹罗、安南、印度尼西亚和新加坡等国。在对东亚贸易中，乾隆以前以对日本贸易为主，其后以对琉球贸易为主；在对东南亚贸易中，主要的贸易国家亦有相应的变化。进出口商品中，出口商品主要有蔗糖、瓷器、铁器、书籍纸张、石雕艺术品以及建筑材料等，进口商品主要有粮食、香料、胡椒、海产品、槟榔、木材以及鸦片等。潮州籍华侨在潮州对外贸易中发挥了独特的作用。

题　　名　**清乾嘉时期的上海港与英国人寻找新的通商口岸**
作　　者　谯枢铭
刊　　名　史林
年 卷 期　1986 年 2 期
页　　码　51－56

题　　名　**清乾隆朝琉球难夷风漂至台湾案件之研究**
作　　者　徐玉虎
刊　　名　政大历史学报
年 卷 期　1990 年 8 期

题　　名　**清人赴欧航海见闻**
作　　者　孙光圻
刊　　名　航海
年 卷 期　1982 年 6 期
页　　码　40－41
摘　　要　1866 年 3 月 14 日（清朝同治五年正月廿八日）拂晓，几辆官驿马车迎着扑面风沙，奔向天津卫。到了码头，从车上跳下五个身穿官服的人，他们是那时第一个赴欧旅游考察团。其中有一位年仅 19 岁，他就是后来在中西交通史上声名卓著的张德彝。

题　　名　**清世宗禁止偷渡台湾的原因**
作　　者　庄吉发
刊　　名　食货
年 卷 期　1983 年 13 卷 7－8 期

题　　名　**清顺治十二年前的对日海外贸易政策**
作　　者　荆晓燕
刊　　名　史学月刊
年 卷 期　2007 年 1 期
页　　码　44 - 48
摘　　要　清朝初期,顺治帝开始调整对日政策,采取一种更加积极的姿态,力图将日本纳入其宗藩体系之内。在对日海外贸易方面,这一时期并未厉行海禁,而是允许拥有政府执照的商船前往日本及东南亚国家进行贸易,贩买铜斤或者一些政府急需的物品。这一时期的对日贸易政策具有重要的意义,对清朝以后的海外贸易政策产生了深远的影响。

题　　名　**清廷围剿郑成功海上武装的一通敕令**
作　　者　韩行方
刊　　名　东南文化
年 卷 期　1992 年 Z1 期
页　　码　217 - 220

题　　名　**清统一台湾之役善后问题研究**
作　　者　季云飞
刊　　名　台湾研究
年 卷 期　2002 年 4 期
页　　码　79 - 84

题　　名　**清王朝闭关锁国的历史教训**
作　　者　傅萌萌
刊　　名　绍兴文理学院学报
年 卷 期　1994 年 4 期
页　　码　73 - 76

题　　名　**清王朝为何输掉鸦片战争?——试谈闭关政策导致清王朝的衰败**
作　　者　肖乾利
刊　　名　宜宾学院学报
年 卷 期　1990 年 3 期
页　　码　9 - 14

题　　名　**清咸丰年间"丰利船"祭神活动分析**
作　　者　王荣国
刊　　名　中国社会经济史研究
年 卷 期　2001 年 1 期
页　　码　86 - 92
摘　　要　一艘海洋商船就是一个特殊的"海上社会"。清咸丰年间的"丰利船"这个"海上社会"在其从事海洋商业贸易活动过程中祭祀活动相当频繁,所祭祀的神灵中不仅有民间俗神,还有佛教的神祇;

不仅祭祀本商帮所奉祀的神灵,同时也祭祀其他商帮所奉祀的神灵。反映了海商笃信神灵的心态,其祭祀的目的是保佑平安与追求高额商业利润的一致性。

题　　名　清咸丰五年“湘潭章程”考析

作　　者　晏爱红

刊　　名　厦门大学学报(哲学社会科学版)

年 卷 期　2010 年 4 期

页　　码　138 – 144

摘　　要　清咸丰五年湖南率先实行的湘潭章程在清代赋役制度史,特别是漕运制度史上具有重要地位。它不仅是湖南钱漕改章的先导,而且深刻影响了东南有漕各省改章的进程。但湘潭章程的核心内容,即漕粮改折条款,时任湖南巡抚的骆秉章与主纂光绪《湘潭县志》的王闿运所记却大相歧异。今人论及咸同之际有漕各省改章这一重大事件时,不可避免地要追溯事情的原起——“湘潭章程”;对“湘潭章程”的定性与评价,学界则有“裁减漕赋”和“裁革部分浮收”两种观点的对立。事实上,“湘潭章程”的价值,不仅在于它率先变通漕运旧制,更为重要的是,它是自下而上地突破“不加赋”思想禁锢和政策禁区的第一次成功的尝试。

题　　名　清宣宗朝琉球、朝鲜两国对海上难民处理之辑释

作　　者　徐玉虎

刊　　名　政大历史学报

年 卷 期　1986 年 4 期

页　　码　43 – 72

题　　名　清一口通商时期中暹贸易中的潮州籍华侨

作　　者　王元林,刘强

刊　　名　东南亚研究

年 卷 期　2004 年 5 期

页　　码　71 – 75

摘　　要　清一口通商时期,暹罗潮州籍华侨积极参与暹罗对广州和潮州的直接贸易,并在其中扮演重要的角色。特别是暹罗潮州华侨通过潮州“中转”,参与暹罗对广东以外沿海各省的贸易活动,这种贸易表面上为“合法”的国内贸易,其实质是“对外贸易”。

题　　名　清雍正朝中日海上贸易的特点、历史地位与影响

作　　者　徐淑华

刊　　名　海交史研究

年 卷 期　2005 年 47 期

页　　码　62 – 72

摘　　要　本文通过日本“正德新令”的颁布给中日海上贸易带来的影响,阐明了由此所形成的清雍正朝中日海上贸易特点、历史地位及影响,得出雍正朝是整个清朝中日海上贸易由盛而衰的一个“过渡”时期,中日海上贸易在此之后逐渐走向衰落。

题　　名　清浙海关建关时间考
作　　者　孙善根
刊　　名　浙江档案
年 卷 期　1999 年 2 期
页　　码　42

题　　名　清政府的对英政策与琦善的广州外交
作　　者　李书源
刊　　名　史学月刊
年 卷 期　1988 年 1 期
页　　码　52 – 57
摘　　要　广州谈判是第一次鸦片战争中清政府与英国进行的一次重要谈判,也是近代中国与西方资本主义国家之间第一次正式外交活动。无论近代中外关系史的研究还是鸦片战争史的研究,广州谈判都是一个重要的课题,但长期以来,这一课题还未受到应有的重视。近年来有人开始注意广州谈判,但没有注意谈判中清政府的对英政策、谈判方针及其与琦善广州外交的关系问题。本文拟从这些方面作一考察,作为引玉之砖。

题　　名　清政府对朝鲜海关的控制
作　　者　曹力强
刊　　名　东北师大学报(哲学社会科学版)
年 卷 期　1995 年 2 期
页　　码　47 – 51
摘　　要　在近代中朝关系史研究中,一般比较重视清政府如何运用政治、外交手段来强化对朝鲜的宗主权。本文则着重从经济角度出发,对清政府通过控制朝鲜海关来强化宗主权的历史进程加以考察。认为清政府在列强虎视鹰瞵的情况下,是通过比较有效地操纵朝鲜海关的"洋员",阻止朝鲜以海关为抵押向外国借款,诱使朝鲜以部分税收为抵押向清政府借款,乃至清政府获得朝鲜部分海关税收保管权等步骤和手段,从海关入手,加强对朝鲜控制的。因此可以说,对朝鲜海关的控制,是清政府着眼于经济、财力作用强化对朝鲜宗主权的重要手段。

题　　名　清政府对东北地区中朝贡道的管理
作　　者　彭晶
刊　　名　东北史地
年 卷 期　2005 年 2 期
页　　码　50 – 56

题　　名　清政府对琉球朝贡贸易政策初探
作　　者　丁春梅,林京榕
刊　　名　海交史研究
年 卷 期　2007 年 51 期
页　　码　81 – 91
摘　　要　清时,琉球为中国的藩属国,两国朝贡贸易十分频繁。为了规范朝贡贸易活动,清政府先后制定一系列政策，既有“先开后禁”，亦有“先禁后开”，这些政策的变化，一方面体现了清政府维护国家安全与经济利益的需要，另一方面也体现了对琉球国的怀柔与安抚的思想，是清政府处理与藩属国关系的一把利器。

题　　名　清政府对琉球国表文的处理方式

作　　者　丁春梅

刊　　名　档案学通讯

年 卷 期　2007 年 4 期

页　　码　39 –42

摘　　要　琉球国，明清时期为中国的藩属国，两国在政治、经济、文化等方面的交往十分频繁。清政府规定，琉球国王派遣使者来华，必须携带该国国王的表文书，表中写明来华的目的及使者的身份，因此表文书是极其重要的外交凭证文书。清政府在收到表文后有一套规范的处理方式和一些变通的处置办法。

题　　名　清政府对日交涉关于宗藩态度差别的原因探析——以琉球、朝鲜为中心

作　　者　左世元

刊　　名　江汉大学学报(社会科学版)

年 卷 期　2007 年 24 卷 3 期

页　　码　22 –27

摘　　要　琉球和朝鲜都是中国传统的藩属国，在对其遭受日本的侵略这一问题上，清政府本应同等看待，但是清政府在实际对日交涉中却采取了轻视琉球、重视朝鲜的态度。究其原因，主要是受两者的战略地位、清朝的海军力量及其清政府大国虚荣心等因素影响和决定的。

题　　名　清政府对郑氏集团招抚政策述论

作　　者　李妙根

刊　　名　军事历史研究

年 卷 期　2001 年 2 期

页　　码　88 –98

摘　　要　本文扼要回顾了清顺治、康熙年间清政府对郑氏集团实行的招抚活动和招抚政策，并对这些活动和政策的效果及产生的原因、历史经验等作了简要探讨。

题　　名　清政府对中琉交往活动中违法事件的处置

作　　者　赖正维

刊　　名　福建师范大学学报(哲学社会科学版)

年 卷 期　2002 年 4 期

页　　码　20 –24

摘　　要　清朝重视中琉间长达五百余年的友好关系，清政府对中琉交往活动中违法事件的处置就是一个很好的证明。这些处置包括对琉球来华使臣赠送规礼银的处置、对伴送官贻误入京时限或沿途滥索供应事件的处置、对琉球贡船在华发生海盗掠劫事件的处置、对在援救琉球遇难船只中失职的地方官员的处置及册封琉球使团发生勒索滋事行为的处置等，反映了清廷注重中琉双方交往，注重在交往中维护天朝的形象，注重官吏的清廉及执法的严明。

题　　名　**清政府加强北洋舰队的努力及失败**
作　　者　邝宗麟
刊　　名　军事历史研究
年 卷 期　1990 年 4 期
页　　码　117 – 122

题　　名　**清政府军事战略失策与马江惨败**
作　　者　张壮强
刊　　名　玉林师范学院学报
年 卷 期　2001 年 22 卷 1 期
页　　码　22 – 26
摘　　要　在中法马江之战中，中国的福建舰队几乎全军覆没。事后，人们总结失败原因，多从战术上着眼。而笔者认为应该从清政府的战略失策去寻找原因。指挥马江之战的张佩纶等人，将清政府轻视法国侵华海军的战略失策，变为具体的战术失误，即将原来散处各地的福建舰队的弱舰集中到马江与法方的强舰相峙，结果成了法舰的靶子，从而酿成了马江惨败。

题　　名　**清政府弱化琉球宗主权的历史考察**
作　　者　钱文华
刊　　名　中国边疆史地研究
年 卷 期　2006 年 16 卷 2 期
页　　码　46 – 51
摘　　要　自明朝以后，中国对琉球一直拥有宗主权。1874 年中日《北京专条》是清政府弱化对琉球宗主权的开始。在琉球问题交涉中，李鸿章的“延宕之法”进一步弱化了宗主权。随着宗主权不断弱化，清政府内部“防日”思想上升。

题　　名　**清政府实行“闭关锁国”政策的探究**
作　　者　刘松，李文才
刊　　名　科学咨询（决策管理）
年 卷 期　2009 年 8 期
页　　码　22
摘　　要　清代，东西方的历史地位发生了巨大变化。在此以前，中国一直走在世界前列，而此以后，却逐步变成落后了。其由先进到落后有一个主要原因，那就是清政府执行了闭关锁国政策。这一政策给中华民族造成了巨大灾难，直到近代它的阴魂还未彻底消散，有时还会影响到我们民族的前进。所以，研究弄清这一时期闭关锁国政策的原因、经过、后果和教训是非常重要的。

题　　名　**清政府收复东沙岛始末**
作　　者　王红
刊　　名　文史春秋
年 卷 期　2010 年 12 期
页　　码　23 – 27

题　　名　清政府收回海关权的最初谋划
作　　者　李永胜
刊　　名　历史档案
年 卷 期　2006 年 2 期
页　　码　72－80

题　　名　清政府与马江战役
作　　者　戴学稷
刊　　名　内蒙古大学学报(人文·社会科学版)
年 卷 期　1985 年 3 期
页　　码　1－65

题　　名　清政府在建立第一支新式舰队中糜费了多少钱?
作　　者　史伟
刊　　名　历史教学
年 卷 期　1981 年 4 期
页　　码　22－24

题　　名　清中后期越南铜钱在闽、粤的流通与官府的对策
作　　者　徐心希
刊　　名　海交史研究
年 卷 期　2001 年 39 期
页　　码　115－121,114

题　　名　清中叶广东海盗问题探索
作　　者　刘平
刊　　名　清史研究
年 卷 期　1998 年 1 期
页　　码　39－49
摘　　要　所谓海盗,是指那些脱离或半脱离生产活动(尤其是渔业生产)、缺乏明确的政治目标、以正义或非正义的暴力行动反抗社会、以抢劫勒赎收取保险费为主要活动内容的海上武装集团。历史研究者对海盗问题的关注,是近年社会史研究兴起的一个方面。清朝中叶,以白莲教为主的农民起义与各种社会动乱交织一体。浙闽粤沿海大股海盗的出现,加剧了清朝统治的危机。在国内的有关研究中,闽浙方面的蔡牵匪股曾有人作过探讨,但广东方面的郑一、郑一嫂、张保仔等大股海盗的活动却未能引起人们的关注。本文发微探幽,试作论述。

题　　名　清中叶江西中、南部地区枭私的活动特点与运销方式
作　　者　吴海波
刊　　名　盐业史研究
年 卷 期　2005 年 4 期
页　　码　24－29

摘　　要　清代以前，江西中、南部地区历来以销售淮盐为主，但由于受行盐划界体制及其他制度与非制度因素的影响，这一在全省乃至两淮盐区都具有重要地位的食盐行销区，时至清中叶，私盐贸易变得非常活跃。当时，泛滥于江西中、南部地区的私盐有商私、官私、邻私、枭私及漕私等，在众多的私盐当中，尤以盐枭走私最为猖獗。该地区盐枭走私不仅规模大、组织严密，而且具有独特的活动特点和运销方式。本文拟就该地区枭私的活动特点与运销方式作一个初步的分析与探讨。

题　　名　求法与巡礼——从圆仁到奝然的历史转变
作　　者　王宇
刊　　名　佛教文化
年 卷 期　2008 年 5 期
页　　码　22 - 25
摘　　要　唐宋时期，大量的日本留学僧到中国学习宗教理论和传统文化。由于时势不同，唐宋的留学僧有着明显的变化，其留学方式、留学目的、留学性质、回国时带回本国的物品及回国后的影响等等都有所不同。本文以圆仁和奝然作为唐、宋两个时期的代表进行比较，来说明唐宋留学僧的不同之处，同时也反映了这一时期的历史转变。

题　　名　球案及其对中朝宗藩体制的冲击
作　　者　孙易红
刊　　名　聊城大学学报（社会科学版）
年 卷 期　2005 年 3 期
页　　码　268 - 269
摘　　要　1875 年，日本政府强行宣布琉球改制，禁止琉球对清朝贡，“球案”由此引发。清政府以“球案”为鉴，加强了对朝鲜控制，企图加强中朝宗藩体制。但由于清政府在“球案”中懦弱的表现，以及朝鲜部分统治者对清加强控制的反感，朝鲜越来越倾向于日本。1895 年在甲午中日战争中，清政府战败。中朝宗藩体制荡然无存。

题　　名　全面、深入、开拓性研究宋代商史——《宋代商业史研究》评介
作　　者　庄景辉
刊　　名　海交史研究
年 卷 期　1997 年 32 期
页　　码　113 - 117

题　　名　全球扩张时代中国海上贸易的新网络（1750 - 1850）
作　　者　穆素洁
刊　　名　广东社会科学
年 卷 期　2001 年 6 期
页　　码　79 - 83
摘　　要　作者认为 1750 - 1850 年是全球商业扩张的时代，主张站在全球的角度，以联系的思路来研究中国海贸易史，中国和北美 13 个殖民地（美国）、印度间的内部联系尤为值得关注。这期间，中国海贸易的巨大扩展是来自成功的网络。在中国市场上出现了众多活跃的自由商人。作者根据新发现的档案资料，以广州十三行商人伍秉鉴为例，对华商的商业网络越过传统的活动海域而伸展到欧美各地，并与国

际贸易网络相交织，直接投资于美国等地产业的情况，作了论述。

题　　名　**全球视野下的福建对外贸易——以1500年前为中心**
作　　者　刘梅英
刊　　名　石家庄经济学院学报
年 卷 期　2008年31卷2期
页　　码　10－14
摘　　要　1500年以前世界处于以陆路联系为主的时代。在自然经济背景下，福建的对外贸易以其明显的海洋联系特征经历了起始、发展、繁荣、巅峰阶段后进入另一个时代，其贸易发展表现出了与区位优势密切相关的发展特征。

题　　名　**泉州"回历29年"墓碑辨**
作　　者　陈达生
刊　　名　阿拉伯世界
年 卷 期　1982年1期
页　　码　72－75

题　　名　**泉州——我国伊斯兰教和回回民族的主要发祥地**
作　　者　林松
刊　　名　海交史研究
年 卷 期　1988年14期

题　　名　**泉州白耇庙属性拟证**
作　　者　林悟殊
刊　　名　海交史研究
年 卷 期　1999年36期
页　　码　12－22

题　　名　**泉州城市历史地理初探**
作　　者　陈筱
刊　　名　海交史研究
年 卷 期　1995年28期

题　　名　**泉州出土宋海船所载香料药物考**
作　　者　吴鸿洲
刊　　名　浙江中医药大学学报
年 卷 期　1981年3期
页　　码　44－47

题　　名　**泉州德济门出土宗教石刻浅析**
作　　者　唐宏杰

刊　　名　海交史研究
年 卷 期　2003 年 43 期
页　　码　76 - 80,99
摘　　要　2001 年 8 月,泉州市南片区整改工程进行中,工作人员在泉州天后宫前的德济门遗址区域内发现一段长约 9 米的残存城垣。市文物部门及时介入此事,由省博物馆和市文管办、海交馆、闽台馆组成联合考古队,对德济门遗址进行抢救性清理发掘。经过 2 个多月的紧张工作,揭露面积约 2500 平方米,一座宋、元、明三代叠压有序、结构完整、规模宏大的泉州古城南门——德济门城垣基础终于得以重见天日,随之出土的还有一大批各时期的重要文物,它们是泉南历史发展的见证。本文仅就出土的宋、元时期的各种宗教石刻作简要介绍,并就与之有关的问题与大家共同探讨。

题　　名　泉州的陶瓷贸易与东西方文化互动:以德化窑外销瓷为例
作　　者　陈建中
刊　　名　海交史研究
年 卷 期　2004 年 45 期
页　　码　94 - 103

题　　名　泉州的宗教文化特点
作　　者　陆芸
刊　　名　西北民族大学学报(哲学社会科学版)
年 卷 期　2004 年 3 期
页　　码　140 - 144
摘　　要　泉州位于中国福建东南部,是中国古代“海上丝绸之路”的主要港口之一,历来就有对外通商和友好交流的传统。商人、旅行家、僧侣等各种人汇聚此地,带来了佛教、伊斯兰教、基督教、印度教、摩尼教等宗教文化,这些宗教文化和泉州本土的道教及其他民间宗教互相辉映,形成了泉州独特的文化特点。

题　　名　泉州地区水神崇拜管见
作　　者　朱亚仁
刊　　名　东南文化
年 卷 期　1990 年 5 期
页　　码　219 - 222

题　　名　泉州地区宗教文化特征论略
作　　者　黄海德
刊　　名　成都大学学报(社会科学版)
年 卷 期　2005 年 3 期
页　　码　4 - 6
摘　　要　泉州是东南沿海的历史文化名城,“海上丝绸之路”的起点,宋元时期的“东方第一大港”。泉州地区宗教文化现象既与泉州的地理环境、经济状况与历史背景有关,也同闽南文化的复合性与开放性密不可分,由此形成泉州宗教文化的多元性、移民性、民间性与外向传播性等特征,由此对泉州地区社会民众的文化生活与精神生活均产生了深刻和久远的影响。

题　　名　泉州东门窑产品及其外销
作　　者　林德民
刊　　名　海交史研究
年 卷 期　1999 年 36 期
页　　码　53 – 59

题　　名　泉州对郑和出使伊斯兰国家的作用
作　　者　李松
刊　　名　郑和研究
年 卷 期　1988 年 12 期

题　　名　泉州发现也里可温吴咹哆呢嗯碑
作　　者　志诚叶道义
刊　　名　海交史研究
年 卷 期　1986 年 9 期

题　　名　泉州法石古船试掘简报和初步探讨
作　　者　周世德,金秋鹏,陈鹏,杨钦章,李祖涌
刊　　名　自然科学史研究
年 卷 期　1983 年 2 卷 2 期
页　　码　164 – 172
摘　　要　1976 年,位于福建省泉州市东海公社法石大队的中国农业银行东海营业所,在挖掘水井时,发现类似船板的松木。泉州海外交通史博物馆闻讯后,即派人前往现场察看,并对带回的木块进行分析,同时作了进一步的调查,初步认为是一艘古代遗留的船体残骸。1981 年春季和夏季,中国科学院自然科学史研究所两次派员前往实地考察。两个单位经反复酝酿、准备,并经上级有关部门审批,决定联合进行试掘。试掘工作于 1982 年 5 月中旬开始,9 月中旬结束。

题　　名　泉州法石乡发现宋元碇石
作　　者　陈鹏,杨钦章
刊　　名　自然科学史研究
年 卷 期　1983 年 2 期
页　　码　173 – 174

题　　名　泉州港为什么在两宋之际异军突起
作　　者　周中坚
刊　　名　东南亚纵横
年 卷 期　2010 年 10 期
页　　码　34 – 39
摘　　要　宋代国内东南地区经济的繁荣和国外阿拉伯人海上贸易的兴盛,共同提出了对中国一个巨大海港的需要,两者对海港位置要求的矛盾恰好在当时位于南北海岸中点的泉州身上得到平衡和统一,

因而形成巨大的合力推动拥有诸多优越条件的泉州港异军突起。

题　　名 **泉州港兴衰的启迪**
作　　者 沈玉水
刊　　名 福建论坛(社科教育版)
年 卷 期 1982 年 2 期
页　　码 81 - 88

题　　名 **泉州港与海上丝绸之路**
作　　者 许在全
刊　　名 海交史研究
年 卷 期 1991 年 19 期

题　　名 **泉州港在历史上的地位及其影响——"泉州港与海上丝绸之路国际学术研讨会"综述**
作　　者 施宣圆
刊　　名 泉州学刊
年 卷 期 2002 年 4 期
页　　码 87

题　　名 **泉州古船出土竹器的保护**
作　　者 福建省泉州海外交通史博物馆文物科技保护实验室
刊　　名 海交史研究
年 卷 期 1978 年 1 期

题　　名 **泉州古代的"祈风"祭典**
作　　者 胡善美,游品莲
刊　　名 航海
年 卷 期 1994 年 1 期
页　　码 36
摘　　要 祖国东南海滨的历史文化名城泉州,早在南朝陈至五代年间就有海船远航朝鲜、日本、印度尼西亚、印度的广阔海域。到了宋元时期,来泉州通商贸易的国家和地区多达 100 多个。频繁的海上交通,促进了泉州与各国人民的友好往来和经济交流,泉州被誉为"梯航万国"的世界最大的贸易港之一,与埃及的亚历山大港齐名于世。每年秋冬之际,我国东南沿海多刮北风,正是泉州港海船启程南下的大好时机;到了春夏之交,南风劲吹,又是我国商船或外国商船归往泉州的最佳时节。如果遇上季候风不顺和,不仅威胁海上航行的安全,而且要延误船期。因此,在宋代,泉州除了大兴造船业之外,海港官府还要举行向海神"祈风"的祭典。

题　　名 **泉州古代丝织业及其产品的外销**
作　　者 黄天柱,陈鹏
刊　　名 海交史研究
年 卷 期 1982 年 4 期

题　　名　**泉州古外销陶瓷研究刍议**
作　　者　庄景辉,李海宁
刊　　名　南方文物
年 卷 期　2005 年 3 期
页　　码　53－57
摘　　要　泉州是我国古代海上丝绸之路的著名港口。公元 8 世纪前后,泉州在中国南方海上交通的重要性已经相当突出。北宋元祐二年(1087 年),北宋朝廷在这里设立海外贸易的管理机构市舶司,从而确立了其对外贸易的重要地位。历史文献资料和西方旅行家的游记告诉我们,在南宋至元代(1127－1368 年),作为中国的航运中心、中外商品的集散地,它同亚、非近百个国家和地区有着频繁的贸易往来,其无与伦比的高度繁盛,不可估量的财富积聚,被誉为"属于整个世界的一座城市"。在中世纪的海上贸易热潮中,数量最多、影响最大、覆盖面最广的商品,不是别的,乃是中国的陶瓷器,陶瓷的外销在泉州港的兴衰中扮演了相当重要的角色。因此展开对泉州古外销陶瓷的研究具有十分重大的意义。

题　　名　**泉州海关的设立及其历史演变**
作　　者　许毅明
刊　　名　海交史研究
年 卷 期　1988 年 13 期

题　　名　**泉州海交史上的人物**
作　　者　庄炳章
刊　　名　海交史研究
年 卷 期　1985 年 7 期

题　　名　**泉州海丝文化遗迹中伊斯兰建筑特征初探**
作　　者　潘华
刊　　名　华中建筑
年 卷 期　2003 年 4 期
页　　码　103－105
摘　　要　宋元时期,泉州是著名的东方大港和海上丝绸之路的起点。蕃汉杂居,蕃坊里出现了异国情调的民居和寺院等。外域文化的输入,尤其是伊斯兰文化对泉州建筑文化的形成产生了深远影响,今天尚能从遗址中找到它们的历史痕迹。伊斯兰建筑的特征,主要表现在作为其宗教和文化中心的清真寺和陵墓建筑上。本文将对泉州海上丝绸之路历史见证之一的伊斯兰建筑遗址的概况及特征进行简述和探析。

题　　名　**泉州海外交通史概说**
作　　者　许泉
刊　　名　海交史研究
年 卷 期　1978 年 1 期

题　　名　**泉州海外侨胞、台港澳同胞与妈祖信仰**
作　　者　李天锡
刊　　名　华侨大学学报(哲学社会科学版)
年 卷 期　2000 年 2 期
页　　码　85 – 90
摘　　要　本文阐述了泉州海外侨胞、台港澳同胞对妈祖信仰在海外、台港澳地区传播过程中的作用:从文化心态及文化结构层次上进行分析,并指出,妈祖信仰作为中国传统文化的一个组成部份,必将进一步沟通我国人民与海外华侨华人、台港澳同胞的联系。

题　　名　**泉州回族来源之探索**
作　　者　陈国强
刊　　名　东南学术
年 卷 期　1994 年 4 期
页　　码　78 – 79

题　　名　**泉州回族与伊斯兰教、阿拉伯人**
作　　者　陈国强
刊　　名　海交史研究
年 卷 期　1988 年 14 期

题　　名　**泉州及其海外贸易的考古学探索**
作　　者　理查德 · 皮尔逊
刊　　名　海交史研究
年 卷 期　1998 年 33 期
页　　码　53 – 57

题　　名　**泉州津头埔新发现伊斯兰教石刻考述**
作　　者　林德民
刊　　名　海交史研究
年 卷 期　2001 年 40 期
页　　码　128 – 134

题　　名　**泉州九日山摩崖石刻**
作　　者　吴文良
刊　　名　文物
年 卷 期　1962 年 12 期
页　　码　33 – 47
摘　　要　福建泉州,是我国东南沿海的重要海港和文化古城。自公元第六世纪起,即和海外各国发生通商关系,有关史迹遗留甚多。九日山土的祈风摩崖石刻就是其中的一部分。

题　　名　泉州灵山圣墓及其有关问题的探讨

作　　者　蒋颖贤

刊　　名　福建师范大学学报(哲学社会科学版)

年 卷 期　1983 年 3 期

页　　码　129－134,110

摘　　要　历史名城泉州,位于祖国东南海滨,是我国古代“海上丝绸之路”的一个重要商埠,也是我国人民与亚非各国人民友好交往和文化交流的著名古城。遗留至今的大量史迹,就是最好的历史见证。其中东门外的灵山圣墓,更证明了中国人民和阿拉伯人民的友好关系是源远流长的。

题　　名　泉州罗城址考辨

作　　者　庄景辉

刊　　名　海交史研究

年 卷 期　1988 年 14 期

题　　名　泉州穆斯林后裔的历史记忆和理性选择

作　　者　丁毓玲

刊　　名　海交史研究

年 卷 期　2005 年 48 期

页　　码　30－41

摘　　要　宋元时代的福建泉州曾居住着众多来自阿拉伯、波斯地区的穆斯林。数百年后的今天,早期穆斯林的后裔是否如人们想像,已经淹没在强大的汉文化之中?他们如何认同自己的族群身份?本文将视角放在当代社会,并以陈埭丁氏家族为例,分析文化发生重大变迁后的泉州穆斯林后裔,如何保留集体的历史记忆,并在这个基础上如何运用独特的群体优势,寻找最佳的生存空间。

题　　名　泉州南音五空管口唐、宋燕乐调溯源

作　　者　陈梅生

刊　　名　海交史研究

年 卷 期　2006 年 50 期

页　　码　105－122

摘　　要　唐贞元十八年(802),骠国乐入唐向德宗献演。本文就骠乐如何成为唐、宋燕乐调及泉州南音五空管歌腔,作真凭实据的考证,果真发现今天的泉州南音五空管歌腔,正是一千二百多年前被燕乐化的越调、小植调的骠国乐原型。

题　　名　泉州平原的开发与水上居民的定居——以石狮祥芝半岛为例

作　　者　蒋楠

刊　　名　福建论坛(人文社会科学版)

年 卷 期　2009 年 4 期

页　　码　64－68

摘　　要　与福建沿海其它地区不同,在明清泉州的地方文献中,关于疍民的记载十分罕见。本文以石狮祥芝半岛为例,认为经过宋元泉州的开发和明代的户籍制度、军事制度的改变,提供了水上居民合法陆居的机会,泉州湾大部分的水上居民可能就此完成了身份的转变,并发展起自己的宗族组织。

题　　名　**泉州人民参加郑成功抗清复台斗争与台湾文化建设**
作　　者　李天锡
刊　　名　黎明职业大学学报
年 卷 期　2004 年 2 期
页　　码　3 – 6
摘　　要　通过分析有关族谱等资料，阐述了泉州人民参加郑成功抗清复台的斗争，以及收复台湾以后参加台湾文化建设及其有关情况。

题　　名　**泉州三大外销商品——丝、瓷、茶**
作　　者　庄为玑
刊　　名　海交史研究
年 卷 期　1981 年 3 期

题　　名　**泉州史学问题的新焦点——《光明之城》手稿的发现及其研究座谈会概述**
作　　者　叶恩典
刊　　名　海交史研究
年 卷 期　1999 年 35 期
页　　码　21 – 22，101

题　　名　**泉州市舶司的设置与闽南华侨的出国**
作　　者　李天锡
刊　　名　华侨华人历史研究
年 卷 期　1991 年 2 期
页　　码　55 – 58
摘　　要　泉州的海外交通贸易历史悠久。唐末五代，渐趋活跃；进入北宋时期，在这里的外国商舶日益增多。同时，也有不少中国商人从这里出发前往海外各国贸易，因而泉州港在海外贸易中的地位日显重要。为了适应不断发展的海外贸易的需要，北宋政府于哲宗元祐二年（1087 年）在泉州设置了提举市舶司（简称市舶司）。

题　　名　**泉州宋船结构的历史分析**
作　　者　庄为玑，庄景辉
刊　　名　厦门大学学报（哲学社会科学版）
年 卷 期　1977 年 4 期
页　　码　75 – 83
摘　　要　我国古代的造船业和航海术，与我国其他杰出的科学成就一样，充分反映出"中国是世界文明发达最早的国家之一"。远在三四千年前，我国劳动人民就懂得"刳木为舟，剡木为楫"。在同大自然的斗争中，逐步掌握了造船和航海技术，开辟了海上交通。随着社会生产力的提高和商品交换的扩大，促进了造船工业的日益发展，航海技术的不断进步。我国劳动人民对中国以至世界造船、航海事业作出了伟大的贡献。

题　　名　**泉州宋船木牌木签考释**
作　　者　庄为玑,庄景辉
刊　　名　厦门大学学报(哲学社会科学版)
年 卷 期　1980 年 1 期
页　　码　64 – 71
摘　　要　木牌木签是泉州古船重要的出土文物之一,它为我们进一步了解宋元时代海上贸易的情况,提供了实物依据。但是,这些木牌木签墨书文字寥寥无几,记录内容极其简略。又由于历史文献资料所限,对木牌木签的考释有一定的困难。本文试就木牌木签的作用及其所反映的海外贸易的有关问题,作初步的探讨。

题　　名　**泉州宋船香料与蒲家香业**
作　　者　庄为玑,庄景辉
刊　　名　厦门大学学报(哲学社会科学版)
年 卷 期　1978 年 Z1 期
页　　码　170 – 177
摘　　要　一九七三年泉州湾后渚港发掘的古代海船,出土文物十分丰富,其中数量最多的是香料,达四千七百余斤。经初步鉴定的有降真香、檀香、沉香、乳香、龙涎香和胡椒等。这艘古船是宋末元初从南洋回航的“香料船”。香料是我国古代对外贸易的主要进口商品。宋元时代更占有重要的地位。唐代以来,从事南海香料贸易的多为阿拉伯人,宋末元初泉州市舶司蒲寿庚便是世代以经营香料为业的家族。泉州古船出土的大宗香料与蒲家香业有着密切的联系。

题　　名　**泉州宋代沉船陶瓶用途之推测**
作　　者　刘铭恕
刊　　名　海交史研究
年 卷 期　1993 年 24 期
页　　码　112 – 114

题　　名　**泉州宋代古船**
作　　者　杰罗米・格林
刊　　名　海交史研究
年 卷 期　1989 年 16 期

题　　名　**泉州宋代祈风石刻考释**
作　　者　庄景辉
刊　　名　南方文物
年 卷 期　1989 年 2 期
页　　码　89 – 95,58
摘　　要　祈风石刻,凿镌于泉州市西郊九日山之摩崖,是国内仅存的记述有关宋代泉州守土之臣“祈风”情况的珍贵实物资料。1961 年列为福建省第一批重点文物保护单位。

题　　名　**泉州陶瓷外销问题的探讨**
作　　者　林文明遗作
刊　　名　海交史研究
年 卷 期　1986 年 9 期

题　　名　**泉州涂门街清真寺与通淮街清净寺——泉州在海外交通史上的历史古迹、文物研究之一**
作　　者　韩振华
刊　　名　海交史研究
年 卷 期　1996 年 29 期
页　　码　62－76

题　　名　**泉州湾出土宋船中果品种子的研究**
作　　者　林更生
刊　　名　海交史研究
年 卷 期　1984 年 6 期

题　　名　**泉州湾出土宋代海船的进口药物在中国医药史上的价值**
作　　者　王慧芳
刊　　名　海交史研究
年 卷 期　1982 年 4 期

题　　名　**泉州湾出土宋代海船木材鉴定**
作　　者　陈振端
刊　　名　海交史研究
年 卷 期　1982 年 4 期

题　　名　**泉州湾出土宋代木造海船舱内降香的化学鉴定**
作　　者　上海、福建药品检验所
刊　　名　海交史研究
年 卷 期　1983 年 5 期

题　　名　**泉州湾出土宋代木造海船舱内降香的显微鉴定**
作　　者　南京药学院等
刊　　名　海交史研究
年 卷 期　1983 年 5 期

题　　名　**泉州湾打捞到两具古代大船锚**
作　　者　郭雍
刊　　名　文物
年 卷 期　1986 年 2 期

页　　码　86－88

摘　　要　不久前,福建省泉州海外交通史博物馆在泉州湾水下考古调查中,先后打捞到两具罕见的古代大船锚。一具是四爪铁锚,这类锚直至今日我国和日本还继续使用;另一具是古代木帆船广泛使用的具有我国独特风格的双爪木碇。它们的发现,为研究造船和航海技术史提供了珍贵的实物资料。

题　　名　**泉州湾宋船出土果核的考释**
作　　者　黄天柱,林宗鸿
刊　　名　农业考古
年 卷 期　1983 年 1 期
页　　码　198－202

题　　名　**泉州湾宋船的航线与航向的进一步探讨**
作　　者　刘蕙孙
刊　　名　海交史研究
年 卷 期　1978 年 1 期

题　　名　**泉州湾宋代沉船中降(真)香的鉴定及考证**
作　　者　陈瑞华,缪细泉,戴金瑞
刊　　名　上海中医药杂志
年 卷 期　1979 年 5 期
页　　码　55－57,54

题　　名　**泉州湾宋代沉船中乳香的薄层色谱鉴定**
作　　者　章文贡
刊　　名　海交史研究
年 卷 期　1982 年 4 期

题　　名　**泉州湾宋代海船贝类的研究**
作　　者　李复雪
刊　　名　海交史研究
年 卷 期　1984 年 6 期

题　　名　**泉州湾宋代海船沉没环境的研究**
作　　者　林禾杰
刊　　名　海交史研究
年 卷 期　1982 年 4 期

题　　名　**泉州湾宋代海船的舱料使用**
作　　者　李国清
刊　　名　海交史研究

年卷期 1986年10期

题　　名 **泉州湾宋代海船复原初探**
作　　者 泉州湾宋代海船复原小组
刊　　名 文物
年卷期 1975年10期
页　　码 28－35

题　　名 **泉州湾宋代海船为郑和宝船正名**
作　　者 席龙飞,何国卫
刊　　名 船舶设计技术交流
年卷期 2005年1期
页　　码 1－6
摘　　要 各文献所记宝船长与宽之比偏小,曾引起一些学者的质疑,甚至产生各种忖测和无端修改宝船尺度之举。泉州湾出土的宋代海船以其小的长宽比证明,宝船的长度比是合于中国古船的传统的、已经成为质疑宝船尺度,从而否定宝船存在的巨大障碍。

题　　名 **泉州湾宋代海船有关问题的探讨**
作　　者 泉文
刊　　名 海交史研究
年卷期 1978年1期
页　　码 50－53

题　　名 **泉州秀涂港海关的历史地位**
作　　者 陈丽华
刊　　名 福建史志
年卷期 1999年2期
页　　码 35－38

题　　名 **泉州学与海交史研究刍议**
作　　者 王连茂
刊　　名 海交史研究
年卷期 1999年36期
页　　码 1－11

题　　名 **泉州沿海地区的特异习俗及其文化意蕴**
作　　者 陈桂炳
刊　　名 泉州师范学院学报
年卷期 2002年20卷5期
页　　码 64－68
摘　　要 本文运用实地调查和地方文献的资料,阐释了泉州沿海地区的一些特异习俗,并揭示其历史文化意蕴,从而使我们感受到泉州民俗的海洋性特征。

题　　名　**泉州伊斯兰教派与元末亦思巴奚战乱性质试探**
作　　者　陈达生
刊　　名　海交史研究
年 卷 期　1982 年 4 期

题　　名　**泉州伊斯兰教圣墓年代及其墓主人身分的考证**
作　　者　林翠如,庄景辉
刊　　名　海交史研究
年 卷 期　2000 年 37 期
页　　码　102 – 114

题　　名　**泉州伊斯兰史略**
作　　者　陈达生
刊　　名　宁夏社会科学
年 卷 期　1986 年 4 期
页　　码　11 – 15

题　　名　**泉州印度教石刻艺术的比较研究**
作　　者　余得恩
刊　　名　海交史研究
年 卷 期　2007 年 51 期
页　　码　1 – 58
摘　　要　泉州拥有的大量印度教石刻,在中国古代宗教石刻中非常罕见。不论其创作者是中国人还是印度人,这些石刻的风格来源一直困扰 20 世纪的艺术史研究。如果没有新的考古成果出现,这一问题将永远是个谜。本文认为泉州印度教石刻的艺术风格可能源自南印度朱罗王朝。笔者将泉州的每一方石刻与南印度的相应石刻进行了比较,它们是泉州石刻源自南印度朱罗时期的艺术风格,但出自当地艺术家之手的有力证据。

题　　名　**泉州又一清净寺的考证**
作　　者　陈达生
刊　　名　海交史研究
年 卷 期　1978 年 1 期

题　　名　**泉州与琉球的民俗关系**
作　　者　曾丽民
刊　　名　海交史研究
年 卷 期　1994 年 26 期
页　　码　105 – 111,118

题　　名　**泉州与日本间佛学界的友好往来和文化交流**
作　　者　沈玉水
刊　　名　海交史研究
年 卷 期　1980 年 2 期

题　　名　**泉州与宋代朝贡**
作　　者　陈少丰
刊　　名　沧桑
年 卷 期　2010 年 2 期
页　　码　92 – 93
摘　　要　本文按照时间顺序梳理阐释了泉州与宋代朝贡关系之史实，得出结论：一方面总的来说泉州在宋代朝贡中的地位并不显赫，与其在民间海外贸易中的重要地位不相称；另一方面从北宋中后期到南宋中前期，泉州在宋代朝贡中的地位还是不断提高的。

题　　名　**泉州与新罗、高丽关系文物史迹探源**
作　　者　叶恩典
刊　　名　海交史研究
年 卷 期　2006 年 50 期
页　　码　27 – 46
摘　　要　本文是近年来通过搜集有关历史资料及田野调查与访谈所撰写的。其中如古代泉州南安县二十二都的新罗村和新罗寺，泉州中心老城区的高丽巷，南安县十三都的高丽厝，永春县七都的高丽村以及肇基者之一林佛生的"高丽墓"等等。就其名称而言，似乎都与古代朝鲜半岛的新罗国和高丽国存在着十分密切的渊源关系。而有关新罗参、新罗松、新罗葛、高丽菜等，都是通过相互交往所引进的植物。至于与雪峰义存禅师及其法嗣相关的福清寺和招庆寺，则无疑是唐五代时期泉州与新罗国佛教界人士友好交往的最佳见证。

题　　名　**泉州再次发现八思巴文基督教碑**
作　　者　叶道义，志诚
刊　　名　海交史研究
年 卷 期　1986 年 9 期

题　　名　**泉州在明琉交往中的地位和作用**
作　　者　庄景辉
刊　　名　中国社会经济史研究
年 卷 期　1990 年 1 期
页　　码　43 – 48，14
摘　　要　朱元璋建立明朝以后，采取了强硬的海禁政策，不仅严禁民间"片板不许下海"，而且在对海外诸国的"朝贡"往来方面，也采取措施加以严格的限制。泉州，这个称盛于宋元时期的国际贸易港埠，进入明代以来，随着政府政策的变化，成了仅限琉球入贡于明的口岸。然而，泉州自洪武初设置市舶司至成化八年（1472 年）他迁的一百来年间，作为海外各国入明朝贡的"正道"之一，在明琉两国的频繁交往中，扮演了重要的角色，发挥过积极的作用。

题　　名　**缺乏历史依据的推断——就“殷人航渡美洲”问题与房仲甫先生商榷**
作　　者　张箭
刊　　名　拉丁美洲研究
年 卷 期　1992 年 6 期
页　　码　18－25

题　　名　**人痘西传与牛痘东渐——丝绸之路文化效应之一**
作　　者　黄启臣
刊　　名　海交史研究
年 卷 期　1999 年 35 期
页　　码　34－40

题　　名　**人类征服海洋的先驱**
作　　者　滇航
刊　　名　中国水运
年 卷 期　1995 年 8 期
页　　码　37－38
摘　　要　郑和下西洋,是人类征服海洋的一个重要的里程碑。在西方的史书上,说到美洲和环球航行,无不称颂哥伦布的丰功伟绩,而对早 87 年的中国杰出的洲际航海家郑和的历史功绩,却有意或无意地抹杀了。事实上,郑和是最早的洲际航海家,是人类征服海洋的先驱。

题　　名　**人类最早的航海踪迹**
作　　者　凯源
刊　　名　航海
年 卷 期　1983 年 4 期
页　　码　10－11

题　　名　**认识世界 发现世界——再论郑和下西洋的历史功绩**
作　　者　谢本书
刊　　名　云南民族大学学报(哲学社会科学版)
年 卷 期　2005 年 22 卷 1 期
页　　码　110－113
摘　　要　郑和下西洋的历史价值,怎么评价也不过分。郑和下西洋对于中国来人说,主要起到了认识世界、发现世界的作用:一是认识到世界各国人民,特别是我国与邻国人民可以友好相处、友好往来;二是认识到海权的重要性;三是认识到中国与世界各国在经济上具有互补性。此外,还认识到世界的广阔和发现了一些新的地区和领域,以及很多未知的物产、文化和技艺。这是郑和的重要历史功绩,是对世界文明的伟大贡献。

题　　名　**日本“遣隋使”简论**
作　　者　王心喜

刊　　名　杭州教育学院学报
年 卷 期　1997 年 1 期
页　　码　44 - 48
摘　　要　本文依据中日古籍资料，对"遣隋使"这一具有深远历史意义的盛举，作了较系统的阐述。

题　　名　日本"遣隋使"简论(二)
作　　者　王心喜
刊　　名　杭州教育学院学报
年 卷 期　1997 年 3 期
页　　码　63 - 65

题　　名　日本"遣隋使"来华目的及年次探讨
作　　者　王心喜
刊　　名　杭州师范学院学报(社会科学版)
年 卷 期　2002 年 1 期
页　　码　77 - 81
摘　　要　根据中日历史文献分析，输入佛教和学习隋文化是遣隋使来华的主要目的。日本遣隋使先后于 600、607、608、610、614 年分 5 次来华。遣隋使在中日关系上具有特殊的历史地位，不仅是日本直接向中国全面汲取优秀文化的嚆矢，更是以后规模巨大的遣唐使的前奏。

题　　名　日本"遣隋使"研究
作　　者　王心喜
刊　　名　海交史研究
年 卷 期　1996 年 30 期
页　　码　37 - 45

题　　名　日本"遣唐使"来华路线之我见
作　　者　李峰
刊　　名　历史知识
年 卷 期　1983 年 4 期
页　　码　28 - 29

题　　名　日本《入唐求法巡礼行记》的研究概况
作　　者　师敏，海波
刊　　名　西北大学学报(哲学社会科学版)
年 卷 期　2010 年 4 期
页　　码　44 - 47
摘　　要　日僧圆仁用汉文写的日记《入唐求法巡礼行记》，为研究唐代的社会、经济、宗教等提供了丰富的史料。日本可以说是对《入唐求法巡礼行记》研究最为兴盛之地，不但在佛教史、东洋史方面，而且在日本汉文学史、国语史等各个领域对它都已经进行了卓有成效的研究。

题　　名　日本曹洞宗始祖——道元与中日佛教交流述略
作　　者　高留成
刊　　名　社会科学论坛
年 卷 期　2005 年 5 期
页　　码　4 –5,9
摘　　要　宋朝时期的日本留学僧道元,是日本佛教曹洞宗创始人,在中日佛教交流史上占有举足轻重的地位。

题　　名　日本长崎发现的与上海东洋庄有关的资料群剖析
作　　者　翁其银
刊　　名　学术季刊
年 卷 期　2000 年 3 期
页　　码　153 –160
摘　　要　近代日本占领我国领土台湾后,曾以高关税政策阻碍海峡两岸直接贸易。由于台湾与大陆隔不断的关系,两岸商业交往仍绕道长崎或门司进行,形成了上海—长崎—台湾间的三角形贸易途径。这一时期的商业资料没有在中日两国的史籍中留下记载而形成空白。80 年代前期以来,在日本长崎华商泰益号旧址发现的上海东洋庄资料群,其规模庞大,构成多样化,引起了国际学术界的高度重视。其内容虽以商业贸易中的中药材等买卖为中心,但广泛涉及社会、教育、宗教乃至政治等领域。本文作为该资料群研究的先期成果,对近代海峡两岸中药材贸易的品种、规模、运输手段和费用、保险、税收以及出口商与中介商的关系、各地社会经济动向及至当时我国政治、军事情势等记述的剖析,为国内学术界开展沪台两地通商史、华侨史和地方志研究迈出了一个良好的开端,也从一个侧面证明了海峡两岸隔不断的亲缘关系。

题　　名　日本朝贡大明史事——兼论朝鲜“壬辰倭祸”及所谓“东封之役”
作　　者　朱谦之
刊　　名　大陆杂志
年 卷 期　1963 年 27 卷 7 期

题　　名　日本出土三角缘神兽镜铭文“铜出徐州”考辨
作　　者　罗其湘,武利华
刊　　名　徐州师范学院学报
年 卷 期　1987 年 1 期
页　　码　85 –88,79

题　　名　日本德川幕府与明朝的贸易关系论析
作　　者　李德霞
刊　　名　中国社会经济史研究
年 卷 期　2008 年 4 期
页　　码　58 –62
摘　　要　通过 1600 年的关原之战夺得日本统治权的德川家康,十分重视对明贸易,一上台便为重建中日邦交、恢复勘合贸易作了不懈的努力。然而,尽管德川家康费尽心思,终明之世,日本始终无法改变明朝的对日贸易政策。不过,在幕府的鼓动下,到日本从事走私贸易的华船越来越多。中国因此被列为江户幕府的“通商之国”。

题　　名　日本的海神信仰与神道
作　　者　施敏洁
刊　　名　中国校外教育
年 卷 期　2009 年 5 期
页　　码　36
摘　　要　神道是日本的传统宗教,主要内容包括自然崇拜、祖先崇拜以及天皇崇拜,属多神教范畴。海神信仰属于民间信仰,但又与宗教有很深的联系。海神信仰与神道有诸多共通之处,两者的关系用一句话概括起来说就是,前者是后者的一部分。

题　　名　日本的锁国与漂流民
作　　者　横山昭男,刘含发
刊　　名　吉林师范学院学报
年 卷 期　1995 年 2 期
页　　码　41 – 43

题　　名　日本对东沙群岛的侵略与晚清政府的主权维护
作　　者　郭渊
刊　　名　福建论坛(人文社会科学版)
年 卷 期　2004 年 8 期
页　　码　41 – 44
摘　　要　晚清时期,东沙群岛丰富的自然资源、重要的交通地理位置,以及军事上的战略枢纽地位,引起了日本对东沙群岛的觊觎,此时东沙群岛的主权问题已经较为明显地凸现出来。晚清政府围绕东沙群岛问题与日本展开了针锋相对的斗争,并采取一系列措施开发建设东沙群岛,为维护我国的海洋国土主权做出了贡献。

题　　名　日本发现的三角缘神兽镜源流述论
作　　者　韩国河,程林泉
刊　　名　考古与文物
年 卷 期　2002 年 4 期
页　　码　47 – 57

题　　名　日本福冈珍藏的日明贸易船旗
作　　者　林华东
刊　　名　海交史研究
年 卷 期　1996 年 29 期
页　　码　116

题　　名　日本古代大陆移民的称谓研究管窥
作　　者　葛继勇
刊　　名　浙江教育学院学报
年 卷 期　2002年4期
页　　码　25－28
摘　　要　对日本古代的大陆移民的研究，不能回避对其称谓变迁的探讨。在其称谓从“归化人”到“渡来人”、从“华侨（侨人）”到“大陆移民”不断演变中，“大陆移民”这一称谓最符合史实，该称谓的变迁反映了中日两国研究日本古代的大陆移民的定向历程。

题　　名　日本古代的大陆移民研究之管见
作　　者　葛继勇
刊　　名　安徽史学
年 卷 期　2002年2期
页　　码　77－83
摘　　要　日本古代的大陆移民研究是古代中日关系史、文化交流史研究的重要内容和组成部分。本文主要从称谓演变、历史分期、理论构架等几个方面着手阐述，并对先行研究成果进行概述。指出“大陆移民”称谓最符合史实、东渡日本的移民可分为三个历史时期（即发轫期、高潮期和持续期）、移民东迁符合“推——拉”理论，国内该领域的研究在质和量上都有待深入。

题　　名　日本古代对华外交中的遣隋（唐）使
作　　者　刘建强
刊　　名　唐都学刊
年 卷 期　2008年24卷4期
页　　码　23－28
摘　　要　遣隋（唐）使无疑是日本古代对华外交中引人注目的章节。然而作为日本古代对华外交的组成部分，遣隋（唐）使与隋唐前的日本对华外交活动存在不少明显的不同。本文在论述日本古代各次对华外交活动的实质和特点的基础上，采用对遣隋使及遣唐使与隋唐前日本对华外交进行比较的手法，探究其间的不同，并对这些不同产生的原由作出分析。

题　　名　日本古典乐舞戏中的大唐文化
作　　者　黎羌
刊　　名　山西师大学报（社会科学版）
年 卷 期　2002年29卷3期
页　　码　18－23
摘　　要　日本作为东亚地区重要的国家，自古以来就与地大物博的中国有着亲密无间的文化交流关系。尤其是在泱泱大唐时期，借助于“海上丝绸之路”，华夏中原与西域丰富多彩的散乐、百戏、杂剧漂洋过海东渐古代日本，有力地促进了此岛国能乐、狂言、歌舞伎、木偶剧、假面剧等古典乐舞戏艺术的形成与发展。

题　　名　日本古倭人稻作文化滥觞于中国古吴越
作　　者　朱俊明，唐合亮

刊　　名　贵州民族研究
年 卷 期　1994 年 1 期
页　　码　15－22

题　　名　**日本国收藏的唐代一行等人画像**
作　　者　史树青
刊　　名　文物
年 卷 期　1976 年 3 期
页　　码　31－36
摘　　要　中日两国人民两千多年来一直有着密切的友好交往，其中，包括着两国佛教僧侣之间的往来。七世纪至九世纪，日本不断派“遣隋使”、“遣唐使”到中国来，同时，还派大批留学生随使者来中国。这些留学生中，不少是“学问僧”、“请益僧”。他们在中国各地巡礼，研究学问，回国时就把中国的文学、艺术、科学、技术带回本国。中国僧人也不断东渡到日本，沟通两国的文化和学术。佛教僧侣的互相往来，以宗教活动的形式，构成了中日两国历史上文化交流的一个重要方面。

题　　名　**日本海的“神风”——元朝东征日本始末**
作　　者　金子
刊　　名　舰载武器
年 卷 期　2006 年 11 期
页　　码　83－88

题　　名　**日本海洋意识与中国江南地区的关系——以“浦岛子传说”的演变为中心**
作　　者　郭勇
刊　　名　宁波大学学报(人文科学版)
年 卷 期　2009 年 3 期
页　　码　11－15

题　　名　**日本汉诗与古代东亚各国的文化交流**
作　　者　吴雨平
刊　　名　社会科学战线
年 卷 期　2007 年 6 期
页　　码　39－41
摘　　要　汉诗作为古代东亚各国共同的文学样式，在古代日本和中国以及东亚其他国家或政权的文化交往中发挥了重要作用，在东方各民族文学乃至世界各民族的文学关系史上留下了光辉灿烂的一页。日本奈良平安时期、五山时期以及江户时期对使用汉诗作为交流媒介与东亚各国或各政权的政治及文化交往表明，古代日本文学与中国文学具有深刻的渊源关系。

题　　名　**日本华侨的妈祖信仰及其与新、马的比较研究**
作　　者　童家洲
刊　　名　华侨华人历史研究
年 卷 期　1990 年 4 期

页 码 31－39

题 名 日本华侨的妈祖信仰与新加坡、马来西亚的比较研究
作 者 童家洲
刊 名 社会科学战线
年 卷 期 1990年4期
页 码 330－337

题 名 日本混瞒窃夺钓鱼台群岛——兼论**1874**年日本侵犯台湾之役的“机智”外交
作 者 赵纯昌
刊 名 齐齐哈尔师范学院学报(哲学社会科学版)
年 卷 期 1995年5期
页 码 179－183

题 名 日本及中国的稻作文化与祭祀
作 者 伊藤清司,张正军
刊 名 思想战线
年 卷 期 2001年2期
页 码 42－43,105

题 名 日本接待渤海国使者的外交礼仪初探
作 者 宋卿
刊 名 北方文物
年 卷 期 2006年4期
页 码 81－86
摘 要 文章主要探讨了日本接待渤海国使者的外交礼仪,即入境礼仪、入京礼仪和离境礼仪,展现了唐王朝时期的渤日两国以唐文化为基础、友好而顺利的进行外交往来的热情画面。

题 名 日本空海和尚来到福州的始末
作 者 忻中
刊 名 福建论坛(社科教育版)
年 卷 期 1983年2期
页 码 86,81
摘 要 空海是日本平安朝前期著名的高僧。生于日本光仁天皇宝龟五年(即唐代宗大历九年,公元七七四年),俗姓佐伯直,谥号弘法大师。在青少年时代,空海就博览经史,立志成佛。三十一岁时(即日本桓武天皇延历二十三年,唐德宗贞元二十年,公元八○四年)随日本遣唐使藤原葛野麻吕及留学生桔逸势等来唐学习。五月十二日,四只遣唐使船由日本难波津解缆,七月六日经过肥前国松浦郡的田浦(今九州岛西北角一带)驶进大海,航向中国。

题 名 日本来华五山僧侣与日本中世纪汉文学的繁荣
作 者 孙东临

刊　　名　日本学刊

年 卷 期　1987 年 6 期

页　　码　47－55

摘　　要　在日本长达 1500 多年的汉文学发展史上，江户时代以前来华的日本佛门弟子同日本汉文学的发展一直具有千丝万缕的联系。早在平安时代，入唐留学的真言宗僧人空海归国后，就曾以其驰名中日的力作《文镜秘府论》为日本古代汉文学的发展作出了重要的贡献。至镰仓、室町时代，来华游学的五山僧侣踵继前朝方袍圆胪的文化使者们的步武，为日本中世纪汉文学的繁荣进一步立下了不朽的功绩。

题　　名　日本留唐学生橘逸势史迹述略

作　　者　李健超

刊　　名　西北大学学报（哲学社会科学版）

年 卷 期　1998 年 28 卷 4 期

页　　码　93－95

摘　　要　橘逸势是 9 世纪时日本国的著名书法家。他于唐德宗贞元二十年（804）从日本来到唐京长安城，原打算在这里留学 20 年，但由于语言和经济两方面的困难原因，他没有像其他国家的留住生（留学生）那样在中国的最高学府国子监学习。然而在长安他“历访明哲，受业学之。”尤其是他在书法和音乐方面，“且温且习”达到相当高的水平，长安的诗人学者称他为“橘秀才。”一年后橘逸势回到日本，尽管他在仕途上没有取得什么成绩，但他和其他遣唐留学生一样为传播中国文化，为中日两国人民的友谊做出了应有的贡献。

题　　名　日本名僧奝然与中国佛教文化

作　　者　张礼忠

刊　　名　世界文化

年 卷 期　1995 年 1 期

页　　码　24－25

题　　名　日本幕末“开国”与遣使上海

作　　者　冯天瑜

刊　　名　武汉大学学报（人文社会科学版）

年 卷 期　2000 年 5 期

页　　码　605－611

摘　　要　本文着眼于近代世界发展潮流，运用中日比较的方法，考察和分析日本从“锁国”向“开国”的转变，认为：虽然两国都是被西方打开国门，但日本较快地从被动走向主动，即使在明治维新前的 19 世纪初中期，其走向世界的规模、效果，也都在中国同类举措之上。日本在以西方作为“开国”的主要方向的同时，还从本民族的危机意识出发，将对华关系视作战略问题，欲经略朝鲜与中国，以与对西方外交相平衡。

题　　名　日本派遣来华的第一艘日本船

作　　者　张碧君

刊　　名　北京档案

年 卷 期　1998 年 3 期

页　　码　41

题　　名　**日本遣隋使来华次数探究**
作　　者　金金花
刊　　名　黑龙江史志
年 卷 期　2009 年 11 期
页　　码　21 - 22
摘　　要　在中日文化交流中,日本多次遣使来华,本文根据史料文献记载分析在中国隋朝时期日本遣隋使来华的年代及次数,突出其在两国交往中的特殊历史地位。

题　　名　**日本遣隋使略论**
作　　者　潘树林
刊　　名　西南民族学院学报(哲学社会科学版)
年 卷 期　1999 年 20 卷 S1 期
页　　码　72 - 75
摘　　要　在中日关系史上,隋朝是继汉开唐的重要时期。其间,日本多次派出遣隋使和遣隋留学生,学习中国的先进文明,对日本历史和中日关系的发展产生了深远影响。

题　　名　**日本遣唐留学生事略**
作　　者　郗政民
刊　　名　西北大学学报(哲学社会科学版)
年 卷 期　1981 年 4 期
页　　码　67 - 73

题　　名　**日本遣唐僧普照、荣叡师从鉴真大师史实考略(上)**
作　　者　胡孟圣
刊　　名　日语知识
年 卷 期　2000 年 10 期
页　　码　28 - 29

题　　名　**日本遣唐僧普照、荣叡师从鉴真大师史实考略(下)**
作　　者　胡孟圣
刊　　名　日语知识
年 卷 期　2000 年 11 期
页　　码　30 - 31

题　　名　**日本遣唐使井真成入唐时间与在唐身份考**
作　　者　马一虹
刊　　名　世界历史
年 卷 期　2006 年 1 期
页　　码　58 - 65

摘　　要　2004年,西北大学征集到日本遣唐使井真成墓志,这是迄今中国发现的惟一一件有关遣唐使的实物资料。本文指出,井真成来唐的时间当是733年而非717年;其在唐身份不是一般的长期留学生,而是具有专门技能的人才,即请益生;其所获赠官也与其专长有关。

题　　名　**日本遣唐使来华不携国书说献疑**

作　　者　石晓军

刊　　名　人文杂志

年 卷 期　1989年2期

页　　码　88－89

摘　　要　唐代中日关系在整个中日关系史上占有极其重要的地位,人文交流,道路不绝,仅日本官方正式派遣来华的"遣唐使"就有近二十次之多,史界流行,日本遣唐使来华不携国书之说,似不合史实,特此献疑。首倡此说者,为日本学者森克已、木宫泰彦二氏。他们认为,日本政府以公元607年(隋大业三年、日本推古天皇八年)遣隋使呈交隋政府的"日出处天子致书日没处天子"国书曾引起隋炀帝的不满为由,有唐一代,遣唐使入华便不再携带国书,相因成习,遂成惯例。这一观点长期以来为中日两国史学界广为采纳,形成定说。

题　　名　**日本遣唐使者小考**

作　　者　宋锡民,宋百川

刊　　名　文史哲

年 卷 期　1980年3期

页　　码　29－32

题　　名　**日本入北宋巡礼僧——奝然**

作　　者　高留成

刊　　名　社会科学论坛

年 卷 期　2005年7期

页　　码　16－18

摘　　要　奝然是北宋时期第一个入宋的日本僧人而名垂史册。奝然留宋三年,巡礼了汴京大小寺院,还参拜了五台山国清寺和洛阳白马寺,回国时带回了大量的中国佛教经典,也是第一个将日本万世一争国体介绍给中国的日本人,"奝然献书"在中日佛教文化的交流史上写下了光辉的一页。

题　　名　**日本三角缘神兽镜综论**

作　　者　王仲殊

刊　　名　考古

年 卷 期　1984年5期

页　　码　468－479,487－488

摘　　要　今年3月,中国社会科学院考古研究所王仲殊、徐苹芳、杨泓,应全日空、朝日新闻杜和日中文化交流协会的邀请,参加了由他们在东京举办的日本第七次古代史讨论会。讨论会由中日双方学者主讲,主题是日本的三角缘神兽镜,兼论三世纪至五世纪日本与中国江南地区的文化交流。本文是王仲殊同志在这次讨论会上的讲稿。中方其他主讲人的讲稿也将在本刊发表。

题　　名　**日本僧戒觉及其入宋日记——《渡宋记》**
作　　者　郭万平
刊　　名　佛学研究
年 卷 期　2004 年 1 期
页　　码　228 – 233
摘　　要　两宋时期,在中日没有国交的情况下,商人和僧侣成为中日贸易往来和文化交流的主要媒介。宋神宗元丰五年,日本僧戒觉率弟子二人偷渡来华,先由杭州经大运河至宋都开封,谒见宋神宗,后赴五台山。其日记《渡宋记》简略地记述了戒觉的旅华历程。虽然篇幅短小,却是研究中日关系史、宋史等珍贵史料。

题　　名　**日本僧戒觉与宋代中国——以《渡宋记》为中心的考察**
作　　者　郭万平
刊　　名　人文杂志
年 卷 期　2004 年 4 期
页　　码　141 – 145
摘　　要　两宋时期,在中日之间没有国交的情况下,商人和僧侣成为中日两国贸易往来、文化交流的主要媒介。宋代的中日关系表现出不同于唐代的特点,具有平等性、多样性。日本僧戒觉于元丰五年,携带弟子二人偷渡入宋,首先抵达明州,经大运河至宋都汴京,谒见宋神宗,又远赴五台山,后卒于中国。其日记《渡宋记》简略地记述了戒觉旅华经过,虽然篇幅短小,却可以使我们通过来宋日僧的描述,从新的视角来了解宋代中国。

题　　名　**日本神话和神道中的徐福东渡之谜**
作　　者　朱颖
刊　　名　日本研究
年 卷 期　2007 年 1 期
页　　码　78 – 85
摘　　要　徐福是否真的到达过日本,仍无定论。但是比照日本古代神话传说和神道的最初的传承,我们仍可以看出古代日本与古代中国文化交往的痕迹。本文通过对日本神话传说中创世观中的贵阳意识,神化宇宙观等的考证,试图来同中国历史以及神话进行比照解读。

题　　名　**日本吞并琉球始末**
作　　者　司德坤,刘文龙
刊　　名　太原师范专科学校学报
年 卷 期　1999 年 2 期
页　　码　20 – 24
摘　　要　本文以翔实的历史事实,阐明了中国与琉球的历史渊源,叙述了日本吞并琉球的过程,分析了清政府对日妥协以致丢失琉球的真相。

题　　名　**日本吞并琉球与清政府对日交涉**
作　　者　马钰
刊　　名　文史精华

年卷期 2002年8期

页　码 20－23

摘　要 琉球王国与中日两国的历史关系19世纪70年代,日本侵略台湾事件一结束,中日关系的中心立即转移到琉球和朝鲜问题上来。琉球位于太平洋西沿,介于日本和中国台湾之间,与我国的闽浙隔海相望,自古以来就自成一国。它向中国纳贡,后来也向日本萨摩藩进贡,1855年至1859年间,又以独立国家的资格与美、法、荷等国家签订了通商条约。

题　名 **日本吞并琉球与中日关于琉案的交涉**

作　者 戚其章

刊　名 济南教育学院学报

年卷期 2000年5期

页　码 1－8,72

摘　要 1879年日本吞并琉球,标志着近代中国第一次边疆危机的开始。然而无论从历史还是从法理看,琉球的主权及前途地位问题皆属未曾了结之案。

题　名 **日本五良太夫正德入明考**

作　者 罗以明

刊　名 故宫博物院院刊

年卷期 2004年5期

题　名 **日本五山"梦窗派"禅僧绝海中津在明经历浅析**

作　者 丸井宪

刊　名 日本研究

年卷期 2002年4期

页　码 85－93

摘　要 本稿试以中国元末明初的"禅文化"对日本同时期的中期"五山文化时代"的汉文学即"五山汉文学"的影响为主线,以明初渡海至中国的日本禅僧绝海中津(公元1336－1405年)为主要分析对象。日本的中期"五山文化时代"按照一般的历史划分方式的话,相当于室町时代(公元1336－1573年)前期,即由武士阶段的足利氏将军家执政的幕府政治时期。当时日本文化所处的现状是:渡海来日的中国禅僧及去中国的日本禅僧所引入的中国文化占据了日本文化中的重要位置。随着元代中日文化交流活动的兴盛,日本汉文学也渐渐圆熟,其中,起重要作用的是被称为"梦窗派"的五山禅僧们。本文试对关于"梦窗派"禅僧绝海中津在中国的文笔活动进行考证,概观介绍其汉文学。

题　名 **日本学者对绳文时代从中国传去农作物的追溯**

作　者 张建世

刊　名 农业考古

年卷期 1985年2期

页　码 353－357

摘　要 日本传统的观点认为,绳文时代的经济生活以渔猎为主,没有栽培植物,原始农耕开始于弥生时代。一谈到农耕就是弥生文化,好象弥生文化成了农耕社会的代名词。这种看法目前已发生动摇,不少日本学者根据考古资料加以论证,认为绳文时代已有一些栽培植物,自中国传入日本。

题　　名　**日本学者看徐福**
作　　者　羽田武荣
刊　　名　海洋世界
年 卷 期　1995 年 7 期
页　　码　20,23

题　　名　**日本学者研究“遣唐使船”真相**
作　　者　何培忠
刊　　名　国外社会科学
年 卷 期　1981 年 6 期
页　　码　81
摘　　要　据日本《读卖新闻(晚报)》1981 年 1 月 5 日报道,日本太平洋学会于 1980 年春季制定一项宏大计划,准备用三年时间,动员各学科专家学者,以遣唐使船为中心,综合研究日本古船的问题。通过这项研究,一方面将缺乏史料记载的遣唐使船的真相探讨清楚,一方面追溯日本文化源流,解开日本古代史之谜,探讨日本古代国家的形成。

题　　名　**日本有关渤海文献中的三个问题**
作　　者　许鸿雁
刊　　名　牡丹江师范学院学报(哲学社会科学版)
年 卷 期　2006 年 3 期
页　　码　54 – 55

题　　名　**日本圆仁《入唐求法巡礼行记》对中国历史记载的重要贡献**
作　　者　鲜于煌
刊　　名　重庆大学学报(社会科学版)
年 卷 期　2000 年 6 卷 1 期
页　　码　118 – 122
摘　　要　日本圆仁所写的《入唐求法巡礼行记》(以下简称《入唐》)和唐代玄奘写的《大唐西域记》、元朝马可·波罗写的《马可·波罗行记》被人们称誉为“东方三大旅行记”,它不仅是中、日文化邦交史上一部闪灼着耀眼光芒的历史文献,而且也是世界文化关系史上一部彪炳千秋的不朽丰碑。深入地对它进行研究不仅能多层面、多角度地了解唐代有关的政治、经济、文化、外交等情况,而且对中、日文化的友好邦交也有着不可估量的深远影响和意义。

题　　名　**日本早期铁器时代的铁器——来自中国、朝鲜半岛的舶载铁器和国产铁器**
作　　者　川越哲志,赵志文
刊　　名　华夏考古
年 卷 期　1998 年 4 期
页　　码　97 – 108

题　　名　日本著名的古京——平城京
作　　者　王仁波
刊　　名　海交史研究
年 卷 期　1986 年 9 期

题　　名　日韩遣唐使、留学生、学问僧在唐代的诗歌创作
作　　者　沈文凡
刊　　名　吉林省教育学院学报
年 卷 期　2005 年 21 卷 3 期
页　　码　63 – 65
摘　　要　本文力图在唐代文化涵融性及东夷诸国（日韩）对唐代文化的认同心理，唐代诗文不同创作主体（日韩）的各自特征，唐代诗文对外传播的方式途径，日韩遣唐使、留学生、留学僧的佚诗佚文等情况作一概述并提出研究方法，以期引起对这一论题的重视。

题　　名　日据前期基隆港市崛起与变迁之背景考察
作　　者　江灿腾
刊　　名　台北文献
年 卷 期　1987 年 82 期

题　　名　日据时代台湾产包种茶的海外贩路
作　　者　松浦章
刊　　名　台北文献
年 卷 期　2002 年
页　　码　45 – 66

题　　名　日据时期台湾与福建的帆船航运
作　　者　松浦章 撰，卞凤奎 译
刊　　名　海交史研究
年 卷 期　2010 年 1 期
页　　码　122 – 133
摘　　要　清代自嘉庆、道光以后，面向台湾海峡的台湾台南，作为台湾府城，与中部海港——鹿港及北部淡水流域之艋舺，同福建和广东、浙江沿海有帆船之往来，因而形成重要港口之一。前述台湾之三大港市，其蓬勃发展的历史是众所周知的事实。透过这些要港，以台湾的航运为依据，可知台湾经济之发展，与大陆的沿海地域进行的经济交流是密不可分的。中日甲午战争之后，日本实行了对台湾的统治，中国沿海地区与台湾之间的关系日益薄弱。日本统治台湾之后，随之对台湾的基隆等港口进行设施整备与建设，大型汽船也有可能停靠于台湾的港湾。因此台湾产品经由中国沿海地区，再转向世界市场的流通网路遭受破坏。台湾产品藉由台湾的港口，利用大型汽船直接往海外输出，中国沿海地区与台湾之间的关系及地位日益滑落。其典型的事实，在本文所揭示的台湾日报及日本的领事馆告示等处均有记载。但因台湾人民的嗜好，或是中国沿海地区人们的嗜好，作为日常品的对外进出港口的厦门、泉州、汕头等地，帆船航运尤其重要，并因此成为重要的港市。

题　　名　日僧戒觉《渡宋记》补说
作　　者　郭万平
刊　　名　文献
年 卷 期　2004 年 4 期
页　　码　121

题　　名　日意格与福建船政
作　　者　林樱尧,陈公远
刊　　名　船史研究
年 卷 期　1996 年 10 期

题　　名　日治初期台湾与日本之间的汽船定期航路
作　　者　松浦章
刊　　名　台北文献
年 卷 期　2004 年
页　　码　91 –134

题　　名　日治时代台湾与福洲之间戎克船贸易史料《通商汇纂》介绍
作　　者　松浦章
刊　　名　台北文献
年 卷 期　2005 年 152 期
页　　码　269 –324

题　　名　日治时期基隆港口都市形成历程之研究
作　　者　吕月娥
刊　　名　台湾史迹
年 卷 期　2001 年 39 期

题　　名　日治时期马公要港部初探
作　　者　林麟祥,黄有兴
刊　　名　台湾文献
年 卷 期　2004 年
页　　码　263 –292

题　　名　日治时期台湾海峡的海难与海盗之缉捕
作　　者　松浦章
刊　　名　台北文献
年 卷 期　2003 年 145 期
页　　码　7 –81

题　　名　日治时期台湾和中国大陆之间的帆船航运
作　　者　松浦章
刊　　名　台北文献
年 卷 期　2004 年 150 期
页　　码　51 – 82

题　　名　日治时期台湾与厦门间的航运贸易
作　　者　松浦章
刊　　名　台北文献
年 卷 期　2003 年 146 期
页　　码　89 – 116

题　　名　荣睿、普照与鉴真东渡
作　　者　郭天祥
刊　　名　长沙理工大学学报(社会科学版)
年 卷 期　2005 年 20 卷 1 期
页　　码　85 – 87
摘　　要　唐代高僧鉴真东渡弘法传戒是应日本国使者荣睿、普照的邀请而进行的。他们的东渡,经历了常人难以想象的艰难困苦。在艰难困苦面前,邀请者与被邀请者都表现出非凡的勇气和胆略。双方执着的追求,坚定的信念,相互感染,相互激励,最终共同完成了东渡的壮举,共同谱写了一曲中日文化交流的凯歌。不少论著只讲鉴真在其中的贡献,不讲或很少讲荣睿等人的贡献,这是有失公允的。

题　　名　荣睿、普照在鉴真东渡弘法中的重大作用
作　　者　许凤仪
刊　　名　扬州大学学报(人文社会科学版)
年 卷 期　2008 年 12 卷 2 期
页　　码　111 – 114
摘　　要　鉴真东渡对日本文化特别是佛教文化贡献巨大,鉴真被奉为日本文化大恩人。日本僧人荣睿、普照在鉴真东渡弘法过程中,做出了极大牺牲,是辅佐鉴真东渡和弘关的功臣,为中日两国人民所敬仰。

题　　名　荣睿——中日友好往来的先驱
作　　者　唐天培
刊　　名　世界知识
年 卷 期　1980 年 8 期
页　　码　11 – 12

题　　名　容闳与轮船招商局的渊源
作　　者　门晓琴
刊　　名　岭南文史
年 卷 期　2009 年 2 期

页　　码　35－38

题　　名　**容闳与上海轮船招商局的渊源**
作　　者　门晓琴
刊　　名　徐州师范大学学报(哲学社会科学版)
年 卷 期　2010年2期
页　　码　8－11
摘　　要　由清廷洋务派首领李鸿章等人于1872年12月创办的轮船招商局,是中国近代历时最久、规模最大的民族航运企业,它对中国近现代民族航运业乃至一批中国近代企业的发展都起到了重大带动作用。轮船招商局将活动范围逐步扩大到许多经济领域,在中国近代经济史上写下了令人瞩目的一页。容闳是洋务派官员倚重的人才,他所具有的异人的秉赋、可贵的报国情怀、西方文化背景素养、人脉关系以及商战实践能力,使他有非同一般的见解。容闳所撰的关于创办轮船公司的建议、制定的《联设新轮船公司章程》,在很大程度上影响了轮船招商局的创办者。从这个层面上说,容闳是创办轮船招商局的首倡者。

题　　名　**如何对待"中国人发现美洲说"——兼驳英堂老师《史学研究应力戒虚骄之气》之观点**
作　　者　谭宝刚
刊　　名　沙洋师范高等专科学校学报
年 卷 期　2003年6期
页　　码　56－57,61
摘　　要　我们进行史学研究需要有科学精神,即需时时持存疑态度,直到问题最终得到解决。"中国人发现美洲说"并不是虚骄之气造成的恶果,而是一种符合逻辑的假说和臆测,是我们进行理性实证的先导,是有一定价值的。

题　　名　**如何评价朱棣和足利义满建立起来的明日外交贸易关系**
作　　者　宗惠玉
刊　　名　东北师大学报(哲学社会科学版)
年 卷 期　1992年4期
页　　码　27－30
摘　　要　明日外交贸易关系的建立是日本政治经济发展的必然结果。足利义满统一日本后,各种政治冲突仍然存在,为了摆脱日本经济困境,在明永乐元年(1403年10月)与明朝建立了外交贸易关系,以赚取巨利。明日外贸关系的建立具有重大的历史意义,它恢复了两国外交关系,促进了日本经济的发展,减轻了中国沿海地区的倭患。明日关系即不是现代宗主国与附属国的关系,也不是封建的藩属关系,它是在自愿的基础上建立的。它促进了日本经济文化的发展,改善和增进了中日两国人民的友谊。但却受到了当时的一些达官贵族、大名武士的非议,至今日本个别史学家也为之愤怨,认为足利义满"在日本外交史上留下了未曾有过的污点,应受到后世严厉的责难"。这种看法和史实是不相吻和的,不利于中日两国友谊的发展,有必要加以澄清。

题　　名　**如何正确理解中日甲午战争的影响**
作　　者　周春保
刊　　名　历史学习

年 卷 期 2007 年 5 期
页 码 8 – 9
摘 要 甲午战争后,清政府被迫与日本签订了丧权辱国的《马关条约》。这次战争不仅给中国带来了巨大影响,而且对日本与远东格局也产生了重大影响。教材中没有系统的论述,笔者拟作一简单总结。

题 名 **入城与修约:论叶名琛的外交**
作 者 茅海建
刊 名 历史研究
年 卷 期 1998 年 6 期
页 码 73 – 92

题 名 **入华留学生与古代中韩文化交流**
作 者 李梅花
刊 名 东疆学刊
年 卷 期 2009 年 3 期
页 码 16 – 21
摘 要 互派留学是古代东亚各国文化交流的重要手段之一,也是中韩教育史和文化交流史上的重要内容。韩国在古代曾多次派遣留学生到中国学习,这些留学生在汉文化向朝鲜半岛传播的过程中起到了桥梁和中介作用。通过对各个历史时期韩国入华留学生进行考察,可以勾勒出留学生这一特殊群体在古代中韩文化交流史上的风貌。

题 名 **入华耶稣会士和中国明末社会**
作 者 谢和耐,耿升
刊 名 北京图书馆馆刊
年 卷 期 1993 年 Z1 期
页 码 143 – 148

题 名 **入唐求法:铸造新罗僧侣佛教人生的辉煌**
作 者 拜根兴
刊 名 陕西师范大学学报(哲学社会科学版)
年 卷 期 2008 年 3 期
页 码 107 – 116
摘 要 7 – 9 世纪末,新罗与唐佛教交流频繁。7 世纪初入唐求法的新罗僧侣,参与玄奘法师领衔的佛经翻译,对佛教宗派的发展、教义的传播做出了重大贡献。8 – 9 世纪来华的新罗僧侣,有些将唐朝作为中转站,前往印度求法取经,有些跟随中国名僧大德研习经论,学成返回新罗,对形成新罗九山禅门奠定了基础。新罗僧侣入唐求法,实现了自己佛教人生的最高理想,为佛教在东亚的传播、唐与新罗佛教交流做出了重大贡献。

题 名 **阮元平海盗**
作 者 柳亚平

刊　　名　文史天地
年 卷 期　2010 年 7 期
页　　码　43 - 45

题　　名　**瑞典"哥德堡"号所反映的中瑞贸易交流**
作　　者　邓玉梅
刊　　名　南方文物
年 卷 期　2005 年 3 期
页　　码　127 - 130

题　　名　**瑞典东印度公司与中国**
作　　者　尹建平
刊　　名　世界历史
年 卷 期　1999 年 2 期
页　　码　41 - 48

题　　名　**萨镇冰的海军生涯**
作　　者　马骏杰
刊　　名　海洋世界
年 卷 期　1996 年 7 期
页　　码　26 - 27

题　　名　**萨镇冰事迹与评价**
作　　者　田庸,蒋玮
刊　　名　辽宁大学学报(哲学社会科学版)
年 卷 期　1994 年 4 期
页　　码　84 - 87
摘　　要　萨镇冰是近现代杰出的军事将才,他精通海军业务,治军严格,关心人民疾苦,平易近人,秉公办事,不拘私情,一尘不染,堪称一代楷模。

题　　名　**萨镇冰思想转型的心路历程**
作　　者　景东升
刊　　名　湖北社会科学
年 卷 期　2007 年 6 期
页　　码　121 - 123
摘　　要　萨镇冰作为中国近代海军界的元老,在他的一生中,其思想变化经历了一个复杂的矛盾过程,以福建事变为界,划分为前后两个时期,两个时期的根本不同折射出了近代知识分子的心路历程。

题　　名　**萨镇冰与"福建事变"**
作　　者　陈锦谷
刊　　名　福建省社会主义学院学报

年卷期 1994年2期
页　码 50－53,40

题　名 **萨镇冰与近代中国海军建设述评**
作　者 苏全有,景东升
刊　名 天中学刊
年卷期 2003年4期
页　码 92－94
摘　要 萨镇冰为我国海军的近代化建设作出了不可磨灭的贡献。究其原因,爱国主义是萨镇冰进步的原动力,是其思想转型的关键所在。

题　名 **萨镇冰与武昌起义**
作　者 苏全有
刊　名 天府新论
年卷期 2010年3期
页　码 120－124,129
摘　要 萨镇冰之所以在武昌起义中对革命军持相对同情态度,此中因由,就外部而论是列强干涉及革命党的策反,就内部而言乃所属官兵的异动及其本人对清政府的不满。其中,内部原因起着关键性的作用。此外,袁世凯作为革命派与清廷之外的第三种势力,企图渔翁得利而制订的有关计划,也对萨镇冰产生了相当影响。

题　名 **塞防海防与清朝财政**
作　者 周育民
刊　名 上海师范大学学报(哲学社会科学版)
年卷期 2001年30卷1期
页　码 30－35
摘　要 19世纪70年代以后,清政府面临着严重的边疆危机。清政府首先把财政支出重点用于支持西征军费和塞防,至1875－1884年十年间,西征和塞防军事支出达8 000万两,占十年间整个国家财政支出的十分之一。1875－1894年20年间,海防经费总共筹款约4 200万两,其中一半以上用于北洋海军建设,约1 000万两为宫廷所挪用,主要用于修建颐和园。而中法战争的军费支出总数约在3 000万两以上。在西征军费和中法战争军费中,债务收入占到三分之一,反映了这一时期清朝战时财政对于内外债的依赖程度。

题　名 **赛典赤·赡思丁应是郑和的先祖**
作　者 刘琨
刊　名 郑和研究
年卷期 1994年4期
页　码 19－22

题　名 **三宝和宝船**
作　者 张礼千

刊　　名　东方杂志
年 卷 期　1945 年 41 卷 10 期
页　　码　55 – 58

题　　名　三宝太监郑和奉佛事迹考
作　　者　陈楠
刊　　名　传统文化与现代化
年 卷 期　1997 年 6 期
页　　码　40 – 49

题　　名　三保太监下西洋考
作　　者　许云樵
刊　　名　南洋学报
年 卷 期　1948 年 1 期
页　　码　42 – 53

题　　名　三保太监与南京
作　　者　苏万祥
刊　　名　文教资料简报
年 卷 期　1985 年 3 期
页　　码　88 – 97

题　　名　三都澳——中国东南“海上茶叶之路”
作　　者　周玉璠
刊　　名　福建茶叶
年 卷 期　1993 年 2 期
页　　码　35 – 38

题　　名　三都澳开埠与闽东北社会经济发展的动力因素——兼论近代中国自开商埠体系的历史地位与历史效用
作　　者　梁民愫
刊　　名　江西师范大学学报(哲学社会科学版)
年 卷 期　2001 年 4 期
页　　码　99 – 105
摘　　要　自开商埠是中国现代化历程中一种独特的尝试。在近代中国社会发展的特定历史条件下,三都澳对外贸易发展自有其制约因素。对外贸易作为促使区域社会经济增长的惟一因素,既促进了闽东北社会经济的有限发展,又是导致该区域经济类型无法从传统经济向现代化经济转化的根本原因。结合前此对三都澳商埠对外贸易特殊运动轨迹的透视,通过对商埠对外贸易滞后性因素的分析,在看到这种作用的相对弱小和局限性的同时,反思了自开商埠体系在中国近代社会经济现代化过程中的历史地位和历史效用。

题　　名　**三幅明代地图唱响世界大航海时代的“先声”**
作　　者　郑自海,郑宽涛
刊　　名　金陵瞭望
年 卷 期　2006 年 16 期
页　　码　54 – 55
摘　　要　继英国人加文·孟席斯所著《1421——中国发现世界》成为新世纪全球的惊世之作后,中国明代的《大明混一图》和《天下诸番识贡图》两幅地图的先后被发现,再次轰动了世界。在纪念中国第二个“航海日”到来之际,笔者认为有必要将两幅新近发现的明代地图,连同人们已经熟知的《郑和航海图》作一连贯的分析介绍。

题　　名　**三幅明代地图奠定中国在世界航海史地位**
作　　者　郑自海,郑宽涛
刊　　名　航海
年 卷 期　2007 年 1 期
页　　码　29 – 31

题　　名　**三国的水战**
作　　者　盛巽昌
刊　　名　航海
年 卷 期　1994 年 4 期
页　　码　36 – 38
摘　　要　一部三国史,广义地说从公元 190 年的汉末军阀混战到公元 280 年西晋王朝统一中国,不过只有 90 年,可是,在这近一个世纪里,战争频繁,而在南中国,那就是坐据江东的孙氏父子和他们建立的吴国,凭借长江天险作为屏障,进攻或防御。水战,就成为东吴作战的一大特色。三国的水战,几乎都是环绕着这一中心展开的。

题　　名　**三国时代的航海**
作　　者　朱子彦,周吉
刊　　名　航海
年 卷 期　1980 年 6 期
页　　码　34 – 36

题　　名　**三国时代的运河工程(一)**
作　　者　尤秈
刊　　名　交通与运输
年 卷 期　2002 年 6 期
页　　码　40 – 41

题　　名　**三国时代的运河工程(二)**
作　　者　尤秈
刊　　名　交通与运输

年 卷 期 2003 年 1 期
页　　码 43－44

题　　名 三国时代的运河工程(三)
作　　者 尤秈
刊　　名 交通与运输
年 卷 期 2003 年 2 期
页　　码 43－44

题　　名 三国时期的航海和造船业
作　　者 朱子彦
刊　　名 历史教学问题
年 卷 期 2003 年 6 期
页　　码 7－11
摘　　要 三国时期,我国的造船业在世界上处于领先地位,其时已能造出载重量约千吨的大海舶,以及蒙冲、斗舰等各种类型的战舰。东吴组织规模庞大的船队远航朝鲜与东南亚各国,"舟楫为舆马,巨海为夷庚",行程数万里,为对外经济文化交流作出了巨大贡献。

题　　名 三国时期的另一次远航
作　　者 史春林
刊　　名 海洋世界
年 卷 期 1998 年 9 期
页　　码 13
摘　　要 《海洋世界》1998 年第 5 期刊载了彭援军所写的《三国时期的一次远航》一文,介绍了吴王孙权派卫温和诸葛直泛海往夷洲(今指台湾)的情况,实际上孙权是想让他们去亶洲(今指日本)寻找当年出海给秦始皇讨不死药的徐福的下落。

题　　名 三国时期的水军与水战
作　　者 张兴兆
刊　　名 临沂师范学院学报
年 卷 期 2006 年 28 卷 1 期
页　　码 73－77
摘　　要 三国时期的水军与水战在军事上占有重要的地位。水军成为具有战略意义的兵种,在魏、蜀、吴三国的发展各不相同。水战则对三国鼎峙的格局影响颇深,众多的战例使我们得以揭示其特点、影响因素及各种战术战法。

题　　名 三国时期的一次远航
作　　者 彭援军
刊　　名 海洋世界
年 卷 期 1998 年 5 期
页　　码 32

摘　　要　明代郑和下西洋的壮举,举世瞩目。但三国时的卫温、诸葛直也曾作过一次远航的故事就鲜为人知了。据《史记·秦始皇本纪》载,三神山乃东海中大岛。岛上栖生着万数人家,素以捕捞为生,至今岛民中从商者频来会稽(今绍兴),以海产品换取布帛、瓷器、粮食等,也有大陆人东涉岛上去易货换物的。三国时,孙权为适应水战的需要,大兴造船业,建造的战船最大的长20余丈,上下五层,雕镂画彩,华丽无比,这类战船每艘可载士卒三千人。

题　　名　三国时期的造船业
作　　者　朱子彦
刊　　名　复旦学报(社会科学版)
年 卷 期　1984年3期
页　　码　107－109
摘　　要　我国的造船业历史悠久,秦汉之际,已具有很大规模。秦代的"轻舟巨舸",汉代的"百尺楼船"都是著称于世的。到了三国时期,我国的造船业则有了更进一步的发展。赤壁之战动用了千百艘战船,就集中地反映出长江流域的造船能力已达到很高的水平。

题　　名　三国时期东吴、辽东与三韩关系探略
作　　者　孙祥伟
刊　　名　陇东学院学报(社会科学版)
年 卷 期　2006年1期
页　　码　88－94
摘　　要　两汉时期,随着中国与亚洲各国经济、文化交往的发展,逐渐形成了以中国为中心的东亚文化圈,同时开辟了经印度通往欧洲的海上丝绸之路。三国时期,中国与周边国家交往更加密切,不仅有曹魏与邪马台国的交往,割据辽东的公孙氏政权和江东孙吴政权也展开了积极的对外往来。本文试就辽东、三韩、东吴三边关系作初步探讨。

题　　名　三国水军与水战述略
作　　者　谭书龙
刊　　名　成都大学学报(社会科学版)
年 卷 期　2007年3期
页　　码　108－111
摘　　要　三国时期,魏、蜀、吴都有水军建置,水战在三国之间时有发生。曹魏虽为统一南方而始终致力于水军发展,但限于地域、造船技术等原因,水军发展缓慢,水军作战能力不强。蜀汉曾在荆州建置有一定力量的水军,但在荆州失守之后,水军数量锐减,水军作战能力严重削弱。孙吴以水军立国,水军力量在三国中最为强大,其水军的发展大致经历了崛起、鼎盛、衰落三个阶段。

题　　名　三国孙吴经营台湾考
作　　者　张崇根
刊　　名　安徽大学学报
年 卷 期　1981年1期
页　　码　49－55,59

题　　名　**三国战船勘验录**
作　　者　曹凛
刊　　名　中国船检
年 卷 期　2008 年 8 期
页　　码　88 – 90
摘　　要　赤壁大战前一年的公元 207 年,长江两岸,战争形势已趋紧张,三国纷纷加紧建造大型楼船和斗舰,以便本国水军在作战中争得先机。这其中,曹营水衡都尉李定、孙吴都尉虞翻和刘汉的长水校尉廖立,三国水军勘验官的佼佼者,对新船质量把关,起到了重要作用。

题　　名　**三江口之战:民国年间中苏间的一次水上较量**
作　　者　萧晓国
刊　　名　纵横
年 卷 期　2003 年 11 期
页　　码　52 – 53

题　　名　**三角缘神兽镜的学术源流**
作　　者　张达志
刊　　名　南方文物
年 卷 期　2007 年 3 期
页　　码　86 – 91
摘　　要　本文旨在梳理三角缘神兽镜在日本古代史研究和古代中日关系史研究中的学术源流,结合中日学术界的相关研究,集中探讨三角缘神兽镜的定义、三角缘神兽镜与邪马台国论争、"魏镜说"、王仲殊先生的三角缘神兽镜研究、三角缘神兽镜与日本早期佛教的传播等问题,为相关研究的继续深入奠定基础。

题　　名　**三角缘神兽镜是"卑弥呼镜"论争的回顾**
作　　者　上野武,韩国河
刊　　名　郑州大学学报(哲学社会科学版)
年 卷 期　1997 年 6 期
页　　码　117 – 123
摘　　要　战后日本学术史上争论的焦点之一,是三角缘神兽镜的年代及制作地问题。它不仅涉及到和中国古代三国时期魏国的文化交流状况(《三国志·魏书·乌丸鲜卑东夷传·倭人条》),在一定程度上讲也决定着日本古代邪马台国方位的命运。因此,许多知名学者参加到论争行列之中,使三角缘神兽镜的研究成为一个国际性的学术问题。中国方面以中国社会科学院考古研究所王仲殊先生为首,发表了诸多有关三角缘神兽镜研究的论文。上野武先生的《三角神兽镜是"卑弥呼镜"论争的回顾》(《战后 50 年古代史发掘总论》,朝日新闻社,1996 年 4 月 1 日版)一文,不带任何己见,概要性地介绍了三角缘神兽镜的研究状况。下面译出,以飨同好。

题　　名　**三口通商大臣裁撤原因探析**
作　　者　叶开锋
刊　　名　中北大学学报(社会科学版)

年卷期 2007年1期
页　码 72－76
摘　要 三口通商大臣是第二次鸦片战争后清政府为适应对外情势变化而在天津设立的专门负责管理北方三口通商、交涉事务的官职。天津教案爆发后，该职旋被裁撤。关于裁撤的原因是多方面的。从官僚体制的冲突、对外交涉体制的缺陷以及中外矛盾的尖锐化等方面分析了该职裁撤的深层次原因。

题　名 **三论美洲由郑和船队发现**
作　者 林贻典
刊　名 郑和研究
年卷期 2003年2期
页　码 24－32

题　名 **三论郑和船队发现新大陆及环绕地球一周之见解**
作　者 林贻典
刊　名 郑和研究
年卷期 2004年2期
页　码 8－15

题　名 **三门峡与古代漕运**
作　者 史念海
刊　名 人文杂志
年卷期 1960年4期
页　码 35－47

题　名 **三千年前云台山“羽夷”能乘独木舟漂航抵达美洲吗?**
作　者 施存龙
刊　名 海交史研究
年卷期 1995年28期
页　码 80－86

题　名 **三神山及徐福东渡传说新探**
作　者 李岩
刊　名 中央民族大学学报(哲学社会科学版)
年卷期 2000年27卷3期
页　码 77－84
摘　要 三神山传说及徐福东渡传说是一部古老的传说。中日两国学者对它进行过较深入的研究，总括起来有:不一定真有其事和东渡日本两种学术观点，以及施航路线、季节等方面的争论。本文主要写三神山传说的历史、徐福东渡日本说的形成过程及其不全面性、中国在黄渤海域的航海历史、中朝日三国在海上交通史、部分徐福船队成员漂至朝鲜济州岛并落脚后扎根至今的过程等。

题　　名　三十年代台湾海峡海上走私与海关缉私
作　　者　连心豪
刊　　名　中国社会经济史研究
年 卷 期　1997 年 3 期
页　　码　64－73

题　　名　三谈"郑和航海中 Vc 来源"
作　　者　陈亚昌
刊　　名　郑和研究
年 卷 期　2005 年 3 期
页　　码　33－35
摘　　要　有关"郑和航海中 Vc 来源"的问题,笔者已有《试论郑和航海中 Vc 来源》和《关于"郑和航海中 Vc 来源"一文的补充》分别刊发于《郑和研究》1998 年第一期和 2000 年第一期。就郑和率领的数万名人员长期航行于茫茫大海,为什么没有像阿拉伯和欧洲海员一样得坏血症的问题,笔者对流行比较广泛的说法,发表了自己的看法。

题　　名　三桅帆式福船
作　　者　郑明,张恩海,王淼,姜代超
刊　　名　中国远洋航务
年 卷 期　2007 年 10 期
页　　码　98

题　　名　三峡地区的舟楫文化
作　　者　黄诗玫,王巧萍
刊　　名　中国三峡建设
年 卷 期　2005 年 5 期
页　　码　75－77
摘　　要　三峡地区自古以来就是水上交通要道和战略要地。舟楫运输在各个时期以服务军事、政治和经济为主要特征。从古至今,经三峡运输的征战将士、军用物资和各种丰富的土特产无以计数。三峡的漕运支撑了各封建王朝的统治,赈济了受灾的饥民;三峡的商运促进了这一地区经济的繁荣和发展。

题　　名　三峡古代舟楫文化初探
作　　者　崔莉
刊　　名　成都教育学院学报
年 卷 期　2003 年 17 卷 2 期
页　　码　29－31
摘　　要　长江三峡素有"天险"之称,而勤劳智慧的古代三峡人民却在这险滩密布、暗礁林立的湍急江流中开辟出一条独具特色的航道来,创造出丰富绚丽的三峡舟楫文化。古代三峡地区舟楫的起源、演变以及三峡航道的开辟、发展都经历了漫长的历史阶段。三峡舟楫航运的发展既对三峡地区的文学、艺术产生了深远的影响,也促进了各民族之间的文化交流与融合。三峡舟楫文化的发展与繁荣是政治、经济、军事等因素共同促进的结果。

题　　名　三峡航运的历史与未来
作　　者　贾孔会
刊　　名　湖北三峡学院学报
年 卷 期　1999 年 S1 期
页　　码　63 – 65
摘　　要　本文概述了三峡航运发展的历史,分析各个不同时期三峡航运的状况及特点,并展望三峡工程的兴建对未来三峡航运的影响。

题　　名　三峡航运史述略
作　　者　赵冬菊
刊　　名　重庆三峡学院学报
年 卷 期　1997 年 13 卷 1 期
页　　码　42 – 46

题　　名　三峡最早的河道图《峡江图考》的编纂及其价值
作　　者　蓝勇
刊　　名　文献
年 卷 期　1995 年 1 期
页　　码　244 – 251

题　　名　三洋海军的由来
作　　者　陈步钦
刊　　名　历史教学
年 卷 期　1982 年 7 期
页　　码　42 – 43
摘　　要　第二次鸦片战争结束后,清统治集团内部出现了时达 30 余年的洋务运动。建立三洋海军,是洋务运动的重要组成部分。本文就三洋海军的建立情况,谈一些有关的史实,供教学参考。

题　　名　三至六世纪广州城市的形成与海上丝路的发展
作　　者　王元林
刊　　名　古今农业论丛
年 卷 期　2003 年 11 期

题　　名　僧格林沁与大沽海口保卫战
作　　者　于伯铭,许祖馨
刊　　名　航海
年 卷 期　1985 年 2 期
页　　码　44 – 46

题　　名　僧格林沁与第二次大沽口之战
作　　者　单宝
刊　　名　历史教学
年 卷 期　1986 年 10 期
页　　码　57 – 58
摘　　要　第二次大沽口之战是中国军队在第二次鸦片战争中唯一获胜的一次战役,指挥这一战役的就是清朝将领科尔沁亲王僧格林沁。

题　　名　沙船贸易的发展与上海商业的繁荣
作　　者　萧国亮
刊　　名　社会科学
年 卷 期　1981 年 4 期
页　　码　118 – 122
摘　　要　上海居我国最大的河流——长江的入海口,濒临东海,又有吴淞绕其北,黄浦环其西南,交通方便,贸易发达,早在鸦片战争前,已成为“江海之通津,东南之都会”,对江南及沿海地区的经济发展起着重要的影响。包世臣《安吴四种》卷一所载《海运南漕议》一文中说:“出吴淞口,迤南由浙及闽粤,皆为南洋,迤北由通海山东直隶及关东,皆为北洋。南洋多矶岛,水深浪巨,非鸟船不行;北洋多沙碛,水浅礁硬,非沙船不行。”本文仅以北洋航线上的沙船贸易对上海商业的繁荣所起的作用作一探讨。

题　　名　沙俄攫取松花江航权始末
作　　者　陈志明,陈凤宝
刊　　名　学术交流
年 卷 期　1990 年 5 期
页　　码　136 – 138
摘　　要　松花江,俄称“申加尔河”,乃东北水运干道,流域面积占东北土地面积的三分之一。沿江物产丰饶,地理位置十分重要。因此,它成了沙俄继 19 世纪中期,侵吞中国东北大片领土,攫取黑龙江、乌苏里江航权之后,又一攫取的目标。在半个世纪的时间里,沙俄攫取并曾垄断了松花江的航权,把它变成沙俄帝国主义掠夺东北人民财富的吸血管和推行其远东政策的运输线。

题　　名　山东半岛——古代的船海之乡
作　　者　孙宝堂,刘成
刊　　名　航海
年 卷 期　1985 年 5 期
页　　码　30 – 31

题　　名　山东半岛海上交通的历史地位
作　　者　项国茂
刊　　名　福建师大福清分校学报
年 卷 期　1989 年 1 期
页　　码　34 – 38
摘　　要　历史上山东半岛处于我国南北洋海上交通运输的中心突出部分,占了十分有利的地理位置，历来海上交通和港市比较发达，这对于山东地区历史上区域开发和经济发展都有相当密切的关系。同时历史事实还证明了凡对外比较开放的历史时期和朝代，那时的海上交通就较发达经济就发展的道理。本文拟通过对山东半岛历史上海上交通和港市发展梗概综述，继承和发扬历史传统，激励和促进深化改革和对外开放以及商品经济的发展。

题　　名　**山东半岛与朝鲜半岛海洋文化遗产发现**
作　　者　袁晓春
刊　　名　当代韩国
年 卷 期　2007 年 3 期
页　　码　91－96
摘　　要　山东半岛与朝鲜半岛发现众多海洋文化遗产，引起中国和韩国学术界的关注。本文通过对中国蓬莱 2 艘韩国古船、韩国新安沉船、珍岛独木舟、西海岸“蒙古瓶”等海洋文化遗产方面对比研究，试析两个半岛在古代海上交流历史的重要性，希望加强中韩海洋文化遗产的交流与合作。

题　　名　**山东胶州港兴衰问题初探**
作　　者　李晓
刊　　名　海交史研究
年 卷 期　1985 年 7 期

题　　名　**山东妈祖信俗及龙神信仰的比较研究**
作　　者　闫化川
刊　　名　妈祖研究学报
年 卷 期　2004 年 2 期
页　　码　51－62

题　　名　**山东烟台出土新石器时代海产鱼类分析研究**
作　　者　成庆泰
刊　　名　山东大学学报（自然科学版）
年 卷 期　1984 年 1 期
页　　码　80－84

题　　名　**山东沿海的海神崇拜**
作　　者　马咏梅
刊　　名　民俗研究
年 卷 期　1993 年 4 期
页　　码　81－85
摘　　要　海神崇拜，是沿海民俗的重要组成部分。在田野作业中，我们对山东的海神崇拜做了较详细的考察，所得到的材料说明，崇拜的对象有重点而非单一。分布较普遍的是龙王、天后、秦始皇、藤将军、老赵。现就以上诸神的起源、神庙、祭拜形式等问题简述如下。

题　　名　**山东早期的纺织业与北方海上丝绸之路**
作　　者　朱亚非
刊　　名　管子学刊
年 卷 期　1993年1期
页　　码　47－52
摘　　要　古代中国通往中亚、西亚、欧洲的丝绸之路和通往日本、东南亚的海上丝绸之路已是举世闻名，勿庸赘言。至于丝绸之路的源头起于何地？开始于何时？仍是一个悬而未决的问题，本文试就早期山东纺织业的发展状况与北方海上丝绸之路的关系阐述一点看法。

题　　名　**山西运渠史初探**
作　　者　石凌虚
刊　　名　太原师范学院学报(社会科学版)
年 卷 期　1990年2期
页　　码　60－65
摘　　要　运渠的产生是一地区良好的水文，地形等自然条件，与一定的政治、经济等社会条件共同作用的结果，它的发展一定程度上反映着一地区水文、植被、政治、经济等方面的变化状况。山西地区古代的水文、植被条件良好，又间逢盛世，以致历史上竟出现了六七条大大小小的人工运渠，为山西水利史与交通史留下了灿烂的一章。本文拟以开凿时间为序，对这些人工运渠的产生、规模及使用情况略作钩沉，并试探其成败、兴衰的原因。

题　　名　**汕头开埠后的潮汕经济**
作　　者　洪松森
刊　　名　韩山师范学院学报
年 卷 期　1996年1期
页　　码　18－32
摘　　要　本文主要概述汕头开埠对潮汕经济的影响，传统农业、手工业的变化以及近代工商业的兴起，并简析其原因。

题　　名　**汕头开埠前后**
作　　者　洪松森
刊　　名　韩山师范学院学报
年 卷 期　1991年1期
页　　码　7－13
摘　　要　近代汕头开辟为对外通商口岸的时间及其前因后果，向来有不同看法。文章根据历史事实和文献资料对此一系列问题作了具体探讨，其中尤其突出汕头开埠后帝国主义列强通过汕头对中国进行掠夺以及潮州官民抵抗外国侵略情况的阐述，以期对中国近代史和潮汕地方史的研究有所补充和参考。

题　　名　**汕尾蛋民民俗文化的特点和变迁(一)**
作　　者　方英
刊　　名　广州大学学报(社会科学版)
年 卷 期　2002年7期

页　码　59－64

题　名　**汕尾蛋民民俗文化的特点和变迁(二)**
作　者　方英
刊　名　广州大学学报(社会科学版)
年卷期　2002年11期
页　码　23－28,43
摘　要　本文采用人类学和社会学的视角对汕尾蛋民民俗文化进行调查分析,全文分为历史来源和分布、居住民俗、服饰民俗、婚姻民俗、信仰民俗、蛋歌六部分,论述了蛋民民俗在1949年以前、1949年以后到现在这两个历史阶段的特点和变迁。

题　名　**汕尾地区明清时期妈祖信仰及其传说**
作　者　黄汉忠,何夏逢(图)
刊　名　神州民俗
年卷期　2006年4期
页　码　14

题　名　**商代的水上交通工具**
作　者　杨升南
刊　名　殷都学刊
年卷期　2006年4期
页　码　1－7
摘　要　甲骨文中的舟字有两个含意:人(国族)名和舟船。从舟字的结构观察,商代的舟船与现今的木船大致相同。商王室使用的舟有王室作坊建造和诸侯、贵族贡入两种。商时驾舟的技术有桨划、篙杆撑和手推纤拉。舟不但商王国有,用边的一些方国也有。其使用较为频繁,是当时的水上交通运输工具,并出现了进行战争的“舟师”。

题　名　**商代的造船航海能力与殷人航渡美洲**
作　者　张箭
刊　名　大自然探索
年卷期　1993年4期

题　名　**商代黄河航运蠡测**
作　者　张兴兆
刊　名　黄河科技大学学报
年卷期　2009年1期
页　码　33－36
摘　要　商代黄河不同于后世,长期安澜、水量充沛,具有发展航运的自然水文条件。商人与黄河关系密切,商族长期与黄河毗邻而居,商代统治重心即在黄河沿岸,其政治运作、经济发展都有赖于黄河航运。殷墟甲骨文中有关舟的卜辞可以使我们了解到商代黄河航运的工具。商代黄河中下游干流及众多支流、支津都可以进行水运,商代黄河航运被广泛利用于经济贸易的运输、军事上的征伐及商王的舟游。

题　　名　**商港城市明州兴起原因探析**
作　　者　周百鸣
刊　　名　浙江学刊
年 卷 期　1989 年 2 期
页　　码　112－116,94

题　　名　**商贸发展与妈祖香火网络扩展的关系——以福建省莆仙地区为例**
作　　者　林建鸿,傅建清,庄林丽
刊　　名　莆田学院学报
年 卷 期　2007 年 14 卷 6 期
页　　码　87－92
摘　　要　纵向考察新中国成立前莆仙地区妈祖信仰的香火网络扩展过程,概述当地各个历史时期的商贸发展状况,指出妈祖信仰分香网络的扩展与莆仙商贸发展之间存在着高度的关联性,或者说莆仙地区妈祖香火产生和扩展的历史也是莆仙地区商贸和集镇经济发展的历史。

题　　名　**上、下川岛:中葡关系的起点——Tamão 新考**
作　　者　汤开建
刊　　名　学术研究
年 卷 期　1995 年 6 期
页　　码　93－98

题　　名　**上古时代中国与欧洲之间的科技关联**
作　　者　曹增友
刊　　名　海交史研究
年 卷 期　2002 年 42 期
页　　码　14－20

题　　名　**上古舟船述要**
作　　者　王作新
刊　　名　文献
年 卷 期　1997 年 3 期
页　　码　218－227
摘　　要　原始先民,渔猎采集,傍水而居,形成了许多以江河湖泊为背景依托的区域性文化。当我们的祖先进入到击打磨制的器具加工阶段时,觅食防身的手段就日渐增益,乘浮水上的工具也便逐步地创造出来了。舟船的发明大约受到了自然界的事物或现象的启示。“古者观落叶因以为舟”(《世本》),“古人见窾木浮而知为舟”(《淮南子·说山训》),这些都是颇具见地的论断。舟船产生于何时呢？目前尚难于得出确切的答案。

题　　名　**上海“江海关”始设港口论证**
作　　者　施存龙

刊　　名　海交史研究
年 卷 期　1988 年 13 期

题　　名　**上海被辟为通商口岸的原因何在**
作　　者　任俊琴
刊　　名　历史学习
年 卷 期　2005 年 3 期
页　　码　19

题　　名　**上海埠际贸易与近代中国城市与区域发展**
作　　者　唐巧天
刊　　名　郑州大学学报(哲学社会科学版)
年 卷 期　2006 年 6 期
页　　码　10－12
摘　　要　随着我国改革开放进程的日渐推进,历史学界重新思考 1840 年以后中国社会的发展,思想的解放导致许多方面取得了重要的成果。复旦大学吴松弟教授等人数年来进行的中国现代化空间进程的研究即是这方面的体现之一。这项研究认为,五口通商以来,先进生产力首先在沿海沿江口岸城市形成,这些城市率先得到发展并成为中国现代化的样板和基地。此后,这种新兴生产力主要沿着重要的交通路线向广大的内陆地区扩展,由此构成中国现代化的空间进程。在这一过程中,沿海沿江口岸城市及其各自的腹地互为作用,而腹地的发展又受到历史基础、地理环境以及与口岸城市和主要交通路线远近的影响,由此导致各地现代化速度和水平的差距。当时与后世的中国经济地理格局,就是上述因素控制和演变的结果,其影响直到今天。因此,这项研究不仅有助于探讨 1849 年以后中国社会的发展过程,也有助于从更广阔的范围、更深的角度弄清中国各地区现代化进程的影响因素。

题　　名　**上海郊区川扬河古船初探**
作　　者　王正书
刊　　名　航海
年 卷 期　1980 年 2 期
页　　码　10－11
摘　　要　去年 12 月中旬,上海川沙县川扬河开掘过程中於北蔡公社金星十二队地段发现了一艘造型奇特的古代木船,上海博物馆考古部闻讯后,即派专业人员前去勘查和发掘。古船出土后,引起了考古界与造船界的极大重视。笔者曾参加了这次勘查和发掘工作,试从古船的基本情况谈几点看法。

题　　名　**上海开埠前西方商人对上海的了解与贸易往来**
作　　者　李荣昌
刊　　名　史林
年 卷 期　1987 年 3 期
页　　码　97－102

题　　名　**上海开埠是宁波帮近代化的机遇**
作　　者　周静芬

刊　　名　浙江师大学报(社会科学版)
年 卷 期　1997 年 4 期
页　　码　35 - 38
摘　　要　鸦片战争后,上海开埠,贸易重心由广州转移上海,国内外商品云集上海;外资银行在上海纷纷设立;外资轮船公司和近代企业在上海设立,这些都为宁波帮由旧式商帮向近代化转变提供了条件,并获得了良好的发展机遇。

题　　名　**上海开埠与近代上海茶市**
作　　者　陶德臣
刊　　名　古今农业
年 卷 期　1999 年 2 期
页　　码　57 - 66
摘　　要　上海是中国近代首屈一指的茶埠,肩负着华东茶叶出口和华中茶叶转运复出口的重任。在长期发展过程中形成了较为稳固的茶叶货源和运输路线。本文要探讨的是上海茶市崛起的原因、茶市发展的基本状况及其影响等问题。

题　　名　**上海开埠与近代中国社会**
作　　者　戴鞍钢
刊　　名　探索与争鸣
年 卷 期　1987 年 3 期
页　　码　38 - 41
摘　　要　1843 年,上海被辟为中国第一批对外通商口岸,1853 年以后,又取代广州,成为中国对外贸易的第一大港,此后经久不衰,保持了在进出口贸易方面的领先地位。这是鸦片战争后中国社会经济结构变动中的一件大事,对当时的中国社会乃至对以后近代中国的历史进程发生了很大的影响。

题　　名　**上海开埠与苏南地区经济格局的变化**
作　　者　戴鞍钢
刊　　名　史林
年 卷 期　1990 年 2 期
页　　码　40 - 46
摘　　要　1843 年,上海辟为通商口岸;1853 年以后,又取代广州,成为中国对外贸易的第一大港。此后百余年间,经久不衰,在进出口贸易方面一直处于领先地位。这是鸦片战争后,中国社会经济结构变动中的一件大事,其影响广泛而深远,对苏南地区原有经济格局的冲击,尤为巨大。

题　　名　**上海开埠与浙北生丝产品市场的近代转型**
作　　者　陈剑峰
刊　　名　上海商学院学报
年 卷 期　2005 年 6 卷 1 期
页　　码　38 - 43
摘　　要　上海开埠后,浙北地区生丝及其产品销售市场格局发展了重大变化,开始由明、前清时期的国内市场为主、国外市场为辅的市场格局,发展到主要行销国外市场的新格局。同时,区域经济架构关系转也发生了深刻变化,由苏州、广州紧密型到上海紧密型。甚至于经营丝业的商人结构也发生了变迁,以"浔商"为首的浙北商人崛起,并确立了丝业市场中主导地位。

题　　名　**上海闽商与妈祖信仰**
作　　者　高红霞
刊　　名　妈祖文化研究
年 卷 期　2003 年 S 期
页　　码　76 – 80

题　　名　**上海南汇县大治河古船发掘简报**
作　　者　季曙行
刊　　名　上海博物馆集刊
年 卷 期　1987 年
页　　码　175 – 178

题　　名　**上海青浦区塘郁元明时期码头遗址**
作　　者　何继英
刊　　名　考古
年 卷 期　2002 年 1 期
页　　码　64 – 75
摘　　要　1998 年,上海市文物管理委员会考古研究部对青浦区西南的塘郁遗址进行发掘。遗址位于古河道岸边,东岸有两处木构建筑遗迹,上面残存大量元代的瓷器。根据遗迹和出土瓷器等,推断塘郁遗址是元代的简易码头,延用到明代。这是上海地区发现的较早的码头遗址,对研究上海河道史、水上贸易交通史及元代瓷器具有重要意义。

题　　名　**上海沙船业的兴衰**
作　　者　陈立仪,陆志濂
刊　　名　航海
年 卷 期　1982 年 4 期
页　　码　30 – 31
摘　　要　沙船为我国航海木帆船四大船型之一,已有一千年以上历史,曾经发挥过巨大作用,以漕运为主,军事上也广泛利用,以其特殊的船型、性能、平底、多桅、方头、方艄、宜于行沙,行驶于北洋航线,但也有行驶于东南亚和印度洋一带的,最远曾到达东非和红海地区。最盛时期达万艘以上,年运输量达 350 万石以上。

题　　名　**上海沙船业及其对城市主发展的影响**
作　　者　辛元欧
刊　　名　上海造船
年 卷 期　2001 年 1 期
页　　码　60 – 64,69
摘　　要　本文详尽地阐述了上海沙船业从开创、发展到繁荣的历史,深刻分析了上海沙船业对上海经济发展的促进作用。

题　　名　上海苏州河天后宫史略
作　　者　郑祖安
刊　　名　妈祖文化研究
年 卷 期　2003 年 S 期
页　　码　30－37

题　　名　上海引水史料
作　　者　尚刚
刊　　名　学术月刊
年 卷 期　1979 年 8 期
页　　码　71－76
摘　　要　外国轮船开进本国港口,必须由本国熟悉航道情况并具有驾驶经验的人员即引水员带领。在我国,港口引水员称为“领港”,内河引水员称为“领江”。这不仅为了保障航行安全和防止发生事故,也是为了不使港口险要形势和航道深浅等国防机密泄露出去。外国船没有所在国人员引领,不许自由进出,这是一个国家的主权,称为引水权。可是,在解放前的一百多年中,上海港的引水权一直被帝国主义劫夺,引水业务被帝国主义垄断,它对我国经济和军事造成了严重损害。

题　　名　上海与宁波的外贸埠际转运变迁(1866－1930)
作　　者　唐巧天
刊　　名　史林
年 卷 期　2008 年 4 期
页　　码　157－166
摘　　要　“密迩沪埠”的地理位置使得宁波自开埠之初便依赖上海的外贸埠际转运,但二者之间的转运关系并非一成不变,与香港、南洋间的贸易及外贸商品结构变化,曾使宁波对上海外贸转运的依赖一度弱化,尤其在进口方面。将这种变化放在近代亚洲市场的视野中来看,便折射出一系列值得深入探讨的重大问题。这一研究告诉我们对熟知的已定性的问题进行计量分析仍是必要的,在这一前提下埠际贸易的研究才能进一步深入。

题　　名　上海竹枝词与海洋文化
作　　者　周茹燕
刊　　名　浙江海洋学院学报(人文科学版)
年 卷 期　2007 年 24 卷 4 期
页　　码　21－24
摘　　要　根据上海竹枝词中有关海洋文化的篇章,分析古代上海人对海洋的认识及对海神妈祖的崇拜。

题　　名　尚待揭破的“横跨太平洋之谜”
作　　者　高风,谢方
刊　　名　安徽史学

年 卷 期　1985 年 6 期
页　　码　78 – 80

题　　名　**舍身弘法的高僧——鉴真**
作　　者　王镇
刊　　名　人文杂志
年 卷 期　1980 年 2 期
页　　码　40 – 44

题　　名　**社会变迁与马尾船政文化的形成**
作　　者　黄侨彬
刊　　名　福州大学学报(哲学社会科学版)
年 卷 期　2005 年 1 期
页　　码　91 – 94
摘　　要　马尾船政的创建是中国近代史上洋务运动的一件大事,成为中国近代海军的摇篮和近代军事工业基地之一,培育了大量掌握当代科学技术的人才。从兴建到衰落虽然只经历了短短几十年,但在中国近代史上却发挥过巨大的历史作用,并经过几代人的积淀,最终形成了以爱国主义为核心的马尾船政文化。

题　　名　**社群边界内的"神明":移民时代的新加坡妈祖信仰研究**
作　　者　曾玲
刊　　名　河南师范大学学报(哲学社会科学版)
年 卷 期　2007 年 34 卷 2 期
页　　码　70 – 74
摘　　要　在移民时代新加坡华人的宗教活动中,妈祖信仰是其中重要的组成部分。本文从移民时代新加坡华人帮群社会结构的历史脉络切入,运用金石与特刊等文献资料,具体地考察伴随华南移民而跨境分香到新加坡的"妈祖"的信仰形态,如何在当地社会的脉络下经历再建构的历史过程。本文的研究显示,受移民时代新加坡华人帮群社会结构特征的制约,源自闽粤的妈祖信仰发展出"社群化"的崇拜形态,并承担起凝聚与整合华人移民社群之功能。

题　　名　**涉及郑和"宝船"的三大谜团**
作　　者　许亚洲
刊　　名　郑和研究
年 卷 期　2006 年 1 期
页　　码　48 – 50
摘　　要　郑和下西洋是早于外国人所称"大航海时代"的人类创举,在 1405 至 1433 年的 28 年间,郑和七次下"西洋",率领当时世界上最庞大的船队航行 29.6 万公里,远航至东南亚、印度洋、红海、东非等区域的 30 多个国家和地区。这比欧洲航海家迪亚士、达·伽玛、哥伦布等人的"地理大发现"要早 80 到 100 多年,在中外交流史、航海史和造船史上谱写了光辉的一页。学术大师梁启超在《祖国大航海家郑和》中称郑和为"海上巨人,国史之光"。一代伟人邓小平同志以及江泽民同志都充分肯定郑和下西洋是对外开放的。

题　　名　**深入《山海经》研究，探索美洲文明起源**
作　　者　张敏
刊　　名　福建师大福清分校学报
年 卷 期　2007年1期
页　　码　4-7,10
摘　　要　美洲原住民强烈反对“哥伦布发现新大陆”的神话。哥伦布带给美洲人的是侵略、奴役与大屠杀。而200多年来，众多中外学者热心研究表明，中国人在早于哥伦布一千年乃至三、四千年前就发现了这块大陆。美国默茨博士《几近褪色的记录》通过对中国古籍《山海经》的研究，认为“中国人至少在公元前2200年就已到达美洲”。而以中国太平洋学会研究员王大有、宋宝忠以及笔者多年的研究，更从体质人类学、图腾学、语言学、古文字学、古代地图学等多方面雄辩地考证出，多批中国人确实先于哥伦布到达美洲。

题　　名　**神的标准化：在中国南方沿海地区对崇拜天后的鼓励(960-1960年)**
作　　者　詹姆斯·沃森，陈仲丹
刊　　名　郑和研究
年 卷 期　2001年2期
页　　码　47-56
摘　　要　与其他许多农民社会相比，可以认为中华帝国晚期文化一致性的程度相当高。当然，在与君权、族性和经济组织有关的地方层次上还有着重要的差别。不过，人们只要读读厄让(Eugen)·韦伯对19世纪法国的描述就能理解帝国晚期时代的中国社会是怎样保持一致的。

题　　名　**神的标准化：在中国南方沿海地区对崇拜天后的鼓励(960-1960年)〈续完〉**
作　　者　詹姆斯·沃森，陈仲丹
刊　　名　郑和研究
年 卷 期　2002年1期
页　　码　62-72
摘　　要　新田和厦村对天后崇拜的起源可以追溯到明清易代时的混乱时期。明朝的崩溃和满人早期在南方建立统治的努力使得广东和福建沿海的人民感到出现了一个从未有过的混乱时期。

题　　名　**神的结盟——广西漓江上游流域马援崇拜的地方化考察**
作　　者　杜树海
刊　　名　民俗研究
年 卷 期　2007年4期
页　　码　103-118

题　　名　**神户闽南商人的海外贸易网络及其家族性特征**
作　　者　王亦铮
刊　　名　海交史研究
年 卷 期　2009年55期
页　　码　11-26

摘　　要　在15世纪末至20世纪40年代初，闽南人基于“出海谋生”的目的，大规模向海外进行人口移动。这段时期，闽南人的海外人口移动，不仅有规模性，而且具有持续性。其分布主要集中在东南亚及港澳台等地区。在这几百年的移民潮中，闽南华侨利用地缘、血缘、业缘等优势，在东南亚等地区建立了坚固而广阔的商业贸易网。1868年神户开港后，大批的华侨纷纷前往神户发展，在20世纪40年代前，神户成为日本对中国及东南亚的最主要贸易港口，而闽南华侨在开发日本的中国及东南亚市场所起作用非常的显著。闽南华侨为何能如此成功地发展中国及东南亚市场，其优势之所在，的确耐人寻味。本报告将列举活跃在日本神户的闽南华侨的事例，并藉由族谱、阄书、商号条规等资料，探讨闽南商人的经营资本与家族的关系；他们对于家族财产是如何维系与分配；最后，对华侨的海外贸易网中，是否存在着家族性特征及延续“经济家族”的传统特质作一番考证。

题　　名　神秘的汉字——汉字文化东渡小史之一
作　　者　折敷濑兴，何群雄，金子
刊　　名　语文建设
年 卷 期　2000年8期
页　　码　43－44

题　　名　神明信仰与边疆秩序——宋明时期广西伏波信仰研究
作　　者　麦思杰
刊　　名　柳州师专学报
年 卷 期　2008年3期
页　　码　55－58，73
摘　　要　马援伏波是广西重要的民间神明，从唐至明期间，马援在广西地方社会的形象不断地发生变化。以这一变迁为切入点，探讨其变迁的背后所表达出不同的时代主题，从而理解国家在边疆秩序的构建中，如何透过神明信仰的不断塑造来达到构建边疆意识。

题　　名　沈葆桢、丁日昌与牡丹社事件后的台防
作　　者　安新予
刊　　名　中山大学研究生学刊(社会科学版)
年 卷 期　1996年17卷2期
页　　码　53－60
摘　　要　本文论述十九世纪七十年代，沈葆桢、丁日昌对台海危机和台湾海防地位的认识以及他们经营台防的举措，并分析当时制约台防的主要因素，沈、丁二人在台防近代化进程的作用。

题　　名　沈葆桢：中国近代海军梦的封疆大吏
作　　者　郑椿霖，周强
刊　　名　环球军事
年 卷 期　2006年18期
页　　码　57－59
摘　　要　“铁甲船不可不办，倭人万不可轻视。”1879年12月18日，为中国海防近代化建设呕心沥血的沈葆桢弥留之际，仍念念不忘清军的外海水师，在给慈禧和光绪皇帝的口授遗疏中说出了这句话。

题　　名　沈葆桢——中国近代海军的奠基人
作　　者　张良勋,柯瑞
刊　　名　现代舰船
年 卷 期　2000 年 4 期
页　　码　34 – 37

题　　名　沈葆桢保卫台湾开发台湾的贡献
作　　者　林岷
刊　　名　中央民族大学学报(哲学社会科学版)
年 卷 期　2002 年 29 卷 1 期
页　　码　5 – 10
摘　　要　沈葆桢对祖国有四大贡献,一是创办船政,二是创建海军,另外两件则是保卫台湾、开发台湾。中国历史上保卫和开发台湾的第一位功臣是郑成功,第二位功臣当属沈葆桢。

题　　名　沈葆桢保卫与开发台湾纪略
作　　者　林岷
刊　　名　统一论坛
年 卷 期　2009 年 6 期
页　　码　48 – 51

题　　名　沈葆桢筹备台防中“厚集兵力”的军事谋略
作　　者　郭秀清
刊　　名　福州师专学报
年 卷 期　2002 年 22 卷 1 期
页　　码　35 – 37
摘　　要　本文主要介绍晚清封建政治家——沈葆桢在 1874 年日本制造的台湾危机中,以钦差大臣身份办理台湾等处海防兼理各国事务,在危机中他积极调兵遣将,部署海陆军力量,实施筹备台防中“厚集兵力”的军事谋略思想,挫败了怀着狼子野心的日本侵略者,保卫了我国神圣领土台湾。

题　　名　沈葆桢的海防思想(上)
作　　者　刘中民
刊　　名　海洋世界
年 卷 期　2009 年 11 期
页　　码　61 – 65

题　　名　沈葆桢的海防思想(下)
作　　者　刘中民
刊　　名　海洋世界
年 卷 期　2009 年 12 期
页　　码　75 – 78

题　　名　沈葆桢对福州船政学堂的特殊作用

作　　者　王超,陶新华

刊　　名　企业家天地

年 卷 期　2008 年 2 期

页　　码　160－161

摘　　要　沈葆桢作为福州船政局的第一届船政大臣,在船政学堂的发展中与顽固势力做了坚决的斗争;进行了有效的行政管理,取得了显著的成就;其提出的海军留学计划为中国近代海军的发展作出了突出贡献。

题　　名　沈葆桢和台湾防务

作　　者　史滇生

刊　　名　文史杂志

年 卷 期　1995 年 3 期

页　　码　26－27

题　　名　沈葆桢家世若干史实考辨

作　　者　杨彦杰

刊　　名　史学月刊

年 卷 期　1985 年 6 期

页　　码　109－110

摘　　要　《随笔》第十七期,刊载署名安然的一篇文章——《名臣之女——林敬纫》,介绍林则徐女儿、沈葆桢之妻林敬纫的若干事迹。其中关于沈葆桢家世的记述,多有商榷之处,现引证史料,就其大者作一考辨,请识者批评指正。

题　　名　沈葆桢建设马尾船厂在海防上的意义

作　　者　沈祖戡

刊　　名　船史研究

年 卷 期　1996 年 10 期

题　　名　沈葆桢接任福州船政大臣动因探析

作　　者　王芙蓉

刊　　名　常熟理工学院学报

年 卷 期　2008 年 3 期

页　　码　111－113

摘　　要　晚清时期著名的洋务派官僚沈葆桢早年深受传统儒家学说影响,科举取仕后从翰林院编修到江西巡抚,曾经走过一帆风顺的仕途之路。然而值其官运亨通之际,他却选择接任在当时颇具风险的洋务企业——福州船政大臣的职务,沈葆桢之所以作出这样的选择不是出于什么“机会主义”,而有其深刻的思想动因。

题　　名　沈葆桢近代海防思想探讨

作　　者　苏读史

刊　　名　军事历史
年 卷 期　2000 年 4 期
页　　码　37－39
摘　　要　沈葆桢是近代中国海防建设的重要人物，也是洋务派要员之一。他历任江西巡抚、船政大臣、办理台湾等处海防兼理各国事务的钦差大臣、两江总督兼主持南洋海防的南洋大臣等要职。身后被谥为“文肃”。南洋是中国的海防要地，护卫着东南沿海的大好河山。沈葆桢为苏浙闽台乃至整个中国海防呕心沥血，死而后已。在创办造船工业、建造近代化军舰、筹划购买铁甲舰，在抗击入侵台湾的日本侵略者等方面做出了杰出的贡献，是近代海防事业的实干家。其谋划巩固海防的方略，及切合实际的、适应当时需要的海防思想，为后人留下了宝贵的遗产，值得研究和探讨。

题　　名　**沈葆桢开发台湾东部的战略意义**
作　　者　叶伟奇
刊　　名　福建史志
年 卷 期　2005 年 3 期
页　　码　43－45

题　　名　**沈葆桢与 1874 年日本侵台事件**
作　　者　林庆元
刊　　名　史学月刊
年 卷 期　1995 年 1 期
页　　码　47－55
摘　　要　日本明治维新之后没有多少年，就踏上侵略中国的道路。1874 年举兵侵台，为其发端。应该说，在这一侵略事件中，日本并没有完全达到其侵略目的。其重要原因，是沈葆桢在这场反对日本侵略斗争中，起了十分重要的作用。

题　　名　**沈葆桢与福建船政**
作　　者　陈贞寿
刊　　名　福建论坛（社科教育版）
年 卷 期　1981 年 3 期
页　　码　57－68，40

题　　名　**沈葆桢与福建船政局**
作　　者　肖忠生，刘景秀
刊　　名　学术研究丛刊
年 卷 期　1992 年 2 期
页　　码　26－32

题　　名　**沈葆桢与福州船政局**
作　　者　吴民贵
刊　　名　湘潭大学社会科学学报
年 卷 期　1990 年 14 卷 3 期

页　　码　73－74

题　　名　**沈葆桢与福州船政学堂**

作　　者　肖忠生

刊　　名　教育评论

年 卷 期　1997 年 2 期

页　　码　53,55

题　　名　**沈葆桢与近代中国的战略机遇期**

作　　者　陈日红

刊　　名　漳州师范学院学报(哲学社会科学版)

年 卷 期　2005 年 1 期

页　　码　78－82

摘　　要　近代中国在 19 世纪 60 年代至 70 年代曾经有过至关重要的战略机遇期。身为船政大臣沈葆桢在战略机遇期内深谋远虑励精图治,建树了杰出的业绩,然而由于近代中国的当权者迟迟未能在政治和经济领域内开展全面深刻的体制改革和制度创新,近代中国的战略机遇期没有被充分利用,这最终导致近代中国在后来的国际冲突中连遭惨败。沈葆桢值得纪念,错过战略机遇期的历史教训更值得牢记。

题　　名　**沈葆桢与李鸿章关于购买铁甲船的争论及其意义**

作　　者　林庆元

刊　　名　船史研究

年 卷 期　1996 年 10 期

题　　名　**沈葆桢与闽台海防**

作　　者　卢建一

刊　　名　福建史志

年 卷 期　2000 年 2 期

页　　码　47－51

摘　　要　沈葆桢,字幼丹,福建侯官人。生于清嘉庆二十五年(1820 年)道光二十七年(1847 年)进士,洋务派主要人物。同治六年(1867 年)到光绪元年(1875 年),沈葆桢任福建船政大臣。任内 8 年,他主持马尾船政局创建、投产,历尽艰辛,完成了第一期造船计划。他重视培养海防人才,设立船政局前、后学堂,为中国近代海防建设培养了大批优秀人才和专业骨干。同治十三年(1874 年)日本侵入台湾时,奉命入台巡视,以钦差大臣衔办理台湾等处海防,积极调兵遣将部署海防战备,以实力挫败日本侵略野心。

题　　名　**沈葆桢与台湾**

作　　者　李非

刊　　名　历史教学

年 卷 期　1986 年 12 期

页　　码　8－10

题　　名　沈葆桢与台湾防务
作　　者　史滇生
刊　　名　文史杂志
年 卷 期　1995 年 3 期

题　　名　沈葆桢与台湾海防
作　　者　杨彦杰
刊　　名　福建论坛(社科教育版)
年 卷 期　1982 年 1 期
页　　码　65 – 72

题　　名　沈葆桢与中国海防近代化建设
作　　者　韩文琦
刊　　名　军事历史研究
年 卷 期　2006 年 2 期
页　　码　72 – 77
摘　　要　19 世纪 70 年代,清政府揭开了筹建近代海军的历史巨幕。沈葆桢作为第一个由朝廷钦命的船政大臣,全权负责福州船政局的工作。在主持船政的实践中,他秉承左宗棠的思想衣钵,始终坚持培养人才与举办船政并举的方针,进行了卓有成效的艰苦工作。在中国海防近代化建设刚刚起步的阶段,沈葆桢从海防建设的具体工作入手,与李鸿章等人从战略视角着眼海防建设,形成了互补的合力,推动了中国海防近代化事业的发展。

题　　名　沈葆祯与台湾(上)
作　　者　陈奇文,沈骏
刊　　名　湖北文史资料
年 卷 期　2002 年 4 期
页　　码　33 – 43

题　　名　沈葆祯与台湾(下)
作　　者　陈奇文,沈骏
刊　　名　湖北文史资料
年 卷 期　2003 年 1 期
页　　码　121 – 141

题　　名　沈家门——古代“东亚海上丝绸之路”之交通要道
作　　者　王连胜
刊　　名　浙江国际海运职业技术学院学报
年 卷 期　2008 年 3 期
页　　码　19 – 21

题　　名　沈莹和著名地域志《临海水土异物志》

作　　者　叶哲明

刊　　名　台州师专学报

年 卷 期　1995 年 4 期

页　　码　66－74

摘　　要　沈莹的《临海水土异物志》是三国时期的一部地域志。它翔实生动地记载了中古时期东南沿海越族的安家、毛民及台湾高山族等的社会生活和历史发展的状况，具有极高的学术和文献价值。关于作者生平、撰书背景以及卫温、诸葛直出使台湾等悬而未决等问题，史学界有不同看法，都作了考析和探讨。

题　　名　沈有容三入东番“歼倭驱荷”考

作　　者　陈九如，姚永森

刊　　名　巢湖学院学报

年 卷 期　2004 年 6 卷 1 期

页　　码　105－108

摘　　要　明代军事将领沈有容于 1602 年和 1617 年两次歼灭台澎地区的倭寇，于 1604 年又驱逐盘踞台湾的荷兰入侵者，捍卫了祖国主权，不愧为杰出的爱国将领和首位从荷兰人手中收复台湾的民族英雄。

题　　名　沈周《两江名胜图》与水上游览线

作　　者　尹文

刊　　名　扬州职业大学学报

年 卷 期　2000 年 4 卷 4 期

页　　码　1－5

摘　　要　在明代吴门画家沈周的《两江名胜图》册页中，有瓜洲图、扬州图、高邮图等直接描绘扬州风貌的绘画作品，真实地记录了明代扬州运河水运和城池市肆风光，在水上运输让位于现代铁路、公路陆上交通的今天，《两江名胜图》对于开发大运河、扬子江水上旅游具有一定的启迪意义。

题　　名　圣德太子致隋国书与净土教在日本的传播

作　　者　韩昇

刊　　名　临沂师范学院学报

年 卷 期　2004 年 26 卷 1 期

页　　码　85－89

摘　　要　根据遣隋使的背景及其目的、净土教在日本的盛行以及日本对隋朝使节的热情接待，称隋朝为“西”，是一种褒义的双关语，既是方位的指称，又暗喻西方净土世界。在日本最高统治者的外交辞令上，称隋朝为西方，既符合地理方位，又具有宗教赞誉，是净土思想在外交上的具体运用。

题　　名　圣墩顺济祖庙考

作　　者　庄景辉，林祖良

刊　　名　东南文化

年 卷 期　1990 年 3 期

页　　码　205 - 215

题　　名　盛宣怀与轮船招商局
作　　者　赵晓雷
刊　　名　财经研究
年 卷 期　1993 年 8 期
页　　码　58 - 61

题　　名　盛宣怀与轮船招商局的改制
作　　者　卢伯炜
刊　　名　苏州大学学报(哲学社会科学版)
年 卷 期　2006 年 6 期
页　　码　77 - 83
摘　　要　中法战争之际,盛宣怀入主轮船招商局。挟其强势的官场背景,盛宣怀改变了招商局原有的“官督商办”经营体制,使这家已经初具近代股份有限公司机制的企业,进入了“盛记招商局”的轨道,从而在中国近代资本主义发展史上树立起一种企业经营管理的新“模式”,具有“里程碑”的标本意义。本文初步论证了这一历史变化的前因后果与转化关节。

题　　名　失落的“小上海”——战后初期的布袋港研究(1945 - 1949)
作　　者　李文环
刊　　名　台湾风物
年 卷 期　2001 年 51 卷 4 期
页　　码　53 - 94

题　　名　失之东隅 收之桑榆——马戛尔尼使华结局及失败原因再探
作　　者　李林
刊　　名　贵州师范学院学报
年 卷 期　2010 年 1 期
页　　码　37 - 40
摘　　要　1793 年,马戛尔尼使团承英国政府和英东印度公司的复合使命来华,客观上反映了 18 世纪末英国对改善中英关系和扩大对华贸易的要求。这场特殊的外交较量,均以双方的失败而告终。但英国外交虽败,亦收获颇丰。导致使团任务失败的根本原因并非礼仪之争和领土要求,而是中英双方经济基础的不同所导致的国家利益着眼点和对外政策的迥异,以及双方在自我中心的观念下衍生出的维护朝贡体制和坚持主权外交之间的矛盾与冲突。

题　　名　施琅:清朝统一台湾的功臣
作　　者　李世愉
刊　　名　人民论坛
年 卷 期　2006 年 9 期
页　　码　62 - 64
摘　　要　长期以来,人们对施琅的评价一直存在着分歧,其焦点问题是如何看待他背叛郑氏而降清。一些人指责他气节有亏,这是可以理解的。但是,绝不能因此而抹杀他为中华民族统一大业做出的贡献。特别是在清政府统一台湾过程中,施琅所表现出的弃“私怨”而以“国事”为重的精神,尤其值得人们钦佩。

题　　名　**施琅“复台”和“保台”的历史功绩——兼驳施琅是海盗、叛将、汉奸论**

作　　者　施宣圆

刊　　名　探索与争鸣

年 卷 期　2006 年 5 期

页　　码　19－23

摘　　要　1661 年,郑成功进军台湾,驱逐荷兰殖民者,收复台湾,使台湾回到祖国的怀抱。其子郑经继位,自立为“国”,多次拒绝清廷招抚。郑经死后,子郑克塽继承其父衣钵,坚持与清廷分庭抗礼。1683 年,施琅奉旨收复台湾,使台湾又回到祖国怀抱,纳入大清版图,完成了祖国的统一大业;在台湾的“弃”、“留”问题上,又是施琅上疏力谏,使台湾永远成为中国领土的一部分。过去,说施琅是“海盗”、“叛将”、“汉奸”,都是不实之词,应予推翻。施琅是一位有功于国家、有功于民族的爱国将领。

题　　名　**施琅《恭陈台湾弃留疏》的战略指导价值**

作　　者　吴温暖

刊　　名　厦门大学学报(哲学社会科学版)

年 卷 期　2004 年 1 期

页　　码　79－84

摘　　要　施琅的《恭陈台湾弃留疏》从地理环境的分析入手,从国家的安全环境着眼,深刻揭示了台湾的重要战略地位、台湾与祖国东南沿海的战略关联性、台湾对国家安全环境的影响,表达了留守台湾坚定不移的战略决心。国家安全环境是战略研究的核心问题,地理是影响战略的永恒要素,所以,施琅的《恭陈台湾弃留疏》对维护台湾与祖国的统一具有重要的战略指导价值。

题　　名　**施琅——郑成功伟大事业的继承人**

作　　者　唐文基

刊　　名　福建师范大学学报(哲学社会科学版)

年 卷 期　1997 年 1 期

页　　码　85－91

摘　　要　本文从施琅作为郑成功收复台湾的伟大事业的继承人角度,阐述了施琅统一台湾奋斗历程的三个阶段,论说施琅对统一台湾、主张捍卫和开发台湾的历史功绩。

题　　名　**施琅保台与地缘战略**

作　　者　陈桂炳,周红

刊　　名　新疆教育学院学报

年 卷 期　2000 年 16 卷 3 期

页　　码　31－32

摘　　要　1683 年,施琅率领清军渡海东征,实现了台湾与大陆的统一。针对当时清政府内部有人提出放弃台湾的错误意见,施琅上疏力主保留台湾,并屯兵镇守。施琅保台,主要是看重台湾的地缘战略价值,是为了加强海防,以保证清政府在东南沿海的长治久安。施琅 300 多年前提出的保台主张及其地缘战略眼光,在今天仍然有很大的现实意义。

题　　名　**施琅保台治台的主张及其对开发台湾的贡献**
作　　者　李天锡
刊　　名　华侨大学学报(哲学社会科学版)
年 卷 期　2002 年 3 期
页　　码　126－132
摘　　要　施琅从维护清王朝的封建统治及保护其家族、子孙后代的利益出发,在率师统一台湾以后,及时地提出了保留台湾、治理台湾的正确主张,促使施氏族人大批移居台湾,从而对台湾农业生产、文化教育等方面的发展做出很大的贡献。

题　　名　**施琅出师台湾地点及奏请敕封妈祖之史实**
作　　者　孙英龙
刊　　名　东南文化
年 卷 期　1990 年 5 期
页　　码　421－422

题　　名　**施琅的思想方法与台湾的规复**
作　　者　谢肇华
刊　　名　中共福建省委党校学报
年 卷 期　2004 年 3 期
页　　码　49－52

题　　名　**施琅东征**
作　　者　孙英龙
刊　　名　航海
年 卷 期　1997 年 2 期
页　　码　14

题　　名　**施琅对统一台湾的贡献**
作　　者　王劲
刊　　名　东南学术
年 卷 期　1988 年 1 期
页　　码　40－45
摘　　要　施琅(1621 年—1696 年)字尊候,号琢公,福建晋江县衙口镇人,是杰出的地主阶级政治家和军事家。1683 年(康熙二十二年),台湾和大陆重新统一,从而结束了自西方殖民主义者侵占台湾后,海峡两岸几十年的分裂状态。在清政府统一台湾的过程中,施琅起着重大的作用,本文仅就此谈谈自己的看法。

题　　名　**施琅对统一台湾及东南沿海经济发展的贡献**
作　　者　彭云鹤

刊　　名　首都师范大学学报(社会科学版)
年 卷 期　1983 年 4 期
页　　码　26－34

题　　名　**施琅海洋经略思想初探**
作　　者　王日根
刊　　名　中国海洋大学学报(社会科学版)
年 卷 期　2003 年 4 期
页　　码　40－44
摘　　要　施琅海洋经略思想是在其家族处于沿海社会环境、施琅本人有丰富的海上活动经历以及施琅获康熙皇帝委任而统一台湾等主客观条件下形成的。其经略思想形成的依据是台湾是防范内盗与抵御外犯的战略基地,在清朝海防中具有重要地位。施琅认为不仅要选择适当时机实现祖国的统一,而且在统一后还应该加强对台湾的管理,建立稳固的海防设施,促进台湾经济的发展和繁荣,发挥海防前哨的作用。这一海洋经略思想获得了上至康熙皇帝的支持,并在实践中取得了一定的成效。

题　　名　**施琅和东山宫前妈祖庙**
作　　者　施伟青
刊　　名　台湾研究集刊
年 卷 期　2001 年 3 期
页　　码　89－93

题　　名　**施琅及其《靖海纪事》**
作　　者　林其泉
刊　　名　文史杂志
年 卷 期　1993 年 5 期
页　　码　4－5

题　　名　**施琅进军澎湖几个问题的考订**
作　　者　施伟青
刊　　名　历史研究
年 卷 期　1997 年 6 期
页　　码　180－183
摘　　要　康熙二十二年(1683 年)六月,福建水师提督施琅率师渡海东征,进攻澎湖取得胜利,接着又趁有利之机招抚台湾郑氏集团,使台湾不战而下,实现了台湾与大陆的和平统一。可以说,澎湖大捷为施琅开展富有成效的招抚工作奠定了基础。因此,施琅进征澎湖的活动,长期以来得到许多史家的重视,留下了不少关于这个事件的记载。但这些记载存在颇多谬误,有必要进行考订,以澄清事实。

题　　名　**施琅进军台湾始末**
作　　者　任力
刊　　名　国防
年 卷 期　1997 年 6 期

页　　码　32－33

题　　名　**施琅平台功千秋**
作　　者　孙咸灼
刊　　名　两岸关系
年 卷 期　2004 年 10 期
页　　码　50－52

题　　名　**施琅史事的若干考辨**
作　　者　孔立
刊　　名　福建论坛(社科教育版)
年 卷 期　1982 年 5 期
页　　码　86－92,85

题　　名　**施琅统台是清初实现国家统一的重要举措**
作　　者　何振良,张家瑜
刊　　名　中共福建省委党校学报
年 卷 期　2003 年 10 期
页　　码　52－54
摘　　要　施琅(1621－1696),字尊侯,号琢公,福建省晋江衙口人。清顺治八年(1651)降清。累官至福建水师提督,封靖海将军、靖海侯,一生戎马,战功赫赫。施琅统台是清初国家统一的重要举措,本文拟就这个问题略作阐述。

题　　名　**施琅统一台湾与闽台区域文化的形成**
作　　者　陈梧桐
刊　　名　河南大学学报(社会科学版)
年 卷 期　2004 年 44 卷 2 期
页　　码　42－48
摘　　要　郑成功驱荷复台后,近二十万汉族移民成为台湾人口的主流,汉文化在台湾迅速传播,使台湾文化向福建文化靠拢,为闽台区域文化的形成奠定了初步基础。但其时汉族移民主要集中在台湾西部平原,汉文化也主要在这一带传播,尚未遍及台湾全岛,而海峡两岸的分裂和对立,又阻断汉族移民的继续入台,严重地妨碍汉文化的进一步传播,闽台两地的文化尚存在一定的差异。施琅统一台湾,并力促清廷将台湾保留在祖国版图之内,为海峡两岸的往来扫除了障碍。随着大陆特别是福建移民的大量入台,大陆特别是福建流行的语言文字、儒家思想、宗教信仰和风俗习惯广泛传播于台湾各地,台湾的文化与福建文化日趋一致,终于形成为一个共同的文化区域。文化的认同,是民族认同的关键因素。施琅在促进闽台区域文化形成方面的贡献和积极作用,应予充分的肯定。

题　　名　**施琅统一台湾与清初的开海贸易**
作　　者　刘凤云
刊　　名　中共福建省委党校学报
年 卷 期　2004 年 3 期

页　　码　53 – 57

摘　　要　我国的海上贸易有着悠久的历史，早在宋元时期，中国的封建朝廷即与马来半岛诸国建立了贸易往来关系，明朝郑和下西洋更是创建了世界航海史上的壮举。然而明中叶以后，伴随着葡萄牙、西班牙、荷兰等殖民主义者的先后到来，统治者出于政治的需要，“禁濒海民私通海外诸国”，实行了近三百年来的海禁政策，开启了我国近古禁海的历史，但明朝的禁海却是时宽时严。进入清代，清政府于顺康之际一度厉行海禁，中国的海上贸易几乎停滞。直至康熙二十三年（1684 年），清政府在施琅收复台湾之后方下令解除海禁，海上贸易重新出现高潮，封闭的中国也开启了一扇通往世界的大门。这其中，施琅的作用与影响是不容忽视的。

题　　名　**施琅投清简析**

作　　者　林其泉

刊　　名　台湾研究

年 卷 期　1999 年 1 期

页　　码　73 – 77

摘　　要　施琅早年参加军旅，在郑成功部下任左先锋职，追随郑成功进行抗清斗争。郑成功待他甚好，把他看成是自己的得力助手，礼遇甚渥，军储卒伍及机密大事悉与谋。后来两人失和，施氏离开郑军，投靠清政府，成了郑成功的劲敌。对此，有人指责施琅是郑成功的“叛将”，“叛主反噬，为敌效命”等等。这不但全盘否定施琅的功绩，且伤害他的人格，何止责古人太苛，且乃不科学的、有害的做法。

题　　名　**施琅研究的理性思考**

作　　者　黄伟民

刊　　名　泉州师范学院学报

年 卷 期　2005 年 23 卷 5 期

页　　码　34 – 37

摘　　要　施琅研究自上世纪 80 年代后取得十分显著的成果，通过探讨施琅作为投诚者而受猜疑，直至被剥夺兵权内调京师任内大臣期间的活动，说明施琅极力主张收复台湾的背后，与其个人的利益、需求及心理密切相关。只有全方位研究历史人物，才能作出实事求是的评价。

题　　名　**施琅以战逼和统一台湾的决策**

作　　者　陈在正

刊　　名　台湾研究集刊

年 卷 期　1996 年 4 期

页　　码　60 – 63

题　　名　**施琅用兵的特点**

作　　者　欢文

刊　　名　军事历史

年 卷 期　1991 年 3 期

页　　码　21

题　　名　施琅与东南沿海展界
作　　者　粘良图
刊　　名　中共福建省委党校学报
年 卷 期　2003 年 10 期
页　　码　55－57
摘　　要　17 世纪中叶,入主中原的清王朝着力消灭各地的抗清势力,清除地方割据,确立并巩固对全国的统治。长期纷攘的战争给人民带来极大的灾难。而东南沿海长达二十余年的禁海迁界政策,为祸尤烈。直至三藩乱平,台湾统一,才结束这段苦难的历史,翻开社会经济发展新的一页。时人认为,结束东南沿海迁界苦难,促进海峡两岸经济发展,主要应归功于清初名将施琅。这是一种公允的评价。

题　　名　施琅与两岸关系
作　　者　施伟青
刊　　名　中共福建省委党校学报
年 卷 期　2004 年 3 期
页　　码　46－48
摘　　要　康熙时期的福建水师提督施琅,为海峡两岸的统一以及推动两岸经济文化的发展,作出了卓越的贡献。今年是清廷统一台湾 320 周年,探讨施琅在统一过程中的具体作用,可以给今人予启迪,对于正确认识施琅、评价施琅,也具有积极意义。

题　　名　施琅与两岸妈祖信仰
作　　者　郑丽航
刊　　名　浙江国际海运职业技术学院学报
年 卷 期　2008 年 2 期
页　　码　24－30
摘　　要　妈祖信仰对施琅的影响与帮助主要体现在其征台之役。康熙二十二年,他巧妙运用妈祖信仰在水师官兵及民众心中的影响力,鼓舞士气,最终取得征台之大捷。收复台湾后,两岸政治统一、经济发展,在一定程度上促进了两岸妈祖信仰之发展。施琅是两岸妈祖信仰发展史上之突出人物之一。其妈祖信仰同时也带动了施氏族人对妈祖文化之贡献。

题　　名　施琅与清初的大陆移民渡台政策
作　　者　李祖基
刊　　名　历史月刊
年 卷 期　2000 年 153 期

题　　名　施琅与清初开海设关通洋
作　　者　连心豪
刊　　名　中国社会经济史研究
年 卷 期　2000 年 1 期
页　　码　50－56,28
摘　　要　在清初开海设关通洋过程中,施琅曾经发挥了重要的作用,前人似未予以足够的重视,本文试对此略作述论。

题　　名　**施琅与清初统一台湾**

作　　者　王思治,吕元骢

刊　　名　清史研究

年 卷 期　1997 年 1 期

页　　码　59 - 69

摘　　要　康熙二十二年(1683 年),清政府统一台湾,是清代前期完成国家统一过程中极其重要的一环。是役也,施琅居首功,所谓"其功实大"。有关施琅与清初统一台湾,已多有论著面世,今就笔者认为较重要的某些问题,论述如次。

题　　名　**施琅与清初治台政策**

作　　者　林其泉

刊　　名　台湾研究集刊

年 卷 期　1984 年 1 期

页　　码　49 - 59

题　　名　**施琅与清政府统一台湾的决策**

作　　者　胡沧泽

刊　　名　福建师范大学学报(哲学社会科学版)

年 卷 期　1998 年 4 期

页　　码　73 - 79

摘　　要　统一台湾是清朝康熙皇帝在位时的重要决策,然而,这个决策却经过决定、动摇、放弃、再决定,最后得以施行并获成功的复杂过程。在清政府统一台湾决策的全过程中,有一个关键性的人物,那就是施琅。他多次向清政府建言统一台湾,尤其是在康熙四年(1665 年)进兵澎湖因遇飓风失利之后,仍矢志不渝,继续向清政府献计献策,终于在康熙二十二年(1683 年)由他率军完成统一台湾的大业。本文探讨了施琅在清政府统一台湾决策过程中所处的地位以及所起的作用。

题　　名　**施琅与台湾的妈祖信仰**

作　　者　李天锡

刊　　名　东南学术

年 卷 期　1991 年 2 期

页　　码　76 - 78,50

题　　名　**施琅与台湾的收复——纪念施琅奉旨收复台湾 320 周年**

作　　者　张晓红

刊　　名　乌鲁木齐成人教育学院学报

年 卷 期　2003 年 2 期

页　　码　29 - 31

摘　　要　文章运用大量史实阐述了施琅收复台湾的经过。今年是纪念施琅奉旨收复台湾 320 周年,此文以飨读者。

题　　名　**施琅征战台湾气象条件考**
作　　者　颜家蔚
刊　　名　气象知识
年 卷 期　2006 年 4 期
页　　码　56 – 58

题　　名　**十八世纪的中暹大米贸易**
作　　者　俞云平
刊　　名　南洋问题研究
年 卷 期　1991 年 1 期
页　　码　26 – 30,17
摘　　要　泰国,古称暹罗,是个盛产稻米的国家。十八世纪时,暹米通过海路大量运进我国,缓和了当时我国东南沿海一带的缺粮形势。本文拟就这一时期中暹大米贸易的兴衰作一个粗浅的探讨。

题　　名　**十八世纪英国人眼中的中国——评介《英使谒见乾隆纪实》**
作　　者　曾永玲
刊　　名　松辽学刊(社会科学版)
年 卷 期　1987 年 3 期
页　　码　85 – 88

题　　名　**十八世纪中荷海上茶叶贸易**
作　　者　庄国土
刊　　名　海交史研究
年 卷 期　1992 年 21 期
页　　码　87 – 94,56

题　　名　**十八世纪中暹贸易中的华人**
作　　者　李金明
刊　　名　华侨华人历史研究
年 卷 期　1995 年 1 期
页　　码　58 – 62

题　　名　**十八至十九世纪前期的中暹海上贸易**
作　　者　俞云平
刊　　名　南洋问题研究
年 卷 期　1990 年 2 期
页　　码　59 – 68
摘　　要　在中国海上贸易史上,中国与东南亚诸国的贸易往来有着相当重要的地位,而暹罗一直是中南贸易中的一个主要国家。本文拟就十八至十九世纪前期的中暹贸易情况作一较为系统的论述,并对其性质及影响贸易发展的因素加以分析,以期有助于中国海外贸易史的研究。

题　　名　**十二至十四世纪中国瓷器的发展和外销**
作　　者　李知宴
刊　　名　中国历史文物
年 卷 期　1992 年 00 期
页　　码　30－36

题　　名　**十九世纪的海上茶叶运输**
作　　者　李荣林
刊　　名　农业考古
年 卷 期　1999 年 4 期
页　　码　256－257

题　　名　**十九世纪后期西南边疆的开埠设关及其关税制度**
作　　者　戴一峰
刊　　名　海关研究
年 卷 期　1990 年 1 期

题　　名　**十九世纪后期中日海军教育比较**
作　　者　史滇生
刊　　名　军事历史研究
年 卷 期　2000 年 3 期
页　　码　116－121
摘　　要　19 世纪 60 年代，中日两国几乎同时开始了创建新式海军的历程，在此期间，两国先后创办了一批海军学校，发展近代海军教育。但是，在甲午战争中，两国海军的命运却出现了截然相反的结局。本文试图从海军教育的角度，对产生这种结局的原因进行一些探讨，以求教正。

题　　名　**十九世纪六七十年代的上海美国轮船商**
作　　者　于醒民，陈兼
刊　　名　中国社会经济史研究
年 卷 期　1985 年 2 期
页　　码　73－84
摘　　要　十九世纪五十年代后，西方资本主义对中国的经济侵略不断扩大，大批的欧美轮船涌入吴淞口，造成了黄浦江“混浊的江面上大队轮船云集”的局面。其中，侨居上海、专营中国沿海和长江船运业的美国藉轮船商人(下称上海美国轮船商)尤为引人注目。1862 年，主要由美商主持的旗昌轮船公司(下称旗轮)开业。此后十余年间，它号称上海洋商航业领袖，称雄于长江，天津及独霸于宁波一口、俨然成为以上海为中心的沿海和长江航运业的霸主。然而，好景不长。从七十年代初起，它开始露出衰退的迹象。最后，竟于 1877 年为洋务企业轮船招商局所吞并。骤兴急衰，来势汹汹，去势匆匆。这种颇为奇特的现象为什么会出现？其中有很多问题值得深入探讨。

题　　名　**十九世纪六十年代的上海轮运业与上海轮船商**
作　　者　于醒民，陈兼

刊　　名　中国社会经济史研究
年 卷 期　1983 年 2 期
页　　码　83 – 99

题　　名　十九世纪七十至九十年代中国对外贸易的发展趋势
作　　者　姚贤镐
刊　　名　中国社会经济史研究
年 卷 期　1987 年 1 期
页　　码　1 – 14

题　　名　十九世纪前期西医在广州口岸的传播
作　　者　董少新
刊　　名　海交史研究
年 卷 期　2002 年 42 期
页　　码　21 – 29

题　　名　十九世纪叶以前华人在东南亚海岛地区的活动及其特点
作　　者　马勇
刊　　名　云南学术探索
年 卷 期　1994 年 2 期
页　　码　63 – 66

题　　名　十九世纪印尼泗水地区围绕福建功德祠的礼俗之争
作　　者　克罗蒂娜·苏尔梦
刊　　名　海交史研究
年 卷 期　1991 年 20 期
页　　码　79 – 91

题　　名　十九世纪中德贸易往来
作　　者　陈纪遥
刊　　名　中国社会经济史研究
年 卷 期　1985 年 2 期
页　　码　85 – 89,72
摘　　要　中国地大物博,资源丰富,土特产品种繁多,工艺制品雕刻精美,琳琅满目。凡此等等,对各国商人无不具有莫大的吸引力。随着中国商业和商人资本的发展,他们很早就不断寻求与外界进行贸易活动。所以,中国的国际贸易有着悠久的历史。从明末到鸦片战争以前的清王朝统治时期,由于封建政府的闭关政策,使中国的国际贸易受到极大的影响。鸦片战争后,中国沦为半封建半殖民地社会,西方几个资本主义国家的商人伴随着武力侵略大量来到中国,进行贸易活动。从明清以来,葡萄牙、荷兰、英国、法国、日本和俄国等国商人对中国贸易最为活跃。学术界对此作了大量研究。而对中德之间贸易往来关系的探讨就有所忽略。事实上,中德两国的贸易有着源远流长的关系,出于历史造成的原因,使两国贸易显出波浪曲折。

题　　名　**十九世纪中后期澳门苦力贸易之兴衰**
作　　者　冯婧
刊　　名　郑和研究
年 卷 期　1999 年 2 期
页　　码　4

题　　名　**十九世纪中叶中国领水主权的破坏及外国在华轮运势力的扩张**
作　　者　聂宝璋
刊　　名　中国经济史研究
年 卷 期　1987 年 1 期
页　　码　111－128

题　　名　**十六、七世纪中菲人民友好关系与西班牙殖民者对华侨的迫害**
作　　者　陈云章
刊　　名　山东大学学报(历史)
年 卷 期　1959 年 4 期

题　　名　**十六、十七世纪葡萄牙与宁波之关系**
作　　者　王慕民
刊　　名　澳门研究
年 卷 期　1999 年 10 期

题　　名　**十六、十七世纪围绕澳门的葡中关系**
作　　者　[葡]依查乌・山度士
刊　　名　文化杂志
年 卷 期　1989 年 7－8 期

题　　名　**十六世纪的"上海"——双屿历史地理考略**
作　　者　毛德传
刊　　名　浙江海洋学院学报(人文科学版)
年 卷 期　1996 年 4 期
页　　码　31－34,84

题　　名　**十六世纪的上海——双屿港**
作　　者　毛德传
刊　　名　航海
年 卷 期　1987 年 4 期
页　　码　28

题　　名　十六世纪东南中国与东亚贸易网络
作　　者　杨国桢
刊　　名　江海学刊
年 卷 期　2002 年 4 期
页　　码　14 – 21
摘　　要　本文勾勒了 16 世纪中国东南海区与东亚贸易的大致情况。作者认为，随着海洋交通事业的发展和相互间的贸易往来，打破了原来洲际阻隔的局面。这一时期以漳州海商为先锋的东南海洋力量突破明朝的海禁崛起，同时，葡萄牙和日本倭寇的海洋势力也相继进入中国东南海区，一向由中国主导的海洋社会经济圈出现了动荡的局面。作者认为，国际环境的变化使东南海区的贸易出现了重重风险，但至 16 世纪，还未形成现实的危机。可以说，在月港开放后的四十余年间，是漳州海商主导东亚贸易网络的黄金时代。

题　　名　十六世纪后期至十七世纪初期中国丝绸的国际贸易
作　　者　李金明
刊　　名　南洋问题研究
年 卷 期　1991 年 4 期
页　　码　76 – 84

题　　名　十六世纪后期至十七世纪初期中国与马尼拉的海上贸易
作　　者　李金明
刊　　名　南洋问题研究
年 卷 期　1989 年 1 期
页　　码　70 – 79
摘　　要　十六世纪后期，西班牙殖民者占据了菲律宾群岛，在马尼拉开辟了通往墨西哥阿卡普尔科的“大帆船贸易”航线，以把中国的手工业品源源不断地运往南美各地。此时在中国，正值明朝政府在福建漳州海澄月港部分开放海禁，准许私人海外贸易商申请文引出海贸易，于是，数以千计的中国海外贸易船满，载着各种货物涌向马尼拉，使中国与马尼拉的海上贸易遽然达到了繁盛时期。本文拟就这一时期中国与马尼拉海上贸易的发展情况，影响贸易发展的几种因素以及贸易对菲律宾、南美各国经济发展的作用等问题作一初步的探讨。

题　　名　十六世纪李如松在朝鲜进行的抗日援朝斗争
作　　者　方诗铭
刊　　名　历史教学
年 卷 期　1951 年 12 期
页　　码　21 – 24

题　　名　十六世纪葡萄牙的中国观
作　　者　吴志良
刊　　名　世界汉学
年 卷 期　1998 年 1 期
页　　码　150 – 161

题　　名　十六世纪七十年代以前的中菲关系
作　　者　黄滋生
刊　　名　暨南学报(哲学社会科学版)
年 卷 期　1984 年 2 期
页　　码　26 – 36

题　　名　十六世纪前之中国与南洋——南洋之开拓
作　　者　吴晗
刊　　名　清华大学学报(自然科学版)
年 卷 期　1936 年 1 期
页　　码　137 – 186

题　　名　十六世纪我国通商港 Liampo 位置考
作　　者　方豪
刊　　名　复旦学报(社会科学版)
年 卷 期　1944 年 1 期
页　　码　1 – 24

题　　名　十六世纪以来澳门在太平洋大帆船贸易网中的作用与地位
作　　者　纪宗安
刊　　名　暨南学报(哲学社会科学版)
年 卷 期　1999 年 21 卷 6 期
页　　码　50 – 61
摘　　要　传统的丝绸之路研究,大体已形成区域化特色,如草原丝绸之路、沙漠(绿洲)丝绸之路、海上丝绸之路、西南(南方)丝绸之路等,和丰硕的成果积累。但丝路研究要深入,还必须打破区域藩篱,注意各区域交通路线间的网络关系。本文旨在通过探讨海上丝绸之路在 16 世纪后的延伸和变迁,即太平洋大帆船路线的形成和发展轨迹,来说明丝绸之路区域间的网络关系,尤其是重要网点澳门在其中的作用和地位。

题　　名　十六世纪以来外国银元大量流入中国原因新探——与李刚、徐文华同志商榷
作　　者　李明银
刊　　名　中国社会经济史研究
年 卷 期　1989 年 3 期
页　　码　44 – 49
摘　　要　《中国社会经济史研究》1987 年第 4 期发表李刚、徐文华同志《十六世纪以来中国贸易通商与中国资本主义萌芽》(以下简称“李文”)的文章,一开头就概括全文中心并结论说,“十六世纪到十九世纪初,中国对西方和南洋外贸通商的发展刺激了东南沿海诸省商品经济的发展,增加了国内金属货币量的供应,为资本主义萌芽的产生和发展准备了前提条件。”我认为说刺激了东南沿海诸省商品经济发展尚可属实,如说“增加了国内金属货币量的供应,为资本主义萌芽的产生和发展准备了前提条件”很难说属实,值得商榷。

题　　名　**十六世纪以来中外贸易通商与中国资本主义萌芽**
作　　者　李刚,徐文华
刊　　名　中国社会经济史研究
年 卷 期　1987 年 4 期
页　　码　32 –37,53
摘　　要　十六世纪到十九世纪初,中国对西方和南洋外贸通商的发展刺激了东南沿海诸省商品经济的发展,增加了国内金属货币量的供应,为资本主义萌芽的产生和发展准备了前提条件。研究这一特殊的历史过程,对于探讨中国资本主义的萌芽;吸取历史经验,坚持对外开放,大力发展社会主义商品经济,均有裨益。

题　　名　**十六世纪漳泉贸易港与日本的走私贸易**
作　　者　李金明
刊　　名　日本问题研究
年 卷 期　2006 年 4 期
页　　码　1 –4,13
摘　　要　十六世纪是中日贸易发生巨大变化的时期。由明朝规定的朝贡贸易制度,因不能满足日本方面对中国商品的迫切需求,造成日本各大名、寺社经常为争夺对明朝贡而展开激烈竞争。这种竞争到后来发展成宁波的拚杀事件——“争贡之役”,明朝以此罢市舶,严海禁,断绝与日本的正式贸易。而一些原先以“朝贡”名义来华贸易的日本商人只好转到漳泉沿海一带从事走私贸易,在当地百姓的接济和一些地方豪门望族的勾引下,这种走私贸易越来越猖撅,遂迫使明朝不得不在福建漳州月港部分开放海禁,准许私人出海贸易,而此后的中日贸易走向已发生变化,成为仅有中国商人载运货物到日本的单向贸易。

题　　名　**十六世纪至十九世纪前期中国海外贸易航运业的性质和海外贸易商人的性质(上)**
作　　者　韩振华
刊　　名　南洋问题研究
年 卷 期　1996 年 2 期
页　　码　74 –81
摘　　要　十六世纪以来一直到了鸦片战争之前,当时中国的海外贸易商人——海商,是否已经具有资本主义萌芽时期的自由商人的性质?当时的海外贸易的航运业,是否就是资本主义萌芽时期的初期资产阶级的航运企业?这两个问题,是值得探讨的。

题　　名　**十六世纪至十九世纪前期中国海外贸易航运业的性质和海外贸易商人的性质(下)**
作　　者　韩振华
刊　　名　南洋问题研究
年 卷 期　1996 年 3 期
页　　码　76 –84

题　　名　**十六世纪中国海外贸易的发展与漳州月港的崛起**
作　　者　李金明
刊　　名　南洋问题研究

年 卷 期 1999 年 4 期
页 码 1-9
摘 要 十六世纪是中国海外贸易发生大变革的时期,广东地方官无视朝贡贸易的原则,准许非朝贡船入口贸易,促进了私人海外贸易的迅速发展。东来的葡萄牙殖民者在福建、浙江沿海的走私贸易,不断对海禁发起冲击,倭寇的骚扰与掠夺,迫使明朝政府不得不改弦易辙,在漳州月港部分开放海禁,准许私人出海到国外贸易。本文拟对这些变革,以及漳州月港的崛起作一初步的论述。

题 名 十六世纪中叶海上国际自由港——双屿港研究
作 者 唐锋
刊 名 浙江方志
年 卷 期 1994 年 2 期

题 名 十六至十八世纪闽南华侨在菲律宾的经济发展与历史贡献
作 者 陈伟明
刊 名 海交史研究
年 卷 期 1997 年 31 期
页 码 101-109

题 名 十年来有关郑和军事问题的研究(连载)
作 者 时平
刊 名 郑和研究
年 卷 期 1997 年 2 期
页 码 13

题 名 十年来有关郑和军事问题的研究(续)
作 者 时平
刊 名 郑和研究
年 卷 期 1997 年 3 期
页 码 9

题 名 十七、八世纪中国和西班牙及荷兰的贸易
作 者 何健民
刊 名 中国经济
年 卷 期 1933 年 1 卷 7 期

题 名 十七世纪初荷兰在澎湖、台湾的贸易
作 者 李金明
刊 名 台湾研究集刊
年 卷 期 1999 年 2 期
页 码 61-69
摘 要 17 世纪初,荷兰殖民者迫切想打开对华贸易的大门,达不到目的后,即在福建沿海一带实

行海盗式的掠夺，并先后占据我国的澎湖岛和台湾南部，在那里设立贸易据点，把中国丝织品、瓷器等货物转贩到日本、欧洲等地以攫取巨利。然而，荷兰殖民者采取的是极其野蛮的强盗行径，因此屡遭明朝军队的无情打击，被驱逐出澎湖岛。终明之世，荷兰从未取得直接对华贸易的权利。

题　　名　**十七世纪初期中国与荷兰的海上贸易**
作　　者　李金明
刊　　名　南洋问题研究
年 卷 期　1989 年 4 期
页　　码　1－10

题　　名　**十七世纪海峡两岸贸易的大商人——商人 Hambuan 文书试探**
作　　者　杨国桢
刊　　名　中国史研究
年 卷 期　2003 年 2 期
页　　码　145－172
摘　　要　17 世纪上半叶，漳州港区与台湾荷兰人贸易是东西洋贸易网络的重要一环。荷兰档案文献记载 Hambuan 是 30 年代海峡两岸贸易最重要的中国商人之一。本文指出台湾学者把 Hambuan 比定为同安仕绅林亨万的错误，利用荷兰资料和他致荷兰台湾长官的十封信函，重建一位通晓荷兰语、具有经商技巧和公关能力的明末自由商人的典型个案，分析他在海峡两岸贸易及中荷交涉中的作用。认为把海寇商人、豪绅商人视为明末海商的普通模式，抹杀了自由商人存在的事实，歪曲了中国海洋发展的历史。

题　　名　**十七世纪荷兰与日本在台湾商业交涉**
作　　者　周学普 译
刊　　名　台湾银行季刊
年 卷 期　1956 年 8 卷 3 期

题　　名　**十七世纪上半期的中国糖业及对外蔗糖贸易**
作　　者　陈绍刚
刊　　名　中国社会经济史研究
年 卷 期　1994 年 2 期
页　　码　29－46

题　　名　**十七世纪上半期荷兰殖民者对台湾和东南沿海的侵略及其失败**
作　　者　陈碧笙
刊　　名　厦门大学学报（哲学社会科学版）
年 卷 期　1962 年 1 期
页　　码　57－72

题　　名　**十七世纪上半叶荷兰东印度公司的对华贸易扩张**
作　　者　陈小冲
刊　　名　中国社会经济史研究

年卷期 1986年2期
页码 84-92,43
摘要 十七世纪上半叶是东西方文化交相接触、商业战争剧烈开展、西方殖民者疯狂东进的时代。在远东,先后有葡萄牙、西班牙、荷兰、英国、法国等西方殖民主义者角逐征战,争夺商业霸权,而物产丰富,民间对外贸易发达的中国,则是他们唾涎欲滴的目标,他们力图在中国建立贸易据点、垄断对华贸易,以执远东贸易之牛耳。本文拟就十七世纪上半叶荷兰殖民者的对华贸易扩张略作叙述。

题名 **十七世纪至十九世纪中叶中国帆船业的发展**
作者 田汝康
刊名 历史研究
年卷期 1957年12期

题名 **十七世纪至十九世纪中叶中国帆船在东南亚航运和商业上的地位**
作者 田汝康
刊名 历史研究
年卷期 1956年8期

题名 **十七至十八世纪中国与荷兰的瓷器贸易**
作者 钱江
刊名 南洋问题研究
年卷期 1989年1期
页码 80-91
摘要 明末、清初中国与荷兰的贸易是鸦片战争前中西海上通商历史的一个重要组成部份,瓷器贸易则为此时期中、荷贸易的重点之一。本文拟对十七至十八世纪中、荷瓷器贸易兴起的背景、贸易发展的概况、贸易的结构与特点、输荷中国瓷器的品种和类型以及此项贸易对中、荷两国所产生的影响等问题作一讨论,以期深化中国古代外销陶瓷历史和中国海外贸易史的研究。

题名 **十三—十四世纪的贸易船——以泉州、新安船为要点**
作者 松木哲 著;杨琮 译
刊名 海交史研究
年卷期 1986年10期
页码 104-105

题名 **十三行贸易体制与鸦片战争的关系**
作者 郭华清,朱西学
刊名 五邑大学学报(社会科学版)
年卷期 2010年4期
页码 45-49,92
摘要 广州十三行经清政府特许负责与外国通商并处理相关外交事宜。以英国为首的西方列强认为,十三行贸易体制是自由贸易的枷锁,他们多次试图施压清政府改变这种体制,均未达目的。后来,他们通过向中国输入鸦片获取暴利来解决贸易入超问题。清政府不得不严禁鸦片输入,英帝国主义便发动了肮脏的鸦片战争。

题　　名　**十三行行商性质分析**
作　　者　孙彩云
刊　　名　安徽文学(评论研究)
年 卷 期　2008 年 9 期
页　　码　246
摘　　要　公行、十三行是明末清初中国对外贸易的媒介。关于十三行的创立历来说法不一。其性质也被历来被定义为官商。其成分中也确有类似的成分。但这样定义却不确定呢?本文试图从十三行的历史及官商的历史来分析行商的性质,希望能在总结以上两点的基础上,得出不同的结论。

题　　名　**十三行与清代海外贸易的特点**
作　　者　章深
刊　　名　中国社会经济史研究
年 卷 期　1987 年 1 期
页　　码　74 – 80
摘　　要　在中国漫长的封建社会,海外贸易的经营管理主要有三种形式:唐中叶以前由地方官兼管;唐中叶至清初由市舶司专管;清初至鸦片战争时期,在粤海关控制下,主要由十三行商人具体经营。行商制度存在于中国古代封建经济转向近代半封建半殖民地经济的关键时期,存在于中外交流的关键领域,是远比前代复杂的国内外经济、政治矛盾的焦点,集中反映了上述矛盾的变化和发展。本文试图从这个角度探讨清代外贸的新特点,并希望能够得到一些规律性的认识。

题　　名　**十四世纪失事船舶的保护**
作　　者　李昶根,金益洙,金镛汉,袁晓春,韩秉建
刊　　名　文物保护与考古科学
年 卷 期　1998 年 2 期
页　　码　59 – 61

题　　名　**十四世纪中国火药技术的传入朝鲜和朝鲜人民反倭寇斗争的胜利**
作　　者　朴真奭
刊　　名　延边大学学报(社会科学版)
年 卷 期　1979 年 4 期
页　　码　30 – 37

题　　名　**十四至十八世纪欧亚的西洋布贸易**
作　　者　王元林,林杏容
刊　　名　东南亚研究
年 卷 期　2005 年 4 期
页　　码　86 – 91
摘　　要　元代,中国、东南亚和印度之间存在着一个贩卖西洋布即印度棉布的贸易圈。明代东南亚一些国家把西洋布作为贡品带入中国。十六世纪开始,东来的西方殖民者不但垄断了原产印度西洋布的

贸易,并使之成为香料贸易的补充,同时也带来了产自西欧的西洋布。西洋布一经传入中国,就成为人们喜爱的奢侈品。

题　　名　十四至十五世纪中国帆船的非洲航程
作　　者　沈福伟
刊　　名　历史研究
年 卷 期　2005 年 6 期
页　　码　119 – 134,191 – 192
摘　　要　13 世纪下半叶,中国帆船保持着和索马里、肯尼亚以及桑给巴尔岛的通航。元朝使节出访了摩加迪沙、帕特和泽拉。到过非洲的汪大渊首先指出,马军山水路可以从梅尔卡经马尔代夫和东印度洋联航。《郑和航海图》首次在地图上标出了东非的通航地点,以前识读的有索马里和肯尼亚沿海的 14 个地名,但图上还有经虎尾礁至白沙的航路。郑和第五次航行时,中国帆船最先进入好望角海域,比迪亚士早 60 多年发现好望角。

题　　名　十五六七世纪间中国在印度支那及南洋群岛的贸易
作　　者　张锡纶
刊　　名　食货半月刊
年 卷 期　1935 年 2 卷 7 期

题　　名　十五六世纪初东西方航海“对比”剖析
作　　者　吴长春
刊　　名　世界历史
年 卷 期　1990 年 1 期
页　　码　118 – 122
摘　　要　以哥伦布、麦哲伦、达·伽马等人为代表的西欧新航路开辟与中国的郑和七下西洋,历来是历史研究的热门题目,人们也自然要将这些同是发生在十五六世纪,又分别出现于东西方的航海活动进行比较。然而在我们的有关书刊中,有关这种比较及评价不甚客观,一些结论很值得推敲。

题　　名　十五世纪初叶中国与亚非国家间的友谊关系
作　　者　郑鹤声
刊　　名　文史哲
年 卷 期　1957 年 1 期
页　　码　19 – 28

题　　名　十五世纪初叶中国与亚非国家间在政治经济和文化上的关系
作　　者　郑鹤声
刊　　名　山东大学学报(人文)
年 卷 期　1957 年 1 期

题　　名　十五世纪初郑和对非洲诸国的访问
作　　者　[苏]A·A·伯克夏宁

刊　　名　郑和研究
年 卷 期　1988年12期

题　　名　**十五世纪初中国人海上航行的确切年代**
作　　者　戴闻达
刊　　名　通报
年 卷 期　1939年34卷5期

题　　名　**十五世纪初中国人远航的准确日期**
作　　者　戴文达
刊　　名　通报
年 卷 期　1939年34卷5期

题　　名　**十五世纪东西方经略海洋之异同**
作　　者　王大同，王劲
刊　　名　福建省社会主义学院学报
年 卷 期　2005年3期
页　　码　40－43
摘　　要　东西方在经略海洋方面的不同，使得郑和下西洋默默无闻，而西方却由此而称霸于全世界。

题　　名　**十五世纪东西方经略海洋之异同**
作　　者　王大同，王劲
刊　　名　郑和研究
年 卷 期　2005年1期
页　　码　8－11

题　　名　**十五世纪香山地区的海外贸易**
作　　者　普塔克
刊　　名　广东社会科学
年 卷 期　2010年3期
页　　码　101－108
摘　　要　宋元时期，珠江流域的水流比现在更急更快，因此并没有造成很多的泥沙沉积。16世纪起，由于水流变得缓慢，沉积泥沙使河道变得更容易淤浅，因此扩大了岛屿面积。当时的香山县由于大部分海岸地区距省城较远，没有受到严格的政府监控，成为进行私人贸易活动的理想处所。该地区的贸易需求逐渐增长，不仅取决于在香山和广州之间的内陆地区供求有所发展，还因为在所谓“西航路”的商品运输量持续扩大。15、16世纪香山地区与外国人保持多方面的联系。大部分人大约在4月至10月间从南方来到这里，其中也包括返回那霸的琉球船只。普通贡舶，有的从香山继续往广州航行，但私人商贩和罪犯则继续停留在香山。此外，香山属于广州“前方”地带，可能是早在葡萄牙时代前好几十年就已经被用于与外国进行联系最重要地方之一。

题　　名　**十五世纪郑和下西洋与葡萄牙人时期海上探险事业之比较**
作　　者　陶松云
刊　　名　郑和研究
年 卷 期　1992 年 15 期

题　　名　**十五世纪郑和下西洋与葡萄牙人早期海上探险事业之比较**
作　　者　陶松云,张一东
刊　　名　绥化学院学报
年 卷 期　1991 年 3 期
页　　码　33 - 37
摘　　要　郑和下西洋和葡萄牙人早期海上探险事业都发生于 15 世纪初。但是明朝的官船 15 世纪中叶以后却不再出现在印度洋上,而瓦斯科・达伽马则于 1498 年经过好望角而到达了印度的古里。这一对比很早就引起历史学家们的注意,但是迄今尚未有人对这两个历史事件进行全面的比较研究。本文只是这方面的一个初次尝试。

题　　名　**十五世纪中西三大航海活动比较初探**
作　　者　何芳川
刊　　名　北京大学学报(哲学社会科学版)
年 卷 期　1983 年 6 期
页　　码　81 - 91

题　　名　**十五至十八世纪中国海外贸易发展缓慢的原因**
作　　者　田汝康
刊　　名　新建没
年 卷 期　1964 年 8 - 9 期

题　　名　**十五至十六世纪中西航海不同结局的原因初探**
作　　者　李隆庆
刊　　名　华中师范大学学报(人文社会科学版)
年 卷 期　1986 年 3 期
页　　码　46 - 52
摘　　要　十五至十六世纪,亚欧大陆东西两端的中西国家都进行了远洋航海活动,共同缔造了一个从未有过的世界大航海的新时代。十五世纪最初三十年间,当欧洲人对"昏暗的大洋"怀着恐惧心理,不敢贸然涉足的时候,中国伟大航海家郑和即已率领着庞大舰队,纵横驰骋在印度洋上,往来于中国、南亚和东非之间,成为世界大航海时代的开拓者。然而,为时不久,以郑和为代表的明帝国官方航海事业,由盛而衰,遽然终止;西方航海活动却日渐发达,历久不废。二者不同结局的原因何在? 本文拟对此问题试作探讨,以就教于学者们。

题　　名　**十五至十七世纪中西航海贸易势力的兴衰**
作　　者　杨翰球
刊　　名　历史研究

年 卷 期　1982 年 5 期

题　　名　**十一—十二世纪宋与高丽的贸易往来**
作　　者　朴真奭
刊　　名　延边大学学报(社会科学版)
年 卷 期　1979 年 2 期
页　　码　84－91
摘　　要　宋(包括北宋和南宋,本文不严格区分,而统称宋)与高丽贸易主要有两种,一是通过国家使节进行的国家贸易;二是在民间进行的私人贸易。本文从三个方面叙述如下。

题　　名　**十字军东征、蒙古军西征与东西方贸易**
作　　者　尹元超
刊　　名　武汉大学学报(人文科学版)
年 卷 期　1992 年 5 期
页　　码　75－81
摘　　要　十字军东征和蒙古军西征都是封建主的军事扩张活动,但是对东西方贸易所起的作用却显著不同。十字军东征为意大利城市发展利凡特贸易提供了契机,将西欧国家的对外贸易推进到一个新的高度;蒙古军西征却只是使东亚与西亚间通过陆上与海上丝绸之路的传统贸易有所恢复,呈现一时之盛,这是东西方国家封建社会具体经济政治结构有所不同所致。有关历史事实同时表明,直至地理大发现前夕,尚未突破几大国际贸易区相对独立,东西方之间的远距离贸易还需分为几个区段进行接力式转运的基本格局。

题　　名　**石锚古生物学的研究与新大陆的发现**
作　　者　安太庠
刊　　名　世界历史
年 卷 期　1992 年 4 期
页　　码　91－96

题　　名　**石锚物证与殷人东渡辨析——与房仲甫同志商榷**
作　　者　张虎生
刊　　名　拉丁美洲丛刊
年 卷 期　1982 年 3 期
页　　码　11－17
摘　　要　我国与南、北美洲国家的友好交往源远流长。探索和研究中国——美洲友好交往的渊源及其历史发展的各个阶段,无疑具有十分重要的现实意义和学术价值。

题　　名　**石塘长沙资料辑录考释**
作　　者　林金枝
刊　　名　南洋问题
年 卷 期　1979 年 6 期
页　　码　100－126

题　　名　实事求是、明辨是非深入开展中国近代海关史的研究——《“赫德与旧中国海关”理论研讨会》小结
作　　者　赵光华
刊　　名　海关研究
年 卷 期　2003 年 5 期
页　　码　22 – 24

题　　名　实事求是地评价丁汝昌
作　　者　张壮强,钟林
刊　　名　玉林师专学报
年 卷 期　1994 年 4 期
页　　码　1 – 12

题　　名　史前航海舟船的民族考古学探索
作　　者　吴春明
刊　　名　海交史研究
年 卷 期　2009 年 56 期
页　　码　59 – 67
摘　　要　史前时代百越先民的航海舟船是世界船史的一大问题。由于“南岛语族”与百越历史、文化密切的源流关系,“南岛语族”的“边架艇”和双体帆船对探索已经“消亡”的华南土著的远洋海船具有重要的启发。“边架艇”和双体帆船既克服了单体独木舟在风浪中容易横向摇曳、甚至翻覆的不稳定性,又具备独木舟轻便、构造整体性的优点,成为太平洋上稳定的远洋海船。贵州台江施洞苗族的“子母船”与太平洋“南岛语族”的“双边架艇独木舟”有高度的共性,应就是太平洋“南岛语族”之“边架艇独木舟”的逻辑原型,很可能就是在华南海域消失了二三千年的史前土著远洋舟船的“活化石”。华南史前与早期历史考古发现的多处“独木舟”也不乏“边架艇”独木舟船的线索,如浙江萧山跨湖桥 8000 年前独木舟、福建连江浦口、广东化州、广西钦州的汉代独木舟等,它们很可能也是原始的“边架艇”独木舟,是数千年前华南土著驰骋浩瀚太平洋的最早的海船遗存。

题　　名　史前时期先越文化输入日本诸问题刍议
作　　者　王心喜
刊　　名　绍兴文理学院学报(哲学社会科学)
年 卷 期　2003 年 2 期
页　　码　1 – 7,15
摘　　要　研究表明,日本早期文化(绳纹文化和弥生文化)的若干因素,都可以从河姆渡及其后继者为代表的杭州湾及其周边地区的先越文化中找到渊源关系。先越原始居民从杭州湾出发,借助季风、海流移动的力量以及天文、地文导航直接东渡日本,确有实现可能。不过,先越文化由海路输入日本,是自发的,断断续续的,绝不是一次完成,而是在一个相当长的时期内多次完成的。

题　　名　使琉球录中的琉球组舞
作　　者　刘富琳

刊　　名　海交史研究
年 卷 期　2002 年 41 期
页　　码　92－97,131

题　　名　**士林地区的妈祖信仰**
作　　者　简有庆
刊　　名　台湾宗教研究通讯
年 卷 期　2002 年

题　　名　**世界航海史上的伟大创举——写在郑和下西洋 600 周年之际**
作　　者　白福义
刊　　名　中国穆斯林
年 卷 期　2005 年 1 期
页　　码　36－37
摘　　要　众所周知,郑和无论是在中国航海史、世界航海史,还是在中国回族史上都可以称之为一位重要的历史人物。郑和是世界航海事业的伟大先躯者,郑和下西洋是世界航海史上的伟大创举。

题　　名　**世界航海史上的伟大先驱——郑和——为纪念伟大航海家郑和下西洋五百八十周年而作**
作　　者　席龙飞
刊　　名　武汉理工大学学报(交通科学与工程版)
年 卷 期　1985 年 3 期
页　　码　111－118
摘　　要　郑和作为航海事业的伟大先驱,比世界上所有航海家的航海活动都早。就船队规模之大、船员人数之多、航海生涯之久、航海技术之高等诸多方面而论,郑和的成就,更是哥伦布、伽马、麦哲伦等人所不可比拟的。与欧洲殖民主义者以掠夺为目的的航海活动相反,郑和在发展中国与亚非各国人民之间的友谊方面,作出了突出的贡献,迄今仍为许多国家的人民所崇敬。

题　　名　**世界航海史上的壮举——明朝航海家郑和**
作　　者　刘俊昌
刊　　名　初中生辅导
年 卷 期　2008 年 19 期
页　　码　73－75

题　　名　**世界航海先驱郑和与西方诸航海家的比较研究**
作　　者　席龙飞
刊　　名　海交史研究
年 卷 期　1992 年 22 期
页　　码　1－12

题　　名　**世界历史上的郑和远航——兼论三宝太监下西洋的动因**
作　　者　何芳川

刊　　名　历史教学
年 卷 期　1992 年 6 期
页　　码　31 - 33
摘　　要　近来年，郑和下西洋的活动，引起了学术界很大兴趣。为什么在我国明代就能派出那样规模庞大的远洋船队？为什么比起西方哥伦布和达·伽马的航海活动，我国郑和远航无论从时间、规模等哪一方面看都占尽风流，却未能产生前两者那样的历史后果与影响？在世界历史上，郑和远航究竟占有什么地位？处在同一时代、又大致属于同一类型的人类历史活动，却产生了迥然不同的历史后果，其根源，首先应从促成这类历史活动的动因当中去寻求。在这方面，学者们已提出不少观点。本文也有几点浅见，参加讨论。

题　　名　**世界商业扩张时代的广州贸易(1750～1840 年)**
作　　者　叶显恩
刊　　名　广东社会科学
年 卷 期　2005 年 2 期
页　　码　105 - 112
摘　　要　本文论述 18 世纪全球商业扩张时代南海贸易格局所发生的变化，广州“独口通商”的由来和广州贸易的特点。着重探讨广州华商资本的发展及其卷入世界市场的情况。指出以十三行商人为代表的豪商，已同其印度、美国商人伙伴一样，成为国际性的商人。广州华南的商业网络不仅越过传统的南海水域伸展到欧、美各地，而且与国际的贸易网络相交织，甚至已经直接投资于欧、美各地。

题　　名　**世界上罕见的特种船型——歪屁股船**
作　　者　冯蔚然
刊　　名　上海海运学院学报
年 卷 期　1982 年 2 期
页　　码　36 - 58

题　　名　**世界上最早的水军乐器“鑃”**
作　　者　柳羽
刊　　名　乐器
年 卷 期　1993 年 2 期
页　　码　13 - 14
摘　　要　文章认为我国很早就创建了水军，“鑃”是水军所用的青铜札乐器；读音为“zhao”，取自古船桨名(櫂)；它在军中的配置数量和大小，标志了军阶的高低和功勋的大小。

题　　名　**世界史上的魏源**
作　　者　藤间生大
刊　　名　船山学刊
年 卷 期　1994 年 2 期
页　　码　67 - 73，85
摘　　要　欧洲人在 15～16 世纪开辟世界航线，初次发现了“世界”，这是其他地区的人们没有能够完成的具有世界历史意义的丰功伟绩。业已被证明为圆形的这个地球世界，因中国人魏源于 1844 年出版

《海国图志》，又有了如下的发现："红夷东驶之舶，遇岸争岸，遇洲据洲，立城埠，设兵防，凡南洋之要津已尽为西洋之都会，地气天时变，即史例亦随世而变，志南洋，实以志西洋也。"这时的"南洋"已属于"西洋"，并非"南洋"之"南洋"，于是在全世界出现了自然与主体丧失的状态。《海国图志》首次向世人系统地昭示了这一惨痛的历史事实，这也是具有世界历史意义的丰功伟绩。魏源的这一认识，很快地为熟谙中国文字的日本和朝鲜的知识界所掌握，并对这两个民族和国家的新发展作出了很大的贡献。魏源思想的贡献是否仅止于日本和朝鲜？这是一个为克服中国、日本、朝鲜三个国家迄今为止对魏源认识之不足，同时也是为剖析东亚近代史的起点所无法回避的课题。

题　　名　**世界史中的郑和下西洋**
作　　者　薛涌
刊　　名　21 世纪商业评论
年 卷 期　2005 年 4 期
页　　码　130 – 132

题　　名　**市舶的演变及其影响**
作　　者　张坪
刊　　名　历史学习
年 卷 期　2001 年 5 期
页　　码　26

题　　名　**市舶法则**
作　　者　方舟
刊　　名　国际贸易
年 卷 期　1985 年 12 期
页　　码　61
摘　　要　《市舶法则》是中国古代海外贸易管理方面第一个系统化和文字化的规章制度，该法则形成于元代至元年间，是在总结唐宋海外贸易管理经验的基础上制定的。起初被称为《整治市舶司勾当》二十二件，其后又进行修订，取名《市舶法则》二十二条。

题　　名　**市舶管理在海外贸易中的作用和影响——从宋代广州和泉州的海外贸易谈起**
作　　者　陈苍松
刊　　名　海交史研究
年 卷 期　1988 年 13 期

题　　名　**市舶使**
作　　者　方舟
刊　　名　国际贸易
年 卷 期　1985 年 7 期
页　　码　58
摘　　要　在努力实现对外贸易管理现代化的今天，回溯我国古代海外贸易管理的历史，想必是有益无害的。市舶使正是我国古代海外贸易管理的领先产物。当唐代海外贸易蓬勃发展之际，为适应客观需要，首先在广州港设置了市舶使，即设官管理海外贸易。

题　　名　市舶使与市舶司
作　　者　胡家庆，丁辉君
刊　　名　国际经贸探索
年 卷 期　1987 年 2 期
页　　码　84,78
摘　　要　市舶使与市舶司有一些相似之处，也有若干不同之点。简言之，市舶使起源于唐朝，是管理海上贸易的官职，而市舶司则发端于宋朝，是海外贸易的管理机构。两者都是我国封建社会的市舶制度，反映了我国当时海外贸易的发展以及与其相适应的外贸管理水平。

题　　名　市舶司对海外贸易的消极作用——兼论中国古代工商业的发展前途
作　　者　章深
刊　　名　浙江学刊
年 卷 期　2002 年 6 期
页　　码　151－158
摘　　要　市舶司是中国古代最重要的海外贸易和经营机构。本文认为，宋代市舶司不但不具有积极推进海外贸易的作用，反而直接地或间接地阻碍了海外贸易的发展；市舶司是对盐铁官营机构的模仿，也是专制王朝实行工商业控制的工具。

题　　名　市舶原则与关税制度
作　　者　关镜石
刊　　名　海交史研究
年 卷 期　1988 年 13 期

题　　名　市舶制度与海关制度比较——兼谈陆地边关与海关有关的问题
作　　者　郭宗宝
刊　　名　海交史研究
年 卷 期　1988 年 13 期

题　　名　市禁则商转而为寇——论明嘉靖年间倭患猖獗的原因
作　　者　王晖
刊　　名　广西右江民族师专学报
年 卷 期　1999 年 12 卷 4 期
页　　码　66－67
摘　　要　明朝嘉靖年间，中国东南沿海以中国人为主的“倭患”日益猖獗，究其原因，乃明政府实行极端的海禁政策所致，即“市禁则商转而为寇”；隆庆元年，稍宽海禁，长期军事行动难以压制的局面迅速稳定下来，证实了“市通则寇转而为商”的道理。

题　　名　试从考古发现探索百越文化源流的若干问题
作　　者　杨式挺

刊　　名　学术研究
年 卷 期　1982 年 1 期
页　　码　105 – 112
摘　　要　我国是一个统一多民族的伟大国家。百越文化是构成光辉灿烂的中华民族文化的来源之一。关于百越民族史问题,解放前已有论著。解放后更有新的广泛研究。本文拟以考古资料(尤以本省的)为主,结合文献,试就百越文化的源流(侧重在源)中的若干问题,作一些粗浅探讨。

题　　名　试从南丝路沿线出土海贝探求古蜀海贝的由来
作　　者　张弘
刊　　名　兰台世界
年 卷 期　2009 年 11 期
页　　码　64 – 65

题　　名　试解明代宝船厂之谜
作　　者　杨斌
刊　　名　郑和研究
年 卷 期　2001 年 1 期
页　　码　49 – 51
摘　　要　明永乐、宣德间郑和七下西洋,影响之大遍及中外,在国内其开拓精神对今天的改革开放起着很大的鼓舞作用,在国际上常有海外人士来我国参观,考察郑和及其下西洋时留下的遗迹。南京中保村宝船厂遗址就是其中之一,英国探险家瓦纳知道郑和事迹后深受感动,他怀着对郑和敬仰的心情乘一条长约 20 米的"宝龙"号木帆船,计划 1999 年 11 月下旬从南京宝船厂遗址出发,经马六甲海峡,远航阿拉伯国家和非洲,也就是沿郑和当年下西洋的航线,再"下西洋"。

题　　名　试举析郑和船队到过浡泥的若干明代史料依据
作　　者　陈平平
刊　　名　南京晓庄学院学报
年 卷 期　2009 年 4 期
页　　码　89 – 94
摘　　要　(明)张洪《归田稿·华夷胜览序》与吴讷《思庵文粹》卷三证实:匡愚曾从郑和一、二、三次下西洋,著有《华夷胜览》,郑和使团船队到过浡泥。与此链接,《明实录》等相关的明代史料,支持郑和船队第一、二次下西洋时期到过浡泥的看法。陆容《菽园杂记》等的记载,表明郑和船队第三次下西洋时期到过浡泥。黄省曾《西洋朝贡典录》记有浡泥,表明它为郑和船队所通达之国。茅元仪《武备志·郑和航海图》等,有福建长乐——占城新州港——加里曼丹岛浡泥的航线。张燮《东西洋考·文莱》述及,闽人有随郑和至此留居的。

题　　名　试论"一口通商"时期闽海关的商品流通
作　　者　廖声丰,符刚
刊　　名　江西财经大学学报
年 卷 期　2010 年 2 期
页　　码　95 – 100

摘　　要　清代前期尤其是"一口通商"前,福建较为发达的对外贸易和国内长途贸易,使闽海关与同时期的江海关和浙海关相比,其对外贸易特征更为明显,这给闽海关带来丰厚的税收。福建独特的地理情况,决定了该省的长途、短途贸易均需通过闽海关各口岸。"一口通商"初期,清代前期闽海关的外贸色彩更浓,主要表现在对日贸易上。但是"一口通商"以后,随着福建外贸的衰退特别是内贸商品流通格局的变迁,闽海关的商品流通量大为减少,税收也随之大幅度下降。"一口通商"政策的实行,相当程度上影响了近代福建经济的转型。

题　　名　**试论"永保土兵"在抗倭斗争中的功绩**
作　　者　姚金泉
刊　　名　吉首大学学报(社会科学版)
年 卷 期　1992 年 13 卷 1 期
页　　码　140－143,91
摘　　要　湘西土家、苗、汉、白等族人民,素以勤劳勇敢、热爱祖国而著称于世。这一点在抗倭斗争中表现得最为明显,笔者就永保土兵在抗倭斗争中的功绩、作用和地位问题,谈谈自己的浅见。

题　　名　**试论《岭外代答》的重要史料价值**
作　　者　杨东甫,黄权才,卢斯飞
刊　　名　广西师院学报
年 卷 期　1996 年 3 期
页　　码　101－108
摘　　要　《岭外代答》一书,具有很高的史料价值。但至今为止,学术界对此还缺乏深入的探讨。本文作一尝试,从研究广西州县史、广西全史、宋代史以至中外交通史等不同的角度,对此书加以分析研究,以足够的事实证明:此书蕴藏着十分丰富的而多层次、多学科的珍贵史料,对研究上述各方面的历史具有很高的参考利用价值。

题　　名　**试论《马关条约》对中国近代航运业的影响**
作　　者　史春林
刊　　名　中国近代史
年 卷 期　1996 年 2 期

题　　名　**试论《马关条约》对中国近代航运业的影响**
作　　者　史春林,吴长春
刊　　名　历史教学
年 卷 期　1995 年 11 期
页　　码　50－51
摘　　要　在甲午战争中,中国被日本打败,清政府被迫于 1895 年 4 月 17 日与日本签订了不平等的《马关条约》。本文拟就《马关条约》给中国近代航运业造成的影响作一初步探讨,从而更加全面地认识《马关条约》对中国近代社会的深刻影响。

题　　名　**试论《入唐求法巡礼行记》的史料价值**
作　　者　牛致功

刊　　名　人文杂志
年 卷 期　1993年2期
页　　码　89－95

题　　名　试论15－16世纪东西方航海的不同
作　　者　徐志贤
刊　　名　黑龙江教育学院学报
年 卷 期　2002年21卷4期
页　　码　71－72
摘　　要　15－16世纪,中国郑和的七次下西洋与欧洲的达·迦马、哥伦布、麦哲伦等人的远航同时成为当时之盛举。但东西方的航海又明显存在着不同,即双方的历史背景不同、双方的动机不同、双方的领头人不同、双方的地理观不同、双方在航海过程中的活动不同和双方的影响不同。

题　　名　试论16－17世纪中叶澳门对海上丝路的历史贡献
作　　者　万明
刊　　名　文化杂志
年 卷 期　2002年43期

题　　名　试论16至18世纪中叶太平洋航海贸易
作　　者　艾周昌,许斌
刊　　名　史学月刊
年 卷 期　1989年6期
页　　码　85－92

题　　名　试论17世纪郑氏海上贸易对闽台社会经济的影响
作　　者　陈娟英
刊　　名　南方文物
年 卷 期　2005年3期
页　　码　106－110,105

题　　名　试论1903年中美《通商行船续订条约》
作　　者　崔志海
刊　　名　近代史研究
年 卷 期　2001年5期
页　　码　144－176
摘　　要　1903年的中美《通商行船续订条约》虽然是一个不平等的条约,为扩大美国在华投资和贸易提供了某些条约保障,但由于清政府国权意识的增强,该条约在主要方面并没有实现美国“门户开放”政策的目标,也不一定都对中国的利益构成危害,甚至在某些方面较诸以前的不平等条约有所改善。

题　　名　试论澳门在早期(1635－1842)中英贸易关系中的地位和作用
作　　者　余清良

刊　　名　海交史研究
年 卷 期　2000 年 37 期
页　　码　11 - 19,49

题　　名　**试论北宋开封定都**
作　　者　王明德
刊　　名　开封大学学报
年 卷 期　2008 年 22 卷 1 期
页　　码　16 - 20
摘　　要　北宋定都开封是由北宋初年的政治斗争形势需要和经济条件所决定的,有其深刻的经济、政治背景。定都开封为北宋初年基本国策的推行提供了现实条件,进而为国家政权的巩固发挥了相当重要的作用。随着政治、军事斗争形势的发展变化,开封定都在北宋中后期又引起一系列严重后果。从北宋都城的确立、发展、繁荣和衰落的过程及其作用与影响看,北宋定都与运河漕运密切相关。漕运条件是宋初定都的基本考虑,依靠漕运是北宋立国的基础,发展漕运是开封繁荣的重要因素,受制于漕运是北宋积弱的主要原因,运河的衰落和南北运道的断绝是宋室衰落和都城南迁的重要原因。

题　　名　**试论北宋时期开封的地理区位优势对其国都地位确立的影响**
作　　者　程佩
刊　　名　大庆师范学院学报
年 卷 期　2010 年 2 期
页　　码　111 - 114
摘　　要　北宋定都开封,从而开启了开封城作为北宋国都的 168 年的辉煌城市史。开封能成为北宋的都城,得益于它在那个时代的地理区位优势,首先是其靠近河北的地理位置;其次,是隋唐以来日渐发达的漕运沟通起它和南方的经济中心;最后,当上述两点优势紧密结合北宋的具体国情时,历史便把开封推上首都的历史舞台,从而拉开其最为辉煌的历史大幕。可以说,这是历史的必然选择。

题　　名　**试论北洋海军基地建设的历史进程及其基本特征**
作　　者　侯飞
刊　　名　郑和研究
年 卷 期　2009 年 1 期
页　　码　45 - 50
摘　　要　北洋海军基地的建设,从最初关于选址的争论到大沽口、旅顺、威海卫三大基地的逐步建成,经历了一系列曲折反复的过程,却终究不能逃脱被列强瓜分乃至破坏的厄运。这既是晚清海军和国防近代化的集中反映,在一定程度上也可以说是整个中国社会近代化的一个缩影。半殖民地半封建的社会性质、高度集权的封建政治制度和自然的小农经济对北洋海军基地建设产生了严重影响,使其具有了被动性、私有性、保守性等基本特征。

题　　名　**试论不平等条约对中国领水主权的限制**
作　　者　刘利民
刊　　名　湖南师范大学社会科学学报
年 卷 期　2005 年 34 卷 3 期

页　　码　115－120

摘　　要　在近代史上,不平等条约对中国领水主权构成了严格限制,表现在经济、政治与军事三个方面。经济方面主要是指沿岸贸易权与内河航行权的攫夺;政治方面则表现为租借条约、租界条约、不割让协定等对领水主权的限制;军事方面,列强租借水域布置军事设施和外国军舰自由航行中国领水,大沽至山海关不设防规定是领水主权限制的重要表现。总之,不平等条约的存在意味着中国近代领水主权遭到了严重破坏。

题　　名　试论朝贡贸易对明朝中外关系的影响

作　　者　许飞飞

刊　　名　才智

年 卷 期　2009年26期

页　　码　142

摘　　要　在中国古代对外关系史上,朝贡贸易曾作为一种特殊的外交方式,对中国的外交活动产生过重大的影响。明朝时期朝贡制度发展的缜密和完善,使得当时的中外关系,表现出在朝贡贸易的影响下表现出非凡的特殊性。这一特殊性,主要体现在宗番性上。

题　　名　试论朝贡制度的演变

作　　者　喻常森

刊　　名　南洋问题研究

年 卷 期　2000年1期

页　　码　55－65

摘　　要　朝贡制度是古代中国与东南亚国家的外交关系体系,是中国传统的儒家思想和封建宗法观念在对外关系上的表现。朝贡起源于先秦的分封制,秦汉以后,进一步发展,到隋唐时期已初具规模。宋元时期,由于中国与东南亚之间交通的发达,朝贡制度更加完善。明代是朝贡制度发展顶峰,其制度达到了缜密的地步。然而,进入清代以后,朝贡制度出现了严重的衰落,并最终退出了历史舞台。导致这一变化的主要原因是西方殖民者的侵略破坏了东亚传统的华夷秩序。

题　　名　试论疍民不是民族

作　　者　莫雁诗

刊　　名　广西地方志

年 卷 期　1995年2期

页　　码　54－58

题　　名　试论道光初年漕粮海运

作　　者　倪玉平

刊　　名　历史档案

年 卷 期　2002年1期

页　　码　93－99

摘　　要　道光四年(1824年),洪泽湖决口,河漕受阻。协办大学士英和指出,要解决漕运危机,唯有"暂雇海运",得到道光帝、琦善和陶澍等人的支持,于第二年将江苏漕粮全部海运,由此开始了清朝历史上的首次漕粮海运,但仅实行一次即宣告停止;直到二十余年后,漕粮海运才再次启动。因而,道光初年这次漕粮海运的利弊得失值得思考。

题　　名 **试论道光前期的漕粮海运**

作　　者 刘梅生,庞乃铭

刊　　名 信阳师范学院学报(哲学社会科学版)

年 卷 期 1993 年 1 期

页　　码 48 – 52

题　　名 **试论德川幕府时期日本与东南亚的朱印船贸易**

作　　者 尤建设,吴佩军

刊　　名 南洋问题研究

年 卷 期 2006 年 4 期

页　　码 88 – 95

摘　　要 本文主要论述了德川幕府时期日本与东南亚地区朱印船贸易的发展状况。朱印船制度的确立,从根本上讲,是为了对内巩固幕府的统治,对外打破葡萄牙商人对日贸易的垄断地位;朱印船贸易的终结,是幕府采取禁教和锁国政策的必然结果。在西势东渐背景之下,朱印船贸易刺激了"日本—中国—东南亚"贸易圈商品经济的发展,促进了东西方的文化交流,反映了区域经济发展的相互依存性。

题　　名 **试论东晋末年孙恩卢循起义**

作　　者 陆树庆

刊　　名 学术研究辑刊

年 卷 期 1980 年 2 期

页　　码 96 – 103

摘　　要 孙恩、卢循起义,是东晋末年一次规模大、时间长、影响深的农民大起义。参加起义的农民群众最多时达到几十万人;起义农民转战于当今的浙江、江苏、福建、广东、湖南、江西、湖北、安徽、广西等九个省区;时间前后长达十三年(公元三九九 – 四一一)之久。起义农民烧官府,杀官吏,把斗争的锋芒直指腐朽的东晋王朝和世族大地主,从根本上动摇了东晋王朝的反动统治,沉重地打击了豪强门阀势力,有力地推动了社会向前发展,为中国农民战争史谱写了光辉的一页。然而,解放以来,史学界对于这次起义,却存在着很大的分歧意见;虽多数人认为它是农民起义,但又颇感语焉未详,有些问题并未说清楚。因此,笔者不揣粗陋,试就对这次起义的社会背景、起义的组织形式、起义的斗争经过、起义失败的原因和起义的历史影响等几个问题作一阐述,以就教于史学界的同志。

题　　名 **试论法显**

作　　者 靳生禾

刊　　名 史学月刊

年 卷 期 1981 年 6 期

页　　码 24 – 29,23

摘　　要 我国晋代高僧法显,是一位伟大的旅行家和卓越的翻译家。然而,法显在历史上毕竟是以佛教人物出现的,当时世俗社会中知道他的人是不多的,官修史传中也不可能多说到他。这使他的生平资料十分缺乏,其著作的研究和发扬,亦不能不受到局限。

题　　名　**试论菲律宾华人的宗教组织**
作　　者　陈衍德
刊　　名　海交史研究
年 卷 期　1996 年 29 期
页　　码　77 – 87

题　　名　**试论封建社会末期中日对外贸易政策**
作　　者　王丽蓉
刊　　名　辽宁教育行政学院学报
年 卷 期　2008 年 25 卷 9 期
页　　码　27 – 29
摘　　要　中日两国都是在西方列强的炮舰逼迫下开始了近代化进程的。面对着西方列强，为了维护新生政权，两国政府虽然都采取了“海禁”“锁国”的外交形式，但其本质有很大差别，这就造成了两国近代化的不同进程和不同的结果。中国社会的发展离不开世界，闭关自守只能导致停滞和落后。

题　　名　**试论封建势力的压迫与南宋中后期海商资本的衰落**
作　　者　廖大珂
刊　　名　中国社会经济史研究
年 卷 期　1989 年 2 期
页　　码　66 – 72
摘　　要　宋代海商资本的发展曾经历了由盛转衰的过程，造成这种变化的主要原因是宋代各种封建势力对海商资本的沉重压迫。本文拟就这一方面试作初步的探讨。

题　　名　**试论福建古代在冶铸、制瓷和造船等方面的成就**
作　　者　林仲铉
刊　　名　福建论坛（社科教育版）
年 卷 期　1983 年 4 期
页　　码　77 – 81
摘　　要　福建古代文化源远流长，其范围和内容十分广泛。本文仅从冶铸、制瓷和造船等三个方面，来论述福建古代科技文化的成就。

题　　名　**试论高丽对宋的朝贡贸易**
作　　者　陈慧
刊　　名　东疆学刊
年 卷 期　2009 年 3 期
页　　码　99 – 105
摘　　要　宋朝与高丽通交的时期堪称中朝两国历史上最为和睦的阶段。双方外交往来政治属性较弱，其中一个阶段基本上完全以经济、文化交流为主。高丽对宋频繁开展了朝贡贸易。丽宋朝贡贸易的航路和基本方式及交流的物种等，归纳了高丽共 68 次来宋朝朝贡的具体情况。

题　　名　试论公元前中国风帆存在的可能性及其最早出现的时限
作　　者　孙光圻
刊　　名　船史研究
年 卷 期　1986 年 2 期
页　　码　11－19

题　　名　试论古代宁波海外贸易的发展
作　　者　林正秋
刊　　名　商业经济与管理
年 卷 期　1981 年 4 期
页　　码　45－49

题　　名　试论古代中日之间的三次战争
作　　者　赵健民，王金林
刊　　名　天津社会科学
年 卷 期　1984 年 4 期
页　　码　63－70

题　　名　试论关帝信仰传播日本及其演变
作　　者　童家洲
刊　　名　海交史研究
年 卷 期　1993 年 23 期
页　　码　24－31

题　　名　试论关榷与清代前期四川的商业
作　　者　鲁子健
刊　　名　社会科学研究
年 卷 期　1988 年 1 期
页　　码　92－97

题　　名　试论海军、海战在中日甲午战争中的地位和影响
作　　者　苏小东，马骏杰
刊　　名　福建论坛（人文社会科学版）
年 卷 期　1991 年 5 期
页　　码　49－56

题　　名　试论海神信仰的功能性特征
作　　者　叶澜涛
刊　　名　广东海洋大学学报
年 卷 期　2007 年 27 卷 5 期

页　　码　26－29

摘　　要　通过对历史典籍的梳理，发现中国的海神信仰具有漫长的历史及演变的内在规律性。其中明显表现在海神崇拜具有避难、求渔、求子等方面的功能性特征。

题　　名　试论汉唐时期海外贸易的几个问题

作　　者　吴泰

刊　　名　海交史研究

年 卷 期　1981年3期

题　　名　试论航海史的性质、范围及其邻近学科的相互关系

作　　者　孙光圻

刊　　名　航海技术

年 卷 期　1983年3期

题　　名　试论河姆渡出土的“陶舟”

作　　者　李跃

刊　　名　南方文物

年 卷 期　1995年1期

页　　码　58－62,68

题　　名　试论荷兰东印度公司从商业掠夺机构到殖民地统治机构的演变

作　　者　廖大珂

刊　　名　南洋问题

年 卷 期　1987年4期

页　　码　82－92

题　　名　试论赫德对晚清外交的影响

作　　者　何尚文

刊　　名　福建师大福清分校学报

年 卷 期　1992年3期

页　　码　20－24

摘　　要　英国人赫德从1863年到1909年担任清末中国海关总税务司达46年之久，在中国海关史和外交史上占有显赫的地位。赫德依仗他对中国海关的控制、利用清朝官员对外交的无知，打进清政府的外交领域，晚清重大外交事件几乎没有一桩赫德未曾参与。他的外交活动为资本主义侵略势力打进中国开辟了更加广阔的道路，使中国在半殖民地泥潭里越陷越深。本文试就赫德插手晚清重大外交活动情况及其危害性，谈些粗浅的看法。

题　　名　试论赫德对中国近代海关制度的革新

作　　者　余林

刊　　名　宜宾学院学报

年 卷 期　2007年2期

页　　码　45－48

摘　　要　担任晚清中国海关总税务司近半个世纪的英国人赫德，从他踏上中国的国土起，便注定要扮演“狠角色”。赫德利用中国海关为基点和舞台，做出了一番对英国和中国都产生深远影响的事业。因此，对于这位洋员如何评价，传统观点以贬意居多，然而本文试图从另一个角度即赫德对中国近代海关制度革新来论证，赫德不仅仅只是“帝国主义列强在华利益的代理人”，以此复原历史上赫德的真正形象。

题　　名　试论赫德在中国近代海关的廉政建设

作　　者　黄丰学

刊　　名　绥化学院学报

年 卷 期　2006年26卷1期

页　　码　117－121

摘　　要　中国近代海关虽为洋人所把持，但其仍为中国之行政机构。总税务司赫德在海关这个中国行政子系统里，实行高薪养廉制度、严格关员的选拔和考核、健全内部权力制约机制、制定约束关员廉洁的规章、严明惩戒制度和倡导海关精神，大力开展廉政建设，从而建立了相对高效廉洁的海关行政。赫德在中国近代海关里的廉政建设，为海关税收的不断增长提供了可靠的政治保障，也为赫德地位的日益巩固提供了极大的政治资本。本文拟从廉政建设的视角，探究中国近代海关高效廉洁之奥秘，以期有裨于当今中国之廉政建设。

题　　名　试论沪尾大捷在中法战争中的地位和作用

作　　者　廖宗麟

刊　　名　广西广播电视大学学报

年 卷 期　2000年11卷1期

页　　码　59－62

摘　　要　光绪十年八月二十日，台北清军在沪尾大败利士比所部法军，中外史书多称其为“沪尾大捷”。这个战斗的规模虽然不大，对于挫败法军占领台湾，向中国勒索赔款的阴谋起了很大的作用，在台湾抗法战争和中法战争中占有重要的地位。

题　　名　试论华侨华人妈祖信仰的文化特征及其发展趋势

作　　者　李天锡

刊　　名　华侨华人历史研究

年 卷 期　1992年3期

页　　码　16－22

题　　名　试论黄海海战北洋舰队胜负问题

作　　者　郭铁桩

刊　　名　军事历史研究

年 卷 期　2008年1期

页　　码　82－85

题　　名　试论黄海海战丁汝昌的作战思想

作　　者　杨苏荣

刊　　名　军事历史研究
年 卷 期　1989 年 1 期
页　　码　140 – 146

题　　名　试论嘉靖倭患的起因及性质
作　　者　李金明
刊　　名　厦门大学学报(哲学社会科学版)
年 卷 期　1989 年 1 期
页　　码　84 – 90
摘　　要　所谓“嘉靖倭患”,亦称“壬子之患”,指的是嘉靖壬子年(三十一年,1552 年),海寇商人头目王直等勾引倭寇,大举入寇我国东南沿海一带,“连舰数百,蔽海而至,浙东西、江南北,滨海数千里,同时告警”。这场倭患持续至嘉靖 45 年(1566 年),前后达 15 年之久,凡浙、直、山东,以至福建、广东,沿海万里均受蹂躏,甚而“入腹里淮、扬、徽、太、杭、嘉、金、衢之间,至窥南京,裂国家幅员之半”,其破坏程度之惨重,堪称“宇宙以来所无之变矣”。有关嘉靖倭患的起因及性质,历来众说纷纭,莫衷一是。本文拟就这方面作一初步的探讨。

题　　名　试论甲午鸭绿江防之战
作　　者　孙克复
刊　　名　齐齐哈尔大学学报(哲学社会科学版)
年 卷 期　1981 年 4 期
页　　码　17 – 22
摘　　要　一八九四年十月下旬的中日两军鸭绿江防之战,是甲午战争期间,中国军队阻击日本军队入侵国土的首次保卫战。这次战役对整个战争过程影响很大,由于中国军队在这次战役的失败,日军得以长驱直入。进犯辽东地区。因此,分析这次战役的失败原因,总结历史的经验教训,是深入研究甲午中日战争史的重要课题之一。本文试图在这方面略谈管见,欢迎批评指正。

题　　名　试论江南水师学堂
作　　者　谢茂发
刊　　名　云梦学刊
年 卷 期　2007 年 28 卷 6 期
页　　码　49 – 51

题　　名　试论近代福建三都澳开埠后的对外贸易及其特征
作　　者　梁民愫
刊　　名　江西师范大学学报(哲学社会科学版)
年 卷 期　2000 年 33 卷 4 期
页　　码　45 – 51
摘　　要　三都澳是中国近代首批自开商埠的实践点。开埠后,其对外贸易的开展是处于近代中国对外贸易格局中的一种试图自主又无法摆脱国内半殖民地性的市场运行机制约束的狭隘和落后的贸易实践。三都澳对外贸易历经晚清和民国,呈现出一幅盛衰相间的图景,显示出一定的特征。

题　　名　试论近代海关兼管常关
作　　者　徐玲玲
刊　　名　宜宾学院学报
年 卷 期　2008 年 11 期
页　　码　29－30
摘　　要　19 世纪末，海关开始对常关权利进行侵夺。由于触犯了旧有常关体制下既得利益者的利益，海关兼管常关在推行过程中遇到了来自各利益集团的不满和抵制。海关兼管常关一方面大大扩展了海关的权势并使海关与外债的联系更为密切；另一方面在客观上对常关这一中国传统旧式征税机构的改造，产生了一定的促进作用。

题　　名　试论近代海关邮政与民信局的关系
作　　者　黄福才
刊　　名　中国社会经济史研究
年 卷 期　1996 年 3 期
页　　码　74－82

题　　名　试论近代民族资本轮航业前期迟缓发展的原因
作　　者　李宝民
刊　　名　大连海事大学学报
年 卷 期　1993 年 19 卷 3 期
页　　码　352－355
摘　　要　专门论述了近代民族资本轮航业前期发展迟缓的原因。
关 键 词　民族；资本轮；航运

题　　名　试论禁榷制度的起源
作　　者　刘明华，孟广军
刊　　名　学习与探索
年 卷 期　2004 年 1 期
页　　码　125－127
摘　　要　禁榷制度创立于西汉武帝时期，其原因在于这时已具备实行禁榷制度的基本社会条件——较发达的商品经济、中央集权的官僚制度，加上历史上的工商食官、库府制度及《管子》一书思想的影响。管仲"官山海"说虽对汉代盐铁官营有重要影响，但管仲实则未曾"官山海"，亦即未曾推行禁榷制度。

题　　名　试论开埠对近代汕头崛起的历史作用
作　　者　陈友义
刊　　名　广东史志（视窗）
年 卷 期　2007 年 6 期
页　　码　55－58，61
摘　　要　汕头市区位于韩江、榕江、练江汇合出海处，原是一片汪洋大海，后为三江泥沙冲积而成小渔村。明嘉靖年间称为"沙汕"，万历时称为"沙汕坪"，清康熙时日"沙汕头"，雍正年间简称"汕头"。因清政府在第二次鸦片战争(1856－1860年)中失败,与英法等侵略国家签订了不平等的《天津条约》(1858年)、《北京条约》(1860年),汕头被迫开放,成为通商口岸,称汕头埠。至1921年设汕头市政厅,称汕头市。

题　　名 **试论康熙时期的对日海外贸易政策**
作　　者 荆晓燕
刊　　名 社会科学辑刊
年 卷 期 2010年2期
页　　码 154－158
摘　　要 康熙时期,清政府采取了较为积极的对日贸易政策。康熙开海,为处于夹缝中的中日贸易提供了良好的发展机遇,中日贸易随之出现前所未有的繁荣局面。为了加强对日本的了解,康熙帝还派人密访日本,这为制定相应的贸易政策提供了依据。康熙帝还试图对日本采取进一步的外交行动,从而打破两国之间的外交僵局,虽然这种努力未获成功,但这种积极的外交态度是值得肯定的。1715年,中日贸易发生"信牌风波",两国贸易一度陷入停顿状态。康熙帝力排众议,坚定地支持中日贸易,使这场风波得以化解,中日贸易得以继续顺利开展。

题　　名 **试论空海与真言密教**
作　　者 赵连泰
刊　　名 日本问题研究
年 卷 期 1995年4期
页　　码 69－72,44
摘　　要 弘法大师空海(774－835)是日本真言密教的创始人,奈良朝(710－794)至平安朝(794－1184)日本佛教改革的奠基人、汉学家、诗人、书法家,中日文化友好交流的使者。

题　　名 **试论口岸贸易与城市近代化**
作　　者 李云
刊　　名 保山师专学报
年 卷 期 2005年24卷6期
页　　码 56－60
摘　　要 中国近代通商口岸的对外开放,推动了口岸城市近代化的进程,主要表现在城市经济结构和商品经济、交通运输、金融、市政建设、市民的思想观念等方面向近代化的转型。主要就上海、天津、汉口、重庆、广州等几个典型口岸城市为例作一简要阐述。

题　　名 **试论李鸿章创办北洋海军的性质**
作　　者 王华斌
刊　　名 江淮论坛
年 卷 期 1982年3期
页　　码 90－92
摘　　要 洋务派中坚人物李鸿章创办北洋海军,虽以鸡飞蛋打而告终,然其加强海疆防务的措施,则具有一定的积极意义。

题　　名　试论李鸿章的“和戎”与“海防”路线
作　　者　于海君
刊　　名　东疆学刊
年 卷 期　1996 年 2 期
页　　码　20 – 23
摘　　要　李氏“和戎”之义是恪守“万国公法”，保持大清国残局；“海防”之义是师夷长技与之抗衡。李氏的“海防和戎”路线，没有给中国打下“求富求强”的政治基础，实际上却产生了维护半殖民地半封建之中国的作用。

题　　名　试论李鸿章的对日外交思想
作　　者　刘虹，叶自成
刊　　名　中州学刊
年 卷 期　2003 年 2 期
页　　码　97 – 101
摘　　要　李鸿章作为清政府的重臣，在对日外交中发挥了主要作用。他最早主张与日本建交，1874 年日本侵台事件后，李鸿章的“联日”思想一度动摇。1879 年日本正式吞并琉球之后，李鸿章开始对日本采取强硬的立场。

题　　名　试论李鸿章的海军战略思想
作　　者　徐勇
刊　　名　东北师大学报（哲学社会科学版）
年 卷 期　1985 年 5 期
页　　码　51 – 55
摘　　要　北洋舰队是中国历史上第一支近代海军舰队，甲午海战是世界上第一次大规模的近代海战。中国海军在甲午战争中，遭到惨败。从军事战略角度，分析李鸿章的海军战略思想，总结民族流血的教训，意义不言自明。

题　　名　试论李鸿章与丁日昌的近代海防思想
作　　者　章友德
刊　　名　盐城师范学院学报（哲学社会科学版）
年 卷 期　1998 年 3 期
页　　码　54 – 59
摘　　要　李鸿章、丁日昌的近代海防思想代表了晚清洋务派主张向西方学习、用西方先进装备武装中国海防、以抵御列强侵略的激进思想，为中国近代新式海军的建立和近代军用工业、民用工业的创立、发展起了积极的推动作用。

题　　名　试论李鸿章在近代海军装备建设上的是与非——兼论 1905 年前江南制造局为什么很少造船
作　　者　张家瑞
刊　　名　船史研究
年 卷 期　1995 年 8 期

题　　名　试论两汉时期合浦郡与中原王朝的政治、经济、军事关系
作　　者　杜树海
刊　　名　广西地方志
年 卷 期　2005 年 3 期
页　　码　45 – 50
摘　　要　两汉时期，政治上，合浦郡成为中原王朝的牢固边疆，与中原王朝的关系稳定；经济上，合浦郡成为南海海上丝绸之路的始发港，促进了汉王朝的对外海上贸易交往，促进了社会生产力的进步、生产技术的创新；军事上，合浦郡日益成为中央王朝驭控交趾、九真、日南三郡及今海南岛上儋耳、珠崖两郡的军事要地。

题　　名　试论林则徐关于建立外洋水军思想
作　　者　狄宠德
刊　　名　福建论坛（人文社会科学版）
年 卷 期　1990 年 4 期
页　　码　16 – 20
摘　　要　“我无长策靖蛮氛，愧说楼船练水军”——这是鸦片战争最关键时刻（1842 年 7 月），满腹韬略的林则徐被排斥在战争指挥权之外时写下的诗句。1985 年，在纪念林则徐诞辰 200 周年之际，笔者曾撰文指出这两句诗应理解为“我有长策靖蛮氛，试说楼船练水军”。林公此论绝非书生狂语，而是有充分论据的。“楼船练水军”思想是林公军事思想的重要组成部分，在我国军事思想史上应占有一定的地位。本文仅就林公主张“楼船练水军”所表露出来的建设海军思想，粗陈管见。

题　　名　试论林则徐海防思想的发展变化
作　　者　代祥
刊　　名　晋中学院学报
年 卷 期　2005 年 22 卷 6 期
页　　码　60 – 63
摘　　要　海防思想是林则徐爱国思想中非常重要的组成部分。他的海防思想是对如何御敌卫国这一问题进行思考的结果，并随着国内外形势的不同而发展变化，而这一变化过程又反映着传统海防观在新形势下的衍变与调适。

题　　名　试论轮船招商局与外国资本主义侵略势力之间的矛盾
作　　者　牛济，欧阳跃峰
刊　　名　洋务运动讨论专辑
年 卷 期　1980 年 2 期
页　　码　244 – 259

题　　名　试论妈祖信仰的起源、传播及其特点
作　　者　张桂林
刊　　名　史学月刊
年 卷 期　1991 年 4 期

页　　码　27－33

题　　名　试论妈祖信仰与台湾移民史的关系——从荷兰阿姆斯特丹国家博物馆馆藏“妈祖神迹图”谈起
作　　者　江桂珍
刊　　名　国立历史博物馆学报
年 卷 期　1997 年 9 期

题　　名　试论马建忠的海防思想
作　　者　王如绘
刊　　名　东岳论丛
年 卷 期　2003 年 24 卷 1 期
页　　码　70－75
摘　　要　马建忠对西方国家海军有深入的了解，因而他的海防思想在时人中最为系统完整。他主张把体制和制度作为海军建设的根本，主张设立水师衙门，并草拟了一批规章制度；他从科学技术的视角看待海军的创建，主张提高海军将士的地位，重视海军的教育和训练；他提出了一个中国海军发展的九年规划，对中国海军跨进世界前列充满信心。他关于海防建设的观点着重从思想的层面、制度的层面、教育的层面和管理的层面立论，能发人之所未发，能详人之所不详，更加触及到海防建设的本质，更加具有可操作性。

题　　名　试论马尾海战中的张佩纶
作　　者　陈雪平，何社林
刊　　名　钦州师范高等专科学校学报
年 卷 期　2004 年 2 期
页　　码　91－93
摘　　要　马尾海战的失利使张佩纶处于漩涡中心，从张佩纶在战前坚决主张抗战的言论、就任后积极展开的军事防务、马尾海战所发生的历史背景、当时中法双方的军事力量对比等几个方面进行分析和探讨，对张佩纶的功过进行了客观的评价，以进一步认识历史的生动与复杂。

题　　名　试论马援对古代民族地区的贡献
作　　者　施铁靖
刊　　名　广西民族研究
年 卷 期　2005 年 3 期
页　　码　153－162
摘　　要　本文根据史实客观地论述了东汉伏波将军马援在古代民族地区的重要建树：治陇 6 年，镇抚边众，开渠引水，郡中乐业，开创了安抚少数民族、团结少数民族并与之和睦相处的羁縻政策，为后世封建民族羁縻制度的形成，提供了成功的范例；经略岭南 3 年，百越民众“奉行马将军故事”，马援是中国历史上第一个用法律形式巩固自己斗争成果的将军，有力地推动了岭南百越地区郡县制和封建生产方式的发展，为岭南地区社会进步和民族和谐，作出了杰出的贡献。

题　　名　试论马援南征的意义（马援研究之八）
作　　者　施铁靖

刊　　名　河池学院学报(社会科学版)
年 卷 期　2004 年 5 期
页　　码　69－72
摘　　要　根据史实、史料客观地论述了马援南征的历史意义:推动了汉代广西地区郡县制发展;勘定了汉代国家南部边疆;促进了广西古代各民族的团结。

题　　名　**试论买办商人对招商局早期发展的作用**
作　　者　刘宏
刊　　名　江苏社会科学
年 卷 期　1993 年 1 期
页　　码　112－116
摘　　要　轮船招商局(简称招商局)创立于 1872 年,它是以李鸿章为首的洋务派在中国创立的第一个近代民用交通企业。在 1872～1873 年由浙江海运委员候补知府朱其昂领导期间,招商局的处境十分艰难,发展也非常缓慢。而在 1873～1884 年由著名买办商人唐廷枢、徐润等领导期间,招商局却呈现了一派兴旺发达、蒸蒸日上的景象,除了不断增加的码头、货栈外,其资本额由最初的六十万两增加到二百万两,轮船由最初的 1 艘增加到 26 艘,航线由最初的长江航线发展到沿海及远洋航线,业务范围由最初的装运漕米发展到揽运各种货物。

题　　名　**试论明朝初年的海防**
作　　者　邸富生
刊　　名　中国边疆史地研究
年 卷 期　1995 年 1 期
页　　码　13－20
摘　　要　明朝初年,封建统治者为了防御倭寇侵略,巩固明王朝统治,采取“陆聚步兵,水具战舰”的海防政策,在中国沿海岸线设卫所,建城堡,屯重兵,打造战船,委以重将,率舟师巡海防倭。实行以陆防海和陆、海并防的措施,在中国万里海疆建立起较为严密的防御体系,改变了以往中国历代统治者重陆防而轻海防的局面。明初中国沿海防御体系的建立,对保卫沿海地区社会经济的发展,维护祖国领土完整,抵御外来侵略,起了重要作用。当代有识之士指出:“中国的边疆,包括陆疆和海疆。以往人们多注重陆疆问题而疏于海疆的研究,这有其复杂的历史原因。我们提倡在研究中陆疆海疆并重,不可偏废”。本文旨在响应上述倡议而作。

题　　名　**试论明朝对琉球的册封**
作　　者　李金明
刊　　名　历史档案
年 卷 期　1999 年 4 期
页　　码　82－87
摘　　要　琉球,即今日本之冲绳县。据《中山世鉴》记载,隋大业中,遣使者羽骑尉朱宽到海外访求异俗,始至其国,因于万涛间见地形如虬龙浮水中,故称之为“流虬”。至明洪武初,改称琉球,时国分为三:察度王中山、承察度玉山南、帕尼芝王山北。洪武五年(1372 年),明太祖遣行人杨载以即位建元诏告其国,中山王察度则遣其弟泰期随杨载入明朝贡方物,从此开始了两国间的友好往来。

题　　名　试论明朝和清前期东南亚华侨的骤增
作　　者　陈俊
刊　　名　蒙自师范高等专科学校学报
年 卷 期　1999年1卷5期
页　　码　13－17
摘　　要　元末明初、明末清初的战乱及初年统治者厉行"海禁"，迫使一些中国军民不得不移居东南亚国家；明清商品货币经济的发展和较开明统治者的局部开放，促进了中国商民移居东南亚国家。明朝和清前期东南亚华侨人数骤增数百万之众，他们以聚族而居和散居于当地居民中的两种形式侨居东南亚国家。

题　　名　试论明朝与东南亚各国朝贡关系的性质
作　　者　廖大珂
刊　　名　南洋问题研究
年 卷 期　1989年1卷3期
页　　码　91－101
摘　　要　朝贡关系是明代中国与东南亚各国发生政治、经济、文化交流的一种主要形式。明朝朝贡关系的发展大致可以划分为三个时期，则经历了由盛转衰的过程，在不同的时期，它的性质也是不同的。这个变化过程实际上是明代中国——与东南亚关系演变的缩影。

题　　名　试论明朝与暹罗的关系
作　　者　曲明东
刊　　名　五邑大学学报(社会科学版)
年 卷 期　2004年6卷3期
页　　码　70－73
摘　　要　暹罗是古代的泰国。在明代，中国和泰国保持了密切和睦的交往，双方的交往涉及政治、经济、文化和天文历法等多个领域。作为明朝的臣属国，泰国是对明朝朝贡次数最多、贡品最丰厚的国家。明朝初年是双方交往的鼎盛时期，中国和泰国的伟大友谊谱写了华丽的篇章。

题　　名　试论明朝与暹罗的关系
作　　者　曲明东
刊　　名　泰山学院学报
年 卷 期　2004年26卷5期
页　　码　85－88
摘　　要　暹罗就是古代的泰国，有明一朝，中国和泰国保持了密切和睦的交往，双方的交往涉及政治、经济、文化和天文历法等多个领域。作为明朝的臣属国，泰国是对明朝朝贡次数最多、贡品最丰厚的国家。明朝初年是双方交往的鼎盛时期，为中国和泰国的伟大友谊谱写了华丽的篇章。

题　　名　试论明成祖的对外政策
作　　者　陈尚胜
刊　　名　安徽史学
年 卷 期　1994年1期

页　　码　15－19

摘　　要　明成祖的对外政策,虽然人们在研究郑和下西洋问题时每有论及,但却缺乏全面的考察。人们比较注目于明成祖对于东南亚以及西洋地区的政策,而对明成祖对外政策的研究又完全局限于对郑和下西洋的有限内容进行求索。因而近时学术界不少学者都将它理解为中国封建时代一种空前绝后的对外开放政策。笔者认为,尽管郑和下西洋是中国古代空前绝后的外交活动,但却不足以说明明成祖的对外政策是一种对外开放政策。本文特对明成祖的对外政策试论一二。

题　　名　**试论明代"倭乱"的性质**

作　　者　颉谱

刊　　名　兰州大学学生科学论文集刊

年 卷 期　1957 年 3 期

题　　名　**试论明代澳门的治理形态**

作　　者　万明

刊　　名　中国边疆史地研究

年 卷 期　1999 年 2 期

页　　码　29－43,120

摘　　要　本文尝试对葡萄牙人入居澳门以后明代澳门的治理形态进行探讨。明代澳门的治理形态,即指在澳门这块中国拥有完整主权的领土上,明朝政府管辖下的一个特殊侨民社区的治理形态。这一治理形态出现在特定条件下,可以视作明朝地方行政管理上的一个特殊形态。它的产生,是明朝在明中叶以后面对国内外新的变化格局、吸取历代统治经验教训、调整内外政策的结果。这一治理形态产生于前近代东西方最早的交通点上,定型于明代,为清代所沿袭,直至道光二十九年(1849 年)为澳门葡萄牙总督亚马留(JoaoFereiradoAmaral)所破坏,存在近 300 年。从澳门治理的层次上看,是一上一下,一主一辅,中国地方政府在上,为主,居澳葡人自治机构在下,为辅;就治理的方式而言,是中西合璧,既是中国传统地方行政治理的延续,又加入了西方城市自治的因素。可以说作为中西直接接触早期出现的这一治理形态,既是对古代中国地方行政特殊建制和地方自治传统的继承和发展,又是在西方扩张东来的新形势下,吸收西方制度因素的结果。因而这一治理形态是中西直接接触早期中西制度文化交流、碰撞和融合的产物。

题　　名　**试论明代漕运方式的变革**

作　　者　杨亚非

刊　　名　社会科学战线

年 卷 期　1986 年 2 期

页　　码　162－168

摘　　要　有明一代,江南漕粮输往北方,其运输方式发生了一系列的变革。洪武时期海运,永乐前期海陆兼运,永乐中期以后,运法又有三变:"初支运,次兑运、支运相参,至支运悉变为长运而制定。"明代漕运方式不断更替的原因何在,诸种运法产生的过程及其实行的后果,就是本文所要论述的内容。舛误之处,请指正。

题　　名　**试论明代潮州抗倭之久烈**

作　　者　黄素龙

刊　　名　广东史志(视窗)

年卷期 2009年5期
页　码 63－65

题　名 **试论明代的茶禁政策**
作　者 郭孟良
刊　名 青海社会科学
年卷期 2002年4期

题　名 **试论明代福建市舶司移置福州的原因及其影响**
作　者 陈明德
刊　名 福建论坛(人文社会科学版)
年卷期 1999年6期
页　码 59－61
摘　要 福建市舶司于北宋元祐二年(1087年)设于泉州。宋元时期,泉州对外贸易空前繁荣,福建市舶司成为当时政府最重要的财税来源。至明成化八年(1472年)福建市舶司移置福州。学术界一般认为市舶司移置福州的原因主要有两点。

题　名 **试论明代海禁派代表朱纨**
作　者 李建军
刊　名 云南师范大学学报(哲学社会科学版)
年卷期 1994年26卷3期
页　码 42－47
摘　要 明代中期,闽、浙沿海一带海寇猖獗,东南为之骚动。朱纨奉诏出镇海疆,一度使“海中为之肃清”。但是,在当时特定的历史条件下,这位亢直而廉洁的海禁派主要代表人物、杰出的军事家和民族英雄却因此被迫自杀,含恨于九泉。本文在剖析朱纨出镇海疆一案的基础上,力求对朱纨在此期间的功过与是非做一个公正、客观的评价,并藉此透视朱明王朝政治的腐败及其走向衰亡的历史必然性。

题　名 **试论明代海外朝贡贸易的内容与实质**
作　者 李金明
刊　名 海交史研究
年卷期 1988年13期

题　名 **试论明代海外贸易港的兴衰**
作　者 李金明
刊　名 中国经济史研究
年卷期 1997年1期
页　码 122－129
摘　要 在我国海外贸易史上,明代是一个比较典型的朝代。明初,为了防止倭寇骚扰,明政府厉行海禁,规定“片板不许入海”,仅准许海外诸国以“朝贡”的形式,派遣使者附载方物入明进行贸易;隆庆之后,在倭患基本平定的前提下,又实行了部分开放海禁政策,准许私人海外贸易商申请文引,缴纳饷税,出海贸易。因此,明代的海外贸易港大抵可分为三种类型:一种是由官方控制的朝贡贸易港,另一种是违禁通番的走私贸易港，第三种是申请文引出洋贸易的私人贸易港。有关这些港口的兴衰问题，近年来颇引起学术界的兴趣，专家之说纷法不一，本文拟提出一些粗浅看法，以就教于行家们。

题　　名　**试论明代海外贸易立法活动及其特点**

作　　者　洪佳期

刊　　名　法商研究

年 卷 期　2002 年 5 期

页　　码　139 - 144

摘　　要　明代海外贸易立法采取严禁出海贸易、限制外商来华贸易以及迫不得已开放个别港口的政策。其立法包括中央立法与地方立法两大部分，未成独立的体系。其特点主要有：立法内容单一，零散，创新少；法反复，稳定性差；重海禁律法。

题　　名　**试论明代后期对外贸易的禁通之争**

作　　者　陈东有

刊　　名　南昌大学学报（社会科学版）

年 卷 期　1997 年 28 卷 2 期

页　　码　101 - 106

摘　　要　明代嘉、隆、万时期的百年内，因中外关系形势的变化出现了多次禁、通意见对立。双方的观点不仅左右了当时朝廷的决策，也影响了后来数百年的政府思维和决策。本文选择了几个有代表性的观点进行了分析和评论。

题　　名　**试论明代嘉靖时期的倭患**

作　　者　王守稼

刊　　名　首都师范大学学报（社会科学版）

年 卷 期　1981 年 1 期

页　　码　85 - 97

题　　名　**试论明代琉球中介贸易**

作　　者　谢必震

刊　　名　南洋问题研究

年 卷 期　1986 年 1 期

页　　码　17 - 26

摘　　要　明代，琉球是一个与中国关系极为密切的藩国。在明朝长达二百七十七年的统治时期，中国向琉球派遣使者共有二十余次，而琉球入明朝贡达三百余次，频繁的中琉交往引出了琉球的中介贸易问题。以琉球为中介，中国与东南亚各国，与朝鲜、日本都进一步开展了海上贸易活动，朝鲜、日本和东南亚各国之间在这一时期的海上贸易活动也通过琉球起中介作用。那么，琉球的中介贸易在明代中国海外贸易史上所处的地位与作用究竟如何呢？本文拟就这一问题进行一些探讨。

题　　名　**试论明代前期中国与东南亚的丝绸贸易**

作　　者　朱鹏

刊　　名　怀化学院学报

年卷期 2002年21卷4期
页码 32－34
摘要 中国与东南亚的丝绸贸易源远流长，明前期，在“海禁”政策和统治者“薄来厚往”思想的影响下，朝贡贸易成为两地丝贸的主流形式。私人贸易虽有所发展，但其重要性却远不如前代。随着两地贸易的发展，中国丝绸在东南亚的行销范围进一步扩大，并一直保持着出口优势。

题名 试论明代廷争的社会影响——兼论明代倭寇与禁海
作者 张立凡
刊名 松辽学刊（社会科学版）
年卷期 1984年2期
页码 72－76
摘要 恩格斯说：“唯物史观是以一定历史时期的物质经济生活条件来说明一切历史事实和观念，一切政治哲学和宗教的。”明代廷争，它对明代的政治、以至社会风气等诸多问题都产生了直接和间接的影响。是明代这样一个特定的历史时期，物质、经济生活条件下的产物。本文拟就此谈些粗浅看法，所论及的问题不妥之处，尚祈史学同仁予以指正。

题名 试论明代倭寇与江南沿海豪强的关系
作者 李溪，何俊哲
刊名 辽宁广播电视大学学报
年卷期 1988年2期

题名 试论明代月港兴衰的原因
作者 唐天尧
刊名 福建师范大学学报（哲学社会科学版）
年卷期 1982年3期
页码 110－116
摘要 月港介于泉州港和厦门港之间，曾是我国古代对外贸易的著名港口。它的兴衰与泉州港的衰落、厦门港的兴起，有着直接的关系。搞清楚月港兴衰的原因，是研究我国和福建对外贸易史不可缺少的一部分。本文拟对月港海外贸易兴衰的原因，谈几点粗浅的看法。

题名 试论明代漳泉海商
作者 周雪香
刊名 龙岩师专学报
年卷期 1996年1期
页码 87－92
摘要 海商，作为市民阶层的代表始于资本主义萌芽的明代中期。明中叶以后，海商作为经济领域的异军崛起，福建漳泉海商尤为突出。明一代，漳，泉海商人数之多，活动范围之广，贸易之盛，在中国海商发展史上都是首屈一指的。考察海商发展的历史状况，对于今天发展沿海外贸经济是有借鉴意义的。本文试就明代漳泉海商作些探讨。

题　　名　试论明代漳泉海商资本发展缓慢的原因

作　　者　林仁川,陈杰中

刊　　名　中国社会经济史研究

年 卷 期　1982 年 1 期

页　　码　94 – 100

摘　　要　明代漳泉海商资本并没有得到充分的发展,我们认为,主要的原因还是明朝专制政权对海商资本的压抑和控制,以及海商资本本来带有浓厚的封建性所造成的。下面就从这两方面加以论述。

题　　名　试论明代浙江的海外贸易

作　　者　徐明德

刊　　名　商业经济与管理

年 卷 期　1983 年 1 期

页　　码　49 – 55

摘　　要　浙江地处东海之滨,多港湾河道,北部太湖流域,东部宁绍平原,南部欧江流域是粮食作物地区和丝绸的重要产地,西南部山区盛产纸张和瓷器。杭州、宁波、温州、台州、澉浦、绍兴等地历来为内地土特产和外洋货物的集散地;杭州、宁波又是明代国内外水陆交通的要道和主要港口。这是明代浙江海外贸易发展的重要基础。明代浙江的商人,浙东主要是海商,以宁波为中心;浙西多为丝商,以湖州为中心的金华、衢州以龙游商人最为著名,足迹遍布"秦、晋、滇、蜀,万里视若比舍,俗有遍地龙游之谚"。他们之中以书贾为主,珠宝、纺织品商次之,海外贸易商为数也不少。本文重点探讨明代浙江的海外贸易概况及其历史意义。

题　　名　试论明代中国应对西欧殖民者的得失

作　　者　南炳文

刊　　名　南开学报

年 卷 期　2005 年 1 期

页　　码　97 – 103

摘　　要　15 世纪至 16 世纪之交地理大发现后,西欧殖民者先后来到世界东方,各地区间封闭状态被打破,明朝遇到了如何应对即将急剧强大起来的西欧殖民者的问题。明朝应采取的正确应对措施,主要者应包括四项:迅速调查西欧殖民者的情况、努力发展本国的对外贸易、积极学习欧洲先进的科技知识、大力发展能与西欧殖民者相抗衡的国防力量。而明朝在这几方面做得有正有误,消极和积极的两种表现大体平衡。这使其时中国的发展速度低于西欧殖民者,国力对比朝着有利于后者的方向演变。只是由于明朝土广民众、原有国力相当强大,其综合国力直至该朝灭亡也没达到小于西欧殖民者的地步。后来清朝发展了明朝以上四个措施的消极面,加速了中国的衰弱。明朝的经验和教训说明,地理大发现后,各国必须在全球性的国际交往中应对得法,才能使之避免被动,保持富强;而时刻注意即将发生深刻影响的新动向,才能保证应对得法。

题　　名　试论明代中日官方贸易向民间贸易的演变

作　　者　聂德宁

刊　　名　中国社会经济史研究

年 卷 期　1987 年 2 期

页　　码　41 – 49

摘　　要　明代中国与日本的贸易关系,经历了一个由官方间的通贡互市贸易向民间的私市贸易发展演变的过程。本文着重考察这一发展演变的过程,并进而分析其历史条件。

题　　名　**试论明代中叶徽州海商的兴衰**
作　　者　聂德宁
刊　　名　安徽史学
年 卷 期　1989 年 3 期
页　　码　16－22
摘　　要　明清时代的徽商,素以经营盐业、茶叶、典当业及木业著称于世。然在明代中叶(嘉靖时期,1522－1566 年),徽州海商不仅曾与闽之漳泉、广之潮惠、浙之宁绍海商相提并论,而且其名头比之闽广海商还要响亮,令人刮目相视。内陆山区的徽州商人何以能跻身于当时的海商之列,称盛一时呢? 本文试图对这一历史现象加以解释,不当之处,祈望方家斧正。

题　　名　**试论明代总河的产生**
作　　者　王杧
刊　　名　中国水利
年 卷 期　2007 年 4 期
页　　码　54－56
摘　　要　明代是黄河多患时期,276 年内无有间断。治理河患,直接关系到国计民生与社会的稳定,因而历来备受当政者的重视。明代的总理河道一职,就是为了适应当时形势的发展而建置的。它标志着我国治河史进入了一个新的历史阶段,为治河机制的完备作出了贡献。

题　　名　**试论明嘉靖时期“倭寇”泛滥的原因**
作　　者　贾永禄
刊　　名　天中学刊
年 卷 期　1999 年 14 卷 3 期
页　　码　81－82

题　　名　**试论明末清初私人海上贸易的商品结构与利润**
作　　者　林仁川
刊　　名　中国社会经济史研究
年 卷 期　1986 年 1 期
页　　码　73－85,43
摘　　要　明末清初由于中外贸易商人的往来,加深了中国与世界各国的经济交流,我国手工业品和农产品,如生丝、纺织品、瓷器、蔗糖等大宗货物,从浙江、福建、广东等各个贸易商港,运销到日本、东南亚及世界各国。国外的大量商品也源源不断地输入我国。因此,研究进出口商品的构成,估算商品的数量,贸易额和利润率是私人海上贸易史研究的一个重要方面。

题　　名　**试论明末泉州安平海商郑芝龙的海外贸易活动**
作　　者　高美娥
刊　　名　福建广播电视大学学报

年 卷 期 2001 年 1 期
页　　码 41 - 43
摘　　要 明朝末年,福建泉州海上出现一支拥有强大武装船队的郑芝龙海商集团。他同日本、南洋各国和荷兰东印度公司进行大规模贸易,其商业活动,实质上是反映和代表新兴市民阶层利益的经济活动,是要求对外开放贸易,反对海禁的斗争。郑氏的海外贸易活动在我国及世界史上占有重要历史地位。

题　　名 **试论明前期中国与东南亚的丝绸贸易**
作　　者 朱鹏
刊　　名 五邑大学学报(社会科学版)
年 卷 期 2002 年 4 卷 3 期
页　　码 34 - 37
摘　　要 中国与东南亚的丝绸贸易源远流长,明前期,在"海禁"政策和统治者"薄来厚往"思想的影响下,朝贡贸易成为两地丝贸的主流形式,私人贸易虽有所发展,但其重要性却远不如前代。随着两地贸易的发展,中国丝绸在东南亚的行销范围进一步扩大,并一直保持着出口优势。

题　　名 **试论明清闭关政策及其影响**
作　　者 黄国强
刊　　名 华南师范大学学报(社会科学版)
年 卷 期 1988 年 1 期
页　　码 48 - 53
摘　　要 中国明清时期实行海禁闭关,是造成我国长达几百年贫穷落后局面的主要原因之一。回顾这一政策的起因和经过,总结这个沉痛的历史教训,对于加深我们对今天实行开放、改革的重要性的认识,具有重大现实意义。

题　　名 **试论明清东南沿海海洋经济模式的演迁**
作　　者 王日根,李娜
刊　　名 社会科学辑刊
年 卷 期 2001 年 6 期
页　　码 110 - 115
摘　　要 东南沿海地区具有悠久的海洋开发历史,海洋产业是东南经济的大宗。这既因为东南地区具有濒海的自然环境,也与东南地区人民长期养成的开拓进取精神、封建政府政策所产生的正反两方面的效应以及东南地区与世界经济贸易体系的连动密切关联。自然生态环境和社会生态环境的些微变化都足以引起经济开发模式的转换。从明清东南沿海地区传统产业渔业和新兴产业私人海上贸易业方面即可揭示其演迁的轨迹。

题　　名 **试论明清时期的海疆政策及其对闽台社会的负面影响**
作　　者 卢建一
刊　　名 福建论坛(人文社会科学版)
年 卷 期 2002 年 3 期
页　　码 23 - 26
摘　　要 明清海疆政策是针对当时东南沿海的客观形势变化而制定的,以消极防守为指导思想,为统治者的政治总目的服务的。其一是明清的海禁,其二是防务重心南移。海疆政策的实施,基本上达到维护海疆安定的效果。但此政策造成的负面影响是:使原有的海洋经济衰退,沿海社会经济惨遭破坏,同时使敌对力量加大,增加了海防的难度。

题　　名　试论明清时期对外贸易的特色

作　　者　张增香

刊　　名　延边大学学报(社会科学版)

年 卷 期　2004 年 37 卷 1 期

页　　码　104 – 106

摘　　要　明清时期的对外贸易特色主要有:一、明清时期的对外贸易空前发展;二、明清时期占绝对优势的海外贸易受西方排挤,但仍有物美价廉的竞争实力;三、明清时期,政府的海外贸易政策以禁为主,实际的海外贸易不乏出现高潮;四、明清时期把中国传统的朝贡贸易发展到了极点。

题　　名　试论明清时期山东运河沿岸城市经济

作　　者　魏梦太

刊　　名　济宁师范专科学校学报

年 卷 期　2004 年 25 卷 2 期

页　　码　9 – 14

摘　　要　明清时期,在运河航运的刺激下,山东沿线的临清、济宁已发展成为全国著名的经济城市。城市经济的发展主要表现为坐地贸易与转运贸易的繁荣与活跃,这不仅促进了城市的扩大,而且也带动了周边农村商品经济的活跃。由于城市经济发展主要是建立在运河作为沟通南北商品流通的基础上,也就决定了城市经济的不稳定性。这是认识这类城市经济发展的关键。

题　　名　试论明清使者琉球航海中的海神信仰

作　　者　谢必震

刊　　名　世界宗教研究

年 卷 期　1998 年 1 期

页　　码　78 – 85

摘　　要　明清时期,中国派遣使团渡海册封藩属国——琉球(今日本冲绳)有二十余次,历次琉球航海中除供奉天妃外,同时还供奉临水夫人、龙王、拿公、陈文龙、苏臣等神。这一祭祀海神的活动贯穿册封琉球的始终,主要为谕祭祈报海神;拜祭途中所遇一应海神寺庙;造舟、登舟、启航时的迎神送神;航海途中向海神的祈祷、设誓、许愿和还愿;使事结束后为海神奏请封号、题写庙记、捐修庙宇等等。海神信仰活动是明清使者琉球航海的重要内容之一,尽管它给中国古代劳动人民勤劳勇敢、与大自然顽强抗争的拼搏精神蒙上了厚厚的神话色彩,但却伴随着海神信仰,从中国传播到世界各地,从过去传播到现在。

题　　名　试论明清以来江南内河水运中的船夫生计

作　　者　胡端

刊　　名　史林

年 卷 期　2010 年 4 期

页　　码　98 – 107,190

摘　　要　本文将活跃于江南内河水运干道上的各类船夫纳入人文关怀的视野,分类考察这类迥异于田地上农作的"船上人"的真实生计状况,尝试着揭示出明清以来江南内河中这个不甚起眼的船夫群体与整个江南市镇经济体之间既休戚相关又若即若离的复杂关系。

题　　名　**试论明清之际中西科学文化优势的逆转**
作　　者　辛元欧
刊　　名　船史研究
年 卷 期　1995 年 8 期

题　　名　**试论明永乐时的对外关系**
作　　者　陈学文
刊　　名　海交史研究
年 卷 期　1986 年 10 期

题　　名　**试论明州港的历代青瓷外销**
作　　者　林士民
刊　　名　海交史研究
年 卷 期　1983 年 5 期

题　　名　**试论南方地区印纹陶与环中国海区域的关系——以台湾、东南亚地区为例**
作　　者　周广明,彭适凡
刊　　名　南方文物
年 卷 期　2005 年 3 期
页　　码　119－126

题　　名　**试论南方丝绸之路与海上丝绸之路的关系**
作　　者　纪宗安
刊　　名　岭南文史
年 卷 期　1993 年 1 期
页　　码　9－10
摘　　要　张骞第一次奉使西域,在大夏古国(今阿富汗北部)见到邛竹杖、蜀布,推知从中原向西南行,经川、滇可通缅甸、印度。是后虽无官方由此路通使和经商的记载,但综合文献和实地考察,证实两千多年前在我国西南地区确实存在着一条经川西南入云南,前往南亚、西亚直达大秦的古老民间通商大道。沿此路向外运输的大宗商品仍然是丝绸,故今人称其为南方丝绸之路。

题　　名　**试论南京东晋玻璃杯和金刚指环的来源**
作　　者　罗宗真
刊　　名　海交史研究
年 卷 期　1980 年 2 期

题　　名　**试论宁波"海上丝绸之路"兴起的历史上限**
作　　者　李英魁

刊　　名　东方博物
年 卷 期　2004 年 4 期
页　　码　113－117
摘　　要　宁波“海上丝绸之路”兴起的历史上限,学术界有河姆渡时期、先秦、秦汉、中唐四种说法。作者通过对造船航海技术、丝绸生产状况、现存文化遗产和遗物的分析,提出了新的观点,认为其上限应在东汉晚期至东吴赤乌时代。

题　　名　试论秦汉时期运河的开凿及其影响
作　　者　崔吉学
刊　　名　聊城师范学院学报(哲学社会科学版)
年 卷 期　2000 年 4 期
页　　码　61－65
摘　　要　秦汉时期是我国运河开凿的重要时期,这时期的运河沟通不同的水系,连接重城要镇,形成了广阔的水运网,对当时的政治、经济等均产生了重大影响。

题　　名　试论秦汉时期中国体育的对外交往
作　　者　罗时铭
刊　　名　体育科学
年 卷 期　2009 年 10 期
页　　码　28－31,41
摘　　要　在文献资料调研的基础上,研究认为秦汉时期中国不仅有了丰富多彩的体育活动,而且出现了体育的对外交往,其交往的国家向东有日本和朝鲜,向西则有中亚、南亚以及古罗马地区;其交往的途径既有官方的通道——使团,也有民间的自发行为;其交往的主要载体是战争和商贸活动;其交往的文化表现是既有输出也有输入;其交往的结果是在相交相融中丰富和发展了古代中国和世界的体育文化。

题　　名　试论清朝“闭关政策”的双重性
作　　者　丁三伏
刊　　名　佳木斯大学社会科学学报
年 卷 期　2002 年 20 卷 6 期
页　　码　74－76
摘　　要　传统观点在审视“闭关政策”时,大多只将眼光聚焦于东南沿海、广州一港,这是不确切的。清朝的对外贸易有京师贸易、恰克图贸易和广州贸易三种格局,贸易形式有朝贡贸易,边境、沿海自由贸易二种形式,他们的发展在同时期有很大不同;贸易国家还有西方列国和藩属国之分,清政府对待他们也有甚大偏差。所以“关”就不能简单的将其理解为“海关”,“边关”也是其应有之义。

题　　名　试论清朝“闭关政策”的双重性
作　　者　丁三伏
刊　　名　重庆社会科学
年 卷 期　2002 年 6 期
页　　码　45－47
摘　　要　清王朝地域辽阔,不仅有漫长海岸线,更有漫长的边境线,其对外贸易不只局限于沿海或东南沿海一线,还有许多繁荣兴旺的边境贸易。重要的对外贸易地点除广州港外,还有内地的京师、边境的恰克图等城镇:即有广州贸易、京师贸易和恰克图贸易三种格局。清王朝的对外贸易分二种形式:一种是与东方各藩属国以"朝贡"——"随使节团将货物携至京师,这种频繁来往的两国使节团除了完成政治外交任务外,还利用各种名义进行数量庞大的礼物交换。虽然这种礼物交换在表面上采取'朝贡'和'回赐的形式,但实质上是在当时历史条件下两国之间所进行的官方贸易"和自由贸易形式,另一种是与欧洲各国间的自由贸易。其实质是"欧洲国家企图打开中国门户,开辟中国市场的贸易,是西方资本主义国家为进行资本的原始积累而进行的商品输出,海外掠夺,进而发展为鸦片贸易。",所以,我们在考察"闭关政策"时就应对上述不同性质的贸易格局。

题　　名　**试论清朝"闭关政策"的双重性**
作　　者　丁三伏
刊　　名　石家庄师范专科学校学报
年 卷 期　2003 年 5 期
页　　码　57 - 61
摘　　要　传统观点在审视"闭关政策"时,大多只将眼光聚焦于东南沿海、广州一线,这是不确切的。清朝的对外贸易有京师贸易、恰克图贸易和广州贸易三种格局,贸易形式有朝贡贸易,边境、沿海自由贸易二种形式,他们的发展在同时期有很大不同;贸易国家还有西方列国和藩属国之分,清政府对待他们也有甚大偏差。所以"关"就不能简单的将其理解为"海关","边关"也是其应有之义。

题　　名　**试论清朝的闭关政策**
作　　者　任茹
刊　　名　青岛职业技术学院学报
年 卷 期　1990 年 2 期
页　　码　1 - 5
摘　　要　清朝的闭关政策是造成中国经济文化落后导致鸦片战争爆发的重要原因之一,在纪念鸦片战争 150 周年之际,进一步研究这个问题对于我们更好地理解和贯彻执行当前的对外开放政策,具有重要的现实意义。

题　　名　**试论清朝末年的反割台斗争**
作　　者　郜耿豪
刊　　名　军事历史研究
年 卷 期　2001 年 2 期
页　　码　48 - 58

题　　名　**试论清朝前期封贡体系的基本特征**
作　　者　陈尚胜
刊　　名　清史研究
年 卷 期　2010 年 2 期
页　　码　86 - 94
摘　　要　本文针对学术界有人完全否定中国古代朝贡制度的观点,专门考察了清朝在与外国开展政治关系时建立朝贡制度的最初目的。我们认为,清朝所构建的朝贡制度具有谋求自身安全和边疆稳定的显著用意。与明朝相比较，清朝在处理涉外事务时在实际上已经摒弃了明朝二祖在海外世界扮演"天下共主"的理想，而专注于自身的边疆稳定和安全，使她的封贡体系具有周邻性和边疆防御体系的突出特征。而清朝将周邻诸国的朝贡事务分别安排于礼部和理藩院两个不同机构进行管理，则反映了清朝统治者对朝贡事务所做的制度安排，一定程度上结合了相关国家和部落的民族特质，体现了清人处理涉外事务的针对性和灵活性。

题　　名　**试论清朝前期厦门海外贸易管理**

作　　者　冯立军

刊　　名　南洋问题研究

年 卷 期　2001 年 4 期

页　　码　74 - 82

摘　　要　康熙开海后，厦门海外贸易迅速发展，清政府成立了厦门海关，对海外贸易进行征税，同时，委派管理人员，并制定管理海外贸易条例，加强海外贸易的管理。

题　　名　**试论清初"海禁"政策的实施及其社会后果——兼与陈柯云同志商榷**

作　　者　潘君祥

刊　　名　首都师范大学学报（社会科学版）

年 卷 期　1981 年 4 期

页　　码　75 - 80

摘　　要　《北京师范学院学报》一九八〇年第一期发表了陈柯云同志《论清初的"海禁"》一文（以下简称陈文），较为详细地考察了清朝"海禁"政策产生的历史条件和作用，对传统的观点，即认为"海禁"破坏了中外贸易，严重阻碍了中国资本主义萌芽的发展，是造成我国封建经济长期停滞不前的一个重要原因，提出了异议，给人们以不少新的启发。但陈文提出的"海禁"并没有造成"中断和减少海外贸易"和中国资本主义的萌芽的产生和发展似乎不起什么影响的基本论点尚缺乏确作的史实根据，某些论断也有片面失实之处。现把我们的一些看法提出，就教于陈柯云同志和史学界的其他同志们。

题　　名　**试论清代的漕粮海运文化**

作　　者　倪玉平

刊　　名　故宫博物院院刊

年 卷 期　2008 年 2 期

页　　码　109 - 117,162

摘　　要　晚清漕运的主体方式是海运，在 60 余年的海运过程中，逐渐形成了以祭祀海神、修建会馆和撰写诗歌为特色的海运文化。这一独特文化现象的出现，既是清代漕粮海运的重要组成部分，也是当时社会风尚的合理延伸。

题　　名　**试论清代闽台区域一体化的形成**

作　　者　卢建一

刊　　名　东南学术

年 卷 期　2004 年 2 期

页　　码　149 - 154

摘　　要　康熙统一台湾后，闽台天然的地缘、血缘优势得以充分体现。行政上，台湾是隶属于福建的一个府;军事上,台湾镇是福建水师五镇之一;文化上,两岸同祖同根,相互高度认同;经济上,互通互补;而在近代反侵略者战争中,闽台人民密切合作,共同抗敌;由此形成闽台区域一体化的局面。

题　　名　**试论清代前期对外贸易政策与海禁的性质**
作　　者　许毅,隆武华
刊　　名　财政研究
年 卷 期　1992 年 7 期
页　　码　51 - 63
摘　　要　长期以来,史学界认为中国古代存在一个“闭关锁国”政策,并把清代前期的“海禁”及限西方商人一口通商等作为这种政策的典型。本文根据大量的史料,从清代前期对外贸易政策的演变、内容以及影响清代对外贸易政策的因素等三个方面,对这一传统观点提出质疑。认为,清代前期的“海禁”是清政府对抗郑成功反清集团的临时举措,限广州一口通商是清政府对“海盗式的掠夺”行为的防范措施,不能作为清政府实行“闭关锁国”政策的根据。相反,清代前期政策实行的是设关通商、轻税怀柔、严格管理、官商垄断的“开海贸易”。

题　　名　**试论清代前期凤阳关的管理制度**
作　　者　廖声丰
刊　　名　淮南师范学院学报
年 卷 期　2004 年 1 期
页　　码　49 - 52
摘　　要　文章通过中国第一历史档案馆所藏的清代关税档案,对清代前期的凤阳关的管理体制、税收的征收和报告制度以及官员的管理等诸方面进行分析,以考察清代前期凤阳关的管理制度。

题　　名　**试论清代榷关的管理制度**
作　　者　廖声丰
刊　　名　历史档案
年 卷 期　2008 年 1 期
页　　码　32 - 38

题　　名　**试论清代榷关的重建与发展**
作　　者　廖声丰,孟伟
刊　　名　山西师大学报(社会科学版)
年 卷 期　2008 年 6 期
页　　码　45 - 50
摘　　要　清代榷关是明代钞关的继承和发展。清代前期,区域经济发展的不平衡、商路的延伸、长途贸易的发展,为清代榷关的重建和发展提供了最重要的历史前提,而清初财政的困难则成为清代榷关重建的契机。清代榷关在康乾盛世下得到发展,其分布也与全国性经济布局的变化相一致。至清代中期,榷关税成为国家赖以维持的重要财源之一。根据区域经济大宗商品流通的特点而设立榷关,课以关税,是中国在分散的小生产基础上征收商品税的一种财政制度的创新。它既为封建王朝开辟了新的税源,也反映了明清时代区域经济间商品交换不断扩大和繁荣的趋势。

题　　名　**试论清代中俄茶叶贸易**
作　　者　齐运东
刊　　名　中国茶叶
年 卷 期　2006 年 6 期
页　　码　38－39

题　　名　**试论清代中俄茶叶贸易(续)**
作　　者　齐运东
刊　　名　中国茶叶
年 卷 期　2007 年 1 期
页　　码　46－47

题　　名　**试论清军甲午战败的军事原因**
作　　者　张一文
刊　　名　清史研究
年 卷 期　1994 年 4 期
页　　码　63－70
摘　　要　19 世纪中叶以前,中日两国同为闭关锁国的封建国家。19 世纪中叶以后。两国的国门差不多同时为西方列强的坚船利炮所打开。并从此开始走上了学习西方的富国强兵之路。可是,仅仅过去二三十年。日本竟走上了向外扩张侵略的军国主义道路。悍然对中国发动了震撼远东的甲午战争。并使清军遭到了惨败。为什么拥有四亿多人口和近百万常备军的大清帝国。在"聂尔小邦"日本数万军队进攻之下竟"战无一胜"呢?本文试图从军事的角度具体分析清军遭致惨败的基本原因。

题　　名　**试论清军在鸦片战争中失败的基本原因**
作　　者　张一文
刊　　名　历史档案
年 卷 期　1983 年 1 期
页　　码　88－94,87

题　　名　**试论清末蒙自海关对云南外贸经济的影响**
作　　者　张冰冰
刊　　名　创造
年 卷 期　2002 年 7 期
页　　码　43－44

题　　名　**试论清末新政时期的自开商埠**
作　　者　聂家华
刊　　名　前沿
年 卷 期　2004 年 4 期
页　　码　178－182
摘　　要　清末新政时期自开商埠政策得到大面积实施,既有鸦片战争以来的民间吁请这一历史背景，又有政治上保全利益，经济上扩充利源等重要动因。此时的自开商埠数量多，分布广，对区域经济与城市现代化进程皆产生了一定的推动作用。

题　　名　**试论清前期粤海关征税用人的弊端**
作　　者　戴和
刊　　名　开放时代
年 卷 期　1985 年 1 期
页　　码　71－74，63
摘　　要　粤海关的设置是和当时发展对外贸易的需要相适应的，对以后中外贸易的发展及国内商业的发展都有着积极作用。但粤海关本质上是以榨取商业利润为主要目的的封建关卡，封建统治者视之为利窟，上自天子，下至关口员役，无不对其油水垂涎三尺。他们仗势勒索，营私舞弊，使整个粤海关的腐败日甚一日，严重地破坏了中外通商及国内贸易的正常发展。粤海关的腐败表现在很多方面，本文仅就其征税用人中的弊端作些述评。

题　　名　**试论清王朝的闭关政策**
作　　者　喻春梅
刊　　名　邵阳学院学报（社会科学版）
年 卷 期　1997 年 1 期
页　　码　20－23

题　　名　**试论泉州聂斯脱里派遗物**
作　　者　杨钦章
刊　　名　海交史研究
年 卷 期　1984 年 6 期

题　　名　**试论日本古代的大陆移民系神社**
作　　者　葛继勇
刊　　名　华南农业大学学报（社会科学版）
年 卷 期　2004 年 1 期
页　　码　120－127
摘　　要　东渡日本的古代大陆移民，不仅对日本社会、政治、经济及文化产生了巨大影响，也为日本神道教的成长和发展注入了新的活力。神社是日本神道信仰的凝聚物，它扎根于日本民族生存发展的生活基层。文章认为："神社"一词源于中国，大陆移民参与了神社的建造，并把祖神置于神社中进行祭祀，其信仰礼仪、建筑式样及祭祀的神灵与中国具有渊源关系；神道教是在不断地吸收、改造外来文化（特别是中国文化）的过程中，充实、发展而成的"杂种性"的宗教信仰。

题　　名　**试论日本圆仁对中国唐代历史详尽描写的重要意义**
作　　者　鲜于煌
刊　　名　四川外语学院学报
年 卷 期　2000 年 16 卷 3 期
页　　码　108－112

摘　　要　中、日两国自古以来就是一衣带水的友好邻邦,中国文化对日本文化有非常深远而重要的影响。而日本的圆仁撰写的《入唐求法巡礼行记》对中国唐代有关历史作了颇为生动和详尽的描写,它对研究唐代文化和中、日文化显然有着不可估量的作用和意义。

题　　名　试论日明勘合贸易的产生及其影响
作　　者　李卓
刊　　名　南开史学
年 卷 期　1981 年 1 期

题　　名　试论榕台两地的五帝信仰与两岸民间交流
作　　者　徐心希
刊　　名　海交史研究
年 卷 期　2007 年 51 期
页　　码　104 – 118,26
摘　　要　福建与台湾均有“五帝”信仰。不同的是大陆供奉“五帝”的庙宇称五帝庙,或称白龙庙;而在台湾人们多称为“五龙殿”。虽然名称不同,但是台湾的“五帝”信仰源于大陆,其祖庙就在福州,文献与文物古迹均可作证。本文以大量田野调查资料、文献记载与民间习俗论证榕台两地五帝信仰的传承与演变。

题　　名　试论三都澳的主动开埠和闽东北近代航运的兴衰
作　　者　梁民愫,贺瑞虎
刊　　名　江西财经大学学报
年 卷 期　2000 年 5 期
页　　码　42 – 45
摘　　要　三都澳商埠为清末首批自开口岸之一,商埠为署奏请开放是当时历史条件促成,是历史选择了三都澳。开埠后,以三都澳对外贸易作为引擎引发了闽东北近代航远业的嬗递和兴衰及闽东地区社会经济的变化。

题　　名　试论沙船运输业的兴衰
作　　者　金立成
刊　　名　上海海事大学学报
年 卷 期　1992 年 1 期
页　　码　45 – 53
摘　　要　本文叙述了沙船运输业的兴衰过程,全文分沙船运输业的形成与发展、承运漕粮使沙船业得到更大发展、对上海经济繁荣所起重要作用、沙船运输业衰落的原因、沙船运输业作为轮船的补充而继续存在等 5 个方面,从一个侧面反映了我国沿海帆船业的形成、发展及衰落过程。

题　　名　试论沙上人在郑和航海中的历史作用
作　　者　陈亚昌
刊　　名　郑和研究
年 卷 期　2009 年 2 期

页　　码　24－30

摘　　要　生活在长江口的沙上人,开发沙洲有一千六百多年悠久历史,练就了不怕艰难困苦的生活理念和不怕背井离乡的开拓精神,还具有丰富的航海经验,而成为郑和航海最佳人选。文章以新的视野,讨论了沙上人是沙船的原创者,也是郑和下西洋活动中的生力军。

题　　名　**试论商代的交通**

作　　者　刘志玲

刊　　名　四川师范学院学报(哲学社会科学版)

年 卷 期　1998 年 3 期

页　　码　118－123

摘　　要　商代已有交通道路的开辟,且筑路区域广阔。在商代,陆上交通工具主要是牛车、马车,水上交通工具舟船已有船桨、船帆。道路的开辟和修筑,水陆交通工具的使用,为商品的流通提供了条件。这些因素使商王朝成为古代东方奴隶制国家中,经济文化发展水平最高的国家。

题　　名　**试论沈葆桢保卫台湾开发台湾的历史贡献**

作　　者　范前峰

刊　　名　云南社会主义学院学报

年 卷 期　2002 年 3 期

页　　码　47－49

摘　　要　沈葆桢对祖国有四大贡献:一是创办船政(被誉为“爱国、清廉、务实的洋务派”),二是创建海军(被誉为“中国海军之父”),另外两件则是保卫台湾、开发台湾。中国历史上保卫和开发台湾的第一位功臣是郑成功,第二位功臣当属沈葆桢。

题　　名　**试论沈葆桢的多边关系**

作　　者　吴民贵

刊　　名　学术月刊

年 卷 期　1989 年 8 期

页　　码　52－58

题　　名　**试论沈葆桢与福州船政局**

作　　者　吴红兵

刊　　名　镇江师专学报(社会科学版)

年 卷 期　1994 年 3 期

页　　码　23－26

题　　名　**试论沈葆桢在台湾的改革**

作　　者　张维义

刊　　名　东南学术

年 卷 期　1988 年 6 期

页　　码　69－73

摘　　要　同治十三年(1874),台湾发生了牡丹社事件。沈葆桢先后两次到台筹划海防和善后,历时一年零两个月。在台期间,他以极大的爱国热情和卓越的治台才能办了许多有益台湾发展的事,为近代台湾海防的巩固和开发建设奠定了基础。本文拟就沈葆桢在台所进行的改革试加论述。

题　　名　试论世界造船中心循环转移的历史趋势

作　　者　辛元欧

刊　　名　上海造船

年 卷 期　1998 年 2 期

页　　码　65 - 69

摘　　要　本文回顾了全球造船中心发展的历史轨迹,人们可以非常有趣地发现上古时代造船中心是在西方(埃及、腓尼基、希腊、罗马);在中世纪,造船中心转移到了东方(中国);自 15 世纪中国出现郑和下西洋的空前盛举之后,造船中心又转移到西方(葡萄牙、西班牙、荷兰、英国);本世纪 50 年代以来造船中心返回东方(日本、韩国、中国)。造船中心在每次转移过程中,不论造船技术、规模和产量都获得了飞速的发展。

题　　名　试论首任台湾巡抚刘铭传的海防建设

作　　者　张燕清

刊　　名　福建师范大学学报(哲学社会科学版)

年 卷 期　1998 年 2 期

页　　码　78 - 82

摘　　要　晚清时期,面临内忧外患的时局变化,清末首任台湾巡抚刘铭传基于"宁以外备为重"的治台思想,采取整训防军、添设军事设施,筹建电讯、邮政事业;创办台岛铁路;购置轮船、器械等措施,加强了台湾的海防建设,促进了台湾人民凝聚力的形成,密切了台湾与大陆的联系,并由此揭开了台湾近代化建设的序幕。

题　　名　试论丝绸之路贸易的衰落

作　　者　蒋致洁

刊　　名　兰州学刊

年 卷 期　1989 年 2 期

页　　码　73 - 81

题　　名　试论宋代的私人航海贸易活动

作　　者　廖大珂

刊　　名　南洋问题研究

年 卷 期　1996 年 1 期

页　　码　8 - 15

摘　　要　宋代中国与海外国家之间的海上贸易极其繁荣,家政府在各个贸易港口设立市舶司,将海外贸易置于官方的严密控制之下。但是宋朝统治者一般不从事航海贩运活动,市舶贸易"全藉着商来往贸易",因此从本质上说,市舶贸易是以私人性质的航海贸易活动为前提的,本文试就宋代私人航海贸易的发展、类型,以及海商的构成作一些初步的探索。

题　　名　试论宋代市舶司官制的演变
作　　者　廖大珂
刊　　名　历史研究
年 卷 期　1998 年 3 期
页　　码　38－48
摘　　要　市舶司是中国封建政府管理海外贸易的机构。有宋一代,随着海外贸易的发展,统治者为了加强中央集权和出自财政方面的原因,先后对市舶司的官制进行了三次大的变革。

题　　名　试论宋代浙东沿海市镇的海外贸易及其影响
作　　者　姚培锋,金毅
刊　　名　绍兴文理学院学报(哲学社会科学)
年 卷 期　2005 年 25 卷 5 期
页　　码　21－24,29
摘　　要　宋代浙东沿海的明州、温州和台州等是重要的港口城市,海外贸易发达,与高丽、日本、东南亚及西亚国家均有频繁的贸易往来。海外贸易的兴盛,极大地促进了沿海市镇商品生产和贸易经济的发展,引发了社会经济结构的变化,从而对该地区市镇的社会生活产生不可忽视的影响。

题　　名　试论宋元泉州港繁盛的原因
作　　者　童家洲
刊　　名　文史哲
年 卷 期　1980 年 4 期
页　　码　57－64
摘　　要　宋元时期,泉州港内"风樯鳞集",云帆遮天,海舶穿梭奔忙。城南频江码头车水马龙,昼夜不停地装卸舶货,中外各国商贾云集,市场上终日熙熙攘攘。南关"聚宝街"和临江一带货栈,以及"舶司库"里,堆积的香药珠宝奇珍琳琅满目,一片繁荣昌盛的景象。宋末元初,泉州超越广州,成为我国最大的对外贸易港。元代中叶(十三世纪末十四世纪初),泉州与埃及的亚历山大港齐名,是当时世界最大的两个贸易港之一。

题　　名　试论宋元时期的祈风与祭海
作　　者　李玉昆
刊　　名　海交史研究
年 卷 期　1983 年 5 期

题　　名　试论孙恩、卢循起事的性质
作　　者　杨家友
刊　　名　天津社会科学
年 卷 期　1986 年 5 期
页　　码　86－90

题　　名　试论唐代船商的地域特征和经济实力
作　　者　谷更有

刊　　名　思想战线
年 卷 期　2001 年 27 卷 5 期
页　　码　123－127
摘　　要　唐代内河航运发达，素有“江河帝国”之誉。便利的水运条件带来水上商业的繁荣，船商因而得以发展壮大。就其地域而言，船商的发展是以淮河为界，北不如南，且南方船商又多以沿河城镇和江南、岭南的山地、丘陵地区为主。唐代船商按其活动范围大致可分为跨域性船商、区域性船商和地方性船商三类。跨域性船商是船商中最富有的阶层；区域性船商和地方性船商，多以城镇和草市为中心，对繁荣地方经济起着不可低估的作用。

题　　名　**试论唐代船商的社会生活**
作　　者　谷更有
刊　　名　思想战线
年 卷 期　2000 年 26 卷 6 期
页　　码　130－132
摘　　要　唐代船商以客贩为主要经营方式，他们贩运四方行踪不定，逐渐使他们淡化了“恋家”观念，导致了多数船商家庭的不稳定。同时，虽然他们拥有雄厚的经济势力，但并没有得到社会的尊重，以致做下了种种不合时宜的举动；但也有一些有识之船商，为改变其社会处境促使其子弟走上了读书入仕的途径。另外船商还有经商生涯辛酸的一面。

题　　名　**试论唐代的中非交通**
作　　者　景兆玺
刊　　名　西北第二民族学院学报（哲学社会科学版）
年 卷 期　2000 年 2 期
页　　码　25－30
摘　　要　在中国与非洲交往的历史进程中，唐代是一个很重要的阶段。这一时期既继承了两汉以来中非交往的成果，又为五代宋以后中非关系的进一步发展奠定了基础，体现了承上启下的时代特征，这一特征在唐代中非交通史中尤为突出。对唐代中非交通史的了解将有助于唐代中非关系史和整个中非关系史的研究。

题　　名　**试论唐代海外贸易的管理**
作　　者　刘玉峰
刊　　名　山东大学学报（社会科学版）
年 卷 期　2000 年 6 期
页　　码　52－56
摘　　要　唐代海外贸易的管理，主要包括唐政府对朝贡贸易和市舶贸易的管理。朝贡贸易作为唐政府与海外诸国沟通政治关系的辅助手段，由唐政府一手操办，有其特殊意义。市舶贸易作为以经商牟利为目的的通常的海外贸易，也由唐政府进行严格管理，并经历了管理体制和管理内容上的前后变革过程。总起来看，唐代海外贸易主要由唐政府所经营管理，商品贸易受政治权力操控是其主要特点。

题　　名　**试论唐代市舶使的职能及其任职特点**
作　　者　宁志新

刊　　名　中国社会经济史研究
年 卷 期　1996年1期
页　　码　9－14
摘　　要　市舶使,是唐代始设的管理海外贸易的官员之一,且为以后的宋、元、明三代所长期沿用。因此,深入探讨唐代市舶使的职能变化及其任职特点,是十分必要的。本文试就这两个问题略抒管见,敬请方家教正。

题　　名　试论唐宋的对外开放
作　　者　木易
刊　　名　云南师范大学学报(哲学社会科学版)
年 卷 期　1995年27卷1期
页　　码　51－56
摘　　要　本文以唐宋对外开放的具体历史事实,通过对唐宋政府对外开放政策及措施、开放带来外贸繁荣与对社会经济的影响等方面的分析,论证对外开放在我国古代的积极作用。

题　　名　试论唐宋时期漕运的沿革与变迁
作　　者　陈峰
刊　　名　中国经济史研究
年 卷 期　1999年3期
页　　码　83－93
摘　　要　唐宋时期是中国漕运发展的重要阶段,两代漕运既存在制度上的延续性,也出现了诸多方面的不同变化。主要表现在:(1)唐朝时逐渐形成以南方为主的供漕区域及南北向的漕运路线,宋代不仅保持了这一格局,而且进一步加剧了对东南地区的依赖;(2)唐宋时期在漕运方式中长期实行机动灵活的“转般法”,北宋后期则改行“直达法”,结果弊端丛生;(3)唐朝产生了转运使之类的最早的漕运官职,宋代则建立了以东南发运司为主,包括各地区机构在内的完备的漕运管理组织;(4)在唐宋两代,漕运运输队伍经历了由征调农民服役到职业性漕卒承担的变迁过程。漕运的以上沿革变迁,正体现了历史发展的必然内在联系。

题　　名　试论唐宋元时期明州港的瓷器外销及地位
作　　者　虞浩旭
刊　　名　景德镇陶瓷
年 卷 期　1999年4期
页　　码　51－54
摘　　要　中国海岸线大约以长江口为界,南北有异,北部多泥质海岸,滩缓水浅;南部多石质海岸,港众水深,故南北海运因船吃水深度不一导致的结构上的差异,需在长江口附近易货换舶。钱塘江喇叭型口悬殊的潮差使杭州不宜成港。在上海未兴时,明州(庆元)便成为理想的转货口岸。

题　　名　试论唐至清初潮州的海外贸易与海上走私
作　　者　黄桂
刊　　名　南洋问题研究
年 卷 期　2001年4期

页　　码　83－97

摘　　要　潮州与海外诸国的贸易往来很早就有，但在唐至清初这一时段里，潮州诸港从未成为官府承认的、合法的、正式的对外贸易港口。潮州通番走私贸易从内容上看，有非法地从事贸易与非法地从事违禁物品贸易之分；从形式上看又有下海通番与坐地通番之别。长期从事违禁贸易进一步助长了潮州人蔑视官府，视违禁为快速致富之路的不良风气，此种风气可以说是于今余绪犹存。

题　　名　试论唐中期以后中阿海路贸易迅速发展的原因

作　　者　景兆玺

刊　　名　西北第二民族学院学报（哲学社会科学版）

年 卷 期　2008 年 4 期

页　　码　109－114

摘　　要　在中阿贸易发展史上，唐代是一个关键时期。在唐代之前，中阿贸易主要通过陆上丝路进行，从唐代中后期开始，海上丝路快速发展并取代陆上丝路成为中阿贸易的主要通道。这一变化是由航海技术的进步、海路商道成型、商业交往增多、陆路交通受阻等诸多因素共同作用的结果。

题　　名　试论条约前时代清政府对领水主权的维护

作　　者　刘利民

刊　　名　信阳师范学院学报（哲学社会科学版）

年 卷 期　2005 年 25 卷 1 期

页　　码　121－124

摘　　要　在不平等条约签订前，西方列强对中国的侵略集中表现为挑衅中国领水主权。面对这种非法挑衅，当时的清正府出于维护自身统治的需要，采取了相应的措施：实施强制引水制度，牢牢控制引水主权。严格管理湾泊的洋船。商船、兵船必须湾泊于指定地点，并接受严格管束。对外国船员行使完全的刑事管辖权。拒绝列强染指海上缉捕权。正是由于清政府采取了比较严厉的措施，在武力和封舱的威慑下，西方列强的挑衅活动不得不有所收敛，条约前时代的中国领水主权也因此而大体上保持了完整。当然，这种完整随时都受到威胁。

题　　名　试论条约前时代西方海洋国家对中国领水主权的挑衅

作　　者　刘利民

刊　　名　兰州学刊

年 卷 期　2004 年 4 期

页　　码　252－255

摘　　要　西方列强对中国领土主权的破坏是从侵犯领水主权开始的。在不平等条约签订前，西方列强对中国的侵略集中表现为挑衅中国领水主权。自 16 世纪以来，西方海洋国家多从南方海道而渐及于中国，他们凭借“船坚炮利”，横行于中国海区，试图挑衅中国的领水主权，具体表现为：（1）不经许可随意派遣兵船长期游弋中国领水区域，并任意交战、捕获，违反中立法；（2）兵船不遵规定，任意强闯广东内河；（3）企图逃避中国政府对商船水手的刑事管辖；（4）利用武装商船走私鸦片，逃避中国政府的缉私管辖；（5）不经允许，擅自探测中国沿海航道。西方海洋国家的这些活动无疑使中国的领水主权受到了威胁。

题　　名　试论晚清时期福州船政局的科技发展战略

作　　者　肖来付

刊　　名　福建省社会主义学院学报
年 卷 期　2009 年 2 期
页　　码　29 - 32

题　　名　**试论倭国遣隋使朝见炀帝的地点**
作　　者　葛继勇
刊　　名　唐都学刊
年 卷 期　2010 年 5 期
页　　码　69 - 73
摘　　要　有隋一代,因隋炀帝多次外出巡游,故周边国家和地区遣使来华时的朝见地点因其居留的地点不同而变化。但是因隋炀帝多在新年前后居留东京(东都洛阳),故 607、608、609 年三次倭国遣隋使朝见隋炀帝的地点均为东京,而非京师(长安)。事实上,炀帝即位不久,政治、文化乃至国际交流的中心已自京师长安移至东都洛阳。

题　　名　**试论窝阔台攻宋时期南宋水军在两淮的防御**
作　　者　黄德辉
刊　　名　乐山师范学院学报
年 卷 期　2006 年 21 卷 6 期
页　　码　108 - 111
摘　　要　宋理宗端平二年(公元 1235 年),窝阔台兵分三路,大举南侵。在窝阔台汗攻宋时期,南宋的两淮、京湖、四川三大战场中,以两淮的防御最为成功,损失也最小。而在南宋抵御蒙古入侵的诸兵种中,又尤以南宋水军出力最多。南宋凭借着其水军在两淮的有效防御,使蒙古在这一时期始终未能于两淮找到淮河、长江的突破口,成功地遏制了蒙古对两淮的侵扰。

题　　名　**试论我国历朝的经济政策与古港口的兴衰**
作　　者　贺文彬
刊　　名　水运管理
年 卷 期　1995 年 9 期
页　　码　14 - 17,13
摘　　要　从我国港口发展历史的纵剖面来看,自然经济的桎梏和商品经济的促进,是社会经济直接作用于港口的最基本动力。自从人类社会有了商品交换,伴之而来的也就有了商品的位移。而港口作为这种位移的特殊场所,在自然经济这一大框架里,除受经济自身发展规律的制约外,还严重地为朝廷的经济政策所左右。本文试从历朝的经济政策对港口兴衰的影响作些粗浅的探索。

题　　名　**试论我国运河的历史变迁**
作　　者　邹逸麟
刊　　名　历史教学问题
年 卷 期　1982 年 3 期
页　　码　52 - 54,57

题　　名　试论夏商时期的海洋文化
作　　者　陈智勇
刊　　名　殷都学刊
年 卷 期　2002 年 4 期
页　　码　20－25
摘　　要　我国很早就产生了海洋文化,它丰富了农业文明。夏商时期的海洋文化表现为出现了朦胧的海洋意识、海神崇拜以及早期的海洋旅游行为和以海岛为避难所,表现为开发了近海的海洋资源,有了一定的航海能力。它有积极的一面,也有消极的一面,还对后世产生了一定的影响。

题　　名　试论湘军水师
作　　者　聂朋
刊　　名　湘潭大学学报(社会科学版)
年 卷 期　1994 年 2 期
页　　码　88－90

题　　名　试论徐福传说的文化意蕴
作　　者　方印华,王新高
刊　　名　宁波师院学报(社会科学版)
年 卷 期　1996 年 2 期
页　　码　43－46
摘　　要　徐福传说是十分丰富多彩又较为系统完整的,在中国沿海地区(特别是慈溪达蓬山一带)以及日本国;流传十分广泛,本文从徐福传说的原始宗教胎记、方士文化内涵与徐福传统的传播特征几个方面作了较为系统的初步探讨。

题　　名　试论徐福东渡美洲之谜
作　　者　罗宗真
刊　　名　东南文化
年 卷 期　1995 年 2 期
页　　码　78－83

题　　名　试论徐福东渡之行止
作　　者　孙光圻
刊　　名　大连海事大学学报
年 卷 期　1986 年 12 卷 3 期
页　　码　116－122
摘　　要　徐福东渡之行止,向为中国古代航海史与太平洋航海史上的未解疑案。本文从航海史地角度,对古文献中所载的“三神山”、“平原广泽”,“亶洲”的所在之处进行了个别分析与综合考察,并由此得出一个既符合历史记载,又符合地形态势,也符合航海位置的结论——徐福东渡行止的唯一可能,就是日本列岛。

题　　名　试论徐福文化神佛习合的主客观因素
作　　者　朱颖
刊　　名　浙江国际海运职业技术学院学报
年 卷 期　2005 年 1 期
页　　码　46 – 50
摘　　要　关于徐福,历史文字记载资料奇缺,但是在日本民间的传说却十分广泛,从仅有的一点记载的起始与官撰史书以及与帝王血统、日本神道的错综复杂的联系中,可以窥视到徐福文化有神佛习合的现象,笔者在此探讨了徐福文化神佛习合的主客观因素。

题　　名　试论徐闻、合浦港的兴衰
作　　者　杨少祥
刊　　名　海交史研究
年 卷 期　1985 年 7 期

题　　名　试论薛福成对藩属国的政策主张
作　　者　刘悦斌
刊　　名　近代史研究
年 卷 期　1998 年 6 期
页　　码　157 – 171
摘　　要　薛福成曾多年追随李鸿章襄办外交事务,后又任清政府驻英、法、义(意大利)、比公使数年,为晚清著名外交官,对晚清外交多有赞画。19 世纪以来,以中国为封主的东方朝贡体制受到西方殖民侵略活动的猛烈冲击,如何应付这种局面,成为晚清外交的一个重要内容。本文即试图就薛福成对藩属国的政策主张作一分析。

题　　名　试论鸦片战争后广州港外贸地位变化的原因
作　　者　程浩
刊　　名　开放时代
年 卷 期　1983 年 2 期
页　　码　51 – 54,5
摘　　要　广州港自古以来就是中国对外贸易的重要港口。从秦汉时代至鸦片战争之前约二千年里,广州港的对外贸易几乎都居全国港口的中心地位,历久而不衰。直到 1843、1848 年,中国的生丝和茶叶仍然全部或绝大部经由广州港出口,而从英国进口的羽毛纱、粗叽、手帕,毛毯、铁器、玻璃等,广州港则比上海港高出五到十倍不等。但是,自鸦片战争之后,广州港的外贸地位却发生了重大变化,这个变化表现为两个阶段:一、《南京条约》签订后的 1843 – 1852 年,广州港的对外贸易逐步走下坡路,其中心地位日见削弱;二、自 1853 年起,广州港在外贸上的中心地位为上海港所取代。拙文仅就鸦片战争后,广州港外贸地位变化的原因试作论述。

题　　名　试论鸦片战争前 300 年澳门在中西文化交流中的地位与贡献
作　　者　彭顺生
刊　　名　史学月刊
年 卷 期　1999 年 5 期

页　　码　45 – 49

摘　　要　鸦片战争前300年是中西文化交流第一次高潮时期。澳门作为西方天主教文化的最初入口、中西文化的交汇之地和窗口,不仅在这一时期的中西文化交流中占有极其重要的地位,而且对中西方文化的相互传播、交融乃至中西文化交流第一次高潮的形成均作出了巨大的贡献。

题　　名　**试论鸦片战争前广州对输入西方文化的贡献**

作　　者　彭顺生

刊　　名　广州大学学报(社会科学版)

年 卷 期　2002年1卷7期

页　　码　65 – 70

摘　　要　在鸦片战争爆发前3个世纪里,广州对输入西方文化作出了巨大的贡献,这不仅表现在广州是西方传教士来华传教的首选之地、西方科学技术输入的窗口和西洋艺术入华的桥梁,而且还表现在它是西方近代文化设施最早的移植之地与最早出现西方文化、教育、医学组织的城市。

题　　名　**试论鸦片战争前清政府之澳葡政策**

作　　者　彭学涛

刊　　名　郑和研究

年 卷 期　1999年3期

页　　码　1

题　　名　**试论一山一宁赴日在中日关系发展史中的作用和意义**

作　　者　朱颖

刊　　名　日本研究

年 卷 期　2003年1期

页　　码　85 – 89

摘　　要　纵观中日关系发展史,佛教文化的东渐对发展两国关系、增进两国人民的友谊起着重要作用。虽然,中日两国古籍都记载,日本的佛教最早于公元552年(一说公元538年)由朝鲜半岛的百济传入的。可之后的一个半世纪的,佛教文化的交流主要是通过中日两国僧侣的互访互学而不断发展起来的。在中国,自隋唐以来,有一大批僧人,扬帆蹈海,历尽艰辛东渡日本,如唐朝的道旋、鉴真,宋元的道隆、普宁、正念、祖元、清代的心越等。他们大多是受日本僧人或之前寓居日本的中国僧人的邀请,去日本讲经说法。唯独元初赴日的一山一宁,是受元朝皇帝派遣,作为元朝的使者而赴日的。因此,一山一宁的东渡在中日关系发展史中,除弘扬佛法以外,还有更多的政治意义及历史作用值得研究,本文拟对此作一探讨。

题　　名　**试论以勘合贸易为中心的明日关系**

作　　者　张立凡

刊　　名　吉林师范大学学报(人文社会科学版)

年 卷 期　1981年2期

页　　码　2 – 7

摘　　要　一衣带水的中日两国人民友好的历史由来已久。远在公元前二世纪时,当中国已进入封建社会的战国、日本还停留在弥生式文化时期,中国的先进手工业技术及青铜器和较高的文化相继传入日本。这是两国的最早往来。隋、唐时期强大的、统一的政权为中日的友好关系提供了有利的条件,创造中日友好的繁荣时代。宋、日政府间的关系一度中断,但贸易往来极为频繁,贸易规模数额之大,贸易时间之长,是任何朝代不可比拟的。

题　　名　试论义净在唐朝和南海诸国关系史上的作用和地位

作　　者　卓建明

刊　　名　世界历史

年 卷 期　1992 年 6 期

页　　码　74－79

题　　名　试论英国发动第一次鸦片战争的双重动因

作　　者　刘存宽

刊　　名　近代史研究

年 卷 期　1998 年 4 期

页　　码　158－172

摘　　要　1840 年英国发动的对华第一次鸦片战争,历来是中外史学界关注的焦点。关于此次战争的动因,学者们众说纷纭:有的人认为英国是为了“外交平等”和捍卫“国家尊严”而发动这次战争的;有的人认为战争起源于“中西文化冲突”,等等。但大多数中外学者均认为这次战争主要是由经济原因引起的,但其中又有两种意见:一种认为这次战争完全是受英国保护其对华鸦片贸易利益所驱动;另一种认为这次战争与鸦片贸易无关,战争的起因是英国为了打开中国市场,开拓对华“自由贸易”。那么,英国发动第一次鸦片战争的动因到底为何?仅仅是为了保护其对华鸦片贸易的利益?或仅仅是为了开展对华“自由贸易”,打开中国市场?抑或是兼而有之?本文将根据历史事实,对此提出个人的一点认识。

题　　名　试论英国发动鸦片战争的历史原因

作　　者　高茂兴

刊　　名　江西师范大学学报(哲学社会科学版)

年 卷 期　1990 年 3 期

页　　码　48－52

摘　　要　一百五十年前的今天,英国殖民主义者利用中国人民发明的火药打开了中国的“大门”。在英国“炮舰政策”的威逼下,清政府被迫与英国签订了近代中国历史上第一个不平等条约—《南京条约》。随后,美、法、沙俄等西方殖民国家相继以武力相威胁,强迫清政府签订一了许多丧权辱国的不平等条约。这一过程,在中国历史上被称为鸦片战争。战后,由于一系列不平等条约的订立,中国的关税主权、司法主权、领海主权渐次遭到破坏,这标志着中国从此被迫走上了半封建半殖民地的道路。鸦片战争是英国侵略者掠夺和奴役中国人民的殖民扩张政策的产物,它的直接导火线是由于英国公开破坏中国禁烟法令,用武力保护鸦片贸易走私引起的。但是,外国侵略者及其一批西方资产阶级学者,不顾基本的历史事实,极力为英国殖民者的侵略行径辩护,企图掩盖其侵略罪行和侵略扩张本质,把战争责任推到中国方面,甚至连这场战争是由鸦片直接引起的事实也要予以否认。英国侵略分子马士硬说鸦片战争“并不是为了维持鸦片贸易而进行的斗争,它不过是一个持续了二十年,并且要决定东方和西方之间应有的国际和商务关系的斗争的开端”。一八四一年,正当鸦片战争进行期间,美国国务卿亚当斯便在马萨诸塞州的历史学会上发表演说,极力为英国的侵略行径披上“合法的外衣”,公开声称鸦片战争“英国有正义的理由”,“鸦片问题不是战争的原因,战争的原因是磕头”。然而,历史是掩盖不了的。本文试图通过对鸦片战争前的英国社会和中国社会的剖析,进一步阐述鸦片战争爆发的历史必然性和殖民主义侵略扩张的本质。

题　　名　试论永乐帝经拓中国北陲与南海的历史功绩
作　　者　杨旸，衣兴国
刊　　名　海南师院学报
年 卷 期　1994年3期
页　　码　100－103，93
摘　　要　永乐帝朱棣是有明一代历史上颇有作为的君主。他是朱元璋第四子，从青年时代起，就跟随朱元璋创建大明统一帝国的活动，成为朱元璋诸子中的佼佼者。他即帝位后，审时度势，顺应历史潮流，针对明太祖朱元璋中后期施政的一些弊端，在内政和外交方面都做了一些必要的调整和改革。特别是他于中国北部边陲设奴儿干都司，在南中国海域经营南海诸岛，为维护和发展多民族国家的统一做出了贡献。但是，由于朱棣不是朱元璋钦定的皇位继承人，而是以"靖难"名义，用武力从其侄建文帝朱允文手里夺取帝位的，所以历来受到正统派封建臣子和文人的非难，甚至彻底否定，斥之为"暴君"。解放后，史学界也有人认为这是"不义行为"。而没有给予全面、公正的评价。现仅就永乐帝经营开拓中国北部边陲和南海诸岛的历史功绩做一论述，以期有神于对永乐帝的研究。

题　　名　试论元代的海禁
作　　者　邓端本
刊　　名　海交史研究
年 卷 期　1990年17期

题　　名　试论元代的妈祖崇拜
作　　者　李倩
刊　　名　中南民族大学学报(人文社会科学版)
年 卷 期　2005年25卷6期
页　　码　128－131
摘　　要　航海是带有极大冒险性的事业，在难以抗拒的大自然力量面前和科学技术不够昌明的年代，人们只能把身家性命的平安寄托于神明的保佑。传说有个天妃能够拯救航海者于狂风怒涛之中，增强他们从事海上航行的勇气，这个神话是促使妈祖由一个普通民女演变为天妃、天后神的原因。对妈祖的信仰和崇拜，到元代臻于极盛。

题　　名　试论元代开发黄河
作　　者　陈广恩
刊　　名　江苏社会科学
年 卷 期　2004年5期
页　　码　232－236

题　　名　试论元代中国与高丽的贸易
作　　者　张雪慧
刊　　名　中国社会经济史研究
年 卷 期　2003年3期
页　　码　63－70
摘　　要　本文利用中外历史学、语言文学、考古学等资料、特别是以往不太为人注意的原始材料，考查论述元代中国同高丽经过海、陆交通进行的多种渠道、不同形式和规模的贸易往来,种类丰富的进出口商品,及商业活动对双方社会风习和民众生活的影响与渗透。元丽民间商人的交往更生动的反映了两国人民的传统友谊。

题　　名　**试论曾国藩创办湘军水师**
作　　者　杨奕青
刊　　名　曾国藩学刊
年 卷 期　1994 年创刊号期

题　　名　**试论浙江沿海抗倭之久烈**
作　　者　郑慧日
刊　　名　台州学院学报
年 卷 期　1997 年 19 卷 2 期
页　　码　57 – 60
摘　　要　倭患是明代最大的外患。就倭患的严重、抗倭的激烈而言,则以浙江沿海为最。这是由于浙江发达的经济、特定的地理条件以及明廷功罪倒置、浙江海防隳和中国海盗、奸商与倭寇相勾结造成的。浙江沿海抗倭斗争能够得到最终胜利是由于戚继光的指挥、胡宗宪和其他爱国官兵艰苦卓绝的斗争及人民的大力支持。

题　　名　**试论郑成功的经济思想**
作　　者　李育安,吴朝林
刊　　名　郑州大学学报(哲学社会科学版)
年 卷 期　1984 年 2 期
页　　码　23 – 30
摘　　要　郑成功是明末清初收复台湾的名将,是深受中国人民敬重的民族英雄。他生于一六二四年(明天启四年),卒于一六六二年(清康熙元年),终年三十九岁。他是福建南安人,郑芝龙之子。而他的祖籍据初步考证系河南固始。在他短暂的一生中,为反清斗争、驱逐荷兰侵略者、收复和开发台湾事业,都做出了重大贡献。

题　　名　**试论郑成功对郑芝龙的批判与继承**
作　　者　邓孔昭
刊　　名　台湾研究集刊
年 卷 期　1987 年 4 期
页　　码　15 – 25
摘　　要　摆在我们面前的两个人物:郑芝龙和郑成功。他们虽是父子,但人们对其历史功罪,却有截然不同的评说。一个是明末清初东南沿海著名的海盗、政治上反复无常的“贰臣”;一个是“生而忠正”的明室延平王、功垂万世的民族英雄。他们出自一个家庭,却选择了不同的道路。作为郑氏集团的第二代代表人物的郑成功,他批判和扬弃了郑芝龙的那些东西?又继承和发扬了那些东西?这是一个饶有趣味的问题。

题　　名　**试论郑成功收复台湾——纪念民族英雄郑成功收复台湾三百二十周年**
作　　者　傅国基
刊　　名　吉林师范大学学报(人文社会科学版)
年 卷 期　1982 年 2 期
页　　码　34－38,44
摘　　要　今年二月一日是我国明末民族英雄郑成功收复台湾三百二十周年。1661 年,郑成功应台湾人民的要求率师东渡,经过九个月的英勇战斗,荷兰侵略者遭到毁灭性的打击,1632 年二月一日被迫投降。从此,被荷兰殖民者侵占三十八年的台湾,终于重归祖国的怀抱。民族英雄郑成功收复台湾的斗争,在中国人民反对外来侵略斗争史上写下了光辉的篇章。几百年来,郑成功的英雄业绩,一直受到我国人民的敬仰。

题　　名　**试论郑观应的海防思想**
作　　者　李文娟,陈群雄
刊　　名　华南理工大学学报(社会科学版)
年 卷 期　2000 年 2 卷 1 期
页　　码　45－49
摘　　要　郑观应的海防思想是在近代中国民族危机日趋严重的形势下产生的。他主张建立近代化海军,实行海陆配合、外洋与海口并重、分区设防、重点防御的战略方针,并强调要依靠群众加强海防。这一思想突破了重陆轻海、重道轻器的传统观念,体现了一种进步的国防观。

题　　名　**试论郑观应在中国近代改革思想中的地位**
作　　者　刘石吉
刊　　名　岭南文史
年 卷 期　2002 年 3 期
页　　码　41－42
摘　　要　郑观应(1842－1992)同近代许多著名的买办商人及改革派人物如唐景星、徐润、孙中山、容闳一样,都是广东香山人,这是中国近代最早与西方接触的地区之一。郑观应幼读诗书,且曾一度参加考试,惟"年十七,小试不售,即奉严命赴沪学贾,从家叔秀山学英语"。秀山为一买办,观应旋入英商宝顺洋行供职,宝顺倒歇后,仍留沪经商,历任和生茶栈、和生祥茶栈、公正轮船、荣泰驳船公司等职,皆与洋行业务有关。年受聘为英商太古洋行之买办,年离开洋行,任李鸿章所创办之轮船招商局帮办、会办。郑氏虽久任职洋行,但对国家局势始终关怀,能利用与外人接触之经验,及在上海阅读新刊书报之机会,益以本人之观察运思,形成一套救时方案,也成为近代杰出的改革派思想家。

题　　名　**试论郑和宝船**
作　　者　席龙飞,何国卫
刊　　名　武汉理工大学学报(交通科学与工程版)
年 卷 期　1983 年 3 期
页　　码　9－18
摘　　要　郑和于永乐三年(1405 年)至宣德八年(1433 年)的二十八年间,受明政府派遣统帅舟师七下西洋。所率大船长四十四丈四尺,宽十八丈,中船长三十七丈,宽十五丈。其规模之大,人员之多,足迹之广,都是世界历史上前所未有的。郑和堪称历史上最早的最有成绩的航海家。郑和的船队是按明朝廷的命令在全国各地建造的,船型种类繁多,其中体型最大的宝船当为在闽浙沿海建造的尖底海船——福船。这种船型具有较小的长宽比值,极有利于船体强度和稳性,尖底与瘦削的型线相结合,对快速性以及适航性又均属有利。继承秦汉、唐宋以来的我国优秀的造船技术传统,与明政府开展"朝贡贸易"的需要相结合,出现了七下西洋的壮举是合乎历史发展规律的。这一壮举尽管是空前绝后的,但却是客观存在的历史事实。

题　　名　试论郑和船队的兵器
作　　者　唐志拔
刊　　名　船史研究
年 卷 期　1997 年 11/12 期

题　　名　试论郑和船队海外保障基地的建立
作　　者　侯飞
刊　　名　郑和研究
年 卷 期　2006 年 1 期
页　　码　84－91
摘　　要　近代以来,郑和下西洋被赞誉为中国航海史和世界航海史上的壮举。郑和也被视为古代各国人民交流的友好使者。郑和的事迹被人们传为千古佳话。从这样的认识再谈论下西洋的最初原因。也多了一些和平的初衷。

题　　名　试论郑和的"和平海权"思想
作　　者　杨宏伟
刊　　名　郑和研究
年 卷 期　2005 年 2 期
页　　码　15－20

题　　名　试论郑和航海中 Vc 来源
作　　者　陈亚昌
刊　　名　郑和研究
年 卷 期　1998 年 1 期
页　　码　13

题　　名　试论郑和舰队远航成功的心理因素
作　　者　余支政,李璟
刊　　名　郑和研究
年 卷 期　1999 年 2 期
页　　码　27

题　　名　试论郑和精神的内涵
作　　者　席龙飞
刊　　名　郑和研究

年 卷 期 1994 年 1 期
页　　码 20－22,29

题　　名 试论郑和牵星术中的阿拉伯天文航海因素
作　　者 孙光圻,陈英
刊　　名 郑和研究
年 卷 期 1992 年 14 期
页　　码 21－26

题　　名 试论郑和下“西洋”的两重任务
作　　者 陈得芝
刊　　名 历史教学问题
年 卷 期 1959 年 3 期

题　　名 试论郑和下西洋
作　　者 辛元欧
刊　　名 船史研究
年 卷 期 1997 年 11/12 期

题　　名 试论郑和下西洋的军事贡献——纪念郑和下西洋 600 周年
作　　者 罗谧,肖季文
刊　　名 军事历史研究
年 卷 期 2005 年 2 期
页　　码 112－118
摘　　要 15 世纪初的郑和下西洋,是军事史上一个意义重大的事件。当前学术界多从郑和下西洋的政治、经济、文化、外交、航海等方面研究其贡献,鲜少从军事角度进行阐述。本文从郑和下西洋坚持维护和平、反对霸权的军事原则,确立经略海洋、“以海屏陆”的军事战略,展现恩威并施、灵活多样的军事艺术等三个方面集中论述了郑和下西洋在军事上的贡献,揭示了郑和下西洋在军事史上的重大意义,从一个侧面反映出郑和不仅是一位和平使者,而且是一位具有政治远见、运筹帷幄的军事家。

题　　名 试论郑和下西洋的商贸活动
作　　者 陆韧
刊　　名 海交史研究
年 卷 期 2005 年 47 期
页　　码 22－30
摘　　要 郑和下西洋时的商贸活动是多方面的:开辟新的贸易航线;建立海外贸易据点,开拓广阔的贸易市场;招引朝贡贸易使团,扩大明朝朝贡贸易范围;采用“赐赉贸易”方式,积极主动开展直接出海贸易活动;开展民间互市贸易,笼络番人;进行深入细致的市场调查,搜访大量翔实的商业信息等。这些活动不仅使明朝海外贸易达到了鼎盛,而且为明朝进一步开展更大规模的对外贸易准备了充分条件。

题　　名　试论郑和下西洋的性质——从“靖难之役”说到郑和下西洋
作　　者　陈牧野
刊　　名　论坛
年 卷 期　1959 年 1 期

题　　名　试论郑和下西洋的主要目的
作　　者　钱志乾
刊　　名　江西社会科学
年 卷 期　2005 年 2 期
页　　码　90 – 94
摘　　要　2005 年是我国明代伟大的航海家郑和首次下西洋 600 周年。关于郑和下西洋的目的主要有“寻找惠帝踪迹说”、“联印抗蒙说”、“发展对外贸易说”等多种，所持各有其理，亦各有偏颇之处。从其活动范围和时间间隔看，应该根据郑和七下西洋的时间将其目的分为前后两个时期，前期的主要目的是政治目的，即巩固帝位；后期的目的发展为政治目的和经济目的并重。

题　　名　试论郑和下西洋和地理大发现之异同
作　　者　孙特生，李传永
刊　　名　内江师范学院学报
年 卷 期　2003 年 18 卷 2 期
页　　码　74 – 79
摘　　要　本文探讨了郑和下西洋、地理大发现的历史背景和过程，通过对郑和下西洋和地理大发现的对比分析，侧重指出其各自不同的影响、地理意义、历史地位，并论证分析了形成这种不同的原因。

题　　名　试论郑和下西洋所体现出的中华文化特质
作　　者　魏淑霞
刊　　名　郑和研究
年 卷 期　2006 年 3 期
页　　码　28 – 31
摘　　要　郑和七次下西洋所到达的地域，实施的措施，产生的影响及其在人类航海史上的地位，学人论述颇多，且一致肯定了郑和开创了中西交通史上的新局面，扩大了中西海上交通、海上贸易、海上文化交流的范围，推动了华侨向海外的迁移，促进了南洋各国社会经济的发展，促进了中国与亚非各国人民之间的团结和友谊等。对郑和下西洋产生的负面影响论及的较少。本文试图通过对郑和下西洋的历史背景、目的、其所到之处采取的措施，及郑和下西洋所产生的影响的分析，来客观阐述郑和下西洋所体现出的中华民族文化特质。以便我们以史为鉴对中华民族传统文化进行反思，从中寻取其有价值的部分继承发扬。

题　　名　试论郑和下西洋与建文帝藏匿福建华藏寺——兼谈郑和下西洋是两段式航行
作　　者　陈亚昌
刊　　名　郑和研究
年 卷 期　2010 年 1 期
页　　码　29 – 34

摘　　要　本文对关于郑和出使日本的文献记载提出疑问,从而依据相关史实怀疑朱棣捉拿建文帝由郑和秘密押送福建,软禁于华藏寺,再进一步论证郑和七次下西洋的目的之一是监视建文帝,并讨论了郑和航海的方式是两段式航行。

题　　名　**试论郑和下西洋中的商贸考察**
作　　者　苏月秋
刊　　名　郑和研究
年 卷 期　2005 年 3 期
页　　码　25 – 32

题　　名　**试论郑和与佛教的关系**
作　　者　徐心希
刊　　名　郑和研究
年 卷 期　2007 年 2 期
页　　码　12 – 20
摘　　要　郑和所处的时代,中国的造船技术比以前更加进步,航海经验更加丰富。但在海上航行仍然经常受到风浪的袭击而船沉人亡,祈求神灵保佑是他们胜利完成下西洋任务的精神支柱。郑和不仅乞求伊斯兰教和佛教的保佑,也乞求海神天妃的保佑。

题　　名　**试论郑和与佛教的关系**
作　　者　徐心希
刊　　名　郑和研究
年 卷 期　2009 年 2 期
页　　码　17 – 23
摘　　要　通过多种古籍记载和多种出土文物论证:郑和是位虔诚的佛教徒。这为其生活的文化环境所决定,也为其所承担的使命——前往东南亚佛教国家宣昭明朝通商友好政策所决定。

题　　名　**试论郑和与王景弘之死**
作　　者　庄为玑
刊　　名　海交史研究
年 卷 期　1987 年 11 期

题　　名　**试论郑和远航研究的爱国主义内涵**
作　　者　潘君祥
刊　　名　郑和研究
年 卷 期　1996 年 2 期
页　　码　25 – 28

题　　名　**试论郑和舟师**
作　　者　张铁牛
刊　　名　军事历史研究

年 卷 期 1992 年 1 期
页 码 80 - 92
摘 要 明代郑和(1371 - 1433)是我国历史上伟大的航海家和杰出的外交家,也是一位卓越的海军将领。从永乐三年(1405 年)到宣德八年(1433 年)的二十八年间,郑和率领一支强大的舟师,七下西洋,最远航程达 6 千海里以上,到达过东南亚、印度洋、红海、东非等三十多个国家和地区。郑和舟师组织严密,战船种类齐全,武备精良,航海技术先进,在当时是举世无匹的。郑和舟师下西洋,是中国航海史和海军史上的奇迹,也是世界航海史和海军史上的壮举。

题 名 **试论郑氏集团在中国海洋社会经济发展史上的地位**
作 者 陈东有
刊 名 江西师范大学学报(哲学社会科学版)
年 卷 期 1997 年 30 卷 4 期
页 码 50 - 53
摘 要 郑氏集团在闽台活动时期正是中国海洋社会经济发展的重要时期,郑氏集团以其与内陆不同的方式进行经济活动,不仅促进了闽台地区的社会经济发展,使集团有了较雄厚的物质基础,更为中国海洋社会经济发展创立了一种与世界海洋经济同步发展的模式。这种模式显然很不完善,但它对中国海洋社会经济发展的贡献是功不可没的。

题 名 **试论郑氏几代对台湾早期农业的开发**
作 者 彭景元
刊 名 农业考古
年 卷 期 2008 年 1 期
页 码 77 - 82

题 名 **试论郑氏与日本的贸易关系**
作 者 徐恭生
刊 名 福建师大学报(哲学社会科学版)
年 卷 期 1983 年 2 期
页 码 26 - 29

题 名 **试论郑芝龙开发台湾和抗荷斗争的作用**
作 者 蔡长溪,黄天柱,廖渊泉
刊 名 历史教学
年 卷 期 1981 年 9 期
页 码 8 - 12

题 名 **试论中国东南沿海史前的海洋族群**
作 者 陈仲玉
刊 名 考古与文物
年 卷 期 2002 年 2 期
页 码 38 - 42

摘　　要　有见于南岛语族自公元前3千年开始向太平洋和印度洋各地的扩张,经过4千余年的发展,至今分散在若大的地区,人口已到达2亿7千多万人,这种移民拓殖的力量是何等的惊人。究其向海外的扩张的原因主要是因为族群繁衍,人口增加,产生对居地的需求,以及采取海洋的食物资源这两种动机。在公元前5千年至3千年阶段,中国东南沿海一带,由于农耕生产的经济逐渐形成,定居的村落生活,同时也需要有稳定的肉类来源;显然依赖原始的狩猎和采集生业已经是无法满足这方面的需求,尤其是生活在孤岛的居民。所以,沿岸的先民必须在海洋中获取鱼类以代替对肉类蛋白质的需求,因而要在海洋的鱼类捕捞和海上航行的技术方面多求发展。另一方面由于农耕与定居的生活方式,促使人口快速成长,生活在沿海的人要向海外拓荒的动机加强(Bellwood,1997:13-15)。这些原因都可能是南岛语族向外扩展的原因。然而,要向海外扩展拓殖的先决条件,仍然在海上航行的技术上。我们不相信在广大的华南地区所有古代的南岛语族群均有远航海上的能力。他们要借助于经年累月航行在海上族群的协助,所以在南岛语族的海洋拓殖史中,那些海上船民的贡献,不可或忘。

题　　名　**试论中国古代船舶的设计哲学**

作　　者　袁随善

刊　　名　船史研究

年 卷 期　1994年7期

页　　码　31-36

题　　名　**试论中国古代的海外贸易**

作　　者　李世龙

刊　　名　河南大学学报(社会科学版)

年 卷 期　2003年43卷1期

页　　码　16-18

摘　　要　中国古代的海外贸易肇始于西汉,并有其发生、发展、繁荣和衰微的过程,而每个时期又都受到当时的经济、政治等诸条件之约束。两汉是其开拓时期;魏晋南北朝是其继续发展时期;隋唐为其兴盛繁荣时期;宋元则为其高度发达时期;明清时海外贸易出现了断层与终结现象,乃是封建社会日趋没落和西方列强侵略的必然结果。然而海外贸易作为中外交往的一个重要途径,在古代中外关系发展史上仍占有突出的地位。

题　　名　**试论中国古代海界问题**

作　　者　安京

刊　　名　中国边疆史地研究

年 卷 期　2000年36卷2期

页　　码　10-22

摘　　要　本文从不同角度对中国古代海界的形态进行了论述,对学术界关于古代海界的某些观点提出了不同意见。

题　　名　**试论中国古代海军的产生和最早的水战**

作　　者　张墨

刊　　名　新华文摘

年 卷 期　1982年2期

页　　码　36 – 42

题　　名　**试论中国古代木帆船的舵杆用材**
作　　者　王杰，孙光圻
刊　　名　武汉理工大学学报（交通科学与工程版）
年 卷 期　1992 年 16 卷 4 期
页　　码　487 – 491
摘　　要　中国古代木帆船的舵杆用材遵循 3 个标准：相当的长度，足够的强度（硬度）及良好的耐水和防虫蛀。由此，主要采用乌婪木、铁力木和榆木作为舵杆。从植物学角度看，以乌婪木最上，铁力木次之，榆木最下；就分布地域而言，钦州为乌婪木，两广为铁力木，大江南北为榆木，其优良程度呈自南向北递减之趋势；就盛行时间而言，宋代流行乌婪木，元明清盛行铁力木，明清时期广泛使用榆木，呈自古至今递减之趋势；从经济性考虑，榆木则有物美价廉，易于寻觅之长。

题　　名　**试论中国海防近代化的兴起**
作　　者　付炳旭
刊　　名　太原师范学院学报（社会科学版）
年 卷 期　1996 年 4 期
页　　码　34 – 35
摘　　要　鸦片战争前，中国历代国防的重心在塞防。鸦片战争后，清朝统治集团受到巨大的震慑，一些进步人士明确主张“师夷之长技以制夷”，一批爱国官员积极倡导建设中国海防近代化，并提出了许多方针与措施。在外国侵略者日益猖撅进犯海疆的压力下，清政府也开始重视海防问题，并下令筹议海防建设的具体方案，中国海防现代化建设铺开了阵势。1888 年北洋水师的诞生，标志着中国海防近代化建设的正式开始。

题　　名　**试论中国海陆丝绸之路的兴衰**
作　　者　张荷
刊　　名　郑和研究
年 卷 期　1994 年 1 期
页　　码　32 – 37

题　　名　**试论中国海员在省港罢工中的作用**
作　　者　史春林
刊　　名　中国革命史教学与研究
年 卷 期　1994 年

题　　名　**试论中国近代海防思想的发展**
作　　者　兰岚
刊　　名　理论界
年 卷 期　2006 年 7 期
页　　码　206 – 207
摘　　要　中国近代海防思想产生于危机当中，是对当时国家安全威胁的一种反应和反思，它的发展不仅标志着中国历史上国防重心的转移，而且也促进了中国近代化的开启。

题　　名　**试论中国近代水运中的帆、轮消长**
作　　者　苏生文
刊　　名　湖北师范学院学报（哲学社会科学版）
年 卷 期　2010 年 2 期
页　　码　85－89
摘　　要　19 世纪中叶以后，随着外国轮运业的侵入和轮船招商局的崛起，中国传统的木帆船运输业逐渐淡出了远洋运输航线，但在沿海和长江航线仍占有一席之地，在内河航线则占绝对优势。木帆船长期存在的最主要原因是中国近代化的总体水平低下，木帆船运输作为轮运的补充有存在的必要。水运条件的限制，也为木帆船运输业提供了天然的屏蔽。木帆船经营灵活机动的特点以及较低的运输成本，也给自己留下了生存的空间。

题　　名　**试论中国近代造船工业败落的原因**
作　　者　霍汝素
刊　　名　船史研究
年 卷 期　1993 年 6 期

题　　名　**试论中国与越南经贸关系的历史沿革、现状及发展趋势——兼论加快发展中越经贸合作的对策**
作　　者　胡均民
刊　　名　学术论坛
年 卷 期　2005 年 8 期
页　　码　119－123
摘　　要　越南与中国有着密切的历史渊源，历史上中国文化对越南有较深的影响。在中越两国漫长的社会发展中，两国人民友好往来不断，建立了十分密切的经济、文化联系，为中越经贸关系的发展提供了深厚的历史基础。文章基于历史研究方法，将中越经贸关系归纳为：古代的朝贡贸易→近代的市场贸易→现代的全面经贸合作→未来区域经济融合的发展历程，并对发展中越经贸关系提出建议。

题　　名　**试论中国造船与航海技术史中的几个问题**
作　　者　金秋鹏
刊　　名　海交史研究
年 卷 期　1986 年 9 期
页　　码　1－11

题　　名　**试论中华民族史前期航海活动的三个时期**
作　　者　孙光圻
刊　　名　中国水运史研究
年 卷 期　1988 年 2 期

题　　名　**试评《海国闻见录》**

作　　者　陈超途

刊　　名　东南亚

年 卷 期　1988年1期

页　　码　49－51

摘　　要　中国史籍数量之浩瀚、种类之繁多、体例之完备、记载之连续长久,举世无比。这些史籍不仅记载了中国的历史,也记载了外国的历史。明清两代,随着社会的发展,记载海外各国历史、地理的书籍更是大量出现。清初陈伦炯所撰《海国闻见录》可说是清代前期众多介绍外国史籍的代表。书中有不少篇幅谈到东洋、东南洋即今天东南亚国家的历史状况,为我们今天研究这些国家的历史提供了宝贵的资料,有一定的历史价值。

题　　名　**试评《郑和航海图》的地名研究——兼评《古今对照郑和航海图》**

作　　者　邱克

刊　　名　上海大学学报(社会科学版)

年 卷 期　1985年2期

页　　码　56－63

摘　　要　世界各国出版的大型百科全书对明初郑和下西洋都给予了很高的评价。如《美国百科全书》(国际版)认为郑和下西洋充分体现了中国人的航海技术,《苏联大百科全书》说明代中国地理学因此而得到极大的丰富,《大英百科全书》则更进一步指出,郑和下西洋所探险的地区“直到几乎一百年后才为西方所发现”。这些评价无疑是公允的。《郑和航海图》(以下简称《郑图》)是十五世纪初以郑和为代表的中国航海家经验和智慧的集中体现。这部图籍不仅详细注明了针位航向、航程,针位和天体星象,更重要的还记载了中外地名约五百四十余个(一百五十二个)。其中所涉及的地理范围包括中国沿海(二百四十余个)、东南亚地区,印度洋地区(一百三十五个)和非洲东部海岸的种类则包括地理名称(如山名、水域名、以及国名、省名、州卫县所巡检司等名称)港湾名、航门水道名、(十四个)。其地理属性岛屿名、礁石名、岬角名和地物名称(如宫殿名、寺庙名、桥梁名、工厂名、城门名等)。在十六世纪以前我国表示亚、非的地理图籍中,《郑图》的内容最为丰富,因此,百余年来,《郑图》一直受到学术界的高度重视,也是国际研究课题之一。全面了解国内外《郑图》地名研究的学术成果,深入探讨这方面存在的问题,不仅有助于我们正确评价目前的研究状况,而且对认清今后的努力方向也是有所裨益的。

题　　名　**试评刘璈与刘铭传在中法战争台湾保卫战中的矛盾与是非**

作　　者　喻几凡

刊　　名　湘潭大学社会科学学报

年 卷 期　1995年2期

页　　码　39－43

摘　　要　刘璈与刘铭传,分别是台湾建省前后在台主政的最高地方行政长官。他们都经历并参与了中法战争中的台湾战役,而且在战争期间还曾发生过很深的矛盾。战后,刘璈因刘铭传的一再严劾,先是被革职查抄,而后又被处以斩监侯,改流黑龙江,两年后即在流放中病殁。而刘铭传则作为首任台湾巡抚,在台做出了一番颇受称赞的业绩。正因为如此,对于战争期间二刘关于台湾的防守及二刘间的矛盾,其时其后都有不少人认为刘铭传是而刘璈非,把所有的功劳,都记在刘铭传一个人头上,对刘璈则只是一味的贬抑和指责。对于战前刘璈为治理台湾所作出的种种努力和所取得的各项成绩,尤其是对于台防的整顿和战前的部署,以及刘铭传在战争期间的调度与战后对刘璈的参劾中的失当之处,更少有人给予充分的注意和比较客观公正的评价。根据现存的有关材料,我们只要稍加清理,便不难发现,其间自另有是非曲直。

题　　名　试评马尾船政局造舰技术的水平
作　　者　曾景春
刊　　名　福建论坛(人文社会科学版)
年 卷 期　1994年1期
页　　码　72–77,45
摘　　要　本文参考西方近代海军兵器的技术资料和清廷官员的有关奏折,对船政局所造船舰及其装备的技术水平作一评估。

题　　名　试评孟席斯《1421:中国发现美洲》
作　　者　罗宗真
刊　　名　海交史研究
年 卷 期　2005年47期
页　　码　1–17

题　　名　试评清朝前期的"闭关政策"
作　　者　杨胜松
刊　　名　曲靖师范学院学报
年 卷 期　1989年4期
页　　码　17–23
摘　　要　闭关政策,是十八世纪中叶清王朝正式厉行的一项对外政策。它的制定和实施,对中国封建社会末期的政治、经济曾产生过重大的影响,并在一定程度上影响了中国近代历史的发展。要对闭关政策作出正确的、合符历史发展实际的评价,就不可不对这项政策提出和厉行的历史背景、发展过程及其历史作用进行一认真的、客观的探讨。本文就这些问题发表了作者的意见。

题　　名　试评日本一代宗师——空海
作　　者　高留成
刊　　名　社会科学论坛(学术研究卷)
年 卷 期　2006年8期
页　　码　190–193
摘　　要　日本高僧空海大师,为了入唐求法跟随日本的第17次遣唐使船来到中国,收获很大,对佛教和中国文化造诣很深,创立了日本的真言宗,他不仅在日本佛教史上有着极其重要的地位,而且在中日文化交流史上也是一座不朽的丰碑。

题　　名　试评汪敬虞先生的《赫德与近代中西关系》
作　　者　邱克
刊　　名　近代史研究
年 卷 期　1989年3期
页　　码　241–249

摘　　要　在中国海关史乃至中国近代史上,英国人赫德(R·Hart)是一位极其特殊的人物。无论是赞扬抑或是反对他的人,都不能否认他曾起过的重要历史作用。这种强烈的反差固然与阶级、民族立场和价值观念有关,但却毕竟说明他是一位值得重视的人物。汪敬虞先生的《赫德与近代中西关系》(人民出版社,1987 年)即是近年来国内赫德研究的力作之一。作为对汪先生极为尊敬的晚辈,笔者试图对此书提出几点不成熟的意见,期望得到批评和指教。

题　　名　试评中法战争前刘璈对台湾近代化的贡献

作　　者　饶怀民,王佩良

刊　　名　湖湘论坛

年 卷 期　2002 年 6 期

页　　码　84 - 85

题　　名　试释福建水上蛋民(白水郎)的历史来源

作　　者　韩振华

刊　　名　厦门大学学报(哲学社会科学版)

年 卷 期　1954 年 5 期

页　　码　149 - 172

摘　　要　中国东南沿海一带,住有一种以舟为家的水上居民,现在都称他们为蛋民。蛋民的成分是汇集了好几个种族而成的,最后才融合为今天的蛋族。福建的水上蛋民,虽然属于蛋族的一种,可是当它还没有参加到蛋族里面去的时候,它名叫什么？它是属于那一个种族？它为什么会过着水上的生活？它怎样参加到蛋族里面去而作为蛋族的一种？汉族的统治阶级怎样对待他们？有关以上的这些问题,从来就很少有人注意到。现在本文对于这些问题,还不能作出很完满的解答,不过谨从手边所能搜集到的材料,稍经考释,把一些有关福建水上蛋民的历史来源的记述与传说,整理出来,作为一种资料,以供参考。错误的地方,希望同志们多多提出批评与指正。

题　　名　试述公元三世纪中日关系中的有关问题

作　　者　金宪淑

刊　　名　延边大学学报(哲学社会科学版)

年 卷 期　1997 年 3 期

页　　码　79 - 80

题　　名　试述海关防杜子口税流弊的改进措施

作　　者　翟后柱

刊　　名　中国社会经济史研究

年 卷 期　1992 年 1 期

页　　码　72 - 77

题　　名　试述明初的对外开放与苏禄王访华

作　　者　马长星

刊　　名　郑和研究

年 卷 期　2004 年 2 期

页　　码　32－34

题　　名　**试述明代海外朝贡贸易的内容与实质**
作　　者　李金明
刊　　名　海交史研究
年 卷 期　1988年1期
页　　码　172

题　　名　**试述清代漕运的盛衰**
作　　者　曹国庆
刊　　名　历史教学
年 卷 期　1987年7期
页　　码　16－20
摘　　要　漕运,是中国封建社会专制主义中央集权制度下的特殊产物。封建王朝为了满足官俸、军饷和宫廷挥霍的庞大需要,维护和巩固封建统治,利用中央政权的力量,对地方上的田赋收入加以转输,漕运就这样应运而生了。清代,中国封建社会进入了晚期,漕运的发展经历了由盛到衰直至消亡的过程。本文试分三方面作一粗浅的探索。舛谬之处,请同志们教正。

题　　名　**试述清代大黄制夷观念的发展演变**
作　　者　林日杖
刊　　名　福建师范大学学报(哲学社会科学版)
年 卷 期　2005年5期
页　　码　97－106
摘　　要　本文叙述了大黄制夷观念的来龙去脉,揭示了不同时期大黄制夷观念之间的联系与区别。本文认为,在乾隆五十一——乾隆五十七年关闭中俄恰克图互市中,清朝所采取的种种查禁大黄的措施,推动了大黄制夷观念的发展演化。大黄制夷观念出现了多种演进模式,到鸦片战争时期盛极一时。盛极而衰。随着道光九年至十年茶黄制夷(浩罕)的失败,大黄制夷观念受到了极大的动摇。鸦片战争时期茶黄制夷(英)的失败促成了大黄制夷观念全面衰微。五口通商时期,大黄制夷观念仍不时沉渣泛起;咸丰七年,终成绝响。此后,大黄仍是重要的药材及出口商品。并在文化的意义上屡为清人提及。

题　　名　**试述清康熙时期禁止与南洋贸易和华侨限期回国问题**
作　　者　吕坚
刊　　名　文献
年 卷 期　1986年1期
页　　码　96－99

题　　名　**试述唐朝与新罗文化的交流及影响**
作　　者　李英顺
刊　　名　东疆学刊
年 卷 期　2005年2期
页　　码　8－16

题　　名　**试述新加坡华侨华人妈祖信仰的传播及其影响**
作　　者　李天锡
刊　　名　八桂侨刊
年 卷 期　2008 年 3 期
页　　码　53 - 57
摘　　要　本文通过回顾妈祖信仰在新加坡华侨华人社会传播的情况,分析了妈祖信仰在华侨华人谋求生存发展过程中的影响:(一)增进华侨团结;(二)创办公益慈善事业;(三)寄托对祖籍国的思念。

题　　名　**试述中国近代航运的诞生与发展**
作　　者　朱福枝
刊　　名　武汉交通管理干部学院学报
年 卷 期　1994 年 2 期
页　　码　28 - 32
摘　　要　在中国,最早引进机器的行业是航运业。中国近代航运业又是中国最早出现的资本主义行业,也是外国侵略者操纵近代中国国民经济的重要据点性行业之一。它的产生和发展与资本主义列强对中国的侵略和压迫、与清政府的府败统治有密切的联系。研究中国近代航运的产生和发展,对于了解近代国民经济和中国资本主义的发展的历史、了解外国在中国的侵略活动是具有重要意义的。本文试图以新式航运工具——轮船在我国近代经济上的使用作为主要线索,从近代航运的含义、近代航运产生的背景、近代航运业酝酿和产生的经过及中国近代航运的发展四个方面,试述中国近代航运的诞生与发展。

题　　名　**试述中世纪高丽与辽、宋之间的关系——以公元 10 世纪末 ~12 世纪初为中心**
作　　者　朴今海
刊　　名　延边大学学报(社会科学版)
年 卷 期　1998 年 4 期
页　　码　62 - 65

题　　名　**试说古代镇江的造船业**
作　　者　陈敦平
刊　　名　镇江社会科学
年 卷 期　2006 年 1 期
页　　码　54

题　　名　**试说明代的行人**
作　　者　孙卫国
刊　　名　史学集刊
年 卷 期　1994 年 1 期
页　　码　11 - 16
摘　　要　行人是明代的使臣,在明代中外关系史上具有很重要的地位,长期以来并未引起学人的重视,笔者不揣浅陋,试就明代行人及行人司变化沿革、职掌、行人在明代中外交往中的地位,行人与明代其他使臣的关系等等问题,作些粗浅的阐说,以求史学方家指正。

题　　名　试说郑和七下西洋与气象的关系
作　　者　张凤山
刊　　名　郑和研究
年 卷 期　2001 年 1 期
页　　码　26 – 29
摘　　要　公元 1405 年至 1433 年,郑和奉命率领庞大的船队,近三万官军、历时长达 28 年之久,成功地七下西洋。在人类航海史上,谱写了一首永远值得中华民族引以为自豪的壮丽海上史诗。

题　　名　试谈明朝的"开放"与郑和下西洋
作　　者　廖楚强
刊　　名　福建地方志通讯
年 卷 期　1985 年 2 期

题　　名　试谈冼夫人文化与妈祖文化
作　　者　黎国器
刊　　名　岭南文史
年 卷 期　2002 年 1 期
页　　码　11 – 15

题　　名　试探闽江的茶叶对外贸易在五口通商后达到鼎盛的原区
作　　者　黄廷
刊　　名　上海茶叶
年 卷 期　2008 年 1 期
页　　码　31 – 34
摘　　要　我国是茶树的原产地,长期以来中国茶是世界茶市的唯一来源。福建闽江上游山区作为我国茶树的主要原产区之一,在中国茶叶对外贸易史上有着不可忽视的重要地位。尤其是第一次鸦片战争后,清政府与英国签定《南京条约》,把福州开辟为首批通商口岸之一,由于西方国家对武夷茶叶的极度渴求,福州港成为驰名中外的"茶港",这也促使闽江的茶叶对外贸易在五口通商后达到黄金时代。本文主要是通过试探造成这一"黄金时代"局面的原因,并总结经验教训,希望能够对当今福州的对外贸易提供一定的借鉴。

题　　名　试探鸦片战争前夕中外具结交涉问题
作　　者　凌兴珍
刊　　名　西南民族学院学报(哲学社会科学版)
年 卷 期　2002 年 23 卷 2 期
页　　码　95 – 103
摘　　要　鸦片战争前夕,林则徐坚持旨在永断鸦片来源的具结贸易政策。美、荷以及葡萄牙澳门总管均相继表态不再带运鸦片来中国内地,各国亦相继具结进黄埔贸易,以商务监督义律为首的英国对华贸易商人却不愿按规定具结进口贸易,中英终因双方各执己见而交涉失败,以致中英贸易断绝,第一次鸦片战争爆发。具结政策是有条件的中外通商贸易政策,是林则徐禁烟政策的最重要组成部分。就整个具结问题而言，具结政策是基本失败的政策；但就当时来说，它又是最合时宜的政策。中外具结交涉失败，除英国商务监督、对华贸易商人及英国政府的阻挠、破坏这一主要原因外，原因还在于政策本身的变化、不完备，在于林则徐等人的犹豫、怀疑，在于清朝腐败衰微、民心不一及具结策略的疏漏等等。

题　　名　**试析1846年以前葡萄牙管理澳门的历史特点**
作　　者　罗晓京
刊　　名　广东社会科学
年 卷 期　1998年2期
页　　码　92－100

题　　名　**试析1859年大沽口保卫战胜利的原因**
作　　者　陈德华
刊　　名　苏州大学学报(哲学社会科学版)
年 卷 期　1988年4期
页　　码　115－118

题　　名　**试析百越文化特征中的环境因素**
作　　者　周典恩，汤韵旋
刊　　名　福建师大福清分校学报
年 卷 期　2006年1期
页　　码　27－33
摘　　要　通过对百越饮食习俗、交通方式、建筑风格、断发纹身、崖葬习俗、蛇图腾等独具特色的文化特征与其环境之间关系的分析，揭示了环境因素在民族文化特征形成过程中具有不可估量的重要作用。

题　　名　**试析渤海大钦茂时期与唐、日之间的交往——兼论渤海朝唐聘日观的形成**
作　　者　张韬
刊　　名　北方文物
年 卷 期　2007年4期
页　　码　55－62
摘　　要　大钦茂是渤海国第三代王。其统治时期渤海国政治经济文化全面发展，并积极与唐王朝及周边国家和部族发展关系。本文试图对大钦茂时期渤海国与唐王朝及日本交往的史实进行分析，来探求渤海“朝唐聘日”观的形成。

题　　名　**试析春秋战国时期的海洋文化**
作　　者　陈智勇
刊　　名　郑州大学学报(哲学社会科学版)
年 卷 期　2003年36卷5期
页　　码　127－131
摘　　要　春秋战国时期有着丰富的海洋文化。对海洋资源的认识和开发，具备一定的海洋航行能力，体现为博大浩瀚的包容精神，产生了一定的海神信仰，体现出特定的文化符号标志性，以及出现早期的海洋旅游现象，这些都是春秋战国时期海洋文化物质层面和精神层面的表现。春秋战国时期海洋文化对沿海民族的经济基础、民族气质具有一定的影响,呈现出活泼性、兼容性、通融性、科学性等特征,对后来的文化也有影响。但是它也体现出原始性、非主导性的特征。

题　　名　试析第二次鸦片战争中叶名琛对英的斗争策略

作　　者　刘晓宁

刊　　名　烟台大学学报(哲学社会科学版)

年 卷 期　1997 年 4 期

页　　码　93 – 95

摘　　要　第二次鸦片战争期间,两广总督叶名琛对英国侵略者采取了“不战、不和、不守”的斗争策略,被时人讥讽为“不战、不和、不守;不死、不降、不走”的“六不”将军。本文从当时国际国内的客观形势、封建官僚的本性及叶名琛的性格特点等几个方面具体分析了叶名琛采取这种对敌斗争策略的原因。

题　　名　试析菲律宾华侨华人的妈祖信仰

作　　者　李天锡

刊　　名　宗教学研究

年 卷 期　2010 年 1 期

页　　码　136 – 140

摘　　要　菲律宾华侨于 1572 年在描东牙示省达亚社建造起第一座妈祖庙。此后,妈祖庙即在各地陆续建造起来,至 20 世纪 60 年代全菲共有妈祖庙 100 多座。作者通过分析认为:(1)菲律宾第一座妈祖庙当为福建晋江华侨所创建。(2)华侨把描东牙示省达亚社天主教堂中一尊菲人供奉的天主教女神当作妈祖来奉祀,是得到西班牙殖民当局因迫于无奈而默许的。(3)妈祖信仰在密切海峡两岸联系,促进祖籍国统一大业早日实现的过程中必将发挥一定的桥梁作用。

题　　名　试析关于福州船厂的一场论战

作　　者　蔡世华

刊　　名　史学月刊

年 卷 期　1987 年 6 期

页　　码　49 – 53

题　　名　试析国策收放与泉州港的兴衰

作　　者　狄松

刊　　名　中共福建省委党校学报

年 卷 期　2000 年 7 期

页　　码　62 – 66

摘　　要　泉州港有 1500 多年的历史,是我国著名的海外交通的重要港口之一。在这漫长的岁月中,它既有腾升为世界“梯航”万国的最大商港的时候;更有过急骤衰落,沦为地方性小港的历程。而这一切,都与当时领导者制定的国家政策宽宏开放或是收缩封闭有着直接的关系。分析泉州港的兴衰,对当今我们在邓小平理论指导下,充分用好用活改革开放政策,融入国际竞争,争取新的辉煌,有着非常切实的启迪。

题　　名　试析甲午战后的上海对外贸易
作　　者　许维雍
刊　　名　上海经济研究
年 卷 期　1987 年 1 期
页　　码　48 - 53
摘　　要　上海是近代中国对外贸易的重要港口。从十九世纪下半叶以来，上海对外贸易货值在全国对外贸易货值中所占的比重都在 50% 以上，到二十世纪初略有下降，一般也占 40% 以上。本文试就 1895 年中日甲午战后，上海直接对外贸易的变化作些简要的分析。

题　　名　试析近代中西交通史研究兴起的历史背景
作　　者　修彩波
刊　　名　东方论坛
年 卷 期　2008 年 6 期
页　　码　101 - 106
摘　　要　作为一门专门的、有系统的、近代意义上的学科，中西交通史研究风气的兴起应肇始于 19 世纪下半叶。它是在鸦片战争之后经世致用史学思潮的推动下孕育、发展起来的，是诸多因素综合作用的产物。究这些因素，既有受西方汉学影响的成份，更与当时国内的时代环境与学术背景密切相关。

题　　名　试析京杭运河山东段在近代的衰落原因
作　　者　武翠，王敏
刊　　名　白城师范学院学报
年 卷 期　2010 年 1 期
页　　码　70 - 72，87
摘　　要　京杭大运河有“人类历史奇迹”的美誉，是贯通我国南北水运的大动脉。千百年来，在政治、经济、军事、文化等方面发挥了重要作用，成为维系中国大一统局面的政治纽带，大运河也呈现出盛极一时的繁荣局面。但清末至民国时期，由于航道淤塞、黄河改道、漕粮河运改为海运等自然、社会原因，京杭运河一度走向衰落。本文选取京杭运河主要是山东运河在近代以来的衰落情况及其原因作简单分析。

题　　名　试析历史地理环境中福建海商的兴衰
作　　者　王晓文
刊　　名　经济地理
年 卷 期　2003 年 23 卷 5 期
页　　码　699 - 703
摘　　要　在特殊的历史地理环境中，植根于中国传统农业社会的福建商业经济一直不断加强着与海内外的联系。宋元以后随着人口和经济的繁荣，福建的对外贸易更是发展迅猛，随之出现了大量的海商乃至海商集团，成为海洋商业文化发展的重要标志。近代以后，由于国内外政治经济条件的变化，福建海商逐渐步入衰弱，但其海洋人文影响却至今犹存。

题　　名　试析两宋法律中的重海商色彩
作　　者　马珺
刊　　名　中州学刊

年卷期　2005年6期
页　　码　173－175
摘　　要　宋代商品经济的长足发展，在士大夫乃至最高统治者中间产生了"义利双行"的思想，人们由传统的贱商抑末转向"通商惠工"，注重用法律的手段调整商品经济，尤其是海外贸易，形成了自己独具特色的市舶法体系。

题　　名　试析岭南海防所城形态的空间表达
作　　者　林怡琳，李伟
刊　　名　山西建筑
年卷期　2007年33卷30期
页　　码　46－47
摘　　要　以深圳地区大鹏所城、南头所城为例，阐释了海防所城作为防御性城郭的空间生成机制、元素类型、表述方式及其组合特性，从而建立所城形制的基本认识，以作为更新利用的前提与基础。

题　　名　试析妈祖信仰起源的本质原因
作　　者　杨振辉
刊　　名　东南学术
年卷期　1988年6期
页　　码　74－76

题　　名　试析马戛尔尼使华
作　　者　黄坚
刊　　名　苏州教育学院学报
年卷期　1995年4期
页　　码　57－60
摘　　要　1792年，英国派了以马戛尔尼为首的使团访华。使团出访的目的并非是简单的"进献表贡"，其最重要的任务乃是打破清政府的闭关锁国政策，要求清政府进一步开放通商口岸，消除英国对华贸易的限制。其次是希冀中英两国能建立和平、平等、长久的外交关系，并能派遣驻华使节。再者，要求清政府同意英国传教士来华传教是使团的又一任务。为了表达英国政府与清政府建交的诚意，同时也为了炫耀英国的国威、实力，使团带来显示英国科学和工业水平的天文地理仪器、工矿产品、日用品、工艺品等作为礼品，还带来了当时先进的军事武器如铜炮等。

题　　名　试析汨罗龙舟竞渡文化的传承与演变
作　　者　王明东，张亚芝，李四玉
刊　　名　思想战线
年卷期　2008年2期
页　　码　139－140

题　　名　试析闽、台、粤客家地区的"妈祖"崇拜
作　　者　吴永章
刊　　名　中南民族学院学报（人文社会科学版）

年 卷 期　1998 年 4 期
页　　码　29 – 31
摘　　要　文章阐述了闽、台、粤客家地区"妈祖"崇拜的祭祀时间、祭祀形式，流存渊源。

题　　名　**试析明朝对外贸易的特点**
作　　者　魏华仙
刊　　名　内蒙古教育学院学报
年 卷 期　2000 年 13 卷 1 期
页　　码　27 – 29
摘　　要　明朝的对外贸易主要是朝贡贸易，经历了由初期的严禁到中后期的时禁时开甚至一度全开的演变过程。从而形成了明朝对外贸易的独特之处。

题　　名　**试析明洪武年间外交政策的演变**
作　　者　李登峰，马五海
刊　　名　阜阳师范学院学报(社科版)
年 卷 期　2002 年 5 期
页　　码　125 – 127
摘　　要　明朝是我国历史上一个长期实行"海禁"即闭关锁国政策的朝代。明朝这一政策的始作俑者是明太祖朱元璋。实际上，明太祖朱元璋即位之初，并不是一开始就想实行严厉的"海禁"政策，只是到了后来，由于对日外交的失败和维护自身统治的需要，才开始严厉推行这一政策。本文试图对明洪武年间的外交政策的演变，分洪武前期和洪武中后期两个阶段进行浅要的分析。

题　　名　**试析明清时期的澳门贸易**
作　　者　戚洪
刊　　名　徐州师范大学学报
年 卷 期　1999 年 4 期

题　　名　**试析清朝实行闭关政策的原因**
作　　者　刘启明
刊　　名　泰安教育学院学报岱宗学刊
年 卷 期　2004 年 1 期
页　　码　17 – 18
摘　　要　清朝闭关政策的实行既有政治经济方面的原因，又有思想因素的影响。本文着重分析清朝实行闭关政策的思想方面的因素，同时说明这种政策既"闭关"而又没有完全禁止对外贸易的原因。

题　　名　**试析清代缅甸的藩属国地位问题**
作　　者　何新华
刊　　名　历史档案
年 卷 期　2006 年 1 期
页　　码　72 – 77
摘　　要　清代文献在对周边国家进行分类时，都把缅甸归类于中国传统的藩属国。清代官方文件乾隆《会典》对此作了总结:“凡四夷朝贡之国,东曰朝鲜,东南曰琉球、苏禄,南曰安南、暹罗,西南曰西洋、缅甸、南掌,皆遣陪臣为使,奉表纳贡来朝”。作为中国的西南邻国,缅甸一直被清政府看作是中国正式的朝贡国。现代研究清代中缅关系的学者们也大都认可这一说法,把缅甸看作与朝鲜、越南和琉球一样地位的藩属国。但实际上,有清一代,缅甸并不把中国作为它的天朝上国,也从未自己主动承认过是中国的藩属国。与之相反,缅甸几乎一直以一个平等国家的身份与清朝来往。

题　　名　**试析宋元时期的粮食流通与古代粮食安全**

作　　者　吴宾,党晓虹

刊　　名　安徽农业科学

年 卷 期　2008 年 15 期

页　　码　6588－6589

摘　　要　宋元时期,随着南方农业生产技术的提高和新品种的引进,粮食流通的范围和规模趋于扩大,集中表现在漕运事业的发达和粮食长途贩运量的激增。粮食流通为平衡区域粮食供需矛盾,保证粮食安全奠定了坚实的基础。宋元时期粮食流通的基本体制对后世产生了深远的影响。

题　　名　**试析宋之“三路舶司”——兼论中国港口职能之分工**

作　　者　郑有国

刊　　名　福建论坛(人文社会科学版)

年 卷 期　2006 年 6 期

页　　码　76－79

摘　　要　海外贸易管理,主要由福建路的泉州、广南路的广州、两浙路的杭、明州市舶司,即所谓“三路舶司”承担的,但关于“三路舶司”的始置时间、设置原因以及对我国海外贸易管理的影响等问题却众说纷纭,本文经过分析后认为,广州市舶司的设立源于对战争的支援,是朝贡贸易的遗产;两浙市舶司的设立则是为了管理国内商人下海,标志我国由大陆文明向海洋文明的迈进;而泉州市舶司的设立则源于新航线的开辟,显示了我国人民对南海区域的新认知。

题　　名　**试析太平洋海上贸易的近代化发展进程**

作　　者　许斌

刊　　名　世界历史

年 卷 期　1998 年 5 期

页　　码　33－40

题　　名　**试析唐代海路贸易兴起的原因**

作　　者　周保明

刊　　名　上饶师范学院学报(社会科学版)

年 卷 期　2002 年 2 期

页　　码　101－105

摘　　要　唐代海路贸易的兴起在中国对外贸易史上具有划时代的意义。唐代海路贸易的兴起有其五方面深刻的社会基础:唐中期以前大批外商涌入沿海、唐中期陆路受阻而航运条件却大大改进、政府的鼓励政策以及南方商品经济的发达,说明唐代海路贸易兴起与发展有其历史必然性。

题　　名　试析唐代转运仓布局变化的原因
作　　者　任立鹏
刊　　名　湖南工业职业技术学院学报
年 卷 期　2010 年 6 期
页　　码　65－66
摘　　要　在唐代,作为和漕运紧密相关的转运仓的布局经历了三个不同阶段的变化:唐前期(开元二十二年以前)、玄宗开元天宝年间、安史之乱以后。中央政府的需求、唐后期特定的政治军事环境以及江南经济的崛起都是影响转运仓分布变化的重要因素。

题　　名　试析唐之前交趾与内地的水陆交通及其特点
作　　者　张金莲
刊　　名　广西社会科学
年 卷 期　2005 年 5 期
页　　码　93－95
摘　　要　交趾,原泛指中国南方。现为今越南北部,自古就与中原来往不断。唐之前的中越交通道路具有如下特点:具体交通线路尚不明晰;主要以水路为主;功能主要为军事战争使用;交通中合浦的地位尤为重要;奠定了古代中越交通格局。

题　　名　试析晚明政治家叶向高与商人的关系
作　　者　崔来廷
刊　　名　河南师范大学学报(哲学社会科学版)
年 卷 期　2006 年 33 卷 5 期
页　　码　176－179
摘　　要　叶向高生活的时代,正是明代中国东南沿海地区社会经济发生重大变革的时期,"嘉靖倭乱"之后,东南沿海地区经过多年的休养生息,社会经济得到了恢复并逐渐走向繁荣,海洋社会经济也被整合到以东南亚为中心的环中国海贸易圈中去。叶向高作为一名政治家,一方面与陆地商人保持着密切的关系,另一方面,又坚决支持明朝廷的海禁政策,主张严禁通倭走私贸易,打击走私海商。叶向高对商人认识的两重性,是由当时的社会政治经济发展状况所决定的,也是当时社会政治经济发展的必然。

题　　名　试析晚清自开商埠的成因
作　　者　汪国华
刊　　名　临沂师范学院学报
年 卷 期　2002 年 21 卷 1 期
页　　码　51－54
摘　　要　清廷自 1899 年始,为杜绝外人觊觎,而自主开放并自行管理了一批商埠,这些商埠即为"自开商埠"。"自开商埠"出现的原因一是在清末商务思想发展的基础上,晚清官员及一些知识分子对于自开商埠的认识有了重要变化;二是在甲午战争的触发下,清廷为解决实际的财政困难,政治上为了"隐杜觊觎,保全主权",将自开商埠的思想付诸实践。另外,日本对清末自开商埠的客观影响也是原因之一。对晚清自开商埠的作用应予以肯定。

题　　名　**试析魏源对待外事的主张**
作　　者　方早成
刊　　名　船山学刊
年 卷 期　1988 年 2 期
页　　码　83 – 85,97
摘　　要　中国近代著名的启蒙思想家魏源,1844 年考取进士时,年已五十,后数年间任江苏兴化知县、高邮知州。他在为政期间,致力于盐政、漕务、河运的改革,兴修水利,取得了显著的治绩。然而他一生最大的成就,乃是体现其“变革”思想及以“富国强兵”为主旨的大量著述。其中,他自称为“创榛辟莽,前驱先路”的《海国图志》尤为突出。

题　　名　**试析五口通商大臣体制的制度缺陷**
作　　者　何新华,王小红
刊　　名　历史档案
年 卷 期　2005 年 1 期
页　　码　50 – 56
摘　　要　中英《南京条约》签订后,中国传统外交格局发生了重要变化,西方国家在清政府对外关系中的地位日益显著,传统的朝贡管理机构礼部和理藩院已经不能适应这一新形势。清政府对两次鸦片战争时期的外交体制作出了一定程度的调整,创设了专门针对西方国家外交的五口通商大臣体制。由皇帝任命并被派驻广州的五口通商大臣办理对西方国家的外交和通商事务。

题　　名　**试析鸦片战争前清代走私贸易处罚律令**
作　　者　侯俊云
刊　　名　广西师范大学学报(哲学社会科学版)
年 卷 期　2007 年 43 卷 2 期
页　　码　111 – 114
摘　　要　鸦片战争前,清政府制订法令禁止走私茶叶、丝斤绸缎、军器火药等商品。清代走私律令的制订并非从贸易需要的角度出发,而是统治者在朝贡思维和“严防其出”思想指导下的海禁法令。虽然这些法令在一定程度上起到了维护正当贸易、阻止西方国家在中国的殖民活动、保持国家主权完整的作用,但它无视世界潮流的发展,不能及时调整,五口通商后逐渐丧失效力。

题　　名　**试析印度尼西亚华侨华人的妈祖信仰**
作　　者　李天锡
刊　　名　东南亚纵横
年 卷 期　2009 年 6 期
页　　码　64 – 68

题　　名　**试析郑和下西洋的经济目的**
作　　者　史煦光
刊　　名　国际商务研究
年 卷 期　1983 年 3 期
页　　码　53 – 54

题　　名　**试析郑和下西洋的主要动因**

作　　者　杜渺

刊　　名　盐城师范学院学报(人文社会科学版)

年 卷 期　1985 年 3 期

页　　码　115 – 117

摘　　要　从明永乐三年(1405)至宣德八年(1433)的二十九年间,郑和率领的庞大船队七下西洋,远航亚非。这一世界航海史上空前的壮举,至今已经五百八十周年了。五个多世纪来,人们不断探讨郑和下西洋的主要动因,但终因原始资料早被焚烧殆尽,缺乏最有力的依据,而不能统一看法。持踪迹建文说的有之,持耀兵异域说的有之,持发展外贸说的更不乏其人,如此等等,众说纷纭。这里,我不揣浅陋,想通过一些历史事实的回顾,提出自己的一些看法,请同志们教正。

题　　名　**试析郑和幼年成长环境对其的影响**

作　　者　李巨涛

刊　　名　社会主义论坛

年 卷 期　2005 年 10 期

页　　码　53 – 54

摘　　要　郑和,原姓马,名和,1371 年出生于云南省晋宁县宝山乡和代村的一个世代信奉伊斯里兰教的穆斯林家庭。公元 1381 年即明洪武十四年,明太祖朱元璋派军攻下元朝在云南的最后据点,年仅 11 岁的郑和被明军掳掠,阉后进宫。成年后的郑和,在 1399 年的"靖难之役"中,立下奇功,成为朱棣特别倚重的亲信。由于他胆识过人,知识渊博,机敏干练,才能卓越,朱棣即位后,被提升为内廷太监首领,同时赐姓为"郑",为其往后的成就奠定了政治基础。

题　　名　**试析中韩古代海船早期保护技术**

作　　者　袁晓春

刊　　名　中国文物科学研究

年 卷 期　2007 年 4 期

页　　码　70 – 73

摘　　要　中国迄今发现古船 50 余艘,成为世界上发现古船最多的国家之一。而各地古船保护技术各有千秋,亟需进行古船保护技术交流。本文对 2005 年蓬莱水城发掘三艘古船(包括两艘韩国古船)早期保护技术进行探讨,同时对三艘古船保护中存在不足予以提出,希望对中国古船保护技术发展提供经验与借鉴。

题　　名　**试析左宗棠的海防思想与实践**

作　　者　杨东梁

刊　　名　福建论坛(人文社会科学版)

年 卷 期　1985 年 3 期

页　　码　50 – 54,75

摘　　要　左宗棠以他收复新疆、巩固西北边防的业绩而名垂中国近代史册。他不管对来自西北的威胁,还是来自海上的入侵,都保持着很高的警惕,为捍卫民族尊严、国家独立进行了不懈斗争,做出自己应有的贡献。本文拟就左宗棠的海防思想及其加强海防的实践活动做些探讨。

题　　名　试议福建船政
作　　者　杨秉纶
刊　　名　船史研究
年 卷 期　1996 年 10 期

题　　名　室利佛逝——中古时期南海交通的总枢纽
作　　者　周中坚
刊　　名　海交史研究
年 卷 期　1986 年 9 期

题　　名　室利佛逝古国初探
作　　者　池鲁
刊　　名　史学月刊
年 卷 期　1982 年 5 期
页　　码　70－74

题　　名　室利佛逝王国社会经济初探
作　　者　廖大珂
刊　　名　南洋问题研究
年 卷 期　1993 年 2 期
页　　码　1－10,27
摘　　要　公元七世纪下半叶,在苏门答腊岛东南海岸以巨港地区为中心兴起了一个国家,这就是唐代史籍记载的室利佛逝王国。公元十世纪之后,中国史籍改称之为三佛齐国。室利佛逝王国是伴随着中国与印度、阿拉伯海上贸易的繁荣而登上历史午台,至十三世纪末才被爪哇的阇婆(新柯沙里王朝)所征服。室利佛逝是东南亚古代史上重要的国家之一,对东西方之间的海上贸易产生过举足轻重的影响。因此,探索室利佛逝王国的社会性质和经济状况是很有必要的。

题　　名　是丁汝昌“避战保船”还是李鸿章“保船制敌”
作　　者　杨晓伟
刊　　名　陇东学院学报
年 卷 期　2009 年 4 期
页　　码　49－54
摘　　要　从前某些学者一谈到黄海海战的失利,都笼统地归结于清朝统治者的腐朽,一谈到北洋舰队的覆灭就归结于李鸿章避战保舰。甲午中日海战中,李鸿章究竟为北洋舰队制定了什么样的作战方针?本文认为,甲午中日开战后的一个多月,李鸿章对比中日海军实力,从实际出发,制定了“保船制敌”的作战方针。综观甲午中日海战的全过程,李鸿章在海战的任何一个阶段都未指示过北洋舰队通过“避战”而“避战”。恰恰相反,李鸿章一再命令北洋舰队主动“出击”、“截击”敌舰队。即使在威海被围,北洋舰队危急存亡之际,李鸿章还数次命令丁汝昌率领舰队和敌舰队“拼死一战”。因此,“避战保船”的不是李鸿章,而是北洋舰队的提督丁汝昌。

题　　名　**是历史冤案，还是罪有应得——方伯谦被杀问题讨论始末**
作　　者　曾明
刊　　名　日本研究
年 卷 期　1988 年 2 期
页　　码　57 –61

题　　名　**是谁发现澳洲大陆**
作　　者　胡萍
刊　　名　航海
年 卷 期　1982 年 2 期
页　　码　4 –5

题　　名　**是冤杀，还是罪有应得——“甲午战争中之方伯谦问题研讨会”综述**
作　　者　敬木
刊　　名　福建论坛(人文社会科学版)
年 卷 期　1991 年 6 期
页　　码　57 –60

题　　名　**是住冬还是住夏——关于鸦片战争前广州外国商人的“住冬”问题**
作　　者　汪敬虞
刊　　名　近代史研究
年 卷 期　1980 年 4 期
页　　码　259 –261
摘　　要　汪煦同志在本刊 1980 年第二期发表的《关于买办和买办制度》，是一篇内容充实的作品。文中谈到鸦片战争前到广州进行贸易的外国商人“不能留在广州过冬”。这虽然是一个很小的问题，和全文主旨无关，但是，这是一个没有弄清历史事实的说法。不但在中国的历史文献中没有把事实弄清楚，而且在建国以后一些有价值的科学著作中，也承袭这一个并不一定符合事实的说法。因此，借这机会提出一点自己所接触到的材料，作一点澄清工作。个人所见不同，请读者和汪煦同志指正。

题　　名　**释“西洋”——郑和下西洋深远影响的探析**
作　　者　万明
刊　　名　南洋问题研究
年 卷 期　2004 年 4 期
页　　码　11 –20,96
摘　　要　“西洋”一词在历史上的渊源及其内涵的衍变，是我们研究郑和下西洋首先应该认识和解释的问题。但是迄今为止，中外史学界对东、西洋的界分争议纷纭，莫衷一是，遮掩了对“西洋”一词的探究。本文从一个新的视角——语词衍变的视角考察“西洋”一词的渊源何在，在明初的涵义及其衍变，揭示郑和下西洋的影响力。

题　　名　**释《郑和航海图》引言**
作　　者　严敦杰

刊　　名　自然科学史研究
年 卷 期　1986 年 5 卷 1 期
页　　码　61 – 63

题　　名　释甲骨文中的 T2——兼谈“舫”的起源
作　　者　李崇州
刊　　名　殷都学刊
年 卷 期　1987 年 4 期
页　　码　18 – 20
摘　　要　在甲骨文中的 T2,历来专家都将其释为“舟”字。但“舟”乃一些古船之泛称,它既包括各类的单体船,又包括各类的双体船。因此,“舟”字的本身很难表明甲骨文中所表示的这些船型是属于哪些类型。这不仅对有关的甲骨文字不能作出确切的解释,而且对我国古代船舶形制演进的研究,也会造成史料上的混乱。这些甲骨文中所谓舟字,究竟应如何解释为宜,兹就管见所及,试作如下的探讨。

题　　名　收回粤海关运动新论
作　　者　杨智友
刊　　名　民国档案
年 卷 期　2005 年 4 期
页　　码　121 – 125
摘　　要　为了同北洋军阀的倒行逆施作斗争,孙中山在广州发起“护法”运动。其领导的南方革命政权自 1918 年至 1924 年,先后发动了争拨关余的斗争并将其推向高潮,掀起了轰轰烈烈的收回粤海关运动,从先期的为解决经费艰窘、军饷匮乏的军事目的逐步过渡到收回国家主权的政治主张,取得了阶段性的成果。

题　　名　受贿与缉私——道光六至十二年两广总督李鸿宾史事考
作　　者　张坤
刊　　名　暨南学报(哲学社会科学版)
年 卷 期　2007 年 29 卷 1 期
页　　码　128 – 135
摘　　要　道光六年至道光十二年期间的两广总督李鸿宾在中英关系中有两个负面记载:一、《清史稿》记述李鸿宾接受英商贿赂滥坏行商制度一事,二、《道光夷艘征抚记》等史书中提到的道光六年李鸿宾设立水师巡船导致鸦片入口数量激增一事。史料考证表明,《清史稿》对李鸿宾接受英商贿赂的记载存在与史实不符和概念错乱之处,值得怀疑;而李鸿宾所设的水师巡船固然腐败,却不是导致鸦片入口激增的主要原因。在长期的历史发展过程中,人们层累地加重了李鸿宾的罪名,夸大了他所应承担的历史责任。

题　　名　书籍东渐——宁波“中日海上书籍之路”的传播与交流
作　　者　贺宇红
刊　　名　中国文化遗产
年 卷 期　2006 年 5 期
页　　码　37 – 41

题　　名　**述评：世界现存最早的海图档案——《郑和航海图》**

作　　者　杨晓虹

刊　　名　档案学通讯

年 卷 期　2006 年 2 期

页　　码　91－93

摘　　要　《郑和航海图》的研究，对于填补中国古代档案史海图档案内容的空白，具有重要意义。本文着重对中外关于《郑和航海图》的研究，尤其是近几年的最新研究成果进行了梳理与分析，概要阐释了《郑和航海图》的产生、特点与学术价值。

题　　名　**树立正确的战争荣辱观——论甲午战争中四位海军将领自杀**

作　　者　安尊华

刊　　名　贵州文史丛刊

年 卷 期　2007 年 3 期

页　　码　56－60

摘　　要　在甲午战争中，邓世昌、林泰曾、刘步蟾和丁汝昌等海军将领宁死不屈、战败自杀，其事迹可歌可泣，更发人深省。从他们成长经历和战斗事略，不难洞悉其自杀原因在于传统的忠君思想和荣辱观以及脆弱的国民性格。中国军人特别是各级将领应当知耻而后勇，树立正确的荣辱观，方能立于不败之地。

题　　名　**双屿港与明代的走私贸易**

作　　者　贺文彬

刊　　名　航海

年 卷 期　1991 年 2 期

页　　码　29－30

摘　　要　双屿港，现名双峙港。历史上有关它的地理位置，曾使不少史学工作者感到朴朔迷离。在明代的对外贸易上，有过一段极其显赫的岁月。尽管它的兴衰，有如电光石火，在历史的长河里，一瞬即逝。但集明代的海外交通史和贸易史，几乎没有不提及双屿港的。那么这一传奇式的港口，究竟是怎样形成、发展和消亡的呢?

题　　名　**谁发现了“澳洲”?**

作　　者　廖大珂

刊　　名　Newton——科学世界

年 卷 期　2006 年 1 期

页　　码　94－95

摘　　要　英国学者孟席斯最近出版了《1421 年：中国人发现美洲》一书，宣称：由洪保所率领的一支郑和船队，曾抵达澳洲西南海岸，对沿海地区作了勘探，制作了地图；另一支由周满率领的郑和船队则在澳洲东南海岸登陆，对澳洲东部和北部沿海地区作了勘探并制作了地图。因此，是郑和船队先发现了澳洲。

题　　名　**谁埋葬了北洋水师**

作　　者　余岳桐

刊　　名　领导文萃

年卷期 2004年6期
页　码 137－141

题　名 **谁埋葬了北洋水师**
作　者 余岳桐
刊　名 中国铁路文艺
年卷期 2007年7期
页　码 17－19

题　名 **谁埋葬了北洋水师**
作　者 余岳桐
刊　名 国学
年卷期 2009年4期
页　码 11－13

题　名 **谁埋葬了北洋水师——蒋廷黻“中日初次决战”之导读**
作　者 陈月霞,马宗科
刊　名 中学历史教学参考
年卷期 2006年9期
页　码 27－28

题　名 **谁先到达美洲——羽夷、地望、族属文化特征及其迁徙**
作　者 刘洪石
刊　名 海交史研究
年卷期 1994年25期
页　码 22－33

题　名 **谁站在了“地理大发现”之外?**
作　者 张箭
刊　名 海洋世界
年卷期 2007年1期
页　码 60－65
摘　要 人们对于“地理大发现”的概念和含义有诸多误解,或者说至少认识得不够全面。哥伦布于1492年“偶然撞见”了美洲大陆,这作为地理大发现中的“经典案例”常常被人提起;而浩荡的郑和船队所经过的绝大部分地区和驶过的大部分航线,却不属于地理大发现的范畴。历史以怎样的方式评价这种“无意的伟大”和“有意的错失”?

题　名 **谁最先到达美洲?——新发现与新理论**
作　者 何平
刊　名 学术研究
年卷期 2004年1期

页　　码　106－109

摘　　要　美国的考古学家和人类学家正在重构人类到达美洲的时间和方式。这主要是由于旧理论无法解释近来一系列的考古发现。许多美国历史学家现在相信,欧洲人(包括亚洲人)早在哥伦布到达美洲约13000年前就已经乘船或通过陆路到达美洲了。

题　　名　**水部尚书·镇海王·册封琉球**

作　　者　任翔群

刊　　名　福建论坛(人文社会科学版)

年 卷 期　1996年1期

页　　码　74－75

题　　名　**水次仓在中国古代社会中的发展演变**

作　　者　郑民德

刊　　名　聊城大学学报(社会科学版)

年 卷 期　2009年2期

页　　码　133－135

题　　名　**水火无情,焚溺尤惨——中国早期舟船及近代轮船火灾**

作　　者　李采芹

刊　　名　上海消防

年 卷 期　2005年5期

页　　码　33－39

摘　　要　火灾从来不是孤立的现象,而是一定历史、社会条件下的产物。已成为历史的火灾虽然早已灰飞烟灭了,然而,当我们在追寻火灾背后的故事时,却能从中看到当时社会的政治、经济、军事、文化、科学技术等不少状况。社会经济和科学技术的发展,往往伴随着新的火灾的发生,这已成为不争的事实。

题　　名　**水军和战船——中国古代军事装备札记之五**

作　　者　杨泓

刊　　名　文物

年 卷 期　1979年3期

页　　码　76－82

题　　名　**水路交通运输与魏晋南北朝商品经济的发展**

作　　者　刘汉东

刊　　名　许昌师专学报

年 卷 期　1998年17卷3期

页　　码　53－56

摘　　要　中国古代的商品经济,与交通运输的关系相当密切。特别是大批量的货物运输,对交通条件的要求较高。水路运输既方便,载重量又大,沿途码头的设施以及较大型船只的使用,促进了商品经济的发展。魏晋南北朝水路交通比较发达,推进了社会经济的发展。尤其是江南社会经济逐渐赶上甚至超过北方,水路交通是其重要因素。

题　　名　水密隔舱海船历史文化遗产研究
作　　者　祁庆富，郑长铃，丁毓铃
刊　　名　大连大学学报
年 卷 期　2009 年 2 期
页　　码　88 – 93
摘　　要　“水密隔舱”造船技术是中国人的伟大发明，在航海史上的价值最早却是外国人发现的。古籍中有关水密隔舱造船技术源远流长的历史记录值得发掘，应当从影响世界航海发展进程的高度对水密隔舱造船技术发明进行价值重估。水密隔舱海船开辟了人类远洋航海的新纪元。北宋后期奉使高丽的大型远洋船队开辟“放洋”航线，一个基本条件就是建造采用水密隔舱技术的大型海船，保障航海安全。水下考古发掘出土的沉船，为中国传统的水密隔舱船体结构提供了有力的见证。传统的水密隔舱造船技术至今在福建沿海地区还保留着，是一项应当大力保护的非物质文化遗产。

题　　名　水上交通运输的两次飞跃——木板船和帆船的出现
作　　者　陈燮阳，乔惠英
刊　　名　汽车研究与开发
年 卷 期　1996 年 4 期
页　　码　60 – 61
摘　　要　我们在《人类最早的交通运输工具》一文中谈到了先民们模仿自然而创造出了木排（木筏）和独木舟，这是人类最原始的交通运输工具。随着生产力的发展，木排和独木舟已不能满足需要，于是我们的祖先对木排和独木舟进行革新，新型的木板船就出现了。

题　　名　水上运输发展对中国文字的影响——浅析舟、船、舶三字的演变
作　　者　沈荣嵩
刊　　名　珠江水运
年 卷 期　2000 年 4 期
页　　码　43 – 44
摘　　要　中国的文字大部分是由象形文字演变而来，由于水上运输逐步发展，相关的文字和语言也受到影响。笔者曾对舟、船、舶三字的由来演变进行过一番考证，这三字的演变过程，正体现了海洋文化历史的一部分。舟、船、舶三字为水上运输工具的同义字，但考其字源及含义则有很大变化。

题　　名　顺康时期的河道总督探讨
作　　者　丁建军
刊　　名　琼州大学学报
年 卷 期　2002 年 9 卷 5 期
页　　码　92 – 94
摘　　要　众所周知，“总河”或者“河道总督”是主要担负河道、运道治理重责的首脑。然而，学术界在论及明清时期的水利制度、河工制度时，并没有对作为重要职官的河道总督做深入的阐述。就笔者目前所见，专门论析河道总督的文章仅有一篇，即袁明泉先生的《明清时期的总河》（刊于《中国水利》1986 年第 6 期），该文勾勒出了明清时期，河道总督这一重要职官演进的轮廓。本文在此基础上，对顺康时期的河道总督进行考察，不足之处，还望方家指正。

题　　名　**顺治、康熙年间清朝对待南洋华侨出入国的政策**
作　　者　庄国土
刊　　名　南洋问题研究
年 卷 期　1983 年 1 期
页　　码　62－76
摘　　要　中国人到海外去的历史，其发端是与对外贸易相联系的。可以说，从有海外交通贸易时，就有因贾易原因而“住蕃”的早期华侨。随着历史的发展，中国人向海外移居人数也日益增多。历代王朝对华侨出国一般都持禁止的态度。但一般说来，明中叶以前，华侨出国规模小，数量少，时间上间歇性大。统治阶级制止人民出海的主要目的是为了管制海上贸易。因此，只是在总的方面规定：不许民人私自出海贸易，对华侨出入国不太重视，对华侨出入国的影响也不大。西方殖民者来到东南亚以后，对东南亚的掠夺需要更多的劳力，从外部刺激了华侨的出国，而国内经济和政治压迫的加重更是华侨出国的内在因素。进入清代以后，华侨出国的规模和数量都远非清朝以前所能相比。与前代不同，清朝统治阶级不但严格管制海上贸易，而且采取各种措施禁止华侨出入国，其法令之严密与执行之严历也是远非前代所能相比。本文拟就清朝顺治、康熙年间对待南洋华侨出入国的政策及其产生的原因和影响，作一初步的探讨。

题　　名　**顺治十四年吉林拉发渡口建造战船题本**
作　　者　安双成
刊　　名　历史档案
年 卷 期　2000 年 3 期
页　　码　3－6
摘　　要　15 世纪中叶以后，沙皇俄国势力东扩至松花江流域，严重侵犯了清王朝的疆域。顺治十四年（1657 年），驻守宁古塔（今宁安）等处地方昂邦章京（大将军）沙尔虎达向清廷提出了建造战船，以东征沙俄维护边疆的建议，得到清王朝的批准。遂从北京、天津、河北、江南等地选调能工巧匠，集中在吉林属拉发渡口（今蛟河）建造战船；又从江苏、浙江、山东等地抽调素习水性的水手等，集中在宁古塔，准备东征抗击侵扰松花江流域的沙俄。本组史料选译自馆藏内阁满文秘本档，现予刊发。

题　　名　**说“东”——谈谈“殷人东渡美洲问题”**
作　　者　蔡培桂
刊　　名　山东师大学报（社会科学版）
年 卷 期　1996 年 6 期
页　　码　40－44

题　　名　**说“舟”——兼论我国商代以前水上交通工具的演进**
作　　者　司秀英
刊　　名　山东教育学院学报
年 卷 期　1995 年 6 期
页　　码　27－28

题　　名　**说 Sinim**
作　　者　龚方震

刊　　名 海交史研究
年 卷 期 2004 年 45 期
页　　码 19－21

题　　名 **说甘英不渡“西海”的“最原始材料”**
作　　者 刘范弟
刊　　名 长沙理工大学学报（社会科学版）
年 卷 期 2009 年 3 期
页　　码 104－106
摘　　要 《<后汉书 · 西域传>记载的一段希腊神话》一文，其结论赖以成立的所谓“最原始的材料”，其实并非是最原始的，本文对此作了分析，并由此而进一步对有关甘英出使大秦的史料使用问题作了探讨。

题　　名 **说汉唐间百戏中的“象舞”——兼谈“象舞”与佛教“行像”活动及海上丝路的关系**
作　　者 贾峨
刊　　名 文物
年 卷 期 1982 年 9 期
页　　码 53－60
摘　　要 我国古代的百戏，即今杂技。它出现于战国时代，秦时方得推广。嗣后，经过两千年来艺人们辛勤的加工，丰富了节目，提高了技艺水平。然而，由于种种原因，某些节目久已失传，汉唐之际曾风靡于中原的“象舞”就是其中突出的一例。本文拟通过考古材料揭示汉唐百戏中的确存在着“象舞”，从而探讨“象舞”与当时的佛事活动的关系，以证明汉唐之际曾存在着一条海上的丝绸之路。

题　　名 **丝绸流向菲律宾白银流向中国**
作　　者 严中平
刊　　名 近代史研究
年 卷 期 1981 年 1 期
页　　码 144－155，130

题　　名 **丝绸之路**
作　　者 陈秋实
刊　　名 历史学习
年 卷 期 2006 年 2 期
页　　码 24－25

题　　名 **丝绸之路 友谊之路——古代广东的海外交通和贸易**
作　　者 郭培忠
刊　　名 中国典籍与文化
年 卷 期 1993 年 4 期
页　　码 57－63，68

题　　名　**丝绸之路——东西方文明交往的通道**
作　　者　荣新江
刊　　名　郑和研究
年 卷 期　2004 年 1 期
页　　码　43 – 47
摘　　要　今天,如果我们乘飞机西行,无论是去西亚、印度,还是欧洲,最多不过二十多个小时。然而,在遥远的古代,我们的先民们在西行时,不论是走陆路,还是海路,都要花费不知多少倍的时间,也不知要克服多少艰难险阻。与外界交流的需要,促使我们的祖先早在距今两千多年前的西汉时期,就开通了连接东西方文明的陆上通道,这就是著名的"丝绸之路"。

题　　名　**丝绸之路的由来及其他——与杨镰商榷**
作　　者　戴问天
刊　　名　博览群书
年 卷 期　2010 年 1 期
页　　码　70 – 73

题　　名　**丝绸之路述论**
作　　者　张英莉,戴禾
刊　　名　思想战线
年 卷 期　1984 年 2 期
页　　码　51 – 57
摘　　要　中国古代"丝绸之路"的研究,是我国对外经济文化交流史中的一个重要课题。目前对"丝绸之路"究竟始于何时?是否还存在着除西域和南海两条输出路线之外的第三条路线这两个问题,史学界尚有争议,现笔者对这两个问题谈一点粗浅的看法,以求教于同志们。

题　　名　**丝绸之路与"书籍之路"——试论东亚文化交流的独特模式**
作　　者　王勇
刊　　名　浙江大学学报(人文社会科学版)
年 卷 期　2003 年 33 卷 5 期
页　　码　5 – 12

题　　名　**丝绸之路与中西经济文化交流**
作　　者　纪宗安
刊　　名　暨南学报(哲学社会科学)
年 卷 期　1994 年 3 期
页　　码　67 – 75
摘　　要　丝绸之路是中西经济文化交流的通道,本文对丝绸之路在我国西北、西南、东南三个区域内的路线形成与发展作了考释、揭示出它们在一定程度上相连通的网络关系。目的在于展示自古以来,东西方商业贸易和文化交流是如何频繁接触、水乳交融和密集荟萃的,从而显示丝绸之路研究在中外关系史学科中的重要地位和作用。

题　　名　**丝绸之路与中西文化交流**
作　　者　张国刚
刊　　名　西域研究
年 卷 期　2010 年 1 期
页　　码　1－3

题　　名　**丝路贸易与海路贸易关系试探**
作　　者　蒋致洁
刊　　名　兰州商学院学报
年 卷 期　1989 年 1 期
页　　码　95－99

题　　名　**私商·海寇·老华侨**
作　　者　陆集源
刊　　名　交通世界
年 卷 期　1994 年 6 期
页　　码　32－33
摘　　要　明朝开国不久就实行海禁。洪武七年(1375 年)把设在广东、福建、浙江的三个市舶司撤掉,并实施海禁,禁止民间对外贸易,不准沿海人民造双桅船出海,甚至禁止民间购买使用洋(番)货,对外贸易实行"朝贡制度"。海禁是一种违反经济、违反社会发展规律的消极措施,它既压制和阻碍航海事业的发展,又是产生海上私商和海寇的直接原因。

题　　名　**思想观念对 15－16 世纪中西航海业发展的影响**
作　　者　江道源,陈美明
刊　　名　海交史研究
年 卷 期　1994 年 26 期
页　　码　1－8

题　　名　**斯里兰卡的郑和布施碑**
作　　者　袁坚
刊　　名　南亚研究
年 卷 期　1981 年 1 期
页　　码　138－140

题　　名　**四川古代造船业发展概况**
作　　者　许增泽
刊　　名　巴蜀史志
年 卷 期　2003 年 2 期
页　　码　33－34
摘　　要　巴蜀造船事业起源甚早。传说夏禹治水所乘的独木舟。就是在四川梓潼制造的,它是各种船只的始祖。在昭化、广汉、巴县等地出土的船棺,长约五米,宽约一米,首尾差别不大,各地相距八、九百里。而出土船棺却有相似之处。再次证明岷江、长江、嘉陵江一船相通。巴蜀先民逐水生息,生前乘船。死后以船为棺。也说明舟船的重要地位。秦人巴蜀,随即在四川大造舟船,以便浮江伐楚。

题　　名　**四川古代造船业述略**
作　　者　许增泽
刊　　名　文史杂志
年 卷 期　2002 年 6 期
页　　码　14－16

题　　名　**四海魁祠南海神庙**
作　　者　杨伟利,沈绍柱
刊　　名　环境
年 卷 期　2006 年 4 期
页　　码　46－53

题　　名　**四世纪前中国通南海所发现的国家**
作　　者　巴人
刊　　名　学术月刊
年 卷 期　1991 年 9 期
页　　码　64－72

题　　名　**寺田隆信谈郑和研究的几个问题**
作　　者　千里
刊　　名　中国社会经济史研究
年 卷 期　1982 年 3 期
页　　码　115－116

题　　名　**寺院经济与鉴真东渡**
作　　者　卞孝萱
刊　　名　烟台师范学院学报(哲学社会科学版)
年 卷 期　1996 年 1 期
页　　码　1－10
摘　　要　鉴真六次东渡,经过五次失败,才到达日本。其中所损失财物,数量是巨大的。其经济来源是什么?本文从寺院经济力量发展方面作了有益的探讨,论述了两晋以追隋唐的寺院经济发展状况,认为鉴真六次东渡的费用,是他为人授戒、讲经、治病所得,虽一次又一次地遭受损失,他却毫不吝惜,令人崇敬。鉴真是中日文化交流史册上一位值得大书特书的光辉人物。

题　　名　**松江圣妃宫与航运地位的历史考察**
作　　者　何泉达
刊　　名　妈祖文化研究
年 卷 期　2003 年 S 期

页　　码　7－29

题　　名　**松浦章《清代海外贸易史の研究》评介**
作　　者　段桦
刊　　名　中国社会经济史研究
年 卷 期　2006 年 2 期
页　　码　104－106
摘　　要　在前人研究中,全面探讨有清一代海外贸易者并不多见。日本关西大学文学部松浦章教授的《清代海外贸易史の研究》(京都:朋友书店出版,2002 年,673 页)一书,以中国商人在日本的“锁国令”时期前往长崎进行贸易活动为出发点,研究中国商人在长崎的贸易地位,并且着重研究以乍浦为中心的对日贸易,以厦门为中心的对南洋贸易,以及与此相关的海关管理和海外移民等问题。

题　　名　**松浦章与中国海洋史研究**
作　　者　杨国桢
刊　　名　中国史研究动态
年 卷 期　2007 年 3 期
页　　码　21－26

题　　名　**宋朝《市舶条法》基本范畴简析**
作　　者　任满军
刊　　名　江苏警官学院学报
年 卷 期　2006 年 21 卷 1 期
页　　码　106－110
摘　　要　宋朝的《市舶条法》是世界上第一部成文海商法。它系统地规定了海外贸易的主管机关、贸易主体、出入境管理、经营许可证以及外商保护制度等内容,从而构建了古代海商法的基本框架。它不仅对中国后世直至当代国内海商法具有典范性意义,而且在国际层面上,尤其对当时周边国家的海商法制也产生了重大影响。

题　　名　**宋朝瓷器与日本文化**
作　　者　满冈忠成,林忠干
刊　　名　南方文物
年 卷 期　1990 年 1 期
页　　码　110－111,120

题　　名　**宋朝的海外药物交流**
作　　者　王棣
刊　　名　晋阳学刊
年 卷 期　1992 年 6 期
页　　码　40－46
摘　　要　中国与海外的药物交流,以其独具的实用性和普及性,历来是中外海上贸易和科技文化交流的重要组成部份。宋代,随着中外海上交通的日益发展,中国与海外的药物交流也愈加频繁、兴旺。据中外史籍记载,通过“海上丝绸之路”,宋与亚、非、欧数十个国家和地区有药物交流,以朝贡、互赠、通商贸易等方式交流的药物有上百种。地区范围之广,品种数量之多,作用影响之大,都远远超过以前各代。然而,以往治宋代海上交通史及海外贸易史者,多偏重于经济上的商舶贸易和政治上的使节往来,对与人民生活密切相关的中外海上药物交流,却甚少论及。缘此,本文拟对宋代中国与海外的药物交流作一初步论述。

题　　名　**宋朝高丽交聘考**
作　　者　孙建民,顾宏义
刊　　名　信阳师范学院学报(哲学社会科学版)
年 卷 期　1997 年 17 卷 1 期
页　　码　51 – 56
摘　　要　公元 10 – 13 世纪,东亚大陆辽(或金)、宋、高丽大三角的形势格局,使得中原的宋王朝和朝鲜半岛的高丽王朝不断调整与发展外交关系。宋人江少虞即指出:“高丽自五代以来,朝贡不绝。朝廷每加爵命,必遣使以奖之。”可以说,高丽朝贡宋朝与宋人奉使高丽,构成了两国外交的最基本形式。频繁的使节往来,不仅是两国关系史上的大事,而且对双方的政治、经济、军事和文化均有着实质性的影响和推动。但《宋史·高丽传》等文献不但记载阙漏,而且多有讹误。为深入探讨和研究宋、丽关系,笔者在从事《宋代文献高丽史料汇编》之余结合李朝郑麟趾《高丽史》等朝鲜方面,予以参互考证,以期对双方交流情况作一初步梳理。

题　　名　**宋朝和丽日两国的民间交往与汉文化传播——高丽和日本接受宋朝文化的初步比较**
作　　者　陈尚胜
刊　　名　中国文化研究
年 卷 期　2004 年 4 期
页　　码　124 – 135
摘　　要　本文通过对宋朝出海商人和高丽日本两国入宋求法僧侣在宋版图书外流过程中所起作用的考察,意在揭示高丽和日本两国接受宋朝文化的民族性差异。本文认为,宋学传播到日本却未播及于高丽,是与两国入宋求法僧侣的书籍选择倾向相关的。而两国社会在接受汉文化方面也存在着不小差异:高丽追求对中国古典文化的全面吸收和模仿,而日本却有鲜明的“筛选”意识和现实意识。

题　　名　**宋朝经济立法探析**
作　　者　金亮新
刊　　名　北方经济(综合版)
年 卷 期　2008 年 18 期
页　　码　25 – 26
摘　　要　宋朝是我国经济社会繁荣的代表时期之一,究其原因其经济法制功不可没。宋朝调整经济的法律法规包括市场管理、禁榷专卖、海外贸易、货币金融和财政税收等方面,在我国经济立法史上形成了较完备的经济法律体系,对当今经济法制建设具有重要启示意义。

题　　名　**宋朝与高丽“朝贡贸易”考论**
作　　者　孙建民,顾宏义
刊　　名　河南大学学报(社会科学版)

年 卷 期　1997 年 37 卷 2 期

页　　码　10 - 14

摘　　要　宋朝与高丽的“朝贡贸易”，是两国关系中的重要组成部分，其政治、军事目的起主要作用，这种贸易反映了双方经济关系的基本面目。

题　　名　宋朝与海外国家的贡赐贸易

作　　者　章深

刊　　名　学术研究

年 卷 期　1998 年 6 期

页　　码　62 - 66

摘　　要　中国古代的统治者，为维护政治上居高临下的地位，总是以较高的经济代价保持着与其它国家的贡赐关系。这在表面上是一种政治外交关系，而实际上也是一种贸易关系。只不过贡赐贸易的政治意义远远高于其经济意义。宋代中国与海外国家的关系日趋密切，贸易规模大幅度增长，贡赐贸易制度以及中国政府对贡赐贸易的态度也随之有所改变。本文拟对之作一初步探讨，并从一个侧面展示中国古代专制集权统治与商品经济的关系。

题　　名　宋朝与交趾的朝贡贸易

作　　者　李富森，董利江

刊　　名　新乡教育学院学报

年 卷 期　2005 年 18 卷 1 期

页　　码　9 - 10

摘　　要　宋朝建立不久，交趾也获得独立。由于各自不同的利益和需要，两国之间的朝贡贸易建立起来，并不断发展变化。朝贡贸易具有极大的政治和经济意义，也产生了一些不利影响。

题　　名　宋朝与交趾的贸易

作　　者　黄纯艳

刊　　名　中国社会经济史研究

年 卷 期　2009 年 2 期

页　　码　25 - 31

摘　　要　宋朝始终未将与交趾的贸易纳入市舶贸易体制，不开放广州对交趾的贸易，而是在边防体制管理下进行边境互市。北宋前期由于未放弃统一交趾的目标，将两国贸易限制在极为不便的廉州和钦州如洪寨，两国都从国家安全考虑，限制贸易发展，贸易规模有限。熙宁战争以后宋朝放弃统一目标，两国关系逐渐转为以经济贸易为重心，元丰二年改善了廉州和钦州的贸易，特别是以钦州城下的江东驿取代如洪寨作为博易场，政和以后又全面开放了包括邕州在内的广西沿边贸易，两国贸易才得到较大发展。两国间的朝贡贸易也经历相同的变化过程。

题　　名　宋朝与占城经贸关系探索

作　　者　邓昌友

刊　　名　东南亚纵横

年 卷 期　2004 年 2 期

页　　码　66 - 69

摘　　要　两宋时期,中外关系有了较大的发展,中国与占城的经贸往来也在传统的基础上得到进一步加强。占城与宋朝一直保持着政府间的通贡关系,构成了两国经贸关系的基础。同时,市舶贸易持续繁荣,也成为这一时期经贸关系的一个显著特征。

题　　名　宋朝招商政策探析
作　　者　郭东旭
刊　　名　河北大学学报(哲学社会科学版)
年 卷 期　2001 年 26 卷 3 期
页　　码　16 – 20
摘　　要　宋朝是一个外贸往来非常活跃的历史时期。不仅在沿海港口聚集了无数涉洋前来的蕃舶,云集了大量衣冠各殊的蕃国商人,甚至出现了"涨海声中万国商"的盛况。这一繁荣景象的出现,无疑与宋朝积极推行"招徕远人,阜通货贿",严格维护蕃商在华权益,热情款待蕃客,尊重远人习俗等政策分不开。但是,宋朝对蕃商的过分宠绥,又使蕃商在中国获得了某些不应有的权利。

题　　名　宋朝注辇国使臣入贡中国考
作　　者　喻常森
刊　　名　海交史研究
年 卷 期　1986 年 10 期

题　　名　宋初佛画的输入日本及其影响
作　　者　郝祥满
刊　　名　兰州学刊
年 卷 期　2006 年 12 期
页　　码　119 – 121

题　　名　宋初市舶司"不以为利"辨——兼论宋朝海外贸易收入的变化趋势
作　　者　章深
刊　　名　河北大学学报(哲学社会科学版)
年 卷 期　2002 年 4 期
页　　码　33 – 35
摘　　要　南宋著名学者陈傅良对北宋初海外贸易收入的一个判断长期没有受到质疑。他认为宋初朝廷设置市舶司不是为了增加收入;在开征进口税的初期,政府外贸收入还很少。本文从宋朝外贸收入结构、设置市舶司的政治背景、管理人员组成等方面对此提出了批评。

题　　名　宋初市舶司"不以为利"辨——兼论宋朝海外贸易收入的变化趋势
作　　者　章深
刊　　名　中华文史论丛
年 卷 期　2003 年 73 期
页　　码　143 – 152
摘　　要　南宋著名学者陈傅良对北宋初海外贸易收入的一个判断长期没有受到质疑,他认为宋初朝廷设置市舶司不是为了增加收入;在开征进口税的初期,政府外贸收入还很少,本文从宋朝外贸收入结构,设置市舶司的政治背景,管理人员组成等方面对此提出了批评。

题　　名　宋船出土的小口陶瓶年代和用途的探讨
作　　者　许清泉
刊　　名　海交史研究
年 卷 期　1983 年 5 期

题　　名　宋代(960－1279 年)东南亚的华侨社会
作　　者　和田久德,岳玉寺
刊　　名　东南亚研究
年 卷 期　1962 年 1 期
页　　码　89－103

题　　名　宋代"船坞"考略
作　　者　伊永文
刊　　名　中国科技史料
年 卷 期　1993 年 14 卷 1 期
页　　码　88－89

题　　名　宋代"海上丝绸之路"上的中药外传
作　　者　王棣
刊　　名　中国中药杂志
年 卷 期　1993 年 18 卷 10 期
页　　码　634－637
摘　　要　中药外传,自秦汉时期就已开始。两千年来,中药沿"丝绸之路"和"海上丝绸之路"销往亚、欧、非三大洲的许多地区,对促进海外各国医药事业的发展,提高各国人民的健康水平,起了巨大的推动作用。然而,中药外传,史料散见于各类中外史籍之中,未能引起研究者的重视。

题　　名　宋代 23 轮车轮战船复原研究
作　　者　顿贺,席龙飞
刊　　名　舰船电子工程
年 卷 期　2005 年 25 卷 1 期
页　　码　135－139
摘　　要　早在公元 417 年,中国就率先发明,建造并使用了明轮推进的船舶——轮船,比欧洲 1543 年在巴塞罗那第一次建造并进行实验的实船早 1000 多年。将单片桨划桨的间歇运动变为轮桨的连续运动,是机械技术上的一项重大发明,它大大地提高了船舶航速,直到 19 世纪 50 年代螺旋桨的发明和使用,才逐渐代替了明轮推进器。以明轮推进的船舶出现和使用长达 1400 多年。长期以来,人们只能依据少量历史文献,对中国古代轮船外貌作粗浅了解,究竟它的详细结构如何,一直未能进行深入、细致的研究。

题　　名　宋代 23 轮车轮战船复原研究报告
作　　者　顿贺,席龙飞

刊　　名　船舶设计技术交流
年 卷 期　2003 年 3 期
页　　码　28－33

题　　名　**宋代漕运管理机构述论**
作　　者　陈峰
刊　　名　西北大学学报(哲学社会科学版)
年 卷 期　1992 年 22 卷 4 期
页　　码　12－18
摘　　要　漕运虽在秦代就已产生,而且成为历代中央集权统治的“大政”,但就其组织管理而言,只有到了宋代,才出现了独立、完整的管理机构。这些管理机构,对宋代漕运的稳定和进一步发展,发挥了重要作用,在漕运管理史上占有重要的地位。

题　　名　**宋代茶叶商品经济史略**
作　　者　吕维新
刊　　名　茶叶通讯
年 卷 期　2001 年 3 期
页　　码　35－37

题　　名　**宋代茶叶外销管理机构述论**
作　　者　陶德臣
刊　　名　中国茶叶
年 卷 期　2010 年 1 期
页　　码　35－37

题　　名　**宋代潮州与闽粤赣边的寇乱**
作　　者　陈占山
刊　　名　河北师范大学学报(哲学社会科学版)
年 卷 期　2005 年 28 卷 5 期
页　　码　118－124
摘　　要　宋代潮州及周边地区是当时全国有名的寇盗之区。食盐走私、赋税科扰、兵士劫掠及国家军事布防的薄弱等是寇乱生发的主要原因;寇盗基本上由闽粤赣边山区的“山贼”和闽粤沿海的“海寇”组成,乱事始于北宋而盛于南宋;寇乱的性质颇为复杂,不能一概目为“农民起义”,从根本上说来,它实际上是中原王朝国家化过程向东南沿海地区推进的产物。寇乱对宋代潮州及周边地区社会历史的发展有一定影响。

题　　名　**宋代船坞与滑道的发明**
作　　者　曹凛
刊　　名　中国船检
年 卷 期　2009 年 4 期
页　　码　110－112

题　　名　**宋代大型商船及其“料”的计算法则**
作　　者　陈希育
刊　　名　海交史研究
年 卷 期　1991 年 19 期
页　　码　53 – 59

题　　名　**宋代的“水戏”和“龙舟竞渡”**
作　　者　王俊奇
刊　　名　文史杂志
年 卷 期　1998 年 3 期
页　　码　13

题　　名　**宋代的汴河水运**
作　　者　娄雨亭
刊　　名　中国历史地理论丛
年 卷 期　1988 年 1 期
页　　码　18

题　　名　**宋代的广州**
作　　者　徐俊鸣
刊　　名　中山大学学报（自然科学版）
年 卷 期　1964 年 2 期
页　　码　248 – 258

题　　名　**宋代的海上贸易法**
作　　者　钟钢
刊　　名　中国远洋航务公告
年 卷 期　2005 年 6 期
页　　码　48 – 50

题　　名　**宋代的竞渡**
作　　者　王赛时
刊　　名　民俗研究
年 卷 期　1992 年 2 期
页　　码　77 – 82

题　　名　**宋代的铜钱出口——兼谈泉州发掘的宋船铜钱**
作　　者　王曾瑜
刊　　名　海交史研究

年 卷 期　1978 年 1 期

题　　名　**宋代的外国使节与文书传递:以成寻《参天台五台山记》为线索**
作　　者　远藤隆俊
刊　　名　历史研究
年 卷 期　2008 年 3 期
页　　码　140 - 143

题　　名　**宋代的外贸与“蕃商”**
作　　者　邱树森
刊　　名　江苏商论
年 卷 期　2003 年 6 期
页　　码　122 - 123
摘　　要　宋代时期我国对外商业贸易的格局发生了很大的变化。与西方联系的陆上通道因战争等原因中断,迫使中外商人主要依靠海道维持贸易。在这种格局下,沿海港口大量兴起,大批外商定居中国,商品种类极其繁多。本文从多方面论述了当时居住在中国的外商——蕃商的情况。

题　　名　**宋代的造船业与船户**
作　　者　王瑞明
刊　　名　学术月刊
年 卷 期　1987 年 3 期
页　　码　63 - 68

题　　名　**宋代东南港市研究**
作　　者　卢山,郭湖生
刊　　名　新建筑
年 卷 期　2004 年 5 期
页　　码　96
摘　　要　中国古代港市的兴起。除了受制于口岸的自然条件,还与海上交通和海外贸易息息相关。自汉代开启海上丝绸之路后,随着六朝时期南方经济的开发。至唐代中期,由于通西域的交通受阻和全国经济重心的逐渐南移,海上丝绸之路逐渐取代陆上丝绸之路,成为中国对外交通和贸易的主要渠道,东南港市因之而获得了发展的机会。

题　　名　**宋代东南沿海地区丝织品的生产与外销**
作　　者　熊燕军
刊　　名　农业考古
年 卷 期　2008 年 1 期
页　　码　187 - 199
摘　　要　关于宋代东南沿海地区丝织业发展情况,学界已有多篇文章论及,已经勾勒出了宋代东南沿海地区丝织业发展的概貌,即宋代东南沿海地区已经成为三大丝织品基地之一。但这些文章主要不是从区域经济史的角度出发的,因此对东南沿海地区丝织业发展情况的描述还不全面,相关例证还不充足,甚至有些还不正确。近来更有人声称,无论是地域分布,还是产量、质量,华北平原地区丝织业发展水平在两宋时期都居于领先地位,大大低估了东南沿海地区丝织业的发展水平。这不仅与唐宋经济重心南移这一学界共识相违背,也不符合东南沿海地区外向型经济成分增长的事实。下面根据笔者所掌握材料,并结合前辈的研究成果,从分布、产量、质量、技术、产品外销5个方面对宋代东南沿海地区丝织业发展情况作一较详细的分析。

题　　名　宋代对日陶瓷贸易试探
作　　者　陈文平
刊　　名　上海大学学报(社会科学版)
年 卷 期　2000年1期
页　　码　92－96
摘　　要　唐宋以来,在中日两国经济文化交流中,陶瓷贸易占有重要的地位。本文试就宋代我国陶瓷外销日本以及促进这种陶瓷贸易的诸原因作出初步探讨,以期通过陶瓷贸易这一侧面,反映这一时期中日经济文化交流的某些情况。

题　　名　宋代发展海上贸易的政策措施
作　　者　李传印
刊　　名　安庆师范学院学报(社会科学版)
年 卷 期　1992年3期
页　　码　81－86

题　　名　宋代奉使高丽考
作　　者　祁庆富
刊　　名　中国史研究
年 卷 期　1995年2期
页　　码　145－154

题　　名　宋代福建海商崛起之地理因素
作　　者　刘文波
刊　　名　中国历史地理论丛
年 卷 期　2006年21卷1期
页　　码　28－33
摘　　要　宋代是我国海外贸易发展十分活跃的时代。居于东南沿海的福建,作为两宋时期重要的经济区域和海外贸易的重镇,福建海商在宋代海外贸易进程中所扮演的角色和作用日显突出,逐渐崛起为国内沿海商人的代表。本文试从陆路交通条件的改善、海路交通技术的发展、区域港口地位的上升三方面地理因素,来探讨福建海商相较于其他区域的海商而言,更有条件在宋代这一特殊的历史时期有着特殊的表现。

题　　名　宋代福建海商在海外各国的频繁活动
作　　者　彭友良
刊　　名　海交史研究

年 卷 期 1984年6期

题　　名 宋代福建海商之崛起
作　　者 刘文波
刊　　名 江苏商论
年 卷 期 2008年2期
页　　码 175-176
摘　　要 宋代海外贸易空前活跃,福建海商在这一时期逐渐崛起为国内沿海商人的代表,在国内区域间,或与海外诸国远洋贩易以及政治文化交往中具有重要的影响地位。

题　　名 宋代福建海外贸易的管理
作　　者 胡沧泽
刊　　名 福建师范大学学报(哲学社会科学版)
年 卷 期 1995年1期
页　　码 93-100
摘　　要 宋代,福建海外贸易蓬勃兴起,已成为支撑福建经济的重要产业。宋代统治者是如何对福建的海外贸易进行管理的,福建海外贸易的管理机构——泉州市舶司为何直至北宋中期才成立,这种管理与海外贸易的发展关系如何,都是值得探讨的。

题　　名 宋代福建海外贸易的兴起及其对社会生活的影响
作　　者 胡沧泽
刊　　名 中国社会经济史研究
年 卷 期 1995年1期
页　　码 48-56
摘　　要 宋代,福建海外贸易迅速兴起,与福建有贸易关系的国家和地区广泛,进出口货物品种繁多。海外贸易的规模,商品贸易往来情况,及其对福建的社会经济生活的影响,都很值得探讨。

题　　名 宋代福建商人的活动及其社会经济背景
作　　者 斯波义信,庄景辉
刊　　名 中国社会经济史研究
年 卷 期 1983年1期
页　　码 39-48

题　　名 宋代福建沿海的商业化浪潮
作　　者 傅宗文
刊　　名 中国社会经济史研究
年 卷 期 1989年3期
页　　码 22-29

题　　名 宋代福建沿海对外贸易的发展对社会经济结构变化的影响
作　　者 郑学檬

刊　　名　中国社会经济史研究
年 卷 期　1996 年 2 期
页　　码　45 – 50

题　　名　**宋代福建沿海人民的海上起义**
作　　者　彭友良
刊　　名　福建论坛(人文社会科学版)
年 卷 期　1993 年 2 期
页　　码　67 – 72
摘　　要　宋代福建沿海人民的海上起义,是宋代阶级斗争深入发展的一个典型反映。现在根据宋代福建沿海人民所举行的海上起义,提出不成熟的探讨,希望得到史学界的批评指正。

题　　名　**宋代港市发展初探**
作　　者　卢山
刊　　名　华中建筑
年 卷 期　2002 年 5 期
页　　码　100 – 102,106
摘　　要　该文在简述了以海上丝绸之路为主动脉的中国古代海外贸易的发生,发展过程后,以海外贸易的黄金时期宋代为切入点,尝试结合海港城市在空间形态和结构上突破性的发展和变化,借此管窥宋代商业城市的渐进性的变革过程以及随之而来的具有世界性开放特征的城市文化的繁荣。

题　　名　**宋代港市与文化**
作　　者　卢山
刊　　名　城市规划
年 卷 期　2004 年 5 期
页　　码　68 – 70
摘　　要　通过追述中国宋代港市在海上丝绸之路贸易的推动下,在空间形态和结构上所产生的一系列突破性的发展和变化,试图在管窥中国古代商业城市的渐进性的变革过程的同时,努力复原这种城市革命所带来的具有世界性开放特征的城市文化的场景。

题　　名　**宋代官营造船场的运作**
作　　者　徐东升
刊　　名　西南师范大学学报(人文社会科学版)
年 卷 期　2006 年 32 卷 3 期
页　　码　156 – 160
摘　　要　宋代官营船场的建立受自然条件以及政治、经济、军事等因素的影响,形成官营船场北少南多的分布格局。船场的运作从船场建立、物料和经费筹措、人员配置到生产任务的完成,形成由皇帝、中央机构、主管机构、州县、监官组成的自上而下的垂直管理体制,并且分布在地方的其他机构对主管机构具有监督职能,形成一套比较健全的机制。

题　　名　宋代官员外贸走私腐败探析
作　　者　贺达,邱书林
刊　　名　河北师范大学学报(哲学社会科学版)
年 卷 期　2000 年 23 卷 4 期
页　　码　90－96
摘　　要　宋代商品经济的空前活跃,推动了国内商业和对外贸易的长足发展,也使各级封建官员贪欲大增,他们不仅纷纷违禁插足国内经商牟利,而且染指对外贸易,大搞走私舞弊活动,以牟取更加丰厚的利润。他们的作为极大地妨害了当时对外经济交往的正常发展和整个国计民生的正常运转,加剧了官僚政治的腐败。

题　　名　宋代广西海外贸易兴起初探
作　　者　陆韧
刊　　名　海交史研究
年 卷 期　1997 年 31 期
页　　码　19－29

题　　名　宋代广州的外商
作　　者　关履权
刊　　名　学术研究
年 卷 期　1985 年 2 期
页　　码　67－74

题　　名　宋代广州海外贸易的兴盛与中外文化交流的活跃
作　　者　李烈辉
刊　　名　广州档案
年 卷 期　2003 年 2 期
页　　码　37－38

题　　名　宋代广州市舶司
作　　者　邓端本
刊　　名　岭南文史
年 卷 期　1986 年 1 期
页　　码　53－61
摘　　要　市舶司就是古代管理海外交通和海外贸易的机构,它的设置开始于唐,到了宋代逐趋完善,并先后在广州、杭州、明州、泉州、温州、密州、秀州(华亭县和通惠镇两地)、江阴军等地设市舶司或市舶务。在这众多的市舶司与市舶务中,广州市舶司却是举足轻重的。元丰时期制订的市舶管理条例亦称为“广州市舶法”。所谓“番禺大府,节制五岭,秦汉以来,号为都会,俗杂五方,海舶贸易,商贾辐辏,”所以,对广州市舶司的研究,不但可以了解宋代对外贸易的情况,而且对我们今天的“四化”建设,亦有参考价值。本文根据史籍的记载,对宋代广州市舶司试图作一概述和探讨,以就教史学界前辈。

题　　名　宋代广州市舶司的历史作用
作　　者　邓端本
刊　　名　广东史志
年 卷 期　1992 年 1 期

题　　名　宋代海船的占籍、保甲和结社制度述略
作　　者　廖大珂
刊　　名　海交史研究
年 卷 期　2002 年 41 期
页　　码　1－7

题　　名　宋代海上贸易的发展
作　　者　熊兴
刊　　名　云南民族大学学报（哲学社会科学版）
年 卷 期　1986 年 3 期
页　　码　81－86
摘　　要　我国很早就有了海上贸易，远在秦时，广州已是犀角、象牙、翡翠、珠玑的重要市场。西汉时，国家曾派人出海购买各种奇珍异物。往后，贸易逐渐频繁，沿海城市的官吏从中贪污致富者甚多。到了唐代，海上贸易已有相当规模，广州江中“有婆罗门、波斯、昆仑等船，不知其数，并载香药珍宝，积载如山”。许多“胡商”居留中国，腰缠万金，经营着巨额的珠宝交易。宋代是我国贸易史上的重要时期，其海上贸易的规模远远超过唐代，而和以后的元、明时期相较，亦毫无逊色。宋代海上贸易的高度发展具体表现在哪些方面？其原因何在？性质和作用如何？颇有探讨的必要。本文试就这些问题提点粗浅看法，以求教于同志们。

题　　名　宋代海上丝路源头新探
作　　者　龚绍方
刊　　名　中州学刊
年 卷 期　2008 年 5 期
页　　码　219－222
摘　　要　宋朝是中国历史上经济繁荣、科技发达、文化昌盛、艺术高深、人民整体生活水平较高的朝代之一。宋朝的综合国家实力在质量和数量上都是当时世界上的第一大国。有宋一代，朝廷通过加强对外贸的集权管理，使大宋内陆不仅成为海上丝绸之路流通商品的产销基地，更使北宋都城汴京成为海上丝绸之路名符其实的源头。

题　　名　宋代海外贸易的官方经营问题——兼与蔡美彪、朱瑞熙等同志商榷
作　　者　郑世刚
刊　　名　学术月刊
年 卷 期　1980 年 12 期
页　　码　36－41，45
摘　　要　近年来，在我国海外贸易史的研究工作中，对宋代海外贸易的经营方式，认识颇不一致。有人认为：“在宋代，官府不搞对外贸易，设置市舶司主要是为了对进口物品抽税。海外贸易全属私人经

营。”蔡美彪、朱瑞熙等五同志撰著的《中国通史》第五册，则认为：“北宋与海外诸国的贸易往来，一般有两种方式。一是以‘朝贡’、‘回赐’为名，由北宋和外国贡使进行官方交易。所谓‘贡’‘赐’的货物，即可免交商税。另一种方式，是大量的民间来往，北宋在主要港口设市舶司管辖。”此外，尚有一些史学工作者持有种种不同的说法。

题　　名　**宋代海外贸易的商业精神**
作　　者　张杰
刊　　名　中国金融
年 卷 期　2008 年 15 期
页　　码　87

题　　名　**宋代海外贸易的兴盛及其原因**
作　　者　曹中原，刘常青
刊　　名　历史学习
年 卷 期　2002 年 7 期
页　　码　12－13

题　　名　**宋代海外贸易的兴盛及其原因**
作　　者　曹中原，刘常青
刊　　名　中学文科
年 卷 期　2001 年 8 期
页　　码　43－44

题　　名　**宋代海外贸易发展的原因初探**
作　　者　高莹
刊　　名　科技情报开发与经济
年 卷 期　2007 年 17 卷 9 期
页　　码　111－112，115
摘　　要　从商品经济的发展、科学技术的进步和海外贸易政策 3 方面探讨了宋代海外贸易发展的原因。

题　　名　**宋代海外贸易法律制度研究**
作　　者　程皓，周跃雪
刊　　名　理论月刊
年 卷 期　2009 年 10 期
页　　码　119－121
摘　　要　宋代是我国海外贸易空前发展时期，形成了一整套调整海外贸易的法律制度。这些法律制度限定了海外贸易主体，规范了海外贸易程序，规定了政府监管机构和监管措施，并明确了相关法律责任，一方面适应了外贸发展的需要，为政府增加了巨额的财政收入，另一方面由于过于严格的政府掌控，也抑制了海外贸易的健康发展。研究宋代海外贸易法律制度，对于全面认识宋代经济社会状况和我国古代商贸法律体系发展历程具有重要价值。

题　　名　宋代海外贸易和东南亚各国关系
作　　者　卢苇
刊　　名　海交史研究
年 卷 期　1985 年 7 期

题　　名　宋代海外贸易政策初探
作　　者　郑世刚
刊　　名　上海师范大学学报(哲学社会科学版)
年 卷 期　1980 年 1 期
页　　码　116－119
摘　　要　我国的海上对外贸易历史悠久,唐朝已设有专官市舶使掌海外贸易,广州是当时对外贸易的重要港口。五代十国时期,东南沿海的南汉、吴越、闽等割据政权都重视海外贸易,以收商利。宋朝的海上对外贸易更超越唐朝和五代,达到空前繁荣的阶段。本文拟就宋政府的海上对外贸易政策进行初步的探讨。

题　　名　宋代海外贸易政策的转变与福建海商的崛起
作　　者　王炳庆,刘文波
刊　　名　江西科技师范学院学报
年 卷 期　2007 年 6 期
页　　码　10－13
摘　　要　宋代是我国海外贸易空前活跃的时期。福建海商在这一时期逐渐崛起为国内沿海商人的代表,在国内区域间贸易、与海外诸国远洋贩易中具有重要的影响地位。这与宋朝廷海外贸易政策的转变与地方民间观念习俗的转型等因素有着密切的关系。

题　　名　宋代航海技术综论
作　　者　孙光圻
刊　　名　中国航海
年 卷 期　1984 年 2 期
页　　码　69－81
摘　　要　随着宋代的经济发展和科技进步,宋人在隋、唐航海经验的基础上,开辟了横渡印度洋的航海活动,把中国古代航海事业推向鼎盛时期。本文试图从科技史角度,着重对宋代的气象航海、地文航海、天文航海和航海操纵技术等主要环节作一初步的综合性论述,说明中国古代的航海史,到宋代已经从“原始航海”时期进入“定量航海”时期,比西方领先了 2～3 世纪。同时对若干学术界有争议的课题提出一些不成熟看法,希望能为研究宋代航海技术这一课题勾勒出一个大致的历史轮廓。

题　　名　宋代惠民河考
作　　者　邹逸麟
刊　　名　河南大学学报(自然科学版)
年 卷 期　1978 年 5 期
页　　码　64－72

摘　　要　宋代初年在以首都开封为中心的漕运四渠（汴河、惠民河、五丈河、金水河）中，惠民河的地位仅次于汴河，在我国水运史上也是一条较为重要的运河。但是以往对惠民河的流经、水源、通航情况以及淤废原因等问题，都未进行过研究。本文企图根据文献资料对以上一些问题作初步的探索，其目的也仅想给研究运河史的同志提供一些资料。错误之处，请大家批评指正。

题　　名　宋代江山犹有一枝俏——《光明之城》所展示的世界大贸易港刺桐图卷
作　　者　傅宗文
刊　　名　海交史研究
年 卷 期　2001 年 40 期
页　　码　1－20，37

题　　名　宋代江苏境内漕运工程考述
作　　者　高荣盛
刊　　名　江苏社会科学
年 卷 期　1997 年 2 期
页　　码　126－130
摘　　要　唐代中叶以后，长江下游已成为全国的经济重心和重要粮仓。两宋时代，这种发展趋势进一步加强。无疑，在这片经济区中，江苏又占据举足轻重的地位，以农业中的稻米为例，苏州一地稻田面积仅三万余顷，而稻米产量竟达七百余万石，东南地区每年“上供”的六百万石槽粮，基本由该地提供。出于联系政治中心与东南财赋区的需要，江苏地区又同时成为漕运的重要流转地。自大运河开通后，流经江苏境内的主要运道有淮河、楚扬运河、长江与江南运河北段，由于各段河床的起伏加上宋金之际黄河改道（夺淮人海）的重大变迁，使得江苏运段的水情变化十分复杂，在两宋时代，江苏人民在承担财粮重负的同时，又围绕运河的整治、水源的供给以及坝闸制度的改善等水运工程作出了一系列努力，取得了一些重要成果。其中，尤其是复式船闸的创建，不仅在中国航运史上具有划时代意义，而且在世界航运工程史上也是一项重要创举。

题　　名　宋代江阴军市舶务小史
作　　者　周振鹤
刊　　名　海交史研究
年 卷 期　1988 年 13 期

题　　名　宋代来华外商述论
作　　者　黄纯艳
刊　　名　云南社会科学
年 卷 期　1997 年 1 期
页　　码　72－78
摘　　要　宋代海外贸易得到空前发展，其中一个显著特征就是海商贸易占据主导，政府贸易的地位衰弱。中国海商和来华外商的人数和贸易规模都为史所不及。宋代中国海商的情况笔者已撰文论述（文见《云南社会科学》1995 年第 5 期）。本文拟对来华外商作一专论。宋代来华外商人数多，贸易规模大，是当时中外贸易中不可忽视的力量，在中外经济文化交流方面发挥着重要作用。因而宋政府针对来华外商制定了较为系统的政策，招徕了大批外商来华经营和侨居。

题　　名　宋代两淮地区的水利和漕运
作　　者　柴静
刊　　名　安徽工业大学学报(社会科学版)
年 卷 期　2000 年 2 卷 2 期
页　　码　55－57,80
摘　　要　本文着重探讨宋代两淮地区水利和运河漕运情况、水利兴修特点及重要作用。

题　　名　宋代两淮地区商业论略
作　　者　柴静
刊　　名　安庆师范学院学报(社会科学版)
年 卷 期　2000 年 19 卷 1 期
页　　码　70－73
摘　　要　宋代两淮地区商业呈发展趋势,且具有明显的两个特点:其一,北宋时与漕运和茶、盐的销售紧密相关;其二,南宋时与互市及战备物资的运输联系密切。

题　　名　宋代两浙的海外贸易
作　　者　徐规,周梦江
刊　　名　杭州大学学报(哲学社会科学版)
年 卷 期　1979 年 Z1 期
页　　码　137－146
摘　　要　唐代以前,我国对外贸易主要是通过西北的陆路,这就是历史上驰名中外的"丝绸之路"。到了宋代,由于我国东南地区农业、手工业的发展与海上交通的进步,而西北的陆路交通又先后遭受辽、西夏和金的阻挠,所以宋政府特别重视海路贸易。从此,海外贸易之盛远超前代。本文试图对宋代两浙的海外贸易情况进行一些探索。

题　　名　宋代岭南交通路线变化考略
作　　者　陈伟明
刊　　名　学术研究
年 卷 期　1989 年 3 期
页　　码　68－71

题　　名　宋代妈祖信仰传播的地理过程及其推力分析
作　　者　郑衡泌
刊　　名　地理科学
年 卷 期　2010 年 2 期
页　　码　300－305
摘　　要　对宋代妈祖信仰传播的地理空间分布及扩散态势与不同信仰人群间的关联进行分析,认为民间信仰的一种传播和扩散途径是从较低的社会阶层开始,逐步向较高的社会阶层扩散,并随着不同信仰人群的不同行为方式和活动空间特征,向着不同的传播路径进行传播,并形成不同的地理空间分布特征。宋代是妈祖信仰发展的初期,渔民、海员海商和地方士绅官员这些不同的信仰群体在妈祖信仰传播地域扩大过程中先后加入，逐步实现信仰的等级扩散。不同信仰群体对其地域扩散推动方式不同：渔民群体以短距离传染性扩展扩散为主，海员海商群体以长距离迁移扩散为主，士绅官宦群体二者兼而有之。不同信仰群体对信仰地域传播形成的地理分布态势不同。渔民群体产生沿海岸小范围密集型分布，海员海商产生港口集镇分布特征，士绅官宦推动信仰向着政治中心传播。这些不同的传播类型和分布态势与各人群活动地域和行为方式密切相关。

题　　名　**宋代妈祖信仰起源探究**
作　　者　张大任
刊　　名　福建论坛(人文社会科学版)
年 卷 期　1988 年 6 期
页　　码　48 – 52

题　　名　**宋代闽南海贸习俗的形成**
作　　者　张彬村
刊　　名　海交史研究
年 卷 期　2009 年 55 期
页　　码　1 – 10
摘　　要　从宋朝初期到清代中期，闽南的海外贸易商人一直是东亚水域最主要的华商族群。事实上，一直到今天，闽南人在东亚海域，特别是东南亚地区，仍然是华人之中最主要的华商族群。闽南海商在经贸事业方面的长期兴盛是一个耐人寻味的历史课题。这篇文章试图利用闽南地区长期持续的海贸习俗来说明闽南海商的独特表现。闽南地区大概在公元 900 – 1200 年形成一个海贸习俗，促使该地区的许多人不约而同地竞相投入海外贸易事业。这个习俗的存在给闽南海商的事业经营创造出比较利益，让他们享有竞争优势，因此发展出其他华人族群难以抗衡的经贸事业。

题　　名　**宋代明州海外贸易的发展对区域经济的影响**
作　　者　朱爱武
刊　　名　中共宁波市委党校学报
年 卷 期　2009 年 3 期
页　　码　116 – 122
摘　　要　宋代是我国古代海外贸易迅速发展的时期，由于优越的地理位置，行政区划的设立和州治的稳定，经济的发展和重心的南移，以及航海技术的进步，宋代的明州，海外贸易迅速发展，已成为重要的对外贸易的港口之一。海外贸易的日趋繁荣又促进明州区域经济的发展，主要表现在：粮食生产的发展和粮食生产的商品化；经济作物种植范围的不断扩大；制陶业和造船业的发展；港口贸易的活跃；市镇的兴起和大都市的繁华等。因此，海外贸易与明州区域经济的发展是相互影响，相互推动的。

题　　名　**宋代明州海外贸易发展对政治和社会生活的影响**
作　　者　朱爱武
刊　　名　宁波大学学报(人文科学版)
年 卷 期　2009 年 22 卷 1 期
页　　码　62 – 66
摘　　要　宋朝是中国古代海外贸易发展的重要时期，明州是宋朝重要的对外贸易港口之一。海外贸易的发展使明州从一个相对落后的地区发展成为宋代重要的地方经济区域中心，对当地的政治生活产生了较大影响，促使宋政府设立专门的管理机构——市舶司，并对市舶司官员的考核进行了严格规定，同时经济发展使商人地位得到提高，商人可入仕为官。此外，海外贸易的发展还对明州的社会生活产生了重要的影响。

题　　名　**宋代明州与高丽的贸易关系及其友好往来**
作　　者　倪士毅，方如金
刊　　名　杭州大学学报(哲学社会科学版)
年 卷 期　1982 年 12 卷 2 期
页　　码　81－91
摘　　要　两宋时期明州的海外贸易非常发达，尤其是与日本、高丽的贸易往来最为频繁，它是宋代对外贸易的主要港口。在张津等所编撰的《乾道四明图经》卷一里记载了当时明州海外贸易的盛况是："南则闽广，东则倭人，北则高句丽，商舶往来，物货丰衍"。本文试就两宋时期明州与高丽的贸易关系做初步的研究和探讨，不当之处，请批评指正。

题　　名　**宋代南海航线的溽洲——兼论《萍州可谈》**
作　　者　林家劲
刊　　名　海交史研究
年 卷 期　1988 年 13 期

题　　名　**宋代南海香料贸易与海南经济社会发展**
作　　者　周伟民，唐玲玲
刊　　名　琼台学刊
年 卷 期　2008 年 2 期
页　　码　5－11

题　　名　**宋代宁波地区的造船业**
作　　者　唐勇，刘恒武
刊　　名　宁波教育学院学报
年 卷 期　2008 年 10 卷 1 期
页　　码　92－95
摘　　要　宋代，由于统治阶级的重视和科技的发展，中国的海上贸易非常发达，具有良好区位优势的宁波地区造船工业在传统技术的基础上，随着对外贸易的发展，其造船的规模和技术都获得了很大的进步，甚至一度位居全国之冠，在其蓬勃发展的情况下宁波地区的内外贸易更加扩大，由其所装备的水军也极大的巩固了宋的沿海边防，同时，其发展轨迹也为我们当今社会提供了借鉴和启示。

题　　名　**宋代泉州港的崛起与港口分布**
作　　者　傅宗文
刊　　名　厦门大学学报(哲学社会科学版)
年 卷 期　1985 年 S1 期
页　　码　87－96

摘　　要　两宋之交，泉州港迅速崛起，一时甚至凌驾于向来称雄的广州港之上，自泉州出海的多桅帆船舰队，往往驶抵西亚和东非海岸。"海上丝绸之路"的开辟和扩大，使刺桐港声名大噪，成为世界大港口。本文拟就泉州港崛起的内外成因及与其相互关联的港口分布，作一粗略考察。

题　　名　宋代泉州社会福利机构及其运作状况钩沉
作　　者　叶恩典
刊　　名　海交史研究
年 卷 期　2004 年 45 期
页　　码　22 - 28

题　　名　宋代泉州市舶司设立问题探索
作　　者　傅宗文
刊　　名　福建论坛(社科教育版)
年 卷 期　1983 年 3 期
页　　码　68 - 73
摘　　要　北宋初年，太祖、太宗二朝先后设立广、杭、明州市舶司。一个世纪后，哲宗元枯二、三年(1087 年、1088 年)才又设立泉、密州市舶司。一个有着悠久海外贸易历史的泉州港，为什么却迟迟才设立市舶司？对此扑朔迷离的问题，本文试作探索。

题　　名　宋代泉州市舶司设立之问题探索
作　　者　傅宗文
刊　　名　泉州文史
年 卷 期　1983 年 8 期
页　　码　1 - 10

题　　名　宋代泉州伊斯兰的清净寺
作　　者　韩振华
刊　　名　海交史研究
年 卷 期　1997 年 31 期
页　　码　68 - 74

题　　名　宋代入台的日本僧人
作　　者　陈扬炯
刊　　名　五台山研究
年 卷 期　1986 年 5 期
页　　码　39 - 43

题　　名　宋代三佛齐重修广州天庆观碑记考释
作　　者　戴裔煊
刊　　名　学术研究
年 卷 期　1962 年 2 期

页　　码　63－76

题　　名　**宋代市舶抽解制度**
作　　者　漆侠
刊　　名　河南大学学报(社会科学版)
年 卷 期　1985年1期
页　　码　19－22
摘　　要　市舶一司,唐代最先于广州设立,专门管理海外贸易。宋承唐制,先后又在泉、明、杭诸州以及密州板桥镇置司;三百年间,有关海外贸易各项制度日趋完备。《通考》、《宋史》诸书,对宋代市舶制度虽有所记述,但失之简略。近六十年来,日本藤田丰八《宋代市舶司及市舶条例》、桑原埔藏《蒲寿庚考》等著相继问世,颇补前史之阙略。两年多前陈高华、吴泰同志《宋元时期的海外贸易》一书,在前此研究的基础上,全面系统地研究了海外贸易中许多重要问题,创见甚多,堪称佳作。所嫌不足者,历来的研究对宋代市舶抽解制度之因革变动,探讨不够充分。为此,这篇文章打算就此问题作点补充说明,错误之处,请予指正。

题　　名　**宋代市舶的抽解、禁榷、和买制度**
作　　者　廖大珂
刊　　名　南洋问题研究
年 卷 期　1997年1期
页　　码　39－44
摘　　要　宋朝建立之后,先后在各个对外贸易港口设置市舶司,作为管理海外贸易的机构。对海外进口商品实行抽解、禁榷、和买是市舶司的主要职责,有宋一代,抽解、禁榷、和买制度不断沿革变化,对宋朝财政和海外贸易的发展都有着重要的影响。

题　　名　**宋代市舶关税的抽解制度及其经济地位**
作　　者　王兴文
刊　　名　经济师
年 卷 期　2004年3期
页　　码　294－295
摘　　要　市舶制度创始于唐,经历宋元明三代,历时千余年。宋代在唐代的基础上,制度渐趋完备。过去人们一直认为宋代的市舶关税与其他朝代一样,在国家财政收入中并不重要,在国家经济生活中处于次要地位。文章认为由于宋代特殊的国情——一方面积贫积弱,一方面商品经济发达,使得它在宋代的经济地位非常突出。

题　　名　**宋代市舶税利的抽收、分割与市舶本钱**
作　　者　廖大珂
刊　　名　中国史研究
年 卷 期　2003年4期
页　　码　101－116
摘　　要　宋朝统治者为了巩固中央集权,竭力将海外贸易置于朝廷的控制之下,市舶抽解、禁榷、和买制度就是贯彻这一意图的有力工具。通过这些制度,宋朝统治者攫取了海外贸易的主要利润,并在各级官府之间进行再分配，不仅对于维护封建专制统治起了重要作用。而且还导致“市舶本钱”发生了重大变化。

题　　名　宋代市舶司及其与后代海关的关系
作　　者　徐蔚葳，竺晓莉
刊　　名　海关研究
年 卷 期　2001 年 5 期

题　　名　宋代私觌贸易初探
作　　者　廖大珂
刊　　名　南洋问题研究
年 卷 期　1991 年 1 期
页　　码　18 - 25
摘　　要　两宋时期由于与北方的辽、西夏、金长期对峙，对外陆路交通几近断绝，主要通过海路与外国发生政治、经济交往。因此，双方之间的海上贸易十分繁荣，形式更加多种多样。除了盛极一时的市舶贸易之外，海外国家还不断派遣使者，向宋朝廷“贡献方物”。宋朝廷则以“回赐”的方式，偿以相应的中国产品，从而实现双方之间的商品交换，以故史家称之为“朝贡贸易”。然而海外贡使在朝贡过程中，不仅与宋朝廷进行官方的交换，而且还在民间广泛进行买卖活动，时人谓之“私觌”，又称“私市”，它是宋代中国与海外诸国之间海上贸易的重要组成部分。本文试对宋代海外贡使的私觌贸易作一些初步的探索。

题　　名　宋代苏州的造船业考察
作　　者　郭万升
刊　　名　船电技术
年 卷 期　2008 年 28 卷 4 期
页　　码　253 - 256
摘　　要　宋代苏州的农业生产、粮食贸易、商业流通以及人们的出行都离不开船，故其造船业非常发达。《平江城坊考》中记录了宋代苏州有船舫巷、船舫桥、东船场巷、西船场巷、艇船桥、蒲帆巷等不少地名与造船及辅助手工业有关，形象再现了宋代苏州造船、修船业蓬勃兴旺的情景。本文从这些地名入手，结合有关方志、文集、史书以及出土文物来考察一下苏州造船业盛况。

题　　名　宋代外国人来华及其在中国的法律地位
作　　者　胡天明
刊　　名　中州学刊
年 卷 期　1994 年 5 期
页　　码　117 - 123
摘　　要　众所周知，两宋王朝积贫积弱，对于来自外部少数民族政权的入侵总是一味妥协退让、委曲求全。但从另一方面来看它却具有一种对外开放和招徕远人的精神。当时由于周边环境的变化，中外的陆路交通几乎断绝，而东南沿海的对外交流却兴盛起来。大批外国人纷纷经由海上来到中国，有一些人并且在中国生活定居下来。这样，在两宋的历史上就涉及到外国人来华后在中国所占的法律地位问题。本文拟从两宋政府的对外开放政策、外国人来华及外国人来华后所占的社会法律地位等方面的问题入手，进行一番探讨，以期对两宋时期中外关系的全方位研究有所帮助。不妥之处，祈请方家指教。

题　　名　宋代外贸小议
作　　者　何崇恩
刊　　名　湘潭大学社会科学学报
年 卷 期　1983 年 3 期
页　　码　55 – 57
摘　　要　唐以前,我国的对外贸易主要是通过驰名世界的“丝绸之路”从陆路进行的。从唐代以后,我国由海路与外国进行贸易迅速发展起来。到了两宋时期,由于东南地区经济发展,加之造船术的突飞猛进,以及确保航行顺利无误的罗盘针的采用,我国的对外贸易真可以说是盛况超前。毫无疑问,在长期的海外贸易活动中,我国积累了十分丰富的历史经验。这是一笔宝贵的历史遗产,足以为我们提供有益的借鉴。本文无意求全,仅拟就两宋的海外贸易,发表一点议论。

题　　名　宋代温州港的开辟及其原因
作　　者　周梦江
刊　　名　温州师范学院学报
年 卷 期　1981 年 1 期
页　　码　116 – 120

题　　名　宋代象牙贸易及流通过程研究
作　　者　张洁
刊　　名　中州学刊
年 卷 期　2010 年 3 期
页　　码　188 – 191
摘　　要　宋代象牙制品突破了前代上层社会独享、甚少流通于市场的窠臼。随着象牙贸易的繁荣兴盛,流通途径和方式发生了变化,使臣和蕃商大量参与其中;管理机构、征税方式及税率在流通过程中逐渐体系化。政府的介入和管理成为宋代象牙贸易流通过程中最重要的特点。

题　　名　宋代牙人牙行与海外贸易
作　　者　廖大珂
刊　　名　海交史研究
年 卷 期　1990 年 18 期

题　　名　宋代以来闽台陶事考
作　　者　林忠干,张文崟
刊　　名　南方文物
年 卷 期　1996 年 3 期
页　　码　86 – 91

题　　名　宋代以前长江中下游经济发展和海上丝路的繁荣
作　　者　卢苇
刊　　名　海交史研究

年卷期 1992年22期
页　码 42－49

题　名 **宋代以前海南政权建置与改制探源**
作　者 高伟浓
刊　名 暨南学报(哲学社会科学)
年卷期 1990年4期
页　码 121－130

题　名 **宋代印度洋麻离拔国辨正**
作　者 杨师群
刊　名 海交史研究
年卷期 1990年18期

题　名 **宋代与海外的经济文化交流**
作　者 吕功
刊　名 航海
年卷期 1988年6期
页　码 20－21

题　名 **宋代运盐船**
作　者 曹凛
刊　名 中国船检
年卷期 2010年10期
页　码 92－94

题　名 **宋代浙江的造船业**
作　者 陈叙
刊　名 杭州师范学院学报(社会科学版)
年卷期 1990年4期
页　码 91

题　名 **宋代浙江海外贸易探索**
作　者 徐规
刊　名 商业经济与管理
年卷期 1982年3期
页　码 53－60
摘　要 两宋时期,由于我国东南地区农业、手工业的发展与海上交通的进步,也由于以前对外贸易的西北陆路交通先后遭受辽、西夏和金的阻挠,所以宋政府特别重视海路贸易。从此,海外贸易之盛远超代。本文试图对宋代浙江的海外贸易情况进行一些探索。

题　　名　宋代镇江船闸述评
作　　者　陈敦平
刊　　名　镇江社会科学
年 卷 期　2006 年 3 期
页　　码　45 – 46
摘　　要　两宋王朝从巩固封建统治出发，比较重视河道建设。正如北宋时张方平所说："今日之势，国依兵而立，兵以食为命。食以漕运为本，漕运以河渠为主。"尤其是两浙财富，朝廷依为命脉。"两浙之富，国用所恃，岁漕都下（今河南开封）百五十万石。其他财赋供馈不可悉数"。这些都要依赖江南运河源源不断地输出。南宋时"京口当南北之要冲，控长江之下流。自六飞驻跸吴会（指杭州）。国赋所贡，军需所贡。聘介所往来。与夫蛮商蜀贾、荆湖闽广江淮之舟。凑江津，入漕渠，而迳至行在（临安），所甚便利也"。因此，宋朝政府对河道建设是非常尽心的。

题　　名　宋代中国与东南亚药物交流缕述
作　　者　王棣
刊　　名　暨南学报（哲学社会科学）
年 卷 期　1992 年 1 期
页　　码　52 – 60，78
摘　　要　宋代，中国与东南亚各古国间有着广泛而密切的药物交流。各种东南亚药物，通过贡奉、进献、贸易等方式输入到中国，许多中国药物，也以赠送、贸易的方式外销到东南亚各国。同时，东南亚又是当时中国与印度、阿垃伯地区进行药物交流牟中转站，因此宋代中国与东南亚的药物交流，也是宋代中西药物交流的重要组成部分。

题　　名　宋代中国与印度洋沿岸各国的医药文化交流
作　　者　王棣
刊　　名　华南师范大学学报（社会科学版）
年 卷 期　1992 年 2 期
页　　码　74 – 79
摘　　要　在宋代中国与印度洋沿岸印度、阿拉伯及东非地区的交往中，医药文化的交流占有相当重要的地位。一方面，中国的医药学知识、书籍和药物通过各种途径传入印度洋沿岸各国，为当地医药界广泛吸纳，促进了阿拉伯医学以至欧洲医学的发展。另一方面，印度洋沿岸各国的医药学知识、书籍和药物也源源不断地流入中国，有力地推动了中医中药学的发展。这些，既是两地人民传统友谊的体现，又是两地人民对世界医药文化及科技文化发展的重要贡献，理应彰明之。

题　　名　宋代中日贸易发展的原因和贸易的特点
作　　者　方安发
刊　　名　南昌大学学报（人文社会科学版）
年 卷 期　1980 年 4 期
页　　码　83 – 88

题　　名　宋代中外人民友好往来的重要历史资料——九日山司马伋等祈风石刻浅注
作　　者　福建省泉州海外交通史博物馆资料室

刊　　名　海交史研究
年 卷 期　1978 年 1 期

题　　名　宋代中外人民友好往来的重要实物资料——南安九日山谢埴等祈风石刻浅注
作　　者　林文明
刊　　名　海交史研究
年 卷 期　1980 年 2 期

题　　名　宋代中外人民友好往来的重要史料——南安九日山虞仲房等祈风石刻浅注
作　　者　林文明
刊　　名　海交史研究
年 卷 期　1981 年 3 期

题　　名　宋代中外人民友好往来的重要历史资料——南安九日山林枅等祈风石刻浅注
作　　者　林文明
刊　　名　海交史研究
年 卷 期　1982 年 4 期

题　　名　宋端宗与七洲洋
作　　者　韩振华
刊　　名　南洋问题研究
年 卷 期　1981 年 3 期
页　　码　32－53

题　　名　宋金“海上联盟”期间的领土交涉——以赵良嗣《燕云奉使录》的记载为中心
作　　者　赵永春，厉永平
刊　　名　北华大学学报（社会科学版）
年 卷 期　2005 年 6 卷 6 期
页　　码　62－66
摘　　要　《燕云奉使录》是赵良嗣出使金朝与金人洽谈联合灭辽及收复燕京等地的出使记录，书中保存了宋金“海上联盟”期间关于领土交涉的第一手资料，所记基本符合当时宋金交涉的历史实际，是我们研究宋金“海上联盟”期间宋辽金关系以及领土交涉等问题的重要资料，是其他各书所无法取代的，应该引起我们的高度重视。

题　　名　宋金“海上之盟”评议
作　　者　赵永春
刊　　名　上饶师范学院学报
年 卷 期　1987 年 4 期
页　　码　26－30，20
摘　　要　十二世纪初，北宋自山东登（今山东蓬莱）、莱（今山东掖县）泛海赴金，签订了共同灭辽复燕（今北京）的盟约，史称“海上之盟”。海上之盟是宋、辽、金关系史上的重要事件，当时直接影响着宋、辽、金国家局势的发展和变化。对于这样一个重要历史事件应做如何评价,是很值得研究的问题。下面仅就笔者所涉猎的部分史料,谈点不成熟的看法。

题　　名　宋金采石之战考
作　　者　顾宏义
刊　　名　东北史地
年 卷 期　2010 年 3 期
页　　码　46 - 58
摘　　要　采石之战因被誉为宋金战争重要战役之一而历来评介甚高,但宋金交战双方甚至宋人相关史料有关此战役的规模以及经过等具体记载也各有异同,存有不少争议之处。故本文就有关此战役的诸方史料,以及作战经过、双方参战兵员、战船之数和虞允文在此战役中的作用等问题详加考辨,以祛疑存真。

题　　名　宋金陈家岛大海战
作　　者　朱保书
刊　　名　开封大学学报(综合版)
年 卷 期　1994 年 1 期
页　　码　22 - 28

题　　名　宋金时期山西地区水运试探——山西水运史研究之五
作　　者　石凌虚
刊　　名　太原师专学报(哲学社会科学版)
年 卷 期　1988 年 2 期

题　　名　宋金元时期西北的造船业及航运管理
作　　者　吴景山
刊　　名　兰州大学学报(社会科学版)
年 卷 期　1999 年 27 卷 1 期
页　　码　176 - 181
摘　　要　本文对我国西北地区在宋、金、元时期的造船业的发展与兴衰以及航运管理机构的设置等问题进行了详细的探讨,从而为我国在新时期对西北地区水运业的振兴提供了可资借鉴的史料依据。

题　　名　宋礼与明代漕运的复兴
作　　者　晓梦
刊　　名　中州今古
年 卷 期　1989 年 1 期
页　　码　12 - 14

题　　名　宋丽关系与密州板桥镇
作　　者　吕英亭
刊　　名　海交史研究

年 卷 期　2003 年 44 期
页　　码　65－71

题　　名　宋丽海上贸易及互市舶法研究
作　　者　谭阿勇
刊　　名　河南省政法管理干部学院学报
年 卷 期　2011 年 1 期
页　　码　157－162
摘　　要　宋代东南沿海地区商品经济活跃、海外贸易迅猛发展。宋代社会经济的发达以及科学、文化的进步深深吸引着“久慕华风”的高丽。两国之间的朝贡贸易以“贡”、“赐”等礼物交换作为主要贸易手段，使节团成员个人的附带贸易作为补充。除此之外，宋朝商人大批渡海到高丽，甚至长期居住在高丽从事贸易活动。两国之间互相输出的物品种类繁多、数量可观，极大促进了双方经济文化的融合和发展。市舶司制度的创建保护并拓展了宋丽对外海上贸易，使其从以前的朝贡贸易为主的政治交往转变为官方和民间贸易并存的经济交流，以政治性贸易为主的地理交往转变为宋丽民间资本自发追求商贸利益的航海行为。

题　　名　宋濂《勃尼国入贡记》和渤尼国王马合漠少入贡表文
作　　者　夏维中
刊　　名　郑和研究
年 卷 期　1999 年 2 期
页　　码　38

题　　名　宋明间关于亚洲南方沿海诸国地理之要籍
作　　者　王庸
刊　　名　史学与地学
年 卷 期　1926 年 1 期

题　　名　宋明间关于亚洲南方沿海诸国地理之要籍
作　　者　王庸
刊　　名　方志月刊
年 卷 期　1933 年 6 卷 8 期

题　　名　宋末李竹隐海外讲学新探
作　　者　王元林
刊　　名　烟台大学学报(哲学社会科学版)
年 卷 期　2003 年 16 卷 2 期
页　　码　226－229
摘　　要　中国理学对日本文化影响甚巨，《广东新语》最早记载了宋末理学家李竹隐东渡日本讲学的事迹，今人梁容若先生认为李竹隐为东传日本的第一位理学家。通过列举历代有关李竹隐的各种记载，比较分析、判断推理，发现并无李竹隐东渡日本之事。

题　　名　宋末元初广州对外贸易地位的变化
作　　者　邓端本
刊　　名　开放时代
年 卷 期　1984 年 3 期
页　　码　65－68
摘　　要　唐、宋时期，广州曾经是全国最大的对外贸易港口，但到了宋末和元代，泉州却取代广州成为全国第一大港。泉州港的兴起和广州港的衰落，并不是偶然的，它是宋室南渡之后，中国政治、经济形势变化的结果。

题　　名　宋末元初中国海上力量之崛起
作　　者　罗荣邦
刊　　名　远东季刊
年 卷 期　1955 年 14 卷 4 期

题　　名　宋南海神东、西庙与广州海上丝路
作　　者　王元林
刊　　名　海交史研究
年 卷 期　2006 年 49 期
页　　码　24－41
摘　　要　传统观点多以为南海神与海上丝路关系密切，但宋时南海神的升迁主要与保佑岭南一方平安有关。宋代南海神及其祠庙不仅为国家岳镇海渎祭祀的一部分，而且，在历次镇压广南东路起义中屡显奇功，卫国护城，降旱之甘霖，不断封号加爵。广州南海西庙、东莞、惠州等地南海庙相继建立。南海神崇拜日隆。而广州南海神东、西庙分别居广州城东和城西南，与对外贸易港口琵琶洲、广州城港近在咫尺，除官方祭祀外，中外商人与广大民众参与其间，南海神庇佑中外商人在南海航行中的作用更充分显现出来。每年祈风仪式与宴请外商之宴近在南海庙旁，南海庙成为中外交通贸易必要的部分。

题　　名　宋南海神庙《六侯碑》考
作　　者　王元林
刊　　名　暨南史学
年 卷 期　2005 年 4 期

题　　名　宋人曾孝广事迹考略
作　　者　张小平
刊　　名　惠州学院学报（社会科学版）
年 卷 期　2009 年 5 期
页　　码　89－92
摘　　要　曾孝广是名相之后，以恩荫入仕。他为政务实，长于治水。曾对江南漕运力图革新，但最后失败。与苏轼等宋代文人交往，提升了自己的声誉。理学兴起之时，他也受到渲染。

题　　名　宋日关系史研究的新史料——《参天台五台山记》
作　　者　郭万平

刊　　名　广西社会科学
年 卷 期　2003 年 8 期
页　　码　144 – 146
摘　　要　《参天台五台山记》是日本天台宗僧人成寻在宋朝期间的日记。该日记共有八卷，现存最早版本为日本东福寺所藏抄本。它有三个版本系统。日记通过成寻的起居活动、所见所闻，详细地介绍了宋代中国的佛教两大名山天台山和五台山的风貌，记载了巡礼时沿途的寺庙建设、佛教艺术以及寺院制度、佛经翻译等情况，描绘了当时的人文地理、风光名胜、乡村交通、城市经济、语言文字、风俗习惯等，是研究宋日关系史和中国佛教史的珍贵史料。

题　　名　**宋日贸易再考——海上丝绸之路东亚贸易圈的形成**
作　　者　赵莹波
刊　　名　河南社会科学
年 卷 期　2009 年 17 卷 1 期
页　　码　156 – 158
摘　　要　宋日贸易是宋朝商人主导的贸易，史书上虽也有往来于两国的日本商人的记载，那其实是宋朝的纲首。所谓“纲首”，就是负责整条船上一切事务的人，并且还客串两国的官方使臣。宋商还在日本博多(现日本福冈市内)落地生根，建造了唐房(即唐人街)。从出土的陶瓷器中还可以看到多重烧制的痕迹，由此可以断定，这些瓷器常常是刚刚出窑就立刻被运到日本博多，并在日本进行最后加工的。这说明博多不仅是商品流通场所，还是宋朝商人们的营业据点。日本学者把这种贸易叫做“住番贸易”。也就是说宋代商人从原来的货船到岸后的“岸边交易”已发展成“住番贸易”，使日本九州的博多成为宋人和日本人杂居的贸易都市。

题　　名　**宋时高丽扇、纸、墨输入中国考**
作　　者　刘强
刊　　名　中国典籍与文化
年 卷 期　2000 年 2 期
页　　码　97 – 103
摘　　要　文化交流是双向性的。在渊源流长的中韩文化交流过程中，中国文化对韩国产生了明显而又深远的影响。同时，韩国文化也有所反馈。宋时高丽物品的输入，就是其表征之一。宋代高丽与中原交流频繁，高丽物品通过朝贡、使节互访及民间贸易等途径大量输入中国。

题　　名　**宋以前中日两国的医学交流**
作　　者　厉景辉，王俊英
刊　　名　吉林师范学院学报
年 卷 期　1995 年 2 期
页　　码　49 – 50

题　　名　**宋与高丽的典籍交流**
作　　者　杨渭生
刊　　名　中国典籍与文化
年 卷 期　1994 年 2 期

页　　码　99 - 103

题　　名　宋元“海上丝绸之路”繁荣时期广州、明州(宁波)、泉州三大港口发展之比较研究
作　　者　李军
刊　　名　南方文物
年 卷 期　2005 年 1 期
页　　码　76 - 82
摘　　要　自西汉开辟“海上丝绸之路”以来,在我国漫长的海岸线上,先后出现了十余个与“海上丝绸之路”形成与发展关系密切的大小港口。这些港口在长期的发展演变过程中,历经兴衰与更迭,至宋元时期,最终形成了广州、明州(宁波)、泉州三大贸易枢纽港。这三大港口不仅是这一时期“海上丝绸之路”的最主要起讫港,而且在促进东西方经济贸易和文化交流方面亦起到了举足轻重的作用。本文拟结合市舶制度的建立、造船业的发展、航海线路的拓展以及中外文化交流等方面的状况,对宋元时期这三大港口的发展规模、功能特征、地位作用及其演变历程等进行比较研究,以进一步揭示三大港口历史发展的基本态势与内在规律。

题　　名　宋元滨海地域明教非海路输入辨
作　　者　林悟殊
刊　　名　中山大学学报(社会科学版)
年 卷 期　2005 年 45 卷 3 期
页　　码　67 - 71,125 - 126
摘　　要　由于近年所谓“海上丝路”热的影响,有关摩尼教入华路线的说法已出现非学术的倾向。本文从纯学术的角度,论证宋元时期福建滨海地域流行的明教,并非海路输入;而是由陆上丝绸之路传入的唐代摩尼教华化变异而来。作者认为,摩尼教之入传福建滨海地区,是古代文化间接传播的典型例子,有着独特的学术研究价值;探讨摩尼教文明与闽文化之交融,不失为历史人类学一个新颖的研究课题。

题　　名　宋元黑釉瓷的外销
作　　者　罗劲松
刊　　名　南方文物
年 卷 期　2005 年 3 期
页　　码　80 - 82,94
摘　　要　黑釉瓷自汉、晋以来,就与青瓷并驾齐驱,成为我国陶瓷领域里一支与青釉瓷争艳的奇葩,大放异彩,名驰中外。宋代由于“斗茶”之风盛行,适宜斗茶的黑釉茶盏,受到了上至皇帝,下到达官贵人、文人骚客以及普通黎民的喜爱。宋元时期,可以说是黑釉瓷发展的极盛时代,在北方形成了以磁州窑产精美的黑绘花器为代表的黑釉瓷系;在南方则有建窑的鹧鸪斑、曜变、油滴、兔毫为代表的名贵黑釉瓷和吉州窑的玳瑁斑、虎皮斑、木叶贴花、剪纸贴花等充满民间艺术魅力的黑釉瓷系;各窑新颖独特的墨绘与光怪陆离的窑变以及深黑如漆的釉色,均著称于世。宋元时期精美的黑釉瓷,还是我国对外贸易和文化交流的重要载体,在宋元外销瓷中占据着不一般的地位。

题　　名　宋元龙泉青瓷外销探析
作　　者　刘晓斌
刊　　名　南方文物

年卷期 1991年4期
页　码 114－117
摘　要 从唐代始，中国瓷器即作为新兴的商品进入国际贸易的行列，而大规模的输出，当在宋元以后。关于宋元龙泉青瓷的外销，南宋赵汝适的《诸蕃志》和元汪大渊的《岛夷志略》于此多有记载。特别是丰富的考古材料，更使我们大开眼界。在亚洲的朝鲜、日本、菲律宾、马来西亚、泰国、文莱、印度尼西亚、印度、巴基斯坦、伊朗、伊拉克、叙利亚、沙特阿拉伯，也门民主人民共和国、非洲的埃及、苏丹、埃塞俄比亚、索马里、肯尼亚、坦桑尼亚、甚至远到津巴布韦和南非联邦，都有数量可观的宋元龙泉青瓷出土。它们何以能够在如此广大的地区行销呢？以往对瓷器外销的研究，多在外销路线、瓷器品种和贸易方法方面的探讨。而对与之密切相关的政治、经济、地理、文化等因素似乎关注不多。笔者认为，宋元时期社会的相对稳定、经济的迅速发展，为龙泉瓷业的繁荣创造了前提，而瓷器的大量外销，似有以下主要原因。

题　名 **宋元明的泉州港**
作　者 沈玉水
刊　名 历史教学
年卷期 1983年5期
页　码 36－41

题　名 **宋元明妈祖的封谥**
作　者 石万寿
刊　名 国立成功大学历史学报
年卷期 1991年

题　名 **宋元明清华商与东南亚华侨社会**
作　者 丁炯淳
刊　名 海交史研究
年卷期 2007年51期
页　码 74－80
摘　要 对外贸易是宋代以降中外交往的重要组成部分，长期的对外贸易，促使外销商品深入到东南亚社会的诸多方面，特别是陶瓷器皿，在东南亚和华侨社会产生了持久而深刻的影响。从事对外贸易的华商，为东南亚华侨社会的形成与发展，为华侨居住国的社会进步，做出了历史性的贡献。

题　名 **宋元明清时期船“料”的解释**
作　者 苏明阳
刊　名 海交史研究
年卷期 2002年41期
页　码 8－18

题　名 **宋元明清之东西南北洋**
作　者 陈佳荣
刊　名 海交史研究
年卷期 1992年21期

页　　码　9－15

题　　名　宋元明泉州港的中外交通史迹
作　　者　庄为玑
刊　　名　厦门大学学报(哲学社会科学版)
年 卷 期　1956年1期
页　　码　96－124

题　　名　宋元明时期福建与台湾的贸易关系
作　　者　林仁川
刊　　名　福建论坛(人文社会科学版)
年 卷 期　1991年1期
页　　码　77－81

题　　名　宋元明时期江西古外销瓷初探
作　　者　余家栋
刊　　名　南方文物
年 卷 期　1981年3期
页　　码　32－35
摘　　要　瓷器是我国古代劳动人民的重要发明之一,也是我国对世界古代文化的一大贡献。远在唐代,中国瓷器就通过著名的“丝绸之路”与海路远销国外,在世界各地享有很高的声誉,使中国荣获“瓷国”的称号。江西是我国瓷器烧造的重要区域之一,景德镇又有我国“瓷都”之称。宋代时,由于政府大力鼓励海外贸易,加以当时造船业的发达,指南针的运用,海上交通十分便利,据《岭外代答》和《诸蕃志》等史书记载,与我国有贸易往来的国家和地区就有五十多个。

题　　名　宋元泉州的农业危机及其对地方经济发展的影响
作　　者　王四达
刊　　名　中国农史
年 卷 期　1997年1期
页　　码　15－23
摘　　要　在中国古代自然经济的汪洋大海中,宋元泉州犹如一个突出于海面的工商小岛。通过考察泉州地方经济的发展过程可以发现,自宋代以来泉州的农业经济即因“人稠山谷瘠”,“就耕无地辟”而陷入粮食危机与就业危机之中。在大力加强农田基本建设仍无法摆脱农业困境的情况下,泉民敢于冲破“务本”的传统观念的束缚,利用宋政府开放的外贸政策,抓住“海上丝绸之路”兴起的历史机遇,扬长避短、发展工商,开创了贸——工——农式的经济发展道路,终于使地方经济实现了结构性的转变:即由以农为主、工商为辅的传统经济转化为以农业为辅助、以工商为主体、以外贸为核心的港口经济。

题　　名　宋元泉州航海成就与航海技术
作　　者　苏丽妍,贺威
刊　　名　福建史志
年 卷 期　2008年3期

页　码　30－33

题　名　**宋元泉州石建筑技术发展脉络**
作　者　闫爱宾
刊　名　海交史研究
年卷期　2009年55期
页　码　73－112
摘　要　泉州宋元石构建筑在11至14世纪间由逐步积累而至极盛，形成了中国石建筑发展史上的一座高峰，其中尤其以石桥梁、楼阁武石塔为杰出代表。本文通过对宋以前闽中、闽南石桥梁与楼阁式石塔技术传播路线的梳理，深入解析泉州宋元石建筑形式、风格、技术的形成及演变过程。

题　名　**宋元泉州陶瓷的生产**
作　者　许清泉遗作
刊　名　海交史研究
年卷期　1986年9期

题　名　**宋元时代传入泉州的外国宗教古迹**
作　者　韩振华
刊　名　海交史研究
年卷期　1995年27期
页　码　95－108

题　名　**宋元时代的船舶**
作　者　斯波义信
刊　名　船史研究
年卷期　1985年1期

题　名　**宋元时代的泉州清净寺**
作　者　海博
刊　名　海交史研究
年卷期　1980年2期

题　名　**宋元时代外贸船舶航行管理制度试探**
作　者　王杰
刊　名　中国航海
年卷期　1998年1期
页　码　90－94
摘　要　宋元时代是中国古代对外海运管理的一个重要阶段。以船舶航行许可证“公凭”、“公验”的颁发和取得为标志，宋元时代的商船航行管理制度日趋完善，并在海外各国形成了一定影响。

题　　名　**宋元时期的超级大港——港口史海拾零之泉州港(三)**
作　　者　张钧雷
刊　　名　水运管理
年 卷 期　2011 年 3 期
页　　码　41 – 42

题　　名　**宋元时期的海外贸易与泉州港的兴衰**
作　　者　吴泰,陈高华
刊　　名　海交史研究
年 卷 期　1978 年 1 期

题　　名　**宋元时期的闽台交往与东洋航线**
作　　者　傅宗文
刊　　名　厦门大学学报(哲学社会科学版)
年 卷 期　1991 年 3 期
页　　码　104 – 110

题　　名　**宋元时期东北亚海上交流的考古学观察**
作　　者　陈杰
刊　　名　北方文物
年 卷 期　2008 年 1 期
页　　码　45 – 48
摘　　要　对东北亚地区的海上文化交流是宋元时期中国对外交流的重要内容之一。在东北亚沿海地区发现的大量宋元文物,不仅从实物的角度见证了这些地区与中国的物质文化交流,同时也反映了宋元时期海上航线和港口的变迁。

题　　名　**宋元时期多元文化交融的历史见证——评吴文良原著、吴幼雄增订的《泉州宗教石刻》**
作　　者　林振礼
刊　　名　泉州师范学院学报
年 卷 期　2007 年 25 卷 3 期
页　　码　133 – 136
摘　　要　《泉州宗教石刻》这一重大选题,20 世纪 50 年代就得到中国科学院考古研究所和文化部郑振铎副部长的重视和支持。吴文良先生业余考古,于 1957 年出版了原著,实有筚路之功。增订者吴幼雄秉承并超越其父"以物证史"的治学路径,对书中有历史意义的碑文,做了精辟的考论,其中不乏深达幽微的洞见。该书的出版,为泉州及其海外交通史的研究,为申报世界文化遗产"海上丝绸之路——泉州史迹"奠定了坚实可靠的基础。

题　　名　**宋元时期广东与海外的丝绸贸易**
作　　者　许秀娟
刊　　名　五邑大学学报(社会科学版)
年 卷 期　2002 年 4 卷 4 期

页　码　27－30,39

摘　要　丝绸是我国古代海外贸易的大宗货品。宋元时期,由于政府大力扶持丝织业,并以空前开明的态度鼓励海外贸易,广东丝绸贸易出现了前所未有的兴盛。广东地区的蚕桑业虽然并不发达,但其丝绸贸易有坚实的货源后盾,而得天独厚的地理位置又使其易于与海外各国进行丝绸贸易,成为声名显赫的丝绸吞吐中心。

题　名　宋元时期海外交通考析

作　者　申海田,张明锋

刊　名　山东师大学报(社会科学版)

年 卷 期　1997 年 2 期

页　码　48－51

摘　要　宋代的海外交通情况,在南宋赵汝适的《诸蕃志》、周去非的《岭外代答》、徐兢的《宣和奉使高丽图经》中有具体反映。而元代的海外交通情况则多见于周达观的《真腊风土记》和汪大渊的《岛夷志略》。宋元时期,中国与正南诸国、东南诸国、中南半岛、印尼、大食、日本、非洲等地的交通贸易已相当发达。

题　名　宋元时期后渚港至泉州城区的交通路线

作　者　李再铭

刊　名　海交史研究

年 卷 期　1978 年 1 期

题　名　宋元时期龙泉青瓷的外销及其有关问题的探讨

作　者　叶文程,芮国耀

刊　名　海交史研究

年 卷 期　1987 年 12 期

题　名　宋元时期闽南海外贸易中的商业活动

作　者　苏基朗

刊　名　海交史研究

年 卷 期　2004 年 46 期

页　码　93－99

摘　要　史书中并没有详细记载海外贸易活动是如何组织起来的。尽管我们从一些线索中可以了解当时的一些贸易活动,但很难证明其普遍存在,更不能断定它们已代表所有当时的活动。下面讨论的几种贸易模式仅仅是一些贸易活动的例子,藉以说明闽南商业的特色。

题　名　宋元时期闽南窑业的繁荣与海外贸易的互动

作　者　林元平

刊　名　南方文物

年 卷 期　2005 年 3 期

页　码　75－79

摘　要　宋元时期是闽南区域经济的繁荣时期,重要的表现包括港市商业的喧嚣;交通运输网络的发达;人口剧增;手工业生产力的提高;产业结构的专业化;跨洋贸易的勃兴等等。在此历史背景下的闽南窑业的发展与闽南地区在宋元时期王朝版图内政治地望位移后对区域海洋经济的倾斜相关联,是海洋贸易发达带动陆域经济发展的典型代表,其阶段性超速壮大的发展轨迹有着明显不同于他地的模式,本文拟就此略加探讨,以就教于大家。

题　　名　**宋元时期泉州的香料贸易**
作　　者　李玉昆
刊　　名　海交史研究
年 卷 期　1998 年 33 期
页　　码　58－67

题　　名　**宋元时期泉州港的陶瓷贸易**
作　　者　李知宴,陈鹏
刊　　名　海交史研究
年 卷 期　1984 年 6 期

题　　名　**宋元时期泉州港与阿拉伯的友好交往——从“香料之路”上新发现的海船谈起**
作　　者　叶文程
刊　　名　厦门大学学报(哲学社会科学版)
年 卷 期　1978 年 1 期
页　　码　74－86

题　　名　**宋元时期泉州海外贸易与泉州的民间信仰**
作　　者　吴鸿丽
刊　　名　泉州师范学院学报
年 卷 期　2003 年 21 卷 1 期
页　　码　77－80
摘　　要　宋元时期泉州海外贸易的发展,带动了泉州宗教文化的繁荣,泉州民间信仰在这一时期非常兴盛,它们为泉州作为当年海上丝绸之路起点与国际东方大港的历史地位留下了大量的实物佐证。

题　　名　**宋元时期泉州穆斯林祈风祭海之踪迹**
作　　者　陈达生
刊　　名　海交史研究
年 卷 期　1986 年 9 期

题　　名　**宋元时期泉州沿海地区制瓷业的兴盛与技术来源试探**
作　　者　孟原召
刊　　名　海交史研究
年 卷 期　2007 年 52 期
页　　码　75－89
摘　　要　宋元时期泉州沿海地区制瓷业迅速发展,在本地制瓷传统的基础上,积极吸收当时畅销海内外的名窑瓷器风格，主要有越窑青瓷、景德镇窑青白瓷、龙泉窑划花青瓷等。经考察，这种仿烧的瓷器风格具有时间性和地域性的不同，最终形成了宋元时期比较发达的沿海瓷器生产体系。

题　　名　宋元时期温州海外贸易发展初探
作　　者　张健
刊　　名　海交史研究
年 卷 期　1988 年 13 期

题　　名　宋元时期我国陶瓷器的对外贸易
作　　者　叶文程
刊　　名　中国社会经济史研究
年 卷 期　1984 年 3 期
页　　码　46－52
摘　　要　陶瓷器是我国宋元时期对外贸易的重要商品之一，在国际市场上享有很高的声誉。它的运销范围非常广泛，包括亚洲、非洲和欧洲，其中东南亚诸国与我国隔海相望，地处古代中西交通的咽喉和国际贸易、货物转运、集散的中心，尤为中国陶瓷对外贸易的主要地区。我国陶瓷的对外贸易自唐代以来就颇活跃，宋元时期由于海外交通日益频繁，我国陶瓷的对外贸易，可以说达到兴盛的地步。宋元两代有关文献对于我国陶瓷的对外贸易都有详细的记载，这对于我们研究我国陶瓷器的外销，特别是宋元时期我国陶瓷的对外输出提供了极其宝贵的资料。现就有关文献记载略谈宋元时期我国陶瓷器的对外贸易情况及其有关问题的探讨。

题　　名　宋元时期我国沿海主要港口概述
作　　者　申海田
刊　　名　山东师大学报(社会科学版)
年 卷 期　1996 年 2 期
页　　码　50－53
摘　　要　我国人民的航海活动，早在周秦以前就开始了。经过秦汉、魏晋、隋唐几百年的实践，随着我国人民与海外各国人民联系的加强。航海活动也得到很大发展。特别到了宋元时期，由于宋元政府对海外贸易的重视、提倡和鼓励，我国人民与海外各国人民之间的海外交通、海外贸易更加频繁，我国沿海各贸易港口呈现出了欣欣向荣、蒸蒸日上的繁荣局面。如山东半岛的密州、登州；两浙地区的杭州、明州、太仓刘家港、温州、秀州、江阴、上海等；福建的泉州以及南方的广州港。这里主要介绍北宋时中国最大的海外贸易港广州港，南宋以后超过广州跃居全国第一位的泉州港和作为郑和下西洋基地的太仓刘家港。

题　　名　宋元时期中国东南沿海地区陶瓷的外销
作　　者　叶文程
刊　　名　海交史研究
年 卷 期　1984 年 6 期

题　　名　宋元时期中国和柬埔寨的友好关系
作　　者　彭友良
刊　　名　海交史研究

年 卷 期 1982年4期

题　　名 **宋元时期中日民间贸易的历史作用**
作　　者 方安发
刊　　名 南昌大学学报(人文社会科学版)
年 卷 期 1985年1期
页　　码 51－58
摘　　要 中日民间贸易早在唐代后期已有一定的发展,宋元时期发展则更为迅速。北宋(960－1127年)一个半世纪中,仅载入史籍的宋朝私商赴日贸易近七十次。南宋(1127－1279年)开始,往返于中日之间的商船不仅有宋船,而且还有日船。南宋后期抵达浙江沿海一带贸易的日本商船,“每岁往来不下四、五十舟”。到了元代,中日民间贸易更盛于前代,出现了空前盛况。长达四百零八年的宋元时期频繁的中日民间贸易对古代中日关系史产生过什么历史作用,史学界论及较少,今陈管见于下。

题　　名 **宋元算书中的市舶贸易算题**
作　　者 杜石然
刊　　名 海交史研究
年 卷 期 1988年13期

题　　名 **宋元崖门海战**
作　　者 张向冰
刊　　名 海洋世界
年 卷 期 2010年2期
页　　码 73－74

题　　名 **宋元以来我国渔民对南沙群岛的开发和经营**
作　　者 吴凤斌
刊　　名 中国社会经济史研究
年 卷 期 1985年1期
页　　码 34－42

题　　名 **宋远时期的海外贸易泉州港的兴衰**
作　　者 吴泰,陈高华
刊　　名 海交史研究
年 卷 期 1978年1期
页　　码 5－16

题　　名 **苏轼与北宋海船**
作　　者 曹凛
刊　　名 中国船检
年 卷 期 2009年11期
页　　码 110－113

题　　名　苏州刘家港的历史变迁
作　　者　沈福伟
刊　　名　海交史研究
年 卷 期　1988 年 13 期

题　　名　苏州曾称平江考略
作　　者　黄锡之
刊　　名　苏州科技学院学报(社会科学版)
年 卷 期　1987 年 1 期
页　　码　106－107

题　　名　俗语"一条船儿"考释——从民俗语言学角度的考察
作　　者　闵军,李玉珍
刊　　名　西北师大学报(社会科学版)
年 卷 期　1999 年 5 期
页　　码　71－73
摘　　要　某些俗语中,蕴含着人类历史演变的重要信息,极富文化人类学方面的历史积淀。中原一带流行的一种通俗称谓"一条船儿",为具有血缘关系的姐妹的丈夫间之互称,其关系即相当于古代所谓的"亚",它是母系社会中一种重要的亲属关系。近年来甚为流行的"殷人航渡美洲"说可为俗语"一条船儿"的产生提供一有力证据,而"一条船儿"的俗称也可为"殷人航渡美洲"假说提供一民俗语言学上的支持。

题　　名　肃州海关的第一任洋税务官——斯普林格尔德
作　　者　何端中
刊　　名　丝绸之路
年 卷 期　2006 年 6 期
页　　码　69－70
摘　　要　1882 年,《中俄伊犁条约》规定设嘉峪关海关,因为嘉峪关属肃州管辖,所以海关衙门就设在肃州北城门外。这是酒泉历史上最早的海关,第一任海关税务官,就是清朝北洋大臣李鸿章选定的比利时人——斯普林格尔德(汉名林辅臣)。

题　　名　宿迁与明、清"河漕"
作　　者　张维中
刊　　名　黄河史志资料
年 卷 期　1998 年 1 期

题　　名　绥中三道岗元代沉船的发现
作　　者　孙键
刊　　名　国际博物馆(中文版)
年 卷 期　2008 年 4 期

页　　码　114－118

题　　名　**隋朝船楫梦华录**
作　　者　曹凛
刊　　名　中国船检
年 卷 期　2008 年 11 期
页　　码　98－100

题　　名　**隋朝与高丽关系的演变、**
作　　者　韩昇
刊　　名　海交史研究
年 卷 期　1998 年 34 期
页　　码　8－20

题　　名　**隋朝在海南建置考略**
作　　者　林日举
刊　　名　海南大学学报（人文社会科学版）
年 卷 期　2002 年 1 期
页　　码　25－32
摘　　要　《隋书·地理志》记载隋朝在海南的建置有“珠崖郡”及义伦、感恩、颜卢、毗善、昌化、吉安、延德、宁远、澄迈、武德十县。本文认为：该志所载有误；隋朝二世均在海南建置地方行政机构，其中，隋文帝开皇年间立崖州及义伦、临振二县；隋炀帝大业三年改崖州为珠崖郡，至大业六年增至三郡十县。三郡即珠崖、儋耳、临振郡；十县即义伦、昌化、感恩、毗善、宁远、延德、澄迈、舍城、临川、陵水县。

题　　名　**隋大运河对唐朝经济文化的影响**
作　　者　邓梅
刊　　名　华夏文化
年 卷 期　2004 年 3 期
页　　码　14－17

题　　名　**隋代五牙舰及其复原研究**
作　　者　龚昌奇，席龙飞
刊　　名　武汉理工大学学报（交通科学与工程版）
年 卷 期　2004 年 28 卷 4 期
页　　码　622－625
摘　　要　五牙战舰，是隋文帝杨坚在开皇八年（公元 588 年）讨伐江南的陈叔宝（后主）时，命行军元帅杨素所造大型战船。根据文献关于五牙舰及其拍竿的记载，对船体尺度、型制进行了研究，对拍竿的构造及尺度作了探讨，并绘出型线图、总布置图及船中剖面图。据此所制作的五牙舰模型，已在北京中国人民革命军事博物馆正式展出。根据近年出土的拖舵，对本船应配置的舵又作了修正。

题　　名　**隋开通济渠与汴水改流考辨**
作　　者　刘希为
刊　　名　徐州师范学院学报
年 卷 期　1985 年 4 期
页　　码　22 – 27

题　　名　**隋日交往中的“国书”问题研究述评**
作　　者　黄尊严
刊　　名　北方论丛
年 卷 期　1996 年 5 期
页　　码　89 – 92
摘　　要　隋朝时期中日间的官方交往十分频繁。从公元 600 年至 614 年的 15 年间，日本推古朝(529 – 628)先后向隋朝派出了四次遣隋使，隋朝也派出了中国古代第一个代表中央政府正式访问日本的外交使团，从而揭开了两国友好交往第一次高潮的序幕。但是，隋日交往中也出现了所谓的“国书事件”，给这一时期的中日关系一度蒙上了一层阴影，为后人留下了一系列疑团，引起了两国史学界的种种猜测和争议。本文拟在介绍事情原委和以往研究成果的基础上，提出自己的一孔之见，以期正确揭示这一时期两国关系的实质。

题　　名　**隋使遍光高与东亚佛教外交**
作　　者　葛继勇，郑屹
刊　　名　海交史研究
年 卷 期　2002 年 42 期
页　　码　30 – 36

题　　名　**隋唐漕渠在灞河以西的走向**
作　　者　舒峤
刊　　名　中国历史地理论丛
年 卷 期　1992 年 1 期
页　　码　152
摘　　要　隋唐漕渠是关东漕粮运往京师长安的重要运输线，基本上是在汉代漕渠的基础上加以疏浚开挖而修成的。其流经路线在灞水以东与汉漕渠路线大同小异，灞水以西的流路，诸书除了记载其起点在咸阳县西 18 里的兴成堰以外，均略而不谈，只有李吉甫在《元和郡县图志》卷二中说过一句“因古渠自华阴入渭”。

题　　名　**隋唐长安与南海诸国的佛教文化交流**
作　　者　周伟洲
刊　　名　西北民族论丛
年 卷 期　2003 年 0 期
页　　码　68 – 87

题　　名　隋唐大运河及其船舶的复原研究——为淮北市博物馆大运河展馆建设而作
作　　者　龚昌奇,席龙飞
刊　　名　哈尔滨工业大学学报(社会科学版)
年 卷 期　2004年6卷6期
页　　码　1-8
摘　　要　1999年5月至11月,在安徽淮北柳孜,我国首次发掘到隋唐大运河遗址。出土有石筑码头,一批唐船和全国20余座窑口的一大批瓷器等文物。淮北市博物馆新建有大运河展馆,专题展出大运河遗迹和隋、唐、宋三代的古船。隋代以龙舟最为著称,其建筑精致豪华,根据出土的四号唐船和《清明上河图》,经研究复原的隋、唐、宋共五艘船模,今均展出在淮北市博物馆的大运河展馆。

题　　名　隋唐大运河考查记
作　　者　潘镛
刊　　名　文献
年 卷 期　1986年2期
页　　码　81-87
摘　　要　隋唐运河对隋唐王朝、特别是对唐王朝影响极为重大,漕运与王朝的政治盛衰和经济的繁荣及衰落关系极大。唐玄宗开元、天宝之际文治武功鼎盛,除政治、军事、经济及其他因素外,漕运的蓬勃发展也是一个重要的因素。安史之乱及其影响,唐王朝由盛而衰,除其他因素之外,漕运衰落也是一个重要的因素。

题　　名　隋唐两宋时期山东半岛的海上交通与港口
作　　者　项国茂
刊　　名　福建师大福清分校学报
年 卷 期　1989年2期
页　　码　28-32

题　　名　隋唐时期安徽水运交通新格局考论
作　　者　周怀宇
刊　　名　安庆师院社会科学学报
年 卷 期　1991年4期
页　　码　29-36
摘　　要　安徽天然河流湖泊众多,水上运输条件自古优越。北部有淮河贯穿东西,腹部有浩荡长江穿流而过,南部有“千里大川新安江”,环山绕岭流入浙江(入浙后称钱塘江)。三大河流皆交流密布,纵横交错,构成三个庞大的水系,覆盖全省,为安徽提供了得天独厚的水运条件。但是,隋王朝统一全国以前,南北阻隔,交流受到障碍,安徽的内河航运难以得到发展,加上运道又受到各天然水系的区域制约,水运事业一直被局限在一定的范围之内。隋代统一了全国,修通了纵贯南北的大运河,也沟通了安徽的三大水系,改变了当时的现状,使安徽的内河航运突破了原来的区域局限而连成一片,构成一个新的运输网络。长期以来,有关安徽水运的历史很少有专题总结。本文试以今天安徽省行政区划为限,对隋唐时期安徽水运交通格局的形成及其特点、历史作用和意义略作考察与论述。

题　　名　隋唐时期的中日贸易与文化交流
作　　者　李金明

刊　　名　南洋问题研究
年 卷 期　1994 年 2 期
页　　码　7－13

题　　名　隋唐时期河北永济渠运输的兴衰
作　　者　郑平
刊　　名　河北学刊
年 卷 期　1988 年 6 期
页　　码　54－59

题　　名　隋唐时期黄河的河运
作　　者　杨钧
刊　　名　杭州师范学院学报(社会科学版)
年 卷 期　1982 年 1 期
页　　码　23－28
摘　　要　一般地说,都认为黄河除河套外,自古罕河运之利。但隋唐时期,在特殊的历史条件下,黄河的中游一段,却成为国家最主要的交通运输线,经济的大动脉。黄河河运的通塞,影响重大深远。甚至可以说,河运的盛衰,就是国家盛衰的表现。黄河中游的河运记载,始于西汉。

题　　名　隋唐时期黄河中下游地区水资源的开发利用
作　　者　马雪芹
刊　　名　宁夏社会科学
年 卷 期　2001 年 5 期
页　　码　83－87
摘　　要　本文从漕运、农田水利、城市供水等三个方面对隋唐时期黄河中下游地区的水资源开发利用情况进行论述,旨在重现当时黄河中下游地区丰富的水资源状况,唤起人们恢复黄河流域良好生态环境的热望。

题　　名　隋唐时期山东地区与日本、朝鲜之间的交流与往来
作　　者　高凤林
刊　　名　山东师大学报(社会科学版)
年 卷 期　1994 年 1 期
页　　码　32－35

题　　名　隋唐时期域外地理的探索及世界认识的再扩大
作　　者　史念海
刊　　名　中国历史地理论丛
年 卷 期　1988 年 2 期
页　　码　73－110

题　　名　**隋唐时期中日佛教交流述论**
作　　者　王德朋,庞丽媛
刊　　名　渤海大学学报(哲学社会科学版)
年 卷 期　2006年28卷3期
页　　码　22－25
摘　　要　佛教交流是隋唐时期中日文化交流的重要内容。在佛教交流的途径上,既有日本政府向中国派出的遣隋使、遣唐使,又有中国僧侣应日本之邀或出于自发的赴日传法。隋唐时期中日佛教交流活动构成了中日文化之间的良性互动关系,它对推动中日佛教体系的共同完善和发展发挥了重要作用。

题　　名　**隋唐时期中西经济文化的交流**
作　　者　莫任南
刊　　名　湖南师范大学教育科学学报
年 卷 期　1987年1期
页　　码　106－111,59
摘　　要　隋唐对外开放,同西方各国建立起友好的关系。我国物质、精神文化不断西去,对西方文明有巨大贡献。西方各地物产和文化向东传播,于我国也产生过积极影响。隋唐是中外关系发展的重要时期。本文现就此时期中西使节、商旅、僧众的相互往来,海陆交通的扩展,经济文化的交流和影响等,作些考察。其中不乏可供借鉴的经验教训,值得重视。

题　　名　**隋唐文化东渐的序幕——公元4到6世纪的中日之交**
作　　者　蔡凤书
刊　　名　文史哲
年 卷 期　1999年3期
页　　码　39－44
摘　　要　公元4到6世纪的中日(倭)之交在文献上记载不多,有时竟然长期空白。但若从文物考古的角度看,古代日本列岛上的居民在学习中国大陆文化上一直热情不减,此时来自大陆的文化渗透更宽泛。埋葬制度的变革,阴阳界的观念,佛教的传入,汉文字的使用,对大陆北方民族文化的吸收等等,皆始于斯时。在长达两千年的中日友好史上,这200多年的历史值得进一步再研究。

题　　名　**隋唐五代江南造船业的发展**
作　　者　张剑光,陈巧凤
刊　　名　江苏技术师范学院学报(职教通讯)
年 卷 期　2009年24卷1期
页　　码　91－95
摘　　要　唐前期的江南以造战舰而出名,这些战舰技术含量高,载重量大,而民间造船业也很活跃。中唐以后,江南战事增多,更是促使了战舰制造业的大发展。此外各州还建造了不少内河和沿海的运粮船、商业用船以及各种小型的日常生活用船。江南造船业的兴旺发达,与优越的自然地理位置、特殊的政治军事环境和充足的木材供应密切相关。

题　　名　**隋唐运河柳孜唐船及其拖舵的研究**
作　　者　阚绪杭,龚昌奇,席龙飞

刊　　名　哈尔滨工业大学学报(社会科学版)
年 卷 期　2001 年 3 卷 4 期
页　　码　35－38
摘　　要　1999 年 5～11 月,在淮北市濉溪县柳孜的公路工程中,考古发现了隋唐大运河故道上遗存的 8 艘唐代沉船,这是当年全国十大考古发现之一。一号沉船为木板结构船,后半船体残长近 10 米,经测绘已复原出该船的结构图与船体型线图。该船尾部有较为完整的拖舵,为我国古船发掘所首见。

题　　名　隋通济渠流经线路的一条较早的新书证
作　　者　任晓勇
刊　　名　合肥学院学报(社会科学版)
年 卷 期　2009 年 4 期
页　　码　37－40,99
摘　　要　通济渠是隋大运河中最重要的一条,其东段通称汴河。由于早期文献记载或简略不明,或易生歧义,所以关于通济渠东段(汴河)的具体流经线路问题一直存在争议。当代历史地理学界主流观点是认可中唐李吉甫《元和郡县志》里对汴河的记录,即西起黄河板渚(今河南荥阳市北),向东流经汴州(今河南开封市)、宋州(今商丘市),再偏向东南流经宿州(今安徽市名),至泗州(今江苏盱眙县北洪泽湖中)入淮河。通过研究认可此说,并且发现盛唐人高适的《东征赋》是佐证此说的一条新的重要书证,它比《元和郡县志》早了六七十年。

题　　名　隋倭关系新考——以《异国牒状记》的记载为中心
作　　者　葛继勇
刊　　名　唐都学刊
年 卷 期　2008 年 4 期
页　　码　39－42
摘　　要　《异国牒状记》是围绕古代外国使节来朝奉呈国书时,是否返牒答礼而调查并列举先例旧惯而作成的,是一份尤为重要的外交资料。其中有关隋唐时代中日往来的记载,与国内和日本的史料可以对应,所载内容基本可信。隋倭通交路经朝鲜半岛,较为便利。594 年隋朝牒状至日之事,当与佛教在日本的日渐兴起有关,隋倭通交采取的形式是"佛教外交"。

题　　名　隋炀帝开运河的历史评价
作　　者　晏金铭
刊　　名　求索
年 卷 期　1982 年 3 期
页　　码　97－101
摘　　要　隋代大运河是我国历史上具有重大影响的巨型水利建设工程。关于这一历史事件,颇为史学界所重视。在六十年代前期,曾就隋炀帝开运河的动机和作用等方面,进行了比较集中的讨论。但是,对隋炀帝开运河这一举动究竟应该如何评价,是基本肯定、还是予以否定,是功大于过、还是过大于功,以及如何解释这种历史现象,讨论正待深入,旋即陷于中断。现在犹有续加研讨的必要。

题　　名　隋炀帝开凿大运河述论
作　　者　邵金凯

刊　　名　淮阴师范学院学报(哲学社会科学版)
年 卷 期　2008 年 30 卷 4 期
页　　码　514－519

题　　名　**隋炀帝开凿大运河与发展航海**
作　　者　张骅
刊　　名　成都水利
年 卷 期　2000 年 4 期
页　　码　47－49

题　　名　**隋运河考**
作　　者　张昆河
刊　　名　禹贡
年 卷 期　1937 年 7 卷 1－3 期
页　　码　201－212

题　　名　**隋运河通济渠段的变迁**
作　　者　潘镛
刊　　名　云南师范大学学报(哲学社会科学版)
年 卷 期　1985 年 1 期
页　　码　18－24

题　　名　**随郑和下西洋的上海马陆人**
作　　者　盛巽昌
刊　　名　航海
年 卷 期　1983 年 5 期
页　　码　45

题　　名　**随郑和下西洋的上海人**
作　　者　盛巽昌
刊　　名　航海
年 卷 期　1981 年 2 期
页　　码　46

题　　名　**孙恩海上义军激战沪渎**
作　　者　朱少伟,天阳
刊　　名　航海
年 卷 期　1992 年 4 期
页　　码　30,10

题　　名　孙恩卢循起义的社会阶级基础及其他
作　　者　柯友根
刊　　名　中国社会经济史研究
年 卷 期　1983 年 1 期
页　　码　73 – 82
摘　　要　孙恩卢循起义性质问题,一直有所争议,尚无定论。本文试就这次起义的阶级基础为主、并及反晋斗争及其策略问题,进行粗浅的分析,以求正于同志们。

题　　名　孙恩卢循起义浅析
作　　者　漆泽邦
刊　　名　西南师范大学学报(人文社会科学版)
年 卷 期　1981 年 3 期
页　　码　39 – 47

题　　名　孙开华淡水之役获胜之原因
作　　者　张志强
刊　　名　历史月刊
年 卷 期　2005 年 205 期

题　　名　孙吴"限江自保"述论
作　　者　胡阿祥
刊　　名　金陵职业大学学报
年 卷 期　2003 年 17 卷 4 期
页　　码　48 – 50,66
摘　　要　孙吴政权针对北方敌对政权采取的基本守国政策是"限江自保"。在军事上,"限江自保"即依托长江,而守在江北。孙吴荆州、扬州众多的"险要必争之地",实际反映了孙吴此项政策的具体实施情况。孙吴"限江自保"政策,为后来的东晋南朝政权所继承。

题　　名　孙吴长江防线论略
作　　者　曾现江
刊　　名　成都大学学报(社会科学版)
年 卷 期　2001 年 2 期
页　　码　62 – 65
摘　　要　三国鼎立,孙吴立国江东,北拒曹魏,西有蜀汉,长江天堑在其军事地理上占有重要位置。孙吴布重兵于长江沿岸,以其境内的长江为依托形成一条不可轻易逾越的防线,这条长江防线在孙吴实现"限江自保"国策的过程中发挥着重要作用。

题　　名　孙吴时期朱应、康泰的扶南之行
作　　者　陈连庆
刊　　名　东北师大学报
年 卷 期　1986 年 4 期

页　　码　32－40

题　　名　**孙吴水军东渡日本说**
作　　者　李引进
刊　　名　金陵瞭望
年 卷 期　2009 年 2 期
页　　码　47

题　　名　**孙中山海权观评析**
作　　者　史春林
刊　　名　福建论坛(人文社会科学版)
年 卷 期　2008 年 3 期
页　　码　58－64
摘　　要　20 世纪初孙中山在晚清海权意识初步觉醒的基础上,批判吸收了西方近代海权理论,形成了具有自己独到见解的海权观:即以恢复和维护中国海权为核心,以建设海军加强制海权和全面开发利用海洋为主要内容,这对于收回和维护中国海权,增强国人的海洋意识起了非常重要的作用。

题　　名　**孙中山海权观与南海开发**
作　　者　符气浩
刊　　名　团结
年 卷 期　2004 年 5 期
页　　码　34－37

题　　名　**孙中山海权思想研究**
作　　者　时平
刊　　名　海洋开发与管理
年 卷 期　1998 年 1 期
页　　码　77－80

题　　名　**孙中山首倡中国海权**
作　　者　韩红月,舒小安
刊　　名　航海
年 卷 期　1997 年 2 期
页　　码　1,13
摘　　要　近代中国民主革命的伟大先驱孙中山先生,在其近 40 年的革命历程中,形成了一整套博大精深的思想理论体系,其中军事思想占有很大比重。他不仅在陆军方面的贡献卓著,对海军建设的战略思想也很有建树。事实上,孙中山先生是中国近代海权最早的倡导者。

题　　名　**孙中山与截留粤海关关余的斗争**
作　　者　虞崇胜
刊　　名　广东社会科学

年 卷 期　1989 年 4 期
页　　码　110－113
摘　　要　1923 年 2 月下旬，孙中山在经历了陈炯明的叛变之后，带着刻骨铭心的教训，也满怀着复兴革命事业的希望，由上海经香港，重返广东民主斗争的战场。3 月 1 日，陆海军大元帅大本营在广州正式成立，孙中山复位大元帅。这是孙中山第三次在广州建立政权。孙中山三临广州主政，确实不同以往。他在总结两次护法运动的教训基础上，公开放弃了护法的旗帜，并且在苏俄代表以及共产党人的推动下，开始放弃了对外国列强的幻想，初步确立了联俄、联共、扶助农工的政策，迈出了他晚年最有意义的一步。广州革命政府截留粤海关关余的斗争，正是发生在孙中山思想的这种激烈变化之中。

题　　名　**孙中山与民国初年的轮船招商局借款——兼论革命党人的财政困难与辛亥革命失败的原因**
作　　者　杨天石
刊　　名　中国社会科学
年 卷 期　1997 年 4 期
页　　码　181－193

题　　名　**孙中山与厦门东渡港建设**
作　　者　江涛，江虹
刊　　名　航海
年 卷 期　1991 年 6 期
页　　码　8

题　　名　**孙中山争拨关余 20 世纪初重磅事件**
作　　者　谭启浩，夏红
刊　　名　中国海关
年 卷 期　2001 年 9 期
页　　码　60－61
摘　　要　“关余”就是关税余款。在半殖民地的中国，海关被帝国主义把持，英国税务司控制着中国所有海关的收入，把大部分关税扣下，抵押给中国用于对帝国主义国家的赔款。而剩余的一小部分即“关余”。

题　　名　**孙中山争取关税使用权的斗争**
作　　者　钱建明
刊　　名　历史教学
年 卷 期　1987 年 8 期
页　　码　19－21

题　　名　**獭窟港在泉州海外交通贸易史上的地位与作用**
作　　者　叶恩典
刊　　名　海交史研究
年 卷 期　1999 年 36 期

页　　码　46－52

题　　名　**台湾“原始”传说与海洋文化的类缘关系(上)**
作　　者　简荣聪
刊　　名　台湾源流
年 卷 期　1997年6卷
页　　码　81－93

题　　名　**台湾“原始”传说与海洋文化的类缘关系(中)**
作　　者　简荣聪
刊　　名　台湾源流
年 卷 期　1997年7卷
页　　码　92－102

题　　名　**台湾大天后宫《平台纪略碑记》述论**
作　　者　李玉昆
刊　　名　清史研究
年 卷 期　1997年1期
页　　码　110－111,113

题　　名　**台湾淡水之历史与贸易**
作　　者　姜道章
刊　　名　台湾银行季刊
年 卷 期　1963年14卷3期

题　　名　**台湾的发现和福州闽越人**
作　　者　林国清,林荫予
刊　　名　福建乡土
年 卷 期　2008年2期
页　　码　17－18
摘　　要　远古的福州人是在捕鱼生产或航海中偶然发现了台湾。但茫茫大洋,沧海一粟,往往事过境迁,的确也很难说出它的具体位置来。因此以后对于台湾的认识,也大多从有关的记载而来。

题　　名　**台湾的海神信仰渊源于祖国大陆**
作　　者　傅朗
刊　　名　台湾研究
年 卷 期　2001年2期
页　　码　67－71,77
摘　　要　数百年来,台湾民众信奉的海神主要有:妈祖、玄武、倪圣公和水仙尊王等。

题　　名　台湾的妈祖崇拜——闽台宗教信仰和风俗的渊源
作　　者　陈国强,林加煌
刊　　名　福建论坛(人文社会科学版)
年 卷 期　1988 年 1 期
页　　码　66 – 69

题　　名　台湾的妈祖信仰
作　　者　赵正平
刊　　名　世界知识
年 卷 期　2006 年 13 期
页　　码　46 – 48

题　　名　台湾的天妃及其他海神之信仰
作　　者　伊能嘉矩,林蔚文
刊　　名　东南文化
年 卷 期　1990 年 3 期
页　　码　62 – 66

题　　名　台湾地区迈进郑和航向
作　　者　申庆璧
刊　　名　郑和研究
年 卷 期　1994 年 2 期
页　　码　28 – 33

题　　名　台湾地区郑成功信仰之历史研究
作　　者　高致华
刊　　名　史学集刊
年 卷 期　2006 年 5 期
页　　码　17 – 21,57
摘　　要　“郑成功信仰”在台湾汉人社会中的发展,早自清领台湾时期,便已超越了乡土的情感和地域的观念,统合宗族性、地缘性、民族性等多重特质,而成为台湾此一移民社会的共同信仰。“郑成功信仰”有别于其它一般汉人社会里常见的民间信仰,官方的介入极深,其中隐藏着强烈的政治意图。在探讨“郑成功信仰”的时候,民间与官方为两大方面,加上台湾特殊的历史背景,不同主政者接二连三地为郑成功重新定义,而有了不同的诠释,使得此一信仰文化复杂而影响深远。

题　　名　台湾对外关系史研究的回顾与检讨
作　　者　张炎宪
刊　　名　台湾风物
年 卷 期　1991 年 41 卷 2 期

题　　名　**台湾古代港口概论**
作　　者　王杰
刊　　名　大连海事大学学报
年 卷 期　1993 年 19 卷 3 期
页　　码　377 – 382
摘　　要　本文通过搜阅大量的原始资料,介绍了台湾历史上的一系列重要港口,最后得出了其港口多肇始于渔港、港址多位于河口,西岸盛于东岸、兴衰转替迅速等结论。

题　　名　**台湾古鹿耳门港航道及其史迹纠纷——关于郑成功复台的登陆地和古鹿耳门妈祖庙址之争**
作　　者　盛荣
刊　　名　航海
年 卷 期　1986 年 6 期
页　　码　10 – 12

题　　名　**台湾光复初期闽台经济关系初探**
作　　者　林真
刊　　名　中国社会经济史研究
年 卷 期　1992 年 3 期
页　　码　89 – 94
摘　　要　闽台隔海相望,人文地理相近,两岸交流历史悠久,关系密切。1895 年甲午战后,台湾沦为日本殖民地,闽台关系渐趋衰微,直至 1945 年台湾光复后,两省关系才得以恢复正常,本文拟对台湾光复初期(1945 – 1949)闽台两省经济关系的恢复与发展及对两省社会经济的影响作一初步探讨,就教于专家。

题　　名　**台湾海关税收和税收分配统计(1862 – 1894)**
作　　者　汤象龙
刊　　名　中国社会经济史研究
年 卷 期　1982 年 3 期
页　　码　26 – 33
摘　　要　这里发表的台湾海关税收和税收分配(1862 – 1894)的两个统计表,是作为历史资料提供研究福建和台湾两省近代财政经济史的参考。为配合这两个统计表的发表,对台湾省和台湾海关的历史、台湾海关的税收以及税收分配有关的几个问题,作些简要说明如下。

题　　名　**台湾海洋史的新课题**
作　　者　戴宝村
刊　　名　国史馆馆刊复刊
年 卷 期　2004 年 36 期
页　　码　23 – 41

题　　名　**台湾海洋史年表初编(1895 – 1944)**
作　　者　梁世佑,李尚颖,黄琼莹,张欣仪

刊　　名　史汇
年 卷 期　2002 年
页　　码　179 – 238

题　　名　**台湾海洋史与海盗**
作　　者　戴宝村
刊　　名　宜兰文献
年 卷 期　1995 年 6 期
页　　码　3 – 8

题　　名　**台湾海洋信仰中的水仙王——以澎湖妈宫的水仙宫为例**
作　　者　翁安雄
刊　　名　史汇
年 卷 期　2000 年 4 期
页　　码　71 – 93

题　　名　**台湾荷据时代研究的回顾与展望**
作　　者　曹永和
刊　　名　台湾风物
年 卷 期　1978 年 28 卷 1 期

题　　名　**台湾开港后对外贸易的发展**
作　　者　林子侯
刊　　名　台湾文献
年 卷 期　1976 年 27 卷 4 期

题　　名　**台湾开港后涉外纠纷频繁之因**
作　　者　林子侯
刊　　名　台湾文献
年 卷 期　1977 年 27 卷 1 期

题　　名　**台湾历史学界对郑成功的研究**
作　　者　孔立,陈在正
刊　　名　福建论坛(社科教育版)
年 卷 期　1982 年 3 期
页　　码　37 – 42

题　　名　**台湾鹿港郭厝回民郭顺直派的福建渊源**
作　　者　石奕龙
刊　　名　台湾研究

年 卷 期　1999 年 4 期
页　　码　83 – 88

题　　名　台湾妈祖“抱接炮弹”神迹传说试探
作　　者　戴文锋
刊　　名　南大学报(人文与社会类)
年 卷 期　2005 年

题　　名　台湾妈祖传说及其本土化现象
作　　者　林茂贤
刊　　名　静宜人文学报
年 卷 期　2002 年

题　　名　台湾妈祖信仰的民俗发展及其功能
作　　者　翁卫平
刊　　名　莆田学院学报
年 卷 期　2003 年 10 卷 1 期
页　　码　74 – 77
摘　　要　指出在台湾广泛传播的妈祖信仰,已逐渐内化为台湾民俗文化的有机组成部分。介绍了台湾妈祖信仰的发展轨迹及相应的民俗风尚,并阐释妈祖信仰在台湾发挥着精神支柱、人格调适、社会整合、文化认同等特殊的社会功能。

题　　名　台湾妈祖信仰的渊源、特色与活动
作　　者　郭庆文
刊　　名　社会科学战线
年 卷 期　1990 年 4 期
页　　码　327 – 329,219

题　　名　台湾妈祖信仰起源新论
作　　者　蒋维锬
刊　　名　妈祖文化研究
年 卷 期　2003 年 S 期
页　　码　49 – 54

题　　名　台湾妈祖信仰起源新探
作　　者　蒋维锬
刊　　名　莆田学院学报
年 卷 期　2005 年 12 卷 1 期
页　　码　74 – 78
摘　　要　通过发掘史料,论证台湾妈祖信仰起源于大陆移民。其中澎湖最迟在明万历前已有天妃宫。明末随大陆移民入台的妈祖被称为“船仔妈”。1661 年随郑成功军队入台的妈祖则被称作“护军

妈”,由此可证,妈祖信仰清代之前已植根台湾。

题　　名　**台湾妈祖研究相关书目介绍**
作　　者　林美容
刊　　名　台湾史料研究
年 卷 期　2002 年

题　　名　**台湾明郑与东南亚之贸易关系初探**
作　　者　郑瑞明
刊　　名　师大历史学报
年 卷 期　1986 年 14 期

题　　名　**台湾飘来的独木舟**
作　　者　孙英龙
刊　　名　海洋世界
年 卷 期　1997 年 5 期
页　　码　6 – 7

题　　名　**台湾平埔族妈祖信仰述略**
作　　者　林文龙
刊　　名　台北文献
年 卷 期　1997 年

题　　名　**台湾史研究的史料运用问题:以清代渡台禁令为例**
作　　者　施志汶
刊　　名　台湾史迹
年 卷 期　2000 年 36 期
页　　码　148 – 189

题　　名　**台湾学者对明朝海外贸易政策的解读——评郑永常《来自海洋的挑战——明代海贸政策演变研究》**
作　　者　钱江
刊　　名　海交史研究
年 卷 期　2008 年 54 期
页　　码　1 – 4

题　　名　**台湾与祖国离合的历史考察**
作　　者　赵树贵
刊　　名　江西社会科学
年 卷 期　2001 年 12 期
页　　码　51 – 53

题　　名　台湾运输业之史的研究
作　　者　陈清文
刊　　名　台湾银行季刊
年 卷 期　1947 年 1 卷 2 期

题　　名　台湾早期的妈祖信仰
作　　者　徐静
刊　　名　福建文史
年 卷 期　2001 年 1 期
页　　码　44－45
摘　　要　妈祖信仰兴起于福建省兴化府莆田县湄洲屿，并在沿海各省流传，尤其是长江口以南各地，妈祖逐渐成为信奉最普遍的航海守护神，也是沿海居民主要祭祀的神灵之一。妈祖信仰作为通俗道教的一类，它在台湾的传播是大陆与台湾宗教信仰交融的一种体现，台湾妈祖信仰是大陆宗教信仰的移植。

题　　名　台湾早期海港与陆岛网络的初步形成
作　　者　吕淑梅
刊　　名　中国社会经济史研究
年 卷 期　1999 年 2 期
页　　码　50－58

题　　名　台湾郑氏五商之研究
作　　者　南栖
刊　　名　台湾经济史
年 卷 期　1966 年 10 期

题　　名　台湾郑氏与朝鲜之关系
作　　者　浦廉一
刊　　名　台湾风物
年 卷 期　1961 年 11 卷 4 期

题　　名　台湾郑氏与英国的通商关系史
作　　者　赖永祥
刊　　名　台湾文献
年 卷 期　1965 年 16 卷 2 期

题　　名　台湾主要商港的地理变迁
作　　者　王兴启
刊　　名　台北市立女师专学报
年 卷 期　1974 年 5 期

题　　名　**台州海洋文化的发展历程及其内涵**
作　　者　毛时亮
刊　　名　黑龙江史志
年 卷 期　2010 年 9 期
页　　码　160 - 161
摘　　要　台州地域特点影响着台州海洋文化的形成,台州海洋文化有明显的时代特点和丰富的文化内涵,成为影响台州经济和文化发展的重要文化因素。

题　　名　**太仓刘家港盛衰的历史轨迹**
作　　者　沈鲁民,陈蓓蓓
刊　　名　郑和研究
年 卷 期　1998 年 4 期
页　　码　48

题　　名　**太仓刘家港与元至明初的海运**
作　　者　申海田
刊　　名　郑和研究
年 卷 期　1996 年 1 期
页　　码　18

题　　名　**太仓元、明航海史迹考略**
作　　者　吴聿明
刊　　名　海交史研究
年 卷 期　1988 年 14 期

题　　名　**太仓元明沉船的调查与发掘**
作　　者　吴聿明
刊　　名　郑和研究
年 卷 期　2005 年 1 期
页　　码　57 - 59

题　　名　**太平关与粤海关**
作　　者　谭启浩
刊　　名　海关研究
年 卷 期　1996 年 5 期

题　　名　**太平军湖口、九江大捷及其战略影响**
作　　者　张良俊
刊　　名　江西社会科学
年 卷 期　1982 年 3 期

页　　码　84－89

题　　名　**太平军水营的失败**
作　　者　叶赫那拉·煜麟
刊　　名　舰载武器
年 卷 期　2006年9期
页　　码　83－88
摘　　要　一场轰轰烈烈的太平天国运动在中国近代历史上掀起无数波澜,而自始至终都在为天国效力的太平天国水军却鲜为人知,似乎一些重要的水战也没有引起人们的重视。难道十几年间苦苦支撑太平天国半壁江山的"水营"没有过任何战绩吗？其实不然,在太平天国以天京为都后的十余年岁月中,"水营"都在发挥着极其重要的作用,不过其作用体现在保卫首都和保卫城市上,而不是像前期那样进行雄阔的进攻。也许他们这种"不思进取"的思想是导致近年来一直没有反映太平军"水营"的文字出现的原因吧。可谁又知道,这支曾经非常强大的水军却是毁灭在了自己人的手中呢!

题　　名　**太平军水营与湘军的作战**
作　　者　叶赫那拉·煜麟
刊　　名　舰载武器
年 卷 期　2006年8期
页　　码　84－89

题　　名　**太平军水营与湘军水师战术比较**
作　　者　管仕福
刊　　名　历史教学
年 卷 期　1988年6期
页　　码　50－52

题　　名　**太平军水营与湘军水师之战术比较**
作　　者　管仕福
刊　　名　衡阳师范学院学报
年 卷 期　1988年2期
页　　码　61－64,70

题　　名　**太平军在湖南创建土营、水营**
作　　者　曾长秋
刊　　名　军事历史
年 卷 期　1994年1期
页　　码　52－53

题　　名　**太平军在湖南创建土营、水营考略**
作　　者　曾长秋
刊　　名　郴州师范高等专科学校学报

年 卷 期　1995 年 4 期
页　　码　9,20

题　　名　**太平天国的水军太平军水营**
作　　者　管带
刊　　名　舰载武器
年 卷 期　2005 年 9 期
页　　码　32－37

题　　名　**太平天国革命时期江浙太湖地区“枪船”的性质问题**
作　　者　曹国祉
刊　　名　史学月刊
年 卷 期　1960 年 2 期
页　　码　28－32
摘　　要　有关太平天国革命时期的“枪船”性质问题,近年来已有许多同志论及,但多语焉不详,我在 1957 年六月号“中学历史教学”曾撰文论述,因篇幅所限,言未尽意,今又搜得部分资料,勉成此稿,希望能得同志们的指教和讨论。

题　　名　**太平天国时期的湘军水师**
作　　者　贾熟村
刊　　名　云梦学刊
年 卷 期　2007 年 28 卷 2 期
页　　码　52－56,89
摘　　要　清政府镇压太平天国的主力是湘军,湘军陆师在前期的主力是塔齐布、罗泽南,在后期为曾国荃、鲍超。陆师始终必须与水师配合才能建立战功。而水师则始终均以杨载福、彭玉麟为主力。考察湘军水师于是成为研究太平天国史的重要课题。

题　　名　**太平天国时期太湖地区枪匪研究**
作　　者　王卫平
刊　　名　江苏社会科学
年 卷 期　2003 年 1 期
页　　码　179－185
摘　　要　枪匪是道光以后活跃于太湖地区以“枪船”为作案工具的水上土匪武装组织。太平军建立苏福省根据地后,一度对其采取了招抚政策,但枪匪恶习不改,到处掳掠,甚至勾结清军,严重危害了太平天国政权。为此,忠王李秀成亲自部署了剿杀枪匪的行动,予枪匪势力以沉重打击。面对太平军的强大攻势,清政府也改剿为抚,利用枪匪武装抵抗太平军。但在镇压太平军的过程中及以后,清朝统治者通过改编和打击两种手段,最终肃清了枪匪势力。

题　　名　**太平天国水师述论**
作　　者　张后铨
刊　　名　江汉论坛

年 卷 期 1984 年 10 期
页　　码 71－77

题　　名 **太平天国水营论略**
作　　者 王业兴
刊　　名 史学月刊
年 卷 期 1990 年 3 期
页　　码 54－59

题　　名 **太平天国水营性质考辨——兼析水营不敌湘军水师之原因**
作　　者 卢开宇
刊　　名 广西师范大学学报(哲学社会科学版)
年 卷 期 2001 年 37 卷 4 期
页　　码 86－90

题　　名 **太平洋区域帆船文化的发展及传播**
作　　者 辛元欧
刊　　名 船史研究
年 卷 期 1994 年 7 期

题　　名 **泰国传说与郑和神话——兼驳 J·WADE 否定郑和的一条论据**
作　　者 黎道纲
刊　　名 东南亚研究
年 卷 期 2006 年 4 期
页　　码 85－88
摘　　要 本文通过历史考察和分析,指出《东西洋考》等著作中有关郑和的许多论述源于泰国传说而并非历史事实。文章还批驳了新加坡大学 J·WADE 博士蓄意利用《东西洋考》的"论据",丑化和贬低"郑和下西洋"历史作用的错误。

题　　名 **泰国华侨民间信仰研究的一部力作——《泰国大峰祖师崇拜与华侨报德善堂研究》**
作　　者 李玉昆
刊　　名 海交史研究
年 卷 期 1996 年 30 期
页　　码 116－117

题　　名 **泰国考古材料所见百越文化考**
作　　者 刘稚
刊　　名 云南社会科学
年 卷 期 1987 年 4 期
页　　码 54－59

题　　名　谈《筹海图编》的作者与版本
作　　者　李致忠
刊　　名　文物
年 卷 期　1983 年 7 期
页　　码　68 – 72
摘　　要　《筹海图编》十三卷，是研究中国海防史的重要专著。但其作者自《明史艺文志》、《千顷堂书目》、《四库全书总目》、《增订四库简明目录标注》以降，乃至《北京图书馆善本书目》，均著录为明胡宗宪撰。《辞源》修订本亦作胡宗宪，《辞海》1979 年版则作郑若曾。笔者考证此书实出宗宪幕僚郑若曾之手，而为胡氏后人掠美。试为考之。

题　　名　谈《明史》所载郑和宝船尺寸的可靠性
作　　者　邱克
刊　　名　文史哲
年 卷 期　1984 年 3 期
页　　码　10 – 12
摘　　要　关于《明史》所载郑和下西洋宝船尺寸的可靠性问题，至今仍然存在着不同意见。有的专家根据现代造船原理，认为《明史・郑和传》中“造大舶修四十四丈，广十八丈”的记载是不可信的。他们提出，这一记载出自并仅见于明人“说集”的《瀛涯胜览序》，因此不能说这个尺寸有充分的根据。对此笔者想谈一点粗浅的看法。

题　　名　谈北洋海军的阵法问题
作　　者　戚其章
刊　　名　历史档案
年 卷 期　1989 年 2 期
页　　码　102 – 106
摘　　要　《历史档案》1988 年第 2 期发表了杨志本、许华二同志的《近代海军作战的阵法与战法述论》（以下简称“杨文”）一文，论及甲午海战中北洋海军的阵法问题，对本人的一些观点提出了不同意见。我认为杨文涉及到的有关阵法的两个主要问题，都是值得商榷的。

题　　名　谈渤海国对日本交往的两个问题
作　　者　王河江
刊　　名　佳木斯大学社会科学学报
年 卷 期　2009 年 3 期
页　　码　77 – 79
摘　　要　渤海国是唐朝时期中国的一个边疆民族政权，与日本具有一些相同的文化因素，物产丰富，造船技术和航海技术先进，这些是其对日本交往的有利条件。在这样的条件下，渤海进行了长期的对日交往，是中日关系的一个组成部分。渤海对日本的交往，影响了东北亚战略格局，满足了双方人民的经济需要，促进了唐文化的传播，给东北亚海上丝绸之路赋予了新的内涵，对于东北亚经济文化交流具有重要的意义。

题　　名　谈定海在第一次鸦片战争中的地位
作　　者　崔志海

刊　　名　浙江学刊
年 卷 期　1996 年 2 期
页　　码　113 - 115

题　　名　谈甲午海战中的几个问题
作　　者　朱皓
刊　　名　安庆师院学报(社会科学版)
年 卷 期　1991 年 2 期
页　　码　45 - 50,38

题　　名　谈康熙时期与西欧的贸易
作　　者　吕坚
刊　　名　历史档案
年 卷 期　1981 年 4 期
页　　码　113 - 116
摘　　要　清朝初年,在经过长期兵燹战乱之后,面临着"人民多遭残杀,田土尽成丘墟"的局面,而以康熙为首的清廷统治者,采取了一系列积极恢复生产、"与民休息"的政策和措施,到康熙中期以后农业生产便有了显著的恢复和发展,出现了"国朝生齿日繁,人物殷富",城市工商业经济繁荣发达的景象。尤其在康熙二十三年(1684 年)解除了海禁后,"联棕结樯,鳞次海滋",在沿海地区海外贸易迅速发展的基础上,与西欧的贸易也有了明显的增长。

题　　名　谈明朝海上丝绸之路的货币文化特点及启示
作　　者　骆伦良
刊　　名　广西金融研究
年 卷 期　2006 年 S1 期
页　　码　47 - 49
摘　　要　海上丝绸之路是古代联系东西方之间政治、经济、文化交流的重要桥梁,古代中国利用这条大道重点是发展对外经济交往,因此也成了贸易之路。在海上丝绸之路贸易中充当交换媒介的货币可以称作"丝绸之路货币",它推动历代王朝对外经济的不断壮大。但是到了明朝,海上丝绸之路就出现了转斩点,那就是由盛变衰和间接开辟美洲海上丝绸之路,其货币文化也呈现出其独有的特点,并由此得到几点启示。

题　　名　谈葡人占据澳门的缘由——与《澳门问题始末》作者姜秉正同志商榷
作　　者　丁顺茹
刊　　名　岭南文史
年 卷 期　1999 年 2 期
页　　码　53 - 56

题　　名　谈泉州"蕃坊"及其有关问题
作　　者　廖大珂
刊　　名　海交史研究

年 卷 期　1987 年 12 期

题　　名　**谈上古大陆移民到徐福东渡**
作　　者　徐桐生
刊　　名　日本问题研究
年 卷 期　1990 年 3 期

题　　名　**谈宋代的造船业**
作　　者　王曾瑜
刊　　名　文物
年 卷 期　1975 年 10 期
页　　码　24 – 27,8
摘　　要　造船术起源古老。在原始社会,人类已懂得“刳木为舟,剡木为楫”。千百年来,它始终是各个时代、各个国家、各个民族经济和技术发展水平的重要标尺。宋代造船业的发达,同样反映了当时经济的巨大增长,科学技术的重大突破。宋代造船业分官营和私营两类。因记载的欠缺,私营的性质、规模和分布情况已不大清楚。

题　　名　**谈谈陈埭和百奇两地祠堂**
作　　者　贾法尔·卡拉尔·艾哈迈德
刊　　名　海交史研究
年 卷 期　2002 年 41 期
页　　码　104 – 107,7

题　　名　**谈谈两宋的市舶开放政策**
作　　者　王玉群
刊　　名　沧州师范专科学校学报
年 卷 期　1989 年 2 期
页　　码　53 – 57
摘　　要　两宋时期,对外贸易较之前代有了新的发展,特别是市舶贸易有着更大的突破。这固然与两宋社会经济的发展、造船技术的提高有很大关系,但两宋政府实行的市舶开放,政策也给它以直接推动。

题　　名　**谈谈两宋时期的海外贸易**
作　　者　陶雪
刊　　名　前线
年 卷 期　1984 年 9 期
页　　码　46 – 47

题　　名　**谈谈中日甲午黄海海战北洋舰队的战斗队形**
作　　者　吴如嵩
刊　　名　江苏师院学报(社会科学版)
年 卷 期　1979 年 1 – 2 期

页　　码　53－59

题　　名　**谈我国明清时代的外销瓷器**
作　　者　韩槐准
刊　　名　文物
年 卷 期　1965 年 9 期
页　　码　57－59,10

题　　名　**谈吴仲重修通惠河对通州繁荣发展的历史意义**
作　　者　胡忙全
刊　　名　北京水务
年 卷 期　2008 年 6 期
页　　码　56－58

题　　名　**谈鸦片战争以来我国海关主权的丧失**
作　　者　崔乐文
刊　　名　胜利油田党校学报
年 卷 期　1990 年 3 期
页　　码　34－37
摘　　要　一百五十年前爆发的鸦片战争,是我国历史上的一个转折点,它是中国半殖民地半封建社会的开始,是近代中国人民遭受帝国主义欺凌的开始。中国由一个独立自主的国家变成了由列强瓜分的半殖民地国家。而中国的海关主权的丧失是和中国半殖民地化程度是一致的。帝国主义凭借不平等条约一步步掠夺了中国的海关主权,并以此作为进一步侵略中国的有力工具,最后使中国完全沦为半殖民地国家。下面谈谈中国海关主权是如何丧失的。

题　　名　**谈早期中美贸易的特点**
作　　者　张要红
刊　　名　晋中师专学报
年 卷 期　1994 年 1 期
页　　码　58－63
摘　　要　从 1784 年美国商船“中国皇后”号前往中国到 1844 年《中美望厦条约》签订,这段时间是中美两国初步建立贸易交往时期。由于中美两国当时的特定历史条件,美国与中国建立的贸易关系,与欧洲老牌殖民国家如葡萄牙,西班牙、英国等国同中国的贸易关系有相同的一面,又由于美国作为一个新独立的、弱小的国家涉足欧洲各国早已角逐的中国市场,又不能不带有它自已的特点。

题　　名　**谈钟相、杨幺起义的特点**
作　　者　郑从周
刊　　名　历史教学
年 卷 期　1979 年 4 期
页　　码　22－24

题　　名　谈最近发现的泉州中外交通的史迹
作　　者　庄为玑
刊　　名　考古通讯
年 卷 期　1956 年 3 期
页　　码　43－48,15

题　　名　谭纶抗倭事迹探论
作　　者　胡长春
刊　　名　江西社会科学
年 卷 期　1997 年 12 期
页　　码　78－81
摘　　要　明代中叶,倭寇猖獗于东南,沿海数千里,遍遭荼毒和蹂躏,而其中又以苏、浙、闽、粤四省为甚。尽管近年来学术界对倭寇的来源、组成、性质等歧见纷纷,观点各异,但从长期的倭患使东南各省元气大伤,社会经济和人民生命财产受到了巨大损失这一点来看,倭寇的侵略性质当毋庸置疑。在这场中华民族反对外来侵略的伟大斗争中,涌现了谭纶、戚继光、俞大猷、刘显等一批能征善战、功勋卓著的爱国将领,但后人在对明代抗倭斗争的研究中,往往忽视谭纶的重要作用,似有失公允。本文拟对谭纶抗倭的事迹略作考察,以期对谭纶在抗倭斗争中的贡献有一个明晰的认识和客观的评价。

题　　名　谭纶与明嘉靖东南抗倭
作　　者　胡长春
刊　　名　南昌大学学报(人文社会科学版)
年 卷 期　2002 年 33 卷 1 期
页　　码　86－90
摘　　要　明朝军事家谭纶的抗倭功绩,以往并没有引起人们应有的重视。大量的史实表明,谭纶在御倭浙东和巡抚福建期间,亲自参加和指挥了数十次重大战役,创造并总结出了一整套灵活多变、行之有效的御倭战略战术,为平息嘉靖东南倭患建立了不朽功勋。因此,我们对谭纶在抗倭斗争中的地位和作用应有一个实事求是的评价。

题　　名　探访"玛雅"——兼评 G·孟席斯关于玛雅文化来自中国影响的观点
作　　者　林被甸
刊　　名　拉丁美洲研究
年 卷 期　2006 年 1 期
页　　码　69－73
摘　　要　玛雅文明以"神奇"闻名于世,令人向往。2005 年 5 月,我有机会到玛雅文明的摇篮——墨西哥尤卡坦半岛访问,实地考察玛雅文化的一些主要遗址,大大增进了以往从书本上得来的知识。

题　　名　探讨一些古地名与郑和船队航海之关系
作　　者　林贻典
刊　　名　郑和研究
年 卷 期　2004 年 3 期
页　　码　38－39

摘　　要　本人曾于《三论美洲由郑和船队发现的见解》中提及,根据《岛夷志略》记载之地名位置资料,《四夷广记》在西南夷一章提及郑和船队船员之周老人所说,一些郑和船队曾到达的国家就是位于西非。

题　　名　探讨舟山海洋文化的发展轨迹

作　　者　王文洪

刊　　名　海洋开发与管理

年 卷 期　2008 年 8 期

页　　码　120－124

摘　　要　在数千年的历史发展过程中,舟山与海洋结下了不解之缘,从而锤炼、形成了一种"海魂"——舟山海洋文化。它起源于六千年前的浙江河姆渡文化,受吴越文化和移民文化的影响,在与近现代西方文化的交流中,逐步形成时代的、开放的海洋新文化。在新世纪海洋开发中,弘扬舟山海洋文化,并不断注入现代意识,使其不断得到扬弃和升华。

题　　名　探寻海上丝绸之路的起点

作　　者　闰土

刊　　名　小康

年 卷 期　2005 年 4 期

页　　码　73－76

题　　名　探寻遣唐使圆仁僧入唐路径

作　　者　王其银

刊　　名　江苏地方志

年 卷 期　2009 年 4 期

页　　码　48－49

题　　名　汤和其人与明初海防

作　　者　任晓初

刊　　名　学术界

年 卷 期　1993 年 3 期

页　　码　68－70

摘　　要　明朝曾有一种对汤和带有贬义的批评说:"以汤信公之战线,其绩何寥寥也"！其实,汤和自有卓越贡献,应加以肯定,也值得深入探讨。

题　　名　唐、两宋时期伊斯兰教在广州史考

作　　者　王广平,马永

刊　　名　广州大学学报(社会科学版)

年 卷 期　2006 年 5 卷 1 期

页　　码　20－24

摘　　要　唐朝中前期,伊斯兰教传入中国。广州作为海上丝绸之路的主要港口,成为中国最早接纳穆斯林的城市之一。唐、两宋时期伊斯兰教在广州飞速发展,可惜战争割断了其在广州的发展。始建于唐朝中前期的广州怀圣寺是中国乃至世界最古老的清真寺之一,该寺见证了伊斯兰教在广州的兴衰史。

题　　名　唐朝的“江贼”与“江路”
作　　者　宁欣
刊　　名　中国史研究
年 卷 期　1996 年 3 期
页　　码　110－115

题　　名　唐朝对高句丽政策论析
作　　者　韩昇
刊　　名　海交史研究
年 卷 期　2000 年 37 期
页　　码　22－32,54

题　　名　唐朝对外开放政策与海外贸易
作　　者　李金明
刊　　名　南洋问题研究
年 卷 期　1994 年 1 期
页　　码　50－57
摘　　要　唐朝是我国历史上较为强盛的朝代之一。唐朝统治者以其稳定的政治和繁荣的经济为基础,奉行一系列较为开明的对外开放政策,以吸引海外商人来华贸易。为了加强对海外贸易的管理,他们还设立专门管理海外贸易的机构,制定了各种征税与外商管理办法,使海外贸易得以迅速发展,其规模远远超过了唐以前的各个朝代。

题　　名　唐朝海外贸易与法律调整
作　　者　毛起雄
刊　　名　海交史研究
年 卷 期　1988 年 14 期

题　　名　唐朝内河漕运船的发展
作　　者　曹凛
刊　　名　中国船检
年 卷 期　2008 年 12 期
页　　码　96－98

题　　名　唐朝时期日本留学僧译经大师灵仙考
作　　者　高留成
刊　　名　船山学刊
年 卷 期　2007 年 3 期
页　　码　80－82
摘　　要　留唐日本僧人灵仙,是参与汉译佛典的唯一的日本僧人,为佛教文化的传播作出了杰出的贡献,在中日佛教交流史上占有重要的地位。如此博学的一位高僧,却没有人为其树碑立传,成为千古之谜,需要后人作进一步的考证。

题　　名　**唐朝与阿拉伯帝国海路香料贸易初探**
作　　者　景兆玺
刊　　名　西北第二民族学院学报(哲学社会科学版)
年 卷 期　2007 年 5 期
页　　码　54 – 59
摘　　要　唐代是中阿贸易发展史上的一个关键时期。一方面,从唐代中后期开始,海上丝路逐渐取代陆上丝路成为中阿贸易的主通道,加速了唐以后中阿海路贸易的发展。另一方面,中阿海路贸易物品种类明显增多,贸易航线更为明确,贸易互补性进一步加强。对唐代中阿海路贸易交通线、中阿海路贸易香料种类及香料贸易互补性等问题的探讨,有助于唐代中外贸易史和中阿关系史研究的不断深入。

题　　名　**唐朝与大食的海上交通**
作　　者　马建春
刊　　名　宁夏大学学报(社会科学版)
年 卷 期　1997 年 19 卷 3 期
页　　码　34 – 39
摘　　要　早在西汉武帝时,中国即与阿拉伯有着友好往来。5 世纪时,中国船只已经航行到波斯湾诸海岸诸港,而这些地区的船只亦常到中国来。唐朝与大食,即阿拉伯地区的海上交通的发展,源于阿拉伯人、波斯人的信仰——伊斯兰教对商业活动的肯定、支持和鼓励,为这一时期东西方各国人民间的经济技术与文化的广泛交流,做出了重大贡献。

题　　名　**唐朝与南海诸国通贡关系研究**
作　　者　周伟洲
刊　　名　中国史研究
年 卷 期　2002 年 3 期
页　　码　59 – 73
摘　　要　中国历史上的“通贡”,应主要是指周边民族和外国派遣使臣向中国王朝进行“朝贡”、“朝献”,也包含有中国王朝向这些地区派遣使臣的活动。通贡可以说是经济贸易的一种政治表现形式。本文选取过去学界研究不多的唐朝与南海诸国的通贡关系作一较深入的探讨。首先,以八个表的形式,将南海诸国至唐朝贡情况,朝贡性质和特点,作较完整、深入的论述;其次,对南海诸国贡品及其贸易主要特征进行分析;最后,论述了唐朝遣使至南海诸国的情况等。

题　　名　**唐朝战船的建造与勘验**
作　　者　曹凛
刊　　名　中国船检
年 卷 期　2009 年 2 期
页　　码　110 – 112
摘　　要　唐初国威,依唐水军两战而立。日本在此后 900 年里不敢染指中华,将作大匠阎立德勘验数百海船功不可没;李皋发明车船,亦为中国古代一项重大的船舶技术发明;而筹建巨船“和州载”,更是考验了杨厚的船只监造能力。

题　　名　**唐朝至近代长江三角洲港口体系的变迁轨迹**
作　　者　吴松弟,王列辉
刊　　名　复旦学报(社会科学版)
年 卷 期　2007 年 2 期
页　　码　98 – 109
摘　　要　长江三角洲最重要的贸易港从唐代的扬州转移到宋元明时期的宁波及外港双屿港,近代开埠之前又转移到上海,大致呈现出自西北向东南,再自南向北转移的发展趋势。不同时期的主要贸易港和区域性港口形成分工协作、层次分明的港口体系。文章最后从港口区位条件、自然环境、腹地经济开发程度、对外联系等方面分析了推动长江三角洲主要港口转移和港口体系变迁的重要因素。

题　　名　**唐敕使王玄策使印度路线再考**
作　　者　孙修身
刊　　名　中国历史地理论丛
年 卷 期　1997 年 2 期
页　　码　87 – 105,10

题　　名　**唐初海军初探**
作　　者　熊义民
刊　　名　史学月刊
年 卷 期　2002 年 11 期
页　　码　18 – 23
摘　　要　7 世纪中叶,唐朝出动十余万陆海军渡海攻灭百济,并为保持对百济故地的控制而与支援百济复国运动的日本军队发生了一次较大规模的战争,唐军以少胜多,将日军逐出朝鲜半岛。在此次战役中,唐朝海军取得了辉煌的战绩,究其原因,关键在于唐朝海军拥有先进的装备、高超的航海技术和基于此的得宜的战术。

题　　名　**唐初中国与南海的海上交通**
作　　者　石坚平
刊　　名　亚太研究
年 卷 期　2000 年 2 期
页　　码　56 – 62

题　　名　**唐船驰骋波斯湾——《海上丝绸之路》(四)**
作　　者　杨恩璞
刊　　名　瞭望
年 卷 期　1984 年 39 期
页　　码　42 – 43
摘　　要　海上“丝绸之路”,到了唐代,其繁荣达到了一个新的高度。特别是在陆上“丝绸之路”濒于中断的情况下,经济、文化交流的需要,更刺激着海上“丝绸之路”的发展,而造船工艺、科学技术与航海技术的发展,也为远洋航行的发达提供了可靠的保证。

题　　名 唐代"登州海行入高丽道"的变迁与赤山法华院的形成
作　　者 樊文礼
刊　　名 中国历史地理论丛
年 卷 期 2005 年 20 卷 2 期
页　　码 114－119,125
摘　　要 "登州海行入高丽道"是唐代重要的海上航道。但在不同时期,其主要航线也不尽相同。大致说来,前期主要从登州北部的蓬莱、黄县境内的出海口出发,沿着贾耽所记述的"登州海行入高丽道"的航线航行;后期则主要从登州南部的牟平、文登县境内的出海口出发,横渡黄海,直抵韩半岛。正是在登州通往朝鲜半岛主要航线变迁南移的形势下,赤山浦以其优越的地理位置和交通条件,成为新罗商人张保皋首选的在唐贸易最重要的联络地和中转站,并在这里修建了一座法华寺院。

题　　名 唐代"海鹘"战船复原研究
作　　者 顿贺
刊　　名 华东船舶工业学院学报(自然科学版)
年 卷 期 2004 年 18 卷 4 期
页　　码 17－20

题　　名 唐代"劫江贼"考略
作　　者 袁书会
刊　　名 蒙自师范高等专科学校学报
年 卷 期 2001 年 3 期
页　　码 11－13
摘　　要 唐代"劫江赋"作为一种社会现象,在当时社会影响颇大,历来史家对其亦颇为重视,但在论述其来源时均语焉不详。笔者从陈寅恪先生的有关思路出发,认为劫江贼的主体即山棚,他们都是玄宗朝内徙于河南、淮南宽乡安置的河曲六州突厥"残胡"后代。

题　　名 唐代"住唐"阿拉伯、波斯商人的待遇和生活
作　　者 赖存理
刊　　名 史学月刊
年 卷 期 1988 年 2 期
页　　码 33－37
摘　　要 唐朝时,朝廷对陆、海对外贸易都是很重视的。尤其是海上贸易已逐渐发展为经常性的大宗贩运,往来次数多,商品种类增加,贸易额扩大,十分繁荣发达,更引起朝廷关切,因此唐王朝特设"市舶使"一官,以专司其事。

题　　名 唐代安南与内地的交通
作　　者 陆韧
刊　　名 思想战线
年 卷 期 1992 年 5 期

页　　码　83－89

摘　　要　唐代安南都护府，治交州，又称交趾，即现越南首都河内。秦汉至唐，在中央王朝的统治下，交州位于王朝西南端沿海，一度曾是西方航行中国的终点，南海诸番、印度洋沿岸国家及大秦罗马等贡使商旅，若由海路东来，往往在此登陆北上。交州遂发展为我国对外交往最重要的门户和港口。隋唐期间，海舶渐次向东泊靠，广州崛起。然交州依然能与广州齐名，为“南海、交阯各一都会，并处近海，多犀象、玳瑁、珠玑、奇异珍玮，故商贾至者多取富焉。”交州、广州同为唐王朝的重要外贸港口，并在竞争中共同发展。唐代交广两港的发展，究其原因，除两港都近海，据有利的地理位置，又有避风港湾外，更重要的是两港都有海陆联运能力和畅通的对内交通，从而把港口与王朝的政治、经济、文化中心紧密相联，把外销货物产地与港口、港口与舶货销售地联系起来。所以发达的对内交通是港口发展的重要因素。关于广州的对内交通以往已有学者论述；至于交州对内交通，尚未见专文讨论，本文拟就这一问题作初步探讨。

题　　名　**唐代安史乱后漕粮年运量骤降原因初探**

作　　者　王朝中

刊　　名　中国社会经济史研究

年 卷 期　1984 年 3 期

页　　码　67－76

摘　　要　漕运史在我国史学界是一个长期受到冷落的研究领域，其中漕粮数量的变动这一问题更是很少有人问津。实际上，漕粮作为封建政府的一项特殊形式的赋税，在社会生活中占有重要的地位，其数量的消长，往往关系到某一王朝的盛衰。探讨历史上漕粮数量变动的问题，不仅可以扩展我们的历史研究的范围，而且可以深化我们对当时社会经济、政治的总状况的认识。本文拟从考察唐代安史乱后漕粮年运量变动的原因入手，在这方面作一粗浅的尝试。

题　　名　**唐代渤海国与日本文化交流之原因探析**

作　　者　王丰

刊　　名　理论与改革

年 卷 期　2008 年 4 期

页　　码　114－115

摘　　要　唐代渤海国作为一个高度自治的地方政权，曾与日本进行了频繁的文化交流。然而在文化交流的表象下，背后也隐藏着政治、经济、军事等动因。本文拟从相关重大意义的文化交流事件入手，试分析文化交流背后的历史背景，并探讨其对东北亚格局带来的影响。

题　　名　**唐代渤海人出访日本的港口和航线**

作　　者　王侠

刊　　名　海交史研究

年 卷 期　1981 年 3 期

题　　名　**唐代长江下游的茶叶生产与茶叶贸易**

作　　者　陈勇，黄修明

刊　　名　中国社会经济史研究

年 卷 期　2003 年 1 期

页　　码　11－22

摘　　要　本文以唐代长江下游宣歙茶区和浙区茶区为考察重点，对该地区茶叶生产的两种不同类型及其特点作了具体的个案分析，浙西湖、常二州代表了唐代贡茶州茶叶发展的最高水平，而宣歙山区的祁门、婺源茶区则是唐代茶叶专门化生产的典型，标志着唐代长江下游地区商品性农业的发展在深度和广度上都超过了以往任何一个时代。

题　　名　唐代的"流鬼"和"窟说"
作　　者　周维衍
刊　　名　复旦学报(社会科学版)
年 卷 期　1984年2期
页　　码　109－110

题　　名　唐代的"鸭绿朝贡道"
作　　者　丹东港务局港史编写组
刊　　名　公路交通史料
年 卷 期　1984年1期
页　　码　25－27

题　　名　唐代的漕河水运
作　　者　张骅
刊　　名　成都水利
年 卷 期　2001年5期
页　　码　42－43

题　　名　唐代的广东(上)
作　　者　中村久四郎，朱耀廷
刊　　名　岭南文史
年 卷 期　1983年1期
页　　码　35－44

题　　名　唐代的广东(下)
作　　者　中村久四郎，朱耀廷
刊　　名　岭南文史
年 卷 期　1983年2期
页　　码　33－49
摘　　要　在代宗时期，不仅有吕太一的叛变，上面的杜甫诗也曾说到"蛮溪豪族小动摇"。当时在广东方面还有各蛮夷豪家率领所部造反。广州人冯崇道，桂州人朱济时等，都是其中巨魁。由于这些原因，广州市舶在广德、大历年间，自然陷于衰落状态。但是到了大历四年(公元七六九年)，李勉任广州刺史兼岭南节度观察使，他不仅是一个廉洁官吏、而且平定了各方叛乱。由是广州的市舶，又复繁荣起来。他就任前后，广东的一盛一衰的情形，从下面的记载，可以知之。

题　　名　**唐代的海南岛崖州建制沿革考**
作　　者　方鹏
刊　　名　新东方
年 卷 期　2001 年 10 卷 1 期
页　　码　78 – 83
摘　　要　唐武德五年，唐朝在海南岛设立崖、儋、振三州，崖州先后领舍城、澄迈、文昌、颜卢、颜城、临高、万安、富云、博辽等县，州治舍城，即古珠崖郡治地，今琼山市灵山镇潭口村委会古城遗址。贞观元年，崖州设都督府，贞元五年废。

题　　名　**唐代的海外来船**
作　　者　何高济
刊　　名　航海
年 卷 期　1981 年 4 期
页　　码　40 – 41

题　　名　**唐代的开放政策与海外贸易的发展**
作　　者　汶江
刊　　名　海交史研究
年 卷 期　1988 年 14 期

题　　名　**唐代的日本留学生与遣唐使**
作　　者　王建新
刊　　名　西北大学学报（哲学社会科学版）
年 卷 期　2004 年 34 卷 6 期
页　　码　15 – 17
摘　　要　对西北大学博物馆收藏的一方唐代日本留学生墓志所涉及的日本遣唐使问题进行了初步研究。分析了古代日本派遣大批留学生随遣唐使来中国的历史背景、日本留学生的待遇与生活，阐述了玄防、吉备真备、阿倍仲麻吕等日本留学生和留学僧中的著名人物的留学经历，指出了唐代日本留学生井真成墓志发现的重要意义。

题　　名　**唐代的市舶使与市舶管理**
作　　者　黎虎
刊　　名　历史研究
年 卷 期　1998 年 3 期
页　　码　21 – 37
摘　　要　唐代的市舶使与市舶管理，乃唐代外贸、外交管理中的重要问题，素为中外学者所关注，论著颇繁，然而其中诸多问题争议亦甚，众说纷纭，莫衷一是。故有必要对这些问题作一番清理，庶几近乎是。

题　　名　**唐代的运河漕运**
作　　者　秦明君，周小琴

刊　　名　武汉交通管理干部学院学报
年 卷 期　1999 年 1 卷 4 期
页　　码　47－51
摘　　要　唐朝一统，国力强盛。在前代运河的基础上，唐统治者对运河河道加以疏浚、整治，形成了以南北大运河为主的漕粮水运网，赢来了运河漕运的新高峰。有唐一代，运河漕运与国力强弱休戚相关。

题　　名　唐代的中日经济交流及其特点
作　　者　胡沧泽
刊　　名　福建师范大学学报（哲学社会科学版）
年 卷 期　1985 年 1 期
页　　码　126－131
摘　　要　唐代的中日经济文化关系都十分密切。两国的文化交流，已有不少学者进行了专门的研究。本文仅就唐代的中日经济交流作一个粗浅的概述。

题　　名　唐代地方运使述略
作　　者　何汝泉
刊　　名　西南师范大学学报（人文社会科学版）
年 卷 期　2003 年 29 卷 6 期
页　　码　99－106
摘　　要　唐代有中央运使和地方运使。地方运使与中央运使的区别，要把运使的本官行政空间属性、职能和施政范围三个因素结合起来考察。唐代地方运使可分为三种类型。陕州和河南运使，是"漕达于京师而足国用"的一定时期内固定的地方运使。河西、朔方、代北、范阳和平卢淄青运使，是在边境方镇，为"漕以自资"或物资交换而设，多由节度使充任的一定时期内固定的地方运使。鄂州运使和淮颍水运使，是两个较特殊的地方运使。

题　　名　唐代杜环的摩邻之行
作　　者　沈福伟
刊　　名　世界历史
年 卷 期　1980 年 6 期
页　　码　46－52

题　　名　唐代对外贸易的法律调整
作　　者　阎炯智，陈玺
刊　　名　兰台世界（上半月）
年 卷 期　2010 年 3 期
页　　码　73－74

题　　名　唐代对外贸易及其成就
作　　者　何敦铧
刊　　名　史学月刊
年 卷 期　1989 年 6 期

页　　码　19 – 25

题　　名　**唐代非洲黑人来华述论**
作　　者　景兆玺
刊　　名　西北第二民族学院学报(哲学社会科学版)
年 卷 期　1998 年 4 期
页　　码　51 – 54
摘　　要　在中非关系史上,非洲黑人何时来华,一直是学术界较为关注的一个问题。根据目前掌握的文献记载和考古发掘资料看,非洲黑人来到中国,应始于唐代。唐代非洲黑人的来华,既是中非关系不断发展的体现,同时又加深了中非间的相互了解,促进了中非关系的进一步发展。因此,对唐代非洲黑人来华境况的了解,将有助于唐代中非关系史及整个中非关系史的研究。

题　　名　**唐代福建佛教流派及其对外交流**
作　　者　徐晓望
刊　　名　中共福建省委党校学报
年 卷 期　2002 年 6 期
页　　码　72 – 76
摘　　要　文章指出唐代福建佛教以禅宗繁盛,出了不少名僧,福建成为当时海内外佛教交流的一个中心区域,这是福建文化史上一个不可忽略的情况。

题　　名　**唐代福建海外交通贸易史述论**
作　　者　戴显群
刊　　名　海交史研究
年 卷 期　2000 年 38 期
页　　码　59 – 65,122

题　　名　**唐代福州的对外交通和贸易**
作　　者　廖大珂
刊　　名　海交史研究
年 卷 期　1994 年 26 期
页　　码　35 – 39,94

题　　名　**唐代广州的海外交通**
作　　者　邓端本
刊　　名　广州研究
年 卷 期　1982 年 2 期
页　　码　54 – 57

题　　名　**唐代广州市舶管理的几个问题**
作　　者　邓端本
刊　　名　岭南文史

年卷期 1987年1期
页　码 36－40
摘　要 唐代最早在广州设市舶使，对市舶进行管理，学者认为是中国海关之滥觞。对于我国这个初期的“海关”，史书叙述甚简，研究者亦寥寥无几。因此，时至今日，对唐代市舶管理情况，仍有许多模糊不清的问题。如市舶使创立的时间；在市舶使创立的同时，是否还有市舶司之设？充任市舶使的多是何人？在当时的市舶管理中，是否有禁榷制度等等。本文根据史料记载，拟对这些问题试作探讨如下。

题　名 **唐代广州与阿拉伯的海上交通**
作　者 李金明
刊　名 湛江师范学院学报
年卷期 2002年23卷2期
页　码 1－6
摘　要 唐代广州与阿拉伯的海上交通达到空前繁荣，阿拉伯商人大量来到广州贸易，这与唐朝政府奉行开明的对外开放政策，尊重阿拉伯人的宗教习俗，给予外商贸易上的优惠等有着密切的联系。

题　名 **唐代广州与南海的交通**
作　者 林家劲
刊　名 学术研究
年卷期 1979年6期
页　码 13－17
摘　要 唐时期，广州是我国与南海交通最重要的港口，亦是当时世界上的主要国际城市之一，以“广府”之名闻于中外。

题　名 **唐代海东石刻文献的史料价值——以崔致远《唐新罗朗慧和尚塔碑》为例**
作　者 王匡廷
刊　名 古籍整理研究学刊
年卷期 2001年4期
页　码 10－14
摘　要 本文以《海东金石苑》中崔致远《唐新罗朗慧和尚塔碑》为例，梳理出唐代海东石刻文献的三个方面史料价值，即记载当时新罗相关国是、弥补佛教灯传典籍的不足与记录新罗僧人在中国广泛交往的史实。

题　名 **唐代海外交通发展的新态势及其社会效应**
作　者 刘希为
刊　名 海交史研究
年卷期 1993年23期
页　码 63－74

题　名 **唐代河南漕路续论**
作　者 何汝泉
刊　名 西南大学学报(社会科学版)

年 卷 期　2010 年 2 期
页　　码　169－177
摘　　要　唐代河南道黄河段漕路，是汉代已有通漕记载的古老漕路。其水道“湍悍”，三门底柱为航行最大障碍。唐代河南道段黄河承担漕运任务空前繁重，对航道进行过多次大规模整治工程，留下可贵的历史经验教训，裴耀卿、刘晏、李泌、李巽、裴休等为之做出过重要贡献。陕州是河南道黄河漕路的转运中心。唐朝最早于此设置地方运使。元和时运使停罢，并不表示陕州失去漕运的重要性。河南道两段漕路各有特点。

题　　名　唐代鉴真大师宁海踪迹考
作　　者　滕延振
刊　　名　大众文艺(理论)
年 卷 期　2009 年 12 期
页　　码　206－207
摘　　要　唐天宝三年，鉴真第三次东渡日本失败后，由鄞县阿育王寺至白社村再至“宁海白泉寺宿”，翌日去天台国清寺。他的真正目的是什么呢……

题　　名　唐代江淮漕运的历史考察
作　　者　高荣盛
刊　　名　安徽史学
年 卷 期　1998 年 3 期
页　　码　11－14
摘　　要　隋唐实现了我国历史上的第二次大统一。与秦汉第一次大统一时代不同的是，隋唐时代的政治中心虽仍在北方，但经济中心已逐步南移，形成所谓一今天下以江淮为国命的局面，并随之出现了一个如何将东南部经济中心与黄河流域的政治中心联系起来，以维持王朝生存的重大问题。隋大业元年(605 年)大运河开通后，“自是天下利于转输”，与此相契合，一套由官方组织的，以转运粮食物资为主要内容的漕运制度发展到一个新阶段。当然，经济中心的南移与漕运制度的相应发展是一个历史过程，总的说来，唐前期的漕运主要是为了适应封建王朝组织规模扩大的需要，以安史之乱前后为转捩，此后的江淮漕运则直接事关唐王朝的生死存亡，其重要性愈益突出，封建时代的政治经济新格局也就此形成。本文以此为基本线索，对唐代政局变化与江淮漕运之间的对应关系，进行一些粗略考察。

题　　名　唐代江淮地区的漕运
作　　者　李廷先
刊　　名　扬州大学学报(人文社会科学版)
年 卷 期　1985 年 4 期
页　　码　106－111
摘　　要　《新唐书·食货志》云：“唐都长安，而关中号称沃野，然其土地狭，所出不足以给京师、备水旱，故常转漕东南之粟。”东南漕运，必经运河，这就成为扬州经济繁荣的重要因素。

题　　名　唐代军镇关津的涉外事务管理职能
作　　者　黎虎
刊　　名　北方论丛

年 卷 期　2000 年 2 期
页　　码　77 – 82
摘　　要　唐代边疆军区“道”之下设置之军、镇、守捉、城等军事与边防单位,以及边防要害及交通要冲之处设置的关、津,均为外交使节或各类蕃客所首先接触或必经之处,故都在不同程度上担负着涉外事务之管理职责,构成为唐代庞大周密的外交管理体系中不可或缺的一环。从而保证了唐代外交活动的正常开展和运行。

题　　名　**唐代库页岛至堪察加半岛的海上航线**
作　　者　王杰,李风楼
刊　　名　中国航海
年 卷 期　1991 年 2 期
页　　码　92 – 97
摘　　要　公元七世纪四十年代,唐王朝库页岛与堪察加半岛流鬼国之间开辟了一条长达一千七百公里的海上航线。本文分析了该航线开辟的时代背景,从音韵学、航海学、地理学以及风俗习惯等方面对该航线的两个端点库页岛与堪察加半岛进行了考证,并从航海学的角度对影响该航线的一些客观因素(海流、季风、冰封等)进行了分析,进一步阐明了该航线的弯弓形特点与鄂霍次克海沿岸逆时针环流的密切联系。

题　　名　**唐代昆仑奴来源刍议**
作　　者　梁静文
刊　　名　海交史研究
年 卷 期　2004 年 46 期
页　　码　58 – 62

题　　名　**唐代昆嵛山无染院碑及相关问题**
作　　者　王慧,曲金良
刊　　名　中国海洋大学学报(社会科学版)
年 卷 期　2007 年 5 期
页　　码　88 – 90
摘　　要　山东昆嵛山无染院是一座历史悠久的佛教寺院,联结着中国南北海上及海外商贸经济与佛教文化交流的历史文脉,但长期未受学界重视。近些年来,因唐光化四年无染院碑文中提到新罗人金清,引起中韩学者们的关注,但已有研究未对无染院碑文及其相关问题作全面考察,因而影响了对无染院历史面貌的全面认识。

题　　名　**唐代来长安日本人的生活、活动和学习**
作　　者　戴禾
刊　　名　陕西师范大学学报(哲学社会科学版)
年 卷 期　1985 年 1 期
页　　码　111 – 124
摘　　要　唐文化对日本产生过不可估量的影响。在将中国文化移植日本的过程中,起主要作用的是当时往来于两国之间的日本使人、学生和僧侣。凡来唐日人,除辅助人员如水手、射手、船工等外,其他负有某种使命的人员，一般都得来长安，活动也大部以长安为中心。遣唐使的使命通常都在长安完成，留学生须在国子监留学，留学僧中的绝大部分也均到长安寻师学法。他们在长安期间所受待遇如何？衣食住行等生活情况如何？摄取中国文化的具体活动有哪些？本文拟于这些方面作些探索。

题　　名　**唐代来华日本人井真成墓志考辨**
作　　者　王义康，管宁
刊　　名　中国历史文物
年 卷 期　2005 年 5 期
页　　码　38－54
摘　　要　本文通过对井真成墓志的考辨认为，志主井真成是从日本来的留学生，应于开元五年来华；他在唐生活了 17 年，并入国子监学习，但英年早逝，客死国子监学舍；唐朝廷追赠他从五品上的官职，并按相关待遇出资安葬于长安郊外。其墓志由著作局撰写志文，甄官署镌刻而成，志面空格，是志文少于预制志石志面界格数出现的问题，非有意为之。志文在表述方式上与唐代一些墓志虽不尽相同，但都有例可循，是在许可的范围之内，对其产生怀疑，是求之过深；府君称谓与道教信仰无必然联系，志文描述的葬礼仪式也与道教葬仪无关。此外，日本国号确立的时间应是在公元 701 年。

题　　名　**唐代两次灵渠整修工程略论**
作　　者　刘范弟
刊　　名　长沙水电师院社会科学学报
年 卷 期　1996 年 4 期
页　　码　111－113
摘　　要　在灵渠两千多年的工程史上，唐代由李渤和鱼孟威二人主持的两次整修工程是值得考察的。由李渤创设的大小天平、铧嘴和斗门，是灵渠工程史上的首创，奠定了以后灵渠工程的基本格局并一直沿袭到今日；而鱼孟威对工程材料的革新及其对工程主持人选的慎重而又不失破格的选拔，以及对工程施工的精细概算组织，在今天也不失其现实意义。

题　　名　**唐代留学生教育的兴盛及其影响**
作　　者　刘敏
刊　　名　佳木斯大学社会科学学报
年 卷 期　2002 年 2 期
页　　码　100－102
摘　　要　唐代由于封建政治、经济、文化的空前繁荣和发展，吸引周边各国纷纷派遣留学生、学问僧入唐求学，留学生教育一度兴盛。唐代留学生教育是世界古代教育史上成功的范例，对东亚地区社会文化的发展产生了重大而深远的影响。

题　　名　**唐代梅县水车窑与潮州窑的发展成因初探(上)**
作　　者　陈志民
刊　　名　中国陶瓷
年 卷 期　2006 年 42 卷 12 期
页　　码　90－92
摘　　要　根据粤东韩江流域遗存为数不少唐代梅县水车窑与潮州窑古代陶瓷这一特殊现象，搜集实物资料，作为窑址发掘研究资料的补充，进行排比与辨别考证；并就唐代水车窑与潮州窑陶瓷生产的发展成因与技艺特色、潮州港作为唐代重要的对外贸易出口港形成的客观背景和海上“陶瓷之路”开拓的关系等作初步分析探讨。

题　　名　唐代梅县水车窑与潮州窑的发展成因初探(下)
作　　者　陈志民
刊　　名　中国陶瓷
年 卷 期　2007年43卷1期
页　　码　78－80,83
摘　　要　根据粤东韩江流域遗存为数不少唐代梅县水车窑与潮州窑古代陶瓷这一特殊现象，搜集实物资料，作为窑址发掘研究资料的补充，进行排比与辨别考证；并就唐代水车窑与潮州窑陶瓷生产的发展成因与技艺特色、潮州港作为唐代重要的对外贸易出口港形成的客观背景和海上“陶瓷之路”开拓的关系等作初步分析探讨。

题　　名　唐代明州港与日本博多港对比研究
作　　者　林士民
刊　　名　宁波经济(三江论坛)
年 卷 期　2009年6期
页　　码　44－47
摘　　要　运用历史文献、文物史迹对明州港与日本博多港两个港口的历史、港口发展的地理位置、朝廷政策和文化遗存等进行对比分析，可以看出唐代明州港与日本博多港的关系、作用与历史地位。两港的发育和发展为两国人民的友好交往书写了光辉的一页。

题　　名　唐代明州与西亚波斯地区的交往——从出土波斯陶谈
作　　者　傅亦民
刊　　名　海交史研究
年 卷 期　2000年38期
页　　码　66－70

题　　名　唐代穆护及其首次遭逢灭教
作　　者　羽离子
刊　　名　海交史研究
年 卷 期　1992年21期
页　　码　34－44

题　　名　唐代求法高僧义净
作　　者　徐北文
刊　　名　济南教育学院学报
年 卷 期　2002年4期
页　　码　17－21

题　　名　唐代日本高僧远渡天台和中日海运的开拓
作　　者　叶哲明
刊　　名　台州学院学报
年 卷 期　1997 年 5 期
页　　码　16 – 24
摘　　要　唐代日本高僧甘冒生命危险，远涉重洋，来天台国清寺学佛求法，开创日本天台宗派。其人数之多、规模之大、信仰之虔诚、追求之执着，以及两国高僧间学术交流之浓烈、思想情感之默契，确为中日文化交流史上的一大盛事。这对当时日本国内正在进行的政治改革和民间的社会风尚、文化教育，都发生着极其深远的影响。尤以两国高僧之间海上频繁活动，大大地推动了东亚海运，并在中古世界海运史上有着重大的历史意义。

题　　名　唐代日本留学生井真成墓志铭初释
作　　者　葛继勇
刊　　名　华南农业大学学报（社会科学版）
年 卷 期　2005 年 4 卷 1 期
页　　码　119 – 126
摘　　要　2004 年，一方唐代日本留学生的墓志惊现于古都西安，引起了中日专家学者的深切关注。由于墓志的记载极为简单，且日本文献中未有相关记载，目前对墓主井真成的身世及留学的生涯的论争非常激烈，成为 2004 年日本唐代史研究会的主要议题之一。目前，对最基本的墓志铭的释读存在很大争议。一些媒体报道少录了“志文”两字，并把楷体的志盖铭文释为篆体。关于墓志石的大小、汉字的判读也不一致。此外，就墓志铭所缺处的候补文字，虽有各种意见，但“衔”、“立”、“壑”、“哀”、“给”等的可能性较大。

题　　名　唐代日本人井真成墓志再探讨
作　　者　贾麦明，葛继勇
刊　　名　中国历史文物
年 卷 期　2005 年 5 期
页　　码　32 – 37
摘　　要　唐代日本人井真成墓志的发现，再次引起世人对 1200 多年前中日文化交流的瞩目，对墓志进行更深层次的研究已成为中日两国史学界的共同课题。本文通过与同时期唐人墓志及古代日本墓志的比较，并结合历史背景认为：井真成墓志制作粗糙乃与当时的时间仓促有关；以往墓志释文中的“闻道”应为“问道”；井真成被赠赐“尚衣奉御”一职是唐政府的特殊优待；国号“日本”的记载应为现存最古用例；中日墓志的差异性是值得深入探讨的课题。

题　　名　唐代山东的沿海开发与海上交通
作　　者　王赛时
刊　　名　东岳论丛
年 卷 期　2002 年 23 卷 5 期
页　　码　130 – 132
摘　　要　唐代时期，山东沿海地区的开发进一步加速，促使国内的沿海贸易和对外贸易的进一步发展与繁荣，形成了以青州、莱州、登州、密州为中心的海港重镇以及诸如黄县、文登、牟平、崂山等众多出海港口。山东沿海的海港建设和航海开发,又大大推动了该地区北赴辽东半岛,再达渤海国;东至高丽、新罗、日本;南下东南沿海城市的海上航线的开辟,形成了与外界联系紧密而通畅的海上交通网络。

题　　名　唐代市舶使若干问题的再思考
作　　者　李庆新
刊　　名　海交史研究
年 卷 期　1998 年 34 期
页　　码　21－34

题　　名　唐代市舶使设置地区考辨
作　　者　宁志新
刊　　名　海交史研究
年 卷 期　1996 年 30 期
页　　码　70－75

题　　名　唐代市舶司建地初探
作　　者　王冠倬
刊　　名　海交史研究
年 卷 期　1982 年 4 期

题　　名　唐代市舶制度若干问题研究
作　　者　宁志新
刊　　名　中国经济史研究
年 卷 期　1997 年 1 期
页　　码　114－121,160
摘　　要　市舶制度,是我国古代管理海外贸易的重要制度之一,发端于唐朝,废止于明末,在历史上行用了九百余年。近十多年来,学术界对这一问题展开了热烈讨论,取得了许多共识。但在有关后代市舶制度方面,仍存在不少分歧,以下不揣浅陋,试就其中若干问题略抒管见,以求教于方家学者。

题　　名　唐代丝绸之路的见证——泰国猜耶出土瓷碗和扬州出土背水壶上阿拉伯文图案的鉴定
作　　者　陈达生
刊　　名　海交史研究
年 卷 期　1992 年 22 期
页　　码　40－41,55

题　　名　唐代四大海港之一"Djanfou"不是泉州是明州(越府)
作　　者　林浩
刊　　名　宁波经济(三江论坛)
年 卷 期　2007 年 7 期
页　　码　44－47,43
摘　　要　经过近一个世纪的探索。唐代四大海港之一"Djanfou"所属地究竟是泉州还是明州一直存在争议。本文通过地理位置、航运水平、市舶活动、文化、物产等作为著名贸易港应具的各种条件进行逐一比较和地名读音考释,认为明州凭着优越的地理、人文条件成为唐代四大海港之一,“Djanfou”应是明州(越府)而非泉州。

题　　名　**唐代宿州的战略地位**
作　　者　井红波
刊　　名　宿州教育学院学报
年 卷 期　2007年10卷1期
页　　码　45－49
摘　　要　宿州是随汴渠的开通、漕运的兴盛而迅速崛起的,至唐代中后期,由于地理位置的重要,其战略地位渐渐突出,成为汴渠漕路之要冲、兵家必争之地。本文拟从宿州战略地位的确立以及在唐末藩镇割据、庞勋起义等一系列纷纭复杂的斗争中所体现出的经济、军事价值作一粗浅分析,以论证其对唐廷稳定中原、控制全局起到的重要作用。

题　　名　**唐代皖江水运与商业贸易**
作　　者　周怀宇
刊　　名　安徽师范大学学报(人文社会科学版)
年 卷 期　1992年20卷2期
页　　码　228－234
摘　　要　长江在安徽境内流长401公里,流域面积达6.6万平方公里,被视为“皖江”。皖江流域至隋唐时期,社会经济有了较大的发展,成为富庶的“东南八道”中迅速崛起的重要地区。这里社会经济之所以发展,重要原因之一,就是丰富的水资源得到较大的开发。其中水运交通事业的开发与发展尤为显著,对于促进当时农业、手工业,尤其是商业贸易发挥了重要作用。

题　　名　**唐代文化典籍向日本的流传**
作　　者　李靖莉
刊　　名　滨州教育学院学报
年 卷 期　1996年2期
页　　码　6－9

题　　名　**唐代文物典籍对日本的传播**
作　　者　武陵子
刊　　名　史学月刊
年 卷 期　1987年6期
页　　码　21－23

题　　名　**唐代新罗留学生在中朝文化交流中的作用**
作　　者　王周昆
刊　　名　西北大学学报(哲学社会科学版)
年 卷 期　1994年2期
页　　码　109－115

摘　　要　唐朝以高度发展的文化吸引着四周的国家和地区，外国留学生源源不断地被派遣前来学习，努力吸收盛唐文化。派遣留学生学问僧最多的国家是新罗，他们学成回国后，在经济、刑律、教育、文化、宗教、建筑、历法、军事几乎所有部门工作，都能发挥自己的学术和技术特长，均有不同程度的建树，对推动新罗文化的发展和中朝文化交流作出了不可磨灭的贡献。

题　　名　唐代扬州的繁华对鉴真东渡文化传播的深远影响
作　　者　许凤仪
刊　　名　扬州教育学院学报
年 卷 期　2004 年 22 卷 2 期
页　　码　23－26
摘　　要　唐代漕运和盐运的兴盛带来扬州经济繁荣、文化昌盛和百业兴旺，为鉴真东渡提供了人才、物资和文化的保证。鉴真东渡对日本佛教、建筑、雕塑、医药、文学、饮食等方面的发展作出不朽贡献，产生深远影响。

题　　名　唐代扬州的市舶事务与“所由”
作　　者　严仁
刊　　名　海交史研究
年 卷 期　1989 年 15 期

题　　名　唐代扬州市舶司的机构及其职能
作　　者　朱江
刊　　名　海交史研究
年 卷 期　1988 年 13 期

题　　名　唐代以来西沙群岛已经是中国的领土
作　　者　王斤役
刊　　名　新史学通讯
年 卷 期　1956 年 11 期
页　　码　21

题　　名　唐代以前泛珠三角地域文化的交流和融合探讨
作　　者　许桂灵，司徒尚纪
刊　　名　热带地理
年 卷 期　2006 年 3 期
页　　码　290－295
摘　　要　区域经济联合应获得文化支持，而文化支持的基础在于文化共同性。泛珠三角作为一个多民族多文化共存地区，自古以来即不断发生民族文化的交流和融合，直到唐代以前，形成以百越文化为主体多元文化并存格局，同时在以铜鼓和风俗为代表文化变迁和发展上表现出更多文化共性，折射泛珠三角各个区域历史交流和联系不断加强的趋势，奠定了泛珠三角作为一个历史存在形式出现的文化基础。

题　　名　唐代中非关系述论
作　　者　景兆玺
刊　　名　西北第二民族学院学报(哲学社会科学版)
年 卷 期　2002 年 1 期
页　　码　17－22,44
摘　　要　在中非关系发展史上,唐代是一个承上启下的重要时代。唐代中非交流成果的不断涌现,必然大大加强双方之间的吸引力,促使双方进一步消除障碍,发展中非关系。正是这种相辅相成的关系,加速了唐及唐以后中非关系的发展。本文通过对唐代中非关系发展的背景、中非交通、非洲黑人来华等问题的探讨,初步勾勒出唐代中非关系的基本线索和内容。

题　　名　唐代中国日本之间的海上交通
作　　者　陈炎
刊　　名　青海师范大学学报(哲学社会科学版)
年 卷 期　1985 年 1 期
页　　码　120－125

题　　名　唐代中国入阿海路贸易品述论
作　　者　张玉霞
刊　　名　宁夏社会科学
年 卷 期　2008 年 6 期
页　　码　152－154

题　　名　唐代中国文化对日本的影响
作　　者　刘淑梅,李晶
刊　　名　齐齐哈尔大学学报(哲学社会科学版)
年 卷 期　1995 年 5 期
页　　码　194－196

题　　名　唐代中国文化与巴格达城的兴建——(唐)杜环《经行记》新证之一
作　　者　宋岘
刊　　名　海交史研究
年 卷 期　1998 年 33 期
页　　码　73－84

题　　名　唐代中国与阿拉伯的海上贸易
作　　者　李金明
刊　　名　南洋问题研究
年 卷 期　1996 年 1 期
页　　码　1－7

题　　名　**唐代中国与阿拉伯海上交通航线考释**
作　　者　李金明
刊　　名　海交史研究
年 卷 期　2009年56期
页　　码　48－58
摘　　要　唐代,中国与阿拉伯之间的海上交通已很发达。由于两国的商船来往频繁,故对由巴士拉出航,经波斯湾、阿拉伯海、孟加拉湾、马六甲海峡到中国的航线;或者从广州起航,经越南海域、马六甲海峡、孟加拉湾、印度洋、波斯湾至巴士拉的航线都了解甚多。无论在阿拉伯旅行家的游记里,或者在唐代的官方文书中都有详细的记载。尽管此前已有不少中外学者对这些航线进行过考释,但总觉得尚有改善的馀地,于是在前人考释的基础上多少做些补充。

题　　名　**唐代中日关系发展原因初探**
作　　者　胡沧泽
刊　　名　福建师范大学学报(哲学社会科学版)
年 卷 期　1982年2期
页　　码　122－127
摘　　要　唐代,是我国封建社会的一个鼎盛朝代,对外交往十分频繁。特别是与东边的日本,官方和民间的往来都出现了高潮。一批批日本派出的遣唐使、留学生、学问僧,以及唐朝的回访使节、学者、僧侣、商人,穿梭来往于中国大陆和日本列岛之间。滔滔"东海是西邻",中日两国成了一衣带水的友好邻邦。从历史上看,日本一向深受中国文化的影响,然而中日关系的高潮却出现在唐代。唐代的中国对日本为什么有那么大的吸引力?促使中日两国关系发展的原因究竟在哪里?这是本文需要探讨的问题。

题　　名　**唐代中日海运**
作　　者　丁正华
刊　　名　航海
年 卷 期　1980年1期
页　　码　10－11,24
摘　　要　中国和日本是一衣带水的邻邦,两国人民之间的友好往来及其文化的影响源远流长。但是在古代,探索和开辟两国之间的海上交通,经历了长期的艰难曲折的过程。到了唐代,由于创造了相当高度的物质文明,对两国经济、文化的交流,产生了很大的动力。

题　　名　**唐代中日交流的新史料——《延历僧录》(淡海居士传)校读记**
作　　者　王勇,半田晴久
刊　　名　河南师范大学学报(哲学社会科学版)
年 卷 期　2004年2期
页　　码　91－94

题　　名　**唐代中日文化关系与日本空海和尚**
作　　者　汤鹤逸
刊　　名　云南大学学报(人文科学)
年 卷 期　1958年1期

题　　名　**唐代中外僧侣的海上求法弘法热潮及其社会背景**
作　　者　张菁
刊　　名　郑和研究
年 卷 期　2000 年 1 期
页　　码　49 – 50

题　　名　**唐代中外图书的交流**
作　　者　朱小秋
刊　　名　华夏文化
年 卷 期　1995 年 3 期
页　　码　21

题　　名　**唐代转运使的设置与裴耀卿**
作　　者　何汝泉
刊　　名　西南师范大学学报(人文社会科学版)
年 卷 期　1986 年 1 期
页　　码　72 – 79
摘　　要　唐代转运使的设置与裴耀卿有密切关系,作为首任转运使的裴耀卿,对漕运曾经作过重要贡献。本文主要从这两个方面,同时联系有关问题,作一些初步的论述。

题　　名　**唐德宗朝汴河水利之争的由来与影响**
作　　者　王力平
刊　　名　内蒙古民族大学学报(社会科学版)
年 卷 期　1988 年 2 期
页　　码　81 – 84

题　　名　**唐帝国和粟特人的交易活动**
作　　者　荒川正晴,陈海涛,杨富学
刊　　名　敦煌研究
年 卷 期　2002 年 3 期
页　　码　81 – 91

题　　名　**唐鸿胪井刻石与渤海政权的定名、定位及发展**
作　　者　魏存成
刊　　名　吉林大学社会科学学报
年 卷 期　2006 年 46 卷 1 期
页　　码　45 – 51
摘　　要　公元 698 年,我国东北的古老民族靺鞨族联合其他民族在以我国东北地区为主的广大地区建立政权。713 年唐遣使崔忻对其册封,第二年崔忻返程路过旅顺,凿井刻石,即唐鸿胪井刻石。通过这次册封,该政权被正式定名为渤海,定位为唐王朝的一个边疆州和都督府,从此其政治、经济、文化诸方面开始了全面发展。

题　　名　唐后期淮颍(蔡)水运的利用与影响
作　　者　王力平
刊　　名　河北学刊
年 卷 期　1991 年 2 期
页　　码　83 – 88

题　　名　唐鉴真东渡与中日医药学交流
作　　者　张厚宝
刊　　名　中国中药杂志
年 卷 期　1989 年 14 卷 5 期
页　　码　57 – 59

题　　名　唐开元后的梅岭道与中外商贸交流
作　　者　王元林
刊　　名　暨南学报(人文科学与社会科学版)
年 卷 期　2004 年 26 卷 1 期
页　　码　128 – 133

题　　名　唐罗关系史研究的一部力作——评拜根兴著《七世纪中叶唐与新罗关系研究》
作　　者　姜清波
刊　　名　唐都学刊
年 卷 期　2004 年 2 期
页　　码　49 – 50

题　　名　唐末开辟的甘棠港址考
作　　者　王铁藩
刊　　名　福建论坛(人文社会科学版)
年 卷 期　1984 年 5 期
页　　码　71 – 72,59

题　　名　唐末日本遣唐使废止原因浅析
作　　者　吴大千
刊　　名　抚顺教育学院学报
年 卷 期　1987 年 4 期
页　　码　23 – 25

题　　名　唐末五代的水军和水战
作　　者　何灿浩

刊　　名　宁波大学学报(人文科学版)
年 卷 期　2001 年 14 卷 1 期
页　　码　40 - 45
摘　　要　文章简要考察唐末五代水军的规模、职能以及水战的影响因素、攻备之术等。认为水军建置是相当普遍的,水战地区则有一个北移的轨迹。水战在军事上的作用渐趋重要,在兵种、战式上的南北差异则在逐渐缩小。

题　　名　**唐末五代福建茶业考**
作　　者　徐晓望
刊　　名　福建茶叶
年 卷 期　1991 年 1 期
页　　码　38 - 42

题　　名　**唐清两朝盛世对外政策比较**
作　　者　卢颐
刊　　名　濮阳职业技术学院学报
年 卷 期　2005 年 1 期
页　　码　48 - 50
摘　　要　唐清两朝盛世的对外政策迥异,前者是对外开放,后者是闭关锁国。正因为自身强大的自信,唐王朝敢于对外开放;正因为对异族统治信心的不足,清王朝选择了闭关锁国。唐清两朝虽然实行不同的对外政策,产生了一强一弱的相反格局,但却共同体现了中国传统的"天朝上国"思想。

题　　名　**唐日白江之战的兵力及几个地名考**
作　　者　石晓军
刊　　名　陕西师范大学学报(哲学社会科学版)
年 卷 期　1983 年 3 期
页　　码　105 - 110
摘　　要　公元六六三年八月,在朝鲜半岛西南部的锦江口,唐日两军进行了一场激烈的海战,日军战败,这就是历史上有名的白江(白村江)之战。这场战役的全貌,前人已作了很多研究,大致轮廓是清楚的,但似乎对参战的唐日两军兵力,以及一些有关地名的实际地理位置尚有不确切之处。本文拟就此略作考辨。

题　　名　**唐日关系的若干问题**
作　　者　沈仁安
刊　　名　日本研究
年 卷 期　1994 年 3 期
页　　码　81 - 84

题　　名　**唐绍仪与清季海关**
作　　者　詹庆华
刊　　名　历史教学

年 卷 期　1992 年 8 期
页　　码　8 – 11
摘　　要　外籍税务司控制的中国近代海关是西方列强侵华的产物，自从它产生以后，中国人民就对其进行了坚决的反对和抵制，许多爱国志士曾提出过收回海关主权的种种主张并为此呕心沥血，表现了他们维护中华民族利益的爱国主义精神。本文拟就唐绍仪在清季收回海关主权活动及海关隶属关系演变过程中的作用和影响作一述论。不妥之处，敬祈赐教。

题　　名　**唐绍仪与中山港建设**
作　　者　连心豪
刊　　名　海交史研究
年 卷 期　1994 年 25 期
页　　码　78 – 83

题　　名　**唐时期中国文化向日本的传入**
作　　者　史迪
刊　　名　史学月刊
年 卷 期　1990 年 2 期
页　　码　109 – 111

题　　名　**唐史所见张建章其人**
作　　者　陈光崇
刊　　名　史学史研究
年 卷 期　1996 年 3 期
页　　码　72 – 73

题　　名　**唐顺之与明代抗倭斗争**
作　　者　黄毅
刊　　名　深圳大学学报（人文社会科学版）
年 卷 期　2009 年 26 卷 6 期
页　　码　98 – 104
摘　　要　唐顺之是明代著名的文学家和理学家，又是战功卓著的抗倭将领。唐顺之晚年经严嵩和赵文华推荐而复出，颇受时人非议。但唐顺之并不是严嵩党羽，他在国家危难之际毅然出山，战斗在抗倭第一线，鞠躬尽瘁，死而后已，应给以充分的肯定。

题　　名　**唐宋汴河与宿州的兴起**
作　　者　井红波，杨钰侠
刊　　名　宿州学院学报
年 卷 期　2010 年 1 期
页　　码　35 – 38
摘　　要　从唐宋汴河交通运输功能的发挥、漕运的日渐发达入手，结合近年来的考古发现，着重分析了唐代土甬桥的繁盛、经济军事地位的提高，宿州建置的过程、发展的表现以及宋代宿州城市商业的繁荣、人口的增多、规模的扩大等,以阐明古代宿州是凭借汴河产生并兴起的城市,继而说明汴河、漕运、商业、城市之间构成了同步运动,便利的水路交通条件是古代城市产生与发展的决定性因素。

题　　名　唐宋船闸初探
作　　者　郑连第
刊　　名　水利学报
年 卷 期　1981 年 2 期
页　　码　65 – 72

题　　名　唐宋对外贸易的特点及其影响
作　　者　张立英
刊　　名　财经研究
年 卷 期　1989 年 11 期
页　　码　55 – 57
摘　　要　唐宋时期的对外贸易,开启了中国古代外贸史上的新纪元。探索这一时期外贸的特点、兴盛的原因及其对经济的影响,不仅有利于我们增长对唐宋经济史的认识和对整个古代外贸发展史的认识,而且对今天的改革开放也有一定的借鉴意义。

题　　名　唐宋蕃坊与明清澳门比较研究
作　　者　邱树森
刊　　名　文化杂志
年 卷 期　2003 年 47 期

题　　名　唐宋广东生产瓷器的外销
作　　者　黄慧怡
刊　　名　海交史研究
年 卷 期　2004 年 45 期
页　　码　105 – 118,83

题　　名　唐宋时代的造船业
作　　者　冯汉镛
刊　　名　历史教学
年 卷 期　1957 年 10 期
页　　码　10 – 14
摘　　要　旧唐书崔融传称唐代的水道交通情形,是“旁通巴汉,前指闽越,七泽十薮,九江五湖,控引河洛,兼包淮海,弘舸巨舰,千舳万艘,交贸往还,昧旦永日”。而唐语林补遗也说:“东南郡邑,无不通水,故天下货利,舟楫居多”。唐时的水道交通,既然如此的发达,则维持这种交通的工具——船舶,一定也是非常发达的。下及宋时,祖国的造船情形,更趋兴盛。不仅造船的工场众多;而且船舶的种类,也较唐代为多。所以当时的内河与海洋,就出现了大量的中国舟船在航行。这种结果,对于当时的国际和国内贸易以及文化交流等方面,都起了不少的推动作用。在世界的航业史上,占据了光荣的一页。因此我们今天对待这一问题,就不能不予以重视。

题　　名　唐宋时代登州港海上航线初探
作　　者　刘成
刊　　名　海交史研究
年 卷 期　1985 年 7 期

题　　名　唐宋时期长江航运贸易的发展
作　　者　林文勋
刊　　名　江苏社会科学
年 卷 期　1992 年 6 期
页　　码　82－90
摘　　要　长江水路,号称黄金水道。其航运贸易的发展,历史悠久,对我国经济的发展影响甚大。通观整个古代长江航运贸易发展的历史,唐宋两代乃是一个大发展时期,占有重要地位。本文拟对这一时期长江航运贸易发展的具体情况、发展的原因及影响略作探讨,以期能促进这方面的研究,从而为我们今天更好地开发和利用长江,加快经济发展提供一点历史借鉴。

题　　名　唐宋时期的海州与海上"陶瓷之路"
作　　者　刘洪石
刊　　名　东南文化
年 卷 期　1990 年 5 期
页　　码　201－205
摘　　要　唐和五代是我国陶瓷生产大发展的时代。也是我国海上交通海外贸易迅猛发展、全面开放的时代。象征着唐、五代瓷业发展高峰的重要事实是:至迟从九世纪下半叶,我国陶瓷继丝绸和茶叶之后成为重要的外销商品而大量出口。为宋代大规模的陶瓷外销开了先河。现代世界性考古成果表明,不管是陆上丝路所到的西亚,还是海上丝路东西洋航线所经历的每一处古址,都发现了大量的唐、宋时期完整瓷器和瓷片。日本陶瓷专家三上次男先生把这条海上运输的航线称为"陶瓷之路"。正是这些五彩缤纷的瓷片还原了历史的本来面目,弥补了史书失记的不足,为我们勾勒了唐宋时期我国外销陶瓷的重要口岸和航路的轨迹。

题　　名　唐宋时期的明州茶禅文化与"海上茶叶之路"
作　　者　董贻安
刊　　名　海交史研究
年 卷 期　2005 年 47 期
页　　码　43－50
摘　　要　宁波历踞我国东南沿海要津,为东亚地区著名的港口城市,又拥有历史与人文优势,个性独特,影响卓著。在考察唐宋时期禅与茶各自形成的历史背景和文化现象基础上,阐述禅茶文化兴起、发展、成熟的个性特质,及其以海洋作为传播载体影响日本茶道形成轨迹,从而证明 9－13 世纪 400 年间明州对开辟"海上茶叶之路"的历史贡献。

题　　名　唐宋时期的泉州
作　　者　休·R·克拉克

刊　　名　海交史研究
年 卷 期　1989 年 16 期

题　　名　**唐宋时期的中国战船**
作　　者　唐志拔
刊　　名　舰船知识
年 卷 期　1988 年 5 期
页　　码　24 – 25

题　　名　**唐宋时期福建与东北亚的交往和移民**
作　　者　黄英湖
刊　　名　华侨华人历史研究
年 卷 期　2003 年 3 期
页　　码　55 – 60
摘　　要　唐、五代时期，随着沿海地区的大规模开发和人口的大量增多，福建的对外贸易和其他往来发展了起来，和东北亚各国也开始有了商业、文化等方面的交往，并且有人由于政治或宗教原因而移居那里。到了宋代，福建的经济、文化空前发展，对外贸易达到鼎盛阶段，与东北亚的交往和移民也随之进入历史的高潮，不仅来往的次数频繁，而且人数众多。这些情况说明，唐、宋时期的福建不但与东南亚有大量往来，而且与东北亚也产生了许多交往，其对外开放是全方位、多角度的。

题　　名　**唐宋时期福建与日本的经济文化交流**
作　　者　胡沧泽
刊　　名　福建师范大学学报(哲社版)
年 卷 期　1999 年 4 期
页　　码　100 – 104

题　　名　**唐宋时期回回民族对海外农业和药材业品种的引进与输入**
作　　者　韩毅
刊　　名　青海民族研究
年 卷 期　2003 年 14 卷 4 期
页　　码　67 – 72
摘　　要　唐宋时期，中国和阿拉伯诸伊斯兰国家展开了频繁的经济文化交流。随着回回民族的东来，海外珍贵的农业和药材业品种，也源源不断地通过丝绸之路输入到我国。这些由回回民族新输入和引进的经济品种，不仅增加了我国农业和药材业的种类，而且也丰富了各族人民的物质文化生活，对中西经济文化交流与中国古代社会经济开发，起到了重要地促进作用。

题　　名　**唐宋时期穆斯林的来华和留居**
作　　者　穆宝修
刊　　名　云南社会科学
年 卷 期　1985 年 5 期
页　　码　72 – 79

摘　　要　从先秦时起，中国同中亚、波斯、阿拉伯等地区各民族，已经开始了经济和文化的往来。西汉武帝元朔三年（前126年），张骞出使西域回到长安。此后，中国不断遣使西域；而西域的商人、使者则更多地来到中国。

题　　名　**唐宋时期泉州与东北亚的陶瓷贸易**
作　　者　陈丽华
刊　　名　海交史研究
年 卷 期　2006年49期
页　　码　42－58
摘　　要　唐宋时期，泉州地区一直是中国南方的商业重镇和陶瓷的重要产区，海外贸易发达，与东北亚各国的海上交往频繁。在文字记载阙如的情况下，大量的古陶瓷是再现它们之间贸易关系以及文化交往不可或缺的实物资料。尤其在宋代，泉州的外销瓷销售范围广、数量多，在日本有许多重要的发现。虽然在朝鲜半岛上已知的泉州古陶瓷发现的数量不多，但笔者认为，这个时期以朝鲜半岛在中国及东北亚贸易圈中的重要地位而言，在贸易交往频繁的年代以及许多泉商常驻高丽的情形下，泉州陶瓷在半岛上应存在某种程度的贸易和遗存，对此有待进一步考古发现和探究。

题　　名　**唐宋时期上海的航运**
作　　者　孙杰，朱少伟
刊　　名　航海
年 卷 期　1990年4期
页　　码　33

题　　名　**唐宋时期我国第一贸易大港地位的转换**
作　　者　戴显群
刊　　名　海交史研究
年 卷 期　2004年46期
页　　码　49－57

题　　名　**唐宋时期我国造船技术的发展**
作　　者　《中国古代造船发展史》编写组
刊　　名　大连理工大学学报
年 卷 期　1975年4期
页　　码　65－71
摘　　要　在批林批孔运动的推动下，由工人、技术人员、革命教师组成的编写小组经过艰苦努力，在有关单位的大力协助下，编出了《中国古代造船发展史》。这里选载的是其中的一节。

题　　名　**唐宋时期鄞州与日本的佛教交往**
作　　者　张德华
刊　　名　东方博物
年 卷 期　2005年2期
页　　码　64－70

摘　　要　佛教文化的传播是“海上丝绸之路”发展的重要内容之一。本文介绍了唐代鄮县(今鄞州)成为中日两国交往的海上门户的历史背景及明州港成为日僧出入中国的海路主要门户的情况,对唐宋时期鄞州与日本的佛教交往、与日本佛教的殊胜因缘等作了探讨。

题　　名　**唐宋时期浙江与日本的佛教文化交流**
作　　者　林正秋
刊　　名　海交史研究
年 卷 期　1997 年 31 期
页　　码　53 – 60

题　　名　**唐宋时期中朝图书交流的特点初探**
作　　者　林琳
刊　　名　前沿
年 卷 期　2003 年 6 期
页　　码　157 – 160
摘　　要　唐宋时期是中国古代图书对外交流的高潮。唐时,中国的书籍对朝鲜半岛三国主要是以输出为主,先进的唐文化影响了朝鲜半岛的古国文化。宋代,由于印刷术的发展,为汉籍大量输出创造了客观条件,使中朝两国文化得以相互交流,有了进一步发展。

题　　名　**唐宋时期中国东南亚之间的航路综考**
作　　者　高伟浓
刊　　名　海交史研究
年 卷 期　1987 年 11 期

题　　名　**唐宋时期中国同马来群岛各国的友好贸易关系**
作　　者　夏秀瑞
刊　　名　海交史研究
年 卷 期　1988 年 14 期

题　　名　**唐宋时上海航运点滴**
作　　者　朱少伟
刊　　名　上海海事大学学报
年 卷 期　1985 年 2 期
页　　码　30,70

题　　名　**唐宋以来我国东海海域的东面界限**
作　　者　韩振华
刊　　名　南洋问题研究
年 卷 期　1985 年 2 期
页　　码　52 – 55

题　　名　**唐宋以来之市舶司制度**
作　　者　钱卓升
刊　　名　遗族校刊
年 卷 期　1937 年 4 卷 3 期

题　　名　**唐宋元明的南海舶政**
作　　者　陈竺同
刊　　名　南洋研究
年 卷 期　1936 年 6 卷 3 期

题　　名　**唐宋元明的沿海海关——市舶司——我国海关史话之三**
作　　者　蔡渭洲,谢咸铠
刊　　名　国际贸易
年 卷 期　1984 年 2 期
页　　码　20 - 21

题　　名　**唐宋之际登州港的繁荣与福建海上交通的发展**
作　　者　陈丽华
刊　　名　青岛大学师范学院学报
年 卷 期　2008 年 25 卷 2 期
页　　码　38 - 43
摘　　要　唐宋之际,作为中国北方最繁荣的港口,登州港是五代闽国沟通中原的重要途经口岸,为闽王的偏安一隅以及福建沿海交通北方、促进福建经济发展起到了不可忽视的作用;登州港还是闽商通往东北亚的主要中转港口,至少在北宋初期,闽商频繁出入高丽,与登州港有一定关系。同时,登州港的繁荣也离不开与其他港口的贸易往来,它们的关系是相互的。

题　　名　**唐宋之际丝路贸易与海路贸易的消长变化**
作　　者　蒋致洁
刊　　名　社会科学战线
年 卷 期　1993 年 5 期
页　　码　153 - 158

题　　名　**唐廷枢与轮船招商局**
作　　者　陈绛
刊　　名　近代史研究
年 卷 期　1990 年 2 期
页　　码　35 - 68

题　　名　**唐廷枢与轮船招商局**
作　　者　张学君

刊　　名　文史杂志
年 卷 期　1994 年 5 期
页　　码　32 – 33

题　　名　**唐廷枢与轮船招商局、开平矿务局的资金筹措**
作　　者　李志英
刊　　名　北京师范大学学报（社会科学版）
年 卷 期　1994 年 2 期
页　　码　23 – 29

题　　名　**唐王朝与新罗互使述论**
作　　者　李大龙
刊　　名　黑龙江民族丛刊
年 卷 期　1996 年 2 期
页　　码　57 – 65

题　　名　**唐吴越时期浙东与朝鲜半岛通商贸易和文化交流之研究**
作　　者　林士民
刊　　名　海交史研究
年 卷 期　1993 年 23 期
页　　码　13 – 23，12

题　　名　**唐五代江南水上交通路线的建设**
作　　者　张剑光
刊　　名　历史教学问题
年 卷 期　2002 年 2 期
页　　码　11 – 15

题　　名　**唐五代两宋两浙和明州市舶机构建地建时问题探讨（上）**
作　　者　施存龙
刊　　名　海交史研究
年 卷 期　1992 年 21 期
页　　码　45 – 51

题　　名　**唐五代两宋两浙和明州市舶机构建地建时问题探讨（下）**
作　　者　施存龙
刊　　名　海交史研究
年 卷 期　1992 年 22 期
页　　码　73 – 79，20

题　　名　唐五代泉州海外贸易管理刍议
作　　者　刘文波
刊　　名　泉州师范学院学报
年 卷 期　2005 年 23 卷 3 期
页　　码　48－53
摘　　要　唐王朝是我国封建社会经济繁荣发展的鼎盛时期，在海外贸易方面也开创了一个新的时期，设置了市舶使，制定了有关海外贸易的管理规章和制度。泉州作为当时沿海四大贸易港口之一，未有文献明确记载其如同交州、广州一样设有市舶使，但据唐五代时期泉州港在海外贸易中的表现，及有关史料和考古资料相佐证：泉州在唐五代时期亦有了与市舶使职能相近的海外贸易管理机构，只是在设置时间和名称上有所不同。

题　　名　唐五代温州瓷业及外销问题探讨
作　　者　蔡钢铁
刊　　名　南方文物
年 卷 期　1997 年 2 期
页　　码　70－75
摘　　要　温州位于浙江南部，气候温和，物产丰富，是古代浙江经济文化较为发达的地区之一。温州港历史源远流长，早在战国时期温州的海上交通即有一定的发展，唐代兴起海外贸易，南来、元代曾辟为国际贸易口岸。温州制瓷历史亦十分久远，早在新石器时代，温州先民即能制作印纹和彩绘陶器。商周时又生产出原始瓷器。唐五代温州社会安定，经济繁荣，瓷业发展较快。唐中晚期瓷器开始外销，成为海上陶瓷之路的起点站之一。由于温州外销瓷资料发表较少，温州古代的陶瓷外销尚未引起学术界的重视。本文根据有关资料，试对后五代温州瓷业内涵及有关外销问题作一初步探讨。

题　　名　唐五代浙江的海外贸易
作　　者　林树建
刊　　名　浙江学刊
年 卷 期　1981 年 4 期
页　　码　94－97，88
摘　　要　早在东汉，浙江与海外国家已有贸易往来了。到了唐代，浙江的社会经济又有长足发展。安史之乱后，唐王朝失掉河西之地，“丝绸之路”渐次冷落，浙江的海外贸易由是日趋兴盛。本文试就唐五代时期浙江海外贸易的概况、影响浙江海外贸易的诸因素，以及海外贸易对浙江经济发展的影响等问题，作一些初步探讨。

题　　名　唐五代中国古陶瓷的输出
作　　者　苏垂昌
刊　　名　厦门大学学报（哲学社会科学版）
年 卷 期　1986 年 2 期
页　　码　93－101

题　　名　唐五代中国陶瓷外销日本的考察
作　　者　陈文平

刊　　名　上海大学学报(社会科学版)
年 卷 期　1998 年 5 卷 6 期
页　　码　93－98
摘　　要　本文通过唐五代中国陶瓷外销日本的考察,阐述了唐五代外销日本陶瓷的航运路线、陶瓷品种及贸易情况等问题,并运用目前国外考古学界普遍采用的定量分析,力图再现那个时期陶瓷贸易的各种状况。

题　　名　**唐玄宗给日本圣武天皇的一封信**
作　　者　王仁波
刊　　名　海交史研究
年 卷 期　1984 年 6 期

题　　名　**唐学东渡与吉备真备**
作　　者　李兆铭
刊　　名　齐齐哈尔大学学报(哲学社会科学版)
年 卷 期　1991 年 4 期
页　　码　51－53,71
摘　　要　中日两国是一衣带水的邻邦,自古以来就有密切交往,尤其中国盛唐,正值日本奈良时代,日本不断派出仪容盛大、人数众多的遣唐使,可以说是中日交往的黄金时代。随使入唐的留学生、留学僧,不畏艰险,渡万里惊涛来到长安,如饥似渴地吸取唐朝先进文化。特别是吉备真备两度来唐,留学十七八年,“研覃经史,该涉众艺”;才华横溢,播名于唐,回国后位列公卿,参与国政。在输入、吸收、汲取中国文化,推进日本政治、经济、文化的发展,做出了很大贡献。可以说他是日本奈良时代传播中国文化的功臣。本文仅就唐学东渡与吉备真备所作的贡献,略陈管见,就教于同志们。

题　　名　**唐以来我国浙江海上与阿拉伯的交往**
作　　者　傅伯模
刊　　名　阿拉伯世界
年 卷 期　1997 年 4 期
页　　码　48－52
摘　　要　中国是最先发明养蚕和纺织丝绸的国家,也是最早制造和使用瓷器的国家。横贯欧亚大陆的丝绸之路最初就是以丝绸贸易而闻名于世的,陆上丝绸之路开始时间很早,但有一定的局限性。到了唐代中期,由于多种原因,主要是陆上丝绸之路已不能满足对外贸易发展的需要而逐渐为海路所代替。

题　　名　**唐与新罗使者往来关联问题的新探索——以九世纪双方往来为中心**
作　　者　拜根兴
刊　　名　中国边疆史地研究
年 卷 期　2008 年 1 期
页　　码　70－80
摘　　要　本文利用中韩现存文献及金石史料,围绕 9 世纪唐与新罗使者频繁往来关联问题,做了若干探讨,认为此一时期双方的交涉,呈现出官方交往的理性多样化和民间交往经济文化蕴涵增大的特点。同时,还对学界很少关注的唐使节崔廷出使新罗的时间,新罗望德寺双塔“战”,《贞元集要广利方》传入新罗等问题提出自己的看法。

题　　名　唐政权与朝鲜半岛的关系述论
作　　者　都兴智
刊　　名　史学集刊
年 卷 期　2001 年 3 期
页　　码　61 - 64
摘　　要　唐朝先后出兵灭掉朝鲜半岛上的百济和高句丽政权，析其地置熊津都督府和安东都护府，又在新罗领土上设置鸡林州都督府，不但恢复了汉魏时期对朝鲜半岛北部的有效统治，而且在整个半岛地区普遍设立了府、州、县，把这一地区直接或间接地纳入唐王朝统辖之下，这是中国东北古史研究中不能回避的历史事实。

题　　名　陶澍辟海运新道初探
作　　者　罗庆康
刊　　名　湖南师范大学社会科学学报
年 卷 期　1984 年 6 期
页　　码　81 - 82

题　　名　陶澍辟海运新道初探
作　　者　罗庆康
刊　　名　湖南城市学院学报
年 卷 期　1985 年 S1 期
页　　码　116 - 121

题　　名　陶澍漕粮海运改革及其历史地位
作　　者　段超
刊　　名　江汉论坛
年 卷 期　1999 年 8 期
页　　码　38 - 42
摘　　要　漕运是封建王朝的生命线，“国家大计，莫过于漕”。清嘉庆道光年间，伴随着吏治的腐败，漕务弊端丛生，南漕北运屡屡受阻，清王朝面临着严重的统治危机。江苏巡抚陶澍在十分困难的情况下，力排众议，行海运，除漕弊，使漕务得到明显改善。陶澍漕务改革对于当时和后世都产生了深远的影响，在中国漕运史上占有重要地位。从前，史学界对此研究不够，陶澎的历史地位没有得到充分肯定，本文就此作些探讨。

题　　名　陶澍对漕政的整顿和改革
作　　者　陶用舒
刊　　名　湖南城市学院学报
年 卷 期　1990 年 3 期
页　　码　63 - 70
摘　　要　漕运、盐法、河工在明清两代，被称之为“三大政”。他们不仅直接关系着封建王朝的财政收入和物资供应，而且和广大群众的生活息息相关。清嘉道年间，由于封建统治日趋腐败，"三大政"弊端丛生。其中两江地区，既是清朝财赋之区，漕粮、盐课均占全国一半以上；又是河工的重点，境内江河湖汊密布，其弊更为突出。道光元年(1821)，陶澍(1779－1839)任安徽布政使，旋擢安徽、江苏巡抚，两江总督，至道光十九年(1839)病逝，在江南为官十九年。为了维护封建统治，陶澍竭尽精力，治理"三大政"，并取得了一定成就。本文试就陶澍对漕运的整顿和改革，作一初步探讨。

题　　名　**陶澍对漕政的整顿和改革(续完)**

作　　者　陶用舒

刊　　名　湖南城市学院学报

年 卷 期　1990 年 11 卷 4 期

页　　码　56－62

摘　　要　道光三年到十九年，陶澍大力治理江南漕政：裁沉员、删浮费、革陋规、严制度、治江河、浚运道，保证了漕粮的征集和运道的畅通；特别在道光六年对苏、松、常、镇、太仓之漕粮实行海运，取得了巨大成功。

题　　名　**提举福建路市舶司赵汝适及其《诸蕃志》**

作　　者　贾德芳

刊　　名　福建史志

年 卷 期　2004 年 6 期

页　　码　42－44

摘　　要　提起历史文化名城泉州，不能不提及泉州海外交通贸易以及因此而产生的中外经济、文化交流和民族、宗教交融；而提起宋元泉州港鼎盛时期的海外交通贸易，则不能不提及提举福建路市舶司赵汝适及其《诸蕃志》。研究泉州港史的著名专家庄为玑先生曾经说："泉州港史最重要的资料是南宋赵汝适的《诸蕃志》"。

题　　名　**体系转换与晚清外交转型的时滞：以清暹(罗)关系(1853－1911)为例**

作　　者　王军

刊　　名　外交评论(外交学院学报)

年 卷 期　2009 年 26 卷 1 期

页　　码　46－56

摘　　要　国际体系转换影响着国家的外交转型，随着国际体系更迭，一国外交转型可能出现时滞现象。在晚清外交中，中国被迫接受并逐渐习惯了西方制定的国际规则，但这些规则却很难全面应用于中国与非西方的其他国家关系中。以 1853－1911 年清政府和暹罗的关系为例，虽然清暹关系深受国际体系变迁的影响，但晚清决策者在观念上既难以判别该体系转化的内涵，又难以接受用新规则指导中暹关系。这种滞后的认识以及转型时滞既阻碍了清暹确立新的现代外交关系，又不利于双方交往，从而使一些双边问题成为历史遗留问题。

题　　名　**天妃、南海神崇拜与郑和下西洋**

作　　者　王元林

刊　　名　暨南学报(哲学社会科学版)

年 卷 期　2005 年 6 期

页　　码　128－136

摘　　要　明永乐七年天妃、南海神几乎同时受封，时正值郑和第二次下西洋，两者受封必定与郑和等出使海外有关。由于两者司辖地域不尽一样，历史发展脉络亦不尽相同，在郑和前两次下西洋中的作用不一，导致了其封号的不同。永乐两封号的出现与不同地域和阶层民众信仰不同有关，而天妃、南海神崇拜与郑和下西洋之间存在着一定联系。

题　　名　天妃的神话传说与海上交通

作　　者　林泓

刊　　名　三明高等专科学校学报

年 卷 期　1995 年 2 期

页　　码　18－25

题　　名　天妃附会碧霞元君封号考

作　　者　郑丽航

刊　　名　莆田学院学报

年 卷 期　2005 年 12 卷 6 期

页　　码　78－82

摘　　要　引证文献，考述编造明崇祯朝封天妃为"碧霞元君"的始作俑者是清初道士，分析产生天妃与碧霞元君混淆现象的主要原因源于民众的信仰祈求，并指出附会产生的一些影响。

题　　名　天妃宫碑与妈祖精神之弘扬

作　　者　[马]刘崇汉

刊　　名　妈祖研究学报

年 卷 期　2004 年 1 期

页　　码　102－105

题　　名　天妃及其封号

作　　者　徐蔚一

刊　　名　中国道教

年 卷 期　1994 年 2 期

页　　码　34－35

题　　名　天妃信仰的起源、属性、传播及其历史文化背景

作　　者　黄静

刊　　名　广东史志

年 卷 期　1999 年 2 期

页　　码　43－47

摘　　要　天妃，在闽、台及广东潮汕地区习称"妈祖"或"娘妈"，是我国古代的航海保护神。天妃信仰起源于北宋中期，起初只是区域性的民间海神崇拜，后因社会经济、政治、文化等方面的因素而迅速传播。其影响不仅遍及我国南北沿海地区，甚至通过海外贸易和华侨的传播，流传至甫洋和欧美。本文就天妃信仰的起源、属性、传播及其历史文化背景等问题，谈一点粗浅的看法。

题　　名　天妃信仰与古代航海
作　　者　金秋鹏
刊　　名　海交史研究
年 卷 期　1988 年 14 期

题　　名　天妃信仰之属性及其它
作　　者　杨强
刊　　名　海交史研究
年 卷 期　1987 年 11 期

题　　名　天津常关的演变
作　　者　吴弘明
刊　　名　天津经济
年 卷 期　2003 年 9 期
页　　码　61 - 62
摘　　要　税关历来是政府设置的管理各地商品流通的重要机构。中国传统的税关有户部管辖的户关和工部管辖的工关。在天津,税关是随着城市经济的发展出现和演变的。在明代天津建卫初期没有税关,漕运使大运河沟通南北贸易的作用愈来愈重要。在明正统初年税关从郭县迁到河西务,以征收运河往来商品、竹木和船只税,到康熙元年(1662 年)又从河西务迁到天津,设于城北南运河沿岸,称为天津关。

题　　名　天津常关归并海关税务司英文档案选译(上)
作　　者　吴弘明
刊　　名　历史档案
年 卷 期　2005 年 3 期
页　　码　12 - 20

题　　名　天津常关归并海关税务司英文档案选译(下)
作　　者　吴弘明
刊　　名　历史档案
年 卷 期　2005 年 4 期
页　　码　11 - 16

题　　名　天津静海元蒙口宋船的发掘
作　　者　马大东
刊　　名　文物
年 卷 期　1983 年 7 期
页　　码　54 - 58,67

题　　名　天津在明朝抗倭援朝战争中的作用分析
作　　者　杨理连

刊　　名　郧阳师范高等专科学校学报
年 卷 期　2008年28卷1期
页　　码　86－88
摘　　要　1592年，日本发兵侵略朝鲜，从而爆发了历史上著名的明王朝抗倭援朝战争。天津由于特殊的地理位置，在这场战争中扮演了极其重要的角色，通过多方警备以及大量转运援朝物资，使其起到内地屏障、援朝基地的作用，对战争的进程产生了重要影响。

题　　名　**天主教传教士与马戛尔尼使团**
作　　者　袁墨香
刊　　名　枣庄学院学报
年 卷 期　2006年1期
页　　码　71－76
摘　　要　1793年（清乾隆五十八年）马戛尔尼勋爵率领的英国使团，以向乾隆皇帝祝寿为名出使清朝。这是中英之间第一次正式的国家间交往。中外学者或从中英商业角度，或从中英文化差异角度，或从中英外交关系角度，研究这次出使。本文独辟蹊径，试图从独立于中英之间的第三方——传教士的角度探讨，在马戛尔尼使华过程中，传教士是积极促进了中英双方的互相理解和交流，还是破坏了中英双方的第一次接触，从而造成中英第一次外交活动的失败？

题　　名　**田间道守和徐福的传说**
作　　者　王金林
刊　　名　历史知识
年 卷 期　1981年3期
页　　码　43－44

题　　名　**挑战与抉择：明和清前期的中国融入世界的步履——评《中国融入世界的步履——明与清前期海外政策比较研究》**
作　　者　杨建党
刊　　名　中国图书评论
年 卷 期　2006年8期
页　　码　55－58

题　　名　**条条海路通美洲先民前后徙彼岸——最早移民至美洲的印第安人来自何处（四）**
作　　者　胡远鹏
刊　　名　化石
年 卷 期　2001年2期
页　　码　27－29

题　　名　**条约前广州港港务管理及强制引水制度的确立**
作　　者　张代春
刊　　名　兰台世界
年 卷 期　2008年18期

页　　码　67 – 68

摘　　要　广州港是我国最早实行港务管理及强制引水制度的港口,自唐朝始,迄于第一次鸦片战争,具有近世意义的广州港的港务管理及强制引水制度从萌芽到最终完整地确立起来,表明在西方侵略者到来之前,中国人已在不断尝试并有能力建立与国际接轨的港航管理体系。

题　　名　条约前广州港港务管理及强制引水制度的确立
作　　者　张代春
刊　　名　现代农业科学
年 卷 期　2008 年 15 卷 8 期
页　　码　99 – 105

摘　　要　建立健全港务管理及强制引水制度是一个国家维护主权,保障港口及航运安全的重要举措。广州港是中国最早实行港务管理及强制引水制度的港口,自唐朝始,迄于第一次鸦片战争,具有近世意义的广州港的港务管理及强制引水制度从萌芽到最终完整地确立起来,它表明在西方侵略者到来之前,中国人已在不断尝试并有能力建立与国际接轨的港航管理体系。

题　　名　条约文本与实践:晚清上海港引水权的丧失
作　　者　李恭忠
刊　　名　徐州师范大学学报(哲学社会科学版)
年 卷 期　2003 年 29 卷 4 期
页　　码　90 – 93

摘　　要　条约文本与实践的互动,提供了观察近代中国主权丧失的新视角。鸦片战争之后签订的不平等条约,是上海港引水权丧失的法理基础。基于条约文本之上的不对称性实践,才是引水权丧失的持续动因和深层内容。但后人往往忽略这种互动,误将“文本”当作历史。

题　　名　铁力木小考
作　　者　翁舒韵
刊　　名　广西林业
年 卷 期　2001 年 6 期
页　　码　29 – 31

题　　名　通济渠——汴河方位考略
作　　者　高文
刊　　名　史学月刊
年 卷 期　1980 年 2 期
页　　码　24 – 31

题　　名　通济渠通航于何年
作　　者　翁俊雄
刊　　名　北京师院学报(社会科学版)
年 卷 期　1986 年 3 期
页　　码　83 – 84

题　　名　**通济渠由水运到陆运交通功能的转型分析**
作　　者　周迎秋,王心源,支小勇
刊　　名　安徽师范大学学报(自然科学版)
年 卷 期　2004 年 2 期
页　　码　204 – 207
摘　　要　通济渠是我国南北大运河体系的重要组成部分,对隋、唐、宋的经济、社会发展曾经起到了巨大的推动作用。文章旨在从交通功能演化入手,对比了通济渠堙废前后水运与陆运不同的经济作用和社会地位。指出通济渠在修建之初就受到了黄河泥沙的影响,其后由于战乱、朝代更替、经济重心转移等原因,逐渐堙废。

题　　名　**通商口岸、新式商人与近代企业制度变迁探论**
作　　者　严亚明
刊　　名　安徽商贸职业技术学院学报
年 卷 期　2005 年 4 卷 1 期
页　　码　22 – 25
摘　　要　通商口岸的新式买办商人最先接触到资本主义的企业制度,他们附股投资洋商企业,亲自感受到了这种企业制度模式的优势,进而模仿借鉴洋行企业的组织方式,自行创办新式企业,仿效西方资本家的经营方式,建立中国人自己发起的近代新式企业。西方新式企业制度得以移植中国,买办商人在近代企业制度创新中发挥了重要作用。

题　　名　**通商口岸与近代的城市和区域发展——从港口—腹地的角度**
作　　者　吴松弟
刊　　名　郑州大学学报(哲学社会科学版)
年 卷 期　2006 年 39 卷 6 期
页　　码　5 – 8
摘　　要　随着我国改革开放进程的日渐推进,历史学界重新思考 1840 年以后中国社会的发展,思想的解放导致许多方面取得了重要的成果。复旦大学吴松弟教授等人数年来进行的中国现代化空间进程的研究即是这方面的体现之一。这项研究认为,五口通商以来,先进生产力首先在沿海沿江口岸城市形成,这些城市率先得到发展并成为中国现代化的样板和基地。此后,这种新兴生产力主要沿着重要的交通路线向广大的内陆地区扩展,由此构成中国现代化的空间进程。在这一过程中,沿海沿江口岸城市及其各自的腹地互为作用,而腹地的发展又受到历史基础、地理环境以及与口岸城市和主要交通路线远近的影响,由此导致各地现代化速度和水平的差距。当时与后世的中国经济地理格局,就是上述因素控制和演变的结果,其影响直到今天。因此,这项研究不仅有助于探讨 1849 年以后中国社会的发展过程,也有助于从更广阔的范围、更深的角度弄清中国各地区现代化进程的影响因素。本刊发表的吴松弟、戴鞍钢等先生的文章,侧重分析各主要口岸城市开埠以后腹地范围的变化以及对近代区域和城市发展的推动作用,以期引起学术界的讨论和关注。

题　　名　**通商口岸与近代文明的传播**
作　　者　陈振江
刊　　名　近代史研究

年 卷 期 1991 年 1 期
页 码 62 – 79

题 名 **通商口岸与马戛尔尼使团**
作 者 毕可思,张顺洪
刊 名 近代史研究
年 卷 期 1995 年 1 期
页 码 44 – 61
摘 要 本文主旨在于考察从通商口岸来看的通商口岸的历史。就这个目的而言,像马戛尔尼使团这样的事件既是有趣的也是重要的,毕竟马戛尔尼获得的指示包括传送对“一小块土地或一个分离的岛屿”的要求:实际上是萌芽期的特权。

题 名 **通商与禁烟:中英鸦片战争的历史因果**
作 者 杨国强
刊 名 上海社会科学院学术季刊
年 卷 期 2000 年 1 期
页 码 163 – 172
摘 要 1840 年的中英之战,西方人称作通商战争,中国人称作鸦片战争。战争由禁烟触发,而牵动的则是工业革命以后发源于欧西的世界历史过程。因此,中英之间的战争既体现了理与势的冲突,也体现了中世纪和近代的冲突。这种错杂预示了后来一百年历史的曲折的畸态。后人读史对这一段经历史容易引出无穷的感慨和思索。

题 名 **同光年间清政府关于“海防之议”分歧原因初探**
作 者 陈洪波,陈今晓
刊 名 消费导刊
年 卷 期 2007 年 4 期
页 码 179,49
摘 要 同光年间,清政府内部由日本侵台事件引发了一场关于海防乃至整个国防建设的大讨论。这场讨论直接关系到清政府国防战略措施的制定。从一个侧面反映出近代中国人国防观念的转变。

题 名 **同光年间台湾海防与中法战争**
作 者 苏梅芳
刊 名 国立成功大学历史学报
年 卷 期 1977 年 4 期

题 名 **同光之交“海防议”中若干问题辨析**
作 者 季云飞
刊 名 学术界
年 卷 期 1992 年 3 期
页 码 59 – 64
摘 要 同光之交即同治十三年至光绪元年(1874 年至 1875 年),清政府内部展开了长达七个月之久的“海防议”。长期以来，史学界对“海防议”虽有较多评说，但不少评说不能令人信服。本文拟对“海防议”中的几个问题略作辨析，偏颇之处，祈请识者匡正。

题　　名　同治初年的关厘之争——以江南四榷关为例

作　　者　任智勇

刊　　名　中国社会经济史研究

年 卷 期　2010 年 3 期

页　　码　73－78

摘　　要　镇压太平天国期间兴起的厘金到了攻克南京之后面临着合法性危机，而捉襟见肘的财政困境却迫使清政府将这项制度继续推行下去。厘金的合法性得到了进一步的承认，甚至比榷税这样的正式税收更为重要。其标志就是在江南的一些地区停征榷税，开设厘局。本文探讨关厘之争的过程并试图分析厘局得以扩张的原因：虽然历史上厘金的恶名更为昭著，厘金相比于榷税是一种更为合理的商税。

题　　名　同治元年日本人上海所见“华洋会剿”

作　　者　冯天瑜

刊　　名　学术月刊

年 卷 期　2000 年 8 期

页　　码　44－51

摘　　要　日本江户幕府为恢复 17 世纪 30 年代（日本宽永年间）因锁国政策而中断的朱印船贸易，并了解正在上海一带进行的清朝与太平天国之间的战况，经过一年的筹划准备，派遣使团赴沪。使团由御勘定根立助七郎率领，一行 51 人，乘幕府官船“千岁丸”，1862 年 5 月 27 日（清同治元年，日本文久二年四月二十九日），从长崎发航，6 月 2 日（五月五日）抵达黄埔江，8 月 1 日（七月六日）离开吴淞口，在上海逗留两个月，8 月 8 日（七月十二日）返回长崎。“千岁丸”抵沪的同治元年夏季，中国、尤其是上海，恰值多事之秋——太平天国与清王朝间的战争已持续十二年，长江三角洲一带是双方拉锯地段，太平军正第二次围攻上海，申城内外，战云密布；英法等西方国家经过第二次鸦片战争，已由惩膺清朝改变为扶助清朝，以获取更大的殖民主义利益，清军与英法军联手对太平军作战的“中外会防”、“华洋会剿”在这一年正式展开，中心地点便在上海。而同治元年夏天访沪的日本幕府使团，目睹了“华洋会剿”的场景，使团成员留下的纪行文对此记载颇详，为我们研究这段历史提供了有价值的材料。

题　　名　铜鼓纹饰上的船是不是越海船？

作　　者　石钟健

刊　　名　贵州社会科学

年 卷 期　1981 年 6 期

页　　码　69－78

题　　名　铜镜、青瓷、刻石——浙东居民迁移东瀛之研究三题

作　　者　林士民

刊　　名　东方博物

年 卷 期　2004 年 4 期

页　　码　110－114

摘　　要　文章以铜镜、青瓷、石刻等实物资料和大量史料为例，对浙东居民移居东瀛日本的史实，作

了例证性的探讨。

题　　名　铜镜和马球——兼谈海上丝绸之路
作　　者　刘国联
刊　　名　辽宁丝绸
年 卷 期　1986 年 2 期
页　　码　41

题　　名　铜镜与日本原始王权
作　　者　王凯
刊　　名　日本研究
年 卷 期　2010 年 1 期
页　　码　58－61
摘　　要　据史书记载，倭奴国王朝贡，光武赐以印绶；孝安帝时，倭王帅升请见；百年之后，倭女王卑弥呼遣使奉献，得特赐铜镜百枚。从帅升朝贡至卑弥呼遣使的百年间，倭国大乱。联系着一系列历史事件的线索便是铜镜。大陆封建王朝下赐倭人铜镜始于帅升朝贡之时，却因吴人工匠东渡而使之在倭国内泛滥，最终导致倭国大乱。直至邪马台国时期，战乱稍平，女王卑弥呼才决定向魏明帝遣使，要求特赐铜镜以重新构筑倭国内统治秩序。日本原始王权在大陆封建王朝的影响力下逐渐发展成熟起来。本文拟从铜镜这一线索入手，初探公元一世纪至三世纪日本原始王权本身的发展以及其与大陆封建王朝交涉的历史。

题　　名　铜瓦厢改道后的河政之争
作　　者　方建春
刊　　名　固原师专学报
年 卷 期　1996 年 4 期
页　　码　45－49，77
摘　　要　历史上的黄河曾多次改道。1855 年铜瓦厢决口改道是距今最近的一次。这次改道，奠定了今天黄河的流势，同时也引发了晚清历史上咸、同、光三朝三十余年的河政之争。本文认为频仍的黄河水患是河政之争的主因，黄河流向是河政之争的焦点；河运兼治是河政之争的目的；由于清政府的腐败，社会的动荡及治河方法的不当，终使河政之争争而不决。

题　　名　图们江口地区海运开发的几点史料及分析
作　　者　李德潮
刊　　名　海洋与海岸带开发
年 卷 期　1992 年 1 期
页　　码　80－83

题　　名　土家彭翼南在江浙的抗倭事迹述评
作　　者　周方高，周黎民
刊　　名　湘潭大学学报（哲学社会科学版）
年 卷 期　2004 年 28 卷 6 期
页　　码　89－91

摘 要 明嘉靖三十三年和三十五年,湖南永顺宣慰使彭翼南等两次奉调率土兵参加抗倭斗争。土兵的参战对扭转明王朝抗倭屡战屡败的局面起到了一定的作用,对明朝的军队乃至清代曾国藩的湘军都产生了一定的影响。土兵能建功立业的原因主要有:彭家优良的家风铸就了忠君爱国之情;彭翼南善待土兵、严于律己、治军有方;土兵特殊的人员构成,特殊的阵法以及特殊的战斗纪律。

题 名 **土家族土兵在嘉靖年间抗倭斗争中的重大贡献**
作 者 彭官章,朴永子
刊 名 广西民族研究
年 卷 期 1986 年 1 期
页 码 45 - 52
摘 要 明朝嘉靖年间抗击倭寇的战争,是中国各民族人民联合抗击外侮、维护人民生命财产安全的一场自卫战争。土家族土兵同汉、壮、苗、瑶、畲、仡佬等族人民一起,沉重打击了倭寇的残暴势力,为驱逐倭寇,保卫边防作出了重大贡献。正确认识和评价土家族士兵在此斗争中的历史功绩,对于恢复历史本身面目,对于加强民族团结,提高民族自尊,对于进行爱国主义和民族英雄主义传统教育,都具有一定的历史意义和现实意义。

题 名 **土家族在御侮斗争中的历史贡献述评**
作 者 李忠良
刊 名 黔东南民族师专学报
年 卷 期 2001 年 19 卷 1 期
页 码 30 - 32
摘 要 土家族是一个具有光荣传统的民族。本文就明清以来土家族人民在抗击倭寇、鸦片战争、反洋教及抗日战争中的历史贡献作一简要的述评。

题 名 **屯门与其地自唐至明之海上交通**
作 者 罗香林
刊 名 新亚学报
年 卷 期 1957 年 2 卷 2 期

题 名 **托马斯·斯当东与马戛尔尼使团使华**
作 者 侯毅
刊 名 湖州职业技术学院学报
年 卷 期 2008 年 2 期
页 码 71 - 75,82
摘 要 文章回顾了乔治·托马斯·斯当东(George Thomas Staunton)在英国马戛尔尼使团使华过程中的活动,重点论述了随同该使团使华对斯当东一生的影响,旨在引起史学界对这位曾在中英关系史上产生过重要影响的英国中国问题专家的关注。

题 名 **外国侵略者侵占营口港的情况**
作 者 孔经伟
刊 名 学习与探索

年 卷 期　1980 年 2 期
页　　码　54 – 55

题　　名　**外国人看郑和下西洋**
作　　者　朱利安·梅,张海洪
刊　　名　海洋世界
年 卷 期　1996 年 1 期
页　　码　20 – 21

题　　名　**外国资本入侵与上海沙船业的衰落**
作　　者　萧国亮
刊　　名　社会科学
年 卷 期　1983 年 1 期
页　　码　48 – 51
摘　　要　鸦片战争前夕,上海沙船业十分兴旺发达,拥有沙船三千五、六百艘,总共雇佣在船水手十余万人,总资本约达白银二千四、五百万两。同时,在其内部已经出现了资本主义的萌芽。但是,鸦片战争后,在咸丰年间(公元 1851 – 1861 年),上海沙船业拥有的沙船只存二千余艘,同治十一年(公元 1872 年)锐减到"四百号",到了光绪十年(公元 1884 年)"不过二、三百艘"。是什么原因促使上海沙船业在短短三四十年中迅速衰落下去的呢?本文试图对这一问题略作探讨。

题　　名　**外国资本主义侵夺粤海关主权的历史考察**
作　　者　戴和
刊　　名　中山大学学报(社会科学版)
年 卷 期　1988 年 4 期
页　　码　30 – 37

题　　名　**外国资本主义侵琼及岛内人民的抗争**
作　　者　林日举,李琼兴
刊　　名　琼州大学学报
年 卷 期　1998 年 4 期
页　　码　95 – 99
摘　　要　一部中国近代史,是中国一步一步沦为半殖民地半封建社会和人民奋起抗争的历史。海南宝岛的近代史,便是外国资本主义侵入海南和海南人民抗争的历史,本文对此略作记述。

题　　名　**外籍税务司制度下的中国海关人事制度的特点与弊端**
作　　者　孙修福,何玲
刊　　名　民国档案
年 卷 期　2002 年 2 期
页　　码　86 – 96
摘　　要　外籍税务司制度下的中国海关人事管理制度,在海关建立后前期并无订定的专章,它由历任总税务司仿效西方人事管理制度,根据过去的经验和实际体察的需要随时制定单行则例,逐步修改完善,历经数十年积渐而成。它也有个从人治到法治的过程,即从一切按总税务司个人意志办事到一切按章办事的过程。

题　　名　**外籍税务司制度下晚清海关行政管理体制的确立**

作　　者　杨军

刊　　名　湘潭师范学院学报(社会科学版)

年 卷 期　2006 年 28 卷 1 期

页　　码　160 - 162

摘　　要　鸦片战争后,中国的主权和领土完整遭到破坏,清政府闭关自守、夜郎自大的局面已一去不复反,为应对日益频繁的中西交流,改变旧海关的管理体制和作业制度已势在必行。海关外籍税务司制度确立后,在管理上引进了西方先进的行政管理制度。海关从行政管理的理念、方法,到海关组织机构的设置、人事管理、财务管理、事务管理等方面,都随着海关关务的开展和海关业务的扩大而不断得到完善。

题　　名　**外聘人才与晚清舰艇工业的近代化**

作　　者　向中银

刊　　名　黑龙江社会科学

年 卷 期　1999 年 3 期

页　　码　70 - 73

摘　　要　外聘人才与中国近代化的关系是一个值得认真探讨的课题,由于学术界对此问题长期重视不够,因而成果甚少。本文谨就外聘人才与晚清舰艇工业近代化的关系做一初步探索。

题　　名　**晚明福建与江浙的区域贸易**

作　　者　徐晓望

刊　　名　福建师范大学学报(哲学社会科学版)

年 卷 期　2004 年 1 期

页　　码　22 - 30

摘　　要　明代福建与江浙之间区域贸易相当发达。江浙向福建输出生丝、绸缎、棉花、棉布、粮食等项商品,福建向江浙输出荔枝、龙眼、柑桔、木材、夏布、纸张及海外贸易中获得的白银。双方经济的发展。都有赖于对方的市场、原料和资本。而其依赖程度之深,早已不是可有可无的。在对晚明福建与江浙区域互动的考察中,我们已可看到中国近代化的一些端倪。

题　　名　**晚明台湾被侵占研究**

作　　者　王前山

刊　　名　军事历史研究

年 卷 期　2004 年 4 期

页　　码　107 - 113

摘　　要　台澎区域自宋、元以来就成为中国开拓海洋世界的前出要区。晚明以来,日本、荷兰东印度公司和西班牙殖民势力都对台湾有所觊觎和行动,最后荷兰殖民势力控制了台湾,但其侵占既没有法理基础,又缺乏长期占台的实力,终于难逃被中国郑氏海上力量驱逐的命运。

题　　名　晚明在台湾活动的闽粤海盗
作　　者　徐晓望
刊　　名　台湾研究
年 卷 期　2003 年 3 期
页　　码　84 –90

题　　名　晚清“海防”与“塞防”论争新探
作　　者　陈贞寿，谢必震，黄国盛
刊　　名　福建师范大学学报(哲学社会科学版)
年 卷 期　1993 年 1 期
页　　码　88 –94
摘　　要　史学界有一种说法，把晚清的“海防”与“塞防”之争，看作是对于列强侵略到底是应该采取抵抗自卫政策还是采取投降妥协政策的根本问题。本文拟对晚清“海防”与“塞防”论争的由来、经过、影响及性质提出新的认识。

题　　名　晚清《八省沿海全图》初探
作　　者　汪家君
刊　　名　杭州大学学报(自然科学版)
年 卷 期　1988 年 4 期
页　　码　495 –503
摘　　要　晚清《八省沿海全图》计 79 幅，系实测航行图集，是具有工程应用价值的历史文献。本文就《全图》概貌、浙江诸图的特征、若干存疑的论证和《全图》评估等四个方面进行讨论。这些讨论将有助于对《全图》的研究和应用。

题　　名　晚清北洋海军建军过程中的主要作战舰艇研究
作　　者　姜鸣
刊　　名　船史研究
年 卷 期　1987 年 3 期

题　　名　晚清漕粮海运史料考辨三则
作　　者　倪玉平
刊　　名　江苏社会科学
年 卷 期　2004 年 6 期
页　　码　157 –161
摘　　要　漕粮海运是晚清政治生活与经济生活中的重要事件，由于牵涉面极广，头绪繁多，在已有的研究成果中，难免存在某些偏颇。现根据档案等资料，对其中的几个问题做一辨析，以期获得新的进展。

题　　名　晚清长江水师述论
作　　者　田玉洪，纪振奇
刊　　名　历史教学问题
年 卷 期　2009 年 6 期

页　码　48－51

摘　要　长江水师虽是国家经制军队，但因其脱胎于湘军，故在饷章待遇、官弁铨选、组织训练等诸多制度层面，都与绿营判然有别。长江水师被誉为“天堑雄师”，可谓近代江防体制确立之滥觞。但因其墨守陈规，未能及时进行武器装备的更新，故未完成向近代江防舰队的过渡，最后沦落为维护长江治安、保证商务畅通的三流武装力量。

题　名　**晚清常关改革述论**

作　者　廖声丰

刊　名　江西财经大学学报

年卷期　2008年1期

页　码　76－81

摘　要　光绪朝后期，清政府先后对一些常关进行了整顿。采取的措施多种多样，或厘清吏治，或精简机构，或陋规归公、杜绝贪污，或厘定税则，或增减征税口岸，等等，应该说，一些常关取得了较为明显的成果，然而在国家主权部分丧失的历史背景下，清政府对常关的一系列改革，不可能挽救其彻底衰落的历史命运。虽然总税务司对常关改革有一定成效，但同时也是不断侵蚀清政府直接管理的常关税收的结果。

题　名　**晚清常关考述**

作　者　祁美琴

刊　名　清史研究

年卷期　2002年4期

页　码　104－111

题　名　**晚清的半殖民地海关统计**

作　者　罗亮畴

刊　名　统计研究

年卷期　1991年2期

页　码　69－72

题　名　**晚清的水师学堂**

作　者　崔运武

刊　名　文史知识

年卷期　1992年3期

题　名　**晚清的引水业和引水人**

作　者　李恭忠

刊　名　浙江海洋学院学报(人文科学版)

年卷期　2005年22卷1期

页　码　52－57,99

摘　要　晚清时期，中国原有的引水业受到外来势力的冲击，逐渐走向制度化，同时中国籍引水人逐渐被边缘化。引水业逐渐被外国势力控制，对国防安全也产生了不良影响。

题　　名　**晚清第一次海防筹议对我国海防建设的影响**
作　　者　杨波
刊　　名　武警学院学报
年 卷 期　2004年20卷6期
页　　码　11－13
摘　　要　晚清第一次海防筹议,是一场关于国防战略重点问题的大讨论。这场讨论确定了海防在国防中的重要地位,推动了中国国防近代化的发展。同时,对当前加强海防观念,增强全民海洋意识具有一定的借鉴意义。

题　　名　**晚清对外开放与福建船政局的兴衰**
作　　者　郑剑顺,吴静
刊　　名　中国社会经济史研究
年 卷 期　2006年1期
页　　码　41－46
摘　　要　对外开放与福建船政局的兴衰紧密相连。船政局在突破"夷夏之防"观念、"师夷"、"借法自强"、采用对外开放的举措中诞生,又在对外开放政策作用下发展。因为对外开放的不完全到位、不彻底等缺陷,船政局没有与商政相结合,没有完全采用西方的企业管理制度,失去持续发展的动力和机遇,终于衰败停办。

题　　名　**晚清对外政策之检讨**
作　　者　朱听昌
刊　　名　兰州学刊
年 卷 期　2010年1期
页　　码　199－202
摘　　要　自鸦片战争始,长期在东亚以天朝上国自居的中国封建王朝迎来了前所未有的强敌。为反击西方列强的侵略,晚清先后采取了郅治保邦、"海防"与"塞防"、保藩固圉、以夷制夷等不同的对外政策。这些对外政策理念在实践的过程中有成功也有失败,但晚清外交的成败得失都是值得我们认真研究的外交遗产。

题　　名　**晚清福建的轮船业和轮船商**
作　　者　苏生文
刊　　名　福建商业高等专科学校学报
年 卷 期　2010年6期
页　　码　6－9
摘　　要　轮船这种先进的水上交通工具的出现,对祖祖辈辈靠船谋生的福建沿海人民来说,是个强烈的刺激。此后,福建人开始轮船制造,并在外国专家的指导下迅速地掌握了这门新技术。轮运的快捷与厚利也引起闽商的注意,民营轮运业应运而生。但在轮船招商局和外国轮运企业的排挤下,这些民营轮运企业大多只能退缩在内河内港中惨淡经营,倏兴倏灭,有的则长期依附洋商。

题　　名　晚清福州茶港的兴衰
作　　者　黄淑忠
刊　　名　中国茶叶
年 卷 期　2008 年 4 期
页　　码　29－31

题　　名　晚清福州开埠与西方文化的传播
作　　者　黄金宏
刊　　名　福建省社会主义学院学报
年 卷 期　2003 年 4 期
页　　码　41－44
摘　　要　福州是中国最早接触西学的地方之一。在相当长的时间内,传教士一直是西学传播的主体。伴随着福州自己的近代报刊杂志、新式学校、医院的建立使西学在福州得以广泛系统的传播,促进了福州文化、教育、卫生事业的近代化。

题　　名　晚清关道的职能及其演变
作　　者　刘伟
刊　　名　华中师范大学学报(人文社会科学版)
年 卷 期　2010 年 2 期
页　　码　67－74
摘　　要　在两次鸦片战争后开放的通商口岸中,大多数以守巡道兼任海关监督,称“关道”。关道的职能主要是海关税收与办理通商口岸交涉事宜,但由于外籍税务司制度的发展,关道对海关的征税职能旁落,只拥有税收保管权和对常关的征税权。但另一方面,关道的通商交涉职能则得到强化。由于关道职能的发挥是在不平等条约的框架里进行的,又不能不受原有体制的限制和督抚的制约,因此,关道交涉职能运行中的矛盾也日益显露,对它的改革也就不可避免。

题　　名　晚清国产与进口舰艇作战效能比较
作　　者　王逸峰
刊　　名　舰载武器
年 卷 期　2006 年 10 期
页　　码　41－48

题　　名　晚清国人自制轮船的尝试
作　　者　苏生文
刊　　名　黑龙江史志
年 卷 期　2009 年 10 期
页　　码　46－47
摘　　要　第一次鸦片战争后,国人曾经掀起仿制轮船的第一个高潮,但时过不久,又回到了苟且偷安的状态。第二次鸦片战争后,洋务派为了“富国强兵”,在利用本国的能工巧匠试造轮船的基础上,设立了中国最早的造船机构,开始了“官为主持”制造轮船(主要是兵轮)的实践,并培养了中国最早的一批轮船制造人材和驾驶人材。

题　　名　晚清海防观述论
作　　者　胡博实
刊　　名　黑龙江教育学院学报
年 卷 期　2009 年 28 卷 1 期
页　　码　98－99
摘　　要　清末的海防发展是中国近代军事变革中的重要部分。在战争的刺激下，随着晚清社会总体变迁，海防观念也不断更新。其观念从陆防为主发展为陆防、海防并进，再到最终成型，使海军变为一支独立兵种，并在中国近代史上写下了可圈可点的一笔。但由于晚清政府之腐败没落，政治体制僵化低效，军事思想发展缓慢，与世界总体趋势难以接轨，最终导致海防事业的彻底失败。海防无论对近代还是现代中国，都十分重要，对海防演变进行研究凸显其重要价值。

题　　名　晚清海防思想的发展及其历史地位
作　　者　戚其章
刊　　名　东岳论丛
年 卷 期　1998 年 5 期
页　　码　82－91
摘　　要　有清一代，迄于鸦片战争，中国朝野甚少有人关注海防问题。英国发动的第一次鸦片战争，始将海防问题严峻地摆到了中国人的面前。当时的先进中国人因之萌发了海防思想。自兹以降，议海防者渐多，数十年间逐渐蔚为风气。关于晚清海防思想的发展，大致可分为五个时期，即萌发（1840－1861）、重倡（1861－1874）、趋实（1874－1879）、深化（1879－1884）和高潮（1884－1894）。由于海防问题在中国是和近代化问题密切相关的，海防思想之由理论走向实践，必然会不仅带来海防建设的近代化，而且也启动了中国社会近代化的进程

题　　名　晚清海防思想研究
作　　者　姜鸣
刊　　名　史林
年 卷 期　1988 年 3 期
页　　码　80－88
摘　　要　研究晚清海防思想，可以分为三个层次：即纯粹军事意义上的海疆防御思想，核心是对制海权的认识；海军发展战略的指导思想，核心是建立怎样一支海军，国家战略中对海洋事业的认识和追求，核心是需不需要拥有将利用海洋和保卫国家利益综合一体的海上力量。为了探索这几个层面的思想，本文还尝试对中国人的海洋观进行历史的考察。

题　　名　晚清海防与近代日本海权之战略比较
作　　者　鞠海龙
刊　　名　中州学刊
年 卷 期　2008 年 1 期
页　　码　206－210
摘　　要　加强海防与拓展海权是 19 世纪末中日两国面对海洋危机提出的不同战略。晚清海防以本土安全为目标，以分区设防为特征，强调海军的防御功能，严格将海防范围锁定在本国海岸和沿海一带。

日本海权以俄国、中国为假想敌,强调海军攻势战略,将朝鲜半岛和中国领土视为利益所在之地。由于日本海权目标直指中国领土,而中国仅以沿海为前沿阵地,因此,战略提出之际,中国已处劣势。面对强调海外利益和超过正常国家安全利益要求的海权战略,中国将对本土危机作为海防建设和海防战略的主要参照系,在战略实践中否定海上防御,实施海岸防御等战略方针使中国海军的战略效能消耗殆尽。以海防应对海权的战略错误不但决定了战争结果,而且使中国地缘战略空间完全塌缩。

题　　名　晚清海防之军事战略评析
作　　者　鞠海龙
刊　　名　中州学刊
年 卷 期　2005 年 4 期
页　　码　175 – 178
摘　　要　晚清海防战略虽然经历了海岸防御和海上防御两个阶段,但是其战略核心却始终围绕本土安全展开,海军战略也一直执行守势战略。晚清海军守势战略不仅使海军军力部署分散,各军之间互不统属,而且还限制了海军在具体战役中的战术进攻。近代海军主要执行攻势战略,在战术中强调协同指挥、集中兵力、先发制人。与海军攻势战略相比,晚清海军守势战略在备战和实战中都显得相当被动和消极。海军战略的劣势及其对海军战术选择的局限是晚清海防最终失败的军事战略原因。

题　　名　晚清海关"洋税侵夺常税"析论
作　　者　陈勇
刊　　名　中国社会经济史研究
年 卷 期　2010 年 1 期
页　　码　30 – 38
摘　　要　晚清时期,海关税收结构发生显著变化,洋税收入逐年递增,常税收入则不增反减。常、洋两税此消彼长的主要原因在于洋税对常税税源的侵夺。洋税侵夺常税,造成常税额征制的破坏和考成制度的失灵。洋税的增长,使洋关在晚清财政格局中的地位日渐稳固,而常关则随着常税的不振而渐趋败落。

题　　名　晚清海关缉私体制述论
作　　者　孙宝根
刊　　名　苏州科技学院学报(社会科学版)
年 卷 期　2004 年 21 卷 2 期
页　　码　91 – 96

题　　名　晚清海关监督制度初探
作　　者　任智勇
刊　　名　历史档案
年 卷 期　2004 年 4 期
页　　码　83 – 92
摘　　要　本文拟根据中国第一历史档案馆所藏的咸丰至宣统朝的《军机处录副・财政类・关税项》和其他相关的研究和文献对晚清海关监督制度作一个初步的探索。

题　　名　晚清海关洋员职务行为涉讼再探讨——以英籍洋员为考察中心
作　　者　蔡晓荣
刊　　名　苏州大学学报(哲学社会科学版)
年 卷 期　2005 年 1 期
页　　码　104－109
摘　　要　晚清时期,随着全国划一的外籍税务司制度的建立,英籍洋员在中国海关行政中取得了绝对的主导地位。在此前后,由于英籍洋员法律地位模糊,围绕着其职务行为在英人之间导致了一系列的诉讼,并牵涉到诸多国际公法问题。经由多方的努力,海关英籍洋员职务行为的法律性质终于得以确定,但英国方面维护中国主权仅是一种表象,其后面隐藏着中外各方极力维持并巩固外籍税务司制度的愿望。

题　　名　晚清海关与洋务运动
作　　者　姜铎
刊　　名　学术月刊
年 卷 期　1996 年 12 期
页　　码　54－60

题　　名　晚清海军兴衰的历史启示
作　　者　戚其章
刊　　名　清史研究
年 卷 期　1997 年 4 期
页　　码　69－77

题　　名　晚清海权观的萌发与滞后
作　　者　杨东梁
刊　　名　社会科学战线
年 卷 期　2010 年 10 期
页　　码　117－122
摘　　要　中国近代海洋意识的觉醒经历了一个漫长过程,直至鸦片战争爆发后,才开始萌发近代海防观念,从林则徐、魏源到左宗棠、李鸿章、丁日昌,由于这些少数有识之士的倡导,开始具有了初步的海防观念。随后,经过两次“海防议”的大讨论,促进了近代中国海防意识的觉醒。但海权观的淡薄始终成为晚清执政者的痼疾,终于导致海权丧失、主权丧失的恶果。这一沉痛的历史教训是今人必须认真汲取的。

题　　名　晚清海战理论及其对甲午海战的影响
作　　者　皮明勇
刊　　名　安徽史学
年 卷 期　1995 年 2 期
页　　码　28－32
摘　　要　在检讨甲午战争中北洋舰队败亡的原因时,我认为对北洋舰队在甲午战争中作战指导得失的研究,有必要把它与战前中国海军的战略战术理论情况联系起来进行考察。

题　　名　**晚清航海探险史研究中的郑和**

作　　者　邹振环

刊　　名　学术研究

年 卷 期　2005 年 12 期

页　　码　107 – 113

摘　　要　晚清比较突出地介绍西方航海探险史的有《察世俗每月统记传》、《东西洋考每月统记传》、《遐迩贯珍》等，其中不少文章比较详细地谈到了哥伦布和亚美利加等抗海探险活动。但来华基督教传教士似乎始终没有译介过西方学者介绍郑和航海探险的类似研究。最早从世界航海探险史的大背景下来考察郑和事迹的是清末游学日本的中国学者。首先揭开中国近世郑和研究序幕的可能是发表在 1903 年第 11 期《大陆报》上的《支那航海家郑和传》；1905 年 5 月 18 日梁启超在《新民丛报》第 69 号发表了《祖国大般海家郑和传》，将郑和的一生放在整个世界航海探险史大背景下来进行分析。晚清以梁启超为代表的一批学者不遗余力地译介和研究世界航海史上的人物，特别是表彰郑和的功绩，无非是要唤起中国人的冒险进取意识，通过航海探险史揭示强国智民的重要性，增强中国人的海权意识。晚清提倡的航海冒险进取的精神。至今仍有着甄烈的现实意义。

题　　名　**晚清湖北漕政述略**

作　　者　戴鞍钢

刊　　名　江汉论坛

年 卷 期　1988 年 10 期

页　　码　71 – 73

摘　　要　清代，拥有江汉平原的湖北，每年“额征北漕正耗米十五万石有奇，南米十三万七千石有奇，北漕由丁船兑运京仓，南米由州县解交荆州满营及各标绿营”《胡文忠公遗集》卷 23，第 5 页，以下简称《遗集》漕粮的征收地区，集中在武昌、汉阳、黄州、安陆、德安和荆州六府。漕粮从征收到起运的诸环节，涉及当时社会经济生活的许多方面，围绕着漕粮征收，农民与封建统治者之间的对立和斗争也格外鲜明和尖锐，由于资料散见，这方面的研究尚很薄弱。拟作探讨。

题　　名　**晚清江南水师学堂**

作　　者　张晓路，李静

刊　　名　信息管理（上海）

年 卷 期　2007 年 6 期

页　　码　59 – 60

摘　　要　本文籍由海军档案馆馆藏图书《Navigation and Nautical Astronomy（《航海与航海天文学》），介绍了江南水师学堂的历史沿革，分析肯定了江南水师学堂在中国近代海军教育中的历史作用，同时对其走向衰败没落的命运予以深刻思考。

题　　名　**晚清江南制造局的几个问题**

作　　者　黄逸平

刊　　名　船史研究

年 卷 期　1995 年 8 期

题　　名　晚清胶州湾设防之争
作　　者　于佐臣
刊　　名　党员干部之友
年 卷 期　2009 年 2 期
页　　码　58 – 59
摘　　要　1885 年大清国海军衙门成立后,慈禧太后命李鸿章“专司其事”,执掌海军大权。自创办北洋海军以来,海军基地的择址问题便应运而生。李鸿章曾为择址亲赴旅顺勘察,认为旅顺口北扼京畿要津,是直、奉两省海防之锁钥,主张以旅顺口作为北洋海军基地。但在朝堂之上却引发不同意见,出现了声噪一时的“设防之争”。

题　　名　晚清军事变革的错失和北洋海军的命运
作　　者　史滇生
刊　　名　文史知识
年 卷 期　2005 年 9 期
页　　码　31 – 36
摘　　要　第 8 期中重点评述了《马关条约》、日俄战争及其相关问题。本期我们特别邀请军事史专家南京海军指挥学院史滇生教授从军事上谈谈甲午海战北洋水师战败的原因。

题　　名　晚清开埠通商思想简论
作　　者　刘天路
刊　　名　山东大学学报(社会科学版)
年 卷 期　1995 年 1 期
页　　码　25 – 29

题　　名　晚清社会大变局与李鸿章的海防思想
作　　者　李斌
刊　　名　泰安师专学报
年 卷 期　1994 年 3 期
页　　码　295 – 299

题　　名　晚清时期的茶税与徽州茶叶贸易
作　　者　陈勇
刊　　名　合肥师范学院学报
年 卷 期　2008 年 4 期
页　　码　77 – 80,129
摘　　要　晚清时期徽商的衰败是由多种因素促成的,从税负的角度加以探析无疑是一种新的尝试。茶叶贸易是徽商主业之一,咸丰之前,茶叶税负较轻,徽州茶业兴盛,商人获利较易;咸丰以后,税制趋坏,茶叶税负沉重,引、捐、厘、税并行,导致商人利润枯竭,茶叶贸易遂衰,徽州茶商在遽显辉煌后迅速败落。

题　　名　晚清时期的国产与进口海军舰艇
作　　者　一峰,钱于彬

刊　　名　舰载武器
年 卷 期　2006 年 10 期
页　　码　35－40

题　　名　**晚清时期的海塞防之争及借鉴意义**
作　　者　高成瑁
刊　　名　华中师范大学研究生学报
年 卷 期　2010 年 3 期
页　　码　1－5,17
摘　　要　晚清时期的陆海权之争最终确立了陆海权并重的发展思路,但因衰颓的国势清王朝无法将此种海陆兼顾的战略加以实施。当代中国也同样面临着陆权和海权孰轻孰重的问题。海权关系着中国的未来发展,陆权决定着中国的安全。在新世纪,只有陆海权并重,才能保障中国的崛起之路。

题　　名　**晚清时期的外籍税务司制与拉哈苏苏海关**
作　　者　李惠利
刊　　名　黑龙江史志
年 卷 期　2008 年 10 期
页　　码　11
摘　　要　1843 年清政府在英、美、法等国列强的压力下,被迫签订了《海关税则》,使我国丧失了的关税自主权。拉哈苏苏海关的设置就是其中一例。从拉哈苏苏海关的设置可以清楚地看到外籍税务司制度的影响。拉哈苏苏海关遗址是帝国主义对中国政治和经济等掠夺的产物,是帝国主义国家侵略中国的历史见证。

题　　名　**晚清时期东南沿海通商口岸对外航线与港势地位的变迁**
作　　者　毛立坤
刊　　名　史学月刊
年 卷 期　2005 年 12 期
页　　码　36－42
摘　　要　晚清时期,东南沿海一系列口岸相继开埠通商,其对外航线和港势地位经历了一个渐进的变化过程,形成了中短程航线、跨区航线、远洋航线三种相互联系依存的航线结构。不同层次的口岸因对外航线结构不同而在功能上存在较大差异,进而形成了三个等级的港势地位。港口对外航线和港势地位与沿海物流和港口集散能力有密切关系。

题　　名　**晚清时期近代中国公司融资行为分析——以轮船招商局为例**
作　　者　杨勇
刊　　名　世界经济文汇
年 卷 期　2006 年 6 期
页　　码　31－46
摘　　要　“鸟啄次序”融资理论为我们提供了分析近代中国公司融资行为的理论背景,但是,在晚清时期近代中国公司控制权配置行政化的情况下,公司融资方式的选择主要基于行政可行性、融资数量及方便性等因素的考虑,这也导致了晚清时期近代中国公司发韧时融资次序的颠倒以及对股权融资的偏好。

本文在对有关理论进行回顾的基础上,以轮船招商局的融资行为为例对该情形进行了分析。

题　　名　晚清时期中外贸易的个案分析——以香港转口贸易为例

作　　者　毛立坤

刊　　名　中国历史地理论丛

年 卷 期　2006 年 21 卷 1 期

页　　码　17 – 27

摘　　要　晚清时期中国对外贸易的空间格局发生了很大变化,全国对外贸易枢纽由广州逐渐北移至上海。在中国沿海唯一能与上海争雄的口岸只有香港,这得益于香港优越的地理位置及宽泛的贸易辐射面。本文力图在把握 19 世纪后期到 20 世纪初期中外贸易历史大环境的基础上,复原两广地区、西南地区、闽浙台地区、上海及长江流域、环渤海地区与香港之间贸易关系的演进,分析其发展变化的具体表现形式。

题　　名　晚清外商资本与中国近代的船舶修造业

作　　者　何兰萍

刊　　名　上海经济研究

年 卷 期　2008 年 7 期

页　　码　103 – 111

摘　　要　五口通商前后,顺应对外贸易和在华航运业的发展,外商经营的船舶修造业开始兴起。19 世纪 60 年代后,这一行业进入大发展时期,并逐步由自由竞争向垄断迈进。甲午中日战争后,英美商人在该行业的垄断地位被打破,随之步入多国外商经营时期。作为近代外商工业中基础最牢固的行业,外商船舶修造业的兴盛与这一行业的特殊性密切相关。

题　　名　晚清五口通商大臣移设上海始末

作　　者　袁燮铭

刊　　名　档案与史学

年 卷 期　1997 年 5 期

页　　码　35 – 39

摘　　要　19 世纪 50 年代末,常设广州几达 15 年之久的清朝钦差五口通商大臣,终于从那座与西方人已有上百年通商历史的海疆省会,移到了天朝的东南滨海县城上海。这在晚清的政治史上是一件大事,也是近代上海历史上的一件大事。作为中国对外开放的中心口岸,上海,从此在政治和经济两个方面获得了某种程度的统一,并在以后的发展中日益体现出它的份量。然而,这件事情的背景,较少引起人们的注意。由于兼任五口通商大臣的两江总督在太平天国起义被镇压后长期驻任南京,这段史实一般也不为上海史的研究者所重视。本文拟根据晚清旧档资料,对此作一阐述。

题　　名　晚清烟台东海关税收及其结构分析(1861 – 1911 年)

作　　者　李军

刊　　名　鲁东大学学报(哲学社会科学版)

年 卷 期　2006 年 23 卷 3 期

页　　码　15 – 18

摘　　要　烟台是晚清山东最早的开埠口岸,而东海关的建立则是烟台开埠的必然结果。东海关作为当时山东唯一的海关,专司山东中外税务。本文通过研究烟台东海关税收的变化情况来揭示山东外贸的发展和变化的轨迹和规律,分析各种因素对山东外贸的影响。

题　　名　**晚清洋务企业官督商办股份制析评——以轮船招商局为例**

作　　者　何媛媛

刊　　名　黑龙江教育学院学报

年 卷 期　2009 年 28 卷 3 期

页　　码　109－110

摘　　要　轮船招商局作为近代中国第一个大型官督商办股份制企业,其经营体制、经营理念在晚清洋务企业中具有极强的代表性。源于西方的股份制被舶来中国之后,在晚清政治体制的束缚下逐渐发展成具有中国本土特色的官督商办股份制度,并成为洋务企业标志性的运营模式。探索轮船招商局官督商办股份制的特殊经营方式,对于继续研究以轮船招商局为代表的一批洋务派兴办的近代股份制企业具有积极作用。

题　　名　**晚清引水权的丧失与收回**

作　　者　江怀

刊　　名　珠江水运

年 卷 期　2006 年 6 期

页　　码　48－49

题　　名　**晚清营口港兴衰的环境思考**

作　　者　王小侠

刊　　名　兰台世界(上半月)

年 卷 期　2009 年 12 期

页　　码　49－50

题　　名　**晚清粤澳民船贸易及其影响**

作　　者　徐素琴

刊　　名　中国边疆史地研究

年 卷 期　2008 年 18 卷 1 期

页　　码　107－117,149

摘　　要　民船贸易具有进出口贸易性质,是晚清广东对外贸易有别于其他省份的一个重要特点。民船贸易的兴衰过程,交织着民船与轮船、常关与海关的竞争和冲突,也折射出清末广州、香港、澳门以及北海、江门等口岸贸易此兴彼衰的特点,对清末粤、港澳经济贸易关系存在着不容忽视的影响。

题　　名　**晚清粤海关(洋关)设立问题考辨**

作　　者　戴一峰

刊　　名　中国社会经济史研究

年 卷 期　2009 年 1 期

页　　码　80－86

摘　　要　本文拟在前人研究的基础上,广泛爬梳文献,对照解读,就粤海关(洋关)设立的时间、洋常两税分征的时间,以及建关的经过等三个问题详加考辨,以求还原史实,推进相关研究的进一步深入。

题　　名　晚清粤海关丝织品贸易探析(1860－1875年)
作　　者　冯翠
刊　　名　中国市场
年 卷 期　2010年36期
页　　码　36－38
摘　　要　1860－1875年粤海关丝织品贸易的情况大体可分为三个阶段:①以1864年为界,1860－1864年为贸易复杂发展时期;②1864－1870年为贸易回暖时期;③1870年以后为贸易繁荣发展时期。

题　　名　晚清造船活动中值得反思的几个问题
作　　者　辛元欧
刊　　名　船史研究
年 卷 期　1987年3期

题　　名　晚清战舰如何化解排华暴乱
作　　者　高韬
刊　　名　环球财经
年 卷 期　2009年6期
页　　码　118－119

题　　名　晚清浙江海防战略地位的弱化及原因透视
作　　者　方堃,张炜
刊　　名　历史档案
年 卷 期　1996年1期
页　　码　109－114,108
摘　　要　中国进入近代,海洋方向的防御日益成为清王朝整个国防战略的重要组成部分,而中国有1万8千公里海岸线的客观现实,又使海防布局问题成为晚清政治家们所关注的焦点所在。综观在沿海七省中南北居中的浙江海防,其战略地位在清廷海防战略中渐次弱化,此中原因十分深刻,它折射着晚清海防战略的本质及其基本走向。本文拟从剖析浙防的弱化过程入手,通过对近代海防战略形成及实施过程的分析,透视中国军事近代化过程中的某些特质,并对此提出一些看法,以期方家教正。

题　　名　晚清镇江对外贸易的发展与传统工商业的演变
作　　者　马红霞,魏惠卿
刊　　名　江苏大学学报(社会科学版)
年 卷 期　2005年7卷1期
页　　码　53－57
摘　　要　镇江由于地处长江和大运河的交汇处,水运交通便利,因而在1856年签订的中英《天津条约》中被列为长江第一批通商口岸。镇江成为通商口岸后,对外贸易获得了长足发展。对外贸易的发展进一步促进了镇江传统商业格局的变化,同时也在一定程度上拉动了相关工业的发展。

题　　名　晚清政府的海权意识与对南海诸岛的主权维护
作　　者　郭渊
刊　　名　哈尔滨工业大学学报(社会科学版)
年 卷 期　2008年1期
页　　码　89-94
摘　　要　晚清之际,东西方列强不时非法勘测、侵扰中国南海诸岛及其附近海域,严重威胁中国海权。在与列强斗争的过程中,晚清政府的地方政府官员运用国际法中的有关规定与列强交涉,最终收复了被日本占领的东沙岛主权,并向国际社会宣示对西沙群岛的所有权。与此同时,晚清政府根据国际公法和各国的海上实践,提出了"水界"区、渔业区等海域主张,以捍卫中国南海权益。晚清政府维护东沙、西沙群岛的一切措施,都符合近代国际法的"自护之权"以及"条约"确定的领土界限和领土所有权等准则。晚清政府维护海权之举,不仅具有重要的历史意义,而且在目前中国的外交斗争中也具有重要的现实意义。

题　　名　晚清政府的海洋主张与对南海权益的维护
作　　者　郭渊
刊　　名　中国边疆史地研究
年 卷 期　2007年3期
页　　码　130-138
摘　　要　晚清时期,南海诸岛丰富的自然资源、重要的交通地理位置以及军事上的战略枢纽地位,引起了西方列强的觊觎,此时南海诸岛的主权问题已经较为明显地凸现出来。在与列强斗争过程中,晚清政府采取一系列措施来加强南海诸岛的开发建设,并自觉运用国际法来捍卫我国的海洋国土主权。

题　　名　晚清政府的兴学措施与海外华文教育的发展
作　　者　庄国土
刊　　名　华侨华人历史研究
年 卷 期　1990年3期
页　　码　22-28

题　　名　晚清政府对东沙群岛收复开发及其历史意义
作　　者　王静
刊　　名　理论月刊
年 卷 期　2008年9期
页　　码　89-91
摘　　要　东沙群岛自古以来就是中国领土,中国沿海渔民世代开发经营此地。晚清时期,日本人侵扰东沙群岛,掠夺资源。经过艰苦交涉,晚清政府最终收复了东沙群岛主权,并采取一系列措施开发建设东沙群岛。这一举动对捍卫领海权、维护民族利益具有深远的历史影响。

题　　名　晚清政府对西沙群岛主权维护的积极尝试——谈筹办西沙岛事务处的活动
作　　者　贾晓盼
刊　　名　文史知识
年 卷 期　2009年11期
页　　码　38-43

题　　名　晚清政府对西沙群岛资源的开发及其历史意义

作　　者　郭渊

刊　　名　浙江海洋学院学报(人文科学版)

年 卷 期　2007 年 3 期

页　　码　59 – 63

摘　　要　晚清时期,西沙群岛丰富的自然资源、军事上的战略枢纽地位引起了西方列强的觊觎。为了捍卫国土主权,晚清政府派员实地勘察了西沙群岛的人文环境和自然资源,并采取措施加强西沙群岛的开发建设。

题　　名　晚清政府海权意识演变的制约因素探析及其启示

作　　者　韩晓娟,章曰春

刊　　名　忻州师范学院学报

年 卷 期　2006 年 22 卷 6 期

页　　码　73 – 75

摘　　要　晚清政府海权意识的演变是中西方海洋观念碰撞的直接产物。但是,为什么晚清海权思想没有能够得到充分的发展,从而指导中国海防走出失败的阴影呢?通过分析,我们不难发现晚清政府变局中的政治、经济、军事、文化的耗散选择,制约并阻碍了晚清海权意识的发展。

题　　名　晚清政府向西方购买铁甲舰述论

作　　者　刘振华

刊　　名　军事历史

年 卷 期　2009 年 4 期

页　　码　57 – 62

摘　　要　1874 年日本侵台深深刺激了清政府,在海防大讨论中清廷大员认识到向西方购买铁甲舰的紧迫性。由于赫德的干扰和以李鸿章为首的清廷大员对购买铁甲舰认识的局限,加之清廷财政困窘,致使晚清政府向西方购买铁甲舰的进程跌宕起伏,其中的历史教训值得深思。

题　　名　晚清政府争取华侨经济的措施及其成效——晚清华侨政策研究之三

作　　者　庄国土

刊　　名　南洋问题研究

年 卷 期　1984 年 4 期

页　　码　35 – 46

摘　　要　中国人到海外谋生的历史已近两千年,比较大规模的持续出国则是在明代中叶以后。华侨在侨居地与当地人民胼手胝足,开发当地资源,促进当地社会经济的发展,华侨的经济力量也逐渐成长,对祖国经济的发展起了一定作用。但是这种促进作用是潜移默化,先在民间中进行的。直到晚清,华侨在海外的经济力量才逐渐被清政府所认识及加以利用。本文着重探讨晚清政府对华侨经济的认识,利用及其成效,藉以作为当代利用侨资之借鉴。

题　　名　晚清中朝朝贡关系详考

作　　者　孙艳姝

刊　　名　史学月刊
年 卷 期　2011 年 1 期
页　　码　49 – 58
摘　　要　从鸦片战争到甲午战争的五十多年间，中国与朝鲜的朝贡关系并未因资本主义列强入侵和中朝两国国内动荡而中断。朝鲜奉其“事大主义”，每年都如期向清朝遣节使进年贡和三节方物，且不定期向清王朝遣使谢恩、奏请、进贺、陈慰、陈奏、问安，同时进贡礼物。清政府也按例对朝鲜进行回赐与封赏，以示对藩属的“优礼”与“体恤”。这一时期，为应对时局变化和巩固对朝宗主国地位，清政府对维系形式和礼仪上的朝贡关系愈加重视，对朝贡往来的控制也愈加严格。中朝朝贡制度未衰而亡，甚至一度“回光返照”，极大地凸显了晚清东亚国际秩序变迁的错综复杂性。

题　　名　**晚清中国社会关于中国与琉球关系的认识——以《申报》为主要考察对象**
作　　者　贺琤
刊　　名　福建论坛（人文社会科学版）
年 卷 期　2004 年 9 期
页　　码　50 – 55
摘　　要　近代史上中国的藩属国首先遭到外来侵略的是琉球，《申报》中反映出的近代中国社会对于琉球政治地位的认识很含糊，这种含糊的认识有两方面原因，一小部分的原因是中国人关于地理、主权等问题的认识较为薄弱；更大一部分的原因是人们对于中国与琉球之间的宗藩关系很清楚，然而出于现实的控制力原因，无法坚持这种宗藩关系，只好含糊其词。

题　　名　**晚清中外船碰问题探论**
作　　者　蔡晓荣
刊　　名　安徽史学
年 卷 期　2004 年 3 期
页　　码　32 – 36
摘　　要　两次鸦片战争之后，随着“条约制度”的形成，中国的江海航运权逐渐为外人所攘夺。由于西方航运势力的东侵，中国的江海航运呈现出多样化趋势。在此历史背景下，中外船只碰撞问题不可避免地产生了，而由船碰所生的中外交涉、华洋诉讼诸问题，则复杂多端。但中外各方，尤其是晚清政府所采取的应对措施以及颁布的一系列防碰章程，却成为中国近代海商立法之滥觞。

题　　名　**晚清中央与地方财政关系：以近代海关为中心**
作　　者　戴一峰
刊　　名　中国经济史研究
年 卷 期　2000 年 4 期
页　　码　57 – 71
摘　　要　晚清时期，由于列强控制下的中国近代海关的介入，在原中央与地方财政关系的基础上，围绕财政分割和财源争夺，中央政府、地方当局和近代海关三者间形成了错综复杂的关系。本文阐述了这一关系形成和演化的曲折历程，剖析了这一关系的主要特点及其影响。由此展示了晚清中央与地方关系发展中值得进一步探讨的若干重要问题。

题　　名　**晚清中英鸦片税厘纷争的阶段性特点及其影响**
作　　者　睢萌萌

刊　　名　廊坊师范学院学报
年 卷 期　2008年24卷1期
页　　码　51－54
摘　　要　纵观中英两国的鸦片税厘之争,虽然谈判迁延,事件错综,但因为纷争的结果最终是以条约来体现,所以可以根据其间所签订的条约理清纷争的不同阶段——大致分为四个时期,即1858年至1870年中英《通商章程善后条约》及《新修条约》时期,1875年至1887年《烟台条约》、《烟台条约续增专条》、《香港鸦片贸易协定》和《中葡和好通商条约》时期,1901年至1902年《中英续议通商行船条约》时期,1906年至1911年《中英禁烟条件》时期。四个时期的纷争各有特点,但又同时都表现出中英双方统治者在盘剥中国人民财富上的高度一致性,给晚清中国社会各方面带来了重大影响。

题　　名　**晚清重整海军简述**
作　　者　王青山
刊　　名　才智
年 卷 期　2009年31期
页　　码　143
摘　　要　对于甲午战争之前,清廷建设海军的努力,学界早已予以太多关注。而对甲午之后清廷重整海军的努力,则鲜有提及。本文将从海军机构的建置沿革,海军舰艇的购置,海军人才的培养、海军基地的建设等四个方面,通过查阅史料,来重新发现这段被人遗忘的历史。

题　　名　**晚清自开商埠成因及特点刍议**
作　　者　汪国华,王汉筠
刊　　名　芜湖师专学报
年 卷 期　2002年2期
页　　码　27－30

题　　名　**晚清自开商埠城市的地位与作用**
作　　者　陈荣燕
刊　　名　安徽文学(下半月)
年 卷 期　2008年2期
页　　码　367
摘　　要　清廷自1899年始,为杜绝外人觊觎,同时为解决财政困难,自主开放并自行管理了一批商埠,这些商埠即为“自开商埠”。从对近代中国城市的发展而言,自开商埠促进了国内外贸易的发展和区域经济的形成,促进了城市现代工业的发生和发展,并推动了商埠城市的繁荣,加快了城市现代化的步伐。

题　　名　**晚清自开商埠的分布特点及作用**
作　　者　张践
刊　　名　文史哲
年 卷 期　1999年5期
页　　码　43－48
摘　　要　晚清时期,清廷主动在人口众多、交通便利、商业繁华地区开辟12个口岸,即“自开商埠”。它们在地域分布上具有如下特点:一、在沿海的自开商埠均为小城镇;二、在内陆的自开商埠多在沿海沿边诸省的内地城市,且多为政治、经济中心;三、在沿江地区的自开商埠极少。与“约开商埠”相比,自开商埠带有很强的自主性,在一定的意义上抵制了列强侵略,发展了地方经济,促进了城市的近代化。

题　　名　**晚清自开商埠述论**
作　　者　张践
刊　　名　近代史研究
年 卷 期　1994 年 5 期
页　　码　73－88

题　　名　**万历《广东通志》中的郑和史料**
作　　者　商志谭
刊　　名　郑和研究
年 卷 期　2003 年 2 期
页　　码　62

题　　名　**万历年间钦州事件与中越关系**
作　　者　牛军凯
刊　　名　海交史研究
年 卷 期　2004 年 46 期
页　　码　69－76

题　　名　**万历四十八年红夷船沉阳江始末考——兼谈红夷大炮早期入华问题**
作　　者　汤开建,吴青
刊　　名　澳门研究
年 卷 期　2003 年 19 期

题　　名　**万历四十六年至天启七年海运济辽**
作　　者　周琳
刊　　名　长春师范学院学报
年 卷 期　2005 年 4 期
页　　码　59－61
摘　　要　万历四十六年,明清战争在辽东打响,明廷为解决后勤供给难题开启了长期封闭的辽东海岸线,海运遂成为辽东战场物资供给的主要途径。对海运的路线、绩效和实施过程中所存在的问题的探讨,为了解和认识明金战争提供了一个微观的视角。

题　　名　**万历四十五年田生金《报暹罗国进贡疏》研究——明代中暹关系史上的一份重要的中文文献**
作　　者　汤开建,田渝
刊　　名　暨南学报(哲学社会科学版)
年 卷 期　2007 年 4 期
页　　码　123－134
摘　　要　田生金《报暹罗国进贡疏》非常详细地记录了万历四十五年暹罗国来华朝贡的经过及此

次朝贡没有携带敕书和勘合的缘由，本文通过对田生金《报暹罗国进贡疏》中中暹朝贡关系的分析，论证了中暹朝贡体制中敕书、表文与勘合、贡品及贡使等问题，并通过该疏中提供的暹罗国王情况，考证了暹罗王朝更替的史实。

题　　名　**万历四十五年暹罗国遣明使——明代朝贡形态述论**
作　　者　[日]松浦章
刊　　名　郑和研究
年 卷 期　1999 年 2 期
页　　码　13

题　　名　**万历援朝之战与明后期政治态势**
作　　者　万明
刊　　名　中国史研究
年 卷 期　2001 年 2 期
页　　码　120－135
摘　　要　万历二十年至二十六年的日本侵略朝鲜、明朝援朝之战，是日本第一次侵朝战争，也是中朝第一次联合反侵略战争。这场战争不仅是世界变化背景下中、日、朝关系，即东亚国际关系发生重要变化的标志，而且也是明朝由盛而衰的一大转折。本文从战争的视角，对明朝的政治实态进行考察，剖析诸多政治问题，并以此为枢纽，透视明朝后期政治走向衰败的态势。

题　　名　**万明《明抄本〈瀛涯胜览〉校注》读后**
作　　者　陈信雄
刊　　名　中国史研究动态
年 卷 期　2006 年 5 期
页　　码　28－31

题　　名　**汪大渊的南亚旅行及其记载的价值**
作　　者　池齐
刊　　名　苏州科技学院学报（社会科学版）
年 卷 期　1986 年 1 期
页　　码　118－124
摘　　要　中国古代的商人、学者、僧侣和外交使节经常赴南亚游历、访问，并对南亚各地进行了各方面的观察，留下不少珍贵的记载。元代的汪大渊就是这些旅行家中的一个。他是江西南昌人，字焕章，生于十四世纪初，曾两度附舶浮海，从琉球群岛到非洲海岸，游历数十国、记其见闻，撰成《岛夷志略》一书。书中记录了各地的自然环境、风土人情、农工商业、政治文化等情况，资料之丰富与可靠性，素为后人重视。其观察重点虽是东南亚，但对南亚地区的记述也颇周详。本文拟就其南亚旅行路线作一考证，并对其有关南亚的记载作一评价。

题　　名　**汪大渊生平考辨三题**
作　　者　许永璋
刊　　名　海交史研究

年 卷 期　1997 年 32 期
页　　码　98－102

题　　名　**汪浩事迹小考**
作　　者　王宏,马涛
刊　　名　郑和研究
年 卷 期　2010 年 3 期
页　　码　45－48

题　　名　**汪楫使琉球及其著述论略**
作　　者　方亮,方媛
刊　　名　江苏工业学院学报(社会科学版)
年 卷 期　2010 年 2 期
页　　码　48－51
摘　　要　历史上的琉球是中国东海中的岛国,明清两代,中琉之间形成一种固定的封贡关系。清康熙年间,汪楫充册封琉球正使,率团册封琉球国王,为中琉友好关系的发展作出了贡献。通过对汪楫使团册封琉球的史实加以考述及对汪楫撰写的"使录"著述的评析,可以了解清初中琉关系的概貌。

题　　名　**王大海与《海岛逸志》**
作　　者　吴琅璇
刊　　名　社会科学
年 卷 期　1996 年 4 期
页　　码　64－67,26

题　　名　**王景弘**
作　　者　杨新华
刊　　名　郑和研究
年 卷 期　1995 年 2 期
页　　码　34－35

题　　名　**王景弘:与郑和齐名的伟大航海家**
作　　者　傅柒生
刊　　名　福建史志
年 卷 期　1998 年 3 期
页　　码　48－50

题　　名　**王景弘的祖籍及宗教信仰略考**
作　　者　王晓云
刊　　名　福建师范大学学报(哲学社会科学版)
年 卷 期　2007 年 6 期
页　　码　257－261

摘　　要　本文根据《毅轩杂志》所载的王景弘史料及其所处的特殊历史年代和历史地位，与其留下的对佛、道及伊斯兰教崇奉的遗迹，考察王景弘的祖籍以及多种宗教信仰集于一身的独特现象。

题　　名　**王景弘非为副使**
作　　者　范金民
刊　　名　航海
年 卷 期　1985 年 3 期
页　　码　10

题　　名　**王景弘及其后裔新探——以明代卫所《武职选簿》档案为中心**
作　　者　张金红，徐斌
刊　　名　海交史研究
年 卷 期　2005 年 48 期
页　　码　44 – 54
摘　　要　郑和下西洋研究领域中，对航海家王景弘的研究成果主要集中在介绍其生平、籍贯和对下西洋的贡献等方面。由于史料和谱牒的缺乏，王景弘子嗣问题至今尚未有专论。本文通过整理和分析明代卫所《武职选簿》所载武官的档案，发现王景弘的后裔王祯、王英和王心等人的情况以及王祯在郑和下西洋过程中的一些事迹，并对郑和主持的“苏干剌平乱”作一些史料性补充考证。

题　　名　**王景弘简论**
作　　者　陈琦
刊　　名　海交史研究
年 卷 期　1987 年 11 期

题　　名　**王景弘与文莱“王三品”**
作　　者　杨新华
刊　　名　郑和研究
年 卷 期　2005 年 1 期
页　　码　67 – 70
摘　　要　王景弘和郑和同为下西洋的正使，自明永乐三年，至宣德八年的二十八年间，共率船队远航西洋，遍访亚非三十多个国家和地区，对促进中国与亚非各国的友好往来及经济、文化交流作出了重要贡献。

题　　名　**王景弘与郑和比较研究**
作　　者　黄文光
刊　　名　郑和研究
年 卷 期　2004 年 3 期
页　　码　71 – 73
摘　　要　王景弘，我国明代与郑和齐名的伟大航海家。明永乐三年（1405 年）至明宣德八年（1433 年）28 年间，先后 7 次率巨型船队出使西洋，到达亚、非 37 个国家和地区，成为世界航海史上的伟大先驱。我国从上个世纪初开始对郑和、王景弘下西洋的研究，在近 100 年的研究过程中，郑和的研究取得较大成果，而对王景弘的研究明显不足。本文试就挖掘研究王景弘文化提出如下几点个人见解。

题　　名　**王景弘与郑和下西洋**
作　　者　李金明
刊　　名　郑和研究
年 卷 期　2005 年 1 期
页　　码　61－66
摘　　要　郑和自永乐三年（1405）至宣德八年（1433）的 28 年间，七次下西洋，到达了亚、非洲 30 多个国家和地区，在世界航海史上谱写了光辉的一页。当时与郑和同行的王景弘，由于《明史》中无为之作传，故其事迹大多为郑和的光辉所掩盖，鲜为人知，这对于郑和下西洋的研究不能不说是个遗憾。本文拟就王景弘在下西洋活动中的地位与作用，以及东南亚有关王景弘与郑和随从的某些传说作一初步的论述。

题　　名　**王景弘宗教信仰初探**
作　　者　魏德新
刊　　名　郑和研究
年 卷 期　2002 年 2 期
页　　码　54－56
摘　　要　王景弘，这位论及下西洋之功可"与郑和并列而载人史册"的航海家，其有关身份的记述，在明清两代仅有"闽南人"三字。关于其人的宗教信仰，更是无一字可考。偶见其香港曾讳波先生著《郑和下西洋考略》中有王景弘"非回教徒……死后（终年 78 岁），按伊斯兰教仪式安葬"之说，颇疑。

题　　名　**王审知与福建海外交通**
作　　者　杨桂丽
刊　　名　福建论坛（文史哲版）
年 卷 期　1999 年 5 期
页　　码　66－67

题　　名　**王韬的海防思想**
作　　者　林启彦
刊　　名　近代史研究
年 卷 期　1999 年 2 期
页　　码　136－150
摘　　要　本文将王韬海防思想的形成与发展划分为三个时期，即 60 年代中期，70 年代中期，70 年代中后期至 80 年代中期。具体、清楚地说明了王韬海防思想在这三个时期的演变，分析了这个演变与中外关系格局变化之间的联系，强调指出了王韬海防思想中"以战为守"的观点。

题　　名　**王韬的海防思想（上）**
作　　者　刘中民
刊　　名　海洋世界
年 卷 期　2010 年 10 期
页　　码　60－61

题　　名　王韬的海防思想(中)
作　　者　刘中民
刊　　名　海洋世界
年 卷 期　2010 年 11 期
页　　码　70 – 71

题　　名　王韬的海防思想(下)
作　　者　刘中民
刊　　名　海洋世界
年 卷 期　2010 年 12 期
页　　码　60 – 61

题　　名　王韬军事改革思想述论
作　　者　唐付满,曾桂林
刊　　名　新乡师范高等专科学校学报
年 卷 期　2002 年 1 期
页　　码　75 – 78
摘　　要　王韬是晚清历史上著名的思想家、政治家。军事改革思想是其思想体系的重要组成部分。其军事改革思想涵括了兵制、军队建设、军事人才的培养、海防四个方面。

题　　名　王锡朋与定海抗战
作　　者　伯钧,世博
刊　　名　史学月刊
年 卷 期　1983 年 1 期
页　　码　39 – 43

题　　名　王振铎关于传统造船及航海技术的调查笔记
作　　者　李强
刊　　名　中国科技史杂志
年 卷 期　2007 年 2 期
页　　码　147 – 154
摘　　要　王振铎先生于 1947 年夏秋季节对江浙、福建诸省沿海的船坞、船场、码头进行了广泛的调查,与各地船场技工、船上技师进行了传统造船技术和传统航海技术的访谈。这是此次调查的笔记,其中还包括插图多幅。

题　　名　王直:从徽商到倭寇
作　　者　唐风
刊　　名　小康
年 卷 期　2005 年 4 期
页　　码　67 – 69

题　　名　王直:新时代的骄子——对沈登苗先生的响应
作　　者　薛国中
刊　　名　社会科学论坛
年 卷 期　2005 年 6 期
页　　码　128 – 132

题　　名　王直评议
作　　者　晁中辰
刊　　名　安徽史学
年 卷 期　1989 年 1 期
页　　码　18 – 23

题　　名　王直其人其事
作　　者　郭泉
刊　　名　档案与建设
年 卷 期　2005 年 3 期
页　　码　38 – 40
摘　　要　安徽某地近发生日本人为我国明代人王直修墓立碑事,披露后舆论哗然。1 月 31 日,两位高校青年教师怒砸“王直碑”。近年来,史学界在明史研究中,对嘉靖年间“倭寇”作乱等出现两种截然不同的观点,亦引起一些档案工作者的关注。王直何许人也?日本人为何为明人王直立碑?本刊特地邀请砸碑事件当事人之一、南京师范大学文学院博士后、副教授郭泉依据档案史料撰文,解说王直其人其事。

题　　名　王忠孝与郑成功
作　　者　陈在正
刊　　名　福建论坛(人文社会科学版)
年 卷 期　1988 年 4 期
页　　码　13 – 16,23
摘　　要　王忠孝,字长孺,号愧两,惠安沙格人。明万历二十一年(1593 年)六月二十三日(阴历,下同)生,清康熙五年(1666 年)四月二十八日卒于台湾,享年七十四。忠孝比郑成功早三十一年生,晚四年死,曾与成功共事隆武帝,隆武亡后曾合谋举义抗清,忠孝举兵失败后又入厦依附成功,相处达十六年之久。关于忠孝与成功的关系,史籍极少记述。《泉州府志》王忠孝传仅记:“丙戌(1646 年)、丁亥(1647 年)之岁入海不返,卒于台湾”。《小腆纪传》王忠孝传也只记:“闽亡,依朱成功于厦门,……王师克厦门,复徙台湾,卒”。现存未刊《惠安王忠孝公全集》抄本,却提供了这方面的珍贵史料,兹考述如次。

题　　名　往学盈归 播风弘道——日本遣唐留学生吉备真备
作　　者　何世钝
刊　　名　文博
年 卷 期　1986 年 5 期
页　　码　25 – 28

题　　名　望海埚大捷
作　　者　小兵
刊　　名　世界军事
年 卷 期　2010 年 2 期
页　　码　68 – 71

题　　名　望海埚战事考
作　　者　王万涛
刊　　名　辽宁师范大学学报(社会科学版)
年 卷 期　1987 年 2 期
页　　码　81 – 82

题　　名　望海埚之战
作　　者　王平勇
刊　　名　辽宁师范大学学报(社会科学版)
年 卷 期　1979 年 3 期
页　　码　48,47

题　　名　危机中的调适:嘉道时期的关税改革
作　　者　倪玉平
刊　　名　江苏社会科学
年 卷 期　2009 年 3 期
页　　码　206 – 212
摘　　要　嘉道时期,清政府通过停止三年比较、确立关税盈余办法,以及分赔章程大讨论、严厉追赔办法及盈余六成以内免议处等方面的制度调整,来力图控制关税征收,减少关税欠收。鸦片战争后,通过中英《南京条约》,英国人明确了五口通商权利。随着国门的洞开,洋货开始大量涌入中国。在随后的执行过程中,清廷适时地调整了沿海各关的政策。简言之,嘉道时期,通过清廷的多方努力,这一时期的关税征收,从总体上来说还是相对平稳的,并没有出现大规模的下降。从这一意义上说,嘉道时期的关税改革,值得肯定。

题　　名　威海卫和威海之战
作　　者　何力
刊　　名　历史教学
年 卷 期　1983 年 6 期
页　　码　47 – 48

题　　名　威海卫失守与北洋海军的复灭
作　　者　郑昌淦
刊　　名　山东省志资料
年 卷 期　1958 年 1 期
页　　码　10 – 12

题　　名　威震海疆的峦鼻之战
作　　者　许祖馨,于伯铭
刊　　名　航海
年 卷 期　1982 年 6 期
页　　码　34 – 35

题　　名　威震欧洲的中法镇海口之役
作　　者　炎明
刊　　名　浙江学刊
年 卷 期　1985 年 3 期
页　　码　81 – 86
摘　　要　镇海位于我国东南沿海的甬江口,为浙东门户,战略地位十分重要。1885 年 3 月,法国远东舰队司令孤拔率舰队进犯镇海,我守军坚决还击,伤敌纽回利、答纳克等舰,击沉敌小船两艘,迫使法国舰队退泊口外,孤拔也在此役受伤后毙命,在近代中国人民反抗外国侵略斗争史上写下了光辉的一页。

题　　名　为何中东称龙泉窟瓷为马都八瓷
作　　者　黎道纲
刊　　名　海交史研究
年 卷 期　1999 年 35 期
页　　码　48 – 51

题　　名　为抗击倭寇设置威海卫
作　　者　王树强,袁文龙
刊　　名　春秋
年 卷 期　2006 年 5 期
页　　码　45 – 46

题　　名　为什么明朝不向海上发展?
作　　者　许肇兴
刊　　名　郑和研究
年 卷 期　2002 年 2 期
页　　码　15 – 20

题　　名　为我伯公方伯谦鸣冤
作　　者　方俪祥
刊　　名　日本研究
年 卷 期　1988 年 2 期
页　　码　46 – 56
摘　　要　方伯谦是原北洋海军副将,甲午中日海战时济远舰管带,1894 年 9 月 24 日凌晨,被李鸿章以临阵脱逃的罪名,斩首于旅顺口。方伯谦被杀后,其家属及部下、同僚中有称其冤者。如何,直至今日仍是一个争论然而其真相不休的问题。最近，方伯谦的侄孙女，侨居美国的方俪祥女士寄稿本为方伯谦辩诬。我们认为，按照历史事实，正确地、实事求是地评价方伯谦，不仅是中国近代史研究，而且也是中日关系史研究中的一个亟待澄清的问题。

题　　名　**为下西洋奠定基础的中国历代造船技术**
作　　者　许亚洲
刊　　名　郑和研究
年 卷 期　2007 年 3 期
页　　码　62－68，72
摘　　要　中国古代的造船技术，在相当长的历史时期居于世界领先的地位，尤其令世人瞩目的是我国造船史学界公认的秦汉、宋元、明初（郑和下西洋）这三个成就辉煌的历史时期。可以说，在明初之前的中国历代造船技术成就，为郑和下西洋奠定了船舶基础；而郑和远航下西洋的船舶是在此基础上实现了新的技术进步。

题　　名　**伟大的爱国者——民族英雄郑成功**
作　　者　陈国强
刊　　名　中国民族
年 卷 期　1982 年 2 期
页　　码　38－39

题　　名　**伟大的爱国主义者郑成功**
作　　者　郭鸣九
刊　　名　益阳师专学报
年 卷 期　1985 年 1 期
页　　码　24－30

题　　名　**伟大的航海家郑和**
作　　者　郭鸣九
刊　　名　湖南城市学院学报
年 卷 期　1983 年 4 期
页　　码　83－87，96

题　　名　**伟大的航海家郑和**
作　　者　董国才
刊　　名　下一代
年 卷 期　2005 年 Z1 期
页　　码　124－125

题　　名　**伪满“高等船员养成所”始末**
作　　者　史春林
刊　　名　东北沦陷史研究

年卷期 2002年2期

题　　名 卫河的形成及其相关问题
作　　者 钮仲勋
刊　　名 河南大学学报(社会科学版)
年卷期 1985年1期
页　　码 83－87
摘　　要 卫河是海河水系的五大河之一,它在历史上是条重要的运河,在南北漕运中曾发挥过重大的作用,直到现在仍然有利用的价值。卫河的形成,经过了一个相当长的历史时期,在卫河形成的历史过程中,曾出现一些与它密切相关的问题,如曹操开白沟,隋炀帝开永济渠,以及明清时期为了解决漕运与灌溉的矛盾对它所采取一系列措施等等。探讨这些问题,不仅对研究卫河的历史有重要意义,而且对今后卫河的综合治理也可提供一些借鉴。

题　　名 卫河与卫河航运
作　　者 段晓华
刊　　名 档案管理
年卷期 2006年6期
页　　码 65

题　　名 渭河流域古代文明初探
作　　者 张骅
刊　　名 陕西水利
年卷期 2007年6期
页　　码 47－49

题　　名 渭河水运和关中漕渠
作　　者 马正林
刊　　名 陕西师大学报(哲学社会科学版)
年卷期 1983年4期
页　　码 92－102

题　　名 魏国与邪马台国使节往来考
作　　者 沈仁安
刊　　名 世界历史
年卷期 1990年3期
页　　码 39－47,127

题　　名 魏晋南北朝长途贩运贸易试探
作　　者 朱和平
刊　　名 中国社会经济史研究
年卷期 1998年3期

页　　码　9－17

题　　名　**魏晋南北朝的海上丝绸之路及对外贸易的发展**
作　　者　张嫦艳，颜浩
刊　　名　沧桑
年 卷 期　2008年5期
页　　码　19－21
摘　　要　魏晋南北朝时期，旧大陆的纷乱局势造成中西交通变化多端，时空对应错综复杂。由于南方经济的发展，政府采取积极的海外关系政策，这一时期南海和东海海上丝绸之路有了发展。与此同时，对外贸易也有了一定的发展，对外贸易涉及十五个国家和地区，不仅包括东南亚诸国，而且西到印度和欧洲的大秦。对外贸易的发展，促进了这一时期中外经济文化的交流和发展。

题　　名　**魏晋南北朝交通运输业管理探论**
作　　者　刘汉东
刊　　名　中国社会经济史研究
年 卷 期　1998年4期
页　　码　13－18
摘　　要　魏晋南北朝时期，政权登替，交通运输管理因时因事因区域等原因有所变化，但总体轮廓没有原则性的变动，基本上保持中央朝廷管理机构和交通干道上的地方系统运转机构。为此，本文拟就若干问题作些探讨和论述。

题　　名　**魏晋南北朝时期北方粮食的水运与仓储研究**
作　　者　张兴兆
刊　　名　安徽农业科学
年 卷 期　2008年28期
页　　码　12535－12536
摘　　要　介绍了魏晋南北朝时期北方地区的漕粮转运在黄淮地区及河北平原呈现出的兴盛面貌，阐述了该时期北方地区粮食的水次仓储发展概况。

题　　名　**魏晋南北朝时期的漕运与管理**
作　　者　马晓峰
刊　　名　西北师大学报（社会科学版）
年 卷 期　2003年40卷5期
页　　码　59－63
摘　　要　魏晋南北朝时期整修或开凿了一大批漕渠，按照其主要功用可分为用于军队与辎重的输送、农业区的租赋运输和商业运输三类。对于漕运的管理形成了皇帝——权臣决策，地方郡守和军事将领负责执行的机制。在管理机构上，形成了以度支尚书为中心的中央管理机构和以专门职官与地方郡守组成的地方管理机构。此外，还有以大司农为代表的关涉机构协调漕运的管理。因此该时期的漕运事业已经初步形成了一套有机的管理体系。由于该时期军事斗争的频繁，使得军事将领对漕运从决策到执行到管理各个环节都产生了巨大影响。这也在一方面成为魏晋南北朝时期漕运管理的特点。

题　　名　魏晋南北朝时期的海外贸易
作　　者　李金明
刊　　名　南洋问题研究
年 卷 期　1993 年 4 期
页　　码　82 – 87
摘　　要　公元 220 年，曹操之子曹丕废除了东汉最后一个皇帝，自己在洛阳称帝，国号为魏，从此中国历史进入了魏晋南北朝时期。这个时期的中国，虽然长期处于分裂状态，但是同海外国家的贸易却不断发展，其中既有地处江南的孙吴以及后来的东晋、南朝，同南海诸国的频繁贸易，又有占据中原的曹魏与日本之间的密切往来。本文拟对当时江南社会经济的发展，与南海、日本之间的贸易作一初步的探讨。

题　　名　魏晋南北朝时期的黄河航运
作　　者　张兴兆
刊　　名　许昌学院学报
年 卷 期　2008 年 27 卷 3 期
页　　码　17 – 22
摘　　要　魏晋南北朝时期，黄河是北方地区水上交通的大动脉。曹魏及北魏等北方政权对黄河航运积极开发，三门峡及其以东峡谷航道不断得到整治。黄河上游部分河段及整个中下游河段都有航运利用。“黄河也曾千帆过”是这一时期并不少见的情形。受水文及政治因素影响，各河段的航运状况不尽相同。

题　　名　魏晋南北朝时期黄河津渡考
作　　者　张兴兆
刊　　名　运城学院学报
年 卷 期　2008 年 1 期
页　　码　11 – 17
摘　　要　魏晋南北朝时期，水上交通虽受战乱影响，但较之秦汉仍有一定的发展。黄河津渡在北方地区各民族的融合、各政权间的争斗中扮演着十分重要的角色。这一时期，黄河津渡数量众多，自上游至下游有五十余处，并有几个分布较为集中的河段。当时黄河津渡有三种方式：舟筏济渡、造桥渡河、乘冰而渡。这一时期黄河上造桥较多，引人关注。

题　　名　魏晋南北朝时期黄淮地区水上交通的拓展与利用
作　　者　张兴兆
刊　　名　许昌学院学报
年 卷 期　2005 年 24 卷 4 期
页　　码　28 – 31
摘　　要　魏晋南北朝时期水上交通较之秦汉有很大发展，黄淮地区尤为突出，在自然水道通运的基础上，经过人工修渠浚治，形成纵横交错的水运网。黄河、淮河是南北两条东西向的大动脉，东西两线水路将黄淮沟通。在南北政权漕运及军事行动中，黄淮地区的水上交通被不断地拓展、利用。

题　　名　魏晋南北朝时期军用造船业的发展
作　　者　张兴照

刊　　名　许昌学院学报
年 卷 期　2010 年 4 期
页　　码　8－11
摘　　要　魏晋南北朝时期，由于水战及各项水上军事活动的需要，军用造船业有很大的发展。其时，战船规模庞大，种类齐全，有大中小型各式战船；战船推进技术及战船导航与泊船技术较之前代有所发展；军用造船业由政府管理，南方与北方都有众多的造船基地。

题　　名　**魏晋南北朝时期南北水路交通的拓展**
作　　者　何德章
刊　　名　武汉大学学报(人文科学版)
年 卷 期　2004 年 57 卷 2 期
页　　码　150－157
摘　　要　分裂动荡的魏晋南北朝时代，政治军事原因促使南北水路交通不断拓展，从今杭州通往今天津附近的水路交通隐隐形成，成为隋代大运河的历史基础。

题　　名　**魏晋南北朝时期南海贸易的变迁与高涨**
作　　者　马志冰
刊　　名　许昌学院学报
年 卷 期　1988 年 3 期
页　　码　69－71

题　　名　**魏晋南北朝时期中国与东南亚的佛教文化交流**
作　　者　聂德宁
刊　　名　南洋问题研究
年 卷 期　2001 年 2 期
页　　码　58－68
摘　　要　魏晋南北朝时期，在中国与东南亚地区的交往中，佛教文化的交流构成了彼此间相互往来的一个重要内容，充分体现了物质文化与精神文化的交流二者并行不悖、相辅相成的密切关系。这一时期往来或取道东南亚地区而来的中外僧人所带来的大量佛教经典及其译经活动，极大地促进了佛教文化在中国的传播，为隋唐时期中国与东南亚地区佛教文化交流的进一步深化和发展奠定了坚实的基础。

题　　名　**魏晋南北朝舟船发展述论**
作　　者　谭书龙
刊　　名　内江师范学院学报
年 卷 期　2005 年 20 卷 3 期
页　　码　136－140
摘　　要　魏晋南北朝时期舟船发展异常迅速，其整体发展状况表现在：舟船的名称、数量和型制、装备和装饰以及其活动范围；不同种类舟船的发展表现在：行船有了一定的发展、游船开始少量出现、运船有了较大的发展、商船发展颇具规模、战船发展迅速；舟船迅速发展的原因是，战争方式变化的结果、造船技术的提高、内陆水路交通的拓展和商业发展。

题　　名　魏晋南朝中日交往一瞥
作　　者　张云樵,刘波
刊　　名　中国典籍与文化
年 卷 期　1993 年 3 期
页　　码　14 – 17

题　　名　魏源的海防论和朴素海权思想
作　　者　戚其章
刊　　名　求索
年 卷 期　1996 年 2 期
页　　码　111 – 116
摘　　要　在中国近代史上,林则徐是最早开眼看世界和重视海防的先进中国人。继林则徐之后,论海防者则以魏源为巨擘,故林、魏并为近代海防论的先驱。

题　　名　魏源军事思想再研究——论魏源的海疆防御思想
作　　者　黄新田,孟彭兴
刊　　名　史林
年 卷 期　1989 年 2 期
页　　码　30 – 35
摘　　要　魏源是中国军事思想近代化的先驱者之一。魏源的军事思想有着十分丰富的内容。我们曾在总体上对魏源的军事思想作了探讨,论述了他改变中国传统治国御敌方针的要求,并提出适应近代战争特点的军事体制方略,以及在当时国情下弱国战胜强国的战略战术。本篇则着重于魏源海疆防御思想的研究。

题　　名　温树德与渤海舰队
作　　者　苏小东
刊　　名　民国春秋
年 卷 期　1998 年 1 期
页　　码　25 – 27
摘　　要　渤海舰队是由广东护法舰队演变而来。当 1917 年 7 月北洋军阀政府海军第一舰队在上海宣布独立并追随孙中山南下广东护法时,温树德还只是这支舰队里一个名不见经传的小舰舰长,由于得到孙中山的赏识,后来一跃而成为护法舰队的司令。但当护法斗争陷入危机时,温树德竟然背叛了孙中山,率领舰队北归重新投入北洋军阀的怀抱。于是,中国海军在未改变总量的情况下,经过护法斗争、军阀纷争以及海军内部的派系之争,又裂变出一支新的海军舰队,即渤海舰队。

题　　名　温州古代海外贸易史述略
作　　者　徐文永
刊　　名　商场现代化
年 卷 期　2009 年 8 期
页　　码　221 – 222

题　　名　**温州古代海洋捕捞史略**
作　　者　吴树敬
刊　　名　农业考古
年 卷 期　1997 年 1 期
页　　码　167－169

题　　名　**文登营与明朝山东半岛海防战略**
作　　者　王江炜
刊　　名　春秋
年 卷 期　2007 年 1 期
页　　码　48－49

题　　名　**文化漂流自徘徊——港澳台与东南亚族群关系研究之二**
作　　者　廖杨
刊　　名　广西民族研究
年 卷 期　2001 年 4 期
页　　码　109－116
摘　　要　明清以前港澳台与东南亚族群的文化交流主要通过我国南海丝绸之路的兴起和发展来进行。明清以降,西方殖民者在东南亚建立自己的殖民地后先后侵占港澳台地区,并把港澳台地区作为他们掳掠贩卖苦力华工和华人妇孺的重要基地。这些不同时期被从港澳台地区贩运到东南亚地区的华人,一方面深受着西方殖民者的欺压剥削和残酷统治,同时他们与当地土著的族群关系又时常被西方殖民当局所挑拨,故其常处于漂流徘徊的被殖民的境遇;另一方面,漂流南下的华人族群又因其内部的文化差异而曾一度徘徊不已,后才与当地族群有所融合。

题　　名　**文化全球化视野下的马戛尔尼使华**
作　　者　邓海成
刊　　名　内蒙古农业大学学报(社会科学版)
年 卷 期　2006 年 1 期
页　　码　292－294
摘　　要　本文从解读全球化、文化全球化及文化误读开始,试将马戛尔尼使华置于全球化大历史背景中加以考查。分析中英双方文化预设上的差别,及两者在礼品和礼仪上产生的不同误读,阐明民族文化应不断创新与变革,方能在全球化的进程中立于不败。

题　　名　**文化主义与广东海上丝绸之路研究**
作　　者　刘伟民
刊　　名　湖北经济学院学报(人文社会科学版)
年 卷 期　2009 年 12 期
页　　码　125－126
摘　　要　通过对广东海上丝绸之路研究的介绍与分析,指出了当前研究存在着叙事宏大、视角狭窄的弊病。结合伯明翰学派的文化研究观点,为进一步拓宽广东海上丝绸之路研究提供方法上的指导。

题　　名　**文莱国泉州宋墓考释**
作　　者　庄为玑
刊　　名　海交史研究
年 卷 期　1990 年 18 期
页　　码　35 – 37

题　　名　**文莱国宋墓"判院蒲公"索解——兼评《西山杂志》(手抄本)的史料价值**
作　　者　龚延明
刊　　名　海交史研究
年 卷 期　1991 年 20 期
页　　码　65 – 69

题　　名　**文明视角下的郑和远航**
作　　者　何芳川
刊　　名　郑和研究
年 卷 期　2004 年 3 期
页　　码　42 – 48

题　　名　**文明视角下的郑和远航**
作　　者　何芳川
刊　　名　北京大学学报(哲学社会科学版)
年 卷 期　2004 年 41 卷 5 期
页　　码　50 – 56

题　　名　**文明视角下的郑和远航**
作　　者　何芳川
刊　　名　学术界
年 卷 期　2005 年 1 期
页　　码　306 – 307

题　　名　**文祥与近代中国的海防和塞防**
作　　者　闫存庭
刊　　名　伊犁师范学院学报(社会科学版)
年 卷 期　2007 年 4 期
页　　码　36 – 40
摘　　要　一提到近代中国的海防和塞防,人们不禁会想到左宗棠和李鸿章。但是,对近代中国海防和塞防作出重大贡献的当属枢臣文祥。同治、光绪年间正值中国处于内忧外患之际,他既主张重视海防建设,同时又力挺左宗棠西征。建立了中国第一支近代意义上的海军,又顺利收复了新疆,维护了中国的主权和领土完整。

题　　名　文祥与近代中国的海防和塞防之争
作　　者　闫存庭
刊　　名　石河子大学学报(哲学社会科学版)
年 卷 期　2007 年 6 期
页　　码　39 - 42
摘　　要　一提到近代中国的海防和塞防,人们不禁会想到左宗棠和李鸿章。但是,对近代中国海防和塞防做出最大贡献的当属枢臣文祥。同治、光绪年间正值中国处于内忧外患之际,他既主张重视海防建设,同时又力挺左宗棠西征。他建立了中国第一支近代意义上的海军,顺利收复了新疆,维护了中国的主权和领土完整。

题　　名　文祥与同治甲戌日本侵台事件
作　　者　李俊香
刊　　名　山东省农业管理干部学院学报
年 卷 期　2007 年 23 卷 6 期
页　　码　101 - 103
摘　　要　文祥可以说是同治年间最有远见的政治家。他曾经对丁韪良说过:"西人之长处,吾将尽学之"。在处理日本侵台事件中,他多次单衔上奏,其观点和主张,都显示出了深谋远虑的政治眼光和开明灵活的思想态度。最为重要的是,文祥与恭亲王等所倡议的筹议海防一折,引发了晚清第一次海防大讨论,由此确定了建立近代海军的方针,促进了中国海军建设的现代化。

题　　名　文学视野中的郑成功——"遗民忠义精神"及其在日据时代台湾的传衍
作　　者　朱双一
刊　　名　台湾研究集刊
年 卷 期　2002 年 3 期
页　　码　1 - 9
摘　　要　明郑时期郑成功等的诗文作品中表现出的强烈的"遗民忠义精神",植根于儒家观念和闽台历史文化的悠远传统中,并超越了对某一特定朝代和皇帝的"愚忠",升华为广泛意义的民族精神和爱国主义精神,在日据时代的台湾民众中传衍不息,成为大多数台湾民众保持其汉民族精神和祖国认同的重要因素之一。对此,无论在传统诗文中,或是新文学创作中,都有明显的体现。

题　　名　闻良辅出使暹罗小考——兼谈明朝对暹罗的遣使
作　　者　袁丁
刊　　名　东南亚学刊
年 卷 期　1998 年 3 期
页　　码　41 - 45

题　　名　闻其言、察其行:《赫德日记》解读
作　　者　戴一峰
刊　　名　海关研究
年 卷 期　2003 年 5 期
页　　码　37 - 42

摘　　要　本文意在解读《赫德日记》。作者认为,作为十九世纪后期中西文化中介人,赫德的活动空间在于中西文化交错、重叠地带,他的角色使命则在于维护由一系列不平等条约所建构和规范的中西政治、经济关系,维护以西方为中心的资本主义世界体系。赫德的在华生涯,完全体现了他的这一角色使命。

题　　名　翁同龢以军费掣肘北洋说辩正
作　　者　戚其章
刊　　名　探索与争鸣
年 卷 期　2003 年 11 期
页　　码　7 – 9

题　　名　倭患对舟山地名演变的影响
作　　者　王建富
刊　　名　中国地名
年 卷 期　1998 年 3 期
页　　码　43 – 44

题　　名　倭患对舟山地名演变的影响
作　　者　王建富
刊　　名　中国方域
年 卷 期　2000 年 6 期
页　　码　28 – 29

题　　名　倭患与洪武朝中日关系
作　　者　刘扬
刊　　名　河北理工大学学报(社会科学版)
年 卷 期　2009 年 5 期
页　　码　202 – 205
摘　　要　从建国开始,明朝一直深受倭寇的侵扰。明朝一面加强海防,一面向日本交涉。由于倭寇,两国中断了百余年的交往重新开始;也由于倭寇,两国关系最终破裂。

题　　名　倭寇、被虏人与明代的海防军
作　　者　川越泰博,李三谋
刊　　名　中国边疆史地研究
年 卷 期　1998 年 3 期
页　　码　107 – 117
摘　　要　15 世纪初的明永乐年间,日本海盗集团(倭寇)入侵中国,大肆进行掠夺。沿海军民或被杀戮,或被俘获并转卖至日本。针对倭祸的蔓延,明朝政府极力筹划海防,组织御倭。在此背景下,辽东总兵官刘江于永乐十七年(1419 年)奉命出击,大破倭寇于望海(今辽宁金县东北),使倭祸稍息。在被掳的军民中,有的后来随着中日关系的改善被送归,有的还被安排在被俘前所供职的沿海卫所,继续为海防而效命。

题　　名　倭寇记忆与中国海权观念的演进——从《筹海图编》到《洋防辑要》的考察
作　　者　李恭忠,李霞
刊　　名　江海学刊
年 卷 期　2007 年 3 期
页　　码　150 – 155
摘　　要　明代的“倭患”经历,留下了持续的“倭寇”记忆,对明清时期的海权观念产生了深刻影响。从明嘉靖年间郑若曾的《筹海图编》,到鸦片战争前夕严如熤的《洋防辑要》,自明中后期又以迄清中期的海防论述多以“倭/寇”为假想敌,以“备倭/防寇”为基本着眼点。这些海防论著表达了一种“眼光向后”的海权观念:多以数百年前的历史经验为准绳,而不是密切关注变化中的现实形势;多以陆权为中心,目标在于如何“防”海,而不是如何经略海洋。结果,16 – 18 世纪,中国政权的海上关注焦点一直放在东亚秩序圈内的传统挑战者(“倭/寇”)身上,却忽略了正在膨胀的欧洲商业殖民主义的挑战。对手意识的错位,埋下了中国在近代中西海权竞争中失败的深刻缘由。

题　　名　倭寇考
作　　者　刘瑀
刊　　名　力行
年 卷 期　1940 年 2 卷 3 期

题　　名　倭寇南进与列强海军战略上之对策
作　　者　张泽善
刊　　名　海风
年 卷 期　1940 年 1 期
页　　码　20 – 21

题　　名　倭寇侵犯江宁史实——江宁东山发现明万历碑刻
作　　者　周维林
刊　　名　紫金岁月
年 卷 期　2000 年 4 期
页　　码　30

题　　名　倭寇与中国
作　　者　戴裔煊
刊　　名　学术研究
年 卷 期　1987 年 1 期
页　　码　65 – 70
摘　　要　发生于元代末年(十四世纪中期),与有明一代(1368 – 1644 年)相始终的倭寇对中国、朝鲜的骚扰和侵略,给中世纪后期的东亚世界带来动荡和不安。同中国历史有关的倭寇,分别出现在元末明初、明代嘉靖年间(十六世纪四十至六十年代)和万历年间(十六世纪九十年代)。然而,同是倭寇,在不同时期,实质不同,意义也不同,不能一概而论。笔者本着实事求是的精神把倭寇分几个时期作具体分析。

题　　名　**倭寇之患与福建民俗**
作　　者　许金顶
刊　　名　海交史研究
年 卷 期　1996 年 29 期
页　　码　96 - 102

题　　名　**倭五王遣使除授考**
作　　者　沈仁安
刊　　名　日本研究
年 卷 期　1990 年 4 期
页　　码　34 - 40
摘　　要　公元 413 年,倭王潜在相隔了一个半世纪后,第一次向中国东晋王朝“献方物”。从此以后,倭五王展开了频繁的对宋外交。据《晋书》、《禾书》、《南齐书》和《梁书》的记载,倭五王遣使除授的情况见表一。如表一所示,从 413 年到 502 年,在将近一个世纪的时间里,倭五王向中国南朝各王朝遣使计达 13 次。其中,因倭王新立或中国王朝新建而遣使朝贡占九次,倭王遣使表求除正占四次。这说明,倭五王继承了自奴国王以来的传统,每当倭国王位交替或中国改朝换代之际,必遣使中国,以取得中国王朝的册封,借此提高自己的国内权威和国际地位。倭五王频繁遣使主要是为了巩固王权和维护统一的需要。日本学者单纯强调外部原因,如认为:“在外部危机的压力下,由于百济的劝告,倭国才开始对宋外交的。”这种看法显然是片面的。为了进一步论证此点,下面对有争议的几个问题略作分析。

题　　名　**我对《光明之城》中几个问题的看法**
作　　者　陆芸
刊　　名　海交史研究
年 卷 期　2001 年 40 期
页　　码　21 - 26

题　　名　**我对晋江摩尼教草庵的考察**
作　　者　翁拙瑞
刊　　名　海交史研究
年 卷 期　1989 年 16 期

题　　名　**我对郑和环球航行新说的看法**
作　　者　朱鉴秋
刊　　名　郑和研究
年 卷 期　2002 年 1 期
页　　码　37 - 38
摘　　要　3 月 4 日英国《每日电讯报》报道说。英国业余历史学家孟席斯将于 3 月 15 日报告他的研究成果:郑和早于哥伦布到达美洲并进行了人类首次环球航往。此后。众多媒体相继转发了这一消息,把新闻炒得火热。但 3 月 15 日以后。媒体虽报道了报告会的情况,却并未披露更多有说服力的证据。

题　　名　我国船舶的发展演进
作　　者　马丰源
刊　　名　中华民国海运月刊
年 卷 期　2003 年 210 期

题　　名　我国的半殖民地海关——海关知识讲座第三讲
作　　者　颜锡钧
刊　　名　国际贸易
年 卷 期　1990 年 3 期
页　　码　59－61

题　　名　我国的海洋观和郑和下西洋
作　　者　许森安
刊　　名　中国远洋航务公告
年 卷 期　2005 年 4 期
页　　码　64－66
摘　　要　海洋和每个人都有密切关系。对国家来说更有无可替代的战略地位。个人的海洋意识会影响家庭和工作,作为政府工作人员或高层领导就会影响一大片;甚至国家的发展速度,这已为历史所证实。

题　　名　我国的近代海关——海关知识讲座第二讲
作　　者　颜锡钧
刊　　名　国际贸易
年 卷 期　1990 年 2 期
页　　码　59－61

题　　名　我国的南海诸岛
作　　者　卫沙
刊　　名　安徽师范大学学报(自然科学版)
年 卷 期　1974 年 2 期
页　　码　84－88

题　　名　我国的南海诸岛
作　　者　流沙
刊　　名　广东师院学报(自然科学版)
年 卷 期　1975 年 1 期
页　　码　118－129

题　　名　我国第一个《行船免碰章程》简介
作　　者　罗杰锋

刊　　名　航海
年 卷 期　1992 年 4 期
页　　码　36

题　　名　**我国第一艘轮船是由谁设计建造的**
作　　者　冯蔚然
刊　　名　上海海事大学学报
年 卷 期　1984 年 2 期
页　　码　16

题　　名　**我国东北古代民族的海上活动**
作　　者　王侠
刊　　名　北方文物
年 卷 期　1987 年 1 期
页　　码　65－71
摘　　要　我国古代的东北,东滨大海,有着广阔的海域和漫长的海岸线,自北向南与四海相临:鄂霍次克海、日本海,渤海、黄海。考古材料和文献记载表明,自五千年前的新石器时代晚期以来,居住在东北沿海地区的肃慎、T5 貊、挹娄、沃沮、靺鞨等民族就和大海息息相关,为了生存,对海洋进行了不懈的斗争和探索,开展了广泛的海上活动。本文论述的内容,上限为五千年前的新石器时代晚期,下限为公元七世纪的隋唐时期。至于渤海王国在航海方面所作出的卓越贡献,已有不少专文予以介绍,本文不再赘述。

题　　名　**我国对西沙、南沙群岛主权的历史和法理依据(之一)**
作　　者　刘文宗
刊　　名　海洋开发与管理
年 卷 期　1997 年 2 期
页　　码　52－56

题　　名　**我国对西沙、南沙群岛主权的历史和法理依据(之二)**
作　　者　刘文宗
刊　　名　海洋开发与管理
年 卷 期　1997 年 3 期
页　　码　47－51

题　　名　**我国古代的漕粮与漕运**
作　　者　梁理
刊　　名　广西粮食经济
年 卷 期　1997 年 3 期
页　　码　45
摘　　要　漕粮我国历代封建政府规定由水道运往京师供官府、军队食用的粮食,乃实物税。交纳增粮的数额常视京师驻军多寡而定。明宪宗成化八年(公元 1472 年),规定每年增粮 4OO 万石,至清未变。因增运耗费,漕粮除正税外,还征耗来经费等各种附加税,一并称为“游项”。收粮有淋尖、踢解、捉猪等名目;陋规有小脚、花户、灰印等费用,民户缴清粮一石,往往实纳二石多。清末漕粮不再征实,改为折银。清运中国历代封建政府通过水路对京师和其他要地供官、军所需粮食的运输,早在秦汉时漕运即已开始。

题　　名　**我国古代的关税——海关知识讲座第一讲**
作　　者　颜锡钧
刊　　名　国际贸易
年 卷 期　1990 年 1 期
页　　码　57 - 58,38
摘　　要　关税起源于中古时代。在封建社会中,当商品经济从萌芽到发展,进入较高阶段时,以贱买贵卖以通有无的商人就会脱颖而出,成为古代关税最早的承担者。关税是一种在货物流通过程中按照一定的法律和程序征课的税种。古代的封建诸侯都有权在他们分封的领地内设立关卡,对运入或过境的货物征课关税。归他们自己支配享用。

题　　名　**我国古代的航海天文**
作　　者　《航海天文》调研小组
刊　　名　华南师范大学学报(自然科学版)
年 卷 期　1978 年 1 期
页　　码　21 - 36
摘　　要　本文从我国古代航海天文的渊源与发展、牵星术、民间传统的航海天文三个方面作了论述。对我国古代航海天文的渊源与发展,着重从我国古代航海学和天文学的发展出发,提出古代航海天文几个时期的初步意见。对牵星术,主要根据《郑和航海图》、《顺风相送》、《指南正法》等古籍,结合民间航海天文经验,研究了古代航海中观测天体高度的单位——"指"的度数,认为这一牵星量度起源于战国时期;在此基础上结合《过洋牵星图》和民间星名对古星名作了考证。对民间传统航海天文,则根据社会调查获得的资料,分析了传统的航海天文方法,并证认了民间星名和考释了民间牵星术。

题　　名　**我国古代的陆地关——海关史话之二**
作　　者　蔡渭洲,谢咸铠
刊　　名　国际贸易
年 卷 期　1984 年 1 期
页　　码　26 - 27
摘　　要　秦统一中国后,建立了中央集权的国家机构,又修筑长城,抵御北方匈奴的南侵。这时诸侯国国界消失了,有些"关"撤销或成为内地关,但陆地边境的"关"仍继续存在。边境关和内地关长期并存是我国封建社会陆地关的一个重要特点。

题　　名　**我国古代第一大港——广州**
作　　者　史秀
刊　　名　国际贸易问题
年 卷 期　1983 年 1 期
页　　码　59 - 60
摘　　要　相传,在远古的时候,有五位仙人,身穿五色衣,乘骑五只羊,手持谷穗降临珠江畔一处地方。以后,这里形成人烟稠密的城镇,也就是后来的广州。因之,广州又得名"羊城"或"穗城"。实际上,早在秦代,作为广州前身的番禺,已是海上贸易的中心。到了汉代,番禺已成为一个贸易繁盛的城市。

题　　名　**我国古代都城水文化及恢复措施**
作　　者　庾莉萍
刊　　名　城建档案
年 卷 期　2006 年 2 期
页　　码　17－20
摘　　要　我国古代城市大都依山傍水,分布在江河湖泊附近。水是城市之母,是人类赖以生存发展的基本要素,临河建市、沿河设城是古代城市择址的基本准则。城市因水而兴、因水而活、因水生辉。古代城市水利的主要内容有:供水(引水、打井等)、排水、防洪、航运(漕运)、消防、园林和防卫等。现代人在城市治理过程中,尤其重视对水文化的保护和多方面利用、开发,在维持古城风貌方面发挥了重要作用。

题　　名　**我国古代对外科技交流史略考**
作　　者　易继明
刊　　名　科技与法律
年 卷 期　2003 年 4 期
页　　码　3－7
摘　　要　我国古代具有"国际关系"意义的对外科技交流史从秦汉之初开始,直至清末 1842 年中英《南京条约》签订时期。从汉代丝绸之路的开通,到隋唐海陆两个方面拓展,到了宋元明清之际,在海上贸易裹挟之下对外科技交流呈渐趋发达之势。但总的说来,由于闭关锁国政策,我国古代国际科技交流活动是一种输出型的,且大多数不具有自由贸易性质。

题　　名　**我国古代海陆对外交通贸易的兴衰**
作　　者　王会清
刊　　名　学周刊·学术研究版
年 卷 期　2009 年 1 期

题　　名　**我国古代海上交通述略**
作　　者　洪建新
刊　　名　历史教学问题
年 卷 期　1982 年 6 期
页　　码　59－61

题　　名　**我国古代海上交通中几个地名的考释**
作　　者　于豪亮
刊　　名　文物
年 卷 期　1978 年 11 期
页　　码　75－79
摘　　要　从遥远的古代起,我国人民和亚洲各国人民就建立了友好关系,不断进行友好往来和经济、文化交流,这对于促进彼此生产的发展和丰富彼此的物质生活和文化生活,起到了巨大的作用。近代有不少学者,根据各国史籍和考古发掘的资料对中外友好往来所经道路进行研究,取得了不少成绩。

题　　名　我国古代海事研究(上)
作　　者　丁抒明
刊　　名　中国海事
年 卷 期　2009 年 7 期
页　　码　67－69

题　　名　我国古代海事研究(下)
作　　者　丁抒明
刊　　名　中国海事
年 卷 期　2009 年 8 期
页　　码　68－69

题　　名　我国古代海外交通和贸易对于广州城市发展的影响
作　　者　徐俊鸣
刊　　名　中山大学学报(自然科学版)
年 卷 期　1979 年 4 期
页　　码　90－100

题　　名　我国古代航海
作　　者　陈可馨
刊　　名　天津航海
年 卷 期　1980 年 1 期
页　　码　11－17,28

题　　名　我国古代航海用的几种水时计
作　　者　韩振华
刊　　名　海交史研究
年 卷 期　1983 年 5 期

题　　名　我国古代南方民族的交通工具述略
作　　者　吴永章
刊　　名　中南民族大学学报(人文社会科学版)
年 卷 期　1990 年 6 期
页　　码　1－7
摘　　要　在我国古代南方民族中,保留着较为原始而独特的交通工具。对此进行研究,有助于说明交通运输的起源与发展过程。本文仅从载诸册籍的水上交通的舟楫、桥梁以及陆上运输的背笼三方面加以论述。

题　　名　我国古代市舶制度初探
作　　者　刘伯午

刊　　名　现代财经(天津财经学院学报)
年 卷 期　1983 年 3 期
页　　码　51 – 56

题　　名　**我国古代市舶制度初探**
作　　者　孔宝康
刊　　名　海交史研究
年 卷 期　1988 年 1 期
页　　码　1 – 4

题　　名　**我国古代水利法规初探**
作　　者　周魁一
刊　　名　水利学报
年 卷 期　1988 年 5 期
页　　码　26 – 36

题　　名　**我国古代水权制度变迁分析**
作　　者　宁立波,靳孟贵
刊　　名　水利经济
年 卷 期　2004 年 6 期
页　　码　8 – 11
摘　　要　通过对我国古代各历史时期水权制度变迁的分析,认为我国古代水权制度的特点在于:古代水权制度是统治者偏好的体现,并有强烈的路径依赖;古代的水权制度以国家正式制度为主,以乡规民约等非正式制度为补充;意识形态成为推进或阻碍水权制度变迁的主要力量;技术进步导致要素价格发生变化,诱致水权制度变迁。

题　　名　**我国古代丝绸生产技术的外传**
作　　者　黄赞雄
刊　　名　海交史研究
年 卷 期　1992 年 21 期
页　　码　102 – 107

题　　名　**我国古代一种推算潮时的方法——指掌定住求沶潮法**
作　　者　李文渭
刊　　名　海洋科学
年 卷 期　1979 年 1 期
页　　码　57 – 62

题　　名　**我国古代渔船的源与流**
作　　者　王敬南
刊　　名　古今农业

年 卷 期 1992 年 4 期
页　　码 70 – 75

题　　名 **我国古代运河的形成及其作用**
作　　者 李娟
刊　　名 洛阳大学学报
年 卷 期 1998 年 13 卷 3 期
页　　码 62 – 64
摘　　要 中国古代的运河是各个历史时期政治、经济、军事等诸方面的综合产物,它密切了各个地区(尤其是南北地区)经济、文化的交流,影响了政治、经济、军事格局的形成。

题　　名 **我国古代造船技术的科学总结——读《天工开物》“舟车第九卷”造船部份**
作　　者 江西造船厂儒法斗争史研究小组
刊　　名 中山大学学报(自然科学版)
年 卷 期 1975 年 2 期
页　　码 40 – 49
摘　　要 《天工开物》一书,是明末宋应星(江西奉新人)所著。这是我国科学技术史上一部重要著作,其中记载了许多有关我国古代工农业生产技术方面的巨大成就,曾被认为是一部“百科全书”。该书“舟车第九卷”则比较全面、系统地介绍了我国古代(特别是明代)造船技术的面貌。今天读来,使我们对我国古代造船技术发展历史,有更深入的了解,从而为它的巨大成就感到鼓舞。尤其可贵的是,作者发扬了法家坚持前进的革新精神,冲破了儒家长期以来鄙视和压制科学技术发展的思想束缚以及种种障碍,为我们留下了记录着我国劳动人民在科学技术方面巨大贡献的宝贵资料。作者那种坚持调查研究的唯物观点和实事求是的工作作风,也是那些皓首穷经的儒生根本无法做到的。

题　　名 **我国古代最大的一次海战**
作　　者 蓝水
刊　　名 海事大观
年 卷 期 2001 年 6 期
页　　码 40

题　　名 **我国古代最大的一次海战**
作　　者 蓝水
刊　　名 文史天地
年 卷 期 2005 年 7 期
页　　码 46 – 47
摘　　要 南宋末年,宋、元水军在我国大陆最南端的零丁洋海面进行了一次堪称历史之最的大海战,结果宋军大败,南宋王朝就此覆灭。

题　　名 **我国古代最早的涉外税收机构——市舶使**
作　　者 伏杰
刊　　名 涉外税务

年卷期 2002年6期

页　码 71

摘　要 从汉代起,我国已通过海路与一些周边国家和部族发生商业交往联系。到唐代,广州成为阿拉伯、波斯、南洋等地区来华和中国外贸商船的出入口,商业十分繁荣。唐玄宗开元二年(公元714年),广州开始设置市舶使,管理进出口船舶,征收出入口税收,收购珍贵物品。市舶使成为我国历史上最早的涉外税收机构。

题　名 **我国古籍有关南海诸岛动物的记载**

作　者 中国科学院地理研究所历史地理组

刊　名 动物学报

年卷期 1976年1期

页　码 58-65

题　名 **我国古运河灵渠及其工程技术**

作　者 《人民珠江》编辑室

刊　名 人民珠江

年卷期 1980年2期

页　码 31-39

题　名 **我国海港检疫史略**

作　者 顾金祥

刊　名 中国国境卫生检疫杂志

年卷期 1983年S1期

页　码 6-9

题　名 **我国海关的起源**

作　者 孔宝康

刊　名 国际商务研究

年卷期 1985年6期

页　码 61-62

题　名 **我国海关的起源——我国古代海关史话之一**

作　者 蔡渭洲,谢咸铠

刊　名 国际贸易

年卷期 1983年12期

页　码 18-19

摘　要 我国海关起源可以远溯至三千年前的西周。特别是到了春秋战国时期,由于农业、手工业生产的进一步发展,专业商贾的兴起,各诸侯国之间及与境外各国之间交往的频繁,内外长城的建成,城市的发展以及国家机构和政治制度的进一步完善等多种原因,关卡增多,并开始征收关税。

题　　名　我国航海史上的壮举——郑和七下“西洋”(上)
作　　者　王禹范
刊　　名　海洋战线
年 卷 期　1978 年 5 期

题　　名　我国航海史上的壮举——郑和七下“西洋”(下)
作　　者　王禹范
刊　　名　海洋战线
年 卷 期　1978 年 6 期

题　　名　我国航海天文历的发展和改革
作　　者　宋崇元
刊　　名　中国航海
年 卷 期　1982 年 2 期
页　　码　95 – 113
摘　　要　本文叙述我国《航海天文历》的发展和革新情况,详细阐述了 1976 年的主要革新内容。解放以来,在党的正确领导下,航海事业得到了蓬勃发展,各项航海技术也得到相应的发展。我国的航海天文历从无到有,从贴字影印到自己编纂,内容格式不断完善。目前不仅供国内使用而且供应给国外用户。从这个变化可以看出我国航海事业的发展概貌。

题　　名　我国河船规范体系的形成
作　　者　谭明璋
刊　　名　武汉造船
年 卷 期　1994 年 1 期
页　　码　13 – 17
摘　　要　谭明璋同志所撰此文详述了我国船检工作的建立,形成和发展的过程,概述了各项船检规范的建立情况,并指出了船检工作的重要性和必要性,同时也对河船船检工作今后的发展方向提出了自己的看法。本刊将分两次发表此文,以飨读者。

题　　名　我国近世介绍世界各国概况的最早著作——《海录》
作　　者　潘君祥
刊　　名　社会科学战线
年 卷 期　1982 年 2 期
页　　码　344 – 346

题　　名　我国历代关税述略(一)
作　　者　蔡渭洲
刊　　名　中国海关
年 卷 期　1995 年 10 期
页　　码　49 – 50
摘　　要　征收关税是海关主要任务之一。关税的征收减免,和国计民生关系密切,但它在各个历史时期起的作用是很不相同的。限于篇幅,本文主要对关税的财政作用作一简略介绍。

题　　名　**我国历代关税述略(二)**
作　　者　蔡渭洲
刊　　名　中国海关
年 卷 期　1995 年 11 期
页　　码　47－48

题　　名　**我国历代关于东南亚史地重要著作述评**
作　　者　朱杰勤
刊　　名　学术研究
年 卷 期　1963 年 1 期
页　　码　65－78

题　　名　**我国历代海外贸易管理概述**
作　　者　夏秀瑞
刊　　名　企业管理
年 卷 期　1984 年 9 期
页　　码　62－64
摘　　要　我国是著名的世界文明古国,有很长的海岸线,给我们与海外各民族往来以舟揖贸易之利。早在西汉时期,海外交通已有一定规模。《汉书·地理志》记载了汉使率"应募者"带了黄金、丝绸远航至黄支国(今印度康契普腊姆)交易明珠、奇石等宝物的事例,即由现在的雷州半岛入南海,绕印度支那半岛和马来半岛,入孟加拉湾再西南行到达印度东南部和斯里竺卡的航线。从此,我国同柬埔寨、泰国、缅甸、马来西亚、印度尼西亚、印度等国建立了直接的海上贸易关系,并间接地沟硒了同西亚、北非和欧洲的海上贸易,为以后的海外贸易发展奠定了基础。

题　　名　**我国历代经济政策对港口的影响**
作　　者　魏巍
刊　　名　中国水运
年 卷 期　2003 年 5 期
页　　码　46
摘　　要　从我国港口发展史的纵剖面来看,港口作为商品位移的特殊场所,在自然经济这一大框架里,除受经济自身制约外,还受到国家经济政策的左右。本文试从历代经济政策对港口兴衰的影响作些粗浅的探索。

题　　名　**我国历史上的南海海域及其界限**
作　　者　韩振华
刊　　名　南洋问题研究
年 卷 期　1984 年 1 期
页　　码　81－101
摘　　要　今天我国南海,即昔口中国之境的南海,在历史上,有没有这个海的海域界限?如有界限,即以何处海面,作为这个海的海域界限?而且,这个海的海域界限,与今天南海的海域界限,是否相同?这些问题,亟需解决,才能有助于今后我国南海海域的划定。历史上,有关我国南海海域的记载,颇为分散,有些资料还需要略作稽古勾沉的工作,才能还原,率尔操觚,舛误之处,深盼指正。

题　　名　我国历史上的南海海域及其界限(续完)
作　　者　韩振华
刊　　名　南洋问题研究
年 卷 期　1984 年 4 期
页　　码　70 - 91

题　　名　我国龙舟竞渡发展研究
作　　者　王凯珍,胡娟,杨风华
刊　　名　体育文化导刊
年 卷 期　2010 年 3 期
页　　码　110 - 113
摘　　要　以龙舟竞渡在现实生活世界中的流变及传承发展为研究内容,以湖北荆州龙舟活动为调查对象,分析龙舟竞渡的历史流变,并结合湖北荆州的实地开展状况,分析民俗体育的发展路径。研究提出要构建自我发展机制,传承主体的多元化、传承行为的理性化、创成心理的更新和传承体系的制度化是自我发展机制的重要内容。

题　　名　我国龙舟文化史钩沉
作　　者　秦秀强
刊　　名　学术论坛
年 卷 期　1991 年 1 期
页　　码　52 - 57
摘　　要　"龙舟"的起源,本是对原始先民征服生物龙,以生物龙作为交通工具这一历史壮举的追忆和模仿。举行"龙舟竞渡"会使年成"风调雨顺"的意识观念,实质上是人类对龙的时代,即多雨水的时代的向往和怀恋。然而,过去在对龙、龙文化和龙舟文化的研究,专注于有限的史籍和文献记载,全然撇开自然科学的研究成果和最能说明问题的考古学和现存的民俗志材料。因而得出龙是一种"虚拟动物",划龙舟是"图腾崇拜的遗迹"、"纪念爱国英雄屈原"等缺乏科学的结论。

题　　名　我国民间的航海天文
作　　者　刘南威
刊　　名　天津航海
年 卷 期　1981 年 3 期
页　　码　36 - 42

题　　名　我国南海疆域内的石塘、长沙
作　　者　李金明
刊　　名　南洋问题研究
年 卷 期　1998 年 1 期

页　　码　30－41

题　　名　**我国史籍中有关南海疆域的记载**
作　　者　李金明
刊　　名　中国边疆史地研究
年 卷 期　1996 年 3 期
页　　码　28－36
摘　　要　自宋元至明清,我国南海疆域的范围与界限已有了明确的划定。南宋时。越南北部的交趾洋与印尼的纳土纳群岛。被看作是与我国南海疆域西面和南面接境的两个地方。至元代,我国南海疆域的界限已基本确定:其西面与越南北部的交趾洋接境,西南面到达越南东南端的昆仑洋面,南面与印尼的纳土纳群岛相邻,东南面到达文莱与沙巴洋面。明清时,进一步把越南中部的外罗海,与从海南岛南面一直延伸到昆仑洋面的七洲洋,一起确定为中国海域与外国海域的天然界限,而位于七洲洋东面的南沙群岛海域亦普遍被认为是中外海洋的分界。我国的南海海域,在清初属海南岛管辖,广东水师官兵经常至西沙群岛海域巡视,代表当时的中国政府行使主权与管辖权。

题　　名　**我国首批留英海军生与甲午海战**
作　　者　叶芳骐
刊　　名　闽江学院学报
年 卷 期　1994 年 1 期
页　　码　68－71
摘　　要　当人们步入福州马尾昭忠祠瞻仰先贤忠烈时,都会在一张巨幅照片前驻足良久,这是1877 年我国首批留英海军生黄建勋、蒋超英、林永升、叶祖珪、林泰曾、萨镇冰、刘步蟾、林颖启、方伯谦、何心川、严宗光(严复)、江懋祉以及翻译罗丰禄等人的留影。人们在端详之际,不禁勾起这 12 位风华正茂的莘莘学子,以后是如何建功立业为国效劳的悬念。

题　　名　**我国宋代造船科技政策研究**
作　　者　谭羚雁
刊　　名　安徽广播电视大学学报
年 卷 期　2008 年 1 期
页　　码　112－115
摘　　要　在我国古代科技发展史中,舟船的制造是一个伟大的奇迹。宋代是造船业发展的第二个高峰,造船科技的进步不仅是当时政治、经济发展的需要,更是社会文化、社会文明进步的体现。在这一时期,宋政府在经济、政治、文化、军事等方面的政策对造船业的发展都产生了不同程度的影响力和推动力。同时,宋政府在科技政策方面也形成了适应时代发展需要的政策系统,为科技进步与科技创新提供了良好的政策环境。这对当今我国科技政策的发展有着重要的借鉴意义。

题　　名　**我国拥有南沙群岛主权的历史证据**
作　　者　吴凤斌
刊　　名　南洋问题研究
年 卷 期　1992 年 1 期
页　　码　106－115

题　　名　我国与阿拉伯友好往来的历史见证在扬州
作　　者　万叶
刊　　名　阿拉伯世界
年 卷 期　1983 年 1 期
页　　码　76 – 79

题　　名　我国早期的海港检疫
作　　者　杨上池
刊　　名　中国国境卫生检疫杂志
年 卷 期　1983 年 S1 期
页　　码　3 – 5,12

题　　名　我国早期的航海高等学府
作　　者　洪振权
刊　　名　航海
年 卷 期　1988 年 3 期
页　　码　7 – 8

题　　名　我国早期海上事业发展探微
作　　者　盖莉
刊　　名　海洋开发与管理
年 卷 期　2000 年 1 期
页　　码　73

题　　名　我国早期航海旅外笔记
作　　者　邓端本
刊　　名　航海
年 卷 期　1985 年 1 期
页　　码　8 – 9

题　　名　我国造船业的魁首——江南造船所
作　　者　吕国荫
刊　　名　新世界月刊
年 卷 期　1947 年 2 期
页　　码　17 – 20

题　　名　我国中古海港城市历史发展阶段及其规律探讨
作　　者　杨葆亭
刊　　名　城市规划

年卷期　1983年4期
页　码　52－59，51

题　名　**我国中沙群岛的历史沿革**
作　者　吴凤斌
刊　名　南洋问题
年卷期　1979年6期
页　码　91－99

题　名　**我国最早的海战**
作　者　冯蔚然
刊　名　上海海运学院学报
年卷期　1981年4期
页　码　14

题　名　**我国最早的造船专科学校——福州船政局前学堂**
作　者　方霭吉
刊　名　中国科技史杂志
年卷期　1985年6卷5期
页　码　57－62

题　名　**我国最早的舟师和海战**
作　者　张墨
刊　名　海洋
年卷期　1979年1期
页　码　31

题　名　**我看赛典赤——郑和世家事迹的碑志谱牒**
作　者　马经
刊　名　郑和研究
年卷期　2007年2期
页　码　7－11
摘　要　对郑和世家的研究，是随着后人对赛典赤——郑和族裔在治国安民以及民族、宗教、航海、外交等方面的特殊作用和影响的不断发现和认识而受到重视的。

题　名　**我研究"海上丝绸之路"中的一些体会**
作　者　陈炎
刊　名　郑和研究
年卷期　1997年3期
页　码　47－51

题　　名　**吴楚吴越之战中的水军及其历史意义**
作　　者　廖志豪
刊　　名　上海大学学报(社会科学版)
年 卷 期　1986 年 Z1 期
页　　码　72 – 74

题　　名　**吴齐之战——水师败给了海军**
作　　者　深蓝
刊　　名　海洋世界
年 卷 期　2010 年 1 期
页　　码　75 – 77

题　　名　**吴起舟楫与航海**
作　　者　林华东
刊　　名　广西民族研究
年 卷 期　1988 年 3 期
页　　码　72 – 82

题　　名　**吴师入郢之战初期战局新探**
作　　者　王珏,王继训
刊　　名　青岛大学师范学院学报
年 卷 期　2004 年 21 卷 4 期
页　　码　38 – 40
摘　　要　发生在公元前 506 年冬的吴师入郢之战是春秋末期的一个重要事件。史学界普遍认为,战争初期,吴"舍舟淮汭,自豫章与楚夹汉"的行动出乎楚人意料之外。事实上,在吴师入郢之战的初期阶段,吴军的行动无论在进攻方向上,还是在进攻速度上均未构成出敌不意;相反楚国对战争形势有比较清楚的认识,并作了尽可能充分的战争准备。从这一点出发,所谓吴军的行动在战争初期"出乎楚人意料之外"的看法不能成立。

题　　名　**吴淞东、西炮台地理位置辨析**
作　　者　任晓初,刁一云
刊　　名　历史教学
年 卷 期　1986 年 9 期
页　　码　62 – 63
摘　　要　吴淞口带江控海,历来是兵家必争之地。明末学者顾炎武在他所辑《天下郡国利害书》中说:"吴淞江口……南为上海门户,西为苏常藩篱,乃东南第一险要。"早在 1600 年,总督郎廷佐就开始在黄浦江西岸修建炮台,1718 年,总督长鼐等又奉旨在东岸修建炮台。东、西炮台以后又屡经改建,紧紧拱卫着浩瀚的大江,成为举世驰名的国防要塞。西炮台在宝山县城南面,吴淞镇北面,距离两地均约三里。原名杨家嘴,现则称为炮台湾。东炮台在杨家嘴北首的对岸,原名宝山湾,也就是现在浦东高桥附近。

题　　名　吴淞商船专科学校简史
作　　者　沈长治，瞿企予，周佩民
刊　　名　上海海事大学学报
年 卷 期　1983 年 3 期
页　　码　105－110
摘　　要　吴淞商船专科学校是我国最早创办的一所培养商船驾驶和轮机人员的学校。该校的前身与上海交通大学一样，都是清末的上海南洋公学。清末邮传部尚书盛宣怀采纳我国第一批留美学生容闳的建议，将上海南洋公学改名为高等实业学堂，设路电、土木、航政等专科。

题　　名　吴淞之战与上海门户开放
作　　者　张世珠
刊　　名　社会科学
年 卷 期　1982 年 2 期
页　　码　64，78

题　　名　吴淞自开商埠始末
作　　者　郑韶
刊　　名　上海社会科学院学术季刊
年 卷 期　1990 年 1 期
页　　码　76－82

题　　名　吴越的舟楫与航海
作　　者　林华东
刊　　名　广西民族研究
年 卷 期　1988 年 3 期
页　　码　72－82

题　　名　吴越国对外贸易机构考索
作　　者　何勇强
刊　　名　海交史研究
年 卷 期　2003 年 43 期
页　　码　106－111

题　　名　吴越舟楫考
作　　者　林华东
刊　　名　东南文化
年 卷 期　1986 年 1 期
页　　码　109－114

题　　名　吴真人与妈祖传说的比较研究
作　　者　黄伟民，陈桂炳

刊　　名　泉州师范学院学报

年 卷 期　2004 年 22 卷 5 期

页　　码　14 - 17

摘　　要　神秘的民间传说是吴真人和妈祖信仰的要素之一，又是其传播的重要推动力。通过对有关吴真人和妈祖信仰传说的比较研究，发现两者之间有不少相似之处，同时又指出两种传说的交叉及在清初的差异。

题　　名　芜湖古代的漕粮运输

刊　　名　广西粮食经济

年 卷 期　2001 年 4 期

页　　码　44 - 45

摘　　要　漕运是我国历史上一项重要的经济制度，是利用水道调运粮食的一种专业运输。在很长的历史时期内我国封建王朝向农民征收地租和田赋，主要采取征收实物的方法，而且都城大多建都于茫茫的西北和东北地带。都城附近地区所产粮食又远远不能满足京城所需。因此把其他地区征集的粮食调运京城，就成为一项重要的政治措施，受到历代统治者的重视。漕粮运输既是封建帝王、皇室贵族、政府官僚之生活必需品的运输，又是驻扎在每个封建王朝京城内外几十万卫戍部队口粮供应的运输。另外，一部分漕米还用于救灾和治理黄河、运河的民工需要。漕粮的产地，主要是江浙、江淮地区。因为这一带自东晋以后，经历代劳动人民的相继开发，逐渐成为我国农业最发达的地区，粮食产量居全国首位。再加上这一地区河道畅通，贯穿南北的大运河开发后，南北联系得到加强，这就大大便利于漕粮运输。

题　　名　芜湖海关史料(1922 - 1931 年)

作　　者　汪明，木易

刊　　名　安徽史学

年 卷 期　1989 年 1 期

页　　码　65 - 71

摘　　要　1877 年芜湖海关建立后，除逐年编制年报外，1882 - 1931 年这五十年间还以十年为一期，编制了五期《芜湖海关十年报告》，内容除了同芜湖海关业务有关的贸易和关税情况外，对芜湖以及安徽全省的工业、农业、商业、交通运输、财政金融，人口、文化教育、邮政等均有记述或统计，对于研究安徽近代经济发展有一定参考价值。兹将汪明译稿《芜湖海关十年报告》(1922 - 1931)，摘要以《芜湖海关史料》为题予以发表，供参考。

题　　名　芜湖开埠初期的对外贸易

作　　者　王鹤鸣

刊　　名　安徽师范大学学报(人文社会科学版)

年 卷 期　1986 年 3 期

页　　码　93 - 97

摘　　要　芜湖于一八七六年辟为通商口岸后，对外贸易迅速发展，到十九世纪末，已成为长江流域重要的通商口岸，安徽对外贸的主要窗口。本文着重论述芜湖开埠至十九世纪末对外贸易的概况及其给安徽经济带来的影响。

题　　名　芜湖开埠对安徽近代经济的双重影响

作　　者　王鹤鸣

刊　　名　合肥工业大学学报(社会科学版)
年 卷 期　1990 年 2 期
页　　码　26－32
摘　　要　本文论述了 19 世纪 70 年代芜湖开埠后,在对外贸易发展趋势、进出口商品结构。贸易方式以及贸易关系国等方面的特点,着重阐明芜湖开埠对安徽近代经济的双重影响。一方面,潮水般的洋货通过芜湖涌向安徽各地。破坏了城乡手工业,使安徽日益沦为帝国主义的商品倾销地和原料供应地;另一方面,客观上又促使芜湖进一步成为全省商业、外贸和水运中心,进而促进了安徽资本主义近代工业的诞生与发展。回顾一个世纪前芜湖开埠对安徽近代经济产生的影响,对今日开发皖江能提供一定的历史借鉴。

题　　名　**芜湖开埠对安徽近代经济的双重影响**
作　　者　王鹤鸣
刊　　名　学术界
年 卷 期　1990 年 6 期
页　　码　23－26

题　　名　**芜湖开埠后金融市场的变化**
作　　者　朱海波
刊　　名　唐山师范学院学报
年 卷 期　2008 年 13 卷 3 期
页　　码　113－115
摘　　要　芜湖是近代安徽唯一的对外通商口岸,随着芜湖开埠和芜湖米市的兴盛,芜湖的金融市场逐渐由传统向近代嬗变,并围绕着米市形成了有别于其它通商口岸的金融市场。

题　　名　**芜湖开埠与安徽近代经济的发展**
作　　者　王鹤鸣
刊　　名　安徽史学
年 卷 期　1995 年 3 期
页　　码　37－40

题　　名　**梧栖港开发史研究——清代至日据时期**
作　　者　戴宝村
刊　　名　东海大学历史学报
年 卷 期　1988 年 9 期

题　　名　**梧栖水陆交通发展与台中港开港**
作　　者　王静仪
刊　　名　兴大人文学报
年 卷 期　2002 年 32 期

题　　名　**蜈蚣船与葡萄牙人**
作　　者　[德]普塔克 著;尚春雁 译
刊　　名　文化杂志
年 卷 期　2003 年 49 期

题　　名　**五百年前的琉球之行**
作　　者　王大海
刊　　名　中国地名
年 卷 期　2003 年 4 期
页　　码　44－45
摘　　要　琉球,位于日本西南,台湾东北,明、清时是中国的属国,清末被日本所侵吞,今属日本冲绳。早在明朝时期,琉球与中国的关系就已甚密,常有往来,在政治、文化上深受中国影响。琉球王位的传承更替,必请中国皇帝册封。每次册封,中国都要隆重地派出使团,仅从明朝宣德三年(1428)至万历三十四年(1607),就派出册封使团达 12 次之多。今特将明朝出使琉球的历程略作介绍,从中不仅可以看出当时的航海状况,更可看出中国与琉球的关系,以及中国钓鱼岛与琉球的关系。

题　　名　**五百年前郑和研究一瞥——兼论葡萄牙史书对下西洋中止原因的分析**
作　　者　金国平,吴志良
刊　　名　世界汉学
年 卷 期　2005 年 1 期
页　　码　163－169

题　　名　**五百年前中日交涉之一幕**
作　　者　郑鹤声
刊　　名　东方杂志
年 卷 期　1928 年 25 卷 13 期

题　　名　**五代福建对外贸易**
作　　者　韩振华
刊　　名　中国社会经济史研究
年 卷 期　1986 年 3 期
页　　码　26－30

题　　名　**五代十国时期的船舶督造**
作　　者　曹凛
刊　　名　中国船检
年 卷 期　2009 年 3 期
页　　码　114－116

题　　名　**五代十国时期南北水路交通研究**
作　　者　王颜,杜文玉

刊　　名　中国历史地理论丛
年 卷 期　2008 年 23 卷 3 期
页　　码　125－133
摘　　要　五代十国时期的水路交通是目前研究中的一个空白。本文全面系统地考察了这一历史时期南北方的水路交通状况，重点对以开封为中心的运河系统的变化情况和南、北方新开凿或疏浚的小运河进行了详尽地研究；其次，对这一历史时期各地的自然水道的通航情况进行了考察。初步勾画出了五代十国时期全国水路交通网，对促进中国古代交通史的研究具有一定的积极意义。

题　　名　**五代时期的漕运与北方边防**
作　　者　张晓东
刊　　名　内蒙古社会科学（汉文版）
年 卷 期　2007 年 28 卷 4 期
页　　码　57－61
摘　　要　五代时期北方边防与漕运关系密切。各王朝有各自的特色。漕运活动根据边防重心的变化，以重东轻西为特色。五代前期漕运对东北地区的边防发挥了很大支持作用，五代后期在利用漕运支持边防的有关措施的具体实施中，既有消极的也有积极的战略变化。这些变化对后来宋代军事史的发展产生了很重要的影响。对这些现象及其所反映的规律性予以研究是一项很有意义的课题。

题　　名　**五代时期泉州的海外贸易**
作　　者　刘文波
刊　　名　江苏商论
年 卷 期　2006 年 8 期
页　　码　160－161
摘　　要　泉州港在中国古代海外贸易史上占有重要的地位。五代时期是泉州海外贸易史上至为关键的时期。

题　　名　**五代宋明州市舶机构初建时间及演变考**
作　　者　方祖猷，俞信芳
刊　　名　海交史研究
年 卷 期　1996 年 30 期
页　　码　76－82

题　　名　**五斗米道与孙恩起兵**
作　　者　万绳楠
刊　　名　江淮论坛
年 卷 期　1981 年 5 期
页　　码　53－57

题　　名　**五口通商对我国社会的客观影响**
作　　者　陈颖君
刊　　名　南宁教育学院学报

年 卷 期　1988 年
页　　码　73 – 74

题　　名　**五口通商后从厦门出洋的华工**
作　　者　李金明
刊　　名　华侨华人历史研究
年 卷 期　1996 年 2 期
页　　码　74 – 80

题　　名　**五口通商后中国外贸重心的转移**
作　　者　戴鞍钢
刊　　名　史学月刊
年 卷 期　1984 年 1 期
页　　码　48 – 53
摘　　要　鸦片战争以后，清政府被迫开放连同原有广州在内的厦门、上海、宁波和福州等五个口岸对外通商。自此十余年间，中外贸易发生一个明显的变化，即中国对外贸易重心很快由广州向上海转移，使上海在近百年间踞于对外贸易的首要地位，并对近代中国社会产生了很大的影响。这是研究中国近代史特别是近代经济史必须涉及的重要问题。

题　　名　**五口通商前后福建茶叶贸易商路论略**
作　　者　程镇芳
刊　　名　福建师范大学学报（哲学社会科学版）
年 卷 期　1991 年 2 期
页　　码　89 – 94
摘　　要　茶叶出口是福建近代对外贸易的命脉，极盛之时，年创汇达 1000 万两之巨，居我国各产茶区之首。对这样一种重要的出口商品，清政府历来严加管制，茶叶的运销必须按一定的路线进行，这就是著名的福建茶路。本文拟对五口通商前后福建茶叶贸易商路的变迁及其社会影响作一个粗略的考察，以期推动福建近代对外贸易史的研究。

题　　名　**五口通商前后中国丝绸海上贸易之比较研究**
作　　者　戴亮
刊　　名　丝绸史研究
年 卷 期　1989 年 6 卷 1 期
页　　码　11

题　　名　**五口通商时期的茶叶出口贸易**
作　　者　吕维新
刊　　名　茶报
年 卷 期　2004 年 4 期
页　　码　32 – 33
摘　　要　广州地理位置优越，西汉时称番禺，就开通了东南亚、印度和欧洲的航道，自古以来就是中外海舶出入的重要港口。

题　　名　**五口通商时期的福建对外贸易**
作　　者　戴一峰
刊　　名　福建论坛(人文社会科学版)
年 卷 期　1988 年 1 期
页　　码　54 – 60
摘　　要　福建地处东南沿海,众多的海湾良港为海外贸易提供了极有利的条件。远在汉代,福建已有对外贸易活动。唐宋以降,它更一直是我国古代对外贸易的重要地区之一。沿海居民“资海为田,浪舶云帆,交于域外”。第一次鸦片战争后,福州、厦门辟为通商口岸,从而揭开了福建对外贸易史新的一页。本文欲加探讨的五口通商时期福建对外贸易,作为近代福建对外贸易史的开端,无疑具有其特殊的意义。

题　　名　**五口通商时期的福州对外贸易**
作　　者　黄平等
刊　　名　福建史志
年 卷 期　1991 年 6 期

题　　名　**五口通商时期宁波茶叶的对外贸易**
作　　者　姚国坤,张莉颖
刊　　名　建筑与文化
年 卷 期　2008 年 5 期
页　　码　36

题　　名　**五口通商时期外商在华经营策略述论**
作　　者　林日杖
刊　　名　福建师范大学学报(哲学社会科学版)
年 卷 期　2003 年 1 期
页　　码　114 – 118
摘　　要　五口通商,是外商在华拓展经济活动的有利时机。从商品采购、商品销售、市场竞争及市场导向等方面看,外商对经营策略是相当重视的。不过,这一时期外商经营策略仍存在着不少问题。外商是否因时因地调整经营策略,关系到外商在华发展与兴衰。

题　　名　**五口通商时期之世界“茶港”——福州港的沉寂与兴起**
作　　者　郭秀清
刊　　名　闽江学院学报
年 卷 期　2005 年 26 卷 6 期
页　　码　1 – 6
摘　　要　第一次鸦片战争后福州因距武夷红茶区径捷,在 1842 年 8 月中英《南京条约》中被辟为首批通商口岸之一。福州的茶叶贸易在经历了开埠初期近十年的沉寂后,到 1853 年突然出现了戏剧性的转折,并在 19 世纪七、八十年代达到极盛,成为弛名中外的世界“茶港”。本文拟从福州“茶港”的沉寂与兴盛的原因入手,从一个侧面揭示近代福州城市贸易发展的历史轨迹。

题　　名　**五口通商时期中国民间对西方文明的反应**
作　　者　刘哲
刊　　名　北华大学学报(社会科学版)
年 卷 期　1997年18卷4期
页　　码　30－33
摘　　要　五口通商时期,中国民间所见闻的西方文明主要是,租界内所展示的西方文明、洋货、宗教及传教士所从事的文化、社会活动。鄙夷不屑与怀疑惊惧交融在一起,决定了开埠初期中国社会对西人的敌视态度。中国民间对西方文明的摄取意识大致可分为两个层次,一个层次是出于对西方文明的钦慕,另一个层次是有意识地向西方学习。

题　　名　**五口通商以前我国国际贸易之概况**
作　　者　侯厚培
刊　　名　清华大学学报(自然科学版)
年 卷 期　1927年1期
页　　码　1217－1264

题　　名　**五十年来《入唐求法巡礼行记》研究概况**
作　　者　吕红梅
刊　　名　高校社科信息
年 卷 期　2001年6期
页　　码　40－44
摘　　要　隋唐时代,是中日两国政府与民间交往十分频繁的时代。因此,在这一时期的外交史册上,留下了许多传颂至今的名人佳话,如中国僧人鉴真东渡日本传法,日本阿倍仲麻吕等名人入唐等等。这其中,我们自然不能忽略日本名僧圆仁。20世纪50年代以来,我国的历史工作者已经对圆仁及其《入唐求法巡礼行记》进行了研究,发表了一些论文。在此,对五十年来《入唐求法巡礼行记》的研究概况作一个总结,以便于后来者进行更深入的研究。

题　　名　**五十年来《入唐求法巡礼行记》研究综述**
作　　者　吕红梅
刊　　名　兰州教育学院学报
年 卷 期　2002年2期
页　　码　12－16
摘　　要　圆仁是日本名僧,曾入唐求法十年,历唐文宗、武宗、宣宗三朝,写成《入唐求法巡礼行记》一书,此书对研究唐代的政治、经济、文化、外交等方面极具史料价值。本文就五十年来国内对本书的研究情况作一个综述。

题　　名　**五台山与日本佛教文化交流**
作　　者　崔正森
刊　　名　忻州师范学院学报
年 卷 期　2000年16卷4期

页　　码　19－27,41

题　　名　**五月花号和鉴真东渡**
作　　者　王传顺
刊　　名　美与时代(上半月)
年 卷 期　2007年11期
页　　码　44－47
摘　　要　历史有时会出现惊人的相似。鉴真东渡和“五月花”号就是这样的故事。鉴真出于佛教目的,历尽艰险,先后六次东渡日本弘扬佛教;而乘坐五月花号的英国清教徒们也是出于宗教迫害原因,飘洋过海,到达美洲,在大洋彼岸信守他们的宗教信条。二者的出现都对所到达的国家和地区产生了深远的影响。

题　　名　**西班牙时代第一阶段中菲关系之探讨——中菲关系史论丛之九**
作　　者　吴景宏
刊　　名　大陆杂志
年 卷 期　1968年36卷8－9期

题　　名　**西班牙与漳州之初期通商**
作　　者　菲律乔治,薛澄清
刊　　名　南洋资料译丛
年 卷 期　1957年4期
页　　码　44－49

题　　名　**西北大学博物馆收藏唐代日本留学生墓志考释**
作　　者　王建新
刊　　名　西北大学学报(哲学社会科学版)
年 卷 期　2004年34卷6期
页　　码　18－20
摘　　要　对西北大学博物馆新收藏的一方唐代日本留学生井真成的墓志内容进行了断句、释读以及用典的初步考证,并对墓志内容中所涉及的墓主姓名、留学中国的时间、所授官职和待遇以及日本国名等问题进行了初步研究。

题　　名　**西村窑与宋代广州的对外贸易**
作　　者　麦英豪,黄淼章
刊　　名　广州研究
年 卷 期　1982年1期
页　　码　34－40

题　　名　**西方传教士与十九世纪福州的茶叶贸易**
作　　者　林立强
刊　　名　世界宗教研究

年卷期 2005年4期
页　码 84－94
摘　要 福州成为近代五口通商口岸之一是与西方列强对茶叶的大量需求以及要急于展开对福建的茶叶贸易分不开的。在福州开埠前后，基督教传教士发挥了重要的作用。随着福州茶市的日益兴盛，传教士与茶叶贸易间的关系愈来愈密切，触角从单纯传播福音开始延伸至与茶叶相关的经济活动，其身份也出现了微妙的变化。本文拟对西方传教士与福州茶港开埠以及与茶叶贸易及商务的相互关系与影响等作一探讨，以期引起学术界对传教士与中国近代经济活动关系问题研究的重视。

题　名 **西方海盗对中国航海事业的侵害**
作　者 杨宗震
刊　名 航海
年卷期 1982年5期
页　码 18－20
摘　要 中国是一个有悠久航海历史的古国。自秦汉开始向远洋航海发展以来，两千年间桨声帆影，遍及亚非沿海各地。到十五世纪初期，发展到鼎盛时期，曾有郑和七下西洋这一世界航海史上的空前壮举。后来葡萄牙人迦马，方始沿着郑和开拓的亚非航线侵入东方，沿途掠夺，大发横财，诱使西方海盗相继东来。他们有意识、有计划地破坏我国的航海事业。在西方各殖民主义者的攻击摧残下，我国航海事业便从亚非地区的首席位置，一落千丈，进入中衰时期。

题　名 **西方航运资本的入侵与上海的近代海运业**
作　者 朱国强
刊　名 中国航海
年卷期 1995年1期
页　码 94－102

题　名 **西方开埠宁波的历史回顾和宁波帮的形成**
作　者 谢俊美
刊　名 华东师范大学学报（哲学社会科学版）
年卷期 2005年37卷1期
页　码 8－13
摘　要 西方人为开埠宁波曾作了几个世纪的努力，但由于上海的崛起和农民起义及海盗活动猖獗，西方变宁波为重要港口的理想未能如愿。此后宁波商人以上海为舞台，借助西方打破中国闭关自守、实行自由贸易之机，开拓国内外商贸、金融活动，并形成重要的商帮——宁波帮。

题　名 **西方列强对西沙群岛的侵略与晚清政府的主权维护**
作　者 郭渊
刊　名 学术论坛
年卷期 2005年2期
页　码 166－170
摘　要 晚清时期，西沙群岛的丰富自然资源、重要的交通地理位置，以及军事上的战略枢纽地位，引起了西方列强的觊觎，此时西沙群岛的主权问题已经较为明显地凸现出来。晚清政府围绕西沙群岛主权问题与西方列强展开了针锋相对的斗争,并采取一系列措施加强西沙群岛的开发建设,以维护我国的海洋国土主权。

题　　名　**西方列强在华海关税则制定权的获得——以两次鸦片战争为视角**

作　　者　侯吉昌

刊　　名　大庆师范学院学报

年 卷 期　2008 年 28 卷 4 期

页　　码　112 – 116

摘　　要　经济上控制中国的对外贸易是西方资本主义列强把中国沦为半殖民地的重要手段之一。为了控制中国的对外贸易,必先从政治上控制中国的主权。剥夺中国关税的自主权,是破坏中国主权的一个方面,而海关税则制定权是其不可分割的重要组成部分。西方列强首先在中国攫取了这个特权,继而通过一系列不平等条约又获得了大量侵华特权。大体说来,西方列强在华海关税则制定权的取得,通过两次鸦片战争基本上已经完成。

题　　名　**西方势力与晚清漕粮海运**

作　　者　倪玉平

刊　　名　中国经济史研究

年 卷 期　2004 年 4 期

页　　码　133 – 138

摘　　要　海运是晚清漕粮运输的最重要方式,在此涵盖经济性质与政治性质的社会活动中,西方势力多方插手,以期最大限度地捞取好处。文章通过西方势力从对待运漕粮的谋划与实践、阻止与妨碍漕粮海运、漕粮改折与修改商约等几个方面入手,分析了西方势力在晚清漕运变迁过程中的作用,认为不应对这种作用评价过高。

题　　名　**西方文献中所见中国式帆船龙骨及郑和宝船桅杆资料**

作　　者　金国平,吴志良

刊　　名　郑和研究

年 卷 期　2003 年 1 期

页　　码　33 – 35

摘　　要　郑和七下西洋,张扬国威至极,贸易遍及东南亚、印度洋,而宝船收帆又将拥有漫长海岸线的中国带回了我们祖先的黄土地。中华民族自动退出了世界大舞台,将海洋拱手让人。此后饱尝苦果,灾祸重重。降至鸦片战争,一个不久前还拥有世界最强大船队的洲际海上强国居然被西方的坚船利炮打得一败涂地,令国人蒙辱百年。沉沦之中,郑和下西洋的壮举成为了中国人寻求民族自信心与自尊心的重要史事,因而从梁启超开始的郑和研究具有相当浓厚的爱国主义与民族主义色彩。

题　　名　**西方学者眼中的郑成功**

作　　者　聂德宁

刊　　名　中国史研究

年 卷 期　1998 年 4 期

页　　码　164 – 167

题　　名　西方殖民者的东来对明代私人海上贸易的发展十分有利吗？——与林仁川同志商榷
作　　者　同丰
刊　　名　河南师大学报
年 卷 期　1983 年 4 期
页　　码　71 – 76

题　　名　西汉长安与南海诸国的交通及往来
作　　者　周伟洲
刊　　名　中国历史地理论丛
年 卷 期　2003 年 4 期
页　　码　38 – 44
摘　　要　本文论述西汉一代与南海诸国(即今东南亚地区)的交通及往来,主要分两部分:一是叙述西汉长安至南海诸国的两条主要交通道路,即由蜀至缅甸的“身毒道”和由南越经海上的“南海道”,以及两道的形成和具体路线等;一是论述西汉遣译长出使南海诸国,以及南海诸国的“朝贡”和长安的南海珍物;以揭示今东南亚地区古代诸国早期与中国交往之历史。

题　　名　西汉对南洋的海道交通
作　　者　岑仲勉
刊　　名　中山大学学报(社会科学)
年 卷 期　1959 年 4 期
页　　码　146 – 154

题　　名　西汉关及其文化形态
作　　者　翁重德
刊　　名　海交史研究
年 卷 期　2003 年 44 期
页　　码　44 – 52,119

题　　名　西汉海南岛建置区划探究
作　　者　符和积
刊　　名　中国地方志
年 卷 期　2005 年 3 期
页　　码　50 – 54
摘　　要　汉武帝元封元年(前 110),海南设置两郡 16 县,可考者为 11 县。海南岛“以黎母山为中心,环山列置诸县”,形成最早的沿海环岛实治建置布局,这在海南政治史上具有重大的历史意义,也宣告了海南正式纳入祖国的版图;同时,它在海南建置史上具有开创性的历史作用,成为后世统一王朝在海南建置的范例和建置发展的依据。

题　　名　西汉合浦港口考辩
作　　者　陆露,张居英
刊　　名　广西民族研究

年卷期 2007年1期
页 码 172－178
摘 要 本文通过对历史文献及考古、地质资料的分析，认为合浦大浪城址不是广西文物工作队课题组所推定的西汉合浦港址，而是北宋开宝五年至太平兴国八年(972－983年)的廉州治所遗址。汉代合浦港应是在今廉州镇西南一带。

题 名 **西汉合浦郡之朱卢县考**
作 者 李勃
刊 名 中国历史地理论丛
年卷期 2008年23卷3期
页 码 140－147
摘 要 汉元帝初元三年罢珠崖郡后，海南岛之归属和建置情况如何？学术界对此长期争论不休。明代，海南王佐认为自汉元帝罢珠崖郡后，海南岛成为中原王朝的域外之地，直至南朝梁武帝大同中因海南儋耳归附于洗夫人才内属。唐胄则认为汉元帝罢珠崖郡后，仅八十六年本岛就又内属。当代，谭其骧先生的观点与王佐大致相同。杨武泉先生则认为从西汉晚期至萧齐，大陆王朝一直在岛上设置县级地方政权。本文虽赞同杨先生的观点，但所用资料和研究方法与之不同，而且只探考西汉朱卢县。认为只需要弄清朱卢县的位置，就可以彻底解决这一历史悬案。现依据许多学术界未曾提及的重要古籍资料和西汉“朱廬執刲”银印所蕴涵的重要信息，采用考据学研究方法，从五个方面来进行考察，所得结论是：西汉合浦郡的朱卢县应当在海南岛。

题 名 **西汉杰出的水兵将领——杨僕**
作 者 王杰
刊 名 航海
年卷期 1991年6期
页 码 41－42

题 名 **西汉闽越国与日本及南洋的交往**
作 者 杨琮
刊 名 海交史研究
年卷期 1996年30期
页 码 19－28

题 名 **西汉南海道的几个问题**
作 者 林远辉
刊 名 海交史研究
年卷期 2003年44期
页 码 53－64

题 名 **西汉以前中国人民对南海诸岛的开发和经营**
作 者 林琳
刊 名 北京社会科学

年 卷 期 1995 年 4 期

页 码 82－85,81

摘 要 过去我国出版的有关著作和报刊上发表的有关文章,都认为"中国于西汉首先发现西沙群岛";"远在二千多年前的汉武帝时代,我国人民就已在南海航行、生产,并先后发现了南海诸岛"。上述论断不正确,与历史事实不相符合。

题 名 **西汉中叶以前中国西南与印度交通考**

作 者 王友群

刊 名 南亚研究

年 卷 期 1988 年 3 期

页 码 58－68,17,4

摘 要 古代中印交通问题是个非常复杂、非常棘手的问题,时间愈早,困难愈多,本文所要考证的西汉中叶以前的中国西南与印度的交通问题更是如此。一方面是资料的缺乏,无论是文献资料还是考古资料都很缺乏;另一方面是研究不深入,无论是国内的研究还是国外的研究都是如此。因此要解决这个问题是相当困难的,事实上目前还不具备真正解决这个问题的条件,但我们不能就此却步,等待观望。本文旨在前人研究的基础上,把这个问题的研究深入一步,同时希望以此推动更多的同志来做这项工作。

题 名 **西南、西北、海上丝绸之路比较研究学术讨论会综述**

作 者 杨炼

刊 名 云南社会科学

年 卷 期 2002 年 1 期

页 码 94

题 名 **西南—岭南出海通道的历史考察 "西南—岭南出海通道上的社会文化变迁"研究之一**

作 者 李富强

刊 名 广西民族研究

年 卷 期 1997 年 4 期

页 码 65－73

摘 要 疏通西南便捷出海通道,是当前的热门话题。西南山高壑深,出入困难,似隔于天外。但是人们不迁服于自然安排,从先秦的蜀王南下称尊中南半岛起,历史上的人们就一代接着一代地不断努力,冲破自然的障隔,开辟西南出海通道,繁荣西南出海通道。本文对此进行了历史考察,具体了历史上人们的努力成果,累积了今天西南便捷出海通道的壮观。

题 名 **西欧殖民者东来对明代海外贸易发展的影响**

作 者 李金明

刊 名 南洋问题研究

年 卷 期 1987 年 3 期

页 码 24－35

摘 要 在我国海外贸易史上,明代是一个重要的朝代,它经历了我国海外贸易由盛转衰的主要过程,在明代统治的二百多年里,我国海外贸易在宋元时期发展下来的基础上又有了新的发展,其中既有由官方主持的震惊中外的郑和七下西洋,亦有由非官方的私人经营的遍历东西洋的海外商船。然而,这些发展持续的时间并不很长,到十五世纪末期,我国商船已绝迹于苏门答腊以西,至于隆庆部分开禁后发展起来的私人海外贸易,到万历末年亦急遽地走向衰落,且逐渐被东来的西欧殖民者所压倒。造成这种变化的主要原因,当然是由于明朝统治者对海外贸易实行专制的严格控制所导致,但亦与西欧殖民者东来的影响不无关系,本文拟就这方面作一初步的探讨。

题　　名　**西瓯国与海上丝绸之路**
作　　者　曾昭璇,曾新,曾宪珊
刊　　名　岭南文史
年 卷 期　2004 年 3 期
页　　码　23－33
摘　　要　本文论证先秦海上丝绸之路的重镇可能是封开。即番禺残破后,新兴的岭南外贸中心重镇——交州的兴建而产生。

题　　名　**西人对福建植物的考察述略**
作　　者　罗桂环
刊　　名　海交史研究
年 卷 期　1989 年 15 期

题　　名　**西沙海底出土的永乐通宝**
作　　者　叶树钦
刊　　名　广西金融研究
年 卷 期　2006 年 Z1 期
页　　码　17,19

题　　名　**西沙群岛出水的“洪武通宝·二钱”**
作　　者　熊伟
刊　　名　西安金融
年 卷 期　1999 年 5 期
页　　码　62－63

题　　名　**西沙群岛打捞出明代铜锭**
作　　者　张书裔,何健
刊　　名　中国钱币
年 卷 期　1998 年 4 期
页　　码　47－49

题　　名　**西洋:明初发展对外关系的重点区域**
作　　者　陈庆江
刊　　名　郑和研究
年 卷 期　2004 年 1 期
页　　码　27－31

题　　名　**西域南海交通史资料书举要**
作　　者　周桓
刊　　名　河北大学学报(哲学社会科学版)
年 卷 期　1985 年 3 期
页　　码　94 – 100

题　　名　**西周的“五覆五反”舟楫检查**
作　　者　曹凛
刊　　名　中国船检
年 卷 期　2008 年 4 期
页　　码　92 – 95

题　　名　**希腊神话与中国上古神话中海神形象之比较**
作　　者　李舒燕,马新广
刊　　名　江苏工业学院学报(社会科学版)
年 卷 期　2007 年 8 卷 1 期
页　　码　75 – 77,85
摘　　要　希腊神话与中国上古神话中的海神,其共同点在于既有可怖的一面,又有可亲的一面;差异在于希腊的海神形象人神同形同性,而中国的海神形象人神异性异形。通过分析可以发现,由于上古时期文化观念较淡,其共同点和不同点都是海洋本身、生存环境、种族体质等这些物质性因素在海神形象上的显现。

题　　名　**析地缘政治中的海权陆权竞争与清末海防塞防之争**
作　　者　邢军,王日华
刊　　名　东北亚研究
年 卷 期　2005 年 4 期
页　　码　69 – 74
摘　　要　晚清末年,清政府围绕着海防与塞防的轻重缓急展开了一场国家防御政策的大辩论。以李鸿章为首的海防派主张清政府把有限的财政资源用于建设新的海军,而以左宗棠为首的塞防派则坚决要求清政府拨款西征,收复新疆。这场辩论有着深刻的历史必然性,它不仅反映了我国由于海陆复合型地缘环境而面临着海防与塞防的两难选择,而且也是海权和陆权在世界范围内争夺的一个缩影。我国处于世界地缘政治中的边缘地带,是海权和陆权争夺的焦点,我国的沿海地区和沿边地区一直会受到来自海权国家和陆权国家的威胁与进攻。我们应该从世界地缘政治海权和陆权争夺的背景来认识和评判这场历史争论。

题　　名　**析东南沿海经济在近代前的发展趋势**
作　　者　刘玲
刊　　名　宿州教育学院学报
年 卷 期　2001 年 2 期
页　　码　1 – 4,7

题　　名　**析郑和下西洋的国际贸易启示**
作　　者　刘青华
刊　　名　郑和研究
年 卷 期　1996 年 1 期
页　　码　10 – 13

题　　名　**锡兰山碑的史源研究**
作　　者　刘迎胜
刊　　名　郑和研究
年 卷 期　2008 年 4 期
页　　码　45 – 52

题　　名　**锡兰战役新考**
作　　者　时平
刊　　名　郑和研究
年 卷 期　1998 年 4 期
页　　码　41

题　　名　**锡兰战役新考**
作　　者　时平
刊　　名　海交史研究
年 卷 期　1999 年 35 期
页　　码　73 – 81

题　　名　**熙丰变法时期的海外贸易**
作　　者　章深
刊　　名　河北学刊
年 卷 期　1992 年 5 期
页　　码　79 – 84
摘　　要　北宋神宗朝发生了一场影响广泛而深远的变法运动。变法涉及政治、经济、文化等各个领域,包括当时的海外贸易。探讨熙丰时期海外贸易的发展历程,不仅可以填补宋代海外贸易史研究的重要空白,还可以加深我们对熙丰变法的认识。

题　　名　**喜娘渡海往父国**
作　　者　王志勇
刊　　名　航海
年 卷 期　1982 年 1 期
页　　码　31

题　　名　下西洋所见所引进之异兽考
作　　者　张箭
刊　　名　社会科学研究
年 卷 期　2005 年 1 期
页　　码　152－158
摘　　要　随郑和七下西洋之人在东南亚、南亚、西亚、东非见到了许多中国不产或罕见的珍禽异兽，有的还被引入中国。其中的神鹿、飞虎、草上飞、马哈兽、麋里羔兽、腽肭脐为今日之何兽，学界或未曾辨别，或考证不确，或众说纷纭。本文运用现代动物学知识，结合古今中外文献，通过排查、比对、观察、实验，考证出上述六种异兽分别为今日之马来貘、鼯猴、猞猁、阿拉伯直角羚、印度蓝牛、小灵猫；并对相关问题进行了讨论。

题　　名　下西洋与渡美洲的航海术比较
作　　者　张箭
刊　　名　华东理工大学学报（社会科学版）
年 卷 期　2004 年 3 期
页　　码　96－99
摘　　要　郑和船队和哥伦布船队的航海术，包括测定船位术、天体导航术、气象识风术、罗盘罗经术、海图地图术、计程测速术、航道探察术等等，都达到了帆船时代迄当时为止最高的水平，由于哥伦布的远航比郑和远航晚了八十多年，故哥伦布的航海术较之郑和又前进了一步。但因郑和船队的规模大得很多很多，郑和宝船也比哥伦布航船大得很多很多，故郑和远航体现的航海术亦比哥伦布的复杂困难一些。所以，他们的航海术各有千秋，难分轩轾。

题　　名　下西洋与非洲动物的引进
作　　者　张箭
刊　　名　西亚非洲
年 卷 期　2005 年 2 期
页　　码　65－71
摘　　要　在 600 年前开始的下西洋的伟业中，郑和船队到达了亚非 30 多个国家和地区。其中可考的有 7 个非洲国家和地区，即米息（埃及）、木骨都束（索马里摩加迪沙）、卜剌哇（索马里巴拉韦）、竹步（索马里朱巴）、速麻里儿（索马里）、麻林地（肯尼亚马林迪）、慢八撒（肯尼亚蒙巴萨）。郑和船队从西亚非洲引进了一些独特珍稀的非洲动物，如花福鹿（斑马）、麒麟（长颈鹿）、驼蹄鸡（鸵鸟）、马哈兽（直角羚）和非洲狮。这些动物今天已仅存于非洲了。下西洋之人和明朝人对非洲动物的记载描述为中国乃至东亚动物学界增添了新知识；文人墨客咏叹非洲动物的诗赋造就了明代文坛的一道风景线；丹青妙手对它们的摹绘留下了关于非洲动物最早的造型艺术珍品。

题　　名　夏朝初期的舟船质检
作　　者　曹凛
刊　　名　中国船检
年 卷 期　2008 年 3 期
页　　码　86－88

题　　名　**夏桀溃逃航迹**
作　　者　冯蔚然
刊　　名　上海海运学院学报
年 卷 期　1982 年 3 期
页　　码　40

题　　名　**夏燮的海防思想**
作　　者　贾光华
刊　　名　鸡西大学学报
年 卷 期　2009 年 6 期
页　　码　149－150
摘　　要　夏燮是中国近代著名的历史学家、思想家,他看到帝国主义列强虎视眈眈,觊觎中国,边疆危机,于是便提出了自己的海防观点。试从形成背景、主要内容、特点三个方面谈夏燮的海防思想。

题　　名　**夏子阳使琉球及其著述论略**
作　　者　王爱菊
刊　　名　福建商业高等专科学校学报
年 卷 期　2001 年 4 期
页　　码　32－33
摘　　要　本文对明朝万历年间使臣夏子阳出使琉球经过及其著述《使琉球录》作一简要论述,从中探讨明代中国和琉球的政治经济关系。

题　　名　**厦门港——闽南古陶瓷外销的重要锚地**
作　　者　郑东,石钦
刊　　名　南方文物
年 卷 期　2005 年 3 期
页　　码　90－94

题　　名　**先秦汉魏时期内河航运建设的特点**
作　　者　马晓峰
刊　　名　开发研究
年 卷 期　2009 年 4 期
页　　码　153－155
摘　　要　交通的发达与否对于国家的统一、政局的稳定起了至关重要的作用。内河航运是交通体系的有机组成部分,先秦汉魏时期内河航运的发展为以后中国的政治、经济格局的形成起了重要作用。该时期的内河航运主要集中在北方,以黄河及其支流为中心,同时人工运河的大规模开凿,最终构建了一个庞大的内河航运体系。这不但促进了该时期漕运的发展而且为隋大运河的贯通奠定了基础。

题　　名　**先秦秦汉漕运史研究概观**
作　　者　张晓东
刊　　名　临沂师范学院学报

年 卷 期　2007 年 29 卷 2 期

页　　码　119 – 122

摘　　要　先秦秦汉漕运史研究在古代漕运史研究中具有突出地位,研究成果繁富。就现有成果来看,漕运的开创问题尚存分歧,而漕运与经济的关系研究比较深入,漕运与政治军事、漕运与社会文化的关系研究仍存薄弱的课题点。漕运工程沿革研究在早期运河史上仍然存在着争议,一些新的研究课题仍需努力探索。

题　　名　先秦秦汉水军战船概述

作　　者　张玉林

刊　　名　武汉船舶职业技术学院学报

年 卷 期　2010 年 4 期

页　　码　16 – 19

摘　　要　先秦秦汉时期的水军战船种类已经十分丰富,战船的作战功能已经具体化,有专门的指挥战船"余皇",有攻守兼备的"楼船",有快速攻击战船"三翼"等等,这些战船设备先进,功用齐全,楼船既可以作为指挥战船和作战战船使用,又可以作为运输战船使用;专门的运输战船——舫船,在水军中的运输功能更加强大。本文就先秦秦汉战船的种类和功能作了全面地概括总结,以便大家更深入地研究。

题　　名　先秦三峡航运质疑

作　　者　吴郁芳

刊　　名　江汉考古

年 卷 期　1991 年 4 期

页　　码　80 – 82

摘　　要　《楚文化志》(以下简称《志》)第七章,在"水路交通"一节中说:春秋中期,楚已灭夔,而夔在今秭归,秭归已在西陵峡内。巴人所置弱关也在今秭归,江关则在今奉节,可控扼三峡航道以抵御楚人,巴楚交通,三峡便是纽带。战国时三峡为楚所有,"楚为捍关以拒之",此捍关可能就是巴的江关。由江陵至奉节,兵员装备的运输,自然就是通过长江水运了。《战国策・燕策二》记秦灭巴蜀后宣称,蜀地之甲,可以方船积粟,循江而下,至郢三千余里而不费汗马之劳。可以说,楚国当时的水路交通已穿过长江三峡而直达今四川境内了。笔者认为,这一段对于先秦时代三峡航运的描述存在着许多问题。

题　　名　先秦时代的"海贝之路"

作　　者　李凯

刊　　名　青海社会科学

年 卷 期　2010 年 1 期

页　　码　146 – 150

摘　　要　中国上古时代中原地区并不是封闭的,内地与西部地区有着比较密切的联系。"海贝之路"就是东西通路中的一个环节。考古资料表明,这条通路从中原到关中,从关中到西域、西南地区,时间跨度从史前时代到商周,可以说是后代"丝绸之路"的先导。

题　　名　先秦时代的漕运

作　　者　嵇果煌

刊　　名　交通与运输

年 卷 期 1998 年 5 期
页　　码 44－46
摘　　要 笔者曾撰《漕运春秋》一文，从秦汉时代开始至清代末期漕运废止，简要地概述了中国漕运发展的全部历史。在本刊分期连载。但是，中国的漕运活动并非始于秦汉时代，而可上溯至春秋战国时代就已出现。为使该文所述中国漕运历史完整起见，笔者最近冒着高温酷暑，查阅大量古代有关史料，写成本文，作为《漕运春秋》的补篇。

题　　名 **先秦时代运河沿革初探**
作　　者 刘德岑
刊　　名 西南师范大学学报（人文社会科学版）
年 卷 期 1980 年 2 期
页　　码 107－123

题　　名 **先秦时代运河沿革初探（续完）**
作　　者 刘德岑
刊　　名 西南师范大学学报（人文社会科学版）
年 卷 期 1980 年 3 期
页　　码 105－117

题　　名 **先秦时期黄河航运的初步研究**
作　　者 于希贤
刊　　名 中国历史地理论丛
年 卷 期 1991 年 4 期
页　　码 15－30

题　　名 **先秦时期舟船暨水战**
作　　者 杨钊
刊　　名 人文杂志
年 卷 期 1998 年 6 期
页　　码 98－99

题　　名 **先秦同义词“舟、船”辨析**
作　　者 李素琴
刊　　名 苏州教育学院学报
年 卷 期 2002 年 19 卷 2 期
页　　码 12－14
摘　　要 关于“舟、船”的辨析，前人虽已有过讨论，但都未能尽意。本文试图将此两字置于先秦这一语言发展的断代进行穷尽式的考察，尽可能详尽地反映“舟、船”在先秦的区别。

题　　名 **先秦至北朝河洛地区的漕运与仓储**
作　　者 薛瑞泽

刊　　名　洛阳工学院学报(社会科学版)
年 卷 期　2000 年 18 卷 3 期
页　　码　26 – 33
摘　　要　先秦至北朝河洛地区漕运和仓储的发展呈现出阶段性特点。秦和西汉定都关中,河洛地区在漕运和仓储上起着中转性的作用,为了漕运粮食的便利,中央政府对包括河洛地区在内的黄河水运通道进行了一系列治理。东汉、曹魏、西晋、北魏定都洛阳,政治中心的确立,使河洛地区也成为仓储和漕运的中心。仓储分布于各州郡和黄河、洛河沿岸。

题　　名　**先秦至隋海南省行政区划史研究**
作　　者　曾昭璇
刊　　名　中国边疆史地研究
年 卷 期　1993 年 2 期
页　　码　1 – 11

题　　名　**暹罗国祀郑和三宝庙考——读《东西洋考》**
作　　者　黎道纲
刊　　名　东南亚研究
年 卷 期　2001 年 3 期
页　　码　50 – 54
摘　　要　泰国是否存在郑和庙,其址何在?向来众说纷纭,争论甚多。流行的说法是:大城帕南澄寺三宝佛公祭祀的就是郑和,此寺至今香火旺盛。

题　　名　**暹罗华化考**
作　　者　陈序经
刊　　名　东方杂志
年 卷 期　1938 年 35 卷 20 – 21 期

题　　名　**咸丰同治年间武装轮船初探**
作　　者　吉辰,陈峰
刊　　名　唐都学刊
年 卷 期　2008 年 24 卷 3 期
页　　码　73 – 79
摘　　要　晚清咸丰、同治年间,在西方的影响下,轮船在中国开始被投入军事用途。民间与政府先后雇佣和购买了一批武装轮船,用于护航、捕盗和对内战争。太平天国战争时期,“常胜军”的武装轮船在长江下游的作战中发挥了巨大威力,而太平军亦曾劫夺轮船以为己用。作为近代海军的前身,武装轮船在这一时期的交战中曾起到重要的作用。探讨当时的武装轮船及其用途,有助于全面了解晚清军事近代化的发展进程。

题　　名　**现存最详尽、准确的元朝疆里总图——清浚《广轮疆里图》略析**
作　　者　陈佳荣
刊　　名　海交史研究

年 卷 期　2009年56期

页　　码　1－24

摘　　要　元代疆域之广袤，历代罕有其匹。然在目前刊行的各种古代地图集中，元代不仅图幅甚少，而且于全国舆地总图几付阙如。不久前，笔者自明代叶盛《水东日记》的嘉靖等版中，发见其卷十七所附元末天台僧人清浚的《广轮疆里图》摹本，并有详略多种图幅。该图既是现存最详尽、准确的元代疆里总图，又是明初《大明混一图》、《混一疆理历代国都之图》等的重要底图；在中国古代地图史上占有一席显要的地位，可补其缺失的、中间而关键的一环。本文在简略交代写作缘起后，即对《广轮疆里图》的编制背景、版本保存、全图内容及其价值，展开进一步的分析。文末又附录该图可辨正的路、州名，并与《元史·地理志》乃至《大元一统志》，进行初步的比较及研究。

题　　名　现代人文视野下的郑和大航海

作　　者　裴钰

刊　　名　科学大观园

年 卷 期　2009年10期

页　　码　44－46

题　　名　现实地和科学地探讨"郑和宝船"

作　　者　杨槱

刊　　名　海交史研究

年 卷 期　2002年42期

页　　码　1－4,36

摘　　要　经过多年的研讨，"郑和宝船"仍然是一个谜。我是一个船舶爱好者，幼年时代曾多次乘搭在江河上航行的木帆船。后来，成为一个造船者以后，更加注意木帆船的性能、构造、发展史和操作技术的探讨。多次与木帆船的老船工们交谈，学到许多有关知识。《明史·郑和传》载有郑和航海用大海船的主要尺度："造大舶，修四十四丈，广十八丈者六十二"。由于这个尺度不合情理，我一直认为《明史》编录有误，并多次在刊物和学术会议上发表了："不存在这样大尺度的航海木帆船；郑和航海不需要这样大尺度的船；直到今日仍然不可能造出这样大尺度的木帆船；这样尺度的船既不适于航海，又无法仅依靠人力操纵驾驶"等等议论。这些看法被许多学者嗤之以鼻，不屑一顾。近几年来，人们几次筹划集资造一艘上述尺度的"郑和宝船"，供娱乐、集会、展览或航海旅游之用。去年开始筹备2005年举行郑和下西洋600周年纪念活动。有关方面建议造一艘"郑和宝船"，沿着郑和下西洋的航线，访问各有关港口，寻觅历史遗迹，收集有关资料。该船回航后可停泊在纪念会场附近，在纪念会上发表航海报告并展出收集到的有关资料。这一建议立即得到有关领导的支持。但上述两项计划经设计、论证后，认为建造这样尺度的适于航海的特大木帆船是不现实的。现在我国的经济实力、生产力和科学技术水平，当然要比600年前的明代高百倍以上，如果《明史》所载"郑和宝船"的尺度无误，为何那时在不到一年的时间内能造出62艘这样尺度的特大木帆船，而现在1艘也造不出？这实在令人费解。为此谈一些个人对"郑和宝船"问题的认识。不当之处，请同志们赐教。

题　　名　现行南海诸岛地名中的渔民习用地名

作　　者　刘南威

刊　　名　热带地理

年 卷 期　2005年25卷2期

页　　码　189－194

摘　　要　分析了现行南海诸岛海地名的4个主要特点，其中最主要的特点，是渔民习用地名的采用；阐述了南海诸岛渔民习用地名的来历，指出记载南海诸岛渔民习用地名最多的，是海南岛渔民手抄的航海针经书《更路簿》以及有关单位的《调查报告》；探明了海南岛渔民对南海诸岛珊瑚礁的分类及其名称的现代含义；考释了南海诸岛各具体岛礁的渔民习用地名所反映的地理特征；论证了现行南海诸岛地名中，大量采用渔民习用地名，在地名学上和维护领土主权上的意义。

题　　名　**香港、舟山与第一次鸦片战争中英国的对华战略**

作　　者　刘存宽

刊　　名　中国边疆史地研究

年 卷 期　1998年2期

页　　码　73－82

摘　　要　英发动第一次鸦片战争的主要目的是夺取舟山，占领舟山陷入困境后不得不退出舟山而强占香港。文根据历史资料和档案充分地阐论了英发动第一次鸦片战争的历史背景和动因，有力地揭露了英发动的这次战争的侵略性质。

题　　名　**香港城市大学教授郑培凯观点之我见——有关郑和发现美洲的误写与正读**

作　　者　王民同

刊　　名　郑和研究

年 卷 期　2003年1期

页　　码　13

题　　名　**香港海防六百年**

作　　者　张向冰

刊　　名　海洋世界

年 卷 期　2010年6期

页　　码　73－74

题　　名　**香港禁烟史论**

作　　者　潘兴明

刊　　名　江苏社会科学

年 卷 期　2004年4期

页　　码　226－231

摘　　要　在英国殖民统治下，鸦片贸易在香港长期存在，其形式由鸦片商从事鸦片转口贸易，然后港府授权私商经营，而后又过渡到港府鸦片专卖，均属垄断经营性质。其原因是港府将鸦片收入作为财政收入的一个主要来源；英国政府及港府推卸鸦片泛滥的责任；港府辩称吸、售鸦片并非罪恶，危害有限；英国政府的禁烟立场不够明确和坚决。香港的鸦片业衰亡的原因是国际社会给英国政府和港府造成了强大的压力；中国内地的禁烟运动更是对香港鸦片业的衰亡产生了重要作用；最后，香港被日本侵占，英国丧失了对该地的统治权，只得终止鸦片贸易。

题　　名　**香港开埠初期与内地贸易研究——以《虎门条约》第十三款为案例**
作　　者　郭卫东
刊　　名　中国经济史研究
年 卷 期　1997年2期
页　　码　123－130

题　　名　**香港开埠以来英人经济与华人经济的对比研究**
作　　者　李一平
刊　　名　世界历史
年 卷 期　1997年2期
页　　码　16－25

题　　名　**香港与澳门妈祖信仰比较研究**
作　　者　李天锡
刊　　名　莆田学院学报
年 卷 期　2009年1期
页　　码　72－77
摘　　要　概述中国香港和澳门妈祖信仰传播过程及宫庙状况，比较港澳两地妈祖信仰的异同，并分析其成因，以深入认识妈祖信仰的性质及了解其发展趋势。

题　　名　**香料之道上的伊斯兰史迹**
作　　者　马通
刊　　名　海交史研究
年 卷 期　1984年6期
题　　名　**湘军水师与太平军水师之比较研究**
作　　者　曾祥健
刊　　名　军事历史研究
年 卷 期　1996年4期
页　　码　112－119，66

题　　名　**湘军水师与太平军水师之比较研究**
作　　者　曾祥健
刊　　名　安徽史学
年 卷 期　1998年1期
页　　码　35－38

题　　名　**详实深刻治史致用——评《“怀夷”与“抑商”：明代海洋力量兴衰研究》**
作　　者　尹铭
刊　　名　东岳论丛

年 卷 期　1998 年 3 期
页　　码　111－112

题　　名　**祥芝港在明代泉州海交史上的地位——兼释《顺风相送》"长枝"的地望**
作　　者　李国宏
刊　　名　海交史研究
年 卷 期　2001 年 39 期
页　　码　126－130

题　　名　**小议市舶贸易管理制度的变迁**
作　　者　李晓光
刊　　名　白城师范学院学报
年 卷 期　2005 年 19 卷 4 期
页　　码　66－69
摘　　要　本文试图从萌芽时期的市舶制度、发展完备繁荣时期的市舶制度、走向衰落时期的市舶制度以及市舶贸易管理制度在中国古代海外贸易中的作用等方面来对市舶贸易管理制度的变迁作一简要的阐述。

题　　名　**小议宋代的市舶制**
作　　者　王平
刊　　名　中国市场
年 卷 期　2006 年 35 期
页　　码　96
摘　　要　市舶制度是中国古代海外贸易管理制度。自唐朝开元初年在广州设立"市舶使"始，至清朝康熙二十三年废"提举市舶司"止，管理海上对外贸易的市舶制度推行了一千多年。其间，宋代虽然没有实现政治上的完全统一，但却是市舶贸易发展的全盛时期，宋代建立了一整套比较完备的市舶制度。

题　　名　**邪马台地望考**
作　　者　陈连庆
刊　　名　东北师大学报(哲学社会科学版)
年 卷 期　1985 年 6 期
页　　码　29－36

题　　名　**邪马台国方位卮言以古代中国人海外时空观为中心**
作　　者　高洪
刊　　名　日本研究
年 卷 期　1994 年 1 期
页　　码　37－42

题　　名　**邪马台国社会性质初探**
作　　者　赵步云

刊　　名　史学月刊
年 卷 期　1985 年 2 期
页　　码　85－90

题　　名　邪马台就是大和论——古代中日关系史问题研究之一
作　　者　洪啟翔
刊　　名　华南师院学报(社会科学版)
年 卷 期　1981 年 4 期
页　　码　125－128,11

题　　名　偰玉立在泉州的史迹与偰氏家族在高丽、朝鲜
作　　者　胡家其,李玉昆
刊　　名　海交史研究
年 卷 期　2007 年 51 期
页　　码　66－73
摘　　要　高昌回鹘人偰玉立,元至正九年(1349)任泉州路达鲁花赤,后升任总管,在泉期间筑城浚河,复兴学校,修桥梁,赈贫乏,主持修纂《清源续志》,处理清净寺财物等,政绩甚多。他工于汉诗,在泉州开元寺、清源山、九日山等名胜留下多处题刻。偰玉立之侄偰百僚(逊)东迁高丽,其子孙长寿、眉寿、耐、振等多次代表高丽、朝鲜出使明朝,为发展两国的友好关系作出了贡献,屡受明朝及高丽、朝鲜国王的嘉赏。

题　　名　谢杰及其著作考略
作　　者　方宝川
刊　　名　福建师范大学学报(哲学社会科学版)
年 卷 期　2009 年 2 期
页　　码　125－131
摘　　要　谢杰是明万历七年(1579)奉命册封琉球王国副使,在中琉关系史上起过非常重要作用的闽籍使者。其生平事迹,虽史有所载,然多语焉不详;其著述情况,更是著录不一。本文根据近年所钩稽,首次披露了鲜为人知的《东岚谢氏宗族》中所载的有关谢杰身世的珍贵史料,从而对谢杰生平事迹作了较为详尽的叙述;并对知见的谢杰十余种著作,作了全面的梳理与考证。

题　　名　谢清高的西洋观
作　　者　张淑琼,江滢河
刊　　名　中山大学研究生学刊(社会科学版)
年 卷 期　2004 年 4 期
页　　码　53－61
摘　　要　清康熙二十四年(1685)开海禁,设海关(江、浙、闽、粤),开辟了中西贸易的新时代。由于种种机缘,一些出身寒微的普通中国人登上了西洋的商船,踏足当时华人足迹罕至的西洋诸国。这些远涉西洋、身处异域之人,对西洋文化及中西文化差异的感知程度如何,并形成怎样的西洋观?这是一个有趣且值得探究的问题。本文试就乾隆年间远涉西洋的谢清高及记录其海外见闻的《海录》一书,对这一问题作一粗浅的探讨。

题　　名　**辛亥革命初期的海军宿将萨镇冰**
作　　者　马骏杰，苏小东
刊　　名　军事历史
年 卷 期　1992年3期
页　　码　28－31
摘　　要　在80年前资产阶级领导的辛亥革命中，海军宿将萨镇冰，先是率清军海军主力驰赴武汉镇压革命，曾给革命军造成很大损失，后又默许海军主力在武汉前线反正易帜，使武昌首义最终未被反动势力所剿杀。千秋功罪，值得后人评说。

题　　名　**辛亥革命前的外债与中国海关**
作　　者　李泽或，苏鑫鸿
刊　　名　长沙理工大学学报（社会科学版）
年 卷 期　1989年2期
页　　码　112－117

题　　名　**辛亥武汉之战中的清海军**
作　　者　张芹
刊　　名　历史教学
年 卷 期　1988年8期
页　　码　52－53

题　　名　**辛弃疾论江防**
作　　者　丁国祥
刊　　名　苏州铁道师范学院学报（社会科学版）
年 卷 期　1994年2期
页　　码　82－83
摘　　要　长江，是南宋政权的重要屏障，宋高宗定都临安（今杭州），而不择龙盘虎踞的金陵（今南京），就因金陵距天险过近，一旦金兵渡江便首当其冲。南宋主战派韩世忠、李纲、刘錡、吴拱、张浚等，为长江防御颇费心思。许多文士也关注着朝廷对江防的部署，其中论述之明确、所拟措施之详尽周密者莫过于辛弃疾。

题　　名　**新安沉船装载的金属工艺品——其特点以及新安沉船返航的性质**
作　　者　久保智康，彭涛
刊　　名　南方文物
年 卷 期　2008年4期
页　　码　142－154，141

题　　名　**新安船装载的紫檀木和国际贸易**
作　　者　金炳堇
刊　　名　海交史研究

年 卷 期 2009 年 56 期

页 码 68 – 74

摘 要 在新安船上装载的与新安船的交易活动范围有关的商品中,最突出的是陶瓷器、铜钱和紫檀木,紫檀木是从属于热带以及亚热带的东南亚购入的,而当时前往东南亚、印度、阿拉伯地区的中国商船主要从泉州港出发。由于泉州湾宋代海船的出土,新安船被认为是在福建地区制造的泉州船舶。新安船是以东南亚和中国以及东北亚作为活动舞台的贸易船,在向最终目的地日本博多航行过程中,经过高丽沿岸时遇难,最终没能返回。新安船装载的 1017 根紫檀木,是把新安船的研究范围扩大到中国和日本以外的东南亚和西域的重要资料。

题 名 **新安打捞文物的特征及其意义**

作 者 尹武炳

刊 名 海交史研究

年 卷 期 1989 年 15 期

题 名 **新安海底的元代宝船及其沉没年代**

作 者 三上次男,王晴堂

刊 名 东南文化

年 卷 期 1986 年 2 期

页 码 65 – 68

摘 要 一直没有为世人所知的南朝鲜西南海域的新安郡,因该郡所属岛屿道德岛海底的一艘沉船,近年一跃而驰名于世界考古学界和古陶瓷学界。从一九七五年开始,在这一带海域打鱼的渔民们就打捞到了中国的青瓷和白瓷。为此于一九七六年十月和十一月组建了以南朝鲜尹武炳教授为团长的调查团,在文物管理局和海军的协助下,对这里的海底进行了调查。结果,发现了一艘沉船,并弄清了那些陶瓷器就是该船上所装载的货物。仅那一年调查团就从该沉船上打捞出一千八百八十余件中国古陶瓷器、金属制品、漆器、木器、石制品等,以及约六千枚货币。陶瓷器不仅仅是碎片,完好和接近完好的也有很多。

题 名 **新安海底发现的陶瓷器的分类与有关问题**

作 者 郑良谟

刊 名 海交史研究

年 卷 期 1989 年 15 期

题 名 **新出丝绸与中西交通**

作 者 梁加龙

刊 名 史学月刊

年 卷 期 1991 年 6 期

页 码 106 – 108

摘 要 丝绸在中西交通考古学上具有突出的意义。从古代丝绸的出土地点、年代、数量、品种、纹样、技法及共出器物等来研究中西交通的时间、路线及其影响,是中西交通考古学不可忽视的领域。斯坦因(A · Stein)、普菲斯特(R · Pfister)、西尔凡(V · Sylwan)、鲁金科(Rudenko),夏鼐等的研究和著作、从不同的国家向人们揭示了考古发现的丝绸对于中西交通考古研究的意义。

题　　名　新堤之关的设立与辨误
作　　者　曾令琦
刊　　名　武汉文史资料
年 卷 期　2004 年 2 期
页　　码　61

题　　名　新发现的《郑和家谱首序》
作　　者　李士厚
刊　　名　文献
年 卷 期　1983 年 3 期
页　　码　96－103

题　　名　新发现的韩国《雁行图》所表现的中朝关系
作　　者　郭济生
刊　　名　海交史研究
年 卷 期　2005 年 48 期
页　　码　42－43,61
摘　　要　韩国学者朴泰根教授最新发现的明代《雁行图》,以图文并茂的形式,展现了明天启年间,中朝关系的实际情况,真实地反映了中朝相互来往的海上和国内路线,具有很高的史学价值。

题　　名　新发现的明代册封琉球国王诏书原件
作　　者　朱淑媛
刊　　名　历史档案
年 卷 期　1995 年 2 期
页　　码　128－130
摘　　要　笔者近在查阅中国第一历史档案馆档案时,发现一件册封琉球国王的残破诏书,呈折叠状混于清朝档案之中,部分字迹及落款时间、印鉴缺损。该诏书为黄色,纸质较厚硬,正面绘有金色龙云花边图案,背面绘有金色朵云图案。经修复后,现纵长 125 厘米,宽 90 厘米。就其用纸颜色及所绘图案来看,确系封建帝王所独用,应该出自宫廷。

题　　名　新发现的日据台湾前期张家渡台证件初考
作　　者　叶恩典
刊　　名　海交史研究
年 卷 期　1995 年 28 期
页　　码　98－107

题　　名　新发现的唐日本人井真成墓志及初步研究
作　　者　贾麦明
刊　　名　西北大学学报(哲学社会科学版)
年 卷 期　2004 年 34 卷 6 期
页　　码　12－14

题　　名　新发现的研究中琉关系的重要史料——梅孙著《汉文》
作　　者　徐艺圃
刊　　名　历史档案
年 卷 期　1996年3期
页　　码　102－107

题　　名　新发现有关徐福资料二则
作　　者　高立保
刊　　名　贵州文史丛刊
年 卷 期　1995年5期
页　　码　28－29

题　　名　新国际银行团与广州军政府争拨关余斗争的失败
作　　者　徐静玉
刊　　名　广西社会科学
年 卷 期　2007年4期
页　　码　104－108
摘　　要　1920年秋，孙中山在广州重建护法军政府，随即与列强展开了争拨关余的斗争。时逢新国际银行团新建，英美等国无意继续将关税余款分拨给北京政府和南方军政府；而北京政府鉴于新国际银行团的借款条件过于苛刻，在民族主义潮流之下，亦不敢贸然再借新债，转而利用关余为基金，对内债进行整理，从而进一步降低了军政府分获关余的可能性。由此，广州军政府争拨关余的斗争以失败告终。

题　　名　新航路的发现与欧人东来之追溯
作　　者　郑施许
刊　　名　现代史学
年 卷 期　1942年5卷1期

题　　名　新航路开辟后中国与世界的交往
作　　者　彭顺生
刊　　名　零陵师专学报
年 卷 期　1992年2期
页　　码　41－44，40

题　　名　新绘《郑和航海图》的地名补释和航线分析
作　　者　李万权，邱克
刊　　名　大连海事大学学报
年 卷 期　1985年11卷3期
页　　码　123－131
摘　　要　郑和是我国古代的伟大航海家，他一生在海洋上工作了二十八年（1405－1433年），前后七次出使西洋，为促进亚非各国人民友好往来，发展经济贸易，沟通各国人民文化，科学技术交流等作出了卓越贡献。他将世界古代航海事业推向一个新的高峰，关于郑和航海技术成就，征诸古籍，除有随郑和出使少数人员的笔记传世外，唯一留传的只有明天启年间（1621－1627年）茅元仪辑入《武备志》卷二百四十的"自宝船厂开船从龙江关出水直抵外国诸番图。"后人省称《郑和航海图》，此图并经向达先生整理，于一九六一年由中华书局刊印行世。

题　　名　新罗、日本遣唐留学比较研究
作　　者　耿虎
刊　　名　厦门大学学报（哲学社会科学版）
年 卷 期　2010年3期
页　　码　114－121，144
摘　　要　派遣留学生赴唐学习是新罗、日本汲取中国唐文化的重要方式。由两国留学生派遣及留学生在唐学习情况的比较分析可以看出，两国对唐文化的汲取各有特色：新罗更多地体现为一种社会行为，而日本则主要是一种政府行为；新罗的实践性强，而日本的针对性明显；新罗慕化更深，而日本的汲取成效更为显著。之所以如此，其背后有着自然地理条件、国家关系以及相关政策等多方面的原因。

题　　名　新罗崔致远入唐事迹考
作　　者　冯汉镛
刊　　名　文史杂志
年 卷 期　1998年1期
页　　码　3－10

题　　名　新罗留学僧在唐的文学交流
作　　者　李岩
刊　　名　当代韩国
年 卷 期　2002年3期
页　　码　54－57

题　　名　新罗僧侣对唐代佛教的贡献
作　　者　刘素琴
刊　　名　北京大学学报（哲学社会科学版）
年 卷 期　1995年1期
页　　码　34－36，56
摘　　要　本文从佛经翻译、佛学研究、佛学实践几方面阐述了新罗僧侣对唐代佛教文化的贡献，意在说明古代中国和朝鲜半岛的佛教文化交流是双向的。虽然中国和朝鲜半岛的佛教文化交流是从中国的输出开始，但其后的发展越来越呈现出互相渗透、互相促进的趋向。

题　　名　新罗僧侣对唐代佛教文化贡献考实
作　　者　刘素琴，刘胜芳
刊　　名　青海师范大学学报（哲学社会科学版）
年 卷 期　1995年4期
页　　码　41－47

题　　名　新罗诗人崔致远——传播中朝文化的先驱
作　　者　何鸣雁
刊　　名　社会科学战线
年 卷 期　1984 年 4 期
页　　码　307－313

题　　名　新马华人神庙初探
作　　者　詹冠群
刊　　名　海交史研究
年 卷 期　1998 年 33 期
页　　码　19－26

题　　名　新视野下的口岸史研究——评《清代广州口岸的巴斯商人》
作　　者　江滢河
刊　　名　海交史研究
年 卷 期　2005 年 48 期
页　　码　100－104

题　　名　新中国海疆史研究 60 年
作　　者　李国强
刊　　名　中国边疆史地研究
年 卷 期　2009 年 3 期
页　　码　50－63

题　　名　星槎胜览所载郑和航海行经诸地考(上)
作　　者　徐玉虎
刊　　名　大陆杂志
年 卷 期　1959 年 18 卷 10 期

题　　名　星槎胜览所载郑和航海行经诸地考(中)
作　　者　徐玉虎
刊　　名　大陆杂志
年 卷 期　1959 年 18 卷 11 期

题　　名　星槎胜览所载郑和航海行经诸地考(下)
作　　者　徐玉虎
刊　　名　大陆杂志
年 卷 期　1959 年 18 卷 12 期

题　　名　**性格的悲剧——试论郑成功和施琅从合作到对抗的个性因素**
作　　者　寒冬
刊　　名　贵州文史丛刊
年 卷 期　2005 年 2 期
页　　码　43－46
摘　　要　清朝初期,围绕着收复台湾的问题,郑成功和施琅展开了针锋相对、你死我活的斗争。而强烈的个性冲突以及彼此之间利益的对立,是导致他俩人从朋友到敌人、从合作到对抗变化的主要原因。

题　　名　**修建九龙城寨与加强广东海防的关系**
作　　者　王燕萍
刊　　名　史学月刊
年 卷 期　1998 年 3 期
页　　码　35－39
摘　　要　1846 年,广东官民捐款修建九龙城寨,代表了中国人民反对外国侵略的决心;城寨捐款余额为加强粤海整个防御体系提供了一次难得的契机。这是鸦片战争后,广东省面对英人割占香港岛的新格局,加强南海边防的一次最富有成效的努力。

题　　名　**徐阿满事件与美国在华领事裁判权问题**
作　　者　仇华飞
刊　　名　历史档案
年 卷 期　2003 年 1 期
页　　码　92－97
摘　　要　早期中美关系,自 1784 年"中国皇后号"(China's Empress)首次来到中国,经历一段较长缓慢的发展时期,中美经济关系主要表现为广州港的货物贸易,文化交流仅表现在一些美国传教士在中国沿海地区建立慈善机构方面,中美两国官方交往几乎没有。1840 年中英鸦片战争后,中美关系也随之发生变化。

题　　名　**徐承祖与中日长崎事件**
作　　者　张兆敏
刊　　名　史学月刊
年 卷 期　2007 年 5 期
页　　码　50－55
摘　　要　1886 年 8 月发生的"长崎事件",是甲午战前中日两国之间的一次重要外交斗争。徐承祖作为清政府驻日本的最高代表,直接负责处理这一事件。他在处理伊始的献言,使交涉迅速走上了依托法律解决的正确轨道;"彼此抚恤、伤多恤重"方案的及时上呈,终使僵局得以化解,清政府尚能体面下台。"崎案"的结局助成了两国海军事业不同的发展方向,判定了甲午战争中日本中国一胜一败的前景。

题　　名　**徐鼎康与民国江北运河整治**
作　　者　吴晓晴
刊　　名　民国档案
年 卷 期　2001 年 2 期

页　　码　109－112

题　　名　**徐市故事之演化**
作　　者　马培棠
刊　　名　禹贡
年 卷 期　1934年2卷7期
页　　码　18－22

题　　名　**徐福、刘邦、郑成功遗族在日本**
作　　者　周谷
刊　　名　台声
年 卷 期　2002年5期
页　　码　46－47

题　　名　**徐福:事实与传说的历史**
作　　者　周永河
刊　　名　中国海洋大学学报(社会科学版)
年 卷 期　2002年4期
页　　码　85－86
摘　　要　本文简要论述了韩国历史上及现代关于徐福研究中所存在的将传说视为历史的倾向,勾勒了这一倾向中的几位代表性人物及其观点,分析了其之所以出现的历史原因及其民族文化因素,并指出了徐福文化在东亚文化发展中的作用与意义。

题　　名　**徐福——中日航海交往史的开创者——兼析古代浙江与东邻诸国的海上航路**
作　　者　曹孟陔
刊　　名　浙江海洋学院学报(人文科学版)
年 卷 期　2004年21卷3期
页　　码　43－47
摘　　要　由许多史料佐证,秦代徐福一行东渡日本确有其事,浙东是徐福东渡的起航地。徐福东渡,从浙江慈溪达蓬山起航,经舟山群岛的岱山岛,凭借海流、信风等有利的自然条件,最终抵达日本。徐福是开创中日航海交往史的第一人。

题　　名　**徐福不可能到达日本**
作　　者　罗元贞
刊　　名　山西大学学报(哲学社会科学版)
年 卷 期　1987年4期
页　　码　35－38

题　　名　**徐福出海求仙之谜及启航港埠新考(待续)**
作　　者　柴海生
刊　　名　杭州研究

年 卷 期　1996 年 5 期

题　　名　**徐福出海求仙之谜及启航港埠新考(续完)**
作　　者　柴海生
刊　　名　杭州研究
年 卷 期　1996 年 6 期

题　　名　**徐福传说在日本初探——八丈岛**
作　　者　池上正治
刊　　名　昌潍师专学报(社会科学版)
年 卷 期　1995 年 1 期
页　　码　7 – 8

题　　名　**徐福传闻在中日文化关系史上的重大意义**
作　　者　茆沁
刊　　名　上海海关高等专科学校学报
年 卷 期　2004 年 1 期
页　　码　68 – 74
摘　　要　本文以《史记》《汉书》及日本《日本书纪》《富士古文书》等为依据,论证了徐福及其率千童男女东渡的真实存在。并参照中日民间徐福东渡、止居日本的传闻与祭祀,说明中日文化交流源远流长。两千年间徐福事迹与传闻,至今在中日民间仍被广泛传播,这足以说明徐福东渡事件本身意义的重大。弘扬徐福东渡,对振奋民族精神、增进中日友谊、开展国际间的文化交流,都有着强烈的历史和现实意义。

题　　名　**徐福的传说与秦民东渡**
作　　者　汪逸
刊　　名　安徽教育学院学报
年 卷 期　2007 年 25 卷 4 期
页　　码　26 – 29
摘　　要　徐福东渡的传说,在中国和日本都广为流传。在中国,大致经历了从《史记》的"入海说",到《三国志》与《后汉书》的"渡亶洲说",再到义楚《释氏六帖》的"渡日说",最后衍生出宋欧阳修的"赍书说"。而日本关于徐福东渡的传说起源较晚,14 世纪以后才逐渐流行起来。徐福东渡的传说,与秦汉之际"秦民东渡"这股大规模移民潮有密切的关系,同时也反映中日两国之间源远流长的交往史。

题　　名　**徐福东渡的史实与传说的历史演变**
作　　者　严绍璗
刊　　名　昌潍师专学报(社会科学版)
年 卷 期　1981 年 1 期

题　　名　**徐福东渡动因析**
作　　者　宣兆琦,邱文山

刊　　名　山东理工大学学报(社会科学版)
年 卷 期　1995 年 1 期
页　　码　25 – 28

题　　名　**徐福东渡和神武建国**
作　　者　孙景福
刊　　名　民主与科学
年 卷 期　1993 年 5 期
页　　码　43 – 46

题　　名　**徐福东渡和郑和下西洋比较分析**
作　　者　谭坤
刊　　名　昌潍师专学报(社会科学版)
年 卷 期　1995 年 1 期
页　　码　9 – 11
摘　　要　徐福东渡日本发生在中国封建社会开始上升的秦王朝时期。郑和下西洋发生在中国封建社会走向没落的明王朝时期。中国封建王朝的两次相隔一千六百多年的大规模海上活动,都是由帝王意志的主观偶然性所引发,但其效果确显示了古代东方文明的辉煌,成为后世子孙骄傲自豪的依据。比较分析颇具意味。

题　　名　**徐福东渡及其历史意义**
作　　者　周立颖,周震康
刊　　名　浙江国际海运职业技术学院学报
年 卷 期　2008 年 4 卷 2 期
页　　码　31 – 35
摘　　要　徐福东渡不是一般方士入海的求仙活动,而在特定的历史条件下,以道家思想为基础,是中国历史上最早的、有组织的具有向海外移民性质的一次规模空前宏大的东渡壮举。其历史意义主要有 4 个方面,即开辟了中国通向韩国、日本的海外航线;开创了我国走出国门对外进行科学文化交流的先河;建立起中、日、韩人民之间的传统友谊;为后世的中、日、韩的社会经济和旅游文化的发展作出了重大的贡献。

题　　名　**徐福东渡考**
作　　者　汪高鑫,程仁桃
刊　　名　名家讲坛(上半月)
年 卷 期　2007 年 1 期
页　　码　30

题　　名　**徐福东渡考**
作　　者　汪高鑫,程仁桃
刊　　名　法制博览
年 卷 期　2007 年 01S 期

页　　码　30 – 32

摘　　要　徐福东渡，是一个反映古代中日交往的古老传说，而这个夹杂着历史真实与合乎逻辑推理的传说，是经过若干世纪才逐渐缔造出来的。徐福东渡的传说，说明了这样一个事实，那就是早在2000多年前，中国人就已经东渡日本，在那里传播中国的先进文化和生产技术；中日两个国家和两个民族之间的交往，可谓是源远流长。

题　　名　徐福东渡日本
作　　者　胡善寿
刊　　名　科学与文化
年 卷 期　1991年4期
页　　码　26

题　　名　徐福东渡日本并非岱山岛
作　　者　王彦
刊　　名　航海
年 卷 期　1997年4期
页　　码　23 – 24

题　　名　徐福东渡日本新说
作　　者　张启华
刊　　名　国际人才交流
年 卷 期　1995年Z1期
页　　码　53 – 55

题　　名　徐福东渡日本研究中的史实、传说与假说
作　　者　王妙发
刊　　名　中国文化
年 卷 期　1995年1期
页　　码　100 – 108

题　　名　徐福东渡史迹新证
作　　者　左录
刊　　名　炎黄春秋
年 卷 期　1993年8期
页　　码　79 – 84

题　　名　徐福东渡史迹综述
作　　者　杨秀实
刊　　名　贵州文史丛刊
年 卷 期　1995年6期
页　　码　33 – 36,55

题　　名　**徐福东渡新考**

作　　者　王颋

刊　　名　复旦学报(社会科学版)

年 卷 期　1995 年 2 期

页　　码　65－71

摘　　要　徐福东渡乃近期学术界研究的热点之一;本文认为:一、关于"三神山",其原型是为自北极大洋南漂的冰山。二、关于"东渡",计有前后二次:一自今舟山群岛往九州岛,一自今渤海湾往本州岛;而前一次航行所遇"海中大神",盖是当地的部落首领。三、关于"澶洲"、"夷洲",都指日本,分别为本州岛和九州岛。四、关于古代东方部落集团,倭人为九州岛居民,天鄙为本州岛中南部居民,东屠则为二岛濒海区域的"海人"。

题　　名　**徐福东渡与东亚民间文化**

作　　者　蔡丰明

刊　　名　中国海洋大学学报(社会科学版)

年 卷 期　2002 年 4 期

页　　码　79－84

摘　　要　徐福东渡事件在东亚文化交流史上具有极其重要的影响,不但开创了中国古代文化对外传播、对外交流的先声,而且也为东亚文明的发展与繁荣奠定了良好的基础。在有关徐福问题的研究中,除了必须重视文献记载与考古资料外,还必须重视至今依然以活生态存在的民间文化遗存现象。当前,这种以活生态形式呈现的民间徐福文化现象,在东亚地区各国中大量存在,它们构成了一个庞大的东亚民间徐福文化圈,显示了徐福文化在民间生活中的丰富内涵与强大活力。

题　　名　**徐福东渡与黄海丝绸之路**

作　　者　李永先

刊　　名　徐福文化交流

年 卷 期　1997 年 1 期

页　　码　25－34

题　　名　**徐福东渡与山东**

作　　者　李永先

刊　　名　东岳论丛

年 卷 期　1990 年 2 期

页　　码　79－83,74

题　　名　**徐福东渡再探**

作　　者　李小红,袁玲儿

刊　　名　宁波大学学报(人文科学版)

年 卷 期　2000 年 13 卷 3 期

页　　码　55－59

摘　　要　徐福东渡一直争论不休。文章在前人观点的基础上,对徐福东渡的目的、启航地、目的地问题展开了探讨。认为徐福出于军事目的,率船队由达蓬山启航,所属部分船只偶然漂移到了日本。

题　　名 **徐福东渡志**
作　　者　鲍振青
刊　　名　交大月刊
年 卷 期　1896 年 1 期
页　　码　122 - 126

题　　名 **徐福渡海的传说**
作　　者　[日]中村新太郎,孙舒同
刊　　名　青海师范大学学报(哲学社会科学版)
年 卷 期　1980 年 2 期
页　　码　27 - 29

题　　名 **徐福渡海来日的传说**
作　　者　[日]中村新太郎 著;韩伯泉 译
刊　　名　楚风
年 卷 期　1984 年 3 期
页　　码　86

题　　名 **徐福故里的发现和考证**
作　　者　汪承恭
刊　　名　航海
年 卷 期　1987 年 4 期
页　　码　8 - 10

题　　名 **徐福故里赣榆说质疑**
作　　者　李永先
刊　　名　烟台师范学院学报(哲学社会科学版)
年 卷 期　1989 年 2 期
页　　码　29 - 35,21

题　　名 **徐福故里黄县说补证**
作　　者　李永先
刊　　名　烟台师范学院学报(哲学社会科学版)
年 卷 期　1990 年 3 期
页　　码　57 - 65

题　　名 **徐福故里考辨**
作　　者　田连谟

刊　　名　齐鲁文史
年 卷 期　1995 年 1 期
页　　码　26 – 29

题　　名　**徐福故里考略**
作　　者　平度市地名办
刊　　名　齐鲁地名
年 卷 期　1995 年 2 期
页　　码　26

题　　名　**徐福故里考证**
作　　者　高立保，仲璟维
刊　　名　贵州文史丛刊
年 卷 期　1987 年 1 期
页　　码　87 – 89

题　　名　**徐福故里与东渡之谜**
作　　者　宫同文
刊　　名　烟台大学学报（哲学社会科学版）
年 卷 期　1994 年 1 期
页　　码　96 – 97，16

题　　名　**徐福故址新考——兼与罗其湘先生商榷**
作　　者　王大均
刊　　名　东岳论丛
年 卷 期　1987 年 1 期
页　　码　19 – 21

题　　名　**徐福和三千童男童女**
作　　者　孙光圻
刊　　名　航海
年 卷 期　1980 年 3 期
页　　码　26 – 29
摘　　要　提起中外历史上著名的航海家，人们就会想到郑和、麦哲伦、哥伦布。确实，在公元十五世纪到十六世纪那段岁月里，他们以一往无前的勇敢，百折不挠的毅力，扬帆远征，纵横大洋，揭开了全球性航海活动的帷幕，功勋卓著。但是，如果把历史的时钟倒拨一千七百多年，在那个人类文明尚属幼稚，造船技术十分落后，航海水准相当低下的古代，是不是已有人在风涛无涯的广阔水域上进行飘洋过海的大规模探索活动呢？我们的回答是：有的！这就是在公元前二世纪，我国秦朝时代著名的航海家徐福率领三千童男童女和杂技百工东渡日本的远航壮举。

题　　名　**徐福化鹤的传说——日本富士山徐福遗迹**
作　　者　王传利
刊　　名　海洋世界
年 卷 期　1995 年 12 期
页　　码　6 – 7

题　　名　**徐福里籍纠谬及推阐**
作　　者　韩玉德
刊　　名　河南大学学报(社会科学版)
年 卷 期　1994 年 34 卷 1 期
页　　码　12 – 16

题　　名　**徐福里籍是秦齐郡黄县徐乡**
作　　者　王大均
刊　　名　山东社会科学
年 卷 期　1991 年 2 期
页　　码　54 – 56

题　　名　**徐福其人及其东渡的几个问题**
作　　者　韩玉德
刊　　名　陕西师范大学学报(哲学社会科学版)
年 卷 期　2000 年 29 卷 2 期
页　　码　80 – 85
摘　　要　从文献学的角度研究徐福其人及其东渡,可得如下结论:(1)徐福为少昊族裔、徐国后代、战国后期的秦代“齐人”及琅邪方士;(2)徐福二次东渡不归是一次政治避难行动;(3)徐福于始皇二十八年(前 219)、始皇三十七年(前 210)的六七月间,自琅邪港启航,作沿岸逐岛航行,东渡止于日本今和歌山县新宫市;(4)徐福东渡日本,带去了秦代先进的物质文明,形成了弥生文化。

题　　名　**徐福千童东渡始发地在哪里**
作　　者　刘鹤霆
刊　　名　日本问题研究
年 卷 期　1998 年 1 期
页　　码　61 – 64

题　　名　**徐福求仙所去的瀛洲仙岛在哪里?**
作　　者　瞿世民
刊　　名　航海
年 卷 期　1997 年 1 期
页　　码　41 – 43

题　　名　**徐福入海求仙考**
作　　者　王辑五
刊　　名　禹贡
年 卷 期　1936 年 6 期
页　　码　19 – 28

题　　名　**徐福师船考证及船模研制**
作　　者　陈延杭
刊　　名　海交史研究
年 卷 期　1994 年 25 期
页　　码　39 – 50,38

题　　名　**徐福事迹考证**
作　　者　李镜渠
刊　　名　战时中学生
年 卷 期　1940 年 2 期
页　　码　34 – 40

题　　名　**徐福事略考证**
作　　者　李镜渠
刊　　名　战时中学生
年 卷 期　1940 年 3 期
页　　码　86 – 90

题　　名　**徐福事略考证(续完)**
作　　者　李镜渠
刊　　名　战时中学生
年 卷 期　1940 年 4 – 5 期
页　　码　118 – 124

题　　名　**徐福是日本推广江南稻作文化的先行者**
作　　者　黄粟嘉
刊　　名　农业考古
年 卷 期　2006 年 4 期
页　　码　40 – 43,51
摘　　要　徐福不仅是世界航海史上的先行者,也是中国文化在国际上传播的先行者。为了庞大东渡队伍的生存,与当时日本的当地人一道,推广栽培水稻,所以更是传播稻作文化、推广水稻栽培技术的先行者。徐福不仅是一位国际主义的文化传播者,而且也是中华民族的友善使者、和平使者。所以,他不像西方学者威尔斯、彼・肯姆等所说的,最初航海者皆以劫掠为事,是在扩张和贪欲推动下策划的。

题　　名　**徐福是中国古代的伟大航海家**
作　　者　彭德清
刊　　名　海交史研究
年 卷 期　1994 年 25 期
页　　码　37 – 38

题　　名　**徐福为什么出海探险?**
作　　者　段明辉
刊　　名　海洋世界
年 卷 期　2003 年 4 期
页　　码　32 – 33

题　　名　**徐福文化与日本社会开放意识**
作　　者　张金花
刊　　名　徐福文化交流
年 卷 期　1997 年 1 期
页　　码　39 – 42

题　　名　**徐福研究述评**
作　　者　刘毅
刊　　名　日本研究
年 卷 期　1992 年 1 期
页　　码　41 – 47

题　　名　**徐福研究在龙口**
作　　者　田连谟
刊　　名　管子学刊
年 卷 期　1996 年 1 期
页　　码　89 – 93

题　　名　**徐福研究中的几个误区**
作　　者　范觉甫
刊　　名　宁波高等专科学校学报
年 卷 期　1998 年 3 期
页　　码　1 – 4
摘　　要　本文对国内外徐福研究中流行的启航时间等 6 个问题提出了质疑,并阐述了自己独特的见解。

题　　名　**徐福研究资料**
作　　者　韩星波,兴高

刊　　名　宁波师院学报(社会科学版)
年 卷 期　1996 年 18 卷 2 期
页　　码　50 – 52

题　　名　徐福印章之发现
作　　者　高立保
刊　　名　日本研究
年 卷 期　1993 年 1 期
页　　码　91

题　　名　徐福有没有东渡日本?
作　　者　向吉响
刊　　名　航海
年 卷 期　1998 年 2 期
页　　码　36 – 37

题　　名　徐福与“徐氏宗谱”
作　　者　高立保
刊　　名　贵州文史丛刊
年 卷 期　1990 年 2 期
页　　码　135 – 136

题　　名　徐福与白花芦苇东传
作　　者　孙金科
刊　　名　贵州文史天地
年 卷 期　1997 年 5 期
页　　码　12 – 14

题　　名　徐福与齐文化探析
作　　者　赵仁山,赵志坚
刊　　名　管子学刊
年 卷 期　1996 年 3 期
页　　码　37 – 40

题　　名　徐福与秦代方士略论
作　　者　宁光庆,赵志坚
刊　　名　淄博学院学报(社会科学版)
年 卷 期　1996 年 3 期
页　　码　22 – 26

题　　名　徐福与日本天皇
作　　者　欧阳可亮
刊　　名　贵州文史天地
年 卷 期　1997 年 5 期
页　　码　9 – 11

题　　名　徐福与文化交流
作　　者　刘献彪,王振民,鲁在进
刊　　名　昌潍师专学报(社会科学版)
年 卷 期　1995 年 1 期
页　　码　5 – 6

题　　名　徐福与吴越文化的海内外交流
作　　者　徐建春
刊　　名　杭州师范学院学报(社会科学版)
年 卷 期　1994 年 2 期
页　　码　60 – 65

题　　名　徐福与郑和
作　　者　田连谟
刊　　名　淄博学院学报(社会科学版)
年 卷 期　1996 年 1 期
页　　码　32 – 37
摘　　要　中华民族古老文明,无数风流人物名垂青史,徐福和郑和便是其中重要的两位。他们不仅是世界上伟大的航海家,而且是中外友好交往的先驱者。他们一个去东洋,一个下西洋,开国际文化交流之先河,奠亚非各国友好交往之宏基,为人类的进步事业做出了贡献。他们的壮举,在中外交往史上,乃至世界史上写下了光辉的篇章。关于郑和下西洋及徐福东渡日本的社会背景、目的、航海路线、次数、影响等,许多专家都。已撰文进行了专门论述,本文不想再重复,只试图就郑和与徐福在远航事件中所表现出的中华民族优秀传统和崇高品质进行一些探讨,不同之处,尚祈同仁教正。

题　　名　徐福与郑和不可相提并论——与田连漠先生商榷
作　　者　施存龙
刊　　名　郑和研究
年 卷 期　1999 年 2 期
页　　码　10

题　　名　徐福在日本的传承和信仰
作　　者　水野明
刊　　名　中国海洋大学学报(社会科学版)
年 卷 期　2003 年 1 期
页　　码　59 – 60

摘　　要　大量的史料记载显示徐福是山东半岛北部临海齐人,徐福东渡时途经济州岛之后抵达日本北九州。他所率领的武装农工部队在日本留下了诸多的古迹、传说和信仰,并且对日本的历史、经济和文化产生了很大的影响,促成了日本国家的产生。

题　　名　徐福自达蓬山东渡日本时间考

作　　者　王清毅

刊　　名　宁波大学学报(教育科学版)

年 卷 期　1996 年 18 卷 1 期

页　　码　30 – 32

摘　　要　徐福东渡日本是目前学术界研究的一个热点。有关问题的研究正在深入。本文就东渡时间问题进行了论证,既考之于《史记》及有关著述,也从地方志中撷取材料,还从当时的政治形势方面进行论证。结论是:秦始皇三十七年徐福从达蓬山启碇出航。

题　　名　徐海、王翠翘事本末考述

作　　者　邱江宁

刊　　名　浙江师范大学学报

年 卷 期　2004 年 2 期

题　　名　徐建寅查验威海船械史实考

作　　者　徐泓

刊　　名　东方论坛

年 卷 期　2010 年 3 期

页　　码　91 – 99

摘　　要　1894 年,日本海军在大东沟口外黄海海面突然袭击中国海军,中国战败。光绪皇帝召见徐建寅查验北洋海军,命将查验结果据实禀报督办军务处转奏,但朝廷未收到查验报告,直到《徐建寅上督办军务处查验北洋海军禀》手稿被发现,终于知道查验北洋海军的经过和内容,徐建寅在报告中详细表述了查验船械和清点弹药情况,访察海军主要军官优劣,沿途访问海军原定章程不妥之处,以及弊端陋习、近时军情、敌情等。可惜这个报告没有到达朝廷,致使北洋海军弊端陋习未能及时纠正。

题　　名　徐建寅奏折与甲午海战时的北洋海军

作　　者　华云

刊　　名　中国档案

年 卷 期　2005 年 5 期

页　　码　63 – 65

摘　　要　现存于海军档案馆的《徐建寅禀复察验北洋海军札》以及所附《各舰管带评语》、《察验北洋海军枪炮弹药数目清折》等几件清末奏折,是珍贵的历史档案原件。1992 年为编写海军史,海军司令部编研室的同志在琉璃厂搜集资料时,发现并花 1 200 元征购了这几件历史档案。《徐建寅奏折》是用小楷誊写于长 41 cm、宽 28 cm 的皮宣纸上,《枪炮弹药数目清折》每折长 19. 5、宽 9. 5 cm,共 23 折,它们虽历经 100 多年的沧桑辗转,除纸的颜色发黄外,仍保存完好、字迹清晰。从这几件历史档案的字里行间,我们可管窥清末甲午海战时北洋海军的舰船装备及人员情况。

题　　名　徐兢和他的《宣和奉使高丽图经》
作　　者　顾吉辰
刊　　名　东疆学刊
年 卷 期　1987 年 3 期
页　　码　44 - 52
摘　　要　《宣和奉使高丽图经》(以下简称《高丽图经》是北宋徽宗宣和六年(1124)徐兢出使高丽据所见所闻而著成的,它是我国第一部专门记载高丽王朝的著名的历史地理著作,它在历史地理学史上,在中朝关系史上,都占有很重要的地位。但这部重要专著过去很少有人对它进行研究。为了加深对徐兢及其《高丽图经》的了解,本文拟就徐兢生平,本书内容特点以及不足之处作一初步的探讨,并为今后的研究,提供某些便利。因学力和材料的限制,错误疏漏在所难免,尚祈同志们批评教正。

题　　名　徐兢与《宣和奉使高丽图经》
作　　者　朴庆辉
刊　　名　延边大学学报(社会科学版)
年 卷 期　1988 年 2 期
页　　码　100 - 106
摘　　要　宋代人徐兢撰写的《宣和奉使高丽图经》是一部宝贵的古籍遗产。本文就分析作者生涯,考辨版本,探讨本书内含史料价值。

题　　名　徐润与轮船招商局
作　　者　郑韶
刊　　名　上海研究论丛
年 卷 期　1992 年 6 期

题　　名　徐润与中国近代第一个大型国有企业的改组
作　　者　张世红
刊　　名　江苏商论
年 卷 期　2003 年 9 期
页　　码　40 - 41

题　　名　徐寿与"黄鹄"号轮船
作　　者　白广美,杨根
刊　　名　自然科学史研究
年 卷 期　1984 年 3 期
页　　码　284 - 290
摘　　要　徐寿(1818 - 1884)字雪村,江苏无锡人,是较系统地介绍西方近代化学知识来我国的一位学者,对我国近代化学的发展起过先驱作用。他不仅是我国近代著名学者,又是我国第一艘自造轮船"黄鹄"号的研制者。

题　　名　徐寿与中国自制的第一艘轮船"黄鹄"号
作　　者　徐泓,包正义

刊　　名　船舶工程
年 卷 期　1985 年 2 期
页　　码　13 - 14,4

题　　名　**徐闻二桥村汉代遗址与汉代徐闻港的关系**
作　　者　崔勇
刊　　名　岭南文史
年 卷 期　2000 年 4 期
页　　码　34 - 38

题　　名　**徐闻汉港兴衰的历史原因**
作　　者　闻一少
刊　　名　商业文化
年 卷 期　2009 年 2 期
页　　码　38 - 40

题　　名　**徐闻是西汉南海丝绸之路的出海港**
作　　者　黄启臣
刊　　名　岭南文史
年 卷 期　2000 年 4 期
页　　码　17 - 18
摘　　要　关于西汉武帝中期(前 110 - 87)我国南海海上丝绸之路的出海港问题,史家众说纷纭,莫衷一是。就我所识,以说徐闻是出海港比较符合史实。

题　　名　**许景澄与晚清海防建设**
作　　者　贾菁菁
刊　　名　社会科学家
年 卷 期　2010 年 2 期
页　　码　148 - 151
摘　　要　晚清海军初创,驻外公使许景澄接负重任,在德国勘验定远、镇远、济远三舰,主持订购并参与设计经远、来远二舰。甲午战后,北洋海军重建,又再度领命在德购舰。许景澄上疏《条陈海军应办事宜》,锐意革新海防;亲诣船厂考求船制,辑著《外国师船表》十二卷,对晚清海防建设助益匪浅。

题　　名　**许钤身未能出使日本考**
作　　者　方英
刊　　名　历史档案
年 卷 期　2009 年 1 期
页　　码　85 - 88

题　　名　**叙乾隆时的漕粮宽免**
作　　者　殷崇浩

刊　　名　中国社会经济史研究
年 卷 期　1987 年 3 期
页　　码　45 – 49
摘　　要　漕粮被称为“天庾正供”、“朝庭血脉”，在封建统治者看来是至关重大的，因而历来“不蠲不赦”。然而在清代乾隆时期，漕粮的控制明显放宽，较为引人注意。以下试从蠲漕、截漕与平粜、白粮改征三个方面分述。

题　　名　**续论南海神庙与扶胥港——再答王元林先生**
作　　者　赵立人
刊　　名　海交史研究
年 卷 期　2009 年 56 期
页　　码　75 – 88
摘　　要　一、扶胥港所在的黄埔深水湾具有一定抗御风浪和飓风的条件，《黄埔港计划》和《黄埔港史》都指出古代扶胥港与民国时期建的黄埔港自然条件基本相同，并以之相互参照研究。所谓“海船不易在此停泊较长时间”的论断违背事实。二、从扶胥镇的商业税收入之多，可断其为重要商业中心。从其多海舶停泊，可断其商业之发达与海外贸易密切相关。章望之《重修南海庙碑》也证明其为外贸港口。宋代官员曾噩已指出海舶完全可以在扶胥镇合法停泊。“宋代海船不能在此停泊贸易”之说违背史实。三、《元大德南海志残本》证明当时南海西庙一带商业区虽在西城墙外，仍被当时人称其在西城南隅，廖颐、方信孺的记载实质上指的是同一座神庙。“南海西庙迁移”之说不能成立。

题　　名　**宣德至成化年间明朝出使占城使节考**
作　　者　刘利华
刊　　名　韶关学院学报(社会科学版)
年 卷 期　2002 年 4 期
页　　码　102 – 106
摘　　要　占婆是一个古老的印度支那王国，在我国典籍中史称林邑、环王、占城。有明一代，占城与明朝一直保持着友好的外交关系。通过对明朝派往占城的使节的系统梳理及对有关人物的考证，可从一个侧面深入考察明朝与占城的关系史。

题　　名　**宣统元年筹办海军大臣载洵巡阅海军奏折**
作　　者　哈恩忠
刊　　名　历史档案
年 卷 期　1999 年 4 期
页　　码　78 – 81
摘　　要　宣统元年七月，筹办海军大臣载洵奉旨参加浙江象山军港辟港典礼，并顺道巡阅沿海沿江各省海军事宜，是为清朝官员最后一次巡阅海军的活动。载洵所上奏折，选自馆藏宫中朱批奏折档案，客观上反映了清末海军的部分真实状况。现予刊发，供研究参考。

题　　名　**玄武湖“三神山”新考**
作　　者　李源
刊　　名　江苏地方志

年 卷 期　2000 年 5 期
页　　码　32 – 33

题　　名　**薛福成护侨思想对晚清侨务政策的影响**
作　　者　肖志伟
刊　　名　求索
年 卷 期　2005 年 6 期
页　　码　190 – 192
摘　　要　薛福成(1838 – 1894),字叔耘,号庸阉,江苏无锡人,是中国近代史上著名的早期维新思想家和外交家。在长期从事洋务活动和奉命出使英、法、意、比四国期间,潜心研究世界各国的政治、经济、文化教育以及风俗人情,冷静地考察欧洲社会的得失利弊,并力图结合中国实际,提出了效法西方,革新政治,振兴工商,保护华侨,富强祖国的一系列主张。其中,豁除海禁,保护侨民的思想就是他一系列主张中最具有时代特色和进步意义的一部份。

题　　名　**薛福成援越抗法方策和在镇海战役中的实践活动**
作　　者　梁义群,陈九如
刊　　名　历史档案
年 卷 期　1995 年 60 期
页　　码　101 – 106

题　　名　**薛福成在镇海之战中展示的外交才能**
作　　者　夏刚草
刊　　名　无锡史志
年 卷 期　1989 年
页　　码　55 – 57

题　　名　**薛绍徽《满江红》词序弥补中法战争的历史空白**
作　　者　戴月
刊　　名　时代文学(下半月)
年 卷 期　2008 年 2 期
页　　码　76 – 77
摘　　要　薛绍徽在《满江红》的序中,记载了 1884 年中法马江之战中,当清政府南方的海军全军覆没后,以林狮狮为首,流亡海上与清官兵和外国侵略者对抗的渔民们英勇奋战反击法国入侵者,并击重法海军最高司令官——孤拔的英雄业绩,林狮狮等人也在这次海战壮烈牺牲。这是近代史上中国人民受尽列强侵略屈辱中很少有的扬眉吐气、振奋人心的一幕。可惜清史以及民国后的史书上对林狮狮等渔民的英雄业绩全无记载,薛绍徽的《满江红》词序具有较高的史料价值,填补了中法战争的历史空白。

题　　名　**学术视野中的晚清海防与塞防之争**
作　　者　尹全海
刊　　名　河南社会科学
年 卷 期　2007 年 15 卷 1 期

页　　码　127－129

摘　　要　晚清海防与塞防之争进入学术视野，始于蒋廷黼的《中国近代史》。此前它曾是奏折中的“海防议”；之后近30年，它一直被“性质之争”所困扰：历经淮系与湘系利益之争、爱国与卖国之争和两种策略之争三个阶段。至20世纪末，在近代化视角下，关于海防与塞防争论的研究，摆脱了“性质之争”的局限，研究空间得以拓展。

题　　名　寻访民族英雄邓世昌的后裔

作　　者　陈明福

刊　　名　今日科苑

年 卷 期　2004年1期

页　　码　18－20

摘　　要　最近，人民文学出版社作为重大题材作品推出我的新作《海疆英魂——记甲午海战中的邓世昌和致远舰》，并在报上连载，许多读者都想知道我是如何寻访邓世昌的后裔的？邓世昌的后裔目前境况如何……等问题。这就要首先谈一下我采访、写作这部书中遇到的难题。

题　　名　押新罗渤海两蕃使与东方海上丝绸之路的繁荣

作　　者　刘凤鸣

刊　　名　鲁东大学学报（哲学社会科学版）

年 卷 期　2010年5期

页　　码　39－42，56

摘　　要　从唐代宗至五代时期，平卢军节度使兼押新罗渤海两蕃使驻山东半岛青州，受朝廷之命负责新罗、渤海等东亚诸国使者出入境的护送及其它外交事务。押新罗渤海两蕃使为东方海上丝绸之路的繁荣做出了重要贡献。

题　　名　鸦片贸易与1887年中葡条约

作　　者　周志初

刊　　名　扬州大学学报（人文社会科学版）

年 卷 期　1999年6期

页　　码　7－10

摘　　要　1887年中葡《和好通商条约》的签订，使葡萄牙对澳门的占领、控制第一次有了条约的依据。其实，葡萄牙并无实力迫使清政府签订一个涉及领土主权的不平等条约。清政府之所以在澳门问题上对葡方作出重大让步，主要是因为随着鸦片贸易的增长，鸦片进口税对清政府财政经济日趋重要。为实现鸦片税厘并征，进一步增加清中央政府的财政收入，迫切需要葡澳当局的配合。为此，清政府不惜以牺牲主权为代价，接受了葡方对澳门的要求。

题　　名　鸦片贸易与白银外流关系之再检讨——兼论国内货币供给与对外贸易关系的历史演变

作　　者　贺力平

刊　　名　社会科学战线

年 卷 期　2007年1期

页　　码　63－80

摘　　要　1830年代清朝政府体系内部爆发了一场有关鸦片贸易与白银外流的大讨论。这场讨论的实质从现代经济学观点来看是如何看待国内货币供给稳定性与对外贸易平衡的关系。但是,由于种种复杂的历史原因,这场讨论未能上升到理论水平,而且一些参与者在若干重要的具体问题上的判断夹带着大量错误和偏差。本文的重新估算表明,因鸦片贸易而引起的白银外流至多仅占当时中国白银货币存量的一个很小比例(3.6% -6.7%)。对当时中国宏观经济稳定的主要冲击应来自其他方面。知识的迟缓进步是不当政策的一个重要原因。

题　　名　**鸦片贸易与近代中国社会**
作　　者　徐凯希
刊　　名　湖北社会科学
年 卷 期　1991 年 2 期
页　　码　51 -54

题　　名　**鸦片贸易在华泛滥的经济视角思考**
作　　者　贾学政
刊　　名　理论月刊
年 卷 期　2005 年 7 期
页　　码　74 -76
摘　　要　近代中国历史的开启与早在 1840 年之前就在中国形成泛滥之势的鸦片贸易有着密切渊源。中国史学界从政治、社会、经济、军事等诸多方面就鸦片贸易的扩大化进行了长期、富有成效的研究。其动因以"扭转贸易逆差"说和"精神腐蚀"说为重。但是从世界银根紧缩、中英贸易的公行垄断、散商制度诞生等几个经济因素方面进行深入分析,探究 1840 年之前中国鸦片泛滥的缘由,不难发现新的、有背传统观点的几点疑问。这些疑问与散商、公行的经济制度相结合,就为我们深入研究这段历史提供了不同的观察视角。

题　　名　**鸦片战后至甲午战前广东对外贸易的几个问题**
作　　者　廖伟章
刊　　名　学术研究
年 卷 期　1992 年 3 期
页　　码　75 -82
摘　　要　鸦片战后至甲午战前,广东省对外贸易在全国有较重要的地位,所占的比重较大,在 1888 -1894 年全国进出口总值中,广东占 33.39%。这是一个值得重视和研究的课题。本文不打算对这段时期的广东外贸作全面的论述,只是对其发展趋势作初步的探讨。

题　　名　**鸦片战后至甲午战争前广东的对外贸易**
作　　者　廖伟章
刊　　名　广东社会科学
年 卷 期　1992 年 6 期
页　　码　77 -83

题　　名　**鸦片战前的清海关是资本主义萌芽的桎梏**
作　　者　黄广廓

刊　　名　郑州大学学报(哲学社会科学版)
年 卷 期　1985 年 1 期
页　　码　51－55

题　　名　**鸦片战争的失败与海权问题**
作　　者　陆儒德
刊　　名　北京社会科学
年 卷 期　1990 年 4 期
页　　码　37－41
摘　　要　150 年前爆发的鸦片战争是中国历史的重大转折点。今天我们纪念它,一是要继承和发扬中华民族的爱国主义光荣传统;二是要痛定思痛,总结经验教训。本文就鸦片战争的失败与海权问题谈点粗浅认识,就教于专家学者。

题　　名　**鸦片战争定海之战几个问题的商榷**
作　　者　陈明德
刊　　名　浙江海洋学院学报(人文科学版)
年 卷 期　2000 年 17 卷 1 期
页　　码　24－31
摘　　要　1840 年 7 月,中英鸦片战争爆发,首战舟山。定海总兵张朝发殉国,舟山被占,次年 2 月收复。1841 年 9 月 26 日起,英军再攻舟山,相持六昼夜,葛云飞、王锡朋、郑国鸿三总兵率部奋战,同日壮烈牺牲。这是鸦片战争中中国军民英勇抵抗英军最激烈的战役之一。舟山两次沦陷,时达五年多,当地军民的反英斗争,在鸦片战争史上占有突出地位。但在地方史的研究与宣传教育工作方面,存在一些问题。如双方兵力与伤亡情况,及其在同整个战争诸役相比较中所居的地位等问题,本文根据可靠史料与数据,提供商讨。

题　　名　**鸦片战争对广东航运的影响**
作　　者　桑辛
刊　　名　珠江水运
年 卷 期　1997 年 7 期
页　　码　37

题　　名　**鸦片战争后从汕头出口的契约华工**
作　　者　吴凤斌
刊　　名　南洋问题研究
年 卷 期　1988 年 2 期
页　　码　74－80

题　　名　**鸦片战争后东南亚华侨的人口结构**
作　　者　庄国土
刊　　名　南洋问题研究
年 卷 期　1994 年 1 期

页　　码　1 - 9

题　　名　鸦片战争后东南沿海五口开埠城市的发展与局限
作　　者　刘玲
刊　　名　淮北煤炭师院学报(哲学社会科学版)
年 卷 期　2002 年 1 期
页　　码　110 - 112
摘　　要　《南京条约》签订后,东南沿海的广州,厦门,上海,宁波,福州成为第一批开放城市,开放后的五城市的经济有了很大的发展。但是这种发展有很大的局限性:在帝国主义控制下,五口经济具有很强的依附性;工业基础极其薄弱;商品经济的发展也极为有限。因此,沿海经济虽繁荣一时,却无力带动内地经济的发展。

题　　名　鸦片战争后福建海洋航运业的变化
作　　者　廖大珂
刊　　名　南洋问题研究
年 卷 期　2002 年 3 期
页　　码　84 - 104
摘　　要　鸦片战争后,西方航运业侵入福建,压倒了福建传统的航运业,不仅垄断了福建的远洋航运业,而且还控制了沿海航运。尽管旧式的帆船业出现了凋零,但是福建的海洋航运业并未因此消亡,新的民族轮船航运业应运而生,顽强地生存、发展。

题　　名　鸦片战争后广州茶市的盛衰
作　　者　陶德臣
刊　　名　古今农业
年 卷 期　1997 年 2 期
页　　码　10 - 17
摘　　要　广州是中国最古老出口茶埠。早在唐代,商人就从广州大量输出茶叶,清代中期后更见发达。鸦片战争后,广州茶市仅保持了短时间上升趋势,随即成为率先急剧衰落的茶埠。那么广州茶市发展的基本状况如何?造成这种结果的原因何在?这是本文要探讨的二个问题。

题　　名　鸦片战争后闽粤人大量移居东南亚的原因及其文化背景
作　　者　黄洁玲
刊　　名　汕头大学学报(人文科学版)
年 卷 期　1999 年 15 卷 2 期
页　　码　92 - 94

题　　名　鸦片战争后英国约开福州商埠之源探索
作　　者　郭秀清,杨晓冬
刊　　名　历史教学问题
年 卷 期　2002 年 3 期
页　　码　16 - 18

摘　　要　福州在第一次鸦片战争结束后被正式开避成为通商口岸,在上海、广州、厦门、福州、宁波这五个城市中,只有福州一处未成为第一次鸦片战争的战场,那么什么英国要选一个从未占领过的城市成为首批攫取的对象呢?本文就试从英国"福州通商,意在武夷山茶"这个角度以及福州自身具备的条件和优势,并把二者相结合进行了详尽的分析,从而揭示出英国约开福州为商埠的根本原因。

题　　名　**鸦片战争后中国茶叶口岸的变迁**
作　　者　曾丽雅
刊　　名　农业考古
年 卷 期　1993 年 2 期
页　　码　208 – 211

题　　名　**鸦片战争后中国海防建设迟滞原因探析**
作　　者　王宏斌
刊　　名　史学月刊
年 卷 期　2004 年 2 期
页　　码　47 – 56
摘　　要　鸦片战争时期,前线将帅在与英军接仗以前,都对以众击寡,以逸待劳,以主待客等古老战略战术原则和战争形势充满胜利信心,只是在经过战场较量之后他们对于英军"船坚炮利"才有了真实体验,大多改变了看法,主张仿造西方船炮,"师夷长技以制夷"。而后方官绅缺乏战场体验,在战后多数仍然停留在战前的认识水平上,他们把清军的失败完全归咎于前线将帅指挥无能和军队缺乏训练,未能正确估价武器装备优劣对于战争结局的影响,不愿坦然承认落后挨打的事实。由于"师夷制夷"主张未能得到朝野确认,军事工业近代化因此迟迟不能启动。

题　　名　**鸦片战争后中国人民收回海关主权的斗争及其经验教训**
作　　者　蔡谓洲
刊　　名　国际商务(对外经济贸易大学学报)
年 卷 期　1987 年 1 期
页　　码　55 – 59,45

题　　名　**鸦片战争期间搁浅台湾英船性质考**
作　　者　李永玉
刊　　名　历史研究
年 卷 期　2003 年 2 期
页　　码　180 – 182
摘　　要　1841 年 9 月和 1842 年 3 月,英船纳尔布达号(the Nerbudda)和安妮号(the Ann)先后在台湾鸡笼(现基隆)和大安港搁浅沉没。船上的 189 人被台湾兵勇乡民包围,成为战争俘虏。1842 年 6 月,台湾镇总兵达洪阿和台湾道姚莹奉到道光帝的谕旨,在台湾将其中的 139 人"正法"。同年 11 月,英国全权代表璞鼎查照会闽浙总督怡良,要求清政府惩办"杀俘"的姚莹、达洪阿等人。清政府令怡良前往台湾查办,不久将姚莹、达洪阿两人革职拿问,押送北京。以往史学界就这一事件中英船的性质、搁浅原因、姚莹等人物的评价以及清朝和英国的交涉等问题一直存在争议。本文拟对该事件的核心问题,即英船的性质及搁浅原因,加以辨析。

题　　名　鸦片战争前100年的广州中西贸易(上)
作　　者　庄国土
刊　　名　南洋问题研究
年卷期　1995年2期
页　　码　59－69

题　　名　鸦片战争前100年的广州中西贸易(下)
作　　者　庄国土
刊　　名　南洋问题研究
年卷期　1995年4期
页　　码　32－40

题　　名　鸦片战争前澳门的鸦片走私贸易
作　　者　邓开颂
刊　　名　学术研究
年卷期　1990年3期
页　　码　11－14
摘　　要　18世纪初,葡萄牙人为了挽回澳门海外贸易的衰颓形势,开始往中国贩运鸦片,从1729至1772年的几十年间,是葡萄牙人独操走私鸦片进中国的时期。他们以澳门为据点,从印度西北海岸的葡属租借地果亚和达曼源源不断地贩运鸦片至澳门,再由澳门走私进入大陆内地,初时每年约200箱之数,供中国人吸食之用。《大英百科全书·中国条》记载:“吸食鸦片当在吸食烟草之后……,而第一次关于此种嗜好的记录,则始于一七二九年,尔时输入之鸦片,纯由葡萄牙人供给。其出口年约二百箱。”1729年以后,中国吸鸦片的人不断增加,葡萄牙人运往中国的鸦片也随着逐年以20箱的速度递增,至1767年,入口的鸦片数目已达每年1000多箱。“则运一千箱,这样的数额持续了好多年,皆由葡萄牙人经营。”可见,澳门在18世纪初、中叶已成为鸦片输入中国的贸易市场、鸦片走私的基地了。

题　　名　鸦片战争前的淮安关及其商品流通
作　　者　廖声丰,胡晓红
刊　　名　历史档案
年卷期　2010年1期
页　　码　48－55

题　　名　鸦片战争前的美国对华贸易
作　　者　王若涛
刊　　名　北京商学院学报
年卷期　1995年6期
页　　码　53－55

题　　名　鸦片战争前的天津关
作　　者　廖声丰

刊　　名　江西广播电视大学学报

年 卷 期　2009 年 2 期

页　　码　67 - 70

摘　　要　鸦片战争前,南北沿海长距离贸易的兴盛,推动了不同经济区域之间的商品交流,天津也由此成为运河沿线乃至全国最主要的商品流通枢纽之一。与此同时,繁华的商品流通给天津关带来了丰厚的税收,其财政功能日益突出。

题　　名　**鸦片战争前的行商**

作　　者　俞如先

刊　　名　龙岩师专学报

年 卷 期　1997 年 15 卷 2 期

页　　码　47 - 50

摘　　要　鸦片战争前,作为清王朝"闭关政策"产物的行商集团,曾经是专揽广州口岸进出口贸易的一支劲旅,凭藉着茶叶海上出口贸易这一资本主义原始积累的强有力的手段,行商积累了巨资,个别行商还在鸦片战争前夕,开始向资产阶级转化。但是,由于英国的东印度公司的罪恶的鸦片贸易和英国侵略者的侵华战争,使行商集团危机不断,破产不迭,并遭受战争的重创而一蹶不振,最后又全盘没落。

题　　名　**鸦片战争前的鸦片贸易再研究**

作　　者　吴义雄

刊　　名　近代史研究

年 卷 期　2002 年 2 期

页　　码　50 - 73

摘　　要　鸦片战争前的鸦片贸易问题一向为中外研究者所重视,但因各种原因,迄今为止,对当时对华鸦片贸易状况的所有统计和描述都在不同程度上存在着不够准确、不够完整之处。鸦片战争前发行于广州的英文《广州纪事报》和《广州周报》保存了持续多年、即时公布的有关鸦片贸易的丰富资料,为重新统计 1821 - 1839 年期间各年度各种鸦片的贸易数量、价格和贸易额,从而比较完整、准确地显示这一时期的鸦片贸易状况提供了可能。综合前人的研究和新发现的资料,可知在鸦片战争前的 18 年中,平均每年有 1 万多箱鸦片输入和 1000 多万两白银被掠夺,这一数字虽不如以往有的研究所揭示的那么庞大,但已足以揭露鸦片贩子和其背后的利益集团的掠夺本性。

题　　名　**鸦片战争前的粤海关**

作　　者　邓端本

刊　　名　岭南文史

年 卷 期　1984 年 11 卷 2 期

页　　码　60 - 67

摘　　要　广州在唐代便有市舶司之设,历宋、元、明三朝,到了清代才改市舶司为海关,这是清廷加强对外贸易管理的一种表现。本文拟以所辑之史料,就鸦片战争前的粤海关作一概述。

题　　名　**鸦片战争前的粤海关**

作　　者　廖声丰

刊　　名　五邑大学学报(社会科学版)

年卷期　2009年11卷1期
页　　码　51－54,95
摘　　要　鸦片战争前,长距离贸易的兴盛,使粤海关成为全国最主要的商品流通枢纽之一。粤海关为各大区域之间的经济往来提供了平台,促进了全国区域间的商品流通,满足了市场需求;发达的商品流通也为粤海关带来了丰厚的税收,使其财政地位日益突出,又有力地促进了广东自身商品经济的进一步发展。

题　　名　鸦片战争前的中美贸易(上)
作　　者　汪熙,邹明德
刊　　名　复旦学报(社会科学版)
年卷期　1982年4期
页　　码　92－102
摘　　要　1844年清朝政府和美国政府签订了"望厦条约"。在此以前。中美之间已有半个多世纪的贸易往来。美国为什么在其建国之初便开拓通往中国贸易的道路,并如此重视对华贸易的发展?中美两国当时的贸易往来有些什么特点,这些特点又说明了什么问题?中美贸易对美国资本主义的发展起了那些作用?在鸦片战争前,美国政府是否已逐步形成了对华政策?本文试就这些问题作一些初步的探讨。

题　　名　鸦片战争前的中美贸易(下)
作　　者　汪熙,邹明德
刊　　名　复旦学报(社会科学版)
年卷期　1982年5期
页　　码　90－96

题　　名　鸦片战争前福建外销茶叶生产和营销及对当地社会经济的影响
作　　者　庄国土
刊　　名　中国史研究
年卷期　1999年3期
页　　码　145－154,156
摘　　要　18世纪20年代饮茶习惯风行于欧洲以后,直至20世纪以前,茶叶成为中西贸易居支配地位的商品。西方贸易公司竞相派船到中国,以白银购买茶叶。对他们而言,"茶叶是上帝,在它面前其他东西都可以牺牲"。中外学者对鸦片战争前以茶叶为中心的中西贸易已有大量深入的研究,但鲜有学者注意到,中国外销茶叶是如何生产与营销的。

题　　名　鸦片战争前广州英商洋行的起源与演变
作　　者　林庆元,黄国盛
刊　　名　中国社会经济史研究
年卷期　1993年1期
页　　码　56－65
摘　　要　十八世纪八十年代初至十九世纪三十年代末,是西方殖民主义者在华初步创设洋行的时期。这个时期英国商行在广州的立足和初步发展,反映了西方新兴资产阶级在华经济侵掠势力的加强。标志着西方资本主义对华经济侵掠方式进入了一个新的阶段。探讨广州英商洋行的起源、演变等问题,有助于我们更具体地说明这个时期中外经济关系发生变局和中西冲突的根源。

题　　名　鸦片战争前后澳门地位的变化
作　　者　王昭明
刊　　名　近代史研究
年 卷 期　1986 年 3 期
页　　码　46－73
摘　　要　澳门是我国广东珠江人海口西南端的一个半岛,现在面积约六平方公里,与香港犄角相对,形成珠江口的左右门户。澳门在中国历史,特别是中外关系史上有着重要地位:它是西方殖民主义向东方侵略扩张在中国的第一个基地;鸦片战争以前它是中国领土上唯一的外国人所盘踞的地方。鸦片战争以后,澳门地位的重要性下降,但它的历史对我们全面理解中国近代史仍有重要意义。它反映了中外关系史上新老殖民主义在中国更替的历史进程以及帝国主义在中国侵略所造成影响的其它侧面。澳门史研究中一个非常重要的问题即是澳门的主权问题。本文拟就澳门的地位及其变化;影响等问题作一初步探讨。

题　　名　鸦片战争前后的中国关税
作　　者　宗建亮
刊　　名　贵州文史丛刊
年 卷 期　1996 年 5 期
页　　码　92－94
摘　　要　鸦片战争前的中国关税我国早在周朝就有"关市之征"的记载。随着各国间对外贸易的发展,使我国的丝绸之路和沿海的番禺等口岸成为最早的对外贸易通道,并设关卡征税。

题　　名　鸦片战争前后的中英茶叶易货贸易
作　　者　张坤
刊　　名　农业考古
年 卷 期　2006 年 5 期
页　　码　205－209

题　　名　鸦片战争前后官员海权意识初探
作　　者　韩晓娟
刊　　名　北华大学学报(社会科学版)
年 卷 期　2008 年 9 卷 4 期
页　　码　113－116
摘　　要　海权意识是一种观念。在晚清政府海防建设举步维艰的历程中,官员的海权意识自觉或不自觉地扮演着战略指导的角色。中国真正意义上的海权意识是中西方海洋观念碰撞的直接结果,是从鸦片战争开始的。鸦片战争时期中央官员、地方督抚、巡抚等重要封建官吏在各种场合所发表的言论及在不同时期所采取的具体海防措施,体现了晚清政府主流官员海权意识的萌发。

题　　名　鸦片战争前后外国妇女进入中国通商口岸问题
作　　者　郭卫东

刊　　名　近代史研究
年 卷 期　1999 年 1 期
页　　码　242－256
摘　　要　鸦片战争之前,清政府实行外国妇女进入中国口岸(澳门另说)的禁限政策,它是清朝闭关政策中较早形成的一个方面,根源于中西传统的若干歧异和清朝统治者对西方殖民者的戒心。为此曾在中国与西方的交往史上多次酿发大的争端,亦成为英国侵略者煽动对华战争的一个重要借口。鸦片战争之后,这项禁令遭废弃,反映了清政府在西方的压力下被迫作出的退让,同时表露出国人西洋观的某些有意思的变化。而各埠对"西人进入"不同的心态反应及所引致的后果是另一个耐人寻味的问题。

题　　名　鸦片战争前后洋务思想的萌芽
作　　者　黄领霞
刊　　名　新西部(下半月)
年 卷 期　2009 年 1 期
页　　码　130
摘　　要　本文分析了 19 世纪后半期在中国发生的洋务运动。认为这是一场清政府为挽救其垂危统治,以引进和学习西方先进的科学技术,创办和发展军用、民用工业、编练新式陆海军,并培养新型人才为中心,以达到富强为目的的活动。指出洋务思想萌芽于鸦片战争前后,"借法自强"包含着洋务运动的目的和手段,"中学为体,西学为用"是洋务思想的理论形式。林则徐、魏源等人为此做出了重大的贡献。

题　　名　鸦片战争前后中国茶叶对世界的贡献
作　　者　杨江帆,郑乃辉
刊　　名　福建茶叶
年 卷 期　2003 年 3 期
页　　码　55－57
摘　　要　本文以 17 世纪初至 20 世纪中叶,鸦片战争前后 300 多年中国茶叶发展为主线,论述了中国茶叶对世界茶叶发展的贡献:一是鸦片战争前,中国茶叶的发展拓展了国际市场,推动了欧洲饮茶风气的兴起;二是中国人民的禁烟斗争,使英国鸦片与茶叶的贸易转向南亚等国,南亚等国引种中国茶种的热潮进一步兴起,促进了中国茶叶的传播。

题　　名　鸦片战争前后中国快蟹类船的用途和船型的考证研究
作　　者　辛元欧
刊　　名　船史研究
年 卷 期　1997 年 11/12 期

题　　名　鸦片战争前清朝对日贸易的管理
作　　者　胡孝德
刊　　名　中州学刊
年 卷 期　1998 年 4 期
页　　码　132－135
摘　　要　清朝政府于康熙二十三年(1684 年)实行开海政策,设立四个海关,负责管理对外贸易。作为一衣带水邻邦的日本,与清朝的贸易开始出现活跃之势,直到鸦片战争爆发。虽然其间清朝又颁行了禁海令，而且于乾隆二十二年(1757年)下令只在广东一地与外国贸易，但清日贸易并未受到影响。本文不探讨清日贸易的进出口情况及其变化，只就清朝政府如何进行对日贸易管理作一浅析。

题　　名　**鸦片战争前清朝对外经济交往性质初探**
作　　者　黄国盛，谢必震
刊　　名　福建论坛(文史哲版)
年 卷 期　1989年1期
页　　码　61－65，22

题　　名　**鸦片战争前清政府对待中英贸易的态度与政策**
作　　者　邢甲志
刊　　名　吉林师范大学学报(人文社会科学版)
年 卷 期　2006年3期
页　　码　100－102
摘　　要　鸦片战争前，在所有同中国进行国际贸易的国家中，英国占据首位。清政府由于观念上的落后，颁布了许多苛刻的限制措施，这些措施引起英商的强烈反弹，成为鸦片战争爆发的一个重要因素。

题　　名　**鸦片战争前清政府对外政策的嬗变——以海关贸易为例**
作　　者　李永福
刊　　名　南都学坛
年 卷 期　2003年23卷6期
页　　码　19－23
摘　　要　"闭关"是人们对鸦片战争前清政府对外政策约定俗成的界定。揆之于史实，有诸多不切合之处。此段历史，若依清政府海关贸易的嬗递为主线，可划分为"顺其自然"、政策上的"锁国"、"全面开放"及"限关"四个时期，与所谓的"闭关"论出入甚多。任何主权国家都有权依据国情制定自己的对外贸易政策，英人笼统的"限关"论有洗涮罪恶的鸦片贸易之嫌，国人的"闭关"论则是以感情代替史实。我们应以此为鉴，尊重历史，慎作结论。

题　　名　**鸦片战争前上海航运业的发展**
作　　者　杜黎
刊　　名　学术月刊
年 卷 期　1964年4期
页　　码　48－54
摘　　要　上海航运业在鸦片战争以前的发展和资本主义萌芽，近些年来已引起史学界的注意。它是我国封建社会内部资本主义萌芽和近代社会历史发展的一个重要方面。本文试就当时航运业的发展情况、资本主义生产关系的产生等几个方面，作初步探讨，提出一些极不成熟的意见，求教于读者。

题　　名　**鸦片战争前上海与香港之历史比较**
作　　者　陈正书
刊　　名　史林
年 卷 期　1990年1期

页　码　46－52

摘　要　党的改革开放政策实施以来,人们对世界各大城市经济、文化、社会生活等各方面,经常进行着比较。上海与香港之间的种种比较,更成为热门话题。对现代沪港之间进行比较,不应当割断历史。我们在接受上海、香港历史比较研究任务以后,随着研究的深入,越来越清晰地看到,首先必须就鸦片战争以前,上海、香港两地进行历史的比较。因此,本文对两地的比较时限仅限于鸦片战争以前。鸦片战争以后,将另文探讨。

题　名　**鸦片战争前十三行并未垄断中外贸易**

作　者　黄福才

刊　名　厦门大学学报(哲学社会科学版)

年卷期　1988年1期

页　码　129－136

摘　要　对外贸易是指国家(或地区)间的商品交换,其中既有正常的合法贸易,也有非法的走私活动。长期以来,人们在论述鸦片战争前中国的对外贸易时,一般都认为:广州十三行完全控制了这行业,垄断了中国的进出口贸易。有的认为,在广州的进出口贸易中,除了几种手工业品在行商加保的条件下,允许外商与散商交易外。“其它大宗进出口商完全由行商垄断经营。”有的认定行商完全控制中外贸易,“一切外国进口货物均由其承销;一切中国出口货物也均由其代售”。然而,实际情况并不完全如此,鸦片战前三、四十年间,十三行在对外贸易中的强有力地位遇到了多方面的挑战,它实际上并未完全控制中外贸易。本文拟就此问题作粗浅的探讨。

题　名　**鸦片战争前外国从海路对广州的侵扰**

作　者　浩程

刊　名　岭南文史

年卷期　1985年1期

页　码　150－154

摘　要　鸦片战争前,当中国还老态龙钟地蹒跚在封建社会阶段时,西方的资本主义已经迅速地发展起来,并千方百计地向世界各地进行海盗式的掠夺,寻找和开拓殖民地市场。自从十五世纪末欧洲通往东方的新航路被发现以后,处于资本主义发展初期阶段的西方殖民国家,就把幅员辽阔、物产丰盈的中国当作掠夺和宰割的重要对象,贸然远航,相继东侵。广东是中国最南部的一个省份,背负五岭,面临南海,地当东西航路之冲,素有中国的南龙门之称。广州乃广东之省城,位于美丽富饶的珠江三角洲北缘,地处西江,北江古航道与由南海伸进的深水湾的接触处,离东江口亦不远。其港口具有海、河运输的双重特性,极富舟揖之利,且陆路交通亦称发达。自秦汉以来,广州即为广东省政治、经济、军事和文化的中心,以及中国对外贸易的重要商埠。因而,在鸦片战争前夜,它首当其冲地受到西方殖民主义者的劫掠,成为欧洲海盗式商人经常前来“光顾”的一个中国港口。

题　名　**鸦片战争前夕荷兰“具结”考**

作　者　凌兴珍

刊　名　四川师范大学学报(哲学社会科学版)

年卷期　2000年3期

页　码　36－37

摘　要　荷兰作为较早与中国建立通商关系的国家之一,在林则徐广东禁烟期间,是否遵式具结、进口贸易,少有明确记载者。笔者考证发现荷兰总管、商人、商船均未遵式具结、进口贸易。原因主要在于中荷贸易规模小、中国政府对荷兰的压制、荷兰人对林则徐禁烟政策的恐惧、不满以及不敢得罪英国等。

题　　名　**鸦片战争前夕英国对华贸易的特点**
作　　者　杨丽
刊　　名　河南商业高等专科学校学报
年 卷 期　2001 年 14 卷 6 期
页　　码　50 – 52
摘　　要　近代以来英国对华贸易旨在攫取高额利润,这一特点在鸦片战争以前便已充分表现出来。首先是通过不等价交换、高利贷和苦力贸易获取高额利润;其次是大肆偷运鸦片走私贩毒以牟取暴利;其三不惜侵犯中国主权,为其今后以武力胁迫中国政府屈从其更大规模的不平等贸易创造条件。

题　　名　**鸦片战争前西方对中国的贸易**
作　　者　陈希育
刊　　名　南洋问题研究
年 卷 期　1991 年 4 期
页　　码　85 – 92
摘　　要　自 17 世纪末以来,随着欧美势力在全球的扩大,尤其是它们逐渐控制了东南亚的领土和贸易,对华贸易便以越来越快的速度增长。自康熙二十三年(1684)开海禁至鸦片战争爆发为止,对华贸易可划分为两个阶段:即以乾隆二十二年(1757)作为分水岭,前期为多港贸易时期,后期为广州贸易时期。下面探讨西方对华贸易的发展、主要动因及其对中国帆船贸易的影响。

题　　名　**鸦片战争前西方殖民者在黄埔港的鸦片走私**
作　　者　马建和
刊　　名　岭南文史
年 卷 期　1987 年 1 期
页　　码　105 – 118

题　　名　**鸦片战争前西人对广州的认识**
作　　者　张玉鹏
刊　　名　五邑大学学报(社会科学版)
年 卷 期　2005 年 7 卷 2 期
页　　码　31 – 33,36
摘　　要　鸦片战争前由于特殊的对外政策,“海上丝绸之路”的起点——广州,成为当时中外交流的前沿。西人对广州的认识,也是对中国的认识。西人对广州的自然环境、民俗生活、经济贸易状况都褒扬有加,而对广州的官僚制度则提出批评。从总体看,西人认为广州是他们实现利益和野心的地方。

题　　名　**鸦片战争前一些国家对澳门的侵略**
作　　者　黄鸿钊
刊　　名　史学月刊
年 卷 期　1992 年 3 期

页　　码　39－43

题　　名　**鸦片战争前英、印、中三角贸易的形成**
作　　者　李宽柏
刊　　名　哈尔滨学院学报
年 卷 期　2006年27卷2期
页　　码　93－97
摘　　要　英国早期在印度的殖民统治和经济掠夺遇到了困难;同时在与中国发生的贸易关系中处于不利地位,承受着巨额贸易逆差。随后在英国东印度公司的活动下促使英属印度对华贸易的加大,利用原棉和鸦片吸收了中国大量的资金,形成了英、印、中三角贸易,彻底解决了英国在印度和中国进行经济入侵的主要难题。

题　　名　**鸦片战争前英国对中国的鸦片贸易**
作　　者　彭程
刊　　名　广西民族学院学报(哲学社会科学版)
年 卷 期　1993年4期
页　　码　65－70

题　　名　**鸦片战争前英国炮船的一次预演**
作　　者　杨鹏程
刊　　名　湖南科技大学学报(社会科学版)
年 卷 期　1991年12卷2期
页　　码　97,7

题　　名　**鸦片战争前英国散商对广州贸易体制的冲击**
作　　者　李宽柏,凌文峰
刊　　名　郧阳师范高等专科学校学报
年 卷 期　2007年27卷5期
页　　码　55－57
摘　　要　在鸦片战争前,清政府在广州实行一口贸易管理体制后,受到了西方“自由贸易”势力的冲击。在对华贸易中通过鸦片走私逐渐发展壮大的英国散商为了打破垄断、争取自由贸易,通过各种不同的途径逃避和抵制广州贸易体制的管制和约束,实施了对广州贸易体制最猛烈的冲击和破坏。

题　　名　**鸦片战争前英商在广州的贸易**
作　　者　李金明
刊　　名　南洋问题研究
年 卷 期　1994年4期
页　　码　59－68
摘　　要　鸦片战争前英商在广州的贸易基本是由英国东印度公司所垄断,其贸易额远远超过其他来广州贸易的各国商人,据说在道光九年(1829)左右,每年仅英国商船在粤海关缴纳的税银就达60－70万两之多。他们从中国输出的货物绝大多数是茶叶,据不完全统计,在1719－1833年间,茶叶约占广州出口货物的70－90%。在18世纪末,英国每人每年平均消费茶叶已超过2磅,在1828年英国国内消费的7 000万磅茶叶几乎全是由广州进口。18世纪中叶,一位活跃在广州的法国商人罗伯特·康斯坦特(Robert Constant)曾这样说过:"是茶叶把欧洲的船只带到了中国,在运往欧洲的船货中,其他货物仅是点缀而已"。为了偿付购买茶叶所需要的大量白银,东印度公司采取了鼓励港脚商人贩运印度物产——棉花和鸦片到广州贸易的办法,利用港脚商人的赢利来偿付茶叶款,从而改变了对华贸易长期入超的被动局面。鉴于上述情况,本文拟从东印度公司贸易、茶叶贸易和港脚贸易三个方面分别进行论述。

题　　名　**鸦片战争前粤海关当局与"大班"的关系及其演变**

作　　者　黄国盛

刊　　名　福建论坛(文史哲版)

年 卷 期　1998年1期

页　　码　67－72

摘　　要　鸦片战争前,清政府与西方国家尚无正式的外交关系。在管理涉外事务方面,粤海关当局往往需要非官方的外商"大班"予以配合。因此,考察鸦片战争前粤海关当局与"大班"的关系及演变,有助于我们了解该时期中外关系的特点与某种变化趋势。

题　　名　**鸦片战争前粤海关税费问题与战后海关税则谈判**

作　　者　吴义雄

刊　　名　历史研究

年 卷 期　2005年1期

页　　码　54－74,190－191

摘　　要　从17世纪末到鸦片战争前,广州口岸关税征收中的税费问题以及由此引发的中外争端,一直贯穿于以中英贸易为主体的中西贸易史中。在税费征取过程中形成的地方关税利益集团,滥用职权,中饱私囊,这不仅引起以英商为主的西方商人的长期抗争,也损及清政府的财政利益。鸦片战后清政府逐步接受英方协定关税的要求,以确保关税"有盈无绌"。战后《海关税则》的订立,实际上是战前中外粤海关税费问题争端长期持续和演变的结果。

题　　名　**鸦片战争前在华英商的独立贸易过程的完成**

作　　者　李宽柏

刊　　名　宜宾学院学报

年 卷 期　2005年3期

页　　码　41－44

摘　　要　鸦片战争前,英国在华散商最初在英国东印度公司的管理控制下进行港脚贸易,双方的关系也是互为依赖、互为补充。随着贸易的发展,双方的利益冲突也在不断的升级,直到关系破裂。在华的英国散商不失时机的寻找着独立贸易的机遇,在与东印度公司贸易垄断权斗争的同时,逐步完成了独立贸易的过程,使得自己成为英国对华贸易的主力军。

题　　名　**鸦片战争前殖民主义者对香港的侵扰**

作　　者　郑继江

刊　　名　中州学刊

年 卷 期　1997年3期

页　　码　133－136

摘　　要　香港是中国的南大门，战略地位十分重要。林则徐曾这样说："广东水师大鹏营所辖洋面，延袤四百里，其尖沙咀一带，东北负山，西侧有急水门、鸡踏门，东侧有鲤鱼门、佛堂门，而大屿巨岛又即在其西南。四面环山，藏风聚气，波恬浪静，水势宽深。英夷船已久欲依为巢穴，而就粤省海道而论，则凡东赴惠、潮，北往闽、浙之船，均不能不由该处经过。万一中途梗阻，则为患非轻。"香港这一水陆环绕的地形和四通八达的位置，使其成为了"世界上无与伦比的良港"。不仅英国殖民者对其垂涎欲滴，并最终以武力占领了它，而且其他一些殖民者也都曾经对其百般侵扰。本文即将鸦片战争前殖民主义者觊觎香港的情况作一介绍。

题　　名　**鸦片战争前中国海外贸易对东南亚华侨社会的影响**

作　　者　郭立珍

刊　　名　八桂侨刊

年 卷 期　2005年2期

页　　码　16－19

摘　　要　鸦片战争前，东南亚华侨社会得到很大的发展是其发展史上的一个重要时期。这一时期中国海外贸易同东南亚华侨社会的发展，基本上存在互动关系，华侨华人人数的增多有助于中国海外贸易；贸易发展快慢又影响到东南亚华侨的生活，当时来往的商船是华侨惟一的交通工具，华侨主要来源于参与贸易的海商，其主要谋生手段就是服务于中国海外贸易等。

题　　名　**鸦片战争前中国海外贸易对东南亚华侨社会的影响**

作　　者　郭立珍

刊　　名　华侨大学学报(哲学社会科学版)

年 卷 期　2005年3期

页　　码　21－27

摘　　要　鸦片战争前，东南亚华侨社会得到很大的发展是其发展史上的一个重要时期。这一时期中国海外贸易同东南亚华侨社会的发展基本上存在互动关系，华侨华人人数的增多有助于中国海外贸易；贸易发展快慢又影响到东南亚华侨的生活，当时来往的商船是华侨主要的交通工具，华侨主要来源于参与贸易的海商，其主要谋生手段就是服务于中国海外贸易等。

题　　名　**鸦片战争前中国同东南亚国家的贸易与中国社会经济的变迁**

作　　者　郭立珍

刊　　名　哈尔滨学院学报

年 卷 期　2005年26卷7期

页　　码　76－81

摘　　要　明朝中期至鸦片战争前中国与东南亚国家的贸易，对中国社会经济产生了广泛而深远的影响。贸易的发展活跃了城乡经济，促进了商品经济的发展；贸易顺差大量的白银内流使中国银本位制的确立成为可能；以贸易为媒，海外新物种的引进，丰富了人民的物质生活；贸易的发展也间接促使了造船业和航海业的发展。

题　　名　**鸦片战争前中国政府对澳门的管理**

作　　者　黄鸿钊

刊　　名　中国边疆史地研究
年 卷 期　1991 年 2 期
页　　码　42 - 54
摘　　要　澳门成为葡萄牙人居留地虽然已有 430 多年的历史（1557 年 - 1991 年），但是除了 1887 年以来的 100 年之外，中国政府均拥有澳门的管理权，从政治、军事、经济、司法等各个方面控制着这个开放的港口。以后这种管理权遭到了破坏。回顾历史上中国管理澳门的成败得失，将使我们从中得到某些有益的启迪。

题　　名　**鸦片战争前中荷茶叶贸易初探**
作　　者　张应龙
刊　　名　暨南学报（哲学社会科学版）
年 卷 期　1998 年 20 卷 3 期
页　　码　92 - 99
摘　　要　茶叶贸易是近代中西关系一个重要的内容，茶叶是近代中西贸易的主要商品。荷兰是中西茶叶贸易的先驱。中荷茶叶贸易始于 17 世纪初，至鸦片战争前夕趋于式微。中荷茶叶贸易的形式包括间接贸易、直接贸易、间接贸易与直接贸易相结合三种。荷兰对近代中西茶叶贸易的兴起和发展起了重要的历史作用，在中国茶叶外销史上占有重要的历史地位。

题　　名　**鸦片战争前中美茶叶贸易探析**
作　　者　朱平，杨婵容
刊　　名　农业考古
年 卷 期　2006 年 5 期
页　　码　201 - 204
摘　　要　中国是茶叶之乡，是最是发现、利用、种值、加工、销售茶里的国家。中国茶叶很里就饮雀四海，并和丝绸、瓷器一起，成为古代中国对外贸易的三大商品。在中国茶叶外销史上，相对，中美间的茶叶贸易发展迅速，而成为早期中美关系的一个主要内容。本文在此以时间为主线，就鸦片战争前中国茶叶传入美国的情形，中美茶叶贸易的规模等问题进行探讨。

题　　名　**鸦片战争前中美广州贸易述略**
作　　者　李金明
刊　　名　南洋问题研究
年 卷 期　1994 年 3 期
页　　码　75 - 80，87
摘　　要　美国商人到广州贸易，开始于美国独立战争以后。当时因英、法等国对美国的贸易实行限制，迫使美国商人不得不开辟新的海外市场，他们虽然曾与德意志北部的一些城市建立贸易联系，并将大量商品运往荷兰殖民地，但是真正对美国海外贸易造成较大影响的还是与中国的直接贸易。

题　　名　**鸦片战争前中英贸易中的垄断问题**
作　　者　曹英
刊　　名　湖南商学院学报
年 卷 期　2005 年 12 期

页　　码　25－27

摘　　要　鸦片战争前,中英贸易主要是在东印度公司和行商的双重垄断下进行的,这种贸易方式一方面对中英贸易的发展构成了极大的限制,另一方面又起到了平衡中英关系的特殊作用。中英贸易垄断体系的崩溃是历史的必然,但对中英双方来说,方式不同,结果也不一样。东印度公司对华贸易垄断权是英国工业资产阶级及代表其利益的商人从内部破除的,它虽然引发了商人的短期投机行为,但从长远来说,却有利于英国对华贸易的不断扩大;中国行商垄断制是英国以武力侵略的方式,逼迫清政府废除的,它虽客观上有助于中国对外贸易的发展,但本质上具有不平等的色彩,也不符合中国当时经济发展水平的需要,其与领事裁判权、协定关税等不平等条款的结合更对中国的利益造成了巨大的损害。

题　　名　鸦片战争清朝军费考

作　　者　茅海建

刊　　名　近代史研究

年 卷 期　1996 年 6 期

页　　码　34－80

题　　名　鸦片战争时期定海战绩质疑

作　　者　王乃英

刊　　名　北京社会科学

年 卷 期　1992 年 3 期

页　　码　133－137

题　　名　鸦片战争时期传统海防观的影响与扬弃

作　　者　黄顺力

刊　　名　厦门大学学报(哲学社会科学版)

年 卷 期　1992 年 2 期

页　　码　53－59,78

摘　　要　迄今为止,关于鸦片战争的失败,论者可以举出诸如社会生产力落后、武器装备陈旧、封建政治腐败、军事指挥不灵等等原因,这些都是见仁见智的灼见。然而,事实上在这些原因之外,我们认为还有一个应该值得重视的原因,就是传统心态对中国人的思想束缚,影响了清朝统治者去正确客观地认识变动着的世界、认识"鼓浪而来"的对手,因而不仅在这场"数千年来未有之奇变"的近代战争中初遭惨败,而且在失败之后还不思改革进取,不得不继续吞下连连败绩的苦果。笔者曾就鸦片战争时期传统心态对清朝统治者的影响,作过一点粗浅的分析。本文试图从传统海防观的角度,进一步考察这个问题。

题　　名　鸦片战争时期的中国兵船

作　　者　张晞海

刊　　名　船史研究

年 卷 期　1987 年 3 期

题　　名　鸦片战争时期的中英舟山交涉

作　　者　郭卫东

刊　　名　历史教学

年 卷 期　1996年10期
页　　码　7－11
摘　　要　舟山,亦称定海,位于杭州湾以南的浙江中部海面,是中国第四大岛。鸦片战争时期,舟山是最重要的主战场之一,战后,又长期被英军占领,一度成为中英两国外交的症结。

题　　名　**鸦片战争时期清军水师的装备**
作　　者　何锡蓉
刊　　名　历史教学
年 卷 期　1984年7期
页　　码　26－27

题　　名　**鸦片战争时期厦门之战研究**
作　　者　茅海建
刊　　名　近代史研究
年 卷 期　1993年4期
页　　码　12－36
摘　　要　厦门是鸦片战争的主战场之一,1840－1841年的三次厦门之战,也是鸦片战争中的几次重要战斗。然而,史学界对于厦门之战仍缺乏系统的研究,许多史学著作叙及于此,亦有一些史实错误。笔者拟从军事学的角度,考察这些战例,并分析攻防双方的优劣。不当之处,仍祈同行们予以批评。

题　　名　**鸦片战争厦门台湾保卫战述评**
作　　者　林其泉
刊　　名　厦门大学学报(哲学社会科学版)
年 卷 期　1993年3期
页　　码　118－123
摘　　要　1841年第一次中英鸦片战争期间,英国首相巴麦尊曾指示英国侵华军头目懿律和义律,要在中国东海岸某处,占领一个海岛。这海岛就是指厦门或台湾。为了占领厦门或台湾,英国侵略军在进攻广东前后,三次攻击厦门,六次进犯台湾。然而,侵略军并未得到什么便宜。厦门和台湾军民以辉煌的战果,引得世人的瞩目。英国侵略者之所以这么看重厦门和台湾,就是因为厦门和台湾物产丰富,位置适中,交通便利,在贸易中有着极为重要的意义。

题　　名　**鸦片战争英国为何选择进攻中国东南沿海**
作　　者　高先列
刊　　名　历史学习
年 卷 期　2004年10期
页　　码　11－12
摘　　要　翻开《鸦片战争前夕的中国周边形势图》,你就可发现英国至少可以从两个方向进攻中国,一是利用印度基地,率陆军从离中国最近的西藏和川滇边境进攻;另一个方向是由海上绕过马六甲海峡从东部沿海侵略,但是英国没有选择前者,而是舍近求远选择了后者,为什么呢?

题 名 鸦片战争与道光朝关税征收

作 者 倪玉平

刊 名 清华大学学报(哲学社会科学版)

年卷期 2009 年 24 卷 3 期

页 码 48－55,159

摘 要 鸦片战争是中国近代史上划时代的重大事件。第一次鸦片战争耗时两年之久,兵锋所指,许多关之税收均降至同期最低水平,五分之四的关税来源受到威胁,给清廷造成沉重的心理压力。鸦片战争后,通过五口通商,洋货开始大量涌入中国,沿海各关随之做出相应的政策调整。但最重要的事件则是随着五口通商和洋关的出现,在很大程度上改变了以往粤海关一关独大的征税格局,尤其是上海关的异军突起,成为改变近代中国经济格局的一大关键。简言之,关税是全面分析和讨论鸦片战争以及道光晚期政治活动和经济活动的重要指标。

题 名 鸦片战争与福州茶港的兴起

作 者 程镇芳

刊 名 福建论坛(人文社会科学版)

年卷期 1985 年 6 期

页 码 71－76,58

摘 要 近代的福州港以茶叶贸易而闻名于世。福州茶市的兴起是鸦片战争以后的事,但开拓福州茶市却产生于鸦片战争之前;从某种意义上说,福州茶市的兴起是和鸦片战争联系在一起的。

题 名 鸦片战争与近代中国半殖民地对外贸易关系的形成

作 者 王炎

刊 名 西南民族大学学报(人文社科版)

年卷期 1992 年 2 期

页 码 77－84,109

摘 要 鸦片战争时期,是中国社会和对外贸易史上一个重大的转折时期。随着中国社会沦为半封建半殖民地,中国独立自主的对外贸易格局遂逐步演变成受资本列强控制的半殖民地对外贸易关系。

题 名 鸦片战争与近代中国的开放

作 者 李岫

刊 名 山东大学学报(哲学社会科学版)

年卷期 1990 年 2 期

页 码 17－18

题 名 鸦片战争与近代中国的烟禁

作 者 徐凯希

刊 名 河北学刊

年卷期 1991 年 5 期

页 码 60－66

题　　名　鸦片战争与台湾
作　　者　叶振辉
刊　　名　台湾文献
年 卷 期　1992年43卷2期

题　　名　鸦片战争与台湾
作　　者　周文顺
刊　　名　历史教学
年 卷 期　1997年9期
页　　码　54－55

题　　名　鸦片战争中，英国为什么要选择舟山作为侵略中国的落脚点
作　　者　周永孚
刊　　名　浙江社会科学
年 卷 期　1990年4期
页　　码　12－14
摘　　要　1840年爆发的中英鸦片战争，是外国资本主义开始入侵中国，和中国人民反抗外国侵略者的斗争。鸦片战争前，英国殖民主义者，想在中国先找个落脚点，作为政治、经济、军事、文化渗透的基点。早在乾隆五十八年(1793)，英政府派马戛尔尼率使团来华，在晋见乾隆帝时，要求割让、租借舟山岛或定海城，被清帝拒绝。在清廷严禁鸦片时，英国殖民主义想以武力打开中国门户。道光十九年(1839)四月，英国驻中国商务代表义律，向英政府建议，立即用武力占领定海城。道光二十年(1840)二月，英国内阁正式决定发动对华侵略战争。任命乔治·赘律为侵华军总司令，查理·义律为副司令。开始侵略者曾攻打过澳门、厦门等沿海城市。然而，后来还是选择攻占定海作为侵略中国的突破口。英国外长巴麦尊给远征军司令下达训令：封锁舟山群岛中认为最适于作为司令站，以便长期占领岛屿。进攻地点的确定，是由侵略者整个战略目标所决定。从鸦片战争的全过程看，英国侵略者选择舟山作为侵略中国的据点，是有其几方面原因的。

题　　名　鸦片战争中的爱国将领关天培
作　　者　邓亦兵
刊　　名　历史教学
年 卷 期　1983年7期
页　　码　11－14
摘　　要　关天培，字仲因，号滋圃，1781年生于江苏省淮安府山阳县，幼年读书，后因家境贫困，投身行伍，考取武生，补授把总，以后历任千总、参将、副将、总兵、提督等军职。1834年正是资本主义英国大量向中国输入鸦片，企图打开中国大门之际，作为英国驻华商务监督的律劳卑借通商之名，遣兵舰闯过虎门各炮台，窜入珠江进行侵略性的试探。清政府为了加强广东海防，派关天培接任广东水师提督。关天培往任六年，严于律己，勇于任事，整顿武备，绥靖海疆，使广东虎门一带的海防，初步改变了因循废驰的状况。最后在抗英战争中壮烈殉国，表现出对祖国最深厚的感情，是值得我们崇敬和怀念的爱国将领。

题　　名　鸦片战争中的抵抗派、民族英雄——裕谦
作　　者　丁济康

刊　　名　贵州文史丛刊
年 卷 期　1980 年 00 期
页　　码　152－163
摘　　要　裕谦是鸦片战争中清朝统治阶级内部抵抗派的一个重要人物,同时也是英勇殉国于镇海抗英之役的一位民族英雄。但在当代有关的近代史著作中,大多存在对这一历史人物重视不够、言之不详的地方,对裕谦的抗英思想更很少提到。也还有把裕谦看作形式上类似抵抗派,实际上是极端顽固的闭关主义者之类的看法,这在今天看来也是值得探讨的。本文试据所获资料,介绍裕谦的抗英思想、事迹,及其在当时所起的历史作用和影响,对裕谦的评价问题,谈谈自己的看法。

题　　名　**鸦片战争中的海战**
作　　者　张墨
刊　　名　历史教学
年 卷 期　1997 年 7 期
页　　码　35－37

题　　名　**鸦片战争中的舟山(英国档案选摘)**
作　　者　胡教仁,何扬鸣
刊　　名　浙江档案
年 卷 期　1997 年 7 期
页　　码　13－15
摘　　要　鸦片战争以中英两国军队首次在浙江大规模交战为标志而正式爆发,浙江是鸦片战争的战场之一,尤其是第二次定海战役,是鸦片战争中战斗最激烈,中英双方伤亡最重的战役。在香港回归祖国的今天,我们刊载这批档案史料,从当年侵略者的眼光和角度来回顾 150 多年前这场给中华民族带来耻辱的罪恶战争,从中吸取一些惨重的教训,并缅怀葛云飞、王锡朋、郑国鸿等爱国将士和爱国人民。

题　　名　**鸦片战争中英军撤出舟山占据香港的缘由**
作　　者　王和平
刊　　名　海洋开发与管理
年 卷 期　1997 年 2 期
页　　码　74－77

题　　名　**鸦片战争中英军首先占领定海的原因**
作　　者　季文一
刊　　名　浙江学刊
年 卷 期　1982 年 4 期
页　　码　116－117
摘　　要　1840 年 6 月下旬,英国舰队在侵略军总司令懿律率领下侵入中国广东海面,宣布封锁珠江口,中英鸦片战争正式爆发。7 月初,英军主力,大小二十六艘兵船,在侵华海军司令伯麦率领下北上进攻浙江舟山岛的定海城,守军不敌,定海失守。于是,浙江定海成了鸦片战争中第一座被英国侵略军占领的城池。英军为什么首先占领浙江定海?

题　　名　**烟台海军学堂始末**
作　　者　周辉
刊　　名　当代海军
年 卷 期　2001年12期
页　　码　46

题　　名　**严复海权思想初探**
作　　者　王荣国
刊　　名　厦门大学学报（哲学社会科学版）
年 卷 期　2004年3期
页　　码　40－48
摘　　要　严复是我国较早接触与传播马汉海权论者。他借鉴马汉的海权理论形成自己的海权思想，认为海权关系到国家的贫富强弱和国际地位高下；不缔造海权，陆权也只能随之丧失。他呼吁我国应在日本海、渤海、黄海、东海与南中国海海域建立制海权，规复海军，实行海上交通控制，拒敌于海洋国土之外。其建立海权具有"国振驭远之良策，民收航海之利资"的政治与经济的双重目的，体现了其海权思想和国防观由传统向近代的转变。

题　　名　**严复任职北洋水师学堂期间若干史实再考证——兼与马自毅先生商榷**
作　　者　史春林
刊　　名　福建论坛（人文社会科学版）
年 卷 期　2005年3期
页　　码　72－77
摘　　要　针对《历史研究》2004年第2期刊登的马自毅先生《"总教习"还是"洋文正教习"——严复任职北洋水师学堂期间若干史实考证》一文中的某些观点和见解，本文提出了不同的看法，与之商榷。

题　　名　**严复任职天津水师学堂史实再证**
作　　者　姜鸣
刊　　名　历史研究
年 卷 期　2008年3期
页　　码　164

题　　名　**严复研究以"史料"还是"常理"为据——与史春林先生商榷**
作　　者　马自毅
刊　　名　福建论坛（人文社会科学版）
年 卷 期　2006年1期
页　　码　67－75
摘　　要　本文对史春林《严复任职北洋水师学堂期间若干史实再考记》一文进行回应，分别从严复任职北洋水师学堂之职务、严复是否提前回国、严复的学习成绩与实践能力、严复与李鸿章、张之洞等人的关系提出了不同的见解，以促进严复研究的深入。

题　　名　**严复与北洋水师学堂的建制**
作　　者　徐曼
刊　　名　历史教学
年 卷 期　1996 年 10 期
页　　码　54

题　　名　**严复与方伯谦——兼论严复的民族观**
作　　者　郑剑顺
刊　　名　福建史志
年 卷 期　2008 年 3 期
页　　码　42－46
摘　　要　严复与方伯谦同是福州人。同是福建船政学堂("求是堂艺局")后学堂轮船驾驶专业首届毕业生。又同被派赴英国留学深造。学成回国后。严复主要在北洋水师学堂执教。方伯谦主要在北洋海军中任职,都成为海军界栋梁之才。不同的是。严复成为著名的社会科学启蒙思想家和优秀的爱国者。方伯谦则因甲午黄海海战中的表现问题被处以极刑。其是非得失至今仍颇费评说。

题　　名　**严复与福州船政文化**
作　　者　肖来付
刊　　名　福州党校学报
年 卷 期　2010 年 4 期
页　　码　74－77
摘　　要　作为船政文化滋养哺育出的学子精英的杰出代表,严复积极开拓创新,在教育理念上坚持与时俱进,采用新式教育体制,培养了大量近代人才,促进了中国近代高等教育的发展,使船政文化散发出独特的光芒与魅力。研究严复与福州船政文化,弘扬船政精神,将为福州经济发展提供强有力的思想保证、精神动力、文化条件和舆论氛围,更好的发挥福州在海西建设中的中心枢纽作用。

题　　名　**严复与天津水师学堂**
作　　者　皮后锋
刊　　名　福建论坛(人文社会科学版)
年 卷 期　2009 年 1 期
页　　码　71－79

题　　名　**严复与伊藤博文"同学"说探源**
作　　者　皮后锋
刊　　名　史学月刊
年 卷 期　2008 年 11 期
页　　码　41－50
摘　　要　严复在英国皇家海军学院留学期间,日本东乡平八郎在英国商船学校学习海军技术,其政要井上馨在英国进修财政经济,还有一些中日留学生同在法国学习造船技术。基于此,总理各国事务衙门1896 年最早提出当时日本执政大臣多与福州船政学堂首批留学生"同堂肄业",陈宝琛 1921 年继之明言严复有"日本同学"。直到 1932 年,林耀华、钱基博将"日本同学"细化为伊藤博文,严、伊"同学"传闻遂告定型。严复本人并无借伊藤抬高自己的动机，更不可能从生前并不存在的传闻中受益，据伪造“严复书札”断言严复是“同学”说的始作俑者，显然不正确。

题　　名　严复在福建船政局实习期间的史实考订
作　　者　俞政
刊　　名　苏州大学学报(哲学社会科学版)
年 卷 期　1998 年 4 期
页　　码　76 – 80
摘　　要　本文考订的是 1871 年 5 月到 1877 年 3 月，青年严复在福建船政局实习期间的一些史实。经考订得知，严复先后在“建威”帆船和“扬武”轮船上实习，两船各远航两次，航向都是先北后南：(1)1872 年，“建威”北航。(2)1873 年 3 月至 7 月，“建威”南航。(3)1876 年 2 月，“扬武”访日。(4)1876 年 12 月，“扬武”游历新加坡和菲律宾。

题　　名　严复在天津北洋水师学堂
作　　者　曲振明
刊　　名　团结与民主
年 卷 期　2001 年 5 期
页　　码　31 – 36
摘　　要　严复是中国近代“向西方国家寻找真理的先进人物”，也是中国思想史上第一个系统介绍西方学术，提倡资产阶级思想与文化，挽救中国的资产阶级启蒙思想家。

题　　名　严嵩与明代嘉靖年间的抗倭战争——兼与朱声敏先生商榷
作　　者　谢禾生
刊　　名　新余高专学报
年 卷 期　2007 年 12 卷 4 期
页　　码　21 – 23
摘　　要　赞同朱声敏先生所说“胡宗宪是明朝嘉靖年间最重要的抗倭将领”，但不赞同他把胡宗宪的抗倭功绩与严嵩、赵文华完全撇开。严嵩、赵文华与胡宗宪相结识并不只是依靠贿赂或权力的相互利用，二者应有抗倭思想一致、意气投合的因素。严、胡关系并不是“权奸在内，而大将立功于外”的关系，而应是昏君在上，将相协力为之治理江山的关系。严嵩、赵文华对抗倭战争作出了很大的贡献，平倭可以说是他们政治业绩上最突出的亮点。

题　　名　严于自律、心怀民众的爱国海军宿将萨镇冰
作　　者　萨支辉
刊　　名　历史教学问题
年 卷 期　1997 年 4 期
页　　码　49 – 51

题　　名　沿海地区妈祖信仰与女性禁忌研究
作　　者　郁勤
刊　　名　时代教育(教育教学刊)

年 卷 期 2008 年 1 期

页 码 41

摘 要 沿海地区的民间信仰和民间禁忌历史悠远,二者之间呈现出了相生共存的特征。沿海妈祖信仰的广为传播和发扬表明其于中国民间神灵信仰中的尊贵地位,但在其信仰影响区域下的女性禁忌却与之呈现出鲜明的对比。通过对它们关系的考察可以看出沿海妈祖信仰和女性禁忌的复杂关系和海洋文明呈现出了强烈的矛盾冲突。

题 名 **研究《郑和航海图》的回顾**

作 者 朱鉴秋

刊 名 郑和研究

年 卷 期 2010 年 1 期

页 码 20－23

摘 要 《郑和航海图》很早就受到国内外学术界的重视,并取得了许多成果。作者 30 多年来从地图学、航海学及地理学等多角度研究《郑和航海图》,成果丰硕,在学术界产生了重要影响。本文对《郑和航海图》的研究进行了全面回顾和总结。

题 名 **研究福建海洋发展史的一部力作——读《福建海外交通史》**

作 者 冯立军

刊 名 海交史研究

年 卷 期 2003 年 43 期

页 码 122－124

题 名 **研究甲午战争史 50 年的心得之作——读戚其章教授新著《走近甲午》**

作 者 王家俭

刊 名 抗日战争研究

年 卷 期 2006 年 4 期

页 码 190－195

题 名 **研究明代中日关系史的珍贵文献——兼评复旦藏嘉靖本《筹海图编》**

作 者 王守稼,顾承甫

刊 名 史林

年 卷 期 1986 年 1 期

页 码 33－42

摘 要 《筹海图编》是一部研究明代中日关系史和中国海防史的重要专著,书中保存了大量的研究中日关系史的最原始的、翔实的资料,具有较高的史料价值。自明嘉靖年间问世后,此书在隆庆、万历、天启年间一印再印,直到清朝中叶以前,凡研究日本及中日关系史、海防史者,无不以此书为祖本。经过许多学者的研究,《筹海图编》实为郑若曾编纂,已成定论。这在此书嘉靖本中,原是不成问题的,故不赘言。本文想对《筹海图编》的学术价值作些探讨,并就复旦大学图书馆所收藏的嘉靖本兼作述评,以求教于专家和同行。

题　　名　研究清代漕粮海运重要成果

作　　者　江太新

刊　　名　中国经济史研究

年 卷 期　2006 年 3 期

页　　码　178

摘　　要　清代漕粮运输,应包括河运和海运两种方式。但长期以来,学术界关注河运者多,关注海运者少。正因为如此,海运这一课题,给研究者留下巨大探索空间。倪玉平的《清代漕粮海运与社会变迁》出版,为清代漕粮海运缺乏专著填补了空白。这对学术界来说,这是一件十分值得高兴的事。《清代漕粮海运与社会变迁》一书,除绪言、结论之外,共分八章,涉及内容包括清代漕运规制,道光年间的漕粮海运,木帆船时期的漕粮海运,轮船参与下的漕粮海运,清末漕粮海运,漕粮海运与政治变革,漕粮海运与经济演变,漕粮海运与社会变动等,把这个时间清朝政府经济、政治、外交、社会方方面面的变化,都涵盖进去,内涵十分丰富。超过了前人在这方面的论述,不但有较高学术价值,同时达到国内先进水平。

题　　名　研究宋代中外海上交通及南海的史籍——评杨武泉的《岭外代答校注》

作　　者　刘美崧

刊　　名　海南大学学报(人文社会科学版)

年 卷 期　2001 年 19 卷 2 期

页　　码　134 - 137

摘　　要　周去非写的《岭外代答》一书,记述了南海及印度洋周围几十个国家的名称、位置、国情与航行路线,是研究上述海洋沿岸诸国古代史及中西交通史的珍贵史料,而杨武泉著的《岭外代答校注》是正确理解《岭外代答》原书的津梁。

题　　名　颜思齐郑芝龙入台年代考

作　　者　黄志中

刊　　名　福建师范大学学报(哲学社会科学版)

年 卷 期　1983 年 1 期

页　　码　139 - 144

摘　　要　被明朝统治者称为“海寇”的颜思齐(1589 - 1625,福建海澄人)、郑芝龙(1604 - 1661,福建南安人),是十七世纪初期活跃在我国东南沿海的一个海商集团的领袖。他们以台湾为基地,一面同明朝政府的海禁政策作斗争,一面与东西洋各国进行友好贸易,这符合当时我国社会经济发展的要求。他们把大批汉人引入台湾,对于加速这个宝岛的开发,作出了重大的贡献。

题　　名　燕昭王好神仙与邹衍的“大九州学说”

作　　者　陈平

刊　　名　中国典籍与文化

年 卷 期　1995 年 2 期

页　　码　50 - 55

题　　名　扬科技风帆 传中华文明——记郑和舰队的航海技术

作　　者　王积建,于洋

刊　　名　国防科技

年卷期　2005年9期
页　　码　78－79
摘　　要　众所周知．在人类步入航空和航天时代之前，航海是人类科技成就的集纳点，航海科技能够反映出一个时代科技发展水平的高低。600年前，郑和率舰队七下西洋，其规模之大，航程之远。历时之久可谓史无前例，在战狂风斗恶浪的征程中，创建了代表当时世界领先水平的航海技术，凸现了中华民族在世界文明史上独领风骚的科技成就。

题　　名　**扬州、海上丝绸之路与阿拉伯**
作　　者　朱江
刊　　名　阿拉伯世界研究
年卷期　1992年2期
页　　码　36－38
摘　　要　扬州的海上交通史，是与海上丝绸之路的发展紧密联系在一起的。在我国的古代，对外交通有两条大动脉：一条是陆上丝绸之路，即陆上国际贸易通道；另一条是海上的丝绸之路，它的得名，是和陆上丝绸之路的涵意相同的。这条通道的形成，是和西汉时期博望候张骞出使西域时开拓的陆上道联结在一块的，也是和汉朝武帝刘彻（前140～前87年）派遣“译长”探索南亚诸国的海上航线分不开的。

题　　名　**扬州白塔寺与唐日佛教交流**
作　　者　葛继勇
刊　　名　扬州大学学报（人文社会科学版）
年卷期　2009年4期
页　　码　54－58
摘　　要　跟随鉴真赴日的唐僧法进为扬州白塔寺僧。日僧圆仁、成寻的来华日记均载有法进与白塔寺。扬州白塔寺建于陈太建三年（571）之前，在宋熙宁五年（1072）还名存于世。其位于白塔河沿岸，为通往扬州城内的重要场所。白塔寺僧玄湜书写、校勘《肇论疏》，或受日本留学僧荣睿的委托。荣睿邀请鉴真，当与扬州白塔寺的玄湜、法进有关。

题　　名　**扬州海外交通史略**
作　　者　朱江
刊　　名　海交史研究
年卷期　1982年4期

题　　名　**扬州和唐津**
作　　者　蒋华
刊　　名　海交史研究
年卷期　1982年4期

题　　名　**扬州伊斯兰教碑文新证**
作　　者　努尔
刊　　名　海交史研究
年卷期　1983年5期

题　　名　**扬州在唐代国际交往中的地位**
作　　者　顾敦信
刊　　名　海交史研究
年 卷 期　1982 年 4 期

题　　名　**杨昌浚与清末海防**
作　　者　成赛军
刊　　名　军事历史研究
年 卷 期　2008 年 4 期
页　　码　106 – 110
摘　　要　清朝末年,由于海防力量薄弱,东南沿海频遭列强侵犯,杨昌浚采取了一系列的措施进行抵抗。此外,他还参与了海防大讨论,提出了一些有价值的建议。清政府决定建立台湾省后,杨昌浚即表服从,并主持了台湾的建省工作。

题　　名　**杨芳在鸦片战争初广州战役中的功绩考评**
作　　者　黄前进
刊　　名　贵州文史丛刊
年 卷 期　1998 年 5 期
页　　码　11 – 16

题　　名　**杨良瑶:中国最早航海下西洋的外交使节**
作　　者　张世民
刊　　名　咸阳师范学院学报
年 卷 期　2005 年 20 卷 3 期
页　　码　4 – 8
摘　　要　唐德宗贞元元年(785 年),宦官杨良瑶奉命出使黑衣大食,被认为是中国古代最早航海下西洋的正式外交使节。他的成功出使,结成了唐王朝与黑衣大食的政治联盟,在古代中国和阿拉伯国家的政治交往方面做出了重要贡献。《唐故杨府君神道之碑》在陕西省泾阳县云阳镇的发现与公布,为研究唐代中西交通史提供了宝贵的实物证据。

题　　名　**杨枢两度远航波斯湾**
作　　者　郑闰
刊　　名　郑和研究
年 卷 期　2008 年 3 期
页　　码　46 – 50

题　　名　**杨幺“陆耕水战”的战略战术**
作　　者　陈士谔
刊　　名　常德师范学院学报(社会科学版)
年 卷 期　1999 年 4 期

页　　码　75 – 78

摘　　要　南宋洞庭湖区杨幺农民起义能够6次击败朝廷官军围剿，坚持斗争达7年之久，其根本的立足法宝，就在于“陆耕水战”的战略战术。这一战略战术之所以特具威力。一是与其深入进行各种反封建斗争密切相连，从而具有广泛的群众基础；二是他们创制了当时最先进的水战工具，并施以因地制宜、灵活机动的各种战术。这两个方面是过去研究者未能涉及和论述的。

题　　名　杨幺起义军水战地点研究

作　　者　陈士谔

刊　　名　求索

年 卷 期　1989年1期

页　　码　127 – 128

题　　名　杨幺起义军与宋军多次战斗的上、下沚江，上、下沚江口究竟在哪里

作　　者　陈士谔

刊　　名　武陵学刊

年 卷 期　1995年1期

页　　码　51 – 53

题　　名　杨州与“海上丝绸之路”

作　　者　朱江

刊　　名　江苏商专学报

年 卷 期　1992年2期

题　　名　洋人赫德奠基中国近代海关

作　　者　张雪峰

刊　　名　大经贸

年 卷 期　2010年10期

页　　码　95

题　　名　洋商与澳门：广东十三行文书续探

作　　者　杨国桢

刊　　名　中国社会经济史研究

年 卷 期　2001年2期

页　　码　43 – 53

摘　　要　葡萄牙东波塔档案馆所藏“汉文文书”中，可以发掘到少量广东十三行文书及其“碎片”。本文捡拾这些“碎片’反映的洋商曾设立澳行和为外商大班办理出入省澳手续、协助官府处理涉澳事务等信息，提供进一步研究的线索。

题　　名　洋商与大班：广东十三行文书初探

作　　者　杨国桢

刊　　名　近代史研究

年卷期 1996年3期

页 码 1-24

摘 要 洋商与大班(Supercargo),是鸦片战争前清代中英贸易中的关键性人物。他们之间的往来交涉情况,英国方面有英国东印度公司广州管理委员会或持选委员会的档案记录,现收藏在英国印度事务部图书档案馆

题 名 **洋务论者的“变局”观与海防建设**

作 者 尚东玲

刊 名 五邑大学学报(社会科学版)

年卷期 2003年5卷2期

页 码 55-58

摘 要 鸦片战争爆发后,清朝内外局势发生重大变化。以李鸿章为代表的洋务派认为,面对“变局”形势,中国应该大力开展以近代化海军与海防设施为中心的海防建设,其“变局”观的发展与清朝海防建设的实施有重要的因果关系。

题 名 **洋务派筹办新式海军二题刍议**

作 者 吴士英

刊 名 山东大学学报(哲学社会科学版)

年卷期 1990年3期

页 码 8-12,18

摘 要 在清朝新式海军的创办与洋务派的关系问题上,目前最为流行的一种观点认为,该海军的创办自始至终都是由洋务派进行的,而洋务派筹办新式海军又是从19世纪70年代中期才开始的。我认为这种观点是值得商榷的。

题 名 **洋务派聘用洋员及其分布**

作 者 林庆元

刊 名 海交史研究

年卷期 1995年28期

页 码 57-79

题 名 **洋务企业在对外商资本上的两面性——以轮船招商局为例(1873-1895)**

作 者 赵胜,满振祥

刊 名 商丘职业技术学院学报

年卷期 2007年6期

页 码 71-73

摘 要 鸦片战争以后,在外商资本的竞争下,中国传统的航运体系濒于崩溃,经过一番酝酿,1873年洋务派在上海创办了轮船招商局。作为外商资本的有力竞争对手,招商局在和外商资本的相互利益争夺中,双方既有针锋相对的抗衡,也有无可奈何的妥协。

题 名 **洋务思潮勃兴与近代海防论的发展**

作 者 戚其章

刊　　名　烟台师范学院学报(哲学社会科学版)
年 卷 期　1996 年 3 期
页　　码　1－11
摘　　要　近代海防论萌发于第一次鸦片战争时期,其倡导者为林则徐和魏源。后因时局变化,海防运动趋于式微,议海防者遂亦渐销声匿迹。迄于 19 世纪 60 年代初,洋务思潮勃兴,议海防者渐出。然而,在此后的 20 余年中,近代海防论的发展并不是一帆风顺的,它时断时续,在艰难的探求中前进。迄于中法战争爆发,其发展历程,大致可分为三个时期,试分别加以论述。

题　　名　**洋务运动的军事自强和中日甲午战争**
作　　者　史滇生
刊　　名　史学月刊
年 卷 期　1994 年 4 期
页　　码　44－49
摘　　要　清政府在 19 世纪 60 年代兴起的洋务运动,首先是从军事自强开始的。后来,虽然增加了“求富”的内容,但军事自强的目标始终未变。为实现军事自强,洋务派主要抓了三个方面的工作:一是建立近代军事工业;二是建立近代海防海军,同时改进陆军的武器装备和训练;三是建立近代军事学堂,培养新式海陆军人才。长期以来,人们普遍认为,甲午战争中国的失败和北洋海军的覆灭,宣告洋务运动的彻底破产,从而完全否定洋务运动的军事自强。甚至认为,甲午战争中国之所以失败,“不是由于别的原因,主要决定于洋务运动的反动本质”。这些看法是值得商榷的。本文打算就洋务运动的军事自强同中日甲午战争的关系进行一些探讨,以求教正。

题　　名　**洋务运动的历史教训**
作　　者　罗耀九,林平汉
刊　　名　中国社会经济史研究
年 卷 期　1992 年 1 期
页　　码　78－85

题　　名　**洋务运动和中国近代化的开端**
作　　者　张金兰
刊　　名　集宁师专学报
年 卷 期　2000 年 2 期
页　　码　83－85
摘　　要　十九世纪六十年代到九十年代在中国社会发生的洋务运动是一场清政府为拯救其垂危统治,以引进和学习西方先进的科学技术、创办和发展军用工业、民用工业,编练建立新式海军、海防、陆军,并相应培养新型人才为中心,以达到自强的运动。把洋务运动和近代化理论联系联系起来,有助于我们从更新的宏观角度来看待中国近代史。

题　　名　**洋务运动时期中国通商口岸和外贸态势的转变**
作　　者　虞和平
刊　　名　四川大学学报(哲学社会科学版)
年 卷 期　2006 年 5 期

页　　码　25 - 32

摘　　要　洋务运动时期,外资在华势力快速膨胀,中国资本主义性基本产业开始产生和初步发展,中外贸易也随之发生了重大转变:西方列强对中国商品输出和原料需求的升级;中国新式工业和交通运输业初步兴起后对外国商品需求的增加。中外贸易状况由出超向入超转变,并成为此后中外贸易变化的基本趋向。

题　　名　洋务运动与江南制造局

作　　者　夏东元

刊　　名　上海造船

年 卷 期　2005 年 2 期

页　　码　16 - 19

摘　　要　扼要叙述了洋务运动的性质与历史地位;提出了洋务运动即是近代化运动的观点。江南制造局是洋务运动举办最早的、新式的、先进的、标志性的一个机器制造工厂。她在中国近代史上具有很高的历史地位、重要的意义和重大的作用。

题　　名　洋务运动与近代海军人才的培养

作　　者　路平

刊　　名　西藏大学学报(汉文版)

年 卷 期　2000 年 4 期

页　　码　66 - 68

摘　　要　60 至 90 年代的洋务运动,是封建统治阶级中的一部分洋务派在外国入侵与国内农民起义双重打击下,所采取的一种自救运动。洋务运动中,在"求强"的口号下,他们创建了中国近代海军。这支海军虽然在中日甲午战争中遭到了沉重打击,主力舰队全军覆没。但洋务派为建立海军和加强海军所采取的培养人才的措施,是行之有效的,留下了许多有益的经验。

题　　名　洋务运动中的北洋海军

作　　者　郑云山

刊　　名　历史教学

年 卷 期　1981 年 2 期

页　　码　13 - 16

摘　　要　十九世纪下半期开始的洋务运动,是在"自强"和"求富"的旗号下进行的。举办一些民用性的工矿交通事业等,就是洋务派所说的"求富";而与军事直接相关的活动,诸如购买枪炮船舰、举办军火工厂等等,则属于所谓的"自强",其中,建立北洋海军,是洋务派在"自强"方面花的财力、精力最多,也最感得意的一项活动。本文想就北洋海军是怎样建立起来的,它为什么会很快覆没等问题,作些探讨。

题　　名　洋员马吉芬与"镇远"号

作　　者　马晨

刊　　名　当代海军

年 卷 期　2007 年 6 期

页　　码　73 - 74

题　　名　**洋员与北洋海军的创建和发展**

作　　者　戚海莹

刊　　名　学术研究

年 卷 期　2010 年 8 期

页　　码　112 – 116

摘　　要　在晚清海防近代化的进程中，聘用洋员是迅速发展海军的一个重要途径。在北洋海军的创建与发展过程中，无论创办之初还是在成军之时，洋员对北洋海军的建设和加速发展均做出了贡献。特别是他们在参与反对日本侵略的战争中，或牺牲，或负伤，与中国将士并肩作战，鲜血同洒海疆。像这样克尽厥职的洋员所在多有，是不应该忘掉他们的功绩的。然而，清政府在聘用洋员的问题上，也有许多失误。不善于识别和使用外国优秀的海军人才，也是甲午战争中海军失败的一个重要原因。

题　　名　**邀聘鉴真东渡的历史背景**

作　　者　汪向荣

刊　　名　世界历史

年 卷 期　1979 年 4 期

页　　码　44 – 52

摘　　要　鉴真的坐像，不久即将回国"探亲"，这将是中日两国人民友好史上的一件盛事。中日两国的友好往来，远在上古时代就开始了；就以中国史籍中有正式文字记载的而论，也远在二千年以前。这两千多年来，中国文化哺育着日本，日本文化又反过来帮助了中国；其间有不少人作出了卓越的贡献。唐代的鉴真和尚就是其中比较突出的一位，他以耄龄应邀，历尽艰辛，甚至在双目失明以后，还不变其素衷，先后经十二年之久，终于达到其目的。

题　　名　**姚广孝曾随郑和下过一次西洋**

作　　者　池敬嘉

刊　　名　文史知识

年 卷 期　2005 年 7 期

页　　码　90 – 97

题　　名　**姚广孝真的下过西洋吗？——兼及《姚氏族谱》相关记载之误**

作　　者　郑永华

刊　　名　江苏社会科学

年 卷 期　2007 年 5 期

页　　码　182 – 186

摘　　要　近年来学者根据福建《姚氏族谱》中的有关记载，指出明初永乐一朝重臣姚广孝曾随同郑和下过西洋，称这是国内相关研究的新进展。本文对此进行了较为详细的考察，认为《姚氏族谱》中所记姚广孝曾经同郑和下西洋的内容，并不合于历史事实。在此基础上推导出郑和下西洋的主旨是为了"迎佛骨"等结论，更是缺乏可靠根据的。

题　　名　**姚广孝祖籍考**

作　　者　陈兴良

刊　　名　郑和研究

年 卷 期　2008 年 2 期
页　　码　58 – 59
摘　　要　一部《姚氏族谱》拨开重重迷雾，解开明朝永乐年间荣国公姚广孝的祖籍的谜底，以及姚广孝与姚氏家族的关系和姚广孝参加第三次下西洋等问题。可以说长乐《姚氏族谱》是研究郑和下西洋中正史不足部分的补充资料。

题　　名　姚启圣与福建的开海、复界
作　　者　陈芹芳
刊　　名　福建史志
年 卷 期　2005 年 5 期
页　　码　40 – 42
摘　　要　姚启圣(1624 – 1683 年)，字熙止，号忧庵，浙江会稽(今浙江绍兴)人，康熙二年中北直隶解元，原授广东香山知县，因故被革职，并险些丧命。后虽遇赦，但“永不叙用”。康熙十三年，耿精忠叛乱，朝廷派和硕康亲王杰书率师讨伐，姚启圣捐资募兵到亲王军前请求效力。后来屡建奇功，受到亲王的器重。康熙十五年因功被擢升为福建布政使，康熙十七年为福建总督，官至福建总督、兵部右侍郎兼督察院右副都御史加太子少保。姚启圣在平定台湾，治理福建等方面立下了不朽的功勋。长期以来，学术界比较关注姚启圣打击残存的郑氏势力，与施琅一起统一台湾等方面的活动。而疏于对姚启圣与福建的开海、复界的研究。本文拟就此略作论述。

题　　名　姚启圣与清朝统一台湾
作　　者　肖立军
刊　　名　历史教学
年 卷 期　2002 年 7 期
页　　码　63 – 65

题　　名　姚锡光与清末军事建设
作　　者　舒习龙
刊　　名　兰台世界
年 卷 期　2006 年 22 期
页　　码　39 – 41
摘　　要　姚锡光是清季民初一位有着多重身份的历史人物，其一生经历丰富，成就颇丰。本文拟对姚锡光的生平作简要考证，重点探讨他在清末军事建设上的观点和影响。

题　　名　姚锡光与镇江江防快炮台
作　　者　戴志恭
刊　　名　中国历史博物馆馆刊
年 卷 期　1995 年 2 期
页　　码　68 – 71

题　　名　姚莹的海防思想与海国研究
作　　者　戚其章

刊　　名　安徽史学
年 卷 期　1994 年 1 期
页　　码　26 - 31

题　　名　**要正确表述郑和航海迷信**
作　　者　施存龙
刊　　名　郑和研究
年 卷 期　2000 年 1 期
页　　码　15 - 17

题　　名　**耶稣会教士与对日贸易**
作　　者　[葡]安娜·玛丽亚·莱唐 著;姚京明 译
刊　　名　文化杂志
年 卷 期　1993 年 17 期

题　　名　**也论东晋末年孙恩集团的性质**
作　　者　关治中,王克西
刊　　名　西北大学学报(哲学社会科学版)
年 卷 期　1988 年 4 期
页　　码　103 - 108

题　　名　**也论清前期的海外贸易——与黄启臣先生商榷**
作　　者　陈尚胜
刊　　名　中国经济史研究
年 卷 期　1993 年 4 期
页　　码　96 - 107
摘　　要　清代前期的海外贸易,虽然是人们常提及的重要问题,但却有许多问题需要考察和廓清。近年间,黄启臣先生在《清代前期海外贸易的发展》(《历史研究》1986 年第 4 期)、《清代前期广东的对外贸易》(《中国经济史研究》1988 年第 4 期)、《清代前期广州的对外贸易》(《广州外贸两千年》第 210 - 244 页)等文章中作出了许多非常有益的研究,澄清了很多学术问题。不过,就黄先生对清前期海外贸易状况和海外贸易政策研究的基本观点看,笔者感到某些结论仍有继续探讨的必要。本文仅谈几点不成熟的意见,以求教于黄先生和其他专家。

题　　名　**也论中国樯帆之始**
作　　者　杨琮
刊　　名　海交史研究
年 卷 期　1989 年 15 期
页　　码　14 - 20

题　　名　**也说“妈祖”名称的起源——兼同蓝岭先生商榷**
作　　者　谢如明

刊　　名　福建宗教
年 卷 期　2002 年 5 期
页　　码　39

题　　名　也谈“扶桑”
作　　者　陈福康
刊　　名　郑和研究
年 卷 期　1997 年 4 期
页　　码　38

题　　名　也谈“倭患”问题——与陈抗生同志商榷
作　　者　曾意丹
刊　　名　江汉论坛
年 卷 期　1982 年 3 期
页　　码　63－66
摘　　要　《江汉论坛》1980 年第 3 期发表了《嘉靖“倭患”探实》一文。主要论点是:“明中叶,特别是嘉靖年间的所谓‘倭寇’,从领导者到基本群众都是中国人,这些中国人是为了冲破明王朝反动的‘海禁’政策,才被迫拿起武器的;他们的斗争对于中国社会发展具有进步意义,而他们之被镇压是历史的悲剧。”还认为:朱纨、王仔、张经、李天宠、戚继光、俞大猷等在抗俊斗争中立下殊勋的人物,是镇压人民的刽子手,“朱厚熜的爪牙”。这种论点,我们无法苟同,觉得需要与作者陈抗生同志商讨。

题　　名　也谈甘棠港与黄崎镇的位置
作　　者　林汀水
刊　　名　中国社会经济史研究
年 卷 期　1995 年 3 期
页　　码　99

题　　名　也谈洪武年间的“海禁”与对外贸易
作　　者　魏华仙
刊　　名　常德师范学院学报(社会科学版)
年 卷 期　2000 年 25 卷 2 期
页　　码　52－55
摘　　要　明朝洪武年间的私人贸易,由于受元末外贸思想和沿海地区自然地理条件的影响一直很活跃;国家对外贸易则经历了由鼓励海外诸国与私商来华贸易到只允许政府间的朝贡贸易的演变过程。这期间的“海禁”主要是针对明政府的敌对势力、“倭寇”以及对前来朝贡的国家的使臣的检查与限制。

题　　名　也谈刘铭传撤师基隆的后果
作　　者　邱展雄
刊　　名　湖南城市学院学报
年 卷 期　1992 年 13 卷 2 期
页　　码　41－43,51

摘　　要　刘铭传从基隆撤师,又坐失收复基隆的多次良机,使法国侵略者据地为质,给台湾军民的抗法斗争和整个中法战争,造成了极其严重的后果。

题　　名　**也谈龙江船厂和宝船厂的厂址**
作　　者　杨斌
刊　　名　郑和研究
年 卷 期　1998 年 3 期
页　　码　39

题　　名　**也谈马可·波罗中国之行的真实性**
作　　者　张卫萍
刊　　名　平原大学学报
年 卷 期　2004 年 21 卷 3 期
页　　码　101 - 102

题　　名　**也谈南方青铜器上的羽人船**
作　　者　杨甫旺
刊　　名　四川文物
年 卷 期　1994 年 4 期
页　　码　46,45
摘　　要　1992 年 11 月 1 日《中国文物报》发表了黄展岳先生的《南方青铜器上的羽人船图像》一文。黄先生认为"羽人船图像所反映的是祭祀河神的情景"。我认为,南方青铜器上的羽人船图像不是祭祀河神,应是竞渡船比较符合实际。

题　　名　**也谈清代的"闭关政策"**
作　　者　万青芝
刊　　名　湖北师范学院学报(哲学社会科学版)
年 卷 期　1983 年 4 期
页　　码　105 - 110
摘　　要　关于清代的闭关政策,有一些同志持这样的看法:认为它是用以对内不是对外的,是对近代中国社会历史发展的反动,是造成近代中国落后挨打的根本原因。对此,笔者有些不同的看法,陈述于后,以请教于同志们。

题　　名　**也谈清代同光年间"海防"与"塞防"之争的性质**
作　　者　杨光楣
刊　　名　苏州科技学院学报(社会科学版)
年 卷 期　1990 年 1 期
页　　码　62 - 71
摘　　要　对于清代同治末年光绪初年"海防"与"塞防"之争的性质问题,在一些近代史著作和论文中,已有所评述。一度是"派系斗争"说较为流行,将这场争论视为以李鸿章为首的淮系军阀,与以左宗棠为首的湘系军阀之间的矛盾。近年来,"爱国与卖国之争"说盛行,认为"海防"与"塞防"之争,不是一般的策略分歧，而是维护民族根本利益的大是大非之争，“实质上是爱国与卖国之争”，也就是说，主张“塞防”者是爱国的，而强调“海防”的是卖国了。这些看法是否确切？是值得商榷的。

题　　名　**也谈清代同光年间“海防”与“塞防”之争的性质**
作　　者　杨光楣
刊　　名　史学月刊
年 卷 期　1992 年 1 期
页　　码　36 – 44
摘　　要　对於清代同治末年光绪初年“海防”与“塞防”之争的性质问题，在一些近代史著作和论文中，已有所评述。一度是“派系斗争”说较为流行，将这场争论视为以李鸿章为首的淮系军阀，与以左宗棠为首的湘系军阀之间的矛盾。近年来，“爱国与卖国之争”说盛行，认为“海防”与“塞防刀之争，不是一般的策略分歧，而是维护民族根本利益的大是大非之争，“实质上是爱国与卖国之争”。也就是说，主张“塞防”者是爱国的，而强调“海防”的是卖国了。这些看法是否确切？是值得商榷的。

题　　名　**也谈三海工程与海军衙门经费**
作　　者　陈先松
刊　　名　近代史研究
年 卷 期　2010 年 4 期
页　　码　155 – 160

题　　名　**也谈为方伯谦翻案问题——兼评郑守正的翻案文章:《再论方伯谦被杀是冤案》**
作　　者　柯平，海莹
刊　　名　齐鲁学刊
年 卷 期　1999 年 1 期
页　　码　103 – 112
摘　　要　近年来，国内掀起一股为方伯谦翻案热。郑守正先生的《再论方伯谦被杀是冤案》一文是翻案文章中颇具代表性之作，但该文所提出的“方之冤案已划下了句号”、“济远舰始终在战场上与敌舰作战”等说法，缺乏根据，纯属无稽之谈。该文对所据史料不加辨析，且随意增删改窜，无所顾忌，实有悖于学术规范，称不上一篇严肃的学术文章。历史结论要靠确凿的史实，翻案更需要充分的证据，就现有史料看，尚无充分证据为方伯谦翻案。

题　　名　**也谈文莱《蒲公碑》与《西山杂志・蒲厝》的关系**
作　　者　谢方
刊　　名　海交史研究
年 卷 期　1998 年 33 期
页　　码　104 – 108

题　　名　**也谈徐福故里及其东渡启航海港**
作　　者　李永先
刊　　名　贵州文史丛刊
年 卷 期　1990 年 3 期

页　　码　6 – 11

题　　名　**也谈元朝在澎湖设巡检司的年代**
作　　者　丛耕
刊　　名　贵州社会科学
年 卷 期　1982 年 1 期
页　　码　73 – 79
摘　　要　元朝在澎湖设立巡检司的年代，曾有各种不同的解释，或说在“十三世纪中叶”，或说在1360 年；还有的说在元世祖末年。荣孟源先生的《澎湖设巡检司的时间》，提出设巡检司应在世祖至元末的意见。1980 年，孔立先生发表《元置澎湖巡检司考》，又对澎湖应隶属晋江县、设巡检司的时间应在世祖至元末年，作了进一步的论证。这里就设巡检司的年份提出以下意见：设巡检司的年份，当在元世祖至元十六年至十八年（1279 – 1281）之间，而以至元十七年（1280）的可能性最大。

题　　名　**也谈郑和宝船尺度**
作　　者　程卿康
刊　　名　航海
年 卷 期　1983 年 5 期
页　　码　38 – 39
摘　　要　阅毕 1982 年第 3 期《航海》载文《郑和宝船尺寸记载有误》。（下称《有误》），有些观点不敢苟同，借此与杨樞、施鹤群同志商榷。

题　　名　**也谈郑和船队中的宝船**
作　　者　马忠
刊　　名　郑和研究
年 卷 期　2007 年 2 期
页　　码　32 – 33
摘　　要　时间飞驰，转眼距郑和率船队下西洋已 602 年，郑和一生伟大业绩及开拓精神一直鼓舞着全国人民。自上世纪 80 年代我国学术界开展了对郑和一生的事迹活动进行研究，数十年来取得了很大成绩，但是由于直接史料的缺失，以致有些问题至今尚不能解决。例如当年下西洋船队中的宝船，其尺度、船型至今在学术界存在争议。

题　　名　**也谈左宗棠创立福州船政局的目的及其成效**
作　　者　黄志中
刊　　名　福建论坛（文史哲版）
年 卷 期　1985 年 1 期
页　　码　68 – 72

题　　名　**叶名琛——咸丰帝无奈心态下的悲剧**
作　　者　王儒年
刊　　名　连云港教育学院学报
年 卷 期　1995 年 1 期

页　　码　22－27

题　　名　**叶名琛被俘日期考辨**
作　　者　胡世芸
刊　　名　上海师范大学学报(哲学社会科学版)
年 卷 期　1983 年 2 期
页　　码　112－114

题　　名　**叶名琛的悲剧及原因之探索**
作　　者　张国权,马俊吉
刊　　名　鞍山师范学院学报
年 卷 期　1985 年 3 期
页　　码　88－94

题　　名　**叶名琛与广东外交**
作　　者　翟厚良
刊　　名　吉林大学社会科学学报
年 卷 期　1989 年 1 期
页　　码　86－91

题　　名　**叶名琛在广东**
作　　者　韩仕海
刊　　名　广西师范大学学报(哲学社会科学版)
年 卷 期　1999 年 35 卷 1 期
页　　码　86－91

题　　名　**一八五九年大沽口保卫战清军大胜原因析**
作　　者　陈晓东
刊　　名　苏州科技学院学报(社会科学版)
年 卷 期　1989 年 Z1 期
页　　码　58－65

题　　名　**一本首创性的川江航运信史——读邓少琴先生所著《近代川江航运简史》**
作　　者　曾绍敏
刊　　名　中华文化论坛
年 卷 期　2002 年 3 期
页　　码　33－34
摘　　要　长江上游从四川宜宾至湖北宜昌长达 1045 公里的水道,称为川江。尽管长江上游的川江水道滩险浪恶,但历来是巴蜀地区对外交往贸易的交通要道。几千年来,川江给巴蜀人民带来无数鱼米之利和通达之便。自 1840 年的鸦片战争,英国用大炮打开了侵略中国的大门以后,中国便一步步沦为西方列强的半殖民地。随着外国侵略势力从中国沿海地区向内地扩张,川江成了列强的一个重要侵略目标。

重庆是长江上游最大的水陆码头、商业重镇，是列强确定为侵夺川江航运权，开辟中国西南部市场的战略重点。到19世纪末，西方列强的侵略魔爪已伸入川江。列强侵略川江的行径，激起了具有爱国传统的中国人民的强烈反抗。邓少琴先生是一位有历史责任感的学者，他在上世纪30年代就写成了以列强疯狂侵夺川江航运权和中国人民不甘屈辱奋起反抗侵略者、发展川江航运为主题的川江航运史。1982年，少琴先生应重庆地方史资料组之约，将该书修订，以《近代川江航运简史》为名再版，列为重庆地方史资料丛刊之一。在21世纪开首之年，巴蜀书社出版了《邓少琴西南民族史地论集》，其中收了《近代川江航运简史》。少琴先生是一位学术功底深厚的前辈学者，我作为后学，捧读先生用历史智慧和学术心血写成的这本著作，深受教益，体会良多。

题　　名　一本虽薄却重的晚清出洋大臣日记——浅谈李凤苞及其《使德日记》
作　　者　闫俊侠
刊　　名　兰州学刊
年 卷 期　2006年12期
页　　码　129－132，138
摘　　要　晚清时期，随着诸大臣的不断出洋，涌现出了大量的星轺日记。这类日记是当时中国知识分子考察、认识西方的重要文献。值得庆贺的是，近二十年来，晚清出洋大臣的日记作为史料不断刊布，尤其是20世纪80年代岳麓书社整理出版的“走向世界丛书”中所收的一些星轺日记、90年代北京图书馆出版社影印出版的张德彝的《航海述奇汇编》等书在学术界受到重视，然而，李凤苞的《使德日记》虽然多被刊印，但在学界并未得到应有的关注。故，此将李凤苞与《使德日记》的一些情况简单予以介绍，以期为晚清西学史的深入研究献上自己的绵薄之力。

题　　名　一部被忽略的郑和下西洋研究著作——《郑和航路考》评介
作　　者　范金民
刊　　名　郑和研究
年 卷 期　1994年1期
页　　码　45－46，54

题　　名　一部反映广东海上丝绸之路的新著——评顾涧清等著《广东海上丝绸之路研究》
作　　者　黄启臣
刊　　名　岭南文史
年 卷 期　2008年3期
页　　码　106－110
摘　　要　如果说2003年5月由广东经济出版社出版广东省政府文史研究馆组织编写的《广东海上丝绸之路史》是填补空白之作的话，那么2008年5月由广东人民出版社出版顾涧清等编著的《广东海上丝绸之路研究》，则是一部反映广东海上丝绸之路的新著了。

题　　名　一部反映广东海上丝绸之路历史的巨著——评黄启臣主编的《广东海上丝绸之路史》
作　　者　曾昭璇
刊　　名　岭南文史
年 卷 期　2003年3期
页　　码　41－44

题　　名　一部反映清代海外贸易信息的佳作——《镜花缘》
作　　者　陈松喜
刊　　名　图书馆论坛
年 卷 期　2004 年 24 卷 4 期
页　　码　215－217
摘　　要　从研究海外贸易信息的角度评论《镜花缘》的进步性和局限性，反映清代海外贸易的发展状况。

题　　名　一部揭示贸易全球化的佳作——读松浦章《清代海外贸易史的研究》
作　　者　黄启臣，张德信
刊　　名　史学集刊
年 卷 期　2003 年 4 期
页　　码　102－103

题　　名　一部开拓性的海外贸易史巨著——读陈柏坚、黄启臣教授新著《广州外贸史》
作　　者　刘正刚，黄国信
刊　　名　海交史研究
年 卷 期　1997 年 31 期
页　　码　131－133

题　　名　一部生动的爱国主义画册，一座海军史籍的丰碑——评陈贞寿《图说中国海军史（古代－1955）》
作　　者　汤韵旋
刊　　名　福建师范大学学报（哲学社会科学版）
年 卷 期　2008 年 6 期
页　　码　171－172

题　　名　一部透视中国近代经济变迁的力作——评《自开商埠与中国近代经济变迁》
作　　者　侯宣杰
刊　　名　广西右江民族师专学报
年 卷 期　2003 年 16 卷 1 期
页　　码　131－132
摘　　要　由广西师范大学唐凌教授所写的《自开商埠与中国近代经济变迁》一书，在学术上填补了中国自开商埠的空白。该书视角新颖、思路开阔、体系完整、内容翔实、方法创新、观点独创，是全面了解中国近代经济变迁不可或缺的力作。

题　　名　一部鲜为人知的日本人宋僧巡礼记——戒觉《渡宋记》解题并校录
作　　者　王勇，半田晴久
刊　　名　文献
年 卷 期　2004 年 3 期

页　　码　151－161

题　　名　**一部有关南海交通史的资料书——《海录》**
作　　者　周桓
刊　　名　河北大学学报(哲学社会科学版)
年 卷 期　1983 年 3 期
页　　码　99－102

题　　名　**一部中琉关系史料——历代宝案**
作　　者　赖永祥
刊　　名　大陆杂志
年 卷 期　1955 年 10 卷 12 期

题　　名　**一次发现中国文化的远航:海上丝绸之路考古新发现**
作　　者　李希光
刊　　名　海洋世界
年 卷 期　1991 年 6 期
页　　码　2－4

题　　名　**一代名舰——中山舰**
作　　者　唐志拔
刊　　名　船史研究
年 卷 期　1997 年 11/12 期

题　　名　**一段被遗忘的中朝交往关系史**
作　　者　郭济生
刊　　名　海交史研究
年 卷 期　2000 年 37 期
页　　码　33－37

题　　名　**一段不该遗忘的现当代学术史——中国大陆学者独立提出了倭寇“新论”**
作　　者　沈登苗
刊　　名　浙江社会科学
年 卷 期　2006 年 2 期
页　　码　163－168
摘　　要　20 世纪 30 与 50 年代,中国大陆学者提出,所谓的嘉靖“御倭”战争,实质上是由中国商人主导的反海禁的国内战争等观点,在学术界处于领先地位。近几年,海内外出现的那些内地 80 年代关于嘉靖“倭寇”的新论,受日本学人的影响;战后,台湾学者在此领域探索,比海内领先一步;大陆 80 年代以前倭寇研究的看法“基本一致”或“没有新的观点”的结论,需重新审视。学术问题,切忌“上纲上线”,需要转变观念,开展争鸣。

题　　名　一幅失传的明代航海图——《航海方程》
作　　者　吴申元
刊　　名　航海
年 卷 期　1982 年 6 期
页　　码　25

题　　名　一个存在于东南亚历史脉络中的"文化郑和"——评《东南亚的"郑和记忆"与文化诠释》
作　　者　张文学
刊　　名　郑和研究动态
年 卷 期　2009 年 4 期
页　　码　18 – 19

题　　名　一个存在于东南亚历史脉络中的"文化郑和"——评《东南亚的"郑和记忆"与文化诠释》
作　　者　张文学
刊　　名　东岳论丛
年 卷 期　2009 年 7 期
页　　码　189 – 190
摘　　要　郑和下西洋是中国明朝初期一次规模空前、跨越国界的政治、经济、外交活动，也是一次震惊世界的伟大的航海活动，更是中华民族在世界上展示自我、在世人面前扬眉吐气的盛事，六百年来，其影响之大，世人瞩目；影响之久远，后人传颂不息。对郑和下西洋及其史迹的研究，一直受到海内外学术界的关注。

题　　名　一九二三年的"关余事件"和中国人民的反美斗争
作　　者　陈胜粦
刊　　名　学术研究
年 卷 期　1965 年 6 期
页　　码　56 – 63

题　　名　一口通商对早期中英贸易的影响
作　　者　李强
刊　　名　浙江海洋学院学报（人文科学版）
年 卷 期　2008 年 1 期
页　　码　50 – 55，81
摘　　要　清初，清政府沿袭明代的海禁政策，对外贸易的主要形式为朝贡贸易。1684 年，康熙皇帝开海禁，设立江浙闽粤四海关，管理对外贸易。但四口通商对早期的中英贸易影响甚微，一方面是因为英国没有被清政府纳入朝贡体系，英商不享受相应的优待政策。对于缺少贸易中转站又不了解中国市场行情的英国商船来说，即便到达四口也难以售出货物，更无力购买大宗的中国商品。另一方面，四口都缺乏同英商长期贸易的准备，一时难以组织英商所需的货源。为了加强对英商的管理，1757 年，乾隆皇帝将中英贸易限定于广州一地，并推行公行制度。同年，东印度公司职能发生转变，实力强大的"公司国家"垄断中国与欧洲的茶叶贸易，中英贸易进入大发展时期，鸦片贸易成为东印度公司平衡收支的重要筹码。

题　　名　一口通商与“澳门航道”

作　　者　郑德华

刊　　名　学术研究

年 卷 期　1999 年 12 期

页　　码　35－42

摘　　要　本文集中研究了清朝实行广州“一口通商”的原因与背景，并探求澳门的兴起对广州贸易的刺激作用以及鸦片战争前广州与澳门的内河航道，即“澳门航道”在交通、运输、贸易等方面的作用。

题　　名　一六五〇年—一六六二年 郑成功海外贸易的贸易额和利润额估算

作　　者　杨彦杰

刊　　名　福建论坛(社科教育版)

年 卷 期　1982 年 4 期

页　　码　80－88

摘　　要　海外贸易是郑成功研究的一项重大课题，而海外贸易额及其利润额的估算，又是此课题一个重要方面，有必要作深入地探讨。

题　　名　一年来英国学者加文·孟席斯新说讨论述评

作　　者　时平

刊　　名　回族研究

年 卷 期　2003 年 3 期

页　　码　14－17

题　　名　一千三百年前的中日白江口海上火攻战

作　　者　何酩

刊　　名　海事大观

年 卷 期　2002 年 4 期

页　　码　42

题　　名　一水之隔 友好往来——苏禄国东王及他的后裔们

作　　者　杨玉梅

刊　　名　郑和研究

年 卷 期　2001 年 2 期

页　　码　57－59

题　　名　一艘沉没的郑和宝船

作　　者　郑自强

刊　　名　航海

年 卷 期　1985 年 3 期

页　　码　11－12

题　　名　一位值得纪念的友好使者——日本高僧空海
作　　者　徐松
刊　　名　外国史知识
年 卷 期　1982 年 9 期
页　　码　44－45

题　　名　一项被埋没了的重大发明——关于“旱罗盘”的探索
作　　者　王心喜
刊　　名　航海
年 卷 期　1995 年 3 期
页　　码　26－27

题　　名　伊比利亚文献资料中关于 Macau 的由来
作　　者　［葡］洛瑞罗 著；黄徽现 译
刊　　名　文化杂志
年 卷 期　2002 年 45 期

题　　名　伊里布与浙江停战
作　　者　茅海建
刊　　名　近代史研究
年 卷 期　1994 年 5 期
页　　码　1－25

题　　名　伊斯兰教传入上海地区的时间及线路探讨
作　　者　王正书
刊　　名　学术月刊
年 卷 期　1981 年 9 期
页　　码　43－48

题　　名　伊斯兰教传入中国的时间
作　　者　才家瑞
刊　　名　中南民族大学学报（人文社会科学版）
年 卷 期　1983 年 1 期
页　　码　113

题　　名　伊斯兰教文化东渐扬州始末
作　　者　朱江
刊　　名　海交史研究
年 卷 期　1978 年 1 期

题　　名　**伊斯兰教文化东渐扬州始末(下)**
作　　者　朱江
刊　　名　海交史研究
年 卷 期　1980年2期

题　　名　**伊斯兰天文学在中国的传播**
作　　者　陈占山
刊　　名　海交史研究
年 卷 期　1998年33期
页　　码　85－95

题　　名　**移民与潮汕和东南亚的文化交流**
作　　者　黄挺
刊　　名　海交史研究
年 卷 期　1998年33期
页　　码　27－37,18

题　　名　**颐和园工程与北洋海军**
作　　者　戚其章
刊　　名　社会科学战线
年 卷 期　1989年4期
页　　码　191－197
摘　　要　慈禧太后挪用海军经费大修颐和园工程,这是中国近代史上著名的丑闻。但是,海军经费移筑颐和园工程的数量有多少?它与北洋海军的发展有无关系?对此,迄今众说纷纭,聚讼不已。拙作《北洋舰队》中曾涉及这个问题,但论述有欠周密。兹再撰此文,一则修正前说,一则提出个人的浅见。

题　　名　**颐和园与海军衙门**
作　　者　王道成
刊　　名　人民论坛
年 卷 期　2006年7期
页　　码　63－64

题　　名　**以茶制夷——论鸦片战争中清政府中止与英国贸易之目的**
作　　者　甘满堂
刊　　名　农业考古
年 卷 期　1996年2期
页　　码　228－233

题　　名　**以经济观审视海防建设——魏源海防思想述评**
作　　者　李国华

刊　　名　军事历史研究
年 卷 期　1987 年 3 期
页　　码　161 – 166

题　　名　以考古文物中看 7 – 15 世纪伊朗对中国东南沿海的影响
作　　者　陈达生
刊　　名　海交史研究
年 卷 期　1999 年 36 期

题　　名　义和团时期的赫德
作　　者　贾熟村
刊　　名　湖南科技学院学报
年 卷 期　2008 年 29 卷 2 期
页　　码　1 – 3
摘　　要　在义和团时期，西方世界是一片反华大合唱，赫德敢于公开称赞义和团的爱国，敢于批评联军的暴行，写了多篇文章表明观点，并引起了不小的反响，为当时维护中国的现状不被西方列强瓜分，起到一定作用。

题　　名　义和团运动与晚清漕粮运输
作　　者　倪玉平
刊　　名　江苏社会科学
年 卷 期　2008 年 5 期
页　　码　201 – 208
摘　　要　义和团运动对晚清的漕粮运输产生了重大影响。首先，义和团运动爆发后，八国联军侵华，占领津京等地区，慈禧太后挟光绪帝出逃，导致漕粮海运中断，并转而将部分漕粮向山西、陕西运送。其次，义和团运动被镇压后，朝廷被迫与联军签定《辛丑条约》，偿付巨额赔款，清朝的财政体系完全崩溃。为筹措赔款，清廷不得不颁布“漕粮改折诏”，虽然江浙后来又恢复本色 100 万石，但漕运制度已经遭到致命打击。再次，为节省费用，清廷开始采纳铁路剥漕的方式，结果成为继轮船之后，漕粮运输工具史上的又一重大突破。简言之，义和团运动是晚清漕粮运输的转折点。

题　　名　义和团运动中的赫德
作　　者　阳三平
刊　　名　中山大学研究生学刊（社会科学版）
年 卷 期　1997 年 18 卷 4 期
页　　码　36 – 41
摘　　要　义和团运动爆发后，在华英国人士赫德曾一度成为左右大局的关键人物。他一方面著文立说，一方面参与议和，既最大限度地维护了英国的在华利益，又扩大了其对中国当局的影响力。其在一些问题上考虑中国特别是清廷的利益也值得关注。

题　　名　义净和他的《南海寄归内法传》
作　　者　季羡林，王邦维

刊　　名　文献
年 卷 期　1989 年 1 期
页　　码　164 - 178
摘　　要　义净是中国历史上最著名的求法僧之一,同时又是重要的佛经翻译家。义净在唐高宗咸亨二年(671)从海路赴印度,武后证圣元年(695)回到洛阳,后来在洛阳和长安两地译经。《南海寄归内法传》(以下简称《寄归传》)和《大唐西域求法高僧传》(以下简称《求法高僧传》)是义净最重要的两种著作。

题　　名　**义净前往南海诸国和印度的事迹及贡献如何?**
作　　者　建平
刊　　名　历史教学
年 卷 期　1962 年 3 期
页　　码　54 - 55

题　　名　**义净前往南海诸国和印度的事迹及其贡献**
作　　者　周桓
刊　　名　河北大学学报(哲学社会科学版)
年 卷 期　1982 年 3 期
页　　码　55 - 59
摘　　要　古代中国与印度的交通路线主要是从甘肃西部的敦煌出发,经过新疆,越过葱岭,到达苏联和阿富汗的边境,然后由印度的西北部(今巴基斯坦)进入印度,唐代著名僧人玄奘就曾冒着生命的危险克服许多高山、沙漠和森林等自然险阻而后进入印度的。

题　　名　**义净时期中国同南海的海上交通**
作　　者　石坚平
刊　　名　江西社会科学
年 卷 期　2001 年 2 期
页　　码　59 - 64
摘　　要　在义净时期,中国同南海的海上交通重心已经实现了南移。昔日的海上帝国——扶南已经没落,室利佛逝正在迅速崛起,为中国同南海海上交通重心的南移奠定了政治基础。中外的航海技术交流的发展,特别是中国和阿拉伯在航海术上的相互交流、相互吸收,共同进步、共同提高,为中国南海海上交通重心的南移提供了技术保障。

题　　名　**义律与鸦片战争的爆发**
作　　者　朱卫斌
刊　　名　贵州文史丛刊
年 卷 期　1997 年 1 期
页　　码　11 - 14
摘　　要　义律(Charles Elliot,1801 - 1875)于 1834 年随英国首任驻华商务监督律劳卑(William John Namer,1786 - 1834)来华,1836 年升任驻华商务监督,1840 年 2 月与其堂兄懿律(Georse Elliot,1784 - 1863)一起被任命为英国政府驻华全权代表,负责军事与谈判事宜。可以说,他是英国发动对华战争的关键人物之一。但多年来,由于资料的缺乏,义律与鸦片战争的关系没有得到足够重视。令人高兴的是,胡滨先生翻译的《英国档案有关鸦片战争史料选译》给我们提供了研究方便。

题　　名　议 1883 年赫德的五个《节略》
作　　者　李宜霞
刊　　名　桂林市教育学院学报
年 卷 期　1999 年 13 卷 4 期
页　　码　26－28
摘　　要　1883 年,法国加速了侵略越南的步伐,并妄图以此为跳板侵略中国,中法之间剑拔弩张。赫德插手中法交涉,向清政府递交了五个《节略》。其目的是劝诫、恫吓清政府妥协退让,避免中法交战,以此维护英国在华利益。

题　　名　议海神天妃对郑和航海的影响
作　　者　孟俭红
刊　　名　郑和研究
年 卷 期　1994 年 4 期
页　　码　37－38

题　　名　异路同归(上):北洋海军装备的军辅舰船
作　　者　陈悦
刊　　名　现代舰船
年 卷 期　2005 年 10B 期

题　　名　异路同归(下):北洋海军的外援军航
作　　者　陈悦
刊　　名　现代舰船
年 卷 期　2005 年 11B 期

题　　名　奕譞巡阅海防经过
作　　者　溥任
刊　　名　紫禁城
年 卷 期　1990 年 4 期
页　　码　18－19

题　　名　益阳与吴蜀水战
作　　者　刘年香
刊　　名　陕西水利
年 卷 期　1999 年 Z1 期
页　　码　55,54

题　　名　殷、吴越和太平洋群岛文化
作　　者　蔡凤书,崔大勇,市川健二郎

刊　　名　东南文化
年 卷 期　1988 年 1 期
页　　码　24 – 30
摘　　要　本文比较全面地利用了考古发掘成果论述了日本列岛与大陆文化、殷文化与吴越文化及太平洋群岛文化的关系，在六十年代曾是一篇著名的论文。事隔二十多年后，其中某些论述已显得陈旧，但就论文整体来看仍不失为研究中国东南文化的重要参考文献。这儿，我们摘译了至今仍有价值的一些论述，奉献给读者们。本文原载日本《民族学研究》第 25 卷第 1 – 2 号。

题　　名　**殷人渡美——三千年前“或许有”的航海传奇？**
作　　者　逄文昱
刊　　名　中国海事
年 卷 期　2010 年 3 期
页　　码　73 – 74

题　　名　**殷人航渡美洲再探**
作　　者　房仲甫
刊　　名　世界历史
年 卷 期　1983 年 3 期
页　　码　47 – 57，26
摘　　要　古代中国人何时到达美洲？这是一个国内外学术界争论了两个多世纪的历史难题，发表了很多观点不同的文章。归纳起来，主要有两种见解：其一，认为中国人在公元五世纪或公元前 1500 年就到达了美洲的墨西哥；其二，认为古代中国人没有到达墨西哥，古籍《梁书・东夷传》慧深东渡说不足为信，殷人东渡说缺乏科学根据。近年来，房仲甫同志在研究了有关考古新发现和部分文献资抖之后，认为殷人确曾航渡美洲，到了墨西哥。本刊发表他的《殷人航渡美洲再探》一文，意在引起学术界重视，展开讨论，以期这一具有现实意义和学术价值的问题得到科学的解释。

题　　名　**殷人是否远航到达美洲**
作　　者　嵇立群
刊　　名　航海
年 卷 期　1998 年 5 期
页　　码　39 – 40

题　　名　**殷商时代应是中日文化交流的初始期**
作　　者　徐桐生
刊　　名　河北学刊
年 卷 期　1989 年 1 期
页　　码　87 – 92

题　　名　**殷商文明的东迁与美洲奥尔梅克文明的兴起——最早移民至美洲的印第安人来自何处？（二）**
作　　者　胡远鹏
刊　　名　化石

年 卷 期 2000 年 4 期
页 码 14 – 16

题 名 **引进与引进后的管理——清轮船招商局与日本轮运业发展的比较**
作 者 朱荫贵
刊 名 经济导刊
年 卷 期 1994 年 6 期
页 码 66 – 68

题 名 **隐元大师终老日本原因探微——兼与日本学者大干郎商榷**
作 者 林世芳
刊 名 福建师大福清分校学报
年 卷 期 2003 年 S1 期
页 码 4 – 7
摘 要 日本学者大干郎认为,隐元大师终老日本的原因,是因为清廷实行闭关锁海政策。本文提出不同看法,认为隐元大师终老日本的原因并非由于清廷锁海政策,主要是其持鲜明的抗清复明誓不降清态度。由于反清复明无望,他以遗民僧身份终老日本。

题 名 **印度·马拉巴尔海岸出土的中国陶瓷片**
作 者 辛岛升,程晓中
刊 名 东南文化
年 卷 期 1992 年 2 期
页 码 282 – 286

题 名 **印度尼西亚发现若干德化窑青花瓷盘**
作 者 陈丽华
刊 名 海交史研究
年 卷 期 1994 年 25 期
页 码 107 – 109

题 名 **印度尼西亚三宝垄有关郑和的传说**
作 者 李金明
刊 名 郑和研究
年 卷 期 1995 年 3 期
页 码 26,9

题 名 **印度婆罗门教及其传入泉州**
作 者 蒋颖贤
刊 名 海交史研究
年 卷 期 1980 年 2 期

题　　名　**应该正确评价北洋海军**
作　　者　孙克复，于晓静
刊　　名　齐齐哈尔师范学院学报(哲学社会科学版)
年 卷 期　1984年2期
页　　码　90－97

题　　名　**应为“黄鹄”号正名**
作　　者　卫太夷，钱玉戡
刊　　名　上海海事大学学报
年 卷 期　1989年4期
页　　码　111－113
摘　　要　中国近代造船工业始于清末洋务运动，以我国第一代造船工程师、晚清著名科学家徐寿所设计、试验、制造的“黄鹄”号轮船为其先声。关于这艘具有历史意义的中国第一艘轮船“黄鹄”号的诞生，其试制的经过及建成后投入运行的性能如何？百余年来，由于史料记载不一，或详略有殊，以致对其评价也迥然不同。

题　　名　**应重新评价徐福之东航**
作　　者　李养正
刊　　名　中国道教
年 卷 期　1992年4期
页　　码　19－28

题　　名　**英国第一次使团来华的目的和要求**
作　　者　朱杰勤
刊　　名　世界历史
年 卷 期　1980年3期
页　　码　24－31
摘　　要　一七九二年，英国派出以马卡特尼(旧译马戛尔尼)为首的使团聘问中国。这是鸦片战争前中英关系史上的一件大事。关于这个使团档案材料，《清实录》收集甚多，英国印度事务所档案部也储藏不少。此外，该使团中人的纪录和时人关于使团和大使的著述也有数种出版。目前西方史学家把这个问题作为专题研究的，以普里查德为最著。

题　　名　**英国东印度公司从事华茶出口贸易发展的阶段与特点**
作　　者　兰日旭
刊　　名　农业考古
年 卷 期　2006年2期
页　　码　223－228
摘　　要　早期中英贸易关系史研究中一个非常重要的问题即是英国东印度公司从事华茶出口贸易问题。本文拟就对存在258年的英公司所从事华茶出口贸易发展的阶段与特点作一探索，以助于进一步深入早期中英关系史的研究。

题　　名　**英国东印度公司对华茶叶贸易方式探析**

作　　者　张燕清

刊　　名　中国社会经济史研究

年 卷 期　2006年3期

页　　码　54－60

摘　　要　从18世纪至19世纪初期一个多世纪的时间里，英国东印度公司对华茶叶贸易的基本方式是在预付茶叶货款的前提下，以贸易份额制为主要特征的方式进行的。然而，不论是茶叶货款预付还是贸易份额制却始终不为东印度公司董事部所认可和赞同；在公司最高决策层长期反对的情况下，对华茶叶贸易的货款预付方式和贸易份额制不仅一直存在而且日益扩大，有其深层的原因。本文论述了该贸易方式的源流及其发展、基本内容，分析其长期存在的原因。

题　　名　**英国东印度公司对华贸易的历史启示**

作　　者　潘毅

刊　　名　凯里学院学报

年 卷 期　2009年5期

页　　码　35－38

摘　　要　英国东印度公司是西欧民族国家走上大洋洲际贸易和殖民扩张的产物。为了获取以中国印度为首的东方巨大财富，英国东印度公司坚持不懈地开辟对华贸易。在最初对华贸易出口遭到贸易逆差而资金不足的情况下，公司除对散商签发汇票借取资金从事大洋茶叶贸易在欧洲获取巨额利润外，还罪恶地从事鸦片贸易而扭转了贸易逆差，从而增加了公司的财富与英国政府的赋税，为英国从商业资本主义向工业资本主义的发展提供了雄厚的资金，也为英国从民族国家走向世界性殖民帝国奠定了坚实的物质基础。

题　　名　**英国东印度公司对华贸易中心从厦门转向广州的原因**

作　　者　张燕清

刊　　名　学术研究

年 卷 期　1999年8期

页　　码　50－53

摘　　要　作者从英国东印度公司厦门贸易中心出现的特殊历史背景、其在厦门贸易的困难及其一直致力于在广州建立商馆的努力等几方面分析了英国东印度公司对华贸易中心从厦门转向广州的原因，指出这一转移的必然性。

题　　名　**英国东印度公司及其对华的掠夺与侵略**

作　　者　李文业

刊　　名　辽宁大学学报(哲学社会科学版)

年 卷 期　1993年3期

页　　码　53－56

摘　　要　英国东印度公司从其成立伊始，便把贸易与权力合而为一，成为英国在亚洲扩展经济、政治、军事侵略势力的据点，尤其是在对华鸦片贸易和鸦片战争中，它都起到了举足轻重的罪恶作用。

题　　名　**英国东印度公司控制下散商对华贸易的特点**

作　　者　李宽柏

刊　　名　龙岩学院学报
年 卷 期　2005年23卷5期
页　　码　63－65
摘　　要　鸦片战争前的中英贸易是中西经济关系的主要内容，其中东印度公司控制下散商的“港脚贸易成了整个结构的基石”。商散在与东印度公司互为依赖、互为补充的过程中，一方面通过不断扩大港脚贸易，进行疯狂的鸦片走私和继续从事棉花贸易，达到不断扩充自己实力的目的；另一方面又不断设法逃避和抵制东印度公司的管制，使自己在中国站稳脚跟，不断扩大自己的经营范围，最终导致了对东印度公司的贸易垄断特权最猛烈的冲击。

题　　名　**英国东印度公司取得华茶出口贸易垄断权的因素分析**
作　　者　兰日旭
刊　　名　农业考古
年 卷 期　1998年1期
页　　码　211－214
摘　　要　英国东印度公司创立于1600年，到1858年解散，共存258年。起初公司“靠胡椒哺育起来”，但自以崇祯10年（公元1637年）4月6日从广州首次运出茶叶12磅后，其经营重点就逐渐转向华茶贸易。到十八世纪末公司在众多因素的推动下，从国会中获得了对华茶出口贸易的垄断权。本文就试图对公司获得垄断权的原因作一探索，以进一步增进对早期中英贸易关系的了解。

题　　名　**英国对华鸦片贸易的起因、扩展与衰落**
作　　者　邢广丛，王学红
刊　　名　安庆师范学院学报（社会科学版）
年 卷 期　1997年16卷3期
页　　码　53－57
摘　　要　英国对华鸦片贸易大致经历了三个阶段。1713－1834年，鸦片贸易兴起，并以走私的形式在中国沿海公开出现。中经1834－1839年猖獗的鸦片走私和林则徐的禁烟运动，两次鸦片战争先后爆发，中国主权一步步沦丧，鸦片贸易渐趋合法化，1858－1884年英国对华鸦片贸易达到了顶峰。1885年中国被迫签订《烟台条约续增专条》，鸦片贸易虽最终合法通行中国，但中国国门也进一步打开，外国商品大量涌入，鸦片贸易随之走向衰落。

题　　名　**英国入侵与营口开埠**
作　　者　单素玉
刊　　名　辽宁大学学报（哲学社会科学版）
年 卷 期　1995年2期
页　　码　71－74
摘　　要　本文在充分利用历史文献及档案资料的基础上，把英国入侵和营口开埠结合起来，着重论述了三个问题：一是美国入侵前的营口，由于历史演变和东北地区经济发展的需要，已经有了前进的活力；二是英国在第二次鸦片战争前后用倾销鸦片和武装挑衅，侵入营口并迫使清政府允许以营口代替牛庄开埠；三是虽然英国借营口开埠掠夺了大量财富，本地经济受到侵略者的控制和影响，但开埠却带来了新的契机，各国相继前来互市，营口因而也先于大连、丹东走向繁荣。

题　　名　**英国学者论证:“中国人最先环球航行”**
作　　者　王仲勋
刊　　名　决策与信息
年 卷 期　2004 年 9 期
页　　码　6 - 8
摘　　要　英国海军大校孟席斯用十多年时间写成《1421:中国发现世界》。他宣称:600 年前的郑和是进行首次环球航行并发现美洲新大陆的第一人。担任过英国海军潜艇艇长的孟席斯在他 17 年的海军生涯里走遍世界,但他最终把目光抛向了古老东方的中国,抛向 600 年前封建中国的明朝,把所有的心力全部交付给一个 600 年前的中国航海家——郑和。

题　　名　**英国学者提出历史新发现:郑和,环球航行第一人**
作　　者　陈振杰
刊　　名　海事大观
年 卷 期　2002 年 5 期
页　　码　3 - 5
摘　　要　2002 年 3 月 4 日。英国《每日电讯》刊发一则震惊世界的消息。报道了一名英国退休海军军官业余历史学家加文孟席斯以其几十年的航海经历和专业技术,坚持 14 年追踪研究、考证中国明代航海家郑和的新发现。孟席斯说他有证据,能够证明中国的郑和比哥伦布早 72 年发现美洲新大陆,比麦哲伦提前一个世纪,完成环绕地球的远洋航行。这是孟席斯潜心研究和多方考证了中国明代郑和率领的庞大远洋航海舰队及航海地图所得出的结论。

题　　名　**英国专家认为郑和是世界环球航行第一人**
作　　者　海讯
刊　　名　海洋开发与管理
年 卷 期　2002 年 3 期
页　　码　78 - 79
摘　　要　英国一名专家近日援引新证据提出惊人学说,指中国明朝三宝太监郑和领导的船队,是人类历史上第一支环绕地球航行的队伍,早在 15 世纪中叶之前,中国的航海家便已经发现世界上的许多地方,他们比哥伦布先发现了新大陆,比麦哲伦早 100 年便绕行世界一周,也比英国的库克更早到达澳洲,并一度航海到南极附近。如果此说属实,这将有可能改写世界航海和文明发展的历史。

题　　名　**英人赫德与澳门问题**
作　　者　邱克
刊　　名　开放时代
年 卷 期　1987 年 12 期
页　　码　61 - 66
摘　　要　澳门问题在中国历史,特别是中外关系史上一直有着重要位置。葡萄牙自明代末年开始非法占据澳门以来,从未得到过中国政府的承认。但鸦片战争以后,由于西方列强的怂恿和插手,中国澳门的领土主权不断受到损害。尤其是 1887 年签订的《中葡和好通商条约》,对澳门的历史地位产生过最重要的影响。而诱使清政府签订这一丧权辱国的不平等条约的主要人物,即是英国人罗伯特·赫德。回顾赫德在澳门问题上的所作所为,不仅可以帮助我们进一步深刻地认识澳门的历史,而且对于正确理解当今我国独立自主的外交政策也会有一定的启迪。

题　　名　**英人赫德与中葡澳门交涉史料**
作　　者　邱克
刊　　名　岭南文史
年 卷 期　1987年2期
页　　码　57－65
摘　　要　众所周知,晚清中国海关总税务司、英国人赫德(RobertHart)曾于1887年参予操纵了中葡关于澳门谈判。实际上,从1862年到1905年的四十余年间,几乎所有的中葡澳门交涉,都有赫德直接或间接的插手。这一点许多人还不十分清楚。为了更好地研究澳门的历史,特别是了解帝国主义破坏中国在澳门主权的具体过程,我们在此提供一些片断的资料。

题　　名　**英人泰莱《甲午中日海战见闻记》质疑——兼与董蔡时同志商榷**
作　　者　戚其章
刊　　名　近代史研究
年 卷 期　1982年4期
页　　码　162－177

题　　名　**英商否认海关洋员关于走私违章处分的管辖权和《会讯船货入官章程》的制定**
作　　者　陈诗启
刊　　名　厦门大学学报(哲学社会科学版)
年 卷 期　1987年1期
页　　码　101－113,55

题　　名　**英雄·神仙——剖析郑和在海外的传说**
作　　者　居三元
刊　　名　郑和研究
年 卷 期　1996年3期
页　　码　43

题　　名　**英勇悲壮的黄海大战**
作　　者　张廉君
刊　　名　史学月刊
年 卷 期　1984年3期
页　　码　106－109

题　　名　**英勇悲壮的镇江抗英保卫战**
作　　者　陆潮洪
刊　　名　江苏地方志
年 卷 期　1997年3期
页　　码　6－8

题　　名　**营口代牛庄开埠考**
作　　者　张博
刊　　名　历史教学
年 卷 期　2005 年 9 期
页　　码　76 – 77
摘　　要　在 1858 年中英双方签订了《天津条约》,其中第十一款提到“牛庄、登州、台湾、潮州、琼州等府城口,嗣后皆准英商亦可任意与无论任何人买卖,船货随时往来。至于听便居住,赁房、买屋,租地起造礼拜堂、医院、坟营等事,并另有取益防损诸节,悉照已通商五口无异”。根据这一规定,牛庄等口岸成为通商口岸,在一般的历史教科书上,在讲述第二次鸦片战争时,都会提到“牛庄后改为营口”,而对于这一改变的历史过程和发生变化的原因,则大多语焉不详。在学术界,长期以来,一般学者都认为是西方侵略者要求清政府以营口代牛庄开埠,笔者在梳理《筹办夷务始末》及其《补遗》的过程中,发现这个问题却并非如此,兹将笔者个人不成熟的见解提出,求教于方家。

题　　名　**营口代牛庄开埠考**
作　　者　张博
刊　　名　中国地名
年 卷 期　2009 年 2 期
页　　码　75 – 76

题　　名　**营口开埠对东北近代经济的影响**
作　　者　陈景华,魏秀兰
刊　　名　黑龙江教育学院学报
年 卷 期　1994 年 1 期
页　　码　37 – 38,44
摘　　要　营口是东北地区与关内沿海城市通商的最早商埠,也是东北地区的金融中心。本文仅就营口开埠前后东北经济发展情况的比较,概要阐述资本主义的经济侵略,对东北经济的双重影响。

题　　名　**营口开埠与晚清东北商路——以辽河航运为中心的考察**
作　　者　张博
刊　　名　社会科学辑刊
年 卷 期　2006 年 1 期
页　　码　163 – 167
摘　　要　营口开埠前,依托辽河庞大的水运网络,发展成为盛京沿海贸易重心所在。及至其开埠后,则促进了辽河航运的勃兴,辽河沿岸码头及商业城镇得以迅速发展并拓展了营口的经济腹地。晚清大部分时间里,辽河一直是营口与其经济腹地进行沟通的纽带,亦是两者之间的主要商道,初步形成了以营口为出海口,以辽河航运为纽带,通过辽河沿岸的商业城镇或码头吸纳东北内地的土货,将进口的货物辐射到内地的市场流通结构。清末,在铁路运输的冲击下,辽河航运渐趋衰落,营口发展也相对滞缓,辽河航运和营口都难以重铸往日的辉煌。

题　　名　营口开埠与晚清辽河流域城镇的发展

作　　者　张大伟

刊　　名　北方文物

年 卷 期　2004 年 4 期

页　　码　80 – 84

摘　　要　进入 19 世纪中叶，晚清政府在内外压力的夹击下，开始寻求新的变化和发展，其中开放通商口岸就是其采取的主要措施之一。这些通商口岸大多位于沿海或沿江地带，它们的建设和发展相应地带动了周边或者所在江河流域城镇的发展，营口就是其中较为典型的一个通商口岸。本文主要采用城市历史地理的研究方法，结合现代城市地理的部分理论，对营口的兴衰以及相应带来的辽河流域城镇的发展变化进行了分析。

题　　名　营口开埠与营口海关

作　　者　于阜民，阎海

刊　　名　北方文物

年 卷 期　2008 年 2 期

页　　码　92 – 94

摘　　要　本文就《营口开埠与晚清辽河流域城镇的发展》和《清末民初东北地区海关的设立及其业务活动》两篇文章中有关营口开埠及营口海关等问题提出商榷，通过文献与文物资料的考证，对其中与史实不符之处予以更正。

题　　名　营口开港和外国资本主义势力侵入东北

作　　者　吴文衔

刊　　名　学习与探索

年 卷 期　1984 年 2 期

页　　码　142 – 144

题　　名　营口开港与辽河航运

作　　者　陶炎

刊　　名　社会科学战线

年 卷 期　1989 年 1 期

页　　码　184 – 189

题　　名　拥江蹈海刘家港——刘家港史札记

作　　者　汪放

刊　　名　郑和研究

年 卷 期　2008 年 2 期

页　　码　4 – 11

题　　名　雍乾时期中国与暹罗的大米贸易

作　　者　汤开建，田渝

刊　　名　中国经济史研究

年 卷 期 2004 年 1 期

页 码 81－88

摘 要 中暹大米贸易，以其独特的实用性和普及性，历来是中暹友好关系中的一个重要组成部分。清朝初期，由于各种原因，中暹之间大米贸易关系产生，并且在随后兴旺发展，本文就清朝前期中暹大米贸易中的几个问题作一探讨。

题 名 **雍正时期直隶天津满洲水师营都统觉罗伊礼布离职日期考**

作 者 李阳光

刊 名 广播电视大学学报（哲学社会科学版）

年 卷 期 2010 年 2 期

页 码 76－77，82

摘 要 雍正征准噶尔噶尔丹策凌有谕，将军等大员出征，原职保留，另委署员管理事务，俟大兵凯旋，将从征官员与本处署理之员一并分别引见补授。据此推断出征准噶尔之天津都统觉罗伊礼布离职日期当为其后任都统阿扬阿任职时间。

题 名 **雍正元年天津截留漕粮述论**

作 者 李俊丽

刊 名 历史教学（高校版）

年 卷 期 2008 年 7 期

页 码 50－53

摘 要 清代漕粮截留于天津的具体过程，史料记载很少，但有幸的是笔者在翻阅大量史料的过程中发现雍正年间兵部侍郎李绂在其文集《穆堂别稿》中留下了一篇日记，这篇日记详细记述了雍正元年把湖南、江西尾后十数帮漕粮截留于天津的全过程。本文就根据这篇日记复原一下当时漕粮截留的情景，并从这一个案中窥视清代漕粮在天津截留情况之一斑。

题 名 **永乐帝于中国北陲钦设奴儿干都司和经拓南海诸岛**

作 者 杨旸

刊 名 学习与探索

年 卷 期 1989 年

页 码 151－154

摘 要 永乐帝，名朱棣，朱元璋四子。在有明一代历史上是一位颇有作为的君主。从青年时代起，他就跟随朱元璋进行反元斗争和大明帝国统一活动，成为朱元璋之子中的佼佼者。即帝位后，审时度势，顺应历史潮流，针对明太祖朱元璋中后期施政的一些弊端，在内政和外交方面都做了一些必要的调整和改革。特别是他于中国北部边陲钦设奴儿干都司，在南中国海域经拓南海诸岛，为维护和发展多民族国家的统一做出了贡献。

题 名 **永乐对外开放与郑和航海外交**

作 者 卫太夷

刊 名 航海

年 卷 期 2005 年 1 期

页 码 16－19

摘　　要　邓小平同志1984年10月22日《在中共中央顾问委员会第三次全会上讲话》中论述:“因为现在任何国家要发达起来,闭关自守都不可能。我们吃过这个苦头,我们老祖宗吃过这个苦头。恐怕明朝明成祖时候,郑和下西洋还算是开放的。”2003年12月11日,温家宝总理访问美国时,在哈佛大学发表题为《把目光投向中国》的演讲,说:“500多年前,明朝著名的外交家和航海家郑和七下西洋,是为了同友邦结好。

题　　名　**永乐年间泛海来朝的南海穆斯林国王**
作　　者　马建春
刊　　名　回族研究
年 卷 期　1998年2期
页　　码　17－20
摘　　要　明永乐年间,积极发展与南海、印度洋各国的友好关系,遂出现了中外关系和海外贸易史上空前伟大的时期。海外诸国遣使入明报聘者不绝于海道,仅以南海穆斯林国家国王为首来华的朝贡使团就计有七次之多,从而将明朝与海外各国的友好交往推进到高潮。

题　　名　**永乐通宝珊瑚礁与郑和七下西洋**
作　　者　黄苏
刊　　名　江苏钱币
年 卷 期　2005年4期
页　　码　8－10

题　　名　**永历太妃遣使于罗马教皇考**
作　　者　高劳
刊　　名　东方杂志
年 卷 期　1910年8卷5期
页　　码　73－75

题　　名　**永宣青花“下西洋”**
作　　者　王建华
刊　　名　紫禁城
年 卷 期　2005年4期
页　　码　36－44
摘　　要　明初永乐、宣德(1403－1435年)青花瓷,以其丰富多彩的造型、典雅瑰丽的发色和不同凡响的纹饰,“发前古之未有,开一代之奇葩”,被称为“青花瓷之冠”。在短短的30余年间,随着郑和船队频繁出使西洋,青花瓷器远播东南亚、中亚、西亚和非洲南部,甚至远达西非海岸,向世界各国展示了中华文明的伟大成就。

题　　名　**用斗钱运斗米辨——关于唐代漕运江南租米的费用**
作　　者　孙彩红
刊　　名　中国农史
年 卷 期　2002年21卷2期

页　　码　56－62

摘　　要　本文针对唐人关于漕运江南租米入京的费用达“用斗钱运斗米”的程度的说法，试作量化分析，认为唐代江南漕运的费用，在不同时期有显著不同。在费损率高达80%的特定条件下，其费用可能会达到以“斗米费斗钱”的程度；正常情况下，其费用多维持在每斗二三百文之间，最低可至七八十文。所谓“用斗钱运斗米”在多数场合确实属于“流俗过言”。

题　　名　忧患意识与台湾近代化——兼论沈葆桢、丁日昌、刘铭传等人对台湾的经营

作　　者　邓孔昭

刊　　名　台湾研究集刊

年 卷 期　1990年Z1期

页　　码　108－116

摘　　要　19世纪70年代至90年代，既是台湾外患特别严重的年代：牡丹社事件、法军侵台、日军侵台乃至台湾被割让；又是台湾发展进步迅速的年代：它由福建省的一个府发展成为两个府，进而成为一个独立的行省。并且，在这块土地上，出现了有数以千计近代产业工人的新式煤矿，出现了185里长的铁路，出现了中国人自己经营并敢于同外国人竞争的轮船？出现了自己架设和自己独立使用的电线，出现了以军火生产为主的机器制造业，出现了新式教育和中国最早的邮政。所有这一切，说明台湾岛上近代化的进程已经开始。外患严重的年代为什么反而成了迅速发展的年代，与台湾近代化之间有什么关系？沈葆祯、丁日昌、刘铭传等人在台湾近代化的进程中起了怎样的作用？本文试就这些问题作一简要的论述。

题　　名　悠渺古史信难求——古牂柯说略

作　　者　颜建华

刊　　名　贵州师范大学学报(社会科学版)

年 卷 期　2008年3期

页　　码　100－102

摘　　要　对古牂柯的探讨，关涉贵州上古史的定位问题。《管子·小匡》篇最早提到“牂柯”的名称。对于“牂柯”的原始含义，最流行的有两种说法，一是指系船杙，一是指山的形状。对于“牂柯”的引申义，有人认为是指国名，有人认为是指种族名、地域名。综合考察先秦时期的史料，“牂柯”作为一个诸侯方国的可能性仍然不能排除。

题　　名　由《澎湖纪略》看清政府澎湖的靖边举措

作　　者　李亚群

刊　　名　福建史志

年 卷 期　2003年1期

页　　码　35－36

题　　名　由北洋水师透视近代中国海军现代化进程中的得与失

作　　者　张洁

刊　　名　内蒙古农业大学学报(社会科学版)

年 卷 期　2010年2期

页　　码　324－325,328

摘　　要　北洋水师是清朝后期建立的第一支近代化海军舰队。它在中国海军史上占有重要的地位。北洋水师从建立伊始到后来的发展,再到后来在甲午中日海战中的覆灭,通过这一过程的分析我们可以略绘出近代中国海军现代化进程的一个概况,而且可以寻找出这一进程中的得与失。这对于我们再次回顾中国海军的发展历程,对当今的海军建设具有一定的参考价值与意义。

题　　名 由古文献记载谈郑和宝船尺度
作　　者 顿贺
刊　　名 船海工程
年 卷 期 2004 年 1 期
页　　码 39－42
摘　　要 对于郑和大号宝船尺度,国内学术界持不同见解由来已久。笔者在查阅了相关文献,古文献资料的基础上认为。郑和下西洋大号宝船长 44.4 丈,宽 18 丈的结论是可信的。

题　　名 由海关史看列强夺近代中国权益
作　　者 黄少坚
刊　　名 柳州师专学报
年 卷 期 1996 年 3 期
页　　码 61－67
摘　　要 近代中国遭到帝国主义列强的共同侵略,列强在宰割、争夺中国权益中充满了矛盾斗争,也有着妥协“合作”。本文从海关历史的角度对这一过程和这种关系进行论述,阐明列强对中国权益的争夺的历史状况。

题　　名 由人到神——历代妈祖封神的政治和社会心理基础
作　　者 林惠中
刊　　名 社会科学战线
年 卷 期 1990 年 4 期
页　　码 342－346

题　　名 由西班牙人所制古地图看早期台湾的港口与海域
作　　者 许壬馨,李毓中
刊　　名 台湾文献
年 卷 期 2003 年 54 卷 3 期
页　　码 41－57

题　　名 由郑和下西洋看中外民俗文化的重塑与再造
作　　者 齐廉允
刊　　名 郑和研究
年 卷 期 2002 年 1 期
页　　码 13－18

题　　名 游击定远将军李参
作　　者 李齐品

刊　　名　郑和研究
年 卷 期　2005 年 3 期
页　　码　65 – 66

题　　名　有关 1862 年中葡条约的几个问题
作　　者　黄庆华
刊　　名　近代史研究
年 卷 期　1999 年 1 期
页　　码　270 – 286
摘　　要　澳门自古即为中国领土，从 16 世纪葡人借居，至 19 世纪鸦片战争结束，300 年时间里，葡人如期缴租纳税，始终受中国地方官府之管辖。随着西方殖民主义势力不断入侵中国，特别是中英《南京条约》签订后，葡人一反往日“恭顺”，决意援香港为例，企图通过与华立约，攫取澳门主权。然而，葡国兵力毕竟不比英国，不足以逼迫清政府就范。20 年百计钻营之后，葡国终在法国驻华公使馆积极策划、支持下，于 1862 年同清政府议立“和好通商章程”。不过，因为葡方立约别有动机并采取欺诈蒙骗手段，以及换文时中方提议对有关澳门主权的条款做明确解释并修改，葡方拒不与商，所以，不仅此约未获清廷批准生效，葡国窃据澳门主权之阴谋亦暴露无遗，且此后的中葡关系亦受到严重影响。

题　　名　有关潮州（汕头）开埠若干问题的看法
作　　者　胡粤平
刊　　名　广东史志
年 卷 期　1995 年 3 期
页　　码　54 – 58
摘　　要　多年来，一些文章在谈及汕头开埠时，大致上总是这样说法：在第二次鸦片战争中，1858 年清政府被迫签订了中英《天津条约》，辟潮州为通商口岸，后由于潮州人民反对，于 1861 年改用汕头代替潮州为通商口岸。近日。笔者翻阅了《中外旧约章汇编》、《第二次鸦片战争》和《筹办夷务始末（咸丰朝）》等书，根据各书中所编入的一些有关潮州（汕头）开埠情况的上谕、奏议、中外照会、条约等方面的材料，认为上面说法有几个问题值得商榷。笔者现就三个问题提出一些看法，并请教于热心潮汕近代史研究的专家学者。

题　　名　有关大报恩寺塔的五首古诗
作　　者　朱鉴秋
刊　　名　郑和研究
年 卷 期　2007 年 4 期
页　　码　19 – 20

题　　名　有关大秦国使者访华的几个问题
作　　者　许永璋
刊　　名　殷都学刊
年 卷 期　1994 年 3 期
页　　码　27 – 32
摘　　要　《后汉书 · 西域传》载：“桓帝延熹九年，大秦王安敦遣使自日南徼外献象牙、犀角、瑇帽，始乃一通焉。"根据这条史料,可知在公元66年,大秦国(罗马帝国)曾经派遣使者来到中国进行访问,由此建立了两国之间的友好关系。这件事,在古代中外关系史上有着十分重要的意义,历来为研究中西交通史的学者所关注。但是,在对这一历史事件的研究中,学者们的意见并不完全一致,有些问题仍有深入探讨的必要。对于这些问题,下面谈谈自己的看法。

题　　名 **有关甲午中日黄海海战的两种史籍记载的考释——再论刘步蟾在海战中的表现**
作　　者 董蔡时
刊　　名 江苏师院学报(哲学社会科学版)
年 卷 期 1981年2期
页　　码 69－75

题　　名 **有关近代中国茶叶贸易兴衰的统计资料**
作　　者 谢天祯
刊　　名 福建茶叶
年 卷 期 1984年4期
页　　码 50－54

题　　名 **有关妈祖褒封的几个问题**
作　　者 朱天顺
刊　　名 台湾研究集刊
年 卷 期 1997年4期
页　　码 71－76

题　　名 **有关妈祖信仰研究的几点思考**
作　　者 朱天顺
刊　　名 台湾研究集刊
年 卷 期 1997年3期
页　　码 27－31

题　　名 **有关日本"遣唐使"的几个问题**
作　　者 李海镜
刊　　名 日本问题研究
年 卷 期 1990年2期

题　　名 **有关倭寇研究的几个问题**
作　　者 连心豪
刊　　名 泉南文化
年 卷 期 1994年1期
页　　码 25－27

题　　名　**有关郑成功几个日子的考证**
作　　者　洪少禄
刊　　名　厦门大学学报(哲学社会科学版)
年 卷 期　1962 年 1 期
页　　码　165 - 170
摘　　要　时间记载的正确与否,是研究历史的一个重要问题。但是由于年代一久,时间的记载,往往会弄错,这就增加了历史研究的困难。特别是我国史籍有关时间的记载,除了现代史部分用中公历以外,其它都是以太阴历计算,有时只用干支来表明。因此要折合公元是甚么日子,须要一番计算,年的对照是比较容易找出,月日就较费事;虽然有中公历对照表可作参考,但有时也会弄错。我们既然认为日子正确性的重要,对一些模糊和有疑问的日子,为了求其正确,便有加以考证的必要。

题　　名　**有关郑成功军队进攻台湾登陆过程的若干史料**
作　　者　吴玫
刊　　名　台湾研究集刊
年 卷 期　1988 年 2 期
页　　码　116 - 118

题　　名　**有关郑成功史乘辑录**
作　　者　谢国桢
刊　　名　厦门大学学报(哲学社会科学版)
年 卷 期　1962 年 1 期
页　　码　176 - 197

题　　名　**有关郑和宝船和航海的几件事**
作　　者　陈延杭
刊　　名　郑和研究
年 卷 期　1997 年 2 期
页　　码　20

题　　名　**有关郑和船队医疗保健的史料记载**
作　　者　颜夏梅,董孝厚
刊　　名　中华航海医学杂志
年 卷 期　1995 年 2 卷 1 期
页　　码　1 - 3

题　　名　**有关郑和的碑石及其他**
作　　者　吴聿明
刊　　名　文史杂志
年 卷 期　1985 年 2 期
页　　码　42 - 43
摘　　要　郑和(1371 - l435 年)是我国历史上伟大的航海家和外交家。他在明代永乐三年至宣德八年近三十年间,率领当时世界上最大的船队远涉重洋,访问了亚、非三十多个国家,完成了举世闻名的"七下西洋"的壮举。郑和与他所率领的船队将士不畏艰险,勇于拼搏,表现了中国人民的大无畏精神,写下了世界航海史上光辉的一页。但是,由于历史上的政治动乱和封建时代的种种偏见,记载郑和航海业绩的史料大部分被付之一炬,只留下相当零碎而粗略的记载,这对我们今天研究郑和这个杰出的历史人物及郑和下西洋这一重要历史事件带来了很大的困难。然而除了文献记载之外,还有一个可靠的历史见证人,这便是碑石。它们一经被发现就会放出奇异的光彩,向人们真实地展现了郑和下西洋这一壮丽的历史图卷。

题　　名　**有关郑和的七种精神**
作　　者　张箭
刊　　名　海洋世界
年 卷 期　2006 年 7 期
页　　码　40－44
摘　　要　再次提起郑和,在沸沸扬扬的 600 周年纪念活动过后的日子里。这个有如启明星般的名字,点燃了 15 世纪的文明曙光,辉映和引领了一个时代的航路。郑和七下西洋,历时 29 个年头,遍访亚非 30 多个国家和地区。缔结友谊,传播文明,互通有无,互补稀缺,促进了亚非各国经济、文化、社会的发展。这样的一个人,不仅仅是在百年纪念活动时才被想起的人,郑和精神值得后人总结和发扬。

题　　名　**有关郑和航海的几则史料**
作　　者　毕全忠
刊　　名　回族研究
年 卷 期　2003 年 1 期
页　　码　41－42

题　　名　**有关郑和下西洋随员的一则史料**
作　　者　范金民
刊　　名　郑和研究
年 卷 期　2001 年 1 期
页　　码　60

题　　名　**有限开放与闭关趋向的交汇——16 至 18 世纪澳门在中西交流史上的作用**
作　　者　雷斌,鲜于浩
刊　　名　中华文化论坛
年 卷 期　2006 年 2 期
页　　码　144－149
摘　　要　16 至 18 世纪的澳门在明清政府的对外政策中起着特殊作用,即有限开放与闭关趋向双向政策的交汇点,由此决定了澳门在 16 至 18 世纪中西交流中的重要历史作用。世界的中国观,中国的世界观的形成是通过澳门,澳门成为中西互视的窗口;天主教传教士及其带来的西方科技、文化是通过澳门进入中国,中国文化西播基本上也是通过澳门,澳门是中西文化交流的中转站;中西经济贸易关系的建立、展开,澳门发挥了独特的优势,起着重要的作用。

题　　名　**又说海上丝绸之路**
作　　者　程勤
刊　　名　新商务
年 卷 期　2003 年 7 期
页　　码　60 - 61
摘　　要　在近六百年前的明朝永乐三年(公元 1405 年)的一天,从中国苏州刘家港(今属太仓县东浏家河镇)开出一支庞大的船队,这就是明代著名的航海家郑和奉命下西洋航行的首次出航。

题　　名　**俞大猷与明朝海防探微**
作　　者　易泽阳
刊　　名　社科纵横
年 卷 期　2009 年 24 卷 4 期
页　　码　145 - 161
摘　　要　俞大猷作为明朝著名的水师将领,提出了:"御海上,固海岸,守内陆"三个海防层次,并将此三者有机地结合在一起,构筑了一条完整的、有纵深层次的海防防御体系。同时,俞大猷还注重平战结合,注重后勤补给,注重武器装备,并初步奠定了中国古代的海防思想。

题　　名　**虞显出使榜葛剌考——兼论费信、马欢抵榜葛剌的年代**
作　　者　谢方
刊　　名　郑和研究
年 卷 期　2004 年 1 期
页　　码　63 - 67

题　　名　**与"船场说"商榷**
作　　者　何国卫
刊　　名　武汉造船
年 卷 期　2000 年 5 期
页　　码　42 - 45
摘　　要　仅从造船技术角度对广州秦汉遗址进行详细分析后,认为既不能在该遗址的"船台"上造船,也不能在该遗址的"滑道"上下水,该遗址绝不是造船工场遗址。

题　　名　**与大报恩寺相关的民间轶事**
作　　者　郑自海
刊　　名　郑和研究
年 卷 期　2008 年 1 期
页　　码　21 - 22

题　　名　**与金陵大报恩寺相关的四处地名**
作　　者　郑自海
刊　　名　郑和研究
年 卷 期　2007 年 4 期

页　　码　23－24

题　　名　**与郑和齐名的航海家王景弘**
作　　者　徐晓望
刊　　名　郑和研究
年 卷 期　2007年3期
页　　码　51－61
摘　　要　王景弘是与郑和齐名的航海家，曾伴随着郑和走过七下西洋的历程。我在1992年发表的一篇短文揭橥明代大航海家王景弘为福建漳平人，其后，一直关心学界对王景弘研究的进展，同时长期思考与王景弘相关的问题。十几年来，虽说有关王景弘的新史料发现极少，但我对涉及王景弘问题的思考逐渐成熟，本文是我十几年来对王景弘问题研究的一个总结。

题　　名　**玉林的船埠盐运**
作　　者　郑勇
刊　　名　盐业史研究
年 卷 期　1998年4期
页　　码　45－47
摘　　要　地处玉林县城西南30华里的船埠，原名定川埠。《梧州府志》文述："明代时渔盐商埠在辛仓埠（今新桥镇团横村黎咀），辛仓埠被洪水浸崩后，搬至定川埠（今船埠）……"因地处天然，有一水之利，是车陂江与南流江的汇合点（南流江通航至合浦总江口之起点码头），自明代以来就是广西食盐的最大运销点。

题　　名　**玉米和番薯传入中国路线新探**
作　　者　曹树基
刊　　名　中国社会经济史研究
年 卷 期　1988年4期
页　　码　62－66,74
摘　　要　玉米（Zea mays）和番薯（Ipomoea batatas）原产于美洲，十六世纪，辗转传入中国。关于玉米番薯在中国传播的史实，史家一直议论纷纭。笔者就所涉资料，略抒一孔之见。史学界认为，玉米传入中国的路线不外以下三条途径：一是由西班牙传入麦加，再由麦加经中亚传入我国西北地区；一是由欧洲传入印度、缅甸，再从缅甸传入我国西南地区，一是由欧洲传至菲律宾，再从菲律宾传入我国沿海地区。最初西方学者推测玉米由中亚传入中国西北；1906年，洛佛提出玉米由西南陆路传入中国的新观点。以后，何炳棣先生提出玉米西南陆路及东南海路传入中国说：万国鼎则力主玉米东南海路传入说。八十年代，陈树平提出玉米分别由东南海路，西南陆路及西北陆路分别传入中国的新观点，遂为史学界所接受。

题　　名　**欲国家富强不可置海洋于不顾（一）——郑和海洋战略思想研究**
作　　者　王诗成
刊　　名　齐鲁渔业
年 卷 期　2000年17卷1期
页　　码　1－3
摘　　要　郑和是历史上伟大的航海家和外交家，他率领的下西洋船队规模之大、人数之多、时间之久、航程之长，都是当时世界上绝无仅有的。郑和航海给后世留下了许多宝贵遗产，引起了人们的关注和潜心研究，但国内外的几十种专著和数百篇论文多是以专门研究郑和航海活动为主，系统深入地研究郑和航海思想不多。郑和是中国历史上第一位把海洋与国家富强、国家命运联系在一起的伟人，从这一角度看，郑和既是一位伟大的航海家、外交家，同时又是一位伟大的海洋战略思想家。

题　　名 欲国家富强不可置海洋于不顾(二)——郑和海洋战略思想研究
作　　者 王诗成
刊　　名 齐鲁渔业
年 卷 期 2000 年 17 卷 2 期
页　　码 4 – 6

题　　名 欲国家富强不可置海洋于不顾——郑和海洋战略思想研究
作　　者 王诗成
刊　　名 郑和研究
年 卷 期 2001 年 2 期
页　　码 15 – 25

题　　名 御笔碑和宋代明州造船业及外贸
作　　者 周庆南
刊　　名 海交史研究
年 卷 期 1993 年 23 期
页　　码 75 – 79，125

题　　名 裕谦与第一次鸦片战争
作　　者 陈梅龙
刊　　名 军事历史研究
年 卷 期 2007 年 1 期
页　　码 88 – 97
摘　　要 裕谦是鸦片战争时期著名的爱国将领，早在江苏巡抚任上就在沿江沿海采取积极的防堵措施。入浙以后，他一改前任伊里布畏葸迁延的妥协方针，大事战备；在镇海战役中，他亲上城楼督战，“援枹鼓励士”，直至投泮池殉职。他又是一位有政治眼光的封建官僚，他重用被贬官的林则徐，大力发动民众参军参战，他所组织的水勇在沿海诸战场也是突出的。浙江鸦片战争失败有多重原因，对于裕谦个人在这场民族自卫战争中的态度、贡献还应采取肯定的态度。

题　　名 裕谦与定海抗英防务
作　　者 孙力
刊　　名 辽宁大学学报(哲学社会科学版)
年 卷 期 2000 年 5 期
页　　码 95 – 98
摘　　要 魏源所著《道光洋艘征抚记》述及裕谦筹防定海之事，对于裕谦受命代伊里布为钦差大臣究于何时赴浙江视事、英军于何时退出定海，以及裕谦在筹防定海过程中修筑“定海外城”是否经过“亲勘”等史实问题，所记不乏失实之点；对于裕谦遣三总兵驻守定海之战略意义，所议亦有失之偏颇之见。

题　　名　裕谦与鸦片战争
作　　者　徐如，戴学稷
刊　　名　内蒙古大学学报（人文·社会科学版）
年 卷 期　1978年Z1期
页　　码　82－85
摘　　要　裕谦，字鲁山，博罗忒氏，清蒙古镶黄旗人。1841年10月（道光二十一年八月）在鸦片战争中以钦差大臣两江总督殉职于浙江镇海。作为当时抵抗派代表人物之一，而且是旗人中少有的抵抗派人物，解放以来，史学界对于裕谦的评价一般是肯定的。但是，在许多中国近代史的著作和读物中，大都语焉不详，特别是对于他坚决抗敌的主张和思想，更往往是很少谈到。我们认为，关于裕谦在鸦片战争时期的事迹和他坚决主张抵抗外来侵略者的思想是值得介绍的。

题　　名　裕谦与鸦片战争史事两考
作　　者　陈梅龙
刊　　名　史学月刊
年 卷 期　2006年11期
页　　码　125－127
摘　　要　1841年2月27日，钦差大臣、江苏巡抚兼署理两江总督裕谦驰抵镇海，主持浙东战事，取代伊里布。裕谦一改伊里布（协办大学士、两江总督，第一次定海失陷、浙抚乌尔恭额去职后以钦差大臣身份赴宁波镇海筹办军务）“迁延不进”的妥协方针，大事战备，取得一定成效，显示了抵抗派的决心和风貌（后来作战失利是另一回事情）。但是关于裕谦在浙江的某些重要史实尚有不少疑惑，现择要者略作考释之。

题　　名　元、明时期温榆河的漕运概况
作　　者　昌平县公路管理所编史组
刊　　名　北京公路交通史料汇编
年 卷 期　1982年6期
页　　码　29－30

题　　名　元“海运”航路考
作　　者　章巽
刊　　名　地理学报
年 卷 期　1957年23卷1期
页　　码　89－98

题　　名　元“侨安南国”与陈益稷
作　　者　王颋，汤开建
刊　　名　海交史研究
年 卷 期　2002年42期
页　　码　70－80

题　　名 元朝的南粮北运
作　　者 鲁海,时桂山,朱子彦
刊　　名 航海
年 卷 期 1981年5期
页　　码 11

题　　名 元朝的商业繁荣与海上丝绸之路
作　　者 周宝利,邴淑清
刊　　名 辽宁丝绸
年 卷 期 1994年2期
页　　码 29-32
摘　　要 元代,中国内外贸易都非常活跃,商业的繁荣程度居世界领先地位。当时北方的最大商业城是大都(北京),南方的最大商业城市是杭州;最大的海外贸易中心在泉州,联结中西方的海上丝绸之路在元朝被正式开通。

题　　名 元朝的首次海运漕粮
作　　者 柯曹
刊　　名 历史学习
年 卷 期 1995年2期
页　　码 4

题　　名 元朝的征日战船与原南宋水军——关于日本鹰岛海底遗迹出土的南宋殿前司文字资料
作　　者 中岛乐章,四日市康博,郭万平
刊　　名 海交史研究
年 卷 期 2004年45期
页　　码 39-50

题　　名 元朝海禁初探
作　　者 洪富忠,汪丽媛
刊　　名 黔南民族师范学院学报
年 卷 期 2003年5期
页　　码 59-63
摘　　要 元朝是中国历史上的一个重要朝代,其海外政策同唐宋相比,更具有开放性。但元朝也曾出现过"禁商下海"的海禁,中国海禁自元朝开始,后被明清所继承和强化。海禁虽然对元朝海外贸易没有产生重大影响,但它表明封建统治者试图加强对海外贸易的控制。了解元朝海禁有助于全面理解元朝的海外贸易政策,并从中管窥中国封建专制制度的历史走向。

题　　名 元朝海禁初探
作　　者 洪富忠,汪丽媛
刊　　名 乐山师范学院学报

年卷期 2004年19卷1期

页　码 72－75

摘　要 元朝是中国历史上的一个重要朝代,其海外政策同唐宋相比,更具有开放性。但元朝也曾出现过"禁商下海"的海禁,中国海禁自元朝开始,后被明清所继承和强化。海禁虽然对元朝海外贸易没有产生重大影响,但它表明封建统治者试图加强对海外贸易的控制。了解元朝海禁有助于全面理解元朝的海外贸易政策,并从中管窥中国封建专制制度的历史走向。

题　名 **元朝海禁初探**

作　者 洪富忠,汪丽媛

刊　名 固原师专学报

年卷期 2004年25卷1期

页　码 10－14

摘　要 元朝是中国历史上的一个重要朝代,其海外政策同唐宋相比,更具有开放性。但元朝也曾出现过"禁商下海"的海禁,中国海禁自元朝开始,后被明清所继承和强化。海禁虽然对元朝海外贸易没有产生重大影响,但它表明封建统治者试图加强对海外贸易的控制。了解元朝海禁有助于全面理解元朝的海外贸易政策,并从中管窥中国封建专制制度的历史走向。

题　名 **元朝忽必烈对日本的战争**

作　者 黄飞

刊　名 河北理工大学学报(社会科学版)

年卷期 2010年10卷5期

页　码 222－224

摘　要 元朝皇帝忽必烈虽然统治着广阔的国土,但是仍旧积极对外扩张,以满足统治者的贪婪。忽必烈在位时期对日本进行了两次征伐。从战争的原因、过程、影响等来阐述。

题　名 **元朝澎湖巡检司隶属考**

作　者 吴幼雄

刊　名 历史教学

年卷期 1984年6期

页　码 58－60

题　名 **元朝时期的山东半岛在与高丽海上商贸交往中的重要作用**

作　者 周霞

刊　名 鲁东大学学报(哲学社会科学版)

年卷期 2010年5期

页　码 43－46

摘　要 元代海运事业空前发展,山东半岛处于元大都连接江浙沿海各贸易重镇和朝鲜半岛的交会点上,因此山东半岛是元朝与高丽进行官方、民间商业贸易的主要地区之一;山东半岛不仅是高丽国麻布制品的主要销售地,也是向高丽国提供丝绵织品的重要基地;蓬莱水城清淤的考古成果再一次证实了元代山东半岛是中朝商业贸易的重要通道和基地。

题　　名　元朝市舶制度论
作　　者　孙文学
刊　　名　内蒙古大学学报(人文·社会科学版)
年 卷 期　1987 年 1 期
页　　码　17－22
摘　　要　元朝是我国历史上通过海路对外贸易的最繁荣的朝代之一。为了加强海路对外贸易的管理,元朝统治者承袭宋朝旧制,制定并完善了包括市舶原则、市舶抽税、市舶刑罚等一系列独具特色的市舶管理制度。这套制度与元朝国内的经济发展有着密切联系,深入研究元朝的市舶管理制度对探讨元朝经济发展的规律具有一定意义。一九七九年王冠倬同志撰文《元朝市舶制度简述》,全面、系统地阐述了元朝的市舶管理制度。该文虽不无独到之处,但仍感言犹未尽,且有些观点未敢苟同,故撰此文,以求教正。

题　　名　元朝与印度的海上贸易
作　　者　白晓霞,张其凡
刊　　名　内蒙古大学学报(人文·社会科学版)
年 卷 期　2004 年 36 卷 6 期
页　　码　73－78
摘　　要　元朝时,中国海船主要从泉州、广州两个港口出航到印度贸易,出口商品以瓷器、纺织等手工业品为主;停泊交易地主要是沿马拉八儿海岸的几个港口;不仅与印度进行直接贸易,而且也在印度的古里佛等待波斯、阿拉伯商人进行交易,进口商品主要以香药为主;元代的中印贸易,是当时国际贸易中的重要环节。

题　　名　元初漕运“双雄”
作　　者　曹凛
刊　　名　中国船检
年 卷 期　2010 年 12 期
页　　码　98－100

题　　名　元初中日关系的历史见证——谈日本对马海神神社收藏的十三世纪中国铜镜
作　　者　薛翘
刊　　名　南方文物
年 卷 期　1999 年 2 期
页　　码　33－43

题　　名　元代“四海测验”中“南海”观测站地理位置考辨
作　　者　钮仲勋
刊　　名　中国边疆史地研究
年 卷 期　1998 年 2 期
页　　码　8－11
摘　　要　元至元十六年(1279 年),郭守敬主持了“四海测验”,这次测量共设有 27 个观测站,“南海”是其中占有重要地位的一个。由于有关历史记载简略,地理位置尤不具体,因而,这一观测站的具体地理位置究竟在何处成为研究南海史地学者所关注的问题,从而也出现了不同的说法。关于“南海”观测站所在具体位置的说法大致有4种:即(1)广州;(2)林邑;(3)西沙群岛;(4)黄岩岛。本文主要从历史地理的角度对上述4种说法进行考辨,认为“西沙群岛”说较为可取。

题　　名　元代“四海测验”中的南海

作　　者　李金明

刊　　名　中国边疆史地研究

年 卷 期　1996年4期

页　　码　35－42

摘　　要　元代至元十三年(1276年),元世祖平定南宋后,即诏令设立太史院,改治新历,以在全国疆宇内统一历法。太史院为了取得实测数据,派员分赴全国各地举行“四海测验”。其测验中的南海,既是选定先测的六个测点的起点,又是位于以大都为中心的南北子午线的南端,故显得特别重要。元世祖于至元十六年(1279年)特敕令郭守敬亲抵南海测验晷景。郭守敬通过实测得来的一些宝贵数据,成为我们今天考定当时南海测点、地理位置的重要科学依据。

题　　名　元代“四海测验”中中国疆宇的南海

作　　者　韩振华

刊　　名　南洋问题

年 卷 期　1979年6期

页　　码　1－28

题　　名　元代漕运管理机构及其空间分布

作　　者　钟行明

刊　　名　建筑与文化

年 卷 期　2010年8期

页　　码　100－101

摘　　要　元代的漕运管理机构包括河漕管理机构、海运管理机构,各种管理机构的设置是一个动态过程,其中有多种促成因素。本文探讨了元代漕运管理机构的设置过程、官员设置及运作,并分析了漕运管理机构在空间分布上呈现出不同的特征及其原因。

题　　名　元代初期诸路转运司考述

作　　者　温海清

刊　　名　中国史研究

年 卷 期　2007年3期

页　　码　81－95

摘　　要　诸路转运司在世祖朝曾两立两废:中统三年正式设立,至元八年被明令罢废;至元十三年复立,而至元十五年旋又被罢废。诸路转运司职能广泛,负责督办一路财赋,直接经度诸色赋计,并且还在掌握户口增减等方面发挥着重要职能;然而其漕运、监察等项职能却渐趋弱化。其地位较高,曾一度与宣慰司、廉访司并称“三司”;在元代前期北方的财政税收上扮演过重要的角色。元代诸路转运司衰落的根本原因在于总管府路作为一级地方行政机构的定型。

题　　名　元代的坝河——大都运河研究
作　　者　蔡蕃
刊　　名　水利学报
年 卷 期　1984 年 12 期
页　　码　56－64
摘　　要　中统初年,元世祖忽必烈为沟通中都至通州的运道,修复了金代的漕渠。至元四年(1267年)始建大都城,十三年(1276 年)南宋降,大都成为全国政治、经济、文化中心。从此向首都漕运粮饷问题,成为大都建设的重要课题。至元十六年(1279 年)大规模治理了坝河,修建了阜通七坝,设坝夫、船户,实行"倒载制",以通漕运。但是坝河运输能力仍不能满足大都日益发展的需要,至元三十年在水利专家郭守敬设计和组织下,修建了通惠河。通惠河建成后,大都漕运能力大大增加,但坝河的漕运并未因此而废止。有元一代对坝河十分重视,一直不断治理。坝河由大都城北部达通州,通惠河由大部城南至通州,是为大都南北二条漕运大动脉。

题　　名　元代的对外贸易
作　　者　于留纪
刊　　名　史学月刊
年 卷 期　1987 年 6 期
页　　码　104

题　　名　元代的海禁及市舶司研究(上)
作　　者　邓端本
刊　　名　羊城今古
年 卷 期　1989 年 1 期
页　　码　2－5

题　　名　元代海禁及市舶司研究(中)
作　　者　邓端本
刊　　名　羊城今古
年 卷 期　1989 年 2 期
页　　码　18－22

题　　名　元代海禁及市舶司研究(下)
作　　者　邓端本
刊　　名　羊城今古
年 卷 期　1989 年 3 期
页　　码　13－18

题　　名　元代的海外贸易
作　　者　陈高华
刊　　名　历史研究
年 卷 期　1978 年 3 期

页　　码　61－69

题　　名　**元代的航海世家澉浦杨氏——兼说元代其它航海家族**
作　　者　陈高华
刊　　名　海交史研究
年 卷 期　1995年27期
页　　码　4－18

题　　名　**元代的河漕和海运**
作　　者　赖家度
刊　　名　历史教学
年 卷 期　1958年5期
页　　码　23－26

题　　名　**元代的几项中外科技交流**
作　　者　刘铭恕
刊　　名　海交史研究
年 卷 期　1983年5期

题　　名　**元代的胶莱运河**
作　　者　薛磊
刊　　名　历史教学
年 卷 期　2006年1期
页　　码　71－72

题　　名　**元代的开放政策与我国海外交通的发展**
作　　者　汶江
刊　　名　海交史研究
年 卷 期　1987年12期

题　　名　**元代的中朝朝贡关系**
作　　者　栾凡
刊　　名　古代文明
年 卷 期　2009年4期
页　　码　98－103,112
摘　　要　元朝与高丽的朝贡关系在中国历代朝贡关系史上别具特色,其主要特征就是以确认君臣主从关系为核心,对经济利益的重视程度前所未有,朝贡的礼仪象征性则大为降低。元朝与高丽的朝贡制度对中朝文化产生了诸多影响。

题　　名　**元代东南沿海外来人口的形成与分布**
作　　者　潘清

刊　　名　中国社会经济史研究
年 卷 期　2005 年 4 期
页　　码　52 – 58
摘　　要　东南沿海是中国沟通内地和海洋文化的地区,唐宋以来随着海外贸易的持续发展,不断有中亚和阿拉伯、波斯一带的人口入住。统一的大帝国元朝建立以后,对外贸易的发展更是呈高涨趋势。外来人口的进入成为元代东南沿海人口构成的显著特征。在蒙古统治者视天下苍生皆为我臣民的思想主宰下,唐宋以来的外来人口均被籍户,一改"蕃客"的身份;以伊斯兰教为纽带,外来人口中的穆斯林和当地居民混居,形成了日后回族的先民。元代东南沿海外来人口的形成及发展极具时代和地域特色。

题　　名　元代对海南岛的开发与经营
作　　者　汤开建
刊　　名　暨南学报(哲学社会科学)
年 卷 期　1990 年 4 期
页　　码　131 – 145

题　　名　元代拂林及爱薛生地地望辨正
作　　者　羽离子
刊　　名　海交史研究
年 卷 期　1990 年 18 期

题　　名　元代福建妈祖信仰的发展原因试探
作　　者　刘福铸
刊　　名　福建史志
年 卷 期　2006 年 6 期
页　　码　34 – 36
摘　　要　海神妈祖信仰在元朝进入一个新的发展时期。这跟元廷对妈祖封赐次数的进一步增多和祭祀规格的提高有关。元世祖于至元八年(1271 年)建立元朝,定都大都(北京)。从此大都人口剧增。粮食紧缺,故需要从南方大量调粮。于是兴起了以运粮为主的漕运。漕运最初是通过运河进行。后来为了提高效率和节约成本。改作海运。至元十九年(1282 年)试航成功后。漕粮就主要由海运完成。为了祈求漕粮海运的顺利。妈祖这位现成的海神、水神顺理成章地受到了元廷的重视。元朝不但提高妈祖封号级别。而且每岁派使臣颁发祭文。举行隆重官祭。自至元十八年(1281 年)首赐妈祖"护国明著天妃"封号后,在其后的大德三年(1299 年)、延祐元年(1314 年)、天历二年(1329 年)、至正十四年(1354 年),还有四次重大加封。福建僻处东南。在元代本无朝廷的漕运任务。但妈祖信仰在元代并没有停滞。而是同样得到了长足的发展。

题　　名　元代沟通南北的运河漕运
作　　者　舒顺林
刊　　名　阴山学刊
年 卷 期　1990 年 3 期
页　　码　39 – 43,38
摘　　要　元朝自 1264 年定都燕京,粮食及各种手工业品和珍贵的特产等,主要仰给于东南。早在至元十二年元朝就开始从江南运粮,只是从江南运粮至大都的内河航运却不够方便、畅通。

题　　名　元代官本船海外贸易制度
作　　者　喻常森
刊　　名　海交史研究
年 卷 期　1991 年 20 期
页　　码　92－98

题　　名　元代官营航海贸易制度初探
作　　者　廖大珂
刊　　名　厦门大学学报(哲学社会科学版)
年 卷 期　1996 年 2 期
页　　码　43－47,70
摘　　要　元朝推行大规模的官营航海贸易活动,其航海贸易制度主要有三种:使臣贸易、斡脱贸易和官本船贸易。它们各有渊源,其形成、发展和结局也不尽相同,但都在一定程度上压制了私人贸易的发展,阻碍了海外贸易的正常进行。

题　　名　元代官营航海贸易制度述略
作　　者　廖大珂
刊　　名　中国经济史研究
年 卷 期　1998 年 2 期
页　　码　98－102

题　　名　元代海外贸易发展的积极作用与局限性
作　　者　喻常森
刊　　名　海交史研究
年 卷 期　1994 年 26 期
页　　码　40－54

题　　名　元代海外贸易发展原因探析
作　　者　沈道权
刊　　名　中南民族大学学报(人文社会科学版)
年 卷 期　1991 年 1 期
页　　码　112－117
摘　　要　元代海外贸易得到了迅猛发展,在改革开放、发展民族经济的今天,对其发展原因进行探析,应该是有意义的。本文试图从元代经济的大发展、航海技术的提高、元政府的海外贸易鼓励政策、蒙古族的商业意识、宋代海外贸易的发展五个方面进行探析。

题　　名　元代海运漕粮和朱清
作　　者　崔元熙
刊　　名　上海海事大学学报

年 卷 期　1985 年 1 期
页　　码　86
摘　　要　江南赋粮,出长江口,沿海岸线,北运幽燕,这就是名盛一时的元代海运漕粮。然而,对于对元代海运漕粮有着殊功异勋的人,即第一个创行海运漕粮和成功地探测其航路,其后则又亲督其事的朱清,论者甚少。本文据部分正、野史和地方志之资料,对他略作介绍。

题　　名　**元代海运综述**
作　　者　潘锦全
刊　　名　北华大学学报(社会科学版)
年 卷 期　2004 年 5 卷 6 期
页　　码　78 - 81
摘　　要　海运是元代漕运的主要方式。通过对元代海运的成因、发展阶段、主要航线、运粮情况以及管理等方面进行论述,笔者认为,海运是元代经济史上同时也是中国古代漕运史上的一大特色。

题　　名　**元代海运综述**
作　　者　潘锦全
刊　　名　湖南人文科技学院学报
年 卷 期　2004 年 S1 期
页　　码　24 - 26
摘　　要　海运是元代漕运的主要方式。作者从元代海运的成因、发展阶段、主要航线、运粮情况以及管理等方面进行论述,并认为海运是元代经济史上同时也是中国古代漕运史上的一大特色。

题　　名　**元代航海家汪大渊周游非洲的历史意义**
作　　者　沈福伟
刊　　名　西亚非洲
年 卷 期　1983 年 1 期
页　　码　33 - 41

题　　名　**元代航海旅行家——汪大渊**
作　　者　志诚
刊　　名　航海
年 卷 期　1983 年 4 期
页　　码　2 - 3

题　　名　**元代航海业述论**
作　　者　李增新
刊　　名　北京行政学院学报
年 卷 期　2003 年 6 期
页　　码　78 - 81
摘　　要　本文从海上扩张、海上贸易、海运漕粮三个方面,对元代航海业的基本情况进行了考察。可以看出,元代航海业的内容是丰富多彩的,其造船技术、航海能力、组织能力及船队规模与明代的郑和下西洋相比,并不逊色。

题　　名　元代会同馆论考
作　　者　王静
刊　　名　西北大学学报(哲学社会科学版)
年 卷 期　2002 年 32 卷 3 期
页　　码　130－133
摘　　要　元代设有会同馆作为专门接待入京朝贡的周边四夷使节的客馆,它的设立对发展元与周边四夷的关系起到了积极的作用。会同馆也是中国古代中央客馆建制的组成部分,在制度方面,承前而启后,具有一定的历史作用。

题　　名　元代胶莱河海运工程
作　　者　一丁
刊　　名　烟台师范学院学报(哲学社会科学版)
年 卷 期　1992 年 2 期
页　　码　30
摘　　要　元世祖忽必烈统一全国、定都大都(今北京)后,为应付京都的种种需要,每年都需从长江下游富庶地区调运大量的稻米及其他物资。当时因只靠南北大运河远不能完成漕运任务,便又开了海运。

题　　名　元代景德镇瓷器外销的几个问题
作　　者　吴志红
刊　　名　中国陶瓷工业
年 卷 期　1999 年 4 期
页　　码　45－47
摘　　要　论述了元代景德镇瓷器对外输出的形式、途径、地区、品种,并就有关《岛夷志略》中的"青白花瓷"问题进行了分析和讨论。

题　　名　元代景教徒墓志碑八思巴字考释
作　　者　照那斯图
刊　　名　海交史研究
年 卷 期　1994 年 26 期
页　　码　119－124

题　　名　元代来华印度僧人指空事辑
作　　者　陈高华
刊　　名　南亚研究
年 卷 期　1979 年 1 期
页　　码　63－68

题　　名　元代旅华的西方人——兼答马可波罗到过中国吗?
作　　者　周良霄

刊　　名　历史研究
年 卷 期　2001 年 3 期
页　　码　91 - 100,190 - 191
摘　　要　元代蒙古西征,大批中、西亚乃至东欧人口通过投附、俘虏等渠道来华。元朝政府将他们按其原部族在全国大分散、小集中,做集团性的安置,这些东来的西方人多维持其原有的语言、风俗、宗教信仰,形成相对独立的小社会。他们与汉人之间存在因等级差别及民族、文化与宗教矛盾所导致的冲突和敌视,对汉人的社会与文化始终隔膜。这是马可波罗等长期在华逗留的西方人对当时中国情况的了解陷于空泛和一般化的根本原因。

题　　名　**元代宁夏漕运新论**
作　　者　周松
刊　　名　宁夏社会科学
年 卷 期　2007 年 6 期
页　　码　143 - 146
摘　　要　元代宁夏到东胜的黄河漕运主要是为了满足漠北边防和赈济灾荒的需要。宁夏漕运是把粮食生产(屯田)、运输(水驿)、存贮(仓库)三者结合起来的完整系统。宁夏漕运的存在是黄河沿岸平原农业生产发展的结果,也是元代粮食运输灵活性和多样性的表现。它对于我们准确地理解元代宁夏农业经济水平和黄河航运的作用具有重要意义。

题　　名　**元代蓬莱古船加固技术**
作　　者　袁晓春
刊　　名　文物保护与考古科学
年 卷 期　1995 年 7 卷 1 期
页　　码　35 - 38,27

题　　名　**元代泉州八次设省与蒲寿庚任泉州行省平章政事考**
作　　者　吴幼雄
刊　　名　福建论坛(人文社会科学版)
年 卷 期　1988 年 2 期
页　　码　43 - 46

题　　名　**元代泉州港海外贸易商品初探**
作　　者　聂德宁
刊　　名　南洋问题研究
年 卷 期　2000 年 3 期
页　　码　73 - 81
摘　　要　本文拟就《岛夷志略》中有关元代泉州港海外贸易中的外销商品、进口商品以及由泉州舶商转销的海外商品作一初步的考察,以期从进出口贸易商品的角度来探讨元代泉州港海外贸易的发展状况。

题　　名　元代泉州摩尼教偶像崇拜探源
作　　者　林悟殊
刊　　名　海交史研究
年 卷 期　2003 年 43 期
页　　码　65 – 75

题　　名　元代泉州社会资料辑录
作　　者　王连茂
刊　　名　海交史研究
年 卷 期　1993 年 23 期
页　　码　126 – 136

题　　名　元代色目商人对泉州港的经营
作　　者　修晓波
刊　　名　中国边疆史地研究
年 卷 期　1995 年 2 期
页　　码　17 – 22

题　　名　元代市舶制度简述
作　　者　王冠倬
刊　　名　中国历史文物
年 卷 期　1979 年 00 期
页　　码　80 – 85,89
摘　　要　继宋代以后,元代的海外贸易又取得了大的发展。这方面值得研究的问题很多;本文只就元代市舶司制度及有关内容作些分析,供参考。

题　　名　元代私人海商构成初探
作　　者　廖大珂
刊　　名　南洋问题研究
年 卷 期　1996 年 2 期
页　　码　66 – 73
摘　　要　元代社会经商风气很盛,上自皇室贵族,下自细民百姓,都普遍从事商业活动,而且元代海陆交通发达,西域与海外人士大量进入中国,他们除了做官之外,大多都以经商为业。因此元代私商经营的海外贸易呈现了错综复杂的状况,但是私人海商归纳起来大体可分为从下几种类型。

题　　名　元代太仓刘家港
作　　者　吴红艳
刊　　名　苏州科技学院学报(社会科学版)
年 卷 期　1985 年 00 期
页　　码　36 – 41

题　　名　元代畏兀儿航海家亦黑迷失二三事
作　　者　林海萍
刊　　名　喀什师范学院学报
年 卷 期　2003年24卷5期
页　　码　47－49
摘　　要　亦黑迷失作为元初杰出的畏兀儿族航海家,在海上活动了20多年,促进了中外文化的交流。由于史料缺载,对其研究不多,本文就亦黑迷失卒年、五次出海、宗教信仰等方面进行阐述。

题　　名　元代西域人的商业活动
作　　者　马建春
刊　　名　暨南学报(哲学社会科学版)
年 卷 期　2006年3期
页　　码　171－176
摘　　要　西域商人早在蒙古初兴时就与其建立了一定的商务关系。蒙古西征后,更多的西域商人利用日益开放的陆海道东来中土,从事商业贸易。由于他们的兴衰与蒙古贵族的利益直接相关,故而受到统治者的保护,并使其多具官商性质。西域商人亦因此在元代课税扑买、斡脱经营、市舶贸易等商业活动中占据了重要地位。

题　　名　元代伊斯兰教在中国东南沿海的传播与发展
作　　者　陆芸
刊　　名　西北民族大学学报(哲学社会科学版)
年 卷 期　2008年6期
页　　码　20－24
摘　　要　元代是伊斯兰教在中国得到普遍传播和发展的一个朝代,大量清真寺的修建、扩建以及遗留下来的穆斯林墓碑石说明了这一点,也可以从《伊本·白图泰游记》等历史著作中感受到这一点。从中国东南沿海地区的清真寺在元代建造、扩建的情况,及其清真寺内保存的碑文的探讨来看,当时伊斯兰教在中国传播有其特点。这些特点涉及到沿海地区中国穆斯林的宗教生活、宗教制度等。

题　　名　元代战船在山东蓬莱水域出土
作　　者　席龙飞
刊　　名　舰船知识
年 卷 期　1989年4期
页　　码　19

题　　名　元代浙江与日本的佛教文化交流史
作　　者　林正秋
刊　　名　杭州师范学院学报(人文社会科学版)
年 卷 期　2002年1期
页　　码　72－76
摘　　要　元代浙江是江南佛教中心之一,其间先后有60多位日本名僧到浙江学佛取经,以及10多位浙江名僧应日本邀请东渡日本传经。两国名僧的往来不但培养了众多高僧,而且促进了中日佛教文化的交流互补和发扬光大。

题　　名　元代浙江之海外贸易
作　　者　杨妮,王丁国
刊　　名　浙江纺织服装职业技术学院学报
年 卷 期　2008年7卷2期
页　　码　71－75,79
摘　　要　元代幅员辽阔,海外贸易在宋代基础上得到持续发展,其中浙江海外贸易是整个元代海外贸易的重要组成部分,日本和高丽是其主要贸易对象。文章从元代浙江与日本、高丽的贸易着手,阐述元代浙江海外贸易的发展概况。

题　　名　元代中日贸易简论
作　　者　方安发
刊　　名　南昌大学学报(人文社会科学版)
年 卷 期　1984年1期
页　　码　60－64
摘　　要　元代是古代中日两国官方关系的低落时期。元朝统治者两次渡海进犯日本和日本海盗式冒险商人经常侵扰中国沿海地区,使得两国关系始终处于紧张状态。但是,中日两国间传统的贸易关系并不因此停止,两国经济交流仍在发展。元代中日贸易问题涉及面较广,笔者仅就以下几点略叙浅见。

题　　名　元代周游亚非的航海家汪大渊——《海上丝绸之路》(六)
作　　者　沈福伟
刊　　名　瞭望
年 卷 期　1984年42期
页　　码　42－43

题　　名　元帝国与中西海上交通
作　　者　吴长春,于霞
刊　　名　历史教学
年 卷 期　1992年11期
页　　码　9－12

题　　名　元国信使一山一宁东渡初探
作　　者　毛德传
刊　　名　史学集刊
年 卷 期　1983年4期
页　　码　18－21

题　　名　元江南行都水监建置考
作　　者　育菁
刊　　名　北京师范大学学报(社会科学版)

年 卷 期 2001 年 1 期
页　　码 122

题　　名 **元明海运兴废考略**
作　　者 李映发
刊　　名 四川大学学报(哲学社会科学版)
年 卷 期 1987 年 2 期
页　　码 100－108

题　　名 **元明回回人与妈祖文化述论**
作　　者 孙智伟
刊　　名 漳州师范学院学报(哲学社会科学版)
年 卷 期 2010 年 1 期
页　　码 91－96
摘　　要 元明时期回回人与妈祖信仰的历史很独特,通过深入了解回回人与妈祖信仰的历史细节,可以更加深刻地理解回族与中国区域文化的关系,并进而理解伊斯兰教(穆斯林)在中国生存、发展的历史过程与特点。

题　　名 **元明清三代的漕船及运河**
作　　者 王冠倬
刊　　名 船史研究
年 卷 期 1994 年 7 期
页　　码 52－58

题　　名 **元明清时代刘家港的历史地位**
作　　者 范金民,赵骥
刊　　名 郑和研究
年 卷 期 1995 年 1 期
页　　码 30－34

题　　名 **元明清时期引汶济运及其影响**
作　　者 王元林,孟昭锋
刊　　名 人民黄河
年 卷 期 2009 年 4 期
页　　码 4－5,8
摘　　要 元明清时期,京杭运河是维系京师的大动脉,而汶水因特殊的自然地理条件而成为运河的重要补给水源。因此,元明清三代在对运河进行管理时,尤为重视引汶济运工程。引汶济运虽保障了运河航道的畅通,但人为地引起了汶水河道的变迁,影响了汶河沿线的农业生产,增加了汶水下游发生洪涝灾害的可能性,并刺激了汶水等相关水神庙宇的建立。

题　　名　元明清政府海洋政策与东南沿海港市的兴衰嬗变片论
作　　者　王日根
刊　　名　中国社会经济史研究
年 卷 期　2000 年 2 期
页　　码　1－7

题　　名　元明时期安南贡物“代身金人”考述
作　　者　陈文源
刊　　名　社会科学
年 卷 期　2006 年 6 期
页　　码　172－176

题　　名　元明时期促进妈祖信仰传播的主要社会因素
作　　者　朱天顺
刊　　名　厦门大学学报(哲学社会科学版)
年 卷 期　1986 年 4 期
页　　码　16－24

题　　名　元明时期胶莱运河兴废初探
作　　者　李宝金
刊　　名　东岳论丛
年 卷 期　1985 年 2 期
页　　码　85－89
摘　　要　胶莱河位于泰沂山脉和昆嵛山脉之间的胶潍河谷地带。南北贯穿山东半岛,沟通黄、渤两海,全长二百多公里。流经胶南、胶县、平度、高密、昌邑和掖县等,流域面积五千四百平方公里。胶莱河自平度县姚家村之分水岭南北分流。南流入胶州湾,为南胶莱河。北流入莱州湾,为北胶莱河。南北凿通,为胶莱运河。胶莱运河开创于元朝至元中期,历史上曾被称为“运粮河”,盖因江南粮米由此运往京师而得名。元朝的胶莱运河只兴盛了十年,便被湮废而冷落了。至明嘉靖年间再度疏浚通航,但也只兴盛十五六年,再度湮废,以后便再未被重视而兴盛起来。为什么呢！本文拟就此问题做初步探讨。

题　　名　元明时期刘家港的地理条件分析
作　　者　马湘泳
刊　　名　中国历史地理论丛
年 卷 期　1995 年 4 期
页　　码　69－73
摘　　要　江苏太仓县的刘家港在元明时期是我国最大海港之一,为当时我国海外贸易、海上漕运与郑和七次下西洋的航海基地。在古代航海史上有其光辉灿烂的一页。元明时期刘家港的地理条件有如下特点,分述如下。

题　　名　元明倭贼入寇与中国剿贼大事表
作　　者　吴重翰

刊　　名　南风
年 卷 期　1940 年 16 卷 1 期

题　　名　元末江南海上护航史略
作　　者　庄吉
刊　　名　江南论坛
年 卷 期　2009 年 9 期
页　　码　60 - 61

题　　名　元末泉州伊斯兰的"番佛寺"
作　　者　韩振华
刊　　名　海交史研究
年 卷 期　1998 年 33 期
页　　码　96 - 98

题　　名　元世祖遣舟师远征日本的珍贵史料
作　　者　洪静渊
刊　　名　内蒙古社会科学(汉文版)
年 卷 期　1985 年 3 期
页　　码　59

题　　名　元世祖招抚日本之始末
作　　者　姜婷
刊　　名　山西师大学报(社会科学版)
年 卷 期　2010 年 37 卷 S1 期
页　　码　64 - 66
摘　　要　自 874 遣唐使废止后,中日两国在长达四个世纪的时间内几乎没有任何官方往来。忽必烈继任蒙古可汗之后,这种格局被迫瓦解,这位汉化极深的蒙古族皇帝既要最大限度的征服领土和人民,又要建立以他的帝国为中心的天下秩序。

题　　名　元王朝与爪哇的战争和来往
作　　者　王颋
刊　　名　史林
年 卷 期　2006 年 4 期
页　　码　149 - 155,190 - 191
摘　　要　蒙古军队远征爪哇,乃 13 世纪末元史、东南亚史方面的重要事件。本文以学术界尚未发掘、生活于南宋、元之际官员方回所作相关诗、文为引子,再度考察和重现该战役的完整过程,并在某些问题的了解上予以清晰和深化。诸如:远征军所经行的海上航路,缘"招谕"位于今中南半岛、苏门答腊岛上诸国,较平常航路偏向西边。战争前后分二个阶段,发生在以"麻诺巴歇城"为中心的王国畿内,也就是今苏腊巴亚市所在的东爪哇地方。入侵者撤退后,爪哇臣民与元帝国的臣民一直维持着友好来往。随着海上贸易的展开,作为经济中心、交通枢纽的后者,也就成了当时中国家喻户晓的"外国"。

题　　名　元以后景德镇青花瓷器的外销
作　　者　叶文程
刊　　名　景德镇陶瓷
年 卷 期　1990 年 3 期
页　　码　47－49
摘　　要　唐代以来，顺着“丝绸之路”，中国陶瓷器由陆路运往西亚诸国。及至宋元明清，中国瓷器更大量输出到世界各地区，特别是东南亚诸国，受到各国人民的热烈欢迎和爱好。宋元时代输往国外的中国瓷器，被誉为“马可波罗瓷器”。明代以来，郑和七次下“西洋”之后，海外交通贸易更加频繁，瓷器贸易额大幅度增长，输出的范围更广，几乎囊括了欧、亚两洲，甚至远达非洲东海岸，形成了世界性的中国市场。这里述及的，仅是元代以后景德镇青花瓷器的外销国家和地区的概况。

题　　名　元以前我国瓷器销行亚洲的考察
作　　者　冯先铭
刊　　名　文物
年 卷 期　1981 年 6 期
页　　码　65－74

题　　名　园仁入唐在城镇乡村所见茶事
作　　者　宋伯胤
刊　　名　寻根
年 卷 期　2005 年 6 期
页　　码　42－45

题　　名　圆仁《入唐求法巡礼记》东返日本航路再探
作　　者　王文楚
刊　　名　历史地理
年 卷 期　1982 年 2 期
页　　码　172－175

题　　名　圆仁从日本到扬州的一段旅程——《入唐求法巡礼行记》读后
作　　者　徐冬昌
刊　　名　东南文化
年 卷 期　1989 年 2 期
页　　码　57－58，34
摘　　要　日僧圆仁（公元 794－864 年）于唐文宗开成三年即公元 838 年，随遣唐使藤原常嗣一行入唐，留中国 9 年余。唐宣宗大中元年（公元 847 年）归国，著《入唐求法巡礼行记》（下简称《行记》）、《金刚顶经疏》，建常行三昧堂，成为延历寺座主。死后，日本朝廷赠以慈觉大师的称号。《行记》共四卷。其第一卷的前一部分记录了他从日本到扬州的一段旅程，留下了当时江苏江北地区建置、山川、物产（特别是产）、交通、风俗民情等方面的第一手资料，兹录之于下以供参考。

题　　名　圆仁的《入唐求法巡礼行记》与九世纪东亚海上通交
作　　者　李宗勋,陈建红
刊　　名　东疆学刊
年 卷 期　2008 年 25 卷 2 期
页　　码　63 - 61,68
摘　　要　《入唐求法巡礼行记》是研究九世纪东亚交流史不可多得的第一手资料,通过对这一史料的深入探析,从新罗人在九世纪东亚海上通交中的作用和以日本遣唐使为中心的唐日邦交礼制体系两个层面来诠释九世纪的东亚海上通交,以期对这一时期的东亚政治、经济、文化交流有一个较为微观、具体的认识。

题　　名　圆仁入唐求法通如之旅路线考
作　　者　徐琛
刊　　名　东南文化
年 卷 期　1995 年 4 期
页　　码　25 - 33

题　　名　圆仁入唐散论
作　　者　张志宏
刊　　名　文史哲
年 卷 期　1994 年 1 期
页　　码　92 - 97
摘　　要　日僧圆仁大师在中日文化交流趋于衰退的晚唐时期,于唐文宗开成三年(838)随日本第十八次遣唐使团入唐求法,在中国度过了近 10 年的请益僧生活,先后在扬州、五台山、长安等地向中国佛教界高僧请益,由于唐朝政府规定所限,未能如愿去台州请益。圆仁将在华所见所闻,写成日记体的《入唐求法巡礼行记》一书,对后人研究晚唐时期的政治、经济、宗教文化、社会风俗、佛教活动及唐、日、新罗关系等提供了丰富翔实的史料。此书比《马可波罗游记》早 400 年,被日本学界誉为“东洋学界至宝”。圆仁大师对中日文化交流作出了巨大贡献,至今仍为人们所追念。

题　　名　原始渡具与早期舟船的考古学观察
作　　者　王永波
刊　　名　江汉考古
年 卷 期　1989 年 1 期
页　　码　32 - 40

题　　名　源于明代抗倭的沿海特异风俗
作　　者　吕洪年
刊　　名　民俗研究
年 卷 期　1990 年 2 期
页　　码　32 - 35

题　　名　**源远流长的中荷茶叶贸易史**

作　　者　王加生

刊　　名　福建茶叶

年 卷 期　1986年3期

页　　码　26－27,25

摘　　要　回顾我国与荷兰的茶叶贸易,还得追溯到三百七十多年前。公元1607年,荷兰海船首次自印尼爪哇来我国澳门贩茶转销欧州,开创了我国茶叶直接销往欧州的历史。

题　　名　**远古湖湘水文化的时空透视与洞庭湖船文化溯源**

作　　者　彭民科

刊　　名　云梦学刊

年 卷 期　2002年23卷3期

页　　码　55－57

摘　　要　洞庭湖远在华夏文明伊始之前即为汪洋大泽。居住在水边的湖湘远古各族先民们所创造的灿烂水文化在中国乃至世界的文明史上占有重要的地位。湖湘文明孕育出了洞庭湖船文化,它是世界船文化和中国龙舟文化的发祥地之一。"轩辕作舟"之说不可靠。它同视洞庭湖地区为蒙昧的"南蛮"地区一样,都是受了所谓中原正统文化观念的局囿。湖湘远古居民的灵感、智慧、思维和创造力,对中华文化构成了独特的历史贡献。

题　　名　**远古时代壮族先民到达美洲考略**

作　　者　梁庭望,李浦江

刊　　名　广西民族研究

年 卷 期　1993年3期

页　　码　43－55

题　　名　**远古至秦汉时代的中日交流**

作　　者　蔡凤书

刊　　名　文史哲

年 卷 期　1992年3期

页　　码　95－103

摘　　要　远古至秦汉,中日交流可分为四个阶段。截止到公元前1万年前,中日两国的旧石器表现出"文化相"上的相同,它是否是文化交流的结晶,尚需深入研究;此后直至公元前2500年,是日本列岛与大陆文化交流的间断期;时当我国新石器时代中、晚期至青铜时代,中日文化交流再度萌芽,且带有很大的偶然性;春秋时期至东汉,中日文化交流臻于繁荣,不仅是物的往来,更重要的是人和精神文化的交流。

题　　名　**远洋航行及其后果与中西封建文化的基本素质**

作　　者　熊家利

刊　　名　湖南师范大学社会科学学报

年 卷 期　1989年3期

页　　码　42－46

摘　　要　郑和下西洋和地理大发现是中国和西欧封建社会日薄西山时期出现的绚丽晚霞。郑和下西洋之后,中国的社会面貌并无多大变化,仍然在封建桎梏下徘徊着;地理大发现却使西欧的社会状况大为改观,封建社会迅速向资本主义社会过渡。同样是远洋航行,对历史发展的影响却如此悬殊,曾使很多人迷惑不解。笔者认为,这种差异与中国和西欧封建社会不同历史条件下所形成的不同的基本文化素质有着密切的关系。

题　　名　**远洋陶瓷贸易与番薯的引种**
作　　者　陈立立
刊　　名　农业考古
年 卷 期　2007 年 3 期
页　　码　26－31
摘　　要　西班牙人急于从中国的陶瓷、丝绸商品中获得巨大的利润,由于西班牙的商品在中国没有销路,他们只能使用白银购买中国商品。驾驶一艘装有白银的空船飘过太平洋是极其危险的,于是番薯作为压船之物,运到了菲律宾。在菲律宾有众多的爱国华人,其中一些有心人把番薯引种到中国,这是在1565 年到 1593 年之间完成的。

题　　名　**约开商埠与清末云南对外经贸关系的变迁**
作　　者　王文成
刊　　名　云南社会科学
年 卷 期　2008 年 3 期
页　　码　124－128
摘　　要　清代中叶,云南传统对外经贸关系形成了以沿边边境贸易为主体,以贡赐贸易为补充的格局。19 世纪西方殖民者对东南亚和云南的侵略,终结了传统的贡赐贸易,同时强行开埠通商,通过改造传统的边境贸易网络,在云南建立了新的殖民贸易体系。约开商埠前后,云南对外经贸关系的性质发生了重大变化,内部结构也演变为以通商口岸为依托,以全球性、综合性的世界贸易为主体,以边境贸易、边民互市和走私贸易为补充的近代对外经贸关系。云南在一定程度上更深地卷入了早期经济全球化和殖民贸易体系的漩涡。

题　　名　**约束、惩戒与调适——浅析宋廷与市舶官员的互动**
作　　者　王元林,李娜
刊　　名　历史教学(高校版)
年 卷 期　2009 年 8 期
页　　码　27－30
摘　　要　宋廷设置市舶司管理海外贸易,颁布一系列法令来约束和惩戒市舶官员的不法行为。无论是兼领市舶的知州真德秀和转运使王丝、还是担任专职市舶的楼王寿,凭借个人的努力,规范和促进了海外贸易的发展;而贪污腐败的官员虽在海外贸易中大获其利,但也难逃政府的制裁。政府对市舶官员的约束和惩戒,促进了市舶司职能的完善与海外贸易的发展;市舶使的主动调适,使市舶司管理制度与海外贸易实际发展状况更加协调。

题　　名　**月港督饷制度述要**
作　　者　陈自强
刊　　名　海交史研究

年卷期 1988年13期

题　　名 月港研究回顾与《漳州港》评介
作　　者 陈自强
刊　　名 海交史研究
年卷期 2002年42期
页　　码 118－125,80

题　　名 岳、长开埠与湖南经济进入近代
作　　者 莫梓,习广
刊　　名 财经理论与实践
年卷期 1986年1期
页　　码 57－60,16
摘　　要 1894年甲午战争后,湖南以主权者的姿态和独特的方式揭开了近代经济史的序幕,这就是:自主开放,以其自身变革,迎战资本主义生产方式的冲击,新的民族工商业成为社会经济发展的主导动力。研究湖南近代经济史,具有极典型的社会意义。为推进这一研究,我们就如下问题提出自己的看法。

题　　名 岳、长开埠与近代湖南社会经济的发展
作　　者 曾桂林
刊　　名 湖南大学学报(社会科学版)
年卷期 2002年16卷6期
页　　码 7－10
摘　　要 19世纪末20世纪初,岳州、长沙相继辟为商埠。岳、长的开埠,使得湖南有了直接对外贸易的窗口,其对外贸易也呈现出若干鲜明的特征。同时,岳、长开埠对近代湖南社会经济的发展产生了积极和消极的双重影响。

题　　名 岳、长开埠与近代湖南社会经济的发展
作　　者 曾桂林
刊　　名 云梦学刊
年卷期 2003年24卷1期
页　　码 51－54
摘　　要 19世纪末20世纪初,岳州、长沙相继辟为商埠。岳、长的开埠,使得湖南有了直接对外贸易的窗口,其对外贸易也呈现出若干鲜明的特征。同时,岳、长开埠对近代湖南社会经济的发展也产生了积极和消极的双重影响。

题　　名 粤海关“Jadestone进口记录”的发现及其意义
作　　者 谷娴子,杨萍
刊　　名 宝石和宝石学杂志
年卷期 2007年9卷2期
页　　码 44－48
摘　　要 首次发现广东省档案馆馆藏的微缩胶片《粤海关志》按季度分类记载了晚清同治——光

绪年间(1873-1878年)由中国广州海关进口jadestone的贸易数据。论证了进口记录中的jadestone主要指当时尚有疑义的玉石——翡翠,并根据该记录估算出清末51年间进口中国的翡翠玉料的数量达到6708吨。该记录同时给出了海路可能是当时翡翠进入中国市场的重要通道的证据,说明广州可能是清代最重要的翡翠进关贸易口岸。

题　　名　粤海关档案有关中山舰事件情报
作　　者　郑泽隆
刊　　名　民国档案
年 卷 期　1996年1期
页　　码　13-23
摘　　要　本组史料选自我馆馆藏粤海关档案中的《各项时事传闻录》(Canton Events and Current Rumours)英文情报,这种情报逐日、逐月、逐年地把从各种渠道搜集的当地社会情况及时综合起来,由专人记录并整理成文,送交粤海关外籍税务司签阅并上报总税务司参考。

题　　名　粤海关时期的黄埔口与虎门口
作　　者　马建和
刊　　名　岭南文史
年 卷 期　1989年2期
页　　码　13-21

题　　名　粤海关史述评
作　　者　马英明
刊　　名　广州航海高等专科学校学报
年 卷 期　2006年14卷2期
页　　码　48-51
摘　　要　乾隆二十二年(1757年)一口通商至道光二十二年(1842年)五口通商的80多年内,粤海关成为大清海关的同义词,但其关政腐败导致粤海关没有发挥应有的把关作用。鸦片战争后,粤海关施行外籍税务司制度(1859-1949年),客观上承担着革除以前关政败坏和维护对外贸易畅通的作用,然而受不平等条约束缚,其保护作用有限。

题　　名　粤海关与广州同文馆
作　　者　梁冬梅
刊　　名　海关研究
年 卷 期　1990年1期

题　　名　粤海关与广州同文馆的特殊关系
作　　者　梁冬梅
刊　　名　羊城今古
年 卷 期　1989年6期
页　　码　22

题　　名　**粤海关与黄埔挂号口**
作　　者　张雪峰
刊　　名　大经贸
年 卷 期　2010年12期
页　　码　95

题　　名　**粤西“陶瓷之路”考识**
作　　者　邱立诚
刊　　名　岭南文史
年 卷 期　2000年4期
页　　码　41－47
摘　　要　瀚的南海,是中国“海上丝绸之路”的重要区域,而粤西海域则是其不可或缺的组成部分,尤其在古代,她是中国海路与东南亚、中西亚及西方各国沟通往来的必经之域。“海上丝绸之路”又有“香料之路”、“陶瓷之路”等美称。这里仅就粤西地区考古发现的陶瓷器及有关器物,对该区域“陶瓷之路”作一些考察。

题　　名　**越国迁都琅邪辨**
作　　者　林华东
刊　　名　中央民族学院学报
年 卷 期　1989年1期
页　　码　13－15

题　　名　**越南汉籍《往津日记》及其史料价值评介**
作　　者　王志强
刊　　名　东南亚纵横
年 卷 期　2010年12期
页　　码　71－74
摘　　要　《往津日记》是关于越南阮朝特使阮述第二次使华经历的记录,是越南汉籍中保存并流传至今的仅有的几种“燕行记”之一。该日记的孤本由法国戴密微教授于1939年左右在越南河内首度发现,后经陈荆和教授整理,于1980年由香港中文大学正式出版。《往津日记》是一份弥足珍贵的文献资料,可以为近代中越关系研究提供新的视角,为深入研究轮船招商局提供新的史料依据,为中越文化交流提供新的资料等,这种价值应引起学术界的关注与重视。

题　　名　**越南黄沙、长沙非中国西沙南沙考**
作　　者　李金明
刊　　名　中国边疆史地研究
年 卷 期　1997年2期
页　　码　71－79
摘　　要　越南史籍中记载的黄沙、长沙,绝不是我国的西沙、南沙姓名。本文首先考释了越南史籍《纂集天南四至路图书》中“广义地区图”注释的长沙,认为这个长沙实际是越南外罗海中的一些小岛、沙洲,与我国的西沙群岛无任何联系。接着又对《抚边杂录》中有关“黄沙渚”的记载进行分析,认为这个“黄沙渚”与我国清人编撰的《越南地舆图说》中的郴子塘同属一地，指的是越南沿海理山岛北部的小岛。同时还指出，越南外交部抛出的《大南一统全图》中的黄沙、万里长沙，实际上是1613年英国船长约翰·沙利撰写的《航海志》一书中地图上绘的“长条地带”，这两张地图无论从标出的位置，还是从绘画的形状以及地处的经纬度看，都与我国的西沙、南沙群岛毫无相似之处，不能混为一谈。

题　　名 **越人向台湾及太平洋岛屿的文化拓展**
作　　者 林华东
刊　　名 浙江社会科学
年 卷 期 1994年5期
页　　码 101－106,95

题　　名 **越人早于哥伦布到达美洲的物证**
作　　者 梁庭望
刊　　名 中央民族学院学报
年 卷 期 1992年5期
页　　码 9－13

题　　名 **越窑青瓷的海外输出与浙东海上交通的变迁**
作　　者 刘恒武
刊　　名 西北大学学报（哲学社会科学版）
年 卷 期 2010年4期
页　　码 57－62
摘　　要 越窑青瓷的海外输出始于两晋时期，最初以朝鲜半岛为输出区域，隋唐时代其输出范围扩大至日本列岛，晚唐五代时期越窑青瓷外销空间延伸到东南亚及印度洋沿岸。伴随着越窑青瓷对外输出规模与范围的不断扩大，越窑瓷业中心——浙东地区港航水平也逐渐提升，作为这两个历史过程相互作用的结果，浙东越窑青瓷海外输出的规模长期领先于国内其他窑系，而浙东明州对外海上交通枢纽港的地位也因此得以确立。

题　　名 **云南古代的水运发展**
作　　者 古永继
刊　　名 云南社会科学
年 卷 期 1992年1期
页　　码 79－85
摘　　要 云南境内，分布有金沙江、澜沧江、怒江、元江、南北盘江等河流，及滇池、抚仙湖、异龙湖、洱海等湖泊，大部江河，滩多流急，河谷狭窄，舟楫之利不多。几千年来，当中原及东南沿海各地的水上运输蓬勃发展之时，云南虽然步子较慢，但经各族人民的艰辛努力，其水运事业也取得了一定成就，在云南经济文化的发展中，起到了积极的促进作用。

题　　名 **运河和中国古代城市的发展**
作　　者 王瑞成
刊　　名 西南交通大学学报（社会科学版）

年卷期　2003年4卷1期
页　码　14－20
摘　要　运河漕运体系在中国早期城市的发展，都城和行政中心城市体系的形成，中国南北城市系统的整合和运河城市类型的产生中发挥着重要作用。运河漕运体系是中国古代城市体系的重要基础，并使中国古代城市发展呈现出独特的形态和规律。

题　名　运河与两宋国计论略
作　者　曹家齐
刊　名　徐州师范大学学报（哲学社会科学版）
年卷期　2001年27卷2期
页　码　104－107
摘　要　两宋立国均仰赖运河。北宋定都无险可守之汴京，实迁就于运河漕运之便利，依靠运河维持“强干弱枝”立国之势。运河，尤其是汴河，漕远东南粮米、钱帛，不仅供养京师上百万官兵士庶，而且兼顾边防和灾区所需。运河漕运之阻滞，是北宋亡国的重要原因。南宋将行都定于临安，运河也是重要条件。江南运河对各地财赋之转输、政令布达之通畅，以及沿岸地区之繁荣，成为南宋政权赖以存在的基础，而浙东运河又成为对外贸易获取商税的重要通道。另外，盐税在两宋财政收入中占很大比重，而运河又在食盐运销中发挥着重要作用。

题　名　运河与中国政治中心的变迁
作　者　张文华，刘栋
刊　名　淮阴师范学院学报（哲学社会科学版）
年卷期　2007年4期
页　码　492－498
摘　要　运河与政治中心的区域转移及国运盛衰之间有密切的关系。一方面运河通过漕运将国都与经济中心连接起来，可以源源不断地供应其各种物资需求，保障经济安全，使中央政府无后顾之忧，从而有效地发挥其对内对外的各种职能；另一方面，在经济上有运河及其漕运的坚强保障，国都的选择、确定和变迁可以在一定程度上摆脱经济条件的限制，从而在最为有利于实施政治统治的地域进行。同时，政治中心的流转迁移也直接影响着运河的分布、走向及其发展态势。

题　名　运河正名
作　者　郑慧生
刊　名　华侨大学学报（人文社会科学版）
年卷期　2001年2期
页　码　106－107

题　名　载洵、萨镇冰出国考察海军始末
作　者　周京南
刊　名　军事历史
年卷期　1994年4期
页　码　54－55

题　　名　**载洵、萨镇冰的欧美日之行**
作　　者　戴彦清，唐宏
刊　　名　文史精华
年 卷 期　1997 年 9 期
页　　码　14－26
摘　　要　清末宣统年间，海军筹办大臣载洵、萨镇冰奉派前往欧洲各国及美国、日本考察海军。此次欧美日之行成为当时中国海军重建和清政府对外交往上的一件大事，受到世人瞩目。

题　　名　**再读《郑和航海图》**
作　　者　刘铭恕
刊　　名　海交史研究
年 卷 期　1999 年 35 期
页　　码　102－103

题　　名　**再读梁启超《祖国大航海家郑和传》——纪念梁启超《祖国大航海家郑和传》发表 100 年**
作　　者　时平
刊　　名　郑和研究
年 卷 期　2004 年 1 期
页　　码　4－8

题　　名　**再论“甘棠港”的历史问题**
作　　者　廖大珂
刊　　名　中国社会经济史研究
年 卷 期　1998 年 3 期
页　　码　43－48

题　　名　**再论宝山烽堠为郑和舟师遗物**
作　　者　徐作生
刊　　名　东南文化
年 卷 期　1991 年 5 期
页　　码　112－113
摘　　要　近读《东南文化》1990 年第 5 期章采烈《上海浦东老宝山城非浦西宝山县城前身考》一文，文内提及拙作《考永乐烽堠御碑的一个新发现》（载《中国航海》，1988 年第 2 期）。章先生在未加辨析的情况下，将拙作囫囵阅之，便草就其文，匆下断论。章文谓：“将宝山烽堠说成是郑和下西洋时的‘舟师遗物’，则嫌其证据不足。”章在此段末又谓，“《碑记》只字不提下西洋事，这决非偶然的疏忽”。此实大谬矣！余为考证宝山烽堠系郑和舟师遗物，曾于文中列据有三，为了便于读者了解，兹复述如次。

题　　名　**再论方伯谦被杀是冤案**
作　　者　郑守正
刊　　名　历史档案
年 卷 期　1997 年 3 期

页　　码　82－87

题　　名　**再论方伯谦冤案问题**
作　　者　赵捷民
刊　　名　河北师范大学学报（哲学社会科学版）
年 卷 期　1986 年 1 期
页　　码　93－97
摘　　要　甲午中日战争时，“济远”舰管带方伯谦因两次畏敌带舰先逃，被李鸿章处死于旅顺。后来，有不少人为他鸣冤。近年以来，我研究了有关史料，觉得此案确有问题。我曾于 1953 年《新史学通讯》8 月号上发表《中日甲午战争“济远”舰先逃与方伯谦问题》一文，初步提出不同意见，认为“济远”舰在牙山、丰岛及黄海两次战役中英勇打击了敌人，方伯谦在战争中也起了一定的作用。处死方伯谦，是北洋实力派李鸿章、丁汝昌、刘步蟾等制造的冤案。

题　　名　**再论福建船政局**
作　　者　罗耀九，郑剑顺
刊　　名　福建论坛（人文社会科学版）
年 卷 期　1986 年 1 期
页　　码　47－52
摘　　要　对于洋务派创办的福建船政局，学术界至今没有一致的认识。肯定它的进步作用的，多半从肯定创办的动机及其资本主义性质出发；否定它的进步作用的，多半是根据它封建落后的经营管理及其微小的成效来判断。我们曾写了《福建船政局剖析》一文阐明我们的观点。近来，看到一些史料及同行们的近作，觉得还有进一步探讨的必要。

题　　名　**再论高僧法显的生卒年和籍贯及其时代背景**
作　　者　王勇红
刊　　名　五台山研究
年 卷 期　2010 年 3 期
页　　码　19－22
摘　　要　法显是我国东晋时的高僧，学界对于他的卒年及籍贯有不同的见解，现就此问题进行探讨。

题　　名　**再论合浦是中国汉代海上丝路始发港**
作　　者　邓家倍
刊　　名　广州社会主义学院学报
年 卷 期　2004 年 4 期
页　　码　62－65
摘　　要　早在汉朝，中国就开辟了由日南、合浦、徐闻为始发港，至东南亚，南亚远至非洲东岸肯尼亚等国的海上丝绸之路。但在过去海上丝路研究中，对合浦是海上丝路始发港多有忽略。以汉时合浦在航贸、地理、文物、资源、军事等方面的地位与作用，对合浦是中国汉代海上丝路始发港作进一步探讨。

题　　名　再论嘉靖中期的倭寇性质——兼与《嘉隆倭寇刍议》一文商榷
作　　者　张声振
刊　　名　社会科学战线
年 卷 期　2008 年 1 期
页　　码　98－103
摘　　要　倭寇,是指明代来自日本三十六岛劫掠中国沿海的海盗。嘉靖中期以后,在各种历史条件下,由于明代"奸宄乡民"的加入,不仅使倭患范围扩大,加剧民众恐倭气氛,而且倭寇组成结构发生变化,出现真假倭问题。认识真假倭寇在倭患中的作用,不能单纯从数量上去认定。必须从真倭的主导作用,劫掠财物运去日本,在一个时期促进日本的经济繁荣等方面进行考察,方能定性准确。王直等倭寇头目也必须从这一角度,考察和认定其当年的国籍。另一方面,嘉隆时期劫掠中国的倭寇,与丰臣秀吉侵略朝鲜,必须作性质上的区别,不能等同视之。

题　　名　再论甲午战争中的李鸿章
作　　者　戚其章
刊　　名　清史研究
年 卷 期　1994 年 4 期
页　　码　1－8
摘　　要　十年前,当甲午战争九十周年之际,我写了一篇题目《正确评价甲午战争中的李鸿章》的文章,对否认李鸿章为主和派的观点提出了不同的意见。其后。又将自己的这一看法写进了《甲午战争史》一书。台湾学者吴圳义先生在一篇长达两万余字的书评中对拙作提出了异议。可惜吴先生未能运用史料来论证自己的观点,而主要是认为蒋廷献先生和郭廷以先生与笔者有"不太相同的看法"。因此,我感到还有再进一步申明个人观点的必要。

题　　名　再论美洲由郑和船队发现的见解
作　　者　林贻典
刊　　名　海交史研究
年 卷 期　2003 年 44 期
页　　码　7－17,106
摘　　要　本人曾提出根据《明史・外国传》记载木兰皮国曾被宣诏而未入贡,并且根据其记载之位置、物产、气候都与西南非洲的纳米比亚吻合,认为与《毛罗地图》上两段注记关于中国帆船航行的记录可以互相对证,其记载都是真确的。

题　　名　再论明代勘合
作　　者　郑梁生
刊　　名　淡江史学
年 卷 期　1999 年 10 期
页　　码　1－18

题　　名　再论明清之际的十三行与澳门贸易
作　　者　赵立人
刊　　名　海交史研究

年卷期 2005年48期
页 码 62－66

题 名 **再论明政府允许葡人租借澳门的原因**
作 者 颜广文
刊 名 中国边疆史地研究
年卷期 1999年2期
页 码 44－52
摘 要 明政府为什么允许葡人租借澳门呢？历史上主要存在着“葡萄牙人协助中国政府驱逐海盗得澳门酬劳”说和经济动因说2种。而作者认为，以上两种说法虽均有一定道理，但都没有看到问题的实质。事实上，明政府允许葡人租借澳门是政治、军事因素起决定性作用。允许葡人租借澳门符合明政府对外关系的总构思，是明政府推行“以夷制夷”政策的需要，也是中西方两股力量初次交锋势力大致均衡的结果。同时，葡人卑恭的态度迎合了明朝统治者虚妄自大心理，这对允葡租澳起到重要推动作用。

题 名 **再论澎湖癸亥海战的气候——也论相关方法论问题**
作 者 施伟青
刊 名 台湾研究集刊
年卷期 2002年3期
页 码 34－40
摘 要 本文对周翔鹤有关文章提出商榷。指出以台南连降8天梅雨大雨的气候状况来推断闽南在同时期里也出现同样气候状况的看法，是难以成立的。考证了康熙二十二年六月二十二日午时起澎湖海面潮涨属于正常的潮汐现象，与风暴潮无关。认为史学研究可以也应当引进其他学科的方法，但必须坚持以史学本身固有的研究方法为基础，否则就有可能弄巧成拙，事与愿违。

题 名 **再论遣唐使废止原因**
作 者 霍耀林
刊 名 宜春学院学报
年卷期 2010年1期
页 码 61－63
摘 要 关于遣唐使废除的原因，历来是争论比较大的一个课题，目前一般认为遣唐使制度被废除主要是因为唐朝国力衰微以及当时日本政府所面临的财政困难等，但是单从这两方面的原因来看并不能使人信服。本文从造成遣唐使制度被废除的根本原因出发，综合考虑了当时遣唐使制度被废的各个因素，试图给出一个更为客观而比较全面的解答。

题 名 **再论清代中国和琉球的贸易——兼论中琉互救飘风难船的活动**
作 者 俞玉储
刊 名 历史档案
年卷期 1995年1期
页 码 98－109
摘 要 清代中国和琉球的贸易，有多种形式。除了进贡贸易之外，两国在长期互救飘风难船活动中的贸易往来，即是其重要形式之一。本文拟据中国第一历史档案馆珍藏的清代历史档案及有关资料，通过中琉两国互救飘风难船活动中的贸易活动,对清代中琉两国的贸易进行进一步的探讨。

题　　名　**再论沙上人在郑和航海中的历史作用**
作　　者　陈亚昌
刊　　名　郑和研究
年 卷 期　2010 年 2 期
页　　码　8 – 14
摘　　要　本文主要依据古代有关文献资料,阐述沙上人的良好风气、生活状况以及沙船在长江口的使用状况,着重分析郑和下西洋前聚 X1 崇明的原因,从而进一步阐明沙上人在郑和下西洋的重要作用和所作的巨大牺牲。

题　　名　**再论施琅的几个问题——与王铎全同志商榷**
作　　者　施伟青
刊　　名　台湾研究集刊
年 卷 期　1984 年 4 期
页　　码　34 – 42
摘　　要　施琅这个历史人物是值得进一步研究的。如应如何评价他的叛郑投清之举？应怎样认识他与姚启圣的矛盾斗争？应怎样分析他的平台动机？近年来,王铎全同志发表了研究施琅的两篇文章。对施琅的以上方面的史事给予全面肯定,高度评价。王文的描述是感人的,遗憾的是多与史实不合。王文虽未指名,但极易看出其后篇是兼与我商榷的。现在,就把本文作为商榷之商榷,以请教于王铎全同志。

题　　名　**再论施琅与清初开放海禁**
作　　者　连心豪,谢广生
刊　　名　中国社会经济史研究
年 卷 期　2002 年 4 期
页　　码　49 – 54
摘　　要　施琅统一台湾,为复界开海创造了必不可少的先决前提条件。因此,施琅是清初开放海禁的第一功臣。施琅在清初开放海禁决策上具有很大的发言权,甚至是决定性的作用。国家政局的稳定是清初开放海禁决策时压倒一切、必须首先考虑的。施琅确实是主张开放海禁的,但是态度十分谨慎,他对商舶出洋互市采取了比较严厉的管制措施。这些措施虽然一时有碍于台湾及东南沿海经济的对外交流与发展,但从长远的角度看,却有利于台湾与东南沿海局势的长期稳定和开放。

题　　名　**再论宋广州南海神庙相关史实——答赵立人先生**
作　　者　王元林
刊　　名　海交史研究
年 卷 期　2008 年 53 期
页　　码　12 – 25

题　　名　**再论外国传教士近代来甘南的传教活动**
作　　者　陈改玲
刊　　名　甘肃高师学报

年卷期 2005年1期
页　码 52-53
摘　要 联系甘肃近代社会的特点,论述近代外国传教士在甘南各地的传教活动及基督教没有在甘南广泛传播的几个原因。
关键词 外国传教士;甘南;传教活动

题　名 再论徐福
作　者 王辑五
刊　名 师大月刊
年卷期 1936年26期
页　码 260-268

题　名 再论应该正确评价刘步蟾——兼答董菜时同志
作　者 孙克复,关捷
刊　名 辽宁大学学报(哲学社会科学版)
年卷期 1979年1期
页　码 47-53

题　名 再论郑成功与海外贸易的关系
作　者 韩振华
刊　名 中国社会经济史研究
年卷期 1982年3期
页　码 34-46

题　名 再论郑和宝船
作　者 席龙飞
刊　名 船史研究
年卷期 1997年11/12期

题　名 再论郑和宝船
作　者 席飞龙
刊　名 郑和研究
年卷期 1998年2期
页　码 11

题　名 再论郑和船队到过美洲吗
作　者 刘曼春
刊　名 郑和研究
年卷期 2007年2期
页　码 39-42
摘　要 2002年3月15日英国专家凯文·孟席斯发表惊世高论:郑和最先环绕地球,发现新大陆。孟氏所说在提高郑和对世界航海事业的贡献的同时,也是对中国郑和研究专家学者的挑战,因为大多数中国学者持郑和下西洋最远达非洲东岸说。后学大胆、冒昧,试图从中国历史文献中探讨郑和船队是否到过美洲。

题　　名　再评《光明之城》
作　　者　吴幼雄
刊　　名　泉州师范学院学报
年 卷 期　2002 年 1 期
页　　码　80 – 88
摘　　要　本文揭示《光明之城》一书里的"免税","城与船"和"自由思想商人"等三个重要历史问题皆非史实;又揭示书中的"色目人","犹太教"和"也里可温"等提法皆违背历史常识;结合《光明之城》的主题思想,论证该书是伪书。

题　　名　再评叶名琛的不战不和不守
作　　者　李毅
刊　　名　广州研究
年 卷 期　1987 年 1 期
页　　码　51 – 54

题　　名　再谈明清两代我国瓷器的输出
作　　者　陈万里
刊　　名　文物
年 卷 期　1964 年 10 期
页　　码　33 – 36

题　　名　再谈新安沉船
作　　者　江静
刊　　名　海交史研究
年 卷 期　2004 年 46 期
页　　码　63 – 68

题　　名　再谈郑和宝船的船型和尺寸
作　　者　陈延杭
刊　　名　海交史研究
年 卷 期　2003 年 44 期
页　　码　18 – 25
摘　　要　有关郑和宝船的争论由来已久,就宝船本身而言,主要围绕着两个大问题:即船型和船的尺寸大小。讨论的焦点:首先宝船船型是肥胖的(以长宽比值表示 L/B = 2 – 3)或是瘦长的(L/B = 4 – 7);其次尺寸大小是长 44 丈、宽 18 丈,或是最大 2000 料。当然可能还有其他一些问题,暂且略去不在这里讨论。在这里我要论证的是:郑和宝船是一艘 44 丈、长 18 丈宽的肥胖型福船。

题　　名　**再谈郑和下西洋与《卫所武职选簿》**
作　　者　徐恭生
刊　　名　海交史研究
年 卷 期　2009 年 56 期
页　　码　31 – 47
摘　　要　明代兵部编录的《卫所武职选簿》是研究郑和下西洋重要史料之一，本文从中摘录出郑和下西洋军官 169 人简略事迹，由此可以看出郑和下西洋军官死亡数目不少，其中因病而死者居多；其次，郑和第一次下西洋时与海盗陈祖义等作战地点除旧港之外，还有阿鲁洋和棉花屿洋；再次，《卫所武职选簿》史料进一步证实锡兰山战役是完全由亚烈苦奈儿"悖逆夺官钱粮"而引起的自卫反击战。

题　　名　**再探近代西方股份制在中国"变异"之原因——以晚清时期的轮船招商局为透视点**
作　　者　史亚楠，陈明辉
刊　　名　成功（教育）
年 卷 期　2007 年 11 期
页　　码　229 – 230
摘　　要　本文主要从在华洋行的负面示范效应、中国传统经济组织和传统商事习惯以及中国传统的集权政治和"官本位"思想等三个方面分析近代西方股份制在中国"变异"之原因。

题　　名　**再探日本名僧空海与绍兴的历史渊源**
作　　者　丁青
刊　　名　承德民族师专学报
年 卷 期　2009 年 4 期
页　　码　47 – 50
摘　　要　空海是日本平安时代初期的留学僧，他深谙佛法，创建了日本的真言宗。同时，他也是日本的书道宗师，擅长篆、隶、行、草、飞各体，有日本书圣、日本的王羲之等美誉。空海在中国的时间仅为两年，在长安学有所成后，受师尊教诲准备返日，但返日之前，他坚持到浙江绍兴学习了三个月，作者认为，空海既然如此急切渴望回国，却依然坚持要在绍兴停留数月，必有其重要原因。所以，笔者通过查阅文献资料和实地考察，试图探究空海停留绍兴的原因、绍兴之行对空海所产生的影响，以及与空海相关的绍兴史迹保存情况。

题　　名　**再探郑和的家世**
作　　者　马继祖
刊　　名　郑和研究
年 卷 期　1994 年 4 期
页　　码　7 – 18

题　　名　**再析中韩古代海船中期保护技术**
作　　者　袁晓春
刊　　名　中国文物科学研究
年 卷 期　2009 年 1 期
页　　码　90 – 92

题　　名　**再现中美贸易肇始期的《山茂召日记》**
作　　者　梁碧莹
刊　　名　世界历史
年 卷 期　2001年5期
页　　码　105－108

题　　名　**再议河姆渡人的水上交通工具**
作　　者　李跃
刊　　名　东方博物
年 卷 期　2003年00期
页　　码　18－26
摘　　要　对河姆渡人的水上交通问题,考古界已作了普遍的探讨。自20世纪70年代以来,在宁绍平原东部的滨海地区、在东海的舟山群岛地区,发现新石器时代遗址30多处,有的属河姆渡三、四层文化类型,距今六七千年;也有的属河姆渡一、二层文化类型,距今五千多年。这些遗址的发现证实了在五千多年前的东南沿海地区,河姆渡人已涉足舟山群岛,足迹踏遍了周边的岛屿。河姆渡人把先进的文化通过海上交通传播到舟山群岛,使舟山群岛的原始文化直接承受大陆河姆渡文化的影响。在河姆渡文化向这些地区渗透的同时,河姆渡人已经使用了独木舟这种水上交通工具,这充分证明了他们已经具有了征服自然的能力。

题　　名　**再议郑和下西洋:以两次从广东启航为中心**
作　　者　李庆新
刊　　名　广东社会科学
年 卷 期　2003年2期
页　　码　112－118
摘　　要　明永乐、宣德间郑和七下西洋,其中第二次、第六次是从广东扬帆出海的。郑和下西洋开创了人类航海史上的空前壮举,拓展中国的国际影响和外交空间,促进东西方经济文化交流,对推动朝贡贸易的繁荣作用最大,客观上也有利于广东等沿海地区商民向南洋移殖侨居,开拓新的生存空间。然而,这一“壮举”并没有在明朝引发出像哥伦布发现新大陆那样把欧洲导向资本主义的类似的社会变迁,成为中国走向海洋、展开近代化进程的契机和内在力量,这是值得后人深刻反思的。

题　　名　**在抗俄战争中作出重要贡献的前福建厦门水师提督陈汶环及后裔**
作　　者　李淑清
刊　　名　齐齐哈尔师范高等专科学校学报
年 卷 期　2008年2期
页　　码　103－104
摘　　要　陈汶环,福建省泉州府厦门人。因有功于清被授为厦门水师提督。康熙二十二年(1683年),沙俄侵占黑龙江领土,陈汶环奉命千里迢迢赶来黑龙江参加抗俄,立下功绩。

题　　名　**在世界航海史中奠定地位的三幅明代地图**
作　　者　郑宽涛

刊　　名　郑和研究
年 卷 期　2007 年 3 期
页　　码　69 – 72
摘　　要　早在 1964 年张铁生先生著《中非交通史初探》中指出“如我们所知道的国内迄今还没有一本中非交通史”，这一愿望终于在 20 年后实现。1989 年 9 月孙光圻教授著《中国古代航海史》，1990 年 10 月沈福伟教授著《中国与非洲——中非关系二千年》的问世，无疑为研究中非关系史和世界航海史功力最深者。

题　　名　在思想领域里对郑和下西洋的再认识
作　　者　侯志勇，任强
刊　　名　郑和研究
年 卷 期　1995 年 2 期
页　　码　7 – 11

题　　名　在所谓新航路的发现以前中国与东非之间的海上交通
作　　者　侯仁之
刊　　名　科学通报
年 卷 期　1964 年 11 期

题　　名　在所谓新航路的发现以前中国与东非之间的海上交通
作　　者　侯仁之
刊　　名　中国远洋航务公告
年 卷 期　2005 年 7 期
页　　码　37 – 40
摘　　要　在十五世纪末和十六世纪初期，从西欧开始了一系列的远洋航行，为众所周知的最初两件大事就是：一、1492 年哥伦布横渡大西洋，到达了现在古巴和海地等处；二、1498 年达·伽马在绕过好望角之后，越过印度洋，到达了现在印度南部的科泽科德（Kozhikode，旧作 Calicut，中国古籍作古里）。欧洲人的地理视野从此大为扩大，他们登上了从来没有登上过的大西洋彼岸的土地，找到了从来不知道的到东方来的航路。

题　　名　在中国走向世界的过程中考察广州十三行的历史地位
作　　者　冷东
刊　　名　广州大学学报（社会科学版）
年 卷 期　2010 年 8 期
页　　码　92 – 96
摘　　要　随着研究的深入，十三行研究成果不断丰富，但在十三行历史地位的评价上仍然分歧明显。对十三行历史地位的评价关系到能否在“文化强省”的建设中将其定位为岭南文化品牌、是否体现先进文化等关键原则，成为学术界不可回避并急待解决的任务。目前有关十三行历史地位的代表性观点，有褒有贬，似乎贬多于褒。其实，从中国走向世界过程中分析，广州十三行无疑是中国开始接触与融入世界的一个起点，是中国从传统农业社会向近现代工业社会转变的一个重要节点。

题　　名　早年的香港“海盗”
作　　者　刘小狄
刊　　名　航海
年 卷 期　1988 年 6 期
页　　码　13 – 15

题　　名　早期的东南亚华人穆斯林
作　　者　廖大珂
刊　　名　华侨华人历史研究
年 卷 期　1997 年 1 期
页　　码　31 – 36

题　　名　早期的南中国海研究
作　　者　张明亮
刊　　名　东南亚研究
年 卷 期　2007 年 3 期
页　　码　44 – 47

题　　名　早期的天文导航——我国古代的“牵星过洋术”
作　　者　江松禛
刊　　名　海陆空天惯性世界
年 卷 期　1999 年 3 期
页　　码　10 – 12

题　　名　早期东南亚各殖民政权对华侨政策的特点
作　　者　庄国土
刊　　名　华侨华人历史研究
年 卷 期　1994 年 4 期
页　　码　57 – 64

题　　名　早期福建的海外移民与妈祖信仰
作　　者　李金明
刊　　名　莆田学院学报
年 卷 期　2008 年 15 卷 4 期
页　　码　78 – 83
摘　　要　福建地处东南沿海，人们素有移居海外的习俗。在早期的福建海外移民中，妈祖主要起航海保护神的作用，而当福建移民抵达海外移居地时，他们也把妈祖信仰带到了新的地方，并赋予新的使命，使妈祖宫庙成为联络乡谊、增进感情、共谋福祉的新场所。

题　　名　早期华夏先民到达美洲的考究
作　　者　刘树人

刊　　名　地球信息科学
年 卷 期　2004 年 6 卷 3 期
页　　码　4 – 6
摘　　要　1910 年印第安人殷福布族所指的“浮桥岛”即现在的白令海峡。该海峡两岸最窄处为 86km，晴天雨后可以隔海相望，水深只有 30 – 50m，中间还有 2 个小岛（大、小代奥米德岛）。这时先民们徙徙到美洲与古海平面变迁，即第四纪晚期大陆冰川不断溶化，海平面不断上升有关。大约距今 14000 年左右，海平面回升到 – 100m，从亚洲到美洲在白令海峡确实存在阿拉斯加陆桥；到了距今 12000 年最后一次冰期结束，海平面上升到 – 60m 时，该陆桥仍然存在；到了距今 9000 年左右，海平面上升到 – 25m 时，陆桥开始沉没，但水很浅，特别是冬季结冰，两岸徙徙也并非难事；到距今 7000 年以后，处于人类文明的前夜时，海平面至少比现在低 5 ~ 6m，只要依靠简单工具如“筏”、“独木舟”就可以到达美洲，因此，中国许多先民从这时开始到达了美洲，这在中国古书也都有专门的记载和描述。足见，中国很早以前也是一个航海大国。

题　　名　早期留欧教育与洋务派的海防忧患意识
作　　者　刘虹
刊　　名　河北师范大学学报（教育科学版）
年 卷 期　2005 年 5 期
页　　码　21 – 25
摘　　要　自 1877 年至 19 世纪 90 年代，清政府曾四次派遣福州船政学堂学生赴欧学习西洋造船、驾驶技术，以期加强中国的海防建设，“欲与洋人争衡”，是为早期留欧教育。而早期留欧教育是以洋务派的海防忧患意识为内驱力而展开的。

题　　名　早期美国对华贸易的几个特征
作　　者　仇华飞
刊　　名　学术月刊
年 卷 期　1999 年 11 期
页　　码　20 – 27

题　　名　早期葡萄牙人在福建的通商与冲突
作　　者　廖大珂
刊　　名　东南学术
年 卷 期　2000 年 4 期
页　　码　71 – 78
摘　　要　新航路开辟以后，葡萄牙人来到东方，与福建发生了密切的接触。起初葡萄牙人在福建从事的是和平的通商贸易，双方有着较为和谐的关系。然而，由于明朝政府推行严厉的海禁，某些葡萄牙人的海盗行径，以及中葡商人之间的商业纠纷，致使双方的和平通商遭到破坏，从而引发了一系列剧烈的冲突。在走马溪之战后，葡萄牙人被逐出福建，重新回到广东沿海活动。早期葡萄牙人在福建的活动虽为时不长，但对以后中国与欧洲关系的发展却产生了深远的影响。

题　　名　早期葡萄牙人在中国东南沿海的活动
作　　者　李金明

刊　　名　文化杂志
年 卷 期　1998 年 34 期

题　　名　**早期西班牙人看福建**
作　　者　廖大珂
刊　　名　南洋问题研究
年 卷 期　2000 年 2 期
页　　码　68－75
摘　　要　福建历来是海外了解中国的窗口和沟通中外文化交流的桥梁。西班牙人占领菲律宾后，与福建发生了日益频繁的接触和交流，他们用西方文化的眼光来观察事物，对福建的认识和了解也从模糊到逐渐清晰，并不断得到充实和丰富。他们对福建的看法是受所处的时代、环境和自身文化观念的影响，除了少数狂热的殖民扩张主义者外，大多数人是对福建人民抱有好感的，对福建文化表现出景仰，对福建的介绍基本上是客观、公正和较为全面的，其中不乏尖锐的批评。他们将福建及其文化介绍到欧洲，开拓了西方人的视野，不仅使西方认识福建，而且也加深了对中国的认识。今天我们了解早期西方人对福建的看法和评论，对于我们正确认识西方，认识世界，也认识自己，不无裨益。

题　　名　**早期英美对华鸦片贸易比较研究**
作　　者　何大进
刊　　名　史学月刊
年 卷 期　1998 年 4 期
页　　码　50－54
摘　　要　对早期英美对华鸦片贸易进行了比较研究，认为无论在所获利益、鸦片贸易所造成的消极影响方面，还是在对待鸦片贸易的态度上，英美两国都是不同的。英国在早期对华鸦片贸易中获利甚丰，且对它来说具有重要的战略意义，而美国则相反；鸦片贸易对美国的正常对华贸易所造成的消极影响亦远大于英国。因此，英国政府对鸦片贸易持积极支持态度，甚至为此不惜诉诸武力，而美国政府则持反对态度。

题　　名　**早期招商局的多元化经营战略**
作　　者　王双
刊　　名　学术月刊
年 卷 期　1995 年 10 期
页　　码　46－48

题　　名　**早期中非海上交往方式、途径及相关的几个问题**
作　　者　吴长春
刊　　名　西亚非洲
年 卷 期　1991 年 6 期
页　　码　57－62
摘　　要　中国与非洲的海上交往源远流长。随着当今中国与非洲在国际事务中地位的日益提高及双方之间经济文化交往的扩大，研究中非关系史较以往更受到人们的重视。由于中国与非洲海上交通时间长、空间广、事件多，而研究某方面问题所需考古材料、文献资料缺乏，给这一问题的研究带来了很大困难。尽管国内外有关此问题的书刊不少,但就交通史中的某些问题仍难得出确切结论,有些说法牵强、含混或错误。某些具体问题却散杂在一些书籍中,缺乏专门论述。本文仅就早期中非海上交往史中的途径、方式、航程、航线的伸延变化等问题谈一些个人的看法。

题　　名　**早期中国政府对澳门的管治与澳门同知的设立**

作　　者　黄鸿钊

刊　　名　文化杂志

年 卷 期　2003 年 49 期

题　　名　**早期中葡关系的开端与演变**

作　　者　徐滢

刊　　名　新疆社科论坛

年 卷 期　2002 年 1 期

页　　码　69 – 71

摘　　要　15 世纪末、16 世纪初,随着通往印度洋的航线的开辟,西方殖民者相继东来,开始在东方建立殖民据点。葡萄牙成了第一个同中国建立直接关系的西欧国家。

题　　名　**早期中葡关系与澳门开埠**

作　　者　黄庆华

刊　　名　史学集刊

年 卷 期　1997 年 4 期

页　　码　55 – 63

摘　　要　葡萄牙是西方国家在从事海外扩张和殖民掠夺过程中,最早通过水路,即所谓"香料之路",同中国直接接触的国家。从 1513 年第一个葡萄牙人驾驶马来帆船到珠江口"通商贸易",至今,中葡两国之间的关系已有 400 多年历史。葡萄牙人初来中国东南沿海,是叩关求市,还是扩张掠夺?抑或两者兼而有之?明廷及广东官府是如何加以对待的?葡萄牙人立足澳门,是借居、租居?还是"助剿海盗得赐澳门?"这些都是探讨早期中葡关系及澳门历史时,必须首先认真澄清的问题。"九九"回归在即,国人更渴望对澳门开埠的历史有个较为全面的了解。为此,本文依据中外载籍,力求通过分析和论述 16 世纪葡萄牙人在中国东南沿海的活动,客观、公正地再现这段颇为复杂的历史。

题　　名　**早期驻外使节与晚清海防近代化**

作　　者　祖金玉,闫夏

刊　　名　社会科学辑刊

年 卷 期　2010 年 2 期

页　　码　159 – 162

摘　　要　早期驻外使节是晚清官僚阶层中较早走向世界的新型群体。19 世纪 70 年代中期至 90 年代中期,正是晚清海防近代化最为兴盛的时期,早期驻外使节积极参与其中,他们以内行的眼光为海军购置军舰,在派遣、管理海军留学生方面扮演了不可或缺的重要角色,还提出了许多先进的海防主张。驻英、驻德使节表现尤为突出。对西方海防海军事务身临其境的实地考察,驻外使节的独特身份,是他们为晚清海防近代化做出杰出贡献的主要原因。

题　　名　**造船工业在中国近代史上的历史地位**
作　　者　霍汝素
刊　　名　船史研究
年 卷 期　1987 年 3 期

题　　名　**造船和航海史资料二则**
作　　者　金秋鹏
刊　　名　中国科技史料
年 卷 期　1998 年 2 期
页　　码　87 – 88
摘　　要　从曹冲称象的故事中,可以看到中国至迟在三国时就已经知道,船舶的载重量等于其所排开水的重量。后来人们又用斛、石、料作为船舶的量度单位,并以之标示船舶的载重量,如万斛船、千石船、百料船等。但是关于如何具体的计算船舶的载重量,却一直未见及记载。

题　　名　**造起五层楼宏伟战舰确是隋朝的技术进步**
作　　者　席龙飞
刊　　名　中学历史教学参考
年 卷 期　2001 年 5 期
页　　码　14 – 15
摘　　要　陕西省商州市大荆中学周永献老师,在《中学历史教学参考》2000 年第 6 期第 56 页,对人教版高中《中国古代史》课本上第 100 页所述隋朝“手工业有新的发展,造船技术达到很高水平,能造起五层楼的宏伟战舰”,提出质疑。认为以“五层楼的宏伟战舰”来说明“手工业有新的发展”“不足为据”。其论据是:“因为,在三吴时,早已出现了‘长二十余丈,高出水面二、三丈,上下五层,……远望犹如楼阁’的大海船。”笔者认为:《中国古代史》课本第 100 页所论并无不妥,质疑者所提论据并未给出出处。况且,“起五层楼”与“上下五层”含意并不相同。笔者作为造船工作者和船史学研究工作者,提出一得之见,与质疑者商榷,并与广大历史教师进行交流。

题　　名　**曾阿三寇变以及有关记载的辨正**
作　　者　黄光武
刊　　名　岭南文史
年 卷 期　1994 年 2 期
页　　码　53 – 55

题　　名　**曾国藩海防思想简论**
作　　者　成赛军
刊　　名　军事历史研究
年 卷 期　2010 年 3 期
页　　码　72 – 77
摘　　要　第二次鸦片战争以后,在西方列强的武力侵凌下,曾国藩的海防思想逐渐形成。他所提出的“师夷智”以建设海防,“权自我操”的建设原则,建立近代中国海军的思想以及为此而付诸的亲历亲为,影响了此后的晚清海防建设。时至今日,仍然有着重要的借鉴意义。

题　　名　**曾国藩与江南制造局**
作　　者　陈绛
刊　　名　船史研究
年 卷 期　1995 年 8 期

题　　名　**曾国藩与湘水军的创建**
作　　者　周辉湘
刊　　名　衡阳师专学报(社会科学版)
年 卷 期　1987 年 3 期

题　　名　**曾国落与湘军水师**
作　　者　李井
刊　　名　河北师院学报(社会科学版)
年 卷 期　1992 年 3 期
页　　码　91 - 97

题　　名　**曾国荃的海防思想及实践**
作　　者　饶怀民,郝幸艳
刊　　名　湖南城市学院学报
年 卷 期　2009 年 2 期
页　　码　36 - 40
摘　　要　曾国荃是近代中国海防建设的重要人物,他长期担任主持南洋海防的南洋大臣等要职。他的海防思想是近代中国民族危机日趋严重形势下的产物,并在担任两广、两江总督等职时,致力于发展海防建设,创办造船工业、建造近代化军舰、筹划购买铁甲舰,在抗击侵略者入侵等方面做出了应有的贡献。并提出了扼要设防、有备无患、固结民心、以变求通、先固本基等一系列宝贵的海防思想,为后人留下了宝贵的遗产。

题　　名　**旃檀释迦瑞像与奝然入宋**
作　　者　姚长寿
刊　　名　法音
年 卷 期　1987 年 1 期
页　　码　26 - 29

题　　名　**占城与宋朝的友好关系**
作　　者　黄国安
刊　　名　印支研究
年 卷 期　1984 年 3 期
页　　码　24 - 27

题　　名　占城与中国明朝的文化交流
作　　者　陈文
刊　　名　东南亚研究
年 卷 期　2004 年 4 期
页　　码　92 – 96
摘　　要　占城与中国明朝保持着密切的宗藩关系，使者往来频繁，经贸关系活跃，为两国文化交流创造了极其有利的前提条件。明朝与占城的文化交流是多方面、多层次展开的，既有物质文化的交流与促进，也有制度文化、精神文化的碰撞与融合，呈现出纵横交错，缤纷多彩的景象，对两地经济文化的发展和人民生活水平的提高发挥了积极的作用。

题　　名　占婆与宋朝贸易关系略述
作　　者　余思伟
刊　　名　印支研究
年 卷 期　1982 年 3 期
页　　码　24 – 26

题　　名　战国文学的太平洋视域(一)
作　　者　罗漫
刊　　名　中南民族学院学报(人文社会科学版)
年 卷 期　2003 年 2 期
页　　码　119 – 124
摘　　要　战国时代，中国的文学、哲学、政治同时将目光从陆地延展到北海、东海、南海和神秘辽阔的太平洋，并由此记录、改写和传播了一系列与海洋有关的神话传说。例如鲲鹏神话、大壑神话、鳌戴五山神话、龙伯神话、海若与河泊神话、任公子钓出东海巨鱼神话、咸池神话、扶桑神话以及大九州、大瀛海的世界格局和地球观念等等。本文系统论述了这些海洋神话及其生成背景。认为《庄子·逍遥游》等作品，之所以 2000 多年后还充溢着激动人心的艺术力量与思想力量，在于海天之间正是人们在地球上所能寻找得到的、足以驰骋自由心灵和展示大美情怀的最佳境域。

题　　名　战国文学的太平洋视域(二)
作　　者　罗漫
刊　　名　中南民族大学学报(人文社会科学版)
年 卷 期　2003 年 4 期
页　　码　116 – 122
摘　　要　本文认为鲲化为鹏、海外有山、海外有国以至天外有天的故事，之所以受到部分战国文化巨人的倾情关注，既和当时各国君主崇尚巨美的文化风潮有关，也和一批文学家、哲学家、政治理论家对海天之外的未知领域进行浪漫猜想有关，更和大批文化人士乐于接受随着中西交通而涌进的远方信息有关，甚至还可能和濒海民族尤其是流放远海的越国罪人的航海经历有关。

题　　名　战国游艇遗迹
作　　者　王志毅
刊　　名　中国造船

年卷期　1981年2期

页　　码　94－100

摘　　要　本文参证古史对河北省平山县战国时期的游艇遗迹进行了考察研究。这一游艇遗迹的发现对于我国古代造船历史的研究具有极为重大的意义。游艇总长13.1米，最大宽度2.3米，纹饰瑰丽，埋葬时间约在公元前310年，为我国现今所发现的最古老的船舶遗迹。尤为重要者，乃联接船板所用的铁箍，为前所未见，从而使我们得以明了古代船舶的船板联拼方式及其演进过程。

题　　名　湛江近代航政与船检机构的沿革

作　　者　郭永强

刊　　名　广东造船

年卷期　1994年3期

页　　码　37－39

摘　　要　在我国历史上，管理港航事权的机构是市舶司、海关和航政。近代航政管理机构主要由港航监督和船舶检验两大职能部门所组成，其对维护国家权益，促进我国造船和航运事业的发展，保障船舶航行安全起到一定的积极作用。

题　　名　张建章《渤海记》卷目及其相关问题

作　　者　刘晓东

刊　　名　北方文物

年卷期　1990年4期

页　　码　70－71

题　　名　张建章墓志补考

作　　者　罗继祖

刊　　名　黑龙江文物丛刊

年卷期　1983年3期

页　　码　61－62

题　　名　张居正与漕运

作　　者　孙陕龙

刊　　名　陕西水利

年卷期　1994年1期

页　　码　41－42

摘　　要　张居正，明代著名的经济改革家，湖北江陵人。原名白圭，字叔大，号太岳，生于明世宗嘉靖四年（1525～1582）。明万历皇帝（神宗）即位时年仅十岁，他被推为“首辅”。在辅佐万历初政的十年中，他大胆进行经济改革，振纲刷纪，抚内攘外，海宇清宴，生民沾惠，建树颇多，下面只谈谈他在整治漕运方面的功绩。

题　　名　张佩纶会办福建海防并非慈禧“瓦解清流”的阴谋

作　　者　廖宗麟

刊　　名　历史教学

年 卷 期　2002 年 1 期
页　　码　15－18

题　　名　**张佩纶是马江战败的罪魁祸首吗？**
作　　者　俞政
刊　　名　福建论坛(人文社会科学版)
年 卷 期　1985 年 5 期
页　　码　64－68,81

题　　名　**张燮与《东西洋考》**
作　　者　郑慵
刊　　名　漳州师范学院学报
年 卷 期　2004 年 2 期
页　　码　41－46
摘　　要　张燮为漳州明代著名学者,所著的《东西洋考》具有重要的文献价值,张燮的生平和著作反映了时代的变迁,也见证了漳州明代月港的兴盛。

题　　名　**张荫桓与中日《通商行船条约》**
作　　者　范耀登
刊　　名　汕头大学学报(人文科学版)
年 卷 期　1999 年 15 卷 3 期
页　　码　81－87

题　　名　**张之洞的海防思想**
作　　者　史滇生
刊　　名　军事历史研究
年 卷 期　1999 年 1 期
页　　码　141－145
摘　　要　鸦片战争后,在中国社会走向近代化的历史进程中,张之洞是一个不可忽略的重要人物。他的洋务思想和实践,对晚清中国社会发生了很大影响。推进中国海防海军的近代化,又是张之洞洋务思想的一个重要内容。可以说,张之洞是继李鸿章之后,洋务派人士中倡导建设近代海军最力的人。本文拟对张之洞的海防思想作一初步探讨,以求教正。

题　　名　**张之洞的海防思想(上)**
作　　者　刘中民
刊　　名　海洋世界
年 卷 期　2010 年 4 期
页　　码　74－75

题　　名　**张之洞的海防思想(下)**
作　　者　刘中民

刊　　名　海洋世界
年 卷 期　2010 年 5 期
页　　码　60－62

题　　名　**张之洞的海防思想与海防教育**
作　　者　黎仁凯
刊　　名　保定师专学报
年 卷 期　2000 年 3 期
页　　码　32－36
摘　　要　讨论了张之洞任两广总督之后海防思想的形成及其在两广和两江期间对海防建设和海防教育所作的贡献。张之洞在晚清海防建设与海防教育方面应占有一席之地。

题　　名　**张之洞与清末海军重建**
作　　者　朱文瑜
刊　　名　科学文化评论
年 卷 期　2010 年 6 期
页　　码　33－43
摘　　要　甲午一役，清政府辛苦经营了十余年的北洋舰队全军覆没，海军重建成了战后一个重大课题。作为受到朝廷重视的一名地方大吏和中枢要员，张之洞一向主张发展民族工业与建设现代化军队。在甲午战后一片缓建海军的呼声中，其力主加强海防、重整军备的强硬立场，以及坚持借款购舰的果敢作风，在一班晚清重臣中显得格外引人注目。本文着眼于张之洞在甲午战后海军重建中的主张与实践，通过对有关史料的梳理和分析，展现了他在清末海军重建中发挥的重要作用。

题　　名　**张之洞与中日甲午战争**
作　　者　田锡富
刊　　名　江汉论坛
年 卷 期　1994 年 12 期
页　　码　49－53
摘　　要　张之洞是晚清政坛上的著名人物，中日甲午战争期间他先后在湖广总督、两江总督任上。尽管没有直接参加指挥战争，但对这场决定中国前途和命运的战争十分关心，其行为和主张对当时有着重大影响。过去在研究中日甲午战争史时，对他的作用和影响注意得不够，专题研究成果亦少。本文试就这一问题作点粗论，求教专家学者。

题　　名　**张之洞与中日甲午战争**
作　　者　徐碧薇
刊　　名　延安大学学报(社会科学版)
年 卷 期　2004 年 26 卷 1 期
页　　码　84－88
摘　　要　甲午中日战争是中国近代史上的一个转折点，作为后方最重要封疆大吏之一的张之洞并未吸取中法战争的经验教训，中日战争中他筹防所辖的湖广、两江，却不援助在前线作战的北洋军队；他的“以夷制夷”的外交政策没有产生实际作用；他的保台计划和实践也以其个人声誉和仕途为转移。因此，在中日战争期间，张之洞还不是一个成熟的具有现代意识的官员，这对战争具有重要影响。

题　　名　**张之洞与中日甲午战争**
作　　者　徐碧薇
刊　　名　福建师范大学学报（哲学社会科学版）
年 卷 期　2004年2期
页　　码　115－120
摘　　要　甲午中日战争是中国近代史上的一个转折点，作为后方最重要封疆大吏之一的张之洞并未吸取中法战争的经验教训，中日战争中他筹防所辖的湖广、两江，却不援助在前线作战的北洋军队；他的"以夷制夷"的外交政策没有产生实际作用；他的保台计划和实践也以其个人声誉和仕途为转移。因此，在中日战争期间，张之洞还不是一个成熟的具有现代意识的官员，这对战争具有重要影响。

题　　名　**张之洞在甲午战争中的海军作战方略**
作　　者　苏小东
刊　　名　贵州社会科学
年 卷 期　1998年5期
页　　码　83－89
摘　　要　中日甲午战争是一场海军制胜的战争，也就是说，如何运用海军兵力夺取交战海区的制海权是决定这场战争胜负的关键。日本战时大本营制定的作战计划，便是以日本海军与中国海军争夺制海权为核心，并根据可能出现的日本夺取制海权、中日双方均未掌握制海权和日本丧失制海权的不同结局设计了三种作战方案。而作为被侵略一方的中国，在开战前后根本就没有制定出一个周密完整的作战计划，更不知"海权"为何物，参战的北洋海军执行的是李鸿章"保船制敌"的海军威慑战略。由于李鸿章是当时参与指挥战事的重要人物，又是北洋海军的最高统帅，因此他的海军兵力运用思想历来为史家所重视。然而，在甲午战争期间，还有其他中外臣工及社会各界的有识之士也曾就海军作战纷纷建言献策，可谓全面反映了当时国人对近代海军兵力运用的认识水平，其历史地位同样不可低估。其中，张之洞的海军作战方略就很值得深入研究。

题　　名　**章高元与中日甲午战争——兼论章高元在胶州湾事件中的表现**
作　　者　马庚存
刊　　名　安徽史学
年 卷 期　2004年2期
页　　码　88－90
摘　　要　清军将领章高元在中日甲午战争中奉命增援前往辽东战场，在盖平战役中他不畏强暴，奋勇杀敌，建树了英雄业绩，虽败尤荣，表现了可贵的爱国主义精神。章高元在胶州湾事件中坚持抵抗态度，但违心服从清廷旨意，对其后丧地负有一定责任。应肯定章高元是一个有作为的抵抗派人物，是功大于过的爱国将领。

题　　名　**章巽藏清代航海图的地名及成书考**
作　　者　周运中
刊　　名　海交史研究
年 卷 期　2008年第1期

页　　码　70－78

题　　名　**漳平有个被遗忘的"郑和"**
作　　者　郑建彬，郑两兴
刊　　名　郑和研究
年 卷 期　2005 年 2 期
页　　码　56－58

题　　名　**漳州窑与东南亚**
作　　者　栗建安
刊　　名　海交史研究
年 卷 期　1997 年第 2 期
页　　码　33－37

题　　名　**樟林港与红头船贸易**
作　　者　杨行之
刊　　名　华侨华人历史研究
年 卷 期　1991 年 3 期
页　　码　54－56

题　　名　**招商局并购美商旗昌轮船案与"商战论"**
作　　者　易惠莉
刊　　名　史林
年 卷 期　2009 年 4 期
页　　码　41－53，188－189
摘　　要　同光之间兴起于中国政坛及社会的"商战论"，提供了招商局并购美商旗昌轮船案从筹议到实施过程中必需的政治氛围。参与筹议的各色人物虽均假借"商战论"为并购案张本，然而各方利益的立场却并不能在"商战论"旗帜下有所统一。唐廷枢、徐润在商人的立场上认识到并购案作为一项投资，其中蕴含有丰厚的中长期利益回报，但其本人却毫无为此有风险投资的意愿。李鸿章在务实的政治立场上看淡并购案，而沈葆桢则是促成并购案的最大、亦是最关键的推手。他们各自行为的依据何在？这一研究课题所具有的意义，在于并购案发生的历史过程，足以呈现那一历史阶段的时代氛围及活跃于其中的杰出人物的丰富性和多样性。

题　　名　**招商局参与国民党内战军运及其后果**
作　　者　龙汉武
刊　　名　武汉交通管理干部学院学报
年 卷 期　1999 年 4 期
页　　码　10－13
摘　　要　轮船招商局（以下简称招商局）在其 70 余年的发展进程中，先后经历了官督商办、官商合办、商办和官办几个阶段，可谓一路风尘，坎坷万千。客观地说，抗战胜利前的招商局在中国近现代航运史上，发挥了积极的进步作用，自身发展也比较快。但是，抗战胜利后，招商局——这个受国民党控制的官办企业——由于参与国民党反共内战军事运输,最终走上了衰败的道路。本文从国民党政府扩充、控制招商局和招商局参与内战军运概况及其后果两个方面,探讨了招商局衰败的基本原因。

题　　名　**招商局历史档案价值评述**
作　　者　孙武
刊　　名　档案与史学
年 卷 期　2004 年 5 期
页　　码　53 – 55

题　　名　**招商局与晚清漕粮海运关系新说**
作　　者　倪玉平
刊　　名　学术月刊
年 卷 期　2008 年 40 卷 5 期
页　　码　132 – 138
摘　　要　招商局与晚清漕粮海运之间的关系是一个很重要的问题,尤以招商局是否因沙船不敷海运而创设以及招商局参预的漕粮海运活动在其整个经营中占据什么样的位置的问题历来为研究者所重视。从招商局成立的背景及成立初期的活动来看,当时的木帆船显然还没有沦落到无法完成漕粮海运的地步。最终促成轮船招商局成立的,主要还是洋务派官员政治势力的壮大,借漕粮海运之名,兴办洋务实业。另一方面,通过对招商局在晚清的运漕活动及收益的分析可知,招商局的运漕份额基本上都保持着上升态势,光绪二十七年达到顶点,兹后的漕粮海运则完全由招商局控制。至于招商局承运漕粮的收入,在招商局中的总体收入中则有过多次变化。

题　　名　**赵国历史上的水战**
作　　者　宋涟圭,张建华
刊　　名　邯郸职业技术学院学报
年 卷 期　2008 年 21 卷 4 期
页　　码　10 – 14
摘　　要　邯郸是一个“四战之地”,赵国更是一个百战之国。可以说,赵国历史从奠基(三家分晋)到鼎盛(武灵王改革),直至灭亡都是与战争密切联系在一起的。近年来有关赵国史研究的论著不少,但是专门研究赵国战争军事的论著却不多,尤其是对赵国历史上水战的研究几乎是空白。这当然和与水战相关的史料缺乏有关,但也与对水战在赵国发展史上的作用认识不足有关。其实,从现有史料的初步分析就可以得知,如果没有几次重要水战的胜利或失败,赵国乃至整部战国史都将需要重写。试对赵国历史上几次最重要的水战——引水围鄗、华阳水战及其相关问题作初步的论证和分析。

题　　名　**赵汝适与《诸蕃志》**
作　　者　李仲均
刊　　名　海交史研究
年 卷 期　1990 年 18 期
页　　码　38 – 43

题　名　**浙东的海防战争和海防文化**
作　者　孙梅生,蔡体谅
刊　名　宁波通讯
年卷期　2007 年 9 期
页　码　28－30
摘　要　浙东海岸线长,岛屿星罗棋布,战略地位重要,历来海防战争频繁。自公元十四世纪、特别是近二百年来,主要经历了抗倭、抗英、抗法、抗日等重大战争。浙东军民在历次战争中所表现的爱国主义思想和浴血奋战精神可歌可泣,所积淀的历史文化遗产十分丰富。

题　名　**浙东文化的新变局——从农耕文化到海洋文化的蜕变**
作　者　方牧
刊　名　浙江海洋学院学报(人文科学版)
年卷期　2006 年 1 期
页　码　36－39,46

题　名　**浙江的海外贸易始于东汉**
作　者　林树建
刊　名　商业经济与管理
年卷期　1981 年 4 期
页　码　50－51

题　名　**浙江古代海外贸易史探述**
作　者　林正秋
刊　名　商业经济与管理
年卷期　2003 年 12 期
页　码　56－60
摘　要　浙江省是我国开展海外贸易最早的省份之一,追其起始,约有 2000 多年的悠久历史。这应是地方史工作者值得研究的课题。今分浙江海外贸易的起始、汉唐之间章安港的贸易、唐至北宋海外贸易的发展、南宋及元代海外贸易的繁荣与明清海外贸易的波浪式发展等五个阶段,分别予以分析探述、力求初步勾划出浙江古代海外贸易发展简史。

题　名　**浙江明代海防遗迹**
作　者　宋煊
刊　名　东方博物
年卷期　2005 年 3 期
页　码　62－68
摘　要　浙江的海防文物以明代为主。本文就明代海防遗存及相关海防制度,包括卫、所制度,以及关、寨、台(了望台)、烽堠、巡检司等的设置问题,作一初步探索。

题　名　**浙江宁波出土龙舟考略**
作　者　黎松盛,林士民

刊　　名　船史研究
年 卷 期　1985 年 1 期
页　　码　18－24

题　　名　**浙江平湖发现署名郑和的《妙法莲华经》长卷**
作　　者　程杰
刊　　名　文物
年 卷 期　2005 年 6 期
页　　码　55－62,2

题　　名　**浙江温州市西山出土的唐代独木舟**
作　　者　金柏东
刊　　名　考古
年 卷 期　1990 年 12 期
页　　码　1138－1139

题　　名　**浙江象山县明代海船的清理**
作　　者　褚晓波
刊　　名　考古
年 卷 期　1998 年 3 期
页　　码　33－40
摘　　要　1994 年,在浙江省宁波市象山县涂茨镇后七埠村,平岩头砖瓦厂取土时发现一条古代海船。因砖瓦厂取土危及古船,我们于 1995 年 12 月 9 日至 28 日进行了抢救性发掘,清理出的海船保存较为完好,并出土部分文物。现将有关发掘情况简报如下。

题　　名　**蔗糖在明末清中期中外贸易中的地位——读《东印度公司对华贸易编年史》札记**
作　　者　季羡林
刊　　名　北京大学学报(哲学社会科学版)
年 卷 期　1995 年 1 期
页　　码　20－25,127
摘　　要　《东印度公司对华贸易编年史》根据东印度公司的原始档案编纂而成,涉及时间长达 200 年(1635－1834),是极为有用的历史资料。东印度公司建立的目的是做生意和推行殖民主义,一般人一提起东印度公司,往往只想到鸦片和茶叶。这两种东西确实占了压倒一切的垄断地位,但也还有其他种类繁多的贸迁物品,蔗糖即其中之一。沙糖在过去一千多年的历史上,在中印、中阿、中伊(朗)的贸易活动中占有很特殊的地位,但是在清代,中印在这方面的贸易活动资料不是大多。这部《编年史》提供的资料,弥足珍贵,因此成文。本文按年代顺序,从这部 140 多万字的巨著中,择要摘录有关沙糖和冰糖的记载。说明在 200 年内,有关糖的贸易所涉及的国家和地区和作为一种文化载体的糖,在中外文化交流中所占的地位及作用。对研究明末至清的中外关系史、中外贸易史,必有帮助。

题　　名　**针迷舵失试探——中国 14 至 15 世纪初航海的地磁影响**
作　　者　戴念祖

刊　　名　海交史研究
年 卷 期　2003 年 43 期
页　　码　51 - 56

题　　名　**真德秀与泉州海外贸易**
作　　者　蒋颖贤
刊　　名　海交史研究
年 卷 期　1982 年 4 期

题　　名　**镇海口的守备与近代民族自卫**
作　　者　劳云展,冯永之
刊　　名　宁波师院学报(社会科学版)
年 卷 期　1984 年 4 期
页　　码　88 - 95,107

题　　名　**镇海口抗法战役大事记**
作　　者　炎明
刊　　名　宁波大学学报(教育科学版)
年 卷 期　1985 年 3 期
页　　码　90 - 93,89

题　　名　**镇海战役述评**
作　　者　龙永行
刊　　名　军事历史研究
年 卷 期　1991 年 4 期
页　　码　110 - 119

题　　名　**镇江开埠问题略论**
作　　者　戴迎华
刊　　名　江苏理工大学学报(社会科学版)
年 卷 期　1999 年 3 期
页　　码　76 - 81
摘　　要　本文试图从镇江的地理优势和历史沿革,特别是第一次鸦片战争和第二次鸦片战争前后经济上和军事上的突出地位来阐明镇江的开埠是历史的必然。

题　　名　**震动世界的孟席斯说**
作　　者　王健,陈显泗
刊　　名　华夏人文地理
年 卷 期　2005 年 1 期
页　　码　32 - 33
摘　　要　上个世纪初,梁启超以其富有情感、别具魔力的生花妙笔,撰写了一系列中外历史人物传记，其中包括久已被中国人淡忘的明初大航海家郑和。以此为标志，揭开了中国人研究郑和的序幕。

题　　名　**征服海洋之术**
作　　者　金秋鹏
刊　　名　华夏人文地理
年 卷 期　2001 年 2 期
页　　码　58－65

题　　名　**蒸汽机与火车轮船发明于中国**
作　　者　方豪
刊　　名　东方杂志
年 卷 期　1943 年 39 卷 3 期
页　　码　45－46

题　　名　**正确把握赫德研究的方向**
作　　者　庄清水
刊　　名　海关研究
年 卷 期　2003 年 2 期
页　　码　92－93
摘　　要　中国近代海关是外籍税务司制度下的海关，而这个海关是同赫德的名字紧紧联系在一起的。英国人赫德生于 1835 年 2 月 20 日，从 1861 年 6 月 30 日起至 1908 年 1 月 27 日止，署理中国海关总税务司长达 47 年。是一位在中国近代史上很有影响的外国人，按魏尔特说的："赫德是具有推动作用和控制力的天才，是光芒四射的核心人物。由此，整个海关闪耀着生命和活力"，"他在远东的浪漫而辉煌的经历是无以伦比的"。

题　　名　**证本求源，弘扬海上丝路的开拓精神——读吴传钧院士主编的《海上丝绸之路研究》**
作　　者　廖国一
刊　　名　钦州学院学报
年 卷 期　2007 年 22 卷 1 期
页　　码　21－24
摘　　要　关于海上丝绸之路始发港等问题的研究，已往的专家学者们似乎更多地把目光放在东海和南海东部沿岸的港口，而地处南海西北部北部湾海岸、与东南亚、南亚有着更便捷海路、早在西汉时代就已经开辟了"海上丝绸之路"的合浦似乎被人们遗忘了。吴传钧院士主编的《海上丝绸之路研究》一书，从考古文物、历史文献、地理学等多角度，以无可辩驳的事实，论证了合浦是"海上丝绸之路"的始发港，并进一步说明了环北部湾地区不论是在历史上还是在今天，都是重要的经济文化圈。

题　　名　**郑成功、陈永华与台湾的儒学教育**
作　　者　陈名实，王炳庆
刊　　名　泉州师范学院学报
年 卷 期　2007 年 25 卷 1 期
页　　码　93－98

摘　　要　明末清初,郑成功在福建沿海抗清时,即在厦门设储贤、育胄二馆。作为招纳贤才、培养阵亡将士后代的教育机构,它以经世致用、反清复明为教育目的。曾在储贤馆就学的陈永华在台湾创办儒学,参照明朝泉州的教育制度,建立台湾的教育体系,贯彻郑成功的儒学思想,以经学为教育内容、春秋大义为道德准则,培养经世致用的人才,力图在台湾实现王道理想,进而达到反清复明的目的。郑成功、陈永华对台湾儒学教育的创建与影响,体现了闽台文化之间的传承关系。

题　　名　郑成功、蓝鼎元、刘铭传关于发展台湾农业经济的思想
作　　者　钟祥财
刊　　名　中国农史
年 卷 期　2000 年 2 期
页　　码　50－54,110
摘　　要　在台湾古代农业的发展过程中,大陆移民的劳动贡献和技术引进起过重要的作用,而有关官员的农业政策思想更是发挥了制度创新、资源开发、管理变革的积极影响。郑成功、蓝鼎元、刘铭传关于发展台湾农业经济的一系列对策思路,虽然缺乏原创性,体系结构上也难称完备,但由于是率先引入台湾的中华传统农业理念,并在实践中取得明显效益,因而具有独特的理论价值。

题　　名　郑成功、施琅统一台湾各有其功
作　　者　王宏志
刊　　名　炎黄春秋
年 卷 期　1997 年 6 期
页　　码　66－68
摘　　要　水秀的闽南地区,有不少名人的墓地和纪念馆。其中南安市水头镇的郑成功墓、石井镇的郑成功纪念馆,和惠安县黄塘虎窟的施琅墓、晋江衙口的施琅纪念馆,都是引人注目的。这两位明末清初动荡年代涌现出来的杰出人物,彼此之间又有着非同凡响的关系。

题　　名　郑成功:海盗性格断送复国大业
作　　者　满目烟岚
刊　　名　各界
年 卷 期　2008 年 11 期
页　　码　35－39
摘　　要　公元 1662 年二月初一,困守台湾热兰遮城堡的荷兰殖民者被迫与围困该城达 9 个月之久的郑成功集团军达成投降协议。9 天后,荷兰殖民当局及其士兵举着降旗,灰溜溜地离开台湾,撤往巴达维亚(今印尼雅加达),沦陷时间长达 38 年的宝岛终于回到了祖国的怀抱。从此,率军收复台湾的郑成功将军,也就被描绘成了一位为了民族尊严与国家利益而战斗的民族英雄,被形容成了一名大智大勇的反侵略斗士,被刻画成了一个正视世界、愈挫愈勇、矢志不渝的佼佼者。

题　　名　郑成功“将计就计”与清和谈评析
作　　者　陈在正
刊　　名　东南学术
年 卷 期　1988 年 4 期
页　　码　60－64,82

摘　　要　顺治八年(1651年)郑成功恢复厦门后,于五月(阴历,下同)发动了对清军的进攻,旋攻克漳属各县,并围困漳州府城。清廷认识到长于海战的郑军一时实难歼灭,决定先集中兵力征服西南,对成功改取以"抚"为主的方针,相继采取了一些笼络的措施,并视成功父亲芝龙为"奇货",欲"借父以胁子",迫使成功就范。自顺治九年(1652年)至十一年(1654年),在清廷积极倡导下,清郑之间进行了三次和谈活动。关于当时成功为什么接受和谈,史学界历来有不同的评论。有一种看法认为,当时成功反复认真考虑的并不是应不应降的问题,而是可不可降的问题。怀疑成功抗清的坚定性,认为远较张煌言、李定国等人为逊色。史实果真如此吗?本文准备利用北京中国第一历史档案馆所藏满文、汉文档案史料,参照郑方记载,评析成功如何"将计就计"接受和谈,并在谈判中既坚持矢志抗清、恢复中兴的素志,又巧妙地与清廷"虚与委蛇",坚持了原则性与灵活性的结合。在清郑和谈中,也充分表现出成功杰出的军事才能与政治才能。

题　　名　郑成功北征南京概述

作　　者　张玉

刊　　名　历史档案

年 卷 期　1988年2期

页　　码　90－96

摘　　要　郑成功一生主要致力于抗清斗争和收复台湾的活动。在其抗清斗争中,北征南京占重要地位。就当时局势而言,郑成功北征军从福建沿海出发,进入长江,围攻南京,使清朝统治的半壁江山受到巨大震动,甚至清顺治帝亦欲率兵亲征,以图扭转形势。这次战争虽然以失败告终,但确曾给清朝统治以强烈的震撼。笔者在工作中接触了一些有关郑成功北征南京的满文史料,现对此问题略作探讨。

题　　名　郑成功北征与温州

作　　者　张声和

刊　　名　古今谈

年 卷 期　2002年4期

页　　码　52－53

摘　　要　无论是在大陆或者是在台湾,人们对民族英雄郑成功的情感都是非常挚热的。在温州沿海一带,留下很多关于郑成功的传说故事。

题　　名　郑成功兵额与军粮问题

作　　者　杨彦杰

刊　　名　学术月刊

年 卷 期　1982年8期

页　　码　7－12

题　　名　郑成功的"农本""商战"思想

作　　者　乃贺

刊　　名　文史杂志

年 卷 期　1995年3期

页　　码　3－5

题　　名　**郑成功登陆台湾与妈祖文化**
作　　者　林瑞霞,陈国强
刊　　名　台湾源流
年 卷 期　1999 年 9 期
页　　码　98 – 105

题　　名　**郑成功对发展台湾经济的贡献**
作　　者　陈元煦
刊　　名　福建师范大学学报(哲学社会科学版)
年 卷 期　1982 年 2 期
页　　码　116 – 121
摘　　要　今年二月一日,是我国历史上杰出的民族英雄郑成功收复台湾三百二十周年。三百多年前,郑成功“叱咤天风镇海涛”,挥师东渡,驱逐了侵占我国领土台湾达三十八年之久的荷兰殖民者,使台湾重归祖国版图,这不仅是中国历史上具有重大意义的政治事件,而且对开发和发展台湾经济,也是极其重要的转捩点。在纪念郑成功收复台湾三百二十周年之际,探讨他在台湾实施的经济政策,对发展台湾经济所做出的重要贡献,是很有现实意义的。

题　　名　**郑成功对清和议问题及其与明室的关系——郑成功研究之二**
作　　者　陈碧笙
刊　　名　厦门大学学报(哲学社会科学版)
年 卷 期　1990 年 1 期
页　　码　84 – 89
摘　　要　郑成功在起兵的最初几年间,局促沿海一隅,致力于其他海上武装的吞并和自身力量的充实,还未能引起清王朝足够的重视。永历五年以金厦为根据地之后,始以报复中左被掠为名,连年用兵,陷海澄,围漳州,杀陈锦,挫金砺,又联合浙海水师入长江,犯天津,焚粮艘,声势大振。与此同时,李定国亦于永历六年(1652)七月歼孔有德于桂林,十一月杀敬谨亲王尼堪于衡州,“两蹶名王,天下震动。”清王朝为了防止这两股新兴抗清武装的会师与合流,乃采取分别对待、各个击破的策略,对李定国集中兵力“进剿”。对郑成功则通过利诱、威胁种种手段,力促其“就抚归顺”。

题　　名　**郑成功扼守金厦**
作　　者　张向冰
刊　　名　海洋世界
年 卷 期　2010 年 4 期
页　　码　69 – 70

题　　名　**郑成功反清与其父降清原因浅析**
作　　者　黄莺
刊　　名　青年文学家
年 卷 期　2009 年 10 期
页　　码　43 – 44
摘　　要　众所周知,郑成功是收复台湾的民族大英雄,其实,郑成功的身份是多重的。他作为一名中日混血儿，不仅是当时清初反清复明的一支重要力量首领，还是被隆武帝赐了国姓的国姓爷，以及郑氏海商集团的第二代领导人。郑成功与其父亲郑芝龙在反清或降清问题上产生本质分歧，跟他的多重身份的关系是分不开的。

题　　名　**郑成功父子对台湾经济发展和安全的影响**

作　　者　张曙光

刊　　名　甘肃行政学院学报

年 卷 期　2004 年 1 期

页　　码　122－123

摘　　要　民族英雄郑成功以收复台湾而名垂青史，有力地捍卫了祖国领土的完整和中华民族的尊严。但其父郑芝龙对台湾发展的影响却不为众人所知。开发宝岛，促进贸易发展，这些史实再次有力地证实了郑成功和其父郑芝龙对台湾经济发展的作用不容忽视。

题　　名　**郑成功父子开发台湾的历史贡献**

作　　者　范兆琪

刊　　名　史学月刊

年 卷 期　1982 年 6 期

页　　码　81－82

题　　名　**郑成功父子时代与东南亚华侨**

作　　者　吴凤斌

刊　　名　南洋问题研究

年 卷 期　1983 年 1 期

页　　码　47－61

摘　　要　郑成功是我国历史上伟大的民族英雄，在亚洲史上也是有名的历史人物、当郑成功收复台湾三百二十周年之际，笔者撰写《郑成功父子时代与日本华侨》一文后，深感到还须撰写《郑成功父子时代与东南亚华侨》一文，才能保持其历史的完整性，不损于郑氏父子与华侨之间固有的历史光辉、郑氏父子时代与东南亚华侨之间的关系实有深入探索的必要。为此，本文拟从四个方面作一肤浅探讨，冀能得玉、在撰写本文中，韩振华教授提供有关资料并以指导，谨以致谢。

题　　名　**郑成功父子时代与日本华侨**

作　　者　吴凤斌

刊　　名　南洋问题研究

年 卷 期　1983 年 3 期

页　　码　17－30

摘　　要　郑成功父子与日本和日本华侨有着密切的关系。从郑芝龙孑身到日本经商致富以至成为“海上之王”，直到郑成功的出生和成长，都与郑氏侨居日本并与日本华侨来往有着密切的联系。

题　　名　**郑成功复台船队来源初探**

作　　者　林联华

刊　　名　福建史志

年 卷 期 2008 年 3 期
页　　码 37 – 39
摘　　要 郑成功是明末清初的民族英雄。其抗清和收复台湾的壮举深得世人称颂。同时。郑氏善于经略海洋，他所拥有的船队。成为纵横海上。对内巩固海岛根据地，对外保障海运、拓展东西洋贸易的重要依托。郑成功何以能在内有清廷、外有强敌的艰苦环境下，依然建立起一支强大的海上船队？笔者试对这一问题作一粗浅分析。以陈管见。

题　　名 **郑成功复台大军始登史事考察**
作　　者 黄典権
刊　　名 成功大学历史学报
年 卷 期 1989 年 15 期

题　　名 **郑成功复台与汉文化在台湾的传播**
作　　者 陈梧桐
刊　　名 江西社会科学
年 卷 期 2009 年 8 期
页　　码 144 – 150
摘　　要 郑成功驱荷复台，不仅捍卫了祖国的主权和领土完整，扫荡了荷兰的殖民文化，而且将大量的汉人特别是闽南人迁移入台，促使台湾社会逐步演变成以福建汉族人口为主的移民社会，有力地推动着汉文化在台湾的传播和发展。郑成功及其后继者所采取的一系列政策措施，则又进一步凸现和强化汉族移民在政治、经济、生活上的优势地位，使汉文化逐步发展成为台湾的主流文化。

题　　名 **郑成功给日本幕府的信**
作　　者 盛仰红
刊　　名 史林
年 卷 期 1987 年 2 期
页　　码 151 – 152

题　　名 **郑成功海上贸易及其内部组织之特点**
作　　者 郑克晟
刊　　名 中国社会经济史研究
年 卷 期 1991 年 1 期
页　　码 49 – 55

题　　名 **郑成功海上起兵于何处？**
作　　者 林俊聪
刊　　名 韩山师范学院学报
年 卷 期 1987 年 40 卷 2 期
页　　码 107 – 108
摘　　要 明末民族英雄郑成功，于清顺治三年冬（1646 年 12 月，一说即 1647 年 1 月）起兵，树起背父抗清的义旗，成为一生光辉事业的起点。他在何处起兵呢？好多史书都明确地记载是在闽粤之交的南澳岛。但是,陈碧笙同志发表于一九七八年第八期《历史研究》的《一六四六年郑成功海上起兵经过》,却对南澳是郑成功起兵加以否定。笔者对此不敢苟同。

题　　名　**郑成功和海外贸易**
作　　者　李瑞良
刊　　名　中国经济问题
年 卷 期　1962 年 3 期
页　　码　31 - 36

题　　名　**郑成功火烧荷兰舰队**
作　　者　宏珍
刊　　名　山东消防
年 卷 期　2000 年 8 期
页　　码　25
摘　　要　世人对诸葛亮借东风,火烧曹操百万大军耳熟能详;对郑成功收复台湾也了如指掌。然则,对郑成功是怎样从荷兰人手里夺回台湾的,却较少有人细考。今据史料所载,斯述郑公火烧荷兰舰队之经过,以飨读者。

题　　名　**郑成功家世考**
作　　者　张宗洽
刊　　名　福建论坛(人文社会科学版)
年 卷 期　1984 年 4 期
页　　码　69 - 71

题　　名　**郑成功家族族谱的新发现——明崇祯修《石井郑氏族谱》评介**
作　　者　张宗洽,郑梦彪
刊　　名　中国史研究
年 卷 期　2004 年 1 期
页　　码　159 - 166
摘　　要　本谱修于明崇祯年间,清初重抄。记载福建省南安县石井乡郑氏家族自开基始祖至第十三世(包括第十二世的郑成功)的全部世系传承、昭穆雁行及名人官职、葬地等,其中涉及海上拓展,郑(芝龙)刘(香)争雄、澎湖开垦、移民澳门、中菲交往等,内容新鲜,极富史料价值。对郑成功的家世及其与郑泰、郑芝鹏、郑芝莞的亲疏关系等首次得以完满理清,填补历史上的空白。

题　　名　**郑成功进驻镇江实况探佚**
作　　者　江慰庐
刊　　名　江苏大学学报(高教研究版)
年 卷 期　1990 年 1 期
页　　码　92 - 93

题　　名　**郑成功军事谋略运筹与收复台湾**
作　　者　季云飞
刊　　名　南京政治学院学报
年 卷 期　2002 年 1 期
页　　码　47 - 49
摘　　要　今年 2 月 1 日，是民族英雄郑成功驱逐荷兰殖民统治者、收复台湾 340 周年。16 至 17 世纪间，当西欧殖民者侵入美洲、非洲、东南亚，把大片土著居民世代居住的家园变成其殖民地的时候，他们却在中国碰得头破血流，打着降幡黯然离开。作为以维护祖国神圣领土伟大壮举而名世并光照史册的杰出人物，郑成功对台湾的收复及其后世子孙在康熙年间的归清，不仅深刻地影响了几百年来祖国宝岛台湾的历史走向，而且不断触发着后人的多方思考。为了纪念这位对台湾发展和祖国统一有着巨大贡献的历史先驱人物，我们编发了这组学术笔谈。

题　　名　**郑成功军事制度初探**
作　　者　岳成驰
刊　　名　军事历史研究
年 卷 期　1992 年 2 期
页　　码　150 - 158,149
摘　　要　郑成功，福建南安人，原名森，字大木，生于明天启四年（1624 年），卒于南明永历十六年（1962 年），是我国历史上的著名军事统帅。关于郑成功军事问题的研究，近年来有了很大程度的进展，这些研究成果，初步涉及到了郑成功的治军、练兵、用人、军饷的解决、军事才能以及对某些战役战斗的分析等等。本文拟就郑成功的军事制度作一初步探讨，不当之处，恳请读者指正。

题　　名　**郑成功抗清的发展过程及其动摇妥协倾向**
作　　者　陈碧笙
刊　　名　厦门大学学报（哲学社会科学版）
年 卷 期　1989 年 1 期
页　　码　68 - 73
摘　　要　对于郑成功抗清的认识和评价，有过两种倾向：一种是极力颂扬郑成功的忠君报国思想及其在抗清中的表现，认为郑成功生平的一切活动都是为了抗清，象收复台湾这样一个有伟大历史意义的行动也不外是抗清的继续。这是两三百年来的传统倾向，多多少少中了一些封建思想意识的余毒。另一种倾向是强调郑成功抗清的人民性和正义性，说他如何如何得到了沿海人民群众的拥护和支持，又如何如何争取与农民起义军团结合作等等，把郑成功大大现代化了。两者的共同特点是，对于郑成功抗清的历史事实缺乏正确了解，对于许多重要历史资料没有运用阶级观点实事求是地进行认真深入的分析，仅仅根据主观想象或一些不可靠的记载作出结论。恩格斯说："一切历史上发生的斗争（不论它是在政治的、宗教的、哲学的领域中发生的，或是在任何其他意识形态领域中发生的），实际上只是各个社会阶级彼此斗争的多少明显的表现。"本文试图从郑成功代表海上商业资本利益这一基本史实出发，比较系统、全面地分析其在抗清中对于海上武装集团、明清统治阶级以及沿海人民群众各方面的关系，进而对郑成功抗清的进步性和局限性提出若干初步的看法，错误与不当之处，希望史学界及广大读者批评指正。

题　　名　**郑成功两至南京考**
作　　者　鲁国尧

刊　　名　南京大学学报(哲学·人文科学·社会科学版)
年 卷 期　2007 年 4 期
页　　码　88－98
摘　　要　明朝末年闽南海盗郑芝龙为朝廷招抚,积功至福建地方最高武官,着意培养长子郑成功学习儒家文化。郑成功 21 岁时由南安县入南京太学,进一步接受了传统思想的教育,其人生观、价值观当确立于是时。此后他一反其父所为,坚决抗清,在东南积极从事武装斗争。西元 1659 年郑成功率大军北伐,经东海入长江,进围南京,终功败垂成。一般均认为郑成功轻敌,中清廷守城官员的缓兵之计。而他只在南京的北面和西面围城,致使清之援军不断从东、南两面源源进入城内,这应也是他南都之役败北的原因。其所以仅布军于南京城之北、之西,亦缘于其水军特点。自清代迄今,记叙或研究郑成功的论著之有失误,皆与不谙南京地理有关,故本文详考此役的地名。

题　　名　郑成功农本商战思想探析
作　　者　郑以灵
刊　　名　史学集刊
年 卷 期　2000 年 4 期
页　　码　14－16
摘　　要　郑成功为配合政治和军事活动而采取的经济措施主要有:经营海上贸易、征收税款、自铸银币和发展农业生产等。在经济实践中形成的郑成功的经济思想,可用“农本”、“商战”来加以概括。郑成功农本商战思想表现出经济为政治、军事斗争服务的特点,同时它既继承了中国传统的主张又打破了中国传统的做法,农商共兼、本末并重。这一经济思想集中体现在他的具体经济政策和措施中,并在一定范围内付诸实践,对加速台湾的开发和建设起了积极作用。

题　　名　郑成功评价的方法论问题
作　　者　孔立,陈在正,邓孔昭
刊　　名　厦门大学学报(哲学社会科学版)
年 卷 期　1983 年 1 期
页　　码　49－56
摘　　要　郑成功是一位伟大的爱国者、民族英雄,这是我国史学界一致的评价。但是在具体分析对,却产生了几种不同的看法。有的认为郑成功代表南明王朝的抵抗派,他的一切行动都是为了抗清复明,他是历史上杰出的忠臣。有的认为郑成功是海上贸易商的代表,他的抗清和复台都是从海商的利益出发的,因此他的抗清是不坚定的、不彻底的。郑成功之所以是民族英雄,是由于复台,而不是由于抗清。还有的认为郑成功反抗满族和荷兰殖民者的民族压迫,代表了全民的利益,他始终强调“民为邦本”“报国救民”,不愧是一位伟大的民族英雄。

题　　名　郑成功驱荷复台的胜利条件
作　　者　柯其成
刊　　名　泉州师专学报(社会科学版)
年 卷 期　1997 年 3 期
页　　码　37－40

题　　名　郑成功驱逐荷兰前后台湾的社会经济
作　　者　陈诗启

刊　　名　厦门大学学报(哲学社会科学版)
年 卷 期　1962 年 1 期
页　　码　105 - 124
摘　　要　17 世纪是台湾社会经济激烈变化的时代。这个变化和当时全国的斗争形势以至世界的斗争形势都有了紧密的联系。由于国内和国际斗争形势的影响,由于台湾人民的辛勤劳动,到了 17 世纪后半叶,台湾的社会经济有了巨大的发展。这一发展是以郑成功驱逐荷兰殖民者为显著的起点。本文系以郑成功驱逐荷兰前后的台湾社会经济为论述的中心,兼及 17 世纪时代台湾社会经济发展的线索。文中论述不当或错误之处,在所难免,敬请批评指正。

题　　名　郑成功驱逐荷兰侵略者收复台湾的斗争
作　　者　钱君晔
刊　　名　历史教学
年 卷 期　1961 年 7 期
页　　码　20 - 24
摘　　要　台湾自古以来就是我国的神圣不容侵犯的领土。明朝末年,荷兰侵略者曾经盘据在我国领土台湾达三十八年之久,但是,终于由中国的民族英雄郑成功在台湾各族人民的支持下,将侵略者驱逐出去,台湾又回到祖国的怀抱。今年是郑成功驱逐荷蘭侵略者收复台湾的三百周年,我们回顾一下这一英勇斗争的光辉事迹,是有其重要意义的。

题　　名　郑成功驱逐荷兰侵略者收复台湾的伟大斗争
作　　者　陈国强
刊　　名　厦门大学学报(哲学社会科学版)
年 卷 期　1962 年 1 期
页　　码　1 - 24

题　　名　郑成功三次战略大转移
作　　者　陈碧笙
刊　　名　台湾研究集刊
年 卷 期　1987 年 4 期
页　　码　10 - 14
摘　　要　从隆武二年(1646)海上起兵到永历十六年(1662)病逝台湾,郑成功的军事行动大体上经历了三次战略大转移:第一次从起兵不久,在粤东攻打“不清不明”的地方武装转变为夺取金厦建立抗清根据地,前后大约四年。第二次从在沿海以战养和、和战并用转变为倾师北上,孤注一掷,前后大约七年。第三次从南京战败,退出抗清转变为驱逐荷兰殖民者,收复台湾,前后大约五年。这三次战略大转移,对于郑成功军事力量的壮大,海上贸易的成长,政治局势的驾御以及对明、对清、对荷各方面关系的变化,都起着十分重要的作用,是不能等闲视之的。兹将其过程扼要叙述如次。

题　　名　郑成功三代人所走过的道路
作　　者　林永锐
刊　　名　文史杂志
年 卷 期　1989 年 4 期

页　　码　29－31

题　　名　**郑成功时代的对外贸易和对外贸易商**
作　　者　韩振华
刊　　名　厦门大学学报(哲学社会科学版)
年 卷 期　1962年1期
页　　码　73－104

题　　名　**郑成功时代与日本德川幕府**
作　　者　黄玉斋
刊　　名　台湾文献
年 卷 期　1962年13卷1期

题　　名　**郑成功时期的移民和台湾垦治**
作　　者　潘君祥
刊　　名　社会科学
年 卷 期　1983年6期
页　　码　65－67,20

题　　名　**郑成功实行海禁述略**
作　　者　杨彦杰
刊　　名　现代台湾研究
年 卷 期　1994年4期

题　　名　**郑成功收复台湾的进军路线**
作　　者　陈国强
刊　　名　厦门大学学报(哲学社会科学版)
年 卷 期　1966年1期
页　　码　81－88

题　　名　**郑成功收复台湾的经过**
作　　者　陈国强
刊　　名　历史教学
年 卷 期　1962年3期
页　　码　8－15

题　　名　**郑成功收复台湾的历史贡献——纪念郑成功收复台湾三百周年**
作　　者　郭澎
刊　　名　北京师范大学学报(社会科学版)
年 卷 期　1962年2期

页　　码　83 – 87

题　　名　**郑成功收复台湾的时间问题**
作　　者　陈国强
刊　　名　厦门大学学报(哲学社会科学版)
年 卷 期　1962 年 1 期
页　　码　158 – 164

题　　名　**郑成功收复台湾的壮举**
作　　者　朱维干
刊　　名　福建师范大学学报(哲学社会科学版)
年 卷 期　1982 年 2 期
页　　码　111 – 115

题　　名　**郑成功收复台湾及其对高山族的政策**
作　　者　施联朱
刊　　名　中央民族大学学报(哲学社会科学版)
年 卷 期　1982 年 3 期
页　　码　41 – 46
摘　　要　三百二十年前,我国民族英雄郑成功和他率领的爱国军队,在台湾汉族和高山族人民的支持下,战胜了荷兰侵略者,收复了我国的神圣领土台湾,为祖国立下了不朽的功绩,在中国人民反侵略斗争史上谱写了光辉灿烂的篇章。在包括台湾同胞在内的全国各族人民一致要求实现台湾回归祖国、完成祖国统一大业的今天,我们来纪念这一永远值得怀念的英雄史事,具有重大的意义和鼓舞作用。郑成功驱荷复台之所以取得辉煌的胜利,是由于它不仅顺应历史潮流,符合全中国人民的共同愿望,而且与其正确对待高山族的态度以及所采取的政策措施分不开。本文仅就这个问题作初步的探讨。

题　　名　**郑成功收复台湾谋略运用演变之探析**
作　　者　季云飞
刊　　名　台湾研究
年 卷 期　2002 年 1 期
页　　码　68 – 74
摘　　要　明永历十五年(1661 年)三月,郑成功统率二万余大军渡海登台,与荷兰殖民主义者经历了长达九个多月的军事、政治较量,终于在是年十二月(1662 年 2 月)驱逐了荷兰殖民主义者,收复了祖国领土台湾。郑成功收复台湾,是我国军事史上第一次成功的大规模渡海登陆作战,也是以劣势装备战胜优势装备的突出战例。郑成功何以能一举收复台湾?其原因是多方面的。郑成功收复台湾,作为全过程,大体可分为准备、渡海登陆、进攻、围困等四个阶段。本文拟依据收复台湾的四个发展阶段从郑成功谋略运用角度加以考察。

题　　名　**郑成功收复台湾期间的粮食供应问题**
作　　者　邓孔昭
刊　　名　台湾研究集刊

年 卷 期　2002 年 3 期
页　　码　29 - 33,55
摘　　要　郑成功收复台湾,先后历时 9 个月。由于在新区作战,和后方基地厦门、金门之间又隔着一个台湾海峡,复台大军的粮食供应显得特别艰巨和繁重。在此期间,复台大军曾遭遇三次粮食供应危机。郑成功采取了各种办法,其中包括:复台大军携带行粮、缴获荷兰人的粮食、征购民间的粮食、金厦后方基地的接济、垦荒生产、实行严厉的粮食政策等措施,基本维持了复台大军的粮食供给,从而使收复台湾的伟大历史使命得以顺利完成。

题　　名　**郑成功收复台湾前后的高山族**
作　　者　陈国强
刊　　名　厦门大学学报(哲学社会科学版)
年 卷 期　1962 年 2 期
页　　码　96 - 109

题　　名　**郑成功收复台湾始末**
作　　者　毕福臣
刊　　名　中国经济周刊
年 卷 期　2002 年 14 期
页　　码　44 - 45

题　　名　**郑成功收复台湾事迹**
作　　者　朱杰勤
刊　　名　中山大学学报(社会科学)
年 卷 期　1955 年 2 期
页　　码　141 - 173

题　　名　**郑成功收复台湾述评**
作　　者　张雪英
刊　　名　龙岩师专学报
年 卷 期　1993 年 1 期
页　　码　80 - 82

题　　名　**郑成功收复台湾战役实施过程探析**
作　　者　章慕荣
刊　　名　军事历史
年 卷 期　2002 年 6 期
页　　码　42 - 45
摘　　要　郑成功收复台湾之役,是中国历史上第一次成功的大规模渡海登陆作战,分析此役的战役实施过程,不仅有助于加深对中华民族统一斗争史的研究,而且对现时代相关问题的研究也有裨益。笔者以为,此次战役的实施过程可分为四个阶段。

题　　名　郑成功收复台湾之战的情报工作
作　　者　边向国
刊　　名　军事历史
年 卷 期　1998 年 3 期
页　　码　42 – 45

题　　名　郑成功受抚述评
作　　者　刘德鸿
刊　　名　齐鲁学刊
年 卷 期　1983 年 4 期
页　　码　39 – 44
摘　　要　郑成功是对内抗击清朝入侵者,对外驱逐荷兰殖民者、收复台湾的民族英雄,对其光辉业绩大书特书,进行表彰是理所应当的。但在众多的有关论著中,强调其悲壮激烈、石破天惊壮举的同时,忽略了他与清朝议抚和谈、虚于委蛇的方面,致使很多没有接触过原始资料的同志至今尚不知郑成功曾经接受过清朝招抚的史实。本文打算利用残存的清朝档案和其它有关史料,对这一问题作些阐述。

题　　名　郑成功水师与荷兰海军装备、作战方式差异之探析——以台江之战为例
作　　者　赵雅丹
刊　　名　军事历史研究
年 卷 期　2010 年 2 期
页　　码　75 – 80
摘　　要　本文从世界海军发展的视角出发以郑成功水师的台海之战为案例,对中荷双方的武器装备和海战方式进行了比较研究。郑成功由于海上的巨大商业利益,因此非常注重舰船、武器装备提升,用以抗衡荷属东印度公司的战船。由于内战的消耗,郑氏集团新船建造较少,战炮较小。虽然使用了炮击的作战方式,但还是以近身战、登船战等古代海战方式为主,没有发展出帆船时代的线性战术。

题　　名　郑成功死因考
作　　者　王红珍
刊　　名　衡阳师范学院学报
年 卷 期　2005 年 26 卷 4 期
页　　码　101 – 103
摘　　要　郑成功的死因中外众说纷纭,但总的来说,不外乎毒杀说和病死说。通过对郑成功死亡的各个疑点的分析,可以明确地得出郑成功是正常死亡,且是得伤寒病病逝的。

题　　名　郑成功四种原始史料的比较研究
作　　者　庄为玑
刊　　名　厦门大学学报(哲学社会科学版)
年 卷 期　1962 年 1 期
页　　码　198 – 211

题　　名　郑成功研究的若干问题
作　　者　傅衣凌
刊　　名　福建论坛(社科教育版)
年 卷 期　1982 年 3 期
页　　码　1 – 5
摘　　要　解放后,我国史学界对郑成功的研究,十分重视,收集了大量的史料,发表了一批研究成果,一九六二年还在厦门举行过一次规模盛大的学术讨论会。但是,从目前研究的现状来看,还有一些问题尚待进一步探讨,大量的研究工作仍等待我们去做。例如,郑成功究竟是代表地主阶级抗战派的利益,还是代表新兴的海商的利益就有分歧。过去,很多人从封建道德史观出发来评价郑成功,歌颂他是明朝的忠臣;有的从英雄史观出发,歌颂他在收复台湾中的个人作用,而忽略了人民群众的重大作用。又由于唯心史观的影响,对于围绕着郑成功的一些历史人物,如对郑芝龙、郑经、施琅等便毁誉不一,有的采取否定的态度,未能正确地评价他们在收复、开发台湾中所起的积极作用。因此,我们要摆脱形形色色的错误观点,运用唯物史观,更加深入地研究和评价这些历史人物。关于史料问题。解放后至六十年代初期,历史学界做了不少郑成功史料的收集工作。但是,"国姓爷"郑成功的事迹,外国人民和学者也很熟悉。在日本、荷兰、葡萄牙、英国等国还保存着不少有关郑成功的史料,而我们对这些史料的翻译和利用,还很不够,须要花很大的功夫。从国内来看,由于晚明反清斗争中存在着许许多多的派系,各派所持的政见不同,对郑成功事迹的记述就有很大的差别。因此,对国内现存的史料也要做大量的考证工作,这样才能使历史面貌得到正确的反映。对郑成功本人的历史,如郑成功的出生问题、生母是谁?又如收复台湾的进军路线、时间、地点等等,都有许多不同说法,有待于进一步考证。下面谈谈对郑成功研究的几点看法。

题　　名　郑成功与抗清友军及沿海人民群众的关系——郑成功研究之三
作　　者　陈碧笙
刊　　名　厦门大学学报(哲学社会科学版)
年 卷 期　1992 年 3 期
页　　码　9 – 15,22

题　　名　郑成功与妈祖信仰
作　　者　黄炳元
刊　　名　东南学术
年 卷 期　1997 年 4 期
页　　码　65

题　　名　郑成功与闽南文化
作　　者　许维勤
刊　　名　政协天地
年 卷 期　2003 年 7 期
页　　码　50 – 52

题　　名　郑成功与施琅的历史作用
作　　者　宋晓飞
刊　　名　统一论坛

年卷期　2000年5期
页　码　47-49

题　名　**郑成功与台湾地名**
作　者　陈名实,王炳庆
刊　名　泉州师范学院学报
年卷期　2010年1期
页　码　10-13
摘　要　郑成功收复台湾以后,对台湾部分地方进行命名,体现了明朝的文化传统。因缺粮,郑成功命令军队屯田,其军队编制成为部分屯田地区的地名。郑成功逝世后的几百年间,人们为了纪念郑成功,采取用郑成功的名字、官职、尊称等来对地方进行命名。考察台湾地名的产生与发展,可以看出郑成功是对台湾地名影响最大的人物之一,其中也体现了闽南文化与台湾地名的密切关系。

题　名　**郑成功与台湾地名关系略考**
作　者　林金枝
刊　名　福建论坛(社科教育版)
年卷期　1982年3期
页　码　22-25
摘　要　台湾地名的命名多种多样,有以地形、地貌命名的;有以水域命名的;有以位置命名的;有以方向命名的;有以大小命名的;有以新旧命名的;有以气候命名的;有以动植物命名的;有以形状命名的;有以数字命名的;有以著名人物命名的;有以移民垦殖命名的;有以沿用大陆地名命名的等等。本文略考上述后三种地名。这三种地名都与郑成功收复台湾有直接和间接的关系。

题　名　**郑成功与台湾收复**
作　者　郑明,陈振杰
刊　名　海事大观
年卷期　2002年2期
页　码　38

题　名　**郑成功与郑氏集团的海外贸易**
作　者　聂德宁
刊　名　南洋问题研究
年卷期　1993年2期
页　码　20-27

题　名　**郑成功在福建抗清斗争史料**
作　者　丁进军
刊　名　历史档案
年卷期　1991年3期
页　码　3-10
摘　要　这组史料选自馆藏内阁全宗的正黄旗汉军《兵备记略》档册,其中反映了顺治十二、十三年间,郑成功的武装在福建与清军激战的详情及清军固守福州的措施,可供研究郑成功抗清斗争参考。

题　　名　**郑成功在闽西北地区的抗清活动与"延平王"爵号的由来**
作　　者　邓孔昭
刊　　名　福建论坛(人文社会科学版)
年 卷 期　2005 年 12 期
页　　码　67 – 70
摘　　要　清顺治三年正月至八月,郑成功在闽西北地区(包括延平)进行抗清活动,这是他军旅生涯的开始。郑成功在闽西北抗清活动的地点主要在崇安、邵武一带。在此期间,南明隆武帝给了他许多重要的使命。他后来被永历帝封为"延平王",和这一段抗清的经历没有直接的关系,但"延平王"的称号却是直接取用"延平府"的府名。

题　　名　**郑成功在台湾的建设**
作　　者　陈国强
刊　　名　福建论坛(社科教育版)
年 卷 期　1981 年 1 期
页　　码　77 – 80

题　　名　**郑成功在台湾的史迹**
作　　者　孙英龙
刊　　名　科学与文化
年 卷 期　2002 年 3 期
页　　码　33 – 35

题　　名　**郑成功在粤东的抗清斗争**
作　　者　陈历明
刊　　名　岭南文史
年 卷 期　1983 年 2 期
页　　码　144 – 147

题　　名　**郑成功致菲律宾总督书之管见**
作　　者　郑山玉,丁东
刊　　名　华侨华人历史研究
年 卷 期　1997 年 S1 期
页　　码　57 – 61
摘　　要　1662 年春,郑成功接受荷尊揆一投降,将荷兰殖民者驱逐出台湾,之后不久,曾派遣使节前往马尼拉,向菲律宾西班牙总督递交外交文书,即一般所称的"郑成功致菲律宾总督书"(或曰"国书"、或曰"檄文"。为行文方便计,简称《郑书》)。对于这份外交文书,学术界解释不一。本文拟就手头资料,围绕《郑书》是否在于"护商护侨"这一中心议题,以及与此相关的若干问题,略陈浅见,并就正于专家。至于西方殖民者(或其史家)从其立场出发,对《郑书》作了曲解或不公正的评论,有关专家已作了辩驳,本文不拟多作讨化。以下即就郑成功这封书信,略谈几点看法。

题　　名　郑成功中国经略海洋的先驱
作　　者　郑明
刊　　名　海事大观
年 卷 期　2002年4期
页　　码　25－27

题　　名　郑成功铸造的永历乙未年铜炮考
作　　者　朱捷元
刊　　名　厦门大学学报(哲学社会科学版)
年 卷 期　1979年3期
页　　码　96－101

题　　名　郑鼎臣定海大捷质疑
作　　者　林杰
刊　　名　社会科学战线
年 卷 期　1988年4期
页　　码　177－185,131

题　　名　郑观应的海防思想(上)
作　　者　刘中民
刊　　名　海洋世界
年 卷 期　2010年6期
页　　码　75－76

题　　名　郑观应的海防思想(下)
作　　者　刘中民
刊　　名　海洋世界
年 卷 期　2010年7期
页　　码　71－73

题　　名　郑观应与轮船招商局
作　　者　李舒瑾,高友才
刊　　名　河南财经学院学报
年 卷 期　1993年9期
页　　码　50－53,28

题　　名　郑和、王景弘与三宝垄
作　　者　陈佳荣
刊　　名　郑和研究

年 卷 期 1994 年 2 期
页 码 41－47

题 名 **郑和、哥伦布、达·伽马、麦哲伦与世界和平诸问题**
作 者 马经
刊 名 回族研究
年 卷 期 2003 年 1 期
页 码 63－64

题 名 **郑和、马可·波罗、哥伦布之比较研究——纪念郑和下西洋 600 周年**
作 者 杨洋
刊 名 云南师范大学学报(哲学社会科学版)
年 卷 期 2005 年 37 卷 6 期
页 码 44－48
摘 要 对郑和、马可·波罗、哥伦布这三位伟大的旅行家、航海家、政治家的事迹以及对后世的影响、所做出的贡献等一系列问题进行对比分析,着重从哥伦布的“地理大发现”和郑和下西洋入手,分析他们之间航海的动因、目的和历史背景的差异,从而指出了他们对后世及各自不同的影响及其历史地位的悬殊,并论证了产生这种不同的原因。

题 名 **郑和、王景弘下西洋与客家文化的海外弘扬**
作 者 张佑周
刊 名 龙岩学院学报
年 卷 期 2006 年 24 卷 2 期
页 码 63－65
摘 要 郑和下西洋的伟大壮举极大地促进了中外交往,激发了背靠大山、面向海洋的历来不满足于现状、勇于开拓创新的闽西客家人向海外移民的热情。与客家先民为避战火和灾荒而茫然无措、千里跋涉直至闽粤赣山区蛰居的历次移民潮有本质的不同。客家人明清以来的移民海外活动除了逃避兵祸和天灾之外。还有着开辟新世界、寻找更加广阔的生存空间以缓解人口增长而带来的生存压力这个明确目标,于是,他们循着郑和、王景弘下西洋开辟的航道。到达台湾、海南和更加遥远的东南亚诸岛。与欧洲人发现新大陆便划地为牢占为已有并将当地土著或赶尽杀绝或强力殖民有所不同。客家移民在到达异国他乡伊始便以中华传统文化的“仁、义、礼、智、信”为行为准则。与侨居地人民长期和睦相处。共同开发创业。既能理解和尊重侨居地人民的民族情感、生活习俗。又能恪守中华传统文化、恪守客家精神。慎终追远不忘根。客家文化也因此在海外得到继承和弘扬。

题 名 **郑和:“巡海大臣”辨析**
作 者 施秀水
刊 名 郑和研究
年 卷 期 2004 年 1 期
页 码 51－52

题　　名　郑和:传播东方文明的远航使者——纪念郑和下西洋600周年
作　　者　于希贤,孙灿,黄建军
刊　　名　云南民族大学学报(哲学社会科学版)
年 卷 期　2005年22卷4期
页　　码　86-91
摘　　要　至15世纪,世界东、西方两大文明不约而同都表现出了对大洋彼岸的极大兴趣,进行了艰苦卓绝的远洋探险航行。这两方面的航海探索,表现出了不同的运势、不同的结果。西方哥伦布横渡大西洋,交通大开,全球比邻,从此欧洲打破了中世纪孤立发展的黑暗时代,极大地促进了世界文明的进程。然而东方郑和远航后,明、清政府实行"海禁"闭关自守的政策,中国由强盛转向衰落,国家运势由兴盛转向衰败。东、西方国力此消彼长,中国从此比西方贫穷落后,终至形成国力的巨大反差。今天,我们在纪念郑和下西洋600周年的时候,正好是处在运势循环转变的关键时段。从郑和下西洋的历史经验中,使我们认识到中国在历史上曾经有过辉煌的海上航行业绩,为世界航海史写下了极其辉煌的一页。所以,开拓海洋文化是中国历史上和当今中国和平崛起、走向强盛不可缺少的支撑。

题　　名　郑和:远航在地理大发现前夕
作　　者　周宁
刊　　名　中国国家地理
年 卷 期　2005年4期
页　　码　32-53

题　　名　郑和:在文明与和平中走向世界
作　　者　于媛媛
刊　　名　郑和研究
年 卷 期　2007年1期
页　　码　44-47

题　　名　郑和"凤山植姜","投药"与"赤崁汲水"考
作　　者　徐玉虎
刊　　名　大陆杂志
年 卷 期　1967年34卷8期

29583
题　　名　郑和"凤山植姜","投药"与"赤崁汲水"考再考
作　　者　徐玉虎
刊　　名　大陆杂志(复刊)
年 卷 期　1968年1卷9期

题　　名　郑和"航海外交"与宁波港
作　　者　林士民
刊　　名　南方文物
年 卷 期　2005年3期

页　　码　41－44

摘　　要　在郑和下西洋的过程中，对当时著名的港埠明州而言，从出土的大量文物资料证实关系密切。至于郑和是否出使“西洋”前，又出使过“东洋”，而且出使地点是否在宁波港等学术问题，也一并略作探索，以供学者参考。

题　　名　**郑和“七下西洋”与经贸发展——纪念郑和“七下西洋”六百周年**
作　　者　陈柏坚
刊　　名　科教文汇
年 卷 期　2005年7期
页　　码　46－52

题　　名　**郑和“三宝”名号辨考**
作　　者　刘琨邨
刊　　名　郑和研究
年 卷 期　2001年2期
页　　码　40－41

摘　　要　读了江西省文物考古研究所吴之位先生《郑和“三宝”名号考》（《郑和研究》1999年第3期）一文，有赞同之处，也有不赞同之处，兹论辨于下。

题　　名　**郑和“三保”名号考**
作　　者　吴之邨
刊　　名　安徽史学
年 卷 期　1998年4期
页　　码　18－33

摘　　要　《明史·郑和传》：“郑和、云南人，世所谓‘三保太监’者也。初事燕王于藩邸，从起兵有功，累擢太监……经事三朝，先后七奉使凡三十余国……故俗传‘三保太监’下西洋为明初盛事云”。明“郑和下西洋”盛事彪炳史册，流芳百世，而其“三保太监”之号史称“世所谓……俗传云”，语焉不详，讳莫如深。后世史家聚讼不疲，治丝益纷，言多无征。今特远搜晋唐，旁涉夷狄，胪列史证，爰立新论。繁冗之处，聊供学者参佐，非敢以獭祭为能事。

题　　名　**郑和“三保”名号考**
作　　者　吴之邨
刊　　名　海交史研究
年 卷 期　1999年35期
页　　码　82－101

题　　名　**郑和“三保”名号考（连载之一）**
作　　者　吴之邨
刊　　名　郑和研究
年 卷 期　1999年3期
页　　码　32

题　　名　郑和“三保”名号考(连载之二)
作　　者　吴之邨
刊　　名　郑和研究
年 卷 期　1999 年 4 期
页　　码　26

题　　名　郑和“三教合一”宗教信仰及对下西洋的影响
作　　者　孙学宝
刊　　名　郑和研究
年 卷 期　1995 年 4 期
页　　码　42

题　　名　郑和“下西洋”与中非友谊
作　　者　陈公元
刊　　名　教学通讯(文科版)
年 卷 期　1980 年 1 期

题　　名　郑和《布施锡兰山佛寺碑》碑文考
作　　者　吴之洪
刊　　名　黑龙江史志
年 卷 期　2009 年 20 期
页　　码　65－66
摘　　要　《布施锡兰山佛寺碑》是永乐七年(公元 1409 年)郑和三下西洋时所立,现存于斯里兰卡国家博物馆。国内史书对该碑碑文记载多有出入,现代学者无法深入研究,甚至认为该碑上的三种文字内容不一。本文根据实地拍摄,加上对斯里兰卡史学界研究资料加以对照分析,尽最大可能恢复了该碑的历史真实,这对研究郑和下西洋的历史,研究中国和斯里兰卡的友谊史,对研究金陵大报恩寺建造史,将提供有益的第一手参考资料。

题　　名　郑和——海上丝绸之路的伟大旗帜和先驱
作　　者　崔景文
刊　　名　丝绸之路
年 卷 期　2005 年 6 期
页　　码　4－9
摘　　要　郑和下西洋,“比当年欧洲商船队在海域上初露帆影时所炫耀之‘大航海时代’——意大利人哥伦布横流大西洋,航行到达美洲早 87 年;比葡萄牙人达伽玛绕航好望角进入印度洋早 92 年;比另一位葡萄牙人麦哲伦完成绕航环球更早了 116 年”。

题　　名　郑和——和平促进国际文明交流的文化使者
作　　者　赵德兴,付启元
刊　　名　郑和研究

年 卷 期　2006 年 1 期
页　　码　28－33

题　　名　**郑和——环球航行第一人？——访业余历史学家、英国前海军潜艇指挥官加文·孟席斯**
作　　者　陈菁闻
刊　　名　郑和研究
年 卷 期　2003 年 F03 期
页　　码　89,91

题　　名　**郑和——世界航海第一人——写在 2002 年迎接郑和下西洋 600 周年学术研讨会上**
作　　者　张群
刊　　名　华人时刊
年 卷 期　2002 年 12 期
页　　码　48－49

题　　名　**郑和——世界历史上最伟大的航海家**
作　　者　刘重日
刊　　名　中国经贸
年 卷 期　2004 年 6 期
页　　码　70－71
摘　　要　“三宝太监下西洋”是我国明朝初期对外关系的一件大事，也是 15 世纪初叶世界航海史上的空前壮举。2005 年是郑和远航 600 周年，为弘扬华夏文明，传承中华民族爱国进取、和平睦邻之一贯精神，增强对青少年自尊自爱的文化素质教育，本刊特邀请明史研究造诣颇深的刘重日先生撰写系列文章，对郑和做深入介绍，以此纪念这位世界航海的先导者、世界最伟大的航海家、外交家。

题　　名　**郑和——他的文化意义**
作　　者　伍雄武
刊　　名　学术探索
年 卷 期　1994 年 4 期
页　　码　49－50

题　　名　**郑和——中国和平外交的先行者**
作　　者　肖宪
刊　　名　思想战线
年 卷 期　2005 年 4 期
页　　码　17－21,28
摘　　要　开展和平外交，是郑和下西洋最主要的目的和活动。郑和船队尊重各地习俗，礼待各国统治者和人民，积极进行文化交流，开展平等贸易，促进了中国与各国间友好关系的建立。郑和下西洋忠实地执行了明王朝睦邻友好的外交政策，谱写了中国与亚非各国和平友好关系的新篇章，使中外经济文化交流达到前所未有的鼎盛局面。

题　　名　郑和·华侨·三宝垄
作　　者　李学民
刊　　名　华侨华人历史研究
年 卷 期　1986 年 4 期
页　　码　24－29

题　　名　郑和 VS 哥伦布
作　　者　王庆普
刊　　名　中国远洋航务公告
年 卷 期　2004 年 7 期
页　　码　76－77
摘　　要　明年是郑和下西洋 600 周年。郑和是 15 世纪的大航海家，他不仅在航海史矗立起一座前无古人、后启来者的不朽丰碑，也在世界航海史上谱写了跨洋越洲，开创远洋航行的光辉新篇。无论是在船队的规模和在远洋活动的范围上，或是在远洋组织指挥和在航海技术上，郑和下西洋之举都明显领先于哥伦布等人。

题　　名　郑和爱国主义精神的历史剖解与现实意义
作　　者　毕桂海
刊　　名　郑和研究
年 卷 期　2001 年 1 期
页　　码　42－44
摘　　要　郑和作为一位世界级的大航海家，不仅在中国历史上，也在世界航海史上写下了辉煌的篇章。郑和下西洋的壮观历史虽然已过去近 600 年，但留给人们的思考和启发却很多很多，从那以后，开放意识、海洋意识、海军积极军事战略、东西方文化融合等新名词便一直流传不衰，关于郑和其人其事的研究文章也如雨后春笋，但郑和为什么出使西洋？

题　　名　郑和八次下西洋
作　　者　孙斌来
刊　　名　松辽学刊（社科版）
年 卷 期　1989 年 4 期
页　　码　27－30

题　　名　郑和八次下西洋考
作　　者　孙斌来
刊　　名　吉林师范大学学报（人文社会科学版）
年 卷 期　1989 年 4 期
页　　码　27－30
摘　　要　郑和远洋航行的伟业，《明史》、《明实录》均有记载。明代专门记载郑和下西洋的书有：马欢的《瀛涯胜览》、费信的《星槎胜览》、张升的《改正瀛涯胜览集》，顾蚧的《海槎余录》、巩珍的《西洋番国志》、黄省曾的《西洋朝贡典录》等。除此之外，明代的石刻碑铭，如福建长乐南山三峰塔寺的《天妃灵应记碑》、江苏娄东刘家港妃宫的《通番事迹汜碑》及近年江苏太仓发现的《明武略将军太仓卫副千户尚侯声远墓志铭》等，也都有较为详细的记载。

题　　名　郑和宝船尺寸记载有误
作　　者　杨槱，施鹤群
刊　　名　航海
年 卷 期　1983 年 3 期
页　　码　17
摘　　要　郑和下西洋乘坐的宝船有多大？这是航海史和造船史研究工作者多年争论的一个问题。欣闻《航海》杂志开辟专栏讨论，这是个好主意，必将活跃学术争鸣的气氛。今试投一短文，与同行们共酌。

题　　名　郑和宝船尺度"32"字解读
作　　者　徐恭生
刊　　名　海交史研究
年 卷 期　2004 年 45 期
页　　码　51－55
摘　　要　郑和宝船尺度争论由来已久，最近为筹备纪念郑和下西洋 600 周年，要求复原宝船呼声愈来愈高。为此，许多学者不仅对宝船（大者号）作了详细技术分析，而且对《瀛涯胜览》版本也进行重新鉴定，发现郑和宝船尺度记载抄自罗懋登《三宝太监西洋记通俗演义》（以下简称《西洋记》）这部神怪小说。"这是近年来国内外船史学者在郑和宝船尺度研究上的新突破，必将促使人们在郑和宝船尺度研究观念上的更新，使我们破解郑和宝船尺度之谜看到了希望"。果真如此吗？恐怕未必，笔者有不同的看法，献丑于后。

题　　名　郑和宝船尺度的探索
作　　者　庄为玑，庄景辉
刊　　名　中国航海
年 卷 期　1983 年 2 期
页　　码　1－16
摘　　要　《明史·郑和传》说："造大舶，修四十四丈，广十八丈者，六十二。"这 44x18 丈，换算成公制为 138x56 米。这样的大船为郑和随员马欢，费信和巩珍三人所证实。而大船的长宽比例为 2. 45：1 也和泉州发现的宋船 2. 5，大体相似。可见宋船和明船的历史是一脉相承，而不是偶然产生的。故我们认为《明史》所记是可靠的。查我国计算海船的尺度，有二法。一是虚算法，二是实算法。如使琉球船十丈。"舟长七丈，首尺虚销三丈"，则宝船 44 丈中，其实长为 30. 8 丈，其虚长为 13. 2 丈，计算宝船的尺度，要用实长（30 丈）不用虚长（13 丈），合共仍为 44 丈。这是本文对宝船尺度的计算方法。

题　　名　郑和宝船尺度考辨
作　　者　文尚光
刊　　名　武汉理工大学学报（交通科学与工程版）
年 卷 期　1984 年 4 期
页　　码　13－24
摘　　要　本文对七种载有宝船长宽尺度的历史文献进行了比较分析，认为并非全都源于一本书，而是有三种不同的资料来源,但这些文献所载的最大宝船的长宽均为44(或44.4)、18丈,这个数字应是可靠的。“南京静海寺残碑”,无刊刻年月及立者姓名,且残损太甚,文义难明,不能以之作为判断最大宝船仅长十余丈的根据。据对十七种文献的分析,郑和每次下西洋的船数是不相同的,少则40艘,多则63艘。其中长44丈多的是少数。明初经济实力雄厚,继承宋、元以来高超的造船技术,在二、三年内造成少数长44丈多的宝船,不是不可思议的。

题　　名　**郑和宝船尺度研究综述**
作　　者　朱鉴秋
刊　　名　船史研究
年 卷 期　2002年17期

题　　名　**郑和宝船尺度之我见**
作　　者　唐志拔
刊　　名　郑和研究
年 卷 期　2001年2期
页　　码　26－32
摘　　要　郑和宝船长44丈4尺,宽18丈的数据在不少古籍中出现过,如此大的郑和宝船是否存在过?这是国内外史学界和造船界长期争议至今仍然是众说纷纭的课题。

题　　名　**郑和宝船尺度之我见**
作　　者　唐志拔
刊　　名　船史研究
年 卷 期　2002年17期
页　　码　21－28

题　　名　**郑和宝船船型之我见**
作　　者　唐志拔
刊　　名　郑和研究
年 卷 期　2000年1期
页　　码　6－10
摘　　要　关于郑和宝船的尺度和船型,经过近20多年来的讨论,意见渐渐趋于一致:多数学者认为,郑和宝船的长和宽正如《明史》上记载的,长44丈4尺,宽18丈;郑和宝船的船型,多数学者认为是福船型,另一部分学者认为是沙船型。本文仅对郑和宝船船型问题谈一点个人的看法。

题　　名　**郑和宝船的长宽尺寸论证——兼复张箭先生**
作　　者　陈延杭
刊　　名　海交史研究
年 卷 期　2001年40期
页　　码　106－113
摘　　要　1999年第1期的《海交史研究》登我的一篇文章《中国与葡萄牙的航海和造船技术交流》,张箭先生读后提出不少问题,发表于《海交史研究》2000年第2期,题目为《关于中世纪中西航海史的若干问题》。我很不愿意放下手头正在进行的工作来写这篇文章，因为我想做和能做的事情还很多，而时间又比较少。可是不说也不行，尽管有些问题我认为过去几年学术界讨论是已经比较明朗了的问题。

题　　名　郑和宝船的尺度及船型特点
作　　者　席龙飞
刊　　名　船舶设计技术交流
年 卷 期　2004 年 4 期
页　　码　5－12
摘　　要　对郑和宝船的尺度虽然有不少学者进行质疑，但却有众多的学者给予回应，并确信各文献的记载。出土的宋代海船以长宽比与宝船相近，证明宝船是福船船型，而不是沙船船型。泉州古船可作为复原宝船的重要依据。

题　　名　郑和宝船复原考析（节选）（郑和下西洋舟师的古船研究之二）
作　　者　郑明
刊　　名　船舶工程
年 卷 期　2005 年 3 期
页　　码　3－6

题　　名　郑和宝船复原模型性能之初步比较研究
作　　者　陈政宏，许智超，庄岳城，邵挥洲
刊　　名　船史研究
年 卷 期　2002 年 17 期

题　　名　郑和宝船复原研究
作　　者　陈延杭，杨秋平，陈晓
刊　　名　船史研究
年 卷 期　1986 年 2 期
页　　码　47－58

题　　名　郑和宝船及船队究竟有多大
作　　者　苏明阳
刊　　名　船史研究
年 卷 期　2002 年 17 期
页　　码　29－43

题　　名　郑和宝船考析
作　　者　郑明
刊　　名　社会观察
年 卷 期　2005 年 7 期
页　　码　22－25

题　　名　郑和宝船空前绝后
作　　者　何国卫
刊　　名　船舶设计技术交流
年 卷 期　2004 年 4 期
页　　码　8 – 12
摘　　要　史籍记载郑和下西洋船队中长四十四丈尺，阔一十八丈的大型宝船，其体势巍然，巨大无比是可信的。从宝船船型特征出发作船舶技术分析后认为，历史上曾辉煌的宝船确实存在不少技术缺陷，郑和宝船是空前绝后的。

题　　名　郑和宝船睥睨天下
作　　者　赵志刚
刊　　名　金陵瞭望
年 卷 期　2009 年 11 期
页　　码　78 – 79
摘　　要　关于郑和下西洋的大号宝船，中外学者争论的非常激烈。为什么争论激烈，就是因为它太大，像足球场，如此大的宝船 600 年前航行在大海上足以傲视天下。许多中外科学家引经据典，纵横比对，争论不休。那么大号宝船到底有没有呢？

题　　名　郑和宝船上的“罗盘”和“针房”
作　　者　唐志拔
刊　　名　郑和研究
年 卷 期　1996 年 1 期
页　　码　36

题　　名　郑和宝船上装备的兵器
作　　者　唐志拔
刊　　名　社会观察
年 卷 期　2005 年 7 期
页　　码　26
摘　　要　绝大部分有关国内历史文献，都没有记载过郑和宝船上装备的兵器。只有罗懋登撰的《西洋记》上有兵器记载，从其兵器的种类和数量看是抄自戚继光撰 1560 年成书的《纪效新书》上福船的兵器，不但兵器种类相同，而且排序也一样，只是兵器数量大了约 10 倍。其中“佛朗机铳”和“乌咀铳”则是郑和下西洋结束后相隔几十年才从外国输入的，显然是不符合事实的。从零星的外国史料中曾记载过郑和宝船上装备有火器。虽然国内的史籍没提郑和宝船上装备的兵器，但可以肯定地说，在明初我国的火器先进，领先于世界各国。而且也普遍装上战船，并在海战，水战中大量使用，取得了重大战果。因此，在郑和宝船上装备火器是顺理成章的事。

题　　名　郑和宝船实际吨位探析
作　　者　张箭
刊　　名　上海交通大学学报(哲学社会科学版)
年 卷 期　2004 年 12 卷 3 期

页　　码　48－53,64

摘　　要　郑和下西洋的大宝船据历史文献记载合今长123米,宽50米。按木帆船的结构规律和造船法式,(型、舱)深应有25米。这样,据阿基米德浮力定律,它的满载排水量高达4万多吨。下西洋的大船队共有208艘船,分超大型、大型、较大型、中型、小型五类。所以,总吨位多达200万吨。这就有不少问题:这么大这么多的巨舶,以当时中国的科技水平和综合国力造不出来;要完成下西洋的各项任务达到下西洋的各种目的也不需要这么大的巨船;古今中外也没有过那么大的木帆船,因为用木材造不出万吨级的船,那么大的船也不适合用风帆作推进装置。总之,当我们把研究思路从传统的尺寸转换为相应的吨位,问题就清楚多了。

题　　名　**郑和宝船是肥短型的**

作　　者　冯汉镛

刊　　名　航海

年 卷 期　1983年5期

页　　码　37,39

题　　名　**郑和宝船谈**

作　　者　金文庆

刊　　名　郑和研究

年 卷 期　2009年3期

页　　码　55－57

题　　名　**郑和宝船与册封舟**

作　　者　傅朗

刊　　名　郑和研究

年 卷 期　2003年2期

页　　码　104－109

摘　　要　从《明实录》中郑和第一次下西洋前夕有关造海船的记载、历史上福船在远洋航行和海战威力方面所居优势地位以及明初福建海防和造船业格局等诸方面分析,福船应是第一次下西洋的主要船型。而与郑和同时为中官、且在洪熙、宣德中曾四次奉敕出使琉球的柴山亦称自己所乘福船型册封舟为"宝船"。由此可以认为,同为福船的宝船与册封舟只是一物二名而已。因此,我们将较可信的静海寺残碑和《前闻记》下西洋题本摘要中有关郑和船只的记载,与明朝后期册封琉球使臣们所撰《使琉球录》中关于册封舟形制的详细描述相结合并加以研究,相信有助于人们对郑和宝船获得符合客观实际的认识。

题　　名　**郑和宝船之谜研究评述**

作　　者　文尚光

刊　　名　船史研究

年 卷 期　1986年2期

页　　码　39－46

题　　名　**郑和碑铭的史料价值**

作　　者　黄慧珍

刊　　名　思想战线
年 卷 期　1988 年 1 期
页　　码　70－74

题　　名　**郑和朝覲天方略考**
作　　者　魏德新
刊　　名　郑和研究
年 卷 期　2010 年 2 期
页　　码　48－56
摘　　要　近年来,有关郑和朝覲的问题,专家学者虽撰写了很有见地的论文,但在次数等方面仍有探究的空间。本文提出的主要论点是:郑和在下西洋过程中,去天方朝覲至少有四次。

题　　名　**郑和出访非洲各国**
作　　者　刘重日
刊　　名　中国经贸
年 卷 期　2004 年 10 期
页　　码　86－87
摘　　要　史书记载,在明朝永历二十一年间,在明朝的各国使节和商人计有 1200 人之多,可谓盛况空前。但随着郑和下西洋的偃旗息鼓,“万国来朝”的局面嘎然而止。

题　　名　**郑和出使宝船刍议**
作　　者　苏松柏
刊　　名　中国史研究
年 卷 期　1985 年 4 期
页　　码　151－155

题　　名　**郑和出使东南亚之历史再思考**
作　　者　汪玉明
刊　　名　郑和研究
年 卷 期　2004 年 2 期
页　　码　22－28

题　　名　**郑和出使过菲律宾吗?——与周绍泉同志商榷**
作　　者　刘孔伏
刊　　名　玉林师专学报(社会科学版)
年 卷 期　1986 年 4 期

题　　名　**郑和出使之宝船**
作　　者　郑鹤声
刊　　名　东方杂志
年 卷 期　1944 年 40 卷 23 期

页　　码　52 – 58

题　　名　**郑和初名三保,不是三宝**
作　　者　官大梁
刊　　名　学术研究
年 卷 期　1982 年 1 期
页　　码　74

题　　名　**郑和船厂考古新发现**
作　　者　华国荣,祈海宁,骆鹏
刊　　名　华夏人文地理
年 卷 期　2005 年 7 期
页　　码　18 – 19
摘　　要　为纪念郑和下西洋 600 周年,南京市鼓楼区决定在位于南京市区西北部郑和宝船厂遗址内兴建“宝船遗址公园”。为此,南京市博物馆考古队对其中的部分遗址进行了先期的考古发掘工作。2004 年底,发掘结束,一些重要发现令考古学家兴奋不已。

题　　名　**郑和船队到过台湾初步考叙**
作　　者　张桂林
刊　　名　福建史志
年 卷 期　1993 年 1 期
页　　码　53 – 55

题　　名　**郑和船队的 C3I 系统**
作　　者　张春
刊　　名　郑和研究
年 卷 期　1998 年 3 期
页　　码　30

题　　名　**郑和船队的编队**
作　　者　元石
刊　　名　大连海事大学学报
年 卷 期　1985 年 11 卷 3 期
页　　码　94

题　　名　**郑和船队的航海罗盘**
作　　者　闫石
刊　　名　舰船知识
年 卷 期　1983 年 5 期
页　　码　31

题　　名　郑和船队的军事威慑方式
作　　者　陈道素
刊　　名　郑和研究
年 卷 期　1999 年 3 期
页　　码　19

题　　名　郑和船队的医务保障及对当代航海医学的启示
作　　者　颜夏梅,董孝厚
刊　　名　海军医高专学报
年 卷 期　1994 年 16 卷 1 期
页　　码　63 – 65

题　　名　郑和船队访东非海岸
作　　者　杨瑛
刊　　名　河北大学学报(哲学社会科学版)
年 卷 期　1992 年 1 期
页　　码　90 – 94
摘　　要　今天,我国与东非各国间交往日益频繁,友谊持续发展。但这种友谊非自今日始,而具有悠久的历史,其创始者,应首推明代杰出的外交家、航海家郑和。郑和于明永乐三年至宣德八年(1405 – 1433)的 29 年之间,率船舶数百艘、水手士兵等近三万人,七下西洋(即今我国南海至印尼婆罗洲以西之地,即印度洋,明初称西洋),历经三十余国,名震中外,史不绝书,但多集中于东南亚和南亚,本文利用现有资料,阐明郑和一行远航东非以及与东非海岸人民建立的友好关系。

题　　名　郑和船队航海记录遗失之探讨
作　　者　林贻典
刊　　名　海交史研究
年 卷 期　2004 年 46 期
页　　码　12 – 15
摘　　要　现时由于缺乏文献记载,学者对郑和船队曾到达之地方,都有很多争议,对于宝船之尺度,一些学者甚至认为是源于《三宝太监下西洋演义》小说家虚构之论点。本人现找出了一些资料,希望可以解决这些争论。

题　　名　郑和船队七下西洋在海上吃什么
作　　者　苏胡
刊　　名　决策与信息
年 卷 期　2004 年 9 期
页　　码　26 – 27
摘　　要　郑和率领庞大船队七下西洋,每次航行长达二到三年,人数多达二万七八千人,如此庞大的队伍在漫长的海上航行中会不会挨饿?途经国家和地区的各种食物他们是否有福享受?为什么郑和的船队不曾面对哥伦布、麦哲伦船队曾有的败血症的威胁?也许这些问题都曾在人们的脑海中盘旋。

题　　名　**郑和船队是否有意到达欧洲?**

作　　者　黄新亚

刊　　名　中国经贸

年 卷 期　2005 年 10 期

页　　码　86 – 87

摘　　要　郑和下西洋本有进入地中海而踏上欧洲大陆的可能,只是适逢奥斯曼土耳其帝国的兴起,于是将开拓海外市场的初衷,改为进一步巩固东南亚与南亚市场,从而错过了在有利条件下进入欧洲的良机。

题　　名　**郑和船队首次环球航行的可能性**

作　　者　马超群

刊　　名　回族研究

年 卷 期　2003 年 1 期

页　　码　58 – 60

摘　　要　2002 年春,英国退休潜艇指挥官加文·孟席斯(Gavin Menzies)公布其多年的研究成果,认为郑和的船队在哥伦布(Columbus)西航以前 72 年便可能发现了美洲;并认为在麦哲伦(Magalhaes)环球航行以前一个世纪,"郑和率领着装有珠宝、丝绸和瓷器的多桅巨船进行了第一次环球航行。"这一惊人的消息引起笔者的极大关注和浓厚兴趣,极愿参与探讨这一问题。

题　　名　**郑和船队下西洋的动机:苏木,胡椒与长颈鹿**

作　　者　陈国栋

刊　　名　船史研究

年 卷 期　2002 年 17 期

题　　名　**郑和船队下西洋航线及其相关的季风航海问题**

作　　者　邓辉

刊　　名　中国航海

年 卷 期　2005 年 3 期

页　　码　6 – 7

摘　　要　郑和船队的海上航行活动,与低纬度地区的季风变化有着密切联系,具体表现为:1)郑和船队下西洋的出发港选择在福建长乐,这里属于亚热带季风的稳定影响地区;2)郑和下西洋船队,往返时间一般为一年半,这个特点主要是由船队选择的特定航线和航行中需要利用的不同季风的转向时间决定的;3)郑和船队航程中的候风点有"斯鲁马益"、"苏门答剌";4)分地点有"苏门答剌"、"古里";5)主船队与各分支船队的合地点在"满剌加"。郑和船队在选择航线,确定候风点、分点、合点时,充分考虑了低纬度地区季风的变化特点,反映出当时中国海员深谙低纬度季风变化规律,充分利用其特点进行远洋航海的高超水平。

题　　名　**郑和船队下西洋与明初海外关系的发展**

作　　者　刘伯午

刊　　名　内蒙古财经学院学报

年 卷 期　1980 年 1 期

题　　名　**郑和船队与上海**
作　　者　朱少伟
刊　　名　郑和研究
年 卷 期　2005 年 1 期
页　　码　44

题　　名　**郑和船队中的穆斯林**
作　　者　姜歆
刊　　名　中国穆斯林
年 卷 期　2005 年 3 期
页　　码　18 – 19
摘　　要　据明朝文献记载,郑和在 28 年的时间里共七下西洋,遍访了 30 多个国家和地区,其船队数目动辄二三百艘,人员最多时达到二万八千人之多。这样庞大的船队必须有严密的编制,科学的分工与管制,才能严整有序。而许多穆斯林正是在这样的编队中,在郑和历次下西洋中做出了历史性的贡献。

题　　名　**郑和赐姓问题探讨**
作　　者　刘琨
刊　　名　郑和研究
年 卷 期　1997 年 4 期
页　　码　29

题　　名　**郑和档案三题**
作　　者　陈子丹
刊　　名　云南档案
年 卷 期　1996 年 5 期
页　　码　34 – 35
摘　　要　郑和下西洋,是世界航海史上的一个伟大事件,这次航海活动所形成的档案材料,也是外国档案史上最珍贵的档案材料之一,但由于记载郑和下西洋的第一手档案材料多已被当时的"海禁派"所销毁,所以象郑和家谱、金石、海图这样详细且又多是郑和亲记的文献史料,今已极为难得。本文拟从谱牒档案、金石档案、水文档案三方面对郑和档案作一阐述。

题　　名　**郑和的宝船有多大?**
作　　者　张之杰
刊　　名　科学月报(台)
年 卷 期　2005 年 36 卷 8 期
页　　码　654 – 655

题　　名　**郑和的船队是否到过美洲?——纪念郑和下西洋首次航海探险 600 周年**
作　　者　金涛
刊　　名　知识就是力量

年 卷 期 2004 年 9 期

页　　码 56 – 59

题　　名 **郑和的多元文化观及其形成**

作　　者 王子华

刊　　名 云南民族大学学报(哲学社会科学版)

年 卷 期 2005 年 5 期

页　　码 103 – 107

摘　　要 郑和是历史上最伟大的航海家,在世界航海史上做出了巨大贡献。郑和为什么能创造出惊天动地的伟绩呢? 一个重要的原因是因为他具有多元文化观,并能在远航过程中充分发挥各种文化的优势。他尊儒、信伊、奉佛、崇道和重海。他的多元文化观分为三个层次:儒家文化观是其多元文化观的核心,是他忠君爱国、为国家和民族奋斗终身、献出宝贵生命的精神支柱。宗教文化观是其多元文化观的重要内容,是他圆满完成远航使命的重要保障。海洋文化观是其多元文化观的闪光点,是他超前思想的火花和为国人留下的宝贵财富。郑和多元文化观的形成是一个复杂的过程,各种文化观形成的原因不尽相同。但总的来说,它们与郑和的家庭出身、社会经历、远航使命及所处时代,都密切相关。

题　　名 **郑和的航海档案**

作　　者 马陌上

刊　　名 世界博览(看中国)

年 卷 期 2007 年 12 期

页　　码 70 – 71

题　　名 **郑和的开放意识对其航海事业的影响**

作　　者 马兴东

刊　　名 云南民族大学学报(哲学社会科学版)

年 卷 期 1992 年 4 期

页　　码 27 – 32

题　　名 **郑和的历史定位与教训**

作　　者 刘达村

刊　　名 郑和研究

年 卷 期 2002 年 1 期

页　　码 19 – 22

题　　名 **郑和的生年与卒年**

作　　者 周绍泉

刊　　名 上海大学学报(社会科学版)

年 卷 期 1985 年 2 期

页　　码 40 – 47

摘　　要 我国伟大航海家郑和在永乐三年(1405 年)到宣德八年(1433 年)的二十八年间,七次奉使西洋,访问了当时亚洲和非洲东岸的三十多个国家,发展了中国与这些国家的友好关系,促进了她们之间的经济文化交流，开辟了由中国直抵非洲东岸的航线，在世界航海史上写下了光辉灿烂的一页。

题　　名　**郑和的使命：天下共享太平之福**
作　　者　毛佩琦
刊　　名　中国远洋航务公告
年 卷 期　2005 年 7 期
页　　码　45 – 48

题　　名　**郑和的外交策略述论——纪念郑和下西洋 585 周年**
作　　者　肖季文，陈尚华
刊　　名　学术界
年 卷 期　1990 年 6 期
页　　码　64 – 68
摘　　要　明洪武初年，社会经济凋敝。然而，经过 30 余年"安养生息"的苦心经营，至洪武末年和建文初年，已呈"仓廪充积，天下太平"局势。到了永乐初年，明成祖朱棣登位为了巩固统治地位，更重视奖励生产、发展经济，从而出现了景况"倍于往时"的极盛时期。

题　　名　**郑和的伟大航海业绩**
作　　者　应仕标
刊　　名　天津航海
年 卷 期　1985 年 3 期
页　　码　25 – 28

题　　名　**郑和的五大历史功绩**
作　　者　陈丽华 摘
刊　　名　创造
年 卷 期　2005 年 8 期
页　　码　75

题　　名　**郑和第六次下西洋发现美洲了吗？**
作　　者　范金民
刊　　名　南洋问题研究
年 卷 期　2004 年 3 期
页　　码　66 – 74
摘　　要　通过中文史料的考察，孟席斯所谓洪保、周满、周闻发现美洲的航线是凭空虚构出来，而并未真实存在过。迄今为止，未发现任何可以支持孟席斯"新论"的文献或其它有用记载，孟席斯的"新论"没有提供任何有说服力的新证据。

题　　名　**郑和第六次下西洋时间考实**
作　　者　晁中辰
刊　　名　中国史研究

年 卷 期 1985 年 4 期

题　　名 郑和第七次出使西洋的一桩海难事故
作　　者 师里
刊　　名 东北师大学报(哲学社会科学版)
年 卷 期 1993 年 2 期
页　　码 96

题　　名 郑和第三次下西洋时到过菲律宾吗?——读《菲律宾华侨史》的有关论述
作　　者 仲跻荣
刊　　名 郑和研究
年 卷 期 1988 年 12 期

题　　名 郑和对世界人民的贡献
作　　者 赵秉中
刊　　名 西安档案
年 卷 期 2005 年 2 期
页　　码 34 - 35

题　　名 郑和对世界人民的贡献(续)
作　　者 赵秉中
刊　　名 西安档案
年 卷 期 2005 年 3 期
页　　码 35 - 36

题　　名 郑和对外交往的再认识
作　　者 傅海滨
刊　　名 郑和研究
年 卷 期 1996 年 3 期
页　　码 50

题　　名 郑和对中国伊斯兰文化的贡献
作　　者 王子华
刊　　名 回族研究
年 卷 期 2003 年 1 期
页　　码 93 - 96

题　　名 郑和赴旧港册封宣慰使史事考论
作　　者 晁中辰
刊　　名 郑和研究

年 卷 期　2006 年 3 期
页　　码　49 – 51
摘　　要　永乐二十二年(1424)正月,郑和奉明成祖之命。赴旧港册封济孙为旧港宣慰使。以前,有的学者说郑和不是“七下西洋”,而是“八下西洋”,就是因为加上了郑和的这次出使。实际上,其主要意义并不在于增加了一次下西洋的次数,而在于它突出地表明,旧港。乃至整个东南亚地区明初时与中国的关系达到了何等密切的程度。

题　　名　**郑和赴麦加考**
作　　者　晁中辰
刊　　名　阿拉伯世界研究
年 卷 期　1990 年 3 期
页　　码　24 – 26
摘　　要　郑和是我国伟大的航海家,他去麦加无疑是我国和阿拉伯友好关系史上的盛事。然而,郑和究竟去过麦加没有?如去过,是在什么时间?这是个很有意义的问题。

题　　名　**郑和改写了历史——访问英国学者孟席斯**
作　　者　戴维·威尔逊,翟元堃
刊　　名　回族研究
年 卷 期　2003 年 1 期
页　　码　110 – 111

题　　名　**郑和故里话郑和**
作　　者　晋宁仁
刊　　名　郑和研究
年 卷 期　2002 年 1 期
页　　码　49 – 50

题　　名　**郑和故里考**
作　　者　朱惠荣
刊　　名　回族研究
年 卷 期　2003 年 1 期
页　　码　82 – 85

题　　名　**郑和官职刍议**
作　　者　贺平章
刊　　名　上海大学学报(社会科学版)
年 卷 期　1985 年 2 期
页　　码　48 – 49
摘　　要　郑和是宦官太监,此已毋庸置疑。然而,郑和究竟是内官监太监抑或是司礼监太监,这却在许多历史论作之中相互交替出现。因此,笔者谨就此问题,试将郑和所担任过的职务官衔这一脉络爬梳理清,或俾使史界学者在郑和研究中有所裨益。

题　　名　郑和海权思想简论
作　　者　侯飞
刊　　名　郑和研究
年 卷 期　2001 年 2 期
页　　码　33 – 39

题　　名　郑和海外航行与胡椒运销
作　　者　田汝康
刊　　名　上海大学学报(社会科学版)
年 卷 期　1985 年 2 期
页　　码　15 – 22
摘　　要　关于郑和海外航行的评价,一般多偏重于政治动机的探讨,而忽略与明代封建社会商品货币发展的关系。本文以当时运来胡椒的销售处理作为事例,试图说明这七次航行为亚非各国商品在中国所开辟的广大市场的范围,以及对明王朝商业垄断机构的瓦解所发生的影响。

题　　名　郑和海外用兵略论
作　　者　谢方
刊　　名　海交史研究
年 卷 期　1992 年 22 期
页　　码　13 – 20

题　　名　郑和航海的地理学贡献及评价——纪念郑和归真 560 周年
作　　者　吕患成
刊　　名　中国穆斯林
年 卷 期　1995 年 2 期
页　　码　25 – 27

题　　名　郑和航海的终极点:比剌及孙剌考
作　　者　金国平,吴志良
刊　　名　郑和研究
年 卷 期　2004 年 1 期
页　　码　55 – 62
摘　　要　郑和航海的终极点,与郑和下西洋的动机及结束的原因一样,是郑和研究的基本问题之一。据《明史 · 郑和传》载,郑和七下西洋所经国家与地区如下。

题　　名　郑和航海国际贸易合作路径及其历史地位——兼论明初东南亚航运贸易圈的形成与影响
作　　者　杨权斌
刊　　名　水运管理
年 卷 期　2009 年 31 卷 9 期
页　　码　8 – 11

摘　　要　郑和航海是我国历史乃至人类社会发展史上具有划时代意义的壮举。在上海加快建设国际航运中心和国际金融中心之际,考察郑和航海国际贸易合作路径的探索性实践,特别是探寻东南亚航运贸易圈的形成历史。笔者发现:以船舶为主要运输工具的海路贸易是国际贸易的主体方式;郑和航海在海路贸易国际合作的环境条件、运输便利、专业团队和交易规则等方面进行了开拓性的实践,其创造的海路国际交往辉煌历史对推动世界贸易事业的发展乃至当今我国航运贸易工作的创新都具有久远的影响和深刻的启迪作用。

题　　名　**郑和航海活动时代(1405年－1433年)的世界帆船航海**
作　　者　辛元欧
刊　　名　中国航海
年 卷 期　1990年2期
页　　码　78－85
摘　　要　本文较全面地评述了郑和时代东西方两位杰出的航海家、中国郑和与葡萄牙亨利王子的远洋航海活动及其历史贡献,并对郑和时代后葡萄牙和中国航海活动兴和衰的结局进行历史反思,试图从中引出一定的历史教训。

题　　名　**郑和航海技术——帆船时代的最高峰**
作　　者　朱鉴秋
刊　　名　社会观察
年 卷 期　2005年7期
页　　码　28－29
摘　　要　明代伟大航海家郑和,在永乐三年(1405年)至宣德八年(1433年)的28年间,率领百余艘船舶和二万七千多人组成的庞大船队,七次远航"西洋",遍访了亚、非30多个国家和地区,为促进中国与亚、非各国的传统友谊和经济文化交流,作出了重大贡献。郑和下西洋的成就和意义是多方面的,就航海而言,其船队之大,人数之多,航程之长,时间之久,在古代十分罕见。为了保证航海安全,郑和船队配备有各种航海专业人员,在远航过程中综合运用多种航海技术。郑和船队的航海技术在继承前人的基础上更加完善,达到了帆船航海时代的最高水平。

题　　名　**郑和航海盛举与明初对外开放**
作　　者　孙光圻
刊　　名　中国海员
年 卷 期　1985年2期

题　　名　**郑和航海事迹之再探**
作　　者　刘铭恕
刊　　名　中国文化研究汇刊
年 卷 期　1943年3期

题　　名　**郑和航海图导读**
作　　者　龙村倪
刊　　名　科学月刊(台)

年 卷 期　2004 年 2 期
页　　码　106 - 113

题　　名　**郑和航海图概论**
作　　者　朱鉴秋
刊　　名　船史研究
年 卷 期　1997 年 11/12 期

题　　名　**郑和航海图今析**
作　　者　洪振权
刊　　名　航海
年 卷 期　2005 年 3 期
页　　码　11 - 15
摘　　要　郑和七下西洋开创了世界远洋大集团航海活动之先河。郑和航海图的问世是帆船航海时代的一大贡献,也是可信的珍贵史料。现以现代航海技术来研究这张图的科学性和实践性。

题　　名　**郑和航海推动世界前行的和平之旅**
作　　者　苏炎明
刊　　名　中国远洋航务公告
年 卷 期　2005 年 5 期
页　　码　51 - 52
摘　　要　郑和下西洋活动为中国地理学作出了重要贡献。它不仅提供了相对精确的亚非地图,而且首次把当时中国人还知之甚少的许多国家和地区详细、准确、生动、完整地介绍给了中国人,这种贡献不能低估。

题　　名　**郑和航海伟业与“开辟新航路”**
作　　者　王玉琛,田福铿
刊　　名　淮北煤炭师范学院学报(哲学社会科学版)
年 卷 期　1995 年 4 期
页　　码　1 - 6
摘　　要　本文首肯了郑和七下“西洋”是 15 - 17 世纪“大航海时代”的先驱,是世界大规模远航的首创,具有重大的世界历史意义。希中国社会科学院、全国史学会在公元 2005 年隆重召开郑和航海 600 周年纪念大会和国际研讨会,弘扬我民族文化。文章特别指出:西方史学长期使用并沿用至今的关于“达·伽马‘开辟新航路’”的“习用词”和当代国外某些历史地理学家提出“瓦斯科·达·伽马第一个发现从欧洲经好望角、蒙巴萨马林迪到印度洋全航程的人”的“专名”等,没有公正地反映历史真实,是不科学的,不宜再用,建议史学界和联合国科教文有关组织重新评估,加以必要修正,给予科学定义。

题　　名　**郑和航海研究之我见——英国学者孟席斯郑和环球航行说质疑**
作　　者　李清升
刊　　名　云南民族大学学报(哲学社会科学版)
年 卷 期　2006 年 23 卷 3 期

页　　码　99 – 103

摘　　要　近年围绕英国学者孟席斯关于郑和环球航行的观点，学术界说法不一。查阅各类史籍及金石原件和家谱，结合明代的社会历史背景，郑和环球航海之说与史实不符，不能盲从。

题　　名　**郑和航海与哥伦布航海比较新论**

作　　者　施存龙

刊　　名　郑和研究

年 卷 期　1999 年 1 期

页　　码　16

题　　名　**郑和航海与海军的非战争运用**

作　　者　张晓林，黄春宇

刊　　名　郑和研究

年 卷 期　2009 年 2 期

页　　码　37 – 41，43

摘　　要　中国郑和的航海发生在 15 世纪初，持续 28 年；而以哥伦布航海发现“新大陆”的“地理大发现”时代，开始于 15 世纪末。15 世纪的一头一尾，在亚欧大陆相隔上万公里的东西两端，发生了可称人类驾驭、利用海洋的最伟大的两个历史事件，而其后的发展繁衍，从根本上改变了人类社会的历史进程。中国全民纪念的“航海日”，以当年郑和的远航为标志，在 600 年后也正式写入了中国人民庆祝自己历史的纪念史册中。

题　　名　**郑和航海与明代社会**

作　　者　王硕

刊　　名　清华大学学报（哲学社会科学版）

年 卷 期　1990 年 5 卷 1 期

页　　码　86 – 95

摘　　要　公元 1405 年至 1433 年，郑和率领庞大的舰队七下西洋，这不仅是中国也是世界航海史上的壮举，是一件十分值得纪念的事。近几十年来，不少专家学者已就郑和下西洋的原因、目的、影响以及一些技术性问题进行了广泛深入的研究，这里我只想从纵的角度，即通过比较元、明时期的对外政策来考察郑和之举在明史上的地位和对明代社会的影响，以期对于郑和下西洋有一个较为全面的认识，不妥之处，敬请专家指正。

题　　名　**郑和航海与穆斯林文化**

作　　者　宋岘

刊　　名　回族研究

年 卷 期　2005 年 3 期

页　　码　5 – 10

摘　　要　15 世纪，中国明代的郑和七下西洋是政府行为，影响广远。郑和与其从官马欢系穆斯林出身，遂使郑和航海得益穆斯林文化。由于马欢通晓阿拉伯语、波斯语等穆斯林国家的语言，因此，郑和一行同中国南海与印度洋沿岸上的各国穆斯林进行了较为广泛的交流，对明代中国认识了解当地的民族及其迁徙、宗教生活与民俗、物产与经济提供了真实的情况。这对国与不同文化底蕴的其他国家日后和平交往，奠定了良好的基础。本文拟借纪念郑和航海600周年之机，讲一下穆斯林文化与郑和航海的密切关系，兼及郑和航海史料的研究、整理。

题　　名　**郑和航海与上海关系初探**
作　　者　洪建新
刊　　名　上海造船
年 卷 期　2005年2期
页　　码　36－39
摘　　要　刘家港（今江苏太仓市浏河镇）邻近今上海市北境，但在明初郑和七下西洋的伟大壮举中，两地的作用却完全不同。刘家港是郑和航海的发祥之地，而近在咫尺且一度繁荣的上海地区却无所作为毫无表现。文章就两地的这种历史反差作了初步探索。

题　　名　**郑和航海与天妃信仰史料的补遗及考释**
作　　者　时平
刊　　名　南洋问题研究
年 卷 期　2005年1期
页　　码　88－93，99
摘　　要　本文对有关郑和与天妃的新资料进行补遗和考释，认为明初政府的海洋政策和沿海民间的社会思潮是导致天妃信仰在郑和航海活动占有重要地位的主要因素；依据新发现史料研究，认为郑和曾到过福建长乐的文石和莆田的湄洲岛；《太上老君说天妃救苦灵应经》经文，说明郑和下西洋带有政治、经济和一定海外探险的多重目的，天妃信仰活动中明显渗透了明初政教合一的特征。

题　　名　**郑和航海与物理——纪念郑和下西洋600周年**
作　　者　李建全
刊　　名　物理教学
年 卷 期　2006年1期
页　　码　4－5，14
摘　　要　本文结合郑和下西洋的有关资料。从物理学角度论述了郑和船队当时先进的造船和航海技术。

题　　名　**郑和航海与新世纪航海技术展望——兼论郑和下西洋对世界航海技术发展的贡献**
作　　者　金永兴，杨权斌
刊　　名　航海技术
年 卷 期　2005年3期
页　　码　5－8
摘　　要　郑和是中国历史上最伟大的航海家，也是世界航海史上杰出的先驱。1405年至1433年，郑和率领当时世界上最庞大的远洋船队，运用当时最先进的航海技术，先后七下西洋，航迹遍及西太平洋、北印度洋的广大亚非海域，在东非与东亚之间建立起一个由60条远洋航线组成的多点交叉型的综合性航线网络。

题　　名　**郑和航海在世界历史上的地位与作用**

作　　者　马超群

刊　　名　东南亚

年 卷 期　1992 年 4 期

页　　码　8 – 13,21

摘　　要　我国著名航海家郑和于十五世纪初奉命出使亚、非各国,在公元 1405 年至 1433 年近三十年的时间里,他率领万人舟师,七下西洋,在"洪涛接天,巨浪如山"的海洋上航行,历经"大小凡三十余国,涉沧溟十万余里",打通中国直达波斯湾、红海和东非海岸的航路,还分别开辟了多条航线,大大发展了中国与亚非各国的友好关系。郑和的远洋航行不仅是中国历史上的重大事件,也是人类航海史上的空前壮举,在世界历史上写下了光辉的篇章。

题　　名　**郑和航海中的医士与蕃药贸易**

作　　者　陈亚昌

刊　　名　中国航海

年 卷 期　1993 年 1 期

页　　码　96 – 101

摘　　要　在诸多历史文献中,均记载了随郑和下西洋的医官医士多 180 名。以往研究都将医士统指医生,不够令人信服。本文考证了明代医疗制度,引证了地方志的有关材料,论证了郑和航海中的医士亦指制药的药师。从而以新的视角阐明郑和下西洋进行蕃药贸易的历史背景和随带药师下西洋的必要性。

题　　名　**郑和航海最远到哪里?——兼评"郑和发现美洲"说**

作　　者　朱鉴秋

刊　　名　郑和研究

年 卷 期　2003 年 F03 期

页　　码　33 – 37

题　　名　**郑和和平外交路线图**

作　　者　刘建民

刊　　名　兰台世界

年 卷 期　2005 年 6 期

页　　码　124 – 125

题　　名　**郑和家世及其墓葬考略**

作　　者　王引

刊　　名　海交史研究

年 卷 期　1985 年 7 期

题　　名　**郑和家世考**

作　　者　郑勉之

刊　　名　中国穆斯林

年 卷 期 1996 年 2 期

页 码 17 – 19

摘 要 对一个人物的成长具有重要意义。作为中华民族精英的穆斯林大航海家郑和，出身于回族家庭，对于他的成长产生了什么样的影响，自然成为学界关注的问题。因此，家世也就成为研究郑和的一个重要课题。

题 名 郑和家世小考

作 者 郑勉之

刊 名 回族研究

年 卷 期 1996 年 1 期

页 码 9 – 11

摘 要 家世对一个人物成长具有重要意义。郑和作为中华民族的精英，出身于回族家庭，这个有别于广大汉族家庭及其世代，对于这位大航海家的成长发生什么样的影响，自然成为学者关注的问题，因此家世也成为郑和研究的一个重要课题。

题 名 郑和家世与生平

作 者 晋林

刊 名 中国水运

年 卷 期 1995 年 8 期

页 码 36 – 37

题 名 郑和舰队驻闽原因试探

作 者 徐恭生

刊 名 福建师范大学学报（哲学社会科学版）

年 卷 期 1995 年 4 期

页 码 101 – 105

摘 要 郑和是我国明代伟大的航海家和杰出的军事家，他率领庞大舰队七下西洋，每次出航之前必在福建逗留一段时间，短则二三个月，长则八九个月。人们不禁要问，我国东南沿海港口众多，郑和为什么要选择福建太平港作为他舰队的驻泊地？本文试就这个问题作些粗浅的探讨，祈求中外学者教正。

题 名 郑和将军：一位扮演多重角色的伟人

作 者 阿 · 库斯提雅

刊 名 回族研究

年 卷 期 2003 年 1 期

页 码 11 – 12

题 名 郑和将军：一位扮演多重角色的伟人

作 者 阿 · 库斯提亚

刊 名 郑和研究

年 卷 期 2003 年 1 期

页 码 14 – 15

题　　名　**郑和金石档案探略**
作　　者　陈子丹
刊　　名　档案与建设
年 卷 期　2005 年 7 期
页　　码　49－50

题　　名　**郑和究竟几下东西洋**
作　　者　何平立
刊　　名　航海
年 卷 期　1984 年 1 期
页　　码　37

题　　名　**郑和究竟几下东西洋**
作　　者　何平立
刊　　名　编辑之友
年 卷 期　1984 年 3 期
页　　码　230－231

题　　名　**郑和九下东西洋**
作　　者　志诚
刊　　名　航海
年 卷 期　1983 年 5 期
页　　码　7－8
摘　　要　读者一看这标题,或许会感到奇怪,历来都认为郑和七下西洋,怎会变成九下东西洋。原来郑和在七下西洋之前,已有一次出使暹罗(今泰国),一次到日本,山东大学的潘群同志对此有论文发表在《文史哲》1982 年第 3 期上。本文引用潘群的研究成果,结合其它资料,就郑和下东洋及东西洋分界作些介绍。

题　　名　**郑和军事外交思想述论**
作　　者　耿立强
刊　　名　郑和研究
年 卷 期　1996 年 3 期
页　　码　25

题　　名　**郑和军事艺术刍议**
作　　者　刘红旗
刊　　名　郑和研究
年 卷 期　1993 年 1/2 期

题　　名　**郑和开发南洋史略**
作　　者　蔚南
刊　　名　南洋情报
年 卷 期　1932 年 2 期
页　　码　54－55

题　　名　**郑和马姓及“三保”考译**
作　　者　徐玉虎
刊　　名　大陆杂志
年 卷 期　1956 年 12 卷 4 期

题　　名　**郑和谜题和李约瑟难题的比较及其启迪**
作　　者　徐凌
刊　　名　海交史研究
年 卷 期　2003 年 43 期
页　　码　30－45

题　　名　**郑和名字小考**
作　　者　殷远卓
刊　　名　宁夏大学学报（人文社会科学版）
年 卷 期　1980 年 4 期
页　　码　79

题　　名　**郑和七次下“西洋”航海路线图**
作　　者　李立雄
刊　　名　历史教学
年 卷 期　1981 年 5 期
页　　码　63

题　　名　**郑和七次下西洋地名考**
作　　者　夏靳
刊　　名　大陆杂志
年 卷 期　1963 年 26 卷 5 期

题　　名　**郑和七次下西洋年月考**
作　　者　金云铭
刊　　名　福建文化
年 卷 期　1937 年 5 卷 26 期

题　　名　**郑和七次下西洋所历地名考**
作　　者　朱偰

刊　　名　东方杂志
年 卷 期　1946 年 42 卷 12 期

题　　名　**郑和七使西洋往返年月及其所经诸国**
作　　者　夏壁
刊　　名　禹贡
年 卷 期　1934 年 2 卷 8 期
页　　码　16－21

题　　名　**郑和七下"西洋"**
作　　者　重日
刊　　名　中国远洋航务公告
年 卷 期　2005 年 7 期
页　　码　41－44

题　　名　**郑和七下西洋**
作　　者　徐朗秋
刊　　名　广播周报
年 卷 期　1934 年 3 期
页　　码　24－25

题　　名　**郑和七下西洋考**
作　　者　余阳
刊　　名　华学月刊
年 卷 期　1975 年 43 期

题　　名　**郑和七下西洋是历史发展造船及海外贸易的总成**
作　　者　李春潮,潘惟忠
刊　　名　船史研究
年 卷 期　1997 年 11/12 期

题　　名　**郑和牵星图考释及复原**
作　　者　赵鹿军
刊　　名　中国航海
年 卷 期　1993 年 1 期
页　　码　75－95
摘　　要　本文从牵星板的来源、使用方法、论证了郑和牵星法的技术。采用微机程序计算出'指'、'角'与今天度的对应关系,牵星定位经纬验算及去极度修正等一系列数据。借助于经过岁差修正的星球仪复原了四幅郑和牵星图,并在此基础上考证出牵星图中每颗星所对应的现代星名。

题　　名　郑和如何调节船员的航海心理?
作　　者　陈治铭
刊　　名　社会观察
年 卷 期　2005 年 7 期
页　　码　30 - 31
摘　　要　郑和下西洋,每次出航的船队都有大小 200 多艘船只,随行人员有 27000 多人。这么庞大的一支远航船队,不论从指挥、管理、通讯联络以至后勤保障上,都需要有严密的组织系统。在船队严密的组织系统中,人的因素是至关重要的,郑和船队在茫茫无际的大海中航行时,如何消除船员的烦燥心理、凝聚船队的意志、保障船员的心理健康,是我们现代人非常关心的话题。在研究郑和的有关史料中,我们发现郑和在七下西洋过程中早已运用了许多航海心理教育的方法。

题　　名　郑和生卒年及赐姓小考
作　　者　谢方
刊　　名　海交史研究
年 卷 期　1994 年 25 期
页　　码　56 - 60

题　　名　郑和生卒年月考
作　　者　谢方
刊　　名　郑和研究
年 卷 期　1994 年 4 期
页　　码　3 - 6

题　　名　郑和生卒之年商榷
作　　者　孙云南
刊　　名　郑和研究
年 卷 期　1995 年 4 期
页　　码　26

题　　名　郑和圣墓行香与泉州伊斯兰教的重兴
作　　者　郭志超
刊　　名　南方文物
年 卷 期　2005 年 3 期
页　　码　35 - 40
摘　　要　郑和率领庞大的船队七下西洋,其中,于永乐十五年(1417 年)第五次下西洋前的当年夏,到泉州灵山圣墓行香。这一举动所传播的国家宗教政策的形象话语,及其所作出的社会示范作用,推动了泉州伊斯兰教的复兴。

题　　名　郑和时代的僧侣外交家侯显(上)
作　　者　郑自海
刊　　名　东方收藏

年 卷 期 2010 年 11 期
页 码 41 – 44

题 名 **郑和时代的僧侣外交家侯显(下)**
作 者 郑自海
刊 名 东方收藏
年 卷 期 2010 年 12 期
页 码 49 – 52

题 名 **郑和时代航海术语与名词之诠释**
作 者 徐玉虎
刊 名 人文学报
年 卷 期 1970 年

题 名 **郑和时代中国与周边国家的经贸关系**
作 者 张民服
刊 名 郑州大学学报(哲学社会科学版)
年 卷 期 1995 年 2 期
页 码 121 – 126
摘 要 郑和是十五世纪初期杰出的航海家和外交家,他七下西洋的壮举,启动了世界航海史上一个新时代的到来,在东西交通发展史上、在沟通地域间和民族间的联系上,都产生了深远的影响。

题 名 **郑和时代中华文化对西洋诸番国之影响**
作 者 徐玉虎
刊 名 中华文化复兴月刊
年 卷 期 1970 年 3 卷 6 期

题 名 **郑和时期中暹关系浅议**
作 者 黎道纲
刊 名 东南亚研究
年 卷 期 2000 年 4 期
页 码 74 – 78
摘 要 作者详尽地分析和考察了明朝永乐年间中国与暹罗(今泰国)的国与国关系,研讨了郑和七下西洋的深远影响和历史意义。同时对一些史学公案提出了自己的学术见解。立论颇具新意,资料翔实,值得一读。

题 名 **郑和使东洋**
作 者 杨林生
刊 名 档案与建设
年 卷 期 2005 年 6 期
页 码 38 – 39

题　　名　郑和使孟加拉辨析

作　　者　周绍泉

刊　　名　南亚研究

年 卷 期　1982 年 3 期

页　　码　1 – 10

摘　　要　我国伟大的航海家郑和在公元 1405 年到 1433 年的二十八年间，七次出使“西洋”，访问了当时亚、非的三十多个国家，对于促进中国与当时亚、非各国的友好往来起了很大的作用，是中外关系史上和世界航海史上的伟大壮举。可是，郑和所率领的船队访问过哪些国家？郑和本人亲自访问过哪些国家？学术界至今没有完全搞清楚。

题　　名　郑和使日问题初探

作　　者　潘群

刊　　名　文史哲

年 卷 期　1982 年 3 期

页　　码　13 – 18

摘　　要　郑和下西洋这一具有深远影响的历史盛事，多年来即已成为国内外史坛上重要的研究课题，并已取得了显著成绩。然而，郑和是否到过日本？似未引起应有的注意。本文试作初步探讨，借以取得批评和指正。

题　　名　郑和使日问题再探

作　　者　申海田，潘群

刊　　名　海交史研究

年 卷 期　1985 年 8 期

题　　名　郑和使日与明初的中日关系

作　　者　嵇建珍

刊　　名　郑和研究

年 卷 期　2004 年 2 期

页　　码　29 – 31

题　　名　郑和世家与昆阳故里

作　　者　纳国昌

刊　　名　回族研究

年 卷 期　2003 年 1 期

页　　码　76 – 79

题　　名　郑和是“三宝太监”还是“三保太监”

作　　者　苏同炳

刊　　名　紫禁城

年 卷 期　2010 年 10 期

页　　码　83－84

题　　名　**郑和是否到过凯尔盖朗岛**
作　　者　朱鉴秋
刊　　名　郑和研究
年 卷 期　1997年4期
页　　码　18

题　　名　**郑和是否到过真腊？——与范春歌女士切磋**
作　　者　陈显泗
刊　　名　郑和研究
年 卷 期　2002年2期
页　　码　23

题　　名　**郑和是否环绕地球航行并发现新大陆**
作　　者　郑海麟
刊　　名　文史知识
年 卷 期　2002年8期
页　　码　4－10

题　　名　**郑和是和平友好的使者——驳潘辉黎、阮文胜等人的“侵略论”**
作　　者　王民同
刊　　名　云南师范大学学报（哲学社会科学版）
年 卷 期　1994年26卷1期
页　　码　1－8
摘　　要　越南的潘辉黎、阮文胜等人，怀着不可告人的目的，捏造郑和下西洋的历史，攻击郑和下西洋是在于“侵略”。本文以郑和下西洋的具体历史事实，从四个方面批驳其“侵略论”，论证郑和出使西洋是和平友好的使者，遍访亚洲三十余国，为建立和平友好的国际关系作出了杰出的贡献。

题　　名　**郑和是和平友好使者**
作　　者　王民同
刊　　名　回族研究
年 卷 期　2003年1期
页　　码　45－50
摘　　要　郑和是我国明代伟大的航海家、政治家和军事家。几百年来人们研究郑和伟大的航海事迹，歌颂郑和遍访亚非三十余国所结下的友好关系和对中华文化的传播。当前，学习郑和开拓进取、不畏艰险的大无畏精神，对我国改革开放事业和全面建设小康社会是一个巨大的推动，具有很大的现实意义。关于郑和下西洋的主要目的，历来有种种说法，都属于学术观点之争，见仁见智。然而，把郑和下西洋的目的诬蔑为主要在于“侵略扩张，开疆扩土”，却纯属别有用心的捏造历史，欺骗世人。本文拟从以不容篡改的，让历史作证，让事实来说明郑和下西洋的伟大壮举和丰功伟绩吧！

题　　名　郑和是赛典赤后裔说应该可信
作　　者　马颖生
刊　　名　回族研究
年 卷 期　2003 年 1 期
页　　码　80 – 81

题　　名　郑和是我国开辟横渡印度洋航线的第一个人吗?
作　　者　孙光圻
刊　　名　海交史研究
年 卷 期　1984 年 6 期

题　　名　郑和是修持“菩萨戒”的佛门弟子——明初与南海诸国关系史杂议之一
作　　者　朱育友
刊　　名　东南亚研究
年 卷 期　1990 年 4 期
页　　码　38 – 44

题　　名　郑和逝于古里说质疑
作　　者　卢如淳
刊　　名　郑和研究动态
年 卷 期　2008 年 3 期
页　　码　12

题　　名　郑和首次出使海外探微
作　　者　杨波
刊　　名　郑和研究
年 卷 期　2006 年 1 期
页　　码　92 – 93

题　　名　郑和首次下西洋日期论析
作　　者　池敬嘉
刊　　名　台声
年 卷 期　2005 年 4 期
页　　码　70 – 72

题　　名　郑和所到南渤里、南巫里名称和位置考辨
作　　者　施存龙
刊　　名　郑和研究
年 卷 期　2006 年 1 期
页　　码　108 – 112

题　　名　郑和所立三碑可靠性之分析
作　　者　苏明阳
刊　　名　郑和研究
年 卷 期　2002 年 1 期
页　　码　27 – 33

题　　名　郑和台湾“贻铃”原委辨
作　　者　葛坤英,周文顺
刊　　名　中南民族学院学报(人文社会科学版)
年 卷 期　1999 年 2 期
页　　码　62 – 63
摘　　要　本文比较了有关郑和台湾“贻铃”原委的种种猜测,并详细地考证了“贻铃”的真实背景,认为郑和“贻铃”应是和平和友好的象征,足以与台湾至今仍流传着的“三宝姜”、“郑和井”等佳话相媲美。

题　　名　郑和铜钟小考
作　　者　刘东瑞,卢保康
刊　　名　文物
年 卷 期　1985 年 1 期
页　　码　74 – 76

题　　名　郑和外交成就之思考——纪念郑和下西洋 600 周年
作　　者　朱亚非
刊　　名　山东师范大学学报(人文社会科学版)
年 卷 期　2005 年 50 卷 5 期
页　　码　76 – 79
摘　　要　郑和是明代杰出的外交家,在七下西洋中,他以经济互利来推动外交,以文化交流来促进外交,以平息争端、维护和平来拓展外交;以军事为后盾来维护外交成果,以以德睦邻来赢得外国信任,从而取得了巨大的外交成就。郑和之所以在外交上取得成功,既得益于他本人出色的才干和智慧,也是与明朝国力强大和外交政策正确分不开的。

题　　名　郑和外交的伟大成就
作　　者　许在全
刊　　名　泉州学林
年 卷 期　2005 年 1 期
页　　码　60 – 63

题　　名　郑和外交取得辉煌成就政治因素的探析
作　　者　周至涯,闵柯
刊　　名　郑和研究
年 卷 期　2003 年 2 期

页　　码　41－45

摘　　要　在15世纪的亚非海面上，伟大的中国航海家郑和率领着当时世界上最庞大、最先进的船队，肩负着明帝国君主所赋予的重任，冲破狂涛巨浪，克服重重困难，奔波于各国，从事外交活动。郑和七下西洋，历时近30年，他以坚韧不拔的毅力和顽强不屈的斗志取得了外交上光照史册的成就。伟大成就的取得，不只是郑和个人的功劳，而是多方面因素综合作用的结果。本文仅从政治方面对此作一探析，并祈指教。

题　　名　郑和外交思想浅析

作　　者　栗瑞义

刊　　名　郑和研究

年 卷 期　2003年2期

页　　码　37－40

题　　名　郑和晚年的遭遇

作　　者　田培栋

刊　　名　首都师范大学学报（社会科学版）

年 卷 期　1998年3期

页　　码　50－54

摘　　要　郑和是十五世纪我国伟大的航海家，但晚年遭到不幸，身困南京，承受了各种折磨，郁郁而居达六年之久。有关这段历史的史籍记载，只是些支离破碎的片断。本文拟就这段历史作个勾勒，以填补空白。其次，本文拟对郑和第七次下西洋的原因及“罢西洋宝船”的失策两个问题，进一步作些探讨和评述。

题　　名　郑和为何下西洋

作　　者　冯蔚然

刊　　名　上海海运学院学报

年 卷 期　1983年4期

页　　码　22

题　　名　郑和为何选择刘家港为远航基地

作　　者　茅童

刊　　名　郑和研究

年 卷 期　1988年12期

题　　名　郑和为何钟情福州

作　　者　叶伟奇

刊　　名　福建史志

年 卷 期　2006年4期

页　　码　41－42

摘　　要　2005年是我国伟大航海家郑和七次下西洋首航600周年。600年前，郑和作为明朝的使臣，率领庞大的中国船队七下西洋，集中展示了中国人民的航海水平和友好，比西方探险家哥伦布、麦哲伦等人的远洋航行早了约一个世纪。郑和下西洋是世界航海史上的一个伟大壮举,从此揭开了世界大航海的序幕。郑和下西洋每次都在福州候风开洋,与福州结下了不解之缘,至今福州还留存着很多与郑和有关的遗迹、遗物。

题　　名 郑和为什么叫"三保"
作　　者 徐克明
刊　　名 云南文史丛刊
年 卷 期 1989 年 4 期
页　　码 125 – 127

题　　名 郑和为什么没成为中国的哥伦布
作　　者 赵丽霞
刊　　名 黑龙江社会科学
年 卷 期 1999 年 6 期
页　　码 53 – 55

题　　名 郑和为什么没有"地理大发现"?
作　　者 周欣宇,刘万永
刊　　名 招商周刊
年 卷 期 2004 年 49 期
页　　码 47

题　　名 郑和为什么没有带来"地理大发现"?
作　　者 周欣宇,刘万永
刊　　名 科技文萃
年 卷 期 2005 年 5 期
页　　码 150 – 151

题　　名 郑和为什么没有带来"地理大发现"
作　　者 青杨
刊　　名 中州今古
年 卷 期 2004 年 10 期
页　　码 62 – 63

题　　名 郑和为什么没有带来"地理大发现"?
作　　者 周欣宇,刘万永
刊　　名 历史教学问题
年 卷 期 2005 年 4 期
页　　码 53 – 54

题　　名　**郑和为什么没有继续西航？**
作　　者　张附孙
刊　　名　云南教育学院学报
年 卷 期　1996 年 12 卷 1 期
页　　码　45 - 50,57
摘　　要　郑和远航的动因是非经济的，加之当时中国商品货币关系不发达和科学落后、以及专制主义对人性的摧残，所以郑和没有继续西航，而且缺乏继承者，中国在中世纪后期失去了一个重要的发展机会。

题　　名　**郑和为什么下西洋？**
作　　者　侯志川
刊　　名　读书
年 卷 期　1996 年 12 期
页　　码　150 - 151

题　　名　**郑和为什么下西洋——从《奉天命三保下西洋》杂剧谈起**
作　　者　万明
刊　　名　文史知识
年 卷 期　2005 年 7 期
页　　码　11 - 18

题　　名　**郑和维护南亚东南亚地区稳定的军事策略之探析**
作　　者　孙文广
刊　　名　郑和研究
年 卷 期　2001 年 1 期
页　　码　20 - 25

题　　名　**郑和未完成“地理大发现”原因探析**
作　　者　郭友亮
刊　　名　内蒙古电大学刊
年 卷 期　2008 年 5 期
页　　码　15 - 16
摘　　要　十五世纪初，郑和率领庞大的远洋舰队驰骋在烟波浩瀚的大洋，将光辉灿烂的中华文明传播到远方；十五世纪末十六世纪初，欧洲航海家们率领各自的船队纷纷驶入大洋，最终完成“地理大发现”。缺乏强大持续的动因，科学知识的欠缺，封建君主追求虚名，导致郑和不能带来“地理大发现”。

题　　名　**郑和乌斯藏取经初探**
作　　者　卢如焞
刊　　名　郑和研究
年 卷 期　2008 年 2 期
页　　码　19 - 28

题　　名　郑和西航中止原因研究——试析几种郑和西航史观
作　　者　刘琨
刊　　名　郑和研究
年 卷 期　1994 年 2 期
页　　码　13 – 22

题　　名　郑和西征考
作　　者　[日]山本达郎 著;王古鲁 译
刊　　名　武大文哲季刊
年 卷 期　1935 年 4 卷 2,4 期

题　　名　郑和西征考(续)
作　　者　[日]山本达郎 著;王古鲁 译
刊　　名　文哲季刊
年 卷 期　1935 年 4 期
页　　码　851 – 890

题　　名　郑和下“西洋”的启示
作　　者　杜渺
刊　　名　国际贸易问题
年 卷 期　1988 年 6 期
页　　码　60 – 61

题　　名　郑和下“西洋”与我国明朝的造船业
作　　者　《中国古代造船发展史》编写组
刊　　名　大连理工大学学报
年 卷 期　1976 年 1 期
页　　码　83 – 87

题　　名　郑和下“西洋”与中非友谊
作　　者　陈公元
刊　　名　海交史研究
年 卷 期　1981 年 3 期

题　　名　郑和下东洋及其历史意义
作　　者　方祖猷
刊　　名　中共宁波市委党校学报
年 卷 期　2004 年 5 期
页　　码　86 – 89

摘　　要　本文根据历史文献进行对勘分析,提出郑和下东洋的具体日期、地点及其使命目的,使团规模等有关见解,澄清了一些史实,揭示了郑和下东洋的重要意义。

题　　名　**郑和下西洋**
作　　者　龙村倪
刊　　名　科学月刊(台)
年 卷 期　2004 年 2 期
页　　码　104 – 105

题　　名　**郑和下西洋**
作　　者　弗兰克·威维亚诺
刊　　名　华夏人文地理
年 卷 期　2005 年 7 期
页　　码　63 – 67

题　　名　**郑和下西洋 瓷路添友谊——纪念郑和下西洋六百周年**
作　　者　徐年瑞
刊　　名　友声
年 卷 期　2005 年 2 期
页　　码　20 – 21

题　　名　**郑和下西洋 古代对外开放的里程碑**
作　　者　陈显泗
刊　　名　江苏交通
年 卷 期　2003 年 1 期
页　　码　43 – 45
摘　　要　郑和下西洋是我国历史上对外交流的伟大壮举。明初有禁有开,明清两代开与禁并存。郑和下西洋是一个具有里程碑意义的事件。

题　　名　**郑和下西洋 古中国航运传询**
作　　者　周佩
刊　　名　物流时代
年 卷 期　2009 年 4 期
页　　码　68 – 69
摘　　要　600 多年前,一支规模庞大的中国船队,7 次远渡重洋,遍历亚非 30 多个国家和地区,开通了中国通往世界的海上通道,而其逾 10 万里的航道更堪称“海上丝绸之路”。这支船队开创了当时世界航海和贸易史上的一个奇迹,而世界也从此记住了这支传奇船队总指挥的名字——郑和。

题　　名　**郑和下西洋:600 万两白银换来的万国来朝**
作　　者　江湖客
刊　　名　法制博览

年卷期　2009 年 7 期
页　　码　16－18
摘　　要　永乐期间,郑和下西洋所费约在白银 600 万两,相当于当时国库年支出的两倍,而这还不包括造船等各地支出的费用。而建造和修补一艘船平均需要 1600 两银子,每次出航平均需船 260 多艘,仅造修费用就需要几十万两银子。

题　　名　**郑和下西洋:错过世界的航行**
作　　者　黄斯义
刊　　名　21 世纪商业评论
年卷期　2005 年 4 期
页　　码　134－135

题　　名　**郑和下西洋"宝船"揭秘**
作　　者　许亚州
刊　　名　海洋世界
年卷期　2005 年 5 期
页　　码　32－35
摘　　要　郑和于 1405－1433 年的 28 年间七下"西洋",率领当时世界上最庞大的船队航行 29.6 万千米,远航至东南亚、印度洋、红海、东非等 30 多个国家和地区,比欧洲航海家达伽马、哥伦布等人的"地理大发现"要早将近一个世纪。梁启超在《祖国大航海家郑和》中评价郑和为"海上巨人,国史之光",郑和下西洋的"宝船"堪称当时世界船舶的"巨无霸"。但是,围绕"宝船"却存在着三大谜团,那就让我们循着历史的足迹,去寻找问题的答案吧。

题　　名　**郑和下西洋——世界地理大探险的第一环**
作　　者　陈佳荣
刊　　名　郑和研究
年卷期　2005 年 1 期
页　　码　6－7

题　　名　**郑和下西洋 600 年祭:先进的航海技术**
作　　者　房仲甫,李二和
刊　　名　科技文萃
年卷期　2005 年 5 期
页　　码　143－146

题　　名　**郑和下西洋 600 年祭——光荣或梦想:郑和下西洋祭**
作　　者　周宁
刊　　名　科技文萃
年卷期　2005 年 5 期
页　　码　135－143
摘　　要　距今整整 600 年前,1405 年,郑和率领庞大的明朝皇家船队,自福建五虎门放洋……世界历史上不可思议、中国历史上难以忘怀的伟大远航,郑和七下西洋,从此开始了。

题　　名　**郑和下西洋 600 年祭——破解郑和宝船之谜**
作　　者　陈振杰
刊　　名　科技文萃
年 卷 期　2005 年 5 期
页　　码　146 – 148
摘　　要　明代伟大的航海家郑和七下西洋,是中国航海史的一大奇迹。他统帅的庞大船队让每一个中华儿女为之骄傲,更让世界航海界惊叹。然而,当如今的人们想建造一艘当年的郑和宝船来纪念这位伟大的先人时,遍访国内外,竟找不到一份较为科学准确的有关宝船设计建造的图形和资料。

题　　名　**郑和下西洋 600 年祭——郑和下西洋的现代政治经济学解读**
作　　者　熊思远
刊　　名　创造
年 卷 期　2005 年 6 期
页　　码　4 – 7
摘　　要　郑和是举世闻名的伟大航海家。他从公元 1405 年到 1433 年的 28 年间率领庞大的船队,先后 7 次远渡重洋,遍及亚非 30 多个国家和地区,书写了世界航海史上一段不朽的传奇。

题　　名　**郑和下西洋 600 周年纪念:对中国对外开放的杰出人物郑和的经济解读**
作　　者　熊思远
刊　　名　企业与市场
年 卷 期　2005 年 4 期
页　　码　56 – 58

题　　名　**郑和下西洋碑铭考**
作　　者　陈爱华
刊　　名　郑和研究
年 卷 期　1996 年 4 期
页　　码　35

题　　名　**郑和下西洋船舶结构与制造工艺探讨**
作　　者　顿贺
刊　　名　上海造船
年 卷 期　2005 年 2 期
页　　码　47 – 52
摘　　要　处于中国古代造船技术水平高峰期的郑和下西洋船舶,其尺度、吨位、用途尽不相同,一直受人关注。本文依据文物、文献,就船舶的船型、船体结构、建造工艺等进行探讨,意在抛砖引玉。

题　　名　**郑和下西洋船队中的南京人巩珍**
作　　者　韩品峥

刊　　名　紫金岁月
年 卷 期　1996 年 4 期
页　　码　37

题　　名　**郑和下西洋从南京出发**
作　　者　朱鉴秋
刊　　名　郑和研究
年 卷 期　2004 年 F07 期
页　　码　48
摘　　要　郑和是我国明代伟大的航海家，从永乐三年(1405)至宣德八年(1433)的 28 年间，郑和肩负着明王朝授予的重大使命，率领庞大船队七下西洋，远达非洲东海岸，访问了亚洲、非洲 30 多个国家和地区，对发展我国与亚非国家的友好关系及经济文化交流，做出了杰出的贡献。

题　　名　**郑和下西洋促进中华文化的发展**
作　　者　廖楚强
刊　　名　郑和研究
年 卷 期　1996 年 3 期
页　　码　17 – 19

题　　名　**郑和下西洋促使海上丝绸之路进入鼎盛时期**
作　　者　陈炎
刊　　名　郑和研究
年 卷 期　1994 年 4 期
页　　码　27 – 31

题　　名　**郑和下西洋待考问题**
作　　者　陈佳荣
刊　　名　郑和研究动态
年 卷 期　2009 年 3 期
页　　码　12 – 13

题　　名　**郑和下西洋到过哪里**
作　　者　普益
刊　　名　航海
年 卷 期　1990 年 3 期
页　　码　47

题　　名　**郑和下西洋的“组群结构”及其当代意义**
作　　者　郑一钧
刊　　名　中国海洋大学学报(社会科学版)
年 卷 期　1998 年 2 期

页　　码　51－54

题　　名　**郑和下西洋的600年记忆**
作　　者　万明
刊　　名　中国社会导刊
年 卷 期　2005年18期
页　　码　52－54
摘　　要　600年前的郑和七下西洋，形成了人类交往从陆地向海洋发展的强势动态：进而马六甲作为亚洲商贸中心的崛起，遂使东西方汇聚中心从此脱离亚欧大陆，转移至海上，并最终奠定了东西方文明汇合于海上的新格局，从而揭开了世界一体化的序幕。

题　　名　**郑和下西洋的宝船考**
作　　者　丘克辉
刊　　名　航海
年 卷 期　1983年2期
页　　码　12－13

题　　名　**郑和下西洋的宝船制度考**
作　　者　包遵彭
刊　　名　大陆杂志
年 卷 期　1959年18卷1期

题　　名　**郑和下西洋的茶及茶文化走向世界**
作　　者　陈平平
刊　　名　郑和研究
年 卷 期　2007年3期
页　　码　16－23

题　　名　**郑和下西洋的成就和影响**
作　　者　王立恒
刊　　名　江苏航海
年 卷 期　1985年2期

题　　名　**郑和下西洋的传播效果**
作　　者　郭巍
刊　　名　山东文学(下半月)
年 卷 期　2008年11期
页　　码　168
摘　　要　郑和下西洋是一次有重要影响的对外交流活动，同时，也是我国历史上一次有组织、以政治传播为主要目的的全方位、多层次的双向传播活动。从传者的接受程度来看，这些传播内容也满足了受传者的需要，达到了传播目的。并且通过受传者与传播者的双向互动，信息呈现了接受与反对的双向交流，是一次成功的全方位、多层次、双流向的传播活动。

题　　名　郑和下西洋的船
作　　者　管劲丞
刊　　名　东方杂志
年 卷 期　1947 年 43 卷 1 期
页　　码　47 – 51

题　　名　郑和下西洋的船队
作　　者　卢如焞
刊　　名　郑和研究
年 卷 期　2007 年 2 期
页　　码　21 – 31
摘　　要　《郑和下西洋的宝船》一文讨论了郑和下两洋船舶的尺度等问题，本文拟讨论其船队问题。

题　　名　郑和下西洋的得与失探析
作　　者　石小俭
刊　　名　佳木斯教育学院学报
年 卷 期　2009 年 4 期
页　　码　120 – 121
摘　　要　郑和先后七次下西洋，其规模之大、航程之远、历时之久，在明朝乃至当时的世界航海史上都是一次壮举，无疑，这一壮举自有其时代的影响与价值，我们要客观的予以看待，既要看到郑和下西洋所得的一面，同时也要看到其有失的一方面，所谓有得必有失，只有从得失两方面入手，才能更好地去全面把握郑和下西洋这一历史事件。

题　　名　郑和下西洋的动机与效果
作　　者　钮海燕
刊　　名　海交史研究
年 卷 期　1985 年 8 期

题　　名　郑和下西洋的个人才能与历史功绩
作　　者　吴艮堂
刊　　名　各界（科技与教育）
年 卷 期　2009 年 8 期
页　　码　4，19

题　　名　郑和下西洋的航海技术及航海编队
作　　者　孙元泉
刊　　名　舰船工程研究
年 卷 期　2006 年 1 期

页　　码　40－48

题　　名　郑和下西洋的航海日志是如何被毁的
作　　者　陆其国
刊　　名　档案
年 卷 期　2006 年 4 期
页　　码　28－29

题　　名　郑和下西洋的航海术
作　　者　杨秉曦，尤琨玲
刊　　名　郑和研究
年 卷 期　2007 年 2 期
页　　码　1－6
摘　　要　郑和下西洋是“宣德化而柔远人”，外抚四夷，“厚往薄来”，共享太平的和平外交。历时 28 年，进出口货物数百种类上千万担，旅客上千人次，驾驶各型船舶，选择最佳时期和航线，运用通信导航设施，保障航行安全，货物配载，旅客服务，船舶管理，科学航海，郑和航海术到达相当高的水平。

题　　名　郑和下西洋的基本条件与科技保障
作　　者　林荃
刊　　名　郑和研究
年 卷 期　2006 年 1 期
页　　码　43－47
摘　　要　郑和七下西洋，创建了世界航运史上的伟大壮举。15 世纪以及明朝中期，在经济、政治、科技和文化等方面处于世界各国发展前列的文明古国中国，为郑和七次下西洋的成功，提供了基础条件和基本保证。

题　　名　郑和下西洋的舰队组织考实（上）
作　　者　徐玉虎
刊　　名　大陆杂志
年 卷 期　1958 年 16 卷 8 期

题　　名　郑和下西洋的舰队组织考实（下）
作　　者　徐玉虎
刊　　名　大陆杂志
年 卷 期　1958 年 16 卷 9 期

题　　名　郑和下西洋的经贸活动初探
作　　者　陆韧
刊　　名　创造
年 卷 期　1993 年 2 期
页　　码　51－53

题　　名　郑和下西洋的军事行动及其评价
作　　者　孙文广
刊　　名　郑和研究
年 卷 期　2009 年 1 期
页　　码　30－34
摘　　要　稳定的地区环境是各国友好往来和共同发展的基础，也是世界文明进步的前提条件。郑和利用多种手段，特别是巧妙运用军事手段，制服了野心勃勃的安南国，打倒了暴君亚烈苦奈儿，廓清了为非作歹的海盗陈祖义，使南亚和东南亚的地区局势得以稳定，开创了各国和平相处与友好往来的新局面。郑和军事力量的使用不以殖民、掠夺和称霸为目的，为人类和平运用军事力量树立了光辉的榜样。

题　　名　郑和下西洋的科学贡献
作　　者　金涛
刊　　名　知识就是力量
年 卷 期　2005 年 4 期
页　　码　58－61
摘　　要　今年是明代大航海家郑和下西洋 600 周年，对于人类历史上这次规模空前的航海活动及其对后世的影响，中外学术界从不同角度进行了充分阐述。笔者在 2004 年第 9 期《知识就是力量》撰文《郑和的船队是否到过美洲?》，拙文主要根据文献和考古发现，探讨郑和七次下西洋的航线。显然这是评价郑和航海探险重大意义的前提。

题　　名　郑和下西洋的历史背景
作　　者　亦明
刊　　名　历史教学
年 卷 期　1959 年 5 期

题　　名　郑和下西洋的历史地位
作　　者　李惠铨
刊　　名　云南社会科学
年 卷 期　1985 年 3 期
页　　码　63－69
摘　　要　明朝永乐三年（1405 年）七月至宣德八年（1433 年）七月，大航海家郑和率领由二万八千多人及百余艘大小船舰组成的浩大船队，进行了世界古代史上著名的七下西洋的远洋航海。郑和船队在怒涛似山、水天连接的太平洋西南部、印度洋区域驰骋二十八年，先后多次访问亚非一百多个古代国家和地区，大大促进了中国同各国人民之间的友好交往和国际经济贸易的发展，开阔并深化了人类对亚非地理和印度洋自然环境的认识。作为当时轰动朝野的大事，郑和远洋航海对明代社会也产生了积极的影响。本文试就郑和下西洋的历史地位进行一些分析，以求教于前辈及有学之士。

题　　名　郑和下西洋的历史地位
作　　者　C·艾伯特
刊　　名　郑和研究

年 卷 期 1994 年 2 期
页　　码 23

题　　名 **郑和下西洋的历史功绩**
作　　者 时平
刊　　名 珠江水运
年 卷 期 2005 年 8 期
页　　码 49 - 50

题　　名 **郑和下西洋的历史功绩与历史局限性——兼评“建立自己的政权”论与“殖民”论**
作　　者 竺培升
刊　　名 湖北师范学院学报(哲学社会科学版)
年 卷 期 1985 年 1 期
页　　码 80 - 87

题　　名 **郑和下西洋的历史贡献新析**
作　　者 肖季文
刊　　名 历史教学
年 卷 期 1998 年 6 期
页　　码 42 - 44
摘　　要 郑和下西洋是中国乃至世界历史上的一个伟大事件,不仅在世界航海史上创造了空前的壮举,而且在中国外交、经济、文化、海洋事业诸领域都建立了辉煌的业绩。

题　　名 **郑和下西洋的历史贡献新析**
作　　者 肖季文
刊　　名 学术探索
年 卷 期 1999 年 2 期
页　　码 75 - 78
摘　　要 郑和下西洋是中国乃至世界历史上的一个伟大事件。然而,对其历史贡献的阐述,有关论著大多集中在航海事业和中外交往方面。其实这是远远不够的。郑和下西洋不仅在世界航海史上创造了空前的壮举,而且在中国外交、经济、文化、海洋事业诸领域都建立了辉煌的业绩。本文拟就此对郑和下西洋的历史贡献作一新的探析。

题　　名 **郑和下西洋的历史回顾——纪念郑和航海 600 周年**
作　　者 唐建华
刊　　名 湖北大学学报(哲学社会科学版)
年 卷 期 2005 年 32 卷 5 期
页　　码 612 - 615
摘　　要 郑和下西洋是中国航海史上的壮举。他于 15 世纪初叶率船 62 艘,7 次远航于东南亚和印度洋沿海地区和海域,传播中华物质文明,西渐中华王道精神;开创航海外交新纪;促进中外文化交流,不愧为洲际航海先驱。其勇敢的冒险精神,坚贞的爱国精神,改进航海技术的创新精神,彪炳史册。今天纪念郑和,对于我们提高航海技术,发展海洋文化,增强海洋意识以及进行有效的爱国主义教育,有着极其重要启迪激励作用。

题　　名　郑和下西洋的历史作用
作　　者　陶松云
刊　　名　青海师范大学学报(哲学社会科学版)
年 卷 期　1981 年 1 期
页　　码　66 – 71

题　　名　郑和下西洋的启示
作　　者　赵瑞芳
刊　　名　思想战线
年 卷 期　2005 年 31 卷 4 期
页　　码　22 – 25
摘　　要　2005 年 7 月 11 日是郑和下西洋 600 周年纪念日。任何纪念活动都不仅仅是为了重温历史的辉煌,而是为了新的发展,为了超越。纪念郑和既要看他的历史功绩,弘扬其民族精神,更应扩宽眼界,分析比较郑和与哥伦布航海对世界文明发展进程产生的不同影响及原因,从中汲取深刻的经验教训。

题　　名　郑和下西洋的前前后后
作　　者　伊嘉宇,吕晔
刊　　名　时事报告
年 卷 期　2005 年 6 期
页　　码　59 – 62

题　　名　郑和下西洋的十大谜团
作　　者　王致诚
刊　　名　科学 24 小时
年 卷 期　2005 年 11 期
页　　码　4 – 8
摘　　要　今年是人类大航海时代先驱郑和下西洋 600 周年。我们知道,郑和下西洋是人类航海史上的伟大创举,可是人们对郑和下西洋的许多细节并不十分了解。比如,600 年前的郑和船队是如何在海上行驶的?他们都到过一些什么地方?最远到达过哪里?在西洋路上到底都发生了些什么?所有这些,在一般读者的心里,似乎一直还是未解之谜。更何况由于历史的种种原因和人为因素,就连对郑和下西洋的目的,也一直流传着各种说法。这就使郑和下西洋这个举世瞩目的伟大历史事件,不仅笼罩上一层层更加神秘的色彩,而且蒙上了历史的迷乱。

题　　名　郑和下西洋的是是非非
作　　者　滕新才
刊　　名　文史杂志
年 卷 期　1995 年 4 期
页　　码　34 – 35

题　　名　郑和下西洋的外交启示
作　　者　孔令仁,肖季文
刊　　名　郑和研究
年 卷 期　1994 年 1 期
页　　码　11 – 15,44

题　　名　郑和下西洋的外交启示
作　　者　萧季文
刊　　名　文史杂志
年 卷 期　1994 年 1 期
页　　码　32 – 34
摘　　要　郑和下西洋是中外关系史上的一件盛事,它不仅在当时对明朝重建"天朝上国"震主之威发挥了积极作用,而且对此后数百年乃至当今的中国外交提供了许多有益的启示。

题　　名　郑和下西洋的文化历史背景
作　　者　桂栖鹏
刊　　名　浙江师范大学学报(社会科学版)
年 卷 期　1993 年 1 期
页　　码　13 – 17
摘　　要　郑和下西洋是 15 世纪上半叶世界历史上的壮举,但它没有象稍后的哥伦布发现美洲那样形成越来越强大的扩张潮流。本文拟从明政府及当时各阶层居民的追求的角度,探讨它的性质及其突然中止的原因。

题　　名　郑和下西洋的消费及启示
作　　者　郭志普
刊　　名　郑和研究
年 卷 期　1997 年 3 期
页　　码　26

题　　名　郑和下西洋的性质及其历史功绩
作　　者　范兆琪
刊　　名　历史教学
年 卷 期　1985 年 4 期
页　　码　12 – 15

题　　名　郑和下西洋的医官陈常
作　　者　郑闰,夏咏
刊　　名　郑和研究
年 卷 期　2005 年 4 期
页　　码　34 – 37

摘　要　近来,传闻中的非洲肯尼亚帕泰岛“中国上海人”后裔,已渐渐地成为事实。肯尼亚姑娘姆瓦玛卡·郑华(刚取的中国名)已经来到了老家,并且作客上海电视台。而六百年前,跟随郑和三下西洋的上海人陈常的史实,也越来越清晰。这不仅仅是两相巧合,而是历史机遇的必然。

题　名　**郑和下西洋的造船厂小考**
作　者　许亚州
刊　名　郑和研究
年卷期　2005年3期
页　码　51–53

题　名　**郑和下西洋的造船厂寻踪**
作　者　许亚洲
刊　名　金陵瞭望
年卷期　2006年15期
页　码　57–58

题　名　**郑和下西洋的真正目的之一**
作　者　池敬嘉
刊　名　台声
年卷期　2004年11期
页　码　68–73

题　名　**郑和下西洋的真正目的之二**
作　者　池敬嘉
刊　名　台声
年卷期　2004年12期
页　码　74–76

题　名　**郑和下西洋的真正目的之三**
作　者　池敬嘉
刊　名　台声
年卷期　2005年1期
页　码　62–66

题　名　**郑和下西洋的正面意义有多大?从梁庄王墓出土文物说起**
作　者　王纪潮
刊　名　博览群书
年卷期　2005年7期
页　码　20–24

题　　名　郑和下西洋的重大意义与历史源流
作　　者　辛元欧
刊　　名　上海造船
年 卷 期　2003 年 2 期
页　　码　58 – 64
摘　　要　2005 年是郑和下西洋 600 周年。本文以历史观点阐述了郑和下西洋对有关各国经济和社会发展的重大贡献，以及当时中国造船与航海的杰出成就，还对中国较之西方海洋国家率先通过海上丝绸之路走向远洋的历史事实及其原因进行剖析，并对中国明清封建王朝放弃海洋的后果进行了反思。重温历史，传承中华民族的开海传统，以期振兴中国的海洋事业。

题　　名　郑和下西洋的重大意义与历史源流
作　　者　辛元欧
刊　　名　社会观察
年 卷 期　2005 年 7 期
页　　码　8 – 11
摘　　要　2005 年 7 月 11 日是中国伟大航海家郑和下西洋 600 周年的纪念日。全球华人早在 20 世纪末已开始酝酿和组织各种形式的纪念活动。以下将对郑和下西洋的历史意义、郑和时代中国的造船和航海业盛况及其历史渊源进行剖析，以期阐明中华民族的开海意识由来已久。

题　　名　郑和下西洋的诸多历史谜团
作　　者　王书文
刊　　名　科学之友
年 卷 期　2005 年 17 期
页　　码　82 – 83

题　　名　郑和下西洋的壮举（上）——《海上丝绸之路》（七）
作　　者　庄景辉
刊　　名　瞭望
年 卷 期　1984 年 43 期
页　　码　42 – 43

题　　名　郑和下西洋的壮举（下）——《海上丝绸之路》（八）
作　　者　庄景辉
刊　　名　瞭望
年 卷 期　1984 年 44 期
页　　码　42 – 43

题　　名　郑和下西洋动因初探
作　　者　范金民
刊　　名　南京大学学报（哲学社会科学版）
年 卷 期　1984 年 4 期

题　　名　郑和下西洋动因新探
作　　者　谈谭
刊　　名　世界宗教研究
年 卷 期　2005 年 2 期
页　　码　95－103
摘　　要　明代的郑和下西洋是我国航海史上的辉煌历程，到目前为止，学术界有关郑和下西洋起因研究的相关结论还需要进一步推敲。本文通过对明成祖和明宣宗对郑和下西洋的“敕谕”或“软书”的分析，借助明人有关“郑和下西洋”的笔记材料，以及国外对东南亚伊斯兰教史研究的成果，认为郑和奉使下西洋是承担着某种“特殊的朝廷使命”，这种使命包含有从海路探求到麦加的可能性。

题　　名　郑和下西洋对东南亚的影响
作　　者　廖楚强
刊　　名　郑和研究
年 卷 期　2000 年 1 期
页　　码　2－5

题　　名　郑和下西洋对东南亚华侨的影响
作　　者　廖楚强
刊　　名　福建史志
年 卷 期　2007 年 1 期
页　　码　32－35

题　　名　郑和下西洋对东南亚华人移民的影响
作　　者　黄光成
刊　　名　东南亚
年 卷 期　1996 年 4 期
页　　码　57－62
摘　　要　到马来西亚、印度尼西亚等东南亚一带的华人移民到底起于何时，这是个一时难以找到结论的问题。但是，在明朝以后已经有大批华人定居马来半岛和东南亚群岛，却是无可置疑的。那么，15 世纪初发生的郑和七下西洋这一世界历史性的重大事件，对于这些地区的华人移民在当时和后来不可能没有影响。影响到底何在？具体表现在哪些方面？这是本文所要着重探讨的问题。

题　　名　郑和下西洋对东南亚诸国的影响
作　　者　梁向明
刊　　名　云南民族大学学报（哲学社会科学版）
年 卷 期　2005 年 22 卷 5 期
页　　码　108－111
摘　　要　郑和下西洋对东南亚各国产生了诸多影响：政治上，建立了东南亚诸国的和平局面，提高了中国的国标威望；经济上，发展了这一地区同中国的商贸关系，促进了海上丝绸之路的繁荣；文化上，宣传了中国的传统文化，增进了中国与东南亚各国的相互了解。

题　　名　郑和下西洋对发展中国同东南亚国家友好贸易往来的贡献
作　　者　王民同
刊　　名　东南亚
年 卷 期　1993 年 1 期
页　　码　29 – 34

题　　名　郑和下西洋对福建对外活动的影响
作　　者　吕秋心,陈名实,金章钦
刊　　名　福建史志
年 卷 期　1995 年 6 期
页　　码　42 – 44

题　　名　郑和下西洋对福建历史的影响
作　　者　张桂林
刊　　名　史学月刊
年 卷 期　1986 年 6 期
页　　码　29 – 35
摘　　要　我国伟大的航海家郑和,从明朝永乐三年(1405 年)至宣德八年(1433 年)先后七次下西洋,这是一件闻名世界历史的盛事,在世界航海史上占有重要地位。他率领规模浩大的船队,对亚非三十多个国家和地区进行友好访问,在中国和亚非各国的友好关系史上作出了杰出贡献。郑和每次下西洋都要在福建停留候风和进行补给,在福建历史上产生了深远的影响。本文着重对这个问题进行初步探讨。

题　　名　郑和下西洋对海洋科学的贡献
作　　者　嵇建珍
刊　　名　郑和研究
年 卷 期　1999 年 2 期
页　　码　25

题　　名　郑和下西洋对华侨华人社会的影响
作　　者　赵和曼
刊　　名　八桂侨刊
年 卷 期　2005 年 4 期
页　　码　29 – 34
摘　　要　由于郑和下西洋取得了史无前例的航海成就,以及执行的和平友好外交政策,这一壮举不但开创华侨开发南洋的新时代,而且对日后华侨华人社会的形成与发展也产生了深远影响。

题　　名　郑和下西洋对季风洋流的认识和利用
作　　者　葛云健,张忍顺
刊　　名　中国航海
年 卷 期　2005 年 1 期

页　　码　14－18

摘　　要　在蒸气机发明之前的风帆时代，庞大的郑和船队必须依赖季风和洋流的帮助，才能顺利航行。郑和航线所经历的地区是世界上季风现象最显著的地区之一。盛行风的季节性变动，带来了洋流的季节性变化，为郑和航海提供了优越的条件。本文以郑和航海图为基础，结合海洋地理知识，根据郑和出使西洋过程中的航期、航线与航速，分析对季风洋流的认识和利用，并以此侧面反映巧世纪中国领先于世界的高超航海水平。

题　　名　郑和下西洋对琉球贸易的影响

作　　者　徐斌
刊　　名　郑和研究
年 卷 期　2002 年 1 期
页　　码　23－26

题　　名　郑和下西洋对明朝与东南亚关系的影响

作　　者　龚敏
刊　　名　中山大学研究生学刊（社会科学版）
年 卷 期　2002 年 23 卷 3 期
页　　码　51－56

摘　　要　本文试图从郑和下西洋这一历史事件的视角来审视明朝与东南亚的关系，以中国明朝与马六甲的友好关系发展以及郑和下西洋的进程深入的互动为主要线索，分析了郑和下西洋这一历史事件对当时东南亚地区国际关系的影响。

题　　名　郑和下西洋对明代福州经济及文化的影响

作　　者　肖忠生
刊　　名　理论学习月刊
年 卷 期　1988 年 1 期
页　　码　30－31

题　　名　郑和下西洋对明代中国与东南亚贸易的影响

作　　者　申旭
刊　　名　东南亚
年 卷 期　1992 年 4 期
页　　码　22－28

题　　名　郑和下西洋对明式家具的影响

作　　者　赵新图
刊　　名　科教文汇（上旬刊）
年 卷 期　2009 年 11 期
页　　码　245－246

摘　　要　郑和船队七次下西洋，近三十年间，遍访亚、非数十个国家和地区，进行了广泛深入的物质、文化交流，规模之大，历时之久，史无前例，对中国工艺美术界产生了很大的影响。本文试图从明式家具的用材、装饰、雕镂、器型和风格等几方面,说明明式家具的发展与郑和下西洋的必然联系。

题　　名　郑和下西洋对我国海洋地理学的贡献
作　　者　郑一钧,李成治
刊　　名　传统文化与现代化
年 卷 期　1994 年 1 期
页　　码　58－66

题　　名　郑和下西洋对我国海洋地理学的贡献
作　　者　郑一钧,李成治
刊　　名　郑和研究
年 卷 期　1994 年 3 期

题　　名　郑和下西洋对我国海洋科学的贡献
作　　者　郑一钧
刊　　名　海洋科学
年 卷 期　1977 年 2 期
页　　码　7－19
摘　　要　公元 1405－1433 年(明成祖朱棣永乐三年至明宣宗朱瞻基宣德八年)近三十年间,我国著名航海家郑和率领着庞大的船队,七下"西洋"(今南太平洋、印度洋一带),访问了亚非两洲四十多个国家,在我国航海史和对外关系史上写下了光辉的篇章。郑和下西洋,执行了"不称霸"的正确路线,符合历史发展和社会进步的方向。郑和船队同亚非各国之间长期的友好往来,不但发展了中国人民与亚非各国人民的传统友谊,而且对我国海洋科学的发展作出了很大贡献,影响深远。探讨郑和下西洋在海洋科学方面取得的成就,对我们更好地认识海洋,开发海洋,让海洋为社会主义建设服务,为反对苏美两个超级大国的海上霸权,为增进中国人民同亚非各国人民的友谊都具有现实的意义。

题　　名　郑和下西洋对我国海洋事业的贡献
作　　者　郑一钧
刊　　名　郑和研究
年 卷 期　1991 年 13 期

题　　名　郑和下西洋对我国海洋事业的贡献
作　　者　郑一钧
刊　　名　海洋科学
年 卷 期　1993 年 6 期
页　　码　68－69

题　　名　郑和下西洋对渲染妈祖信仰的影响
作　　者　张桂林
刊　　名　郑和研究
年 卷 期　1988 年 12 期

题　　名　**郑和下西洋对中国海外开拓事业的消极影响**
作　　者　庄国土
刊　　名　历史学习
年 卷 期　2005 年 12 期
页　　码　41

题　　名　**郑和下西洋对中国海洋地理学的贡献**
作　　者　郑一钧
刊　　名　文化杂志
年 卷 期　1995 年 22 期

题　　名　**郑和下西洋对中国航海技术发展的贡献**
作　　者　胡德生,翁辉,陈益年
刊　　名　海军工程大学学报(综合版)
年 卷 期　2005 年 2 期
页　　码　51－54

题　　名　**郑和下西洋对中国航海事业的贡献**
作　　者　肖季文,侯飞
刊　　名　郑和研究
年 卷 期　2006 年 3 期
页　　码　1－8
摘　　要　郑和下西洋是人类征服海洋的壮举,是世界航海史上的光辉篇章,是地理大发现的先导,是"世界大航海"运动的先驱。以航海为载体,中华文明在世界上创造了最辉煌的时代,受到世界的崇敬,中国人民为之骄傲并永远弘扬。伟大的航海家郑和以其开拓、探索的先驱精神和科学求是的态度,开创了有中国特色的航海事业的鼎盛时期,提高了我国航海的科技水平,大力发展了航海教育事业,造就了一大批从事于航海和海洋调查和科技人才,在军事、外交、经贸、科考、文化交流等诸多领域,为我国航海事业的发展做出了巨大的不可磨灭的贡献。

题　　名　**郑和下西洋对中国与东南亚国家建立睦邻友好关系的贡献**
作　　者　王民同
刊　　名　东南亚
年 卷 期　2005 年 2 期
页　　码　52－55
摘　　要　今年 7 月 11 日,是我国伟大的航海家、外交家、友好使者郑和下西洋 600 周年纪念日,全国各地都在隆重纪念郑和七下西洋的伟大壮举。本文就郑和下西洋对建立中国与东南亚国家睦邻友好关系的贡献进行论述,以加深认识我国将睦邻友好政策发展到一个历史新时代的重要意义。

题　　名　**郑和下西洋对中外文化交流的贡献**
作　　者　郑一钧

刊　　名　郑和研究
年 卷 期　1993 年 1 期

题　　名　**郑和下西洋对中外文化交流的贡献**
作　　者　黄庭辉
刊　　名　郑和研究
年 卷 期　1994 年 2 期
页　　码　1－9

题　　名　**郑和下西洋对中西文化交流的推动和影响**
作　　者　申海田
刊　　名　山东社会科学
年 卷 期　1995 年 6 期
页　　码　61－64

题　　名　**郑和下西洋反思**
作　　者　林振草
刊　　名　贵州大学学报(社会科学版)
年 卷 期　2003 年 21 卷 1 期
页　　码　98－105
摘　　要　通过对十五世纪中、西方远航船队的比较,昭示世人郑和船队的伟大。通过对郑和下西洋目的的辨析,阐明了明成祖朱棣和明宣宗朱瞻基派遣郑和下西洋的真实意图,追求“天下共主”的虚名和“贸采琛异”的耗费,给明朝社会经济带来了沉重打击。这是“埋葬”伟大郑和船队的根本原因。

题　　名　**郑和下西洋反思**
作　　者　林振草
刊　　名　郑和研究
年 卷 期　2006 年 1 期
页　　码　12－19

题　　名　**郑和下西洋古代对外开放的里程碑**
作　　者　陈显泗
刊　　名　江苏交通
年 卷 期　2003 年 1 期
页　　码　43－45
摘　　要　郑和下西洋是我国历史上对外交流的伟大壮举。明初有禁有开,明清两代开与禁并存。郑和下西洋是一个具有里程碑意义的事件。

题　　名　**郑和下西洋航海图的是是非非**
作　　者　张会超
刊　　名　档案与建设

年 卷 期　2005 年 4 期
页　　码　47 - 49,40
摘　　要　郑和原名马和,云南昆阳(今晋宁)人,世称“三保(宝)太监”,是举世闻名的大航海家。他从永乐三年(1405 年)至宣德八年(1433 年)的 28 年间,与副使王景弘等率领庞大的船队,先后 7 次远渡重洋,遍及亚非 30 多个国家和地区。郑和下西洋这一盛事不仅是中华民族历史上的伟大创举,也是世界航海史上的辉煌壮举。今年是郑和下西洋 600 周年,各界纷纷开展纪念郑和下西洋的活动。其中有一个问题凸显出来,引起人们的关注,这就是郑和航海图的问题。笔者不揣孤陋,试对郑和航海图略陈管见。

题　　名　郑和下西洋航海图考
作　　者　徐玉虎
刊　　名　大陆杂志
年 卷 期　1962 年 25 卷 12 期

题　　名　郑和下西洋航路
作　　者　朱鉴秋
刊　　名　华夏人文地理
年 卷 期　2001 年 2 期
页　　码　48 - 51
摘　　要　郑和下西洋所走的航路,是我国古代航海者长期航海实践的结晶,它继承了传统航线,又有所发扬光大,其庞大船队正是沿着这些航路,“云帆高张,昼夜星驰:涉彼狂澜,若履通衢”,谱写了世界航海史上的光辉篇章。

题　　名　郑和下西洋航线的形成以及停航的原因
作　　者　杨熺
刊　　名　大连海事大学学报
年 卷 期　1981 年 1 期
页　　码　153 - 160
摘　　要　郑和在 15 世纪初期(1405 - 1433),7 次下西洋,开辟了亚非国际航线。本文根据明代史藉记载,考证了当时进出口货品种类,说明这条航线的形成与东西方商品流向的密切关系。根据郑和下西洋的目的及明代朝贡贸易制度的特点,论证了庞大的郑和船队航海活动的情况及后来停航的原因。

题　　名　郑和下西洋和中国货币政策
作　　者　石明
刊　　名　郑和研究
年 卷 期　2008 年 3 期
页　　码　15 - 21

题　　名　郑和下西洋后国外白银的流入与中国经济发展
作　　者　林文勋,吕昭义
刊　　名　郑和研究
年 卷 期　2004 年 3 期

页　　码　21－25

摘　　要　郑和下西洋是世界航海史上的壮举。在郑和下西洋之后，全球经济发展史上的一个显著现象是，国外的白银源源不断地大量流入中国，并一直持续到1840年鸦片战争前后。白银大量流入中国与郑和下西洋有什么关系？国外白银何以持续不断地流入中国？国外白银大量流入对中国经济发展产生了什么样的影响？本文拟略作论述。限于篇幅，文中讨论的时间范围主要为有明一代。

题　　名　**郑和下西洋后期横渡印度洋的目的**
作　　者　潘群，申海田
刊　　名　郑和研究
年 卷 期　1994年2期
页　　码　10－12

题　　名　**郑和下西洋及其伟大贡献**
作　　者　王士华
刊　　名　大庆师专学报（哲学社会科学版）
年 卷 期　1986年3期

题　　名　**郑和下西洋简论**
作　　者　郑鹤声，郑一钧
刊　　名　吉林大学社会科学学报
年 卷 期　1983年1期
页　　码　36－48

摘　　要　郑和下西洋为明代对外关系和中西交通史上的一件大事，在世界航海史上也占有重要地位。中国人民所创造的这一光辉业绩，使中华民族的声望远播于海外，曾激发起中国人民的爱国热情和民族自豪感。“自和后，凡将命海表者，莫不盛称和以夸示外蕃，故俗称三宝太监下西洋，为明世盛事云。”对这一历史事件应该如何看待，历来是人们所关心的一个问题，从明代起，就有着各种评论，近半个世纪以来，更有国内外许多学者作过专门的研究。解放以后，我国史学界重视对郑和下西洋的性质、目的等进行研究，各抒己见，存在不少分歧，迄无定论。本文不打算一一对这些分歧意见作出评论，而拟就在对郑和下西洋进行综合研究的基础上，就有关问题作些探讨。

题　　名　**郑和下西洋考略**
作　　者　尚笏
刊　　名　政治季刊
年 卷 期　1940年4卷2期

题　　名　**郑和下西洋论著索引**
作　　者　铁锌
刊　　名　文教资料简报
年 卷 期　1985年3期
页　　码　121－133

题　　名　郑和下西洋目的辨析
作　　者　郭琳,池子华
刊　　名　社会科学家
年 卷 期　1998 年 S2 期
页　　码　87－89

题　　名　郑和下西洋目的辨析
作　　者　郭琳,徐峰
刊　　名　淮南师专学报(综合版)
年 卷 期　1999 年 1 卷 1 期
页　　码　73－78
摘　　要　本文从郑和七下西洋的活动范围和时间间隔看,将其分为两个阶段,并在此基础上提出其下洋之目的也相应地存在阶段性:前三次下西洋主要出于政治目的,即巩固帝位和联印抗蒙,其中巩固帝位又包含两方面内容:一是踪迹建文,以去成祖心病;一是耀兵示富,促使万国来朝;后四次下西洋目的变为发展对外友好关系和朝贡贸易,同时寻找麒麟,政治目的和经济目的并重。最后指出这种变化,是由其国内外形势和客观历史条件决定的。

题　　名　郑和下西洋目的辨析
作　　者　郭琳,赵志辉
刊　　名　淮北煤炭师院学报(哲学社会科学版)
年 卷 期　1999 年 1 期
页　　码　19－22
摘　　要　郑和七下西洋,可分两个阶段,前三次为前期,后四次为后期。其下西洋目的也相应存在前后两个阶段。前期下西洋目的主要是政治目的,即巩固帝位和联印抗蒙;后期主要目的是发展对外友好关系和朝贡贸易,同时寻找麒麟,政治目的和经济目的并重。

题　　名　郑和下西洋目的窥览
作　　者　陆静波
刊　　名　郑和研究
年 卷 期　2005 年 3 期
页　　码　36－41
摘　　要　郑和下西洋的目的是600年来一直为人们所探询的一个重要问题。今年7月我在南京参加“纪念郑和下西洋600周年国际学术论坛”的时候,请教郑和研究领域资深专家,但是对此都十分谨慎。他们看了我新出的一本《郑和七下西洋》,觉得里面的一些观点有些新意,鼓励我的研究,我深受鼓舞,便将一点想法展示于众,以求专家指正。

题　　名　郑和下西洋目的略考
作　　者　杨熺
刊　　名　大连海事大学学报
年 卷 期　1980 年 2 期
页　　码　122－129

摘　　要　十五世纪初期(1405－1433),郑和率领着庞大的远洋船队,七下西洋,开辟了亚非国际航线,帆舟所及,遍历三十余国,为世界航海史上的空前壮举。本文依据明代史料,从政治上、经济上分析了明代朝廷的外交方针和海外贸易政策,从而探讨、论证了郑和下西洋的目的。

题　　名　**郑和下西洋葡萄牙史料之分析**

作　　者　金国平,吴志良

刊　　名　史学理论研究

年 卷 期　2003 年 3 期

页　　码　47－60

摘　　要　本文以葡萄牙史料为基础,对英国业余历史学家孟席斯(Gavin Menzies)新近出版的《1421年——中国发现世界》(1421—The Year China Discovered The World)一书中所引用的葡萄牙史料进行了有广泛文献支持的系统剖析和点评,澄清了一些基本史实,论证孟席斯关于郑和早于哥伦布发现美洲的说法是不正确的。作者建议以后的郑和研究应注重史料的发掘,包括对郑和船队经访的亚、非地区和欧洲的史料进行发掘。

题　　名　**郑和下西洋启航处的探索**

作　　者　黄荣春

刊　　名　福建论坛(人文社会科学版)

年 卷 期　1985 年 5 期

页　　码　69－72

题　　名　**郑和下西洋前后中国造船业之盛衰分析**

作　　者　张炜

刊　　名　福建论坛(人文社会科学版)

年 卷 期　1996 年 3 期

页　　码　42－45

摘　　要　郑和下西洋前后中国造船业的盛衰有深刻的历史原因,而尤为深刻的是中国造船业之盛衰与国家盛衰同步的历史现象。其中所反映的规律性东西,至今仍有借鉴意义。

题　　名　**郑和下西洋前后中国造船业之盛衰分析**

作　　者　张炜

刊　　名　船史研究

年 卷 期　1997 年 11/12 期

题　　名　**郑和下西洋前后中国造船业之盛衰分析**

作　　者　张炜

刊　　名　郑和研究

年 卷 期　1998 年 1 期

页　　码　26

题　　名　**郑和下西洋前来过日本吗**
作　　者　[日]冈本健一 著
刊　　名　郑和研究
年 卷 期　1997 年 2 期
页　　码　12

题　　名　**郑和下西洋前使日之探讨**
作　　者　陈福坡
刊　　名　郑和研究
年 卷 期　1997 年 4 期
页　　码　4

题　　名　**郑和下西洋前使日之探讨**
作　　者　陈福坡
刊　　名　北方论丛
年 卷 期　1998 年 2 期
页　　码　36 – 42

题　　名　**郑和下西洋取宝考实**
作　　者　田培栋
刊　　名　郑和研究
年 卷 期　1994 年 1 期
页　　码　4 – 6,37

题　　名　**郑和下西洋时代西亚形势及与中国的关系**
作　　者　郑家馨
刊　　名　西亚非洲
年 卷 期　2005 年 2 期
页　　码　47 – 54,80
摘　　要　15 世纪初,明朝永乐皇帝派遣郑和 7 次下西洋是人类文明史上的伟大创举,它并不包含从亚洲西南包围帖木儿帝国的战略动机。帖木尔帝国已经分裂,不再对中国西陲形成威胁。其继承者同明朝关系友好。郑和船队下西洋每次出动 2.7 万多人、260 多艘千吨以上巨轮,驰骋西印度洋,最远到达红海吉达港,规模空前。当时地中海欧洲诸国对中国人民的航行竟毫无所知,亦无反应,原因何在？埃及马木路克王朝执行垄断香料贸易的政策,在西亚地区阻断了欧洲商人同东方商人的任何直接交往,形成红海难越、信息割断的态势。中国人迅速全部撤出西印度洋。

题　　名　**郑和下西洋时的刘家港**
作　　者　茅伯科,田南帆
刊　　名　上海大学学报(社会科学版)
年 卷 期　1985 年 2 期
页　　码　71 – 76

摘　　要　迄今为止的海外交通史表明,航运与港口密不可分,互为依存。我们在研究郑和下西洋的时候,不能不研究江苏太仓刘家港在这一壮举中的作用与地位,不能不研究郑和船队为什么要选择刘家港为启航港,不能不了解当时刘家港的港口设施。

题　　名　郑和下西洋时期的航海与造船
作　　者　辛元欧
刊　　名　科学
年 卷 期　2005 年 4 期
页　　码　21－24

题　　名　郑和下西洋时期太仓的历史地位与贡献
作　　者　郑钧
刊　　名　郑和研究
年 卷 期　2003 年 2 期
页　　码　63－67

题　　名　郑和下西洋时期伊斯兰文化的传播对海上丝绸之路的贡献
作　　者　郑一钧,蒋铁民
刊　　名　中国海洋大学学报(社会科学版)
年 卷 期　1997 年 2 期
页　　码　3－7
摘　　要　十五世纪的前三十年,即 1405 年至 1433 年间,在海上丝绸之路上出现了我国航海史上的伟大壮举——郑和下西洋,使海上丝绸之路空前繁荣,进入发展的鼎盛时期。郑和是我国杰出的回族航海家,郑和使团中有些重要成员是穆斯林,郑和下西洋又多次访问了亚洲沿海几乎所有的伊斯兰国家,所以,当时海上丝绸之路获得较大的发展,与郑和航海促进了伊斯兰文化在海上丝绸之路沿岸国家的传播,有着非常密切的关系。

题　　名　郑和下西洋时期中国与阿曼航海史实研究
作　　者　上海郑和研究中心课题组
刊　　名　郑和研究动态
年 卷 期　2009 年 2 期
页　　码　4－11

题　　名　郑和下西洋时期中国与阿曼航海史实研究(续)
作　　者　上海郑和研究中心课题组
刊　　名　郑和研究动态
年 卷 期　2009 年 3 期
页　　码　14－22

题　　名　郑和下西洋实行和平外交的原因探析
作　　者　杨宏伟

刊　　名　郑和研究
年 卷 期　2007 年 1 期
页　　码　22 – 27
摘　　要　郑和下西洋是中外历史上友好交往的典型事件。史学界对于这次和平外交的认识以论述史实及评价产生的作用为主,而对其产生的原因谈得不多。分析这一特定的历史事件,寻找该事件具有和平性质的起因,既有利于澄清认识,证明史实,又可以推动中外友好历史的研究,具有积极意义。

题　　名　**郑和下西洋史迹文物综述**
作　　者　黄慧珍,薛金度
刊　　名　上海大学学报(社会科学版)
年 卷 期　1985 年 2 期
页　　码　85 – 92

题　　名　**郑和下西洋史事新证**
作　　者　郑一钧
刊　　名　中华文史论丛
年 卷 期　1985 年 3 期
页　　码　63 – 70

题　　名　**郑和下西洋史事新证**
作　　者　郑一钧
刊　　名　郑和研究
年 卷 期　1986 年 3 期

题　　名　**郑和下西洋是否到过浡泥?**
作　　者　朱鉴秋
刊　　名　郑和研究
年 卷 期　2008 年 2 期
页　　码　17 – 18

题　　名　**郑和下西洋是明初国内富强与对外开放的结果**
作　　者　潘群,陶雪
刊　　名　上海大学学报(社会科学版)
年 卷 期　1985 年 2 期
页　　码　8 – 13
摘　　要　郑和下西洋这一历史壮举,发生在世界“变革的序幕”尚未到来的十五世纪上半叶,发生在位于世界东方的中国,这当然不是偶然的。一方面是郑和航海时代错综复杂的国际形势所提供的客观有利条件,另一方面也是我国古代海外交通事业发展趋势的必然,尤其是宋元以来我国海外交通事业的跃进,为郑和远洋航行奠定了基础。但归根结底,客观发展的可能是通过明初时期主观的各种现实因素呈现于历史舞台,郑和下西洋是明成祖时期国内富强与推行开放政策的结果。以下,我们试作一简略的分析。

题　　名　郑和下西洋所获的成果
作　　者　林宗霖
刊　　名　东方杂志(复刊)
年 卷 期　1973 年 7 卷 1 期

题　　名　郑和下西洋所见四种异兽考
作　　者　周运中
刊　　名　郑和研究
年 卷 期　2010 年 1 期
页　　码　40－42
摘　　要　本文考证了郑和下西洋随员著作中记载的四种前人误考或未考的异兽:占城国野水牛、满剌加国黑虎、溜山国马鲛鱼、阿丹国青花白驼鸡,认为郑和下西洋的随员记载的动物种类远远超过前人,很多动物是首次出现在中国书籍,或比前人的记载细致,郑和下西洋在扩展中国人的地理认知上有重要意义。

题　　名　郑和下西洋所历诸国饮食文化考
作　　者　方铁
刊　　名　东方美食(学术版)
年 卷 期　2003 年 2 期
页　　码　25－29
摘　　要　从 1405 年起,受明朝皇帝之命,郑和率领船队七下西洋,其路线是越过印度洋,到达红海及非洲东部海岸。郑和船队访问了上述地区三十五国。随同郑和出访人员撰写的访问记,记载了所访问国家与地区的风俗。本文根据有关记载,考证和阐述了郑和下西洋所历诸国的饮食及其文化。

题　　名　郑和下西洋所用宝船的进一步探索
作　　者　杨槱
刊　　名　船史研究
年 卷 期　1986 年 2 期
页　　码　59－64

题　　名　郑和下西洋所用船只与宝船辨析
作　　者　刘孔伏,潘良炽
刊　　名　南京社会科学
年 卷 期　2007 年 6 期
页　　码　73－77
摘　　要　关于郑和宝船问题,过去论者见仁见智,争论不休,主要是忽略了一个历史事实:郑和下西洋各个时期所使用的船只不尽相同。本文认为主要分三个时期:一、郑和前三次下西洋所用船只;二、郑和四至六次下西洋所用船只;三、郑和第七次下西洋所用船只。本文不仅对这三个时期分别加以论述辨析,而且对宝船之名及其设计建造、数量、大小诸问题进行了考证廓清。

题 名 **郑和下西洋往返时间及所到地区简表**
作 者 嵇智
刊 名 上海大学学报(社会科学版)
年 卷 期 1985 年 2 期
页 码 14

题 名 **郑和下西洋为何未能促进中国社会经济的发展**
作 者 耿家强
刊 名 郑和研究
年 卷 期 2001 年 1 期
页 码 13 – 19

题 名 **郑和下西洋为印尼群岛伊斯兰教传播作出重要贡献**
作 者 顾辉
刊 名 郑和研究动态
年 卷 期 2010 年 1 期
页 码 15 – 16

题 名 **郑和下西洋未能带动中国发展原因探究**
作 者 闫亚平,纪宗安
刊 名 内蒙古社会科学(汉文版)
年 卷 期 2007 年 28 卷 6 期
页 码 112 – 115
摘 要 郑和下西洋是中国古代社会对外关系活动的一次伟大壮举。它推动了中外经济、文化的交流,加强了中国同亚非许多国家的友好往来。但这样重大的航海壮举却未能带来中国社会的大发展,其内在的原因是值得我们思考的。

题 名 **郑和下西洋现象的文化解读**
作 者 刘振华
刊 名 学海
年 卷 期 2005 年 3 期
页 码 62 – 65

题 名 **郑和下西洋性质新探**
作 者 李向飞,薛花
刊 名 才智
年 卷 期 2010 年 21 期
页 码 158
摘 要 三宝太监郑和是明代少有的对中国历史产生极其深远影响的历史人物之一。其七下西洋的壮举,是中国古代对外交往的最高峰,以崇高姿态站在历史前列,七下西洋的壮举也为历史铭记。笔者对这样重大的历史事件对其性质进行思考,以期对郑和问题的研究尽微薄之力。

题　　名　郑和下西洋选址太仓刘家港释疑
作　　者　陆静波
刊　　名　郑和研究
年 卷 期　2005 年 1 期
页　　码　52 – 56
摘　　要　找到了上面二个证据后，我还意犹未尽，我找到了一些其它的有关资料，它们也同样能说明这个实际上很简单的问题。

题　　名　郑和下西洋学术讨论会综述
作　　者　赵吉惠
刊　　名　云南社会科学
年 卷 期　1988 年 1 期
页　　码　97 – 99

题　　名　郑和下西洋研究百年回眸
作　　者　万明
刊　　名　中国史研究动态
年 卷 期　2005 年
页　　码　9 – 13

题　　名　郑和下西洋研究的三个问题
作　　者　范金民
刊　　名　江苏文史研究
年 卷 期　2005 年 2 期
页　　码　10 – 27

题　　名　郑和下西洋研究中的几个问题（上）
作　　者　王天有，张晗
刊　　名　文史知识
年 卷 期　2005 年 7 期
页　　码　4 – 10

题　　名　郑和下西洋研究中的几个问题（下）
作　　者　王天有，张晗
刊　　名　文史知识
年 卷 期　2005 年 8 期
页　　码　57 – 61

题　　名　郑和下西洋业绩及其前因后果试析——兼与郑培凯教授、翟若夫先生商榷
作　　者　李群，卢增澜

刊　　名　南京社会科学
年 卷 期　2005 年 8 期
页　　码　56 – 59
摘　　要　郑和七下西洋，远航东南亚及非洲各地，这无疑是世界科技史上的一件大事，应该得到世人的充分肯定和尊重；同时，它也标志着我国当时政治、经济、科学技术的高度发展。随着我国明初封建专制的加强，我国科技、文化和经济的发展均受到极大影响，从而导致郑和远航的突然终止。因此，社会政治因素是影响科技发展重要因素，亦是郑和下西洋起止的根本原因。今天，在我们全面建设小康社会的过程中，我们一定要吸取历史的经验和教训，营造正常科技发展氛围，不断开拓创新，才能真正把我国建设成社会主义现代化强国。

题　　名　郑和下西洋引进的珍稀动植物研究
作　　者　刘昌芝
刊　　名　海交史研究
年 卷 期　1990 年 17 期

题　　名　郑和下西洋饮食探秘
作　　者　江崇峰
刊　　名　餐饮世界
年 卷 期　2007 年 7 期
页　　码　74 – 75

题　　名　郑和下西洋有关问题之反思
作　　者　阎崇东
刊　　名　内蒙古师范大学学报(哲学社会科学版)
年 卷 期　1989 年 1 期
页　　码　74 – 81

题　　名　郑和下西洋与“地理大发现”之比较研究
作　　者　黄增强
刊　　名　学术探索
年 卷 期　1996 年 2 期
页　　码　29 – 34

题　　名　郑和下西洋与“永乐通宝”
作　　者　叶伟奇
刊　　名　收藏
年 卷 期　2010 年 4 期
页　　码　132 – 133

题　　名　郑和下西洋与《1421：中国发现了世界》
作　　者　陈荣发

刊　　名　科学24小时
年 卷 期　2003年10期
页　　码　4－7
摘　　要　我国明朝永乐至宣德年间(公元1403－1435年),在三十余年的时间内,郑和率领着巨大船队,七次下西洋。中国船队航行在太平洋和印度洋蔚蓝色的海洋上,经历了亚洲、非洲30多个国家和地区,最远处已经到达非洲东岸现今的索马里和肯尼亚一带,仅单程航线就有1万多公里,其船队规模之大,航程之远,次数之频繁,所到国家之多,在当时世界上是绝无仅有的。不少评论家认为,郑和下西洋可与现代的美国的登月相媲美。

题　　名　郑和下西洋与《卫所武职选簿》
作　　者　徐恭生
刊　　名　郑和研究
年 卷 期　1995年1期
页　　码　14－21,37

题　　名　郑和下西洋与15－16世纪中西海洋文明模式比较
作　　者　赵君尧
刊　　名　职大学报
年 卷 期　2005年3期
页　　码　45－48
摘　　要　郑和作为15世纪世界航海事业的启幕人,其航海壮举标志着中国海洋文明发展到人类历史上的一个巅峰。之后,西方海洋文明的发展,成为欧洲资本主义工业化的历史前奏。本文对15－16世纪中西海洋文明的外交、贸易、文化模式进行比较,探究在15－16世纪的世界变局中,为什么一直雄踞人类海洋文明前列的中国海洋文明,最后却被西方海洋文明取代,以期唤醒、促进全民族的海洋意识,认识没有海洋文明的国家,是永远不能成为世界强国的道理。

题　　名　郑和下西洋与15世纪前后中西海洋文化价值取向比较
作　　者　赵君尧
刊　　名　湛江海洋大学学报
年 卷 期　2004年24卷5期
页　　码　19－28
摘　　要　郑和作为15世纪世界航海事业的启幕人,其航海壮举标志着中国海洋文化发展到中国历史的一个颠峰。之后,西方海洋文化的发展,成为欧洲资本主义工业化的历史前奏。中国海洋文化的衰弱,为近代中国历史定势埋下伏笔。15世纪前后,中西海洋文化的生存价值取向、经济价值取向和人文价值取向具有不同的特征,这使得一直雄踞人类海洋文化前列的中国海洋文化,最后被西方海洋文化取代。

题　　名　郑和下西洋与15世纪中、西海洋科技比较研究
作　　者　麻力强,邢焕革,陈勇
刊　　名　海军工程大学学报(综合版)
年 卷 期　2005年2期
页　　码　40－43

题　　名　郑和下西洋与澳门文化
作　　者　黄晓峰,刘月莲
刊　　名　郑和研究
年 卷 期　1994 年 3 期
页　　码　31－37

题　　名　郑和下西洋与宝船复原考析
作　　者　郑明
刊　　名　航海
年 卷 期　2005 年 2 期
页　　码　7－11
摘　　要　古今中外学界评析郑和下西洋壮举之动因、目的、使命,众说纷纭,我个人在研究中体会主要有四点:1、政治上,巩固明朝廷政权。史载“疑惠帝亡海外,欲踪迹之,且欲耀兵异域,示中国富强”。就是要肃清反明流亡勾结外国势力,向周边国家显示国力及友好,恢复和建立正常外交关系,防止外患,减少对我威胁。这是发起下西洋最初始和主要目的。

题　　名　郑和下西洋与宝船复原考析
作　　者　郑明
刊　　名　中国远洋航务公告
年 卷 期　2005 年 4 期
页　　码　53－57

题　　名　郑和下西洋与地理大发现——初评孟席斯的郑和环球航行新论
作　　者　宋正海
刊　　名　民主与科学
年 卷 期　2003 年 1 期
页　　码　32－35

题　　名　郑和下西洋与地理大发现比较研究
作　　者　王薇
刊　　名　咸宁学院学报
年 卷 期　2008 年 28 卷 4 期
页　　码　210－211
摘　　要　六百多年前,中国航海家郑和率领一支庞大舰队,首次出海。他前后七次远航,将整个东方的航海事业推向了巅峰。笔者认为,正确认识郑和航海这一重大历史事件,对于帮助我们了解中国如何从强盛变为衰弱,从而接受历史教训,坚定不移地搞好改革开放和社会主义现代化建设事业很有借鉴意义。本文试图从郑和下西洋与地理大发现的比较研究中做些探讨。

题　　名　郑和下西洋与地理大发现的概念专属性
作　　者　于民

刊　　名　福建师范大学学报(哲学社会科学版)
年 卷 期　2008 年 4 期
页　　码　115 - 119,141
摘　　要　地理大发现无论在时间上,还是在内容上,都具有特别的规定性,是一个具有专属性的概念,地理大发现至少包括航海的目的是为了“征服”和航海的另一个目的与结果是“开辟新的商业航路”这两个特别专属规定性条件。不符合这两个条件的航海活动都不能划入地理大发现的范围。郑和下西洋的目的、内容和结果都不符合这两个专属规定性条件。因此,郑和七下西洋是人类历史上一次与地理大发现无关的航海壮举,它没有也不可能拉开地理大发现的序幕。

题　　名　郑和下西洋与地名
作　　者　周罗吉,周罗力
刊　　名　地名知识
年 卷 期　1985 年 6 期
页　　码　27 - 28

题　　名　郑和下西洋与东南亚华侨
作　　者　周媛,刘锡涛
刊　　名　景德镇高专学报
年 卷 期　2009 年 3 期
页　　码　53 - 54
摘　　要　华侨“唐人”开发南洋即东南亚地区虽然不是从郑和下西洋开始的,但郑和下西洋,开创了华侨“唐人”开发东南亚的新时代,至今东南亚地区还保留有大量的郑和下西洋时所留下的遗址。郑和下西洋既提高了“唐人”在国外的地位,又展示了“唐人”的真正良好形象,还提供了中国货之品牌样板,并最终促进了“唐人街”的形成。

题　　名　郑和下西洋与东南亚华侨华人
作　　者　孔远志,杨康善
刊　　名　华侨华人历史研究
年 卷 期　2005 年 3 期
页　　码　15 - 24
摘　　要　根据笔者实地考察,东南亚至少有 15 个郑和寺庙和近 30 个有关郑和的传说。它们反映了早期南洋中国移民的生活状况、他们与当地妇女的通婚、华侨宗教信仰的特点以及华侨华人在中外文化交流中所发挥的重要的桥梁作用。东南亚华人纪念郑和活动的特点是“四个结合”,即将纪念郑和与继承中华传统文化、吸收定居国文化相结合,与宣扬祖籍国和定居国的友好关系相结合,与发扬华人创业精神相结合以及与争取华族正当权益、促进族群和睦、繁荣当地经济相结合。虽然郑和在东南亚影响很大,但海外对郑和的了解仍十分有限,因此,在海外全面、深入地介绍郑和任重而道远。

题　　名　郑和下西洋与东南亚华夷秩序的构建——兼论明朝是否向东南亚扩张问题
作　　者　陈尚胜
刊　　名　山东大学学报(哲学社会科学版)
年 卷 期　2005 年 4 期

页　　码　63－72

摘　　要　郑和下西洋,使明朝在东南亚地区全面建立起华夷秩序。明成祖在东南亚地区所推行的华夷秩序,完全基于“王者无外”和“怀远以德”的传统理念,从而排除了明朝对于东南亚的不良企图,在一定程度上产生了东南亚诸国对于明朝的向心力。然而,他所推行的华夷秩序由于偏重于政治上的君臣关系,完全排斥了民间交流的基础,又缺乏必要的文化交流所孕育的文化认同,因而没有形成明朝与东南亚地区关系的长效机制。

题　　名　**郑和下西洋与东南亚贸易圈**
作　　者　卢苇
刊　　名　郑和研究
年 卷 期　1995年4期
页　　码　32

题　　名　**郑和下西洋与封祀镇国之山**
作　　者　何平立
刊　　名　郑和研究
年 卷 期　1996年2期
页　　码　31

题　　名　**郑和下西洋与福建**
作　　者　翁国珍
刊　　名　福建论坛(社科教育版)
年 卷 期　1982年1期
页　　码　73－75

摘　　要　郑和是我国历史上伟大的航海家,也是世界航海事业的先驱者。他在十五世纪初明永乐三年(公元1405年)到宣德八年(公元1433年)间先后七次率领着当时世界上规模最大、人数最多的舰队,航行于太平洋和印度洋之间,他们在“洪涛接天,巨浪如山”的万顷海洋中“涉沧溟十万余里”,英勇奋斗了二十八年,到达亚非“大小凡三十余国”,进行友好访问和通商贸易,成为我国明初历史之盛事,也是世界航海史之壮举,郑和下西洋的事迹在国内外广为流传,影响极为深远。

题　　名　**郑和下西洋与福建**
作　　者　邓华祥
刊　　名　郑和研究
年 卷 期　2005年1期
页　　码　45－48

题　　名　**郑和下西洋与福建**
作　　者　吴鸿丽
刊　　名　漳州师范学院学报(哲学社会科学版)
年 卷 期　2006年1期
页　　码　113－116

摘　　要　明朝初年,郑和七下西洋为世界航海史上的壮举。这一活动,对于当时中国的社会经济,国际间文化与经济的交流,以及世界地理学的发展,都有重大的意义。这一壮举与明初国力的强盛是分不开的,福建也由于明初手工业、造船业、航海业的发达而在这一活动中,扮演了重要的角色。当年郑和船队在福建留下的史迹,可以证明福建与其之间的密切关系。

题　　名　郑和下西洋与福建的私商贸易
作　　者　施伟青
刊　　名　福建论坛(人文社会科学版)
年 卷 期　1990 年 1 期
页　　码　73 - 76
摘　　要　十五世纪初期,明王朝派遣郑和七次下西洋,学术界已对它作了很多研究。但对郑和下西洋与福建私商贸易的关系这个问题,却不见有专文探讨。弄清这个问题,对正确评价郑和下西洋,无疑是重要的,本文拟就这个问题提出浅见。

题　　名　郑和下西洋与福建关系的考古学观察
作　　者　高蒙河
刊　　名　上海大学学报(社会科学版)
年 卷 期　1985 年 2 期
页　　码　93 - 99
摘　　要　明代航海家郑和的遗存,从国内来看,主要集中在福建、江苏、云南诸省。其中就福建而言,不但数量最多,而且其内涵也每每与郑和下西洋有直接的关系。因此,这些研究郑和下西洋的珍贵实物资料,也愈加受到学术界的重视。本文在对这些遗存进行了实地或实物考察的基础上,结合文献,拟从遗址和遗物两方面试作全面考述,进而对郑和下西洋与福建关系的问题,进行初步的探讨。

题　　名　郑和下西洋与福建华侨
作　　者　林金枝,张莲英
刊　　名　南洋问题研究
年 卷 期　1985 年 2 期
页　　码　75 - 85
摘　　要　郑和下西洋为明代对外关系史和中西交通史上的一件大事,它不仅是中国海外交通史上的里程碑,而且在世界航海史上也占有重要的地位。福建华侨前往南洋贸易或谋生,早在唐末五代就已开始,历经宋、元、明初,已有不少华侨旅居南洋各地。由于郑和七下西洋,有三次经过福建,当时福建沿海有很多人随同前往,其中不少人留下定居,因而使得福建华侨旅居东南亚人数进一步增加,福建华侨与东南亚的关系也进一步得到了发展。

题　　名　郑和下西洋与福建历史文化的关系
作　　者　张桂林
刊　　名　福建师范大学学报(哲学社会科学版)
年 卷 期　1995 年 4 期
页　　码　94 - 100,114
摘　　要　福建长乐太平港是明初郑和七下西洋离国远航的出发港,郑和船队每次均在这里停泊,其停留时间前后累计约二年多,因而与福建历史有着密切的关系。本文着重论述郑和下西洋与福建人才培养、宗教信仰及文物古迹等问题的关系,探讨郑和下西洋对福建历史文化发展的影响。

题　　名　郑和下西洋与福建妈祖文化
作　　者　郑锵
刊　　名　中国远洋航务公告
年 卷 期　2005 年 4 期
页　　码　58 – 60

题　　名　郑和下西洋与福建人的海外迁移
作　　者　陈日升
刊　　名　闽江学院学报
年 卷 期　2004 年 25 卷 3 期
页　　码　116 – 119
摘　　要　郑和下西洋是中国古代航海史上的伟大壮举。对福建人的海外迁移活动来说,郑和下西洋不仅加深了福建人对海外的了解和认识,并为他们向东南亚一带迁移创造良好的海外环境,为当时和之后的福建人进行海外迁移建立了必要的海外联系。

题　　名　郑和下西洋与哥仑布远航之比较
作　　者　周积明
刊　　名　江汉论坛
年 卷 期　1983 年 4 期
页　　码　77 – 81
摘　　要　十五——十六世纪,当中国还固守着封建专制主义及宗法自然经济壁垒时,西方已进入资本的原始积累阶段。举行于这一历史时期的航海壮举——郑和下西洋与哥仑布远航,为不同的社会经济潮流所推动,不仅显示出各自迥异的面貌,而且广阔地展现了当时中西方社会经济状态及发展大势。本文拟运用比较史学的方法,对郑和与哥仑布远航的历史驱动力及其植根的土壤和结局加以对照研究,以期窥见从中透露出的时代信息。

题　　名　郑和下西洋与哥伦布等的远航——政治学视角下的比较研究
作　　者　岳汉景,赵军
刊　　名　阿坝师范高等专科学校学报
年 卷 期　2006 年 23 卷 4 期
页　　码　30 – 33,47
摘　　要　郑和下西洋为什么没有后继者,没有使中国更加开放、更加富强? 而为什么晚于郑和近百年的哥伦布等西欧航海家的远洋探险航行却揭开了西欧殖民扩张和资本主义大发展的序幕? 这两个问题是学术界早就讨论过的:有主要从海洋意识、海权观念方面考虑的,也有主要从历史背景方面考虑的。本文使用政治学中有关利益的理论,从目的与利益的关系的角度尝试对这两个问题进行回答。

题　　名　郑和下西洋与哥伦布航行美洲的比较
作　　者　孔庆榛

刊　　名　历史教学
年 卷 期　1991年7期
页　　码　13－18
摘　　要　郑和与哥伦布航行的时间相差近一个世纪，但是他们航行的规模、航程和航海技术不同；他们航海的背景和目的不同；后果和影响也就完全不一样。对其进行比较，有助于我们对一系列重大历史事件的深刻认识。二者都对两个世界汇合做出了巨大贡献，从而推动了人类文明的进步与世界的大变革。

题　　名　郑和下西洋与哥伦布远航目的之比较
作　　者　刘庆
刊　　名　读与写（教师教育）
年 卷 期　2008年1期
页　　码　77－78

题　　名　郑和下西洋与广东
作　　者　黄启臣
刊　　名　岭南文史
年 卷 期　2005年1期
页　　码　1－3

题　　名　郑和下西洋与广东
作　　者　黄启臣
刊　　名　郑和研究
年 卷 期　2005年1期
页　　码　49－51

题　　名　郑和下西洋与海盗贸易
作　　者　林校生
刊　　名　宁德师专学报（哲社版）
年 卷 期　1988年1期
页　　码　11－16

题　　名　郑和下西洋与海上文化传播
作　　者　张良君
刊　　名　经济与社会发展
年 卷 期　2004年2卷6期
页　　码　124－126
摘　　要　明朝郑和率领庞大的船队先后七次下西洋，开辟了中国和沿海国家的海上交通，为中外文化的交流和传播写下了光辉的一页，产生了深远的影响。郑和使团与海上各国的文化传播是全方位、多方面的，文章主要从物质文化、技术文化和精神文化等方面论述郑和下西洋对海上文化传播的影响。

题　　名　郑和下西洋与海外华人
作　　者　韩胜宝
刊　　名　侨园
年 卷 期　2004 年 3 期
页　　码　28 – 29

题　　名　郑和下西洋与海峡两岸经济文化交流
作　　者　唐岱蒙
刊　　名　郑和研究
年 卷 期　1997 年 2 期
页　　码　32

题　　名　郑和下西洋与华侨历史的新时代
作　　者　赵君尧
刊　　名　郑和研究
年 卷 期　2006 年 1 期
页　　码　73 – 83

题　　名　郑和下西洋与华夷世界秩序
作　　者　贺建林
刊　　名　忻州师范学院学报
年 卷 期　2001 年 17 卷 6 期
页　　码　6 – 9
摘　　要　明初的和平外交，促成了郑和下西洋，郑和下西洋进一步稳固了国内统治秩序和发展了对外友好关系。随着郑和下西洋所取得的和平外交的巨大胜利，东方世界逐渐建立起了以中国为中心的华夷世界秩序的国际关系体系，这是明代封建统治者所追求的“皇威”与“德化”的最高目的。然而统治者一味沉迷于这种“中国中心观”的满足中，去追求“宣教化于海外”行“厚往薄来”的礼仪，使明代疲于应付，财力匮乏，不仅无益于国内经济的发展，使明代在繁荣以后的几十年过早地走向衰亡，而且也无助苦心经营的华夷世界秩序的巩固。

题　　名　郑和下西洋与近代的经济自由主义
作　　者　俞政
刊　　名　郑和研究
年 卷 期　1994 年 4 期
页　　码　23 – 26

题　　名　郑和下西洋与开辟新航路之比较
作　　者　孙瑞友
刊　　名　中学政史地（初中历史）
年 卷 期　2006 年 Z2 期
页　　码　31 – 32

题　　名　郑和下西洋与岭南关系述论
作　　者　冷东
刊　　名　广州大学学报(社会科学版)
年 卷 期　2006 年 5 卷 1 期
页　　码　16 - 19
摘　　要　郑和下西洋,不仅显示了我国明代科学技术的发达和国家的强盛,而且开通了连接亚、非各国和地区的航路,传播了中华民族灿烂的古代文明,发展了中国与亚、非国家的经济、文化交流,密切了中外友好交往,同时加速了中国与东南亚海上贸易的发展,增进了岭南地区与东南亚之间的物质文化交流和友好往来。

题　　名　郑和下西洋与琉球海上贸易
作　　者　徐斌
刊　　名　福建师范大学学报(哲学社会科学版)
年 卷 期　2002 年 4 期
页　　码　16 - 19
摘　　要　郑和七次下西洋既是中国、也是亚洲海上交通的重大历史事件。当时的福州不仅是郑和下西洋的重要造船基地和后勤基地,同时也是琉球王国向明朝进贡和册封使臣出使琉球的主要门户。本文以此为线索,结合具体史实探讨郑和下西洋与琉球海上贸易的密切关系。

题　　名　郑和下西洋与妈祖
作　　者　张桂林
刊　　名　福建师范大学学报(哲学社会科学版)
年 卷 期　1988 年 2 期
页　　码　98 - 103,91

题　　名　郑和下西洋与妈祖崇拜在海外的传播
作　　者　游建西
刊　　名　中国道教
年 卷 期　2007 年 4 期
页　　码　41 - 43

题　　名　郑和下西洋与满剌加的中国移民
作　　者　张应龙
刊　　名　学术论坛
年 卷 期　2006 年 3 期
页　　码　187 - 189
摘　　要　在马来西亚历史上,满剌加时期的中国移民活动占有重要的历史地位。郑和下西洋对中国与马来西亚友好关系和马六甲国际贸易中心的发展产生了重要的影响,并促进了中国向满剌加的移民。

题　　名　郑和下西洋与明朝的对外政策
作　　者　刘璞
刊　　名　海南大学学报(社会科学版)
年 卷 期　1994年2期
页　　码　63－68
摘　　要　郑和下西洋的活动最后不得不中止的根本原因有二:(1)郑和下西洋的举动始终为皇帝所左右,官方垄断的朝贡贸易从根本上违反了经济规律;(2)明朝推行的海禁政策。

题　　名　郑和下西洋与明朝对东南亚的睦邻安邻政策
作　　者　梁立基
刊　　名　郑和研究
年 卷 期　2006年1期
页　　码　34－42
摘　　要　东南亚是郑和下西洋的必经之地,也是郑和积极贯彻明朝睦邻安邻政策最为成功的地区。郑和的到来处处受到热烈的欢迎,“天书到处多欢声,蛮魁酋长争相迎,因为他给东南亚带来的是友谊、和平与安宁。至今在东南亚仍可以看到和听到郑和留下的许多历史遗迹、历史佳话和动人传说。世世代代的东南亚人民一直在怀念和歌颂郑和的伟大历史功绩,他可以说是开创中国——东南亚善邻安邻关系的历史功臣。我们应该用历史唯物主义的观点去评析郑和下西洋整个的历史经验和教训。

题　　名　郑和下西洋与明朝国家战略
作　　者　姬晓辉
刊　　名　郑和研究
年 卷 期　1999年1期
页　　码　31

题　　名　郑和下西洋与明朝航海事业的兴衰
作　　者　刘曼春
刊　　名　郑和研究
年 卷 期　1999年4期
页　　码　20

题　　名　郑和下西洋与明初的外交政策
作　　者　嵇建珍
刊　　名　郑和研究
年 卷 期　2003年2期
页　　码　35－36

题　　名　郑和下西洋与明初对外政策探讨
作　　者　张锋
刊　　名　海峡科学
年 卷 期　2010年2期

页　　码　75 –76,84

摘　　要　明朝为恢复建国初期国内残破的社会经济,对外实行睦邻友好政策,争取与海外国家和平共处,以造就一个比较安定的国际环境,保证国内社会经济的恢复与发展。明朝实行的睦邻友好政策主要表现在与海外国家建立友好关系,欢迎他们入明进贡,对进贡使者放宽限制,维护地区的和平与稳定等。因此产生了一些积极效应,不仅使国内经济建设得以迅速恢复与发展,而且在某种程度上抑制了倭寇的侵掠。特别是郑和下西洋期间,忠实地奉行睦邻友好政策,成为明朝永乐年间对外友好政策的执行者。

题　　名　郑和下西洋与明初海上丝绸之路——兼论郑和远航目的及终止原因
作　　者　万明
刊　　名　海交史研究
年 卷 期　1991 年 20 期
页　　码　6 –15

题　　名　郑和下西洋与明初海洋经济的发展
作　　者　郑一钧
刊　　名　郑和研究
年 卷 期　1989 年 8 期

题　　名　郑和下西洋与明初海洋经济的发展
作　　者　郑一钧
刊　　名　昆明社科
年 卷 期　1992 年 6 期

题　　名　郑和下西洋与明初政局
作　　者　王国平
刊　　名　东南亚
年 卷 期　1992 年 4 期
页　　码　29 –34

摘　　要　从永乐三年(1405 年)到宣德八年(1433 年)之间,明朝政府派遣郑和等人率领庞大的船队七下“西洋”,前后经历了亚非三十多个国家。这次航行,历时之久,到达国家之多,是中国古代历史上前所未有的事情。史学界对郑和七次下西洋的意义和影响,给予了高度的评价,称七下西洋的历史功绩是不能磨灭的。从史学界对郑和下西洋的研究状况来看,对郑和下西洋的历史意义以及对郑和下西洋的具体过程研究得比较充分,但对郑和下西洋的背景研究则显得不够充足,这实在是我国史学界在郑和研究方面的一大缺憾。笔者拟从明初政治局势这一角度,来探讨郑和七次奉使下西洋的背景,以求教于史界同行。

题　　名　郑和下西洋与明代长乐经济文化的发展
作　　者　陈明清
刊　　名　郑和研究
年 卷 期　2009 年 2 期
页　　码　31 –36

摘　　要　郑和船队从太仓刘家港启程,泛海至福建长乐太平港驻泊数月,等候东北季风。郑和船队在长乐的活动,给长乐经济文化的发展,施以多方面影响。

题　　名　郑和下西洋与明代海洋文学
作　　者　张祝平
刊　　名　南通大学学报(社会科学版)
年 卷 期　2008 年 3 期
页　　码　40 - 44
摘　　要　郑和下西洋这一航海壮举不仅是中外交通史上浓重的一笔,而且对明代海洋文学的发展也产生了重要影响:其一是中华民族“云帆高张,涉彼狂澜”的时代精神与“皇明混一海宇,超三代而轶汉、唐”的宏伟气度在海洋题材的文学作品中得以充分展现;其二是与海洋有关的作品成批地出现,《西游记》有着浓重的海洋情结,《三保太监西洋记演义》专写郑和下西洋之事,水傀儡戏、《下西洋》、《八仙过海》、《五龙朝圣》等演出了海洋故事题材的戏剧;其三是展示了海洋交通所带来的异国文化和风俗民情,开拓了海洋文学题材。

题　　名　郑和下西洋与明代海洋文学
作　　者　陈风雨
刊　　名　郑和研究
年 卷 期　2009 年 4 期
页　　码　36,40

题　　名　郑和下西洋与明代海洋文学
作　　者　赵君尧
刊　　名　郑和研究
年 卷 期　2009 年 4 期
页　　码　23 - 30

题　　名　郑和下西洋与明代海洋文学刍论
作　　者　赵君尧
刊　　名　职大学报
年 卷 期　2008 年 3 期
页　　码　55 - 61
摘　　要　郑和下西洋的伟大壮举,大大推动了明代海洋文学的繁荣与发展,并使之成为继宋元海洋文学之后的又一座高峰。一是进一步扩大明代海洋文学创作者的视野,既继承了宋元海洋文学所具有的海洋文化的开拓性,又表现出明代独有的对海外事物更主动的追求。二是促进明代海洋文学创作体裁的多样化,使小说、歌赋、戏剧、碑文等成为明代海洋活动的艺术表现载体。三是拓宽了明代海洋文学的创作题材,在航海技术、海洋贸易、海外关系,文化交往、海洋神灵、海外风物、海防意识等诸多方面得到充分的展示。

题　　名　郑和下西洋与明代太仓经济社会的发展
作　　者　朱巍

刊　　名　上海造船
年 卷 期　2005 年 2 期
页　　码　43 - 46
摘　　要　太仓自元代海运漕粮而兴起,郑和七下洋以太仓为起锚地和归舶港。介绍了目前太仓保存的与郑和下西洋有关的历史文化遗存和跟随郑和下西洋的太仓人。郑和大规模的航海活动以太仓为代表的江南经济繁荣发展为依托,又极大地影响了明代太仓经济和社会发展的诸方面,推动了太仓农业、手工业、商业贸易的大发展以及文化的繁荣昌盛,其影响一直惠泽波及至今。

题　　名　郑和下西洋与明代香料朝贡贸易
作　　者　严小青,惠富平
刊　　名　江海学刊
年 卷 期　2008 年 1 期
页　　码　180 - 185,239
摘　　要　在宗教祭祀、医药薰香、饮食调味过程中,香料必不可缺。明代是继宋代之后又一域外香料朝贡的高峰期,对当时的国家政治、经济影响深远,意义重大。郑和出使西洋,在明代香料朝贡贸易中扮演了重要的角色,在中西政治、文化与经济交流史上不可忽略。宫廷和民间对香料的旺盛需求,以及朝廷"四海归顺"的政治目的和寻找海外香料,是促成郑和下西洋的根本原因。它使海外国家认识到中国的强盛,促进了中外香料贸易的积极发展。香料朝贡贸易带来的民间香料贸易,是历史发展的必然结果。

题　　名　郑和下西洋与明代中国陶瓷的外销
作　　者　叶文程
刊　　名　南方文物
年 卷 期　2005 年 3 期
页　　码　19 - 24

题　　名　郑和下西洋与明代中外农业交流的发展
作　　者　陈平平
刊　　名　郑和研究
年 卷 期　2006 年 3 期
页　　码　39 - 44
摘　　要　十五世纪初期我国明代农业发展的水平,居于世界前列。郑和下西洋进一步推动和发展了中外农业的交流。通过人员互访,考察和研究,加深了对彼此农业生产情况的认识和了解;通过颁历法、赠图书、言传身教、人员留居与先后移民去的华侨,向海外传播了中华传统农业的经验和技术;通过赏赐、赠送、朝贡、贸易和走私等途径,扩展了农产及其加工制品的国际间交流;通过相互引进丰富了彼此种植与养殖的农业植物、动物的种类和品种。这些对于中国与亚非诸国的贸易、农业和相关手工业的发展、经济繁荣、社会进步、人民生活的改善,起了有益的作用。

题　　名　郑和下西洋与明代中外农业交流的发展
作　　者　陈平平
刊　　名　南京晓庄学院学报
年 卷 期　2007 年 4 期

页　　码　65－69,74

摘　　要　十五世纪初期我国明代农业发展的水平,居于世界前列。郑和下西洋进一步推动和发展了中外农业的交流。通过人员互访,考察和研究,加深了对彼此农业生产情况的认识和了解;通过颁历法、赠图书、言传身教、人员留居与先后移民去的华侨,向海外传播了中华传统农业的经验和技术;通过赏赐、赠送、朝贡、贸易和走私等途径,扩展了农产及其加工制品的国际间交流;通过相互引进丰富了彼此种植与养殖的农业植物、动物的种类和品种。这些对于中国与亚非诸国的贸易、农业和相关手工业的发展、经济繁荣、社会进步、人民生活的改善,起了有益的作用。

题　　名　郑和下西洋与明代中医药学的走向世界和发展

作　　者　陈平平

刊　　名　南京晓庄学院学报

年 卷 期　2006年2期

页　　码　87－91

摘　　要　郑和船队配置有数目众多、技术高超的医官医士;随着郑和七下西洋,船队通过多种方式向海外传送了中华医药卫生的经验,对海外药用生物资源进行了长期的考察,通过多种途径将其中对我国有用的种类予以引进,经过检验、应用,扩展了我国中医药的种类,促进了海外药物的进口贸易与中医药研究的发展,丰富了李时珍《本草纲目》的内容。

题　　名　郑和下西洋与南京

作　　者　郑一钧

刊　　名　南京社联

年 卷 期　1986年5期

题　　名　郑和下西洋与南京下关地区的繁荣

作　　者　赵洪平

刊　　名　郑和研究

年 卷 期　1998年2期

页　　码　31

题　　名　郑和下西洋与南洋华侨

作　　者　范金民

刊　　名　海交史研究

年 卷 期　1987年11期

题　　名　郑和下西洋与南中国海

作　　者　高学敏

刊　　名　郑和研究

年 卷 期　1995年3期

页　　码　4－9

题　　名　郑和下西洋与南中国海
作　　者　高学敏
刊　　名　海军工程大学学报(综合版)
年 卷 期　2005 年 2 期
页　　码　26 – 30

题　　名　郑和下西洋与麒麟贡
作　　者　张之杰
刊　　名　自然科学史研究
年 卷 期　2006 年 25 卷 4 期
页　　码　383 – 391
摘　　要　明代将非洲产的长颈鹿比附为麒麟。象征圣王出世的麒麟,成为下西洋期间的重要搜求对象。整理郑和下西洋期间麒麟史料,归纳为以下数端:(1)永乐十二年(1414 年)榜葛剌贡麒麟可能与郑和无关;(2)榜葛剌贡麒麟可能促使郑和第四次下西洋西进波斯湾,并促成麻林贡麒麟;(3)郑和第五、六、七次下西洋皆有麒麟史料;(4)宣德八年(1433 年)之麒麟贡可能以购自天方者抵充;(5)下西洋远至东非的动机,可能是为了搜求长颈鹿等非洲特产。

题　　名　郑和下西洋与泉州之关系
作　　者　王四达
刊　　名　郑和研究
年 卷 期　1997 年 4 期
页　　码　12

题　　名　郑和下西洋与泉州宗教
作　　者　李玉昆
刊　　名　泉州学林
年 卷 期　2005 年 1 期
页　　码　56 – 59

题　　名　郑和下西洋与太仓刘家港
作　　者　赵骥
刊　　名　郑和研究
年 卷 期　1994 年 1 期
页　　码　38 – 42,49

题　　名　郑和下西洋与太仓元明沉船之研究
作　　者　吴聿明
刊　　名　上海造船
年 卷 期　2005 年 2 期
页　　码　40 – 42
摘　　要　由近 20 年来作者对沉船遗址的调查与发掘入手,分析和研究了太仓元明两代沉船遗址的

4种类型和10个案例，指出太仓沉船的性质、地域和时代特征，推证元明之际太仓刘家港的状况以及郑和下西洋选择刘家港的原因。对今后进一步开展航海史考古，特别是古沉船考古的可行性作出预测，并提出建设性意见。

题　　名　郑和下西洋与天妃、南海神的崇拜
作　　者　王元林
刊　　名　暨南学报(社科版)
年 卷 期　2005年6期
页　　码　128－136
摘　　要　明永乐七年天妃、南海神几乎同时受封，时正值郑和第二次下西洋，两者受封必定与郑和等出使海外有关。由于两者司辖地域不尽一样，历史发展脉络亦不尽相同，在郑和前两次下西洋中的作用不一，导致了其封号的不同。永乐两封号的出现与不同地域和阶层民众信仰不同有关，而天妃、南海神崇拜与郑和下西洋之间存在着一定联系。

题　　名　郑和下西洋与文明对话国际研讨会综述
作　　者　穆萨，马建文
刊　　名　回族研究
年 卷 期　2005年3期
页　　码　31－35

题　　名　郑和下西洋与我国明朝的造船业
作　　者　《中国古代造船发展史》编学组
刊　　名　大连工学院学报
年 卷 期　1976年
页　　码　83－87

题　　名　郑和下西洋与亚洲国际贸易网的建构
作　　者　万明
刊　　名　吉林大学社会科学学报
年 卷 期　2004年6期
页　　码　68－74
摘　　要　西方殖民势力东来以前，15世纪初形成的亚洲国际贸易网，是当时世界上最稳定、也最为繁盛的国际贸易网之一。它的形成，与郑和下西洋密不可分。郑和使团是史无前例的大规模贸易使团，远航持续近30年，开通了海道，完成了中国对外交往从陆路向海路的重大转折，将"和番"与"取宝"结合在一起，在给区域带来和平与秩序的同时，所到之地进行互惠互利贸易，也促使国际市场繁荣，推动商业贸易兴盛，导向区域经济发展。由此东西方商路大开。郑和下西洋后，民间私人海外贸易以及移民海外热潮兴起。一种以东方的航海模式、贸易模式和国际交往模式建构起来的亚洲国际贸易网，繁盛地存在了一个世纪，直至西方殖民势力东来才有所改变。

题　　名　郑和下西洋与伊斯兰教在东南亚的传播
作　　者　肖宪

刊　　名　回族研究
年 卷 期　2003 年 1 期
页　　码　97 – 102
摘　　要　近年来,对于郑和下西洋在政治、经济、文化乃至科学技术等方面的活动和意义,国内很多学者都作了深入的探讨和研究。然而,对郑和航海与伊斯兰教在东南亚传播之间的联系,目前见到的研究成果还不多。当然,这与涉及这一问题的史料较少有很大关系。从各方面的情况来看,伊斯兰教在东南亚,尤其是在印度尼西亚和马来西亚的传播与郑和的航行之间有密切的联系。在今天中国扩大对外开放,进一步走向世界的时候,开展对这个问题的研究,不仅具有学术价值,而且也有重要的现实意义。

题　　名　**郑和下西洋与伊斯兰教在东南亚的传播**
作　　者　肖宪
刊　　名　思想战线
年 卷 期　1995 年 3 期
页　　码　88 – 94

题　　名　**郑和下西洋与永乐、宣德青花瓷器**
作　　者　刘淼
刊　　名　南方文物
年 卷 期　2005 年 3 期
页　　码　45 – 48
摘　　要　郑和下西洋在中外文化交流史上写下了光辉的一页。瓷器在这期间尤其发挥了重要作用,郑和不仅给世界各国带去了精美的瓷器,同时网罗回各国方物。对于瓷器最重要的贡献就是苏麻离青料的引进,从而使青花瓷器在永、宣时期出现了独特的风格。郑和下西洋,所到之处多为伊斯兰国家,为了适应外销,在瓷器上采用了大量的伊斯兰风格的造型和纹饰。于是,郑和下西洋使得永宣青花瓷器在与伊斯兰艺术相互碰撞、融合中形成了新的特色,被公认为我国制瓷史上的“青花瓷之冠”,在中西文化交流史上留下了永不磨灭的光辉。

题　　名　**郑和下西洋与张骞出使西域之比较**
作　　者　贾泽民,郑宝善
刊　　名　郑和研究
年 卷 期　2009 年 4 期
页　　码　19 – 22
摘　　要　古代中国具有影响的出使有两次:一是西汉时期的张骞出西域,二是明朝时期的郑和下西洋。前者开辟了闻名世界的“丝绸之路”,使西汉中央集权的政治势力扩展到西域地区。后者规模宏大,历时近三十年,并有强大的武装作后盾,由于明朝处于中国封建社会的末世,郑和下西洋最终未能实现明朝向海外发展势力的政治目的。这给后人留下了深刻的启迪。

题　　名　**郑和下西洋与漳州——纪念郑和下西洋 600 周年**
作　　者　陈自强
刊　　名　漳州师范学院学报(哲学社会科学版)
年 卷 期　2004 年 4 期

页　　码　60 – 66

摘　　要　漳州做为东南沿海的重镇，素有舟楫之便。明初，在郑和下西洋的壮举中，有漳籍内官王景弘的贡献，漳州、镇海卫所亦有多名将士襄助。明代漳人张燮《东西洋考》、吴朴《顺风相送》均收录了郑和下西洋的重要信息、资料。

题　　名　**郑和下西洋与漳州**

作　　者　陈自强

刊　　名　郑和研究

年 卷 期　2005 年 2 期

页　　码　59 – 65

题　　名　**郑和下西洋与郑和船队**

作　　者　[英]李约瑟 著；邱克 译

刊　　名　船史研究

年 卷 期　1986 年 2 期

页　　码　94 – 102

题　　名　**郑和下西洋与郑和的宗教观**

作　　者　闫明恕

刊　　名　铜陵学院学报

年 卷 期　2007 年 6 期

页　　码　85 – 87

摘　　要　郑和下西洋在中国乃至世界历史上都具有重要的意义，而郑和的宗教观在其七下西洋的航海壮举中也同样具有重要的意义。郑和的一生中曾受到多种宗教思想的影响。他因是回族，故生来便是伊斯兰教信徒，在其以后的航海生涯中又不断的受到道教与佛教的影响。他对多种宗教的崇信，为其艰苦的航海生活提供了强大的精神支柱，同时，也为其从事多国外交产生了积极的作用，因此郑和的宗教观对于郑和的建功立业可以说是至关重要的一个方面。

题　　名　**郑和下西洋与中国长期经济增长**

作　　者　王涛，王华玲

刊　　名　生产力研究

年 卷 期　2011 年 1 期

页　　码　90 – 92

摘　　要　郑和下西洋是中国封建王朝长期以来构建朝贡贸易体系的产物。通过郑和下西洋，明成祖构建了一个规模空前庞大的朝贡贸易体系。然而这个体系带给明王朝的不是盈利，而是巨额亏损，所以郑和下西洋难以可持续发展，更不会开创一个新的海洋时代。

题　　名　**郑和下西洋与中国东南亚的海上贸易**

作　　者　李金明

刊　　名　南洋问题研究

年 卷 期　1997 年 2 期

页　　码　1－7

摘　　要　明初中国与东南亚的海上贸易，主要是以朝贡的形式表现出来，即东南亚各国派遣使者附载方物来中国进行朝贡，而明政府则以赏赐的方式收买其“贡品”。这种所谓的“朝贡贸易”到郑和下西洋时发展到鼎盛，出现了海外16国、遣使1200多人同时入贡的盛大场面。郑和下西洋不仅加速了中国与东南亚海上贸易的发展，而且增进了中国与东南亚之间的物质文化交流和友好往来。

题　　名　**郑和下西洋与中国东南亚的友好交往**
作　　者　李金明
刊　　名　南洋问题研究
年 卷 期　2003年1期
页　　码　62－69，93
摘　　要　明初中国政府为了发展与东南亚国家的友好关系，奉行了一系列和平外交政策，包括派遣郑和七下西洋，遍历东南亚各国。郑和作为一位和平外交使者；在下西洋期间，不仅为满剌加立国，制止了强国对弱国的欺凌，而且在旧港剿灭海寇，保证了航道的畅通，同时在苏门答腊为国王平定了叛乱，维持了当地的和平秩序。郑和及其随从的和平外交活动在东南亚民众中影响很大，至今仍到处流传着有关他们的传说。这些事实说明，郑和作为一位和平使者，的确为发展中国与东南亚的友好交往立下了功勋。

题　　名　**郑和下西洋与中国东南亚的友好交往**
作　　者　李金明
刊　　名　郑和研究
年 卷 期　2004年2期
页　　码　16－21

题　　名　**郑和下西洋与中国东南亚文化交流**
作　　者　王介南
刊　　名　东南亚纵横
年 卷 期　1993年4期
页　　码　1－5

题　　名　**郑和下西洋与中国东南亚文化交流**
作　　者　王介南
刊　　名　郑和研究
年 卷 期　1994年4期
页　　码　32－36

题　　名　**郑和下西洋与中国动物学知识的长进**
作　　者　张箭
刊　　名　海交史研究
年 卷 期　2004年45期
页　　码　7－18

题　　名　郑和下西洋与中国海洋文化的发展
作　　者　李金明
刊　　名　文化杂志
年 卷 期　2005 年
页　　码　137－144

题　　名　郑和下西洋与中国社会的发展
作　　者　时平
刊　　名　文史知识
年 卷 期　1994 年 10 期
页　　码　106－110,105

题　　名　郑和下西洋与中国占城经济文化交流
作　　者　黄国安
刊　　名　东南亚纵横
年 卷 期　1985 年 2 期
页　　码　30－34
摘　　要　我国明代伟大的航海家郑和,在明成祖永乐三年(1405)至明宣宗宣德七年(1433)期间,曾经统领船队七次下西洋,先后到过占城、爪哇、暹罗、满剌加、锡兰、竹步等二十多个国家。郑和出使西洋,对于中国与占城两国经济、文化的交流起了重大的推动作用。

题　　名　郑和下西洋与中华民族的外向型民族心理——纪念郑和下西洋 587 周年
作　　者　张燕
刊　　名　昆明师范高等专科学校学报
年 卷 期　1992 年 14 卷 3 期
页　　码　81－85
摘　　要　郑和七次下西洋,是中国乃至世界历史上的壮举。通过这一壮举所反映出来的是中华民族生存与发展的需要在民族心理和对外政策上的结合,即外向型民族心理与对外开放的结合。而这一壮举的产生与完成则是二者互动的结果。

题　　名　郑和下西洋与中华文明传播的起源
作　　者　张静
刊　　名　兰台世界
年 卷 期　2010 年 1 期
页　　码　52－53

题　　名　郑和下西洋与中外医药交流
作　　者　颜夏梅
刊　　名　郑和研究
年 卷 期　1995 年 4 期
页　　码　36

题　　名　**郑和下西洋原始契机论**
作　　者　张晓旭
刊　　名　东南文化
年 卷 期　1990 年 5 期
页　　码　210 – 212

题　　名　**郑和下西洋原因之新探**
作　　者　徐玉虎
刊　　名　大陆杂志
年 卷 期　1958 年 16 卷 1 期

题　　名　**郑和下西洋再评价——纪念郑和下西洋五百八十周年**
作　　者　孙西
刊　　名　阜阳师范学院学报(社科版)
年 卷 期　1985 年 3 期

题　　名　**郑和下西洋在福建的宗教活动**
作　　者　胡善美
刊　　名　福建宗教
年 卷 期　2001 年 4 期
页　　码　29 – 31

题　　名　**郑和下西洋在福建停留的原因及其影响**
作　　者　张桂林
刊　　名　中国历史文物
年 卷 期　1983 年 5 期
页　　码　60 – 63
摘　　要　我国伟大的航海家郑和,从明朝永乐三年(1405 年)至宣德八年(1433 年)先后七次下西洋,这是一件闻名世界的盛事。他率领规模浩大的船队,对亚非三十多个国家和地区进行友好访问。郑和每次下西洋都要在福建停留候风和进行补给,对福建沿海产生了深远的影响。

题　　名　**郑和下西洋在福州的遗迹**
作　　者　肖忠生
刊　　名　郑和研究
年 卷 期　2010 年 2 期
页　　码　46 – 47
摘　　要　郑和是我国历史上伟大的航海家、探险家和外交家。他从永乐三年(1405 年)至宣德八年(1433 年)率船队七次下西洋,每次下西洋都经过福州闽江口一带,并停泊在太平港,伺风开洋。他在福州留有如下主要遗迹。

题　　名　郑和下西洋在古代中国与东南亚关系史中的地位
作　　者　王付兵
刊　　名　南洋问题研究
年 卷 期　2000 年 3 期
页　　码　82 – 88
摘　　要　郑和下西洋是中国人民对世界航海事业的巨大贡献。它促进了古代中国与东南亚国家之间的友好往来、伊斯兰教在东南亚的传播、华人移入与开发东南亚，是古代中国与东南亚友好关系史的顶峰。

题　　名　郑和下西洋在国内外的遗迹和传说
作　　者　曾穆
刊　　名　中国水运
年 卷 期　1995 年 8 期
页　　码　42 – 43

题　　名　郑和下西洋在世界航海史上的地位
作　　者　范金民
刊　　名　江苏社会科学
年 卷 期　2005 年 1 期
页　　码　201 – 204
摘　　要　郑和率领的七下西洋壮举，拉开了 15 世纪世界大航海活动的序幕，为世界航海事业作出了卓越贡献。中华民族面向海洋，探索海洋，不断谱写了海洋文化的新篇章。郑和下西洋这一世界航海史上的壮举，既是中华民族千百年来海洋活动的巍巍丰碑，又是 15 世纪世界大航海活动的序幕。

题　　名　郑和下西洋之宝船考
作　　者　包遵彭
刊　　名　新亚学报
年 卷 期　1961 年 4 卷 2 期
页　　码　307 – 351

题　　名　郑和下西洋之动机考略
作　　者　张晓旭
刊　　名　南方文物
年 卷 期　2005 年 3 期
页　　码　49 – 52
摘　　要　郑和下西洋，这一震惊中外的历史事件已经过去了整整 600 个春秋。今天站在历史的高端，去深层次地回顾和探究这一壮举，我们感到的是一种民族自豪感，因为中国的郑和与世界著名航海家哥伦布、达伽马一样，创造了世界航海史上的奇迹。

题　　名　郑和下西洋之谜
作　　者　于继增

刊　　名　文史杂志
年 卷 期　2005 年 5 期
页　　码　24 - 30
摘　　要　郑和是我国历史上伟大的航海家，也是打开海上中西交通和贸易往来的第一人。据《明实录》记载，郑和首次下西洋的时间是“永乐三年六月己卯”，即公元 1405 年 7 月 11 日。近代以来，国内外对郑和的研究一直没有间断过；随着这位伟大的航海家成功远航 600 周年纪念日的到来，这种研究工作和实证考察更趋活跃，并且有了许多新奇的发现及理论建树，使郑和这位“海上巨人”的面貌逐渐清晰，历史上一个个谜团也慢慢解开了。破解这些谜团，包括关注那些新产生“未解之谜”，有助于我们进一步认识郑和在 28 年间七下西洋这一伟大壮举的历史价值，也引起人们无尽的思索。

题　　名　**郑和下西洋之谜**
作　　者　于继增
刊　　名　文史月刊
年 卷 期　2005 年 11 期
页　　码　44 - 49
摘　　要　郑和是我国历史上伟大的航海家，也是打开海上中西交通和贸易往来的第一人。据《明实录》记载，郑和首次下西洋的时间是“永乐三年六月己卯”，即公元 1405 年 7 月 11 日。近代以来，国内外对郑和的研究一直没有间断过；随着这位伟大的航海家成功远航 600 周年纪念日的到来，这种研究工作和实证考察更趋活跃，并且有了许多新奇的发现及理论建树，使郑和这位“海上巨人”的面貌逐渐清晰，历史上一个个谜团也慢慢解开了。破解这些谜团，包括关注那些新产生“未解之谜”，有助于我们进一步认识郑和在 28 年间七下西洋这一伟大壮举的历史价值，也引起人们无尽的思索。

题　　名　**郑和下西洋之推动力**
作　　者　崔存岭，郭静
刊　　名　湖北成人教育学院学报
年 卷 期　2005 年 11 卷 6 期
页　　码　57 - 59
摘　　要　明成祖朱棣派郑和下西洋主要目的不是寻找建文帝，也非炫耀国威。前期主要目的是通过“金钱”和“大棒”并用的政策来获得海外各国的“外交承认”，后期是郑和及其使团人员为了追逐经济利益主动要求下西洋。朱棣是前期下西洋的推动力，后期这一主要推动力就变为郑和了。

题　　名　**郑和下西洋中断原因之探析**
作　　者　冯中华
刊　　名　郑和研究
年 卷 期　2005 年 3 期
页　　码　42 - 46

题　　名　**郑和下西洋中止的最重要原因**
作　　者　钟伦纳
刊　　名　郑和研究
年 卷 期　2005 年 4 期

页　　码　13－17

摘　　要　历史研究不像自然科学，可以用实验方法来滤清因果关系。研究历史首先须辨别和澄清已经发生了的事实，然后推断其间的因果关系，这种研究过程很容易受主观因素影响。在有关郑和的研究中，这些影响比比皆是，比如说下西洋的主要目的是为了搜寻建文帝和宣扬国威这些政治因素，很早便深入一般关心中国历史的人们心中，政治因素便在下西洋事迹中受到夸大。又由于华人对中国的厚爱，我们轻易地接受"和平主义"和"厚往薄来"等自我中心的说法，那便无法认识导航的真相。这些主观态度往往令研究者轻易地摒弃一些看似无关的因素，事实上，在明廷作出不再下西洋的决定时，也有一些足以支持继续下西洋的因素已经存在，或者可能发生，郑和研究在目前的局限，是未能把视野扩阔到那些看似无关的因素，因而更难推究一些具有关键作用但没发生的因素。

题　　名　郑和下西洋终止相关史实考辨

作　　者　万明

刊　　名　暨南学报（哲学社会科学版）

年 卷 期　2005 年 27 卷 6 期

页　　码　113－122，141

摘　　要　史学界长期流行的若干有关下西洋终止的传统观点存在问题。首先是海禁说不能成立，下西洋与明朝紧接着下颁的禁海令之间没有直接关连，朝贡贸易与海禁是明朝两种不同内涵的政策；其次下西洋有"充溢库市"的一面，耗费巨大乃至物力不支说是一种误解；最后下西洋终止有偶然因素和必然性，下西洋推动亚洲地缘政治经济格局发生重大改变，拉近了海外市场与中国的距离，从此中国不必舍近求远前往印度洋，终止与中国从先进到落后没有逻辑的联系。

题　　名　郑和下西洋舟师的古船研究

作　　者　郑明

刊　　名　海陆空天惯性世界

年 卷 期　2003 年 5 期

页　　码　56－63

题　　名　郑和下西洋舟师构成和船型分档

作　　者　郑明

刊　　名　舰船知识

年 卷 期　2005 年 6 期

页　　码　25－26

题　　名　郑和下西洋纵论

作　　者　辛无欧

刊　　名　郑和研究

年 卷 期　1996 年 3 期

页　　码　8

题　　名　郑和下洋次数献疑

作　　者　王玉德

刊　　名　福建论坛(人文社会科学版)
年 卷 期　1995 年 1 期
页　　码　36 – 37

题　　名　**郑和小传及其航行南洋之概略**
作　　者　李长傅
刊　　名　南洋研究
年 卷 期　1931 年 6 期
页　　码　101 – 105

题　　名　**郑和研究百年状况述论**
作　　者　王健
刊　　名　南京社会科学
年 卷 期　2005 年 2 期
页　　码　49 – 54
摘　　要　在研究大量相关文献的基础上,对百年来郑和下西洋研究的状况作了学术综述,包括国内研究起始年代、研究阶段、研究成果数量的初步估计、内容、特点等。同时,对新世纪郑和研究的新特点作了介绍。重点评述了孟席斯新著出版后国内外的反响,并结合西方经济学史的最新成果进行讨论。

题　　名　**郑和研究的回顾与前瞻**
作　　者　林松
刊　　名　云南民族大学学报(哲学社会科学版)
年 卷 期　1992 年 4 期
页　　码　21 – 26
摘　　要　由伟大航海家统帅的七下西洋之壮举,从明永乐五年(1405)首次扬帆出海,迄今已 586 年矣。今年,恰好也是哥伦布(1451 – 1506)从巴罗斯港启碇,横渡大西洋五百周年。对哥伦布的研究似乎已成为引人瞩目的热门话题,殊不知远在他之前 87 年,遥遥领先的我国航海家,早已开始七下西洋之壮举,率领二万七千八百余人的庞大队伍,从江苏太仓刘家港出发,肩负起经济交往、睦邻友好的重任。今天,我们无论从航行规模历程、人员组合、技术装备、物资交流、友好联系以至文献记载诸方面综览剖视,郑和均首屈一指,彪炳千秋,无与伦比。

题　　名　**郑和研究与海洋文化**
作　　者　吴聿明
刊　　名　郑和研究
年 卷 期　1998 年 4 期
页　　码　11

题　　名　**郑和研究与视野——读陈旭麓先生的《东方与西方》**
作　　者　时平
刊　　名　郑和研究
年 卷 期　1995 年 1 期

页　　码　3

题　　名　郑和研究中的几个新问题
作　　者　何史
刊　　名　史学情报
年 卷 期　1986年3期
页　　码　122－124

题　　名　郑和研究中若干问题之我见
作　　者　马光汝
刊　　名　郑和研究
年 卷 期　2007年1期
页　　码　32－37
摘　　要　近年来,我国对郑和的研究无论在深度还是广度方面都有所发展,这是十分可喜的。然而在纪念郑和下西洋600周年之际,有些学者的论著,对郑和研究中的一些问题,想象和推测较多,甚至以此改变历史文献资料的记载,这种思维方式是值得商榷的。现就几个主要问题,谈谈个人的粗浅看法。

题　　名　郑和也曾出使过日本
作　　者　潘群,申海田
刊　　名　舰船知识
年 卷 期　1985年8期
页　　码　31－32

题　　名　郑和业绩及其在世界航海史中的地位
作　　者　刘志鹗
刊　　名　中国航海
年 卷 期　1990年2期
页　　码　86－90
摘　　要　本文从政治、外交、经济、外贸、文化、宗教、军事、航海、天文、地理、民俗、建筑等方面阐述了中国明代伟大航海家郑和的业绩,同时作者从郑和是地理大发现的先导;是印度洋的首批探险者;麦哲伦环球航行的最后实现,拥有郑和的一份功劳;郑和下西洋,是世界航海史上规模最为庞大的航海活动;郑和航海技术处于世界领先地位等五个方面,首次系统地论证了郑和在世界航海史上拥有的杰出地位。

题　　名　郑和以前中国造船技术的历史考察
作　　者　李景华
刊　　名　长沙电力学院学报(社会科学版)
年 卷 期　1994年4期
页　　码　90－95,121
摘　　要　十五世纪初郑和下西洋所用的大型宝船,曾令许多中外人士叹为观止,甚至现代研究者也嗟称不已。其实这正是古代中国船舶制造技术不断提高和进步的自然结果。本文对郑和以前中国造船技术,特别是海船制造技术发展的历史轨迹进行了考察,揭示出古代中国的造船技术发展到宋元时代,无论是船体大小、船舶外型和内部结构，还是船上各种设施装置，都已远远领先于当时世界的水平，完全能适应远洋航行要求。

题　　名　郑和印施《大藏经》题记——郑和皈依佛门的左证
作　　者　李希泌
刊　　名　文献
年 卷 期　1985 年 3 期
页　　码　78 –80

题　　名　郑和印造大藏经事考
作　　者　吴聿明
刊　　名　郑和研究
年 卷 期　2006 年 1 期
页　　码　94 –97
摘　　要　邓之诚先生著《骨董琐记全编》中有一篇题为“郑和印造大藏经”的文字，记述郑和自永乐五年（1407 年）至宣德五年（1430 年）间陆续印造大藏经十藏布施于郑和与郑和下西洋重要关系地著名寺院之事，并详载明初刻本《优婆塞戒经》卷七后刻题记。关于此则史事，中国航海史研究会 1985 年编辑出版的《郑和史迹文物选》中曾记及，其史料来源亦为此戒经题记，可见此则史料的可靠性。但《郑和史迹文物选》记之极为简略，此后其史料价值和信息含量也未引起学术界的注意。因鉴于此则题记对于研究郑和以及郑和下西洋的重要参考价值，兹将该段文字照录于下，并加以考述。

题　　名　郑和永乐三年始行西洋无误
作　　者　张崇根
刊　　名　史学月刊
年 卷 期　1984 年 3 期
页　　码　105 –106

题　　名　郑和永乐元年奉使暹罗国事考辨
作　　者　刘孔伏，周喻
刊　　名　郑和研究
年 卷 期　2006 年 4 期
页　　码　45 –48

题　　名　郑和幼年所受的航海教育
作　　者　郑勉之
刊　　名　航海
年 卷 期　1985 年 3 期
页　　码　9

题　　名　郑和与“三宝殿”无关
作　　者　林弼远

刊　　名　咬文嚼字
年 卷 期　2010 年 10 期
页　　码　44－45

题　　名　**郑和与“西洋”各国的经济文化交流**
作　　者　刘如仲
刊　　名　贵州社会科学
年 卷 期　1983 年 3 期
页　　码　59－66,25
摘　　要　十五世纪初,郑和率领庞大的船队先后七次下“西洋”,经历了南洋群岛、波斯湾、红海、和非洲东岸的三十多个国家和地区,对中国与“西洋”各国的友好关系作出了贡献。同时也促进了中国与“西洋”各国的经济文化交流。

题　　名　**郑和与东南亚**
作　　者　刘稚
刊　　名　今日民族
年 卷 期　2005 年 7 期
页　　码　12－15
摘　　要　公元 1405 年至公元 1433 年间,伟大的航海家、外交家郑和率领 2 万余人,由 200 余艘大小船只组成的庞大舰队七次下西洋,“鲸舟吼浪,远涉洪涛”,航程总计达 16 万海里,活动范围东起长江口,西到阿拉伯半岛的吉达与非洲东岸的麻林,北自南京港,南至赤道以南之南半球,足迹遍及印度支那半岛、南洋群岛、马来半岛、阿拉伯半岛、东非沿海岸等亚洲、非洲的 30 多个国家和地区,开辟了西到大西洋、东至太平洋的航线,完成了人类航海史上的伟大壮举。郑和之所以能被明成祖选中出使南洋,除他机敏干练,有军事才能外,还因为他是穆斯林。当时东南亚、南亚、阿拉伯半岛一带受伊斯兰教影响极大,很多国家已经伊斯兰化。为便于交往,郑和成为出使该地区的最佳人选。由于东南亚是贯穿南中国海与印度洋的通道,所以这七次远航都无一例外要经过东南亚地区,而且东南亚又是郑和向西南远行的中继站,因此,郑和在东南亚的活动就是其远洋活动的重中之重,是中国历史上一次规模空前的与东南亚各地人民友好交往的对外开放活动。

题　　名　**郑和与东南亚华人穆斯林**
作　　者　廖大珂
刊　　名　暨南学报(哲学社会科学版)
年 卷 期　2005 年 27 卷 6 期
页　　码　123－127,141
摘　　要　郑和下西洋之前,华人穆斯林已经移居东南亚。郑和在出使西洋过程中,不仅与随行的华人穆斯林积极在当地从事伊斯兰教活动,在海外兴建清真寺,促进伊斯兰教在东南亚的传播,而且团结东南亚当地的华人穆斯林,把他们组织起来,建立华人穆斯林社区,作为宣传伊斯兰教的基地,对当地人民传播伊斯兰教,从而奠定了马来半岛与印尼群岛伊斯兰化的基础。

题　　名　**郑和与哥伦布**
作　　者　顾学稼

刊　　名　历史知识
年 卷 期　1986 年 5 期
页　　码　7 – 8

题　　名　**郑和与哥伦布**
作　　者　马晶
刊　　名　科学大观园
年 卷 期　2006 年 8 期
页　　码　4 – 7
摘　　要　十五世纪是人类认识和挑战蓝色海洋与地理大发现的时代。在这个世纪里，郑和与哥伦布，这两名代表着东西方不同文明体系的伟大航海家，在相距 70 年的时间里，先后在东西半球扬起远洋风帆，分别给远方的异族带去礼物与剑。

题　　名　**郑和与哥伦布：两个偶然角色，两种必然命运**
作　　者　姚国华
刊　　名　社会科学论坛（学术评论卷）
年 卷 期　2006 年 4 期
页　　码　14 – 18
摘　　要　600 年前，郑和这位中国历史上罕见的航海英雄，做出了令现代人惊叹的伟大壮举。他的船队有 2. 78 万人，分乘 63 艘巨型宝船和更多小一些的船，浩浩荡荡七下西洋，足迹遍及东南亚、南亚、阿拉伯半岛、东非沿岸。有人甚至说他还到了美洲。

题　　名　**郑和与哥伦布：两个偶然角色 两种必然命运**
作　　者　姚国华
刊　　名　国学
年 卷 期　2009 年 5 期
页　　码　14 – 19

题　　名　**郑和与哥伦布比较研究**
作　　者　彭顺生
刊　　名　广东社会科学
年 卷 期　1995 年 6 期
页　　码　64 – 69，81
摘　　要　15 至 16 世纪，欧亚大陆东西两端的中国和西欧诸国都进行了大规模的远洋航海活动，共同缔造了一个亘古未有的世界大航海时代。在这个时代里，历史造就了两个功勋卓著。声名显赫的人物，一个是引发了中西大规模航海活动的中国明朝太监郑和，一个是把大航海活动推向高峰的意大利水手哥伦布。

题　　名　**郑和与哥伦布航海比较研讨**
作　　者　陶松云，郑家红
刊　　名　复旦学报（社会科学版）

年卷期　1994年1期
页　　码　100－103
摘　　要　中国郑和七下西洋,其时间远比西方哥伦布航海为早,其航海条件及规模也远比后者优越,然而,却是西方发现了新大陆。十五世纪的中国与西方的不同社会背景,决定了各自不同的航海动机和目标,从而也得到了不同的效果和起到了不同的作用。

题　　名　**郑和与哥伦布航海之比较**
作　　者　陶松云,郑家红
刊　　名　郑和研究
年卷期　1995年2期
页　　码　17－20

题　　名　**郑和与哥伦布现象的比较研究**
作　　者　辛元欧
刊　　名　上海造船
年卷期　2005年1期
页　　码　64－71
摘　　要　郑和下西洋是中华民族开海远航的重大历史事件,是继"继张班伟业,开哥麦先河"的传大壮举,可是中国自出现郑和后,再未出现过第二个郑和级的航海家,反而退居东洋,中国自此衰落;而西方自哥伦布之后,却出现无数个重量级的航海家,从而使西方世界进入资本主义的新时代。这一切均反映了当时的社会发展规律,并非任何人力所能逆转。本文旨在通过对郑和与哥伦布现象的比较分析深入研究这一发展规律的必然性。

题　　名　**郑和与海上交通**
作　　者　寺田隆信,田树茂
刊　　名　上海大学学报(社会科学版)
年卷期　1985年2期
页　　码　77－84

题　　名　**郑和与海上丝瓷贸易**
作　　者　张海博
刊　　名　丝绸之路
年卷期　2009年12期
页　　码　46－48
摘　　要　郑和下西洋,是中国历史上最大的海上活动,也是人类航海史上规模最大的一次。其所走的路线、所访问的诸多国家,对当时的中国来说,都是空前的。郑和下西洋奠定和开拓了一条因丝瓷贸易而繁荣江南、将文明传向世界的海上丝绸之路。

题　　名　**郑和与江苏——江苏郑和遗迹考述**
作　　者　邵磊,贺云翱
刊　　名　南方文物

年 卷 期 2005 年 3 期

页　　码 25－34

摘　　要 郑和七下西洋,是世界航海史上的伟大壮举。在郑和 60 余年的生涯中,除了行进于远航西洋的海上之外,其余大部分时间都是在南京乃至于江苏度过的。不仅如此,这里还是郑和下西洋的决策地和始发地,是最早感受到和认识到郑和下西洋成就的地方,保存的郑和遗迹数量最多,也较为系统和完整,作为郑和下西洋的历史见证,具有重要的历史文化价值。今值郑和首航西洋 600 周年之机,为缅怀这位伟大的中国航海家和外交家,谨将江苏境内与郑和有关的遗迹作一考述,以志纪念。

题　　名 **郑和与金陵大报恩寺关系考**

作　　者 贺云翱

刊　　名 东南文化

年 卷 期 2007 年 4 期

页　　码 48－53

摘　　要 明代金陵大报恩寺及其琉璃塔是由著名航海家郑和参与建造的世界奇观。大报恩寺的直接前身为建于吴末晋初的“长干寺”,乃是南京地区历史最为古老的寺、塔之一。这里曾经是瘗藏唐三藏玄奘大师的顶骨舍利之处,是明代南京唯一依皇宫建筑体制起造的佛教寺院,也是明代早期总管全国佛教事务的中央机构“僧录司”所在,拥有全国佛教管理和佛学中心之地位。该寺还与明成祖身世之谜及成祖夺嫡易位乃至建文出家失踪诸史事相关。在其长达 16 年的建造过程中,郑和自始至终都参与其中,从而对该工程之完成作出过特殊的贡献。

题　　名 **郑和与旧港宣慰使史实辩正——兼论印尼华侨史实**

作　　者 郑闰

刊　　名 郑和研究

年 卷 期 2002 年 2 期

页　　码 21－22

题　　名 **郑和与妈祖娘娘**

作　　者 孙建国

刊　　名 江苏文史研究

年 卷 期 1998 年 2 期

页　　码 48－50

题　　名 **郑和与满剌加**

作　　者 陈达生

刊　　名 郑和研究

年 卷 期 2008 年 3 期

页　　码 22－28

摘　　要 满剌加王国与明朝中国的外交关系朱棣于 1402 年 7 月 30 日称帝后三个月后就派大批使者出使暹罗、爪哇、琉球、日本、苏门答剌以及占城等国家。同时明令宣布,欢迎各国使者前来中国,明朝政府一律以诚相待,积极鼓励各国和明朝中国在政治上建立外交关系,以及在经济上开展贸易。对于携带土产到来中国进行贸易,中国政府不加干涉。甚至对于一些误犯禁令的违禁活动,也网开一面,不加以治罪。

题　　名　郑和与满剌加——一个世界文明互动中心的和平崛起
作　　者　万明
刊　　名　中国文化研究
年 卷 期　2005 年 1 期
页　　码　100－109
摘　　要　郑和第一次下西洋有可能已到达满剌加“建碑封城”。满剌加王国的兴起，与郑和下西洋密不可分；而下西洋的成功，也离不开满剌加国王的大力支持。作为一个史无前例规模巨大的外交贸易使团，郑和下西洋每次必经满剌加，推动了世界文明互动中心转移到满剌加，并持续繁盛了一个世纪。满剌加的凸显，正是东南亚的凸显，在世界文明史上具有重要意义。这一时期的明满关系是历史上国际关系和平发展取得双赢的成功范例。

题　　名　郑和与闽江——有关郑和下西洋驻舟地点的商榷
作　　者　王宜俊
刊　　名　福建地方志通讯
年 卷 期　1985 年 2 期

题　　名　郑和与穆斯林
作　　者　杨兆钧
刊　　名　云南民族大学学报（哲学社会科学版）
年 卷 期　1993 年 4 期
页　　码　44－48
摘　　要　云南昆阳的马哈只碑上，明确地提到郑和的祖父称哈只、父亲称马哈只，说明其祖与父皆曾前往麦加，朝过天房。受这种家世的影响，使郑和在幼年时期从耳濡目染中，获得如何经蛮荒，渡大海，战骇涛，破巨浪的知识和参与朝觐天房的经验。这种稀有的经验，早已给郑和提供了一个下西洋的景像，虽不完整，但至少使郑和头脑中有了西洋的轮廓，这在中世纪的中国，也惟有少数穆斯林家庭，才具有这种知识。

题　　名　郑和与南京净觉寺
作　　者　韩品峥
刊　　名　文史杂志
年 卷 期　1985 年 2 期
页　　码　41，60
摘　　要　郑和（公元 1371－1435 年），是我国明代伟大的航海家，也是世界航海史上杰出的先驱者。从公元 1405 年（永乐三年）到 1433 年（宣德八年）间，郑和奉派率领强大的船队，七下西洋，巡行南洋群岛、印度洋、波斯湾、红海，直到亦道以南的非州东部海岸一带，在海上活动了近三十年，访问了亚州、非州三十多国。南京与郑和有着十分密切的关系，这里是他“七下西洋”的基地，留存不少重要的史迹。

题　　名　郑和与南亚
作　　者　刘如仲
刊　　名　南亚研究

年 卷 期 1981 年 Z1 期
页　　码 109－120
摘　　要 中国与南亚各国的交往很早,有的始于汉唐,有的起始于宋元,大多为通商或旅行家者的游历。国家之间正式遣使以明代为最盛。明朝初年,郑和七次下西洋到南亚各国,南亚诸国也不断遣使来华,加强了互相间的政治、经济、文化交往。

题　　名 **郑和与赛典赤·赡思丁关系献疑**
作　　者 周绍泉
刊　　名 郑和研究
年 卷 期 1988 年 12 期

题　　名 **郑和与上海**
作　　者 强达
刊　　名 航海
年 卷 期 1983 年 6 期
页　　码 35

题　　名 **郑和与十五世纪初中外文化交流**
作　　者 赵德兴,付启元,李惠芬
刊　　名 东方论坛
年 卷 期 2005 年 3 期
页　　码 16－20
摘　　要 当今世界需要文明的对话与文明的交流。十五世纪初的明代中国在世界格局中处于领先地位。我国伟大的航海家郑和奉明王朝之命,以和平的方式,向广大时处落后的亚非国家和地区传播了先进的中国文化,同时也吸收了一些亚非国家的文化精华,对中国与亚非国家的文化交流发挥了积极作用。郑和下西洋对中外文化交流的推动是多方面的,内容丰富多彩,本文主要从历法、冠服、科举制度的颁给,先进生产力的传播,图书、乐器、度量衡的赠予,宗教信仰的尊重和崇扬,绘画、建筑、雕刻艺术的交流,珍奇动植物的引进等方面作简要叙述。郑和是和平友好的使者,他的远航扩大了中国的影响,促进了东南亚国家的社会进步与经济文化的发展,增进了我国与亚非国家的友谊,丰富了中国对世界的认识,对于今天不同文化、不同文明之间的相互对话与交流,有重要的借鉴意义。

题　　名 **郑和与台湾关系考**
作　　者 黄云,郭秀清
刊　　名 闽江学院学报
年 卷 期 2003 年 24 卷 6 期
页　　码 48－52
摘　　要 郑和下西洋是否到达我国的台湾岛,历来众说纷坛,莫衷一是。本文从郑和船队出洋的目的和使命、郑和下西洋时遗留下的《郑和航海图》以及记载郑和下西洋诸多史料中的疑点进行比较分析,认为郑和及其主船队没有到达台湾岛。

题　　名　郑和与锡兰

作　　者　周绍泉,文实

刊　　名　南亚研究

年 卷 期　1986 年 2 期

页　　码　1－14

摘　　要　我国明代伟大航海家郑和,在明永乐三年(公元 1405 年)至宣德八年(公元 1433 年)的二十八年间,七下西洋,访问了当时亚洲和非洲的三十多个国家和地区,对促进当时中国与亚非各国的经济文化交流,起了巨大的作用。几百年来,郑和下西洋作为中国与亚非各国交通史上的一段佳话,一直流传不衰,时至今日,在我们与这些国家的交往中,还常常提起。可是,由于我们的研究还不够深入,关于郑和下西洋的许多问题还不很清楚,甚至还有某些误解没有澄清,以至影响我们对郑和下西洋做出正确的评价。我们这里所要谈的郑和与锡兰的关系,就是突出的一例。

题　　名　郑和与徐霞客——明代两大探险活动之异同

作　　者　吕锡生

刊　　名　无锡教育学院学报

年 卷 期　2002 年 22 卷 4 期

页　　码　2－6

摘　　要　郑和与徐霞客是明代后期的两大伟人,通过两人成才和业绩的比较,使人们看到他们能在不同条件下成才的同时,又看到他们所具有的爱国主义思想和崇高品格以及坚韧不拔的创业精神。

题　　名　郑和与印尼的伊斯兰教

作　　者　孔远志

刊　　名　中国穆斯林

年 卷 期　1989 年 5 期

页　　码　13－16

摘　　要　明朝郑和(1371－1433)是中国一位杰出的航海家。他率领巨舰百艘,七下西洋,远航亚非 30 余国,涉沧溟 10 万余里,历 28 年之久。郑和为增进我国与亚非各国间的贸易往来与友好关系,为推进世界文明的发展,作出了重大贡献。在七下西洋期间,郑和几乎每次都访问印尼的爪哇和苏门答腊等岛屿。下面介绍郑和在印尼(尤其在爪哇岛)传播伊斯兰教的情况。

题　　名　郑和与印尼的伊斯兰教

作　　者　孔远志

刊　　名　东南亚研究

年 卷 期　1990 年 1 期

页　　码　97－101

摘　　要　明朝郑和(1371－1433)是中国一位杰出的航海家。他率领巨舰百艘,七下西洋,远航亚非 30 余国,涉沧溟 10 万余里,历 28 年之久。郑和为增进我国与亚非各国间的贸易往来与友好关系,为推进世界文明的发展,作出了重大贡献。在七下西洋期间,郑和几乎每次都访问印尼的爪哇和苏门答腊等岛屿。下面介绍郑和在印尼(尤其在爪哇岛)传播伊斯兰教的情况。

题　　名　郑和与中国青花瓷
作　　者　张诚,阎蜜
刊　　名　郑和研究
年 卷 期　2006 年 1 期
页　　码　113－114

题　　名　郑和缘何被皇帝选中出使西洋
作　　者　蒋作初
刊　　名　长沙电力学院学报(社会科学版)
年 卷 期　1995 年 3 期
页　　码　87
摘　　要　今年是我国明代伟大的航海家郑和首次(1405 年)下西洋 590 周年。那么,当年郑和究竟缘何会被明成祖选中,率领举世无双的庞大船队远航西洋呢?

题　　名　郑和远航对中国地理科学发展的贡献——纪念郑和远航 580 周年
作　　者　钮仲勋
刊　　名　地理知识
年 卷 期　1985 年 7 期

题　　名　郑和远航与古代太平洋半环贸易网
作　　者　杨俊广,刘洪林
刊　　名　濮阳教育学院学报
年 卷 期　1994 年 3 期
页　　码　5－7
摘　　要　古老亚洲大陆“丝绸之路”不断演进的同时,勃兴了以西太平洋为主干的海上丝绸之路,亦称为“香料之路”。伴随香料之路而逐渐形成了海上交通与贸易的网络组织,这就是以中国为中心,从东亚的日本、朝鲜到东南亚地区的海上贸易网,从它的地理分布形状看,可称之为古代西太平洋半环形贸易网。这一半环贸易网络,是西太平洋地区善于航海的各民族共同编织而成的,在一定意义上可以说,它支撑了古代亚洲地区诸封建制文明的繁荣。

题　　名　郑和远航与文明的转折
作　　者　周宁
刊　　名　国学
年 卷 期　2009 年 5 期
页　　码　10－13

题　　名　郑和远航与印度洋的探索
作　　者　朱鉴秋,周茹燕
刊　　名　郑和研究
年 卷 期　1998 年 4 期
页　　码　24

题　　名　郑和远航与中国社会发展路向的选择
作　　者　孙树芳
刊　　名　郑和研究
年 卷 期　2006 年 1 期
页　　码　20－27
摘　　要　从 1405 年到 1433 年之间，郑和七次下西洋，历时近 30 年，这标志着人类的活动舞台发生了从大陆向海洋的历史性巨变。它最终奠定了东西方文明汇合于海上的格局。预示了一个整体世界在海上形成。郑和远航是大航海时代的先驱，在人类文明史上具有里程碑的意义。但却引起了人们深深的思索。因为在这稍后，在欧亚大陆的西端，也开始了另外一项远航事业。这就是所谓欧洲人开启的大航海事业。那项大航海事业，根植于与郑和全然不同的文明环境——正在开始转轨的、走向近代的西方基督教文明的土壤中。

题　　名　郑和远洋船队的医学保障
作　　者　龚锦涵
刊　　名　海军医学杂志
年 卷 期　2000 年 3 期
页　　码　193－196

题　　名　郑和远洋船队的医学保障
作　　者　龚锦涵
刊　　名　中华航海医学与高气压医学杂志
年 卷 期　2005 年 3 期
页　　码　10－15
摘　　要　郑和是我国古代航海事业的伟大先驱，七下西洋的业绩是世界航海史上的壮举。600 年前首次下西洋揭开了 15－16 世纪世界大航海活动的序幕，是那个时代社会政治和经济实力的产物，对人类文明的发展和交流作出了不可磨灭的贡献。今天，弘扬郑和下西洋所蕴藏的开放交流、睦邻友好、爱国奉献、不畏艰险、探索创新的伟大精神，对激励全国人民实现中华民族的伟大复兴，展示时代精神和价值取向，有重要的现实意义。

题　　名　郑和远征锡兰
作　　者　江鸿
刊　　名　郑和研究
年 卷 期　1988 年 12 期

题　　名　郑和在非洲的活动
作　　者　朱凡
刊　　名　暨南大学研究生学报
年 卷 期　1986 年 2 卷 1 期

题　　名　**郑和在江苏的遗迹地名考述**
作　　者　俞显尧
刊　　名　江苏地名
年 卷 期　1999 年 1 期
页　　码　20－22

题　　名　**郑和在南京的官署——内守备厅与内官监**
作　　者　邵磊，张正祥
刊　　名　郑和研究
年 卷 期　2006 年 4 期
页　　码　59－64

题　　名　**郑和在南京的史迹**
作　　者　王引
刊　　名　海交史研究
年 卷 期　1985 年 8 期

题　　名　**郑和在南洋的足迹**
作　　者　谭江
刊　　名　海内与海外
年 卷 期　1998 年 6 期
页　　码　55－56

题　　名　**郑和在印尼的活动**
作　　者　朱凡
刊　　名　暨南大学研究生学报
年 卷 期　1985 年 1 期

题　　名　**郑和在爪哇等地传播伊斯兰教初探**
作　　者　许友年
刊　　名　思想战线
年 卷 期　1983 年 6 期
页　　码　65－70

题　　名　**郑和重修大报恩寺考略**
作　　者　龚拜，潘群
刊　　名　郑和研究
年 卷 期　2008 年 1 期
页　　码　10－19
摘　　要　明代大报恩寺遗址位于南京市中华门外长干里。永乐十年，明成祖敕工部在天禧寺旧址重建，依准大内宫阙，建九级琉璃塔，赐额“大报恩寺”；宣德三年寺成。大报恩寺为明代三大寺之一，建筑精巧，富丽堂皇，尤以大报恩寺塔为最。大报恩寺塔“非成祖开国之精神，开国之物力，开国之功令，其胆智才略足以吞吐此塔者不能为焉”，被视为“中世纪世界七大奇迹”之一。

题　名　郑和舟师履菲新证——古苏禄国本头公英文墓铭考释
作　者　徐作生
刊　名　海交史研究
年卷期　2003 年 43 期
页　码　46－50
摘　要　郑和舟师究竟有没有抵达菲律宾群岛？这个历史悬案在海内外学术界持续争讼了数百年。1998 年 12 月，笔者作为访问学者，在菲律宾首都马尼拉出席国际华人学术研讨大会之后，旋抵菲国最南端的苏禄（省）也即古苏禄国，对其省府霍洛城进行勘访。在城郊巴笼山麓的明代郑和下西洋军师白本头祠庙中，发现汉字楹联；并在本头公茔墓附近，寻觅到倒伏于林莽之中的英文墓志一方。通过墓铭考释和楹联佐证可得到如下结论：郑和下西洋时期，其军师白本头率船航行到爪哇遇飓风，遂飘滞苏禄，并与酋长结下友谊，殁后葬苏禄，世世代代受岛国百姓供奉。这块英文墓志及汉字楹联为后人解开了一个历史积案：郑和下西洋军师白本头落根菲律宾苏禄。

题　名　郑和舟师三次异国战争与孙子谋略运用初探
作　者　杨林生
刊　名　广西社会科学
年卷期　2002 年 3 期
页　码　202－204
摘　要　郑和下西洋是世界航海史上的伟大壮举，舟师人员在与沿途各国人民友好往来的同时，也发生了三次较大规模的武装冲突。由于郑和熟知兵法，特别是对《孙子兵法》“先知”与“有恃”、“避实而击虚”、“兵之情主速”等谋略思想的成功运用，舟师部队取得了三战皆捷的巨大胜利。

题　名　郑和舟师三次异国战争与孙子谋略运用初探
作　者　杨林生
刊　名　现代兵器
年卷期　2002 年 8 期
页　码　40－42

题　名　郑和舟师驻泊福建航次时间考
作　者　庄景辉
刊　名　海交史研究
年卷期　1985 年 8 期

题　名　郑和祖源探究
作　者　高展澍
刊　名　郑和研究
年卷期　2009 年 1 期

页　　码　38 - 40

摘　　要　郑和下西洋由于其特殊的时代背景,以及试图掩盖历史的那一把火,使得600多年后的我们只能在古人的只言片语中追寻这位伟人的足迹,试图拼出那幅曾经真实存在过的完整的航海图,让那段光辉灿烂的历史再现于世人面前。本文从郑和祖源这一课题入手,尝试理清这位伟大航海家的家族渊源,作为郑和研究的入门答卷。

题　　名　**郑经与三藩之乱**
作　　者　李鸿彬
刊　　名　台湾研究集刊
年 卷 期　1984年4期
页　　码　25 - 33

题　　名　**郑氏家谱首序及赛典赤家谱新证**
作　　者　李士厚
刊　　名　文献
年 卷 期　1985年3期
页　　码　154 - 160

题　　名　**郑氏家谱首序及赛典赤家谱新证**
作　　者　李士厚
刊　　名　中南民族大学学报(人文社会科学版)
年 卷 期　1985年3期
页　　码　27 - 32

题　　名　**郑氏军队屯垦及其对台湾地名的影响**
作　　者　张维义
刊　　名　福建论坛(人文社会科学版)
年 卷 期　2008年6期
页　　码　79 - 82

摘　　要　郑成功收复台湾后,出于当时军粮供应紧张,以及为实现其匡复大明江山的战略目标,在台湾推行寓兵于农的屯垦政策,并取得显著成效。既发展了农业生产,保证了军民粮食之需,也推动了台湾社会经济的进步。军队的屯垦区形成许多村落、城镇,促进了闽南文化与社会族群在台的移植及生成;而在明郑军队垦殖过程中,衍生了许多与之相关的地名,留下郑氏军队当年筚路蓝缕、发展农业生产的历史印记,成为台湾开发史上特有的人文现象,也从另一侧面反映出闽台之间同根同源的关系。

题　　名　**郑氏政权对台湾的治理与开发**
作　　者　娄杰
刊　　名　两岸关系
年 卷 期　2008年4期
页　　码　70 - 72

题　　名　郑英通商略史
作　　者　赖永祥
刊　　名　台湾风物
年 卷 期　1954 年 4 卷 4 期

题　　名　郑芝龙扑灭海寇刘香始末
作　　者　[台]郑喜夫
刊　　名　台湾文献
年 卷 期　1967 年 18 卷 3 期

题　　名　郑芝龙:十七世纪的闽海巨商
作　　者　夏蓓蓓
刊　　名　学术月刊
年 卷 期　2002 年 4 期
页　　码　58－63
摘　　要　郑芝龙(1604－1661 年),青年时代前往澳门谋求发展,后前往日本,担任过荷兰人的翻译,因继承李旦的事业而起家。常年来往于澳门、日本、台湾等地,以贸易致富,横行海上。崇祯元年(1628 年)七月为熊文灿招抚,官至总兵。顺治二年(1645 年),拥立唐王朱聿键于福州,晋平国公,顺治三年率部降清。因其子郑成功踞台抗清,郑芝龙于顺治十八年被清廷处决。

题　　名　郑芝龙海上活动片断(上)
作　　者　方裕谨
刊　　名　历史档案
年 卷 期　1981 年 4 期
页　　码　3－11,29
摘　　要　郑芝龙乃郑成功之父,于明末天启年间,起事于闽粤浙省海上,号为一官老,拥舟数百,杀官劫船,劫富济贫,声势甚大,地方官穷于应付。入清之后,郑芝龙投顺清政权,最终仍难免于一死。而郑成功则坚决反清,并收复台湾为根据地,是著名的民族英雄。我馆所藏明代兵部档案内,有少量关于郑芝龙海上起事的文件,对于研究明末东南沿海情势及郑成功家世,颇有参考价值,特予公布。由于本期篇幅有限,现分两次发表。

题　　名　郑芝龙海上活动片断(下)
作　　者　方裕谨
刊　　名　历史档案
年 卷 期　1982 年 1 期
页　　码　2－6,35
摘　　要　兵部呈为兵科给事中李鲁生题请选将募兵以速闽省兵机事本崇祯元年二月二十四日兵部呈,于兵科抄出太仆寺少卿仍管兵科左给事中事署科事臣李鲁生谨题,为闽寇猖獗,闽省动摇,乞圣明亟遂闽人之请,以救闽祸事。

题　　名　郑芝龙灭海寇刘香始末
作　　者　郑喜夫
刊　　名　台湾文献
年 卷 期　1967年18卷3期

题　　名　郑芝龙投明降清原因析论
作　　者　孙福喜,丁海燕
刊　　名　内蒙古师大学报(哲学社会科学版)
年 卷 期　2001年4期
页　　码　115－120
摘　　要　郑芝龙生逢明末清初朝代更替的乱世,他先以海盗而投明,又以明之国公而降清,究其原因,不外以下几点:(1)传统观念的影响;(2)利益所驱;(3)人心世风的引导;(4)朝廷措置得当。值得特别指出的是:降清与郑芝龙个人的异域生活经历有相当大的关系。

题　　名　郑芝龙与澳门——兼谈郑氏家族的澳门黑人
作　　者　金国平,吴志良
刊　　名　海交史研究
年 卷 期　2002年42期
页　　码　48－59

题　　名　郑芝龙与荷兰之关系
作　　者　杨绪贤
刊　　名　台湾文献
年 卷 期　1976年27卷3期

题　　名　郑芝龙与李魁奇
作　　者　苏同炳
刊　　名　台湾文献
年 卷 期　1974年25卷3期

题　　名　郑芝龙与隆武朝
作　　者　杨友庭
刊　　名　鹭江职业大学学报
年 卷 期　2001年9卷2期
页　　码　37－43
摘　　要　郑芝龙本是明末闽粤沿海海商海盗集团的首领,受抚后,担任福建总兵之职。他借助明廷的名号和力量,垄断了东南沿海的贸易。明亡后,明的残余势力先后在南京和福州建立福王、唐王政权。郑芝龙遂翊赞唐王(隆武帝),统管当时全闽兵马,以至权倾朝野。但他拥立唐王的目的并非为了抗清复明,而是为了保住自己海上贸易的特权,故当清军大兵压境时,他不作任何抵抗就投降清廷。历来史家都把唐王政权的灭亡归咎于郑芝龙,其实是不够客观的。本文分析了唐王政权灭亡的原因,论述了郑芝龙辅助隆武帝抗清所起的积极作用,力图给郑芝龙以客观的评价。

题　　名　**郑芝龙在清郑和谈中所扮演的角色**
作　　者　陈在正
刊　　名　厦门大学学报(哲学社会科学版)
年 卷 期　1988年3期
页　　码　117－124
摘　　要　自顺治九年(一六五二年)至十一年(一六五四年),清政府与郑成功之间进行了三次和谈活动,本文着重考察郑芝龙在和谈活动中所扮演的角色及其可悲的下场。

题　　名　**郑州至开封古代水运兴衰之研究**
作　　者　侯全亮
刊　　名　黄河科技大学学报
年 卷 期　2008年10卷4期
页　　码　25－27
摘　　要　黄河是中华民族的母亲河,孕育和滋润了大地,创造了灿烂的中华文明。在长达5000年的华夏文化史中,黄河与河南乃至中原地区有着亘古不解的渊源、千丝万缕的联系。黄河为中原大地提供了源源不断的生命活水,黄河为炎黄子孙造就了广阔、平坦,赖以生存的沃土,黄河为中原培育了无数英雄豪杰、仁人志士,黄河及其文化又为中原文化的繁荣发展奠定了坚实的基础,增添了丰厚的文化底蕴。当然黄河又是一条桀骜不驯的河流,曾使华夏儿女特别是中原儿女饱受其害,但盘古以来,生活在这里的人们在与黄河水害展开不懈斗争之时,对黄河的崇拜敬仰之情结却愈结愈深。文化凝结历史,文化连接未来。近些年来,研究黄河、研究黄河文化的热潮此起彼伏,有关单位和团体相继组织了多种主题的黄河文化论坛,一些知名学者也围绕黄河及其与中原文化之关系发表了许多高见,这无疑对黄河文化的传承,对中原文化的弘扬起到了推进作用。就此,本刊将陆续特约和选用一些交流论文,以飨读者。

题　　名　**政治权力与中世纪末的中西航海业——兼与“中国没有经济动力论”商榷**
作　　者　江道源
刊　　名　海交史研究
年 卷 期　1996年30期
页　　码　1－18

题　　名　**政治学视角下的郑和下西洋与哥伦布等的远航**
作　　者　岳汉景,赵军
刊　　名　宁波广播电视大学学报
年 卷 期　2006年4期
页　　码　110－114
摘　　要　郑和下西洋为什么没有后继者,没有使中国更加开放、更加富强?而为什么晚于郑和近百年的哥伦布等西欧航海家的远洋探险航行却揭开了西欧殖民扩张和资本主义大发展的序幕?这两个问题是学术界早就讨论过的:有主要从海洋意识、海权观念方面考虑的,也有主要从历史背景方面考虑的。本文使用政治学中有关利益的理论,从目的与利益的关系的角度尝试对这两个问题进行回答。

题　　名　知识视野中的郑和下西洋
作　　者　万明
刊　　名　中华文史论丛
年 卷 期　2006 年 1 期
页　　码　7－27
摘　　要　作为事件的郑和下西洋，海内外的研究已经硕果累累；作为经验的郑和下西洋，特别是作为知识积累重要里程碑的郑和下西洋，仍有探究的空间。从知识的视野来看郑和下西洋，规模宏大的远航正是中国人海外知识累积与递进的重要历程。这一认识有必要从郑和研究的兴起谈起。

题　　名　芷江“天后宫”在清代的发展状况
作　　者　张涛
刊　　名　怀化学院学报
年 卷 期　1993 年 12 卷 1 期
页　　码　53－54

题　　名　指南针、印刷术从海路向外西传初探
作　　者　李晋江
刊　　名　福建论坛(文史哲版)
年 卷 期　1992 年 6 期
页　　码　64－68

题　　名　制度变迁与中国近代茶叶对外贸易——基于福州港的个案考察
作　　者　姜修宪
刊　　名　中国社会经济史研究
年 卷 期　2008 年 2 期
页　　码　65－70
摘　　要　本文以海关贸易报告和英国领事商务报告为基本史料，对福州近代茶叶对外贸易的相关史实进行梳理，从制度变迁的新视角探讨近代中国茶叶贸易的兴衰缘由。本文认为茶叶贸易的兴衰应该从制度变迁方面去寻找，其它因素只是作为外部原因在起作用。

题　　名　制度缺陷与漕政危机——对清代“废漕督”呼声的深层分析
作　　者　吴琦，肖丽红
刊　　名　中国社会经济史研究
年 卷 期　2006 年 4 期
页　　码　39－50
摘　　要　清代作为中央与有漕各省漕务联系的“桥”，漕运总督没能发挥应有的中介人优势，反而陷入了社会关系学上的“齐美尔连带”中，受双方规范和习惯的束缚，失去了制度给予的自主。督漕过程中，漕运总督与河道总督、仓场侍郎之间分工合作，责任连带。但这种共同利益也造成他们之间职权的重叠。总漕在与他们的合作与竞争中被不断分权。作为漕务官员体系的代表与发言人，漕督反而被属下官员所控制和利用，以至于常成为一种莫名的角色。此外，清中叶以后历任总漕素质上的缺陷，也使他们在复杂的社会环境下，名不副实，地位与作用日渐下降。由此，朝廷中出现了“总漕无用论”及“废漕督”的声

音。

题　　名　**制度与调适——郑和下西洋和朝贡体系下的东南亚华侨**
作　　者　林翠茹
刊　　名　南方文物
年 卷 期　2005年4期
页　　码　85－88

题　　名　**滞后的反应——明清之际东西交流中的中国**
作　　者　王小红
刊　　名　河西学院学报
年 卷 期　2005年6期
页　　码　89－93
摘　　要　明清时期三百多年的中西交流是中外关系史中重要的历史时期。这一时期中西交流的模式,为鸦片战争后最初十多年的清政府外交政策奠定了可资继承的传统。文章论述了中国和西方国家在这一时期全方位的交流过程并特别指出这种交流取得的效果对中、西双方却大相径庭。西方国家利用这几百年的交流时间,全面了解了中国,为以后的入寇中华创造了有利条件;中国在这三百年的交流中,依然做着天朝上国的美梦酣睡不醒。中国错过了第一次与西方并驾齐驱的发展机遇。

题　　名　**中澳船行兴衰史**
作　　者　王孝询
刊　　名　八桂侨刊
年 卷 期　1993年4期
页　　码　47－50

题　　名　**中朝抗倭战争中的露梁海战**
作　　者　司今
刊　　名　安徽师范大学学报(人文社会科学版)
年 卷 期　1982年4期
页　　码　76－80
摘　　要　十六世纪八十年代,丰臣秀吉结束了日本群雄割据的战国时代,统一了全国,自请为“关白”,于1592和1597年,两次发兵进犯朝鲜。明政府应朝鲜国王的请求,两度派兵援朝。战争持续七年之久。露梁海战是中朝抗倭战争胜利的最后一战。兹将该战情况,略述如次。

题　　名　**中朝与中越朝贡制度比较研究**
作　　者　刘信君
刊　　名　吉林大学社会科学学报
年 卷 期　2010年5期
页　　码　76－85
摘　　要　在中国古代封建王朝建立的朝贡体系中,分为典型朝贡国和准朝贡国。在典型朝贡国中,朝鲜、越南、琉球各有特色。将中朝与中越朝贡关系加以比较,可以发现二者在政治、军事、礼仪、经济等方面有诸多相同之处;而在中国对两国的控制、朝贡手续及朝贡时间、贡期、贡道、贡物、规模等方面又有一定的差异。透过这些差别,我们不难发现,朝鲜比越南的朝贡更具典型性,即朝鲜是典型朝贡国中最具代表性的。

题　　名　**中德关于德国租借胶州湾的交涉始末**
作　　者　白云春
刊　　名　中山大学研究生学刊(社会科学版)
年 卷 期　1998 年 19 卷 1 期
页　　码　52 – 58
摘　　要　1897 年,德国以巨野教案为借口,出兵强租胶州湾,直接引发了帝国主义各国在华争租港湾,划分势力范围的狂潮,德国强租胶州湾是帝国主义侵华史的一个重要组成部分。本文着重论述中德两国有关《胶澳租界条约》以及铁路、税收、划界等方面交涉、谈判的情况。

题　　名　**中俄茶叶贸易初探**
作　　者　郭蕴深
刊　　名　社会科学战线
年 卷 期　1985 年 2 期
页　　码　154 – 159

题　　名　**中法海防三·六事件始末**
作　　者　周京南
刊　　名　军事历史
年 卷 期　1994 年 3 期
页　　码　58 – 59
摘　　要　1946 年 3 月,中国人民正沉浸在抗战胜利后的喜悦中,但越南北方的重要港口海防,仍笼罩着战争的阴影。3 月 6 日,终于爆发了震惊东南亚的中法海防之战。

题　　名　**中法勘界斗争与北部湾海域划界**
作　　者　李金明
刊　　名　南洋问题研究
年 卷 期　2000 年 2 期
页　　码　76 – 89
摘　　要　北部湾,亦称东京湾,是中越两国陆地与中国海南岛环抱的一个半封闭海湾。湾内平均水深 38 米,最深处不到 90 米,海底地形平坦,海域面积约 44238 平方公里(相当于 24000 平方公里),一向为中越两国所共有,从未划过界。1885 年 11 月至 1887 年 6 月,当时的中法两国政府曾派使者对中越两国陆上边界以及北部湾沿海岛屿进行过会勘,但由于受当时条件的限制,仍遗留着不少历史问题有待解决。1991 年 11 月,中越两国政府签署了《关于处理两国边境事务的临时协定》;1993 年 10 月,又签署了《关于解决中越边界领土问题的基本原则协议》。6 年多来,经过数十轮的政府级谈判和陆地边界、划分北部湾联合工作组与海上问题专家小组的会谈,两国终于 1999 年 12 月 30 日在河内正式签署了《中越陆地边界条约》,解决了长期以来存在的中越陆上边界问题,同时表示力争于 2000 年解决北部湾海域划界。值此之际,回顾一下中法勘界斗争的历史,并对北部湾海域划界存在的问题进行探讨,显然是有意义的。

题　　名　**中法马江战役及其历史教训**
作　　者　林庆元
刊　　名　福建论坛(人文社会科学版)
年 卷 期　1984 年 4 期
页　　码　1－5,82
摘　　要　1884 年,法国发动了侵越战争,并把战火燃烧到中国的福建,爆发了中法马江之战。在马江战役中,我国军民,面对强敌,英勇奋战,不怕牺牲,表现了崇高的爱国主义精神,为近代中国人民反侵略斗争史谱写了新的篇章。

题　　名　**中法马江之战和甲午中日海战中的留学生**
作　　者　戴学稷
刊　　名　福建论坛(人文社会科学版)
年 卷 期　1994 年 4 期
页　　码　26－31,42

题　　名　**中法马尾海战中的詹天佑**
作　　者　周铸,峰岚
刊　　名　民风
年 卷 期　2003 年 4 期
页　　码　11－14

题　　名　**中法战役炮击孤拔之周玉泉**
作　　者　郑逸梅
刊　　名　社会科学战线
年 卷 期　1978 年 2 期
页　　码　348

题　　名　**中法战役中之镇海炮手吴吉人**
作　　者　林世堂
刊　　名　越风
年 卷 期　1937 年 4 期
页　　码　36－37

题　　名　**中法战争后十年的南洋海军经费**
作　　者　谢茂发
刊　　名　云梦学刊
年 卷 期　2009 年 30 卷 2 期
页　　码　70－71
摘　　要　中法战争后,海军衙门成立并负责筹措南、北洋经费,此后十年中南洋海军经费总额约700 万两,常年经费平均为 70 万两,仅够维持现有军舰的保养。北洋海军此时期的经费,逾 2600 万两。

清廷经费大部分流向北洋海军，南洋海军经费极度短缺、数额少、来源单一，从源头上制约了其发展壮大。

题　　名　**中法战争期间：刘铭传在北台湾迎战法军始末——根据法国档案及当时外人记载所作检讨**

作　　者　李国祁

刊　　名　历史月刊

年 卷 期　2003 年 190 期

页　　码　41 - 55

题　　名　**中法战争期间大陆对台湾的支援**

作　　者　吴玫

刊　　名　台湾研究集刊

年 卷 期　1989 年 4 期

页　　码　53 - 60

摘　　要　在 1883 - 1885 年中法战争期间，法国侵略者为侵占中国沿海的一两个口岸作为谈判的抵押品，将战火由越南境内燃烧到中国沿海。他们派出侵华舰队，对台湾采取一系列军事行动，此后，又对台湾进行了全面的封锁，为了保卫台湾，大陆军民冒着重重困难和危险，将大批人力、物力、财力运往台湾，与台湾军民一起，彻底粉碎了法国的侵略阴谋，本文拟对这一时期大陆对台湾的支援略作论述。

题　　名　**中法战争期间赫德“业余外交”研究**

作　　者　陈文桂

刊　　名　近代史研究

年 卷 期　1996 年 6 期

页　　码　143 - 167

摘　　要　如何评价近代中国海关尤其是赫德的“业余外交”活动，是近代中国海关史研究的一项重要内容。近年来，它已引起学术界的广泛注意。赫德的“业余外交”活动，在中法战争期间表现得特别充分，特别具有典型意义。这就是本文选取这个题目的缘由。

题　　名　**中法战争期间清政府的抗法保台策略**

作　　者　季云飞

刊　　名　历史研究

年 卷 期　1995 年 6 期

页　　码　87 - 95

摘　　要　1883 至 1885 年，法国发动了一场侵略越南和中国的战争。这场战争分别在越南北圻和中国东南沿海地区进行，中国东南沿海地区的战役又主要集中在台湾。因此，中法战争中清政府如何坚持抗法保台、维护对台湾的主权，成为其对法军事斗争中的核心问题。本文拟对中法战争时期清政府抗法保台斗争的策略演变做一系统探讨。

题　　名　**中法战争前后的海防支拨**

作　　者　栾亮

刊　　名　郑州航空工业管理学院学报（社会科学版）

年 卷 期　2008 年 27 卷 6 期
页　　码　48 – 51
摘　　要　19 世纪 70 年代，随着西方资本主义列强入侵的加深，中国边疆出现了严重的危机。在财政不济的情况下，清廷对海防支拨有限，致使海防建设发展缓慢。中法战争全面检验了中国海防建设的成效，显示出中国海防空虚、落后。中法战争后，清廷决心整顿海防，将财政重点用于加强东南沿海的防备上，并取得了一定成效。

题　　名　中法战争前后的台湾海防
作　　者　陈在正
刊　　名　台湾研究集刊
年 卷 期　1992 年 4 期
页　　码　72 – 79

题　　名　中法战争前后清廷对北台之防务设施：刘铭传抚台时期为主
作　　者　徐丽明
刊　　名　德育学报
年 卷 期　1987 年 3 期

题　　名　中法战争时期清政府在"台湾封锁"问题上的外交努力
作　　者　张孙彪，王民
刊　　名　台湾研究集刊
年 卷 期　2006 年 1 期
页　　码　40 – 48
摘　　要　中法战争时期（1883 – 1885 年），中法双方在台湾北部展开了激烈的争夺。淡水战役之后，法方发布封锁台湾海口的通告，开始了为期将近五个月的封锁作战行动。当时的清政府决策层明悉法方此举意在围困台湾抗法军民，阻止内地对台湾的增援。因此，清政府一方面通过积极组织大陆沿海各省渡台接济，另一方面在外交层面上展开一系列的动作，援引近代国际公法的相关规定揭露法方践踏国际法律的行为，以期得到其它西方列强的支持。清政府在"台湾封锁"问题上的外交努力，表明到了十九世纪末清政府开始意识到需要运用近代国际法来解决中外交涉事件，这是值得肯定的。

题　　名　中法战争台湾保卫战中的刘铭传
作　　者　何秉
刊　　名　大同职业技术学院学报
年 卷 期　1996 年 10 卷 1 期
页　　码　17 – 24
摘　　要　在近代中国抵抗外国侵略的战争中，惟有中法战争曾经取得军事上的胜利，台湾保卫战则是中法战争中的重要战役。此战的胜利，对整个中法战争产生了巨大影响。作为临危受命督办台湾军务的刘铭传，是一位力主抗法、维护国家主权和民族利益的爱国者。在领导抗击法寇、保卫台湾的战争中，他无私无畏，联络广大爱国军民，同仇敌忾，对战争的胜利起了决定性的作用和做出了重要的贡献，在近代中国人民反侵略斗争史上写下了光辉的一页。

题　　名　**中法战争与澎湖**
作　　者　梁华璜
刊　　名　光武学报
年 卷 期　2002年25期

题　　名　**中法战争中的台湾保卫战**
作　　者　林其泉
刊　　名　大同职业技术学院学报
年 卷 期　1998年12卷1期
页　　码　33－60,64
摘　　要　文章着重对中法战争中的台湾保卫战进行了全面的论述,指出台湾保卫战是中法战争中的一个主要战场,经过爱国军民的努力,取得了胜利,挫败了法国侵略者攫取台湾以作为"担保品"的野心,有力地支援了中法战争中的其他战场,打乱了侵略者进一步侵略中国大陆的战争部署。

题　　名　**中法战争中的台湾保卫战——纪念中法战争一百周年**
作　　者　田福铿,王玉琛
刊　　名　淮北煤炭师范学院学报(哲学社会科学版)
年 卷 期　1984年Z1期
页　　码　46－53
摘　　要　一百年前的中法战争,由于腐朽无能的清政府实行投降妥协政策,结果铸成了中国"不败而败",法国"不胜而胜"的历史大错。这是世界战争史上罕见之事。在中法战争中,中国除了镇南关(今友谊关)——谅山等战役不败外,我们认为台湾保卫战也是基本不败的。台湾保卫战在中法战争中具有重要的战略地位。此战的胜利,对整个中法战争影响很大。

题　　名　**中法战争中基隆失守的是与非**
作　　者　邱展雄
刊　　名　湖南城市学院学报
年 卷 期　1992年13卷3期
页　　码　20－23
摘　　要　法国侵占台湾基隆的目的在于据地为质,要挟清朝廷,以达到侵华的目的。而督办台湾防务的淮军将领刘铭传,由于多种原因失机丧地,造成基隆陷落的历史悲剧。

题　　名　**中法战争中南洋水师援台备战略论**
作　　者　张彦辉
刊　　名　高校社科信息
年 卷 期　2005年3期
页　　码　39－44
摘　　要　中法战争中,南洋水师为援救台湾,在出洋前做了必要准备。但由于其出洋五舰武器装备落后,缺兵少将,训练又不合法,这在很大程度上增加了其援台备战的困难,推迟了南下援台时间,同时也预示了其后来援台的失败。

题　　名　中法镇海战役之南洋五舰
作　　者　谢茂发
刊　　名　泰山乡镇企业职工大学学报
年 卷 期　2007 年 14 卷 4 期
页　　码　5－17,6
摘　　要　有关中法镇海战役的研究,目前学术界关注较多。不过,对于参加镇海战役的南洋舰队五艘军舰在镇海战役中的活动、作用,人们历来关注不多。笔者在此,试图通过一些史料对其进行分析、探究,以求教于方家。

题　　名　中非交通的历史关系初探
作　　者　张铁生
刊　　名　新建设
年 卷 期　1963 年 2 期

题　　名　中非关系的研究及其重要性——中非关系论丛一书代序
作　　者　吴景宏
刊　　名　大陆杂志
年 卷 期　1960 年 20 卷 8 期

题　　名　中非关系史略
作　　者　王德明
刊　　名　主义与国策
年 卷 期　1955 年 43 期

题　　名　中非关系之鸟瞰及其史料研究——中非关系史论丛之一
作　　者　吴景宏
刊　　名　大陆杂志
年 卷 期　1954 年 8 卷 11 期

题　　名　中非关系之史的发展
作　　者　黎默冰
刊　　名　亚洲世纪
年 卷 期　1947 年 1 卷 7－8 期

题　　名　中非交往与中国印刷术传入菲律宾
作　　者　戚志芬
刊　　名　文献
年 卷 期　1988 年 4 期
页　　码　252－264,289
摘　　要　菲律宾是太平洋西部的群岛之国,北隔巴士海峡与我国台湾省相望,距离仅六十七浬。由于地理位置的邻近，中国和菲律宾自古以来关系颇为密切。两国关系究竟始于何时？中外有关学者历来众说纷纭。依文字记载，也有始于周、始于汉、始于公元三世纪等几种推测，尚待进一步探讨。

题　　名　中菲历史文化交融与冲突——按《古今图书集成》索骥
作　　者　郭猛
刊　　名　广西警官高等专科学校学报
年 卷 期　2009 年 1 期
页　　码　82－85

题　　名　中菲贸易问题的研究
作　　者　何炳贤
刊　　名　民族
年 卷 期　1935 年 2 卷 4 期

题　　名　中菲友好的历史见证——苏禄国东王墓
作　　者　杨玉梅
刊　　名　郑和研究
年 卷 期　2000 年 1 期
页　　码　38－40

题　　名　中古阿拉伯人造船与航海技术的考察
作　　者　刘景华
刊　　名　湖南师范大学社会科学学报
年 卷 期　1997 年 3 期
页　　码　109－113
摘　　要　为适应印度洋的多礁海域，阿拉伯世界的东部流行用木钉和绳索捆绑而成别具一格的轻型平底船；而在地中海上，西部阿拉伯人发明了大三角帆，对世界航海事业产生了重大影响；在航海技术方面，阿拉伯人对牵星法和指南针的使用也是当时世界一流的；阿拉伯人还有先进的航海知识。只是由于传统宗教观念的束缚，才使阿拉伯人的航海优势被欧洲人所取代。

题　　名　中古时期伊朗与中国的丝路商贸
作　　者　雷钰
刊　　名　人文杂志
年 卷 期　2011 年 1 期
页　　码　138－142
摘　　要　丝路曾是连结亚非欧三大洲的陆上交通要道，也是推动东西方文明融汇交流的商贸通道。丝路开通后，中古时期伊朗的安息帝国和波斯萨珊王朝先后成为丝路上最大的丝绸市场之一。在欧洲与远东商贸交往中，安息人和波斯人相继是最活跃、最具影响力的中间商。他们不仅充分利用伊朗高原的地缘优势，而且长期与中国保持友好关系，使安息帝国和波斯萨珊王朝在东西方的交往中大放异彩，波斯语则成了丝路上的国际通用语言。中古时期伊朗与中国的丝路商贸促进了双方经济文化的发展，丰富和改善了人民的物质文化生活，在东西方经济文化交流史上占据极其重要的地位。

题　　名　**中古时期中国和阿拉伯的往来——兼论中国和阿曼的关系**
作　　者　张俊彦
刊　　名　北京大学学报(哲学社会科学版)
年 卷 期　1981年3期
页　　码　48－63
摘　　要　本文所涉及的是从公元前二世纪以迄公元后十七世纪,即当我国汉代到明代期间,中国人民和阿拉伯人民之间的友好往来的若干历史情况。由于我所知道的有关阿拉伯方面的资料甚少,这里主要是根据中国方面的资料作一些介绍。

题　　名　**中古时期中国和阿拉伯之间的文化联系**
作　　者　郭应德
刊　　名　阿拉伯世界
年 卷 期　1982年1期
页　　码　17－23

题　　名　**中国"海盗"的光荣与梦想**
作　　者　炫炫
刊　　名　国学
年 卷 期　2009年7期
页　　码　46－47

题　　名　**中国"海圻"号巡洋舰美洲大航行——清末民初最远的航行**
作　　者　高竞溢
刊　　名　当代海军
年 卷 期　2004年9期
页　　码　32－36

题　　名　**中国"海上丝路"始发港探源**
作　　者　吴龙章
刊　　名　钦州师范高等专科学校学报
年 卷 期　2002年17卷3期
页　　码　51－53

题　　名　**中国——黑非洲关系史小考**
作　　者　江淳
刊　　名　世界知识
年 卷 期　1982年5期
页　　码　17－18

题　　名　**中国19世纪对轮船的引进和研制**
作　　者　王淼
刊　　名　内蒙古师大学报(自然科学汉文版)
年 卷 期　2000年29卷1期
页　　码　68－73
摘　　要　通过对相关文献和资料的研究,讨论了中国19世纪期间对轮船的引进和研制问题。

题　　名　**中国漕运产生的历史动因**
作　　者　吴琦
刊　　名　华中师范大学学报(哲学社会科学版)
年 卷 期　1995年3期
页　　码　105－109
摘　　要　漕运,是中国历史上一项特有的重要经济制度。漕运制度贯穿于整个封建社会,并延续到半殖民地、半封建社会,始于秦汉而终于晚清。它是以封建集权政治为母体,以封建自然经济为土壤的封建产儿。本文着重探讨漕运产生的历史动因。

题　　名　**中国茶叶外销百年史**
作　　者　陶德臣
刊　　名　茶业通报
年 卷 期　2004年26卷2期
页　　码　88－90

题　　名　**中国茶叶与早期中美贸易**
作　　者　曾丽雅,吴孟雪
刊　　名　农业考古
年 卷 期　1991年4期
页　　码　271－275
摘　　要　中美两国关系的肇始,完全是由于两国之间的商业贸易关系;而中国茶叶的大量输往美国,则是这种贸易的主要部分。中国茶叶与美国的关系悠久,它也直接与美国的独立战争紧密相联,并对独立后早期美国的经济发展起到过一定的媒介作用。

题　　名　**中国禅僧东渡日本及其影响**
作　　者　夏应元
刊　　名　历史研究
年 卷 期　1982年3期
页　　码　181

题　　名　**中国传统兵学与郑成功东征台湾之役**
作　　者　张云,孙兆军
刊　　名　军事历史研究
年 卷 期　2002年1期

页　　码　17－27

摘　　要　明末清初的郑成功东征台湾之役，在其战略战术的诸多方面运用和发展了中国传统兵学，体现了中国传统兵学的博大精深。郑成功东征战役之所以能够最终取胜，首先在于他所亮出的"反清复明"、"驱荷复台"的旗帜具有鲜明的正义性特点；也在于他能够成功地运用了谋略制胜原则，掌握了战争主动权；同时，郑成功还能够依靠海峡两岸人民，造成了民众参战的作战态势。由于上述因素，使郑成功稳操胜券。东征台湾之役，在中国兵学发展史上留下了不朽的篇章。在郑成功收复台湾340周年之际，笔者特以此文作纪念。

题　　名　中国传统的海权观念与郑和七下西洋中断的原因

作　　者　张金华

刊　　名　郑和研究

年 卷 期　2004年1期

页　　码　32－37

题　　名　中国传统海防思想的演变及特点

作　　者　陈相灵

刊　　名　南都学坛

年 卷 期　2008年28卷1期

页　　码　41－44

摘　　要　海防思想是中国古代军事思想中的重要组成部分。由于受政治、经济以及地理环境等因素的制约，古近代中西方对海洋的认识，反差较大。中国传统海防思想的演变主要表现在海上征服与威慑思想，海禁思想，海岸歼敌的思想，筹建近代海军、师敌长技以制夷的思想。

题　　名　中国传统文化与郑和下西洋

作　　者　陈尚胜

刊　　名　文史哲

年 卷 期　2005年3期

页　　码　74－80

摘　　要　"天子有德四海来归"的传统文化资源，对于通过武力夺得皇帝宝座但却缺乏政治权威的朱棣来说，提供了一个通过对外交往来改变自己"篡逆者"形象的行动指南。而郑和使团面对着不同宗教信仰所坚持的"和而不同"立场，和对某些海外势力的挑衅行为所采取的"以德服人"方针，也确保了朱棣赋予他们的外交使命的成功实现。

题　　名　中国船检史纵谈（上）

作　　者　朱复炎

刊　　名　中国船检

年 卷 期　1991年1期

页　　码　71－73

题　　名　中国船检史纵谈（下）

作　　者　朱复炎

刊　　名　中国船检
年 卷 期　1991 年 2 期
页　　码　49 – 53

题　　名　**中国大运河的形成、发展与繁荣**
作　　者　程玉海
刊　　名　聊城大学学报(社会科学版)
年 卷 期　2008 年 3 期
页　　码　1 – 7
摘　　要　用“中国大运河”或“大运河”,统称我国运河是准确的的。但“大运河”、“中国大运河”、“京杭大运河”这三个概念所包含的历史、地理、河道走向、文化研究范围,又是不同的。根据各个时期开挖的规模、航运、繁荣的程度,可以把中国大运河修建设过程划分为三个阶段:隋前为中国大运河体系的初步形成阶段;隋唐至北宋为中国大运河进一步完善和稳定发展阶段,也可称为中国大运河繁荣的一个阶段;元、明、清为中国大运河南北直航和再次繁荣的阶段。尽管我们今天更加注重元、明、清大运河的历史及文化研究,但它毕竟是中国大运河的一部分,而对中国大运河的全面研究更应高度重视。

题　　名　**中国稻作文化的起源和东传**
作　　者　安志敏
刊　　名　文物
年 卷 期　1999 年 2 期
页　　码　63 – 70,92

题　　名　**中国稻作文化东传日本的方式与途径**
作　　者　金健人
刊　　名　农业考古
年 卷 期　2001 年 3 期
页　　码　78 – 90

题　　名　**中国德化白瓷与欧洲早期制瓷业**
作　　者　李国清,郑培凯,梁宝鎏 等
刊　　名　海交史研究
年 卷 期　2004 年 45 期
页　　码　84 – 93

题　　名　**中国的“泰坦尼克”事件——“江亚”轮沉没惨案 50 周年祭**
作　　者　罗杰锋
刊　　名　船史研究
年 卷 期　1998 年 14 期

题　　名　**中国的“泰坦尼克号”事件——“江亚”轮的沉没**
作　　者　史春林

刊　　名　民国春秋
年 卷 期　1999 年 1 期
页　　码　29 – 30

题　　名　**中国的铁甲舰**
作　　者　海洋,胡伟忠
刊　　名　航海
年 卷 期　1990 年 1 期
页　　码　28 – 29
摘　　要　在十九世纪七十年代谈论铁甲舰,就象我们今天谈论“航空母舰”一样,尽管当时人们对它还有种种看法,但十年以后,中国还是拥有了当时亚洲第一号的“定远”和“镇远”两艘铁甲舰。

题　　名　**中国地方志中的倭寇史料**
作　　者　[台]郑梁生 著;徐建新 译
刊　　名　海交史研究
年 卷 期　1988 年 14 期

题　　名　**中国第二历史档案馆藏清海关赫德档案评述**
作　　者　许茵
刊　　名　历史档案
年 卷 期　2007 年 2 期
页　　码　112 – 117
摘　　要　中国旧海关在近百年的活动中形成了大量档案,现存于中国第二历史档案馆(以下简称二史馆)的海关档案有 5 万余卷,主要分属于海关总税务司署和关务署全宗中。其中,海关总税务司署藏有 53874 卷,关务署藏有 1889 卷,其时间跨度为 1859 – 1949 年。由于中国海关实行的是外籍税务司制度,因而海关档案大多数为英文。这些档案文献是进行中国近现代史研究不可或缺的重要资料。在赫德统治中国海关近半个世纪的时间里,形成了较为丰富的档案资料,收存于二史馆清海关赫德档案约 20 万件。其特点是:内容丰富,来源分散,史料价值颇高,时间跨度较,是清史工程中非常重要的档案文献,涉及清史研究中各个领域。本文拟从馆藏清海关总务司通令、赫德往来函电等方面作一评述。

题　　名　**中国第一部航海地图集:《郑和航海图》**
作　　者　卢良志
刊　　名　国土资源
年 卷 期　2008 年 7 期
页　　码　56 – 59

题　　名　**中国第一支近代海军略论**
作　　者　徐彻
刊　　名　社会科学辑刊
年 卷 期　1987 年 6 期
页　　码　73 – 78

摘　　要　作为中国近代海军的主力和中坚的北洋海军之所以必须认真加以考察，是因为它的发展过程有很强的典型性和代表性。因此研究北洋海军对于了解整个中国近代海军是有意义的。

题　　名　**中国第一支铁甲舰队的悲惨命运**
作　　者　夏玉东，刘平
刊　　名　当代海军
年 卷 期　2005 年 1 期
页　　码　35－39
摘　　要　清政府经过两次鸦片战争与列强的直接交锋，在海上连打败仗。侵略者的"坚船利炮"给清朝官员留下了深刻的印象。恐惧之余，清朝官员又有了几分羡慕，他们幻想着有朝一日自己也能拥有这些利器，以维持大清王朝的统治。19 世纪 50 年代中期，太平天国起义在中国东南地区进行得如火如荼。

题　　名　**中国东海沿岸地区文化在东亚各国的流布与影响**
作　　者　蔡丰明
刊　　名　江苏行政学院学报
年 卷 期　2004 年 5 期
页　　码　29－34

题　　名　**中国东南摩尼教的踪迹**
作　　者　廉亚明
刊　　名　海交史研究
年 卷 期　2000 年 38 期
页　　码　71－77
摘　　要　近年来，中国学者在福建和浙江又发现了摩尼教遗迹。虽然这些遗迹并不能提供摩尼教衰亡的细节，但是却增加了我们对中国摩尼教史的了解。由于时代变迁及历代战祸，除在敦煌莫高窟检出的三部摩尼教残经之外，唐以后摩尼教的书籍没有流传下来，这是摩尼教研究中的第一个问题。第二个问题是，虽然有关摩尼教的资料大部分已被发现，并已出版，学者们也已作了研究，但仍有些史料有待于深入探讨。

题　　名　**中国东南亚新石器文化特征之一：有段石锛**
作　　者　林惠祥
刊　　名　考古学报
年 卷 期　1958 年 3 期
页　　码　1－23，125－126，131－138

题　　名　**中国对澳门管辖权问题的历史轨迹**
作　　者　杨闯
刊　　名　外交学院学报
年 卷 期　1999 年 3 期
页　　码　7－12，64

题　　名　**中国对澳门主权的丧失与复归**
作　　者　徐雅民,韩淑娟
刊　　名　福建论坛(文史哲版)
年 卷 期　1999 年 2 期
页　　码　25 - 30

题　　名　**中国对钓鱼岛享有主权之历史依据**
作　　者　武圣涛
刊　　名　内蒙古电大学刊
年 卷 期　2008 年 10 期
页　　码　20 - 21,101
摘　　要　历史证据证明,中国对钓鱼岛享有无可争辩的主权。因为无论是法理还是国际法规则(如先占、时效等制度)的运用都必须以历史事实为基础,离开历史,一切都只能是空中楼阁。

题　　名　**中国对瑞典国最早的全面记述——述清末写本《瑞典国记略》之历史由来**
作　　者　辛德勇
刊　　名　故宫博物院院刊
年 卷 期　2007 年 3 期
页　　码　67 - 85,157
摘　　要　本文从中国对瑞典认识和记述的历史这一角度,介绍并论述了作者收藏的孤本书籍《瑞典国记略》。文章指出,迄至清朝末年,中国对瑞典的认识经历了如下六个阶段:第一阶段,从明末到清代康熙中期。通过西洋传教士的介绍,对瑞典开始有初步的了解。第二阶段,从康熙晚期到道光初年。主要是清朝官方和个别出洋商人,通过出使他国偶然接触到的瑞典国民并向所在国探问相关情况;或是与瑞典来华商船的直接接触;或是海外经商听闻的间接传说,对瑞典有了中国人自己的记述。第三阶段,道光二十年鸦片战争爆发前短暂的若千年期间。西洋传教士开始重新向中国介绍包括瑞典国在内的世界地理知识。第四阶段,从鸦片战争之后到同治四年。在中国人自己撰述的全球地理总志中,对瑞典有了更为丰富和清晰的记述。第五阶段,从同治六年到光绪中期。留下了一批中国人考察游历瑞典的日记,对瑞典的认识变得非常具体明晰,但还很不系统。第六阶段,光绪中期至清王朝结束。《瑞典国记略》就是这一时期的标志性著述,它是中国对瑞典最早的全面系统的记述。这部书虽然没有在社会上正式刊布,但在中国认识瑞典的历史上,仍具有里程碑式意义。

题　　名　**中国对外贸易起源之浅见**
作　　者　沈根荣
刊　　名　国际商务研究
年 卷 期　1983 年 2 期
页　　码　48 - 49,30

题　　名　**中国帆船的帆与桅**
作　　者　[英]沃塞斯特
刊　　名　船史研究
年 卷 期　1994 年 7 期

页　　码　209 – 221

题　　名　**中国风帆出现的时代**
作　　者　文尚光
刊　　名　武汉理工大学学报(交通科学与工程版)
年 卷 期　1983 年 3 期
页　　码　63 – 70
摘　　要　本文依据一些甲骨文专著和历史文献。论证了殷商时代的甲骨文中的“凡”字不能释为“帆”字,而且在殷商之后的一千多年中,亦不见有关风帆的记载,从而否定了中国的风帆产生于三千多年之前的说法。在我国历史文献中,有关风帆的最早记载出现于公元 115 年,这说明至迟在东汉前半期已确有风帆了。这是仅据文献记载得出的最保守的结论,而它实际出现的时代还应早得多。中国风帆出现的时代虽较西方国家为晚,但其发展却极为迅速,以致在许多方面后来居上,而跃居于世界前列,对人类文明作出了重要贡献。

题　　名　**中国风帆探源**
作　　者　林华东
刊　　名　海交史研究
年 卷 期　1986 年 10 期
页　　码　85 – 88

题　　名　**中国封建社会的禁榷制度**
作　　者　王仙花
刊　　名　山西财经大学学报
年 卷 期　1985 年 3 期
页　　码　75 – 79

题　　名　**中国港市之发展**
作　　者　黄盛璋
刊　　名　地理学报
年 卷 期　1951 年 Z1 期
页　　码　21 – 40

题　　名　**中国共产党早期反对西方在华炮舰政策的斗争**
作　　者　史春林
刊　　名　兰州大学学报(社会科学版)
年 卷 期　2006 年 34 卷 4 期
页　　码　93 – 97
摘　　要　近代以来,西方列强凭借坚船利炮在中国境内横行霸道,胡作非为,给中国国家主权和人民生命财产造成严重危害。中国共产党成立后对西方在华炮舰罪行进行了深刻地揭露和批判,并提出了反对西方在华炮舰政策的方针和策略,推动了爱国反帝斗争的深入发展。

题　　名　中国古船
作　　者　金在瑾
刊　　名　海交史研究
年 卷 期　1989 年 16 期

题　　名　中国古船:讲述航海大国的故事
作　　者　江亚波,周宁
刊　　名　中国国家地理
年 卷 期　2007 年 5 期
页　　码　162 - 168

题　　名　中国古船的船饰文化
作　　者　程雯慧
刊　　名　船海工程
年 卷 期　2003 年 1 期
页　　码　47 - 49
摘　　要　船饰文化是中国古船研究中重要的组成部分,本文从船舶彩绘、雕刻艺术、船旗和风俗等方面对船饰文化进行一些分析与论述。

题　　名　中国古船的减摇龙骨
作　　者　席龙飞,何国卫
刊　　名　自然科学史研究
年 卷 期　1984 年 3 卷 4 期
页　　码　368 - 371
摘　　要　船舶在风浪中航行,产生一系列的摇摆运动,其中尤以横摇的摇摆幅度为大,给船舶航行性能及使用性能造成一系列有害影响。设计与安装减摇装置是改善横摇性能的重要方法。减摇装置有多种形式,其中以减摇龙骨结构简单,减摇效果显著。所以,减摇龙骨的出现,是改善船舶适航性的一项重大的技术进步,它对促进航海事业的发展起着极为重要的作用。我国早在北宋末年就实际应用了减摇龙骨这一技术,比国外记载要早大约七百年。本文就中国古船的减摇龙骨问题进行一些探讨。
关 键 词　古船;减摇龙骨;造船技术

题　　名　中国古船桨系考略
作　　者　周世德
刊　　名　自然科学史研究
年 卷 期　1989 年 8 卷 2 期
页　　码　185 - 196

题　　名　中国古代"东海"称谓变化过程通考
作　　者　权赫秀
刊　　名　东北亚研究
年 卷 期　2008 年 2 期

页　　码　70－75

摘　　要　中国古代文献对今日本海的称谓有一个变化过程，即从先秦至隋唐的模糊称谓到元朝具有明确方位和海洋特征的“鲸海”、“东海”等称谓，“东海”之称一直沿用到19世纪末。“日本海”之称则在中日甲午战争后开始大量使用，这与当时国际局势特别是东北亚各国实力消长密切相关。中国古代文献有关“东海”的称谓出自中国中心的传统地理观念，无法成为此海域名称之争的直接依据，但对了解历史称谓的变化有重要的参考价值。有关这一问题的讨论应包括三个当事国；要充分尊重历史传统；注意反映海域特色；还应合理照顾有关各方的现实利益。

题　　名　中国古代“奇正观”

作　　者　肖采

刊　　名　郑和研究

年 卷 期　1994年4期

页　　码　41－45

题　　名　中国古代“物流”一瞥

作　　者　姜超峰

刊　　名　中国储运

年 卷 期　2006年3期

页　　码　44－46

摘　　要　中国古代的“物流”，其含义自然和今天的物流概念不同，但物的流动确实存在，而且具有相当大的规模，物流的管理世代相传，延续几千年。看一看古代的物流，是很有意义的事。

题　　名　中国古代“物流”一瞥

作　　者　姜超峰

刊　　名　中国流通经济

年 卷 期　2006年5期

页　　码　14－16

摘　　要　本文认为，中国古代的“物流”含义虽然与今天的物流概念不同，但物的流动确实存在，而且具有相当大的规模，物流的管理世代相传，延续几千年，值得一察。文章从物流需求、物流载体和物流管理等三个方面评介了中国古代的物流活动特征，认为农副产品和经济作物的大范围流动，是古代占主要地位的物流活动；中国古代物流载体首推漕运，仓储也是古代物流的重要载体；中国古代的物流管理主要体现在三个方面：一是市场的管理，政府设官员进行管理，其职责在于保护交易，执行法令，平抑物价。二是运输管理，最典型的例子是历代的漕运管理，具有较高的运输管理水平。三是仓储管理，政府设专门机构和官员管理仓库，其特点是仓储以粮食为主，仓储分储备和消费两种，仓库专业化明显，不同种类的物品分库保管，历代朝廷都设官员对仓库进行专业化管理。

题　　名　中国古代“行船更数”考

作　　者　周志明

刊　　名　古代文明

年 卷 期　2009年3卷2期

页　　码　93－97

摘　　要　中国古代航海过程中,“更”是一个重要名词,与针位、航线标志物及天星共同构成安全航海的几大要素。因此,将中国古代对“更”的相关记载进行综合分析,进而正确解读古代更路簿和海图,有其必要性。在此,欲从“一昼夜为十更”、“定更之法”、“更数应用”和“更数今读”等方面作一论述,希望能引起专家学者们的注意与重视。

题　　名　中国古代漕运思想的演变

作　　者　嵇建琴

刊　　名　中国经济史研究

年 卷 期　1999 年 3 期

页　　码　131－137

摘　　要　本文对漕运思想的分析以唐、宋、明、清这几个朝代为主。第一,从河运漕粮方法的思想演变看,便民利民、降低成本、提高漕运效益,始终被思想家们放在首要位置加以考虑。第二,从商业原则在漕运中的运用,我们可以看到,雇佣劳动制度在漕运中的使用,大大减轻了人民的负担,有利于调动百姓的积极性,用商船运粮,反映了商品货币意识在当时已为人们所接受,进一步推动了经济的发展。第三,“河运”“海运”思想的争辩,反映了“海运”论者已充分意识到,随着商品经济的不断发展,原有的漕运体制已落后于社会发展的要求,主张借助商业资本的力量消除漕运弊端。他们的改革思想符合社会发展的客观要求。第四,“常平仓”和“田赋改征折色”,可以减少漕运的烦劳和耗费,充分体现了经济简便原则。

题　　名　中国古代船舶的彩绘、装饰与审美艺术

作　　者　顿贺,程雯慧

刊　　名　武汉船舶职业技术学院学报

年 卷 期　2004 年 2 期

页　　码　49－51,65

摘　　要　本文从中国古代船舶的彩绘、装饰幡帜的配备、兵器的配置等多个角度对中国古代船舶的审美艺术进行了初步探讨,提出了独特的见解。

题　　名　中国古代船舶的两项重大发明——舵和水密隔舱

作　　者　齐吉祥

刊　　名　历史教学

年 卷 期　2005 年 4 期

页　　码　59－60

摘　　要　我国曾有一句非常流行的歌词:“大海航行靠舵手。”唱出了舵手在航海中的关键作用。顺理成章,对船而言,舵自然是关键部件了。舵在典籍中,又写作柁、T6、T7 等,其名称始于东汉,刘熙《释名·释船》说:“其尾曰柁。柁,拖也,在后见拖曳也。且弼正船,使顺流不使他戾也。”

题　　名　中国古代船舶的造型特征研究

作　　者　顿贺,程雯慧

刊　　名　武汉理工大学学报(交通科学与工程版)

年 卷 期　2004 年 28 卷 3 期

页　　码　463－466

摘　　要　早在古代,我国就以先进的航海和造船技术闻名于世。本文以文献及出土文物为依据,介绍了中国古代船舶的主体与上层建筑的造型特征及风帆等设备造型的特点,并对这些造型与使用功能的关系以及中国古代船舶所遵循的美学的原则进行了论述、分析,旨在发掘、宏扬中华优秀传统文化遗产,古为今用。

题　　名　中国古代船舶的造型艺术
作　　者　顿贺,程雯慧
刊　　名　船舶设计技术交流
年 卷 期　2004 年 2 期
页　　码　15－33

题　　名　中国古代船舶人力推进和操纵机具的发展
作　　者　辛元欧
刊　　名　船史研究
年 卷 期　1985 年 1 期
页　　码　47－63

题　　名　中国古代瓷器的外销
作　　者　冯先铭
刊　　名　海交史研究
年 卷 期　1980 年 2 期

题　　名　中国古代磁针的发明和航海罗经的创造
作　　者　王振铎
刊　　名　文物
年 卷 期　1978 年 3 期
页　　码　53－61
摘　　要　我们伟大的祖国,在历史上对人类作出过许多重要的贡献,丰富了世界文明的宝库。例如火药、磁针、印刷术的发明,长期为举世所艳称。这三项发明先后传入欧洲,都是在“文艺复兴”之前,而以磁针的传入为最早。当时欧洲处于封建社会晚期,新兴的资产阶级掌握了这三项“法宝”,在推动欧洲政治经济发展的斗争中极大地增强了力量。

题　　名　中国古代的“车船”——《中国古代造船史料汇考》之一
作　　者　林声
刊　　名　郑州大学学报(哲学社会科学版)
年 卷 期　1979 年 1 期
页　　码　23－29

题　　名　中国古代的船舶
作　　者　杨弘
刊　　名　求知(香港)
年 卷 期　1977 年 47 期

页　　码　15

题　　名　**中国古代的船舶**
作　　者　杨熺
刊　　名　大连海事大学学报
年 卷 期　1957 年 2 期
页　　码　93－108
摘　　要　我国是世界上发展海上活动最早的国家之一，两千多年前，已经远航重洋，交通海外，与日本、南洋各地建立了海上联系。隋唐时代，海上活动范围已远至波斯湾一带，至宋已达菲洲东岸，为当时世界海运业的先驱。

题　　名　**中国古代的独木舟和木船的起源**
作　　者　戴开元
刊　　名　船史研究
年 卷 期　1985 年 1 期
页　　码　4－17

题　　名　**中国古代的海界与海洋历史权利**
作　　者　杨国桢，周志明
刊　　名　云南师范大学学报（哲学社会科学版）
年 卷 期　2010 年 3 期
页　　码　26－32
摘　　要　海界，指人为划定的一定海域的地理界限，在不同时代有不同的空间范围。中国古代就有关于海界的记述，蕴涵着中国人对海界的自主认知。古代海界的观念与海洋历史权利相联系：国境海界的划分是海域主权的意思表示；地方行政单位和军事单位的海界，反映海域主权派生的行政管辖权和军事控制权；民间社会的海界，体现个人或宗族使用海域的权属。

题　　名　**中国古代的海神**
作　　者　李锋，陶伟民
刊　　名　航海
年 卷 期　1987 年 6 期
页　　码　18－19

题　　名　**中国古代的海运港口（续前篇）**
作　　者　杨熺
刊　　名　大连海事大学学报
年 卷 期　1958 年 2 期
页　　码　87－96

题　　名　**中国古代的航海探险**
作　　者　阎松筠

刊　　名　中国远洋航务公告
年 卷 期　2002 年 12 期
页　　码　62 – 63

题　　名　**中国古代的龙舟竞渡**
作　　者　崔乐泉
刊　　名　江汉考古
年 卷 期　1990 年 2 期
页　　码　91 – 96
摘　　要　龙舟竞渡是中国南方和东南亚等地历史悠久、分布广泛的一种传统习俗。它不仅有着丰富的社会内容，而且还有着多彩的活动形式。由于这一活动，具有浓厚的娱乐性和激烈的竞技性，因而，作为我国各族人民非常喜爱的一种文化、体育活动，被长期保留了下来。但是，由于资料的限制，全面系统地研究龙舟和龙舟竞渡起源、发展历史的文章不多。近年来，随着考古工作的开展，这方面的资料多有发现，且引起了越来越多的体育史工作者的重视。本文将根据考古发现的资料，结合文献记载及民俗学资料，试就我国古代的"龙舟"及"龙舟竞渡"诸问题作一探讨，以求学界师友教正。

题　　名　**中国古代的双层板底船**
作　　者　徐英范
刊　　名　中国历史博物馆馆刊
年 卷 期　1989 年 12 期
页　　码　81 – 87

题　　名　**中国古代的远洋航行与沿海海运**
作　　者　李映发
刊　　名　郑和研究
年 卷 期　2010 年 2 期
页　　码　15 – 20
摘　　要　中国古代远洋航行的历史悠久，至明代以郑和下西洋为极盛时期。以朝廷主办的沿海"海运始于元"，"终元不废"；明代少有举行，终以"海运险远"而将其罢除。两相比较，何以彼盛此衰，本文试析其原因。

题　　名　**中国古代东南沿海水上居民略论**
作　　者　陈鹏，林蔚文
刊　　名　海交史研究
年 卷 期　1991 年 20 期
页　　码　46 – 53

题　　名　**中国古代东沙群岛命名的考释**
作　　者　郭渊，卢明辉，张明亮，郑泽民
刊　　名　世纪桥
年 卷 期　2010 年 9 期

页　　码　31－32

摘　　要　中国闽粤沿海渔民在长期的生产实践中最早发现了东沙群岛，并给予命名。在中国古代，尤其是清代，诸多的历史图籍较为详细地描绘和记述了东沙群岛的构成、地理方位和特征。考释东沙群岛之命名，在地名学和维护领土主权等方面的意义都是十分重大的。

题　　名　**中国古代对船舶安全性的论述与实践**

作　　者　顿贺，罗世恒

刊　　名　武汉造船

年 卷 期　1999 年 4 期

页　　码　10－13

摘　　要　从船舶安全性角度对古代文献进分类整理，并结合出土古船实例加以印证。

题　　名　**中国古代对南海诸岛的命名**

作　　者　刘南威

刊　　名　地理科学

年 卷 期　1994 年 14 卷 2 期

页　　码　101－108

摘　　要　本文在对南海诸岛古地名和土地名进行考证、分析的基础上，指出南海诸岛土地名是其古地名的组成部分。把古地名与土地名联系起来，可得到一套中国古代南海诸岛地名系统。进一步得出中国南海诸岛的命名，是南海诸岛主权属于中国的有力的地名学证据。

题　　名　**中国古代对外关系史刍议**

作　　者　张志宏

刊　　名　山东大学学报（哲学社会科学版）

年 卷 期　1990 年 4 期

页　　码　61－63

题　　名　**中国古代对外关系史的中外界限和分期问题**

作　　者　陈尚胜

刊　　名　山东大学学报（哲学社会科学版）

年 卷 期　1989 年 3 期

页　　码　93－97

题　　名　**中国古代国际地位的历史转折——郑和下西洋意义新探**

作　　者　林友华

刊　　名　福建师范大学学报（哲学社会科学版）

年 卷 期　2001 年 1 期

页　　码　103－108

题　　名　**中国古代海产贝类的开发与利用**

作　　者　王赛时

刊　　名　古今农业
年 卷 期　2007 年 2 期
页　　码　22 – 33

摘　　要　自古以来,海产品就是人类重要的生活资源,中国古代的近海居民一直在对海洋产品进行开发和利用,其中对海产贝类的开发投入了极大的精力。经过一代又一代的努力,取得了显著的成果。本文选择了蛤蜊、牡蛎、淡菜、车螯、海月、石时(虫劫)这六种海产贝类为重点,以此探讨古代海产品的开发、加工及其食用情况。

题　　名　**中国古代海产珍品的生产与食用**
作　　者　王赛时
刊　　名　古今农业
年 卷 期　2003 年 4 期
页　　码　78 – 89

题　　名　**中国古代海船深水测量技术考述**
作　　者　王心喜
刊　　名　海交史研究
年 卷 期　1995 年 28 期
页　　码　87 – 89

题　　名　**中国古代海船与航海技术**
作　　者　龙村倪
刊　　名　科学史通讯
年 卷 期　2003 年 25 期

题　　名　**中国古代海关探源**
作　　者　傅宗文
刊　　名　海交史研究
年 卷 期　1988 年 13 期

题　　名　**中国古代海军历史述略**
作　　者　张墨,张帆
刊　　名　军事历史研究
年 卷 期　1997 年 2 期
页　　码　124 – 139

题　　名　**中国古代海军史略**
作　　者　唐志拔
刊　　名　船史研究
年 卷 期　1986 年 2 期

题　　名　**中国古代海军卫生工作简述**
作　　者　董孝厚
刊　　名　海军医学杂志
年 卷 期　1987 年 4 期
页　　码　60 – 64
摘　　要　伟大的中华民族拥有光辉灿烂的科学文化遗产。祖国医学是这份宝贵财富的重要组成部分。据医学史家研究，特别是有关军事医学史料的收集，整理和研究还远远不够。当然，中国古代既有庞大的军队，必然也要医学去服务，因而就有军队卫生工作和一系列人员组织机构。但有关中国古代海军卫生工作的资料还很缺乏。笔者不揣冒昧，将收集到的有限资料整理如下。

题　　名　**中国古代海上贸易的发展与演变**
作　　者　刘志金
刊　　名　淮阴师范学院学报（哲学社会科学版）
年 卷 期　1988 年 1 期
页　　码　88 – 93

题　　名　**中国古代海外传说误读的文化成因**
作　　者　王立
刊　　名　大连海事大学学报（社会科学版）
年 卷 期　2003 年 2 卷 3 期
页　　码　68 – 72

题　　名　**中国古代海外贸易的管理传统与早期海关**
作　　者　傅宗文
刊　　名　海交史研究
年 卷 期　1997 年 31 期
页　　码　1 – 9

题　　名　**中国古代海外贸易管理制度研究的新成果——郑有国著《中国市舶制度研究》评介**
作　　者　刘文波
刊　　名　中国社会经济史研究
年 卷 期　2005 年 3 期
页　　码　105 – 107
摘　　要　海外贸易史在中国传统史学中原是较为薄弱的一个研究领域，有关中国海外贸易管理制度的探讨自然不多。上个世纪二三十年代以来，日本学者藤田丰八《宋代市舶司与市舶条例》、桑原骘藏《蒲寿庚考》等著作的问世，开启了中国古代海外贸易管理制度研究的先河。迟至八十年代初，陈高华、吴泰先生合著《宋元时期的海外贸易》，中国学者逐渐涉足这一领域的研究。

题　　名　**中国古代海洋动物史研究**
作　　者　杨德渐
刊　　名　青岛海洋大学学报（自然科学版）

年 卷 期　2000 年 30 卷 2 期
页　　码　99 – 101
摘　　要　我国古代海洋动物史分为先秦、秦汉魏晋、隋唐至明清等三个时期。论述了各历史时期海洋动物的研究成就,包括对海洋动物的种类记述、命名缘起、归类沿革、生态习性、开发利用和资源保护等。综述并评价了各历史时期,对我国海洋动物研究有贡献的人物及其论著。

题　　名　**中国古代海洋观的特点与反思**
作　　者　吴珊珊,李永昌
刊　　名　海洋开发与管理
年 卷 期　2008 年 25 卷 12 期
页　　码　15 – 16

题　　名　**中国古代海洋文化是吴文化之源**
作　　者　潘群
刊　　名　苏州市职业大学学报
年 卷 期　2003 年 14 卷 3 期
页　　码　10 – 14

题　　名　**中国古代海洋文化与海神信仰**
作　　者　王钰
刊　　名　才智
年 卷 期　2010 年 9 期
页　　码　162 – 163
摘　　要　我国古代的神灵多且杂,海神亦然。学术研究说到底就是研究者给所研究的对象一个秩序。要对各种海洋社会中的海神信仰进行研究,首先必须对海洋神灵进行理性的归纳与整理,建立一个海洋神・灵结构体系,因此,本章探讨海神信仰的历史演变、海洋神灵的区域分布,而重心则是建构海洋神灵结构体系。

题　　名　**中国古代海洋文学导论**
作　　者　张如安,钱张帆
刊　　名　宁波服装职业技术学院学报
年 卷 期　2002 年 1 卷 2 期
页　　码　47 – 53
摘　　要　本文尝试对中国古代海洋文学作概念上的界定、题材上的分类,并初步概括出中国古代海洋文学的神秘性、变幻性、幻想性、哲理性、象征性、抒情性等艺术特点。

题　　名　**中国古代海洋小说的逻辑起点和原型意义——对《山海经》海洋叙事的综合考察**
作　　者　倪浓水
刊　　名　中国海洋大学学报(社会科学版)
年 卷 期　2009 年 1 期
页　　码　10 – 15

摘　　要　《山海经》是中国古代海洋小说叙事之祖。因为它包含着一系列被后世所继承和发扬的叙事原型,古代海洋小说基本上都从《山海经》中得到启发和思想、艺术养料。因此对于中国古代海洋小说而言,《山海经》是逻辑起点和"母题原型"。

题　　名　中国古代海员的称谓
作　　者　史春林
刊　　名　中国海员
年 卷 期　2007 年 4 期

题　　名　中国古代海员职务略考
作　　者　王杰
刊　　名　中国航海
年 卷 期　1993 年 2 期
页　　码　75 – 83
摘　　要　中国古代海员职务名目繁多且自成一体。本文通过对中国古代三个不同时期海员职务的逐个考证,提出了中国古代海员职务体系具有贸易行政职务占有很大比重等特点。

题　　名　中国古代海运活动
作　　者　杨熺
刊　　名　大连海事大学学报
年 卷 期　1958 年 1 期
页　　码　67 – 91
摘　　要　我国古代的海上活动范围是相当辽阔,中国商船的桨声帆影,乘风破浪,遍于太平洋、印度洋、波斯湾、红海各地。仅就历代沿海海军于海道用兵一事,上自春秋战国,下迄唐宋,屡见于各代史籍记载者,依其航行区域和航线来说,可分为以下各处。

题　　名　中国古代海战和"海军"称谓的最早记载
作　　者　叶永新
刊　　名　兰台世界
年 卷 期　2009 年 13 期
页　　码　63 – 64
摘　　要　海军是一个古老的军种,中国古代海军至少在春秋时期就已经产生。多年以来中国古代海军史研究取得了很大成就,出版了不少专著,发表了不少论文,但尚有一些基本问题仍需要进一步探讨。本文试就目前史学界存在争议的中国古代海战发生和"海军"这一军种称谓出现的最早记载问题,谈些浅见就教于专家和读者。

题　　名　中国古代航海发展简史
作　　者　朱鉴秋
刊　　名　海交史研究
年 卷 期　1994 年 25 期
页　　码　13 – 21

题　　名　**中国古代航海家**
作　　者　瞿世民
刊　　名　中国远洋航务公告
年 卷 期　2005 年 5 期
页　　码　53 – 55

题　　名　**中国古代航海科学与文明之一翼:航路指南史略**
作　　者　孙光圻
刊　　名　中国航海
年 卷 期　1989 年 1 期
页　　码　76 – 92
摘　　要　航路指南乃是人类在航海领域中,展示其科学与文明发展水准之一翼。本文依据大量的文献记载,从科技史角度,对中国古代航路指南的基本沿革及其形态与内涵的基本特色作了系统和扼要的考察与研究,并由之认为中国古代航路指南的演进,大略经过了如下几个历史阶段:1. 非文字形态性阶段;2. 原始的文字叙述性阶段;3. 非定量化的叙述性阶段向定量化的叙述性阶段转化的发展阶段;4. 定量化叙述性与图示性应用相结合的阶段;5. 以图示性为主,叙述性为辅的阶段。作者在论述上述阶段的同时,具体剖析了中国历史上若干重要的航路指南,并着重指出,公元十五世纪上半叶问世的《郑和航海图》,不但是中国历史上第一部分不再依附叙述性航路指南,而能独立指导航海活动的图示性航路指南,而且也是世界历史上第一部指导大洋间洲际航行的实用性航海图集。作者最后对中国古代航路指南的历史地位作出这样的评论:由于种种原因,虽然在近代航海科技史上,西方的航路指南取得了后来居上的历史性进步,但是中国人在优化古代航路指南方面所作出的不懈努力与杰出贡献,将永远作为人类在航海活动中的全部科学与文明遗产的一个重要组成部分而彪炳史册。

题　　名　**中国古代和阿拉伯国家的文化交流**
作　　者　沈立新
刊　　名　阿拉伯世界
年 卷 期　1987 年 1 期
页　　码　60 – 65,71

题　　名　**中国古代绘制的运河图**
作　　者　朱鉴秋
刊　　名　海洋测绘
年 卷 期　1997 年 3 期
页　　码　54 – 56
摘　　要　中国的大运河,又称京杭运河。简称运河,北起北京,南至杭州,沟通海河、黄河、淮河、长江、钱塘江五大水系,全长 1794 千米。运河始凿于公元前五世纪(春秋末期),后经十世纪(隋代)和十三世纪(元代)两次大规模扩展修凿,成为我国南北水道水运之要道。为了适应水运及水道整治的需要,古代绘制了为数不少的运河地图。今选择有代表性的作品作一评述。

题　　名　**中国古代货币制度对朝鲜、日本古代货币制度的影响**
作　　者　金荣国
刊　　名　延边大学学报(社会科学版)
年 卷 期　2000年2期
页　　码　74－76
摘　　要　我国是世界上最早使用货币的国家之一。古代中国货币一时成为东方的国际通货。中国与朝日两国为邻,中国古代的货币制度肯定曾给朝鲜和日本以重大的影响。本文试根据各国的商业活动及货币发展事实,分别加以阐述。

题　　名　**中国古代江南与朝鲜半岛的交流**
作　　者　卢海鸣
刊　　名　南京社会科学
年 卷 期　1997年8期
页　　码　51－57

题　　名　**中国古代交通与水(上)**
作　　者　金戈
刊　　名　海河水利
年 卷 期　2003年3期
页　　码　60－62
摘　　要　水运是中国古代最重要的交通方式之一。在古代陆路交通不发达的情况下,水运更具突出的价值。中华民族自古以来就十分重视发展水上交通事业,而且较早掌握了制造和驾驭舟楫的能力。利用江河湖海自然条件乃至举全国之力开挖人工运河以济不通,千百年来一直是中华民族苦心经营的要务。

题　　名　**中国古代交通与水(中)**
作　　者　金戈
刊　　名　海河水利
年 卷 期　2003年4期
页　　码　64－66

题　　名　**中国古代交通与水(下)**
作　　者　金戈
刊　　名　海河水利
年 卷 期　2003年5期
页　　码　65－69

题　　名　**中国古代结构法与郑和宝船尺度**
作　　者　汪亚波
刊　　名　船舶设计技术交流
年 卷 期　2005年1期

题　　名　**中国古代救生文化面面观**
作　　者　孙之祜
刊　　名　中国海事
年 卷 期　2006 年 10 期
页　　码　62 - 65

题　　名　**中国古代军事思想在日本的传播和影响**
作　　者　潘俊峰
刊　　名　军事历史
年 卷 期　1989 年 5 期
页　　码　38 - 40

题　　名　**中国古代科技传日史料——《赍来书目》所载相关著作**
作　　者　廖育群
刊　　名　中国科技史料
年 卷 期　1997 年 18 卷 4 期
页　　码　3 - 10
摘　　要　《赍来书目》是中国商船抵达日本长崎港时向地方官长呈报的泊载书目。长崎是江户时期日中贸易的唯一通商港口，因而通过船主呈报的书目，这一原始资料，可以了解到有哪些科技著作在这一时期经贸易渠道传入日本，以及各种著作的传入数量。这些著作中，有些是以"和纸"刊印的；宁波、南京、广东船的泊载书籍又各有特点，凡此种种均对研究中国科技史不无帮助。

题　　名　**中国古代科学技术在朝鲜的传播**
作　　者　冷东
刊　　名　海交史研究
年 卷 期　1999 年 35 期
页　　码　23 - 33

题　　名　**中国古代龙舟的历史演变**
作　　者　程雯慧，顿贺
刊　　名　武汉理工大学学报(社会科学版)
年 卷 期　2002 年 15 卷 5 期
页　　码　507 - 510
摘　　要　龙舟是我国已有几千年的历史，其独特的造型在中国船舶发展史中占有一席之地。本文旨在探讨龙舟演变发展的历史，整理发掘中华民族传统的优秀文化遗产，做到古为今用，为发展现代社会经济和旅游业服务。

题　　名　**中国古代木结构法式与郑和宝船尺度**
作　　者　汪亚波
刊　　名　船舶设计技术交流

年卷期 2005年1期
页 码 7-13
摘 要 明初永乐年间,成祖朱棣完成了几个大工程:建紫禁城、修长陵、以及命内官郑和造远洋舰队下西洋。在这些工程中,包含了迄今为止世界上最大的几个单体木制结构:紫禁城里的太和殿、长陵中的棱恩殿以及郑和宝船。现在太和殿、棱恩殿依旧挺立,而郑和宝船却片板无存。木材为中国古代建筑的主要结构材料,也是古代造船的主要材料,本文将通过分析中国古代木结构的建造法式和尺度关系,中国传统的封建宗法礼制和建筑规范,明、清时期以皇家宫殿为代表的中国木制结构实体的最大尺寸、以及明初森林资源与官方基建规模的分析比较等方面来探讨明代造船规范及宝船尺寸。

题 名 **中国古代南海诸岛文献初步分析**
作 者 曾昭璇
刊 名 中国历史地理论丛
年卷期 1991年1期
页 码 133-160

题 名 **中国古代食品东传日本史述**
作 者 林正秋
刊 名 杭州师范学院学报
年卷期 1998年5期
页 码 11-17
摘 要 中日两国,是一衣带水的邻邦,两国人民自古交往十分密切与频繁,有文字记载的已达二三千年之久。日本遣唐使的频繁入唐与名僧入宋取经,大大促进了文化交流;他们不仅带去了许多中国食品与烹饪技术,而且还传播了中国的饮食习俗与礼仪。日本桓武朝,为了鼓励遣唐使入唐学习,在离开日本之前,还举行了欢送宴会,采用“汉法烹调”,制作中国点心与菜肴上桌,表达了日本要求遣唐使多学一些先进文化带回去的良好愿望。中国古代食品传入日本的品种很多,至少数以十计。今择要考述10余种,以飨读者。

题 名 **中国古代水上救生组织形式的多样性**
作 者 孙之祜
刊 名 中国海事
年卷期 2008年9期
页 码 68-69
摘 要 镇江扬州地处长江与京杭运河的交汇处,是重要的漕运咽喉,是古老的中原文化与东南吴文化联系的纽带,海上丝绸之路与陆上丝绸之路通过运河在这里连接这里自古就被称为江河要津,水运非常发达,水上救生组织不仅出现得较早,而且救生组织的形式也是多种多样,据笔者考证,主要有:寺庙救生、官渡救生、民间救生、义渡救生、漕运救生和盐务救生等。其中有些救生组织又是多种形式交织,林林总总,蔚为大观,堪称世界水上救生史之一绝。

题 名 **中国古代水运管理模式的制度经济学分析**
作 者 郭旸
刊 名 水利经济

年卷期 2008年26卷3期
页　　码 47－50
摘　　要 从制度经济学角度分析中国古代集运式水运制度的管理思维，指出，中国古代的水运制度结构与国家治理结构密切相关，水道运输体系上的公共水权是由国家科层式行政系统实施管理的，科层机制与市场因素的融合引起水运制度结构的变迁；在历史的结构变迁过程中，水运制度的维持和运行产生了管理成本和合作成本的权衡博弈，并形成了最终的制度结构特征。

题　　名 **中国古代水战武器拍竿考略**
作　　者 李振乔
刊　　名 邢台学院学报
年卷期 2010年4期
页　　码 58－59，72
摘　　要 "拍竿"在中国古代战争史上，尤其是在水军作战中，发挥了巨大作用，它始于东晋，兴盛于南北朝时代，但在南宋钟相、杨么起义对战官军中亦发挥了不可替代的作用。"拍竿"的出现与应用体现了先民的智慧，是对杠杆原理运用的充分发挥。

题　　名 **中国古代水战中隐形作战的船舶和兵器**
作　　者 顿贺
刊　　名 武汉船舶职业技术学院学报
年卷期 2004年3期
页　　码 45－47
摘　　要 本文以历史文献为基础，介绍了中国古代水战中出现的部分船舶以及武器装备的隐形设计，以供更为深入的研讨。
关键词 隐形；战船；兵器；中国古代

题　　名 **中国古代铁器及冶铁术对朝鲜半岛的传播**
作　　者 王巍
刊　　名 考古学报
年卷期 1997年3期
页　　码 285－340

题　　名 **中国古代一次突破长江天堑的成功作战**
作　　者 孙海石
刊　　名 军事历史
年卷期 1989年2期
页　　码 36－38
摘　　要 晋武帝太康元年（公元280年）的晋灭吴之战，是中国战争史上规模空前的江河进攻战，也是一次突破长江天险的成功战例。它在军事上的意义，值得我们探研。

题　　名 **中国古代一大水利工事——灵渠**
作　　者 龙村倪

刊　　名　广西民族学院学报(自然科学版)
年 卷 期　2002 年 1 期
页　　码　42 - 44
摘　　要　探讨广西“灵渠”的历史、工程及工程原理,论述了广西“灵渠”的功能、作用及历史意义。

题　　名　**中国古代渔船源、流的探讨**
作　　者　王敬南
刊　　名　中国航海
年 卷 期　1994 年 1 期
页　　码　82 - 87
摘　　要　中国古代渔船源远流长,由原始浮具发展为筏与独木舟,而后又发展成为“木板船”、“木帆船”。我国北线的沙船和南线的福船两大基本船型,主要是由筏和独木舟演变发展而来,对世界造船技术的发展作出了独特的贡献,对我国渔业、航海的发展,起了不可磨灭的作用。

题　　名　**中国古代与太平印度两洋的桴筏戈船方舟楼船研究导言**
作　　者　凌纯声
刊　　名　中国民族学通讯(台北)
年 卷 期　1971 年 11 期
页　　码　1 - 9

题　　名　**中国古代运河发展的几个阶段**
作　　者　王明德
刊　　名　历史教学问题
年 卷 期　2008 年 1 期
页　　码　57 - 60

题　　名　**中国古代运河工程(一)**
作　　者　尤秈
刊　　名　交通与运输
年 卷 期　1998 年 6 期
页　　码　41 - 43

题　　名　**中国古代运河工程(二)**
作　　者　尤秈
刊　　名　交通与运输
年 卷 期　1999 年 1 期
页　　码　42 - 44

题　　名　**中国古代运河工程(三)**
作　　者　尤秈
刊　　名　交通与运输

年 卷 期 1999 年 2 期
页　　码 43 - 45

题　　名 **中国古代运河工程(四)**
作　　者 尤秈
刊　　名 交通与运输
年 卷 期 1999 年 3 期
页　　码 44 - 46

题　　名 **中国古代运河工程(五)**
作　　者 尤秈
刊　　名 交通与运输
年 卷 期 1999 年 4 期
页　　码 44 - 45

题　　名 **中国古代运河工程(六)**
作　　者 尤秈
刊　　名 交通与运输
年 卷 期 1999 年 5 期
页　　码 43 - 45

题　　名 **中国古代运河工程(七)**
作　　者 尤秈
刊　　名 交通与运输
年 卷 期 1999 年 6 期
页　　码 42 - 44

题　　名 **中国古代运河工程(八)**
作　　者 尤秈
刊　　名 交通与运输
年 卷 期 2000 年 5 期
页　　码 44 - 45

题　　名 **中国古代运河工程(九)**
作　　者 尤秈
刊　　名 交通与运输
年 卷 期 2000 年 6 期
页　　码 42 - 43
摘　　要 曹操修建了六条运河(续)建安九年(公元 204 年)二月,曹操率领十万大军围攻邺城,由于守城的袁军谋士审配防御严密,曹军久攻不下,直到是年八月,乘漳水山洪暴发之机。决漳水灌城才攻破。曹操以十万之众,围城作战达半年之久,如果当时没有刚开通的白沟为其漕运军粮和物资,源源不断地予以接济,这次攻郸战役是根本不可能取得胜利的。这充分证明了这条白沟运河确实发挥了重要作用的。

题　　名　中国古代运河工程(十)
作　　者　尤秈
刊　　名　交通与运输
年 卷 期　2001 年 2 期
页　　码　44 – 45

题　　名　中国古代运河工程(十一)
作　　者　尤秈
刊　　名　交通与运输
年 卷 期　2001 年 3 期
页　　码　44 – 46

题　　名　中国古代造船技术在西太平洋地区的传播
作　　者　王明星
刊　　名　船史研究
年 卷 期　1997 年 11/12 期

题　　名　中国古代造船业的发展与航海技术的进步(一)
作　　者　张建中
刊　　名　舰船标准化与环境条件
年 卷 期　1998 年 2 期
页　　码　36 – 37

题　　名　中国古代造船业的发展与航海技术的进步(二)
作　　者　张建中
刊　　名　舰船标准化与环境条件
年 卷 期　1998 年 3 期
页　　码　33 – 34,38

题　　名　中国古代造船业对世界的贡献与影响(连载一)
作　　者　顿贺
刊　　名　舰船电子工程
年 卷 期　2004 年 1 期
页　　码　79 – 80,57

摘　　要　中国的独木舟出现可能与西方同期,风帆出现比埃及晚,但是一经问世,技术上先进程度却是惊人的,特别是公元前后到十五世纪,许多发明创造更是举世瞩目。这些发明和创造,不但丰富和发展了自己,而且使世界各国受益非浅,极大地促进了世界造船业发展与航海贸易进行,其贡献是辉宏的。通过以船型、水密舱壁、明轮推进、船舵与使帆技术、船体建造及其工艺、导航技术、造船理论、船舶检验与管理、水战兵器、郑和下西洋意义等十个方面进行介绍,它充分证明了中华民族有着光辉灿烂的文化。

题　　名　中国古代造船业对世界的贡献与影响(连载二)
作　　者　顿贺
刊　　名　舰船电子工程
年 卷 期　2004年24卷2期
页　　码　97-100

题　　名　中国古代造船业对世界的贡献与影响(连载三)
作　　者　顿贺
刊　　名　舰船电子工程
年 卷 期　2004年24卷3期
页　　码　124-126

题　　名　中国古代造船业对世界的贡献与影响(连载四)
作　　者　顿贺
刊　　名　舰船电子工程
年 卷 期　2004年24卷4期
页　　码　131-134

题　　名　中国古代造船业对世界的贡献与影响(连载五)
作　　者　顿贺
刊　　名　舰船电子工程
年 卷 期　2004年24卷5期
页　　码　133-138

题　　名　中国古代造船业对世界的贡献与影响(上)
作　　者　顿贺
刊　　名　船舶设计技术交流
年 卷 期　2003年4期
页　　码　24-29

题　　名　中国古代造船业对世界的贡献与影响(下)
作　　者　顿贺
刊　　名　船舶设计技术交流
年 卷 期　2004年1期
页　　码　12-27

题　　名　中国古代舟船(一)
作　　者　刘杰

刊　　名　交通与运输
年 卷 期　2009 年 2 期
页　　码　76－77

题　　名　中国古代舟船(二)
作　　者　刘杰
刊　　名　交通与运输
年 卷 期　2009 年 25 卷 3 期
页　　码　76－77

题　　名　中国古代舟船(三)
作　　者　刘杰
刊　　名　交通与运输
年 卷 期　2009 年 4 期
页　　码　75－77
摘　　要　中国古代造船业的第三个高潮明朝是中国古代继秦汉、唐宋之后,舟船建造和发展的第三个高峰期。

题　　名　中国古代最早开展远洋贸易的地区——环北部湾沿岸——环北部湾沿岸经济文化变迁系列研究论文之二
作　　者　廖国一
刊　　名　广西民族研究
年 卷 期　1998 年 3 期
页　　码　90－100

题　　名　中国古都与漕运
作　　者　曹尔琴
刊　　名　唐都学刊
年 卷 期　1987 年 2 期
页　　码　1－11
摘　　要　古代都城是全国政治重心,是人口密集的地方。尽管都城多是建在经济比较发达的地区,还是需要漕运补给。一旦用兵,为了保卫政权,也需要从都城转运物资到军事要地。古都与漕运的关系是密切的。

题　　名　中国古籍中的南海诸岛
作　　者　陈亚洲
刊　　名　中学地理教学参考
年 卷 期　1997 年 5 期
页　　码　28－29

题　　名　**中国古琴流传日本考**
作　　者　周塬
刊　　名　音乐研究
年 卷 期　1988 年 3 期
页　　码　102 - 103

题　　名　**中国古陶瓷的对外传播**
作　　者　冯先铭
刊　　名　故宫博物院院刊
年 卷 期　1990 年 2 期
页　　码　11 - 13

题　　名　**中国古铜镜在日本早期国家政权形成中的作用——兼论日本出土的三面画文带神兽镜**
作　　者　杨金平
刊　　名　东南文化
年 卷 期　2009 年 1 期
页　　码　67 - 71
摘　　要　日本古坟时期众多的墓室里出土了大量中国古铜镜,它们是三国时魏明帝赐给日本邪马台国女王卑弥呼的铜镜,这些铜镜帮助和佐证了日本大和王权的建立,并对日本三角缘神兽镜产生了巨大的影响和作用。

题　　名　**中国古外销陶瓷的港口和路线(上)**
作　　者　叶文程
刊　　名　河北陶瓷
年 卷 期　1990 年 2 期
页　　码　45 - 47,44

题　　名　**中国古外销陶瓷的港口和路线(下)**
作　　者　叶文程
刊　　名　河北陶瓷
年 卷 期　1990 年 3 期
页　　码　49 - 53

题　　名　**中国关于十九世纪中叶以前中日关系史研究综述**
作　　者　刁书仁,李筱平
刊　　名　吉林师范学院学报(哲学社会科学版)
年 卷 期　1994 年 1 期
页　　码　66 - 71

题　　名　**中国海盗的黄金时代:1520 - 1810**
作　　者　安乐博,王绍祥

刊　　名　东南学术
年 卷 期　2002 年 1 期
页　　码　34－41
摘　　要　1520－1810 年是中国海盗的黄金时代，中国海盗无论是在规模上还是在范围上，一度都达到了世界其他任何地方的海盗均无以匹敌的地步。中国海盗活动之潮起潮落有一定的规律可循。不同时期，海盗的起因、性质与影响迥然有别。

题　　名　**中国海盗的命运**
作　　者　王前山
刊　　名　文史天地
年 卷 期　2005 年 3 期
页　　码　49－50

题　　名　**中国海盗抗击侵略者**
作　　者　金点强
刊　　名　小康
年 卷 期　2006 年 12 期
页　　码　76－78

题　　名　**中国海防史研究述评**
作　　者　高新生
刊　　名　军事历史研究
年 卷 期　2005 年 4 期
页　　码　176－185
摘　　要　海防史所涉及的范围非常广泛，研究中国海防史具有非常重要的现实意义。从上个世纪特别是近二十年以来，随着中国海防意识的逐步提高，中国海防史所取得的研究成果越来越引人注目。对中国海防史的研究成果进行回顾和反思，必将促进其研究向更纵深方向发展。

题　　名　**中国海港开埠纪事**
作　　者　陈方良
刊　　名　海洋开发与管理
年 卷 期　2001 年 2 期
页　　码　73－76

题　　名　**中国海关起源争议**
作　　者　连心豪
刊　　名　海交史研究
年 卷 期　1992 年 21 期
页　　码　52－56

题　　名　**中国海关起源之我见**
作　　者　张耀华
刊　　名　上海海关学院学报
年 卷 期　2008 年 1 期
页　　码　69 – 73,68
摘　　要　本文从中国古代关津(简称关)的产生条件、起源论述、文献资料纪实、考古资料证实四个方面,阐述中国海关起源应该是西周即起源于公元前十一世纪,而且中国海关起源于西周并非纯文字分析,它有具体隶属关系、关津分布、任务和机构等实际内容。中国古代关津包含于中国海关范畴,实质上就是中国海关起源。

题　　名　**中国海关史与中外文化交流史研究的最新成果——读《全球化视野:中国海关洋员与中西文化传播》**
作　　者　姚永超
刊　　名　上海海关学院学报
年 卷 期　2009 年 1 期
页　　码　83 – 84,67
摘　　要　詹庆华先生的《全球化视野:中国海关洋员与中西文化传播,1854 – 1950》一书,以中国海关洋员这一特殊群体为研究对象,研究主题是海关洋员参与的中西文化传播活动。书中采用全球化理论和文化维度解读历史,在中国海关史与中外文化交流史等领域均属学术创新。通览全书,人们能从新的时代语境和学术背景中去理解作者严谨务实的治史方法,感受凝练厚重的学术价值。

题　　名　**中国海关洋员与哈佛的汉学研究——以马士与费正清为中心**
作　　者　詹庆华
刊　　名　上海海关高等专科学校学报
年 卷 期　2006 年 4 期
页　　码　67 – 72
摘　　要　学界对西方在华传教士等群体与国际汉学发展的关系已有较多研究,而中国近代海关洋员与西方汉学发展的关系却鲜为人知。人们熟知美国现代汉学兴起与哈佛大学的费正清有着直接关系,但对于费正清的中国问题研究与海关洋员的密切关系知之不多。本文围绕他俩的传承关系展开分析,从一个侧面反映海关洋员在跨文化传播中的桥梁作用,从而有助于丰富中西文化交流史研究,将文化维度引入中国近代海关史的研究。

题　　名　**中国海关与引水问题**
作　　者　陈诗启
刊　　名　近代史研究
年 卷 期　1989 年 5 期
页　　码　13 – 30
摘　　要　近代中国海关与引水问题,涉及中国政府、外国在华使节、外国商人和外籍华籍引水的关系问题。我们选择这个题目,在于说明中国海关在中国复杂的半殖民地社会中的地位、作用及其局限性,关系到整个海关的评价问题。中国海关是个极其庞杂的机构,非有全面的研究,要对它作出正确的评价很不容易。我们希望就海关与引水问题,进行初步剖析,如果这个剖析对于海关的总评价,能够提供比较实事求是的结论,就算达到我们的目的了。

题　　名　**中国海疆地理格局形成、演变的初步研究**

作　　者　张耀光,刘岩,王艳

刊　　名　地理科学

年 卷 期　2003 年 23 卷 3 期

页　　码　257 – 263

摘　　要　中国既是中国海(渤海、黄海、东海和南海)沿岸国家(包括台湾以东西太平洋海域),历史上也曾经是鄂霍次克海和日本海的沿岸国家。帝国主义入侵与清政府不平等条约的签定,使中国一部分海疆与海权丧失,失去了鄂霍次克海和日本海沿岸国的地位。根据《联合国海洋法公约》以及中国颁布的《领海法》、《专属经济区与大陆架法》,对中国海疆地理格局的形成、演变进行研究,从而了解中国的领海、毗连区、专属经济区与大陆架等可管辖海域(海洋国土)的地理格局。

题　　名　**中国海疆历史研究的拓荒之作——《中国海疆通史》评述**

作　　者　翁飞

刊　　名　中国边疆史地研究

年 卷 期　2003 年 13 卷 1 期

页　　码　95 – 101

摘　　要　《中国海疆通史》是中州古籍出版社出版的“中国边疆通史丛书”七部分卷中的一部。在“丛书”总主编、中国边疆史地研究中心研究员马大正先生的总体创意下,该书以独特的视角审视中国五千年的文明进程,向人们展示了在辉煌的陆地文明的光环下几乎被掩盖了的中华海洋文明的历史画卷,总结了中国内陆与沿海疆域经济、政治互动发展的历史规律,揭示了中国海疆发展迥异于世界其他国家的历史独特性。作为对中国海疆历史进行宏观研究的通史性专著,该书堪称是对这一领域进行系统和深入研究的开山之作。它涉及了海疆历史发展中有关政治制度、社会经济、民族关系以及军事国防等各个方面,第一次向读者全面介绍了中国海疆发展的历史进程。它的出版,对于完善中国边疆历史研究体系有很大的推动意义。

题　　名　**中国海疆史研究几个基本问题之我见**

作　　者　张炜

刊　　名　中国边疆史地研究

年 卷 期　2001 年 10 卷 2 期

页　　码　1 – 6

摘　　要　20 世纪 80 年代以来,我国学术界在海疆史地研究方面取得了前所未有的成绩,学术成果大量问世,不仅在传统的研究领域出现新的观点、取得新的突破,而且还拓宽了研究领域,过去研究较少甚至未曾涉及的学术内涵,在这一时期被广泛论及,相关成果纷纷涌现。“21 世纪是海洋的世纪”已经成为人们的共识,在新世纪人们对海洋普遍关注的前提下,如何深入开展中国海疆史地的学术研究,进而使中国边疆学不断进步并日益完善,是值得我们深思的。为此,我们编辑了这组文章,希望对未来中国海疆的学术研究有所裨益。

题　　名　**中国海军百年军服(一)**

作　　者　陈悦

刊　　名　现代舰船
年 卷 期　2006 年 6 期
页　　码　46 – 47

题　　名　中国海军百年军服(二)——清末北洋海军时期
作　　者　陈悦
刊　　名　现代舰船
年 卷 期　2006 年 7 期
页　　码　43 – 45

题　　名　中国海军百年军服(三)——甲午之后重建海军时期
作　　者　陈悦
刊　　名　现代舰船
年 卷 期　2006 年 8 期
页　　码　44 – 46

题　　名　中国海军百年军服(四)——清末新建海军时期
作　　者　陈悦
刊　　名　现代舰船
年 卷 期　2006 年 9 期
页　　码　43 – 45

题　　名　中国海军百年军服(五)——北洋政府时期
作　　者　陈悦
刊　　名　现代舰船
年 卷 期　2006 年 10 期
页　　码　46 – 48

题　　名　中国海军百年军服(六)——南京国民政府时期·军官服
作　　者　陈悦
刊　　名　现代舰船
年 卷 期　2006 年 11 期
页　　码　44 – 45

题　　名　中国海军百年军服(七)——南京国民政府时期·士兵服
作　　者　陈悦
刊　　名　现代舰船
年 卷 期　2006 年 12 期
页　　码　39 – 40

题　　名　中国海军百年军服(八)——抗战时期傀儡政权海军
作　　者　陈悦
刊　　名　现代舰船
年 卷 期　2007 年 1 期
页　　码　48 – 50

题　　名　中国海军百年军服(九)——南京国民政府抗战胜利时代
作　　者　陈悦
刊　　名　现代舰船
年 卷 期　2007 年 2 期
页　　码　45 – 47

题　　名　中国海军产生的时间问题
作　　者　戚其章
刊　　名　史学月刊
年 卷 期　1983 年 3 期
页　　码　51 – 54
摘　　要　中国海军产生于何时？这是历史教学中经常遇到的问题，也是史学研究中的一个重要课题。但史学界对此认识却很不一致。一种意见认为，中国海军产生于近代，是洋务运动的产物。另一种意见则认为，中国海军早在古代就产生了，具体说来可追溯到春秋中、后期。两种意见究竟以何者为是，倒是一个需要认真讨论的问题。

题　　名　中国海军的故乡——马江
作　　者　徐晓望
刊　　名　海洋世界
年 卷 期　1995 年 1 期
页　　码　5 – 7

题　　名　中国海军史上的百年疑案——"方伯谦案"始末
作　　者　马骏杰，戴彦清
刊　　名　航海
年 卷 期　1996 年 4 期
页　　码　41 – 43
摘　　要　古人曰已远，青史字不泯。影片《甲午风云》中的"逃军之将"方伯谦万夫所指，被清政府正法。揭开历史的尘封，史学家、方氏后裔、海军人士争论不休，是罪有应得，还是百年沉冤？这件被民族的屈辱笼罩着的海军疑案，终将真相大白，昭告于天下。

题　　名　中国海军宿将陈绍宽
作　　者　陈贞寿
刊　　名　航海
年 卷 期　1982 年 5 期

页　　码　2－5,11

题　　名　**中国海权与郑和下西洋**
作　　者　时平
刊　　名　郑和研究
年 卷 期　1994 年 3 期
页　　码　7－14

题　　名　**中国海商:17 世纪台海贸易的主导者**
作　　者　张彩霞,林仁川
刊　　名　中国社会经济史研究
年 卷 期　2010 年 4 期
页　　码　71－76
摘　　要　17 世纪初期,荷兰人到达台湾海峡,以大员为据点,采用招诱与拦劫等策略,意图在中国海外贸易网络中占据中心地位,却遭到郑芝龙海商集团和明政府的抗争。台湾海峡贸易的主导权仍然掌握在郑芝龙等中国海商手中,主要表现在三个方面:第一,中国海商掌控着贸易出口商品的种类和数量;第二,中国海商主导贸易商品定价;第三,中国海商是海上贸易市场规则的制定者。

题　　名　**中国海商与环中国海的贸易网络:兼论亚洲历史的重建**
作　　者　戴一峰
刊　　名　东南学术
年 卷 期　1999 年 4 期
页　　码　24－29

题　　名　**中国海上交通起源之我见**
作　　者　曲贵春
刊　　名　天津航海
年 卷 期　1985 年 2 期
页　　码　56－62,55
摘　　要　我国北起辽东半岛的鸭绿江口,南至广东的北仑河口,有长达一万二千多公里的海岸线。沿岸不仅曲折,而近海岛屿又星罗棋布。很早以前,我国古代沿海居民就已经涉足海上。尤其是天文学被应用于航海之后,更使我国海上交通长期处于世界领先地位。继承和发扬、光大祖国的优秀文化遗产,首先应作出科学的总结。我国海上交通大至经历了三个阶段,一是舟船的创始,即船体从小到大,速度由慢到快;二是航海事业的萌芽,即近海沿岸靠地文导航时期;三是海上交通的产生,即使用天文导航,开始向海洋的深度和广度进军时期。下面仅就上述三个方面,对我国海上交通的产生,作一较为详尽的探讨。

题　　名　**中国海神信仰发生演变过程及其人化影响**
作　　者　郭泮溪
刊　　名　民俗研究
年 卷 期　2009 年 4 期
页　　码　94－104

摘　　要　最早的中国海神是沿海东夷人创造的,其神容为珥两蛇、践两蛇的鸟图腾。随着中国海神信仰演变过程中人化影响的渐次加强,海神角色逐渐人格神化。海神角色人格神化大体分三个阶段,即雏形阶段、确立阶段和普及阶段。中国海神与内陆神之间的密切联系及其角色转化,是人化影响的外在表现。

题　　名　**中国海外交通史分期问题的探讨**
作　　者　林文明
刊　　名　海交史研究
年 卷 期　1983年5期

题　　名　**中国海外交通史研究的几个问题**
作　　者　汶江
刊　　名　海交史研究
年 卷 期　1984年6期

题　　名　**中国海外贸易与海外移民史研讨会综述**
作　　者　耿升
刊　　名　深圳大学学报
年 卷 期　2003年3期
页　　码　125－128

题　　名　**中国海外文化交流史研究的新成果——评刘迎胜教授近著《丝路文化:海上卷》**
作　　者　魏志江
刊　　名　海交史研究
年 卷 期　1996年30期
页　　码　114－115

题　　名　**中国海洋文化初探(连载之一)**
作　　者　魏启宇
刊　　名　郑和研究
年 卷 期　1999年3期
页　　码　25

题　　名　**中国海洋文化初探(连载之二)**
作　　者　魏启宇
刊　　名　郑和研究
年 卷 期　1999年4期
页　　码　38

题　　名　**中国海洋文化的一颗明珠——从天后信仰到妈祖文化**
作　　者　仲跻荣

刊　　名　郑和研究
年 卷 期　1999 年 4 期
页　　码　50 – 52

题　　名　**中国海洋文化的早期历史与地理格局**
作　　者　曲金良
刊　　名　浙江海洋学院学报(人文科学版)
年 卷 期　2007 年 24 卷 3 期
页　　码　1 – 11
摘　　要　中国作为海——陆文化同构的泱泱大国,海洋文化的历史基础缘自远古形成的沿海人文地理的区域格局。广泛分布的贝丘文化遗址的存在,众多渔盐舟楫遗物的发现,夏商周以降沿海疆域统辖管理的格局,各“海王之国”的海洋发展及其与海外世界交通交流网络的形成,都为秦汉以来中国统一的陆——海疆域架构、统一的陆——海文化模式、统一的海内外华夷宗藩体制和“汉文化圈”的发展、繁盛,奠定了悠久、深厚的基础。中国海洋文化包括海外交通交流的历史遗产,即基源于此。

题　　名　**中国海员与解放战争**
作　　者　史春林
刊　　名　解放战争与东北
年 卷 期　1996 年 3 期

题　　名　**中国航海技术的发展与“海上丝绸之路”的演进**
作　　者　孙光圻
刊　　名　中国与海上丝绸之路
年 卷 期　1991 年 1 期

题　　名　**中国航海历史的蒙昧时期——旧石器晚期至新石器时期(公元前 200 世纪—公元前 21 世纪)**
作　　者　孙光圻
刊　　名　世界海运
年 卷 期　2011 年 1 期
页　　码　51 – 54

题　　名　**中国航海史的不朽丰碑——纪念郑和下西洋 580 周年**
作　　者　孙光圻
刊　　名　大连航海
年 卷 期　1985 年 1 期

题　　名　**中国航海史的不朽丰碑——纪念郑和下西洋 580 周年**
作　　者　孙光圻
刊　　名　历史研究
年 卷 期　1985 年 2 期

题　　名　**中国航海史概要**
作　　者　丁正华
刊　　名　中国科技史料
年 卷 期　1983 年 4 期
页　　码　14 – 20

题　　名　**中国航海用的几种火时计**
作　　者　韩振华
刊　　名　海交史研究
年 卷 期　1985 年 8 期

题　　名　**中国航权的丧失与甲午战争前外国轮运势力侵入长江及镇江述论**
作　　者　郭孝义
刊　　名　江苏大学学报(高教研究版)
年 卷 期　1988 年 4 期
页　　码　111 – 117

题　　名　**中国和阿拉伯医药交流**
作　　者　宋大仁
刊　　名　海交史研究
年 卷 期　1980 年 2 期

题　　名　**中国和非洲国家最早建立的外交关系**
作　　者　沈福伟
刊　　名　海交史研究
年 卷 期　1984 年 6 期

题　　名　**中国和葡萄牙的海上策略**
作　　者　[德]罗得礼 · 泰克 著;叶蜚声 译
刊　　名　文化杂志
年 卷 期　1993 年 13 – 14 期

题　　名　**中国和葡萄牙的航海和造船技术交流**
作　　者　陈延杭
刊　　名　海交史研究
年 卷 期　1999 年 35 期
页　　码　52 – 59

题　　名　**中国和世界都需要重新认识郑和**
作　　者　王佩云

刊　　名　回族研究
年 卷 期　2003 年 1 期
页　　码　54 – 57

题　　名　中国和泰国历史上的友好关系
作　　者　徐启恒
刊　　名　历史教学
年 卷 期　1979 年 6 期
页　　码　42 – 46

题　　名　中国和文莱的历史交往
作　　者　余定邦
刊　　名　东南亚学刊
年 卷 期　1997 年 1 期
页　　码　25 – 30

题　　名　中国和锡兰之史的友谊
作　　者　张一纯
刊　　名　江海学刊
年 卷 期　1958 年 5 期

题　　名　中国和印尼人民的友好历史
作　　者　吴士璜
刊　　名　历史教学
年 卷 期　1957 年 12 期

题　　名　中国和印尼之间的传统友谊
作　　者　吴士璜
刊　　名　侨务报
年 卷 期　1959 年 5 期

题　　名　中国河船规范体系的形成和发展
作　　者　谭明璋
刊　　名　船史研究
年 卷 期　1994 年 7 期

题　　名　中国皇后号——第一艘来中国的美国商船
作　　者　李文俊，鲁峰
刊　　名　航海
年 卷 期　1989 年 1 期

页　　码　14

摘　　要　历史上中美两国之间的直接通商，可追溯到十八世纪八十年代清乾隆年间。据《清史稿·邦交志四》记载："美利坚……初来华，货船常至粤东。"《清朝续文献通考·四裔考五》亦称：美国商船于"乾隆四十九年来粤购茶"。乾隆四十九年即1785年。事实上，美国商船于乾隆四十八年即1784年的下半年已驶抵中国。

题　　名　中国回回文第一谱——郑和先祖族谱济南《咸阳族谱》略述
作　　者　魏德新
刊　　名　郑和研究
年 卷 期　2008年2期
页　　码　50－54

题　　名　中国舰船发展史略（一）——古代战船的诞生及加速发展时期
作　　者　唐志拔
刊　　名　船海工程
年 卷 期　1990年5期
页　　码　42－47

题　　名　中国舰船发展史略（二）——古代战船持续发展时期
作　　者　唐志拔
刊　　名　船海工程
年 卷 期　1990年6期
页　　码　43－47

题　　名　中国舰船发展史略（三）——古代战船发展的鼎盛和衰落时期
作　　者　唐志拔
刊　　名　船海工程
年 卷 期　1991年1期
页　　码　44－49

题　　名　中国舰船发展史略（四）——中国近代舰艇的兴衰
作　　者　唐志拔
刊　　名　船海工程
年 卷 期　1991年2期
页　　码　42－46

题　　名　中国江南与韩国的史前海路
作　　者　金健人
刊　　名　中国航海
年 卷 期　1997年2期
页　　码　98－102

摘　　要　1996年7、8月间和1997年6、7月间，杭州大学韩国研究所与韩国有关方面组织了两次中韩跨海竹筏漂流探险，以验证中国江南与韩国的海上交往到底始于何时。1996年的竹筏漂流遇台风未达预定目的，但考察了一千年前韩国张保皋的海上古道。1997年的竹筏漂流获得成功，从中国浙江舟山胜利到达韩国仁川，从而证明中国江南与韩国的海上交往应该始于四千年前。

题　　名　中国桨系的演变
作　　者　周世德
刊　　名　文史知识
年 卷 期　1989年11期
页　　码　39－43

题　　名　中国近代常关管理权的丧失及影响
作　　者　余国正，康之国
刊　　名　河南商业高等专科学校学报
年 卷 期　1999年12卷5期
页　　码　30，36
摘　　要　常关作为近代中国政府地方性的征税权力机关，其权力在帝国主义列强瓜分中国的过程中亦同时丧失，美国人赫德作为帝国主义列强的代表扮演了攫取这一权力阴险的强盗角色。中国关税主权的丧失，摧残了中国民族工商业的发展，加快了帝国主义列强使中国殖民化的步伐。

题　　名　中国近代第一批军舰的独立制造
作　　者　徐彻
刊　　名　辽宁师范大学学报（社会科学版）
年 卷 期　1986年5期
页　　码　67－72
摘　　要　1874年7月（同治十三年六月），福州船政局毫不迟疑地辞退了绝大部分法国技师和监工，改由中国技术人员主持舰船的设计和制造，从而，进入了自造舰船阶段。

题　　名　中国近代第一座造船厂的创办
作　　者　徐彻
刊　　名　辽宁大学学报（哲学社会科学版）
年 卷 期　1985年3期
页　　码　76－80
摘　　要　福州船政局是我国第一座近代化的制造兵船的军事工业。它又名马尾船政局，简称闽局或闽厂。史学界过去对该厂的评价是不公允的，认为一无可取。本文拟探讨该船局的筹备创办经过及五年计划实施情况，并力求对此作出实事求是的评价。

题　　名　中国近代对军事航海教育重要性的认识
作　　者　史春林
刊　　名　航海教育研究
年 卷 期　2004年2期

页　　码　77－79

摘　　要　随着中国近代海军的建立与发展，中国近代一些有识之士开始认识到军事航海教育的重要性，提出了一些创办军事航海教育远见卓识的看法，这些宝贵的思想对推动中国近代军事航海教育的产生与发展具有极为重要的影响。

题　　名　**中国近代对商船航海教育的认识**

作　　者　史春林

刊　　名　中外教育科学

年 卷 期　2003 年 6 期

题　　名　**中国近代海防思想论纲**

作　　者　史滇生

刊　　名　军事历史研究

年 卷 期　1996 年 2 期

页　　码　98－108

摘　　要　中国近代海防思想，是晚清至民国时期各阶级，各政治集团及其军事思想家对于海防海军建设和作战的理性认识。它不仅记录了中国军事走向近代化的进程，而且在很多方面记录了中国社会走向近代化的进程。对中国近代海防思想的探讨，有助于我们对中国军事近代化和中国社会近代化的深刻了解，无论在理论上还是实践上都有重要的价值。

题　　名　**中国近代海关的洋员录用制度（1854－1911 年）**

作　　者　李虎

刊　　名　历史教学

年 卷 期　2006 年 1 期

页　　码　23－27

摘　　要　中国近代海关的高效廉洁，除了应用先进的管理制度外，在很大程度上是由于关员品质的纯洁、才能的卓越造成的。与传统海关相比，新关的洋员录用制度自成一体，具有许多鲜明的特点。凡是新人入关，无论何人推荐，都必须通过严格的考试择优录取。新关的“推荐——考试”制度照顾了各方面的利益，使海关录用了大量合格的关员，从而提高了海关行政的效率，推动了中外贸易的发展。

题　　名　**中国近代海关海务部门的设立和海务工作的设施**

作　　者　陈诗启

刊　　名　近代史研究

年 卷 期　1986 年 6 期

页　　码　94－112

题　　名　**中国近代海关华洋薪俸**

作　　者　张学军，王志中

刊　　名　海关与大市场

年 卷 期　2003 年 3 期

页　　码　72－73

题　　名　中国近代海关贸易报告述论
作　　者　詹庆华
刊　　名　中国社会经济史研究
年 卷 期　2003 年 2 期
页　　码　65 – 73
摘　　要　中国近代海关贸易报告开了中国海关历史上贸易统计分析制度的先河，其卷帙浩繁，内容广泛，有着重要史料和学术价值，直至今天仍受到国内外多方人士的关注和重视。本文对海关贸易报告作了系统探讨分析，对重新认识近代中国海关贸易报告的性质和作用提供了独特视角。

题　　名　中国近代海关史研究述评
作　　者　戴一峰
刊　　名　厦门大学学报（哲学社会科学版）
年 卷 期　1996 年 3 期
页　　码　118 – 124
摘　　要　中国近代海关史从 80 年代以来在研究机构、组织、刊物、队伍建设、档案资料开发等方面有很大进展。在中国近代海关的功能与影响、海关人物、海关专门史、地方海关和海关职工斗争等方面的研究成果令人注目，但在深度广度、理论建设、研究人员素质等方面却急待加强。

题　　名　中国近代海关史总述之一——中国半殖民地海关的创设及其巩固过程（1840 – 1875）
作　　者　陈诗启
刊　　名　厦门大学学报（哲学社会科学版）
年 卷 期　1980 年 1 期
页　　码　20 – 41
摘　　要　中国近代的海关是半殖民地性质的海关。它是帝国主义侵略中国的产物，是帝国主义安置在中国统治机构内部一个极其重要的侵略据点。它在帝国主义的庇护下，打着为中国征收关税的幌子，利用腐朽的封建买办势力，在财政、经济、内政、外交等领域里，开展了广泛深入的侵略活动，扶植、支持封建买办政权，维护、强化半封建半殖民地的统治政序；海关洋员以狡狯的手法，为帝国主义的对华侵略广开渠道，加速了中国社会半殖民地化的过程。所以中国半殖民地海关的创立、巩固和发展的过程，和中国社会半殖民地化加速加深的过程是一致的。

题　　名　中国近代海关史总述之二——中国半殖民地海关的扩展时期（1875 – 1901）
作　　者　陈诗启
刊　　名　厦门大学学报（哲学社会科学版）
年 卷 期　1980 年 2 期
页　　码　135 – 154，30

题　　名　中国近代海关行政制度研究（1854 – 1869 年）
作　　者　蒋清宏
刊　　名　人文杂志

年 卷 期　2007年1期

页　　码　146－155

摘　　要　第一次鸦片战争以后,清政府旧的海关体制被以外籍税务司制度为主的新的海关管理体制所替代,海关的行政管理机构和运作呈现出新的特点。本文利用海关总税务司署的有关通令和其他相关文献,对中国近代海关的建立过程、行政结构、人事构成及其权属关系和内部约束机制进行了论述,对这种制度能够在中国存续发展近一个世纪的原因进行了客观评价,指出西方对中国近代海关的改造并不是施惠于中国,而是在半封建半殖民地体系下对其自身利益的关切。

题　　名　中国近代海关与禁烟禁毒

作　　者　孙修福

刊　　名　历史档案

年 卷 期　1996年1期

页　　码　103－108,115

题　　名　中国近代海关与清政府的薪酬制度比较——以赫德时期(1863－1911年)为例

作　　者　李虎

刊　　名　历史教学

年 卷 期　2003年4期

页　　码　21－24

摘　　要　中国海关赫德时期(1863－1911年)推行高薪养廉制度,使关员断绝了受贿的念头,并以海关为终身职业,安心服务,勤勉奉职。更为重要的是,在高薪的同时,有着完善的财政管理系统、严格的法规制度和监察制度。关员一旦被发现有腐败问题,就会受到严厉的惩罚。在赫德48年的任期内,这种违法行为的案件没有超过5起。相比之下,清政府为了减少国库支出,仍沿用过去的低俸给制度,从而导致腐败蔓延泛滥。本文通过两种薪酬制度的比较,探索高薪养廉与反腐败的内在联系。

题　　名　中国近代海关主权丧失过程论纲

作　　者　刘小干

刊　　名　吉安师专学报

年 卷 期　1993年3期

页　　码　63－66,83

摘　　要　海关主权(或称海关自主权)是国家主权的重要组成部分,它包括关税自主权、行政管理权、税款收支权三部分。我国自西周建立管理进出境事物的海关机构(关、市舶司、海关以及互市监、榷场等)以来,历代海关的自主权都掌握在自己手里。但到十九世纪中叶,随着资本主义国家的侵入,我国海关的这种自主权则逐渐丧失。

题　　名　中国近代海军初创时期洋务派造船与买船得失浅探

作　　者　黄国盛,杨奋泽

刊　　名　内蒙古大学学报哲社版)

年 卷 期　1988年1期

页　　码　27－35

题　　名　**中国近代海军的奠基者:左宗棠**
作　　者　卓明
刊　　名　人物
年 卷 期　1994 年 6 期

题　　名　**中国近代海军舰船装备建设探析**
作　　者　张家瑞
刊　　名　军事经济研究
年 卷 期　1994 年 15 卷 4 期
页　　码　85 – 91

题　　名　**中国近代海权思想的先声——魏源的海防思想(上)**
作　　者　刘中民
刊　　名　海洋世界
年 卷 期　2009 年 5 期
页　　码　70 – 73

题　　名　**中国近代海权思想的先声——魏源的海防思想(下)**
作　　者　刘中民
刊　　名　海洋世界
年 卷 期　2009 年 6 期
页　　码　70 – 73

题　　名　**中国近代航海教育历史经验钩沉**
作　　者　史春林
刊　　名　航海教育研究
年 卷 期　2003 年 1 期
页　　码　24 – 26,42
摘　　要　中国近代航海教育发端于晚清,此后中国航海教育缓慢发展,留下了许多宝贵的历史经验。总结这些宝贵的历史经验,探讨航海教育发展规律,对当前建设有中国特色的社会主义航海教育事业具有十分重要的现实意义。

题　　名　**中国近代商船航海教育的意义**
作　　者　史春林
刊　　名　当代教育
年 卷 期　2003 年 12 期

题　　名　**中国近代商船航海教育起源时间的考证**
作　　者　潘仁善,刘飞
刊　　名　航海教育研究

年 卷 期　2009 年 2 期
页　　码　10 – 12
摘　　要　晚清邮传部上海高等实业学堂船政科开近代中国高等航海教育之先河，其起源时间对于当代航海教育研究具有重要意义。针对其起源时间的三种学说，即 1904 年说、1908 年说、1909 年说，采用历史考察法、比较法等进行推理考证。

题　　名　**中国近代史研究的时间与空间——以晚清海防与塞防争论的时空背景为例**
作　　者　尹全海
刊　　名　江西社会科学
年 卷 期　2006 年 4 期
页　　码　99 – 103
摘　　要　本文从中国近代史研究之时间的连续性和空间的交互性出发，探讨晚清海防与塞防争论发生的时空背景。陆海复合国家的形成，海防与塞防并存，是海防与塞防争论的逻辑起点和时间起点；沙俄和日本的崛起，"倭逼于东南，俄环于西北"，是海防与塞防争论的空间背景。时空互动下，海防与塞防之争的实质，是传统与现实之争。

题　　名　**中国近代外贸埠际转运史上的上海与天津（1866 – 1919）**
作　　者　唐巧天
刊　　名　史林
年 卷 期　2006 年 1 期
页　　码　19 – 27
摘　　要　20 世纪之前上海作为全国外贸中心，通过与天津密切的外贸埠际转运，将其外贸影响辐射至华北广大地区。20 世纪上半叶天津直接外贸能力不断增强，摆脱了对上海外贸转运的绝对依赖，并逐渐脱离上海外贸转运的影响范围。对天津和北方外贸影响力的下降，上海作为全国外贸中心的地位亦随之下降。

题　　名　**中国近代学校建设的创举——船政学堂选派留学生出国深造**
作　　者　辛元欧
刊　　名　船史研究
年 卷 期　1996 年 10 期

题　　名　**中国近代造船事业的先驱——魏瀚**
作　　者　陈奇
刊　　名　船史研究
年 卷 期　1994 年 7 期

题　　名　**中国近代植物油出口贸易衰落原因之浅析**
作　　者　魏娅娅
刊　　名　海交史研究
年 卷 期　1992 年 21 期
页　　码　95 – 101，33

题　　名　中国精品档案解析之九 粤海关档案记忆旧中国外贸沧桑
作　　者　石大泱
刊　　名　山西档案
年 卷 期　2008 年 1 期
页　　码　9 - 13

题　　名　中国军工的先驱——江南制造局
作　　者　严海建
刊　　名　中国军转民
年 卷 期　2008 年 6 期
页　　码　73 - 76
摘　　要　江南制造局是中国引进和创办第一个“制器之器”的工厂,在“师夷长技”上是最先进最完备的洋务企业,是中国机械工业的先驱。1905 年,江南制造局实施局坞分离,江南制造局实际上划分为机器制造局和江南船坞两个独立的企业,其中的江南船坞就是后来非常有名的江南造船厂的前身,由此可见江南制造局也开启了中国造船工业的先河。

题　　名　中国历朝禅僧赴日传法志略
作　　者　彭炎西
刊　　名　留日同学会刊
年 卷 期　1943 年 5 期

题　　名　中国历代漕运改革述论
作　　者　吴琦
刊　　名　中国农史
年 卷 期　1996 年 15 卷 1 期
页　　码　48 - 55
摘　　要　所谓漕运改革,是指已有的漕运制度无法适应新形势的要求,或封建朝廷面临财政、物质供应上的危机,或漕运系统积弊已深,在这种形势下,封建王朝对漕运采取的一系列兴革举措。中国历史上的漕运改革,始于统一王朝下的南粮北运时期,即隋唐时期,此后历代均有,其中唐、明、清三代最为突出。

题　　名　中国历代海防发展概览
作　　者　史明星
刊　　名　军事历史研究
年 卷 期　1992 年 4 期
页　　码　103 - 112
摘　　要　海防是国防的重要组成部分。从人类有了军事实践活动那天起,海就与战争联系在一起。公元前 485 年,吴国舟师海行数千里,在黄海与齐国舟师交战,失败而返,这是我国历史有记载的首次海战。从此,中国海军的前身——舟师、水师、水军不断发展,到公元 1885 年(清光绪十一年)清朝北洋海军舰队正式成立,前后经历了二千三百七十年。然而,由于历朝历代的统治者在夺取政权时,大多靠步兵和骑兵打天下，建立政权后，为了巩固自己的统治，又把主要精力放在防止宫廷政变、内部叛乱、人民造反上，把镇压和作战的目标定在国内，因此，对海上力量和海防的建设未予重视，对外基本上是有海无防。直到元末明初，为了抵御倭寇入侵，海上力量和海防的建设才被提到日程上来。为了借鉴历史的经验教训，帮助我们研究新形势下的海防管理问题，仅就掌握的资料，着重对我国民国之前海防发展、海防建设等情况综述如下。

题　　名　**中国历代海防发展概览(续)**
作　　者　史明星
刊　　名　军事历史研究
年 卷 期　1993 年 1 期
页　　码　108 – 115,29

题　　名　**中国历史上的“另一个”赫德——论赫德对中国现代化的贡献**
作　　者　张仲秋
刊　　名　法制与社会
年 卷 期　2008 年 29 期
页　　码　232,234
摘　　要　赫德担任中国海关总税务司长达近半个世纪之久。但长期以来，中国的出版物，包括通用的中学历史教科书中对赫德的介绍多也是负面的，于是赫德在大多数中国人的心目中成了英国侵华代表的形象。这是人们对赫德的不了解所造成的。本文通过对赫德在中国海关、外交和军事现代化中所作贡献的论述，以使大家对赫德有一更全面的认识。

题　　名　**中国历史上的贸易之路**
作　　者　李明伟
刊　　名　兰州商学院学报
年 卷 期　1987 年 3 期
页　　码　83 – 87

题　　名　**中国历史上第一家股份制企业轮船招商局**
作　　者　胡显中，周晓晶
刊　　名　经济纵横
年 卷 期　1992 年 8 期
页　　码　47 – 55

题　　名　**中国历史上最早的海战——唐朝与日本的白江口之战**
作　　者　盛巽昌
刊　　名　航海
年 卷 期　1991 年 3 期
页　　码　20 – 21

题　　名　**中国历史文献中有关日本海(鲸海)名称考辨**
作　　者　刘信君
刊　　名　社会科学辑刊
年 卷 期　2010 年 6 期
页　　码　171－175
摘　　要　关于今日本海海域的命名,近年引起韩国、日本等国学者的争议。韩国学者提出将"日本海"改称"东海";日本学者则竭力主张保持"日本海"这一名称。对此问题,中国学者最有发言权。因为在中国古代历史文献中,今日本海先后被称为"东海"、"鲸海"、"东海"及"南海"。结合中国古代文献记载和尊重目前海洋命名的国际准则,将现"日本海"命名为"鲸海"更确切,这样既尊重了历史沿革,又避免了与现中国东部海域——"东海"之名重复。

题　　名　**中国留学运动的历史考察**
作　　者　李剑萍
刊　　名　青岛大学师范学院学报
年 卷 期　1995 年 12 卷 2 期
页　　码　31－38

题　　名　**中国六朝与韩国百济的交流——以陶瓷器为中心**
作　　者　成正镛,李昌柱,周裕兴
刊　　名　东南文化
年 卷 期　2005 年 1 期
页　　码　24－30
摘　　要　中国的六朝瓷器在百济的每个时期都具有不同的性质,从客观数量上看,不只是"职贡答礼"的结果,而且可能具有一种贸易的性质。

题　　名　**中国龙船哥伦布之前到过美洲吗?**
作　　者　姜建国
刊　　名　世界博览
年 卷 期　1984 年 2 期
页　　码　32－33

题　　名　**中国陆、海丝绸之路的开拓**
作　　者　潘德深
刊　　名　福建师范大学学报(哲学社会科学版)
年 卷 期　1993 年 3 期
页　　码　114－118
摘　　要　中国是世界上最早发明养蚕、缫丝、织绸的国家,所以古代希腊人、罗马人誉称中国为"丝国"。中国生产的天然丝绸绚丽多彩,远在两千多年以前,精美的丝绸就通过陆上丝绸之路,源源不断地输送往波斯、罗马等地,受到人们热情的欢迎和赞赏。当陆路受阻,唐宋时期又开拓了海上丝绸之路,供应世界各地人们的需求。中国丝绸丰富了世界人们生活的风韵,也播下了千秋万代的友谊种籽。

题　　名　中国陆海两条丝绸之路比较
作　　者　刘明金
刊　　名　湛江海洋大学学报
年 卷 期　2003年23卷2期
页　　码　6-11
摘　　要　中国陆海两条丝绸之路都起源于汉武帝时期。由于持续时间、行走路线、运载工具等方面的不同,对中西经济贸易、政治文化影响也各有不同。海上丝绸之路的影响远远高于陆路丝绸之路
关 键 词　陆路丝绸之路;海上丝绸之路;文化比较

题　　名　中国妈祖神与日本姊妹神
作　　者　宋兆麟
刊　　名　民俗研究
年 卷 期　1993年3期
页　　码　52-58

题　　名　中国明代的水雷——世界水雷的鼻祖
作　　者　李崇州
刊　　名　中国科技史杂志
年 卷 期　1985年6卷2期
页　　码　32-34,44
摘　　要　一般认为,水雷是18世纪北美独立战争时期由美国人发明的;1956年10月,苏联的《军事知识》在"漂雷"(水雷的一种)的发明和使用问题上,曾把1769年(土俄战争时期)俄军以"漂雷"炸毁了土耳其通向杜那依的浮桥,说成是世界上第一次使用"漂雷"作战。但实际上远在我国明代嘉靖年间,便有了有关水雷的记载。

题　　名　中国明代海军的海战战术
作　　者　何锋
刊　　名　当代海军
年 卷 期　2006年10期
页　　码　70-73

题　　名　中国木帆船的船型与特点
作　　者　海模
刊　　名　航海
年 卷 期　1984年1期
页　　码　28-29

题　　名　中国木帆船环球航行
作　　者　丁正华
刊　　名　航海
年 卷 期　1980年6期

页　　码　2－3

摘　　要　中国人两千年前已到达美洲。三年前在美国加利福尼亚州帕拉斯维德半岛的浅海里,发现两件圆柱形、一件三角形的石制船锚。另一次,又在加利福尼亚麦德西诺岬附近发现一个中间有孔的圆形石锚。经过研究,认为这些东西都是二三千年前中国人从太平洋航行到达美洲后留下的物证。

题　　名　**中国木帆船建造技术简介**

作　　者　杨熹

刊　　名　海交史研究

年 卷 期　2009 年 55 期

页　　码　55－72

摘　　要　中国木板船出现的时间,应该是金属工具出现的夏王朝。中国古代造船技术的成就,在船底型制、舷板结构、水密隔舱、大、舭龙骨、模型放样与渠池修船、船体拼装、车船方面,皆早于西方。包括桅、帆、桨、橹等推进工具,舵、磁罗经等定向工具,石丁、锚等靠泊工具在内的工属具方面的技术成就,亦皆由中国传播到西方。

题　　名　**中国南洋之交通**

作　　者　冯承钧

刊　　名　东方杂志

年 卷 期　1937 年 24 卷 7 期

题　　名　**中国清代战船**

作　　者　郑明

刊　　名　中国远洋航务

年 卷 期　2007 年 5 期

页　　码　101

题　　名　**中国人发现美洲大陆?!**

作　　者　诚夫

刊　　名　航海

年 卷 期　2001 年 5 期

页　　码　35－38

题　　名　**中国人民的友好使者、伟大的航海家——郑和**

作　　者　侯自新

刊　　名　玉溪师范学院学报

年 卷 期　1986 年 3 期

页　　码　58－66

题　　名　**中国人民对西南沙群岛物产开发的悠久历史**

作　　者　林金枝

刊　　名　南洋问题

年 卷 期 1981年3期
页　　码 65－77

题　　名 **中国人首先发现美洲大陆**
作　　者 黄龙
刊　　名 江苏社会科学
年 卷 期 1993年2期
页　　码 86－91

题　　名 **中国人为什么缺席了地理大发现?**
作　　者 张箭
刊　　名 海洋世界
年 卷 期 2005年7期
页　　码 3－11

题　　名 **中国人于1421－1423年间环球航行证据索引**
作　　者 加文·孟席斯,骆洪
刊　　名 回族研究
年 卷 期 2003年1期
页　　码 21－37

题　　名 **中国人与美洲的发现**
作　　者 胡乃正
刊　　名 华夏文化
年 卷 期 1994年4期
页　　码 28

题　　名 **中国人在印度洋文明史上的贡献**
作　　者 李映发
刊　　名 郑和研究
年 卷 期 1995年2期
页　　码 3－6

题　　名 **中国人最早到达美洲小考**
作　　者 刁科昌,蒋希正
刊　　名 商丘师专学报(社会科学版)
年 卷 期 1987年3期
页　　码 68－73

题　　名 **中国沙船考略**
作　　者 周世德

刊　　名　科学史集刊
年 卷 期　1963 年 5 期
页　　码　34 - 54

题　　名　**中国商船开辟了丝绸之路**
作　　者　约翰·罗克斯
刊　　名　海交史研究
年 卷 期　1989 年 16 期

题　　名　**中国十九世纪杰出的造船家——徐寿,华蘅芳**
作　　者　杨晓敏
刊　　名　船史研究
年 卷 期　1985 年 1 期

题　　名　**中国十九世纪中叶以前中日关系史研究综述**
作　　者　刁书仁
刊　　名　中国史研究动态
年 卷 期　1994 年 3 期
页　　码　15 - 22

题　　名　**中国十年来对东南亚的研究**
作　　者　戴可来,王介南
刊　　名　史学月刊
年 卷 期　1990 年 3 期
页　　码　86 - 95

题　　名　**中国史籍所见之中泰关系交通史考**
作　　者　曹征夫
刊　　名　建设(交大)
年 卷 期　1943 年 3 卷 6 期

题　　名　**中国史籍中之马尔代夫考**
作　　者　谢方
刊　　名　南亚研究
年 卷 期　1982 年 2 期
页　　码　1 - 6

题　　名　**中国史书上记载的巴格达**
作　　者　韩中义
刊　　名　海交史研究

年 卷 期　2000 年 37 期
页　　码　50 – 54

题　　名　中国水权制度的历史特点及其启示
作　　者　才惠莲
刊　　名　湖北社会科学
年 卷 期　2004 年 5 期
页　　码　47 – 49
摘　　要　在中国历史上,国家是水资源的所有者,水权有一定的法律体系作保障,形成了较为明确的水权基本制度。这些特点告诉我们,完善水权制度的关键,是要促使所有权与使用权的分离,进行水权制度的创新。

题　　名　中国水下考古“六大发现”:海上丝绸之路上的中国古代外销瓷
作　　者　栗建安
刊　　名　国际博物馆(中文版)
年 卷 期　2008 年 4 期
页　　码　106 – 113

题　　名　中国丝绸之路的演变
作　　者　周得京
刊　　名　洛阳工学院学报(社会科学版)
年 卷 期　2000 年 18 卷 2 期
页　　码　21 – 24
摘　　要　北宋与西域之交通,初期以灵州道为主,后期则依靠青唐道。南宋与西域之陆路交通,为金和西夏阻断,海上丝绸之路逐渐繁荣。在 300 多年不断的争战中,中国丝绸之路发生了重大演变。

题　　名　中国唐朝遣日使考
作　　者　杨辄
刊　　名　大庆社会科学
年 卷 期　1990 年 4 期
页　　码　77 – 80
摘　　要　中日两国有长期交往史,在中国唐朝时期这种交往日趋繁密。为了向当时世界上最强大的国家之一——唐朝学习其先进的政治制度、科学技术和文化艺术,从公元 630 年始到公元 894 年,日本先后派出遣唐使达 19 次之多。日本统治者为向唐朝学习派“遣唐使”,而中国唐朝为直接传播中国古代文明,也主动向日本派出了“遣日使”。

题　　名　中国唐代客卿日本学者阿倍仲麻吕评介
作　　者　陈子彬
刊　　名　承德民族师专学报
年 卷 期　1984 年 Z1 期
页　　码　32 – 37

题　　名　**中国陶瓷和制瓷技术对东南亚的传播**
作　　者　朱杰勤
刊　　名　世界历史
年 卷 期　1979 年 2 期
页　　码　20 – 29

题　　名　**中国同东南亚的茶叶贸易与茶文化交流**
作　　者　冼剑民,王雪萍
刊　　名　饮食文化研究
年 卷 期　2006 年 2 期
页　　码　50 – 54
摘　　要　中国茶文化历史悠久,源远流长,在同世界其他国家的交往中,中国的茶文化远播海外。东南亚地区是中国的友好近邻,由于华侨的积极作用,中国同东南亚地区不但展开茶叶贸易,而且也将茶文化向东南亚各国传播,中国的茶道与本土文化的结合,创造出东南亚地区独特的茶俗。

题　　名　**中国外销瓷研究概述**
作　　者　李锡经
刊　　名　中国历史文物
年 卷 期　1983 年 5 期
页　　码　53 – 55

题　　名　**中国外语教育的非常史例:福州船政学堂**
作　　者　粟进英,段新颖,李森
刊　　名　外国语文
年 卷 期　2009 年 5 期
页　　码　133 – 137
摘　　要　以翔实史料为依据,从教学主体、教学内容、教学过程、教学管理和教学环境等方面,追溯和阐释了福州船政学堂外语教育教学的非常模式及其产生的非常成效。史实表明,福州船政学堂的外语教育教学体现了人本主义的教育理念,凸显语言社会建构的本质,是我国近现代外语教育史上的一次非常经验,其中蕴藏着一笔宝贵财富,值得我们挖掘、研究和借鉴。

题　　名　**中国文化传播者——空海**
作　　者　明之
刊　　名　学术
年 卷 期　1940 年 1 期
页　　码　124 – 132

题　　名　**中国文化对日本文化发展衍变的影响**
作　　者　刘毅,刘英伟
刊　　名　边疆经济与文化

年 卷 期　2004 年 5 期
页　　码　83 – 85
摘　　要　日本文化具有东方文化的特征,又有其独特的韵味。一种流行的评价是说它是模仿文化。"日本有着承认更为优越的一种文化的心理态度,只要他一旦发现这种文化。""而日本则以感激的心情和满腔热情接受了中国的文化"。模仿只是最初阶段,日本人的聪明之处在于他将模仿作到最高境界,创造了独到的自我。

题　　名　**中国五口通商时期丝茶出口贸易**
作　　者　杨源兴
刊　　名　学术研究
年 卷 期　1984 年 3 期
页　　码　78 – 84
摘　　要　第一次鸦片战争后,中国被迫开辟广州、厦门、福州、宁波、上海五个口岸对外通商。从这时起,到第二次鸦片战争后再次被迫增辟口岸时止,通称"五口通商时期"。这个时期,中国的对外贸易与以往相比,发生了显著的变化。在出口贸易中,中国传统的丝茶出口,增长迅速,长期成为我国出口贸易的主要部分。丝茶出口的扩大,对当时和尔后的中国社会经济的发展变化起了很大的影响,很值得加以研究。本文试图就此作一初步探讨。

题　　名　**中国锡兰交通史**
作　　者　刘强译
刊　　名　南洋杂志
年 卷 期　1947 年 1 卷 10 期

题　　名　**中国学者探讨孟席斯"新学说"**
作　　者　陈振杰
刊　　名　海事大观
年 卷 期　2003 年 2 期
页　　码　6 – 7
摘　　要　自从英国业余航海史学者加文·孟席斯提出"中国郑和比哥伦布早 72 年发现美洲大陆,比麦哲伦提前一个世纪完成了环球航行"的历史研究新发现学说以来,一场关于该学说的大讨论席卷了国内外的史学界和海事界,引发了"中国郑和热"和"孟席斯热"。

题　　名　**中国药物西传考**
作　　者　莫任南
刊　　名　海交史研究
年 卷 期　1990 年 17 期
页　　码　8 – 12

题　　名　**中国伊斯兰史研究状况**
作　　者　中田吉信 著;曲鸿亮 译
刊　　名　海交史研究

年 卷 期 1989 年 16 期

题　　名 中国于西汉首先发现西沙群岛
作　　者 黄龙
刊　　名 南京师大学报(社会科学版)
年 卷 期 1988 年 1 期
页　　码 106 - 109
摘　　要 本文以确凿之史实证明我国在西汉时代首先发现西沙群岛,享有先占权。其后又经地理测量,郑和命名,水师巡视,升旗勒石,行政区划,列入我国版图。该岛乃我国历代出使与商航南海的必经之地。岛上早有我国土著渔民,且有我国古代货币、生活用具与航海指南《水薄》,凡此种种,足以铸成铁证,进一步证明我国对西沙群岛拥有领土主权。

题　　名 中国渔民是开发南海诸岛的主人
作　　者 陈启汉
刊　　名 广东社会科学
年 卷 期 1993 年 6 期
页　　码 71 - 74

题　　名 中国与安南贸易问题的研究
作　　者 何炳贤
刊　　名 国际贸易导报
年 卷 期 1934 年 6 卷 5 期

题　　名 中国与朝鲜贸易问题的研究
作　　者 何炳贤
刊　　名 民族
年 卷 期 1934 年 2 卷 8 期

题　　名 中国与东南亚的交通与交流
作　　者 金秋鹏,杨丽凡
刊　　名 海交史研究
年 卷 期 1998 年 33 期
页　　码 1 - 8

题　　名 中国与东南亚贸易史概论
作　　者 申旭
刊　　名 东南亚研究
年 卷 期 1989 年 2 期
页　　码 67 - 73

题　　名　**中国与荷属东印度的早期贸易关系**
作　　者　喻常森
刊　　名　海交史研究
年 卷 期　2000 年 38 期
页　　码　39 – 45

题　　名　**中国与荷属东印度贸易问题的研究**
作　　者　何炳贤
刊　　名　国际贸易导报
年 卷 期　1934 年 6 卷 10 期

题　　名　**中国与拉丁美洲关系的历史演变**
作　　者　沙丁,杨典求
刊　　名　历史教学
年 卷 期　1983 年 7 期
页　　码　27 – 31

题　　名　**中国与琉球的关系**
作　　者　姚枬
刊　　名　亚洲世纪
年 卷 期　1947 年 1 卷 3 期

题　　名　**中国与琉球的关系**
作　　者　姚枬
刊　　名　华文国际
年 卷 期　1948 年 1 卷 2 期

题　　名　**中国与琉球交往的开始远在明代以前**
作　　者　刘蕙孙
刊　　名　福建师范大学学报(哲学社会科学版)
年 卷 期　1987 年 1 期
页　　码　99 – 102

题　　名　**中国与马来亚和平友好的历史**
作　　者　戴清寿
刊　　名　新史学通讯
年 卷 期　1956 年 12 期
页　　码　21 – 23,25 – 26

题　　名　**中国与南亚的友好关系源远流长**
作　　者　耿引曾

刊　　名　南亚研究
年 卷 期　1982 年 2 期
页　　码　15－20
摘　　要　中国是南亚的近邻,巴基斯坦、印度、尼泊尔、不丹等都与中国接壤;南中国海又直通印度洋,海路把斯里兰卡、马尔代夫和中国连结在一起。两千多年来,中国人民和南亚各国人民就一直有着密切的联系和深厚的友谊。在浩繁的中国史籍中保存了很多有关这方面史实的美好篇章。现在,仅就使臣互访、僧侣往来以及文化交流和相互影响这三方面作一概述。

题　　名　中国与日本在清代的贸易信牌
作　　者　徐宁婧
刊　　名　文史杂志
年 卷 期　2003 年 3 期
页　　码　69

题　　名　中国与太平洋古代各国关系史研究综述
作　　者　尚东海
刊　　名　思想战线
年 卷 期　1985 年 2 期
页　　码　91－94,8

题　　名　中国与文莱交往史的珍贵记述——评《文莱:热带王国皇冠上的明珠》
作　　者　范金民
刊　　名　郑和研究
年 卷 期　2008 年 2 期
页　　码　67－70

题　　名　中国与文莱交往始末(连载之一)
作　　者　杨新华
刊　　名　郑和研究
年 卷 期　1999 年 1 期
页　　码　50

题　　名　中国与文莱交往始末(连载之二)
作　　者　杨新华
刊　　名　郑和研究
年 卷 期　1999 年 2 期
页　　码　55－58

题　　名　中国与文莱交往始末(连载之三)
作　　者　杨新华
刊　　名　郑和研究

年 卷 期　1999 年 3 期
页　　码　44 – 47

题　　名　**中国与文莱贸易往来的历史考察**
作　　者　聂德宁
刊　　名　中国社会经济史研究
年 卷 期　2008 年 2 期
页　　码　78 – 84
摘　　要　中国与文莱的贸易往来早在唐代就已开始。到了宋代,两国间建立起了朝贡贸易关系。明代前期,中国与文莱两国间的朝贡贸易往来盛极一时,交往频繁。从明代后期以至清代中期,文莱成为中国帆船以及民间海商人东洋、东南洋贸易航线的主要贸易港口之一,构成了明清时期中国帆船海外贸易活动的一个重要组成部分。

题　　名　**中国与希腊古代双爪石杆木碇的比较**
作　　者　吉尔哈特·卡彼坦
刊　　名　海交史研究
年 卷 期　1996 年 29 期
页　　码　103 – 106

题　　名　**中国与暹罗贸易问题的研究**
作　　者　何炳贤
刊　　名　国际贸易导报
年 卷 期　1934 年 6 卷 6 期

题　　名　**中国与印度贸易问题的研究**
作　　者　何炳贤
刊　　名　国际贸易导报
年 卷 期　1934 年 6 卷 7 期

题　　名　**中国与越南缅甸交通之今昔**
作　　者　彭胜天
刊　　名　南洋研究
年 卷 期　1939 年 8 卷 3 期

题　　名　**中国与周边国家关系史学术讨论会综述**
作　　者　马一虹
刊　　名　中国史研究动态
年 卷 期　2004 年 2 期
页　　码　17 – 20

题　　名　中国元代海事法规试探
作　　者　王杰
刊　　名　中国航海
年 卷 期　1996 年 1 期
页　　码　91－96
摘　　要　元代海事法规是我国目前最早的海事法规文件。本文首次分门别类介绍了元代至元法、延佑法二个海事法规的内容,并分析了元代海事法规之特点。

题　　名　中国远航世界的创举——20 世纪郑和研究之回顾
作　　者　罗宗真
刊　　名　郑和研究
年 卷 期　2001 年 1 期
页　　码　4－8

题　　名　中国云南与印度古代交流史述略(上)
作　　者　周智生
刊　　名　南亚研究
年 卷 期　2002 年 1 期
页　　码　55－64
摘　　要　中国和印度是东方两个著名的文明古国,二者之间有着源远流长的贸易交流和文化联系。事实上,除了人们熟悉的北方丝绸之路和海上丝绸之路外,中国西南还有一些以云南为桥头堡和联系链的对印交通道路。以这些通道为桥梁,曾形成了云南与印度历史上较密切的往来关系,对双方特别是云南的社会经济、科技发展、文化生活等诸多方面产生过重要影响。二者间的这一交流关系也曾对中印间的经济文化交流有过一定的贡献和影响。本文拟以历史发展为线索,以商贸和科技交流为中心,对中国云南与印度的交流历史作一粗略的梳理。

题　　名　中国云南与印度古代交流史述略(下)
作　　者　周智生
刊　　名　南亚研究
年 卷 期　2002 年 2 期
页　　码　53－55
摘　　要　以贝币为链环的滇缅印贸易圈的形成《新唐书》卷 222 上《南诏传》中明确记载:南诏:"以缯帛及贝市易。贝者大若指,十六枚为一觅。"《政和证类本草》引《海药》记载云:"贝子,丢南极多,用为钱交易。"前一条记载说明了贝币使用的单位和规制,后则反映了南诏、大理国时期云南用贝币的普遍性。

题　　名　中国运河的变迁
作　　者　马正林
刊　　名　陕西师范大学学报(哲学社会科学版)
年 卷 期　1978 年 1 期
页　　码　67－81
摘　　要　开凿运河是我国劳动人民改造河山的伟大创举。连接京、杭的长达 1782 公里的运河,就是一条与万里长城齐名的南北大运河。它曾是元、明、清三代南北漕运的重要航道；在我国的社会主义建设中，仍然发挥着一定的运输作用。不过，这条大运河是经历了长期复杂曲折的发展和演变过程的。今天，探讨运河的发展和演变，总结我国劳动人民利用和改造大自然的经验，进一步发展内河航运，为在本世纪内把我国建设成社会主义的现代化强国作出贡献，有着重要的现实意义。

题　　名　中国运河文化的形成及其演进

作　　者　李泉

刊　　名　东岳论丛

年 卷 期　2008 年 29 卷 3 期

页　　码　57－61

摘　　要　中国运河文化是中华民族文化大系中的南北地域跨度大、时间积累长、内容丰富多彩的区域文化。隋唐以前，运河河道里程短，连续通航的时间短，运河流经的地区没有形成区别于周围文化区域的独特的文化形态。隋唐至元代，运河河道走向稳定，里程延长，运河开挖、维护、通航、管理技术明显提高。长期的经济文化交流，由运河交通带来的异地文化与本土源文化的融汇碰撞，使运河区域与周边其他区域产生了文化上的差异，运河区域文化由此形成。明清时期，京杭运河走向规划合理，水量相对充足，疏浚培护及时，管理制度完善，四五百年间，河道稳定，持续畅通，在它所流经和辐射的地区，不仅形成了前后传承的与其他区域明显不同的物质文化与制度文化，而且漕运的发达、商业的繁荣、区域内外广泛深入的文化交流、人口的迁移流动等等，更使这个区域逐渐融汇积累了丰厚的精神文化。绚烂多彩的京杭运河文化进入了空前兴盛的阶段。

题　　名　中国在 1421 年发现了世界——在第二届昆明郑和研究国际会议上的主题演讲

作　　者　加文·孟席斯，马理

刊　　名　回族研究

年 卷 期　2003 年 1 期

页　　码　14－20

题　　名　中国在贸易全球化中的主导地位——16 世纪中叶至 19 世纪初叶

作　　者　黄启臣

刊　　名　福建师范大学学报

年 卷 期　2004 年 1 期

页　　码　1－5

摘　　要　16 世纪中叶至 19 世纪初叶，以商品流通为基础的贸易全球化是今天全球经济一体化的第一阶段。当其时，中国丰富的商品在国际市场上具有极强的竞争力，对推动贸易全球化起了举足轻重的主导作用。

题　　名　中国早期的《航海日志》——《日情》初探

作　　者　王杰

刊　　名　中国航海

年 卷 期　1992 年 2 期

页　　码　77－86

题　　名　中国早期的地球观对明朝远洋航行的影响

作　　者　[法]麦里筱

刊　　名　故宫博物院院刊

年 卷 期　2005 年 6 期

页　　码　51－58

摘　　要　今年是郑和南海首航 600 周年纪念日。1405 年由明成祖发起,由太监提升为将领的郑和开发了新的远洋航行。这一创举,比哥伦布发现美洲大陆几乎早了一个世纪。郑和的航海船队,由 62 艘海船和 37000 官兵及海员组成。他们最远到过非洲东部海岸,沿途走访了亚洲南部沿海三十多个国家,其中不少国家同意向明朝进贡。在以后的 28 年里,郑和曾六次下西洋。然而,正如其突如其来的开始一样,航海探险活动也嘎然而止了。如何解释拥有优越航海技术的海上霸主,竟不能像后来的西方列强一样,去寻找更远的新大陆呢?本文并非对大多数传统解释提出挑战,旨在说明中国古代天圆地方的观念阻碍了其所有更具雄心的海上探险。

题　　名　中国早期对蒸汽机、火轮船的研究制造

作　　者　王锦光,闻人军

刊　　名　自然辩证法通讯

年 卷 期　1981 年 3 期

页　　码　60

题　　名　中国早期商检机构的萌芽

作　　者　徐鉴

刊　　名　中国检验检疫

年 卷 期　2002 年 4 期

页　　码　6

摘　　要　中国早期商检机构的萌芽,可以从始设于唐代的市舶司说起。市舶司在唐代称市舶使,可能由地方官员兼任,仅为一职务,没有专门机构。其主要职责大约就是替朝廷征收关税,促进对外贸易,并办理朝贡等事宜。

题　　名　中国早期蒸气机和火轮船的研制

作　　者　王锦光,闻人军

刊　　名　中国科技史杂志

年 卷 期　1981 年 2 期

页　　码　21－30

摘　　要　本文主要探讨我国一些有识之士在鸦片战争前后对蒸汽机、火轮船的研究和制造。考证源流,在这两种近代工业技术中曾经“叱咤风云”的“奇器”身上,有着我国古老科学文化的血统,为此需要简略地回顾一下历史。

题　　名　中国造船的激情岁月

作　　者　欧晨心

刊　　名　华夏人文地理

年 卷 期　2005 年 1 期

页　　码　50 – 59

题　　名　**中国造船技术的世界性贡献**
作　　者　席龙飞
刊　　名　海交史研究
年 卷 期　2001 年 40 期
页　　码　97 – 105

题　　名　**中国造船史上的几个问题**
作　　者　周世德
刊　　名　自然科学史研究
年 卷 期　1983 年 2 卷 1 期
页　　码　83 – 88

题　　名　**中国造船史始于 7500 年前**
作　　者　张奇志
刊　　名　科技文萃
年 卷 期　2005 年 9 期
页　　码　190

题　　名　**中国战略文化传统与北洋海军的运用**
作　　者　张炜
刊　　名　军事历史研究
年 卷 期　2004 年 4 期
页　　码　163 – 168
摘　　要　不同国家和民族的生存环境和历史发展的差异,决定其社会结构、文化心理结构和哲学思辨传统的区别,从而产生了不同的战略文化特点,并从根本上对各国海军运用理论产生不同的影响。中国的战略文化传统以“和”为最高价值取向,它决定了甲午战争前后北洋海军建设和运用的基本思路和模式。中国战略文化传统的历史局限性是导致北洋海军败殁的重要原因,但中华民族善良平和的民族特性不应因此而埋没其光辉,中国战略文化传统的优秀一面也同样不应当被埋没。特别是新中国成立以后,中国在以一种中国式的战略文化逻辑,引导自己的“和平崛起”,引导世界的共同安全。中国一以贯之的和平传统从来没有像今天这样辉煌,即使是在反思北洋海军覆殁的命运时,也不应当以偏概全。

题　　名　**中国招抚琉球史实考**
作　　者　杨冬荃
刊　　名　海交史研究
年 卷 期　1994 年 25 期
页　　码　84 – 90

题　　名　**中国正史之日本**
作　　者　张鄞

刊　　名　中央大学半月刊
年 卷 期　1930 年 1 卷 16 期

题　　名　中国殖民八大伟人传
作　　者　梁启，时平
刊　　名　郑和研究
年 卷 期　2004 年 1 期
页　　码　9 – 11

题　　名　中国中心观与“夷”“洋”之变
作　　者　刘遗伦，邓佑先
刊　　名　贵州文史丛刊
年 卷 期　2008 年 1 期
页　　码　13 – 17

题　　名　中国舟船的起源
作　　者　杨春阳，王飞
刊　　名　海事大观
年 卷 期　2002 年 6 期
页　　码　30

题　　名　中国自制的第一艘轮船——“黄鹄号”
作　　者　张国辉
刊　　名　学术月刊
年 卷 期　1962 年 2 期
页　　码　39 – 40

题　　名　中国走向近代历史进程中两位伟大的先行者——纪念郑和下西洋六百周年兼论李贽的启蒙思想
作　　者　张建业
刊　　名　云南大学学报（社会科学版）
年 卷 期　2005 年 4 卷 4 期
页　　码　58 – 69
摘　　要　在中国走向近代的历史进程中，有两位伟大的先行者，那就是出生在云南的郑和与曾任云南姚安知府的李贽。郑和七下西洋，虽不像后来的西方航海家那样，完全是适应着欧洲资本主义的发展而为开辟海外市场的需要，但这一壮举，同样是建立在当时中国商品经济和手工业生产发展的基础之上，反过来，又必然引发国内商品经济和手工业的加速发展，促进社会经济形态的转化，即由封建向近代的迈进。李贽反封建压迫反传统思想的人文主义的启蒙思想，撕开了当时虽日趋腐朽而仍层层叠叠的封建天幕的一道裂隙，为窒息的社会透进一丝阳光和清新空气，为中国社会由封建向近代迈进作了舆论准备。

题　　名　中国最早的船舶避碰章程
作　　者　沈荣嵩
刊　　名　珠江水运
年 卷 期　2000年8期
页　　码　44－45

题　　名　中国最早的反走私法
作　　者　薛军
刊　　名　中国商贸
年 卷 期　1999年1期
页　　码　71

题　　名　中国最早的海军陆战队
作　　者　刘向
刊　　名　海洋世界
年 卷 期　1997年3期
页　　码　31

题　　名　中国最早的海外贸易管理官员创置于汉代
作　　者　王杰
刊　　名　海交史研究
年 卷 期　1993年24期
页　　码　1－4

题　　名　中国最早的海员
作　　者　郑传良
刊　　名　航海
年 卷 期　1985年6期
页　　码　41

题　　名　中国最早实行股份制的企业——轮船招商局
作　　者　卢文莹
刊　　名　财贸研究
年 卷 期　1992年5期
页　　码　75

题　　名　中韩海上交通技术交流的见证——谈蓬莱出土的两艘高丽古船
作　　者　龚昌奇，席龙飞
刊　　名　海交史研究
年 卷 期　2006年50期

页　　码　20－22

摘　　要　本文通过对蓬莱出土的3号古船进行实测和复原研究，根据3、4号古船的构造和施工技术特征，参考韩国学者的相关研究成果，判断3、4号古船应是高丽末期至朝鲜初期的高丽古船。这是古代中韩造船技术交流的有力证据。

题　　名　中华第一舟——杭州跨湖桥遗址古船发现记

作　　者　王心喜

刊　　名　发明与创新

年 卷 期　2005年8期

页　　码　8－9

题　　名　中华海洋文化的历史及其辉煌成就——从远古时代至公元1433年的考察及评价

作　　者　李惠生

刊　　名　青岛海洋大学学报（社会科学版）

年 卷 期　1998年1期

页　　码　62－65

题　　名　中华民族的海洋文化

作　　者　杨熺

刊　　名　海交史研究

年 卷 期　1986年10期

题　　名　中华民族与海洋文化的关系

作　　者　任念文

刊　　名　广东行政学院学报

年 卷 期　2006年18卷6期

页　　码　82－86

摘　　要　针对我国在比较现代化研究中出现的否定中国海洋文化的论断，可以从历史上中华民族多元一体的民族构成方面，从中华民族在形成与发展中获得海洋物质给养、与海洋民族的互动方面，从中华民族对依托海洋生活模式的尊重、认同与融通方面，从中华文化对海洋文化的好奇、探索、兼收并蓄方面，从海疆文化、海疆开拓与保卫等方面予以反驳，从而证明中华文化具有海洋文化因素，中华民族与海洋文化有着源远流长的关系。

题　　名　中华伟人法显评传——纪念法显大师圆寂1750周年

作　　者　连云山

刊　　名　佛学研究

年 卷 期　1992年1期

页　　码　143

题　　名　中华文化的世界意义——郑和与哥伦布航海的比较

作　　者　伍雄武

刊　　名　云南师范大学学报(哲学社会科学版)
年 卷 期　1996年28卷1期
页　　码　1-4
摘　　要　从郑和"下西洋"与哥伦布"发现新大陆"航海的比较中可以看出,中华文化的核心观念对于处理民族关系,对于反省工业文明和欧洲中心主义的价值观,都提供了一种有启发的观念和独特的参照系。

题　　名　中华文化与域外文化的互动暨"海上丝绸之路泉州"学术研讨会综述
作　　者　刘丰
刊　　名　哲学动态
年 卷 期　2003年1期
页　　码　18-20
摘　　要　由中国社会科学院学术交流委员会、社会科学文献出版社、中国海外交通史学会、泉州市社会科学界联合会以及喜马拉雅研究发展基金会联合举办的"中华文化与域外文化的互动暨'海上丝绸之路泉州'"学术研讨会于2002年10月19日至21日在福建泉州举行。来自海峡两岸以及美国等地的60多位专家学者参加了这次学术讨论会。

题　　名　中柬两国在古代的友好往来
作　　者　闵尔
刊　　名　历史教学
年 卷 期　1966年1期
页　　码　57-58

题　　名　中街山诸渔岛的历史及民俗考略
作　　者　张坚
刊　　名　浙江海洋学院学报(人文科学版)
年 卷 期　1999年16卷1期
页　　码　32-37

题　　名　中廓战争对马戛尔尼使华的影响
作　　者　李强
刊　　名　学术探索
年 卷 期　2007年5期
页　　码　85-90
摘　　要　近代边疆危机与中国的近代化息息相关。1792年,英国政府为了扭转对华贸易逆差不断扩大的窘状,派出负有使中英贸易正常化使命的谈判代表马戛尔尼,但东印度公司在刚结束的中廓战争中的均势政策影响了清政府对马戛尔尼使团的态度,固守传统理念的乾隆皇帝拒绝了英国政府提出的开埠通商、贸易自由化的提议。马戛尔尼使团在中国遭遇了挫折。

题　　名　中琉关系史研究述略
作　　者　李玉昆

刊　　名　海交史研究
年 卷 期　1992 年 21 期
页　　码　16－27

题　　名　**中琉历史商贸交流在“海上丝绸之路”中的地位与作用**
作　　者　郑国珍
刊　　名　海交史研究
年 卷 期　1996 年 30 期
页　　码　52－59

题　　名　**中琉两国纸张贸易初探**
作　　者　丁春梅
刊　　名　海交史研究
年 卷 期　2006 年 49 期
页　　码　59－79
摘　　要　明清两朝，不仅中国纸张通过各种渠道大量输往琉球，而且琉球纸张也以多种方式输入中国，纸张是中琉两国贸易交流中少有的相互输出的货物之一。本文拟通过对中琉两国纸张输出的方式、种类及成因的研究，探讨福建在中琉两国纸张贸易中的地位和作用。

题　　名　**中琉友好交往史拾零**
作　　者　曾意丹
刊　　名　海交史研究
年 卷 期　1986 年 10 期

题　　名　**中美茶贸简史**
作　　者　陈彬藩
刊　　名　中国茶叶
年 卷 期　1981 年 6 期
页　　码　23

题　　名　**中美贸易——穿越太平洋风暴**
作　　者　梅新育
刊　　名　招商周刊
年 卷 期　2005 年 48 期
页　　码　19－20

题　　名　**中美贸易的历史与现状**
作　　者　周世俭
刊　　名　对外经济贸易大学学报
年 卷 期　1989 年 3 期
页　　码　28－33

图书在版编目(CIP)数据

中国航海史基础文献汇编．第4卷，学术卷/孙光圻主编．—北京:海洋出版社,2015.4
ISBN 987-7-5027-9207-7

Ⅰ．中…　Ⅱ．①孙…　Ⅲ．①航海－交通运输史－文献－汇编－中国　Ⅳ．①F552.9

中国版本图书馆CIP数据核字(2015)第170167号

责任编辑：张　荣
责任印制：赵麟苏
海洋出版社　出版发行
http://www.oceanpress.com.cn
北京市海淀区大慧寺路8号　邮编:100081
中煤涿州制图印刷厂北京分厂印刷　　新华书店发行所经销
2015年4月第1版　2015年4月北京第1次印刷
开本：880mm×1230mm　1/16　印张:214
字数：4060千字　　定价：780.00元
发行部:62147016　邮购部:68038093　总编室:62114335
海洋版图书印、装错误可随时退换

摘　　要　早在北美十三州殖民地时代，中国的茶叶、生丝等就通过英国的东印度公司输往北美的波士顿、纽约等港口。英国商人从中获得巨利。美国独立战争的导火线——波士顿港口“倾茶事件”(1773年12月16日)就是由于英国专揽茶叶贸易激起了北美人民的反抗而发生的。1781年10月17日，英军投降，北美独立战争胜利。美国商人不愿忍受英国商人的转手盘剥，为了打通与中国直接贸易的渠道，一些商人在波士顿市长的支持下驾驶一艘载重360吨名为“中国皇后”号的商船，于1784年2月22日(清乾隆四十九年)从纽约港启航，饶道好望角，经过188天，航程三万二千海里，于同年8月28日到达广州黄埔港。船上装载着西洋参、毛皮、棉花和胡椒等。

题　　名　**中秘文化源远流长“基因”“病毒”唯天可证——最早移民至美洲的印第安人来自何处？(五)**
作　　者　胡远鹏
刊　　名　化石
年 卷 期　2001年3期
页　　码　11-13

题　　名　**中葡关系地点不应在上下川岛当在南头岛**
作　　者　施存龙
刊　　名　文化杂志
年 卷 期　2002年45期

题　　名　**中葡关系史与澳门问题**
作　　者　陈曦文
刊　　名　首都师范大学学报
年 卷 期　1999年6期
页　　码　5-10

题　　名　**中葡关系与澳门问题**
作　　者　李蓓蓓
刊　　名　历史教学问题
年 卷 期　1999年4期
页　　码　14-18

题　　名　**中葡早期通商关系**
作　　者　张天泽，钱江
刊　　名　南洋资料译丛
年 卷 期　1989年2期
页　　码　59-74

题　　名　**中葡走马溪之役考辨**
作　　者　施存龙
刊　　名　澳门研究

年 卷 期 2004年23期

题　　名 **中秋节源自新罗考**
作　　者 刘德增
刊　　名 文史哲
年 卷 期 2003年6期
页　　码 97－101
摘　　要 开成四年(839),日本高僧圆仁在文登县清宁乡赤山村法花院见到寺中新罗僧人过八月十五节,遂在当天的行记中写道:"斯节诸国未有,唯新罗国独有此节。"检索中国文献,宗懔《荆楚岁时记》中没有中秋一节。清人王谟说这不是宗懔缺记,也不是荆楚一带没有此节,而是唐代以前就没有这个节日。在唐代文献中,中唐,特别是入晚唐以后,士大夫中出现中秋赏月之事。但在唐代,中秋尚无节日性质。中国传统的中秋节是唐朝士大夫的赏月活动与新罗侨民的节庆活动相互影响,融合而成。

题　　名 **中日禅僧的交往与日本茶道的渊源**
作　　者 薛翘,刘劲峰
刊　　名 农业考古
年 卷 期 1991年2期
页　　码 140－144,139

题　　名 **中日稻作文化与傩文化比较研究**
作　　者 林河
刊　　名 广西民族学院学报(哲学社会科学版)
年 卷 期 1997年19卷4期
页　　码 44－49
摘　　要 本文认为日本傩是中国传去的,日本傩与中国傩之间有诸多共性,他们都是稻作文化的意识形态。

题　　名 **中日蜂业贸易史源探析——唐代渤海国对日本蜂蜜贸易活动**
作　　者 葛凤晨,陈东海,历艳芳
刊　　名 养蜂科技
年 卷 期 1996年6期
页　　码 32,30

题　　名 **中日古代稻作文化——以汉代和弥生时代为中心**
作　　者 罗二虎
刊　　名 农业考古
年 卷 期 2001年1期
页　　码 59－81

题　　名 **中日古代稻作文化——以汉代和弥生时代为中心(续)**
作　　者 罗二虎

刊　　名　农业考古
年 卷 期　2001 年 3 期
页　　码　50－77

题　　名　**中日古代交通**
作　　者　许兴凯
刊　　名　文化与教育旬刊
年 卷 期　1936 年 87 期

题　　名　**中日关系的变化对明朝“海禁”政策的影响**
作　　者　刘莲
刊　　名　中国海洋大学学报(社会科学版)
年 卷 期　2005 年 2 期
页　　码　18－21
摘　　要　在明朝建立前,中国政府对海外贸易大多采取开放、鼓励政策,中日关系的发展较为顺利。但明朝建立后,朝贡贸易和倭寇问题构成了中日关系的主要内容,而倭寇问题更成为中日关系的核心。中日关系的曲折发展、倭寇的不断侵扰成为明朝政府实行“海禁”政策的重要原因之一。

题　　名　**中日关系考(一)**
作　　者　修成
刊　　名　畅流
年 卷 期　1952 年 4 卷 11 期

题　　名　**中日关系考(二)**
作　　者　修成
刊　　名　畅流
年 卷 期　1952 年 4 卷 12 期

题　　名　**中日关系考(三)**
作　　者　修成
刊　　名　畅流
年 卷 期　1952 年 5 卷 1 期

题　　名　**中日关系考(四)**
作　　者　修成
刊　　名　畅流
年 卷 期　1952 年 5 卷 2 期

题　　名　**中日海上南路航线的起讫点——唐代的明州港**
作　　者　文彬

刊　　名　宁波经济(财经视点)
年 卷 期　1998 年 3 期
页　　码　44

题　　名　**中日海战史料**
作　　者　归与
刊　　名　海事
年 卷 期　1935 年 9 卷 6 期
页　　码　47 - 56

题　　名　**中日黄海海战北洋海军的接战队形再探**
作　　者　姜鸣
刊　　名　复旦学报(社会科学版)
年 卷 期　1987 年 4 期
页　　码　109 - 110

题　　名　**中日黄海海战发覆**
作　　者　王琰
刊　　名　蒙自师范高等专科学校学报
年 卷 期　2002 年 4 卷 5 期
页　　码　13 - 19
摘　　要　中日黄海海战百年来一直处于雾裹云封之中。日本史学著作说"追击逃敌的第一游击队是在击沉经远号之后继续追击'残敌'时收到'与主队会合'命令的"。于是问题便产生了:这个"残敌"是谁?终战时,第一游击队在什么地方?戚其章先生提出大鹿岛作战说,力图说明海战后期第一游击队在大鹿岛海域作战,对"残敌"是谁则避而不谈。第一游击队司令官坪井航三更改了攻击和击沉经远号的时间,力图使人相信第一游击队是在击沉经远号后正要北上大鹿岛追击靖远号、来远号时收到"与主队会合"命令的。本文揭开这些人为遮蔽后证明:第一游击队击沉经远号后直至终战,合队环攻、追击是济远号。

题　　名　**中日甲午海战历史教训的思考**
作　　者　赵承春
刊　　名　现代舰船
年 卷 期　1994 年 8 期
页　　码　4 - 5

题　　名　**中日甲午海战一百年祭**
作　　者　东式毅
刊　　名　船史研究
年 卷 期　1994 年 7 期

题　　名　中日甲午海战中的方伯谦是被诬陷致死

作　　者　郑守正

刊　　名　历史档案

年 卷 期　1993 年 2 期

页　　码　105－108,104

摘　　要　中日甲午海战中的济远号管带副将方伯谦,以"逃军"罪被杀,是冤案或是罪有应得,本文将根据近年新发现的广甲号管轮卢毓英以亲见、亲闻、亲历所著《卢氏甲午前后杂记》提供的史料,辅以其它史料,论证方伯谦被杀是一桩冤案。给方伯谦罗织的三大罪名全不属实。

题　　名　中日甲午威海之战

作　　者　孙吉香

刊　　名　春秋

年 卷 期　1996 年 5 期

页　　码　16－17

摘　　要　1895 年初,北洋海军在威海卫军港全军覆没,使中日甲午战争以中国失败而告终。这不仅在中国海军史上添上了悲壮的一页,也给我们留下了无限的忧愤与沉思。

题　　名　中日甲午战争的结局及其影响

作　　者　戚其章

刊　　名　东岳论丛

年 卷 期　1989 年 4 期

页　　码　76－81

摘　　要　今年是中日甲午战争爆发 95 周年。现将戚其章同志的新著《甲午战争史》(即将由人民出版社出版)一书的结束语摘出发表,以示纪念。

题　　名　中日甲午战争的前因与后果

作　　者　戴逸

刊　　名　历史教学

年 卷 期　1994 年 7 期

页　　码　3－7

摘　　要　今年是中日甲午战争爆发一百周年,这场战争给中国带来严重的灾难,创深痛巨,永远值得回顾和反思。这次战争为何发生？中国为何战败？何以受到巨大的屈辱和损害？战争造成什么后果？中国近代化进程何以受挫？中国近代历史何以如此迂回曲折？重温甲午战争的历史,将能得到有益的启示和教训。

题　　名　中日甲午战争的影响和意义

作　　者　戴逸

刊　　名　齐鲁学刊

年 卷 期　1991 年 1 期

页　　码　69－70

摘　　要　中日甲午战争是决定中、日两国命运,决定东亚历史格局的重要战争,它虽然过去将近一

百年了，但其意义和影响值得我们进行讨论，加深认识。

题　名　**中日甲午战争史研究的世纪回顾**
作　者　戚其章
刊　名　历史研究
年卷期　2000年1期
页　码　148-165
摘　要　中日甲午战争是中国乃至远东近代历史上划时代的重要事件，不仅对中日两国产生了巨大的直接影响，而且使远东国际形势的格局发生了深刻的变化。这次战争以中国的惨败而告终，是持续30余年之久的洋务运动最后失败的标志，又成为中国近代民族觉醒的一个重要转折点。但是，中国的甲午战争史研究却起步甚晚，发展的道路又不是一帆风顺，直到近二十几年才取得了令人瞩目的成绩。

题　名　**中日甲午战争研究的重要成果——戚其章《甲午战争与近代社会》评介**
作　者　陆炎
刊　名　山东社会科学
年卷期　1991年6期
页　码　90-91
摘　要　近十年来，戚其章先生在中日甲午战争与近代社会的研究方面取得了丰硕的成果，已发表有关论文100多篇。《甲午战争与近代社会》一书（山东教育出版社1990年版）是继《中日甲午战争史论丛》（山东教育出版社1983年版）之后对近几年研究成果的又一个总结。关于海陆战的研究，是中日甲午战争史研究中的一个重点问题。该书通过对丰岛海战、黄海海战、威海卫之战及成欢之战、金州保卫战的论述，辨析了史学界存在的一些不同观点。

题　名　**中日甲午战争中的海军战略问题**
作　者　戚其章
刊　名　东岳论丛
年卷期　1990年5期
页　码　43-49

题　名　**中日间的海路交往与邦交关系**
作　者　史海青
刊　名　固原师专学报
年卷期　2003年24卷4期
页　码　64-68
摘　要　中日间的海路交往最初是经由朝鲜半岛间接进行的。自两汉至南北朝，中日邦交实际上是一种宗主与“藩属”的关系。约自公元5世纪起，直接交往日渐频繁，致使隋唐时期的中日邦交呈现出前所未有的“蜜月”状态。日本通过大量派遣使团和留学生来华，使中国的先进生产技术、典章制度和思想文化进一步传入日本，极大地推动了日本社会的发展。宋元时期，中日海路交往和邦交关系的发展，主要集中在对外贸易，尤其是民间贸易上。

题　　名　**中日交涉二千年年表**
作　　者　汪向荣
刊　　名　中国公论
年 卷 期　1942－1944 年 7－10 期

题　　名　**中日交通话源头**
作　　者　张树枫
刊　　名　海交史研究
年 卷 期　1996 年 30 期
页　　码　29－36

题　　名　**中日交通史上的一部珍贵文献——园仁和尚的《入唐求法巡礼行记》**
作　　者　陈应年
刊　　名　外国史知识
年 卷 期　1981 年 10 期
页　　码　20

题　　名　**中日近代运输业发展的比较制度分析:以轮船运输为例**
作　　者　魏际刚
刊　　名　世界经济
年 卷 期　2004 年 2 期
页　　码　55－60
摘　　要　本文以 1840 年以来轮船业在中国的兴起为例,探讨制度因素在中国近代轮船运输发展中的作用及其影响,并对比分析同期日本的轮船运输业发展状况及其相关的制度差异。

题　　名　**中日历代交涉史**
作　　者　周传儒
刊　　名　国学论丛
年 卷 期　1927 年 1 卷 1－2 期

题　　名　**中日两国交往始于西汉末**
作　　者　韩尚奎
刊　　名　齐齐哈尔师范学院学报(哲学社会科学版)
年 卷 期　1987 年 3 期
页　　码　72－74

题　　名　**中日两国早期高等海运教育之比较**
作　　者　王平,李宝民
刊　　名　航海教育研究
年 卷 期　1998 年 4 期

页　　码　15－16

摘　　要　本文比较了早期中日两国创办高等海运教育的异同，总结了二者存在差异的原因。

题　　名　**中日水稻之路的航海学辨析**

作　　者　孙光圻

刊　　名　大连海运学报

年 卷 期　1988年10期

题　　名　**中日威海战役纪略**

作　　者　归与

刊　　名　海事

年 卷 期　1937年10卷9期

页　　码　30

题　　名　**中日文化交流的伟大先驱——空海**

作　　者　武陵子

刊　　名　人物

年 卷 期　1985年1期

页　　码　139－141

题　　名　**中日文化交流的先驱者——空海**

作　　者　郁田

刊　　名　科学与文化

年 卷 期　1982年4期

页　　码　29

题　　名　**中日文化交流史上的友好使者——鉴真与晁衡**

作　　者　王丽华

刊　　名　实事求是

年 卷 期　1993年1期

页　　码　69，71

摘　　要　历史是不朽的。一些杰出的人物具有久远的活力，给后人以巨大的感染力和深刻的启示。公元八世纪中国的鉴真和日本的晁衡，他们为中日友谊和文化交流，毕生做出的贡献，永远为后人缅怀和传颂。

题　　名　**中日文化使者——鉴真**

作　　者　华方田

刊　　名　竞争力

年 卷 期　2008年2期

页　　码　74

摘　　要　鉴真（687－763年）是唐代律宗的著名僧人，日本律宗初祖。俗姓淳于，扬州江阳（今江苏

扬州)人。晚年受日僧礼请,东渡传律,履险犯难,终抵奈良。对佛教与盛唐文化在日本的传播,贡献巨大。

题 名 **中日医学和友谊的传播者——鉴真**
作 者 王琦
刊 名 山东中医药大学学报
年卷期 1979 年 1 期
页 码 39 - 41

题 名 **中山舰的由来**
作 者 程浩
刊 名 航海
年卷期 1986 年 4 期
页 码 21 - 22
摘 要 历史上赫赫有名的中山舰,以孙中山先生名字命名,经历非凡。您可知道它是如何诞生的? 中山舰,前身叫永丰舰,是中国近代海军史上一艘罕见的炮舰。它原属北洋舰队,1917 年随海军总长程璧光南下参加孙中山先生领导的护法斗争;1922 年粤军总司令陈炯明叛变革命,炮击观音山(即今广州越秀山)总统府,孙中山先生转移驻永丰舰达五十五天,与全舰官兵患难与共,並肩讨伐叛军;1923 年该舰为摆脱海军司令温树德(当时政治上倾向陈炯明)的控制,毅然起义赴汕头;1925 年孙中山先生逝世后,为纪念先生,方改名中山舰。

题 名 **中山舰在中国近代史上的历史地位**
作 者 萧致治
刊 名 船史研究
年卷期 1997 年 11/12 期
页 码 215 - 219

题 名 **中世纪"陶瓷之路"上的德化瓷及其科技分析**
作 者 李国清,梁宝鎏彭子成
刊 名 海交史研究
年卷期 1999 年 36 期
页 码 60 - 73

题 名 **中世纪的东方贸易港——泉州**
作 者 史秀
刊 名 国际贸易
年卷期 1982 年 3 期
页 码 13 - 14

题 名 **中世纪东西亚海道上的航船**
作 者 江应梁

刊　　名　新亚细亚
年 卷 期　1936 年 12 卷 1 期
页　　码　11 – 18

题　　名　中世纪欧亚繁荣的海上贸易通道——读雅各《光明之城》有关航路的叙述
作　　者　陈延杭
刊　　名　海交史研究
年 卷 期　2000 年 38 期
页　　码　24 – 30

题　　名　中世纪时期中国和非洲的关系
作　　者　陈庆华译
刊　　名　外国史学动态
年 卷 期　1964 年 5 期

题　　名　中斯友好与泉州锡兰王裔
作　　者　李玉昆，李秀梅
刊　　名　海交史研究
年 卷 期　1999 年 36 期
页　　码　25 – 33

题　　名　中泰古代交通史考
作　　者　李长传
刊　　名　南洋学报
年 卷 期　1940 年 1 卷 1 期

题　　名　中泰两国 14 – 18 世纪的文化交往
作　　者　施荣华
刊　　名　云南师范大学学报（哲学社会科学版）
年 卷 期　1997 年 3 期
页　　码　87 – 93
摘　　要　本文主要研究暹罗在阿瑜陀耶王朝和吞武里王朝这两个重要历史时期，中国与泰国在文化艺术和经济贸易等诸多方面的相互影响、友好往来，突出了中国传统文化对古代泰国发展的重要作用，有利于指导当代中泰两国的交往。

题　　名　中外帆和舵技术的比较
作　　者　席龙飞
刊　　名　船史研究
年 卷 期　1985 年 1 期
页　　码　36 – 46

题　　名　中外关系史的一部力作——评方豪的《中西交通史》
作　　者　彭顺生
刊　　名　湘潭师范学院学报(社会科学版)
年 卷 期　1996 年 5 期
页　　码　82－84

题　　名　中外关系史的一部力作——评周伟洲的《长安与南海诸国》
作　　者　俄琼卓玛
刊　　名　西安文理学院学报(社会科学版)
年 卷 期　2006 年 9 卷 3 期
页　　码　37－39

题　　名　中外关系史上的重要突破和转折——1873 年外使向清帝面递国书交涉事件简论
作　　者　汪林茂
刊　　名　史学集刊
年 卷 期　2000 年 3 期
页　　码　43－49

题　　名　中外关系史研究的历史回顾——《中外关系史辞典·序》
作　　者　朱杰勤
刊　　名　海交史研究
年 卷 期　1990 年 17 期

题　　名　中外关系史研究的新成果——《明帝国与南海诸蕃国关系的演变》评价
作　　者　张英聘
刊　　名　史学集刊
年 卷 期　1997 年 3 期
页　　码　76－77

题　　名　中外关系史研究中的外交地理方向问题
作　　者　齐涛
刊　　名　山东大学学报(哲学社会科学版)
年 卷 期　1990 年 4 期
页　　码　64－68
摘　　要　长期以来,中外关系史尤其是古代中外关系史的研究,很少见到中外交往的定量描述与分析,以至于写到中国王朝与任何一个国家或地区的关系时,都会得出同样的结论,即:有着密切的友好往来。看不出多少差异与特点,当然,也就难以把握不同历史时期对外关系演进的轨迹以及同一历史时期中国王朝与他国他地区的不同联系与交往。

题　　名　中外海上交流与古代广州建筑发展
作　　者　宋欣

刊　　名　古建园林技术

年 卷 期　2007 年 4 期

页　　码　33－38

摘　　要　古代广州建筑肇始于先秦百越的干栏建筑，秦汉时中原建筑文化强势进入，奠定建筑文化基调。在此后两千年的中外海上商品贸易、文化交流和对外军事防御历程中，古广州作为岭南古建筑的生长中枢，以汉族建筑传统和岭南地域性为基础，博采外域文化和建筑手法，发展具有特色的港市建筑文化和艺术，成就了传承历史、折贯中西的特色和风格。虽然封建广州也受到礼制规章的约束，但因位于远离国家政治中心的南方，其建筑创作具有相对的灵活性，尤其是中外海上物质和文化交流使其不断获得新的发展因素。综合归纳中外海上交流对古代广州建筑发展的影响，可以将过程分为三个阶段：一是秦汉至六朝时期，二是隋、唐、五代、宋和元代阶段，三是明代至鸦片战争之前。

题　　名　**中外贸易冲突与鸦片战争**

作　　者　黄逸平，张复纪

刊　　名　学术月刊

年 卷 期　1990 年 11 期

页　　码　34－40

题　　名　**中外文化交流的杰出使者——义静**

作　　者　朱亚非

刊　　名　山东师大学报（社会科学版）

年 卷 期　1995 年 6 期

页　　码　39－42

题　　名　**中外文化交流与中华传统文化的发展**

作　　者　张彦修

刊　　名　河南师范大学学报（哲学社会科学版）

年 卷 期　1999 年 3 期

页　　码　64－68

摘　　要　内容丰富的中华传统文化的发展与中外文化交流有着密切的关系。中外文化交流的主要通道有陆上丝绸之路和海上丝绸之路；交流的基本形式是经济贸易、文化交流、政府外交和战争；以佛教为主要内容的印度文化、阿拉伯——伊斯兰文化、明清之际来华的西方文化以及长期的中外物品、科技、文学艺术的交流，对中国的儒学、道家、民间文化、宗教、民族构成、社会生活、民族文化等都曾产生过不同程度的作用。

题　　名　**中晚唐漕运史略**

作　　者　潘镛

刊　　名　云南师范大学学报（哲学社会科学版）

年 卷 期　1986 年 1 期

页　　码　16－22

摘　　要　漕运，本意指水道运输，后专指从水道解往京师的税粮运输，就是利用水道调运粮食（主要是官粮）的一种专业运输。在我国封建史上，漕运是一项重要的经济制度。特别是唐代，它关系到唐王

朝的昌盛或衰败,很受封建统治者的重视,看做是国家的一项国策。运河是漕运的主干。唐代并没有像隋代那样大规模地开凿南北大运河,主要是利用隋代遗留下来的运河而加以疏浚整理,以及开凿并不太长的新运河(如三门运渠等)。但是唐代漕运却是我国封建社会史上兴盛发达的历史时期,开创了我国漕运史上光辉灿烂的一页,

题　　名　**中倭交通路线考**
作　　者　王辑五
刊　　名　禹贡
年 卷 期　1935 年 3 卷 10 期

题　　名　**中倭之古代交通路**
作　　者　王辑五
刊　　名　师大月刊
年 卷 期　1935 年 19 期

题　　名　**中西海洋观之历史差异**
作　　者　张炜
刊　　名　中国军事科学
年 卷 期　1995 年 3 期

题　　名　**中西两种科学文化背景下的郑和下西洋和地理大发现之比较**
作　　者　夏劲,陈茜
刊　　名　自然辩证法通讯
年 卷 期　2006 年 28 卷 4 期
页　　码　13 - 17,12
摘　　要　本文从科学文化的角度对郑和下西洋和地理大发现进行了比较研究,探讨了两者在科学探索动机、地理知识和造船航海技术诸方面的差异及其由此产生的不同影响,认为尽管郑和航海在规模、航路和航海技术等实用科学层面上远远领先于西方,但在科学探索动机、科学精神和理论知识背景等科学文化层面上却大大逊色于西方,两种科学文化背景的差异是导致中西航海活动不同结局的深层原因。

题　　名　**中西文明的最初碰撞——葡萄牙人入居澳门与明政府对策**
作　　者　石元蒙
刊　　名　甘肃社会科学
年 卷 期　2003 年 1 期
页　　码　140 - 142,153
摘　　要　15 至 17 世纪的欧洲海外扩张,意味着基督教文明向东方文明,尤其是华夏文明的推进,古老的中国面临着一种复兴和新兴的文化的挑战。本文论及两大文明在天朝土地上——澳门初次遭遇时,他们之间的冲突及各自的应对措施。

题　　名　**中暹之历史关系**
作　　者　苏鸿实

刊　　名　南洋研究
年 卷 期　1939 年 8 卷 1 期

题　　名　中央与地方的利益与冲突——乾隆年间丝货贸易中的禁通之争
作　　者　陈东有
刊　　名　中国社会经济史研究
年 卷 期　1998 年 4 期
页　　码　65－70

题　　名　中印两国在历史上的关系
作　　者　郑鹤声
刊　　名　东方杂志
年 卷 期　1948 年 44 卷 5 期

题　　名　中英《马凯条约》的谈判与签订
作　　者　王栋
刊　　名　学术月刊
年 卷 期　1996 年 4 期
页　　码　97－102,42
摘　　要　1840 年,英国殖民主义的枪炮轰开清政府的封闭大门,中外之间从此开始了与以往截然不同的、条约制度规定之下的商务交往。腐败无能的清政府被迫签订一个又一个有损于国家主权和经济的不平等条约、章程和合同,其中商务条款则占据了相当大的比重。1900 年 8 月 16 日,八国联军占领北京,清政府无力抵抗,唯有乞和。1901 年 9 月 7 日,十一国公使与清政府代表签订了《辛丑和约》,第十一款订明:“大清国国家允定,将通商行船各条约内,诸国视为应行商改之处,及有关通商其他事宜,均行议商,以期妥善简易”。由于此项规定,故从 1902 年开始到 1907 年止,清政府与各有约国进行修订商约的谈判,实际上参加谈判的有英、美、日、葡、德、意等六个国家,其中英、美、日、葡等四个国家则分别与清政府签订了续议通商行船条约。这一系列条约是《辛丑和约》第十一款的具体化,补充和扩大了该和约的内容。本文拟对其中最为重要的中英《马凯条约》的谈判及签订作些叙述和分析。

题　　名　中英《续议通商行船条约》裁厘加税条款的谈判
作　　者　谢振治
刊　　名　玉林师范学院学报
年 卷 期　2006 年 27 卷 1 期
页　　码　106－124
摘　　要　裁厘加税是中英《续议通商行船条约》最重要的内容。裁厘加税条款的谈判,中方在一定程度上做了维护自身利益的努力;裁厘加税条款的谈判,预示了列强对中国经济各个领域进行干预的范围和程度的扩大和加深。

题　　名　中英两国最早的接触
作　　者　张铁东
刊　　名　历史研究

年卷期 1958年5期
页 码 27－46

题 名 **中英通商冲突与鸦片战争**
作 者 李金明
刊 名 南洋问题研究
年卷期 1997年1期
页 码 45－53

题 名 **中英五口通商沿革考1842－1844**
作 者 彭泽益
刊 名 中国近代经济史研究集刊
年卷期 1949年1期
页 码 81－139

题 名 **中英扬子江战役中未详战史的查实**
作 者 羽离子
刊 名 南通师范学院学报(哲学社会科学版)
年卷期 2001年17卷3期
页 码 92－94
摘 要 1842年,英国特大舰队悍然入侵长江,挑起了决定鸦片战争结果的扬子江战役。由于是役中清军的战败与清廷无能的遥控与指挥直接有关,所以清代实录及其他官私文献常讳言具体的战事,以致国内史学界对其间的一些重要史实不甚了了。配有重炮和大量驻军的长江下游的狼山——黄泥山炮台由于能扼制偏向江北岸的长江主航道,曾是清军重要的沿江堡塞。但该炮台何时被毁?何人毁之?中国文献无片言记述。作者在英国查阅了有关的文献档案,揭示了在扬子江战役期间,英军登陆长江北侧的通州沿江地区,夺取了狼山——黄泥山炮台的防炮,摧毁了炮台的史实。英方史料可补晚清史籍对此事的阙记。

题 名 **中英早期茶叶贸易——写于马戛尔尼使华200周年之际**
作 者 萧致治,徐方平
刊 名 历史研究
年卷期 1994年3期
页 码 136－152
摘 要 400年前,英国人尚不知茶为何物;200年前,饮茶却已风行全国,至今常盛不衰。马戛尔尼使华,与茶亦有密切关系。抚今思昔,探讨一下中英茶叶贸易的发展,将是饶有情趣的。

题 名 **中越关系之史的考察**
作 者 彭胜天
刊 名 南洋研究
年卷期 1940年9卷2－3期

题　　名　中越关系之史的探讨
作　　者　刘伯奎
刊　　名　新南洋
年 卷 期　1943 年 1 卷 1 期

题　　名　忠烈参天 浩气长存——民族英雄邓世昌事略
作　　者　杨继先
刊　　名　黑龙江社会科学
年 卷 期　1996 年 1 期
页　　码　70－72

题　　名　钟相、杨么寨寨址考
作　　者　陈士谔
刊　　名　武陵学刊
年 卷 期　1996 年 5 期
页　　码　62－66

题　　名　钟相、杨幺起义各据点探索
作　　者　何光岳
刊　　名　求索
年 卷 期　1985 年 1 期
页　　码　105－108,59

题　　名　钟相起义事略
作　　者　曹典礼
刊　　名　湖南师院学报（哲学社会科学版）
年 卷 期　1981 年 2 期
页　　码　53－58

题　　名　钟相杨幺部将诸寨及其他遗址考
作　　者　陈士谔
刊　　名　武陵学刊
年 卷 期　1998 年 1 期
页　　码　48－52

题　　名　钟相杨幺起义过程中宋军诸寨及其他活动遗址考
作　　者　陈士谔
刊　　名　武陵学刊
年 卷 期　1998 年 2 期
页　　码　80－82

题　　名　众说纷坛 莫衷一是——到底是谁首先发现了美洲?
作　　者　徐青
刊　　名　炎黄春秋
年 卷 期　1992 年 4 期
页　　码　19
摘　　要　是谁首先发现了美洲?这个看似既明确又简单的问题在 1982 年成了史学界突出的“国际问题”。这一年 11 月 29 日,爱尔兰大使提出,首先发现美洲的并非哥伦布,而是爱尔兰人,随之,冰岛人声称是他们的先人首先发现美洲,以后,又有荷兰、法国、印度、日本、土耳其、葡萄牙等国纷纷宣布首先发现这块神秘大陆的是他们自己,在国际上一片纷争“首发权”的浪潮中,中国也提出了“中国人首先发现美洲”的观点,赞同者既有中国史学界著名的专家、学者,如交通部航海史专家房仲浦、北大教授朱谦之、邓拓、台湾学者卫聚贤等,又有外国的中国学专家,如美国的 Mertz 先生,法国的 deGuignes 等,别的国家以何为据来说明其对发现新大陆的贡献暂且不管,中国的理由是什么呢?这就是:“殷人渡海”、“慧深与扶桑”。

题　　名　舟船部件述要
作　　者　王作新
刊　　名　文献
年 卷 期　1999 年 3 期
页　　码　257－262
摘　　要　舟船,作为水上的交通工具,肇源甚古,用途颇广。自受落叶浮水的启示,“刳木为舟”,(参《周易·系辞》。又《世本》曰:古者“观落叶因以为舟”。)迄于有史可稽的殷商时代,拼版结构的舟船即告诞生。文献记载表明,它不仅用于日常的劳作、交通,施于闲适的游历观光,而且更被作为争战的利器。在其演进发展的历程中,形质不断改进,品类逐渐繁多。于此,我们在《古代舟船述要》(见《文献》,1997 年第 3 期)中已予介绍。一船之内,可分不同的部位,配有必要的船具,今拟就此于文献中择取常用习见者略述于次。

题　　名　舟船的文明
作　　者　张向冰
刊　　名　海洋世界
年 卷 期　2009 年 12 期
页　　码　58－60

题　　名　舟船史活化石:苗族独木龙舟文化
作　　者　吴思震
刊　　名　魅力中国
年 卷 期　2008 年 13 期
页　　码　74－83

题　　名　舟楫出东南——中国东南及邻近地区船史资料综述
作　　者　陈江
刊　　名　船史研究

年 卷 期 1997 年 11/12 期
页　　码 145 - 161

题　　名 **舟楫与长江三峡文化**
作　　者 黄诗玫
刊　　名 江西社会科学
年 卷 期 2005 年 8 期
页　　码 186 - 188
摘　　要 远古长江三峡文化,因河流而缘起,因舟楫而得以广泛传播与交流。千百年来,三峡舟楫在各个时期服务于这一地区的政治、军事和经济,不仅推动了历史和社会的发展,而且成为一种独特的文化内涵与精神,深深地影响着当地人民,并对人类文明做出了巨大的贡献。

题　　名 **舟山渔业发展史初探**
作　　者 赵以忠
刊　　名 中国社会经济史研究
年 卷 期 1984 年 2 期
页　　码 104 - 114
摘　　要 舟山渔业,真可谓源远流长,大体上是由自足自给的涂面采捕,逐步发展到自产自销、地产地销的近洋生产,再进而发展到产、销、加工初具规模的远洋捕捞。但从速度上来看,由于长期受到封建生产关系的禁锢和帝国主义、封建势力的严重摧残,进展十分迟缓。今天,我们对舟山渔业史做一回顾,对于发展今后的渔业生产,不无益处。

题　　名 **周馥与北洋海军**
作　　者 汪志国
刊　　名 衡阳师范学院学报
年 卷 期 2010 年 2 期
页　　码 98 - 102
摘　　要 在北洋海军的创建与发展过程中,周馥发挥了极大的作用。他建设海军基地,形成了较为完整的北洋海军防御体系;制定"北洋海军章程",使北洋海军的正规化建设和军队战斗力的提高有了制度保障;协办天津武备学堂,培养了一大批近代军事人才。周馥这些历史贡献正是其重视海防的近代国防思想的重要体现。

题　　名 **周煌《琉球国志略》论**
作　　者 熊茂松
刊　　名 重庆三峡学院学报
年 卷 期 2007 年 6 期
页　　码 87 - 89
摘　　要 本文考论了清周煌所撰《琉球国志略》的成书情况及其版本,简括了其内容,论述了《琉球国志略》的文献价值。

题　　名　**周去非与《岭外代答》**
作　　者　杨武泉
刊　　名　中南民族学院学报(哲学社会科学版)
年 卷 期　1994 年 2 期
页　　码　80－84

题　　名　**周世宗的统一活动与漕运政策**
作　　者　张晓东
刊　　名　历史教学问题
年 卷 期　2007 年 2 期
页　　码　44－47
摘　　要　五代末年周世宗大力发展漕运。推动了统一战争的顺利进行。他疏通了汴河、蔡河等运河,重建了唐末以来的衰败的漕运体系,组织了一支强大的运河水军,改善了军事交通和后勤供应的状况,并因此取得了淮南之战和关南之战的胜利。周世宗的这种统一战略对宋朝完成统一和加强中央集权产生了积极的影响。

题　　名　**周游世界的第一位中国海员**
作　　者　胡善美
刊　　名　航海
年 卷 期　1993 年 5 期
页　　码　11－13

题　　名　**朱棣对外开放与郑和的航海外交**
作　　者　卫太夷
刊　　名　航海
年 卷 期　1994 年 3 期
页　　码　40－41

题　　名　**朱杰勤教授对中外关系史研究的贡献**
作　　者　卢苇
刊　　名　海交史研究
年 卷 期　1995 年 28 期
页　　码　1－4,56

题　　名　**朱杰勤先生学术系年**
作　　者　纪宗安
刊　　名　海交史研究
年 卷 期　1996 年 29 期
页　　码　107－115

题　　名　朱杰勤与中外关系史研究
作　　者　纪宗安，孟宪军
刊　　名　暨南学报（哲学社会科学版）
年 卷 期　2006 年 6 期
页　　码　1 - 5
摘　　要　朱杰勤先生是中外关系史学界著名的专家之一，在其近 60 年的笔耕墨润中，朱先生在中西交通、中外友好往来、经济文化交流以及华侨华人和东南亚史等方面都有深入研究，在学术界产生重大影响。朱先生对中外关系史学科的贡献更在于其理论方面的重要建树。

题　　名　朱明王朝的海禁政策对我国近代科学技术发展的影响
作　　者　孙寒青
刊　　名　厦门大学学报（哲学社会科学版）
年 卷 期　1983 年 4 期
页　　码　27 - 33

题　　名　朱清、张瑄开拓元代海漕述评
作　　者　周雪香
刊　　名　龙岩师专学报
年 卷 期　1992 年 10 卷 2 期
页　　码　43 - 46，66
摘　　要　长期以来，我国史学界对历史上著名的航海家研究很多，而那些由于情势所迫，亡命于海上的著名海盗，则被海事史研究者所忽视。譬如宋元之际活跃海上的著名海盗朱清、张瑄即是。他们的事迹一直没有受到海事史研究者的足够重视。因此，1989 年，中国海交史研究会会长朱杰勤教授在为泉州海上交通博物馆建馆三十周年纪念专刊撰文时，希望海事史研究者写一部关于海盗史的专著，以弥补海上交通史之空白，并指出“谈水运不能不淡漕运，也不能不谈海运，朱清、张喧也应适当的评价。”本文试就这一问题，谈谈个人的见解。

题　　名　朱然墓与海上丝绸之路
作　　者　李云清
刊　　名　马钢职工大学学报
年 卷 期　1994 年 1 期
页　　码　55 - 58

题　　名　朱舜水的教育思想及其对中日教育交流的贡献
作　　者　赵刚
刊　　名　教育评论
年 卷 期　1989 年 1 期
页　　码　57 - 62

题　　名　朱舜水与我国对日本文化的贡献
作　　者　黄玉斋

刊　　名　台湾文献
年 卷 期　1969 年 20 卷 3 期

题　　名　**朱舜水与中日文化交流**
作　　者　姜国柱
刊　　名　国际人才交流
年 卷 期　1990 年 2 期
页　　码　60－62

题　　名　**朱纨抗倭卫国的历史功绩**
作　　者　陈学文
刊　　名　福建论坛(社科教育版)
年 卷 期　1983 年 6 期
页　　码　82－85
摘　　要　朱纨是明代抗倭斗争中一个很重要的人物。但是,在历史上却是一个毁誉兼有的人物。解放后的一些通史著作很少提到他。近来在研讨嘉靖倭患时,有人说他是"血腥镇压"沿海商民的"李厚熜的爪牙"。对于这个褒贬不一的历史人物,对他应有恰当的历史评价。

题　　名　**朱纨事件与东亚海上贸易体系的形成**
作　　者　廖大珂
刊　　名　文史哲
年 卷 期　2009 年 2 期
页　　码　87－100
摘　　要　明代中后期东亚海上贸易有四种主导势力:明朝政府、中国私人海商、日本人和葡萄牙人,彼此之间的激烈竞争,其实质乃是新旧贸易体制之间的斗争。朱纨事件的发生,与此一历史背景紧密相连,对当时东亚海域各种势力的消长及其活动,对葡萄牙人占据澳门以及早期东亚海上贸易体系的形成,都发挥了较大的历史影响。

题　　名　**朱纨与明代海禁政策**
作　　者　邹萍
刊　　名　福建师范大学学报(哲学社会科学版)
年 卷 期　1998 年 2 期
页　　码　83－88,94
摘　　要　本文介绍了明代海禁政策的具体措施,历述朱纨执行海禁政策中的所言所行及朱纨之死的缘由与经过,并指出,后代对朱纨评价褒贬不一,根本原因在于明代私人海上贸易与倭患这一对相联系又相对立的矛盾中。笔者认为,朱纨作为明政府既定海禁政策的执行者,他的悲剧性的结局早就深埋在他衷心拥护并死力执行的海禁政策中,他是海禁政策的坚决执行者,有功于抗倭,但同时也成了海禁政策的牺牲品。

题　　名　**朱应、康泰出使扶南和《吴时外国传》考略**
作　　者　陈佳荣

刊　　名　中央民族学院学报
年 卷 期　1978 年 4 期
页　　码　73 – 79

题　　名　**朱应、康泰南海诸国之行考论**
作　　者　许永璋
刊　　名　史学月刊
年 卷 期　2004 年 12 期
页　　码　25 – 30
摘　　要　三国时期孙权派遣朱应、康泰出使南海诸国，是为了加强同南海诸国的联系。这次访问是在三世纪 40 年代末至 60 年代初进行的，范围在东南亚和南亚地区。朱应《扶南异物志》和康泰《吴时外国传》的成书时间，可能在三世纪 60 年代末或 70 年代初。

题　　名　**朱元璋时期海禁政策与对外贸易的发展**
作　　者　周宇
刊　　名　沈阳教育学院学报
年 卷 期　2005 年 7 卷 1 期
页　　码　68 – 69
摘　　要　明朝洪武年间，政府的海外贸易政策经历了从开海到禁海的变化。在严格的朝贡贸易体制下，中国和外国私商突破了贸易禁令，使洪武时期的对外贸易得到了一定发展。

题　　名　**竹筏在台湾交通史上的贡献**
作　　者　许雪姬
刊　　名　台湾风物
年 卷 期　1983 年 33 卷 3 期

题　　名　**注辇国的白鹦鹉——北宋诗歌中的“海外”**
作　　者　吕肖奂
刊　　名　广州大学学报（社会科学版）
年 卷 期　2008 年 7 卷 4 期
页　　码　78 – 83
摘　　要　欧阳修、梅尧臣、刘敞三人有四首为注辇国的白鹦鹉唱和的诗歌，其中牵涉到宋代广州的对外贸易，牵涉到宋代的海外交通、海外物产，反映出宋代文人的海外观念，引起人们对宋代“涉外”诗歌的关注。

题　　名　**爪哇与中国明朝贸易关系考述**
作　　者　汤开建，彭蕙
刊　　名　东南亚纵横
年 卷 期　2003 年 6 期
页　　码　53 – 59

题　　名　**转运与出口:荷据时期的贸易与产业**
作　　者　陈国栋
刊　　名　故宫文物
年 卷 期　2003 年 20 卷 11 期
页　　码　4 - 25

题　　名　**庄为玑教授关于郑和及其宝船研究的通信**
作　　者　席龙飞
刊　　名　海交史研究
年 卷 期　1992 年 21 期
页　　码　110 - 112

题　　名　**紫禁城与郑和宝船——对宝船尺度的几种疑问**
作　　者　汪亚波
刊　　名　郑和研究
年 卷 期　2003 年 2 期
页　　码　58 - 59
摘　　要　有关宝船的尺寸,目前人们最熟悉的,据专家分析也是出现年代最早的文字记录,是曾跟随郑和多次下西洋的马欢在《瀛涯胜览》一书里所描述:“宝船六十三号,大者长四十四丈四尺,阔一十八丈;中者长三十七丈,阔一十五丈。”

题　　名　**自贡运盐河道与歪屁股船**
作　　者　何国涛
刊　　名　盐业史研究
年 卷 期　1989 年 4 期
页　　码　50
摘　　要　过去自贡交通不便,对外运输原盐主要靠二路(内乐路、川云路)二河(釜溪河、威远河),而且内河航运占有重要地位。釜溪河又名盐井河,是沱江的支流之一,位于自贡市东部,由旭水河、威远河两条支流在自贡市区西北的双河口汇合成釜溪河干流。干流全长 68 公里,流经途中有长滩河、舒滩河、望子河、羊叉河、铁泉溪等支流汇入,在富顺境内李家沱注入沱江。

题　　名　**自汉至唐海南岛历史地理略说**
作　　者　方鹏
刊　　名　中国边疆史地研究
年 卷 期　2002 年 12 卷 4 期
页　　码　69 - 75,117
摘　　要　公元前 110 年,西汉王朝在海南岛设珠崖、儋耳二郡,标志着海南岛被正式纳入王朝的版图。公元前 46 年,汉罢珠崖郡,以朱卢都尉属合浦郡。此后的 580 余年,海南岛或保留县级机构,或以海南岛属合浦郡徐闻县。南北朝时的梁王朝在海南岛设珠崖郡。从此,历代王朝在海南岛又重新恢复郡制。

题　　名　**自开商埠的地域分布及其对清季外贸市场网络体系发育的影响**

作　　者　杨天宏

刊　　名　四川大学学报(哲学社会科学版)

年 卷 期　1999 年 2 期

页　　码　96 – 107

摘　　要　清季中国政府惩列强之侵略,思有以制之,从戊戌年开始,在其国祚尚存的最后 14 年里,于既有的通商口岸之外,主动开辟埠头 35 处。这些埠头当时被称为“自开商埠”,以区别于列强强迫中国开放的“条约口岸”。首批奏准自开的有岳州、秦皇岛、三都澳等埠。以该三埠开放为起点,自开商埠逐渐成为中国对外开放的主要形式。鉴于学术界对自开商埠研究甚少,本文拟就此做一些基础性的工作。所论涉及面甚广,或有不周延之处,敬祈高明斧正。

题　　名　**自开商埠与地区社会经济的发展**

作　　者　徐柳凡,吴月红

刊　　名　安徽师范大学学报(人文社会科学版)

年 卷 期　2000 年 28 卷 4 期

页　　码　547 – 550

摘　　要　甲午战后,清政府本着“隐杜觊觎、保全主权”,“扩充利源、振兴实业”的设想而将关内外的许多“商贾辐辏”之地和“形势扼要”之区自主开放。商埠的自主开放,不仅促进了当地商业贸易的发展,带动了地区经济的兴盛,而且推动了商埠城市的繁荣,加快了城市近代化的步伐。对口岸地区社会经济的近代化进程产生了重大影响。

题　　名　**自开商埠与中国城市近代化**

作　　者　刘文俊

刊　　名　广西师范大学学报(哲学社会科学版)

年 卷 期　1997 年 33 卷 2 期

页　　码　78 – 84

摘　　要　中国近代不少自开商埠在设立后,近代经济有所发展,市政建设向近代化转型,资本主义产生,这样,自开商埠的开辟加快了中国城市的近代化进程。自开商埠就其性质和对城市近代化的作用来说,既不同于约开商埠,也不同于非通商城市。自开商埠对城市近代化的推动作用在时效方面是短暂的,它自身的城市近代化进程还表现出了缓慢性和不平衡性等特征。

题　　名　**自开商埠与中国近代商品经济的发展**

作　　者　刘梅英

刊　　名　石家庄经济学院学报

年 卷 期　2000 年 23 卷 4 期

页　　码　378 – 385

摘　　要　在外国资本主义的作用下,近代中国社会经济逐步由自然经济向商品经济转变。自开商埠在外国商品经济的冲击和本国区域经济发展的带动下应运而生。可以说,自开商埠是商品经济发展的必然结果;反过来,自开商埠的运行和发展,不仅为商品经济的发展提供了更加广阔的市场,扩大了商品经济的流通渠道和流通范围,而且促进了近代工业、手工业等新行业的勃兴,使商品经济更进一步地发展。

题　　名　自明季至清中叶西屡美洲的中国丝货贸易
作　　者　全汉升
刊　　名　香港中文大学中国文化研究所学报
年 卷 期　1971 年 4 卷 2 期

题　　名　自然灾害与民间信仰互动的人类学观察——从清代闽台自然灾害的频发解读妈祖信仰属性的嬗变进程
作　　者　徐心希
刊　　名　妈祖研究学报
年 卷 期　2004 年 2 期
页　　码　63 – 74

题　　名　宗教对郑和下西洋的影响
作　　者　刘佳玮
刊　　名　郑和研究动态
年 卷 期　2008 年 3 期
页　　码　13 – 14

题　　名　宗族、市场、盗寇与蛋民——明以后珠江三角洲的族群与社会
作　　者　萧凤霞,刘志伟
刊　　名　中国社会经济史研究
年 卷 期　2004 年 3 期
页　　码　1 – 13
摘　　要　本文透过耙梳历史文献和运用田野调查,揭示明清时期珠江三角洲的地方人士在使用各种族群标签的过程中,所涉及的复杂的政治和经济资源的争夺。

题　　名　综论科学航海
作　　者　杨槱
刊　　名　社会观察
年 卷 期　2005 年 7 期
页　　码　20 – 22
摘　　要　目前有关郑和航海的论著日益增多。许多文章根据《明史·郑和传》所录的郑和宝船尺度和(明)罗懋登撰《西洋记》这部神怪小说杜撰的宝船的描述,认为宝船长 44 丈 4 尺,阔 18 丈。有的学者为了强调郑和在航海技术上的成就,说郑和发展了当时的航海技术,开辟了一些东南亚和印度洋的航线。这就抹杀了古代东南亚、阿拉伯和印度海员们的航海成就。讲科学就是要求真务实。只有知道了历史真实面貌,才能“以古鉴今”,才能“古为今用”,才能达到纪念郑和航海的目的:弘扬中华民族的海洋文化,增强国人的海洋意识,大力发展海洋事业。

题　　名　总理各国事务衙门借船运米案清档
作　　者　丁进军
刊　　名　历史档案

年 卷 期 1987 年 2 期

页　　码 22 – 34，76

摘　　要 咸丰初年，太平军攻占了江南许多地方。一向为清政府倚为漕粮重地的江浙地区，由于连年兵燹战乱，漕粮无从办理，加之南北运道梗阻，至咸同之际，京师仓储告匮。清统治者拟借外商洋轮代为采办洋米、台米，由海运津，官为收买，以充京仓之“天庚正供”。因借船运米事属创始，此议一出，在统治阶级上层引起了一场热烈争论。漕运总督、三口通商大臣及有漕省分之督抚纷陈其利弊及解决办法，户部及总理各国事务衙门亦就此多次议复，终未实施。同治初年，总理各国事务衙门将有关这些疏言辑录成案，是为《总理各国事务衙门借船运米案清档》。其中所反映的内容对研究咸同之际的漕运多有裨助，现予公布，供研究考参。

题　　名 **总理海军事务衙门论略**

作　　者 谢俊美

刊　　名 江西师范大学学报（哲学社会科学版）

年 卷 期 2003 年 36 卷 4 期

页　　码 14 – 18

摘　　要 清政府于 1885 年设立的总理海军事务衙门是洋务运动的产物。它的成立，标志着清朝军队已由单一兵种发展成为陆海军两个兵种，同时表明清朝在军事制度建设方面有了历史性突破。它的最终衰亡与晚清政府腐败的政治及僵化的体制不无关系，亦是国内外时局交相激荡的必然结果。

题　　名 **总理衙门建立后清政府任命的中国海关总税务司不是赫德**

作　　者 李全民

刊　　名 历史学习

年 卷 期 2003 年 12 期

页　　码 31

摘　　要 总理衙门建立以后，清政府任命的中国海关总税务司是赫德，但这一答案容易使学生产生误解，认为总理衙门建立后清政府任命的首任中国海关总税务司就是赫德。事实上，赫德是第二任中国海关总税务司。

题　　名 **邹维琏与明末福建海防**

作　　者 翟艳霞

刊　　名 阴山学刊

年 卷 期 2003 年 16 卷 5 期

页　　码 67 – 69

摘　　要 明朝末年，闽省海防废弛，海盗红夷之患严重。邹维琏巡抚福建，督办海防，力剿海盗，平灭红夷，劳绩甚著，然而在昏暗的朝政旋涡中，本为建奇功者却成为罪人。

题　　名 **邹衍“大九州说”考论**

作　　者 常金仓

刊　　名 管子学刊

年 卷 期 1997 年 1 期

页　　码 20 – 27

题　　名　**邹衍的思想和徐福东渡扶桑**
作　　者　蔡德贵
刊　　名　管子学刊
年 卷 期　1990年3期
页　　码　27－30

题　　名　**走近丁汝昌大东沟海战伤情真相**
作　　者　夏辰旭，简珺
刊　　名　人民论坛(中旬刊)
年 卷 期　2010年6期
页　　码　244－245
摘　　要　大东沟海战中，由于日舰炮弹击中打碎舰桥甲板，丁汝昌左腿及脚为铁木击伤，右脸、头颈部及右臂被火焰灼伤。但关于他的伤情和负伤原因却被越传越模糊，甚至有丁汝昌是被自己的舰船震飞而受伤的说法，这种说法被人采用并广泛传播，造成了不好的影响。

题　　名　**走马楼舟船属具简与中国帆船史的新认识**
作　　者　王子今
刊　　名　文物
年 卷 期　2005年1期
页　　码　72－75

题　　名　**走私与反走私——从档案看明清时期澳门对外贸易中的中国商人**
作　　者　杨仁飞
刊　　名　文化杂志
年 卷 期　2003年48期

题　　名　**走向世界——晚清中国海关与1873年维也纳世界博览会**
作　　者　沈惠芬
刊　　名　福建师范大学学报(哲学社会科学版)
年 卷 期　2004年4期
页　　码　106－113
摘　　要　尽管下层社会已经与海外建立多重网络联系，近代中国在国家层次上则还经历了一个曲折而充满生机的中外交流建立阶段，本文通过对中国海关在1873年维也纳世界博览会的工作及中国展览的历史回朔说明之。1873年维也纳世界博览会是中国第一次由官方组织和派代表出席的世博会。在特殊的历史条件下，中国在此次世博会的成功展览是以洋员为主体的晚清海关首次经办展览事务的结果。海关洋员的筹划、安排和组织使中国展区获得成功，促进了中华文化的传播与交流。通过此次博览会，海关形成了办理博览会事务的模式，使此次办理工作成为其经办世博会展览事务的典型代表，同时也体现了其办理工作的双重性质。由于维也纳世界博览会上展览的成功，中国政府陆续参加以后的世博会，通过博览会展现自我，走向世界，发现世界。1873年中国参展维也纳世界博览会是一个具有进步意义的历史事件，同时它也反映了中国走向世界的过程中面临的挑战及其过程本身丰富多姿的面貌。

题　　名　**走向世界的先驱郑和——读《明史·郑和传》**
作　　者　顾吉辰
刊　　名　郑和研究
年 卷 期　1996 年 1 期
页　　码　37－41

题　　名　**最后一次遣唐使的特殊使命——以佚存日本的唐代文献为例**
作　　者　王勇
刊　　名　甘肃社会科学
年 卷 期　2010 年 5 期
页　　码　92－99
摘　　要　日本承和六年(838)成行的遣唐使,作为唐代中日使节往来的收尾之作,具有多元的意义和深远的影响。随同使团入唐的天台僧圆仁,因撰著《入唐求法巡礼行记》而名垂青史;然而他还肩负着一项特殊使命,即携带日本天台宗的疑问请求唐人解答,在天台宗开创者智顗灵前供奉日本皇室的祭品,抄写日本所缺的佛教书籍等。本文聚焦于此项特殊使命,考证出圆仁的使命系受天台座主圆澄托付,而圆澄则为完成开山最澄的"遗命",汇总本宗教义疑问 30 条遣使入唐"请决";圆仁受托拟赴天台山国清寺寻访名师,但其赴国清寺寻师请益未获唐朝敕准,于是将使命托付给同船入唐且获准留学的圆载。圆载在履行这一使命的过程中,与当地官府、佛教界、民众广泛接触,其间产生多种传存至今的唐代珍贵文献,包括《维蠲书状》《唐决集》(《圆澄问广修答》《圆澄问维蠲答》《义真问维蠲答》等)、台州刺史滕迈的《书状》及《判印》、圆载写并跋《法华经五百问论》、唐人写经《金光明经》残卷等。上述中国失传而日本留存的文献史料,是唐代中日文化交流的见证。

题　　名　**最先到达美洲的襄垣人——纪念法显横渡太平洋 1590 年**
作　　者　段保庆
刊　　名　文史月刊
年 卷 期　2002 年 9 期
页　　码　17－19
摘　　要　世界上谁先到达美洲大陆,似乎已成为不争的事实,但著名学者连云山教授经过长期的悉心研究证实,中国东晋时期的著名高僧法显(山西襄垣人),曾于公元 412 年 12 月到达美洲大陆,这比意大利探险家哥伦布第一次到达美洲的时间要早 1080 年。

题　　名　**最早的船——腰舟**
作　　者　宋兆林
刊　　名　化石
年 卷 期　1983 年 3 期
页　　码　17－18

题　　名　**最早的水上工具——筏与独木舟**
作　　者　王冠倬
刊　　名　文物天地

年卷期　1986 年 1 期
页　码　43 – 44

题　名　**最早的运河是邗沟还是胥溪?**
作　者　冯蔚然
刊　名　上海海运学院学报
年卷期　1981 年 3 期
页　码　110

题　名　**最早移民至美洲的印第安人来自何处**
作　者　胡远鹏
刊　名　今日科苑
年卷期　2009 年 5 期
页　码　50 – 51

题　名　**最早移民至美洲的印第安人来自何处 印第安人来自中国的考古证据(一)**
作　者　胡远鹏
刊　名　化石
年卷期　2000 年 3 期
页　码　19 – 21

题　名　**最早由闽人撰写的高丽志书——徐兢的《宣和奉使高丽图经》**
作　者　方彦寿
刊　名　福建史志
年卷期　2001 年 2 期
页　码　53 – 53

题　名　**左、李塞防与海防之争新论**
作　者　陶用舒,易永卿
刊　名　安徽史学
年卷期　2004 年 4 期
页　码　66 – 71
摘　要　清同治、光绪年间,统治阶级内部在国防部署上曾有过一次塞防与海防之争。海防派以李鸿章为首,认为东南沿海千里海防是国防重点,主张弃新疆,专注海防。塞防派以左宗棠为首,主张塞防、海防并重,强调新疆在国防上的重要地位,坚决要求收复新疆。这场争论的实质是国防前线的战略部署和国家有限的财力如何分配;争论的焦点则是收复新疆还是放弃新疆。这场争论是公开的、正常的,其主张有正确与错误之分,其见解有高低之别,但不是爱国与卖国之争,不应因此给李鸿章戴上卖国或投降主义的帽子。

题　名　**左宗棠的海防思想(上)**
作　者　刘中民

刊　　名　海洋世界
年 卷 期　2009 年 9 期
页　　码　55 – 57

题　　名　**左宗棠的海防思想(下)**
作　　者　刘中民
刊　　名　海洋世界
年 卷 期　2009 年 10 期
页　　码　73 – 75

题　　名　**左宗棠对海防的认识及其实践**
作　　者　庄从勇
刊　　名　中国军事科学
年 卷 期　1997 年 2 期

题　　名　**左宗棠对清末海防建设的不朽贡献——评左宗棠创建福州马尾船政局**
作　　者　萧致治
刊　　名　湖南城市学院学报
年 卷 期　2008 年 29 卷 3 期
页　　码　7 – 11
摘　　要　福州船政局是中国近代造船史上的一块丰碑。左宗棠是福州船政局的创办人,他从 1840 年鸦片战争爆发起,就想学习西方科学技术,制造轮船,抵制西方侵略。为了创办福州船政局,他呕心沥血,广咨博采,花费了许多精力。他离开福建后,仍对船政事业十分关注,竭力维持。为了国家富强,他为建立福州船政局作出了不朽的贡献。

题　　名　**左宗棠述评**
作　　者　崔继恩
刊　　名　史学月刊
年 卷 期　1957 年 1 期
页　　码　9 – 12

题　　名　**左宗棠为什么办福州船政局**
作　　者　柯托谟
刊　　名　福建论坛(人文社会科学版)
年 卷 期　1984 年 4 期
页　　码　86

题　　名　**左宗棠与福州船政局**
作　　者　陈君聪
刊　　名　贵州社会科学
年 卷 期　1983 年 3 期

页　码　53－58

摘　要　一八六六年由清闽浙总督左宗棠创办的福州船政局(又名马尾船政局),是我国近代机器造船业的开端,也是当时远东最大的造船厂之一。由于它是产生于洋务运动时期的官办企业,有的论者认为它同洋务派创办的军事企业一样,是中外反动派联合镇压中国人民革命运动的产物,它的主权又长期被法国帝国主义分子所把持。爰吾读书所得,对此种看法持有异议。本文试就左宗棠与福州船政局的主权问题,提出不成熟的看法,敬请同志们指正。

题　名　左宗棠与造船
作　者　王志毅
刊　名　船史研究
年卷期　1987年3期

题　名　左宗棠在两江的海防建设
作　者　杜经国,张克非
刊　名　史学集刊
年卷期　1985年2期
页　码　43－48

摘　要　光绪七年(公元1881年)九月,年已古稀的左宗棠在收复新疆、建功西陲后不久,又以“尔向来办事认真,外国怕尔之声威”,被任命为两江总督兼南洋通商大臣。腊月二十二日,左宗棠抵江宁(今南京),两天后即“受印视事”。从这时起到光绪十年三月奉调进京为止,在短短两年多的时间里,他以其“衰病余生”,不辞辛劳地建设海防、兴修水利、整顿盐政、兴办近代工业,做了不少有益于国计民生的事情。而他“精神所注,则在海防”,自始至终把巩固东南海防作为“时务之要著”。研究左宗棠这一时期的海防建设活动,总结其成败得失,有助于我们进一步认识左宗棠的爱国主义精神。

会 议 论 文

题　　　名　**14－15世纪中伊贸易对伊朗制瓷业的影响**
作者及单位　(加)丽莎·古伦贝克
会 议 名 称　“中国与海上丝绸之路”国际学术讨论会
会议地点时间　泉州,1994

题　　　名　**《1421年:中国发现了世界》写作缘起及郑和环球航海新证据**
作者及单位　(英)孟席斯著;姚继德译(云南大学)
会 议 名 称　第二届昆明郑和研究国际会议
会议地点时间　云南,2002
摘　　　要　2003年3月15日,英国皇家海军退役军官加文·孟席斯先生历经14年的潜心研究,在英国伦敦皇家地理学会发表了中国明朝回族航海家郑和率领的舰队首次完成了环球航行“郑和是环球航行的第一伟人”的惊人结论。2002年12月10－12日,北京大学、云南大学和云南郑和研究会联合在昆明召开“第二届昆明郑和研究国际会议”,特邀孟席斯先生莅会发表专题演讲。会议开幕式上,孟氏向大会组委会赠送了2002年11月刚出版的578页的专著《1421年:中国发现了世界》一书。鉴于是书尚无中文译本,会议期间有多位学者建议孟氏撰写一份简明扼要的全书梗概,寄给会务组翻译后发表出来,以供中国读者了解书概要。本文即是根据孟席斯先生1月3日用电子邮件发给译者的稿件翻译而成。为便于读者阅读,译者特加译注数条,供大家阅读时参考。

题　　　名　**15－19世纪主导海外华商网络的闽南海商**
作者及单位　庄国土(厦门大学)
会议地点时间　2006

题　　　名　**15世纪、16世纪的东北亚海域贸易——以中日关系为中心**
作者及单位　王新生
会 议 名 称　东北亚海上交流历史文化遗产国际学术研讨会
会议地点时间　青岛;蓬莱,2006
主 办 单 位　中国海洋大学海洋文化研究所,山东省蓬莱市文物局

题　　　名　**15世纪东西方经略海洋之异同**
作者及单位　王大同

题　　　名　**15世纪后期撒马儿罕使臣海路来华与明廷的反应**
作者及单位　张文德(徐州师范大学)

题　　　名　**15世纪中国科技对郑和航海的影响**
作者及单位　胡一民
会议地点时间　2006

题　　　名　**15世纪中国与东亚贸易关系的建构**
作者及单位　万明(中国社会科学院历史研究所)

会议地点时间　2003
主　办　单　位　中国明史学会、中国社会科学院历史研究所明史研究室
摘　　　　要　15世纪，以明朝建立的朝贡体系为标志，在东亚区域一个庞大的贸易网络或称体系形成，国家权力深刻地影响了区域贸易的格局，儒家文化对这一区域的影响更是经久不衰。研究现代东亚区域一体化、东亚贸易及其特点，很有必要追本溯源。以往中外史学界对于历史上东亚各国间贸易的研究，取得了卓越成就，特别是日本学者滨下武志明确指出了朝贡贸易圈与近代亚洲经济圈的关系。

题　　　　名　16～19世纪外国人眼中的福建——关于外国人看福建的笔记之一
作　者　及　单　位　郑学檬（厦门大学）
会　议　名　称　第二届闽南文化研讨会
会议地点时间　中国福建泉州，2003
主　办　单　位　福建省炎黄文化研究会、泉州市政协
摘　　　　要　我之所以选这个题目，是因为我想知道早期福建人和外国人接触时双方的第一印象，并从这一印象切入，探寻人类交往过程的思想沟通。所以我留心有关著作，凡有涉及，即予摘记，日积月累，颇成卷帙。不料在一次整理电脑储存文件时把这份摘录弄丢了，望屏兴叹，懊丧之极。适逢福建省炎黄文化研究会组织"闽南文化学术讨论会"，邀我与会，给我一个重新整理这份摘录的机会。

题　　　　名　16－17世纪的中国海盗与海上丝路略论
作　者　及　单　位　谢方
会　议　名　称　"中国与海上丝绸之路"国际学术讨论会
会议地点时间　泉州，1994

题　　　　名　16—17世纪中叶澳门对海上丝绸之路的历史贡献
作　者　及　单　位　万明（中国社会科学院历史研究所）
会　议　名　称　中西初识二编——明清之际中国和西方国家的文化交流之二
会议地点时间　2000
主　办　单　位　中国中外关系史学会
摘　　　　要　15世纪，开始了海洋的世纪。世纪之初，明朝郑和下西洋的庞大船队，振兴了以享誉世界的中国丝绸命名的海上丝绸之路——中国古代与海外各国交往的海上纽带，揭开了人类大规模海洋活动的帷幕；世纪之末，葡萄牙达·伽马的风帆驶过好望角，开辟了西方到印度的新航路，迎来了东西方直接交往的新纪元。接下来的1吞一17世纪中叶，通过澳门这一辐射地，海上丝绸之路得到了极大扩展，中国丝绸等商品在世界市场初步形成的过程中，曾起过积极的推动作用。海上丝绸之路，顾名思义，是以中国享誉世界的丝绸命名的、以中国丝绸占商贸市场主导地位的东西方交往的海上通道。它的产生，正是由于自古以来中国丝绸就是这一通道上的主要输出品，丝绸自东到西，连接了东方与西方，成为中国与西方经济文化交往的海上纽带，而这条纽带的形成，是古代东西方各国人民共同劳动的结晶。

题　　　　名　16—18世纪澳门港在海上丝绸之路中的特殊地位和影响
作　者　及　单　位　陈炎（北京大学）
会　议　名　称　中外关系史学会第四次学术讨论会
会议地点时间　中国江苏扬州，1992
主　办　单　位　中国中外关系史学会

摘　　要　澳门港是在中国明、清两代封建专制政权实行海禁政策时兴起的;也是西方殖民者葡萄牙人最早在中国领土上经营了长达四百多年之久的一个重要的国际港口。它在近代中国的海上交通、对外贸易、宗教传播和中西文化交流中,曾经起过特殊的作用。

题　　名　**16—18 世纪澳门在中西文化交流中的特殊地位**
作者及单位　陈炎(北京大学)
会议名称　"16—18 世纪中西关系与澳门"国际学术研讨会
会议地点时间　中国澳门,2003
主办单位　中国中外关系史学会、澳门理工学院、澳门基金会
摘　　要　东方中国和西方欧洲通过陆上丝绸之路,自古就有友好往来和贸易联系,但是近代西方文化和科学技术的传入中国,则始自明代耶稣会士的东来。从 16—18 世纪初,正是欧洲伟大的科学革命时期,欧洲的近代科学技术已凌驾于中国之上。

题　　名　**16—18 世纪白银流入中国数量估算**
作者及单位　庄国土(厦门大学)
会议名称　福建省钱币学会第二次会员代表大会
会议地点时间　中国福州,1994
主办单位　福建省钱币学会
摘　　要　本文对 16 - 18 世纪白银流入中国的情况进行了评估,指出,从明季到 19 世纪 30 年代,西方国家为换取中国的丝绸、茶叶、瓷器,输入中国的白银高达 5 亿两以上。大量白银流入中国,促进了中国货币从铜钱到白银再到银元的转化和 16 - 19 世纪中外贸易的发展,加速了中国社会经济的发展,但也引发了中西方的冲突——鸦片战争。

题　　名　**16—18 世纪中国、菲律宾和美洲之间的贸易**
作者及单位　全汉升
会议地点时间　1991
主办单位　中国明史学会、中国社会科学院历史研究所明史研究室
摘　　要　1492 年,哥伦布发现了美洲;1519 年,西班牙征服墨西哥,其后于 1565 年,又由墨西哥进入菲律宾群岛。

题　　名　**1628 年(明崇帧元年)在台湾的日荷纷争**
作者及单位　卞凤奎
会议名称　第九届国际明史学术讨论会
会议地点时间　武夷山,2002
主办单位　中国明史学会
摘　　要　日本为拓展海外贸易,在荷兰人占领台湾之前,就经常派商船到台湾活动,并把台湾视为日本向南发展的据点和目标。但自 16 世纪开始,荷人在重商主义(mercantilism)的影响下,步西班牙和葡萄牙之后尘,积极向亚洲拓展海外市场,于 1624 年顺利夺取台湾,作为向东方各国拓展的据点。荷兰人据台后,对台湾岛上之原住民和汉人实施种种严苛高压政策,还对日本人施行各种重税制度,企图以此垄断对中国的贸易。因此,发生了 1628 年之贸易纷争,即滨田弥兵卫事件。

题　　　名　**1683年前台湾商业的变化与特点**
作者及单位　黄福才
会议名称　郑成功研究国际学术会议
会议地点时间　厦门，1987
摘　　　要　商业是从事商品流通的国民经济部门，它包括了对外贸易和国内商业。以往学术界已较多地论述了荷、郑时期台湾的对外贸易，现在我们把注意力转向另一个方面，着重探讨台湾岛内商业和大陆与台湾间的商品交换情况。这也是台湾经济史研究中不可忽视的重要环节。

题　　　名　**16世纪末明朝的征讨日本战略及其变迁——以万历朝鲜之役的诏令资料为中心**
作者及单位　郑洁西（日本学术振兴会）
会议地点时间　2010
摘　　　要　万历二十年（日本文禄元年，朝鲜宣祖二十五年，1592）四月十三日，日本统治者丰臣秀吉突发大军侵犯朝鲜。承平日久的朝鲜面对刚刚平定战国乱世的日军锐卒，一触即溃，败退千里，半个月之内，首都汉城（首尔）沦陷，两个月之后，北方重镇平壤亦落入敌手。响应濒临亡国的朝贡属国朝鲜的求救，明朝政府作出了出兵援助的决定。

题　　　名　**17—19世纪西方人视野中的澳门与广州**
作者及单位　耿昇（中国社会科学院；）
会议名称　"16—18世纪中西关系与澳门"国际学术研讨会
会议地点时间　中国澳门，2003
主办单位　中国中外关系史学会、澳门理工学院、澳门基金会
摘　　　要　澳门在16—19世纪的中西关系史中，占据着重要的地位。它是西方来华的商人、传教士、外交官、旅行家们的一个重要中转站，也是西人进入中国内地之前的中转站和"培训中心"。中文史料中对此有大量记载，近几年来都陆续辑录刊布。

题　　　名　**1757年广州一口通商政策的形成与澳门问题**
作者及单位　陈尚胜（山东大学历史系）
会议名称　"16—18世纪中西关系与澳门"国际学术研讨会
会议地点时间　中国澳门，2003
主办单位　中国中外关系史学会、澳门理工学院、澳门基金会
摘　　　要　乾隆二十二年（1757年）十一月初十日，乾隆帝颁布谕旨给闽浙总督："晓谕番商将来止许在广东收泊交易，不得再赴宁波。如或再来，必押令原船返棹至广，不准入浙江口岸。"

题　　　名　**17世纪《航海朝天图》的形成与山东半岛**
作者及单位　林基中，刘晓东（韩国文化研究所；韩国东国大学；鲁东大学国际交流学院）
会议名称　登州与海上丝绸之路国际学术研讨会
会议地点时间　中国山东蓬莱，2008
主办单位　联合国泛丝绸之路·系列活动组委会、中国中外关系史学会、鲁东大学、山东师范大学齐鲁文化研究中心、蓬莱市人民政府
摘　　　要　以《燕行录》为通称的韩中交流私记录从13世纪末到19世纪末，大约发现了500余种。因为现在的发掘工作仍在进行，虽然还不是确定阶段，但是可以推定被保留下来的大约有600余种。

如果将不具独立性的私记录物也当作调查对象的话,将会有更多数量版本存在。

题　　　名　**17 世纪的水路《燕行录》与登州**
作者及单位　林基中(韩国东国大学韩国文学科)
会 议 名 称　登州港与中韩交流国际学术讨论会
会议地点时间　蓬莱,2004
摘　　　要　《燕行录》是世界现存众多文献群之中具有独特意义和广泛价值的记录遗产,为元、明、清时期曾到过中国首都的朝鲜使臣所写作,行文中既有关于他们的所做所感、所见所闻、所给所受及其所体验的一切的具体记录,又充满着强烈的现场感。元朝时来过中国的记录名为《宾王录》,明朝时来过中国的记录大多名为《朝天录》,清朝时来过中国的记录大多名为《燕行录》。使用《朝天录》和《燕行录》这样不同用语的原因是为分辨明、清王朝,但由于明朝时来过守园的记录中也有 3—4 种名为《燕行录》,清朝时来过中国的记录也有名为《朝天录》的,本文特将元、明、清时期来过中国所写的记录统一划入广义的《燕行录》中,因此文中用语《燕行录》也包括元、明、清时期来过巾同的锦国人所著的被称为《使行录》的一般纪行录。

题　　　名　**1819 年前海上丝绸之路的新加坡**
作者及单位　(新加坡)邱新民
会 议 名 称　"中国与海上丝绸之路"国际学术讨论会
会议地点时间　泉州,1994

题　　　名　**18—19 世纪东爪哇韩氏家族——企业家与政治家**
作者及单位　(法)克洛蒂娜·苏尔梦
会 议 名 称　"中国与海上丝绸之路"国际学术讨论会
会议地点时间　泉州,1994

题　　　名　**1824—1885 年的中缅交往**
作者及单位　余定邦(中山大学东南亚研究所)
会 议 名 称　中国中外关系史学会学术讨论会
会议地点时间　中国北京,1986
主 办 单 位　中国中外关系史学会
摘　　　要　中缅两国是山水相连的近邻,有着悠久的友好交往历史。在国内外有关中缅友好交往的论著中,对十九世纪以前的中缅关系论述较多,而对十九世纪以后的中缅关系则较少提及。

题　　　名　**1841—1860 年美国归正教会在闽南地区的活动述评——读《美国传教士与晚清中国现代化》**
作者及单位　何丙仲(厦门郑成功纪念馆)
会议地点时间　1998
摘　　　要　基督教对于近代中国社会的影响,是历史学界关注的问题。鸦片战争之后,由于西方列强的侵略,半封建半殖民地的中国社会的发展是曲折、艰难的。和大炮与鸦片裹在一起的基督教传教士怀着"用基督教救中国"、用基督教文化最后取代中国文化的愿望涌进中国的大门。在晚清中国社会发生变革的时期,传教士的活动发挥过一定的影响和作用。传教士每每自觉地按照基督教教会的意志和西方

列强国家的利益来规范、干扰和设计中国社会发展的道路，其活动必然带来种种负面的影响。

题　　　名　**1843—1900 年在京天主教遣使会传教活动的恢复与发展**
作者及单位　何岩巍（北京市社会科学院历史研究所）
会 议 名 称　北京历史文化研究——北京史专题研究
会议地点时间　2007
摘　　　要　中英《南京条约》及中法《黄埔条约》的签订，虽然没有打破自由传教的禁令，但是它毕竟在法律上承认了传教士在通商口岸的居住权利，这极大地刺激了传教士们进入中国的热情。

题　　　名　**1871 年以前清朝与"互市国"日本的关系**
作者及单位　廖敏淑（中国社会科学院近代史研究所）
会 议 名 称　中国社会科学院近代史研究所青年学术论坛
会议地点时间　中国北京，2007
主 办 单 位　中国社会科学院近代史研究所
摘　　　要　在 1871 年的中日修好条规及通商章程缔结之前，清朝与日本之间并未建立正式的外交关系，但是通过中国商船到长崎进行的贸易，两国之间维持着通商关系，因此清朝将日本视为"互市诸国"之一。

题　　　名　**1894 年中日出兵朝鲜的性质分析**
作者及单位　王晓梅，张静（齐齐哈尔大学社会科学教研部）
会 议 名 称　纪念江桥抗战研讨会
会议地点时间　中国黑龙江齐齐哈尔，2004
主 办 单 位　东北地区中日关系史研究会
摘　　　要　1894 年朝鲜爆发"东学道"起义，中国和日本军队先后以不同的理由进驻朝鲜。中日出兵朝鲜不仅对于朝鲜而且对于亚洲，乃至全世界都产生了巨大的影响。中日出兵的性质究竟怎样，不仅是我们大家所关注的，也是我们所必须弄清楚的，它对于我们深刻理解甲午战争有着重大的历史意义。

题　　　名　**1900—1941 年香港航运发展概述**
作者及单位　张俊义（中国社会科学院近代史研究所）
会 议 名 称　中国社会科学院近代史研究所青年学术论坛
会议地点时间　中国北京，2000
主 办 单 位　中国社会科学院近代史研究所
摘　　　要　香港具有得天独厚的天然良港条件，又具有靠近祖国大陆的地理优势，加上从 1841 年开埠之日起，港英政府实行了自由港政策，以吸引各国商人前来投资贸易，经过半个多世纪的开发，香港逐步发展为西方特别是英国开展对华贸易的中转站，到 19 世纪末叶，香港已经确立起其远东转运港的地位，成为当时世界上著名的商港。从 20 世纪初直至二次世界大战前，是香港作为转口贸易港发展的黄金时期。

题　　　名　**1930 年代前半期日本对华南政策的考察**
作者及单位　臧运祜（北京大学历史系）
会 议 名 称　中华民国史（1912—1949）国际学术讨论会

会议地点时间 中国北京,2002

主办单位 中国社会科学院近代史研究所、澳门中西创新学院、美国黄兴基金会

摘要 从1931年上半年的“宁粤分裂”,中经“福建事变”,到1936年上半年的“两广事变”,在1930年代前半期,粤、桂、闽三省所处的华南地区,成为中国反蒋的主要基地,在这里一度形成了国民党内部颇有影响力的广东—西南派。

题名 **19世纪60年代上海买办登记制度的挫折和出口贸易体制的改变——以怡和洋行的活动为中心**

作者及单位 本野英一,简柏邨(东京水产大学教养科)

会议地点时间 中国上海,1993

摘要 19世纪下半叶中国贸易史研究的趋向已经有了方法上的转移,即从主要是利用英国政府报告、海关报告中各种统计资料,概括地来追溯商品流转和资本移动之类的宏观方法,转向尽量弄清各通商口岸贸易往来的实况这种微观方法。

题名 **19世纪之前中国与印度洋贸易**

作者及单位 (澳)肯尼思·麦克费森

会议名称 “中国与海上丝绸之路”国际学术讨论会

会议地点时间 泉州,1994

题名 **20世纪初美日在中国的利权协调与竞争——以三都澳为个案研究**

作者及单位 冯青(日本中央大学)

会议名称 “近代中国、东亚与世界”国际学术讨论会

会议地点时间 中国山东日照,2006

主办单位 中国社会科学院近代史研究所中外关系史学科、《历史研究》编辑部

摘要 1915年1月18日,日本向中华民国北京政府提出的所谓解决两国之间悬案的“二十一条”要求原案中,明记着以下两条内容:第四号日本国政府及中国政府为切实保全中国领土之目的,兹订立专条如左,中国政府允准,所有中国沿岸港湾及岛屿概不让与或租与他国。第五号第六条福建省内筹办铁路矿山及整顿海口(船厂在内)如需外国资本之时,先与日本国协议。

题名 **20世纪上半叶泉州与海外华侨教育的互动**

作者及单位 吴翠蓉

会议名称 中华文化与域外文化互动暨海上丝绸之路泉州学术讨论会

会议地点时间 泉州,2002

主办单位 中国社会科学院学术交流委员会、社会科学文献出版社、中国海外交通史学会、泉州市社会科学界联合会以及台湾喜马拉雅研究发展基金会联合举办

题名 **500年前郑和研究一瞥——兼论葡萄牙史书对下西洋中止原因的分析**

作者及单位 金国平,吴志良(葡萄牙葡中研究中心,澳门基金会)

会议名称 “郑和远航与世界文明”暨纪念郑和下西洋600周年学术讨论会

会议地点时间 北京,2004

题　　　　名　**6、7 世纪靺鞨部族与高句丽关系考述**
作者及单位　马一虹(中国社会科学院历史研究所)
会议名称　三条丝绸之路比较研究学术讨论会
会议地点时间　中国云南昆明,2001
主办单位　中国中外关系史学会、云南省社会科学院、广东省社会科学院、中国社科院边疆史地研究中心、云南大学西南边疆少数民族研究中心
摘　　　　要　学界一般认为,靺鞨部族首次出现于中国史籍,是在 563 年(《北齐书·武成帝纪》,卷七)。而从中原史籍记载看,似乎靺鞨部族登上历史舞台不久,即与南邻高句丽发生了接触,双方时有冲突(《隋书·靺鞨传》,卷八一),有些部还臣属于高句丽(《旧唐书·靺鞨传》,卷一九九下)。另外,在靺鞨人为主体建立的渤海国中,有众多高句丽遗民参加,这已经是学界不争的共识。那么,在高句丽灭亡与渤海建国前,靺鞨部族与高句丽究竟是怎样的一种情形,却很少见专文研究。

题　　　　名　**600 年纪念"千年等一回"**
作者及单位　《都市时报》
会议名称　云南省纪念郑和下西洋 600 周年国际学术研讨会
会议地点时间　云南大学,2005

题　　　　名　**6 世纪中国和韩国的王权与佛教间的关系**
作者及单位　PankajMohan(澳大利亚悉尼大学)
会议名称　登州港与中韩交流国际学术讨论会
会议地点时间　蓬莱,2004
摘　　　　要　在中国和韩国的古代及中世纪历史上,佛教之所以对人生许多方面都产生过极大的影响,其理由有二:其一是佛教教理的普遍性,其二是支配层对佛教的支援。大乘佛教在印度传播的时期,即从公元前 1 世纪开始佛教在支配层的支援下成长的过程中,修正了政治理念,在王权的权威确立和正当化方面,起到了精神支柱的作用。中国自魏晋南北朝以来,支配层为了强化君主权,利用了佛教提出的各种象征,如转轮圣王、菩萨、弥勒等,并把它们作为王室的中心理念加以接受。而在韩国历史上,佛教被正式接受后,和王室结成亲密关系的同时。也成为包含中央集权的统一政策在内的各项政治事业的精神支柱。

题　　　　名　**7 世纪前期的东北亚政治关系与白江之战**
作者及单位　李宗勋,张暾(延边大学中朝韩日比较研究中心)
会议名称　中国中外关系史学会第六届会员代表大会
会议地点时间　中国吉林延边,2005
主办单位　中国中外关系史学会、延边大学历史系与东北亚研究院、沈阳东亚研究中心
摘　　　　要　历史上,任何一个民族、国家的发展都不是孤立和排他的,无论这一民族、国家多么强大,都不可能独立的按照自己的意识完成自身的发展轨迹,而是往往受到外界各种矛盾和力量的作用与影响。日本学界所倡导的从整个东亚史的角度来研究古代东亚国家的观点正基于此,当然,在历史研究中这无疑是正确的,7 世纪前期的东北亚形势的变化恰恰可以证明这种研究视角的合理性。

题　　　　名　**7 世纪中叶的登州与古代中韩关系——以登州的唐代遗迹为中心**
作者及单位　拜根兴(中国陕西师范大学历史文化学院)

会 议 名 称　登州港与中韩交流国际学术讨论会

会议地点时间　蓬莱,2004

摘　　　　要　隋唐时代,位于山东半岛顶端的登州,不仅居于中原王朝和朝鲜半岛诸政权军事、文化交往的前沿阵地,而且是唐朝与东北亚诸国海上交通的枢纽。登州见证了这一时期中原王朝和朝鲜半岛、倭国(日本)间政治、经济、军事、文化往来的整个过程,并且留下了许多珍贵遗迹。对于登州作为唐代东方的门户,以及在海外交通中所占据的独特地位,学界已作过相对系统的研究。鉴于此,本文拟另辟蹊径,以登州(今烟台市)辖内的唐代遗迹,即登州府城、陀矶岛石刻、件台馆佛塔铭文等为中心,摄取东北亚地区大变革、大整合的7世纪呻叶,探讨登州在古代中韩各种交往中的地位和作用。

题　　　　名　**9世纪以张保皋为中心的新罗人在唐武宁军涟水县的活动及其价值**

作 者 及 单 位　王杰,孙光圻(大连海事大学)

会 议 名 称　98中、韩航海学术交流会

会议地点时间　中国辽宁大连,1998

主 办 单 位　中国航海学会

摘　　　　要　张保皋是新罗时期的著名武将,东亚海上贸易巨商。他在"年30"即30岁左右的时候曾入唐,任职于徐州武宁军,"为武宁军小将"。由于徐州武宁军境内唯一傍海州县是泗州涟水县,因此,研究其在古代中韩交往中的重要地位,以及研究以张保皋为中心的新罗人在该地区的活动,对于我们探讨张保皋后来成为大海商的原委,就具有独到的学术价值了。

题　　　　名　**Zaitun与泉州的丝绸生产**

作 者 及 单 位　李金明(厦门大学南洋研究院)

会 议 名 称　"泉州港与海上丝绸之路"国际学术研讨会

会议地点时间　中国泉州,2002

主 办 单 位　中国航海学会

摘　　　　要　中世纪的泉州,已是闻名于外的中国几个主要海外贸易港口之一。早在公元9世纪,曾在阿拔斯王朝哈里发麦塔密德(KhalifMutammid)时期,任过吉巴尔(Jibal)邮长的阿拉伯人伊本库达伯(IbnKhurdadhbah)在844—848年撰写的《郡国道里志》《TheBookofRoutesandProvinces》一书中,对中国几个主要海外贸易港口作了描述。

题　　　　名　**艾儒略与泉州十字架石的发现**

作 者 及 单 位　林金水(福建师大社会历史学院)

会 议 名 称　"泉州港与海上丝绸之路"国际学术研讨会

会议地点时间　中国泉州,2002

主 办 单 位　中国航海学会

摘　　　　要　天启年间在西安附近发现的《大秦景教流行中国碑》是中国基督教史、中外关系史上的一件重大的历史事件,蜚声中外。然而比西安《大秦景教流行中国碑》早几年,即万历四十七年(1619),在泉州发现的基督教的石刻十字架,在学术界还鲜为人知。在新的考古和历史文献尚未发现之前,它的发现应是中国基督教史上首次发现的基督教文物遗迹。这块石刻十字架的发现是与明末来华著名的意大利耶稣会士艾儒略在泉州的活动分不开的。

题　　　　名　**安海"二朱过化"之功简论**

作 者 及 单 位　丘山石

会议名称　朱熹理学与晋江文化学术研讨会
会议地点时间　中国福建晋江,2007
主办单位　福建省闽学研究会、晋江市历史文化研究总会
摘　　要　安海镇在南宋建炎后由闽南一个滨海小墟市跃升为泉南之首郡,除了宋室南渡后,全国政治、经济、文化中心南移,安海港依托泉州港得以迅速繁荣发展以及安平桥和东洋桥(主要是安平桥)的修筑,安海的陆路交通得以极大改善之外,朱松监镇时,“进民之秀者,教以义理之学”及后来朱熹“屡过此,见其老幼义理详悉,遂与论说”,即所谓的“二朱过化”,朱氏父子适当其时作出了巨大的贡献。同时,安海人不因循守旧,敢于冒险、富于开拓的创业意识与朱熹矢志格物穷理,大胆疑经破注、出入佛老、援佛入儒的学术精神互相结合、互相作用,从而促使安海由“竞利相戕”的“狷商”之地,转变为泉南科甲联芳、人文丕盛、翰苑扬名、英才辈出的“人物之薮”。

题　　名　澳大利亚“奋进”号古木帆船复仿建造与航海营运——对纪念郑和下西洋600周年活动的启示
作者及单位　郑明,王陶

题　　名　“澳门地位”、“澳门属地”与赫德
作者及单位　黄庆华(中国社会科学院近代史研究所)
会议名称　“近代中国、东亚与世界”国际学术讨论会
会议地点时间　中国山东日照,2006
主办单位　中国社会科学院近代史研究所中外关系史学科、《历史研究》编辑部
摘　　要　史籍记载,自公元前214年(秦始皇帝三十三年)秦始皇统一岭南,澳门就和附近各大小岛屿一样,被划入南海郡辖境。公元1152年(南宋绍兴二十二年),广东建置香山县,又将澳门划入香山县管辖范围。可见,澳门及其附近岛屿在很早以前就是中国领土。

题　　名　澳门开港者严启盛史事考——兼论澳门妈阁庙的创建
作者及单位　徐晓望(福建社会科学院历史研究所)
会议名称　第三届闽南文化学术研讨会
会议地点时间　中国福建漳州,2005
主办单位　福建省炎黄文化研究会、漳州市政协
摘　　要　最早开发澳门港的是葡萄牙人还是华人?这个问题是澳门学术界长期争议的焦点之一,自从我在1997年提出澳门的开港者是福建漳州人严启盛之后,引起了学术界一定的关注,本文尝试进一步研究严启盛相关的史事,以揭开笼罩这位澳门开港者脸上的神秘面纱,并对澳门妈阁庙的创建做些探讨。

题　　名　澳门妈祖阁遗闻辨识
作者及单位　刘月莲,黄晓峰
会议名称　中华妈祖文化学术研讨会

题　　名　澳门史研究的新趋向——“16—18世纪的中西关系与澳门”国际学术研讨会综述
作者及单位　王继光(西北民族学院)
会议名称　“16—18世纪中西关系与澳门”国际学术研讨会

会议地点时间　中国澳门,2003

主 办 单 位　中国中外关系史学会、澳门理工学院、澳门基金会

摘　　　要　由中国中外关系史学会、澳门基金会、澳门理工学院联合主办的“16—18 世纪的中西关系与澳门”国际学术研讨会,于 2003 年 11 月 1 日至 5 日在澳门召开。来自内地、台、港、澳及法国、加拿大的百余名专家学者与会,交流研讨。

题　　　名　澳门土生族群研究与十八世纪教区档案

作者及单位　李长森(澳门理工学院)

会 议 名 称　“16—18 世纪中西关系与澳门”国际学术研讨会

会议地点时间　中国澳门,2003

主 办 单 位　中国中外关系史学会、澳门理工学院、澳门基金会

摘　　　要　澳门土生葡人族群问题是澳门史研究中的一个重要问题,同时也是澳门史研究中不可回避的问题。这是因为,葡萄牙对澳门四百多年的管理与统治是通过生存在这个小半岛上的具体社会群体来体现的。

题　　　名　澳门耶稣会传教士与南明政权

作者及单位　余定邦(中山大学)

会 议 名 称　“16—18 世纪中西关系与澳门”国际学术研讨会

会议地点时间　中国澳门,2003

主 办 单 位　中国中外关系史学会、澳门理工学院、澳门基金会

摘　　　要　关于澳门耶稣会传教士与南明政权的关系,国内的研究还不多。1911 年,张元济先生在梵蒂冈图书馆发现南明永历太妃、王太后烈纳致罗马教皇书,引起国内学者对这个问题的注意。

题　　　名　澳门与妈祖文化圈

作者及单位　黄晓峰

会 议 名 称　1995 年澳门妈祖信俗历史文化研讨会

题　　　名　澳门与乾隆朝大教案

作者及单位　吴伯娅(中国社会科学院)

会 议 名 称　“16—18 世纪中西关系与澳门”国际学术研讨会

会议地点时间　中国澳门,2003

主 办 单 位　中国中外关系史学会、澳门理工学院、澳门基金会

摘　　　要　澳门在 16—18 世纪的中西关系史上具有独特的地位。它不仅是中西贸易的重要港口,也是天主教在中国以至远东的传教中心。西方传教士在华传教事业的发展,中国内地此起彼伏的教案,都与澳门有着密切的关系。

题　　　名　澳门与中华传统文化中的航海保护神

作者及单位　章文钦

会 议 名 称　1995 年澳门妈祖信俗历史文化研讨会

题　　　名　**澳门在中西文化交流中的地位——论基督教的传入与澳门的关系**
作者及单位　黄鸿钊(南京大学历史系)
会议名称　东西方文化交流国际学术研讨会
会议地点时间　澳门,1993

题　　　名　**澳门——中国清代茶叶外销的窗口**
作者及单位　王建荣,郭丹英
会议名称　全国茶业科技学术研讨会
会议地点时间　中国安徽合肥,2007
主办单位　中国茶叶学会
摘　　　要　澳门由于特殊的地理位置,明代晚期就成为我国最早的对外开放地。随着欧洲对中国贸易活动的开展,茶叶成了当时中国清朝政府对外贸易的主要商品。本文主要从澳门特殊地理位置、对外贸易的背景条件、外销的茶类三个方面着手,阐述澳门在清代茶叶外销情况。从而得出结论:澳门是中国清代茶叶外销的主要窗口。

题　　　名　**八里坌正港至台北新港——北台湾的航运变迁**
作者及单位　戴宝村
会议名称　第二届“台北学”国际学术研讨会

题　　　名　**八十二年的盛衰史——评《太古集团在旧中国》**
作者及单位　崔美明
会议地点时间　中国上海,1993
主办单位　上海中山学社
摘　　　要　1840年以后,西方资本主义势力为了倾销商品和收购廉价原料的需要,早期投资较多地集中在进出口洋行和轮船航运业。英资太古集团就是从洋行开始,以航运为中心的较早来华投资的企业之一。

题　　　名　**八世纪新罗与西方的海上交流**
作者及单位　王莉,王杰(大连海事大学)
会议名称　98中、韩航海学术交流会
会议地点时间　中国辽宁大连,1998
主办单位　中国航海学会
摘　　　要　八世纪以前,史料中尚未见到新罗与西方直接交往的记载。从唐朝开始,由于新罗僧人的大量来华并继续西行求法,从而揭开了以新罗僧人为主体、以佛教为媒介的新罗与西方海上交流的序幕。

题　　　名　**八至九世纪东亚交易航线考察**
作者及单位　朴天申(北京师范大学历史学院)
会议地点时间　2007
主办单位　中国唐史学会
摘　　　要　8至9世纪新罗海上势力在包括黄海、东海在内的东亚海上的活动非常活跃。尤其

是以张保皋为中心的在唐新罗商人的国际贸易活动,不仅在东亚史而且在世界贸易史上也占据着重要的地位。

题　　　名　**巴蜀古代文明与南方丝绸之路**
作者及单位　段渝(四川师范大学巴蜀文化研究中心)
会 议 名 称　“丝绸之路与文明的对话”学术讨论会
会议地点时间　中国新疆喀什,2006
主 办 单 位　中国中外关系史学会、新疆社会科学院、暨南大学文学院、西北民族大学历史文化学院、新疆师范大学、喀什师范学院
摘　　　要　巴蜀古代文明是中国文明的重要组成部分。以巴蜀为重心的中国西南古代文明的对外经济、文化交流及其通道(即南方丝绸之路)。不论在中国文明史还是中外关系史上都占有引人注目的地位。长期以来,国内外对于早期中外关系史的研究,往往只上溯到汉代并且以西北丝绸之路为唯一重心。但是,近年考古学上中国西南特别是巴蜀地区大量外来文化因素的发现,以及东南亚、南亚、中亚、欧洲一些地区中国文物尤其是巴蜀文化遗迹的发现,使得我们越来越深刻地认识到古代巴蜀在早期中外关系史上的重要地位和作用。深入系统地探索这些文化因素的来龙去脉,并对中外历史文献的有关记载进行梳理、钩沉,加以综合分析和比较研究,揭示先秦汉晋时期巴蜀与东南亚、南亚、中亚、西亚进而延伸到欧洲的经济文化交流及其历史意义,已成为当前学术界面临的一大新课题。本文旨在通过对中外文献、考古和人类学资料的分析,对大量相关文化因素及其组合方式和演变关系等进行比较,初步揭示巴蜀古代文明与南方丝绸之路的关系,供学术界同行参考。

题　　　名　**白江之战的唐朝兵力**
作者及单位　韩昇(中国复旦大学历史学系)
会 议 名 称　登州港与中韩交流国际学术讨论会
会议地点时间　蓬莱,2004
摘　　　要　663年9月,在百济白汀口爆发了唐朝与日本的大规模海战,这场战斗具有以下几个意义:第一,彻底扭转了唐朝灭百济之后,留驻部队道百济残余势力围攻的劣势,平定了百济,开辟了对高句丽作战的南方战线。第二,由于南方战线的开辟,自隋朝以来半个多世纪的平高句丽战争取得了决定性的优势地位。第三,通过这场战争,日本亲身体会到隋唐政治、军事制度的优越,尤其是痛切感受到同唐朝文化的巨大差距,改变自大与称霸朝鲜的想法,积极而全面地学习唐朝制度文化。

题　　　名　**白塘李氏与妈祖信仰的奠立**
作者及单位　蔡相辉(泉州师范学院)
会 议 名 称　妈祖信仰的发展与变迁——妈祖信仰与现代社会国际研讨会
会议地点时间　北港朝天宫,2001

题　　　名　**百年前中国人对郑和远航的认识——评梁启超《祖国大航海家郑和传》**
作者及单位　王晓秋(北京大学历史系)
会 议 名 称　“郑和远航与世界文明”暨纪念郑和下西洋600周年学术讨论会
会议地点时间　北京,2004

题　　　名　百年郑和研究的探索
作者及单位　时平(上海海事大学海洋文化研究所;上海郑和研究中心;中国船史研究会)
会议名称　传承文明走向世界和平发展——纪念郑和下西洋600周年国际学术研讨会
会议地点时间　江苏,2005

题　　　名　百越海洋人文的传承与整合
作者及单位　蓝达居(厦门大学人类学研究所)
会议名称　中国百越民族史学会第十二次年会暨百越文化国际学术研讨会
会议地点时间　中国福建武夷山,2004
主办单位　中国百越民族史研究会、厦门大学人文学院、福建省考古博物馆学会
摘　　　要　海洋人文的传承者——水上人家百越海洋族群所创造的区域海洋人文是否得以传承发扬?一般认为,经过汉晋王朝的军事征服、郡县统治、民族迁徙与融合,至六朝唐宋间,百越族群已基本融入、同化于南迁的汉民中。

题　　　名　包乐史著《巴达维亚华人与中荷贸易》评述
作者及单位　聂德宁
会议名称　中西初识二编——明清之际中国和西方国家的文化交流之二
会议地点时间　2000
主办单位　中国中外关系史学会
摘　　　要　荷兰的汉学之所以能够在欧洲的汉学界独树一帜,其根源之一在于荷兰早期的汉学是为荷属东印度(今印度尼西亚)殖民地政府服务而建立和发展起来的,主要的研究方向是对荷属东印度内华人社区及其与中国广东、福建沿海省份家乡的关系作运用研究。

题　　　名　宝船厂遗址及宝船尺度问题
作者及单位　洪长倬
会议名称　湖北省纪念郑和下西洋600周年活动
会议地点时间　中国武汉,2005
主办单位　中国航海学会内河船舶驾驶专业委员会
摘　　　要　根据龙江船厂的规模,对照有关龙江船厂和宝船的文献记载,笔者认为郑和下西洋的宝船不可能是在龙江船厂制造的。又根据宝船厂遗址的踏勘调查,参以江苏解放前所造船形,宝船厂是有可能制造宝船的,史书所载宝船的尺度也是无问题的。宝船厂间开间客,属临时性质,造船任务是不固定的,所造船舶为数也不多;龙江船厂是正规化的官办船厂,造船有定数,分配有定额。因此,宝船厂与龙江船厂及其它船厂的性质是不同的,所造船艘的作用也是不同的。

题　　　名　宝船的人员编制与灯旗金鼓配置
作者及单位　范中义,吴刚毅(中国人民解放军军事科学院战略部)
会议名称　北京郑和二千料宝船船模复原研究论坛
会议地点时间　北京,2004
摘　　　要　本文根据明代书籍记载及宝船结构等有关材料,对郑和下西洋二千料宝船上的人员编制与灯旗金鼓配置进行了推断。

题　　　　名　“宝船”人生
作者及单位　黄福泉
会议地点时间　2006

题　　　　名　宝福局与清代闽台两地货币的铸造和流通研究
作者及单位　徐心希(福建师大社会历史学院)
会议地点时间　2010
摘　　　　要　本文以明清时期台湾货币的发展与变化为线索,深入研究两岸的经济活动与金融往来,并分析其原因及特点。福建与台湾的经济往来可以追溯到宋元时期。明清以降,两岸人员交流频繁,经济交往更为突出。康熙二十二年(1683 年),施琅率水师攻占澎湖,台湾郑氏集团降清。根据施琅的建议,台湾在行政上成为福建的一个府,归闽浙总督、福建巡抚管辖。直到光绪十一年(1885 年)下诏台湾建省,光绪十四年(1888 年)台湾正式建省,与福建省分治,台湾在行政上归属福建管辖有 500 ~ 600 年之久,台湾正式成为福建所辖府治也有 200 多年。无论是台湾建省以前还是以后,当地的货币铸造、印制、发行、流通与管理均与福建有着密切的联系。丰富的货币史料证明,每当台湾经济出现困境,总是由福建等大陆沿海省份鼎力相助,尤其是设置于福建省城福州的宝福局功不可没。

题　　　　名　北部湾灿烂的传统文化资源
作者及单位　赖昌方
会 议 名 称　首届建设弘扬海洋文化研讨会
会议地点时间　北京,2007
主 办 单 位　中国海洋学会

题　　　　名　北港朝天宫与台湾妈祖信仰
作者及单位　吴祥
会 议 名 称　第二次闽台妈祖文化学术研讨会
会议地点时间　中国福建霞浦,1998
主 办 单 位　福建省社会科学联合会、福建省民俗学会、宁地地区社科联、霞浦县社科联、霞浦松山妈祖文化研究会

题　　　　名　北海(合浦)中国海上丝绸之路始发港刍议
作者及单位　吴三保
会 议 名 称　海上丝绸之路研究——中国・北海合浦海上丝绸之路始发港理论研讨会
会议地点时间　广西北海市合浦,2004

题　　　　名　北海古窑址与“海上丝瓷之路”的研究
作者及单位　王戈(北海市文物管理所)
会 议 名 称　海上丝绸之路研究——中国・北海合浦海上丝绸之路始发港理论研讨会
会议地点时间　广西北海市合浦,2004

题　　　　名　北宋时期前往高丽贸易的泉州舶商
作者及单位　陈高华(中国海外交通史研究会)

题　　名　**北洋航路拓展与朝鲜半岛制瓷文化的交流**

作者及单位　林士民(宁波市文物考古研究所)

会议名称　中外关系史学会第四次学术讨论会

会议地点时间　中国江苏扬州,1992

主办单位　中国中外关系史学会

摘　　要　海上航路的开拓,始终是与人类文明活动紧密地联系在一起的。地处我国海岸线中段,长江三角洲的浙东明州(港),则是南北洋航路的分界线,北洋航线的拓展,促使明州(港)与朝鲜半岛的文化交流。本文试图运用陶瓷考古资料来探索浙东越窑制瓷文化与朝鲜半岛的交流与影响。

题　　名　**北洋舰队 1891 年对日本的访问及其影响**

作者及单位　方垒

会议名称　甲午海战与中国海防——纪念甲午海战一百周年学术研讨会

会议地点时间　1994

摘　　要　1891 年,北洋海军成军已届三年。作为远东地区最重要的一支海上力量,北洋海军在这一年的海上活动十分频繁。其中,它受命第二次访问了东邻日本。关于这次访问,史家有所记载,但多语焉不详。本文拟从不甚完整的材料入手,钩沉这一事件的全貌,同时就北洋舰队此次出访的意义及其影响做一简要述评。用以纪念中国海军的前辈们,并就教于史学界的师长与同行。

题　　名　**北洋舰队在甲午战争中角色之分析**

作者及单位　王英男

会议名称　海峡两岸《马关条约》百周年学术研讨会

会议地点时间　大连

题　　名　**被人忘却的中国航海时代的故事**

作者及单位　蒂姆·洛德,王陶然

会议名称　北京郑和二千料宝船船模复原研究论坛

会议地点时间　北京,2004

摘　　要　本文对中国航海史进行了阐述。文章指出,在哥伦布和西方探险时代开始之前近 100 年中国已是世界上最富饶和最先进的国家,郑和比他以前的任何人都航行得远,他率领的舰队比全欧洲的联合舰队都大。

题　　名　**本世纪以来对妈祖的研究概述**

作者及单位　刘月莲

会议名称　1995 年澳门妈祖信俗历史文化研讨会

题　　名　**丙洲人过南洋史料**

作者及单位　王朱唇(晋江毓英中学)

会议名称　《谱牒研究与华侨华人》研讨会

会议地点时间　中国福建晋江市,2005

主办单位　晋江市谱牒研究会、福建省民俗学会

摘　　　　要　经济与发展的需求是丙洲人播迁的第一要因，同安丙洲古代是一小岛，四面环海，与南面金门岛相望，相距不到5000米，元代时称此海域为“丙洲澳”，澳经东石出厦门，

题　　　　名　**驳日本琉球处分的藉口**
作者及单位　陈在正（厦门大学台湾研究所）
会议名称　第九届中琉历史关系国际学术会议
会议地点时间　2005

题　　　　名　**渤海国的海陆交通与盛唐文化在东北亚的传播**
作者及单位　王侠（吉林省文物考古研究所）
会议名称　7－8世纪东亚地区历史与考古国际学术讨论会
会议地点时间　北京，1998

题　　　　名　**渤海文化传播人——徐福**
作者及单位　张爱国
会议名称　环渤海考古国际学术讨论会
会议地点时间　石家庄，1992

题　　　　名　**渤海与后东突厥汗国的关系——兼及渤海建国初期的周边环境**
作者及单位　马一虹（中国社会科学院历史所）
会议名称　“丝绸之路与文明的对话”学术讨论会
会议地点时间　中国新疆喀什，2006
主办单位　中国中外关系史学会、新疆社会科学院、暨南大学文学院、西北民族大学历史文化学院、新疆师范大学、喀什师范学院
摘　　　　要　由于史料的限制，在目前可考文献资料中，我们没有看到任何一件直接反映渤海与后东突厥汗国之间交涉的具体、完整的记述，突厥从未正面出现在渤海对外交涉的舞台上，但是，直到745年突厥被回纥灭亡，渤海早期的对外交涉，特别是对唐朝及周边部族关系上的任何重大事件，都无不与突厥有着千丝万缕的关联。

题　　　　名　**渤海与唐朝押蕃使关系述考**
作者及单位　马一虹（中国社会科学院历史研究所）

题　　　　名　**渤泥国王墓和渤泥国诸问题研究**
作者及单位　季士家（江苏省社会科学院）
会议名称　湖北省纪念郑和下西洋600周年活动
会议地点时间　中国武汉，2005
主办单位　中国航海学会内河船舶驾驶专业委员会
摘　　　　要　现存于南京的渤泥国王墓，是明初中外友好的最好例证。中国政府和人民极为珍视渤泥国王墓这一历史文物，特别是解放后，有关部门对王墓多次加以修缮，妥善保护。渤泥国是南洋群岛中加里曼丹上一个具有悠久历史和文化的的国家。早在唐代，渤泥国和中国就有了政府间的正式往来，到明代，两国友好关系发展到了最高峰。需要指出的是，以往论著在探讨渤泥国的归属时，对渤泥国王墓碑

文的释读都出现一些偏差，应该予以指正。

题　　　名　《布施锡兰山佛寺碑》碑文简说
作者及单位　孔令仁
会 议 名 称　传承文明走向世界和平发展——纪念郑和下西洋600周年国际学术研讨会
会议地点时间　江苏，2005

题　　　名　财富福建与商业意识——外国人看福建
作者及单位　曾筱霞（厦门松柏中学）
会 议 名 称　福建省首届海洋文化学术研讨会
会议地点时间　中国福建福州，2007
主 办 单 位　福建省炎黄文化研究会、福州市政协、福建省社科联、福建省海峡文化研究会
摘　　　要　福建位于中国东南沿海，历来是海外了解中国的窗口和中外交流的桥梁，许多外国人尤其是欧洲人通过了解福建进而了解中国。

题　　　名　蔡温对琉球的贡献——附蔡温年谱
作者及单位　张希哲
会议地点时间　1987

题　　　名　蔡襄后人迁琉元祖蔡崇小考
作者及单位　林伟功
会 议 名 称　纪念蔡襄诞辰975周年学术讨论会
会议地点时间　1994
摘　　　要　在日本冲绳县珍藏的久米村“闽人三十六姓”族谱记载蔡氏入琉元祖蔡崇的情况如下：“元祖讳崇，号升亭，行二官爵、勋、庸、生卒年月，封阡等俱不传。福建泉州府南安县人。乃宋朝鼎甲端明殿大学士忠惠公讳襄字君谟六世孙也。”明朝之间，沧桑屡变，且本国与泉州阻海甚远，而忠惠公所出无由稽考。

题　　　名　灿烂的海洋民俗文化
作者及单位　张小雪
会 议 名 称　首届建设弘扬海洋文化研讨会
会议地点时间　北京，2007
主 办 单 位　中国海洋学会

题　　　名　漕粮海运与清代运输业的变迁
作者及单位　倪玉平（中国社会科学院近代史研究所）

题　　　名　漕运对通州经济的影响
作者及单位　孔凡英（首都师范大学历史系）
会 议 名 称　北京历史文化研究——北京史专题研究

会议地点时间 2007

摘　　　要 通州城坐落于京杭大运河北端西岸，是北京的东大门，在历史上曾经是仓储漕运的重地，江南塞北物资的交流枢纽。我国历史上金、元、明、清均定都北京，京师聚集着皇室宗亲、文臣武将等各种人，每年需要大量的粮油菜薪。

题　　　名 **册封琉球使团渡海之艰难历程**

作者及单位 张文绮

会 议 名 称 第九届中琉历史关系国际学术会议

会议地点时间 2005

题　　　名 **茶叶、白银和鸦片：1750—1840 年中西贸易结构**

作者及单位 庄国土（厦门大学）

题　　　名 **茶叶和白银：略论 18 世纪中西贸易的基本结构（提要）**

作者及单位 庄国土（厦门大学）

会 议 名 称 海上丝绸之路与潮汕文化学术研讨会

会议地点时间 汕头，1994

题　　　名 **差会、传教士及传教运动**

作者及单位 沈德溶（中国基督教全国两会咨询委员会）

会 议 名 称 “传教运动与中国教会”学术研讨会

会议地点时间 中国上海，2006

主 办 单 位 中国基督教三自爱国运动委员会、中国基督教协会

摘　　　要 1807 年是基督教传入中国的一年。基督教的传入中国同西方资本主义的侵略以及一系列的不平等条约是分不开的。中国这个国家在西方的侵略下，一步步地沦为了半殖民地国家，而中国的基督教却从一开始就处在从属的地位的。

题　　　名 **长乐——郑和七次下西洋的烙印**

作者及单位 赵怡

会议地点时间 2006

题　　　名 **长汀城关妈祖信仰的变迁**

作者及单位 杨彦杰（福建社会科学院）

会 议 名 称 妈祖信仰的发展与变迁——妈祖信仰与现代社会国际研讨会

会议地点时间 北港朝天宫，2001

题　　　名 **常熟传道员何世贞及其《崇正必辩》**

作者及单位 周萍萍（南京晓庄学院人文学院）

会 议 名 称 中国中外关系史学会第六届会员代表大会

会议地点时间 中国吉林延边，2005

主 办 单 位 中国中外关系史学会、延边大学历史系与东北亚研究院、沈阳东亚研究中心

摘　　　要 对于中国传教人员,人们多关注有详细材料记述的神父或修士,往往忽视传教中的基层人员传道员(catechist),其实教务的发展离不开传道员的辛劳。本文选取常熟传道员何世贞作个案研究,何作为传道员,在清初传教士被谪期间承担了常熟堂口所有传教工作;作为文人学者及天主教教徒,他又著有《崇正必辩》一书,驳斥杨光先的反教言论,很具有典型性。惜学者对他不甚关注,相关研究也不够。

题　　　名 朝觐——郑和七下西洋的主要动因之一

作者及单位 马利章(云南大学)

会 议 名 称 第二届昆明郑和研究国际会议

会议地点时间 云南,2002

题　　　名 朝鲜半岛向中国大陆移民的历史

作者及单位 孙泓(沈阳东亚研究中心)

会 议 名 称 登州港与中韩交流国际学术讨论会

会议地点时间 蓬莱,2004

摘　　　要 中国大陆和朝鲜半岛早在远古时代各种族间就已有相互迁徒,形成了千丝万缕的联系。这种迁徒是多次的、大量的、相互的,这些迁徒对中国和朝鲜半岛文明的形成、发展起了巨大的作用。现今中国大陆有许多朝鲜族,他们并不是自古以来就居住在现在的地方,而是主要在清末和民国时期迁来的。清以前迁入中国大陆的朝鲜半岛的移民,已在不断迁徒中逐渐和当地的居民融合,最后逐渐融人了中国的汉族和其他少数民族之中。

题　　　名 朝鲜半岛在唐末以前中日海上交往中的地位与作用

作者及单位 王莉(大连海事大学)

会 议 名 称 "97"中韩航海学术交流会

会议地点时间 1997

主 办 单 位 中国航海学会

摘　　　要 众所周知,中国、朝鲜半岛、日本同为东亚地区的近邻,经济文化交流渊源流长。在漫长的历史进程中,三者之所以在生产方式、文化理念、风俗习惯等方面形成了基本一致或大体相同的共性,是与不断的交往、相互的融通分不开的。其中,中国作为东方文明的发祥地,在各方面无不对该地区产生深刻的影响;古代日本偏居东方一隅,交往最密的就是中国;而朝鲜半岛位居两国之间的地理位置,使它的造船与航技尚不发达的古代(唐以前)中日海上交通中,具有不可替代的中介作用。以下,试按中国历史发展的顺序,探讨一下朝鲜半岛在唐末以前中日航线中的地位和作用。

题　　　名 朝鲜入明海上贡道考

作者及单位 孙卫国(中国南开大学历史学院)

会 议 名 称 东北亚海上交流历史文化遗产国际学术研讨会

会议地点时间 青岛;蓬莱,2006

主 办 单 位 中国海洋大学海洋文化研究所,山东省蓬莱市文物局

题　　　名 朝鲜时期的海上漂流:经历与信息的利用和局限——以信息传递与通商的差异为中心

作者及单位 (韩)高锡珪

会 议 名 称　东北亚海上交流历史文化遗产国际学术研讨会
会议地点时间　青岛;蓬莱,2006
主 办 单 位　中国海洋大学海洋文化研究所,山东省蓬莱市文物局

题　　　名　朝鲜王朝时代的对琉关系——以朝鲜、中国、琉球三国关系史为中心
作者及单位　李炫熙
会议地点时间　1987

题　　　名　潮汕的海上交通在中国海交史中占有重要地位——"海上丝绸之路与潮汕文化"国际学术研讨会综述
作者及单位　丁毓玲,吴奎信
会 议 名 称　海上丝绸之路与潮汕文化学术研讨会
会议地点时间　汕头,1994

题　　　名　潮汕地区古代海上对外贸易(提要)
作者及单位　杜经国,黄挺
会 议 名 称　海上丝绸之路与潮汕文化学术研讨会
会议地点时间　汕头,1994

题　　　名　潮汕文化与中华民族凝聚力
作者及单位　杜经国,吴奎信
会 议 名 称　增强中华民族凝聚力第二次学术讨论会
会议地点时间　广州,1992

题　　　名　潮台海交概况(节选)
作者及单位　林俊聪
会 议 名 称　海上丝绸之路与潮汕文化学术研讨会
会议地点时间　汕头,1994

题　　　名　陈宝琛与"球案"
作者及单位　胡沧泽(福建师范大学社会历史学院;)
会议地点时间　2005

题　　　名　陈第、沈有容与《东番记》
作者及单位　李祖基(厦门大学台湾研究院)
会 议 名 称　第九届国际明史学术讨论会
会议地点时间　武夷山,2002
主 办 单 位　中国明史学会
摘　　　要　《东番记》是关于台湾早期历史,特别是原住民文化习俗史的重要文献之一。它是明万历十年(1602)冬陈第随语屿将军沈有容前往东番(即台湾)剿倭之后,根据自己的亲身经历和实地采访记录下来的。如果没有沈有容东番剿矮,陈第就不可能有这一段亲履台湾的经历;同样,如果没有陈第随

军前往,也不会有《东番记》的产生。所以,陈、沈二人与《东番记》有直接的关系。本文根据有关史料对陈第及沈有容的生平、两人之间的交往、东番剿倭的经过,以及《东番记》的历史价值等若干问题作一些探讨,以就正于专家学者。

题　　　名　**陈第《东番记》评述**
作者及单位　魏定榔(福建师范大学社会历史学院)
会 议 名 称　第三届闽台文化学术研讨会
会议地点时间　中国福建莆田,2006
主 办 单 位　福建省炎黄文化研究会、莆田市人大、莆田市政协、中华妈祖文化交流协会
摘　　　要　陈第(1541—1617),字季立,号一斋,晚号温麻山农,别署五岳游人,福建三山(今连江)人,是明代著名的将领、诗人、藏书家、旅行家及古音韵学家。他的一生颇具传奇色彩,但由于《明史》中没有为他立传,他的事迹很少被人提及。

题　　　名　**陈化成与厦门海防**
作者及单位　林美治(厦门市社会科学界联合会)
会 议 名 称　第二届闽南文化研讨会
会议地点时间　中国福建泉州,2003
主 办 单 位　福建省炎黄文化研究会、泉州市政协
摘　　　要　陈化成是中国近代史上一位爱国将领、民族英雄。道光二十年(1840),第一次鸦片战争中,他临危受命,调任江南提督,扼守吴淞口,抗击英军入侵。上任后,秣马厉兵,修建炮台,严阵以待。道光廿二年五月初八日(1842 年 6 月 16 日),英舰来犯。陈化成亲临西炮台第一线指挥作战,"化成麾旗发炮,毁敌舰三,歼毙甚众"。后因东炮台弃守,致使西炮台腹背受敌。化成身负重伤。仍"颠复强起,手燃巨铳。刃重喷血死,而手执红旗终不仆",以身殉国,壮烈牺牲。

题　　　名　**陈兆锵与福建船政**
作者及单位　齐上志(福建中医学院附属人民医院)
会议地点时间　2003
摘　　　要　陈兆锵字铿臣,同治元年六月十一日(1862. 7. 7)出生在文风鼎盛、人才辈出的福建闽县螺洲乡。他自幼聪颖敏慧,6 岁在本乡陈氏家族的"明伦堂"塾学接受中国传统文化启蒙教育,14 岁(1875)考进马尾船政学堂第二届管轮专业班。

题　　　名　**冲绳群岛与澎湖群岛传统建筑聚落形态之比较**
作者及单位　黄兰翔
会议地点时间　2005

题　　　名　**崇武造船与航海民俗摭拾**
作者及单位　黄天柱(泉州市博物馆)
会 议 名 称　惠安民俗研讨会
会议地点时间　中国福建惠安,1992
主 办 单 位　福建省社会科学联合会、福建省民俗学会、惠安县对外文化交流协会
摘　　　要　我国地域广袤,民族众多,历史悠久。习俗复杂,有的大同小异、有的千差万别,呈现

出极为繁杂的趋同性和差异性，真所谓“百里不同风，千里不同俗”，这是历史长期发展所形成的。

题　　　名　**崇帧初郑芝龙移民入台事**

作者及单位　方豪

摘　　　要　黄宗羲撰《赐姓始末》说：“台湾者，海中荒岛也。崇祯间，熊文灿抚闽，值大旱，民饥，上下无策；文灿向芝龙谋之。芝龙日：：“公第听某所为”。文灿曰：‘诺’。乃招饥民数万人，人给银三两，三人结牛一头，用海舶载至台湾，令其？舍开垦荒土为田。厥田惟上上，秋成所获，倍于中土。其人以衣食之余，纳租郑氏。”按熊文灿任福建巡抚是崇祯元年至四年（一六二八—一六三一），所谓大旱，应该是在他到任前一年即天启七年（一六二七），因为有一位曹履泰，也是同时任同安县宰的，著有《靖海纪略》一书，据他的朋友们所写的序跋，知道他是天启五年（一六二五）进士，考中进士后使出任同安县宰，先后五年，在崇祯三年（一六三〇）离职。而在他的书中，一再提到饥荒和饥民。如答朱明景抚台书中说：“两年之内，惟去春仅有半收。夏秋亢旱，一望皆赤，至今年三月间才雨，乡村草根树皮食尽，而揭竿为盗者，十室而五，不胜诘也。”又“通详宽限？免稿”：“看得同安县僻处海滨，山多田少，素艰粒食。兼之两年荒旱频仍，一望焦土，民困极矣！……加以今冬不雨，二麦未种，百姓益惶惶无措。睹此凄惨景象，真令人涕零心裂，欲身代而无从者也。”

题　　　名　**初步解读英国学者孟席斯新论：郑和首先环球航行发现新大陆**

作者及单位　刘达材

会 议 名 称　第二届昆明郑和研究国际会议

会议地点时间　云南，2002

题　　　名　**传承与变迁：海峡两岸客家民间信仰的比较**

作者及单位　刘大可（福建省委党校）

会 议 名 称　福建省社会学 2008 年会

会议地点时间　中国福建福州，2008

主 办 单 位　福建省社会学会

摘　　　要　关于台湾客家的民间信仰，前人有过不少的研究，对其中某一种信仰的研究更是积累丰厚，但将这些信仰置于一个族群整体及相互比较的视野进行探讨的研究却还比较缺乏。本文试图在前人研究的基础上，就台湾客家民间信仰的基本情况、台湾客家民间信仰对大陆客家民间信仰的继承与发展等问题进行新的探索。

题　　　名　**传承运河古城文脉与精华**

作者及单位　蒋英炬

会议地点时间　2007.01

题　　　名　**传教士与近代中西文化交流**

作者及单位　赵海涛（烟台师范学院历史与社会学系）

会 议 名 称　中国近现代史史料学学会学术会议

会议地点时间　2002

主 办 单 位　中国近现代史史料学学会、中共石河子市委党史研究室

摘　　　要　近代，西方列强在以炮火轰开中国大门的同时，还试图通过传播基督教在精神上征服

中华民族。国人在体会到坚船利炮的巨大力量的同时,也在精神上经历了痛苦的失落和反省。中国文化受到巨大冲击:世界上不仅有孔夫子、皇帝与君主,还有耶稣、上帝与民主。受儒教熏陶两千多年的中国人对西方文化由抗拒转向接受、继而效仿。

题　　　名 **传统经世实学对福建海洋文化的影响——从郑成功收复台湾到船政文化的兴起**

作者及单位 陈名实(泉州师范学院泉州学研究所)

会 议 名 称 福建省首届海洋文化学术研讨会

会议地点时间 中国福建福州,2007

主 办 单 位 福建省炎黄文化研究会、福州市政协、福建省社科联、福建省海峡文化研究会

摘　　　要 传统经世实学是福建传统儒学的一个流派,在明末清初由于郑成功的抗清复台而成为闽台的儒学传统之一,并对福建的海洋文化产生深远的影响。本文拟就从郑成功收复台湾到船政文化兴起的史实,探讨传统经世实学对福建海洋文化的影响,说明两者之间继承与发展的关系。

题　　　名 **传统文化视野中的郑和下西洋**

作者及单位 郭渊(厦门大学南洋研究院)

题　　　名 **《船工纪事》及其史料价值**

作者及单位 李颖(闽江学院历史系)

会议地点时间 2003

主 办 单 位 福建省闽学研究会

摘　　　要 近年来,有关福建船政的研究取得很大进展,新的史料在不断地被发掘和利用。《船工纪事》的发现为研究 19 世纪末期的船政提供了不可多得的原始记载。《船工纪事》的作者沈觐清,名照藜,字纪南,系首任船政大臣沈葆桢之孙,同治二年(1863)正月十五日生。荫生花翎同知衔,特授山东沂州府蒙阴县知县、调署莒州知州等职,历充船政文案、船政驻省文案兼支应福州军署闽浙督署文案、闽关铜币局总文案、船政艺圃监督等。

题　　　名 **"船政"人萨镇冰**

作者及单位 萨本珪(中共福州市委宣传部)

会议地点时间 2003

主 办 单 位 福建省闽学研究会

摘　　　要 萨镇冰(1859—1952),字鼎铭,马尾船政后学堂驾驶班的第二期学生。他人"船政"时才 11 岁,是同学中年龄最小者;他享年 94,又是闽派海军中之最高寿者。他的一生跨越 4 个历史时期,是近代爱国海军宿将,他见证我国近代海军建设风风雨雨的艰难历程。

题　　　名 **船政精神的文化考察**

作者及单位 林少真(福州大学人文社科学院;)

会议地点时间 2003

主 办 单 位 福建省闽学研究会

摘　　　要 福建船政学堂的建立,是洋务运动的产物。它的创办为近代中国培育了一大批的人才,同时它所孕育出的船政精神,为后人留下更为巨大的财富。这种船政精神根植于中国当时特定的环境中,体现在船政人物这一特殊的群体身上。它是一种爱国主义的精神,但又不仅仅是传统的爱国主义精

神,在当时特殊的环境下,船政人物赋于它新的一层含义,即在传统爱国主义的基础上,整合了各种积极的文化心理因素,形成了一种船政人物共同的群体文化心理——积极的爱国主义文化心理。

题　　　名　**船政文化产生与福建海洋文化渊源**

作者及单位　赵君尧(福州职业技术学院)

会议名称　船政文化研究

会议地点时间　2003

主办单位　福建省闽学研究会

摘　　　要　1840 年的鸦片战争,揭开了中华民族百年屈辱历史的序幕。西方列强直接把坚船利炮推到了中国大门口,用武力轰开了中国紧闭的大门。为了富国强兵,林则徐编《四洲志》,开学习西方和了解世界风气之先;魏源编《海国图志》,提出"师夷长技以制夷"。朝臣们认为英法各国所以屡次侵犯中国,所依靠的是轮船航海的便利和枪炮的精良。当然,曾经辉煌一时的"船政文化",因整个半封建半殖民地社会没有实现向近代资本主义工业化的转变,整个国家综合国力的弱小,以致在帝国主义侵略势力打击下最终衰败。但"船政文化"所继承的福建海洋文化中的对外开放、奋发自强、开拓创新的精神值得我们去弘扬发展。

题　　　名　**船政文化及其源流**

作者及单位　辛元欧(上海交通大学)

会议名称　船政文化研究

会议地点时间　2003

主办单位　福建省闽学研究会

摘　　　要　今年是福建船政创办 137 周年纪念,中国自改革开放以来,各行各业已经有了很大的变化,特别是中国船舶工业尤甚。2002 年 5 月 5 日,当时的朱镕基总理提出了中国有条件争当世界第一造船大国的目标,中国的工业界为之振奋。作为中国船舶工业诞生地的福建船政自当在这一变革中抓住机遇,发扬船政文化传统,以船兴市,以海兴市。

题　　　名　**船政文化内涵及主要精神**

作者及单位　林璧符(中共福州市委办公厅政研室;)

会议地点时间　2003

主办单位　福建省闽学研究会

摘　　　要　文化通常指人民群众在社会历史实践过程中所创造的物质财富和精神财富的总和,包括社会意识形态以及与之相适应的制度和组织机构。福建船政事业历时数十年,成效卓著、意义重大、影响深远。福建船政文化既是特定的社会政治和经济的反映,同时又给予巨大影响和作用于一定的社会政治和经济,并随着物质生产的发展而发展,有其丰富的内涵和鲜明的个性。

题　　　名　**船政文化是近代中国先进文化的旗帜**

作者及单位　卢美松(福建省地方志编委会)

会议名称　船政文化研究

会议地点时间　2003

主办单位　福建省闽学研究会

摘　　　要　"船政文化"在这里是特殊泛指的文化概念,即指清廷在福州马尾举办福建船政时期

所形成的，包括近代教育、科技、翻译等的文化活动及其所造就出的杰出人物的思想成果；其时间大体在福建船政创办和发展鼎盛的时期（1866—1907）。

题　　　名　**船政文化研究的启迪**
作者及单位　陈平
会议名称　船政文化研究
会议地点时间　2003
主办单位　福建省闽学研究会
摘　　　要　1866年7月14日，清政府正式批准在福州马尾设局造船，并强调"拟于闽省择地设厂，购买机器，募雇洋匠，试造火轮船只，实系当今应办急务"。137年来，船政在福州近代发展史上打下了深深的印记，构成了以船政学堂与造船厂为主要载体的、内涵丰富的船政文化。船政文化成为福州独特的人文、地域文化，是中国近代文明史的重要篇章。在建设先进文化的过程中，我们回眸历史，看到船政在福州曾经历的艰辛和取得的辉煌，认真回顾总结船政文化给福州文化发展带来的深刻影响，将会得到许多启迪。

题　　　名　**船政学堂历史地位再认识**
作者及单位　林友华（福州闽江学院）
会议地点时间　2003
主办单位　福建省闽学研究会
摘　　　要　船政的根本在于学堂，船政的辉煌在于培养了一大批对中国近代社会具有重大影响的杰出人才。然而，对福建船政学堂的历史地位在有关教科书中，尚未受到应有的重视，仍有深入探讨、重新认识的必要。

题　　　名　**船政学堂留洋学生的特殊社会化道路**
作者及单位　陈隽（福州大学人文社科学院）
会议地点时间　2003
主办单位　福建省闽学研究会
摘　　　要　1877年，从福建船政学堂走出了一批踌躇满志的年轻人，他们带着满腔的热情、祖国的期望来到欧洲，开始了短暂而又艰苦的留学生涯，数年后，这些已经成长了的年轻人带着满腹的学识和世界先进的技术回到了祖国。他们就是中国近代最早的一批留欧学生。

题　　　名　**船政学堂与中西文化交流——兼论本世纪头20年重要战略机遇期**
作者及单位　魏仲彦（福建省教育学院）
会议名称　船政文化研究
会议地点时间　2003
主办单位　福建省闽学研究会
摘　　　要　15世纪初，明代杰出的航海家——郑和，率领庞大的远洋船队，在惊涛骇浪的海洋上，独树雄风。其航海规模、技术装备、续航能力，西方航海家难望其项背。可惜辉煌的历史，只是昙花一现。地理大发现没有留下中国人更多的足迹。历史赋于中国的大好机遇，瞬间擦肩而过。16世纪地理大发现，标志海权时代的开始。掌握了军事航海新技术的西方殖民者开始了对东方地理和人文的征服。无穷无尽的海洋，被后来居上的西方航海势力，占尽先机。中西实力的第一次分野，自此开始。海上优势丧

失,是中国近百年落后挨打的滥觞。

题　　　　名　船政学堂在中国近代海军教育中的地位

作者及单位　苏小东,陈美慧(海军航空工程学院;)

会议地点时间　2003

主　办　单　位　福建省闽学研究会

摘　　　　要　作为在中国海防近代化建设中诞生的第一所海军学校,船政学堂从 1866 年开始创办到 1907 年暂时停办,历经 40 余年的时间,为中国培养了 600 多名各类海军人才,并先后 4 次选派 80 多人分赴英法等国留学,开了中国近代海军教育以及海军留学欧洲的先河,同时也为随后创办的海军学堂提供经验并输送了大批教育人才,因而对中国近代海军教育的发展产生了非常重要的影响。

题　　　　名　船政与中国电信

作者及单位　陈道章(福州马尾区政协)

会议地点时间　2003

主　办　单　位　福建省闽学研究会

摘　　　　要　电信指电通信,它是利用有线电、无线电等电磁系统传送信息的一种通信方式,也包括利用光学通信系统传递信息。电通信发生于 19 世纪。光学通信,20 世纪才有,算是较新的一种通信方式,但在中国它也是最古老的一种通信方式,上古已经有了。它完备于西周,那时的烽火台就是一种光通信基地。

题　　　　名　创办学堂培育精英——从福州船政学堂看沈葆桢的教育思想

作者及单位　李汉东,吴菁(江苏省教育厅;江苏省档案局)

会　议　名　称　沈葆桢巡台 130 周年学术研讨会

会议地点时间　中国南京,2004

主　办　单　位　中国近现代史史料学学会

摘　　　　要　沈葆桢在主持福州船政局期间,改革创新,设厂办校,“制器练兵”,倡议留学,培育了一代具有爱国主义思想的科学技术精英,为中国近代造船工业和近代海军的建立奠定了基础,尤其是他的教育思想和措施是值得我们重视的。

题　　　　名　刺桐港考证及其申报“世遗”的文化意义

作者及单位　戴泉明

会　议　名　称　中华文化与域外文化互动暨海上丝绸之路泉州学术讨论会

会议地点时间　泉州,2002

主　办　单　位　中国社会科学院学术交流委员会、社会科学文献出版社、中国海外交通史学会、泉州市社会科学界联合会以及台湾喜马拉雅研究发展基金会联合举办

题　　　　名　从“海滨邹鲁”到“海滨中原”——闽南文化的再出发

作者及单位　李亦园(台北中央研究院)

会　议　名　称　第二届闽南文化研讨会

会议地点时间　中国福建泉州,2003

主　办　单　位　福建省炎黄文化研究会、泉州市政协

摘　　要　在去年秋天泉州举行的“海上丝绸之路”与泉州“学术研讨会”中我曾提交了《释论泉州海上丝绸之路起点申报“世界文化遗产”之内在文化意涵》论文一篇。在这篇论文中，我曾以“海洋经验与海洋性格”来形容泉州闽南文化的特质，并认为这种海洋性格之中有下列几点值得加以重视，并且具有可以转化成为“普世价值”的意义。

题　　名　从“历史性水域”来看中国对南沙群岛的主权

作者及单位　郭渊(厦门大学南洋研究院)

会议名称　“冷战以来东南亚的国际关系”学术研讨会

会议地点时间　中国厦门，2004

摘　　要　“历史性水域”是国际法中解决国家间海洋国土冲突时所遵循的一项关键性原则，最先占领、有效管辖和外国默认是构成“历史性水域”的基本原则。中国对南沙群岛拥有无可争辩的主权。其原因就在于：中国是最早发现、最早开发并首先对这些岛屿行使长期有效管辖权的国家，中国政府的主权行使是与对南沙群岛的主权维护分不开的。

题　　名　从“小苏州”到“大上海”——上海贸易地位的变化

作者及单位　潘君祥

会议地点时间　中国上海，1994

摘　　要　在鸦片战争之前，上海已有“江海之通津，东南之都会”的美称，国内商业已具相当规模。但当时上海商业就其交易的品种来说，主要是豆饼杂粮、土布、棉花、米、糖、竹木、桐油、苎麻、绸缎、药材等农产品和家庭手工业副产品。根据对上述商品流通量的估算，那时上海年商品流通额在3000万两白银左右，约相当于全国主要商品流通额的7%。

题　　名　从“中西会通”到“西学东源”——明清间科学家比较中西科学的思想趋向

作者及单位　陈卫平

会议地点时间　1989

摘　　要　中国人对于中西文化的比较在近代之前就开始了。明清间，利玛窦等一批传教士来到中国，带来的西方文化中，对中国思想文化界最有影响的，是西方科学技术。因此，中西科学的比较成为明清间中西文化比较的主要内容。本文不准备全面地论述明清间科学家所进行的中西科学比较，只是说明在当时的中西科学比较中，已有了日后近代中西文化比较中一再出现的思想趋向：从“中西会通”走向“西学东源”，“中体西用”。

题　　名　从《历代宝案》看泉州与琉球的友好关系

会议名称　“泉州港与海上丝绸之路”国际学术研讨会

会议地点时间　中国泉州，2002

主办单位　中国航海学会

摘　　要　《历代宝案》是琉球王国外交文书的集成，时间起自明永乐二十二年(1424)，迄至清同治六年(1867)，计440余年历史。《历代宝案》共三大集，另有一咨询集、一别集、一目录，合计270卷，内容绝大部分为中国与琉球册封、进贡、留学以及护送海上飘风难民等往来文书。

题　　名　从《马关条约》赔款看清朝灭亡的必然性

作者及单位　周敏

会 议 名 称　海峡两岸《马关条约》百周年学术研讨会
会议地点时间　大连

题　　　名　从《马可波罗行纪》看元大都
作 者 及 单 位　沈平
会 议 名 称　中国古都学会第十届年会暨学术研讨会
会议地点时间　中国山西大同,1992
主 办 单 位　中国古都学会
摘　　　要　马可·波罗生于威尼斯的一个商人世家。1275 年随父亲、叔父等来到中国,并谒见了元世祖忽必烈。自此以后直到 1291 年,他便在元大都度过了十七年的岁月。由于他人甚聪明,并学习了蒙古语、阿拉伯语、波斯语和突厥语,办事能力强,为人谨慎,元世祖便派他为钦差,数度奉诏巡视我国的许多地方。

题　　　名　从《热河日记》看 18 世纪中朝文化交流
作 者 及 单 位　吴伯娅(中国社会科学院历史研究所)
会 议 名 称　"东亚汉文化圈与中国关系"国际学术会议暨中国中外关系史学会 2004 年年会
会议地点时间　中国上海,2004
主 办 单 位　中国中外关系史学会、复旦大学、上海外国语大学
摘　　　要　《热河日记》是 18 世纪朝鲜学者朴趾源的一部名著,详细记载了他在访问中国时的所见所闻。这是一部百科全书式的介绍中国的名著,包括了清代政治、经济、文化等多方面的内容,是研究清朝历史、清代中朝关系史的重要文献。在此,仅就《热河日记》与 18 世纪中朝文化交流略作论述。

题　　　名　从《三宝垄华人编年史》看伊斯兰教在印尼的早期传播
作 者 及 单 位　廖大珂(厦门大学南洋研究院)
会 议 名 称　《谱牒研究与华侨华人》研讨会
会议地点时间　中国福建晋江市,2005
主 办 单 位　晋江市谱牒研究会、福建省民俗学会
摘　　　要　《三宝垄华人编年史》原稿出自印尼爪畦三宝垄(Semarang)、塔兰(Talang)、井里汶(Cheribon)三地华人庙宇所珍藏的档案,实际上就是记载 15 - 16 世纪当地华人社会的档案。

题　　　名　从《厦门志》透视闽南文化
作 者 及 单 位　郑剑顺(厦门大学人文学院历史系)
会 议 名 称　第三届闽南文化学术研讨会
会议地点时间　中国福建漳州,2005
主 办 单 位　福建省炎黄文化研究会、漳州市政协
摘　　　要　《厦门志》十六卷,清道光十二年(1832 年)由时任福建兴泉永道周凯主持编纂完成,道光十九年(1839 年)刊刻问世。1996 年鹭江出版社出版点校本。《厦门志》记载的地域范围是"禾岛"、"嘉禾里",当时属同安县十一里之一里,"广袤不及七十里,田亩不及百十顷"。为什么如此"区区一岛"、"同邑之一嵎",还要单独修志?周凯指出:厦门处泉、漳之交,扼台湾之要,为东南门户。十闽之保障,海疆之要区也。故武则命水师提督帅五营弁兵守之,文则移兴泉永道、泉防同知驻焉。商贾辐辏,帆樯云集。四方之民,杂处其间。

题　　　名　从《禹贡》记载试论大禹治水修路对交换经济的促进作用
作者及单位　孙雄(全国首届禹城大禹文化学术研讨会)
会议地点时间　2002

题　　　名　从《郑和航海图》谈早期中国人对澳洲的认识
作者及单位　廖大珂(厦门大学南洋研究院)
会 议 名 称　“郑和与海洋”学术研讨会
会议地点时间　中国太仓,1998
主 办 单 位　江苏省郑和研究会
摘　　　要　澳洲长期处于孤立的状态,给人以神秘感。在欧洲人看来,澳洲是由他们发现的。然而,自本世纪以来,这种观点受到了挑战。1953 年澳大利亚学者 C. P. 菲茨杰拉德在《是中国人发现了澳洲吗?》一文中,根据在达尔文港附近出土的一尊寿老雕像,推测郑和的船队可能到过澳洲。

题　　　名　从 **1719** 年看琉球组舞的形成
作者及单位　刘富琳
会 议 名 称　第九届中琉历史关系国际学术会议
会议地点时间　2005

题　　　名　从澳门庙宇看澳门华人文化特色
作者及单位　徐晓望(福建社会科学院历史研究所)
会 议 名 称　中外文化交流与澳门语言文化国际研讨会
会议地点时间　澳门理工学院,2001

题　　　名　从北京石刻艺术博物馆藏耶稣会士碑看澳门在中西文化交流史中的地位与作用
作者及单位　明晓艳(北京石刻艺术博物馆)
会 议 名 称　“16—18 世纪中西关系与澳门”国际学术研讨会
会议地点时间　中国澳门,2003
主 办 单 位　中国中外关系史学会、澳门理工学院、澳门基金会
摘　　　要　北京石刻艺术博物馆有一处《耶稣会士墓碑陈列区》,陈列着明清以来入华的传教士墓碑 36 通(图片 1)。其中有耶稣会神父张诚、白晋、雷孝思、巴多明、冯秉正、蒋友仁、钱德明等人的墓碑。

题　　　名　从北洋舰队在中日甲午战争中的运用看中国海军的战略地位
作者及单位　施门松
会 议 名 称　甲午海战与中国海防——纪念甲午海战一百周年学术研讨会
会议地点时间　1994
摘　　　要　中日甲午战争是中国近代史上一次大规模的陆、海军联合作战,北洋舰队在这场战争的各个阶段起着举足轻重的作用。虽然北洋舰队在几次海战中都遭到失败,最后全军覆没,但北洋舰队在这场战争中应具有的作用和地位是不能抹煞的。这场战争又具有很强的典型性,对今天我们研究现代战争条件下中国海军的战略地位仍然具有重要参考价值。

题　　　名　**从彩陶看史前福州的周邻文化关系**
作者及单位　吴春明(厦门大学海洋考古学研究中心)
会议名称　"闽都文化研究"学术会议
会议地点时间　中国福建福州,2003
主办单位　福建省炎黄文化研究会
摘　　　要　彩陶是史前人类文化的重要内涵,是亚欧大陆新石器和青铜器时代文化中最重要的艺术创造之一。因此,彩陶内涵的地域性异同,成为认识旧大陆史前人们共同体文化空间关系的重要指标。东亚系统史前彩陶文化的发育以黄河流域为中心,以仰韶文化最为著称。通过彩陶文化内涵的分类研究史前和上古族群文化的关系,是中国考古学的一项重要工作。

题　　　名　**从插曲到序曲:河间赈务与盛宣怀洋务事业初期的转危为安**
作者及单位　朱浒(中国社会科学院近代史研究所)
会议名称　中国社会科学院近代史研究所青年学术论坛
会议地点时间　中国北京,2007
主办单位　中国社会科学院近代史研究所

题　　　名　**从沉船看中世纪的中韩贸易交流——以新安船和泉州湾宋代海船的积载遗物为中心**
作者及单位　金炳堇(韩国国立海洋遗物展示馆)
会议名称　登州港与中韩交流国际学术讨论会
会议地点时间　蓬莱,2004
摘　　　要　从20世纪70年代发现新安海底沉船后,韩国开始了水下考古学的研究。随后进行了莞岛海底遗物发掘、竹岛海底遗物发掘、珍岛碧波里独木舟发掘、木浦达理岛船发掘、务安道理岛海底遗物发掘、高兴诗山岛海底调查、灵光原电附近海底调查、群山飞雁岛海底遗物发掘、群山十二东波岛海底遗物发掘等。通过水下考古学,关于海外贸易关系及贸易品输送等研究也取得了巨大进展。

题　　　名　**从成寻所著《参天台五台山记》看宋代中日关系**
作者及单位　夏应元(中国社会科学院)
会议名称　中国日本史学会第二届年会
会议地点时间　沈阳,1982

题　　　名　**从船政学堂的兴办看沈葆桢的教育思想**
作者及单位　林友华,林伟功
会议名称　沈葆桢研究——纪念沈葆桢诞辰180周年学术研讨会
会议地点时间　中国福州马尾,2000

题　　　名　**从地理学观点再考"郑和下西洋"**
作者及单位　徐胜一等著(台湾师范大学地理学系)
会议名称　海峡两岸地理学术研讨会暨2001年学术年会
会议地点时间　中国上海,2001
主办单位　中国科学院地理科学与资源研究所、华东师范大学
摘　　　要　最近一个世纪以来,中外史学家热中考证郑和出使西洋的目的与出航次数,然而因为

可兹参考的史料文件颇为稀疏，甚或记载彼此有矛盾者，以致考证结果不但对其出航目的众说纷纭，而出航次数亦屡有争论。从西元1405年至1431年间，郑和下西洋的次数，历来便有两种说法，即七次说与八次说。本文将焦点放在探讨郑和下西洋次数。研究郑和下西洋的史料，最常被引用的文献当属明史本记、郑和列传、星槎胜览、瀛涯胜览、西洋番国志、江苏太仓刘家港碑文、福建长乐南山寺碑文、以及锡兰山寺碑文等。这些史料记载郑和出使的年月不尽相同，此缺彼长或此长彼缺，以致学者们对郑和下西洋次数，考据结果分歧。

题　　名　从福建霞浦县松山天后宫挂图看闽东妈祖信仰的文化心态
作者及单位　徐晓望(福建社会科学院历史研究所)
会议名称　妈祖信仰的发展与变迁——妈祖信仰与现代社会国际研讨会
会议地点时间　北港朝天宫,2001

题　　名　从古都江陵的演变谈治道
作者及单位　魏青铓
会议名称　中国古都学会第七届年会
会议地点时间　中国湖北江陵,1989
主办单位　中国古都学会
摘　　要　江陵即荆州，地处美丽富饶的江汉平原、长江三峡下游素称“回肠九曲”的荆江北岸。李白“朝辞白帝彩云间，千里江陵一日还”的诗句，说明了这里的水上交通是很便利的。

题　　名　从海陆两栖帝国到大陆帝国(提要)——明王朝丧失海权原因的分析
作者及单位　吕士明(东海大学)
会议名称　第七届明史国际学术讨论会
会议地点时间　中国吉林长春,1999
主办单位　中国明史学会、东北师范大学、吉林大学、吉林师范学院、通化师范学院、吉林省社会科学院
摘　　要　唐代盛世，中国成为世界帝国，对外交通与贸易大兴。安史乱后，唐帝国中衰，然东南地区经济日益发达，渐成财赋重心。历宋、元两代，东南沿海港埠，对外贸易繁盛，中国步向海洋帝国的规模。

题　　名　从海运史的角度谈郑和将军下西洋在世界史上的意义
作者及单位　崔在洙
会议名称　“郑和与海洋”学术研讨会
会议地点时间　中国太仓,1998
主办单位　江苏省郑和研究会
摘　　要　我在大学讲授“海运论”时对海运的渊源产生了兴趣，由此开始学习海运史。刚开始的时候和研究世界海运史的其他学者一样，是以西洋海运史为中心学习的，并且认为那就是海运史的全部。认为世界海运史是从15世纪后期葡萄牙的哥伦布、达·伽马、麦哲伦等的探险航海才开始的。实际不是这样的，本文就此提出了个人看法。

题　　　名　**从海州湾沿岸地名看徐福出海东渡**
作者及单位　张传藻(连云港市经济研究中心)
会议名称　全国首届徐福学术讨论会
会议地点时间　连云港,1987
摘　　　要　在讨论徐福出海东渡时,除《史记》里几段文字外,山东半岛和苏北海州湾沿岸地名,乃是重要线索。本文主要是讨论从苏北海州湾沿岸地名看徐福出海东渡。

题　　　名　**从航海史角度透视中国古代航海意识**
作者及单位　孙光圻(大连海事大学)
会议名称　纪念郑和下西洋600周年国际学术会议
会议地点时间　2005

题　　　名　**从航海史学探讨汉使航程问题**
作者及单位　丁正华(中国航海学会)
会议名称　全国第一届古代技术史交流会
会议地点时间　昆明,1983

题　　　名　**从荷兰文献谈郑成功之研究**
作者及单位　曹永和
摘　　　要　荷兰文献,对郑氏的研究却也有颇高的价值,有其特殊的地位。今适逢郑成功复台三百周年纪念的盛举时,笔者虽对郑氏尚未做过详细而有系统的研究,惟在翻阅荷兰文献时,常可看到许多关于郑氏的记载。兹不揣浅陋,介绍一些荷兰文献所载的事实,提出一些问题,略述稿兰文献对郑氏研究的意义,以供学者参考,并切望高明之士,不吝指正!

题　　　名　**从淮河流域发现的符号所看到的世界观——以贾湖、双墩、龙虬庄遗址为中心的考察**
作者及单位　荒木日吕子
会议名称　2004年安阳殷商文明国际学术研讨会
会议地点时间　2004
摘　　　要　淮河上游贾湖遗址契刻符号的象征意义。贾湖遗址在淮河上游河南省舞阳县,距今约8000多年前,属于裴李岗文化。

题　　　名　**从黄县曩器看中韩关系**
作者及单位　蒋惠民(中国山东省龙口市博物馆)
会议名称　登州港与中韩交流国际学术讨论会
会议地点时间　蓬莱,2004
摘　　　要　中韩交流史的研究,笔者认为,不应该只是采取从文献到文献的研究方法,在可能的情况下,更应该采取文献记载与地下发掘的考古资料相结合的研究方法,让文献与实物共同认证中韩两国悠久的交流史。笔者试根据黄县(现龙口市)出土文物曩器,论证中韩两国的密切关系。

题　　　名　**从辉煌到衰落的历史思考——纪念郑和下西洋600周年**
作者及单位　马志荣(湛江海洋大学)

会议名称 郑和下西洋与文明对话国际研讨会
会议地点时间 中国宁夏银川,2005
主办单位 宁夏社会科学院、伊朗伊斯兰共和国驻华大使馆文化处
摘　　要 郑和下西洋是中国乃至世界航海史上的伟大壮举,在中国外交、经济、文化、海洋诸领域都建立了辉煌的业绩,然而他的业绩却被西欧人开辟的新航路和地理大发现的影响所掩盖。规模庞大的船队,遥遥领先的造船航海技术未能让中国在15世纪走向海洋,走向世界。辉煌背后是什么埋葬了郑和船队?其中原因诸多:缺乏经济动力的支撑是掩埋郑和船队的根本原因,加上在中国历朝奉行的“重农抑商”政策下不发达的商品经济、明朝张弛交替至后愈加严厉的海禁政策、“重义轻利”的传统文化观念以及专制主义对科学创造的扼杀等,使中国在巧世纪丧失了一次向海洋发展的重要机会。我们在重温历史中进行深刻反思,在总结经验中汲取教训,努力振兴我国的海洋事业,再创辉煌。

题　　名 **从会师广东之役看郑成功同永历朝廷的关系**
作者及单位 顾诚
会议名称 郑成功研究国际学术会议
会议地点时间 厦门,1987
摘　　要 对于郑成功和李定国之间的关系,海内外学者作过不少研究。他们大致是强调郑、李之间的友谊和相互配合;有的文章则对于郑成功的多次愆期,未能实现双方会师广东表示惋惜。本文试图就这一问题作进一步的探讨,重点放在顺治十一年(永历八年,1654年)广东之役,借以说明郑成功对李定国和永历朝廷的真实态度及其原因。

题　　名 **从几条新史料看郑和航海与福建的关系**
作者及单位 徐晓望(福建社会科学院历史研究所)
会议名称 传承文明走向世界和平发展——纪念郑和下西洋600周年国际学术研讨会
会议地点时间 江苏,2005

题　　名 **从季麒光《募修天妃宫疏》看清代台湾地方官员在妈祖信仰传播中的角色**
作者及单位 李祖基(厦门大学台湾研究院)
会议名称 中华妈祖文化学术研讨会
摘　　要 妈祖信仰是当今台湾最有影响的民间信仰之一,其神庙与信众的数量远远超出其他民间信仰之上,这从大甲镇澜宫的每年声势浩大的绕境游行和北港朝天宫旺盛的香火中可见一班。实际上妈祖信仰在台湾广为传播并非始自今天,据尹士根《台湾志略》的记载,早在清雍正、乾隆年间,妈祖就与关帝、大道公等同为台湾“灵异最著而为民所咸奉”的神明”。至嘉庆年间,妈祖神庙已遍布台湾各地,谢金銮《续修台湾县志》记载:“天后庙祀,所在多有。官建者尚有鹿耳门庙:康熙五十八年,文武官公建,经历王士勤董其事。今总镇爱新泰重修。又,道署、府同知署皆有庙。其附郭者,如镇北坊水仔尾,俗呼小妈祖宫:则始初庙祀也。郡守蒋允熹、蒋元枢皆尝修焉。又宁南坊上横街庙,名曰温陵祖庙;泉人建。又西门外镇北坊有妈祖楼,其街以楼得名。又海边碧米街船厂、砖仔桥及武定里洲仔尾、新昌里濑北场皆有庙,他如澎湖各澳,有不胜载者”。清代妈祖信仰在台湾的广为传播,除了大陆移民渡海往来,无不祈求海神的保佑之外,地方官员的推动也是一个主要的原因。清代台湾的方志以及保存下来的碑刻资料有不少地方官员倡修、重修妈祖神庙的记载,这一点笔者以前在《清代台湾边疆移民社会之特点与妈祖信仰》一文中已经提到。但这些资料基本上都是间接的,直接的资料已很难见到。笔者最近在整理季麒光《蓉洲文稿》时,意外的发现了季麒光撰写的《募修天妃宫疏》等几则资料,这些资料对研究台南大天后宫的沿革以

及清代,妈祖信仰在台湾传播的历史都有一定价值。

题　　　名　**从甲午海战看船政学堂培养人才的得失**
作者及单位　李洛荣
会 议 名 称　甲午海战与中国海防——纪念甲午海战一百周年学术研讨会
会议地点时间　1994

题　　　名　**从甲午海战失败谈海军建设和作战指导应处理好的几个关系**
作者及单位　张进宝
会 议 名 称　甲午海战与中国海防——纪念甲午海战一百周年学术研讨会
会议地点时间　1994
摘　　　要　甲午海战,曾在远东首屈一指的北洋舰队樯橹灰飞烟灭,写下了一曲中国海战史上的悲歌。回顾甲午海战,虽然有邓世昌等民族志士可歌可泣之英雄壮举,但更多的却是血的教训:清政府的腐朽没落,消极避战的错误战略指导,陆、海军各自为战,通信、情报系统落后,部分将帅畏敌惧战、贻误战机等等,至今令人痛心疾首。知耻近乎勇,在甲午海战101周年之际,反思这段历史,联系新时期海军建设的实际,对目前海军建设和作战指导应处理好的几个关系谈几点粗浅看法。

题　　　名　**从甲午海战谈我国海军的发展**
作者及单位　霍小勇,胡钢锋
会 议 名 称　甲午海战与中国海防——纪念甲午海战一百周年学术研讨会
会议地点时间　1994
摘　　　要　1894年的中日甲午海战,是中国近代史上令人心碎的"国耻",是中国近代海军兴衰的历史转折点。百年之后的今天,中华民族正迈着雄健的步伐跨向新世纪。我们再来审视这页凝重的历史,应有的不仅是悲壮和慷慨。"当技术革命的浪潮在四周汹涌澎湃的时候,我们需要更新、更勇敢的头脑。"(恩格斯语)这种清醒和理性的深邃,首先来源于对历史忠实而深层的反思。而这,恰恰是寻求一条现代条件下科学建军、强军之路的基本前提。

题　　　名　**从江南出发的海上通道**
作者及单位　古川春雄(佐贺县徐福会)
会 议 名 称　中国(岱山)徐福东渡节暨徐福文化国际研讨会
会议地点时间　中国浙江岱山,2004
主 办 单 位　中国徐福会
摘　　　要　远在弥生时代,长粒米,青铜器,铁器等物品,从中国长江入海口附近被装船运到了日本有明海的佐贺平原。在其后的奈良时代,把唐朝文化带回日本的遣唐使们,也从这里登上归国的航船。可以说,江南地区,是中国古代文明传入日本的渡口。人们常用「隔一层船板下面就是地狱」来形容航海的危险。可是,张着小小船帆的独木舟,从江南出发,竟驶到一千多公里外的小岛－九州岛。

题　　　名　**从江南看日本弥生文化的源流**
作者及单位　安志敏
会 议 名 称　长江中游史前文化暨第二届亚洲文明学术讨论会
会议地点时间　长沙,1995

题　　　名　从江南造船厂的曲折经历看中国造船企业发展的道路

作者及单位　石健(江南造船集团有限责任公司;)

会议名称　中国造船工程学会2005《中国船舶工业发展论坛》船史分会场纪念江南造船厂建厂140周年学术报告会

会议地点时间　中国上海,2005

主办单位　中国造船工程学会船史研究学术委员会、上海市造船工程学会船史发展专业学术委员会、江南造船(集团)有限责任公司

摘　　　要　江南造船集团有限公司的前身是江南制造局。这是19世纪60年代中晚期发起的晚清中国近代化运动(史称洋务运动)中创建最早的一个大型军事工厂,他的建立冲破了延续几千年的封建生产关系的束缚,结束中国没有以蒸汽机为动力的近代化大生产的历史,是一大创举,在中国近代史上有重要影响。但是由于前清和后来的国民党反统治的昏庸和摧残以及封建生产关系的钳制和战乱,解放前的八十多年中,经历十分艰难曲折。

题　　　名　从近代博览会看到的中日关系

作者及单位　河世凤(韩国釜山大学韩国民族文化研究所)

会议名称　"东亚汉文化圈与中国关系"国际学术会议暨中国中外关系史学会2004年年会

会议地点时间　中国上海,2004

主办单位　中国中外关系史学会、复旦大学、上海外国语大学

摘　　　要　19世纪后半叶到20世纪初是东亚国际关系发生巨大变化的时期。这一变化意味着在朝贡册封体制下以中华帝国为世界的格局开始转变为所谓东亚细亚的世界,而且以中国为中心的秩序开始转换为以日本为中心。

题　　　名　从考古学看汉水在文化交流中的作用

作者及单位　黄尚明(华中师范大学)

会议名称　汉水文化暨武当文化国际学术讨论会

会议地点时间　中国湖北丹江口,2004

主办单位　湖北省历史学会、湖北省武当文化研究会、郧阳师范高等专科学校

摘　　　要　汉水地处我国中部,位于黄河与长江之间,西端与嘉陵江相邻。因此汉水成为南北文化、东西文化交流的通道。汉水作为文化交流的通道,在新石器时代早就开始了。老官台文化、半坡文化、客省庄二期文化翻越秦岭进入汉江上游、丹江流域,仰韶文化、河南龙山文化沿唐白河南下,到达随枣走廊、江汉平原。本文仅从商文化、楚文化的西渐和蜀文化的北渐来看汉水在东西文化交流中的作用。

题　　　名　从考古资料看合浦海上丝绸之路的兴起和发展

作者及单位　傅举有

会议名称　海上丝绸之路研究——中国·北海合浦海上丝绸之路始发港理论研讨会

会议地点时间　广西北海市合浦,2004

题　　　名　从考古资料看西域文化在新罗的传播

作者及单位　孙泓(沈阳东亚研究中心)

会议名称　中国朝鲜史研究会第八次会员大会暨学术讨论年会

会议地点时间　中国吉林延边,2008

主 办 单 位　中国朝鲜史研究会

摘　　　要　关于西域文化在新罗的传播,韩国学者作了许多研究,但他们的新罗多是指朝鲜半岛,包括新罗、高句丽、高丽等时期,而不是仅指新罗时期。相对来说,中国学者对这方面内容涉及的较少,研究的主要是新罗与西域的佛教交流。但我认为除佛教交流外,新罗与西域还应该有其他方面的文化交流。

题　　　名　从孔子到运河文化

作者及单位　许庆山

会议地点时间　2007. 01

题　　　名　从两岸妈祖庙的交流来谈台湾的民族主义

作者及单位　三尾裕子

会 议 名 称　妈祖信仰的发展与变迁——妈祖信仰与现代社会国际研讨会

会议地点时间　北港朝天宫,2001

题　　　名　从灵感思维谈台湾妈祖的宗教祭典

作者及单位　郑志明

会 议 名 称　妈祖信仰国际学术研讨会

会议地点时间　港朝天宫妈祖文化大楼,1996

题　　　名　从六十四图看松山妈祖信仰文化的特点

作者及单位　林华章(霞浦县人大)

会 议 名 称　第二次闽台妈祖文化学术研讨会

会议地点时间　中国福建霞浦,1998

主 办 单 位　福建省社会科学联合会、福建省民俗学会、宁地地区社科联、霞浦县社科联、霞浦松山妈祖文化研究会

摘　　　要　霞浦县松山天后宫始建于宋代天圣年间(1023－1031 年),为现存的四座最早的"天后宫"之一。松山天后宫是湄洲妈祖祖庙之外的第一座"行宫",宫内留存(复原)的独一无二的妈祖六十四生平图,是研究妈祖信仰文化的重要史料。

题　　　名　从罗懋登《三宝太监下西洋记》看明代之中华文明中心论

作者及单位　沙宗平(北京大学)

会 议 名 称　郑和下西洋与文明对话国际研讨会

会议地点时间　中国宁夏银川,2005

主 办 单 位　宁夏社会科学院、伊朗伊斯兰共和国驻华大使馆文化处

摘　　　要　向达先生谓,"郑和,世称三宝太监,因为宫中呼之为三宝(亦作三保),所以一般人也这样称他"。罗懋登,乃明万历(1573－1620 年)年间人,明刊本书名为《新刻全像三宝太监西洋记通俗演义》(以下称《西洋记》),每回有图 2 幅,其图颇为古雅。《西洋记》卷首有罗懋登《自序》,作于万历二十五年(1597 年)。

题　　　名　从妈祖的救难叙述看妈祖信仰的变迁
作者及单位　张珣
会议名称　妈祖信仰的发展与变迁——妈祖信仰与现代社会国际研讨会
会议地点时间　北港朝天宫,2001

题　　　名　从马德新的《朝观途记》看近代西南丝绸之路
作者及单位　孙振玉
会议名称　三条丝绸之路比较研究学术讨论会
会议地点时间　中国云南昆明,2001
主办单位　中国中外关系史学会、云南省社会科学院、广东省社会科学院、中国社科院边疆史地研究中心、云南大学西南边疆少数民族研究中心
摘　　　要　马德新是我国清代云南的一位回族伊斯兰学者。1841 年,47 岁的马德新踏上了所有穆斯林都十分向往的朝觐之途,此一离乡,竟是近 7 年半时间,直到 1849 年才回来。这期间,他在完成“天命”之余,广事游历,回来后又以所见所闻,写成《朝觐途记》,更使其行色大增。本文对他的朝觐、游历路线进行了较为详细的考证。

题　　　名　从湄洲“妈祖八宝”传说与佛家、仙家八宝之比较看海洋人的信仰与生活
作者及单位　姚文琦(台湾嘉南药理科技大学文化事业发展学系)
会议名称　福建省首届海洋文化学术研讨会
会议地点时间　中国福建福州,2007
主办单位　福建省炎黄文化研究会、福州市政协、福建省社科联、福建省海峡文化研究会
摘　　　要　五代末年到南宋期间,是中国海洋发展历史上的重要关键年代,奠基了之后自南宋到明初中国海洋事业兴盛发达的新时代,同时,这也是中国著名的海神－妈祖信仰缘起于福建莆田沿海地区的年代。

题　　　名　从美术工艺看琉球接受中国文化之形态
作者及单位　渡名喜明
会议地点时间　1987

题　　　名　从孟席斯的“新发现”,谈谈郑和研究之我见
作者及单位　王天有(北京大学历史系)
会议名称　第二届昆明郑和研究国际会议
会议地点时间　云南,2002

题　　　名　从秘鲁华工案看晚清海外华人政策的演变
作者及单位　杨艳琼(浙江大学历史系)
会议地点时间　2004
摘　　　要　在苦力贸易时期,从 1847 年到 1875 年约有 12 万契约华工输入秘鲁,从事苦力劳动。

题　　　名　从闽台物缘看福建移民及其影响
作者及单位　张彩霞(厦门大学)

会议名称　福建省五缘文化研究会学术研讨会
会议地点时间　2002
摘　　要　从移民现象看闽台两地物缘关系台湾是一个典型的移民社会。闽台两地的物缘关系在移民的过程中不断得到加强，日益密切。据史料记载，两宋时期，由于海上贸易的发展和造船技术的进步，为祖国大陆人民移居台湾创造了便利条件，特别是“七闽地狭人稠，为生艰难，非他处可比”，因而渡台者多为闽人。史称：“历更五代，终及两宋，中原板荡，战争未息，漳、泉边民渐来台湾。

题　　名　**从明初“大一统”观看郑和下西洋的动机**
作者及单位　时平（上海海事大学海洋文化研究所；上海郑和研究中心；中国船史研究会）
会议名称　“睦邻友好”郑和学术研讨会
会议地点时间　中国南京，2002
主办单位　江苏省郑和研究会
摘　　要　关于郑和下西洋的动因、目的和性质的探讨，是郑和研究领域长期争鸣的问题。以往人们研究郑和，多依据有关史料记载，或从下西洋的行动和内容，分别从当时的政治、经济、军事、外交和文化等不同角度分析和研究，迄今已提出了“踪迹建文”、“耀兵异域”“朝贡贸易”“恢复东西方交通”“发展海外贸易”“震慑倭寇”“建立回教同盟”“政治经济双重目的”“加强国防安全”“睦邻外交”“拓展海权”等10余种观点。多角度的研究有助于我们从更开阔的视野探讨郑和下西洋的真实目的和动因。本文试从明初“大一统”观的视角进一步探讨郑和下西洋的动机。

题　　名　**从明末清初郑氏的海上经营看中国古代的海权维护**
作者及单位　余丰（厦门城市职业学院中文系）
会议名称　福建省首届海洋文化学术研讨会
会议地点时间　中国福建福州，2007
主办单位　福建省炎黄文化研究会、福州市政协、福建省社科联、福建省海峡文化研究会
摘　　要　本文拟从明末清初东南沿海郑氏一族的经历出发，来一窥当时中国明朝人对东亚海权的掌控。

题　　名　**从明清《实录》、笔记看“吕宋洋银”**
作者及单位　徐心希（福建师大社会历史学院）
会议名称　福建省钱币学会成立十周年学术研讨会
会议地点时间　中国福建，1996
主办单位　福建省钱币学会
摘　　要　“吕宋洋银”是西班牙早期银币，铸造于西班牙在中南美洲的殖民地如墨西哥、秘鲁、玻利维亚等国，又经大帆船长途贩运至同为西班牙殖民地的吕宋（今菲律宾），再以此银币与中国商人交换中国丝绸、磁器和土特产品，从而大量输入我国的东南地区。因这种银币来自吕宋，民间则称之为“吕宋洋银”。

题　　名　**从穆斯林的角度看郑和及其航海事业**
作者及单位　赵国军，马桂芬（宁夏社会科学院；甘肃省委党校）
会议名称　郑和下西洋与文明对话国际研讨会
会议地点时间　中国宁夏银川，2005

主 办 单 位 宁夏社会科学院、伊朗伊斯兰共和国驻华大使馆文化处

摘　　　要 郑和是我国明代历史上伟大的航海家、外交家、政治家和军事家,从1405年至1433年的28年时间内,他率领中国远洋船队先后七次下西洋,遍访30余国,促进了中国与世界的经济、文化交流。郑和的名字因为他率领的我国历史上、也是世界历史上早期最为庞大的航海船队前后进行了史无前例的这七次下西洋远航的伟大历史业绩,而被记入我国和世界航海史册。他和随他一起进行远洋航行的同事的伟大壮举对我国及世界航海事业作出了巨大的贡献。因此,对于郑和个人的家世、生平、政治生涯及其航海壮举,早已引起了各方面、各行业学界从不同的角度对他及航海业绩进行了多方面的研究,到目前为止,已经取得了很多成果。但是对于郑和是一位虔诚的回族穆斯林的研究,也是建国后特别是改革开放以来才取得了较多的成果。本文只是笔者在已经形成的定论:郑和是回族、一位虔诚的穆斯林的基础上,从中国穆斯林的角度,粗浅的谈几点自己的看法。

题　　　名 **从南澳出土的古币看南澳古代海上交通贸易**

作者及单位 张益欣

会 议 名 称 海上丝绸之路与潮汕文化学术研讨会

会议地点时间 汕头,1994

题　　　名 **从炮艇到现代舰船**

作者及单位 张方良(江南造船(集团)有限责任公司)

会 议 名 称 中国造船工程学会2005《中国船舶工业发展论坛》船史分会场纪念江南造船厂建厂140周年学术报告会

会议地点时间 中国上海,2005

主 办 单 位 中国造船工程学会船史研究学术委员会、上海市造船工程学会船史发展专业学术委员会、江南造船(集团)有限责任公司

摘　　　要 建国56年来,江南厂为人民海军建造了大量舰艇,而且由小到大,越来越现代化。因此,江南厂建国后的历史,也是一部我国海军舰艇生产的历史。今日回顾,这些产品似乎仍历历在目……建国初期,沿海大部分岛屿没有解放,国民党凭借这些岛屿经常派飞机来大陆轰炸,严重威胁我国沿海人民的安全。

题　　　名 **从谱牒资料看晋台亲缘关系**

作者及单位 粘良图(晋江市博物馆)

会 议 名 称 海峡两岸五缘关系学术研讨会

会议地点时间 中国上海,2003

主 办 单 位 福建省社会科学界联合会、福建省五缘文化研究会

摘　　　要 地处福建东南的晋江与海峡对岸的台湾仅一水之隔。晋江人很早就跨越海峡,往宝岛台湾开拓经营,生根落户。晋江成为台湾同胞的主要祖居地。时至今日,人们还可以从晋江各姓氏记载家族传衍、活动的谱牒中,发现许多生动感人的记录,足以说明两岸同胞骨肉相连,休戚与共,绵延不绝的亲缘关系。

题　　　名 **从侨批看潮汕文化“引力场”**

作者及单位 杜桂芳

会 议 名 称 海上丝绸之路与潮汕文化学术研讨会

会议地点时间 汕头,1994

题　　　名 **从亲闻亲见论船政工人**

作 者 及 单 位 陈竹曦(福州市文化局艺术中心)

会议地点时间 2003

主 办 单 位 福建省闽学研究会

摘　　　要 在我已故的父辈中,我岳父王礼谋和我父亲的好朋友(也是我的房东伯伯)余荣惠,都是船政工人,他俩在造船厂的劳动和生活的一些情况,曾深深地打动了我,认为具有一定的典型意义,不能让它漂没无闻。特别是在当今盛世,后辈们更加珍视船政文化、更加关注船政工人在中国近代产业工人运动中的历史地位的时刻,我应该把它加以论述,以奉献于论者及史家作参考。

题　　　名 **从清代闽台社会看五缘文化论**

作 者 及 单 位 汪毅夫(福建省政府)

会 议 名 称 福建省五缘文化研究会学术研讨会

会议地点时间 2002

摘　　　要 民系的组合闽、台两地在历史上先后经历了从移民社会到定居社会的转型。著名史学家陈孔立教授在《清代台湾移民社会研究》一书里指出:"从移民社会到定居社会的主要变化"之一是,"社会结构由以不同祖籍的地缘关系组合为主,转变为以宗族关系组合为主"。从移民社会到定居社会,地缘组合和亲缘组合是互为主次、互相交叉而存在的社会结构。以台湾为例,台湾地名里的"泉州厝庄"、"安溪寮庄"、"同安厝庄"、"南靖厝庄"、"潮州镇"和"陈厝庄"、"许厝港庄"等分别反映了亲缘组合和地缘组合。

题　　　名 **从清代闽台自然灾害的频发解读妈祖信仰属性的嬗变进程**

作 者 及 单 位 徐心希(福建师大社会历史学院)

会 议 名 称 中华妈祖文化学术研讨会

摘　　　要 妈祖信仰拥有众多信众,覆盖地区广泛。本文从清代福建及台湾地区自然灾害发生频繁且破坏严重的史实出发,探讨清代妈祖信仰兴盛的社会原因。并由此而导致妈祖信仰属性发生重大的变化,即由海上交通之神转为禳灾庇护之神;同时该信仰也趋向实用性、多元化、人性化及信仰主体的"分身"等。这种民间信仰的属性交化并对海峡两岸传统文化产生重大的影响。

题　　　名 **从清水祖师崇拜的历史嬗变看当代闽南民间信仰的文化内涵**

作 者 及 单 位 张锡雄(中共南安市委党校)

会 议 名 称 清水祖师文化学术研讨会

会议地点时间 中国福建清水,1999

主 办 单 位 福建省民俗学会

摘　　　要 自古"江南多淫祀"。由于地理的、历史的、经济的、政治的、文化的多方面原因,中国江南半壁江山,尤其是福建闽南地区,原始的自然崇拜、祖宗崇拜、英雄崇拜同后起的儒、道、释三教的神佛系统融和掺杂在一起,形成内容庞杂、历久不衰的民间信仰。安溪的清水祖师崇拜,就是其中特具代表性的一种。

题　　　　名　从泉州发现的西班牙银币谈起
作者及单位　陈鹏
会 议 名 称　福建省钱币学会第二次会员代表大会
会议地点时间　中国福州,1994
主 办 单 位　福建省钱币学会
摘　　　　要　本世纪六十年代以来,福建、广东沿海一带多次出土十六到十八世纪不规范及规范机制二种型制的西班牙银币,仅福建泉州地区就先后发现十多批,每批数量在数枚乃至一百多枚。出土地点有:泉州鲤城区的埔任、满堂红、法石,南安的诗山、官桥,晋江的安海、内坑,惠安的城关等处,这些银币已被文物部门收藏的有三百多枚,尚有一百多枚流散,这是目前国内发现西班牙银币最多的地方。由于这些银币的具体情况多见诸考古报告,这里不再赘述,仅就与银币相关的一些航海、贸易问题再作探讨。

题　　　　名　从泉州民间信仰文化回传现象看闽台民族文化认同
作者及单位　李国宏(福建师大闽台区域文化研究中心)
会 议 名 称　海峡两岸五缘关系学术研讨会
会议地点时间　中国上海,2003
主 办 单 位　福建省社会科学界联合会、福建省五缘文化研究会
摘　　　　要　缘起民间信仰,指人们按照超自然存在的观念及惯例、仪式行事的群体文化形态。民间信仰大致分为两类,一类是非人格化的超自然观,另一类是人格化的超自然观。

题　　　　名　从泉州侨乡族谱看海外华侨的不幸遭遇
作者及单位　李天锡(泉州华侨大学华侨华人研究所)
会 议 名 称　《谱牒研究与华侨华人》研讨会
会议地点时间　中国福建晋江市,2005
主 办 单 位　晋江市谱牒研究会、福建省民俗学会
摘　　　　要　泉州市是中国的著名侨乡,现辖有鲤城区、丰泽区、洛江区、泉港区、经济开发区、晋江市、石狮市、南安市、惠安县、安溪县、永春县、德化县。侨乡族谱与一般地方族谱的不同之处,在于除了记载世系繁衍、婚娶丧葬等内容以外,还记载了大量华侨出国史料。泉州侨乡族谱也不例外。

题　　　　名　从泉州陶瓷外销看郑和下西洋及明初的海外贸易政策
作者及单位　陈建中

题　　　　名　从人文视角探析郑和七下西洋
作者及单位　李慕如
会 议 名 称　云南省纪念郑和下西洋600周年国际学术研讨会
会议地点时间　云南大学,2005

题　　　　名　从日本的商品化看到的徐福伝说
作者及单位　逵志保,楊潔(爱知県立大学文学系;爱知県立大学博士课程)
会 议 名 称　中国(岱山)徐福东渡节暨徐福文化国际研讨会
会议地点时间　中国浙江岱山,2004
主 办 单 位　中国徐福会

摘　　　　要　今天,在日本当你踏入和徐福有关的地方的时候,会看到很多以「徐福」命名的土特产。如果故地重游的话,有时会发现数年前没有的新商品而被摆上。随之也有像「商品化与传说没有直接的关系,而是商业主义的东西」的批判。但是商品开发或者命名的阶段里,也可以认为「徐福」的出头露面的本身也是表现了徐福传说的今天的存在。

题　　　　名　从日本陆海军档案看江桥抗战

作者及单位　张洪军(辽宁社会科学院党史所)

会 议 名 称　纪念江桥抗战研讨会

会议地点时间　中国黑龙江齐齐哈尔,2004

主 办 单 位　东北地区中日关系史研究会

摘　　　　要　1931年10月10日,马占山奉命出任黑龙江省代理主席兼军事总指挥。南京国民政府的"不抵抗"政策不仅造成了辽、吉两省大片土地的沦丧,更严重的是它促成了一股妥协投降的政治逆流。当时的省城齐齐哈尔,正为这股逆流所弥漫。10月16日,已经卖身投靠日本的原洮南镇守使张海鹏在日军的唆使和支持下,向嫩江桥防地发动了进攻,企图一举占领黑龙江省。

题　　　　名　从三份历史文件看庚子之战的性质与起因

作者及单位　朱东安(中国社会科学院近代史研究所)

会 议 名 称　首届"晚清国家与社会"国际学术讨论会

会议地点时间　中国江苏苏州,2006

主 办 单 位　国家清史编纂委员会、中国社会科学院近代史研究所、苏州大学社会学院、上海社会科学院历史研究所、上海师范大学社会史研究中心、中国太平天国史研究会、扬州大学社会发展学院

摘　　　　要　清历光绪二十六年即公元1900年,以中国干支纪年为庚子年。这一年西方列强组成八国联军打进中国,义和团与清朝军队进行了坚决抵抗,表现出中国人民不畏强暴、不怕牺牲的英雄气概和永不屈服于异族压迫的伟大精神,迫使帝国主义不得不放弃瓜分中国的图谋,继续维持清王朝太后训政的政治体制和中国的半独立地位。

题　　　　名　从丝绸文化传播看丝绸之路上的文化回流

作者及单位　刘永连(暨南大学历史系)

会 议 名 称　"丝绸之路与文明的对话"学术讨论会

会议地点时间　中国新疆喀什,2006

主 办 单 位　中国中外关系史学会、新疆社会科学院、暨南大学文学院、西北民族大学历史文化学院、新疆师范大学、喀什师范学院

摘　　　　要　在漫长的中外文化交流中,丝绸向来被视为中国文化的代表。因而当探讨这一过程时,我们往往专注于中国丝绸文化的外传。其实也有大量异质丝绸文化涌动在丝绸之路上,它们流入中国并产生重大影响。近些年来,始有学者从某些侧面或时代涉及到这一问题。如上海工程技术大学的孙苏探讨了丝路文化在中国染织图案中的反映,浙江工业大学的袁宣萍详细论述了欧洲丝绸在清代的流入和影响,故宫博物院的严勇就中日丝绸文化交流及日本织物发展作了专论。笔者则拟以较广的历史时空,从地理和文化关系入手,考察丝绸文化回流中国的情况,讨论其对中国社会的广泛影响,肯定文化回流在东西文明交往中的历史地位。

题　　　　名　从丝绸之路文化传播看丝绸之路上的文化回流

作者及单位　刘永连(暨南大学历史系)

会议名称 中国中外关系史学会第十一届年会
会议地点时间 2006

题　　名 **从松山妈祖的灵异说开**
作者及单位 陈品全(霞浦一中)
会议名称 第二次闽台妈祖文化学术研讨会
会议地点时间 中国福建霞浦,1998
主办单位 福建省社会科学联合会、福建省民俗学会、宁地地区社科联、霞浦县社科联、霞浦松山妈祖文化研究会
摘　　要 十几年来,本人在发掘地方文化史蹟,特别是有关宗教文化時,经常遇到某某菩薩、某某神明灵异之说。

题　　名 **从宋代诗词看早期妈祖信仰**
作者及单位 刘福铸
会议名称 中华妈祖文化学术研讨会
摘　　要 妈祖信仰起源于宋代莆田的湄洲岛。宋绍兴十二年(1142)特奏名进士、右迪功郎、仙游人廖鹏飞在所撰《圣墩祖庙重建顺济庙记》一文中记载:妈祖"? 后,众为立庙于本屿。"自妈祖被民间奉为女神后,历代吟咏妈祖的诗歌叠出不穷,明清两代,尤为繁富。只是宋代为妈祖信仰肇始和发展初期,加上年代久远,文献散佚,所以目前存世的妈祖诗词数量极少,穷搜毕罗,也不超过20首。但这些吉光片羽,却可以让我们真切地窥视到早期妈祖信仰的一些特征,它们是后世妈祖信仰发展的重要基础,在妈祖文献资料中,占有重要的地位,应加以研究利用。现存宋代与妈祖信仰有关的诗词,归纳起来,主要反映出早期妈祖信仰的一些特征。

题　　名 **从宋钱看闽台关系**
作者及单位 林利本
会议名称 福建省钱币学会成立十周年学术研讨会
会议地点时间 中国福建,1996
主办单位 福建省钱币学会
摘　　要 清季乾隆年间(1736——1795年)的《海东札记》一书,记叙了作者朱景英到台湾的见闻,考察了台湾的政治、经济的历史和现状。书中详细记载了;宋时"台地多用宋钱．如太平、元祐、天禧、至道等年号,钱质小薄,千钱贯之,长不盈尺"。清初,人们在台湾岛上"掘出(宋)钱千百瓮"。

题　　名 **从台湾《刘氏宗谱》看闽粤刘姓移民台湾概况**
作者及单位 刘浩然
会议名称 闽台谱牒民俗研讨会
会议地点时间 中国福建晋江市,2002
主办单位 福建省民俗学会、晋江市谱牒研究会
摘　　要 台湾平和派二十世裔孙刘焕章君于1935年所编的《刘氏宗谱》,虽仅系刘氏一姓之谱,但从中可举一反三,触类旁通,看出闽粤两省密切之关系。本文特将谱中有关闽、粤、台方面的资料摘出,以见其间源流关系。

题　　　名 **从台湾碑碣看闽台之“法缘”**

作者及单位 陈桂炳(泉州师范学院)

会 议 名 称 第三届闽台文化学术研讨会

会议地点时间 中国福建莆田,2006

主 办 单 位 福建省炎黄文化研究会、莆田市人大、莆田市政协、中华妈祖文化交流协会

摘　　　要 本文拟以台湾现存之碑碣,来印证闽台之法缘。竖石曰碑,用以题文纪事,昭示垂后。石碑亦称刻石,有碑与碣两种形式,两者的区别在于碑方而碣圆,碑有额而碣无额,碑有座而碣无座。台湾现存的碑碣以碑居多,碑碣的材质主要为石材,亦有少量磁砖、铜版、木版等。

题　　　名 **从台湾民间信仰透视妈祖崇拜的文化心理机制——兼论改善社会风气之可能性**

作者及单位 李清泽

会 议 名 称 妈祖信仰的发展与变迁——妈祖信仰与现代社会国际研讨会

会议地点时间 北港朝天宫,2001

题　　　名 **从唐、日本及新罗典籍中有关的称谓看三国对渤海的认识**

作者及单位 马一虹(中国社会科学院历史研究所)

题　　　名 **从陶瓷文化看中国海洋文化的若干特征**

作者及单位 周乃复(慈溪市地方志办公室)

会 议 名 称 中国海洋学会 2007 年学术年会

会议地点时间 中国广东湛江,2007

主 办 单 位 中国海洋学会、广东海洋大学

摘　　　要 鉴于目前学界对什么是海洋文化的问题说法不一,笔者试图从另一角度审视那些曾对人类文化发展产生过重大影响的中国文化类型,从中找寻出能充分代表中国海洋文化的样本进行研究,于是选择了瓷文化。在笔者看来,中国瓷文化具备了人们业已概括出来的中国海洋文化的全部特征。中国瓷器诞生于东汉末年的浙东地区,这是中国人民的伟大创造,获得了全人类的赞赏,华夏瓷文化的辐射圈由此遍及全世界。

题　　　名 **从田横信仰圈看山东半岛与朝鲜半岛的海上交流**

作者及单位 曲金良(中国海洋大学海洋文化研究所;中国海洋大学文学与新闻传播学院;教育部基地暨 985 基地海洋发展研究院;中国海洋发展研究中心;韩国国立木浦海洋大学)

会 议 名 称 登州与海上丝绸之路国际学术研讨会

会议地点时间 中国山东蓬莱,2008

主 办 单 位 联合国泛丝绸之路·系列活动组委会、中国中外关系史学会、鲁东大学、山东师范大学齐鲁文化研究中心、蓬莱市人民政府

摘　　　要 以山东半岛为重心连接周边地区及海域所构成的区域,我们可称之为“泛山东半岛”;同样,以朝鲜半岛为重心连接周边地区及海域所构成的区域,我们可称之为“泛朝鲜半岛”。泛山东半岛与泛朝鲜半岛之间的海上交流,有着悠久的历史和丰富的内涵,对其无论是宏观还是微观的研究,国内外学术界已成果累累,贡献良多。

题　　　名　从外国来看郑成功——西文资料与世界历史观法
作者及单位　卫思韩(J. E. Wills, Jr.)(美国南加利福利尼亚大学)

题　　　名　从万寿尚书庙碑刻看中琉友好交往
作者及单位　徐恭生(福建师范大学社会历史学院)
会 议 名 称　福建省历史名人研究会陈文龙分会成立大会
会议地点时间　中国福建福州,1998
主 办 单 位　福建省历史名人研究会陈文龙研究分会
摘　　　要　福州位于闽江下游、东海之滨,自古以来就是海外交通的良港。唐代日本高僧空海和圆珍和尚由此北上进入长安。元代意大利著名旅行家马可·波罗到福州后称赞"此城为工商辐辏之所"。

题　　　名　从文化史观检讨早期中日冲突
作者及单位　孟德声
会 议 名 称　海峡两岸《马关条约》百周年学术研讨会
会议地点时间　大连,

题　　　名　从文物考古资料探索潮汕地区的古代"海上丝绸之路"(提要)
作者及单位　邱立诚,杨式挺
会 议 名 称　海上丝绸之路与潮汕文化学术研讨会
会议地点时间　汕头,1994

题　　　名　从西汉初期以前中日文化交流看徐福东渡的可能性
作者及单位　王金林(天津社会科学院日本研究所)
会 议 名 称　全国首届徐福学术讨论会
会议地点时间　连云港,1987
摘　　　要　近年来,由于徐福村的发现,徐福问题成了学者们探讨的热门课题。关于徐福是否东渡日本问题,引起了学者们的极大兴趣。应当承认,关于徐福东渡的文字记载是极少的。仅凭有限的文字记载,是很难做出徐福确实东渡结论的。为了能够找出科学的答案,需要我们从各个领域入手,进行综合性的共同研究。可喜的是,近年来学术界的同仁们,已开始从史学、地理学、海洋学、天文学、考古学等领域来探索徐福东渡问题,而且有的"已取得了可喜的进展。本文拟从日本史和中日关系史的角度,利用日本的考古发掘资料,探索徐福东渡的可能性。

题　　　名　从西江到海上丝绸之路始发港的考察
作者及单位　李俊康
会 议 名 称　海上丝绸之路研究——中国·北海合浦海上丝绸之路始发港理论研讨会
会议地点时间　广西北海市合浦,2004

题　　　名　从霞浦地区的妈祖民间传说谈妈祖文化
作者及单位　林瑶棋(台湾省各姓淵源研究學會)
会 议 名 称　第二次闽台妈祖文化学术研讨会

会议地点时间 中国福建霞浦,1998

主 办 单 位 福建省社会科学联合会、福建省民俗学会、宁地地区社科联、霞浦县社科联、霞浦松山妈祖文化研究会

题 名 **从新发现的《郑氏族谱》看明末郑芝龙家族的海上活动及其与广东澳门的关系**

作者及单位 陈支平(厦门大学人文学院)

会议地点时间 2007

摘 要 郑芝龙家族是明代后期东南沿海著名的海商集团,然而迄今为止,相关的论著大多讨论郑芝龙家族与日本及荷兰东印度公司的海上贸易交往情景,而对于这个家族与广东及澳门的关系,却论述甚少。究其原因,显然是由于缺乏这方面的文献资料记载。

题 名 **从需要心理学角度谈郑和下西洋对亚非国家的文化影响**

作者及单位 罗谧,郑永涛

会 议 名 称 "睦邻友好"郑和学术研讨会

会议地点时间 中国南京,2002

主 办 单 位 江苏省郑和研究会

摘 要 15世纪初,正值永乐大帝朱棣年间,明朝社会出现了中国封建史上前所未有的盛世景象。"是时,宇内富庶,赋入盈羡,米粟自输京师数百万石外,府县仓廪蓄积甚丰,至红腐不可食"就是这一情况的真实写照。郑和下西洋的壮举产生了空前的影响,他把集中华一千多年的封建文明之大成的明文化带到了海外,对当时明显处于落后的海外人民造成了强大的心理冲击。

题 名 **从英国传教士韦廉臣夫人的游记看19世纪下半叶的烟台与山东半岛**

作者及单位 耿昇(中国社会科学院历史研究所;中国中外关系史学会)

会 议 名 称 登州与海上丝绸之路国际学术研讨会

会议地点时间 中国山东蓬莱,2008

主 办 单 位 联合国泛丝绸之路·系列活动组委会、中国中外关系史学会、鲁东大学、山东师范大学齐鲁文化研究中心、蓬莱市人民政府

摘 要 造泛丝绸之路共同的精神家园,为构建泛丝绸之路大文化圈创造一个机会。

题 名 **从与徐福有关的神仙故事看中日古代文化交流**

作者及单位 朱越利(中国中日关系史研究会)

会 议 名 称 全国首届徐福学术讨论会

会议地点时间 连云港,1987

摘 要 《山海经·海内北经》曰:"盖国在距燕南,倭北。倭属燕。":这是中日古代文化交流在我国古代神话和地理典籍中的反映。随着时间推移,这种交流在与徐福有关的我国古代神仙故事中,也得到了曲折的反映。

题 名 **从战略着眼郑和七航**

作者及单位 罗海贤

会 议 名 称 云南省纪念郑和下西洋600周年国际学术研讨会

会议地点时间 云南大学,2005

题　　　名　**从郑和七航论中华战略文化**
作者及单位　邓定秩
会 议 名 称　传承文明走向世界和平发展——纪念郑和下西洋600周年国际学术研讨会
会议地点时间　江苏,2005

题　　　名　**从郑和下西洋到平托时代的记载看明初之海南岛**
作者及单位　罗德里奇·普塔克
会 议 名 称　传承文明走向世界和平发展——纪念郑和下西洋600周年国际学术研讨会
会议地点时间　江苏,2005

题　　　名　**从郑和下西洋看明成祖视野下的天下格局**
作者及单位　毛佩琦(中国人民大学历史系)
会 议 名 称　传承文明走向世界和平发展——纪念郑和下西洋600周年国际学术研讨会
会议地点时间　江苏,2005

题　　　名　**从郑和下西洋看明初海外贸易政策的转变**
作者及单位　郑克晟(南开大学历史学院)
会 议 名 称　"郑和远航与世界文明"暨纪念郑和下西洋600周年学术讨论会
会议地点时间　北京,2004

题　　　名　**从郑和下西洋看明代初期的对外开放——兼谈"禁海"与"宽海"**
作者及单位　杜秀娟
会 议 名 称　"睦邻友好"郑和学术研讨会
会议地点时间　中国南京,2002
主 办 单 位　江苏省郑和研究会
摘　　　要　明朝永乐,宣德年间,郑和使团七下西洋,谱写了中国古代对外开放史的重要篇章。郑和下西洋,是明代前期对外开放的重要组成部分。深入研究郑和下西洋,对明代前期的对外开放格局及其政策演变就会有更为清楚的认识。

题　　　名　**从郑和下西洋来看中国十五世纪的航海技术**
作者及单位　陈学文(浙江社会科学研究所)
会 议 名 称　湖北省纪念郑和下西洋600周年活动
会议地点时间　中国武汉,2005
主 办 单 位　中国航海学会内河船舶驾驶专业委员会
摘　　　要　郑和七下西洋,经历亚非三十余国,开辟了以中国东南沿海为起点的亚非洲际航线,显示了当时中国远洋船队的航海技术水。本文根据古籍文献,以郑和偬队为代表,从这方面作了一些探讨,阐述丁十五世纪时期,中国在船舶建造、海图测绘和远洋导航等方面酌技术成就。

题　　　名　**从郑和研究看中国的世界意识**
作者及单位　赵伯乐

会议名称　第二届昆明郑和研究国际会议
会议地点时间　云南,2002

题　　名　**从制海权看中国的抗日战争**
作者及单位　张晓林,严东兴(南京海军指挥学院;海军南海舰队司令部)
会议名称　纪念抗日战争暨世界反法西斯战争胜利60周年学术研讨会
会议地点时间　中国江苏南京,2005
主办单位　江苏省哲学社会科学界联合会
摘　　要　中国抗战的背景是日本握有全部的制海权。由于中国海军力量弱小,海洋没有成为抵御日军入侵的屏障,反而成为日本向中国陆上进攻的跳板和捷径。在日本对华入侵的全过程中,对海洋的控制是基本的前提。

题　　名　**从中法镇海之役看湘、淮集团政治**
作者及单位　皮明勇
会议名称　中法战争镇海之役110周年学术研讨会
会议地点时间　1995
摘　　要　咸、同以后的晚清历史,多与湘系、淮系和北洋系三大集团紧密相关。目前对三大集团的研究大致局限于具体的人物,或关注于它们对晚清政局的影响,很有必要将各个集团作为独立的整体,对它们的发展条件、集团的内部构成特征、集团的职能及其行使职能的机制、集团的利益意识和政治观念、集团间的关系特征等展开专门的探讨。也就是说,有必要对晚清集团政治的主体情况以及集团政治的一般行为特征做专门的研究。从方法论上讲,这种研究首先又应是实证性的。

题　　名　**从中国海洋传统看郑和远航**
作者及单位　杨国桢(厦门大学历史系)
会议名称　“郑和远航与世界文明”暨纪念郑和下西洋600周年学术讨论会
会议地点时间　北京,2004

题　　名　**从中国境内出土发现的古代外国钱币看丝绸之路上东西方线币文化的交流与融合**
作者及单位　唐柳硕(甘肃省钱币学会)
会议名称　第二届西北五省区钱币学会协作会议
会议地点时间　2002
摘　　要　本文共分四个段落部分来论文章的内容。一、中国境内出土发现的古代外国钱币;二、外国出土发现的古代中国钱币;三、丝绸之路—古代中国对外文化交流和贸易往来的国际通道;四、东西方钱币文化在中亚地区和中国西北地区的交流和融全。第一段落主要介绍中国境内20世纪以来出土发现的古代外国钱币,如拜占庭金币、贵霜钱币、波斯萨珊银币。阿拉伯金银币以及突厥汗国的钱币。出土发现的形式有墓葬,有窖藏,也有传世品。第二段落主要介绍印度、中亚地区、地中海沿岸、北非地区出土发现的中国钱币,如五铢钱、开元通宝、宋代钱币等。其中以宋钱数量最大。尤其宋代钱币大量外流,引起所谓的“钱荒”,说明宋朝对外贸易出现巨额逆差。第三段落主要介绍中国汉、唐、宋时期陆地丝绸之路和海上丝绸之路的畅通,以及西方大国,如罗马帝国、波期帝国对中国丝绸贸易的控制权。第四段落主要介绍西方钱币文化对中国的影响,以及中国钱币文化对中亚地区的影响。如东罗马(拜占庭)帝国金币、波斯萨珊王朝银币曾在中国西北地区充通使用,而中国的钱币样式影响到中亚地区,突厥汗国的突厥文五

朱、突骑施钱币、康国钱币都是方孔圆钱类型。

题　　　　名　从中国历史地理认识郑和航海的意义
作者及单位　葛剑雄(复旦大学中国历史地理研究所)
会议名称　“郑和远航与世界文明”暨纪念郑和下西洋600周年学术讨论会
会议地点时间　北京,2004

题　　　　名　从舟船文物看粤闽舟船和海上交通的发展(提要)
作者及单位　陈延检(执笔);许笃超,薛梅丽
会议名称　海上丝绸之路与潮汕文化学术研讨会
会议地点时间　汕头,1994

题　　　　名　从主持福州船政局到买断吴淞铁路——“中体西用”思想在沈葆桢身上的折射
作者及单位　潘晓霞(南京大学历史系)
会议名称　沈葆桢巡台130周年学术研讨会
会议地点时间　中国南京,2004
主办单位　中国近现代史史料学学会
摘　　　　要　晚清时,“中体西用”成为中国引进、吸收西方器物文化和制度文化,以推进本国近代化的主要取舍原则与文化模式。其相关研究成果虽然层出不穷,但多是从整体上予以结构式的评析。

题　　　　名　从自鸣钟探讨利玛窦居留北京的内幕
作者及单位　金国平,吴志良(葡萄牙葡中研究中心,澳门基金会)
会议地点时间　2004
摘　　　　要　中外钟表文化钟表是记录或指示时间的装置。它的发明和发展代表了人类掌握时空的愿望,也反映了人类文明的进步。约在公元前3500年,人们便开始通过日晷利用日影来确定白天的时间。

题　　　　名　从族谱看清代东石对台贸易
作者及单位　粘良图(晋江市博物馆)
会议名称　“谱牒研究与五缘文化”研讨会
会议地点时间　中国福建晋江,2008
主办单位　福建省民俗协会、福建省五缘文化研究会、晋江政协文史委、晋江谱牒研究会
摘　　　　要　东石位于晋江市境南部,西面南面濒海,有港道通围头湾进入东海,可通外洋。东石海港为泉州“三湾十二港”之一,海域开阔,水深无礁,北面群峰遮掩,不受东北季风影响,是得天独厚的避风良港。其地毗邻晋江商业古镇安海,安海港偏近内陆,汗积严重,至元明时期,大型海舶已不能进入,安海商人贸易诸货,习惯靠东石船舶运输。

题　　　　名　从航海之神到好运之神——澳门妈祖信仰的变迁
作者及单位　徐晓望(福建社会科学院历史研究所)
会议名称　第二次闽台妈祖文化学术研讨会
会议地点时间　中国福建霞浦,1998

主 办 单 位　福建省社会科学联合会、福建省民俗学会、宁地地区社科联、霞浦县社科联、霞浦松山妈祖文化研究会

摘　　要　澳門是一個從明代發展起來的海港城市,所以,自明清以來,當地將航海之神妈祖作为最高保護神,這与其生業主要依赖海運有關。進入民国以後,隨着科技知識的普及,航海安全性大爲提高,許多港口的妈祖信仰由此衰退。實際上,澳門也發生了相同的趋势。

题　　名　**从松山北岐渔民追溯蛋民历史**
作者及单位　郭志超
会 议 名 称　第二次闽台妈祖文化学术研讨会
会议地点时间　中国福建霞浦,1998
主 办 单 位　福建省社会科学联合会、福建省民俗学会、宁地地区社科联、霞浦县社科联、霞浦松山妈祖文化研究会

题　　名　**崔簿之漂海录所描写之十五世纪下半期中国——朝鲜士人官僚之批判性观察**
作者及单位　曹永禄(韩国东国大学)
会 议 名 称　第六届明史国际学术讨论会
会议地点时间　中国安徽凤阳,1995
主 办 单 位　中国明史学会

摘　　要　描写中国之巨著"漂海录"一四八八年初,朝鲜文官崔簿因公赴济州道后,为奔父丧于归途中,遭遇风浪漂流至东中国海,死里逃生在浙江省台州府一个海岸登陆,崔簿之《漂海录》,不仅记载着漂流之内容,并以日记形式记录了,在登陆后被误会是倭寇,经过许多阶段的审问之后,才沿京杭漕运路北上,晋谒明孝宗,然后经过辽东地方归国的整个过程。

题　　名　**崔致远东归羁泊山东半岛行迹考——以大珠山、乳山、巉山为中心**
作者及单位　王庆云
会 议 名 称　东北亚海上交流历史文化遗产国际学术研讨会
会议地点时间　青岛;蓬莱,2006
主 办 单 位　中国海洋大学海洋文化研究所,山东省蓬莱市文物局

题　　名　**大号宝船与二千料海船在郑和下西洋舟师中之关系考辨**
作者及单位　郑明(中国造船工程学会)
会 议 名 称　传承文明走向世界和平发展——纪念郑和下西洋600周年国际学术研讨会
会议地点时间　江苏,2005

题　　名　**大陆移民渡台的原因与类型**
作者及单位　李祖基(厦门大学台湾研究院)
会 议 名 称　2004海峡两岸台湾史学术研讨会
会议地点时间　中国福建厦门,2004
主 办 单 位　厦门大学台湾研究中心、厦门大学台湾研究院

摘　　要　大陆向台湾比较有规模的移民始自明代,一直延续到清末。在这数以百万计的移民中,就其性质而言,可分为生存型和发展型两种。其中因大陆地区发生自然灾害、瘟疫、战乱等原因渡海来

台的生存型移民占了相当大的部分。郑氏时期的军事移民是一种较为特殊的移民,但就其性质而言,仍可归入生存型移民之列。同时在此期间也有不少以开垦、经商以及冒籍考取功名为目的而渡台的发展型移民。尽管发展型移民与生存型移民在迁移目的上有所不同,但由于个人的能力、机遇等主客观条件的差异,两者的目的并不一定统一。在长达三四百年的先民渡台的历史长河中,虽然不乏成功的个案,但对更多的人来说,留下的可能是辛酸与不幸。

题　　名　**大汕禅师的澳门南海航行与唐船贸易圈中的禅宗信仰及妈祖礼拜——兼论 17 - 18 世纪之交唐船海客的宗教伦理**
作者及单位　姜伯勤(广州中山大学历史系)
会议名称　1995 年澳门妈祖信俗历史文化研讨会

题　　名　**大禹崇拜在台湾**
作者及单位　杜英贤(台湾永达技术学院)
会议名称　全国首届禹城大禹文化学术研讨会
会议地点时间　中国山东禹城,2002
主办单位　中国先秦史学会、禹城市人民政府、曲阜师范大学历史系、禹城市大禹文化研究会
摘　　要　台湾是我国东南海疆的一串明珠,它系由本岛、澎湖列岛共七十六个大小岛屿所组成,其地理位置北接琉球、日本,南隔巴士海峡与菲律宾遥遥相望,西则为台湾海峡与神州大陆分水接连。台湾本岛南北长、东西短,状如「甘藷」,虽四面环海,在"地球板快移动说"的理论下,认为远古时期应与大陆相连,后来在板块的挤压运动下,才慢慢分离。

题　　名　**大岞渔民的妈祖信仰及其在台湾的传播**
作者及单位　李天锡(泉州华侨大学华侨华人研究所)
会议名称　惠安民俗研讨会
会议地点时间　中国福建惠安,1992
主办单位　福建省社会科学联合会、福建省民俗学会、惠安县对外文化交流协会
摘　　要　惠安县大岞村位于崇武半岛最东端,三面环海,东隔海峡与台湾岛遥遥相望。大岞村民以渔业为主业,因而他们的民间信仰便也以海神妈祖为主。本文旨在通过对大岞村渔民的妈祖信仰情况以及他们与台湾的关系进行考察,探讨大岞村渔民在台湾传播妈祖信仰过程中的作用。

题　　名　**带动国际区域实现和平与发展主题的郑和远航**
作者及单位　薛三让(广东海洋大学政治与行政学院)
会议名称　中国海洋学会 2007 年学术年会
会议地点时间　中国广东湛江,2007
主办单位　中国海洋学会、广东海洋大学
摘　　要　本文回顾了郑和远航的历史背景,郑和航海不仅对中国而且对整个世界的历史都产生重大影响。它揭开了世界航运史从大陆转向海洋的序幕,对于打通东西海道,密切中外友好交往,促进经济和文化交流,都起了重要的作用。

题　　名　**丹增:叫响"郑和是云南人"**
作者及单位　《春城晚报》

会议名称 云南省纪念郑和下西洋600周年国际学术研讨会
会议地点时间 云南大学,2005

题名 **道光朝经世实学的复兴与黄河文化的流变**
作者及单位 李峰(苏州大学图书馆)
会议名称 首届“晚清国家与社会”国际学术讨论会
会议地点时间 中国江苏苏州,2006
主办单位 国家清史编纂委员会、中国社会科学院近代史研究所、苏州大学社会学院、上海社会科学院历史研究所、上海师范大学社会史研究中心、中国太平天国史研究会、扬州大学社会发展学院
摘要 在中国历史年代学上,道光朝(1821 - 1850)有其特殊的地位。以鸦片战争为标志,随着社会历史性的转折,中国学术文化也由中世纪走向近代,展示出新的面貌。其中黄河流域各省区,也努力适应时代变化,由封闭逐步走向开放,形成了地域文化的流变与转型。这个历史过程是从道光朝儒学会通趋于经世致用的思潮复兴开始的,虽然由于地域不同,所发生的文化变迁程度不一,但无一不打上了时代的印记,反映了历史的巨变,展示了近代黄河文化兴起的曲折历程。

题名 **道教神仙信仰在泉州**
作者及单位 李玉昆(泉州海外交通史博物馆)
会议名称 道教思想与中国社会发展进步研讨会第二次会议
会议地点时间 中国泉州,2003
主办单位 中国道教协会
摘要 泉州是海上丝绸之路的起点之一、中世纪著名的世界贸易港,商人、旅行家、僧侣及各行各业的外国人荟集于此,带来了佛教、伊斯兰教、基督教、印度教、摩尼教和犹太教,他们和中国本土的儒教、道教、民间信仰互相辉映,故泉州有“世界宗教博物馆”之誉。本文拟就泉州的道教神仙信仰作一探索,敬请方家指正。

题名 **德国传教士花之安与中西文化交流**
作者及单位 朱玖琳(宋庆龄陵园管理处文史研究室)
会议地点时间 中国上海,1996
摘要 在近代中国历史上,基督教传教士对沟通中西方文化交流起到了特殊作用,德国传教士花之安是其中重要的代表人物。在华34年,花之安致力于基督教与儒教的调和,重新提出了明末耶稣会士主张的耶儒调和论,并赋予新的解释。

题名 **德化白瓷及其文化背景**
作者及单位 (荷兰)袁冰凌
会议名称 “泉州港与海上丝绸之路”国际学术研讨会
会议地点时间 中国泉州,2002
主办单位 中国航海学会

题名 **登莱事变及其对明、后金与朝鲜的影响**
作者及单位 孙卫国(中国南开大学历史学院)
会议名称 登州港与中韩交流国际学术讨论会

会议地点时间 蓬莱,2004

摘　　　要 崇帧四年(1631 年)闰十一月,有德、李九成在赴援大凌河途中,叛于吴桥,先后攻陷黄县、招远、登州,围莱州数月,在山东半岛肆虐一年有半,直到崇帧六年(1633 年)正月,在明朝从辽东、四川等地调集大军征讨下,孔有德率部逃出登州,从海上逃亡,遭到明朝海上驻军和朝鲜援军的截击。四月,有德、耿仲明等降于后金。这一事变,不独对当时明与后金势力的消长影响很大,使明朝征伐后金的所谓“三方布置”之策化为泡影,而且明朝末年铸造火炮、训练新军的努力亦付之东流。同时对于当时明与朝鲜的交通往来亦有不可忽视的影响。本文将梳理这一事变的经过,分析其原因与影响,并讨论朝鲜在这一事变中的地位及此事变对明、后金与朝鲜三方的影响。

题　　　名 **登州:海上丝绸之路从这里启航**

作者及单位 凌云鹏等著

会议名称 登州与海上丝绸之路国际学术研讨会

会议地点时间 中国山东蓬莱,2008

主办单位 联合国泛丝绸之路·系列活动组委会、中国中外关系史学会、鲁东大学、山东师范大学齐鲁文化研究中心、蓬莱市人民政府

摘　　　要 “登州与海上丝绸之路”国际学术研讨会于 2008 年 10 月 11 日至 13 日在山东省蓬莱市召开。会后,《光明日报》10 月 15 日刊发了《东方海上丝绸之路引起学界关注》的消息,称:“‘应重视连接韩国和日本的东方丝绸之路研究,为山东省对外文化、经济交流注入新的动力。这是在刚刚结束的‘登州与东方海上丝绸之路国际学术研讨会上 60 多名中、日、韩专家学者的共识。”《烟台日报》也于 11 月 9 日以《登州:海上丝绸之路从这里启航》为题发表了会议综述。会议召开的消息,特别是《烟台日报》发表的会议综述,新华网、中国网、凤凰卫视网、中国经济网、中国国学网等 20 多家全国性的知名网站都予以了转载,在社会上引起较大反响。经作者同意,本论文集特收录此文,以为跋。

题　　　名 **《登州府志》的版本学研究**

作者及单位 刘正(中国人民大学古籍研究所)

会议名称 登州与海上丝绸之路国际学术研讨会

会议地点时间 中国山东蓬莱,2008

主办单位 联合国泛丝绸之路·系列活动组委会、中国中外关系史学会、鲁东大学、山东师范大学齐鲁文化研究中心、蓬莱市人民政府

题　　　名 **登州古港早期的港航活动**

作者及单位 蔡玉臻(蓬莱市历史文化研究会;《蓬莱历史文化研究》)

会议名称 登州与海上丝绸之路国际学术研讨会

会议地点时间 中国山东蓬莱,2008

主办单位 联合国泛丝绸之路·系列活动组委会、中国中外关系史学会、鲁东大学、山东师范大学齐鲁文化研究中心、蓬莱市人民政府

摘　　　要 登州古港含有广义与狭义两个概念。从广义来说,包括古登州所辖区域内的所有港口及沿海诸岛的港口。从狭义上讲,指的则是登州府衙所在地的港口。登州所辖的区域包括今天的蓬莱、长岛(旧属蓬莱)、龙口(旧称黄县)、福山、芝罘(旧属福山)、莱山(旧属福山)、栖霞、招远、莱阳、莱西(旧属莱阳)、文登、乳山等。

题　　　名　**登州是中国海上丝绸之路的始发港之一**

作者及单位　耿昇(中国社会科学院历史研究所;中国中外关系史学会)

会议名称　登州与海上丝绸之路国际学术研讨会

会议地点时间　中国山东蓬莱,2008

主办单位　联合国泛丝绸之路·系列活动组委会、中国中外关系史学会、鲁东大学、山东师范大学齐鲁文化研究中心、蓬莱市人民政府

摘　　　要　本届国际学术讨论会是由联合国泛丝绸之路·系列活动组委会、中国中外关系史学会、鲁东大学、山东师大齐鲁文化研究中心、蓬莱市人民政府联袂发起和主办的。中国中外关系史学会是在国家民政部注册,挂靠在中国社会科学院的一个全国性学术团体,其会员遍及祖国的大陆和港、澳、台地区,现有会员800余名。本学会自1981年成立以来,以弘扬学术为宗旨,多年来活跃在祖国各地区。本届国际学术讨论会是由本学会组织和参与的第25届学术讨论会,也是学会的同仁们首次进入祖国传统文化的重要源头地之一——齐鲁大地,特别是来到了历史悠久、物阜民康、风景优美的蓬莱仙岛,与蓬莱市政府、烟台市和济南市的两所大学合作,使我们倍感荣幸。

题　　　名　**登州与海上丝绸之路国际学术研讨会**

作者及单位　耿昇,刘凤鸣,张守禄

会议名称　登州与海上丝绸之路国际学术研讨会

会议地点时间　中国山东蓬莱,2008

主办单位　联合国泛丝绸之路·系列活动组委会、中国中外关系史学会、鲁东大学、山东师范大学齐鲁文化研究中心、蓬莱市人民政府

摘　　　要　登州与海上丝绸之路国际学术研讨会于2008年10月11日至13日在山东省蓬莱市召开。研讨会由联合国泛丝绸之路·系列活动组委会、中国中外关系史学会、鲁东大学、山东师范大学齐鲁文化研究中心、蓬莱市人民政府联合主办。

题　　　名　**登州与明代朝鲜使臣——以"朝天录"为中心**

作者及单位　杨丽蕾(中国浙江大学韩国研究所)

会议名称　登州港与中韩交流国际学术讨论会

会议地点时间　蓬莱,2004

摘　　　要　登州地处胶东半岛最北部,航海东可至朝鲜半岛;南绕过成山头可到黄海与东海各口岸;西可达渤海南部各口岸;北隔庙岛列岛,与辽东半岛大连港相对。陆上交通早在案汉之时就有向西经莱州、青州、济南、开封、郑州、洛阳至西安的释道。可谓"东扼岛夷,北控辽左,南通吴会,西翼燕云",是古代中国大陆东北部海陆关塞之地,历史上在中国与朝鲜半岛双方政治、军事、经济贸易方面都起过重要作用。

题　　　名　**登州与明末中朝海上丝路的复航——以朝鲜贡使安璥《驾海朝天录》为文本**

作者及单位　陈长文(鲁东大学历史与社会学院;鲁东大学东方海上丝绸之路研究所研究室)

会议名称　登州与海上丝绸之路国际学术研讨会

会议地点时间　中国山东蓬莱,2008

主办单位　联合国泛丝绸之路·系列活动组委会、中国中外关系史学会、鲁东大学、山东师范大学齐鲁文化研究中心、蓬莱市人民政府

摘　　　要　关于古代登州在东方海上丝路中的地位,个别学者已有论及。2004年8月曾在蓬莱

召开了“登州港与中韩交流国际学术讨论会”。四年后的今天“登州与东方海上丝绸之路国际学术讨论会”又在蓬莱召开，这本身就说明登州在中外关系史中有着极其重要的历史地位。至于朝鲜入贡明朝的线路问题，国内外已有多位学者进行了研究。

题　　　名　登州与宋朝和高丽的官方关系
作者及单位　刘雪（中国山东大学韩国研究中心）
会 议 名 称　登州港与中韩交流国际学术讨论会
会议地点时间　蓬莱，2004
摘　　　要　登州，即今蓬莱，由于其独特的地理位置，在历史上曾一度成为中韩交往的重要口岸。唐代，登州就曾成为唐朝与新罗交往的官方港口。《新唐书》中记载：“登州东北海行，过大树岛、龟钦岛、末岛、乌湖岛三百里。北渡乌湖海，至马石山东之都里镇二百里。东傍海壖，过青泥浦、桃花浦、杏花浦、石人汪、崇驼湾、乌骨江八百里。乃南傍海壖，过乌牧岛、贝江口、椒岛，得新罗西北之长口镇。又过秦王石桥、麻田岛、古寺岛、得物岛，千里至鸭绿江唐恩浦口。乃东南陆行，七百里至新罗王城。”由此可见，唐罗交往是通过登州渡渤海海峡到达朝鲜半岛。

题　　　名　登州在唐与新罗关系中的重要地位
作者及单位　祁山（山东师范大学齐鲁文化研究中心）
会 议 名 称　登州与海上丝绸之路国际学术研讨会
会议地点时间　中国山东蓬莱，2008
主 办 单 位　联合国泛丝绸之路·系列活动组委会、中国中外关系史学会、鲁东大学、山东师范大学齐鲁文化研究中心、蓬莱市人民政府
摘　　　要　唐高祖武德四年（621 年），胶东半岛的东莱郡改称莱州，分莱州东部的文登、观阳二县，“置登州”。武德六年（623 年），“又置清阳、廓定二县，属登州。贞观元年（627 年），登州及清阳、廓定二县并废，地入文登县”。登州在唐太宗贞观元年（627 年）撤销之后，武则天如意元年（692 年），莱州分为莱州、登州二州，再次设立登州，辖今威海市全部县市区和烟台市中、东部的部分县市区，登州州治开始在牟平县（今烟台市牟平区），神龙三年（707 年）迁至蓬莱县（今蓬莱市）。

题　　　名　登州曾是隋唐的一个门户——开元寺所连接的历史的一环
作者及单位　上田雄（日本海事史理事）
会 议 名 称　登州与海上丝绸之路国际学术研讨会
会议地点时间　中国山东蓬莱，2008
主 办 单 位　联合国泛丝绸之路·系列活动组委会、中国中外关系史学会、鲁东大学、山东师范大学齐鲁文化研究中心、蓬莱市人民政府
摘　　　要　从 7 世纪到 8 世纪，登州曾是日本、渤海、还有新罗的朝贡船出入的一个中国门户，是东亚丝绸之路的一个基点。现在这已无需再重新提起，通过中国的历史文献、遗址、还有登州这一古港发现的多艘船只以及很多船的工具等等都已是众所周知的事情了。

题　　　名　邓小平评说郑和下西洋
作者及单位　苏海涛
会 议 名 称　传承文明走向世界和平发展——纪念郑和下西洋 600 周年国际学术研讨会
会议地点时间　江苏，2005

题　　　名 地名见证闽南与台湾历史渊源

作者及单位 方文图(厦门市地方志编纂委员会)

会议名称 第二届闽南文化研讨会

会议地点时间 中国福建泉州,2003

主办单位 福建省炎黄文化研究会、泉州市政协

摘　　　要 台湾自古属中华,汉族、高山是一家。我国古文献中有不少关于宝岛台湾的记载,《前汉书·地理志》载称:"会稽海外东鳀人,分为二十余国,以岁时来献见云。"据说东鳀即今台湾及冲绳群岛。《三国志·吴志·孙权传》中载称,黄龙二年(230)"遣将军卫温、诸葛直将甲士万人浮海求夷洲及澶洲。……澶洲者所在绝远,卒不可得至,但得夷洲数千人还。"

题　　　名 钓鱼岛:东亚历史与地缘战略关系再探讨

作者及单位 徐勇(北京大学历史系)

会议名称 纪念中国人民抗日战争暨世界反法西斯战争胜利60周年学术研讨会

会议地点时间 中国北京,2005

主办单位 中国社会科学院近代史研究所

摘　　　要 钓鱼列屿自古以来就是中国领土。而今日本新军国主义势力逐渐壮大,试图逐步回收殖民版图,继控制琉球之后染指钓鱼岛,造成了中日两国以及东亚地区的紧张关系。钓鱼列屿关涉历史和现实的诸多重大问题,论者甚多。本文拟就地缘战略以及中、日、琉球三方历史关系等角度进行一些新的探索。

题　　　名 丁宝桢:一个颇有创造性的历史人物

作者及单位 王德学

会议名称 丁宝桢诞辰180周年纪念暨学术研讨会

会议地点时间 中国贵阳,2000

主办单位 贵州省文史研究馆、贵州历史文献研究会、贵州毕节地区行署、贵州省织金县政府

摘　　　要 1886年6月6日(光绪十二年五月五日),勋勤懋著而又宦海沉浮的四川总督——丁宝桢在任所辞世。这位晚清时代,从贵州织金步入清廷政治舞台的历史人物,在当时吏治腐败、灾患频仍、朝局纷争,及各种矛盾沉疴百结的历史背景下,却在众多的清朝王公大臣中卓尔不群,创下许多不可磨灭的历史事功。

题　　　名 丁宝桢"师夷""制夷"之思想初探

作者及单位 庞思纯(贵阳五中)

会议名称 丁宝桢诞辰180周年纪念暨学术研讨会

会议地点时间 中国贵阳,2000

主办单位 贵州省文史研究馆、贵州历史文献研究会、贵州毕节地区行署、贵州省织金县政府

摘　　　要 在中国近代史中,丁宝桢是一个著名的政治人物,与曾国藩、李鸿章、左宗棠、张之洞、沈葆桢齐为"中兴名臣"。

题　　　名 丁宝桢边防思想探讨

作者及单位 陈朝祥(贵州毕节师专)

会 议 名 称　丁宝桢诞辰180周年纪念暨学术研讨会
会议地点时间　中国贵阳,2000
主 办 单 位　贵州省文史研究馆、贵州历史文献研究会、贵州毕节地区行署、贵州省织金县政府
摘　　　要　1840年西方列强用“坚船利炮”叩开了中国的大门。“为此一场兵祸,遂弄得海氛迭起,贻毒百年,堂堂华夏,竟被外人窥破,把我五千年的文明古国,看得一钱不值”,中国由此步入殖民地半殖民地社会。

题　　　名　**丁宝桢传补遗**
作者及单位　谌佰印
会 议 名 称　丁宝桢诞辰180周年纪念暨学术研讨会
会议地点时间　中国贵阳,2000
主 办 单 位　贵州省文史研究馆、贵州历史文献研究会、贵州毕节地区行署、贵州省织金县政府
摘　　　要　《毕节地区志·人物志》和《织金县志·丁宝桢传》,对乡贤丁公业绩已有所记述。其中,丁公督川时“整饬盐务”实行“官运商销”“川黔盐运畅通,贵州人民深受其利”,“百姓感戴不已”云云。(引自上述两志),对其实施盐政改革的因果,似觉过于简略。

题　　　名　**丁宝桢的革新精神与傲劲**
作者及单位　龙光沛(贵州人民出版社)
会 议 名 称　丁宝桢诞辰180周年纪念暨学术研讨会
会议地点时间　中国贵阳,2000
主 办 单 位　贵州省文史研究馆、贵州历史文献研究会、贵州毕节地区行署、贵州省织金县政府
摘　　　要　晚清名臣丁宝桢的优秀品格和革新精神,一直为后世所称颂,他不计较个人的功名利禄,拒绝迷信,不向权势低头,这种独立不迁的精神是可贵的。

题　　　名　**丁宝桢的洋务思想及实践**
作者及单位　卢玲(贵州毕节师专)
会 议 名 称　丁宝桢诞辰180周年纪念暨学术研讨会
会议地点时间　中国贵阳,2000
主 办 单 位　贵州省文史研究馆、贵州历史文献研究会、贵州毕节地区行署、贵州省织金县政府
摘　　　要　丁宝桢被清政府委以重任之时,恰逢多事之秋。中国正处于西方列强的环伺之中,民族危机日益严重,殖民主义国家为了在中国获取更多的利益,不惜挑起第二次鸦片战争。

题　　　名　**丁宝桢对川盐销黔的改革——从官督商运到官运商销**
作者及单位　杜文铎(贵州大学历史系)
会 议 名 称　丁宝桢诞辰180周年纪念暨学术研讨会
会议地点时间　中国贵阳,2000
主 办 单 位　贵州省文史研究馆、贵州历史文献研究会、贵州毕节地区行署、贵州省织金县政府
摘　　　要　在清代,四川是当时全国仅次于两淮的第二大产盐区。到清代中叶,全省约有四十余州县产盐,拥有盐井七八千口。象犍为、简州、射洪、蓬溪、富顺等州县都分别开有上百乃至上千口盐井,川盐除行销于本省外,还行销于贵州和云南、湖北的部分州县,而贵州又是川盐在省外的最大销区。

题　　　名　丁宝桢对川盐运销改革的启示
作者及单位　杨祖恺(贵州省文史研究馆)
会议名称　丁宝桢诞辰180周年纪念暨学术研讨会
会议地点时间　中国贵阳,2000
主办单位　贵州省文史研究馆、贵州历史文献研究会、贵州毕节地区行署、贵州省织金县政府
摘　　　要　“中兴元老首勤王:文足化荆楚,武足平宸濠,生成学术功名一脉渊源毋敛郡;东国去思还似蜀;昔日河渠书,今日盐铁论,想见崇祠栋宇,百灵风雨大明湖.”这是贵阳人高怡楼题清代成都纪念丁宝桢的丁文诚公祠的一付对联,颇能恰当地概括丁宝桢一生在军事、政治、学识、事绩各方面的表现,不愧是清末的一代名臣。

题　　　名　丁宝桢军事思想浅议
作者及单位　王(?)勺(贵州省文史研究馆)
会议名称　丁宝桢诞辰180周年纪念暨学术研讨会
会议地点时间　中国贵阳,2000
主办单位　贵州省文史研究馆、贵州历史文献研究会、贵州毕节地区行署、贵州省织金县政府
摘　　　要　丁宝桢一生政绩卓著,平捻、治黄、杀安、治蜀、理盐、清吏,可称彪柄青史。他是清后期一代名臣,其实他还是一文武全才的政治、军事家。观其所为、查其所论,无不渗透着无妙玄机和高深的战略意识,无论海防、边防、对内、对外。

题　　　名　丁宝桢研究概述
作者及单位　刘晓焕(山东省社会科学院)
会议名称　丁宝桢诞辰180周年纪念暨学术研讨会
会议地点时间　中国贵阳,2000
主办单位　贵州省文史研究馆、贵州历史文献研究会、贵州毕节地区行署、贵州省织金县政府
摘　　　要　丁宝桢(1820—1886),贵州平远(今织金)人。中国近代史上的著名人物.加强对丁宝桢的研究,有助于深化中国近代史诸多领域(尤其洋务运动等领域)的探讨。而对以往丁宝桢的研究状况作一回顾性,对于加强、推动丁宝桢的深入研讨,也是很有裨益的,是十分必要的。

题　　　名　丁宝桢与川盐入黔
作者及单位　胡大宇(贵州省桐梓县史志档案局)
会议名称　丁宝桢诞辰180周年纪念暨学术研讨会
会议地点时间　中国贵阳,2000
主办单位　贵州省文史研究馆、贵州历史文献研究会、贵州毕节地区行署、贵州省织金县政府
摘　　　要　清光绪三年(1877),丁宝桢莅任四川总督.莅任后,即因“黔地处处被扰,商民歇业,引滞岸悬,直同废业.……睹商力之困竭,念边岸之废驰”,“查知黔省盐岸已废,而川省盐务积弊又深”。

题　　　名　丁宝桢与山东机器局
作者及单位　商鸣臣(山东大学历史文化学院)
会议名称　丁宝桢诞辰180周年纪念暨学术研讨会
会议地点时间　中国贵阳,2000

主 办 单 位 贵州省文史研究馆、贵州历史文献研究会、贵州毕节地区行署、贵州省织金县政府

摘　　　要 丁宝桢于1875年创办的山东机器局，是其在履任山东巡抚后期的重大政治举措之一。探索其创办经验和经营特点，将对今人产生有益的启迪。

题　　　名 **丁宝桢与四川机器局及其历史价值**

作者及单位 曾绍敏（四川省社会科学院）

会 议 名 称 丁宝桢诞辰180周年纪念暨学术研讨会

会议地点时间 中国贵阳，2000

主 办 单 位 贵州省文史研究馆、贵州历史文献研究会、贵州毕节地区行署、贵州省织金县政府

摘　　　要 在评论丁宝桢创办机器局时，以往许多学者喜欢采用以人划线，以派系论功过是非的线性分析方法，将丁宝桢定为洋务派，然后按其对洋务派的定势思维和标准来评论丁宝桢及他创办的机器局。

题　　　名 **丁宝桢与四川盐政**

作者及单位 鲁子健（四川省社会科学院）

会 议 名 称 丁宝桢诞辰180周年纪念暨学术研讨会

会议地点时间 中国贵阳，2000

主 办 单 位 贵州省文史研究馆、贵州历史文献研究会、贵州毕节地区行署、贵州省织金县政府

摘　　　要 丁宝桢于光绪三年（1876）八月擢升四川总督，光绪十二年（1886）四月卒于任。丁宝桢督川期间，对全川政治、军事、经济等各方面都进行了改革．其为政清操自守，卓思力行，秉性刚毅，政绩显著。光绪帝谕赞他“莅川有年，办事认真，成效显著。”本文将就丁宝桢对盐政的改革专此论述。

题　　　名 **丁宝桢与盐政**

作者及单位 陈学昌（贵州省织金一中）

会 议 名 称 丁宝桢诞辰180周年纪念暨学术研讨会

会议地点时间 中国贵阳，2000

主 办 单 位 贵州省文史研究馆、贵州历史文献研究会、贵州毕节地区行署、贵州省织金县政府

摘　　　要 丁宝桢在清代上层人物中，是一位具有政治胆识，比较关心民间疾苦的官吏。现就其整顿盐政事业上的卓越成就，谈谈自己的感受。光绪二年（1876年）丁宝桢代理吴棠出任四川总督，上任伊始，针对明代以来盐政方面的弊端，大力进行整顿，采取由政府负责运输，交由商人经营销售的“官运商销”的一系列措施。

题　　　名 **丁宝桢在山东**

作者及单位 张昆河

会 议 名 称 丁宝桢诞辰180周年纪念暨学术研讨会

会议地点时间 中国贵阳，2000

主 办 单 位 贵州省文史研究馆、贵州历史文献研究会、贵州毕节地区行署、贵州省织金县政府

题　　　名 **丁宝桢在山东治黄史上的贡献**

作者及单位 王文轩（贵州省水电厅）

会 议 名 称 丁宝桢诞辰180周年纪念暨学术研讨会

会议地点时间　中国贵阳,2000
主 办 单 位　贵州省文史研究馆、贵州历史文献研究会、贵州毕节地区行署、贵州省织金县政府
摘　　　要　丁宝桢是清代近二百七十年中贵州籍不多见的高官之一。在山东任上,他因正法慈禧太后最宠信的太监安得海,使声誉直播朝野,在历史上留下了“前门接旨、后门行刑”浓重的一笔;又因治理黄河的显著业绩,受到朝廷的称赞,在黄河下游吏民中留下了永久的记忆。

题　　　名　**丁宝桢治理都江堰**
作者及单位　鲁子健(四川省社会科学院)
会 议 名 称　丁宝桢诞辰180周年纪念暨学术研讨会
会议地点时间　中国贵阳,2000
主 办 单 位　贵州省文史研究馆、贵州历史文献研究会、贵州毕节地区行署、贵州省织金县政府
摘　　　要　丁宝桢主持大修都江堰水利工程的经过清代咸丰、同治年间(公元1851—1874年),清政府忙于镇压农民运动,军费骤增,财源困乏,都江堰水利工程多年失修,河道淤塞,堤堰崩颓. 每临夏秋之汛,江水暴涨,灌区洪水成灾,“水涨辄多泛滥,冲刷堤堰,沿江田亩时报坍淹,小民失业。

题　　　名　**丁日昌在台湾建省过程中的贡献**
作者及单位　陈俱(福建省科委)
会 议 名 称　纪念抗日战争胜利60周年暨台湾建省120周年学术研讨会
会议地点时间　中国福建厦门,2005
主 办 单 位　福建省炎黄文化研究会、厦门市政协
摘　　　要　台湾建省,是晚清政局中一桩大事,是我国在巩固海防、迈向近代化道路上的重大举措。丁日昌作为一个有远见的改革家,一贯鼓吹“自强”、重视“洋务”的封疆大员,在关键时刻调任福建巡抚,他到任不久,即渡海到台湾,考察民情,掌握形势,提出一系列防务和建设的主张,并且积极筹办施行,客观上为台湾建省作了必要的准备。因此,他在台湾建省过程中是个承前启后的关键性人物,其贡献是值得重视的。

题　　　名　**鼎建岛石天后宫始末**
作者及单位　林瑶棋(台湾省各姓淵源研究學會)
会 议 名 称　妈祖文化——闽台妈祖文化学术研讨会
会议地点时间　厦门,1997
主 办 单 位　福建省社会科学界联合会,福建省民俗学会,台湾省各姓渊源研究学会联合举办

题　　　名　**东北亚的全球化:族群与国族主义的交错**
作者及单位　(日)佐佐木卫
会 议 名 称　东北亚海上交流历史文化遗产国际学术研讨会
会议地点时间　青岛;蓬莱,2006
主 办 单 位　中国海洋大学海洋文化研究所,山东省蓬莱市文物局

题　　　名　**东北亚海上交流史上的庙岛群岛**
作者及单位　徐娜娜
会 议 名 称　东北亚海上交流历史文化遗产国际学术研讨会

会议地点时间　青岛;蓬莱,2006

主 办 单 位　中国海洋大学海洋文化研究所,山东省蓬莱市文物局

题　　　名　**东北亚环黄海“华夷秩序”的历史渊源——以中韩关系历史渊源为中心**

作者及单位　曲金良(中国海洋大学海洋文化研究所)

会 议 名 称　中国中外关系史学会第六届会员代表大会

会议地点时间　中国吉林延边,2005

主 办 单 位　中国中外关系史学会、延边大学历史系与东北亚研究院、沈阳东亚研究中心

摘　　　要　按照现代国际关系的理念,国与国之间,无论大国小国,彼此都是平等的,不存在谁依附于谁的问题,为此,许多学者,包括许多中外学者,都对中国历史上的“天下一体”观念及其周边国家相互关系的历史上长期保持的“华夷秩序”问题不能正视,往往用今天的眼光说事,致使相关国家的一些学者出于“民族自尊心”而随意歪曲乃至篡改历史面目,以图“抹掉”自己民族历史的“屈辱”;而不少中国学者也往往出于这种现代理念。

题　　　名　**东北亚近代史开端——公元十五至十六世纪的中国与东北亚**

作者及单位　傅朗云(东北师范大学古籍研究所)

会 议 名 称　1993 年海峡两岸学术讨论会

会议地点时间　1993

主 办 单 位　中国明史学会

摘　　　要　《东北亚通史》的编著工作已经开始,东北亚历史的分期问题正在探索。1968 年一1969 年出版的前苏联科学院西伯利亚分院编著的《西伯利亚通史》五卷集和日本通行的《东北亚民族史》教材虽有参考价值,但各有弊端。本文以公元 15—16 世纪的中国环东北亚的历史为依托,进而阐述东北亚近代史的上限问题,其主要前提是关于东北亚的地理概念严格按经纬度划定,而不是笼统地泛称东北亚国家:日本、朝鲜、韩国、俄罗斯、中国和蒙古国。东北亚历史是上述国家的相邻的地方史的综合,而不是六国通史的综合。目前通行的“东北亚”以中国和日本居多,其他国家也有,当冠以国名相区别,编著《东北亚通史》当参考这些国家出版的东北亚专史和东 Jb 专史或通史。

题　　　名　**东南考古与海洋文化的若干问题**

作者及单位　吴春明(厦门大学海洋考古学研究中心)

会 议 名 称　中国边疆考古学术讨论会

会议地点时间　中国四川成都,2005

主 办 单 位　吉林大学边疆考古研究中心、四川大学、西藏大学中国藏学研究所

摘　　　要　考古学文化区系类型中的“东南地区”二、百越先民与“南岛语族”海洋文化三、海洋考古与“环中国海海洋文明史”

题　　　名　**东南亚发掘的中国外销瓷器**

作者及单位　(日本)青柳洋子,索英春

会议地点时间　1998

摘　　　要　1940 年,菲律宾史前史和人类学教授拜耶先生在重建菲律宾史前纪年时为史前最后一个时代起了一个独特的名字——瓷器时代,即 9 世纪到 16 世纪西班牙人尚未到来的那段时期。该术语的使用是因为遍布菲律宾群岛发现了大量的中国、泰国和越南生产的瓷器。这不仅意味着瓷器的输入,也

说明存在着其他商品的物物交换以及文化间的相互影响。近年来亚洲许多地区考古研究的进展已进一步证明中国瓷器的确是最重要的断代标准，有助于澄清东西方之间海上丝绸之路的发展过程及各个地区的社会、经济和文化状况。三上次男博士一直致力于研究出土瓷器，他考证了中国瓷器特别是9世纪后专门生产的贸易陶瓷在日本、朝鲜半岛、南亚、西亚、东非和东北非的埃及的出土状况。

题　　名　**东南亚历史记忆中的郑和**
作者及单位　曾玲
会议名称　传承文明走向世界和平发展——纪念郑和下西洋600周年国际学术研讨会
会议地点时间　江苏，2005

题　　名　**东山郑和《舟师往西洋记碑》碑文研究**
作者及单位　傅朗
会议名称　传承文明走向世界和平发展——纪念郑和下西洋600周年国际学术研讨会
会议地点时间　江苏，2005

题　　名　**东西方两位大旅行家笔下的中国——徐霞客与马可波罗游记之比较**
作者及单位　陈光照（浙江影视创作公司）
会议名称　徐霞客与丽江学术研讨会
会议地点时间　中国浙江丽水，2004
主办单位　浙江省徐霞客研究会
摘　　要　徐霞客与马可波罗是中世纪两位举世闻名的大旅行家，他们记录自己亲身经历的旅行生活和探险生涯所写成的两部游记，一直广为传诵影响深远，并持续地引起各国学术界广泛深入地研究与关注，成为世界文化遗产中两颗闪光的巨星，辉映在东西方的上空。

题　　名　**东亚的海域交流与日本传统文化的形成——以宁波为焦点介绍（摘要）**
作者及单位　冈元司（日本广岛大学）
会议名称　宁波与"海上丝绸之路"国际学术研讨会
会议地点时间　中国浙江宁波，2005
主办单位　中国中外关系史学会、浙江日本文化研究所、宁波市文化广电新闻出版局
摘　　要　本领域研究的目的是，对东亚海域的人员、物质交流的历史进行多领域跨学科分析，重新探讨日本传统文化形成过程。具体的是指，聚焦作为中国内地面向东海的核心港湾城市而繁荣的宁波，探讨作为历史性存在不断变化的中国内地文化在各个时期如何传入日本、有什么样的影响、发生了怎样的变化等问题。

题　　名　**东亚海洋佛教故事与法华信仰**
作者及单位　曹永禄（韩国东国大学）
会议名称　登州与海上丝绸之路国际学术研讨会
会议地点时间　中国山东蓬莱，2008
主办单位　联合国泛丝绸之路·系列活动组委会、中国中外关系史学会、鲁东大学、山东师范大学齐鲁文化研究中心、蓬莱市人民政府
摘　　要　海洋佛教故事在韩国的佛教史上，有许多前往中国求法的高僧和载运他们的海员，如

果在渡海时遭遇灾难,都要向龙王或海神,或者是观音菩萨祭拜求安。这种海洋佛教,不论是通过沙漠甘泉道路前往西域求法的僧侣或以贸易为目的的商队。

题　　　名　**东亚世界的在唐新罗人**
作者及单位　权德永(韩国釜山外国语大学)
会议名称　登州港与中韩交流国际学术讨论会
会议地点时间　蓬莱,2004
摘　　　要　根据最近韩国外交通商部的统计,自2003年1月1日至今,在中国各地居住的在外韩国同胞有2144789名。然而,一千几百年前,与这些人相似的人们,即新罗的在外同胞们,在唐朝各地集体居住。他们一般被称作在唐新罗人,而他们形成的村落或者区域则被叫做在唐新罗人社会。

题　　　名　**东亚文化圈的形成与发展**
作者及单位　孙泓(沈阳东亚研究中心)
会议名称　"东亚汉文化圈与中国关系"国际学术会议暨中国中外关系史学会2005年年会
会议地点时间　中国上海,2004
主办单位　中国中外关系史学会、复旦大学、上海外国语大学
摘　　　要　东亚文化圈的形成已有悠久的历史,它在历史上对东亚各国文化、政治、经济的发展起了很大的作用,对其他地区文化的发展也起了重要的作用。因为它涉及的范围太广阔、涉及的问题太复杂,远非一篇文章所能写清楚,这一题目应该是一本书,因此,本文只能就东亚文化圈的形成、发展中的一些问题,做一些论述,仅供讨论。

题　　　名　**东亚文化圈和东亚价值观的历史考察——以中日韩(朝)为主体的历史分析**
作者及单位　贺圣达(云南省社会科学院;云南大学;中外关系史学会;中国东南亚研究会)
会议名称　登州与海上丝绸之路国际学术研讨会
会议地点时间　中国山东蓬莱,2008
主办单位　联合国泛丝绸之路·系列活动组委会、中国中外关系史学会、鲁东大学、山东师范大学齐鲁文化研究中心、蓬莱市人民政府
摘　　　要　东亚文化圈的形成发展和同一的东亚价值观,东亚文化圈古代亚洲存在着三大文化圈,即:以阿拉伯伊斯兰文为中心的西亚文化圈;以印度教、佛教以及相应的梵文和巴利文经典为共同经典的南亚文化圈;以汉文化尤其是儒学为中心、以汉文经典尤其是儒家经典为共同经典的东亚文化圈。严格意义上的东亚文化圈,在古代是以中国为主干,包括了朝鲜半岛、日本和越南三国。东亚文化圈的形成有其有利条件。中国在春秋战国时期就形成了丰富多彩而又独特的文化,秦汉以后中国文化逐渐影响周边,成为东亚文化传播中心。日、朝、越三国与中国比邻而居,或一衣带水,或壤土相接,或山川相连,有着良好的"地缘"关系,这就为相互之间交往提供了极其有利的条件。由于历史、地理、民族等各方面的有利因素,从秦汉(甚至更早)开始,朝鲜、日本、越南与中国有着频繁而广泛的、深人而持久的文化交流,到隋唐时期形成第一个高潮,宋元以后进一步深化。三国积极吸收汉文化,并有所创新,共同创造东亚文化圈,形成了历史上相对稳定的也是相当稳定的"东亚文化圈"。

题　　　名　**"东洋"与"西洋"的由来**
作者及单位　刘迎胜(南京大学历史系)
会议名称　走向海洋的中国人——郑和下西洋590周年国际学术研讨会

会议地点时间 南京,1995

摘　　　　要 中国人虽然很早就熟悉了西太平洋—印度洋—地中海(大西洋)海区,但史籍文献中有关这片地区内海洋的名称却很不一致,有时同一海区在不同的文献中以不同的名称出现,例如今阿拉伯海,在不同的文献中分别被称为“西海”或“东大食海”;有时同一名称指不同的海洋,例如“南海”,时而指中国以南诸海,时而指印度以南今斯里兰卡周围的海区,名称使用相当混乱。直至唐末以后,才产生了“东洋”与“西洋”这两个大概念,文献中对东南亚—印度洋海区的命名渐渐统一,并在民间一直沿用到清代。当然,在不同的时代,“东洋”和“西洋”的含义也不一样。后来在“东洋”、“西洋”的基础上又产生了“南洋”的名称。明末以后,随着西方近代地理知识的传入,中国人渐知世界是球形的,也慢慢了解了西方人对世界大洲大洋的划分和命名,并用以取代了中国的传统名称。

题　　　　名 **都市文明与河流关系的思考**

作 者 及 单 位 韩国河(郑州大学历史与考古系)

会 议 名 称 郑州商都3600年学术研讨会暨中国古都学会2004年年会

会议地点时间 中国河南郑州,2004

主 办 单 位 中国古都学会、郑州市人民政府

摘　　　　要 毋庸讳言,人类社会的发展时时刻刻离不开水,河流在人类文明发展进程中起到了极为重要的作用。考古学的材料证明,从旧石器时代开始到秦汉时期大一统国家的形成,河流始终与古代聚落、城邑、农业生产、渔猎、漕运乃至军事战争等遗迹、遗存密切相关。

题　　　　名 **杜安沙碑与泉州丁氏回族关系考辩**

作 者 及 单 位 庄景辉

会议地点时间 1998

摘　　　　要 1978年,泉州海外交通史博物馆调查组发表《陈埭丁姓研究》一文,对陈埭丁氏祖先的来源作了探讨。文章以1952年在泉州江南隅城墙基底下掘获的一方双面阴刻阿拉伯字的墓碑石即“杜安沙碑”之碑文为依据,结合波斯历史学家拉世德著《蒙古史》关于赛典赤瞻思丁的记载,“准此以推,则赛典赤瞻思丁乌马儿是第一世,纳速剌丁是第二世,艾卜伯克乌马儿是第三世,而赛典赤杜安沙就是第四世”,“因此,我们大胆地假定节斋(丁氏始祖——引者注)即阿拉伯石碑上的赛典赤杜安沙,一汉名一洋名。

题　　　　名 **杜环游历大食国之路线考**

作 者 及 单 位 宋岘(中国社会科学院中外关系史研究室)

会 议 名 称 中国中外关系史学会第六次学术讨论会

会议地点时间 中国广西东兴,1997

主 办 单 位 中国中外关系史学会、复旦大学、上海外国语大学

摘　　　　要 中国史书记载的最先到过阿拉伯帝国(我国史称“黑衣大食”)的中国人,是唐代中期的杜环。杜环将其游历大食国十年的情形写成《经行记》。然原书已佚,其部分内容被杜佑收在《通典》之中,凡一千五百十一言。

题　　　　名 **对《郑和航海图》中“更”的略析**

作 者 及 单 位 范中义,王振华(军事学院,水面舰艇学院)

会 议 名 称 湖北省纪念郑和下西洋600周年活动

会议地点时间　中国武汉,2005

主 办 单 位　中国航海学会内河船舶驾驶专业委员会

摘　　　　要　本文查考了大量文献资料,指出《郑和航海图》中的"更"、不但是计时单位,而且是计程单位,是指帆船在标准航速下,一"更"时间航行的里程,并以文献资料为依据,论证了一"更"约合六十里。本文考证了"更"作为计程单位应用于航海,最晚当不迟于十二世纪。它与航海罗盘结合起来共同使用,使船舶离开沿岸航行,飞跃到横渡大洋的远航水平,成为古代世界航海船舶五六个世纪内的主要航海方法,对世界航海技术的发展作出了巨大的员献。

题　　　　名　**对八橹船船型、尺度的考证与复原研究(二稿)**

作 者 及 单 位　郑明,范中义,倪鹤鸣

会 议 名 称　北京郑和二千料宝船船模复原研究论坛

会议地点时间　北京,2004

摘　　　　要　本文对郑和下西洋所乘驾的八橹船复原进行了探讨。文章围绕八橹船是明初水师已配用的浙江船型、八橹船是帆(蓬)橹兼用的船艇、八橹船的外形及主尺度和配套设施等进行了阐述。

题　　　　名　**对传教士汤若望的新法地平日晷的研究**

作 者 及 单 位　陈凯歌(苏州市古代天文计时仪器研究所)

会 议 名 称　第三届中日机械技术史国际学术会议

会议地点时间　中国云南昆明,2002

摘　　　　要　汤若望是明末清初进入中国的第二代传教士,也是出任中国皇家天文台(司天监)的第一位外裔台长,在中西文化交流中发挥过重要作用。本文将简述汤若望在中国从事天文活动的经历与成果,围绕他的作品"新法地平日晷"的设计特点与测试方法做分析研究,希望能引起海内外学者重视,对明清时期来华传教士做更深入、更广泛的研究。

题　　　　名　**对东南亚郑和庙的实地考察与思考**

作 者 及 单 位　孔远志(北京大学亚非学院)

会 议 名 称　"睦邻友好"郑和学术研讨会

会议地点时间　中国南京,2002

主 办 单 位　江苏省郑和研究会

摘　　　　要　15 世纪中国明朝的郑和(三保太监)七下西洋,崇尚和平友好,蜚声海内外。在海外,东南亚(特别是印尼和马来西亚)的郑和庙(三保庙)和有关郑和的传说最多,保存最好。为此,笔者访问了印尼、马来西亚、泰国、新加坡和菲律宾等国,实地考察了印尼三宝垄、雅加达和巴厘的三保庙,马来西亚马六甲的宝山亭等。

题　　　　名　**对海上丝绸之路研究的几点拙见**

作 者 及 单 位　孙进已(沈阳东亚研究中心;)

会 议 名 称　宁波与"海上丝绸之路"国际学术研讨会

会议地点时间　中国浙江宁波,2005

主 办 单 位　中国中外关系史学会、浙江日本文化研究所、宁波市文化广电新闻出版局

摘　　　　要　最近,对近年所发表的有关海上丝绸之路的数百篇研究论著,大体浏览了一遍,确实洋洋大观,地域之广阔,时间之长远,涉及内容之丰富,充分表明我国对海上丝绸之路的研究已取得巨大成

就。在此基础上再要提出点新见就相当困难了,这里只就自己所看到的几个问题,提出自己的一些看法,以和大家讨论。

题　　　　名　对妈祖生卒时间的看法
作者及单位　周玉明,張序鎔
会议名称　第二次闽台妈祖文化学术研讨会
会议地点时间　中国福建霞浦,1998
主办单位　福建省社会科学联合会、福建省民俗学会、宁地地区社科联、霞浦县社科联、霞浦松山妈祖文化研究会
摘　　　　要　天后妈祖,生于何年,卒于何时?众说歧异。

题　　　　名　对台海上交通与潮汕文化在彼岸的传播
作者及单位　林俊聪
会议名称　海上丝绸之路与潮汕文化学术研讨会
会议地点时间　汕头,1994

题　　　　名　对徐福文化资源保护开发的思考
作者及单位　朱亚非(山东师范大学齐鲁文化研究中心)
会议名称　东北亚海上交流历史文化遗产国际学术研讨会
会议地点时间　青岛;蓬莱,2006
主办单位　中国海洋大学海洋文化研究所,山东省蓬莱市文物局

题　　　　名　对镇海保卫战胜利主要原因的思考
作者及单位　刘政(中国人民大学古籍研究所)
会议名称　中法战争镇海之役110周年学术研讨会
会议地点时间　1995
摘　　　　要　镇海位于甬江口,为浙东之门户,自古以来为兵家必争之地,战略地位十分重要。近代中法战争中,镇海地区的爱国军民以大无畏的精神,同心协力,同仇敌忾,与从海上入侵的法军进行了浴血奋战,取得了镇海保卫战的胜利,谱写了一曲镇海人民抗敌斗争的壮丽史诗。研究镇海保卫战的历史,对于弘扬爱国主义精神,激发民族自尊心和自信心,奋发图强,振兴中华,建设和保卫海防,无疑具有十分重要的现实意义和深远的历史意义。

题　　　　名　对郑成功及台湾郑氏政权铸钱的看法
作者及单位　徐六符
会议名称　福建省钱币学会成立十五周年纪念暨学术研讨会
会议地点时间　中国福州,2001
主办单位　福建省钱币学会
摘　　　　要　清朝初年,坚持抗清斗争的郑成功及台湾郑氏政权曾经铸行"永历通宝"铜钱,这在许多中国货币史论著和介绍中国历代古钱币的书中都有述及,但有些说法并不确切。本文拟谈谈我对郑氏所铸永历钱的一些看法。有关郑成功及台湾郑氏政权铸钱之举,从历史文献中所能看到的共有三次,均见于清代江日升所撰《台湾外记》。兹依次引述如下:第一次铸钱是郑成功以厦门岛为根据地,坚持在东

南沿海抗清时。此前,原明朝福建总兵郑芝龙和其弟郑鸿逵于清顺治二年(1645 年)在福州拥立明福王朱聿键为帝,改元隆武。第二年,隆武政权被清军攻灭,郑芝龙降清,而其子郑成功则毅然举兵在闽南沿海地区坚持抗清,仍用隆武年号。

题　　　名 **对郑和与郑成功经略海洋的探讨**
作者及单位 郑明,郑元福
会议名称 “郑和与海洋”学术研讨会
会议地点时间 中国太仓,1998
主办单位 江苏省郑和研究会
摘　　　要 在面向21世纪海洋时代之际,适值98国际海洋年,我们十分怀念中华海魂中明代两位历史人物——郑和与郑成功。他们经略海洋、交往周边、抗击外侵都曾为中华民族做出重大历史贡献。郑和(1371-1433)在15世纪七下西洋(1405-1433),开辟海上友好丝瓷之路,建立并稳定中国与周边亚非国家和平交往与文化交流联系,他是世界领先的伟大的航海家及和平友好的外交家。

题　　　名 **对郑和远洋船队医学保障的探讨**
作者及单位 龚锦涵
会议名称 “睦邻友好”郑和学术研讨会
会议地点时间 中国南京,2002
主办单位 江苏省郑和研究会
摘　　　要 本文试图对郑和远洋的船队的医学保障进行初步探讨,对这一庞大海员群体在长年艰苦航海过程中实施的医疗预防、卫生保健以及药材、营养、给水保障等方面的业绩进行探索性的评述。

题　　　名 **敦睦邦交,强不凌弱——郑和下西洋对亚非友谊的贡献和启示**
作者及单位 晁中辰(山东省人民政府;中外关系史学会;山东大学华侨华人研究所;山东大学历史文化学院)
会议名称 “睦邻友好”郑和学术研讨会
会议地点时间 中国南京,2002
主办单位 江苏省郑和研究会
摘　　　要 自20世纪初以来,讨论郑和下西洋的著述可谓不胜枚举。现在,面对那段辉煌的历史和严峻的国际现实,我们再冷静地思考一下,这次壮举在亚非关系史上到底作出了哪些久远的贡献?哪些贡献至今还闪烁着有价值的光辉?

题　　　名 **多元视野下的中外关系史研究——2005年8月19日在延吉会议上的总结**
作者及单位 陈佳荣(香港龄记出版有限公司)
会议名称 中国中外关系史学会第六届会员代表大会
会议地点时间 中国吉林延边,2005
主办单位 中国中外关系史学会、延边大学历史系与东北亚研究院、沈阳东亚研究中心
摘　　　要 本届学术讨论内容丰富、文章质优、视野多元、安排紧凑、畅所欲言,大体符合理事会的要求。下面略加归纳,并预作声明:排名不分先后:衔头一概从略;分析错误,个人负责:如有漏提,以大会文件为准。

题　　名　**俄国首次环球航行登陆澳门始末**
作者及单位　阎国栋(南开大学)
会议名称　"16—18 世纪中西关系与澳门"国际学术研讨会
会议地点时间　中国澳门,2003
主办单位　中国中外关系史学会、澳门理工学院、澳门基金会
摘　　要　根据中俄两国于 1727 年签订的《恰克图条约》,俄国对华贸易的法定地点是恰克图和祖鲁海图,俄国商人只可以在这两个地方进行免税贸易。但由于祖鲁海图未能发展成为一个商业中心,所以,在中俄《天津条约》签订以前,两国间的贸易基本上都在恰克图进行。

题　　名　**俄美公司与广州口岸——"俄罗斯夷船来广贸易"考略**
作者及单位　蔡鸿生(中山大学历史系)
会议名称　中国中外关系史学会学术讨论会
会议地点时间　中国北京,1986
主办单位　中国中外关系史学会
摘　　要　清代的广州,作为封建帝国的通商口岸,长期经受殖民主义势力的冲击,是"夷务"纠纷丛生的地区。沙皇俄国也无例外地闯进粤海关的大门。嘉庆十年(1805 年)"俄罗斯夷船来广贸易"事件,就是历史的见证。

题　　名　**二千料六桅郑和木质宝船的初步考证与复原研究(第五稿)**
作者及单位　唐志拔,辛元欧,郑明
会议名称　北京郑和二千料宝船船模复原研究论坛
会议地点时间　北京,2004
摘　　要　本文对郑和木质宝船的复原进行了研究。文章围绕二千料郑和宝船主尺度、排水量、装载量和外形、布置的初步估算分析与复原、二千料郑和宝船装备的帆桅舵锚槽艇装置、二千料郑和宝船配装的导航通信照明通风设备、二千料郑和宝船等进行了探讨。

题　　名　**二千料郑和出洋宝船复原借鉴与探讨**
作者及单位　傅朗
会议名称　北京郑和二千料宝船船模复原研究论坛
会议地点时间　北京,2004
摘　　要　本文对二千料郑和出洋宝船复原进行了探讨,对二千料郑和出洋宝船复原的历史依据、册封舟形制及结构和建造技术的文献记载、二千料郑和宝船复原设计等进行了阐述。

题　　名　**发扬郑和航海精神创建江苏海运强省**
作者及单位　刘光华(江苏海事职业技术学院)
会议名称　江苏省航海学会 2005 年度学术研讨会
会议地点时间　中国江苏南京,2005
主办单位　江苏省航海学会
摘　　要　600 年前,我国伟大航海家郑和率领庞大的船队,先后七次下西洋,开创那个年代船舶最大(最大的船长四十四丈,宽十八丈)船队最大(最多一次 200 多艘船),船队人员最多(最多人员一次有 27800 余人),从 1405 年到 1433 年的 28 年间,先后航行到达东南亚诸国、南亚诸国、波斯湾和红海的阿

拉伯诸国及非洲东部共 30 多个国家和地区,是当时世界无与伦比的航海创举。郑和在 1418 年的第四次船队航行中就勇敢的横渡印度洋到达赤道以南现在的索马里和肯尼亚。最重要的是,郑和下西洋是在明成祖时期的“内安华夏、外抚四夷、一视同仁”的政策下,不是对外入侵和掠夺,而是对外传播中华民族的文明,坚持“厚往薄来”的交往精神,吸收外来文化的有益成分,实行对外友好交往,经济贸易上加强了交流,也促进了国内手工业的发展,商品经济更加活跃。

题　　　名　发扬郑和精神再创历史辉煌——郑和下西洋的现实意义

作者及单位　纳文汇

会 议 名 称　第二届昆明郑和研究国际会议

会议地点时间　云南,2002

摘　　　要　600 年前,我国伟大航海家郑和率领庞大的船队,先后七次下西洋,开创那个年代船舶最大(最大的船长四十四丈,宽十八丈)船队最大(最多一次 200 多艘船),船队人员最多(最多人员一次有 27800 余人)的记录。

题　　　名　发挥空海研究优势开拓中日妈祖文化交流之我见

作者及单位　翁怀灿(霞浦县图书馆)

会 议 名 称　第二次闽台妈祖文化学术研讨会

会议地点时间　中国福建霞浦,1998

主 办 单 位　福建省社会科学联合会、福建省民俗学会、宁地地区社科联、霞浦县社科联、霞浦松山妈祖文化研究会

摘　　　要　唐代日本高僧空海到中国,因遇台風在霞浦赤岸海口登岸,這一偶然而又必然的历史事件,为我县空海研究創造了历史机遇,使偏处閩東一隅的霞浦因此而聞名海内外,而松山妈祖“行宫”地位的確認和妈祖东渡日本所引发的中日民俗文化交流,将再次为我县的妈祖文化研究创造新的历史机遇,从而使“空海西使”和“妈祖东渡”这两种发生在不同历史时期的中日文化交流聚合在今天的霞浦,使霞浦的妈祖文化研究与空海文化研究具有同等重要的历史意义和现实意义。

题　　　名　法国汉学界对丝绸之路的研究

作者及单位　耿昇(中国社会科学院历史研究所;中国中外关系史学会)

题　　　名　蕃客东来与郑和出使西洋

作者及单位　杨怀中(宁夏社会科学院)

会 议 名 称　郑和下西洋与文明对话国际研讨会

会议地点时间　中国宁夏银川,2005

主 办 单 位　宁夏社会科学院、伊朗伊斯兰共和国驻华大使馆文化处

摘　　　要　明宣宗于宣德五年(1430 年)六月九日,再次派郑和第七次出使西洋。郑和已是六旬老人,不减当年勇气,欣然受命。他迅速组织起一支庞大的船队,有大型宝船 61 艘,共 27550 人。宣德五年(1431 年)闰十二月初六,船队从龙湾(今南京下关)开航,十二月二十一日到达刘家港暂泊。在此,刻立《通番事迹碑》,记载了他前 6 次出使西洋的经历。宣德六年(1431 年)二月二十六日,船队到达福建长乐,在南山三峰塔寺刻立了《天妃之神灵应记》石碑,也记载了他奉使远航的事迹。

题　　　　名　**方伯谦海军世家**
作者及单位　方镛(福建省农业机械管理局;)
会议地点时间　2003
主 办 单 位　福建省闽学研究会
摘　　　　要　方伯谦自清同治六年考入马尾船政学堂到光绪二十年甲午海战(1867—1894),在这短暂的27年海军生涯中,却经历了可歌可泣、载入史册的十个第一。

题　　　　名　**仿明八橹船实船初步设计要求**
会 议 名 称　北京郑和二千料宝船船模复原研究论坛
会议地点时间　北京,2004
摘　　　　要　本文对郑和下西洋所用八橹船的复原进行了探讨。文章围绕船体尺度、船体造型、推进形式、船体结构、通导设备、船舱布置等进行了阐述。

题　　　　名　**访徐福故里再谈徐福在日本**
作者及单位　李连庆(外交部)
会 议 名 称　全国首届徐福学术讨论会
会议地点时间　连云港,1987
摘　　　　要　我在日本工作期间,曾于1974车应日本朋友之邀先后访问过和歌山县和柱贺县,参观过徐福登岸之地、徐福墓、徐福祠、徐福养鲸的地方,会见了当地县知事、市长、徐福会负责人,听了他们有关徐福传说的介绍,从而引起我对徐福研究的兴趣,并根据所见所闻,写成一篇《徐福在日本》的散文(收在1981年出版的拙著《樱花之国》里)。以后,我继续收集到一些有关涂福的资料,准备写个徐福的剧本,主题、内容、结构均有了构思,还同文艺界的——些朋友讨论过,终因材料不够充分和工作太忙而被搁置下来。

题　　　　名　**舫——双体船**
作者及单位　黄根余,杨宗英

题　　　　名　**费信和《星槎胜览》**
作者及单位　陈兆弘(苏州市历史文化名城研究会)
会 议 名 称　传承文明走向世界和平发展——纪念郑和下西洋600周年国际学术研讨会
会议地点时间　江苏,2005

题　　　　名　**丰臣秀吉侵朝征明的检证**
作者及单位　(日本)水野明
会 议 名 称　第二届明清史国际学术讨论会
会议地点时间　天津,1993
主 办 单 位　明清史国际学术讨论会论文集编辑组编

题　　　　名　**丰富多彩的霞浦松山妈祖文化**
作者及单位　刘季鸣,刘俊义

会 议 名 称 第二次闽台妈祖文化学术研讨会
会议地点时间 中国福建霞浦,1998
主 办 单 位 福建省社会科学联合会、福建省民俗学会、宁地地区社科联、霞浦县社科联、霞浦松山妈祖文化研究会
摘 要 妈祖信仰在闽台兩省乃至海外華人中有着久遠的廣泛的影響。妈祖,民間傳說中的“海上和平女神”。

题 名 **《奉使朝鲜日记》之研究——兼论《使韩纪略》及其政治背景**
作者及单位 冈本隆司(日本京都府立大学文学部;)
会 议 名 称 “近代中国、东亚与世界”国际学术讨论会
会议地点时间 中国山东日照,2006
主 办 单 位 中国社会科学院近代史研究所中外关系史学科、《历史研究》编辑部
摘 要 1890 年 6 月 4 日,朝鲜神贞大王大妃赵氏去世,享年 83 岁。她是朝鲜国王高宗之前代翼宗之妃,在当时的韩廷中辈分最高。

题 名 **佛教僧人取经求法的活动与古代广州的海外交通(提要)**
作者及单位 李剑雄
会 议 名 称 海上丝绸之路与潮汕文化学术研讨会
会议地点时间 汕头,1994

题 名 **佛教与朝贡的关系——以南北朝时期为中心**
作者及单位 河上麻由子(日本九州大学文学部)
会议地点时间 2005
摘 要 佛教式朝贡是根据中国国内的崇佛情况,同时考虑周边国家的朝贡,为了获取皇帝的欢心,想象出来的朝贡。接受这种朝贡的皇帝都对佛教采善意态度,而进行这种朝贡的国家一定是想通过强调佛教而获得一定的利益。

题 名 **福建长乐民间郑和崇拜现象析**
作者及单位 曾国新(福建省长乐市旅游局)
会 议 名 称 “郑和远航与世界文明”暨纪念郑和下西洋 600 周年学术讨论会
会议地点时间 北京,2004

题 名 **福建长乐是郑和下西洋的驻泊基地和开洋起点**
作者及单位 曾国新(福建省长乐市旅游局)
会 议 名 称 传承文明走向世界和平发展——纪念郑和下西洋 600 周年国际学术研讨会
会议地点时间 江苏,2005

题 名 **福建长乐显应宫与郑和信仰研究**
作者及单位 徐心希(福建师大社会历史学院)
会 议 名 称 传承文明走向世界和平发展——纪念郑和下西洋 600 周年国际学术研讨会
会议地点时间 江苏,2005

题　　　名　福建船政承前启后的重要人物裴荫森
作者及单位　林恩燕(福建省中医药研究院;)
会议地点时间　2003
主 办 单 位　福建省闽学研究会
摘　　　要　在清代,历任福建船政主持人多达24人,任期均很短,除沈葆桢任职最长达8年外,其次就是裴荫森任职6年,而他任职期间的条件又最艰难,但由于他有立志献身于船政事业的精神,为福建船政做出很多贡献,是福建船政史上承前启后的重要人物。

题　　　名　福建船政的对外交涉
作者及单位　陈名实(福建省地方志编纂委员会)
会 议 名 称　福建省闽学研究会
会议地点时间　2003
主 办 单 位　福建省闽学研究会
摘　　　要　清同治四年(1865),闽浙总督左宗棠认为巩固国防,首推海防,而要巩固海防,要有轮船。他鉴于以往向西方国家购买枪炮,既花费巨大,又受制于人的教训,决心走自强道路。于是在同治五年(1866)夏,左宗堂将其自造轮船的主张上奏清廷,指出中国只有自造轮船,才不会被外国所控制。同时,在造船中必须雇用外国人员帮助造船。这个奏折很快就被清政府批准。于是,左宗棠就与法国人日意格、德克碑等人着手筹办福建船政。

题　　　名　福建船政的妈祖信仰
作者及单位　张卫明(厦门大学人文学院历史系)
会 议 名 称　船政文化研究
会议地点时间　2003
主 办 单 位　福建省闽学研究会
摘　　　要　船政事业与妈祖信仰二者之间似乎毫不相干,前者是近代文化的因子,而后者则是传统文化的标本。然而,在福建——妈祖信仰的故乡,二者实现历史性结合,兼容于海洋文化大体系中,存在着交融互动的关系。考察福建船政的妈祖信仰,有必要对妈祖信仰的历史渊源、福建船政对妈祖信仰的表现及妈祖信仰对福建船政事业的精神价值作较为全面的探讨。

题　　　名　福建船政的五种精神
作者及单位　郑剑顺(厦门大学人文学院历史系)
会议地点时间　2003
主 办 单 位　福建省闽学研究会
摘　　　要　晚清福建船政局于同治五年(1866)六月创办,光绪三十三年(1907)五月停办。船政是关于造船、修船、驾船及有关事务的统称。福建船政局管辖的事务包括造船、修船、学堂(人才培养)、海军(福建海军),形成船政的造船基地、修船基地、培才基地、海军基地。因此,严格地说,不能把福建船政局称为"福州船厂"、"马尾船厂"、"福建船厂"。船厂仅是福建船政局的一部分。福建船政局简称福建船政或船政,这是晚清文献中所称呼的。称"福建船政",因为船政设在福建;称"船政",因为当时全国仅此一家专门"船政",因此,船政成为福建船政局的代称。

题　　　名　福建船政对近代航海业的贡献
作者及单位　陈静(福州市对外关系交流史馆)
会议地点时间　2003
主 办 单 位　福建省闽学研究会
摘　　　要　我国是世界上最早开始航海活动的国家之一。历史上,我国的造船和航海技术曾长期处于领先地位。但是,到了近代,由于社会生产力和经济得不到发展,封建统治者又实行严厉的禁海政策,航海业发展受到严重的制约,航海技术和造船技术都一落千丈。

题　　　名　福建船政和近代中国海洋军事观的变革发展
作者及单位　史滇生(海军指挥学院)
会议地点时间　2003
主 办 单 位　福建省闽学研究会
摘　　　要　1866 年建立的福建船政和福建船政学堂,在中国近代历史上的地位和影响是多方面的。其中,它对中国海洋军事观的发展变革也产生了重要影响。过去,学术界在研究福建船政时从这个角度探讨分析的不多,本文试图对这个问题作一些探讨。

题　　　名　福建船政史迹的保护和利用
作者及单位　黄启权(中共福州市委办公厅)
会议地点时间　2003
主 办 单 位　福建省闽学研究会
摘　　　要　船政文化史迹指的是船政历史和船政人物留下来的痕迹,包括研究船政文化的旧址、实物、代表性建筑,以及人文景观、人物事迹等等。

题　　　名　福建船政文化是福州宝贵的旅游资源
作者及单位　高祥杰(福州市林业局林业检查站)
会 议 名 称　船政文化研究
会议地点时间　2003
主 办 单 位　福建省闽学研究会
摘　　　要　江水清澈悠悠,夹岸青山峻峭,满目苍松翠竹,福州就座落在这样青山环抱,绿水萦绕之中。福州山川秀美,人杰地灵,历史久远。福州是福建省的政治、经济、文化的中心,又是国家历史文化名城、著名的港口商贸城市和沿海开放城市,但长期以来,福州给世人的形象与声望,不能与其丰富的内涵相匹。如何树立起国家级历史文化名城的形象,提高城市的知名度,扩大影响力,是福州当前亟待解决的重大课题。一座城市的旅游主题和线路,就象一个人的名片,打造一条名牌旅游线路,向世人展示她的形象,不失为解决这一重大课题的一着。

题　　　名　福建船政学堂赴欧留学生的贡献及其经验教训
作者及单位　杨茂庆(徐州师范大学)
会 议 名 称　教育史研究创刊二十周年暨中国教育史研究六十年学术研讨会
会议地点时间　中国北京,2009
主 办 单 位　中国地方教育史志研究会、《教育史研究》编辑部
摘　　　要　继 1872 年清政府派遣幼童留美之后,福建船政学堂于 1877 年先后派遣四批学生赴

欧留学,它开了清政府向欧洲官派留学生之先河。留欧学生归国后很多成为海军中的骨干力量,在“西学东渐”和“东学西传”的过程中发挥了不可替代的作用,在中外文化交流史上产生了巨大而深远的影响,但也留下不少深刻的经验教训。

题　　　名　**福建船政与1874年日本侵台事件**
作者及单位　陈双燕(厦门大学学报编辑部)
会议地点时间　2003
主 办 单 位　福建省闽学研究会
摘　　　要　1866年左宗棠在福州创办的福建船政是近代中国最早的造船工业,也是早期洋务事业的重要举措之一。福建船政的发展,使得其在1874年抵御日本侵略台湾的过程中起了重要的作用。经过这一事件以后,福建船政也迎来了新的发展机遇。对于福建船政与1874年日本侵台事件之间的关系,学术界已有人关注,但未作深入探讨,本文拟对此进行一些考察,以求教于方家。

题　　　名　**福建船政与江南制造总局比较研究**
作者及单位　阮章魁(福州市博物馆;)
会议地点时间　2003
主 办 单 位　福建省闽学研究会
摘　　　要　鸦片战争失败后,中国沿海藩篱尽撤,门户洞开。西方列强纷纷入侵,蚕食分割中国领土,国内民不聊生,爆发了太平天国等一系列农民起义运动。清政府在国外国内双重压力面前,为了拯救其垂危统治,进行了一场以引进和学习西方先进的科学技术,创办和发展军用工业、民用工业企业,编练建设新式海军海防、陆军。

题　　　名　**福建船政与清朝后期财政经济**
作者及单位　唐岱蒙(福州二中;)
会议地点时间　2003
主 办 单 位　福建省闽学研究会
摘　　　要　福建船政是近代中国著名洋务企业的重点之一,也是清朝花钱最多的一个单位。在清朝政府创办的25个近代军用企业中,官办、军用、造船为福建船政的一大特色。福建船政(1866－1907)长达42年历史最明显的标志,可谓在船政经费上得到集中反映。船政经费问题实际上是清末整个国家的财力问题。对福建船政经费问题进行考察,探索福建船政后期财政经济积贫的由来及其历史教训,不仅有历史的意义,而且也有现实意义。

题　　　名　**福建船政与中国近代海军建设**
作者及单位　王彦(海军指挥学院)
会议地点时间　2003
主 办 单 位　福建省闽学研究会
摘　　　要　1866年,闽浙总督左宗棠主张加强海防必须建设水师,要建设水师必须设立船政进行造船,他向清廷建议在福州马尾罗星塔一带建设造船厂和船政学堂,获得了批准。从此,福建船政闻名遐迩,它为中国近代海军(1840—1919)和加强海防,作出了重要的贡献。

题　　　名　**福建船政早期在“西为中用”道路上的探索**
作 者 及 单 位　郭秀清，黄芸（闽江学院历史系）
会议地点时间　2003
主 办 单 位　福建省闽学研究会
摘　　　要　由清闽浙总督左宗棠在1866年创办的福建船政局，是我国近代机器造船业的开端，也是当时远东最大的造船厂之一。在一个既无先进生产技术，又无近代造船经验的落后的半封建半殖民地的国家，要抵御外侮，就必须学习西方的长处，“师夷长技以制夷”，这样引进西方先进的科学技术和管理经验是势所必然。

题　　　名　**福建地域、族群、文化与闽商精神**
作 者 及 单 位　苏文菁（福建师范大学文学院）
会 议 名 称　福建省首届海洋文化学术研讨会
会议地点时间　中国福建福州，2007
主 办 单 位　福建省炎黄文化研究会、福州市政协、福建省社科联、福建省海峡文化研究会
摘　　　要　闽文化以开放与打拚在中华文化中极具区域特色。宋元时期，闽文化创造了中国经济的奇迹；今天更是福建建设海峡西岸经济区的文化资本与动力。闽文化是古代闽族先民在“多山”、“滨海”的自然环境中打磨出来的生存文化。

题　　　名　**福建东山岛郑和碑考察**
作 者 及 单 位　陈立群，林果
会 议 名 称　北京郑和二千料宝船船模复原研究论坛
会议地点时间　北京，2004
摘　　　要　本文对福建东山岛郑和碑进行了考察。文章围绕手抄碑文的来历、净港与郑和碑、鲜为人知的历史情节等进行了阐述

题　　　名　**福建古代海神信仰的发展演变**
作 者 及 单 位　林国平（福建师范大学社会历史系学院）
会 议 名 称　福建省首届海洋文化学术研讨会
会议地点时间　中国福建福州，2007
主 办 单 位　福建省炎黄文化研究会、福州市政协、福建省社科联、福建省海峡文化研究会
摘　　　要　福建地处中国东南沿海，境内多山，西部、北部均有高山峻岭与外界隔绝，陆路交通十分不便。唯有东南濒海，有着漫长的海岸线和众多的天然良港，具有发展海上交通的客观条件。

题　　　名　**福建古代海洋文化历史轨迹探微**
作 者 及 单 位　赵君尧（福州职业技术学院）
会 议 名 称　福建省首届海洋文化学术研讨会
会议地点时间　中国福建福州，2007
主 办 单 位　福建省炎黄文化研究会、福州市政协、福建省社科联、福建省海峡文化研究会
摘　　　要　考古研究证明，在距今一万年左右，居住在福建沿海的闽族先民已初步形成具有鲜明海洋特征的海洋文化，如漳州的覆船山、龙海的万宝山、漳浦的香山、东山的大帽山、诏安的腊州山等文化遗址出土的陶片、石器、石片、兽骨、贝壳等，可推知大约在距今3000－7000年这个时期，有一部分闽族先

民在这些海湾地区,依山面海的小岛或山丘聚落而居,过着狩猎、捕鱼、捞贝、采集的生活。再如约距今5500-7000年的平潭壳丘头文化遗址;距今5000-5500年的闽侯昙石山文化遗址。从其中出土的石器、陶器、贝壳、骨器等,说明当时闽族先民沿江临海合群而居,社会生产以渔猎为主,而且渔猎活动已借助原始舟船由江而海进行。昙石山文化尚见于闽侯县庄边山、溪头和福清东张等地,它与台湾岛的芝山岩、大邱园、凤鼻头等文化遗存具有诸多共同特征。

题　　　名 **福建海上丝绸之路研究的思考**
作 者 及 单 位　王连茂,丁毓玲
会 议 名 称　联合国教科文组织海上丝绸之路考察泉州三周年"海上丝绸之路与伊斯兰文化"国际学术讨论会
会议地点时间　泉州,1994

题　　　名 **福建海洋的经济文化思考——兼论清代以前福建海外贸易**
作 者 及 单 位　任婵娟
会 议 名 称　首届建设弘扬海洋文化研讨会
会议地点时间　北京,2007
主 办 单 位　中国海洋学会

题　　　名 **福建海洋民俗文化的积淀与传承**
作 者 及 单 位　徐心希(福建师大社会历史学院)
会 议 名 称　福建省首届海洋文化学术研讨会
会议地点时间　中国福建福州,2007
主 办 单 位　福建省炎黄文化研究会、福州市政协、福建省社科联、福建省海峡文化研究会
摘　　　要　海洋文化是中国传统文化的一个重要组成部分,绚丽多彩的海洋文化增添了中国传统文化的多样性与丰富性。福建是我国海岸线最长的省份,沿海有众多的岛屿。从古至今,福建海洋文化积淀了各个时代的文化特色与精髓,锻造成今天在全国独具特色的福建海洋文化。

题　　　名 **福建海洋文化特质对早期留欧教育的影响**
作 者 及 单 位　黄新宪(福建省教育科学研究所)
会 议 名 称　福建省首届海洋文化学术研讨会
会议地点时间　中国福建福州,2007
主 办 单 位　福建省炎黄文化研究会、福州市政协、福建省社科联、福建省海峡文化研究会
摘　　　要　福建位于东南沿海,海岸线长,港湾众多,岛屿密布,具有优越的海洋环境。在远古时代,福建便出现了早期的海洋文明。近代以来,在与西方海洋文明的碰撞与交融之中,福建的海洋文化逐步孕育成熟,形成了自己的特质。

题　　　名 **福建海洋文化与佛教的传播**
作 者 及 单 位　李玉昆(泉州海外交通史博物馆)
会 议 名 称　福建省首届海洋文化学术研讨会
会议地点时间　中国福建福州,2007
主 办 单 位　福建省炎黄文化研究会、福州市政协、福建省社科联、福建省海峡文化研究会

摘　　要　中国是一个陆地国家,又是一个海洋国家。中国的东南和南面有广袤的大海,有长达18000多公里的海岸线和6000多个大小岛屿。古代中国不但有大陆文化,而且有海洋文化,他们是相辅相成,互为补充,互相促进的一个整体。

题　　名　**福建海洋文化与中国近代第一批留欧学生**
作者及单位　李卫华(厦门大学历史系)
会议名称　福建省首届海洋文化学术研讨会
会议地点时间　中国福建福州,2007
主办单位　福建省炎黄文化研究会、福州市政协、福建省社科联、福建省海峡文化研究会
摘　　要　新航路的开辟,使世界历史开始进入西方海洋文明称雄世界的时代。巩固国防与经营海洋是东方农耕文明在遭受西方海洋文化势力侵逼时必然的应对举措。由于海洋文化的涉海性,地处东南沿海要冲的福建被推到了中西较量与交流的前方。

题　　名　**福建海洋文明与多明我会首次入闽**
作者及单位　周志明(厦门大学人文学院历史系)
会议名称　福建省首届海洋文化学术研讨会
会议地点时间　中国福建福州,2007
主办单位　福建省炎黄文化研究会、福州市政协、福建省社科联、福建省海峡文化研究会
摘　　要　福建面临太平洋海域,坐拥3300公里长的海岸线,在历史长河中铸造了丰富的海洋传统文化,形成了"闽在海中"的以海为生的闽人习性。根椐现存的昙石山文化遗物考证,福建的海洋文明可以追溯到六千多年前。五代闽王王审知开辟位于黄歧半岛的甘棠港(海上黄崎,波涛为阴,一夕风雨雷电震击,开以为港,闽人以为审知德政所致,号为甘棠港),积极“招徕蛮夷商贾”,贸易南海、新罗、日本等地,使福建加入了“丝绸贸易”的循环运作当中,加速了福建海洋文明发展的进程。

题　　名　**福建海洋性格的历史记忆——泉州宗教石刻**
作者及单位　王丽明(泉州海外交通史博物馆)
会议名称　福建省首届海洋文化学术研讨会
会议地点时间　中国福建福州,2007
主办单位　福建省炎黄文化研究会、福州市政协、福建省社科联、福建省海峡文化研究会
摘　　要　泉州是福建闽南的重要城市,宋元时期的泉州是福建海洋经济最明显最突出的例证。

题　　名　**福建人的海洋性特征及其原因探讨**
作者及单位　黄英湖(福建社会科学院)
会议名称　福建省首届海洋文化学术研讨会
会议地点时间　中国福建福州,2007
主办单位　福建省炎黄文化研究会、福州市政协、福建省社科联、福建省海峡文化研究会
摘　　要　福建地处东南海边,面对着浩瀚的东海和台湾海峡。境内又溪河纵横,水网密布。多水的地理环境,使福建人深谙水性,善于与水打交道;长期的海边生活,也使福建人熟悉海洋,善于驾船搏击风浪。所以,在福建人的身上,具有一种显明的海洋性特征,即使是与同处海边的北方其他省份相比较,这种特征仍是比较突出的。

题　　名　福建人民对郑和下西洋的贡献
作者及单位　徐恭生(福建师范大学社会历史学院)

题　　名　福建人与澳门妈祖文化渊源
作者及单位　徐晓望(福建社会科学院历史研究所)
会议名称　妈祖信仰国际学术研讨会
会议地点时间　港朝天宫妈祖文化大楼,1996

题　　名　福建人在马新历史上所扮演的角色
作者及单位　颜清湟
会议地点时间　2006

题　　名　福建省海上丝绸之路研究十年
作者及单位　陈达生(中国与海上丝路研究中心)
会议名称　“中国与东南亚”国际学术讨论会

题　　名　福建省统辖台湾之始
作者及单位　徐晓望(福建社会科学院历史研究所)
会议名称　纪念抗日战争胜利60周年暨台湾建省120周年学术研讨会
会议地点时间　中国福建厦门,2005
主办单位　福建省炎黄文化研究会、厦门市政协
摘　　要　郑成功进兵台湾时,声称要讨回其父郑芝龙原有之地。荷兰人竭力争辨:荷属东印度公司的记载表明,郑芝龙原为荷兰人一个翻译,他来到台湾比荷兰人迟。在台湾的方志中也有两种意见,一些人以为荷兰人最早开辟了台湾,另一些人认为:是郑芝龙最早开辟台湾。

题　　名　福建省漳浦、东山二县的妈祖信仰
作者及单位　谢重光(福建省委党校)
会议名称　妈祖信仰国际学术研讨会
会议地点时间　港朝天宫妈祖文化大楼,1996

题　　名　福建市舶司副提举罗伦与泉州
作者及单位　徐从花(厦门大学)
会议名称　第二届闽南文化研讨会
会议地点时间　中国福建泉州,2003
主办单位　福建省炎黄文化研究会、泉州市政协
摘　　要　1982年,国务院宣布泉州为全国首批二十四座历史文化名城之一。历史文化名城泉州人文鼎盛,文风丕振,夙有海滨邹鲁之称。泉州所深寓的博大精深的闽南文化底蕴,除了历朝本地人的努力之外,历代流寓泉州的名宦贤士也为之增色不少。明代福建市舶司副提举罗伦即为一例。《晋江县志》、《泉州府志》、《福建通志》等地方志有关罗伦的记载均寥寥数语,一笔带过,语焉不详,颇感遗憾,笔者谨以此文为记。

题　　　名　福建为何成为郑和下西洋的重要基地
作者及单位　谢必震(福建师范大学历史系)

题　　　名　福建学与东南亚福建学:个案透视与学术建构
作者及单位　吴小安(北京大学历史学系)
会议地点时间　2006

题　　　名　福建早期的四座“天后宫”
作者及单位　陈国强,叶文程
会议名称　妈祖文化——闽台妈祖文化学术研讨会
会议地点时间　厦门,1997
主办单位　福建省社会科学界联合会,福建省民俗学会,台湾省各姓渊源研究学会联合举办

题　　　名　福州“海军世家”成因初探
作者及单位　刘琳,史玄之(福州晚报采访部;福州三中)
会议名称　船政文化研究
会议地点时间　2003
主办单位　福建省闽学研究会
摘　　　要　在中国任何一座城市,都找不到象福州城这样拥有如此众多的海军世家。据不完全统计,福州三代以上当海军的家庭有近千个。海军世家基本依“海军军官的儿子还是海军军官、海军士兵的儿子还是海军士兵”脉络绵延着。

题　　　名　福州船政文化的渊源与发展
作者及单位　卢建一(福建师范大学社会历史学院)
会议名称　船政文化研究
会议地点时间　2003
主办单位　福建省闽学研究会
摘　　　要　福州有着悠久的造船历史。古越人尤其善于造舟及用舟,《淮南子》载:胡人便于马,越人便于舟。《越绝书》载,越人水行而山处,以船为车,以楫为马,往若飘风,去则难从。连江发掘出一艘独木舟,系用樟树树干所制,长7.10米、前宽1.10米、后宽1.50米,残高82厘米,两侧舷板由前向后斜起。据中国科学院贵阳地球化学研究所对舟体木材测定,其时间上限为公元前290年,下限为公元前100年。此舟造型古朴、加工粗糙,但舟体有明显经过粗笨的金属器加工的痕迹。连江独木舟的发现,证实了古文献关于闽越族善于造舟的历史记载。

题　　　名　福州疍民的精神文化生活
作者及单位　杨济亮(福州市社会科学院)
会议名称　“闽都文化研究”学术会议
会议地点时间　中国福建福州,2003
主办单位　福建省炎黄文化研究会、福州市政协、福建省社科联、福建省海峡文化研究会
摘　　　要　福州地区水上居民,历史上曾经是一支特殊的族群,被称为“疍民”或“曲蹄仔”。唐宋以后“疍民”比较集中地指福建、广东等沿海诸省的水上居民。学界一般认为,福州水上居民之源可以

追溯至秦汉时期生活在福建地区的闽越族以及魏晋南朝时期福建沿海的船户和屯田客。在二千多年的历史中，福州地区水上居民顽强地保持着自己的生活方式及其丰富的精神生活，显示了这一族群特殊的生命力。

题　　名　福州疍民考略

作者及单位　杨济亮（福州市社会科学院）

会议名称　闽越文化学术研讨会

会议地点时间　中国福建福州，2001

主办单位　福建省炎黄文化研究会、福州市政协、福建省社科联、福建省海峡文化研究会

摘　　要　疍民，又叫疍家、蜒民，名称不一，它是历史上分布在闽江上及闽江口的一支特殊民系，也是一个弱势群体。包括福州疍民在内的渔民，以海为田，或采捕营生，或驾舟度日，为福州的海外交通和贸易的恢复和发展做出了重要贡献，所以研究他们具有重要的意义。

题　　名　福州海防思想研究

作者及单位　卢建一（福建师范大学社会历史学院）

会议名称　"闽都文化研究"学术会议

会议地点时间　中国福建福州，2003

主办单位　福建省炎黄文化研究会

摘　　要　海防思想是人类对海上及沿海地区生存环境，结合国内经济、政治、文化诸要素而产生的海上及沿海防御的客观认识。福州由于自身的地理环境，自古以来就有海上活动。《后汉书・郑弘传》称："旧交趾七郡贡献转运，皆从东冶泛海而至。"随着社会生产力的发展与造船水平的提高，拓展和加强与外部世界的联系，向海洋发展是历史的必然。海上活动必须有海防力量的支持，海防思想也随着海防实践而萌发，进而指导海防建设。本文叙述福州海防思想发展的几个阶段，阐述海防思想与当时社会政治、经济的关系，以期对海洋世纪的福州发展起借鉴作用。

题　　名　福州和台湾的轮船往来

作者及单位　林国清，林荫予（晋安区方志委；马尾区安全生产监督管理局）

会议名称　福建省首届海洋文化学术研讨会

会议地点时间　中国福建福州，2007

主办单位　福建省炎黄文化研究会、福州市政协、福建省社科联、福建省海峡文化研究会

摘　　要　清同治五年（1866 年），清政府在福州马尾创办福建船政局。同治八年（1869 年）6 月 10 日，船政局造船厂制造的第一艘轮船"万年清"号下水试航。以后造船厂不断制造新轮船。

题　　名　福州民间信仰对日本华侨社会的影响

作者及单位　童家洲（福建师范大学社会历史学院）

会议名称　"闽都文化研究"学术会议

会议地点时间　中国福建福州，2003

主办单位　福建省炎黄文化研究会、泉州市政协

摘　　要　宗教是世界文化传播的主要渠道之一，尤其在古代、中世纪及近代前期更是如此。中华传统文化向外传播，往往与我国境内宗教的外传结合在一起。就学术领域之间关系而言，"宗教是文化的中心要素"之一。宗教感情，是一个民族的共同心理和传统习俗的重要表现。由共同的民间信仰"结合

起来的感情，往往是一个民族强大的内聚力”。

题　　名　福州沈葆桢遗迹
作者及单位　杨秉纶（福州市博物馆）
会议名称　沈葆桢研究——纪念沈葆桢诞辰180周年学术研讨会
会议地点时间　中国福州马尾，2000

题　　名　福州书院学生论船政
作者及单位　官桂铨（福州市林则徐纪念馆）
会议地点时间　2003
主办单位　福建省闽学研究会
摘　　要　同治五年（1866）福州马尾创办船政，它是清末洋务运动的产物，引进了西方先进的生产技术，主要制造轮船，挑战中国传统的手工生产，同时也震撼正在传统书院、准备科举的莘莘学子，书院对洋务、船政也给予注意，学生作文时有涉及。

题　　名　福州与台湾的文化渊源
作者及单位　陈锦谷（福州市社会科学院）
会议名称　“闽都文化研究”学术会议
会议地点时间　中国福建福州，2003
主办单位　福建省炎黄文化研究会
摘　　要　台湾岛四面环海，东部是深达两百米以上的太平洋，西部是台湾海峡，与福建相邻。台湾海峡深度一般不超过两百米，最浅处仅四十米，闽台两地相距最近的是台湾桃源县的白沙山和福州平潭县之间，仅一百三十千米，福州至台湾基隆港距离也只有一百四十九千米。这种特殊的地缘关系决定了福州与台湾的文化关系源远流长。

题　　名　傅衣凌对明清商业与商业资本的研究
作者及单位　唐文基
会议名称　第九届国际明史学术讨论会
会议地点时间　武夷山，2002
主办单位　中国明史学会

题　　名　港口因素对烟台市形成和发展的影响
作者及单位　魏兴华，谭红敏（烟台师范学院地理与资源管理学院；山东省烟台市第四中学；烟台大学人文学院；）
会议名称　中国地理学会人文地理专业委员会暨全国高校人文地理学研究会2003年年会
会议地点时间　2003
主办单位　中国地理学会人文地理专业委员会
摘　　要　作为山东半岛重要的港口城市，烟台市经历了港兴城兴、港衰城衰的发展历史。本文通过探讨烟台市中心区（芝罘区）的发展与港口的关系，指出了港口因素对城市产生和发展的影响，认为烟台市的重新振兴，必须重新挖掘港口潜力，通过港口带动城市的进一步发展。

题　　　名　高丽·宋朝之间使路臣程考
作者及单位　陈泰夏
会议地点时间　1987

题　　　名　高丽僧义天的渡宋活动与丽宋佛教交流
作者及单位　崔柄宪(韩国国立汉城大学)
会 议 名 称　登州港与中韩交流国际学术讨论会
会议地点时间　蓬莱,2004
摘　　　要　大觉国师义天(1055 — 1101 年)是韩国佛教历史上留下最伟大业绩的僧侣之一。首先。他在批判均如佛教的同时,主张"教观并修"。改革了华严宗。其次,他将禅宗包容在内,新创了天台宗,使高丽佛教发展到了"弹教统合"的新阶段。另一方面,他通过蒐集刊行佛教典籍,完成了对汉字文化圈的东亚佛教文化总整理的业绩;同时通过与宋、辽、高昌、日本等东亚佛教界的广泛交流,不仅大幅拓宽了高丽佛教的范畴,而且在提高末、辽、日本等国的佛教水准上,都做出了很大贡献。

题　　　名　高丽义天大师经山东密州来华弘法
作者及单位　谢俊美(华东师范大学历史系)
会 议 名 称　登州与海上丝绸之路国际学术研讨会
会议地点时间　中国山东蓬莱,2008
主 办 单 位　联合国泛丝绸之路·系列活动组委会、中国中外关系史学会、鲁东大学、山东师范大学齐鲁文化研究中心、蓬莱市人民政府
摘　　　要　继义通之后,架起中韩之间友好合作交流金桥的是大觉国师义天。义天是韩国天台宗的始祖,华严大师,名重东亚的僧统。他不仅才行俱优,而且也是中韩关系史上一位卓有建树的友好使者,为中韩佛教、文化乃至经济交流做出了不可磨灭的贡献。

题　　　名　高州府人在北海的历史印记
作者及单位　王戈(北海市文物管理所)
会 议 名 称　北海市全面建设小康社会理论研讨会
会议地点时间　中国北海,2003
摘　　　要　鸦片战争后,中国逐渐门户洞开、积弱积贫。西方列强凭着船坚炮利,把中国变成了半封建半殖民地。那时,外国商船大举向中国沿海港口倾销鸦片等商品,同时也肆意掠夺我国的白银等资源。清道光中叶,西江水道由于太平天国战争受阻,粤桂西南及云贵等地的商品大多改道北海港外运,北海港也逐渐成为粤西和桂南沿海的商贸中心。

题　　　名　跟随郑和下西洋的回族穆斯林
作者及单位　魏德新(乌鲁木齐铁路局)
会 议 名 称　郑和下西洋与文明对话国际研讨会
会议地点时间　中国宁夏银川,2005
主 办 单 位　宁夏社会科学院、伊朗伊斯兰共和国驻华大使馆文化处
摘　　　要　王景弘,明代伟大的穆斯林航海家、外交家和军事家。综观郑和下西洋这一震惊海内外的壮举,郑和之所以能够顺利完成使命,这与其船队中有着一批杰出的统领指挥和优秀航海家是分不开的。在他们当中,王景弘可谓是与郑和配合最默契、协作最紧密、支持最有力、交往最长久的亲密挚友;同

时也是一位最杰出的、论及下西洋之功可“与郑和并列而载入史册”的伟大穆斯林航海家、外交家和军事家。

题　　　名　公元十六世纪的中国海盗
作者及单位　李洵
会 议 名 称　明清史国际学术讨论会
会议地点时间　天津,1980

题　　　名　功昭青史益留后人——张之洞阻止澳门永久割让的历史贡献
作者及单位　马学华
会议地点时间　1991
摘　　　要　1887年3月26日,英国殖民主义分子金登干代表清政府到里斯本草签了中葡条约,把澳门统治权拱手让给了葡萄牙人,使中国的主权进一步遭到破坏。

题　　　名　《宫岛诚一郎文书》中的琉球交涉史料
作者及单位　刘雨珍(南开大学外国语学院)
会 议 名 称　纪念黄遵宪逝世一百周年国际学术讨论会
会议地点时间　中国北京,2005
主 办 单 位　中国社会科学院近代史研究所、中国史学会
摘　　　要　1877年底,黄遵宪作为中国首任驻日公使何如璋的参赞官赴日,至1882年3月调任驻美国旧金山总领事,先后在日本度过了四年多的外交官生活。除协助何如璋公使处理琉球归属交涉、朝鲜开国等问题外,他还与明治初期的日本文人广泛开展交流。

题　　　名　姑嫂塔传说及其在南洋的流变
作者及单位　黄瑜
会 议 名 称　“谱牒研究与五缘文化”研讨会
会议地点时间　中国福建晋江,2008
主 办 单 位　福建省民俗协会、福建省五缘文化研究会、晋江政协文史委、晋江谱牒研究会
摘　　　要　在闽南沿海一带,尤其是晋江地区,流传着著名的“姑嫂塔”传说,该传说版本众多,内容丰富。而传说附着的姑嫂塔,历史悠久,曾有着重要的航运和海防功能,随着福建沿海贸易和百姓出海经商的历史变迁,至今已经成为闽南华侨文化的象征标志。

题　　　名　古船研究中的总纵强度计算
作者及单位　庄立球(集美大学航海学院;)
会 议 名 称　第四届全国结构工程学术会议
会议地点时间　中国福建泉州,1995
主 办 单 位　中国力学学会《工程力学》编辑部、华侨大学土木工程系、清华大学土木工程系
摘　　　要　古船的船型和尺度是航海史研究中的重要课题。本文探讨古船研究中的总纵强度计算,可供航海史研究工作者在研究这一课题时参考都城,其历年如是的悠久,在当时仅次于齐国的临淄,其他都城殆皆难与之比俘。由于历史悠久,且为两国先后共建的都城,其间难免诸多曲折。今就此故城遗址,溯其渊源所在,谅亦为当世方家所乐闻软。

题　　　　名　**古代阿拉伯人记中国**
作 者 及 单 位　龚方震(上海社会科学院宗教研究所)
会 议 名 称　关于我国历史上的开放与闭关政策讨论会
会议地点时间　中国浙江宁波、中国河北秦皇岛,1987
主 办 单 位　中国中外关系史学会
摘　　　　要　我国与阿拉伯人的友好往来,至少可追溯到公元一世纪。当时通过红海的贸易操在阿拉伯南部的希木叶尔人(Himyarite)手中,他们将印度洋来的东方货物,运抵埃及,由此转运至西方。

题　　　　名　**古代东西方“水城”——苏州与威尼斯比较研究**
作 者 及 单 位　杜瑜
会 议 名 称　北京与中外古都对比研究国际学术研讨会
会议地点时间　中国北京,1990
主 办 单 位　中国古都学会
摘　　　　要　1980 年 3 月 24 日,意大利威尼斯与我国苏州城结为姊妹城。这两个城市位于欧亚大陆东西两方,都以“水城”著称于世。它们都有着悠久的历史,在长期发展过程中,都形成了各自的特点,这些特点又具有东西方城市的代表性。将它们进行比较研究。具有一定的典型意义。同时对促进我国城市发展,推动中外城市经济文化交流,可以提供一些历史经验。

题　　　　名　**古代东亚海上航路的开辟与国际贸易网络的形成和变迁**
作 者 及 单 位　曹中屏(中国南开大学历史学院)
会 议 名 称　东北亚海上交流历史文化遗产国际学术研讨会
会议地点时间　青岛;蓬莱,2006
主 办 单 位　中国海洋大学海洋文化研究所,山东省蓬莱市文物局

题　　　　名　**古代东亚汉文化圈各国交往中使用的语言与相关问题——以唐、日本、新罗和渤海为中心**
作 者 及 单 位　马一虹(中国社会科学院历史所)
会 议 名 称　“东亚汉文化圈与中国关系”国际学术会议暨中国中外关系史学会 2004 年年会
会议地点时间　中国上海,2004
主 办 单 位　中国中外关系史学会、复旦大学、上海外国语大学
摘　　　　要　日本学者某位先生提出,在古代东亚曾存在过一个“东亚文化圈”(亦即“汉字文化圈”)。“东亚文化圈”,是以“东亚世界”这样一个历史设定为前提的,其范围大体涵盖了今天朝鲜半岛、日本列岛及所谓印度支那半岛地区。

题　　　　名　**古代福州造船航海及海外文化交流史探**
作 者 及 单 位　赵君尧(福州职业技术学院)
会 议 名 称　“闽都文化研究”学术会议
会议地点时间　中国福建福州,2003
主 办 单 位　福建省炎黄文化研究会、泉州市政协
摘　　　　要　考古研究证明,在距今一万年左右,居住在福建及福州沿海的闽越族先民已有相当发

达、具有鲜明海洋特征的海洋文化,如距今五千五百至七千年的平潭壳丘头文化遗址,距今五千至五千五百年的闽侯昙石山文化遗址。

题　　　　名　**古代合浦史地杂谈**
作 者 及 单 位　邹逸麟
会 议 名 称　海上丝绸之路研究——中国·北海合浦海上丝绸之路始发港理论研讨会
会议地点时间　广西北海市合浦,2004

题　　　　名　**古代江陵的国际交往**
作 者 及 单 位　刘翔,浦士培(荆州市荆州区人民政府;荆州市荆州区史志办;)
会 议 名 称　中国古都学会第十六届年会暨莒文化研讨会
会议地点时间　中国山东莒县,1999
主 办 单 位　中国古都学会、莒县古都学会
摘　　　　要　历史文化名城江陵,拥有500多年的建都史。其时间跨度从公元前689年的春秋中叶,到公元963年的宋初,共16个世纪。她还有2000多年的建县史。丰厚的历史文化底蕴,富饶的物产,四通八达的交通,吸引着中外文人、贾客。江陵人也以其独特的方式,走向世界,参与了古代国际间的交流与合作。

题　　　　名　**古代泉州等市舶机构的设置及其兴衰沿革考辨**
作 者 及 单 位　王莉(大连海事大学)
会 议 名 称　泉州港与古代海上丝绸之路国际学术研讨会
会议地点时间　2002
主 办 单 位　中国航海学会和泉州市政府联合主办

题　　　　名　**古代泉州与大食商人**
作 者 及 单 位　宋岘(中国社会科学院)
会 议 名 称　中华文化与域外文化互动暨海上丝绸之路泉州学术讨论会
会议地点时间　泉州,2002
主 办 单 位　中国社会科学院学术交流委员会、社会科学文献出版社、中国海外交通史学会、泉州市社会科学界联合会以及台湾喜马拉雅研究发展基金会联合举办

题　　　　名　**古代日本的船用导航仪**
作 者 及 单 位　王莉(大连海事大学)
会 议 名 称　中国船史研究会年会
会议地点时间　1994

题　　　　名　**古代山东半岛航海发展之我见**
作 者 及 单 位　李文渭(青岛太平洋学会)
会 议 名 称　登州与海上丝绸之路国际学术研讨会
会议地点时间　中国山东蓬莱,2008

主 办 单 位 联合国泛丝绸之路·系列活动组委会、中国中外关系史学会、鲁东大学、山东师范大学齐鲁文化研究中心、蓬莱市人民政府

摘　　　要 山东半岛航海的初始时期(周及以前)我国古代航海开始的时间是比较早的,而首先开始海上航行的人,一定是那些居住在沿海、距离居住海岸不远的海岛上的人们。因而很多人都会有到那个离自己不远处的小岛上去看一看的想法,看看那上边到底是什么样子。每当大海退潮以后,那个岛离自己就更近了,很自然地更想要过去看个究竟,便使用浮筏类的渡海工具试验着,试着试着某一天他们居然到了那个海岛上。山东半岛附近的庙岛群岛,就是在这样的情形下开始了漂浮渡海活动。

题　　　名 **古代丝绸之路上的中外钱币**

作者及单位 吴福环,韦斌

会 议 名 称 中国钱币学会丝绸之路货币研讨会

会议地点时间 2004

主 办 单 位 中国钱币学会

摘　　　要 中西经济贸易的交流,早在先秦时期就有了发端。其中,丝绸是贸易的大宗。几千年来,凝聚着东方文明的丝绸源源不断地运往西方,在异国象一支艳丽的奇葩,绽放着夺目的光彩。德国著名地理学家冯·李希霍芬(1833－1905)将这条中亚地区和中国贸易商路及中亚至印度之间的地理交通线称为“丝绸之路”(seidenstrassen)。另一位德国学者将“丝绸之路”涵义延长到“遥远西方的叙利亚道路上去。”

题　　　名 **古代香瓷之路刍议**

作者及单位 陈佳荣(香港龄记出版有限公司)

会 议 名 称 “中国与海上丝绸之路”国际学术讨论会

会议地点时间 泉州,1994

题　　　名 **古代扬州港及其在中日文化交流史上的地位**

作者及单位 吴廷璆,郑彭年(南开大学日本研究所)

会 议 名 称 中外关系史学会第四次学术讨论会

会议地点时间 中国江苏扬州,1992

主 办 单 位 中国中外关系史学会

题　　　名 **古代战船**

作者及单位 周世德

会 议 名 称 全国第一届古代技术史交流会

会议地点时间 昆明,1983

题　　　名 **古代中国与伊朗的友好交往**

作者及单位 叶奕良(北京大学东语系)

会 议 名 称 联合国教科文组织海上丝绸之路考察泉州三周年“海上丝绸之路与伊斯兰文化”国际学术讨论会

会议地点时间 泉州,1994

题　　　　名　古登州的丝路花絮已落鲁东

作者及单位　李清山(鲁东大学党委;山东物理学会;)

会　议　名　称　登州与海上丝绸之路国际学术研讨会

会议地点时间　中国山东蓬莱,2008

主　办　单　位　联合国泛丝绸之路·系列活动组委会、中国中外关系史学会、鲁东大学、山东师范大学齐鲁文化研究中心、蓬莱市人民政府

摘　　　　要　蓬莱,是一座历史悠久的文化名城,是一片令人神往的旅游胜地。蓬莱是人间仙境,这里人杰地灵,物阜民丰;这里海阔天空,自然景色优美;这里历史文化厚重,是中国道教文化源头——方仙道的发祥地,是当年秦始皇、汉武帝多次光顾,流连忘返之地;这里还有海市蜃楼的神奇景观和八仙过海的美丽传说。蓬莱同时也是中国最早的海上丝绸之路出发地之一。

题　　　　名　古都洛阳航运述略

作者及单位　周得京

会　议　名　称　中国古都学会第十三届年会

会议地点时间　中国河南偃师,1995

主　办　单　位　中国古都学会

摘　　　　要　在古代,洛阳不仅长期是全国的经济、政治、文化中心,而且多次成为全国航运枢纽,在我国古代航运史上占有光辉的篇章。从“河图书洛”的传说,《禹贡》贡道的记载,盘庚徙都的描述,到武王伐纣时的渡河壮举,都充分说明河洛航运历史悠久,源远流长。

题　　　　名　古聊城——大运河上的明珠

作者及单位　魏挹澧,李东生

会　议　名　称　中国民居第七届学术会议

会议地点时间　中国山西太原,1996

主　办　单　位　中国建筑学会建筑史学分会民居专业学术委员会、中国文物学会传统建筑园林研究会传统民居学术委员会

摘　　　　要　古城兴衰明清两代,是聊城历史上的繁荣时期。元至元二十六年(1289 年),南起东平,经聊城北至临清的会通河被开凿为京杭运河之一段,傍城而过的运河为聊城的发展带来了勃勃生机。运河漕运进入鼎盛时期,聊城也随之繁荣发达,成为沿河九大商埠之一。当时聊城商贾云集,百业兴隆,河中帆樯如林,轴辘相连,岸边车马络绎,货积如山。

题　　　　名　古琉球海事思想状况

作者及单位　高良仓吉

会议地点时间　1987

题　　　　名　古泉州地区陶瓷生产与海上“陶瓷之路”的形成

作者及单位　叶文程

会　议　名　称　“泉州港与海上丝绸之路”国际学术研讨会

会议地点时间　中国泉州,2002

主　办　单　位　中国航海学会

摘　　　　要　古泉州地区,包括现在的德化县、永春县、安溪县、南安市、惠安县、晋江市、石狮市和

同安区等地,自六朝、唐五代、宋元及至明清时期是盛产陶瓷的重要地区。

题　　　名　**古文书中讨论福建出洋客的冶生之道**

作者及单位　陈瑛珣,梁晓兴(台湾台中侨光技术学院)

会议名称　第三届闽南文化学术研讨会

会议地点时间　中国福建漳州,2005

主办单位　福建省炎黄文化研究会、漳州市政协

摘　　　要　自古以来,浮海营生即为福建社会重要谋生方式,宋·惠安人谢履《泉南歌》:"泉州人稠山谷瘠,虽欲就耕无地辟,州南有海浩无穷,每岁造舟通异域。"沿海地区从宋元起,社会人口流动模式以"出洋、过番"为普遍现象。出洋华人以东南亚占大宗,这些华侨人口里头,来自闽、粤两省的又占绝大多数。《福建通志·风俗》:"濒海之民多以鱼盐为业,而射赢牟息,转贸四方。"随着泉州港贸易日益发达,福建出洋客数量倍增。

题　　　名　**《故马公墓志铭》的历史价值**

作者及单位　马兴东(云南民族大学)

会议名称　第二届昆明郑和研究国际会议

会议地点时间　云南,2002

摘　　　要　《故马公墓志铭》故公字哈只,姓马氏,世为云南昆阳州人。祖拜颜,祖妣马氏。父哈只,母温氏。公生而魁岸奇伟,风裁凛凛可畏,不肯枉己附人,人有过,辄面斥;言无隐。性尤好善,遇贫困及鳏寡无依者,惟保护　给,未偿有倦。公已故,乡党靡不称公为长者。娶温氏,有妇德。生子二人,长文铭,次和;生女四人。和自幼有才志,事今天子,赐姓郑,为内官监太监。赋性公勤明敏,谦恭谨密,不避劳　,缙绅咸称誉焉。呜呼! 观其子而公之积累于平日与义方之训可见矣。公生甲申年十二月初九日,卒于洪武壬戌年七月初三日,享年三十九岁。长子文铭奉柩安厝于宝山乡和代村之原。礼也。铭曰:身处乎边陲,而服礼义之习;分安乎民庶,而存惠泽之施;宜其余庆深长,而有子光显于当时也。时永乐三年端阳日资善大夫礼部尚书兼左春坊大学士李至刚撰《故马公墓志铭》文,见袁嘉谷《卧雪堂文集·昆阳马哈只碑跋》。该碑文系明资善大夫礼部尚书兼左春坊大学士李至刚于永乐三年(1405 年)撰文,继由郑和为其父立此碑于昆阳城郊月山之侧。清季光绪二十年(1894 年),昆阳孝廉宋藩在昆阳月山西坡发现此碑,后将碑文拓片送袁嘉谷先生,其内容得以面世。

题　　　名　**关渡妈祖的信仰圈**

作者及单位　林美容,许谷鸣

会议名称　妈祖信仰的发展与变迁——妈祖信仰与现代社会国际研讨会

会议地点时间　北港朝天宫,2001

题　　　名　**关渡妈祖在北台的角色与地位——海神兼陆神**

作者及单位　黄富三,方素娥

会议名称　第二届"台北学"国际学术研讨会

题　　　名　**"关门打狗"和"拒敌于门外"——中法战争镇海之役启示录**

作者及单位　张铁民,孟明法

会议名称　中法战争镇海之役 110 周年学术研讨会

会议地点时间　1995

摘　　　要　不同的战争，尽管目的各有不同，但一旦展开，其战术要求是：消灭对方有生力量，包括战斗人员和物资。反侵略战争也同样如此。1885年3月至6月的镇海之役，是我国近代反侵略战争史上鲜见的“拒敌于门外”的成功战例。众所周知，近代中国备受侵略，屡战屡败，尤其是海上军事力量，在帝国主义列强的坚船利炮面前几乎不堪一击。所以，镇海一役在敌强我弱的前提下，能取得拒敌于口门之外的胜利，其意义对我们思考国防战略不无启示。

题　　　名　关天培——抵御英国侵占香港的民族英雄

作者及单位　秦九凤（江苏淮安周恩来纪念馆）

会 议 名 称　江苏省暨南京市各界举行庆祝香港回归祖国学术研讨会

会议地点时间　1997

摘　　　要　香港在历经一个多世纪之后，终于要回归祖国版图。这不仅洗刷了中华民族的耻辱，也告慰了那些为祖国独立、富强和领土完整而前仆后继的千千万万个流血牺牲者，民族英雄关天培就是这千千万万者中之一。有备而往关天培，字仲因，号滋圃，公元1781年1月8日生于淮安府山阳县（今淮安市）。其父关自明只是个武庠生，又无功名，所以关家比较贫寒，关天培也就不能上多少学读多少书。但他天资聪颖，胆识过人，投身行伍后，从普通一兵不断被提拔重用，从漕督右营把总起前后升任十多级，后来升达苏淞镇总兵、署江南提督。

题　　　名　关于“海上丝绸之路”的思考

作者及单位　陈家义

会 议 名 称　海上丝绸之路研究——中国·北海合浦海上丝绸之路始发港理论研讨会

会议地点时间　广西北海市合浦，2004

题　　　名　关于“海洋文化的儒学”与“法政主体”的省思

作者及单位　李明辉

会 议 名 称　西方哲学东渐与中国社会现代化国际学术研讨会

会议地点时间　2006

主 办 单 位　广州，汕头

题　　　名　关于“神昭海表”御赐匾

作者及单位　方文图（厦门市地方志编纂委员会）

会 议 名 称　妈祖文化——闽台妈祖文化学术研讨会

会议地点时间　厦门，1997

主 办 单 位　福建省社会科学界联合会，福建省民俗学会，台湾省各姓渊源研究学会联合举办

题　　　名　关于《两种海道针经》的著作年代

作者及单位　张崇根

会 议 名 称　中国中外关系史学会成立大会

会议地点时间　中国福建厦门，1981

主 办 单 位　中国中外关系史学会

摘　　　要　《顺风相送》与《指南正法》经向达先生校注，题为《两种海道针经》，列入《中外交通

史籍丛刊》,由中华书局于1961年出版。这两种书,原藏英国牛津大学的鲍德林图书馆。向先生钞录带归国内,并整理出版,功不可没。

题　　　名　关于《马可·波罗游记》的版本问题

作者及单位　王欣,徐百永(陕西师范大学西北民族研究中心)

会议名称　"丝绸之路与文明的对话"学术讨论会

会议地点时间　中国新疆喀什,2006

主办单位　中国中外关系史学会、新疆社会科学院、暨南大学文学院、西北民族大学历史文化学院、新疆师范大学、喀什师范学院

摘　　　要　《马可·波罗游记》(以下简称《游记》)诞生于13世纪末,它向当时及其后的西方人提供了一个令人耳目一新的世界,在西方人认识世界的进程中发挥了重要而独特的作用。并曾一度激励着那些制图学者、人文学者、传教士、商人、冒险家等怀着不同的意图,去审视和探索书中所描述的神秘世界。或许这就是为什么此书能历700余年仍吸引着人们的缘由之所在吧。《游记》成书以后,被译成了很多种文字,涌现了难以定数的抄本和译本。关于本书的研究著作、文章和言论不时地出现,但多集中在其内容的真实性和可靠性上,而对其源流和版本的研究则相对较少。各种版本中相关内容的差异。又造成了人们在理解和认识此书价值方面的偏差和歧义。所以,全面地了解和正确地认识《游记》的成书、流变,以及各种版本的产生、相互之间的差异和产生这种差异的原因,应该是研究《游记》及其相关问题的前提和基础。

题　　　名　关于15到16世纪世界性大航海的几点浅见

作者及单位　南炳文(南开大学历史学院)

会议名称　"郑和远航与世界文明"暨纪念郑和下西洋600周年学术讨论会

会议地点时间　北京,2004

题　　　名　关于澳门妈祖信仰形成问题的辨识

作者及单位　石奕龙(厦门大学人类学研究所教授)

会议名称　澳门妈祖文化研讨会

题　　　名　关于独往性幽《本师隐公大和尚传赞》

作者及单位　(日本)小野和子

会议名称　第九届国际明史学术讨论会

会议地点时间　武夷山,2002

主办单位　中国明史学会

摘　　　要　隐元禅师(1592—1673),中国福建省福清县人。本是明末重建的其故乡福清县黄莱山万福寺的住持。1654年,从满族统治下的中国渡海来到日本,1658年即万治元年,上江户渴见了将军家纲。虽有归国之意,但终未实现,而在山城国宇治由幕府赐给寺地,建立了与其故乡同名的黄劈山万福寺。在锁国时代,宇治的黄劈山万福寺,不仅给江户的佛教界吹进了新风,而且可以说它作为中国文化的一个中心,对绘画、文艺等江户文化留下了全面而巨大的影响。这正是近年来日本学界所关注的一个热点,而我所关心的,毋宁说是从中国史方面,联系明遗民的动向,探讨隐元为什么渡海来日本,以及明末高度发展的中国文化是怎样通过黄梁带到日本的,等等。为此,本稿且对隐元的传记资料作部分补充。

题　　　名　关于妈祖家世的几个问题——兼谈开发霞浦旅遊资源

作者及单位　陈元煦(福建师范大学历史系)

会议名称　第二次闽台妈祖文化学术研讨会

会议地点时间　中国福建霞浦,1998

主办单位　福建省社会科学联合会、福建省民俗学会、宁地地区社科联、霞浦县社科联、霞浦松山妈祖文化研究会

摘　　　要　近一、二十年來,妈祖研究方興未艾,對妈祖信仰的起因、傳播、影響、傳說等問題,研究成果相當之多,有廣度、有深度。但對史書記載有關妈祖家世存在的問題,似乎尚未引起研究者的注意。

题　　　名　关于马可·波罗的三个年代问题

作者及单位　黄时鉴(杭州大学历史系)

会议名称　中国中外关系史学会成立大会

会议地点时间　中国福建厦门,1981

主办单位　中国中外关系史学会

摘　　　要　中世纪伟大的旅行家马可·波罗生平的一系列年代日期缺乏记载或记载不确。这些年代日期问题,成为马可·波罗研究的一个重要方面。

题　　　名　关于明代海外诸国通事

作者及单位　松浦章(日本关西大学)

会议名称　中国明史学会

会议地点时间　2005

主办单位　中国明史学会、中国社会科学院历史研究所明史研究室

摘　　　要　中国自古代开始,与诸外国保持良好通讯,当初直接的接触,不难想象是透过通译。在明代亦是同样如此,《明史》卷三百三十二,列传二百二十,在西域传中有:宣德、正统朝,犹多重译而至。记载宣德、正统二朝来到中国朝贡的诸国,担任几国语的通译。

题　　　名　关于南京地方史(古代部分)研究中的一些问题

作者及单位　蒋赞初

会议名称　中国古都学会第一届年会

会议地点时间　中国陕西西安,1983

主办单位　中国古都学会

摘　　　要　今江苏省南京市是我国的六大古都(北京、西安、南京、洛阳、开封、杭州)之一。因此,关于南京地方史的研究,对我国整个城市发展史的研究,具有一定的意义。但是,由于近几十年来此项研究工作未能很好地开展,一些有关的问题也未经深入探讨。现在,我们借抛砖引玉,就南京地方史中的古代部分,提出一些值得注意的问题来讨论。

题　　　名　关于日本平安时代遣唐使的次数问题——以高阶远成的遣唐为中心

作者及单位　夏应元(中国社会科学院)

会议名称　中国中外关系史学会第六次学术讨论会

会议地点时间　中国广西东兴,1997

主办单位　中国中外关系史学会、复旦大学、上海外国语大学

摘　　要　在古代中日之间的交往中,日本所派的遣唐使具有特别重要的地位,因而早为中日史家所瞩目,因之多年来投入巨大精力进行了多方面的研究。特别是日本历史学界的研究成绩,尤为卓著。中国历史学界同仁应该急起直追。

题　　名　**关于十六、十七世纪的东亚贸易圈(提纲)**
作者及单位　夏维中(南京大学)
会议名称　第五届中国明史国际学术讨论会暨中国明史学会第三届年会
会议地点时间　中国陕西西安,1993
主办单位　中国明史学会
摘　　要　从十五世纪新航路发现以来,世界各地区的经济交流进入了一个新的阶段,具体体现在商路的不断开辟而且又相对稳定,贸易额不断增长,卷入的国家和地区越来越多,对各地区社会经济之影响越来越大等各个方面。这种世界贸易新格局的形成,对当时的中国亦产生了日益重要的影响。至十六、十七世纪,在东亚地区形成了一个以私人贸易为主的贸易网络。中国是这个贸易圈的中心,它在大量输出手工业品的同时,吮吸着几乎是世界各个角落的白银,其国内社会经济的发展和演变,与此有深刻而内在的联系,世界贸易的格局和内涵也受到了一定影响。

题　　名　**关于台湾郑氏的"牌饷"**
作者及单位　张菼
摘　　要　《台湾通史》所说:凡海舶不得郑氏令旗不能来往,每舶例入二千金的"例入",就是牌饷的前身;虽然两者在征收旨趣上大不相同,但其因袭之迹是很明显的,《台湾通史》于论及台湾郑氏的海利时(见前引"商务志"中语),以郑芝龙的"以自为坚舰贸易南洋"和"每舶例入二千金"为导,除了表示连氏的见解以海上贸易和牌饷两者为海利的两大支柱以外、并也表示了郑成功的海上贸易和牌饷原就是承袭自郑芝龙的,可说是一种世业。

题　　名　**关于晚清留日教育的开端问题**
作者及单位　刘洪彬(北师大教育系)
会议名称　教育史研究创刊二十周年暨中国教育史研究六十年学术研讨会
会议地点时间　中国北京,2009
主办单位　中国地方教育史志研究会、《教育史研究》编辑部
摘　　要　自清季以来,留学教育一直被视为近代中国救亡图存的重要途径。纵观中国近代历史,从容闳率幼童赴美开留学教育之先河起,紧随其后的是福建船政学堂留欧学生的派遣,当历史的车轮转到19世纪末20世纪初的时候,近代中国的留学热潮涌向了东邻日本。处于"过渡时代"(梁启超语)的留日教育无疑比先于它的留学美欧规模更宏大,历程更复杂,影响更深远,因而留给人们的思索也更多。如关于留日教育的开端问题,目前还没有一个统一的认识,笔者就此谈一点自己的看法。

题　　名　**关于我国古代"海上丝绸之路"最早始发港研究述评**
作者及单位　韩湖初,杨士弘
会议名称　海上丝绸之路研究——中国·北海合浦海上丝绸之路始发港理论研讨会
会议地点时间　广西北海市合浦,2004

题　　名　关于西班牙所藏万历十年广东岭东道告示之考释（提要）
作者及单位　夏维中，欧阳平（南京大学；西班牙 Pompeufabra—Bacelona 大学）
会议名称　第八届明史国际学术讨论会
会议地点时间　中国湖南石门，1999
主办单位　中国明史学会、湖南省社会科学界联合会、湖南省社科院
摘　　要　西班牙一图书馆收藏了一份万历十年（1582）广东岭东道所发布的告示。告示内容为：广东等处宣布政使司分守岭东道左参政胡，为放回番徒以传天恩，仍严加重禁以彰天威事。近据碣石水寨盘获番徒壹拾捌名，连船一只，又拓林水寨盘获番僧贰拾陆名，并船一只，本当查照法律重处。值今圣明御天，怀柔远人，又奉饮差总督两广军门兵部尚书陈，并蒙巡按广东监察御史罗批行到道等因为照，各番徒自吕宋小国而来，意欲通贡，一念效顺之诚，良可加尚。但查彼国向无此例，安得以是为请！

题　　名　关于西班牙银币流入中国的若干问题
作者及单位　陈健鹰
会议名称　福建省钱币学会第二次会员代表大会
会议地点时间　中国福州，1994
主办单位　福建省钱币学会
摘　　要　自七十年代以来，闽粤沿海出土了多批古代西班牙银币。其中，仅福建的泉州地区就出土了十批。《考古》和《海交史研究》等刊物曾经分别发表了相关的研究报告，本文拟对西班牙银币流入中国的几个个别问题试作进一步探讨。

题　　名　关于徐福出海船舶的探讨
作者及单位　时平（上海海事大学海洋文化研究所；上海郑和研究中心；中国船史研究会）
会议名称　登州与海上丝绸之路国际学术研讨会
会议地点时间　中国山东蓬莱，2008
主办单位　联合国泛丝绸之路·系列活动组委会、中国中外关系史学会、鲁东大学、山东师范大学齐鲁文化研究中心、蓬莱市人民政府
摘　　要　秦朝徐福曾率数千人船队出海，从迄今掌握的史料分析，考古发现，以及多学科多视角的综合研究，徐福航海活动对中日韩三国都产生了影响。记载徐福航海历史的文献最早见于西汉司马迁《史记》，其中三处在《秦始皇本纪》，一处在《淮南衡山列传》。《史记》中没有留下有关徐福出海船舶及航线的记述。

题　　名　关于徐福东渡日本的若干问题
作者及单位　吴杰（复旦大学历史系）
会议名称　全国首届徐福学术讨论会
会议地点时间　连云港，1987
摘　　要　有些历史人物，在他生存的年代，对他的历史地位，始终没有被认识；而在他死后多少年，甚至到了社会主义新时期，才对他有了新的认识。象徐福这位人物，司马迁撰写《史记》时，虽然距秦王朝灭亡时不远，但在<秦始皇本纪>中，只把徐福作为派遣到海外寻求长生不老药的方士看待。在<淮南衡山列传>中，又把这件事大大描写了一番。但这段文章，只是伍被苦讳淮南王谋反时引证的事例之一，以后史书上的评论，也大都没有超过这个范围。

题　　　名　关于元末泉州伊斯兰教研究的几个问题
作者及单位　陈达生(中国与海上丝路研究中心)
会 议 名 称　伊斯兰教在中国——西北五省(区)伊斯兰教学术讨论会(兰州会议)
会议地点时间　兰州,1987

题　　　名　关于张保皋早期任职唐武宁军"小将"考
作者及单位　李宝民,闵德权(中国·大连海事大学)
会 议 名 称　中韩航海学术交流会
会议地点时间　大连,1998
主 办 单 位　中国航海学会
摘　　　要　张保皋是公元九世纪影响唐、新罗、日三国航海贸易的航海巨商。是新罗史上著名的政治家、军事家及商人。由于历史文献的匮乏,使得后人难以全面、系统地把握张保皋的人生轨迹。即或涉有张保皋的历史文献,也因缺乏足够的考证,而使引证的力度相对减弱。鉴此,本文拟就有关史料所言及张保皋曾为唐武宁军"小将"的说法,作一考证,以就教于专家。

题　　　名　关于郑成功
作者及单位　郑天挺

题　　　名　关于郑成功和施琅的评价
作者及单位　王铎全

题　　　名　关于郑成功历史地位的评价问题
作者及单位　许良国
会 议 名 称　郑成功研究国际学术会议
会议地点时间　厦门,1987
摘　　　要　郑成功不愧为一位伟大的爱国者、中华民族的英雄,这是史学界比较一致的意见。然而,在具体分析时,却仍存在着不同的看法:一种意见认为,郑成功之所以是民族英雄,在于他驱逐了荷兰殖民者,收复了台湾,而不是因为他抗清,抗清不能沦为民族英雄;另一种意见认为,郑成功驱荷、抗清都应论为民族英雄。

题　　　名　关于郑成功研究的若干问题
作者及单位　傅衣凌
摘　　　要　关于伟大爱国主义者郑成功的一生,解放后曾引起历史学界的重视,搜集大量史料,展开热烈讨论,一九六二年于厦门举行过一次学术讨论会,取得了一些成果。然而,从目前来看,还有一些问题没有很好地解决。比如说,郑成功究竟是代表地主阶级抗战派的利益,还是代表东南沿海新兴的海商的利益,就是一个问题。过去,很多人从道德史观出发来评价郑成功,歌颂他是明朝的孤臣孽子;有的则歌颂他的收复台湾起过救世主的作用,从而忽略人民群众在收复台湾的重大作用。由于唯心史观的影响,对于围绕看郑成功的一些人物,如郑芝龙、郑经、施琅等便毁誉不一,有的采取否定的态度,而对于他们开发台湾、保卫台湾的伟大业绩,率多忽略,不能得到公允的评价。是以应用唯物史观,排除道德观点,从中华民族的历史地位出发,从一切社会关系的总和出发,科学地、全面地评价郑成功及其周围人物,还有许多工作等待我们去做。

题　　　名　**关于郑和下西洋年代的一些问题**
作者及单位　陈得芝
会 议 名 称　“郑和与海洋”学术研讨会
会议地点时间　中国太仓,1998
主 办 单 位　江苏省郑和研究会
摘　　　要　1933年,法国东方学家伯希和(P. Pelliot)在《通报》上发表了一篇长文,题为《十五世纪初年中国人的伟大海上旅行》(冯承钧汉译本书名作《郑和下西洋考》)。此文本是为戴闻达(J. J. L. Duyvendak)的新刊著作《马欢书之再考释》(1933年阿姆斯特丹出版)而写的评论。

题　　　名　**关于中国海洋军事文化基本内涵的探讨**
作者及单位　时平(上海海事大学海洋文化研究所;上海郑和研究中心;中国船史研究会)
会 议 名 称　中国海洋学会2007年学术年会
会议地点时间　中国广东湛江,2007
主 办 单 位　中国海洋学会、广东海洋大学
摘　　　要　源远流长的中国海洋军事文化,是陆海兼容生态环境培育的中华民族智慧的结晶和精神风貌的体现,是中华海洋文明发展进程中的重要成果,独具特色。据近一百多年来历史学、考古学、海洋学和人类学等发现和研究,有可靠证据表明:在以往诸多的历史文献、考古发掘、以及留下的传说中都有关于海洋军事文化依据可寻。迄今,我们还缺少对其深入的研究,更缺乏从理性方面对其认知。本文试从这一角度,对中国海洋军事文化的基本内涵进行一些探讨。

题　　　名　**关于中国水运史丛书评价的若干问题**
作者及单位　孙光圻(大连海事大学)
会 议 名 称　中国航海史研究会华东片海港史第8次编写工作会议
会议地点时间　1991

题　　　名　**观音信仰传入台湾路线考**
作者及单位　魏德毓(厦门大学历史系)
会 议 名 称　海峡两岸五缘关系学术研讨会
会议地点时间　中国上海,2003
主 办 单 位　福建省社会科学界联合会、福建省五缘文化研究会
摘　　　要　台湾观音信仰相当盛行,有“台湾社会之信仰观世音菩萨,殆有家奉户祀之概”之说。众所周知,台湾民间信仰主要从大陆传入,作为台湾最盛行的观音信仰同样来源于大陆。但对观音信仰的传播路线,大多数学者认为是郑成功军队将闽南人民奉祀观音佛祖的习俗传入台湾,而忽略了其他两条路线。

题　　　名　**管中窥豹——16至18世纪中国人的西洋观与澳门**
作者及单位　赵春晨(广州大学)
会 议 名 称　“16—18世纪中西关系与澳门”国际学术研讨会
会议地点时间　中国澳门,2003
主 办 单 位　中国中外关系史学会、澳门理工学院、澳门基金会

摘　　要　16 至 18 世纪,澳门在中西交往中扮演着十分重要的角色,它不仅是络绎而来的西方商人、传教士、殖民者在中国大陆惟一合法的立足点,而且是仍基本处于对外封闭状态下的中国人得以接触和窥见西方事物的主要管道。

题　　名　**《光绪朝东华录》中的中日战争史料勘误**
作者及单位　郑剑顺(厦门大学人文学院历史系)
会议名称　全国党史学术研讨会
会议地点时间　2004

题　　名　**广东疍民问题浅析**
作者及单位　罗远(广东海洋大学)
会议名称　中国海洋学会 2007 年学术年会
会议地点时间　中国广东湛江,2007
主办单位　中国海洋学会、广东海洋大学
摘　　要　广东有一群特殊的人群——水上居民——“疍民”。疍,又称为蛋、蜑,是一个以舟为室,视水为陆,浮生江海的民族,主要范围从福建至东南亚沿海一带,其中广东疍民人数最多,分布最广。他们聚居在珠江口一带,包括番禺、顺德、东莞、中山、珠海、深圳、香港、三水、新会、台山、惠东、汕尾等地。

题　　名　**广东明代仿龙泉青瓷及其外销初探**
作者及单位　曾广亿
会议名称　中国古代陶瓷的外销中国古陶瓷研究会中国古外销陶瓷研究会 1987 年晋江年会
会议地点时间　1987

题　　名　**广西汉代玻璃与海上丝绸之路**
作者及单位　黄启善
会议名称　海上丝绸之路研究——中国·北海合浦海上丝绸之路始发港理论研讨会
会议地点时间　广西北海市合浦,2004

题　　名　**广西合浦:我国最早最重要的海上丝绸之路始发港**
作者及单位　黄铮
会议名称　海上丝绸之路研究——中国·北海合浦海上丝绸之路始发港理论研讨会
会议地点时间　广西北海市合浦,2004

题　　名　**广州、宁波等中国沿海外贸港口比较刍议**
作者及单位　王元林(暨南大学历史系)
会议名称　宁波与“海上丝绸之路”国际学术研讨会
会议地点时间　中国浙江宁波,2005
主办单位　中国中外关系史学会、浙江日本文化研究所、宁波市文化广电新闻出版局
摘　　要　中国东部面临太平洋,通过了海上船行与域外诸国进行交往,这条联系中外海上交通的贸易文化的“海上丝绸之路”,在其始发地中国的沿海,历史上形成了一系列重要的外贸港口,如广州、

泉州、福州、宁波、杭州、扬州、登州、上海等。

题　　　名　**广州古都的历史地位和作用**
作者及单位　刘亦文(广州古都学会秘书处)
会议名称　中国古都学会第十三届年会
会议地点时间　中国河南偃师,1995
主办单位　中国古都学会
摘　　　要　广州,位于广东省的中部,地处珠江三角洲平原的北缘,背山面海,是东江、北江、西江三江汇合之地,是海港与河港合一的口岸城市。“五岭北来峰在此,九洲南尽水浮天”,清人屈大均这样形容广州的山川形胜。背枕白云山,面向狮子洋,山环水抱的地理环境,确实是地灵人杰的地方。

题　　　名　**广州古都三论**
作者及单位　刘亦文(广州古都学会)
会议名称　中国古都学会第十五届年会暨新郑古都与中原文明学术研讨会
会议地点时间　中国河南新郑,1998
主办单位　中国古都学会、新郑古都学会
摘　　　要　广州是岭南古都,也是国务院首批公布的广东省第一个国家级历史文化名城。自公元前214年(秦始皇三十三年)南海郡尉任嚣始建城以来,广州一直是岭南地区的政治、经济、文化和交通中心,是广东省的省会城市。今天,她已发展成为有600多万人口,经济实力位居全国第三的现代化城市。

题　　　名　**广州与茂名海上丝路传统的回顾与弘扬**
作者及单位　赵立人(广东省社会科学院)
会议名称　中国海洋学会2007年学术年会
会议地点时间　中国广东湛江,2007
主办单位　中国海洋学会、广东海洋大学
摘　　　要　成书于战国或此前的《山海经·海内经》记:“帝俊生禺号,禺号生淫梁,淫梁生番禺,是始为舟。”此所谓“番禺”,显然是指广州一带的百越民族的祖先。把“始为舟”之事归于番禺名下,说明早在战国时代之前,总体的经济文化远较中原地区落后的广州一带的百越民族,在造船方面却已处于领先地位。《淮南子·齐俗训》称:“越人便于舟”,《淮南子·人通训》又记:“九疑之南,陆事寡而水事众,于是民人……短袂攘卷,以便刺舟。”据王恒杰《西沙群岛的考古调查》报道,在西沙群岛的甘泉岛等处发现了石斧、石铸、陶网坠、夹砂陶器和压印纹硬陶等,明显具有古越族文化特征。西沙群岛由珊瑚礁构成,无可供烧制陶器的猫土,而压印纹硬陶的陶片,其胎土近似瓷土,说明这些石器和陶器来自东南沿海的古越人区域,由此推断,新石器时代的广东沿海越族先民,已可驾船远航,而较近西沙群岛的粤西海岸,更有地缘上的优势。

题　　　名　**贵州地域文化与丁宝桢反教心态及示范**
作者及单位　戴斌武(武警贵阳指挥学校)
会议名称　纪念贵州建省590周年学术讨论会
会议地点时间　2004
摘　　　要　晚清社会是一个大变动的时代,“实千古非常之创局”。中国社会正面临着伴随西力东侵而来的西学东渐,面临侵略性与先进性兼而有之的西方的双重挑战;在回应西方挑战的过程中,发生

了由传统向近代的社会转型。作为文化载体的传统士大夫,不得不思考着中国文化的前途与命运,对中国文化出路的关怀问题,便成为一个时代的中心课题。

题　　　名　郭沫若与郑成功研究
作者及单位　赫治清
会议名称　郭沫若史学研究学术讨论会
会议地点时间　中国北京,1992
主办单位　中国郭沫若研究学会
摘　　　要　郑成功,是我国历史上一位杰出的民族英雄,伟大的爱国者。1962 年,正是郑成功驱逐荷兰殖民主义者,收复台湾和他逝世三百周年纪念。

题　　　名　郭实腊其人及其在早期对华传教活动中所扮演的角色和影响
作者及单位　杨佳智(天津市基督教三自爱国运动委员会)
会议名称　"传教运动与中国教会"学术研讨会
会议地点时间　中国上海,2006
主办单位　中国基督教三自爱国运动委员会、中国基督教协会
摘　　　要　在 19 世纪进入中国的诸多传教士当中,马礼逊(RobertMorrison)、米怜(WilliamMilne)、麦都思(WalterHenryMedhurst)和郭实腊是被作为先驱者相提并论的。与其他传教士相比,德国传教士郭实腊(CharlesGutzlaff,1803 - 1851)是面目最复杂、涉足领域最广泛的一个;无论从宗教角度还是政治、经济、中西关系史角度考量,他都不可被忽略。

题　　　名　国家祭祀与民间妈祖形象的演变
作者及单位　李文睿(厦門大學人類學研究所)
会议名称　第二次闽台妈祖文化学术研讨会
会议地点时间　中国福建霞浦,1998
主办单位　福建省社会科学联合会、福建省民俗学会、宁地地区社科联、霞浦县社科联、霞浦松山妈祖文化研究会
摘　　　要　現代許多妈祖研究者認為,妈祖由一個民間神女逐漸進入了国家祀典,並且地位逐漸升高,成为最高海神,但我們應該看到,我們要真正把握這一過程,必須從历代封建王朝對妈祖的態度入手,從国家祭祀与民間妈祖的關係入手把握妈祖形象的演變。

题　　　名　国家与区域社会之间——明代潮汕海盗研究
作者及单位　冷东(江西师大历史系)
会议名称　第八届明史国际学术讨论会
会议地点时间　中国湖南石门,1999
主办单位　中国明史学会、湖南省社会科学界联合会、湖南省社科院
摘　　　要　中国幅员广大,区域间发展不平衡,自然地理和人文地理差异性极大,历史进程不仅在时间序列上有快慢之分,中央集权的一些关键性决策又加速或延缓了某些区域的发展。明代潮汕地区的海盗现象,就是中国历史发展过程中国家与区域矛盾冲突的表现形式之一。只有了解明代潮汕地区具有深厚社会基础的海盗现象,才能深刻理解作为特殊边疆的潮汕地区与中央的矛盾冲突,以及这种冲突对潮汕地区社会状况、经济结构,乃至文化风俗等方面造成的深刻影响。

题　　　名　**国力之盛衰强弱常在海而不在陆——孙中山海权观及现实意义研究**
作者及单位　陈伟(民革海南省委员会)
会议名称　民革中央纪念孙中山诞辰140周年学术研讨会
会议地点时间　中国北京,2006
主办单位　民革中央
摘　　　要　作为一个伟大的革命家、战略家和思想家,孙中山留给后人的财富是极其丰富的。其中海权思想是其重要的、但研究尚不充分的一个部分。自从1890年美国海军上校阿尔弗雷德·塞耶·马汉上校出版《海权对历史的影响》一书,海权论就对20世纪各大国战略的制定产生了深远影响。孙中山充分认识到了海权的重要性,作为中国历史上杰出的海洋思想家,他系统地提出了反对帝国主义侵略、保卫中国海权、建立强大的海军和倡导发展海洋实业的思想。孙中山海权思想的形成是对中华先贤海洋思想的发展,也与其所处的时代息息相关,同时也是对其革命实践的总结。但是100多年过去了,中山先生以海兴国的理想仍然没能变成现实。中国的海洋开发现状是:对内而言,缺乏整体和长远规划;而在某些有争议地区,争议搁置了,"共同开发"却停留在口头上。无论是南海、东海,还是黄海,其海权现状都不容乐观。重新研究中山先生的海权思想,可以成为我们新时期开发、保卫海洋的指引。具体包括:(一)弘扬中山先生以海兴国的战略思想,顺应世界海洋开发潮流,制定科学和可行的国家海洋发展战略。(二)深刻领会中山先生的海权思想,强化海军建设,增强海防实力。(三)认真实践中山先生的海洋实业思想,加速海洋的开发利用。

题　　　名　**国内外有关徐福东渡问题之讨论**
作者及单位　邬江(交通部标准计量研究所)
会议名称　全国首届徐福学术讨论会
会议地点时间　连云港,1987
摘　　　要　公元前219年至210年,10年期间秦始皇曾3次派徐福携带大量耕种、桑织、冶炼的"百事之工"和数千能工巧匠、童男童女下海求"不死之药",从此一去不复返。宋朝著名文学家欧阳修在其所著的《日本刀歌》中咏道:"传闻其国居大岛,土壤沃饶风俗好。其先徐福诈秦民,采药淹留童老。百工五种与之居,至今器玩皆精巧!……徐福行时书未焚,逸书百篇今尚存"。明朝皇帝朱元璋在洪武元年面见日本高僧绝海中律时,僧人吟诗道:"熊军峰前徐福词,满山药草雨余肥。只今海上波涛稳,万里好风须早归。"朱元漳的和诗是::熊野峰前血食词,松根琥珀亦应肥。苦日徐福求仙药,直到如今竟不归。"徐福下海东去的千古之谜与这段富有传奇色彩的历史,自古以来就引起了史学家、考古学家的极大兴趣和关注。从汉朝司马迁的《史记》开始,几乎历代宫廷史书及野史均有断断续续的记载。就是在日本、朝鲜等国的历史资料上,也有不少记载。在当代著名史学家范文澜、兹伯赞、马非百等的有关秦汉史的著述中,都有明确地肯定、高度赞扬和评价了徐福东渡壮举。在日本,徐福东渡的遗迹和纪念地多达100多处。

题　　　名　**国是、议论、风气与西学东渐——以洋务时期为例**
作者及单位　邹小站(中国社会科学院近代史研究所)
会议名称　中国社会科学院近代史研究所青年学术论坛
会议地点时间　中国北京,2007
主办单位　中国社会科学院近代史研究所
摘　　　要　洋务运动以"采西学,制洋器"求富强,其性质为官方主导的西学输入运动。但洋务运动办理无成,并未求得富强。其原因甚多,时人以及后来学者多有论述。戊戌时期,康有为即说,洋务办

理无成,盖因“国是未变,议论未变,人才未变”。

题　　　名　《海国图志》的海防思想及所反映的若干新观念
作者及单位　刘爱文(湖南邵阳师范专科学校)
会 议 名 称　纪念魏源诞辰200周年国际学术研讨会
会议地点时间　中国邵阳,1994
摘　　　要　十九世纪四十年代以后,中国面临着以英国为首的西方殖民者。它们以其坚船利炮打败了清帝国。为了抗御外侮,魏源以十年之功研究中国的海防问题,编纂了卷帙浩繁的《海国图志》。

题　　　名　《海国图志》海防思想研究
作者及单位　刘爱文(湖南邵阳师范专科学校)
会 议 名 称　纪念魏源诞辰200周年国际学术研讨会
会议地点时间　中国邵阳,1994
摘　　　要　十九世纪四十年代以后,中国面临着以英国为首的西方殖民者。它们以其坚船利炮打败了清帝国。为了抗御外侮,魏源以十年之功研究中国的海防问题,编纂了卷帙浩繁的《海国图志》。

题　　　名　《海国图志》与19世纪朝鲜的海防思想
作者及单位　白基龙(湖南师范大学历史文化学院)
会 议 名 称　纪念魏源诞辰210周年国际学术研讨会
会议地点时间　中国邵阳,2004
摘　　　要　十九世纪中叶朝鲜亦与中国一样是因西洋的侵略而困难。特别是中国,通过鸦片战争切身体验到痛之入骨的教训。总结鸦片战争所得到的教训写成的书就是魏源的《海国图志》。魏源的《海国图志》不仅对中国的洋务运动和日本的维新运动有很大的影响;同时也深深影响了仍坚定维持锁国政策的朝鲜开化思想和开国论的形成。

题　　　名　《海国图志》与东西方地学文化交流
作者及单位　刘亚民,周其厚(石家庄经济学院;山东昌潍师范专科学校)
会议地点时间　2002
摘　　　要　《海国图志》是魏源编撰的一部最有历史影响的论述世界地理的宏篇巨作。1841年,他受命林则徐,在所译《四洲志》的基础上编撰一部世界地理著作。1842年,编写成《海国图志》50卷。以后,他不断修订、增补,1847年扩大为60卷,1852年扩大为100卷,共88万字。《海国图志》的编撰,鲜明地反映出魏源的强烈的经世意识。

题　　　名　海禁、朝贡贸易与郑和下西洋
作者及单位　李金明(厦门大学南洋研究院)
会 议 名 称　云南省纪念郑和下西洋600周年国际学术研讨会
会议地点时间　云南大学,2005

题　　　名　海军制造研究社的成立与影响
作者及单位　古清,沈骏(中华师大社会学系;武汉市华中师范大学)
会议地点时间　2003

主 办 单 位　福建省闽学研究会

摘　　　要　海军制造研究社是中国最早的全国性学术研究团体之一。其社员是一些船厂、工厂和海军机构的工程技术人员以及科技界的专家、学者。该社还公开出版和发行《制造》(季刊)。研究社和《制造》(季刊)对于中国早期的舰艇、飞机制造及其他工业和科技的研究起到了积极的推动作用,在20世纪二、三十年代影响极大。研究社关于科技对国家强盛的重要性的认识及其提倡的科研的指导思想和方法至今仍有现实的意义。

题　　　名　海门港至宁波北仑港航路探讨

作者及单位　金丕信(浙江省海门海运公司)

会议地点时间　1992

摘　　　要　海门港至北仑港全程约120nmile,通常航法是沿用大家习惯了的椒——申线西浅航路,过涂泥嘴后改向去北仑2.5万吨码头。优点:1. 有详尽的介绍资料,大家甚为习惯和熟悉,且沿岸航行目测和雷达等定位甚为方便;2. 冬季或台风影响等大风浪季节的风浪比外线小;3. 航程比外线短。

题　　　名　海南的占城移民与回族的形成

作者及单位　廖大珂(厦门大学南洋研究院)

会 议 名 称　"东南亚民族关系"学术研讨会

会议地点时间　中国厦门,2003

主 办 单 位　中国世界民族学会、厦门大学南洋研究院

摘　　　要　海南岛崖县三亚港的回族有悠久的历史,曾对东西方海上交通和文化交流做出突出贡献。虽经历代战乱,海南回族的人数大为减少,但直至50年代,仍有人数1 000多人。他们是外国移民的后裔,聚族而居,并且"不食豕肉,不祀祖先,惟建清真寺。白衣白帽,念经礼拜,信守宗教,至死不移。吉凶疾病,亦必聚众念经。有能亲至西天膜拜祖之塋归者,群艳为荣。岁首每二年,必退一月",长期保持着独特的文化和风俗。海南回族的形成既与伊斯兰教在占城的传播有关,也是古代海南海外交通发展的结果。本文试就这个问题作一粗浅的探索。

题　　　名　海南回族的历史来源与社会变迁:对海南省三亚市羊栏镇两回族村的历史学与人类学的考察

作者及单位　马建钊

会 议 名 称　第13届回族学会研讨会

会议地点时间　南京,2001

主 办 单 位　第十三届全国回族学研讨会

题　　　名　海商、移民、华侨与妈祖信仰传播

作者及单位　黄炳元(泉州黎明大学)

会 议 名 称　福建侨乡民俗学术研讨会

会议地点时间　中国福建晋江市,1993

主 办 单 位　福建省民俗学会、晋江市地方志编纂委员会办公室

摘　　　要　宋元时期是中国的"海上丝绸之路"的黄金时期,是海上交通和贸易最旺盛的时期。原因在于这时期的全国经济重心南移,使南方经济发展加快,加上当时的社会安定,文化发达,航海技术进步,促进泉州海上交通与贸易的突飞猛进,一跃成为与埃及的亚历山大港齐名的世界著名的通商大港之

一。

题　　　名　“海上茶路”之探索——以明州港与日本为考察对象

作者及单位　林士民(宁波市文物考古研究所)

会议名称　2006宁波“海上茶路”国际论坛

会议地点时间　宁波,2006

主办单位　浙江树人大学人文学院茶文化专业中国国际茶文化研究会学术委员会

题　　　名　海上茶叶之路上的平民的功绩——以宁波商船万胜号为例

作者及单位　关剑平(浙江树人大学人文学院茶文化专业中国国际茶文化研究会学术委员会)

会议名称　2006宁波“海上茶路”国际论坛

会议地点时间　宁波,2006

主办单位　浙江树人大学人文学院茶文化专业中国国际茶文化研究会学术委员会

摘　　　要　就茶文化的传播来说,历史文献中先有平安时代的传教大师最澄、弘法大师空海等的伟绩,镰仓时代又记载了荣西的丰功,之后伴随着文化的进步,至少识字阶层增加,类似于千利休之类豪商巨贾也进入了文献,于是史学家根据这些记载得出他们建立了日本茶文化的结论。但是,有的时候历史不经意地留下了平民的记载。本文探讨的主要内容就是建立在这样的偶然性的基础上,对于平民在海上丝绸之路传播中国茶文化作一探讨,其所暗示的内容及其意义远远超过茶文化的传播,因为由此可以推定中国文化传播到日本的最基本的方式。

题　　　名　海上军事外交的成功实践——浅谈郑和下西洋与人民海军舰艇出访

作者及单位　高学敏

会议名称　“郑和与海洋”学术研讨会

会议地点时间　中国太仓,1998

主办单位　江苏省郑和研究会

摘　　　要　明朝初期,郑和率领一支庞大的海上编队7次出航,高擎友好、交往旗帜远涉重洋,遍访亚非30多个国家,开创了世界古代史上伟大的和平外交局面。海军外交是在和平时期,使用海军力量以贯彻国家对外政策为目的的各种外交活动的总称。

题　　　名　海上丝绸之路(中国段)研究——兼谈登州的历史地位及其文化遗存的价值

作者及单位　李英魁(宁波市文物考古研究所;宁波市“申遗办”)

会议名称　登州与海上丝绸之路国际学术研讨会

会议地点时间　中国山东蓬莱,2008

主办单位　联合国泛丝绸之路·系列活动组委会、中国中外关系史学会、鲁东大学、山东师范大学齐鲁文化研究中心、蓬莱市人民政府

摘　　　要　在海上丝绸之路研究方面,近年有两件事值得特别关注:一件是在国际社会方面提出了“文化线路”概念;另一件是2006年底中国文物局将丝绸之路(中国段)项目列入《中国世界文化遗产预备名单》。前者从概念的提出和10余年的理论实践势必对丝绸之路基础理论框架,对申遗过程中遗存保护研究等诸多问题的解决起到重要的指导作用;后者丝绸之路(中国段)项目列入《中国世界文化遗产预备名单》是我们多年考古发掘、综合研究、文物保护等方面取得显著成绩的必然结果,标志着海上丝绸之路(中国段)在通往“世界遗产”的路上迈出了坚实的一步。本文尝试以“文化线路”理念为指导,就海上

丝绸之路(中国段)的发展轨迹、登州港历史地位和遗存价值略抒管见,诚望各位同仁的指教。

题　　　名 **“海上丝绸之路”的南海航标——从出土陶瓷看南澳的海交地位**
作者及单位 黄迎涛
会议名称 海上丝绸之路与潮汕文化学术研讨会
会议地点时间 汕头,1994

题　　　名 **“海上丝绸之路”宁波文化遗存界定之管见**
作者及单位 李英魁(宁波市文物考古研究所)
会议名称 宁波与“海上丝绸之路”国际学术研讨会
会议地点时间 中国浙江宁波,2005
主办单位 中国中外关系史学会、浙江日本文化研究所、宁波市文化广电新闻出版局
摘　　　要 “海上丝绸之路”宁波文化遗存,是宁波先民与世界各国人民共同建设港城、开辟“海上丝绸之路”的智慧结晶;是人类“海上丝绸之路”的重要组成部分,是宁波与世界进行“文明对话”的历史见证;同时也是申报世界文化遗产的物质载体和研究“海上丝绸之路”的实物资料。

题　　　名 **“海上丝绸之路”上的一朵奇葩**
作者及单位 张钧雷
会议名称 “泉州港与海上丝绸之路”国际学术研讨会
会议地点时间 中国泉州,2002
主办单位 中国航海学会
摘　　　要 在中国,提到“海上丝绸之路”,人们脑海里首先闪现的地名可能会是泉州,这是泉州在“海上丝绸之路”中的历史地位所使然。人们记忆犹新,1990年10月23日,由联合国教科文组织的“海上丝绸之路”综合考察队,从意大利威尼斯港出发,乘坐“和平方舟”轮,自西向东,沿古航线访问了土耳其、阿曼、印度、马来西亚、印尼等16个国家的15个港口,翌年2月14日抵达泉州港,随后进行了盛况空前的实地考察、学术研究、海交展览、仿古祭海等一系列紧扣“海上丝绸之路”的交流活动,时间长达5天。

题　　　名 **“海上丝绸之路”与晋江文化**
作者及单位 李永杰(福建省委党校哲学部)
会议名称 朱熹理学与晋江文化学术研讨会
会议地点时间 中国福建晋江,2007
主办单位 福建省闽学研究会、晋江市历史文化研究总会
摘　　　要 晋江之所以具有深厚的文化底蕴,是和泉州曾经是“海上丝绸之路”的起点,曾经是历史上我国同多个国家进行贸易,进而也进行文化交流的结果。地区文化的形成,一方面受当地的传统文化影响,另一方面就是受到外来文化的影响。晋江作为现在泉州的一个县级市,其文化的形成既离不开整个中华文化的影响,我们看到传统的儒家文化在这里存有明显的印痕,也受到外来文化的影响,比如晋江种类多样的宗教文化的形成在一定程度上就是外来影响的结果。本文在这里专就外来文化对晋江文化的形成的影响作梳理性的探讨。

题　　　名 **“海上丝绸之路”与南音**
作者及单位 (荷兰)施舟人(福州大学)

会议名称 “泉州港与海上丝绸之路”国际学术研讨会
会议地点时间 中国泉州,2002
主办单位 中国航海学会
摘要 本文旨在探讨海上丝绸之路绝非是一条单行道。早在唐末五代,福建的泉州港就已成为这条丝绸之路的起点,不仅众多的闽南人梯航万里到南洋各国经商,而且泉州城也吸引了许多海外不同国度的商人前来贸易。这些先后定居在泉州的外国商人不仅在那里从事商业活动,而且带来了各自的文化与习俗。正是由于这种中外交往形成了泉州这座港口城市独特的文化风格。

题名 “海上丝绸之路”与南音
作者及单位 (荷兰)施舟人(福州大学)
会议名称 第二届闽南文化研讨会
会议地点时间 中国福建泉州,2003
主办单位 福建省炎黄文化研究会、泉州市政协
摘要 本文旨在探讨海上丝绸之路绝非是一条单行道。早在唐末五代,福建的泉州港就已成为这条丝绸之路的起点,不仅众多的闽南人梯航万里到南洋各国经商,而且泉州城也吸引了许多海外不同国度的商人前来贸易。这些先后定居在泉州的外国商人不仅在那里从事商业活动,而且带来了各自的文化与习俗。正是由于这种中外交往形成了泉州这座港口城市独特的文化风格。

题名 “海上丝绸之路”与中外文化互动倾向
作者及单位 陈水德(黎明大学)
会议名称 第二届闽南文化研讨会
会议地点时间 中国福建泉州,2003
主办单位 福建省炎黄文化研究会、泉州市政协
摘要 宋、元时代,随着“海上丝绸之路”的波涛涌动,中外文化形成了大交流大互动的局面。泉州是“海上丝绸之路”的重要港口城市,中外文化的大交流大互动,在这里有充分的表现。一方面是中国文化,以丝绸、瓷器的物质文化为代表,从这里远播四海;另一方面是异域文化,以宗教信仰的精神文化为代表,在这里传播。由此显现出各自不同的文化互动倾向。本文拟从古代泉州的历史出发,以“海上丝绸之路”为线索,就中外文化互动倾向的内在基础、形态及其影响作一简要的阐述。

题名 海上丝绸之路的回顾与前瞻
作者及单位 吴传钧
会议名称 海上丝绸之路研究——中国·北海合浦海上丝绸之路始发港理论研讨会
会议地点时间 广西北海市合浦,2004

题名 海上丝绸之路的开拓对中国陶瓷发展的贡献
作者及单位 李知宴
会议名称 “中国与海上丝绸之路”国际学术讨论会
会议地点时间 泉州,1994

题名 海上丝绸之路对潮汕文化有巨大影响
作者及单位 杜松年

会 议 名 称　海上丝绸之路与潮汕文化学术研讨会
会议地点时间　汕头,1994

题　　　　名　**海上丝绸之路和海外农作物的传入**
作 者 及 单 位　闵宗殿
会 议 名 称　“中国与海上丝绸之路”国际学术讨论会
会议地点时间　泉州,1994

题　　　　名　**海上丝绸之路货币探索**
作 者 及 单 位　吴平
会 议 名 称　福建省钱币学会第二次会员代表大会
会议地点时间　中国福州,1994
主 办 单 位　福建省钱币学会
摘　　　　要　早在秦进军岭南(今广东、广西)以前,岭南同南海国家已有贸易往来。汉初番禺(今广州)已是全国有数的商业城市。《汉书·地理志》也说“往商贾者多取富焉．番禺,其一都会也”。当时不但有中国商贾,而且有海外来华商人在番禺进行贸易,使番禺成为我国中原、黔蜀、荆楚、闽浙地区和南海诸国的多种货物的集散地。唐朝,我国境内形成了交州、广州、泉州、杨州四大世界闻名的国际贸易港,其中又以广州最为繁盛。

题　　　　名　**海上丝绸之路蓬莱史迹初探**
作 者 及 单 位　袁晓春(蓬莱阁管理处)
会 议 名 称　登州与海上丝绸之路国际学术研讨会
会议地点时间　中国山东蓬莱,2008
主 办 单 位　联合国泛丝绸之路·系列活动组委会、中国中外关系史学会、鲁东大学、山东师范大学齐鲁文化研究中心、蓬莱市人民政府
摘　　　　要　蓬莱位于山东半岛北端,是古代海上丝绸之路重要港口城市,在古代中国与朝鲜、日本友好往来中起到重要作用。蓬莱古称登州,自707年设立,登州港一直是北方最大港市,蓬莱域内遗留下众多海上丝绸之路的史迹,史迹分为三类:第一类是海上丝路现存史迹;第二类是海上丝路现存遗物;第三类是海上丝路未保存的史迹,试作探析。

题　　　　名　**海上丝绸之路始发港——合浦丰富的生态旅游资源**
作 者 及 单 位　王献溥,李文埕
会 议 名 称　海上丝绸之路研究——中国·北海合浦海上丝绸之路始发港理论研讨会
会议地点时间　广西北海市合浦,2004

题　　　　名　**海上丝绸之路研究的几个问题**
作 者 及 单 位　李庆新(广东省社会科学院历史与孙中山研究所)
会 议 名 称　登州与海上丝绸之路国际学术研讨会
会议地点时间　中国山东蓬莱,2008
主 办 单 位　联合国泛丝绸之路·系列活动组委会、中国中外关系史学会、鲁东大学、山东师范大学齐鲁文化研究中心、蓬莱市人民政府

摘　　　要　古代东西方交通有陆路和海路两途,在经济交往过程中,中国丝与丝织品是最名贵、最畅销的商品之一,1877 年普鲁士学者李希霍芬(FendinandVonRichthofen)将陆路通道称为“丝绸之路”(SilkRoute),得到国际学术界广泛认同,后来海路则被称为“海上丝绸之路”。此外中国陶瓷、茶叶、西方与中东、日本的金银货币,也是东西方贸易的重要商品和通货,所以,又有学者将海上丝绸之路称为“陶瓷之路”、“茶叶之路”、“白银之路”。

题　　　名　**海上丝绸之路研究的经济学思考**
作 者 及 单 位　王纪孔(韩国圆光大学校;鲁东大学经济学院;亚太经济研究所)
会 议 名 称　登州与海上丝绸之路国际学术研讨会
会议地点时间　中国山东蓬莱,2008
主 办 单 位　联合国泛丝绸之路·系列活动组委会、中国中外关系史学会、鲁东大学、山东师范大学齐鲁文化研究中心、蓬莱市人民政府
摘　　　要　“丝绸之路”这个称谓最早是在 1877 年由普鲁斯地理学家李希托芬(Ferdinandvon-Richtofen,1833—1905 年)在他撰写的《中国》一书中提及的。它指的是“中国古代经中亚通往南亚、西亚以及欧洲、北非的陆上贸易通道。因大量中国丝和丝织品多经此路西运,故称丝绸之路,简称丝路”。

题　　　名　**海上丝绸之路与古代医药交流**
作 者 及 单 位　蔡景峰
会 议 名 称　“中国与海上丝绸之路”国际学术讨论会
会议地点时间　泉州,1994

题　　　名　**海上丝绸之路与明州港**
作 者 及 单 位　盛观熙
会 议 名 称　福建省钱币学会第二次会员代表大会
会议地点时间　中国福州,1994
主 办 单 位　福建省钱币学会
摘　　　要　我们的祖先在几千年的漫长岁月中,曾经创造出光辉灿烂的文明。从远古时候开始,他们就把养蚕、织绸等生产技术,通过航海开辟出一条“海上丝绸之路”,藉此同海外各民族发展友好往来,在政治、经济、文化、科学等方面相互交流。本文拟拟让海上丝绸之路的形成、发展以及货币等有关问题略作探讨。

题　　　名　**海上丝绸之路与宁波佛教**
作 者 及 单 位　李玉昆(泉州海外交通博物馆)
会 议 名 称　宁波与“海上丝绸之路”国际学术研讨会
会议地点时间　中国浙江宁波,2005
主 办 单 位　中国中外关系史学会、浙江日本文化研究所、宁波市文化广电新闻出版局
摘　　　要　宁波是古代海上丝绸之路的著名港口和文化交流的重要窗口。佛教文化的传播是“海上丝绸之路”的重要内容之一。宁波港是海上丝绸之路佛教传播的重要港口,中、日、朝僧侣通过宁波进行佛教文化交流,宁波的寺院在佛教文化交流中发挥重要的作用。

题　　　名　**海上丝绸之路与琼州的开发**
作者及单位　张书裔
会议名称　福建省钱币学会第二次会员代表大会
会议地点时间　中国福州,1994
主办单位　福建省钱币学会
摘　　　要　海南岛古代称儋耳、珠崖、琼州。海南岛是多民族开发居住的祖国第二大岛,有汉、黎、苗、回等诸族,远在上古先秦时代,已有黎族先民在岛上劳动生息。西汉元封元年(公元前110年汉武帝平定南越后,置珠崖、儋耳两郡十六县,海南岛正式列入汉王朝版图,成为中华民族大家庭里的组成部。由于海南岛地理位置处在南海之中"孤悬海外"、交通不便,是我国南疆荒凉闭塞的海岛。当时岛上的土著居民黎族社会还处在原始社会晚期的母系氏族的社会形态,商品经济还未形成。自从海南岛置于汉王朝中央政权管辖后,中原的政治、经济、文化才开始缓慢地进入。

题　　　名　**海上丝绸之路与泉州多元文化**
作者及单位　李玉昆(泉州海外交通博物馆)
会议名称　中华文化与域外文化互动暨海上丝绸之路泉州学术讨论会
会议地点时间　泉州,2002
主办单位　中国社会科学院学术交流委员会、社会科学文献出版社、中国海外交通史学会、泉州市社会科学界联合会以及台湾喜马拉雅研究发展基金会联合举办

题　　　名　**海上丝绸之路与宋元泉州海商**
作者及单位　李玉昆(泉州海外交通博物馆)
会议名称　"泉州港与海上丝绸之路"国际学术研讨会
会议地点时间　中国泉州,2002
主办单位　中国航海学会
摘　　　要　海上丝绸之路是连接东西方的海上通道,是沟通人类物质文明和精神文明的重要通道。泉州是海上丝绸之路的东方大港,活跃在海上丝绸之路的泉州海商对促进中外经济、政治、科技、文化交流作出过巨大的贡献,写下了光辉的篇章。

题　　　名　**海上丝绸之路综论**
作者及单位　徐心希(福建师大社会历史学院)
会议名称　福建省钱币学会第二次会员代表大会
会议地点时间　中国福州,1994
主办单位　福建省钱币学会
摘　　　要　至迟到汉代,我国已经开辟了西至地中海,南至东南亚各国的贸易通道,其中除了著名的陆上丝绸之路外,更有影响深远的海上丝绸之路。由于种种原因,对于海上丝绸之路的探索和研究显得相对薄弱。随着我国开放改革更加深入,为了进一步对东南亚货币开展研究,我们很有必要对曾经深刻影响福建古代经济若干世纪的海上丝路作一个系统的回顾和探讨。

题　　　名　**海上丝路与潮汕方言词**
作者及单位　林伦伦
会议名称　海上丝绸之路与潮汕文化学术研讨会

会议地点时间　汕头,1994

题　　　名　**海上丝路与环球经济——以16至18世纪中国海外贸易为案例**

作 者 及 单 位　李木妙(香港新亚研究所)

会 议 名 称　三条丝绸之路比较研究学术讨论会

会议地点时间　中国云南昆明,2001

主 办 单 位　中国中外关系史学会、云南省社会科学院、广东省社会科学院、中国社科院边疆史地研究中心、云南大学西南边疆少数民族研究中心

摘　　　要　本文所作的研究,在讨论新航路发现后16至18世纪(即明清之际)海上丝绸之路——中国对外海上贸易的发展概况,并试图从贸易的纵切面时间发展历程中,探索其由点到面,由面而体,最后促使环球性贸易体系的形成。

题　　　名　**海上丝路与旅韩华侨华人**

作 者 及 单 位　晁中辰(山东省人民政府;中外关系史学会;山东大学华侨华人研究所;山东大学历史文化学院)

会 议 名 称　登州与海上丝绸之路国际学术研讨会

会议地点时间　中国山东蓬莱,2008

主 办 单 位　联合国泛丝绸之路·系列活动组委会、中国中外关系史学会、鲁东大学、山东师范大学齐鲁文化研究中心、蓬莱市人民政府

摘　　　要　在谈到中国与韩国的海上丝绸之路时,人们多注意双方的经济交往,而对双方的移民却关注较少。实际上,由于山东半岛与韩国隔海相望,自古以来海上交往就十分密切。其间,既有不少韩人来华,亦有不少华人移民韩国。在旅韩的华侨华人中,95%以上是山东人,他们大都是通过海上丝路进入韩国的。在某个历史时期,这种相互移居的规模是很大的,他们对促进两国的经济文化交流发挥了不可估量的作用。

题　　　名　**"海神"妈祖信仰的哲学思考**

作 者 及 单 位　陈朝宗(厦门市社会科学界联合会)

会 议 名 称　第二次闽台妈祖文化学术研讨会

会议地点时间　中国福建霞浦,1998

主 办 单 位　福建省社会科学联合会、福建省民俗学会、宁地地区社科联、霞浦县社科联、霞浦松山妈祖文化研究会

摘　　　要　馬克思主義認为,一定社會的文化是一定社會的經濟的反映。"海神"妈祖信仰,作为一種海洋文化,也是一定時代海洋社會經濟發展的產物。

题　　　名　**"海神"妈祖信仰的哲学思考**

作 者 及 单 位　陈朝宗

会 议 名 称　厦门市社会科学界联合会厦门海洋社会经济文化发展国际学术研讨会

会议地点时间　厦门,1998

题　　　名　**海外华侨华人与亲缘、神缘**

作 者 及 单 位　林其泉(厦门大学)

会议名称　福建省五缘文化研究会学术研讨会
会议地点时间　2002
摘　　要　闽南沿海人民向海外的迁徙海外华侨、华人中,祖籍福建的占大多数。而福建籍的华侨、华人又以闽南沿海一带为主。这是闽南沿海不断向海外移民的结果。福建向海外移民,早从汉唐时已经开始,宋元后更增多了,明清以至民国,成批成批地移居海外。华人华侨先是遍及东南亚,后分布全世界。

题　　名　**海外华人与潮汕地区的经济发展**
作者及单位　林金枝
会议名称　海上丝绸之路与潮汕文化学术研讨会
会议地点时间　汕头,1994

题　　名　**海外贸易与宋元泉州社会**
作者及单位　刘新慧
会议名称　"泉州港与海上丝绸之路"国际学术研讨会
会议地点时间　中国泉州,2002
主办单位　中国航海学会
摘　　要　作为海上丝绸之路史迹的刺桐港,在国内通往海外的八条航线中,有三条是从这里启航的。根据《岛夷志略》的记载刺桐港与当时世界上 50 多个国家有贸易通商关系,进出口货物品种多样,数量繁多,都超过了前代。急剧膨胀的海外贸易对泉州社会生活的各个侧面产生了深广的影响。

题　　名　**海外贸易与台北的崛起(1860－1895)**
作者及单位　林满红
会议名称　第二届"台北学"国际学术研讨会

题　　名　**海外贸易与唐宋明州社会经济的发展**
作者及单位　李小红,谢兴志(宁波大学文学院;宁波大学)
会议名称　宁波与"海上丝绸之路"国际学术研讨会
会议地点时间　中国浙江宁波,2005
主办单位　中国中外关系史学会、浙江日本文化研究所、宁波市文化广电新闻出版局
摘　　要　自汉武帝时代以来,中国古代对外贸易便同时存在着陆路和海路两个不同的方向,不过在相当长的历史时期中,海路贸易的规模和意义一直逊色于陆路贸易。

题　　名　**海峡经济区商缘圈初探**
作者及单位　胡沧泽(福建师范大学社会历史学院;)
会议名称　福建省首届海洋文化学术研讨会
会议地点时间　中国福建福州,2007
主办单位　福建省炎黄文化研究会、福州市政协、福建省社科联、福建省海峡文化研究会
摘　　要　历史上,环台湾海峡已形成一个引人注目的经济圈,它是由多方面因素构成的,商缘是它重要的一环。探讨海峡经济区商缘圈,对当今的海峡西岸经济区建设无疑具有重要的价值和意义。

题　　　名　海峡两岸城隍信仰在神缘关系中的地位
作者及单位　郑国珍(福建省文物局)
会 议 名 称　海峡两岸五缘关系学术研讨会
会议地点时间　中国上海,2003
主 办 单 位　福建省社会科学界联合会、福建省五缘文化研究会
摘　　　要　海峡两岸城隍信仰的关系,源自福建先民向祖国宝岛台湾的迁徙,相互间有着不可分割的神缘情结,是海峡两岸五缘关系中的重要组成部分,它对增强闽台文化的认同感,促进祖国和平统一大业,有着无可替代的重要作用。

题　　　名　海峡西岸经济区构建中的文化思考——兼论闽南文化的区域性特征
作者及单位　黄顺力,叶赛梅(厦门大学历史系;厦门市地方志办公室;)
会 议 名 称　第三届闽南文化学术研讨会
会议地点时间　中国福建漳州,2005
主 办 单 位　福建省炎黄文化研究会、漳州市政协
摘　　　要　建设海峡西岸经济区是推动闽台经济交流、发展福建乃至整个东南沿海地区经济的一项重大战略举措。作为东南沿海地区经济的基础构成,海峡西岸经济区的构建必须继承、发扬和营造相应的区域文化环境,使经济建设与文化发展如车之两轮、鸟之双翼,带动整个社会的全面进步。由此,在文化建设上有如下思考并由此兼论闽南文化的区域性特征,以就教于各位师友同仁。

题　　　名　海洋沉船考古所见东北亚历史上的海路交流——以13–15世纪为中心
作者及单位　(韩)金炳堇
会 议 名 称　东北亚海上交流历史文化遗产国际学术研讨会
会议地点时间　青岛;蓬莱,2006
主 办 单 位　中国海洋大学海洋文化研究所,山东省蓬莱市文物局

题　　　名　海洋的概念与中国海洋发展
作者及单位　杨国桢(厦门大学历史系)
会 议 名 称　福建省首届海洋文化学术研讨会
会议地点时间　中国福建福州,2007
主 办 单 位　福建省炎黄文化研究会、福州市政协、福建省社科联、福建省海峡文化研究会
摘　　　要　中国应该如何向海洋发展,如今已成为一个公众讨论的话题。讨论中不可避免地涉及对海洋的认识,对海洋经济、海洋文化的认识,折射出不同观念和不同思维方式之间的冲突。因此,有必要明确与海洋有关的概念内涵,才能展开有效的讨论。

题　　　名　海洋的呼唤——21世纪为海洋世纪
作者及单位　刘达材
会 议 名 称　“郑和与海洋”学术研讨会
会议地点时间　中国太仓,1998
主 办 单 位　江苏省郑和研究会
摘　　　要　冷战结束后,全球的战略格局,由和平对话取代了武力对抗。各国无不致力于经济的改革与开放,步入了一个新的经贸挂帅的时代。

题　　名　海洋对闽越社会发展的影响
作者及单位　李文睿(厦門大學人類學研究所)
会议名称　探索福建文化重要源头的闽越文化学术研讨会
会议地点时间　中国福州,2001
摘　　要　新石器时代晚期是奠定民族形成的时期。这一时期,中国南方的古人类已开始具有明显的区域特点。从有关考古材料看,越民族群体尽管地域分布广大,在历史发展中不可避免地存在着一些差异性,但就总体而言其共性是鲜明的,归纳起来有种植水稻、大量使用有肩石斧和有段石锛、使用几何印纹陶、营造干栏房屋、拔牙等。

题　　名　海洋环境下的闽南基督教信仰——基督新教在闽南的传播与影响
作者及单位　李双幼(泉州市泉州学研究所)
会议名称　福建省首届海洋文化学术研讨会
会议地点时间　中国福建福州,2007
主办单位　福建省炎黄文化研究会、福州市政协、福建省社科联、福建省海峡文化研究会
摘　　要　闽南首次接触到基督教义当在宋元时期,泉州港以其汇聚中外商贸货物而吸引众多商人与传教士前往。

题　　名　海洋民俗文化
作者及单位　陈钜龙(国家海洋局南海分局)
会议名称　中国海洋学会 2007 年学术年会
会议地点时间　中国广东湛江,2007
主办单位　中国海洋学会、广东海洋大学
摘　　要　人类生活的地球,最突出的特点就是有海洋。海洋是地球上一切生命存在和发展的前提和基本条件。我们即将面临的 21 世纪是海洋世纪,这已经成为世人的共识。可以预计,21 世纪将是海洋事业大发展的世纪,人类社会的进步将愈来愈寄希望于海洋,我们完全可以说"未来文明的出路在于海洋"。海洋文化概念最早是由黑格尔提出来的,其提出源自于他的《历史哲学》对世界文化类型的划分。

题　　名　海洋文化的一朵奇葩——厦门渔民旧时习俗考略
作者及单位　陈复授
会议名称　厦门市社会科学界联合会厦门海洋社会经济文化发展国际学术研讨会
会议地点时间　厦门,1998

题　　名　海洋文化与妈祖信仰
作者及单位　李玉昆(妈祖研究会理事)
会议名称　澳门妈祖文化研讨会

题　　名　海洋文化在广州
作者及单位　王跃民(国家海洋局南海分局)
会议名称　中国海洋学会 2007 年学术年会
会议地点时间　中国广东湛江,2007

主 办 单 位　中国海洋学会、广东海洋大学

摘　　　要　本文通过对广州海洋文化现象的论述和分析，认为中国具有灿烂的海洋文化，只是由于受到历代封建统治势力和西方列强的控制和影响，在其发展过程中出现了波折和停滞，一旦这种影响和控制的力度减弱了，中国人民就会自发地使海。

题　　　名　**海洋文化中独具特色的福建航运**

作者及单位　陈榕三（福建社会科学院）

会 议 名 称　福建省首届海洋文化学术研讨会

会议地点时间　中国福建福州，2007

主 办 单 位　福建省炎黄文化研究会、福州市政协、福建省社科联、福建省海峡文化研究会

摘　　　要　海洋文化离不开航运，航运又促进了海洋文化。各地方又各有特色。那么福建航运又有那些特色及其时代背景呢？

题　　　名　**海洋文明、海洋观念与“重陆轻海”的传统意识**

作者及单位　黄顺力（厦门大学历史系）

会 议 名 称　福建省首届海洋文化学术研讨会

会议地点时间　中国福建福州，2007

主 办 单 位　福建省炎黄文化研究会、福州市政协、福建省社科联、福建省海峡文化研究会

摘　　　要　德国哲学家黑格尔在《历史哲学》一书中曾把世界上不同民族精神的产生归结于高地、平原流域与海岸区域三种不同的地理环境因素所致，认为不同的地理环境产生不同的民族精神和民族特性，并尤其赞美“人类在大海的无限里感到他自己底无限的时候，他们就被激起了勇气，要去超越那有限的一切。

题　　　名　**韩国新安沉船与中国古代沉船比较研究**

作者及单位　袁晓春（蓬莱阁管理处）

会 议 名 称　登州港与中韩交流国际学术讨论会

会议地点时间　蓬莱，2004

摘　　　要　1977 年，韩因新安郡海域发现亚洲最大的古代国际贸易沉船后，在国际考古学领域引起强烈反响。新安沉船的出水和修复，影响到中国水下考古学的开始和发展，多年来中国学者一直关注新安沉船的修复和研究工作。本文拟对新安沉船与中同古代沉船进行比较性研究，以就教于专家学者。

题　　　名　**韩中古船舶货物装载方法比较研究**

作者及单位　成洛俊，金炳堇（韩国国立海洋遗物展示馆）

会 议 名 称　登州与海上丝绸之路国际学术研讨会

会议地点时间　中国山东蓬莱，2008

主 办 单 位　联合国泛丝绸之路·系列活动组委会、中国中外关系史学会、鲁东大学、山东师范大学齐鲁文化研究中心、蓬莱市人民政府

摘　　　要　从 20 世纪 70 年代后半期实施的新安海底发掘开始到现在，韩国水中发掘已经持续进行了 30 多年。通过发掘调查，积累了大量关于造船史、陶瓷史、生活史、海上航路、海上贸易的资料，并积极对这些资料进行着深入研究。中国也从 1975 年泉州湾宋代海船的发掘开始，陆续发掘出很多古船舶，特别是 2007 年发掘出的广东省“南海 1 号”。

题　　　名　**汉代海上丝绸之路研究的几个问题**
作者及单位　周永卫(华南师范大学历史文化学院)
会 议 名 称　中国海洋学会 2007 年学术年会
会议地点时间　中国广东湛江,2007
主 办 单 位　中国海洋学会、广东海洋大学
摘　　　要　近年来,关于西南丝绸之路以及海上丝绸之路的研究,取得了许多成果,但仍存在不少需要进一步探讨的问题。笔者对两汉时期中国南方地区的对外交往,颇为关注。在笔者看来,汉代西南丝绸之路与海上丝绸之路不能截然分开。

题　　　名　**汉代合浦港港址论争引发的思考**
作者及单位　张九皋
会 议 名 称　海上丝绸之路研究——中国·北海合浦海上丝绸之路始发港理论研讨会
会议地点时间　广西北海市合浦,2004

题　　　名　**汉代合浦港及其有关问题的探讨**
作者及单位　邓兰,梁旭达
会 议 名 称　海上丝绸之路研究——中国·北海合浦海上丝绸之路始发港理论研讨会
会议地点时间　广西北海市合浦,2004

题　　　名　**汉代合浦郡的对外贸易及其重要意义**
作者及单位　廖国一(广西师范大学广西地方民族史研究所)
会 议 名 称　海上丝绸之路研究——中国·北海合浦海上丝绸之路始发港理论研讨会
会议地点时间　广西北海市合浦,2004

题　　　名　**汉代合浦郡与东南亚等地的"海上丝绸之路"及其古钱币证据**
作者及单位　廖国一(广西师范大学广西地方民族史研究所)
会议地点时间　2010
摘　　　要　至少从汉武帝统一岭南起到东汉末年,即公元前 111 年至公元 220 年,环北部湾地区的合浦郡就已经与东南亚、南亚、西亚、北非和欧洲发生了直接或间接的经济和文化交往了。与此同时,汉代合浦郡与国内中原地区也建立了密切的贸易联系。合浦、贵港和越南、印度尼西亚等地汉代钱币的发现,进一步印证了这条以海外贸易为主的"海上丝绸之路"的存在。

题　　　名　**汉代环北部湾货币流通圈与"海上丝绸之路"——以环北部湾地区中国与越南汉代墓葬出土钱币为例**
作者及单位　廖国一(广西师范大学广西地方民族史研究所)
会 议 名 称　第二届中国俗文化国际学术研讨会
会议地点时间　南宁,2006
主 办 单 位　第二届中国于东南亚民族论坛组委会
摘　　　要　本文以考古工作者科学发掘并公开出版的正式考古发掘报告所载的环北部湾地区中国和越南汉代墓葬出土的大量钱币为主要依据,提出环北部湾地区是汉代一个重要的货币流通圈,这个流

通圈的形成与汉王朝对环北部湾地区的开发和“海上丝绸之路”的开辟有密切的关系。

题　　　　名　**汉代中国与朝鲜半岛的经济文化交流**
作 者 及 单 位　李慧竹(中国山东大学韩国研究中心)
会 议 名 称　登州港与中韩交流国际学术讨论会
会议地点时间　蓬莱,2004
摘　　　　要　与中国同处亚洲大陆的朝鲜半岛,其北部与中国的辽宁和吉林省沿鸭绿江和图们江相邻接,西隔黄海又与中国辽宁、河北、山东、江苏相望,双方在陆路及海路的交流往来很久就已开始。这一历史交往过程历经几千年,时紧时缓,相持相续,在整个东亚文明史上占据着重要地位,其中尤以公元前202—220年汉王朝时期内容最为丰富、影响最为强烈,为当今世界东方文明鲜明特色的最终构筑奠定了必要的基础。

题　　　　名　**汉晋時期青州环渤海地区的宗教活動与民间传说**
作 者 及 单 位　王青(南京師範大學文學院)
会 议 名 称　第二届中国俗文化国际学术研讨会
会议地点时间　中国四川成都,2007
主 办 单 位　四川大学中国俗文化研究所
摘　　　　要　中国的沿海地區尤其是燕齊瀕海地區,自古以來就是宗教創造力十分旺盛的地區,歷朝歷代,都有著豐富多彩的宗教活動,湧現出大批的方士。

题　　　　名　**航海图的历史沿革和发展趋向**
作 者 及 单 位　朱鉴秋(海军海洋测绘研究所)
会 议 名 称　第四届全国地图学学术讨论会
会议地点时间　北京大学,1991

题　　　　名　**合浦成为我国汉代海上“丝绸之路”始发港的交通条件**
作 者 及 单 位　北海市“海上丝绸之路”课题研究组
会 议 名 称　海上丝绸之路研究——中国·北海合浦海上丝绸之路始发港理论研讨会
会议地点时间　广西北海市合浦,2004

题　　　　名　**合浦港是西汉“海上丝绸之路”最重要的始发港**
作 者 及 单 位　张九皋
会 议 名 称　海上丝绸之路研究——中国·北海合浦海上丝绸之路始发港理论研讨会
会议地点时间　广西北海市合浦,2004

题　　　　名　**合浦港在我国海上丝绸之路的历史地位和影响**
作 者 及 单 位　司徒尚纪,许桂灵
会 议 名 称　海上丝绸之路研究——中国·北海合浦海上丝绸之路始发港理论研讨会
会议地点时间　广西北海市合浦,2004

题　　　名　**合浦港作为“海上丝绸之路”始发港探源**
作者及单位　周家干,陈祖伟
会议名称　海上丝绸之路研究——中国·北海合浦海上丝绸之路始发港理论研讨会
会议地点时间　广西北海市合浦,2004

题　　　名　**合浦关——海上丝绸之路始发海关**
作者及单位　钟海英
会议名称　海上丝绸之路研究——中国·北海合浦海上丝绸之路始发港理论研讨会
会议地点时间　广西北海市合浦,2004

题　　　名　**合浦——海上丝绸之路始发港刍议**
作者及单位　潘琦
会议名称　海上丝绸之路研究——中国·北海合浦海上丝绸之路始发港理论研讨会
会议地点时间　广西北海市合浦,2004

题　　　名　**合浦——历史的选择**
作者及单位　邱立诚
会议名称　海上丝绸之路研究——中国·北海合浦海上丝绸之路始发港理论研讨会
会议地点时间　广西北海市合浦,2004

题　　　名　**合浦始发港的形成、发展及其影响**
作者及单位　陈家宽
会议名称　海上丝绸之路研究——中国·北海合浦海上丝绸之路始发港理论研讨会
会议地点时间　广西北海市合浦,2004

题　　　名　**合浦是汉代海上丝绸之路上的一个重要始发港**
作者及单位　程存洁
会议名称　海上丝绸之路研究——中国·北海合浦海上丝绸之路始发港理论研讨会
会议地点时间　广西北海市合浦,2004

题　　　名　**合浦徐闻二港在古代海上丝绸之路中的特殊作用**
作者及单位　刘明贤
会议名称　海上丝绸之路研究——中国·北海合浦海上丝绸之路始发港理论研讨会
会议地点时间　广西北海市合浦,2004

题　　　名　**合浦与徐闻在海上丝路始发港地位与作用的比较研究**
作者及单位　邓家倍
会议名称　海上丝绸之路研究——中国·北海合浦海上丝绸之路始发港理论研讨会
会议地点时间　广西北海市合浦,2004

题　　　　名　**何如璋的琉案外交**

作 者 及 单 位　张启雄

会议地点时间　1987

题　　　　名　**和平海洋:中国海洋文化发展的历史特性与道路抉择**

作 者 及 单 位　曲金良(中国海洋大学海洋文化研究所;中国海洋大学文学与新闻传播学院;教育部基地暨 986 基地海洋发展研究院;中国海洋发展研究中心;韩国国立木浦海洋大学)

会 议 名 称　首届建设弘扬海洋文化研讨会

会议地点时间　北京,2007

主 办 单 位　中国海洋学会

题　　　　名　**赫德与 1868 ~ 1869 年的中英修约**

作 者 及 单 位　张志勇

会 议 名 称　中国社会科学院近代史研究所青年学术论坛

会议地点时间　中国北京,2005

主 办 单 位　中国社会科学院近代史研究所

摘　　　　要　赫德(RobertHart,1835 – 1911),英国北爱尔兰人,1854 年被英国外交部派遣来华,1863 年成为中国海关总税务司,此后直到其去世一直担任此职。赫德除了致力于中国海关的发展之外,还极力将自己的影响扩展到中国的政治、经济、文化、外交等方面。

题　　　　名　**赫德与中英滇案交涉**

作 者 及 单 位　张志勇(中国社会科学院近代史研究所)

会 议 名 称　中国社会科学院近代史研究所青年学术论坛

会议地点时间　中国北京,2006

主 办 单 位　中国社会科学院近代史研究所

摘　　　　要　1875 年 2 月 21 日英国翻译马嘉理(AugstusRaymondMargary)在云缅边境蛮允地方被杀,2 月 22 日柏郎(HoraceA. Browne)探险队也在此地受到攻击,史称滇案。1875 – 1876 年中英双方就滇案问题进行了交涉,在此过程中清朝海关总税务司赫德(RobeaHart)充当了调停人与中方的外交顾问,对中英滇案问题的解决产生了重要影响。

题　　　　名　**横跨台湾海峡的女神妈祖:国界、进香和卫星电视**

作 者 及 单 位　杨美惠著,陈美华译

会 议 名 称　妈祖信仰的发展与变迁——妈祖信仰与现代社会国际研讨会

会议地点时间　北港朝天宫,2001

题　　　　名　**弘扬船政精神的建议**

作 者 及 单 位　赵承春(北京海军军事技术研究所)

会议地点时间　2003

主 办 单 位　福建省闽学研究会

摘　　　　要　1866 年闽浙总督左宗棠在鸦片战争失败后,深感不建设强大海军,无法抵御帝国主义从海上来的侵略。在林则徐、魏源“师夷长技以制夷”海防战略思想影响下,上书清廷请求设厂造军舰

办学堂,培育造船技术人才和海军军官,向西方列强学习先进的科学技术……

题　　　名　**弘扬妈祖文化,促进区域经济发展——以莆田为例**
作者及单位　单玉丽(福建社会科学院)
会议名称　“文化建设与和谐社会”学术研讨会
会议地点时间　中国福建三明,2006
主办单位　福建省炎黄文化研究会、三明市政协
摘　　　要　妈祖文化是中华民族优秀传统文化的重要组成部分,优秀的文化总是孕育、造就优秀的人才和发达的经济。因此,自古以来莆田人杰地灵、文化兴盛、人才辈出、商业发达、经济繁荣。

题　　　名　**弘扬妈祖文化,促进区域经济发展——以莆田为例**
作者及单位　单玉丽(福建社会科学院)
会议名称　福建省首届海洋文化学术研讨会
会议地点时间　中国福建福州,2007
主办单位　福建省炎黄文化研究会、福州市政协、福建省社科联、福建省海峡文化研究会
摘　　　要　妈祖文化是中华民族优秀传统文化的重要组成部分,优秀的文化总是孕育、造就优秀的人才和发达的经济。因此,自古以来莆田人杰地灵、文化兴盛、人才辈出、商业发达、经济繁荣。近年来,随着建设海峡西岸经济区战略的实施,在两岸文化和经贸交流

题　　　名　**弘扬松山妈祖文化与加强霞台交往交流的几点思考**
作者及单位　王信銀,謝玉珍(霞浦县人民政府台湾事务办公室)
会议名称　第二次闽台妈祖文化学术研讨会
会议地点时间　中国福建霞浦,1998
主办单位　福建省社会科学联合会、福建省民俗学会、宁地地区社科联、霞浦县社科联、霞浦松山妈祖文化研究会
摘　　　要　松山位於閩東北沿海突出部,福寧灣的西南部,現屬福建省霞浦县州洋鄉管轄。全村(附註)3 143 人,佔該鄉 41 972 人的 13.3%。去臺人員 19 人,臺屬百人。松漁村是該鄉 30 個行政村中的三個漁業村之一。

题　　　名　**后郑和时代:中国海洋文化由开放走向内敛的现代思考**
作者及单位　马志荣,薛三让(湛江海洋大学)
会议名称　首届建设弘扬海洋文化研讨会
会议地点时间　北京,2007
主办单位　中国海洋学会
摘　　　要　郑和率领庞大船队开创人类航海史空前壮举,世所公认。郑和开拓进取,勇敢探索,促进中西政治、经济、文化交流,硕果累累。在当今改革开放、经济全球一体化的形势下,弘扬郑和精神,成为我们的精神财富,籍以增强民族凝聚力,提高民族自信心,发扬爱国主义传统,有重要现实意义。

题　　　名　**忽必烈汗的对南海政策**
作者及单位　大岛立子
会议地点时间　1997

主 办 单 位　中国蒙古史学会

摘　　　要　元朝对南海政策开始制定于尚未灭亡南宋的忽必烈至元四年(1267),并于至元九年正式实施。元朝对南海的政策和其对江南(即南宋)的进攻是相互联系的。忽必烈要求南海诸国向元朝表示臣属,不同于以往的中国王朝与南海以经济交流为主的来往。在忽必烈看来,同江南一样,南海也是要征服的地区。但是在有元一代,南海诸国诸地,还是成了以经济交流为主流的地域。

题　　　名　胡宗宪靖倭始末管窥

作者及单位　郑梁生(台湾淡江大学历史学系)

会 议 名 称　1993 年海峡两岸学术讨论会

会议地点时间　1993

主 办 单 位　中国明史学会

题　　　名　华工出洋的中转站——南澳

作者及单位　陈伟名

会 议 名 称　海上丝绸之路与潮汕文化学术研讨会

会议地点时间　汕头,1994

题　　　名　华侨华人三宝公信仰的由来及其传播

作者及单位　李天锡(泉州华侨大学华侨华人研究所)

题　　　名　华侨历史文献中的瑰宝——《噶喇吧纪略》

作者及单位　陈自强(漳州市历史学会)

会 议 名 称　第二届闽南文化研讨会

会议地点时间　中国福建泉州,2003

主 办 单 位　福建省炎黄文化研究会、泉州市政协

摘　　　要　清朝乾隆年间,曾经旅居噶喇吧(今印尼首都雅加达)多年的漳州籍归国华侨程日炌、王大海先后撰著记述噶喇吧见闻,叙述噶喇吧(实际内容涉及爪哇岛及其周边岛屿)的地理风情、社会习俗、华侨生活等。这两种见闻录,分别是程日炌的《噶喇吧纪略》和王大海的《海岛逸志》。

题　　　名　华侨与海上丝绸之路——部份侨乡族谱中的海外移民资料分析

作者及单位　郑山玉

会 议 名 称　“中国与海上丝绸之路”国际学术讨论会

会议地点时间　泉州,1994

题　　　名　华人社会对郑和航海的共同回忆

作者及单位　(马来西亚)文平强

会 议 名 称　传承文明走向世界和平发展——纪念郑和下西洋600周年国际学术研讨会

会议地点时间　江苏,2005

题　　　名　华人在中国与东南亚贸易网络中的作用和影响

作者及单位　陆芸(福建社会科学院海上丝绸之路研究中心)

会 议 名 称 “中国与东南亚”国际学术讨论会

题　　名 **画歪的脸谱孟德斯鸠的中国观**
作者及单位 龚鹏程
会议地点时间 2004
摘　　要 公元一六〇二年耶稣会传教士鄂本笃由印度启程来中国，一六〇七年抵肃州而病卒，利马窦据其遗留之日记，撰成《鄂本笃访契丹记》。他这次旅行最大的意义，在于确认“契丹”即“中国”（支那）。在此之前，欧洲人大抵视契丹与中国为两国。稍早，更有不少人以为中国是信奉基督教的。经过利马窦及鄂本笃等人的实际考察，对中国的理解，才渐渐准确了些。

题　　名 **还原一段浩瀚的和平史和航海史**
作者及单位 《新华社》
会 议 名 称 云南省纪念郑和下西洋600周年国际学术研讨会
会议地点时间 云南大学，2005

题　　名 **环渤海地区的天主教地下势力问题及对策研究**
作者及单位 徐麟（河北省社会科学院法学研究所）
会 议 名 称 河北省首届社会科学学术年会
会议地点时间 中国河北石家庄，2007
主 办 单 位 河北省社会科学界联合会
摘　　要 河北、辽宁、河南、山西、山东五省和北京、天津二市以及内蒙古自治区东南部共同构成的环渤海地区是外国基督宗教传教士来华传教的首选地区之一。到1946年，天主教在环渤海地区先后设有50个教区，占全国总数144个教区的三分之一强。

题　　名 **环境铸就的丰碑历史写成的事实**
作者及单位 杜庆生
会议地点时间 2007.01

题　　名 **“环日本海（东海）”地域交流的现状和展望**
作者及单位 （日）芳井研一
会 议 名 称 东北亚海上交流历史文化遗产国际学术研讨会
会议地点时间 青岛；蓬莱，2006
主 办 单 位 中国海洋大学海洋文化研究所，山东省蓬莱市文物局

题　　名 **环中国海的华商商业网络：泰益号个案研究（1901－1939）**
作者及单位 戴一峰（厦门大学历史系）
会 议 名 称 第二届近代中国与世界学术讨论会
会议地点时间 中国北京，2000
主 办 单 位 中国史学会、中国社会科学院
摘　　要 在战后的很长一段时期内，近代亚洲历史，尤其是中国近代史的建构，一直处于“欧洲中心论”阴影的笼罩下。但与此同时，批判性的反思也未停止过。

题　　　名　皇位继承与郑和下西洋
作者及单位　(德国)杨恩霖
会 议 名 称　传承文明走向世界和平发展——纪念郑和下西洋600周年国际学术研讨会
会议地点时间　江苏,2005

题　　　名　黄海海战“松岛”舰受击新证
作者及单位　冷绣锦(大连图书馆日本文献资料馆)
会 议 名 称　纪念江桥抗战研讨会
会议地点时间　中国黑龙江齐齐哈尔,2004
主 办 单 位　东北地区中日关系史研究会
摘　　　要　1894年9月17日,在大鹿岛海域,中日海军主力进行的黄海海战规模之大、时间之久、战斗之激烈,是世界海战史上罕见的。中外学者对此次海战整理出版的史料甚多,研究成果也很显著,惟有些问题的结论值得商榷。日本联合舰队旗舰“松岛”舰究竟被北洋舰队哪几艘击伤就是其中之一。

题　　　名　黄乃裳四擎《船政刍议》初析
作者及单位　庄可庭(福州城门胪雷小学)
会议地点时间　2003
主 办 单 位　福建省闽学研究会
摘　　　要　黄乃裳于1896年7月连续在《福报》上发表4篇《船政刍议》。这4篇论文,显示了黄乃裳以维新派的观点立场,为挽救船政危机而呼吁,为整治船政沉疴而出谋献策,兴利除弊。他是一位维护船政建设的革新家。这4篇《船政刍议》,是当今研讨福州船政文化的一份珍贵的历史资料,是总结福州文化特色,概括福州人文精神,弘扬福州历史文化的地方文献。

题　　　名　黄仁宇的“大历史观”及其明史研究
作者及单位　赵克生(中国社科院历史所)
会议地点时间　2001
主 办 单 位　中国明史学会、中国社会科学院历史研究所明史研究室
摘　　　要　黄仁宇致力于明史研究。1964年他在美国密西根大学获得博士学位,其博士论文题目即是“明代的漕运”。1974年,他历时七年完成的学术专著《十六世纪明代中国之财政与税收》由英国剑桥大学出版社出版。七十年代末,他又完成了《万历十五年》一书的写作。

题　　　名　黄遵宪与苏州开埠交涉
作者及单位　杨天石(中国社会科学院近代史研究所)
会 议 名 称　纪念黄遵宪逝世一百周年国际学术讨论会
会议地点时间　中国北京,2005
主 办 单 位　中国社会科学院近代史研究所、中国史学会
摘　　　要　多年前,承黄遵宪的曾孙敬昌先生赐寄黄遵宪与日本谈判时亲拟的“苏州通商场章程”复印件一份,上有黄遵宪亲笔修改文字。从该件追溯谈判经过,可以反映出《马关条约》签订后,黄遵宪为维护国家主权所作的艰难努力。兹为纪念黄遵宪逝世100周年,特为检出,略加考订,并阐述前后因果,来龙去脉。由于各事丛杂,有些资料,特别是日方档案,尚待继续搜寻。

题　　　　名　**徽州海商王直与日本**

作者及单位　松浦章(关西大学)

会议地点时间　1999

主　办　单　位　中国明史学会、中国社会科学院历史研究所明史研究室

摘　　　　要　明清时代,徽州商人在中国的经济活动中起着极为重要的作用。徽州商人本来在内陆的商业活动中就有强固的基础,徽州商人活动的舞台大致是在万历《歙志》卷二十,货殖,所记载的如下地方:今之所谓都会者,则大之为两京、江浙、闽广诸省,次之而为苏、松、淮、扬诸府。

题　　　　名　**徽州文书所见明清徽商的经营方式**

作者及单位　周绍泉(中国社会科学院历史所)

会　议　名　称　第六届明史国际学术讨论会

会议地点时间　中国安徽凤阳,1995

主　办　单　位　中国明史学会

摘　　　　要　明代人谢肇淛在《五杂俎》中说:“富室之称雄者,江南则推新安,江北则推山右。”此所谓“新安”,即指以新安江流域为中心的徽州府商人,亦即我们这里所说的徽商。谢肇淛接着说:“新安大贾,鱼盐为业,藏镪有至百万者,其它二、三十万,则中贾耳。”可见徽商之富有在明代就很著名。

题　　　　名　**回回民族航海传统的继承和发扬——论郑和七下西洋**

作者及单位　杨怀中(宁夏社会科学院)

会　议　名　称　第二届昆明郑和研究国际会议

会议地点时间　云南,2002

题　　　　名　**回商蒲寿庚的历史功过**

作者及单位　魏德新(乌鲁木齐铁路局)

会　议　名　称　首届中国宁夏回商大会文化论坛

会议地点时间　中国宁夏银川,2007

主　办　单　位　宁夏社会科学院回族伊斯兰教研究所

摘　　　　要　在泉州海外交通史上,蒲寿庚是一个十分重要的人物,他不仅是一位大海商并高级武官,而且在宋元鼎革之际举足轻重,炙手可热,因而他成了文史工作者很感兴趣的研究对象。但由于有关典籍史料,对蒲寿庚生平、行止的记载都很简略又互相矛盾,使研究者颇感困惑。

题　　　　名　**回忆近代江南的一些往事**

作者及单位　杨槱(上海交通大学)

会　议　名　称　中国造船工程学会2005《中国船舶工业发展论坛》船史分会场纪念江南造船厂建厂140周年学术报告会

会议地点时间　中国上海,2005

主　办　单　位　中国造船工程学会船史研究学术委员会、上海市造船工程学会船史发展专业学术委员会、江南造船(集团)有限责任公司

摘　　　　要　1944年11月我随当时海军江南造船所所长马德骥领导的“中国海军造船人员赴美服务团”去美国学习考察造舰技术。1946年2月回国,被任命为江南造船所的造船场工程师。同年6月

离职,被调到海军青岛造船所任工务课长。1948 年初,我被调到当时新成立的海军机械学校任教务组长。该校就在江南造船所西侧,我被聘为江南造船的兼职工程师。机械学校于 1949 年 3 月被迫迁福建马尾,随后迁到台湾左营。

题　　　名 回族古籍整理兼及郑和二三事

作者及单位 吴建伟(西北第二民族学院)

会议名称 郑和下西洋与文明对话国际研讨会

会议地点时间 中国宁夏银川,2005

主办单位 宁夏社会科学院、伊朗伊斯兰共和国驻华大使馆文化处

摘　　　要 古籍整理是伴随书籍而出现的文化活动,是书籍阅读与利用并使知识不断延伸与再造的内部要求。已知最早的古籍整理要算孔子对“六艺”的删定削编。此后,西汉刘向父子的秘阁校书,隋朝的抛绸救书等等也都是著名的古籍整理活动。中国古代最著名的整理成果要算《永乐大典》、《四库全书》,再如《昭明文选》、《文苑英华》、《太平御览》、《册府元龟》、《古今图书集成》、《全唐诗》、《全唐文》等,真是不胜枚举。近几年,我国古籍整理借助先进的复制手段和发达的印刷术,范围愈益广泛,出书的数量和种类愈益增加,《续修四库全书》、《丛书集成续编》的整理、编辑出版就突出反映了今天古籍整理工作的辉煌局面,另如《全宋词》、《全金元词》、《全明词》、《全清词》也都已编辑出版了。和宁夏有关的古籍整理则有《俄藏黑水城文献》、《英藏黑水城文献》,之后又在计划出版《法藏黑水城文献》及(中国馆藏西夏文献》。值得一提的还有《党项与西夏资料汇编》一书。

题　　　名 绘画和木板画中的海上保护神妈祖

作者及单位 鲁克思

会议名称 1995 年澳门妈祖信俗历史文化研讨会

题　　　名 惠东地区“七大人”信仰及其在台湾的传播——以神冈溪底顺天宫为例

作者及单位 陈炎正(台湾省各姓源流研究会)

会议名称 惠安民俗研讨会

会议地点时间 中国福建惠安,1992

主办单位 福建省社会科学联合会、福建省民俗学会、惠安县对外文化交流协会

摘　　　要 惠东地区的社会文化背景所谓“惠东”地区,指惠安县东部地区而言,也就是环绕古城“崇武”附近的几个沿海乡镇。以自然环境的观察,因为该地区负山控海,古来即为海防重地。

题　　　名 《活着的遗产——京杭大运河》选题策划

作者及单位 任殿顺(苏州大学)

会议地点时间 2006

摘　　　要 京杭大运河是中国古代最伟大的水利工程。它是世界上最长的一条人工运河,全程共 1 794 km,是苏伊士运河的 16 倍,巴拿马运河的 33 倍。

题　　　名 基督教新教的传入

作者及单位 徐如雷(金陵协和神学院)

会议名称 “传教运动与中国教会”学术研讨会

会议地点时间 中国上海,2006

主 办 单 位 中国基督教三自爱国运动委员会、中国基督教协会

摘　　　要 资本主义势力的扩张，促使英国新教传教士不顾中国政府的禁教、禁烟法令，绕道美国来华；第一个来华的英国传教士马礼逊充任专门从事鸦片贸易的东印度公司雇员，以站稳脚跟；后来也加入英国伦敦会进行活动的德国传教士郭实腊竟以散发宗教书籍为名在中国海岸航行7次搜集情报。本文拟以上述事例，说明基督教新教兴起的近代传教运动的侵略本质。

题　　　名 **基督教在琉球的传布与中国**

作者及单位 照屋善彦

会议地点时间 1987

题　　　名 **畿甸咽喉运河之都**

作者及单位 孙培同

会议地点时间 2007.01

题　　　名 **籍贯分群还是海域分群——虚构的明末泉州三邑帮海商**

作者及单位 杨国桢（厦门大学历史系）

会 议 名 称 第二届闽南文化研讨会

会议地点时间 中国福建泉州，2003

主 办 单 位 福建省炎黄文化研究会、泉州市政协

摘　　　要 在拉开全球经济一体化序幕的大航海时代，以漳州海澄（月港）为起点的中国与东西洋贸易网络，对世界市场的形成和西方的兴起，曾作出不可磨灭的贡献。16世纪至17世纪初，从伊比利亚半岛到荷兰的海上航海冒险家、商人，都是利用漳州海商主导的东西洋贸易网络关系，挺进西太平洋亚洲海域的。随着荷兰东印度公司（V. O. C）在巴达维亚建立亚洲大本营，以台湾、漳州海商为主导的东西洋贸易网络发生激烈的动荡，合法海商受挫，走私海商与海寇商人趁势而起。

题　　　名 **记录船政文化的珍贵家刻诗集《先复斋公遗稿》**

作者及单位 曾意丹（福州市文物局）

会议地点时间 2003

主 办 单 位 福建省闽学研究会

摘　　　要 福州船政文物中有一本私家刻印的诗集《先复斋公遗稿》，这本诗集未曾公开发表过，极其史料价值，弥是珍贵。这本诗集是已故高光远（字伯谦）先生为纪念其先父高焕新，收集其遗稿自行刊印的家藏本。高光选先生早年留学日本东京高等师范；归国后，曾任福建省督学及各中学校长，是位教育家；邓拓是其学生。

题　　　名 **记新发现的明末《两仪玄览图》**

作者及单位 王庆余（复旦大学历史系）

会 议 名 称 中国中外关系史学会学术讨论会

会议地点时间 中国北京，1986

主 办 单 位 中国中外关系史学会

摘　　　要 不久以前，辽宁省博物馆首次展出该馆珍藏的利玛窦、李应试《两仪玄览图》。这是解放以后，我国关于地图学史研究的重大发现。它公诸于世后，在国外汉学界引起巨大反响。我们深入研

究这幅明末珍贵的世界地图，不仅了解明清之际中西文化交流的内容，而且将更增进我国与欧洲人民之间的传统友谊。

题　　　名　纪念“世界的郑和”弘扬郑和精神
作者及单位　张序三
会议名称　第二届昆明郑和研究国际会议
会议地点时间　云南，2002

题　　　名　纪念陈文龙引起的思考
作者及单位　陈松溪（郁达夫研究会；中国通俗文艺研究会）
会议名称　福建省历史名人研究会陈文龙分会成立大会
会议地点时间　中国福建福州，1998
主办单位　福建省历史名人研究会陈文龙研究分会
摘　　　要　今年是南宋民族英雄陈文龙诞辰770周年、殉国725周年，福建省历史名人研究会陈文龙研究分会将与有关单位联办隆重的纪念活动。笔者为撰写纪念陈文龙的论文，查阅了不少史料，有些问题引起了我的思考。

题　　　名　济宁古运河与明清两朝兵制
作者及单位　张荣仁
会议地点时间　2007.01

题　　　名　济宁在大运河文化遗产中具有着独特的价值
作者及单位　葛承雍
会议地点时间　2007.01

题　　　名　寄尘和尚若干事述考
作者及单位　傅朗
会议名称　第九届中琉历史关系国际学术会议
会议地点时间　2005

题　　　名　加强历史人文研究创建和谐运河之都
作者及单位　李宏生
会议地点时间　2007.01

题　　　名　加强水下考古是重现泉州“海上丝绸之路”的必由之路
作者及单位　杨式挺
会议名称　“泉州港与海上丝绸之路”国际学术研讨会
会议地点时间　中国泉州，2002
主办单位　中国航海学会
摘　　　要　20世纪70年代以来，泉州的海外交通史研究取得了丰硕的、举世瞩目的成就。这主

要表现在泉州湾后渚港宋代海船的发掘及其研究成果，泉州海交馆的建设及其取得的一系列学术成果，以及与海外交通、贸易、宗教、文化密切相关的14处文物古迹被列为全国重点文物保护单位及其社会效应和深远影响力，还有泉州正在申报“世界文化遗产”等，这诸多方面的成就，目前可谓居于全国领先地位。

题　　名　**加强水下考古是重现泉州“海上丝绸之路”的必由之路**
作者及单位　杨式挺
会议名称　第二届闽南文化研讨会
会议地点时间　中国福建泉州，2002
主办单位　中国航海学会
摘　　要　20世纪70年代以来，泉州的海外交通史研究取得了丰硕的、举世瞩目的成就。这主要表现在泉州湾后渚港宋代海船的发掘及其研究成果，泉州海交馆的建设及其取得的一系列学术成果，以及与海外交通、贸易、宗教、文化密切相关的15处文物古迹被列为全国重点文物保护单位及其社会效应和深远影响力，还有泉州正在申报“世界文化遗产”等，这诸多方面的成就，目前可谓居于全国领先地位。

题　　名　**嘉靖年间海防重建与倭寇溃败——兼及中日关系变化与断绝**
作者及单位　张德信（中国社会科学院）
会议地点时间　2004
主办单位　中国明史学会、中国社会科学院历史研究所明史研究室
摘　　要　嘉靖年间，日本已进入战国时期。君弱臣强，诸侯称雄；瓜分豆剖，各君其国。由于战乱纷争，导致中日关系趋于停滞；由于上下臣民对物产的需求，致使倭寇在中国沿海的走私、侵扰、掠夺日益严重；明廷为有效抗击倭寇，不得不对日益破坏的海防给予重视，加强建设。如果说，朱厚熜即位之初，以朝贡贸易为核心的中日关系还属正常的话，那么，好景不长，在嘉靖二年（1523年）便发生了争贡之役，为两国的交往投下了阴影，预示着关系的停滞以至断绝。

题　　名　**嘉靖御倭战争胜利与明朝的将帅集团**
作者及单位　胡凡（黑龙江省教育学院政史系）
会议名称　1993年海峡两岸学术讨论会
会议地点时间　1993
主办单位　中国明史学会
摘　　要　侄寇之患，从明初以来就一直困扰着明王朝，及至到了嘉靖中叶，由于明廷政治腐败、权臣专擅、武备废弛，终于导致徐毒东南达二十年之久的矮寇之乱。从嘉靖二十六年（1547年）起，径寇侵扰东南沿海逐渐猖狱，ZU嘉靖三十一年，倭寇和东南沿海的海盗相勾结，大举进犯，“滨海数千里同告密”，直至系靖末年（1566年），始告剿灭。其间侵扰的地区，北起江淮，南至闽粤，“杀人如麻，流血积骸，动若川阜，焚劫室庐，半为悬磐焦土”。中国人民为了抵御侯寇的侵扰，进行了长期的艰苦的反侵略斗争，终于取得了抗侵斗争的巨大胜利。认真考察这段抗侵斗争的历史，我们发现，除了人民群众的奋起抗战外，明朝内部逐渐形成的将帅集团，在抗径斗争中发挥了中流砥柱的作用，是明朝抗侄斗争取得胜利的主要力量。本文拟对边一将帅集团的组成、所具备的特点和影响作一考察，以求对明代中叶的历史与社会结构有更深一步的了解，并从中体会别中华民族作为一个整体，在反抗外来侵略中所表现出来顽强精神。

题　　名　**嘉庆、道光年间越南铜钱流入的原因**
作者及单位　徐心希（福建师大社会历史学院）

会议地点时间 2002

摘　　　　要 清乾隆以后,尤其是嘉庆、道光年间,在我国东南的闽、粤等省,出现了大量的越南钱,几乎有取代清朝制钱的趋势,对于这个特殊的经济现象,学者们研究甚少。本文认为,清朝中晚期,官方铸钱相对滞后,东南地区商品经济发展较为迅速,闽、粤两省出现了铜钱短缺的局面,加上由于鸦片贸易造成的白银外流,国内银价剧增,是造成周边外国铜钱流入的主要原因。在流入的外国铜钱中,以安南钱居多,日本钱其次。清朝政府虽曾下令禁止外国铜钱的流通,但屡禁不止。越南钱还经闽、粤商路向内地扩散。

题　　　　名 "甲辰之役"百年祭

作者及单位 周成平(中国人民解放军合肥电子工程学院)

会议地点时间 中国黑龙江齐齐哈尔,2004

主 办 单 位 东北地区中日关系史研究会

摘　　　　要 1904 年爆发的日俄战争不但使中国人民的生命财产遭受严重损失,而且使我东三省主权遭到空前破坏。革命先烈李大钊曾把"甲辰之役"与甲午、甲寅之役一起并列为近代中国对日关系痛史之"三甲纪念"。在"甲辰之役"百年之际,作者深刻追述它给中华民族造成的历史伤痛,让世人铭记这场战争留给我们的惨痛教训。

题　　　　名 甲申事变前后黎庶昌的琉球策略

作者及单位 戴东阳(中国社会科学院近代史研究所)

会 议 名 称 "近代中国、东亚与世界"国际学术讨论会

会议地点时间 中国山东日照,2006

主 办 单 位 中国社会科学院近代史研究所中外关系史学科、《历史研究》编辑部

摘　　　　要 琉球问题和朝鲜问题,是甲午战前影响中日关系的两大问题。其实,琉球问题先于朝鲜问题发生,事实上也是促使清政府积极干预朝鲜的一个直接动因。日本强行并吞中国藩属国琉球之后,中日之间曾就琉球问题进行交涉,光绪七年(1881)日方自弃所议离去之后,球案进入漫长的重议时期。其间,两国政府尤其清政府,一直试图寻找机会重开协商。

题　　　　名 甲午海战 100 周年与现代海洋观

作者及单位 糜振玉

会 议 名 称 甲午海战与中国海防——纪念甲午海战一百周年学术研讨会

会议地点时间 1994

摘　　　　要 今年,是甲午海战 100 周年。正如恩格斯的一句名言所说:"没有哪一次的巨大历史灾难不是以历史的进步为补偿的。"100 年前的甲午海战对于中国来说,无疑是一场巨大的历史灾难,但也正是这样一场战争,大大促进了中华民族的空前觉醒。100 年后的今天,当我们再次检讨甲午海战的历史教训时,我们不得不承认这样一个现实,就是中华民族尽管比 100 年前强大得多了,但仍没有强大到别国不敢任意欺凌的程度。时至今日,世界上有些大国仍不能平等地对待我们,我们还缺乏足够的力量捍卫自己的海洋权益。因此,我们必须站在时代的高度,认真总结甲午海战的历史教训,不断壮大我们的国力、军力,为使中华民族真正腾飞于世界民族之林而不懈奋斗。

题　　　　名 甲午海战百年祭

作者及单位 张连忠

会 议 名 称 甲午海战与中国海防——纪念甲午海战一百周年学术研讨会

会议地点时间 1994

摘　　　要 101 年过去了,甲午海战的炮火硝烟早已杳无踪迹。但是,海战场上那一幕幕悲壮的情景仍不时地浮现在我们眼前,那一阵阵沉闷的炮声也一直在历史发展的长河中回荡。今天,我们重温甲午海战的历史,祭奠阵亡爱国将士的英灵,就是要从中汲取刻骨铭心的历史教训,得到令人警省的历史启示。

题　　　名 **甲午海战的历史地位与军事意义**

作 者 及 单 位 许华,姜鸣

会 议 名 称 甲午海战与中国海防——纪念甲午海战一百周年学术研讨会

会议地点时间 1994

摘　　　要 甲午战争是一场陆海战场交替的近代化战争,尤其以拥有独立海上战场而为其显著特征。这场战争的海上作战行动,不仅在中匠近代史上具有重要历史地位,也为世界近代海军及其装备的发展提供了十分宝贵的实战经验。深刻反思甲午海战在历史与军事方面的经验教训,对于今天的海军与海防建设,具有重要的借鉴意义。

题　　　名 **甲午海战前中日近代海军舰船建设的对比和启示**

作 者 及 单 位 郑明,张治菁

会 议 名 称 甲午海战与中国海防——纪念甲午海战一百周年学术研讨会

会议地点时间 1994

摘　　　要 甲午海战是我国近代史上动用海军兵力规模最大的一次海战。这次海战所使用的海军舰船,均是 20 世纪中叶后,中日两国在越来越强烈的海防需求的刺激下,在清洋务运动和明治维新的推动下,根据不同的海军发展战略和装备技术政策建设起来的。思格斯有一句名言:“现代的军舰不仅是现代大工业的产物,而且同时还是现代大工业的缩影”。海战、海军与造舰、大工业、生产力是密不可分的,表现的是综合国力。因此,从甲午海战前中日两国海军舰船建设及其装备技术政策等侧面做一些对比分析,可以得到深刻的启示。

题　　　名 **甲午海战清军战略战术评析**

作 者 及 单 位 杨跃

会 议 名 称 甲午海战与中国海防——纪念甲午海战一百周年学术研讨会

会议地点时间 1994

摘　　　要 中日甲午海战在中国海战史和世界海战史上具有重要地位。这场海战的规模为中国之最,也是“世界史上第一次蒸汽机舰队的海战”。中日两国滨海相隔,海战是整个战争的关键,制海权是整个战局的阀门。这场海战,直接受战略的指导,在海战中,舰队战术是决定胜负的重要因素。战略对战术起制约作用,战术受战略的影响;战略贯穿落实于战术,战术体现战略的精髓。深入探讨中日甲午海战清军的战略战术,可从一个侧面更深刻地认识清军战败的原因,对现代海军战略战术的学习与研究也颇有教益。

题　　　名 **甲午海战若干经验教训与现代海防的思考**

作 者 及 单 位 赵国钧

会 议 名 称 甲午海战与中国海防——纪念甲午海战一百周年学术研讨会

会议地点时间 1994

摘　　要　甲午战争是中国近代历史上一场极为重要的陆上反侵略战争，又是一次中国历史上规模最大、损失最重、影响最深的海上反侵略战争，同时也是世界历史上第一次蒸汽铁甲舰队对蒸汽铁甲舰队的大规模海上战争。

题　　名　**甲午海战若干争鸣问题新论**
作者及单位　陈明福（大连舰艇学院）
会议名称　纪念江桥抗战研讨会
会议地点时间　中国黑龙江齐齐哈尔，2004
主办单位　东北地区中日关系史研究会
摘　　要　今年是中日甲午海战110周年纪念。110年前发生的这场海战，备受众多史学家的关注。但尚有一些重大历史事实和人物评价问题意见不一，争论不已。为此，本人对甲午海战人物和事件作了深入研究，对百余年来有关甲午海战若干争议问题以新的史料、视角和观点作了考辨，现择要加以阐述，以求教于海内外中国近代史和海军史的专家们，期收“抛砖引玉”之效。

题　　名　**甲午海战失败的军事原因及主要教训**
作者及单位　范豫康
会议名称　甲午海战与中国海防——纪念甲午海战一百周年学术研讨会
会议地点时间　1994
摘　　要　列宁指出：“战争并不是偶然的事情，……而是资本主义发展不可避免的阶段，它与和平一样，是资本主义生活的合乎规律的形式”，“当资本主义发展规模越出了各个民族国家的狭隘范围，”列强便因此“力图奴役其他民族，掠夺殖民地，以获得原料产地和资本输出场所”（《列宁全集》第21卷第22、324页）。中日甲午战争，是日本军国主义为适应其资本主义发展的需要而蓄谋已久、精心策划的一场侵略中国的战争。

题　　名　**甲午海战与爱国主义**
作者及单位　孙克复
会议名称　甲午海战与中国海防——纪念甲午海战一百周年学术研讨会
会议地点时间　1994
摘　　要　1995年是中日甲午战争爆发一百周年。一百年前的这场战争，一方面给中华民族带来了深重的灾难和空前的屈辱，另一方面也激发了蕴藏在中国人民心中深厚的爱国主义感情。战争期间，从广大爱国清军将士到社会各阶层群众，同仇敌忾，万众一心，同日本侵略者展开了顽强的抗争。他们抛头颅，洒热血，慷慨捐躯，从容赴难，像一曲激昂悲壮的战歌，谱写了中国人民的爱国心声；像一幅绚丽多彩的画卷，描绘了中华民族的爱国风采。中国人民在中日甲午战争期间所表现的反帝爱国精神，不论在广度和深度上都是空前的，是中华民族爱国主义传统的继承和发扬。

题　　名　**甲午海战与中国北洋海军后勤保障研究**
作者及单位　张瑞泉，宋一鸣
会议名称　甲午海战与中国海防——纪念甲午海战一百周年学术研讨会
会议地点时间　1994
摘　　要　毛泽东同志在《论持久战》中指出：“指导战争的人们不能超越客观条件许可的限度期求战争的胜利，然而可以而且必须在客观条件的限度之内，能动地争取战争的胜利。”美国的G.C·索

普在名著《理论后勤学》中，系统地阐述了战略、后勤、战术是战争活动三大要素的思想。一百年前发生的中日甲午海战，中国北洋海军失败的根本原因，在于战略、战术指导上的失误。但从北洋海军的后勤保障来看，确实也存在不少问题，对战争结局也有一定影响。以史为鉴，可以知兴衰。今天，研究甲午海战北洋海军后勤保障问题，从中吸取值得借鉴的经验教训，仍具有重要的现实意义。

题　　　名　**甲午海战与中国近代军港建设**
作者及单位　时平(上海海事大学海洋文化研究所;上海郑和研究中心;中国船史研究会)
会议名称　甲午海战与中国海防——纪念甲午海战一百周年学术研讨会
会议地点时间　1994
摘　　　要　军港是海防和海军建设的重要内容。中国近代军港是在两次鸦片战争以后，清政府加强海防、建设近代海军过程中出现的。在建设的进程中，表现出追求急功近利，注重近代造船、修筑炮台、建立水师等举措，对海防基础建设的认识并不全面。尤其是在清政府立足于"守"的海防战略指导下，近代军港建设存在弊端，并对甲午海战产生了重要影响。

题　　　名　**甲午海战战役战术问题研究**
作者及单位　陈伟文，曾繁寿
会议名称　甲午海战与中国海防——纪念甲午海战一百周年学术研讨会
会议地点时间　1994
摘　　　要　甲午战争，是日本蓄谋已久的侵略中国的战争，并首先从海战拉开战争的序幕。甲午海战，日本海军联合舰队的作战方针的核心是争夺和控制黄海的制海权，因为日本统帅部把制海权的有无当作其侵华整个战争的进、守、退的基石。日海军不遗余力地通过海上决战形式消灭我北洋舰队，夺取和控制黄海制海权，以保障其侵华战争顺利进行和保证其战争总目的的实现。由于清朝政治腐败和李鸿章推行的保船避战消极作战方针，拱手让出海权，铸成了北洋舰队全军覆灭的厄运，也导致了整个战争失败。现就制海权和海上决战及其战役战术问题，作某些探讨。

题　　　名　**甲午海战中北洋海军舰艇技术保障的主要经验教训**
作者及单位　左森
会议名称　甲午海战与中国海防——纪念甲午海战一百周年学术研讨会
会议地点时间　1994
摘　　　要　甲午海战是北洋海军同日本联合舰队进行的海战。甲午海战包括丰岛海战、黄海海战和威海卫海战，是中日战争的重要组成部分。北洋海军在甲午海战中的惨败，原因是多方面的，经验教训也是很多的。但主要症结在哪里，有哪些值得总结的经验教训，是百年来国内外学者探讨的热门话题，也是百年来国人极为关心的问题。现仅对甲午海战中北洋海军舰艇技术保障方面进行剖析和讨论。

题　　　名　**甲午开战与"陆奥外交"——以日本"六·二出兵"为中心**
作者及单位　戚其章
会议名称　第二届近代中国与世界学术讨论会
会议地点时间　中国北京，2000
主办单位　中国史学会、中国社会科学院
摘　　　要　陆奥宗光作为日本外务大臣，以外交手段"狡狯"而闻名，对促成甲午开战负有重大的责任。但在日本国内，历来对他的评价是很高的。如今，在日本外务省院里，历届外务大臣中只树了陆

奥的铜像,即足以说明这一点。不仅如此,长期以来,在日本史学界,陆奥还被打扮成一位推行和平外交的代表人物来进行宣传。这种观点能否成立,是值得重新加以研究的。

题　　名　**甲午前后中日官绅之间的认知与交往**

作者及单位　郑匡民(中国社会科学院近代史研究所)

会议名称　第一届中国近代思想史国际学术研讨会

会议地点时间　中国湖南湘西,2004

主办单位　中国社会科学院近代史所、吉首大学、湘潭大学、湖南师范大学中国近现代史所、首都师范大学历史系、浙江大学社会文化与思想批评研究中心

摘　　要　甲午战争后中日关系的发展,似乎有些令人惶惑不解。战时不共戴天的敌意经过短短的三年,至戊戌变法时竟烟消云散,化为一种令人难以置信的友谊。这确是一个十分复杂的问题。本文认为,造成这一变化的一个重要原因,是两国官僚士绅的思想与行动,可以说是两国知识精英的思想与行动使中日两国各自为了自己的不同利益在极短的时间里由仇敌迅速地变成了盟友。

题　　名　**甲午战争对中国历史发展的影响**

作者及单位　李以学,王善友

会议地点时间　1995

摘　　要　中日甲午战争,是中国近代史上的重大事件。它不仅导致了帝国主义企图瓜分中国的大祸,而且对中国历史的发展具有深远的影响。

题　　名　**甲午战争和中国海军的近代化**

作者及单位　史滇生(海军指挥学院政治指挥系)

会议名称　甲午海战与中国海防——纪念甲午海战一百周年学术研讨会

会议地点时间　1994

摘　　要　甲午战争是20世纪末日本对中国发动的侵略战争。这场战争虽然分海陆两个战场,但是,无论是日本的侵略还是中国的反侵略,双方都以一支近代化的海军作为战争的主要工具。战争前两国海军近代化进程的快慢和水平的高低,直接影响到战争的结局。探讨甲午战争同中国海军近代化的关系,不仅有助于对甲午战争史的深入研究,而且可以对今天的国防现代化建设提供历史的借鉴。

题　　名　**甲午战争起止时间小议**

作者及单位　苏醒,刘恩格(齐齐哈尔大学社会科学教研部;齐齐哈尔大学历史系)

会议名称　纪念江桥抗战研讨会

会议地点时间　中国黑龙江齐齐哈尔,2004

主办单位　东北地区中日关系史研究会

摘　　要　甲午战争究竟起于何时,止于何时,是值得进一步探讨。起于何时?向有争议:或谓1894年8月1日,中日同时宣战;或谓1894年7月25日的丰岛海战和牙山之役;或谓1894年7月23日,日军围攻朝鲜王宫的事件。止于何时?似乎已成定论,即1895年4月《马关条约》的签订。笔者认为"七二三"事件应是开始的时间,台湾之役应是结束的时间。

题　　名　**甲午战争前后日本在天津的贸易**

作者及单位　郭蕴静(天津社会科学院历史所)

会议名称 第二届近百年中日关系史国际研讨会

会议地点时间 中国北京,1993

主办单位 中国抗日战争史学会、中国社会科学院近代史研究所、美国日本侵华研究学会、美国南伊利诺大学

摘要 1860年清政府被迫签订《北京条约》,开天津为商埠,列强势力得以进入。但是,最早与天津发生直接贸易的国家,并不是西方列强,而是东方邻国日本。本文试就甲午战争前后日本在天津的贸易略述一点粗浅看法。

题名 **甲午战争与日本战时大本营**

作者及单位 韩俊英,张淑香(大连图书馆;大连水产学院文法系)

会议名称 纪念江桥抗战研讨会

会议地点时间 中国黑龙江齐齐哈尔,2004

主办单位 东北地区中日关系史研究会

摘要 甲午战争期间日本建立的战时大本营,是日军在这次战争中的最高指挥机关。它的建立是日本近代军事领导体制上的重大突破,是对日本近代战争指挥机制的改革与发展。战时大本营不仅在甲午战争中发挥了不可替代的作用,而且在以后的日俄战争及太平洋战争中,也都一直担负着日军核心领导的重任。

题名 **甲午战争与晚清海防方略**

作者及单位 苏读史

会议名称 甲午海战与中国海防——纪念甲午海战一百周年学术研讨会

会议地点时间 1994

摘要 甲午战争是一场我国在陆上和海上抗击日寇大规模侵略的战争。在这场反侵略战争中,晚清陆军惨遭失败,北洋海军全部覆没。战后,不平等的《马关条约》给我国带来割地赔款的严重后果,中国人民蒙受了极大的屈辱。这场反侵略战争对晚清海防方略是一次实际的检验,既反映了当时海防斗争的消极因素,也反映了当时海防建设的积极因素,尤其是下层官兵和广大人民同仇敌忾的斗争精神,确是一曲悲壮的战歌,给后人留下极其重要的教益,并对我国的觉醒产生不可低估的影响。

题名 **甲午战争与戊戌维新运动**

作者及单位 熊宗仁(贵州省社科院历史所)

会议名称 纪念戊戌维新运动100周年学术研讨会

会议地点时间 1999

摘要 19世纪末叶发生的中日甲午战争,不仅给中国和日本两国以深刻巨大的影响,而且也是影响世界的重大历史事件。它对于近代中国历史的转折性意义,并不仅仅在使中国沦为更完全的半殖民地,而且也促进了从上到下堪称民族性的深刻反思

题名 **甲午战争中的北洋海军**

作者及单位 杨志本

会议名称 甲午海战与中国海防——纪念甲午海战一百周年学术研讨会

会议地点时间 1994

摘要 北洋海军,是近代中国海军部署在黄海战区的一支舰队,是清末海军的主力。这支舰

队的建设、成军与失败的历史过程，对于我们研究、借鉴中国海军军史、战史的经验教训，具有十分重要的意义。

题　　　名　**“甲午之战”失败的原因及其影响**
作者及单位　曾祥铎
会议名称　海峡两岸《马关条约》百周年学术研讨会
会议地点时间　大连

题　　　名　**甲午中日战争的失败与抗日战争的胜利**
作者及单位　郑剑顺(厦门大学人文学院历史系)
会议名称　中国近现代史史料学学会学术会议
会议地点时间　1995
摘　　　要　近代史上，日本侵略者先后发动了两次大规模的侵华战争。第一次是甲午年(1894年)发动侵略朝鲜和我国辽东半岛、山东半岛战争；第二次是从1931年“九一八”开始发动侵犯我国东北三省并妄图侵占全中国和东南亚各国的战争。甲午战争以清政府的惨败而结束，签订丧权辱国条约；抗日战争则以日本失败而告终，中国完全胜利。甲午战争与抗日战争，为什么会有一败一胜的不同结局？回顾、总结这一历史经验教训，对今天的国情教育和现代化建设是有意义的。

题　　　名　**甲午中日战争至甲辰日俄战争期间东北亚局势**
作者及单位　关捷(大连民族学院)
会议名称　“近代中国、东亚与世界”国际学术讨论会
会议地点时间　中国山东日照，2006
主办单位　中国社会科学院近代史研究所中外关系史学科、《历史研究》编辑部
摘　　　要　19世纪末20世纪初，影响东北亚局势变化的主要是日、俄两国。1894年日本为执行“大陆政策”，实现“开拓万里波涛，布国威于四方”，借清政府助朝鲜国镇压“东学道”农民起义的时机，发动对朝鲜和中国的侵略战争。结果中国被打败，日本迫使中国签订空前屈辱的《马关条约》，中国承认朝鲜为“完全无缺之独立自主”。

题　　　名　**兼容并重：郑和宗教文化思想论**
作者及单位　薛正昌(宁夏社会科学院)
会议名称　郑和下西洋与文明对话国际研讨会
会议地点时间　中国宁夏银川，2005
主办单位　宁夏社会科学院、伊朗伊斯兰共和国驻华大使馆文化处
摘　　　要　在世界航海史上，我国明代的郑和是开创世界航海历史最早、最伟大的历史人物，是世界航海事业的奠基者和功勋卓著的航海家之一。在1405年至1433年的20多年的历史时空中，他率领数万人的庞大舰队，七次前往东南亚、西亚直至非洲海岸。作为和平使者，郑和先后访问过30多个国家，在世界航海史上写下了不朽的篇章。

题　　　名　**简介连横《台湾通史》对沈葆桢功业之评析**
作者及单位　陈俱(福建省科技厅)
会议名称　沈葆桢巡台130周年学术研讨会

会议地点时间　中国南京,2004

主办单位　中国近现代史史料学学会

摘　　要　清同治十三年四月(公元1874年5月),船政大臣沈葆桢受命为“钦差办理台湾等处海防兼各国事务大臣”,率领船舰赴台,部署军事力量,抗击日本侵略军;其后又再次巡台,处理善后,为台湾近代化建设迈出了第一步。沈的业绩彪炳史册,为人们所称道。

题　　名　简论19世纪70~90年代的宗藩关系

作者及单位　高士华

会议名称　中国社会科学院近代史研究所建所40周年学术讨论会

会议地点时间　中国北京,1990

主办单位　中国社会科学院近代史研究所

摘　　要　宗藩关系,尤其是19世纪70~90年代的宗藩关系,在中国近代外交史上占有一个非常重要的地位,是研究这段历史时无法回避的一个问题。从70年代清政府开始关心藩属问题,到90年代中叶中国丧失它最后一个朝贡国为止,中间经过了20几年的时间。时间虽短,却经历了急剧的风云变幻。清政府为了保护朝贡国,耗费了很多的精力,甚至不惜投入大量的物力、人力,以至成千上万的生命,进行了两场大规模的战争。其结果不但藩属没有保住,连带中国本土也陷入空前的危机之中。探讨这一时期宗藩关系的发展、演变、消亡,将是一件有意义的工作。

题　　名　简论法国传教士保禄·维亚尔的传教活动对石林民族教育的影响

作者及单位　黄桂芳(云南省石林彝族自治县委员会)

会议名称　全球化背景下的多元文化教育国际论坛

会议地点时间　中国重庆,2006

主办单位　西南大学西南民族教育与心理研究中心、美国伊利诺大学东亚及太平洋研究中心

摘　　要　英、法、美、俄等西方帝国主义国家依仗其强大的坚船利炮先后于1840年和1856年对我国发动了两次侵略主权和领土完整的鸦片战争,迫使清朝政府签订了一系列丧权辱国的不平等条约,其中允许帝国主义国家在中国境内享有自由传教权利即“保教权”,就是其中的内容之一。保禄·维亚尔正是在这样的历史背景下,从法国到中国云南彝区,进行名为传教,实为文化侵略的活动。

题　　名　简论国家政权在十五世纪中西妨害活动中的作用

作者及单位　申晓若(吉林师范学院历史系)

会议名称　1993年海峡两岸学术讨论会

会议地点时间　1993

主办单位　中国明史学会

摘　　要　15世纪是国际航海贸易发展的转折时期。在这个世纪中,东西方先后出现了三项史无酣例的远洋航海活动:1405—1433年,中国的郑和七次出航,突破丁东亚与西亚、东非之间的置洋阻隅,开辟了从中田经印度洋直通西亚和非洲东海岸的远航记录。1415年,葡萄牙人占领北非休达以后,逐步沿非洲西海岸南下。经过几十年的努力,终于由瓦斯科·达·枷马率领的船队首次完成了绕道好望角到达印度的新航船(1497—1498年)。

题　　名　简论近代中国主权意识的萌生和发展

作者及单位　马自毅(华东师范大学历史系)

会议地点时间　中国上海，2004

摘　　　　要　中国很早就具备了主权的各项要素。只不过在极为优越的自我认同及王道观念下，将中国延伸为“天下”，用“怀柔远人”和“教化”等手段建立起无所不包的“朝贡体系”。鸦片战争后，条约体制下的政教关系、割地赔款的惨痛事实，以及国际法知识的引进与运用，使“条约”与“主权”的意识渐次萌生，并逐步从维护“天朝体制”转化为近代主权观念。本文从传教、教案的角度对此进行分析。

题　　　　名　**简论明代海商及其对外贸易**

作者及单位　王松龄（四千师范学院历史系）

会 议 名 称　1993 年海峡两岸学术讨论会

会议地点时间　1993

主 办 单 位　中国明史学会

摘　　　　要　明代的海外贸易，一直是沿着官方朝贡贸易和私人海上贸易两条路线发展。朝贡贸易又叫贡舶贸易。明朝前期，明政府厉行海禁政策，禁止私人出海贸易，“惟不通商而止通员”朝贡贸易成为一种主要的对外贸易形式。这种贸易形式，在明成祖和明宣宗时期，发展到顶点。郑和七下西洋航海活动，震动了西太平洋相印度洋沿岸各国，前来朗贡的国家大大增加，形成“万国来朗”的局面。

题　　　　名　**简论郑和船队的“火长”**

作者及单位　王杰

会 议 名 称　走向海洋的中国人——郑和下西洋 590 周年国际学术研讨会

会议地点时间　南京，1995

摘　　　　要　在郑和七下西洋期间，船队内部曾召募配置了一大批中外“火长”。亲随郑和远航的《西洋番国志》作者巩珍便为此写道：“选取驾船民梢中有经惯下海者称为火长，用作船师。乃以针经因式付与领执，专一料理，事大责重，岂容怠忽。”②可以说，郑和船队的每一次海上行动，都是由这些不知名的“火长”具体负责引航和指挥的。有鉴于此，本文试对郑和船队“火长”的职务内涵及其人选略加探究，以期引起专家学者的应有注意。

题　　　　名　**简述苏中海防团的史实**

作者及单位　吴福海

会 议 名 称　上海市新四军暨华中抗日根据地历史研究会首届年会

会议地点时间　中国上海，1984

主 办 单 位　上海市新四军暨华中抗日根据地历史研究会

摘　　　　要　本文着重接受新四军海防团的来历。

题　　　　名　**建立“西安林则徐纪念馆”强化爱国主义教育与禁毒宣传**

作者及单位　史志诚（陕西省人大）

会 议 名 称　林则徐在陕西座谈会

会议地点时间　2005

主 办 单 位　中国毒理学会毒理学史专业委员会、西北大学生态毒理研究所

摘　　　　要　2002 年以来，我怀着十分敬仰的心情和对禁毒史研究工作的一份热情，先后到虎门州林则销烟池旧址、鸦片战争博物馆、福州林则徐纪念馆、新疆伊犁林则徐纪念馆、吐鲁番林公井、华山、蒲城林则徐纪念馆筹备处、西安碑林、咸阳市等地考察，试图沿着林则徐曾经走过的路，深刻认识林则徐这位

在世界禁毒史上功劳卓著的伟人。在参观学习的同时,也查阅了有关资料。

题　　　名　**江汉文化精英的草根特色—对19世纪前半期四部文集的发掘与分析**
作者及单位　罗福惠(华中师范大学)
会 议 名 称　汉水文化暨武当文化国际学术讨论会
会议地点时间　中国湖北丹江口,2004
主 办 单 位　湖北省历史学会、湖北省武当文化研究会、郧阳师范高等专科学校
摘　　　要　18世纪末的川、楚白莲教大起义,彻底结束了乾隆盛世的太平景象。在此后直到鸦片战争爆发的近半个世纪中,由于战乱造成的巨大损失;由于人口增加、对山地和湖区的过度开发而造成环境破坏,水旱灾害频生:尤其因为腐朽的王朝政府的加紧搜刮,使湖北从温饱之乡跌落入饥寒之境。

题　　　名　**江户时代来航长崎的山东商船**
作者及单位　(日)松浦章
会 议 名 称　东北亚海上交流历史文化遗产国际学术研讨会
会议地点时间　青岛;蓬莱,2006
主 办 单 位　中国海洋大学海洋文化研究所,山东省蓬莱市文物局

题　　　名　**江陵——楚郢都与楚文化**
作者及单位　张正明
会 议 名 称　中国古都学会第七届年会
会议地点时间　中国湖北江陵,1989
主 办 单 位　中国古都学会
摘　　　要　江陵是一个古都,一座历史文化名城。它的神韵,它的魅力,不仅在于明清时代别具一格的城垣和道观、三国时代广为人知的传说和遗迹,而且,尤其在于它是楚郢都的故址、楚文化的圣地。

题　　　名　**江陵古代僧人**
作者及单位　楚草
会 议 名 称　中国古都学会第十一届年会
会议地点时间　中国陕西西安,1993
主 办 单 位　中国古都学会
摘　　　要　佛教信仰是一种十分普遍而又复杂的社会历史现象,在中国古代社会,佛教对哲学、历史、文化、艺术、社会风俗都产生过不同程度的影响,有时也对政治具有某些影响力。佛教自两汉之际初传到汉地时起,即与中国古都关系密切,如安世高译经、白马寺的修建等中国佛教史上的重大事件,都发生在古都。

题　　　名　**江陵经济兴衰探析**
作者及单位　刘正民
会 议 名 称　中国古都学会第七届年会
会议地点时间　中国湖北江陵,1989
主 办 单 位　中国古都学会
摘　　　要　江陵是国家首批公布的全国二十四座名城之一。本文拟对江陵(含距江陵仅五公里

的明星城市——沙市市)的经济兴衰历史进行初步探析。

题　　　名 **江南人圆了潜艇梦**

作者及单位 张方良(江南造船(集团)有限责任公司)

会 议 名 称 中国造船工程学会2005《中国船舶工业发展论坛》船史分会场纪念江南造船厂建厂140周年学术报告会

会议地点时间 中国上海,2005

主 办 单 位 中国造船工程学会船史研究学术委员会、上海市造船工程学会船史发展专业学术委员会、江南造船(集团)有限责任公司

摘　　　要 潜艇具有良好的隐蔽性,较大的自给力和续航力及突发的攻击力,因而在现代化海军装备中占有重要地位。潜艇参加海战,始于第一次世界大战,又用于第二次世界大战。两次大战中。被潜艇击沉的各种舰船达一万多艘,其威力之大,足令世人瞠目。

题　　　名 **江南文化哺育宁波商帮**

作者及单位 张正奎(上海炎黄文化研究会)

会 议 名 称 纪念邓小平同志诞辰100周年理论研讨会

会议地点时间 中国上海,2004

主 办 单 位 上海市炎黄文化研究会

摘　　　要 江南地名在远古时代就存在了。《史记·五帝本纪》记载着,舜"南巡狩,崩于苍梧之野。葬于江南九疑,是为零陵"。至于江南地区的具体范围,历史上说法不一,其狭义范围是以北界长江,南临杭州湾,东濒大海,包括南京、镇江、常州、无锡、苏州、上海、杭州、嘉兴、湖州、绍兴、宁波,面积在五万平方公里左右。

题　　　名 **江南造船所提升制造能力的历史剖析(1912－1937)**

作者及单位 黄汉民(上海社会科学院)

会 议 名 称 2007年中国船舶工业发展论坛

会议地点时间 中国上海,2007

主 办 单 位 中国造船工程学会船史研究学术委员会、上海市造船工程学会船史发展专业学术委员会、江南造船(集团)有限责任公司

摘　　　要 1912—1937年是江南造船所在旧中国历史上的鼎盛时期。探其原因,是由于它面向市场,采取了商务化经营方针,大规模扩大企业规模,提高造船修船的设计能力和技术水平,加强本国技术人员队伍,培养技术新生力量等战略性措施,企业发展较快,成为旧中国最大的造船企业,为其将来的进一步发展奠定了良好的历史基础。但由于它受到多方面历史因素的制约和限制,其船舶制造能力的提升有着很大的局限性。

题　　　名 **江南制造局的创立对中国早期现代化的意义**

作者及单位 陈绛(复旦大学)

会 议 名 称 2008年中国船舶工业发展论坛

会议地点时间 中国上海,2008

主 办 单 位 中国造船工程学会船史研究学术委员会、上海市造船工程学会船史发展专业学术委员会、江南造船(集团)有限责任公司

摘　　要　1865 年江南造船厂的前身江南制造局的创立，是近代中国工业化的起始，早期器物层次现代化的开端。大规模机器生产和自由雇用劳动制度相结合，是江南制造局生产经营现代性的重要标志；1905 年局坞分家促使了江南现代性的重大发展。在江南倡率下，一批军事工厂相继建立，构成了中国早期现代化多部门、多层次的内容，并进而对思想文化领域的现代化带来积极的影响。毋庸讳言，早期江南经营管理存在种种弊端，但是近代中国毕竟由于江南的创建而开启了现代化的门扃，它在这方面的意义值得后人作客观冷静的思考。

题　　名　江南制造局与中国近代早期科技思想的孕育和扩散

作者及单位　汪广仁(清华大学)

会议名称　中国造船工程学会 2005《中国船舶工业发展论坛》船史分会场纪念江南造船厂建厂 140 周年学术报告会

会议地点时间　中国上海，2005

主办单位　中国造船工程学会船史研究学术委员会、上海市造船工程学会船史发展专业学术委员会、江南造船(集团)有限责任公司

摘　　要　中国近代早期科技思想是在中国社会、中国的工业和科学技术向近代化转轨的时期萌生的，是那一时期中西文化碰撞和交融的产物。它主要表现在科学功能观、科学开放观、科学实验观和科学价值观等方面，这些思想观念在今天仍是应当继承和发扬的精神财富。近代杰出的科学家徐寿等人是实现这种观念转变和树立新的科学技术观的代表，而江南制造局不仅为他们实践科技抱负提供了广阔的活动舞台，而且为他们孕育新的科技观创造了良好的环境和氛围；还通过多种渠道把这些新的思想观念向全国扩散，对中国的近代化产生了深远的影响。

题　　名　江南制造局造船中断初探

作者及单位　丁留宝(上海师范大学)

会议名称　上海市社会科学界第五届学术年会

会议地点时间　中国上海，2007

主办单位　上海社会科学界联合会

摘　　要　江南制造局是晚清政府为了支撑大厦将倾的帝国自发走向近代化的第一步，虽然它的创办是在内忧外患的夹缝中求生存不得已而为之，但自此，清政府的朝中大臣、封疆大吏逐渐认识到近代化文明对自身发展的巨大作用。

题　　名　江苏六朝城市的考古探索

作者及单位　罗宗真(南京博物院)

会议名称　中国考古学会第五次年会

会议地点时间　中国考古学会第 5 次年会论文集，1985

题　　名　江苏郑和遗址遗迹述略

作者及单位　季士家(江苏省社会科学院)

会议名称　传承文明走向世界和平发展——纪念郑和下西洋 600 周年国际学术研讨会

会议地点时间　江苏，2005

题　　　名 江西《草坪·徐氏宗谱》初考——徐福家世考证材料之一
作者及单位 罗其湘(徐州师范学院徐福研究室)
会议名称 全国首届徐福学术讨论会
会议地点时间 连云港,1987
摘　　　要 "近几年来,随着文化热的兴起,许多过去从未触及过的领域或被冷落的课题,开始受到人们的重视。家族史作为文化史研究的重要课题之一,更应该引起广大史学工作者的注意。"我国秦代著名方士徐福其人其事,自1982年在赣榆县发现并考证其故里——徐福村之后,在国内外引起了不少专家和学者的关注,并取得了一批新的研究成果。但是,对于徐福家世和徐氏宗谱的研究,迄今尚无人涉足,故此有必要进行一些调查和考证。

题　　　名 "交通为实业之母"——孙中山交通思想初探
作者及单位 沈渭滨(复旦大学历史系;)
会议地点时间 中国上海,1991
主办单位 上海中山学社
摘　　　要 1912年4月,孙中山辞去中华民国临时大总统职。6月,在上海向报界发表期以十年完成全国铁路事业之设想。8月14日,又致函宋教仁,表示"弟刻欲舍政事,而专心致志于铁路之建筑,于十年之中,筑二十万里之线,纵横于五大部之间"。

题　　　名 胶东半岛高丽戍考
作者及单位 朴现圭(韩国顺天乡大学)
会议名称 登州与海上丝绸之路国际学术研讨会
会议地点时间 中国山东蓬莱,2008
主办单位 联合国泛丝绸之路·系列活动组委会、中国中外关系史学会、鲁东大学、山东师范大学齐鲁文化研究中心、蓬莱市人民政府
摘　　　要 胶东半岛,是指山东胶莱河东侧地区的狭义上的山东半岛,有时又和广义上的山东半岛一致。胶东半岛属于韩半岛和辽东半岛一起的环黄海圈内,它周边的海域渤海和黄海,对我们来说也是很熟悉的名称。

题　　　名 胶东半岛及庙岛群岛与高丽有关的海洋遗址和传说——以唐太宗年间高丽战争为中心
作者及单位 (韩)朴现圭
会议名称 东北亚海上交流历史文化遗产国际学术研讨会
会议地点时间 青岛;蓬莱,2006
主办单位 中国海洋大学海洋文化研究所,山东省蓬莱市文物局

题　　　名 胶东半岛在东北亚考古学中的地位
作者及单位 王锡平,王茂盛
会议名称 环渤海考古国际学术讨论会
会议地点时间 石家庄,1992

题　　　名 胶莱运河南北入海口附近地貌遥感解译
作者及单位 黄海军,宋召军(中国科学院海洋研究所)

会议名称 胶莱人工海河论坛
会议地点时间 中国山东青岛,2006
主办单位 中国老教授协会海洋经济技术分会、中国海洋学会海岸带开发与管理分会、山东省海岸工程学会
摘　　要 胶莱河南通黄海胶州湾,北联渤海莱州湾,是山东省东北重要的地域河流。该河是元朝初期开凿的人工运河,主要用于漕运粮食,因此又称之为胶莱运河。胶莱运河以潍坊高密市和青岛平度市交界处的姚家(隶属平度市)以东丰收沟口为分水岭,自丰收沟先东而东南后南至胶州市前店口汇入大沽河由胶州湾入海,全长30 km,流域面积1 505 km^2,称南胶莱河;自丰收沟向西而西北后北至莱州市海仓口汇入莱州湾入海,全长100 km,流域面积3 974 km^2。

题　　名 **教训与启示——由甲午战争中国失败引出的思考**
作者及单位 王维远
会议名称 海峡两岸《马关条约》百周年学术研讨会
会议地点时间 大连

题　　名 **解读福建侨乡**
作者及单位 李明欢(厦门大学公共事务学院人口研究所)
会议名称 福建省社会学2006年会
会议地点时间 中国福建厦门,2006
主办单位 福建省钱币学会
摘　　要 "侨乡"是历史上海外移民的先辈们经年累月,离乡背井,跨海谋生,却依然与故土故乡维持亲情乡情的地域性体现。人们常言:中国人谋生海外,源远流长。

题　　名 **金猫里、合猫里和猫里务考**
作者及单位 陈佳荣(香港龄记出版有限公司)
会议名称 中国中外关系史学会成立大会
会议地点时间 中国福建厦门,1981
主办单位 中国中外关系史学会
摘　　要 金猫里、合猫里,猫里务都是明代载籍所记东南亚的地名。过去人们往往把合猫里、猫里务考订在菲律宾,其实合猫里即金猫里的异写,其地不同于菲律宾的猫里务,而应在印度尼西亚的爪哇岛一带。

题　　名 **锦帆鹢首的郑和宝船**
作者及单位 李邦彦(渔业机械仪器研究所)
会议名称 湖北省纪念郑和下西洋600周年活动
会议地点时间 中国武汉,2005
主办单位 中国航海学会内河船舶驾驶专业委员会
摘　　要 本文根据出土文物、史料及有关论文,对郑和下西洋的宝船进行论证分析后提出:大型宝船是以我国有千余年历史的沙船为母型,并指出有关沙船船型与大型宝船在技术上的联系。文中认为明史对大型宝船主尺度的记载是可信的,不同意几种质疑性的论点。只要细查明史,注意文物与史料的时序关系,疑点的主要依据就可自行澄清。何况我国古代不乏建造大船的史料,造巨舶的盛举并非始于明

代。对郑和率领下西洋的宝船队,本文认为还应包括我国传统优良的航海木帆船如福船、广船等,特别是福船应为数不少。但船队中类似现代旗舰供正副史专用的少数大船,应是一种巨型沙船。

题　　名　**近 20 年来以妈祖信仰为核心的“妈祖文化圈”研究**
作者及单位　田若虹
会议名称　首届建设弘扬海洋文化研讨会
会议地点时间　北京,2007
主办单位　中国海洋学会

题　　名　**近 60 年来美国的近代中日关系研究**
作者及单位　戴东阳(中国社会科学院近代史研究所)
会议名称　中国社会科学院近代史研究所青年学术论坛
会议地点时间　中国北京,2002
主办单位　中国社会科学院近代史研究所
摘　　要　AkiraIriye 教授在比较美国的日本外交史研究与日本的日本外交史研究时曾说,与日本相比,美国的日本外交史研究有其自身的特点。一般而言,美国的研究更倾向于分析,日本的研究则倾向于叙述。而且,美国的相关学术著述与日本的学术著述之间还存在着某些具体的不同。

题　　名　**近百年的郑和研究**
作者及单位　时平(上海海事大学海洋文化研究所;上海郑和研究中心;中国船史研究会)
会议名称　第二届昆明郑和研究国际会议
会议地点时间　云南,2002

题　　名　**近代潮汕地区的走私问题**
作者及单位　连心豪(厦门大学历史系)
会议名称　海上丝绸之路与潮汕文化学术研讨会
会议地点时间　汕头,1994

题　　名　**近代潮汕海外交通与移民**
作者及单位　吴凤斌(厦门大学南洋研究所)
会议名称　海上丝绸之路与潮汕文化学术研讨会
会议地点时间　汕头,1994

题　　名　**近代传教运动中传教士对中国文化的两种基本态度及简评**
作者及单位　陈永涛(金陵协和神学院)
会议名称　“传教运动与中国教会”学术研讨会
会议地点时间　中国上海,2006
主办单位　中国基督教三自爱国运动委员会、中国基督教协会
摘　　要　基督教是一个差传的宗教。当传教士将基督教传到一个新的地方时,就面对着如何处理基督教与被传播地的文化关系的问题。如何处理基督教与被传播地的文化之间的关系,在基督教的传播过程中是一个至关重要的问题。基督教进入中国以后,传教士同样需要面对和处理这个问题。

题　　　名　**近代东亚国际体系转型期理念研究——以近代中日两国对国际法理念的接受为中心**

作者及单位　赵国辉(中国社会科学院研究生院)

会 议 名 称　“近代中国、东亚与世界”国际学术讨论会

会议地点时间　中国山东日照,2006

主 办 单 位　中国社会科学院近代史研究所中外关系史学科、《历史研究》编辑部

摘　　　要　国际秩序就是国家间关系的总和,是作为一个整体的国际政治体系。不同国家和地区的历史往往带有浓厚的民族特色和地域特征,如果要想深入理解某一时期的国际关系史,必须对维持此秩序的体系及其规则赖以存在的观念和理论基础加以考察。

题　　　名　**近代福州文化的崛起及其影响**

作者及单位　陈俱(福建省科技厅)

会 议 名 称　“闽都文化研究”学术会议

会议地点时间　中国福建福州,2003

主 办 单 位　福建省炎黄文化研究会

摘　　　要　清代前期,我国的学术思想,经历了不同的发展阶段。简而言之:最早的是明末清初启蒙思潮的兴起,有顾炎武、黄宗羲、王夫之诸大家;虽然其特色不同,但都有着经世致用的共同趋向。顾氏大力倡导“博学于文,行已有耻”,开一代风气,成为有清一代开派宗师。其后,形成了以考据为重点、以大规模总结整理古代典籍为主要成就的乾嘉学派而盛极一时。

题　　　名　**近代江南的三座船坞**

作者及单位　张方良(江南造船(集团)有限责任公司)

会 议 名 称　中国造船工程学会2005《中国船舶工业发展论坛》船史分会场纪念江南造船厂建厂140周年学术报告会

会议地点时间　中国上海,2005

主 办 单 位　中国造船工程学会船史研究学术委员会、上海市造船工程学会船史发展专业学术委员会、江南造船(集团)有限责任公司

摘　　　要　光阴如箭。一眨眼江南厂已经度过了140年厂庆,在这将近一个半世纪的风雨历程中,有过多少次兴衰起落,有谁能说得清楚?只有这三座船坞最有发言权。再过几年,江南厂将要向长兴岛开拓进军,相信不久将来,江南长兴将有更多的新型船舶驶向世界各国。

题　　　名　**近代江南精神的核心是敢创时代之新——从江南机器制造总局到海军江南造船所(1865-1949)**

作者及单位　辛元欧(上海交通大学)

会 议 名 称　中国造船工程学会2005《中国船舶工业发展论坛》船史分会场纪念江南造船厂建厂140周年学术报告会

会议地点时间　中国上海,2005

主 办 单 位　中国造船工程学会船史研究学术委员会、上海市造船工程学会船史发展专业学术委员会、江南造船(集团)有限责任公司

摘　　　要　本文回顾了由江南机器制造总局成立到海军江南造船所时期,这家名闻遐迩的中国近代造船厂84年发展历史(1865~1949)中的主要事件,从中总结了该厂的基本历史经验及办厂特色。

由此,作者感受到一种独步创新的江南精神,这一精神不仅使之在中国近代造船行业中独领风骚约半个世纪,而且在嗣后的岁月里继续得到发扬光大。

题　　　　名　**近代金融业与沿海经济发展**
作者及单位　洪葭管,张继凤(上海金融研究所)
会 议 名 称　教育史研究创刊二十周年暨中国教育史研究六十年学术研讨会
会议地点时间　中国北京,2009
主 办 单 位　上海中山学社
摘　　　　要　金融业与沿海经济发展这个命题,是中国近代金融史中很值得研究的一个突出问题。从近代史角度看,沿海经济发展与金融业发展之间的相互关系,总地说来是沿海经济、沿海中心城市发展了,金融业就有了进一步发达的条件.

题　　　　名　**近代科技教育的倡导者——沈葆桢**
作者及单位　黄敏,孙燕(南京师范大学社会发展学院)
会 议 名 称　沈葆桢巡台130周年学术研讨会
会议地点时间　中国南京,2004
主 办 单 位　中国近现代史史料学学会
摘　　　　要　十九世纪中叶,清朝政府身处内外夹击之中,整个中国社会也处于从传统向近代转型的时期,沈葆桢是这一时期中的重要人物。沈葆桢出生于一个和睦、清贫的封建知识分子家庭。

题　　　　名　**近代科技教育的倡导者——沈葆桢**
作者及单位　黄敏,孙燕(南京师范大学社会发展学院)
会 议 名 称　沈葆桢研究——纪念沈葆桢诞辰180周年学术研讨会
会议地点时间　中国福州马尾,2000
摘　　　　要　十九世纪中叶,清朝政府身处内外夹击之中,整个中国社会也处于从传统向近代转型的时期,沈葆桢是这一时期中的重要人物。沈葆桢出生于一个和睦、清贫的封建知识分子家庭。

题　　　　名　**近代来华传教士丁韪良与宁波——读《花甲记忆》**
作者及单位　周萍萍(南京晓庄学院人文学院)
会 议 名 称　宁波与"海上丝绸之路"国际学术研讨会
会议地点时间　中国浙江宁波,2005
主 办 单 位　中国中外关系史学会、浙江日本文化研究所、宁波市文化广电新闻出版局
摘　　　　要　丁韪良(W. A. P. Martin,1827 - 1916年)是美国新教长老会传教士,1850年受命来华,1916年去世,在中国生活了六十二年(中间有四年时间不在中国)。

题　　　　名　**近代闽南通商口岸与内地－厦门、泉州经贸关系个案研究**
作者及单位　连心豪(厦门大学历史系)
会 议 名 称　闽南文化学术研讨会
会议地点时间　中国福建福州,2003
主 办 单 位　福建省炎黄文化研究会

题　　名 近代日本"琉球处分"的历史
作者及单位 米庆余
会议名称 第九届中琉历史关系国际学术会议
会议地点时间 2005

题　　名 近代日本人和台湾籍民在厦门的活动
作者及单位 林星(福建省委党校社会发展研究所)
会议名称 纪念抗日战争胜利60周年暨台湾建省120周年学术研讨会
会议地点时间 中国福建厦门,2005
主办单位 福建省炎黄文化研究会、厦门市政协
摘　　要 1895年,中日甲午战争以中国战败告终。清政府被迫同日本政府签订《中日马关条约》,将台湾及澎湖列岛割让给日本。根据《马关条约》的规定,在台湾居住的中国人被编入日本国籍,他们被称为日籍台民,亦称台湾籍民。

题　　名 近代上海港崛起的区位分析——兼与宁波港的比较
作者及单位 王列辉(华东师范大学中国现代城市研究中心)
会议名称 2008年度上海市社会科学界第六届学术年会
会议地点时间 中国上海,2008
主办单位 上海社会科学界联合会
摘　　要 唐宋以来,宁波港一直是长江三角洲港口中重要的外贸港,独享着对日本和朝鲜的贸易往来,港口地位超过上海港。在近代开埠之后,上海港快速发展,成为东亚枢纽港之一,宁波港的对外贸易相对停滞,成为上海港的支线港。优良的区位条件是近代上海港迅速崛起的重要原因。

题　　名 近代上海港临港集聚形成的机制
作者及单位 王列辉(华东师范大学中国现代城市研究中心)
会议名称 2008年度上海市社会科学界第六届学术年会
会议地点时间 中国上海,2008
主办单位 上海社会科学界联合会
摘　　要 随着近代上海港的迅速崛起,临港集聚在上海港表现得非常明显。本文以区位优势—自我增强为分析框架,研究经济活动为何向上海集聚,特别是向临港地区集聚的机制。在港口发展的初期,区位优势起很大作用,大量资源和产业开始向港口及其附近区域集聚,上海港获得了飞速的发展。随着资源和产业不断向上海港集聚,交易成本下降,临港集聚形成。临港集聚具有报酬递增和自我增强的机制。这样,优越的区位条件促进了港口发展,港口发展吸引大量资源和产业的集聚,进而形成临港集聚,临港集聚一经形成,就会产生集聚效应。

题　　名 近代上海回商群体的特征与文化贡献
作者及单位 葛壮(上海社会科学院)
会议名称 首届中国宁夏回商大会文化论坛
会议地点时间 中国宁夏银川,2007
主办单位 宁夏社会科学院回族伊斯兰教研究所

摘　　要　近代上海回商群体的形成。上海地区历史上的穆斯林我国东南沿海各地向来就是伊斯兰教传入中国的重要区域,经由"海上香料之路"来华的大食、波斯或中亚的番商胡贾,成为最早落脚的穆斯林居民社群。

题　　名　近代上海穆斯林商人的特征与文化贡献
作者及单位　葛壮(上海社会科学院宗教研究所;上海市宗教学会;)
会议名称　2008年度上海市社会科学界第六届学术年会
会议地点时间　中国上海,2008
主办单位　上海社会科学界联合会
摘　　要　近代上海穆斯林商人群体的形成穆斯林群体真正出现在上海的时间,应在元朝初期,特别是1275年左右。随蒙古铁骑一起踏进上海地区的穆斯林军卒,有相当部分落户于松江地区。而上海首座具备完整形制的清真寺——松江的"云间白鹤寺",则约在元顺帝至正年间建成。根据穆斯林向来就有的围寺而居的风俗习惯,古代上海社会中的第一个外来穆斯林群体,就此在松江正式出现。

题　　名　近代上海南市和沙船航运业
作者及单位　松浦章,王力(日本关西大学文学部)
会议名称　近代中国的城市·乡村·民间文化——首届中国近代社会史国际学术研讨会
会议地点时间　中国山东青岛,2005
主办单位　中国社会科学院近代史研究所、青岛大学师范学院
摘　　要　上海有南市和北市的地名称呼是始于1861年以后。太平天国时期协助清政府镇压占领上海县城小刀会的法国,其租界从黄浦江沿岸扩展到十六铺。自此以后,从十六铺到包含租界在内的地区被称为北市,十六铺及小东门以南的地区被称为南市。

题　　名　近代上海社会中的伊斯兰教
作者及单位　葛壮(上海社会科学院宗教研究所;上海市宗教学会;)
会议名称　联合国教科文组织海上丝绸之路考察泉州三周年"海上丝绸之路与伊斯兰文化"国际学术讨论会
会议地点时间　泉州,1994

题　　名　近代厦门货币历史沿革概述
作者及单位　陈三美,吴世荣,李小荣
会议名称　福建省钱币学会第二次会员代表大会
会议地点时间　中国福州,1994
主办单位　福建省钱币学会
摘　　要　厦门是近代中国历史上比较发达的海港城市,同时也是近代中国著名的民族英雄郑成功屯兵收复台湾的重要据点和在鸦片战争中列为"五口通商"的开放城市之一,有丰富的货币信用历史。我们试图对其货币历史的沿革作一概要之回顾,或许对于今天更为开放的厦门,不无借鉴之处。

题　　名　近代右江流域集散贸易圈及商人群体的变迁
作者及单位　涂耀军(广西师范大学文旅学院历史系)
会议名称　右江流域民族历史文化与经济开发研讨会暨广西历史学会第十次会员代表大会

会议地点时间 中国广西百色,2003

主 办 单 位 广西百色市委、广西百色市政府、广西历史学会

摘 要 集散贸易,顾名思义,就是商品聚集和扩散的贸易。顾朝林先生在《集聚和扩散——城市空间结构新论》一书中认为,集聚力和扩散力是城市社会经济活动的两种基本影响力。

题 名 **近代中国茶商的经营状况**

作者及单位 陶德臣(解放军理工大学工程兵工程学院政教室)

会议地点时间 中国上海,2000

摘 要 近代中国茶商是鸦片战争后随着茶叶贸易的畸形繁荣而崛起的新兴力量。他们肩负着茶叶出口的重任,是联系国内外市场的中介,在长期为外国资本主义市场提供茶叶商品的过程中,积累了巨额财富。

题 名 **近代中国海关的反走私努力与1948年中英关于香港《关务协定》的签订**

作者及单位 张俊义(中国社会科学院近代史研究所)

会 议 名 称 中国社会科学院近代史研究所青年学术论坛

会议地点时间 中国北京,2001

主 办 单 位 中国社会科学院近代史研究所

摘 要 1842年8月,英帝国主义凭借武力,迫使腐败的清政府签订了丧权辱国的《南京条约》,从中国强行割占了香港岛。英国殖民者在香港开埠伊始,即宣布香港为自由港,进出香港的各国船只无需缴纳任何税费,自由贸易。由于香港毗邻中国内地,加上港英当局的鼓励、包庇和纵容,香港随即便成为走私者的乐园。

题 名 **近代中国人走向世界的一次盛举——1887年海外游历使初探**

作者及单位 王晓秋(北京大学历史系)

会 议 名 称 第二届近代中国与世界学术讨论会

会议地点时间 中国北京,2000

主 办 单 位 中国史学会、中国社会科学院

摘 要 19世纪下半叶,中国大门被西方列强打开以后,清政府陆续向国外派遣使团、外交官、留学生的历史,已受到学术界的关注并取得了一些研究成果。然而,对于1887年清政府派遣12名游历使同时分赴世界四大洲20多个国家考察之事,国内却至今尚未见到专门的研究。不仅各国种中国近代史、外交史、中外关系史论著中均无记载,甚至各种研究近代中国人走向世界与对外认识的专著和资料集中也很少涉及。

题 名 **近年闽台妈祖文化交流概述**

作者及单位 周金琰(莆田湄洲祖廟)

会 议 名 称 第二次闽台妈祖文化学术研讨会

会议地点时间 中国福建霞浦,1998

主 办 单 位 福建省社会科学联合会、福建省民俗学会、宁地地区社科联、霞浦县社科联、霞浦松山妈祖文化研究会

摘 要 從一千多年前的宋代開始,妈祖信仰一直延續至今。台湾妈祖的崇拜從妈祖信仰傳播起到如今形成妈祖文化從未间断。大陸与台湾雖然隔绝四十多年,政治形成對立,但兩岸妈祖文化之間

的交流從未间断。民間以妈祖文化为紐带,衝破重重困難,兩岸始終保持联系,在海上通過各種渠道,頻頻接觸,把兩岸同胞緊緊地連在一起。

题　　　名　**近现代潮汕华侨与潮汕文化**
作者及单位　丁旭光
会议名称　海上丝绸之路与潮汕文化学术研讨会
会议地点时间　汕头,1994

题　　　名　**晋江崇商尚贾风俗探讨**
作者及单位　粘良图(晋江市博物馆)
会议名称　福建侨乡民俗学术研讨会
会议地点时间　中国福建晋江市,1993
主办单位　福建省民俗学会、晋江市地方志编纂委员会办公室
摘　　　要　晋江是古称“海滨邹鲁”、今被誉为“侨乡明珠”的宝地,有悠久的历史和丰富的民俗文化。重商尚贾是此地独具特色的一种民俗。

题　　　名　**晋江多元文化的实质和特色**
作者及单位　李云生(中共明溪县委党校)
会议名称　朱熹理学与晋江文化学术研讨会
会议地点时间　中国福建晋江,2007
主办单位　福建省闽学研究会、晋江市历史文化研究总会
摘　　　要　全国著名侨乡之一的晋江市枕山面海,水碧山青,历史悠久,人杰地灵,经济实力居全国前列、福建首位,文化实力极具特色,获“多元文化宝库”之殊荣。晋江文化是中华民族文化的重要组成部分,作为一种地域文化,它上接中原文化,吴越文化,又吸收境外、海外文化的精华,以我为主,博采众长,兼收并蓄,自成一家。发展至当代,成为中国特色社会主义文化的一个组成部分。

题　　　名　**晋江风俗志**
作者及单位　庄维坤,陈方圆,刘浩然
会议名称　福建侨乡民俗学术研讨会
会议地点时间　中国福建晋江市,1993
主办单位　福建省民俗学会、晋江市地方志编纂委员会办公室

题　　　名　**晋江华侨有关习俗浅析**
作者及单位　李天锡(泉州华侨大学华侨华人研究所)
会议名称　福建侨乡民俗学术研讨会
会议地点时间　中国福建晋江市,1993
主办单位　福建省民俗学会、晋江市地方志编纂委员会办公室
摘　　　要　晋江素称“海滨邹鲁”,有着浓郁的中国传统文化氛围。在中国传统文化的影响下,人们为了适应生产和生活的需要,以及对美好理想的追求,随着历史的演进,逐渐形成了一整套丰富多彩的民情风俗。晋江又是全国著名侨乡之一,出国华侨众多,在华侨移居国外,谋生异域,以及与国内亲人联系过程中,也产生了一些有关习俗。本文拟就这些习俗的一些主要方面略作探讨。

题　　　名　晋江人移台开发初探——以牛骂头(清水)蔡氏家族为例
作者及单位　陈炎正(台湾省各姓源流研究会)
会 议 名 称　福建侨乡民俗学术研讨会
会议地点时间　中国福建晋江市,1993
主 办 单 位　福建省民俗学会、晋江市地方志编纂委员会办公室
摘　　　要　牛骂头地区原属土著拍瀑拉族(papora)牛骂社(Gomach)之地域,牛骂头(或作寓鳌头),系自其社名汉译而来,始见于荷兰户口表(1648－1657年)。

题　　　名　晋江深沪宝泉庵和信仰民俗
作者及单位　陈国强(厦大研究生院;厦门大学)
会 议 名 称　福建侨乡民俗学术研讨会
会议地点时间　中国福建晋江市,1993
主 办 单 位　福建省民俗学会、晋江市地方志编纂委员会办公室
摘　　　要　晋江市深沪镇宝泉庵,奉祀保生大帝(又称吴真人、大道公),系从台湾台南学甲慈济宫分灵而来,深受闽台和海外侨胞的信仰。按保生大帝生于福建同安县,在厦门市海沧和龙海县角美镇有祖庙东、西、南、北宫。

题　　　名　晋江与中琉友好交往史
作者及单位　陈静(福州市博物馆(闽王祠))
会 议 名 称　朱熹理学与晋江文化学术研讨会
会议地点时间　中国福建晋江,2007
主 办 单 位　福建省闽学研究会、晋江市历史文化研究总会
摘　　　要　晋江县在福建省东南部,泉州市东南部。唐开元六年(718年)泉州刺史冯仁智以州治无县,奏请析南安县东南地15个里置县,以地临晋江(江因晋人衣冠南渡时多沿江而居,故名),故以“晋江”为县名,晋江是泉州的附郭县。

题　　　名　京杭大运河遗址保护问题研究
作者及单位　杨静
会 议 名 称　2008中国城市规划年会
会议地点时间　中国辽宁大连,2008
主 办 单 位　中国城市规划学会
摘　　　要　京杭大运河作为中国乃至世界内河航运史上的伟大水利工程,跨越四省两市,沿岸留下了丰厚的文化遗产,既有彰显中国古人聪明才智的运河本体的水利工程,也有众多富含文化意蕴的文物古迹,如古遗址、古墓葬等。京杭大运河遗址不仅蕴含着深厚的科学文化底蕴,而且承载着丰富的历史信息和文化内涵,同时也是极具特色的环境景观和旅游资源,向世界展示着悠久的中华传统文化。但是随着自然灾害的破坏和人为因素的影响以及现代城市迅猛发展及工程建设的影响,京杭大运河遗址也正在遭到不同程度的威胁和破坏。本文就加强京杭大运河遗址保护的迫切性问题进行思考,从价值、行政、法律、技术等诸方面提出初步的想法,希望给京杭大运河遗址保护和规划提供支持,希望从线性遗址保护——京杭大运河遗址保护的个案中寻找普遍的方法论及其意义。

题　　名　**京杭运河与济宁**
作者及单位　韩亦方
会议地点时间　2007.01

题　　名　**九闽:闽台本是一家亲**
作者及单位　林其泉,陈慰锭(厦门大学历史系;厦门老年大学)
会 议 名 称　海峡两岸五缘关系学术研讨会
会议地点时间　中国上海,2003
主 办 单 位　福建省社会科学界联合会、福建省五缘文化研究会
摘　　要　福建早称"七闽",后因境内由八个相当于府级的地区组成,通称"八闽",但在相当长的时间里也称为"九闽",究其原因,原来历史上台湾于光绪十一年(1885年)建立行省前曾与福建合在一起,为福建的一个府,重大事情都一起办理,科举考试时,台湾文人士子都要到省城福州应试,福建巡抚平时要轮流在福州和台南两地办公,民间来往十分频繁,关系密切。

题　　名　**九日山通远王海神信仰初探**
作者及单位　黄晖菲(福建师范大学社会历史学院)
会 议 名 称　福建省首届海洋文化学术研讨会
会议地点时间　中国福建福州,2007
主 办 单 位　福建省炎黄文化研究会、福州市政协、福建省社科联、福建省海峡文化研究会
摘　　要　福建的海神信仰,由来已久,从西汉以前闽越族的海神信仰到到明清时期妈祖信仰的一枝独秀,福建的海神信仰经历了不断的发展和演变。

题　　名　**九世纪初张保皋海洋活动关联问题研究的现状——以唐与新罗关系为中心**
作者及单位　拜根兴(陕西师范大学历史文化学院)
会 议 名 称　"古都长安与隋唐文明"国际学术研讨会、中国唐史学会第十届年会暨"唐代国家与地域社会研究"国际学术研讨会
会议地点时间　中国陕西西安,2009
主 办 单 位　中国唐史学会、陕西师范大学唐史研究所
摘　　要　9世纪初叶,新罗人张保皋入唐担当武宁军小将,后来返回新罗,被新罗王委任为清海镇海洋大使。张保皋利用9世纪后东亚三国民间旺盛的贸易,将山东半岛登州,以及新罗莞岛作为根据地(特别是登州赤山浦海湾一带),开始了横跨黄海,遍及唐朝、新罗、日本三国波澜壮阔的海洋活动。他的事迹引起唐朝著名诗人杜牧的兴趣,撰有《张保皋、郑年传》,以至于成为欧阳修撰修《新唐书》的素材.

题　　名　**开辟海上丝绸之路的中国古船**
作者及单位　席龙飞(武汉交通科技大学)
会 议 名 称　"中国与海上丝绸之路"国际学术讨论会
会议地点时间　泉州,1994

题　　名　**开拓"睦邻友好、共同发展"之路——云南省纪念郑和下西洋600周年国际学术研讨会综述**
作者及单位　马兴东(云南民族大学)

会 议 名 称　2005:历史的辉煌——纪念昆明建城1240周年、郑和下西洋600周年、护国运动103周年
会议地点时间　中国云南,2005
主 办 单 位　云南省中国近代史研究会
摘　　　要　由云南省郑和下西洋600周年纪念活动筹备领导小组办公室主办、云南大学和云南郑和研究会承办的“云南省纪念郑和下西洋600周年国际学术研讨会”于2005年7月8日至11日在昆明云南大学举行。参加学术研讨会的人员有来自清华大学、厦门大学、云南大学、云南师范大学、云南民族大学、云南省社会科学院、江苏省郑和研究会、云南省郑和研究会、云南华侨历史学会、昆明市社科联以及中华郑和研究会等。

题　　　名　**康熙时期法国传教士张诚日记的气象记录考**
作者及单位　曹冀鲁(北京市气象局)
会 议 名 称　中国气象学会2004年年会
会议地点时间　2004
主 办 单 位　中国气象学会
摘　　　要　在距今300～400多年前的明末清初时期,西方传教士开始陆续进入古老的中国,康熙年间法皇路易十四为扩张其势力,进而称霸世界,对中国采取传教方针,经巴黎天文台台长卡西灵与耶稣会磋商,确定了塔沙尔、洪若翰、白晋、李明、张诚、刘应一行6位法国耶稣会传教士来华名单,1684年3月把他们派往中国(其中塔沙尔留在了暹罗),临行前路易十四还授予他们“国王数学家”头衔,以视重视。这批传教士也带来了一些当时西方的先进科学技术以及天文气象等有关科学仪器等,向中国介绍了当时西方特别是法国的科学技术。法国传教士张诚(Jean_FrancoisGerbillon 1654－1707),因其懂汉语并学识丰富而被康熙皇帝留在宫廷里供职,并任过当时的中俄谈判使团翻译. 张诚在华期间曾经先后八次伴随康熙皇帝或大臣出行蒙古和关外地区,每次出行他都记有旅行日记。近年来其第一、三、四次旅行日记已经由中国学者以“张诚日记”为题翻译出版,因日记中记载有很多重要的政治、军事、山川地貌、人文风俗等记录,是研究清朝初期有关历史的一份珍贵的资料,其中就有许多有关气象内容的记载。

题　　　名　**抗战初期英日关于中国海关的非法协定述评**
作者及单位　张盛(厦门大学历史系)
会 议 名 称　纪念抗日战争胜利60周年暨台湾建省120周年学术研讨会
会议地点时间　中国福建厦门,2005
主 办 单 位　福建省炎黄文化研究会、厦门市政协
摘　　　要　甲午战后,日本开始跻身中国海关这一“国际官厅”。随着对华贸易的不断增长及其在华势力的扩张,日本开始与老牌帝国主义国家英国争夺中国海关的控制权。日本在发动全面侵华战争的同时,加快了抢夺中国海关的步伐。

题　　　名　**抗战期中日军的对华烟毒政策**
作者及单位　伊原泽周
会 议 名 称　“1949年的中国”国际学术讨论会
会议地点时间　中国北京,1999
主 办 单 位　中国史学会、中国社会科学院近代史研究所
摘　　　要　对抗日战争期中日军在中国的烧杀淫夺,颇为中国所责难,但对日军的烟毒政策,却甚少予以具体而充分地研究与批判。日军在华的烟毒政策是在秘密中推行的,其后果及影响绝不次于

"三光政策"及"七三一部队"的人体实验,或者有过之而无不及。

题　　　名　**抗战前的台湾籍民水客走水**

作者及单位　连心豪(厦门大学历史系)

会 议 名 称　纪念抗日战争胜利60周年暨台湾建省120周年学术研讨会

会议地点时间　中国福建厦门,2005

主 办 单 位　福建省炎黄文化研究会、厦门市政协

摘　　　要　近代闽粤人民大量迁徙侨居海外,"水客"起初只是指常川往来于海外与国内之间,为华侨捎钱寄信同时跑单帮带货赢利者。后来闽粤台等地人们形象地将沿海地区的走私活动称为走水,走私者称为水客,走私货称为水货。水客、走水、水货于是成为具有特殊含义的专用术语。

题　　　名　**抗战史上的特殊战争——中日货币战**

作者及单位　姚长鼎,郭静洲

会议地点时间　2006

摘　　　要　抗日战争时期,日本军国主义者为了摧毁中国人民的反抗能力。建立长期的殖民统治,除用飞机、大炮、毒气、刀枪残酷地屠杀中国人民,把无数城乡夷为平地之外,还以军事手段管制水陆交通,统制一切物资,实行野蛮经济掠夺。因而,抗日战争不只是军事的、政治的战争。同时也是经济战争,其表现得最尖锐最突出的,便是货币战争。

题　　　名　**科学地评价郑和航海业绩——"郑和环球航行说"质疑**

作者及单位　朱鉴秋(海军海洋测绘研究所)

会 议 名 称　传承文明走向世界和平发展——纪念郑和下西洋600周年国际学术研讨会

会议地点时间　江苏,2005

题　　　名　**客观与现实的背离——郑和下西洋的从旧思考**

作者及单位　陈支平(厦门大学人文学院)

会 议 名 称　第十一届明史国际学术讨论会

会议地点时间　中国甘肃兰州、中国青海西宁,2005

主 办 单 位　中国明史学会、西北师范大学、甘肃省社会科学院、青海师范大学

摘　　　要　明代前期的郑和下西洋,是人们津津乐道的话题。海内外的学者们也对郑和下西洋的史实进行了多角度的探讨,出版了众多的研究成果。绝大部分的研究成果都以正面积极的视野肯定了郑和下西洋的空前壮举和伟大贡献。近20年来,国内学界内外更是精神振奋,对于郑和下西洋的历史贡献有了更高更新的解读。然而在这众多的研究成果中,有一个不争的共同点,就是无论是郑和下西洋本身,还是后来的研究者们,都在不同程度上背负着政治与文化的包袱。而这样的包袱必然在一定程度上影响着郑和下西洋评价的客观性和科学性;而且随着时间的推移,我们现在对于郑和下西洋历史贡献的解读,也许已经与600年前的郑和下西洋的本来面目,相去不可以道里计了。郑和下西洋研究之所以出现这样的时空差异,毫无疑问是人们运用了不同的历史文化判断价值观所致。

题　　　名　**跨越海峡的"统一之神"——福建东山关帝庙在海峡两岸民间信仰文化中的地位、影响和作用**

作者及单位　刘小龙(漳州师范学院闽台文化研究所)

会议名称 2006中国山西·关公文化论坛

会议地点时间 中国山西,2006

主办单位 山西省关公文化研究会

摘要 福建东山是台湾关帝信仰文化的发祥地。自明清以来,东山关帝庙的香火便随著闽南军民或出戍台澎,或迁徙东渡而传播入台,成为台湾岛上的主要宗教信仰。本文从两岸史志资料、民间口碑,结合田野调查中新发现的文物考证,较为全面地阐述自古以来东山关帝庙在我国东南沿海、海峡两岸的声灵影响,尤其在历代收复台湾、统一台湾斗争中所产生的重大影响和作用。关帝文化的实质,即是华夏儒学《春秋》精义的"大一统"思想,关帝的"忠勇仁义"精神,主要体现在其一生追求国家统一大业的实践上;关帝成神之后,其爱国统一精神又屡屡通过民间口碑,显现于赫赫威灵之中。在海内外浩如繁星的关帝宫庙中,东山关帝庙无疑是最能集中体现关帝爱国统一精神的突出典型。故海峡两岸人民共尊关帝为"统一之神"。

题名 **跨越太平洋:中国与拉丁美洲的文化交流**

作者及单位 林被甸(北京大学历史系)

会议名称 中国拉丁美洲史研究会第七届会员代表大会暨"拉丁美洲现代化进程研究学术讨论会"

会议地点时间 中国山东济南

主办单位 中国拉丁美洲史研究会、山东师范大学历史文化与社会发展学院

摘要 中国与美洲地处东西半球两端,远隔太平洋。中外学者对于哥伦布前中国人是否到过美洲提出过种种猜想,但均未得到历史的证实。

题名 **匡扶危主抗元名臣**

作者及单位 陈禅心,陈季衡(福建省文史研究馆;莆田市卫生局)

会议名称 福建省历史名人研究会陈文龙分会成立大会

会议地点时间 中国福建福州,1998

主办单位 福建省历史名人研究会陈文龙研究分会

摘要 文龙,字德刚,又字君贲,号如心,玉湖评事公房棠长子,沂国公八世孙。生于南宋理宗绍定五年壬辰岁(1232年)。祖居福建莆田东门外白湖(今莆田城郊阔口村)。宋理宗淳祐十一年辛亥岁(1251年)入乡学,宝祐四年丙辰岁(1256年)补进太学。

题名 **廓清对郑和远航动因的曲解**

作者及单位 张显清(中国社会科学院)

会议名称 传承文明走向世界和平发展——纪念郑和下西洋600周年国际学术研讨会

会议地点时间 江苏,2005

题名 **拉开海洋探索时代的壮阔序幕——郑和下西洋的世界历史意义及其与西方航海活动之比较**

作者及单位 周中坚

会议名称 "睦邻友好"郑和学术研讨会

会议地点时间 中国南京,2002

主办单位 江苏省郑和研究会

摘　　　要　观夫海洋,洪涛接天,巨浪如山;视诸夷域,迥隔于烟霞缥缈之间。而我之云帆高张,昼夜星驰,涉彼狂澜,若履通衢者。

题　　　名　来华传教士的特征与早期耶稣会的教育

作者及单位　沈定平(中国社科院历史所)

会议名称　第五届中国明史国际学术讨论会暨中国明史学会第三届年会

会议地点时间　中国陕西西安,1993

主办单位　中国明史学会

摘　　　要　过去,有关明清之际来华耶酥会士的研究中,存在着一种倾向。即往往从单一的、某个特定的人物出发(如利玛窦、汤若望等),把他们的活动仅仅看作是个人的行为,看作是个人特殊品质的表现。而没有将这些传教士的个人品质和活动,跟耶稣会的组织及其早期历史有机地联系起来,汉有把传教士当作西方"一种完整文化的不自觉的载体"(法国著名学者谢和耐语)。实际上,稍微考察一下来华耶稣会士的活动,便不难发现他们某些突出的,然而是同具有的品质和特征。

题　　　名　来宋日僧成寻与宁波商人陈咏

作者及单位　郭万平(浙江工商大学日本语言文化学院)

会议名称　宁波与"海上丝绸之路"国际学术研讨会

会议地点时间　中国浙江宁波,2005

主办单位　中国中外关系史学会、浙江日本文化研究所、宁波市文化广电新闻出版局

摘　　　要　894年,应菅原道真之建议,日本政府决定停派遣唐使,中日之间的官方外交遂处于断绝状态。在唐末、五代、宋、元时期,中日关系主要表现为民间的交往,联系中日双方的媒介主要是僧侣和商人。

题　　　名　来甬传教士的文化活动初探

作者及单位　谢振声(宁波市江北政协专委)

会议名称　宁波与"海上丝绸之路"国际学术研讨会

会议地点时间　中国浙江宁波,2005

主办单位　中国中外关系史学会、浙江日本文化研究所、宁波市文化广电新闻出版局

摘　　　要　1840年鸦片战争后,宁波被辟为全国"五口通商"的口岸之一,1844年1月1日正式开埠。处于中国传统文化与西方文明的撞击点上,宁波人较早领略了西方文明。

题　　　名　蓝鼎元对台湾早期防卫与治理的贡献

作者及单位　黄新宪(福建省教科所)

会议名称　海峡两岸五缘关系学术研讨会

会议地点时间　中国上海,2003

主办单位　福建省社会科学界联合会、福建省五缘文化研究会

摘　　　要　蓝鼎元,字玉霖,号鹿洲,福建漳浦人。康熙六十年(1721年),台湾爆发声势浩大的朱一贵起义,蓝鼎元的族兄蓝廷珍入台主持平定朱一贵起义的军事行动,蓝鼎元随之前往。此后,蓝鼎元通过对台湾的深入考察,就防卫和治理台湾提出许多建设性意见,不少意见得到重视和采纳。蓝鼎元对台湾的早期防卫和治理作出了突出贡献,人们誉之为"筹台之宗匠"。

题　　名　冷战后东南亚国家在南海的军事活动
作者及单位　李金明(厦门大学南洋研究院)
会议名称　“冷战以来东南亚的国际关系”学术研讨会
会议地点时间　中国厦门,2004
摘　　要　冷战后,东南亚国家在南海的军事活动不断扩大,它们在加强与美国、日本军事合作的同时,频繁地在南海举行军事演习。其中如1999年初,新加坡与美国签署新的军事协定,同意美国大型军舰使用其即将竣工的樟宜海军基地;2000年5月,菲律宾国会确认了与美国签订的“访问部队协议”,准许美国军舰在菲律宾港口停泊和美军到菲律宾访问

题　　名　李白四渡峡江考辨
作者及单位　许嘉甫
会议地点时间　1997
摘　　要　李白渡峡之次数,作品之存量,及各诗之系年等问题．既见于黄锡珪《李太白编年诗集目录》、郭沫若《李白与杜甫》、詹鍈《李白诗文系年》、安旗《李白全集编年注释》诸专著,又每有时贤发表于各学刊之宏论。虽则不乏剀切之谈,然亦未免混淆之说。故于上述问题,尚有考辨澄清之必要。今值“李白与三峡”国际学术讨论会暨中国李白研究会第六次年会召开之际,不揣谫陋,用陈管见,以就教于海内外方家。

题　　名　《李朝实录》中之明武宗
作者及单位　郑克晟(南开大学)
会议名称　第七届明史国际学术讨论会
会议地点时间　中国吉林长春,1999
主办单位　中国明史学会、东北师范大学、吉林大学、吉林师范学院、通化师范学院、吉林省社会科学院
摘　　要　《李朝实录》所记大量珍贵史料,尤其是朝鲜使臣自京师回国向国王汇报明朝政情,许多资料甚至为中国史料所未有。其中所记明武宗材料亦甚多,外国使华情况及朝鲜对武宗政权危亡的估计等。因此翻检此书中资料以研究明武宗,实有必要。下面谨就明武宗的有关方面,略加叙述。

题　　名　李鸿章、张之洞推荐《日本国志》的咨文——台湾所藏总理衙门档案中关于黄遵宪的史料拾零
作者及单位　王立诚(复旦大学历史系)
会议名称　纪念黄遵宪逝世一百周年国际学术讨论会
会议地点时间　中国北京,2005
主办单位　中国社会科学院近代史研究所、中国史学会
摘　　要　笔者去岁在台北中研院近代史所档案馆检索其所藏外交档案时,偶从总理衙门清档中找到两份文件,分别为李鸿章和张之洞向总理衙门推荐黄遵宪所著《日本国志》的咨文。这两份文件在《李文忠公全集》和《张文襄公全集》中均未收录。

题　　名　李鸿章的海军威慑思想及其对甲午海战的影响
作者及单位　苏小东(海军航空工程学院;)
会议名称　甲午海战与中国海防——纪念甲午海战一百周年学术研讨会

会议地点时间 1994

摘　　　要 在李鸿章的海防思想中,海军威慑始终是其核心内容,占有极为突出的地位。全面考察李鸿章创建和运用近代化海军的过程,就会发现,他的海军威慑思想不仅在指导海军建设中起了重要的作用,而且对海军的战略运用、尤其是在中日甲午战争中的战略运用也产生了极大的影响。今天,认真研究李鸿章的海军威慑思想,总结其经验教训,仍然是十分有意义的。

题　　　名 **李鸿章海防思想与晚清变局**

作者及单位 刘申宁

会议名称 甲午海战与中国海防——纪念甲午海战一百周年学术研讨会

会议地点时间 1994

摘　　　要 19世纪是一个充满张力和变革的时代,世界许多国家纷纷跑出中世纪奔向近代,遗弃愚昧落后的传统而接受近代工业文明。发生于同光交替之际的海防大讨论,提出了有关国家发展战略的重大课题。李鸿章在这次大讨论中,系统地论述了他的海防思想,阐述了中国所面临的国际局势和努力方向,为中国由一个内陆帝国走向海洋提出了明确的奋斗目标。办什么事情都要有一个由头,加强海防,建设海军,把清政府的注意力由西北转向东南,从而推动整个国家的工业建设,可以说是U世纪中国走上近代化,走向世界最切实可行的一个切入口。

题　　　名 **李鸿章海防战略思想刍议**

作者及单位 张炜

会议名称 甲午海战与中国海防——纪念甲午海战一百周年学术研讨会

会议地点时间 1994

摘　　　要 海防是国防的一部分,主要防卫来自海洋方向的外部敌人与陆上防卫有完全不同的形式、内容、规律及其理论。从国家全局理性地认识并统筹近代海防,李鸿章是始作诵者,其海防战略思想树中国近代军事史之里程碑,深层辐射并影响着中国近代化的进程。然而,纵观中国近代海防战略的理论和实践,可谓“成也李鸿章,败也李鸿章”。本文旨在循李鸿章海防战略思想形成和发展轨迹,达解这一历史棺论的原因,以求教于学术界。

题　　　名 **李鸿章甲午海战作战指导方针探析**

作者及单位 季云飞(解放军南京政治学院历史系)

会议名称 甲午海战与中国海防——纪念甲午海战一百周年学术研讨会

会议地点时间 1994

摘　　　要 1894年7月至次年2月,中国北洋舰队经过丰岛、黄海、威海三次海战全军覆灭。北洋舰队何以覆灭?有论者归咎于李鸿章采取了一条“避战保船”的消极防御方针。笔者综合分析李鸿章指导海战的有关电稿,认为这种结论有失偏颇。鉴于此,本文拟对李鸿章在甲午海战期间的海军作战指导方针作新的探析。不妥之处,祈请专家指正。

题　　　名 **李鸿章平捻政策出台前后**

作者及单位 顾建娣(中国社会科学院近代史研究所)

会议名称 中国社会科学院近代史研究所青年学术论坛

会议地点时间 中国北京,2009

主办单位 中国社会科学院近代史研究所

摘　　　要　捻军的最终失败，很大程度上是败于李鸿章的“倒守运河”之策。这一政策的具体内容就是以胶莱河为内圈防线，以运河为外圈防线，在两河西岸修筑长墙，派兵驻守，以黄河为北面防线，六塘河为南面防线，对捻军进行围堵兜剿。

题　　　名　《李鸿章评传》——书评
作者及单位　玛丽.B. 兰金，李云（上海东方电视台节目中心）
会议地点时间　中国上海，1996
主办单位　上海中山学社
摘　　　要　李鸿章有一个不同寻常的官僚经历。这部著作集中讨论李鸿章在整个19世纪下半叶作为中国主要外交发言人和众多军事与实业项目倡导者的作用。尽管书中很多资料已非新颖，有几篇论文也已在别处发表，但将它们结成一集，突出了李鸿章对清代自强运动贡献的广泛性。

题　　　名　《李鸿章全集》（新编）编纂工作及资料的爬梳与研究
作者及单位　翁飞，方英（安徽省社会科学院淮系集团研究中心）
会议地点时间　中国上海，1994
主办单位　上海中山学社
摘　　　要　安徽近现代历史名人颇多，其中李鸿章尤为突出。安徽教育出版社在安徽省社会科学院淮系集团研究中心的支持配合下，计划以5年左右重新编纂出版《李鸿章全集》，由顾廷龙、戴逸两位著名学者担任主编。这一消息见诸报端后，引起海内外学术界以及李氏家乡父老的关注和兴趣。

题　　　名　李鸿章与北洋海军及甲午战争之回顾
作者及单位　王国璋
会议名称　海峡两岸《马关条约》百周年学术研讨会
会议地点时间　大连

题　　　名　李鸿章与福建船政
作者及单位　戴显群（福建师范大学历史系）
会议地点时间　2003
主办单位　福建省闽学研究会
摘　　　要　福建船政是左宗棠在“师夷长技以制夷”的思想指导下创建的，它是洋务运动的产物。在船政的发展过程中，掌握着内政外交实权的北洋大臣李鸿章曾给予关心与支持，客观上对船政的生存与发展及其我国的近代化进程起到至关重要的作用。长期以来，我国近代史学界对这一问题未曾引起足够的重视。

题　　　名　李鸿章与欧洲留学
作者及单位　孙世岳（山西师大）
会议名称　《教育史研究》创刊二十周年暨中国教育史研究六十年学术研讨会
会议地点时间　中国北京，2009
主办单位　中国地方教育史志研究会、《教育史研究》编辑部
摘　　　要　洋务运动时期，李鸿章十分重视学习西方国家的先进科学技术，为此他积极倡导和主持了欧洲留学。本文就李鸿章在留欧活动中的思想和特点作一粗浅分析。

题　　　名　**李鸿章与奕䜣等总理衙门大臣对日本认识的比较**

作者及单位　王如绘

会 议 名 称　第二届近代中国与世界学术讨论会

会议地点时间　中国北京,2000

主 办 单 位　中国史学会、中国社会科学院

摘　　　要　从鸦片战争开始,中国即遭受帝国主义列强的侵略。但当时人们万万不会想到,后来给中国造成灾难最重的,竟是当时也很落后的"蕞尔岛国"日本。日本明治政府1870年才心怀叵测派使节来华要求订约通商,1894年就发动了甲午战争并一举打败中国。中国的失败,在很大程度上与清政府的对日政策有关。

题　　　名　**李鸿章与左宗棠战和观之比较**

作者及单位　贾小叶(中国社会科学院近代史研究所)

会 议 名 称　第一届中国近代思想史国际学术研讨会

会议地点时间　中国湖南湘西,2004

主 办 单 位　中国社会科学院近代史所、吉首大学、湘潭大学、湖南师范大学中国近现代史所、首都师范大学历史系、浙江大学社会文化与思想批评研究中心

摘　　　要　在晚清,李鸿章与左宗棠都是能够左右朝廷决策的封疆大吏,他们的言行都曾深刻地影响过晚清的政局,在战和问题上即是如此。全面、客观地比较两人战和观之异同,不仅有助于深入理解其个人思想,而且有助于加深我们对近代中国战和问题的认识。长期以来,学界对二人的战和观有所关注

题　　　名　**李鸿章在马关议和中的心态研究**

作者及单位　郑学成,王利民

会 议 名 称　海峡两岸《马关条约》百周年学术研讨会

会议地点时间　大连

题　　　名　**李提摩太在"丁戊奇荒"时期的赈灾活动及其影响散论**

作者及单位　高鹏程,池子华(南通大学法政学院;苏州大学社会学院)

会 议 名 称　首届"晚清国家与社会"国际学术讨论会

会议地点时间　中国江苏苏州,2006

主 办 单 位　国家清史编纂委员会、中国社会科学院近代史研究所、苏州大学社会学院、上海社会科学院历史研究所、上海师范大学社会史研究中心、中国太平天国史研究会、扬州大学社会发展学院

摘　　　要　第二次鸦片战争开创了基督教在华传教的新纪元。西方传教士纷至沓来。英国浸礼会的李提摩太(TimothyRichard,1845～1919)1870年来华传教,赈济灾民,交通大吏,主笔《时报》,接手广学会,参与维新,身影频繁活跃于近代社会舞台,其作用之显著,影响之广泛不容忽视。即便是对李提摩太本人持彻底批判观点的学者也承认他是"朝野瞩目的'红人'",具有典型性。

题　　　名　**李仙得与日本第一次侵台**

作者及单位　李理(中国社会科学院近代史研究所)

会 议 名 称　"近代中国、东亚与世界"国际学术讨论会

会议地点时间　中国山东日照,2006

主 办 单 位 中国社会科学院近代史研究所中外关系史学科、《历史研究》编辑部

摘　　　要 日本第一次侵台，是台湾历史上的重大事件，开创了近代以来中日关系的第一个篇章。这一次侵台事件，与美国人李仙得关系密切。研究中日关系史和台湾史的学者，以往对这次事件有所关注，但往往语焉不详。不管是从中日关系史角度还是台湾史角度，这都是一个值得加以深入探讨的话题。

题　　　名 历代“政府”考

作者及单位 王宏斌（河北师范大学历史文化学院）

会 议 名 称 首届“晚清国家与社会”国际学术讨论会

会议地点时间 中国北京，2006

主 办 单 位 国家清史编纂委员会、中国社会科学院近代史研究所、苏州大学社会学院、上海社会科学院历史研究所、上海师范大学社会史研究中心、中国太平天国史研究会、扬州大学社会发展学院

摘　　　要 从某种意义上说，近代中国社会的变迁是在中西文化的冲撞与交融中展开的。因此，如何正确认识和处理中西文化关系问题，实成为近代一切群体和个人顺应时代潮流、推动社会进步的重要前提。晚清督抚在近代中国的影响既深且巨。综观清政府的历次改革，无论是洋务运动还是清末新政，其中真正起主导作用的不是中央政府，而是地方督抚，尤其是沿江沿海的督抚。

题　　　名 历代中越交通道里考

作者及单位 陈玉龙

会议地点时间 1987

题　　　名 历史的轮回抑或出路—清末改革与革命对日治台湾“反殖民斗争路线”抉择之启发

作者及单位 郑梓（成功大学历史系）

会 议 名 称 清末新政与辛亥革命国际学术研讨会

会议地点时间 中国上海，2007

主 办 单 位 上海中山学社

摘　　　要 百余年前，原本命运与共的台海两岸，却各自走出了整整一个世纪之遥的非常不一样的历史进程。尤以1895年东亚历史大转折的年代为例，由于中日马关条约签订，台澎从此脱离中华帝国之边陲岛屿而划入日本殖民统治的新版图；同一时期中华有志之士的救亡图存之路，受此激荡亦产生了首度严重的分歧，诸如：既有中山先生所领导的激进地起义革命，相对的还有康梁仍坚持君主立宪的温和改革等，此两条同为中华“救亡图存”的分歧路线，论者以为直接抑或间接都催促着清末斯政的加速推行，然而处此封建王朝垂危之际，结局虽皆徒劳无功，但对于王朝外、日据下、正风起云涌的台澎反殖民斗争，却起着迅猛地撞击、发酵的启迪之功。本文焦点即在试探：清末新政推行期间，结集于海外（主要系日本东京等地）的革命抑或改革两条路线之领导核心和台澎岛内外反殖民斗争的精英们，是如何的接触、鼓舞、声气相通？又系如何地呼应、启发、推波助澜？以致酝酿、积累、开拓出日治后期台澎反殖民抗争路线的深厚而多元之发展。

题　　　名 历史的昭示

作者及单位 李万嵘

会 议 名 称 甲午海战与中国海防——纪念甲午海战一百周年学术研讨会

会议地点时间 1994

摘　　　　要　1894 年的甲午战争,是日本对中国发动的一场侵略战争。这次战争以中国战败而告终,尤以北洋舰队全军覆灭而惊传于世。今天重忆这场战争的失败教训,对当今国家的安全发展及加速海军现代化建设有着十分重要的现实意义。

题　　　　名　**历史灯塔的保护和研究**

作者及单位　王瑞松,金征远(中国航海学会航标专业委员会沿海航标学组、无线电导航学组、内河航标学组年会暨学术交流会)

会 议 名 称　中国航海学会航标专业委员会沿海航标学组、无线电导航学组、内河航标学组年会暨学术交流会

会议地点时间　中国北京

主 办 单 位　中国航海学会航标专业委员会沿海航标学组、中国航海学会航标专业委员会无线电导航学组、中国航海学会航标专业委员会内河航标学组

摘　　　　要　通过对灯塔进行保护,我们为后人保存了海上交通成为国家运输大动脉时期的历史象征,灯塔的助航使得那些偏僻的,被孤立的城镇和岛通过港口贸易与世界重新来联系在一起。历史和文化资源是国家遗产的一部分,是重要的遗产象征。

题　　　　名　**历史上的东北亚海产贸易与海产文化传承**

作者及单位　王赛时(山东省社会科学院历史研究所)

会 议 名 称　东北亚海上交流历史文化遗产国际学术研讨会

会议地点时间　青岛;蓬莱,2006

主 办 单 位　中国海洋大学海洋文化研究所,山东省蓬莱市文物局

题　　　　名　**历史上晋江流域地区的海洋文化内容**

作者及单位　李双幼(泉州市泉州学研究所)

会 议 名 称　朱熹理学与晋江文化学术研讨会

会议地点时间　中国福建晋江,2007

主 办 单 位　福建省闽学研究会、晋江市历史文化研究总会

摘　　　　要　海洋文化是人类缘于海洋而生成的精神的、行为的、社会的和物质的文明化生活内涵1。海洋文化研究在学术界是一个新兴课题,还远未达到系统、完备和精深,目前海洋文化研究的一个主要任务是明确海洋历史的发展脉络和特征。文化既是一种社会现象,在分布与影响上往往具有跨区域的特征

题　　　　名　**历史上泉州港为何长盛不衰**

作者及单位　施宣圆(《文汇报》)

会 议 名 称　“泉州港与海上丝绸之路”国际学术研讨会

会议地点时间　中国泉州,2002

主 办 单 位　中国航海学会

摘　　　　要　在中国历史上,可称得上世界级港口城市的屈指可数,泉州港是其中之一。尤其在中世纪的宋元时期,泉州作为“世界最大港口”达 200 多年之久,这在中国历史上是少见的。多年来,许多专家和学者都在探讨和研究泉州港兴盛的原因,这是很有现实意义的,它可以为今天开发、建设和振兴新的泉州港提供有益的借鉴和启示。

题　　　　名　**历史上浙江与朝鲜半岛的友好交往**

作者及单位　鲍志成(浙江省博物馆)

会议名称　中国中外关系史学会第六届会员代表大会

会议地点时间　中国吉林延边,2005

主办单位　中国中外关系史学会、延边大学历史系与东北亚研究院、沈阳东亚研究中心

摘　　　　要　“东海之内,北海之隅,有国名日朝鲜”。这是中国著名的上古神话、地理、风俗的经典不朽之作《山海经》中关于朝鲜地理知识的记录,她说明,至迟在该书实际成书的战国时期(公元前475~公元前221年),中国人已比较熟知朝鲜。武王伐商,“箕子率五千人”迁居朝鲜,因而封焉,是以后世有“箕子朝鲜”之说,则更说明早在商(公元前16世纪~公元前11世纪)、周(公元前11世纪~公元前841年)之交时代,中韩(朝)两国已有了人员往来。近年来的考古发现、学术探险和历史研究成果,则越来越证实:远在史前时代,中韩(朝)之间就已开始了最初的交往,其往来通道之一,恰恰是中国东南沿海的浙东地区和朝鲜半岛南端的全罗南道之间的海上航线。翻开东亚地图,我们会发现,这两个地区相距并不遥远,辽阔的海洋,强劲的季风和海流,为先民们架接了广阔的交往通道。

题　　　　名　**历史视野下的台湾海峡文化圈**

作者及单位　许维勤(福建社会科学院历史研究所)

会议名称　第三届闽台文化学术研讨会

会议地点时间　中国福建莆田,2006

主办单位　福建省炎黄文化研究会、莆田市人大、莆田市政协、中华妈祖文化交流协会

摘　　　　要　从特定时空范畴界定,在台湾海峡两岸的闽、台两地,包括广东东部、浙江南部的部分地区,一个以本土化的汉文化为主体,以闽南文化为核心,以“五缘”文化关系为纽带,以多元文化共存对话为格局的区域文化圈的存在,是清晰可见的。

题　　　　名　**历史与现实:中韩关系与东北亚的和平与稳定**

作者及单位　李敦球(中国社会科学院世界史所研究室)

会议名称　登州港与中韩交流国际学术讨论会

会议地点时间　蓬莱,2004

摘　　　　要　在历史上的东北亚国际关系格局中,与岛国日本在东亚抗衡的不止中国,而是亚洲大陆中韩同盟,这可以说是500年来东亚地缘政治中的一个常数。明朝万历年间,武力统一日本的权臣丰臣秀吉(1536—1598年)进犯朝鲜,《明史》称其“欲侵中国、灭朝鲜而有之”,与秀吉等人当时的书犊记录完全相符。万历二十年(1592年。工辰)农历四月,秀吉“倾国出师”,“蔽海而来”,自釜山登陆,大举入寇,据《李朝实录》,朝鲜此际“升平二百年,民不知兵,郡县望风崩溃”。不出半月,李朝宣祖仓皇离韩京“西幸”,数月之内,大部疆土陷侄,国柞危在旦夕,宣祖已做人辽“死于天子之国”之计。明廷为之紧急发兵入朝救援,苦战之下. 终于于次年正月收复平壤。

题　　　　名　**利玛窦交游人物表**

作者及单位　林金水(福建师大社会历史学院)

会议名称　中国中外关系史学会成立大会

会议地点时间　中国福建厦门,1981

主办单位　中国中外关系史学会

摘　　　要　明万历年间意大利人耶稣会士利玛窦来我国宣传天主教。他通过各种方式笼络人心,以达到其传教之目的。其中一个重要手段就是与我国官员和知识分子广泛交游。这些人当中有王公贵族、朝廷宰臣、六部各卿、地方名宦、学者、僧侣、商贾,直至黎民庶人,几乎包括了当时各界的知名人物。

题　　　名　利玛窦携物考

作者及单位　王庆余(复旦大学历史系)

会议名称　中国中外关系史学会成立大会

会议地点时间　中国福建厦门,1981

主办单位　中国中外关系史学会

摘　　　要　利玛窦(MatteoRicci,1552—1610),意大利人,天主教耶稣会士,1582 年被派至澳门,次年进入中国内地传教。他先在广东肇庆、韶州,后北上到南昌和南京。1600 年利玛窦从南京沿水路北上赴京。

题　　　名　利玛窦与西方投影几何之东来

作者及单位　杨泽忠(山东师范大学数学系)

会议地点时间　上海,2004

摘　　　要　明朝末年,意大利著名传教士利玛窦来到我国,不仅带来了很多欧氏几何,而且也带来了一些非欧氏几何,如投影几何。关于投影几何,他带来的椭圆投影、球极投影、平行正投影和透视法等。他给国人介绍了其中的概念、原理和性质,而且还分别说明了他们的应用等。这大大丰富了我国数学的研究,为当时大批的西方科技传入我国打下了坚实的基础。

题　　　名　利用基督征服世界——美国对华宣教运动中的殖民主义思潮及其流变

作者及单位　陈贤君(东北神学院)

会议名称　“传教运动与中国教会”学术研讨会

会议地点时间　中国上海,2006

主办单位　中国基督教三自爱国运动委员会、中国基督教协会

摘　　　要　19 世纪后期,在美国领土扩张狂潮的推动下兴起的学生海外志愿宣教运动,高喊着“为基督征服世界”的口号,其实质却是要“利用基督征服世界”。随着中华民族解放战争的节节胜利,美国对华宣教策略也不断调整。然而,“万变不离其宗”,其利用基督教实现殖民扩张的目的始终不变。因此,中国教会必须坚持三自原则,不断努力探索出具有中国特色和鲜明时代特征的本色化、处境化的神学,坚决抵御当今社会各种形式的“渗透”与“和平演变”活动。

题　　　名　梁发及其《劝世良言》

作者及单位　严锡禹(金陵协和神学院)

会议名称　“传教运动与中国教会”学术研讨会

会议地点时间　中国上海,2006

主办单位　中国基督教三自爱国运动委员会、中国基督教协会

摘　　　要　两百年前,英国伦敦会传教士马礼逊来到中国广州,拉开了由西方传教士主宰的基督教(指新教,下同)在中国传播的大幕,这块大幕,直到马礼逊入华 142 年后,即 1949 年方告结束。也就是说,在 1949 年前的 142 年里,基督教在中国的传播,完全是由西方传教士承担的。然而,我们也不要忘了,在传教士的前后左右,还有不少帮助他们的中国人,而这些人大多没有留下姓名。

题　　名　**梁启超《郑和传》的谬误和其始料不及作用**
作者及单位　施存龙(交通部水运研究所)
会议名称　“郑和远航与世界文明”暨纪念郑和下西洋600周年学术讨论会
会议地点时间　北京,2004

题　　名　**两岸黑脸妈祖信仰研究的漫思**
作者及单位　蔡永哲(惠安县方志辦)
会议名称　第二次闽台妈祖文化学术研讨会
会议地点时间　中国福建霞浦,1998
主办单位　福建省社会科学联合会、福建省民俗学会、宁地地区社科联、霞浦县社科联、霞浦松山妈祖文化研究会
摘　　要　林默,祖籍莆田湄洲嶼,生於北宋建隆元年(960年)三月廿三日,逝於雍熙四年(987年)九月九日,謝世後被稱为妈祖,封为夫人、天妃、天后,奉为海神。且從區域性的信仰,衝出省界、国界,遠涉亞、澳、歐、美,成为世界最著名的海神之一。

题　　名　**两岸四地的妈祖信仰特色**
作者及单位　谢永昌
会议名称　1995年澳门妈祖信俗历史文化研讨会

题　　名　**两汉时期合浦郡在岭南与南海丝路的地位**
作者及单位　王元林,林杏容,邓敏锐
会议名称　海上丝绸之路研究——中国·北海合浦海上丝绸之路始发港理论研讨会
会议地点时间　广西北海市合浦,2004

题　　名　**两汉时期合浦一直是郡治所在——读《后汉书·郡国志》序**
作者及单位　韩湖初
会议名称　海上丝绸之路研究——中国·北海合浦海上丝绸之路始发港理论研讨会
会议地点时间　广西北海市合浦,2004

题　　名　**两江灾荒与沈葆桢防治灾荒的思想及其实践**
作者及单位　张卫明(厦门大学人文学院历史系)
会议名称　沈葆桢巡台130周年学术研讨会
会议地点时间　中国南京,2004
主办单位　中国近现代史史料学学会
摘　　要　近年来史学界在沈葆桢研究方面,大多围绕于其创办福建船政、创建近代海军以及开发建设台湾等方面,而极少关注沈葆桢在近代救灾史上的地位与意义。

题　　名　**两晋南朝与东南亚、南亚海上交通**
作者及单位　石云涛(北京外国语大学国际交流学院)

会议名称　“东亚汉文化圈与中国关系”国际学术会议暨中国中外关系史学会2004年年会
会议地点时间　中国上海,2004
主办单位　中国中外关系史学会、复旦大学、上海外国语大学
摘　　要　由于地理位置和政治形势的影响,两晋南朝的对外关系主要是利用海路与海外国家交往。

题　　名　两宋东南沿海地区海洋发展路向论略
作者及单位　葛金芳
会议名称　中国宋史研究会第十届年会及唐末五代宋初西北史研讨会
会议地点时间　中国兰州,2002
主办单位　西北师范大学文学院、中国宋史研究会
摘　　要　头枕“三河”、面向草原与头枕江南、面向海洋:发端于唐宋之际的经济发展路向的重大转折宋代经济在我国古代经济发展的历程中,可以说已开始发生质的变化。

题　　名　两宋时期明州为枢纽港的中朝航海
作者及单位　施存龙(交通部水运研究所)
会议名称　宁波与“海上丝绸之路”国际学术研讨会
会议地点时间　中国浙江宁波,2005
主办单位　中国中外关系史学会、浙江日本文化研究所、宁波市文化广电新闻出版局
摘　　要　宋代以前,我国与东半球许多国家的“海上丝绸之路”都已先后形成。在东北亚邻国中,与朝鲜半岛国家往来可谓最早。五代以前,我国与半岛各国的海上往来,有计划的利用几乎都是北方港口。这种格局,一则决定于那时中国政治、经济、文化中心在中原一带,二则决定于北方港口与半岛航海距离短。只有非计划目的的,由于自然界风流影响或战争影响才偶尔在南方港口登陆。本文以两宋为例,以明洲为核心的南航线为对象,论述两宋特别是北宋与朝鲜半岛统一国家间形成以两国首都为起讫点的航线形成背景,一次典型的航行,它在这一历史时期两国政府间和民间的政治经济文化交往中所起的作用,以及这一段航海历史留今的遗迹。

题　　名　两种文明两种海外交往价值取向——郑和与哥伦布航海比较
作者及单位　庞卓恒(天津师范大学)
会议名称　“郑和远航与世界文明”暨纪念郑和下西洋600周年学术讨论会
会议地点时间　北京,2004

题　　名　辽河流域新石器时代的考古发现与认识
作者及单位　刘观民,徐光冀
会议名称　中国考古学会第一次年会
会议地点时间　西安,1979

题　　名　列强与《马关条约》
作者及单位　关捷(大连民族学院)
会议名称　海峡两岸《马关条约》百周年学术研讨会
会议地点时间　大连

题　　　名　林蔚文:先秦秦汉南中国海外玻璃的输入
作者及单位　林蔚文
会 议 名 称　“中国与海上丝绸之路”国际学术讨论会
会议地点时间　泉州,1994

题　　　名　林则徐、魏源的经世思想对船政文化的影响
作者及单位　邓华祥,肖忠生(福建省博物馆;福州市社科院)
会议地点时间　2003
主 办 单 位　福建省闽学研究会
摘　　　要　林则徐(1785—1850)与魏源(1794—1875)不仅是我国伟大的政治家、思想家和爱国者,而且也是我国近代优秀文化的代表者,19 世纪 40 年代率先“开眼看世界”的有重要影响的历史人物。他们的思想都随着时代潮流而前进,在中国近代历史的进程中,都起巨大的促进作用。他们在生活经历、抵抗外敌入侵、学习西方“长技”、筹备海防、致力于经世致用之学等方面均有很多相同或相似之处。经世之学对林则徐与魏源一生事迹有极为密切的关系。研究这两人的经世思想,对认识经世思想在我国近代思想史上的地位及船政文化的影响,无疑是有所裨益的。

题　　　名　林则徐在陕西蒲城书写的匾额及文联
作者及单位　王仲谋(陕西蒲城林则徐纪念馆)
会 议 名 称　林则徐在陕西座谈会
会议地点时间　2005
主 办 单 位　中国毒理学会毒理学史专业委员会、西北大学生态毒理研究所
摘　　　要　林则徐是中国近代伟大的爱国者,是高举反侵略旗帜的第一人,鸦片战争中著名禁烟派代表人物。道光二十六(1846),林则徐结束了三年贬谪生活,被重新启用为陕西巡抚。本年腊月中旬,林因病请假三个月,曾至陕西蒲城养病并为恩师王鼎“守心丧”,在蒲城停留大约半月,并留下了大量墨迹。蒲城位于关中平原东北部,距省会西安捷径一百八十里,是清代著名爱国名相、禁烟派代表人物之一的王鼎故里。王鼎一族,系渭北名族,可谓满门忠烈。

题　　　名　刘秉漳与中法镇海之役
作者及单位　陆方
会 议 名 称　中法战争镇海之役 110 周年学术研讨会
会议地点时间　1995
摘　　　要　刘秉琼(1825 一 1905 年)字仲良,是一名忠于职守的封建官僚,具有一定的爱国思想。在对外战争、交涉中始终坚持抵抗和民族立场。在中法战争时期,刘秉球任浙江巡抚,他积极组织军民抗法斗争,立下了不朽的功勋。

题　　　名　留日学生与南京政府时期的对日关系
作者及单位　孔繁岭(曲阜师范大学历史文化学院)
会 议 名 称　“近代中国、东亚与世界”国际学术讨论会
会议地点时间　中国山东日照,2006
主 办 单 位　中国社会科学院近代史研究所中外关系史学科、《历史研究》编辑部

摘　　要　在中国近代史上，留日学生与留美、留欧学生有着人数多、政治性强、双重日本观等不同的特点，由此决定了他们在中国对日关系中，尤其是南京政府时期，产生了极其重要的作用，发挥了巨大的影响。主要表现在，一是南京政府时期中日关系的主要内容，就是日本持续不断地侵略中国和中国反抗日本的侵略战争。

题　　名　“琉球处分”的历史——从历史评价的角度
作者及单位　栗野慎一郎
会议名称　第九届中琉历史关系国际学术会议
会议地点时间　2005

题　　名　琉球归属问题交涉与脱清人
作者及单位　赤岭守
会议名称　第九届中琉历史关系国际学术会议
会议地点时间　2005

题　　名　琉球汉诗五探
作者及单位　黄裔
会议地点时间　2005

题　　名　琉球家谱所受中国文化思想之影响
作者及单位　田名真之
会议地点时间　1987

题　　名　琉球列岛（冲绳群岛）祭祀空间的村落与家
作者及单位　比嘉政夫（日本国立历史民俗博物馆）
会议名称　中国民族学学会2004年年会
会议地点时间　中国北京，2004
主办单位　中国民族学学会
摘　　要　祭祀化小宇宙的集落一般情况下，集落因其规模的大小或者其作为集团的凝聚力的强弱而有各种不同的差异。这在世界上的任何地域和民族中间都是常见的情况。集落实际上内含若干复数的功能，它既在其中包含若干家族乃至亲属集团并作为下位集团发挥血缘纽带的作用，也有作为联结近邻相识而发挥地缘性的纽带作用，还有作为农耕仪礼等祭祀行为的集团性作用。不用说，我们可以既把集落看作是国家政治化机构的末端组织，也是一个行政单位。

题　　名　琉球使节与清朝皇帝的行幸
作者及单位　深泽秋人
会议名称　第九届中琉历史关系国际学术会议
会议地点时间　2005

题　　名　琉球王位与册封关系
作者及单位　丰见山和行

会议地点时间　1987

题　　　名　**琉球在东洋海上贸易史上的历史地位**
作者及单位　(日)高良仓吉
会 议 名 称　“中国与海上丝绸之路”国际学术讨论会
会议地点时间　泉州,1994

题　　　名　**六百年后的再认识——郑和下西洋的成就与意义**
作者及单位　赵纪军,杜秀娟,袁锋
会 议 名 称　“睦邻友好”郑和学术研讨会
会议地点时间　中国南京,2002
主 办 单 位　江苏省郑和研究会
摘　　　要　中国是一个陆地大国,也是一个海洋大国。中国不仅拥有960万平方公里的陆上国土,按照联合国海洋公约关于200海里专属经济区的规定;还拥有300多万平方公里的海洋国土。在中国的海洋文化中早有“殷人远航美洲之说”,即至少在5000年前有各类大小舰船3 800多艘,其中较大型主力舰船400多艘,巡逻船1 300多艘,还有众多的补给船,堪称当时世界上头号海上强国。研究成果逐渐形成了共识,有些问题尚待更深入的论证,但从对后世影响这个角度而论,至少有三个方面是有目共睹。

题　　　名　**六朝时期岭南地区海上丝绸之路的开辟**
作者及单位　罗宗真(南京博物院)
会 议 名 称　海上丝绸之路与潮汕文化学术研讨会
会议地点时间　汕头,1994

题　　　名　**六朝时期中国对外文化交流**
作者及单位　罗宗真(南京博物院)
会 议 名 称　中国魏晋南北朝史学会第三届学术讨论会
会议地点时间　中国陕西西安,1992
主 办 单 位　中国魏晋南北朝史学会
摘　　　要　六朝文化是具有开放性的文化,六朝时期是中国对外文化交流的活跃时期。本文根据有关考古资料与文献对此期的对外文化交流做一概述。

题　　　名　**六朝隋唐间福建地区的海运与开发述略**
作者及单位　张泽咸
会议地点时间　1993
摘　　　要　考古资料表明,早在史前时期,中华民族的先民即栖息于祖国东南沿海的福建大地上。秦统一六国后所置闽中郡,福建便正式列入了中原政权的版图。自兹以后,福建政区建置日繁。

题　　　名　**六尊开基妈祖初考**
作者及单位　孔兆云
会 议 名 称　妈祖文化——闽台妈祖文化学术研讨会
会议地点时间　厦门,1997

主 办 单 位　福建省社会科学界联合会,福建省民俗学会,台湾省各姓渊源研究学会联合举办

题　　　名　**龙江宝船厂遗址是世界级皇家造船博物馆**
作者及单位　郑自海,郑宽涛

题　　　名　**龙江船厂遗址与宝船厂关系述论**
作者及单位　王亮功
会 议 名 称　传承文明走向世界和平发展——纪念郑和下西洋600周年国际学术研讨会
会议地点时间　江苏,2005

题　　　名　**龙牙门就是新加坡——决定性证据?**
作者及单位　曾炽杰,王陶然(新加坡"郑和之友"协会)
会 议 名 称　北京郑和二千料宝船船模复原研究论坛
会议地点时间　北京,2004
摘　　　要　本文对龙牙门是新加坡的证据进行了分析。文章围绕淡马锡的定位、龙牙门是林加海峡说、龙牙门是柔佛拉马说、龙牙门是新加坡海峡说、中国式木帆船的描述等进行了探讨。

题　　　名　**略论"海上丝绸之路"的中外文化传播与交流**
作者及单位　哈艳秋,蓝红宇(北京广播学院新闻传播学院;北京广播学院新闻传播学院)
会 议 名 称　第三届世界华文传媒与华夏文明传播国际学术研讨会
会议地点时间　福建厦门,2003
摘　　　要　本文对"海上丝绸之路"的中外文化传播与交流进行了分析。文章围绕"海上丝绸之路"概况、华夏文化在世界的传播和影响、外国文化在中国的传播和影响、中外文化传播与交流的现实意义等进行了阐述。

题　　　名　**略论1830至1930年代活跃于香港和上海的英资银行**
作者及单位　李培德(香港大学亚洲研究中心)
会议地点时间　中国上海,2010
摘　　　要　1840年爆发的鸦片战争,可以说把中国原来的对外贸易体制彻底破坏,于广州设立的行商制度和其他所有管制性措施一扫而空,战后中国还须割让香港及开放五个港口城市。对于英商来说,随着东印度公司的没落,自由贸易主义的抬头,中国新通商口岸的出现,对于为东西方贸易提供融资的银行业来说,出现空前的繁荣,不少新开设的银行应运而生。

题　　　名　**略论陈文龙的爱国思想及其抗元斗争**
作者及单位　陈培坤(福建师范大学社会历史学院)
会 议 名 称　福建省历史名人研究会陈文龙分会成立大会
会议地点时间　中国福建福州,1998
主 办 单 位　福建省历史名人研究会陈文龙研究分会
摘　　　要　在南宋的爱国主义者中,有以身许国、驰骋疆场者;也有宁死不屈、杀身取义者,陈文龙就是这样的一位爱国者。当国破家亡之际,他殚尽家财以募兵,力守孤城,不降被俘;当敌人以高官厚禄相诱降,面对生死抉择的时候,他宁为玉碎,不为瓦全,殉节成仁。

题　　　名　**略论船政文化对中国职业教育文化的丰富与发展**
作者及单位　沈斐敏,金秋蓉(福建交通职业技术学院;)
会议地点时间　2009
摘　　　要　中国职业教育文化的现实困境20世纪90年代中后期,作为对现代经济生活的一种呼应及高等教育大众化的一个重要途径,高等职业教育发展迅猛,占据了中国高等教育的半壁江山。2006年12月教育部、财政部联合推出的“国家示范性高等职业院校建设计划”更使高职教育成为当今最受瞩目的教育类型。

题　　　名　**略论船政文学**
作者及单位　李乡浏(福州职业技术学院)
会议地点时间　2003
主办单位　福建省闽学研究会
摘　　　要　船政文学作为近代文学的一个组成部分,是同福建船政一起诞生,一起经受艰难、曲折和考验而成长起来的。从历史的发展而言,大致分为四个阶段。

题　　　名　**略论海上丝绸之路的保护神**
作者及单位　李玉昆(泉州海外交通博物馆)
会议名称　“中国与海上丝绸之路”国际学术讨论会
会议地点时间　泉州,1994

题　　　名　**略论海上丝绸之路与泉州**
作者及单位　何振良,李玉昆(福建省泉州闽台关系史博物馆;福建省泉州海外交通史博物馆)
会议名称　福建省首届海洋文化学术研讨会
会议地点时间　中国福建福州,2007
主办单位　福建省炎黄文化研究会、福州市政协、福建省社科联、福建省海峡文化研究会
摘　　　要　“丝绸之路”是连接东西方的陆上与海上通道。它的形成和发展是世界历史的重要组成部分。泉州是中国的历史文化名城,联合国教科文组织考察确认的古代“海上丝绸之路的起点”之一。

题　　　名　**略论合浦汉墓及其出土文物的特点**
作者及单位　杨式挺
会议名称　海上丝绸之路研究——中国·北海合浦海上丝绸之路始发港理论研讨会
会议地点时间　广西北海市合浦,2004

题　　　名　**略论湖州的运河经济与运河文化**
作者及单位　陆鼎言,韩延庆(湖州市水利局)
会议名称　太湖高级论坛
会议地点时间　中国上海,2004
摘　　　要　运河是太湖水系的重要组成部分,也是沟通南北政治、经济、文化、金融、物资、信息交流的黄金水道。本文扼要论述了运河的起源、特点,指出:无论中外,运河均因军事需要而兴,漕运物流而

荣,现代交通发展而变,同时也必将因观光旅游、货运、供水、输水、调水业的发展而新。文章指出:最早的京杭大运河就是春秋战国时期吴、越、楚三国争霸的产物,吴王夫差为北上伐楚首先开凿了江南古运河北段苏州至奔牛段的运河,以后逐步向南北两翼延伸,以辅天然河道运力之不足。被称为东方小莱茵河的湖州运河水系,始建于春秋战国时期,至唐朝基本成型,特别是以頔塘(荻塘)、东塘、凌波塘(菱湖塘)、吴兴塘、双林塘、练市塘、含山塘为纬,太湖七十三溇港为经的塘浦圩田系统的形成和江南运河东、中、西三线航道的相继开通,为湖州的丝绸文化、笔文化、茶文化、渔文化、园林文化、饮食文化、船文化、竹文化和仓储、港埠、商业及城镇群的崛起、桑基渔塘的发展与经济的繁荣打下了坚实的基础。

题　　　名　**略论江陵在中国古都中的地位**

作者及单位　陈国灿

会 议 名 称　中国古都学会第七届年会

会议地点时间　中国湖北江陵,1989

主 办 单 位　中国古都学会

摘　　　要　江陵,是古代南国一大都城的所在地,也是今天世人瞩目的历史文化名城。在这块土地上,孕育了光辉灿烂的楚文化,也完整遗存着纪南城、郢城、荆州城……等一系列古城。公元前689年,楚文王将自己的国都迁到这里,此后逐渐修建成郢都城(今江陵县纪南城)。

题　　　名　**略论江南造船厂在中国近代工业发展史上的地位和作用**

作者及单位　张仲礼

会 议 名 称　中国造船工程学会2005《中国船舶工业发展论坛》船史分会场纪念江南造船厂建厂140周年学术报告会

会议地点时间　中国上海,2005

主 办 单 位　中国造船工程学会船史研究学术委员会、上海市造船工程学会船史发展专业学术委员会、江南造船(集团)有限责任公司

题　　　名　**略论江苏对郑和下西洋的贡献**

作者及单位　周志斌

会 议 名 称　传承文明走向世界和平发展——纪念郑和下西洋600周年国际学术研讨会

会议地点时间　江苏,2005

题　　　名　**略论晋江文化遗产的保护与利用**

作者及单位　范清靖,何振良

会 议 名 称　朱熹理学与晋江文化学术研讨会

会议地点时间　中国福建晋江,2007

主 办 单 位　福建省闽学研究会、晋江市历史文化研究总会

摘　　　要　结合晋江市文化遗产工作的实际,就如何始终坚持中国先进文化的前进方向,如何保护利用文化遗产,不断丰富晋江的城市文化内涵,谈谈个人的一点体会。一、珍惜文物遗产,保护文化瑰宝文物往往从特殊的层面展示着一个城市的个性和品位。早在六七千年前晋江就有人类生息繁衍的遗迹,唐代以来,曾为“海上丝绸之路”的起点。

题　　名　**略论妈祖文化**
作者及单位　李玉昆(泉州海外交通博物馆)
会议名称　中华妈祖文化学术研讨会
摘　　要　文化应包括精神与物质两个方面。研究妈祖文化要研究妈祖的精神和妈祖的各种遗存。本文拟探讨妈祖文化的形成、特色,弘扬妈祖文化等问题。

题　　名　**略论妈祖信俗的性质及中国学术与宗教的多元互化发展**
作者及单位　谭世寶
会议名称　1995 年澳门妈祖信俗历史文化研讨会

题　　名　**略论妈祖信仰的当代功能**
作者及单位　张金涛(江西龙虎山嗣汉天师府)
会议名称　道教思想与中国社会发展进步研讨会第二次会议
会议地点时间　中国泉州,2003
主办单位　中国道教协会
摘　　要　妈祖姓林名默,福建莆田湄州岛人。关于她的生平,在古籍中说法不一,有说是唐·天宝年间生人,有说是宋·建隆年间生人。笔者并非研究妈祖文化的专家,无法作出确凿的考证,但有一点是确定无疑的:妈祖是人,不是神,而且是一位普通的渔家姑娘。生前,她孝敬双亲,和睦邻里,虔诚学道,有异常人,曾为乡人采药治病,深得老百姓的喜爱。飞升后,她巡狩海疆,捍灾御患,福佑万民,从而由“人”而成为“神”。又由一位民间供奉的地方神进而成为得到历代皇帝封诰的,品秩极高的道教尊神之一。

题　　名　**略论妈祖信仰的主要社会功能**
作者及单位　谢重光(福建省委党校)
会议名称　妈祖信仰的发展与变迁——妈祖信仰与现代社会国际研讨会
会议地点时间　北港朝天宫,2001

题　　名　**略论妈祖信仰的主要社会功能**
作者及单位　谢重光(福建省委党校)
会议名称　首届莆仙文化学术研讨会
会议地点时间　中国福建莆田,2002
主办单位　福建省炎黄文化研究会、中共莆田市委宣传部

题　　名　**略论妈祖信仰与闽越族原始宗教信仰的渊源**
作者及单位　黄明珍
会议名称　中华妈祖文化学术研讨会
摘　　要　妈祖信仰在福建地区由来已久,而福建在先秦时期,闽越族原始宗教也是很发达的,本文试着探讨在福建地区上的妈祖与闽越族的原始宗教之间的渊源关系。

题　　名　**略论妈祖在中国航海史上的地位**
作者及单位　朱江(扬州博物馆)

会议名称　1995年澳门妈祖信俗历史文化研讨会

题　　　名　略论闽南妈祖信仰文化的特性及其意义
作者及单位　黄顺力(厦门大学历史系)
会议名称　第二届闽南文化研讨会
会议地点时间　中国福建泉州,2003
主办单位　福建省炎黄文化研究会、泉州市政协
摘　　　要　妈祖信仰文化的产生、形成及其传播,至今已有一千多年悠久的历史。作为中华文化的重要组成部分或自然延伸,其广泛而持久的影响力,长盛而不衰的生命力以及超越时空界限、团结炎黄子孙的凝聚力,使妈祖信仰得以世代相传,流播于海内外。妈祖信仰之所以有如此巨大而深远的感召力,与其本身所具有的文化特性有密切的关系。

题　　　名　略论闽台王船信仰
作者及单位　李玉昆,李秀梅(泉州海外交通博物馆)
会议名称　福建省闽学研究会
会议地点时间　1999
摘　　　要　福建造船历史悠久,早在春秋战国时期,福建的先民就"以船为车,以楫为马"。隋唐时期,福建是全国的主要造船基地之一。宋元时期,福建泉州造船业兴盛发达,宋人谢履《泉南歌》云:"州南有海浩无穷,每岁造舟通异域。"当时福建造的海船质量居全国之首。宋人吕颐浩说:"南方木性与水相宜,故海舟以福建为上,广东船次之,温、明船又次之。"

题　　　名　略论明代钞关制度
作者及单位　李龙潜(暨南大学)
会议名称　第五届中国明史国际学术讨论会暨中国明史学会第三届年会
会议地点时间　中国陕西西安,1993
主办单位　中国明史学会
摘　　　要　明代钞关是传统的关榷制度的延续和发展。其建立是为了扩大税源,增加财政收入。疏通钞法,只是导线。当然和商品经济的发展也有关系。钞关属户、工两部系统,是独立的税收机关。其管理有关闸启闭,监察考核,征税则例、稽考、挂号簿籍制度等。管理上逐步完善。

题　　　名　略论明代南京龙江船厂的几个问题
作者及单位　王志高
会议名称　传承文明走向世界和平发展——纪念郑和下西洋600周年国际学术研讨会
会议地点时间　江苏,2005

题　　　名　略论明代之前潮州港的发展
作者及单位　廖大珂(厦门大学南洋研究院)
会议名称　海上丝绸之路与潮汕文化学术研讨会
会议地点时间　汕头,1994

题　　名　略论明清间中国人对西学的迎拒
作者及单位　邹小站（中国社会科学院近代史研究所）
会议地点时间　2005
摘　　要　“中国知识线与外国知识线相接触，晋唐间的佛学为第一次，明末的历算学为第二次”。晋唐间佛学的输入，曾对中国文化发生巨大的冲击，朝野信佛成风。也曾发生“三武排佛”。最后，儒家吸纳佛家之说，出现了所谓新儒家，中国传统思想在经过系统化、理论化之后，终于战胜佛教。

题　　名　略论明清间中国人对西学的迎拒
作者及单位　邹小站（中国社会科学院近代史研究所）
会议名称　中国社会科学院近代史研究所青年学术论坛
会议地点时间　中国北京，2005
主办单位　中国社会科学院近代史研究所
摘　　要　明清间耶稣会士东来和西学之输入，为中国文化之大事。自1583年利玛窦进入中国内地传教起，到1800年间，在华活动的传教士有900多人，其中有一部分是中国人。以200多年的时间计，900多人并不算多。

题　　名　略论明清时期晋江人对台湾的开发和经营
作者及单位　何振良（泉州闽台关系史博物馆）
会议名称　第三届闽台文化学术研讨会
会议地点时间　中国福建莆田，2006
主办单位　福建省炎黄文化研究会、莆田市人大、莆田市政协、中华妈祖文化交流协会
摘　　要　福建与台湾隔海相望，唇齿相依，两地地缘相近，血缘相亲，文缘相承，商缘相连，法缘相循。目前所知，从宋代开始，泉州一带就不断有人移居台湾，明末以来至有清一代，大陆多次掀起移民台湾的高潮，泉州人始终在台湾的移民中占多数。他们筚路蓝缕，开荒拓地，为开发台湾立下丰功伟绩。

题　　名　略论明清时期泉州人对台湾的开发和经营——以晋江东石人为例
作者及单位　何振良（泉州闽台关系史博物馆）
会议名称　中华文化与域外文化互动暨海上丝绸之路泉州学术讨论会
会议地点时间　泉州，2002
主办单位　中国社会科学院学术交流委员会、社会科学文献出版社、中国海外交通史学会、泉州市社会科学界联合会以及台湾喜马拉雅研究发展基金会联合举办

题　　名　略论明州在宋丽民间贸易中的地位
作者及单位　张伟（宁波大学文学院）
会议名称　宁波与“海上丝绸之路”国际学术研讨会
会议地点时间　中国浙江宁波，2005
主办单位　中国中外关系史学会、浙江日本文化研究所、宁波市文化广电新闻出版局
摘　　要　唐末五代，由于中国北方地区军阀混战，政治动荡，而吴越统治的江南地区则相对安宁，古代朝鲜半岛与中国内地的贸易重心开始由山东半岛向以长江下游为中心的江南地区转移。

题　　　　名 **略论泉州“海上丝绸之路”文化遗产及其保护与开发**

作者及单位 何振良(泉州“海上丝绸之路:泉州史迹”申报世界文化遗产领导小组办公室)

会 议 名 称 第二届闽南文化研讨会

会议地点时间 中国福建泉州,2003

主 办 单 位 福建省炎黄文化研究会、泉州市政协

摘　　　　要 文化遗产是祖先的杰作,是历史留给我们宝贵的财富。保护文化遗产就是要保护其真实性与完整性。利用文化遗产就是要利用其特有的价值。近年来,申报进入《世界遗产名录》的国家、单位越来越多,在我国甚至出现了世界遗产申报热,许多地方都表示出强烈的申报愿望。这是因为,每一项遗产的申报都伴随着很高的期望值。除了人们越来越多地认为遗产的确立是对其文明残存的怀恋,以及对其文化保护的延续具有重要意义。

题　　　　名 **略论泉州与海上丝绸之路**

作者及单位 何振良,李玉昆(福建省泉州闽台关系史博物馆;福建省泉州海外交通史博物馆;)

会 议 名 称 中华文化与域外文化互动暨海上丝绸之路泉州学术讨论会

会议地点时间 泉州,2002

主 办 单 位 中国社会科学院学术交流委员会、社会科学文献出版社、中国海外交通史学会、泉州市社会科学界联合会以及台湾喜马拉雅研究发展基金会联合举办

摘　　　　要 “丝绸之路”是连接东西方的陆上与海上通道。它的形成和发展是世界历史的重要组成部分。泉州是中国的历史文化名城,联合国教科文组织考察确认的古代“海上丝绸之路的起点”之一。

题　　　　名 **略论日本、东南亚华侨华人的妈祖信仰**

作者及单位 童家洲(福建师范大学)

会 议 名 称 中华妈祖文化学术研讨会

摘　　　　要 本文论述妈租信仰如何由中国传播至日本、东南亚,及其信奉的动机和对早期华侨社会的影响。

题　　　　名 **略论山东半岛与东方海上丝绸及“中学东渐”之路**

作者及单位 刘丹忱,刘明翰(北京市中国政法大学人文学院;中国青年政治学院;中国世界古代中世纪史研究会)

会 议 名 称 登州与海上丝绸之路国际学术研讨会

会议地点时间 中国山东蓬莱,2008

主 办 单 位 联合国泛丝绸之路·系列活动组委会、中国中外关系史学会、鲁东大学、山东师范大学齐鲁文化研究中心、蓬莱市人民政府

摘　　　　要 经济与文化传播的模式,随时代而更替,因空间而变化。各国和各个地区之间的经济、文化的交流,因不同时期的传统、地缘、风俗及历史条件而各具特色,其内容与形式互有区别,不可能划一。本文拟就中国隋唐时期与东方海上丝绸的传播,特别着重于“中学东渐”的有关问题加以简要梳理和探讨。

题　　　　名 **略论沈葆桢对台湾的治理**

作者及单位 吴仪

会 议 名 称 沈葆桢研究——纪念沈葆桢诞辰180周年学术研讨会
会议地点时间 中国福州马尾,2000

题 名 略论沈葆桢聘用洋员
作者及单位 史林杰
会 议 名 称 沈葆桢研究——纪念沈葆桢诞辰180周年学术研讨会
会议地点时间 中国福州马尾,2000

题 名 略论宋代越南对中国的朝贡——宋代中越关系史论之一
作者及单位 戴可来(郑州大学历史系)
会 议 名 称 中国东南亚研究会第二届年会
会议地点时间 昆明,1980

题 名 略论唐代海外交通发展的新态势
作者及单位 刘希为
会议地点时间 1993
摘 要 中国的航海起源于新石器时代晚期,从文化遗址发现表明渤海海峡南北两岸和台湾海峡东西两岸已开始了海上交通。两汉出现了第一次航海事业的发展高潮。

题 名 略论晚清台北与上海的关系——以国家图书馆藏基隆海市图为例
作者及单位 陈宗仁
会 议 名 称 第二届"台北学"国际学术研讨会

题 名 略论吴文化在长江经济文化发展中的地位与作用
作者及单位 高燮初(无锡吴学研究所)
会 议 名 称 迈向21世纪的长江流域经济文化发展研讨会
会议地点时间 上海,1997
主 办 单 位 上海炎黄文化研究会
摘 要 吴文化是吴地区域性大文化。它同中国其他区域文化一样,是中国文化的子文化。从它的历史发展来看,它是最富开放、变革的文化,它的特点是充满融合、辐射的功能。因此,它的覆盖区是中国最富裕的地区,也是中国实现现代化最有希望的地区。吴文化地区,是指以上海为龙头的长江下游金三角地区,它包括上海、苏州、无锡、常州、镇江、南京,太湖南侧的杭州、嘉兴、湖州,长江以北的南通、扬州等地区。

题 名 略论占城在郑和下西洋中的历史地位与作用——为郑和下西洋六百周年纪念而作
作者及单位 梁志明(北京大学历史系)
会 议 名 称 "郑和远航与世界文明"暨纪念郑和下西洋600周年学术讨论会
会议地点时间 北京,2004

题 名 略论郑成功为建立和巩固厦门根据地的斗争
作者及单位 邓华祥(福建省博物馆;福州市社科院)

摘　　　要　我国杰出的民族英雄郑成功,在驱逐荷兰侵略者,收复台湾的斗争中,建立了不朽的功勋。这与他建立、巩固厦门这个根据地是紧密相关的。本文就郑成功收复台湾前建立、巩固厦门根据地及其作用,进行了一些论述和探讨,以求指正。

题　　　名　**略论郑和下西洋的船**

作者及单位　郑鹤声,郑一钧(山东大学科学院海洋研究所)

会议名称　湖北省纪念郑和下西洋600周年活动

会议地点时间　中国武汉,2005

主办单位　中国航海学会内河船舶驾驶专业委员会

摘　　　要　郑和下西洋,组建了前所未有的世界上最庞大的远洋船队,这些船又依尺度、容量、所用橹的数目、用途以及产地的不同,归结为各种船型,所以郑和船队实际上是一支庞大的混合船队。马欢在《瀛涯胜览》卷首对宝船尺度的记载,为当事人第一手资料,是可以凭信的。在明代以前,中国造船业发达的程度,就接近于能造长四十四丈,宽一十八丈的大船的水平。明朝永乐年间,在社会经济高度繁荣的基础上,郑和下西洋所表现的大规模的洲际航海活动,有力地推动了当时的造船业进一步发展,完全可能具有建造大型宝船的技术水平。郑和宝船主要建造于南京宝船厂,福建也是重要的建造宝船的基地。郑和下西洋所乘一千五百料、二千料海船,是广大下洋官兵所乘驾的"战座船",每船可载二、三百人。郑和宝船,与此有别,应为郑和、王景弘等领导成员乘坐的旗舰,或为使团重要成员、外国使节、一般行政官员和技术人员等非军客人员所乘坐的以及装载大宗"宝货"的船只。郑和宝船之大者,当有桅十二道,张十二帆。我国古代船舶类型极为繁多,船之容量与其尺度之间的关系也很复杂,随船型而异。对郑和船队中一千五百料、二千料海船的尺度,还可作进一步的探讨。

题　　　名　**略论郑和下西洋对东南亚诸国的影响**

作者及单位　梁向明(宁夏大学)

会议名称　郑和下西洋与文明对话国际研讨会

会议地点时间　中国宁夏银川,2005

主办单位　宁夏社会科学院、伊朗伊斯兰共和国驻华大使馆文化处

摘　　　要　15世纪是世界进入大航海时代的航海世纪,东西方先后出现了三大航海活动,即1405年至1433年我国回族航海家郑和的下西洋,1492年哥伦布发现美洲新大陆和1498年达·伽马开辟东方新航路。在时间上,郑和的远航要比他们分别早87年和92年;在航队的规模和船只的大小上,这两位欧洲航海家更无法与郑和相比:他们的船只仅有3、4艘,最大的载重量只有120吨,船员仅140人;而郑和的船队超过200艘,其宝船的载重量达1 500吨以上,船队总人数达27 000人。

题　　　名　**略论郑和下西洋对季风的利用**

作者及单位　朱鉴秋(海军海洋测绘研究所)

题　　　名　**略论郑和下西洋对世界航海技术发展的贡献**

作者及单位　杨权斌,金永兴

题　　　名　**略论郑和下西洋海洋发展方略的特点**

作者及单位　郑一钧(中国社会科学院海洋研究所)

会议名称　"郑和与海洋"学术研讨会

会议地点时间　中国太仓,1998

主 办 单 位　江苏省郑和研究会

摘　　　要　在中国海洋发展史上,郑和下西洋占有突出的地位,不仅因为它是航海史上空前的壮举,而且在于它实施了颇具特色的海洋发展方略,在政治、经济、外交、文化、军事各个方面都取得了重大的成就,在中国海洋发展史上写下了光辉的篇章。研究郑和下西洋海洋发展方略的特点,对我们深刻认识郑和下西洋对我国海洋事业的贡献,对我们今天更好地开发利用海洋,为现代化建设服务,具有重要的意义。

题　　　名　略论郑和下西洋与明初国际关系

作者及单位　王介南(中国人民解放军国际关系学院)

会 议 名 称　"睦邻友好"郑和学术研讨会

会议地点时间　中国南京,2002

主 办 单 位　江苏省郑和研究会

摘　　　要　明初,由于元末腐朽的反动统治所造成的恶果,以及明太祖朱元璋厉行海禁,使得中国与海外诸国的外交关系大多中断。安南、占城、真腊、暹罗等南洋30余国"商旅阻遏,诸国之意不通"。中国的国际地位随之降低,在海外诸国中处于孤立地位。

题　　　名　略论郑和远航的动因及其历史意义

作者及单位　张显清(中国社会科学院考古所)

会 议 名 称　第十一届明史国际学术讨论会

会议地点时间　中国甘肃兰州、中国青海西宁,2005

主 办 单 位　中国明史学会、西北师范大学、甘肃省社会科学院、青海师范大学

摘　　　要　15世纪初叶的郑和远航是人类航海史上的空前壮举。唯其惊世骇俗,对其动因极易引起不同解释;加之永乐帝乃"篡位"之君,又为其涂抹上神秘色彩。而对远航动因的不同理解,又直接关系对其历史价值和意义的评价。对这一问题的研究虽已有一些成果,但仍存歧义,因此很有进一步加以辨析的必要。

题　　　名　略论中国古代的海权维护——以明末清初郑氏的海上经营为例

作者及单位　余丰(厦门城市职业学院中文系)

会 议 名 称　首届建设弘扬海洋文化研讨会

会议地点时间　北京,2007

主 办 单 位　中国海洋学会

题　　　名　略谈安海与台湾的结缘亲

作者及单位　陈增瑞

会 议 名 称　闽台谱牒民俗研讨会

会议地点时间　中国福建晋江市,2002

主 办 单 位　福建省民俗学会、晋江市谱牒研究会

摘　　　要　隋唐以前,北港(后渚港)尚未开辟;当时的泉州港,即指南港(安海港)。南港是厦、漳、泉金三角的联络点,同时,又是航海的避风良港。

题　　　名　略谈甲午战争中的海军使用问题
作者及单位　张一文
会议名称　甲午海战与中国海防——纪念甲午海战一百周年学术研讨会
会议地点时间　1994
摘　　　要　整整100年前爆发的中日甲午战争,是一次有海陆军参加的近代战争。由于两国之间横隔大海,海战的得失成败对整个战争的胜负具有举足轻重的影响。由于清方作战指导上的错误和无能,北洋舰队在战争中遭全军覆没,从而加速了清方在整个战争中的惨败。本文拟从作战指导的角度来分析、评述北洋舰队战败的原因。

题　　　名　略谈泉州沿海地区与明代倭患有关的岁时习俗
作者及单位　陈桂炳(泉州师范学院)
会议名称　福建省民俗学会第二届学术研讨会
会议地点时间　中国福建龙岩,1991
主办单位　福建省民俗学会
摘　　　要　元末明初,日本正处于南北朝(1333－1392年)分裂的混乱局面,许多战争中的失意武士、无业游民和走私商人相互勾结,经常到中国沿海市镇进行抢掠烧杀,史称"倭寇"。明朝中期以后,政治日益腐败,海防松驰不堪,而东南沿海地区由于工商业的发达,不少海商巨贾、土豪大姓、地方官吏以及无地的穷苦贫民,也往往勾引倭寇,从走私贸易中得到好处。于是,倭寇的破坏性活动更为猖獗,至嘉靖(1522－1566年)年间达到了高潮,使沿海人民深受其害,同时也形成了一些与倭患有关的岁时习俗。

题　　　名　论"广货"在海上丝绸之路的崛起
作者及单位　邓端本
会议名称　"中国与海上丝绸之路"国际学术讨论会
会议地点时间　泉州,1994

题　　　名　论"两马"五缘关系
作者及单位　周建昌,林其泉(厦门大学)
会议名称　海峡两岸五缘关系学术研讨会
会议地点时间　中国上海,2003
主办单位　福建省社会科学界联合会、福建省五缘文化研究会
摘　　　要　"两马"是指福州的马尾和连江县的马祖岛。由于政治的原因,原同属于一个省区的两个地方和两岸其他地方一样,被人为地分割开来。近年来,随着两岸关系的改善,"两马"关系出现了新局面。自1989年台湾当局开放台胞赴大陆探亲以来,随着两岸经贸、文化和民间交往的日益加深,两岸民众对两岸三通的要求也日益强烈。

题　　　名　论"扬一益二"
作者及单位　谢元鲁
会议名称　中国唐史学会
会议地点时间　1987
主办单位　中国唐史学会
摘　　　要　"扬一益二"是一句唐代俗语,是当时的人们对全国除长安洛阳外,两个最大最繁荣

的经济都会的地位的评价。扬指长江下游的扬州,益指长江上游的成都。宋洪迈《容斋随笔》卷九说:“唐世盐铁转运使在扬州,尽干利权,判官多至数十人,商贾如织,故谚称扬一益二,谓天下之盛,扬为一而蜀次之也。”

题　　　名　论15－19世纪初海外华商经贸网络的发展
作者及单位　庄国土(厦门大学)
会 议 名 称　福建省五缘文化研究会学术研讨会
会议地点时间　2002
摘　　　要　明初到明代后期(136－1620年):华商网络的破坏与调整时期随着近20年来海外华人经济力量的崛起及其在祖国大陆、台湾经济腾飞所起的巨大推动作用,海外华商研究已为很多国家与地区的学术界所重视。近年来,美国华盛顿大学商学院成立华商研究中心;日本东京大学东洋文化研究所滨下武志教授主持华商网络历史的研究;澳大利亚政府外经贸部正在进行“亚洲华人的商贸网络”的研究计划:台湾中央研究院有“东南亚华商网络”博士后研究计划。

题　　　名　论船政文化
作者及单位　陈道章(福州马尾区政协)
会 议 名 称　“闽都文化研究”学术会议
会议地点时间　中国福建福州,2003
主 办 单 位　福建省炎黄文化研究会
摘　　　要　中国除传统的中华文化之外,各个地区在不同时代都有自己的独特文化,如近代福建就出现了船政文化。她是近代中国打破文化封闭系统的一个窗口。

题　　　名　论船政文化精神与先进文化建设
作者及单位　陈日红(福建医科大学人文社会科学系)
会议地点时间　2003
主 办 单 位　福建省闽学研究会
摘　　　要　船政文化是人类在全球化进程中创造的文化。这一文化像海潮一样无法抗拒。对于被列强用大炮轰开国门的中国而言,透过血雨和火海,近代船政文化不太漫长的历史有着太多值得反复思考的历史教训。

题　　　名　论刺桐港对海上丝绸之路的双向支撑
作者及单位　傅宗文
会 议 名 称　“中国与海上丝绸之路”国际学术讨论会
会议地点时间　泉州,1994

题　　　名　论丁宝桢海防思想及战略
作者及单位　戴斌武(贵州师范大学)
会 议 名 称　丁宝桢诞辰180周年纪念暨学术研讨会
会议地点时间　中国贵阳,2000
主 办 单 位　贵州省文史研究馆、贵州历史文献研究会、贵州毕节地区行署、贵州省织金县政府
摘　　　要　丁宝帧早就注意到山东及北洋沿海防务的重要性,指出海防为国家重要之图。1870

年,天津发生教案,他随即在山东各口岸严密设防,整顿沿海水陆官兵,严防侵略者的挑衅。他认为山东海面辽阔,岛屿众多,道里寥远,"若在各处设防,无如此兵力,且势分力弱,亦不足以资堵御。"

题　　名　**论福建船政局管理的先进性**

作者及单位　林庆元(福建师范大学历史系)

会议地点时间　2003

主办单位　福建省闽学研究会

摘　　要　福建船政局是洋务运动的产物。它是我国引进的西方大工厂制的一家造船企业。大工厂制的机器生产,完全不同于旧式的工场作坊,它要求有一套严密的管理制度来适应近代机器生产的需要。因此,在引进近代机器生产的同时,左宗棠、沈葆桢和洋监督日意格的接触过程中,也逐渐按照西方工厂制的要求,初步建立一套管理制度,使福建船政局成为中国 19 世纪 60 年代学习西方的一个重要窗口,成为洋务船政文化的重要组成部分。

题　　名　**论古代中国海洋文化在世界史上的地位**

作者及单位　徐晓望(福建社会科学院历史研究所)

会议名称　"郑和与海洋"学术研讨会

会议地点时间　中国太仓,1998

主办单位　江苏省郑和研究会

摘　　要　当黑格尔提出海洋文化概念的时候,在他看来,海洋文化是使西欧区别于东方诸国的文化特征。这一结论建立在他对人类发展史——尤其是东方历史知识贫乏的基础上的。遗憾的是,这一观念曾在中国流行一时,至今仍有相当的影响。

题　　名　**论海上丝绸之路与中外文化交流**

作者及单位　陈炎(北京大学)

会议名称　"中国与海上丝绸之路"国际学术讨论会

会议地点时间　泉州,1994

题　　名　**论海洋人文的发展与妈祖信仰的传播**

作者及单位　蓝达居(厦门大学人类学研究所)

会议名称　妈祖文化——闽台妈祖文化学术研讨会

会议地点时间　厦门,1997

主办单位　福建省社会科学界联合会,福建省民俗学会,台湾省各姓渊源研究学会联合举办

题　　名　**论汉唐宋元福州城市的发展**

作者及单位　徐晓望(福建社会科学院历史研究所)

会议名称　"闽都文化研究"学术会议

会议地点时间　中国福建福州,2003

主办单位　福建省炎黄文化研究会、泉州市政协

摘　　要　福州是福建省的省会,也是东南著名的工商城市,但我们对其研究一向不足。因此,本文试图探讨两汉至宋元福州城市的发展,为进一步的研究奠定基础。

题　　　名　论合浦乾体港是我国古代海上丝绸之路的最早始发港——兼说乾体港(三汉港)的兴衰
作者及单位　钟定世,苏景道,李瑞声,苏立柽
会 议 名 称　海上丝绸之路研究——中国·北海合浦海上丝绸之路始发港理论研讨会
会议地点时间　广西北海市合浦,2004

题　　　名　论合浦是汉代中国海上丝绸之路始发港及其意义
作者及单位　凌立坤,花廷钊
会 议 名 称　海上丝绸之路研究——中国·北海合浦海上丝绸之路始发港理论研讨会
会议地点时间　广西北海市合浦,2004

题　　　名　论黄梧降清
作者及单位　吴玫
会 议 名 称　郑成功研究国际学术会议
会议地点时间　厦门,1987
摘　　　要　顺治十三年(永历十年,1656年)六月,郑氏前冲镇总兵黄梧利用独守海澄之机,献城投诚,被清廷封为“海澄公”,成为当时清郑斗争中的一件大事。黄梧为何降清?其经过和影响如何?黄梧降清后的表现怎样?对清郑双方产生什么影响?本文拟对这些问题作一探讨。

题　　　名　论黄遵宪对中日甲午战争的历史反思
作者及单位　魏明枢(嘉应学院政法系)
会 议 名 称　纪念黄遵宪逝世一百周年国际学术讨论会
会议地点时间　中国北京,2005
主 办 单 位　中国社会科学院近代史研究所、中国史学会
摘　　　要　中国在甲午中日战争中的惨败让黄遵宪长期处于激愤的情绪之中,对战争的整个过程作了认真而严肃的回顾和深入的反思,对战争的经验教训作了深入的总结,并激励他进行国内的社会政治变革。

题　　　名　论济宁运河之都的地位
作者及单位　李殿魁
会议地点时间　2007.01

题　　　名　论嘉靖年间倭寇的性质
作者及单位　范中义(中国人民解放军军事科学院战略部)
会议地点时间　2003
摘　　　要　嘉靖年间横行于东南沿海十余年的倭患是中华民族历史上最早的一次严重外患。然而这场御倭战争的性质如何?近年来出现了两种截然不同的看法。一种认为“嘉靖年间的倭寇运动,实质上是中国封建社会内部资本主义萌芽时期,东南沿海地区以农民为主力,包括手工业者、市民和商人在内的被剥削压迫的各阶层人民,反对封建地主阶级及其海禁政策的斗争,是中国历史上资本主义萌芽的时代标志之一。这场斗争主要是中国封建社会内部的阶级斗争,不是外族人寇”。

题　　　名 论甲午时期官僚士大夫的战备思想

作者及单位 曲士英,苗懿明(齐齐哈尔大学社会科学教研部;大连教育学院;)

会议名称 纪念江桥抗战研讨会

会议地点时间 中国黑龙江齐齐哈尔,2004

主办单位 东北地区中日关系史研究会

摘　　　要 甲午战争时期官僚士大夫层中的有识之士,认为中国要战败日本侵略者必须坚持持久战。要持久战就必须做到“战必有备”,即充分动员人力、财力和兵力。这种战备思想,一时成为具有代表性的舆论,并要求清政府审时度势,量力实施。对此,清政府竟置之不理,乃至贻误军机,终致惨败。

题　　　名 论甲午战败对中国近代化的影响

作者及单位 张玉芬,喻大华

会议名称 海峡两岸《马关条约》百周年学术研讨会

会议地点时间 大连

题　　　名 论甲午战争与中日两国国际地位的变化

作者及单位 王永江,唐韵娣(齐齐哈尔大学人文学院政治系;大连交通大学)

会议名称 纪念江桥抗战研讨会

会议地点时间 中国黑龙江齐齐哈尔,2004

主办单位 东北地区中日关系史研究会

摘　　　要 甲午战前,中国是影响东亚历史发展的重要力量,而日本则无足轻重。但甲午战争结果则使这两国的国际地位发生了变化

题　　　名 论甲午战争中清廷海陆作战方略的失误

作者及单位 刘庆

会议名称 甲午海战与中国海防——纪念甲午海战一百周年学术研讨会

会议地点时间 1994

摘　　　要 清军在甲午战争中惨败,原因是相当复杂的。过去学术界多从战争准备不足、军事思想落后、武器装备低劣、选择将帅不当、军纪涣散、士气低落等方面找原因,而对清廷海陆作战方略上的失误谈得较少。本文打算就此谈些个人的看法。

题　　　名 论甲午之战的“战和之争”

作者及单位 邢丽雅,翟金玲(齐齐哈尔大学人文学院;齐齐哈尔职业技术学院;)

会议名称 纪念江桥抗战研讨会

会议地点时间 中国黑龙江齐齐哈尔,2004

主办单位 东北地区中日关系史研究会

摘　　　要 甲午战争爆发后,中国朝野上下,无不关注清政府的对策,是战还是和?在官僚士大夫层中许多人主战,少数人则主和,于是战与和的争论便骤然而起。

题　　　名 论近代殖民侵略历史中的教会觉醒——基于中国基督教三自爱国运动历史起因的分析(1840－1949)

作者及单位 梅康钧(中国基督教三自爱国运动委员会)

会 议 名 称 “传教运动与中国教会”学术研讨会

会议地点时间 中国上海,2006

主 办 单 位 中国基督教三自爱国运动委员会、中国基督教协会

摘 要 血雨腥风的近代中国历史中,交织着屈辱与觉醒,到处是动荡、无序、混乱、失衡。然而,20 世纪中国基督教最重大的事件,莫过于新中国建立后发起的三自爱国运动,“它使基督教割断了同帝国主义的关系,摆脱了外国差会的控制,使一个为帝国主义侵略利用的‘洋教’,改变成为中国基督徒独立自主自办的,自治、自养、自传的基督教……”与此同时,我们亦看到,历史的发展与变革,始终是在以往的政治、文化等背景中演化而成。

题 名 **论开台妈祖的开莆优势**

作者及单位 蔡国耀(莆田市方志委)

会 议 名 称 第三届闽台文化学术研讨会

会议地点时间 中国福建莆田,2006

主 办 单 位 福建省炎黄文化研究会、莆田市人大、莆田市政协、中华妈祖文化交流协会

摘 要 莆田人林默(960 - 987),常救助遇难的海船,去世后,民众在湄洲岛建祖庙祀为护航神。宋代,林默相继被诏封为夫人、妃,逐渐取代了东南地区的其他护航神。元代,林默被诏封为天妃,终究取代了全国各地的其他海神。明初,林默被相继诏封为圣妃、天妃。清时,被诏封为天后。民间俗称林默为娘妈、姑妈、姑婆、妈祖、天上圣母等。

题 名 **论康熙时期从禁海到开海政策的演变**

作者及单位 韦庆远(中国人民大学)

摘 要 清代设立面向外洋的海关,始自康熙二十三年(1684 年)。之前,政治局势发生了重大的变化。即原占有台澎的郑克挟等率部的“纳土登岸”。适应这样的形势,清王朝采取从严格禁海到开海贸易的重大决策,并为此制定了一系列的具体政策和规章制度。康熙皇帝本人先后为此颁发了数以百计的渝旨和朱批,内阁及有关省份的督抚大吏也为此上过数百件章疏条陈,咸认为是朝中的大政。清代的海关就是在这样的背景之下产生并开始其活动的。它是当时形势发展的产物,又明显地反映出当时国内社会经济发展和开拓中外贸易的要求。为从较深的层次研究中国海关史,实亟需对此一阶段清朝方面有关政策进行认真的评价和剖析。

题 名 **论李鸿章对清末海军近代化的影响**

作者及单位 刘鹏(南京政治学院军队政治教育理论一系六队;)

会 议 名 称 2008 中国管理科学大会暨改革开放 30 年经济社会发展高层论坛

会议地点时间 中国北京,2008

主 办 单 位 中国管理科学研究院

摘 要 自 19 世纪 60 年代起,清朝统治集团内部出现了长达 30 余年的洋务运动。筹建中国近代海军,是洋务运动的重要组成部分。面对“数千年未有之变局”、“数千年未有之强敌”,清政府在其存在的最后几十年中,一度致力于海防建设,李鸿章是其中的主要领导人和实践者,他提出了理论主张,进行了实践探索,并主持建立了近代中国最强的、也是当时亚洲最强的海军,为近代海军的诞生作出了较大的贡献,对近代海军的近代化产生了重大的影响。

题 名 **论李鸿章同伊藤博文的三次会晤**

作者及单位 刘学照(华东师范大学历史系)

会议地点时间 中国上海,1995
主 办 单 位 上海中山学社
摘　　　　要 李鸿章和伊藤博文是甲午中日战争双方的当事人,也是 19 世纪中日近代化运动的突出代表。他们在甲午中日战争前后有过三次会晤。

题　　　　名 **论琉球在明代中国玉东南亚诸国贸易中的地位**
作 者 及 单 位 谢必震(福建师范大学历史系)
会 议 名 称 “中国与东南亚”国际学术讨论会

题　　　　名 **论妈祖信仰的起源及其意义**
作 者 及 单 位 何泉达(上海社会科学院历史研究所)
会 议 名 称 中华妈祖文化学术研讨会
摘　　　　要 妈祖信仰起源的直接原因,是妈祖巫的身份。中国本信巫,自汉末大畅巫风,鬼道愈炽以来,随着社会生产方式和交换方式的渐变,以及儒、释二教影响,延及宋期,巫风仿佛嘎然落幕。妈祖信仰的兴起,则是中国巫崇拜的最后一首挽歌,同时又是新时代造神运动的最初一首赞歌;是巫风式微,一交而为巫术并融入新神道约象征。君臣黎民在告别旧意识的述茫之后,又跌入禁锢思想的新歧途。曾在第一次商业革命时期产生积极意义的妈祖信仰,因时代变迁失去了往日辉煌,但历史具有传承性,在近代商人会馆中将妈祖神像与关羽神像共同供奉,则是在新的历史背景中妈祖信仰内延的结果,它的意义在于呼唤诚信的社会。

题　　　　名 **论妈祖信仰对宁波海上丝绸之路发展的作用**
作 者 及 单 位 黄浙苏(天一阁博物馆)
会 议 名 称 宁波与“海上丝绸之路”国际学术研讨会
会议地点时间 中国浙江宁波,2005
主 办 单 位 中国中外关系史学会、浙江日本文化研究所、宁波市文化广电新闻出版局
摘　　　　要 宁波是我国历史上一直以对外交通贸易、文化交流而著称的港口城市;同时也是“海上丝绸之路”的东方始发港,与航海保护神妈祖信仰源远流长,关系密切。本文拟就妈祖信仰与对宁波海上丝绸之路形成的影响,及妈祖信仰的载体——庆安会馆和安澜会馆简作论述,恳请专家指正。

题　　　　名 **论妈祖信仰与中国传统文化的渊源**
作 者 及 单 位 王连弟
会 议 名 称 中华妈祖文化学术研讨会
摘　　　　要 妈祖信仰与中国古代传统文化有着很深的渊源。文章试从“积善成德而神明自德”的古老理念;畏惧自然的神威,渴望战而胜之的人性本能;生命短暂、人生无常、祈求幸福安康的心理期盼等角度解读妈祖信仰与中国古代传统文化。

题　　　　名 **论闽南地区的重商倾向与海外贸易**
作 者 及 单 位 李祖基(厦门大学台湾研究院)
会 议 名 称 第九届国际明史学术讨论会
会议地点时间 武夷山,2002
主 办 单 位 中国明史学会

摘　　要　闽南地区自古就有浓厚的重商倾向，当地人民出海经商也有悠久的历史。早在宋、元时期，泉州就是闻名世界的大港口，东方的商贸中心。明代这一贸易的中心转移到漳州海澄的月港。17世纪上半叶，以郑芝龙为首的郑氏海商集团迅速崛起，闽南地区海商势力和海外贸易的发展达到一个新的高峰。本文根据相关的历史文献论述闽南地区浓厚的重商倾向及繁盛的海外贸易，探讨闽南民间舍本逐末与重商倾向形成的原因。

题　　名　**论闽南地区的重商倾向与海外贸易——一个区域历史文化的考察**

作者及单位　李祖基（厦门大学台湾研究院）

会议名称　第二届闽南文化研讨会

会议地点时间　中国福建泉州，2003

主办单位　福建省炎黄文化研究会、泉州市政协

摘　　要　闽南地区自古就有浓厚的重商倾向，当地人民出海经商也有悠久的历史。早在宋、元时期，泉州就是闻名世界的大港口，东方的商贸中心。明代这一贸易的中心转移到漳州海澄的月港。17世纪上半叶，以郑芝龙为首的郑氏海商集团迅速崛起，闽南地区海商势力和海外贸易的发展达到一个新的高峰。本文根据相关的历史文献论述闽南地区浓厚的重商倾向及繁盛的海外贸易，探讨闽南民间舍本逐末与重商倾向形成的原因。

题　　名　**论明朝对琉球的册封**

作者及单位　李金明（厦门大学南洋研究院）

会议名称　中国中外关系史学会第六次学术讨论会

会议地点时间　中国广西东兴，1997

主办单位　中国中外关系史学会、复旦大学、上海外国语大学

摘　　要　琉球，即今日本之冲绳县。据《中山世鉴》记载，隋大业中，遣使者羽骑尉朱宽到海外访求异俗，始至其国，因于万涛间见地形如虬龙浮水中，故称之为“流虬”。至明洪武初，改称琉球，时国分为三：察度王中山、承察度王山南、帕尼芝王山北。

题　　名　**论明朝与李朝的使行贸易**

作者及单位　刁书仁（扬州大学）

会议名称　第十一届明史国际学术讨论会

会议地点时间　中国甘肃兰州、中国青海西宁，2005

主办单位　中国明史学会、西北师范大学、甘肃省社会科学院、青海师范大学

摘　　要　明朝与李朝的贸易中，有一种既不同于贡赐贸易，也有别于民间贸易的“使行贸易”颇具特色。使行贸易是指两国使节差官出使彼此国过程中，所从事的贸易活动。这种贸易活动往往是使节差官借出使彼此国从事公干之余，借机从事公私贸活动。这种贸易活动在明代中朝贸易中所占比重很大，有必要进行研究。

题　　名　**论明朝月港开放的局限性**

作者及单位　陈尚胜（山东大学历史系）

会议名称　第六届明史国际学术讨论会

会议地点时间　中国安徽凤阳，1995

主办单位　中国明史学会

摘　　要　在明朝政府筹海史上，甚至在中国古代海外贸易史上，隆庆元年（1567年）的福建漳州月港开放，都是一起重大的历史事件．对于一历史事件，近年来引起了人们较多的关注，并对它的意义给予了充分地肯定。

题　　名　论明成祖即位初期的海权思想

作者及单位　申海田

会议名称　传承文明走向世界和平发展——纪念郑和下西洋600周年国际学术研讨会

会议地点时间　江苏，2005

题　　名　论明代海禁政策的确立及其演变

作者及单位　晁中辰（山东省人民政府；中外关系史学会；山东大学华侨华人研究所；山东大学历史文化学院）

会议名称　关于我国历史上的开放与闭关政策讨论会

会议地点时间　中国浙江宁波、中国河北秦皇岛，1987

主办单位　中国中外关系史学会

摘　　要　每当人们为中国近代屈辱的历史而扼腕的时候，总是联想到封建王朝的“闭关”。这是很自然的，也是有道理的。但“闭关”是什么时候才出现的呢？汉、唐并不闭关，宋、元也都是外向的时代。只是到了明代，中国才出现了“闭关”的问题。

题　　名　论明代京杭运河的管理体制

作者及单位　封越健（中国社会科学院）

会议地点时间　1997

主办单位　中国明史学会、中国社会科学院历史研究所明史研究室

摘　　要　京杭运河从明代永乐年间重新开通后，就成为明清两代最重要的南北交通线，尤其是供应百官俸禄、军饷、宫廷消费的东南漕粮也由此“一衣带之水”输达北京，使明朝视运河如命脉，十分重视运河管理，“成祖迁都，讲求河政日益精详”，设立管理机构，制定规章制度，保证运河畅通。

题　　名　论明代前期中国与南洋外交的演变

作者及单位　翁惠明（山东大学历史系）

会议名称　关于我国历史上的开放与闭关政策讨论会

会议地点时间　中国浙江宁波、中国河北秦皇岛，1987

主办单位　中国中外关系史学会

摘　　要　中华民族与南洋各国人民的友好往来有着悠久的历史，历史学、考古学、人类学、社会学以及语言学、民族学等学科的中外专家们对此进行了深入的研究和探索，取得了一定的成果。但就整体而言，对古代中国与南洋诸国友好交往史的研究仍处于开拓阶段，未形成一个完整的体系。至于政府间外交史的研究至今未有人涉及，本文拟从外交史的角度，对古代中国与南洋诸国好往来史的高潮阶段——明代前期之中国与南洋诸国的外交及演变作一探索，以就教于史学界的前辈与同行们。

题　　名　论明代以南澳岛为中心的漳潮海外贸易区（提要）

作者及单位　陈自强（漳州一中）

会议名称　海上丝绸之路与潮汕文化学术研讨会

会议地点时间 汕头,1994

题　　　名 **论明季海外中国丝绸贸易**
作 者 及 单 位 庄国土(厦门大学)
会 议 名 称 “中国与海上丝绸之路”国际学术讨论会
会议地点时间 泉州,1994

题　　　名 **论明清时期淮河流域航运的开发**
作 者 及 单 位 蒲霞(安徽大学历史系;)
会议地点时间 2003
主 办 单 位 中国明史学会、中国社会科学院历史研究所明史研究室
摘　　　要 淮河流域是自然灾害的多发区,淮河水系的畅通与否直接关系到流域内各地人民的生产和生活,也关系着运河航运。治理淮河水系成为明清统治者重视的一个问题。本文试对明代及清代前中期淮河流域航运开发的主要工程、特点等问题作一探讨。

题　　　名 **论明人宋礼历史地位的确立**
作 者 及 单 位 樊铎(香港中文大学)
会 议 名 称 第十一届明史国际学术讨论会
会议地点时间 中国甘肃兰州、中国青海西宁,2005
主 办 单 位 中国明史学会、西北师范大学、甘肃省社会科学院、青海师范大学
摘　　　要 明代定鼎北京,漕运粮储以运河为主要通道。永乐中,先后疏浚了元代大运河的会通河段(九年,1411)和清江浦段(十三年,1415),这确立了运河成为向北方输送粮储的唯一运道。正如丘浚所谓:“会通一河,譬则人身之咽喉也,一日食不下咽,立有死亡之祸”,今人治明代漕运史者,既明会通河的重要性,亦无人不知疏浚会通河者当以宋礼(? 一1422)居功至伟。但宋礼今日之重要历史地位并非从来如此,此中曲折尚有待发覆者,亦非当今学者所共知。

题　　　名 **论明永乐时期的“海外开放”**
作 者 及 单 位 孙光圻(大连海事大学)
会 议 名 称 关于我国历史上的开放与闭关政策讨论会
会议地点时间 中国浙江宁波、中国河北秦皇岛,1987
主 办 单 位 中国中外关系史学会
摘　　　要 长期以来,明初永乐时期(1403 年至 1424 年)的“海外开放”(以下简称“永乐开放”)在学术界颇饮盛誉。明成祖朱棣也因之被冠以“雄才大略”、“气度弘大”、“超三代而轶汉唐”之类的美称。

题　　　名 **论明中叶潮州经济和文化的发展(提要)**
作 者 及 单 位 沈定平(中国社会科学院历史研究所;)
会 议 名 称 海上丝绸之路与潮汕文化学术研讨会
会议地点时间 汕头,1994

题　　　名　论南宋临安的造船业
作者及单位　徐吉军(浙江省社会科学院)
会议名称　中国古都学会第四届年会
会议地点时间　中国浙江杭州,1986
主办单位　中国古都学会
摘　　　要　南宋是我国历史上造船业最繁盛的时期。这一时期,我国的造船技术超过了世界上的任何一个国家。在唐中叶以前,往来于南洋的海船大都是外国的,在新、旧《唐书》中,"西域舶"、"西来夷舶"、"蛮舶"、"蕃舶"的名称屡见不鲜。

题　　　名　论蒲寿庚家族对泉州港海外交通贸易的贡献
作者及单位　陈自强(漳州一中)
会议名称　"泉州港与海上丝绸之路"国际学术研讨会
会议地点时间　中国泉州,2002
主办单位　中国航海学会
摘　　　要　唐代后期,泉州港就已经呈现"市井十洲人","船到城添外国人"的景象。在9世纪阿拉伯地理学家伊本·胡尔达兹比赫的著作《道里邦国志》中,泉州与交州、广州、江都,并列为中国的四大对外贸易港。入宋以后,泉州港"涨海声中万国商",日益繁盛。特别是到了南宋,它在我国海外贸易港中的地位日显重要,赶上或超过广州,成为蕃商胡贾航海踵至的国际贸易大港。

题　　　名　论迁台移民与福建原籍原乡原族之关系
作者及单位　李祖基(厦门大学台湾研究院)
会议名称　第三届闽台文化学术研讨会
会议地点时间　中国福建莆田,2006
主办单位　福建省炎黄文化研究会、莆田市人大、莆田市政协、中华妈祖文化交流协会
摘　　　要　福建与台湾一衣带水,两地关系源远流长。福建人民移居台湾的历史最早的可以追溯到宋代。明末清初以后,福建向台湾移民的数量激增。这其中既有因战乱和自然灾害而引发的生存型移民,也有为了考取功名、经商以及土地开垦而赴台的发展型移民。这些数量众多的移民到台湾之后,与福建原籍、原乡、原族的关系如何呢?本文试根据相关资料对此作一探讨和考察。

题　　　名　论清代两淮海盐的缉私
作者及单位　曹爱生(江苏盐城博物馆)
会议名称　回顾与展望:中国盐业体制改革学术研讨会
会议地点时间　2008
摘　　　要　在清代,由两淮海盐所提供的赋税为朝廷收入的大宗。正是有了这笔大宗的赋税,才使得清王朝这台古老的机器得以运转。据《两淮盐法志》中的记载,两淮的盐课不仅是维系着清王朝生死存亡的生命之线,而且就连皇家宗室的日常支出也有赖于此。如同治年间兴办的大婚活动,在两淮海盐的赋税中就前后划拨银子九次,共拨出白银二十七万七千余两;光绪年间的惠陵工程,在两淮海盐的赋税中先后划拨出来的银子竟有八十万两之多。正因为如此,清代统治者十分重视两淮的盐业。

题　　　名　论清的统一与郑成功收复台湾
作者及单位　李治亭

会 议 名 称 郑成功研究国际学术会议

会议地点时间 厦门,1987

摘　　　要 郑成功以驱逐荷兰侵略者,收复台湾的英雄业绩而载入史册。多少年来,一直受到人们的广泛赞扬。今年,恰逢郑成功逝世三百二十五周年。我们要纪念这位民族英雄,就要把对他的认识再深化。考察一下,在清统一全国、西方殖民主义者日渐东来的历史背景下,他收复台湾的壮举,处于何种地位,与清的统一有何内在的联系,这对于评价他的一生不无益处。

题　　　名 **论清末海军的军事训练**

作 者 及 单 位 徐培华

会 议 名 称 甲午海战与中国海防——纪念甲午海战一百周年学术研讨会

会议地点时间 1994

摘　　　要 中日甲午战争以北洋海军的全军覆没而告终。这支中国近代史上最强大的海军力量,清朝政府花费巨大人力、物力、财力,苦心经营数十载后建立起来的北洋舰队,为何在日本联合舰队面前如此不堪一击? 究其原因是多方面的。其中北洋海军战斗人员的军事素质的低下严重地影响了舰队战斗力的形成。因此,本文拟就清末海军的军事训练谈几点看法。

题　　　名 **论壬辰援朝御倭战争对晚明海交政策的影响(提要)**

作 者 及 单 位 陈尚胜(山东大学历史系)

会 议 名 称 海上丝绸之路与潮汕文化学术研讨会

会议地点时间 汕头,1994

题　　　名 **论日本发动甲午侵华战争的外交策略**

作 者 及 单 位 戚其章

会 议 名 称 第二届近百年中日关系史国际研讨会

会议地点时间 中国北京,1993

主 办 单 位 中国抗日战争史学会、中国社会科学院近代史研究所、美国日本侵华研究学会、美国南伊利诺大学

摘　　　要 日本为发动甲午侵华战争借口朝鲜问题而准备挑起衅端时,面对的是一种异常复杂的国际形势。特别是由于英俄对峙成为远东国际形势的基本格局,日本既要实施其既定的战争方针,又要周旋于英俄两大强国之间,确乎没有高明而巧妙的外交手段是不行的。本文拟就日本对付英俄两国,特别是英国的外交策略略述管见。

题　　　名 **论儒家思想对沈葆桢的影响**

作 者 及 单 位 柯远扬

会 议 名 称 沈葆桢研究——纪念沈葆桢诞辰180周年学术研讨会

会议地点时间 中国福州马尾,2000

题　　　名 **论儒家思想与中国古代“协和万邦”的外交政策**

作 者 及 单 位 周倩

会 议 名 称 云南孔子学术研究会第十二次学术研讨会暨第三届会员代表大会

会议地点时间 中国云南昆明,2005

主办单位 云南孔子学术研究会

摘　　要 古代中国从没有把周边弱小的国家变为自己殖民地的历史,而是与周边许多国家构建过一种名为朝贡,实为贸易的和谐的国家间关系。

题　　名 **论沈葆桢的民本思想及其实践**
作者及单位 崔巍(江苏省社会科学院历史研究所)
会议名称 沈葆桢巡台130周年学术研讨会
会议地点时间 中国南京,2004
主办单位 中国近现代史史料学学会

摘　　要 沈葆桢是晚清时期清政府内部一位重要的洋务派官员。为官期间,他在政治、经济、军事、思想、外交等许多方面都有不同程度的建树,在有些方面还表现出了十分突出的才能并取得了重大成就。

题　　名 **论沈葆桢的人才思想**
作者及单位 郑剑顺(厦门大学人文学院历史系)
会议名称 沈葆桢研究——纪念沈葆桢诞辰180周年学术研讨会
会议地点时间 中国福州马尾,2000

题　　名 **论沈葆桢对保卫台湾的贡献**
作者及单位 沈骏,古清
会议名称 沈葆桢研究——纪念沈葆桢诞辰180周年学术研讨会
会议地点时间 中国福州马尾,2000

题　　名 **论沈葆桢驱日保台的斗争策略**
作者及单位 钱立勇(解放军南京政治学院历史系)
会议名称 沈葆桢巡台130周年学术研讨会
会议地点时间 中国南京,2004
主办单位 中国近现代史史料学学会

摘　　要 1874年日军入侵台湾,沈葆桢受命为钦差大臣赴台主持中日台湾问题的交涉。他在情势于我十分不利的情况下,能够审时度势,由前期设想依靠军事实力为后盾,通过政治谈判解决台湾问题,到后期积极调兵遣将、部署海陆军力量,积极筹建台湾海防。

题　　名 **论沈葆桢巡台之交涉与设防**
作者及单位 王尔敏(台北中研院近代史研究所)
会议名称 沈葆桢巡台130周年学术研讨会
会议地点时间 中国南京,2004
主办单位 中国近现代史史料学学会

摘　　要 对于甲戌日军侵台,清廷昧于国际现势变局,始终寄望和平解决,虽先后派遣沈葆桢专使巡台并授予钦差名义,并派福建布政使潘蔚协助外交折衔,而实际希望以交涉而迫使日方退兵。包括李鸿章在内,俱主张外交解决。

题　　　名　**论沈葆桢与清廷保卫台湾决策的分歧**
作者及单位　沈骏(华中师范大学政法学院)
会 议 名 称　沈葆桢巡台130周年学术研讨会
会议地点时间　中国南京,2004
主 办 单 位　中国近现代史史料学学会
摘　　　要　沈葆桢是清代名臣,为处理日军入侵台湾事件,他曾以钦差办理台湾等处海防兼理各国事务大臣的名义到台湾两次。第一次为1874年6月17日—1875年1月30日;第二次为1875年3月20日—8月22日。总计他在台湾的时间有一年又半个月。在纪念他巡视台湾130周年之际,召开“沈葆桢生平与思想学术研讨会”,不仅有学术意义更有现实意义。

题　　　名　**论沈葆桢与清政府治台政策的转变——以大陆移民渡台及理“番”政策为中心**
作者及单位　李祖基(厦门大学台湾研究院)
会 议 名 称　沈葆桢巡台130周年学术研讨会
会议地点时间　中国南京,2004
主 办 单 位　中国近现代史史料学学会
摘　　　要　康熙二十二年,郑氏政权投降之后,清政府采纳施琅之建议,在台湾设立一府三县,派官治理,但对台湾之开发持消极之态度,如对大陆移民渡台实行限制,并禁止汉人进入“番”地等等。

题　　　名　**论施琅的历史功绩**
作者及单位　黄志中

题　　　名　**论宋代浙江与日本的文化交流**
作者及单位　徐吉军(浙江省社会科学院)
会 议 名 称　宁波与“海上丝绸之路”国际学术研讨会
会议地点时间　中国浙江宁波,2005
主 办 单 位　中国中外关系史学会、浙江日本文化研究所、宁波市文化广电新闻出版局
摘　　　要　宋代,是浙江与日本文化交流十分频繁的时期,在中日文化交流史上占有重要的地位。在当时,浙江是全国经济、文化最为发达的地区,而日本的文化也有了很大的进步,因此双方的文化交流呈现出全方位、多层次的特点。

题　　　名　**论宋元时期山东半岛对外交往**
作者及单位　朱亚非(山东师范大学齐鲁文化研究中心)
会 议 名 称　登州与海上丝绸之路国际学术研讨会
会议地点时间　中国山东蓬莱,2008
主 办 单 位　联合国泛丝绸之路·系列活动组委会、中国中外关系史学会、鲁东大学、山东师范大学齐鲁文化研究中心、蓬莱市人民政府
摘　　　要　宋元时期四百年间,山东经历了北宋、金和元三个王朝的统治。在北宋时期,山东地区主要的对外交往活动仍集中在莱州、登州、密州等沿海地区。这些地区是宋政府与朝鲜半岛上918年所建立的高丽封建王朝进行经济贸易和使节往来的主要通道。

题　　　　名　**论台湾归清对海峡两岸社会经济的影响**
作者及单位　颜章炮
摘　　　　要　满洲贵族入关之初,实行了一整套残酷的民族压迫政策,激起了以汉族为主体的各族人民的反抗斗争,使民族矛盾上升为社会的主要矛盾。进入康熙时代,随着清王朝统治政策的调整,民族矛盾大为缓和,全国的局势渐趋稳定。但是,这时孤悬海外的台湾郑氏集团,却仍与清王朝分庭抗礼,并时时骚扰大陆沿海。本文试就台湾归渭前后,海峡两岸的社会、经济状况来论述这一问题。

题　　　　名　**论唐代登州港的历史作用**
作者及单位　曹承杰(济南大学文学院)
会议名称　登州与海上丝绸之路国际学术研讨会
会议地点时间　中国山东蓬莱,2008
主办单位　联合国泛丝绸之路·系列活动组委会、中国中外关系史学会、鲁东大学、山东师范大学齐鲁文化研究中心、蓬莱市人民政府
摘　　　　要　唐代登州港在海上交通上的作用登州港(现为蓬莱市)位于渤海,是唐代北方的重要港口,也是新罗、日本通往唐朝的重要航线的终点。

题　　　　名　**论唐代广州港与海上丝路的关系**
作者及单位　王元林(暨南大学历史系)
会议名称　"丝绸之路与文明的对话"学术讨论会
会议地点时间　中国新疆喀什,2006
主办单位　中国中外关系史学会、新疆社会科学院、暨南大学文学院、西北民族大学历史文化学院、新疆师范大学、喀什师范学院
摘　　　　要　唐开元以前在广州设置了管理对外贸易的唯一机构——市舶司。这一机构的设立,在一定程度上保证了广州对外贸易的繁荣。而广州对外贸易的繁荣主要体现在广州港海上交通的发展。唐代广州港分为外港和内港:扶胥港和屯门港为外港;广州城港为内港。内外港在对外贸易中都起到了重要作用,成为当时广州联系中外贸易的重要桥梁。广州港内联外接,不仅把国内的大量货物运到国外,而且把国外的物品通过贸易和朝贡等形式而运到国内各地。有关唐代与朝贡国家的关系,周伟洲先生已发表《唐朝与南海诸国通贡关系研究》(《中国史研究》2002 年第 3 期)一文,对此问题有精辟的论述。本文拟就唐代广州内外港与海上交通的关系作以探讨,还请方家指正。

题　　　　名　**论天妃称号在国家崇拜中的意义**
作者及单位　魏道恒
会议名称　1995 年澳门妈祖信俗历史文化研讨会

题　　　　名　**论晚唐五代莆仙区域文化发展浪潮**
作者及单位　徐晓望(福建社会科学院历史研究所;)
会议名称　首届莆仙文化学术研讨会
会议地点时间　中国福建莆田,2002
主办单位　福建省炎黄文化研究会、中共莆田市委宣传部
摘　　　　要　莆仙地区历来是福建省文化最发达的区域之一,而莆仙文化的发展,是在唐代形成了基本规模。本文主要研究晚唐五代莆仙文化发展的一次高潮。必须说明的是:为了保证本文的科学性,本

文所录史料或来自正史,或来自《八闽通志》这类较可靠的地方志,或在宋代即有文献记载,对民间传说一般不予录取。

题　　名　**论西瓯国与海上丝绸之路的关系**
作者及单位　曾昭璇,曾宪珊
会议名称　海上丝绸之路研究——中国·北海合浦海上丝绸之路始发港理论研讨会
会议地点时间　广西北海市合浦,2004

题　　名　**论徐福等入海之去向**
作者及单位　李文渭(中国科学院海洋研究所)
会议名称　全国首届徐福学术讨论会
会议地点时间　连云港,1987
摘　　要　提起徐福,就必然使我们联想到我国古代的航海事业,又自然地联系到中日交往。不过,在我国和日本,有人认为徐福到日本只是传说,缺乏根据,致使徐福等入海去向,一直为未解之谜。针对这难解之谜,我国学者近年来进行了大量研究和探讨,提出了许多新问题,发表了很多新见解,使研究工作不断深入。但是,两种不同的意见依然存在,难以得出统一的结论。本文拟就已有资料,结合海洋环境条件,来论述徐福等出航后之去向,与专家学者共同探讨。

题　　名　**论杨仆击朝鲜楼船军"从齐浮渤海"及相关问题**
作者及单位　王子今(中国人民大学国学院;中国秦汉史研究会)
会议名称　登州与海上丝绸之路国际学术研讨会
会议地点时间　中国山东蓬莱,2008
主办单位　联合国泛丝绸之路·系列活动组委会、中国中外关系史学会、鲁东大学、山东师范大学齐鲁文化研究中心、蓬莱市人民政府
摘　　要　汉武帝时代置郡朝鲜,是汉文化扩张的重要步骤。推进这一文化过程的最有力的军事措施,是杨仆楼船军的渡海远征。杨仆击朝鲜楼船军"从齐浮渤海",开创了武装舰队远航的历史记录,应当看作中国航海史乃至东方航海史上的重要事件。说明这一历史现象,对于东方早期航海史、海军史、海洋开发史以及民族关系史的认识,都有不宜忽视的意义。

题　　名　**论洋务运动时期西学的演进**
作者及单位　夏辉映(中央教科所)
会议名称　《教育史研究》创刊二十周年暨中国教育史研究六十年学术研讨会
会议地点时间　中国北京,2009
主办单位　中国地方教育史志研究会、《教育史研究》编辑部
摘　　要　19世纪30年代和40年代是中西文化进行大接触与大碰撞的时代,外国帝国主义始之以传教活动和可耻的鸦片贸易,继之以坚船利炮打开了中国闭关自守的大门。

题　　名　**论永定河流域的古都特点及其在中国古都群中的地位**
作者及单位　尹钧科(北京市社会科学院历史研究所)
会议名称　郑州商都3600年学术研讨会暨中国古都学会2004年年会
会议地点时间　中国河南郑州,2004

主 办 单 位 中国古都学会、郑州市人民政府

摘　　　要 永定河发源于山西省宁武县管涔山，干道流经山西、河北二省和北京、天津二市，于天津市武清县屈家店闸汇入北运河，下会海河，注入渤海。全长680余公里，流域面积为47000平方公里。是华北地区最大的一条河流，也是海河水系中最重要的一支。

题　　　名 **论永乐盛世**

作者及单位 晁中辰(山东省人民政府;中外关系史学会;山东大学华侨华人研究所;山东大学历史文化学院)

会 议 名 称 第九届国际明史学术讨论会

会议地点时间 武夷山,2002

主 办 单 位 中国明史学会

摘　　　要 以前,当人们谈到明代治理较好的时期时,常常提到所谓"仁宣之治"。实际上,仁宗只在位一年,算不上一个时代,即使他再英明,也不可能在一年间将国家治理成盛世;宣宗只在位十年,基本上只是个守成之君,其统治期间的相对太平也是永乐朝鼎盛的余绪。正是在明成祖永乐年间,出现了郑和下西洋的空前壮举,在东北设立了奴儿干部司,组织三千文士编纂了《永乐大典》;他五征漠北,八十万大军下安南,大规模营建并迁都北京,浚通大运河,使大运河一年的漕运能力由不过50万石提高到500余万石;永乐时还陆续兴办了一些浩大的工程,却国力不细。这种盛世景象,是明朝其他时期见不到的。因此,称"永乐盛世"更合乎历史实际。这一切都是以永乐时的经济发展为基础的。

题　　　名 **论元代闽南多元文化的形成与发展**

作者及单位 韩志远(中国社会科学院)

会 议 名 称 第二届闽南文化研讨会

会议地点时间 中国福建泉州,2003

主 办 单 位 福建省炎黄文化研究会、泉州市政协

摘　　　要 近年来,区域文化研究引起学术界的广泛关注,其中闽南历史文化的研究成绩不菲。然而,由于闽南文化内涵极其丰富,许多宝藏仍尚待发掘之中。作为参与寻觅和发掘闽南文化宝藏的一名史学工作者,自然免不了从历史的角度观察闽南文化。如若将闽南文化放入历史长河中考察,其结果如何呢?令人惊喜地发现,元代在闽南文化繁荣发展的过程中起到了重要作用。可以说,元代是闽南多元文化的形成和发展时期。

题　　　名 **论远东殖民统治体系与近代中国的边疆危机**

作者及单位 石源华(复旦大学韩国研究中心)

会 议 名 称 "近代中国、东亚与世界"国际学术讨论会

会议地点时间 中国山东日照,2006

主 办 单 位 中国社会科学院近代史研究所中外关系史学科、《历史研究》编辑部

摘　　　要 16世纪以后,由于世界航海业的发展,新航路的开辟,新大陆的发现,掠夺殖民地高潮的兴起,海洋不再是阻拦人类联系的障碍,世界变成了一个相互联系、不可分割的整体。由于欧洲资本主义率先发展,西方工业文明很快超越东方农业文明,在世界政治中占据统治地位。西班牙和葡萄牙最早称霸世界。

题　　　名 **论早期北方海上丝绸之路**

作者及单位 朱亚非(山东师范大学齐鲁文化研究中心)

会 议 名 称 “泉州港与海上丝绸之路”国际学术研讨会
会议地点时间 中国泉州,2002
主 办 单 位 中国航海学会
摘　　　要 北方海上丝绸之路,是形成于先秦时期的一条自山东沿海经辽东半岛,沿朝鲜西海岸南下,渡过对马海峡,到达日本南部的海上通道。这条丝绸之路的形成,对沟通山东半岛与日本、朝鲜之间的经济文化交流,起到了重要的作用。与中国古代其他几条丝绸之路相比较,北方海上丝绸之路有着明显的优势和不足。随着时代的变化,它也经历了自盛而衰的过程,但两千年来,这条沟通中日朝韩四国的海上通道始终没有间断,也成为历史上中日朝韩人民友好往来的象征。

题　　　名 **论早期北方海上丝绸之路**
作者及单位 朱亚非(山东师范大学齐鲁文化研究中心)
会 议 名 称 三条丝绸之路比较研究学术讨论会
会议地点时间 中国云南昆明,2001
主 办 单 位 中国中外关系史学会、云南省社会科学院、广东省社会科学院、中国社科院边疆史地研究中心、云南大学西南边疆少数民族研究中心
摘　　　要 北方海上丝绸之路,是形成于先秦时期的一条自山东沿海经辽东半岛,沿朝鲜西海岸南下,渡过对马海峡,到达日本南部的海上通道。这条丝绸之路的形成,对沟通山东半岛与日本、朝鲜之间的经济文化交流,起到了重要的作用。与中国古代其他几条丝绸之路相比较,北方海上丝绸之路有着明显的优势和不足。随着时代的变化,它也经历了自盛而衰的过程,但两千年来,这条沟通中日朝韩四国的海上通道始终没有间断,也成为历史上中日朝韩人民友好往来的象征。

题　　　名 **论郑成功北伐以后的兵镇**
作者及单位 石万寿
摘　　　要 从永历十三年七月(西元一六五九年,清颐治十六年)郑成功亲征南京失利以后,到永历三十七年六月(西元一六八三年,谓康熙二十二年)冯锡范挟幼主克境投降渭朝为止,前后共三十五年。在这段期间中,郑氏无论在领导人物,或活动的范围,均与北伐以前有显若的差异。客观环境的变化很大,兵镇的建置也随之作急剧的转变。兹将北伐以后,明郑兵镇变化的原因和状况,分郑经西征前和西征后两部份论述之。

题　　　名 **论郑成功的爱国主义思想**
作者及单位 林祥瑞
摘　　　要 今年是郑成功收复祖国领土台湾的三百二十周年。郑成功是我国历史上伟大的爱国主义者,杰出的民族英雄。他的爱国主义思想和行动,赢得了全中国各族人民的敬仰。为了表彰郑成功的伟大业绩,发扬爱国主义传统,本文拟就郑成功爱国主义思想的形成、表现形式及其作用等问题,进行初步的探讨。

题　　　名 **论郑成功的抗清及其与复台的关系**
作者及单位 张宗洽,潘文贵
摘　　　要 郑成功是一位伟大的爱国者和民族英雄。他一生的主要事迹可以概括为两个方面:抗清和收复台湾、开发台湾。要全面评价郑成功,就必须对这两个问题以及其间的关系,进行切实的研究。目前,在郑成功的研究中有不少问题存在着意见分歧,有待进一步深入探讨,这里,我们谨就几个问题提出

粗浅的看法,愿与大家共同商榷。

题　　　　名　论郑成功收复台湾
作者及单位　陈国强(厦大研究生院;厦门大学)
会 议 名 称　郑成功研究国际学术会议
会议地点时间　厦门,1987
摘　　　　要　我国著名民族英雄郑成功生于明天启四年(1624 年),死于清康熙元年(明永历十六年,1662 年)。过去都认为他“年三十九”,如按实足年龄计,只有三十八岁。郑成功一生短暂的三十八年,正处于中国明末清初时期,也是国内外阶级斗争矛盾尖锐的时代:在国外,西方殖民主义者疯狂向东侵略,侵占骚扰中国大陆东南沿海和台湾;在国内,民族矛盾尖锐,东北满族统治阶级正取代日益腐朽的明朝政权,最终统一全国。

题　　　　名　论郑成功与南明宗室的关系
作者及单位　杨锦麟
摘　　　　要　郑成功之所以被描绘为尽忠明室的纯臣,历来史家之所以高度评价郑的忠君思想,主要依据郑成功与唐王的关系。诚然,从现象看,唐王对郑成功确是宠眷逾恒的,郑成功思想中存在忠君观念是毋庸置疑的,他由于“宠赐独多”而对隆武帝拥有溢于言表的感激之情也是可信的。

题　　　　名　论郑成功在收复台湾中的军事才能
作者及单位　陶诚
摘　　　　要　三百二十年前,郑成功率兵二万多人,从荷兰殖民主义者手中收回台湾,使台湾能够回归祖国,这决非易事。十七世纪上半叶,荷兰殖民主义考继西班牙、葡萄牙之后称霸世界。荷兰是当时新兴的资本主义国家,拥有世界上最强大的船队,船队的总吨数占全世界的四分之三,马克思在《资本论》中称它为“十七世纪的标本国家”。

题　　　　名　论郑观应和薛福成思想的“相与呼应”
作者及单位　丁凤麟(《解放日报》)
会议地点时间　中国上海,2003
主 办 单 位　上海中山学社
摘　　　　要　多年来,学术界在研究晚清思想变迁过程中,都认为在 19 世纪 60 至 90 年代,有一股凸现社会变化的思潮,虽然有的称其为“改良主义思潮”,有的则认为是“洋务思潮”。

题　　　　名　论郑和宝船与册封舟
作者及单位　傅朗

题　　　　名　论郑和崇拜与妈祖信仰
作者及单位　刘新慧

题　　　　名　论郑和船队对海外资源的考察引进
作者及单位　陈平平

会议名称　传承文明走向世界和平发展——纪念郑和下西洋600周年国际学术研讨会
会议地点时间　江苏,2005

题　　名　**论郑和船队与中东的交往**
作者及单位　樊为之
会议名称　传承文明走向世界和平发展——纪念郑和下西洋600周年国际学术研讨会
会议地点时间　江苏,2005

题　　名　**论郑和的创新精神**
作者及单位　李可(昆明高等师范专科学校)
会议名称　2005:历史的辉煌——纪念昆明建城1240周年、郑和下西洋600周年、护国运动97周年
会议地点时间　中国云南,2005
主办单位　云南省中国近代史研究会
摘　　要　郑和是创造了两项世界奇迹的伟大人物。他的创新精神在中国传统封建社会中十分少见,特别是他出身于云南这样一个边疆地区就尤其可贵。至今郑和仍是我们学习的榜样。郑和创造的第一项世界奇迹是七次下西洋。郑和在明代开创了世界地理大发现的大航海时代。郑和的舰队,创造了当时航海时间之长的中国纪录。他的舰队规模宏大、配备齐全并装备有当时世界上最先进的火器。如:郑和把明军中神威霹雳营的大发贡、火箭、喷筒、火炮等先进兵器都装到了舰队上去。

题　　名　**论郑和的外交成就**
作者及单位　朱亚非,齐廉允
会议名称　"郑和与海洋"学术研讨会
会议地点时间　中国太仓,1998
主办单位　江苏省郑和研究会
摘　　要　明初洪武永乐年间,政治局势经历了大变动之后趋于稳定。经济也日益在这种稳定的环境中发展起来,"洪、永、熙、宣之际,百姓充实,府藏衍溢"。

题　　名　**论郑和的伊斯兰教信仰——兼评郑氏"奉佛"、"崇道"说**
作者及单位　林松(中央民族大学)
会议名称　湖北省纪念郑和下西洋600周年活动
会议地点时间　中国武汉,2005
主办单位　中国航海学会内河船舶驾驶专业委员会
摘　　要　郑和的宗教信仰,众说纷纭。本文探索了"奉佛"说的凭证,"崇道"说的依据,以及郑和与伊斯兰教的关系,认为郑和主要的、很大的宗教信仰是伊斯兰教。郑和的宗教信仰之所以比现在复杂的现象,原因是多方面的。

题　　名　**论郑和的宗教思想**
作者及单位　林清哲

题　　名　论郑和奉使下西洋的实质
作者及单位　朱江(扬州博物馆)
会议名称　湖北省纪念郑和下西洋600周年活动
会议地点时间　中国武汉,2005
主办单位　中国航海学会内河船舶驾驶专业委员会
摘　　要　本文否定了前人关于郑和下西洋为踪迹建文的论点,论述了郑和奉使下西洋的实质目的,指明郑和出使是为了秉承明朝的“祖训”,推行与海外修好的外交方针。其目的,是要继承与恢复汉唐盛世的伟业,振兴中华。明胡在建国之初,即已遣使国外,说明永乐年间派人出使,并不是明成祖的创举。

题　　名　论郑和海权的性质——兼谈郑和海权研究中的几个问题
作者及单位　时平(上海海事大学海洋文化研究所;上海郑和研究中心;中国船史研究会)
会议名称　走向海洋的中国人——郑和下西洋590周年国际学术研讨会
会议地点时间　南京,1995
摘　　要　关于郑和海权的研究,是近些年来郑和研究领域中一个引人关注的问题。可以说从这一角度进行探讨,开辟了郑和研究的新视野。迄今有关郑和海权的研究,已发表近10篇论文,涉及者则更多。它们集中对郑和海权的历史地位、郑和海权的内涵和构成、郑和海权的作用及其对现实的指导进行了探讨。这些探讨推动了对郑和下西洋这一重要历史事件更全面、更深入的认识,具有重要的学术价值,但仍存在有待进一步探讨和商榷之处。

题　　名　论郑和航海文化本质的农业性
作者及单位　宋正海,张九辰
会议名称　传承文明走向世界和平发展——纪念郑和下西洋600周年国际学术研讨会
会议地点时间　江苏,2005

题　　名　论郑和精神及其转化
作者及单位　陈显泗

题　　名　论郑和下西洋的动机
作者及单位　马经(云南民族大学)
会议名称　2005:历史的辉煌——纪念昆明建城1240周年、郑和下西洋600周年、护国运动100周年
会议地点时间　中国云南,2005
主办单位　云南省中国近代史研究会
摘　　要　弄清郑和下西洋的动机,是正确认识、评价郑和下西洋的是非成败、功过得失、终止原因以及对中国乃至世界历史发展的作用、影响及其留给后人的历史启示等所有问题的一个基本前提。因此历代学者对郑和下西洋的动机或目的、任务多有研究,取得了许多进展,不断地矫正、深化了对这个问题的认识。虽然现在还存在着诸多分歧,但共识也在增多。近二十年来,先后在中国及世界许多国家和地区出现了研究郑和下西洋的热潮。今年时逢郑和首次下西洋600周年,各地纪念、宣传活动高潮迭起,推动了郑和下西洋研究更加广泛深入地发展。借此机会再谈一点对郑和下西洋的动机问题的认识,以就教于诸位专家。

题　　　名　**论郑和下西洋的历史作用**
作者及单位　孙光圻(大连海事大学)
会 议 名 称　传承文明走向世界和平发展——纪念郑和下西洋600周年国际学术研讨会
会议地点时间　江苏,2005

题　　　名　**论郑和下西洋对中国传统军事文化的影响**
作者及单位　张健,沈成平(江苏省海洋与渔业局)
会 议 名 称　首届建设弘扬海洋文化研讨会
会议地点时间　北京,2007
主 办 单 位　中国海洋学会
摘　　　要　军事文化,是指人类在军事发展过程中创造的物质财富和精神财富的总和,有时特指军事范畴内的精神财富,包括思想文化、制度文化、行为文化和器物文化等方面。一个民族的兴旺发达,离不开具有民族色彩的军事文化的有力支撑和不断创新。强大的战斗力需要先进的军事文化作支撑,强大的军队必须有先进的军事文化作底蕴,这已经为古今中外的军事实践所证明。中国的军事文化有着悠久的历史,曾一度被世界所仰慕。“维护统一、追求和平、善用谋略、注重理性思维”,是中华传统军事文化中的精髓,而“爱国主义、集体主义、勇于牺牲奉献”等精神,也成为了中华传统军事文化的核心价值体现。郑和下西洋作为中国古代一次举世闻名的壮举,不仅对中国和世界的航海文明有着重大的贡献,而且也丰富和发展了中国的海洋文化,并且对中国的传统军事文化也有着巨大的影响。

题　　　名　**论郑和下西洋之科学航海**
作者及单位　赵承春(北京海军军事技术研究所)
会 议 名 称　传承文明走向世界和平发展——纪念郑和下西洋600周年国际学术研讨会
会议地点时间　江苏,2005

题　　　名　**论郑和在海外的影响**
作者及单位　孔远志(北京大学亚非学院)
会 议 名 称　传承文明走向世界和平发展——纪念郑和下西洋600周年国际学术研讨会
会议地点时间　江苏,2005

题　　　名　**论中法战争中的镇海海防作战**
作者及单位　刘子明
会 议 名 称　中法战争镇海之役110周年学术研讨会
会议地点时间　1995
摘　　　要　镇海乃浙江门户,宁波咽喉,东南沿海之军事要冲,为历代海防之重地。中法战争中的镇海之役,在中国近代史上。是抗击列强从海上入侵的战争中,组织准备较好、湘淮军联防、陆海军协同取得完全胜利的一次海防作战,表现着近代中国海防思想发展的重大成果。认真总结中国近代反侵略战争中,海防作战少有的成功经验,是具有重要的历史意义与现实意义的。

题　　　名　**论中国海外新移民:以近30年福州移民为例**
作者及单位　庄国土(厦门大学)

会议名称 中国世界民族学会第八届会员代表大会暨全国学术讨论会

会议地点时间 中国湖北武汉,2005

摘　　要 1970年代以来形成的中国国际移民潮,是国际移民潮的组成部分,是经济全球化的后果之一。就中国而言,台湾和香港的移民比例远大于大陆,但中国大陆却是近10年来输出移民最快的地区。中国移民主要由留学人员和以来自乡村的劳工组成,这些来自乡村的劳工绝大多数来自大陆,他们一部分以家庭团聚理由合法移民,另一部分则以各种方式非法进入移民目的地。来自中国大陆的移民有一定比例是非正常渠道的移民(undocumentedimmigrants)。由于移出地和移入地巨大的收入差距和中国大陆政府对移民的鼓励,在可预料的将来,准备移民的大陆人数量将继续增加。本文是南洋研究院《福建新移民调查项目》的成果之一。2002-2004年,2002年10月-2004年6月,由福建省侨办和厦门大学南洋研究院联合组成的福建侨乡研究课题组,在美国华人最主要源地福州地区和明溪县(其新移民主要到意大利和匈牙利)、晋江市(其新移民主要到菲律宾)做移民调查,取得24个村共2300多份问卷,其中,福州地区有16个村共1657户问卷,已编成《福州海外移民调查资料》,目前正在整理各类数据。

题　　名 **论朱棣赋予郑和的外交任务**

作者及单位 罗仑

会议名称 湖北省纪念郑和下西洋600周年活动

会议地点时间 中国武汉,2005

主办单位 中国航海学会内河船舶驾驶专业委员会

摘　　要 本文以永乐时期为断限,将明成祖朱棣执政初期与西洋的交往和尔后六次派遣郑和出访西洋的盛事,纳入当时具体的国内与国际政治背景中,并根据不同时期不同的外交侧重点,把永乐时期的西洋外交史划分为三个阶段进行研究,以便看出郑和在怎样的形势下,肩负起明成祖朱棣赋予的外交任务,出色地谱写了明代外交史上最为瑰丽的篇章。本文的结论是:此举提高了明成祖朱棣的国际威望,求得了西洋地区的政治稳定,发展了明朝与亚非各国间的友好外交关系,并使世界得以认识中国,也使中国认识了世界。发生在中国封建社会里的这一带有开放色彩的外交壮举,无疑是值得后人永远纪念的。

题　　名 **论朱棣遣使下西洋的主要目的**

作者及单位 许廷长,杨永泉

会议名称 传承文明走向世界和平发展——纪念郑和下西洋600周年国际学术研讨会

会议地点时间 江苏,2005

题　　名 **论妈祖文化**

作者及单位 杨亚其(仙游县政协)

会议名称 第二次闽台妈祖文化学术研讨会

会议地点时间 中国福建霞浦,1998

主办单位 福建省社会科学联合会、福建省民俗学会、宁地地区社科联、霞浦县社科联、霞浦松山妈祖文化研究会

摘　　要 妈祖林默娘生当宋太祖、太宗的称帝朝代,值其时正是宗教信奉由狂热的五代乱世,迈向汴宋文治鼎盛期的历史起步点。鉴于崇神年代,人們感念妈祖生前恩惠,立石碑以明志,旋又尊她为神,这实在是一种崇德报恩的观念。起初妈祖神由湄洲渔人供奉,进而从一個狭窄的岛屿逐渐展扩到海内外,以至成为世人赖以生存的精神支柱,本文試从上述论点作探討,以期认识妈祖信仰的原初本末。

题　　　名　罗、唐外交上的几个问题
作者及单位　金浚河(韩国成均馆大学人文学部)
会 议 名 称　登州港与中韩交流国际学术讨论会
会议地点时间　蓬莱,2004
摘　　　要　出于国内外形势的考虑,新罗和618年建国的唐朝建立了多方面的关系。维持两国关系的根本是朝贡、宿卫外交,军事方面则表现为罗唐联合和战争。

题　　　名　罗从彦事迹考略
作者及单位　吴西全
会 议 名 称　"延平四贤"学术讨论会
会议地点时间　福建南平,1989
摘　　　要　罗从彦于北宋的神宗熙宁五年(1072年)八月十三日诞生于南剑州剑浦县(今福建省南平市)罗源里。其母"梦文星坠怀化为持白璧美士而悟生文质公。美而彦者名从彦;璧洁而素又居仲,故字仲素。"学者取罗氏郡望,称"豫章"先生。谥号"文质"。罗氏入闽始祖罗周文于唐朝宪宗元和十五年(820年)到福建沙县任县尉。此后便由洪州豫章(今江西南昌市西南郊)迁到沙县城西仁和坊罗家巷定居。

题　　　名　洛阳古代航运述略
作者及单位　周得京
会 议 名 称　中国古都学会第十三届年会
会议地点时间　中国河南偃师,1995
主 办 单 位　中国古都学会
摘　　　要　在古代,洛阳不仅长期是全国的经济、政治、文化中心,而且多次成为全国航运枢纽,在我国古代航运史上占有光辉的篇章。从"河图书洛"的传说,《禹贡》贡道的记载,盘庚徙都的描述,到武王伐纣时的渡河壮举,都充分说明河洛航运历史悠久,源远流长。

题　　　名　骆越与"南岛语族"的海洋文化的关系
作者及单位　何英德(广西桂林市博物馆)
会 议 名 称　中国百越民族史学会第十二次年会暨百越文化国际学术研讨会
会议地点时间　中国福建武夷山,2004
主 办 单 位　中国百越民族史研究会、厦门大学人文学院、福建省考古博物馆学会
摘　　　要　骆越是战国秦汉时期分布于桂西南、雷州半岛、海南岛,以及当今越南北部区域的一个古老民族。它与新石器时代文化以及商周时期文化,有十分密切的渊源关系;在桂南的北部湾地区,有段石锛,印纹陶等遗迹,在越南的下龙湾浅海底也有发现的考古遗物。

题　　　名　妈祖,海洋文化重要的象征
作者及单位　陈金海(莆田擢英中学)
会 议 名 称　福建省首届海洋文化学术研讨会
会议地点时间　中国福建福州,2007
主 办 单 位　福建省炎黄文化研究会、福州市政协、福建省社科联、福建省海峡文化研究会
摘　　　要　丰三年(1853)进士,授刑部主事。同治十三年(1872)与容闳率幼

题　　　名 **妈祖碑铭研究**
作者及单位 李玉昆(泉州海外交通博物馆)
会议名称 1995 年澳门妈祖信俗历史文化研讨会

题　　　名 **妈祖不是出身于疍民**
作者及单位 石奕龙(厦门大学人类学研究所教授)
会议名称 中华妈祖文化学术研讨会
摘　　　要 近来有人提出妈祖是疍民之后的说法,如郑振满兄 1997 年写了篇短文《妈祖是疍人之后?》,提出妈祖可能是疍民之后的说法,在文中,他列举了两方面的证据,其一是清代学者全祖望对历代奉妈祖为海神颇不以为然,认为东南沿海地区的妈祖崇拜,出自鲛人疍户。因为他在《天纪庙记》中辨曰:“为此说者,盖出南方好鬼之人,妄传其事,鲛人疍户,本无知识,辗转相愚,造为灵迹以实之。”也就是说全祖望认为妈祖信仰是蛋民搞出来的。其二,他认为,在宋代,湄洲岛上住的不是九牧林,而且有许多记载说妈祖是“龙女”、“龙种”,如南宋绍定二年,甫田绅士丁伯桂在《(钱塘)顺济庙记》中说:“神,甫阳泥洲林氏女,少能言人祸福,段,庙把之,号‘通贤神女’。或曰‘龙女’也。”又如南宋开庆元年,甫田绅士李丑父在《(京口)灵惠纪庙记》中说:“纪,林氏,生于莆之海上湄洲,……或曰:‘妃,龙种’也。

题　　　名 **妈祖传说研究的意义**
作者及单位 周立方(福建省社会科学界联合会)
会议名称 妈祖文化——闽台妈祖文化学术研讨会
会议地点时间 厦门,1997
主办单位 福建省社会科学界联合会,福建省民俗学会,台湾省各姓渊源研究学会联合举办

题　　　名 **妈祖传说与中国井文化**
作者及单位 吴裕成
会议名称 中华妈祖文化学术研讨会
摘　　　要 妈祖是航海神。海上航行,内河漕运,成为妈祖文化产生和传播的前提。始于宋代的天后崇拜,于传承之间,不断地扩大自己的文化张力,涵概面越来越大,远远超出航海神灵信仰的范畴。可以推想,最初的妈祖传说产生了妈祖崇拜,妈祖崇拜的传播不断地丰富着妈祖传说。这一文化互动的过程,使传统文化的许多因子融入其间,从而使妈祖崇拜的文化背景更加开阔,文化进深得到拓展。

题　　　名 **妈祖的“善”与中华传统文化**
作者及单位 蔡铁民
会议名称 妈祖文化——闽台妈祖文化学术研讨会
会议地点时间 厦门,1997
主办单位 福建省社会科学界联合会,福建省民俗学会,台湾省各姓渊源研究学会联合举办

题　　　名 **妈祖的由来及其流传**
作者及单位 陶诚
会议名称 妈祖文化——闽台妈祖文化学术研讨会
会议地点时间 厦门,1997

主 办 单 位　福建省社会科学界联合会，福建省民俗学会，台湾省各姓渊源研究学会联合举办

题　　　名　妈祖对联文化浅谈
作者及单位　徐玉福
会 议 名 称　中华妈祖文化学术研讨会
摘　　　要　妈祖，又称娘妈、天妃、天后、天上圣母，是世界影响最大的海神，她的信众随着华人的足迹，尤其是福建人的足迹，遍及世界各地，以至于有华人的地方，就有妈祖，就有妈祖庙，就有妈祖对联。

题　　　名　妈祖故乡的妈祖研究回顾
作者及单位　蒋维锬（湄州妈祖文化研究中心副主任）
会 议 名 称　澳门妈祖文化研讨会

题　　　名　妈祖国际文化艺术节建议书
作者及单位　李家卫
会 议 名 称　中华妈祖文化学术研讨会
摘　　　要　天后信仰遍天下，全球三十多个国家都有天后庙，有三千多座天后宫。光日本、印尼、马来西亚等国，每个国家都有过百座天后宫。有些规模很大，而且进入了现代管理，这些天后庙不只成了华人的信仰和核心，也成了当地的社区文化中心，是团结华人的重要枢纽，而华人在世界各地的很多国家都有强大的经济力量。而天后的信仰经过一千年的发展已形成了天后文化和艺术，是一座丰富的文化艺术宝库。组织举办天后文化艺术节将有很大的意义。

题　　　名　妈祖何以深得尊崇
作者及单位　林闻功
会 议 名 称　中华妈祖文化学术研讨会
摘　　　要　妈祖由一个海滨姑娘变成四海共颂的海神，绝非偶然，它有着特定的环境和各方面的因素，是历史的选择。随着妈祖文化的广泛传播，供奉妈祖的神像越来越多，妈祖的信仰越来越深，妈祖的足迹越来越广，影响也自然越来越大。

题　　　名　妈祖历朝加封的历史背景
作者及单位　郑彭年
会 议 名 称　1995 年澳门妈祖信俗历史文化研讨会

题　　　名　妈祖神化升华为妈祖文化的动态发展过程及其丰厚的内涵
作者及单位　蔡庆发（泉州师范学院）
会 议 名 称　中华妈祖文化学术研讨会
摘　　　要　妈祖信仰升华为妈祖文化的动态发展过程，寄托了人们美好的愿望，是与宗教信仰的交叉发展而发展的，演绎中折射了从小环境到大环境、由社会到国家的不断提升进程，孕育了丰厚的文化内涵，成为中华传统文化的一个组成部份。

题　　　名　妈祖文化保护
作者及单位　陈宜安

会议名称　中华妈祖文化学术研讨会

摘　　要　江泽民同志在党的十六大报告中指出:要“坚持弘扬和培育民族精神”,“要深刻认识文化建设的战略意义”。海峡两岸应该扩大交流交往,共同弘扬中华文化的优良传统。福建和台湾,地缘相近,人缘相亲,自古以来就有着深厚的文化联系:民间信仰、民俗文化同根同源。许多台湾的妈祖信众冲破重重障碍,辗转到福建莆田祖。今灭,台湾奶祖信众占台湾人口的三分之二,妈祖文化联系、滋养、影响着两岸同胞,成为两岸文化交流的一座桥梁和精神纽带。深入研究妈祖文化,保护妈祖文化遗产,对于继承民族优秀文化,弘扬民族精神,对于加强文化交流,促进祖国统一,具有积极意义。

题　　名　**妈祖文化的大众性与旅游资源开发**

作者及单位　林祖泉

会议名称　中华妈祖文化学术研讨会

摘　　要　文章认为,妈祖文化是中华民族精神哺育下的一朵民族文化奇葩,它根植于民族生活,有独特的人民性和广泛的社会基础。并提出要充分利用妈祖文化交流这一契机,开发妈祖文化旅游资源,发挥其独具特色的资源优势,弘扬妈祖文化精神,增强全球炎黄子孙的凝聚力、亲和力、向心力,促进祖国和平统一大业的实现。

题　　名　**妈祖文化对明代湄洲湾造船业及海上贸易的影响**

作者及单位　杨亚其

会议名称　妈祖文化——闽台妈祖文化学术研讨会

会议地点时间　厦门,1997

主办单位　福建省社会科学界联合会,福建省民俗学会,台湾省各姓渊源研究学会联合举办

题　　名　**妈祖文化是闽台交流的和平使者**

作者及单位　周金琰(莆田湄洲祖庙)

会议名称　中华妈祖文化学术研讨会

摘　　要　妈祖在台湾早期开发过程中起到重要作用,经过不断的发展,成为台湾人民生活中不可缺少的部分,也成为台湾人民最崇拜的神。妈祖在发展两岸关系过程中起到了任何事物不可替代的作用,是闽台两岸交流的和平使者。

题　　名　**妈祖文化遗产在东北亚的信仰与发展**

作者及单位　蔡泰山,林剑秋

会议名称　东北亚海上交流历史文化遗产国际学术研讨会

会议地点时间　青岛;蓬莱,2006

主办单位　中国海洋大学海洋文化研究所,山东省蓬莱市文物局

题　　名　**妈祖文化与闽台文化**

作者及单位　蔡庆发(泉州师范学院)

会议名称　第三届闽台文化学术研讨会

会议地点时间　中国福建莆田,1991

主办单位　福建省民俗学会

摘　　要　闽台文化是中华文化的一部分,是中原汉文化在我国东南沿海地区辐射、延伸与发展

的一种海洋文化。它包括闽南文化、客家文化、红土地文化、朱子文化、畲族文化、妈祖文化等。妈祖文化是闽台文化中最普遍、影响最大、基础最厚实的一种民俗文化,与闽台文化相关联,具有鲜明的特色。

题　　名　**妈祖文化与千年圣像在漳浦**
作者及单位　高聿占
会议名称　妈祖文化——闽台妈祖文化学术研讨会
会议地点时间　厦门,1997
主办单位　福建省社会科学界联合会,福建省民俗学会,台湾省各姓渊源研究学会联合举办

题　　名　**妈祖文化与天津 600 年**
作者及单位　尚洁
会议名称　中华妈祖文化学术研讨会
摘　　要　天津是个多元文化的城市,其中的妈祖文化是最具浓郁地方特色的历史文化,也是最具代表性的城市文化符号。也可以说她是形成天律城市的重要基础之一,与天津城市 600 年有着撕扯不断的、千丝万缕的情缘和联系。

题　　名　**妈祖信俗文化形成及对日本的传播**
作者及单位　刘天纯
会议名称　1995 年澳门妈祖信俗历史文化研讨会

题　　名　**妈祖信仰的国家化与在东北亚地区的北传**
作者及单位　王宏刚
会议名称　东北亚海上交流历史文化遗产国际学术研讨会
会议地点时间　青岛;蓬莱,2006
主办单位　中国海洋大学海洋文化研究所,山东省蓬莱市文物局

题　　名　**妈祖信仰的海洋文化特质**
作者及单位　张亚群
会议名称　妈祖文化——闽台妈祖文化学术研讨会
会议地点时间　厦门,1997
主办单位　福建省社会科学界联合会,福建省民俗学会,台湾省各姓渊源研究学会联合举办

题　　名　**妈祖信仰的历史发展与妈祖故乡对妈祖文化的研究**
作者及单位　戴学稷(福建社会科学院历史研究所)
会议名称　1995 年澳门妈祖信俗历史文化研讨会

题　　名　**妈祖信仰海洋文化内涵举证**
作者及单位　连心豪(厦门大学历史系)
会议名称　妈祖文化——闽台妈祖文化学术研讨会
会议地点时间　厦门,1997

主 办 单 位 福建省社会科学界联合会,福建省民俗学会,台湾省各姓渊源研究学会联合举办

题 名 **妈祖信仰及其文化精神**
作者及单位 徐晓望(福建社会科学院历史研究所)
会议名称 首届莆仙文化学术研讨会
会议地点时间 中国福建莆田,2002
主 办 单 位 福建省炎黄文化研究会、中共莆田市委宣传部
摘 要 妈祖文化是莆仙文化中最有代表性的宗教文化,也是莆仙文化中最有全国性影响及世界影响的一部分。本文简析宋元以来妈祖信仰的发展源流以及她所象征的文化意义。

题 名 **妈祖信仰圈形成原因浅析—兼谈当代“妈祖热”问题**
作者及单位 陈元煦
会议名称 妈祖信仰国际学术研讨会
会议地点时间 港朝天宫妈祖文化大楼,1996

题 名 **妈祖信仰影响的扩大与研究**
作者及单位 吕清义(三明市方志委;)
会议名称 妈祖文化——闽台妈祖文化学术研讨会
会议地点时间 厦门,1997
主 办 单 位 福建省社会科学界联合会,福建省民俗学会,台湾省各姓渊源研究学会联合举办

题 名 **妈祖信仰与道德朱天顺**
作者及单位 朱天顺
会议名称 妈祖信仰国际学术研讨会
会议地点时间 港朝天宫妈祖文化大楼,1996

题 名 **妈祖信仰与地方社区—高雄县妈祖庙的分析**
作者及单位 林美容
会议名称 妈祖信仰国际学术研讨会
会议地点时间 港朝天宫妈祖文化大楼,1996

题 名 **妈祖信仰与法律裁判—以增田福太郎的研究为中心**
作者及单位 江烂腾
会议名称 妈祖信仰国际学术研讨会
会议地点时间 港朝天宫妈祖文化大楼,1996

题 名 **妈祖信仰与海上交通**
作者及单位 金秋鹏
会议名称 1995年澳门妈祖信俗历史文化研讨会

题　　　名　妈祖信仰与海外闽商侨居社区
作者及单位　钱江
会 议 名 称　1995 年澳门妈祖信俗历史文化研讨会

题　　　名　妈祖信仰与海峡两岸文化同缘关系
作者及单位　李文,徐苑(厦门大学人类学研究所)
会 议 名 称　海峡两岸五缘关系学术研讨会
会议地点时间　中国上海,2003
主 办 单 位　福建省社会科学界联合会、福建省五缘文化研究会
摘　　　要　在海峡两岸神缘文化的传播、交流中,关于莆田妈祖的显灵有多种传说,林默的出生年代,也颇多争议,在早期的文献中,一直没有明确记载。事实上,妈祖的原型——林默娘,原本只是一个普通的渔家女子,她的传说与祭拜,也只在民间流行。妈祖最终成为海神之尊,并在海峡两岸形成一个"妈祖信仰圈",与历代官方的倡导及对妈祖的加封有密切关系。

题　　　名　妈祖信仰与海洋文化
作者及单位　周立方(福建省社会科学界联合会)
会 议 名 称　妈祖信仰国际学术研讨会
会议地点时间　港朝天宫妈祖文化大楼,1996

题　　　名　妈祖信仰与两岸统一
作者及单位　林其泉(厦门大学)
会 议 名 称　第二次闽台妈祖文化学术研讨会
会议地点时间　中国福建霞浦,1998
主 办 单 位　福建省社会科学联合会、福建省民俗学会、宁地地区社科联、霞浦县社科联、霞浦松山妈祖文化研究会
摘　　　要　妈祖和马仙姑被闽东民众称为两大女神——一为航海之神,一为祈雨之神,許多地方建有神庙加以奉祀,而奉祀妈祖的霞浦松山天后宫,尤引人注目。

题　　　名　妈祖信仰与妈祖文化
作者及单位　许在全(泉州市委宣传部)
会 议 名 称　澳门妈祖文化研讨会

题　　　名　妈祖信仰与明代中外交通
会 议 名 称　"中国与东南亚"国际学术讨论会

题　　　名　妈祖信仰与伊斯兰教的中国化
作者及单位　邱树森
会 议 名 称　1995 年澳门妈祖信俗历史文化研讨会

题　　　名　妈祖信仰源于航海流于航海
作者及单位　孙光圻(大连海事大学)

会 议 名 称　泉州与妈祖信仰的传播学术讨论会
会议地点时间　1996

题　　　名　妈祖信仰在山东地区的传播研究
作者及单位　闫化川
会 议 名 称　中华妈祖文化学术研讨会
摘　　　要　航海保护神妈祖是发祥于宋代福建莆田地方的一位女神在民间的通称,妈祖信仰的空间分布相对集中分布在沿海区域,尤其盛行于中国东南沿海(包括台、港、澳)以及日本、韩国、东南亚等地区。目前世界上已有2亿妈祖信徒,妈祖文化的研究也日渐兴盛,但是大陆的妈祖文化研究者往往把目光集中在了中国南部的沿海地区,而台、港、澳等地的妈祖文化研究者又因为地理位置的视野局限也不能过多关注北方的妈祖信仰研究,这就导致了"妈祖信仰文化圈"的研究出现了一种"南热北冷"的现象。如何展开较为"冷门"的妈祖信仰的北渐问题(即在中国北方的传播与影响)研究,既是对妈祖文化研究的另辟路径,也是对整个妈祖文化圈研究的互动。

题　　　名　妈祖信仰在宗族发展中的作用
作者及单位　陈育伦(厦门华夏学院;厦门大学中文系)
会 议 名 称　妈祖文化——闽台妈祖文化学术研讨会
会议地点时间　厦门,1997
主 办 单 位　福建省社会科学界联合会,福建省民俗学会,台湾省各姓渊源研究学会联合举办

题　　　名　妈祖信仰展现的社会面貌—彰化县二林镇的研究发现
作者及单位　林淑铃
会 议 名 称　妈祖信仰国际学术研讨会
会议地点时间　港朝天宫妈祖文化大楼,1996

题　　　名　妈祖由人入神的原因及其社会环境
作者及单位　黄国华
会 议 名 称　中华妈祖文化学术研讨会
摘　　　要　妈祖,先是人,后作为民间神祇。阐述妈祖由人入神,从其产生、形成到发展,传播的演化过程,从而揭示具有决定性作用的人格力量、地理环境、经济条件、文化氛围、社会背景及朝廷褒封等六个方面是妈祖由人入神的主、客观因素。

题　　　名　妈祖与大道公合祀探析
作者及单位　杨祖煌
会 议 名 称　妈祖文化——闽台妈祖文化学术研讨会
会议地点时间　厦门,1997
主 办 单 位　福建省社会科学界联合会,福建省民俗学会,台湾省各姓渊源研究学会联合举办

题　　　名　妈祖与观音
作者及单位　王海涛
会 议 名 称　1995年澳门妈祖信俗历史文化研讨会

题　　　名　**妈祖与历史上的台湾三次回归**
作者及单位　孙建昌
会 议 名 称　江苏省哲学社会科学联合会“江苏社科论坛”
会议地点时间　南京,2000

题　　　名　**妈祖与渔民社会以及疍民群体的关系**
作者及单位　郭志超
会 议 名 称　妈祖文化——闽台妈祖文化学术研讨会
会议地点时间　厦门,1997
主 办 单 位　福建省社会科学界联合会,福建省民俗学会,台湾省各姓渊源研究学会联合举办

题　　　名　**妈祖在亚太与兴隆华人主导世纪之文化展进中的象征意义**
作者及单位　易陶天
会 议 名 称　1995 年澳门妈祖信俗历史文化研讨会

题　　　名　**妈祖出生於霞浦松山的可能性初探**
作者及单位　刘俊仪,刘季鳴
会 议 名 称　第二次闽台妈祖文化学术研讨会
会议地点时间　中国福建霞浦,1998
主 办 单 位　福建省社会科学联合会、福建省民俗学会、宁地地区社科联、霞浦县社科联、霞浦松山妈祖文化研究会
摘　　　要　妈祖,姓林名默,北宋初年的漁家女,因其为人治病,卜知凶吉,熟習水性,善驾舟楫,精通天象,扶危济困,救助海难等诸多善行,死後被尊为神,历时千年而成为闽台两岸乃至海外华人心目中的“海上和平女神”,受人膜拜,影响广泛。

题　　　名　**马德骥入掌“江南”**
作者及单位　陆舸(江南造船(集团)有限责任公司)
会 议 名 称　中国造船工程学会 2005《中国船舶工业发展论坛》船史分会场纪念江南造船厂建厂 140 周年学术报告会
会议地点时间　中国上海,2005
主 办 单 位　中国造船工程学会船史研究学术委员会、上海市造船工程学会船史发展专业学术委员会、江南造船(集团)有限责任公司
摘　　　要　在解放前的 84 年中,马德骥是“江南”任期最长的领导人之一。他从 1927 年到 1949 年(其中因病辞职 3 年和抗战辗转 8 年)担当了 20 年所长,可算“识途老马”了。马德骥,江西南丰人,1889 年生,1910 年毕业于南洋海军学堂,后被派往英国学习造船。1915 年转往美国麻省理工学院专攻舰船制造,1917 年毕业。回国后先后担任海军艺术学校校长、福州船政局工务长、马尾造船所所长等职。

题　　　名　**马革倘能归故里,招魂应向日南州——易顺鼎反割台始末**
作者及单位　徐翠红,何丙仲(厦门郑成功纪念馆)
会 议 名 称　纪念抗日战争胜利 60 周年暨台湾建省 120 周年学术研讨会

会议地点时间　中国福建厦门,2005
主 办 单 位　福建省炎黄文化研究会、厦门市政协
摘　　　　要　1895 年清政府割让台湾,全国震惊。举国上下,群情愤激,反割台斗争迅速掀起,形成规模空前的爱国救亡运动。台湾人民的反割台斗争怒潮汹涌,海峡对岸的反和约反割台也奔腾澎湃。从 4 月 17 日马关条约签订到 5 月 8 日烟台换约,先后有在京的各省举人 3000 余人次上书 38 件次。

题　　　　名　《马关条约》的签订与李鸿章的误国外交
作 者 及 单 位　曲传麟
会 议 名 称　海峡两岸《马关条约》百周年学术研讨会
会议地点时间　大连

题　　　　名　《马关条约》后美国对台政策之探讨
作 者 及 单 位　冯啓人
会 议 名 称　海峡两岸《马关条约》百周年学术研讨会
会议地点时间　大连

题　　　　名　《马关条约》以后日俄在东北的争夺
作 者 及 单 位　韩俊英
会 议 名 称　海峡两岸《马关条约》百周年学术研讨会
会议地点时间　大连

题　　　　名　《马关条约》与俄日对大连的殖民统治
作 者 及 单 位　王若
会 议 名 称　海峡两岸《马关条约》百周年学术研讨会
会议地点时间　大连

题　　　　名　《马关条约》与中国近代经济
作 者 及 单 位　杨惠萍,关伟
会 议 名 称　海峡两岸《马关条约》百周年学术研讨会
会议地点时间　大连
摘　　　　要　中日甲午战争,腐败的清政府屈服于日本的武力胁迫,于 1895 年 4 月 17 日(光绪二十一年三月二十三日),签订了丧权辱国的《马关条约》。这一条约,对中国近代经济的发展产生了深远的影响。《马关条约》中规定的赔款,开设通商口岸,允许日本人在中国设厂等,由此而引起帝国主义列强瓜分中国,控制中国的经济命脉,使中国进一步陷入半殖民地的深渊。

题　　　　名　马哈只碑后云南最重要的发现——评李士厚《影印原本郑和家谱校注》
作 者 及 单 位　马超群,马颖生(云南师范大学;昆明市地方志办公室;)
会 议 名 称　2005:历史的辉煌——纪念昆明建城 1240 周年、郑和下西洋 600 周年、护国运动 93 周年
会议地点时间　中国云南,2005
主 办 单 位　云南省中国近代史研究会

摘　　　要　世界航海先驱郑和是中国家喻户晓的历史伟人,但他的出生地、家世却鲜为人知。因史书记载仅有《明史·郑和传》"郑和,云南人"5字,其余官书、地方志书都未载。因而郑和的身世一直是个谜。直到1911年,经济特科状元袁嘉谷发现昆阳马哈只碑;1936年辛亥革命元老李鸿祥、云南通志馆李士厚发现玉溪东营《郑和家谱》,才揭开了这一尘封500余年的历史之谜。如果说马哈只碑标明郑和的籍贯、先祖、民族、家庭情况外,那么《郑和家谱》就是对郑和的事功、德行、家世全方位的记载了。

题　　　名　**马汉的海权论及其文化特征**
作者及单位　张晓林,张健
会 议 名 称　首届建设弘扬海洋文化研讨会
会议地点时间　北京,2007
主 办 单 位　中国海洋学会

题　　　名　**马欢《瀛涯胜览》源流考——四种明钞本《瀛涯胜览》校勘记**
作者及单位　万明(中国社会科学院历史所)
会 议 名 称　中国中外关系史学会第六届会员代表大会
会议地点时间　中国吉林延边,2005
主 办 单 位　中国中外关系史学会、延边大学历史系与东北亚研究院、沈阳东亚研究中心
摘　　　要　郑和下西洋,是明朝初年一大盛事,也是中国乃至世界航海史上规模最大、持续时间最长、影响最深远的航海活动。"其人物之丰伟,舟楫之雄壮,才艺之巧妙,盖古所未有然也"。然而,下西洋档案没有完整保留下来,郑和本身又没有著述,今人所见下西洋原始资料中最重要的一部,即马欢《瀛涯胜览》。

题　　　名　**马礼逊传教事业的回顾与评价**
作者及单位　晏可佳(上海社会科学院宗教研究所)
会 议 名 称　"传教运动与中国教会"学术研讨会
会议地点时间　中国上海,2006
主 办 单 位　中国基督教三自爱国运动委员会、中国基督教协会
摘　　　要　社会史和宗教研究在过去的二十余年里,中国基督宗教研究在我国学术界发展可谓突飞猛进,对于新教传教士马礼逊的研究也不例外。作为第一位在中国大陆基督教传播历史上产生重要影响的传教士,许多基督教在华传播的研究就是从这位伦敦传教会传教士开始的。

题　　　名　**马礼逊与早期中英外交关系考析**
作者及单位　陈才俊(暨南大学中国文化史籍研究所)
会 议 名 称　中国中外关系史学会第六届会员代表大会
会议地点时间　中国吉林延边,2005
主 办 单 位　中国中外关系史学会、延边大学历史系与东北亚研究院、沈阳东亚研究中心
摘　　　要　18世纪末至19世纪中叶,是中华帝国步入国际政治舞台的初始时期,亦是中西关系发生剧烈变化的转折时期。在此期间,英国是与中国交往最多的西方国家,也是对中国社会政治、经济与文化影响最甚的"外夷"。但是鸦片战争之前,中英两国尚未建立近代意义的官方外交关系,双方的交往仅限于经济外交与文化外交的简陋层面,而且完全处于双方相互摸索与试探,甚至是英方迫切希望全面开放中国门户的阶段。当时来华的英国人基本上以商贾、军人、传教士为主,他们充当了这一特殊历史时期

两国外交活动的主体。第一个进入中国大陆的基督新教传教士马礼逊(RobertMorrison,1782－1834)便是其中的杰出代表。本文尝试对马礼逊在早期中英外交关系中的作用予以粗浅阐析。

题　　　名　**马士《东印度公司对华贸易编年史》中译本简介**
作者及单位　章文钦(中山大学历史系)
会议地点时间　中国上海,1995
摘　　　要　美国人马士(H。B。Morse,1855－1934),1874 年毕业于哈佛大学,旋入英国人赫德(RobertHart)把持的中国海关,任职于北京总税务司署和上海、天津、北海、淡水、龙川、汉口、广州各海关,曾协助整顿招商局和岳州开埠事宜。

题　　　名　**马尾船政局与近代造船工业**
作者及单位　赖正维(福建师范大学社会历史学院)
会议名称　船政文化研究
会议地点时间　2003
主办单位　福建省闽学研究会
摘　　　要　马尾船政局,又称福建船政局、闽局,是清末“同光新政”时期最早的一批军工企业之一。它的产生和创办,有其深刻的历史背景,并对中国近代造船业影响深远。我国是一个具有悠久造船和航海传统的国家。以福建为例。早在先秦时期,居住在福建境内的闽越族先民就善于造舟及用舟。《淮南子》载:“胡人便于马,越人便于舟。”而《越绝书》也记载,越人“水行而山处,以船为车,以楫为马,往若飘风,去则难从”。

题　　　名　**马中关系与三宝山**
作者及单位　赵泽洪
会议名称　走向海洋的中国人——郑和下西洋 590 周年国际学术研讨会
会议地点时间　南京,1995
摘　　　要　据《梁书》记载:南北朝梁武帝天监四年有狼牙修王婆加达多遣使阿撤多,到中国朝贡。狼牙修的版图约包括今之吉打、浮罗交怕岛(PutauLangkawi)即狼牙修之对音,北霹雷和吉兰丹。隋唐时,华人南来经商者来到丹丹国(今之吉兰丹)、揭陀(吉打)和赤土国(今之宋卡,据邱新民考察暹罗南下二路,一为沿海,一为陆路,防路所见土色赤黄明显)。此后中国僧人海陆南下往印度、锡兰取经经本岛者甚众,这些高僧所乘之船皆中国商船。

题　　　名　**马祖民间信仰的渊源与特点**
作者及单位　郭建忠,林国平(福建师大闽台区域文化研究中心)
会议名称　海峡两岸五缘关系学术研讨会
会议地点时间　中国上海,2003
主办单位　福建省社会科学界联合会、福建省五缘文化研究会
摘　　　要　马祖在福建省连江县东部沿海,闽江口出海外东偏北部 15 海里处,与连江半岛遥遥相望,历史上一直属于连江县管辖,现为台湾当局占据。岛屿面积 28。8 平方公里,分为北竿、南竿、莒光、东引 4 个地区,共有人口 6849 人(1980 年)。马祖半岛的历史可以上溯到元朝。

题　　　名　**满门忠烈陈文龙**

作者及单位　黄启权(福州市人民政府;福州市地方志编纂委员会)

会议名称　福建省历史名人研究会陈文龙分会成立大会

会议地点时间　中国福建福州,1998

主办单位　福建省历史名人研究会陈文龙研究分会

摘　　　要　朝阳鸣凤陈文龙(1232 - 1277),初名子龙,字德刚,号如心。原籍莆田,幼随父陈浩橙迁长乐县后山。其先祖陈俊卿官至丞相,崇尚气节,关心国家安危。严正忠节的家风,从小薰陶着陈文龙。

题　　　名　**满族海洋女神崇拜的文化意蕴**

作者及单位　王海冬

会议名称　东北亚海上交流历史文化遗产国际学术研讨会

会议地点时间　青岛;蓬莱,2006

主办单位　中国海洋大学海洋文化研究所,山东省蓬莱市文物局

题　　　名　**漫谈妈祖的神号与封衔**

作者及单位　黄天柱(泉州市博物馆)

会议名称　第二次闽台妈祖文化学术研讨会

会议地点时间　中国福建霞浦,1998

主办单位　福建省社会科学联合会、福建省民俗学会、宁地地区社科联、霞浦县社科联、霞浦松山妈祖文化研究会

摘　　　要　每年农历三月二十三日,是妈祖神诞,海内外有百万的徒众举行各种祭祀仪式,隆重开展纪念这位海上保护神的活动。不少台湾省以及东南亚诸国的信徒,还特地组团到莆田湄洲或泉州祖庙进香谒祖,规模之大,礼仪之盛,甲于诸神。霞浦松山天后宫始建于北宋仁宗天圣年间(1022 - 1032年),也是我省较早立庙奉祀妈祖的地方。应是当时霞浦地区的渔航业发展需要而建的。

题　　　名　**贸易导向与闽台地缘关系发展**

作者及单位　徐晓望(福建社会科学院历史研究所)

会议名称　海峡两岸五缘关系学术研讨会

会议地点时间　中国上海,2003

主办单位　福建省社会科学界联合会、福建省五缘文化研究会

摘　　　要　福建与台湾隔海相望,有着密切的地缘关系。这一关系表现于两岸港口的交通。笔者认为:在日本占据台湾以前,闽、台的交通可分为三个历史阶段:明朝以前的不发达阶段,明末清初的国际热点阶段,以及清代的发展阶段。这三个阶段闽台交通的发展,都与台湾海峡的贸易导向有着莫大的关系。

题　　　名　**湄洲妈祖赴台与两岸交流**

作者及单位　林黄河

会议名称　妈祖文化——闽台妈祖文化学术研讨会

会议地点时间　厦门,1997

主办单位　福建省社会科学界联合会,福建省民俗学会,台湾省各姓渊源研究学会联合举办

题　　　名　湄洲祖庙与松山天后宫的关系
作者及单位　孙曙红(莆田市湄洲中心小学)
会 议 名 称　第二次闽台妈祖文化学术研讨会
会议地点时间　中国福建霞浦,1998
主 办 单 位　福建省社会科学联合会、福建省民俗学会、宁地地区社科联、霞浦县社科联、霞浦松山妈祖文化研究会
摘　　　要　莆田与霞浦在地理位置从广义上讲同处闽东,有许多相同的因素。一、历史上开发时期差不多,二、气候同是海洋性季风气候。三、人的生活习惯相差不远,都为渔农兼作。四、语系相差不远。莆田沿海的南日岛有闽南语,莆田对面的大峠小峠是闽南话。

题　　　名　美国密西西比河岸已失壁画之谜初释——郑和船队到达美洲的佐证
作者及单位　(美国)吴首天,马克·尼克勒斯,劳丽·尼克勒斯,詹姆斯·肯尼迪
会 议 名 称　传承文明走向世界和平发展——纪念郑和下西洋600周年国际学术研讨会
会议地点时间　江苏,2005

题　　　名　蒙·元时代的波斯与中国
作者及单位　马明达,马建春(暨南大学)
会 议 名 称　郑和下西洋与文明对话国际研讨会
会议地点时间　中国宁夏银川,2005
主 办 单 位　宁夏社会科学院(NingxiaAcademyofSocialSciences)、伊朗伊斯兰共和国驻华大使馆文化处
摘　　　要　13世纪初,蒙古族在我国北方崛起,1206年,成吉思汗建立蒙古国,以后,成吉思汗及其继承者在亚洲以及欧洲的广大地区进行长期的征战,不断扩大蒙古国的疆域,进而将东起鄂霍次克海、西至多瑙河的多民族居住地区连成一片。幅员辽阔、民族众多的蒙古大帝国,通过四通八达的驿站,以及伸向南海、印度洋的远洋航线,使亚、欧、非许多不同宗教信仰、不同文化和习俗的民族,从此有了广泛的交流。这一时期的波斯地区成为蒙古藩属国——伊利汗国的领地,故蒙·元时代中国与波斯的交往,较之以往大为拓展。

题　　　名　懵懂三百年——明清对葡萄牙长期误识兼论原因后果
作者及单位　施存龙,张维英
会 议 名 称　"16—18世纪中西关系与澳门"国际学术研讨会
会议地点时间　中国澳门,2003
主 办 单 位　中国中外关系史学会、澳门理工学院、澳门基金会
摘　　　要　1513年起,东征的葡萄牙人不断乘风破浪来到粤、闽、浙沿海进行合法或非法的活动。除中葡两国人民间直接交往外,葡人与中国政权、团体接触亦很频繁,从基层的海防巡船、哨寨、乡里、县府省,直到中央礼部,户部乃至皇帝本人。

题　　　名　孟斗班与第二次鸦片战争——从新公布的档案文献看英法联军侵华战争
作者及单位　耿昇(中国社会科学院历史所)
会 议 名 称　中国中外关系史学会第六届会员代表大会

会议地点时间　中国吉林延边,2005

主 办 单 位　中国中外关系史学会、延边大学历史系与东北亚研究院、沈阳东亚研究中心

摘　　　　要　1860年,英法联军进攻北京之战,被中国史学界称为第二次鸦片战争,西方史学家有人称之为“第三次鸦片战争”(他们将1856年秋英国人发动的“亚罗之战”称为“第二次鸦片战争”),甚至还有人把英法联军的这次侵华远征称为“第一次世界大战”,因为当今世界的五大国英、法、美、俄、中都陷入这场战争了。

题　　　　名　孟席斯“郑和首先环球航行”新说的影响和学术之争

作 者 及 单 位　马颖生(昆明市地方志办公室)

会 议 名 称　郑和下西洋与文明对话国际研讨会

会议地点时间　中国宁夏银川,2005

主 办 单 位　宁夏社会科学院、伊朗伊斯兰共和国驻华大使馆文化处

摘　　　　要　2004年7月5日,英国郑和研究著名学者加文-孟席斯先生在云南大学作了《世界航海图与郑和航海图的发现及其记录》的专题学术演讲,引起了与会者的极大兴趣并作了提问。这是孟氏二度莅昆。此前他曾于2002年12月在第二届昆明郑和研究国际会议期间,在同一个讲台作了《中国人于1421-1423年间环球航行证据索引》的学术报告。以此为契机,郑和的故乡晋宁县于2004年7月6日启动“纪念郑和下西洋600周年”活动,拉开了云南省“600周年”庆典序幕。2005年5月,随着他的新著《1421:中国发现世界》的第一个中国大陆译本的面世,神州大地再掀郑和远航研究狂澜。鉴于孟席斯“新说”的重要意义和在世界范围内的影响,笔者将其主要观点和3年多来学术界对其“新说”的讨论评述。

题　　　　名　缅怀沈葆桢的御侮精神

作 者 及 单 位　沈觐鼎

会 议 名 称　沈葆桢研究——纪念沈葆桢诞辰180周年学术研讨会

会议地点时间　中国福州马尾,2000

题　　　　名　庙岛群岛与明代中朝海路交流

作 者 及 单 位　赵成国

会 议 名 称　东北亚海上交流历史文化遗产国际学术研讨会

会议地点时间　青岛;蓬莱,2006

主 办 单 位　中国海洋大学海洋文化研究所,山东省蓬莱市文物局

题　　　　名　民国海军第一舰

作 者 及 单 位　陆舸(江南造船(集团)有限责任公司)

会 议 名 称　中国造船工程学会2005《中国船舶工业发展论坛》船史分会场纪念江南造船厂建厂140周年学术报告会

会议地点时间　中国上海,2005

主 办 单 位　中国造船工程学会船史研究学术委员会、上海市造船工程学会船史发展专业学术委员会、江南造船(集团)有限责任公司

摘　　　　要　民国时期,国内各船厂建造了一大批军舰,江南造船所建造的“平海”号巡洋舰,是其中最大的一艘,有“民国海军第一舰”之誉。1930年,民国政府向日本订造一艘“宁海”军舰。之后,江南造船所把日本播磨船厂的设计图纸进行加工改进;建造了与“宁海”舰属同一类型的“平海”舰。“平海”

舰身长 109.73 米,宽 11.88 米,吃水 3.96 米,排水量 2 400 吨,主机功率 9 500 马力。最大航速每小时 22 海里,续航力 4 300 多海里。

题　　　名　**民间流传的妈祖经书**
作者及单位　蔡相辉(泉州师范学院)
会议名称　第三届闽台文化学术研讨会
会议地点时间　中国福建莆田,1991
主办单位　福建省民俗学会
摘　　　要　妈祖信仰在宋代受朝廷诰封以后,即依中国古代政府的祠祀制度发展,祀神可享官民春秋祀典,政府依礼祭祀,庙宇并无僧侣或道士住持,其道德教化的成分超越宗教的成分,故无以阐扬神明个人的经典存在。

题　　　名　**民族英雄郑成功收复台湾的伟大贡献**
作者及单位　陈国强(厦大研究生院;厦门大学)
摘　　　要　我国著名民族英雄郑成功是一个伟大的爱国主义者。郑成功处于一个国内外斗争都十分尖锐的时代:在国外,正当西方殖民者东来、侵入我国,荷兰殖民者侵占我国台湾达三十八年之久,荷兰侵略者对台湾人民实行残酷的殖民统治和剥削。在国内,正当农民起义冲击封建统治,明清王朝更迭。在这国内外斗争尖锐复杂的情况下,郑成功对当时国内外历史发展作出了伟大的贡献。

题　　　名　**民族英雄郑成功为捍卫祖国领土完整而斗争**
作者及单位　许大龄
摘　　　要　郑成功是中国历史上的杰出人物,他于一六六二年二月最终赶走荷兰殖民者收复祖国的领土台湾的英雄事迹,光耀史册,名驰中外。今年是郑成功收复台湾三百二十周年,我们有责任给他以应有的历史评价。这篇文章是很粗略的,希望能得到批评和指正。

题　　　名　**闽、粤、台疍民历史考略**
作者及单位　徐心希(福建师大社会历史学院)
会议名称　"闽都文化研究"学术会议
会议地点时间　中国福建福州,2003
主办单位　福建省炎黄文化研究会
摘　　　要　疍民,或称疍家、蜒民,系指中国南方沿江、沿海的水上居民;历史上分布于闽江、珠江及其支流沿岸和闽江口、珠江口等入海口,以及台湾岛,是汉民中的一支特殊民系。它的历史值得我们深入研究。疍民以海为田,以舟为家,从事水上捕捞、运输等行业。20 世纪 30 年代以来,许多学者注意这个课题。

题　　　名　**闽北妈祖寺庙的初步考察**
作者及单位　蓝达居(厦门大学人类学研究所)
会议名称　中华妈祖文化学术研讨会

题　　　名　**闽都文化的形成、发展及其特色**
作者及单位　黄启权(中共福州市委办公厅)

会 议 名 称 “闽都文化研究”学术会议

会议地点时间 中国福建福州,2003

主 办 单 位 福建省炎黄文化研究会、泉州市政协

摘 要 闽都文化即福州文化,是中华文化的一个组成部分。福州地处中国东南一隅,西北多山,东南濒海,其文化既与中华文化同根,又形成了独自的特色。一闽都文化的渊源闽都文化形成的原因是复杂的,但它离不开中华大地,离不开闽都本身的地理和历史,也离不开周围的影响。它的渊源主要来自古闽文化、越文化、中原文化和海外文化。

题 名 **闽南“红砖厝”——红砖之源考**

作 者 及 单 位 王治君(华侨大学建筑学院)

会 议 名 称 第十五届中国民居学术会议

会议地点时间 中国陕西西安,2007

主 办 单 位 西安建筑科技大学、中国民族建筑研究会民居建筑专业委员会

摘 要 在中国,唯独闽南地区是红砖民居,当地人称“红砖厝”,关于“红砖厝” - 红砖之源,学界有着不同的说法。近年来,虽偶有相关研究成果问世,但迄今为止,未见有说服力的成果被学界认同,“红砖厝”红砖之源长久以来一直是建筑史学界热衷争论的话题,相关的研究在提及“红砖厝”一红砖出处时;一般都以传说或可能受了什么影响等等以简言概之。然而,传说毕竟是传说,学术研究要以科学的态度和事实说话,需要举证、比照。本文经研究认为:“红砖厝”红砖之源不是源于本土,而是受海洋文化的影响。闽南民居“红砖厝”是异域建筑文化与本土建筑文化结合的产物,是通过结合变异生成的符合地域性及传统习俗的样式。它反映了在社会文明进程中,本土建筑面对纷杂五彩的文化现象所产生的一种漂移、游离、吸纳进取姿态。本研究力图以海上交通史为主要线索,从闽南移民迁徙史、宗教传播史中寻觅踪迹。试用“图像学”的方法,以考古发现作举证,在“海上丝绸之路”的建筑历史遗迹和断壁残垣中;去梳理沉淀的诸多信息碎片,以求抛砖引玉、点石成金。

题 名 **闽南古代陶瓷与“海上丝绸之路”**

作 者 及 单 位 栗建安(福建省博物院)

会 议 名 称 第二届闽南文化研讨会

会议地点时间 中国福建泉州,2003

主 办 单 位 福建省炎黄文化研究会、泉州市政协

摘 要 经过半个世纪的考古调查与发掘,在我省闽南地区(包括泉州、厦门、漳州三市)发现的多达数百处的古代瓷窑遗址,其年代上迄南朝,历经唐、宋、元、明、清,反映了这一地区陶瓷器生产的持续发展、长盛不衰,不仅满足了当地市场的需要,大量产品还沿着“海上丝绸之路”(又称“海上陶瓷之路”)远销海外,在世界陶瓷贸易史上留下了光辉的篇章。

题 名 **闽南海商与澳门妈祖**

作 者 及 单 位 郑梦星

会 议 名 称 妈祖文化——闽台妈祖文化学术研讨会

会议地点时间 厦门,1997

主 办 单 位 福建省社会科学界联合会,福建省民俗学会,台湾省各姓渊源研究学会联合举办

题 名 **闽南海上走私探析——以北宋泉商走私高丽及明代漳泉私商活动为例**

作 者 及 单 位 陈丽华(泉州海外交通史博物馆)

会 议 名 称　第三届闽南文化学术研讨会
会议地点时间　中国福建漳州,2005
主 办 单 位　福建省炎黄文化研究会、漳州市政协
摘　　　　要　所谓走私,指的是偷运商品,特别是秘密运送商品,以逃避关税或进出口限制。走私活动是一种复杂的历史现象,凡是存在征收重税或禁止进出口的地方,走私活动便难以避免,它的兴起、发展与消亡往往有着深刻的时代背景和社会基础。

题　　　　名　闽南海洋习俗与闽南海洋意识
作 者 及 单 位　陈育伦,苏永延(厦门华夏学院;厦门大学中文系)
会 议 名 称　第三届闽南文化学术研讨会
会议地点时间　中国福建漳州,2005
主 办 单 位　福建省炎黄文化研究会、漳州市政协
摘　　　　要　闽南文化作为中华民族文化的一个分支,既有民族文化的共性,又展现出其独特性的一面。其中,海洋性是闽南文化有别于其他地域文化的主要特质,经过历史长河的涤荡冲刷,闽南文化的海洋性逐渐形成其鲜明的特征。这一点,已为广大闽南文化研究者们所重视,不少论著对此也有深入阐述。本文侧重分析闽南海洋习俗及其所体现出来的闽南海洋意识特点,指出这种海洋意识对闽南人性格的形成和今后发展所起的重要作用。

题　　　　名　闽南民系的社会经济特征与台湾开发
作 者 及 单 位　徐晓望(福建社会科学院历史研究所)
会 议 名 称　中华民族文化精神的呼唤——海峡两岸弘扬中华民族文化学术研讨会
会议地点时间　昆明,1999

题　　　　名　闽南清代陶瓷生产与厦门港对外贸易
作 者 及 单 位　陈建标
会议地点时间　1998
摘　　　　要　福建南部的漳、泉地区,自宋元以来,便形成了对外贸易陶瓷的重要产地。至清时代,承袭前明的基础,陶瓷的生产与销售又有了新的发展和变化,本文就其状况进行初步的探讨,以求教于方家学者。一、以德化为中心的窑业格局就目前为止的考古调查和发掘材料看,闽南的清代窑址,主要集中于德化、永春、安溪、华安四县,并形成了以德化为中心的窑业格局。

题　　　　名　闽南史前文化初探
作 者 及 单 位　郑国珍(福建省文物局)
会 议 名 称　第二届闽南文化研讨会
会议地点时间　中国福建泉州,2003
主 办 单 位　福建省炎黄文化研究会、泉州市政协
摘　　　　要　闽南史前文化分布空间,涉及到现在的泉州、厦门、漳州三个地区,以及晋江流域和九龙江流域的中下游,南接广东省,东南跨海与祖国宝岛台湾遥遥相望;时间下限为有文字可考的历史之前,大约相当于中原的商周时期,即青铜时代。有的专家认为应启自秦置闽中郡或稍早,有的专家认为当延续到秦末汉初。本文持下限约相当于中原的商周时期之说,上溯至旧石器时代。

题　　　　名　**"闽南文化"及其内部差异研究**

作者及单位　郑镛(漳州师范学院)

会 议 名 称　第二届闽南文化研讨会

会议地点时间　中国福建泉州,2003

主 办 单 位　中国航海学会

摘　　　　要　地域文化(RegionalCulture)或称"区域文化"是一门研究人类文化空间组合的地理人文学科。在某种意义上大同于文化地理学(Geoculturelism)。是以广大的文化领域作为研究对象,探讨附加在自然景观上的人类活动形态,文化区域的地理特征,环境与文化的关系,文化传播的路线和走向以及人类的行为系统。

题　　　　名　**闽南文化的泛区域化——闽南文化与潮汕文化比较研究的启迪**

作者及单位　杨浩存(厦门市闽南文化学术研究会)

会 议 名 称　第三届闽南文化学术研讨会

会议地点时间　中国福建漳州,2005

主 办 单 位　福建省炎黄文化研究会、漳州市政协

摘　　　　要　随着闽南文化研究的深入及与周边地区文化的交流和对比研究的开展,特别是近几年来,与潮汕历史文化研究中心的密切交往,在2004年12月召开的首届闽南文化与潮汕文化比较研讨会上,潮汕历史文化研究中心副理事长李衍平提出的泛闽南文化概念,得到了与会专家学者的认同。李衍平先生认为,作为扩大了的闽南文化,泛闽南文化是开放的、动态的,有更灵活和广阔空间的民系文化,并认为潮汕文化属于泛闽南文化,其多元、海洋性和商贸性基本相同。

题　　　　名　**闽南文化研究的回顾与思考**

作者及单位　夏妍(厦门市闽南文化研究所)

摘　　　　要　随着2000年首届海峡两岸闽南文化研讨会的召开和2003年"中国闽南文化节"的举行,以及马上要进行的"第二届闽南文化研讨会",一个闽南文化研究的热潮正在掀起。在这样的时候回顾闽南文化学术研究的历程,展开学术反思,汲取前辈的经验和教训,总结我们对闽南文化研究的认识和思路,对于我们今后的研究显然是非常必要的。

题　　　　名　**闽南文化与漳州月港的兴衰**

作者及单位　李金明(厦门大学南洋研究院)

会 议 名 称　第二届闽南文化研讨会

会议地点时间　中国福建泉州,2003

主 办 单 位　福建省炎黄文化研究会、泉州市政协

摘　　　　要　隆庆元年(1567),明朝政府在倭患基本平定的前提下,宣布在福建漳州海澄月港开放海禁,准许私人海外贸易商申请文引,缴纳饷税,出洋到海外贸易。月港从此由一个偏僻的海滨村落,一跃而成为闻名中外的对外贸易港口。月港崛起的原因虽说是多方面的,但与闽南人特有的海洋文化习俗有着密切的联系。本文拟从闽南文化的角度,对漳州月港的兴衰作一初步的论述。

题　　　　名　**闽南移民与闽台区域文化**

作者及单位　杨彦杰(福建社会科学院)

会 议 名 称　第二届闽南文化研讨会

会议地点时间 中国福建泉州,2003

主办单位 福建省炎黄文化研究会、泉州市政协

摘要 福建与台湾隔海相望,从民间文化的角度说,闽、台同属一个文化区。这个文化区与我们所熟悉的吴越、岭南、巴蜀、齐鲁等文化区一样,均属于中华文化大框架下的地方文化。闽、台文化区的形成与闽南人移居台湾,并在台湾奋斗、传承和发展闽南文化有着密切关系。因此,本文首先探讨大陆向台湾的移民及其基本特征。接着分析闽南民间文化向台湾的传播,以及在此基础上两岸的文化交流与血缘文化纽带的形成。

题名 闽台"二妈"现象试析

作者及单位 粘良图(晋江市博物馆)

会议名称 妈祖文化——闽台妈祖文化学术研讨会

会议地点时间 厦门,1997

主办单位 福建省社会科学界联合会,福建省民俗学会,台湾省各姓渊源研究学会联合举办

题名 闽台对"海神妈祖"的信仰

作者及单位 陈国强,林瑞霞(厦门大学人类学研究所;厦门大学)

会议名称 第二次闽台妈祖文化学术研讨会

会议地点时间 中国福建霞浦,1998

主办单位 福建省社会科学联合会、福建省民俗学会、宁地地区社科联、霞浦县社科联、霞浦松山妈祖文化研究会

摘要 在台湾海峡两岸的福建和台湾省,民间盛行"海神妈祖"的信仰。今天,妈祖研究对海内外人士產生了巨大的吸引力和凝聚力,妈祖信仰的发源地——莆田湄洲祖庙也成为全世界妈祖信徒的向往中心;霞浦松山天后宫建於北宋天聖年间,是妈祖最早行宫,值得研究。

题名 闽台佛教的宗派与传承——以佛教福州鼓山系为中心

作者及单位 徐心希(福建师大社会历史学院)

会议名称 第三届闽台文化学术研讨会

会议地点时间 中国福建莆田,2006

主办单位 福建省炎黄文化研究会、莆田市人大、莆田市政协、中华妈祖文化交流协会

摘要 台湾佛教与大陆,尤其是福建渊源密切。2006 年 5 月,台湾五百余名僧人跨过海峡,来到郁郁葱葱的福州鼓山涌泉寺,借以实现他们久藏心中的夙愿——参拜台湾佛教人士心仪已久的圣殿。鼓山涌泉寺为闽中著名丛林,建于唐建中四年(初名华严寺)。涌泉寺方丈普法说,台湾佛教与鼓山法系源远流长。

题名 闽台佛缘

作者及单位 何绵山(福建省五缘文化研究会学术研讨会)

会议名称 福建省五缘文化研究会学术研讨会

会议地点时间 2002

摘要 闽人参与台湾寺庙的创建台湾佛教与福建佛教关系极为密切,正如连横在《台湾通史》中所言:"佛教之来,已数百年,其宗派多传自福建。"台湾寺庙的创建,与福建人积极参与分不开的,台湾著名的寺庙都与福建人参加有关。台湾寺庙始建于明代。

题　　　名　闽台关圣神缘的历史考察
作者及单位　郭小霞(厦门大学历史系)
会 议 名 称　海峡两岸五缘关系学术研讨会
会议地点时间　中国上海,2003
主 办 单 位　福建省社会科学界联合会、福建省五缘文化研究会
摘　　　要　关圣崇拜是当今台湾主要的民间信仰之一,如同妈祖等许多民间神祇一样,它也是明清时期由一水之隔的福建传来的。闽、台两岸地缘关系密切,台湾的居民大多是明、清之际由福建移来,且在很长一段历史时期内,台湾又隶属于福建,因此两岸神缘关系紧密。

题　　　名　闽台海洋文化的地域特征
作者及单位　赵君尧(福州职业技术学院)
会 议 名 称　第三届闽台文化学术研讨会
会议地点时间　中国福建莆田,2006
主 办 单 位　福建省炎黄文化研究会、莆田市人大、莆田市政协、中华妈祖文化交流协会
摘　　　要　闽台文化交流源远流长,远古人类以及古闽越国覆灭后先民泛海来台,直到三国、隋、宋、元、明不断有大陆居民向台移民。明末清初,是台湾人口增长最快最多的时期。台湾的移民,主要来自闽粤。龚柴《台湾小志》载:闽、粤二省移民,"与土人互婚交友,已不啻水乳交融矣"。

题　　　名　闽台连氏源流考略
作者及单位　连心豪(厦门大学历史系)
会 议 名 称　连横学术思想暨学术成就研讨会
会议地点时间　福建漳州,1994

题　　　名　闽台连氏源流续考
作者及单位　连心豪(厦门大学历史系)
会 议 名 称　中华之根:海峡两岸谱牒学术研讨会
会议地点时间　厦门,2003

题　　　名　闽台妈祖信仰文化涵构
作者及单位　陈炎正(台湾省各姓源流研究会)
会 议 名 称　中华妈祖文化学术研讨会
摘　　　要　一年一度的大甲妈祖进香活动,是台湾宗教活动的一件盛事,由于进香活动规模场面盛大,而受到相当的震撼。同时从这一场盛会,更让我们了解地方一些风俗文化典故,并体会而台湾文化的活力及活泼艺术,也为庄严的宗教活动增添不小的人情味及趣味性。近年来,我们也发现妈祖信仰,正随着时代的变迁,在妈祖诞辰期间的一些适境活动也逐渐多元化,台中县政府举办大甲妈祖国际观光文化节,鼓励年轻世代参与,传承妈祖文化,更进一步结合观光资特与环保理念,而带动地方产业发展。

题　　　名　闽台妈祖信仰文化活动浅谈
作者及单位　周金琰(莆田湄洲祖庙)
会 议 名 称　海峡两岸五缘关系学术研讨会

会议地点时间 ·中国上海,2003

主 办 单 位 福建省社会科学界联合会、福建省五缘文化研究会

摘　　　要 闽台一衣带水,同根同缘。妈祖信仰文化自宋代在福建湄洲发祥起,不断传播、扩大。明末清初,不断地传到台湾,并在台湾发扬光大,成为闽、台较普遍的共同信仰。台湾的开发过程,与妈祖信仰文化在台湾的传播过程分不开。台湾对传播自大陆的妈祖文化的发展、延续,有其依赖大陆的地方,也有其独立的一面。它自身不断发展延续,在不同时期外界不同文化的影响过程中有所变化。

题　　　名 **闽台妈祖信仰文化考察**

作者及单位 陈炎正(台湾省各姓渊源研究学会)

会 议 名 称 第二次闽台妈祖文化学术研讨会

会议地点时间 中国福建霞浦,1998

主 办 单 位 福建省社会科学联合会、福建省民俗学会、宁地地区社科联、霞浦县社科联、霞浦松山妈祖文化研究会

摘　　　要 海洋文化影响妈祖信仰,早从宋代以來,就流传於民间,但对妈祖研究,似乎是近十年之事。自一九八七年海峡两岸交流,以民间信仰而言,最具影响力的首推湄洲妈祖进香熱潮,这一股"妈祖熱"迄今仍持續着在展开中,尤其以台湾信众大批走向湄洲岛或其他妈祖庙宇,同时也为大陸旅遊观光业帶來了空前的蓬勃发展。

题　　　名 **闽台妈祖信仰香火的渊源与传播——从台湾北港朝天宫典藏的木刻运签版观之**

作者及单位 姚文琦(厦门大学历史系)

会 议 名 称 第三届闽南文化学术研讨会

会议地点时间 中国福建漳州,2005

主 办 单 位 福建省炎黄文化研究会、漳州市政协

摘　　　要 妈祖信仰自源于宋代福建莆田地区,历经千年逐渐发展成中国沿海各省居民的主要信仰之一。回顾历代统治者对妈祖信仰的重视,和多次的敕封礼遇,究其原因,可发现各有其不同的主要历史条件。例如:元统治者为解决北方粮食问题,须以大规模的漕运南粮北调,因而促使妈祖信仰得以因势利导。

题　　　名 **闽台民间信仰刍议**

作者及单位 连心豪(厦门大学历史系)

会 议 名 称 福建省五缘文化研究会学术研讨会

会议地点时间 2002

摘　　　要 闽台民间信仰同根同源宗教有拜物教、拜神教之分,一神教、多神教之别。中华民族尤其汉族可以说是一个多神信仰的民族。汉族多神信仰的特点,突出表现为因地而异的民间信仰、品类众多的地方神系列。汉族多神信仰的原因,既与汉人分布地域广阔、地理环境差异而具相对独立性有关,更因汉民族不断发展历史过程中所形成的兼容并蓄的文化传统。

题　　　名 **闽台民间信仰及其旅游**

作者及单位 连心豪(厦门大学历史系)

会 议 名 称 清水祖师文化学术研讨会

会议地点时间 中国福建清水,1999

主 办 单 位　福建省民俗学会

摘　　　　要　民间信仰从属于宗教范畴,民间信仰习俗是民俗的一部分。闽台民间信仰旅游作为宗教旅游、民俗旅游和民间文化交流的重要内容,方兴未艾,显示出无限的魅力。

题　　　　名　**闽台通商与医药贸易**

作者及单位　郭镜智(福建省泉州市中医院)

会议地点时间　2007

摘　　　　要　台湾与福建隔海相望。《三国志·吴志》记载:"黄龙二年(公元230年)春,遣将军卫温·诸葛直率甲士万人浮海求夷州及亶州。"这是大陆人民最早渡海至台湾的记载。隋朝统治者曾三次派员到台湾抚慰,"琉球人初见船舰,以为商旅、往往诣军中贸易"。可以说,当时大陆与台湾之间就有贸易关系。

题　　　　名　**闽台文化与祖国统一**

作者及单位　金学渊(中共福建省委讲师团)

会 议 名 称　第三届闽台文化学术研讨会

会议地点时间　中国福建莆田,2006

主 办 单 位　福建省炎黄文化研究会、莆田市人大、莆田市政协、中华妈祖文化交流协会

摘　　　　要　早日实现祖国和平统一,是全体中国人的共同心愿。福建与台湾地缘近、血缘亲、文缘同、商缘广、法缘久,决定了闽台文化对实现祖国统一具有重要作用。

题　　　　名　**闽粤都城所在地及其相关问题**

作者及单位　陈建生(中共南平市委台办、台情调研室)

会 议 名 称　闽越文化学术研讨会

会议地点时间　中国福建福州,2001

主 办 单 位　福建省炎黄文化研究会、福建省文化厅

摘　　　　要　有关闽粤王"冶(东冶)都"所在地,归纳起来大概有如下诸说:一是浙江南部说,二是"今福建福州市"说,三是由浙南移福州说,四是福建浦城县说,五是闽北崇安即今武夷山市"汉城"说,六是"二王二都"说,七是由福州迁闽北再回迁福州说,等等。

题　　　　名　**闽粤间对外窗口——兼论明清时期潮汕漳夏港口发展的局限**

作者及单位　杜瑜

会 议 名 称　海上丝绸之路与潮汕文化学术研讨会

会议地点时间　汕头,1994

题　　　　名　**"闽越"概念与福建地域文化研究**

作者及单位　黄向春(厦门大学人类学研究所)

会 议 名 称　闽越文化学术研讨会

会议地点时间　中国福建福州,2001

主 办 单 位　福建省炎黄文化研究会、福建省文化厅

摘　　　　要　福建在区域性社会文化中具有独特地位,因此在宗族社会、民间信仰、海洋人文及闽台关系等研究中具有重要作用。近年来,随着人类学研究领域的拓展,人们对福建地区的了解日渐丰富,

探讨也日渐深入。国内外学者把文化、族群与国家之间的关系作为研究重点,力图揭示地域传统、族群关系的历史内涵、本质特征以及中国传统的国家形态和国家体系的形成过程。

题　　　　名　闽越海洋人文初论
作 者 及 单 位　蓝达居(厦门大学人类学研究所)
会 议 名 称　闽越文化学术研讨会
会议地点时间　中国福建福州,2001
主 办 单 位　福建省炎黄文化研究会、福建省文化厅
摘　　　　要　生活于东南沿海地区的部分百越族群是我国古代的海洋民族,其适应海洋生态环境的生活方式形成我国古代的区域海洋人文。百越时代生活于福建沿海地区的闽越族群。一般认为,经过汉晋王朝的军事征服、郡县统治、民族迁徙与融合,至六朝唐宋间,闽越族群已基本融入、同化于南迁的汉民中。

题　　　　名　闽越历史文化研究资料要目
作 者 及 单 位　林剑华,陈旭东,林碧烽(福建师范大学图书馆)
会 议 名 称　闽越文化学术研讨会
会议地点时间　中国福建福州,2001
主 办 单 位　福建省炎黄文化研究会、福建省文化厅
摘　　　　要　由于至今学术界对疍民、畲族等族属问题的论争莫衷一是,因此,本目在编辑过程中对此类问题的研究成果,仅选录其明显叙及闽越历史文化渊源的资料,其余则暂不列入。

题　　　　名　闽越人的造船业与水上交通
作 者 及 单 位　李玉昆(泉州海外交通博物馆)
会 议 名 称　闽越文化学术研讨会
会议地点时间　中国福建福州,2001
主 办 单 位　福建省炎黄文化研究会、福建省文化厅
摘　　　　要　闽越族是我国古代东南百越地区族群的一支,其聚居地以福建为主,兼有浙南、赣东、台湾等地。闽越"处溪谷之间,篁竹之中,习于水斗,便于用船",他们"以船为车,以楫为马,往若飘风,去则难从"。本文拟就闽越人的造船业与水上交通,略述管见,敬请方家指正。

题　　　　名　闽在海中:福建的地域、族群、时代与文化的独特性
作 者 及 单 位　苏文菁(福州大学闽商文化研究院)
会 议 名 称　福建省首届海洋文化学术研讨会
会议地点时间　中国福建福州,2007
主 办 单 位　福建省炎黄文化研究会、福州市政协、福建省社科联、福建省海峡文化研究会
摘　　　　要　福建区域"多山"、"滨海"的地理环境为其海洋文明的发生提供了客观条件;闽人不安命运、敢于打拼的族群个性使该区域的海洋文明成为可能。纪元 7 世纪与 15 世纪以来、两次国际上洲际海洋贸易网络与全球化发端的时代诱因为福建的海洋文明展示提供了充分的空间;同时,由于中国中央政府对这两次国际机遇反应的不同,福建海洋文明遂呈现出不同的面貌。

题　　　名　**明朝“天朝上国”姿态之面面观**
作者及单位　楼俊颖
会 议 名 称　传承文明走向世界和平发展——纪念郑和下西洋600周年国际学术研讨会
会议地点时间　江苏,2005

题　　　名　**明朝长江下游的经济和东亚海上贸易网:16世纪过渡时期的重大意义**
作者及单位　(日本)斯波义信
会 议 名 称　“中国与海上丝绸之路”国际学术讨论会
会议地点时间　泉州,1994

题　　　名　**明朝对澳门政策的确定**
作者及单位　万明(中国社会科学院历史研究所)
会 议 名 称　中国中外关系史学会第六次学术讨论会
会议地点时间　中国广西东兴,1997
主 办 单 位　中国中外关系史学会、复旦大学、上海外国语大学
摘　　　要　明朝对澳门政策的形成,经历了嘉、隆、万三朝,最终确定下来。直至明末,虽有持续争议,然明廷一贯遵行16世纪80年代,即万历初年确定的对澳政策,没有发生根本改变。直至清前期也一直沿袭,影响可谓深远。明朝对澳政策的制订,直接影响澳门地区的治理和发展,这是一个在以往研究中颇感欠缺的重要问题,有必要进一步探析。

题　　　名　**明朝福建市舶司从泉州移置福州的原因探讨**
作者及单位　张恒宇(福建师范大学社会历史学院)
会 议 名 称　朱熹理学与晋江文化学术研讨会
会议地点时间　中国福建晋江,2007
主 办 单 位　福建省闽学研究会、晋江市历史文化研究总会
摘　　　要　泉州,宋元时期号称“东方第一大港”,其繁荣一时,然而明清时期沦落为一个地方性的海港。其过去的辉煌至今仍令许多泉州人乃至福建人耿耿于怀,很多学者也对此进行了深入的分析,从不同方面分析了它衰落的原因。笔者认为其中最重要也是最直接的原因是名成化年间福建市舶司从泉州移置到福州,此举可谓是釜底抽薪,使原来已经开始走下坡路的泉州港渐渐趋向无闻,一蹶不振。为什么会有这样的事情发生呢?

题　　　名　**明朝为什么不向海上发展**
作者及单位　许肇兴
会 议 名 称　“睦邻友好”郑和学术研讨会
会议地点时间　中国南京,2002
主 办 单 位　江苏省郑和研究会
摘　　　要　明朝一反自南北朝以来,放任人民向海上谋生的政策,行海禁锁国的原因,各方先进已多所讨论,本文就另一个层面“国家社会营运”及其背后“文化的支持框架”,试论为什么明朝不向海上发展。

题　　名　明朝政府的对日政策与日本使节的争贡事件

作者及单位　陈尚胜(山东大学历史系)

会 议 名 称　1993年海峡两岸学术讨论会

会议地点时间　1993

主 办 单 位　中国明史学会

摘　　要　发生于明代嘉靖二年(1523)日本使节在宁波的争贡事件,是明代中日关系史上的一件大事。关于这一事件,日本学者柏原昌三曾从日本史角度做过专门而又细致的考察。。本文拟就明朗政府的对日政策再对这一事件做一粗浅分析,并对《明史》等史籍中有关记载的错误做一辨正。不妥之处,敬请方家斧正。

题　　名　明朝政府对澳门的管理述论

作者及单位　万明(中国社会科学院历史研究所)

会议地点时间　1999

摘　　要　明朝正德年间,伴随欧洲海外扩张的步伐,葡萄牙的风帆驶入了印度洋,从此,中西关系开始发生重大转折。正德六年(1511)葡萄牙攻占马六甲,进而觊觎中国。其后,几经碰撞和交涉,葡萄牙人终于得到明朝允许来华贸易并租居澳门,这是明朝海外政策调整的结果。从而打开了中国的一个对外窗口。

题　　名　明朝政府对澳门行使主权

作者及单位　黄启臣(中山大学历史系)

会 议 名 称　第八届明史国际学术讨论会

会议地点时间　中国湖南石门,1999

主 办 单 位　中国明史学会、湖南省社会科学界联合会、湖南省社科院

摘　　要　关于澳门主权问题,有些西方人士不顾历史事实,断言"葡萄牙自始就拥有澳门主权",这是错误的。国内也有一些学者认为,"从公元1553年算起至今,葡萄牙殖民者入侵和统治澳门已有434年的历史",如果"统治澳门"是指行使主权的话,也是不符合澳门的历史事实的。科学地说,只是到了1888年,《中葡和好通商条约》换约生效后,葡萄牙才取得"永驻管理澳门"的管理权。此前,明清中国政府一直是对澳门行使主权的。本文阐述明朝政府对澳门行使主权的事实,就是很好的证明。

题　　名　明朝中后期的民族政策与葡萄牙殖民者窃占澳门

作者及单位　刘祥学(广西师大)

会 议 名 称　第八届明史国际学术讨论会

会议地点时间　中国湖南石门,1999

主 办 单 位　中国明史学会、湖南省社会科学界联合会、湖南省社科院

摘　　要　明代中后期的正德至万历年间,是明朝封建统治全面走向腐朽,国力彻底衰微的重要时期,这一时期明朝统治危机四伏。统治阶级内部,由于皇帝昏庸腐朽,宦官专权,阁臣倾轧,政局混乱,使统治十分腐败,民族矛盾和阶级矛盾日益尖锐并不断激化。在其统治的陆地边境地区,局势动荡不宁,边患较为严重。主要是北方民族不断南下,给明朝统治者以很大压力,迫使明朝统治者不断加强北边的防卫;南方民族起义此伏彼起,又令明朝军队难以脱身,只好不断增兵加强进剿。与此同时,明朝的海防面临的外来威胁开始显现,在辽阔的海疆上不仅倭寇的骚扰持续了数十年之久,而且西方殖民者也开始从海上对我国进行公开的侵略活动。在西方殖民者中,葡萄牙殖民者成了侵略我国的急先锋,它从明武宗正德年

间即开始以通商为名对我国进行侵略活动，到明世宗嘉靖年间成功地窃占了我国神圣领土澳门，率先在东亚建立起第一个殖民地。对于葡萄牙殖民者窃占澳门的经过以及明朝与葡萄牙的海外贸易情况，许多学者多有研究。但在葡萄牙殖民者窃占澳门为何能够得逞这一问题上，不少学者只注意到葡萄牙殖民者的手段狡猾，而没有根据当时明朝的民族形势和民族政策，进行深入的探讨，因此不能圆满地解释这一问题。

题　　　名　明成祖为日本封山勒铭史事考论

作者及单位　晁中辰（山东省人民政府；中外关系史学会；山东大学华侨华人研究所；山东大学历史文化学院）

会 议 名 称　东北亚海上交流历史文化遗产国际学术研讨会

会议地点时间　青岛；蓬莱，2006

主 办 单 位　中国海洋大学海洋文化研究所，山东省蓬莱市文物局

题　　　名　明初“贡市”新证——以《敬止录》引《皇明永乐志》佚文外国物品清单为中心

作者及单位　万明（中国社会科学院历史研究所）

会议地点时间　2007

主 办 单 位　中国明史学会、中国社会科学院历史研究所明史研究室

摘　　　要　本文首先以高宇泰《敬止录·贡市考》引述《皇明永乐志》（即永乐《鄞县志》）中的外国物品清单为中心，结合宋元方志相关记载，展开对宋元明外国进口物品的比较分析；继之以《敬止录·贡市考》的引述为例，对宋元明对外贸易物品的仓储规模进行比较；最后以《皇明永乐志》佚文所见宁波市舶司及其行人规模，进一步论证明初朝贡贸易繁盛超过宋元的实态，以期对明初朝贡贸易有一个接近历史事实的重新认识。

题　　　名　明初的中日关系与寓滇日僧

作者及单位　古永继（云南大学西南边疆少数民族研究中心；云南省高校古籍整理研究会）

会 议 名 称　登州与海上丝绸之路国际学术研讨会

会议地点时间　中国山东蓬莱，2008

主 办 单 位　联合国泛丝绸之路·系列活动组委会、中国中外关系史学会、鲁东大学、山东师范大学齐鲁文化研究中心、蓬莱市人民政府

摘　　　要　云南与境外岛国日本，两者远隔千山万水，当省外各地通过与日本的交往而在古代中日关系史上留下多彩的篇章时，僻处西南边疆的云南却默默无闻，及至近几十年日本学界兴起到云南的“寻根热”后，两地间的联系似才进入人们的视野。其实，早在六百多年前的明代初期，已有日本僧人活跃于云南，在中日关系史上写下了厚重的一页。

题　　　名　明初对外友好关系与郑和下西洋

作者及单位　洪焕椿

会 议 名 称　湖北省纪念郑和下西洋600周年活动

会议地点时间　中国武汉，2005

主 办 单 位　中国航海学会内河船舶驾驶专业委员会

摘　　　要　明初六七十年，中国封建社会出现了兴盛的局面。这是由于元末农民战争之后，国内人民要求有一个“休养安息”的和平环境，来恢复社会生产力。朱元璋和朱棣作为历史上杰出的政治家，顺应这一历史发展的总趋势，在国内外推行一系列有利于人民恢复生产的政策，并取得了成效。对外关系

是国内政策的继续。明初采取睦邻友好的外交政策,发展与亚非国家的友谊和经济联系,取得了巨大的成就。郑和下西洋就是明初对外友好政策的产物,成为中外友谊史上继往开来的盛事。郑和是我国历史上杰出的政治活动家。他为增进明朝与亚非三十多个国家的友谊,贡献出自己一生的精力。他的爱国胸怀和光辉业绩,赢得中国和世界人民的尊敬和纪念。从郑和下西洋之后,中外友好情谊象长江之水,永远奔流不息。

题　　　名　**明初海禁与东南亚贸易的发展**
作者及单位　李金明(厦门大学南洋研究院)
会 议 名 称　“中国与东南亚”国际学术讨论会

题　　　名　**明初睦邻友好的杰出使者——郑和**
作者及单位　范金民(南京大学历史系)
会 议 名 称　“睦邻友好”郑和学术研讨会
会议地点时间　中国南京,2002
主 办 单 位　江苏省郑和研究会
摘　　　要　明太祖朱元璋、成祖朱棣等明朝初年的最高统治者,对周边各国实行睦邻友好、和平相处的外交政策。自永乐三年至宣德八年(1405—1433)将近30年间率领举世无双的庞大船队前后七次下西洋的正使太监郑和,忠诚地执行朝廷对外睦邻友好的政策,出色完成了艰巨的外交使命,为明初睦邻友好的外交做出了不可磨灭的贡献,成为了中华民族对外友好的杰出代表。

题　　　名　**明初三十六姓迁居琉球中的蔡襄后裔**
作者及单位　庄景辉
会 议 名 称　纪念蔡襄诞辰975周年学术讨论会
会议地点时间　1994
摘　　　要　明洪武五年(1372),太祖命行人杨载使琉球,中山王察度遣弟泰期等随之入朝贡方物。至此,自古不通中国”的琉球,与明廷建立了密切的朝贡关系。洪武二十九年(1396)太祖嘉其修职勤,赐闽中舟工三十六户(姓),以便贡使往来,中山王大喜,即令三十六姓择居于唐荣(俗称久米村)。

题　　　名　**明初之世界观及郑和下西洋之时代意义**
作者及单位　赵令扬(香港大学中文系)
会 议 名 称　“郑和远航与世界文明”暨纪念郑和下西洋600周年学术讨论会
会议地点时间　北京,2004

题　　　名　**明代“礼治”外交与郑和下西洋**
作者及单位　徐凯(北京大学历史系)
会 议 名 称　“郑和远航与世界文明”暨纪念郑和下西洋600周年学术讨论会
会议地点时间　北京,2004

题　　　名　**明代“隆庆开放”与海上贸易发展**
作者及单位　冯之余(华中师范大学历史文化学院)
会 议 名 称　福建省首届海洋文化学术研讨会

会议地点时间　中国福建福州,2007

主 办 单 位　福建省炎黄文化研究会、福州市政协、福建省社科联、福建省海峡文化研究会

摘　　　要　隆庆元年(1567 年),明朝政府在福建漳州月港开放海禁,厉行二百年之久的海禁政策终于被打破。这次开海在我国古代经济史和对外贸易史上占有重要地位,史称"隆庆开放"。它对中国乃至世界经济发展都起到一定的影响。

题　　　名　**明代"援朝抗倭"的实相及其历史的继起性**

作者及单位　金汉植(韩国庆北大学)

会 议 名 称　第五届中国明史国际学术讨论会暨中国明史学会第三届年会

会议地点时间　中国陕西西安,1993

主 办 单 位　中国明史学会

摘　　　要　明代的"朝鲜·中国"关系中,有两个重要的历史事实,即朝贡关系和"援朝抗倭"。其中,"援朝抗倭"是明朝派遣军队援助朝鲜对抗当时掌握日本政权的丰臣秀吉所发动的两次侵略的事件。丰臣秀吉侵略朝鲜,引起十六世纪末的东亚,前后七年间的大动乱。此战争影响东亚的朝鲜、中国、日本,发生了很大的历史情势转变。所以,在本研究中,我要究明(1)为什么丰臣秀吉要发动侵略战争?他的所谓"唐入=中国侵略"的意图和构想,特别是在当时的东亚国际秩序里是什么?(2)我们怎样解释明朝的"援朝"?如果这"援朝"不是战后明朝对朝鲜的榨取或者期待别的补偿,"援朝"时,明朝方面的内部事情怎样?"援朝"军的构成和实相怎样?

题　　　名　**明代漕船管理述略**

作者及单位　封越健(中国社会科学院经济研究所)

会 议 名 称　"运河之都-淮安"全国学术研讨会

会议地点时间　2008

摘　　　要　漕运制度,是从水路转运各地田赋(粮食)供应京师百官俸禄军饷、宫廷消费的一种转运方式。明人何乔远曾明确指出:"运也者,朝廷所以禄百官,廪庶工,食宿卫士,饱关辅戎马,国计之大者也。"漕运方式早在秦汉时就已经出现了。明代从永乐十三年(1415)罢海运,京师百费赖"一衣带之水"供给,保证漕粮如额如期达到北京成为明朝至关重要的军国大事,为此明朝制定了许多措施和制度。其规模之大,组织之严密,制度之完备,为历代所不及。

题　　　名　**明代漕船修造制度述略**

作者及单位　封越健(中国社会科学院)

会 议 名 称　第七届明史国际学术讨论会

会议地点时间　中国吉林长春,1999

主 办 单 位　中国明史学会、东北师范大学、吉林大学、吉林师范学院、通化师范学院、吉林省社会科学院

摘　　　要　漕运是由水路转运各地漕粮供应京师百官俸禄、军饷和宫廷消费的一种运输方式。漕运方式早在秦汉时就已出现,唐宋以降,随着经济重心南移,转漕京师日益重要。明初为了供应辽东等地军饷,曾由太仓海运粮食至辽东、天津。

题　　　名　**明代淡生堂抄本《瀛涯胜览》为郑和宝船佐证**

作者及单位　何国卫

会议名称　传承文明走向世界和平发展——纪念郑和下西洋600周年国际学术研讨会
会议地点时间　江苏,2005

题　　　名　**明代的内河航运**
作者及单位　郭松义(中国社会科学院历史研究所)
会议名称　1993年海峡两岸学术讨论会
会议地点时间　1993
主办单位　中国明史学会
摘　　　要　与宋元时期相比,明代的商品经济有了明显的发展。商品经济的发展促进了交通运输业的繁荣,在适当条件下,交通运输中最经济方便的,当然是利用水路,但水路又有内河和海洋之分。鉴于学者们对明代的海上交通曾有较多的论述,故本文仅就有限资料,谈一谈明代的内河航运,不妥或错误之处,恳祈专家指正。

题　　　名　**明代的商人与商帮**
作者及单位　余同元,唐伟华(苏州大学历史系;烟台师范学院)
会议名称　第八届明史国际学术讨论会
会议地点时间　中国湖南石门,1999
主办单位　中国明史学会、湖南省社会科学界联合会、湖南省社科院
摘　　　要　关于明代商人及商业的研究,在学术界既是热门话题,也取得了很多重要的成果。但从已有的论著看,研究范围多局限于明王朝统治下的内地商人及商帮的活动情况,对进行边地贸易的边商和海外贸易的海商却缺乏研究的力度,尤其缺少对内地商人与边商、海商的综合研究:研究内容也偏重于明中后期因商品经济发展而导致商帮的崛起以及各地商人的经营方式和资本流向等,忽略了明代商业政策变化脉络的研究,特别是对明代民族贸易政策、外贸政策及商税政策与明代边商、海商及内地商人商业的彼此作用、相互关系等问题,更缺少系统的研究。本文仅将明代商人与商帮的相关资料和有关问题勾勒出来,提纲挈领,撰成短文,以就教于专家同仁。

题　　　名　**明代登州与海洋文明——城市空间的解读**
作者及单位　万明(中国社会科学院历史所;明史研究室;中国中外关系史学会)
会议名称　登州与海上丝绸之路国际学术研讨会
会议地点时间　中国山东蓬莱,2008
主办单位　联合国泛丝绸之路·系列活动组委会、中国中外关系史学会、鲁东大学、山东师范大学齐鲁文化研究中心、蓬莱市人民政府
摘　　　要　丝绸之路的研究,在20世纪无疑是世界学林的一门显学。然而,正如耿昇先生所指出的:"纵观中国的丝绸之路研究史,总体来说,专家学者始终都偏重于研究西北陆路丝绸之路,在对海上丝绸之路的研究中,又更多地注重于南方海上丝绸之路,对于广东、江苏、福建和浙江沿海港口的研究始终为重中之重。但是,对于经过山东半岛的'东方海上丝绸之路',过去没有给予应有的重视"。可喜的是,新出刘凤鸣先生的(山东半岛与东方海上丝绸之路》一书,将古代山东半岛与海上丝绸之路的关系做了系统梳理,为我们展现了以蓬莱为起点的东方海上丝绸之路的全貌。近年山东省文物考古研究所、烟台市博物馆、蓬莱市文物局编《蓬莱古船》一书,是蓬莱古船发掘与研究的集大成者,揭示了蓬莱水城发现的古船及其遗物。古船之一经专家鉴定为韩国古船,而三艘古船均可能与明代时间段相关,遗物中有大量的明代瓷器,这些宝贵文物是历史的见证,充分证明了登州古港在明代海上丝绸之路上的重要地位和作用。

题　　　名　明代东北船厂名将刘清
作者及单位　衣兴国(吉林师范学院占踊研究所)
会 议 名 称　1993 年海峡两岸学术讨论会
会议地点时间　1993
主 办 单 位　中国明史学会

题　　　名　明代东南沿海倭患与潮州军民的英勇抗击
作者及单位　(泰国)郭伟川
会 议 名 称　海上丝绸之路与潮汕文化学术研讨会
会议地点时间　汕头,1994

题　　　名　明代东亚关系之研究(摘要)
作者及单位　陈福坡(日本中华学会)
会 议 名 称　第八届明史国际学术讨论会
会议地点时间　中国湖南石门,1999
主 办 单 位　中国明史学会、湖南省社会科学界联合会、湖南省社科院
摘　　　要　明代(1368 年~1644 年)朱元璋于元末起兵伐元而得天下,传十二世、十六帝共 276 年,明代中外关系,在中国古代对外关系史上,是占有极重要之一页,明代对外交往中,接触国家之多、地域之广也系前所未有,据各种史籍统计,明代对外发生关系的国家多达 70 多国,因此可以说明代对外交往关系,在中国古代对外关系史上继唐代以后,是一个高潮时代,尤其对东亚周边国家之日本、琉球、朝鲜之关系更为密切。

题　　　名　明代福建的海外移民与海洋文化
作者及单位　李金明(厦门大学南洋研究院)
会 议 名 称　福建省首届海洋文化学术研讨会
会议地点时间　中国福建福州,2007
主 办 单 位　福建省炎黄文化研究会、福州市政协、福建省社科联、福建省海峡文化研究会
摘　　　要　文化是人类作用于自然的结果,也是在社会实践中创造出来的。文化既是一种历史现象,也是一种社会现象,每一种社会都有与其相适应的文化,并随着社会物质生产的发展而发展。

题　　　名　明代福建海商走私贸易简论
作者及单位　林枫(厦门大学人文学院历史系)
会 议 名 称　第三届闽南文化学术研讨会
会议地点时间　中国福建漳州,2005
主 办 单 位　福建省炎黄文化研究会、漳州市政协
摘　　　要　明代中叶福建以闽南海商为主体的地方商帮的兴起,从一开始起便与朝廷的官方朝贡贸易制度和禁海政策针锋相对,职此之故,他们不得不采取时商时盗、亦商亦盗的活动方式,表现出海盗与商人的双重性格。

题　　　名　明代福建商人的海洋开拓
作者及单位　徐晓望(福建社会科学院历史研究所)

会议名称 “改革开放与企业文化建设”研讨会
会议地点时间 中国福建福州,2008
主办单位 福建省炎黄文化研究会、福建省企业与企业家联合会
摘要 对于明代福建海商的研究,业师傅衣凌先生早在60年前即有《明代福建海商》一文,堪称历史学界研究福建海商的奠基之文。本文在此基础上进一步研究明代福建沿海形成的漳州、泉州、福州三大海商集团,他们打破明朝的禁令,积极向海外发展,体现了积极开拓的海洋文化精神。在其影响之下,形成了环中国海贸易圈。

题名 明代冠带琉球通事林易庵家史考略
作者及单位 叶恩典,陈丽华
会议名称 第九届中琉历史关系国际学术会议
会议地点时间 2005

题名 明代广州的海外贸易及其社会效应
作者及单位 黄启臣(中山大学历史系)
会议名称 1993年海峡两岸学术讨论会
会议地点时间 1993
主办单位 中国明史学会
摘要 广州于案汉年间最早形成中国第一个港市之后,至南宋初年,一直是中国最大的海外贸易港口。到了元代,泉州港掘起,广州才退居第二位,但仍然保持霸荣的局面。降至明代,广州的海外贸易又复兴盛,成为全国海外贸易的中心。

题名 明代国内交通运输的嬗变
作者及单位 于宝航(大连大学历史学院;)
会议地点时间 2008
摘要 明代交通运输的嬗变是明朝盛衰的历史表现,同时也是推动明朝历史变迁的内在动因,是与明王朝历史发展相对应的。明代国内交通运输的发展经历了三个发展阶段:一、明初国内交通运输的开创与恢复。二、明中期交通运输的调整与繁荣。三、明末交通运输的衰败。这三个阶段的发展主要体现在漕运、驿传和民间运输三个方面的变化上。

题名 明代国内主要商路与商品流通
作者及单位 于宝航(大连大学)
会议名称 第十一届明史国际学术讨论会
会议地点时间 中国甘肃兰州、中国青海西宁,2005
主办单位 中国明史学会、西北师范大学、甘肃省社会科学院、青海师范大学
摘要 对明代商品经济的研究在很多领域都取得了丰硕的结果,如市镇经济,地域性商人集团等等,但对作为商品流通重要前提的商业交通的研究关注的人还不多。本文利用明代商书,归纳出三横三纵六条跨区域的商品流通路线,这些主要商路大都是利用自然的河流水系,表明水运在明代商品运输中占有重要地位。

题　　　名　**明代海防与海外贸易——明朝闭关与开放问题的初步研究**

作者及单位　陈尚胜(山东大学历史系)

会议名称　关于我国历史上的开放与闭关政策讨论会

会议地点时间　中国浙江宁波、中国河北秦皇岛,1987

主办单位　中国中外关系史学会

摘　　　要　中国的海外贸易虽然开始较早,但海防问题,却是朱明王朝建立后所面临的新课题。这种由海防所引起的中国封建王朝对海上贸易政策和外交政策的变化,以及由此而发生的中央封建朝廷与东南沿海地区关系的复杂进程,迄今未被人们予以足够的注重。

题　　　名　**明代海南地区商业贸易探研**

作者及单位　张雪慧(中国社会科学院历史研究所)

会议名称　第八届明史国际学术讨论会

会议地点时间　中国湖南石门,1999

主办单位　中国明史学会、湖南省社会科学界联合会、湖南省社科院

摘　　　要　明代,海南地区的开发进入了一个新时期,其社会的进步、经济的发展和人文的昌盛实为以前历代所不及。然而因海南岛地处万里蛮荒,偏于南海一隅,曩者史家论及斯地,其视点多在海黎、海防;当代学者时或评述海刚峰、丘文庄,于明代海南经济史的研究则往往语焉不详。笔者不揣浅陋,草成小文,虽于明代海南商业贸易史实未足以披其一端,意诚在引发更多的专家研究海南社会经济史之兴趣,以期于建设繁荣海南之事业,幸或微有助益。

题　　　名　**明代航海水罗盘**

会议名称　北京郑和二千料宝船船模复原研究论坛

会议地点时间　北京,2004

摘　　　要　本文对明代航海水罗盘进行了介绍。该仪器系用整木雕刻而成,上部为盖,下部为罗盘本体。罗盘中心有直筒式圆形深槽,内中盛水,放置水浮针,盘面周围刻二十四位,分别以八天干、十二地支、四卦来表示,其中子为正北,午为正南。

题　　　名　**明代后期部分开放海禁对我国社会经济发展的影响**

作者及单位　李金明(厦门大学南洋研究院)

会议名称　关于我国历史上的开放与闭关政策讨论会

会议地点时间　中国浙江宁波、中国河北秦皇岛,1987

主办单位　中国中外关系史学会

摘　　　要　隆庆元年(1567 年),在“嘉靖倭患”基本平定的前提下,明政府迫于朝内外官员的舆论,不得不在福建漳州海澄月港部分开放海禁,准许私人申请文引出海贸易,从而使明代前期实行近二百年的海禁律法发生了根本性的改变,使明代后期私人海外贸易得以迅速地发展。

题　　　名　**明代后期闽粤之交的海洋社会:分类、地缘关系与组织原理**

作者及单位　黄挺(广东韩山师范学院潮学研究所)

会议名称　第三届闽南文化学术研讨会

会议地点时间　中国福建漳州,2005

主办单位　福建省炎黄文化研究会、漳州市政协

摘　　　要　在上一届闽南文化研讨会上，杨国桢老师的论文《籍贯分群还是海域分群》，采用大量民间文献资料，细剖详析，在学术研究的层面上，质疑了“明末泉州三邑帮海商”这样一个概念。不过，文章的意义，不仅在这一个学术个案的解决，更加重要的，是提出海洋社会研究的一些应该引起重视的原则。

题　　　名　明代宦官与中朝交往

作者及单位　孙卫国(南开大学历史系)

会议名称　1993 年海峡两岸学术讨论会

会议地点时间　1993

主办单位　中国明史学会

摘　　　要　明代中朝关系极为密切，尽管是宗主与藩属，但明朝人把朝鲜视为“礼义之国”，因为朝鲜“一以敬事中国为主，故能长世。中国亦倚为东藩，末入版图，宛如一家堂英。明廷以朝鲜牵制建州，朝鲜依明廷以抗倭寇，相互依存。明朝给诸边各国所有的权益，得益最著的首推朝鲜。朝鲜向明廷进贡，明廷破例给其许多优惠。名义上贡期有所限制，实质上几乎没有限制，“每岁圣节，正旦嘉培十年(1531)后改冬至、皇太子千秋节，皆遣使朝贺，贡方物，其余庆慰谢思，无常期，国王嗣位请封亦迫使行礼。”朝贡之时，受赐的东西远远比其贡给的东西多。因此，“虽国王不世见，然事天朝最恭谨，·天朗亦厚礼之，异于他藩，每朝廷大事必迫使颁记于其国，告哀请封必迫近臣及行人吊祭册封之，例以为常。”

题　　　名　明代江南水利政策的发展

作者及单位　川胜守

会议名称　明清史国际学术讨论会

会议地点时间　天津，1980

题　　　名　明代两大探险活动之异同

作者及单位　吕锡生(无锡江南大学)

会议名称　徐霞客与中国旅游文化学术讨论会

会议地点时间　2003

主办单位　中国徐霞客研究会、江阴市人民政府

摘　　　要　明代曾出现过两次为世人所瞩目的探险活动，一次是公元十五世纪前期的郑和出使航海；一次是在十七世纪上半叶的徐霞客旅游考察。尽管它们发生在不同时期，有着不同的目的，具有不同内容，但都对人类作出重大的贡献，表现了中国人民不畏艰险、勇于探索、敢于创新的民族精神和崇高的爱国主义品质。本文就这两次探险活动作些比较，以便进一步认识其成功的原因和价值。

题　　　名　明代南澳史事初探(提要)

作者及单位　汤开建，陈文源

会议名称　海上丝绸之路与潮汕文化学术研讨会

会议地点时间　汕头，1994

题　　　名　明代宁波的“贡市”——以明末高宇泰《敬止录》为中心的探析

作者及单位　万明(中国社会科学院历史研究所)

会议名称　宁波与“海上丝绸之路”国际学术研讨会

会议地点时间 中国浙江宁波,2005

主 办 单 位 中国中外关系史学会、浙江日本文化研究所、宁波市文化广电新闻出版局

摘 要 所谓“贡市”,明朝人作“朝贡”与“市易”解。明初继承前朝做法,将主要与日本交往的“贡市”地点定于宁波,设立市舶司。职责在于“掌海外诸蕃朝贡市易之事,辨其使人表文勘合之真伪,禁通番,征私货,平交易,闲其出入而慎馆谷之”。

题 名 **明代宁波在中日经济交往中的地位——兼论官、民贸易方式的转变与嘉靖“大倭乱”的起因**

作者及单位 王慕民(宁波大学文学院)

会 议 名 称 宁波与“海上丝绸之路”国际学术研讨会

会议地点时间 中国浙江宁波,2005

主 办 单 位 中国中外关系史学会、浙江日本文化研究所、宁波市文化广电新闻出版局

摘 要 “宁波三面际海,北面尤孤悬海滨,吴淞、海门呼吸可接。东出镇海,大洋辽阔,南连闽粤,西通吴会。舟山突起,中洲延袤四百余里,控扼日本诸蕃,厥惟咽喉之地。”

题 名 **明代前期中国、琉球及东南亚多边贸易关系的兴衰**

作者及单位 聂德宁

会 议 名 称 第九届中琉历史关系国际学术会议

会议地点时间 2005

题 名 **明代泉州人旅居东南亚的谱牒资料分析**

作者及单位 郑山玉

会 议 名 称 “中国与东南亚”国际学术讨论会

题 名 **明代山东的海防体系与军事部署**

作者及单位 王赛时(山东社会科学院历史所)

会议地点时间 2005

主 办 单 位 中国明史学会、中国社会科学院历史研究所明史研究室

摘 要 明朝伊始,山东沿海地区就遭遇了日本海寇的侵袭,损失相当严重。为此,明王朝快速着手建立海防体系,藉以保障山东沿海地区的安全。当时的海防体系以沿海卫所为主要形式,构筑起军民一体的海滨壁垒,并以军港为依托,形成强有力的军事屏卫。同时,明朝又在山东沿海纵深地带组建了海防三营,形成有效的支援体系。有明一代,山东的海防体系与军事部署对当地的疆土安全、经济发展和人民生活都起到了重要的保障作用,其意义不可低估。

题 名 **明代市舶太监的历史作用**

作者及单位 王川(中山大学历史系;)

会 议 名 称 中西初识二编——明清之际中国和西方国家的文化交流之二

会议地点时间 2000

主 办 单 位 中国中外关系史学会

摘 要 有明一代,于东南沿海区域的广东、福建、浙江三地设立市舶司,“所以通夷情,抑奸商,俾法禁有所施,因以消其衅隙也”。成祖永乐元年(1403 年)八月,“命内臣齐喜提督广东市舶”,“内官

提舶，始此"。齐喜为明代第一位市舶太监。

题　　　名　**明代泗州城之谜新探**

作者及单位　陈琳（江苏省盱眙县政协）

会议名称　第十届明史国际学术讨论会

会议地点时间　中国江苏南京，2004

主办单位　中国明史学会、中山陵园管理局、南京大学历史系

摘　　　要　在烟波浩渺的洪泽湖畔、江苏省盱眙县城西的淮河水下，沉睡着一座古老的历史文化名城，这座名城，兴于唐代开元盛世，毁于清初康熙年间，在这千年的历史时期，她既是"舟舡泊聚，车马云集，廛市繁荣，人文荟萃"的名州古城，又是长江进入黄河的水道中点；既是唐宋时期的遭运中心，又是当时洪泽湖地区规模较大的中心城市。这样一座盛极一时的历史文化古城，却从地面上消失了，她没有毁于南北对峙时期的金戈铁马，没有毁于都梁荒丘的山林野火，也没有毁于地震和火山爆发，而是罹患于暴戾的黄河和淮河洪水……。她就是清、康熙十九年（公元1680年）被黄河夺淮淹沉的泗州故城。

题　　　名　**明代天主教在中国的传播及其文化效应**

作者及单位　黄启臣（中山大学历史系）

会议名称　第五届中国明史国际学术讨论会暨中国明史学会第三届年会

会议地点时间　中国陕西西安，1993

主办单位　中国明史学会

摘　　　要　天主教（Sacerdotes）、正教、新教并称为基督教（Christiantv）的三大教派。而基督教传入中国共有三次。第一次是唐贞观九年（635年），由基督教聂斯脱里派（Nsetorian）主教、叙利亚人阿罗本（Olopen）传入，唐人称为景教，至武宗会昌五年（845年）便销声匿迹了。第二次是元朝至元三十一年（1294年），由罗马教廷方济各会各会修士约翰·孟特·高维诺（JohnMonteGovino）传入中国，并在北京、泉州等地设立了教堂，当时蒙古人称之为"也里可温教"（Arcoum）。到至正二十八年（1368年）元亡而再次消失。第三次是明朝万历年间，天主教耶稣会士来澳门并经澳门入内地传教，历时200年，其残余活动至清光绪二十年（1894年）。这次天主教在中国传播时间长、范围广、影响深。本文拟将明代天主教在中国传播的进程及其文化效应作一探索，以求教于专家学者。

题　　　名　**明代西器东传及其社会影响**

作者及单位　谢贵安（武汉大学）

会议名称　第十一届明史国际学术讨论会

会议地点时间　中国甘肃兰州、中国青海西宁，2005

主办单位　中国明史学会、西北师范大学、甘肃省社会科学院、青海师范大学

摘　　　要　本文通过梳理大量的明代笔记、文集、小说及其他史料，对西方器物文明传入明代中国的过程及事实作了勾勒和缕述，指出前近代输入中国的西方物质文明成果主要分为五大类：第一大类是武器，如火器（火炮、火枪）、纯钢刀剑等。第二大类是生活用品，如西洋布、哔叽、天鹅绒、呢绒、自鸣钟、怀表、玻璃制品等。第三大类是交通工具，如帆船。第四大类是科学仪器，如地球仪、天象仪、望远镜、放大镜、显微镜、温度计、阴晴表等。

题　　　名　**明代西器东传探研**

作者及单位　谢贵安（武汉大学历史学院）

会 议 名 称 第十一届明史国际学术讨论会

会议地点时间 中国甘肃兰州、中国青海西宁,2005

主 办 单 位 中国明史学会、西北师范大学、甘肃省社会科学院、青海师范大学

摘　　　要 明代是世界历史从陆地转向海洋、从分散走向统一的重要转折时期。随着欧洲人的自西向东,中西文化的交流和碰撞也从物质层面首先展开,吸引中国人目光的是西洋奇器和商品,欧洲人也以西器作为西方观念文化(如天主教教义)的外包装和传播的润滑剂。目前,学界对明代的西器(西洋物质文明成果)东传情况留意较少,且多为兼及(如西洋科技著作翻译和传教士的研究上),甚少专论,似只有周铮、韦庆远、马楚坚、刘善龄、彭全民等人撰有为数不多的论文。

题　　　名 **明代宣德时期的中外关系**

作 者 及 单 位 赵中男,于虹

会 议 名 称 第九届国际明史学术讨论会

会议地点时间 武夷山,2002

主 办 单 位 中国明史学会;

摘　　　要 明代前期的中外交流活动中,在永乐一朝达到高潮,突出表现为郑和率领的皇家贸易船队六下西洋,以及众多外国使团的来访。此后的宣德时期,整个国家政策发生了变化,明廷领导人在许多方面采取了稳定和收缩的政策,在外交政策方面基本上力求保持和维护与周边国家的关系,而非积极发展和加深这种关系。因此,尽管宣德时期中外交流活动较为频繁,但只是永乐时期高潮的尾声。从整个明代中外关系史上看,宣德一朝的中外关系虽然不能与永乐时期相比,却比以后各个时期更为发达,并且是后者无法相比的。

题　　　名 **明代与中亚诸国的交往**

作 者 及 单 位 沈定平(中国社会科学院历史研究所;)

会 议 名 称 纪念谢国桢先生诞辰90周年学术讨论会

会议地点时间 1992

主 办 单 位 中国明史学会、中国社会科学院历史研究所明史研究室

摘　　　要 纵观中国明代与中亚诸国的关系,有两个特别值得注意的时期,或者说出现了两次交往的高潮,这就是永乐朝(1403—1424)和嘉靖朝(1522—1566)。前期主要表现在与帖木儿帝国的交往,后期则偏重于同奥斯曼帝国的关系。一十四世纪后期和十五世纪初期,在亚洲的东西屹立着两个疆域辽阔,实力强大的帝国,这就是崛起于中亚的帖木儿帝国和雄踞远东的大明帝国。

题　　　名 **明代援朝抗倭与建州女真的崛起**

作 者 及 单 位 李日强,晁中辰(山东大学历史文化学院)

会 议 名 称 中国中外关系史学会第六届会员代表大会

会议地点时间 中国吉林延边,2005

主 办 单 位 中国中外关系史学会、延边大学历史系与东北亚研究院、沈阳东亚研究中心

摘　　　要 满清以区区不足百万之众,乘时而起,征服了人数多达六千余万的大明帝国。此种历史为世人难以理解。满清前身——建州女真最初不过统治东北建州三卫而已,发展颇为艰难。外有明朝、蒙古、朝鲜三大势力环伺周围,内有女真诸部混争,生存都成问题。但世事难料,明朝末年,建州女真乘明代援朝抗倭战争之机,迅速崛起,进而一统华夏。以往的研究多关注于对建州女真自身发展阶段及性质的探讨,很少考虑明末东北亚国际格局的变动对建州女真的影响。本文以明代援朝抗倭战争为中心,综合考

察明末建州女真所处之东北亚国际大局,探讨此次战争在建州女真崛起中的关键作用。

题　　　名 **明代漳州月港的兴衰与西方殖民者的东来**
作者及单位 谢方
会 议 名 称 中国中外关系史学会成立大会
会议地点时间 中国福建厦门,1981
主 办 单 位 中国中外关系史学会
摘　　　要 福建漳州月港是明中叶以后我国东南沿海对外交通和贸易的一个重要港口。它出现于十五世纪中叶,到十六世纪中叶至十七世纪初(万历末年)达到了最繁荣时期,凌驾于传统的外贸港口泉州之上。

题　　　名 **明代镇北关考察随笔**
作者及单位 张云核(吉林师范学院古籍研究所)
会 议 名 称 1993 年海峡两岸学术讨论会
会议地点时间 1993
主 办 单 位 中国明史学会
摘　　　要 镇北关是明代辽东都司的北部重镇开原的重要边关。镇北关是女真各部入京朝贡的贡迴上的主要关口。自从 1368 年,元朗被服嗣后,明朝乘胜进军东北,平定故元割据势力,捆抚东北女真各部,建立卫所,进行有效的管辖。根据明朝政府的规定,女真三大部的各个卫所妥"以时朝贡"。贡品为地方名贵特产,如马凹、绍皮、阿胶、人参、海东青等。海西女真、建州女真,由明政府"责令岁以冬月从开原入朝贡"。女真诸部按政府指定的时间、路线、多经镀北关验放,奖开原再入京朝贡。卫所入贡官员到北京以后,由合同馆负责接待,凡女真贡使"俱于北馆安顿"。明廷对朝贡者按宵秩大小授给抚货,对贡品给予回赐。随着卫所不断增设,入贡人数也日益增加,仅慕靖 15 年(1536 年)女真来京贡使就有二千一百四十余名。由此可见,镇北关是女真各部沿贡道入京的必经关隘之一。

题　　　名 **明代中朝朝贡刍议**
作者及单位 栾凡(吉林省社会科学院历史所)
会 议 名 称 中国明史学会
会议地点时间 2007
摘　　　要 朝鲜,是明朝的主要朝贡国,二者之间的关系是典型而实质的朝贡关系,"其主要特征是朝贡国向明朝称臣,定期遣使朝贡,采用明朝年号、年历等;明朝政府则对其国王予以册封、赏赐,对其贡物进行回赐等。

题　　　名 **明代中国与满剌加国的关系及海上航路**
作者及单位 朱鉴秋(海军海洋测绘研究所)
会 议 名 称 "中国与东南亚"国际学术讨论会

题　　　名 **明代中韩两国靖倭政策的比较研究**
作者及单位 郑梁生(淡江大学)
会 议 名 称 第七届明史国际学术讨论会
会议地点时间 中国吉林长春,1999

主办单位 中国明史学会、东北师范大学、吉林大学、吉林师范学院、通化师范学院、吉林省社会科学院

摘　　要 日本西陲的壹岐、对马、松浦等地，人居萧条，土地褊小，且甚瘠薄，不事农业，未免饥馑，故必需仰粟于外。迄至14世纪30年代，其国因分为南北两朝而战乱频仍，致此一地方的居民之生活益发困窘。

题　　名 **明代中日僧使外交与海上丝绸之路**

作者及单位 杨古城（宁波工艺美术学会）

会议名称 登州与海上丝绸之路国际学术研讨会

会议地点时间 中国山东蓬莱，2008

主办单位 联合国泛丝绸之路·系列活动组委会、中国中外关系史学会、鲁东大学、山东师范大学齐鲁文化研究中心、蓬莱市人民政府

摘　　要 佛教曾是陆上和海上丝绸之路文化交流的重要媒介，中外僧人曾经出生入死为世界文明交流和传承做出过千古不朽的贡献。最早如东汉永平年间（58－75年），汉明帝遣使蔡愔西域求佛法。隋朝时期（608年）日本圣德太子遣僧人入华。唐开元四年（716年），又有日本玄昉奉敕入唐。五代时，吴越王钱俶（929—988年）曾遣使赴高丽日本求佛经。

题　　名 **明代中英第一次直接冲突与澳门——来自中、英、葡三方的历史记述**

作者及单位 万明（中国社会科学院）

会议名称 "16—18世纪中西关系与澳门"国际学术研讨会

会议地点时间 中国澳门，2003

主办单位 中国中外关系史学会、澳门理工学院、澳门基金会

摘　　要 发生于明朝崇祯十年（1637年）的中英第一次直接碰撞事件，涉及三个方面：中、英、葡。澳门葡萄牙人居于中、英二者之间，是参与这场冲突的重要角色。

题　　名 **明代朱纨海禁政策研究**

作者及单位 白斌，王慕民（宁波大学文学院）

会议名称 中国海洋学会2007年学术年会

会议地点时间 中国广东湛江，2007

主办单位 中国海洋学会、广东海洋大学

摘　　要 朱纨（公元1493－1550），字子纯，号秋崖，明代苏州府长州县（今江苏吴县）人。其父朱昂（字圭庵，死于1515年），曾任景宁教谕。朱纨是正德十六年（1521年）进士，"嘉靖初，迁南京刑部员外郎。历四川兵备副使。与副总兵何卿共平深沟诸寨番"。嘉靖二十五年（1546年）"擢右副都御史，巡抚南、赣"。嘉靖二十六年（1547年）七月，朱纨以都御史衔巡抚浙江，兼管福建福、兴、漳、泉、建宁五府军事。嘉靖二十七年七月由周亮等"建议"改为巡视，以削其权。嘉靖二十八年四月被劾罢职，翌年七月被捕，抱恨自杀，终年五十八岁。

题　　名 **明都南京是郑和下西洋的策源地**

作者及单位 杨新华（南京市文物局）

会议名称 传承文明走向世界和平发展——纪念郑和下西洋600周年国际学术研讨会

会议地点时间 江苏，2005

题　　　名　《明季遂志录》与《郑成功传》——两种《郑成功传》的作者及其史观
作者及单位　叶国庆

题　　　名　明嘉靖间市舶司停罢蠡测
作者及单位　李江
会 议 名 称　海上丝绸之路与潮汕文化学术研讨会
会议地点时间　汕头,1994

题　　　名　明嘉靖年间广东与闽浙海外贸易的对比研究
作者及单位　晁中辰(山东省人民政府;中外关系史学会;山东大学华侨华人研究所;山东大学历史文化学院)
会 议 名 称　第十一届明史国际学术讨论会
会议地点时间　中国甘肃兰州、中国青海西宁,2005
主 办 单 位　中国明史学会、西北师范大学、甘肃省社会科学院、青海师范大学
摘　　　要　在嘉靖帝在位的45年间,明代的海外贸易经历了重要的曲折发展过程。广东与闽浙表现出明显不同的面貌,被称为“今古至变”的所谓“嘉靖倭患”也主要发生在闽浙,而广东甚微。这对两地产生了截然不同的重大影响。

题　　　名　明末“七千部西书”东来寻踪
作者及单位　吉少甫,晓蓉
会议地点时间　2009
摘　　　要　关于明末七千部西书东来的前前后后,至今少有国人知晓。我们父女俩在撰写《徐光启译〈几何原本〉》一文时,查阅有关史料,偶见一些关于七千部西书的零散文字,内容简括,各有角度,引起我们浓厚兴趣;后又拜读民国期间方豪所著《中外文化交通史》中的有关考证,深感“七千部之淹没不彰”,对于我国古代科学文化之进步,不能不是一种损失。

题　　　名　明末福建缙绅何乔远与传教士友好关系述论(提要)
作者及单位　沈定平(中国社科院历史所)
会 议 名 称　第十届明史国际学术讨论会
会议地点时间　中国江苏南京,2004
主 办 单 位　中国明史学会、中山陵园管理局、南京大学历史系
摘　　　要　笔者依据原藏日本内阁文库,后经美国普林斯顿大学葛思德东方图书馆摄影,按西式装订成册的《何镜山先生全集》(全书七十二卷、三十二册),对于这位明末福建重要文人的生平事迹、学术渊源及其与传教士的友好关系,稍作铺陈,以窥天崩地坼的明末,士大夫思想衍变之一斑。何乔远字樨孝,号匪莪、镜山,晋江人。生于嘉靖三十七年八月二日,殁于崇祯四年十二月二十二日(1558——1632)。他自万历十四年(1586)成进士,通籍四十六年,三兴三蹶,居官不满十载。终以右侍郎致仕,卒赠工部尚书,并以正学名儒享祀学宫。

题　　　名　明末福建士大夫与天主教传教士的对话
作者及单位　刘燕燕(泉州第七中学)

会 议 名 称 福建省首届海洋文化学术研讨会

会议地点时间 中国福建福州,2007

主 办 单 位 福建省炎黄文化研究会、福州市政协、福建省社科联、福建省海峡文化研究会

摘　　　　要 明末以利玛窦为代表的耶稣会传教士们带来了西方的知识和宗教,拉开了天主教第三次进入中国传教的序幕。

题　　　　名 **明末辽东沿海地区的局势——毛文龙势力的浮沉为中心**

作 者 及 单 位 郑炳喆(韩国全南大学校史学科)

会 议 名 称 第十届明史国际学术讨论会

会议地点时间 中国江苏南京,2004

主 办 单 位 中国明史学会、中山陵园管理局、南京大学历史系

摘　　　　要 明朝自初期以来厉行海禁政策,但到明末,仅靠内河运输的漕运体制暴露出了诸多问题和局限性,这使开放海上交通的要求越来越高。鉴于此,明朝廷部分地开禁了向辽东供应军饷和民间所需物品的海运。但随着躲避辽东战乱而逃入海岛的辽人的急剧增加,又使明朝从对后金的军事战略和稳定社会治安方面考虑,觉得有必要加强对辽东沿海一带的控制。在这种背景下,辽东沿海一带出现了以毛文龙为代表的'海上势力'。毛文龙在后金接连攻下沈阳、辽阳,推行西进政策的时候,抢占辽东沿海诸岛,积极吸收避难而来的辽人,扩编军队,从而曾起到了从背后牵制后金的作用。但是,随着其地位和军势的壮大,越来越桀骜不驯、欺罔明廷,这引起明朝廷的疑虑,最终导致被辽东经略袁崇焕所除掉。

题　　　　名 **明末清初的福建海商与陶瓷贸易(提要)**

作 者 及 单 位 庄景辉

会 议 名 称 海上丝绸之路与潮汕文化学术研讨会

会议地点时间 汕头,1994

题　　　　名 **明末清初闽南文化研究**

作 者 及 单 位 何丙仲(厦门郑成功纪念馆)

摘　　　　要 明末清初闽南文化的研究,是研究闽南文化总体发展历史相当重要的课题。一西晋末年,"衣冠入闽",中原汉文化开始传入闽南地区。经过唐五代的蓬勃发展,两宋时期福建地方文化已日趋发达,特别是书院教育的兴盛,朱子学走向全国,吾闽一时被称作"东南全盛之邦"。

题　　　　名 **明末清初社会矛盾的变化与洪承畴、郑成功、施琅的功过评价**

作 者 及 单 位 陈梧桐(中央民族大学)

会 议 名 称 第七届明史国际学术讨论会

会议地点时间 中国吉林长春,1999

主 办 单 位 中国明史学会、东北师范大学、吉林大学、吉林师范学院、通化师范学院、吉林省社会科学院

摘　　　　要 明末清初,福建泉州府(今泉州市)曾涌现三个同抗清斗争有关的重要人物,即南安县的洪承畴、郑成功,晋江县的施琅。对他们的功过评价,史学界存在着分歧。本文拟结合明末清初社会矛盾的变化,对此谈点个人的看法。

题　　　名　明末清初郑氏三代与日本贸易
作者及单位　徐翠红(厦门郑成功纪念馆)
会 议 名 称　第三届闽南文化学术研讨会
会议地点时间　中国福建漳州,2005
主 办 单 位　福建省炎黄文化研究会、漳州市政协
摘　　　要　明末清初,郑芝龙、郑成功和郑经三代的势力在东南沿海雄踞一时,他们以福建和台湾为基地,掌控东洋贸易航线,发展大规模的对日贸易,当时来往日本的中国商船主要都属于郑氏海商集团。本文主要考察郑氏三代与日本的贸易情况,从侧面了解该时期的中日贸易。

题　　　名　明末耶稣会士来华与西方地学的开始传入
作者及单位　唐锡仁,黄德志(中国科学院自然科学史研究所;中国社会科学出版社)
会 议 名 称　中国中外关系史学会第六次学术讨论会
会议地点时间　中国广西东兴,1997
主 办 单 位　中国中外关系史学会、复旦大学、上海外国语大学
摘　　　要　明末清初中西交通史上的一件大事,是西学开始大规模输入中国,担任这一时期西学传播的主角是耶稣会传教士。仅以明末来说,便有罗明坚(MichelRuggieri,1543—1607 年,意大利)、利玛窦(MatteoRicci,1552—1610 年,意大利)、龙华民(NiccloLongo－bardi,1559—1654 年,意大利)等。

题　　　名　明末至清代诏安地方防御体系设置及其变迁
作者及单位　王日根,沈冬丽(厦门大学历史研究所;复旦大学历史系)
会 议 名 称　福建省首届海洋文化学术研讨会
会议地点时间　中国福建福州,2007
主 办 单 位　福建省炎黄文化研究会、福州市政协、福建省社科联、福建省海峡文化研究会
摘　　　要　嘉靖年间的“争贡事件”后,嘉靖皇帝实行了更加严厉的海禁政策。一时间,倭寇并起,劫掠沿海。闽、浙、粤等处居民在海禁政策下亦纷纷铤而走险。

题　　　名　明前期市舶宦官与朝贡贸易管理
作者及单位　李庆新(广东省社会科学院历史所)
会 议 名 称　中国中外关系史学会第六届会员代表大会
会议地点时间　中国吉林延边,2005
主 办 单 位　中国中外关系史学会、延边大学历史系与东北亚研究院、沈阳东亚研究中心
摘　　　要　永乐元年,明朝复置广东、福建、浙江三市舶司,同时差遣中使提督,市舶宦官成为朝贡贸易的实际管理者。正统以后市舶宦官经常兼任或转迁提督地方军务、海道、盐政、珠池等职,权势倍增。嘉靖初年,裁撤外派内官,市舶宦官暂时退出海外贸易管理。宦官主导贸易管理,不仅构成明前期朝贡贸易管理的特色,而且体现了明朝宦官势力发展的一般趋势。

题　　　名　明清澳门官建天妃(后)宫的原因与意义
作者及单位　谭世宝
会 议 名 称　中华妈祖文化学术研讨会
摘　　　要　自夏商周至明清各朝,中国人都把官方祭祀的庙宇与军事机构的建立与维护发展视为国家最重要之大事。故从《春秋左传》到南朝的《宋书·礼志》等,皆有记载说:“国之大事,在祀与戎。”

根据本人最近在澳门进行历史文物的考查研究发现,明清澳门庙宇,大多数都是伴随着中国的有关行政、军事、海关等机构在澳门的一些要地建立,而由官方主导,闽澳乃至全国各地商民赞助创建和维修的官庙,是为闽澳的官民祭把等需求服务的,更是抵御西洋人借天主教堂吸引华人归化外国的重要设施,使得天主教在澳门也能行于葡人的有限自治区,不能无限制地自由扩大。

题　　名　**明清册封琉球使臣与妈祖信仰的传播**
作者及单位　徐恭生(福建师范大学社会历史学院)
会议名称　妈祖信仰国际学术研讨会
会议地点时间　港朝天宫妈祖文化大楼,1996

题　　名　**明清潮汕地区的海外移民**
作者及单位　冷东(汕头大学)
会议名称　第七届明史国际学术讨论会
会议地点时间　中国吉林长春,1999
主办单位　中国明史学会、东北师范大学、吉林大学、吉林师范学院、通化师范学院、吉林省社会科学院
摘　　要　潮汕地区是中国著名的侨乡,邓小平同志在论及决定汕头为中国首批四个经济特区之一的原因时说:“汕头是因为东南亚国家潮人多。潮汕地区是全国著名侨乡,许多家族是跨国家族或多国家族。”根据有关资料,中国大陆以外的潮汕籍以及持潮州语系的华侨华人及海外同胞(以下简称为“海外潮人”)的数量在一千万人左右。

题　　名　**明清间来宁波天主教传教士考略**
作者及单位　徐良雄,汪岚(天一阁博物馆;宁波市图书馆)
会议名称　宁波与“海上丝绸之路”国际学术研讨会
会议地点时间　中国浙江宁波,2005
主办单位　中国中外关系史学会、浙江日本文化研究所、宁波市文化广电新闻出版局
摘　　要　本文简述天主教入传中国的历史和明清间天主教耶稣会在华传教的基本策略,在多种文献中辑录整理明清间在宁波活动的外国天主教传教士的事迹,并对其在甬活动对宁波文化产生的影响进行简要述论。

题　　名　**明清琉球册封使与中国文化传播**
作者及单位　李金明(厦门大学南洋研究院)
会议名称　第九届中琉历史关系国际学术会议
会议地点时间　2005

题　　名　**明清宁波与日本的经济交往**
作者及单位　乐承耀(宁波行政学院)
会议名称　宁波与“海上丝绸之路”国际学术研讨会
会议地点时间　中国浙江宁波,2005
主办单位　中国中外关系史学会、浙江日本文化研究所、宁波市文化广电新闻出版局
摘　　要　宁波地处滨海,经济文化发达,历来是我国对日本经济文化交流的重要门户,在中日

关系史上占有重要地位。本文仅就明清宁波与日本的经济交流做一些探讨。

题　　　名 **明清时代中朝关系研究**
作者及单位　(韩国)冯荣燮
会 议 名 称　第二届明清史国际学术讨论会
会议地点时间　天津,1993
主 办 单 位　明清史国际学术讨论会论文集编辑组编

题　　　名 **明清时期的闭关锁国政策及其历史教训**
作者及单位　徐明德(杭州大学历史系)
会 议 名 称　关于我国历史上的开放与闭关政策讨论会
会议地点时间　中国浙江宁波、中国河北秦皇岛,1987
主 办 单 位　中国中外关系史学会
摘　　　要　十七世纪后,我国开始落后于西欧各国,究其原因,与明清两朝长期实行闭关锁国的对外政策有密切的关系。然而我国史学研究工作者对明清时期是否实行闭关锁国政策一直有不同的看法,为此,笔者针对近几年来学术界的有关研究,谈些粗浅看法,敬请同志们教正。

题　　　名 **明清时期的海盗与地方基层社会**
作者及单位　郑瑾
会 议 名 称　第九届国际明史学术讨论会
会议地点时间　武夷山,2002
主 办 单 位　中国明史学会
摘　　　要　近年来,有关秘密社会土匪的专著不断涌现,但关于海盗的著作却不多,其中中国学者关于海盗的研究,有如林仁川教授的《明末清初私人海上贸易》一书,华东师范大学出版社,1987 年版。该书涉及海盗"亦商亦盗"的问题,指出海盗的内外勾结的走私贸易方法,及"山海相倚"(山盗与海盗)的联合斗争策略;又如郑广南教授的《中国海盗史》等。外国学者也注意到了中国历史上的海盗活动,近期有美国穆熏安著《华南海盗》的中译本,指出海盗是把政府当做一个捕猎获利的对象,他们与官方争夺贸易收入的权力,在向渔船、商船收费的过程中,涉及了官方特权;又指出海盗们从未能在岸上的士绅阶层或是农民社会中获得一个稳固的基地,并没有农民加入其中,对此我有不同的看法。

题　　　名 **明清时期的闽浙海防与海上丝绸之路**
作者及单位　靳维柏(厦门文化遗产保护中心)
会 议 名 称　宁波与"海上丝绸之路"国际学术研讨会
会议地点时间　中国浙江宁波,2005
主 办 单 位　中国中外关系史学会、浙江日本文化研究所、宁波市文化广电新闻出版局
摘　　　要　在我国古代,真正意义上的海防始自明代。清代前期的海防战略方向与明代相同,仍然是倭寇和海盗;清代晚期的海防战略方向则演变为西方列强,其中,也包括 1868 年"明治维新"后的日本。

题　　　名 **明清时期福建商帮的地缘文化特色**
作者及单位　甘满堂(福州大学)

会 议 名 称　福建省五缘文化研究会学术研讨会
会议地点时间　2002
摘　　　　要　按区域方言集团组成的商帮福建商帮又称闽商，是明清时期崛起的一大商业集团。这个集团借助于明代中期封建社会商品经济大发展的时机，利用地处东南沿海的地理位置优势，大力发展海上贸易，活动足迹遍及海内及海外南洋、日本、朝鲜等地，与徽州商帮、山西商帮、广东商帮等，同列为明清时期具有广泛影响的地域性商帮。明清时期的商帮都是以地域为中心而自发形成的商人团体，带有鲜明的地缘文化特色，从而成为各个商帮相互区别的主要标志。

题　　　　名　**明清时期福建输入的西班牙银币与粮价波动的关系**
作 者 及 单 位　徐心希（福建师大社会历史学院）
会 议 名 称　福建省钱币学会第二次会员代表大会
会议地点时间　中国福州，1994
主 办 单 位　福建省钱币学会
摘　　　　要　西班牙及其殖民地墨西哥、秘鲁、玻利维亚在我国明清期间，尤其是明万历年间至清嘉庆末年，即十六世纪七十年代至十九世纪初年，通过菲律宾转口输入中国巨额的银币，持续时间之长，数量之大，在世界货币史、中国货币史上堪称一绝。如此大量的贵金属源源不断地流入中国，对于当时中国，尤其是福建的经济、政治、文化等各项事业必然产生重大的影响。就经济而言，首当其冲的，必然是明清年间的物价。勿庸置言，在物价中影响最突出的，是人们经济生活中最必需品——粮食的价格。本文拟探讨银币的输入与福建米价之间存在何种关系，以期索求出其中带有规律性的因素。笔者并有一个想法，我们在讨论货币史或讨论货币文化时，在考虑到钱币的品相、版别、花纹、格式、文字诸微观因素的同时，将其放到它所产生的那个特定的历史时期，研究该货币所赖以产生的历史的、经济的客观条件，尤其是该项货币在历史上所造成的某种社会的，经济的，文化的影响。这样做对于我们建立一个“大货币文化”的理论框架应是十分有益的。

题　　　　名　**明清时期福州手工技艺在琉球的传播**
作 者 及 单 位　赖正维（福建师范大学社会历史学院）
会 议 名 称　“闽都文化研究”学术会议
会议地点时间　中国福建福州，2003
主 办 单 位　福建省炎黄文化研究会
摘　　　　要　琉球（大致今日本冲绳）是位于中国东南太平洋中的一个岛国，因其“地界万涛，蜿蜓若虬浮水中，固名流虬，后转谓琉球”（《皇明世法录》）。明洪武五年（1372）正月，明太祖派遣行人杨载出使琉球，致送国书，通知即位建元。同年12月琉球国“中山王察度遣弟泰期等随载入朝，贡方物”（《明史·列传·外国》）。自此，中国与琉球正式建立了藩属关系。

题　　　　名　**明清时期福州与那霸的友好交往**
作 者 及 单 位　徐恭生（福建师范大学社会历史学院）
会 议 名 称　“闽都文化研究”学术会议
会议地点时间　中国福建福州，2003
主 办 单 位　福建省炎黄文化研究会、泉州市政协
摘　　　　要　福州是福建省的政治、经济和文化的中心，也是我国古代海外交通的重要港口之一。明永乐、宣德年间（1405－1431），伟大的航海家和杰出的军事家郑和率领庞大船队，由此起航，走出国门

而闻名全球。明成化八年(1472)以后,又成为中国与琉球交通的唯一港口。

题　　　名　明清时期广东经济的迅速发展

作者及单位　黄国强(华南师范大学)

摘　　　要　明清时期,广东的农业、手工业、商业和对外贸易都有了显著的发展,在全国占有很重要的地位,改变了过去比较落后的面貌,成为全国经济发达的一个地区。促成广东经济迅速改观,其中极其重要的原因就是较好地发挥了广东自然条件和地理位置的优势。因此,研究明消时期广东经济迅速发展的原因以及存在的问题,将对当前深化改革、开放家业提供历史的借鉴。

题　　　名　明清时期广东商人的海外移民

作者及单位　黄启臣,庞秀声

会议名称　第九届国际明史学术讨论会

会议地点时间　武夷山,2002

主办单位　中国明史学会

摘　　　要　广东商人的海外移民,似乎始于北宋末年。到了明清时期,随着广东对外贸易的蓬勃发展,商人出海贸易而移民外国者,日益增多起来。本文拟就明清时期广东商人海外移民的情况、原因、影响作一探索,以求教于方家。

题　　　名　明清时期海上丝绸之路与世界市场

作者及单位　陈尚胜(山东大学历史系)

会议名称　“中国与海上丝绸之路”国际学术讨论会

会议地点时间　泉州,1994

题　　　名　明清时期淮安漕运总督兴衰史略

作者及单位　王波(江苏省经济研究所)

会议名称　第八届明史国际学术讨论会

会议地点时间　中国湖南石门,1999

主办单位　中国明史学会、湖南省社会科学界联合会、湖南省社科院

摘　　　要　淮安漕运总督是明清时期的重要职官,它在历史上占据着重要地位。由于漕运对于北方的中央政权起着性命攸关的作用,所以封建统治者均十分重视这一职官,历朝历代都配备了较强的吏员,赋予较重的权力,给予较高的待遇。但是,由于黄河的迁徙无常和不断决口,导致运河的不断阻塞,特别是鸦片战争以后,近海航运业的发达终于使运河漕运彻底停顿,淮安漕运总督这一职官也结束了它的历史使命。淮安漕运总督为明清时期之重要职官,它负责漕粮的征解和运输,对于北方的中央政权起着性命攸关的作用。所以当时的封建统治者十分重视这一职官,历朝历代都配备了较强的吏员,赋予较重的权力,给予较高的待遇,目的是保证漕运的畅通。由于漕运总督的兴衰与中国封建社会后期的发展有着难以分割的联系,所以很值得探讨。

题　　　名　明清时期两岸丝绸贸易

作者及单位　夏咸淳(上海社会科学院文学研究所)

会议名称　海峡两岸五缘关系学术研讨会

会议地点时间　中国上海,2003

主 办 单 位 福建省社会科学界联合会、福建省五缘文化研究会

摘　　　要 台湾自古以来就是中国的一部分,台湾同胞与大陆人民同为炎黄子孙。两岸人民密切往来源远流长,两岸贸易最迟在战国时期即已发生,见于信史记载,时在隋炀帝大业六年(610年)。《隋书》卷64《陈棱传》:"大业三年,拜武贲郎将。后三岁,与朝请大夫张镇周发东阳兵万余人,自义安泛海,击流求国,月余而至。流求人初见舰船,以为商旅,往往诣军中贸易。""流求"同"琉球",即今台湾。可以推断,在此之前,早有大陆"商旅"驾海船赴台贸易。

题　　　名 **明清时期闽南地区自然灾害与民间信仰的特点**

作者及单位 徐心希(福建师大社会历史学院)

会 议 名 称 第二届闽南文化研讨会

会议地点时间 中国福建泉州,2003

主 办 单 位 福建省炎黄文化研究会、泉州市政协

摘　　　要 清时期的闽南地区是比较广义的、包含地理与人文的概念,大致包括有泉州府(含永春州)、漳州府,以及闽西南汀州府、龙岩州的一部分,如龙岩、上杭、永定等,并包括光绪十三年单独建省之前的台湾府。境内主要有泉州平原、漳州平原等平原与戴云山脉、博平岭等山脉;该地区背山面海,加之又有台湾、澎湖等众多岛屿,自然条件比较优越也比较复杂,是明、清福建经济发展相对迅速的地区。

题　　　名 **明清时期闽台海岛状况初探**

作者及单位 卢建一(福建师范大学社会历史学院)

会 议 名 称 第三届闽台文化学术研讨会

会议地点时间 中国福建莆田,2006

主 办 单 位 福建省炎黄文化研究会、泉州市政协

摘　　　要 福建地处我国东南沿海,隶属岛屿达1546个。台湾是中国第一大岛,全境包括本岛、兰屿、绿岛、钓鱼岛、澎湖列岛等岛屿。海岛既是大陆的屏障又是向海洋发展的前沿。近年来虽有部分学者对海岛进行过局部性的研究,但从总体上说,目前的研究状况与维护海岛主权、发展海洋经济的现实需要是极不相称的。本文对明清时期闽台海岛行政区形成、经济发展状况、文化教育传承的研究,祈望能为开发海岛、发展海洋经济提供历史借鉴。

题　　　名 **明清时期南澳港的海上贸易**

作者及单位 林仁川(厦门大学台湾研究中心)

会 议 名 称 海上丝绸之路与潮汕文化学术研讨会

会议地点时间 汕头,1994

题　　　名 **明清时期南澳港的民间海外贸易(提要)**

作者及单位 聂德宁

会 议 名 称 海上丝绸之路与潮汕文化学术研讨会

会议地点时间 汕头,1994

题　　　名 **明清时期山东运河水源的开发治理**

作者及单位 朱亚非(山东师范大学齐鲁文化研究中心)

会议地点时间 2007。01

题　　　名　**明清时期台湾货币概述**
作者及单位　徐心希(福建师大社会历史学院)
会议名称　福建省钱币学会第三次会员代表大会
会议地点时间　中国福州,2000
主办单位　福建省钱币学会
摘　　　要　福建与台湾一衣带水,历史上因地缘相近、血缘相通而建立了密切的文化联系与经济往来。宋元时期开始,两地就有行政上的从属关系。宋人赵汝适的《诸番志》即写道:"泉有海岛日澎湖,隶晋江县。"大约在元朝至元至元贞年间(1291 - 1297),为了积极经营台湾,元政府在澎湖建立了巡检司,并兼办盐课。明代中叶,福建巡抚黄承玄奏请加强澎湖防务,并随时视察台湾,以防日本侵袭。

题　　　名　**明清时期运河的商品流通**
作者及单位　许檀
会议名称　第二届明清史国际学术讨论会
会议地点时间　天津,1993
主办单位　明清史国际学术讨论会论文集编辑组编
摘　　　要　京杭大运河作为贯通南北的唯一航道,在明清两代已成为南北物资交流的大动脉。特别是明中叶以后直至清代中叶——黄河北徒、淤塞运河为止——的三、四百年间,运河的商品流通量远远超过其漕粮运输量,在全国商品流通中发挥了极为重要的作用。然而,以往对运河的研究大多侧重于其漕运功能,而对于运河的商品流通很少有专文论述。明清时期运河商品流通的规模如何?其内容与特点是什么?以及它在全国商品流通中所处的地位等等,本文试就这些问题作一初步探讨。

题　　　名　**明清时期漳州海洋文化简论**
作者及单位　陈自强(漳州一中)
会议名称　福建省首届海洋文化学术研讨会
会议地点时间　中国福建福州,2007
主办单位　福建省炎黄文化研究会、福州市政协、福建省社科联、福建省海峡文化研究会
摘　　　要　海洋文化,是人类文明的一个重要侧面,是缘于海洋而生的文化形态,是人类在认识海洋、利用海洋,进行海洋物质生产活动、经贸活动的过程中,在利用海洋进行交往与移民的过程中,在海洋展开经济斗争、政治斗争、军事斗争的过程中,逐渐形成与发展起来的。随着人类对海洋的认知水平与利用能力的不断提高,随着人类海洋活动的扩展与深化,海洋文化的积淀也日益深厚、内涵日益丰富。

题　　　名　**明清时期中国东南沿海地区与琉球国造船航海技术的交流**
作者及单位　赖正维(福建师范大学社会历史学院)
会议名称　第九届中琉历史关系国际学术会议
会议地点时间　2005

题　　　名　**明清天文仪器**
会议名称　北京郑和二千料宝船船模复原研究论坛
会议地点时间　北京,2004
摘　　　要　本文对明清天文仪器进行了介绍。中国古代航海,十分注重天气,郑和下西洋更是如

此。文章对中国古代的浑天仪、简仪、天体仪及圭表的结构与功能进行了阐述。

题　　名　明清沿海荡地开发的传统结构(提要)
作者及单位　刘淼
会议名称　海上丝绸之路与潮汕文化学术研讨会
会议地点时间　汕头,1994

题　　名　明清之际福建的郑芝龙生祠碑文
作者及单位　黄真真
会议名称　第九届国际明史学术讨论会
会议地点时间　武夷山,2002
主办单位　中国明史学会
摘　　要　郑芝龙是明代后期著名的海商兼海盗。他早年活动于葡萄牙人占据的澳门和东面的日本以及台湾一带,逐渐形成自己的势力集团。天启年间,郑芝龙首先兼并了李旦、额思齐两大海商集团,声势立时大振。崇帧元年(1628),他又看准时机,接受了明朝政府的招抚,摇身一变,成为明王朝的一员战将。在明朝政府的庇护和支持下,他竭力扩大自己的势力范围。从崇侦元年至八年(1628—1635)这段时间里,他进攻海上异己,争夺控制东南海权,先后消灭了李魁奇、杨六、杨七、钟斌等海商集团,最后又消灭了实力最强的刘香集团。从此以后,郑芝龙家族雄踞海上,几乎独占南海之利,福建乃至东南沿海各省的海上贸易权均在郑芝龙集团的控制之中,所有海舶船只没有得到郑氏的令旗,不得私下往来,每一船规定纳三千金,每年收入达千万,从此富可敌国。他的武装船队,旗帜鲜明,戈甲坚利,故八闽皆以郑氏为长城。

题　　名　明清之际儒学东渐日本再探讨
作者及单位　朱亚非(山东师范大学齐鲁文化研究中心)
会议名称　"东亚汉文化圈与中国关系"国际学术会议暨中国中外关系史学会 2004 年年会
会议地点时间　中国上海,2004
主办单位　中国中外关系史学会、复旦大学、上海外国语大学
摘　　要　中国儒学东渐,源于两汉,兴起于唐宋,而盛于明清。明清时期,中日两国学者的频繁接触,大批汉文书籍的东传,儒学各(流)派学说流传并深入到日本社会,对于日本思想界乃至整个国家政策的制定和社会发展产生了重大影响,也掀起了继隋唐以后中日文化交流的新高潮。

题　　名　明清中国海洋实力与海外华人命运
作者及单位　林友华(福州闽江学院)
会议名称　福建省首届海洋文化学术研讨会
会议地点时间　中国福建福州,2007
主办单位　福建省炎黄文化研究会、福州市政协、福建省社科联、福建省海峡文化研究会
摘　　要　翻开十五世纪世界史以及华人出国史,不难发现:中国的海洋实力曾称雄于世界,我国的海外移民伴随着郑和下西洋开始形成高潮;查阅东南亚华侨史,不无感慨:我们的华侨筚路蓝缕开拓了东南亚社会的新天地,但在明朝中叶以后却累遭迫害乃至屠杀之厄运!令人扼腕,更值得探究。

题　　　名　明清中琉交往与历史文化遗产
作者及单位　李金明(厦门大学南洋研究院)
会 议 名 称　东北亚海上交流历史文化遗产国际学术研讨会
会议地点时间　青岛;蓬莱,2006
主 办 单 位　中国海洋大学海洋文化研究所,山东省蓬莱市文物局

题　　　名　明清珠江三角洲"桑基鱼塘"发展之缘由
作者及单位　黄启臣(中山大学历史系)
会 议 名 称　中国生物学史暨农学史学术讨论会
摘　　　要　从社会经济发展史的大环境来考察明清时期珠江三角洲桑基鱼塘发展的原因,应该说,它是世界海洋经济(包括广东海洋经济)发展的产物。所谓海洋经济,是泛指海洋沿岸国家或地区的渔捞、航运、贸易等经济活动以及为这些活动提供劳力、资金、技术、商品和市场等的陆地(主要指沿海地区)的经济活动。可以说,明清珠江三角洲的桑基鱼塘就是为当时海洋经济的发展提供劳力、资金、技术、商品和市场等陆地经济活动带动下发展起来的;是一种贸－工－农的经济模式。

题　　　名　《明实录》所见登州的对外往来
作者及单位　谢贵安(武汉大学历史学院)
会 议 名 称　登州与海上丝绸之路国际学术研讨会
会议地点时间　中国山东蓬莱,2008
主 办 单 位　联合国泛丝绸之路·系列活动组委会、中国中外关系史学会、鲁东大学、山东师范大学齐鲁文化研究中心、蓬莱市人民政府
摘　　　要　登州是古代海上丝绸之路的起点之一,明清以来更是重要的对外交通港口。改革开放以后,由于对贸易的发展和海权意识的苏醒,人们开始重视登州在对外交往中的作用和地位,出现了一些相关的研究成果,但以《明实录》(包括《崇祯长编》、《崇祯实录》)文本为依据,探讨登州对外往来的作用及地位的论著,尚未之见。本文就此作一粗浅的探讨。

题　　　名　明永乐年间入贡的"日落国"考
作者及单位　廖大珂(厦门大学南洋研究院)
会 议 名 称　传承文明走向世界和平发展——纪念郑和下西洋600周年国际学术研讨会
会议地点时间　江苏,2005

题　　　名　明援朝抗倭胜因管见
作者及单位　马曙明,任林豪
会 议 名 称　第九届国际明史学术讨论会
会议地点时间　武夷山,2002
主 办 单 位　中国明史学会
摘　　　要　有明一代,通过"遣唐使"、"遣宋使"和佛教文化交流建立起来的中日和平友好关系,转趋恶化。从日本方面讲,起因于元初元军的两次远征日本。虽然元廷以后曾派一山一宁使日,阐明修复中日睦邻友好关系的本意,但留下的阴影是无法消除的。从中国来说,则归咎于倭寇频频侵扰我国东南沿海所犯下的残虐暴行,给中国人民带来的痛苦和灾难。在我国东南沿海倭患平定后不久,日本的"关白"丰臣秀吉,也顺利地完成了日本统一;为转移国内矛盾,悍然发动了侵略朝鲜的战争。万历二十年(1592

年)四月,丰臣秀吉突发十六万大军,以小西行长、加藤清正为先锋,进犯朝鲜。此前,丰臣秀吉扬言"一超宜人大明国,易吾朝之风俗于四百余州,施帝都政北于化万斯年",气焰极其嚣张。在釜山登陆后,当地军民皆望风而逃。倭军迅速北上,占领王京、平壤、安边等大片土地。王子李浑及陪臣被俘,国王李服逃至义州。随后,倭军沿途屯兵,调集粮草。其真正的矛头所向,实为犯辽东而直下北京。李盼脱险后,连续遣使向明朝廷告急,要求出兵支援。明朝政府对丰臣秀吉的意图是比较清楚的,"关白之图朝鲜,意实在中国",以为"朝鲜为国藩篱,在所必争",遂决定立即派兵援朝。有明一代,通过"遣唐使"、"遣宋使"和佛教文化交流建立起来的中日和平友好关系,转趋恶化。从日本方面讲,起因于元初元军的两次远征日本。虽然元廷以后曾派一山一宁使日,阐明修复中日睦邻友好关系的本意,但留下的阴影是无法消除的。从中国来说,则归咎于倭寇频频侵扰我国东南沿海所犯下的残虐暴行,给中国人民带来的痛苦和灾难。在我国东南沿海倭患平定后不久,日本的"关白"丰臣秀吉,也顺利地完成了日本统一;为转移国内矛盾,悍然发动了侵略朝鲜的战争。万历二十年(1592 年)四月,丰臣秀吉突发十六万大军,以小西行长、加藤清正为先锋,进犯朝鲜。此前,丰臣秀吉扬言"一超宜人大明国,易吾朝之风俗于四百余州,施帝都政北于化万斯年",气焰极其嚣张。在釜山登陆后,当地军民皆望风而逃。倭军迅速北上,占领王京、平壤、安边等大片土地。王子李浑及陪臣被俘,国王李服逃至义州。随后,倭军沿途屯兵,调集粮草。其真正的矛头所向,实为犯辽东而直下北京。李盼脱险后,连续遣使向明朝廷告急,要求出兵支援。明朝政府对丰臣秀吉的意图是比较清楚的,"关白之图朝鲜,意实在中国",以为"朝鲜为国藩篱,在所必争",遂决定立即派兵援朝。

题　　　名　**明杂剧《奉天命三保下西洋》研究**
作者及单位　周茹燕
会议名称　传承文明走向世界和平发展——纪念郑和下西洋 600 周年国际学术研讨会
会议地点时间　江苏,2005

题　　　名　**明州航线最早使用罗盘之记录**
作者及单位　陈佳荣(香港龄记出版有限公司)
会议名称　宁波与"海上丝绸之路"国际学术研讨会
会议地点时间　中国浙江宁波,2005
主办单位　中国中外关系史学会、浙江日本文化研究所、宁波市文化广电新闻出版局
摘　　　要　论及中国古代对外交通之港口,向来以广州、泉州、明州鼎足而三。广州自汉唐以降至近代,向来是中国首要的海外贸易重镇,泉州在宋元时代,一度是全国乃至全球最大的航运港口,但后来趋于衰落,至于明州,开港也甚早,持续时间长。

题　　　名　**摩尼教——海上丝绸之路与陆上丝绸之路的纽带**
作者及单位　(瑞典)翁拙瑞
会议名称　"中国与海上丝绸之路"国际学术讨论会
会议地点时间　泉州,1994

题　　　名　**摩尼教在泉州**
作者及单位　黄展岳
会议名称　"泉州港与海上丝绸之路"国际学术研讨会
会议地点时间　中国泉州,2002
主办单位　中国航海学会

摘　　　　要　摩尼教在中世纪曾广播于亚洲、欧洲和北非，对世界历史产生过巨大影响。约在4世纪后期传人中国，起初在民间流传，影响不大。唐武后延载元年(694)，摩尼教得到官方承认，从此流行开来，唐人据其音译，称其为摩尼教。是时，摩尼教已成为回鹘国教，传教的摩尼师都是中亚昭武九姓的粟特人。

题　　　　名　**穆斯林在郑和下西洋中的作用**

作者及单位　马广德(宁夏社会科学院；)

会议名称　郑和下西洋与文明对话国际研讨会

会议地点时间　中国宁夏银川，2005

主办单位　宁夏社会科学院、伊朗伊斯兰共和国驻华大使馆文化处

摘　　　　要　明初郑和下西洋通过广泛的经济文化交流，推动了世界文明的发展。“对中外文化交流和贸易的发展，中国的穆斯林和外国的穆斯林都起过积极的作用”。在郑和下西洋的历史事件中，尤其是中国回族穆斯林做出了积极的贡献。郑和下西洋是中华民族内部凝聚力和外部凝聚力的集中体现，是集体的力量、集体的智慧取得的世界壮举。在以往的郑和研究中，对郑和个人在这航海中的作用的研究较为集中，而对于穆斯林民族在郑和下西洋所起中的作用这一问题，则探讨得较少，这使郑和研究缺少了一个相当重要的内容。本文根据基本的历史事实，把穆斯林作为一个整体，来探讨他们在郑和下西洋中作用，以就教于大方之家。

题　　　　名　**南澳：台海与大陆间的跳板**

作者及单位　(香港)饶宗颐

会议名称　海上丝绸之路与潮汕文化学术研讨会

会议地点时间　汕头，1994

题　　　　名　**南澳成为出海口之历史根源——对南澳早期海上贸易的初步探讨**

作者及单位　黄培佳

会议名称　海上丝绸之路与潮汕文化学术研讨会

会议地点时间　汕头，1994

题　　　　名　**南澳岛在古代海防史和海外交通史上的地位**

作者及单位　朱鉴秋(海军海洋测绘研究所)

会议名称　海上丝绸之路与潮汕文化学术研讨会

会议地点时间　汕头，1994

题　　　　名　**南澳岛在明清中外关系史上的重要地位**

作者及单位　徐明德(杭州大学历史系)

会议名称　海上丝绸之路与潮汕文化学术研讨会

会议地点时间　汕头，1994

题　　　　名　**南澳海防史在海交中的地位**

作者及单位　柯世伦

会议名称　海上丝绸之路与潮汕文化学术研讨会

会议地点时间 汕头,1994

题　　　名 **南澳设总兵置镇前后的海交与海防**
作者及单位 吴奎信
会 议 名 称 海上丝绸之路与潮汕文化学术研讨会
会议地点时间 汕头,1994

题　　　名 **南澳之交通地位及其于明代海防线上转变为走私寇攘跳板之发展**
作者及单位 (香港)马楚坚
会 议 名 称 海上丝绸之路与潮汕文化学术研讨会
会议地点时间 汕头,1994

题　　　名 **南北朝以前江苏的对外经济文化交流**
作者及单位 王介南(中国人民解放军国际关系学院)
会 议 名 称 中外关系史学会第四次学术讨论会
会议地点时间 中国江苏扬州,1992
主 办 单 位 中国中外关系史学会
摘　　　要 上古时代至少在6千年前,在苏北连云港云台山地区,存在着以凤鸟为图腾、名为“少昊”氏的东夷部落。他们临海而居,以捕食野兽和捞取鱼虾为生,创造了较早的史前文化。少昊王国对所属的各个部落均赐以羽毛作为威严的装饰,包括东迁入海的分支。他们的崇鸟习俗,传到了朝鲜、日本。

题　　　名 **南北大运河和北京首都地位的形成**
作者及单位 于德源(北京市社会科学院历史所)
会 议 名 称 北京建都850周年国际学术研讨会
会议地点时间 中国北京,2003
主 办 单 位 北京市社会科学院、北京市文物局
摘　　　要 北京城市的发展和南北大运河的密切关系,这是学界早已达成共识的老话题。不过,对于这种密切关系的形成过程却少有人加以深入探讨。众所周知,自秦、汉到隋、唐,中国封建社会的经济发展中心区域曾发生自西北向东南的转移。

题　　　名 **南方丝绸之路与海上丝绸之路**
作者及单位 张毅
会 议 名 称 “中国与海上丝绸之路”国际学术讨论会
会议地点时间 泉州,1994

题　　　名 **南国之都广州历史地位的形成**
作者及单位 张立新,黄银燕(徐州师范大学历史文化与旅游学院)
会 议 名 称 南越国遗迹与广州历史文化名城学术研讨会暨中国古都学会2007年年会
会议地点时间 中国广东广州,2007
主 办 单 位 中国古都学会、广州市文化局

摘　　　要　界定南国，顾名思义，指代的为中国之南部，古王维有诗云“红豆生南国”，今天亦有南国之词通行，主要指的是中国南部地区，包括两广和福建南部以及海南。本文所述南国应指代的是岭南。

题　　　名　**南海“丝绸之路”考古发现浅析**
作者及单位　朱非素（广东省文物考古研究所）
会议名称　迎接二十一世纪的中国考古学国际学术研讨会
会议地点时间　北京，1993
摘　　　要　本文根据现代考古新发现中，展现了从南海引来了两亚、古罗马的玻璃品、金银器，中国的瓷品顺着这条海上大动脉源之不断向两流去，成为前两汉初期的南海“丝绸之路”。

题　　　名　**“南海Ⅰ号”古沉船的整体打捞**
作者及单位　吴建成，张永强（广州打捞局）
会议名称　第五届中国国际救捞论坛
会议地点时间　中国辽宁大连，2008
主办单位　交通运输部救捞局、中国航海学会救助打捞专业委员会、中国潜水与打捞行业协会
摘　　　要　“南海Ⅰ号”是一艘满载瓷器的南宋时期的古沉船。为了便于发掘和保护该船及其上的文物，一套整体打捞方案被首次提出：即首先将一特制钢沉井压入海底泥土中将沉船罩入其中；然后将底托梁穿过钢沉井底部从而将沉船整体包裹起来；接着将钢沉箱连同其内的沉船吊起并运到岸上进行考古发掘。然而在具体实施过程中却遇到了一系列始料未及的困难，不过经过采取一系列的改进措施后最终将沉船整体打捞成功。这为今后水下考古开辟了一条新途径。

题　　　名　**“南海Ⅰ号”古沉船整体打捞成功关键技术**
作者及单位　孙树民，吴建成，张永强（华南理工大学土木与交通学院；广州打捞局）
会议名称　第十四届中国海洋（岸）工程学术讨论会
会议地点时间　中国内蒙古呼和浩特，2009
主办单位　中国海洋学会海洋工程分会
摘　　　要　“南海Ⅰ号”是一艘满载瓷器的南宋时期的古沉船。为了便于发掘和保护该船及其上的文物，一套整体打捞方案被首次提出：即首先将一特制钢沉井压入海底泥土中将沉船罩入其中；然后将底托梁穿过钢沉井底部从而将沉船整体包裹起来；最后将钢沉箱连同其内的沉船吊起并运到岸上进行考古发掘。要想按照上述打捞方案成功将古沉船整体打捞，就需要解决好以下一些关键技术：古沉船的水下定位、钢沉井的下沉、底托梁的穿引、钢沉箱的整体起吊及拉移上岸等。

题　　　名　**南海传统海疆界线是维护我国南海海洋权益的重要保障**
作者及单位　肖汉强（国土资源部）
会议名称　2005年全国海洋高新技术产业化论坛
会议地点时间　中国海口，2005
主办单位　中国高科技产业化研究会
摘　　　要　第三次联合国海洋法会议制定的《联合国海洋法公约》已于1994年11月16日生效，第八届全国人大常委会第19次会议于1996年5月15日批准加入该《公约》，据此，第九届全国人大第二次会议于1998年6月26日通过《中华人民共和国专属经济区和大陆架法》，该法第14条特别指出，本法

的规定不影响中华人民共和国享有的历史性权利,这是作为最大的发展中海洋国家在海洋立法。

题　　名 **南京龙江宝船厂遗址的调查和新发现**
作者及单位 罗宗真(南京博物院)
会议名称 “郑和远航与世界文明”暨纪念郑和下西洋600周年学术讨论会
会议地点时间 北京,2004

题　　名 **南京明代宝船厂遗址考古发掘取得重要收获**
作者及单位 祁海宁
会议名称 北京郑和二千料宝船船模复原研究论坛
会议地点时间 北京,2004
摘　　要 本文对南京明代宝船厂遗址考古发掘取得重要收获进行了阐述。文章指出,宝船厂遗址是郑和下西洋航海伟大壮举的起点,明代茅元仪《武备志》中著名的“郑和航海图”全称既为“自宝船厂开船,从龙江关出水,直抵外国诸番图”。

题　　名 **南京明代宝船厂遗址六作塘考古发掘纪要**
作者及单位 华国荣,祁海宁,骆鹏
会议名称 传承文明走向世界和平发展——纪念郑和下西洋600周年国际学术研讨会
会议地点时间 江苏,2005

题　　名 **南京明故宫光禄寺出土青花瓷画五桅宝船图**
作者及单位 杨明生
会议名称 传承文明走向世界和平发展——纪念郑和下西洋600周年国际学术研讨会
会议地点时间 江苏,2005
摘　　要 本文通过对玉带河出土陶瓷标本的研究,发现了洪武官窑瓷片,并解决了空白期的断代问题。青花瓷在烧制上,曾以郑和下西洋从东南亚地区带回的“苏麻离青”为釉料,制成了闻名于世的永乐、宣德官窑青花瓷。

题　　名 **南京明故宫光禄寺出土青花瓷碗画有五桅宝船图**
作者及单位 杨明生
会议名称 北京郑和二千料宝船船模复原研究论坛
会议地点时间 北京,2004
摘　　要 本文通过对玉带河出土陶瓷标本的研究,发现了洪武官窑瓷片,并解决了空白期的断代问题。青花瓷在烧制上,曾以郑和下西洋从东南亚地区带回的“苏麻离青”为釉料,制成了闻名于世的永乐、宣德官窑青花瓷。

题　　名 **南京郑和官署史迹考**
作者及单位 邵磊
会议名称 传承文明走向世界和平发展——纪念郑和下西洋600周年国际学术研讨会
会议地点时间 江苏,2005

题　　　　名　南京郑和文化遗存简论
作者及单位　季士家(江苏省社会科学院)
会 议 名 称　"郑和远航与世界文明"暨纪念郑和下西洋600周年学术讨论会
会议地点时间　北京,2004

题　　　　名　南流江变迁与合浦港的兴衰
作者及单位　廖国一,曾作健
会 议 名 称　海上丝绸之路研究——中国·北海合浦海上丝绸之路始发港理论研讨会
会议地点时间　广西北海市合浦,2004

题　　　　名　"南湄北松"妈祖文化南北雙向传台湾
作者及单位　張景騫(霞浦县政協)
会 议 名 称　第二次闽台妈祖文化学术研讨会
会议地点时间　中国福建霞浦,1998
主 办 单 位　福建省社会科学联合会、福建省民俗学会、宁地地区社科联、霞浦县社科联、霞浦松山妈祖文化研究会
摘　　　　要　"南湄北松"花开并蒂天下妈祖宫,數以万千計,而创建年代最早的,当算是莆田湄洲妈祖祖庙和霞浦松山妈祖行宫。两者均创建於宋代,湄洲祖庙在南,松山行宫在北,"南湄北松"花开并蒂,这点早有史書記載。

题　　　　名　南澎灯塔在海上交通中的重要性
作者及单位　傅锦章
会 议 名 称　海上丝绸之路与潮汕文化学术研讨会
会议地点时间　汕头,1994

题　　　　名　南宋时期泉州地区的石梁桥
作者及单位　潘洪萱
会 议 名 称　中华文化与域外文化互动暨海上丝绸之路泉州学术讨论会
会议地点时间　泉州,2002
主 办 单 位　中国社会科学院学术交流委员会、社会科学文献出版社、中国海外交通史学会、泉州市社会科学界联合会以及台湾喜马拉雅研究发展基金会联合举办

题　　　　名　南宋四明史氏家族与佛教的关系
作者及单位　黄敏枝(台湾清华大学)
会 议 名 称　国际宋史研讨会暨中国宋史研究会第九届年会
会议地点时间　2000
主 办 单 位　中国宋史研究会
摘　　　　要　宋代的明州属浙东路,是一个经济相当繁荣与富庶的地区,也是对外开放的口岸市舶司之一,陆游《明州育王山买田记》就说"惟兹四明,表海大邦。……万里之舶,五方之贾,南金大贝,委积市肆,不可数知。"明州也被称为"家诗户书,科第取数既多,且闲占首选。衣冠文物,甲于东南。"

题　　名　南宋永和镇的考察
作者及单位　李德金,蒋忠义
会议名称　中国考古学会第七次年会
会议地点时间　1989

题　　名　南宋忠烈陈文龙
作者及单位　萧忠生(福州市社会科学院;福州市社科联)
会议名称　福建省历史名人研究会陈文龙分会成立大会
会议地点时间　中国福建福州,1998
主办单位　福建省历史名人研究会陈文龙研究分会
摘　　要　陈文龙(1232－1277),初名子龙,字德刚,号如心,原籍莆田东郊玉湖村(今阔口村)人。嘉熙四年(1240年),随父陈浩橙迁居长乐后山(今阜山),过继同宗第六代族叔陈士伟为子。

题　　名　南洋海军援台与中法镇海之役
作者及单位　戚其章
会议名称　中法战争镇海之役110周年学术研讨会
会议地点时间　1995
摘　　要　对于南洋海军在中法战争中的表现,历来论者颇多微词,甚至有否定的倾向。我认为这种认识不够全面,因为南洋3轮海军援台末成,而协守镇海却是有功的。这里谈谈个人的一些看法。

题　　名　南音在南洋
作者及单位　吴远鹏
会议名称　中华文化与域外文化互动暨海上丝绸之路泉州学术讨论会
会议地点时间　泉州,2002
主办单位　中国社会科学院学术交流委员会、社会科学文献出版社、中国海外交通史学会、泉州市社会科学界联合会以及台湾喜马拉雅研究发展基金会联合举办
摘　　要　泉州南音,又称弦管、南管、南曲、南乐、御乐、郎君乐等,是发源于历史文化名城泉州的古老音乐。泉州南音的根源可上溯至唐代,它集萃唐以来中原雅乐之遗韵,后来又吸取昆腔、弋阳腔、青阳腔、潮调、佛曲、道情等精华,形成格调韵味自成一格的音乐体系,它和西安鼓乐、山西五台山音乐、北京智化寺音乐等被认为是中国最具代表性、最古老的传统音乐。泉州南音还是保存我国古代音乐文化最丰富、最完整的一大乐种,有着历史长河中多种典型因素的积淀,被誉为“中国传统音乐的活化石”。

题　　名　南越国番禺城析论
作者及单位　陈泽泓(广州市地方志馆)
会议名称　南越国遗迹与广州历史文化名城学术研讨会暨中国古都学会2007年年会
会议地点时间　中国广东广州,2007
主办单位　中国古都学会、广州市文化局
摘　　要　广州古称番禺城。番禺古城的历史,至少可以上推至秦末的任嚣城,不久即由于赵佗创立南越国在此建都而得到扩建,1986年广州市政府为开展城庆活动确定广州建城时间,即自秦城始。历史文献资料缺乏番禺古城的原始记述,张荣芳、黄淼章所著《南越国史》也未涉及这方面的论述。

题　　名　**南越国番禺都城对广州早期城市发展的影响**
作者及单位　黄森章（广州市文物考古研究所）
会议名称　中国古都学会第十四届年会
会议地点时间　中国山东曲阜，1997
主办单位　中国古都学会、曲阜市人民政府
摘　　要　广州，是我国南方的一座历史文化名城。早在四五千年前的新石器时代晚期，就有先民在此生息繁衍，从事原始的农业和渔猎等生产活动，揭开了广州地区人文史的初页。秦始皇三十三年（前214年），任嚣、赵佗率秦军南下，统一岭南，设南海郡，在番禺（今广州）筑城为郡治，广州开始成为岭南重要城市。

题　　名　**娘妈、妈祖名称新解**
作者及单位　陈元煦
会议名称　妈祖文化——闽台妈祖文化学术研讨会
会议地点时间　厦门，1997
主办单位　福建省社会科学界联合会，福建省民俗学会，台湾省各姓渊源研究学会联合举办

题　　名　**鸟石妈祖的由来——林士章**
作者及单位　李文章
会议名称　妈祖文化——闽台妈祖文化学术研讨会
会议地点时间　厦门，1997
主办单位　福建省社会科学界联合会，福建省民俗学会，台湾省各姓渊源研究学会联合举办

题　　名　**宁波、泉州的比较研究**
作者及单位　陆芸（福建社会科学院海上丝绸之路研究中心）
会议名称　宁波与"海上丝绸之路"国际学术研讨会
会议地点时间　中国浙江宁波，2005
主办单位　中国中外关系史学会、浙江日本文化研究所、宁波市文化广电新闻出版局
摘　　要　广州、泉州、宁波是中国古代的著名港口。由于地理位置、政府重视程度，以及港口本身的条件，这三个港口城市的发展呈现出各自的特点。本文拟探讨宁波、泉州的相同和不同之处，来揭示不同历史时期两个港口城市的发展轨迹。

题　　名　**宁波"海上丝绸之路"文化遗存初探（摘要）**
作者及单位　陈炎（北京大学东语系）
会议名称　宁波与"海上丝绸之路"国际学术研讨会
会议地点时间　中国浙江宁波，2005
主办单位　中国中外关系史学会、浙江日本文化研究所、宁波市文化广电新闻出版局
摘　　要　"海上丝绸之路"泛指全球东西方通过海洋进行商贸往来和文化交流的通道，也是研究海洋文化的重要组成部分。宁波地处浙东平原东海之滨，早在7000年前，这里的先民就已活跃于海上，创造了河姆渡文化。

题　　　　名　**宁波“海上丝绸之路”与移民关系初探**

作者及单位　施祖青(天一阁博物馆)

会 议 名 称　宁波与“海上丝绸之路”国际学术研讨会

会议地点时间　中国浙江宁波,2005

主 办 单 位　中国中外关系史学会、浙江日本文化研究所、宁波市文化广电新闻出版局

摘　　　　要　在考察宁波“海上丝绸之路”的悠久文明史时,我们发现宁波“海上丝绸之路”除了大量的物流、资金流之外,还有一个重要的文化现象就是人流。从汉晋到明清,移民这一人流现象始终伴随于宁波的“海上丝绸之路”。

题　　　　名　**宁波的造船业与海上丝绸之路**

作者及单位　席龙飞(武汉交通科技大学)

会 议 名 称　宁波与“海上丝绸之路”国际学术研讨会

会议地点时间　中国浙江宁波,2005

主 办 单 位　中国中外关系史学会、浙江日本文化研究所、宁波市文化广电新闻出版局

摘　　　　要　浙江自古盛产丝绸,素有“丝绸之府”的称谓。地处杭州湾南岸的宁波、绍兴及其广大腹地,提供了丝绸外销的商品来源,宁波是中国舟船文化重要的发祥地,精湛繁盛的古代造船业是对以宁波为起点的海上丝绸之路的有力支撑。

题　　　　名　**宁波港及其海外贸易**

作者及单位　李英魁(宁波市世界文化遗产申请办公室)

会 议 名 称　中国中外关系史学会第六届会员代表大会

会议地点时间　中国吉林延边,2005

主 办 单 位　中国中外关系史学会、延边大学历史系与东北亚研究院、沈阳东亚研究中心

摘　　　　要　在中外文化交流这个包罗广博的学科中,“丝绸之路”以其时空跨度大、涵盖地区广、文化博大精深和对历史发展的巨大影响,而成为其不可分割地重要的组成部分。“丝绸之路”是在人类社会进人文明时代后社会经济高度发达的情况下,东西方及不同国度及地区进行的以贸易为主要载体的政治、经济、文化进行交流的通道。在此之前的包括新石器时代的物质文化的传播、国家之间的政治交流和区域性物质交易是“丝绸之路”兴起的历史基础;进入“丝绸之路”时代后,它便成为中外关系史的重要内容和主要载体。

题　　　　名　**宁波海上丝绸之路与东方货币圈研究**

作者及单位　储建国(杭州世界钱币博物馆)

会 议 名 称　宁波与“海上丝绸之路”国际学术研讨会

会议地点时间　中国浙江宁波,2005

主 办 单 位　中国中外关系史学会、浙江日本文化研究所、宁波市文化广电新闻出版局

摘　　　　要　从中国沿海出发的丝绸之路,以丝绸外传为核心、钱币为媒介,以便捷的运输方式、满负荷的双向运载,拉近了国与国之间的距离,促进了中外经济文化交流,推动了世界各国货币经济的发展,形成了“丝绸之路”。

题　　　　名　**宁波海洋文化及其旅游开发研究**

作者及单位　苏勇军(宁波大学文学院旅游管理系)

会 议 名 称　中国海洋学会2007年学术年会
会议地点时间　中国广东湛江,2007
主 办 单 位　中国海洋学会、广东海洋大学
摘　　　要　21世纪是“海洋世纪”,而海洋旅游业则是前景广阔的海洋产业群中的重要组成部分。宁波市海域辽阔,海洋文化内涵丰厚,海洋旅游资源丰富。如何充分发挥自身优势,加快海洋文化旅游的发展,对于培育宁波市海洋经济新的增长点,推进海洋经济强市建设有着重要的现实意义。

题　　　名　**宁波与海上丝绸之路**
作者及单位　白芳(广东省博物馆)
会 议 名 称　宁波与“海上丝绸之路”国际学术研讨会
会议地点时间　中国浙江宁波,2005
主 办 单 位　中国中外关系史学会、浙江日本文化研究所、宁波市文化广电新闻出版局
摘　　　要　宁波港是我国东部最古老、最重要的海上丝绸之路始发港之一。综观宁波历史,海上丝绸之路是其发展主线,宁波海上丝绸之路文化源远流长,经久不衰,地域鲜明,个性突出,为中国、东南亚地区乃至人类文明做出了不朽贡献。

题　　　名　**宁波与中日“海上书籍之路**
作者及单位　贺宇红(天一阁博物馆)
会 议 名 称　宁波与“海上丝绸之路”国际学术研讨会
会议地点时间　中国浙江宁波,2005
主 办 单 位　中国中外关系史学会、浙江日本文化研究所、宁波市文化广电新闻出版局
摘　　　要　书籍作为人类文明成果的载体,凝聚了人类的创造力和意志力,它可以不受时间和空间的限制,惠及不同民族,使那些长期处于领先地位的文化,深入人心,因而影响周边民族和相邻地域文化的发展。

题　　　名　**宁波在东北亚的地位**
作者及单位　孙泓(沈阳东亚研究中心)
会 议 名 称　宁波与“海上丝绸之路”国际学术研讨会
会议地点时间　中国浙江宁波,2005
主 办 单 位　中国中外关系史学会、浙江日本文化研究所、宁波市文化广电新闻出版局
摘　　　要　宁波是历史上著名的港口城市,在东北亚各国经济文化中占有重要的地位。它是中国与朝鲜、日本经济文化交往的始发港;是日本、朝鲜和西洋、南洋经济文化交流的中转站。

题　　　名　**宁波周围地区关于徐福入海求仙的传说与遗迹**
作者及单位　董楚平,董有华(浙江社科院历史研究所;宁波市委宣传部对外宣传处)
会 议 名 称　全国首届徐福学术讨论会
会议地点时间　连云港,1987
摘　　　要　徐福求仙入海处,说法不一。其考证不必拘于一处。因为据《史记》记载,徐福入海不止一次,秦始皇所遣方士也不只徐福一人,还有韩终、卢生等人。而后世传说,都归徐福一人。上古史是一门模糊史学,只可丈量,不可寸度。所谓徐福入海处,应放宽尺度,理解为秦始皇派人求仙入海处。这样理解,可能更容易接近历史本来面目。

题　　　名　努力开创海洋考古推进海洋文化建设——兼论舟山文博部门在“海洋文化名城”建设中的责任和使命

作者及单位　贝逸文(舟山市博物馆)

会 议 名 称　浙江省博物馆学会 2007 年学术研讨会

会议地点时间　中国浙江平湖,2007

主 办 单 位　浙江省博物馆学会

摘　　　要　舟山是海洋大市,海洋考古资源十分丰富。如果舟山文博部门努力实践包括沉船考古、海港考古、海洋聚落考古等三大领域的海洋考古,践行海洋文化博物馆建设,那么,我们才能肩负起建设舟山海洋文化名城的责任和使命。

题　　　名　欧美郑和研究的历史和特色

作者及单位　陈信雄(台南市成功大学历史系)

会 议 名 称　传承文明走向世界和平发展——纪念郑和下西洋 600 周年国际学术研讨会

会议地点时间　江苏,2005

题　　　名　欧战与战后(1918～1927)中国文化转型

作者及单位　郑大华

会 议 名 称　中华民国史(1912—1950)国际学术讨论会

会议地点时间　中国北京,2002

主 办 单 位　中国社会科学院近代史研究所、澳门中西创新学院、美国黄兴基金会

摘　　　要　文化传播是人类的最早活动之一。随着不同文化携带者的相互交流,如通商、旅游、移民、留学、外交、战争等,使不同民族、不同地区的文化进行交流和融合。在古代,由于先进的大众传播媒介如电话、电视、报纸、互联网等尚未出现,文化的传播与交流主要依靠通商、移民等不同文化携带者的直接交往而进行,因此通商、移民的主要通道——海港

题　　　名　欧洲机械钟的传入和中国近代钟表业的发展

作者及单位　陈凯歌(苏州市古代天文计时仪器研究所)

会 议 名 称　第二届中日机械技术史国际学术会议

会议地点时间　中国江苏南京,2000

摘　　　要　16 世纪末,西方传教士经过几代人努力,终于打开了中国南大门。为达到传教目的,他们运用钟表作为攻关礼品,引起了明、清皇帝及臣民们兴趣,促使中国民间工匠仿制,从而推动了中国近代钟表制造业的形成与发展。文中收集了西方传教士的笔记及文献记录,查阅了民间方志,做了初步归纳,并进行了分析探讨。

题　　　名　盘王碧渡海漂失传说辨析

作者及单位　蓝岭,姚乐音(厦门大学人类学研究所)

会 议 名 称　畲族文化学术研讨会

会议地点时间　中国福建宁德,2003

主 办 单 位　福建省炎黄文化研究会、福建省民族与宗教事务厅、中国人民政治协商会议宁德市委员会

摘　　要　盘王碧渡海漂失传说流传于闽东和浙南。闽东畲族的许多谱牒记有这一传说："盘、蓝、雷诸姓有三百六十丁口，为闽王王审知向导，分乘五大船由宁波渡海入闽，船在洋中遭风阻，仍靠连江马鼻登岸，盘王碧一舟被风飘，不知去向，故盘姓于今无传焉。"

题　　名　培养人才从甲午海战看船政学堂培养人才的得失
作者及单位　李洛荣
会议名称　甲午海战与中国海防——纪念甲午海战一百周年学术研讨会
会议地点时间　1994
摘　　要　甲午海战的硝烟早已烟消云散，但留给炎黄子孙的百年遗恨却还记忆犹新。以当时"弹丸小国"的日本打败了"欢快大国"的清王朝，留给了人们许许多多的教训。本文试图从甲午海战中管带（舰长）们的具体表现，探讨培养这批舰长的学校——福州船政学堂在造就人才方面的经验与教训以鉴古观今。

题　　名　蓬莱，"东方海上丝绸之路"的起航地
作者及单位　李世惠，于清才（鲁东大学胶东文化研究中心研究室；中国管理科学研究院国学与管理研究所）
会议名称　登州与海上丝绸之路国际学术研讨会
会议地点时间　中国山东蓬莱，2008
主办单位　联合国泛丝绸之路·系列活动组委会、中国中外关系史学会、鲁东大学、山东师范大学齐鲁文化研究中心、蓬莱市人民政府
摘　　要　蓬莱，地处山东半岛最北端，濒渤海、黄海交界处，是一座历史悠久的文化名城，是一片令人神往的旅游胜地。这里海阔天空，风光旖旎，物阜民丰，人杰地灵，集山光海色之美，有得天独厚之利。蓬莱仙境、海市蜃楼、八仙过海……这些美丽传说和自然奇观都给蓬莱增添奇妙而神秘的色彩，也使蓬莱（登州）声名远播，闻名于世。

题　　名　蓬莱古船保护技术研究
作者及单位　袁晓春（蓬莱阁管理处）
会议名称　中国文物保护技术协会第二届学术年会
会议地点时间　中国西安，2002
主办单位　中国文物保护技术协会
摘　　要　介绍了在山东省蓬莱市登州港发掘的蓬莱古船在保护过程中采取的"（舟念）料"修复技术、聚醋酸乙烯脂丙酮溶液喷涂船体加固技术以及生桐油喷涂船体保护技术。

题　　名　蓬莱三艘古船保护进程中的保护技术探究
作者及单位　袁晓春（蓬莱阁管理处）
会议名称　中国文物保护技术协会第六次学术年会
会议地点时间　中国新疆乌鲁木齐，2009
主办单位　中国文物保护技术协会
摘　　要　中外文物保护界对古船保护进程中保护技术的研究极少报告，因而很有必要开展相关探讨。古船保护工程是一项动态的长期工作，将不断出现工作和技术问题，有的问题会及时解决，但有的问题继续遗留，现将蓬莱3艘中韩古代海船保护工程中采用的保护技术和存在问题，进行梳理并及时报

告，希望为我国今后的古船保护工程提供参考和借鉴。

题　　　名　**蓬莱三艘古船前期保护及元朝古船保护技术**

作者及单位　袁晓春(蓬莱阁管理处)

会 议 名 称　中国文物保护技术协会第五次学术年会

会议地点时间　中国江苏南京，2007

主 办 单 位　中国文物保护技术协会、故宫博物院文保科技部

摘　　　要　中国迄今发现古船50余艘，成为世界上发现古船最多的国家之一。而各地古船保护技术各有千秋，亟须进行保护技术交流。本文对2005年蓬莱水城发掘三艘古船前期保护及1984年蓬莱水城发现元朝古船保护技术进行探讨，同时对四艘古船保护中存在的不足予以提出，希望对中国古船保护技术的发展提供经验与借鉴。

题　　　名　**碰撞与裂变——清代前期中西关系刍议**

作者及单位　吴伯娅(中国社会科学院历史研究所)

会 议 名 称　中国中外关系史学会第六次学术讨论会

会议地点时间　中国广西东兴，1997

主 办 单 位　中国中外关系史学会、复旦大学、上海外国语大学

摘　　　要　满族的兴起和清朝的建立，大体与欧洲资本主义的兴起同时。资本主义兴起之后，资产阶级就用暴力并辅之以其它手段，在亚洲、非洲、美洲广泛进行殖民扩张。从此，历史逐渐把全世界联为一个整体。西方与东方相遇了。西方的资本主义体系与中国的封建主义体系不断撞击。探讨这种碰撞的发生与发展，考察它对清代社会历史进程的影响，可以使我们得到许多有益的启示。

题　　　名　**平湖郑和《妙法莲华经》的发现及其意义**

作者及单位　程杰，杨根文

会 议 名 称　传承文明走向世界和平发展——纪念郑和下西洋600周年国际学术研讨会

会议地点时间　江苏，2005

题　　　名　**评梁启超对郑和下西洋的研究**

作者及单位　王晓秋(北京大学历史系)

会 议 名 称　传承文明走向世界和平发展——纪念郑和下西洋600周年国际学术研讨会

会议地点时间　江苏，2005

题　　　名　**评沈葆桢“开山抚番”政策**

作者及单位　徐立恩(南京大学历史系台湾研究所)

会 议 名 称　沈葆桢巡台130周年学术研讨会

会议地点时间　中国南京，2004

主 办 单 位　中国近现代史史料学学会

摘　　　要　沈葆桢是近代史上卓有成就的历史人物，不仅对洋务运动的发展贡献良多，而且1874—1875年沈葆桢受命巡视台湾期间，实行了一系列的改革措施，促进了台湾社会经济的发展，对促进台湾走向近代化功不可没，尤其是推行的“开山抚番”政策。

题　　　　名　评沈传经著《福州船政局》
作者及单位　孙占元
会议地点时间　中国上海,1991
主 办 单 位　上海中山学社
摘　　　　要　在中国近代经济史领域内,福州船政局是一个颇为重要的研究课题,引起了许多专家学者的研究兴趣。仅最近10年间,学术界已发表专题研究福州船政局的论文40余篇,出版专著2部。1987年四川人民出版社出版的沈传经的《福州船政局》,是继林庆元的《福州船政局史稿》问世后又一部研究福州船政局的力作。

题　　　　名　评魏源的"师夷长技以制夷"
作者及单位　孙适民(邵阳学院文学院)
会 议 名 称　纪念魏源诞辰210周年国际学术研讨会
会议地点时间　中国邵阳,2004
摘　　　　要　魏源的一生,是"倡经世以谋富强,讲掌故以明国是,崇今文以谈变法,究舆地以图边防,策海防以言战守"的一生。(王家俭《魏源年谱》,1967年,台湾版)他既是近代早期优秀的爱国主义者和政治活动家,又是著名的思想家。他的理论建树对后来的洋务运动有着直接的影响,却无论在思想理论上还是实际政治活动中,都远比洋务派高明进步。

题　　　　名　评魏源对当时世界的研究与介绍——以编辑《海国图志》为中心
作者及单位　萧致治(武汉大学历史学院)
会 议 名 称　纪念魏源诞辰210周年国际学术研讨会
会议地点时间　中国邵阳,2004
摘　　　　要　魏源(1794－1857)生活的时代,西欧各国已经席卷全球。他们跑遍世界各地,"到处落户,到处创业"(马克思恩格斯《共产党宣言》),世界各地都不同程度地受到西方列强的冲击。而当时的中国,却正处于清朝统治下的封建社会末期。人们受封建思想的禁锢,闭目塞听,对日新月异的世界形势茫然无知。

题　　　　名　评一六四七至一六五四年清郑之间和战的得失——兼与台湾历史学者商榷
作者及单位　陈在正(厦门大学台湾研究所)

题　　　　名　破解郑和宝船之谜
作者及单位　陈振杰(北京郑和下西洋研究会)
会 议 名 称　北京郑和二千料宝船船模复原研究论坛
会议地点时间　北京,2004
摘　　　　要　本文对郑和下西洋宝船之谜进行了探讨。文章围绕寻找记载中的二千料海船、还原宝船真容、期待宝船重现辉煌等方面进行了阐述。

题　　　　名　破译郑和之父马哈只墓碑铭
作者及单位　李清升
会 议 名 称　第二届昆明郑和研究国际会议
会议地点时间　云南,2002

题　　　名　剖视郑和生平与航海历程中贯穿始终的宗教因素

作者及单位　林松(中央民族大学)

会议名称　“郑和远航与世界文明”暨纪念郑和下西洋600周年学术讨论会

会议地点时间　北京,2004

题　　　名　莆田几个妈祖宫庙起落的历史人类学浅析

作者及单位　李文

会议名称　中华妈祖文化学术研讨会

摘　　　要　本文以2003年春“莆田文峰宫—贤良港祖祠—白湖顺济庙”的妈祖进香仪式为个案,通过“历史人类学”方法论的追溯来分析其中所包涵的结构和历史的意义。由此,不仅为今天莆田地区的妈祖进香仪式提供了一个历史性的解释,更重要的是,为“历史”如何浓缩于一个共时态的象征中并如何表现在历史主体的意识这一课题提供了一个可供追溯的验证。

题　　　名　莆田妈祖文化在上海的传播

作者及单位　房奕(厦门大学研究生院;)

会议名称　首届莆仙文化学术研讨会

会议地点时间　中国福建莆田,2002

主办单位　福建省炎黄文化研究会、中共莆田市委宣传部

摘　　　要　莆田妈祖是我国古代重要的女海神,伴随着海商贸易和移民流动的步伐,其信仰传布到中国大陆沿海各地,以及台湾、澳门、东南亚乃至非洲。上海自宋代设市舶司以来,一直是海上贸易的重镇,也是妈祖信仰的传播地之一。研究妈祖信仰文化在上海的传播是莆田湄洲妈祖文化研究乃至兴化文化研究的重要构成部分。对此,研究者鲜少,本文拟就此作一番探讨。现试陈管见,以就教于方家。

题　　　名　莆田湄洲岛下山村春节的妈祖活动

作者及单位　周金琰(莆田湄洲祖庙)

会议名称　福建省民俗学会第二届学术研讨会

会议地点时间　中国福建龙岩,1991

主办单位　福建省民俗学会

摘　　　要　每逢新春佳节,湄洲岛与各地一样,亲人团聚、准备年货,欢欢喜喜热闹一番。但湄洲岛与各地不同的有二,一为紧紧围绕“妈祖活动”进行,二是时间上的不同,其最热闹(高潮)不是在除夕或正月初一,而是在正月初九至正月十二日。主要内容有拜妈祖、接妈祖,“过游”,妈祖上(下)宫等具体活动。在湄洲岛上各村也不尽一样,是按各村的实际情况(有的是按宫,有些地方是几个村合一座宫)定规模大小,内容上各有千秋。

题　　　名　莆田湄洲两“海神”

作者及单位　林精华(福建師範大学;)

会议名称　第二次闽台妈祖文化学术研讨会

会议地点时间　中国福建霞浦,1998

主办单位　福建省社会科学联合会、福建省民俗学会、宁地地区社科联、霞浦县社科联、霞浦松山妈祖文化研究会

摘　　　要　今福州台江区塢尾街“万壽尚書庙”舊址，宋代称“新美坊”。

题　　　名　**莆田人普遍信仰妈祖的原因——兼谈「娘妈」名称的由来及其演变**
作者及单位　陈元煦
会议名称　妈祖信仰的发展与变迁——妈祖信仰与现代社会国际研讨会
会议地点时间　北港朝天宫，2001

题　　　名　**葡人入据澳门开埠历史渊源新探**
作者及单位　金国平，吴志良（葡萄牙葡中研究中心，澳门基金会）
会议名称　三条丝绸之路比较研究学术讨论会
会议地点时间　中国云南昆明，2001
主办单位　中国中外关系史学会、云南省社会科学院、广东省社会科学院、中国社科院边疆史地研究中心、云南大学西南边疆少数民族研究中心
摘　　　要　在《龙涎香与澳门》一文中，我们从整体上探讨了龙涎香与澳门的历史渊源。在此，我们将通过对16世纪中葡议和及戈列高里奥・冈萨雷斯（GregorioGonzalez）函件准确日期的新考证，进一步考察龙涎香在葡人入居澳门过程中所产生过的难以令人置信的决定作用。

题　　　名　**葡萄牙人初寓蠔镜澳的历史考察**
作者及单位　张德信（中国社会科学院）
会议名称　第七届明史国际学术讨论会
会议地点时间　中国吉林长春，1999
主办单位　中国明史学会、东北师范大学、吉林大学、吉林师范学院、通化师范学院、吉林省社会科学院
摘　　　要　葡萄牙（《明史》作佛朗机）人于明正德六年（1511年）占据满剌加，三年之后的正德九年（1514年）驾驶船队抵广东沿海的屯门（新安县南头附近），企图贸易，未曾获准。次年，葡萄牙国王委派费尔南率舰队护送由西印度新总理选中的葡萄牙使者皮雷斯前来中国广东沿海的屯门，再次要求与明王朝建立友好关系，通商贸易，亦遭拒绝。

题　　　名　**葡萄牙人在Chincheo：16世纪海洋史的一件公案**
作者及单位　杨国桢（厦门大学历史系）
会议名称　第二届闽南文化研讨会
会议地点时间　中国福建泉州，2003
主办单位　福建省炎黄文化研究会、泉州市政协

题　　　名　**“葡萄牙人助明驱海盗而得澳门”说再辨析**
作者及单位　陆晓敏
会议名称　第二届近代中国与世界学术讨论会
会议地点时间　中国北京，2000
主办单位　中国史学会、中国社会科学院
摘　　　要　葡萄牙人入居澳门，是西方早期殖民主义者对华关系的一件大事，也是近代中国与西方世界交往的先声。长期以来，中外学者在对此问题的研究中，尤其是在葡萄牙人如何入居澳门，也就是

西方学者通常所说的澳门的起源这一问题上，存在着严重分歧。

题　　　名　**普陀山的新罗礁、高丽道头在“东亚海上丝绸之路”中的重要地位**
作者及单位　王连胜（普陀山佛教文化研究所）
会 议 名 称　宁波与“海上丝绸之路”国际学术研讨会
会议地点时间　中国浙江宁波，2005
主 办 单 位　中国中外关系史学会、浙江日本文化研究所、宁波市文化广电新闻出版局
摘　　　要　普陀山古有新罗礁和高丽道头，乃古代从宁波到朝鲜、日本等国“海上丝绸之路”遗留下来的重要实物证据。但由于元朝与日本不和，明太祖朱元璋实行海禁，舟山在明、清两代经过多次移民，两处古迹相继“迷失”和失传。

题　　　名　**谱牒凝聚闽台缘**
作者及单位　林积焕，林祖武（福建农林大学人文社会科学院法学系；石狮市蚶江镇文化站）
会 议 名 称　“谱牒研究与五缘文化”研讨会
会议地点时间　中国福建晋江，2008
主 办 单 位　福建省民俗协会、福建省五缘文化研究会、晋江政协文史委、晋江谱牒研究会
摘　　　要　谱牒是中华几千年宗法社会的特有产物。以史载国政，以谱记家传。族谱真实记录一族之世系，上绍述祖宗，下垂鉴子孙，是中华各族姓的“魂”——传衍史。族谱以增强“木本水源”、“敬宗睦族”的思想情感。

题　　　名　**谱牒与闽台历史文化关系**
作者及单位　孙英龙（东山县博物馆）
会 议 名 称　闽台谱牒民俗研讨会
会议地点时间　中国福建晋江市，2002
主 办 单 位　福建省民俗学会、晋江市谱牒研究会
摘　　　要　谱牒是中国传统文化的重要组成部分，是海峡两岸历史渊源关系的珍贵资料。谱牒，又称族谱、宗谱、家谱、世谱。

题　　　名　**七七事变以前的日本对华政策及其演变**
作者及单位　臧运祜（北京大学历史系）
会 议 名 称　纪念中国人民抗日战争暨世界反法西斯战争胜利60周年学术研讨会
会议地点时间　中国北京，2005
主 办 单 位　中国社会科学院近代史研究所
摘　　　要　七七事变以前，作为日本最高统治集团的政府与军部，有没有指导这场局部侵华战争的政策？如果有，它又是如何演变的？这个问题，在战后60年来的中日两国史学界，至今并没有完全解决。

题　　　名　**戚继光籍贯考略**
作者及单位　阎崇年
会 议 名 称　第二届明清史国际学术讨论会
会议地点时间　天津，1993

主 办 单 位 明清史国际学术讨论会论文集编辑组编

题　　　名 戚继光隆庆元年北来原因探析

作者及单位 杨帆(湖南省地方志编委会)

会议地点时间 2005

摘　　　要 隆庆元年(1567)三月南澳和四月崇武战役,倭患"息警"后,戚继光担负起东南沿海相当范围的防御和对付"山寇"的重任。六月,工科右给事中吴时来在上奏朝廷的《敷陈时政以图久安疏》中称:"福建总兵戚某,有练兵之长,宜行取北来,驻札昌平,拣阅燕蓟三万余众,经营三年,责其游兵破虏,以省各镇入卫之兵。"

题　　　名 齐鲁文化与东方海上丝绸之路

作者及单位 王志民(山东省政协;山东师范大学;教育部人文社会科学研究基地山东师范大学齐鲁文化研究中心;山东省社会主义学院;山东省古代文学学会)

会 议 名 称 登州与海上丝绸之路国际学术研讨会

会议地点时间 中国山东蓬莱,2008

主 办 单 位 联合国泛丝绸之路·系列活动组委会、中国中外关系史学会、鲁东大学、山东师范大学齐鲁文化研究中心、蓬莱市人民政府

摘　　　要 本届国际学术讨论会是由联合国泛丝绸之路·系列活动组委会、中国中外关系史学会、鲁东大学、山东师大齐鲁文化研究中心、蓬莱市人民政府联袂发起和主办的。中国中外关系史学会是在国家民政部注册,挂靠在中国社会科学院的一个全国性学术团体,其会员遍及祖国的大陆和港、澳、台地区,现有会员800余名。本学会自1981年成立以来,以弘扬学术为宗旨,多年来活跃在祖国各地区。本届国际学术讨论会是由本学会组织和参与的第25届学术讨论会,也是学会的同仁们首次进入祖国传统文化的重要源头地之一——齐鲁大地,特别是来到了历史悠久、物阜民康、风景优美的蓬莱仙岛,与蓬莱市政府、烟台市和济南市的两所大学合作,使我们倍感荣幸。

题　　　名 齐彦槐与道光初年海运

作者及单位 倪玉平(中国社会科学院近代史研究所)

会 议 名 称 中国社会科学院近代史研究所青年学术论坛

会议地点时间 中国北京,2005

主 办 单 位 中国社会科学院近代史研究所

摘　　　要 从一则史料说起在研究道光六年(1826年)漕粮海运、上海运输业发展状况及明清时期中国"资本主义萌芽"的问题时,《见闻续笔》一书被研究者引用频率极高。其中,尤以下面一则史料最有代表性:"查上海沙船底册,除小船不计外,其中大中两号沙船,自千石以上二千石者,不下一千三四百号。"此条史料出处的说明,不少学者均注明为:"齐学裘:《见闻续笔》卷二。"

题　　　名 齐之琅邪与赣榆徐福村—琅邪界域刻石发现初考

作者及单位 李克文(连云港市徐福研究会)

会 议 名 称 全国首届徐福学术讨论会

会议地点时间 连云港,1987

摘　　　要 连云港市外海的东连岛桅尖山北龙后宫西侧,发现一处早期界域刻石,石刻刻于山脚临海的陡峭碣形大石上,大石已断为三截,刻面亦随之分为三个部分。文字虽经海水长年浸蚀,漫漶不清,

但可辨篆体“东海郡晌”,“琅邪郡相”,“界石分高”,“西直”,“界东”,“无极”等字形。经有关专家鉴定,为一秦汉时代早期界域刻石。这一重要发现,引起考古、史学界很大兴趣,认为这是秦汉时代琅邪、东海二郡在连云港市分界的史实物证。

题　　　名　气势恢宏的世界蓝色文明的探索与实践——郑和下西洋

作者及单位　辛元欧(上海交通大学)

会议名称　“郑和与海洋”学术研讨会

会议地点时间　中国太仓,1998

主办单位　江苏省郑和研究会

摘　　　要　肇始于明永乐三年(1405)、为时28年的郑和下西洋是世界航海史上的伟大壮举,它以空前绝后的航海规模长时间出没于人迹罕至、洪涛巨浪、雷电交作、飓风黑雨、浩瀚的印度洋上,这在当时社会生产力尚不发达的古代世界实为人间奇迹,就此为人类开创了认识海洋、开发海洋、深入探索世界蓝色文明的新纪元。郑和所从事的鸿图伟业使他成为人类历史上最早出现的世界顶尖航海家,一位受世人尊重的海上巨人。

题　　　名　迄今发现最早的郑和下西洋船队图像资料

作者及单位　金秋鹏

会议名称　湖北省纪念郑和下西洋600周年活动

会议地点时间　中国武汉,2005

主办单位　中国航海学会内河船舶驾驶专业委员会

题　　　名　千古变局催生的两枚硕果——格致中学与江南造船厂渊源初探

作者及单位　张志敏

会议名称　中国造船工程学会2005《中国船舶工业发展论坛》船史分会场纪念江南造船厂建厂140周年学术报告会

会议地点时间　中国上海,2005

主办单位　中国造船工程学会船史研究学术委员会、上海市造船工程学会船史发展专业学术委员会、江南造船(集团)有限责任公司

题　　　名　千年宁波港荣辱伴中华——西方人视野中的宁波地区

作者及单位　耿昇(中国社会科学院历史研究所)

会议名称　宁波与“海上丝绸之路”国际学术研讨会

会议地点时间　中国浙江宁波,2005

主办单位　中国中外关系史学会、浙江日本文化研究所、宁波市文化广电新闻出版局

摘　　　要　宁波,唐称明州,自明代起称宁波。宁波地处祖国东南海滨,航道四通八达,交通便利,具有得天独厚的自然和人文环境,是我国最早开展海外贸易的港口之一,在我国海外贸易史上占据重要地位。

题　　　名　迁台移民与福建祖籍原乡、原族之关系

作者及单位　李祖基(厦门大学台湾研究院)

会 议 名 称　厦门大学台湾研究院25年庆暨台湾研究的基础与前沿学术研讨会
会议地点时间　中国福建厦门,2005
主 办 单 位　厦门大学台湾研究中心、厦门大学台湾研究院
摘　　　要　闽粤两省是迁台移民的主要祖籍地,其中又以福建籍的居多,根据日据时期1926年的户籍统计,台湾汉族居民中祖籍为福建省的占83。1%。这些移民来台之后,乃至在台湾定居之后,与大陆祖籍原乡、原族的关系如何,本文试根据相关的资料作一些分析。

题　　　名　**钱塘故址新探**
作者及单位　杜正贤(杭州市文物考古所)
会 议 名 称　中国古都学会第十五届年会暨新郑古都与中原文明学术研讨会
会议地点时间　中国河南新郑,1998
主 办 单 位　中国古都学会、新郑古都学会
摘　　　要　秦始皇二十五年(前222年),始皇灭楚国降越后,于吴、越故地置会稽郡,杭州始于秦时置钱唐县属之,这是史学界关于杭州建城置县的传统观点。自南朝宋文帝时钱唐县令刘道真《钱唐记》主张钱唐县治在"灵隐山下"以来,历代史志大都沿袭其说。然文献记载过于简略,钱唐故址至今未有定论。

题　　　名　**浅论船政文化与维新思潮**
作者及单位　陈锦谷(原福州市社科院历史所)
会议地点时间　2003
主 办 单 位　福建省闽学研究会
摘　　　要　童赴美留学,任中国留美幼童肄业局监督,容闳任副监督。

题　　　名　**浅论沈葆桢的爱国思想**
作者及单位　张天禄
会 议 名 称　沈葆桢研究——纪念沈葆桢诞辰180周年学术研讨会
会议地点时间　中国福州马尾,2000

题　　　名　**浅论唐代登州地区新罗村的成因/登州与宋朝和高丽的官方关系**
作者及单位　李劲军(中国山东大学韩国研究中心)
会 议 名 称　登州港与中韩交流国际学术讨论会
会议地点时间　蓬莱,2004
摘　　　要　据日本高僧圆仁在《入唐求法巡礼行记》一书和唐代有关文献的记载,登州作为唐罗交往的重要港口,不仅接待过无数过往的新罗官员、商人、僧侣和留学生,而且还收留了许多客居此地的新罗侨民,先后在牟平县的邵村浦、乳山浦和文登县赤山浦周围的赤山村、刘村以及旦山浦、长淮浦等地形成了一些大小不等的新罗村,成为唐代新罗村比较集中的地区。自20世纪90年代初,学术界对这些新罗村的成因和性质开始给予关注,并陆续推出了一批有分量的成果。然而,我认为其中有些观点表述的还不是非常充分,有必要再作一些补充,因此提出来向各位师长和朋友请教。

题　　　名　**浅论郑和宝船——从史料和考古角度分析**
作者及单位　杨宗英,黄根余(上海交通大学)

会 议 名 称 湖北省纪念郑和下西洋600周年活动

会议地点时间 中国武汉,2005

主 办 单 位 中国航海学会内河船舶驾驶专业委员会

摘 要 据考证,《明史》等史书中关于郑和宝船的尺度均引自明人马欢著的《瀛涯胜览》的抄本。这是孤证,因此根据不足,是不足信的。除这些史料外,1937年在南京静海寺发现的残碑研究郑和宝船尺度的一个极为珍贵的资料。残脾上记载的是二千料海船。此外,根据《郑和航海图》上所示的一艘三桅船和郑和下西洋前后出使船只都是二千料和十余丈的记载看来,静海寺残碑记载的可靠性是很大的。1957年在南京发掘到的大舵杆是目前考证宝船尺度的唯一实据。按我国沙船法式,估计郑和宝船为:长十八丈,广四丈四尺,排水量为1200吨左右的沙船。

题 名 **浅述明后期至清初西方科技文化在中国的传播**

作者及单位 江东跃(象山县石浦中学)

会议地点时间 2004

摘 要 16世纪前,东西文化是相互隔膜的。在西方古典时代,希腊、罗马长期与古波斯为敌,故当时东西方文化相互对立。中世纪欧洲十字军东侵之时,他们把东方称为异教徒的地方。公元13世纪蒙古人西征,又给欧洲影响极大,西方人称之为“黄祸”。

题 名 **浅述炮击“紫石英”号事件**

作者及单位 解文欣,李桂成(南京炮兵学院)

会 议 名 称 纪念渡江战役胜利暨南京解放50周年学术研讨会

会议地点时间 1999

主 办 单 位 中共江苏省委党史工作办公室、江苏省新四军和华中抗日根据地研究会

摘 要 1949年4月20日9时30分,东集团渡江即将开始,一艘排水量为1700吨,装备6门100mm舰炮的英国海军护航舰“紫石英”号,以到南京执行保护英国侨民任务为借口,擅自由上海溯江而上,闯入正进行渡江准备的第8兵团20军的突击地段,与特种兵纵队的炮兵发生火力冲突。

题 名 **浅说霞浦松山妈祖文化现象的若干问题**

作者及单位 蘇孝敏(霞浦县社会科学界联合会)

会 议 名 称 第二次闽台妈祖文化学术研讨会

会议地点时间 中国福建霞浦,1998

主 办 单 位 福建省社会科学联合会、福建省民俗学会、宁地地区社科联、霞浦县社科联、霞浦松山妈祖文化研究会

摘 要 松山天后宫的传世宫宝——《妈祖生平图》,俗称“阿婆图”,亦称“妈祖图”。民间多传說该图是绘制於南宋中期。

题 名 **浅谈福建民间对两女神的信仰**

作者及单位 陈志(《福建论坛》编緝部)

会 议 名 称 第二次闽台妈祖文化学术研讨会

会议地点时间 中国福建霞浦,1998

主 办 单 位 福建省社会科学联合会、福建省民俗学会、宁地地区社科联、霞浦县社科联、霞浦松山妈祖文化研究会

摘　　　要　宗教信仰是一种文化现象,而民间宗教信仰是來源於下層民众及其观念意识、向往和風尚,且影响着地方的民俗民風。民间宗教最初信仰群體是广大勞苦大众,所以这种信仰充滿着生机,活力十足,經久不衰。

题　　　名　浅谈海洋民俗文化
作者及单位　陈钜龙(国家海洋局南海分局)
会议名称　首届建设弘扬海洋文化研讨会
会议地点时间　北京,2007
主办单位　中国海洋学会

题　　　名　浅谈合浦文化遗产的合理利用及规划构思——弘扬合浦汉代海上丝路文化,推动地方经济发展
作者及单位　王伟昭
会议名称　海上丝绸之路研究——中国·北海合浦海上丝绸之路始发港理论研讨会
会议地点时间　广西北海市合浦,2004

题　　　名　浅谈妈祖文化
作者及单位　涂敏(广东海洋大学)
会议名称　中国海洋学会2007年学术年会
会议地点时间　中国广东湛江,2007
主办单位　中国海洋学会、广东海洋大学
摘　　　要　本文回顾了妈祖信仰的发展历程,探讨了人们对妈祖文化的理解,透过妈祖文化现象从三个方面浅谈妈祖文化精神。

题　　　名　浅谈妈祖信仰对我国海洋文化的影响
作者及单位　李瑶
会议名称　首届建设弘扬海洋文化研讨会
会议地点时间　北京,2007
主办单位　中国海洋学会

题　　　名　浅谈闽台民间信仰之因缘关系
作者及单位　郭大卫(莆田市秀屿区政协文史委)
会议名称　第三届闽台文化学术研讨会
会议地点时间　中国福建莆田,2006
主办单位　福建省炎黄文化研究会、莆田市人大、莆田市政协、中华妈祖文化交流协会
摘　　　要　台湾四面都是海,岛屿中脊则为海拔数千米的崇山峻岭。福建三面是山,南面岛屿港湾密布,海岸线弯曲漫长。尽管闽台都是有山又有海的地形,但是主要人口都集中于沿海地带,使得“海洋”在闽台文化的构成中扮演着最重要的角色。

题　　　名　浅谈明清时期伊斯兰文化与儒家文化的对话
作者及单位　王丽宏(中央民族大学)

会 议 名 称 郑和下西洋与文明对话国际研讨会

会议地点时间 中国宁夏银川,2005

主 办 单 位 宁夏社会科学院、伊朗伊斯兰共和国驻华大使馆文化处

摘 要 由郑和下西洋看伊斯兰文化和儒家文化的交流年代,郑和率领浩浩荡荡的船队七下西洋,历时数十年,这一中国和世界航海史上的壮举,体现了中华民族开放进取、和平友爱、敢为天下先的精神,这种精神是中华民族千百年来生生不息的动力。

题 名 **浅谈宁波"海上丝绸之路"历史发展与分期**

作 者 及 单 位 林士民(宁波市文物考古研究所)

会 议 名 称 宁波与"海上丝绸之路"国际学术研讨会

会议地点时间 中国浙江宁波,2005

主 办 单 位 中国中外关系史学会、浙江日本文化研究所、宁波市文化广电新闻出版局

摘 要 宁波港,历史悠久,早在春秋战国时句章港为我国著名九大军港之一。汉代句章港区逐渐由古句章港向东北迁至甬江、姚江、奉化江之交汇的"三江口"一带;吴晋时这里不但是千里水道贯通的主要枢纽、中外物资交流的集散地,而且也是水师军事要塞、兵家必争之地;尤其到了经济繁荣、文化发达的唐代,"三江口"不但成为县、州治地,港口建设发展迅速,而且一跃跻身于大唐交州、广州、明洲、扬州四大名港行列,成为与各国通商贸易和文化交流的主要口岸之一,一直延续了好几个世纪。

题 名 **浅谈台湾的妈祖崇祀**

作 者 及 单 位 周学輝(中国致公黨厦門市委会联絡工作委員会;)

会 议 名 称 第二次闽台妈祖文化学术研讨会

会议地点时间 中国福建霞浦,1998

主 办 单 位 福建省社会科学联合会、福建省民俗学会、宁地地区社科联、霞浦县社科联、霞浦松山妈祖文化研究会

摘 要 崇祀妈祖在台湾省極为普及,是男婦老小信仰的神祇,崇奉妈祖的宫庙遍及城市鄉村,尤以海岸港门更加普遍,究其原因,即相传妈祖诸多神跡,大都与海事有關。台湾宝岛,既四面環海,港湾水澳又多,从事海上生産及航海貿易者为數甚众,他們为了凝聚毅力,精神上有所寄託,祈求海神妈祖的庇佑,到处建起宫庙崇祀是很自然的。

题 名 **浅谈永定客家人与台湾的"缘"**

作 者 及 单 位 江宇崧(永定县地方志编委会)

会 议 名 称 海峡两岸五缘关系学术研讨会

会议地点时间 中国上海,2003

主 办 单 位 福建省社会科学界联合会、福建省五缘文化研究会

摘 要 台湾自古就是中国的领土,大陆与台湾的关系可远溯到三国时期以前。明末清初以后,大陆汉族同胞大量迁往台湾。目前学者多认为,永定客家人迁台,始于清雍正十一年(1733 年)。其实,据《永定江氏宗谱》载,早在晋朝,永定江氏先祖"七十七世江祚的儿子江统公,其部分后裔就已渡海到台湾开基创业"。由此看,永定客家人与台湾有千丝万缕的关系,两地五缘关系密不可分。

题 名 **浅析"琉球处分"的政治背景及其实质**

作 者 及 单 位 陈静(福州市博物馆(闽王祠))

会 议 名 称　第九届中琉历史关系国际学术会议
会议地点时间　2005

题　　　名　**浅析明初的中日关系**
作者及单位　张德信(中国社科院近代史所)
会 议 名 称　第八届明史国际学术讨论会
会议地点时间　中国湖南石门,1999
主 办 单 位　中国明史学会、湖南省社会科学界联合会、湖南省社科院
摘　　　要　明代中国与日本的关系,主要以朝贡贸易、倭寇与援朝抗倭等基本问题为内容。而朝贡贸易的建立、终止及其发展变化,又构成中日关系的核心。这是因为,倭寇与援朝抗倭,就其本质而言,有其共同之处。而这一问题又间接或直接地影响或制约着朝贡贸易的顺利进行。本文拟从两国的社会政治、经济需要与皇帝和君主的个人素质两个方面,探讨明代初期,即洪武至宣德(1368－1435)间中日关系发展变化的实质。

题　　　名　**浅析明清时期闽南人向粤东地区的移动(提要)**
作者及单位　叶恩典,丁毓玲
会 议 名 称　海上丝绸之路与潮汕文化学术研讨会
会议地点时间　汕头,1994

题　　　名　**浅析沈葆桢在闽台的洋务实践**
作者及单位　朱宝琴(南京大学中华民国史研究中心)
会 议 名 称　沈葆桢巡台130周年学术研讨会
会议地点时间　中国南京,2004
主 办 单 位　中国近现代史史料学学会
摘　　　要　近代台湾的发展并迈向近代化之路,与大陆的洋务运动有着密切的联系。19世纪70年代中期,洋务派重要人物、福州船政大臣沈葆桢奉命赴台筹办防务,他“析疆增吏,开山抚番,”将洋务派的改革思想变为实践,开启了近代台湾改革、建设的步伐,为台湾的近代化“立富强之基,”创“缔造之功”。

题　　　名　**浅析外国传教士在清末禁烟中的作用**
作者及单位　刘效红(上海市地方志办公室)
会 议 名 称　上海市社会科学界第七届(2009)学术年会
会议地点时间　中国上海,2009
主 办 单 位　上海市社会科学界联合会
摘　　　要　早在1840年鸦片战争之前,外国列强就已将在华通商和传教作为强迫中国开埠的两大动机。郑观应在《易言·论传教》中云:“洋人之到中华,不远数万里,统计十余国,不外通商、传教两端。”因此,当西方侵略者用坚船利炮打开清政府大门时,洋商和传教士便开始在各条约口岸鱼贯而人,成群结队地奔赴上海。1843年上海开埠后,外国传教士在上海有租赁民房居住、传教和设立教堂、医院等。

题　　　名　**浅析早期传教士在西学东渐中的作用**
作者及单位　孙石月(山西大学师范学院)
会 议 名 称　《教育史研究》创刊二十周年暨中国教育史研究六十年学术研讨会

会议地点时间 中国北京,2009

主 办 单 位 中国地方教育史志研究会、《教育史研究》编辑部

摘　　要 明末清初,西方传教士走进了我们的"天朝大国",他们带来了天主教,也带来了西方的科学知识。从此,西学在我国逐渐传播开来。本文就早期传教士在西学东渐中的地位和作用作一探讨,就教于专家学者。

题　　名 **浅议船政文化与福州的发展**

作者及单位 翁英(福州市博物馆)

会议地点时间 2003

主 办 单 位 福建省闽学研究会

摘　　要 福建船政以马尾造船厂为载体,延续百多年直至今天。在漫长的岁月里,它饱经沧桑,构成内涵丰富的船政文化。

题　　名 **浅议华南造船在建设第一世界造船大国中的战略**

作者及单位 张建民(深圳造船工程学会)

会 议 名 称 中国船舶工业发展论坛论

会议地点时间 中国北京,2003

主 办 单 位 中国造船工程学会

摘　　要 发展现代造船对一个国家富国强兵意义十分重大。早在一百多年前,曾国藩指示中国第一、第二号轮船黄鹄号与恬吉号的建造,在恬吉号下水时他指出:"中国自强的根基也许就在这里"。李鸿章、曾国藩为发展我国现代造船立了一功。一百多年后的今天,中国已成为世人称颂的发展中国家。中国造船正沿着毛泽东"为了反对帝国主义的侵略,我们一定要建立强大的海军"、邓小平"中国的船舶要出口,要打进国际市场"和朱镕基"中国有希望成为世界第一造船大国(就吨位比较)"的英明战略。

题　　名 **浅议战前谋势对甲午海战的影响**

作者及单位 张东,罗小威

会 议 名 称 甲午海战与中国海防——纪念甲午海战一百周年学术研讨会

会议地点时间 1994

摘　　要 1894 年 7 月,日本发动了蓄谋已久的甲午侵华战争。这是一场海军制胜的战争,海战的肛门、刺海权的控制与否决定了这场战争的最终结局。9 月 17 日,中门海军进行了持续 5 个小时规模空前的黄海大战。北洋海军重创日本舰队,虽比较来讲自身损失较大,但主力尚存,特别是被日本海军看作"甚于虎豹"的"定远"、"镇远"两舰仍巍然屹立,表明北洋海军仍有一定的机动作战夺取制海权的能力。而清王朝自己却犯了一个聚九州之铁难已铸成的大错,严令北洋海军"避战港内,不得出洋浪战",将制海权拱手让给了侵略者。结果"日舰益纵横行海上无所顾忌",运送日军在辽东、山东半岛从容登陆。自此战局一发而不可收拾,陆战一败涂地,海战北洋海军全军覆没。这场打了 8 个月的反侵略战争以清王朝的惨败、被迫于 1895 年 4 月签订空前丧权辱国的《马关条约》而告终。

题　　名 **浅议中国与朝鲜的货币文化交流**

作者及单位 戴建兵(复旦大学;北师范大学;中国钱币学会;新加坡亚洲钱币学会)

会 议 名 称 登州与海上丝绸之路国际学术研讨会

会议地点时间 中国山东蓬莱,2008

主 办 单 位　联合国泛丝绸之路·系列活动组委会、中国中外关系史学会、鲁东大学、山东师范大学齐鲁文化研究中心、蓬莱市人民政府

摘　　要　中朝接壤唇齿相依,古朝鲜时就有货币铸造和使用的传说,有和中国一样的铸造和使用子母钱的记录。古朝鲜法律《八条法禁》有"五十万钱"的词句。《历史辑略》卷二、《东国史略》卷一、《汉书·地理志》均有记载。但子母钱并未保存下来,"五十万钱"是何种货币也无从考证。

题　　名　**遣唐使船是日本船学说的臆断问题**

作者及单位　汪义正

会 议 名 称　第十一届明史国际学术讨论会

会议地点时间　中国甘肃兰州、中国青海西宁,2005

主 办 单 位　中国明史学会、西北师范大学、甘肃省社会科学院、青海师范大学

摘　　要　"遣唐使"是日本古代对外关系史的热门研究题材,明治维新以后百年间,有关的论文与专著相当多。由于史料关系,一方面关于遣唐使的派遣背景、船队组织、往来次数、航海遭难、入唐活动、交流影响等等方面的史料,相对充实,研究成果也相对丰硕;另一方面由于关系交通工具的过洋大船及航路情况的史料相对欠缺,有关遣唐使船是怎样的船是不是日本制造? 航路情况怎样等等问题成为历史研究上的盲点。也因为是个历史盲点,才允许日本学者有臆断空间。

题　　名　**遣唐使时代五岛列岛和明州的关系**

作者及单位　毛昭晰

会 议 名 称　宁波与"海上丝绸之路"国际学术研讨会

会议地点时间　中国浙江宁波,2005

主 办 单 位　中国中外关系史学会、浙江日本文化研究所、宁波市文化广电新闻出版局

摘　　要　中日两国是一衣带水的邻邦,两国人民的友好交往,至少已经有两千多年的历史。这种交往绵延不断,其间有两次高潮,一次是遣唐使时代日本向中国学习,还一次是明治维新之后中国向日本学习。

题　　名　**桥梁的角色——论广东在16—19世纪中外文化交流中的地位(提要)**

作者及单位　黄启臣(中山大学历史系)

会 议 名 称　海上丝绸之路与潮汕文化学术研讨会

会议地点时间　汕头,1994

题　　名　**秦方士徐福东渡日本探寻延年益寿仙药的若干史料再探**

作者及单位　何宗禹(长沙马王堆医书研究会)

会 议 名 称　全国首届徐福学术讨论会

会议地点时间　连云港,1987

摘　　要　1985年在中国太平洋历史学会首届学术讨论会上,作者发表了关于秦方士徐福东渡日本探寻延年益寿仙药的探索性文章。近两年本人接触到一些有关的资料,现分别整编论述如次。

题　　名　**秦汉时期番禺等岭南港口与内地、海上交通的关系**

作者及单位　王元林(暨南大学文学院历史地理研究中心)

会 议 名 称　南越国遗迹与广州历史文化名城学术研讨会暨中国古都学会2007年年会

会议地点时间 中国广东广州,2007

主 办 单 位 中国古都学会、广州市文化局

摘 要 秦始皇三十三年(公元前214年)在岭南设南海、桂林、象郡三郡,标志着岭南已正式纳入中央版图。秦末乱起,赵佗于此建南越国,汉元鼎六年(公元前111年),武帝灭之,在岭南设置南海、苍梧、郁林、合浦、交趾、日南、九真、珠崖、儋耳九郡。海南岛上的儋耳、珠崖先后罢弃。

题 名 **秦皇岛港开埠溯源初探**

作者及单位 黄景海

会 议 名 称 河北省历史学会第三届年会

会议地点时间 中国河北石家庄,1983

主 办 单 位 河北省历史学会

摘 要 秦皇岛港是渤海北岸最古老的海港。它的历史可以追溯到秦汉以前。秦皇岛以其重要的海陆交通地位,得天独厚的港湾条件、以及经过历代不断发展,成为我国古代沿海交通线上的主要港口之一。

题 名 **秦始皇巡游赣榆遗迹初考**

作者及单位 姜志超(连云港市徐福研究会)

会 议 名 称 全国首届徐福学术讨论会

会议地点时间 连云港,1987

摘 要 秦始皇于公元前221年完成了统一中国大业,为了加强对全国的统治,为了宣扬皇帝至高无上的权威,同时也为了祈求长生不老药,先后5次大规模地巡游郡县。他曾三上琅邪、两巡赣榆[有说3巡,公元前210年,秦殆皇自江乘(今江苏句容县北30公里)渡江北上,路过朐界,也曾到过赣榆]。据史籍记载,公元前219年,秦始皇率领李斯等东巡郡县,先到邹峰山,后上泰山,又东游海上,登成山、之和效邪,再南登神山(即今赣榆东10公里海中之泰山岛),每到一山都刻石记功颂德。相传,公元前212年,秦始皇再次到银榆登神山。泰山,就是因秦始皇登游而得名,是秦始皇巡游赣榆的重要佐证。

题 名 **秦始皇巡游赣榆之行踪补遗**

作者及单位 邱孟琪(连云港市历史学会)

会 议 名 称 全国首届徐福学术讨论会

会议地点时间 连云港,1987

摘 要 1982年夏,在江苏北部赣榆县(秦琅邪郡辖境),发现秦代为秦始皇东渡求仙而"止王不来"的徐福之故里——徐福村。这是迄今在我国首次发现徐福的历史遗迹。《光明日报》于1984年4月18日发表了《秦代东渡日本的徐福故址之发现和考证》文章;1986年5月在徐福故里赣榆县召开了江苏省首次徐福学术讨论会。学者们对秦始皇巡游赣榆时留下的遗迹,诸如秦山、秦东门、秦碑、素驰道等,已做了论述。现仅据本人读史中涉及之点滴史料与实地考察,欲对秦始皇巡游赣榆之行迹,做一点补充考证。

题 名 **清朝封禁政策与朝清边境**

作者及单位 金炫荣(韩国国史编纂委员会)

会 议 名 称 登州港与中韩交流国际学术讨论会

会议地点时间 蓬莱,2004

摘　　　要　本文将对 l7 世纪至 19 世纪朝鲜与清朝两国之间的边境问题进行整理分析。探讨在以清朝为中心的东亚支配秩序——华夷秩序(宗藩关系、朝贡关系)下,清朝如何支配和认识东北地区(满洲)。清朝与朝鲜的边境是如何设定的,朝鲜在与清朝的关系中持何种态度等一系列问题。

题　　　名　清朝关于海防建设的两次讨论
作者及单位　辛欣(大连图书馆)
会议名称　纪念江桥抗战研讨会
会议地点时间　中国黑龙江齐齐哈尔,2004
主办单位　东北地区中日关系史研究会
摘　　　要　海洋是保障国家安全的天然屏障,能够有效地阻挡异族入侵。但是自近代以来,随着西方列强率先掌握了先进的航海技术,海洋再也不是不可逾越的天堑。为了寻求固国强兵之路,清朝于 19 世纪晚期先后展开了两次关于海防的大讨论。

题　　　名　清初禁海与对外关系
作者及单位　郭蕴静(天津社会科学院历史所)
会议名称　第二届明清史国际学术讨论会
会议地点时间　天津,1993
主办单位　明清史国际学术讨论会论文集编辑组编
摘　　　要　清朝初年推行了禁海政策。这是否就是在对外关系中的闭关锁国呢?笔者的回答是否定的。

题　　　名　清代漕运史研究回顾
作者及单位　倪玉平(中国社会科学院近代史研究所)
会议名称　中国古都学会第四届年会
会议地点时间　中国浙江杭州,1986
主办单位　中国古都学会

题　　　名　清代敕封天后问题新探
作者及单位　徐晓望(福建社会科学院历史研究所)
会议名称　第三届闽台文化学术研讨会
会议地点时间　中国福建莆田,2006
主办单位　福建省炎黄文化研究会、莆田市人大、莆田市政协、中华妈祖文化交流协会
摘　　　要　清代许多文献都说康熙二十三年清廷赐封妈祖为天后,李献璋等早期研究妈祖信仰的学者也都接受这一观点。近年闽台二地学者提出不同看法,他们根据故宫所藏奏折及其他文献提出:清廷其实未在康熙二十三年赐封天后。笔者基本赞同新出的观点,但也觉得要将这一论点论证完成,还必须尽可能发掘康熙朝的原始数据,以下是我搜索康熙朝史料的一些心得。

题　　　名　清代的天后宫与会馆
作者及单位　陈尚胜
会议名称　1995 年澳门妈祖信俗历史文化研讨会

题　　　名　**清代对外通商制度**
作者及单位　廖敏淑(日本北海道大学法学院研究科)
会 议 名 称　“近代中国、东亚与世界”国际学术讨论会
会议地点时间　中国山东日照,2006
主 办 单 位　中国社会科学院近代史研究所中外关系史学科、《历史研究》编辑部
摘　　　要　自从美国学者费正清等人提出“朝贡体系”理论,作为中国(特别是清朝)传统外交和通商制度的典型以来,“朝贡体系”理论已经受到许多学者的批评或修正,但目前为止,以“朝贡体系”作为理解中国或清朝传统外交、通商制度基础的情况依然存在。例如日本的滨下武志,他从经济史的角度着眼,修正了费正清“朝贡体系”中关于“西洋冲击”的概念,认为西方国家到中国通商,并非引起“西洋冲击”,而是西方国家透过通商活动,参加了以中国为首的亚洲传统通商体制。

题　　　名　**清代范氏家族迁移台湾的历史考察**
作者及单位　陈支平(厦门大学人文学院)
会 议 名 称　闽南文化学术研讨会
会议地点时间　中国福建福州,2003
主 办 单 位　福建省炎黄文化研究会

题　　　名　**清代福建向台北移民的历史考察——以同安县兑山李氏家族为例**
作者及单位　陈支平(厦门大学人文学院)
会 议 名 称　第二届“台北学”国际学术研讨会

题　　　名　**清代官府祭祀天后仪礼研究**
作者及单位　徐晓望(福建社会科学院历史研究所)
会 议 名 称　1995 年澳门妈祖信俗历史文化研讨会

题　　　名　**清代环中国海域的海难事件研究——以嘉庆年间漂到琉球、吕宋的朝鲜难民返国**
作者及单位　刘序枫
会 议 名 称　第九届中琉历史关系国际学术会议
会议地点时间　2005

题　　　名　**清代郊商与海洋文化**
作者及单位　史伟(厦门大学历史系)
会 议 名 称　福建省首届海洋文化学术研讨会
会议地点时间　中国福建福州,2007
主 办 单 位　福建省炎黄文化研究会、福州市政协、福建省社科联、福建省海峡文化研究会
摘　　　要　郊,又称郊行,或行郊,为清代闽台地区从事海洋贸易的商业组织。郊主要存在于清代海洋开禁后闽台两地蓬勃兴起的港口,其中尤以厦门和台湾各港口为盛;它一般由众多从事相类贸易的商号结盟组成。

题　　　名　**清代两淮盐政改革论纲**
作者及单位　倪玉平(中国社会科学院近代史研究所)

会 议 名 称 中国社会科学院近代史研究所青年学术论坛
会议地点时间 中国北京,2006
主 办 单 位 中国社会科学院近代史研究所
摘 要 清承明制,除少数地区外,各地基本上都推行晚明的专商世袭卖引纲法,连明代实行票盐法的部分地区,如山东、浙江、河东的一些地方,也都革票行引,以归划一。商收商运,专商专岸的纲法,其弊与日俱深。在清前中期曾因地而异对一些非主要盐区改行过官运、民运等其他形式,以期补救,但从全国范围来看,仍以纲法为主,"行之为广且久"。

题 名 **清代琉球贡使在京馆舍之变迁**
作者及单位 陈硕炫
会 议 名 称 东北亚海上交流历史文化遗产国际学术研讨会
会议地点时间 青岛;蓬莱,2006
主 办 单 位 中国海洋大学海洋文化研究所,山东省蓬莱市文物局

题 名 **清代琉球来华留学生教师考**
作者及单位 林少骏(福州大学日语系)
会 议 名 称 福建省外国语文学会2003年年会
会议地点时间 2003
主 办 单 位 福建省外国语文学会
摘 要 古琉球(现在日本冲绳),自1372至1879年,与中国有穿着五百多年的友好历史。在这五百年的友好交往中历代中国政府为琉球提供了最优惠政策。其中特别是为琉球礼会的文明进步培养了大批的留学生。近年来对琉球来华留学生的研究日益兴盛,而对辛勤培养留学生的中国教师却至今鲜有人涉足。本文利用日本琉球大学附属图书馆馆藏资料及中国地方方志对琉球来华留学生教师做一粗浅的研究,希望能起抛砖引玉之作用,勿使这些为中琉两国友好、中国对外教育而默默耕耘的教师湮没于史海中。

题 名 **清代闽台地区自然灾害与两岸救灾互动**
作者及单位 徐心希(福建师大社会历史学院)
会 议 名 称 海峡两岸五缘关系学术研讨会
会议地点时间 中国上海,2003
主 办 单 位 福建省社会科学界联合会、福建省五缘文化研究会
摘 要 20世纪30年代以来,人们十分关注灾荒史的研究,邓拓(云特)著《中国救荒史》,开我国自然灾害史研究之先河。以后该学科沉寂多时,直至80~90年代,灾害史的研究又起波澜。如孟昭华《中国灾荒史》、李文海《近代中国灾荒纪年》、《灾荒与饥馑》、李向军《中国救灾史》、夏明方《民国时期自然灾害与乡村社会》、王振忠《近600年来自然灾害与福州社会》等相继问世。

题 名 **清代前期澳门在对外贸易中的地位与作用**
作者及单位 李金明(厦门大学南洋研究院)
会 议 名 称 中西初识二编——明清之际中国和西方国家的文化交流之二
会议地点时间 2000
主 办 单 位 中国中外关系史学会

摘　　　要　清政府入主中原之初，对澳门葡萄牙人的政策仍是沿袭明代的做法，即防范与约束相结合。

题　　　名　清代前期刘家港的豆船字号——《太仓州取缔海埠以安海商碑》所见
作者及单位　范金民（南京大学历史系）
会议名称　文化传承与历史记忆学术研讨会
会议地点时间　2007
主办单位　四川大学历史文化学院、四川大学中国藏学研究所、香港城市大学中国文化中心
摘　　　要　江苏太仓刘河镇，即刘家港，在清前期的沿海航运中，在沟通江南最大乃至全国最为著名的工商城市苏州与华北、东北的海运联系中，发挥了独特的作用。

题　　　名　清代前期台湾海峡两岸的交通与物流
作者及单位　林仁川（厦门大学台湾研究中心）
会议名称　海峡两岸五缘关系学术研讨会
会议地点时间　中国上海，2003
主办单位　福建省社会科学界联合会、福建省五缘文化研究会
摘　　　要　台湾与大陆一水相隔，紧密相连。但在空中交通尚未出现之前，海峡两岸的联系主要依靠海上交通进行。清代前期，大批的大陆人民，特别是福建人民纷纷乘船进入台湾，开荒种地发展生产，并把生产技术和大陆的工农业产品输入台湾。同时，台湾出产的粮食、蔗糖等农产品也大量返销大陆，从而出现海峡两岸物流，形成两岸经济互补的局面，进一步加强了海峡两岸的联系。

题　　　名　清代前期台湾与沿海各省的经贸往来
作者及单位　黄国盛

题　　　名　清代泉州黄氏郊商与乡族特征
作者及单位　陈支平（厦门大学人文学院）
会议名称　区域社会史比较研究中青年学者学术讨论会
会议地点时间　中国山西太原，2004
主办单位　山西省历史学会
摘　　　要　福建与台湾的行郊（或称郊行）商人，是清代地方商帮的一个特殊组织名称，未曾见于中国的其他地区。由于文献资料的欠缺，学者们虽然对福建与台湾的郊商作出了一些研究工作，但是仍有许多问题未能进行深入的探讨。尤其是郊商在福建祖籍地的组织形式及其活动特征，论述者甚少，难窥其概貌。近年来，我在从事社会调查和搜集民间文献的过程中，获见了一批与闽台郊商相关的珍贵资料。

题　　　名　清代日本铜的进口与用途
作者及单位　陈希育（厦门大学南洋研究所）
会议名称　中外关系史学会第四次学术讨论会
会议地点时间　中国江苏扬州，1992
主办单位　中国中外关系史学会
摘　　　要　早在五十年代初，著名明清经济史专家傅衣凌教授就指出：铜在中国经济史上占有特殊的地位，它和中国封建经济的发展有着极其紧密的关联。四十年过去了，关于清代铜矿和钱币的研究取

得一定成绩,但是,清代大量进口日本铜的问题,尚未引起足够的重视。清初开海禁以后,中日贸易盛极一时,而最大宗的进口品就是铜。洋铜的数量巨大,行销面广,且关系到国计民生。铜的进口对于清朝对日贸易政策的决策也产生了重大的影响。因此,关于日本铜贸易的问题,无疑是值得研究的。

题　　名　**清代台湾地区的妈祖碑刻述论**
作者及单位　黄腾华(福建农林大学人文学院)
会议名称　福建省首届海洋文化学术研讨会
会议地点时间　中国福建福州,2007
主办单位　福建省炎黄文化研究会、福州市政协、福建省社科联、福建省海峡文化研究会
摘　　要　清代台湾妈祖信仰十分兴盛,也产生和保留下来了很多的有关妈祖信仰的碑刻。这些碑刻是研究清代台湾地区妈祖信仰不可或缺的原始资料,研究这些碑刻对保存和传承妈祖文化遗产具有深远的历史意义和现实意义。本文对目前散见于各种文献资料中的妈祖碑刻进行搜集、探讨和研究,以期反映清代台湾妈祖信仰的基本状貌,疏漏之处,敬请方家批评指正。

题　　名　**清代台湾官员推崇妈祖信仰探析**
作者及单位　蒋维锬(湄州妈祖文化研究中心副主任)
会议名称　第三届闽台文化学术研讨会
会议地点时间　中国福建莆田,2006
主办单位　福建省炎黄文化研究会、莆田市人大、莆田市政协、中华妈祖文化交流协会
摘　　要　清朝统治台湾的213年(1683-1895),是台湾历史上自始至终由官方主导推崇妈祖信仰的时代,也是妈祖信仰在台湾趋于普及发展的时代。纵览史籍和文物资料,凡是赴台履任的文武官员,几乎无不采用某种方式表示对妈祖信仰的倡导和推崇。本文拟就有清一代台湾官员推崇妈祖信仰的表征和缘由略作探析。

题　　名　**清代天主教在福建的传播及其与民间秘密宗教的关系**
作者及单位　徐心希(福建师大社会历史学院)
会议名称　福建省闽学研究会
会议地点时间　1999
摘　　要　明嘉靖、万历年间,随着欧洲各国的耶稣会士纷纷来华,天主教在福建兴起并得到了较快的传播。清顺治年间,福安人罗文藻任天主教神父,回福建传教;福安随之设立主教府。

题　　名　**清代铜山班兵戍台湾**
作者及单位　刘小龙(东山县政协)
会议名称　第三届闽南文化学术研讨会
会议地点时间　中国福建漳州,2005
主办单位　福建省炎黄文化研究会、漳州市政协
摘　　要　清康熙二十二年(1683年),福建水师提督施琅奉命率师从铜山攻打澎湖,据守台湾的郑克塽率众归顺清廷。翌年清政府设立台湾府,隶属福建省,此后,为了守卫台澎,“永固边圉”,从闽粤两省五十余营中抽调兵丁,合计万人,组成台湾镇,由一总兵负责统御。调台之兵每三年由原营派出同额营兵瓜代,三年轮替一班,称为“班兵”。

题　　名　**清代沿海形势图的研究**
作者及单位　朱鉴秋(海军海洋测绘研究所)
会议名称　中国测绘学会第五次海洋测绘综合学术交流会
会议地点时间　塘沽,1992

题　　名　**清代以来海峡两岸的郭姓回民**
作者及单位　蓝岭,赵海瑛
会议名称　闽台谱牒民俗研讨会
会议地点时间　中国福建晋江市,2002
主办单位　福建省民俗学会、晋江市谱牒研究会
摘　　要　台湾郭氏回民的祖家在福建省惠安县百崎乡。1982 年 8 月成立的百崎回族乡是福建省唯一的回族民族乡,现有人口 12 000 多人,其中回民有 9 000 多人,系郭姓。

题　　名　**清代漳州月港海外交通贸易一瞥——民间宗教信仰史迹文献视角**
作者及单位　连心豪(厦门大学历史系)
会议名称　第三届闽南文化学术研讨会
会议地点时间　中国福建漳州,2005
主办单位　福建省炎黄文化研究会、漳州市政协
摘　　要　明中叶解除海禁,并于隆庆元年(1567 年)割龙溪县地置海澄县,漳州月港遂取代泉州港成为国际贸易的中心港。虽然明末清初厦门港的迅速崛起,使漳州月港日趋衰落,风光不再。但直至鸦片战争前后,漳州月港仍不失为对外贸易的重要性。

题　　名　**清代中朝围绕关内流民在鸭绿江地区活动的交涉**
作者及单位　李花子(中国社会科学院历史研究所)
会议名称　登州港与中韩交流国际学术讨论会
会议地点时间　蓬莱,2004
摘　　要　清代中朝两目的越境交涉,国内学界更多关注朝鲜人越境问题,特别是 19 世纪 60 —70 年代以后,朝鲜边民越人图们江以北垦地、居住和所引发的中朝边务纠纷,是学界长期讨论的热点。有关中国人越入朝鲜境内的问题,学界主要认为清朝应朝鲜要求,严禁中国人在近江地[互居住、垦地,不设军事设施。其结果在鸭绿江、图们江中国一侧留出空地来,使朝鲜边民大量越垦,最终引发中朗边界争议。也就是说,清朝的怀柔政策,导致了中朝界务纠纷。这一结论,尚待推敲。中期界务纠纷涉及中朝两国复杂的政治军事及社会经济背景。应做更加深人细致的分析。但是,清朝对朝鲜边疆的怀柔政策却是不争的事实。

题　　名　**清代中前期北京的天主教士——以遣使会士为中心**
作者及单位　何岩巍(北京市社会科学院历史研究所)
会议名称　北京历史文化研究——北京史专题研究
会议地点时间　2007
摘　　要　天主教自明末清初传入中国以来虽然屡经坎坷,但到清代初年时已经有相当的发展,“毫无疑问,教会对天主教在长江下游河谷和北京地区的发展感到欢欣鼓舞”,据有些资料记载,到 1664 年时,教徒的数量已经达到 254 980。

题　　　名　清道光后改革漕制议——江南农村经济变化漕运体制矛盾加剧与议行改制

作者及单位　李文治(中国社会科学院经济研究所)

摘　　　要　这篇论文是1948年写的,当时梁方仲先生提出了不少宝贵意见,其间凝聚着梁先生的心血。现在补充一些材料,原节目框架未动,作为对梁先生的怀念。1988年11月于北京。清代征漕省分和漕粮定额与明朝相同。以省份言,有山东、河南,曰北酒;有湖北、湖南、江西、浙江、江苏和安徽,日南沼I13。南北滔正米定额合计为400万石。本文所说的江南捐太湖流域苏、松、常、镇、太、杭、嘉湖等七府州重漕区c23。这个地区从隋唐开始一直到清中期。农村经济一直在继续发展,持续了一千多年。到清嘉道之际开始发生变化,农村经济趋向衰落,从而严重影响了国家所依重的酒运。本文拟专就这一问题进行探讨。

题　　　名　清季福建船政经营方式的变迁

作者及单位　罗肇前(福建省社会科学院历史所)

会议地点时间　2003

主办单位　福建省闽学研究会

摘　　　要　清季,洋务军工企业福建船政,经营方式曾发生过一些变化,最后由于商务化改革失败而停办。本文试就福建船政的经营方式的变迁作初步探讨。

题　　　名　清季使臣群体的变迁及其历史意义

作者及单位　任天豪(台湾中兴大学历史学系)

会议名称　“近代中国、东亚与世界”国际学术讨论会

会议地点时间　中国山东日照,2006

主办单位　中国社会科学院近代史研究所中外关系史学科、《历史研究》编辑部

摘　　　要　鸦片战争(theOpiumWar,1840-1842)后,中国对外关系的形态受到严重冲击,也令东亚进入外交新局。传统的朝贡体制面临挑战,逐渐转向由条约所构成的中外交往模式,过去常以“条约制度”或“条约体制”(theTributeSystem)称之。

题　　　名　清末茶叶对外贸易衰退后的诸挽救活动

作者及单位　王力(日本关西大学文学部)

会议名称　近代中国的城市·乡村·民间文化——首届中国近代社会史国际学术研讨会

会议地点时间　中国山东青岛,2005

主办单位　中国社会科学院近代史研究所、青岛大学师范学院

摘　　　要　有关中国近代茶叶对外贸易的研究,长期以来受到学术界的瞩目。关于近代茶叶对外贸易的时期划分,在学术界也有着多种不同的见解。但较通行的观点是,鸦片战争后至1879年为兴盛期,1880年至1886年为极盛期,1887年至1917年为衰退期,1918年以后为衰落期,1950年至1988年为恢复期。

题　　　名　清末海军管理与甲午海战的失败

作者及单位　杜作义,王安森

会议名称　甲午海战与中国海防——纪念甲午海战一百周年学术研讨会

会议地点时间　1994

摘　　要　中日甲午海战是中日两国都倾注其海军主力进行的一次决战。参战双方从实力上比较差距并不大。北洋海军之所以在海战中惨败,直至全队覆灭,原因是多方面的,其中清末海军的管理混乱是导致甲午海战失败的直接原因。

题　　名　清末民初龙口开埠设关论略

作者及单位　连心豪(厦门大学历史系;厦门大学中国海关史研究中心)

会议名称　登州与海上丝绸之路国际学术研讨会

会议地点时间　中国山东蓬莱,2008

主办单位　联合国泛丝绸之路·系列活动组委会、中国中外关系史学会、鲁东大学、山东师范大学齐鲁文化研究中心、蓬莱市人民政府

摘　　要　《天津条约》开放天津、牛庄、登州等三口为通商口岸,后改牛庄为营口,改登州为烟台,烟台遂成山东唯一的对外通商口岸。清季德国强租胶澳,入民,青岛取代烟台成为山东第一大港。学界对近代烟台、青岛二港及其对外贸易研究较为深入,十余年前曾对清末自开商埠济南、周村、潍县进行过较好的讨论。虽有论著专辟章节介绍民初自开商埠龙口的兴筑与发展,但略嫌不足。本文主要利用海关档案与日本外交史料,试图稍事补充。

题　　名　清末民初上海浚浦局探析

作者及单位　森田明

会议名称　第二届明清史国际学术讨论会

会议地点时间　天津,1993

主办单位　明清史国际学术讨论会论文集编辑组编

摘　　要　关于错综复杂的三角洲水利问题及其对策,我们可以指出两个方面。一个是在雨期把容纳各条河水的太湖余水怎样排水的问题。为此浚治河水,尤其干河(吴淞江、黄浦江)的任务。另一个是怎样保全三角洲特殊的于田的问题,既浚治具有灌溉排水机能的支河的任务。这两个问题互相有机地关连,不用说应该统一维修管理。本文研究的是清末民初江南三角州水道管理、浚治等一系列问题即水道管理在上海开埠后,随着西方各资本主义和帝国主义列强的侵入而受到什么样的影响,并且中国方面怎样对待的问题。总之,我要分析上海浚浦局的成立过程及其后提倡的改组论,以阐明帝国主义对江南三角洲水利的干涉和中国在这个方面的对策。

题　　名　清末山东半岛与朝鲜半岛的经济交流

作者及单位　松浦章,邹双双(日本关西大学亚洲文化交流中心;关西大学文学研究科)

会议名称　登州与海上丝绸之路国际学术研讨会

会议地点时间　中国山东蓬莱,2008

主办单位　联合国泛丝绸之路·系列活动组委会、中国中外关系史学会、鲁东大学、山东师范大学齐鲁文化研究中心、蓬莱市人民政府

摘　　要　有如《史记》的"燕东有朝鲜、辽东"(《史记·苏秦列传》)所记,山东半岛自古以来就和与其最为邻近的朝鲜半岛诸国通过大海这一纽带紧密相连。这种关系持续至今。众所周知,现在山东半岛的韩国企业比中国其他任何省份都要多,这就是彼此关系密切的一个例证。本文试图通过清末山东半岛和朝鲜半岛之间的几个相关事例,来看山东半岛的海上航运所反映出来的山东半岛和朝鲜半岛的关系。

题　　名　清末台湾与大陆之贸易形态比较(1868－1894)

作者及单位　林满红(台北中央研究院近代史研究所)

会议地点时间　中国上海,2005

摘　　要　1868 至 1894 年间台湾与大陆均分别扩展了贸易形态,但是这一变化并未造成两地生产方式的大幅改变,只造成两地在原生产方式下的经济扩张。因新技术与基层建构未能大幅改善,民族工业并未受到严重破坏,以农为本的经济色彩也依然浓厚。扩散式发展的幅度,也因鸦片的大量输入以及出口所得每用之于输入消费品而不够广大。扩散式发展的幅度不够广大,在庞大的大陆本部乃造成口岸地带与内陆地区尖锐对比的经济不平衡现象。在台湾则因出口品产地有利调整,出口市场之较具垄断性,而改善富庶地区和边陲地区的贫富差距。

题　　名　清前期山东与中西关系

作者及单位　王巨新(山东省委党校政法部)

会议名称　登州与海上丝绸之路国际学术研讨会

会议地点时间　中国山东蓬莱,2008

主办单位　联合国泛丝绸之路·系列活动组委会、中国中外关系史学会、鲁东大学、山东师范大学齐鲁文化研究中心、蓬莱市人民政府

摘　　要　清朝前期,山东不仅在中朝及中日关系中占据重要地位,而且在中西关系的发展中也扮演着参与者和执行者的重要角色。山东在中西关系中的地位,虽然不及其在中朝日关系中的地位,也不及广东在中西关系中的地位,但却是清朝前期中西关系的重要组成部分。

题　　名　清前期中西海路丝绸贸易

作者及单位　吴建雍(北京市社会科学院历史所)

会议名称　三条丝绸之路比较研究学术讨论会

会议地点时间　中国云南昆明,2001

主办单位　中国中外关系史学会、云南省社会科学院、广东省社会科学院、中国社科院边疆史地研究中心、云南大学西南边疆少数民族研究中心

摘　　要　在中国与东南亚、南亚传统贸易的基础上,清前期在粤海关进行的中西海路贸易达到了历史上的最高峰。这是因为,自欧亚海路交通开辟后,西欧诸国纷纷组建东印度公司,推行重商主义政策,扩大对华贸易,使国际通商格局发生了重大变化。

题　　名　清乾隆朝黄淮下游地区的祭河与祀神

作者及单位　王大庆(蚌埠铁路分局)

会议名称　第二届淮河文化研讨会

会议地点时间　中国安徽宿州,2003

主办单位　安徽省社会科学界联合会

摘　　要　本篇对黄淮下游地区河神系,在黄河干流、淮河与其主要支流以及南北大运河沿岸的祠庙分布进行成因分析,认为该区域的祭水与祀神已成为保漕护堤的另一种方式。本篇以乾隆年间为研究断限,首先对河神及大王与风神的崇信及其地域差异进行探讨,然后分别从乾隆南巡与祭河、对禹、天妃的崇拜以及祠祭漕河官员的地域特征为研究对象。并从人神、人地关系的视角,分析这一时期祭神的人性化差异的形成过程。

题　　　名　**清时期形成于台湾的"地方神"信仰——以开台圣王为例**
作者及单位　高致华(厦门大学宗教学研究所)
会 议 名 称　第十届明史国际学术讨论会
会议地点时间　中国江苏南京,2004
主 办 单 位　中国明史学会、中山陵园管理局、南京大学历史系
摘　　　要　"郑成功"是台湾家喻户晓的历史人物,"开台圣王"则为台湾所特有之神明。由于各地祠庙不同,所崇祀的名号也不一致,除了"开台圣王"以外,较常见的称呼尚有:延平郡王、国姓爷、国圣爷、国姓公、国圣公等;郑氏族人则称其为成功祖,或大木公。"宗教"是门专业且深奥的学问,本论将不以世界性宗教之艰深学理论究,而以民族宗教及民间信仰之角度切入;试探讨神明、祠庙等文化现象在政治力介入信仰之后,"地方神"于该地区之发展与演变;并引明清时期成形于台湾的"开台圣王信仰"之发展为例,试解析其中之变迁。

题　　　名　**清晚期福建船政兴衰浅议**
作者及单位　王琰(中国大百科全书出版社)
会议地点时间　2003
主 办 单 位　福建省闽学研究会
摘　　　要　19 世纪中期的清帝国,已经进入封建社会末世,经历了西方殖民主义强国发动的两次鸦片战争和太平天国革命战争的打击,虽然未至覆亡,亦已风雨飘摇,处于生死存亡之秋了。

题　　　名　**清郑和谈与郑芝龙**
作者及单位　陈在正(厦门大学台湾研究所)
会 议 名 称　郑成功研究国际学术会议
会议地点时间　厦门,1987
摘　　　要　自顺治九年(1652 年)至十一年(1654 年),清政府与郑成功之间进行了三次和谈活动,本文着重者察郑芝龙在和谈活动中所起的作用。

题　　　名　**清郑南京战役的若干问题**
作者及单位　安双成
会 议 名 称　郑成功研究国际学术会议
会议地点时间　厦门,1987
摘　　　要　清顺治十六年(1659 年)五月间,郑成功联合浙江张煌言部,统率几千只战船,十余万人马,浩浩荡荡地开进长江口,向南京挺进。据许多文献史料记载,郑成功的北伐大军于五月十八日列祟明岛,六月初一日至江阴,十六日破瓜州,二十三日陷镇江,二十六日先头船队逼近南京,七月初七日大军至观音门,十一日从仪风门登岸,踏勘地势,十二日在南京城外立营八十三座。郑军的这一军事行动,对镇守南京清军来说,无疑是极大的威胁,特别是瓜、镇二役,势如破竹,清军大败,又安徽、江苏不少属邑,相继归顺郑成功,一时江南大震。

题　　　名　**清政府对广东海外贸易的特殊政策**
作者及单位　邓开颂
会 议 名 称　清史国际学术讨论会
会议地点时间　辽宁省大连市棒槌岛宾馆,1986

题　　　　名　**清政府对台湾郑氏关系之始末**

作者及单位　王锺翰

摘　　　　要　在讨论清政府对台湾郑氏关系之先，首先要交代几句关于郑成功一家去台湾以前，曾在东南沿海坚持抗清斗争达十八年之久，即使在其父郑芝龙降清以后，清政府进行多次劝降，而郑成功始终不渝地拥戴唐王聿键，礼遇鲁王以海，保持与桂王由榔的联系，并没有放弃抗清斗争到底的决心。顺治十八年间，清政府全力以赴地在全国范围内对农民起义军进行武装镇压，但对在东南沿海坚持抗清的郑成功，初无扑灭之意，亦无其力。顺治十六年（一六五九年），郑成功发动的最后一次夺取南京的大进军，只是由于水陆调度失宜，与桂王方面李定国军配合不及时，竟以全军覆败、退回海岛告一结束。可以说，十八年间，清政府与郑氏以兵戎相见，进行生死搏斗，则在后期。

题　　　　名　**清政府对郑氏集团的招降政策及其影响**

作者及单位　郑孔昭

摘　　　　要　明末清初，以郑芝龙、郑成功、郑经、郑克谈为代表的郑氏集团是一支重要的抗清力量。在清郑之间长期的斗争中，清政府在军事活动的同时，对郑氏集团实行了一系列的招降活动。这些活动体现了清政府在不同时期对郑氏集团所采取的招降政策。是什么原因使得清政府长期采取了这样一些政策，这些政策又对郑氏集团起了怎样的影响？本文试图就这些问题作一个粗略的论述。

题　　　　名　**驱驰报国横戈前锋——记镇海抗法保卫战中的欧阳利见**

作者及单位　贺秉元

会 议 名 称　中法战争镇海之役110周年学术研讨会

会议地点时间　1995

摘　　　　要　欧阳利见（1824—1895）字康堂，号健飞，湖南祁阳人。1854年（咸丰四年）入湘军水师，1881年（光绪七年）授浙江提督，第二年抵宁波接印视事。1885年3月孤拔率法舰侵扰浙江镇海，欧阳利见亲临指挥，日夜严阵以待，在镇海抗法保卫战中做出了积极的贡献。

题　　　　名　**全球化时代与中国海权**

作者及单位　王素娟（赤峰学院环境与资源管理系）

会 议 名 称　全国经济地理研究会第十一届学术年会暨中国区域协调发展学术研讨会

会议地点时间　中国江西南昌，2007

主 办 单 位　全国经济地理研究会

摘　　　　要　海权，对中国人来说是一个从鸦片战争开始认识而到今天仍未被充分理解消化，在实践上又迫切需要回答的问题。"海权"实际上是国家总体国防力量的集中表现。"永远不称霸"是中国扩展"海权"的原则。中国进入市场经济之后其发展已日益依赖于世界，"谁拉制了海洋，谁就控制了地球财富和地球本身"。马汉的著作和思想，在今天还值得我们学习和借鉴。

题　　　　名　**全球一体化旋风中的近代中国：从叶名琛档案谈起**

作者及单位　黄宇和

会 议 名 称　第二届近代中国与世界学术讨论会

会议地点时间　中国北京，2000

主 办 单 位　中国史学会、中国社会科学院

摘　　　　要　1857 年 12 月 28 日黎明,英法联军开始炮轰广州城。连珠炮声如千万爆竹,专击广州新城内的两广总督叶名琛督署。

题　　　　名　**权利与体制:义律与 1834～1839 年的中英关系**

作者及单位　吴义雄(中山大学历史系)

会 议 名 称　"近代中国、东亚与世界"国际学术讨论会

会议地点时间　中国山东日照,2006

主 办 单 位　中国社会科学院近代史研究所中外关系史学科、《历史研究》编辑部

摘　　　　要　1839 年开始的中英冲突,在相当大的程度上与义律(CharlesElliot)有关。这位英国驻华商务监督借林则徐收缴鸦片之机,将中国拖入了战争。在鸦片战争初期,义律是英国全权代表、割占香港的实际策划者,是这场不义战争的祸首之一。但 1839－1841 年义律的各种行为,只是他在华经历中最为引人注目的部分。他于 1834 年来华,1836 年升迁至英国驻华正商务监督,自此到 1839 年初,他以英国官员身份与广东当局交涉,并管理在华英人事务。

题　　　　名　**泉州"普渡"民俗考谈**

作者及单位　吴幼雄(泉州师范学院)

会 议 名 称　福建侨乡民俗学术研讨会

会议地点时间　中国福建晋江市,1993

主 办 单 位　福建省民俗学会、晋江市地方志编纂委员会办公室

摘　　　　要　"普渡"是侨乡泉州沿海地区古代的一种民俗节日。近代的"普渡"被认为是一种社会陋俗。新中国成立后,"普渡"被作为"封建迷信"而明令禁止。倘若问"普渡"是怎样产生和发展的,则很少有人知道了。"普渡"与佛教和道教有密切的关系。

题　　　　名　**泉州"翘脊"古民居丛谈**

作者及单位　林英乔

会 议 名 称　福建侨乡民俗学术研讨会

会议地点时间　中国福建晋江市,1993

主 办 单 位　福建省民俗学会、晋江市地方志编纂委员会办公室

摘　　　　要　泉州翘脊古民居分布于旧泉州府所属的沿海县份:惠安、泉州城厢、晋江、南安、同安、金门、厦门,东及澎湖、台湾,还有霞浦及福鼎的沿海,浙江的苍南和平阳。总之,都是讲泉州方言的滨海人聚居点。

题　　　　名　**泉州白奇回族伊斯兰式墓型的变迁**

作者及单位　郭志超

会 议 名 称　"泉州港与海上丝绸之路"国际学术研讨会

会议地点时间　中国泉州,2002

主 办 单 位　中国航海学会

摘　　　　要　宋元时期阿拉伯、波斯的海商沿着海上丝绸之路云集泉州后,泉州社会发生了重要的变化:出现了由阿拉伯、波斯人及其后裔组成的侨居族群,并从中部分地转变为与华通婚的定居族群。如果说泉州的这一定居族群在宋代还只是处于萌芽状态,那么在元代则已形成世代定居的族群即海路回族。

题　　　名　泉州的陶瓷贸易与东西方文化互动——以德化窑外销瓷为例
作者及单位　陈建中
会 议 名 称　中华文化与域外文化互动暨海上丝绸之路泉州学术讨论会
会议地点时间　泉州,2002
主 办 单 位　中国社会科学院学术交流委员会、社会科学文献出版社、中国海外交通史学会、泉州市社会科学界联合会以及台湾喜马拉雅研究发展基金会联合举办

题　　　名　泉州发现的明代铁锚与郑和船队的关系
作者及单位　李国清(泉州海外交通史博物馆)
会 议 名 称　北京郑和二千料宝船船模复原研究论坛
会议地点时间　北京,2004
摘　　　要　本文对泉州发现的明代铁锚与郑和船队的关系进行了分析。文章认为泉州湾海底古铁锚通过相关分析和考证,该铁锚极可能是明代郑和下西洋船队中船员所使用过的船上属具。

题　　　名　泉州法石古船试掘简报和初步探讨
作者及单位　联合试掘组
会 议 名 称　中华文化与域外文化互动暨海上丝绸之路泉州学术讨论会
会议地点时间　泉州,2002
主 办 单 位　中国社会科学院学术交流委员会、社会科学文献出版社、中国海外交通史学会、泉州市社会科学界联合会以及台湾喜马拉雅研究发展基金会联合举办

题　　　名　泉州富美宫向神借钱习俗刍议——闽南海洋民俗文化个案研究
作者及单位　陈桂炳(泉州师范学院)
会 议 名 称　福建省首届海洋文化学术研讨会
会议地点时间　中国福建福州,2007
主 办 单 位　福建省炎黄文化研究会、福州市政协、福建省社科联、福建省海峡文化研究会
摘　　　要　至今已有500年历史的泉州富美宫,供奉的是西汉名臣萧望之(萧太傅),民间俗称“萧阿爷”、“阿爷公”。该庙现配祀有二十四司(即24尊王爷),历史上历来有“送王船”习俗,被信仰者尊之为“王爷行宫”、“王爷总馆”。

题　　　名　泉州港的历史地位、作用与发展前景
作者及单位　魏启宇,高缜都
会 议 名 称　“泉州港与海上丝绸之路”国际学术研讨会
会议地点时间　中国泉州,2002
主 办 单 位　中国航海学会
摘　　　要　丝绸,被人誉为中国的“第五大发明”。丝绸之路,是指以丝绸贸易为主要媒介,形成的古代中国与亚洲、非洲、欧洲进行商货贸易、政治交往和文化交流的交通线路。丝绸之路,有陆上丝绸之路和海上丝绸之路之分。大约在公元前5世纪至4世纪,中国的丝绸已传人世界各地。在西汉以前,陆上丝绸之路已初步形成。汉武帝两次派遣张骞出使西域,与中亚各国建立了联系,丝绸之路正式开通。以后历经各个朝代,陆上丝绸之路逐步发展和繁荣。

题　　　名　**泉州港历史地理研究**
作者及单位　杜瑜
会 议 名 称　“泉州港与海上丝绸之路”国际学术研讨会
会议地点时间　中国泉州,2002
主 办 单 位　中国航海学会
摘　　　要　泉州港兴于唐、五代,盛于宋、元时期。从一个并不起眼的河口小港湾,迅速发展成世界闻名的通商港埠,明代以后又迅速衰退下来。它的大起大落,与其周围的历史地理发展变化有很大关系。泉州地区的历史自然地理十分优越,这里依山傍海,位于晋江河口,有着众多的天然良港。这些得天独厚的自然条件是泉州港得以迅速发展的先决条件。当然泉州港的发展,离不开福建地区的地理环境,所以我们不得不广而言之,先从福建历史地理变化入手,来看其对泉州港发展的影响。

题　　　名　**泉州港是中国的“阿拉伯走廊”**
作者及单位　宋岘(中国社会科学院)
会 议 名 称　中华文化与域外文化互动暨海上丝绸之路泉州学术讨论会
会议地点时间　泉州,2002
主 办 单 位　中国社会科学院学术交流委员会、社会科学文献出版社、中国海外交通史学会、泉州市社会科学界联合会以及台湾喜马拉雅研究发展基金会联合举办

题　　　名　**“泉州港与海上丝绸之路”国际学术研讨会论文述论**
作者及单位　汪征鲁
会 议 名 称　“泉州港与海上丝绸之路”国际学术研讨会
会议地点时间　中国泉州,2002
主 办 单 位　中国航海学会
摘　　　要　金秋时节,来自海内外的115名学者云集文化名城泉州,隆重召开了“泉州港与海上丝绸之路”国际学术研讨会,这次会议共收到学术论文80余篇,在三天的会议过程中,与会专家学者围绕泉州港与海上丝绸之路这一主题,进行了深入认真的研讨和交流,其深度和广度为历届同类会议所仅见。

题　　　名　**泉州海市的多元宗教文化互动**
作者及单位　高斌(厦门大学)
会 议 名 称　第二届闽南文化研讨会
会议地点时间　中国福建泉州,2003
主 办 单 位　福建省炎黄文化研究会、泉州市政协
摘　　　要　泉州是我国历史文化名城之一。泉州文化以中华传统文化与外来文化广融博纳,历经千年积淀,形成了内涵丰富、风格独特的地域多元文化。在地区多元文化的互动中,泉州地区的多元宗教文化这朵奇葩开得尤为绚丽多姿。此处须说明的是,所谓泉州海市,即历史上的泉州的海上贸易,而泉州宗教文化独盛的原因,则是海市的兴盛在其中起了重要的作用。

题　　　名　**泉州海外交通史博物馆“泉州与古代海外交通”陈列馆英文翻译商榷**
作者及单位　叶惠珍(泉州师院外语学院)
会 议 名 称　福建省外国语文学会2001年年会
会议地点时间　2001

主 办 单 位　福建省外国语文学会

摘　　　要　中国南方沿海城市泉州是古代“海上丝绸之路”的起点,位于泉州市东湖街的泉州海外交通史博物馆再现了泉州海外交通发展过程。“泉州与古代海外交通”陈列馆文物解说的英文翻译多数准确流畅。笔者在参观过程中发现若干值得商榷地方,著文以期专家指正。

题　　　名　泉州海外交通史研究概述

作者及单位　王连茂

会 议 名 称　“中国与东南亚”国际学术讨论会

题　　　名　泉州海外交通与海神信仰

作者及单位　陈泗东

会 议 名 称　“中国与海上丝绸之路”国际学术讨论会

会议地点时间　泉州,1994

题　　　名　泉州考古简评

作者及单位　(加拿大)理查德·皮尔逊,李旻,李果

会 议 名 称　“泉州港与海上丝绸之路”国际学术研讨会

会议地点时间　中国泉州,2002

主 办 单 位　中国航海学会

摘　　　要　泉州市位于华雨沿海的福建省,公元 12 世纪至 14 世纪崛起成为著名的国际商港。此篇论文再次查证已发表的考古记录,包括开元寺,若干伊斯兰教寺院,印度庙遗址,华表山的摩尼教寺庙,几种型式的墓,后渚和法石的沉船及一些窑址。

题　　　名　泉州吏治与海上丝绸之路

作者及单位　许在全(泉州市委宣传部)

会 议 名 称　“泉州港与海上丝绸之路”国际学术研讨会

会议地点时间　中国泉州,2002

主 办 单 位　中国航海学会

摘　　　要　吏治的清浊,社会的混乱,关系到国家的兴衰更替,同样关系到丝绸之路的发展。宋元之际,海上丝绸之路的拓展和延伸,同泉州吏治的清浊和社会的治乱有着密切的关系。其实,历代的封建统治者,都深知此道,都注意加强吏治,以保证海上丝绸之路的发展。

题　　　名　泉州吏治与海上丝绸之路

作者及单位　许在全(泉州市委宣传部)

会 议 名 称　第二届闽南文化研讨会

会议地点时间　中国福建泉州,2003

主 办 单 位　中国航海学会

摘　　　要　吏治的清浊,社会的混乱,关系到国家的兴衰更替,同样关系到丝绸之路的发展。宋元之际,海上丝绸之路的拓展和延伸,同泉州吏治的清浊和社会的治乱有着密切的关系。其实,历代的封建统治者,都深知此道,都注意加强吏治,以保证海上丝绸之路的发展。

题　　　名　**泉州妈祖信仰浅谈**
作者及单位　林胜利
会 议 名 称　妈祖文化——闽台妈祖文化学术研讨会
会议地点时间　厦门,1997
主 办 单 位　福建省社会科学界联合会,福建省民俗学会,台湾省各姓渊源研究学会联合举办

题　　　名　**泉州贸易和泉州市舶司的设立**
作者及单位　(美)休·克拉克
会 议 名 称　"中国与海上丝绸之路"国际学术讨论会
会议地点时间　泉州,1994

题　　　名　**泉州民间宗教文化探析**
作者及单位　徐舜杰
会 议 名 称　福建省闽学研究会
会议地点时间　1999
摘　　　要　泉州是一个富有神奇色彩的历史文化名城,戏剧界说它是"戏窝";武术界称之谓"武术之乡";音乐界认为它是"南音发祥地",史学界则喻之为"宗教博物馆"。道教、佛教、伊斯兰教、基督教、摩尼教、印度教等世界上著名宗教都曾在泉州落了户,当笔者流连在泉州海外交通史博物馆时,为泉州宗教文化的丰富多彩,中外宗教的交融所惊叹不已!

题　　　名　**泉州穆斯林后裔的历史记忆和理性选择**
作者及单位　丁毓玲
会 议 名 称　中华文化与域外文化互动暨海上丝绸之路泉州学术讨论会
会议地点时间　泉州,2002
主 办 单 位　中国社会科学院学术交流委员会、社会科学文献出版社、中国海外交通史学会、泉州市社会科学界联合会以及台湾喜马拉雅研究发展基金会联合举办

题　　　名　**泉州"普渡"民俗考谈**
作者及单位　吴幼雄(泉州师范学院)
会 议 名 称　福建侨乡民俗学术研讨会
会议地点时间　中国福建晋江市,1993
主 办 单 位　福建省民俗学会与晋江市地方志编纂委员会办公室
摘　　　要　"普渡"是侨乡泉州沿海地区古代的一种民俗节日。近代的"普渡"被认为是一种社会陋俗。新中国成立后,"普渡"被作为"封建迷信"而明令禁止。倘若问"普渡"是怎样产生和发展的,则很少有人知道了。"普渡"与佛教和道教有密切的关系。

题　　　名　**泉州侨乡"番王爷"信仰的文化内涵**
作者及单位　李国宏(石狮市博物馆)
会 议 名 称　第三届闽南文化学术研讨会
会议地点时间　中国福建漳州,2005
主 办 单 位　福建省炎黄文化研究会、漳州市政协

摘　　要　王爷信仰是泉州民间信仰的重要组成部分,虽然有关泉州王爷信仰的由来众说纷纭,但是泉州王爷信仰还是有一定的特征可以认定。王爷信仰形成的时间较迟。据温太平先生称,法石文兴宫始建于元代。如果这种说法得到确证,应是泉州地区最早的王爷庙之一。

题　　名　**"泉州神女"与元代泉州海外交通**
作者及单位　陈桂炳,高达峰
会议名称　"泉州港与海上丝绸之路"国际学术研讨会
会议地点时间　中国泉州,2002
主办单位　中国航海学会
摘　　要　被航海者尊奉为海上保护之神的妈祖,原是北宋初年出生于莆田湄洲屿的一个巫女,宋人称之"湄洲神女林氏"。然而,至元十五年(1278)八月,元世祖在褒封妈祖时却称"制封泉州神女号护国明著灵惠协正善庆显济天妃"。为什么不称"湄洲神女"而称"泉州神女"呢?

题　　名　**泉州宋船为蒲家私船考**
作者及单位　庄为玑
会议名称　"中国与海上丝绸之路"国际学术讨论会
会议地点时间　泉州,1994

题　　名　**泉州湾宋代海船为郑和宝船正名**
作者及单位　席龙飞,何国卫(武汉水运工程学院)

题　　名　**"泉州学"·跨文化研究·文化并存**
作者及单位　王铭铭
会议名称　中华文化与域外文化互动暨海上丝绸之路泉州学术讨论会
会议地点时间　泉州,2002
主办单位　中国社会科学院学术交流委员会、社会科学文献出版社、中国海外交通史学会、泉州市社会科学界联合会以及台湾喜马拉雅研究发展基金会联合举办

题　　名　**泉州学研究与两岸民间文化交流**
作者及单位　陈桂炳(泉州师院泉州学研究所)
会议名称　第三届闽南文化学术研讨会
会议地点时间　中国福建漳州,2005
主办单位　福建省炎黄文化研究会、漳州市政协
摘　　要　"闽南文化是闽南人共同创造的物质财富和精神财富的结晶,是闽南人传承、发展与创新的地域性文化,是中华优秀传统文化不可分割的组成部分。

题　　名　**泉州伊斯兰教的历史**
作者及单位　吴幼雄(泉州师范学院)
会议名称　福建省闽学研究会
会议地点时间　1999
摘　　要　伊斯兰教传入泉州甚早。泉州保存着古伊斯兰教的丰富史料和有意义的遗址,考古

发现的古伊斯兰教石刻也琳琅满目,可与文献互相印证。

题　　　名　**泉州伊斯兰教与对外开放**
作者及单位　黄秋润
会议名称　福建省闽学研究会
会议地点时间　1999
摘　　　要　旧社会统治者推行民族压迫政策,福建穆斯林遭受民族压迫与民族歧视。政治上没有地位,经济贫穷、文化落后。宗教信仰没有自由,风俗习惯遭受污蔑,文物古迹受到破坏。致使伊斯兰教处在濒临消亡的边沿,穆斯林们的生活也处在苟延残喘中,至1949年初解放时,泉州的穆斯林只剩下128人。具有重要历史价值的文物古迹清净寺和圣墓,因屡受自然与人为破坏而破烂不堪,犹如荒山孤庙,一派凄凉。

题　　　名　**泉州与非洲的历史交往**
作者及单位　陈鹏
会议名称　“泉州港与海上丝绸之路”国际学术研讨会
会议地点时间　中国泉州,2002
主办单位　中国航海学会
摘　　　要　泉州有427公里的海岸线,港澳交错,航道深邃,优越的地理位置构成天然的良港,更有难逢的历史机遇,使泉州港在海上丝绸之路上撒满阳光。二三千年前,聚居斯地的闽越人便耕海牧洋,以船为车,以楫为马,开始从陆梁到海洋的活动。汉时,广州开通与印度洋间的“海上丝绸之路”,当时福建是通往交趾七郡的贡献转运中心,泉州成为了其中的一处口岸。

题　　　名　**泉州与海上丝绸之路**
作者及单位　陈高华(中国海外交通史研究会)
会议名称　中华文化与域外文化互动暨海上丝绸之路泉州学术讨论会
会议地点时间　泉州,2002
主办单位　中国社会科学院学术交流委员会、社会科学文献出版社、中国海外交通史学会、泉州市社会科学界联合会以及台湾喜马拉雅研究发展基金会联合举办

题　　　名　**泉州与琉球友好交往史拾遗**
作者及单位　李玉昆(泉州海外交通博物馆)
会议名称　第九届中琉历史关系国际学术会议
会议地点时间　2005

题　　　名　**泉州与鹿港的普渡节**
作者及单位　黄炳元(泉州黎明大学)
会议名称　海峡两岸五缘关系学术研讨会
会议地点时间　中国上海,2003
主办单位　福建省社会科学界联合会、福建省五缘文化研究会
摘　　　要　泉州普渡节是道、佛两教融合的产物。道教称“中元节”,农历七月十五日,民众在祠堂祭拜祖先神位,同时在各家各户门口祭拜无主的散魂,称“普渡众生”。道藏经云:“七月十五日,地灵官

下人间,校定罪福。"又云:"中元,作元都大醮于玉京山,采诸花果幢幡宝盖,献诸圣众。"而盂兰盆节,是佛教的节日,为追思祖先而举行。盂兰是天竺语,意为"解救倒悬"。传说释迦弟子目连见其母在地狱之苦,处处倒悬,求佛超度。

题　　名 **泉州与文莱早期伊斯兰的联系以及宋元时期的海上通道**
作者及单位 陈达生(中国与海上丝路研究中心)
会议名称 联合国教科文组织海上丝绸之路考察泉州三周年"海上丝绸之路与伊斯兰文化"国际学术讨论会
会议地点时间 泉州,1994

题　　名 **泉州在元代是全国两大港之一**
作者及单位 施存龙(交通部水运研究所)
会议名称 "泉州港与海上丝绸之路"国际学术研讨会
会议地点时间 中国泉州,2002
主办单位 中国航海学会
摘　　要 泉州港"海上丝绸之路"史上,有两个敏感而又受到异议挑战的大问题,一个是元代其是否为世界大港,另一个是否为南宋和元代中国第一大港。很难为人,但无法也不应回避,只有迎难而上。我重新研究的结果,很可能既使"元朝广州为中国第一大港"论者不满,又使习惯称颂"泉州是元朝中国第一大港"的许多学者不悦。然而研究史实结果如此,不能违心,只好冒昧提出。

题　　名 **泉州宗教文化相容共存之品格与现代价值**
作者及单位 马照南(福建省社科联)
会议名称 第二届闽南文化研讨会
会议地点时间 中国福建泉州,2003
主办单位 福建省炎黄文化研究会、泉州市政协
摘　　要 泉州是历史文化名城,是著名的"世界宗教博物馆"。一千多年来,各种宗教在此长期共存、和谐发展。此种现象被认为是一个很有价值,值得探讨的东方文化研究课题。著名社会学家费孝通在谈到福建文化时指出,值得注意的是"海上交通的发达,固然刺激了经济文化的发展,同时多种从域外传来的宗教与中国固有的宗教,也都在闽地落户。

题　　名 **让"郑和是云南人"在中国和世界叫响**
作者及单位 《云南日报》
会议名称 云南省纪念郑和下西洋600周年国际学术研讨会
会议地点时间 云南大学,2005

题　　名 **饶宗颐教授的潮州地方史研究**
作者及单位 黄挺,杜经国
会议名称 饶宗颐学术研讨会
会议地点时间 广东·潮州,1996

题　　　名　人类历史转轨时期伟大的和平实践——纪念郑和下西洋 600 周年
作 者 及 单 位　郑一钧(中国社会科学院海洋研究所)
会 议 名 称　传承文明走向世界和平发展——纪念郑和下西洋 600 周年国际学术研讨会
会议地点时间　江苏,2005

题　　　名　仁祖反正后朝鲜使行请求"封典"一考
作 者 及 单 位　刘宝全(中国山东大学韩国研究中心)
会 议 名 称　登州港与中韩交流国际学术讨论会
会议地点时间　蓬莱,2004
摘　　　要　朝鲜光海君朝末年。东亚的国际政局出现了极大的动荡。新兴的女真努尔哈赤部在对明朝的战争才,表现出了惊人的军事力量。在这种情况下。光海君不得不采取一种圆滑的外交政策,在臣服明朝的同时也向后金示好。在朝鲜君伍感激明朝"再造之恩"的氛围巾,这种态度为朝鲜的正统派两班阶层所不容。再加上光海君在治国方面的一些失误,以及宫廷内部不同势力之间的争斗,1623 年 3 月 12 日,朝鲜发生了赶光海君下台的宫廷政变。西人党的李贵、李适、金自点等人在仁穆大纪的支持下,召集军队在绫阳君李信的别墅内会合,打入庆云宫,发动宫廷政变。3 月 13 日晨,绫阳君即位,是为仁祖。仁沮即位后,光海君的亲信一一大北派的李尔瞻、郑仁弘等被赐死,光海君和家人被流放到乔桐岛。这就是所谓"仁祖反正"。

题　　　名　认识世界,发现世界——郑和下西洋重要的历史功绩
作 者 及 单 位　谢本书(云南民族大学)
会 议 名 称　"郑和远航与世界文明"暨纪念郑和下西洋 600 周年学术讨论会
会议地点时间　北京,2004

题　　　名　日本、东南亚华侨华人的妈祖信仰
作 者 及 单 位　童家洲(福建师范大学历史系)
会 议 名 称　首届莆仙文化学术研讨会
会议地点时间　中国福建莆田,2002
主 办 单 位　福建省炎黄文化研究会、中共莆田市委宣传部
摘　　　要　妈祖信仰已成为我国传统文化的一种表现,是民间群众对妈祖生前乐善好施、扶危济困、见义勇为、救世救人的优秀中华民族美德的赞美和向往。妈祖被供奉为航海保护神,是宋代开始流传的,是我国悠久的民间宗教信仰之一。她伴随航海、海外经商、移民播迁、华侨出国和华人走向世界,而将妈祖信仰传播到世界各地。

题　　　名　日本辞书中的徐福
作 者 及 单 位　徐桐生(河北大学日本研究所)
会 议 名 称　全国首届徐福学术讨论会
会议地点时间　连云港,1987
摘　　　要　秦始皇时代相当日本的孝灵天皇时代。有徐福渡海来到日本的传说(《日本王代一览》)。还盛传在纪伊国熊野山下叫做飞鸟的地方有徐福墓,熊野新宫东南蓬莱山有徐福祠。《西国名所图绘》中记载:"新宫牌坊凡六十丁许上熊野村的飞鸟神社西南仅五丁许有徐福墓,墓旁有树三棵。"关于徐福祠的记载,在《南纪名胜志》中说:、"徐福祠在新宫庄和熊野村西南二町许,今已不存,当地人称其地

为‘楠薮’(按:即樟树林)。”到了近代,本居内远说:“新宫东南飞鸟神社旁,名叫熊野地的田地里,仅有一个一尺多高的小祠。”

题　　名 日本的“脱亚入欧”和中国的“三甲纪念”

作者及单位 刘学照(华东师范大学历史系)

会议名称 纪念江桥抗战研讨会

会议地点时间 中国黑龙江齐齐哈尔,2004

主办单位 东北地区中日关系史研究会

摘　　要 从19世纪末年起,日本近代历史进程向“脱亚入欧”折变。它“以战争为民族进取之利器”,“十年作一战争。”在清末民初,它先后发动了“甲午之役”、“甲辰之役”以及“甲寅之役”,在近代中日关系史上造成“三甲纪念”。今年值逢甲午战争爆发110周年,日俄战争爆发100周年,甲寅“日德构衅”90周年,回顾日本“脱亚入欧”与中国“三甲纪念”的历史记忆,对观照当今中国“和平崛起”和中日睦邻关系不断发展都是非常必要和十分有益的。

题　　名 《日本国志·邻交志·泰西篇》与《日本外交始末》

作者及单位 戴东阳(中国社会科学院近代史研究所)

会议名称 纪念黄遵宪逝世一百周年国际学术讨论会

会议地点时间 中国北京,2005

主办单位 中国社会科学院近代史研究所、中国史学会

摘　　要 《日本国志·邻交志》分为上、下两篇,上篇华夏篇,下篇泰西篇。华夏篇三卷,叙述中日两国交往的历史,泰西篇二卷(卷七、卷八),叙述日本与西方各国交往的历史,本文讨论的对象为泰西篇(以下均简称泰西篇)。

题　　名 《日本国志·邻交志·泰西篇》与《日本外交始末》

作者及单位 戴东阳(中国社会科学院近代史研究所)

会议名称 中国社会科学院近代史研究所青年学术论坛

会议地点时间 中国北京,2004

主办单位 中国社会科学院近代史研究所

摘　　要 《日本国志·邻交志》分为上、下两篇,上篇华夏篇,下篇泰西篇。华夏篇三卷,叙述中日两国交往的历史,泰西篇二卷(卷七、卷八),叙述日本与西方各国交往的历史,本文讨论的对象为泰西篇(以下均简称泰西篇)。

题　　名 日本和湖南省——自长沙开港起至抢米事件

作者及单位 中村义(日本东京学芸大学)

会议名称 纪念辛亥革命七十周年学术讨论会

会议地点时间 中国湖北武汉,1981

主办单位 中国社会科学院近代史研究所

摘　　要 长沙开港是在1904年7月。这是根据补充在国际法辛丑条约第11条上的“补充·通商航海条约”而进行的。这项条约是由日方代表日置益、小田切万寿之助、清方代表吕海寰(工部尚书)、盛宣怀(工部左侍郎)、伍廷芳(商部左侍郎)签订的。1904年1月11日,在北京互换了批准书。

题　　　名　**日本明史研究情况简述**

作者及单位　伍跃

会议地点时间　2010

摘　　　要　日本学者对明代历史的研究由来已早。早在日本历史上的室町时代，入明的日本僧人就对明朝社会进行了零距离的观察，进入江户时代之后，对明朝制度史的研究取得了令后人瞩目的成果。例如，对《大明律》的研究成为当时的"显学"，其中，荻生徂徕在研究后写下了《明律国字解》，该书已经成为现今日本明清史研究者的必备工具书。

题　　　名　**日本遣唐使井真成入唐时间与在唐身份考**

作者及单位　马一虹（中国社会科学院历史研究所）

会议名称　第7届全国青年世界史工作者研讨会

会议地点时间　昆明，2005

题　　　名　**日本秦民二重结构——兼论徐福集团东渡及其在日本的发展**

作者及单位　孟宪仁（辽宁大学日本研究所）

会议名称　全国首届徐福学术讨论会

会议地点时间　连云港，1987

摘　　　要　30年代，王辑五曾提出有关徐福东渡的新学说："徐福等秦人群之入海求仙……，亦不能谓其绝对不能漂至辰韩，……果辰韩即秦韩，乃为徐福等秦人群所组成之一集团，则住于此半岛东南部之秦人集团，为满足其扩张欲及探险欲起见，自不免前仆后继；三三五五，乘独木舟任其漂流，卒因日本海左旋回流关系，均前后漂至日本山阴地方。至徐福本人究由辰韩漂至日本否，窃以为尚非重要之问题也。至若日韩古文献上未曾明载徐福等秦人群东渡之记事者，乃因徐福等秦人东渡时，遥在日韩民族有史以前故也。但此秦人群由韩东渡之结果，在日本神话传说史上，却不难寻出其暗示来；如《日本记纪》（即《古事记》与《日本书纪》之台称）所载之素盏鸣尊，少名毗古那神，由新罗滇至出云之神话等，乃其最显著之例也。"

题　　　名　**日本首次侵台与沈葆桢巡台抚台**

作者及单位　萧致治（武汉大学历史系）

会议名称　沈葆桢巡台130周年学术研讨会

会议地点时间　中国南京，2004

主办单位　中国近现代史史料学学会

摘　　　要　早在明治维新之前，日本就萌发了侵略台湾的图谋。从19世纪50年代起，日本相继和欧美各国签订了不平等条约。

题　　　名　**日本唐船风说书与康熙朝史事研究——兼谈满族史、清史研究中有待发掘的海外资料（提要）**

作者及单位　华立（日本大坂经济法科大学）

会议名称　第二届国际满学研讨会

会议地点时间　中国北京，1999

主办单位　北京社会科学院满学研究所

摘　　　要　江户日本有关清朝的文字记载——"唐船风说书"日本江户时代的德川幕府对外实

行锁国政策,是人所共知的事实。有人因此将日本的锁国与清王朝的闭关政策相提并论。然而细考江户时代种种作为就会发现,作为小国的日本在关紧国门的同时没有忘记留下窗口来了解海外的世界,而当时唯一获准进入长崎进行贸易的荷兰和中国的商船就成为最重要的情报信息来源。

题　　　名 **日本郑成功研究的一个观察——日本型华夷意识与《国姓爷合战》**

作者及单位 陈小冲译

会 议 名 称 郑成功研究国际学术会议

会议地点时间 厦门,1987

摘　　　要 1982年7月26日至8月1日,在厦门大学召开了为时一个星期的郑成功收复台湾320周年纪念学术讨论会,国内外一百几十名学者参加了会议,来自日本的滨岛敦俊教授也参加并以 < 明末东南诸省的抗、欠租与铺仓 > 为题作了大会报告。关于这次讨论会的成果与课题,傅衣凌在 < 郑成功研究论文选 > 续集序文中做一概括。

题　　　名 **日本殖民统治对近代台湾社会经济进程的影响**

作者及单位 王键(中国社会科学院近代史研究所)

会 议 名 称 纪念抗日战争全面爆发70周年学术研讨会

会议地点时间 中国北京,2007

主 办 单 位 中国社会科学院中日历史研究中心、中国社会科学院近代史研究所、中国抗日战争史学会

摘　　　要 1895年4月17日《马关条约》签订,台湾就此沦为日本的第一块海外殖民地,台湾民众从此陷入日本殖民者的残酷统治之下。台湾总督府成为台湾岛的最高殖民地统治机构,台湾总督成为台湾的"太上皇"。《马关条约》是日本武装侵略中国的结果,也是清朝政府妥协屈服的结果。

题　　　名 **日俄战争与甲午战争**

作者及单位 于春梅,王成海(齐齐哈尔大学社会科学教研部)

会 议 名 称 纪念江桥抗战研讨会

会议地点时间 中国黑龙江齐齐哈尔,2004

主 办 单 位 东北地区中日关系史研究会

摘　　　要 按照1895年的《马关条约》的规定,"朝鲜为独立自主之邦",割让给日本。但是日本所始料不及的是由于俄、法、德三国的干涉,迫使其不得不归还辽东半岛与中国,进而俄国又将其强占。与此同时,俄国又插足朝鲜,危及日本在朝鲜的既得利益。日本为了从俄国手中抢夺辽东半岛和巩固在朝鲜的地位而发动的这场以中国为战场的战争。无论从日本发动这场战争的目的还是结果来考虑,可知其不仅是甲午战争的继续,而且还有发展。

题　　　名 **日俄直通定期航线的开通和甲午战争后的东北亚海域**

作者及单位 (日)麓慎一

会 议 名 称 东北亚海上交流历史文化遗产国际学术研讨会

会议地点时间 青岛;蓬莱,2006

主 办 单 位 中国海洋大学海洋文化研究所,山东省蓬莱市文物局

题　　　名 **日军旅顺屠杀研究**

作者及单位 关捷(大连民族学院)

会议名称 第二届近百年中日关系史国际研讨会

会议地点时间 中国北京,1993

摘　　　要 甲午中日战争期间,日军在中国的罪行,擢发难数,罄竹难书。1894年11月21日,日军攻入旅顺口后,从东向西沿街挨门逐户搜查,不分男女老幼,见人就杀,杀完街内百姓,又到郊区搜山,杀人惨状,目不忍睹。在这场惨绝人寰的血腥屠杀中,约两万名中国人死于日军屠刀之下。

题　　　名 **日意格与福建船政**

作者及单位 陈松溪(福州市作协)

会议地点时间 2003

主办单位 福建省闽学研究会

摘　　　要 前人在评论左宗棠对福建船政的贡献时,常把他与沈葆桢并列。有的说:"创自左宗棠,成于沈葆桢";'有的说:"文襄善创,文肃善成,论者交美焉";有的说:"萧规曹随,交济其美"。这些评论都是有充分的史实作依据的。但是,我们不能忽略在福建船政从筹备、创办到发展过程中,法国人日意格所发挥的重要作用。

题　　　名 **榕江——潮汕最早的丝绸之路(提要)**

作者及单位 徐光华

会议名称 海上丝绸之路与潮汕文化学术研讨会

会议地点时间 汕头,1994

题　　　名 **儒家中和思想与明初外交政策——从郑和下西洋谈起**

作者及单位 朱亚非(山东师范大学齐鲁文化研究中心)

会议名称 第十一届明史国际学术讨论会

会议地点时间 中国甘肃兰州、中国青海西宁,2005

主办单位 中国明史学会、西北师范大学、甘肃省社会科学院、青海师范大学

摘　　　要 明朝建国之初,面临的是经济残破、百废待兴的局面。为了稳定社会秩序,使百姓休养生息,明太祖朱元璋吸取元朝穷兵黩武的经验教训,采用儒家中和思想来制定外交政策。

题　　　名 **儒学传统思想与明初外交方略**

作者及单位 朱亚非(山东师范大学齐鲁文化研究中心)

会议名称 第十一届明史国际学术讨论会

会议地点时间 中国甘肃兰州、中国青海西宁,2005

主办单位 中国明史学会、西北师范大学、甘肃省社会科学院、青海师范大学

摘　　　要 纵观中国历代封建王朝的对外交往中,除了个别时期之外,大都以儒家学说作为对外交往的指导思想。儒家学说中的仁义、诚信、以和为贵、以德睦邻、重义轻利、保境安民的思想都得到了不同程度的体现。尤其是明朝建国后所制定和执行的外交方略,更是忠实的反映了儒家学说中的外交思想,并且在那个时代产生了积极作用;同时也留下了值得后人进一步思考的问题。

题　　　名　赛哈智对郑和航海的贡献
作者及单位　郑伟,郑自海
会 议 名 称　传承文明走向世界和平发展——纪念郑和下西洋600周年国际学术研讨会
会议地点时间　江苏,2005

题　　　名　三宝太监郑和与印尼三宝垄
作者及单位　林义彪
会 议 名 称　传承文明走向世界和平发展——纪念郑和下西洋600周年国际学术研讨会
会议地点时间　江苏,2005

题　　　名　《三国志·魏书·倭人传》关于中日海上航路的方向记载无误论
作者及单位　孙光圻(大连海事大学)
会 议 名 称　长安东亚环太平洋文化国际学术论会
会议地点时间　1989

题　　　名　三郡乌丸考
作者及单位　方北辰(四川大学历史文化学院)
会 议 名 称　中国魏晋南北朝史学会第八届年会暨缪钺先生百年诞辰国际学术研讨会
会议地点时间　中国四川成都,2004
主 办 单 位　中国魏晋南北朝史学会
摘　　　要　东汉献帝建安十二年(207)曹操平定幽州的三郡乌丸,是三国时期有关民族史、政治史和军事史的重大事件。曹操因此统一了北方的黄河中下游地区,同时他的军事实力,又因收编了强悍的乌丸族骑兵而大大增强,于是他开始南下攻取荆州,导致著名的赤壁之战。但是,三郡乌丸究竟包括哪三个郡,后世史家的说法并不一致。

题　　　名　山东半岛与朝鲜半岛海洋文化遗产的研究与国际合作
作者及单位　袁晓春(蓬莱阁管理处)
会 议 名 称　东北亚海上交流历史文化遗产国际学术研讨会
会议地点时间　青岛;蓬莱,2006
主 办 单 位　中国海洋大学海洋文化研究所,山东省蓬莱市文物局

题　　　名　山东人民走向世界的最早探索
作者及单位　朱亚非(山东师范大学齐鲁文化研究中心)
会 议 名 称　儒学与东亚文化国际学术研讨会
会议地点时间　中国山东济南,2006
主 办 单 位　山东师范大学齐鲁文化研究中心
摘　　　要　山东居民走出海外始于新石器晚期,从中、日、韩三国考古发掘看,山东人最早走出海外的路线应是从山东半岛到辽东半岛,再沿朝鲜西海岸南下,最后到达日本南部的九州地区。西周初年的箕子率五千人东迁朝鲜,建立古朝鲜国,该集团主要成员应为山东人。春秋战国时期,道家思想、阴阳五行学在山东的流行,推动了山东沿海地区人们到海外求仙的活动,并最终促成徐福集团东渡。早期山东人走出海外对日本、朝鲜社会的开发和进步做出了贡献。

题　　　　名　山东沿海渔民的海神信仰与祭祀仪式
作 者 及 单 位　叶涛
会 议 名 称　中华妈祖文化学术研讨会
摘　　　　要　山东省是中国古代文明的发祥地之一,历来有“齐鲁之邦,礼仪之乡”的美誉。境内既有绵延起伏的群山丘陵,又有坦荡辽阔的平原大川,中华民族的摇篮黄河从山东入海,五岳之首的泰山雄踞鲁中南,西南部大运河沿湖区穿过山东,东部还有三千里的海岸线。悠久灿烂的历史文化,复杂多样的地理环境,形成了山东民俗古朴淳厚、丰富多彩的特点。

题　　　　名　山东与中韩儒学文化交流——以典型个案来说明
作 者 及 单 位　郑成宏(中国社会科学院文献信息中心)
会 议 名 称　登州港与中韩交流国际学术讨论会
会议地点时间　蓬莱,2004
摘　　　　要　山东是孔子、孟子等儒学大师的家乡。儒家是中国学术思想史上一个影响最大的学派,始于孔子。孔子开创讲学之风,是先秦时代百家争鸣的先导。孔子是中国伟大的思想家、政治家和教育家。他创立的儒学从中国传入朝鲜半岛、日本、越南及其他东南亚地区。使上述地区的政治、思想、道德、法律、文化、教育乃至风俗习惯、社会风貌,无不打上儒学思想的烙印,其中,对韩国的影响尤为深刻。

题　　　　名　山区的妈祖——一个宗族与村落的保护神
作 者 及 单 位　杨彦杰(福建社会科学院)
会 议 名 称　妈祖信仰国际学术研讨会
会议地点时间　港朝天宫妈祖文化大楼,1996

题　　　　名　山西商人与晚清福建茶业贸易
作 者 及 单 位　宋惠中(元培科技大学通识教育中心)
会 议 名 称　第四届海峡两岸茶业学术研讨会
会议地点时间　中国四川蒲江,2006
主 办 单 位　中国茶叶学会、台湾茶协会
摘　　　　要　闽浙赣交界地区的茶葉生產有相当長的历史,各地都有种茶的相關記載。其中以闽北茶区规模最大,品質最佳,影响也最深远。清初闽茶以山西商人經營的对外貿易为主。鴉片戰爭五口通商後,闽北的武夷茶由广州改輸出上海,由河口鎮改向东北,經水路至江西玉山,由腳夫經陸路運往常山,順錢塘江至杭州,再转運至上海或俄蒙市場。太平天国後由福建至广州或上海的道路不通,外国洋行乃开发由崇安至福州的茶葉貿易新路線,並逐渐进入福建茶產区,以包買的方式掌控茶葉生產的過程。以往關於晚清福建茶葉貿易的討论,在五口通商後,即將關注的焦点转移至洋行与買辦商人方面,但山西商人在此一转变過程中的角色,仍值得深入分析。因此,本研究擬整理近年來海峡两岸有關山西商人与福建茶葉市場的資料,对相關史料进行分析比較,从貿易路線的变迁、山西商人資本及外商资本对晚清福建茶业生產過程的控制,及福建茶葉貿易由晚清至民国初年,極盛而衰的過程,进行分析与討论。

题　　　　名　汕头开埠与美国
作 者 及 单 位　赵春晨(广州大学)
会 议 名 称　海上丝绸之路与潮汕文化学术研讨会

会议地点时间　汕头,1994

题　　　　名　汕头与台湾海上直航的一段历史回顾
作 者 及 单 位　孙光圻(大连海事大学)
会 议 名 称　汕头与台湾航运关系研讨会
会议地点时间　1998

题　　　　名　善妙与洛山二大圣——9 世纪海洋佛教传说的世界
作 者 及 单 位　曹永禄(韩国东国大学)
会 议 名 称　登州港与中韩交流国际学术讨论会
会议地点时间　蓬莱,2004
摘　　　　要　在我国古代佛教史上,由于入中国求法高僧大部分渡海来往,留下来许多有关航海艰苦以及海龙传说或观音信仰的故事。其中最具代表性的事例之一,是新罗义湘大师。关于他的故事,以出身于登州的善妙传说和洛山寺观音道场的创建说特别有名,被后人津津乐道并流传下来。众所周知,善妙传说依据在于赞宁所撰的《宋高僧传》,洛山寺东海观音的创建传说依据则在于一然所撰的《三国遗事》。

题　　　　名　上海口岸在茶叶进出口贸易中的地位
作 者 及 单 位　程林根(上海茶叶进出口公司)
会 议 名 称　97 上海国际茶文化节学术研讨会
会议地点时间　中国上海,1997
主 办 单 位　上海国际茶文化节组委会
摘　　　　要　上海开埠后即成为我国丝茶集散中心,位居五个通商口岸之首。1851 年上海出口茶叶超过了广州。自 1864 年至 1894 年甲午战争前,上海、福州、汉口成为我国茶叶出口的三大主要口岸。1895 - 1911 年,外国洋行垄断着茶叶对外销售,使中国茶商处于任人宰割的地步。尤其是印、斯、日茶在八十年代兴起后,华茶输出急剧减少。

题　　　　名　深入研究妈祖促进祖国統一
作 者 及 单 位　吕清义(三明市方志委)
会 议 名 称　第二次闽台妈祖文化学术研讨会
会议地点时间　中国福建霞浦,1998
主 办 单 位　福建省社会科学联合会、福建省民俗学会、宁地地区社科联、霞浦县社科联、霞浦松山妈祖文化研究会
摘　　　　要　在去年厦門大学召开的民俗研討会上筆者曾论述妈祖信仰走向全国、世界,促进两岸交流的观点,本文进一步闡述妈祖活动与祖国統一的關係,證明祖国和平統一的必要性、可能性,提出一些建議。若两岸有關方面引導得当,广泛听取民众意見。

题　　　　名　深圳赤湾天后庙的保护与开发利用
作 者 及 单 位　彭全民
会 议 名 称　中国文物学会传统建筑园林委员会第十二届学术研讨会
会议地点时间　中国四川成都,1999
主 办 单 位　中国文物学会传统建筑园林委员会

摘　　要　赤湾天后庙,是深圳历史上最大的一座庙宇,重要的文物古迹之一,它经历了数百年的风霜,甚至战火的摧残、人为的破坏,但其基址犹存。一九八八年赤湾天后庙由深圳市人民政府公布为市级文物保护单位,后经多年的重修和开发利用,现已成为深圳重要的名胜古迹,在港澳和东南亚一带享有盛誉。从赤湾庙的兴衰可以看出,中华传统文化和传统建筑在人民心目中是不可磨灭的。

题　　名　神光寺事件与福州夷务的再检讨
作者及单位　(新加坡)吴振强
会议名称　第二届明清史国际学术讨论会
会议地点时间　天津,1993
主办单位　明清史国际学术讨论会论文集编辑组编
摘　　要　鸦片战争结束后,中英双方的外交争执没有停息,其原因之一是对条约的诠释发生歧见,不是因为各方有意曲解条约的内容,而是条约中的两国文字,在含义上有所出入。譬如《江宁条约》第2款的英文原意是:“大清皇帝允准大英国人民带同所属家眷,居住广州、厦门、福州、宁波、上海等五处城镇(“citlesandtowns”),贸易通商无碍;且大英女皇派设领事管事等官,住该五处城镇,专理商贾事宜……”。但是,并列的中文条款,指明英国人民寄居“五处港口”,而领事馆事等官,则“住该五处城邑”。在广州,英人因“入城问题”和中方发生了争执,导致了双方关系日趋紧张。

题　　名　神奈川县藤泽市妙善寺的徐福子孙墓
作者及单位　河野通广(神奈川徐福研究会)
会议名称　中国(岱山)徐福东渡节暨徐福文化国际研讨会
会议地点时间　中国浙江岱山,2004
主办单位　中国徐福会
摘　　要　2003年2月,神奈川县日本中国友好协会组成了包括我在内的5人访问团考察慈溪市的工业开发区。在这期间拜访了慈溪日本人设立的徐福记念馆。遇到了记念馆的负责人须田董事长和田岛孝子馆长,偶然发现田岛馆长住在神奈川。回国后3月份时,须田、田岛两位来访横滨的神奈川日中友好协会事务所,并赠送了奥野利雄所著的《长篇故事人物徐福》。此书中虽记述在藤泽市妙善寺有徐福子孙的墓,但是没有详细的说明。

题　　名　神仙术和徐福东渡辨考
作者及单位　张季平(山东大学)
会议名称　全国首届徐福学术讨论会
会议地点时间　连云港,1987
摘　　要　据司马迁《史记·秦始皇本纪》、《史记·淮南衡山列传》记载,秦始皇曾派方士入海求仙、采长生不老神药。其所求的对象仙人、神药,有人怀疑此说,从而否定徐福东渡的这段历史。这首先要分清,有没有神仙是一回事;相信不相信神仙又是一回事。“神仙”虽然是虚幻的设想,但这一信仰和方术自古有之。

题　　名　沈葆桢“开山抚番”政策述略
作者及单位　张振玉(福州市博物馆)
会议名称　沈葆桢巡台130周年学术研讨会
会议地点时间　中国南京,2004

主 办 单 位　中国近现代史史料学学会

摘　　　要　同治十年(1871)三月,琉球商船在海上遇到飓风,漂至台东八瑶湾,为台湾牡丹社人民杀死。日本早已觊觎台湾,便以此为借口,于同治十三年(1874)4月,悍然出兵侵占台湾琅峤等地。

题　　　名　沈葆桢"开山抚番"政策之论述

作者及单位　唐正香(解放军南京政治学院历史系)

会 议 名 称　沈葆桢巡台130周年学术研讨会

会议地点时间　中国南京,2004

主 办 单 位　中国近现代史史料学学会

摘　　　要　1874年5月至1875年8月,沈葆桢作为"钦差办理台湾等处海防兼理各国事务大臣",两次赴台,处理日本侵台事件以及办理台湾防务善后事宜。

题　　　名　沈葆桢"治台"政策述论

作者及单位　季云飞(解放军南京政治学院历史系)

会 议 名 称　沈葆桢巡台130周年学术研讨会

会议地点时间　中国南京,2004

主 办 单 位　中国近现代史史料学学会

摘　　　要　1874年日本侵台事件发生,清廷极为震惊。同治帝遂即授福建船政大臣沈葆桢为"钦差办理台湾等处海防兼理各国事务大臣"赴台"相机办理"对日交涉及台湾海防事宜。沈葆桢在台历时一年余(其间,沈在1875年1月底至3月中旬曾短期离台回大陆)。

题　　　名　沈葆桢保卫和开发建设台湾

作者及单位　赵承春(北京海军军事技术研究所)

会 议 名 称　沈葆桢研究——纪念沈葆桢诞辰180周年学术研讨会

会议地点时间　中国福州马尾,2000

题　　　名　沈葆桢保卫与开发台湾

作者及单位　林恩燕,林家钟

会 议 名 称　沈葆桢研究——纪念沈葆桢诞辰180周年学术研讨会

会议地点时间　中国福州马尾,2000

题　　　名　沈葆桢船政遗产

作者及单位　黄政

会 议 名 称　沈葆桢研究——纪念沈葆桢诞辰180周年学术研讨会

会议地点时间　中国福州马尾,2000

题　　　名　沈葆桢创办福建船政的独立自主原则

作者及单位　吕秋心

会 议 名 称　沈葆桢研究——纪念沈葆桢诞辰180周年学术研讨会

会议地点时间　中国福州马尾,2000

题　　名 **沈葆桢的筹台方略——从《沈文肃公牍》看沈葆桢筹台**
作者及单位 卢美松(福建省文史研究馆)
会议名称 沈葆桢研究——纪念沈葆桢诞辰180周年学术研讨会
会议地点时间 中国福州马尾,2000

题　　名 **沈葆桢的海防思想**
作者及单位 罗肇前(福建省社会科学院历史所)
会议名称 沈葆桢研究——纪念沈葆桢诞辰180周年学术研讨会
会议地点时间 中国福州马尾,2000

题　　名 **沈葆桢的海防思想**
作者及单位 沈吕宁(上海石化股份公司)
会议地点时间 2003
主办单位 福建省闽学研究会
摘　　要 总理各国事务大臣恭亲王等奏请海防六议同治十三年九月二十七日(1874。11。5),在与日本就台湾问题签字5天之后,总理各国事务衙门豢陈练兵、简器、造船、筹饷、用人、持久各条:“请饬下南、北洋大臣,滨海沿江各督抚、将军,详加筹议,将逐条切实办法,限于一月内奏复,再由在廷王大臣详细谋议,将逐条切实办法,限于一月内奏复,再由在廷王大臣详细谋议。

题　　名 **沈葆桢的海洋意识与海权思想的实践**
作者及单位 覃寿伟(厦门大学人文学院历史系)
会议名称 沈葆桢巡台130周年学术研讨会
会议地点时间 中国南京,2004
主办单位 中国近现代史史料学学会
摘　　要 沈葆桢从政辉煌时期正处于晚清“数千年未有之变局”之时,他在任上的贡献主要有:创办船政,创建海军以及保卫和开发台湾,是最早意识到海洋在国防中重要作用的一批官吏之一,被誉为“中国海军之父”。今天,探讨沈葆桢的海洋意识在近代中国的海权思想中的实践与影响,不仅有学术意义,而且有重要的现实意义。

题　　名 **沈葆桢的家世与家庭**
作者及单位 古清(华中师范大学社会学系)
会议名称 沈葆桢巡台130周年学术研讨会
会议地点时间 中国南京,2004
主办单位 中国近现代史史料学学会
摘　　要 沈葆桢(1820～1879)是近代中国爱国的、清廉的、功绩显著的政治家。榜名振宗,字翰宇,号幼丹,生于福建省闽侯县(今福州市)的一个贫穷的知识分子家庭。

题　　名 **沈葆桢的教育观**
作者及单位 陈俱(福建省科委)
会议名称 沈葆桢研究——纪念沈葆桢诞辰180周年学术研讨会
会议地点时间 中国福州马尾,2000

题　　　名　沈葆桢的科技思想和管理思想
作者及单位　周济(厦门大学哲学系)
会议名称　沈葆桢巡台130周年学术研讨会
会议地点时间　中国南京,2004
主办单位　中国近现代史史料学学会
摘　　　要　沈葆桢的一生与科技、管理结下了不解之缘。他在江西、福建、台湾、江苏等地任职时,即把传统科技用于抗洪筑堤,兴修水利、挖蛹灭蝗、开发山林等事项。

题　　　名　沈葆桢的历史地位
作者及单位　沈丹昆,孔丽君
会议名称　沈葆桢研究——纪念沈葆桢诞辰180周年学术研讨会
会议地点时间　中国福州马尾,2000

题　　　名　沈葆桢的外交思想
作者及单位　郑寿岩
会议名称　沈葆桢研究——纪念沈葆桢诞辰180周年学术研讨会
会议地点时间　中国福州马尾,2000

题　　　名　沈葆桢的洋教观
作者及单位　郑剑顺(厦门大学人文学院历史系)
会议名称　沈葆桢巡台130周年学术研讨会
会议地点时间　中国南京,2004
主办单位　中国近现代史史料学学会
摘　　　要　洋教即西洋宗教,主要指天主教、基督教。晚清随着中国大门的被西洋炮舰轰开,洋货、洋药(鸦片)、洋教"三管齐下",涌进中国。西洋宗教先是鸦片战争后在五个通商口岸取得传教权,后于第二次鸦片战争后,取得在全国各地的传教权。

题　　　名　沈葆桢的一生清名
作者及单位　姜蕙,吴其全(盐城师范学院历史系)
会议名称　沈葆桢巡台130周年学术研讨会
会议地点时间　中国南京,2004
主办单位　中国近现代史史料学学会
摘　　　要　在国家民族危机,社会动荡腐败的中国晚清时期,沈葆桢为官数十年如一日,他廉洁自制的高尚品德和光明磊落的浩然正气,感人至深,彪炳史册,追之、思之,令人警醒,催人奋进。

题　　　名　沈葆桢的中西教育观
作者及单位　陈名实(泉州师范学院泉州学研究所)
会议名称　沈葆桢研究——纪念沈葆桢诞辰180周年学术研讨会
会议地点时间　中国福州马尾,2000

题　　　名　沈葆桢对保卫台湾的历史贡献
作者及单位　王功安,陈奇文
会 议 名 称　沈葆桢研究——纪念沈葆桢诞辰180周年学术研讨会
会议地点时间　中国福州马尾,2000

题　　　名　沈葆桢对台湾的防卫和治理
作者及单位　廖宗刚
会 议 名 称　沈葆桢研究——纪念沈葆桢诞辰180周年学术研讨会
会议地点时间　中国福州马尾,2000

题　　　名　沈葆桢对中国近代海军建设的贡献
作者及单位　许维勤(福建社会科学院历史研究所)
会 议 名 称　沈葆桢研究——纪念沈葆桢诞辰180周年学术研讨会
会议地点时间　中国福州马尾,2000

题　　　名　沈葆桢对中国近代海军教育的贡献
作者及单位　郑伟(南京师范大学社会发展学院)
会 议 名 称　沈葆桢巡台130周年学术研讨会
会议地点时间　中国南京,2004
主 办 单 位　中国近现代史史料学学会
摘　　　要　沈葆桢(1820—1879),字幼丹,洋务派地方倡导者之一。首任福州船政大臣,日本侵略台湾时为钦差大臣,办理台湾等处的海防,并任两江总督兼南洋通商大臣。光绪五年(1879年)死于两江任上,赠太子太保。他是把"自强"口号付诸于实践使船政学堂成为中国近代海军学校的"开山之祖",为近代造船及海军教育事业培养了大批人才。

题　　　名　沈葆桢捍卫新生的造船工业
作者及单位　林樱尧
会 议 名 称　沈葆桢研究——纪念沈葆桢诞辰180周年学术研讨会
会议地点时间　中国福州马尾,2000

题　　　名　沈葆桢和台湾防务
作者及单位　史滇生(海军指挥学院政治指挥系)
会 议 名 称　沈葆桢巡台130周年学术研讨会
会议地点时间　中国南京,2004
主 办 单 位　中国近现代史史料学学会
摘　　　要　保卫台湾海防的实践日本在明治维新后,走上了发展资本主义的道路,积极向外侵略扩张。中国台湾是其侵吞的重要目标。1874年5月,日本借口琉球船民在台湾被高山族人杀害,任命西乡从道为台湾事务都督,率兵进攻中国台湾。

题　　　名　沈葆桢及几位船政学堂学生的墓葬
作者及单位　黄荣春(福州晋安区文管会办公室)

会议地点时间　2003
主 办 单 位　福建省闽学研究会
摘　　　　要　沈葆桢为船政学堂创始人之一，主持船政学堂达 8 年之久。沈葆桢及船政学堂毕业的郑清濂、严复、叶祖硅、萨镇冰、黄钟瑛等人在中国近代史上留下重要的篇章。

题　　　　名　**沈葆桢加强台湾海防与近代化建设**
作者及单位　陈在正（厦门大学台湾研究所）
会 议 名 称　沈葆桢研究——纪念沈葆桢诞辰 180 周年学术研讨会
会议地点时间　中国福州马尾，2000

题　　　　名　**沈葆桢就任总理船政大臣述略**
作者及单位　李淮成（南京师范大学公共管理学院）
会 议 名 称　沈葆桢巡台 130 周年学术研讨会
会议地点时间　中国南京，2004
主 办 单 位　中国近现代史史料学学会
摘　　　　要　鸦片战争以来，外国资本主义侵略者，凭借"船坚炮利"打开中国大门，用武力强迫清政府签订不平等条约，掠夺中国领土。大清王朝积贫积弱局面暴露无遗。

题　　　　名　**沈葆桢军事变革思想刍议**
作者及单位　杜伟伟（解放军南京政治学院历史系）
会 议 名 称　沈葆桢巡台 130 周年学术研讨会
会议地点时间　中国南京，2004
主 办 单 位　中国近现代史史料学学会
摘　　　　要　沈葆桢是洋务运动时期"能当大任者"之一，他一生忠勤地效力于清王朝，深得清廷宠信，曾被委以江西巡抚、总理船政大臣、钦差台湾等处海防兼理各国事务大臣、两江总督兼通商大臣等重任。

题　　　　名　**沈葆桢军事教育思想评析**
作者及单位　王翔（南京大学中华民国史研究中心）
会 议 名 称　沈葆桢巡台 130 周年学术研讨会
会议地点时间　中国南京，2004
主 办 单 位　中国近现代史史料学学会
摘　　　　要　自 1840 年的鸦片战争开始，晚清便步入了接连不断的内忧外患之中。面对千古未有之变局，中国一批智识阶层开始进行反思并寻求中国摆脱困境以达自强独立之道。经历了列强坚船利炮的洗礼，林则徐、魏源等首先提出"师夷长技以制夷"的战略思想，主张学习"夷之长技三：一战舰，二火器，三养兵练兵之法"，以抵御外侮。

题　　　　名　**沈葆桢两江任上的经济思想**
作者及单位　顾培君，俞政
会 议 名 称　沈葆桢研究——纪念沈葆桢诞辰 180 周年学术研讨会
会议地点时间　中国福州马尾，2000

题　　名　沈葆桢林则徐民本思想之比较
作者及单位　吴其全,姜蕙(盐城师范学院历史系)
会议名称　沈葆桢巡台130周年学术研讨会
会议地点时间　中国南京,2004
主办单位　中国近现代史史料学学会
摘　　要　林则徐(1785—1850年)和沈葆桢(1820—1879年)都是中国近代杰出的爱国主义者、政治家和民族英雄。就其思想基础而论,他们又是鸦片战争前后中国社会转型时期的民本主义思想家。

题　　名　《沈葆桢评传——中国近代化的尝试》中译本序
作者及单位　刘广京(美国加州大学[戴维斯]历史系;[台湾]中央研究院)
会议地点时间　中国上海,1999
主办单位　上海中山学社
摘　　要　清代政府于平定太平天国及捻军之后,一二十年间有新的景象,史称"同治中兴"。"中兴"是传统的历史名词,如汉代的"光武中兴",或唐代的"至德中兴",都有朝代复兴之意。

题　　名　沈葆桢人才思想浅析
作者及单位　杨宏伟(解放军南京政治学院历史系)
会议名称　沈葆桢巡台130周年学术研讨会
会议地点时间　中国南京,2004
摘　　要　沈葆桢是晚清具有重要影响的封建政治家,是洋务运动的主要代表人物之一,被史家誉为"中国海军之父"、"中国近代化的先驱"、和"近代台湾建设的第一人"。然而,目前学术界对沈葆桢人才思想的研究却略为薄弱,缺乏系统研究。作者不揣浅陋,就此问题作一论述。

题　　名　沈葆桢生平简介
作者及单位　陈名实(泉州师范学院泉州学研究所)
会议名称　沈葆桢研究——纪念沈葆桢诞辰180周年学术研讨会
会议地点时间　中国福州马尾,2000

题　　名　沈葆桢生平与思想研究学术研讨会综述
作者及单位　郭必强(中国第二历史档案馆)
会议名称　沈葆桢巡台130周年学术研讨会
会议地点时间　中国南京,2004
主办单位　中国近现代史史料学学会
摘　　要　由江苏省中国现代史学会、中共江苏省委党史工作办公室、江苏省人民政府台湾事务办公室、南京中国近代史遗址博物馆主办的沈葆桢生平与思想研究学术研讨会,2004年6月在南京召开。

题　　名　沈葆桢事迹编年(1820－1879)
作者及单位　刘大治(福建省图书馆)
会议名称　沈葆桢研究——纪念沈葆桢诞辰180周年学术研讨会

会议地点时间 中国福州马尾,2000

题　　名 沈葆桢守广信考
作者及单位 沈吕宁(上海石化股份公司)
会议名称 沈葆桢研究——纪念沈葆桢诞辰180周年学术研讨会
会议地点时间 中国福州马尾,2000

题　　名 沈葆桢维护主权与对外开放思想
作者及单位 孙佳(厦门大学人文学院历史系历史学人才培养基地班)
会议名称 福建省闽学研究会
会议地点时间 2003
主办单位 福建省闽学研究会
摘　　要 对外开放与维护主权是中国近代两大突出主题。国家在遭受西方列强的侵略下,如何避免中国主权的丧失,成为晚清朝野内外必须面对和思考的问题。同时被迫打开国门的中国,又必须回答如何开放以及如何在开放中维护主权的问题。

题　　名 沈葆桢——我国派遣军事留学生的先驱
作者及单位 张良勋
会议名称 沈葆桢研究——纪念沈葆桢诞辰180周年学术研讨会
会议地点时间 中国福州马尾,2000

题　　名 沈葆桢巡台与台湾的近代化进程
作者及单位 张继东(中共江苏省委党史工作办公室)
会议名称 沈葆桢巡台130周年学术研讨会
会议地点时间 中国南京,2004
主办单位 中国近现代史史料学学会
摘　　要 从1874年5月至1875年8月,沈葆桢曾作为钦差大臣两赴台湾,其治台政策也可分为前后两期,前期由于战事迫在眉睫,沈葆桢考虑的主要是台湾的军事建设,而在二次巡台期间,沈葆桢则对台湾的军事、政治、经济、文化等诸多领域进行了治理和整顿,使台湾的发展迈上近代化的轨道。为行文方便,同时也为有利于考察其政策的连贯性,本文拟将沈葆桢两次巡台的历史贡献合而论之。

题　　名 沈葆桢研究资料编目
作者及单位 沈旭东(福州市图书馆)
会议名称 沈葆桢研究——纪念沈葆桢诞辰180周年学术研讨会
会议地点时间 中国福州马尾,2000

题　　名 沈葆桢研究资料篇目选编
作者及单位 沈旭东(福州市图书馆)
会议名称 沈葆桢巡台130周年学术研讨会
会议地点时间 中国南京,2004
主办单位 中国近现代史史料学学会

摘　　要　沈文肃公自著文章(含文章、奏议、笔记、信札等)1.《先考丹林公行述》清同治九年刊本一册福建省图书馆藏 2.《先母林太夫人事略》清同治九年刊本一册福建省图书馆藏 3.《先室林夫人事略》等等。

题　　名　沈葆桢与福建船政
作者及单位　肖忠生,刘景秀
会议名称　沈葆桢研究——纪念沈葆桢诞辰 180 周年学术研讨会
会议地点时间　中国福州马尾,2000
摘　　要　沈葆桢是近代中国颇有影响的著名人物,创办福建船政是他一生最重要贡献之一。本文拟就此略加论述。

题　　名　沈葆桢与福建船政
作者及单位　谢在华(福州市博物馆)
会议名称　沈葆桢巡台 130 周年学术研讨会
会议地点时间　中国南京,2004
主办单位　中国近现代史史料学学会
摘　　要　沈葆桢是近代中国颇有影响的著名人物,创办福建船政是他一生最重要贡献之一。本文拟就此略加论述。

题　　名　沈葆桢与福州船政局
作者及单位　谢刚(南京师范大学社会发展学院)
会议名称　沈葆桢巡台 130 周年学术研讨会
会议地点时间　中国南京,2004
主办单位　中国近现代史史料学学会
摘　　要　十九世纪后半期,世界资本主义国家对中国的侵略,从沿海的开口通商,转向资本输出,由海疆逐步深入内地。外国船只不仅可以游弋沿海各口,而且内河亦可自由航行,形成了“番舶鳞比,藩篱竟成虚设,海防师船尤名存实亡”的局面。

题　　名　沈葆桢与福州船政学堂的教育
作者及单位　张娟娟(南京师范大学社会发展学院)
会议名称　沈葆桢巡台 130 周年学术研讨会
会议地点时间　中国南京,2004
主办单位　中国近现代史史料学学会
摘　　要　两次鸦片战争使得清政府被迫打开了封闭已久的国门,不得不“迎接”西方列强的到来。

题　　名　沈葆桢与赴欧军事留学
作者及单位　周雪莉(解放军南京政治学院历史系)
会议名称　沈葆桢巡台 130 周年学术研讨会
会议地点时间　中国南京,2004
主办单位　中国近现代史史料学学会

摘　　要　沈葆桢是我国近代海军建设先驱者。目前学术界对于沈葆桢的研究,主要集中在他保卫、开发台湾与其海防建设思想上,而对于他派遣我国近代史上第一批军事留学生赴欧深造之举,却鲜有文著论及。这是我国近代史人物研究和近代教育研究的一大不足。本文拟就沈葆桢派遣第一批军事留欧学生的动因、特点及影响方面略做简要分析。

题　　名　沈葆桢与近代台湾的开发
作者及单位　陈佳
会议名称　沈葆桢研究——纪念沈葆桢诞辰180周年学术研讨会
会议地点时间　中国福州马尾,2000

题　　名　沈葆桢与近代中国海军的早期建设
作者及单位　戴学稷(福建社会科学院历史研究所)
会议名称　沈葆桢研究——纪念沈葆桢诞辰180周年学术研讨会
会议地点时间　中国福州马尾,2000

题　　名　沈葆桢与两淮盐务
作者及单位　罗桂生(厦门大学人文学院历史系)
会议名称　沈葆桢巡台130周年学术研讨会
会议地点时间　中国南京,2004
主办单位　中国近现代史史料学学会
摘　　要　1875年(光绪元年)沈葆桢升任两江总督,下车伊始,沈葆桢即遇到当年其岳父林则徐在江苏所面临的同样问题,如厘金、盐政、水利、灾荒等。这些一直都是困扰两江的严重问题。

题　　名　沈葆桢与两江农业的复兴
作者及单位　庞百腾,陈俱
会议名称　沈葆桢研究——纪念沈葆桢诞辰180周年学术研讨会
会议地点时间　中国福州马尾,2000

题　　名　沈葆桢与闽台海防
作者及单位　卢建一(福建师范大学社会历史学院)
会议名称　沈葆桢研究——纪念沈葆桢诞辰180周年学术研讨会
会议地点时间　中国福州马尾,2000

题　　名　沈葆桢与台湾建设
作者及单位　张世贤(陕西咸阳地方志办公室)
会议名称　沈葆桢研究——纪念沈葆桢诞辰180周年学术研讨会
会议地点时间　中国福州马尾,2000

题　　名　沈葆桢与铁甲船
作者及单位　陈道章(福州马尾区政协)

会议名称 沈葆桢研究——纪念沈葆桢诞辰180周年学术研讨会
会议地点时间 中国福州马尾,2000

题名 **沈葆桢与吴淞铁路**
作者及单位 沈吕宁(上海石化股份公司)
会议名称 沈葆桢巡台130周年学术研讨会
会议地点时间 中国南京,2004
主办单位 中国近现代史史料学学会
摘要 我国有识之士早就认识到铁路之重要性,道光二十年(1840年)年林则徐主持编译的《四洲志》中,就提到美国"其不通河道者,即用火烟车陆运货物,一点钟可行二、三十里,其车路皆穿凿山岭。

题名 **沈葆桢与曾国藩**
作者及单位 刘大治(福建省图书馆)
会议名称 沈葆桢巡台130周年学术研讨会
会议地点时间 中国南京,2004
主办单位 中国近现代史史料学学会
摘要 曾国藩集团和沈葆桢的入幕曾国藩集团是在晚清政治日益腐败的时期建立的。它实力最强,在一定程度上掌握了国家命脉,且随着时间的推移,事态益趋严重。

题名 **沈葆桢与中国海防近代化建设**
作者及单位 韩文琦(解放军南京政治学院历史系)
会议名称 沈葆桢巡台130周年学术研讨会
会议地点时间 中国南京,2004
主办单位 中国近现代史史料学学会
摘要 19世纪40年代,西方列强的"坚船利炮"终于敲开了紧闭的中华大门。曾经创造了中国历史"辉煌之最"的清王朝,也蒙受了中国历史的"耻辱之最"。

题名 **沈葆桢与中国早期军事教育**
作者及单位 朱淦银(解放军国际关系学院军事理论教研室)
会议名称 沈葆桢巡台130周年学术研讨会
会议地点时间 中国南京,2004
主办单位 中国近现代史史料学学会
摘要 沈葆桢是中国近代史上的著名人物,近代洋务运动重要人物之一,在成为其一生重要转折的船政大臣时期(1866-1874),他着眼于"船政根本在于学堂",创办第一所军事技术学校。

题名 **沈葆桢与左宗棠**
作者及单位 黄启权(中共福州市委办公厅)
会议名称 沈葆桢研究——纪念沈葆桢诞辰180周年学术研讨会
会议地点时间 中国福州马尾,2000

题　　　名　沈葆桢与左宗棠关系变化初探
作者及单位　张宜珍
会 议 名 称　沈葆桢研究——纪念沈葆桢诞辰 180 周年学术研讨会
会议地点时间　中国福州马尾,2000

题　　　名　沈葆桢在 1874 年中日较量后的三大贡献
作者及单位　徐海燕(南京师范大学社会发展学院)
会 议 名 称　沈葆桢巡台 130 周年学术研讨会
会议地点时间　中国南京,2004
主 办 单 位　中国近现代史史料学学会
摘　　　要　19 世纪 60 年代中国开始的洋务运动和日本开始的明治维新,在 70 年代的上半叶,就由日本挑头,展开了一场较量。

题　　　名　沈葆桢在福建船政的人才思想
作者及单位　杨济亮(福州市社会科学院)
会 议 名 称　沈葆桢研究——纪念沈葆桢诞辰 180 周年学术研讨会
会议地点时间　中国福州马尾,2000

题　　　名　沈葆桢在台遗迹
作者及单位　张庆先
会 议 名 称　沈葆桢研究——纪念沈葆桢诞辰 180 周年学术研讨会
会议地点时间　中国福州马尾,2000

题　　　名　沈葆桢治理台湾平地民政策
作者及单位　孙佳(厦门大学人文学院)
会 议 名 称　沈葆桢巡台 130 周年学术研讨会
会议地点时间　中国南京,2004
主 办 单 位　中国近现代史史料学学会
摘　　　要　清同治十三年(1874 年)四月,日本派兵入侵台湾。四月十四日(5 月 29 日)清政府任命沈葆桢为钦差大臣办理海防兼理各国事务。五月初一日(6 月 14 日)沈葆桢赴台湾巡视。

题　　　名　沈葆桢治台业绩
作者及单位　廖楚强(福建省文史研究馆)
会 议 名 称　沈葆桢研究——纪念沈葆桢诞辰 180 周年学术研讨会
会议地点时间　中国福州马尾,2000

题　　　名　沈葆桢主持船政所产生的深远影响
作者及单位　高啸云(福州十邑台北同乡会)
会议地点时间　2003
主 办 单 位　福建省闽学研究会

摘　　　要　对于西方文化有认识的郭嵩焘,曾在给李鸿章的信中说:“往与宝相(宝鋆)论及洋务,中堂(鸿章)能见其大,丁禹生(日昌)能致其精,沈幼丹(葆桢)能尽其实。”兹就沈葆桢主持船政前后作一研讨。

题　　　名　**沈氏船政世家**
作者及单位　沈旭东(福州市博物馆)
会议地点时间　2003
主办单位　福建省闽学研究会
摘　　　要　福州(宫巷)武林沈氏,是福州众所周知的名门望族,是书画世家、书香门第。更值得一提的是,沈葆桢是一位爱国洋务派。他对于儿辈们的家庭教育也深深地打上洋务思想的烙印。他的积蓄虽然不多,但为了教育子孙后代,克服困难,设立家族教育基金。他对子孙们说:“我所望于汝者,读书立品耳”,“我欲汝读书者,非急汝功名”。

题　　　名　**沈氏家族及其与船政的关系**
作者及单位　曾意丹(福州市文物局)
会议名称　沈葆桢研究——纪念沈葆桢诞辰180周年学术研讨会
会议地点时间　中国福州马尾,2000

题　　　名　**《沈文肃公牍》两个重要问题的考证**
作者及单位　林庆元(福建师范大学历史系)
会议名称　沈葆桢巡台130周年学术研讨会
会议地点时间　中国南京,2004
主办单位　中国近现代史史料学学会
摘　　　要　沈葆桢(1820—1879),福建侯官(今福州市)人,我国近代史上一位著名的洋务派政治家和爱国大吏。他一生政绩显著,历任御史、巡抚、总督,曾主办船政,赴台主持中日台湾问题的交涉,开发台湾。

题　　　名　**审时知风雨渡时必无恐**
作者及单位　王海清(上海远洋运输公司)
会议名称　海洋船舶安全理论与实践研讨会
会议地点时间　2008
主办单位　中国航海学会
摘　　　要　气象学是航海学发展必不可少的重要组成部分。为航海界服务的航海气象学对航海业发展所起的重大作用功不可没。远在独木舟航海代,人类就以积累的经验,注意识别天气,选择出航时间和航行海域。至帆船时代,人们已能利用海上的风作为航行动力,中国航海先驱者郑和下西洋正是以风为动力往来于中国和波斯等国之间。自15世纪末,航海告就开始掌握了东北信风知识,把有利于商业贸易船队航行的风称为贸易风。17世纪运用在航海中测量气压变化的晴雨计量仪,已能预测暴风雨的来临。英国人“蒲福”在1805年根据风作用在地面、海面对物体影响程度拟定风力海况等级表,又称“蒲福风力表”。19世纪大洋航行气候图的出现,有助于设计出适用于不同季节的跨洋航行的季节航路。就这样,经过航海人的不断总结和收集各种环境资料,航海技术不断得以发展,提高。

题　　　名　盛清名臣阿克敦出使朝鲜次数考——兼论清史文献的发掘与运用
作者及单位　(台湾)陈捷先
会 议 名 称　第二届明清史国际学术讨论会
会议地点时间　天津,1993
主 办 单 位　明清史国际学术讨论会论文集编辑组编

题　　　名　盛宣怀与轮船招商局的改制
作者及单位　卢伯炜(苏州大学社会学院)
会 议 名 称　首届“晚清国家与社会”国际学术讨论会
会议地点时间　中国江苏苏州,2006
主 办 单 位　国家清史编纂委员会、中国社会科学院近代史研究所、苏州大学社会学院、上海社会科学院历史研究所、上海师范大学社会史研究中心、中国太平天国史研究会、扬州大学社会发展学院
摘　　　要　轮船招商局是我国设立最早、历时最长、规模最大的近代航运资本企业集团。就在晚清洋务运动从“求强”转向“求富”的历史转折关头,洋务派头目李鸿章奏准创办了这中国第一家“官督商办”近代企业。19 世纪后期轮船招商局的经营体制,明显的分为两个阶段。

题　　　名　盛宣怀与南洋公学
作者及单位　徐祖广(上海交通大学高教研究所)
会 议 名 称　教育史研究创刊二十周年暨中国教育史研究六十年学术研讨会
会议地点时间　中国北京,2009
主 办 单 位　中国地方教育史志研究会、《教育史研究》编辑部
摘　　　要　大凡浏览过中国近代史的人都知道,中国近代洋务运动的发起人之一盛宣怀,曾创办了轮船招商局、湖北煤铁开采总局等一批轮、电、煤、铁路、纺织企业。到 19 世纪末几乎独揽了全国铁路修筑权和煤铁矿的开采和冶炼。

题　　　名　师夷与制夷——清末国家现代化的教训
作者及单位　丁日初
会议地点时间　中国上海,1991
摘　　　要　鸦片战争已过了 150 年。大清帝国在这场战争中惨遭败绩,于是中华各民族面临两大任务:一是反对西方列强的侵略,二是向西方学习,对外开放,对内改革,改变落后状态,走现代化的道路。林则徐在战争爆发前就有这种想法,并在战争中付诸实践。魏源发挥林则徐的思想,在《海国图志》中将它概括为对近代中国知识分子影响甚大的“师夷长技以制夷”的主张。

题　　　名　施琅蓝鼎元治台思想之比较
作者及单位　郑文金(漳州师范学院历史与社会学系)
会 议 名 称　第三届闽台文化学术研讨会
会议地点时间　中国福建莆田,2006
主 办 单 位　福建省炎黄文化研究会、莆田市人大、莆田市政协、中华妈祖文化交流协会
摘　　　要　施琅(1621 - 1696),字尊侯,号琢公,福建晋江衙口人,原为郑芝龙的部将,顺治三年(1646)随郑芝龙降清,不久又加入郑成功的抗清义旅,成为郑成功的得力助手,郑军的重要将领,积极参

与海上起兵反清。后因与郑成功意见不合,被迫再次出走降清。曾先后担任副将、总兵、水师提督等职。

题　　　名　**施琅与闽南文化**
作者及单位　施伟青(厦门大学)
会 议 名 称　第二届闽南文化研讨会
会议地点时间　中国福建泉州,2003
主 办 单 位　福建省炎黄文化研究会、泉州市政协
摘　　　要　施琅,字尊侯,号琢公,明天启元年(1621)诞生于福建晋江县南浔乡(今衙口村),清康熙三十五年(1696)逝世。施琅远祖系从河南光州固始南迁,至南宋时,其先世宗输从福清的龙田徙居晋江南浔,此后其子孙即为晋江人。

题　　　名　**施琅与清初开海设关通洋**
作者及单位　连心豪(厦门大学历史系)
会 议 名 称　厦门市社会科学界联合会厦门海洋社会经济文化发展国际学术研讨会
会议地点时间　厦门,1998

题　　　名　**施琅与衙口施氏大宗祠**
作者及单位　何振良,郑焕章
会 议 名 称　2006 中国博物馆学会名人故居专业委员会福州年会
会议地点时间　福州,2006

题　　　名　**十八世纪长江水运系统与自然环境**
作者及单位　川胜贤亮(日本九州大学文学部)
会 议 名 称　三峡库区地质环境暨第二届中日地层环境力学国际学术讨论会
会议地点时间　中国湖北武汉,1996
主 办 单 位　中国岩石力学与工程学会地面工程专业委员会、中日地层环境力学校际研究中心
摘　　　要　长江与大运河 - 中国的二大水运系统长江与大运河自古至今就是中国物流的大动脉。为了南北经济物资的流通,大运河工程于 6 世纪隋朝开始进行,经唐、宋、元、明各朝而至完备,一般而言,大运河开始的历史性时期是很明确的。

题　　　名　**十都之中最少年——古都番禺在汉代的历史定位**
作者及单位　周永卫(华南师范大学历史文化学院)
会 议 名 称　南越国遗迹与广州历史文化名城学术研讨会暨中国古都学会 2007 年年会
会议地点时间　中国广东广州,2007
摘　　　要　公元前 221 年,秦始皇统一中国,但岭南地区直到始皇三十三年(公元前 214 年)设立南海、桂林、象郡三郡才正式纳入中国版图。番禺(今广州)作为南海郡的郡治所在,其城市发展历史便由此开始,今年恰逢广州建城 2220 周年。秦二世而亡,乘楚汉相争之机,南海尉赵佗割据岭南,建立了南越国。

题　　　名　**十六世纪历史变化中的潮汕海上“盗商”**
作者及单位　冷东,李春颖

会议名称　海上丝绸之路与潮汕文化学术研讨会
会议地点时间　汕头,1994

题　　名　**十六至十八世纪澳门东西方科技文化交流的特点**
作者及单位　邓开颂
会议名称　东西方文化交流国际学术研讨会
会议地点时间　澳门,1993

题　　名　**十六至十九世纪的"中学西传"**
作者及单位　黄启臣(中山大学历史系)
会议名称　东西方文化交流国际学术研讨会
会议地点时间　澳门,1993

题　　名　**十七世纪五十年代郑成功与荷兰东印度公司之间来往的函件**
作者及单位　胡月涵,吴枚译
会议名称　郑成功研究国际学术会议
会议地点时间　厦门,1987
摘　　要　郑氏政权以海外贸易为其重要财源,这对他继续反抗军事上占压倒优势的清政府具有重要意义。关于这一点,历史学家们如韩振华已经指出了。但遗憾的是,现存的记载郑成功这方面活动的中文资料极少。本文拟提供现藏在荷兰海牙国立综合档案馆里的当年荷兰东印度公司的一些历史档案资料,它将有助于填补中文史料的一些空白。

题　　名　**十七世纪以澳门为中心的东亚海上贸易网**
作者及单位　李金明(厦门大学南洋研究院)
会议名称　"16—18世纪中西关系与澳门"国际学术研讨会
会议地点时间　中国澳门,2003
主办单位　中国中外关系史学会、澳门理工学院、澳门基金会
摘　　要　17世纪,东亚海域的贸易形势发生了巨大变化,东来的西欧殖民者为争夺中国的丝绸与日本的白银展开着一场激烈的竞争。

题　　名　**十五世纪东西方航海技术比较研究**
作者及单位　王莉(大连海事大学)
会议名称　纪念郑和下西洋600周年国际学术会议
会议地点时间　2005

题　　名　**十五世纪中国与亚非国家——试论永乐帝对外政策**
作者及单位　杨旸,王慎荣(吉林省社会科学院)
会议名称　1993年海峡两岸学术讨论会
会议地点时间　1993
主办单位　中国明史学会
摘　　要　中国是世界文明古国之一。经历了漫长的封建社会,迄至15世纪中国封建社会已出

现了兴盛的局面，是中国民族文明远格海外时期。这是由于朱棣即位后，审时度势，顺应历史发展的总趋势，针对朱元璋中后期施政的一些弊端，在内政上做了一些调整，推行一系列有助于经济发展措施；派遣内官回族郑和六下"西洋"（第七次是宣德朝），开拓明代"海上丝绸之路"，运载"丝织品"、"瓷器"等，扬帆出海，驶向浩瀚的大海，开始了令世人瞩目的外交活动，发展与东南亚诸国友好，致使15世纪发生在中国与渤泥国、苏禄国之间一段不寻常的历史；尤其是派遣郑和远航非洲，这是一次大规模的政治性海外贸易活动，是永乐朗时期"西洋"外交活动中的一次意义重大的跃进。由于永乐帝的外交政策，使前来通好贸易者达30余国家，使明帝国空前强大，国威大震。

题　　　名 十五世纪中葡海事历史对比

作者及单位 黄洁娴

会 议 名 称 走向海洋的中国人——郑和下西洋590周年国际学术研讨会

会议地点时间 南京，1995

摘　　　要 15世纪可以说是世界海上交通史有重大突破性发展的年代。在欧洲，由于航海技术的发展为远洋航行作好了准备。其中葡萄牙从众多的国家之中突围而出，率先成为海上报险先驱，从1415年占领非洲北部的休达开始了海上扩张，然后沿非洲西岸逐步扩展航程，至15世纪末期终能绕过南端的好望角，打破了传说中地球的另一边是没有人居的火炉地带的神话，冲破了长期阻碍航路发展的障碍，使得世界海上交通向初步形成。然而，在此之前处于世界另一边的亚、非人民早已通过海路有所接触，而且沟通两地的航路亦不断完善。至15世纪纪韧，中国明朝于1405—1433年间派遣郑和先后七次出使西洋，从而把亚、非航线在原有的基础上，发展成一条定期而且安全的航路。

题　　　名 十一到十九世纪中叶中国航海宗教初探

作者及单位 祖运辉

会 议 名 称 妈祖信仰的发展与变迁——妈祖信仰与现代社会国际研讨会

会议地点时间 北港朝天宫，2001

题　　　名 史前中国东南沿海海上交通的考古学观察

作者及单位 吴玉贤，王振镛

会 议 名 称 "中国与海上丝绸之路"国际学术讨论会

会议地点时间 泉州，1994

题　　　名 世界航海先驱郑和与其后诸航海家的比较

作者及单位 席龙飞（武汉交通科技大学）

会 议 名 称 中国航海学会

会议地点时间 中国浙江杭州，1986

主 办 单 位 中国古都学会

摘　　　要 伟大航海先驱、航海英雄郑和，以七下西洋的伟大业绩，创造了世界航海史上无与伦比的伟绩。为了发展中国人民与亚非各国人民的友谊，往返于亚非数十个国家近30年，并在南海诸岛如南沙、西沙群岛均有其出土文物。这为后人对各该群岛的疆域均属于我提供了铁证。作者对郑和下西洋创航海史的先驱，不论从船队规模、船型，与哥伦布远航船队、达·伽马远航船队、麦哲伦船队等的比较，特别是航海技术均优于国外诸航海家。作者以简明字句充分论证郑和七下西洋是为经济文化交流，为与亚非各国人民的友谊。作者对郑和研究颇具心得，该文对激励统一祖国，振兴中华坚定不移地执行对外开放

对内搞活经济的政策，为发展我国造船和航海事业，为发展中国人民与世界各国人民的友好往来具有一定意义。

题　　　　名　**试论“海文化”参与当下社会生活的意义——胶东特色地域文化之一：海岛文化调研与思考**

作者及单位　邹兰，张娟（威海市艺术馆）

会议地点时间　2008

摘　　　　要　记录下我们的祖先曾这样一路走来，并尽可能使这些珍贵的历史文化信息传诸后世并参与当下社会生活。鸡鸣岛四面环海，是荣成市目前唯一有人长期居住的海岛。岛上基本保持了渔家习俗、乡土风情以及地质地貌、海洋物候、特有动植物等人文生态和自然生态的原生态风貌。

题　　　　名　**试论“陆地文化”和“海洋文化”区别的实质**

作者及单位　许浩，廖宗麟（广东海大法学院；广东海洋大学法学院）

会 议 名 称　中国海洋学会 2007 年学术年会

会议地点时间　中国广东湛江，2007

主 办 单 位　中国海洋学会、广东海洋大学

摘　　　　要　地球由海水和陆地组成，其中绝大部分为海水，陆地只占极小一部分。因此，生活在陆地边缘的人们的生产和生活自然就免不了要和海洋联系起来，并形成了与陆地文化不完全相同的“海洋文化”。我们同意中国海洋大学教授曲金良在其《海洋文化概论》一书中的表述：海洋文化是指以海洋为生成背景的文化，顾名思义，一是海洋，二是文化，三是海洋与文化结合。海洋文化，作为人类文化的一个重要的构成部分和体系，就是人类认识、把握、开发、利用海洋，调整人与海洋的关系，在开发利用海洋的社会实践过程中形成的精神成果和物质成果的总和，具体表现为人类对海洋的认识、观念、思想、意识、心态，以及由此而生成的生活方式，包括经济结构、法规制度、衣食住行、民间习俗和语言文学艺术等形态。

题　　　　名　**试论 16 世纪后福建的对外贸易与外国银币的流入**

作者及单位　赖俊哲，江伟年，张东山

会 议 名 称　福建省钱币学会第二次会员代表大会

会议地点时间　中国福州，1994

主 办 单 位　福建省钱币学会

摘　　　　要　福建闽南沿海泉州、漳州等地自七十年以来陆续出土了数批外国银币。泉州地区发现了十批之多、其中有西班牙早期、墨西哥、荷兰等国银币。但基本都是从东南亚一带流进的。从而为探索福建与东南亚在历史上的贸易交往提供了实物佐证。为此，本文通过闽南一带出土的外国银币来试析其来历及福建历史上对外贸易概况。

题　　　　名　**试论 17、18 世纪法国耶稣会士在华传教策略之一——“西洋奇器”的使用**

作者及单位　蒂尔贡·李晟文（拉瓦尔大学）

会 议 名 称　第七届明史国际学术讨论会

会议地点时间　中国吉林长春，1999

主 办 单 位　中国明史学会、东北师范大学、吉林大学、吉林师范学院、通化师范学院、吉林省社会科学院

摘　　　　要　明末清初大量被称为“西洋奇器”的欧洲器具与物品随着西方传教士的来华而流人

中国,并对基督教(天主教)在中国的传播与中西物资文化的交流产生了影响。然而迄今为止,无论是国内还是海外都缺乏对该问题深入而系统的研究。本文主要根据传教士的书信、著作及有关耶稣会士来华的航海记等材料,专门就法国耶稣会士对西洋奇器的携入与使用做一探讨。

题　　名　试论百济与北魏的关系——以百济的上表文为中心
作者及单位　金锦子(延边大学人文学院历史系)
会议名称　中国中外关系史学会第六届会员代表大会
会议地点时间　中国中外关系史学会,2005
主办单位　中国中外关系史学会、延边大学历史系与东北亚研究院、沈阳东亚研究中心
摘　　要　在中国南北朝的刘宋和北魏相互对峙的5世纪,位于朝鲜半岛上的百济对这两个王朝都曾遣使朝贡。其中百济对刘宋的朝贡共有13次,而对北魏则只有1次。朝贡次数比例的悬殊体现了百济与北魏关系的异乎寻常状态。因此,百济对北魏的唯一一次朝贡是在什么背景下进行的,其意图是什么,北魏的回应又如何,进而对两国关系以及东亚国际格局产生了怎样的影响,都是很令人值得关注的。对此,本文将以百济向北魏进献的上表文为中心进行论述。

题　　名　试论长江下游城市文明起源
作者及单位　陈兆弘(苏州市历史文化名城研究会)
会议名称　中国古都学会2002年年会暨长江上游城市文明起源学术研讨会
会议地点时间　中国四川成都,2002
主办单位　中国古都学会、成都古都学会
摘　　要　长江下游包括江、浙、沪和安徽、江西省的一部分,中心区域是长江三角洲的太湖流域和浙北的宁绍平原。城市文明的起源,是一个缓慢的过程,它从农业文明发展而来。长江下游地区城市文明发生之前,有着古老灿烂的原始文化。

题　　名　试论潮汕文化的特征
作者及单位　陈华新
会议名称　海上丝绸之路与潮汕文化学术研讨会
会议地点时间　汕头,1994

题　　名　试论促进明代后期潮州地区私人海上贸易发展的若干因素
作者及单位　施伟青(厦门大学)
会议名称　海上丝绸之路与潮汕文化学术研讨会
会议地点时间　汕头,1994

题　　名　试论督抚与《马关条约》签订后的换约问题
作者及单位　贾小叶(中国社会科学院近代史研究所)
会议地点时间　2007
摘　　要　签订不平等条约,这在晚清本已屡见不鲜。既为战败后的城下之盟,无论条约如何苛刻,清政府也似乎只有屈辱接受之一途。

题　　名　试论二千料郑和宝船装备的兵器
作者及单位　唐志拔
会议名称　北京郑和二千料宝船船模复原研究论坛
会议地点时间　北京,2004
摘　　要　本文对二千料郑和宝船装备的兵器进行了探讨。

题　　名　试论福建海洋文化的产生、轨迹与特征
作者及单位　叶志坚(中共福建省委党校马克思主义研究所)
会议名称　福建省首届海洋文化学术研讨会
会议地点时间　中国福建福州,2007
主办单位　福建省炎黄文化研究会、福州市政协、福建省社科联、福建省海峡文化研究会
摘　　要　从广义来说,文化包括人类一切的物质创造和精神创造,指的是人类物质生活的生产方式及物质产品与精神生活的生产方式及精神产品的总和。因此,毫无疑义,它也包括人类一切与海洋有关的创造,就是说包括“海洋文化”。福建所具有的自然环境决定了福建先民们很久以前就与海洋有着极为密切的生产实践活动的联系,由此,催生出福建海洋文化,这种海洋文化在漫长的历史进程中,呈现出自身的发展轨迹,且具有较为显著的主要特征。

题　　名　试论福建海洋文化与海峡旅游区
作者及单位　王玉国(厦门大学台湾研究院)
会议名称　福建省首届海洋文化学术研讨会
会议地点时间　中国福建福州,2007
主办单位　福建省炎黄文化研究会、福州市政协、福建省社科联、福建省海峡文化研究会
摘　　要　海洋文化是人类文明的源头之一,是整个文化体系的重要组成部分。21世纪将是海洋经济时代,而海洋旅游业则是前景广阔的海洋产业群中的重要组成部分,海洋旅游业有着广阔的发展前景。。。宋元时期,福建造船业发达,福建所造海船质量居全国之。福建航海业已由沿海贸易为主转向以远洋贸易为主,泉州为当时世界著名的贸易大港之一。

题　　名　试论国家权力对15世纪中国和葡萄牙两国海洋活动的不同作用
作者及单位　郑家馨(北京大学历史系)
会议名称　“郑和远航与世界文明”暨纪念郑和下西洋600周年学术讨论会
会议地点时间　北京,2004

题　　名　试论海上丝绸之路兴起的原因
作者及单位　陈潮(复旦大学)
会议名称　三条丝绸之路比较研究学术讨论会
会议地点时间　中国云南昆明,2001
主办单位　中国中外关系史学会、云南省社会科学院、广东省社会科学院、中国社科院边疆史地研究中心、云南大学西南边疆少数民族研究中心
摘　　要　丝绸之路是具有历史意义上的文明传播之路,它开拓于陆路,后来进一步发展于海上;而海上丝绸之路的繁荣程度及其历史影响又远胜于陆上丝绸之路。当代法国著名东方学家阿里·玛扎海里教授曾经对陆上丝绸之路备加称道,但他还是不得不承认,海上丝绸之路“在航海方面取得决定性

胜利发展之后”，是“注定要越来越发展”的。然而，学术界对这一“越来越发展”的海上丝路起因的探究却远不及陆上丝绸之路，因此有必要对这个问题做一深入探讨。

题　　　名　**试论海洋文化行为及其社会学本质**

作者及单位　吴建华，李秀斌(广东商学院旅游管理学院)

会议名称　中国海洋学会2007年学术年会

会议地点时间　中国广东湛江，2007

主办单位　中国海洋学会、广东海洋大学

摘　　　要　海洋文化属于一般文化的范畴，将海洋文化从其中独立出来，赋予它特定的本质内涵，从而将它与陆地文化区别开来，这不仅是对文化研究的进一步发展，而且有利于深化海洋文化的研究。从最广泛的意义上讲，一切海洋文化都由人类创造。那么，什么是海洋文化行为？海洋文化行为有哪些种类？人类创造海洋文化的行为，其社会本质又是什么？本文试就上述问题展开探讨，不妥之处，敬请方家批评指正。

题　　　名　**试论海洋文化在晋江文化中的地位和作用**

作者及单位　张家瑜，林国强(泉州师范学院历史系；泉州市文物保护研究中心)

会议名称　朱熹理学与晋江文化学术研讨会

会议地点时间　中国福建晋江，2007

主办单位　福建省闽学研究会、晋江市历史文化研究总会

摘　　　要　晋江管理机构的设置，是从三国吴设立东安县开始的，治所在今南安市东的丰州，分管闽南之地。晋改为晋安县，梁增梁安郡，治晋安。陈改梁安郡为南安，隋废郡，“陈立为南安县，因县南安，江取以为名。”西晋末年，五胡乱华，晋室东迁，“洛阳倾复，中州士女避乱江左者十六七。”“晋永嘉二年(308)中州板荡，衣冠始入闽者八族。”

题　　　名　**试论甲午海战与中国海防建设的历史规律**

作者及单位　海军东海舰队

会议名称　甲午海战与中国海防——纪念甲午海战一百周年学术研讨会

会议地点时间　1994

摘　　　要　100年前，甲午海战甫告结束，日本帝国即令其海军联合舰队挥戈南下，将侵略矛头直指中国闽、台，攻占澎湖，以此作为与中国谈判的又一筹码。《马关条约》的签订，中国澎湖列岛、台湾本岛及其附属岛屿，即被日本割占。祖国丧权失地之耻，台胞亡国受凌之辱，举国同愤，百年难忘。

题　　　名　**试论甲午战争中清军的海陆协同**

作者及单位　陈益年，陈仕平

会议名称　甲午海战与中国海防——纪念甲午海战一百周年学术研讨会

会议地点时间　1994

摘　　　要　在百年前的中日大交锋中，岛国日本以其海陆部队进犯中国，清王朝则以近代化的海陆军迎击。然而，中国最终在这场反侵略战争中失败。本文试图从清军海陆协同动作方面探讨清军失败的原因，并着意从中引伸归结战争的启示。笔者认为在战争全过程尤其在黄海海战之后，海陆能否密切协同作战是一个关系到战争成败和北洋海军存亡的关键，单一军种无法阻挡日军的海陆联合进攻。

题　　　名　试论胶东半岛与辽东半岛史前文化的交流
作者及单位　王锡平,李步青
会议名称　中国考古学会第六次年会
会议地点时间　沈阳,1987

题　　　名　试论近代日本神户与广东的火柴贸易——兼论海外华商网络在中外关系史中的作用
作者及单位　张应龙(暨南大学华侨华人研究所)
会议名称　中国中外关系史学会第六届会员代表大会
会议地点时间　中国吉林延边,2005
主办单位　中国中外关系史学会、延边大学历史系与东北亚研究院、沈阳东亚研究中心
摘　　　要　在中外关系史上,海外华人历来起到重要的桥梁作用。散布世界各地的华商在商业活动中结成商业网络,将中国与世界紧密的连接起来,从而推动中外关系的不断发展。

题　　　名　试论近代中日海军与甲午中日海战
作者及单位　麻力强,王平
会议名称　甲午海战与中国海防——纪念甲午海战一百周年学术研讨会
会议地点时间　1994
摘　　　要　世界各国和民族历史的发展是不平衡的。在世界历史的不同时期,东西方的社会发展都出现过时先时后的现象。16世纪以后,曾经创造光辉灿烂的尼罗河文明、印度河文明和黄河文明的亚非国家的前进步伐缓慢了下来,而西欧首先跨进了资本主义的门槛。资本主义制度的发展,除了国内条件外,是以掠夺和牺牲其他民族为前提的。19世纪中叶前后,西方列强把掠夺的魔爪伸向远东地区,相继打开了中日两国闭关锁国的大门。中日两国先后与西方列强签订了诸多不平等条约,使得两国都面临着严重的民族危机。由于近代中日两国的民族危机主要来自海洋方向的殖民主义入侵,因而,加强海洋方向的防御就成为中日两国国防建设的重点。从19世纪60年代起,中日两国迈开了创建近代海军的步伐。

题　　　名　试论旧抄本古航海图的制图特点
作者及单位　朱鉴秋(海军海洋测绘研究所)
会议名称　中国测绘学会海洋测绘专委会第一届学术讨论会
会议地点时间　1983

题　　　名　试论两汉时期合浦郡与中原王朝的政治、经济与军事关系
作者及单位　杜树海
会议名称　海上丝绸之路研究——中国·北海合浦海上丝绸之路始发港理论研讨会
会议地点时间　广西北海市合浦,2004

题　　　名　试论琉球国在清康熙朝封贡体系中的地位
作者及单位　赖正维(福建师范大学社会历史学院)
会议名称　东北亚海上交流历史文化遗产国际学术研讨会
会议地点时间　青岛;蓬莱,2006
主办单位　中国海洋大学海洋文化研究所,山东省蓬莱市文物局

题　　　名　**试论妈祖信仰对古代妇女社会地位的重构**
作者及单位　周建昌
会议名称　妈祖文化——闽台妈祖文化学术研讨会
会议地点时间　厦门,1997
主办单位　福建省社会科学界联合会,福建省民俗学会,台湾省各姓渊源研究学会联合举办

题　　　名　**试论马关议和期间中日全权大臣的交涉术**
作者及单位　张富强
会议名称　第二届近百年中日关系史国际研讨会
会议地点时间　中国北京,1993
主办单位　中国抗日战争史学会、中国社会科学院近代史研究所、美国日本侵华研究学会、美国南伊利诺大学
摘　　　要　1895年3月20日-4月17日,中日两国在马关举行议和谈判。日本全权大臣伊藤博文和陆奥宗光倚仗战场上的绝对优势,颐指气使,漫天开价,间以战争恫吓,胁迫中方就范。而中国全权大臣李鸿章则鉴于战场上的劣势,奉行"委曲求全"的"软弱外交",希冀以"少失为赢"的原则,"争得一分有一分之益",努力与之辩争。但最后,仍不得不屈从伊藤、陆奥的步步进逼,代表清政府签署了丧权辱国的《马关条约》。

题　　　名　**试论闽南宗教信仰与海洋环境的关系**
作者及单位　范正义(华侨大学人文与公共管理学院;)
会议名称　福建省首届海洋文化学术研讨会
会议地点时间　中国福建福州,2007
主办单位　福建省炎黄文化研究会、福州市政协、福建省社科联、福建省海峡文化研究会
摘　　　要　众所周知,闽南人最显著的人文特点是"具有比较浓郁的海洋文化色彩"。海洋因素在闽南文化的产生与成型中一直扮演着至关重要的角色。宗教信仰作为闽南文化的一个重要组成部分,显然也离不开海洋环境的影响。

题　　　名　**试论闽台城隍信仰中的文化认同特征——以石狮"忠佑侯"城隍在鹿港的传播为例**
作者及单位　李国宏(福建师大闽台区域文化研究中心)
会议地点时间　2003
摘　　　要　城隍信仰是闽台民间信仰的重要组成部分,是以汉民族传统历史文化为深刻背景的社会现象,在闽台民间文化交流中起着特殊的意义。

题　　　名　**试论闽台佛教缘**
作者及单位　王荣国,房奕(厦门大学历史系)
会议名称　海峡两岸五缘关系学术研讨会
会议地点时间　中国上海,2003
主办单位　福建省社会科学界联合会、福建省五缘文化研究会
摘　　　要　历史上台湾在相当长的时间内隶属福建,而且台湾的居民大多源于福建,闽、台向来被视为同根同源的文化区,台湾的佛教与福建佛教同样有渊源关系。本文拟就闽、台佛教关系做一番考察,试图揭示闽、台佛缘的形成,有助于从一个侧面说明台湾与福建乃至大陆不可分割的联系。

题　　　名　试论明代《漕船志》的文献价值
作者及单位　张英聘,荀德麟(中国地方志指导小组办公室;淮安市地方志办公室)
会议名称　第十一届明史国际学术讨论会
会议地点时间　中国甘肃兰州、中国青海西宁,2005
主办单位　中国明史学会、西北师范大学、甘肃省社会科学院、青海师范大学
摘　　　要　漕政是明朝一项重要的经济制度,"太祖建都金陵,四方运舟率由大江至。洪武三十年(1398 年),惟海运辽东以供军饷。太宗肇北京,江南漕船一由江入海,出直沽,诉白河至通州;一由江入淮,入黄河至阳武,陆运至卫辉,由卫河至通州。[明]杨宏、谢纯:《漕运通志》卷一《漕渠表》,国家图书馆藏明嘉靖七年(1528 年)杨宏刻本。"永乐初年河、海兼运,永乐十三年(1415 年)会通河开通后罢海运,南方漕粮主要由运河北上。永乐迁都北京后,"百官卫士仰需江南",[明]王圻:《续文献通考》卷 37《国用考·漕运上》,现代出版社 1986 年据北京师范大学藏明万历刻本影印。每年要通过大运河调运数百万石粮食到北京等地,因而修造漕船成为明朝的军国大计。对于明代漕船的修造和管理,《漕船志》保存了丰富翔实的资料。

题　　　名　试论明代海陆丝绸之路的变迁——从葡萄牙耶稣会修士鄂本笃自陆路来华谈起
作者及单位　万明(中国社科院历史所)
会议名称　三条丝绸之路比较研究学术讨论会
会议地点时间　中国云南昆明,2001
主办单位　中国中外关系史学会、云南省社会科学院、广东省社会科学院、中国社科院边疆史地研究中心、云南大学西南边疆少数民族研究中心
摘　　　要　自德国东方学家李希托芬(FerdinandvonRichthofen)提出丝绸之路的概念以后,已有一百多年时间,对这条古代东西方交流大动脉的研究,取得了丰硕成果。然而迄今为止,论丝绸之路时谈到明代的不多,对明代海陆丝路发生的重大变化更是缺乏研究。追溯中西直接交往早期的历史,15 世纪末,葡萄牙人达·伽马打开了欧洲通往印度洋的海路,到达印度,开辟了联结东西方的新航路,这已为人们所熟知。而实际上西方的来华,可分为东西两条路线,一自海路,一自陆路。传教士亦然。

题　　　名　试论明代海外贸易港的兴衰
作者及单位　李金明(厦门大学南洋研究院)
会议名称　海上丝绸之路与潮汕文化学术研讨会
会议地点时间　汕头,1994

题　　　名　试论南方丝绸之路与海上丝绸之路的关系
作者及单位　纪宗安(暨南大学)
会议名称　中外关系史学会第四次学术讨论会
会议地点时间　中国江苏扬州,1992
主办单位　中国中外关系史学会
摘　　　要　张骞第一次奉使西域,在大夏古国(今阿富汗北部)见到了筇竹杖、蜀布,推知从中原向西南行,经川、滇可通缅甸、印度。是后虽无官方由此路通使和经商的记载,但综合文献和实地考察,证实两千多年前在我国西南地区确实存在着一条经川西南入云南,前往南亚、西亚直达大秦的古老通商大道。沿此路向外运输的大宗商品仍然是丝绸,故今人称其为南方丝绸之路。

题　　　名　试论宁波“海上丝绸之路”的历史地位及主要特征
作者及单位　鲍志成(浙江省博物馆)
会 议 名 称　宁波与“海上丝绸之路”国际学术研讨会
会议地点时间　中国浙江宁波,2005
主 办 单 位　中国中外关系史学会、浙江日本文化研究所、宁波市文化广电新闻出版局
摘　　　要　丝绸之路是一条具有历史意义的国际通道,正是这条古道,横贯欧亚大陆,把古老的中国文化、印度文化、波斯文化、阿拉伯文化和古希腊、古罗马文化连接起来,促进了东西方文明的交流。

题　　　名　试论宁波港城的形成与浙东对外海上航路的开辟
作者及单位　刘恒武,王力军
会 议 名 称　宁波与“海上丝绸之路”国际学术研讨会
会议地点时间　中国浙江宁波,2005
主 办 单 位　中国中外关系史学会、浙江日本文化研究所、宁波市文化广电新闻出版局
摘　　　要　在本文中,我们用“港城”这一用语来概括作为海运和河运枢纽的濒海大型聚落或城邑的最初形态,并以此区别近现代意义较强的“港口都市”等用语。“港”、“港城”对应的英文词汇是“Harbor”或“Port”,其中,“Harbor”更偏重词语含义中“港口”、“港湾”等自然方面的内容,而“Port”则强调词语中“城”、“市”等人工景观。

题　　　名　试论葡萄牙人入居澳门
作者及单位　廖大珂(厦门大学南洋研究院)
会 议 名 称　“16—18 世纪中西关系与澳门”国际学术研讨会
会议地点时间　中国澳门,2003
主 办 单 位　中国中外关系史学会、澳门理工学院、澳门基金会
摘　　　要　葡萄牙人人居澳门并非一蹴而就,而是一个渐进的过程。明人王士性谈及:“香山岙乃诸番旅泊处,海岸去邑二百里,陆行而至,爪哇、渤泥、暹罗、真腊、三佛齐诸国俱有之。

题　　　名　试论秦淮河和南京城经济的发展
作者及单位　刘明诂,秦嘉禾
会 议 名 称　中国古都学会第四届年会
会议地点时间　中国浙江杭州,1986
主 办 单 位　中国古都学会
摘　　　要　古代南京城,远在春秋战国时期,吴、越相继在此建城后,逐渐形成。东吴定都建邺是南京城市发展史上一件划时代的大事。

题　　　名　试论清代并非闭关锁国
作者及单位　郭蕴静(天津社会科学院历史所)
会 议 名 称　关于我国历史上的开放与闭关政策讨论会
会议地点时间　中国浙江宁波、中国河北秦皇岛,1987
主 办 单 位　中国中外关系史学会
摘　　　要　清王朝执行了闭关锁国政策,这是史学界中长期存在的一种见解,其根据则是清政府

改多口通商为一口通商,以及相继颁布了限制外商的条款和章程。殊不知这样的结论和根据,既冤枉了清朝统治者,又为侵略者开脱了罪责。因为历史事实告诉我们,一八四〇年前的清王朝并非闭关锁国。

题　　　名　试论清代福建山区经济和沿海经济的相互关系

作者及单位　徐晓望(福建社会科学院历史研究所)

会议名称　福建开发沿海山区两条线辩证关系研讨会

会议地点时间　福州,1985

题　　　名　试论清代两淮海盐产运销中的量化管理

作者及单位　曹爱生,王丹频(江苏盐城市博物馆文博;胡公石书法艺术馆;江苏盐城博物馆)

会议名称　回顾与展望:中国盐业体制改革学术研讨会

会议地点时间　中国四川自贡,2009

主办单位　四川理工学院、四川省哲学社会科学重点研究基地。四川省教育厅人文社科重点研究基地——中国盐文化研究中心

摘　　　要　在我国漫长的古代社会里,一方面是生产力水平极为低下,另一方面却又因战争、灾荒、统治者的挥霍无度等原因而导致开支浩大。由于这两方面的原因,历代统治者们极端重视国课收入,而盐赋则是其中的大宗。正因为如此,他们才认为"盐课关系国用"。为了最大限度地攫取由两淮海盐而产出的赋税,清代统治者们继承了前代盐法中的一些行之有效的做法,采取了操作性强的量化管理,并将这一比较科学、极其严密的方法贯穿于两淮海盐的生产、运输和销售的全过程。

题　　　名　试论泉州"海上丝绸之路"文化遗产的保护与利用

作者及单位　何振良(泉州闽台关系史博物馆)

会议名称　"泉州港与海上丝绸之路"国际学术研讨会

会议地点时间　中国泉州,2002

主办单位　中国航海学会

摘　　　要　文化遗产是祖先的杰作,是历史留给我们宝贵的财富。保护文化遗产就是要保护其真实性与完整性。利用文化遗产就是要利用其特有的价值。

题　　　名　试论泉州"海上丝绸之路"文化遗产的保护与利用

作者及单位　何振良(泉州闽台关系史博物馆)

会议名称　第二届闽南文化研讨会

会议地点时间　中国福建泉州,2003

主办单位　中国航海学会

摘　　　要　文化遗产是祖先的杰作,是历史留给我们宝贵的财富。保护文化遗产就是要保护其真实性与完整性。利用文化遗产就是要利用其特有的价值。

题　　　名　试论泉州民间信仰的人文特征

作者及单位　何振良(泉州闽台关系史博物馆)

会议名称　中华文化与域外文化互动暨海上丝绸之路泉州学术讨论会

会议地点时间　泉州,2002

主办单位　中国社会科学院学术交流委员会、社会科学文献出版社、中国海外交通史学会、泉州

市社会科学界联合会以及台湾喜马拉雅研究发展基金会联合举办

题　　　名　试论三国时期南北均势的形成及其破坏
作者及单位　邹云涛
会 议 名 称　中国魏晋南北朝史学会成立大会暨首届学术讨论会
会议地点时间　中国四川成都,1984
主 办 单 位　中国魏晋南北朝史学会
摘　　　要　自东汉末年黄巾大起义以来,东汉封建王朝的统治濒于崩溃,中原地区群雄割据,出现了持续十余年的大混战,直到公元200年官渡之战,曹操战败袁绍,北方始告基本统一。公元208年,曹操率兵南征,却在赤壁为孙权、刘备的联军所挫败撤退。

题　　　名　试论沈葆桢的海洋经略思想与实践
作者及单位　王日根(厦门大学历史研究所)
会 议 名 称　沈葆桢巡台130周年学术研讨会
会议地点时间　中国南京,2004
主 办 单 位　中国近现代史史料学学会
摘　　　要　沈葆桢(1820—1879)作为一名传统仕途成长起来的官吏在顺应近代社会发展方面走到了时代的前列,其所形成的海洋经略思想和实践代表了当时社会的较高水平,为中国的海防近代化作出了突出贡献。但由于沈葆桢所处时代的局限性,他的建设强大的近代海军的努力未能完全如愿,这给59岁便离开人世的沈葆桢留下了无限的遗恨。

题　　　名　试论沈葆桢的务实精神
作者及单位　陈立雯
会 议 名 称　沈葆桢研究——纪念沈葆桢诞辰180周年学术研讨会
会议地点时间　中国福州马尾,2000

题　　　名　试论沈葆桢的治台政绩
作者及单位　张瑞娟,经盛鸿(南京师范大学社会发展学院)
会 议 名 称　沈葆桢巡台130周年学术研讨会
会议地点时间　中国南京,2004
主 办 单 位　中国近现代史史料学学会
摘　　　要　沈葆桢一生政绩很多,如创办船政、创建海军、洋务新政等,而保卫建设台湾是其一生中最光辉的贡献。他于1874年、1875年两次赴台,被誉为“近代台湾建设的第一人”。

题　　　名　试论宋元时期泉州港崛起的原因及其对泉州社会的影响
作者及单位　陈培坤,黄浩栋(福建师范大学社会历史学院)
会 议 名 称　“泉州港与海上丝绸之路”国际学术研讨会
会议地点时间　中国泉州,2002
主 办 单 位　中国航海学会
摘　　　要　宋元时期的泉州港,曾经以“东方第一大港”的雄姿展现在世人的面前。在海上架起了一座连结中外经贸往来和中西文化交流的桥梁。泉州港的崛起绝不是偶然。它是封建社会政治、经济

重心南移和福建社会经济快速发展的结果。

题　　　　名　试论宋元时期泉州港在中外文化交流中的地位
作者及单位　李国宏（福建师大闽台区域文化研究中心）
会议名称　中华文化与域外文化互动暨海上丝绸之路泉州学术讨论会
会议地点时间　泉州,2002
主办单位　中国社会科学院学术交流委员会、社会科学文献出版社、中国海外交通史学会、泉州市社会科学界联合会以及台湾喜马拉雅研究发展基金会联合举办

题　　　　名　试论宋元时期泉州人的重商意识
作者及单位　陈丽华（泉州海外交通史博物馆）
会议名称　"泉州港与海上丝绸之路"国际学术研讨会
会议地点时间　中国泉州,2002
主办单位　中国航海学会
摘　　　　要　泉州人的重商意识是在特定的社会条件下出现的一种经济观念,是长期从事航海贸易的必然产物。中世纪时期,正值泉州的海外贸易走向鼎盛阶段,民众经商意识随之日益升腾,进而带动了泉州走向繁荣,无论是在经济、还是在城市建设和文化教育等方面都达到了相当高的发展水平。

题　　　　名　试论晚清漕运官制变革
作者及单位　倪玉平（中国社会科学院近代史研究所）
会议名称　首届"晚清国家与社会"国际学术讨论会
会议地点时间　中国江苏苏州,2006
主办单位　国家清史编纂委员会、中国社会科学院近代史研究所、苏州大学社会学院、上海社会科学院历史研究所、上海师范大学社会史研究中心、中国太平天国史研究会、扬州大学社会发展学院
摘　　　　要　晚清是传统政治制度面临全新挑战并从中滋生变革的重要时期。在此过程中,传统政治制度所遭遇的外部压力,所发生的蜕变,以及如何适应新的局面,都是值得研究的重要问题。清承明制,河运漕粮,但自中叶后,因自然条件和社会条件的变化,原有的漕运体制难以维系。道咸以降,海运逐步成为漕粮运输的主要方式。随着漕粮海运的进行,原来维持河运的体制失去了赖以存在的合理性和合法性,逐步走向崩溃,并导致诸多变化。这种变化,既受漕粮海运的推动,又反过来巩固了漕粮海运的地位。本文拟以此为例,简单探讨晚清政治制度变革的一些特点。

题　　　　名　试论严复的海权思想
作者及单位　叶芳骐（福建闽江学院）
会议名称　严复诞辰150周年纪念大会暨严复思想学术研讨会
会议地点时间　2004
主办单位　政协福建省委员会
摘　　　　要　封建专制的政治体制和自给自足的小农经济,束缚了中华民族向海洋发展的意愿,从而逐渐积淀成闭关自守、故步自封的习气。严复对这种落后现象,概括指出:"中国者,正海、陆兼控之国也。徒以神州舆壤,地处温带上腴,民生其中,不俟冒险探新,而生计已足,此所以历代君民皆舍海而注意于陆。自弃大利,民智亦因而自封,遂致积重以成百年之世面。"

题　　　名　试论郑成功的经济思想及其实践

作者及单位　黄志中

摘　　　要　今年是伟大的爱国者、民族英雄郑成功收复台湾三百二十周年，也是他辞世的三百二十周年。缅怀英雄一生的丰功伟绩，我们自然而然地想起：仅以厦门、金门等几处沿海岛屿，郑成功为什么能长期抗击强大的清军，并从当时十分凶横、称霸海上的荷兰殖民者手中收回我国的神圣领土台湾呢？清人郁永河说："成功以海外弹丸之地，养兵十余万，甲客戈矢，图不坚利，战舰以数千计，又交通内地，追买人心，而财用不者，以有通洋之利也。"可见郑成功的经济思想和经济政策的正确，对他一生事业的成就关系甚大。本文拟就这个问题作初步探讨。

题　　　名　试论郑成功的练兵治军和用人

作者及单位　郑景堂，陈焕章

摘　　　要　名震中外的杰出民族英雄郑成功，在明末清初内忧外患纷至踏来，国家濒于危亡之际，毅然高举抗清驱荷义旗，为反抗清朝民族压迫和收复被荷兰殖民者侵占的神圣领土台湾，维护祖国的统一大业立下不朽功勋。郑成功堪称为中国历史上智勇双全、胆略兼备的军事家。他所以能屡败清军，收复台湾，是他善于团结内部、重用人才、严谨治军和练兵的结果。本文拟就这个问题作些初步探讨。

题　　　名　试论郑成功对郑芝龙的批判与继承

作者及单位　邓孔昭

会议名称　郑成功研究国际学术会议

会议地点时间　厦门，1987

摘　　　要　郑芝龙和郑成功，他们虽然是父子，但人们对其历史功罪，却有截然不同的评说。一个是明末清初东南沿海著名的海盗、政治上反复无常的"贰臣"，一个是"生而忠正"的明室延平王、功垂万世的民族英雄。他们出自一个家庭，却选择了不同的道路。郑成功批判和扬弃了郑芝龙的哪些东西？又继承和发扬了哪些东西？本文试就此作一初浅的探讨。

题　　　名　试论郑和宝船

作者及单位　席龙飞，何国卫（武汉水运工程学院）

会议名称　湖北省纪念郑和下西洋600周年活动

会议地点时间　中国武汉，2005

主办单位　中国航海学会内河船舶驾驶专业委员会

摘　　　要　郑和于永乐三年（1405年）至宣德八年（1433年）的二十八年间，受明政府派遣统帅舟师七下西洋。所率大船长四十四丈四尺，宽十八丈；中船长三十七丈，宽十五丈。其规模之大，人员之多，足迹之广，都是世界历史上前所未有的。郑和堪称历史上最早的最有成绩的航海家。郑和的船队是按明朝廷的命令在全国各地建造的，船型种类繁多，其中体型最大的宝船当为在闽浙沿海制造的尖底海船——福船。这种船型具有较小的长宽比值，极有利于船体强度和稳性，尖底与瘦削的型线相结合，对快速性以及适航性又均属有利。继承秦汉、唐末以来的我国优秀的造船技术传统，与明政府开展"朝贡贸易"的需要相结合，出观了七下西洋的壮举是合乎历史发展规律的。这一壮举尽管是空前绝后的，但却是客观存在的历史事实。

题　　　名　试论郑和宝船的船型

作者及单位　金秋鹏，杨丽凡

会 议 名 称 走向海洋的中国人——郑和下西洋590周年国际学术研讨会
会议地点时间 南京,1995
摘 要 关于郑和宝船的尺寸在学术界经过几十年的争论已有定论,即认为《明史》上的记载是可信的。但是,关于郑和宝船的船型,历来就有两种看法,一种意见认为是沙船,另一种意见认为是福船。

题 名 **试论郑和宝船的船型**
作者及单位 席龙飞(武汉交通科技大学)
会 议 名 称 全国第一届古代技术史交流会
会议地点时间 昆明,1983

题 名 **试论郑和船队对海洋的控制运用**
作者及单位 庄从勇
会 议 名 称 "郑和与海洋"学术研讨会
会议地点时间 中国太仓,1998
主 办 单 位 江苏省郑和研究会
摘 要 海权和制海权是两个不同的概念。海权是国家利益在海洋上的体现,不同国家、不同历史时期的海权从内涵上讲往往是不同的;制海权是指国家海上力量对海洋的控制运用,是海洋军事行为。制海权是海权的一个重要组成部分,海权的获得离不开对海洋的有效控制运用。

题 名 **试论郑和船队装备的兵器**
作者及单位 唐志拔
会 议 名 称 走向海洋的中国人——郑和下西洋590周年国际学术研讨会
会议地点时间 南京,1995
摘 要 郑和从1405—1433年率领一支27000多人的庞大船队七次下西洋,成为世界航海史上的壮举。郑和船队既是一支海上友好交往的船队,又是一支组织严密、装备精良、训练有素的舰队。本文着重探讨一下郑和船队的武器装备。

题 名 **试论郑和的多元文化观及其形成**
作者及单位 王子华(云南民族大学)
会 议 名 称 传承文明走向世界和平发展——纪念郑和下西洋600周年国际学术研讨会
会议地点时间 江苏,2005

题 名 **试论郑和下西洋的商贸活动**
作者及单位 陆韧
会 议 名 称 云南省纪念郑和下西洋600周年国际学术研讨会
会议地点时间 云南大学,2005

题 名 **试论郑和下西洋的扬威通好**
作者及单位 郑永涛
会 议 名 称 "睦邻友好"郑和学术研讨会

会议地点时间 中国南京,2002
主 办 单 位 江苏省郑和研究会
摘　　　　要 改革开放二十多年来,中国的经济一直保持着强劲的发展势头,人民的物质文化生活水平显著提高,国际地位和影响力日益显著,尤其是近年来,社会主义市场经济体制的初建和完善,中国成功加入世贸组织,为未来中国的发展奠定了坚实的基础。许多国家和人民对于中国所取得的成绩都抱以真诚的祝福和赞叹。中国的历史表明,中国越是强大的时候越是中外交流最频繁,中外关系最融洽,中外人民最安居乐业的时候。这不仅表现在中国封建制度上升和鼎盛时期的汉唐,即使在中国封建制度开始衰落的大明王朝,中国也没有丝毫地要去侵略,奴役别国的想法,而是依然要与海外国家发展交流,以达到和睦相处,友好往来的目的。这突出的表现在郑和下西洋的伟大壮举上。

题　　　　名 **试论郑和下西洋时的商贸考察**
作 者 及 单 位 苏月秋
会 议 名 称 云南省纪念郑和下西洋600周年国际学术研讨会
会议地点时间 云南大学,2005

题　　　　名 **试论郑和下西洋所体现出的中华民族文化特质**
作 者 及 单 位 魏淑霞(宁夏社会科学院)
会 议 名 称 郑和下西洋与文明对话国际研讨会
会议地点时间 中国宁夏银川,2005
主 办 单 位 宁夏社会科学院、伊朗伊斯兰共和国驻华大使馆文化处
摘　　　　要 明代著名航海家郑和在1405年至1433年的29年间,曾先后七次下西洋。郑和七次下西洋所到达的地域,实施的措施,产生的影响及其在人类航海史上的地位,学人论述颇多,且一致肯定了郑和开创了中西交通史上的新局面,扩大了中西海上交通、海上贸易、海上文化交流的范围,推动了华侨向海外的迁移,促进了南洋各国社会经济的发展,促进了中国与亚非各国人民之间的团结。

题　　　　名 **试论郑和下西洋中的军事外交艺术**
作 者 及 单 位 罗谧,肖季文
会 议 名 称 传承文明走向世界和平发展——纪念郑和下西洋600周年国际学术研讨会
会议地点时间 江苏,2005

题　　　　名 **试论郑和下西洋终止的原因**
作 者 及 单 位 章深(广州社会科学研究所)
会 议 名 称 湖北省纪念郑和下西洋600周年活动
会议地点时间 中国武汉,2005
主 办 单 位 中国航海学会内河船舶驾驶专业委员会
摘　　　　要 郑和七下西洋是古代中西交通史上的壮举,但它在十五世纪中期以后便销声匿迹了。本文根据对明代史籍、文献的研究,认为郑和下西洋不能继续,开支浩大是直接原因。明朝统治者逐渐腐败,酿成许多社会问题是重要原因。下西洋的目的和性质违反了经济发展规律是根本原因。

题　　　　名 **试论郑经建设台湾**
作 者 及 单 位 张小林

摘　　要　台湾岛位于我国东南沿海，与福建隔海相望。天启初年，荷兰早期殖民主义者侵占台湾，残暴地将台湾广大人民置于殖民奴役桎梏之下。顺治十八年，郑成功率兵东抵台湾。他在组织兵力驱逐荷兰殖民者的同时，努力肃清荷兰人的殖民影响，着手建立具有中国特点的行政管理机构，安定社会秩序，发展生产。不幸的是，康熙元年二月荷兰人才因战败被迫投降，五月郑成功便染病身亡。其于郑经继立，统治台湾二十年（康熙元年至康熙二十年）。

题　　名　试论郑氏政权对海商的征税制度
作者及单位　林仁川（厦门大学台湾研究中心）
会议名称　郑成功研究国际学术会议
会议地点时间　厦门，1987
摘　　要　直接经营海上贸易与对其他海商的征税是文撑郑氏政权兵饷和官府开支的两大经济支柱。对于前一问题，本人曾已论述。现就郑氏政权征税制度的渊源、演变和性质等问题作初步探讨，以求教于方家。

题　　名　试论中国东南沿海史前的海洋族群
作者及单位　陈仲玉（台湾中央研究院）
会议名称　河姆渡文化新论海峡两岸河姆渡文化学术研讨会
会议地点时间　宁波，1999
摘　　要　泛太平洋地区不论是岛屿或是陆地沿岸，目古即存在许多以船为家，从事采集海洋资源为生的族群，一般通称他们为“海上船民”。本文对他们做一论述。

题　　名　试论中国近代海关的行政管理制度（1854～1869年）
作者及单位　蒋清宏（中国社会科学院近代史研究所）
会议名称　中国社会科学院近代史研究所青年学术论坛
会议地点时间　中国北京，2006
主办单位　中国社会科学院近代史研究所
摘　　要　海关是一个国家监督管理进出口国境的货物、物品和运输工具并执行关税法规及其他进出口管制法令、规章的行政管理机关。

题　　名　试论中国近代民营轮船航业产生的时代背景
作者及单位　王莉（大连海事大学）
会议名称　纪念中国江南造船厂建厂130周年中国工业发展战略研讨会

题　　名　试论中美《通商行船续订条约》
作者及单位　崔志海（中国社会科学院近代史研究所）
会议名称　中国社会科学院近代史研究所青年学术论坛
会议地点时间　中国北京，2001
主办单位　中国社会科学院近代史研究所
摘　　要　在近代签订的中美商约中，1903年的《通商行船续订条约》占有独特的地位，它是美国宣布对华“门户开放”政策之后中美间签订的第一个条约，具有承先启后的意义。在以往近代中美关系史的研究中，学术界对此注意不多。本文主要利用已刊和未刊的清朝档案和文献资料，就1903年中美商

约谈判的过程、内容、特点及其意义，做一初步探讨。不当之处，请各位专家学者批评指正。

题　　　名　试论著名海商郑氏的兴衰

作者及单位　林仁川（厦门大学台湾研究中心）

摘　　　要　明中叶以后，随着私人海上贸易的迅速发展，东南沿海相继出现了王直、徐海、洪迪珍、严三老、许西池、张琅、吴平、曾一本、林道乾、林凤等海上贸易集团。这些海商集团中，以郑氏梅商集团最为著名，其资本之雄厚，贸易范围之广，活动时间之久，都超过了其他的海商集团。郑氏海商在中国商业史上占有重要地位，他们的兴衰隆替一定程度上反映了中国海商资本发展的道路，因此，研究郑氏海商是明清经济史上的一个重要课题。本文试就郑氏海商的兴衰过程及其背景和原因，略作论述。

题　　　名　试评郑经的历史功过

作者及单位　黄天柱，廖渊泉，蔡长漠

摘　　　要　明末清初，我国社会大动乱，国内阶级矛盾和国内外民族矛盾空前尖锐复杂，各种政治人物都登上历史舞台，进行淋漓尽致的表演。因此，研究这时期的历史事件和人物，显得特别复杂困难。

题　　　名　试说郑和下西洋舟的船型与编队

作者及单位　徐恭生（福建师范大学社会历史学院历史系）

会 议 名 称　北京郑和二千料宝船船模复原研究论坛

会议地点时间　北京，2004

摘　　　要　本文对郑和下西洋舟的船型与编队进行了探讨。文章认为，大者号应是永乐皇帝御用龙船。二千料和一千五百料福船是郑和下西洋舟师的主体，郑和旗舰应该是最好的二千料福船。此外，配以四百料官船和八桨快船，在整个郑和舟师中担负起护航、联络和作战任务。由此可见，郑和下西洋舟师是一支组织严密、实力雄厚、富有战斗力的海上劲旅。

题　　　名　试谈闽南文化与海洋文化的情结

作者及单位　朱立文，刘淑玮（厦门大学）

会 议 名 称　第二届闽南文化研讨会

会议地点时间　中国福建泉州，2003

主 办 单 位　福建省炎黄文化研究会、泉州市政协

摘　　　要　文化是一个广泛的概念，人们从其内容、范围、形式、性质、结构、功能、价值等不同角度加以探究，则有诸多的说法。通常称之为人类社会历史实践过程中所创造的物质财富和精神财富的总和。中华文化有悠久的历史，中国既是一个大陆国家，又是一个海洋的国家，就整体而言，中国文化乃大陆文化和海洋文化的有机结合体。

题　　　名　试谈泉州与阿拉伯的文化互动

作者及单位　许在全（泉州市委宣传部）

会 议 名 称　中华文化与域外文化互动暨海上丝绸之路泉州学术讨论会

会议地点时间　泉州，2002

主 办 单 位　中国社会科学院学术交流委员会、社会科学文献出版社、中国海外交通史学会、泉州市社会科学界联合会以及台湾喜马拉雅研究发展基金会联合举办

题　　　名 **试析海上丝绸之路在宗教文化传播中的作用**

作者及单位 陆芸(福建社会科学院海上丝绸之路研究中心)

会 议 名 称 登州与海上丝绸之路国际学术研讨会

会议地点时间 中国山东蓬莱,2008

主 办 单 位 联合国泛丝绸之路·系列活动组委会、中国中外关系史学会、鲁东大学、山东师范大学齐鲁文化研究中心、蓬莱市人民政府

摘　　　要 中国是个海洋大国,有着漫长的海岸线,很早就开始了海上交通和海上贸易。随着造船技术和航海水平的不断提高,逐渐在东西方之间形成了一条海上丝绸之路。它不仅仅是条中外贸易的线路,也是一条宗教文化传播交流的通道。早期佛教在中国的传播,有不少外国或中国僧人取道海上丝绸之路,其中最著名的有昙摩耶舍、菩提达摩、法显、义净等。同样,在伊斯兰教东传的过程中,海上丝绸之路也发挥了重要的历史作用,当时穆斯林商人一手提着货物,一手拿着《古兰经》,乘着海船向东方而来,在中国古代名港广州、泉州、扬州等地留下了不少伊斯兰教的遗迹。16 世纪天主教耶稣会传教士人华也大都通过海路而来,如利玛窦、汤若望等,他们一方面向中国人传播西方的科学知识和天主教教义,另一方面将中国文化介绍到西方,从而在西方形成一股东方热潮。中国既是宗教文化的接受者,也是宗教文化的传播者。中国的儒家文化、佛教、道教曾对周围国家产生了不小的影响,例如佛教在传人日本、朝鲜的过程中,中国的天台宗、华严宗、禅宗对其影响巨大。此外,以妈祖信仰为代表的中国民间信仰也随着海员、海外移民而传人海外,尤其是在东南亚地区,其影响不容忽视。

题　　　名 **试析晋江民间信仰的人文特征**

作者及单位 何振良(泉州闽台关系史博物馆)

会 议 名 称 朱熹理学与晋江文化学术研讨会

会议地点时间 中国福建晋江,2007

主 办 单 位 福建省闽学研究会、晋江市历史文化研究总会

摘　　　要 晋江因其独特的地理优势,而成为多种宗教荟萃之地,其中有外来的佛教、伊斯兰教、印度教、基督教,甚至还有世界上仅存的摩尼教遗址,加上国内土生土长的道教,呈现了东西方文明交相辉映、多元文化相和相安的文化奇观,素有“世界宗教博物馆”、“神学文化的宝库”之称。

题　　　名 **试析清末留日学生革命取向的形成**

作者及单位 吴小龙

会 议 名 称 第二届近代中国与世界学术讨论会

会议地点时间 中国北京,2000

主 办 单 位 中国史学会、中国社会科学院

摘　　　要 清朝末年,大批的中国学生不断漂洋过海,前往欧美和日本留学;尤其是留日,在甲午战争后到20 世纪初年更是形成了不同寻常的热潮。

题　　　名 **试析泉州“海上丝绸之路”多元一体文化内涵**

作者及单位 吴幼雄(泉州师范学院)

会 议 名 称 第二届闽南文化研讨会

会议地点时间 中国福建泉州,2003

主 办 单 位 福建省炎黄文化研究会、泉州市政协

摘　　　要 闽南自 6 世纪起就有海外交通的记载,千多年来,海外贸易发达,逐渐形成独具特色

的“海上丝绸之路”多元文化的典范。本文拟以泉州为例进行分析。泉州“海上丝绸之路”多元文化是中华文化次元文化的闽南文化的一个重要组成部分。泉州“海上丝绸之路”多元文化,亦有学者称它为“跨地域互动文化”。我们认为,把它定位为“闽南文化的一个重要组成部分”较为妥当。

题　　　名　试析儒家思想与沈葆桢的为官之道
作者及单位　管尔东,开云(南京师范大学社会发展学院)
会议名称　沈葆桢巡台130周年学术研讨会
会议地点时间　中国南京,2004
主办单位　中国近现代史史料学学会
摘　　　要　众所周知,自汉武帝罢黜百家、独尊儒术以后,儒家思想逐渐成为了中国封建社会的文化主流,为历代封建统治阶级奉为正统思想。

题　　　名　试析郑和下西洋中的几个问题
作者及单位　王兆生(交通部标准计量研究所)
会议名称　湖北省纪念郑和下西洋600周年活动
会议地点时间　中国武汉,2005
主办单位　中国航海学会内河船舶驾驶专业委员会
摘　　　要　根据历史资料,本文对郑和下西洋的目的、日期、宝船和记载郑和七下西洋的档案被毁这三个问题,进行了简要的分析:“欲耀兵异域,示中国富强”,固然是朱棣派郑和下西洋的重要目的,但也不能否认“踪迹建文”也是前几次下西洋的目的之一;宝船是福船,长四十四丈,阔十八丈的记载是可信的;最后还列举史料叙述了郑和七下西洋的档案被焚毁的始末。

题　　　名　释“西洋”
作者及单位　万明(中国社会科学院历史研究所)
会议名称　“郑和远航与世界文明”暨纪念郑和下西洋600周年学术讨论会
会议地点时间　北京,2004

题　　　名　释大汕及其越南之行
作者及单位　戴可来,丁向东
会议名称　中外关系史学会第四次学术讨论会
会议地点时间　中国江苏扬州,1992
主办单位　中国中外关系史学会
摘　　　要　清代广州长寿寺僧人大汕于1695年(康熙三十四年)春,应越南南北纷争时期广南政权的统治者、国主阮福淍(1691—1725年)的邀请,前往越南南方弘扬佛法,押冬于广南,在顺化、会安居留一年有余。大汕以此经历,撰成《海外纪事》六卷,并将该书刊行于世。

题　　　名　释慧超《往五天竺国传》里“西胡”习俗的记载
作者及单位　田卫疆(新疆社会科学院历史研究所)
会议名称　登州与海上丝绸之路国际学术研讨会
会议地点时间　中国山东蓬莱,2008
主办单位　联合国泛丝绸之路·系列活动组委会、中国中外关系史学会、鲁东大学、山东师范大

学齐鲁文化研究中心、蓬莱市人民政府

摘　　要　慧超《往五天竺国传》系法人伯希和于上世纪初在我国敦煌藏经洞中窃走的一部唐代佛僧行记残卷(3532 号文书)。是书作者慧超生活在唐朝中期,新罗僧人。该书收录的慧超于 7 世纪初从天竺诸地经陆路返回内地的经历,以及我国北方游牧部族突厥人进入西域后对“胡人”社会带来变化的相关记载,给人们认识当时西域地区社会族群分布格局变动提供了一幅真实图景。

题　　名　**释论“海上丝绸之路:泉州史迹”申报“世界文化遗产”之内在文化意涵**

作者及单位　李亦园(台北中央研究院)

会议名称　“泉州港与海上丝绸之路”国际学术研讨会

会议地点时间　中国泉州,2002

主办单位　中国航海学会

摘　　要　泉州是中国第一批公布的 24 个历史文化名城之一,泉州在公元 6 世纪至 14 世纪的八九百年间扮演极其重要的世界文化交流接触的枢纽角色,近年联合国教科文组织(UNESCO)的专家们经实地考察已认定泉州是“海上丝绸之路东端最重要的一环”,所以引起泉州文化界及政府部门申报“世界文化遗产”的雄心。

题　　名　**释论“海上丝绸之路:泉州史迹”申报“世界文化遗产”之内在文化意涵**

作者及单位　李亦园(台北中央研究院)

会议名称　第二届闽南文化研讨会

会议地点时间　中国福建泉州,2003

主办单位　中国航海学会

摘　　要　泉州是中国第一批公布的 24 个历史文化名城之一,泉州在公元 6 世纪至 14 世纪的八九百年间扮演极其重要的世界文化交流接触的枢纽角色,近年联合国教科文组织(UNESCO)的专家们经实地考察已认定泉州是“海上丝绸之路东端最重要的一环”,所以引起泉州文化界及政府部门申报“世界文化遗产”的雄心。

题　　名　**双星耀江南科技救中华——徐寿、华蘅芳在江南制造局与格致书院业绩述要**

作者及单位　朱松乔(上海世纪出版集团)

会议名称　中国造船工程学会 2005《中国船舶工业发展论坛》船史分会场纪念江南造船厂建厂 140 周年学术报告会

会议地点时间　中国上海,2005

主办单位　中国造船工程学会船史研究学术委员会、上海市造船工程学会船史发展专业学术委员会、江南造船(集团)有限责任公司

摘　　要　徐寿与华蘅芳,同是晚清中国首批杰出的科学家、翻译家和教育家,在研制近代化军工兵器、传播西方先进科学技术以及培养本国科技人才上,独具慧眼,勇开先河,屡创第一,力救中华,又尽智竭力、呕心沥血、鞠躬尽瘁、死而后已,赢得国内外的高度赞赏,成为世人钦敬的不朽的先驱、名家和大师,堪称是光耀江南的双子星座。

题　　名　**水密隔舱海船历史文化遗产研究**

作者及单位　祁庆富,丁毓玲

会议名称　东北亚海上交流历史文化遗产国际学术研讨会

会议地点时间　青岛;蓬莱,2006

主　办　单　位　中国海洋大学海洋文化研究所,山东省蓬莱市文物局

题　　　　名　**丝绸之路:文明对话之路上的《华夷译语》**

作者及单位　邹振环(复旦大学历史系)

会　议　名　称　“丝绸之路与文明的对话”学术讨论会

会议地点时间　中国新疆喀什,2006

主　办　单　位　中国中外关系史学会、新疆社会科学院、暨南大学文学院、西北民族大学历史文化学院、新疆师范大学、喀什师范学院

摘　　　　要　从秦汉到明清千余年间,中国与外国与周边少数民族有着频繁的交往,德国地理学家李希霍芬(1833～1905 年)在 1877 年出版的《中国》一书第一卷中曾经以“丝绸之路”一词来命名这一中外进行丝绸贸易的交通之道,这一充满诗意的历史术语得到了一些欧洲汉学家的支持和阐发,19 世纪末到 20 世纪初,西方以及日本的一些探险家、考古学家和旅行家陆续到中国的西北边疆地区进行考察,找到了古代中国与亚洲、非洲、欧洲各国交往的许多遗址,纷纷著书立说来证明这一横贯欧亚大陆的丝绸之路的存在。丝绸之路的主要通道是以西安为起点,经过河西四郡,出玉门关进入西域。一般认为汉朝的丝绸之路在新疆境内有南北两道,可以视为今天所说的“狭义”的丝绸之路;而近年来的考古发现已经证明,中外交流的商贸通道在中国与亚欧之间是呈网状形的分布,既有陆路,也有海路,此即“广义”的丝绸之路。中国与域外文明的对话有一个随着时间延伸,从而在空间上不断拓展的过程。从时间序列上考察。

题　　　　名　**丝绸之路:文明对话之路上的《华夷译语》**

作者及单位　邹振环(复旦大学历史系)

会　议　名　称　中国中外关系史学会第十一届年会

会议地点时间　2006

摘　　　　要　从秦汉到明清千余年间,中国与外国与周边少数民族有着频繁的交往,德国地理学家李希霍芬(1833－1905 年)在 1877 年出版的《中国》一书第一卷中曾经以“丝绸之路”一词来命名这一中外进行丝绸贸易的交通之道,这一充满诗意的历史术语得到了一些欧洲汉学家的支持和阐发,19 世纪末到 20 世纪初,西方以及日本的一些探险家、考古学家和旅行家陆续到中国的西北边疆地区进行考察,找到了古代中国与亚洲、非洲、欧洲各国交往的许多遗址,纷纷著书立说来证明这一横贯欧亚大陆的丝绸之路的存在。丝绸之路的主要通道是以西安为起点,经过河西四郡,出玉门关进入西域。一般认为汉朝的丝绸之路在新疆境内有南北两道,可以视为今天所说的“狭义”的丝绸之路;而近年来的考古发现已经证明,中外交流的商贸通道在中国与亚欧之间是呈网状形的分布,既有陆路,也有海路,此即“广义”的丝绸之路。中国与域外文明的对话有一个随着时间延伸,从而在空间上不断拓展的过程。从时间序列上考察。

题　　　　名　**丝绸之路岷江支道的重要作用**

作者及单位　李绍明(四川省民族研究所)

会　议　名　称　“丝绸之路与文明的对话”学术讨论会

会议地点时间　中国新疆喀什,2006

主　办　单　位　中国中外关系史学会、新疆社会科学院、暨南大学文学院、西北民族大学历史文化学院、新疆师范大学、喀什师范学院

摘　　　　要　在我国古代对外的陆路交通史上,最著名的有两条通道。其中西北部的一条由中原经过河西走廊通往西域乃至以西的通道简称丝绸之路。而我国西南又有一条自四川盆地经云南通往东南

亚、南亚乃至西亚的通道简称南方丝绸之路或西南丝绸之路。此二路之间有一条道路经成都平原沿岷江而上，通往西北连接西北与西南两条丝路的支道简称岷江支道。

题　　名　**丝绸之路岷江支道的重要作用**

作者及单位　李绍明（四川省民族研究所）

会议名称　中国中外关系史学会第十一届年会

会议地点时间　2006

主办单位　中国中外关系史学会、新疆社会科学院、暨南大学文学院、西北民族大学历史文化学院、新疆师范大学、喀什师范学院

摘　　要　在我国古代对外的陆路交通史上，最著名的有两条通道。其中西北部的一条由中原经过河西走廊通往西域乃至以西的通道简称丝绸之路。而我国西南又有一条自四川盆地经云南通往东南亚、南亚乃至西亚的通道简称南方丝绸之路或西南丝绸之路。此二路之间有一条道路经成都平原沿岷江而上，通往西北连接西北与西南两条丝路的支道简称岷江支道。

题　　名　**丝绸之路始发港合浦古今价值观**

作者及单位　杨文衡（台湾海洋大学河海工程学系（台湾基隆））

会议名称　海上丝绸之路研究——中国·北海合浦海上丝绸之路始发港理论研讨会

会议地点时间　广西北海市合浦，2004

题　　名　**丝瓷之路上的世界名港——泉州**

作者及单位　陈佳荣（香港龄记出版有限公司）

会议名称　“泉州港与海上丝绸之路”国际学术研讨会

会议地点时间　中国泉州，2002

主办单位　中国航海学会

摘　　要　1991年2月（夏历辛未年）春节期间，联合国教科文组织（UNESCO）在中国福建省泉州市，举行了“海上丝绸之路”或“马可波罗航线”考察的国际学术讨论会。为什么在中国沿海诸多港口中，泉州能获此殊荣呢？原来泉州就是当年马可波罗升舶西航返国的始发地，也是宋元之际世界著名的贸易大港。

题　　名　**私贩引起之倭乱与徐海之灭亡——1546－1556**

作者及单位　郑樑生（台湾淡江大学历史学系）

会议名称　第十届明史国际学术讨论会

会议地点时间　中国江苏南京，2004

主办单位　中国明史学会、中山陵园管理局、南京大学历史系

摘　　要　倭寇之骚扰中国始自元末。朱元璋建立明朝后的洪武2年，即受其寇掠。由于朱元璋在其治世留意海防与江防，所以虽有时会受其侵扰，并未造成重大灾害。然承平日久，海防松懈，致给寇盗可乘之机。尤其在嘉靖30年代至40年代的10余年间，几乎无月无日不受其侵扰，使东南沿海居民备受其害。倭寇有日本人、韩人、华人及佛郎机人，而嘉靖年间的倭寇之十九皆为华人，此一事实见诸载籍，斑斑可考。

题　　名　松山妈祖文化及其历史意义
作者及单位　陈萍
会议名称　第二次闽台妈祖文化学术研讨会
会议地点时间　中国福建霞浦,1998
主办单位　福建省社会科学联合会、福建省民俗学会、宁地地区社科联、霞浦县社科联、霞浦松山妈祖文化研究会
摘　　要　松山,原是福寧湾海面上的一座岛屿,後因岁月变迁,才逐渐形成了现在的半岛。它三面環海,一面与县城相接,是遐尔聞名的魚米之鄉,藍色的大海不僅養育了一代又一代純朴的乡民,更孕育了淳厚的历史文化,妈祖文化便是其中最为耀眼的所在。

题　　名　松山妈祖文化研究纲要
作者及单位　周立方(福建省社会科学界联合会)
会议名称　第二次闽台妈祖文化学术研讨会
会议地点时间　中国福建霞浦,1998
主办单位　福建省社会科学联合会、福建省民俗学会、宁地地区社科联、霞浦县社科联、霞浦松山妈祖文化研究会
摘　　要　霞浦松山妈祖文化的深入研究,对於豐富和扩大妈祖文化的内涵,拓寬人們对妈祖生前活动内容的认识,进一步弘揚妈祖文化,將產生重要的影响,发揮積極的作用。

题　　名　松山妈祖与"武夷文化"
作者及单位　高令印(厦門大学哲学系)
会议名称　第二次闽台妈祖文化学术研讨会
会议地点时间　中国福建霞浦,1998
主办单位　福建省社会科学联合会、福建省民俗学会、宁地地区社科联、霞浦县社科联、霞浦松山妈祖文化研究会
摘　　要　松山妈祖是"武夷文化"的一部分。妈祖信仰发源於闽南,之所以於两宋之際很快地繁盛於包括霞浦在内的闽东、闽北,就是因为当时的武夷山一帶是中国文化的重心,中国文化之各种形態都向重心转移,形成为中国文化的新的整体。

题　　名　松山天后宫轶事琐谈
作者及单位　陈梅月等著(松山妈祖文物保护小组;霞浦县政协)
会议名称　第二次闽台妈祖文化学术研讨会
会议地点时间　中国福建霞浦,1998
主办单位　福建省社会科学联合会、福建省民俗学会、宁地地区社科联、霞浦县社科联、霞浦松山妈祖文化研究会
摘　　要　松山,古代原是一個岛屿,岛上峦清秀,樹木茂盛,氣候温和,风景优美,被誉为"蓬萊山岛",簡称"蓬山岛",曾經滄海桑田,"蓬山岛"变成"蓬山半岛",后因山多松樹,"蓬山"被諧音为"松山"。

题　　名　宋代纲运的管理办法
作者及单位　韩桂华(中国文化大学)

会 议 名 称 国际宋史研讨会暨中国宋史研究会第九届年会
会议地点时间 2000
主 办 单 位 中国宋史研究会
摘　　　要 自唐代创立以来,至宋代其涵义已经扩大,泛指各类官属物资之运输,包括水路、陆路及海路。同时,纲运组织及管理办法亦渐制定并具规模。

题　　　名 宋代闽南文化在潮汕地区的移植和传播
作者及单位 谢重光(福建省委党校)
会 议 名 称 第二届闽南文化研讨会
会议地点时间 中国福建泉州,2003
主 办 单 位 福建省炎黄文化研究会、泉州市政协
摘　　　要 宋代闽南与潮汕经济文化发展的不平衡性潮汕地区地处粤东东部沿海地带,因古代的潮州、潮州府和近代的汕头市而得名。境内主要河流有韩江、榕江和练江,皆自西北向东南流入大海,沿江分布着的河谷平原和河口三角洲平原,加上横亘其间的低矮丘陵,构成潮汕地区地理和自然环境的基本面貌。

题　　　名 宋代泉州等市舶机构的设置及其兴衰沿革考辨
作者及单位 王莉,孙利望,王杰(大连海事大学)
会 议 名 称 "泉州港与海上丝绸之路"国际学术研讨会
会议地点时间 中国泉州,2002
主 办 单 位 中国航海学会
摘　　　要 两宋时期是我国古代对外航海贸易管理的一个重要阶段。从开宝四年(971)宋政府于广州设置第一个市舶机构起,整个宋代三百年时间里,曾经先后在近十个对外航海贸易港港口设立过大小13个名目不同的市舶管理机构(包括重复设置),依地域划分,可大致分为广南、福建、两浙三大区域,所谓"三方亦迭盛衰",本文按由南向北的顺序,将以泉州港为代表的市舶机构及其兴衰演变叙述如次。

题　　　名 宋末忠烈陈文龙
作者及单位 杨树(福建教育出版社)
会 议 名 称 福建省历史名人研究会陈文龙分会成立大会
会议地点时间 中国福建福州,1998
主 办 单 位 福建省历史名人研究会陈文龙研究分会
摘　　　要 陈文龙在《别子诗》中说:"须信累臣堪衅鼓,未闻烈士树降旗!"表达了他准备流血牺牲,决不投降的决心。

题　　　名 宋儒与谱牒之学
作者及单位 连心豪(厦门大学历史系)
会 议 名 称 闽台谱牒民俗研讨会
会议地点时间 中国福建晋江市,2002
主 办 单 位 福建省民俗学会、晋江市谱牒研究会
摘　　　要 宋代是谱牒学重兴的重要时期,宋儒从理论观念到实践上对谱牒之学作出了突出的贡献。本文试申论之。一清儒黄宗羲说,"氏族之谱……大抵子孙粗读书者为之,掇拾讹传,不知考究,抵

牾正史，徒诒嗤笑。”其实不尽然。

题　　　名　**宋应昌的军事思想**
作者及单位　南炳文（南开大学历史研究所）
会议名称　纪念谢国桢先生诞辰90周年学术讨论会
会议地点时间　1992
主办单位　中国明史学会、中国社会科学院历史研究所明史研究室
摘　　　要　宋应昌在明万历年间的抗倭援朝之役前期被任命为兵部右侍郎，经略蓟辽山东保定等处防海御倭军务，是前线的决策者和指挥官。关于他在担任这一职务期间的功过是非，自当时起，一直众说纷纭，褒贬不一。对于这一问题，本文不想涉及，所欲论述者，乃在于他担任这一职务期间所表现出来的军事思想。本文拟以宋应昌文集《经略复国要编》为基本依据，对他的军事思想，诸如慎重从事、讲究战术、重视振兴士气、重视粮饷供应、重视被援国的作用、清醒的战略意识等方面加以论述。

题　　　名　**宋元泉州与亚洲海洋经济世界的互动**
作者及单位　杨国桢（厦门大学历史系）
会议名称　“泉州港与海上丝绸之路”国际学术研讨会
会议地点时间　中国泉州，2002
主办单位　中国航海学会
摘　　　要　泉州是宋元时期中国与亚洲海洋经济世界互动的一个重要海陆枢纽，中外海洋文明接触、冲突、整合的国际性港口城市。十三四世纪，泉州无可争议地成为东亚与西亚海洋文明互动的焦点，亚洲传统海洋时代辉煌的标志，在中世纪世界文明交流史上占有突出的地位。现存泉州的宋元中外海洋交流史迹，是一笔珍贵的世界文化遗产。

题　　　名　**宋元时期潮州海运贸易的发展**
作者及单位　陆集源
会议名称　海上丝绸之路与潮汕文化学术研讨会
会议地点时间　汕头，1994

题　　　名　**宋元时期的明州（庆元）港（摘要）**
作者及单位　陈高华（中国海外交通史研究会）
会议名称　宁波与“海上丝绸之路”国际学术研讨会
会议地点时间　中国浙江宁波，2005
主办单位　中国中外关系史学会、浙江日本文化研究所、宁波市文化广电新闻出版局
摘　　　要　宋、元时期的明州（庆元）港，是官方指定的对外开放的海港。明州（庆元）港主要面向日本、高丽，同时也与南海地区有一定的往来。宋、元两代都在明州（庆元）设置专门的市舶管理机构。

题　　　名　**宋元时期发展泉州海交贸易若干人物略考**
作者及单位　张吉昌
会议名称　“泉州港与海上丝绸之路”国际学术研讨会
会议地点时间　中国泉州，2002
主办单位　中国航海学会

摘　　要　宋元时期是泉州海外交通贸易发展史上的繁盛时期。经由唐代我国南方的对外四大贸易港口之一的泉州，到了唐末五代继续发展。入宋后，泉州于元祐二年(1087)首次设置提举市舶司，它是泉州海交贸易发展的里程碑，对以后泉州海交外贸的发展起了促进作用。

题　　名　**宋元时期南海神、天妃封号与崇拜研究**
作者及单位　王元林(暨南大学历史系)
会议名称　中国中外关系史学会第六届会员代表大会
会议地点时间　中国吉林延边，2005
主办单位　中国中外关系史学会、延边大学历史系与东北亚研究院、沈阳东亚研究中心
摘　　要　南海神、天妃两神出现的时间不一，但两者后来都成为东南沿海信徒较多的两位海神。南海神早在先秦时已是国家郊祀的一部分。隋开皇十四年(594年)于广州南海立庙，唐玄宗时封为广利王，历宋元封号屡增。而天妃自南宋绍兴二十六年(1126年)封灵惠夫人，次年又于莆田湄洲建庙，宋元封号一直不断。明永乐七年(1409年)元月乙酉，“封天妃为护国庇民妙灵昭应弘仁普济天妃，赐庙额‘弘仁普济天妃之宫’，岁以正月十五日及三月二十三日遣官致祭为令”。同年二月甲戌，“封南海神为宁海伯，时遣使往诸番国，神屡著灵应，故封之。”两次封号出现的时间正值郑和第二次下西洋期间，其必定与郑和等出使庇佑海上交通有关。本文探析南海神、天妃崇拜在宋元发展历程，以期揭示这两位海神发展的不同脉络，并比较两者信仰发展的不同历程，还请方案指正。

题　　名　**宋元时期泉州的造船与航海**
作者及单位　席龙飞(武汉交通科技大学)
会议名称　“泉州港与海上丝绸之路”国际学术研讨会
会议地点时间　中国泉州，2002
主办单位　中国航海学会
摘　　要　1974年泉州湾出土的宋代海船，因在船板上发现的船蛆品种和在船上发现的贝类的遗迹，经学者研究断定：“该海船曾活动于我国南海、菲律宾、越南和暹罗湾海区，远达马来西亚、新加坡和印度尼西亚等海域。”

题　　名　**宋元时期泉州海外贸易的管理**
作者及单位　胡沧泽(福建师范大学社会历史学院;)
会议名称　“泉州港与海上丝绸之路”国际学术研讨会
会议地点时间　中国泉州，2002
主办单位　中国航海学会
摘　　要　宋元时期，泉州海外贸易蓬勃兴起，已成为支撑泉州乃至福建经济的重要产业。宋元统治者是如何对泉州的海外贸易进行管理的，泉州海外贸易的管理机构——泉州市舶司为何到北宋中期才成立，这种管理与海外贸易的发展关系如何，都是值得探讨的。

题　　名　**宋元时期泉州与欧洲的交流**
作者及单位　廖大珂(厦门大学南洋研究院)
会议名称　“泉州港与海上丝绸之路”国际学术研讨会
会议地点时间　中国泉州，2002
主办单位　中国航海学会

摘　　　　要　宋元时期，泉州港勃然兴起，一跃成为国内外首屈一指的国际贸易大港，“刺桐港”之名元播海外。当时来自世界各地的商船风帆浪舶，舳舻相衔地驶入泉州港，不仅载运来琳琅满目的海外产品，而且中外商贾、旅行家接踵而至，带来了外来的宗教文化，各种文化交相辉映，使泉州成为充斥着异国情调的国际都市，令人赞叹不已。随着东西方海上交通的发展，泉州与欧洲发生了频繁的经济、文化交流。这是过去历史上所没有的，也是中外关系史上的重要事件。

题　　　　名　**苏北赣榆堆积平原历史时期自然地理环境的变迁**
作 者 及 单 位　黄志强（徐州师范学院徐福研究室）
会 议 名 称　全国首届徐福学术讨论会
会议地点时间　连云港，1987
摘　　　　要　秦代方士、著名航海家、中日友好的伟大使者和先驱徐福，经罗其湘先生等考证，今江苏赣榆县金山乡徐福付是他的故里。历史人物的活动及其成就除了受当时社会、经济、人文等条件的制约之外，还要受到当地自然地理环境的影响。本文主要根据地形、地层、考古等方面的材料，试图通过赣榆一带历史时期自然地理环境要素，诸如地貌、海岸、河流、湖泊等发展变迁情况的研讨，恢复距今2千年左右的秦汉时期之当地古地理环境的基本面貌和主要特征，为进一步研究徐福及其东渡日本这一重要的历史事件，提供一些历史地理方面的背景材料。

题　　　　名　**隋朝陈稜到的地方究竟是琉球还是台湾?**
作 者 及 单 位　许森安
会 议 名 称　中国边疆史地第一次学术讨论会

题　　　　名　**隋开通济渠流经区域路线考综述**
作 者 及 单 位　冀和（安徽省宿州市文物管理所）
会 议 名 称　第二届淮河文化研讨会
会议地点时间　中国安徽宿州，2003
主 办 单 位　安徽省社会科学界联合会
摘　　　　要　隋开通济渠流经区域路线历来分歧为南道“淮汴”和北道“汴泗”两说。本文陈述两分歧观点的同时，就相关史料和历史地理等问题加以综合分析，并结合考古资料，确立“通济渠走的是淮汴路”。

题　　　　名　**隋唐时期的交通与都会**
作 者 及 单 位　史念海（陕西师大唐史研究所）
会议地点时间　1995
主 办 单 位　中国唐史学会
摘　　　　要　隋唐两代，前后相继，版图开廓，可以上迈秦汉，秦时西北才逾黄河，隋时竟置郡于且末（治所在今新疆维吾尔自治区且末县）。汉时于西域置都护，兼护南北两道，然三十六国仍各自有其王侯。唐时陇右道的安西和北庭两都护府，辖地且远至葱岭之西，在此广土众民的帝国中，欲妥为治理。

题　　　　名　**隋唐时期登州港的历史地位浅析**
作 者 及 单 位　朱龙（山东省蓬莱阁管理处）
会 议 名 称　中国唐史学会

会议地点时间　2006

主 办 单 位　中国唐史学会

摘　　　　要　登州港，现称蓬莱水城，位于北纬37°49′12″，东经120°44′58″，山东半岛最北端，蓬莱城北丹崖山下，北距庙岛群岛6海里，是我国建筑较早、保存最完好的古代海港和古代海防设施。

题　　　　名　随从施琅建功立业的同安人

作者及单位　颜立水（同安县文化局）

会 议 名 称　“谱牒研究与五缘文化”研讨会

会议地点时间　中国福建晋江，2008

主 办 单 位　福建省民俗协会、福建省五缘文化研究会、晋江政协文史委、晋江谱牒研究会

摘　　　　要　施琅（1621－1696）初名郎，归清后始改为琅，字尊侯，号琢公，晋江衙口人。早年是明总兵郑芝龙部下左先锋，清顺治三年（1646年）随郑芝龙降清；不久又加入郑成功的抗清义旅，成为郑成功的重要部将。后因微嫌与郑成功发生矛盾，于顺治八年五月再次降清。

题　　　　名　随同郑和下西洋的泉州人

作者及单位　陈桂炳（泉州师范学院）

题　　　　名　随郑和下西洋的医士匡愚

作者及单位　张耀宗（上海海关）

会 议 名 称　湖北省纪念郑和下西洋600周年活动

会议地点时间　中国武汉，2005

主 办 单 位　中国航海学会内河船舶驾驶专业委员会

摘　　　　要　出身于世代医家的常熟医士匡愚曾随郑和三使西洋。在此期间，他积极为使团人员医治疾病，并注意搜集中草药，为航海事业和我国医药学贡献了力量。匡愚写的《华夷胜览》，记录了郑和使团所到国家的情形，至今留存的《华夷胜览序》是研究郑和下西洋的极为珍贵的资料。

题　　　　名　孙中山对福建交通建设的宏伟构想

作者及单位　黄萍，秦友莲（民革福建省委会）

会 议 名 称　“孙中山与中华民族崛起”国际学术研讨会

会议地点时间　中国天津，2006

主 办 单 位　民革中央孙中山研究学会、民革天津市委会、天津市孙中山研究会

摘　　　　要　福建地处我国东南沿海，与台湾隔海相望。全省陆域面积12.14万平方公里，海域面积13.63万平方公里。“山、海”是福建省地缘的特色与优势。孙中山主张“人能尽其才，地能尽其利，物能尽其用，货能畅其流”，认为“此四事者，富强之大经，治国之大本也”。

题　　　　名　孙中山海权思想研究

作者及单位　时平（上海海事大学海洋文化研究所；上海郑和研究中心；中国船史研究会）

会 议 名 称　江苏省文史资料委员会、江苏省孙中山研究会纪念孙中山延辰130周年学术讨论会

会议地点时间　南京，1998

题　　名　孙中山与澳门

作者及单位　盛永华(中国文物研究所)

会议名称　"孙中山北伐与梧州"学术研讨会

会议地点时间　中国广西壮族自治区梧州市,1999

主办单位　民革中央孙中山研究学会、民革广西区委会、广西梧州市人民政府

摘　　要　你可知"妈港"不是我的真名姓？……我离开你的襁褓太久了,母亲！但是他们掳去的是我的肉体！你依然保管着我内心的灵魂。三百年来梦寐不忘的生母啊！请叫儿的乳名,叫我一声"澳门"！母亲！我要回来,母亲！——闻一多:《七子之歌》1999年12月20日,一个光辉喜庆的日子将载人中华人民共和国的史册——被西方列强胁迫劫夺而不得不与祖国母亲分离的澳门,欢呼着"母亲！我回来了！！！"奔向祖国母亲宽广而温暖的怀抱。四百多年以来,随着中国封建社会的日渐朽败,澳门经过了被葡萄牙殖民者入据一租据一占据的历程,澳门人民饱受殖民统治的苦痛;五十年来,恢复了尊严的祖国日益强大,澳门合乎逻辑地实现了光荣的回归。

题　　名　孙中山整治西江航道宏伟构想的创新特点

作者及单位　卢方敏

会议名称　"孙中山北伐与梧州"学术研讨会

会议地点时间　中国广西壮族自治区梧州市,1999

主办单位　民革中央孙中山研究学会、民革广西区委会、广西梧州市人民政府

摘　　要　孙中山先生在《实业计划》中提出整治西江航道的宏伟构想诞生于1919年,主要涉及广西范围。这是孙中山先生关于实业救国的一项重要社会科研成果。这项成果前后经过了几代人的奋斗,已有很大一部分目标得到了实现;尽管至今已经过了80周年漫长的岁月,但在回顾及深入研究这项社会科研成果的时候,我们仍然深深地为其鲜明的创新特点所吸引,并为之感到激奋,受到启迪。

题　　名　台胞在大陆抗日与台湾光复

作者及单位　陈在正(厦门大学台湾研究所)

会议名称　纪念抗日战争胜利60周年暨台湾建省120周年学术研讨会

会议地点时间　中国福建厦门,2005

主办单位　福建省炎黄文化研究会、厦门市政协

摘　　要　中日甲午战争失败,1895年与日本签订了屈辱的《马关条约》,把台湾及其附属岛屿割让给日本,从此台湾沦为日本的殖民地。台湾人民进行了多年的不屈不挠的反割台斗争和反日本殖民统治的斗争,数十万台胞被屠杀,血的教训使台湾人民认识到台湾的命运与祖国攸关。

题　　名　台胞在闽南的抗日活动

作者及单位　何池(中共漳州市委党校)

会议地点时间　2005

摘　　要　台湾自甲午中日战争签订《马关条约》之后,便落入日本侵略者的铁蹄之下。具有爱国主义传统的台湾人民不甘忍受屈辱的殖民统治,一方面在岛内前仆后继地进行抗击日本侵略者的斗争,另一方面奔向海峡西岸的祖国大陆,学习祖国文化,接受革命理论,组织抗日团体,开展抗日活动,他们的斗争得到了祖国大陆同胞的全力支持。

题　　　名 **台北县清水祖师庙与安溪移民**
作者及单位 陈在正(厦门大学台湾研究所)
会议名称 清水祖师文化学术研讨会
会议地点时间 中国福建清水,1999
主办单位 福建省民俗学会
摘　　　要 随着明末清初安溪移民到台湾,清水祖师信仰也传到台湾,先后在台湾盖起了一批清水祖师庙。现在全台有近百座清水祖师庙,在台北县市则有十六座。

题　　　名 **台湾、东南亚清水祖师文化发祥地——安溪清水岩**
作者及单位 孙英龙(东山县博物馆)
会议名称 清水祖师文化学术研讨会
会议地点时间 中国福建清水,1999
主办单位 福建省民俗学会
摘　　　要 最近,笔者专程参观游览了台湾、东南亚各地清水祖师文化发祥地——福建安溪清水岩。该岩寺编入《中国名胜词典》、《福建名胜词典》、《福建风光名胜》、《福建风物志》等众多的典籍、志书。是一处闻名海内外的游览胜地。

题　　　名 **台湾的初次沦陷与郑成功复台**
作者及单位 毛一波
摘　　　要 自西元一四九八年(明孝宗弘治十八年)从欧洲直达亚洲的海上航线被发现之后,中国在对外历史上发生了重大的改变,与欧洲人常常接触,台湾也就从此多事。最先到中国来的是葡萄牙人,他们经过台湾海峡时,自然就发现了台湾。"Formosa"是美丽之岛的意思,是他们当时对台湾的称呼。到现在,有许多的外国人仍称台湾为"Formosa。但第一个和台湾发生关系的并不是葡萄牙人,而是荷兰人。由于他们的头发略带红色,当时遂被称为"红毛番"。

题　　　名 **台湾的福州移民与民间信仰**
作者及单位 刘大可(中共福建省委党校)
会议名称 "闽都文化研究"学术会议
会议地点时间 中国福建福州,2003
主办单位 福建省炎黄文化研究会、泉州市政协
摘　　　要 在方兴未艾的闽台文化研究中,闽南与台湾的历史渊源是人所共言和人所共知的话题;闽西客家与台湾的关系,也逐渐为学术界所重视。与此形成对照,作为省城的福州与台湾的历史关联,却鲜有论述。本文试图从福州人移民台湾、福州地区民间信仰在台湾的传播及其社会功能等方面对福州与台湾的种种关系作一初步的探讨。

题　　　名 **台湾的闽南文化与经济**
作者及单位 魏萼(台湾大学)
会议名称 第三届闽南文化学术研讨会
会议地点时间 中国福建漳州,2005
主办单位 福建省炎黄文化研究会、漳州市政协
摘　　　要 台湾闽南文化是福建闽南文化台湾本土化的产物;它是闽南文化圈的重要成员,也是

中华文化大家庭的一分子。台湾闽南文化的国际化程度比较高,因而其在经济发展的生命力特别强,市场经济本能也特别发达。同属儒家文化经济圈的台湾闽南文化、福建闽南文化、东南亚闽南文化等,其所展现的经济成绩并不相同。

题　　　名　**台湾高山族支持郑成功收复台湾**
作者及单位　陈国强(厦大研究生院;厦门大学)
摘　　　要　三百二十年前,我国著名民族英雄郑成功率军驱逐荷兰殖民者,使台湾摆脱三十八年的殖民统治,归回祖国;佼台湾汉族和高山族同胞,回到祖国统一多民族大家庭中来。郑成功在收复合湾、建设台湾中,得到东南沿海和台湾广大汉族人民的支持,也得到台湾高山族人民的支持。高山族入民积极支持郑成功收复台湾的伟大斗争,为保卫和建设祖国领土台湾作出巨大贡献,为我国各族人民的友好关系史和反对外国侵略斗争史谱写了光辉的篇章。

题　　　名　**台湾海峡宗教直航研究**
作者及单位　刘明桂(福建海事局)
会议名称　中国航海学会内河船舶驾驶专业委员会学术年会
会议地点时间　杭州,2007
主办单位　中国航海学会内河船舶驾驶专业委员会
摘　　　要　妈祖信仰流传千年,“妈祖文化”是连接两岸亲情的纽带,台湾有1400多万妈祖信徒热切希望前往福建湄洲岛妈祖发祥地朝拜,由于历史原因两岸民间朝拜不能直航。近年来两岸关系逐步缓和,每年绕道往湄洲朝拜的台湾信徒不少于10万人。为此,我国政府积极准备,寻找解决台湾妈祖信徒朝拜的途径与办法。

题　　　名　**台湾建省的历史进程——纪念台湾建省120周年**
作者及单位　李祖基(厦门大学台湾研究院)
会议名称　纪念抗日战争胜利60周年暨台湾建省120周年学术研讨会
会议地点时间　中国福建厦门,2005
主办单位　福建省炎黄文化研究会、厦门市政协
摘　　　要　从我国的边疆海岛到一个正式的行省,台湾走过了一段十分不寻常的历史路程。

题　　　名　**台湾近代化的先驱——沈葆桢**
作者及单位　赵国营(南京大学中华民国史研究中心)
会议名称　沈葆桢巡台130周年学术研讨会
会议地点时间　中国南京,2004
主办单位　中国近现代史史料学学会
摘　　　要　1874年5月,时任福建船政大臣沈葆桢赴台湾处理日本人在台湾牡丹社事件。不久,沈葆桢被正式任命为钦差大臣。

题　　　名　**台湾近代化自沈葆桢始**
作者及单位　陈俱(福建省科委)
会议名称　沈葆桢研究——纪念沈葆桢诞辰180周年学术研讨会
会议地点时间　中国福州马尾,2000

题　　　　名　台湾老公银饼
作者及单位　曾泽禄
会议地点时间　2002
摘　　　　要　从台湾先民早期生意买卖、土地契约和民间碑志中可以看出,在荷兰占据台湾后,当地就开始以银元为单位进行贸易,并在郑成功收复台湾后一直延续下来,嘉庆道光年间,鸦片输入,白银外流,台饷保值的唯一方法就是自铸银元,道光老公银饼的发行时间应为道光 18 年(1838 年),并在 1842 年和 1845 年继续发行减重银饼;其上满文应为"府库";背面戳印为"成记"的合文,列举了其 7 种版本,并分析了"嘉义县造"寿星银饼出现的原因。

题　　　　名　台湾妈祖宫庙灯钱发展的探讨
作者及单位　吴永猛
会 议 名 称　妈祖信仰国际学术研讨会
会议地点时间　港朝天宫妈祖文化大楼,1996

题　　　　名　台湾妈祖庙与闽南妈祖庙建筑之比较
作者及单位　李乾朗
会 议 名 称　妈祖信仰国际学术研讨会
会议地点时间　港朝天宫妈祖文化大楼,1996

题　　　　名　台湾妈祖信仰的民俗发展及其功能
作者及单位　翁卫平
会 议 名 称　中华妈祖文化学术研讨会
摘　　　　要　指出在台湾广泛传播的妈祖信仰,已逐渐内化为台湾民俗文化的有机组成部分。介绍了台湾妈祖信仰的发展轨迹及相应的民俗风尚,并阐释妈祖信仰在台湾发挥着精神支柱、人格调适、社会整合、文化认同等特殊的社会功能。

题　　　　名　台湾妈祖信仰的特色
作者及单位　张珣
会 议 名 称　中华妈祖文化学术研讨会
摘　　　　要　台湾妈祖文化不同于以往的现象大约有几项:1. 热衷于前往湄洲谒祖进香,2. 热衷于比较系谱排行大小,3. 热衷于分香·进香以建立"拟母子关系"并以之形成妈祖庙之间的网络,4. 与现代传播媒体合作,将各种仪式与活动向大范围的信众做快速与现场之转播,5. 深入参与社区的公共事物,并且成为社区运动的象征领袖,6. 凝聚并且代表民众的意愿与诉求,进而挑战到政府的政策。本文便分述上列各项细节,说明台湾妈祖文化之新发展与特色,及其可能对未来亚洲妈祖文化的影响。

题　　　　名　台湾妈祖信仰的宗教形态——以北港朝天宫为例
作者及单位　郑志明
会 议 名 称　中华妈祖文化学术研讨会
摘　　　　要　本文主要依据前人的研究成果,综合了学者实际参与的田野经验,关注人们在文化传承下所展现出来的宗教内容与实践形式。妈祖信仰是民众集体性的生活共识,以具体的活动行为传达了

群众共有的文化意识与价值观念，成为社会生活的精神支柱与行动指南。就宗教本质而言，妈祖信仰是民众自发性的一套精神操作系统，其仪式与组织活动是自成一格，虽然不同于其它制度化的宗教，却有其自身典范作用的实践模式。妈祖信仰具有着宗教各种实质内容，表达了民众共同经验下的信仰感情、信仰态度与信仰行为，在操作的过程中，与民众的地缘组织有着密切的结合，发挥出社群整合与文化认同的信仰功能。本文企图对“宗教”概念重新地加以反省与解释，以“宗派意识”与“教派意识”等信仰形态的区分，来论述妈祖信仰的宗教形态。在同一生态环境，妈祖信仰与其它民间信仰在宗教形态上出入并不大，彼此间有相当高的重叠性，本文以北港朗天宫为例，来检证妈祖信仰的宗教形态，说明北港胡天宫如何在传统的文化气氛下，展现其自身的宗教形式。

题　　　名　**台湾妈祖信仰文化探论**
作者及单位　何绵山（福建广播电视大学闽文化研究所）
会 议 名 称　海峡两岸五缘关系学术研讨会
会议地点时间　中国上海，2003
主 办 单 位　福建省社会科学界联合会、福建省五缘文化研究会
摘　　　要　台湾的妈祖研究自20世纪50年代至今，台湾的妈祖信仰文化研究成果显著。其中突出的作者有四五位，有影响的专著十余部，有代表性的文章近200篇。台湾研究妈祖信仰文化成果突出的有：李献璋，台湾桃园大溪人，旅居日本多年，曾回台收集妈祖资料，以中、日文发表多篇研究妈祖文章。

题　　　名　**台湾民间信仰现状与发展趋势**
作者及单位　林国平，范正义（石狮市博物馆）
会 议 名 称　海峡两岸五缘关系学术研讨会
会议地点时间　中国上海，2003
主 办 单 位　福建省社会科学界联合会、福建省五缘文化研究会
摘　　　要　台湾开始缓步从农耕社会迈向工商社会。1945年台湾光复后，加速这一转型的进程。经过几十年的发展，台湾进入现代化社会。民间信仰作为台湾社会的有机组成部分，在这一社会转型过程中也无可避免地受到波及，发生了或隐或显的诸多变化。

题　　　名　**台湾平埔族妈祖信仰述略**
作者及单位　林文龙
会 议 名 称　妈祖文化——闽台妈祖文化学术研讨会
会议地点时间　厦门，1997
主 办 单 位　福建省社会科学界联合会，福建省民俗学会，台湾省各姓渊源研究学会联合举办

题　　　名　**台湾迁民对清水祖师的信仰**
作者及单位　黄天柱（泉州市博物馆）
会 议 名 称　清水祖师文化学术研讨会
会议地点时间　中国福建清水，1999
主 办 单 位　福建省民俗学会
摘　　　要　安溪群山环抱，层峦叠嶂，林木苍郁，山清水秀，是一处景色幽美佳丽之地。但其地梯山开垦，“掌地也成田”，故田少而民贫。加上古时封建剥削严重，兼并之风盛行的情况下，不少安溪乡人离乡背井，冒着生命危险和历尽千辛万苦，到外地谋生，赋有强烈的开拓精神。他们不仅向东南亚诸国迁

徙,也有众多的人渡台拓殖。

题　　　名　**台湾神仙信仰四大庙**

作者及单位　何绵山(福建广播电视大学中文系)

会议名称　道教思想与中国社会发展进步研讨会第二次会议

会议地点时间　中国泉州,2003

主办单位　中国道教协会

摘　　　要　台湾的城隍庙建筑,大都沿祖国大陆城隍庙规制而建。现择其主要评述如下。新竹市中山路的城隍庙,也被称为“都城隍庙”,其建筑规模是台湾目前最大的城隍庙,以职衔、阶级而言,也是台湾各城隍庙祀神中最高的,亦为台湾三级古迹。它是台湾地区惟一的省级城隍庙,以阳世与冥间体制来说,等于过去帝制时期阴间“行省巡抚”,相当于省主席或省长职衔,此庙始建于清乾隆十三年(1748 年)。

题　　　名　**台湾松山慈祐宫(妈祖庙)溯源**

作者及单位　郭仓谷(台湾松山慈祐宫)

会议名称　第二次闽台妈祖文化学术研讨会

会议地点时间　中国福建霞浦,1998

主办单位　福建省社会科学联合会、福建省民俗学会、宁地地区社科联、霞浦县社科联、霞浦松山妈祖文化研究会

摘　　　要　松山慈佑宫,原名:锡口妈祖宫,创建于清乾隆十八年(一七五三年),溯其渊源,昔时有一福建泉州籍行脚和尚,俗名林守义,法号衡真,云游四方,不住寺庙,好结善缘,由湄洲携奉天上圣母分灵金身四处渡化世人,雍正末年(十八世纪初)渡海来台。

题　　　名　**台湾同胞 50 年抗日斗争的重大意义**

作者及单位　王启超,周岳峰(南京国际关系学院)

会议名称　纪念抗日战争暨世界反法西斯战争胜利 60 周年学术研讨会

会议地点时间　中国江苏南京,2005

主办单位　江苏省哲学社会科学界联合会

摘　　　要　早在 16 世纪后期就曾侵略台湾无功而返的日本,野心勃勃的于 1894 年发动了旨在并吞朝鲜、侵略中国的甲午战争。一年的战争不仅让清王朝丧失了精心经营的:北洋舰队,也让台湾从此离开祖国达半个世纪之久。

题　　　名　**台湾拓殖株式会社文书中的八重山史料价值**

作者及单位　朱德兰

会议地点时间　2005

题　　　名　**台湾文化的形成与特点**

作者及单位　薛军力,徐鲁航(韩山师范学院;汕头大学法学院)

会议名称　第三届闽南文化学术研讨会

会议地点时间　中国福建漳州,2005

主办单位　福建省炎黄文化研究会、漳州市政协

摘　　　要　台湾是位于祖国东海中的第一大岛。它现在的区域包括台湾本岛及澎湖列岛、钓鱼

岛群岛、火烧岛、龟山岛等80余个岛屿组成。总面积为36000。06平方公里。台湾本岛面积为35798平方公里，是我国最大的岛屿。台湾历史上有很多称呼。三国时代被称为“夷州”，唐代作“留仇”或“流虬”。

题　　　名　**台屿海外华人的亲缘和神缘**
作者及单位　叶翔（福州市社科院）
会 议 名 称　福建省五缘文化研究会学术研讨会
会议地点时间　2002
摘　　　要　台屿的海外华人台屿村位于福州近郊，距城区不到10公里，属福州市仓山区建新镇。该村有6个自然村，以陈姓为主，有一个列为郊区文物保护单位的台屿陈氏宗祠以及为大多数村民共同信仰的台山文殊庙（又名陈东忠烈词）。

题　　　名　**太仓传统民俗对郑和航海饮食的影响**
作者及单位　陆静波
会 议 名 称　传承文明走向世界和平发展——纪念郑和下西洋600周年国际学术研讨会
会议地点时间　江苏，2005

题　　　名　**太仓刘家港盛衰的历史轨迹**
作者及单位　沈鲁民，陈蓓蓓
会 议 名 称　“郑和与海洋”学术研讨会
会议地点时间　中国太仓，1998
主 办 单 位　江苏省郑和研究会
摘　　　要　元代，开发海运，太仓刘家港异军崛起，发展成为我国东部一个重要的贸易港口；明代，郑和率领庞大的船队七下西洋，从太仓刘家港扬帆远航。因此，太仓刘家港在我国古代海外交通史和海外贸易史上占有极其重要的地位。

题　　　名　**太平港考察调研图说**
作者及单位　陈和栋，陈兴良，张国英
会 议 名 称　传承文明走向世界和平发展——纪念郑和下西洋600周年国际学术研讨会
会议地点时间　江苏，2005

题　　　名　**泰国的郑和后裔**
作者及单位　姚继德（云南大学）
会 议 名 称　第二次回族学国际学术研讨会
会议地点时间　中国宁夏银川，2006
主 办 单 位　宁夏社会科学院
摘　　　要　郑和后裔的由来及分布明初七下西洋威名远播的回族穆斯林大航海家、外交家和军事家郑和（1371—1435），身为内官监太监，受过宫刑，不能生儿育女有子嗣，已是众所周知的事实。然而，郑和身为太监何来后裔呢？这必须得从其家世说起，对此方可有个交代。

题　　　名　昙石山文化与闽越海洋文明
作者及单位　杨济亮(福州市社会科学院)
会议名称　福建省首届海洋文化学术研讨会
会议地点时间　中国福建福州,2007
主办单位　福建省炎黄文化研究会、福州市政协、福建省社科联、福建省海峡文化研究会
摘　　　要　昙石山文化分布于我省闽江下游及沿海地区。经过科学发掘的同类文化遗址还有:闽侯庄边山、福清东张、闽侯白沙头、南安丰州狮子山、诏安腊洲山、东山大帽山等地。

题　　　名　探析船政的科技特色
作者及单位　张振玉(福州市博物馆;)
会议地点时间　2003
主办单位　福建省闽学研究会
摘　　　要　19世纪中叶,以英、法为首的西方资本主义国家,在经过一系列技术革新改良后,基本上完成了资产阶级的工业革命,从而实现了机器代替手工生产的过程,生产效率得到明显的提高,生产力得到迅猛发展。此时,为了牟取暴利,扩张海外势力,凭借其"船坚炮利",野心勃勃地把魔爪伸向幅员辽阔、资源丰富的中国,使"普天之下,莫非王土,率土之滨,莫非王臣"。

题　　　名　汤若望和他的《主制群徵》从《主制群徵》谈关于汤若望的二三事
作者及单位　肖良琼(中国社会科学院历史研究所)
会议名称　第八届明史国际学术讨论会
会议地点时间　中国湖南石门,1999
主办单位　中国明史学会、湖南省社会科学界联合会、湖南省社科院
摘　　　要　明末清初,即从16世纪末到18世纪,天主教重新在中国传播。在众多来华的耶稣会传教士中(据说将近八百人),最负盛名的首推利玛窦、汤若望二人。中国现代著名的历史学家陈垣先生说:"利玛窦卒后,名业与玛窦相并,堪称为耶稣会之二雄者,若望也。"细考利玛窦和汤若望在中国的传教活动,我们可以看到,他们都具有两个显著的特点:其一是掌握了西方科学的渊博知识;其二是具有娴熟的中国语言和文化知识。正是因为他们具有这方面的专长并采取尊重中国传统文化的态度,因而就能很快地与中国当时的士大夫阶层建立友谊,打开其传教的局面,并在中西文化交流上做出了重大贡献。

题　　　名　汤显祖在肇庆遇见的传教士不是利玛窦——也谈汤显祖与利玛窦
作者及单位　龚重谟
会议名称　2006中国·抚州汤显祖国际学术研讨会
会议地点时间　中国江西抚州,2006
主办单位　抚州市社会科学界联合会、江西省抚州社会科学院、东华理工学院文法与艺术学院
摘　　　要　遇见的传教士到底是谁?徐朔方教授早在1961年整理《汤显祖诗文集》中,曾"怀疑"汤诗《端州逢西域两生破佛立义,偶成二首》中"'二子西来'有一人是利玛窦"。当他看到了《十六世纪的中国:利玛窦纪行》和《明实录》有关记载进行"互为印证"后,于1979年12月写了《汤显祖和利玛窦》一文,发表在《文史》第十二辑(1981年)。

题　　　名　唐朝人的海洋意识与海洋活动
作者及单位　王赛时(山东省社会科学院历史研究所)

会议地点时间 2006

主 办 单 位 中国唐史学会

摘 要 海洋在人类文明的历史发展中起着非常重要的作用，这种作用随着人类征服自然能力的提高而不断加大。在科学技术尚不发达的古代社会，人们要想用有限的知识结构与简单的操控手段去认识和征服海洋，那是极端困难的事情。

题 名 唐朝山东半岛港口网络与新罗侨民的沿海分布及其遗迹

作者及单位 曲金良（中国海洋大学海洋文化研究所；中国海洋大学文学与新闻传播学院；教育部基地暨987基地海洋发展研究院；中国海洋发展研究中心；韩国国立木浦海洋大学）

会 议 名 称 东北亚海上交流历史文化遗产国际学术研讨会

会议地点时间 青岛；蓬莱，2006

主 办 单 位 中国海洋大学海洋文化研究所，山东省蓬莱市文物局

题 名 唐代的东方门户——登州

作者及单位 曹东升（陕西师大历史地理所）

会议地点时间 1995

主 办 单 位 中国唐史学会

摘 要 唐代，政治、经济、文化等各方面都达到了封建社会的顶峰，交通亦不例外。中国古代的交通事业至唐代有了划时代的变化，国内，形成以长安、洛阳为中轴，向四面八方辐射的经纬交织、干支线相连的蛛网式陆路交通。

题 名 唐代开漳文化源流考要

作者及单位 汤毓贤（福建省云霄县博物馆）

会 议 名 称 第三届闽南文化学术研讨会

会议地点时间 中国福建漳州，2005

主 办 单 位 福建省炎黄文化研究会、漳州市政协

摘 要 漳州是中国东南沿海著名的经济开放城市，也是国务院颁布的第二批国家历史文化名城，素以悠久而灿烂辉煌的历史积淀和绚丽多彩的文化底蕴闻名遐迩。不过您可知道，漳州的发祥地在今福建云霄县境，启动了闽南的开发史。言及漳州的创建，漳属各地民众几乎无人不知陈政、陈元光父子艰辛而伟烈的创业历史；无人不对开漳先贤的伟大业绩，产生由衷的崇拜与敬仰。而在海外漳籍同胞创业史上，则把开漳圣王的民俗文化光环，演绎成浓烈的民族链和中华结。

题 名 唐代明州与中日交流

作者及单位 王勇

会 议 名 称 宁波与“海上丝绸之路”国际学术研讨会

会议地点时间 中国浙江宁波，2005

主 办 单 位 中国中外关系史学会、浙江日本文化研究所、宁波市文化广电新闻出版局

摘 要 在唐代中日文化交流史上，明州与扬州乃日本遣唐使往返进出的主要门户。林士民先生对明州的遣唐使登陆做过精深研究，我曾将他的论文《关于明州的遣唐使登陆地》译介到日本《亚洲游学》上发表，在国际学术界引起相当大的反响。

题　　　名　唐代商诏与安南间红河水路两道考
作者及单位　陆韧
会 议 名 称　“红河流域社会发展国际论坛”首届国际学术研讨会
会议地点时间　昆明,2005

题　　　名　唐代丝路的变化和海上丝路的兴起
作者及单位　卢苇(暨南大学历史系)
会 议 名 称　“中国与海上丝绸之路”国际学术讨论会
会议地点时间　泉州,1994

题　　　名　唐代中后期以平卢节度使为中心的对新罗航海贸易管理制度初探
作者及单位　王杰,周炜(海事大学港航研究所)
会 议 名 称　中韩航海学术交流会
会议地点时间　北京,1996
主 办 单 位　中国航海学会
摘　　　要　“安史之乱”后,位于山东半岛的方镇——平虑淄青节度使,逐渐掌握了唐王朝与新罗之间航海贸易的实际控制与管理大权。1. 平虑节度使辖下拥有众多的对新罗贸易港口,登州蓬莱县、文登赤山浦两港尤负盛名,这是唐王朝对新罗航海贸易进行管理的基础。2. 为了管理对新罗的航海贸易活动,唐王朝专门授予平虑节度使押新罗渤海两蕃使头衔,并配置了“押新罗海两蕃使巡官”、“勾当新罗押衙”等一批针对新罗的航海贸易管理职官。3. 以进出口违禁品规定为代表的一系列唐朝对新罗航海贸易管理措施和办法,也日趋规范化。

题　　　名　唐和南海各国的经济文化交流
作者及单位　王仲荦
会议地点时间　1987
摘　　　要　鼎盛的唐王朝,东面和新罗、日本诸国有着友好的往来,西面和大食、拂菻有着友好的往来,西南面和五天竺以及师子等国有着友好的往来。安史之乱以后,吐蕃占据了河西走廊和河湟地区,唐西面的陆路交通几乎断绝,但是南海的交通却特别发展起来。

题　　　名　唐末五代福建商业贸易的发展与“闽商”的崛起
作者及单位　戴显群(福建师范大学社会历史学院)
会 议 名 称　福建省首届海洋文化学术研讨会
会议地点时间　中国福建福州,2007
主 办 单 位　福建省炎黄文化研究会、福州市政协、福建省社科联、福建省海峡文化研究会
摘　　　要　唐末五代福建城乡商业的发展闽人自古就有善贾习俗,唐人独孤及称“闽越旧风,机巧剽轻,资货广利,与巴蜀埒富,犹无诸、余善之遗俗”。隋唐以来,随着农业生产的发展和手工业技术的进步,福建的商业也逐渐得到发展。

题　　　名　唐宋时期广州的波斯蕃商与怀圣塔
作者及单位　廖大珂(厦门大学)
会 议 名 称　三条丝绸之路比较研究学术讨论会

会议地点时间 中国云南昆明,2001

主 办 单 位 中国中外关系史学会、云南省社会科学院、广东省社会科学院、中国社科院边疆史地研究中心、云南大学西南边疆少数民族研究中心

摘　　　要 唐宋时期,东西方海上交通出现了空前的繁荣,海外各国商人源源不断地涌入广州,在此经商、定居,使广州成为中外各种文化交融的国际都市。在中外经济文化交流中,波斯蕃商扮演了重要的角色。他们不仅在广州的对外交通和贸易中起着中介的作用,而且带来了波斯的航海贸易制度和宗教文化,尤其在伊斯兰教传播方面,波斯蕃商做出了卓越的贡献。

题　　　名 **唐宋时期明州的茶禅文化与对日"海上茶路"**

作者及单位 董贻安

会 议 名 称 2006 宁波"海上茶路"国际论坛

会议地点时间 宁波,2006

主 办 单 位 浙江树人大学人文学院茶文化专业中国国际茶文化研究会学术委员会

摘　　　要 宁波历踞我国东南沿海要津,自唐宋以来,频仍地对外进行经济、文化交往,为东亚地区著名的港口城市,又拥有独特的历史与人文优势,其影响卓著,经久不衰。

题　　　名 **唐宋时期泉州汉族与阿拉伯民族关系**

作者及单位 许在全(泉州市委宣传部)

会 议 名 称 "中国与海上丝绸之路"国际学术讨论会

会议地点时间 泉州,1994

题　　　名 **唐五代泉州社会经济与对外贸易的兴起**

作者及单位 刘文波

会 议 名 称 "泉州港与海上丝绸之路"国际学术研讨会

会议地点时间 中国泉州,2002

主 办 单 位 中国航海学会

摘　　　要 泉州,宋元时期即以东方第一大港而享誉于世界,对外交通贸易十分发达。在此之前,即唐五代时期,却是泉州对外贸易酝酿、发展的关键时期。正是在这一时期,泉州社会经济获得了极大的开发,已萌芽的对外交通贸易有了重大的发展,由此奠定了宋元时期泉州对外交通贸易繁荣的基础。

题　　　名 **唐新联合军百济王都泗沘城攻略校注**

作者及单位 徐作生(文汇报社,上海海事大学郑和研究中心)

会 议 名 称 登州与海上丝绸之路国际学术研讨会

会议地点时间 中国山东蓬莱,2008

主 办 单 位 联合国泛丝绸之路·系列活动组委会、中国中外关系史学会、鲁东大学、山东师范大学齐鲁文化研究中心、蓬莱市人民政府

摘　　　要 关于百济泗沘王都之方舆泗沘王都为百济第四都城(也有人称第五都城),现今为忠清南道扶馀郡扶馀。百济圣明王二十六年春,我宣化天皇三年,从第三王都久摩那利(熊津),即现今忠清南道的首府公州,迁都至此,并开始称王。

题　　　名　唐至北宋明州港南下航路与贸易
作者及单位　王宏星(天一阁博物馆)
会 议 名 称　宁波与“海上丝绸之路”国际学术研讨会
会议地点时间　中国浙江宁波,2005
主 办 单 位　中国中外关系史学会、浙江日本文化研究所、宁波市文化广电新闻出版局
摘　　　要　唐宋时期明州(宁波)作为我国四大通商口岸之一,是海上丝绸之路主要始发港之一,与朝鲜半岛、日本航运贸易频繁,经济联系非常密切;与东南亚和波斯湾各国的航运贸易的数量也非常可观。借此,唐代明州与广州、扬州、交州并称四大名港。

题　　　名　陶瓷之路——八至十五世纪中国与非洲的海上交通
作者及单位　沙洵泽著;胡黎霞译(华盛顿哥伦比亚特区大学历史系吉林师范学院历史系)
会 议 名 称　1993 年海峡两岸学术讨论会
会议地点时间　1993
主 办 单 位　中国明史学会
摘　　　要　历史学家对于诸如文明的传承或历史的世界性这些问题,常常只考虑从地区间的陆上移民或跨越狭窄海峡的移民这些角度来解释。但是,许多伟大的文明,其兴起和衰落都跨越了浩瀚的海洋。比如:大海中的希腊文明、大洋中的彼利尼西亚文明。再比如:阿拉伯的航海家、现代欧洲的航海考、包括盎格鲁一撒克逊“海盗”,他们的影响都跨越了大海汪洋。在这篇文章中将阐述中世纪中国在印度洋上的贸易以及与非洲的关系。中国与非洲很早就有接触,最早的一次记载是在公元二世纪,以后,从八世纪到十五世纪,随着中国航海科技的发展,中国在密切印度洋上的贸易和文化交流方面发挥了重要作用,从东亚经中东直达非洲大陆。伴随藩伊斯兰教在中国的传播,阿拉伯国家也在这方面发挥了作用。

题　　　名　陶瓷之路——中国与非洲海上交通
作者及单位　(美国)沙洵泽
会 议 名 称　传承文明走向世界和平发展——纪念郑和下西洋 600 周年国际学术研讨会
会议地点时间　江苏,2005

题　　　名　梯航万国,誉播遐方——元代泉州港的极盛
作者及单位　周中坚
会 议 名 称　“泉州港与海上丝绸之路”国际学术研讨会
会议地点时间　中国泉州,2002
主 办 单 位　中国航海学会
摘　　　要　泉州港在两宋之际异军突起以后,南宋末年开始超过广州,取代了广州稳踞了一千多年的全国最大海港地位。元代是泉州港的极盛时期,成为中外经济文化交流和友好往来的大门,并跃到世界港口群的最前列,梯航万国,誉播远方,受到亚非欧人民的广泛注目和热烈向往,极一时之盛,享万代之荣。元代泉州港的极盛堪称历史的奇迹,至今仍使我们感到自豪。

题　　　名　“天妃灵应之记”碑与郑和二使西洋考证
作者及单位　徐胜一(台湾师范大学地理系)
会 议 名 称　中国地理学会 2004 年学术年会暨海峡两岸地理学术研讨会
会议地点时间　中国广州,2004

主办单位 中国地理学会、中山大学、中国科学院地理科学与资源研究所

摘　　要 公元1931年在福建长乐南山寺出土的「天妃灵应之记」碑，记载了郑和七次下西洋的史迹，但出使年代与明史纪录稍有不同。其中一次碑文载永乐五年至七年之役，明史不载，另一次明史载永乐二十二年旧港之行，碑文不载。两者同为七下西洋，而内容不尽相同，因此有旧说与新说之别。本文根据季风变化与航海往返之规律，参酌一些曾被质疑或被忽略的史料，重新诠释这两次有争论的西洋之行。

题　　名 **《天妃显圣录》考订**

作者及单位 蔡相煇（泉州师范学院）

会议名称 中华妈祖文化学术研讨会

摘　　要 元明以降中国道、佛宗教或重要庙宇，会编撰录书或志书，记载相关历史沿革、信仰神灵、重要人物、文献等，以保存史料并宏扬宗派声威。顾名思义，录是一种记录，其性质只是忠实的将事实记录保存，不作任何主观诠释发挥；录书就是把许多相关的记录汇集刻印发行的书。志。原为古代记载一个地区的地理、历史、人文、自然、产业、政事等各种面向资料的全方位书籍，如各县的县志，各府的府志，各省的通志甚至清朝时代还编了《大清一统志》将全国各省通志精华收录供参考。元、明二朝以后，也有宗教重镇模仿地方志体例自行编撰志书，如茅山、龙虎山、武当山等教派即自编《茅山志》、《龙虎山志》、《武当山志》，因为宗教志书的编纂带具备下列条件：（一）、招神具有相当知名度并有相当信徒；（二）、已累积相当数量的文献及史料；（三）、有一定素养与能力的文人参与编撰工作；（四）、有经济能力足以雕版印刷发行，因此并非每一寺庙都有能力从事志书的编纂；但一个宗派寺庙如有志书，则可显示其领袖群伦的地位与表征。因为志书包含内容较广，各宗教寺庙在有条件编志之前，通常会先编辑较简单的录书，所以录书就成为过渡至志书的刍形。录书与志书的内容，通常会记载该宗派的历史、信仰理论、主神、祭祀方式等各种讯息，类似西方宗教的经书，为研究某一宗教的必读教科书。妈祖信仰是一个流传近千年的信仰，有关记载妈祖的专书也经历录书与志书的二个过程，这些录书与志书就成为研究妈祖信仰的重要依据。现今存世有关妈祖的录书与志书有《天祖显圣录》、《天后显圣录》、《昭应录》、《敕封天后志》、《天上圣母源流因果》等，然这些录、志均以《天妈显圣录》为依据增删修订而来，《天妃显圣录》于妈祖信仰的重要性由此可见。本文仅就《天妈显圣录》的编撰者、编撰背景、主要内容加以闻析，并订正明显错误处，俘供各界参考。

题　　名 **天后宫之重建与活力：台湾与香港比较研究**

作者及单位 Joseph Bosco（林舟）

会议名称 妈祖信仰的发展与变迁——妈祖信仰与现代社会国际研讨会

会议地点时间 北港朝天宫，2001

题　　名 **天主教传教士与中国社会各阶层的冲突的根源与意义——以直隶两次民教冲突为例兼与赵世瑜商榷**

作者及单位 何岩巍（北京市社会科学院历史研究所）

会议名称 北京历史文化研究——北京史专题研究

会议地点时间 2007

摘　　要 中国学术界对近代教案问题的研究颇多，其中较为典型的两种观点可以顾长声《传教士与近代中国》和顾卫民《基督教与近代中国社会》二书作为代表。前书作者认为来华传教士实际上是帝国主义的帮凶，他们传播基督教欺骗人民，以达到配合外国侵略者瓜分中国的目的。

题　　　名　铁锚固海疆——沈葆桢的海防思想与保台措施
作者及单位　方毓宁(江苏省档案馆)
会议名称　沈葆桢巡台130周年学术研讨会
会议地点时间　中国南京,2004
主办单位　中国近现代史史料学学会
摘　　　要　沈葆桢(1820—1879),是中国19世纪60年代兴起的洋务运动的重要代表人物之一;又是林则徐的甥婿,幼承家风的熏陶和儒家思想的影响,具有强烈的爱国主义思想和民族自尊心。

题　　　名　通州漕运
作者及单位　周良(通州区文物管理所)
会议地点时间　2002
摘　　　要　我国古代,漕运乃国家安定、经济繁荣之命脉,而漕运则以河渠为主。自春秋末期京杭大运河始凿以来,尤其是金、元、明、清建都北京时期,潞河即为大运河北段漕运要道,其北端就在通州。通州与北京,历史上相辅相成,唇齿相依。通州汉初称路县,因蓟(今北京)襄(今辽宁省辽阳市)驰道驿路首先经此且为水陆要津而设,成为环蓟之卫星城,此则通州依蓟城而登上历史舞台;北京成为封建王朝首都之后,基本上处处依赖漕运,而大运河北端码头设于通州,此则北京靠通州而巩固发展。

题　　　名　同曲异工——16—18世纪西学东渐在中、日两国的不同命运
作者及单位　胡孝德,高小平(南京大学历史系;南京邮电学院)
会议名称　中西初识二编——明清之际中国和西方国家的文化交流之二
会议地点时间　2000
主办单位　中国中外关系史学会
摘　　　要　国内学术界一般认为,西学东渐在中国有两次高潮,第一次是16世纪末到18世纪中期,第二次是从19世纪60年代开始。而第一次西学东渐并没有在中国产生较深刻的影响,并且学术界较少对第一次西学东渐在中日两国的遭遇作比较分析。

题　　　名　同文馆与中国近代海关的关系
作者及单位　潘懋元,刘海峰(厦门大学高教所)
会议名称　教育史研究创刊二十周年暨中国教育史研究六十年学术研讨会
会议地点时间　中国北京,2009
主办单位　中国地方教育史志研究会、《教育史研究》编辑部
摘　　　要　1862年设立的京师同文馆是中国第一所过渡性的近代高等学校。在同文馆的创设和发展过程中,当时的海关总税务司起了重大作用。本文拟从中国近代高等教育发展史的角度,对同文馆与中国近代海关的关系进行专题探讨。

题　　　名　同治中兴的福建船政:从左宗棠到沈葆桢
作者及单位　张宜珍,刘大治(福建省人民政府台湾事务办公室;福建省图书馆)
会议名称　沈葆桢巡台130周年学术研讨会
会议地点时间　中国南京,2004
主办单位　中国近现代史史料学学会
摘　　　要　同治中兴,开明的官员们开始注意和阅读外国书籍,了解世界新闻,创办教授西方语

言和科学的学校,派遣驻外使节以积极推展外交,资送留学生出国学习各种西方学问。

题　　名 **挖掘本土历史文化资源,加强青少年民族精神教育——马尾船政民族精神教育的现代启示**

作者及单位 陈沙麦,黄侨彬(福州大学人文社会科学学院)

会议名称 传统文化与先进文化构建论坛

会议地点时间 中国福建福州,2004

主办单位 福建省社会科学界联合会、福建省炎黄文化研究会

摘　　要 马尾船政的创建是中国近代史上洋务运动的一件大事。马尾船政成为中国近代海军的摇篮,近代军事工业基地之一,为中国培育了大量掌握当代科学技术的人才,尤其值得一提的是它强烈的爱国主义民族精神传统。对马尾船政文化的研究,从80年代开始已经得到学界的重视,特别是近年来,已引起社会各界的广泛重视。

题　　名 **外国资本主义侵夺粤海关主权的历史考察**

作者及单位 戴和(中山大学)

摘　　要 海关是主权国家根据本国法令对进出国境的货物、货币、金融、证券和运输工具进行监督检查、征收关税,并执行查禁走私任务的国家行政管理机关。我国的海外贸易具有悠久的历史,亦较早地在通商口岸设置专门性的管理机构。唐代在广州设立的市舶司,宋、元、明朝在东南沿海通商口岸建立的市舶司或市舶提举司,都是类似海关性质的对外贸易管理机构。我国正式海关的设立,则始于清代。康熙二十三年(1684年),清政府决定解除海禁,实行开海贸易的政策。次年,宣布江苏的松江、浙江的宁波、福建的泉引、广东的广州为海外贸易港口,相应设立江、浙、闽、粤4个海关,管理全国海外贸易事务。其中粤海关最为重要。特别是乾隆二十年(1755年)发生英国东印度公司代理入洪任辉率武装商船在宁波、天津等地骚扰事件后,为了防范西方冒险家到中国进行骚扰、掠劫和破坏,清政府于乾隆二十二年十一月宣布禁止外国船只到江海关、浙海关和闽海关收泊贸易,夷船"将来止许在广东收泊交易"。于是,粤海关几乎成为中国唯一的海关。鸦片战争后,虽然通商口岸不断增加,中国对外贸易的重心逐步北移上海,但粤海关仍然是一个重要的海关。

题　　名 **晚明"天学"传播的儒学化**

作者及单位 吴强华(上海师范大学历史系)

会议名称 "国家、地方、民众的互动与社会变迁"国际学术研讨会暨第九届中国社会史年会

会议地点时间 中国上海,2002

主办单位 上海师范大学、香港中国近代史学会

摘　　要 明朝晚期,耶稣会传教士带着"为基督征服全世界"的理想,梯山航海,泛海八万里来到中国,开始了他们的"精神远征"。

题　　名 **晚清"中体西用"教育方针之探析**

作者及单位 王宪平(复旦大学高等教育研究所)

会议名称 《教育史研究》创刊二十周年暨中国教育史研究六十年学术研讨会

会议地点时间 中国北京,2009

主办单位 中国地方教育史志研究会、《教育史研究》编辑部

摘　　要 自1840年鸦片战争之后,中国一步一步地变成了一个半殖民地半封建的社会。当时

的教育制度、文化教育思想、教育内容和方法都非常空疏腐败,反映当时政治经济的衰落。

题　　　名　晚清督抚西学观念的演进——以沿江沿海督抚为中心的考察
作者及单位　贾小叶(中国社会科学院近代史研究所)
会议名称　中国社会科学院近代史研究所青年学术论坛
会议地点时间　中国北京,2002
主办单位　中国社会科学院近代史研究所
摘　　　要　从某种意义上说,近代中国社会的变迁是在中西文化的冲撞与交融中展开的。因此,如何正确认识和处理中西文化关系问题,实成为近代一切群体和个人顺应时代潮流、推动社会进步的重要前提。晚清督抚在近代中国的影响既深且巨。综观清政府的历次改革,无论是洋务运动还是清末新政,其中真正起主导作用的不是中央政府,而是地方督抚,尤其是沿江沿海的督抚。

题　　　名　晚清福建船政与台湾经济的发展
作者及单位　徐心希(福建师大社会历史学院)
会议地点时间　2003
主办单位　福建省闽学研究会
摘　　　要　进入同治、光绪两朝,与福建及我国东南诸省的近代化步伐紧密相关的事件千头万绪,层出不穷;但笔者以为其中最重要的则是两件大事,其一是福州马尾船政的开办,其二就是台湾的经济发展与单独建省。以往对福建船政问题进行研究的文章颇多,但多局限于在福建范围内,从而忽略了与台湾经济两者之关系的探讨。

题　　　名　晚清福建船政铸币史
作者及单位　叶伟奇(福州市人民政府经济研究中心)
会议地点时间　2003
主办单位　福建省闽学研究会
摘　　　要　清同治五年(1866),闽浙总督左宗棠倡议在福州马尾创办福建船政。福建船政是洋务运动时期诞生的近代中国第一批军工企业之一,是清季中国、乃至远东地区规模最大的近代造船厂,它的出现被公认为近代中国由传统手工业迈向近代大工业生产的开端。晚清时期,福建船政除制造兵舰、商船外,还曾经两次铸造货币,但铸造时间短暂、铸造货币数量不多,故而其史事鲜为人知。

题　　　名　晚清关于增设驻南洋领事的争论——兼论近代国际法、领事裁判权、不平等条约体制
作者及单位　青山治世(日本爱知学院大学院)
会议名称　"近代中国、东亚与世界"国际学术讨论会
会议地点时间　中国山东日照,2006
主办单位　中国社会科学院近代史研究所中外关系史学科、《历史研究》编辑部
摘　　　要　中国在晚清时期经过两次鸦片战争后接受了一部分西洋外交制度,但它不仅有迫不得已吸纳西洋外交体制的被动接受的一面,而且也有作为"权宜之计"主动接受的另一面。领事制度本来是西洋世界的外交通商制度之一,在第二次鸦片战争结束后,清政府还没有采用驻外领事制度的打算。

题　　　名　晚清海战理论与甲午海战
作者及单位　皮明勇

会 议 名 称 甲午海战与中国海防——纪念甲午海战一百周年学术研讨会

会议地点时间 1994

摘 要 检讨甲午战争中北洋舰队败亡的原因,论者大都认为它在作战指导方面所犯的错误是一个非常重要的因素。然而,北洋舰队为什么会犯这样的错误呢?在正规战争史上,指挥员一般是根据固有的作战理论,结合战场的实际情况而加灵活运用的。如果在战前军事学术界的作战理论准备不充分,或者未被指挥员所掌握,那么,就很难指望他在战场上有出色的表现。因此,我们对北洋舰队在甲午战争中作战指导得失的研究,有必要再进一步,把它与战前中国海军的作战理论准备情况联系起来进行考察。只有这样,结论才会更深刻、更富于教益。

题 名 **晚清近代海防意识与甲午海战的失败**

作者及单位 赵国通

会 议 名 称 甲午海战与中国海防——纪念甲午海战一百周年学术研讨会

会议地点时间 1994

摘 要 19 世纪中叶,晚清政府在内忧外患之中开始筹建海防,至 1888 年北洋海军正式建成,经过 40 年努力,在近代资本主义工业不发达的情况下,清王朝建起一支在当时世界上名列前茅、在远东首屈一指的近代海军,应该是一大成功。其成功的决定性因素,则是海洋观念进入国家意识,推动了国家海防意识的更新,海防建设成为国家意志,并做出努力付诸国家行动。但是,晚清近代海防意识又有致命的弱点,它导致了 1895 年甲午中日战争的失败,教训十分深刻。

题 名 **晚清台湾建省考论**

作者及单位 崔之清(南京大学台湾研究所)

会 议 名 称 纪念抗日战争胜利 60 周年暨台湾建省 120 周年学术研讨会

会议地点时间 中国福建厦门,2005

主 办 单 位 福建省炎黄文化研究会、厦门市政协

摘 要 鸦片战争之后,作为中国东南沿海门户的台湾,战略地位日益突出。它也成为列强窥伺的重要目标。清政府逐渐加强了对台湾防务的整顿,特别是 1874 年日本侵台事件之后,袁保恒、沈葆桢、丁日昌、左宗棠、刘铭传等官员纷纷上奏光绪帝,就如何加强台防和开发治理台湾提出了自己的主张。

题 名 **晚清外国传教士的中国法律观**

作者及单位 杨大春(浙江财经学院法律系)

会 议 名 称 首届"晚清国家与社会"国际学术讨论会

会议地点时间 中国江苏苏州,2006

主 办 单 位 国家清史编纂委员会、中国社会科学院近代史研究所、苏州大学社会学院、上海社会科学院历史研究所、上海师范大学社会史研究中心、中国太平天国史研究会、扬州大学社会发展学院

摘 要 "对于历史悠久且至今仍具活力的中国法律传统,本国学人已多有著述。但是,带着不同文化背景和价值观念的西方学者怎样看待我们的传统?他们使用怎样的研究方法?发展和运用了哪些材料?得出了什么新的结论?对于中西两种法律传统的异同,他们有什么新颖的见解?"这是所有研究中国社会和中国文化的学者都可能关心的问题。本文就选取一个特定群体(外国传教士)在特定时段(晚清)中的言论为素材,力图回答上引的部分问题。

题 名 **晚清外交人才的培养——以从设立驻外公馆至甲午战争时期为中心**

作者及单位 箱田惠子(日本京都大学大学院文学研究科)

会 议 名 称　“近代中国、东亚与世界”国际学术讨论会
会议地点时间　中国山东日照,2006
主 办 单 位　中国社会科学院近代史研究所中外关系史学科、《历史研究》编辑部
摘　　　要　在以科举制度为中心发展起来的传统官僚社会的中国,作为专门职业的外交官是如何诞生的呢？坂野正高氏提出的这个问题,不仅引起了外交制度研究者的关心,也引起了其他很多研究者的兴趣。关于清末到民国时期的中国外交官的录用情况,许多研究已经阐明了其制度变迁的概貌。

题　　　名　**晚清以总理衙门为主轴的外交体制形态研究**
作者及单位　李兆祥(曲阜师范大学政治与社会发展学院)
会 议 名 称　“近代中国、东亚与世界”国际学术讨论会
会议地点时间　中国山东日照,2006
主 办 单 位　中国社会科学院近代史研究所中外关系史学科、《历史研究》编辑部
摘　　　要　总理衙门及与其协同配置的其他外交机构,架构了近代中国外交的一种别样的体制,这种体制既是传统的对非朝贡国外交体制的一种延续和发展,也是中国架构新外交体制的最初探索,因此,这种体制带有明显的过渡性特征。

题　　　名　**晚清在闽美国传教士西学翻译的兴与衰**
作者及单位　高黎平(宁德师范高等专科学校英语系)
会 议 名 称　福建省外国语文学会 2005 年年会暨学术研讨会
会议地点时间　中国福建省泉州市,2005
主 办 单 位　福建省外国语文学会
摘　　　要　清末民初福建的翻译界人才辈出,其翻译事业在中国的异军突起与晚清入闽美国传教士的从兴旺到衰落几十年的翻译活动有着千丝万缕的传承关系,因为 19 世纪中叶一群美国传教士在福建空前绝后的开拓性的西学译介于清末在福建本土翻译人士的身上得以发扬光大。

题　　　名　**晚清浙江海防战略地位的弱化及原因透视**
作者及单位　方坤,张炜
会 议 名 称　中法战争镇海之役 110 周年学术研讨会
会议地点时间　1995
摘　　　要　步入中国近代,海洋方向的防御日益成为清王朝整个国防战略的重要组成部分。而中国有 18000 公里海岸线的客观现实,又使海防布局问题成为晚清政治家们所关注的焦点所在。综观在沿海 7 省中南北居中的浙江海防,其战略地位在清廷海防战略中渐次弱化,此中原因十分深刻。它折射着晚清海防战略的本质及其基本走向。本文拟从剖析浙防的弱化过程入手,通过对近代海防战略形成及实施过程的分析,透视中国军事近代化进程中的某些特质,并对此提出一些看法,以期专家教正。

题　　　名　**晚清政府与罗马教廷关系史略**
作者及单位　顾卫民(上海教育学院历史系)
会议地点时间　中国上海,1997
摘　　　要　中国与罗马教廷的关系,历史悠远。早在元代,教廷使节蒙高维诺(GiovannidaMontecorvino)即于 1294 年来到中国京都汗八里,建立教会,并被教廷授与"东方宗主教"衔,统辖中国及远东教务。晚明以降,由于耶稣会士成功地运用了知识传教策略,赢得中国宫廷和官绅的信任,天主教由此大行

中国。

题　　　名　**晚清中朝海上交通述略**
作者及单位　徐万民
会 议 名 称　东北亚海上交流历史文化遗产国际学术研讨会
会议地点时间　青岛；蓬莱，2006
主 办 单 位　中国海洋大学海洋文化研究所，山东省蓬莱市文物局

题　　　名　**晚清总办朝鲜各口交涉商务委员陈树棠在朝鲜活动初探（1883年10月－1885年10月）**
作者及单位　权赫秀（中国东北师范大学历史文化学院）
会 议 名 称　登州港与中韩交流国际学术讨论会
会议地点时间　蓬莱，2004
摘　　　要　19世纪末晚清时期的中朝关系史，实际上就是由具有数千年历史的传统朗贡关系向近代条约关系逐步发生根本性转变的过程？而1882年朝鲜“工午军乱”则是清政府对朗政策转向积极干涉阶段的一个重要契杉。清政府不仅直接派兵赴朝镇压“工午军乱”，公开劫持朝鲜国王高宗之生父——大院君李旱应到中国并软禁于保定达3年之久，并且出兵朝鲜，将淮军庆字营部队3000兵力留驻汉城，成为晚清时期直接出兵国外并长期驻扎的唯一事例。至于中朝关系的相关制度层面也出现许多变化，1882年10月《中朝商民水陆贸易章程》之签订以及1883年10月总办朝鲜各口商务委员之派驻朝鲜，便是其中最重要的举措。

题　　　名　**万里海疆崇圣妃——两宋妈祖封祀辨识**
作者及单位　陈佳荣（香港龄记出版有限公司）
会 议 名 称　1995年澳门妈祖信俗历史文化研讨会

题　　　名　**万历朝鲜之役明军中的外国兵**
作者及单位　郑洁西（日本学术振兴会）
会 议 名 称　登州与海上丝绸之路国际学术研讨会
会议地点时间　中国山东蓬莱，2008
主 办 单 位　联合国泛丝绸之路·系列活动组委会、中国中外关系史学会、鲁东大学、山东师范大学齐鲁文化研究中心、蓬莱市人民政府
摘　　　要　明朝万历二十年（1592年）四月十三日，日本丰臣秀吉出兵侵略朝鲜。承平日久的朝鲜面对刚刚平定战国乱世的日军锐卒，一触即溃，败退千里，半月之内，首都汉城（今首尔）失守，两个月后，朝鲜北部的重要都市平壤也惨遭沦陷。一路逃亡的朝鲜国王李昖一直北撤至鸭绿江畔的义州，并不断地向宗主国明朝请求出兵援助。

题　　　名　**万历潮州海事考**
作者及单位　陈历明
会 议 名 称　海上丝绸之路与潮汕文化学术研讨会
会议地点时间　汕头，1994

题　　　名　**万历年间的壬辰倭乱和福建海商提供的日本情报**
作者及单位　松浦章,郑洁西
会议地点时间　2010
摘　　　要　16 世纪后期,丰臣秀吉结束日本的战国乱世,将之重新整合为一个统一国家。此后,丰臣秀吉野心膨胀,将其战略目标转向海外。爆发于万历二十年(1592)的日本侵略朝鲜战争,在中国的历史上被称为"万历三大征"之一,给万历明朝带来了巨大的冲击。

题　　　名　**万历四十五年暹罗国遣明使——明代朝贡形态的分析**
作者及单位　松浦章(关西大学)
会议名称　第七届明史国际学术讨论会
会议地点时间　中国吉林长春,1999
主办单位　中国明史学会、东北师范大学、吉林大学、吉林师范学院、通化师范学院、吉林省社会科学院
摘　　　要　明王自建国之初便实施海禁政策,与此同时准许海外诸国通过朝贡派使者来航,是周知的事实。而对从东南亚诸地域之各国前来明朝的使者,判明其真伪的方法之一,是发放“勘合”,此亦是人们所周知的。勘合的基本形态从万历的《大明会典》中可见。万历《大明会典》卷一〇八“勘合号簿”诸条目中,列记着勘合发放的例子和发放勘合的诸国。

题　　　名　**万寿尚书庙与中琉文化交流**
作者及单位　徐恭生(福建师范大学社会历史学院)
会议名称　福建省历史名人研究会陈文龙分会成立大会
会议地点时间　中国福建福州,1998
主办单位　福建省历史名人研究会陈文龙研究分会
摘　　　要　万寿尚书庙位于福州市台江区坞尾街 2 号,建于明初永乐年间,面积约 1000 平方米,分前后两殿,前殿奉祀陈文龙尚书,后殿奉祀天上圣母和观音大士,为我省儒、道、释三教合一的著名庙宇之一,现作为陈文龙纪念馆对外开放。

题　　　名　**汪大渊两次出洋初考**
作者及单位　刘迎胜(南京大学历史系)
会议名称　“郑和与海洋”学术研讨会
会议地点时间　中国太仓,1998
主办单位　江苏省郑和研究会
摘　　　要　郑和远航是我国和亚洲航海史上光辉的一页。研究郑和不可不注意明以前我国的海上活动。汪大渊是元代著名航海家,可谓郑和的前驱之一,著有《岛夷志》。

题　　　名　**汪楫使琉球及其著述论略**
作者及单位　谢必震,傅朗(福建师范大学历史系)
会议名称　中外关系史学会第四次学术讨论会
会议地点时间　中国江苏扬州,1992
主办单位　中国中外关系史学会
摘　　　要　汪楫,扬州人。出任过赣榆县学的教谕。康熙十八年(1679 年)被举荐为博学鸿词,

经朝廷殿试。授予翰林院检讨一职。康熙二十二年(1683 年)奉命为正使册封琉球国王尚贞,为中琉关系的发展做出了积极的贡献。本文拟对汪楫册封琉球的史实加以考述,并对其撰写的使事著述的史料价值做一评析。

题　　　名　**王大海《海岛逸志》研究**
作者及单位　郑镛(漳州师范学院学报)
会 议 名 称　福建省首届海洋文化学术研讨会
会议地点时间　中国福建福州,2007
主 办 单 位　福建省炎黄文化研究会、福州市政协、福建省社科联、福建省海峡文化研究会
摘　　　要　王大海,字碧卿,号柳谷,乾嘉间龙溪县人。幼读诗书,因应试不第,且“为文词耻就有司绳尺,遂弃举子业,以著作自娱。”为了生计,亦做些生意,但经营不善,“其赀且多逋负”,决意罢手,“慨然尽倾田产以畀人”,乾隆四十八年(1783 年)“附贾舶登吧岛”。至爪哇,后居三宝垅,赘于华人甲必丹家,衣食丽都,侍婢数十。乾隆五十七年,终以家有老母,拂袖而归,依然舌耕度日。王大海侨居南洋期间,留心彼地山川风土人情,四处访求,入耳会心,以笔为舌,撰成《海岛逸志》六卷,另有《洪馀诗钞》若干卷。其姑夫刘希程于嘉庆七年五月间见阅二著并为《海岛逸志》作序云:“王君碧卿,余内人姪也。孝于亲,笃于友。少习举子业,工诗词。癸卯之年,曾为甘旨之谋而航海者。舌耕之暇,采风问俗,举诸番之胜概异状,一一志之。十载归来,而歌詠之章与海岛诸志各裒然成集矣。”而据王大海《海岛逸志》卷首之“自序”所署年月,则可知《海岛逸志》成于乾隆五十六年(1791 年)。嘉庆十一(1806 年)年首刊于漳州(称“漳本”)。

题　　　名　**王景弘籍贯考略**
作者及单位　曹木旺
会 议 名 称　“睦邻友好”郑和学术研讨会
会议地点时间　中国南京,2002
主 办 单 位　江苏省郑和研究会
摘　　　要　在近百年的时间里,国内对郑和下西洋的研究取得了重大的进展,特别是改革开放以来,又有了新的突破。然而,令人遗憾的是,由于历史资料的缺乏等因素,作为郑和的第一助手,与郑和多次一起下西洋的著名航海家王景弘依然得不到应有的重视和研究。

题　　　名　**王景弘与郑和关系研究**
作者及单位　黄文光
会 议 名 称　传承文明走向世界和平发展——纪念郑和下西洋 600 周年国际学术研讨会
会议地点时间　江苏,2005

题　　　名　**王景弘宗教信仰初探**
作者及单位　魏德新(乌鲁木齐铁路局)
会 议 名 称　“睦邻友好”郑和学术研讨会
会议地点时间　中国南京,2002
主 办 单 位　江苏省郑和研究会
摘　　　要　王景弘,这位论及下西洋之功可“与郑和并列而载入史册”的航海家,其有关身份的记述,在明清两代仅有“闽南人”三字。关于其人的宗教信仰,更是无一字可考。偶见香港曾鍏波先生著

《郑和下西洋考略》中有王景弘"非回教徒……死后(终年)伊斯兰教仪式安葬?"故本文旨在说明:生前被尊称为"伊斯兰教长老",并"积极向周围地区的华侨和当地居民传播伊斯兰教","归真"后又"按伊斯兰教仪式安葬"的王景弘是一位真正的穆斯林。

题　　　名 **王荣琯的江南情结**

作者及单位 王世敏(清华大学)

会 议 名 称 中国造船工程学会2005《中国船舶工业发展论坛》船史分会场纪念江南造船厂建厂140周年学术报告会

会议地点时间 中国上海,2005

主 办 单 位 中国造船工程学会船史研究学术委员会、上海市造船工程学会船史发展专业学术委员会、江南造船(集团)有限责任公司

摘　　　要 我国杰出的造船专家王荣王宾,从一名马尾海军飞潜学校制机班首届优秀毕业生,1925年(22岁)毕业分配到江南造船所,做一名普通的图算员,后任造机课课长,1949年(46岁)被荣任新中国江南造船所首任总工程师兼设计室主任,成为中国第一代国产潜艇工程技术的主持者……

题　　　名 **王寿昌与船政文化**

作者及单位 王宜椿(福建省地震局)

会议地点时间 2003

主 办 单 位 福建省闽学研究会

摘　　　要 19世纪中叶以来,由于清廷腐败,中国长期采取闭关自守政策,因而大大落后于西方国家,导致内忧外患纷至而来。为了达到富国强兵目的,曾国藩、李鸿章、张之洞、左宗棠、沈葆桢等为首的清朝官员倡导向西方国家学习先进技术的自强运动,史称洋务运动。同治五年六月(1866年7月),由左宗棠提议,以沈葆桢为首在福州马尾创办船政,因此形成以海军为主体的船政文化。

题　　　名 **威海粮台对甲午战争初期"海守陆攻"战略的影响**

作者及单位 朱少军

会 议 名 称 甲午海战与中国海防——纪念甲午海战一百周年学术研讨会

会议地点时间 1994

摘　　　要 甲午战争初期,清军在朝鲜作战的物资保障主要是来自天津和威海等地,而其一切调度由威海粮台来完成。威海粮台的保障对清军在朝的作战,尤其是对清政府实施"海守陆攻"的战略有着重要的影响。威海粮台是李鸿章在创建北洋海军、加强北洋海防当中建立的后方补给基地,自1876年起,清政府便在威海建船坞、码头、军港,修炮台、屯积物资,以此作为北洋海军的停泊、维修和供应基地。在甲午战争初,由于威海粮台充足的物资和优越的地理位置,成为清军在朝鲜作战的主要补给基地。

题　　　名 **魏晋南北朝海上丝绸之路的航线研究——兼论横越泰国、马来半岛的路线**

作者及单位 韩振华

会 议 名 称 "中国与海上丝绸之路"国际学术讨论会

会议地点时间 泉州,1994

题　　　名 **魏氏家族研究**

作者及单位 吴兴勇(湖南省社会科学院)

会 议 名 称 纪念魏源诞辰210周年国际学术研讨会

会议地点时间 中国邵阳,2004

摘 要 魏源家乡湖南省隆回县的魏姓宗族简况湖南省隆回县金潭魏姓:开基祖为魏万一。先世于元代(1279-1368)由江西吉安太和县鹅颈大丘始迁湖南善化县,迁移原因是避难,元代异族入侵,江右人口纷纷向内地迁移。到明朝永乐年间(1403-1424),这支魏姓又进行了第二次迁徙:魏万一与其弟魏万二复由善化县再迁宝庆邵阳北路隆回金潭。

题 名 **魏源的筹海思想初探**

作者及单位 袁邦根,何佐荣(广州军区司令部;广州开发区宣传部)

会 议 名 称 纪念魏源诞辰210周年国际学术研讨会

会议地点时间 中国邵阳,2004

摘 要 爱国的、进步的杰出思想家魏源筹海思想,产生于世界第一次军事变革时期,其体系完整、内涵丰富,对于当今世界军事变革仍有重要借鉴的魏源"筹海思想"。本文着重就魏源筹海思想的背景、精神实质及启示等问题进行初步的分析和探讨。

题 名 **魏源的实学与西学**

作者及单位 朱汉民(湖南大学岳麓书院)

会 议 名 称 纪念魏源诞辰210周年国际学术研讨会

会议地点时间 中国邵阳,2004

摘 要 在中国的近代化过程中,实学与西学的互动是一个值得关注的文化现象。清道光同治年间兴起以魏源为代表的经世致用的实学思潮,对晚清的思想文化转型发生重大影响;于此同时,魏源因其事先倡导"师夷长技",同时引发了一场绵延后世,并遍及中华大地的西学思潮。由于晚清的实学思潮与西学思潮有着内在的联系;并且是一个互动的思想文化现象,故而也就引起了学术界的广泛关注。

题 名 **魏源对辩证法的贡献**

作者及单位 陈子谦(四川省社会科学院)

会 议 名 称 纪念魏源诞辰210周年国际学术研讨会

会议地点时间 中国邵阳,2004

摘 要 辩证法似乎已不大为人所乐道,它甚至被指斥为自中世纪经院哲学之后最引人误入歧途的东西,因而受到无情的嘲笑。但是,辩证法在人类实践活动中仍然无处不在,人们在处理许多重大问题时发现它的作用不可小觑。作为人类思维方式,它仍然或明或暗、自觉或不自觉地左右思维着的头脑。

题 名 **魏源向西方学习思想与现代的对外开放**

作者及单位 林世俊,国世平,冯溢江(中加文化教育交流促进会;深圳大学金融系;香港中文大学出版社)

会 议 名 称 纪念魏源诞辰210周年国际学术研讨会

会议地点时间 中国邵阳,2004

摘 要 魏源(1794-1857)是我国清代著名的思想家。魏源在他的巨著《海国图志》中提出向西方学习的思想,实际上是我国对外开放最早的理论基础。魏源在一百多年前提出的向西方学习,到上个世纪八十年代初我国的对外开放,这其中经历十分曲折合十分复杂的过程。可以说,探讨魏源的向西方

学习的思想,对我国进一步对外开放有着非常重要的理论意义。

题　　　　名　**魏源与佛教的因缘**

作者及单位　胡光曙(湖南隆回县文物管理所)

会 议 名 称　纪念魏源诞辰210周年国际学术研讨会

会议地点时间　中国邵阳,2004

摘　　　　要　魏源(1794－1857),字默深,原名远达,别号良图,晚年法名承贯,湖南隆回(原属邵阳县)金潭人。这位我国近代史上杰出的爱国主义思想家、经学大师、史学家和文学家,他和佛教的关系,是他生平行状中一个重要的组成部分,研究他的学者每在这个问题上唏嘘感叹,乃至众说纷纭,得出不同的结论。

题　　　　名　**文化的双向互动:近代闽南与南洋**

作者及单位　陈衍德(厦门大学历史系)

会 议 名 称　第二届闽南文化研讨会

会议地点时间　中国福建泉州,2003

主 办 单 位　福建省炎黄文化研究会、泉州市政协

摘　　　　要　鸦片战争以后,闽南人大量出国,广泛分布在东南亚(当时人习惯上称之为"南洋")各地,他们把闽南文化带到侨居地,影响了当地文化;由于他们经常往返于故乡和侨居地之间,于是又把南洋文化带回故乡,影响了闽南文化。这样,一种文化的双向互动现象便出现在闽南与南洋之间。本文拟就这一现象作些初步探讨。

题　　　　名　**文化苦旅——对近代来登州传教士狄考文的理性思考**

作者及单位　朱龙(蓬莱阁管理处)

会 议 名 称　登州与海上丝绸之路国际学术研讨会

会议地点时间　中国山东蓬莱,2008

主 办 单 位　联合国泛丝绸之路·系列活动组委会、中国中外关系史学会、鲁东大学、山东师范大学齐鲁文化研究中心、蓬莱市人民政府

摘　　　　要　登州是我国历史上行政地理区划中具有重要地位的区域,其府治位于蓬莱,蓬莱地处山东半岛最北端,素以"海市蜃楼"、"人间仙境"著称于世。因其特殊的地理位置,曾是东方海上丝绸之路的起点,历朝历代的海防要塞、军事重镇,我国北方政治、经济、军事和文化中心。

题　　　　名　**文化社会学视野下的社会风俗变迁——以近代福州为例**

作者及单位　林星(福建省委党校社会发展所)

会 议 名 称　福建省首届海洋文化学术研讨会

会议地点时间　中国福建福州,2007

主 办 单 位　福建省炎黄文化研究会、福州市政协、福建省社科联、福建省海峡文化研究会

摘　　　　要　社会风俗的演变是城市现代化的一个重要内容。政治变更、经济发展和社会观念与价值取向的更新,推动了传承性极强的风俗习惯发生变化。鸦片战争后,福州成为五口通商口岸之一,开始了现代化的转型。

题　　　名　**文化视野:利玛窦与中西学互渐及其历史大趋势**
作者及单位　白振亚,王建中(滁州市政协;滁州市委宣传部讲师团)
会议名称　第六届明史国际学术讨论会
会议地点时间　中国安徽凤阳,1995
主办单位　中国明史学会

题　　　名　**文明视角下的郑和远航**
作者及单位　何芳川(北京大学历史系)
会议名称　"郑和远航与世界文明"暨纪念郑和下西洋600周年学术讨论会
会议地点时间　北京,2004

题　　　名　**我国创办最早、规模最大的近代造船厂——再谈《江南造船厂厂史(1865－1949)》的几点认识**
作者及单位　黄逸平(华东师范大学)
会议名称　中国造船工程学会2005《中国船舶工业发展论坛》船史分会场纪念江南造船厂建厂140周年学术报告会
会议地点时间　中国上海,2005
主办单位　中国造船工程学会船史研究学术委员会、上海市造船工程学会船史发展专业学术委员会、江南造船(集团)有限责任公司
摘　　　要　江南造船厂最初原名江南制造局,创办于1865年,它是我国第一批首创的近代工厂。在它出现之前,外国资本已入侵,开始在各通商口岸设立洋行,从事对华贸易,经营航运事业,开办银行、商店和工厂,逐步把外国资本主义生产方式和生产力移植过来。我国原有的社会经济结构亦由此受到冲击,商品经济有了发展,资本主义萌芽关系的手工工场有了增加,但尚没有出现近代工业。

题　　　名　**我国海洋经济的曙光——论河姆渡原始海洋渔业及其意义**
作者及单位　虞浩旭(宁波市天一阁博物馆)
会议名称　河姆渡文化新论海峡两岸河姆渡文化学术研讨会
会议地点时间　宁波,1999
摘　　　要　作为太平洋西岸的海洋大国,中国从陆地走向海洋,首先是从渔业起步,渔业揭示了海洋经济的曙光。早在7000年前,河姆渡人已涉足海洋经济这一蓝色产业了。本文就河姆渡原始海洋渔业出现的社会历史条件、实践活动及其意义作一番论述,以求教于行家。

题　　　名　**我国海洋事业的思考**
作者及单位　于正江
会议名称　走向海洋的中国人——郑和下西洋590周年国际学术研讨会
会议地点时间　南京,1995
摘　　　要　郑和是人类历史上一位杰出的航海家和和平友好使者。郑和下西洋既是世界航海史上伟大的壮举,又是中国古代海洋事业发展鼎盛的象征。发展海洋事业不仅是一个历史的课题,而且更是一个现实的课题。纪念郑和及其光辉业绩,总结郑和下西洋的经验和教训,借鉴历史规律,对于我们冷静地思考海洋问题,进一步发展和繁荣中国的海洋事业,促进人类和平、发展与文明,迎接即将到来的海洋世

纪的挑战,都有着深远的历史意义和重要的现实意义。

题　　　　名　**我国明代两大奇举——郑和下西洋与霞客游神州**
作者及单位　施光华(南京政治学院)
会议名称　徐霞客与中国旅游文化学术讨论会
会议地点时间　2003
主办单位　中国徐霞客研究会、江阴市人民政府
摘　　　　要　今年,我有幸认识了江苏郑和研究会的同志,参观访问了南京、太仓郑和纪念馆,读到了一些郑和研究的文章资料。我由此产生了一个联想:伟大的民主革命家孙中山在《建国方略》中盛赞郑和下西洋"为超前轶后之奇举"。我想,徐霞客游神州也同样是超前轶后之奇举。这两位明代人,虽然其身份、动因、遐征的方式、阵势和成果各不相同,但是他创造的空前奇迹,为后人留下了极为丰富的文化财富。

题　　　　名　**我国最早记载牵星术的海图**
作者及单位　刘南威,李启斌,李竞(华南师范大学,北京天文台)
会议名称　湖北省纪念郑和下西洋600周年活动
会议地点时间　中国武汉,2005
主办单位　中国航海学会内河船舶驾驶专业委员会
摘　　　　要　本文从航海天文角度研究了《郑和航海图》的价值。《郑和航海图》是我国古代航海经验的结晶,它既是郑和等人航海实践的记录,又是宋、元时代牵星航海经验的总结。本文考证出以"指"为量度起源于战国时期,证明中国的天文导航技术由来已久,并且独具特色,自成体系。本文对前人的这方面论述中的疏漏之处,也作了一些校正和补充。

题　　　　名　**吴地文化与日本文化关联探索**
作者及单位　管正,周凤鸣,刘吉洪(苏州市徐福研究会)
会议名称　中国(岱山)徐福东渡节暨徐福文化国际研讨会
会议地点时间　中国浙江岱山,2004
主办单位　中国徐福会
摘　　　　要　长江流域和黄河流域一样,也是我国古代文明的发祥地之一。

题　　　　名　**吴历"入嶴不果"隐因探究**
作者及单位　金国平,吴志良(葡萄牙葡中研究中心,澳门基金会)
会议名称　"16—18世纪中西关系与澳门"国际学术研讨会
会议地点时间　中国澳门,2003
主办单位　中国中外关系史学会、澳门理工学院、澳门基金会
摘　　　　要　吴历(1632－1718)研究以陈垣的一系列论文为开山作,其中刊于1936年的《吴渔山晋铎二百五十周年纪念》及1937年的《吴渔山年谱》仍为中外学者案头必备。

题　　　　名　**吴棠在清淮**
作者及单位　顾建娣(中国社会科学院近代史研究所)
会议名称　首届"晚清国家与社会"国际学术讨论会

会议地点时间 中国江苏苏州,2006

主 办 单 位 国家清史编纂委员会、中国社会科学院近代史研究所、苏州大学社会学院、上海社会科学院历史研究所、上海师范大学社会史研究中心、中国太平天国史研究会、扬州大学社会发展学院

摘　　要 吴棠,字棣华,号仲仙、春亭,安徽泗州盱眙(今属江苏)人。幼年贫困,"读书恒在雪月光明之下"。道光二十四年以大挑知县分发南河,历任桃源、清河等处。咸丰二年署邳州知州。咸丰十年,任淮海、徐州、淮徐道,帮办江北团练及徐宿军务。十一年,授江宁布政使兼署漕运总督。同治二年补授漕运总督。同治四年二月,命署两广总督,力辞不就。五年十月调任闽浙总督,六年十二月补四川总督,直至光绪二年卒。

题　　名 **吴文良先生遗著《泉州宗教石刻》的重要贡献**

作者及单位 廖渊泉

会 议 名 称 "泉州港与海上丝绸之路"国际学术研讨会

会议地点时间 中国泉州,2002

主 办 单 位 中国航海学会

摘　　要 海交史家和考古家吴文良先生遗作《泉州宗教石刻》,是第一部以泉州古代外来宗教石刻为主,系统研究与证实泉州是我国宋元时代海交巨埠和"海上丝绸之路"重要起点站的奠基性考古巨著。本文简介吴先生艰辛搜集、无偿捐献与认真整理这些石刻的过程,概述该书的丰富内容,评价它的重大学术价值与贡献,殷望出版该书增订本,以供学者深入研究。

题　　名 **吴越海岛与东北亚图腾崇拜及船崇拜比较**

作者及单位 金涛

会 议 名 称 中国海洋学会2007年学术年会

会议地点时间 中国广东湛江,2007

主 办 单 位 中国海洋学会、广东海洋大学

摘　　要 本文分析比较了吴越海岛与东北亚图腾崇拜及船崇拜现象,并引出了部分地方的出海、归港、谢洋、春节祭船神等一系列习俗。

题　　名 **吴越文化东传日、韩的海路航线**

作者及单位 蔡丰明

会 议 名 称 东北亚海上交流历史文化遗产国际学术研讨会

会议地点时间 青岛;蓬莱,2006

主 办 单 位 中国海洋大学海洋文化研究所,山东省蓬莱市文物局

题　　名 **五代吴越国时期宁波与日本海外贸易年次及特点探讨**

作者及单位 王心喜(杭州师范大学人文学院历史系)

会 议 名 称 宁波与"海上丝绸之路"国际学术研讨会

会议地点时间 中国浙江宁波,2005

主 办 单 位 中国中外关系史学会、浙江日本文化研究所、宁波市文化广电新闻出版局

摘　　要 五代十国是我国历史上继三国两晋南北朝之后的又一分裂动荡时期,军阀割据,战乱频仍;尤其是黄河流域,朝廷更替不迭,人民颠沛流离,苦不堪言,社会经济遭到巨大破坏。唯独地处两浙,建都杭州,国狭势弱的钱氏吴越国,从后梁开平元年(907年)其统治者钱镠被朱温封为吴越王,到北宋太

平兴国三年(978 年)钱弘俶"纳士归宋"止。

题　　　名　五代吴越国与日本交往通论
作者及单位　王心喜(杭州师范大学人文学院历史系)
会议名称　登州与海上丝绸之路国际学术研讨会
会议地点时间　中国山东蓬莱,2008
主办单位　联合国泛丝绸之路·系列活动组委会、中国中外关系史学会、鲁东大学、山东师范大学齐鲁文化研究中心、蓬莱市人民政府
摘　　　要　五代十国是我国历史上继三国两晋南北朝之后的又一分裂动荡时期。军阀割据,战乱频仍,尤其是黄河流域,朝廷更替不迭,人民颠沛流离,苦不堪言,社会经济遭到巨大破坏。唯独地处两浙,建都杭州,国狭势弱的钱氏吴越国,从后梁开平元年(907 年)其统治者钱谬被朱温封为吴越王,到北宋太平兴国三年(978 年)钱弘俶"纳士归宋"止。

题　　　名　五代越窑在澎湖——两岸交通的第一波
作者及单位　陈信雄(台南市成功大学历史系)
会议名称　宁波与"海上丝绸之路"国际学术研讨会
会议地点时间　中国浙江宁波,2005
主办单位　中国中外关系史学会、浙江日本文化研究所、宁波市文化广电新闻出版局
摘　　　要　大陆与台澎的交通,以福建为主,广东较少,浙江关系更少,其他地方罕见交通关系。浙江与台澎交通的历史,虽然较少,却颇有一些独特之处,其中有两个特别的例子。

题　　　名　五千年前环渤海湾考古学文化区系关系
作者及单位　刘观民
会议名称　环渤海考古国际学术讨论会
会议地点时间　石家庄,1992

题　　　名　五缘文化与侨务对台工作
作者及单位　江作栋(福建省侨办)
会议名称　福建省五缘文化研究会学术研讨会
会议地点时间　2002
摘　　　要　侨务工作的春天福建人移居海外已有上千年历史,据统计,福建省籍海外华侨、华人1086 万多人,分布在世界五大洲 160 多个国家和地区,其中约 90% 居住在东南亚。福建省有归侨、侨眷606.85 万人,占全省总人口的 20% 左右。早在明代,泉州地区已有商人到东南亚一些港口城市经商,并有人在吕宋等地定居。

题　　　名　西班牙奥斯定会士的首次泉州之行
作者及单位　杨钦章(泉州海外交通史博物馆)
会议名称　中国中外关系史学会学术讨论会
会议地点时间　中国北京,1986
主办单位　中国中外关系史学会
摘　　　要　元代的泉州港,海外交通与经济贸易空前繁盛,当时侨寓泉州的外国人数以万计,其

中有欧洲的旅行家、传教士、冒险家，如意大利的马可波罗、鄂多立克、哲拉德、裴莱格林、安德肋·佩鲁贾、玛黎诺里、詹姆斯·佛罗伦斯等等。

题　　名 **西班牙人占菲初期文书中的闽南“生理人”**
作者及单位 汤锦台
会议名称 第三届闽南文化学术研讨会
会议地点时间 中国福建漳州，2005
主办单位 福建省炎黄文化研究会、漳州市政协
摘　　要 16 世纪后期西班牙人的东来，是继葡萄牙人立足澳门之后中国与西方互动史上又一划时代的重大事件。1565 年(明嘉靖四十四年)西人自墨西哥航经太平洋首占菲律宾宿务后，即已开始留意对中国的贸易可能性。

题　　名 **西方画家与澳门妈阁庙**
作者及单位 徐新
会议名称 1995 年澳门妈祖信俗历史文化研讨会

题　　名 **西方势力与晚清漕粮海运**
作者及单位 倪玉平(中国社会科学院近代史研究所)
会议名称 中国社会科学院近代史研究所青年学术论坛
会议地点时间 中国北京，2003
主办单位 中国社会科学院近代史研究所
摘　　要 清代的漕粮海运，最初的两次始于道光六年(1826)和二十八年，咸丰朝以后，除因太平天国运动及义和团运动而偶有中断外，漕粮海运已经成为晚清时期最重要的漕粮运输方式。正如晚清政局，漕粮海运也在此期间经历了诸多变革，并与西方势力的屡屡插手不无关系。另一方面，关于西方势力在中国近代社会走向中的作用，中外学术界存在着不同意见。本文即欲通过此个案，对这一问题作侧面回答。

题　　名 **西方中心观到中国中心观的裂变及对郑和研究的影响**
作者及单位 王健
会议名称 传承文明走向世界和平发展——纪念郑和下西洋 600 周年国际学术研讨会
会议地点时间 江苏，2005

题　　名 **西汉海上丝绸之路始发港——合浦港的考古学实践与初步认识**
作者及单位 广西文物工作队课题组
会议名称 海上丝绸之路研究——中国·北海合浦海上丝绸之路始发港理论研讨会
会议地点时间 广西北海市合浦，2004

题　　名 **西汉海上丝绸之路与内地的互动——以徐闻、合浦始发港为中心**
作者及单位 黄启臣(中山大学历史系)
会议名称 海上丝绸之路研究——中国·北海合浦海上丝绸之路始发港理论研讨会
会议地点时间 广西北海市合浦，2004

题　　　名　西汉南海远航之始发点

作者及单位　陈佳荣(香港龄记出版有限公司)

会 议 名 称　"中国与东南亚"国际学术讨论会

题　　　名　西汉属部朝贡制度

作者及单位　贾丛江

会议地点时间　2005

摘　　　要　属部朝贡制度是在西汉建立统一多民族国家进程中逐渐形成的,是西汉政治体制和政治制度的组成部分,对后世历代王朝政体模式和民族政策,产生了深远影响。两汉边疆民族大多不同程度地保留着自己的部落系统或原有组织体系,以属部形式生活在西汉疆域之内。

题　　　名　"西来孔子"与福州基督教的传播

作者及单位　林金水(福建师大社会历史学院)

会 议 名 称　"闽都文化研究"学术会议

会议地点时间　中国福建福州,2003

主 办 单 位　福建省炎黄文化研究会

摘　　　要　艾儒略(JulioAleni,1582～1649),是明末利玛窦去世后又一来华传教的著名意大利耶稣士,有所谓"西来孔子"之称,为中西文化交流作出了贡献。他在福建活动长达二十五年,足迹遍及八闽,北至南平、建瓯、崇安、建宁、泰宁、邵武;中临福州、莆田、仙游;南下永春、安溪、德化、泉州、漳州,广交当地缙绅与社会名流,争取当地百姓皈依天主教。

题　　　名　西南便捷出海通道的时空变迁

作者及单位　李富强

会 议 名 称　海上丝绸之路研究——中国·北海合浦海上丝绸之路始发港理论研讨会

会议地点时间　广西北海市合浦,2004

题　　　名　"西学东渐"的先行者——利玛窦

作者及单位　贺树德(北京市社会科学院历史研究所)

会议地点时间　1988

摘　　　要　利玛窦(1552－1610)意大利人。出生在意大利安可纳洲马切拉塔城一个官员家庭。幼年颖异聪敏,稍长赴罗马读书,求名师,先后学习文学、法律,并研究神学。在著名的库拉维尤斯神甫指导下,又学习了几何学、天文学、地理学等自然科学,对这些学科的造诣颇深。他青年时代就成为一位学识渊博的学者,尤其是一位优秀的数学家。

题　　　名　西学东渐对中国近代史学的影响

作者及单位　雷北疆

会 议 名 称　濮阳市首届学术年会

会议地点时间　中国河南濮阳,2006

主 办 单 位　濮阳市首届学术年会组委会

摘　　　要　西学东渐作为一股历史性的思潮,从16世纪开始传入中国,在中华大地上引起了强

烈的反响。同样,它在中国近代史学方面也掀起了一场巨大而持久的史学变革风暴。通过对西学东渐的理解和其历程和范围的研究,可以看出中国近代史学在发展道路,史学流派和具体史学实践的变化。

题　　　　名　**西学东渐中的沈葆桢教育思想和实践**
作 者 及 单 位　史习基(福建商业高等专科学校马列部;)
会　议　名　称　沈葆桢巡台130周年学术研讨会
会议地点时间　中国南京,2004
主　办　单　位　中国近现代史史料学学会
摘　　　　要　两次鸦片战争使中国出现前所未有的大变局。细检这一时期的变化,离不开西学东渐这一文化背景。

题　　　　名　**西洋:明初发展对外关系的重点区域**
作 者 及 单 位　陈庆江
会　议　名　称　第二届昆明郑和研究国际会议
会议地点时间　云南,2002

题　　　　名　**西洋传教士闽南方言研究述略**
作 者 及 单 位　张嘉星(漳州师范学院图书馆)
会　议　名　称　第三届闽南文化学术研讨会
会议地点时间　中国福建漳州,2005
主　办　单　位　福建省炎黄文化研究会、漳州市政协
摘　　　　要　闽南方言区是华夏民族最早接触西方文化的地区,明清以来,西方传教士陆续进入南洋群岛和闽南内地与台湾,为推行西方宗教文化而学汉语、习方言,创造闽南方言罗马字(又称白话字),客观上成为我国语文现代化的先声。然而,滥觞于16世纪南洋群岛的教会闽南方言辞书和后来的各类闽南方言教材、闽南土白圣经译本、《论语》等中华典籍闽南方言译本,记录了几百年前的闽南话,却因大洋阻阔、学科隔阂、文献资料的限制,难以一窥全豹。为此,有必要扩大视野,在近现代中西文化交流史、宗教史、教育史、语言学史等大背景下,重新全面集中地审视西方教会研习闽南方言的学术活动及成果,以期对此作出较为系统、客观的评价。

题　　　　名　**《西洋番国志》所载海贸信息研析**
作 者 及 单 位　吴聿明
会　议　名　称　"睦邻友好"郑和学术研讨会
会议地点时间　中国南京,2002
主　办　单　位　江苏省郑和研究会
摘　　　　要　本文拟通过对《西洋番国志》所示海贸信息之考察、罗列与研析,从而研究15世纪初叶郑和下西洋船队与所经各国通商贸易的情况,进一步探讨郑和下西洋的动因与性质。本文所依据的版本为1961年8月中华书局第一版、第一次印刷,明巩珍著《西洋番国志》彭氏"知圣道斋钞本"。

题　　　　名　**《西洋记》与郑和研究**
作 者 及 单 位　张燕波
会　议　名　称　传承文明走向世界和平发展——纪念郑和下西洋600周年国际学术研讨会

会议地点时间 江苏,2005

题　　　　名 **西域之逸民中国之高士——评欧洲奇人毕方济**
作 者 及 单 位 康志杰(湖北大学历史系)
会 议 名 称 中国中外关系史学会第六次学术讨论会
会议地点时间 中国广西东兴,1997
主 办 单 位 中国中外关系史学会、复旦大学、上海外国语大学
摘　　　　要 与明朝国运共休戚毕方济(FrancoisSamniasi,1582－1649)是意大利籍耶稣会士。万历三十八年(1610)至澳门,四十一年(1613)赴北京,四十四年(1616)南京教案事起被逐出北京,不久又“潜入北京,匿居阁老徐光启宅。当是时也,光启上疏,主遣大臣赴朝鲜征兵以讨势力日盛之鞑靼,朝廷报可。光启拟亲行,并延方济偕往传教,”因言官阻止,未能成行,遂往江南传教。崇祯三年(1630),“龙华民,毕方济奉旨前往(澳门)招劝(葡萄牙)股商等,集资捐助火炮。”

题　　　　名 **锡兰战役新考**
作 者 及 单 位 时平(上海海事大学海洋文化研究所;上海郑和研究中心;中国船史研究会)
会 议 名 称 “郑和与海洋”学术研讨会
会议地点时间 中国太仓,1998
主 办 单 位 江苏省郑和研究会
摘　　　　要 锡兰战役(又称锡兰山战役)是郑和第三次下西洋期间发生的重要事件。关于是役,多年来国内外的研究早有定论。近年,美国学者路易丝·莱瓦塞斯在《中国称雄海洋时代》第六章“奇异的满剌加和锡兰王国”中提出新的观点。

题　　　　名 **霞浦妈祖信仰传台之背景及根据**
作 者 及 单 位 陈永雄,黄亦钊(霞浦县文化馆)
会 议 名 称 第二次闽台妈祖文化学术研讨会
会议地点时间 中国福建霞浦,1998
主 办 单 位 福建省社会科学联合会、福建省民俗学会、宁地地区社科联、霞浦县社科联、霞浦松山妈祖文化研究会
摘　　　　要 台湾民间的妈祖信仰,由福建莆田传入外,霞台一衣带水,台湾之妈祖信仰,一部分从霞浦传入有可靠的地理因素和历史背景,也有零星少量的史料根据,本文拟从这一角度揭示一些材料借作印证。因现有史书及阅读范围所限,只能择荦荦大者分述如下,抛砖引玉而已。

题　　　　名 **《霞浦松山天后宫》读后记**
作 者 及 单 位 方文图(厦门市地方志编纂委员会)
会 议 名 称 第二次闽台妈祖文化学术研讨会
会议地点时间 中国福建霞浦,1998
主 办 单 位 福建省社会科学联合会、福建省民俗学会、宁地地区社科联、霞浦县社科联、霞浦松山妈祖文化研究会
摘　　　　要 陈国强、林华章主编,1997年2月海峡文艺出版社出版的《霞浦松山天后宫》是一本很有分量的妈祖文化研究文集。撰文诸先生学有专长,从史地考证、民俗调查、发展规划以及民间文艺方面,介绍了霞浦松山天后宫的历史和现在,读来令人如临其境,浏览古今,笔者表示钦佩和祝贺。现就读后

所得，谈谈感受。

题　　　名　**下西洋船只所用木材之探讨**
作者及单位　汪淮
会议名称　传承文明走向世界和平发展——纪念郑和下西洋600周年国际学术研讨会
会议地点时间　江苏，2005

题　　　名　**厦门岛上的清水祖师崇拜**
作者及单位　石奕龙（厦门大学人类学研究所教授）
会议名称　清水祖师文化学术研讨会
会议地点时间　中国福建清水，1997
主办单位　福建省民俗学会
摘　　　要　厦门岛上虽有祀奉清水祖师的庙宇，但比较少。乾隆三十一年编撰的厦门第一本地方志书《鹭江志》记载厦门有24座宫庙，但没有一间是祭祀清水祖师的。而根据道光十九年刊行的《厦门志》卷二分域略，祠庙条的记载，在志书中提到的73座宫庙中，只有两座是以清水祖师为主祀神的，如："福茂宫，在内柴市，祀清水祖师。普佑殿，在后路头，亦祀清水祖师。"

题　　　名　**厦门开埠五十年略述**
作者及单位　彭景元
会议地点时间　1998
摘　　　要　1842年《中英南京条约》中，厦门被列为五个通商口岸之一。次年的11月2日，厦门正式开埠，从此，英、美、德、日以及其他资本主义国家的势力便源源不断地涌入，并由此而扩展到闽南、内地。打先锋的是领事、教士、商人等，为了共同的"事业"他们在厦门相互勾结、为所欲为，干出了一系列严重损害中国人民的事情。本文简略地综合厦门从1843年开埠以来至1893年前后50年的情况，从中可以窥见当时的一斑。

题　　　名　**厦门渔港的形成初探**
作者及单位　陈㬢
会议地点时间　1998
摘　　　要　厦门是祖国东南沿海的一个优良渔港，它面临台湾海峡，自然条件十分优越，具有港湾宽阔、水深、不冻、少淤、少雾、浪小、避风等特点；周围岛屿罗列，形成天然屏障；九龙江水经厦门港入海，水质肥沃；出浯屿岛就是水产资料丰富的闽南——台湾浅滩渔场，一年四季三汛都有鱼可捕。翻阅有关描述厦门史志中之渔业方面的资料，对于厦门作为一个天然优良渔港，均有所记载，但对厦门渔港的起始、渔港的变迁和形成以及开拓渔港先民的由来，却交代甚少，或众说纷纭。而这些问题，笔者认为很有探讨之必要，因此不揣肤浅，就多年来手头所搜集和积累的资料，稍加整理，权作刍议，目的在于抛砖引玉，以就教方家。

题　　　名　**先秦时期山东半岛与东北亚地区海上交流的考古学观察**
作者及单位　陈杰
会议名称　东北亚海上交流历史文化遗产国际学术研讨会
会议地点时间　青岛；蓬莱，2006

主 办 单 位　中国海洋大学海洋文化研究所,山东省蓬莱市文物局

题　　　名　**先秦时期以河姆渡为中心的浙东原始文化的演变**
作者及单位　钱茂伟(宁波大学)
会 议 名 称　河姆渡文化新论海峡两岸河姆渡文化学术研讨会
会议地点时间　宁波,1999

题　　　名　**现代视野看郑和下西洋**
作者及单位　丁万录(西北第二民族学院)
会 议 名 称　郑和下西洋与文明对话国际研讨会
会议地点时间　中国宁夏银川,2005
主 办 单 位　宁夏社会科学院、伊朗伊斯兰共和国驻华大使馆文化处
摘　　　要　非动力时代世界历史上最庞大而壮阔的航海船队出洋远航距今已经整整600年了。郑和的伟大壮举不仅表明了古代中国在航海技术上的绝对领先地位;不管是中国古代帝王们天下观希求“万邦宾服”思想的作用,还是其他什么动因,郑和船队所到之处的作为亦充分表明了处在强势的中国与周边各国和平交往的愿望和真诚。

题　　　名　**现代中国伊斯兰与基督教的和睦共处——宗教对话中的胡籁明·胡理门**
作者及单位　松本真澄,丁克家(敬和学园大学)
会 议 名 称　郑和下西洋与文明对话国际研讨会
会议地点时间　中国宁夏银川,2005
主 办 单 位　宁夏社会科学院、伊朗伊斯兰共和国驻华大使馆文化处
摘　　　要　鸦片战争之后,随着世界性宣教运动的蓬勃展开,以及基督教青年学生自愿者运动的兴起,基督教新教宣教团为了使“基督教占领中国”而进入到中国。然而,对西方传教团来说,要让中国人相信基督教的绝对性,并寻求与其它宗教的对话和共在是非常困难的。特别自基督教传入中国之初,其与伊斯兰教的关系就具有可争论性和成问题的。对伊斯兰的敌对态度是在福音传道过程形成的,部分是因为十字军东侵的失败,部分是因为上帝观念的不同。中国内地传教团的福音派教士、基督徒和传教士同盟共同致力于使中国穆斯林皈依基督教的巨大努力大约持续了60多年,而且一直持续到1950年。

题　　　名　**现实与历史:郑和下西洋与中国—东南亚关系**
作者及单位　吴小安(北京大学历史学系)
会 议 名 称　“郑和远航与世界文明”暨纪念郑和下西洋600周年学术讨论会
会议地点时间　北京,2004

题　　　名　**香港港口与航运业发展的简要情况**
作者及单位　朱大绶(招商局集团有限公司运输部)
会议地点时间　1992
摘　　　要　本文介绍香港港口与航运地的发展情况。

题　　　名　**香港九龙北佛堂门海底捞获的永历四年火炮考**
作者及单位　吕荣芳

会 议 名 称 郑成功研究国际学术会议

会议地点时间 厦门,1987

摘　　　要 1956年11月8日,香港政府因扩建九龙启德机场,在北佛堂门天后庙前海湾内。捞获沉没海底南明火炮一门,炮系铁铸,通长165公分,口径7公分,口沿厚8公分,炮身为前食后丰筒体,近中部有双耳,尾为球冠外加9道箍,炮身近底腹部铸有阳文款识铭文八行,竖行排列,共58字。

题　　　名 **湘、淮派系因素与晚清海军、海防**

作者及单位 董丛林

会 议 名 称 甲午海战与中国海防——纪念甲午海战一百周年学术研讨会

会议地点时间 1994

摘　　　要 晚清海军、海防状况受着诸多因素的制约和影响。其中湘淮派系因素是颇为直接和重要的一个方面。它实质上是当时的集团政治因素在军事近代化进程中的一种反映。

题　　　名 **偰长寿与高丽、朝鲜王朝的对明外交**

作者及单位 陈尚胜(山东大学历史系)

会 议 名 称 第七届明史国际学术讨论会

会议地点时间 中国吉林长春,1999

主 办 单 位 中国明史学会、东北师范大学、吉林大学、吉林师范学院、通化师范学院、吉林省社会科学院

摘　　　要 1368年,朱元璋于金陵即位。在中国建立起明朝统治政权。如何顺利开展与周边国家的睦邻友好关系,以便集中精力对付北元残余势力和恢复战后经济,这是摆在明太祖面前的首要任务。

题　　　名 **辛亥革命时期的海军**

作者及单位 单海峰

会 议 名 称 纪念辛亥革命90周年学术研讨会

会议地点时间 ,2001

主 办 单 位 江苏省政协、江苏省社科联、江苏省中共党史学会、江苏省中国现代史学会、江苏省孙中山研究会、南京大学民国史研究中心

摘　　　要 辛亥革命前夕,清朝海军经过甲午战争后的恢复和重建,共有舰艇40余艘,分编为巡洋和长江两个舰队,担负海防和长江河防的任务,萨镇冰担任两舰队统制官。1911年10月10日,武昌起义发生。当时,在武汉江面驻泊着清政府海军的"楚豫"、"建威"、"湖隼"、"湖鹰"等4艘舰艇。湖广总督瑞徵仓皇逃到"楚豫"舰上后,立即电请内阁、军咨府和海军部,请求调兵轮数艘来鄂增援,反攻武昌。

题　　　名 **辛亥革命与海关**

作者及单位 冈本隆司(日本京都府立大学文学部)

会 议 名 称 纪念辛亥革命九十周年国际学术讨论会

会议地点时间 中国湖北武汉,2001

主 办 单 位 中国社会科学院、中国史学会、湖北省社会科学联合会、武昌辛亥革命研究中心

摘　　　要 有关中国海关在辛亥革命时期所起的作用,早在1964年已有《中国海关与辛亥革命》这本资料集,它在收录各关税务司与总税务司以及他们和外界往来的信函、电报的同时,提出了帝国

主义控制下的中国海关"攫取中国关税保管权"的说法。

题　　　名　辛亥革命与台湾
作 者 及 单 位　韩建国,刘东华(南京中山陵园管理局;厦门大学)
会 议 名 称　"辛亥革命与20世纪中华民族振兴"学术研讨会
会议地点时间　中国广东广州,2001
主 办 单 位　中国辛亥革命研究会、民革中央孙中山研究学会、民革广东省委员会
摘　　　要　孙中山领导的辛亥革命是中国近代史上最具革命意义的资产阶级民族主义革命,它推翻了两千多年的封建帝制,在中国近代民族觉醒的进程中写下了重要的一页。

题　　　名　辛亥革命在烟台
作 者 及 单 位　赵慧峰,李志安(鲁东大学历史与社会学院;鲁东大学图书馆)
会 议 名 称　中国近现代史史料学国际学术讨论会
会议地点时间　中国山东烟台,2004
主 办 单 位　中国近现代史史料学学会
摘　　　要　辛亥革命不仅是一场覆翻帝制的反封建革命,也是一次救亡图存的民族运动,目的的明确与颇具普遍意义,决定了其在当时的倍受瞩目和认同。烟台是辛亥革命在山东的一面旗帜,其不仅是较早为革命派择为基地的区域,也是山东革命的根据地。

题　　　名　新发现《石井郑氏族谱》初探
作 者 及 单 位　李国宏(福建师大闽台区域文化研究中心)
会 议 名 称　闽台谱牒民俗研讨会
会议地点时间　中国福建晋江市,2002
主 办 单 位　福建省民俗学会、晋江市谱牒研究会
摘　　　要　新发现《石井郑氏族谱》是"明末版"吗?2002年3月15日《石狮日报》头版以《南安石井发现明末版郑氏族谱》为题,报道:"值此纪念郑成功收复台湾340周年。"

题　　　名　新宫归来话徐福
作 者 及 单 位　黄雪美
会 议 名 称　秦俑秦文化研究——秦俑学第五届学术讨论会
会议地点时间　陕西省西安市临潼区,2004

题　　　名　新加坡"天福宫"的妈祖信仰
作 者 及 单 位　陈国强,林瑞霞(厦门大学)
会 议 名 称　第二次闽台妈祖文化学术研讨会
会议地点时间　中国福建霞浦,1998
主 办 单 位　福建省社会科学联合会、福建省民俗学会、宁地地区社科联、霞浦县社科联、霞浦松山妈祖文化研究会
摘　　　要　1998年3月29日到5月5日,我們帶俊斌到新加坡探親。在陳华毅、陳琦帶領下,我們訪問、調查了"天福宫"的妈祖信仰,在高温達36度的日子里,汗流浹背,甚至流下。

题　　　名　新加坡郑和之友协会与北京郑和下西洋研究会在北京联合举办“郑和二千料宝船船模复原研究论坛”侧记

会 议 名 称　北京郑和二千料宝船船模复原研究论坛

会议地点时间　北京,2004

摘　　　要　本文对“郑和二千料宝船船模复原研究论坛”进行了介绍。本次论坛阐述了二千料海船的复原考证研究的课题成果和对船模复原设计制作工作的方案设想,并进行了有关船模设计制作技术交流与学术研讨。

题　　　名　新加坡郑和之友协会在南京——举办“郑和宝船设计与特色论坛”

会 议 名 称　北京郑和二千料宝船船模复原研究论坛

会议地点时间　北京,2004

摘　　　要　本文对新加坡郑和之友协会在南京举办“郑和宝船设计与特色论坛”的情况进行了介绍,阐述了与会各方在“郑和宝船的尺度及船型特点”、“郑和宝船的工程解读”等领域的研究进展。

题　　　名　新罗北界与唐朝辽东

作 者 及 单 位　王小甫(中国北京大学中国古代史研究中心)

会 议 名 称　登州港与中韩交流国际学术讨论会

会议地点时间　蓬莱,2004

摘　　　要　登州(今山东蓬莱)东北海行,南傍海埔,过泪江(今朝鲜大同江)口、椒岛,得新罗西北。———[高丽]金富拭《三国史记》卷三七《地理志四》统一新罗(668—935年)时期,其北部边界长期保持在从大同江界线到汀原道德源附近。直到王氏高丽(918—1393年)初期,这一状况仍然变化不大。为什么会形成这种状况?有人认为:“新罗统一子国后,当时内于新罗统治者对高句丽IH领土的消极态度,停止了向大同江以北地方活动。”

题　　　名　新罗张保皋与明朝郑和海洋经营史比较研究

作 者 及 单 位　(韩国)金德洙,(中国)朱江

会 议 名 称　传承文明走向世界和平发展——纪念郑和下西洋600周年国际学术研讨会

会议地点时间　江苏,2005

题　　　名　新世纪福建海洋文化发展中的海外闽商作用探析——以福清江阴半岛的开发、建设为例

作 者 及 单 位　张学惠(福建社会科学院亚太经济研究所)

会 议 名 称　福建省首届海洋文化学术研讨会

会议地点时间　中国福建福州,2007

主 办 单 位　福建省炎黄文化研究会、福州市政协、福建省社科联、福建省海峡文化研究会

摘　　　要　新世纪福建海洋文化发展中海外闽商作用的表现形式在福建海洋文化形成、发展的漫长历史进程中,海外闽商是一个具有推动作用的影响因素。

题　　　名　《新丝绸之路地图集》编制可行性研究报告

作 者 及 单 位　西安煤航

会 议 名 称　地图学与GIS学术讨论会

会议地点时间　中国青岛,2002

主 办 单 位　中国地理学会地图学与 GIS 专业委员会

摘　　　　要　"新丝绸之路"也叫新亚欧大陆桥,东起太平洋西岸连云港等中国东部沿海港口,西达大西岸东岸荷兰鹿特丹、比利时的安特卫普等港口,横贯亚欧两大洲中部地带,总长约 10900 公里。它的东端直接与东亚诸国相连,它的中国段西端从新疆阿拉山口换装出境进入中亚,与哈萨克斯坦德鲁日巴站接轨,西行至阿克斗卡站与土西大铁路相接,进而分北中南三线接上欧洲铁路网通往西欧。

题　　　　名　"新兴通商据点国家"琉球的形成与展开——以哈密、满剌加的比较为中心

作 者 及 单 位　冈本弘道

会 议 名 称　第九届中琉历史关系国际学术会议

会议地点时间　2005

题　　　　名　薪火相传的闽台"寻根"民俗

作 者 及 单 位　粘良图(晋江市博物馆)

会 议 名 称　闽台谱牒民俗研讨会

会议地点时间　中国福建晋江市,2002

主 办 单 位　福建省民俗学会、晋江市谱牒研究会

摘　　　　要　台湾与福建一水相隔,历代有大批移民从大陆特别是闽南迁台,带去源远流长的中华传统文化,带去家乡世代相承的风俗习惯。

题　　　　名　星洲与台湾妈祖信仰初步比较

作 者 及 单 位　张珣

会 议 名 称　妈祖信仰国际学术研讨会

会议地点时间　港朝天宫妈祖文化大楼,1996

题　　　　名　徐福,中日航海交往史上第一人——兼析古代浙江与东邻诸国的海上航路

作 者 及 单 位　曹孟陔(舟山市政府经济建设咨询委员会)

会 议 名 称　中国(岱山)徐福东渡节暨徐福文化国际研讨会

会议地点时间　中国浙江岱山,2004

主 办 单 位　中国徐福会

摘　　　　要　徐福东渡确有其事秦代,徐福东渡日本的大规模航海活动,是中日航海交往最早的重大事件,也是我国古代航海史上的壮举。

题　　　　名　徐福:中国海上丝绸之路的开启者

作 者 及 单 位　曲玉维(龙口市文化局;龙口市徐福研究会办公室;中国国际徐福文化交流协会;龙口市徐福研究会)

会 议 名 称　登州与海上丝绸之路国际学术研讨会

会议地点时间　中国山东蓬莱,2008

主 办 单 位　联合国泛丝绸之路·系列活动组委会、中国中外关系史学会、鲁东大学、山东师范大学齐鲁文化研究中心、蓬莱市人民政府

摘　　　　要　2006 年 8 月,中国中外关系史学会在新疆喀什召开"丝绸之路与文明的对话"学术研

讨会,我在分组发言中曾提及“徐福是我国最早的海上丝绸之路的开拓者”。事隔两年,随着 2008 年 10 月“登州与海上丝绸之路国际学术研讨会”的召开,前 210 年徐福率 3 000 童男女、五谷百工集团东渡,经过韩国到达日本,开启了中国海上丝绸之路——这一命题逐渐明朗清晰起来。

题　　　名　徐福村与徐乡县

作者及单位　邱孟旗(连云港市历史学会)

会议名称　全国首届徐福学术讨论会

会议地点时间　连云港,1987

摘　　　要　历史上有徐福其人,就应有徐福故里。但何处为其故里?本人仅以一得之见,就教于方家。所谓“徐福之谜”,确切地说,应是徐福故里之谜。因为在正史中,查不到有关徐福故里的详实纪录。司马迁在《史记》中只是说“齐人徐福”。而“齐带山海,膏壤千里”。究竟齐国哪个地方是徐福故里?

题　　　名　徐福东渡动因考

作者及单位　杨熺(大连海运学院航史研究室)

会议名称　全国首届徐福学术讨论会

会议地点时间　连云港,1987

摘　　　要　夏、商、周三代,是我国航海事业的形成时期。到秦统一全国以后,航海事业进入了一个发展时期。这段时间的前期发展,经历了秦、汉两代,即公元前 221 年到公元 220 年,前后约计 400 余年。这一期间,我国历史上出现了秦皇、汉武两个历史人物,他们是我国航海事业发展史上的积极推动者,对航海事业的发展做了许多有益的事情,后世我国的航海成就,基本上是承袭着秦汉的成绩,逐步演变而来的。

题　　　名　徐福东渡航路研究

作者及单位　孙光圻(大连海运学院航海史研究室)

会议名称　全国首届徐福学术讨论会

会议地点时间　连云港,1987

摘　　　要　徐福东渡航路是一个既内涵复杂、外延广泛,又众议纷耘、争论不一的学术课题。在航海学看来,所谓航路,实际上就是船舶在水上运动的轨迹。考其要素,无非有三,即二“点”一“纷。二“点”者,即指船舶的“始发点”与“终止点”;一“线”者,即指船舶由“始发点”到“终止点”的运动轨迹。鉴于最早记载徐福东渡一案的古代文献,语焉不详,只简提徐福入海之事略,而未明载东渡航路之走向;又鉴于在东亚方面迄今尚未发现可直接佐证涂福东渡行踪的考古成果,故目前要准确而圆满地解决这个问题,似嫌时机未熟。笔者认为,较为现实和可取的,应是从可行性角度对之进行积极的探索,并争取为最终破释这一疑题,提供有益的启迪。

题　　　名　徐福东渡启航地分析

作者及单位　马湘泳(中因科学院南京地理研究所)

会议名称　全国首届徐福学术讨论会

会议地点时间　连云港,1987

摘　　　要　秦代著名方士徐福,又名徐市,齐地琅邪人,1982 年发现徐福的故里在江苏赣榆县金山乡徐福村。赣榆在战国时属齐地,秦时属邪琅郡。西汉司马迁,东汉班固,晋陈寿,南朝宋范晔,五代后周义楚,唐李白、李吉甫,宋欧阳修、司马光、王钦若,明朱元璋,清黄遵宪等人,对徐福率童男女数千人入海

求仙事,均有不少记载。日本一些学者和有关史志,也有类似记载。

题　　　名　徐福东渡前之行踪初探
作 者 及 单 位　于锦鸿(连云港市徐福研究会)
会 议 名 称　全国首届徐福学术讨论会
会议地点时间　连云港,1987
摘　　　要　1985 年 6、7 月份,笔者从徐福故里江苏省赣榆县徐福村出发,沿着海州湾、琅邪湾、胶州湾和渤海湾,在江苏、山东、河北一些滨海市县进行了为期 20 天的考查研究,对徐福东渡前的行踪作了粗略了解。

题　　　名　徐福东渡日本之天文航法初探
作 者 及 单 位　赵鹿军(大连海运学院航海史研究室)
会 议 名 称　全国首届徐福学术讨论会
会议地点时间　连云港,1987
摘　　　要　徐福——中国历史上第一位有名可据的远洋航海家。他在公元前 219 年率童男童女并百工而行,东渡日本,在中国的航海史上留下赫然一笔。本文试就有关史籍记载和一些出土文物,进一步探讨徐福东渡的航线和当时使用天文航法的可能性。

题　　　名　徐福东渡三论
作 者 及 单 位　张自修(陕西骊山秦文化研究会)
会 议 名 称　全国首届徐福学术讨论会
会议地点时间　连云港,1987
摘　　　要　由于秦文化研究的机缘,使个人能有机会聆听徐福学术讨论学者们的定旨高论。现仅就"秦人"一得,冒昧以"徐福村'与'徐氏族语'"、"秦皇东巡与徐福东渡"、"中日交往第一伟人"三题,发表一些粗浅看法,以就教于诸位先生。

题　　　名　徐福东渡时代的航海知识
作 者 及 单 位　孙光圻(大连海事大学)
会 议 名 称　徐福暨琅邪国际学术研讨会
会议地点时间　1997

题　　　名　徐福渡海问题之探讨
作 者 及 单 位　丁正华(中国航海学会)
会 议 名 称　全国首届徐福学术讨论会
会议地点时间　连云港,1987
摘　　　要　徐声率童男童女入海找神山求仙药的事迹,发生在秦始皇 28 年至 37 年(公元前 219—前 210 年)间;最早栽于司马迁所接《史记司马迁青年时期曾游历各地,到过徐福入海故地琅邪进行考察。继其父任太史今后,遍览"石室金匿"之书,且"汉兴百年之间,天下遗闻古事靡不毕集太史公"。故《史记》之编年、记人、记事、记言、记谱无不据有丰富史料。其治史严谨,"善序事理,辩而不华,质而不理,其文直,其事核,不虚美,不隐恶。"所以,班固称颂为"所涉猎者广博,贯穿经传,驰骋古今上下数千载间"。后世史家都奉《史记》为正史之宗。

题　　　名　**徐福故事的衍变及其他**

作者及单位　方印华

会议名称　中国(岱山)徐福东渡节暨徐福文化国际研讨会

会议地点时间　中国浙江岱山,2004

主办单位　中国徐福会

摘　　　要　我们虽然已经发掘出许多关于徐福的故事,但大多零打碎敲,不成体系,既不可能在史籍中找到完整的记录,也很难在民间的流传中完美无缺地保持下来。

题　　　名　**徐福和秦始皇在山东的遗址及徐福东渡的启航点**

作者及单位　刘安国(山东海洋学院)

会议名称　全国首届徐福学术讨论会

会议地点时间　连云港,1987

摘　　　要　关于徐福和秦始皇在山东的活动,史书上均有确切记载,尽管他们的活动均属望海求仙,蒙上了一层神话传说色彩,然而他们在山东各地的活动,看来绝不是杜撰臆造的。除《史记》等史籍记载以外,在有关地方志中,也有不少记载。

题　　　名　**徐福和王丹虎——从东晋发现“长生不老”丹药谈起**

作者及单位　罗宗真(南京博物院)

会议名称　全国首届徐福学术讨论会

会议地点时间　连云港,1987

摘　　　要　徐福是秦代方士,王丹虎是东晋贵族。徐福奉秦始皇之命入海求“长生不老药”;王丹虎是东晋门阀士族王彬之女,在她的墓中,首次发现了真正的道家服食的丹九“长生不老药”。这是秦汉以来,道家所希望提炼“成功”的丸药。因此,王丹虎墓中的丹丸,对我们研究徐福和探讨秦汉以来道教奉行的“服食”之说,是一个有力的证据。

题　　　名　**徐福家世初考**

作者及单位　张良群

会议名称　中国(岱山)徐福东渡节暨徐福文化国际研讨会

会议地点时间　中国浙江岱山,2004

主办单位　中国徐福会

摘　　　要　家世,指家庭的世系或门第。而家谱又名族谱、宗谱,家乘。是记载一姓世系和重要人物事迹的重要书籍。它不仅记录着该家族的来源、迁徙的轨迹,还包括了家族生息、繁衍、婚姻、文化等历史文化的过程。因此,探讨徐福家世也应是徐福研究的重要内容。本文主要通过徐氏家谱,追寻徐福家世之脉络。

题　　　名　**徐福求仙到岱山是可信的**

作者及单位　黄均铭(岱山县徐福研究会)

会议名称　中国(岱山)徐福东渡节暨徐福文化国际研讨会

会议地点时间　中国浙江岱山,2004

主办单位　中国徐福会

摘　　要　我是宁波人，早在孩童时期就听到过徐福出海求长生不老药的故事。以后，在舟山、岱山海岛从事海洋渔业工作五十多年中又不断听到关于徐福的传说，尽管不少是美丽的神话，但深入研究、细细分析，多数是入情入理、有很强的可信性，我们应该多加挖掘，深入探讨是很有意义的。

题　　名　徐福求仙入海处考——兼论其入海所止处
作者及单位　时桂山（青岛市博物馆）
会议名称　全国首届徐福学术讨论会
会议地点时间　连云港，1987
摘　　要　我国从上古时代开始，逐渐形成了两大系统的神话传说，一为昆仑神话系统，一为蓬莱神话系统。昆仑神话起源于我国的西部地区，传至东方后，在沿海的燕、齐、吴、越等地形成了蓬莱神话系统。到了春秋战国时代，由于受到变幻莫测的海市蜃楼的影响，出现了传说在海岛中有仙人居住、仙人都快乐逍遥长生不死的神话世界，这就是蓬莱神话系统的主要内容。又由于道家和方士的宣扬，因而在沿海地区的各国君主中，出现了入海寻求长生不死之药的热潮。

题　　名　徐福求仙寻药在蓬莱仙岛——岱山
作者及单位　於文宽（岱山县徐福研究会）
会议名称　中国（岱山）徐福东渡节暨徐福文化国际研讨会
会议地点时间　中国浙江岱山，2004
主办单位　中国徐福会
摘　　要　我是一个东海老渔民，对于徐福的传说传闻很感兴趣，在平时茶余饭后的聊天中，积累了很多关于徐福来我们岱山即“蓬莱仙岛”求仙寻药的故事，我把传说和故事经过整理，来个长话短说。

题　　名　徐福文化源流寻绎
作者及单位　陶和平（岱山县徐福研究会）
会议名称　中国（岱山）徐福东渡节暨徐福文化国际研讨会
会议地点时间　中国浙江岱山，2004
主办单位　中国徐福会
摘　　要　关于徐福文化的命题从历史学的角度，对徐福其人以及东渡之事的研究，始自西汉司马迁的《史记》，二十多年来，历朝历代都曾有人在致力于这一课题的研究。

题　　名　徐福姓氏由来及徐氏部分后裔在临川之分布
作者及单位　徐恒堂（江西临川县政府力、公室）
会议名称　全国首届徐福学术讨论会
会议地点时间　连云港，1987
摘　　要　中国姓氏起源于原始公社的氏族社会，经过夏、商时期的发展，到了周代得以普及。各个性氏的具体情况不同，起源和发展也不尽一致。徐氏是传说中炎黄联盟重要首领额项（高阳氏）之后。徐姓的起源，可以追溯到夏朝时的伯益（或作伯贸）。伯姑是东夷族的首领，嬴姓。其善于畜牧、狩猎。舜时被任为虞。后又助禹治水，立功。禹将伯益的儿子若木封到徐建立了徐国（今江苏西北和安徽东北一带）。到了徐堰王时，徐国被周所灭。用武王又把徐堰王的儿子宗封到今江苏泗洪一带，也称徐国。春秋时，徐国被吴所灭，徐国国君的后代有的就用国名“徐”作为自己的姓氏。

题　　名 徐福—日本古代文明的开拓者

作者及单位 李步青，唐禄庭（烟台市文管会龙口市博物馆）

会议名称 全国首届徐福学术讨论会

会议地点时间 连云港，1987

摘　　要 徐福，又名徐市，字君房，琅邪人（今江苏赣榆县徐福村人，见《徐福学术研究》），秦代方士。大致活动在战国末年至秦始皇时代，死于日本。他是个博学多才、善于文学辩才、通晓神仙方术、医药学、炼丹、气功学、观相、天文、气象、航海等技术的科学家、社会学家和心理学家。他善于观变、识时，在秦始皇的暴民统治下，能善保其身。他的467位同行被秦始皇"坑杀"，但他却带了大批男女青年和财货以及五谷、百工远走了。以其熟练的航海技术和地理知识，带领庞大船队，航行至岛国日本，在那里定居下来。并把齐国的先进农、工科技与神道思想传播到了日本。今天我们研究徐福，不但因他对古代日本文明曾有着重要影响，而且对研究战国、秦、西汉的沿海文明和中日友好渊源，也有重要意义。

题　　名 徐福与哥伦布

作者及单位 曲玉维（龙口市文化局徐福办）

会议名称 中国中外关系史学会第六届会员代表大会

会议地点时间 中国吉林延边，2005

主办单位 中国中外关系史学会、延边大学历史系与东北亚研究院、沈阳东亚研究中心

摘　　要 徐福是中国秦朝齐人，哥伦布是意大利热那亚人，把二者相提并论，是因为共同的航海探险事业把两个人联系一起，之所以要比较，是因为世界航海史、探险史上对徐福的描述只有淡淡的几笔，位置没有体现出应有的显要。

题　　名 徐福与日本

作者及单位 刘毅（辽宁大学日本研究所）

会议名称 全国首届徐福学术讨论会

会议地点时间 连云港，1987

摘　　要 《史记·秦始皇本纪》和《史记·淮南衡山列传》记载："齐人徐市等上书，言海中有三神山，名曰蓬莱、方丈、瀛洲，仙人居之"。"于是遣徐市发童男女数千人，入海求仙人。""徐福得平原广泽，止王不来。"二千多年来，文人辞赋、史家考证、民间传说，不绝于斯。而言徐福东渡日本者，中国书籍最早当举五代后周名僧明教所著的《义楚六帖》；日本古文书中首次言徐福至日本的，系南北朝时代北亲房编撰的《神皇正统记》。从此，徐福与日本就成了中日关系史上的重要话题。本文拟就日本有关徐福的遗迹和传说，做一简要概述，供专家学者们参考。

题　　名 徐福与徐福文化浅谈徐福入海东瀛动机论

作者及单位 徐鸿进（世界徐氏宗亲总会）

会议名称 中国（岱山）徐福东渡节暨徐福文化国际研讨会

会议地点时间 中国浙江岱山，2004

主办单位 中国徐福会

摘　　要 徐福之相关记载虽鲜见于青史，然对于中国内陆文明与文化经由航海动击东瀛海岛文化与文明之萌发，却是不容人为掩盖。笔者参酌坊间相关记载及学者之诸多论述，皆未有较为明确合理之说法，因此笔者原藉此一隅，略述拙见及考察心得与诸多先进贤德补证之。

题　　名　寻找建文帝与郑和下西洋无因果关系

作者及单位　于海明

会议名称　传承文明走向世界和平发展——纪念郑和下西洋600周年国际学术研讨会

会议地点时间　江苏,2005

题　　名　蟳埔村亲属称谓反映的闽南渔村民俗

作者及单位　朱媞媞(华侨大学文学院)

会议名称　第三届闽南文化学术研讨会

会议地点时间　中国福建漳州,2005

主办单位　福建省炎黄文化研究会、漳州市政协

摘　　要　蟳埔村地处晋江出海口,泉州两江突出部,依山傍海,港深风静,为古刺桐港的海交要津,是一个以渔业捕捞和滩涂养殖为主的沿海渔村。古刺桐港昔日经济繁荣、商贾云集,给蟳埔留下了不少"海丝"痕迹。如"蟳埔阿姨"的奇特服饰、坚固的"蚝壳厝"和当地繁多的民间信仰等奇异民俗正越来越引起人们的关注。本文以蟳埔村这个典型的闽南渔村为具体的研究对象,拟从亲属称谓的角度探讨闽南渔村的民风民俗。

题　　名　"鸦片贸易"、"苦力贸易"与汕头开埠

作者及单位　陈荆淮(汕头市区协文史与学习委员会)

会议名称　中国近现代史史料学学会学术会议

会议地点时间　2002

主办单位　中国近现代史史料学学会、中共石河子市委党史研究室

摘　　要　第二次鸦片战争后汕头被增辟为通商口岸。有一种相沿的说法:开埠前的汕头只是一个偏僻的小港口,是开埠带来的对外贸易才促进港口的发育和城市的形成,其实事实并非如此,开埠前汕头便是一个非官方认可的对外贸易港口。

题　　名　鸦片战争前福建的鸦片走私

作者及单位　陈洋,陈娜

会议地点时间　1998

摘　　要　鸦片战争前,英国殖民者为打开中国的大门,从十九世纪初叶起,在中国东南沿海大肆进行鸦片走私活动,至1830年后更空前高涨,年输入量最多时达三万余箱。由于鸦片走私主要集中在广东地区,而鸦片泛滥所带来的一系列社会问题也以广东表现最为突出,因此,史学界对鸦片问题的研究向以广东为中心,并取得较多成果。事实上,在同一时期,英国殖民者的鸦片走私活动也大量地渗入到福建沿海,并形成聚散地和网络。本文拟就鸦片战争前福建的鸦片走私情况,作一初步探讨,以求教于诸史学前辈。

题　　名　鸦片战争前清王朝对东南亚的国际航运政策

作者及单位　孙光圻(大连海事大学)

会议名称　中国与东南亚国际学术会议

会议地点时间　1997

题　　名　**延平王北征考评**
作者及单位　廖汉臣
摘　　要　日籍学者石原道博曾著有《张煌言的江南江北经略》一书,其第三章"追随郑成功攻略南京"有云:"郑成功之南京攻略,非在顺治十五、六年(西历一六五八——九年)率尔而行之者。乃自顺治七年(西历一六五〇年)八月,攻击其族建国公郑彩、定远侯郑联兄弟,袭取金、厦两岛,为其根据,即已开始;亦可云成功十年来经略沿海之总决算,不惜驱其精励,试行乾坤一掷之南京攻略,正欲与清军一决雌雄者也。"

题　　名　**严、胡交谊与嘉靖东南抗倭**
作者及单位　曹国庆(江西省社科院)
会议名称　第六届明史国际学术讨论会
会议地点时间　中国安徽凤阳,1995
主办单位　中国明史学会
摘　　要　嘉靖时期(1522—1566),朱明统治已入多事之秋,国困民贫,政衰兵疲,"南倭北虏"之患成为一代横祸。当此国家内忧外患之局,久历内阁、居似相非相之地的大学士严嵩(1480—1566),在"上待猜疑好杀之君,下有贪黩杀人之子",自身又不停遭致言官弹劾、政敌攻讦的情况下,于边事北倚翁万达(1498—1552)、杨博(1509—1574)诸奇才,南恃胡宗宪(1512—1565)、戚继光等。

题　　名　**严复与晚清海军教育**
作者及单位　刘晓琴(南开大学历史学院)
会议名称　严复诞辰150周年纪念大会暨严复思想学术研讨会
会议地点时间　2004
主办单位　政协福建省委员会
摘　　要　严复一生中,有大半段时间都与晚清海军、海军教育事业有紧密联系。晚清海军教育的发展为严复学习西艺、认识西方奠定了基础;严复留英归国后,又长期负有海军教育的重责,推动了晚清海军教育的发展。本文试就严复与清末海军教育的关系谈一些看法,以期抛砖引玉。

题　　名　**研究船政文化与培育城市精神**
作者及单位　陈俱(福建省科委)
会议地点时间　2003
主办单位　福建省闽学研究会
摘　　要　近50年来,对"洋务运动"的评价,经历了几番变迁。开头总认为它的性质是"封建的、买办的、卖国的",有全盘否定、一棍子打死的味道。后来,逐渐作了些具体分析,承认它在引进近代科学技术中的作用,尽管并不那么了不起。到了上世纪80年代末到90年代初,有些学者全面审视了近代历史发展的全过程,对"洋务运动"的作用作了较客观的评价。

题　　名　**研究淮河文化要为流域经济发展服务**
作者及单位　陈立柱(安徽省社会科学院历史所)
会议名称　第二届淮河文化研讨会
会议地点时间　中国安徽宿州,2003
主办单位　安徽省社会科学界联合会

摘　　　　要　四省沿淮淮北地区的经济水平不仅是所在省区最落后的,也大大低于全国平均水平。如何改变这种落后局面,过去主要是从经济层面做工作,这虽然是必要的,但却是不够的。新发展理论启示我们,只有深入到文化制度层面的认识才是发展研究进入深层的表示。以上来看淮河流域的文化特质或者说人文资源,大体上可以归为“贫困文化”一类,即构成其社会底层的人文环境不利于现代发展理念深入人心,影响了人们的认识态度与行为方式,从而表现为经济水平上的差别。我们认为这才是淮河流域落后的根源所在,研究其发展途径一定要以此为出发点。

题　　　　名　研究松山妈祖文化的重大意义

作者及单位　郑胜友,郑金洪

会 议 名 称　第二次闽台妈祖文化学术研讨会

会议地点时间　中国福建霞浦,1998

主 办 单 位　福建省社会科学联合会、福建省民俗学会、宁地地区社科联、霞浦县社科联、霞浦松山妈祖文化研究会

摘　　　　要　霞浦松山天后宫建於宋代天聖年间(1023－1031),按年代計算应是湄洲妈祖祖庙的第二位。

题　　　　名　扬威四海民族之光——写在纪念郑和下西洋600周年之际

作者及单位　赵殿桦(昆明市民族事务委员会)

会 议 名 称　2005:历史的辉煌——纪念昆明建城1240周年、郑和下西洋600周年、护国运动101周年

会议地点时间　中国云南,2005

主 办 单 位　云南省中国近代史研究会

摘　　　　要　2005年7月11日,是我国明代伟大的航海家、军事家、外交家郑和七次出使西洋600周年纪念日。作为生长在晋宁县的回族优秀儿女,郑和不仅是回族人民的骄傲,也是云南各族人民的骄傲。作为世界航海史上的巨人和世界环绕地球最早的人,郑和不仅是昆明的,云南的,也是中国的,更是世界的。

题　　　　名　扬州与“海上丝绸之路”

作者及单位　朱江

会 议 名 称　“中国与海上丝绸之路”国际学术讨论会

会议地点时间　泉州,1994

题　　　　名　杨景衡与郑和下西洋活动史迹考

作者及单位　李秉钧

会 议 名 称　传承文明走向世界和平发展——纪念郑和下西洋600周年国际学术研讨会

会议地点时间　江苏,2005

题　　　　名　洋务督抚与戊戌维新——以洋务督抚与维新派关系为中心的考察

作者及单位　贾小叶(中国社会科学院近代史研究所)

会 议 名 称　中国社会科学院近代史研究所青年学术论坛

会议地点时间　中国北京,2005

主 办 单 位 中国社会科学院

摘　　　要 本文从洋务督抚与维新派关系入手，从思想与实践两个层面考察了洋务督抚与维新运动的关系，探讨了督抚从洋务步入维新的心路历程，为深入理解督抚这一地方实力派与晚清改革之间的复杂关系提供了一个视角。

题　　　名 **洋务运动时期中外贸易状况变化的几个问题**

作者及单位 虞和平（中国社会科学院近代史研究所）

会 议 名 称 首届"晚清国家与社会"国际学术讨论会

会议地点时间 中国江苏苏州，2006

主 办 单 位 国家清史编纂委员会、中国社会科学院近代史研究所、苏州大学社会学院、上海社会科学院历史研究所、上海师范大学社会史研究中心、中国太平天国史研究会、扬州大学社会发展学院

摘　　　要 洋务运动时期，开始于第二次鸦片战争结束后的1861年，终止于中日甲午战争失败的1895年，是中国经济发生本质性转变的时期。在这一时期中，除了外资在华势力开始快速膨胀，中国的资本主义性基本产业开始产生和初步发展之外，中外贸易也随之发生了重大转变，不仅在数量和价值上有较大的增长，而且在进口商品和出口商品的结构上发生了重要的变化，既显示了列强各国随着其工业的发展而不断扩大对中国的商品输出和原料需求，使中国日益被卷入世界资本主义市场体系，也显示出外贸与产业的某种互动关系和正常化趋向。

题　　　名 **洋务运动时期中央与地方的权力之争——兼论其对清末政局走向的影响**

作者及单位 马平安（中国社会科学院近代史研究所）

会 议 名 称 中国社会科学院近代史研究所青年学术论坛

会议地点时间 中国北京，2001

主 办 单 位 中国社会科学院近代史研究所

摘　　　要 在太平天国运动、捻军起义被镇压下去之后，从19世纪60年代到90年代，清政府以"自强"、"求富"、"新政"相标榜，从中央到地方，掀起了一场影响中国近代历史进程的洋务运动。这场运动在中央以奕䜣为代表，在地方以曾国藩、李鸿章、左宗棠、沈保桢、张之洞、刘坤一等人为代表。他们先后建立了一批近代军事工业和民用企业，创建了新式的海陆军。

题　　　名 **洋务运动与抵御外侮——从李鸿章办洋务谈起**

作者及单位 苑书义

会 议 名 称 河北省历史学会首届年会

会议地点时间 中国河北秦皇岛，1980

主 办 单 位 河北省历史学会

摘　　　要 在近代中国，压迫和阻止中国社会前进的主要力量，是外国资本主义侵略者。对待外国侵略的态度，可以说是衡量每个阶级或政治派别、每个运动的准绳。洋务运动时期，正是外国资本主义侵略者在中国确立半殖民地统治秩序的时期。

题　　　名 **洋务运动与江南制造局**

作者及单位 夏东元（华东师范大学）

会 议 名 称 中国造船工程学会2005《中国船舶工业发展论坛》船史分会场纪念江南造船厂建厂140周年学术报告会

会议地点时间　中国上海,2005

主办单位　中国造船工程学会船史研究学术委员会、上海市造船工程学会船史发展专业学术委员会、江南造船(集团)有限责任公司

摘要　本文扼要叙述了洋务运动的性质和历史地位,提出了洋务运动即是近代化运动。江南制造局是洋务运动举办最早、新式的、先进的、标志性的一个机器制造工厂。她在中国近代史上具有很高的地位、重要的意义和重大的作用。

题名　姚广孝随郑和下西洋蠡测

作者及单位　池敬嘉

会议名称　传承文明走向世界和平发展——纪念郑和下西洋600周年国际学术研讨会

会议地点时间　江苏,2005

题名　姚莹《东溟奏稿》记

作者及单位　邹子荣(安徽省安庆市图书馆)

会议名称　安徽省桐城派研究会成立大会暨第二届全国桐城派学术研讨会

会议地点时间　中国安徽桐城,2005

主办单位　安徽省桐城派研究会

摘要　鸦片战争是满清王朝御外不成的一部战败史,鸦片战争揭开的近代史记,是中华民族丧权辱国、极不光彩的一页。但是在鸦片战争中的局部战役上,一些地方官员却又狠狠地教训了英国侵略者,打出了中国人的骨气和威风。

题名　也说妈祖生在霞浦松山

作者及单位　蓝剑森(霞浦县对台事務辦公室)

会议名称　第二次闽台妈祖文化学术研讨会

会议地点时间　中国福建霞浦,1998

主办单位　福建省社会科学联合会、福建省民俗学会、宁地地区社科联、霞浦县社科联、霞浦松山妈祖文化研究会

摘要　被沿海渔民尊称为"海上保护神"的妈祖,究竟生在何方,数百年来,崇拜她的信仰者,一直争论不休。莆田湄洲湾的渔民说,妈祖是出生在湄洲,理由是他们最早修建了妈祖庙。而贤良港渔民说,妈祖是他们家乡出生的,因为她的曾祖父曾住在贤良港。

题名　也谈郑和远航的动因——纪念郑和远航600周年

作者及单位　张显清(中国社会科学院)

会议名称　第十一届明史国际学术讨论会

会议地点时间　中国甘肃兰州、中国青海西宁,2005

主办单位　中国明史学会、西北师范大学、甘肃省社会科学院、青海师范大学

摘要　15世纪初叶的郑和远航是人类航海史上的空前壮举。惟其惊世骇俗,对其动因极易引起不同解释;加之永乐帝乃"篡位"之君,又为其涂抹上神秘色彩。而对远航动因的不同理解,又直接关系对其历史价值和意义的评价。对这一问题的研究虽已有一些成果,但仍存歧意,因此很有进一步加以辨析的必要。

题　　名　**叶向高与大闽江口区域商人试析**
作者及单位　崔来廷(郑州大学教育学院)
会议名称　第十一届明史国际学术讨论会
会议地点时间　中国甘肃兰州、中国青海西宁,2005
主办单位　中国明史学会、西北师范大学、甘肃省社会科学院、青海师范大学
摘　　要　叶向高(1559—1627 年),字进卿,号台山,福建省福清县人,明万历十一年(1583 年)进士,在晚明万历、天启年间,曾两次出任内阁首辅大臣,是当时政坛上一个非常重要的政治人物。

题　　名　**一部填补空白的力作——《中葡关系史(1513－1999)》读后**
作者及单位　张德信(中国社会科学院近代史研究所)
会议地点时间　2007
摘　　要　黄庆华教授集近十年之力,撰成百余万字的《中葡关系史(1513－1999)》,日前由黄山书社出版,是一件特别值得庆贺的事。

题　　名　**一部研究清朝与朝鲜边界问题的力作——评李花子近著《朝清国境问题研究》**
作者及单位　魏志江(中山大学韩国研究所;中山大学亚太研究院)
会议名称　中国朝鲜史研究会第八次会员大会暨学术讨论年会
会议地点时间　中国吉林延边,2008
主办单位　中国朝鲜史研究会
摘　　要　边界问题,大体包括短期越境与非法移民问题,勘定边界与围绕边界问题的交涉,以及相关国家对边境的管理制度等内容。

题　　名　**一九三〇年天津海关事件**
作者及单位　林能士;陈进金
会议名称　第二届近代中国与世界学术讨论会
会议地点时间　中国北京,2000
主办单位　中国史学会、中国社会科学院
摘　　要　海关关税的征收和税率条例的制订,为主权国家最重要的行政权之一。鸦片战争以后,中国即相继丧失关税自主权和海关行政管理权。自 1861 年(咸丰 11 年)起,作为海关最高行政官员的总税务司,也由外人担任;1898 年(光绪 24 年),总理各国事务衙门照会英使,总税务司一职允由英人永久担任。这一税务司制度,使得中国海关成为英国主导下各国共管的机构。

题　　名　**一六五〇至一六六二年郑成功海外贸易的贸易额和利润额估算**
作者及单位　杨彦杰(福建社会科学院)
摘　　要　海外贸易是郑成功研究的一项重大课题,而海外贸易额及其利润额的估算,又是此课题的一个重要方面,有必要作深入的探讨。

题　　名　**伊本·忽尔答兹贝关于中国海上丝绸之路的记载及其在阿拉伯——伊斯兰地理文献中的地位**
作者及单位　华涛(南京大学)
会议名称　"中国与海上丝绸之路"国际学术讨论会

会议地点时间　泉州，1994

题　　　　名　**伊斯兰教早期传入福州考**
作者及单位　陈达生（中国与海上丝路研究中心）
会 议 名 称　“闽都文化研究”学术会议
会议地点时间　中国福建福州，2003
主 办 单 位　福建省炎黄文化研究会
摘　　　　要　伊斯兰教何时传入福州，没有确切的考古证据。明嘉靖二十八年（公元1549年）《重建清真寺记》提及：“开皇七年，其徒萨哈八名撒阿的干葛思者传其业，遂航海抵闽，教道始行布护，流衍洋溢中国各处”和“闽之礼拜寺即清真寺，始建于唐贞观二年”。这两个说法是明代以来，在中国穆斯林口头长期流传的伊斯兰源流之传说。

题　　　　名　**伊斯兰文化对广州回族社区形成发展的作用**
作者及单位　马建钊
会 议 名 称　联合国教科文组织海上丝绸之路考察泉州三周年“海上丝绸之路与伊斯兰文化”国际学术讨论会
会议地点时间　泉州，1994

题　　　　名　**伊斯兰哲学与中国文化**
作者及单位　赛义德·穆罕默德·哈梅内伊；孙俊萍（穆拉·萨德拉伊斯兰哲学研究所）
会 议 名 称　郑和下西洋与文明对话国际研讨会
会议地点时间　中国宁夏银川，2005
主 办 单 位　宁夏社会科学院、伊朗伊斯兰共和国驻华大使馆文化处
摘　　　　要　丝绸之路在过去连接了中国和中东及世界其他许多地区，这条道路不仅是一条运输货物和发展商业与物资关系的道路，而且也是建立各种思想、文化、科学、工艺技术与哲学和神秘主义等各种关系的一种路径。这条道路的美妙之处在于它开启了许多民族间心灵与爱的窗口，并使它们相互联系起来。

题　　　　名　**移民传统与海洋文化——诠释闽南文化的两大基点**
作者及单位　许维勤（福建社会科学院）
会 议 名 称　第二届闽南文化研讨会
会议地点时间　中国福建泉州，2003
主 办 单 位　福建省炎黄文化研究会、泉州市政协
摘　　　　要　闽南文化究竟具有什么样的特性？每个论者都会有自己的理解和概括。事实上，文化是个庞杂而具有多面性的系统，要对这样一种系统进行宏观而准确的把握，难度是相当大的，而每个人都有不同的阅历体验和观察角度，结论也就不可能完全一致。

题　　　　名　**移民群体、地方政府与地方性的建构——以南洋闽侨救乡运动为中心**
作者及单位　戴一峰（厦门大学历史系）
会 议 名 称　“国家、地方、民众的互动与社会变迁”国际学术研讨会暨第九届中国社会史年会
会议地点时间　中国上海，2002

主 办 单 位 上海师范大学、香港中国近代史学会

摘　　　要 20世纪20至30年代由东南亚福建籍华侨发起、组织的救乡运动,是一个在特殊场域发生的历史事件。其所蕴涵的逻辑意义至今未被学术界所揭示。

题　　　名 移民社会的信仰——新加坡与台北的妈祖信仰比较研究

作者及单位 曾玲

会 议 名 称 第二届"台北学"国际学术研讨会

题　　　名 乙未官僚士大夫评马关议和

作者及单位 赵纯昌,刘恩格

会 议 名 称 海峡两岸《马关条约》百周年学术研讨会

会议地点时间 大连

题　　　名 以海为田——中国传统海洋文化的本质

作者及单位 宋正海(中国科学院自然科学史所)

会 议 名 称 中国自然辩证法研究会地学哲学委员会第十届学术会议

会议地点时间 中国北京,2005

主 办 单 位 中国自然辩证法学会

摘　　　要 中国广大沿海地区在古代就创造了灿烂的海洋文化,其本质是以海为田。18000年前的山顶洞人已用海蚶壳作装饰品。新石器时代遗址已遍布沿海各地。衣食住行,利在于海。春秋战国时,鱼盐之利为沿海各国富国之本。宋以后海产养殖广泛分布。潮田出现在战国,后广泛分布。中药中有不少海洋生物药物。汉朝合浦珠大量开采。蛎房被用来加固桥基。沿海经济区之间近海航行发达。西汉时已开辟海上丝绸之路。明代郑和七下西洋,最远到达东非肯尼亚。风暴潮灾十分严重,汉代起建起雄伟的海塘。

题　　　名 异文化交流中的宁波——时代与人群、贸易

作者及单位 马一虹(中国社会科学院历史所)

会 议 名 称 宁波与"海上丝绸之路"国际学术研讨会

会议地点时间 中国浙江宁波,2005

主 办 单 位 中国中外关系史学会、浙江日本文化研究所、宁波市文化广电新闻出版局

摘　　　要 中国海岸线大致以长江口为界,南北差异较大,因此又被称做"北洋"和"南洋",北部从渤海湾至长江口杭州湾一带,多为泥质海岸,滩缓水浅,航船多为沙船、漕船业;南部舟山群岛至广东海域为南洋,多为石质海岸,港口众多水深……

题　　　名 "银同妈祖"祖庙——同安南门天后宫

作者及单位 颜立水(同安县文化局)

会 议 名 称 妈祖文化——闽台妈祖文化学术研讨会

会议地点时间 厦门,1997

主 办 单 位 福建省社会科学界联合会,福建省民俗学会,台湾省各姓渊源研究学会联合举办

题　　　名　引人注目的“江南航路”

作者及单位　内藤大典(佐贺县徐福会)

会议名称　中国(岱山)徐福东渡节暨徐福文化国际研讨会

会议地点时间　中国浙江岱山,2004

主办单位　中国徐福会

摘　　　要　在中国,有许多学者认为徐福的故乡在山东省。在日本,相信这一学说的人也不少。但是,我们东亚古代文化研究会和佐贺县徐福会认为,「徐福祠」的所在地——江苏省连云港市赣榆县金山乡徐福村,才是徐福的故乡。这个地方,在春秋战国时代,是徐福的祖国——徐国。从那时起,这里就是盛产水稻的米仓。

题　　　名　应当怎样评价地理大发现的主要代表人物——以哥伦布、麦哲伦等为例

作者及单位　张箭(四川大学历史系)

会议名称　“睦邻友好”郑和学术研讨会

会议地点时间　中国南京,2002

主办单位　江苏省郑和研究会

摘　　　要　1977－1993年,中国史学界围绕着地理大发现时代最主要的人物哥伦布、麦哲伦的评价问题展开了热烈的讨论和激烈的争论,发表过十几篇论文,主要有全盘否定坚决批倒和功劳很大罪过很小两种意见,笔者对此写过述评。

题　　　名　英国的“港脚贸易”与广州

作者及单位　陈尚胜(山东大学历史系)

会议名称　中外关系史学会第四次学术讨论会

会议地点时间　中国江苏扬州,1992

主办单位　中国中外关系史学会

摘　　　要　所谓“港脚贸易”(Countrytrade),是指17世纪末到19世纪中叶从印度经东南亚到中国等地的亚洲内部区间贸易。这种贸易原是由英国东印度公司所垄断。到18世纪后期,逐渐转由公司以外的自由商人所经营,使得它成为亚洲贸易的一个显著特征。在菲律宾,它以“马尼尔哈贸易”(Manilha-trade)而著名,意指从马德拉斯到马尼拉的贸易。这种贸易的发展曾严重削弱了中菲之间的贸易。在中国,则通常称为“港脚贸易”。它的迅速发展,也对中英贸易关系产生了越来越重要的影响。英国学者寇茨、格林堡、本杰明等人曾对此做过许多有益的研究。本文期在前人研究成果基础上,集中就英国对广州的港脚贸易及其影响做一粗浅探讨。

题　　　名　英国政府与1924年广州商团叛乱

作者及单位　张俊义(中国社会科学院近代史研究所)

会议名称　中国社会科学院近代史研究所青年学术论坛

会议地点时间　中国北京,1999

主办单位　中国社会科学院近代史研究所

摘　　　要　发生在1924年8－10月的广州商团叛乱是大革命初期的一次重要事件。国内史家对此多有研究,大部分学者均将此次叛乱定性为“英帝国主义和买办地主阶级联合发动的一次反革命事件”,并认定英国政府操纵与支持了叛乱。本文拟就在英国国家档案馆查阅到的英国外交部、殖民地部档案及有关研究资料,对英国政府与商团叛乱间的关系作一深入探讨,以期澄清某些基本事实,使人们对当

时的中英关系和英国对华政策能有比较准确的认识。

题　　名　《瀛涯胜览》《星槎胜览》《西洋番国志》简析
作者及单位　古永继(云南大学西南边疆少数民族研究中心;云南省高校古籍整理研究会)
会议名称　第二届昆明郑和研究国际会议
会议地点时间　云南,2002

题　　名　永乐造船、郑和航海与宝船——郑和下西洋舟师的古船研究之一
作者及单位　郑明(中国造船工程学会)
会议名称　“郑和远航与世界文明”暨纪念郑和下西洋600周年学术讨论会
会议地点时间　北京,2004

题　　名　勇于探索,开拓前进——热烈祝贺全国首届徐福学术讨论会召开
作者及单位　萧立岩(中国社会科学院历史研究所)
会议名称　全国首届徐福学术讨论会
会议地点时间　连云港,1987
摘　　要　中日两国是一衣带水的近邻,自古就有友好往来的历史。《后汉书·东夷列传》载:“建武中元二年,矮奴国奉贡朝贺,使人自称大夫,侵国之极南界也。光武赐以印经。”东汉光武带建武中元二年(即公元57年)距今已1930余年。这是一般公认的中日正式交往的开端。但同书又称:倭在韩东南大海中,依山岛为沿,凡百余国。自武帝灭朝鲜,使驿通于汉者三十许国”。汉武帝灭朝鲜在元封二年,即公元前109年。可见中日交往并非始于东汉光武帝,而是远在西汉武帝时已有日本使者来华了。

题　　名　由人文探讨郑和七航之影响
作者及单位　(中国台湾)李慕如
会议名称　传承文明走向世界和平发展——纪念郑和下西洋600周年国际学术研讨会
会议地点时间　江苏,2005

题　　名　有关“球案”的几个问题
作者及单位　谢必震(福建师范大学历史系)
会议名称　第九届中琉历史关系国际学术会议
会议地点时间　2005

题　　名　有关曹魏、孙吴时期的江夏地域与汉水流域初步考察(摘要)
作者及单位　菊地大(武汉大学历史学院)
会议名称　汉水文化暨武当文化国际学术讨论会
会议地点时间　中国湖北丹江口,2004
主办单位　湖北省历史学会、湖北省武当文化研究会、郧阳师范高等专科学校
摘　　要　三国时代,荆州是曹魏、蜀汉、孙吴争取归属地区。对于曹魏、孙吴而言,江夏地域接界,共特别重视。曹魏、孙吴各具有江夏郡。文聘驻屯的地方就是石阳。我们可能想象到上昶迁移以前的江夏郡治是石阳。不过,石阳是孙吴建立的。赤壁之战以后,孙吴可能在沔水流域占一定的优势,这时建立石阳城。但黄武年间,随着到孙皎时领有的沙羡、云杜、南新市、竟陵等被曹魏夺回,文聘开始镇守石阳。

题　　　名　有关妈祖信仰研究的几点思考
作者及单位　朱天顺
会 议 名 称　妈祖文化——闽台妈祖文化学术研讨会
会议地点时间　厦门,1997
主 办 单 位　福建省社会科学界联合会,福建省民俗学会,台湾省各姓渊源研究学会联合举办

题　　　名　有关马尾船政与中国电信史料
作者及单位　福建师大
会议地点时间　2003
主 办 单 位　福建省闽学研究会
摘　　　要　1。同治九年(1870)三月三十日,英国公使威妥玛照会清政府,要求大东电报公司水线自香港延伸经厦门、福州直至上海。五月七日总理各国事务衙门复照同意,并命沿海督、抚稽查。2。同治十年(1871)二月二十八日,丹麦大北电报公司敷设香港至上海水线,擅自将线端接入厦门鼓浪屿洋楼,以收发电报。福建当局派员交涉遭拒。

题　　　名　有关清初迁海的问题——以广东为例
作者及单位　(香港)马楚坚
会 议 名 称　第二届明清史国际学术讨论会
会议地点时间　天津,1993
主 办 单 位　明清史国际学术讨论会论文集编辑组编
摘　　　要　近来出了两部广东史巨著,一为《广东航运史》,一为《简明广东史》。作者叶显恩、谭棣华、蒋祖缘、方志钦诸先生皆为名学人、广东史专家,拜读其书,使我这广东史门外汉获益匪浅。二书均有专节记禁海、迁界、复界问题,对这些史事之始末及其对广东社会经济发展之影响皆有独特见解,使读者阅后了然于胸。对我来说,启发良多,引致对迁海问题的兴趣提高,略加关注其相关者。今不自量力将一己之拙见就教各位学人,以申抛砖引玉之意。

题　　　名　有关郑成功抗清的几个问题
作者及单位　施伟青(厦门大学)
摘　　　要　十七世纪中叶,阶级斗争、民族斗争的风云席卷整个中国大地。在这一时期,郑成功既进行了抗清的斗争,又发动丁驱逐荷兰殖民者的征战,收复了我国的领土台湾。郑成功的抗清斗争是否始终是坚决的7郑成功为什么要进军台湾?进军台湾与抗隋斗争有没有关系?郑成功与南明政权的关系如何?学术界对以上问题的看法并不一致。我们认为,若要对郑成功的历史地位作出较为正确的评价,就必须进一步弄清以上的问题。

题　　　名　有关郑和航海的几则史料
作者及单位　毕全忠
会 议 名 称　第二届昆明郑和研究国际会议
会议地点时间　云南,2002

题　　　名　与海洋活动相关信仰的质变

作者及单位　管志明(台南大学台湾文化研究所)

会 议 名 称　福建省首届海洋文化学术研讨会

会议地点时间　中国福建福州,2007

主 办 单 位　福建省炎黄文化研究会、福州市政协、福建省社科联、福建省海峡文化研究会

摘　　　要　从闽南的发展历程来看,或许海洋活动是一个重要的部份,由于地处闽浙丘陵的地形背景,地狭人稠,人民往外活动追求发展的需求,一如广东地区那么的明显而迫切。内河航运及面对海洋的条件,奠定了海洋文化发展的基础。

题　　　名　与郑和同为下西洋正使王景弘考

作者及单位　施存龙(交通部水运研究所)

题　　　名　《禹贡》岛夷"卉服"、"织贝"新解

作者及单位　李祖基(厦门大学台湾研究院)

会 议 名 称　闽越文化学术研讨会

会议地点时间　中国福建福州,2001

主 办 单 位　福建省炎黄文化研究会、福建省文化厅

摘　　　要　《禹贡》为我国的地理学名著,其成书约在战国时代。书中提到:"岛夷卉服,厥篚织贝,厥包橘柚,锡贡。"有的学者认为这里的"岛夷"指的就是台湾人(确切地说应指台湾的原住民),但也有学者持不同意见。

题　　　名　元朝时期登州与高丽的海上交通

作者及单位　周霞(鲁东大学胶东文化研究中心)

会 议 名 称　登州与海上丝绸之路国际学术研讨会

会议地点时间　中国山东蓬莱,2008

主 办 单 位　联合国泛丝绸之路·系列活动组委会、中国中外关系史学会、鲁东大学、山东师范大学齐鲁文化研究中心、蓬莱市人民政府

摘　　　要　元朝建立后,登州与高丽的海上交通又恢复了往日的繁荣。元朝通过联姻、置省等方式进一步加强了对高丽的控制,依其强势与高丽确立宗藩关系,交通往来异常频繁。元朝与高丽的人员及经贸往来既有陆路信道也有海上信道,由于元朝的大一统结束了黄淮地区的对抗与战争。

题　　　名　元朝与高丽的海上交通

作者及单位　陈高华(中国海外交通史研究会)

会 议 名 称　"中国与海上丝绸之路"国际学术讨论会

会议地点时间　泉州,1994

题　　　名　元朝在泉州的意大利人

作者及单位　(意大利)伯罗柯拉迪尼

会 议 名 称　"中国与海上丝绸之路"国际学术讨论会

会议地点时间　泉州,1994

题　　　名　元大都和杭州的国际性
作者及单位　鲍志成(浙江省博物馆)
会 议 名 称　北京与中外古都对比研究国际学术研讨会
会议地点时间　中国北京,1990
主 办 单 位　北京社会科学院近代史研究所
摘　　　要　元代的海陆交通所达范围比之以前各代更加扩大。且由于元政府对外来文化、宗教采取兼收并蓄的政策,从而使元代的东西方经济、文化交流十分活跃,日益发达。凡此种种,都使元朝成为中国历史上对外关系发展的极盛时期。

题　　　名　元大都和杭州的国际性
作者及单位　鲍志成(浙江省博物馆)
会 议 名 称　中国古都学会第八届年会
会议地点时间　中国北京,1990
主 办 单 位　中国古都学会
摘　　　要　元代的海陆交通所达范围比之以前各代更加扩大。且由于元政府对外来文化、宗教采取兼收并蓄的政策,从而使元代的东西方经济、文化交流十分活跃,日益发达。凡此种种,都使元朝成为中国历史上对外关系发展的极盛时期。

题　　　名　元代;对外政策与中外文化交流
作者及单位　黄时鉴(杭州大学历史系)
会 议 名 称　关于我国历史上的开放与闭关政策讨论会
会议地点时间　中国浙江宁波、中国河北秦皇岛,1987
主 办 单 位　中国中外关系史学会
摘　　　要　历代王朝的对外政策及其历史作用,是一个尚待深入探讨的课题。一些有关的论文和著作在叙述某个朝代对外关系的状况时,没有或较少探求该王朝的对外政策。但是,一个王朝的对外政策显然会直接影响那一时代对外关系的状况。

题　　　名　元代大都的对外贸易
作者及单位　何力(北京市社会科学院历史研究所)
会 议 名 称　北京历史文化研究——北京史专题研究
会议地点时间　2007
摘　　　要　隋唐时期,随着东北重镇幽州(今北京)的逐渐崛起,高丽、渤海国(粟末靺鞨与高丽人所建,位于今东北境内)乃至日本的商人,来幽州贸易或借道幽州,前往洛阳、长安经商。

题　　　名　元代的海船户
作者及单位　孟繁清(河北师范大学历史文化学院)
会议地点时间　2007
摘　　　要　船户是以船只为运输工具而为政府服役的民户,其服役范围包括内河航运、河海兼运以及东部沿海的南粮北运等。本文讨论的对象主要是从事南粮北运的海船户。郑元祐《海运都漕运和尚公政绩碑》中所说:"漕府版籍录民资产,造舟载粮,谓之船户",即指此海船户而言。

题　　　名　**元代的航海世家澉浦杨氏——兼说元代其他航海家族**
作者及单位　陈高华(中国海外交通史研究会)
会议名称　华夏文明与传世藏书——中国国际汉学研讨会
会议地点时间　海南省海口市,1995

题　　　名　**元代的天妃崇拜**
作者及单位　陈高华(中国海外交通史研究会)
会议名称　1995年澳门妈祖信俗历史文化研讨会

题　　　名　**元代的浙盐**
作者及单位　林树建(浙江省社会科学院)
会议名称　中国盐业史国际学术讨论会
会议地点时间　1991

题　　　名　**元代海外交通与明初郑和下西洋**
作者及单位　陈得芝
会议名称　湖北省纪念郑和下西洋600周年活动
会议地点时间　中国武汉,2005
主办单位　中国航海学会内河船舶驾驶专业委员会
摘　　　要　元代海外交通的显著发展,为明初郑和下西洋准备了良好条件。发展的标心之一是港口的增加,险广州、泉州等传统港口城市更加繁盛外,还兴起了一些新港,如号称"六国码头"的太仓刘家港就是其中主要的一个,后来郑和下西洋即以此为始发港。另一标志是交通的范围扩大了,元朝使者和商人到达过印度洋沿岸很多地方,远至非洲东岸诸城。最重要的发展是航海技术和知识的进步。罗盘在元代航海中已普遍使用,造船业也有很大进展。值得注意的是,元代航海家们无疑还吸收了波斯、阿刺伯人的航海知识和技术。这从一份政府公文中可以得到证明。元朝政府曾下令向居住在福建的回回人狂集"海道回回文刺那麻",这就是波斯文或阿刺伯文写的海道旅行指南。前人积累的丰富经验,对郑和航行赵了很重要作用。

题　　　名　**元代汉水流域经济发展初探**
作者及单位　李倩
会议名称　汉水文化暨武当文化国际学术讨论会
会议地点时间　中国湖北丹江口,2004
主办单位　湖北省历史学会、湖北省武当文化研究会、郧阳师范高等专科学校

题　　　名　**元代刘家港历史地位的确立**
作者及单位　高荣盛
会议名称　"郑和与海洋"学术研讨会
会议地点时间　中国太仓,1998
主办单位　江苏省郑和研究会
摘　　　要　我国古代沿海港口地位的形成与发展应具备三个主要条件,一是该港口必须适应封建政权的政治经济需要,而且,这种需要必须通过较为便捷的水陆通道与政治中心联系起来;其二,该港口

必须以良好的经济腹地为依托，并由较发达的水陆交通网络与经济腹地沟通起来；其三，该港口自身又必须具备良好的自然水资源。

题　　　　名　元代宁波在中日关系中的矛盾性格
作者及单位　毛阳光（宁波大学文学院）
会议名称　宁波与"海上丝绸之路"国际学术研讨会
会议地点时间　中国浙江宁波，2005
主办单位　中国中外关系史学会、浙江日本文化研究所、宁波市文化广电新闻出版局
摘　　　　要　由于元代统治者先后发动了两次对日本的战争，因此，有元一代，两国政府之间的关系一直处于僵持状态。但是，这种政治上的紧张关系并没有妨碍两国民间各种交流活动的展开，元日之间民间的交流仍旧非常频繁。

题　　　　名　元代泉州两方基督教（景教）墓碑研究——多元一体化的典范
作者及单位　吴幼雄（泉州师范学院）
会议名称　"泉州港与海上丝绸之路"国际学术研讨会
会议地点时间　中国泉州，2002
主办单位　中国航海学会
摘　　　　要　宋代，泉州是东方大海港，特别是元朝达到鼎盛的阶段。宋元时期，基督教除从陆路传入泉州以外，也有随着海外贸易活动的发展，而从海路传入泉州。

题　　　　名　元代泉州与南印度关系新证
作者及单位　杨钦章（泉州海外交通史博物馆）
会议名称　"中国与海上丝绸之路"国际学术讨论会
会议地点时间　泉州，1994

题　　　　名　元日贸易特征论——以庆元港为考察对象
作者及单位　江静（浙江工商大学日本文化研究所）
会议名称　宁波与"海上丝绸之路"国际学术研讨会
会议地点时间　中国浙江宁波，2005
主办单位　中国中外关系史学会、浙江日本文化研究所、宁波市文化广电新闻出版局
摘　　　　要　虽然，终元一世，日本也未肯向元廷俯首称臣，可是，两国的贸易往来，却呈异常活跃之势。这一点，从中日学者所作的两国商船往来年表中，我们可窥见一斑。

题　　　　名　元上都的驿站
作者及单位　叶新民（内蒙古大学蒙古学学院）
会议地点时间　2000
摘　　　　要　上都是元朝的重要政治中心，也是北方驿道的一个重要枢纽。元朝皇帝每年巡幸上都，诸王、百官经常来朝会，使臣、商旅络绎不绝，驿站交通特别发达。本文试对上都驿站情况作一全面考察。

题　　　名　圆仁《入唐求法巡礼行记》所见山东半岛出海口考述——以乳山浦一带海湾为中心
作者及单位　樊文礼
会议名称　东北亚海上交流历史文化遗产国际学术研讨会
会议地点时间　青岛;蓬莱,2006
主办单位　中国海洋大学海洋文化研究所,山东省蓬莱市文物局

题　　　名　远东地区妈祖庙初探
作者及单位　陈耀庭
会议名称　妈祖信仰的发展与变迁——妈祖信仰与现代社会国际研讨会
会议地点时间　北港朝天宫,2001

题　　　名　远古的见证璀璨的文明——从泉州宋元古瓷看海丝文化
作者及单位　余光仁
会议名称　“泉州港与海上丝绸之路”国际学术研讨会
会议地点时间　中国泉州,2002
主办单位　中国航海学会
摘　　　要　在泉州人合力申报世界文化遗产之时,我们发现,在这块远古而厚重的土地下,蕴藏了许多我们民族的文明与骄傲:有许多中华文明的遗产需要我们去发掘,有许多古文明之谜需要我们去破译,有许多人文社会发展轨迹需要我们去确认与梳理。时代在呼唤:面对泉州丰富的历史文化遗产。我们的责任是:有效保护不可再生的自然人文资源,科学探索,合理利用,有序整合,持续发展,让古老的泉州文明放出异彩,为泉州再立于世界之林作出贡献,这是泉州人的历史使命,也是泉州申报世界文化遗产的客观需要。

题　　　名　远古时期闽台文化渊源关系的考古学观察
作者及单位　陈龙(福建省博物院)
会议名称　海峡两岸五缘关系学术研讨会
会议地点时间　中国上海,2003
主办单位　福建省社会科学界联合会、福建省五缘文化研究会
摘　　　要　福建和台湾同处于我国东南,中间隔着台湾海峡,一衣带水。早在数万年前的旧石器时代,由于闽、台两地相同的地理、地质条件,以及发生在更新世时期多次海浸、海退,大批古代哺乳动物、古人类通过横亘在海峡两岸的浅滩——东山陆桥来到台湾,闽台先民建立了密切的文化渊源关系。

题　　　名　月港兴衰时期的东西方贸易与闽南陶瓷
作者及单位　林忠干
摘　　　要　月港是中国明代兴起的东南沿海重要对外贸易口岸,遗址在今漳州龙海市海澄镇。它的崛起,是以明政府推行海禁政策、与周边诸国朝贡贸易趋于衰落、海上私商活动频繁以及西方殖民主义势力东渐为历史背景而展开的。它肇始于明正统、景泰年间(1436~1456年),经历了隆庆开放和万历年间的鼎盛发展,至清顺治十二年(1655年)重新颁布禁海令后趋向衰落,于康熙二十二年(1683年)告终,约当公元15世纪中叶至17世纪中叶,前后二百余年。月港贸易,除了九龙江下游海澄镇的本身港湾以外,还包括近周的圭屿、嵩屿、海沧、北太武、中左所、浯屿等外港海域,这些港事和航路,实际上开创了清代厦门港的先河。

题　　　名　粤东梅州的天后信仰
作者及单位　房学嘉
会 议 名 称　妈祖信仰的发展与变迁——妈祖信仰与现代社会国际研讨会
会议地点时间　北港朝天宫,2001

题　　　名　粤闽台沿海的彩陶及相关问题
作者及单位　吴春明(厦门大学海洋考古学研究中心)
会 议 名 称　中国考古学会第九次年会
会议地点时间　济南,1993

题　　　名　再论汉代罪犯流徙合浦的问题
作者及单位　蒋廷瑜
会 议 名 称　海上丝绸之路研究——中国·北海合浦海上丝绸之路始发港理论研讨会
会议地点时间　广西北海市合浦,2004

题　　　名　再论合浦是中国汉代海上丝路始发港
作者及单位　邓家倍
会 议 名 称　海上丝绸之路研究——中国·北海合浦海上丝绸之路始发港理论研讨会
会议地点时间　广西北海市合浦,2004

题　　　名　再论河姆渡文化的溯源和追流问题
作者及单位　石兴邦(陕西省社会科学院)
会 议 名 称　河姆渡文化新论海峡两岸河姆渡文化学术研讨会
会议地点时间　宁波,1999
摘　　　要　在第一次河姆渡文化学术讨论会文集出版时,我写了《河姆渡文化——我国稻作农业的先驱和"采集农业"的拓殖者》一文,在这篇文章里,我谈到对河姆渡文化的溯源和追流问题。在溯源问题上,我提出在宁绍平原附近的山林地区,踏查一下有关它的史前史迹,同时再扩大到长江三角洲地区;找寻以细石器工艺制器为代表的文化遗存。因为这是我国农业现前普遍存在的一个采猎经济文化时代特有的史迹。在追流问题上要探索河姆渡文化后期的走向:一个走向是融入马家浜文化的传统之中;另一个走向是向南发展:可分两支,一支向西南发展,一支是向海洋和附近岛屿开拓。

题　　　名　再论泉州、台湾的人缘关系——以清代泉州施氏、彰化世氏为例
作者及单位　吴幼雄(泉州师范学院)
会 议 名 称　第三届闽南文化学术研讨会
会议地点时间　中国福建漳州,2005
主 办 单 位　福建省炎黄文化研究会、漳州市政协
摘　　　要　泉州与台湾的人缘关系,是闽台因缘的一个重要部分,也是闽南文化研究的一个重要组成部分。随着闽台因缘研究的深入发展,人们把闽台因缘关系划分为"五缘"或"八缘"的关系。我以为,不论是"五缘"或"八缘",最重要的还是人缘关系。

题　　名　**再论郑成功与海外贸易的关系**
作者及单位　韩振华

题　　名　**再论郑和在海外的影响及其意义**
作者及单位　孔远志(北京大学外国语学院东语系)
会议名称　“郑和远航与世界文明”暨纪念郑和下西洋600周年学术讨论会
会议地点时间　北京,2004

题　　名　**再谈郑和宝船的船型和尺寸大小**
作者及单位　陈延杭(集美航海专科学校)
会议名称　“睦邻友好”郑和学术研讨会
会议地点时间　中国南京,2002
主办单位　江苏省郑和研究会
摘　　要　有关郑和宝船的争论由来已久,就宝船本身而言,主要围绕着两个大问题:即船型和船的尺寸大小。

题　　名　**在“泉州港与海上丝绸之路”国际学术研讨会上的讲话**
作者及单位　陈高华(中国海外交通史研究会)
会议名称　“泉州港与海上丝绸之路”国际学术研讨会
会议地点时间　中国泉州,2002
摘　　要　“泉州港与海上丝绸之路”国际学术研讨会今天开幕了,我向大会表示热烈的祝贺,相信这次规模宏大的研讨会一定会取得圆满成功。从20世纪70年代后期开始,我有机会多次来到泉州,参加与海上丝绸之路有关的各种活动,今天想利用这个机会,谈谈自己的一些想法。

题　　名　**在福建发现中国的海洋文化——历史记忆与海洋文化认同**
作者及单位　顾晓伟,李云根(福建师范大学社会历史学院;)
会议名称　福建省首届海洋文化学术研讨会
会议地点时间　中国福建福州,2007
主办单位　福建省炎黄文化研究会、福州市政协、福建省社科联、福建省海峡文化研究会
摘　　要　当日裔美籍史家弗朗西斯·福山表达出“历史已经终结”的乐观情怀时,人类仍旧面临着三大难题:人口爆炸,资源紧缺,环境污染。。。本文试图从地缘政治、航海贸易、宗教文化、对外文化交流等视角来描绘福建多维、多侧面的海洋文化发展图景。中华文明是一个“多元一体”的文明体系,这使得福建的海洋文化深深地烙上了“儒家文化”的印记。寻找这两种文化的此消彼长的交流过程也从一个侧面向我们展示了整个历史发展的面貌,由此而衍生出了不可避免的历史记忆和海洋文化的认同问题。时代发展的进程向我们显示:二十一世纪是海洋的世纪,人类社会的发展将越来越寄希望于海洋。无疑,福建本身的“海洋文化”将突显出来,这不仅有深远的现实意义,从更深一层的维度来看,使得福建处于中西文化交流的“试验田”“桥头堡”的地位。由此,研究福建独特的“海洋文化”,对我们进一步研究与发展中西文化交流有着积极的意义。

题　　名　**在论琅邪古港是徐福东渡的最佳起始点**
作者及单位　孙光圻(大连海事大学)

会 议 名 称　徐福与琅邪文化学术讨论会

会议地点时间　1993

题　　　名　**在神奈川相传的徐福**

作者及单位　前田丰(神奈川徐福研究会)

会 议 名 称　中国(岱山)徐福东渡节暨徐福文化国际研讨会

会议地点时间　中国浙江岱山,2004

主 办 单 位　中国徐福会

摘　　　要　近年来有关在秦始皇时代为求不老灵药而来到日本岛的徐福渐渐得到了注目。相传徐福一行的登陆地在日本各地有 20 个以上的地方。但是神奈川县作为徐福一行的世代相传地却从来被受理。不过在神奈川县藤泽市的妙善寺中有福冈家族的墓碑,判明了有徐福的子孙刻的墓志铭。神奈川也有徐福世代相传的地方。这篇报告中,发掘神奈川的徐福口传以及研究有关徐福的影响。

题　　　名　**在索马里探寻郑和的足迹**

作者及单位　马利章(云南大学)

会 议 名 称　2005:历史的辉煌——纪念昆明建城 1240 周年、郑和下西洋 600 周年、护国运动 99 周年

会议地点时间　中国云南,2005

主 办 单 位　云南省中国近代史研究会

摘　　　要　20 世纪 80 年代末,我有幸出差到索马里。在我还是儿童的时候,就听说伟大的航海家、外交家郑和曾远航到过索马里。因为郑和既是我的同乡云南人,还是我的同族回族,这使我激动万分。索马里面积 63。76 万平方公里,位于非洲大陆最东部的索马里半岛。北临亚丁湾,东濒印度洋,西接肯尼亚和埃塞俄比亚。大部分地区属热带沙漠气候,首都摩加迪沙。早在公元前 1700 多年,索马里境内就建立了"邦特"国。1840 年,西方列强相继入侵索马里。第二次世界大战后,英国、意大利先后被迫同意英属索马里和意属索马里独立,两地合并为今日的索马里。现有人口 10 7075,伊斯兰教为国教。阿拉伯语为官方语言。

题　　　名　**早期晋江人开发台湾的典型**

作者及单位　陈炎正(台湾省各姓源流研究会)

会 议 名 称　闽台谱牒民俗研讨会

会议地点时间　中国福建晋江市,2002

主 办 单 位　福建省民俗学会、晋江市谱牒研究会

摘　　　要　台湾历史上是一移民社会,而其移民大致以闽南人为主,据日据时期在 1926 年调查指出,全台人口 375 万汉人中,闽南人即有 300 万人,所占比率相当高。易言之,台湾早期移民社会,主要即为闽南人的移民社会。

题　　　名　**早期来华传教士活动特点及其影响——以马礼逊和东印度公司的关系及其参与英国对华外交政治为例**

作者及单位　林夕(中国基督教全国两会研究部)

会 议 名 称　"传教运动与中国教会"学术研讨会

会议地点时间　中国上海,2006

主 办 单 位　中国基督教三自爱国运动委员会、中国基督教协会

摘　　　要　基督教(新教)传入中国之时,正值西方列强窥觑中国,伺机向中国侵略扩张之际。早日打开中国的大门成为西方政客、商人和传教士的共同目标。此时的西方传教士不可避免地与殖民主义对华侵略扩张或直接或间接,或自觉或不自觉发生脱不掉的关系。

题　　　名　**早期葡萄牙人在福建的通商与冲突**

作者及单位　廖大珂(厦门大学南洋研究院)

会 议 名 称　中西初识二编——明清之际中国和西方国家的文化交流之二

会议地点时间　2000

主 办 单 位　中国中外关系史学会

摘　　　要　福建历来是世界了解中国的窗口和中外政治、经济、文化交流的桥梁。但是在西方殖民者东来之前,福建与欧洲只有偶然的接触,双方之间的了解不多。新航路开辟以后,葡萄牙人率先航海来到东方,不久就航抵福建,双方有过密切的接触和交往。

题　　　名　**早期西属美洲银币在闽南**

作者及单位　钱茂盛,陈小鹏

会 议 名 称　福建省钱币学会成立十周年学术研讨会

会议地点时间　中国福建,1996

主 办 单 位　福建省钱币学会

摘　　　要　闽南地区,地处我国东南沿海,宋代的刺桐(今泉州)港、明清的漳州月港和清代兴起的厦门港,对外贸易经久不衰。港口的繁荣和华侨的出入,使早期的外国银币在闽南一带流通时间长、范围广、数量多、种类浩繁。在众多的对外贸易国家和地区中,西班牙殖民属地美洲几个国家的早期银币流入闽南,在数量上可居首位。从17世纪中叶到19世纪初期,西班牙人利用墨西哥、秘鲁等地盛产的白银,铸造银币,由墨西哥的阿卡普尔科港,横渡太平洋,通过菲律宾到漳州月港,与中国商人进行贸易。

题　　　名　**早期移居菲律宾的闽南华侨**

作者及单位　李金明(厦门大学南洋研究院)

会 议 名 称　《谱牒研究与华侨华人》研讨会

会议地点时间　中国福建晋江市,2005

主 办 单 位　晋江市谱牒研究会、福建省民俗学会

摘　　　要　闽南与菲律宾,在地理上靠得比较近,从厦门至马尼拉的距离大约为657海里。在早期的帆船时代,从闽南港口至菲律宾的航程大概仅需10－15天,因此,不少闽南商人经常往返于菲律宾各地经营贸易,而菲律宾人也时有到闽南做买卖者,两地之间的交往关系比较密切。

题　　　名　**曾国藩倡导造船**

作者及单位　陆舸(江南造船(集团)有限责任公司;)

会 议 名 称　中国造船工程学会2005《中国船舶工业发展论坛》船史分会场纪念江南造船厂建厂140周年学术报告会

会议地点时间　中国上海,2005

主 办 单 位　中国造船工程学会船史研究学术委员会、上海市造船工程学会船史发展专业学术委员会、江南造船(集团)有限责任公司

摘　　　要　资本主义的发生和发展，必然会导致扩张和掠夺。一百六十年前，在世界资本主义旋流的冲击面前；中国的大门还是被英国的鸦片和火炮轰开了。鸦片战争爆发后，英国等列强依仗“坚船利炮”给清廷烙下了耻辱的印痕，亦在清王朝官僚们的脑海里刻下了深切的印记——落后定要挨打。

题　　　名　**栅栏墓地与中西文化交流**

作者及单位　高智瑜，林华（北京行政学院）

会 议 名 称　中国中外关系史学会第六次学术讨论会

会议地点时间　中国广西东兴，1997

主 办 单 位　中国中外关系史学会、复旦大学、上海外国语大学

摘　　　要　17 世纪初以来，位于北京阜成门外的滕公栅栏墓地在中外关系史上就占有了一席之地。栅栏墓地始建于 1611 年。1610 年，意大利传教士利玛窦病逝，留下了建墓于京都的愿望，传教士们为此上书明神宗请求赐地。在内阁大学士叶向高等人的帮助下，这份奏疏很快就得到批准和落实。从此阜成门外人称“滕公栅栏”的房产作为皇帝的赐物交给了教会，成为首都北京的第一座天主教墓地。利玛窦之后，又有邓玉函、罗雅谷、龙华民等在京去逝的传教士入葬于此。

题　　　名　**张爱萍率部攻打陈家港纪实**

作者及单位　晏立科

会议地点时间　2006

摘　　　要　陈家港位于陇海铁路终点南侧，是灌河出入海口的重镇，现属响水县。这里有无限广袤的盐田。1939 年 2 月，几只挂膏药旗的日本兵舰驶进了潮河，日本强盗登陆占领了陈家港。日伪勾结逼迫盐民交出相依为命的盐田和生产出大盐。

题　　　名　**张保皋与“东方海上丝绸之路”**

作者及单位　金德洙（韩国国际商学会；张保皋研究会；韩国群山大学；鲁东大学）

会 议 名 称　登州与海上丝绸之路国际学术研讨会

会议地点时间　中国山东蓬莱，2008

主 办 单 位　联合国泛丝绸之路·系列活动组委会、中国中外关系史学会、鲁东大学、山东师范大学齐鲁文化研究中心、蓬莱市人民政府

摘　　　要　“丝绸之路”，无论是陆路还是海路，都发源于中国而通向世界，几千年来一直是中国与世界各民族友好往来的纽带。它不仅仅是传布丝绸、瓷器等商品的“贸易之路”，也是传播世界各民族光辉灿烂文化的“文化交流之通道”。

题　　　名　**张保皋与山东半岛**

作者及单位　曹中屏（中国南开大学历史学院）

会 议 名 称　登州港与中韩交流国际学术讨论会

会议地点时间　蓬莱，2004

摘　　　要　张保皋（790？ –846 年）是新罗第四十五代国王神武大王（839 年 4 月 –同年 7 月在位）至文圣王（840 –856 年在位）时期的名将，他在出任清海镇大使期间，曾以当时扼朝鲜海峡海路要冲的莞岛为基地，主导了新罗与中国唐朝和日本的贸易，被当代学者誉为“海洋商业帝国贸易王”。张保皋在海上的成就与当时活跃在中国沿海，特别是在山东半岛的新罗商人有直接的关系，是当时特定的东亚国际关系的产物。

题　　　名　张焕纶与日本学者交往史料二则
作者及单位　易惠莉(华东师范大学中国现代思想文化研究所暨历史系)
会议地点时间　中国上海,2003
主　办　单　位　上海中山学社
摘　　　要　张焕纶复日本儒学者丰岛毅函书奉洞斋老先生大人阁下:华历十月十四日接读先生手翰,宠饰逾恒,增人愧恧。

题　　　名　张鸣岗治澳事迹述评
作者及单位　汤开建
会　议　名　称　第六届明史国际学术讨论会
会议地点时间　中国安徽凤阳,1995
主　办　单　位　中国明史学会
摘　　　要　张鸣岗是明代澳门史上举足轻重的关键人物。本文拟就他在明万历年间对澳门葡萄牙人的态度及他的治澳措施作一些分析与评价。

题　　　名　张之洞对我国早期留学教育的贡献
作者及单位　孙石月(山西师范大学)
会　议　名　称　《教育史研究》创刊二十周年暨中国教育史研究六十年学术研讨会
会议地点时间　中国北京,2009
主　办　单　位　中国地方教育史志研究会、《教育史研究》编辑部
摘　　　要　张之洞是清末著名的洋务派教育家,他的教育思想在中国近代教育发展史上占有重要地位。过去曾有很多著作和文章对他在教育理论和教育实践中的建树作了论述和评价,但对他在留学教育方面的贡献论述较少。其实他对我国早期留学教育事业的开拓和发展在理论和实践上都作出了突出贡献。本文拟谈点粗浅看法。

题　　　名　漳、泉二州文化形态异同论
作者及单位　谢重光(福建省委党校)
会　议　名　称　第三届闽台文化学术研讨会
会议地点时间　中国福建莆田,2005
主　办　单　位　福建省炎黄文化研究会、莆田市人大、莆田市政协、中华妈祖文化交流协会
摘　　　要　漳州与泉州同属于闽南地区,境域相连,彼此关系密切,五代闽国时曾以此两州之地建立清源军,形成当时福建大割据形势下的小割据局面,加深了两州之间政治、经济和文化的互动,使得两州方言可以相通,许多民俗事象雷同或相似;明清时期,两州的沿海居民都剽悍好斗,屡屡冲破封建王朝的禁令,下海走私,武装对抗官府,而共同蒙上"漳泉刁民"的骂名。所有这些,是漳、泉两州文化上的相同之处,也是闽南区域文化的共同特点。但若细加比较,则可发现,漳、泉二州的文化形态在大同之下也存在许多差异。这些差异决定了漳、泉二州人民在相同区域文化背景下不同的族群文化性格,对于两地经济文化发展的走向具有重要的影响,有必要加以认真研究。本文拟从以下几个方面对漳、泉二州族群文化性格的差异略作探讨。

题　　　名　漳浦乌石天后宫沿革
作者及单位　林祥瑞
会 议 名 称　妈祖文化——闽台妈祖文化学术研讨会
会议地点时间　厦门,1997
主 办 单 位　福建省社会科学界联合会,福建省民俗学会,台湾省各姓渊源研究学会联合举办

题　　　名　漳浦群众对妈祖的崇敬和信仰
作者及单位　林合茂
会 议 名 称　妈祖文化——闽台妈祖文化学术研讨会
会议地点时间　厦门,1997
主 办 单 位　福建省社会科学界联合会,福建省民俗学会,台湾省各姓渊源研究学会联合举办

题　　　名　漳州千年历史特点探索——自唐开漳至明清时期
作者及单位　郭上人(漳州市方志委)
会 议 名 称　第三届闽南文化学术研讨会
会议地点时间　中国福建漳州,2005
主 办 单 位　福建省炎黄文化研究会、漳州市政协
摘　　　要　我国春秋战国时期(公元前770－前221年)中原地区文化学术已很繁荣,出现"诸子蜂起,百家争鸣"的局面。西汉文景之治(前202－前157年),奉行"以民休息政策,轻徭薄赋,劝民农桑,社会经济空前发展"。漳州在唐垂拱二年(686年)建置州治时,辖区大部还是炎荒之地,土著"搜狩峒居"、"刀耕火耨",处于原始状态。漳州经济、文化落后中原近千年。面对这样大的差距,漳州是怎样赶上中原的发展步伐,又是如何获得"鱼米之乡"、"海滨邹鲁"、"天子南库"的美誉?本文试就漳州千年的历史特点,进行初步探索。

题　　　名　漳州窑生产与闽南海外陶瓷贸易
作者及单位　邱承忠(厦门市博物馆)
会 议 名 称　第三届闽南文化学术研讨会
会议地点时间　中国福建漳州,2005
主 办 单 位　福建省炎黄文化研究会、漳州市政协
摘　　　要　漳州窑是明末清初闽南外销陶瓷的主要生产地。漳州窑系指漳州地区的漳浦的坪水窑、平和县的南胜窑、五寨窑等窑址。漳州窑的烧造生产年代上限不超过明万历时期,一直到清朝初期。

题　　　名　漳州月港在传播闽南文化中的地位与作用
作者及单位　林仁川(厦门大学台湾研究中心)
会 议 名 称　第二届闽南文化研讨会
会议地点时间　中国福建泉州,2003
主 办 单 位　福建省炎黄文化研究会、泉州市政协
摘　　　要　文化传播是人类的最早活动之一。随着不同文化携带者的相互交流,如通商、旅游、移民、留学、外交、战争等,使不同民族、不同地区的文化进行交流和融合。在古代,由于先进的大众传播媒介如电话、电视、报纸、互联网等尚未出现,文化的传播与交流主要依靠通商、移民等不同文化携带者的直接交往而进行,因此通商、移民的主要通道——海港

题　　名　**樟林港考古**
作者及单位　蔡英豪
会议名称　海上丝绸之路与潮汕文化学术研讨会
会议地点时间　汕头,1994

题　　名　**浙闽沿海地区与台湾史前人类文化的关系**
作者及单位　韩复智(台湾大学)
会议名称　河姆渡文化新论海峡两岸河姆渡文化学术研讨会
会议地点时间　宁波,1999
摘　　要　对台湾早期史前人类文化的起源多有讨论。

题　　名　**镇海抗法保卫战战略策略研究**
作者及单位　炎明
会议名称　中法战争镇海之役110周年学术研讨会
会议地点时间　1995
摘　　要　1885年3月1日至6月11日长达103天的镇海抗法保卫战,是中法战争中的一次重要战役。在这次战役中,浙江军民上自巡抚、提督,下至地方官、士兵和民众,上下一心,军民合力,同仇敌忾,组成了一道团结抗敌的钢铁长城,使法国侵略者五易其术而不得逞,最后以镇海军民取得完全胜利而告终。这是近代史上唯一一次依靠地方力量抗击外来侵略并取得全面胜利的战役。它与镇南关——谅山大捷一起,组成了一曲中国军民海陆胜利抗击法国侵略者的凯歌,敲响了法国茹费理内阁垮台的丧钟,成为近代反侵略战争中的一颗明星。

题　　名　**镇海战役挫敌取胜探因——兼与马江战败比较并评将领间的意见分歧**
作者及单位　陈铮
会议名称　中法战争镇海之役110周年学术研讨会
会议地点时间　1995
摘　　要　1885年3月,侵华法国兵舰进犯浙江省镇海,遭到防守镇海清军的猛烈还击,法舰败遁。这是中法战争期间,中国在沿海抗战中取得胜利的一个战役。当时宁绍台道薛福成称"此次浙防挫敌,为近年来之创举",甚至认为这"非特中法开始后所仅见,实与洋人交涉后初次增光之事"。但是,以往史学界对这个战役研究较少,有关史书对这个战役的记述甚略。近年有些论著对此役进行了一些研究,但仍欠深入。本文试对镇海战役中,中国挫敌取胜的原因作进一步探讨,并与马江之役的失败作些比较,同时也对浙江将领间存在的意见分歧略加评论。

题　　名　**镇海之役的胜利对我们的启迪**
作者及单位　王新科
会议名称　中法战争镇海之役110周年学术研讨会
会议地点时间　1995
摘　　要　镇海这座古老而光荣的城市,是浙东咽喉要地,自古以来,在战略上处于敌必争我必守的重要地区。1885年3月,镇海地区的爱国军民以大无畏的精神,同心协力,共同对敌,与从海上进攻镇海之法军进行了浴血奋战,终于以猛烈的炮火击败法国侵略者,使法军死伤惨重,其中包括伤法远征军

司令孤拔(战后不久死于澎湖岛),而中国军民则以较少的损失夺取了中国近代史上威震中外的重大胜利,成为迫使法国内阁倒台的一个重要因素,在中国近代史上,谱写了抗击外国侵略者的英雄史篇,给后人树立了光辉的榜样。这是中国人民的光荣,镇海人民的荣耀,太长了中国人民的志气,扬我国威、军威、民威,其美名远扬中外。在纪念镇海之役胜利110周年之际,我们重温这段历史,对揭露帝国主义侵华罪行,颂扬中国人民反抗帝国主义斗争的优良传统,激发民族自尊心和自信心,弘扬爱国主义精神,奋发图强,振兴中华,保卫和巩固国防,进行四化建设,具有重要意义。

题　　　　名　**镇海之役军事及后勤准备问题初探**

作者及单位　唐武文,齐景祥

会议名称　中法战争镇海之役110周年学术研讨会

会议地点时间　1995

摘　　　　要　发生在19世纪80年代的中法战争镇海之役,是中华民族近代反侵略战争史上的一个重要闪光点,是百年屈辱历史长河中泛起的不可多见的一朵浪花。近代,清政府主持下的几次抗击外敌入侵的战争中,胜利的作战寥寥无几,而在海防作战中取得完全的胜利,当仅属镇海之役。我们认为,在中法战争中清政府和战不决、海防作战接连失败的情况下,发生于战争末期的镇海之役所以能取得完全的胜利,作战的军事及后勤准备充分是一个重要原因。

题　　　　名　**镇海之役真相及意义**

作者及单位　黄振南

会议名称　中法战争镇海之役110周年学术研讨会

会议地点时间　1995

摘　　　　要　镇海之役发生在中法战争后期,是中国人民抵抗法国侵略者的港口防御战,它以中方挫败法方的阴谋告终,在中法战争史上有一定的影响,在对外作战胜少败多的近代中国也有一定的历史地位。但是,由于种种原因,长期以来史学界对该战役的研究十分薄弱,80年代以前,竟无一篇有关此役的学术论文问世,许多近代史专著和教科书在叙述中法战争这一历史事件时,未有一语提及该役。更有甚者,有些专门叙述中法战争的书籍,也没有给该役记上一笔,就像中法战争期间没有发生过这次战斗一样,这是十分不妥的。

题　　　　名　**整合"海丝"文物资源促进泉州可持续发展**

作者及单位　郑国珍(福建省文物局)

会议名称　"泉州港与海上丝绸之路"国际学术研讨会

会议地点时间　中国泉州,2002

摘　　　　要　谈起泉州,人们都知道它是中国的首批国家历史文化名城、联合国教科文组织考察确认的古代"海上丝绸之路的起点"、中世纪中国最重要的对外贸易港埠、与埃及亚历山大港齐名的"东方第一大港"……素有"海滨邹鲁"之誉。虽星移斗转、沧海桑田,保存至今的"海丝"文物和史迹仍比比皆是,堪居全国之首。面对这么丰厚的人文资源,如何在有效保护的前提下,通过科学整合,不断提高品位,恰当适度地合理利用,促进泉州社会经济文化各项事业的可持续发展,颇值得探讨。拙文不揣冒昧,就这问题谈点初浅看法,旨在抛砖引玉,祈请各位方家不吝赐教。

题　　　　名　**整体视野下的丝绸之路——以明初中外物产交流为中心**

作者及单位　万明(中国社会科学院历史研究所)

会 议 名 称 “丝绸之路与文明的对话”学术讨论会

会议地点时间 中国新疆喀什,2006

主 办 单 位 中国中外关系史学会、新疆社会科学院、暨南大学文学院、西北民族大学历史文化学院、新疆师范大学、喀什师范学院

摘 要 物产,是天然出产和人工制造的物品,可以称作物质文明的代表。人类文明史上最古老也最普遍的文明对话与互动现象正是以此为起点而发生的。自古以来,存在于东西方各民族之间的物产交流,是人类文明对话最重要的内容之一,人类交往的需求普遍存在,互通有无是产生交往的基本原因。几千年物流绵延不绝,以物流为中心,形成了极为繁复的人类文明对话的历史现象,就此而言,古代东西方交往通道的形成源远流长,肇源与斯,并形成了影响东西方的一系列连锁反应。丝绸之路与文明的对话,是一个由网络所连接的区域史组成的结构,只有在整体结构中,才能揭示对话的真正意义。物产交流的视角使我们思考把宏观与微观考察结合起来,把局部地区与大的地域史联系起来,以及把各个朝代在丝绸之路上发生的事件与持久性的文明对话有机地贯穿起来研究。鉴于此,本文旨在将明初西洋、东洋与西域的中外物产交流作一较为全面的概览,以求对丝路整体获得一个比较全面的图像。

题 名 **正德元年崇明岛海盗施天常反乱**

作 者 及 单 位 松浦章,丁毅,陈建平(日本关西大学文学部)

会 议 名 称 第八届明史国际学术讨论会

会议地点时间 中国湖南石门,1999

主 办 单 位 中国明史学会、湖南省社会科学界联合会、湖南省社科院

摘 要 随着明清时代中国沿海海上活动的活跃,袭击海上航船的海盗也渐渐盛行起来。特别是明代以后长江入海口以南的沿海地区,海盗活动更为猖獗。正德元年(1506)崇明岛海盗施天常反乱即为一例。万历《新修崇明县志》序载:三吴雄县、星罗独崇明一县,介在海徽,盖大江以南之第一严邑也。隋以前无考。崇明岛占地七百平方公里,是中国第三大岛,位于长江河口,被认为是唐以后形成的。施天常居住于崇明岛,与其兄施天佩等人以贩运私盐为业。

题 名 **郑成功北伐战略新探**

作 者 及 单 位 薛瑞录()

会 议 名 称 郑成功研究国际学术会议

会议地点时间 厦门,1987

摘 要 郑成功是我国历史上一位传奇式的伟大人物。清兵入闽后,他以青年人的无畏勇气,大义灭亲,揭竿而起,率领千军万马,同清朝统治者进行了顽强、卓绝的斗争,写下了可歌可泣的篇章。后来,他又挥师渡海,收复台湾,干出了一番惊天动地的事业,成为中国人民永久纪念的民族英雄。

题 名 **郑成功兵额与军粮问题**

作 者 及 单 位 杨彦杰(福建社会科学院)

题 名 **郑成功部属阮旻锡与《夕阳寮诗稿》**

作 者 及 单 位 何丙仲(厦门郑成功纪念馆)

会 议 名 称 第九届国际明史学术讨论会

会议地点时间 武夷山,2002

主 办 单 位 中国明史学会

索　　引　　词　郑成功;阮旻锡

摘　　　　　要　阮吴锡,是民族英雄郑成功储贤馆的成员,又是闽南文化史上造诣颇高的史学家和诗人。其晚年编纂的《海上见闻录定本》,至今仍是研究郑成功的重要编年史。清乾隆二十五年(1760)沈德潜编选《国朝诗别裁集》,收录闽籍诗人的作品不多,而阮吴锡有三首诗入选,并得沈氏佳评。然而,有关阮吴锡的生平,由于存世史料不多而且零散,故后人所知不详。

题　　　　　名　郑成功创立天地会说质疑

作者及单位　秦宝琦

摘　　　　　要　郑成功是我国历史上一位杰出的爱国者和民族英雄。三百二十年前,他率师东渡,驱逐荷兰殖民者,使台湾重回祖国怀抱,为维护祖国领土完整立下了不朽的功勋,因而深受我国人民的敬仰。他的卓越业绩一直被广泛传颂。但是,长期以来,一些论著中把郑成功说成是天地会的创立者,则似乎不妥,本文仅就此提出一点祖浅看法。

题　　　　　名　郑成功的名讳及赐姓问题

作者及单位　黄典权

摘　　　　　要　根据目前资料所见,郑成功的赐姓问题可分四个子题讨论:一、隆武赐姓问题,二、郑氏自称署款与赐姓的关系,三、别人对郑氏的指称与赐姓的关系,四、郑氏子孙与赐姓的分际。这四个子题中,最受注意而且资料易得者是第一子题,其余则探讨似虚,笔者冒昧探讨,势必纰漏百出,尚请方家指正之。

题　　　　　名　郑成功的儒学思想及其影响

作者及单位　陈名实,林国平(泉州师范学院;福建师大社会历史学院)

会议名称　第三届闽台文化学术研讨会

会议地点时间　中国福建莆田,2006

主办单位　福建省炎黄文化研究会、莆田市人大、莆田市政协、中华妈祖文化交流协会

摘　　　　　要　由于郑成功驱逐荷兰殖民者、收复台湾的伟大壮举,学界对郑成功思想的研究重点,是他的爱国主义精神。所以,郑成功在人民群众中的光辉形象是一个威武、强壮的将军,福建各地的郑成功塑像即以此为指导进行塑造。

题　　　　　名　郑成功的三次战略大转移

作者及单位　陈碧笙

会议名称　郑成功研究国际学术会议

会议地点时间　厦门,1987

摘　　　　　要　从隆武二年(1646年)海上起兵到永历十六年(1662年)病逝台湾,郑成功的军事行动大体上经历了三次战略大转移:第一次从起兵不久,在粤东攻打"不清不明"的地方武装转变为夺取金厦建立抗清根据地,前后大约4年。第二次从在沿海以战养和、和战并用转变为倾师北上,孤注一掷,前后大约7年。第三次从南京战败,退出抗清转变为驱逐荷兰殖民者,收复台湾,前后大约5年。这三次战略大转移,对于郑成功军事力量的壮大,海上贸易的发展,政治局势的驾御以及对明、对清、对荷各方面关系的变化,都起着十分在重要的作用。

题　　名　郑成功对将吏的统彻才略
作者及单位　张雄潮
摘　　要　明室覆亡的相关原因，虽系亡于稗政与党争，权阉与庸佞，建夷与流寇。而用兵命将的不得其人，亦其原因之一。南明历弘光睦武（包括合监国）、永历三胡，于每个重要的军事得失阶段，始终没克一个明大义，识方略，而英迈开阔，才堪统兵将之纵横肆应的将帅，转将拒敌与恢复之任，国家之重，先后寄托于曾大大荼毒明室膘碉酉烃的流冠余草高杰、李成栋、孙可望及海盗出身的郑芝龙这一班人，故明室名号虽存，其势实已早亡。原隶当年文臣无能统兵将将武将不明义理与方陷而抗节的，多数是“平时拱手谈心性，临危一死报君思”的书生，或是些临时建黑，不能离乡土，当强敌的乌合之众，故于串无济，诚于古足哀。

题　　名　郑成功焚青衣处地点无误说
作者及单位　陈泗东
摘　　要　郑成功焚青衣处遗址在南安县文庙前。通常县文庙都建造在县城之内，也有些地方例外，如福建之建阳文庙，就建于城外。南安文庙也是如此，建在“县城东五里许，黄龙溪左”。其处离泉州府城西只有六里许，约三十年前已划归泉州市辖，今属北峰公社招联大队。旧南安县城则仍为南安县丰州公社辖地。

题　　名　郑成功封爵新考
作者及单位　杨彦杰（福建社会科学院）
会 议 名 称　郑成功研究国际学术会议
会议地点时间　厦门，1987
摘　　要　1932 年，朱希祖先生发表《郑延平王受明官爵考》，对郑成功受封官爵问题进行了全面而细致的考证。朱先生的结论在史学界产生较大影响，不少研究南明史及郑成功的学者都参考了这一文献，有些论著、文集还加以引用或重刊。但鉴于这段史事纷坛复杂，有关南明档案又大部分散失，因此朱先生的考定仍是需要认真探讨的。

题　　名　郑成功父子三次进军长泰初探
作者及单位　黄文英
摘　　要　十七世纪中期，满洲贵族处心积虑地窃夺明末农民起义的胜利果实，入主中原。这时阶级矛盾暂时退居于次要地位，民族矛盾上升为主要矛盾。南京、福州、肇庆等地先后出现的弘光、隆武、永历等南明政权，正是这一民族矛盾激化的历史产物。民族英雄郑成功和他的儿子郑经，在那风雨如晦的年代，为保卫南明政权、苦撑东南半壁河山而高举抗清义旗，三次进军长泰。

题　　名　郑成功复台后台湾土地的开发及其历史意义
作者及单位　林庆元（福建师范大学历史系）
摘　　要　台湾，包括澎湖列岛及其他岛屿，自古以来就是中国领土不可分割的一部分。在其漫长的历史发展过程中，大陆人民来往台湾日益频繁。到明代以后，大陆人民开发台湾已初具规模。郑成功收复台湾后，又把台湾的开发推进到前所未有的规模，奠定了清代全面开发活动的基础。以下就这时期有关几个问题做一粗略的探讨。

题　　　　名　郑成功光复台湾的壮烈事迹

作 者 及 单 位　朱维

摘　　　　要　台湾,吴志称为夷洲,隋书称为琉球。台湾的名称,明中叶才有。面积三万六千平方公里,是我国的最大岛屿。气候和胸,土壤肥沃,比较福兴泉漳,有过而无不及。岛上土著,分为无数原始公社,以狩猎为生,亦有原始的农业。西海岸有狭长的平原。张燮《东西洋考》指出:"东蕃居民,最初群聚海滨。明嘉靖末,受倭寇焚掠,稍稍避居山后。"《明史》卷三二三《鸡笼传》亦有此说,因而称为高山民族。

题　　　　名　郑成功海商集团兴衰的历史反思

作 者 及 单 位　陈支平(厦门大学人文学院)

会 议 名 称　第九届国际明史学术讨论会

会议地点时间　武夷山,2002

主 办 单 位　中国明史学会

摘　　　　要　研究中国古代历史的学者们,或许会对明代中期以来东南沿海地区海商集团的蜕起产生浓厚的兴趣。中国自先秦时代确立了"封建社会"以来,在政治体制方面基本上维系着中央集权的大一统制度。到了宋代以后,这种中央集权的政治制度,有着日益走向极端专制的趋向,严重地阻碍了社会发展力以及社会变革的进步。在经济体制上,基本满足于自给自足的农耕经济在漫长的历史长河中缓慢地延续,缺乏富有活力的经济开创局面,和激发生产力迅速发展的社会机制。随着宋代以后中国人口的增长,以及由此引起的可耕土地面积的相对紧张,社会经济的困境更加现实而严重地显示在人们的眼前。可以说,到了明清时期,无论是政治制度、军事制度、法律制度,还是社会与经济环境,基本上都陷人腐朽落后与停滞不前的状态。

题　　　　名　郑成功和施琅

作 者 及 单 位　郭松义,何龄修

摘　　　　要　台湾与整个祖国联系在一起,已有将近两千年有文字可考的历史。这一悠久的历史过程经历过多次曲折,从而涌现了许多值得记述和纪念的人物。郑成功和施琅,是其中最杰出的两人。他们在史册上占有辉煌的地位。郑成功面对非常复杂、混乱和困难的历史条件,雄姿英发地投身抗清斗争。但他远远超轶于同时代抗清战士张煌言、翟式耜、何腾蛟、堵胤锡等人,特别是他在荷兰殖民者侵占台湾近四十年后,以大无畏的精神,排除万难,毅然率领军民,"驱逐侵略者,收复台湾,在历史上做出了独千无二的贡献,成为伟大的民族英雄。施琅建树的功绩稍晚,他的卓越之处在于他坚定地主张消除郑氏子孙在台湾的割据,有力地支持了康熙在这个问题上的决策,尽管他年逾花甲,仍壮心不巳,统率清军渡海东征,一战定局,完成了台湾与大陆的重新统一。施琅也是一位卓越的爱国者。郑成功和施琅,在全民族的历史性利益要求他们发挥作用的时候和地方,出色地发挥了作用。郑成功和施琅的活动对台湾社会经济、文化的发展产生了深远的影响。

题　　　　名　郑成功经济思想试探

作 者 及 单 位　林其泉,郑以灵

摘　　　　要　民族英雄郑成功之威武雄壮的政治、军事活动,向为学者们所阐扬,而他的经济思想,则不大为人们所注目。其实,郑成功的经济思想是很值得研究的。为了保证政治、军事活动的顺利进行,郑成功曾采取了一系列的经济措施,那多包含着他的经济思想;尽管他没有写过关于经济理论方面的著作,但他所采行的经济政策,无不表明他的经济思想的指导作用。研究郑成功的经济思想,有助于了解他

的伟大历史功绩,有助于对他全面评价。本文拟从分析郑成功的经济措施入手,对他的经济思想的形成召。其特点等,作一些粗浅的探讨。

题　　　名　郑成功南澳誓师抗清的意义及其影响
作者及单位　(澳门)何广中
会议名称　第二届明清史国际学术讨论会
会议地点时间　天津,1993
主办单位　明清史国际学术讨论会论文集编辑组编
摘　　　要　郑成功,福建南安人。自幼受儒家思想教育,尊崇春秋大义。明亡的时候他做了两件大事:抗清和复台。复台是为了长期抗清,所以实际是一回事——坚决抗清复明。

题　　　名　郑成功评价的方法论问题
作者及单位　孔立,陈在正,邓孔昭
摘　　　要　郑成功是一位伟大的爱国者、民族英雄,这是我国史学界一致的评价。但是在只体分析时,却产生了几种不同的看法。有的认为郑成功代表南明王朝的抵抗派,始终坚持抗清,他的一切行动都是为了抗清复明,收复台湾也是为了继续抗清。他忠君报国,是历史上杰出的忠臣。不论从抗清或复台来看,都应当称之为民族英雄。有的认为郑成功是海上贸易商的代表,他的抗清和复台都是从海商的利益出发的,因此他的抗清是不坚定的、不彻底的,他的复台,驱逐了外国侵略者,远比抗清重要。郑成功之所以是民族英雄,是由于复台,而不是由于抗清。还有的认为郑成功反抗满族和荷兰殖民者的民族压迫,代表了全民的利益,得到广大群众的拥护和支持,他始终强调"民为邦本","报国救民",不愧是一位伟大的民族英雄。

题　　　名　郑成功确留胞弟在日本
作者及单位　郑万进
会议名称　郑成功研究国际学术会议
会议地点时间　厦门,1987
摘　　　要　郑成功和七左卫门的父亲郑芝龙,字飞黄,小名一官,郑绍祖长子,自幼习武,十八岁时往广东香山澳依母舅黄程门下。时黄程经营外贸,见芝龙精明强悍,胆略过人,遂遣之押货经商日本、东南亚、西班牙、葡萄牙等国和地区。明天启三年(1623年)初,郑芝龙到日本,尔后由松浦侯介绍,结识了日女田川氏(福建泉州翁翌里与日本四川氏所生,随母姓)。时芝龙年少英俊,气宇轩昂,血气方刚,田川氏姿容绝丽,性情温柔,彼此神交,后遂结为夫妻。翌年七月十四日,田川氏生下长子福松(郑成功)。

题　　　名　郑成功时代与日本德川幕府
作者及单位　黄玉斋

题　　　名　郑成功收复台湾及其对高山族的政策
作者及单位　施联朱
摘　　　要　三百二十年前,我国民族英雄郑成功和他率领的爱国军队,在台湾汉族和高山族人民的支持下,战胜丁荷兰侵略者,收复了我国的神圣领土台湾,为相国立下了不朽的功绩,在中国人民反侵略斗争史上谱写了光辉灿烂的篇章。郑成功驱荷复台之所以取得辉煌的胜利,是由于它不仅顺应历史潮流,符合全中国人民的共同愿望,而且与其正确对待高山族的态度以及所采取的政策措施分不开。本文仅就

这个问题作初步的探讨。

题　　　　名　郑成功双龙铜炮考略
作者及单位　潘文贵
会 议 名 称　郑成功研究国际学术会议
会议地点时间　厦门,1987
摘　　　　要　1976年底,厦门市郑成功纪念馆在厦门市郊海沧征集了一门双龙铜炮。该炮造型奇特,尤以两条铜龙蟠曲其上,为国内外所罕见。经初步考证,双龙铜炮是郑成功军队遗留下来的重要文物。现将基本情况和特征浅述如下,谨供海内外学者深入研究探讨。

题　　　　名　郑成功应李定国勤王愆期试探
作者及单位　(香港)马坚
会 议 名 称　郑成功研究国际学术会议
会议地点时间　厦门,1987
摘　　　　要　李定国自归明后,赤心捧日,为挽救国祚,陈师鞠旅,孤军百战不回,斩谨王,诛有德,败尚可喜,大张国伐,为末造阎外之股,内则虚与心存不轨的孙可望周旋,百折不挠地为南明闯出一线生机,创造出复兴曙光。但他自知凭自己有限力量,难以持久对付源源不绝而来的清人,故他努力联络各地义师共同协力以反击清人。

题　　　　名　郑成功于金厦外围战的战略与战术
作者及单位　张雄潮
摘　　　　要　宋朝秦少游在其论边防一文上说:"诸葛相蜀,岁出师伐魏,魏人患之,及亮死,师不复出,而蜀遂亡。盖亮以蜀者险阻新造之国,四面皆迫强敌,非数出锐师以挫之,则其势不能自保,此则以攻为守者也"。郑成功据弹丸二岛以抗强虏,其所处幅圆与人力物力之微,殆不可与天府益州相比拟,又了无可如何之时势,得未曾有之厄运,其奋螳臂成终抗之局;怀孤臣孽子之痛,而有扫穴金陵之威、平台之功,这在军事上其故何在呢?古今说者,谓清无舟师基础,是其最大原因。当然这是起初一部份的原因,若谓长期的原因,则当时强大的清政府,尚无舟师基础,则郑成功的舟师,又从何而来的呢?吾人按之史迹,窥其行止,其能倔强海上,得力于以下的自助人助实尤多。

题　　　　名　郑成功与洪门天地会
作者及单位　黄玉斋
摘　　　　要　"洪门天地会"诞生于三百多年前,是一个"反清复明"秘密结社。

题　　　　名　郑成功与闽南文化
作者及单位　许维勤(福建社会科学院)
会 议 名 称　第二届闽南文化研讨会
会议地点时间　中国福建泉州,2003
主 办 单 位　福建省炎黄文化研究会、泉州市政协
摘　　　　要　郑成功是闽南历史上首屈一指的人物。他生长于闽南显赫家族,接受的是闽南文化教育,又以整个闽南文化圈(包括台湾)为一生活动的主要舞台。这样一个历史人物,他所蕴涵的闽南文化底蕴是无比深厚的。本文拟就郑成功的成长环境和他所表现出来的闽南文化气质,作些粗浅的探讨。

题　　　　名　郑成功与南京之役
作者及单位　李鸿彬
会议名称　郑成功研究国际学术会议
会议地点时间　厦门,1987
摘　　　　要　郑成功(1624—1662年)是我国著名的抗清将领和杰出的民族英雄。他南征北战,戎马生涯十六年,身经大小战役五十余次,其中规模最大,影响最深的是“南京之役”和“台湾之役”,前者以失败告终,后者以胜利结束。现今有关“台湾之役”的论著较多,而研究“南京之役”的文章甚少,故本文拟就郑成功发动“南京之役”的始末,战略战术的得失,谈些粗浅的看法。

题　　　　名　郑成功在厦门的军政建设
作者及单位　吕荣芳,叶文程
摘　　　　要　明永历四年(一六五0年),郑成功在杀郑联,并其军,夺取厦门为根据地后,即加强巩固根据地的建设,着手整肃内部,整编部旅,严申军纪。他继续招株郑芝龙、郑彩旧部,礼待鲁王,乘机吸收浙海水师名将张名振、周鹤芝、阮骏等部,兵力迅速扩展,东南闽、浙、粤沿海地区海上武装力量悉归其下,号称几十万大军。郑成功根据地扩展至金门后,即以金、厦两岛为中心,加强防守,加紧练兵,准备北伐东征。成功亲历各要口巡视,抽调动旅防守,增设炮台营寨,修船筹调,在军政建设上采取很多重大的革新措施。

题　　　　名　郑成功治军试探
作者及单位　唐晓
摘　　　　要　伟大爱国主义者郑成功的军队,在驱逐荷兰、收复台湾的斗争中,建立了不朽的功勋。这支军队1646年刚成立时,只有两艘船,九十多人。在抗清和反侵略的斗争中,它不断发展壮大,到1662年收复祖国领土台湾后,已是拥有大小战船五千余艘,官兵四十多万人,以英勇善战闻名中外的强大军队。这支军队能从小到大,从弱到强,迅速发展壮大起来,并在我国历史上写下光辉的一页,是郑成功治军有方的结果。

题　　　　名　郑成功治军思想初探
作者及单位　岳成驰(北京军事博物馆;)
会议名称　第六届明史国际学术讨论会
会议地点时间　中国安徽凤阳,1995
主办单位　中国明史学会
摘　　　　要　郑成功,福建南安人,原名森,字大木,生于明天启四年(1624),卒于南明永历十六年(1662),是中国历史上著名军事统帅。关于郑成功军事问题的研究,近年来有了很大程度的进展,这些研究成果,初步涉及到郑成功的练兵、用人、军事才能、军事制度、军需问题以及对某些战役战斗的分析等等。

题　　　　名　郑成功族谱惊现始末
作者及单位　郑梦彪
会议名称　闽台谱牒民俗研讨会
会议地点时间　中国福建晋江市,2002
主办单位　福建省民俗学会、晋江市谱牒研究会

摘　　要　2002年3月中旬,新华社等海内百余家媒体、电视台、电台和互联网纷纷报道:南安石井发现郑成功家族一世到十二世的第四种族谱。据考古界、史学界专家的考证和鉴定,这是海内外迄今发现最早的郑成功族谱,属明末手抄本。

题　　名　**郑和、东南亚的回教与《三宝垄编年史》**
作者及单位　陈达生(中国与海上丝路研究中心)
会议名称　"郑和远航与世界文明"暨纪念郑和下西洋600周年学术讨论会
会议地点时间　北京,2004

题　　名　**郑和、哥伦布、达伽马、麦哲伦与世界和平诸问题**
作者及单位　马经(云南民族大学)
会议名称　第二届昆明郑和研究国际会议
会议地点时间　云南,2002

题　　名　**郑和、古里与古里马氏浅探**
作者及单位　翁乾磷(广西社会科学院)
会议名称　郑和下西洋与文明对话国际研讨会
会议地点时间　中国宁夏银川,2005
主办单位　宁夏社会科学院、伊朗伊斯兰共和国驻华大使馆文化处
摘　　要　明永乐三年(1405年)至宣德八年(1433年),我国伟大的航海家、外交家郑和率领一支庞大的船队七下西洋,历时29年,所到国家,包括东南亚、南亚、西亚和东非等区域30多个国家和地区。郑和的航行比哥伦布1492年到达美洲早87年,比1497年达·伽马到达印度古里早92年,比1519年麦哲伦环球航行早114年。所以,郑和的航行,开创了人类历史海上航行的新纪元,为繁荣亚、非地区的经济,促进不同国家间的友好交往和文化交流,做出了重要的贡献。

题　　名　**郑和——"巡海大臣"辨析**
作者及单位　施秀水
会议名称　第二届昆明郑和研究国际会议
会议地点时间　云南,2002

题　　名　**"郑和"与发展中国—美洲海上交通和经贸**
作者及单位　施存龙(交通部水运研究所)
会议名称　"郑和与海洋"学术研讨会
会议地点时间　中国太仓,1998
主办单位　江苏省郑和研究会
摘　　要　"郑和"东渡太平洋登陆美洲温哥华郑和28年间(永乐三年首航至宣德八年终航)七下西洋,横渡印度洋,历30余国和地区,船队最远到达东非,是当时中国和世界远洋水运史上最辉煌的壮举。他率领的那批知识丰富,不畏惊涛骇浪而又和平友好的航海家队伍,和那支技术先进装备充足的庞大船队,完全能够东渡太平洋发现美洲新大陆。

题　　　名　**郑和宝船厂和龙江船厂遗址考**
作者及单位　罗宗真(南京博物院)
会议名称　湖北省纪念郑和下西洋600周年活动
会议地点时间　中国武汉,2005
主办单位　中国航海学会内河船舶驾驶专业委员会
摘　　　要　本文根据文献资料和考古调查及实物材料,说明郑和宝船厂和龙江船厂所在地点应为一处。龙江船厂始建于明初洪武年间,至永乐时因建宝船下西洋,故又称宝船厂,以后停建,但迄明一代,龙江船厂始终存在,其间有盛衰,范围有大小。经过考察,现大致可定宝船厂范围,与《龙江船厂志》、《郑和航海图》所绘船厂位置和范围是相符合的。

题　　　名　**郑和宝船尺寸记载的可靠性**
作者及单位　邱克(山东大学)
会议名称　湖北省纪念郑和下西洋600周年活动
会议地点时间　中国武汉,2005
主办单位　中国航海学会内河船舶驾驶专业委员会
摘　　　要　郑和下西洋的最大宝船长四十四丈四尺,宽一十八丈。作者认为这一尺度的记载是信而有据的。从版本学来看,这是郑和下西洋活动的参加者马欢所记录的第一手材料。其他有关史料虽可能另有来源(如《明史》上有关宝船的记载似不是出自马欢的《瀛涯胜览》),但至今也未发现其中有何重大的差异。作者还认为,这一最大的宝船决不是一艘普通的货船,而是有其政治和军事背景的特殊产物,当时特殊的历史条件为其提供了"存在的理由"。

郑和下西洋的最大宝船长四十四丈四尺,宽一十八丈。作者认为这一尺度的记载是信而有据的。从版本学来看,这是郑和下西洋活动的参加者马欢所记录的第一手材料。其他有关史料虽可能另有来源(如《明史》上有关宝船的记载似不是出自马欢的《瀛涯胜览》),但至今也未发现其中有何重大的差异。作者还认为,这一最大的宝船决不是一艘普通的货船,而是有其政治和军事背景的特殊产物,当时特殊的历史条件为其提供了"存在的理由"。

题　　　名　**郑和宝船尺度"32"字解读**
作者及单位　徐恭生(福建师范大学社会历史学院历史系)
会议名称　北京郑和二千料宝船船模复原研究论坛
会议地点时间　北京,2004
摘　　　要　本文对郑和宝船尺度进行了探讨。文章认为。宝船中"大者"和"中者"两艘是永乐皇帝、皇室和中央机关高级官员乘坐的,参加隆重开航典礼后只在内江行驶或游览,不出外海,甚余"小者"号宝船到刘家港和太平港逐渐更换或添补后下西洋…

题　　　名　**郑和宝船尺度的探索**
作者及单位　庄为玑,庄景辉(厦门大学)
会议名称　湖北省纪念郑和下西洋600周年活动
会议地点时间　中国武汉,2005
主办单位　中国航海学会内河船舶驾驶专业委员会
摘　　　要　郑和下西洋的档案,虽被付之一炬,但宝船尺度却在随行人员马欢等纪行著作中得以保存,这是十分宝贵的。尤其像马欢这样的第一手资料,系记录者直接目击,因此,在没有发调出更有力的

史料之前,马欢所记录的宝船尺度不应轻易否定或随意修改。郑和宝船的巨大,不仅是远洋航行的需要,更有明王朝在政治上“耀兵”和在经济上“示富”的需要。经过了从唐代的十八丈海舶,到宋代三十丈神舟这样一个漫长的生产实践过程,在明初特定的历史条件下,宝船的出现是符合事物发展规律的。即使把郑和宝船推到世界造船史方面来看,也不能否定它的存在。因为整个中世纪,我国造船技术在世界上属于先进地位。

题　　　名　郑和宝船的度量单位“料”
作者及单位　程思丽
会 议 名 称　传承文明走向世界和平发展——纪念郑和下西洋600周年国际学术研讨会
会议地点时间　江苏,2005

题　　　名　郑和宝船的文献文物依据
作者及单位　席龙飞(武汉交通科技大学)
会 议 名 称　传承文明走向世界和平发展——纪念郑和下西洋600周年国际学术研讨会
会议地点时间　江苏,2005

题　　　名　郑和宝船队的东非航程
作者及单位　沈福伟(苏州大学)
会 议 名 称　湖北省纪念郑和下西洋600周年活动
会议地点时间　中国武汉,2005
主 办 单 位　中国航海学会内河船舶驾驶专业委员会
摘　　　要　本文根据中外资料,对郑和船队的东非航程作了全面考证,提出了一些新的见解。论证郑和船队在1405年第一次出航时,便以南印度的科泽科德(Calicut)为基地,西到过霍尔木兹(Hormuz)、马尔代夫(Maldive)、亚丁(Aden)和吉达(Judda)。第三次下西洋时,船队便到了索马里南部的摩加迪沙(Mogadishu)、布腊瓦(Brawa)和朱巴(Jubb)。文章从几方面着手,论述了郑和船队在第四次下西洋时,便开辟了由苏门答腊港(Port Samudra)经过马累岛(Maleisland)直航东非的新航线,再沿非洲东岸继续南行,将航线延伸到坦桑尼亚的基尔瓦(Kilwa)、莫桑比克的莫桑比克港(Port Mozambique)和索法拉港(Port Sofala)。本文还提到在1420年,中国海船已绕过非洲南端的厄加勒斯角,探索通向大西洋的航路。

题　　　名　郑和宝船队基本船型的模型研制
作者及单位　王连茂,陈延杭
会 议 名 称　走向海洋的中国人——郑和下西洋590周年国际学术研讨会
会议地点时间　南京,1995
摘　　　要　郑和船队以其船型宏伟,船舶种类繁多著称,而且在船员人数和编制、船舶分工和编队远航等方面也是空前的壮举。历史记载却甚为简略,《明史》谓:“造大舶修四十四丈,广十八丈者六十二”。这62艘都是大的宝船。另有一些文献记:“宝肛六十三号,大船长四十四丈四尺,阔一十八丈;中船长三十七丈,阔十五丈”。63艘船有大号的宝船,也有中号的。这些有尺寸记载的宝船是很可靠的,如《瀛涯胜览》的作者马欢,他在第四次、第六次和第七次共三次随郑和下西洋,当然这只是大船的笼统记载,没有其它任何说明。

题　　名 郑和宝船复原的依据与特点

作者及单位 叶庆球(新兴船舶发展公司)

会议名称 传承文明走向世界和平发展——纪念郑和下西洋600周年国际学术研讨会

会议地点时间 江苏,2005

题　　名 郑和宝船考析(郑和下西洋舟师的古船研究之二,第二次征求意见稿)

作者及单位 郑明(中国造船工程学会)

会议名称 2005年中国广州国际海事技术论坛

会议地点时间 中国广州,2005

摘　　要 2004年11月2日在我国明代历史和郑和下西洋研究中对44丈的大号宝船的存有曾是一个重点而有争议的研究课题。从二十世纪末,我和海内外学者创议复原仿造郑和宝船工程,各方面提出最新的研究成果看,这个课题已出现一些突破性的进展。如福州徐恭生先生于2004年提出"宝船中'大者'和'中者'两艘是永乐皇帝、皇室和中央机关高级官员乘坐的,参加隆重开航典礼后,只在内江行驶或游览,不出外海,其余'小者'号宝船到刘家港和太平港逐渐更换或添补后下西洋"。

题　　名 郑和朝覲考

作者及单位 马颂梅(昆明市社科联)

会议名称 2005:历史的辉煌——纪念昆明建城1240周年、郑和下西洋600周年、护国运动98周年

会议地点时间 中国云南,2005

主办单位 云南省中国近代史研究会

摘　　要 郑和(1371—1433年)是我国明朝初年伟大的航海家、外交家和军事家。在1405—1433年的28年中,他受明朝成祖、仁宗和宣宗三朝皇帝的派遣,统帅着由大小不一、用途不同的200余艘海船,27 800多人组成的庞大远洋船队多次经过东南亚马六甲海峡到达印度洋、波斯湾、阿拉伯海、红海、非洲东海岸古代的30多个国家和地区,史称"郑和下西洋",创造了人类航海史上的奇迹。

题　　名 郑和船队(第六次下西洋)发现美洲了吗?

作者及单位 范金民(南京大学历史系)

会议名称 第十届明史国际学术讨论会

会议地点时间 中国江苏南京,2004

主办单位 中国明史学会、中山陵园管理局、南京大学历史系

摘　　要 2002年3月,英国退役军官加文·孟席斯(Gavin Menzies)提出1421年郑和船队发现了美洲。此论一出,如石破天惊,震动了世界,学界有关郑和船队最远究竟到了哪里的探讨,又一次掀起了高潮。当年10月,孟席斯在美国出版了其著作《1421中国发现美洲》(1421 The Year China Discoveredthe World)。2003年11月,台北远流出版事业股份有限公司出版了由鲍家庆翻译的中文本。中文本套封上的广告词称:"爆炸性的内容,颠覆既有认知一部可能改写历史的惊世之作过去的历史课本都可以扔了,过去学的也可以遗忘,因为这本书改写了一切";"1421年——明成祖十九年中国人发现美洲大陆,早于哥伦布七十年;中国人发现澳洲,先于库克船长三百五十年;中国人到达麦哲伦海峡,比麦哲伦的出生还早一个甲子,中国人解决计算经度的问题,远远领先欧洲三个世纪"。

题　　名　郑和船队到过美洲吗
作者及单位　刘曼春
会议名称　“睦邻友好”郑和学术研讨会
会议地点时间　中国南京,2002
主办单位　江苏省郑和研究会
摘　　要　中国自公元前221年秦统一,2000余年来,有18000里海岸线,是海洋大国,自古远交海外邻邦。

题　　名　郑和船队发现了澳洲吗?——评孟席斯的新说
作者及单位　廖大珂(厦门大学南洋研究院)
会议名称　“郑和远航与世界文明”暨纪念郑和下西洋600周年学术讨论会
会议地点时间　北京,2004

题　　名　郑和船队首次环球航行的可能性
作者及单位　马超群
会议名称　第二届昆明郑和研究国际会议
会议地点时间　云南,2002

题　　名　郑和船队有可能发现美洲吗?
作者及单位　李金明(厦门大学南洋研究院)
会议名称　“郑和远航与世界文明”暨纪念郑和下西洋600周年学术讨论会
会议地点时间　北京,2004

题　　名　郑和大型宝船复原研究
作者及单位　龚昌奇
会议名称　传承文明走向世界和平发展——纪念郑和下西洋600周年国际学术研讨会
会议地点时间　江苏,2005

题　　名　郑和的家世与功绩
作者及单位　姚继德(云南大学)
会议名称　郑和下西洋与文明对话国际研讨会
会议地点时间　中国宁夏银川,2005
主办单位　宁夏社会科学院、伊朗伊斯兰共和国驻华大使馆文化处
摘　　要　明朝初年的回族穆斯林大航海家、外交家和军事家郑和(1371－1435)。他受中国明朝成祖、仁宗和宣宗三位皇帝的派遣,以明王朝钦差总兵的身份,统率着由200余艘大型海船和28 000名船员组成的和平友好远洋船队,从1405年至1433年的29年间,往返驰骋在太平洋与印度洋辽阔的海面上,把古代波斯湾与阿拉伯海通往中国东南沿海的著名海上丝绸之路,推向了极度的繁荣。

题　　名　郑和的家世与生年存疑
作者及单位　曾玮波

会议名称 走向海洋的中国人——郑和下西洋590周年国际学术研讨会
会议地点时间 南京,1995

题　　名 郑和的开放意识与航海事业
作者及单位 马兴东(云南民族大学)
会议名称 云南省纪念郑和下西洋600周年国际学术研讨会
会议地点时间 云南大学,2005
摘　　要 明代的郑和是我国伟大的航海家和外交家,他于永乐三年(1405年)至宣德八年(1433年)期间,曾率领中国船队,冲破万里波涛,七下西洋,直达东非海岸,先后访问了亚非30多个国家和地区。其经历途程之远,持续时间之长,招致国家之多,影响世界之大,在航海史上是绝无仅有的。他对我国古代的航海交通、对外关系、对外贸易、文化交流等方面,都作出了卓越的贡献。郑和远航之所以取得如此重大的成就,一方面固然是由于明初以来封建王朝的日趋强盛,具备了组建庞大的远洋船队,致使各方诸国折服敬仰的物质条件;另一方面不可或缺的则又是与他个人所具有的特殊才能和素质,尤其是思想上的开放意识分不开的,否则就很难圆满地肩负起这一率众张帆远航、光耀异域的历史任务。然而,对郑和思想方面开放意识的剖析和研究,仍是一块尚待开拓的领地。

题　　名 郑和的开放意识与航海事业
作者及单位 马兴东(云南民族大学)
会议名称 郑和下西洋与文明对话国际研讨会
会议地点时间 中国宁夏银川,2005
主办单位 宁夏社会科学院、伊朗伊斯兰共和国驻华大使馆文化处
摘　　要 明代的郑和是我国伟大的航海家和外交家,他于永乐三年(1405年)至宣德八年(1433年)期间,曾率领中国船队,冲破万里波涛,七下西洋,直达东非海岸,先后访问了亚非30多个国家和地区。其经历途程之远,持续时间之长,招致国家之多,影响世界之大,在航海史上是绝无仅有的。他对我国古代的航海交通、对外关系、对外贸易、文化交流等方面,都作出了卓越的贡献。郑和远航之所以取得如此重大的成就,一方面固然是由于明初以来封建王朝的日趋强盛,具备了组建庞大的远洋船队,致使各方诸国折服敬仰的物质条件;另一方面不可或缺的则又是与他个人所具有的特殊才能和素质,尤其是思想上的开放意识分不开的,否则就很难圆满地肩负起这一率众张帆远航、光耀异域的历史任务。然而,对郑和思想方面开放意识的剖析和研究,仍是一块尚待开拓的领地。

题　　名 郑和的青少年与下西洋的关系
作者及单位 朱惠荣(云南大学)
会议名称 2005:历史的辉煌——纪念昆明建城1240周年、郑和下西洋600周年、护国运动94周年
会议地点时间 中国云南,2005
主办单位 云南省中国近代史研究会
摘　　要 明代大规模的"下西洋"活动,举全国之力,威震四海,其规模、其影响,皆可谓古代之绝唱。这一活动的重担,为什么会落在郑和身上?

题　　名 郑和的青少年与下西洋的关系
作者及单位 朱惠荣(云南大学)

会 议 名 称　云南省纪念郑和下西洋600周年国际学术研讨会

会议地点时间　云南大学,2005

摘　　　要　明代大规模的“下西洋”活动,举全国之力,威震四海,其规模、其影响,皆可谓古代之绝唱。这一活动的重担,为什么会落在郑和身上?

题　　　名　**郑和的身世和下西洋的历史意义**

作者及单位　段西宁(西北第二民族学院)

会 议 名 称　郑和下西洋与文明对话国际研讨会

会议地点时间　中国宁夏银川,2005

主 办 单 位　宁夏社会科学院、伊朗伊斯兰共和国驻华大使馆文化处

摘　　　要　005年7月11日是郑和首次下西洋600周年纪念日。600年前,大明永乐三年由郑和率领的62艘“宝船”和百余艘其它供应船只组成的远洋船队,浩浩荡荡地从苏州刘家河奔向茫茫海洋。这样庞大的舰队和这么多的随行人员不仅是在当时中国绝无仅有,而且在世界史上也是不多见的。但由于后来明政府采取了“海禁”政策,致使人们对郑和下西洋在当时中国和世界历史中的重要作用变得模糊不清。因此,有关郑和的事迹和下西洋的历史功绩的认识显得尤为重要,本文在前人研究的基础上着重对此作一剖析。

题　　　名　**郑和的身世和遭遇**

作者及单位　黄丙坤

会 议 名 称　东西方文化交流国际学术研讨会

会议地点时间　澳门,1993

题　　　名　**郑和的使命:天下共享太平之福**

作者及单位　毛佩琦(中国人民大学历史系)

会 议 名 称　北京郑和二千料宝船船模复原研究论坛

会议地点时间　北京,2004

摘　　　要　本文对郑和下西洋的原因进行了分析。文章围绕《明史》记载郑和下西洋原因、郑和下西洋真正的原因、明成祖的远大理想及实现等进行了阐述。

题　　　名　**郑和的伟大贡献与其家世渊源**

作者及单位　李士厚(云南省人民政府参事室)

会 议 名 称　湖北省纪念郑和下西洋600周年活动

会议地点时间　中国武汉,2005

主 办 单 位　中国航海学会内河船舶驾驶专业委员会

摘　　　要　本文将郑和航海的事实,结合二千多年来中国航海史、外交史、对外贸易史,分别叙论郑和七次出洋,对航海交通、外交关系、对外贸易、海外移民诸方面的贡献,最后考订了郑和的家世,探究他冒险航海,终身不息,直至以身殉国的思想根源,以作为当前我国人民发扬爱国主义精神,团结奋斗,建设四化,振兴中华的借鉴。

题　　　名　**郑和的伟大与马祖神佑**

作者及单位　罗海贤,李慕如

会议名称　第二届昆明郑和研究国际会议
会议地点时间　云南,2002

题　　名　**郑和第二、六次下西洋出发地考辨**
作者及单位　施存龙(交通部水运研究所)
会议名称　传承文明走向世界和平发展——纪念郑和下西洋600周年国际学术研讨会
会议地点时间　江苏,2005

题　　名　**郑和对妈祖信仰传播的贡献**
作者及单位　徐恭生(福建师范大学社会历史学院)
会议名称　中华妈祖文化学术研讨会
摘　　要　郑和是我国伟大的航海家。纪念郑和下西洋600周年活动正在北京、上海、江苏、云南等地热烈展开,福建作为郑和下西洋的重要基地也不例外,福州和泉州正筹备举办纪念活动和学术研讨会,福建人民为郑和下西洋作出巨大贡献,湄洲妈祖(亦称天妃、天后等)护佑郑和舟师胜利完成七下西洋的航海任务,功不可没。诚如郑和所云:“直有险阻,一称神号,感应如响,即有神灯烛于帆樯,灵光一临,则变险为夷,舟师恬然,咸保无虞,此神功之大概也。”

题　　名　**郑和对马六甲的文化与经济影响**
作者及单位　(马来西亚)郑永传
会议名称　传承文明走向世界和平发展——纪念郑和下西洋600周年国际学术研讨会
会议地点时间　江苏,2005

题　　名　**郑和对宋代印度洋航路的继承与发展**
作者及单位　孙光圻(大连海事大学)
会议名称　湖北省纪念郑和下西洋600周年活动
会议地点时间　中国武汉,2005
主办单位　中国航海学会内河船舶驾驶专业委员会
摘　　要　明代的郑和下西洋,是中国古代航海科学的一次集大成的卓越发挥。本文试用历史科学与航海科学相结合的研究方法,探折了自宋代以来对横渡大西洋航路的开拓,说明郑和之所以成为伟大的航海家,其关键就在于他是前代航海成就的继承者,又是一位杰出的革新者。

题　　名　**郑和对中国伊斯兰文化的贡献**
作者及单位　王子华(云南民族大学)
会议名称　第二届昆明郑和研究国际会议
会议地点时间　云南,2002

题　　名　**郑和航海:中国文明与伊斯兰科技**
作者及单位　龙村倪(前台湾综合研究院二所)
会议名称　“郑和远航与世界文明”暨纪念郑和下西洋600周年学术讨论会
会议地点时间　北京,2004

题　　　名　郑和航海奇举从南京启程
作者及单位　杨新华(南京市文物局)
会 议 名 称　郑州商都3600年学术研讨会暨中国古都学会2004年年会
会议地点时间　中国河南郑州,2004
主 办 单 位　中国古都学会、郑州市人民政府
摘　　　要　郑和是世界航海的奠基人,又是发展航海科技的带头人和我国“海上丝绸之路”的开创者。他前后历28年,七涉西洋,打通并拓展了中国与东南亚、东非、阿拉伯等国家和地区的海上交通,为世界航海事业的发展和各国人民的交流做出了不可磨灭的贡献。

题　　　名　郑和航海前后东、西洋地域概念考
作者及单位　洪建新(华南师范大学)
会 议 名 称　湖北省纪念郑和下西洋600周年活动
会议地点时间　中国武汉,2005
主 办 单 位　中国航海学会内河船舶驾驶专业委员会
摘　　　要　本文根据中外文史资料,校正了《东西洋考》、《明史》两书中关于东、西洋地理概念的错误。论证了中国人对亚非海洋的地理概念,始于南宋,形成于元、明,指明古代是以马六甲海峡西口的韦岛(Pulau We)为分界点,以东为东洋,以西,远至非洲东岸的广大海区,统称为西洋。说明早在西方所谓的地理大发现以前,中国海船已经活动在南亚、西亚和东非地区,并且对这一地区的地理形势已有了充分的了解。

题　　　名　郑和航海时代明朝与满刺加国的关系
作者及单位　杨亚非
会 议 名 称　湖北省纪念郑和下西洋600周年活动
会议地点时间　中国武汉,2005
主 办 单 位　中国航海学会内河船舶驾驶专业委员会
摘　　　要　十五世纪前期,郑和七下西洋的壮举,促进了我国同东南亚和印度洋沿岸各国的友好关系。明朝与满刺加国的关系,即是在这一时期建立并得到迅速发展的。满刺加是郑和下西洋的活动中心,又是当时与明朝关系景为密切的国家之一。本文叙述了明朝建立前满刺加国的基本历史情况,论述了两国关系的特点,并探讨了两国关系友好的内在原因。

题　　　名　《郑和航海图》的初步研究
作者及单位　钮仲勋(中国科学院地理研究所)
会 议 名 称　湖北省纪念郑和下西洋600周年活动
会议地点时间　中国武汉,2005
主 办 单 位　中国航海学会内河船舶驾驶专业委员会
摘　　　要　本文对《郑和航海图》进行了初步的研究。文章分为三个部分:第一部分探讨了《郑和航海图》的系统渊源;第二部分探讨了《郑和航海图》的基本特征与内容要素;第三部分探讨了《郑和航海图》所反映的地理认识。文章通过对该图有关东非地名大部分都是前代图籍中所无有的分析,认为通过郑和的远航,对东非的地理认识较前有新的发展。文章还通过该图将南海诸岛区分为“石塘”、“万里石塘屿”、“石星石塘”,来说明历代对地理认识逐步有所深入。

题　　　名《郑和航海图》的综合研究
作者及单位 李万权,朱鉴秋
会 议 名 称“中国与海上丝绸之路”国际学术讨论会
会议地点时间 泉州,1994

题　　　名《郑和航海图》航线说明辑录及处理
作者及单位 张箭(江苏省海洋与渔业局)
会 议 名 称 传承文明走向世界和平发展——纪念郑和下西洋600周年国际学术研讨会
会议地点时间 江苏,2005

题　　　名《郑和航海图》三议
作者及单位 高荣盛
会 议 名 称 湖北省纪念郑和下西洋600周年活动
会议地点时间 中国武汉,2005
主 办 单 位 中国航海学会内河船舶驾驶专业委员会
摘　　　要《郑和航海图》编绘于郑和第六和第七次出使之间(1422—l430年),它导源于明嘉靖十六年(1537年)著成的《渡海方程》的说法是不可靠的。该图以明初的航海实践和我国海道图籍为依据,吸收了域外海道图的成分,体现了我国航海事业上的杰出成就。

题　　　名《郑和航海图》泰国南部地名考释
作者及单位 黎道纲
会 议 名 称 传承文明走向世界和平发展——纪念郑和下西洋600周年国际学术研讨会
会议地点时间 江苏,2005
主 办 单 位

题　　　名《郑和航海图》在我国海图发展史中的地位和作用
作者及单位 朱鉴秋(海军海洋测绘研究所)
会 议 名 称 湖北省纪念郑和下西洋600周年活动
会议地点时间 中国武汉,2005
主 办 单 位 中国航海学会内河船舶驾驶专业委员会
摘　　　要 本文论述了《郑和航海图》是我国最早能独立指导航海的地图,而且是世界上现存最早的航海图集。图的内容及其表示方法对后来的航海图有较大的影响。

题　　　名《郑和航海图》之内涵与外延
作者及单位 张治强
会 议 名 称 传承文明走向世界和平发展——纪念郑和下西洋600周年国际学术研讨会
会议地点时间 江苏,2005

题　　　名《郑和航海图》中的南海诸岛
作者及单位 李金明(厦门大学南洋研究院)

会 议 名 称 “郑和与海洋”学术研讨会
会议地点时间 中国太仓,1998
主 办 单 位 江苏省郑和研究会
摘 要 南海诸岛位于南海之中,地处广州、香港、马尼拉、新加坡弧形航线的必经之地。自古以来,我国驶往东南亚、印度等地的船只,往返均需经过南海诸岛,明初闻名于世的郑和下西洋亦不例外。

题 名 《郑和航海图》中的星名考释
作者及单位 刘南威(华南师范大学)
会 议 名 称 湖北省纪念郑和下西洋600周年活动
会议地点时间 中国武汉,2005
主 办 单 位 中国航海学会内河船舶驾驶专业委员会
摘 要 本文根据作者近年来在我国东南沿海搜集到的民间使用的导航星名,结合《顺风相送》、《指南正法》等古籍的记载,对《郑和航海图》记载的18个星辰名称,逐一加以考释,进而考订出它们的国际通用名称。

题 名 郑和航海与穆斯林文化
作者及单位 宋岘(中国社会科学院)
会 议 名 称 郑和下西洋与文明对话国际研讨会
会议地点时间 中国宁夏银川,2005
主 办 单 位 宁夏社会科学院、伊朗伊斯兰共和国驻华大使馆文化处
摘 要 本文拟借纪念郑和航海600周年之机,讲一下穆斯林文化与郑和航海的密切关系,兼及郑和航海史料的研究、整理。14世纪前半叶,欧洲的经济有了发展,意大利的海外贸易活动方兴未艾,威尼斯打造的金币—甫罗林(Florin)在埃及,不时地冲击着阿拉伯金币—第纳尔在市场上的硬通货地位。其影响已波及阿拉伯半岛及印度洋西部地区。但在亚洲的水域,尚无欧洲人的船队出现。依据当时的国际环境,中国皇帝必须倚重通晓阿拉伯文化、波斯文化等穆斯林民族文化的知识分子,才能达到“前往海外,开诏颁赏,遍谕诸番”之目的。因此,郑和航海壮举,自然地与穆斯林文化结下了不解之缘。

题 名 郑和航海与天妃信仰史料的补遗及考释
作者及单位 时平(上海海事大学海洋文化研究所;上海郑和研究中心;中国船史研究会)
会 议 名 称 “郑和远航与世界文明”暨纪念郑和下西洋600周年学术讨论会
会议地点时间 北京,2004

题 名 郑和航海在东西方交往中的地位
作者及单位 王春芳,时平
会 议 名 称 “郑和与海洋”学术研讨会
会议地点时间 中国太仓,1998
主 办 单 位 江苏省郑和研究会
摘 要 东方和西方是一个地理概念。随着岁月迁移,东方和西方跨越了地理界域形成了具有文化属性、社会形态等深刻内涵的专用词,并延用至今。

题　　　　名　郑和航海在南京交通史上的地位及影响
作者及单位　庞顺根
会 议 名 称　传承文明走向世界和平发展——纪念郑和下西洋600周年国际学术研讨会
会议地点时间　江苏,2005

题　　　　名　郑和航海终点之一"比剌"考
作者及单位　(中国澳门)金国平,吴志良
会 议 名 称　传承文明走向世界和平发展——纪念郑和下西洋600周年国际学术研讨会
会议地点时间　江苏,2005

题　　　　名　郑和航海最远到哪里——兼评"郑和发现美洲"说
作者及单位　朱鉴秋(海军海洋测绘研究所)
会 议 名 称　"睦邻友好"郑和学术研讨会
会议地点时间　中国南京,2002
主 办 单 位　江苏省郑和研究会
摘　　　　要　明代永乐三年至宣德八年(1405—1433)间郑和七下西洋曾到达非洲东海岸,这在多种史书中有记载,有关郑和研究的专著及文章中也都有论述。如果对某种史书记载可能有不同见解,那么《明实录》所记载的内容应该是很可靠的。《明实录》多处记载派遣郑和出使西洋各国,其中包括非洲的一些国家。

题　　　　名　郑和航行时期的东西洋
作者及单位　陈佳荣(香港龄记出版有限公司)
会 议 名 称　走向海洋的中国人——郑和下西洋590周年国际学术研讨会
会议地点时间　南京,1995
摘　　　　要　中国古代东、西洋等名称的概念,尤其是明初郑和所下"西洋"的范围,可说是一个古老而常青的论题。尽管中外学者已有不少论述,然始终众说纷坛,莫衷一是。关于元代至明初东洋、西洋的分界线,过去大别有两种不同的意见:〔一)马六甲海峡:以其时之西洋相当于今印度洋;(二)加里曼丹西岸:以其时之西洋包括南海西部及印度洋。笔者也曾发表过数篇拙文,探索上述问题,倾向第二种看法。本来已无多少新意,唯见目前流行的古代航海史著作,均以马六甲海峡西口以东的水域为元、明时代之东洋,觉得对涉及郑和下西洋这样大型航海活动的地域概念,仍有进一步讨论的必要,故再草此短文求教于四方大家。

题　　　　名　郑和和平外交原因探析
作者及单位　苑素明,杨宏伟
会 议 名 称　"睦邻友好"郑和学术研讨会
会议地点时间　中国南京,2002
主 办 单 位　江苏省郑和研究会
摘　　　　要　郑和下西洋是中外历史上友好交往的典型事件。史学界对于这次和平外交的认识以论述史实及评价产生的作用为主,而对其产生的原因谈得不多。分析这一特定的历史事件,寻找该事件具有和平性质的起因,既有利于澄清认识,证明史实,又可以推动中外友好的历史研究,具有很重要的意义。

题　　　名　**郑和后裔述家世**
作者及单位　郑云良
会议名称　第二届昆明郑和研究国际会议
会议地点时间　云南,2002

题　　　名　**郑和及以前中国人环球航行的探索**
作者及单位　罗宗真(南京博物院)
会议名称　“睦邻友好”郑和学术研讨会
会议地点时间　中国南京,2002
主办单位　江苏省郑和研究会
摘　　　要　近年来郑和下西洋的研究有了新的变化和发展:不少西方人士不仅一改过去不重视郑和航海的倾向,开始注意郑和航海事业对全球的影响,而且更对他七下西洋的航海路线提出了补充与扩展。因此,这就不是一个简单的“下西洋”问题,还是一个“下东洋”甚至“环球航行”的问题。

题　　　名　**郑和家谱展开600年往事**
作者及单位　《滇池晨报》
会议名称　云南省纪念郑和下西洋600周年国际学术研讨会
会议地点时间　云南大学,2005

题　　　名　**郑和家谱的发现与研究**
作者及单位　李长畸
会议名称　云南省纪念郑和下西洋600周年国际学术研讨会
会议地点时间　云南大学,2005

题　　　名　**郑和家谱首序发现经过与重修《咸阳世家宗谱》主要内容**
作者及单位　郑自海
会议名称　传承文明走向世界和平发展——纪念郑和下西洋600周年国际学术研讨会
会议地点时间　江苏,2005

题　　　名　**《郑和家世研究资料汇编》序**
作者及单位　林松(中央民族大学)
会议名称　郑和下西洋与文明对话国际研讨会
会议地点时间　中国宁夏银川,2005
主办单位　宁夏社会科学院、伊朗伊斯兰共和国驻华大使馆文化处
摘　　　要　当前,各有关省市区以至全国,包括若干国家与地区,都在为迎接并庆祝七下西洋的伟大航海家郑和首航600周年(1405－2005年)而紧张地投入准备。眼看2005年7月的纪念盛典正日益迫近,可以说议事日程已开始进入倒计时。就我所知,全国性的大规模庆祝会正在筹备、策划,摄制电影、文献记录片的脚本已陆续审定、开机,编写或再版专著、文集、画册的进程正在抓紧。除首都北京外,江苏的南京、太仓,云南的昆明,福建的长乐、泉州、福州,以至设有郑和研究会的香港、台湾、澳门,都在制定与安排丰富多彩的纪念活动。有关的学术研究机构和杂志,也准备届时出版专号或特刊。在郑和当年多次访问或中途停留的印度尼西亚,本来就有很多以“三宝”命名的遗迹,如三宝垄、三宝庙等。为纪念这位回

族航海家，爪哇的华裔穆斯林，还特别兴建了一座宏伟的、以郑和命名的清真寺，用中文、英文、印尼文竖立了3块纪念碑。

题　　名　郑和精神与国际海洋年
作者及单位　陈显泗
会议名称　“郑和与海洋”学术研讨会
会议地点时间　中国太仓，1998
主办单位　江苏省郑和研究会
摘　　要　举着宣扬郑和精神的旗帜走进海洋年1994年，是一个跟海洋结缘的年头。在这一年，不但《联合国海洋法公约》生效（11月16日），一个月以后，即12月19日在第49届联合国大会上通过决议，宣布1998年为国际海洋年，其主要议题是强调海洋在造就地球生命中所起的作用，突出海洋环境的整体性，加强国际合作。

题　　名　郑和精神与伊斯兰文明
作者及单位　龙群（新疆石河子大学）
会议名称　郑和下西洋与文明对话国际研讨会
会议地点时间　中国宁夏银川，2005
主办单位　宁夏社会科学院、伊朗伊斯兰共和国驻华大使馆文化处
摘　　要　郑和是闻名世界的回族航海家。从公元1405年到1433年的28年间，他率领船队先后七次远渡重洋，遍及亚非30多个国家和地区。郑和七下西洋不但稳定东南亚国际秩序、维护国家安全、开拓海洋事业、发展海外贸易，而且传播了中华文明。这一伟大壮举不仅体现了中华民族勇于开拓、不断创新的精神，而且进一步证明中华民族在历史上就致力于走出国门，同各国人民进行和平友好往来以及经济、文化交流。郑和航海过程中始终贯穿的和平、包容、友好的精神，不仅是伊斯兰文明中的相互包容思想的真诚体现，也是中华民族传统美德的丰富与发展。郑和精神是伊斯兰教和平包容精神与中华民族传统美德的凝聚与升华。

题　　名　郑和科学航海与古船文明——复原仿造郑和古船与深化郑和研究的思考
作者及单位　郑明（中国造船工程学会）
会议名称　“睦邻友好”郑和学术研讨会
会议地点时间　中国南京，2002
主办单位　江苏省郑和研究会
摘　　要　船舶是一个水上建筑，和陆地建筑一样，是科技与艺术的结晶。在不同历史时期，能集中反映不同民族、不同国家和地域的文明水平，综合国力与民族特色。

题　　名　郑和来泉州问题初探
作者及单位　沈玉水（福建省泉州海外交通史博物馆）
会议名称　湖北省纪念郑和下西洋600周年活动
会议地点时间　中国武汉，2005
主办单位　中国航海学会内河船舶驾驶专业委员会
摘　　要　郑和下西洋时确实来过泉州，其证据有二：一是物证，即郑和“行香碑”；二是人证，立碑者蒲和日确有其人。迄今“行香碑”犹存于泉州；关于立碑者的记载在《蒲氏族谱》中也可以找到。郑和

来泉州,主要是为要了解诸伊斯兰教国家的情况,并物色通译人才,其次是意图通过到伊斯兰教圣墓行香这一宗教活动,为通好伊斯兰教诸国,创造更有利的条件。

题　　　名 **郑和谜题研究**
作者及单位 徐凌
会 议 名 称 “睦邻友好”郑和学术研讨会
会议地点时间 中国南京,2002
主 办 单 位 江苏省郑和研究会
摘　　　要 约600年前的这个时节,我国明朝航海家郑和正率领着他那庞大的船队劈波斩浪于印度洋之上。这是他那个时代世界上规模最大的航海活动,为人类绚丽多彩的征服海洋的画卷上又增添了浓重的一笔。在1405-1433年间的28年中,郑和七下西洋,遍访亚洲和非洲的30余个国家,每每在“洪涛接天,巨浪如山”的茫茫大海中“云帆高张,昼夜星驰,涉彼狂澜,若履通衢”。

题　　　名 **郑和七下西洋的功绩及其历史地位**
作者及单位 马通(甘肃民族研究所)
会 议 名 称 郑和下西洋与文明对话国际研讨会
会议地点时间 中国宁夏银川,2005
主 办 单 位 宁夏社会科学院、伊朗伊斯兰共和国驻华大使馆文化处
摘　　　要 郑和(1371-1434)是我国明朝的一位伟大的航海家,他率当时世界上规模最大技术最先进的船队,于明永乐三年至明宣德八年的29年间,作为我国政府的正式使节先后七次出海远航,访问了亚洲、非洲的很多国家和地区,航程最远者到达东非以南的麻林(今肯尼亚)。总航程约70 000海里以上。郑和的航海活动,不仅丰富了我国航海地理和天文导航等科学知识,更重要的开拓了我国与亚洲和非洲各国的海路交通,密切了与这些国家的友好关系和经济文化交流。对我国开发海运事业和国际贸易建立了丰功伟绩。我国史书中有不少记述郑和的这一壮举的史料,特别是上世纪80年代南京举办郑和下西洋500年纪念活动以来,介绍郑和下西洋的文章如雨后春笋,为研究郑和这个历史人物和他的创举作出了重要贡献。

题　　　名 **郑和七下西洋与妈祖文化关系略论**
作者及单位 周金琰(莆田湄洲祖庙)
会 议 名 称 传承文明走向世界和平发展——纪念郑和下西洋600周年国际学术研讨会
会议地点时间 江苏,2005

题　　　名 **郑和前期出使的目的和任务**
作者及单位 王承吉
会 议 名 称 传承文明走向世界和平发展——纪念郑和下西洋600周年国际学术研讨会
会议地点时间 江苏,2005

题　　　名 **郑和青少年成长史实述略**
作者及单位 朱惠荣(云南大学)
会 议 名 称 传承文明走向世界和平发展——纪念郑和下西洋600周年国际学术研讨会
会议地点时间 江苏,2005

题　　　名　郑和生卒年之商榷

作者及单位　孙云南

会议名称　走向海洋的中国人——郑和下西洋590周年国际学术研讨会

会议地点时间　南京,1995

摘　　　要　目前研究郑和的人,日渐增多,本人僻处海曲、孤陋寡闻,然所知郑和生卒之年,即有四种说法,多数皆将卒年断为宣德十年,任己意决定生年,也有将卒年提前至宣德六年或宣德九年者。

题　　　名　郑和时代的东西洋考

作者及单位　沈福伟(苏州大学)

会议名称　湖北省纪念郑和下西洋600周年活动

会议地点时间　中国武汉,2005

主办单位　中国航海学会内河船舶驾驶专业委员会

摘　　　要　东、西洋概念起源于罗马时代,十三世纪下半叶,经中古阿拉伯传入中国。元代《大德南海志》残本和《岛夷志略》中已有小东洋、大东洋、小西洋和西洋的称谓。东、西洋的划分,自康道尔岛迤南经加里马达海峡至撰他海峡为界,以东称东洋,以西称西洋。在康道尔岛以北的占城、真腊、暹、罗斛是中国近邻国家,不在东、西洋范围以内,直到十·五世纪上半叶郑和下西洋时,仍是如此。郑和奉使的西洋含义有二,一是以西洋泛称海外各国,二是七次出使,每次至少必到西洋国,因此郑和本人不将1424车航海旧港(Palembang)的一次列入下西洋之中。西洋国在元代已见之文献,是以科泽科特和它附近的梵答剌亦纳为中心的国家,《岛夷志略》中这二地分别称作下里(Chaliam)和古里佛(Kollam Pantalayini),明初改称古里和西洋剌泥。广义的西洋国,指古里和剌泥(《航海图》作番答里纳),狭义的西洋国,仅只剌泥可当。

题　　　名　郑和时代印度洋情势与中国的关系

作者及单位　(美国)沈恺

会议名称　传承文明走向世界和平发展——纪念郑和下西洋600周年国际学术研讨会

会议地点时间　江苏,2005

题　　　名　郑和时代与福建市舶司的移置

作者及单位　陈丽华(泉州海外交通史博物馆)

题　　　名　郑和时期中国海洋文化的鼎盛及其世界意义

作者及单位　赵纪军,杜秀娟

会议名称　"睦邻友好"郑和学术研讨会

会议地点时间　中国南京,2002

主办单位　江苏省郑和研究会

摘　　　要　海洋文化是指一个国家、地区或民族在开发、利用和维护海洋过程中所体现的精神、价值、理念的总和。海洋文化不是独立存在的,它总是与一个国家的整体文化水平紧密联系在一起,并且总是某一具体的国家民族阶级意志的鲜明体现。受地理环境和交通条件的影响,海洋文化首先产生于滨海国家或岛国,在相互独立相互隔绝的状态下不断生长壮大。

题　　　名　《郑和史诗》:云南省精品图书出版史上的成功范例
作者及单位　《云南日报》
会议名称　云南省纪念郑和下西洋600周年国际学术研讨会
会议地点时间　云南大学,2005

题　　　名　郑和使日问题初探
作者及单位　潘群(山东大学)
会议名称　湖北省纪念郑和下西洋600周年活动
会议地点时间　中国武汉,2005
主办单位　中国航海学会内河船舶驾驶专业委员会
摘　　　要　明永乐三年六月己卯日(1405年7月H日)开始的郑和下西洋,是世界航海史上的壮举。但对这位航海家下西洋以前的航海活动,却很少有人涉及。本文根据明代当时的国内外形势与《明史》成书以前的史料记载,首次提出,在永乐二年(1404)时,郑和曾出使过"东洋"日本,文章提到:这次出使对稳定与促进当时中日友好的外交关系,为大举下西洋提供了必要的保证。

题　　　名　郑和世家与昆明故里
作者及单位　纳国昌
会议名称　第二届昆明郑和研究国际会议
会议地点时间　云南,2002

题　　　名　郑和是促进马中友谊的大功臣
作者及单位　林源瑞(马来西亚局绅)
会议名称　"睦邻友好"郑和学术研讨会
会议地点时间　中国南京,2002
主办单位　江苏省郑和研究会
摘　　　要　郑和远在600年前,已是明朝一位举世闻名的航海家,郑和下西洋的业绩,更是世界航海史上的壮举。他在中国航海事业上,已为中国的文明壮丽事业,谱写了一首惊天动地的凯歌,也为中华民族在征服海洋史卷中填上了自豪的篇章。

题　　　名　郑和是和平友好使者
作者及单位　王民同
会议名称　第二届昆明郑和研究国际会议
会议地点时间　云南,2002

题　　　名　郑和是赛典赤后裔考说
作者及单位　马颖生(昆明市地方志办公室)
会议名称　传承文明走向世界和平发展——纪念郑和下西洋600周年国际学术研讨会
会议地点时间　江苏,2005

会议名称　第二届昆明郑和研究国际会议
会议地点时间　云南,2002

题　　　名　**郑和外交的伟大成就**
作者及单位　许在全(泉州市委宣传部)

题　　　名　**郑和未使菲律宾说质疑**
作者及单位　周绍泉(中国社会科学院历史所)
会议地点时间　1982
主　办　单　位　中国明史学会、中国社会科学院历史研究所明史研究室
摘　　　要　在研究明代中国和菲律宾关系时,总会碰到一个无法回避的问题:郑和是否访问过菲律宾。中外学者众说纷纭。有说去过的,如劳佛尔、葛莱、拜尔、赛地、阿力普、陈烈甫、刘芝田、李长傅、陈云章等都说郑和在七次出使西洋期间曾一次或三次访问菲律宾。也有的说这是一个悬而未决、尚待进一步考证的问题,如朱偰在《郑和》一书中说:郑和"是否曾亲自到过这个地方(指苏禄国——引者),尚待进一步加以考证"。还有的说没有去过,如许云樵和吴景宏。

题　　　名　**郑和下西洋"组群"结构的研究——兼评郑和"十下西洋"之说**
作者及单位　郑一钧(中国社会科学院海洋研究所)
会　议　名　称　走向海洋的中国人——郑和下西洋 590 周年国际学术研讨会
会议地点时间　南京,1995
摘　　　要　郑和下西洋是人类向海洋进军,征服海洋和利用海洋的伟大壮举。郑和领导的七次大规模的航海活动,作为人类文明的一个巨大成果,是一个庞大的体系,具有综合性。因此,要正确理解"郑和下西洋"的概念,就必须对郑和下西洋的结构特点作一番综合研究。否则,就容易在郑和下西洋研究中引起混乱。

题　　　名　**《郑和下西洋 600 周年》纪念邮票首发**
作者及单位　《香港商报》
会　议　名　称　云南省纪念郑和下西洋 600 周年国际学术研讨会
会议地点时间　云南大学,2005

题　　　名　**《郑和下西洋 600 周年纪念展》实施方案设想**
作者及单位　中国历史博物馆
会　议　名　称　第二届昆明郑和研究国际会议
会议地点时间　云南,2002

题　　　名　**郑和下西洋宝船主尺度述略**
作者及单位　唐志拔,张弘
会　议　名　称　传承文明走向世界和平发展——纪念郑和下西洋 600 周年国际学术研讨会
会议地点时间　江苏,2005

题　　　名　**郑和下西洋船舶结构与工艺的思考**
作者及单位　顿贺(武汉理工大学)

会议名称　北京郑和二千料宝船船模复原研究论坛

会议地点时间　北京,2004

摘　　要　本文对郑和下西洋船舶制造工艺进行了探讨。文章围绕下西洋船舶的船型特征、下西洋船舶的船体结构、船舶的捻料与捻缝技术、铁钉联接技术、下西洋船建造工艺等进行了阐述。

题　　名　**郑和下西洋的宝船及其用船类别研究**

作者及单位　辛元欧(上海交通大学)

会议名称　第三届中日机械技术史国际学术会议

会议地点时间　中国云南昆明,2002

主办单位　Institute of History of Mechanical Technology Chinese Mechanical Engineering Society、Beijing University of Aeronautics and Astronautics、Tsinghua University、Tongji University、Kunming University of Scienceand Technology

摘　　要　本文通过对世界木帆船的构造和帆装发展的考察,认为要建造一艘9桅万吨级木质郑和宝船几乎是不可能的,她的船长、船宽和帆装3项技术指标较之世界上最大木帆船的极限指标均相差太远。随后又通过迄今为止的出土文物与历史文献资料相印证,进一步阐明郑和宝船是一类吨位达千吨的时称2000料的海船。目今郑和历史文献版本学的研究还初步揭示《明史》上对郑和宝船长44丈、宽18丈的记载很可能源自神怪小说《西洋记》,这类尺度对于一个船舶专业工作者来说是无法接受的。最后还根据可靠的文献记载提出有关福船型和沙船型郑和宝船两种复原方案和郑和下西洋所用大小船只的类别。

题　　名　**郑和下西洋的船**

作者及单位　管劲丞

会议名称　湖北省纪念郑和下西洋600周年活动

会议地点时间　中国武汉,2005

主办单位　中国航海学会内河船舶驾驶专业委员会

题　　名　**郑和下西洋的动因、终止与历史回顾**

作者及单位　李金明(厦门大学南洋研究院)

会议名称　走向海洋的中国人——郑和下西洋590周年国际学术研讨会

会议地点时间　南京,1995

摘　　要　明太祖立国之初,为防御倭寇骚扰,即宣布禁海命令,“禁濒海民不得私出海”,对海外诸国的贸易,仅限于“朝贡”这唯一合法途径,这种“朝贡贸易”至明成祖时发展到鼎盛,出现了郑和下西洋的伟大壮举。

题　　名　**郑和下西洋的海洋调查活动及其启示**

作者及单位　陈道素

会议名称　“郑和与海洋”学术研讨会

会议地点时间　中国太仓,1998

主办单位　江苏省郑和研究会

摘　　要　15世纪初期,中国伟大的航海家郑和率领庞大的船队,驰骋万里海疆,7次远涉重洋,遍访了亚非30多个国家和地区,加强了中外贸易和交往。

题　　　　名　**郑和下西洋的航海宗旨和手段**
作者及单位　王莉,孙光圻(大连海事大学)
会 议 名 称　“郑和与海洋”学术研讨会
会议地点时间　中国太仓,1998
主 办 单 位　江苏省郑和研究会
摘　　　　要　郑和下西洋在中国航海史上是一个特殊的里程碑:它既标志着中国古代航海事业达到顶峰,又标志着中国古代航海事业从此开始走向衰落。缘何如此?从政策角度讲,这是郑和忠实地执行明成祖的“官方赍赐”这一封建主义航海政策的必然结果。

题　　　　名　**郑和下西洋的基本条件与科技保障**
作者及单位　林荃(云南省博物馆)
会 议 名 称　2005:历史的辉煌——纪念昆明建城1 240周年、郑和下西洋600周年、护国运动95周年
会议地点时间　中国云南,2005
主 办 单 位　云南省中国近代史研究会
摘　　　　要　我们中华民族是一个伟大的民族,创造了灿烂的古代文明,无数风流人物,在中华灿烂辉煌的古文明的基础上,大展宏图,创建了无数丰功伟业。明朝三宝太监郑和,自明永乐三年(1405年)到宣德八年(1433年)率领当时世界上最大的船队,经历28年,七次下西洋,经过东南亚、印度洋到红海,继续远航到达非洲沿岸国家。郑和在世界航运史上空前的伟大的航海活动,比西方国家著名的殖民航海家小规模航行活动要早一个世纪左右,比哥伦布1492年发现新大陆早87年,比达·伽马1497年绕过非洲好望角进入印度洋早92年,比麦哲伦完成环球航行早117年。郑和七下西洋的伟大壮举,不仅开辟了从中国南部海港经东南亚、西亚至东非的航路,开通了“海上丝绸之路”,更空前的沟通和促进了中国与东南亚国家、阿拉伯国家和非洲国家的政治经济、科技和文化的交流,极大地发展了与这些国家的睦邻友好关系,促进了中国与这些国家和地区人民的友谊,促进了共同和平发展的友好国际关系的建立与发展,创建了永垂史册的伟业丰功。

题　　　　名　**郑和下西洋的目的及其被停航的原因**
作者及单位　杨熺(大连海运学院)
会 议 名 称　湖北省纪念郑和下西洋600周年活动
会议地点时间　中国武汉,2005
主 办 单 位　中国航海学会内河船舶驾驶专业委员会
摘　　　　要　本文根据明代的史籍记载,考证了郑和下西洋的目的,是通过朝员贸易形式,与海外各国建立友好外交关系,并论证了郑和船队停航的原因,一是由于长年的巨大财政开支,使明朝国库枯竭,为朝廷重臣所不能容忍;二是由于输出品的大量采购,对封建社会经济的冲击,为封建权贵所深恶痛绝,由此而终被停航。

题　　　　名　**郑和下西洋的启示**
作者及单位　孟照澄
会 议 名 称　北京郑和二千料宝船船模复原研究论坛
会议地点时间　北京,2004

摘　　要　本文对郑和下西洋的重大意义进行了探讨。文章认为,郑和在七下西洋中创造出一种"中外通和,万国来朝,四海一家,共享太平"的崭新外交局面,表现了中华民族热爱和平、维护和平的大国气度。

题　　名　郑和下西洋的启示
作者及单位　王劲

题　　名　郑和下西洋的启示
作者及单位　赵瑞芳
会议名称　云南省纪念郑和下西洋600周年国际学术研讨会
会议地点时间　云南大学,2005

题　　名　郑和下西洋的文化解读
作者及单位　刘振华
会议名称　传承文明走向世界和平发展——纪念郑和下西洋600周年国际学术研讨会
会议地点时间　江苏,2005

题　　名　郑和下西洋动机新证
作者及单位　(澳大利亚)萧弘德
会议名称　传承文明走向世界和平发展——纪念郑和下西洋600周年国际学术研讨会
会议地点时间　江苏,2005

题　　名　郑和下西洋动因初探
作者及单位　范金民(南京大学历史系)
会议名称　湖北省纪念郑和下西洋600周年活动
会议地点时间　中国武汉,2005
主办单位　中国航海学会内河船舶驾驶专业委员会
摘　　要　郑和下西洋的原因历来诸说不一。辨析史籍,揆诸情理,所谓建文逊国疑案是由人们敷演而成的,不存在下洋踪迹建文的前提。踪迹说和胡濙寻访说一样,都没有可靠的史料根据。相反,不为人们所熟知的倒是胡濙等人并没有去找建文帝。考察朱元璋父子对外政策和指导思想,分析郑和船队出使的时代背景和活动内容表明,耀兵异域和发展外贸等并不能构成郑和下西洋的目的。朱棣上台,内而人心不安,外而海疆不宁。周边多事。为着稳定民心,巩固统治,恢复发展社会经济,谋求和平安定的国际环境,朱棣继承朱元璋的对外友好政策,派遣郑和等众多使团四出活动,维持稳定,通好他国,笼络远人,将中外友好关系推向了新阶段。因而,郑和船队是对外友好的外交使团,而不是远征军和采货队。

题　　名　郑和下西洋动因及中断原因
作者及单位　(中国台湾)谢台喜
会议名称　传承文明走向世界和平发展——纪念郑和下西洋600周年国际学术研讨会
会议地点时间　江苏,2005

题　　　名　**郑和下西洋动因考实**
作者及单位　刘孔伏,潘良炽
会议名称　传承文明走向世界和平发展——纪念郑和下西洋600周年国际学术研讨会
会议地点时间　江苏,2005

题　　　名　**郑和下西洋动因再探**
作者及单位　张海松,张启良
会议名称　传承文明走向世界和平发展——纪念郑和下西洋600周年国际学术研讨会
会议地点时间　江苏,2005

题　　　名　**郑和下西洋对15世纪初期世界文明发展的贡献**
作者及单位　郑一钧(中国社会科学院海洋研究所)
会议名称　“郑和远航与世界文明”暨纪念郑和下西洋600周年学术讨论会
会议地点时间　北京,2004

题　　　名　**郑和下西洋对东南亚华人移民的影响**
作者及单位　汤兆云
会议名称　传承文明走向世界和平发展——纪念郑和下西洋600周年国际学术研讨会
会议地点时间　江苏,2005

题　　　名　**郑和下西洋对发展外向型经济的启迪**
作者及单位　李宝民,孙光圻
会议名称　走向海洋的中国人——郑和下西洋590周年国际学术研讨会
会议地点时间　南京,1995
摘　　　要　590年前郑和下西洋虽为明初盛事,但其历史影响尤为深远。今天,当我们全力发展具有中国特色的外向型经济之时,仍可从中得到不少宝贵的启迪。

题　　　名　**郑和下西洋对发展中国—东盟关系的历史启示**
作者及单位　马经(云南民族大学)
会议名称　云南省纪念郑和下西洋600周年国际学术研讨会
会议地点时间　云南大学,2005

题　　　名　**郑和下西洋对我国发展外向型经济的启迪**
作者及单位　孙光圻(大连海事大学)
会议名称　纪念郑和下西洋590周年国际学术讨论会
会议地点时间　1995
摘　　　要　590年前郑和下西洋虽为明初盛事,但其历史影响尤为深远。今天,当我们全力发展具有中国特色的外向型经济之时,仍可从中得到不少宝贵的启迪。

题　　　名　**郑和下西洋对中国地理学的贡献**
作者及单位　钮仲勋(中国科学院地理科学与资源研究所)

会 议 名 称 “郑和远航与世界文明”暨纪念郑和下西洋600周年学术讨论会
会议地点时间 北京,2004

题　　　名 **郑和下西洋给世界文明的启示**
作 者 及 单 位 马经,谢明(云南民族大学)
会 议 名 称 郑和下西洋与文明对话国际研讨会
会议地点时间 中国宁夏银川,2005
主 办 单 位 宁夏社会科学院、伊朗伊斯兰共和国驻华大使馆文化处
摘　　　要 今年是郑和下西洋的600周年。郑和作为一名中国人,是中华民族的骄傲;作为一名航海家,是航海界的丰碑;作为一名外交家,是外交界的幸运;作为一名穆斯林,是宗教界的楷模。而今世界提倡文明对话,郑和就是世界文明对话最早的先驱。因此中国和世界许多地方都在筹办隆重的纪念活动,故借此机会从宗教对话的角度来说一说郑和下西洋给予我们的历史启示。

题　　　名 **郑和下西洋航海图考**
作 者 及 单 位 徐玉虎(台湾政治大学历史系)
会 议 名 称 湖北省纪念郑和下西洋600周年活动
会议地点时间 中国武汉,2005
主 办 单 位 中国航海学会内河船舶驾驶专业委员会

题　　　名 **郑和下西洋和海上丝绸之路的繁荣**
作 者 及 单 位 卢苇(暨南大学历史系)
会 议 名 称 中外关系史学会第四次学术讨论会
会议地点时间 中国江苏扬州,1992
主 办 单 位 中国中外关系史学会
摘　　　要 明朝初期的郑和下西洋,既是古代东西方海上交往的伟大事件,也是世界远洋航行史上的空前壮举。通过郑和七下西洋,以其庞大的舰队,游弋于万顷波涛,访问了亚非广大地区,经历了“大小凡三十余国,涉沧溟十余万里”,不仅沟通了从元末已经中断了的东西方交往,,并把中国和海外各国的友好关系推向了新的高潮。15世纪初期海上丝绸之路的兴起和繁荣,无疑和郑和七下西洋有密切关系。

题　　　名 **郑和下西洋和中国货币政策**
作 者 及 单 位 huite
会 议 名 称 湖北省纪念郑和下西洋600周年活动
会议地点时间 中国武汉,2005
主 办 单 位 中国航海学会内河船舶驾驶专业委员会

题　　　名 **郑和下西洋后国外白银的流入与中国经济发展**
作 者 及 单 位 林文勋,吕昭义
会 议 名 称 第二届昆明郑和研究国际会议
会议地点时间 云南,2002

题　　　名　**郑和下西洋目的、方式及结果再研究**
作者及单位　林振草
会议名称　传承文明走向世界和平发展——纪念郑和下西洋600周年国际学术研讨会
会议地点时间　江苏,2005

题　　　名　**郑和下西洋目的辨析**
作者及单位　朱晨光(集美航海专科学校)
会议名称　湖北省纪念郑和下西洋600周年活动
会议地点时间　中国武汉,2005
主办单位　中国航海学会内河船舶驾驶专业委员会
摘　　　要　本文研究了明初的社会历史背景、外交形势与郑和下西洋两者间的关系,以史料分析证明郑和下西洋的主要宗日在于加强明政府与海外各国的政治联系。

题　　　名　**郑和下西洋前后的明代海防**
作者及单位　范金民(南京大学历史系)
会议名称　"郑和与海洋"学术研讨会
会议地点时间　中国太仓,1998
主办单位　江苏省郑和研究会
摘　　　要　前后历时28年的郑和下西洋,是世界航海史上的壮举,也是明代海防力量最为强盛的标志。近年来,不少学者对明代倭寇问题发表了新的看法,有人认为,所谓倭寇海盗实际上是不顾封建地主阶级的海禁,出海从事正常贸易的农民、市民及各阶层人民。

题　　　名　**郑和下西洋前后中国造船业之盛衰分析**
作者及单位　张炜
会议名称　湖北省纪念郑和下西洋600周年活动
会议地点时间　中国武汉,2005
主办单位　中国航海学会内河船舶驾驶专业委员会

题　　　名　**郑和下西洋前南海形势:论明帝国与满者伯夷的角力**
作者及单位　郑永常(台湾成功大学历史系)
会议名称　"郑和远航与世界文明"暨纪念郑和下西洋600周年学术讨论会
会议地点时间　北京,2004

题　　　名　**郑和下西洋前使日之探讨**
作者及单位　陈福坡(日本中华学会)
会议名称　第七届明史国际学术讨论会
会议地点时间　中国吉林长春,1999
主办单位　中国明史学会、东北师范大学、吉林大学、吉林师范学院、通化师范学院、吉林省社会科学院
摘　　　要　中国与外诸国贸易由来已久,早在汉朝即有黄门译使奉旨出使各国,经南北朝到隋唐时海外交通更加繁盛,甚至有的地方官也加入了贩洋的行列。宋元时海上外贸常盛不衰,北宋时设五个市

舶司,南宋又增两处市舶务,海上贸易得到了统治者的大力支持。

题　　　名　**郑和下西洋时期的航运政策**
作者及单位　王莉(大连海事大学)
会议名称　纪念郑和下西洋600周年国际学术会议
会议地点时间　2005

题　　　名　**郑和下西洋时期的中印交往**
作者及单位　朱巍,陈蓓蓓
会议名称　"睦邻友好"郑和学术研讨会
会议地点时间　中国南京,2002
主办单位　江苏省郑和研究会
摘　　　要　明初六七十年间,由于政治局势经历了元末的大变动而趋于稳定,经济也在这种稳定的环境中发展起来,中国封建社会出现了兴盛的局面。以此为基础,在发展对外关系上,明政府积极推行"厚往薄来"、"宣德化而柔远人"的和平友好政策。在这种外交政策的指导下,世界航海史上的壮举——郑和下西洋开创了中国与亚非各国友好交往的新纪元。本文通过对郑和下西洋时期中国和印度两国友好交往史实的回顾,探讨郑和下西洋对发展中印友好关系,促进共同发展所产生的重要影响。

题　　　名　**郑和下西洋时期伊斯兰文化的传播对海上丝绸之路的贡献**
作者及单位　郑一钧,蒋铁民
会议名称　联合国教科文组织海上丝绸之路考察泉州三周年"海上丝绸之路与伊斯兰文化"国际学术讨论会
会议地点时间　泉州,1994

题　　　名　**郑和下西洋时期张谦奉使东洋诸国事迹考**
作者及单位　邱炫煜
会议名称　"郑和与海洋"学术研讨会
会议地点时间　中国太仓,1998
主办单位　江苏省郑和研究会
摘　　　要　郑和下西洋时期,是指自从明成祖永乐三年(1405)首次出使开始,至明宣宗宣德八年(1433)最后一次下西洋回还为止,前后共有7次之多,历时28年之久。

题　　　名　**郑和下西洋史迹旅游开发初探**
作者及单位　曾国新(福建省长乐县族游局)
会议名称　2005年全国海洋高新技术产业化论坛
会议地点时间　中国海口,2005
主办单位　海南省人民政府、国家海洋局、中国地质调查局、中国高科技产业化研究会
摘　　　要　我国明代伟大航海家郑和于明永乐至宣德年间(1405－1433),作为明朝的使臣,先后七次,率领二万七千多名船员和官兵,"乘巨舶百余艘","云帆高张,昼夜星驰",历访亚非"三十余国,涉沧溟十万余里"。郑和下西洋率先吹响了人类大规模远洋航行的号角,其船只和人数之多,持续时间之长,足迹之广,航海技术之先进,向为世人所称颂,堪称世界远洋航海的千古绝唱。郑和下西洋拓展了我国

"海上丝瓷之路",推动了航海技术和造船业发展,扩大了中外友好交往和经济、文化联系。

题　　　名　**郑和下西洋史迹与开发海洋资源初探**
作者及单位　曾国新(福建省长乐市旅游局)
会议名称　2006 中国科协年会(第 13 分会场)
会议地点时间　中国北京,2006
主办单位　中国高科技产业化研究会
摘　　　要　利用郑和下西洋这一珍贵的历史文化资源,开发郑和下西洋史迹旅游,有利于扩大郑和下西洋的影响,推动海洋旅游业的发展。本文从郑和下西洋旅游资源分类、产品开发原则和产品设计等方面进行了初步探索,以期对开发郑和下西洋旅游起抛砖引玉的作用。

题　　　名　**郑和下西洋是中国古代文明的夕阳**
作者及单位　陈佳荣(香港龄记出版有限公司)
会议名称　中国中外关系史学会第六届会员代表大会
会议地点时间　中国吉林延边,2005
主办单位　中国中外关系史学会、延边大学历史系与东北亚研究院、沈阳东亚研究中心
摘　　　要　今年逢郑和下西洋首航出发六百周年,中华民族举国上下、海内海外,无不欢欣鼓舞、大事庆祝。从郑和故里云南晋阳,到郑和出航或行香的南京—刘家港、福州—长乐、泉州,到全国大城市广州、上海、北京,以至台湾、香港、澳门,到处都举行学术研讨会或纪念活动,一些外国人也到来表达贺意。在一片欢呼声,我们常常听到各种颂赞的旋律:"世界历史大探险的第一环","中国人最早发现美洲、澳洲","非殖民主义的和平之旅","弘扬海洋文明,再塑海洋大国","重振中华民族的历史雄风"等等,令人不禁热泪盈眶、无比感动。

题　　　名　**郑和下西洋所历诸国饮食文化考**
作者及单位　方铁
会议名称　第二届昆明郑和研究国际会议
会议地点时间　云南,2002

题　　　名　**郑和下西洋所用的船舶——从航海与造船的角度考虑**
作者及单位　杨熺(上海交通大学)
会议名称　湖北省纪念郑和下西洋 600 周年活动
会议地点时间　中国武汉,2005
主办单位　中国航海学会内河船舶驾驶专业委员会
摘　　　要　关于十五世纪初郑和下西洋所用船舶的尺度主要有两个根据:一是《明史·郑和传》的记载,称宝船长四十四丈、宽十八丈;二是南京静海寺碑记,说船队为二千料船和八橹船(船长不过十余丈),两者相差很远。作者分析了郑和船队对船铂的要求,和明代以来我国沿海木帆船的实况,推断郑和所用的是长十余丈,宽三丈左右的浙、闽、广诸省的具有龙骨,体形瘦削的尖底深水船。船上装备与近代我国沿海木帆船上所用的相类似。此外,作者还从古籍上的记载,大型木帆船的操纵性、船体结构、停泊港口、当时的社会生产力与生产技术水平等方面论述了我国古代大海船可能的最大尺度,并与西欧木帆船的发展过程相比较。最后,作者认为研究古船的主要依据是出土文物——考古学,参阅古籍应有敏锐的洞察力和分析能力。还要注意当时社会生产和科学技术的发展水平,以及与国外船舶发展的关联性。

题　　名　**郑和下西洋为何会成为“被遗忘的伟大航行”**
作者及单位　王佩云
会议名称　“睦邻友好”郑和学术研讨会
会议地点时间　中国南京,2002
主办单位　江苏省郑和研究会
摘　　要　在推动纪念郑和下西洋600周年纪念活动的时候,有一个值得重视和关注的问题,那就是这样一个在世界航海历史上的伟大壮举,为何会在长达600年的时间内,竟然受到历史尘封的遭遇。不要说在国际上郑和的知名度无法同西方世界对哥伦布、达伽马和麦哲伦的宣传相比,以至于被人们称为“水过无痕”。就是在中国真正知道郑和其人其事的也不多。这种现象与郑和下西洋所创造的伟大历史功绩是很不相称的。深入研究和探讨这个问题,重新确立郑和在国家民族和世界史上的地位,扎实有效的弘扬郑和的海洋观念和航海精神,是我们搞好郑和纪念活动要做的一件重要事情。

题　　名　**郑和下西洋——我国历史上对外开放的里程碑**
作者及单位　陈显泗
会议名称　“睦邻友好”郑和学术研讨会
会议地点时间　中国南京,2002
主办单位　江苏省郑和研究会
摘　　要　发生在15世纪前期的郑和下西洋是我国历史上对外开放的伟大壮举。它是对在此之前数千年我国对外开放事业的继承,也使它之后开放事业得以继续延续。在我国历史上,特别是对外开放史上,这个事件是一个里程碑,起着承上启下的作用,它也是一个标志,提到它,就让人想到我国的对外开放。

题　　名　**郑和下西洋研究百年回眸**
作者及单位　万明(中国社会科学院历史研究所)
会议名称　湖北省纪念郑和下西洋600周年活动
会议地点时间　中国武汉,2005
主办单位　中国航海学会内河船舶驾驶专业委员会

题　　名　**郑和下西洋研究又有重大发现——《瀛涯胜览》存在第五种明钞本**
会议名称　北京郑和二千料宝船船模复原研究论坛
会议地点时间　北京,2004
摘　　要　中国社会科学院研究人员近日意外发现,郑和下西洋研究的重要史籍是迄今发现的《瀛涯胜览》明钞本中能够确定的年代最早的本子,具有重要学术价值。

题　　名　**郑和下西洋异国饮食考**
作者及单位　(中国台湾)章乐绮(中华膳食营养学会)
会议名称　传承文明走向世界和平发展——纪念郑和下西洋600周年国际学术研讨会
会议地点时间　江苏,2005

题　　名　**郑和下西洋引发的明代海外贸易对华南沿海地区的影响**
作者及单位　王介南(中国人民解放军国际关系学院)
会议名称　“睦邻友好”郑和学术研讨会
会议地点时间　中国南京,2002
主办单位　江苏省郑和研究会
摘　　要　明初郑和下西洋将中国与海外国家的朝贡贸易推到了极盛时期,并引发了明代中、后期更大规模的私人海外贸易。大量具有商品性格的中外物品通过海外贸易的方式进行交换,既具有物质层面的中外文化交流性质,又具有中外商品市场经济的竞争性。

题　　名　**郑和下西洋引发的明代海外贸易对华南沿海地区的影响**
作者及单位　王介南(中国人民解放军国际关系学院)
会议名称　“郑和与海洋”学术研讨会
会议地点时间　中国太仓,1998
主办单位　江苏省郑和研究会
摘　　要　明初郑和下西洋将中国与海外国家的朝贡贸易推到了极盛时期,并引发了明代中、后期更大规模的私人海外贸易。大量具有商品性格的中外物品通过海外贸易的方式进行交换,既具有物质层面的中外文化交流性质,又具有中外商品市场经济的竞争性

题　　名　**郑和下西洋于诸番国勒石立碑新考**
作者及单位　徐玉虎(台湾政治大学历史系)
会议名称　“郑和远航与世界文明”暨纪念郑和下西洋600周年学术讨论会
会议地点时间　北京,2004

题　　名　**郑和下西洋与15世纪中国政治经济格局**
作者及单位　董平
会议名称　传承文明走向世界和平发展——纪念郑和下西洋600周年国际学术研讨会
会议地点时间　江苏,2005

题　　名　**郑和下西洋与宝船复原考析**
作者及单位　郑明(中国造船工程学会)
会议名称　北京郑和二千料宝船船模复原研究论坛
会议地点时间　北京,2004
摘　　要　本文对郑和下西洋与宝船复原进行了研究。文章介绍了郑和下西洋的历史事实、背景、贡献与影响,考察了整个下西洋舟师构成、船型分档,宝船的称谓、内涵与分级等较系统的见解,提出了郑和二千料海(宝)船和下西洋用八橹船等复原研究。

题　　名　**郑和下西洋与朝贡体系**
作者及单位　李庆新(广东省社会科学院历史研究所)
会议名称　“郑和远航与世界文明”暨纪念郑和下西洋600周年学术讨论会
会议地点时间　北京,2004

题　　　名　**郑和下西洋与瓷器外销**
作者及单位　林士民(宁波市文物考古研究所)
会议名称　湖北省纪念郑和下西洋600周年活动
会议地点时间　中国武汉,2005
主办单位　中国航海学会内河船舶驾驶专业委员会
摘　　　要　本文以国内外已发现和保存的典型碑刻(墓志)的文物资料为基础,阐述了我国著名的航海家郑和七次下西洋的时间,到达的国家和地区。就现今在亚、非各国港口(城市)遗址所出土的明代陶瓷文物,与郑和船队所开辟的“海上丝瓷之路”互相印证,本文考证了我国著名青花瓷器所用的青料是郑和及其后人从国外引进的“苏商寓青”。本文还从明代外销瓷器数量不断增加的现象,叙述了在郑和下西洋后的明代晚期,我国瓷器不仅畅销亚、非各国,而且开始大量运销欧洲的事实。

题　　　名　**郑和下西洋与东南亚关系**
作者及单位　卢苇(暨南大学历史系)
会议名称　传承文明走向世界和平发展——纪念郑和下西洋600周年国际学术研讨会
会议地点时间　江苏,2005

题　　　名　**郑和下西洋与东南亚海盗问题的解决**
作者及单位　王莉(大连海事大学)
会议名称　纪念郑和下西洋600周年国际学术会议
会议地点时间　2005
摘　　　要　郑和下西洋是我国古代航海史上的伟大壮举。郑和的功绩反映在各个方面,如发展中外关系、促进和乎友好、扩大经济交流、巩固国防意识以及在航海技术上所取得的成就等等,史学界多有论述。然而对他解决东南亚地区海盗问题及其所产生的深刻影响却很少论及。本文试就这个问题进行专门探讨,敬请各位专家、学者给予指正。

题　　　名　**郑和下西洋与东南亚华夷秩序的构建——兼论明初是否向东南亚扩张问题**
作者及单位　陈尚胜(山东大学历史系)
会议名称　传承文明走向世界和平发展——纪念郑和下西洋600周年国际学术研讨会
会议地点时间　江苏,2005

题　　　名　**郑和下西洋与东南亚贸易圈**
作者及单位　卢苇
会议名称　走向海洋的中国人——郑和下西洋590周年国际学术研讨会
会议地点时间　南京,1995
摘　　　要　明代初期的郑和下西洋,具有伟大的世界意义,尤其对东南亚地区影响深远,意义重大。

题　　　名　**郑和下西洋与福建关系的探讨**
作者及单位　吴湘泽,林章期,张永清(福建省航运管理局)
会议名称　湖北省纪念郑和下西洋600周年活动
会议地点时间　中国武汉,2005

主 办 单 位　中国航海学会内河船舶驾驶专业委员会

摘　　　要　福建古代造船曾有过辉煌的历史,有史志可稽的,可追溯到东周时代。福建海湾几乎无湾不造船。郑和出使西洋,使用了一部分"福船",既见于史书,又有历史的渊源。福建"八山一水一分田"的地理条件,使居民有交通海外的传统习惯,我国航海人才多荟萃于福建。郑和出使西洋的船队,相传招聘了不少福建的舵工、火长(船师),近年已搜集到有关的史料。福建的长乐,古称"航城",港面辽阔,舟揖鳞集。自郑和下西洋泊舟于此,奏改为太平港,离开洋安泰之意。本文论证了郑和每次出使均驻泊过太平港,是有其政治、经济和地理的原因的。郑和于永乐十年(1412),奏请在长乐南山建"天妃官","以为官军祈报之所"。在宣德六年(1431),郑和第七次出使西洋时,再泊太平港等候朔风开洋,同时树立一块《天纪灵应之记》碑,民间称为《郑和碑》。碑文记载历次出使西洋各国的功绩,可谓郑和七次奉使西洋的自我总结。此碑迄今仍妥为保稀有很高的历史价值,为研究郑和不可或缺的重要文物。

题　　　名　**郑和下西洋与福州船文化**

作者及单位　卢建一(福建师范大学社会历史学院)

会 议 名 称　传承文明走向世界和平发展——纪念郑和下西洋600周年国际学术研讨会

会议地点时间　江苏,2005

题　　　名　**郑和下西洋与哥伦布发现新大陆之比较研究**

作者及单位　熊建成

会 议 名 称　走向海洋的中国人——郑和下西洋590周年国际学术研讨会

会议地点时间　南京,1995

摘　　　要　郑和,云南人,本姓马,时人称之为"三保(宝)太监",生于明太祖洪武四年,卒于明宣宗宣德十年。约当洪武十五年入宫,自幼侍奉燕王朱棕,但由于在靖难中助燕王推翻建文帝,夺得皇位,故而在朱橡即位后被任命为内官监太监,是为明成祖的心腹近臣,并间接促使郑和在日后有机会身负皇命,出使海外。

题　　　名　**郑和下西洋与海盗问题的解决**

作者及单位　王莉(大连海事大学)

会 议 名 称　走向海洋的中国人——郑和下西洋590周年国际学术研讨会

会议地点时间　南京,1995

摘　　　要　郑和下西洋是我国古代航海史上的伟大壮举。郑和的功绩反映在各个方面,如发展中外关系、促进和乎友好、扩大经济交流、巩固国防意识以及在航海技术上所取得的成就等等,史学界多有论述。然而对他解决东南亚地区海盗问题及其所产生的深刻影响却很少论及。本文试就这个问题进行专门探讨,敬请各位专家、学者给予指正。

题　　　名　**郑和下西洋与海上丝绸之路**

作者及单位　邓伯民

会 议 名 称　云南省纪念郑和下西洋600周年国际学术研讨会

会议地点时间　云南大学,2005

题　　　名　**郑和下西洋与开发海洋**

作者及单位　颜夏梅

会议名称 “郑和与海洋”学术研讨会
会议地点时间 中国太仓,1998
主办单位 江苏省郑和研究会
摘要 1405－1433年,我国航海家郑和率领庞大的船队7次下西洋,船队由200余艘海船组成,装载货物并有乘员2。7万余名,从江苏太仓刘家港出发,经南中国海、越南沿岸、暹逻湾、中南半岛沿岸,穿过马六甲海峡,横渡印度洋,最远到达波斯湾和非洲东海岸。

题名 **郑和下西洋与隆庆开关**
作者及单位 王天有(北京大学历史系)
会议名称 “郑和远航与世界文明”暨纪念郑和下西洋600周年学术讨论会
会议地点时间 北京,2004

题名 **郑和下西洋与民俗信仰的传播**
作者及单位 曾丽民

题名 **郑和下西洋与明朝对东南亚的睦邻安邻政策**
作者及单位 梁立基(北京大学东方学研究院)
会议名称 传承文明走向世界和平发展——纪念郑和下西洋600周年国际学术研讨会
会议地点时间 江苏,2005

题名 **郑和下西洋与明初的睦邻友好政策**
作者及单位 李金明(厦门大学南洋研究院)
会议名称 传承文明走向世界和平发展——纪念郑和下西洋600周年国际学术研讨会
会议地点时间 江苏,2005

题名 **郑和下西洋与明初江南经济的发展**
作者及单位 陈忠平
会议名称 湖北省纪念郑和下西洋600周年活动
会议地点时间 中国武汉,2005
主办单位 中国航海学会内河船舶驾驶专业委员会
摘要 郑和下西洋的盛大航海活动,是以江南地区为出发点,最后也是以这里为归宿的,这与明初江南经济的发展具有极为密切的关系。以江南经济为代表的整个社会经济的发展,构成了郑和下西洋大规模航海活动的物质基础。而郑和船队在江南地区的活动,反过来又对江南经济的发展产生了重要影响。

题名 **郑和下西洋与明初中国的对外关系**
作者及单位 马映辉
会议名称 云南省纪念郑和下西洋600周年国际学术研讨会
会议地点时间 云南大学,2005

题　　　名　**郑和下西洋与明代颁赐冠服刍议**
作者及单位　蔡贞娣
会 议 名 称　传承文明走向世界和平发展——纪念郑和下西洋600周年国际学术研讨会
会议地点时间　江苏,2005

题　　　名　**郑和下西洋与明代的和平发展**
作者及单位　吴顺辉
会 议 名 称　传承文明走向世界和平发展——纪念郑和下西洋600周年国际学术研讨会
会议地点时间　江苏,2005

题　　　名　**郑和下西洋与明代海洋文学**
作者及单位　张祝平
会 议 名 称　传承文明走向世界和平发展——纪念郑和下西洋600周年国际学术研讨会
会议地点时间　江苏,2005

题　　　名　**郑和下西洋与明代海洋文学诌论**
作者及单位　赵君尧(福州职业技术学院)
会 议 名 称　首届建设弘扬海洋文化研讨会
会议地点时间　北京,2007
主 办 单 位　中国海洋学会

题　　　名　**郑和下西洋与明代社会**
作者及单位　李映发
会 议 名 称　传承文明走向世界和平发展——纪念郑和下西洋600周年国际学术研讨会
会议地点时间　江苏,2005

题　　　名　**郑和下西洋与明代太仓经济社会的发展**
作者及单位　朱巍
会 议 名 称　传承文明走向世界和平发展——纪念郑和下西洋600周年国际学术研讨会
会议地点时间　江苏,2005

题　　　名　**郑和下西洋与明代永乐、宣德青花瓷器**
作者及单位　张浦生,程晓中
会 议 名 称　湖北省纪念郑和下西洋600周年活动
会议地点时间　中国武汉,2005
主 办 单 位　中国航海学会内河船舶驾驶专业委员会
摘　　　要　瓷器是我国的伟大发明之一。我国素有“瓷国”之称,并且早在唐代就已开始外销,宋元时期外销逐渐扩大。到明代永乐、宣德时期,由于郑和下西洋带出许多瓷器,我国瓷器的出口又有发展。由于市场的扩大,反过来又促进了瓷器生产的发展。青花瓷器是明代景德镇瓷器生产中的一个主要品种,同时也深受东南亚和西亚地区人民的喜爱。永乐、宣德年间由于使用了一种国外引进的叫做“苏麻

离青”的色料而独树一帜，并且出现了许多新的器型和图案纹饰，将青花瓷器的生产推向历史之巅。本文以史料与实物为依据，从青料、造型和纹饰以及产量、外销等诸方面论述了郑和下西洋与明代永乐、宣德青花瓷器的关系。

题　　　名　郑和下西洋与明中叶社会变迁
作者及单位　万明（中国社会科学院历史研究所）
会 议 名 称　明史研究第4辑——庆贺王毓铨先生85华诞暨从事学术研究60周年
会议地点时间　1994
主 办 单 位　中国明史学会、中国社会科学院历史研究所明史研究室
摘　　　要　对于郑和下西洋这一世界瞩目的历史事件，自本世纪初开始的国内外大量学术研究和探讨，硕果累累。

题　　　名　郑和下西洋与南中国海
作者及单位　高学敏
会 议 名 称　走向海洋的中国人——郑和下西洋590周年国际学术研讨会
会议地点时间　南京，1995
摘　　　要　15世纪初期，中国伟大的航海家郑和率领庞大船队驰骋万顷海疆，七次远涉重洋，遍访亚非30多个国家和地区，加强了中外交往，促进了东南亚地区的稳定和发展，为开发南中国海做出了重大贡献。历史是一面观照古今的镜子，明镜照人。尊重历史是借鉴历史、发展历史的前提。研究郑和下西洋这一世界航海史上的壮举，对于探讨郑和下西洋与南中国海的关系，以及南中国海的历史发展，更好地开发利用海洋，维护国家海洋主权，振兴中华，具有重要的历史意义和现实意义。

题　　　名　郑和下西洋与麒麟贡
作者及单位　（中国台湾）张之杰
会 议 名 称　传承文明走向世界和平发展——纪念郑和下西洋600周年国际学术研讨会
会议地点时间　江苏，2005

题　　　名　郑和下西洋与麒麟文化
作者及单位　刘白杨
会 议 名 称　传承文明走向世界和平发展——纪念郑和下西洋600周年国际学术研讨会
会议地点时间　江苏，2005

题　　　名　郑和下西洋与青花瓷
作者及单位　（中国台湾）龙村倪
会 议 名 称　传承文明走向世界和平发展——纪念郑和下西洋600周年国际学术研讨会
会议地点时间　江苏，2005

题　　　名　郑和下西洋与泉州宗教
作者及单位　李玉昆（泉州海外交通博物馆）

题　　　名　**郑和下西洋与中外文化交流**
作者及单位　王介南（中国人民解放军国际关系学院）
会议名称　传承文明走向世界和平发展——纪念郑和下西洋600周年国际学术研讨会
会议地点时间　江苏，2005

题　　　名　**郑和下西洋与中外医药交流**
作者及单位　颜夏梅
会议名称　走向海洋的中国人——郑和下西洋590周年国际学术研讨会
会议地点时间　南京，1995
摘　　　要　15世纪我国航海家郑和率领庞大船队七次下西洋，执行明朝“朝贡贸易”的国策。郑和七下西洋的影响是多方面的。本文仅就郑和下西洋促进明代中外医药交流及今天如何借鉴郑和下西洋的历史经验实现中医药学国际化问题作一探讨。

题　　　名　**郑和下西洋与中西海上交通“生命线”**
作者及单位　胡沧泽（福建师范大学社会历史学院；）
会议名称　传承文明走向世界和平发展——纪念郑和下西洋600周年国际学术研讨会
会议地点时间　江苏，2005

题　　　名　**郑和下西洋在福建的史迹调查**
作者及单位　陈延杭，朱家骏（集美航海专科学校）
会议名称　湖北省纪念郑和下西洋600周年活动
会议地点时间　中国武汉，2005
主办单位　中国航海学会内河船舶驾驶专业委员会
摘　　　要　福建在宋元时与东南亚、非洲等地有着频繁的海上往来，无论航海、造船技术或者是港口等方面都甚为兴盛和发达。我国明代伟大的航海家郑和所率领的庞大远洋船队七下西洋，就屡次在福建停泊，在沿海几个港口留有很多遗迹。这些遗迹包括：长乐“天妃灵应之记”碑；郑和七下西洋的据点长乐；郑和铸造的铜钟在南平的发现；郑和奉旨湄洲屿致祭天妃神，郑和到泉州郊外的灵山圣墓行香；郑和登鹭岛（今厦门）的史料等。本文报告了这些遗迹的调查材料，供作研究郑和航海史的参考。

题　　　名　**郑和下西洋在航海上的伟大成就**
作者及单位　武定国
会议名称　“中国与海上丝绸之路”国际学术讨论会
会议地点时间　泉州，1994

题　　　名　**郑和下西洋在航海史上的伟大贡献**
作者及单位　（中国台湾）王桂岩
会议名称　传承文明走向世界和平发展——纪念郑和下西洋600周年国际学术研讨会
会议地点时间　江苏，2005

摘　　　要　郑和率领庞大的船队七下西洋，三次抵达非洲，这一空前壮举的出现是有其深厚的地理基础的。历代积累的关于非洲的历史地理文献，成了郑和出访前了解非洲的重要依据。随着时间的推移，文献中有关国家和地区的内容在不断深化，整个非洲大陆的轮廓和方位也逐渐明晰。加上元代汪大渊航达非洲，给郑和船队远航非洲树立了榜样，更使郑和建立起印度洋西向必达非洲的坚定信念。北印度洋持有的季风和由季风引起的洋流提供了必不可少的可往可返的航行动力。郑和掌握季风和洋流的变化规律，并适时、熟练地加以利用，从而能远涉重洋，直接而频繁地到非洲国家进行友好访问，开展经济贸易和文化交流。在风帆时代，后一地理基础显得尤为重要。

题　　　名　郑和远航医疗队和中国传统医药学
作者及单位　颜夏梅
会 议 名 称　传承文明走向世界和平发展——纪念郑和下西洋600周年国际学术研讨会
会议地点时间　江苏，2005

题　　　名　郑和远航以前中国人在南海之航行与地理认识
作者及单位　钮仲勋（中国科学院地理研究所）
会 议 名 称　湖北省纪念郑和下西洋600周年活动
会议地点时间　中国武汉，2005
主 办 单 位　中国航海学会内河船舶驾驶专业委员会
摘　　　要　本文对郑和远航以前中国人对南海（指今南海和印度洋一带）的地理认识进行了探讨。文章分三个部分论述。第一部分两汉和魏晋南北朝时期；第二部分隋唐时期；第三部分宋元时期。文章中提到，早在汉代，中国海船已航抵印度和斯里兰卡。唐代时候，中国海船便到波斯湾及非洲东海岸。在南海航行的历史过程中，我国古代航海家积累了丰富的航海经验和地理知识，为郑和的远航奠定了基础。通过郑和船队的远航实践，出现了《瀛涯胜览》、《星槎胜览》、《西洋番国志》等地理著作和著名的《郑和航海图》从而把我国古代对南海的地理认识，向前推进了一大步。

题　　　名　郑和远航饮食考
作者及单位　章乐绮（中华膳食营养学会）
会 议 名 称　“郑和远航与世界文明”暨纪念郑和下西洋600周年学术讨论会
会议地点时间　北京，2004

题　　　名　郑和远航与太仓社会
作者及单位　王鉴清
会 议 名 称　传承文明走向世界和平发展——纪念郑和下西洋600周年国际学术研讨会
会议地点时间　江苏，2005

题　　　名　郑和远航与印度洋的探索
作者及单位　朱鉴秋，周茹燕
会 议 名 称　“郑和与海洋”学术研讨会
会议地点时间　中国太仓，1998
主 办 单 位　江苏省郑和研究会
摘　　　要　海洋占地球表面积70%以上，它蕴藏着丰富的资源，对人类的生存和发展有着十分

重大的影响。古埃及、巴比伦、印度和中国，这世界上的四大文明古国都是沿海国家，他们古文明的兴起和发展，与海洋有着密切的关系。

题　　名　**郑和远航与中国的历史性机遇**
作者及单位　晁中辰（山东省人民政府；中外关系史学会；山东大学华侨华人研究所；山东大学历史文化学院）
会议名称　“郑和远航与世界文明”暨纪念郑和下西洋600周年学术讨论会
会议地点时间　北京，2004

题　　名　**郑和远航与走向世界**
作者及单位　（中国台湾）赖进义（台湾新竹大华技术学院）
会议名称　“郑和远航与世界文明”暨纪念郑和下西洋600周年学术讨论会
会议地点时间　北京，2004

题　　名　**郑和远航与走向世界**
作者及单位　赖进义（台湾新竹大华技术学院）
会议名称　传承文明走向世界和平发展——纪念郑和下西洋600周年国际学术研讨会
会议地点时间　江苏，2005

题　　名　**郑和远航在台海历史中的价值**
作者及单位　（中国台湾）赖进义（台湾新竹大华技术学院）
会议名称　“郑和远航与世界文明”暨纪念郑和下西洋600周年学术讨论会
会议地点时间　北京，2004

题　　名　**郑和远航最本质的概括当是开放交流和发展**
作者及单位　席龙飞（武汉理工大学交通学院）
会议名称　“郑和远航与世界文明”暨纪念郑和下西洋600周年学术讨论会
会议地点时间　北京，2004

题　　名　**郑和远洋船队医学保障工作的考证－－纪念伟大航海家郑和首次下西洋600周年**
作者及单位　龚锦涵
会议名称　中华医学会航海医学分会第六次学术会议
会议地点时间　湖北宜昌，2004
摘　　要　本文试图对郑和远洋船队的航海医学保障工作业绩进行考证；对这一庞大海员群体在600年前，在长年艰苦航海过程中，实施的医疗预防、卫生保健以及药材、营养、给水供应保障等工作，以及人员减员等专业问题进行探索性分析评述。由于郑和下西洋返回后交送兵部保存的档案已在明成化年间被兵部车驾郎中刘大夏焚毁。而有关医药卫生方面迄今未见有集中介绍的专业性文献资料，仅能从散在的史料中获得一些内容加以整理分析、研究考证。

题　　名　**郑和之后：中西比较视野下的海洋贸易与制度选择**
作者及单位　龙登高

会 议 名 称 云南省纪念郑和下西洋600周年国际学术研讨会
会议地点时间 云南大学,2005

题　　　名 **郑和——中国和平外交的先行者**
作者及单位 肖宪(云南大学)
会 议 名 称 郑和下西洋与文明对话国际研讨会
会议地点时间 中国宁夏银川,2005
主 办 单 位 宁夏社会科学院、伊朗伊斯兰共和国驻华大使馆文化处
摘　　　要 自古以来,中国文化中就包含着"以和为贵"的内容,这是千百年来的中国人处理国际关系的思想基础。历史上,中国从未因自己强大而去侵略或欺负他国,也从未去海外扩张征服,开疆拓土。相反,越是中国强盛的时候,就越是中外交流最频繁,中外关系最融洽的时候。这不仅表现在中国封建制度鼎盛的汉唐时期,即使在封建制度开始衰落的明清时期,中国也同样没有产生过要去侵略、统治别国的想法,依然对海外国家采取平等、友好、宽容的态度。这种和平主义思想在郑和下西洋的活动中得到了最明显的体现。

题　　　名 **郑和舟师履菲新证——古苏禄国本头公英文墓铭考释**
作者及单位 徐作生(上海海事大学海洋文化研究所;上海郑和研究中心;中国船史研究会)
会 议 名 称 "睦邻友好"郑和学术研讨会
会议地点时间 中国南京,2002
主 办 单 位 江苏省郑和研究会
摘　　　要 郑和舟师究竟有没有抵达菲律宾群岛?这个历史悬案在海内外学术界持续争论了数百年。1998年12月,笔者作为访问学者,在菲律宾首都马尼拉出席国际华人学术研讨大会之后,旋抵菲国最南端的苏禄(省)也即古苏禄国,对其省府霍洛城进行勘访。

题　　　名 **郑和宗教活动述考**
作者及单位 韩品峥
会 议 名 称 湖北省纪念郑和下西洋600周年活动
会议地点时间 中国武汉,2005
主 办 单 位 中国航海学会内河船舶驾驶专业委员会
摘　　　要 本文认为,郑和出身回族世家,本人亦当为伊斯兰教徒,经常参加伊斯兰教活动,与伊斯兰教关系十分密切。此外,郑和还是虔诚的佛门弟子,与道教也有密切的关系。郑和的宗教活动不是孤立的,而是与他的出身、发迹、政治生涯及航海业绩密切关联,互为因果的。

题　　　名 **郑和卒年新证**
作者及单位 蒋苍苍
会 议 名 称 传承文明走向世界和平发展——纪念郑和下西洋600周年国际学术研讨会
会议地点时间 江苏,2005

题　　　名 **郑经与明郑**
作者及单位 金成前
摘　　　要 本文介绍明郑存亡有关之行为。

题　　　名　郑若曾《筹海图编》论柁林港形势
作者及单位　陈香白
会议名称　海上丝绸之路与潮汕文化学术研讨会
会议地点时间　汕头,1994

题　　　名　郑氏复台与其开垦
作者及单位　陈汉光
摘　　　要　汉人的发现台湾,虽早在宋代或宋代以前;但其大量移民入台,以从事垦殖者,则始自明崇祯年间,那时台湾是在荷兰东印度公司占领下。汉人之所以不辞辛苦,离井而来,一方面是因为大陆上的天灾人祸以及人口的压力;另一方面却是由于东印度公司所需要招募来的。东印度公司在台湾是专以营利为目的,故采取极端的榨取主义。单就税收一项而言:荷人除收官税(即耕种税)之外,尚有人头税、渔猎税、关税以及强制征收等,而且所有税率都是相当高的,其中尤其是官税一项,更是高得惊人。他们收了这么多的税款,并未尝丝毫用于付税入的福利,尽其所有归入公司利益。在这种情形之下,台湾汉人所处地位,几不如欧洲的农奴。

题　　　名　郑氏官兵降清事件述论
作者及单位　孔立
会议名称　郑成功研究国际学术会议
会议地点时间　厦门,1987
摘　　　要　在郑成功及其子孙与清朝抗争的整个过程中,发生过许多郑氏官兵降清的事件。除康熙二十二年郑克塽率领全体官兵归清以外,在史料中还可以查出八、九十起之多;降清官兵的具体人数无法统计,其中仅总兵以上的官员就达60多人。郑氏的近亲如郑成功之弟郑世袭(即郑森),旅亲如建平侯郑泰之弟郑鸣骏、子郑绪,定国公郑鸿逵之子郑耀吉,郑艺豹生母黄氏,高级将领如忠勇侯陈豹、忠靖伯陈辉,水师提督永安伯黄廷、庆都伯王秀奇、督理五军戎务兼管前军事总兵官左都督周全斌以及著名镇将施琅、黄梧、蔡禄、杨富、何义、杨来嘉、林顺、枚辉、蔡仲藏等都先后背郑投清。

题　　　名　《郑氏家谱首序》及《赛典赤家谱》新证
作者及单位　李士厚(云南省人民政府参事室)
会议名称　湖北省纪念郑和下西洋600周年活动
会议地点时间　中国武汉,2005
主办单位　中国航海学会内河船舶驾驶专业委员会
摘　　　要　本文以记载郑和先世世系的有关史籍和口碑资料为据,参考中外学者的研究成果,认为《郑氏家谱首序》和《赛典赤家谱》所记郑和为赛典赤六世孙,以及赛典赤远祖是穆罕默德的记载是确凿可信的。

题　　　名　郑氏政权的兴衰一从清郑谈判到清荷进攻金厦
作者及单位　卫思韩(J。E。Wills,Jr。)(美国南加利福利尼亚大学)
会议名称　郑成功研究国际学术会议
会议地点时间　厦门,1987
摘　　　要　最近几年,中外各种交流发展很快,有时双方都有交流不平衡的感觉。这次讨论会的

中外交流很象18世纪中外贸易(the Cantontrade)中中国有出超的情况(Positivebalance of trade)。在郑成功研究的领域,中国学者提供了许多新的资料,并作了详细分析,外国学者获益不浅,难以为报。

题　　　　名 **郑舜功《日本一鉴》之倭寇史料**
作者及单位 郑樑生
会议名称 第九届国际明史学术讨论会
会议地点时间 武夷山,2002
主办单位 中国明史学会
摘　　　　要 前此,中、日两国学者有关明代倭寇问题的论著不可谓不多,他们各有独自的看法,其见解之值得倾听者亦复不少。日本学者在第二次世界大战以前,或在大战期间累积下来的研究成果,主要在发掘史料方面作出贡献。同时,那些论著也发掘许多有关倭寇分子为什么远渡重洋至高丽(朝鲜)、中国劫掠,他们所劫掠的目标是什么,其组成分子如何,中国人心目中的倭寇如何,当时中国人对日本人的印象又如何等问题。他们不仅将许多相关问题都发掘出来,而且在东亚海域多角形的交通情形,与夫日本各阶层人士的对外意识,及在当时东亚国际组织上成为关键性的具体人物,与其活动的相关史料之发掘和介绍、整理,也都有相当的贡献。

题　　　　名 **郑英通商关系之检讨**
作者及单位 赖永祥
摘　　　　要 西元一六〇〇年(明万历二十八年),英国成立东印度公司,自是对东洋贸易有恒续的关心及企图。然在初期其资本未丰,始终无法对抗荷人之势力,又未能夺取葡西基地,而只徘徊汗东亚海上。

题　　　　名 **郑芝龙、颜思齐、李旦的关系及其开发台湾考**
作者及单位 徐健竹
会议地点时间 1985
摘　　　　要 我国学术界对于郑芝龙开发台湾所作出的贡献,都作了肯定的评价,但是有些外国学者却持有不同的意见,他们认为台湾是荷兰人首先开发的。关于郑芝龙与颜思齐、李旦的关系,也长期存在着不同的看法。本文就这几个问题谈一点不成熟的意见,请批评指正。

题　　　　名 **郑芝龙、郑成功父子侨居日本考略**
作者及单位 吴凤斌(厦门大学南洋研究所)
会议名称 中国中外关系史学会学术讨论会
会议地点时间 中国北京,1986
主办单位 中国中外关系史学会
摘　　　　要 郑成功的父亲郑芝龙,字飞黄,号一官,福建南安石井人。"少落魄",赴澳门谋生,后乘日本华侨李旦(原泉州人)的船到日本,为其母舅黄程贩卖白糖、奇楠和麝香等物,到日本后在长崎侨居下来。

题　　　　名 **郑芝龙的一生**
作者及单位 陈碧笙

题　　　名　**郑芝龙与荷兰之关系**

作者及单位　杨绪贤

摘　　　要　十七世纪初叶，荷兰占据台湾，其重要目的有二，一是军事的意义，即以台湾为据点，扼住葡、西两国的贸易路线，破坏敌方的贸易，掩护本国船只，俾贸易可使安全。另一方面是经济的意义，即以台湾为根据地，俾能在国际贸易中活跃，其实台湾曾在荷兰的东方贸易中成为极重要的转接基地，获益甚巨，而荷兰在台湾贸易的盛衰，完全看大陆供应是否充裕，其与大陆的情势相表里。

题　　　名　**值得重视的历史文献——《清中前期西洋天主教在华活动档案史料》评介**

作者及单位　吴伯娅（中国社会科学院历史研究所）

会 议 名 称　中国中外关系史学会第六届会员代表大会

会议地点时间　中国吉林延边，2005

主 办 单 位　中国中外关系史学会、延边大学历史系与东北亚研究院、沈阳东亚研究中心

摘　　　要　中国第一历史档案馆编《清中前期西洋天主教在华活动档案史料》一书，已于2003年10月由中华书局出版。这是一部具有较高学术价值的历史档案文件汇编，是研究清代中西关系、西学东渐、清廷宗教政策等不可多得的第一手资料。

题　　　名　**殖民者在南澳的“猪仔”贸易**

作者及单位　黄绮文

会 议 名 称　海上丝绸之路与潮汕文化学术研讨会

会议地点时间　汕头，1994

题　　　名　**殖民主义思想残余是中西关系史研究的障碍——对《剑桥中国晚清史》部分内容的评论**

作者及单位　余绳武

会 议 名 称　中国社会科学院近代史研究所建所40周年学术讨论会

会议地点时间　中国北京，1990

主 办 单 位　中国社会科学院近代史研究所

摘　　　要　中国和欧洲在古代是联系很少、各自独立发展的两个世界。鸦片战争以后，情况发生空前巨变。西方列强凭借坚船利炮和不平等条约赋予的特权，逐步建立起对中国的支配地位，把独立的中国变为主权残缺、各方面受制于人的国际半殖民地。

题　　　名　**至灵妈祖之声**

作者及单位　王守昌

会 议 名 称　1995年澳门妈祖信俗历史文化研讨会

题　　　名　**至元初年以前的垂河流域及其周围地区**

作者及单位　刘迎胜（南京大学历史系）

会议地点时间　1993

摘　　　要　忽阐河（锡尔河）以东草原东与畏兀儿为邻，东北至塔尔巴哈台山，与元岭北行省也儿的石河戍军驻牧地接壤，西北至忽阐河下游，与钦察汗国交界，其南限于天山。其主要河流是亦列（伊犁）河、垂（楚）河和塔剌思（塔拉斯）河。其中伊犁河源于我国新疆，流入哈萨克斯坦；楚河流＜正＞忽阐

河(锡尔河)以东草原东与畏兀儿为邻,东北至塔尔巴哈台山,与元岭北行省也儿的石河戍军驻牧地接壤,西北至忽阐河下游,与钦察汗国交界,其南限于天山。其主要河流是亦列(伊犁)河、垂(楚)河和塔剌思(塔拉斯)河。

题　　　名　**中阿伊斯兰文明的交流**
作者及单位　(巴基斯坦)哈里伦·拉合曼·汗著;王根明译
会 议 名 称　郑和下西洋与文明对话国际研讨会
会议地点时间　中国宁夏银川,2005
主 办 单 位　宁夏社会科学院、伊朗伊斯兰共和国驻华大使馆文化处

题　　　名　**中朝关系的历史、现状与发展——关于朝鲜半岛问题上的中国战略**
作者及单位　姜龙范(延边大学人文学院)
会 议 名 称　中国中外关系史学会第六届会员代表大会
会议地点时间　中国吉林延边,2005
主 办 单 位　中国中外关系史学会、延边大学历史系与东北亚研究院、沈阳东亚研究中心
摘　　　要　中韩建交之后,中朝关系呈现出从传统的“血盟关系”走向一般国家关系之势。而1999年6月朝鲜民主主义人民共和国(以下称朝鲜)金永南常任委员长访华以后,中朝关系再次向友好关系飞跃发展,其明显标志是两国首脑的互访。对此,学术界有着不同反应。有人认为“中朝关系又恢复到传统的血盟关系”。还有些人担忧“中朝俄三国是否形成北方三角同盟”?本文试图围绕中国在朝鲜半岛问题上的战略问题,简要回顾两国关系的历史,着重分析两国关系的现状及其发展。

题　　　名　**中法战争前李鸿章与宝海、脱利古谈判述论**
作者及单位　关威(广东省惠州学院历史系)
会 议 名 称　苏元春与壮族边疆开发建设学术研讨会
会议地点时间　中国广西崇左,2007
摘　　　要　中法战争是近代一次重大对外战争。中法战争前,直隶总督兼北洋大臣李鸿章作为清政府主要负责外交事务的大臣,曾经与法国外交代表宝海、脱利古两次进行外交谈判。这两次谈判的背景、过程、气氛、结果均有所不同。这种不同的原因何在?李鸿章在交涉中作用如何?其表现应怎样评价?这些问题对于中法战争史研究是十分重要的。本文试图对这两次谈判的背景、过程及结果等方面作一番分析,并对中法双方对于战争的态度和对策得失进行探讨,以求深化人们对中法战争史有关问题的认识。

题　　　名　**中法战争时期的薛福成**
作者及单位　沈致金
会 议 名 称　中法战争镇海之役110周年学术研讨会
会议地点时间　1995
摘　　　要　薛福成是清末著名思想家、外交家。中法战争前夕,他担任李鸿章的幕僚,在和战问题和战争部署上提出自己的见解。1884年就任浙江宁绍台道后,在镇海躬身布置海防事宜,组织和指挥击退法舰之役,在战争中起过重要作用,本文试就薛福成在中法战争中的主张和活动作一简述。

题　　　名　**中法战争镇海之役特点及其影响**
作者及单位　宋静之

会 议 名 称 中法战争镇海之役110周年学术研讨会

会议地点时间 1995

摘　　　　要 在中国近代史上,中国抗击外国侵略战争中,只有中法战争取得军事上胜利,而中法战争的海防战中,镇海之役是“有胜无败”。由于对镇海保卫战研究不够,至今尚未把它在近代史上置以相称的地位。

题　　　　名 中法镇海之役与晚清海口防御作战

作 者 及 单 位 刘庆,姜鸣

会 议 名 称 中法战争镇海之役110周年学术研讨会

会议地点时间 1995

摘　　　　要 1885年3月爆发的中法镇海之役,在晚清海防作战史上有着重要意义。此次作战中,清军充分吸收了以往海口防御作战的经验教训,其防御思想不断进步,布防措施更加周密,作战指挥机动灵活。应该说,法军之所以未敢肆虐甬江,很大程度上应当归功于镇海清军的严密防守。

题　　　　名 中法镇海之役与中国近代海防反思

作 者 及 单 位 卢如春

会 议 名 称 中法战争镇海之役110周年学术研讨会

会议地点时间 1995

摘　　　　要 中国在两次鸦片战争中暴露无遗的海防废弛、一触即溃的严重状况,到中法战争期间开始有了变化。东南沿海的抗法作战,除“马江一战受害最巨”外,其余基隆、淡水等地都是“互有胜负”,特别是浙江镇海之役,在长达121天的对峙中,海口始终“防守完固,毫无损伤,实数十年洋人入华以来所仅见”。它以实战的业绩表明:所谓西方列强的“坚船利炮”不可战胜的神话是可以打破的。这在中国近代海防史上是一个转折点,其中不无值得分析探讨和深思之处。

题　　　　名 中国20世纪80年代以来的郑和研究

作 者 及 单 位 马亚萍(甘肃民族研究所)

会 议 名 称 郑和下西洋与文明对话国际研讨会

会议地点时间 中国宁夏银川,2005

主 办 单 位 宁夏社会科学院、伊朗伊斯兰共和国驻华大使馆文化处

摘　　　　要 中国的郑和研究自1904年梁启超(笔名“中国之新民”)的《祖国大航海家郑和传》在《新民丛报》1904年第3卷第21号发表为标志,揭开了中国人研究郑和的序幕,迄今有百年。“目前,综合学术界比较一致的看法,从1905年至今的一百年,郑和研究大致可以分为四个时期或二个阶段四个时期。

题　　　　名 中国传统文化与郑和下西洋

作 者 及 单 位 陈尚胜(山东大学历史系)

会 议 名 称 “郑和远航与世界文明”暨纪念郑和下西洋600周年学术讨论会

会议地点时间 北京,2004

题　　　　名 中国的海神信仰

作 者 及 单 位 李露露

会 议 名 称 中华妈祖文化学术研讨会

摘　　要　中国的海神由来已久,可以追溯到史前时代,当时的海神曾是自然崇拜之一,其具体崇拜对象是大海本身。《上文庄公集》卷五:"在宋以前四海之神,各封以王爵,然所祀者海也,而未有专神。"说明最初是视海为神。战国以来,又把海神想象为大鱼、蛟龙,视动物为海神。唐代以后流行四海龙王,其中的龙王应该是龙,后来加以人格化,《太平御览》引《太公金匮》:"南海之神曰祝融,东海之神曰勾芒,北海之神曰玄冥,西海之神曰蓐收。"在四海龙王的基础上,中国各地又出现了人格化的海神,其实在四海龙王后期,已经有人格化记录,此外还有三婆婆、临水陈夫人、周宣王、船关菩萨、安知县、南海女神、楚太爷、少年海神、老仙人等,还有后来居上的妈祖。其中妈祖不仅是中国最大的海神,在世界上的海神信仰中也占有突出地位,且留下许多文化遗产,如妈祖庙宇、雕塑神像、海神壁画、天妃画册、仪仗以及祭祀节日文化等等,这是应该认真发掘和研究的。

题　　名　**中国的和平崛起是世界的福音——郑和下西洋给出的回答**
作者及单位　王子华(云南民族大学)
会议名称　2005:历史的辉煌——纪念昆明建城1240周年、郑和下西洋600周年、护国运动96周年
会议地点时间　中国云南,2005
主办单位　云南省中国近代史研究会
摘　　要　中国的和平崛起,这一事实受到世界的广泛关注。中国的和平崛起对世界会有怎样的影响?这已成为当今世界的一个重要话题。以美国为首的少数西方发达国家,从他们的文化理念和价值观出发,得出中国的崛起将对世界构成威胁("中国威胁论")的结论。其实,中国的和平崛起是世界的福音。这是郑和下西洋给出的回答,是中华传统文化给出的回答。

题　　名　**中国的徐福研究方兴未艾**
作者及单位　张云方(国务院发展研究中心)
会议名称　"小泉政权后中日关系展望"国际学术研讨会
会议地点时间　中国上海,2006
主办单位　中国中日关系史学会
摘　　要　中国关于徐福的研究方兴未艾,研究的角度、深度,都有了空前的提高。而且,由徐福研究衍生的关于文化交流、经济交流,以及风俗、航海等多视野的综合研究也特别令人瞩目。因此,可以用八个字概括当今中国徐福研究的状况,即:"普及、广泛、深刻、空前"。所谓普及,是指研究徐福的人比从前任何时期都多。有学者、教师、国家干部、工人、企业家;有专业的,也有业余的。在中国,全国性的徐福研究会,就有两家,各地市县的徐福研究会就更多了。

题　　名　**中国第一厂——江南造船厂还有一个第一**
作者及单位　潘惟忠
会议名称　中国造船工程学会2005《中国船舶工业发展论坛》船史分会场纪念江南造船厂建厂140周年学术报告会
会议地点时间　中国上海,2005
主办单位　中国造船工程学会船史研究学术委员会、上海市造船工程学会船史发展专业学术委员会、江南造船(集团)有限责任公司

题　　名　**中国东南的早期海洋文化**
作者及单位　BarryRolett,干小莉(美国夏威夷大学人类学系;厦门大学人文学院)

会 议 名 称 中国百越民族史学会第十二次年会暨百越文化国际学术研讨会
会议地点时间 中国福建武夷山,2004
主 办 单 位 中国百越民族史研究会、厦门大学人文学院、福建省考古博物馆学会
摘　　　要 从历史发展的角度看,新石器时代是一个出现巨大变革的时代,一些欧美考古学家将这一变化视为新石器时代革命。之所以称为"革命",是因为当时技术上的进步引起了这一时代社会与经济的一系列显著变化,从此世界的面貌就彻底改变了。

题　　　名 **中国东南沿海地区伊斯兰碑铭研究纲要**
作 者 及 单 位 陈达生(中国与海上丝路研究中心)
会 议 名 称 "中国与海上丝绸之路"国际学术讨论会
会议地点时间 泉州,1994

题　　　名 **中国封建政府对西方列强入侵东南亚的反应**
作 者 及 单 位 喻常森
会 议 名 称 "中国与东南亚"国际学术讨论会

题　　　名 **中国古代船舶的造型艺术**
作 者 及 单 位 顿贺,程雯慧(武汉理工大学交通学院)
会 议 名 称 北京郑和二千料宝船船模复原研究论坛
会议地点时间 北京,2004
摘　　　要 任何工具器物,在满足使用功能的同时,从来都注意与造型艺术紧密地结合起来,做到好用又好看。有近1万年历史的中国古代船舶,更是独具魅力,成为舟船文化的一个重要组成部分。本文从古代船型特征、功能与美学,船饰彩绘等多角度进行阐述。

题　　　名 **中国古代海关管理与丝绸之路的发展**
作 者 及 单 位 蔡渭洲,陈苍松
会 议 名 称 "中国与海上丝绸之路"国际学术讨论会
会议地点时间 泉州,1994

题　　　名 **中国古代海外交通史文物又一重大发现——韩国出土中国宋朝独木舟**
作 者 及 单 位 袁晓春(蓬莱阁管理处)
会 议 名 称 海上丝绸之路与潮汕文化学术研讨会
会议地点时间 汕头,1994

题　　　名 **中国古代海洋观的特点和反思**
作 者 及 单 位 李永昌
会 议 名 称 首届建设弘扬海洋文化研讨会
会议地点时间 北京,2007
主 办 单 位 中国海洋学会

题　　名　**中国古代航海技术的发展与海上丝绸之路**
作者及单位　杨熺
会议名称　“中国与海上丝绸之路”国际学术讨论会
会议地点时间　泉州,1994

题　　名　**中国古代航海科学思想的基本特征及其形成的历史环境**
作者及单位　孙光圻(大连海事大学)
会议名称　第7届中国科技史国际学术会议
会议地点时间　1996

题　　名　**中国古代绘制的运河图**
作者及单位　朱鉴秋(海军海洋测绘研究所)
会议名称　中国测绘学会第九届海洋测绘综合性学术研讨会
会议地点时间　张家界

题　　名　**中国古代木结构法式与郑和宝船尺度**
作者及单位　汪亚波
会议名称　北京郑和二千料宝船船模复原研究论坛
会议地点时间　北京,2004
摘　　要　本文对中国古代木船结构与郑和宝船尺度进行了探讨。文章围绕古代木结构法式及尺度之关系、宋代和元代及明代造船与《营造法式》、宋及元时代船舶大小尺度的变化、明代海船之尺度等进行了阐述。

题　　名　**中国古代南澳岛的航海地位(提要)**
作者及单位　王冠倬
会议名称　海上丝绸之路与潮汕文化学术研讨会
会议地点时间　汕头,1994

题　　名　**中国古代三大丝绸之路体育文化特点初探**
作者及单位　顾伟(成都体育学院)
会议名称　第八届全国体育科学大会
会议地点时间　中国北京,2007
主办单位　中国体育科学学会
摘　　要　现在有人认为,丝绸之路有这三条:北方丝绸之路、海上丝绸之路和西南丝绸之路。丝绸之路连接起了亚洲的东西部,同时也把亚洲、欧洲和非洲相连起来。丝绸之路促进了沿途各地区、各民族之间体育文化的交流与融合。本文利用文献资料法,比较研究法等方法去探讨三条丝绸之路上体育文化的特点。

题　　名　**中国古代造船技术中的四项发明**
作者及单位　辛元欧(上海交通大学)

会 议 名 称 第二届中日机械技术史国际学术会议
会议地点时间 中国江苏南京,2000
主 办 单 位 中国机械工程学会机械史分会
摘　　　　要 21 世纪是创新的世纪,说起古代中华民族的创新精神,在造船技术方面比比皆是,本文试就其要者简述之,以期得到传扬。

题　　　　名 **中国古代最早下西洋的外交使节杨良瑶**
作 者 及 单 位 张世民(陕西咸阳地方志办公室)
会 议 名 称 中国唐史学会
会议地点时间 1998
主 办 单 位 中国唐史学会
摘　　　　要 传统认为郑和下西洋是世界航海史上的空前壮举,因而郑和被认为是我国古代最早下西洋的外交使节。但是,根据最新披露的考古发现,最早下西洋的外交使节当是唐代中叶的杨良瑶。杨良瑶(736—806),字良瑶,隶籍今陕西省泾阳县。他的先祖是周宣王之子尚父,因受封诸阳,实称杨候。"晋灭其国,因以为氏。厥后,代济勋德,遂为名家。"

题　　　　名 **中国古都与漕运**
作 者 及 单 位 曹尔琴
会 议 名 称 中国古都学会第四届年会
会议地点时间 中国浙江杭州,1986
主 办 单 位 中国古都学会
摘　　　　要 古代都城是全国的政治中心,是人口密集的地方。尽管都城多是建在经济比较发达的地区,还是需要漕运补给。古都与漕运的关系是相当密切的。

题　　　　名 **中国古都与交通**
作 者 及 单 位 曹尔琴
会 议 名 称 中国古都学会第八届年会
会议地点时间 中国北京,1990
主 办 单 位 中国古都学会
摘　　　　要 交通发生很早。新石器时期有交换就有了交通。禹的时代,人们已经可以"陆行乘车,水行乘船",利用水陆交通,夏王朝建立,交通成为国家专管的一个方面,设"车正"官职,管理交通事务。此后,交通的发展与古代国都关系密切。

题　　　　名 **中国古都与邮驿**
作 者 及 单 位 曹尔琴
会 议 名 称 中国古都学会第十一届年会
会议地点时间 中国陕西西安,1993
主 办 单 位 中国古都学会
摘　　　　要 我国古代王朝或政权,不仅重视以国都为中心向四方辐射的交通,也重视交通线上设置的邮驿。无远弗及的交通和邮驿,使中央和地方紧密联系起来,为有效地控制和治理广大区域发挥了作用。如果说交通是国都与各地联系的基础,那么邮驿就是其联系的保证。对于交通前文已论及,此篇仅述

邮驿。

题　　　　名　**中国海关国际化进程研究**

作者及单位　戴一峰，谭新喜（厦门大学中国海关史研究中心）

会 议 名 称　第六期中国现代化研究论坛

会议地点时间　中国北京，2008

主 办 单 位　中国科学院规划战略局、中国科学院中国现代化研究中心、北京大学世界现代化进程研究中心

摘　　　　要　中国自古就有海关性质的政府机构，建设也相对先进。但是近代以来，伴随着封建制度的腐朽落后，中国近代海关经历了屈辱而复杂的过程。外国人员长期把持中国海关高级职位，满足外国列强的殖民利益需要，极大损害了中国利益。1928 年，南京国民政府开始尝试收回主权，1949 年新中国成立后，党和政府领导中国人民完全收回海关主权。现在中国人民掌握国家海关主权，维护国家主权与利益，积极推进国际化，为国家全面发展进步做出了自己的贡献。

题　　　　名　**中国海关起源之我见**

作者及单位　张耀华（上海海关）

会 议 名 称　上海市社会科学界第五届学术年会

会议地点时间　中国上海，2007

主 办 单 位　上海社会科学界联合会

摘　　　　要　长期以来，在学术上，人们对中国海关起源存在多种观点，这与收集、查阅资料多少以及对这些资料分析和认识密切相关，仁者见仁，智者见智。作者在海关工作已 45 年，其中自 1992 年参加地方海关志编撰工作 15 年以来，博采众长，旁征博引，对中国海关起源悉心研究，做了此文。

题　　　　名　**中国海军的摇篮——桐梓海军学校是福建船政的延续与发展**

作者及单位　胡大宇（贵州省桐梓县史志档案局）

会议地点时间　2003

主 办 单 位　福建省闽学研究会

摘　　　　要　几度易名并多次变更体制的从福建船政学堂肇始，一脉相承，为中国新式教育，为中西文化交流，为近代中国科技的产生、发展、传播、运用，为近代中国工业、航海、航空、电讯、运输、铁路等行业的产生与发展，尤其是对近代、现代、当代中国海军的产生与发展，都产生了巨大而又深远的影响。

题　　　　名　**中国海军甲戌巡台述评**

作者及单位　高晓星（海军指挥学院科研部）

会 议 名 称　沈葆桢巡台 130 周年学术研讨会

会议地点时间　中国南京，2004

摘　　　　要　1874 年（农历甲戌年），中国近代海军创建以来第一次大规模出航巡逻台湾海域，以抵御日军对台湾的侵略。尽管中日双方海军并未发生海战，但中国海军此次军事行动却在相当程度上遏制了日军对台湾的侵略程度，促成了中日官方谈判的进行及停战条约的签订，显示了中国近代海军抗御外来侵略的坚强决心。

题　　　名　**中国海军在江苏的抗日作战**
作者及单位　史滇生(南京海军指挥学院)
会议名称　纪念抗日战争暨世界反法西斯战争胜利60周年学术研讨会
会议地点时间　中国江苏南京,2005
主办单位　江苏省哲学社会科学界联合会
摘　　　要　中国海军的抗战是全民族抗战的重要组成部分,它在正面战场抗日作战中曾经起了重要作用。研究中国海军的抗日作战,对深入进行中国抗日战争史的研究具有重要意义。限于篇幅,本文仅就中国海军在江苏地区的抗战进行述评。

题　　　名　**中国海权盛世的崛起与没落**
作者及单位　(美国)萧曦清
会议名称　传承文明走向世界和平发展——纪念郑和下西洋600周年国际学术研讨会
会议地点时间　江苏,2005

题　　　名　**中国海上丝绸之路沿线的穆斯林后裔的当代特性**
作者及单位　(美)杜垒
会议名称　“中国与海上丝绸之路”国际学术讨论会
会议地点时间　泉州,1994

题　　　名　**中国海上丝绸之路研究之策略(提要)**
作者及单位　陈达生(中国与海上丝路研究中心)
会议名称　海上丝绸之路与潮汕文化学术研讨会
会议地点时间　汕头,1994

题　　　名　**中国航海技术的发展与“海上丝绸之路”的演进**
作者及单位　孙光圻(大连海事大学)
会议名称　“中国与海上丝绸之路”国际学术讨论会
会议地点时间　泉州,1994

题　　　名　**中国和东南亚各国在历史上的友好往来**
作者及单位　余定邦(中山大学)
会议地点时间　1987

题　　　名　**中国和日本由传统经济向近代经济过渡的比较研究**
作者及单位　严立贤(中国社会科学院近代史研究所)
会议名称　第二届近代中国与世界学术讨论会
会议地点时间　中国北京,2000
主办单位　中国史学会、中国社会科学院
摘　　　要　中国和日本同属非西方的后发工业化国家,同样都是在西方资本主义入侵的冲击下,开始在政府的主导下,推行自上而下的工业化并由此开始从传统经济向近代经济的过渡过程的。

题　　　名　**中国和世界都需要重新认识郑和**

作者及单位　王佩云

会议名称　第二届昆明郑和研究国际会议

会议地点时间　云南,2002

题　　　名　**中国回族穆斯林对外交往活动的几个历史片断**

作者及单位　马金宝(宁夏社会科学院)

会议名称　郑和下西洋与文明对话国际研讨会

会议地点时间　中国宁夏银川,2005

主办单位　宁夏社会科学院(Ningxia Academy of Social Sciences)、伊朗伊斯兰共和国驻华大使馆文化处(The Cultural Departmentof Embassy of the Islamic Republic of Iranin China)

摘　　　要　回族穆斯林虽然在中国形成的历史不是很长,但由于其先天具有的多源的文化构成、大范围的空间流动及沟通中外的地域、语言、职业等优势,因而使得他们一进入中国,就在对外交往与合作方面表现得十分活跃,并作出了积极的贡献。

题　　　名　**中国甲午赔款与日本经济近代化**

作者及单位　田久川

会议名称　海峡两岸《马关条约》百周年学术研讨会

会议地点时间　大连

题　　　名　**中国江南先秦文化与环渤海文化圈关系的探讨**

作者及单位　张志立,彭云(绍兴文理学院考古所)

会议名称　中国中外关系史学会第六届会员代表大会

会议地点时间　中国吉林延边,2005

主办单位　中国中外关系史学会、延边大学历史系与东北亚研究院、沈阳东亚研究中心

摘　　　要　环渤海文化圈地理概念,是20世纪80年代由中国考古学者提出来的,它的地域是中国东北部的内海——渤海为中心的周边地区,大致区域是环渤海的山东、河北、辽宁、吉林和朝鲜半岛等沿海地区。

题　　　名　**中国江南与朝鲜半岛海上文化交流**

作者及单位　张志立,彭云(绍兴文理学院考古与文物保护技术研究所;绍兴市博物馆)

会议名称　宁波与“海上丝绸之路”国际学术研讨会

会议地点时间　中国浙江宁波,2005

主办单位　中国中外关系史学会、浙江日本文化研究所、宁波市文化广电新闻出版局

摘　　　要　近年来研究朝鲜半岛与中国江南的文化关系,是一个比较热门的课题。在20世纪80年代以前,在研究朝鲜半岛的文化交流与起源问题、半岛民族形成及民族文化源流问题时,多与中国中原地区及山东、东北地区相联系。

题　　　名　**中国近代海关气象观测**

作者及单位　吴增祥(国家气象中心资料室)

会议名称　中国气象学会2004年年会

会议地点时间 2004

主 办 单 位 中国气象学会

摘　　　要 海关气象观测站是在近代中国半封建半殖民地社会背景下创建的。气象和船舶航行的安全有着密切关系，为了获取中国各地的气象情报，为西方殖民者服务，清海关总税务司赫德在同治八年十月（公元1869年11月）颁发了总税务司通札第28号，详述了观测气象的重要性，决定在重要口岸海关及灯塔设置气象观测站。

题　　　名 **中国近代海关史研究述评**

作 者 及 单 位 戴一峰（厦门大学历史系）

题　　　名 **中国近代化与海关的关系——论中国海关驻伦敦办事处**

作 者 及 单 位 夏良才

会 议 名 称 中国社会科学院近代史研究所建所40周年学术讨论会

会议地点时间 中国北京，1990

主 办 单 位 中国社会科学院近代史研究所

摘　　　要 近代化是世界历史发展的必然趋势。世界各国近代化的历程各不相同，有快有慢，有强有弱，但在世界一体化的进程中都离不开相互之间的影响和制约。中国近代化的起步很晚，大大落在西方国家的后面。

题　　　名 **中国近代两次镇海抗战之比较研究**

作 者 及 单 位 张一文

会 议 名 称 中法战争镇海之役110周年学术研讨会

会议地点时间 1995

摘　　　要 浙江镇海是我国重要海防要塞之一。在中国近代史上，曾发生过两次抗击外敌入侵的战斗，这就是鸦片战争中清军于1841年（清道光二十一年）抗击英军入侵之战和中法战争中清军于1885年（清光绪十一年）抗击法军入侵之战。在100多年后的今天，在镇海这块土地上，来回顾、研究这两次战斗，仍有其一定的现实意义。

题　　　名 **中国抗日战争与中美英关系的演变**

作 者 及 单 位 韩永利（武汉大学历史学院）

会 议 名 称 “近代中国、东亚与世界”国际学术讨论会

会议地点时间 中国山东日照，2006

主 办 单 位 中国社会科学院近代史研究所中外关系史学科、《历史研究》编辑部

摘　　　要 中国抗日战争是中华民族伟大复兴的开端，是改变鸦片战争后中外不平等关系的历史转折点。通过反法西斯战争的激变，中国人民民族解放和主权独立完整的百年梦想和目标接近完成。中国不仅在很大程度上改变了在对外关系中的传统依附状态，同时也在战争中成为反法西斯阵营中的领衔四大国之一，这种历史性的跨越是中国人民浴血奋战的结果。在中外关系发展中，战时中美英关系的演变具有代表意义，本文试图就这一问题进行粗略的探讨，以求教于学界专家。

题　　　名 **中国历史上伊斯兰文化的四次高潮**

作 者 及 单 位 杨怀中（宁夏社会科学院）

会 议 名 称　联合国教科文组织海上丝绸之路考察泉州三周年“海上丝绸之路与伊斯兰文化”国际学术讨论会

会议地点时间　泉州,1994

题　　　　名　**中国沙船考略**

作 者 及 单 位　周世德

会 议 名 称　中国造船工程学会1962年年会

会议地点时间　上海,1962

题　　　　名　**中国首制电焊船**

作 者 及 单 位　陆舸(江南造船(集团)有限责任公司)

会 议 名 称　中国造船工程学会2005《中国船舶工业发展论坛》船史分会场纪念江南造船厂建厂140周年学术报告会

会议地点时间　中国上海,2005

主 办 单 位　中国造船工程学会船史研究学术委员会、上海市造船工程学会船史发展专业学术委员会、江南造船(集团)有限责任公司

摘　　　　要　1802年,俄国人彼德洛最早发现了电弧放电现象。此后,西方国家不断进行实验,化学工业较发达的法国人最先将其应用于实用,1903年发明了首把氧乙炔火焰焊炬。20世纪20年代之后,由于合格焊条的研制成功,有力地促进了电焊技术的发展。1924年,英国建成第一艘用焊接工艺制作的小艇。

题　　　　名　**中国沿海疍民文化的保护与开发**

作 者 及 单 位　张国玲

会 议 名 称　首届建设弘扬海洋文化研讨会

会议地点时间　北京,2007

主 办 单 位　中国海洋学会

题　　　　名　**中国沿海地区新罗侨民历史遗迹的保护与开发**

作 者 及 单 位　王慧

会 议 名 称　东北亚海上交流历史文化遗产国际学术研讨会

会议地点时间　青岛;蓬莱,2006

主 办 单 位　中国海洋大学海洋文化研究所,山东省蓬莱市文物局

题　　　　名　**中国音乐文化对日本冲绳(古琉球)音乐文化的影响及其特点——海上丝绸之路音乐一隅**

作 者 及 单 位　王耀华

会 议 名 称　“中国与海上丝绸之路”国际学术讨论会

会议地点时间　泉州,1994

题　　　　名　**中国与东北亚各国关系的历史、现状与未来**

作 者 及 单 位　孙泓(沈阳东亚研究中心)

会 议 名 称　中国中外关系史学会第六届会员代表大会

会议地点时间　中国吉林延边,2005

主 办 单 位　中国中外关系史学会、延边大学历史系与东北亚研究院、沈阳东亚研究中心

摘　　　要　中国与东北亚各国有着悠久的联系,近代以来虽受着资本主义殖民体系的破坏,但是中国和东北亚各国人民在反殖民体制中结成了深厚的友谊。在当代中国和东北亚各国的关系进入了一个新的历史时期,虽然目前中国和东北亚各国关系中仍然存在着许多的矛盾,但中国与东北亚各国必然会冲破这些障碍,最终形成一个平等友好的东北亚文化圈。

题　　　名　**中国与东南亚的海洋经济合作**

作者及单位　罗宗真(南京博物院)

会 议 名 称　“郑和与海洋”学术研讨会

会议地点时间　中国太仓,1998

主 办 单 位　江苏省郑和研究会

摘　　　要　我国自汉代以后,已开辟在南亚的海上交通,与国外开始进行贸易,至元末因战乱而一度中断。明初成祖重视海外贸易,重开海上通道。郑和充任了海外使者的光荣职责,他的七下西洋,不仅开始了东南亚直到非洲的航线,更为重要的是发展了中国与东南亚各国的经贸来往。

题　　　名　**中国与东南亚关系的历史回顾和展望**

作者及单位　陆芸(福建社会科学院)

会 议 名 称　中国中外关系史学会第六届会员代表大会

会议地点时间　中国吉林延边,2005

主 办 单 位　中国中外关系史学会、延边大学历史系与东北亚研究院、沈阳东亚研究中心

摘　　　要　东南亚目前是多民族、多文化、多宗教的地区,早期的印度文化、中国文化,15 世纪的伊斯兰文化和 16 世纪以后以基督教为代表的西方文化对东南亚的影响是长期而深远的。综观中国与东南亚的交往历史,可以发现中国与东南亚的交往大致是处在多元文化背景下的和平交往,从早期的只有交通贸易联系,没有政治或文化的关联性;发展到贸易、政治、文化的多重联系,虽然其中也曾有摩擦、乃至战争,但和平交往是主基调。这种和平交往关系对于 21 世纪的中国与东盟关系,也有一定的借鉴作用。

题　　　名　**中国与东南亚贸易圈之研究**

作者及单位　林士民(宁波市文物考古研究所)

会 议 名 称　“中国与东南亚”国际学术讨论会

题　　　名　**中国与日本北海道关系史话**

作者及单位　陈抗

会 议 名 称　中国中外关系史学会学术讨论会

会议地点时间　中国北京,1986

主 办 单 位　中国中外关系史学会

摘　　　要　中国同日本之间有着两千多年的交往历史。日本最先和中国大陆联系的是最靠近中国的九州一带;而地处边陲、与中国大陆相距甚远的北海道又是什么时候同中国开始联系的呢?这种联系的方式以及发展状况又是怎样的呢?笔者自一九五七年曾四次来到日本北海道,一九八〇年九月任中国驻札幌首任总领事,又在这里工作了两年,这期间有机会参观各种博物馆、资料馆,接触了不少文物、史料,

感到北海道同中国之间的交往竟是那么久远而深厚。虽然它并不构成中日两国关系的主要内容,但依然是中日关系史中一个重要的侧面,在某种程度上也反映出主流的变化,值得人们重视。现将初步整理出来的十四篇笔记,题为《中国和日本北海道关系史话》稿,呈献给读者,并聊以作为我在日本北海道工作的纪念。

题 名 **中国造船工程技术的引路人**
作者及单位 姜思荣(江南造船集团公司)
会 议 名 称 中国船舶工业发展论坛论
会议地点时间 北京,2003
主 办 单 位 中国造船工程学会
摘 要 我们以特别亲切的感情对中国造船工程学会成立60周年表示热烈的祝贺!江南造船集团公司与学会有着源远流长的关系。1943年中国造船工程学会在重庆成立,时任江南造船所所长的马德骥担任第一任理事长。当时造船所的重要技术骨干王荣瑸先生是造船学会主要创始人之一(王荣瑸先生于1949年6月被任命为江南造船所首任总工程师,兼任第一、二届学术委员会主任)。

题 名 **中国中外关系史学会第6届会员代表大会暨“多元视野中的中外关系史”学术讨论会综述**
作者及单位 贾建飞(中国社科院历史所)
会 议 名 称 中国中外关系史学会第六届会员代表大会
会议地点时间 中国吉林延边,2005
主 办 单 位 中国中外关系史学会、延边大学历史系与东北亚研究院、沈阳东亚研究中心
摘 要 由中国中外关系史学会、延边大学中朝韩日比较研究所和沈阳东亚研究中心联合主办的中国中外关系史学会第6届会员代表大会暨“多元视野中的中外关系史”学术讨论会于2005年8月18日到19日在延边大学举行,来自国内外的近百名学者参加了此次大会。会议在进行新一届理事会的选举工作的同时,围绕“多元视野中的中外关系史”这一主题进行了热烈的学术讨论。

题 名 **中国最早的战船图考**
作者及单位 杨志立(杨志立工作室)
会 议 名 称 中国汉画学会第九届年会
会议地点时间 2004
主 办 单 位 中国汉画学会、中共嘉祥县委、嘉祥县人民政府
摘 要 本文根据四川新津十二号画像石棺以及汉代船纹铜镜和广州汉代城墙砖上的楼船图考证汉代战船尤其是楼船的形象。

题 名 **中韩在海洋文化遗产保护领域的交流**
作者及单位 袁晓春(蓬莱阁管理处)
会 议 名 称 中国文物保护技术协会第四次学术年会
会议地点时间 中国湖北荆州,2005
主 办 单 位 中国文物保护技术协会
摘 要 国际上水下考古学正日益兴起,中国与韩国起步相当,两国开展日益密切的交流与合作,两国在海洋文化遗产保护领域居亚洲领先水平,受到国际学术界的瞩目。

题　　名　中华江海文化发源地——河姆渡文化遗址
作者及单位　杨成鉴(宁波大学)
会议名称　河姆渡文化新论海峡两岸河姆渡文化学术研讨会
会议地点时间　宁波,1999
摘　　要　光辉灿烂的中华文化,由内陆文化和江海文化(蓝色文化)两大主要源流而来。河姆渡文化遗址是中华江海文化的主要源头。

题　　名　中华民族的旷世伟业－郑和下西洋
作者及单位　辛元欧(上海交通大学)
会议名称　上海市科协第一届学术年会
会议地点时间　上海,2003

题　　名　中琉关系与"琉球处分"
作者及单位　林声哲
会议名称　第九届中琉历史关系国际学术会议
会议地点时间　2005

题　　名　中葡关于满剌加问题的交涉及其影响
作者及单位　廖大珂(厦门大学南洋研究院)
会议名称　"睦邻友好"郑和学术研讨会
会议地点时间　中国南京,2002
主办单位　江苏省郑和研究会
摘　　要　西方殖民者东来之前,"朝贡制度是外交的媒介,中国对外关系的工具",也是中国与东南亚国家进行交往的主要形式。明朝建立以后,以朝贡制度为基础,在东南亚形成了以中国为中心的国际秩序。然而,16世纪初葡萄牙殖民者侵入东南亚,占领了中国的朝贡国满剌加,导致东南亚国际形势发生剧变,从根本上动摇了以朝贡制度为基础的"华夷秩序"。满剌加的陷落是中国与东南亚关系的转折点,从此我国丧失了在东南亚原有的地位,明朝在东南亚的声誉日渐降低,朝贡关系亦难以为继,中国也开始走上了落后挨打的道路。

题　　名　中日关系五十年——从甲午战争到抗日战争
作者及单位　杨东梁(中国人民大学图书馆)
会议名称　纪念江桥抗战研讨会
会议地点时间　中国黑龙江齐齐哈尔,2004
主办单位　东北地区中日关系史研究会
摘　　要　中国和日本是亚洲两个很有影响的国家,也是一衣带水的邻邦,两国人民自古以来就有着友好的交往。但是,在向近代社会迈进的过程中,日本抓住了历史机遇,通过"明治维新"使自己走上了一条富强之路,它首先把处于半封建,半殖民地地位的中国作为竞争对手、打击目标。从此,中日关系逐步降到历史的最低点。可以说,从甲午战争到1945年日本战败投降的50年,是中日关系最恶劣的时代。

题　　名　中日甲午海战历史教训的思考
作者及单位　赵承春(北京海军军事技术研究所)

会 议 名 称 甲午海战与中国海防——纪念甲午海战一百周年学术研讨会
会议地点时间 1994

题　　　　名 **中日甲午黄海海战是世界近代化舰队的首次海战**
作 者 及 单 位 骆地
会 议 名 称 甲午海战与中国海防——纪念甲午海战一百周年学术研讨会
会议地点时间 1994
摘　　　　要 发生在1894年9月17日的中日甲午黄海海战(又称大东沟海战、鸭绿江海战),是世界近代海战史上非常重要的一次海战,东西方海战史学者都给予了重视,但对于它在世界近代海战史上究竟应处于何种历史地位,评价是不同的。一些学者认为,黄海海战的地位不及1866年奥地利—意大利利萨海战重要,如德国·帕姆塞尔在《世界海战简史》重大海战得分表中,给利萨战役列4分,而只给黄海海战列3分。另一些学者认为黄海海战为"近数十年欧洲各国所未有',"一切西方从未试验诸新法,中日海军中,应有尽有,今初试于东方,"不论其兵力之多,时间之长,以及战斗的激烈,的确都是近代世界海战史上所罕见的",但尚未明确表述其在世界近代海战史上的确切地位。还有一些学者认为黄海海战是"世界史上第一次蒸汽机舰队的海战","对于世界上最初使用近代化的舰队进行海战的海军战术,也具有划时代的意义"。"这场海战,又是蒸汽动力和后膛炮、鱼雷装备舰只以后的第一场大海战"。但未展开论证,表述尚不够准确、精练。

题　　　　名 **中日甲午战争的历史启示**
作 者 及 单 位 王海英,关连芳,宫开庭(齐齐哈尔大学社会科学教研部;齐齐哈尔大学历史系;哈尔滨市逸夫中学)
会 议 名 称 纪念江桥抗战研讨会
会议地点时间 2004
主 办 单 位 东北地区中日关系史研究会
摘　　　　要 1894年中日甲午海战的硝烟虽已散尽,但这场战争给中国人民刻下的烙印却丝毫没有退色,它给亿万中华儿女留下了串串思索,它似乎在比对中国人民救亡图存、独立富强的历程,拷问中国人民热爱和平、反抗侵略的决心,整合中华民族以史为鉴、复兴腾飞的韬慧。

题　　　　名 **中日甲午战争对中国的影响**
作 者 及 单 位 (日本)陈福坡(日本中华学会)
会 议 名 称 第二届明清史国际学术讨论会
会议地点时间 天津,1993
主 办 单 位 明清史国际学术讨论会论文集编辑组编
摘　　　　要 马关条约签署后,俄国即听到清政府将辽东半岛割让给日本的消息,便联合列强要进行干涉,因列强间有矛盾,结果对日进行干涉的只有俄、德、法三国,故通称为"三国干涉还辽"。

题　　　　名 **中日甲午战争开战前夕清政府的对日政策**
作 者 及 单 位 戴东阳(中国社会科学院近代史研究所)
会 议 名 称 中国社会科学院近代史研究所青年学术论坛
会议地点时间 中国北京,2007
主 办 单 位 中国社会科学院近代史研究所

摘　　　要　中日甲午战争的历史是一部日本蓄意挑衅的历史。其间,日本为了防范欧美各国的干涉,虽然在军事上求常占先机,外交上却取被动。其种种外交措施,常引起欧美各国认为日本实只被迫应战的错觉,以打击它们对清朝的援助。

题　　　名　中日甲午战争一段伪造史实的复原

作者及单位　易惠莉(华东师范大学中国现代思想文化研究所暨历史系)

会议地点时间　中国上海,1999

主 办 单 位　上海中山学社

摘　　　要　1997年11月,日本东京高文研株式会社出版发行了奈良女子大学名誉教授、日本学术会议会员中塚明教授的著作《辨明历史的伪造——从战史中消失的日军"占领朝鲜王宫"》。

题　　　名　中世纪海上丝绸之路货币一本洋银元研究

作者及单位　陈国林

会 议 名 称　福建省钱币学会第三次会员代表大会

会议地点时间　中国福州,2000

主 办 单 位　福建省钱币学会

索　引　词　海上丝绸之路;本洋银元

摘　　　要　福建历史上的外来币不下数十种,其中俗称本洋银元的数量最钜,输入的时间最早也最长。何谓本洋银元,简言之,本洋银元是中世纪以后西班牙国及其美洲殖民地所制造的一种银币。本洋银元在四百多年前既从菲律宾输入福建,同时还从粤、浙沿海的一些港口流入。本洋大量的流入,即弥补了当时中国市场银货的不足,也推动了生产力的发展。

题　　　名　中外关系史研究中的一项新成果——读《晚清中国人走向世界的一次盛举——一八八七年海外游历使研究》

作者及单位　窦坤(北京市社会科学院)

会 议 名 称　中国中外关系史学会第六届会员代表大会

会议地点时间　中国吉林延边,2005

主 办 单 位　中国中外关系史学会、延边大学历史系与东北亚研究院、沈阳东亚研究中心

摘　　　要　1887年,清政府派遣12名游历使同时分赴世界各地游历考察。游历使们走过亚洲、欧洲和南北美洲20多个国家,留下了几十种考察资料,堪称一次走向世界的盛举。然而,中国近代史上如此盛大的一次走向世界的活动,不仅出版的各种清史、中国近代史、近代中外关系史及外交史的著作与教材均无记载,甚至各种研究近代中国人走向世界与海外旅行的专著与资料也很少涉及。史海苍茫,竟将这段历史湮没,不能不使人感到遗憾和惊讶!令人欣慰的是,我们现在不必遗憾,因为王晓秋教授开拓了一项原创性课题——《晚清中国人走向世界的一次盛举——1887年海外游历使研究》(辽宁师范大学出版社,2004年12月版)。这项研究成果重现了那段被长期埋没、遗忘的历史,搞清了1887年清政府派遣海外游历使的整个过程、游历使们的基本情况及游历过程,使近代中国走向世界的历史趋于完整。

题　　　名　中文碑铭所反映的1264—1800年中国与东南亚的海外交往

作者及单位　(德)傅吾康·弗兰克

会 议 名 称　"中国与海上丝绸之路"国际学术讨论会

会议地点时间　泉州,1994

题　　　名 **中西海洋文化的比较研究**

作者及单位 何莹(国家海洋局南海分局)

会议名称 中国海洋学会2007年学术年会

会议地点时间 中国广东湛江,2007

主办单位 中国海洋学会、广东海洋大学

摘　　　要 纵观中华民族的历史,不难发现这样一个事实,即中华民族从来没有拒绝过海洋的召唤,时刻在倾听着大海的涛声。中华民族栖息的地理环境位于地球上最广阔的大陆——亚欧大陆的东侧,其东南濒临世界最浩瀚的大洋——太平洋,北部、西北部则深居亚欧大陆的中心,是一个左高原、右大海的"大陆海岸型"国度。在这样一个负陆面海、陆海兼备的地域里,中华民族很早就和海洋打交道,开发海洋资源,开辟海洋通道,故中国的航海历史极为悠久。至少从公元前3世纪起,迄至公元15世纪,中国古代的航海业和航海技术,一直处于世界领先水平。

题　　　名 **中叙贸易关系的发展及其展望**

作者及单位 杨言洪

会议地点时间 1993

摘　　　要 古代丝绸之路与古代中叙贸易往来众所周知,古代丝绸之路开创了东西方文化交流与贸易往来的先河,促进了欧亚非各国与中国的友好往来。但人们常说的丝绸之路是指东起渭水流域、往西辗转至地中海东岸地区、继尔转达罗马等地的陆路商道。

题　　　名 **重访马来西亚登嘉楼的郑和寺庙**

作者及单位 孔远志(北京大学亚非学院)

会议名称 北京郑和二千料宝船船模复原研究论坛

会议地点时间 北京,2004

摘　　　要 本文对马来西亚登嘉楼的郑和寺庙进行了介绍。文章围绕登嘉楼三保庙的来历、三保宫庙的建筑和陈设、三保宫庙的庆典与活动、三保庙的发展蓝图等进行了阐述。

题　　　名 **重开胶莱运河的利与弊**

作者及单位 李文渭,吴永森(国家海洋局第一海洋研究所;青岛太平洋学会)

会议名称 胶莱人工海河论坛

会议地点时间 中国山东青岛,2006

主办单位 中国老教授协会海洋经济技术分会、中国海洋学会海岸带开发与管理分会、山东省海岸工程学会

摘　　　要 在我国的元代,为了漕运的安全和节省航运时间,开掘胶莱运河,使漕运船只自南黄海进入胶州湾,再沿胶莱运河航行直达渤海的莱州湾,将漕粮运抵京城。历史上胶莱运河确实起过举足轻重的作用,这已为世人所公认。但是,由于种种原因,胶莱运河渐渐地退出了航运舞台,特别是随着海运船舶吨位的增大、航速的提高和抗风浪能力的增强,胶莱河的航运功能也就随着社会的进步、生产力的发展而逐渐衰退,因而,对胶莱运河的要求也被人们所淡漠。

题　　　名 **《重修使琉球录》的刻本及其作者**

作者及单位 王菡

会议名称 地方文献国际学术研讨会

会议地点时间 中国北京,2004

题　　　名 **重振古港雄风的探索与发展思路**
作者及单位 陈荣芳(泉州市港务管理局)
会 议 名 称 “泉州港与海上丝绸之路”国际学术研讨会
会议地点时间 中国泉州,2002
主 办 单 位 中国航海学会
摘　　　要 “泉州港与海上丝绸之路”国际学术研讨会在热烈、严谨、浓郁的学术氛围中落下帷幕。作为古港的新一代建设者、创业者,历史的辉煌、古港的荣耀应当作为历史学者、文物学者、古港研究者们重点研究的课题,而我们考虑的则是更深一个层面:如何把一个曾经辉煌又历经明、清两朝至改革开放前衰落的港口推向国家大型现代化港口,再现“东方第一大港”雄姿,这是我们这代港务人必须思考、必须肩负、必须实践的责任。

题　　　名 **舟船交通:明清太湖平原的环境与人生**
作者及单位 冯贤亮(复旦大学历史系)
会议地点时间 2008
摘　　　要 明清太湖平原的船,形式多样,功能丰富,是民众生活中须臾不能离开的重要工具。每一个村落的人们一般都是利用便捷的水运系统,与四边或更远的地方进行着多方面的交往。而外界通入这里,也不得不采用水上交通的手段。因为在这些地区,水上交通是最为便捷的方式。通过明清时期士绅地主的回忆和对日常生活感受的种种记录,及地方文献、碑碣等资料的钩稽,可以从社会记忆的研究视野,努力复原近世江南的生活环境和人们通过舟船交通的许多活动,了解舟船的主要分类及其功能,展现江南水乡泽国的独特景观、文化意蕴与城乡网络。随着生态环境的变迁与现代交通手段的冲击,太湖平原地区的舟船交通及传统正快速感于消逝,呈现出了巨大的变化。

题　　　名 **舟山群岛与东北亚海上交流的历史遗存**
作者及单位 金涛
会 议 名 称 东北亚海上交流历史文化遗产国际学术研讨会
会议地点时间 青岛;蓬莱,2006
主 办 单 位 中国海洋大学海洋文化研究所,山东省蓬莱市文物局

题　　　名 **舟山与日本风俗比较**
作者及单位 贝逸文(舟山市博物馆)
会 议 名 称 中国(岱山)徐福东渡节暨徐福文化国际研讨会
会议地点时间 中国浙江岱山,2004
主 办 单 位 中国徐福会
摘　　　要 截取舟山与日本风尚习俗的若干篇段,结合文献、考古资料,对之进行比较研究,认为古代舟山与日本风俗趋同,较之古越内地有更多的通属关系。说明同处海洋的近邻诸岛在上古已有文化交流;民俗上的同宗共源以及影响的主从关系,显示了舟山古人类迁徙日本沿海是客观存往的。

题　　　名 **舟山与三徐(徐偃王、徐福、徐霞客)名人研究**
作者及单位 董楚平(浙江省社科院)

会议名称　2001舟山徐霞客旅游文化研讨会暨浙江省徐霞客研究会第二届会员代表大会
会议地点时间　中国浙江舟山,2001
主办单位　浙江省徐霞客研究会
摘　　要　此文“三徐”,指徐偃王、徐福、徐霞客。徐偃王是徐国历史上最著名的君王。“徐偃王”遂成为徐国、徐君、徐裔领袖的代号。徐福、徐霞客都是徐人后裔。徐姓三大名人都来过舟山。一、徐偃王徐偃是涂山氏后裔,原居淮河流域,公元前512年,吴灭徐,徐人大量入越。查浙江各地方志,徐偃王的传说与遗迹遍及南北东西。《史记》里的徐福是个名,后世传说的徐福是共名,是无数东渡日本的求仙方士的名。根据现有资料,个名的徐福是否到过日本,已无证可考,而共名的徐福是肯定到了日本的。

题　　名　**舟师出访宣德赉赐——《天妃灵应之记》内涵探析**
作者及单位　张国英
会议名称　“睦邻友好”郑和学术研讨会
会议地点时间　中国南京,2002
主办单位　江苏省郑和研究会
摘　　要　明永乐三年(1405),郑和统率舟师奉使西洋;2005年,是郑和下西洋首航600周年。原先,记述这位举世无匹的航海家的史料档案,亦即最直接的适时的文字记载与图册,存放在明朝政府兵部的档案库里。可是到了明代成化年间,当兵部尚书项忠命吏入库检索查阅,以便奏报时,却发现“三保下西洋”的珍贵资料,竟被目光短浅的车架郎中刘大夏所匿、所毁!使后人研究郑和遇到极大的困难。

题　　名　**周婴《东番记》研究**
作者及单位　李祖基(厦门大学台湾研究院)
会议名称　首届莆仙文化学术研讨会
会议地点时间　中国福建莆田,2002
主办单位　福建省炎黄文化研究会、中共莆田市委宣传部
摘　　要　明末莆田周婴撰写的《东番记》是台湾早期历史,特别是台湾原住民历史的最重要文献之一,收在其诗文集《远游篇》之中,清前期私人的笔记文集及台湾地方的志书中曾屡有提及,然而,在其后相当长的一段时间内,《东番记》竟遭湮没,很少人见到,以至于后人的著述提到其作者时,或张冠李戴;或认为《远游篇》中所载之《东番记》为连江人陈第所撰。

题　　名　**洲际航海的杰出先行者郑和**
作者及单位　丘克辉(中国航海史研究会)
会议名称　湖北省纪念郑和下西洋600周年活动
会议地点时间　中国武汉,2005
主办单位　中国航海学会内河船舶驾驶专业委员会
摘　　要　明代初年社会生产力的发展和我国造船与航海技术的成就,为郑和下西洋奠定了物质基础。郑和是最早的洲际航海家,是哥仑布、伽马和麦哲仑的先行者。哥仑布显然受到中国人民航海业绩和东方文明的影响,伽马和麦哲仑的船员,是沿着郑和开辟的航路才完成其历史使命的。郑和下西洋并非得不偿失,他不仅增进了中国与亚非诸国的友谊,而且对中国和亚非诸国社会经济的发展作出了积极的贡献。

题　　名　**朱棣与郑和下西洋**
作者及单位　(中国澳门)黄洁娴

会 议 名 称　传承文明走向世界和平发展——纪念郑和下西洋600周年国际学术研讨会
会议地点时间　江苏,2005

题　　　名　**朱纨事件与东亚海上贸易体系的演变**
作者及单位　廖大珂(厦门大学南洋研究院)
会 议 名 称　东北亚海上交流历史文化遗产国际学术研讨会
会议地点时间　青岛;蓬莱,2006
主 办 单 位　中国海洋大学海洋文化研究所,山东省蓬莱市文物局

题　　　名　**朱熹理学在晋江的遗迹及影响**
作者及单位　吴乔生(泉州市图书馆)
会 议 名 称　朱熹理学与晋江文化学术研讨会
会议地点时间　中国福建晋江,2007
主 办 单 位　福建省闽学研究会、晋江市历史文化研究总会
摘　　　要　朱熹在晋江的历史文化遗迹资源十分丰富,这是一笔无价的文化遗产和社会财富。"四海人文第一邦,八闽形胜无双地",自古以来,人们对晋江传统文化的兴盛发达给予极高的评价。晋江是海滨邹鲁,"闽学开宗"之地,"人文甲于诸邑";晋江,历史悠久,文化底蕴深厚,地灵人杰,人才辈出。

题　　　名　**朱元璋外交思想与明初外交政策**
作者及单位　朱亚非(山东师范大学齐鲁文化研究中心)
会 议 名 称　第六届明史国际学术讨论会
会议地点时间　中国安徽凤阳,1995
主 办 单 位　中国明史学会
摘　　　要　一代名君朱元璋在起兵反元和建立明朝前后,在政治、经济、军事诸方面都表现出卓越才干,取得了非凡的建树,有许多宝贵的经验值得后人总结。本文就朱元璋的外交思想及其推行的外交政策做一简略论述。

题　　　名　**朱元璋与明代前期淮河流域社会经济的开发**
作者及单位　卞利(安徽大学历史系)
会 议 名 称　第六届明史国际学术讨论会
会议地点时间　中国安徽凤阳,1995
主 办 单 位　中国明史学会
摘　　　要　淮河流域地处黄河与长江两大流域之间,在漫长的历史长河中,淮河流域无论在社会经济,还是在军事政治方面,都曾经发挥过巨大的作用。两宋以前,这里曾经是重要的经济区和繁华的水陆交通要道,其经济和所谓"江淮富庶,冠于全国。唐人据之以维持三百年之统治,故唐以前即有'江淮稻梁肥'之谚。"

题　　　名　**珠江口沿岸古炮台研究**
作者及单位　赵文斌(广州市城市规划局荔湾区分局)
会议地点时间　1999
摘　　　要　明代中国始建海防,清初在珠江沿岸修建炮台,两次鸦片战争中多数炮台被毁。现存

炮台多为光绪年间所修新式炮台。本文从炮台的功能、组成及历史等方面阐述了珠江沿岸的几个重要炮台。

题　　　　名　**珠江三角洲古海岸遗迹及其资源环境意义**
作者及单位　杨木壮,潘安定(广州大学地理科学学院)
会议名称　中国地理学会2007年学术年会
会议地点时间　中国江苏南京,2007
主办单位　中国地理学会、南京师范大学、中国科学院南京地理与湖泊研究所、南京大学、中国科学院地理科学与资源研究所
摘　　　　要　珠江三角洲为我国第二大河口三角洲,位于广东省中南部,濒临南海,是由东江、西江、北江等河流冲积而成的复合三角洲。是海陆交互作用的产物,地质历史中海岸线变迁频繁,现今常常可见古海岸遗迹。

题　　　　名　**《诸蕃志》中南印度“南毗”国名考**
作者及单位　刘迎胜(南京大学历史系)
会议名称　“中国与海上丝绸之路”国际学术讨论会
会议地点时间　泉州,1994

题　　　　名　**竹子之比——古代船舶结构研究**
作者及单位　(法国)简·卜劳特
会议名称　传承文明走向世界和平发展——纪念郑和下西洋600周年国际学术研讨会
会议地点时间　江苏,2005

题　　　　名　**“助剿海盗得赐澳门”之说探源——兼述葡萄牙人谋求澳门主权**
作者及单位　黄庆华(中国社会科学院近代史研究所)
会议地点时间　2005
主办单位　中国明史学会、中国社会科学院历史研究所明史研究室
摘　　　　要　葡萄牙人为了达到永久占据澳门和获取澳门领土主权的目的,从16世纪末叶起,即在耶稣会士的鼓噪和积极参与下,制造了种种似是而非、查无实据的舆论。其中,在西方流传最广的,就是“葡萄牙人于1557年帮助广东官府击退了围困省城的海盗之后,广东大吏和中国皇帝为葡萄牙人颁发金叶表文,并赠澳门,以表酬谢”,即所谓“助剿海盗得赐澳门”之说。

题　　　　名　**“铸海之魂”——福建省海洋文化学术研讨会综述**
作者及单位　黄顺力(厦门大学历史系)
会议名称　福建省首届海洋文化学术研讨会
会议地点时间　中国福建福州,2007
主办单位　福建省炎黄文化研究会、福州市政协、福建省社科联、福建省海峡文化研究会
摘　　　　要　2007年10月11日至13日,“福建省海洋文化学术研讨会”在福州召开,来自全省各地及美国和台湾地区的100余名专家学者参加了研讨会。会议收到论文近80篇,与会学者就福建海洋文化的形成与特征、福建海洋文化的历史发展,进行了讨论。

题　　　　名　**转口贸易的黄金期——1900～1941年香港转口贸易研究**
作者及单位　张俊义(中国社会科学院近代史研究所)
会议名称　中国社会科学院近代史研究所青年学术论坛
会议地点时间　中国北京,2002
主办单位　中国社会科学院近代史研究所
摘　　　　要　本文将重点考察从20世纪初到第二次世界大战爆发前香港转口贸易的发展状况。在香港近现代经济发展史上,这一时期香港经济的发展具有着重要的承先启后的性质。在战前香港转口港经济时代,香港转口贸易成为了香港经济发展的命脉,而这一时期香港转口贸易的发展也为战后香港逐步发展成为重要的国际贸易中心的地位,打下了牢固的基础。

题　　　　名　**转型时期的杰出代表——沈葆桢**
作者及单位　刘姝(南京师范大学社会发展学院)
会议名称　沈葆桢巡台130周年学术研讨会
会议地点时间　中国南京,2004
主办单位　中国近现代史史料学学会
摘　　　　要　沈葆桢是中国近代史上的著名人物,他是晚清有重要影响的政治家,同时还是第一任船政大臣,主持船政,组建当时远东最大的船厂,创办学堂,主张“船政重学”。

题　　　　名　**庄姓渊源泉州台湾缘之我见**
作者及单位　惠安,庄觉初
会议名称　朱熹理学与晋江文化学术研讨会
会议地点时间　中国福建晋江,2007
主办单位　福建省闽学研究会、晋江市历史文化研究总会
摘　　　　要　我们拥有一个好大的家,名字叫中国。它缘合了五十六个民族,铸成了二千多祖系姓氏,构建成为伟大文明的中华民族。以团结、昌盛、文明、高尚的五千年文明史昭显和展现在世界大地上,是驰名九洲五洋在古文明大国。它走过了几千年的坎坷不平征途,又经历了几千年风风雨雨的创造发展路程,即党一贯重视发展科技和兴办文化教育,又深记着弘扬传统美德和精神,发扬先祖的历史文化。

题　　　　名　**追访百年造船人家**
作者及单位　陈振杰
会议名称　北京郑和二千料宝船船模复原研究论坛
会议地点时间　北京,2004
摘　　　　要　本文对仿明代二千料郑和宝船全木质模型进行了介绍。该模型是由具有百年历史、四代传人的浙江舟山普陀岑氏木船作坊,以传统古木帆船建造工艺精心制作的。

题　　　　名　**自强运动前期之仿造轮船与停造争议之朝野驳论**
作者及单位　王尔敏(台北中研院近代史研究所)
会议名称　“清末新政与辛亥革命”国际学术研讨会
会议地点时间　中国上海,2007
主办单位　上海中山学社
摘　　　　要　时代动力推移与自强运动之启步寻绎中国近代史乘,试证近代化(modernization)的

动向与内涵,当从何时说起? 20 世纪 30 年代蒋廷黻、郭廷以两位大师,俱就 1861 年视为近代化路程的起点。当时未尝言近代化,但却肯定见到谋求自强的创说,自可谓是展开自强运动时代。

题　　　名　自然类博物馆与非物质文化遗产——从运河的千年不败谈民俗与保护自然

作者及单位　李元彪(浙江自然博物馆)

会 议 名 称　浙江省博物馆学会 2007 年学术研讨会

会议地点时间　中国浙江平湖,2007

主 办 单 位　浙江省博物馆学会

摘　　　要　说起非物质文化遗产与博物馆人们想到的都是历史类博物馆,往往认为与自然类博物馆无关。其实不然,我们从京杭大运河的千年不败就可以看到民俗与自然界的保护息息相关。浙江自然博物馆近年来的实践中充分展示自然类博物馆在发扬民俗保护自然界中的重要作用。

题　　　名　总理河道年表校补(一)

作者及单位　若亚

会议地点时间　2007

摘　　　要　吴廷燮《明督抚年表》卷六《河道年表》,正德三年崔(山严)下引《列卿年表》:"(山严),湖广郴州进士,正德三年,以工部右侍郎总理河道,以后永设。"四年李堂下引《列卿表》:"堂,浙江鄞县人,成化丁未进士,正德四年,以工部右侍郎兼右佥都御史总理河道,六年致仕。"

题　　　名　走向世界的云南人——一代海骄郑和

作者及单位　孙光圻(大连海事大学)

会 议 名 称　昆明纪念郑和下西洋 587 周年学术讨论会

会议地点时间　1992

学 位 论 文

中 文 题 名 **14世纪－17世纪中叶朝鲜对明和日本贸易关系史研究**
英 文 题 名 Trade Relations of Chosun with Ming China and Japan during 14(th)－17(th) Centuries
作 者 金炳镇
导 师 李宗勋
学位授予单位 延边大学
学科专业名称 世界史
学 位 年 度 2005
论 文 级 别 博士
中 文 摘 要 本文以迄今为止的贸易关系史研究成果为基础，着重考察十四世纪至十七世纪中叶朝、中、日三国贸易关系的来龙去脉及其基本特征。本文由绪论、正文和结论三个部分构成。绪论部分在进行课题说明的基础上，主要阐述了研究目的和意义、研究动态、研究内容和方法等问题。正文第一章是东亚三国对外关系的形成与朝鲜的贸易政策部分，主要论述了东亚三国之间对外关系的形成与贸易，朝鲜前期贸易政策的本质与一般特征、朝鲜制定贸易法规的背景等。当时，中国周边国家臣服中国是弱国、小国与强国、大国之间维持平衡的基本手段，是弱小国家保持国家安全的重要一环。而且对朝鲜和日本来说，是统治者维持和巩固其统治地位的一种保障。第二章是朝鲜对明、对日贸易的性质部分，主要论述了朝鲜对明贸易的事天朝贡性，朝鲜对日贸易的交邻性，特别是详细论述了倭寇的活动及其东亚三国贸易产生的重要影响。第三章是朝鲜对明、对日贸易的形态部分，主要论述了朝鲜对明、对日贸易的形态与方法、种类以及贸易场所、通商渠道等。当时，朝鲜与明王朝之间的贸易基本上属于朝贡形式的官方贸易，私人贸易的成交量非常有限。朝鲜与日本之间的贸易以“进上—回赐”、官方贸易、私人贸易、三个形态为主，此外还有不法商人进行的走私贸易。第四章是朝鲜对明、对日贸易商品结构部分，主要论述了朝鲜对明进出商品结构，朝鲜对日进出口商品结构等。其中，金银、牛马等都是朝鲜不得不以朝贡形式出口中国的紧缺货，备齐这些进贡品始终是朝鲜政府的沉重的负担。另外，从贸易的数量和质量来看，中国使节从朝鲜带走的比朝鲜使节从中国领回来的多的多。对当时只好以朝贡的方式尽藩属之礼仪和义务的朝鲜来说，这种不平等、不等价的贸易关系是不可避免的事情。第五章是东亚局势的变化与通商圈的扩大部分，主要论述了对明、对日贸易给朝鲜带来的影响，逐步盛行的中介贸易，十六—十七世纪东亚局势的变化与东亚通商圈的扩大等。在以中国为中心的亚洲贸易体制下，苏木、胡椒等南亚物产成为主要的进贡品，与此同时，中国的许多产品以回赠的形式大量出口到朝鲜和日本。在东亚局势发生变化的情况下，朝鲜积极扩大了同女真、琉球等国家和政权的贸易往来。十七世纪初朝日两国签定己酉条约以后，双方之间的贸易关系由官方贸易为中心转变为私人贸易为主导，朝鲜商人借机把中国商品转卖给日本商人，从中获取巨额利润。结论部分在概括本文要点的基础上，提出了几条结论。本研究注意避免片面性，力求作到定性研究与定量研究相结合；宏观研究与微观研究相结合；思想研究与实证研究相结合，以便为弄清历史、借鉴历史提供有益的经验。

中 文 题 名 **1600－1774年广南阮氏与中国的贸易关系**
作 者 邱普艳
导 师 戴可来
学位授予单位 郑州大学
学科专业名称 世界史
学 位 年 度 2006
论 文 级 别 硕士
中 文 摘 要 十七、八世纪是越南历史上的著名的“郑阮对峙”时期。为了加强自身实力，与北方

的郑氏对抗，阮氏在统治南方的时候，积极发展对华贸易，使得其统治下的广南地区成为东南亚地区一个重要的贸易中转站和地区贸易中心。在阮氏与中国的贸易往来中，中国商人扮演了积极、主动而又重要的角色，承担了阮氏对华贸易最主要的内容。同时，主要由中国海商承担的阮氏对华贸易也随之成为了西太平洋地区华商海外网络的一个有机组成部分。作为地区贸易中介点的广南地区贸易的繁荣不自觉地推动了整个亚洲贸易网络的发展。本文通过对史料的梳理，试图厘清阮氏与中国贸易关系的基本脉络，从而对华商在阮氏对华贸易中的作用、与中国的贸易对阮氏政权发展的意义以及阮氏对华贸易与亚洲贸易网络的关系等问题作出初步的探讨和分析。

中文题名 **16－17世纪环台湾海峡区域市场研究**

英文题名 Study of the Regional Market Surrounding Taiwan Strait in 16－17(th) Century

作　　者 徐晓望

导　　师 郑学檬

学位授予单位 厦门大学

学科专业名称 经济史

学位年度 2003

论文级别 博士

中文摘要 环台湾海峡区域主要是指台湾岛及海峡西岸闽江流域与韩江流域之间的福建省与广东潮州区域。1500年前后(明代中叶)，在贡徭制崩溃、佃农经营权扩大、商业资本进入农业的背景下，当地的商品经济已有相当的发展，山区与沿海的长距离贸易发生，但因海路不通，国内市场与海外市场有限，明中叶闽潮商品经济的发展也是有限度的。从16世纪中叶开始，随着西方殖民者的东来，日本金银矿的开发，月港开放与闽潮商人独占对外贸易，使环台海区域的商品生产与商品流通都有很大发展。江南的丝绸、江西的瓷器从外省流入闽潮口岸，加上本地生产的白糖及仿冒的丝绸、瓷器，在闽潮商人的操作下，纷纷涌入海外市场。海外输入的白银又活跃了中国的市场，长距离贸易兴起，闽潮民众采伐与制造木材、香菰、笋干、荔枝、龙眼、兰靛、纸张、钢铁、红白糖、烟草等商品向国内市场输出，并从江南与广东、江西等地输入棉布、稻米、生丝等商品。商品流通使闽潮市场日益活跃，并向台湾扩张，形成环台湾海峡区域市场。商品流通也造成闽潮经济结构的变更，消费扩大、商人阶层发展、农民谋生方式多元化，以及地方经济结构市场化的趋势，使晚明环台海区域的城镇与墟市有很大发展，福州、泉州、漳州、建宁府城、南平、邵武、汀州、潮州等城市的城区都有较大的扩张，厦门湾与潮州平原出现了城镇群落，城市商业繁荣，农村的墟市数量有很大的增长。福建的城镇人口达到全部人口的19%。不过，从17世纪开始，闽潮商帮在海外日益受到殖民者的排挤与东道国的限制，迄至17世纪后期，这些限制已经发展到相当严重的地步。他们的利润率下降，有时出现亏本，海外流入的白银受到限制，环台海区域市场的发展日益依靠国内市场而不是海外市场。清朝统一南方后，海禁政策松动，环台海区域的对外贸易逐渐向江南与珠江流域转移，环台海区域在对外贸易领先的时代已经不再，而台海区域市场的发展，也逐渐落后于江南与广东。

中文题名 **16－18世纪中期澳门海上贸易研究**

英文题名 A Research on Macao s Maritime Trade during the 16～(th) and Mid－18～(th) Centuries

作　　者 张廷茂

导　　师 陈高华；邱树森

学位授予单位 暨南大学

学科专业名称 专门史

学 位 年 度 1997

论 文 级 别 博士

中 文 摘 要 澳门于16世纪中期成为葡人在华居留地以后,迅速崛起为远东地区重要的国际商贸大港。因此,它的兴衰变迁当是一个值得研究的课题。本文分三个阶段考察16世纪至18世纪中期澳门海上贸易的发展与演变,得出如下结论:(1)澳门海上贸易的繁荣由16世纪朋年代持续到17世纪20年代末,它与中国对外贸易发展的畸形格局、东亚主要国家历史发展对海外贸易的特殊需求以及西欧国家在东方的竞争态势有着密切的关系。(2)17世纪30年代至40年代初,由于中葡关系的恶化、荷葡两国竞争夺势的改变、澳日宗教冲突的升级以及葡萄牙的光复,澳门海上贸易结束了繁荣时期。满清与南明争态岭南地区的战争使澳门与广东的贸易陷入萧条:清初"迁海令"的实施使澳门海上贸易遭受重大损大,但是一定的贸易活动也为澳门渡过困难时期奠定了物质基础。(3)随着1680年澳门—广州陆路贸易的开放和1684年"海禁"的正式解除,澳门海上贸易开始恢复;同时,澳门在中外贸易中的独特地位大为削弱。在清政府禁止中国商人赴南洋贸易期间(1716－1727),澳门海上贸易出现了短期的复兴局面,澳门—巴达维亚贸易的增长尤为迅速。随着南洋贸易禁令的解除,澳门贸易再次步入低潮时期。中外历史的发展削弱了澳门在中外贸易中的垄断地位,从而在根本上决定了澳门贸易发展的总体规模。(4)澳门海上贸易的发展,对中外贸易关系的演变、早期世界市场的形成和东西方文化交流起了重要作用。

中 文 题 名 **1651－1849年清朝政府对澳门的管治研究**

英 文 题 名 A Study on the Government of Qing Dynasty s Jurisdiction to Aomen from 1651 to 1849

作 者 刘冉冉

导 师 谭世宝

学位授予单位 山东大学

学科专业名称 中国古代史

学 位 年 度 2007

论 文 级 别 博士

中 文 摘 要 1651年,自明代起即租居澳门的葡萄牙人正式归顺清王朝,开始接受清政府的管治,从此直到1849年,近两百年的时间里,清朝政府通过不断强化管理体制、完善管理条例,维护在澳门的主权,对澳门进行有效管治,其间虽然受到澳葡不断的挑战,但由于双方实力的悬殊,葡人试图侵占澳门的阴谋终究无法得逞。鸦片战争的爆发给了葡人可以趁火打劫的机会,他们趁中国战败之际强行侵夺对澳门的管治权,并将其非法管治范围逐步扩展至整个澳门地区,1849年以后,清朝政府已经无法行使管治澳门的权力。清政府在澳门施行管治权的情况,对澳门历史发展进程具有重要作用,有必要进行专题探讨。本文运用大量档案文献及部分碑刻资料,从清政府在澳门设官置守、推行政令,充分行使行政、贸易、军事、司法及宗教管治权等方面,探讨1651至1849年的澳门管治问题。第一部分研究清朝政府对澳门的行政管治,分别论述香山知县、香山县丞及澳门同知发挥各自职能、代表清朝政府对澳门进行管治的具体情况。香山知县长期全面管理澳门民蕃事务,其对澳门的管治权力,并没有因香山县丞和澳门同知的设立而有丝毫减弱。香山县丞距离居澳葡人最近,最便于向澳葡发布政令、施行管治,是澳葡当局与清朝政府之间沟通的首要渠道。与香山知县和县丞相比澳门同知职秩较高,对许多事务拥有一定的决策权,保证了中国政府对澳门管治权的有效行使。第二部分研究清朝政府对澳门的贸易管治。由于澳门在中外交通贸易中的特殊地位,使其在清初的迁海和康熙朝的南洋之禁中都幸免于难,成为唯一免迁和准许通南洋的口岸。在对澳葡额船的日常管理和征税事宜上,中国政府采取了不同于其他外夷商船的管理举措。粤海关建立之后,澳门总口成为粤海关属下地位最重要的总口之一,它下设四个小税口,分别履行稽查、征税和监管船只出入的职能,分工的细致,显示出管理体制的日益完备。清政府将澳门作为限制外商活动的理想场所,随着一系列防范外商章程的制订,清朝政府对澳门的贸易管治不断强化。第三部分研究清朝政府对澳门的

军事管治。自清朝初年开始，中国政府就一直在澳门西北面的前山寨驻有军队，随着形势的发展，还不断提高领将级别、增加驻守兵额，嘉庆时更是设立前山专营，以提高对澳门的控御能力，应该说，清政府对澳门的军事防备是相当重视的。同时，清朝政府在拥有强大军事实力的前提下，因为天时地利人和等内外诸因素的配合，不仅自身能够完成对澳门的军事保护与控制，在有自主能力控夷保澳的基础上，还允许居澳葡人在澳门设立炮台、驻有守兵，使其不仅可以实现在租居地内的自我保护，而且能够协助中国政府军队驱逐外夷和海盗，以夷制盗、以夷防夷，充分发挥其作为一支地方武装应有的作用。第四部分研究清朝政府对澳门的司法管治。清朝政府在澳门长期拥有并持续行使司法管治权。对于居澳华人之间、华人与澳葡及其他外夷之间的案件，一概由广东地方官员按照《大清律例》中的规定进行裁决和审判。在此过程中，澳葡当局不仅没有参加审讯、驳回判决或自行处决的权力，而且必须严格遵照谕令，协助中国官员缉捕提讯。通过广东各级地方官员筹议订立的种种规条禁约、政令文书，清朝政府对澳门的管治逐步实现制度化，并日益形成一套较为严密的管理体制。第五部分研究清朝政府对澳门的宗教管治。自明代开始，绝大多数西方传教士就是经由澳门进入内地。雍正禁教时，朝廷派员押解教士"安插澳门"，自此之后，乾隆、嘉庆、道光等各朝皇帝都坚决执行禁止在华传播天主教的政策，并且不断加以补充，采取日益严格的限制，于是大批传教士回到澳门传教，澳门成为18世纪以后中国唯一的传教据点。乾嘉时期，中国内地的天主教徒不断通过澳门接引传教士，辗转进入内地传教。随着各地不断拿获、驱逐赴内地传教之西洋教士，澳门又成为传教士们的容身避难之所。禁教期间，澳门夷人自习其教不禁，居澳华民习教或内地民人入澳进教则被严行禁止，此时处于中国政府严格管治之下的澳葡，不仅不得向华人传播天主教，而且还曾奉命协助查拿潜入内地传教之西洋教士，在协助广东地方官员管理澳门西洋教士方面，也大都能够严格遵谕执行。澳门妈祖阁庙、莲峰庙等官方庙宇在清代前期不断得以重修扩建，莲峰庙更是成为官员临澳巡阅时的驻节之所。清朝政府之所以会在禁教期间大力提倡、支持中国传统宗教信仰，目的是要充分发挥其特殊的政治、宗教意义，扩大行政影响力，上体国宪，确保中国政府在澳门的统治主权。第六部分研究澳门的议事亭。作为澳葡市政机构的议事亭，与作为中国官员入澳宣读圣谕、处理澳门事务之场所的议事亭，其意义是不同的。前者是由澳葡自治机构议事会延伸而来，后者则是明清政府为有效地控制澳葡、充分行使对澳门的主权和治权，从而在澳门设立的向夷目宣读政令及双方交涉政务的"议事亭"。从1784年起，议事亭成为葡萄牙人的自治机构所在地。作为中国政府管辖下的一个地方机构，议事亭职权有限，在中国的行政架构中地位较低，多数情况下只具备维持治安、维护贸易秩序的功能。第七部分探讨清朝政府对澳门管治权的丧失，分别论述鸦片战争后葡萄牙人侵夺澳门的过程和中国政府丧失对澳管治权的原因。葡人在战争结束之后立即加紧了侵占澳门的步伐，在推行了一系列殖民扩张的政策之后，最终于1849年抢夺了对澳门的管治权，实现了其蓄谋已久的侵占澳门的企图。而清朝政府之所以最终丧失对澳管治权，是由其自身外交外贸政策的失误、条约意识的缺乏及中国官员的腐败、葡人对澳门的长期觊觎等各方面原因造成的。

中文题名 **1683－1860年台湾米谷运销大陆研究**

作　　者 黄跃荣

导　　师 周翔鹤

学位授予单位 厦门大学

学科专业名称 专门史

学位年度 2002

论文级别 硕士

中文摘要 本文在马克思历史唯物史观和方法论的指导下，采用传统史学研究方法，结合定量研究方法，以清代中前期(1683－1860)台湾米谷运销大陆为研究对象，主要对清代台湾农业经济的发展和大量余粮的输出、台湾米谷运销大陆的体系、台湾米谷运销大陆的积极影响等问题进行系统深入的探讨，

并对清代台运的积欠及消亡做一个全面的分析。本文包括前言、正文四个章节、结语和参考文献等组成部分。前言部分,进行学术史回顾,并对本文写作做一个简要说明。第一章概述清代台湾土地的开发与农业生产的发展,台湾大量余粮 源源不断地运销大陆,估算台湾粮食运销大陆的粗略数量。第二章为清代前期台湾粮食外销的体系,分为官运和民运,官运包括粜运和台运,民运分为合法商运和非法的走私贸易,本章节试图对各种形式演变的脉络做尽量详细的论述,特别是前人极少论及的粜运、商运及走私贸易做一个全面的探讨。第三章考察清代台运积欠问题,拟以台运载体商船为中心,从商船数量的减少和商船规避配运的角度出发,对台运积欠并最终衰亡的原因进行全面的探讨。第四章对清代台湾米谷运销大陆的积极影响做一个全面客观的评价。最后一部分为结语和参考文献。结语对全文进行综述总结,参考文献为本文参考的历史文献及论著。

中 文 题 名　16 世纪至鸦片战争前华侨与中国和东南亚的经济文化交流

英 文 题 名　Overseas Chinese in the Economic and Cultural Communication between China and Southeast Asia from 16 ~ (th) to the Opium War (1500 - 1840)

作　　　者　李萍

导　　　师　林远辉

学位授予单位　暨南大学

学科专业名称　中外关系史

学 位 年 度　2000

论 文 级 别　硕士

中 文 摘 要　1500 年至鸦片战争前是华侨广泛分布东南亚的重要时期,华侨不仅对所居国建设建树颇多,还不自觉的充当了中国与东南亚国家经济、文化交流的使者与桥梁,这是中外关系史中一个值得重视的课题。本文分三章来探讨:第一章分析移民潮兴起的原因,分析了该期华侨的特点及分布概况,正是由于这一独特的历史背景给华侨的生存和发展提供了机遇和挑战。第二、三章从经济、文化两个层面,中国对东南亚影响和东南亚对中国的影响两个角度,探讨了华侨如何结合当地特点,发挥自身优势,承担了中国与东南亚经济、文化交流大部分任务,起到极其重要的桥梁和纽带作用,促进了中国与东南亚关系的发展。

中 文 题 名　16 世纪中日关系史述论

作　　　者　乔毅

导　　　师　朱端强

学位授予单位　云南师范大学

学科专业名称　中国古代史

学 位 年 度　2006

论 文 级 别　硕士

中 文 摘 要　明代是中日关系史上的重要时期。这时,中日关系的风云变幻,对中日两国的历史进程,乃至东亚和当时的世界格局都产生过深远的影响。本文在前人研究的基础之上,选取 16 世纪这一特定时期的中日关系史,再作深入探索。希望进一步揭示有明一代中日关系史的基本特征和影响中日关系发展的某些历史规律及经验教训。文章主要内容如下:第一部分论述朱元璋睦邻外交政策的制定和洪武年间的中日关系,分析明朝对日外交基本格调的形成。第二部分论述 16 世纪的中日朝贡贸易,分析明朝国力的衰退和朝贡贸易自身的混乱等因素是中日朝贡贸易结束的原因。第三部分论述 16 世纪的倭寇问题,并分析倭寇泛滥的原因及其对中日关系的影响。第四部分论述万历年间的抗倭援朝战争,并探析战争

的原因、影响和明政府在战争中暴露的问题。第五部分论述16世纪的中日民间贸易,探索当时中日民间贸易兴起和发展的内在动力,及其对中日两国经济、文化发展的巨大影响。

中文题名 **16至18世纪中国大宗商品远距离贸易及其社会经济效应**

英文题名 The Distance Trade of Alarge Amount Commodity and Its Society – Economic Offect in China from 16 ~ (th) to 18 ~ (th) Century

作者 朱大为

导师 唐文基

学位授予单位 福建师范大学

学科专业名称 历史学

学位年度 2004

论文级别 博士

中文摘要 16至18世纪由于中国经济环境的变化,使大宗商品远距离贸易有了很大发展。大宗商品的远距离贸易,使江南、珠江三角洲、长江上中游、华北和西北五大经贸区出现。经贸区之间、经贸区和区外大宗商品远距离贸易繁荣,意味着中国国内大市场的最终形成。大宗商品远距离贸易,还导致商业资本在若干贸易中心点的集中,从而产生一批新兴的商业都会。中国都市化摆脱了政治行政权力因素,开始以商业资本集中度决定其繁荣度的新局面。大宗商品远距离贸易,使资本在商人手中集中,增强商人的经济实力,商人的社会地位也发生了历史性的变化。

中文题名 **16至19世纪中叶亚洲贸易网络下的中暹双轨贸易**

英文题名 Sino – Siamese Dual – script Trade in the Asian Trade Net from 16 Century to the Middle of 19 Century

作者 田渝

导师 汤开建

学位授予单位 暨南大学

学科专业名称 中国古代史

学位年度 2007

论文级别 博士

中文摘要 16世纪初,当西方探险者到达的时候,亚洲存在着以中国为核心的、与亚洲全境密切联系的朝贡贸易体制,于是西方商人一方面参与亚洲朝贡贸易体系,另一方面又以各种方式,从公平贸易到诉诸武装,从要求通商到索占领土,参与亚洲市场,将亚洲拉入世界贸易网络之中。于是,在亚洲,处于主体地位的朝贡贸易继续发展,私人贸易也更加兴旺繁荣,这是16至19世纪中叶的亚洲贸易网络最明显的特征。中暹双轨贸易作为亚洲贸易网络的一个重要的组成部分,朝贡贸易与私人贸易始终并行并此消彼长。相比较,安南与中国以朝贡贸易为主,没有私人贸易;日本与中国以嘉靖二年(1523年)为分水岭,之前以朝贡贸易为主,之后就仅限于私人贸易;而西方国家与中国则始终以私人贸易为主,以获取经济利益为唯一目的。

中文题名 **17世纪上半叶欧洲殖民者与东南亚的海上贸易**

英文题名 The Maritime Trade between Europeans and Southeast Asia in the First Half of the 17 ~ (th) Century

作者 赵文红

导　　师　李金明
学位授予单位　厦门大学
学科专业名称　专门史
学 位 年 度　2009
论 文 级 别　博士
中 文 摘 要　1511年，葡萄牙占领马六甲，继之东来的是西班牙与荷兰。这些殖民者的活动与东南亚的海上贸易有着密切的联系。本文将葡萄牙、西班牙和荷兰殖民者视为一股新的商业力量，对其在17世纪上半叶与东南亚的海上贸易进行了系统、全面的梳理。主要内容包括：早期东南亚海上贸易的发展，以及欧洲殖民者东来的经过；葡萄牙人从马六甲到澳门的经营转变及其贸易状态；西班牙人经营的马尼拉大帆船贸易；荷兰人从没有固定的贸易基地到以巴达维亚为中心的贸易；欧洲殖民者与中日海商在东南亚各地的贸易竞争；欧洲殖民者在东南亚贸易的社会影响等。通过具体的历史考察，本文认为：葡萄牙以澳门为基地从事的三角贸易，客观上促进了东南亚与中国的海上贸易。西班牙在马尼拉开辟的大帆船贸易航线，把中国、东南亚与美洲、欧洲市场密切地联系起来，使马尼拉发展成为当时的"全球贸易中心"。而荷兰在马鲁古确立了香料贸易霸权，初步建成了自成体系的商馆网络，通过东南亚与阿姆斯特丹远程贸易的迅速发展，又以巴达维亚为基地，进一步发展了东南亚与欧洲的贸易，同时参与印度—波斯—阿拉伯和中国—日本的亚洲区内贸易。当时，中日海商在东南亚虽具有较强的商业竞争力，从某种意义上说来甚至优势明显，但从总的态势看，欧洲殖民者仍稍胜出，因其商业势力正处在扩张之中；不过，欧洲殖民者在东南亚的海上贸易，对于当地经济的开发与文化交流等也产生了一定的积极影响。其实，欧洲殖民者已成为当时东南亚海上贸易的实际主导者。

中 文 题 名　**17世纪中期至19世纪初越南华商研究(1640－1802)**
英 文 题 名　A Study on the Chinese Merchants in Vietnam from the Mid－17th Century to the Early 19th Century 1640－1802
作　　者　闫彩琴
导　　师　庄国土
学位授予单位　厦门大学
学科专业名称　专门史
学 位 年 度　2007
论 文 级 别　博士
中 文 摘 要　本文选取17世纪中期到19世纪初的越南华商作为研究对象，通过系统考察其在当地各主要经济领域的发展状况，以期反映这一时期越南华商的基本面貌和不同阶段不同领域华商的各自特点，阐明华商在当地社会经济发展中的历史地位与作用，探究中越政府政策对华商的影响。除绪论与结语外，论文共分为八章。绪论主要阐述论文的选题依据与研究意义，并对相关的学术发展史进行了概括性回顾，在此基础上，对论文的研究内容和研究方法、所使用的基本资料以及所涉及的相关概念进行了简要介绍。第一章回顾了17世纪中期之前越南华商的发展历史。从10世纪中叶越南独立到17世纪中叶，越南华商经历了一个从分散个体到网络群体的发展过程。形成之初的华商群体以海商为主，具有聚居性、组织上的相对独立性以及经济活动的单一性等特点。第二章介绍了17世纪中期到19世纪初华商入越背景。这一时期，无论是整个远东地区还是越南国内的政治与经济形势均发生了一系列重大变动。这既使华商入越经营面临诸多挑战，同时也为其提供了难得的发展机遇。第三章至第六章分别从华商经营概况、华商构成、中越政府的政策以及华商在当地和祖籍国社会经济发展中的地位与作用等方面，对17世纪中期到西山时期前越南贸易和生产领域的华商进行全方位考察。具体来讲，第三章在考察南北方华人海商贸易盛况及贸易模式的基础上，深入探讨了华人海商的来源与组织构成、越南南北政权的政策及华商在当

地的地位与作用等。作为越南华商中人数最众、实力最强的群体,华人海商主要由中国海商和侨居在包括越南在内的东南亚沿海商埠的华商构成,采取“舶主为政,诸商人附之”的组织形式,舟舣各地。对于境内华人海商,南北政权推行了截然不同的政策。总体来看,华商在这一时期的南北海贸市场上均居主导地位,尤其执掌了南方经济之牛耳,并对越南社会经济的发展、社会风尚的开化及越南本土族群对海外贸易参与程度的提高产生了积极的影响。第四章对中越陆路边境贸易中的入越华商予以关注。作者认为,作为华人海商大额交易的有益补充,边贸陆商入越贸易活动在1775年桂越通道关闭之前的近一个世纪达到了有史以来的最高峰。参与其中的华商包括滇、桂籍边民及广东、江西、湖广等非中越沿边地区商民,尤以粤商为众。总体上,边贸陆商具有资本能力有限、以小本散商居多的特征,且部分华商日益呈现当地化趋势。第五章对参与越南本地贸易的华商进行初步探讨。该群体包括中介批发商和零售散商两大类,主要由侨居当地的中下层华人构成。其对南方经济参与程度明显高于北方,但这一时期在本地贸易中尚未取得支配地位。第六章在梳理这一时期越南华人矿业发展基本脉络的基础上,着重分析了华人矿商的籍贯构成、矿厂的经营组织形式及越中两国政府的政策。文章认为,18世纪越南华人矿商的出现,是华人商业资本开始向当地生产领域渗透的重要标志,华人矿业亦是越南统治者主导下华商资本、技术及中国境内剩余劳动力与当地自然资源实现有效结合的尝试,但双方统治者在边境安全压力下推行的以禁代管保守政策直接导致了这一尝试的暂时中断。第七章以西山时期的越南华商为主题,在介绍华商发展概况的基础上,重点关注了华商身陷当地纷争的原因、过程及结果。作者指出,尽管这一时期华商经营活动并未完全停滞,但战乱导致华商整体实力严重衰落,并加速了华商活动中心的南移趋势。第八章对华商在当地的社会生活和辅助其事业发展的非经济层面的社会资本进行探讨,主要讨论越南华商在当地的通婚以及华商与越南华人社会的宗族、庙宇、会馆和明香社等组织的关系。文章认为,上述无形资本在17世纪中期到19世纪初推动了越南华商群体内部网络关系的建构与利益的整合,促进了华商与当地社会关系的调整。结语部分从17世纪中期到19世纪初越南华商的分布与基本发展脉络、华商对当地社会和经济发展的贡献以及中越政府政策对越南华商的影响等三方面对全文进行了总结,并得出以下结论:第一,这一时期越南华商的分布领域与17世纪中期之前相比日益呈多元化趋势,但仍以海外贸易领域为要;尽管不同领域华商在南北方的地域分布各有特点,但总体上呈南强北弱之势。就发展脉络来看,17世纪中期到18世纪70年代为越南华商的全盛期,西山起义爆发后到越南阮朝建立,华商进入顿挫与调整期。第二,华商对当地社会和经济发展的贡献主要体现在:一方面,华商对当地经济的深度参与促进了近代越南国家的形成;另一方面,华商推动了近代早期的越南与周边国家、地区之间的双边及多边区域经济合作,增进了其与亚洲市场乃至世界经济体系的联系。第三,中越两国政府的政策直接影响着越南华商群体经济事业的兴衰起落乃至个体命运的变迁,而越南内部不同政权的政策则成为影响华商地域分布的重要因素。

中文题名 **1840-1860年的北洋海防军事布局研究**

作　　者 刘伟红

导　　师 吴宝晓

学位授予单位 河北师范大学

学科专业名称 中国近现代史

学位年度 2007

论文级别 硕士

中文摘要 人类社会发展的历史进程一直与海洋息息相关。随着世界科学技术的高速发展和海洋竞争的日趋激烈,海防已越来越为濒海国家所重视。为了适应形势的需要,学术界已将海防研究作为一项重大课题。目前学术界对两次鸦片战争期间北洋海防军事布局的研究尚未给予足够的关注。鉴于此,本文力图在占有大量丰富、可靠资料的基础上,结合文献及前人的研究成果,把研究重点放在了清中央政府和北洋三省地方政府为抵御英法的海上侵略、保卫京师安全及北洋海疆而采取的具体军事布局这一方

面。全文共分为五个部分:首先对这一研究课题的意义、方法以及前人的研究成果进行了分析和评述,以此作为本文论述的基础,进而阐述本文的主旨;第一部分本文通过对鸦片战争前北洋海防概况的追述,探究晚清北洋海防的历史溯源、防御对象及其与生俱有的传统制约因素;第二部分把第一次鸦片战争分为四个时间阶段来全面考察北洋海防军事布局的具体措施及其实施效果;第三部分以三次大沽之战为分界线来全面考察北洋海防的布防思路以及具体的兵力调动和军事布局的实施效果评述;最后对全文所论要点进行概括和总结。经过全面分析,作者认为两次鸦片战争期间,北洋海防军事布防从思路到措施是逐渐走向成熟的。但是北洋海防军事布局仍具有很大的时代局限性:主要体现在"单纯守口"的消极防御的海防战略方针,始终把北洋海防的重点围绕在拱卫京师这一狭隘目标上,主动放弃制海权。这种消极保守的海防战略方针指导下的北洋海防军事布局,经过两次鸦片战争的实践是完全失败的。研究两次鸦片战争期间北洋海防军事布防情况不仅对考察晚清的海防政策、海防建设、海权意识、晚清的军事近代化进程等方面有巨大的学术价值,而且对推动当今中国尤其是渤海湾地区的海防建设和海洋经济文化事业具有很大的借鉴意义。

中 文 题 名 **1844 年至 1894 年福州港进出口贸易的兴衰嬗变**

英 文 题 名 On the Flourishing and Decline of Import and Export of Fuzhou Port during the Period from 1844 to 1894

作　　　者 陈长伟

学位授予单位 福建师范大学

学科专业名称 中国近现代史

学 位 年 度 2003

论 文 级 别 硕士

中 文 摘 要 1844 年福州港开埠到甲午战争前(1894 年),是福州近代对外贸易史上一独特的时期,这一时期福州口岸的进出口贸易由开埠初期的不振逐渐走向鼎盛,并一直维持着贸易出超的地位。本文主要根据近代福州海关的年度报告及英国议会文书等相关的史料,对福州港这一时期的进出口贸易做出系统的统计,并据此分析了 1844 年至 1894 年福州港进出口贸易的兴衰嬗变,从而将这一阶段的福州港进出口贸易划分为若干时期。最后对这一阶段的福州港进出口贸易的若干问题提出自己的看法。

中 文 题 名 **1927 - 1937 年南京国民政府交通运输建设及影响**

英 文 题 名 The Construction of Traffic and Communication by Nanjing Nationalist Government and Its Influence in 1927 - 1937

作　　　者 聂宏凯

导　　　师 赵英兰

学位授予单位 吉林大学

学科专业名称 中国近现代史

学 位 年 度 2006

论 文 级 别 硕士

中 文 摘 要 南京十年是中国交通运输业的重要发展时期,交通运输就是其中重要的一环。到抗战前,中国基本形成了现代交通运输体系,铁路、公路、航运、航空、邮电通讯等构成了现代化建设和商品经济发展的血脉,南京十年的交通运输建设,使中国的基础设施进一步完善。以往交通不偏的内地与外界联系增多,对近代全国统一市场的形成起到了相当大的作用。这对中国经济来说,是有划时代意义的。另外,交通运输的发展也为后来抗战作了一定的准备。不过,结合后来战争进展情况来看,不能过分高估其

对于抗战的意义。交通运输的便利与发展,在时间和空间上缩短了人与人之间的距离,促进了我国各地区的文化交流。

中文题名 **19世纪60-90年代闽台地区洋务新政之研究**

英文题名 The Study on the Westernization Movement between Fujian and Taiwan Province in the 1860s-1890s

作者 陈延杰

导师 王民

学位授予单位 福建师范大学

学科专业名称 中国近现代史

学位年度 2006

论文级别 硕士

中文摘要 本文以19世纪60-90年代闽台地区洋务新政为切入点,运用史论结合的学术方法,详细探讨了晚清闽台地区洋务新政的起源、背景和标志,还有主体内容及其困难和影响。笔者认为晚清闽台洋务新政开始的标志是福建船政局的创办,是变法自强的产物。新政的主体内容包括编练新式军队,建设闽台海防;新式工业的发展、新式教育的创办,同时本文还对新政的资金运作进行考察,认为资金不足是导致新政失败的重要原因,分析了新政实行所遇到的障碍及产生的影响。通过对闽台洋务新政各方面的考察,笔者认为,闽台洋务新政是该区域的第一次近代化,对闽台地区的社会发展产生了重大的影响,但由于种种历史环境条件的制约,决定了新政最终不能走向成功。

中文题名 **8至9世纪"在唐新罗人"在黄海海上的交易活动**

英文题名 Seaborne Commerce - in the Yellow Sea for the Shilla People of Tang Dynasty from the 8th to 9th Century

作者 朴天伸

导师 宁欣

学位授予单位 北京师范大学

学科专业名称 中国古代史

学位年度 2008

论文级别 博士

中文摘要 9世纪是国际海上贸易非常活跃的时代。在东亚地区,以张保皋为代表的在唐新罗商人势力活跃在黄海、东海(东中国海)水域,积极展开着唐、罗、日之间的海上贸易,并掌控了这一时期黄海、东海的海上贸易。他们的海上活动不仅在东亚史上意义重大,同时在世界贸易史上也占据着重要地位。本文广泛运用中韩日史籍,深入研究9世纪的在唐新罗人及其所进行的海上贸易活动。全文主要分为六个部分:第一章全盘考察了在唐新罗人社会的形成过程及其生活情况,以及在唐新罗人社会的管理机构。8-9世纪,以唐帝国的开放性、包容性以及唐新友好关系为背景,新罗人自发地、持续地移住到唐。他们主要定居在黄海海岸,并逐渐形成了在唐新罗人社会。同时期,东亚贸易形态从主要以朝贡为主的官方贸易转变为民间贸易。散居在唐的山东半岛沿海岸至长江口地区的在唐新罗人开始积极投身于海上贸易,从事国际间交易。第二章从多个角度谈论了从8世纪后期到9世纪前期,利用黄海展开的东亚三国之间的活跃的海上交易活动的背景。7世纪末在韩半岛统一过程中,唐和新罗形成了紧密的友好关系;8世纪后半叶,东亚三国国内政治局势的混乱使得官方贸易衰退;差不多同时期,通过海上丝绸之路的东西交易活跃起来,航海技术和造船技术也得以不断发展。在唐新罗人在迅速适应这种历史进步和国际政治变

迁过程中，构造了连接唐－新罗－日本的交易网，主导东亚国际交易活动。第三章主要分析了官方贸易逐渐衰退、民间贸易活动积极展开的8－9世纪的东亚三国的贸易管理机构。8－9世纪管理海上贸易的机构，在唐有市舶使和押蕃使（押蕃舶使），在日本有太宰府，在新罗有清海镇。其中清海镇是当时活动最为活跃、影响也最大的机构。第四章具体分析了9世纪东亚贸易的主角—张保皋和在唐新罗人的活动。从8世纪开始，黄海沿岸、长江以及淮河流域的在唐新罗人就以多种形式参与商业活动。到9世纪，新罗商人以张保皋为中心，以清海镇为据点，在唐、新罗、日本三国之间展开活跃的海上贸易活动，建立起一个海上贸易王国。第五章重新考察史书对东亚航线的记载，论证8－9世纪东亚贸易活动所利用的航线。认为9世纪航海术、造船术已经很发达，同时也因受到国际政治关系的影响，当时往来于黄海的贸易船舶并不会采用沿岸迂回航线，而是选择最短距离的直航线迅速往来于东亚海域。由于张保皋交关船的活动，这种航线更多地被利用并一般化。第六章分析了清海镇废止以后9世纪后期东亚贸易出现的新的变化。841年张保皋突然死亡，接着清海镇被废除，在唐新罗人社会的活动大大萎缩。自唐商人积极展开活动的9世纪后半期开始，经过了在唐新罗人和唐商人的联手时期，东亚贸易的主导权逐渐为唐商人所掌握。8－9世纪，以张保皋为中心的在唐新罗人的海上贸易活动不仅带来了东亚国际秩序的稳定，而且也对东亚三国的经济文化交流的活跃起了重要作用。

中文题名 **阿拉伯古籍中的“中国”研究：以史学著作为例**
作　　者 葛铁鹰
导　　师 朱威烈
学位授予单位 上海外国语大学
学科专业名称 阿拉伯语语言文学
学位年度 2008
论文级别 博士
中文摘要 今天的阿拉伯地区（西亚北非），覆盖了两河流域和古埃及，与中国同属世界三大古文明的摇篮。中华民族和阿拉伯民族之间的交往，可追溯至两千多年前，自彼时起相互关系从未中断。双方在漫长的交往过程必然在各自古籍中留下记痕，从而形成彼此形象、印象的认知雏形，并随着时代发展渐次丰富充实。阿拉伯古籍中有关中国的记述数量非常之多，对其进行梳理、归纳和研究，不仅是中阿关系史和中外关系史以及中西交通、文化交流史等相关领域研究的需要，也是加强中阿文明对话、增进双方相互了解和促进双方友好关系进一步发展的需要。本文包括绪论和正文六章。绪论部分主要论述以史学著作为例研究阿拉伯古籍中的“中国”的重要性及其学术价值、研究方法和主要观点等；第一章：古代阿拉伯人与中国，以研究“中国”与阿拉伯人的总体关系为主；第二章：传说中的中国起源和中国君主形象；第三章：外交与政治；第四章：军事与战争，主要分析怛逻斯之战等在中阿关系上产生重要影响的几次战役；第五章：贸易往来与司法民俗，主要论述双方经济贸易关系中前人少有提及的若干具体问题，以及民俗习惯等方面问题；第六章：对几个重要问题的考辨，以厘清吐蕃由也门人所建之讹传、唐王向阿拉伯人纳贡之真伪，及对有关郑和船队等阿拉伯重要史料等内容进行论证。本文旨在通过以上论述证明：一、尽管早期阿拉伯人对中国的认知略显模糊，但总体而言，其史学著作中有关中国记载的基调和对中国总体形象的描绘是正面的。二、作为一个友好的“文化他者”，中国在阿拉伯史籍中的记载具有一贯性和稳定性；当今中阿和睦关系的发展既是一种现实需求，也是双方历史交谊渊源的自然延续。三、阿拉伯史学著作中存在少量关于中国的失实记述和讹传，需要我们进行分析和评断。本文试图通过发掘和考证阿拉伯史学著作中关于中国的记载，在作者自身进行研究的同时，争取为我国相关学术研究领域，提供阿拉伯原始文献中有关中国的新鲜资料，为我国学者从中发现和利用更多的中国文化资源做一点贡献。

中文题名 **百越都城海洋性初探**
作　　者 曹峻
导　　师 吴春明
学位授予单位 厦门大学
学科专业名称 考古学及博物馆学
学位年度 2002

中文摘要 居处于东南地区的百越民族由于濒临大海而形成海洋性的民族文化。作为百越内部各区域的政治、经济和文化中心,百越都城更是集中了土著海洋性文化的各项内涵,在宏观地理位置和微观文化内涵上都表现出明显的海洋特性。本文试图从百越都城形成的海洋人文背景、宏观位置和微观内涵的海洋性及其历史传承等方面对百越都城文化进行系统的讨论,以揭示百越都城文化的海洋性本质。全文包括绪论、正文和结语。绪论,解释"百越""百越海洋性"及"百越都城海洋性",回顾以往相关研究并提出本文的写作目的。第一章"从原始人文聚落发展看百越都城海洋性基础",通过讨论新石器和青铜时代宏观聚落形态上东南各区域原始文化中心地带形成的过程,及揭露微观聚落形态内部与海洋有关的文化内涵,来说明作为百越都城基础的东南各原始人文聚落中心在史前就已经具有海洋文化特性了。即东周秦汉时百越都城的海洋性渊源于史前时期,海洋性是百越都城文化的本质特性。第二章"从宏观聚落形态看百越都城的海洋性坐落",逐一考证从史前东南各区域原始人文聚落中心地带中成长起来的东周秦汉时百越内部各民族都城的地理位置,它们均位于各自民族区域中大江大河的入海口处,这成为百越都城海洋性在宏观聚落形态上的规律性特点。第三章"从微观聚落形态看百越都城的海洋性内涵",从居处、经济、交通等聚落的微观方面观察百越都城文化的海洋性内涵。在微观聚落形态上,百越都城文化表现为干栏式建筑居处、渔猎经济和农业并重、舟揖往来交通及发达的海洋商贸等海洋性文化特点,与中原陆性文化下都城的文化内涵显著不同。第四章"百越都城海洋性在郡县时代的历史传承"。百越都城在宏观地理位置和微观文化内涵上所表现的海洋性本质特点,被历史时期各区域文化所继承和发展,对唐宋元明清东南各江河入海口政治经济中心及航海中心地位的形成产生深远的影响。结语,总结全文内容。

中文题名 **包世臣漕运改革思想探析**
英文题名 An Analysis about Bao Shi - chen s Reform Thought of Cao - yun
作　　者 刘峰
导　　师 陆发春
学位授予单位 安徽大学
学科专业名称 专门史
学位年度 2007
论文级别 硕士

中文摘要 康有为先生曾感叹道:"漕运之制,为中国大政。"纵观中国历史,确如康有为先生所言。自秦一统全国至清亡,两千余年的封建王朝中,漕运一直发挥着维系中央集权与国家稳定的巨大作用,是历朝历代的经济大端,在中国传统社会中占有无可替代的重要地位。清康熙皇帝甚至将漕运列为朝廷三大政之一,书于宫柱之上,"夙夜廑会"。正是漕运的这种重要性,使得它成为历代朝野人士研究的重点课题。有关漕运的议论、建言、主张也层出不穷。而清代经世派实学大家包世臣,无疑是其中成就最为突出、最具有时代性、实践性、可行性的代表人物之一。包世臣,清乾、嘉、道、咸年间著名的"经世致用"派代表人物、改革家、诗人和书法评论家。他毕生致力于漕运、河工、盐务、农事、刑法、民俗、军事等"实务"的考察与研究,提出了许多富有建设性的改革主张与意见。包世臣的漕运改革思想具体而言,主要体现在五个方面:第一,海运南漕:这是关于漕运路线的改革,即废除传统的利用运河运输漕粮,改为海路运输。

这样既可以消除运河运输中的各种弊端,又可以节省大量的人力、物力、财力用以治理黄、淮水患和运河,一举而数得。第二,雇商承运:这是经营方式上的改革,即改变传统的官运漕粮为雇商承运。如果说前者还仅仅着眼于技术上的变革的话,那么后者则很显然已经触及到了传统封建社会的经济体制和管理体制。“海运南漕”虽不是包世臣首创,但其中“建议在漕运中推行招商承办”,包世臣则是先行者。也正是这一点,使得包世臣的漕运改革思想具有了近代气息,是近代前夜商品经济大发展的具体体现,也是包世臣由“传统思想”向“近代思想”突破的重要表现。第三,公私兼顾:以往论者论及包世臣漕运改革,往往忽视了这一重要思想。殊不知这一点更能体现包世臣改革的利国、利民性,也使得海运南漕更具有可操作性。其核心内容是如何既保障国家利益不受损害又能保证船商获利。第四,综合治理:清嘉、道以降,国势日衰,政治愈加腐败,水患日益严重。清政府虽然到了“过朝以来,无一岁不治河”。甚至“竭天下之财赋以事河”的地步,但著效甚微。因此包世臣大声疾呼:“不使人扰漕,不使人扰河。”、“必以暂行海运、专力治河为上策。”意欲腾出财力、物力、人力专以治河。这一思想较之于同时代那些即使也倡言海运,但仅仅把它当成是由于河道受阻而采取的一时权宜之计的官员,认识上决不仅仅是略高了一筹。第五,屯田罢漕:如何最终解决漕弊?如何缓解东南农民过重的漕赋压力?一旦海运大行,则原来依赖运河和河运而生的人员将如何安置?包世臣认为,根本解决之道只能是在北方,尤其是在靠近京箭水源充足之地实行屯田。这样一来既可以充分满足京师的需要,又可以舒缓东南输漕省份(主要是江、浙、皖等省)的“民困”,消除潜在的东南大患。如此则可以真正做到“漕可罢,赋可宽”。同时还可以招募大量流民和失业水手屯田,以解决日益严重的因土地资源匾乏问题、流民无法安置所造成的各种社会危机。在国势日衰,吏治败坏,漕弊丛生,社会矛盾日趋尖锐的嘉、道年间,包世臣能上忧国事,下抒民困,大力倡言漕运改革,实在是一位关系民生疾苦,立足现实、放眼未来,具有远见卓识大思想家、改革家。其主张与思想有的在当时就被一些地方大吏接纳并得以实行,不仅产生了重大影响,而且也对后世产生了积极的作用。更重要的是,从传统理论上的“通经致用”到身体力行的“经世致用”,在这个转化过程中,包世臣自觉或不自觉的实现了自我突破,不仅是开一代风气之先的揭薰者,更是一个早期启蒙思想家。

中文题名　北宋水利管理考述

英文题名　On Northern Song Dynasty s Water Conservancy Management

作　　者　冯鼎

导　　师　方燕

学位授予单位　四川师范大学

学科专业名称　中国古代史

学位年度　2009

论文级别　硕士

中文摘要　本文拟从水利管理角度切入,分水利机构和置官、管理法令制度、治理经费来源和力役征发问题、水利政论四个方面对北宋水利管理进行考述,并结合其与政治经济的关系考察北宋水利管理所产生的影响,从而透过北宋水利管理窥北宋水利概貌。北宋水利机构有中央与地方之分,中央主要有工部及下属水部司、都水监,并有相应置官;地方上,州县有专门治理机构,一般由州长吏县令或主簿负责。地方诸路设有转运司,置官为漕臣,同时还设有水利司机构,置提举官。另外,一些重要河流如黄河、汴河、漳河等有专门的负责机构和置官。北宋水利管理法令制度主要体现在三个方面。其一,河防典型法令为沈立所著《河防通议》,为治水者据守成法;其二,农田水利则以《农田水利约束》的颁布和推行;其三,漕运法令制度则为转般法等制及敕令。这些法令制度是水利管理顺利进行的保障。北宋水利管理过程中对水利治理经费及力役征发问题也得到较为妥善的解决,经费来源有中央政府支出、地方政府支出或自筹资金、相关水利机构支出、平均摊派、民间募集等五种方式。力役征发可归纳为三类,即依靠军队、征调和雇佣民夫、招募流民、饥民等。水利政论是水利管理的又一反映。北宋时期此类议论北方集中在黄河、汴河、

洛河等河流的河防及疏浚问题上，其中关于黄河的东流与北流之争颇为激烈；南方则集中在东南诸水的农田灌溉上。北宋水利事业的繁荣得益于统治者的积极管理，其背后有着一定的政治因素，主要包括军事斗争的需要、汴京地理位置的影响、北宋皇帝视对水利的重视、两次变法所营造的政治氛围等四个方面。北宋水利的积极管理必定带来政治经济的影响，政治上，加深了党争，巩固了京师的防御安全，稳定了政治局面和缓和了阶级矛盾；经济上，促进了经济的发展特别是农业，经济重心向南方转移亦愈加明显。但客观上它也存在着弊端，都需要辩证地看待。

中文题名 **北洋海军覆灭的原因：从软实力视角剖析**

英文题名 Destruction Cause of Beiyang Navy

作者 高铁鹏

导师 赵英兰

学位授予单位 吉林大学

学科专业名称 中国近现代史

学位年度 2008

论文级别 硕士

中文摘要 在中国近代史研究中，海军的创建与发展是一个十分重要的课题。在现今有必要重新回顾这段惨痛的经历，从中总结经验教训。北洋海军的失败，原因是多方面的。由于以北洋舰队为主要参战力量的甲午战争对中国社会影响极大，因此对这一课题进行的研究久已有之。本文希望引入军事术语："硬实力"和"软实力"两个概念对战争失败的原因做深层次的分析。经过研究，本文决定将集中地从北洋海军的"软实力"方面入手，分析甲午海战失败的原因。从军事软实力视角审视，北洋舰队存在着传统政治经济体制、建军思路、组建过程、指挥体制与组织体制等弊端直接导致了北洋舰队全军覆没的悲剧性结局。因此，有必要结合当前实际情况对我国海军现代化建设提供理论借鉴和经验总结。

中文题名 **北洋海军中的闽籍将领：对晚清一个特殊军事群体的研究**

英文题名 Officers from Fujian in Beiyang Navy: Research about an Special Military Group in Late Qing Dynasty

作者 黄建平

导师 王民

学位授予单位 福建师范大学

学科专业名称 中国近现代史

学位年度 2007

论文级别 硕士

中文摘要 从某种角度看，晚清中国海军闽人群体可以称为在近代中国所形成的几个带有明显地缘性的军事集团之一。虽然这个集团在近代中国历史上所表现出来的政治性较弱，不同于湘军、淮军等这样的政治与军事集团。但鉴于这个群体的出现以及其所表现出来的鲜明特征，对其作整体考察和研究也具有特别意义。在晚清发展最为成熟和力量最为强大的北洋海军中，闽人占据了重要地位，其逐步形成了一个庞大的海军将领群体。在晚清北洋海军的兴起、发展过程中，这个群体始终是与其联系在一起的；晚清北洋海军建设中处处有他们的身影，海军建设的兴衰成败也从一开始就与他们的命运联系在了一起，在近代中国抗击外敌入侵的问题上他们也成为倍受争议的群体；这个群体形成于特定的历史背景下，其出现是晚清洋务运动，特别是海军建设的重要成果；同时，他们的表现和作为也成为检验这场运动的一个重要方面。对于这个群体的基本概况、形成过程、所作贡献以及历史局限性研究，除了从回顾这个群体的历

史，展现其全貌的角度有其意义。同时，这种系统研究的视点也延伸向了另外一角，即晚清海军建设成败的经验。

中 文 题 名 参加一战的华工与威海卫

英 文 题 名 Chinese Laborers in World War Ⅰ and WeihaiWei

作　　　者 丛爱娟

导　　　师 王玮

学位授予单位 山东师范大学

学科专业名称 世界史

学 位 年 度 2008

论 文 级 别 硕士

中 文 摘 要 中国北洋政府派出华工参加第一次世界大战是整个中国同西方文明对接的开始。自1840年鸦片战争以来，帝国主义列强强迫中国政府签订了一系列不平等条约。至一战爆发时，中国国内政局混乱、动荡，经济上积贫积弱到极点，已沦为半殖民地半封建社会。在这种国际国内局势下，中国要不要参加第一次世界大战，要不要加入到帝国主义列强之间的争斗中；中国参加一战是得大于失还是失大于得，是充当炮灰，还是取得了一些实际利益，史学界对此一直争论不休。本文充分利用从威海市档案局查到的大量原始档案，并吸取国外一些学者的观点，系统分析了中国北洋政府派出华工参加第一次世界大战，在当时的历史条件下采取的是一种积极进取的方略，开启了中国接纳、融入西方文明的国际化进程，同时也深刻地改变了中国国内历史发展的进程。一战爆发后，当时中国北洋政府经历了由观望——宣布中立——宣战的渐进历程。一战初期，中国国内反对参战一派认为，德国实力强大，协约国不一定会取得最终胜利。另外，如果中国加入协约国一方参战，即使协约国最终取得了胜利，以中国当时在国际上所处的弱小地位，也不见得会从战争中获得实际利益，只会充当列强之间争夺利益的牺牲品。主张参战一派则认为，德国必败无疑。中国如果能加入协约国一方参战，则战后就可凭借战胜国的地位废除战败国德国等强加给中国的不平等条约。早在中国尚处于中立时期，北洋政府即有意为协约国一方助力，为了不损伤中国的中立国地位，北洋政府的有识之士想出了"以工代兵"方略。即不直接派出军队，而是利用中国人口众多的优势，派出华工到欧洲战场上效力。法国政府积极支持，于是成立了陶履德招工团与中国的惠民公司联合招募华工。英国政府一开始对招募华工并不热心，但随着战局的发展，尤是索姆河战役让英军士兵伤亡惨重。英国政府也开始效仿法国政府在华北地区招募华工，并在英租殖民地威海卫设立招募机构和培训机构。据资料初步统计，英国政府在威海卫培训，并由此地坐船奔赴欧洲战场的华工达54 000人。一战期间，英法两国在中国共招募华工达14万多人。华工在出洋过程中历尽艰辛，到达战场后主要从事挖掘战壕、筑路、救护伤员、在后方工厂生产的工作，充分表现了中华民族勇敢吃苦耐劳的品德，获得了英法政府和军方人士的好评。第一次真正让西方人认识了中国人。中国的北洋政府对华工在国外的情况也比较关注，成立专门机构，并派出专门人员到战场上督导华工在国外的生活和工作。华工参加一战对协约国最终取得胜利功不可没。14万青壮华工尽管并没有直接参战，但是他们的出现相当于为英法两国节省了14万劳动力，使14万英法青年可以走上战场。同时，华工参加一战使得中国获得了战胜国的地位，提高了民族自信心。战后，由于中国未从中获得战胜国应有之权益，国内爆发了五四运动，从而深刻地改变了中国社会的发展进程。大量华工在西方熏染了西方文明，归国后对于启迪国人智慧，提高国民素质也起到了积极的作用。当然最大的历史意义就是，华工参战代表了中国在近现代史上的国际化进程始于斯。一战华工在中国国际化方面的突出贡献首先在于他们为中国参加一战提供了机会，出色地捍卫了国家利益；华工在中国国际化方面的另一个突出贡献在于他们为中国战后参加巴黎和会及国际事务提供了很好的机遇。尽管历经曲折，华工参加一战最终使中国凭借战胜国的地位废除了德国与中国签订的不平等条约，获得了实际利益。

中文题名 长江三角洲的米粮贸易:变动社会中的传统商业(1927－1937)
作者 田锡全
导师 李学昌
学位授予单位 华东师范大学
学科专业名称 中国近现代史
学位年度 2006
论文级别 博士后
中文摘要 本项研究主要探讨的是1927－1937年间长江三角洲的米粮贸易问题。第一章着重梳理了明清时期长江三角洲的传统粮食市场及其在近代的兴替,以及1927－1937年间该区域的米市层级及米粮供需状况。大约在15世纪,"苏湖熟,天下足"的格局被"湖广熟,天下足"的格局所取代。明代末叶,江浙仰赖湖广、江西以及皖南粮食接济的趋势已日益突出,进入清代以后,这种形势更趋明朗化。当时,长江三角洲存在着以苏州、杭州为中心的米市群落。到了清代末叶,以苏州为中心的米市群落,逐渐为无锡米市、上海米市、镇江米市所取代,以杭州为中心的米市群落中,长安镇米市被硖石米市所取代,湖墅米市的繁荣局面则保持到民国年间。另外,根据1927－1937年间长江三角洲的实际情况,本项研究将该区域内的米市分为产地初级市场、产地集散市场、区域集散市场、消费市场四个层级。从供需方面来看,1927－1937年间该区域从总体上看是一个米粮供应充足的地区。第二章主要介绍了1927－1937年间长江三角洲各层级米市的米粮集散途径及运销方式。各产地集散市场的米粮,多用民船经由大运河、内河水系向外输出。各区域集散市场的米粮输入,多从产地市场经长江、运河及其他内河水道用帆船运载而来,输出时则帆船、轮船、火车并用,但仍以帆船为主。上海输入米粮时帆船、轮船、火车并用,但是以内河帆船输入所占比重最大,转口输出时主要用轮船、火车运载,帆船则很少。南京输入米粮时主要用帆船,火车输入所占的比重很小,转口外运时火车运载所占的比重则明显增加。从总体上看,内河民船水运在长江三角洲各层级市场的米粮运销中均占据重要地位,轮船、火车这些新式运载工具则在米粮长途运销、尤其是米粮转口外运中发挥着重要作用。但是,新式运载工具对于整个米粮运销格局的影响还相当有限。第三章考察的是长江三角洲各层级米市的内部结构和交易程序。产地集散市场的内部结构和交易程序比较简单,但是由于地理位置和交通位置不同,各产地集散市场的内部结构不尽相同。江苏江北有些产地市场,由于来货以稻谷居多,或纯为稻谷,所以在米行之外,还存在稻行这样一种中介或批发机构,有些甚至仅有稻行。产地市场的经纪人多依附于米行,还没有形成正式的独立行业。区域集散市场内部,米行的分工比较清晰,传统的米粮加工机关碧坊多附设于新式碾米厂内部,粮食业堆栈的设立比较普遍。在有的集散市场(如缺石米市),经纪业已开始成为一种独立行业。上海、南京两大消费市场的内部结构异常复杂,从业者种类繁多,分工细密,它们的一个突出特点是米粮零售业一即米店或米铺十分发达。另外,这两大消费市场还具有转运的功能,是重要的米粮中转市场。第四章主要考察了米业的资金融通问题。在长江三角洲各层级米市中,米业从业者的资金融通渠道主要有从银行或钱庄这些金融机构获得贷款、在同业间进行融通两种。随着银行的出现及其信贷网络的建立和扩展,钱庄对于米业的资金融通功能逐渐受到银行的排挤,而银行对于米业的资金融通功能则逐渐增强,到了20世纪30年代前半期甚至在无锡米市、镇江米市这些区域集散市场占据绝对优势。由于经营方式和自身实力不同,银行和钱庄对米业的放款方式不太一样,银行多采用抵押放款,钱庄多采用信用放款。无锡米市的情形显示,区域集散市场的米行,在本地市场同业间的资金融通及产销两地米商货款支付、往来中均扮演着重要的角色。米业与农民之间的金融往来,主要体现为产地市场和集散市场中的米行与农民之间的借贷关系。第五章着重介绍了各层级米市内米业同业组织的沿革、类别、内部组织及活动情况。长江三角洲各层级米市中,米行参与成立同业组织是比较普遍的现象。其中,有米行单独组织的,有米行与其他从业者联合组织的,有米行以外的从业者组织的,还有像上海、无锡等米市从业者各自单独成立同业组织的。这些米业组织有的是从先前的粮食业公所

过渡到工商业同业公会的,有的是在 1927 - 1937 年间刚刚成立起来。它们主要承担着沟通同业关系、规范同业经营行为、维护同业利益的功能,有的还举办各种社会公益事业。

中 文 题 名　**长江三角洲棉业外贸及其影响(1912—1936)**
英 文 题 名　Foreign Trade of Cotton Industry and Its Influence in Yangtze River Delta (1912 - 1936)
作　　　者　于新娟
导　　　师　李学昌
学位授予单位　华东师范大学
学科专业名称　中国近现代史
学 位 年 度　2007
论 文 级 别　博士
中 文 摘 要　棉业外贸是中国贸易的重要组成部分,关系国计民生、社会变迁、经济变革,而长江三角洲棉业外贸在 1912 - 1936 年有着巨大的起伏波动,并对区域经济产生极大影响。本文以长江三角洲区域的棉业对外贸易为研究对象,考察棉业进口贸易的态势变化,分析棉业进口贸易对区域经济所产生的冲击,以及区域市场作出的回应。全文共分五部分:第一章,首先对文章作一个题解。由于本文是作为长江三角洲区域经济史的研究,区域范围的界定必不可少,棉业外贸是本文考察的中心内容,所以文章首先对“长江三角洲”和“棉业外贸”进行了界定。学术界关于长江三角洲区域经济的研究成果丰硕,但是有关棉业外贸的研究还比较薄弱,文章对棉业外贸的学术史进行了系统梳理,分析了研究的框架。第二章,先是分别从棉制品和棉花进口数量和价值等多个侧面考察了棉业的进口贸易;进而从进口棉业的产品总价值、产品结构以及结构变化与棉纺织业的关系诸方面,考察了棉业进口贸易的整体态势,并将长江三角洲棉业进口贸易的变化与全国棉业进口贸易状况加以比较,以对棉业进口贸易整体态势做出判断。1912 - 1936 年长江三角洲棉制品进口种类丰富,年进口值明显高于民国以前的年进口值,不过因国产布竞争,几种进口历史悠久的本色布种进口量下跌趋势明显。棉花进口在 1912 - 1919 年处于徘徊状态,之后直到 1931 年进口量和值上升趋势显著,棉花对外贸易入超严重。1912 - 1936 年棉业进口总值,在前 20 年起伏中渐次增长,1931 年达到最高值,之后棉业进口价值大幅下降,至 1936 年跌至最低值,长江三角洲棉业进口价值与全国棉业进口价值相比,两者具有高度的相关性,占全国棉业年进口价值的比重,呈现为递增的趋势。棉制品和棉花在棉业进口贸易中比重的消长,呈现出明显的阶段性特征。这些变化都体现了棉花进口贸易不断增长、棉制品进口贸易渐趋萎缩的态势,这种态势与国内机器棉纺织业的关系非常密切。第三章,考察了洋行控制操纵长江三角洲棉业进口贸易,进而使进口棉业的产品占据了长江三角洲市场,并分析了长江三角洲传统棉业市场因进口棉业的冲击日益萎缩,土布业呈衰微之势,土棉市场也日趋缩小。棉业进口贸易的操作权由洋行把持,洋行通过操纵进口棉业的货源及市场需求、运销网络等控制了棉业进口贸易;日本利用欧战的特殊时机,以及优越的地理位置、纵断的棉业组织、政府的有力支持和机动镇密的营销手段等,使其棉制品在长江三角洲市场不仅胜过欧美,而且迅速排挤中国的手织土布。进口棉制品对长江三角洲市场的占据,导致手织土布业日趋衰败。外棉在长江三角洲市场的畅销,以及日商对中国棉花贸易权的控制,就使长江三角洲的棉花对外贸易出现矛盾的现象,不仅有丰富的外棉进口,也有一定数量的土棉出口。第四章,探讨了在区域经济面临困境的情况下,政府、棉业团体、棉商布商以及棉农和织农所作出的应对。在传统棉业受到进口棉制品和棉花严重冲击的情况下,政府虽然没能发挥应有的作用,但是在税收政策以及棉产改进的实际操作中作出了一些努力;棉业团体可谓发挥了中坚作用,对上呼吁政府出台政策,并身体力行地进行棉产改进,对下传授棉学知识,倡导农民参加棉产改进及产销合作。处于对外贸易漩涡中的棉商布商,其经营也随着与世界经济的日益接轨以及追求利润的目的而有所变化。处于棉业链条上最原始端点的棉农和织农在困境面前也作出自己的选择。第五章结语,民初以来由棉业外贸态势引发的冲击对区域经济带来的影响是巨大的,它使传统棉纺织业固有的坚韧格局—植棉、纺纱、织布三位一

体的经营模式转趋解体，由棉业外贸引发的棉业生产发展与市场扩大，在经济领域内引发的广泛变化，显示了20世纪上半期长江三角洲区域农村经济的新动向。本文在研究中，注意中国特殊国情规定下自身各种内在的动力、特有的应对能力与方式，以及制度环境推动或制约棉业外贸的复杂性。重估在回应国际经济挑战过程中，长江三角洲区域经济的发展状况。

中文题名　**朝贡：中国历史上的"国际关系"理论及"外交"实践**

英文题名　The "International Relationship" Theory and "Diplomatic" Practice

作　　者　黄佳明

导　　师　王子昌

学位授予单位　暨南大学

学科专业名称　国际关系

学位年度　2007

论文级别　硕士

中文摘要　历史上周边国家与中国之间的关系被称为"朝贡"关系。本文从理论与实践两个方面"朝贡"关系进行分析。在理论方面，本文介绍"朝贡"的含义变迁，分析了"五服制"、"华夷秩序论"、"天下体系"等三个关于"朝贡"制度的基本理论。这些理论，以文明之间的差异作为理论的基础，强调先进文明与落后文明中间的吸引与被吸引中间的和谐相处，相对于当代西方国际关系理论强调的通过势力均衡求和平理论，无疑有其积极的合理性。在实践方面，本文分别介绍了典型意义和非典型意义的"朝贡"具体实践。本文依朝贡的目的将"朝贡"名义下的中国对外交往分作两大类，一是典型意义上的朝贡关系，以越南和朝鲜为例，论文认为这种关系的维系跟华夏文明的包容性和先进性分不开。二是非严格意义上的朝贡，这又具体分为四种不同的情况，论文认为这种"朝贡"得以保存，是因为华夏帝国一直坚持"怀柔远人""厚往薄来"的思想和做法，让"来贡者"得到实际利益。

中文题名　**朝贡体系的历史遗产及其对中国与周边国家关系的影响**

英文题名　The Historical Legacy of Tributary System and Its Influence on Relations between China and Its Circumjacent Countries

作　　者　吴洪君

导　　师　刘昌明

学位授予单位　山东大学

学科专业名称　国际政治

学位年度　2009

论文级别　硕士

中文摘要　朝贡体系，肇始于先秦时代的五服制，发展于秦汉时代，完善于唐宋时期，巅峰于明清王朝，没落并结束于晚清，前后共持续了两千余年的时间。朝贡体系在以小农经济为基础的农业文明时代带给亚洲地区以安宁与和谐，促进了文明的传播以及文化的发展，朝贡体系的历史进步意义及功绩是不容抹杀的。同时，在它的历史遗产中的某些消极因素至今依然影响着时代和亚洲各国，对中国与周边国家和地区交往产生了消极的影响。中国的周边外交面临着巨大的复杂性，在传统安全问题依旧突出的情况下，又出现了许多新的问题，如能源安全问题，保障海上石油航线的安全和陆上石油管道的畅通：非传统安全的威胁日益严重，恐怖主义、分裂主义、极端主义三股势力时刻威胁着地区安全；全球性灾难、传播性疾病、大规模杀伤性武器、金融危机等等问题不是某个国家可以单独应付的，需要整个区域内的国家并肩携手，共同努力才能应对。因这些问题的能否有效解决也关系着中国崛起的速度和质量。本文由几个部分组

成：首先是导论，首先介绍本文的研究背景和意义，提出本文的主题—朝贡体系与中国周边关系问题。其次综合各方的研究成果，对于选题原因、理论来源和研究现状与相关评价、研究思路与框架等问题进行阐述和说明。第一章是关于朝贡体系的缘起和历史演进过程。首先给出了朝贡体系的概念，并对概念进行了阐释。然后论述了朝贡体系的演进过程即缘起、发展、高潮、没落解体及朝贡体系解体的内外因素分析。并对朝贡体系运转的原则和方式进行了简要的阐述，正是这些原则保证了朝贡体系长时间的良好运转。第二章是朝贡体系的历史遗产分析。朝贡体系的运行有着其深刻的历史原因和合理的内核。朝贡体系的积极遗产是朝贡体系在文明传播上、维护地区和平上所做出的历史贡献；消极遗产则是给中国及周边国家留下沉重的历史包袱，并成为中国威胁论的载体之一。朝贡体系下古代中国人特殊领土观念和官方观念造成了现在中国与周边国家和地区的领土、领海争议问题。这是这一问题阻碍了中国与周边国家和地区向更深层次的发展。第三章论述的是及其对中国当代周边外交的影响以及中国政府的应对策略。残存的等级等意识加剧了“中国威胁论”，领土问题加剧了中国外交的复杂性。在应对策略上，首先是在外交领域，由原来只注重双边关系的发展到积极推行多边主义外交，积极参与区域组织，实现地区内良胜互动，大大改变了中国周边的外交环境。其次掌握中国发展的话语权，主动提出并向全世界阐述中国要走和平崛起、和平发展的道路以及建立和谐世界的理念。最后是结束语，在前文分析的基础上对全文进行总结性论述，并结束全文。

中 文 题 名 **朝贡制度与清前期的中荷关系**

英 文 题 名 Tributary System and Qing Relations with the Dutch during the Early Qing Dynasty

作 者 曹秀丽

导 师 李云泉

学位授予单位 山东师范大学

学科专业名称 专门史

学 位 年 度 2008

论 文 级 别 硕士

中 文 摘 要 朝贡制度，是我国古代对外交往的传统体制，其理论核心是儒家思想在外交上的延伸，奉行互惠互利、睦邻友好的和平外交策略。历朝统治者无一例外地将同其交往的国家一律纳入朝贡体系范围之内，这样在东亚范围内，就逐渐形成了以中国为中心，以朝贡制度为纽带的“东亚秩序圈”。因此，在历史上，朝贡制度在维护地区间的和平和促进经济文化交流方面起着重要的作用。15 世纪末，伴随地理大发现，西班牙、葡萄牙等西方殖民者先后来到中国开拓他们的殖民市场，但一开始他们就突破不了“朝贡体系”这一制度所设立的层层壁垒。独立后的荷兰为了获得巨大的商业利润，也追随西班牙、葡萄牙的脚步来到了中国。此时，中国正处于明朝末年，其传统的对外政策是将“朝贡”与“贸易”相结合，厉行海禁，阻塞了正常的对外贸易渠道。为了求通贸易，荷兰人先是“求贡”，但遭遇失败。经过一系列的挫折，荷兰人便诉诸武力，先后占领了澎湖、台湾，作为对华贸易的基地。但是占据台湾后的荷兰人很快发现，由于受中国内战和郑成功海上势力的影响，他们仍然不能垄断中国的海上贸易。为了同中国建立直接贸易关系，荷兰人再次求贡。此时，对于清廷来说，也非常欢迎“荷兰”的朝贡，来体现他们“慕化四方”的文治武功。双方一拍即合，荷兰顺利成为朝贡国之一。然而由于居澳葡萄牙人和在北京清廷供职的耶稣会士的极力阻扰，加之台湾又被郑成功收回，其贸易所得甚微。于是荷兰人借助清朝统一台湾之际，同清廷展开了谈判和军事合作。在这一期间，尽管双方有谈判和协作，但是荷兰仍然摆脱不了“朝贡国”的身份。康熙开海政策实施之后，荷兰人的贸易要求暂时得到了满足，一百多年的时间内，荷兰不再有朝贡之举。直到面对英国人强有力的竞争时，加之英使马嘎尔尼使华的失败，使荷兰人认为这也许是一个不错的时机，使他们在广州的贸易能得到一些特权。由此，荷使再次出现在清廷之上。笔者围绕历次荷使访华，结合朝贡制度的运行及理念，将本文分为五个部分：第一部分就朝贡制度的起源、理念、功能作了简单介

绍,并分析了清朝朝贡制度的具体运行方式及特点。第二部分从明末荷兰叩关失败谈起,并结合当时的时代背景,引出清初荷兰求贡成功的原因,并通过对其入贡过程的详细考察,折射出朝贡制度运行的特点和理念,并分析在这一过程中双方关系的互动和变化。第三部分围绕康熙统一台湾时期,中荷双方关系的互动与发展展开了论述。这一时期是中荷交往的活跃时期,显然,荷兰并不满足“朝贡国”这一角色带给他们的商业利润,他们以提供军事援助为条件,通过平等谈判,试图建立起直接的、自由的贸易关系,但不管荷兰人怎样努力,都未能成功。第四部分围绕乾隆五十九年荷使的最后一次访华,结合当时马嘎尔尼使华,通过对荷使访华动机、过程及结局的分析,反映出清朝在面临殖民主义势力的冲击和挑战时,其自身仍浑然不觉,固守着其天朝上国的礼制。第五部分从文化、观念、心理等主观方面,以及时代发展的客观要求等方面分析总结了影响中荷关系进一步发展的因素。最后,笔者认为:在西方殖民势力的咄咄逼人的扩张面前,清朝的朝贡国纷纷沦为西方列强的殖民地,朝贡制度无可避免地走向虚幻和灭亡。

中文题名 朝鲜巨文岛事件及清政府的对策

英文题名 Korea Juwen Island Incident and the Countermeasure of the Qing Government

作　　者 杨艳

导　　师 方民镐

学位授予单位 延边大学

学科专业名称 专门史

学位年度 2008

论文级别 硕士

中文摘要 巨文岛也称巨磨岛,英国人称之为哈米芼港,位于朝鲜全罗南道兴阳半岛之南,由丽水到济州岛水路的中间,属兴阳县,是由西岛、东岛和古岛组成的一个小群岛。又被称做三山岛或三岛。西岛最大,东岛次之。三岛鼎足而立,中间形成一个可以停泊军舰的天然港湾。巨文岛处于朝鲜半岛和日本列岛之间,这里是对马海峡的门户,不仅是朝日两国的海路通道,也可扼俄国进出太平洋的要路,为西太平洋海上交通要道,具有重要的战略价值。被人称之为东方的直布罗陀。1885 年 4 月 15 日,英国派远东舰队强占巨文岛,引发朝鲜近代史上的巨文岛事件。在朝鲜巨文岛事件中,清政府采取了一系列应对措施,并在英俄两国之间展开外交斡旋,中国清廷以维护中国对朝鲜的宗主权为出发点利用英俄两国的矛盾,使两国的争端得以缓和,最终以俄国允诺不侵占朝鲜领土和英国撤出巨文岛为结束。本文试就巨文岛事件过程中清政府对策作一论述。本论文主要分四部分进行论述,即巨文岛事件的背景、巨文岛事件、清政府的对策、巨文岛事件的影响。第一部分主要论述巨文岛事件的背景。1876 年《江华条约》和 1882 年《朝美通商修好条约》等一系列条约的签订,使朝鲜闭关自守的大门为资本主义列强打开,朝鲜成为当时列强在东北亚角逐的场所,朝鲜半岛的局势更加复杂。为了应对列强在朝鲜的扩张,清政府对朝政策从“以夷制夷”向“干涉政策”转变。同时列强间矛盾变化和力量对比的消长,使甲申政变后的日本转向同清政府合作,并且怂恿清政府干涉朝鲜事务。第二部分主要论述当清政府逐渐加强对朝鲜的实质性控制的时候,由于英俄矛盾激化,最终导致了英国以防范俄国舰队南下为目的,以“朝俄密约”,危及自身安全为借口出兵侵占朝鲜巨文岛,酿成一时为国际瞩目的巨文岛事件。第三部分主要论述巨文岛事件爆发后,身为宗主国的清政府从维护中朝宗藩关系的角度出发,在各国间积极展开外交斡旋,最后使俄国誓言不侵占朝鲜领土,英国撤出巨文岛,英占巨文岛而引发的危机最终得以解除。第四部分主要论述巨文岛事件的影响。巨文岛事件的成功解决虽然巩固了清政府宗主国的地位,但同时也加强朝鲜背清的倾向。而且巨文岛事件成功解决并没有使列强放弃对朝鲜进行侵略扩张,朝鲜由此成为东亚地区各种国际矛盾最为集中的一个中心。

中 文 题 名　**川江航运与该流域社会经济的演变研究**
作　　　者　张友谊
导　　　师　管维良
学位授予单位　重庆师范大学
学科专业名称　专门史
学 位 年 度　2004
论 文 级 别　硕士

中 文 摘 要　众所周知,在现代交通出现之前,水运的开发利用程度是经济发展的重要标志。纵观人类社会历史,交通运输始终作为重要的区位因素影响着区域经济的发展。本文从交通与区域经济协同发展的角度,重新阐释了重庆开埠后,川江航运和川江流域的经济发展问题。川江航运,自古有之。其航运历史可以上溯到新石器时代,具有四、五千年的历史。历代都曾加以开发和利用。但是,作为一条黄金水道,它的价值是在重庆开埠后才真正体现出来的。自 1890 年重庆开埠以后,川江航权为外国资本主义列强所攫取,逐步丧失殆尽。直到 20 世纪 30 年代,民生公司崛起之后,这一状况才得到改善,并最终收回了川江航权。到了抗战期间,在强敌压境的情况下,长江航运发生了大动荡,川江成为大后方交通运输的大动脉,它作为黄金水道的地位正式确立。川江航运的蓬勃发展,对川江流域社会的经济演变有着双重作用。一方面,川江航运的兴盛,使得原本封闭的四川区域经济,受到了来自外资势力直接而猛烈的冲击。不断涌入的洋货,源源流出的土货,迅速扩大的对外贸易,从根本上改变了四川市场的商品结构,促成了适合于帝国主义对华实施经济侵略需要的流通和市场体系,加速了四川经济向殖民地经济结构演变,使四川沦为它们的原料供应地和商品倾销地,日益丧失自己的经济独立性,最终被纳入世界资本主义市场体系,成为帝国主义经济的附庸。另一方面,川江航运的兴盛,虽然是帝国主义侵略的主观结果,但它在客观上,促进了四川区域经济的发展。在农村,大量工业品的进口和农副产品的出口,使农村的生产结构发生了极大的变化。为了适应市场的需要,农村扩大了相应的经济作物的种植和副业生产的发展,不断提高农副产品的商业化程度,加速四川农村自然经济的瓦解和商品经济的发展。在城市,大量洋货、土货的进进出出,带来了对外贸易的兴盛,商品经济的繁荣。商品贸易是城镇发展的基础。由此,还带来了沿江城镇的发展。

中 文 题 名　**船难救助与纷争:对中国水域的西籍船难事件的考察(1872－1879)**
英 文 题 名　The Marine Salvages and the Negotiations
作　　　者　朱思斯
导　　　师　马自毅
学位授予单位　华东师范大学
学科专业名称　中国近现代史
学 位 年 度　2008
论 文 级 别　硕士

中 文 摘 要　近代以来,中国广大未开拓的市场吸引着列强势力纷纷入侵中国,陆续前来中国寻求贸易机会及新资源。受到水流、气候、地形之影响,中国沿海及内河流域之西籍船难事件频繁发生。以往的研究,多集中于从中外关系的角度考察中国与琉球、朝鲜、日本、越南等之间的海难事件,而对中国与西方列强之间的海难事件的研究成果较少。近代报刊之《申报》关于西籍船难的报道非常多,具有较高的史料价值。本文拟以《申报》(1872－1879 年)关于西籍船只在中国沿海及内河流域遇难的报道为基本史料,以西籍船难事件研究为主轴,通过对这一时期西籍船难记录的系统梳理,来考察中西如何救助船难及为避免船难而作出的努力,以及船难引发之中西纠纷。具体框架如下:绪论部分,旨在阐述选题缘起、研究

现状、关注问题兼及史料运用,以及题目界说。第一部分,先结合前人研究成果,概述近代以前外籍船难及救助的方法。清朝将对外籍难船的救助与抚恤纳入天朝体制之下,发展成为朝贡体系中的一环,对所有外籍漂流船民及船只都一视同仁。然后再展开讨论十九世纪中期以来这一方法发生变化的原因—中国被迫对外开放,西船大量涌入中国境内,传统的外籍船难救助及遣返方法已不再能解决新的情况。第二部分,系统梳理《申报》(1872－1879)之西籍船难记录,以表格的形式,按船难事故原因的不同,将西籍船难分为以下五类,并对其进行具体分析:遭风、触礁、搁浅;遭火被焚;贪利违例;中西碰船;难船被劫。其中,第一类为自然原因造成之灾难性事故,后四类为人为原因造成之灾难性事故。第三部分,分析中西船难救助及行船章程之制订过程:出于不同考虑,中西政府共同制定中外船难救助及行船章程,以此来减少船难发生的可能。第四部分,通过西籍船难的个案分析,来阐述西籍船难引起的中西交涉问题:西籍难船被劫后,西国领事要求中国赔偿损失,清廷严饬拿办抢劫之人;中西碰船后,中西会讯以审断事故责任。结语部分,对全文作总体性概述。

中文题名 **春秋战国时期山东地区的交通发展**

英文题名 The Transport Development in Shandong during the Spring and Autumn and the Warring States Period

作者 黄书涛

导师 陈伟明

学位授予单位 暨南大学

学科专业名称 历史地理学

学位年度 2008

论文级别 硕士

中文摘要 春秋战国时期是我国历史上的大变革时期。当时的山东地区与全国其他地区一样,也发生了巨大的历史变革。这种变革表现在四个方面:经济的发展、政治的改革、商业的繁荣和交通的发展。在古代社会,陆路、河运、海运是交通运输的主要方式,本文试从这三方面论述春秋战国时期山东交通的发展状况。交通运输的发展,需要具备一定的条件,例如自然条件和社会条件等等。春秋战国时期山东地区的自然条件和社会条件促进了其交通运输的发展。与此同时,交通的发展对当时和现在的山东地区也产生了重大的影响。而在这一过程中,陆路、河运、海运又有各自不同的发展特点。本文从历史地理角度,分析春秋战国山东地区交通发展的原因、状况及其影响,指出军事、商业在交通发展中的作用。由于春秋战国时期距离现在较远,所以本文运用考古方面的资料,结合史籍方面的记载。试图通过这些材料,对春秋战国山东交通运输发展状况有一个比较全面的认识。

中文题名 **从定海湾沉船看闽江下游的海洋文化**

英文题名 The Marine Culture of the Lower Reach of Min River from the Perspective of the Sunken Ships in Dinghai Bay

作者 赖珊珊

导师 吴春明

学位授予单位 厦门大学

学科专业名称 考古学与博物馆学

学位年度 2009

论文级别 硕士

中文摘要 福州港自古以来就是福建省的海外贸易大港,定海湾位于闽江口以北,特殊的地理位

置使其从古至今都是福州港北上航线的必经要道之一。1990年来,水下考古专业人员及当地文物部门在定海湾进行了一系列的考古工作,采集发掘及从扒壳者手中征集了大量宋元明清时期的陶瓷器。本文在前人研究的基础上,从这批出水陶瓷器的内涵出发,结合古窑址资料,以及海外各地遗址出土的陶瓷器及世界各地的公私收藏,分析这批陶瓷器主要来自于闽江口的连江浦口窑、闽清义窑等窑口,外销的目的地应该是日本,由此结合历史文献考察宋元明清时期福州港的对日交通,并尝试透物见人去观察定海湾沉船背后所蕴含的丰富海洋文化。全文包括绪论、正文和结语。绪论,回顾关于定海湾沉船陶瓷器、福建地区陶瓷器生产与外销以及福州港研究的学术史,并在此基础上提出本文的研究思路和研究目的。第一章,简述定海湾的地理环境、历史沿革,以及考古工作人员在定海湾海域进行的一系列考古工作。第二章,分析定海湾沉船出水陶瓷器的内涵,并结合古窑址的考古发现分析这批陶瓷器的产地。第三章,从海外各地遗址出土的陶瓷器及世界各地的公私收藏中,分析定海湾沉船陶瓷器的目的地,并结合历史文献,考察宋元明清时期福州港的海外交通。第四章,着眼于东南土著的海洋人文传统,观察定海湾沉船背后海洋文化的历史传承。结语,总结全文,指出论文存在的不足并提出展望。

中 文 题 名 从买办到民族资本家:中国早期工业化中的唐廷枢

作　　　者 徐颖

导　　　师 郑永福;刘保刚

学位授予单位 郑州大学

学科专业名称 专门史

学 位 年 度 2005

论 文 级 别 硕士

中 文 摘 要 本论文通过系统地考察唐廷枢一生的经济活动,着重探讨以唐廷枢为代表的买办向民族资本家转化的过程和特点,分析其转化的历史动因,并力图对其在中国早期工业化运动中的作用和影响作一些适当的评价。鸦片战争后,通商口岸的扩大和对外贸易量的增加,使外商必须选择一批熟悉中国国情而又可靠的中国人来代理业务,于是买办应运而生。唐廷枢(1832－1892)是中国近代历史上著名的洋行买办、洋务派官员和实业家。他在少年时期接受了西方教育,形成了完全不同于旧式文人学了的知识结构和思维方法。1863到1873年的买办生涯中,唐廷枢一身两任,扮演了两重性角色:一方面凭自己的学识和能力为怡和洋行不断开创在中国的业务,为外国侵略者在华的经济侵略起到了推波助澜的作用,表现出买办性;另一方面唐廷枢作为华商利益的"代言人",遭受洋商的不信任,在华商与洋行利益发生冲突时,他强烈意识到需要一个强有力的政府作后盾,又表现出民族性。民族自觉性的苏醒使唐廷枢在1873年参加了洋务派的企业活动,在洋务派创办的两个重要企业轮船招商局和开平煤矿中都做出了杰出的贡献。他不但向两家企业投入自己的巨额资金,而且将先进的资本主义经营方法带入中国企业:参与制定了《轮船招商局章程》、《轮船招商局局规》和《开平矿务章程》,加重商办色彩,维护商股利益,招募集资,为轮船招商局和开平煤矿的顺利发展开了一个好头。唐廷枢的这些洋务活动具有重要的历史意义:发展壮大了民族资本,夺回了部分利权,成功开启了中国近代办企业之风,为近代企业的资本主义经营方式树立了典型。晚年的唐廷枢,还投资于其它矿业和工业,这表明了唐廷枢的经济活动已经由流通领域的商业转向生产领域的工矿企业,他本人也实现了从一个商业资本家向产业资本家的转化。早期工业化从总体上说"就是非生物动力工业代替生物动力工业的过程,也就是机器工业替代手工工业的过程,就近代中国而言,则是一方面移植西方机器工业的过程,另一方面是固有的传统手工业向机器工业过渡的过程"。纵观唐廷枢一生的经济活动,可以看出在早期工业化过程中,唐廷枢完成了一个买办向民族资本家的转化。在中国早期工业化的关键时期,以唐廷枢为代表的一些买办如徐润、虞洽卿等能够把资本的所有权和企业家的本领融为一体。作为最早同西方人广泛接触的中国人,他们看到了近代工业的利益和前途,因此首先致力于投资轮运、采矿、纺织、机器制造等近代行业,为中国早期工业化作出了贡献。

中 文 题 名 **从明清文献看外来植物的引进与传播**

英 文 题 名 The Study of the Indraught and Spread of Foreign Plants Baseon the Literature of Ming and Qing Dynasty

作　　　者 吴玉娴

导　　　师 汤开建

学位授予单位 暨南大学

学科专业名称 历史文献学

学 位 年 度 2007

论 文 级 别 硕士

中 文 摘 要 本文主要分为三部分,首先介绍明清之际传入外来植物的几种途径,其中包括明清对外贸易、明清的朝贡和外来传教士传入这三条可能的途径,并且在第一章特别对明清对外贸易政策作了一个基本叙述。文章的第二部分主要利用文人笔记、地方志将外来植物分为蔬菜水果、经济作物和粮食作物对外来作物的传入时间和途径进行研究。文章的第三部分主要阐述了外来植物对明清人民生活、生产、社会经济所带来影响,特别研究了烟草对老百姓生活所带来的积极和消极的影响。

中 文 题 名 **从沙船起家到科举入仕:上海早期沙船主葛氏家族研究**

英 文 题 名 From Sand - transport - boat Owner to Official - gentry: A Study of Ge s Family, the Early Owner of Sand - transport - boat

作　　　者 王莹莹

导　　　师 易惠莉

学位授予单位 华东师范大学

学科专业名称 中国近现代史

学 位 年 度 2009

论 文 级 别 硕士

中 文 摘 要 随着上海沙船航运业的兴起和发展,上海本邑崛起了一批沙船业主,葛氏家族在沙船航运业方面起步较早。该家族沙船航运业兴盛于乾隆、嘉庆年间,然而到了道光、咸丰年间,其航运业逐渐衰落并从此一蹶不振,失去了往日的地位。本文根据家谱、地方志、文集和日记等资料,讨论了葛氏家族六代人的变化,家族代表人物从经营沙船业起家到后代为科举而努力并走上官绅之路的衍变史。即讨论葛元祥(1729 - 1811 年)、元瑞(1739 - 1803 年)兄弟俩沙船起家,经历了第一代至第三代的发展,后世子弟将读书应试作为家族出路的主要途径。至第四代葛学礼于咸丰二年(1852 年)中举,作为葛氏家族第一位在科举上有所作为的子弟,主要叙述学礼的平生志行和他对子弟的教育。第五代"葛氏三昆"——葛士达、葛士清、葛士濬各具特点的人生经历。士达在早年多次参加科举考试失意后弃儒从戎,于同治元年(1862 年)入潘鼎新幕,之后随军北上剿捻,转战直、东、皖、豫几省,后以军功入仕,远宦山西,历任什贴镇转运使、榆社县知县,担任张之洞幕僚,任平定直隶州知州等职。士清于光绪十四年(1888 年)中举,而后四次参加会试未中,遇大挑列二等,以教谕回本省补缺,长期乡居的士清对地方防务形成了自己的观点,提出了"民团论"、"保甲论"等观点。士濬肄业上海龙门书院,并长期参与各大书院的考课,关心时务,辑成《皇朝经世文续编》和《洋务时事汇编》,并结识宋恕、冈千仞等。第六代子弟的人生追求主要是以投身教育和步入仕途为两大方向。作为上海本邑早期船商家族的葛氏,经营沙船业虽然为他们积累了财富,然而内心的追求并不在于将家业继承并发扬光大,他们的目光始终追随着传统,希望有朝一日能在科举上有所作为,为家族赢得更高且更持久的声望和地位,也就是在传统的范围内寻求自身乃至家族的发展,而且父

辈们将希望寄托于子辈身上,为他们延请名师,希望子辈们能走上一条比较顺利的科举之路。至道光年间,葛氏家业渐渐衰落,这样的期望便自然而然占据了全部。本文着重讨论葛氏第一代和第四、五、六代子弟的人生发展,探求在家族生存发展之路中所包含的个人、家族以及政治、社会因素在其中产生的重要影响。

中 文 题 名 **从政治权力角度看左宗棠创办福州船政局**

英 文 题 名 The Analysis on Zuo Zongtang Establishing the Foochow Arsenal from the Viewpoint of Political Power

作　　　者 张灵芝

导　　　师 闫润鱼

学位授予单位 中国人民大学

学科专业名称 中外政治制度

学 位 年 度 2005

论 文 级 别 硕士

中 文 摘 要 以前学者对洋务企业的研究主要是从历史学和经济学的角度来进行。福州船政局自它创办以来,特别是从辛亥革命前后起,一直是历史学者和经济学者重视和探讨的一个重要课题,不少人对它进行了专门的研究,发表了一些有价值的文章。笔者在以前研究材料的基础上,尝试从一新的视角即政治权力视角对福州船政局特别是其创办过程中的情况做出分析,从而可以丰富已有的洋务运动研究。文章主要分析左宗棠从提出创办船政局到船政局基本建立(1873 年)这一段时期围绕创办船政所表现出的复杂的权力状况。本文运用李景鹏的政治权力理论分析框架,以左宗棠为权力主体,分析围绕着这个主体所形成的政治权力关系及晚清的政治权力运行机制。19 世纪中叶以前,清王朝是一个以满人统治为核心的封建专制主义政权。清廷控制着地方的军权、财权和人事权,地方督抚拥有的权力很有限。但在两次鸦片战争后,随着资本主义潮流东来,"当中国与整个世界变化日益结为一体,并日益卷进造成这些变化的机制之中时,中国的政治构架和特征就发生了深刻而不可逆转的变迁"。与此同时,社会内部危机加剧,太平天国农民革命以前所未有的气势打乱了清朝的统治秩序,在内忧外患的双重冲击下,社会政治结构开始变化,最显著的就是中央权威的衰落与地方势力的兴起。晚清时期的中央集权一步步地衰微,清末传统的中央集权的衰败,是传统封建社会王朝交替发展的结果。满清王朝经过了二百多年的统治,已经走过了其鼎盛时期。康雍乾三朝的盛极发展,预示着清朝后期发展的由盛而衰的倾向。从长时段的中国历史发展进程看,这是一种无可避免的自然规律。晚清时期的政治衰败也正显示了这种历史发展的必然性。其它一些非必然因素的影响也加速了清末中央集权政治的衰败过程。一方面,晚清政府在对付外来势力挑战和内部动荡危机时软弱乏力,一败再败,严重地影响了其统治的合法性;另一方面,一直受中央集权控制的地方势力在对付处理内忧外患中取得比中央政府更为有效的实绩,并且推动了代表中国社会发展主导方面的现代化运动,使得他们形成了一种与中央分权的强劲政治势力。当时晚清内忧外患的压力迫使清廷允许地方督抚自己组织军队,自行筹饷,镇压太平天国。由此,清朝"王威素重"的中央集权权力体制开始向"内轻外重"的中央与地方双重权力结构的转变。地方督抚掌握了军权、财政权和决策权,最终形成了督抚专权的局面。督抚专权与中央集权的对抗,一方面说明了以汉人为中心的地方离心势力正在迅速崛起,另一方面也意味着国家权力正在日趋弱化。由于地方督抚中汉族地方势力的上升,一方面扩大了统治阶级的基础,另一方面清政府在洋务运动中的外交、经济、战备等问题上的决策,都由地方督抚条陈奏折形式批准决定。满清中央政府的信息来源主要依靠地方督抚。左宗棠就是在中央集权衰微和地方督抚势力兴起过程中成长起来的一位督抚要员。他的个人品格、才能和业绩等使其在清廷不得不有条件地开放政权的情况下,成为众多实力派人士举荐和重用的对象。由此奠定了他勇于奏请并获准创办船政局的权力基础或前提。受到林则徐、魏源"师夷长技以制夷"思想及师友贺长龄、贺熙龄、陶澍等人的经世致用

思想的影响,以及自己早年的经历所形成的强烈的爱国热忱的促使,左宗棠很早就产生了创办船政局的思想,并且为此主动做了很大的努力。由于这方面的思想积淀,当他总督闽浙,手握重权时,便抓住时机,试图使自己的抱负得以实现。他曾用一个60多岁的老工人,试制了一艘蒸汽船,于1864年10月16日在杭州西湖试行。虽然没有成功,但这是他创办船政局的前奏。当他肃清福建太平军的余部后,便主动向清政府奏请创办船政局,在他的再三努力下,清政府最终同意并下旨由他负责创办船政的一切具体事务。福建船政局是一所官办的军用企业,决定它是否能够存在的大权虽然掌握在晚清中央政府的手中,但具体负责的却是地方督抚要员左宗棠。在以晚清中央政府和地方洋务派为后盾势力的支持下,左宗棠牢牢掌握了船政局的控制权,不断抵御来自顽固势力和外国侵略者的阻挠和破坏。由于中国的落后,洋务派创办的船政局,一开始就是外国侵略势力争夺的对象。英国一开始反对中国创办船政局,但当左宗棠不顾重重阻力,决心使中国有自己的第一个近代造船厂的时候,英国便力图控制这个造船厂。海关总税务司赫德一再指使他的手下法国人美理登搞破坏,企图插手船政局的事务,以此为英国谋取利益。但在左宗棠等人的努力下,他们的阴谋始终没有得逞,最后不得不作罢。作为一个落后的封建国家,中国创办洋务企业不得不聘请外籍雇员。但左宗棠在聘用外籍雇员时都以合同的形式严加约束,牢牢掌握着船政局的控制权,以避免大权旁落。船政局主要聘用的是英法人员,但管理层的日意格和德克碑都是法国人,左宗棠与他们签订严格的合同,对所雇洋员的任务、纪律、奖惩制度等都做了具体明确的规定。福州船政局是清政府洋务派官僚借助法国技术力量创办的一所重要军事企业,它虽在很大程度上依靠了法国力量,但是并未因此大权旁落,为法国人所操纵。洋务派的每项重要的主张与活动,几乎都遭到守旧顽固派的反对和抨击。以大学士倭仁等为代表的顽固派集团,纠集一帮当道官僚和一批因循守旧的言官和利禄之徒,处处与洋务派作对,排斥一切新事物,而梦想恢复昔日闭关自守的局面,成为洋务运动最大的障碍。他们对于船政局也是如此。先是闽浙总督吴棠对船政计划进行阻挠,继次之后,1871年,内阁大学士宋晋挑起的反对船政的"靡费论",又引起了一场剧烈斗争,险些使船政局中途夭折。但后来在左宗棠、沈葆桢、李鸿章和曾国藩等洋务派的支持和据理力争下,船政局岌岌可危的局面得以扭转过来。法国与英国一样,也想找一个据点来扩大对中国造船工业的控制。当时中国创办船政不得不依靠法国的管理人员和技术人员,并且中国聘用外国人员需要经过外国政府的允许。但出于自身利益的考虑,法国的外交部和海军部对于中国创办船政局的态度产生了矛盾。外交部害怕损害自身的利益,因此不想法国政府卷入中国的船政事业,并对日意格施加压力;而日意格向海军部陈述船政局给法国带来的利益,争取到海军部的支持。最后在左宗棠等人的努力下,在自身利益及与英国利益冲突的考虑下,法国政府不对船政局进行过多的干涉。镇压太平天国起义的时代需要把左宗棠推上了地方督抚要员的宝座,他因此掌握了影响晚清政府决策的权力。这为他一直以来的创办船政局思想的实现提供了权力基础。在他肃清太平军后,在一些洋务势力支持下,左宗棠抓住时机奏请创办船政局,最终获得了批准。强大的顽固势力也阻挠不住船政局向前发展,说明了以左宗棠为首的洋务势力代表了当时中国社会的发展方向,这股势力的兴起,大大影响了晚清中央政府权力的实际运作和当时的政治格局。在晚清复杂的权力格局中,在创办船政局的具体情景下,左宗棠对于权力的具体行使,往往代表着不尽相同的权力主体,船政局本身、外国势力和晚清中央也在一定意义上成了左宗棠行使权力的客体。

中 文 题 名 **大帆船贸易的两端:16－18世纪白银流入西欧与中国的影响**

英 文 题 名 Two Parts of the Gallon Trade: China and Europe under Silver Inflation from 16th to 18th Century

作　　　者 邹亘

导　　　师 龙登高

学位授予单位 清华大学

学科专业名称 经济史

学 位 年 度 2005

论 文 级 别 硕士

中 文 摘 要 大帆船(the Galleon),专指16—18世纪在大洋上往来于欧洲、美洲与东方之间进行商品和物资运输的巨型帆船。而以这种帆船作为交通工具进行的跨洋长途贸易被称为“大帆船贸易”。早期宏观经济学家研究认为从“斯密型增长”发展到“库兹涅兹型增长”需要技术和制度的创新,制度学派的诺斯等人认为海外贸易和金融创新最终决定了这种增长模式的转换,汉密尔顿和加州学派的学者又明确指出美洲白银和大帆船贸易最终引发了制度学派所说的创新。本文回顾了欧洲以价格革命为标志的恶性通货膨胀,财富在社会各阶层之间重新分配,一些国家发生了以信用创造为基础的金融制度创新,资本市场迅速发展带动利率下降从而引起工业革命的勃兴。本文讨论了处于大帆船贸易另一端的中国,经济发展受益于商品大量出口和白银持续流入,物价缓慢上升而汇率(银钱比价)长期保持稳定,政府开支迅速增长加速了财政货币白银化的步伐,借贷利率稳定下降,民间孕育着金融创新的各种因素。本文最后比较了中国与西欧颇为相似的内外部环境,指出经济发展都到了一个关键的“拐点”,但后来双方命运迥异—中国没有走向工业革命,而欧洲成功实现了经济近代化,经济环境和发展水平接近,并不能说明双方一定具有相同的发展方向,而中欧之间不同的制度条件和竞争环境才是工业经济能否近代化的决定因素。

中 文 题 名 **道光朝两次漕粮海运**

英 文 题 名 CaoYun Were Transported Twice by Sea Boats in DaoGuang Periods

作　　　者 穆万娟

导　　　师 胡赤军

学位授予单位 东北师范大学

学科专业名称 中国近现代史

学 位 年 度 2009

论 文 级 别 硕士

中 文 摘 要 漕运是中国特有的水运形式,清初制度已达完备。嘉庆、道光年间,漕运制度已经危机重重,道光朝(1821—1850年)被迫进行相应的漕制改革,漕粮海运是改革的核心内容,在道光朝期间,前后共试行过两次漕粮海运。道光六年(1826年)漕粮海运,其直接原因是1824年冬高家堰大堤溃决,运河水势低弱,重运北上成为难题。当时面对如何应对危机。朝中分为两派:孙玉庭、魏元煜力主引黄济运的盘坝主张,英和及地方上的琦善、陶澍力主雇商海运,双方各执已见,并前后付诸实践,引黄济运的盘运主张因耗费巨大而破产,至此坚定了道光帝实行海运的决心。道光六年,江苏四府一州海运漕粮海运取得成功。但随后河道恢复,海运遂止。道光二十八年(1848年),京师出现粮食供应危机,为节省经费支出,充实京师仓储,将江苏三地区漕粮改行海运,因道光帝力排众议,故此次海运争论时间较短,但实施时问题较多:先是因“青浦教案”耽搁出洋,放洋后又遭盗匪,抵津时间较计划为迟,道光朝遂停海运。第二次海运亦中止。两次漕粮海运具体原因各异,道光六年主要是自然原因,而道光二十八年则是社会原因的制约,但其根源都是漕运制度的危机。两次海运终止原因有决策者道光皇帝缺乏坚持改革的魄力,河运利益集团竭力阻挠,海运初创较难等,因而决定了道光朝漕粮海运的暂短命运,但海运呈现出来的明显优越性预示着它将必定会成为漕运的主要运输方式。

中 文 题 名 **道光时期中英贸易研究**

英 文 题 名 A Research on the Sino - Anglo Goods - for - Goods Exchange in the Daoguang Reign

作　　　者 张坤

导　　　师 刘正刚

学位授予单位 暨南大学
学科专业名称 中国古代史
学 位 年 度 2000
论 文 级 别 硕士
中 文 摘 要 本文主要探讨道光时期中英贸易中的以货易货贸易。鸦片战争前夕,清政府中存在着一种极力倡导以货易货方式的言论,这种现象与当时的烟毒泛滥、白银外流有着直接的关系。作为道光朝的一种重要贸易特色,中英易货贸易以鸦片战争为界,前后发生了内容上的根本转变,其中最为重要的是:以货易货的主导者从清政府的手中逐渐转移到英国鸦片商人手中,贸易中心从广州转移到上海,贸易性质则由合法转变为非法。这种变化在一定程度上影响了中国社会的发展,反映出中国社会性质的改变。笔者拟从道光朝以货易货这一贸易上的细节入手,探讨其成因、操作、规模和影响,以此考察其与当时社会经济和政治发展的关系。鸦片战争是中国社会的 重要转折点,文章中所论的易货贸易从一侧面证实了这一结论。

中 文 题 名 **东北军海军兴衰研究**
英 文 题 名 Research on the Blossom and Downfall of the Navy of Northeastern Troops
作 者 刘彬
导 师 高乐才
学位授予单位 东北师范大学
学科专业名称 中国近现代史
学 位 年 度 2006
论 文 级 别 硕士
中 文 摘 要 奉系军阀在第一次直奉战争中遭到惨重的失败后,开始“整军经武”,决定创建海军,壮大奉系军阀的实力。1922 年 8 月,在北京政府、吉黑江防舰队、奉系军阀三方因素的作用下,张作霖收编了原属北京政府的吉黑江防舰队,创建了东北江防舰队,迈出了建立东北海军的第一步。而后奉系军阀不断地对海军加大投入和建设,不仅购买军舰扩充实力,而且创办自己的海军学校,建立了东北海防舰队。1926 年春,东北江海防总指挥部被改组为东北海军司令部,这标志着东北军海军正式成军。随着第二次直奉战争奉军的胜利,渤海舰队被东北军海军收编,由此东北军海军进入了全盛时期。东北军海军在壮大之后,它在奉系军阀角逐地盘中发挥了重要作用,如 1927 年到 1928 年间东北军海军多次南下袭击长江舰队,并为奉系军阀取得了制海权。但令人遗憾的是,奉系军阀因只顾及内部战争,没有对海军建设进行长期规划,使得东北军海军的发展停滞不前。1928 年东北易帜后,东北军海军虽然仍保持番号,但在先后经历“中东路事件”、“九一八事变”后,其元气大伤。1933 年 7 月正式被国民党改组为第三舰队,至此真正意义上的东北军海军已然消亡。东北军海军是一支包括江防、海防、水上航空、陆战队、军事教育以及各种后勤支援在内的机制比较完善的现代化海军。它从无到有,并一度发展成为中国最为强大的海军。它的存在不仅为张作霖、张学良统治东北以及华北提供了重要的军事支持,而且在对外战争中也发挥了一定的积极作用。但充当军阀军事工具的东北军海军,是不可能摆脱时代局限性的,所以它的消亡是必然的,但东北军海军仍是中国海军史上不可磨灭的一页。

中 文 题 名 **二战后广东与南洋贸易研究(1946 - 1949)**
英 文 题 名 The Study of Trade between Canton and Nanyang in 1946 - 1949
作 者 张云
导 师 张晓辉

学位授予单位　暨南大学
学科专业名称　中国近现代史
学 位 年 度　2008
论 文 级 别　硕士
中 文 摘 要　二战后广东与南洋贸易的情况正是中国进出口贸易的缩影,该贸易关系尽管在多重政策的“扶持”下,账面基本保持出超,但却掩盖不了贸易正走向窒息的事实。此间国民党政府的贸易政策颁布频繁,目的都是在于管制进口和强行收取外汇,一系列动作造成进出口贸易的畸形发展。南洋各国先后陷入动乱,局势的不稳也影响了南洋的贸易政策,其中多个地区反复颁布进口管制与出口结汇的法令,一段时间后即解除,再过一段时间动乱复起又实行。由于其管制多按照货物种类进行,因此广东与南洋的主要进出口货物与战前有所不同。广东与南洋的进出口贸易主要依靠港澳作为中转站,这一特点为其他地区所没有,1948 年以后各地区的贸易额差距开始减少,其中香港的贸易额明显下降,不在似前两年般突出。本文还对一些官方数据进行了处理,将本文所涉及的所有进出口货值换算成美元,进一步增强了文章的说服力。

中 文 题 名　发展与变迁:古代中越水陆交通研究
英 文 题 名　Development and Changes: dy on the Road between Ancient China and Vietnam
作　　　者　张金莲
导　　　师　纪宗安
学位授予单位　暨南大学
学科专业名称　专门史
学 位 年 度　2006
论 文 级 别　博士
中 文 摘 要　古代中越水陆交通经历了一个发展变迁过程。整体来说,道路数量逐渐增加,方向愈加明确,使用从以海路为主到以陆路为主。具体来说,各条道路在各朝的发展和变迁也不同。本文旨在讨论这一发展变化过程,并揭示引起变化发展的原因。宋以前,交广海路是中越间的主要道路,其中以廉州为出海口的海路尤为重要。宋元时期,交邕道路逐渐兴盛,在宋代与以钦州为出海口的海路同为主要的中越道路,至元代交邕道路完全成为主要的中越道路,值得注意的是滇越道路曾为蒙元和安南使者的交通要道。明清时期,统治者规定安南在广西凭祥入关,从而桂越道路成为安南贡道。清朝不仅对入关地点有所限制,而且对入关后至京师的路线也有规定,非贡道的中越道路发展愈加受到约束。而引起道路发展变迁的原因,则与自然环境、民族文化、政治经济、军事战争、经济贸易等有诸多关系。文章最后将中越水陆交通放在中外交通之中进行考究,发现其地位也随着时间推移有所变化:宋以前,中越交通在中外交通中占着重要地位,以后,其逐渐衰落。但是无论如何,中越交通在中外交通中所起过的作用都不可忽视。

中 文 题 名　福建船政学堂与中国近代早期教育研究
英 文 题 名　The Chinese Education on the Early Modern History Take Fujian Shipping and Polity School as an Example
作　　　者　江克英
导　　　师　林金水
学位授予单位　福建师范大学
学科专业名称　专门史
学 位 年 度　2006

论 文 级 别 硕士

中 文 摘 要 中国自科举制度出现后,教育均围绕这一需求而开。到了近代,由于历史渊源之因,主导社会变革的是其中的士大夫阶层。他们在传教士带来的西方教育的基础上,结合中国古代的教育,出现了“中体西用”的思想。本文以洋务派办的教育为视角,力图阐述在西学东渐的背景中中国近代教育的相关情况。首先从近代教育的发起阶层讨论,分析在古代教育基础上的中国近代教育;其次分析西学的涌入,及士大夫提出的“中体西用”这一近代教育的特质;再次,从中西方教学中比较得出中国近代教育的特点,即洋务派的“中体西用”的思想;最后以福建船政学堂为例分析中西教育的优缺点及对中国教育近代化的影响。

中 文 题 名 **福建海神信仰与祭祀仪式**

英 文 题 名 Fujian Seagod Worship and the Ritual

作 者 邱铁辉

导 师 林国平

学位授予单位 福建师范大学

学科专业名称 专门史

学 位 年 度 2007

论 文 级 别 硕士

中 文 摘 要 自古以来,福建的民间信仰特别发达,海神信仰是福建民间信仰不可或缺的内容之一。本文主要从福建古代海神信仰的发展演变入手,分别剖析西汉之前、西汉至唐代、五代至宋代、元明清这四个历史时期福建古代海神信仰的发展演变;并对福建海神的祭祀仪式展开叙述,着重分析渔民、海商、官员、渡海移民这些群体的不同祭祀仪式。最后,对福建海神信仰与福建地域社会的关系及福建海神信仰的特点做出分析。

中 文 题 名 **福州船政局的近代企业管理研究——以工资管理和技术管理为主**

作 者 高德罡

导 师 王宏斌

学位授予单位 河北师范大学

学科专业名称 中国近现代史

学 位 年 度 2004

论 文 级 别 硕士

中 文 摘 要 福州船政局是近代洋务派兴办的规模最大、门类最全、成效最显著的造船厂。在近代工业和海防上发挥了不可替代的作用。船政局不但在技术、设备上全盘移植于西方先进国家,在企业管理上也对其进行积极的借鉴。迄今为止,学术界对福州船政局已经做了大量的研究。但在丰硕的成果之外,还有遗珠之憾,具体船政局企业管理,还有待学术界进一步挖掘。有鉴于此,作者就已经搜集到的档案资料及先贤时哲的研究成果,对船政局的企业管理进行研究尝试,通过对其工资管理和技术管理系统地论述、分析,论证福州船政局在企业运营管理上已经达到相当高的程度,从而对 19 世纪后半期,在引进近代工业模式上所取得的成效做出客观且更为积极的评价。本文主要选取分两大部分进行论述:第一部分论述福州船政局的工资管理制度,其中又根据员工的不同层次具体论述,包括管理人员、外籍员工和工人三部分。对待不同层次的员工,船政局依据他们的岗位特性和技能高低采取不同的工资标准考量,而同一层次的员工,船政局又抛开单一的报酬量予方式,采用多重标准衡量员工的工作。固定工资以外的津贴及其它额外报酬更显示其工资结构的复杂性、合理性。第二部分论述福州船政局的技术管理制度。技术管理

一直是船政局企业管理的重要环节，其在技术引进上循序渐进、由浅入深，根据这一特点，又可将其技术管理分为三个环节：车间传授、学堂教育及留学交流。三个环节层次分明，又互为补充，构成一个富有效率的管理体系。工资管理和技术管理是福州船政局企业管理中制度比较健全，成效比较显著的部分，是其做为近代企业的重要标志。管理模式以法国为主的西方国家为蓝本，又结合当时中国的社会现实，走出了一条近代企业之路。

中文题名 **负荷人生：民国时期武汉码头工人研究**

英文题名 Bearing Life：An Study on the Wuhan Dockers during the Republic of China Period

作　　者 黎霞

导　　师 严昌洪

学位授予单位 华中师范大学

学科专业名称 中国近现代史

学位年度 2007

论文级别 博士

中文摘要 武汉位于江汉交汇之处，地处交通冲要、沟通东西南北，水陆交通发达，堪称九省通衢。步入近代，武汉更是藉由发达的水陆交通一跃而成为近代化大都会。随着交通运输业的繁荣发展，武汉码头工人群体兴起、壮大，成为一个特殊的职业群体。他们穿行于武汉大街小巷，与社会各阶层产生了广泛的联系，与城市社会生活息息相关。本文以整体史的视野与社会史的视角，考察民国时期武汉码头工人群体的生存状态，展现了这一城市下层社会群体的动态画卷，并试图揭示这一群体与武汉近代社会发展，乃至近代中国社会转型的内在关系。自武汉开埠，武汉码头工人群体逐渐形成，其数量大体上呈上升趋势。虽然抗战时期由于武汉沦陷人数骤减，但至解放前再度增长到近代以来最大值。码头工人的来源主要有四大类：本省及外省的农民、无固定职业的城市贫民、破产手工业者、外省的竹木工人和拉船工人，其中本省的农民是武汉码头工人的主体。虽然同在码头从事起卸搬运，但是由于身份、籍贯、工种等的不同，码头工人表现出复杂的多质内部构成。在封建把持制度之下，码头工头掌握着工作权，并藉此吸取工人膏血、驱使工人为其卖命；工人在政治上毫无权利，经济上待遇低下，劳动毫无保障，生活极其痛苦。因此，码头工人对工头又怕又恨，时有反抗。任何一个群体都不是孤立存在的，民国时期武汉码头工人群体主要的社会互动关系有三种：劳资关系、劳工关系，以及码头工人与政府间的关系。码头工人与雇主之间的关系，有合作（互利交换），有冲突。码头工人保障雇主货物起卸装运顺畅，雇主支付工人工资，维持工人生存，合作是双方互动关系的基础；但是由于双方利益上的根本对立，码头工人与雇主之间常有纠纷发生。特别是到抗战胜利后，经济萧条、通货膨胀，劳资纠纷更是频频发生，阻碍了武汉工商经济的发展。码头上的劳工关系有双重内涵：一是码头工人内部小群体之间的互动关系；二是码头工人与其他工人之间的互动关系。近代中国城市下层社会群体生存压力巨大，在这种互动场景之下，码头劳工关系虽然也有合作的一面，但更主要的是竞争与冲突。码头劳工纠纷频频发生，不仅影响了码头工人自身的生活，也对经济发展和社会治安造成了很大的危害。抗战胜利后，各方势力纷纷插手码头事务，甚至操纵劳工纠纷捞取利益，使得劳工关系更加紧张，冲突更加激烈。武汉码头工人数量众多、人员复杂，难以控制，因此国民政府花费很大力气对其进行管理，包括：设置码头专管机构、整理码头业务、征收码头工人公益金，以及成立码头工会等。国民政府虽然努力想使码头工人纳入掌控之中，但政策上的高压管制与实际处理中的妥协处置之间的矛盾、多方参与管理与多头利益之间的冲突，以及官员的拘私枉法却将其置于十分尴尬的处境。到解放前，国民政府疲于应付内战，官员们忙于中饱私囊，使得码头秩序失去了控制。随着近代武汉社会经济的发展，码头工人群体及其群体意识经历了从产生、发展、兴盛到衰落的过程，并反过来对近代武汉的经济、政治及城市社会等方面产生了深刻的影响。这并非武汉独有的现象，在近代中国各大城市均有相似的情形。综而观之，码头工人是近代中国社会转型的产物，码头工人群体的产生与壮大在中国的社会转型

中起到了一定的积极作用,但过于庞大的码头工人群体又在一定程度上阻碍了中国的近代转型。数量庞大的码头工人群体的长期存在,反映了近代中国社会转型的缓慢与曲折。

中文题名 高丽与辽、北宋朝贡路研究

英文题名 Goryeo and Liao、Northern Song Tributary Route Research

作者 王占峰

导师 朴灿奎

学位授予单位 延边大学

学科专业名称 世界史

学位年度 2008

论文级别 硕士

中文摘要 本文在总结前人的研究成果之后,尝试阐述高丽、辽、北宋时期,东北亚政治格局的转变及其所带来的朝贡路线的变迁,和朝贡路线变迁给三国带来的影响。高丽与辽、北宋建国的初期,三国政局不稳。高丽与辽、北宋的朝贡路线主要承袭了唐朝时期的朝贡路线,但随着三国政治格局的稳定,中朝朝贡路又有了新的发展。同时,这一时期的朝贡路线又具有了新的时代特点。辽朝期间存在着多个政治统治中心,辽独特的统治形式,使高丽同时前往多个朝贡地点朝贡的现象,开辟了中、朝陆路朝贡史新的历史时期。北宋南方经济、航海技术的空前发展,使得北宋在沿用唐代海路交通路线的基础上,中、朝海路往来空前繁盛起来,从而带动中、朝海上贸易的繁荣。纵观中、朝朝贡路发展情况,可以看出彼时的朝贡路发展承前启后,奠定了中、朝现代交通道路的基本格局。由于北宋在东北亚地区的经济、文化先进地位,以及受到北方辽政权的影响,中、朝交流的主干线开始由陆路向海路转变。通过对高丽与辽、北宋时期朝贡路的研究,我们能够清楚地了解10世纪末至11世纪初东北亚的局势及演变,了解了东北亚政治格局的中、朝陆路、海路交通的发展情况,及朝贡路对高丽、辽、北宋所产生的深刻影响。从而可以看出中、朝朝贡关系的发展,是中、朝朝贡路发展变迁的主导因素,同时,朝贡路的发展变迁情况又影响着中、朝两国关系在特定历史时期的发展情况。朝贡路的畅通与否,是中、朝交流的晴雨表,从中可以看出朝贡路所起到的朝贡关系纽带作用是不容忽视的。总之,朝贡路是朝贡关系体系中重要的组成部分,在两国确立朝贡关系之后,朝贡路即成为两国联系的重要纽带。与此同时,朝贡路的发展、变迁,也同样对双边关系以及两国的发展产生重大的影响。研究高丽与辽、北宋时期的朝贡路变迁情况,对于研究中、朝朝贡体系具有重要的意义,也是本文力争阐明的观点所在。

中文题名 高岐与《福建市舶提举司志》

英文题名 Gaoqi and History of Shibosi in Fujian Province

作者 戴少娟

导师 谢必震

学位授予单位 福建师范大学

学科专业名称 专门史

学位年度 2007

论文级别 硕士

中文摘要 在众多关于福建市舶司的记录史料中,高岐的《福建市舶提举司志》是具有特殊价值的一种。《福建市舶提举司志》篇幅虽不大,内容却极其丰富。其中关于福建市舶司的记载,十分精彩而宝贵。这些记载为研究中国古代市舶制度尤其是明代市舶制度,研究古代福建特别是福州与琉球的交往提供了重要的史料,对开展海交史、经贸史及福建地方史等方面的研究大有裨益。目前国内外对高岐及

《福建市舶提举司志》的研究,大多局限于零星材料的引用上,其中关于福建市舶司的相关记载,在研究中国古代市舶制度和市舶司的专著和学术论文中被广泛征引,受到了高度重视。尽管如此,对《福建市舶提举司志》一书本身的系统研究还是有很大的空间和价值,这也就是本文研究的出发点。本文拟就高岐所编辑的《福建市舶提举司志》所记之关于福建市舶提举司的机构设置、历史沿革、官员体制、中琉贸易等方面的内容进行畅述,引入历史文献学、中外关系史的研究方法,对中国古代市舶制度产生和演变及朝贡贸易政策的变化等进行分析。通过考证、论述和辨析深化对《福建市舶提举司志》内容的研究。

中 文 题 名 **功能与秩序:清代漕粮的运、储、粜、赈及相关问题研究**

英 文 题 名 Function and Order: Study on Transport, Storage, Lower Prices, Relief and Relevant Problems of Tribute Grain in Qing Dynasty

作　　　者 杨露春

导　　　师 吴琦

学位授予单位 华中师范大学

学 位 年 度 2009

论 文 级 别 硕士

中 文 摘 要 清代是漕运制度臻为完善的朝代,对漕运各项功能的发挥也作了积极有效的探索。学术界在论述清代漕运的政治和军事功能的同时,对漕运的社会和经济功能也多有探讨,但不够深入细致。因此,本文试图从政府社会控制的角度,在古代粮食安全问题的观照下,以动态的视角揭示清代漕粮的运输、仓储、平粜、赈济的各个环节及相关活动,从而揭示漕粮的经济及社会功能和意义,以及清政府政策选择的变通性及现实需要性。漕粮上关天庾,首先必须保证王朝的统治心脏——京师地区对粮食的日常需求。综观整个清代,政府对于漕粮的运输和利用,一直存在着两套运输体系和运用方案。一是向上的运用体系,即漕粮征收后,通过漕仓和运道的存贮和运输,最终到达京师地区的京、通各仓,实现漕粮的分配以及对京畿地区的粜赈。这是漕粮直接的用途和功能,其政治意义重于社会经济意义;一是向下的运用体系,即当地方发生灾歉饥荒、仓储缺额或军饷缺乏等情况时,政府通常会截留部分漕粮于地方,通过运道的转运和漕粮仓储的存贮,对地方进行平粜和赈济,使漕粮参与到对重要省份的荒政体系中。虽然这是漕粮的非常规用途和功能,但仍然有着重要的社会经济意义。有清一代,作为政府机动财力的一部分,漕粮截留的数量之大、次数之多、效率之高,堪为历代之最。其被视为一种有效的应急机制,与漕粮的运输体系和仓储体系相辅相成,有效实现了漕粮在时间和空间上的转移。最后政府通过市场和行政两个途径,利用漕粮对京师以及各省进行平粜和赈济,是朝廷荒政体制的重要组成部分,体现了政府社会控制的理念。但是由于漕粮数量的有限性及用途的特殊性,再加之运道和仓储维护力度的差别,漕粮粜赈对清代社会的调节作用是有限的,在时间上持续性不足,空间上受益范围有限。可以说,漕粮的经济意义和社会赈恤功能的发挥在整个清代呈马鞍形的发展态势。清代前期,漕粮折价通常过高,导致漕粮征收秩序的紊乱以及社会的不安定。咸丰朝以后,朝廷在大部分征漕省份实行漕粮折征,一定程度上整顿了漕运秩序。但由于时代环境以及漕粮改折的技术性缺陷等原因,清代后期大规模的漕粮折征并没有能挽救漕政颓败的趋势。保水济运政策是清政府为保证漕粮的顺利运输而采取的措施。因其涉及到漕粮的运输环节,并易与运道附近的民田在对水利资源的利用方面产生利益冲突,因此本文在附录部分加以阐述。并从中透视在这场因水资源而产生的利益争夺中,政府的态度以及所采取的应对措施。

中 文 题 名 **古代越南的海洋意识**

英 文 题 名 Maritime Consciousness of Ancient Vietnam

作　　　者 于向东

导　　师　庄国土
学位授予单位　厦门大学
学科专业名称　专门史
学 位 年 度　2008
论 文 级 别　博士

中 文 摘 要　越南位于中南半岛东部,陆地自然生存条件优越,东临广阔的海洋,既具有内陆的封闭性,也具有面向海洋的开放性。学术界一般认为古代越南很少与海洋发生联系、不具备海洋意识。实际上,越南在其历史文明的演进过程中,早已开始接触和认识海洋,与海洋有了各种联系,海洋文明依附于陆地稻作文明而存在。文献著述、神话传说和海神信仰是古代越南海洋意识得以表现出来的文化与宗教形态载体。古代越南文献形成较晚,其中也有一些旁及或专门记载海洋的官、私著述,有些作品还鲜为人知。《越甸幽灵集》、《岭南摭怪》中的一些海洋神话传说故事,折射出古代民族起源、抵御"外侵"和日常生产生活的史影,值得深入考察。南海龙王、天依阿那演婆、南海四位圣娘、郈阳夫人、"嘎翁"(鲸鱼)作为海神,起源多样,体现出多种文化的影响,成为古代越南特别是阮朝早期官方和民间涉海崇拜与祭祀的最主要对象。海洋神话传说和海神信仰从文化和宗教层面上反映了越南古代居民对海洋的认识和思考。古代越南所进行的海洋开发、海洋航行等活动则是其海洋意识得以产生和发展的客观社会背景和行为基础,同时也促进了其海洋意识的发展。海洋意识形成后,也会对其海洋活动产生一定的影响。"以江治海"和御咸堤的修筑、海盐的生产与流通、夺海垦荒和利用海口海港进行有限对外贸易以增加收入、满足消费需求,形成了古代越南海洋开发活动的传统。其近海海口、海门的航行活动早已存在,民间流传的针路歌谣是其反映,19 世纪阮朝南、北漕海运是其重要表现。18 世纪末和 19 世纪前期,随造船航海技术进步和海洋意识的发展,越南阮氏和阮朝文武官员驾乘其帆船,频繁前往"下洲",也曾前往"小西洋"进行"公务"活动,远航至东南亚海岛国家和印度东部海岸,其古代航海活动发展到顶峰期,其接触海洋的范围和认识海洋与世界的眼界都得到扩展。古代越南在接触、开发海洋过程中,封建帝王、士大夫和民间形成了多层次、多方面的海洋意识,对海洋有了诸多了解。从文献史料考察,可见其对海口海港、岛屿沙洲和航海针路等具体记载,还有对海洋、海洋形状、海潮大小的具体和抽象认识,以及海洋神祇、方位、财富、灾害、海疆防守认识等内容多样的海洋意识。其中海为巨物的神秘观念、"山金海银"的财富思想和"水师长技"的自豪感,对于古代越南历史文明产生了较大影响。古代越南的海洋意识总体上表现出直观多于抽象、近海活动的记载多于远海活动的记载,自然现象的如实罗列多于有思想深度的论证分析,有关海洋思辨性的思想观念几无所见。15 世纪的阮廌、18 世纪的黎贵惇,特别是 19 世纪前期明命帝的海洋意识内容较为丰富,影响较大,在越南古代海洋史上具有较高地位。黎贵惇关注海洋,所著《抚边杂录》中对于越南中部和南部沿海岸地区、近海岛屿沙洲和近海航海活动有较多记载。现代越南官方和不少学者均把其记载作为对我西沙和南沙群岛拥有主权的"重要典据"之一。实际上,黎贵惇所谓的"黄沙渚""大长沙岛"只是其中部近海海域的岛屿、沙洲,与中国的西沙和南沙群岛无涉。古代越南的海洋意识和海洋活动的传统在现代历史时期仍然存在并得到提升。20 世纪 70、80 年代,越南的海洋意识恶性膨胀,导致其挑起中越两国之间关于南海诸岛主权归属争端,大肆掠夺南海油气等资源。目前,在革新开放和经济建设事业不断取得成效的基础上,越南进一步制订和实施了全面的海洋战略,使其"海洋强国"的梦想正在逐步变为现实。

中 文 题 名　古代中日官方贸易述论
作　　者　王芳
导　　师　黄尊严
学位授予单位　曲阜师范大学
学科专业名称　世界史
学 位 年 度　2005

论 文 级 别 硕士

中 文 摘 要 中日两国是一衣带水的邻邦，有二千多年友好交往的历史，政治、经济、文化上的联系十分密切。中日贸易是两国经济文化交流的重要渠道，它可以通过官方交往和民间往来两种方式进行。伴随着官方交往进行的商业贸易活动，称之为官方贸易。官方贸易在古代中日贸易交往中占有主导地位，对古代中日两国的发展和繁荣，曾产生过深远的历史影响和积极的历史作用。本文以唯物史观为指导，在借鉴相关研究成果的基础上，采用分析、归纳的方法对古代中日官方贸易问题进行了深入细致的探讨。本文阐述了古代中日官方贸易的发生、发展、变化及其规律，重点介绍了从两汉至明清各个历史时期官方贸易的方式和内容，详细叙述了历次贸易的使节、使船、航路、贸易品等，并在此基础上，剖析了其特点，论述了其影响。古代中日官方贸易经历了漫长而曲折的发展过程，大致可以分为萌芽、发展、鼎盛、低潮、衰落五个时期。各个时期的贸易方式和内容具有不同的特点。萌芽时期(公元前一世纪后半期—公元二世纪)：这一时期的官方贸易是单向性的，只有日本前来朝贡，没有汉王朝遣使赴日贸易。日本的贡品仅限于奴隶一项，汉王朝的回赐品也多为土特产品。此时官方贸易的主要方式表现为：日方来华朝贡，中方回礼馈赠。这是一种处于萌芽状态的初级形式的商业经济活动。发展时期(公元三世纪—五世纪)：这一时期不仅有楼国遣使朝献，而且有中国王朝使节携赐物赴日。贸易品虽仍以土特产品为主，但比前代更为丰富。此时的官方贸易已发展成为双向往来的更为成熟的商业经济活动，但由于依赖于政治外交活动，因而带有强烈的外交礼仪色彩，并容易受到国内及国际局势变化的影响，从而呈现出时兴时衰的状态。鼎盛时期(公元七世纪—九世纪)：这一时期中日间使节往来频繁，官方贸易呈现鼎盛局面。日本派遣的使团通过朝贡和在中国购物两种渠道实现了两国之间的物品交换。遣唐使作为沟通中日经济贸易往来的渠道，曾兴盛了二百多年，直到唐末才逐渐衰落下去。分析其衰落的原因，主要有两点：一是这种商品流通方式在经济上是落后的；二是在财政上给两国造成了沉重的负担。低潮时期(公元十世纪—十四世纪)：这一时期中日民间贸易空前繁荣，官方贸易受到冲击而大为减少。它不再依附于政治、外交活动，交易方式失去了外交礼仪色彩，不再以馈赠为主要方式，取而代之的是朝廷为满足某种需要而进行的买卖活动。同时，中央政府和地方官府为恢复和发展官方贸易而进行的贸易交涉，给官方贸易活动增添了一个新内容。衰落时期(公元十四世纪—十七世纪)：这一时期主要是明日之间的勘合贸易。明日缔结了两次勘合贸易条约，对日本来华贸易的年限、船只、人数都进行了限制。勘合贸易船装载的货物大致可分为朝贡方物、使臣自进物、国王附搭品三类。勘合贸易对明朝而言，非但未能抑制倭寇，反而成为明廷的沉重包袱，日本也因国内政局动荡而无法统一组织勘合贸易船，中日勘合贸易终于在嘉靖年间彻底结束。清朝初期，康熙帝曾派出官船赴日贸易，但由于受到两国国内局势的制约，始终未能建立起正式的官方贸易。综观古代的中日官方贸易，其主要特点有以下数端：首先，朝贡贸易贯穿了整个古代中日官方贸易的全过程，古代中日官方贸易实质上是一种以朝贡和回赐的形式进行的朝贡贸易。其次，中华帝国作为宗主国，必须给前来朝贡的日本以回赐，为了提高国际威望、赢得表面上的尊荣，历代中国王朝不惜付出巨大的经济代价。古代中日官方贸易对于当时的中华帝国来说，是一种厚往薄来的不等价贸易。第三，古代中日间的官方贸易与各自的国家利益紧密相关，以两国的政治需要为前提。古代官方贸易的盛衰，以各个时期双方的共同需要为依归，随两国外交关系的演变而变化，受两国外交关系的好坏制约。第四，在古代中日官方贸易的过程中，往往伴随着广泛的人才和文化交流。中日之间贸易使团频繁派遣，必然伴随有人才交流。人才济济的使团促进了中日文化交流，尤其在传播中国文化方面做出了不可磨灭的贡献。第五，古代中日官方贸易范围广泛，贸易品种类繁多，涉及社会经济文化生活的各个方面。古代中日官方贸易密切了两国的经济文化联系，促进了两国的经济文化交流，对两国的经济文化发展产生了深刻影响和积极作用。在整个古代官方贸易过程中，中国对日本的影响居主导地位，因为古代中国的经济、文化比日本先进得多。但在某些方面日本也有独到之处，可以反转过来对中国进行"逆输出"。伴随着官方贸易交往，大陆先进的科学文化技术被广泛传入日本，加速了日本经济、文化的发展，促进了日本生产力的进步和文化水平的提高，丰富了日本人民的物质生活和精神文化生活。同时，日本在经济、文化方面的逆输出，在一定程度上也给中国以积极

的影响。中日两国间开展的经济贸易活动，还有助于两国外交关系的改善和发展，在特定的历史时期可以促成两国友好邦交关系的建立。

中文题名　古代中日民间贸易述论
作　　者　祝国红
导　　师　黄尊严
学位授予单位　曲阜师范大学
学科专业名称　世界史
学位年度　2005
论文级别　硕士
中文摘要　古代中日民间贸易是中日友好交往的重要组成部分，对两国经济交流和友好关系的发展起了重要的促进作用。但是，目前学术界对民间贸易的研究还较薄弱，系统性、专题性的研究成果更是少见。本文运用唯物史观，着重论述了古代中日两国民间贸易的发展轨迹、历史特点及其重要影响。古代中日民间贸易源远流长，其发展大致经历了三个阶段：公元前3世纪——公元6世纪，为初始阶段。由于受造船、航海条件的制约，加上日本商品交换意识淡薄，中日民间贸易只是一种偶然的、非定期的往来，且以简单的物物交换方式进行，但它却成为两国民间贸易长河的源头，为以后大规模的贸易往来奠定了基石。公元9世纪中叶—14世纪，为发展阶段。这一阶段民间商船往来频繁，成为无国交时代两国经济和文化交流的重要桥梁和纽带，奠定了明清时期两国民间贸易鼎盛的基础。16世纪20年代—19世纪中叶，为鼎盛及由盛转衰阶段。这300多年的中日民间贸易发展颇为曲折，先是在海禁逆境中顽强成长的走私贸易，尔后是乘风破浪、长途跋涉、迂回辗转的转口贸易和中介贸易，最后终于迎来了海禁解冻后欣欣向荣的自由贸易，充分显示了民间贸易那荡气回肠的气势和所蕴含的强大生命力。此后，由于日本政府对贸易的限制明显加强，两国贸易才走向衰落。纵观古代中日民间贸易史，从中可以发现以下三个特点：从贸易载体看，经历了一个由大陆移民到商人，再到商人集团的发展过程。先秦到南北朝时期，贸易的载体主要是掌握先进技术的大陆移民。自唐朝开始，商人力量日益增强，先是中小商人，尔后出现了拥有雄厚资本的大商人、商人集团。唐宋元时期的经营活动以商人独资经营为主，明清时开始向合资经营转化，且经营中出现了资本主义萌芽的因素。贸易载体的这一发展变化，从一个侧面说明了两国民间贸易不断发展的趋势。从贸易流向看，经历了由单向性贸易向双边性贸易的发展过程。从先秦到北宋，由于中国商品经济发展的程度和造船航海技术远远高于日本，中日贸易流向主要是中国商船赴日，属单向性贸易。从南宋开始，随着商品经济的日趋发达和造船航海技术的不断提高，日本具备了远航的能力，日本商船来华日趋频繁，中日双向性贸易繁荣起来。从贸易发展的趋势看，民间贸易在各代的发展很不平衡，起伏不定，经历了一个颇为曲折的历程。南宋时，由于中日两国政府都采取了鼓励贸易的政策，民间贸易获得突飞猛进的发展；元代则处于相对低潮时期，特别是元朝前期，由于元日战争的影响，史书中难见中国商船赴日的记载，来华日船也较南宋时大为减少；明中后期到清代1684年之前，由于清政府厉行海禁，致使两国的民间贸易以走私这种畸形方式表现出来；而从1684年清政府解除海禁到1715年，中国商船踊跃赴日，中日贸易迅速达到鼎盛，创古代两国民间贸易史的最高水平。显然，民间贸易的曲折发展是同政治因素尤其是统治阶级对贸易的态度直接相关的。古代中日民间贸易对两国产生了重要影响：首先，它成为促进两国经济发展的加速器。技术的交流推动了两国生产力的发展；金属以及金属货币的交流，刺激了两国商品货币经济的发展；贸易税收成为两国财政收入的重要来源；贸易规模的扩大在一定程度上又刺激了丝织业、制瓷业、印刷业等相关产业的繁荣，推动了城市商业的发展。其次，丰富了两国人民的物质生活和精神文化生活，成为两国文化交流的纽带。丝绸之路的丰富内涵，满足了两国人民的物质需求；书籍之路的独特魅力，丰富了两国人民的精神文化生活，促进了两国的文化交流。第三，架起了沟通两国官方交往的桥梁。在中国的汉魏时期和明代，对两国官方关系的建立和发展起了重要的推动作用。在官方交往中断的五代宋元时期，

对维系两国的友好关系更发挥了主导作用。

中 文 题 名 关于胶东渔民号子的探究

作　　　者 王毅

导　　　师 李海鸥

学位授予单位 山东师范大学

学科专业名称 音乐学

学 位 年 度 2009

论 文 级 别 硕士

中 文 摘 要 劳动号子,是一种直接伴随着劳动进行歌唱的民间歌曲。它产生于劳动,并直接为劳动服务,有着强烈的生活气息,音乐性格粗犷豪迈、坚定有力。号子的种类很多,包括搬运号子、工程号子、农事号子、行船号子、捕鱼号子等,笔者以捕鱼号子中比较典型的,胶东沿海地区的"渔民号子"为主要研究对象,着重从胶东渔民号子的分类简介、词曲和曲式结构特点、以及文化遗产价值和保护继承的措施等方面进行认真细致的分析研究和挖掘整理,以期比较全面的、立体的认识胶东渔民号子的音乐特色及其所取得的艺术成就,为我国非物质文化遗产的保护和传承工作做一点自己的贡献。本文共分四个章节。第一章简要介绍了民歌体裁的分类和基本特征,以及劳动号子的体裁特点和功能意义。第二章比较详尽的介绍了胶东渔民号子的种类,大体分为平号、急号、慢号三大类。"平号"是渔民们在从事日常的捕鱼劳动时所唱的渔民号子;"急号"是渔民们在海上追赶鱼群或与狂风恶浪搏斗时所唱的渔号;"慢号"则是鱼虾满仓,渔民们在顺风轻橹返航的时候,怀着十分喜悦、舒畅的心情所唱的渔号。文中对每个种类都进行了举例分析,对胶东渔民号子进行了比较全面直观的阐释。第三章从音乐本体方面深入全面的分析了胶东渔民号子的音乐特点。这一章包括两部分:一、胶东渔民号子的词曲特点。用词方面,大部分只用虚词来指挥劳动和表达情感;节奏方面,与劳动的自然节奏紧密结合;旋律方面,北海渔号与东南二海的渔号有所不同,北海渔号的音阶多以七声和六声音阶的"宫、征"调式为主,而南海和东海的渔号多采用纯五声性音阶的"商、羽"调式为主。二、胶东渔民号子的结构特点。有上下句重叠式、一部式、二部式和复部式四种主要形式。第四章对胶东渔民号子的文化价值及保护传承措施进行了分析研究。从当下胶东渔民号子的现状出发,结合胶东地区的实际情况,为使其得到合理有效的保护和继承提出可行性的建议。笔者希望通过对胶东渔民号子的全面阐述,使人们重新准确的认识这一优秀的地域民族音乐文化,从而为有效的保护和传递这一宝贵的民间艺术珍品做出自己的贡献。

中 文 题 名 海不扬波:中国对外战略中的海军问题(1884－1894)

英 文 题 名 Sea is a Wall: The Lost 10 Years of China Navy and Strategy (1884－1894)

作　　　者 邱伟

导　　　师 许琳

学位授予单位 吉林大学

学科专业名称 国际政治

学 位 年 度 2007

论 文 级 别 硕士

中 文 摘 要 19 世纪后期是近现代海权思想和理论形成的时期,在 19 世纪最后几个十年里,世界范围内的海军技术变革奠定了近现代海军装备和战略的基础。晚清中国在 19 世纪后半程致力于发展一支近代化的海军力量,但在取得了初步的成就后,在 19 世纪最后两个十年里的最新最关键的海军技术变革期里,国家却停止了对海军事业的投入,致使晚清中国的近代海军事业最终功败垂成,而国家的对外战

略,也因为在一个强权政治和炮舰外交的时代里失去了属于自己的坚强海军威力的支持,而陷入了长期的被动和困境。本文运用历史学和战略学的方法,通过溯源的解读19世纪后期近代海军技术和近代海权思想的发展,把晚清中国近代海军事业同国家的外交和对外战略放在一个共同的历史分析框架中,思考了晚清中国在大变局时代,海军不强,海权无希望,而国家命运也衰颓不振作的原因,认为19世纪的中国,由于海军失去了发展崛起的历史契机,致使国家也失去了自救自强的一次机遇。

中文题名　海权理论视野下的德占胶澳

作　　者　张艳花

导　　师　路遥

学位授予单位　山东大学

学科专业名称　中国近现代史

学位年度　2006

论文级别　硕士

中文摘要　近代中国的落后挨打局面,既受政治、经济、文化等诸多因素影响,也与近代中国海防衰败相关。本文通过对近代德国重视海防,推行海洋战略的历史考察,进而与晚清政府在海防问题上的陈腐观念相比较,从而再现中国近代海军逐渐覆没、制海权丧失、海上门户大开的历史进程。通过比较以揭示世界列强尤其是英、德等海上强国入侵的内在原因,并阐明海防对中华民族安危的关键性作用。本文以德国侵占胶州湾事件为背景展开,以往对德国占领胶州湾事件的研究,中外学者大多着眼于政治、经济、文化等因素的分析,很少有人从军事视角加以探讨。本文对比了中德两国政府对近代海军建设的不同态度及由此导致的国运兴衰,并由此论证:提高海防意识,建立一支强大的海军对于保卫国家的安全是至关重要的。文章第一部分从海权的角度阐述德国侵占胶州湾的必然性,作为海权理论实践主体的德国海军的发展和活动将是本文论述的重点。本文通过中德海军的建立、发展及其活动的比较,论证中国清政府海防意识淡漠的危害。对此尝试从德国和胶州湾两个方面予以探讨:从德国方面看,19世纪末经济的迅速发展是促使德国对外策略改变的基本原因,这一方面以往论著已有较为详细的论述;思想意识方面的因素不容忽视,人们会惊奇地发现当时德国无论民众还是高层官僚在对外扩张方面几乎都是同一个声音,写作中参照了德国学者余凯思的有关研究;本文的重点是军事方面,即对德国侵占胶州湾的主体—德国海军的论述声从德国海军发展的历程看,它的对华活动受到了当时德国政府部门高层官僚尤其是被称为“海军之父”的蒂尔皮茨的重要影响;德国海军部对胶州湾的占领是这部分论述的另一个重要方面,本文试图论证德国海军的发展及其活动是影响德国侵占胶州湾的诸多因素中不可忽略的一个极其重要因素,尤其是德国高层对海军的决策,不仅影响德国海军在华活动,而且对世界局势的改变也起着举足轻重的作用。文章第二部分论述胶州湾事件,德国之所以会选择侵占胶州湾,与胶州湾独特的地理位置有关。本文通过德国选择海军基地的一系列活动,展现德国最终选择胶州湾的政治和地理原因。山东大学硕士学位论文文章第三部分叙述了晚清政府的海防状况及其策略,并通过德国海军和清政海军实力的对比指出德国积极发展海上力量逐渐跻身世界强国之列,并依靠船炮利迫使清政府接受了城下之盟;而清政府却利用国家机器制定各种政策压制洋经济发展、限制本国海防力量成长,以致造船工艺落后、战船质量低劣、海空虚、机动作战能力低下,从而在战争中被动挨打,并被迫接受入侵之敌强加丧权辱国条约。

中文题名　汉唐漕运与军事

英文题名　A Study of the Relationship between Military Activity and the Grain Transport by Water in the Han – tang Period

作　　者　张晓东

导　　　师　章义和
学位授予单位　华东师范大学
学科专业名称　中国古代史
学 位 年 度　2008
论 文 级 别　博士
中 文 摘 要　汉唐时期漕运的产生和发展与军事活动的需求存在着密切的关系,漕运具有重要的军事功能。汉唐历代都利用漕运推动统一战争进程。在统一力量占据优势时既有利用漕运运送军粮,也有借运河漕运同船运兵的做法;为了推动统一战事的发展,开通运河通往战略要地形成军事交通运输线也是有效的策略;很多政权会在要害地区建立漕运系统,进行积极的消耗战。前代的漕运系统会被分裂时期不同军事力量利用来再次完成统一。汉唐时期的漕运在边事上发挥的作用也不可低估。边事的重心也就是漕运活动的重点之一。汉唐边事的重心在北方,而以西北为主,隋唐时期出现了东移的趋势,漕运活动和漕运系统受边事影响,也发生了相应的变化。军事地理局面也对漕运发生深刻影响;反之,漕运系统的发展也会对军事地理格局的变化发生影响,会强化和改变原有的军事地理特征。军事地理格局和漕运之间的关系主要是围绕军事重心和区域关系两方面的变化而发展变化。漕仓是漕运系统的重要组成部分。有的漕仓是军用仓储,甚至作军事据点;很多漕仓是州郡大仓和转运仓,也为可能发生的军事活动储备和调配军粮。汉唐国家通过漕仓集中运用经济资源,来巩固政治军事权力,加强一统。漕仓选址布局的考量,不仅从经济和交通方面进行,也包含了战略需要。从漕运的军事作用来看,它是支持大一统制度建立、发展的命脉所在。

中 文 题 名　**后金崛起后明朝与朝鲜关系初探:以由登州港入境的朝鲜使节为中心**
作　　　者　张婷婷
导　　　师　陈尚胜
学位授予单位　山东大学
学科专业名称　专门史
学 位 年 度　2005
论 文 级 别　硕士
中 文 摘 要　本文主要研究的是后金崛起后,以登州港为背景,明朝与朝鲜关系的发展,旨在从中外关系史的角度,阐述以使节交往的主要问题为背景而展开的两国关系的发展变化。本文以从登州港入境的朝鲜使节为中心,力图借助他们所写的《朝天录》,对其活动行迹进行考察,以求从一个侧面深入了解后金势力崛起辽东时,由登州入境的朝鲜朝贡使团其主要使命,与从前是否不同。本文还讨论了在当时复杂的东亚局势下明朝与朝鲜、后金之间由于实力消长而导致的关系演变过程,和明朝、朝鲜的外交理念各发生了怎样的变化,及登州在晚明的作用,进而探讨17世纪东亚国际关系的格局和变动轨迹及其对中韩两国的影响。本文共分五部分:第一部分导论主要阐述研究后金崛起后明朝与朝鲜关系课题的学术价值和现实意义,并介绍了多年来学术界关于以登州港为背景的明、鲜关系的研究成果,并提出本文的研究思路和结构。第二部分是对登州港重新开通历史背景的阐述,分后金崛起之前和之后两个时段分别考察明、鲜关系的发展态势,对登州港重新开通的原因进行了分析和研究。第三部分根据史料对历次由登州港入境的朝鲜使团做了统计,并针对其中的四次朝鲜使团活动做了具体考察,包括其出使的目的、背景、经过、及使命的完成情况。第四部分根据对前面使团活动的分析和研究,阐述这一时期明、鲜关系中涉及的主要问题及发展方向,以及双方的外交政策、统治者外交理念的发展变化。第五部分对后金崛起后明鲜关系的发展情况进行了总结概括,并分析了隐藏在两国关系背后意识形态上的一致性,还对登州港在明鲜关系中的作用做了总结。第六部分根据前辈的资料将整个明代朝鲜使节的实录进行了汇总,制作一览表。

中文题名　**湖南近代航运业研究**

英文题名　A Study of Modern Shipping Industry in Hunan Province

作　　者　黄娟

导　　师　严昌洪

学位授予单位　华中师范大学

学科专业名称　中国近现代史

学位年度　2009

论文级别　博士

中文摘要　湖南省位于我国中部,居长江中游,是典型的内陆省份。境内以洞庭湖为中心的湘、资、沅、澧四水及其支流,向东南西三面呈辐射状分布联通省内腹地,北与长江相接,形成一个外联长江内通74个市镇的水运网络,水上交通堪称便利。至近代,湖南航运业的发展兴衰引起了沿岸城乡及辐射区域的经济变迁。作为居于内陆的中部省份,这种变迁更能发映出中国整体经济近代化发展的趋势和程度。本课题主要着眼于湖南近代航运业兴衰变迁下,区域经济的发展变化,探讨二者之间的关系。既关注湖南近代航运业的发展历程,也关注这种变化对区域经济产生的影响,并进而探讨内河航运在立体运输网络中应有的地位和作用。得天独厚的水运网络为近代湖南航运业兴起提供了航道优势,近代社会各种经济和政治格局的变迁则为之提供了深层的经济动力。近代航运业作为新生产力和新生产关系的代表开始走上历史舞台。然近代中国国情的特殊决定了湖南近代航运业的发展是不寻常的。从最初的受制于外国航运势力,到后来国民政府时期的发展高潮,从抗战期间急遽衰落,到内战时期的短暂复兴,湖南近代航运业的发展过程与当时的政治、经济背景有着密不可分的联系。尽管各个阶段都因历史环境的不同呈现出各自的差异,但从整体上来看仍然体现了历史发展的延续性。除了整体社会环境的影响之外,湖南航运管理机构、民间行业组织从制度层面对湖南近代航运业发展发挥了重要作用。但作为不同利益集团的代表,政府与民间航运组织之间必然存在利益分歧,并通过二者之间从未间断协调与沟通、冲突与矛盾的互动关系反映出来。政府管理机构和民间航运组织之间的对话与权衡,既是时代造成的,同时又对历史发展趋势产生了重要影响。湖南近代航运业既是区域经济发展的一种结果,并深受经济变迁的影响;同时其发展兴衰的过程也对区域经济的发展产生了重要的反作用。运输能力的提高在扩大市场前提的基础之上,推动了区域产业的进步、贸易的繁荣,改变了人们经济生活的习惯;与此同时航运业的发展亦对城市的兴衰产生重要影响。而与鄂省近代航运业发展对比我们发现,湖南近代航运业的发展深受区域经济特点的影响,又对区域经济的性质起到一定的巩固和促进作用,湘鄂两省的近代航运业因此呈现出不同的特点,两省的经济也在近代航运的推动之下,走上了不同的发展道路。航运承担了内陆省份重要的运输职能,亦是生产重要的环节,在区域经济发展中有着举足轻重的位置。航运的发展既得益于区域经济的进步,深受区域经济性质的影响;反过来航运的进步也是对区域经济特点的一种承继和巩固,在促进区域经济发展上发挥了积极的作用。在综合运输体系中,各种运输方式具有一定的适用范围,在国民经济建设中各自发挥着重要作用,不可相互取代。从运输经济特点看,航运业在运输成本、运输能力、运输能耗和固定资产效率等方面具有明显优势。将之纳入高效便捷低成本的立体运输网络中,让航运业充分发挥其特点和优势对其他运输方式进行有效的补充,不仅能提高整个运输体系的效率,也将为促进社会生产进一步发展提供便利。

中文题名　**湖南近代交通发展与社会变迁**

英文题名　The Development of Modern Communication and the Transition of Society in Hunan

作　　者　余建明

导　　师　周秋光

学位授予单位　湖南师范大学

学科专业名称 中国近现代史
学 位 年 度 2003
论 文 级 别 硕士
中 文 摘 要 交通发展与社会变迁之间有着十分密切的联系。一定地域在一定时期内交通发展的状况必定是这个地区当时社会生产和生活的表征。本文从湖南近代交通发展与社会变迁之间的关系这一角度出发,系统地考察了湖南在从戊戌维新运动到中华人民共和国成立这一时段内交通发展的过程及其与社会变迁之间的互动。文章分为四个部分:第一部分 分别从水路和陆路两个方面介绍了湖南传统的交通方式,并客观地评估了传统交通方式在近代湖南的地位和作用。第二部分 深入分析了近代化交通起步与发展的动因:经济动因是推动湖南近代交通发展最根本的动力;政治动因在推动交通发展的同时也对交通发展产生了一些消极影响。第三部分 分别介绍了近代湖南轮船航运、铁路、公路起步与发展的过程,以及各阶段的发展状况。总结了近代化交通逐步取代传统交通的历史趋势。第四部分 从经济变迁、政治变迁、社会生活变迁、思想观念变迁四个方面分析了交通进步对近代湖南社会变迁所产生的广泛影响。论证了交通发展在湖南从传统社会向近代化社会转型过程中所起的巨大促进作用。文章认为,湖南近代交通发展多从经济、政治目的出发,而交通进步产生的影响却有别于或者超出了人们当初的期望,遍及于经济、政治、社会生活、思想观念等诸多领域。因此,交通发展必须着眼于它对于社会变迁的整体效应,使之与社会进步更好地相互促进。

中 文 题 名 **华南沿海早期文化中的“南海”因素**
英 文 题 名 The Early Cultural Factors from “South China Sea” in the Southern Coastal Region of China
作 者 周芳
导 师 吴春明
学位授予单位 厦门大学
学科专业名称 考古学与博物馆学
学 位 年 度 2007
论 文 级 别 硕士
中 文 摘 要 唐以前华南沿海地区的早期海洋文化的研究一直是一个薄弱环节。笔者依据考古学文化资料,运用考古学文化因素分析法,在前人的研究成果上分析“南海”海洋文化因素对我国南方沿海地区早期文化的影响。第一章主要界定“南海”的地域范围及其内含的文化因素,并呈述其与“亚洲地中海文化圈”的关系。接着笔者在学术史回顾的基础上,提出本文的构思。第二至五章分析了我国南方沿海地区的考古学物质文化资料上体现的“南海”因素,选取了玻璃器、金银器、银币、宗教遗迹遗物及胡人俑等物质文化类别。结合“南海”地区的相关考古资料,分析“南海”文化因素的源流及演变,最终探讨其对我国南方沿海地区社会经济文化的影响。最后一章总结全文,并结合史料与考古学资料,试图复原我国南方沿海与“南海”地区早期文化交流的情况。

中 文 题 名 **《华夷变态》研究**
英 文 题 名 The Study of Kaihentai
作 者 孙文
导 师 王云路;王勇
学位授予单位 浙江大学
学科专业名称 中国古典文献学

学 位 年 度 2009

论 文 级 别 博士

中 文 摘 要 江户时代实行:锁国政策,但从未懈怠对海外特别是中国大陆的政治、军事及社会动态的关注,注意搜集各种情报。每当来自中国和东南亚各国的商船驶达长崎港,便有唐通事登船询问并记录商船主及其它人员的:“风说”,并将其译写成日文上报江户幕府。这类文书被称为“唐船风说书”,后经当时参与风说书解析的幕府儒官林春胜、林信笃父子编集成册,遂成《华夷变态》及《崎港商说》。作为以中日贸易为背景形成的口述史料—唐船风说书在清初中日关系史研究领域具有十分重要的史料价值。本文对《华夷变态》所存录1644－1728年间2300多件“风说书”,进行文献学的梳理,并初步尝试运用其史料对清初历史中的几个问题进行探讨。“序论”部分主要对学术史进行评述,并指出《华夷变态》所具有的多方面价值,在此基础上提出本文的研究任务和研究方法。正文分四章:第2章对《华夷变态》和《崎港商说》的编纂者林春胜和林信笃进行考述,着重探讨他们参与幕府海外情报解析的工作情况,并进一步阐述林氏父子辑录风说书的过程。在浦廉一对《华夷变态》所作的文献学研究的基础上,本文对风说书的传世辑本及其存佚作了探讨。第3章考察了风说书采录者“唐通事”的制度化过程,并从风说书与“唐船”的关系入手,认为“唐船风说书”的缘起在于明清鼎革之际剧烈变动的时局带给日本幕府的冲击,明确了风说书作为国际时事报道的属性,而非一般意义上的贸易文献。通过对风说书内容结构演变及制作方式的分析,运用统计学的方法对风说书与唐船的数量、出发港、唐船的成分及船客的身份等进行考察。第4章围绕欧洲商船在中国沿海的活动、风说书中的郑成功一族、三藩之乱及其对外关系等问题,考察了《华夷变态》所反映的时代. 通过对英国商船活动情况的考察,对早期中英贸易关系提供了一些有意义的数据;通过《华夷变态》存录的“阿兰陀风说书”,考察了荷兰与东南割据势力及清朝政府的关系。第5章风说书虽然不是贸易史的文献,但毕竟是在中日贸易活动中产生的。本章通过对其内容的考察,从清日贸易的角度,对《华夷变态》中所反映的山东、江苏、浙江等地区不同时期商船的活动情况作了初步的梳理。“结论”部分主要对进行简单归纳概括,明确本文取得的成果。

中 文 题 名 **环境·制度·政府:晚清福州开埠与闽江流域经济变迁(1844－1911)**

英 文 题 名 Environment · Institutions · Government: The Opening of Foochow and the Economic Movement in Min Valley in Late Qing Dynasty (1844－1911)

作 者 姜修宪

导 师 吴松弟;邹逸麟;王建革

学位授予单位 复旦大学

学科专业名称 历史地理学

学 位 年 度 2006

论 文 级 别 博士

中 文 摘 要 本文主要探讨开埠后福州港的贸易发展及其与腹地之间经济变迁的互动关系,同时,也从一个侧面探寻了闽江流域近代化的历史进程及其制约因素。在第一部分的绪论中,我们主要介绍与本文相关的一些学术概念、确定研究的区域和时间断限、本课题目前的研究现状及历史、使用的资料、方法及研究意义。同时,简要论述近代以来福州港及其腹地展开活动的历史舞台,即经济变迁所依赖的自然环境和人文条件。在第二章中,我们主要勾勒了福州港贸易的历史进程。我们将其分为两部分叙述,其中1861年以前因历史统计资料的限制,只能以文字描述为主。在本部分中,我们主要针对前人研究中的不足予以补充和纠谬。在后一部分中则主要通过海关贸易统计进行量化分析。在这部分中,通过对海关进出口主要货物——进口的鸦片、布匹、洋杂货、土杂货和出口的茶叶、纸、木材——的归纳整理,我们得以明了福州港主要贸易商品的发展历史进程;通过进口商品销售地和出口商品来源地的分析以明了福州港的大致腹地范围。同时,在本部分中,我们提出史界较少关注的洋货进口作用两面性的问题,并对影响贸易

的因素作了一定阐述。在第三章,我们主要以“开埠为什么没有造成腹地经济的起飞”为学术关怀,主要探讨制约福州港贸易的环境因素。通过对福州城本身商业环境的考察,通过对福州港与其腹地间商品运输的主要渠道—闽江—运输环境的考察,指出不但福州没有为腹地进口商品的销售和出口商品的外销提供良好的市场环境,从而限制了福州港的进出口贸易,而且闽江恶劣的运输环境,也阻碍了商品的流通。而当时的福建地方政府的政治治理又趋于失灵和无效,从而无法突破环境的制约而促进内地经济的发展。第四章主要探讨了市场、商人、制度在福州进出口贸易中的作用。文中对市场变化对茶叶出口贸易的影响、中外商人对商权的争夺以及商业制度对进出口贸易影响诸方面都作了详尽的考察。其中在茶叶的出口贸易问题中,我们探讨了市场、公会、制度在茶叶贸易中的作用,提出了不少与前人研究不同的观点。在第五章中,我们主要依靠清代以来的方志,详细考察了开埠前后腹地地区各县的农业、手工业、商业和农家经济状况的变化,以探求开埠对内地的影响。文中指出,开埠后在闽江流域形成了新兴商埠与传统农业并存、手工业鲜有改良、商业鲜有实质性发展的状况,因此开埠对闽江流域内地的影响甚低。但同时也指出,腹地人民对外向型经济的依赖日趋加重的历史事实。第六章给读者提供了几个探讨政府与区域经济近代化的关系的实例。在文中我们指出政府的两面性问题,以及政府治理的失灵、政治决策的失策对地区经济近代化中的影响至大。论文第七章主要是通过以上各章的论述,从中就本区经济发展中环境、制度和政府的关系进行总体的考察。这是对本文予以升华的部分。最后的结论主要是从历史中探寻经验,指出目前福州港口发展中存在的问题,以及福建现代化过程中所面临的切而要的问题。

中 文 题 名 **会安港的兴衰及其历史地位**
作　　　者 林洋
导　　　师 戴可来;于向东
学位授予单位 郑州大学
学科专业名称 世界史
学 位 年 度 2001
论 文 级 别 硕士
中 文 摘 要 会安(Hoi An),又称会(庯),西方人称 Faifo,位于今越南中部顺广地区的广南省延福县,是 17、18 世纪越 南及东南亚的一个重要的港口城市。会安港位于秋溢江(Thu Bon)入海口处,既是河港,又是海港,且处于当时东北亚与东南亚、太平洋与印度洋的国际航海商路上,交通条件尤为便利。又加之本身优越的自然条件,以及当时阮氏政权优惠的对外开放政策,这些因素使得会安港在 16 世纪末、17 世初迅速崛起,成为越南及东南亚著名的商港之一。各国商船辏集此埠,商贾云集,尤以华商为最多,会安港在 17、18 世纪 达到其鼎盛时期。至 19 世纪初,会安港逐渐衰落,后被 其北部的岘港所取代。本文从会安(Faifo)名称由来,古代时期的会安,会安港兴起繁荣发展及衰落,以及它在历史上的重要作用和地位等几方面对会安港的历史进程进行论述分析。笔者认为会安港发达的商业和海外贸易是阮氏王朝赖以维持政权的经济命脉,它是 17、18 世纪东南亚的经济、文化交流中心,在越南海外交通和东西文化交流中都发挥了重要作用。会安研究可使我们进一步了解里路(越南南方)阮氏政权时期越南经济、社会、文化及政治的发展,对于越南历史及东南亚史研究颇具重要意义,并且也是华人华侨史和海交史研究的重要课题。

中 文 题 名 **济南与烟台城市早期现代化比较研究**
英 文 题 名 The Comparative Study on the Early City Modernization between Jinan and Yantai
作　　　者 刘慧
导　　　师 郭大松
学位授予单位 山东师范大学

学科专业名称 中国近现代史

学 位 年 度 2008

论 文 级 别 硕士

中 文 摘 要 在中国近代社会转型过程中,城市的早期现代化产生了明显的示范效应。在近代山东城市发展过程中,济南和烟台分别作为传统行政中心城市和因商而兴的新兴工商业城市代表,呈现诸多不同特点,有许多规律性值得特别予以关注。本文旨在通过对近代济南与烟台早期现代化的发展道路和发展水平作一番比较研究,为探索当代中国城市化道路提供历史依据和历史借鉴。目前,有关济南、烟台的研究已取得了丰硕的成果,但迄今尚缺乏对这两个城市早期现代化的发展历程进行比较研究。本文依据时间线索,分阶段进行横向比较,共分为以下六部分:第一部分:19 世纪中叶以前的济南与烟台比较。首先从古代济南、烟台的自然环境与早期人类历史进行比较分析。济南在古代人类生存与发展的自然环境方面优于烟台,所以济南拥有比烟台更悠久的人类历史。但是随着近代社会的开始,烟台濒海的优势慢慢凸显出来,烟台对外贸易的发展使其由一个古代小渔村逐渐向近代工商业市镇转变,这为后来外国侵略者选中烟台作为山东首个通商口岸打下了基础。第二部分:近代初期(1860 - 1900)济南、烟台的发展。随着外国资本主义的入侵和烟台的被迫开埠,烟台自然经济逐渐走向解体,走上了半殖民地半封建化城市的发展道路,同时也走上早期现代化道路。济南的自然经济也出现了解体,但由于自然经济解体相对缓慢,济南仍继续沿着传统城市的道路发展,济南和烟台的发展道路开始分离。第三部分:清末济南、烟台的发展(1900 - 1911)。19 世纪末 20 世纪初,随着青岛开埠和胶济铁路的通车,同时面临着北方其他港口城市的有力竞争,烟台逐渐衰落下来,由于贸易范围的缩减和经济功能的削弱,烟台的现代化进程亦相应地受到影响。济南在 19 世纪末遇到了清政府实行"新政"的大好机遇,山东地方官敏锐地抓住了这一机会,并于 1904 年在济南自主开埠。自开商埠成了济南城市现代化的历史起点,济南的早期现代化加速了山东城市格局的变化。第四部分:民国前期济南烟台的发展(1912 - 1927)。津浦铁路的贯通,极大地改变了烟台的商货流向,使烟台由北方一大货物集散港降为专司沿海地区贸易的二流口岸。进入民国之后,由于国际国内诸多因素的影响,烟台的对外贸易除少数年份或个别项目较前有所发展外,总体上呈停滞不前甚至衰退之势,严重地影响了烟台城市近代化进程。辛亥革命爆发至民国前期,山东社会动荡不安,很多城市经济遭到破坏,而济南经济却得到了较快的发展,经济的发展使置身其上的文化教育、社会生活等方面的现代化也不断向前发展。第五部分:对济南与烟台城市早期现代化作总体比较研究。从城市现代化道路、城市发展动力及特点和城市功能地位三方面对近代济南烟台进行综合比较研究,以揭示济南与烟台城市现代化发展的不同模式及其产生原因。最后一部分结语得出以下启示:(1)城市的现代化要坚持对外开放与自力更生相结合,开放的前提是保持主权独立。(2)现代交通运输业的兴起是城市近代化进程不可忽视的重要推动力。(3)安定的社会环境与政府的正确政策是城市发展的重要保证。

中 文 题 名 **嘉道年间广东水师违法违规研究**

英 文 题 名 The Studies about the Irregularity and Violation of the Navy of Guangdong Province during the Period of Jiaqing and Daoguang

作 者 魏珂

导 师 刘正刚

学位授予单位 暨南大学

学科专业名称 中国古代史

学 位 年 度 2006

论 文 级 别 硕士

中 文 摘 要 嘉道时期是中国历史上一个特殊时期,中西方对南中国海域的控制权争夺白热化,广东水师在此阶段担负了剿灭海盗和查禁鸦片走私、抗击侵略的职责。但是水师在惯例巡洋之中并没有完

成自己的任务，不仅庸庸碌碌，消极任事，而且勾结海盗，纵容鸦片走私，吸食鸦片，甚至临阵退缩、危害商渔，严重影响了海疆安全。对水师的不法行为，官府不断给予惩罚并下令整顿，但是违法违规现象仍然此起彼伏。分析其深层次原因，主要是水师生活所迫，制度中的漏洞，以及社会腐败之风影响。

中 文 题 名 **甲午战前的海防经费研究**

英 文 题 名 A Study on the Coast Defence Funds before the Sino – Japanese War

作　　　者 陈先松

导　　　师 欧阳跃峰

学位授予单位 安徽师范大学

学科专业名称 中国古代史

学 位 年 度 2006

论 文 级 别 硕士

中 文 摘 要 海防经费是晚清政府为发展近代海军而专门设置的一笔经费。本文介绍了晚清海防经费的收支沿革并分析了海防经费支绌的原因。第一，陕饷等协款的存在减少了粤海等关解拨为海防经费的四成洋税数额。第二，由于财政上的入不敷出，江苏等省及粤海关拖欠了较多的海防经费。第三，清廷挪用了大量的海防经费。与传统观点不同，本文认为海军衙门成立后挪用的海防经费主要用于东三省练兵而非颐和园工程。海防经费的支绌影响了晚清海军舰队的正常扩充，使得海防经费外临时筹措购船费用日益成为海军发展的主要途径，并最终为《北洋海军章程》确定下来。本文认为，海防经费外临时筹措购船费用对海军发展的推动作用较为有限，甲午战前晚清海军发展的缓慢乃至停滞不前有其历史必然性。

中 文 题 名 **甲午战前英国调停过程研究（1894. 5 – 1894. 8）**

英 文 题 名 A Study on the Course of British Intervention before the First Sino – Japanese War (1894. 5 – 1894. 8)

作　　　者 张巍

导　　　师 权赫秀

学位授予单位 东北师范大学

学科专业名称 中国近现代史

学 位 年 度 2006

论 文 级 别 硕士

中 文 摘 要 中日甲午战争是近代史上的一件大事，它直接改变了远东以及世界的政治格局，其影响至今仍然余波未平，一直是学术界关注研究的热点，有关甲午战争的研究论著有很多，但是目前并没有外交调停方面的专著，并且一些论著在谈到战前的各国调停的时候，往往过分集中于英国对日本的“助纣为虐”，对英国调停的真正目的的分析尚显不足。本研究主要使用了尚未引起了国内外学术界重视的日本外交文书中的英文部分，通过对这段史料的分析，叙述中日甲午战争前英国调停政策从发端到失败的过程，并重新审视英国调停政策的本质和作用：即调停政策是维护英国国家利益，特别是在远东地区的既得利益的主要手段，虽然英国的这次调停，由于受到国际形势的因素的影响和制约，前后有所变化，但是其维护国家利益的根本宗旨从未改变。本文所研究的时代距今甚远，国际形势也发生了巨大变化，但是由于各国的外交习惯具有相对的历史连贯性，对这段历史的认识能够使我们对英国和日本两国的外交行为方式有所了解。本文共分为三部分：第一部分：主要论述的是英国参与调停的历史背景，具体包括英国、中国、日本在朝鲜活动的关注和关系，以及中国和日本矛盾的产生和激化；第二部分：主要论述的英国为避免战

争损害自己的利益，参与调停，具体包括：1. 英国劝说中日双方共同撤军（6月 –7月2日）；2. 英国积极参与调停（7月2日 –16日）两部分内容。第三部分：主要论述的是英国调停方针的变化和终止，具体包括《英日通商航海条约》的签订、条约签订后英国调停方针的变化以及中日甲午战争的爆发后英国调停的终止。

中 文 题 名 **甲午战争在山东**

英 文 题 名 Sino – Japanese War of 1894 –95 in Shandong

作　　　者 梁吉祥

导　　　师 管守新

学位授予单位 新疆大学

学科专业名称 中国近现代史

学 位 年 度 2007

论 文 级 别 硕士

中 文 摘 要 1894年爆发的甲午中日战争，是日本为了实现其大陆政策而与清朝进行的一场以国运相赌的较量，结果清朝战败。甲午战争可分为三个阶段：第一阶段主要是在朝鲜境内进行的，其中主要包括成欢战役和平壤战役。平壤战役的胜利，极大地刺激了日本的侵略野心，日本随即大举入侵中国东北，把战火烧到中国境内，开始了战争的第二阶段，其中包括鸭绿江战役、金旅之战、海城反攻战、山东半岛之战、威海卫之战和辽河下游战役，清军一败涂地，被迫签订了《马关条约》。《马关条约》签订后，台湾人民不甘屈服，掀起了轰轰烈烈的武装抗击日本侵台斗争，构成了甲午战争的第三阶段。本文主要阐述第二阶段中的山东战场。共分三部分。第一部分，甲午战前山东沿海的防御建设。山东半岛为海防重地，与辽东半岛隔海相望，为渤海湾门户。位于山东半岛北岸东端的威海卫与辽东半岛的旅顺口是北洋舰队的两大军事基地，北洋水师在此停泊。为保卫威海卫，清政府在军港两岸设立多座炮台，并在军港正面构筑了各种防御设施，也多次增募和调拨军队以加强沿海兵力。特别是甲午战争爆发后，李秉衡调任山东巡抚，他采取了多种措施加强山东沿海防务，如裁员节能、整顿吏治、添募兵勇等。第二部分，甲午中的山东战场。战前日本当局就开始向中国派遣间谍，为他们日后发动侵略战争做准备。正是由于出色谍报工作，使得日军在战争中真正做到了“知己知彼”。辽东战场结束后，日本为了给清朝更大打击，决定发动新一轮的军事进攻，遂决定进攻山东半岛。日军在荣成湾登陆后，包抄威海卫后路，从陆海两路封锁停泊在威海卫军港内的北洋水师。北洋水师的广大爱国官兵虽进行了顽强的抵抗，但最终全军覆没。第三部分，甲午战争在山东失败的原因及对山东的影响。中日甲午一役，对世界、亚洲乃至中日都产生了深远的影响。对山东而言，其危害不言而喻。自古以来，山东便是黄河流域自然灾害受灾最为严重的省区。天灾再加战争，使山东人民生活更加困苦，饥民遍野，给社会增加了许多不安定因素。甲午战争，使西方列强近一步认识到清政府的软弱可欺。1897年，德国强占胶州湾，西方列强乘机掀起瓜分中国军港的高潮，威海卫也被英国强行租借，使山东海防门户洞开，海防形同虚设。

中 文 题 名 **江南丝货的广州外销（1757 –1842）**

英 文 题 名 The Exportation of Jiangnan Silk Goods under the Guangzhou Single Port System, 1757 – 1842

作　　　者 范招荣

导　　　师 王元林

学位授予单位 暨南大学

学科专业名称 专门史

学 位 年 度 2007

论 文 级 别 硕士

中 文 摘 要 1757－1842年,清朝实行广州一口通商政策,产自江南的外销丝货不得不远距离贩运到广州后才能出口,同时清政府还实行了限制性的丝货外销政策,规定了外销丝货的种类和数量,这样就使得江南丝货的外销遭遇了两种政策上的制约。本文将对该时期江南外销丝货在国内的流通过程进行论述,包括外销丝货国内流通的形式、路线、成本、十三行在国内流通中的作用等。此外,还将对江南丝货经由广州出口的数量、份额、价格与税率等数据进行统计并作出分析。目的在于指出一口通商制度下江南丝货外销的特点:即在畸形的广州一口通商制度下,江南丝货不能从就近的海港出口,而必须远距离贩运到广州再出口,这个艰难的国内转运过程大大限制了江南丝货的外销规模,使之没有随着西方对华贸易的扩大而实现应有的增长。一口通商时期实际上是江南丝货外销的低谷时期。

中 文 题 名 **解读运河:大运河与唐代社会经济、文化深层关系之考察**

英 文 题 名 Unscramble the Great Canal: Research on the Relationship between the Canal and the Tang Dynasty s Social Economy and Culture

作 者 李菁

导 师 郑学檬

学位授予单位 厦门大学

学科专业名称 专门史

学 位 年 度 2002

论 文 级 别 博士

中 文 摘 要 提起运河,人们往往会联想到长城。不过,修筑长城为的是限戎马之足于塞外,而开凿运河,却是为了沟通经济文化于南北。二者同为中国古代文化的奇迹,却有着完全不同的历史意义,长城意味着关锁,运河意味着开放,然而它们却能在一千多年的历史文化长河中彼此并行不悖。这种和谐共存吸引了无数学人注视的目光。对于长城究竟成功地阻挡过几番草原铁骑的南下、为封建王朝提供了多少安全保障,本文暂不作论述,引起作者兴趣的是这条世界上最古老、航线最长、贯穿南北、曾经作为封建国家漕运大动脉的大运河。大运河全线开通是在隋炀帝大业年间,呈南北向,改变了中国主要河流几乎都呈东西走向的基本格局。它流经全国经济发展、人口增长速度最快的江淮地区,对封建王朝的漕运事业以及改变南北经济格局、促进国内外经济文化交流有着难以估量的贡献。正所谓"功在当代,惠及长远",有唐一代能达到中国封建社会的一个繁荣时期,与其最早承运河之惠是有相当密切之关系的。特别是安史之乱以后,工商业发展势头良好,成为社会关注的焦点;商业行为和商人阶层的出现,促进了社会时尚、文化思潮甚至于朝廷制度的变革。也是在这一时期,全国经济、文化中心逐渐南移,东南地区日益为封建国家所倚重,贯穿南北的大运河成为维系朝廷命运的重心,满载粮食以及各类物资、商旅、游客、学子的船只日夜在运河上热闹地行驶着。对于唐代及其后封建国家的经济发展、南北文化交流乃至种种社会变革,运河都是不可替代的见证者和推动者。众所周知,推动人类历史进程的不是阴谋、颠覆、刀光剑影和你方唱罢我登场的改朝换代,而是文化的积累和技术发明,是不断进步的哲学和技术力量推动着历史前进的车轮和人类文明的发展。就唐代而言,也是如此。唐初,由于高祖和太宗明智的养民安民政策,国家很快便走向稳定富强。但高宗以后,这种富足情况逐渐有了变化。由于一些人所共知的原因,比如关中开发过度,自然环境被破坏影响到农业的发展;人口激增,尤其是不从事劳动的官僚阶层日益膨胀,需要百姓养活的官兵越来越多;皇族生活日渐奢靡,导致费用倍增等等,仅关中一地,已远不能负担这笔巨额的开支。于是,大运河开始倍受关注。换言之,隋炀帝修凿好的这条当时主要用于帝王出巡的人工河道,正是从这时候开始发挥它不可替代的历史作用。运河的这一功能不受政治力量的控制,官方史籍中也罕见特别记载,但在文化传承史上却有着不可磨灭的功绩。本文所要解读的便是这种意义上的运河。全文共分为五章。

第一章概述隋唐运河的开凿和修整情况,作为下文论述的基础;第二章、第三章分别介绍文人诗作中所见唐代粮食、布帛、盐及茶叶在运河上的转运,从中可以看出运河对唐代南北经济的沟通作用;第四章为运河行旅,主要是从诗歌中寻找唐代文人遗留在运河上的足迹,包括他们对南方经济发展的描写,对南方文化的欣赏与接受以及他们在运河及其沿岸城市的乐游和伤离。文人笔下的运河,洋溢着浓郁的市民文化氛围,草市夜市、商人歌女、街头攘攘、人声鼎沸的情景描写频频出现。在文人眼里,运河俨然是一条活跃而流动着的市民文化带,而形成这条文化带的背景,正是中唐以后江淮工商业的日益发展、中国古代经济重心的不断南移。第五章主要是通过对比唐代政治家和部分文人对隋炀帝开河这一史事的不同态度—对运河只字不提与充分肯定开河之功,以及文人诗作中商贾形象的变化,来分析中晚唐部分文人思想观念的多样化与价值倾向的调整。正是因为中唐以后,一些文人开始游离正统的儒家济世思想,不再只以“君”、以国家意志为自己的意志,而是开始由过于激进的政治进取和道德自励转向较为温和平实的人生态度,开始从“我”出发来选择自己的生存方式,文人眼中才可能出现一个较为全面的隋炀帝形象;同样地,以平静而平等的态度,力求客观地描写商贾,贵本而不贱末,重义而不轻利,也是文人人生价值观发生嬗变的反映。

中文题名 近代澳门与苦力贸易

作　　者 王珊珊

导　　师 郑永福

学位授予单位 郑州大学

学科专业名称 专门史

学位年度 2006

论文级别 硕士

中文摘要 本文旨在考察澳门苦力贸易的历史变迁,特别是对近代澳门苦力贸易进行全方位的历史考察,力图详细、系统地展现澳门苦力贸易形成、发展和衰落的全过程,并就澳门苦力贸易对侨居国政治、经济、文化等方面的影响,作一评析。文章共分为五个部分。第一、第二和第三部分,分别就澳门苦力贸易产生、发展及趋于衰落的各个阶段进行历史考察,探讨它在这几个不同时期的历史背景及其制约因素、具体操作及西方殖民者为此开展的竞争,揭示苦力被奴役的状况等。“苦力”一词来源于印度南部泰米尔(Tamil)语,指以体力负重为生的人,传到中国因音义相通,已成为通用汉语。但是作为苦力贸易的苦力则另有不同含义,它专指19世纪被西方殖民主义国家葡萄牙、西班牙、荷兰、英国、法国、美国等成批掳掠到海外殖民地进行奴隶劳动的所谓“亚洲(主要是印度、中国和马来人)契约劳工。”苦力贸易是15世纪非洲奴隶贸易的继续和翻版,唯一不同之处就是亚洲苦力贸易中的苦力均被强迫签订一份定有5~8年劳动期限的卖身契约。葡萄牙殖民者是奴隶贸易的老手,早在1442年就从事贩卖黑奴的活动,数量逐年增加,到了15、16世纪,在贩卖人口方面几乎是占据了垄断地位。嘉靖三十二年(1553年),葡萄牙人租占澳门后,将这项野蛮的贸易活动带到这里。可以说,葡萄牙是第一个从事中国苦力贸易的殖民主义者,澳门则是它在中国贩卖人口的第一个市场和据点。②后来,荷、英、法、西、美等国也参与此事,从偷运到公开贩运,使澳门一度成为苦力贸易的中心。近代中国的苦力贸易兴起于1845年,外国不法商人曾陆续在厦门、汕头、福州、广州、澳门、香港等沿海口岸设立苦力行,从事贩卖人口的活动。澳门的苦力贸易大体分为三个阶段:第一个阶段,从明嘉靖三十六年(1557年)到清道光二十年(1840年)。在长达280多年的时间里,西方殖民主义者贩卖中国人口的罪恶行径从这里开始,并且一直以这里为中心进行着;第二个阶段,从道光二十一年(1841年)到同治十三年(1874年)。特别是咸丰二年(1852年)后,澳门的苦力贸易曾猖獗一时,达到顶盛时期;第三个阶段,是从光绪元年(1875年)到20世纪初。由于种种原因,这个时期澳门的苦力贸易名义上被迫停止,但澳葡当局仍仿照香港的办法,将“猪仔馆”改为“自由客栈”,打着“自由移民”的招牌,继续贩卖人口。然而,这和前一个时期已不可同日而语,逐渐趋向衰落。第四部分,主要是讨论澳门苦力贸易中契约华工对侨居国以及祖国的影响和贡献。契约华工大多是各地早期华侨的前身,他

们用自己勤劳的双手和无穷的智慧,为输入地的发展作出了巨大的贡献,得到当地人民的赞誉。他们中的一些人加入当地国籍,一代一代繁衍生息。从世界范围来看,华侨、华人为发展世界经济、建立政治新秩序,起着越来越大的作用。同时,很多华侨十分关注祖国的兴衰,不仅大量支援祖国的建设,而且在民族危亡之际参加了革命斗争,拳拳报国之心,体现了强烈的爱国主义精神。他们的光辉业绩应该是中国史乃至世界史不可分割的重要部分。第五部分为简短的结论。

中 文 题 名 **近代北海港口贸易研究(1877－1949):以北海海关贸易报告为考察中心**

英 文 题 名 Research on Modern Port Trade in Pakhoi(1877－1949):Mainly on the Pakhoi Customs Report

作　　　者 麦正锋

导　　　师 陈雄章

学位授予单位 广西师范大学

学科专业名称 专门史

学 位 年 度 2008

论 文 级 别 硕士

中 文 摘 要 1876 年清政府与英国签订《中英烟台条约》,同意开辟北海为通商口岸,1877 年 4 月 1 日,北海正式对外开港通商。这对北海及其附近区域自彼时至当代的经济社会发展具有重要的影响。本文以 1887 至 1949 年的北海港口贸易为研究对象,主要依托近代北海海关贸易报告对港口贸易的总量状况、港口贸易与腹地形态嬗变的关系、港口贸易与港势地位变迁的关系、港口贸易进程的影响因素以及近代北海港口贸易与当代广西沿海港口发展之间的联系等几个方面进行考察。文章分为六个部分,各部分内容如下:第一部分:前言。该部分内容首先阐述了文章的选题缘由和研究意义,在总结、分析该研究领域的研究现状之后,提出继承学界前辈总结归纳的各历史阶段的贸易特征以及创立的某些学术观点,试图在史料运用、叙述方式、研究视角和理论方法四个方面作进一步的发展与突破。第二部分:港口贸易总量分析。文章先是简要分析北海港口贸易总量的历年变化情况,大致勾勒出近代北海港口贸易的基本走势。然后分别考查港口贸易总量中的洋货进口、土货进口和土货出口三个构成部分,分析三者的特点。第三部分:港口贸易与腹地形态嬗变。本部分探究北海港口通向内陆的商业网络,描绘出它的腹地范围,阐明它与广西、云南和贵州三省的贸易关系。例举梧州、蒙自和广州湾三个口岸改变西南地区对外贸易路线走向、展开与北海争夺内陆经济腹地的较量。第四部分:港口贸易与港势地位变迁。通过北海港口的对外航线归纳出它的海运网络,着重介绍澳门、香港、越南、海南和文岛这五个主要贸易对象。依据近代北海港口的功能与影响来分析,本文认为近代北海的港势地位应定为北部湾沿岸的枢纽港和华南沿海贸易圈的支线港。第五部分:港口贸易进程中的因素分析。本部分重点探讨影响北海港口贸易进程五个因素。一是海港条件,分析这一自然禀赋的先天预设与后天改造;二是陆路交通,由于北海通向内陆腹地的公路和铁路建设滞后以及广西出海通道的改向导致北海港口与腹地的点轴效应衰微,争取腹地挫缀;三是航海运输,北海航运界的无序竞争致使运输缺乏稳定性,北海的海运优势无法彰显;四是海关税率,北海以及附近周边的口岸关于这个制度安排的变动都直接影响北海港口贸易的消长;五是海洋文化,人们的精神意识对经济活动也产生重要影响,北海原住民海洋文化的薄弱主要体现在缺失商业意识与进取意识,这也是北海港口贸易进程中不可忽视的因素。第六部分:从历史演进的角度看当代广西沿海港口的发展。联系比较近代北海港和当代广西沿海港口的发展,该部分从历史演进的角度思考广西沿海港口的发展历程。通过重新解读近代北海港口贸易史以及更大范围的北部湾区域历史,本文试图提供历史的新启迪,以此回应该区域风生水起的时代发展新需求。

中 文 题 名 **近代长江商路崛起中的长沙经济贸易:以海关贸易报告为中心**

英 文 题 名 Changsha Economical Trade Raised in the Yangtze River Trade Route in Modern Times: A Study Take the Trade Reports of the Chinese Maritime Customs as a Center

作　　者 张盛

导　　师 连心豪

学位授予单位 厦门大学

学科专业名称 中国近现代史

学 位 年 度 2007

论 文 级 别 硕士

中 文 摘 要 长沙作为湖南省会,是湘省的行政枢纽,又有岳麓书院这样的千年学府,文化氛围浓厚,然而长沙的经贸地位在近代之前却始终不突出,甚至不如比邻的湘潭。这种不协调的局面在近代以来出现了转机,长江商路的开辟给长沙商贸和进出口贸易发展带来了机遇,将长沙作为湖南省政治和文化中心所蕴藏的巨大经济潜力激发出来。特别是汉口开埠后,长沙与汉口之间的进出口转口贸易逐渐兴盛。随着西方列强将侵略中心转移至长江流域中上游各省,湘省被迫开放,岳州开埠。特别是长沙开埠以后,长沙的进出口贸易呈现出大幅度增长的趋势。在这个过程中,长沙逐渐确立起湘省经贸中心的地位。本文利用大量第一手的长沙、汉口海关贸易报告等统计资料,借鉴日本学者滨下武志先生利用海关资料解读镇江进出口贸易情况的方法,对第二次鸦片战争以来至“五四运动”之前(1860–1919)长沙进出口贸易的发展变化趋势和贸易特点进行具体分析,将长沙经贸地位由量变到质变的动态过程与整个长江商路的开辟,特别是与汉口的开埠联系起来,而不仅仅是局限在长沙开埠之后。本文主要结构:前言,进行学术史回顾,说明选题原因及文章研究思路。第一章,概述长沙第二次鸦片战争之前的商贸情况,并考察长沙进出口贸易在长江商路开辟之后的具体发展,着重分析长沙与汉口之间的进出口转口贸易情况及其特点。第二章,分析开埠给长沙经贸地位提高带来的巨大契机,以及长沙进出口贸易在这一契机下所实现的质的飞跃。第三章,具体讨论长沙开埠之后进出口货物的种类与特点,进而考察长沙与外省、外国之间贸易的关系与特点。结论,总结本文。

中 文 题 名 **近代川江航运与重庆城市发展(1840 年–1937 年)**

作　　者 张济容

导　　师 吕卓民

学位授予单位 西北大学

学科专业名称 专门史

学 位 年 度 2004

论 文 级 别 硕士

中 文 摘 要 交通运输作为物质生产部门是商品交换和流通不可或缺的工具,它的发展与否对于一个城市的兴衰至关重要。因为交通运输直接推动了商业和贸易的发展,促进了分工和交换的进程。作为生产方式和经济结构演变的催化剂,在角逐竞争利润与市场的争夺中,客观上对人类的生产方式和生活方式的变化产生了难以替换的作用和影响。重庆地处嘉陵江与长江汇合处,其交通地理位置十分优越。清末民初随着近代川江航运的发展,诸如航线的开拓,航运动力的增强,航业格局发达,表明川江航运已蹒跚地向近代化迈进。因而进一步确立和巩固了重庆在川江航运交通中的枢纽地位。开辟交通,从某种意义上说就是开辟市场。川江航运的发展,使西南地区成为重庆的经济腹地,扩大了重庆与之发生流通地区的范围,增加了流通量,扩大了重庆所吸引、辐射的区域。重庆成为长江上游最大的商品市场,商业贸易居西南地区之冠。由此推动了重庆商业中心、金融中心的确立,并逐步向西南地区综合性经济中心以及近代

科学技术和信息中心转变。而且促使重庆城市主要功能发生转变,成为以经济功能为主的兼及政治、文化等功能的多功能城市。随着商品市场的扩大,商业贸易金融的发展,势必引起生产方式、生活方式以及经济结构的演变。因此城市的空间结构、社会结构也向近代化演进。

中 文 题 名 近代广东对外丝绸贸易史研究

英 文 题 名 The Study of the Silk External Trade History in Guangdong

作 者 刘永连

导 师 纪宗安

学位授予单位 暨南大学

学科专业名称 专门史

学 位 年 度 2003

论 文 级 别 博士

中 文 摘 要 近代100余年,广东对外丝绸贸易发生了曲折变化。梳理其出口量值规模,可分5个阶段:(1)从鸦片战争到19世纪70年代初约30年里(1842 - 1871),它经历了一次严重的衰落和萧条;(2)从继昌隆创办到清朝灭亡约40年间(1872 - 1911),它在当地丝业兴起基础上获得了一定恢复和发展;(3)民国初期几年中(1912 - 1920),伴随蚕丝改良进一步振兴;(4)约在20世纪20年代(1921 - 1930),达到鼎盛状态;(5)30、40年代(1931 - 1949),转向衰落并濒临崩溃。考查其内在要素,粤丝出口拥有自己的贸易渠道和组织;量值和价格变化体现出蚕丝业自身季节性变化和国际市场上供求规律的影响;在丝绸贸易的背后,银价、汇兑等成为出口市场波动的支配性因素。最后分析其兴衰变化,我们既应肯定其成就和地位,也须看到其局限和问题。由于半封建半殖民地社会框架的束缚,广东对外丝绸贸易没能得到正常发展,其近代化历程受到严重阻隔;粤丝自生产过程到贸易方式惯于故步自封,从金融市场到出口环节又受外人操纵,加上其它因素的影响,导致其最终走向崩溃。

中 文 题 名 近代广州港贸易兴衰与其腹地范围的变迁(**1842 - 1911**):以丝茶等出口为例

英 文 题 名 The Rise and Fall of Modern Guangzhou Port s Trade and the Variation of Its Hinterland, Taking the Export Trade of Silk, Tea and So Forth as Examples, 1842 - 1911

作 者 罗小霞

导 师 王元林

学位授予单位 暨南大学

学科专业名称 专门史

学 位 年 度 2008

论 文 级 别 硕士

中 文 摘 要 一口通商时期,广州港在中国对外贸易中处于中心地位,其腹地范围几乎遍及全国。鸦片战争以后,随着通商口岸的不断增设,加之世界市场、国内战争等因素的影响,广州港对外贸易逐渐衰落,其腹地范围也随之发生变化。本文主要通过研究近代广州港茶叶、生丝、蔗糖、草席等主要出口商品的贸易情况与其腹地范围变迁,从而揭示广州港贸易的盛衰与其腹地之间的相互关联:广州港贸易的盛衰是影响其腹地经济发展的重要因素,而腹地范围的变迁及经济的发展反过来又制约着广州港贸易的兴衰。近代广州港出口腹地范围变化呈现出省外腹地不断缩小与省内腹地范围扩大并存的特征,这种特征对近代广州港与其腹地都产生了深远影响。

中 文 题 名 近代海军群体研究

英 文 题 名 The Research of Modern Naval Groups

作　　者　李洪英
导　　师　赵英兰
学位授予单位　吉林大学
学科专业名称　历史学
学 位 年 度　2009
论 文 级 别　硕士
中 文 摘 要　本文以中国近代海军群体为研究对象。近代海军是在中国遭受西方列强的强行侵略,内部要求学习西方探索救国救民道路的社会大背景下产生的。本文主要对近代海军群体产生的社会背景、发展概况、海军群体的军事生活、政治环境及历史地位等几方面加以探讨。中国近代海军历经晚清、北洋军阀、民国三个时期,参加了近代历史上大型的中外海战,并作出了巨大的牺牲。近代海军群体在发展过程中有着自身独特的优势和特点,也遭遇过很多困难,缓慢的发展壮大。作为一个新兴的军事群体,值得历史学者们去探索研究。以往关于近代海军研究,都着重于从叙述海军史的角度描写海军史。本文试图从社会学角度对近代海军群体进行研究,以期对近代海军中的人的方面有一个全面的了解和认识。

中 文 题 名　近代汉口港与其腹地经济关系变迁(1862－1936):以主要出口商品为中心
作　　者　张珊珊
导　　师　吴松弟
学位授予单位　复旦大学
学科专业名称　历史地理学
学 位 年 度　2007
论 文 级 别　博士
中 文 摘 要　本文主要探讨近代开埠后汉口港的贸易发展及其与腹地之间经济关系的互动变迁。第一章绪论,主要做与本文相关的学术史回顾,并介绍选题的缘由和意义,指出以往学术研究不足和本文的研究对象、研究框架及学术创新。第二章,分析汉口洋货进口和土货进出口的数量、结构和发展趋势,并对几种主要的进出口货物给予概述。继而分析汉口在全国贸易的地位。第三章,是对茶叶贸易的分析,茶叶是汉口开埠后最重要的出口货物。传统的区位优势和新兴的外部市场,刺激了汉口茶叶贸易的发展,而深居内陆的沿江条件又不能使得汉口市场完全发育。汉口的茶叶贸易变动既影响了腹地范围和生产状况,也受到腹地的制约。第四章,桐油贸易。汉口是中国最大的桐油输出口岸,其桐油腹地涉及范围也是由于汉口桐油贸易的变化而盈缩。本章对汉口桐油的贸易阶段、腹地范围和变化以及桐油市场、腹地桐农经济变化等问题做出分析。第五章是汉口同其他长江流域口岸主要是上海之间关系的探讨。因为汉口不是沿海港口,其货物进出口都要依赖上海,而汉口位处长江中游,其他长江中上游港口又必须依靠汉口进行货物进出口,这就决定了汉口作为开埠通商口岸的发展有不同于沿海口岸的特点,和上海关系密切,又受到其他更小口岸的影响。第六章则单独讨论汉口腹地经济的变化和汉口本身地位的变迁。这一章专门讨论腹地的较为具体的变化。而汉口城市本身,是开埠通商的最大受益者,贸易不仅仅带来经济变化,也提升了汉口各方面的地位。第七章是全文的总结,指出了汉口近代贸易的特点和在中国现代化空间进程中的地位。

中 文 题 名　近代上海十六铺研究
作　　者　刘宪文
导　　师　苏智良
学位授予单位　上海师范大学

学科专业名称 中国近现代史
学 位 年 度 2005
论 文 级 别 硕士
中 文 摘 要 本文是近代上海城区社会变迁的个案研究,以上海的十六铺城区为研究对象,重点考察了近代十六铺基本格局的确立以及近代以来十六铺的经济、市政与社会变迁、地下社会等内容。文章第一章论述了近代十六铺基本格局的确立,主要包括古代上海的演进、上海开埠和小刀会起义、法租界向小东门的扩张等内容,其中小刀会起义及法租界向小东门的扩张最终确立了十六铺在近代的格局。第二章至第四章分别从三个不同视角对近代上海十六铺进行了研究。在经济方面,沙船业的发展是十六铺经济繁荣的决定因素,但开埠后沙船业出现大幅度的衰退;作为中国近代最早的轮船航运企业出现在十六铺;旗昌轮船公司在十六铺的设立客运航线,使得十六铺的航运业进入了以客运为主的阶段。十六铺的商业在上海开埠之前就已经相当兴盛,开埠之后原有的各个行业在这里得以延续,但这种情况随着租界的建立与拓展而逐步向租界中转移,近代十六铺的商业经济地位呈现不断下降的趋势。市政与社会变迁方面,华界最早的市政建设出现在十六铺,并在上海自治中取得较大发展;码头修筑也是十六铺地区市政建设的一个重要方面。古代的丹凤楼是十六铺移民文化的一个象征;清末民初,新舞台戏园在近代戏剧改良创新中占有重要地位,成为上海文化近代化的一面旗帜。地下社会方面,十六铺也曾是上海地下社会的重要活动场所,青帮首领黄金荣、杜月笙早年都曾混迹于此;鸦片贸易在十六铺也有一定影响;以花烟间为主要形式的娼妓业在十六铺颇为发达,本文主要勾勒了它们的演化过程。

中 文 题 名 近代上海吴淞地区研究(1898 年 -1937 年)
作 者 陈云
导 师 苏智良
学位授予单位 上海师范大学
学科专业名称 中国近现代史
学 位 年 度 2007
论 文 级 别 硕士
中 文 摘 要 本文以近代吴淞城区变迁为研究对象。吴淞原名胡巷桥,是宝山县的一个小渔村。它跨越蕰藻浜,地处长江与黄浦江的交汇处的吴淞口,是进入上海的"咽喉",被誉为军事重镇。自上海开埠后,现代化因素逐渐影响到吴淞,吴淞开始发生变化,成为中转码头。其中吴淞口的鸦片贸易非常兴盛,对吴淞的发展产生了一定的副作用。但是总体来看,1898 年以前,吴淞是以军事功能为主的传统市镇。19 世纪 60 年代起,吴淞口淤塞。吴淞口的淤塞问题给吴淞带来了发展契机。淞沪铁路的修筑、吴淞两次自行开埠,都使得吴淞进一步发展,交通市政建设进一步完善。1928 年吴淞被划归为上海特别市,被规划为商港区。吴淞发生了天翻地覆的变化,经济功能的凸显、新式教育的出现等等。而吴淞人口的增加和城镇居民生活的变化则体现了吴淞这个城区的发展和变迁。总之,在上海城市化影响下,吴淞在交通市政、产业的近代演变、社会观念的转型等诸多方面呈现了明显的城市化特征,城区功能多元化。但是近代吴淞的功能多元化没有得到进一步的巩固发展,频繁不断的战乱,特别是两次淞沪战争的影响使吴淞的近代化"嘎然而止"。从鸦片战争中的吴淞之战、太平天国运动到江浙战争、"一·二八"战争和"八·一三"战争,每一次战争对吴淞都是毁灭性的打击,每一次战争都让吴淞的精华付之一炬。纵观吴淞四十年的发展,恶劣的战争环境固然是一个重要因素,但作为影响吴淞近代发展的区域因素——上海,也应将其纳入考察和分析当中。"上海因素"和"吴淞因素"都给吴淞的发展带来了双重影响。

中 文 题 名 近代上海转口贸易研究(1843 -1941 年)
作 者 徐占春

导　　　师 岳珑
学位授予单位 西北大学
学科专业名称 中国近现代史
学 位 年 度 2006
论 文 级 别 硕士
中 文 摘 要 17 世纪以后,资本主义经济开始全球扩张,世界市场对工业原料需求扩大。19 世纪 40 年代,中国被纳入国际市场,成为西方资本主义国家商品市场和原料供给地,也为上海开展转口贸易提供了历史契机。上海地理区位优越,交通运输便利,港口优良,拥有悠久的商贸历史和比较发达的金融业之便。上海具备了发展转口贸易的优势。上海开埠后,租界内贸易自由,使其贸易潜力得到充分开发,转口贸易迅速发展起来。19 世纪 60 年代后,随着中国沿江沿海的进一步开放和国际局势的进一步变化,上海转口贸易得以迅速发展。抗战时期,上海转口贸易成为"孤岛"繁荣的重要组成部分。上海转口贸易通过埠际贸易转运影响了长江流域、华东、华北、东北、西南和华南沿海地区的贸易发展,并且将中国内地与国际市场联系起来。各种优势经济资源在上海进行重新整合,促进了上海转口贸易配套产业的发展,使上海发展成为近代中国与远东的贸易、金融、航运中心。1843 - 1941 年上海转口贸易的成功发展,为转口贸易理论做出了实证,并为当代上海转口贸易发展提供了重要的历史启示。

中 文 题 名 **近代厦门对外贸易发展研究(1862 - 1911 年):以历年厦门海关贸易统计报告为中心**
英 文 题 名 The Research on Foreign Trade of Xiamen (1862 - 1911):Based on Statistical Year Book of the Trade of Xiamen Maritime Customs
作　　　者 刘良山
导　　　师 连心豪
学位授予单位 厦门大学
学科专业名称 中国近现代史
学 位 年 度 2008
论 文 级 别 硕士
中 文 摘 要 厦门作为一个天然良港,具有发展对外贸易得天独厚的优势,尤其是明中后期以来,随着东南沿海海上贸易的日益发展,厦门被推到中国对外贸易的前沿,成为开展对外贸易的一个重要口岸。明末至鸦片战争前,厦门对外贸易经历了兴起、发展、受阻、兴盛和衰落等发展阶段。鸦片战争可以说是厦门古代对外贸易和近代对外贸易的分水岭,1842 年以后,厦门成为最早开埠通商的五口之一,厦门对外贸易开始了痛苦的近代转型。而 1862 年厦门洋关的成立,标志着近代厦门对外贸易开始进入有序管理和逐步发展的新时期。此后,厦门对外贸易在海关外籍税务司制度这个"国际官厅"的管辖之下,开始了清末最后五十年的发展历程。而这五十年厦门对外贸易的各个方面,包括商品流通量、进出口商品结构、贸易对象和航运条件等则是本文探讨的重点,笔者通过对这些贸易因素的分析,希望能还原当时厦门对外贸易发展的一个动态过程,并借此对厦门对外贸易和近代厦门及其附近地区社会经济的发展之间的关系进行深入的探讨,进而总结历史经验,以古鉴今,对今天厦门改革开放,促进外贸发展,提供有益的借鉴。为了比较系统地介绍近代厦门对外贸易的历史概貌及有关问题原委,笔者以厦门海关贸易统计年刊和历年贸易报告为依据,在对相关学术研究回顾的基础上采用纵横交叉的方法对下列问题着重进行了探索:绪论,概述本课题目前研究成果和现状,并指出本课题的研究目的和意义。第一章,研究厦门发展对外贸易的自然地理条件,回顾厦门古代对外贸易和 1842 - 1862 年间厦门外贸发展变化的概貌,并探讨列强各国对厦门外贸的控制。第二章,讨论 1862 - 1911 年间厦门外贸商品流通量概况,介绍厦门外贸进出口商品结构及其变化和几种大宗商品的进出口概况。第三章,阐述厦门近代对外贸易的对象和航运条件。结论,论述近代厦门外贸对厦门及其附近地区社会经济发展变化的影响。

中文题名 近代学人与中西交通史研究

作　　者 修彩波

导　　师 邬国义

学位授予单位 华东师范大学

学科专业名称 史学理论及史学史

学位年度 2004

论文级别 博士

中文摘要 中西交通史兴起于20世纪初,在短短的数十年内迅速壮大,初具规模,对近现代史学发展产生了很大影响。但作为一门专门史学科,它的起源、发展、研究状况以及在现代史学发展中的地位如何,尚未见有系统的讨论。缘于此,本文拟从史学史角度,对20世纪上半叶几位有代表性的中西交通史家学术实践作通盘的考察,力求在在理论反思与史料梳理的基础上,勾勒出中西交通史研究的基本状况,揭示其文化观及对中西交通史乃至整个现代学术所造成的影响。从中总结出这一学科发展的特点及趋势,评估其在现代史学发展中地位和作用。全文除绪论外,凡六章,近25万字。绪论部分,首先对本课题的研究状况作学术史回顾,然后对中西交通史发展的大致进程、学科形成及特点作了综合分析。中西交通史作为一门独立的专门史学科出现颇晚,它的发展有一逐渐形成的过程,并表现出阶段性的特征。五四以前这一学科发展相对比较缓慢,真正有长足进步则在20世纪20－40年代。这一时期,研究对象与范围逐渐确定,出现了专业性研究群体,形成了一套带有学科特点的研究方法,故“中西交通史”这一学科渐被学界所认同。就其发展特点而言,可归纳为下几个方面:(1)研究内容以史地考证为主,偏重于资料的疏通与整理;(2)研究方法颇重考据之学,而又融入了近代新的因素;(3)研究方向渐趋专题与细化,中西文化交流日益受到重视。同时,数量众多的研究者积极参与研究,对推进这一时期学科发展也发挥了重要的作用。第一章阐释了中西交通史研究兴起的历史条件,并对沈曾植的“开创之功”作了讨论。作为一门近代意义上的学科,中西交通史研究肇始于19世纪下半期。它是诸多因素综合作用下的产物:首先,是鸦片战争以后严酷社会现实驱动的结果;其次,是晚清域外史地和西北舆地研究风气的延续;再次,也是西方和日本汉学刺激下的直接产物。在推进边疆舆地和域外史地研究向中西交通史转变的过渡时期,成就最大的当属沈曾植。《岛夷志略广证》是我国第一部研究南洋舆地专著,它打破了以往边疆舆地研究只重西北的狭窄局面,开始关注西南、东南和南洋史地,开扩了研究的学术视野;在内容上,开始涉及宗教和民族文化交流的研究;并试图取鉴西方汉学的相关资料和研究方法,初步形成了会通中西的治学特点。沈曾植在中西交通史研究尤其南洋史地研究中,具有筚路蓝缕的先驱作用。第二章探讨陈垣的中西交通史研究。真正从现代学术意义上对中西交通史进行研究的首推陈垣。他以研究外来宗教入华史见长。这既是他救国图强观念的重要实践,又与他入京后的际遇有直接关系。陈垣不仅探究了各教在华的流布情况,勾勒了它们流传盛衰及演变的历史,而且将其置入整个中国社会大背景中去考察,分析它们与中国政治、社会文化的关系,探寻中西文化交流与宗教传播的关系,解决了外来宗教入华的诸多问题,展现了他“专以汉文史料考史”的治史特征,开拓了从宗教史探讨中西交通史的新领域。《元西域人华化考》则首次对元代汉化问题作了系统研究,论述了元代西域与“中土”文化彼此影响的状况,实为一部元代中西文化交流史,开华化西域研究之先河。第四章论述张星烺的中西交通史研究。作为民国以来专业从事中西交通史研究的第一人,张星烺以此为己任,既是他在当时社会环境下的一种学术选择,也与其父张相文的影响直接有关。《中西交通史料汇编》首次将中西交通史作为一个整体,书中汇集了当时相关的主要资料和重要成果,进行了全面的考察和研究,是对前人中西交通史研究的总结。体例方法上,也初成条贯,由远及近的结构方式,显示了具有中国特点的中外关系史发展的新趋势;中西史料比勘等方法的引用,为后人的提供了借鉴。从而为我国中外关系史学科奠定了坚实的基石,成为这一学科体系建立的重要标志之一。《欧化东渐史》则首次就近代西学对中国社会的影响作了系统整理。他所译注的两种《马哥孛罗游记》不仅对原书详加

考释、对玉尔考证多作增补,且在版本选择上也有过人之处,开启了中国马可·波罗研究之路。第五章讨论冯承钧的中西交通史研究。冯承钧是20世纪我国译介西方汉学成果贡献最大的一位学者,一生共翻译出版论著170余种,其中大多与中外交通有关,无论在数量上还是质量上都达到了相当高的水准。其译作文质相兼,无违原本,翻译之中,又有考证,不仅为中西交通史等学科引进了西方汉学研究的最新成果,而且提供了科学的治学方法,把相关学科的研究推进到了一个新阶段。《中国南洋交通史》首次对中国与南洋的交通作了分期研究,并对其中的地名、航线作了周详的考证,是我国第一部研究海外交通史的专著。他所校注的《瀛涯胜览校注》、《星槎胜览校注》、《海录注》、《诸蕃志校注》等史籍,至今仍是研究古代中外关系史和海外交通史的基本参考书。冯承钧还关注中外文化交流史的研究,涉及宗教文化交流、民族融合和西域史地等方面,考察了中外文化间的相互灌输,特别是华夏文明吸收外来文明的历史。这对推动中外交化交流史学科的发展具有十分重要的意义。第六章探讨向达的中西交通史研究。作为20世纪唐代中外关系史研究的力作,其《唐代长安与西域文明》从勾稽进入长安的西域各国人物入手,首次对唐代长安与西域文明的关系作了深入探究,对西域绘画、乐舞等对长安文化的影响作了重点分析。继陈垣之后,将华化西域研究进一步推向完善。《中西交通史》和《中外交通小史》,则首次比较系统地考察了近代以前整个中西交通的历程,对其渊源、演变及影响条分缕析,初步形成了这一学科的通史体系,因此被誉为"中西交通史学科体系建立"重要标志之一。他十分重视资料的搜集和整理,不仅注意流亡国外的大量史料,且主持整理出版《中外交通史籍丛刊》和中非交通史料,校注有《西洋番国志》、《两种海道针经》和《郑和航海图》三部著作。向达与张星烺、冯承钧鼎足而三,为我国中西交通史研究开创了新的局面。

中文题名　**近代浙北与上海的互动:内河航运与杭嘉湖地区的社会经济变迁**

作　　者　盛芳

导　　师　熊月之;马学强

学位授予单位　上海社会科学院

学科专业名称　专门史

学位年度　2008

论文级别　硕士

中文摘要　本文以近代杭嘉湖地区内河航运体系的演变发展为基点,考察在内河航运媒介作用下的上海与浙江北部杭嘉湖地区的经济互动,继而探讨杭嘉湖地区在与上海频繁交往中所发生的社会经济变迁。本文主要由三部分组成:第一部分论述杭嘉湖地区的内河航运体系。明清时期,这一带水路发达,内河航运又与商路相联系,促进了这一带市镇经济的兴起,并直接影响到这一地区市场体系的构建。在承续前近代发展的基础上,探讨这一带水路航运所发生的变化,指出在近代杭嘉湖地区内河航运经历了晚清的复兴和发展、民国前期的兴盛及战争时期的瘫痪、复苏及衰落。在此期间,陆路运输虽产生了一定影响,但内河航运在杭嘉湖地区的货运主导地位并未发生变化。第二部分考察了杭嘉湖地区与上海的社会经济互动。近代江南的交通工具、运输方式较明清时期有了很大的改变,在如此深刻变化的格局中探讨近代沪—杭嘉湖地区之间的联系。以大量的史实论证,伴随近代沪杭铁路的开通,以及随后公路建设和汽车运输业的出现,原有运输体系发生了重大变化。然而,在浙北与通商口岸上海的联系中,内河航运仍占据相当重要的地位,这也是整个江南地区交通运输体系中的重要组成部分。以内河航运为媒介,考察上海与浙江北部的社会经济互动关系。注重微观考察及细节的把握,分别以丝绸、粮油、果蔬、鱼类、建材、邮件之间往来为例予以阐述,说明内河航运在近代上海与浙江北部互动之中的重要性。第三部分在上述论证的基础上,探讨杭嘉湖地区的社会经济变迁。近代上海通商开埠对浙北地区的社会、经济、文化等产生了深远影响,各地商品流通、人员往来逐渐频繁。以内河航运体系变化为中心,具体考察嘉善砖瓦业及平湖、海宁土布业的发展,论述上海对杭嘉湖地区经济的影响。近代上海通商开埠后,随着对外贸易的扩大与工商业的发展,形成了一个前所未有的巨大市场,对周边地区产生了磁场效应,浙江北部杭嘉湖地区由于地

缘优势和内河航运业的发达,与上海的依存关系逐渐增强。而这种关系是相互的,浙北丰富的物产与商品大量流入上海,进一步提升与巩固了上海作为一个工商都会的地位。频繁的经济关系也促进了这些地区之间的社会与文化等方面的交往,凡此种种,对浙北地区的社会经济变迁产生了深远而持久的影响。

中 文 题 名 **近代中国大豆出口贸易述论**

英 文 题 名 The Discussion of Soybean Export Trade in China

作 者 胡雪梅

导 师 马东玉

学位授予单位 辽宁师范大学

学科专业名称 专门史

学 位 年 度 2003

论 文 级 别 硕士

中 文 摘 要 近代中国农产品出口贸易,是以中国东北的豆类为主,于豆石开禁后逐步发展起来的。当时,中国东北大豆的年总产量居世界 60~70%,近代中国出口的大豆,90% 产自中国东北,中国大豆及豆制品成为国际市场上富有盛誉的世界性商品。本文论述了 1861-1931 年以中国东北为中心的中国大豆三品出口贸易的起步、发展、盛衰的历史进程,探讨了近代半殖民地经济背景下中国东北经济开发得出的教训与启示。营口开埠后,随着殖民经济掠夺的加剧、移民开发的深入、运输网络的形成以及清末出口政策的改变,东北大豆三品逐步赶超传统出口商品丝、茶而成为中国大宗出口商品,大豆三品出口贸易也成为中国东北乃至全国对外贸易的重要支柱。大豆作为一种经济作物成为中国大宗出口商品反映了近代中国半殖民地农业经济的现状。近代中国大豆的大量出口促使中国东北农业经济逐步纳入了世界资本主义经济体系中,促进了近代中国东北外向型农业的产生和民族工业的发展,推动了中国农业经济的活跃;同时突显出伴随着资本帝国主义原料掠夺及资本输出发展起来的中国大豆出口贸易对国际市场的依赖性。虽然中国农产品商品化是由帝国主义原料掠夺引起的,大豆出口也不例外。但是,中国大豆作为特产出口商品与其他农产品不同的是具有世界知名度其走向世界的过程具有现实借鉴意义近代中国大豆出口贸易启示我们发挥当地资源优势开发农产品出口发展外向型创汇农业是带动中国地方农业实现经济增长的特色发展道路。

中 文 题 名 **九江开埠设关及其对外贸易(1861-1938 年):以九江海关贸易报告为中心**

英 文 题 名 Kiukiang s Opening to the Foreign Countries, Establishment of Maritime Customs and Its Trade: A Study Centered on Trade Report of Kiukiang Maritime Customs

作 者 赖日新

导 师 连心豪

学位授予单位 厦门大学

学科专业名称 中国近现代史

学 位 年 度 2008

论 文 级 别 硕士

中 文 摘 要 九江是江西的北大门,自大庾岭商路开拓以来,九江作为全国东西南北贸易的枢纽地位逐渐确立。但在 1861 年九江开埠前,九江在江西的贸易地位一直不如大庾岭商路南路的赣南。广州一口通商时期,大运河—长江—赣江—大庾岭—珠江—广州商道是当时全国贸易的总枢纽。江西处于全国贸易黄金通道的位置,境内过境贸易繁荣。赣江两岸呈现出沿岸城镇过境贸易的繁华景象。鸦片战争后,五口通商,全国商道迅速改道,大庾岭商路原有的弊端也益发显现。赣江沿岸过境贸易的繁盛景象难以为

继。特别是九江开埠,长江通航以后,大庾岭商路迅速走向衰落。作为江西贸易进出口之咽喉,九江的商贸地位越来越突出,迅而取代赣江沿岸的赣州、吴城成为江西进出口之总汇,完全确立其在全省的主要商贸地位。江西也逐步形成了以九江和省城南昌为中心的北部区域中心市场。开埠给九江进出口贸易带来了新的机遇,给江西原有的土特农产品出口带来了前所未有的商机和巨大的挑战。随着商贸的发展,九江逐渐发展成为长江中游一个典型的转口贸易港口。开埠后腹地产品并未与时俱进地进行技术改良,至19世纪末以来外来同类产品强有力的竞争,出口商品的外部销路日益萎缩。现代陆路交通的发展,再一次改变江西境内的商业道路,给九江商埠带来了新挑战。自然灾害频繁以及境内战争长期的破坏干扰,给九江商贸发展带来了严峻的考验。本文主要利用第一手的九江海关史料和江西近代贸易史资料,利用文本数据分析,考察开埠以来至1938年沦陷前九江口贸易情形及其发展变化趋势。试图从九江口贸易变迁来探寻腹地经济社会变迁以及近代江西落伍的原因。本文主要结构:前言,进行学术史回顾,说明选题缘由,并对所利用的主要资料作相关介绍说明。第一章,概述九江开埠设关以及由此导致的商路变迁情况。大略回顾九江开埠设关的简要过程,着重分析江西境内商道变迁情况以及由此带动的旅客贸易。第二章,分析开埠前后九江贸易情形。着重分析开埠后九江洋货土货贸易特征和转口贸易情形,并对主要货物进出口贸易兴衰的过程作简要阐述与分析。第三章,探讨影响九江贸易的主要因素,进而考察九江贸易面临的挑战。结论总结全文。

中 文 题 名　**康熙年间徐葆光使琉球及其著述考**

英 文 题 名　The Study on Xu Baoguang s Diplomat to Sino - Ryukyu and His Works during Kangxi Dynasty

作　　　者　李源

导　　　师　谢必震

学位授予单位　福建师范大学

学科专业名称　专门史

学 位 年 度　2006

论 文 级 别　硕士

中 文 摘 要　琉球古国虽已不复存在,但其在明、清两朝500年间与中国所缔结的政治、经济、文化友好关系不仅载入人类文明史册,而且引发人们的追思与探究。本文以册封使徐葆光及其著作为研究对象,将其置于当时社会大背景下加以解说。从分析册封制度之缘起及徐葆光之际册封制度新变化入手;论述册封使命之艰辛以突出徐葆光从受命出使琉球开始即展示的那份积极与主动;并进一步论证徐葆光在加强中琉政治交往、测绘琉球地图、促进册封贸易、传播中国文化等方面所做的突出贡献。解析、强调徐葆光《中山传信录》、《海舶集》内容、影响与史料价值。期望由此引起对册封使的再认识及对册封使使录等相关著述的进一步研究、挖掘和利用。在不断拓宽研究领域的同时引发世人再次思考中国的册封制度,研究剖析中国式的外交模式,以期为处理今日国与国之间的关系提供借鉴。

中 文 题 名　**抗战时期川江的木船运输**

英 文 题 名　The Wooden Boat Transportation on the Chuan River during the Anti - Japanese War

作　　　者　迟香花

导　　　师　张守广

学位授予单位　西南大学

学科专业名称　中国近现代史

学 位 年 度　2008

论 文 级 别 硕士

中 文 摘 要 川江,是一个泛称,泛指宜昌以上四川境内长江主流和支流,纵横全川,是近代史上四川和西南地区对外联系的主要通道。川江上传统的运输手段是木船。清末时期,随着洋货的大量涌入和土货的大量输出,川江木船运输进入了一个繁荣时期;民初以后,随着轮船的出现及四川军阀的混战,川江上的木船运输受到很大影响,呈现衰败的趋势。1937 年抗战军兴后,国民政府迁都重庆,全国的政治、军事、经济中心也随之移到西南地区,由于战时的特殊条件,本该被近代化的运输工具取代的木船又有了大发展,呈现繁荣的景象,有人称之为川江木船运输的又一个“黄金时代”。本文主要对战时川江的木船运输作较为详细的研究,深化对抗日战争的研究。在战前及抗战初期,国民政府对内河木船并没有给予重视,缺乏长远的打算。但是随着战争的推进,在宜昌物资的抢运中,川江木船运输表现出的力量使国民政府刮目相看。国民政府西迁重庆后,由于四川省境内铁路和公路的稀少,以及战时汽车燃料零件的奇缺等种种原因,使得国民政府只好大力扶植木船业的发展。国民政府发展内河木船运输业,主要是通过整治航道、建立机械绞滩站、贷款建造改良木船来实现的。虽然整治航道、建立机械绞滩站的最初主要的目的不是为了木船运输,但是它对战时的木船运输起到了很大的作用,提高了木船运输的效率,减少了航行中的危险。在国民政府实施的上述措施中,建立机械绞滩站和制造改良木船两者最为重要,是抗战期间新兴的事业;尤其是制造改良木船,由政府用经济的力量帮助船商制造木船,是前所未有的。同时,国民政府为了稳定后方的统治秩序,实行了加强对川江航运的统制、对后方木船实行限价政策、组织民船商业同业公会船员工会联合会等措施来进一步控制木船运输业。通过这些政策的实施,国民政府这才真正地掌握了对力! 江航政的管理权,对川江航运的管理,比之战前来说,要严密的多。川江的木船运输业在战时得到了迅速的发展,无论是船只的数量还是运量方面都比战前要增加很多,但同时我们也必须看到,木船作为一种旧式的内河运输工具,由于其自身存在的局限性和外在的严酷竞争,在战前原本已经严重衰败,抗战时期能够得到恢复和发展,是一种特殊的历史现象。随着抗战的胜利及内战的进行,川江木船的发展空间缩小了,甚至生存环境也消失了,因此木船业一落千丈,走向衰败是必然的。战时的川江木船运输在发展的同时也出现了很多问题。但是对于木船运输在战时后方的社会经济生活中所发挥的重要作用,对抗战产生的积极影响,我们应当给予实事求是的评价。

中 文 题 名 **抗战时期的中越交通运输研究**

作 者 李宝德

导 师 戴可来

学位授予单位 郑州大学

学科专业名称 世界史

学 位 年 度 2007

论 文 级 别 硕士

中 文 摘 要 本文以抗战时期的中越交通运输为主线,首先详细考察了该时期的中越交通运输状况,主要是云南、广西两省与越南之间的陆路、水路交通状况。按抗战时期的运输状况将中越交通运输分为三个阶段,第一阶段(1937 年 7 月—1938 年 10 月)称为充分利用阶段,这一时期中国东南沿海未被完全封锁,中越国际交通运输线成为中国与国际社会相联系的主要国际通道之一;第二阶段(1938 年 10 月—1940 年 6 月)称为限制利用阶段,抗日战争由此进入相持阶段。随着中国抗日战场形势的变化,法越殖民当局不断在中国假道越南运输方面制造障碍,并最终关闭该通道。第三阶段(1940 年 6 月—1945 年 9 月)称为彻底封闭阶段,这一时期,日本趁法国战败投降之际,迫使法越殖民当局关闭中越交通线,中越交通彻底断绝。全面抗战爆发后,在日军封锁中国沿海的情况下,国民政府为了借道法属越南运输战略物资,展开广泛的外交活动,特别是与法国进行艰难的交涉,随着中国抗战形势的变化,法国也不断调整自己对中过境越南运输的政策,总体上看,法国为了保持自己在越南的殖民利益,逐步向日本妥协,并最终于 1940

年6月关闭了该通道。同时本文也简要论述了抗战时期国民政府与美苏等国之间关系的变化。最后本文高度评价了中越交通运输线在抗战中所发挥的重要作用。

中 文 题 名　李鸿章与《烟台条约》

英 文 题 名　Li Hung - chang and Agreement between the Ministers Plenipotentiary of the Governments of Great Britain and China

作　　　者　杨巍

导　　　师　曲晓范

学位授予单位　东北师范大学

学科专业名称　中国近现代史

学 位 年 度　2005

论 文 级 别　硕士

中 文 摘 要　1875年,英国驻华使馆工作人员马嘉理由北京前去缅甸迎接英国探测队,返回中国途中时在中缅边境被杀,因此酿成了"马嘉理事件"的中英交涉事件。从1875年3月到1876年8月,中英双方就马嘉理案进行了一年多的交涉,由于英国驻京公使威妥玛借中英处理马嘉理案之机,多次提出与马嘉理案无关的免厘、优待公使以及增开口岸等方面的要求,以达到英国对中国进行经济侵略的目的。清政府虽然做出让步,但却不肯答应英方提出的全部过分条件,以到中英交涉陷入僵局。面临着战争威胁的清政府,在严峻的形势面前,仍然希望与英国和平解决马嘉理案,并授权直隶总督、北洋通商大臣李鸿章为全权便宜行事大臣主持正式的中英谈判。李鸿章运用正确的外交策略,准确地分析了中英形势,制定了完备的谈判计划。从谈判地点、时间到谈判内容着着主动,使一向高傲的英国公使威妥玛陷于被动,匆匆结束谈判。中国以最小的代价同英国签订了了结马嘉理案的《烟台条约》,为国家争取到了一个和平稳定的发展局面。《烟台条约》的签订,使西方认识了李鸿章的非凡的外交能力。

中 文 题 名　李鸿章与直隶洋务教育论述

作　　　者　黄秀艳

导　　　师　董丛林

学位授予单位　河北师范大学

学科专业名称　中国近现代史

学 位 年 度　2006

论 文 级 别　硕士

中 文 摘 要　作为洋务派领袖的李鸿章,任直隶总督二十多年,并且主要是在甲午战争结束之前的时段里。此间在他的领导下,辖区洋务教育发展状况如何?这在当时及以后对直隶乃至全国有着怎样的影响?对此进行较为全面和系统的考察,便是本文的主旨所在。本文共分四大部分(即"章"的层次):一、李鸿章督直前后直隶洋务教育由弱趋强的态势。首先叙述了1870年前直隶的洋务教育相对落后状况,接着展示李鸿章督直之后,直隶洋务教育快速发展的情势,主要表现在:在天津机器局内添设电报水雷学堂,创办天津电报学堂、天津水师学堂、天津武备学堂和天津医学堂等洋务学堂;选派员弁、学生赴欧留学;翻译并推广西书;在直隶洋务工业中,训练了中国学徒、工匠。这些活动使直隶洋务教育取得重大突破,在全国处于领先地位。二、李鸿章督直期间的洋务教育方略。李鸿章在"中体西用"的教育指导方针下,越发重视"西用",一面要求变通科举,为直隶洋务教育争取较宽松的制度环境,一面任用亲信大员开展洋务教育活动。李鸿章及其亲信大员在保证了较为充足教育资金的情况下,以培养急需的洋务人才为要旨,造就了一批文理兼通,博涉西学的洋务人才,特别是军事人才。三、李鸿章主导在直隶推行洋务教育的具体措

施。为了推动直隶洋务教育的发展,李鸿章等人采取了一系列具体措施,如以优渥条件,招徕学生入学;组建了一支力量较雄厚的师资队伍;以“西主中辅”为原则设置课程;教学中重视理论与实践相结合;并且尝试了新的教学管理体制和管理方式。这些措施使直隶的洋务教育活动得以较快发展。四、直隶洋务教育的积极影响与不足。其积极影响,主要表现在对学制上破旧立新的促进、使得直隶洋务人才群形成、传播了西方先进科学技术、推动直隶近代工业化进程、加速军事近代化变革、以及整体上强化直隶教育的近代化趋向。其不足则主要表现在新因子的作用力度和范围有限,旧因素的沿袭仍比较明显。本文的创新之处主要有以下几点:1、较为系统全面地论述了李鸿章及其属下相关人员在直隶的洋务教育活动;2、论列了李鸿章等人开展洋务教育活动的具体措施;3、从社会发展的角度审视和评析直隶洋务教育的影响。这些方面都不乏补充和超越以往既有成果之处。

中 文 题 名　**李鸿章与中法战争**

英 文 题 名　Li Hong – Zhang and the Sino – French War

作　　　者　何东

导　　　师　鲜于浩

学位授予单位　西南交通大学

学科专业名称　专门史

学 位 年 度　2003

论 文 级 别　硕士

中 文 摘 要　19 世纪 60 年代,李鸿章在中外交往的过程中,加深了对中外实力差距的认识,接受了西方的外交规制。在 70 年代,通过“海防之议”,他提出了系统完备的中国国防、外交战略,并开始具体布置。80 年代初,当法国殖民者图谋扩大在越南权益时,李鸿章重新审视面临挑战的中越传统宗藩关系及体制。为维护中国本土安全及国内的自强运动,他选择了避战求和的对法策略,并与法国鉴订了《宝海三条》。当法国挑起战争后,李鸿章又适时推行以战谋和的对法策略,一方面对前方战局进行战术指导和物资支援,另一方面,推动中法和谈议结越南事宜。使两国先签《天津条约》,后订《中法新约》,最终结束战争。法国通过这场战争实现了预定目标,中国虽未落败,却为此战争支付浩繁。以致延误了随后的海防建设,使李鸿章早先拟定的国防、外交战略无从实现。

中 文 题 名　**历史时期运河对杭州城市发展的作用**

英 文 题 名　Roles of Canals on the Development of Hangzhou City during the Historical Period

作　　　者　徐岩

导　　　师　陈桥驿

学位授予单位　浙江大学

学科专业名称　历史地理学

学 位 年 度　2007

论 文 级 别　硕士

中 文 摘 要　便捷的交通是城市发展的首要条件。从我国城市发展史来看,大部分城市都是沿江河湖海等交通要道发展起来的。基于水运运输量大、运费低及速度快(古代江南水网稠密地区,水路运输快于陆路)的优势,古代人民在天然河道的基础上,又开凿了数量很多的人工渠道,将相互隔绝的河流联系起来,以开展交通运输。这些人工渠道又被称为运河,在古代促进了地区间的交流和为城市提供水源。本文以运河和杭州作为研究对象,研究在杭州城市的发展史上,运河水系对杭州城市发展的作用。本文主要利用历史地理文献分析和实地调查等方法,通过对历史时期杭州城内外运河的变迁情况、城市形态的变

化、城市职能的演变等方面的分析,分成五个历史时期阐述运河对杭州城市的发展所起的作用。分析表明,早期杭州城市发展的主要因素是钱塘江。杭州真正意义上的兴起始于隋代大运河的贯通。至南宋时期运河对杭州城市的影响作用最为显著。然而元末至上世纪八十年代,由于运河航运功能的衰弱和其它交通方式的兴起,运河水系对杭州城市发展的促进作用日益减弱。二十一世纪,随着人们对运河其它功能的认识加深,运河必将成为推动和促进城市发展、城市整体形象完善的重要因素。

中文题名　**两宋时期的铜钱外流以及对日本货币经济的影响**

英文题名　Running Outside of the Copper Coins in the Period of Song Dynasty to the Influence of Japanese Monetary Economy

作　　者　陶莉

导　　师　顾兴斌

学位授予单位　南昌大学

学科专业名称　中国古代史

学位年度　2006

论文级别　硕士

中文摘要　铜钱外流是宋代一个严重的社会问题,大量铜钱外流使中国境内的铜钱数量锐减,造成了流通中的铜钱供给不足,政府虽然采取了种种措施,但都是治标不治本,宋代的"钱荒"日趋严重。铜钱外流却使周边各国受益颇多,周边各国的社会经济的发展远远落后于中国,封建经济还处于初期发展阶段,有些国家甚至还未步入封建社会,铜钱的大量输入使这些国家的货币经济迅速发展起来。自秦汉以来就深受中国影响的日本,宋时,从中国输入大量的铜钱,使其社会经济发生了巨大的变化,钱币代替实物货币流通于社会,新的行业、阶层的产生使社会阶层和行业的分工进一步细化,这些阶层随着其经济力量的逐渐强大对统治者执掌的政权形成一定的冲击。日本的货币经济逐渐发展起来,并且融入以中国为中心的东亚货币金融圈中。

中文题名　**列强在华内河航行特权与清末湖南近代航运业**

英文题名　The Powers Privilege of Inland River Navigation in China and the Modern Shipping Industry of Hunan in the Late Qing Dynasty

作　　者　张海山

导　　师　李育民

学位授予单位　湖南师范大学

学科专业名称　中国近现代史

学位年度　2007

论文级别　硕士

中文摘要　湖南拥有一湖四水,水系发达。轮船航运业是湖南近代交通的肇始。列强在华内河航行特权使其航运业垄断了湖南内河,民族航运业在列强航运业的压迫和排斥下艰难发展。本文以清末为中心,从列强在华内河航行特权入手,探讨湖南近代航运业的概况、归纳其特点、分析其影响,以图对整个清末湖南近代航运业有个比较详细的个案研究。本文分四个部分来阐述湖南近代航运业:第一章列强内河航行特权在湖南的确立。主要介绍了清政府对内河近代航运业的认识和态度,列强航运业在湖南内河的扩张过程,以及湖南内河航行主权丧失的表现。第二章内河航行特权庇护下的列强在湘近代航运。分析了列强航运业在湖南扩张的手段,重点介绍了英日两国近代航运业在湖南的竞争和扩张概况。第三章夹缝中的湖南近代民族航运业。主要介绍了清末传统民船航运业的情况,轮船招商局和湖南本土民族

航运业在湖南的发展概况以及湘汉航业案的内容。第四章分析比较了清末湖南近代航运业的特点和影响。清末湖南近代航运业加深了湖南社会的半殖民地半封建性。

中 文 题 名 **岭南龙母文化地理研究**

英 文 题 名 Research on Lung Mo Worship from Cultural Geographic Perspective in Lingnan Regions

作　　者 陈玉霜

导　　师 王元林

学位授予单位 暨南大学

学科专业名称 历史地理学

学 位 年 度 2006

论 文 级 别 硕士

中 文 摘 要 岭南一隅，龙母水神崇拜尤盛。岭海相隔的地理区位、南方炎热多水孕育着特色的水神崇拜文化。秦代伊始，古越人“断发文身”的崇龙习俗结合祖先崇拜，在三江汇流的悦城地形成了龙母崇拜；汉唐以后，龙母屡受封敕，崇拜龙母的习俗传至江西；宋元之际，龙母文化祭祀中心初步定型，悦城、仁化、梧州、分宜等中心区初具规模；明清，龙母庙遍布西江流域，中心区的龙母文化得以稳固发展，还向四川等地延伸，展现出独特的地域形态。龙母崇拜的分布区域不断拓展，与岭南自然环境多水；南方多火阳盛，龙母水神有“尅火补阴”之效；亦与越人尚鬼信巫有关；而统治阶级提倡，明清广东经济迅速发展，也在政治上、经济上为龙母崇拜的兴盛提供了条件。与龙母相比，岭南其他水神，诸如龙王、天妃、真武、南海神、伏波神等各显神通，呈现各有特色的地域表象：龙母是西江流域保护神；龙王主要控辖珠三角及海南岛一带；天妃来自福建，遍布福佬文化区，潮汕平原、雷州半岛及海南岛为其崇祀区；真武以佛山为据点，遍及两广；南海神庇护南海，以珠三角为中心；伏波则主要分布在雷、廉一带。本文旨在从历史地理角度分析龙母文化的地域形态及其形成原因，与其他水神相比，揭示其地域特色。

中 文 题 名 **《岭外代答》研究**

英 文 题 名 Study of Ling Wai Dai Da

作　　者 刘俊玲

导　　师 苗书梅；孔学

学位授予单位 河南大学

学科专业名称 历史文献学

学 位 年 度 2009

论 文 级 别 硕士

中 文 摘 要 南宋周去非的《岭外代答》是一部专门叙述宋代广西地区政治、经济、军事、风土民情等内容的笔记作品，全书共十卷二十门，内容丰富，对研究宋史及广西地方史来说是都具有很高的史料价值；此书《外国门》对南海、南亚、西亚、东非、北非等地古国及交通方面的记载，极其宝贵。文章力图对此书做一全面研究，突出《岭外代答》的史料价值。文章主要从三个方面进行论述，首先考证周去非的仕宦经历，对《岭外代答》的成书背景、版本、编纂特点进行研究，弥补对周去非经历及其所著《岭外代答》研究之不足。其次阐述《岭外代答》与《桂海虞衡志》、《诸蕃志》之间的关系，通过对比证明《岭外代答》在体例和内容方面既继承了《桂海虞衡志》，又对《诸蕃志》有较大影响。最后分析《岭外代答》的史料价值。一方面通过《岭外代答·外国门》和《宋史·外国传》、《宋会要辑稿·蕃夷》中相关内容的比较分析，进一步展现《岭外代答》的史料价值。另一方面，通过对山水自然、独创的边帅、法制、财计等涉及风俗物产的分析，展现《岭外代答》保存宋代广西地方史的史料价值。

中文题名 刘坤一军事实践和思想研究

英文题名 A Study on Liu Kun - yi s Military Practices and Thoughts

作者 杨震

导师 欧阳跃峰

学位授予单位 安徽师范大学

学科专业名称 中国近现代史

学位年度 2007

论文级别 硕士

中文摘要 刘坤一是中国近代史上的一位重要历史人物,他的一生事迹繁多。以往对他的研究集中在洋务运动和东南互保上,本文则主要系统深入研究他的军事实践和思想。刘坤一的一生经历了从乡村秀才到湘军悍将,从湘军悍将到新政倡导者的转变。尽管他的活动涉及诸多领域,但他在军事领域的实践和思想却占据着重要的位置。他在具体的带兵作战的实践中形成了从严治军又体恤部下的治军原则,体现出了厚集兵力、统一指挥、战法多样、善用诈术等战术特点。在整顿陆军的实践中,他一方面裁遣冗勇,合理安置,一方面又力求提高绿营制兵的战斗力。在接办自强军这支新式军队后,他又根据实际做了适当调整,并用近代军事知识和技能武装自强军。在经历甲午中国海陆军惨败之后,他提出了后勤制度、军火生产和军事人才培养等方面的新思想。在江防和海防实践中,刘坤一也取得了一定的成就。他开辟多种渠道筹集了海防经费,在仿制西式船、炮方面作出了较突出的贡献,重视培养近代海军人才,其海防战术思想也在不断进步。对中国国防战略的思考,刘坤一主要着眼于"以夷制夷",并实现了从侧重塞防到侧重海防的战略思想转变,顺应了近代强国重视海权的潮流。

中文题名 刘铭传与台湾近代化

作者 李莉

导师 马东玉

学位授予单位 辽宁师范大学

学科专业名称 历史学专门史

学位年度 2005

论文级别 硕士

中文摘要 中法战争之后,清政府终于对一再受到外敌入侵的台湾给予了足够重视。光绪十一年(1885 年),清廷将台湾府改建为台湾省,任命刘铭传为台湾第一任巡抚。身为洋务派的刘铭传在抚台的七年时间里,不仅加强了台湾防务,而且开始了台湾近代化进程。政治上,刘铭传通过清赋、抚番、分治添官使台湾成功地完成由一府向一省的转变,并营造一个稳定的政治局面,为进行经济近代化提供必要前提;经济上,刘铭传引进西方资本主义先进机器,兴建一批近代工矿企业、交通运输业和新式邮电通讯业,同时对外贸易得到蓬勃发展,这些经济措施改变了台湾整体经济面貌,使台湾民众的生活开始具备近代性质和意义;文化教育上,刘铭传兴办西学堂、电报学堂等新式学堂,使西方先进科学技术知识得到传播,培养了大批新式人才,有效推动台湾近代化的发展。总之,刘铭传在台湾进行的近代化成效显著,他成功的原因有:多次外敌入侵引起清廷重视;中央洋务派大员的支持;刘铭传的个人素质;台湾独特的地理位置。台湾近代化与大陆洋务运动虽属一脉,但却有自己的特色:台湾近代化起步晚;军事工业与民用工业齐步发展;有诸多中国首创;御外目的明显;在利用外资和任用洋员问题上有主动权;商办民用企业思想浓重。通过从"近代化"的角度,对一定时期台湾一省近代化发展成败之分析,为今天中国各项事业的发展提供借鉴和启示。

中文题名 流入日本的百济、高句丽遗民研究

作　　者 李婷

导　　师 拜根兴

学位授予单位 陕西师范大学

学科专业名称 亚洲史

学位年度 2008

论文级别 硕士

中文摘要 七世纪中叶,朝鲜半岛上的百济和高句丽先后被唐与新罗联军灭亡,两国旧地并入统一半岛的新罗,其大多数国民也臣服于新罗。但是也有部分百济和高句丽遗民进入了唐朝和日本,尤其是与日本关系密切的百济,大量王族宗室、贵族及平民涌入日本躲避战乱并从此定居。众所周知,来自朝鲜半岛的移民,尤其是大化改新前后到来的百济、高句丽遗民对于日本的发展有着特殊的意义,他们在日本社会这一最重要的转型时期进入日本,成为日本社会和文化进步的重要催化剂。因此,被称为"归化人"的这些朝鲜遗民的实际情况,自然唤起了日本古代史学界的深切关注,从各个角度对其迁徙的路线,到日本后的繁衍生殖、活动事迹的方方面面、居住形态及保存至今的故址遗迹等,进行了众多的研究。但同时也必须指出,关于这些朝鲜遗民,至今尚难明了的问题还有很多。究其根本原因,是朝鲜遗民迁徙到日本的这一时代的史料几无所存,仅能根据八世纪初编纂的《古事记》、《日本书纪》和九世纪初成书的《新撰姓氏录》等史籍窥见其事迹之一斑。然而,《古事记》、《日本书纪》和《新撰姓氏录》的记载里,有许多后人修饰附会的成分,与史实相去甚远。这一点,通过上世纪初以津田左右吉等为代表的对日本古史的批判性研究,已经成为学界的共识。因此,真正意义上的遗民研究是行之甚难的课题。本文从对这一时期朝鲜遗民社会集团的分析入手,对天武、持统天皇(七世纪末)至平安初期(九世纪;确实可信的历史文献中所见到的赐姓、改姓、叙位、任官等各种资料进行综合比较,指出在当时的日本:1. 奈良中期(8 世纪中叶),朝鲜遗民氏族地位开始上升,在任官与改赐姓等方面与其他国家移民产生重大的区别。2. 古代日本朝廷对七世纪中叶后到来的朝鲜遗民,不仅免除课役,还注意对他们进行安置。3. 在赐姓和任官方面,朝鲜遗民比其他国家移民更居于有利地位。例如,赐予"朝臣"姓的五支氏族全部出自朝鲜遗民,而中国移民则止于"宿弥"姓;在出自移民的全部八名四位以上官人中,百济和高句丽遗民总共占了六人。在此基础上,文章进一步研究了朝鲜遗民在日本的居住、婚姻等形态;由朝鲜输入日本的户籍制度、行政、赋税、军制等问题,深入探讨了朝鲜遗民与佛教传播及日本神道教发展的关系等等。

中文题名 "琉球事件"与近代中日相互认识和博弈

英文题名 "The Ryukyu Issue" and Mutual Cognition and Fight between China and Japan in Modern Times

作　　者 姜秉国

导　　师 修斌

学位授予单位 中国海洋大学

学科专业名称 历史地理学

学位年度 2008

论文级别 硕士

中文摘要 中、琉、日三国在历史上具有密切而复杂的关系。琉球在明初洪武年间开始成为中国的藩属国,于 1609 年遭到日本萨摩藩入侵,从而同时也成为日本的附庸国。琉球"两属"的局面一直持续到近代。1871 年 - 1881 年间,走上资本主义道路日本为了实现其在东亚地区对外扩张的计划,围绕琉球问题制造了一系列事件,包括借"琉球漂民事件"侵略台湾,单方面强行阻止琉球对清朝的朝贡和中琉交

往，并不顾清政府和琉球人民的强烈反对于1879年“废藩置县”，吞并琉球。本文将这一系列事件统称为“琉球事件”。这一事件是近代中琉日三国关系史上大事件，对三个国家以及东亚地区形势产生了重要影响。琉球，这个有着500多年历史的国家，在琉球事件中走向灭亡，最终被日本完全吞并。清国，这个曾经辉煌的“天朝大国”在琉球事件中节节败退，暴露出其腐朽和无能，以及必然衰亡的历史必然。日本，琉球事件中的最大受益者，通过吞并琉球开始走上了在东亚地区的扩张之路。本文主要采用史料分析法、对比研究法、影响分析法等研究方法。在充分查阅资料，明晰史实基础上，选取1871年到1881年间这个在近代中日相互认识中具有开端和关键意义的时期，以在这期间发生的“琉球事件”为中心，全面考察事件的背景和原因，梳理中琉日三方在“琉球事件”中的态度和行动，重点探讨中日双方在接触、交涉过程中的相互对应和相互认识，同时也将就“琉球事件”对东亚封贡体制的冲击和对以后东亚地区政治地理形势走向的影响进行分析，总结历史经验，并为该领域的研究弥补一些不足。本文认为，“琉球事件”是近代中日两国相互认识、审视对方的过程。在中日围绕“琉球事件”的认识和博弈过程中，日本一直处于主动主导地位，主动采取措施制造事端，不断地加强与中国清政府的接触，在接触中了解和认识中国，并根据这种认识采取具体行动来实现自己在东亚地区扩张的目的。中国清政府在“琉球事件”发生期间一直处于相对被动的地位，不断应对日本的挑衅，在应对中开始认识和了解日本，逐渐认清了日本的政策和其对外扩张的野心，清楚了日本对中国的威胁，最终把日本定位成主要敌人。中日双方在“琉球事件”中形成的相互认识是双方政策制定和下一步行动的基础。此后，日本宣扬“清国威胁论”，大肆扩张军备，加快了其在东亚地区扩张，侵略中国的步伐。同时，清政府也积极采取措施防御日本，不断加强海防建设，特别是北洋海军的筹建和发展。“琉球事件”的发生、发展和结局，对东亚封贡体制带来了巨大冲击，是东亚传统封贡体制功能全面丧失的标志。日本通过“琉球事件”，吞并琉球，对东亚传统封贡体制从内部和外部两方面进行冲击，挑战中国在东亚地区的权威地位，促使东亚封贡体制全面走向崩溃。

中文题名 “琉球事件”中的中国社会关于宗藩体制的舆论：以《申报》为主要考察对象

作　　者 贺琤

导　　师 易惠莉

学位授予单位 华东师范大学

学科专业名称 中国近现代史

学位年度 2004

论文级别 硕士

中文摘要 在“琉球事件”当中，社会舆论对于藩属国的一般态度如何，如何认识日本对琉球两属现状的改变？是否认识到了日本对琉球要求有“领有权”的国际背景？在整个事件当中人们的对外观念怎样？本文试图通过考察1874－1881年的《申报》有关“琉球事件”的新闻报道和相关评论来回答这些问题。本文共分五章。第一章，绪论：对这篇论文的选题意义、题目界说、史料运用、研究现状与参照理论作了较为详尽的说明。第二章，1879年以前的中琉和日琉关系：首先叙述了1870年代前，琉球既为中国册封体制下的藩属国，同时也是日本幕藩体制下萨摩藩的附庸国。清廷对琉球与日本的关系未予过问，默认为中、东（指日本）两属。其次阐明了1870年代后琉球周围国际形势的变化，随着欧美列强向亚洲的侵入，琉球的国际战略地位越来越重要，日本强烈地感受到了欧洲国家体系向亚洲的逼近，设法改变琉球两属状况，意欲吞并琉球，而清朝却没有看到琉球周围的国际形势已变化，依然以字小之道“以示怀柔”。由此可见“琉球事件”发生时中国与日本处于两种不同的外交思路上。第三章，中国社会对日本觊觎琉球的初步反应（1875－1879年3月）：日本阻止琉球向中国朝贡的消息传到中国，《申报》舆论把日本与琉球的关系放在宗藩体制下理解，只是从“礼仪”的层面加以谴责，没有认识到日本吞并琉球正值向外交近代化迈进。琉球事发后，琉球的政治地位受到了舆论前所未有的关注，有的认为它是独立国，有的认为它属中国，有的认为中、东两属，这种含糊不清的认识表明了宗藩体制与近代外交体制的不相容。第四章，日本吞

并琉球后中国舆论的应对之策(1879 年 3 月 –1880 年 3 月):这期间,《申报》舆论关注两个内容:“中国该不该与日本争琉”和“对属国加强控制”。争琉体现的是宗藩体制中军事征讨的极端,不争体现的是不理睬不接触的极端,无论处在哪个极端,都是处在宗藩体制之内来看问题,身囿其中,便不能根据中国的现实情况—无力维持宗藩体制,和国际现实—欧洲秩序迟早将取代华夷秩序,而采取一种灵活的折中的做法。与此相应的是出现了一些要求清廷对藩属国加强统治的声音,然而这种提议脱离了中国当时的现实情况,对指导当时的中国外交没有切实的意义。第五章,中俄危机的刺激:舍琉与“存球祀”(1880 年 3 月 –1881 年):中俄危机爆发后,舆论首先是为了联络日本抗拒俄国而主张舍弃琉球。其次,当中俄危机缓和之后,总理衙门与日本签定的球案草约引起朝野一片哗然,舆论纷纷要求为保存琉球国祀而与日本兵戈相向。在舍与存之间中国的立场并没有矛盾:主动放弃琉球的前提是中国拥有对琉球的宗主权,很明显,只有拥有者才有权放弃,此时中国放弃的只是对一个属国的宗主权,而非宗藩体制。直到此时,中国并没有意识到宗藩体制在现行国际秩序中的不适应。而“存球祀”体现了社会舆论对琉事解决的底线,《申报》中“存球祀”的声音比清政府的上谕中强硬得多,也就是民间存球祀的愿望远远强过政府,这反映了宗藩观念在中国社会的广泛性。在“琉球事件”当中,日本引入了对琉球的主权意识,与中国争的是对琉球的领有权,而中国人所“争”、所“舍”、所“存”都是对琉球的宗主权,两者处于不同的认识模式上,主宰中国外交的理念是宗藩观念,而日本外交理念已发展为近代外交观念。为什么会出现这种观念上的不同?中国近代化的进程当时只在器物层次,对外观念以及对日本的理解便也只停留在器物层次,所以在琉事各个阶段的舆论中,对于日本的认识仅限于对比中日有多少兵船、水师强盛与否,没有认识到日本不仅器物上,而且在国家观念、近代外交等心物层次上也已向近代化迈进。中国社会舆论的对外观念以及对日认识与中国的整个近代化过程是同步的,停留在器物层次上便不可能对更深的心物层次有理解。所以在“琉球事件”当中,宗藩体制已经面临着崩溃,而人们还在以宗藩观念看问题,观念落后于现实,在实际的外交中注定处于被动地位。“琉球事件”只是一个肇端,在接下来的中法战争以及甲午战争中,在对外事务上,中国无一不是受制于这种与现实格格不入的宗藩观念。

中 文 题 名　**略论清末民初的民族轮船航运业**

英 文 题 名　On the National Steamship Industry in Late Qing and Early Republic of China

作　　　者　王林

导　　　师　欧阳跃峰

学位授予单位　安徽师范大学

学科专业名称　中国近现代史

学 位 年 度　2007

论 文 级 别　硕士

中 文 摘 要　清末民初是我国轮船航运业的兴起时期。鸦片战争后,由于外国轮船的到来、民族经济的发展、清政府水运政策的改变及辛亥革命、一战的爆发等原因,我国轮船航运业开始逐渐兴起,在国民经济中所占据的作用也越来越重要。本文描述了这个时期我国各地区轮船航运业的发展概况,总结了这个时期我国轮船航运业的发展特点:经历了解禁——发展——黄金三个阶段;官办轮船航运业的没落和商办轮船业的新兴形成了鲜明的对比;轮船航运业发展的不平衡性;早期轮船企业倏兴倏灭者居多及未能从根本上改变外国轮运势力垄断我国沿海沿江的局面等。根据我国轮船航运业的发展概况和特点,本文认为:清末民初是我国民族轮船航运业的兴起时期,轮船航运业的兴起促进了我国交通工具的近代化,一定程度地抵制了外国轮船势力的入侵,繁荣了贸易,并带动其他行业的发展以及解放了人们思想、开化了社会风气等等,轮船航运业已成为我国经济生活中不可缺少的一个部分。但是,由于底子薄、旧社会制度的制约及外国轮船航运势力的强大等原因的影响,这个时期的我国轮船航运业的发展还是处于起步阶段,很不完善,存在着诸多缺陷,未来的路是任重而道远!

中 文 题 名 略论占城与宋朝的关系
作　　　者 李富森
导　　　师 于向东
学位授予单位 郑州大学
学科专业名称 世界史
学 位 年 度 2005
论 文 级 别 硕士
中 文 摘 要 占城,建国于公元192年,中国史籍最初称为林邑,唐朝后称为环王,后周、宋朝时称为占城,而它自称为占婆(Champa - pura)。占城从立国到灭亡这1500多年间,一直和中国的关系十分密切。968年是占城和中国关系史上的一个分水岭。在此以前,两国关系基本上是以朝贡和战争为主要特征的宗藩关系。968年交趾(越南)的"自主",使得两国的关系发生了质的变化。在政治关系方面,两国从此没有了战争的纷扰,和睦相处、友好往来成为主流,确立了以朝贡和贸易为主要特征的宗藩关系。占城频繁向宋朝朝贡,宋也进行回赐和册封。同时,由于交趾不断侵扰两国领土,占城与宋朝的政治关系中又增加了共同对抗交趾的内容。这样,就形成了宋朝、占城、交趾三国之间极其复杂的三角关系。此外,真腊和占城的关系也影响到了宋朝和占城的政治关系。占城与宋朝的贸易关系方面,宋朝和占城既有着官方垄断的朝贡贸易关系,又有着市舶贸易关系。在前者,占城去宋朝的贡使次数多,级别高,物品丰富庞杂。而宋朝回赐更是优遇有加,又有不同形式的加赐、特赐,双方不断把朝贡贸易推向高潮。由于宋朝国内外形势的变化,两国的朝贡贸易发展经历了由盛及衰的三个阶段。同时,两国的市舶贸易又发展起来。宋朝鼓励海外贸易,这使得两国的市舶贸易十分兴盛。朝贡贸易和市舶贸易极大地推动了两国的经济文化交流。在占城与宋朝长期交往中,有很多占城人出于不同的原因,或政治避难,或经商贸易等,来中国居住,甚至定居下来。同样,宋朝也有移居占城的,其原因不尽相同。这些侨民分别在所居国参加生产劳动,促进了当地经济文化的发展。文化交流关系方面,宋朝和占城的文化交流是双向、互动的,交流的文化内涵是十分丰富的。宋朝和占城的关系有着深刻的背景和悠久的历史渊源,这种多层次、全方面的交往,坚实地构筑了宋朝和占城友好邻邦的关系大厦。

中 文 题 名 论高丽与宋的朝贡贸易
英 文 题 名 The Tribuytary Trade between Gaoli and Song
作　　　者 陈慧
导　　　师 姜孟山;李宗勋
学位授予单位 延边大学
学科专业名称 世界史
学 位 年 度 2002
论 文 级 别 硕士
中 文 摘 要 古代东亚建立了以中国为中心的文化圈,古代中国与周边诸国建立的外交关系都是以封贡制度为手段的册封、朝贡关系。宋建立后,高丽与宋延续了前朝的宗藩关系,双方进行了外交往来。由于辽、金的先后影响,丽宋外交关系时断时续。其中一个阶段(从1071年至1126年)双方的外交往来十分频繁,但基本上是以进行朝贡贸易为主要内容。这一阶段,虽然名义上高丽为宋的藩属国,但双方在政治上的从属关系很弱,高丽与宋交往的主要目的是进行经济、文化交流,朝贡贸易则是实现这些交流的重要方式之一。本文介绍了当时东北亚地区的局势,阐述了丽宋进行朝贡贸易的背景、意义,详细论述了两国朝贡贸易的基础、基本方式和内容,并对两国在朝贡贸易中的得失略加归纳、论证。终宋(960 - 1279)

的三百余年间,高丽向宋派出官方使臣共68次(包括因故中途返回的3次),宋向高丽派出使节团共40次(包括宋所派的负有朝廷使命的商人2次)。在这些官方往来的绝大多数过程中双方开展了内容丰富的朝贡贸易。作为中朝关系史上最为美好的时期之一,丽宋以朝贡贸易为纽带延续了双方自古建立的传统的宗藩关系。在朝贡贸易中,双方各取所需,促进了各自经济文化的发展,增进了传统友谊。研究高丽与宋的朝贡贸易对进一步分析和正视这一时期的中朝关系具有重要意义。

中 文 题 名　论甲午战后中朝关系演变(1895－1900)

英 文 题 名　A Study on the Change of Relation between China and Korea after the First Sino－Japanese War (1895－1900)

作　　　者　王俊祥

导　　　师　徐绍清

学位授予单位　东北师范大学

学科专业名称　专门史

学 位 年 度　2006

论 文 级 别　硕士

中 文 摘 要　关系,在长期的历史发展过程中结成了深厚的友谊,两国情同手足,患难与共,相互学习,互相借鉴,推动了两国历史的向前发展。但进入近代以来,随着欧美列强的不断扩张,逐渐改变这一地区原有的国家关系格局,两国先后沦为西方国家的半殖民地,民族危机迅速加深。特别是日本的崛起和扩张,加剧了这一地区国家关系的演变,给这一地区的国际关系带来直接而深远的影响。甲午战争以后,由于这一地区形势的变化发展,经过中朝双方的共同努力,中朝近代新型国家关系逐渐建立起来,传统的宗藩关系解体。本文以这一转变为出发点,探讨甲午战后中朝新型国家关系建立始末,及其演变的原因和对两国关系产生的影响。甲午战争不但是中国近代历史的转折点,而且也是东亚国际关系的转折点。此前的东亚国家关系总体上属于封建性质的宗藩关系,中国处于宗主国的地位,在朝贡关系中处于主导位置。但甲午战争的结局则改变了这一地区原有的国家关系,封建性的宗藩关系逐渐让位于近代国家关系,中朝关系的演变就是在这一宏大的历史进程中逐步完成的。中朝关系的改变既是两国关系发展进程中的具有转折性的改变,又与这一地区国家关系的变化紧密相关。本文通过对这一历史进程的阐述,揭示东亚国家关系发展进程中的特殊性,说明历史发展过程的普遍性与特殊性的关系,为制定对外政策提供历史借鉴。

中 文 题 名　论经世派与道光六年漕运改革

作　　　者　何玲

导　　　师　郑永福

学位授予单位　郑州大学

学科专业名称　专门史

学 位 年 度　2001

论 文 级 别　硕士

中 文 摘 要　嘉道年间的清王朝颓势已现,从关系国计民生的漕政即可看出端倪。这时漕政涉及诸环节弊端丛生,整个漕务机构臃肿,人浮于事,效率低下,国家受损,人民受累;不仅如此,漕运的运转还严重影响对黄河的治理,沿途农田水利的建设和南北商业贸易的发展,此时漕运病入膏肓,亟待改革。面对乾隆后社会矛盾日益激化,盐、漕、河等内政积弊丛丛的严峻形势,一些有识之士敏感地觉察到不变不行,只有变才能挽救自身统治趋于崩溃的命运。他们继承清初经世致用的思想,撰写时政论文,研讨治国大政,究心实际问题,倡导经世致用,力做实事,试图起衰振弊,是为经世派。道光四年运道冲毁,漕运无法

正常运转,急需改革的漕运为具有济世利民思想的经世派 提供了施展抱负才能的机会。道光六年经世派以实事求是的态度、变革的精神,多方组织、策划,采取诸多有效措施,顺利实现了漕粮海上运输的改革,取得了巨大成功。这次漕运改革是经世派缓和社会矛盾,以其所学服务于现实政治和社会实际的首次举措,体现了经世派注重时政,讲求功效及其积极变革与进取的治世精神。这也说明,鸦片战争后,经世派睁眼看世界,产生维新先驱思想,绝非偶然。

中文题名 论明朝后期南洋华侨华人在中国—南洋贸易中的地位和作用

作　　者 郭立珍

导　　师 吕美颐

学位授予单位 郑州大学

学科专业名称 专门史

学位年度 2001

论文级别 硕士

中文摘要 中国历史上第一次华侨出国高潮出现在明朝后期。在这种情况下,南洋华侨华人社会初具规模。促成这种高潮出现的原因很多,除了人口和土地压力过重等因素外,主要是中国—南洋贸易迅速发展的推动。明末海禁解除后,中国同南洋地区的主要贸易形式由朝贡贸易变为私人海外贸易。贸易形式的转变,加上国内社会经济的发展等原因,促使私人海外贸易呈现出繁荣局面。中国同南洋地区的贸易是在特定的社会经济环境下进行的,其特点表现为:以和平方式和互利目的而进行并且成为了世界贸易网络的一部分等。在中国同南洋地区的贸易活动中,华侨华人起了重要作用。他们从事以商业为主的经济活动,在南洋建立起经销中国商品的销售网络,充当了中国海商、南洋土著和欧洲殖民者之间的贸易中介。南洋华侨华人的经济活动在一定程度上刺激了中国东南沿海地区商品经济的发展。同时他们也为繁荣所在国经济文化出了不可磨灭的贡献。

中文题名 论明代山东运河城镇的发展与功能变迁

英文题名 The Development of the Cancel Cities and the Changes of Their Function in Shan – dong Province in the Ming Dynasty

作　　者 韩晓

导　　师 李天石

学位授予单位 南京师范大学

学科专业名称 专门史

学位年度 2004

论文级别 硕士

中文摘要 明代时期,由于京杭大运河的畅通,交通便利,农业发展,商帮活跃,山东运河城镇呈现出繁荣的局面,城镇人口增加,城区扩大,商业发达,手工业繁盛,社会风俗和人们的思想观念都发生了变化。这些发展又影响了山东运河城镇功能的变迁。政治功能、军事功能、经济辐射功能、文化功能都有了明显的增强,尤其是经济功能突出,在诸多功能中处于主导地位,改变了山东运河城镇以往政治功能占统治地位的格局。明代山东运河城镇功能的变迁,在一定程度上又促进了山东运河城镇的发展繁荣。历史的经验表明,山东运河城镇的繁荣是同大运河的畅通息息相关的,是以经济功能为主导的城市功能增强的结果。

中文题名 论明代中后期海外贸易思想

作　　者 施瀚文

导　　师　龚抗云
学位授予单位　湖南大学
学科专业名称　专门史
学位年度　2003
论文级别　硕士
中文摘要　在中国古代的对外经济交流活动中，海外贸易占有相当大的比重。由于明代开国初即厉行海禁，宋、元以来蓬勃发展的海上贸易一度衰落。明代中后期，海外贸易再度兴盛，并呈现出了与以往不同的特点：私人海外贸易飞速发展，规模庞大；私人海外贸易中心大量出现；与中国传统贸易圈之外的欧美等国家建立了直接或间接的贸易关系；贸易中交换的主要商品不是奢侈品，而是生丝、瓷器等日常用品。导致明中后期海外贸易出现新特点的主要原因是商品经济的高度发达、社会分工的进一步细化以及资本主义萌芽出现后寻求海外市场的冲动；直接诱因是随着15世纪末的地理大发现，国际市场已现雏形。代表新经济因素的阶级或阶层，他们的利益和愿望总是通过一些思想家之口曲折地表现出来。开放海外贸易论者与海禁论者展开了针锋相对的斗争。他们从批驳海禁论者的理论基础入手，肯定海外贸易对沿海地区财政和人们生活的重要性，提出了许多积极的海外贸易管理政策。本文通过对明代中后期海外贸易思想的理论基础、对经济现象的分析以及政策构想三个方面进行梳理与归纳，剖析其产生的原因及本质。本文最后对明朝中后期海外贸易思想进行了历史考察，通过对海禁政策的评价、中外贸易思想的比较，揭示了明代中后期海外贸易思想的发展水平和轨迹以及它对社会发展历史导向的偶然性和必然性。

中文题名　论明清时期漕运兵丁
作　　者　王伟
导　　师　李泉
学位授予单位　聊城大学
学科专业名称　专门史
学位年度　2007
论文级别　硕士
中文摘要　自秦汉漕运兴起后，历代封建王朝为确保漕运的正常运转，都组建了相应规模的运输队伍。直至明代才出现了独立而完备的漕运组织——漕军，成为维系明清两朝京都命运的重要运输力量。明清两代是中国漕运史上高度发展的时期，大规模的官方漕运业中，存在着人数多达十余万的专业运输队伍，它既是中国封建社会经济畸形发展的历史产物，也是明清两朝特殊的政治要求导致漕运高度发展的必然结果。明代漕军的构成，基本上是建立在卫所军户制基础之上的，自承担漕运任务以后，挽运漕粮成为卫所军的专职，一般不再参与军事行动和屯田活动，卫所军的驻防性质也逐渐变为服劳役的性质。漕军承担着关系军国安危的漕运重任，在完成漕运任务的过程中，要对运输的货物具体负责，各方面原因引起的漕粮变质和缺失都要遭到处罚。其工作条件非常恶劣，物质待遇、生活水平低下，他们为改善生活、生存境况进行的私货贩运和贸易活动，在改善自己生活的同时，起到了促进南北商品流通，繁荣都城的商业市场、带动运河沿线城镇工商业的发展作用。清初承袭明代的运军制度，后来由于运丁缺乏而难以维持足够的运输劳力，随着传统户籍控制制度的松动，人们有了较大的迁徙自由权，运河沿线大批失业的农民和手工业者便投身到漕运业中来。康熙三十五年，清政府明令规定每艘漕船除保留两名运丁外，其余几十名水手全部为招募，应募水手成为船帮运输队伍的主力。由于漕运工作存在异常艰苦的特点，而应募者的待遇又相当低下，他们既无法改善自己的经济状况，又不可能指望官府大发慈悲，从政治上解决自己的处境问题。他们只能依靠团体的力量保护自己，通过组帮结会、加入秘密组织来改善现状，并报复他们所不满的社会。

中 文 题 名 **论明清时期闽文化与文学的外向性拓展**
英 文 题 名 On the Expansion of the Open Culture and Literature in Fujian in Ming and Qing Dynasty
作 者 郑梅玲
导 师 苏文菁
学位授予单位 福建师范大学
学科专业名称 比较文学与世界文学
学 位 年 度 2004
论 文 级 别 硕士
中 文 摘 要 福建自古以来由于其独特的地理位置和环境,与外界交流频繁,从而孕育了闽人勇于冒险、对外开放的海洋性格,培养了闽文化与文学外向、兼容并蓄的特点:不仅充分保持了中国传统文化的优良传统,而且具有外向性与开放性,与异质文化相互交流的能力。在明末至鸦片战争前后这一转折性的历史长河中,闽地的人在与外界的交流中,不断自觉地扩充自己的视野,不论是闽本地的知识分子和老百姓,还是来到闽地的官员,他们都积极主动的去探讨未知的世界,他们的作品体现了闽文化与文学外向性的影响。本文从作为福建中下层知识分子和普通老百姓代表的的张燮和林鍼、作为上层官员代表的徐继畬三人及他们的三部作品入手,力图说明以上的问题。本文共分为四部分:绪论部分介绍了三部书成书的大背景及研究方法与切入点。福建由于特殊的地理环境,自古以来就与海外有着极其频繁的交流。在漫长的海外交通、贸易的过程中,福建文化与文学从一开始就打上了很深的海洋文化烙印,表现出了勇于冒险、对外开放的海洋性格;同时,又在与外来文化的碰撞交融中发展自己,形成鲜明的个性。从明末清初至鸦片战争前后,历史风云变幻,西方各国东来,福建成为与之最早接触的地区。为了更好的应对新的情况,月港的博学之士张燮应地方官的邀请编写《东西洋考》(1617),以期了解西方殖民者东来后的东南亚地区;徐继畬作为鸦片战争后主持厦门、福州两地通商口岸的通商事务的福建高级官员,在与西人的接触中萌发了认识西方的愿望,并付诸实践,编写了《瀛环志略》(1848);厦门人林鍼在闽地浓厚的出海氛围下,漂洋过海,到美国本土洋行教授华语,领略到不同于本土文明的异质文明。回国后,将游历撰写成游记《西海纪游草》(1867)。关于三部作品的研究,虽然多少都有涉及,但还未有人注意到成书的背景福建,以及闽地自身文化与文学的外向性。因此本文将重点放在分析闽人如何在时代的潮流中,主动积极的"开眼看世界"上;他们的作品体现了海洋文化的开放、兼容的个性,是福建代表的传统文化与异质文化交流的产物。首先,从闽本地人的作品来说明闽文化与文学外向性有其深厚的积淀。第一章选取福建中下阶层的知识分子张燮、老百姓林鍼—作品—两位作者所处的明朝月港、清朝厦门为整体来进行研究。首先,从月港到厦门的发展过程,论述了两地都有长期对外交流的历史,因此,它的人民自然也就拥有了开放、冒险的性格,紧接着,分为"知识分子的外向性"及"普通老百姓的外向性"进行论述。十六世纪中叶,西方殖民者相继来到东南亚地区进行掠夺和统治,海外贸易出现严重威胁,福建沿海商民为确保海上贸易的正常进行,需要对海外各国的历史情况,特别是西方殖民者来到东南亚后的情况和海外贸易,有一个比较全面的了解。这样,编写一本带有这一时代特点的海外贸易"通商指南"性质的书,便提到日程上。位于福建南部沿海的漳州海澄(月港)是一个新兴的沿海通商城市,地方官非常重视发展海外贸易。因此,他们就邀请博学之士张燮担任编写工作。所以虽然张燮没有出过洋,但是他通过访问和求证资料完成《东西洋考》。《东西洋考》详细记载了十六世纪东西洋诸国和地区的历史沿革、形势、物产和贸易状况,保存了大量明代后期漳州地区有关对外贸易和商品经济发展的资料,是福建在明后期的对外交流的产物。特别要注意的是,在对外贸易过程中,文化交流也随着产生,处于高势的儒家文化传入南洋,影响了南洋文化,使之成为儒家文化圈中的同质文化。从《东西洋考》中看到,文化交流主要表现在丝绸、瓷器与白银的交换。同时通过这条海上丝绸之路,一些粮食作物和经济作物从美洲传入,改变了闽人的生活方式。其次,是与海外贸易有关的航海知识及海上神灵崇拜在海外的传播。鸦片战争后,厦门开辟为通商口岸,成为"华洋杂居"的大码头。林鍼于道光二十七年(1847),从厦门出发,到美国本土洋行教授华语,回国后,他将自己

在美的亲历写成了《西海纪游草》一书。第三节介绍了林鍼对于不同于中国文明的异质文明的叙述,包括文化、技术上的差异。其中林鍼旅美期间解救26名被诱潮人的义举,体现了儒家思想体系核心之"仁"和基督教的"爱"的思想的微妙调和。由于游记内容突破了传统古代游记"尊君"、"卫道"、"孝亲"的束缚,引起了游记文体上的变化:兼有个人的抒情和议论,作品体现出现代游记散文的特点。本节还考察了鸦片战争后契约华工的悲惨境况。从而,由两部作品可看出福建文化外向胜的积淀:《东西洋考》是福建对外文化交流的产物,《西海纪游草》中"父母在不远游"是对传统文化的突破。但单单从闽本地人的角度来看闽人的主动性显然不够有力,因此紧接着,第二章介绍了闽文化与文学的外向性如何影响了由内陆来到福建的上层官员。首先介绍了作为福建高级长官的徐继畬与福建的渊源:徐继畬在鸦片战争这个重大历史转折关口,从内陆来到福建沿海,从1837–1850年一直在福建任职,官至布政使、巡抚。他身受闽地开放氛围的影响,在办理厦门、福州两口岸通商事务的过程中,冲破中原传统文化心态和价值判断的压力,主张了解和学习西方,并付诸笔端,这在文化史上有着重大的意义。徐继畬编撰《瀛环志略》并非偶然。有其历史和现实的原因。首先,是闽地海洋传统和外向个性的影响;其次,经世致用的精神使徐选择了探索域外史地作为开眼看世界的起点;再次,中西文化交流使徐继畬得以完成《瀛环志略》,与西人,特别是传教士的接触起到了一个桥梁和纽带的作用。应该看到,在从《考略》到《志略》的过程中,徐继畬本人对外部世界的认识也有了逐步的深入和提高:他突破了"猎奇"的心态,将著述的取材与重点放在当时强大的欧美各国,并打破了传统的"夷夏观",从称呼与书写上自觉废除带有文化偏见的对西人的描述。因此,《瀛环志略》的意义在于,它不仅传播了世界地理知识,而且还对西方有了新的认识:首先,它传播了世界地理知识,并配以地图解释否定了华夏地理中心说,破除了传统的华夏中心观。更为重要的是,《瀛环志略》对政治、经济、军事、外交作了详细的介绍,突破了简单的地理书范畴,所以我们说《瀛环志略》是沿海中西文化交流的产物。但就影响而言,《瀛环志略》一经刊刻,并未获得好评,在出版后的十余年中,流传和影响范围十分有限,在国内受到的冷落。而旅居中国的西方人士很快就对此书作出反映,并给予书和作者高度的评价。在日本也受到欢迎和好评。直到19世纪60年代后,该书才在中国受到重视。影响了洋务派、改良主义思想家、辛亥革命时期等一批人。综上所述,本文在结语部分总结了对三部作品及作者这一整体的研究的意义,是为了探讨闽文化及其文学本身具有的开放性:不仅充分保持了中国传统文化的优良传统,而且具有外向性与开放性,与异质文化相互交流的能力。这种能力不仅体现在出生于闽地的知识分子以及老百姓身上,也影响了由内陆来到闽地的上层官员。但仍然存在着不足:因为不论是游记,或者是地理书,三部作品都是闽地人民与外界交流之后,对外界的认识的总结,体现了比较视域下的"他者"形象。而本文在从"他者"形象中反观三位作者所处的时代背景、个人因素及思想,特别是由于闽地这种浓郁的海洋氛围给与作者们的影响这些方面论述显然不够深刻和全面,还请各位师长、专家学者不吝赐教。

中 文 题 名 **论秦汉时期岭南海上丝绸之路的三大始发港**

作　　　者 周敬阳

导　　　师 高惠冰

学位授予单位 华南师范大学

学科专业名称 专门史

学 位 年 度 2007

论 文 级 别 硕士

中 文 摘 要 秦汉时期,在我国南方首先兴起一条海上对外贸易的路线,史称"海上丝绸之路"。本文研究的对象是历史上海上丝绸之路的始发地问题。此问题的研究关系到我国对国内世界文化遗产名单的确定,关系到岭南沿海港口在中国对外贸易史中的地位。2006年由国家文物局公布的《中国世界文化遗产预备名单重设目录》中"丝绸之路"的海路部分只提及浙江省宁波市与福建省泉州市,把广东广西的沿海港口排除在外。本文认为秦汉时期番禺(今广州)、徐闻(雷州半岛)、合浦(环北部湾地区)都是海

上对外贸易的始发地。三地港口兴起的时间及发挥作用的时间都是不同的，番禺作为对外贸易港口兴起较早，由于汉武帝平南越国，番禺对外贸易的重要地位在西汉中期被徐闻及合浦所取代，徐闻与合浦成为西汉中后期及东汉时期的对外贸易重要始发地。后因徐闻及合浦地区动乱不已，番禺在东汉时期慢慢恢复了对外贸易港口的重要地位。本文拟根据岭南对外贸易港口兴起的历史条件、地理位置、历史建置、考古发掘情况及文献记载等方面进行考证，可以肯定地说，秦汉时期岭南地区是海上丝绸之路发源最早的地区，而且是对外贸易历史持续最长的地区，从秦汉时期一直延续到明清。

中文题名 **论清政府对日本占领琉球的反应过程**

英文题名 A Study on the Response of Qing Dynasty to Japan Occupation of Ryukyu

作　　者 吴艳

导　　师 陈尚胜

学位授予单位 山东大学

学科专业名称 专门史

学位年度 2007

论文级别 硕士

中文摘要 中日关系历来是中外关系史领域研究的一个热点。十九世纪下叶，日本用武力开始实施吞并琉球的计划，竭力阻断琉球与中国之间长达五百年的朝贡关系，由此引发了涉及中、琉、日三方关系的“球案”事件。本文试图从新的角度入手，通过论述清政府决策层和各个大臣对处理“球案”的反应过程，分析出此时的清王朝迫于内外压力，外交策略开始从传统朝贡关系向近代外交转变的原因。本文共分为五部分：第一部分导论，介绍了多年来史学界从不同角度对中琉日关系史进行的研究的状况及已取得的成果，并阐明自己选择这个思路进行研究的原因。第二部分论述日本占领琉球的过程和清朝对“球案”的前期反应，详细分析了外交大臣何如璋的对日交涉和国际调停的经过，以及“分岛改约论”和《球案条约》的出台。第三部分论述清朝政府对琉球事件的中期反应，清廷内部官员对“球案”的处理提出不同的解决方法，重点分析了右庶子陈宝琛“羁縻推宕之法”、刘坤一“球案宜妥速议结、倭约宜慎重图维”论和张树声“球案不必急议、倭约未便牵连”论。第四部分是清朝政府琉球事件的后期反应，清廷经过内部官员大讨论，最终选择李鸿章的“支展之法”来解决琉球问题。第五部分结语，通过梳理清朝政府对“球案”处理过程，分析出琉球群岛丧失及“球案”交涉失败的主客观原因。

中文题名 **论宋与高丽间的商贸往来**

英文题名 Business Intercourse of between Song and Korea s

作　　者 张弛

导　　师 郑永振

学位授予单位 延边大学

学科专业名称 专门史

学位年度 2008

论文级别 硕士

中文摘要 宋王朝建于960年，此时的高丽王朝与中原王朝已经建立了友好往来关系。宋王朝立国后，宋丽继承了两国的传统友谊，高丽奉行交好中原王朝的外交政策，高丽光宗十一年，高丽成为第一个向北宋朝贡的国家。与宋王朝同一时期，中国北方的辽、金先后兴起，中国领土处于南北分治的状态，与高丽陆地领土相接的国家先后为辽和金，迫于辽和金的军事力量，高丽先后对辽和金称臣纳贡。在辽金的阻挠和干涉下，宋丽关系时好时坏，时断时续，一段时期朝贡贸易中断，但海上贸易和民间贸易兴旺，使宋

丽间的贸易往来不止局限于政府间的朝贡贸易。由于宋丽两国统治者都重视发展本国商业，这一时期宋丽商人的民间贸易频繁，北宋时期，这种交流更是达到一个高峰。宋朝在政治外交上处于积贫积弱的状态，商业却繁荣发展，国家商业经济的繁荣，促进了两国商业贸易的发展。宋朝先进经济文化吸引着高丽，商贸往来的主线没有改变，宋丽之间的经济商贸往来对推动两国的文化交流起到了重要的作用。同时，两国的商贸往来对东北亚经济圈的形成也起到了推动作用。本文共分六部分，第一部分为绪论，主要概括撰写本论文的目的和意义，对与本论文相关的研究成果进行宏观地总结，同时提出本文的可行性及突破点。第二部分，主要论述宋丽交往的历史背景。宋丽关系以友好往来为基础，进行官方交往，但受国际环境影响，往来不断变化，与宋同一时期的辽和金的崛起，阻浇宋丽交好，两国出于本国的利益，三度中断朝贡贸易。第三部分，主要论述宋丽两国商业经济的发展情况及贸易往来的形式。农业、手工业的发展，使得北宋商业的发展有了雄厚的物质基础，北宋商业的发展使商税增加，商业都市的繁荣，纸币的产生，农村镇市的发展及商业网的形成，使商业联系加强，也使海外贸易加强。高丽时期，各地商业繁荣，商品流通的发展，制定法定的度量衡，形成商业网，使商品流通日益活跃。第四部分，主要论述了宋丽之间商贸往来的形式，有官方的朝贡贸易，民间的海上贸易和书册贸易。朝贡贸易受政治因素影响时断时续，民间的贸易形式贯穿宋丽交往的始终，并在两国统治者相对开明的政策下蓬勃发展。第五部分，主要论述商贸往来促进两国之间经济文化交流情况。在宋丽关系几度中断的情况下，宋商在宋与高丽恢复外交关系方面起到了重要的媒介作用，先进的朱朝文化广泛传播到高丽，典籍、书画、医学、音乐、科技、造船、瓷器等都受到高丽封建统治者和人民的喜爱。第六部分为结论，是对全文的归纳和总结。

中 文 题 名 论宋与高丽间的商贸往来

英 文 题 名 Business Intercourse of between Song and Koreas

作　　　者 张弛

导　　　师 郑永振

学位授予单位 延边大学

学科专业名称 专门史

学 位 年 度 2008

论 文 级 别 硕士

中 文 摘 要 宋王朝建于960年，此时的高丽王朝与中原王朝已经建立了友好往来关系。宋王朝立国后，宋丽继承了两国的传统友谊，高丽奉行交好中原王朝的外交政策，高丽光宗十一年，高丽成为第一个向北宋朝贡的国家。与宋王朝同一时期，中国北方的辽、金先后兴起，中国领土处于南北分治的状态，与高丽陆地领土相接的国家先后为辽和金，迫于辽和金的军事力量，高丽先后对辽和金称臣纳贡。在辽金的阻挠和干涉下，宋丽关系时好时坏，时断时续，一段时期朝贡贸易中断，但海上贸易和民间贸易兴旺，使宋丽间的贸易往来不止局限于政府间的朝贡贸易。由于宋丽两国统治者都重视发展本国商业，这一时期宋丽商人的民间贸易频繁，北宋时期，这种交流更是达到一个高峰。宋朝在政治外交上处于积贫积弱的状态，商业却繁荣发展，国家商业经济的繁荣，促进了两国商业贸易的发展。宋朝先进经济文化吸引着高丽，商贸往来的主线没有改变，宋丽之间的经济商贸往来对推动两国的文化交流起到了重要的作用。同时，两国的商贸往来对东北亚经济圈的形成也起到了推动作用。本文共分六部分，第一部分为绪论，主要概括撰写本论文的目的和意义，对与本论文相关的研究成果进行宏观地总结，同时提出本文的可行性及突破点。第二部分，主要论述宋丽交往的历史背景。宋丽关系以友好往来为基础，进行官方交往，但受国际环境影响，往来不断变化，与宋同一时期的辽和金的崛起，阻挠宋丽交好，两国出于本国的利益，三度中断朝贡贸易。第三部分，主要论述宋丽两国商业经济的发展情况及贸易往来的形式。农业、手工业的发展，使得北宋商业的发展有了雄厚的物质基础，北宋商业的发展使商税增加，商业都市的繁荣，纸币的产生，农村镇市的发展及商业网的形成，使商业联系加强，也使海外贸易加强。高丽时期，各地商业繁荣，商品流通的发

展,制定法定的度量衡,形成商业网,使商品流通日益活跃。第四部分,主要论述了宋丽之间商贸往来的形式,有官方的朝贡贸易,民间的海上贸易和书册贸易。朝贡贸易受政治因素影响时断时续,民间的贸易形式贯穿宋丽交往的始终,并在两国统治者相对开明的政策下蓬勃发展。第五部分,主要论述商贸往来促进两国之间经济文化交流情况。在宋丽关系几度中断的情况下,宋商在宋与高丽恢复外交关系方面起到了重要的媒介作用,先进的朱朝文化广泛传播到高丽,典籍、书画、医学、音乐、科技、造船、瓷器等都受到高丽封建统治者和人民的喜爱。第六部分为结论,是对全文的归纳和总结。

中文题名 **论姚启圣与清初统一台湾**

英文题名 A Study on Yao Qi – Sheng and the Reunification of Taiwan in Early Qing Dynasty

作者 侯军义

导师 李祖基

学位授予单位 厦门大学

学科专业名称 专门史

学位年度 2007

论文级别 硕士

中文摘要 清朝初年,郑氏集团割据台湾,与中央政权隔海对峙,给沿海社会稳定造成巨大威胁。清政府积极准备进取台湾、消灭郑氏。此间姚启圣任福建总督,在他的主持下,形成了利于统一的良好局面,在此基础上,清军一举削平郑氏,完成国家统一。本文以唯物史观为指导,运用历史学的文献分析法,在参考已有研究成果的基础上,重点论述姚启圣为台湾统一作出的贡献,并对其作出历史评价。本文共分六个部分:第一章,导语。说明问题缘起及意义,进行学术史回顾,介绍本文的史料与方法。第二章,早期经历。姚启圣青年时期富于传奇色彩,在香山县令任上被罢官,又因商致富。第三章,平定闽疆。姚启圣参与平定耿精忠、郑经的军事行动,功勋卓著。此外,他还致力于消除闽省民间疾苦、减轻人民负担。第四章,平台准备。姚启圣以台湾归清为己任,为台湾归清创造了良好局面,还甘冒政治风险,举荐施琅复出,担任水师提督。第五章,参与平台及善后。台湾统一前,姚启圣与施琅有分歧。统一过程中,姚启圣于各方面做出巨大贡献。平台后,他最早提出把台湾归入清朝版图。第六章,总结。总结全文,对本文涉及的历史人物、相关事件进行评价。

中文题名 **论张之洞与晚清国防建设**

英文题名 Discussion of Zhang Zhidong and National DefenceConstruction of the Late Qing Dynasty

作者 鞠北平

导师 张九洲

学位授予单位 河南大学

学科专业名称 中国近现代史

学位年度 2003

论文级别 硕士

中文摘要 张之洞作为晚清重臣在从事洋务二十余年的过程中,始终热衷于国防近代化建设事业。他具有强烈的经世思想和国防参与意识,先后提出过传统的筹边思想、洋务派制器练兵思想、近代军事制度改革思想和培养近代军事专业人才思想。在此指导下,他进行了一系列的国防建设活动。他大力加强国防的物质基础建设,购武器,修炮台,造轮船,建工事,办工业,兴铁路,架电线。这在一定程度上缩短了中西军事技术方面的差距,增强了中国的国防实力,保卫了国家安全。他积极变革中国传统军事制度,以湘淮勇营制度为蓝本,编练了山西练军和广胜军,甲午战后,又仿照德国、日本军制编练了自强军和

湖北新军,倡导了晚清军事制度的近代化改革。他致力于近代军事专业人才的培养,采用聘洋将、派留学生、办军校等方式培养了大量人才,既保证了湖北军制改革的人才基本需要,又向全国各地输送,对晚清军制改革起到重大推动作用。张之洞的国防思想及实践对晚清政局产生了深刻的影响。国防物质基础建设,不仅巩固了其辖区的防务(两广、湖广、两江),而且促进了该地经济、科技与文化的发展及新的阶级力量的兴起。新军的编练,军事制度的改革,使中国真正有了一支近代化国防军,确立了精干高效的国防体制。有利于保卫国家安全,军事人才的培养,造就了一批受欧风美雨熏陶的精英分子,把西方尚武、科学、民主等思想引入中国,加速了中国近代社会的新陈代谢。

中文题名 论朱纨事件
英文题名 On Zhu Wan Event
作　　者 张健
导　　师 廖大珂
学位授予单位 厦门大学
学科专业名称 专门史
学位年度 2007
论文级别 硕士
中文摘要 明代中后期是一个大变革时代,也是中西方在世界近代化的形势下,各自走向不同面向的转折时期,关于这一时期的东南中国沿海的贸易状况及中西交往学术界已有很多的研究。笔者经过大量阅读,特别注意到朱纨事件的重要性。笔者发现这个人物在分析、研究明代中后期的东南中国沿海的局势时具有一种典型的意义——他和这一时期主导东南中国沿海的四个主要角色:明政府、中国民间海上势力、葡萄牙人、日本人,有着密切的联系。笔者认为,通过引入朱纨这位线索人物(他的政治活动和对当时中国东南海上各势力的军事打击),考察他所处时代东南中国沿海的各种势力状况及其活动,以及其背后或显或隐的因素,将会是非常有意义的。朱纨悲剧性的人生结局,就是有明一代海禁政策破产的前奏,也印证了中西方面对现代化之肇始,各自将走向不同面向的必然性。文章首先考察了朱纨事件发生的历史背景,主要从当时明朝的政策和东南中国海上的状况着眼。接着,分析了朱纨事件的历史过程和朱纨之死的原因。最后,通过对朱纨事件历史影响的分析,得出朱纨之后,以澳门为中心的早期亚洲贸易体系逐渐形成的结论。本文共分三章。第一章题为:"朱纨事件的历史背景",主要论述朱纨时代明王朝的海外贸易政策以及当时中国东南海上的各种势力状况,以为此后论述朱纨事件之铺垫。第二章题为:"朱纨之死"。本章为本文之重点,主要考察了朱纨巡抚浙江时期的治海政策和对包括葡萄牙人在内的海上势力的军事打击,详细论述了朱纨事件的经过以及朱纨之死的原因。第三章题为:"朱纨事件的历史影响"。本章首先考察了朱纨事件对嘉靖倭患和葡人占据澳门的影响,接着考察了葡人占据澳门之后,早期亚洲贸易体系形成的一般状况。最后"结束语"部分,对朱纨事件的本质、意义及其历史启示进行了总结性的阐述。

中文题名 妈祖文化与两岸关系发展之研究
英文题名 Research on Mazu s Culture and Cross - straits Relations Development
作　　者 蔡泰山
导　　师 陈支平
学位授予单位 厦门大学
学科专业名称 专门史
学位年度 2004

论 文 级 别 博士

中 文 摘 要 妈祖文化是一种宗教文化，从宋代开始即有妈祖的记载，目前，有关妈祖信仰的历史学及民俗学的研究颇为丰富，但多着重在妈祖传说及信仰的传播方面，针对妈祖文化与两岸关系发展之分析则甚为有限，笔者将妈祖文化与两岸关系发展之研究作为论文题目，一方面是基于台湾热烈以妈祖宗教来达到谒祖的目的思潮所致，另一方面则是对妈祖文化在两岸之间香火持续不断而触动的灵感。本论文首先是以文献的回顾，来进行妈祖文化发展的探讨如何？并且，再藉各种宗教文化发展模式来分析妈祖文化应循之发展方向。因此，研究的取向，是从文化、社会、政治、经济多方面的广角来说明，竭力以全方位的论述来分析妈祖文化在两岸间的互动关系，真正的剖析妈祖文化对两岸社会文化的影响如何？本论文研究时段可以说从宋代妈祖文化开始至现阶段妈祖文化在两岸扮演的角色为主。着重在历史演进和目前妈祖文化发展的论点。全文分为六章。第一章是绪论，主要是对学术界研究妈祖文化的专家、学者的论述作一简要的回顾及思考。并提出本论文的研究方法与架构，同时还对研究范围与限制及研究动机与目的作一阐述。第二章试图以宗教文化与族群发展之理论建构，来做为本论文的研究启端，我们知道宗教文化的建设与赓续族群的发展息息相关，而宗教文化的建设取决于有形与无形文化周遭环境的影响和资源的提供。因此，宗教和族群发展的关系是一体两面相辅相成。在现今的社会里，可以从许多不同的族群中发现，信众已从旧有的宗教思维，开始注重现实生活与世俗的利益，凸显了宗教世俗化的趋向，这也是世界宗教发展的一个趋势。第三章着重在妈祖文化与两岸族群互动之活动轨迹，尽管文化的内容十分繁杂，但某一文化之趋向与目的，在其历史发展中有其轨迹，若不遇到根本上的挑衅，此趋向与目的是不会改变的。妈祖文化是随着历史演变而表现的一种生活方式，在中国以往全部历史过程中，除却历史无从谈文化。我们应从全部历史之客观方面来揭开妈祖文化的真面目，这是本章的重点。第四章以妈祖文化的角色与功能来深化两岸发展的关系。现代社会是一个快速发展的社会，而社会的发展是全方位、整体性的发展。一个社会任何因素的发展都会对社会系统中其它因素提出协调发展的要求。两岸社会从传统社会迈向现代社会，从农业社会向工业社会的转变过程中，其转变是全方位的、系统性的，其中包括经济、政治、社会、文化等子系统向现代社会的转变。信众需要的是全方位的社会交往和丰富的社会关系，并且有充裕的时间与自由的创造思维。这些因素都是促成妈祖文化成长和发展的主要原动力，也是本章节着墨的焦点。第五章主要是妈祖文化对两岸关系发展的展望，两岸真正的发展关系起源，若严格言之，妈祖文化是有一定的贡献，这可从台湾的大甲镇澜宫不顾法律的牵制，毅然突破两岸蛰伏五十几年的闭锁关系和大陆妈祖文化进行交流可以证明，这一小步，却是历史一大步。本章节从两岸对妈祖共同的认知，咸认妈祖是集“爱”于一身之保护神，其爱心由点而扩及到全面，也就是“博爱”，影响广泛。它打破了一切民族、国家和地方的界线，共同营造两岸和谐的社会为出发点，以良性的互动，凝聚两岸妈祖文化的一致与契合，进而展现两岸妈祖的整体性以及强韧的生命力，使两岸妈祖文化之发展达到最高境界。第六章是结论，本结语最主要强调的是蕴涵在两岸信众心目中的妈祖文化遗产，应藉由两岸信众对妈祖文化衍化的共识与认知，打开两岸紧锁的大门。文化没有隔阂，文化没有政治化的问题，这是两岸共有的资产，唯有两岸民众全力的维护与发扬，才能让妈祖文化在两岸间共存共荣。因此，在结论的部分，笔者将研究心得分为三个小节，即从第二章至五章的内容以研究发现、研究发展及研究建议来作一总结。

中 文 题 名 **妈祖文化在环渤海地区的历史传播与地理分布**

英 文 题 名 The Historical Dissemination and Geographic Distribution of Mazu Culture in Pan – Bohai Area

作　　者 王苎萱

导　　师 曲金良

学位授予单位 中国海洋大学

学科专业名称 历史地理学

学 位 年 度 2008

论 文 级 别 硕士

中 文 摘 要 妈祖信仰始于北宋时期东南沿海的湄洲屿,最初是该地区从事海上作业的人们的海神信仰,是人们心目中的航海安全的保护神。宋、元、明、清历代的南北方海上贸易、漕粮海运、与海外属国之间的封贡往来、海外贸易,尤其是历代朝廷对妈祖的封褒,都为妈祖信仰的传播提供了有利的条件。鉴于对妈祖北传过程中起到关键作用的、我国北方建造最早、影响最大的妈祖庙——庙岛显应宫,以及以此为辐射中心的中国北方环渤海地区的妈祖文化的传播和分布情况目前还未有全面系统的细化研究,本文在学界前人研究的基础之上,以“妈祖文化在环渤海地区的传播与分布”为考察对象,以宋元明清四个时代为历史脉络,从整体上,全面系统地研究妈祖文化在北方环渤海地区传播的历史过程和空间分布问题。论文主要包括以下几个方面内容:一、妈祖文化在中国北方环渤海地区传播的历史过程及其政治、经济、文化、交通等方面的成因;二、中国北方环渤海地区妈祖信仰的地理分布及本区域各地妈祖信仰活动;三、环渤海地区妈祖文化遗产现状与近年来本区域各地妈祖文化活动及两岸妈祖文化交流;四、环渤海地区妈祖文化遗产的开发与保护,及存在的问题与建议。通过分析,本文得出以下初步的结论:(1)通过考察庙岛群岛和庙岛显应宫地理空间方位和在历史上的重要性,以及宋元明清四代的政治、经济、文化、交通等因素,得知环渤海地区的妈祖信仰实际上是通过庙岛这一海上通道传播开来的。庙岛是中国南北方妈祖文化传播的最为主要、集中的媒介、纽带和连接点。(2)根据对环渤海地区妈祖信仰传播的历史进程分析,结合环渤海地区主要妈祖庙的地理分布表和地理分布图,得出:第一,环渤海地区最早修建妈祖庙的时间是在北宋,妈祖信仰北传的第一站在庙岛。此外,天津地区的妈祖庙始建于元代,而河北地区的妈祖庙多始建于明代,辽宁地区的则多始建于清代。第二,从地理分布上看,妈祖庙数量多,分布范围广,主要在沿海地带或江河交汇处。第三,从修建的次数看,出现了新建和重修妈祖庙并举的局面,反映出一定时期当地人民对妈祖的崇敬程度。第四,这一地区,妈祖庙本身就是会馆或会馆内设有妈祖神像以供拜祭的情况不少。妈祖庙与会馆的结合,说明了妈祖庙与商业经济是密切联系的。(3)针对目前环渤海地区妈祖文化遗产现状,应当对环渤海各地有历史和文物价值的妈祖庙进行保护和开发;对妈祖文化的各种资料加以广泛的搜求、整理、编辑、出版,形成系统的、便于查阅和引用的综合文献;开展多方面的妈祖文化活动,使妈祖文化资源得到了进一步开发,妈祖文化的多重功能价值得到进一步的发掘和光大;切实经营好妈祖庙。

中 文 题 名 **妈祖文献学研究**

英 文 题 名 A Study of Mazu Literature

作 者 曾美香

导 师 李晓明

学位授予单位 华中师范大学

学科专业名称 历史文献学

学 位 年 度 2008

论 文 级 别 硕士

中 文 摘 要 论文分为四部分,第一部份,“历代妈祖文献著录情况”,主要先从时间发展顺序纵向分析宋元明清官方史料中的妈祖文献著录情况和特点,再通过对历代各地方志里妈祖文献存在的数量统计,分析沿海、内陆不同地区的妈祖信仰传播途径、变异等状况。此外,本文在对杂史、政典、地理志等相关文献的收集中,也发掘了数量可观的妈祖相关文献资料,这些妈祖文献资料展现着妈祖文献的不同时代因素和文化内涵。私家文献中的妈祖资料,主要对笔记文集、碑刻铭文、诗词歌赋、族谱、经卷等文献题材分类加以研究,分析其对传统史料的补充。第二部份,“历代妈祖文献的刊行和流传”,分别从抄本、刊刻本两种刊行方式和官方、民间两种流传渠道,探究历代妈祖文献的刊行和流传。第三部份,“历代妈祖文献

的体裁、体例”,分别从纪传体、图志经传、折奏疏表、诗序碑铭等多种体裁及特点,从直书、存疑考异、内容详略、论赞多样等方面,对妈祖文献的体裁和体例问题进行探讨。第四部份,“妈祖文献与妈祖信仰的综合研究”,首先探究妈祖信仰和妈祖文献的互动关系,说明妈祖信仰在发展过程中丰富了妈祖文献,妈祖文献同时推动了妈祖信仰的进一步传播。其次,在妈祖文献的信史部份中,主要从学术征引、文学取材、艺术创作各方面的特色加以综合研究。

中文题名 妈祖信仰传播和分布的历史地理过程分析

英文题名 The Analysis on the Historic – geographical Course of the Diffusing and Distributing of the Belief of Mazu

作　　者 郑衡泌

导　　师 林国平

学位授予单位 福建师范大学

学科专业名称 专门史

学位年度 2006

论文级别 硕士

中文摘要 论文综合大量历史文献、前人研究成果和本人的实地田野调查资料,以宋代以来的千年历史过程为经,从湄洲、福建到全国乃至世界的地理空间过程为纬,从历史文化地理的视角全面分析评价妈祖信仰的形成和发展的时空过程及推动这一过程的各种因素;提出妈祖信仰空间扩展的两种形式——中心扩散形式和跳跃式扩展形式,分析了这两种形式之间相互作用的特点,归纳出推动妈祖信仰发展的三种力量:文化自发性传播力量、民间流动人群和国家政府;深入分析三种推力的作用特点、作用机制及其相互关系,并用地统计学方法对这些作用进行统计验证;分析影响妈祖信仰传播的三个主要文化经济因素:海洋、商业和方言。通过归纳和综合,认为妈祖信仰相对于其他民间信仰而言,其历史发展和传播有其特殊机遇和条件,其形成环境以海洋特色、特定历史时期政治经济环境与特定区域人文环境的结合,福建特别是闽南海商经营环境的恶劣、浓厚的宗教意识和海洋开放意识的结合对航运安全精神依托的需求及其活动范围的地理特征,以及特定历史条件下中央政府对航运安全精神依托的特殊要求,共同作用使妈祖从地方性神祇中脱颖而出,以国家海神身份走向全国以致世界。研究结果表明,从历史文化地理角度,进行跨学科的文化专门史研究,是可行的,也是有价值的。

中文题名 妈祖信仰的起源及其在山东地区传播史研究

作　　者 闫化川

导　　师 谭世宝;王育济

学位授予单位 山东大学

学科专业名称 中国古代史

学位年度 2006

论文级别 博士

中文摘要 妈祖信仰目前已经形成了一个覆盖中国南北及国内外的“妈祖信仰文化圈”。但是,当前的妈祖文化研究却出现了一种“南热北冷”现象:对闽粤台港澳等地区的妈祖信仰研究格外重视,对广大北方的妈祖信仰研究则远远不够。山东是妈祖信仰向北方传播的一个重要中转站。然而,自上世纪20年代展开了对妈祖文化的研究之后,“妈祖信仰在山东的传播”这一课题,只有李献璋的《妈祖信仰研究》一书的不足2000字的研究成果。对此姑且不论。后之研究者由于不能正确地理解和运用有关山东妈祖信仰的原始文献,在认识上反而不及李献璋先生。例如妈祖信仰传入山东的时间、地点问题,他已经考

证出是在元代延祐元年(1314)传到成山头的,但是近年来的很多研究者竟认为:蓬莱阁天后宫、庙岛显应宫分别是建于宋徽宗朝、宣和四年(1122)的妈祖庙。笔者亦曾一度受此误导,幸在导师的指导下,通过反复研讨,从而对这一课题作出了新的探索,确定在本论文里主要解决这样一些问题:考察妈祖信仰是在何时传播到山东、又如何在山东沿海、内陆地区展开进一步传播的。论文的基本思路是:首先对妈祖信仰的起源与传播史作了综论,并对妈祖"林氏女"之出身说作了重新阐释。其次,对"宋代山东有无建有妈祖庙"问题作了新的考证。然后,梳理了山东妈祖信仰在元、明、清的传播诸问题。具体到章节安排上,屡做调整,最后定为6章。在第一章《妈祖信仰的起源与传播史研究综论》中,首先对妈祖、妈祖文化及其研究史、传播史作了综述与回顾,然后就妈祖"林氏女"之出身说的形成问题作了分析批判,最后以表格形式将妈祖的历代敕封情况及其世系作了整理。这一章,既对学术史、研究前沿和一些重要研究成果作了交待,又提出了个人的一些看法。笔者认为:妈祖之所以能够由一民间女巫上升为国家正神,妈祖信仰之所以能够风靡全国,与历代朝廷、地方和民间社会的共同努力分不开。这是中国社会造神运动成功之一例。自宣和五年(1123)妈祖首封之后,妈祖信仰就成为了官方的信仰,其传说故事的记载和流传,妈祖"林氏女"出身说法的"钦定"以及对其"护国庇民"大神通的强调,既是统治阶级别有用心的"神道设教",又是官方主流意识形态(儒家)为妈祖"正名"的社会干预和引导。第二章《山东妈祖庙的地理分布》,侧重从地理的角度对本课题予以探讨。海与河运是妈祖信仰传播的载体,漕运航线甚至可以视为妈祖信仰的直接传播路线。妈祖信仰在山东的传播,基本是通过海运与河运。其中,朝代更迭、政区调整、国家政策变动等情况不可避免,这就有必要对山东的政区沿革、海运、河运等交通地理情况略作交待。通过宏观考察妈祖庙在山东的地理分布,可以发现:妈祖庙在山东东部(东线传播)和西部(西线传播)的空间分布规律,受山东境内当时海运与河运兴衰情况的影响很大。元代海运发达,妈祖信仰在东线得到迅速发展。明代废除海运,河运崛起,致使妈祖信仰在东线传播受到局限,在西线传播得到推动。总体而言,东线妈祖庙的分布密度要大于西线,这从本章第一节附图《山东妈祖庙的分布全图》上会更直观地看出。第三章、第四章、第五章、第六章则是按宋、元,明、清的朝代顺序,依次叙述了妈祖信仰在山东的传入、传播诸问题。这种框架结构,意在从时空的纵横角度对本课题进行全方位的考察。第三章《宋代山东有无妈祖庙的考证》,是本论文最关键和最重要的论证部分。通过考证,认为:(1)近年来流行甚广的所谓"建于宣和四年的庙岛显应宫"、"建于徽宗朝的蓬莱阁天后宫",其实都不是建于宋代的妈祖庙。(2)妈祖信仰是在元代传入山东的,但亦非李献璋先生所论之"似乎延祐元年之前",而是在延祐元年之后(详见第四章第二节《成山天妃祠创建问题的再探讨》)。(3)还澄清了长期以来存在着的一个文献记载错误:"庙岛旧称沙门岛"。实则不然。庙岛在登州府(今蓬莱市)西北,沙门岛则在其东北,这二者是完全不相干的两个岛,从而将湮没在历史中的沙门岛钩沉了出来。并设想如有可能,可从"中国古(宋)代监狱博物馆"的旅游文化角度重新开发该岛,当然其前提是要确保沙门岛的重要战略地位。第四章《元代山东妈祖信仰的传播研究》,考察了妈祖信仰在元代传入、在东西线传播诸问题。元代海运新航线的开辟,给山东沿海地区带来了新的海神崇拜。但是,当时所谓"海神",并非专指天妃;所谓"天妃",也并非特指妈祖。妈祖信仰的传播与海运有何关系?在第一节《元代的山东海运与海神、天妃信仰》作了探讨。妈祖信仰在何时、如何传入山东的?在第二节《成山天妃祠创建问题的再探讨》作了探讨。此外,又对建于元代的其他妈祖庙的建庙历史作了考证。第五章《明代山东妈祖信仰的传播研究》,考察了山东明代新建的几座妈祖庙的创建情况,认为:明代罢海运、专河运的国家政策,导致了妈祖信仰在东线衰落、在西线发展的新局面出现。元代妈祖信仰在东线占优势的传播局面,至明代则呈现东、西线持平之势。在第四节《毛文龙与庙岛天妃庙、舵矶岛娘娘庙的创建》,补充论证了"天妃未必是妈祖"的看法。第六章《清代山东妈祖信仰的传播研究》,只在东、西线各选取一庙(东线为羊角沟天后庙、西线为巨野县天后宫)为例,借以略窥清代妈祖信仰在山东传播之全貌。因清代山东新建妈祖庙最多,故又将其他妈祖庙建庙情况编为一表,以省文字。"结语"部分,对山东妈祖信仰作了初步的小结,认为其突出特点之一是明清时,很多"官庙"转由绅商士民捐资修建,这表明妈祖信仰的"官性"减弱,"商民性"增强,民间化的趋势日渐明朗。之二是妈祖信仰在西线传播时,妈祖形象

“变样”了。这是妈祖信仰与地方信仰、文化发生互动的结果。之三是山东士绅在改造、推动妈祖信仰的传播方面起到了重要作用(详见第四章第五节《德州南关天妃庙的创建》)。当然,限于时间和功力,本论文肯定也还会存在着论述不够深刻、结构不够完整、论证不够充分等等不足之处,有待今后修补完善。

中 文 题 名 妈祖信仰与中国海上交通
英 文 题 名 Mazhu calture and Chinese maritime exchanges
作　　　者 刘月莲
导　　　师 陈高华
学位授予单位 暨南大学
学科专业名称 专门史
学 位 年 度 1997
论 文 级 别 博士
中 文 摘 要 妈祖文化从北宋初期肇始,迄今已达十个世纪之久。在人类即将跨入二十一世纪之时,妈祖信仰不仅没有消失,妈祖文化热却蒸蒸日上:中国闽粤沿海及世界各地华人华侨不断修复和新建的妈祖庙有增无已,国际及地区性妈祖文化学术研讨会接踵召开。妈祖文化为什么经久不衰?妈祖女神为什么在诸海神中脱颖而出?这是本文所要研讨的主题。中国既是大陆文明的国家,也是一个海洋文明的国家。海上交通、海外贸易、丰富的海产品,是海洋国家赖以生存的物质条件。在科学发展水平极其低下的时代,人们不能正确地认识自然界,在大自然面前无能为力,只能依托超自然的神来战胜凶险的海上狂风恶浪。所以,妈祖信仰得以持久的根本原因是古代海上交通发展的需要。本世纪以来,国内外对妈祖信仰的研究逐步深入,研究面也进一步宽广。本文选择妈祖研究的一个方面围绕妈祖信仰与中国海上交通,分别就妈祖信仰的物质基础与精神源泉、宋代的造神运动、元代航海与漕运、明代海上远航、清代统一台湾、妈祖文化与中外文化交流各章展开讨论,阐述各个历史时期因人们的企望和需求的不同,其信仰内涵、崇拜方式因时因地发生变异,最终归结为妈祖文化是中国传统文化的重要组成部分,也是对海外华人社会和侨居国产生了巨大影响力的国际文化。在导师指导下,文中在若干方面提出了笔者自己的新见解,亦多方面地吸收了国内外学者的新成果。

中 文 题 名 马来西亚华人及其对中马关系的影响
英 文 题 名 The Overseas Chinese in Malaysia and the China - Malaysia Relations
作　　　者 刘建彪
导　　　师 周聿峨
学位授予单位 暨南大学
学科专业名称 国际关系
学 位 年 度 2000
论 文 级 别 硕士
中 文 摘 要 本文以马来西亚华侨华人问题为考察的起点,抽取华侨华人在马来亚二百年来尤其是马独立后的时间段,从华侨华人的经济、政治、文化活动三个方面来探讨他们对马来西亚社会以及对中马关系的影响,从中得出一些历史的经验和规律,以便更好地为发展今后中马关系而服务。

中 文 题 名 马尾船政文化的社会学考察
英 文 题 名 The Sociology Investigation of Mawei Shipyard Culture
作　　　者 黄侨彬

导　　　师　陈沙麦

学位授予单位　福州大学

学科专业名称　社会学

学 位 年 度　2006

论 文 级 别　硕士

中 文 摘 要　马尾船政的创建是中国近代史洋务运动的一件大事，马尾船政成为中国近代海军的摇篮，成为近代军事工业基地之一，为中国培育了大量掌握当代科学技术的人才，他们与所有马尾船政人一起谱写了一篇伟大的历史篇章，为我们留下了宝贵的船政文化，特别是以爱国主义为核心的民族精神至今仍然有很强的现实意义。它也是我们研究中西方文化关系在中国近代史上的一个值得剖析的一个着力点，透过它我们可以看出当时中国近代化过程中一些经验和教训，为我国现代化建设提供一些可借鉴的东西。本研究是福建省十五规划社会科学联合会的课题，是在全国上下努力推进青少年民族精神教育，全面建设小康社会的背景下，在福州市大力挖掘历史教育资源，全面打造船政文化品牌的情况下确立和开展的，具有比较高的现实价值。本文主要回顾了马尾船政的历史沿革，并从中提炼出它所蕴涵的文化内涵，主要概括为它是近代先进文化的一面旗帜，是近代史上的爱国主义丰碑，体现了自强不息、不断创新的民族精神。在第三章本研究着重用社会学中的社会变迁理论、理性选择理论和社会文化心理(集体行动理论)深入探讨了马尾船政文化的形成因素，分析了马尾船政文化形成的历史背景、内部因素，从宏观和微观上探讨了马尾船政文化形成原因。第四章本研究进一步分析了马尾船政文化的功绩和影响，特别重点分析了它在教育、科技和交通方面的贡献。第五章本研究在以上分析的基础上提出了对马尾船政文化的借鉴，为现在我国先进文化建设、民族精神教育和高等教育改革提供了宝贵经验。对马尾船政文化的研究，从80年代开始已经得到学者的重视，特别是近几年来，已引起社会各界的重视，从研究的情况看，参与马尾船政研究的主要是一些历史学者和研究航海及海军的学者，他们更多的是从历史的角度出发，研究的内容和角度局限于历史人物的回忆及马尾船政在历史上的地位和作用。本研究是关于马尾船政文化研究上的一次社会学理论上的初步尝试，将借助社会学的有关理论，应用因素分析的方法，从宏观和微观两个纬度深入地探讨马尾船政文化形成发展的原因，挖掘马尾船政文化中以爱国主义为核心的民族精神形成的内在根本动因。

中 文 题 名　**贸易与移民：清代中国人移民暹罗历史研究**

英 文 题 名　Trade and Migration: A Study on the History of Chinese Migration to Siam in Qing Dynasty

作　　　者　黄素芳

导　　　师　庄国土

学位授予单位　厦门大学

学科专业名称　专门史

学 位 年 度　2008

论 文 级 别　硕士

中 文 摘 要　今日泰国是海外华人集中居住地之一。华人移民泰国历史悠久，尤其是17世纪到20世纪初，中国人几乎没有间断的往泰国移民。作为清代华侨华人史的一个组成部分，研究中国人移民泰国的历史具有重要的学术价值和现实意义。(1)以贸易与移民的互动为基本思路研究清代中国人移民泰国的历史和泰国华人社会的形成，为华侨华人的国别史研究填补空白。(2)可以更清晰更系统的从移民史的角度理解中泰经贸关系和华人在中泰交往中的重要作用。(3)探讨泰国王室的华人政策，有助于深刻理解华人高度融入泰国的历史和现实。(4)探讨清代泰国华人移民群体的差异，有助于认识潮州人在泰国社会经济领域中重要地位形成的历史渊源。本文研究清代中国人移民暹罗的历史，具体内容：(1)清代中国人移民暹罗的四个阶段。(2)暹罗华人社会的形成过程和特点。(3)移民与贸易之间的互动关

系。(4)中国人移民暹罗的群体差异和原因。(5)中、暹两国政府对中国人移民暹罗的政策和其影响。本文在以上基本内容的基础上,重点指出:(1)清代中国人移民暹罗的重要特征是贸易与移民的互动。暹罗发展对外贸易是中国人移民暹罗的主要拉力。正是由于华人的参与,暹罗与的对外贸易才得以顺利进行。(2)暹罗王室接纳和重用华人的政策起源于王室贸易垄断制度,其目的是为了通过贸易积累财富,巩固政权。因此,华人参与对外贸易对暹罗统治者巩固中央政权具有重要意义。(3)华人贸易领域的发展为泰国对外开放后华人经济的发展奠定了基础,华人经济的发展对20世纪泰国经济的发展具有举足轻重的意义。(4)王室的华人政策是中国人的持续不断的移民活动和华人与当地民族的高度融合的关键因素。(5)潮州人在泰国拥有较高的社会经济地位源于达信王对潮州人的大量招徕和格外优待。潮州人与王室之间的合作使其具有较高的社会地位,也为潮州人在暹罗经济领域大显身手提供了保障。曼谷王朝时期潮州人特殊的社会地位和经济实力,为其在发展泰国经济,推动社会进步和促进中泰经济文化交流方面发挥重要作用奠定了深厚的基础。

中文题名 密州板桥镇港口研究
英文题名 A Study on the Seaport of Banqiao Post in Mizhou
作　　者 张蕾蕾
导　　师 曲金良
学位授予单位 中国海洋大学
学科专业名称 历史地理学
学位年度 2009
论文级别 硕士
中文摘要 密州板桥镇港口崛起于北宋时期,是当时北方的唯一大港,是通连南北、东西、海内外的重要港口。自唐朝唐高祖武德六年(623年)设置板桥镇,板桥镇由此兴起。北宋统一全国大部分地区,政治比较稳定,社会制度逐步完善,社会经济进一步发展,中外贸易与交往也逐渐繁荣起来,板桥镇港口以此为契机,取得了进一步的发展,获得了繁荣与辉煌的地位。北宋元祐三年(1088年),政府在密州设置市舶司,管理对外事务,同年升板桥镇为胶西县,兼临海军使。由此,板桥镇这个名称退出历史舞台,而变换了一种方式继续发挥着港口中转站的作用。至金人南侵,宋王朝南渡,淮河以北被金占有,密州辖区也在其内。因为两国贸易的需要,金王朝在金皇统二年(1142年),于胶西县设置榷场,胶西榷场成为宋金通过海道实现贸易交流的唯一互市市场。本文以板桥镇为中心,以板桥镇港口为主要考察对象,以北宋至金时间段为主,进行研究,系统、全面挖掘整理其时空变迁,分析其作为港口城市发展特点和管理手段,发掘利用其作为历史文化遗产的历史认识价值和当代借鉴价值,对现代港口城市的建设与发展有所帮助。文章通过五个方面来研究板桥镇,第一部分是板桥镇的沿革,即时空变迁、从有人类活动开始至金胶西榷场,弄清楚板桥镇的来龙去脉,有个大体的认识,包括政区的沿革,港口位置的沿革;第二部分是板桥镇市舶司的情况,包括设司的原因、时间、地点;行政管理与市舶司官员、主要职责功能;第三部分港口自身的管理和对外交往,包括行政,军事,对外交往等方面;第四部分是探讨了板桥镇的港口文化遗产,包括两个典型的代表:海神庙和高丽亭馆;第五部分是结论。板桥镇作为一个海港城市,它的建立及形成和发展,是人类海洋文明的产物,是海洋文化的重要构成部分。我国是一个海洋大国,自古以来拥有着灿烂的海洋文化以及在这种文化背景下随着社会发展而形成的世界性的海港城市,如春秋战国时期兴盛繁荣的琅玡港、隋唐时期北方的登州港、莱州港,宋元时期的密州港、泉州港、自古长盛不衰广州港等。在这些海港作为交通枢纽发展的过程中,随着人类生产的发展和社会的进步,其腹地经济被带动起来,成为影响重大的中心城市。细数自古至今的贸易大港,有的依然繁荣如往昔,如广州,有的因为种种原因逐渐衰落,如琅琊、登州、密州。在这众多类型各异的海港城市中,密州板桥镇无疑是特殊的,它的出现,取代了登、莱,成为北宋在北方的唯一大港,成为历史上南北贸易和海外贸易的重要海港,更成为东北亚海上交流的中转站,留下了丰富的

海洋文化遗产,发挥了巨大的作用。然而,伴随着近代化的脚步,新兴的天津、烟台、青岛港的出现,加上近代铁路和陆路的贯通发达,昔日北方第一大港的地位早已被取代。但是,在中国港口发展的历史上,密州板桥镇港口的存在有着不容忽视的历史价值。

中 文 题 名 **庙岛群岛在古代海上交通史上的历史地位研究**

英 文 题 名 Research on the Historical Status of Miaodao Islands in Ancient Maritime Communication

作　　　者 徐娜娜

导　　　师 曲金良

学位授予单位 中国海洋大学

学科专业名称 历史地理学

学 位 年 度 2008

论 文 级 别 硕士

中 文 摘 要 庙岛群岛,位于黄渤海交界处、渤海海峡的中部和南部,是辽东半岛和山东半岛的海上桥梁,又是京津门户,扼渤海咽喉,32个岛屿散落于渤海海峡上,岛屿之间的距离都在视线之内,航海条件极为便利。因此,从人类出现航海活动开始,庙岛群岛就在航海史上发挥了不可忽视的作用。本文从政治、军事、经济、文化四个角度来论证庙岛群岛在古代海上交通史上的历史地位。首先,由于庙岛群岛特殊的地理位置和便利的航海条件,在航海技术还很落后的先秦时期,我国先民们已探索出一条由登莱地区出发经由庙岛群岛抵达辽东半岛、继而沿岸前行至朝鲜半岛和日本列岛的航路。秦汉之后,这条航路是中国南北政权间政治交往的海路首选,在唐中期以前一直是中日交通的主要航线,更是两千多年来中朝海上交通的最主要的路线。其次,庙岛群岛是古代中原王朝对东北地区及朝鲜半岛海上用兵的军事根据地。汉唐以来中原地区对东北及高句丽的海上用兵活动多是经庙岛群岛完成的。庙岛群岛特殊的地理位置使它不仅是海路出兵的航路必经之地,又是中原王朝的军事基地。由于庙岛群岛具有易守难攻的天造地设之险,用兵过程中,可以此为根据地,储备粮草,屯田练兵,加强防备力量,以防敌人来袭;亦可以此为起航港,利用群岛上的驻军,发起军事攻击。宋代以来庙岛群岛的军事地位主要体现在其海防价值上。北宋与契丹对峙时,庙岛群岛是山东半岛北岸各港的前哨,而到了倭患严重的明朝以及西方列强入侵的清代,庙岛群岛则作为环渤海各港口的门户,站在了海防的最前线。可以说,庙岛群岛不仅对于登莱地区的海防有着重要的辅助功能,而且对于京津的防守有着深远的军事战略意义,在古代军事史上占有很重的分量。第三,经济和文化方面,庙岛群岛也具有不容忽视的历史地位。远在史前时期,庙岛群岛已为人类古文明的传播与交流发挥了不可忽视的作用。元代行海运,庙岛群岛上的沙门岛(今庙岛),因其特殊的地理位置,成为粮船必经地之一。明代,河运淤塞则海运兴,河运疏通则海运废。海运仍是支撑朝廷运作的重要经济命脉。海运路线相对于元代有继承也有发展。庙岛群岛在海运中的地位举足轻重。海运的兴盛促进了南北贸易的发展。而随着海运的发展,兴起于福建的妈祖信仰也逐渐传播到北方,庙岛显应宫成为北方第一座供奉妈祖的海神庙。由于沙门岛在古代海上交通中占据重要地位,显应宫逐渐成为妈祖文化在北方的传播中心之一,为妈祖文化在北方的传播作出了积极的贡献。通过对庙岛群岛历史地位的论证,笔者对其地位给予了明确定位。庙岛群岛是中原王朝与东北亚地区政治关系史上的海上联结点,是中原王朝在东北亚地区军事运作史上的海上桥头堡,是中国南北海运海贸史上的海上集散地,是历史时期中原地区与东北地区文化传播的海上中继站,是南方妈祖文化北传的海上中心,在中国南北海上交通和中外海上交流的历史发展中,具有不可或缺、举足轻重、无可替代的地位。

中 文 题 名 **民国初期广州民营轮运业的发展(1912—1927)**

英 文 题 名 The Development of Guangzhou Privately Operated Shipping Industry in the Initial Period

of the Republic of China（1912－1927）

作　　者　刘爱华

导　　师　刘圣宜

学位授予单位　华南师范大学

学科专业名称　中国近现代史

学位年度　2007

论文级别　硕士

中文摘要　近代,航运业是帝国主义侵略中国的桥梁和中介。鸦片战争后,广州传统的帆船航运业在外国先进交通工具的冲击下,迅速走向凋敝。面对外国优势航运资本的威胁,伴随内河航禁的逐步解除,广州民营轮运业利用珠江水系特点、自身优势及良好的国内外发展契机,积极发展内河轮运业,在第一次世界大战时期和省港大罢工时期先后出现两次发展高潮。广州民营航运业的发展,尤其是内河轮运业的发展,冲破了外国轮运业的挤压,显示了顽强的生命力,实际成为民族航运业的主体与中坚。它的迅速发展具有重要作用:提高了广州轮运业实力,挽回了部分航运利权;便利了广州城乡交通,推动了广州经济与社会的发展;也在一定程度上促进了广州水上交通的近代化进程。当然,它的发展道路又极为曲折,从中可以得出以下启示:发展广州民营轮运业,必须采取灵活的斗争策略;发展广州民营轮运业,必须抓住机遇;发展广州民营轮运业,必须注意引进和革新技术;广州作为珠江上第一大港,必须大力发展水运交通。

中文题名　**民国初期重庆航运业的发展及作用(1912－1927)**

作　　者　罗霞

导　　师　邓绍辉

学位授予单位　四川师范大学

学科专业名称　中国近现代史

学位年度　2004

论文级别　硕士

中文摘要　本文利用现查有关档案文献资料,着重对1912－1927年重庆航运业的发展、特点及作用等问题进行了广泛而深入地论述。全文共分六部分,约四万余字。第一部分着重概述了民国前夕重庆航运业发展概况。第二部分重点论述了民国初期重庆航运交通的发展。第三部分初步分析了民初重庆航运管理的变化。第四部分进一步分析了外国轮船公司对民初重庆航运业的影响。第五部分重点探讨了民初重庆进出口贸易的演变。第六部分集中分析了民初重庆航运业发展的原因、作用及历史启示。通过以上论述,本文着重指出:航运作为民国初期重庆经济发展的交通命脉,产生了较大的影响和作用。第一,初步改善了四川水上交通运输的落后状况。第二,有力地促进了重庆及周边地区商品经济的交流。第三,在一定程度上推动了重庆经济与社会的进一步发展。第四,进一步扩大了川江航运沿线城镇建设的布局。通过以上论述,本文得出以下几点历史启示:第一,重庆作为长江上游第一大港,必须高度重视水运交通。第二,重庆经济与社会要发展,必须大力开发水运交通。第三,水运交通的发展必须要有一个良好的国内外环境。

中文题名　**民国时期的中新贸易(1912－1941年)**

英文题名　China and Singapore s Trade during Republic of China（1912－1941）

作　　者　周勤淑

导　　师　周建明

学位授予单位　广西师范大学

学科专业名称 中国近现代史
学 位 年 度 2007
论 文 级 别 硕士
中 文 摘 要 中国和新加坡的贸易关系源远流长,但学术界对近代中国和新加坡的贸易及其结构问题关注不多,缺乏深入的研究。随着中国和新加坡贸易合作关系日益加强,为了更好的发展今天的中新贸易,特别是最近在南宁举办的环北部湾经济合作论坛上广西壮族自治区党委书记刘奇葆又提出了建设南宁-新加坡经济走廊建议的情况下,深入地探讨中新贸易的问题无疑具有现实意义。本文重点对民国时期的中新贸易及其商品结构进行分析比较,同时也论述了新加坡的经济贸易及华侨在中新贸易中的作用。按照中国政权的变化,本文把这一时期的中新贸易分为两个阶段来研究,即民国初期和南京国民政府时期。研究过程中运用了实证法、计量分析法、比较法等研究方法,主要利用《中国旧海关史料》对民国时期的中新贸易及其商品构成作了一个量化的分析,通过这些研究找出了一些关于民国时期中新贸易的特点及原因。从民国时期中国和新加坡的进出口贸易及其商品构成来看,两者的经济发展都比较落后,在各自的出口商品当中,技术含量不高、附加值低的初级产品占据了主要部分。在民国初期的中新贸易中,中国的出口产品较新加坡的出口产品在技术含量方面占有一定的优势,中国出口到新加坡的产品其半制成品、制成品占有一定的份额,而自新加坡进口的产品基本上很少有半制成品、制成品,且中国在这个阶段的中新贸易中基本上都是处于出超地位。到了南京国民政府时期,中国出口到新加坡的货物种类有所增加,半制成品、制成品的商品也有所增加,但是增长幅度是很慢的,且这一时期对新加坡的出口额也不太稳定;中国自新加坡进口的商品构成在这个阶段稍微有所变化,那就是半制成品、制成品类的商品有所增加,反映出新加坡在这一时期的工业经济也有所发展。从这个时期总的来看,中国和新加坡各自经济发展都很缓慢,但中国在中新贸易中还占有一定优势:一是中国大部分时间段是处于出超的地位,二是在进出口贸易中中国的工业制成品比新加坡的工业制成品多,同时反映出新加坡是中国工业品销售的比较重要的一个市场。华侨在中新贸易中起到了一个沟通两地的桥梁作用,一方面华侨无论是经济方面还是在国家独立方面对新加坡都做出了重大贡献,可以说华侨和新加坡的成长发展分不开的;另一方面华侨在中国的经济建设、支援战争方面也起到了直接或间接的作用。

中 文 题 名 民国时期广东侨资垦殖问题研究(1939-1949)
英 文 题 名 Study on the Reclamation of Guangdong Overseas Chinese Donation in Republic of China (1939-1949)
作 者 肖仁龙
导 师 纪宗安
学位授予单位 暨南大学
学科专业名称 专门史
学 位 年 度 2008
论 文 级 别 硕士
中 文 摘 要 抗战爆发后,广东国民政府为了解决日益严重的难民问题和粮食问题,发动美洲华侨捐款,利用侨资发展垦殖,安置难民和归侨,同时加强对垦民的管理和教育。抗战胜利后,侨资垦殖区场得以继续维持和经营。本文从战时和战后两个阶段分别探讨广东侨资垦殖的开展情况,力求展示民国时期广东侨资垦殖的概貌,并对侨资垦殖兴起的背景、广东国民政府在其决策、开展过程中的作用、侨资垦殖的作用与局限性、经验与教训等问题作一分析,期望为当前华侨农场解决面临的问题提供借鉴。

中 文 题 名 民国时期江苏沿海地区海洋渔业研究
英 文 题 名 Research on the Development of Marine Fishery in Jiangsu Province during the Republic of

China Era

作　　者 吴敏
导　　师 沈志忠
学位授予单位 南京农业大学
学科专业名称 专门史
学 位 年 度 2008
论 文 级 别 硕士
中 文 摘 要 历史上江苏地区作为鱼米之乡,拥有着丰富的海洋渔业资源。民国时期,江苏地区海洋渔业的变化是我国海洋渔业转型时期的缩影,体现了中国海洋渔业在这个过渡时期的种种特点。以家庭捕捞为主的传统形式逐步走向联合协同捕捞,从群众性的渔业组织走向集体性的企业组织;帆船张网捞捕逐渐被机轮手操拖网捞捕所替代,渔业工具逐步动力化;同时,传统的渔业政策开始吸纳西方的先进经验,逐步法律化,各项渔业法规不断细化,专业的渔业管理指导机构也相应而生;水产教育与实验的方式开始逐步被重视,成为培养渔业专业人员的有效途径之一;鱼产品加工的方式也从主要使用渔盐腌制转变为采用冷储保鲜。民国时期,江苏地区的海洋渔业转型发展经历一个先兴后衰的过程。其兴衰的原因主要在于:一、在渔业政策上,以法律法规的形式确立了通过海洋渔业而获取收入的合法途径,并不断制定各项规章制度加以修正,开始具有长期规划和指导性的作用。但是,由于匪患战乱及政府的腐败无能,多数的渔业政策无法执行落实,最终成为一纸空文,使渔民最终丧失了对政府的信心。二、渔业组织实体规模扩大。渔业公司的成立使渔业组织得到进一步充实,能够以更大的资金购买先进的捕捞设备,家庭捕捞或联合捕捞逐步被集体捕捞所替代,并且其中所得收益的一部分还用于再次更新设备,雇佣外籍技术人员,保持了不断再投资的态势,促进了渔业公司的持续发展。然而机动渔轮的投资主要是民族小资本家来进行的,缺乏政府有力的财政支持,再加上沉重的税课,国民党政府杀鸡取卵式的掠夺,在抗日战争中被毁坏的渔轮,再也得不到资金对其恢复修缮,致使江苏海洋渔业在民国后期逐步衰落。三、渔民的素质不断提高. 已经开始引入西方的教育体制和实验场,逐步认识到充足的渔业人才是渔业发展的生命之源,同时开始能够摆脱依赖外籍人员才能操控高级机械的局面,渔业教育开始步入普通渔家。但接收高等教育的仍旧主要是城市青年,其中大多数并不从事渔业发展事业,而渔家子弟只能接收基本的技能,致使渔业人才出现了断层,遏制了海洋渔业的长期发展。四、捕鱼技术与设备性能大幅提升。渔业技术的提高极大地增加了渔获量,然而日本等外国渔船的野蛮侵渔,致使鱼权丧失,水产环境和资源的破坏,渔产品市场被控,对江苏地区海洋渔业的发展造成了极大的影响。纵观民国时期江苏地区海洋渔业的概况与发展的兴衰,不难发现广阔的海洋渔业资源也是江苏拓展发展空间、缓解资源环境压力、实现可持续发展的重要依托,发展海洋渔业是实现江苏经济可持续发展,平衡南北经济差异的需要。以史为鉴,把握影响江苏海洋渔业发展之要素,将对制订今后江苏海洋渔业发展方向大有稗益。

中 文 题 名 **民国时期浙江沿海渔会组织研究:以玉环渔会为例**
英 文 题 名 The Study of Fishermen s Union in Zhe – jiang Coastal Areas during the Period of Republic of China: A Case of Yuhuan Fishermen s Union
作　　者 黄晓岩
导　　师 梁敬明
学位授予单位 浙江大学
学科专业名称 中国近现代史
学 位 年 度 2009
论 文 级 别 硕士
中 文 摘 要 民国时期,我国沿海、沿江、沿河渔区普遍设立渔会,为推动渔业经济发展、改善渔民

的生活做出了贡献,但在其发展过程中也存在着诸多问题。本文试以玉环渔会为例,探究民国时期浙江沿海渔会组织的发展状况。文章通过详述玉环渔会的产生、发展过程,对其在修造船具、开展护渔、组织调查、赈济救灾、推行合作事业、调解渔民纠纷等方面所起到的实际作用逐一分析,并归纳其特色,以期为全面认识民国时期玉环渔会组织的贡献、不足之处,及其对渔民社会变迁所产生的影响提供一个新的视角。最后,将玉环渔会与山东、福建等沿海渔区的渔会进行比较,从而突出其独特性。

中 文 题 名 **民间信仰与社群关系:以莆田湄洲岛之妈祖信仰研究为例**

英 文 题 名 Folk Religion and Communities Relationship: The Resarch of Mazu Cult on Meizhou Island, Putian

作 者 姚文琦

导 师 黄顺力

学位授予单位 厦门大学

学科专业名称 中国近现代史

学 位 年 度 2007

论 文 级 别 博士

中 文 摘 要 鉴于湄洲岛在妈祖信仰体系中不可取代的地位,以及诸多对于於其与妈祖生平事迹之历史渊源依据的质疑,本论文以湄洲岛的妈祖信仰为研究对象,着眼于以湄洲祖庙为中心之妈祖信仰的传播发展与历史积累,分别于岛内地方妈祖宫庙群之间的互动关系,以及与台湾地区的交流往來,藉以说明民间信仰对于链接区域空间之社群关系的重要纽带效应。本研究,首先以文献分析法进行的历史文献之考据,探讨湄洲岛与妈祖相关生平事迹的真实性,分析确立湄洲祖庙在妈祖信仰之开基地位的奠定依据,进而探究湄洲岛在妈祖信仰中的历史定位与影响。并且以湄洲祖庙的香火传播于於台湾地区的历史事实考证,包括往來的记录考证,诸多湄洲分灵神像的传说,和过往历史中湄洲祖庙曾经先后采用的签组,其流布轨迹和版本名称、内容的变迁,据以观察民间信仰宫鸟香火与兴盛与否和所采签诗的互动影响,复证以湄洲祖庙之于妈祖信仰的深远影响。再者,以田野调查法所得之资料,证诸于史,认真审视向來为学界所忽略,且鲜为人知的湄洲岛內的地方妈祖宫庙群及其与湄洲祖庙的互动关系,考察妈祖宫庙群分布的区位和特色,并对基于传统以來全岛对于祖庙之崇敬而将岛上妈祖宫庙群分为"四阁",且逐年轮流分担祖庙部分事务(含劳务与财务)的惯例,作出说明,进而从每年正月"闹元宵"时,频繁多样的庙会仪式活动所展现出妈祖宫庙群之间的历史香火渊源,分析其与湄洲岛社群互动关系的流变和影响。据此,一方面析论其分别之于湄洲本岛当地和台湾的移民社会的影响,以揭示民间信仰与社群关系的重要链接效应,与藉由湄洲妈祖信仰为文化钮带所进行的两岸交流活动之下,对于在地经济建设和旅游事业的蓬勃兴盛,与两岸宗教文化发展等方面之带动与影响。另一方面,藉由湄洲岛内"闹元宵"活动期间各类仪式庆典所反映出的社群互动关系,以及各区域空间内的信众对此之认知态度的研究,期能以此进一步作为提供日后广大华人地区,尤其是闽台各地有关妈祖宫庙之进香、交流活动的借镜及其相关研究的参考。

中 文 题 名 **闽茶的广州港外销(1757-1842)**

英 文 题 名 The Exportation of Fujian Tea under Guangzhou Single Port System(1757-1842)

作 者 李华云

导 师 王元林

学位授予单位 暨南大学

学科专业名称 专门史

学 位 年 度 2008

论 文 级 别 硕士

中 文 摘 要 福建历来为产茶大省,又是清代外销红茶的最主要货源地。1757 - 1842 年,清政府实行广州独口通商政策,同时又对闽茶的国内转运路线进行严格限制,产自福建的外销红茶必须远距离贩运至广州才能出口。本文在前人研究的基础上,对一口通商时期外销闽茶自国内流通至出口的全过程进行论述,包括外销闽茶国内流通形式、路线、十三行在这一流通过程中的作用、西方国家购买闽茶的情况等,同时,结合对外销闽茶经由广州出口的数量、成本、价格、税率等数据所进行的统计、分析,再现一口通商制度下闽茶外销的特点:畸形的广州制度割裂了港口与腹地间的联系,闽茶不能自就近海港出口,而必须远距离贩运到广州再出口,艰辛的国内转运及繁琐的程序大大限制了闽茶的外销规模,使之未能抓住全球海洋贸易大发展的机遇得到相应的发展。一口通商制度不仅使闽茶外销陷入低谷,亦对国内产茶区与广州港产生重大影响。

中 文 题 名 **闽南海洋社会与民间信仰:以福建东山关帝信仰为例**

英 文 题 名 Marine Society and Faith Briefs in the South of Fujian: Kuan Kung Brief in Dongshan as the Study Example

作　　　者 郑舒翔

导　　　师 林国平

学位授予单位 福建师范大学

学科专业名称 专门史

学 位 年 度 2008

论 文 级 别 硕士

中 文 摘 要 福建的闽南地区自古以来就是民间信仰非常活跃的地区,加之这一特区具有特殊的海洋因子,所形成的海洋社会更让该地区的民间信仰与社会发展和人文心态的互相交融,成为我们考察区域历史进程的一条重要线索。本文拟从在闽南地区备受推崇、香火鼎盛的关帝信仰,在典型的海洋社会区域东山岛,以时间为纲,根据关帝信仰功能在该地区不断的改变和扩大为主线,从中去探索海洋社会的发展规律。改革开放以来,随着闽南地区民间信仰的复兴和重建,官方和民间都从各自的角度和需要不断地推动东山关帝信仰的发展,而连续十七届的关帝文化节的举办,从主办方的易主到文化节名称的改变也提供了一个如何更理性看待新时期民间信仰的发展的事例。

中 文 题 名 **闽南乡土文化与南洋华侨社会:民国时期厦门、晋江与南洋的互动**

英 文 题 名 Southern Fujian Folk Culture and Chinese Society in Southeast Asia: The Interactions between Xiamen, Jinjiang and Nan Yang

作　　　者 周艳玲

导　　　师 陈衍德

学位授予单位 厦门大学

学科专业名称 世界史

学 位 年 度 2009

论 文 级 别 硕士

中 文 摘 要 本论文以地方志、档案、文献以及源于侨乡实地调查的访谈资料为基础,借鉴社会学、人类学、民俗学的研究成果,运用传统的叙事史学的方法,探索了民国时期闽南侨乡颇具特色的乡土文化和南洋华侨社会独特的组织形态与文化心态,以及二者之间的互动。本文立足文化这一视角,注重民俗、民间信仰、生活方式、组织形式等有形和无形的文化之考察,力求把宏观思考与个案研究有机地结合起来,

从“大处着眼、小处着手”,通过对具体问题的细致分析,通过“微观材料”之间的相互补充与印证,得出实事求是的结论。由此可以使人们对民国时期闽南乡土文化与南洋华侨社会的相互影响有更清晰的认识,从中也勾勒出闽南侨乡与南洋侨社之间的互动模式。本论文的研究显示,民国时期由于闽南出国人数的增多,华侨与家乡联系的密切,侨乡的物质文化发生了显著的变化,而其精神文化在保持原有地域特色的同时,也有了明显的改观。从这些变化的趋向和特点中,从华侨经济实力的增强与侨眷社会地位提升的同步性中,特别是从移民家庭消费功能与南洋华侨经济的同衰共荣中,不难推断出华侨在其中所起到的重要作用和影响。本文还通过侨乡的访谈资料,印证了这一推论的可信性和真实性。再者,本文以具体个案为例,通过对南洋华侨社会独特的行为习惯、神明信仰和组织形态的阐述,以及与祖籍地的对比分析,探察出二者社会文化的某些同构性。这不仅凸显出乡土传统对华侨潜移默化的作用,也反映出二者割不断的联系。二者的双向互动,不仅显示了闽南海洋文化和移民文化的兼容性和开放性,而且反映了闽南侨乡文化与南洋华社文化都各取所需,彼此汲取对方的营养,并因应所在环境发展出新的文化成份,从而为双方增添了新的生活色彩。

中 文 题 名 **明朝朝贡体系与十六世纪西人入华策略**

作　　　者 王冬青

导　　　师 樊树志

学位授予单位 复旦大学

学科专业名称 中国古代史

学 位 年 度 2005

论 文 级 别 博士

中 文 摘 要 明朝立国后在对外关系方面确立了朝贡体系,即以中国为核心的辐射周边诸国的宗藩交往秩序。但是朝贡体系的封闭性、不等价交换和非战等特点与十六世纪欧洲人东来的社会现实产生了新的矛盾。以葡萄牙为代表的近代西欧国家出于追求财富和传播宗教的目的,十六世纪在地理大发现的推动下来到了东亚。在中国执行的朝贡体系面前,他们面临着一个如何与完全不同国家进行交往的问题:是用武力强行打破明朝执行的海禁政策改写朝贡体系,还是在不断地接触中调整自我适应新的环境。他们通过不断的实践和探索,既有军事冲突,也有必不可少的贸易交流,还有以耶稣会为代表的对中国礼仪文化的适应,最终葡萄牙获得了有限的成功。但在明朝当局来看,西欧使节来华仍然是按照朝贡关系给予接待,中国和欧洲国家之间的关系仍然是“天朝上国”与“四夷”的宗藩关系。因此,虽然参与大航海的国家已进入新的历史阶段,但在和中国的接触之中不是后者去适应前者所推动的历史发展潮流,而是前者为了获得东亚的商业利润在不停地适应中国的朝贡体系。从这个角度看,虽然十六世纪开始进入斯塔夫里阿诺斯(L5. Svatrinaos)所说的“全球通史”阶段,但这仅仅是欧洲化的世界历史,还未到全球化的世界历史。本论文力图从全球史的视角,展现十六世纪大航海时代开始后以葡萄牙为代表的西欧人之入华策略;从外向内有别于前人的研究思路,在理论和方法上有所突破。在材料使用方面,大量借鉴一个多世纪以来欧美日等学者的研究成果,既要从他们在宏观视野下对中国问题的论述中集萃观点和方法,也要尽可能搜集他们汇编的多种史料、专著和论文集等。本论文所引证的外文资料均是自己积累所得,几乎没有从他人著作中转引然后核对原文。在具体的理论和方法应用方面,例如历史学者撰写利玛窦的前辈时,通常不提他们在日本传教经历或者一笔带过;而在本论文撰写时较为详细地表述了他们的日传教经历,并证明日本传教经验对耶稣会入华策略的影响。还有历史学者在探讨全球化起源时,通常以哥伦布发现新大陆为起点;而本论文结合西方人东来和十六世纪的海上贸易,依据马克思恩格斯对资本主义发展史的论断,将全球化的分期进行了重新划分。总之,本论文在学习和吸收中外优秀成果的基础上,对明代朝贡体系和十六世纪西人入华策略关系这一课题,进行一个在视角上略有新意的详细的历史考察。

中 文 题 名 明朝对海南岛的开发与经营

英 文 题 名 The Management and Exploitation of Hainan Island in the Ming Dynasty

作　　　者 甘方明

导　　　师 汤开建

学位授予单位 暨南大学

学科专业名称 中国古代史

学 位 年 度 2001

论 文 级 别 硕士

中 文 摘 要 海南岛是南中国海上一大岛,位于中国通往南洋各国和西方国家的要冲,是我国的边防要地。历代中央王朝对各边疆地区的经略政策和措施是不一样的。表现在对海南岛的开发和经营上,在历史的不同阶段,中央王朝在经营和开发海南的途径、方式、结果、目的等方面都有各自的特点。明朝是漫长的历史长河中积极开发和经营海南的一个王朝,并且曾经取得了璀璨的成果。本文力图通过研究有明一代对海南岛的开发与经营探索明代海南政治、经济、文化几个方面的互动关系,并寻求出整个王朝大的政治、经济、文化背景对海南岛发生影响的规律。鉴于海南岛所处的地理位置比较特殊,民族关系相对复杂,本人不仅借助于历史学的研究方法,并且大量吸取人文地理学、历史地理学、人类学、社会学、民族学等相邻学科的积极因素,对有明一代在海南岛的开发和经营进行了全面系统的研究。本文通过有关内容的研习探索海南岛政治、经济、文化的历史发展规律,通过这种历史探索和规律寻求,总结其经验教训。如以历史发展过程中的经验和教训为借鉴,及时制定出符合海南岛自然条件和人文环境的政治、经济、文化战略,必将有利于海南岛地区的政治经济发展和文化兴盛,也将为海南岛未来的持续发展提供参考。

中 文 题 名 明朝海禁法令初探

作　　　者 张立娜

导　　　师 马小红

学位授予单位 中国社会科学院研究生院

学科专业名称 法律史

学 位 年 度 2002

论 文 级 别 硕士

中 文 摘 要 本文采用叙议结合的史论方法,以整个明朝颁行的海禁法令为主线,通过考察每道海禁法令出台的具体事由、政治形势、社会经济背景,以及帝王的为政禀赋、传统的影响力度,意在揭示明王朝长时间地禁止私人出海贸易的偶然 与必然性致因。全文分为三段。第一段考察了从明太祖至明武宗时期的海禁法令。海禁在这 150 余年里被奠定与强化:明立之初的海禁作为新王朝立足未稳的防卫之策出台,而洪武十四年之后的海禁沦为了多疑的明太祖翦除政治对手、防止海内外勾结的副产品。洪武三十年里的严禁为后世的朱明君主创留了恶例。永乐前五年里一度严禁,中后期以实质上的弛禁为私人海外贸易的发展提供了机遇。仁宣之后又僵守太祖旧制,不给商民出海以合法的权利,造成与律法相对抗的海上走私贸易愈来愈烈。第二段考察了明世宗 45 年里的海禁法令。嘉靖年间发展海外贸易的经济驱动与技术支持已相当成熟,但明政府以海防备倭为由,逆流违时地坚持海禁。民间自发牟利行为与政府法律管制之间冲突的加剧发展成一场"倭变"。变乱中及其后引发的开海言论,为嘉靖以后的海上政策转变奠定了基础。第三段考察了明穆宗直至明思宗的 78 年。这一时期虽然是整个明代难得的弛禁开海阶段,但"于通之之中,申禁之之法",海禁政策不改其顽固性。贪虐的统治者又以商人为盘剥的对象,另外西人东来的侵扰造成竞争环境的恶化,整个东南海上贸易发展惟艰。旋至明亡,继起的清王朝效尤明法,海禁有过之而无不及。中国海商势力再也无法与西方匹敌,终至历史衰局。结论是,明朝大多数帝王低劣的为君

察赋和日本海盗对明朝海疆的持续侵扰，是造成明朝海禁的偶然性历史原因：而保守封闭的社会习俗、轻商主义的存续等传统文化的强大，是海禁难以消除的必然性致因。

中 文 题 名 **明朝洪武年间的对外关系：以高丽、日本和安南、占城为例**

英 文 题 名 The Foreign Affairs of Ming Dynasty in Hongwu Period: Taking the Examples of Korea、Japan and Annam、Champa

作 者 李登峰

导 师 马明达

学位授予单位 暨南大学

学科专业名称 专门史

学 位 年 度 2003

中 文 摘 要 公元1368年，朱元璋建立明朝，建元洪武。为了给自己所建立的新王朝创造一个和平安定的国际环境，明太祖朱元璋开始制定了睦邻友好的和平外交政策。尽管之后，由于对日外交的失败，其外交政策由建国之初的积极向周边各国派遣使臣转变为消极保守的"厉行海禁"，但实际上，其睦邻友好的外交思想并未发生实质性的变化。本论文主要从五个章节，选取四个典型国家即高丽、日本、安南和占城，对明洪武年间明王朝外交政策的制定、演变及其对于各国所采取的外交策略试图加以系统、全面的分析与评价。

中 文 题 名 **明朝与占城关系论略**

英 文 题 名 On Relations between Ming Dynasty and Champa Kingdom

作 者 刘利华

导 师 马明达

学位授予单位 暨南大学

学科专业名称 中外关系史

学 位 年 度 2002

论 文 级 别 硕士

中 文 摘 要 明朝与占城的关系是明朝最重要的对外关系之一，也是中国古代与占城关系史的重要阶段。有明一代，明朝与占城保持着较长时期政府间的通使关系，双方来往频繁，内容丰富，这构成了两国友好关系的基本内容，是明、占经济文化交流的基础。本文在努力占有史料的基础上，系统考察明与占城通使的全过程，梳理两国间历次使者往来的时间，并对有关史实做必要的稽考。进而对明朝与占城间的政治、经济和文化关系作尽可能全面的论述，以期较深入的展现明朝与占城的关系，并对明朝、占城、安南三国间交错复杂的关系有所探究。

中 文 题 名 **明朝中日走私贸易关系探究**

英 文 题 名 Study on Smuggling Trade between China and Japan of Ming Dynasty

作 者 郭学礼

导 师 顾兴斌

学位授予单位 南昌大学

学科专业名称 中国古代史

学 位 年 度 2008

论 文 级 别 硕士

中 文 摘 要 明朝实行朝贡贸易与海禁相结合的特殊政策，严格限制民间对外贸易。鉴于倭寇的侵扰，明朝“海禁”在对日贸易上的限制尤为严厉，终明一朝始终都严格限制对日贸易。随着对日官方贸易——堪合贸易的结束，中日走私贸易成为沟通中日贸易关系的唯一渠道。本文从政治、经济等几个方面对中日走私贸易关系进行分析论述，力求从宏观上勾画出明朝中日走私贸易发展的清晰脉络。运用唯物主义哲学原理，探讨明朝中日政治关系的变迁对中日经济交往的影响，即中日走私贸易兴起的特殊政治原因，归纳出几点对明朝中日走私贸易关系的现实思考。

中 文 题 名 明初(洪武至永乐年间)对外政策研究

英 文 题 名 In the Early Ming (Hong Wu to the Yongle Reign) Foreign Policy Studies

作 者 来涛

导 师 晁中辰

学位授予单位 山东大学

学科专业名称 中国古代史

学 位 年 度 2009

论 文 级 别 硕士

中 文 摘 要 明朝初年是中国历史上对外交往的高潮时期之一。这一时期中国与之交往的国家之多，地域之辽阔，内容之丰富，变化之多端都是历代少见的，其中如郑和下西洋等历史事件，不仅在当时为世人所瞩目，而且对后世也产生了较大的影响。在处理不同时期国与国之间的关系中，既有成功的经验，也有失败的教训。成功或失败，归根到底取决于对外政策的正确与否。明朝存在二百六十多年所推行的对外政策，虽然在不同时期在不同内容上有些变化，但其指导思想和主要方针并没有特别大的改变，基本都是在明朝初年确立并长期沿袭下来。明初，统治者面对严峻的国内外形势，摒弃了元朝威服天下的对外政策，采取了积极、谨慎、持重的对外政策，明太祖即位后立刻遣使四方，宣传明朝的友好对外政策，怀柔远人，同时面对边境的冲突，采取了以和为贵，慎用武力的方针，设立了专门负责对外事务的管理机构；明成祖在继承了太祖对外政策的基础上又有所发展，积极地发展朝贡贸易，以宗主国的身份调解边境争端，明朝的大国地位得以确立。明初的对外政策不仅为国内经济的恢复和发展创造了良好的国际环境，而且开创了历史上对外交往的高潮时期。本文在搜集大量的史料的基础上对明朝初年(洪武－永乐)的对外政策作为一个体系进行了较为细致的研究，由此得出了对明初对外政策的初步认识，并对其进行了客观的评价。本文主要分为四大部分：一、洪武年间的对外政策，主要讲述了明太祖面对内忧外患的现状，采取了、积极、谨慎、持重的对外方针，推行了怀柔远人、保境安民的对外政策，同周边国家或政权尽量的搞好关系，维持和平交往，奠定了明朝和平外交的基调。同时对明代的对外事务管理机构和朝贡、海禁等重要的对外政策做了介绍。二、洪武年间制定对外政策的成因。主要讲述了明朝初年国内刚刚经过了元末的战乱，经济凋敝，迫切的需要休养生息。政治上阶级冲突和派系斗争激烈；同时明朝的周边国家或政权对明朝虎视眈眈，这些都严重威胁到明朝的统治。此外，明初商品经济的不发达以及依靠农业税收的财政制度等也对明初对外政策的制定有一定的影响。三、永乐年间的对外政策。主要讲述了明成祖一方面继承了明太祖的对外政策，另一面又有所开拓和创新。明成祖时期的对外政策更为开放，在以德服人的基础上，恩威并施，创造了明朝对外交往的盛世局面。同时，对外事务管理机构也相应地进行了调整。四、永乐年间调整对外政策的原因。主要讲述了明成祖登基后，明朝的政治经济状况已经有所不同，经济经过三十多年的恢复和发展，已经完全有能力来应对对外贸易。民间海外贸易也有扩大的要求。政治上，由于成祖是靠夺位上台的，所以为了扩大自己的声望，必须要扩大对外交往，同时边境的威胁比洪武年间也已经大为减轻。五、对明初对外政策的认识和评价。主要讲述了明初的对外政策(尤其是贸易政策)与历代的区别，以及对明代中后期对外政策制定的影响，对明初对外政策从积极影响和消极影响两方面进行了客观地分析和阐述。

中 文 题 名 明代茶叶科技、贸易、文化研究

英 文 题 名 Research on Tea Science and Technology, Trade and Culture in Ming Dynasty

作 者 章传政

导 师 黎星辉;朱自振

学位授予单位 南京农业大学

学科专业名称 茶学

学 位 年 度 2007

论 文 级 别 博士

中 文 摘 要 我国唐代陆羽撰写了世界上第一部茶学经典《茶经》,以此为标志,中国乃至世界茶学创立。经过一千多年的历史演变,我国现代茶学已发展成为以茶为主要研究对象,涉及农学、工学、商学、文学、医学等众多研究领域的交叉学科。现代茶学覆盖茶树栽培、生物技术及其应用、制茶工程、茶叶生物化学与综合利用、茶叶经济贸易和茶文化等研究方向,正朝着整体化、综合化、多元化的方向发展。现代茶学的发展离不开实验科学的支撑,而古代,尤其是明代形成以炒青散茶为主的有关茶树栽培、茶叶加工、茶叶贸易、茶文化诸方面的经验总结、技术创新与理论提升仍然在为现代茶学的发展提供养料。《明代茶叶科技、贸易、文化研究》力求运用辩证唯物主义、历史唯物主义的观点和方法,采用茶书和地方志等文献作为主要的资料来源,尽可能从比较研究的角度出发,将明代茶叶科技、贸易、文化放到中国茶学发展演变的大背景中加以研究和探讨,揭示其科学内涵、历史地位及其影响,为促进现代茶学的发展提供借鉴,有利于进一步弘扬中华民族的优秀传统文化,推进发展现代茶产业与构建和谐社会。本文首先交代明代茶叶科技、贸易、文化发展的历史背景,然后对明代茶学著作进行了分析。

中 文 题 名 明代大运河沿线和与九边地区驿站对比研究

英 文 题 名 A Comparison on the Ancient Posthouse of Grand Canal and the Nine Frontier Fortification System of Ming Dynasty

作 者 王越

导 师 孙大章

学位授予单位 中国建筑设计研究院

学科专业名称 建筑历史及其理论

学 位 年 度 2007

论 文 级 别 硕士

中 文 摘 要 驿站是古代邮驿系统的核心机构,它起自春秋,于明代更加成熟和完善。驿站集宣政、转运、接待等多种职能于一身,具有详备的功能体系和系统的建造规制。明代驿站基本保持了汉代以来官署建筑的布局模式,并与地方衙署具有相似的建筑规制和布局,因此驿站当属于官署建筑范畴。但是,由于驿站隶属全国邮驿系统,不与地方行政直接联系,因此它在建造上又具有自身的独特性。同时由于南北方不同的地域和社会背景,驿站也相应的存在一定的差异。本文围绕功能需求对建筑形制的影响这一核心研究思路,在文献查阅和实地考察的基础上,对明代驿站展开相关探讨。论文首先概述古代邮驿制度的发展史,以及明代邮驿系统的机制和驿道分布;进而选取明代南、北方最重要的历史线路——大运河沿线和九边地区驿站作为研究对象,就选址、建筑规制、空间形式等方面展开研究并进行分析对比。在水运贸易发达的大运河流域,驿站与商品经济的发展关联紧密,选址上除考虑水运便捷外,还注重与商市和风景名胜的结合,以发挥地区门户的作用;建筑上出现了接待职能逐渐独立的趋势。在边疆军政要地九边地区,驿站更多地表现出军事服务职能,选址上更注重防御,同时适于屯守,建筑规制上则更为规范和统

一。驿站作为官办、官用的国家机构,具有统一的建筑规范。明代大运河沿线和九边地区的驿站在主体建筑格局上的相似性,正是遵循统一建筑范式的结果。对明代驿站制度和建造进行挖掘和整理,历史文化信息,具有重大的文化遗产保护价值。

中文题名 **明代对外贸易管理机构的变迁及影响**

英文题名 Ming Dynasty Foreign Trade Management s Changes and Its Infiuention

作　　者 王丹

导　　师 顾兴斌

学位授予单位 南昌大学

学科专业名称 中国古代史

学位年度 2008

论文级别 硕士

中文摘要 在中外关系史和海外贸易史上,明代是一个非常典型的朝代,它有着不同于以往的朝贡体制和贸易体制,因而也衍生出了不同于以往朝代的对外贸易管理机构。本文的主要内容是研究明代外贸机构的变迁及影响,考察会同馆、市舶司和督饷馆的设置和职能变迁。会同馆是明代朝贡贸易的中央级的管理机构,负责管理中央朝贡贸易;市舶司则是地方级的管理机构,其前期和后期有着不同的职能和作用;督饷馆是明代新设立的外贸管理机构,负责管理商人出海贸易和征收饷税。希望通过对上述机构的考察,分析明代对外贸易管理机构的设置情况和演变过程,论述外贸机构的变迁与外交政策的制定和海外贸易发展之间的关系,揭示这种"传统内变革"的深层次影响,更好的理解在"现代世界体系"构建之初,中国为何没有跟上世界的步伐。

中文题名 **明代福建的沿海经济与海外贸易**

英文题名 The Coastal Economy and Overseas Trade of Fujian in Ming Dynasty

作　　者 娄侠

导　　师 卢建一

学位授予单位 福建师范大学

学科专业名称 中国古代史

学位年度 2008

论文级别 硕士

中文摘要 本文论述明代福建的沿海经济与海外贸易及与二者密切相关的明代海疆政策。在福建的历史上,明代是一个极其重要的历史时期。这一时期,福建沿海的农业生产力有了较大提高,经济作物广泛种植,农业商品化程度有所加强;手工业部门出现新技术、新产品和新分工,冲击着传统自给自足的自然经济向以交换价值为目的的方向发展,资本主义开始萌芽并缓慢地发展;城乡商品日趋繁荣,商品流通增加。对外贸易完成由朝贡贸易到私人海外贸易的转型。明政府的海疆政策,尤其是海禁政策对福建沿海经济与海外贸易的影响是巨大的,海禁与开海都对沿海社会产生了强烈地冲击。本文主要采用历史学研究法,并辅以社会史和经济史的研究方法,探讨其间的关系与内在原因,总结明代的经验教训,无疑对今天的改革开放,发展沿海经济有一定的借鉴作用。

中文题名 **明代海禁政策研究**

作　　者 安峰

导　　师 晁中辰

学位授予单位　山东大学
学科专业名称　专门史
学 位 年 度　2008
论 文 级 别　硕士
中 文 摘 要　本文采用叙议结合的史论方法,以时间为序,分明前期、明中期、明后期三个阶段进行论述。以每个阶段具有代表性的帝王采取的海禁政策为主线,通过分析不同时期海禁政策出台的时代背景、政治形势、社会经济背景、产生的积极或消极影响,以及帝王的为政禀赋等,意在揭示明王朝从洪武到崇祯260余年间不同时期统治者对待海禁的态度、制定的政策、采取的相关措施,以及产生的深远影响。全文分为三章。第一章考察分析了明代前期(洪武——永乐)海禁政策的确立、演化及影响。明朝建立之初,明太祖朱元璋面临的是经济残破、社会动荡的严峻局面。他采取的对外政策具有明显的两重性:一方面极力发展与周边诸国的睦邻友好关系,发展官方往来;另一方面对民间交往则严加禁止,实行严厉的海禁政策。洪武十四年(1381),朱元璋正式宣布"禁濒海民私通海外诸国",标志着海禁作为明王朝的一项基本国策正式确立,并被后世作为"祖训"而遵从。明成祖朱棣虽对其父朱元璋制定的对外政策做了诸多改革,一定程度上放松了海禁,并在永乐年间出现了郑和下西洋的盛况,但是其受制于"祖训",而未能明令废除海禁。第二章考察分析了明代中期(洪熙——嘉靖)的海禁政策及措施。这段时期跨度较长,历经九朝,每朝当政者对待海禁的态度也不尽相同。洪熙朝——弘治朝时期海禁政策再次强化;正德年间实行抽分制,随着海外贸易的发展,海禁逐步废弛;嘉靖年间海禁政策高度强化,以致产生"嘉靖倭患"。第三章考察分析了明后期(隆庆——崇祯)的海禁政策。鉴于嘉靖年间"倭寇之患"的教训,隆庆皇帝实行了开海政策,对海外贸易的发展起到了积极的推动作用。隆庆开海促进了海外贸易的活跃和白银的大量内流,国内商品经济也得到了一定程度的发展。到天启一崇祯年间,随着明末政治的腐败日甚一日,内忧外患接连不断,海禁政策时松时紧趋于废弛,朝贡贸易也名存实亡,一步步走向瓦解。结论:是,鉴于"海禁"是明太祖朱元璋所制定的"祖训",虽然在具体执行中有松有紧,但是终明一世没有任何一个皇帝敢于明令废除。这种恶例被后来的清王朝所沿袭,而且有过之而无不及,演变成完全封闭的锁国政策,使得中国一步步走向落后。

中 文 题 名　**明代后期中国与荷兰关系研究**
英 文 题 名　The Study on the Relationship between China and the Netherlands in the Late Ming Dynasty
作　　　者　姜卫东
导　　　师　晁中辰
学位授予单位　山东大学
学科专业名称　中国古代史
学 位 年 度　2008
论 文 级 别　硕士
中 文 摘 要　十六、十七世纪,欧洲发生了翻天覆地的变化,开启了近代化的进程。这时期的中国正处于明朝中后期,政治上一片黑暗。西方人的东来,给腐朽的明王朝很大的冲击。在明朝后期的中外交往中,中国与荷兰的交往是其中一个重要的组成部分。本文主要拟对明朝后期中国与荷兰的关系做一全面系统的探讨。荷兰人东来后,最初的目的是想通过外交途径与中国建立正式的贸易关系。但是,由于中国政府传统的朝贡政策以及葡萄牙人从中阻挠等原因,导致荷兰人的计划破产。在随后的十几年间,荷兰人又想通过各种途径打开中国的贸易大门,均遭到失败。1622年荷兰人侵占中国的澎湖列岛,导致"澎湖危机"的爆发,双方经过近两年的谈判、斗争,最终明朝政府迫使荷兰人撤离澎湖地区。这一时期明朝政府与荷兰东印度公司之间矛盾不断,但是双方的贸易得到了一定的发展。1624年,荷兰人占据台湾南部

地区,并逐步占领整个台湾地区。中荷关系进入一个新的发展时期。这一时期的特点是荷兰人以台湾为基地,与中国进行贸易,并继续企图在中国沿海地区获得一个贸易据点。由于明朝政府的限制,导致荷兰人始终不能获得正式来华贸易的权利。荷兰人只能通过各种方式引诱、迫使中国商人前往台湾和巴达维亚地区进行贸易。但是随着郑芝龙集团的崛起以及独霸东南亚沿海的对外贸易,荷兰人只能通过郑芝龙集团获得商品。虽然荷兰人不满意这种情况而进行反击,但是终明之世,荷兰人没能摆脱这种局面。1619年荷兰人占领了印度尼西亚的雅加达地区,并以此为基地建设荷兰东印度公司的总部巴达维亚。荷兰东印度公司诱使华人前往巴达维亚,以便发展当地经济,维护荷兰人的统治。但是随着华人力量的不断加强,荷兰人感到统治受到威胁,所以他们采取各种措施限制华人力量的发展。中荷交往是中西交往的重要内容之一。但是由于明朝政府的盲目自大以及荷兰东印度公司政策的错误,导致两国终明之世没有建立正式的官方关系。虽然如此,中国与荷兰的交往仍产生了广泛而重大的影响。

中文题名 **明代京杭大运河研究**
英文题名 The Research on Jing Hang Great Canal of Ming Dynasty
作者 钱克金
导师 刘渝龙
学位授予单位 湖南师范大学
学科专业名称 中国古代史
学位年度 2003
论文级别 硕士
中文摘要 明代大运河在中国历朝运河中治理最好、发挥作用最大。在它的治理过程中,虽出现过反复,但总的来说还是达到了预期结果。明运河的治理不仅对当时社会的政治、经济、商货等产生了巨大影响,且为后世治水提供了宝贵经验。本文力图就明运河的治理及历史地位作一综合性的探讨,以便为在当今现代化建设中对大运河价值的开发提供些借鉴。全文共分为六个部分:第一部分:分段探讨了明运河的治理,从局部和整体两个角度对明运河治理的积极成果作了充分肯定和高度评价,同时也指出其不足。第二部分:就明运河治理对农业产生的影响,进行了正反两个方面的阐述。第三部分:对明运河承担的漕运重任,进行了纵向探究和归纳。第四部分:主要从二个方面分析和总结了由经明运河的商贸活动。第五部分:对明运河沿岸城镇的兴起和发展,作了分段研究,并承上启下地分析了沿岸城镇兴起和发展的原因。第六部分:对明运河在巩固国防,维护统一方面的作用,从政治、经济、军事诸方面进行了论述。

中文题名 **明代辽东—山东地缘关系研究:以登辽海道为中心**
作者 陈晓珊
导师 奇文瑛
学位授予单位 中央民族大学
学科专业名称 专门史
学位年度 2007
论文级别 硕士
中文摘要 辽东是明代北方防御体系中的重要地区,其治乱形势直接关系到明王朝的兴衰。本文选取明代辽东问题的一个侧面——辽东与山东的地域关系进行研究,对明代辽东隶于山东这一特殊历史地理现象进行考察:在中国历代行政区划中,为什么唯独明代将辽东置于山东的管辖之下?这种关系又对其各自发展造成了怎样的影响?从当时的形势可知,洪武年间,明军对辽东的初始占领即由登州渡海北上,与内地的联系和后勤供应也完全依靠从山东半岛的越海转运。这种紧密依赖的地域关系促成了山东

按察司和山东布政司下属辽海东宁道的设立,是中国历史上唯一一次"辽东隶于山东"的政区地理现象,也使得两地之间的联系进一步加强。制度上的隶属关系引出了另一个问题:明代的辽东事务是否全面处于山东的管辖之下?事实证明,明代的山东对辽东只存在名义上的管辖,许多名义上属于山东的官员前往辽东任职,协助处理地方民政与司法事务。而辽东都司本身的管理方式也在逐渐变化之中,一方面是从"军管型政区"向"文管型政区"转变;另一方面,由于起初设定的行政管理幅度过大,其地方行政区划也逐渐从两级制向三级制过渡。与行政上名存实亡的关系类似,自太祖时期之后,山东与辽东之间的交流也由紧密趋于松弛。这首先是由于交通道路的变迁,由于成祖迁都北京,经山海关通往辽东的陆路地位上升,登辽海道却被边缘化。而更深层次的原因,则是辽东屯田能够自给自足,海运地位下降,运输过程中又出现各种行政弊端,导致海运事务弊大于利,最终废驰。在这种官方交流衰落后,登辽海道又在明后期的海禁政策下被彻底切断,给当地的产业结构和民众生活带来了沉重打击。但当正常交往的渠道被阻塞时,两地间的走私贸易和海岛逃人现象却日渐严重,形成一种值得重视的民间自发弥合现象。断绝两地联系给明末的辽东战局造成了深远的负面影响。战事初起时,明廷不得不重开登辽海道以供应辽东军响,但当时朝廷的全局调控能力和地方应急机制都无法与刚立国时相比,登辽海道又已经封闭日久,仓促开放后出现各种问题。辽东难民和逃兵通过海道大量涌向山东,给当地带来沉重的压力;山东视支援辽东为沉重负担,两地民众关系恶化,直至发生登州兵变,登人与辽人互相残杀,可视为两地矛盾的总爆发。通过这些考察,可以得出结论:明初经营辽东一山东关系的举措成功,但中期之后却出现了严重失误。当两地密切交流时,辽东和山东同时发展,但切断两地联系后,不但影响到两地民生,也使辽东陷入孤立境地,为明末辽东战局造成负面影响。

中文题名 明代青花瓷的外销
作　　者 刘洋
导　　师 万明
学位授予单位 中国社会科学院研究生院
学科专业名称 专门史
学位年度 2005
论文级别 硕士
中文摘要 青花瓷是我国传统名瓷,也是明代主要的外销瓷。明代青花瓷的外销与明代政治、经济政策尤其是对外政策的变化有着紧密的联系,并对外销地经济、文化的发展产生了深刻影响。明代青花瓷的外销也从一个侧面反映了明政府对外政策的发展和变化过程。据此,本文以明代景德镇青花瓷为立足点,采用叙议结合的史论方法,对明代青花瓷的外销进行了系统分析。全文分为三章。第一章在追溯青花瓷起源的基础上,结合明代不同时期社会经济的发展,着重分期论述了明代青花瓷的发展状况。第二章是本文重点。本章以明代对外政策的变化为依据,将明代青花瓷的外销相应地分为早、中、晚三期,并分别加以阐述。第三章则着眼于青花瓷外销的地区分布与影响,突出了青花瓷外销的文化内涵。

中文题名 明代日本来使接待制度研究:以策彦周良的《初渡集》为例
作　　者 陈越
导　　师 王宝平
学位授予单位 浙江大学
学科专业名称 日语语言文学
学位年度 2004
论文级别 硕士

中 文 摘 要　明代的中日关系主要围绕朝贡贸易和倭寇问题展开。朝贡制度是古代中国对外关系的重要模式之一，到明代则可谓发展到了极致。朝贡使臣的接待制度作为朝贡制度的一个环节，因其直接体现天朝大国的形象而显得尤为重要。本文主要利用《初渡集》的记载，结合其他相关史料，围绕嘉靖十八年(1539)日本来使所受到的待遇问题，主要从四个方面对明代日本来使接待制度的诸要素做初步考察。全文总体分成两大部分，共五章。绪论是文章的第一部分，主要介绍了不为国内学者所熟知的遣明使策彦周良及其《初渡集》，并就国内外研究现状进行简单的概括。第二章至第五章是文章的第二部分，是本文的重点，就构成接待制度的主要因素进行考察。在第二章中，就地方接待设施嘉宾馆和东库，立足于前人的研究成果，做进一步的讨论；对中央设施会同馆以及《初渡集》中提及的玉河馆之间的关系做了较为详细的考证，并利用史料，结合今人的研究，绘制成图。第三章中，重点考察了市舶司通事及鸿胪寺大通事，并略作比较；关于其他接待官员的具体职掌，则列表加以说明。第四章围绕贡使所受到的经济待遇，分成廪粮、筵宴、正赏、贸易这四方面进行阐述。第五章则从仪式、护卫、交通工具等方面对来使的接待制度略作分析。策彦周良的《初渡集》是明代来华日本人的日记中最为详细的一部，其中的许多记载，例如地方官员在贡使接待事务中的具体职掌、政府对贡使进行的护卫以及提供的交通工具等各方面的具体情况，都为《明史》、《大明会典》等中国史料所不载，对此有较好的补充。

中 文 题 名　**明代山东半岛海防建置研究：以沿海卫所为中心**
英 文 题 名　Study on the Establishment of Coastal Defense of ShanDong Peninsula in Ming Dynasty
作　　　者　邵晴
导　　　师　曲金良
学位授予单位　中国海洋大学
学科专业名称　历史地理学
学 位 年 度　2007
论 文 级 别　硕士

中 文 摘 要　本课题研究的是海疆历史地理，主要目的是研究明代山东沿海卫所的建置沿革，探索其内在布局的历史、地理因素，从史地角度分析明代海防的形成与发展，为现代海防建设提供参考建议。明代卫所主要形成于明代的洪武、永乐二朝，此后卫所虽有增设裁并，但只是个别现象。又因为明代海防的承载体虽然是卫所，但明代海防与元明时期的海上活动密切相关，所以本文研究的时间范围主要设定于明初的洪武、永乐二朝(1368－1424)。选择明代的山东海疆做研究是因为：1、明代沿海卫所是历史地理学迄今为止仍未弄清楚的问题，例如不同地理环境下卫所的设置、沿革、管理、变化趋势及其影响。东北和西北地区的卫所研究，侧重于边防形式变迁与民族关系变化；西南地区侧重于边疆开发和民族关系；内地卫所研究则主要揭示明代卫所制度变迁的社会复杂性；沿海地区则多集中于倭寇和禁海。对北方沿海特别是山东沿海的史地研究明显不够充分。2、明代开始，来自海上的威胁日趋严重，倭寇对沿海地区的破坏及西方扩张势力在东南沿海的活动极大的冲击了明代社会。而山东半岛由于其特殊的战略地理位置成为外部敌对势力从海上侵略中国的一个主要方向。而明代社会又在其中期产生了一定的变化，我们现在所看到的结论大多是这个变化产生以后所带来的结果，然而在这之前元末明初这段时期内，明朝的社会调整对明代海防以及后世海防的建立起了重要的奠基作用，这个是现在海防研究的盲区之一。3、明代的卫所是一种特殊的带有军事性质的地理单元，带有鲜明的地理特征，明代在山东沿海设置的卫所，它们的沿革演变直接反映出明代的边防建设、民族政策，甚至国家综合国力的升降。同时，研究明代山东海疆史地正确认识我国有史以来的我国海防建设与发展状况，研究我国在探索海防理论、海防建设的历史经验，掌握我国海防战略发展的线索和规律，运用海防发展的特点和规律服务于我们今天的海防建设。本论文对山东沿海卫所的研究主要从以下几个方面进行研究：一、山东沿海的地理条件对卫所建置的影响；二、海防、海运与沿海卫所的关系；三、明代山东海防卫所的建置与海防体系的形成；四、全球史观下明代海防与朝鲜

半岛、日本列岛的互动关系。山东半岛沿岸虽有良好的自然地理和人文条件,但是这些条件并没有转化为进步的动力。明代山东半岛的卫所并不是一个成功的防御体系,在科学技术相对十分落后的时代,地理条件对整个社会产生了巨大的影响。同时,明代山东半岛沿岸的大量驻军,间接的造成了山东半岛沿海地区发展缓慢的状态。明代山东沿海的倭寇活动时有发生,然而受到地理环境的制约,特别是海洋水文和海洋气候的影响,并没有对山东半岛产生较大的冲击。因此,忽略地理环境以及忽略当时对地理环境的改造能力而得出的结论显然是不正确的。

中 文 题 名 **明代山东水陆物资运输探析**

作　　　者 朱年志

导　　　师 李绍强

学位授予单位 曲阜师范大学

学科专业名称 中国古代史

学 位 年 度 2007

论 文 级 别 硕士

中 文 摘 要 在中国古代历史上,往往会因时代不同,国家的政治、经济、军事等三大重心也有转移。这些分散在各地的重心能有密切联系,要靠物资转运。同时,物资的流通和运输是中国古代社会的基本经济现象,也会因时代与地域的不同需求而异。为保证统治根基的稳固,历代封建王朝都通过水陆两途将所需要的物资从经济重心运送到政治重心、军事重心和其它所需要的地方。古代源自山东的物资从秦汉时期到明清时期源源不断,足见山东之于京师及全国的地位。明代山东为南北内陆交通的通道,也是南北沿海贸易必经的要地。自古以来,物资流通和运输的主要内容为农、副产品和经济作物。粮、盐、棉等物资事关封建王朝的经济命脉和下层人民的生产生活,为历代所关注。本文即结合物资运输的必要性、山东的地位和物资运输的历史引入。明代山东的主要水陆物资运道包括山东运河、胶莱运河、大小清河、主要驿路及商路均为封建政府所重视,特别是山东运河的治理和开胶莱河以通海运。这是明代山东水陆物资运输的前提。明代山东税粮的运输主要包括田赋粮和漕粮运输。漕粮是田赋的转输形式,来自田赋粮中的起运部分。山东漕粮主要来自西部三府,漕粮在山东的运输和交仓与山东社会经济的发展紧密相连;明代山东海盐生产有煎盐和晒盐两大类型。食盐的运输与销售有引盐和票盐两种,票盐是引盐行销的补充形式;明代山东商业运输包括漕运中的商货运输和商业性专业运输。山东地区南北流通的主要商品物资包括棉花、棉布、干鲜果品等。这三部分是明代山东水陆物资运输的主体内容。各地水陆物资的流通和运输直接带动了山东社会经济的发展。西部地区经济发展较快,东部地区较为缓慢。清代以后这种经济格局开始发生变化。明代山东经济的总体发展水平远低于江南地区,但在北方各省仍属较发达的地区之一。山东经济发展前景广阔。因地制宜、适时制定经济发展的战略才能实现经济的快速增长。

中 文 题 名 **明代私人海上贸易研究**

英 文 题 名 The Study of The Private Overseas Trade in Ming Dynasty

作　　　者 尹晓盛

导　　　师 晁中辰

学位授予单位 山东大学

学科专业名称 中国古代史

学 位 年 度 2007

论 文 级 别 硕士

中 文 摘 要 在明代的海外贸易中,私人海上贸易是朝贡贸易之外的另一种贸易形式。本文拟对

明代私人海上贸易进行较全面系统的探讨。终明一代,朝贡贸易与施行海禁并行,相辅相成,与私人海上贸易对立。总的来说,朝贡贸易和私人海上贸易是此消彼长,朝贡贸易由明初的鼎盛到明末的衰落甚至瓦解;私人海上贸易却随着海禁政策的松弛,由明初的分散、小规模的暗中进行而逐步发展,至明末甚至出现以郑氏海商集团为代表的大型武装海商集团。私人海上贸易在官方看来是“海盗”、“海寇”,实际上是商寇难分。嘉靖朝刑部主事唐枢说:“寇与商同是人也,市通则寇转而为商,市禁则商转而为寇。”实际上,在传统社会中,只要两国的边境有居民存在,就有商品交换的可能性,这是私人海上贸易得以长期存在的根本原因。隆庆元年“部分”开放海禁,私人海上贸易蓬勃发展,但官方对此的管理仍时松时紧,至明末因武装海商集团的出现而达到顶峰。本文在前辈专家和学者研究的基础上,首先简单地对明代私人海上贸易存在并发展的原因作了简要的分析。主要有以下几点:明以前和明一代商品经济的发展,为私人海上贸易的存在和发展提供了物质基础;明代造船和航海技术的进步又为私人海上贸易提供了优越的技术条件;加之沿海人民对海外贸易的强烈需求;再有明代海禁政策下,海外贸易的巨额利润的刺激。在这些有利因素的促使下,明代私人海上贸易一直存在并不断发展。文章的第二至第五部分,也是本文的主体部分。是在分析明代私人海上贸易概况的基础上,依据各个时期的标志性历史事件以及不同时期的特点,将之分为四个时期。明初(洪武、建文)(1368 - 1402)时期,为第一个时期,由于这一时期海禁政策格外严厉,而呈现规模小,分散进行等特点。第二个时期为永乐至弘治(1403 - 1505)年间,由于明成祖宽海禁,加之郑和下西洋的客观影响,私人海上贸易暗中发展。第三个阶段是正德、嘉靖(1506 - 1566)年间,由于西方殖民者陆续东来,加之正德三年“抽分制”的实行,明代对海外贸易开始有了真正的税收。此后,海商也可以在抽分后较自由地进行贸易,于是私人海上贸易半公开地进行。对于一直处于暗中的私人海上贸易,这是个机遇,故较快发展起来。最后一个阶段,隆庆开放后(1567 - 1644),海禁政策在实行了近 200 年后,“部分开禁”。西方殖民者在东南沿海从事中、日、菲的中介贸易,私人海上贸易蓬勃发展,并出现武装海商集团,甚至出现以郑氏为代表的“海上帝国”。最后,简要分析明代私人海上贸易对明代社会政治、经济、文化、社会风气等的影响,这对今天的海外贸易无疑可提供某些借鉴。

中文题名 明代与清代前期广东的海上丝绸贸易

英文题名 On Guangdong s Maritime Silk Trade in Ming & Early Qing Dynasties

作　　者 朱鹏

导　　师 纪宗安

学位授予单位 暨南大学

学科专业名称 专门史

学位年度 2003

论文级别 硕士

中文摘要 以广东为起点,辐射日本、东南亚、南亚、阿拉伯半岛、非洲、西欧、拉丁美洲的海上丝绸之路一直是古代中国与世界各地人民友好交往的重要通道。明清时期,通过这条道路进行的丝绸贸易达到了中国古代的最高峰。由于受“海禁”等人为因素的影响,这一时期,中国丝绸出口海外有相当大一部分都集中在广东一地进行。为了探究这一段历史的真相,本人在前人研究的基础上,通过进一步挖掘、收集史料,理清这一特定历史时期广东海上丝绸贸易的基本脉络,并对个别问题如产品来源、贸易范围、贸易方式、贸易管理、贸易渠道的发展演变作重点的剖析,总结这一时期广东海上丝绸贸易的基本规律,从而为今天广东的经济发展提供历史借鉴。

中文题名 明代与日本足利幕府朝贡贸易之研究

英文题名 A Study in the Tribute Trade between the Ming Dynasty and Ashikaga Shogunate

作　　者　何瑞军
导　　师　王冀青
学位授予单位　兰州大学
学科专业名称　专门史
学 位 年 度　2009
论 文 级 别　硕士
中 文 摘 要　明代朝贡贸易是中日关系史上的一件盛事,也是中外关系史研究中的一个重要课题。深入研究这种贸易的状况,可以看出明朝政府对外政策的得失与利弊,看出明朝朝贡制度的利弊。中日朝贡贸易的建立是两国政治经济发展到一定阶段上双方外交政策的产物。永乐时期,朝贡贸易最为发达,中日之间贸易极为频繁。以后逐年减弱,到嘉靖二十七年(1548 年)后,双方再无往来。明初的对外友好关系,在当时历史条件下是卓有成效的。明朝政府与日本进行贸易,目的是防范倭寇,遏止秘密贸易。事与愿违,朝贡贸易并未有效防范倭寇和遏止秘密贸易。倭寇愈防愈多,秘密贸易没有遏止,反而公开的贸易夭折了。

中 文 题 名　**明代援朝御倭战争与朝鲜的“再造之恩”意识**
英 文 题 名　Japanese Invasion War of Chosen Dynasty in 1592 and Chosen s Zaizaozhien Consciousness
作　　者　王非
导　　师　李宗勋
学位授予单位　延边大学
学科专业名称　专门史
学 位 年 度　2005
论 文 级 别　硕士
中 文 摘 要　明代万历年间的援朝御倭之战,是日本第一次侵朝战争,也是中朝第一次大规模联合反侵略战争。明朝出兵援朝,不仅有保家卫国、免遭战祸的考虑,更深层次的原因在于维护中朝之间典型的以“朝贡册封”体制为表象的宗藩关系,在于应对日本对东亚传统国际政治体系的挑战。中朝皆以儒家学说为立国之本,双方长期友好的思想文化交流所培育出的强烈的文化认同感也是明朝出兵援朝的重要驱动力。明朝倾举国之力,两度出兵援朝,击败日军,维护了朝鲜的独立与领土完整,使“藩邦”得以“再造”,朝鲜由此对明朝产生了一种强烈的无法偿还的感恩思想,亦即“再造之恩”意识。随着时代的发展与形势的变化,“再造之恩”意识逐渐成为构成朝鲜国内政治与对外政策基础的意识形态,甚至深刻的影响了清初中朝两国的关系。在援朝御倭战争中,明军将士虽然在对日作战时存在一些失误,在朝鲜的长期驻扎也给朝鲜人民带来一定程度的经济负担,但是明军的战果是辉煌的。他们不仅忠实的履行了职责,而且与朝鲜军民结下了深厚的情谊,促进了朝鲜“再造之恩”意识的形成,其影响是深远的。

中 文 题 名　**明代中菲贸易研究**
英 文 题 名　The Study on the Trade between China and the Philippines in Ming Dynasty
作　　者　李曰强
导　　师　晁中辰
学位授予单位　山东大学
学科专业名称　中国古代史
学 位 年 度　2007

论 文 级 别 硕士

中 文 摘 要 十六、十七世纪,欧洲社会发生巨变,新航路开辟、海外殖民、文艺复兴、宗教改革等,开启了近代化的进程。此时中国正是明王朝统治的后期,整个社会虽然一度繁荣,却难有大的突破。西方人的东来,打开了东西方两大文明直接交流的大门,传统社会受到很大冲击。1571 年西班牙占领菲律宾,中菲贸易很快发展起来,同明代前期形成了鲜明对比。研究明代中菲贸易,是研究明代中菲关系中最重要的内容,而且对研究明代中国社会有重大意义。明代前期,中菲贸易是传统的朝贡贸易。明王朝厉行海禁政策,禁止私人通番,朝贡贸易在官方支持下获得发展。永乐年间,朝贡贸易达到顶峰,苏禄等国与明朝建立了良好关系,双方政治经济联系大为加强。但"厚往薄来"的朝贡贸易违背了基本的经济规律,重政治轻经济,缺乏持久的发展动力。永乐以后,中菲之间的朝贡贸易陷入停顿状态。与此同时,东南沿海也存在私人海外贸易,但只能在海禁的严冬中艰难发展。明代后期,中菲贸易呈现出一派兴盛景象。西班牙占领菲律宾后,中菲贸易事实变为中国与西班牙之间的贸易。与前期相比,这一时期的中菲贸易主要是私人海外贸易,呈现出规模大、水平高、影响深远等特点。太平洋上的"大帆船贸易"甚至将中菲贸易延伸到了美洲、欧洲,明代后期的中国市场已经与世界市场联系在一起。大量美洲白银经菲律宾流入中国,加速了明代后期白银货币化进程,促进了东南地区商品经济的发展,在一定程度上催生了中国资本主义萌芽。传统中国社会在明代后期受到西方的巨大影响,使中国既面临新的挑战,也获得了新的发展机遇。西人东来确实给中国带来了殖民威胁,澳门、台湾相继被西方人占领,海外华商遭到殖民者大屠杀;但另一方面"西学东渐"也促使中国在经济、文化等领域出现了一些新变化,甚至有使中国产生社会变革的可能。可惜的是,中国由于自身政治、文化等原因,未能抓住机遇象西方那样迅速走向近代化。研究明代中菲贸易,正好给了我们一个审视明代历史发展的新视角。

中 文 题 名 **明代中国、日本、琉球关系之研究**
英 文 题 名 The Study of the Relationships Among China, Japan and Ryukyu of Ming Dynasty
作 者 王晓云
导 师 谢必震
学位授予单位 福建师范大学
学科专业名称 专门史
学 位 年 度 2004
论 文 级 别 硕士

中 文 摘 要 本文以马克思主义思想为指导,以十四世纪末至十七世纪初东亚的邦交体制为背景,考察明代的中国、日本、琉球三国关系。着重分析了十六世纪日本势力扩张之时,对琉球的窥伺、渗透到发兵大举入侵直至琉球沦为其附庸的全过程。论述了琉日矛盾发展、演变的历史因素,揭示了日本侵略扩张的动因与实质,探析了三国关系的演变对明代东亚国际秩序的深刻影响。同时,也考述了倭患对中琉关系的影响以及庆长之役后琉球王国的历史定位等问题。

中 文 题 名 **明代中国与朝鲜的贸易研究**
作 者 侯环
导 师 晁中辰
学位授予单位 山东大学
学科专业名称 中国古代史
学 位 年 度 2006
论 文 级 别 硕士

中 文 摘 要　明王朝与王氏高丽及李氏朝鲜一直保持着密切的宗藩关系。两国之间贸易频繁,形式多样,内容丰富。按照贸易的形式和性质,可以将中朝之间的贸易划分为贡赐贸易、官方和买贸易、使臣贸易和民间贸易四种。贡赐贸易是指通过朝鲜进贡和明廷回赐的形式进行的物资交流。明朝政府一贯秉承厚往薄来的原则,对朝鲜的进贡给予高出其价值的回赐。同时,由于朝鲜在诸藩国中的独特地位,明朝对朝鲜的待遇也异于其他诸国。在贡次、贡使逗留时间及贡品数量、质量上都受到更多的优待。相比较其他贸易形式而言,贡赐贸易包含着更多的政治因素,贸易的价值不是以经济利益来衡量的。两国政治关系因贡赐贸易而得到极大巩固。官方和买贸易主要表现为马匹交易,主要在明初洪武至宣德年间进行。这是一种以国家名义直接进行的官方贸易。明初出于政治需要而开展的以布易马的贸易,对朝鲜而言也带有强制的成分,因此不可能持久进行,但也取得了经济上的效益,促进了中朝贸易的往来,对恢复辽东地区农业经济、活跃朝鲜的经济生活发挥了积极作用。使臣贸易是中朝贸易的大宗,中朝间的贸易大部分是通过使臣的活动来完成的。本文的使臣贸易,概指贡赐贸易之外,使臣以个人身份进行的贸易。使臣贸易包括中国使臣的贸易(天使贸易)和朝鲜使臣贸易。天使贸易中,中国使臣索要大批物品,同时携带大量私物进行贸易;一些"头目"混杂在使臣中,组成一支庞大的商队,强买强卖、接踵而至。天使贸易给朝鲜带来了沉重的负担,中国一些宦官的恶行也让朝鲜上下深恶痛绝,但是总的贸易数量并不大。朝鲜使臣贸易则构成中朝贸易的主要部分。朝鲜使臣每一次贸易活动,可以出现"公贸"、"私贸"和"违禁贸易"三种形式。国王委派使臣购买国内没有但又很需要的物品,如书籍、药材等,称为"公贸";国家也允许使臣顺便捎带自己的私有物品进行贸易,称为"私贸"。此外,朝鲜政府默许使臣对违禁物品如火药弓角进行贸易,即"违禁贸易"。中朝的民间贸易主要在辽东边境以及登州、莱州一带进行。中朝公开合法的民间贸易主要被限制在辽东地区。民间贸易的主要活动是马市之设,并继而扩大至各种皮张、铁农具、布匹等。在义州、弥乙串等地,也存在着大量的不被允许的私人贸易。明末登州、莱州和朝鲜之间的私人贸易发展相当快。山东沿海一带的商人与朝鲜商人往来十分活跃。山东沿海商人自登莱沿海购得丝绸、火药、粮食等,以换取朝鲜的马匹、木材等。万历年间,几乎每年都有私自去朝鲜被政府押回中国的商民。民间贸易在明末有了相当的发展。明朝与王氏高丽及李氏朝鲜的贸易,对双方的发展都有很大的益处。对明朝而言,通过贸易维持了天朝上国的地位,巩固了与藩属国的政治关系,满足了对奢侈品和军事物资的需要。对朝鲜而言,从贸易中获取了自身需要的物资,丰富了人民的经济生活,促进了经济的发展。明朝与王氏高丽及李氏朝鲜的贸易具有5个特点。一是贸易具有区别于其他诸国的独特性;二是贸易体现了朝贡贸易的典型性;三是贸易形态多样性以及贸易活动的渗透性;四是民间贸易具有关切民生的重要性;五是贸易结果具有进步性。

中 文 题 名　**明代中国与朝鲜贸易研究**

英 文 题 名　A Study of the Sino - Korea Trade in the Ming Dynasty

作　　者　侯馥中

导　　师　晁中辰

学位授予单位　山东大学

学科专业名称　专门史

学 位 年 度　2009

论 文 级 别　博士

中 文 摘 要　14世纪至17世纪的明代中国是亚洲最强大、最繁荣的国家,它构建了以封贡关系为核心的朝贡体系,并以此与各个朝贡国开展贸易,形成了以贡赐贸易为中心的官方贸易。针对朝鲜半岛的高丽王朝,明代初期实行了较为宽松的自由贸易政策,而高丽也默许两国之间的自由贸易。随着朝鲜王朝取代高丽王朝,其贸易政策也发生了变化,明确禁止边境民间贸易,主要就是严禁明朝辽东地区的居民与朝鲜人民的边境贸易,但出于长远的政治考虑,允许辽东女真诸部居民与朝鲜的边境互市贸易。中朝贸易

逐渐形成了独具特色的贸易类型，即贡赐贸易、和买贸易、使臣贸易和民间贸易。前三者都具有官方贸易的特征，民间贸易由于中朝两国相似的贸易政策，逐步转变为边境的民间走私贸易和边境的民间互市贸易，它们以不同的方式共同促进了明代中朝贸易的繁荣与发展，增进了中朝的经济交流，加强了彼此间的政治互信。可以说，明代的中朝贸易在亚洲的地区贸易中既有与其它国家的共同性又有其特殊性，主要体现为中朝亲密的封贡关系，频繁的贡赐贸易，临时的和买贸易，猖獗的使臣私贸和繁荣的民间私贸。这共同组成了丰富多彩的中朝贸易，在明代不同的时期内，又呈现出不同的形态和内容。以前，学术界研究的焦点放在了两国间的贡赐贸易，而对后三种贸易形态未给予应有的重视。本文分六个部分，对中朝贸易不同时期的内容及特点进行较为详细的分析论证，期望全面把握其来龙去脉，从而理解中朝贸易的复杂性、特点及影响。第一部分介绍了中外学者对明代中朝贸易的研究概况以及此项研究的重要性及迫切性，并阐述了对次课题研究的意义、方法和创新之处。第二部分简要地回顾了明代以前中朝贸易的发展情况和大致类型，从官方贸易和民间贸易的不同角度，对中国与朝鲜半岛贸易物品进行了较为详细的叙述，并对个别朝代的贡期加以考察，对常贡中贺正旦、贺圣节（皇帝生辰）的源起进行按覆，对明代中朝贸易内容的滥筋也简要论述。第三部分主要分析了明代初期中朝政治关系的多变和贸易政策的变化，以及政治对贸易的巨大影响。考察了中朝贸易的基本类型，对明初中朝交往的线路进行了详细全面的勾划，基本搞清了它发展变化的脉络。关于朝鲜常贡的次数和内容问题，当前学术界的研究成果有些不准确之处，在此作了深入的考辨。对中朝之间的符验制度作了初步的考证。考察了洪武、建文、永乐时期频繁的和买贸易，分析了和买贸易对朝鲜的影响。使臣贸易由天使贸易和朝鲜使臣贸易构成。从永乐时期开始，明朝宦官使臣的走私贸易对朝鲜造成很大危害。朝鲜使臣利用公贸之机，也暗行走私贸易。由于朝鲜的禁令，民间贸易由合法转为非法，辽民与鲜民开始边境走私贸易。朝鲜出于政治的长远考虑，允许明朝管辖下的女真诸部与鲜民进行边境互市贸易。第四部分考察了明代中期中朝两国的贸易政策以及贸易内容的变化。贡道改由陆路，方便了中朝的贸易往来。朝鲜定期常贡与明朝的回赐逐渐规范化、固定化。处女、火者的进献停止，但不定期的别献大量增加，鹰犬之贡、成化别献等项困扰朝鲜。明朝屡遣宦官出使朝鲜，宦官贸易猖獗。朝鲜使臣贸易中的私贸泛滥。白银大量的使用方便了中朝贸易，中国的丝织品是出口朝鲜的大宗，朝鲜的芝布深受明人的欢迎。边境民间私贸与互市贸易兴盛。第五部分分析了明后期中朝贸易政策的连续性以及贸易的新内容。后金阻断辽东陆路，贡道再经由海路进行，因而朝鲜使臣赴明次数减少，但是进贡与赏赐的物品都没有减少。人参逐渐成为朝鲜出口明朝的大宗。明朝的文官使臣也加入了贸易的行列，宦官使臣需索贸易依旧。由于壬辰倭乱的发生，万历、天启时期，朝鲜使臣潜贸弓角、焰硝转变为公贸。中江开市与东江贸易为民间贸易增添了新活力，女真与朝鲜的边境互市贸易满足了彼此的需要。第六部分分析了中朝贸易对两国政治、经济和文化的影响。对明朝而言，政治上获得了最忠顺的属国，并保证了辽东边疆的稳定。经济上，明人对朝鲜的竺布、人参非常喜爱，贸易往来繁荣。文化上，大量儒学典籍通过贡赐贸易和使臣公贸易流入朝鲜，使朱子学成为朝鲜的统治思想，朝鲜对朱子学的认同，扩大了儒学在东北亚地区的影响，有利于巩固明朝在东北亚事务中的主导权。对朝鲜而言，政治上得到了明王朝的庇护，取得了合法的统治地位。经济上，中国的丝织品同样深受朝鲜人民的喜爱，它是朝鲜宫廷对明官方贸易和朝鲜使臣走私贸易以及民间私贸的主要商品。文化上，明朝的大量书籍满足了朝鲜的文化需求，促进了朝鲜对中国儒家价值观的认同，并且发展出独具特色的以李混和李饵为代表的朝鲜朱子学。第七章是结语，是对本文研究的几点结论。

中 文 题 名　明代中泰外交关系研究

作　　　者　何爱国

导　　　师　朱端强

学位授予单位　云南师范大学

学科专业名称　中国古代史

学 位 年 度 2002

论 文 级 别 硕士

中 文 摘 要 明代中国外交关系中,与中国保持最持久、关系最友好的国家当推琉球与暹罗(即泰国),其中中暹外交是明代中国对东南亚地区外交的轴心。本文依据古典文献、外国文献和有关学者论著,运用马克思主义史学理论的分析方法和外交学、文化学、国际关系学和政治地理学等跨学科的分析方法,对明代中泰外交关系作出了具体的论述和评价。全文共分三大部分:第一部分主要从政治、经济、文化三方面对明代中国对泰外交政策作了静态的分析和动态的透析。概括而言,政治上,"无相侵越""无间彼此"、"敬天事大"、"暹罗最(亲)近"、"申理朝廷";经济上,既有"厚待其人"、"倍偿其价"、"厚往薄来"的正贡勘合贸易,也有"例不抽分,给与价钞"、"许于会同馆开市"的附贡贸易,更有隆庆以后的"开海贸易";文化上,"传播声教"、"柔化远人"。中国对泰外交政策总体上是良性的、开放的、和平的、友好的、平等的、互利的。当然,政治性大于经济性,政府性大于民间性。第二部分首先简要回顾明以前中泰外交的演变,然后着重探讨了明代中泰外交演变的阶段、特征和原因,从中找出中泰外交演变的轨迹。第三部分主要分析了明代中泰外交关系的历史特征,并评价了明代中泰交好在中泰两国关系史和发展史上的地位和作用。本文试图通过管窥明代中泰外交关系,以透视整个明代外交关系和影响中国两千年之久的外交体制——朝贡体制的运行情况,从而更深入理解中国封建社会和古代亚太国际关系。

中 文 题 名 **明代主要金属类商品的对外贸易**

英 文 题 名 The Import and Export of Metallic Commodities in the Ming Dynasty

作　　　者 许艳青

导　　　师 陈伟明

学位授予单位 暨南大学

学科专业名称 专门史

学 位 年 度 2004

论 文 级 别 硕士

中 文 摘 要 金属类商品的对外贸易早在秦代就已经开始,并逐渐成为中外交流的一个重要桥梁。铜铁等金属是制造生产工具的重要原材料,是社会生产力发展的重要标志。金属工具的出现和利用,标志着生产力的进步,在人类社会发展史上具有特殊重要的意义。本文探讨的问题是明代几种主要金属商品的对外贸易状况。内容涉及以下三个方面:一、明代的贸易政策,朝贡体制下金、银、铜铁等制品的贸易状况及其影响;二、明代的海禁政策,私人海商经营金属商品的贸易状况及其对社会产生的影响;三、西方殖民者东来之后,中国与西方在金属商品与技术方面的交流贸易状况。以此来揭示以金属商品为媒介,明代中国融入世界市场的过程,以及金属商品的对外贸易对中国及其他贸易国产生的影响。明代的金属贸易,其贸易份额虽不如丝织品、瓷器、茶叶等商品,但贵金属金银是市场流通的重要手段;铜铁又是重要的军用物资,所以金属商品的贸易往往与国家的政治、经济、军事关系密切。因此,金属商品的贸易也成为探讨明代中外关系和中外交往的一个重组成部分。对于拓展中外关系史的研究领域,揭示古代中国在亚洲乃至世界历史发展进程中的作用和影响,具有学术意义与现实意义。

中 文 题 名 **明后期菲律宾华侨研究**

英 文 题 名 The Study of the Overseas Chinese in the Philippines in the Late Period of Ming Dynasty

作　　　者 周丹

导　　　师 晁中辰

学位授予单位 山东大学

学科专业名称 中国古代史
学 位 年 度 2008
论 文 级 别 硕士
中 文 摘 要 十六世纪六七十年代,明帝国进入后期。1567 年明王朝实行隆庆开放,部分开放海禁,其中临近菲律宾的福建月港成为官方开放港口,达到繁盛顶峰。而国内商品经济发展,银荒严重,迫切需要市场和白银的支持,此外,进入后期的明王朝统治腐败,战乱不断,民不聊生,内外形势日益恶劣,更加强了民众出国谋生谋利的需求。此时恰逢西人东来,西班牙占领菲律宾大部,带来对商品和人员的渴求,而其背后更有美洲市场和白银的强大支撑。在这种情况下,沿海人民尤其是自古就有出海传统的福建人民纷纷远赴菲岛,国内国外双重因素于明后期碰撞结合,菲律宾华侨开始急速增多。明后期的菲律宾华侨职业多样,生活丰富,从事商人、工匠、劳力等各种职业,进行商业贸易、产品制造、房屋建筑、佣工劳作、农业生产等各类活动,并形成了颇具规模的定居社区。其中八连作为华人社区发源地,成为整个马尼拉和菲律宾最为繁盛的商业中心和地区,华侨在历史舞台上开始扮演着重要角色。明后期的菲律宾华侨处于西班牙殖民政府的严密统治之下,西菲政府对其政策经历招徕 - 限制 - 屠杀 - 招徕 - 限制 - 屠杀的循环,双方矛盾愈演愈深,发生了 1603 与 1639 年两次大屠杀。西人对华侨既需要又忌惮的复杂心态是其政策根源所在,而与此相应,为利而来的华侨也出现了散而复聚的循环现象。明后期菲律宾华侨在菲律宾的经济社会生活中占据重要地位,可说是菲岛与在菲西班牙人的生命线,另外在习俗、血缘等各方面对菲律宾影响也至为深远。而对中国来说,这一群体同样产生了巨大的作用。他们将中国与广阔的海外市场相连,大量的白银以惊人的速度流入中国,银本位制确立,国内工商业发展迅速,刺激了资本主义萌芽的出现。此外番薯、烟草等海外作物也通过华侨流入国内。但同时奢靡之风也开始日益盛行,社会风气败坏,对海外白银则产生过分的依赖。但总体而言其积极推动作用仍占主要地位,必须加以肯定。明后期菲律宾华侨在特定的历史因素和背景的作用下,呈现出与前代迥然不同的数量和形态,对菲律宾和中国都产生了深远而直接的巨大意义。他们连接起中国与菲律宾乃至世界,将其放入视角的中心,对其进行原因、职业和生活以及影响等方面的分析,不仅富有意味且极具意义。明后期菲华作为一个群体进入历史舞台,与西班牙人关系纠葛复杂伴随至终,其间又夹杂着明王朝的因素。我们将历史群体放入历史情境中分析其行为的产生,正是在利益权衡中,他们各自做出了自己的选择,共同塑造着此时期菲律宾华侨的状态和历史。

中 文 题 名 **明后期海外贸易的探讨**
作 者 李隆生
导 师 樊树志
学位授予单位 复旦大学
学科专业名称 中国古代史
学 位 年 度 2005
论 文 级 别 博士
中 文 摘 要 宗教因素和和追求财富为近代欧洲海外扩张的驱动力。葡萄牙人在 1511 年来到东亚,1554 - 7 年租借澳门,以此为基地将中国商品销往日本、欧洲和菲律宾;西班牙于 1565 年开始在菲律宾进行殖民,中国—西属菲律宾—西属美洲的贸易往来,始自 1572 年;荷兰东印度公司成立于 1602 年,1619 年将公司总部迁到巴达维亚,1624 年占领台湾,对中国和日本的贸易为其在亚洲最重要的两条贸易线。另一方面,中国在 1567 年开海禁,民间的海上贸易因之日益兴旺。16 世纪中叶起,日本和西属美洲陆陆续续发现了大银矿;随着商品经济的发达,中国亟需白银作为大额和远距交易的货币。因此,明后期中国的海外贸易获得很大发展,价廉物美的中国商品(特别是生丝和丝织品)流向日本、西属美洲、欧洲,大量白银流入中国。当时江南是中国最重要的丝绸产地。传统上,巨量白银流入中国以及可观的江南丝绸输出对中国的发展产生重要影响。例如国外一些学者认为明末的货币危机(全球性经济萧条导致中国

对外贸易萎缩引起的白银输入大幅减少)为明朝灭亡的一个决定性因素。另外,中国资本主义萌芽问题长久以来引起国内学者诸多探讨;中国丝织业在明后期产生了萌芽,为1990年以前多数学者的共识。本研究首先探讨明后期的海外贸易,特别是17世纪上半叶。接下来检视明末是否发生货币危机,以及白银输入减少与明朝在1644年的灭亡间的关连。最后,探究丝绸的海外需求对江南丝织业的发展扮演何种角色。主要发现如下:第一、明末中国并未发生"17世纪货币危机";第二、丝绸的海外市场对江南丝绸产业的发展,产生了和国内市场同等重要的拉力;第三、海外贸易对当时中国的"剧情主线"几无影响。

中 文 题 名 **明嘉靖二年争贡之役研究**

英 文 题 名 The Study on the Tribute War Which Happened in Ningbo in the Second Year of Jiajing Dynasty

作　　　者 赵晓华

导　　　师 晁中辰

学位授予单位 山东大学

学科专业名称 中国古代史

学 位 年 度 2009

论 文 级 别 硕士

中 文 摘 要 明朝建立后,明统治者积极寻求与周边国家建立联系。明代中国的发展水平在当时的亚洲处于领先地位,因此中外联系主要表现为周边国家向明朝进贡、明政府进行回赐的朝贡贸易体系。永乐四年(1406),中日之间正式建立勘合贸易关系,日本由此被纳入了明代中国的朝贡贸易体系。由于明政府坚持厚往薄来的政策,因此对明进贡可获厚利,各国都积极向明王朝进贡,日本也是如此。到公元15世纪,随着日本大名势力的崛起,为了争夺对明勘合贸易权,各大名之间展开了激烈竞争。这种争夺的结果,终于酿成了嘉靖二年(1523)在浙江宁波市舶司发生的争贡之役。争贡之役波及宁波周围百姓,且暴露了宁波官兵临事抵御不力的弱点,这使得嘉靖帝大为震怒。在主张施行海禁的保守派的鼓动下,宁波等处市舶司被关闭,私人海外贸易也被严厉禁止。争贡之役所产生的影响是广泛而深远的。它促使中日勘合贸易趋向解体,由此催生了中国东南沿海私人海外贸易的蓬勃发展。它对市舶司职能转变和宁波、福州、广州三处市舶司的兴废产生了直接影响。它使得自明初就已存在的禁海、开海之争公开化、激烈化。它对日本的社会发展也产生了影响,如日本对明贸易港口城市的繁荣,手工业、商业的发展以及银矿的大规模开采与白银的大量输出等。争贡之役对东亚、东南亚贸易格局也产生了重大影响。由于朝贡贸易体系遭受冲击,几近解体,再加上西方殖民者东来等因素的影响,东亚、东南亚传统贸易路线、贸易中心等都出现了显著变化,先后出现了双屿、语屿、琉球、澳门等国际贸易中心或中转站。上述地区在实现了自身繁荣的同时,也有力地推动了国际经济交流。可以说,争贡之役是明代中日关系的转折点,同时,它的影响又不仅仅及于中、日两国。它对16世纪中后期,乃至17世纪的亚洲东部经济、国际关系格局都有影响。

中 文 题 名 **明末清初朝鲜与明、后金及清的关系**

英 文 题 名 On the Relations between Korea, Ming, Later Jin and Qing Dynasty in the Last Stage of Ming to the Early Period of Qing Dynasty

作　　　者 崔景日

导　　　师 姜孟山;朴灿奎

学位授予单位 延边大学

学科专业名称 世界史

学 位 年 度 2002

论 文 级 别 硕士

中 文 摘 要 中朝关系,源远流长。在几千年的漫长岁月里,中国与朝鲜水土相连,血脉相通,民族交流与融合则向来没有间断。到明末清初,中国与朝鲜依然在宗藩关系的框架下保持着传统的友好交往,同时在新的历史条件下,中国同朝鲜半岛的关系亦发生了重要变化。16 世纪末到 17 世纪前半期是东北亚政治格局发生重大变化的时期。在此期间,雄居中国东北的建州女真强大起来,逐渐推翻明朝的统治,建立了中国最后一个封建国家——清。这看似简单的政权交替,对朝鲜来说并不是一个单纯的宗主国的交替,而是极大地影响了朝鲜半岛的政治格局。后金及清的出现,使明朝与朝鲜之间一度形成紧张、复杂而又微妙的局面,造成朝鲜、明朝、后金之间的三角关系。尤其朝鲜,介在其间,左右为难,穷于应付。本文共分三个部分:第一章 后金建立前朝鲜与女真的关系;第二章 后金及清建立后朝鲜与后金及清、明的关系;第三章 清进关后朝鲜与清的关系。第一章主要论述后金建立前女真与朝鲜的关系。这一时期,朝鲜与女真的关系处于试探性的阶段。在与明朝的几百年的友好关系中,朝鲜成为明朝第一藩属国。就象明王朝等周边国家有朝贡关系一样,朝鲜与女真一些部落也保持着这种关系。这一贡一赐中,可以看出双方身份尊卑的差别。朝鲜经常称女真各部为"夷狄"、"犬羊之辈"、"藩胡"等,颇为睥睨。16 世纪末开始努尔哈赤所领导的建州女真逐渐强大起来,成为朝鲜后方的忧患。虽然此时女真的军事力明显高于朝鲜,但努尔哈赤始终对朝鲜采取友好的态度,因为努尔哈赤并不满足于统一东北,而是将最终目标定为入主中原。努尔哈赤为了一心对付明朝,不愿意两线作战,采取了积极拉拢朝鲜的策略。朝鲜则刚刚经过壬辰倭乱,国力尚未恢复,同时深知女真的军事力之强,所以也不想恶化与女真的关系。在这种情况下,两国皆展开试探性外交,力图使双方保持着比较平稳的关系。第二章主要论述后金建立后,朝鲜、后金和明朝之间的三角关系。后金建立之初,努尔哈赤仍然采取友好的态度,拉拢朝鲜。但朝鲜与明朝有着根深蒂固的宗藩关系,不得不站在明朝的一边。"仁祖反正"之后朝鲜更加明确地对明朝一边倒,采取强硬的态度对待后金,这自然会引起后金的不满。1626 年努尔哈赤病死,其子皇太极登基。他争取朝鲜的方法和手段与努尔哈赤截然相反,主张以武力征服朝鲜。1627 年和 1636 年,后金和清人侵朝鲜,并达到了目的。一向被朝鲜统治集团视为"犬羊之辈"的"野人",开始上升为"兄弟之盟",继而便是"君臣之义",朝鲜也不得不从事明转为事清。第三章主要论述清进关后朝鲜与清的关系。清进关之后,不仅君临中国,而且在东亚取代了大明的国际地位。随着中国的改朝换代,朝鲜尽管不相情愿,不得不也被纳入了大清的册封体制之中。虽然清入关之初,朝鲜统治阶级内部有过反清复明的暗流,但逐渐在清初稳定的统治秩序中随风而逝。清也在巩固自己的统治地位之后,对朝鲜的政策又回到了友好的态度之上。清不仅大额减免了朝贡物品的数量和种类,而且朝鲜饥荒时还进行救济等等。另外,两国还在边境地区开设了互市,进行了密切的经济活动。两国的文人之间的交往也积极展开。朝鲜的文人经常到中国交流和学习清的先进文化,尤其在西学东传方面作出了积极的贡献。总之清进关之后与朝鲜的关系向友好的总方向发展。从明末清初朝鲜同后金及清、明的关系中,可以看出在两虎相争之时,夹在中间的小国是不能自己掌握自己命运的,这是弱小国家的悲哀。当然,这已经是过去的事了。历史发展到近现代,国际环境发生了巨大的变化,一个强大的社会主义中国已成为保卫世界和平的重要力量。目前,中国与朝鲜和韩国都保持着友好关系。认真地回顾历史,总结历史上的经验和教训,对进一步发展中朝、中韩的传统友谊还是十分必要的。

中 文 题 名 **明前期外贸经营管理法的变迁**

英 文 题 名 The Changes of Foreign Trade Management Law in Early Ming

作　　　者 凌文峰

导　　　师 顾兴斌

学位授予单位 南昌大学

学科专业名称 中国古代史

学 位 年 度 2006

论文级别 硕士

中文摘要 明初立国后,随着社会经济的恢复和发展,明代统治者以其外交思想为指导,在借鉴宋代外贸法的基础上,初步制定了一套新的外贸经营管理法。这套外贸经营管理法在实践中随着社会和经济的变迁而不断变化,到隆庆元年,随着漳州月港的开放,基本走向崩溃。本文将明前期外贸经营管理法主要分为三块,即外贸经营主体管理法,货物进出口管理法,进出口货物交易管理法。从以上三部分出发,力求从宏观上勾画出明前期近两百年外贸经营管理法变迁的概况,并从中总结出了明前期外贸法的不稳定性、不平等性的特点,运用经济学的原理分析其变迁的经济原因,最后简要评论明前期外贸法的影响及其现实意义。

中文题名 明清朝贡体制的两种实践(1840年前)

英文题名 The Tributary System s Two Possibilities of Practice in the Ming and Ch ing Dynasties (before 1840)

作者 石元蒙

导师 邱树森

学位授予单位 暨南大学

学科专业名称 中国古代史

学位年度 2004

论文级别 博士

中文摘要 中国传统应对外部世界的制度称为朝贡体制。朝贡体制有着两种实践走向:一为"怀柔外夷"的实践;一为"保持自主性"的实践。16世纪欧洲人东来之前,朝贡体制一直实践着"怀柔外夷"的主题,并建立了远东"华夷秩序"。这一秩序可以分为三个模式:全面学习的模式;追求朝贡贸易利益的模式;既学习又挑战的模式。明清时期,欧洲人东来后,中国与葡萄牙和英国于1840年前的交锋,拉开了朝贡体制"保持自主性"实践的序幕。葡萄牙和英国对朝贡体制的挑战,表现在他们向中国政府提出了四个方面的要求:居留地问题;行政管辖权问题;刑事裁判权问题;天主教传播问题。葡萄牙最终采取了屈从的姿态,中国政府因此对其要求给予了一定妥协,但最终掌握了控制权。英国则拒绝臣服,中国政府因此对其要求一应拒绝。可以说,1840年前,朝贡体制"保持自主性"实践获得了成功。1840年后,英国以战争的方式继续挑战朝贡体制,朝贡体制"保持自主性"实践进入实质性实践阶段,这一主题一直贯穿了中国近现代历史。本文提出朝贡体制有两种实践走向的观点,旨在探索中国历史的连续性及中国历史的主体性。

中文题名 明清朝贡制度研究

英文题名 Study on the Ming and Ch ing Tributary System

作者 李云泉

导师 纪宗安

学位授予单位 暨南大学

学科专业名称 专门史

学位年度 2003

论文级别 博士

中文摘要 起源于先秦时代的朝贡制度不仅是古代中外交往的主要途径,也是中国传统文化向外传播的媒介。明清时期,朝贡制度臻于完善,并以此为手段形成以中国为核心的东亚"华夷秩序"。故此,如何把握其发展演变的历史轨迹,探讨其内部结构、运行机制和特征,对于拓展中外关系史的研究领

域，揭示古代中国在亚洲乃至世界历史发展进程中的作用和影响，不无理论和现实意义。本文运用大量史料，借鉴已有研究成果，着重就以下问题进行探讨：1. 明代以前朝贡制度的起源、发展及其一般形态特征；2. 明与清前期（1840 年以前）朝贡制度趋于缜密完善的表现形式及其在中外交往中的作用；3. 朝贡制度的理论来源和礼仪原则。最后，从宏观角度对历代相沿的朝贡制度的主要特征和功能作了分析考察。

中文题名 **明清潮州对外贸易研究**
英文题名 The Foreign Trade Study of Chaozhou in Ming and Qing Dynasty
作　　者 刘强
导　　师 王元林
学位授予单位 暨南大学
学科专业名称 专门史
学位年度 2005
论文级别 硕士
中文摘要 明清时期是中国私人海外贸易大发展的时期，以潮州诸港口为依托的潮州海外贸易在其中占有很重要的地位。本文以“明清潮州对外贸易”为研究主题，应用历史比较研究法和历史地理学、发展经济学、社会学等多学科研究相结合的方法，对潮州外贸港口、外贸结构、对外贸易与潮州社会问题等诸多方面进行详细的分析。外贸港口方面，本文在继续深入对南澳港、樟林港和汕头港研究的同时，重点研究以前被忽略的其它外贸港口，如柘林港、庵埠港、溪东港、东港、西港、潮阳诸港、靖海港、神泉港以及其它一些临时性的外贸港口，力争展现明清时期潮州外贸港口的全貌；对外贸易方面，首先探讨明清潮州对外贸易的对象、特点和进出口商品结构等，然后从“潮州粮食贸易与对外贸易”、“潮州籍华侨与潮州对外贸易”两个角度对明清潮州对外贸易进行更深入的分析；最后，本文试图避开前人研究较多的“海外贸易对社会发展的积极影响”这一方面，而是以“社会问题”为视角，集中对“海外贸易对潮州社会发展的负面影响”作理性的分析，以期对潮州社会作更深入的了解。

中文题名 **明清东昌运河经济研究**
英文题名 Study on the Economy of the Canal in Dongchang during Ming and Qing Period
作　　者 王海峰
导　　师 万芳珍
学位授予单位 南昌大学
学科专业名称 专门史
学位年度 2007
论文级别 硕士
中文摘要 东昌自元代开凿会通河就已踏上运河之旅。明清政府更把大运河作为一条非常重要的南北水上交通线，执行严格的保运政策，并时常加以疏理与重浚，保障了大运河漕运的畅通。随着漕运政策的不断放宽，随船夹带土宜不断增加，借运河交通之利，东昌府区经济迅速繁盛起来：先是临清在明朝率先崛起，继之府治聊城于清道光时期达到鼎盛，在它们的辐射下，东昌府区所属州县经济也得到较快发展，这一切又促进了东昌社会变迁。东昌经济是运河的产物，由于明清政府的需要，运河得以维护畅通；一旦到晚清时期，清政府罢河运而行海运，运河淤塞不畅，东昌运河经济随之衰落。东昌经济一味依赖运河交通而自身缺乏弹性增长活力也是值得深思的问题。

中文题名 **明清广东瓷器外销研究（1511－1842）**
英文题名 Guangdong Porcelain Exportation in Ming and Qing Dynasties (1511－1842)

作　　者　翁舒韵
导　　师　林远辉
学位授予单位　暨南大学
学科专业名称　中外关系史
学 位 年 度　2002
论 文 级 别　硕士
中 文 摘 要　1511－1842 年是西方殖民者与中国商业势力在东南亚初次接触,到以武力打开中国的大门,强迫开埠通商的重要时期,广东的瓷器外销事业从一个侧方面,反映了广东以至中国传统对外贸易的发展变化过程,是中外关系史中一个值得重视的课题。本文从三个不同的角度进行探讨:第一章根据国内外收藏和考古发掘资料,以及对广东、江西在明清时期瓷器生产的文献记录,分析了广东出口瓷器的商品来源及其种类和质量。第二章从宏观的角度,论述在中外政治经济等因素的综合作用下,广东瓷器外销事业在不同时期经历的兴衰变化及其特点。第三章则从微观的角度,分别阐述各国商人的商业行为,总结出各国不同政治文化背景下对中国瓷器的要求及购销活动的特色。

中 文 题 名　明清海南岛海外贸易研究
英 文 题 名　The Study of Overseas Trade in Hainan in Ming and Qing Dynasty
作　　者　邓敏锐
导　　师　王元林
学位授予单位　暨南大学
学科专业名称　专门史
学 位 年 度　2006
论 文 级 别　硕士
中 文 摘 要　明清是中国海上私人贸易大发展的时期,海南岛独特的地理位置使之在沿海对外贸易圈中占有重要地位。海南自汉代始就已是南海“丝绸之路”的组成部分之一,唐宋时期更是被卷入了东西海上贸易圈中,其海外贸易也开始兴盛起来。明清时期,随着当地社会经济的发展以及航线的成熟,海南岛出现了众多可供商舶停靠、补给的港口,其海上贸易也得以迅速发展,不但与内陆东南沿海各地展开频繁的进出口贸易,而且与周边国家如日本、暹罗、安南等国有密切的贸易往来。海南对外输出的商品主要是当地特色土产及其相关物品,而对内输入的则多是与生活、生产息息相关的日常用品。明清海南海外贸易的发展不仅促进当地手工业、商业的发展,还促使岛内外移民以及海神信仰的发展。

中 文 题 名　明清华瓷外销研究
英 文 题 名　Study on the Export of Chinese Ceramics during the Ming and Qing Dynasties
作　　者　黄纪阳
导　　师　顾兴斌
学位授予单位　南昌大学
学科专业名称　中国古代史
学 位 年 度　2007
论 文 级 别　硕士
中 文 摘 要　陶瓷和丝绸一样,在我国古代对外贸易中占有重要的地位。华瓷外销始于汉,发展于唐五代,兴于宋元。明初郑和下西洋是官方开展的最大规模的华瓷外贸活动,适应了近代早期中西经济文化交流勃兴的历史趋势。明中后期至清中期,是中国古代历史上华瓷外销的顶峰时期,华瓷外贸空前发

展，销售范围更广，贸易活动更趋频繁，陶瓷贸易在中外文化交流中的作用增强。其蓬勃发展的原因主要在于早期资本主义国家的殖民扩张及原始资本积累的需求、欧洲华瓷收藏风潮的兴起及中外政府对海外贸易政策的调整变化等。从清中期开始，欧洲和日本等地制瓷技术业已十分成熟，瓷业生产迅速发展，国外对华瓷的市场需求降低，再加上，此后清王朝外患、内乱加剧，在对外贸易上处于不平等地位，华瓷外贸总体规模下滑。华瓷外销对西方文化艺术带来了十分重要的影响，影响了西方艺术史上巴洛克艺术风格向洛可可艺术的转变，促进了中国与欧洲瓷器生产工艺的交流及中外人员往来，拉动了中国瓷业生产的发展和瓷业经济的增长，并成为该时期中外贸易主要形式之一。总的来看，中外陶瓷贸易的蓬勃发展加强了这一时期的中外经济文化交流，为中西文化的碰撞、融合及世界文明的进步做出了重要而独特的历史贡献。

中 文 题 名 **明清淮安漕运与地方社会**

英 文 题 名 The Cao – Yun and Local Society of Huai an City in Ming and Qing Dynasties

作　　　者 陶敏

导　　　师 张升

学位授予单位 北京师范大学

学科专业名称 中国古代史

学 位 年 度 2008

论 文 级 别 硕士

中 文 摘 要 明清是中国古代漕运制度发展的成熟鼎盛时期，漕运的繁荣发展催生了沿岸城镇的兴起，而漕运的衰落也造成了沿岸城镇的萧条衰落。本文的研究对象淮安城市，正是伴随着漕运的兴衰而发展与衰落的。漕运的影响渗入到淮安城市发展的方方面面。明代漕运伊始，江淮之间便开始了为疏通运道的水利工程，这样的大大小小的治河工程陆陆续续地贯穿着明清两代。运道的变迁对淮安的城市格局产生了深远的影响。漕运的发展给淮安经济带来了空前繁荣，促进了淮安当地和外来人口的增长，一时淮安成为全国经济重镇、南北枢纽。淮关也一度成为仅次于苏州浒墅关的国家重要财政收入的内陆关口。然而淮安发展的动力主要是漕运，因此当清朝中晚期试行海运以后，淮安也就像其他运河城市那样无可例外地衰落了。漕运在其鼎盛时期固然给淮安带来了经济上的活力，可是身处淮安社会下层的人民生活却也是很悲惨的。本文通过对漕运涉及到的漕军、水手等生活状态的描述来进一步阐释漕运衰败的原因。另外，漕运和环境造就了当地特有的民风民俗，笔者也想借此来探究漕运给淮安社会带了的多方位的影响。

中 文 题 名 **明清山东沿运城镇服务业研究：以临清为中心的考察**

英 文 题 名 On the Service Industry in Shandong Cities Along the Grand Canal of Ming and Qing Dynasties: Take Linqing as the Centre

作　　　者 杨轶男

导　　　师 范学辉

学位授予单位 山东大学

学科专业名称 中国古代史

学 位 年 度 2008

论 文 级 别 硕士

中 文 摘 要 明清时期，京杭运河的贯通及漕运和民间商运的兴盛，带动了山东沿运河地区的经济发展，依运河形成和崛起了一个规模较大的城市带，著名的商业重镇有临清、济宁、聊城、德州、张秋等。这

些城镇商品流通的繁盛，城市居民的日益增多，手工业和商业的日益发展，创造了大量的服务需求，为服务业的发展提供了巨大的空间。主要为生产和流通服务的交通运输业、商业中介和仓储物流业、金融业等行业应运而生。同时，运河码头庞大的流动人口群，其消费娱乐需求带动了为个人和社会生活服务的住宿餐饮洗浴业和娱乐业的发展。加之运河畅通带来的南北文化交流和民风的变迁，改变了人们的消费观念，也大大刺激了服务业的兴盛。这些服务行业为广大人民提供了诸多就业机会，成为居民职业构成的重要内容，同时也体现着运河城镇行业构成的特色。文章将传统服务业作为一种产业，围绕临清这一典型运河城镇，对服务业的内容进行了深入细致的考察。临清是在明代会通河疏浚后，依运河航运而兴起的著名的运河商城，商品流转繁盛，流动人口众多，民风奢华，服务业得到了充分的发展。文章选取了其服务业构成中最具代表意义的脚夫、标行、牙行、塌房邸店、典当、钱庄、客店、酒肆饭馆、茶馆、混堂、青楼和戏曲曲艺等作为考察重点。在对运河城镇服务业内容进行综合考察的基础上，又着力探讨了服务业与其他行业及运河城镇之间的相互关系。服务业是继商业之后产生的一个行业，它的兴起与发达是以整个社会经济的发展为前提的，并受其影响和制约。而服务业的发展反过来又会促进农业、手工业和商业的发展。服务业与其它行业相互促进，形成良性互动。另外，服务业与运河城镇的变迁息息相关。服务业随运河城镇的兴起和繁荣而存在和发展，又随运河城镇的衰落而萎缩。从临清这座曾在历史上闪烁过耀眼光芒的商城身上，可以看出服务业的历史命运与运河城镇的历史命运是紧紧联系在一起的，二者隐显同时，盛衰共命。

中 文 题 名 明清时代的海神信仰与经济社会

作　　　者 王荣国

导　　　师 杨国桢

学位授予单位 厦门大学

学科专业名称 中国古代史

学 位 年 度 2001

论 文 级 别 博士

中 文 摘 要 本文以海神信仰为研究对象切入中国海洋人文社会科学与海洋社会经济史的研究视域。文化是自然的"人化"，所谓海洋文化，实际上就是海洋性文化；所谓海神信仰，从根本上说就是海洋性信仰。本文以此为逻辑起点，构筑一个我国的海洋神灵结构体系，它是山海洋水体本位神与水族神，海上航行的保护神与海洋渔业、商业的行业神，镇海神与引航神三个系统的神灵构成的。海神体系的确立成了本文赖以展开的基石。海洋蕴含丰饶的宝藏，但在古人眼中则充满了神怪、传奇与诱惑，诱惑着古代人们走向海洋。赋予海船以"神灵性"，是试图营造一个能够抗衡外部"精怪世界"的"小天地"。庞大的海上航行保护神、镇海神乃至渔业商业神神系的确立，是古代的海客舟子在心中构筑一个生命安全与获取海洋经济利益的保障系统。无论是海洋渔民、海洋商人还是海洋移民，当其出海起航前都要举行祭海，以祈求海上航行的平安与发财。一艘海船上的人群就构成一个"特殊的海上社会"，在海船中设置神龛以供奉神灵偶像，其目的不仅仅是为了方便在海上向神灵祈祷与祭祀，更重要的是能够获得神灵及时的保佑。在陆域与海岛各类海洋社会（如渔村、商帮、移民群体）中的神灵祭祀活动都极大地增强了海洋社会内部的凝聚力，强化海上活动的群体精神。海洋社会的神灵信仰中和海船神盒供奉的神灵中的诸神合祀现象有着区域与海洋社会类型的差异，既反映了海神信仰不同区域的特点，也反映了各信仰群体的不同祈盼。我国的海洋神灵体系是伴随古代人们走向海洋，追求海洋经济利益而出现并不断充实、壮大的，而它的充实、壮大又增强了古代人们去追求海洋经济利益的信心与勇气，间接促进了海洋经济的发展。这种神灵信仰出发点与归缩点在功利方面的一致性，从"虚幻世界"折射出中国海洋传统文化乃至中国传统文化的实用理性之光。

中文题名 明清时期的山东海防
英文题名 Shandong s Coast Defense in the Ming and Qing Dynasties
作　　者 赵红
导　　师 晁中辰
学位授予单位 山东大学
学科专业名称 中国古代史
学位年度 2007
论文级别 博士

中文摘要 明代以前,历代中央王朝的主要威胁都来自北方,故统治者在边防问题上都重北轻南,重陆上,轻海洋。明清(鸦片战争前)时期,西方世界掀起了一浪高过一浪的航海高潮,一些西方国家陆续来到中国沿海,从而为中国的海防提出了新课题。再加上明清国内形势及日本等周边国家的新动向,海防就成为中国日益突出的大问题。明清统治者在筹海问题上有得有失,中国近代海防的破败和落后挨打都可在明清找到深层的原因。目前,就明清区域海防史研究现状来看,存在"南热北冷"现象。学者们大都把研究目光放在了浙江、福建、广东、台湾等南部沿海省份,对于山东海防的研究则几乎还是空白,至今尚未有专著面世,只是在一些论著和论文中偶有涉及。其实,山东海防是国家整体海防链条上极为重要的一环,并有不同于南方的特点。对其进行系统而深入的探析,不仅可以填补此项学术空白,有助于了解和把握明清时期中国海防的职能、总体战略规划、特质和实施效果等问题,而且对于探索明代以来中国海洋文化由传统走向现代的艰难历程有重要意义,从而为廓清西进中退的海洋迷思提供帮助,并为今天的海防事业提供历史借鉴。鉴于海防研究牵扯面广,史料分散,本文不可能对明清时期的山东海防作面面俱到的考察,而是侧重从军事角度,以山东海防建设为主线,对明清不同历史时段的山东海防对象、主体、手段、得失等方面进行论述。通过这种论述,探索海防与社会经济、政治、思想、文化等的互动关系,并从中找出一些规律性的问题。为此,本文主要分以下几个部分展开讨论。第一章:明清时期的山东海疆行政区划和海防地理形势。海洋政治和自然地理因素对海防活动的影响是不言而喻的,这种影响具有稳定性和持久性。明清时期,山东海疆行政区划经过逐步调整,趋于稳定,区域视觉鲜明:山东海岸线绵长,沿海岛屿星罗棋布,港湾众多。这些海疆要素,为山东海防部署提供了重要依据。第二章::明代前期的山东海防(洪武至正德)。明代前期,山东海防主要为防御和抗击倭寇的侵扰而设,经历了一个从初步建立到充实完善再到逐渐废弛的动态发展过程。洪武时期,山东是催受楼害较为严重的沿海省份之一。鉴于此,明朝政府在山东海疆初步建立了水陆配合的海防卫所体系。海防卫所体系发挥了稳定海疆的积极作用,同时蕴藏着诸多消极因素,为其日后的发展埋下了隐患。永乐至宣德时期,山东沿海楼害相对减轻,山东海防在洪武基础上得到进一步充实和完善,但仍存在弊端,并受到了国家某些既定政策的负面影响。正统至正德山东大学博士学位论文时期,山东沿海的倭寇事件鲜有发生。海疆的承平日久,政治的日趋腐败,致使明朝政府的海防建设力度不大,再加上卫所体系自身存在的弊端没有得到解决,山东海防逐渐废弛。明代前期,明朝政府经营山东海防的作为并非都是积极的,最为突出的表现就是海禁政策的实行。海禁政策是一种消极色彩浓厚的海防政策,对山东海洋经济的发展造成了极为严重的负面影响。第三章:明代后期的山东海防(嘉靖至崇祯)。明代后期,山东海防因时代的演变有了新的内容,并呈现出明显的阶段性特征。嘉靖年间,山东海防仍以防御倭寇为主。这一时期,东南沿海出现了"嘉靖倭乱"。在这场斗争中,山东沿海亦发生了倭寇事件。但与南方沿海省份相比,山东的楼害轻得多。隆庆至万历中期,海防卫所体系已经破败不堪,日本又在朝鲜燃起战火,并想进而侵略中国,山东海疆安全受到威胁。严重的海防危机,迫使军界人士和明政府不得不认真思考海防问题。在这种合力作用下,山东海防得到了重建和发展,海防兵力、海防指挥体系、海防布局都出现了不同于以前海防卫所体系的变化。这是明代后期山东海防发展的高峰。万历中期之后,山东海防重任由防楼转为防御后金(清)政权渡海南下。明末山东海防虽肩负重任,却未得到很好的建设,并随着明朝统治危机的日趋加深再度走向衰败。第四章:清代前期的山东海防(1644 -

1840)。清代前期,山东海疆形势严峻,海防压力有增无减。清廷着手建立了以绿营和八旗相结合的水陆相维的海防体系。山东海防武力的发展具有明显的阶段性,顺治朝是初建时期,康、雍两朝发展到顶峰,乾隆以后则逐渐削弱。这折射出康乾时期的盛世与隐患并存的时代特征。山东海防的衰微,与清廷重陆轻海、消极防御的海防建置理念密不可分。清廷昧于国外情势,盲目自大,缺乏长远的世界战略眼光,也是重要因素。清初承明制,厉行禁海和迁界。海禁的实行,引发了严重的社会危机。要求开海的呼声从未停止,致使山东局部开海比南方要早。第五章:山东海防与山东社会经济。海防除保卫海疆安全外,另一主要任务就是为沿海地区营建和谐安定的社会环境,谋求沿海社会的经济、政治等各方面的全面进步。而沿海社会的进步,又为海防的建设发展提供了有利条件。二者是相互影响、相互促进的。明清时期的山东海防则是一把双刃剑,在促进海疆开发的同时,也束缚了沿海人民向海洋发展的步伐。第六章::明清时期山东海防的特点和得失。明清是历史上山东海防发展的关键时期。梳理这一时期的山东海防,可以清晰地看出其有鲜明的特点和得失。前事不忘,后事之师。透析这些特点,总结其经验教训,无疑可为今天的海防建设提供有益的借鉴。

中文题名 **明清时期的四夷(译)馆**
英文题名 The SI YI GUAN of the Ming and Qing Dynasty
作　　者 胡秋碧
导　　师 廖大珂
学位授予单位 厦门大学
学科专业名称 专门史
学位年度 2008
论文级别 硕士
中文摘要 从汉代开始,就有佛经的外文翻译。当时担任翻译的是懂外文又懂汉文的僧人。之后东南亚各国与中国的交往日趋密切,他们纷纷派人来中国学习政治组织体制和礼仪文化,此时语言的重要性更加凸显出来,学习汉语和番文成为一种时尚。然而那时并没有专门的语言学校。直到元代,才建立了回回国子学,这是一所教授阿拉伯语和波斯语的学校。随着朝贡贸易的发展,中外交流日益频繁,许多国家派贡使来访,口译翻译人才的短缺更加明显。为了解决翻译问题,明政府决定建立一所专门培养多种语言的翻译人才的学校。明之四夷馆就是在这样的背景下建立的。清代继承了四夷馆,并改名为四译馆,到乾隆十三年(1748年)才与会同馆合并,取名叫会同四译馆。明清时期的四夷(译)馆培养了许多翻译人才,笔译口译都有,为中国的外交和中外文化交流的发展作出一定的贡献,而且也为今后的语言学校的办学提供经验。因此对四夷(译)馆的制度,办学方式、管理等方面的研究是有意义的。鉴于此,笔者对四夷(译)馆作了较肤浅的分析研究。全文的框架分为六部分:第一部分介绍了明代以前的翻译机构,重点介绍元朝的回回国子学,因为它是培养翻译人才的机构。第二部分着重介绍了明代的四夷馆,从其设置的历史背景及沿革谈起,并对其职能作了重点介绍。第三部分着重介绍了明代四夷馆的教学。此章从译字生、教师及所用的教材等方面进行分述,并对其来源进行较详细的分析。第四部分着重介绍了明代四夷馆的管理制度。本章从译字生的待遇、任用及教师的管理等方面进行深入浅出的剖析,以学生和教师两条线索同时进行。第五部分着重介绍了清代会同四译馆。本章从会同四译馆的建置、职责和管理制度等方面进行阐述和介绍,体现会同四译馆是明代四夷馆的延续。第六部分分析总结了明清之四夷(译)馆的意义和不足,从整体上对其进行把握,让后人更好地了解四夷(译)馆。

中文题名 **明清时期福建海岛经济初探**
英文题名 Preliminary Research on Fujian Island Economy in Ming and Qing Dynasties

作　　者　林榕
导　　师　卢建一
学位授予单位　福建师范大学
学科专业名称　中国古代史
学 位 年 度　2007
论 文 级 别　硕士
中 文 摘 要　福建海岛的开发始于唐、宋,发展与繁荣却是在明清时期。明清时期福建沿海的客观形势、朝廷的海疆政策,给处于海防战略位置的福建海岛带来了极大的机遇与挑战。自宋以后福建人口增多,耕地不足,失去土地的百姓向海岛移民,海岛农业从维持生存的粮食作物种植,到追求价值效应的经济作物,因地制宜地发展生产。垦荒使海岛农作物产量上升,对生态环境却产生负面效应。渔业是海岛的支柱产业,该时期渔业生产由近海捕捞向远洋捕捞发展,人工养殖业多方位发展,养殖前期的租赁业与后期的加工业的相继出现,一定程度上促进了资本主义萌芽的缓慢出现。明清时期,盐税在税收总额中的比重加大,盐业生产受到高度重视。明中后期,出现盐额折米、盐课折银等盐政改革,促进制盐技术的提高与盐业的发展。但随着私盐生产与销售的泛滥,清后期官营盐业开始滑坡。海岛造船业与海上运输贸易在明清海禁政策与地方经济的矛盾中曲折前进,显示出了顽强的生命力。文章通过探讨明清时期福建海岛的经济开发,从中总结经验教训,祈望对我国当前开发利用海洋资源提供可资参照的历史借鉴。

中 文 题 名　明清时期广东的水上居民
英 文 题 名　The Boat People of Guangdong in Ming and Qing Dynasties
作　　者　赵莞丽
导　　师　李庆新;陈忠烈
学位授予单位　广东省社会科学院
学科专业名称　中国近现代史
学 位 年 度　2007
论 文 级 别　硕士
中 文 摘 要　明清时代既是中国东南沿海海洋经济与海洋社会大发展的时代,又是中外海洋社会经济大碰撞的时代。在这个历史变化进程中,“以海为田”、“资海为生”的疍民必然受到冲击。本文在前人研究基础上,把广东疍民放在明清海洋经济的大背景下探讨其生产、生活的变化。第一章,探讨明清疍民的族源、分布及明清时期疍民的政治、经济地位。关于疍民的族源有多种说法,至今没有定论。笔者倾向于疍民越族后裔说,当然不排除其他外来族群的渗入。政治上,疍民地位低下,虽然统治集团有改善和提高疍民地位的努力,但实际效果甚微,现实生活中他们仍然遭到各方的歧视和压迫。经济上,明清海禁政策的实行,使他们的生产空间缩小,为了生存,一部分疍民被迫登陆上岸,大部分仍然生存于水上,但经济活动却冲破了原来单一的捕鱼方式,向多元化发展。第二章,明清时期政府对疍民的管理。一方面因为疍民是国家渔课的主要负担者,政府设置河泊所对其管理,征收渔课;另一方面因为疍民常年生活于水上,熟悉水性,政府就把青壮年疍民籍为水军,既可以加强水军建设,增强海防力量,又可以对疍民进行有效的管理,防止疍民转变为盗匪。与此同时,实行严格的保甲制。第三章,疍民和海盗。疍民历来受到压迫和歧视,处于社会的底层,又负担着沉重的赋税,生活极为困苦。他们不堪压迫或脱籍逃亡,或武装反抗,或流亡海上,沦为海盗,给沿海地区造成一系列的社会问题。第四章,疍家民俗。主要介绍疍民的水神信仰和排遣他们内心苦闷、寻找娱乐的方式——咸水歌,从文化层面考察疍民独特的生活方式和精神世界。

中 文 题 名　明清时期华北地区的商路交通及其经济作用
英 文 题 名　Commercial Transportation in the North China and Its Economic Role during Ming and

Qing Dynasty

作　　者 张新龙

导　　师 梁四宝

学位授予单位 山西大学

学科专业名称 经济史

学 位 年 度 2007

论 文 级 别 硕士

中 文 摘 要 交通是人类进行地区间物资文化交往所不可或缺的媒介手段，交通如同经济和社会发展的动脉，具有重要的沟通和纽带作用，经济的发展、市镇的兴盛都与发达的水陆交通条件密不可分。由于运输和商品交易的需要，在各个水陆商道沿线兴起了许多新型商业市镇，这些商业市镇大多成为当地的商业贸易中心，有的则成了省内外闻名的政治、经济和文化都市。在中国历史上，华北地区长期扮演着政治、经济、文化中心的角色。同时，其宽广深厚的历史底蕴和天下之中的地理位置，对中国古代政治、经济和社会发展有着积极而又深远的影响。明清时期，华北地区水陆商道畅通，官道驿站纵横，形成了四通八达的水陆交通网，便利了各地商品的流通，给华北乃至全国商品流通市场注入了强大的活力，使得商品经济有了长足的发展。从目前的国内外研究状况来看，有关道路交通和商业市镇的研究不少，但是对于明清时期华北地区商品流通的运道及其对当时商业市镇兴衰、社会经济发展的影响却很少有人涉及。本文将在总结前人研究成果的基础上，以区域经济学理论为主，综合运用人口地理、经济地理、城市地理、历史学等多种理论，采用历史考察、比较分析、社会分析等多种研究方法，通过对明清时期华北地区商业交通网络的再现来阐述它对华北地区商品流通、专业化生产区域以及商业市镇兴衰的影响。明清两代，相对稳定的社会政治环境为商品经济的较快发展提供了政治保障。在商品经济发展的推动下，国内出现了一批从事长途贩运贸易的商帮集团。他们的出现不仅便利了国内外商品的流通，同时对商品运输条件也提出了更高的要求。为了适应商品的流通需要，华北地区逐渐形成了以官路为主、民间筑路为辅的商业交通网络。交通网络的形成又反过来促进了物质的南北交流和内外流通，并最终导致了专业化商品生产基地的形成。与此同时，由于在各交通要道上经常有客商和行旅通过，为了方便其食宿，交通沿线遂开设了许多饭店、旅馆，在条件较好的地方还设有交易场所，在为往来商贾买卖提供了便利的同时，也为当地和周边地区民众交换产品创造了条件。久而久之，便形成了商业功能齐备的商业性市镇。近代以来，由于西方经济的不断渗透和新式交通工具的引入，旧中国的社会经济发生了巨大的变化。铁路的修筑、新式轮船航运业的发展，都刺激了传统商业交通网络的解体和重构。但是，传统交通路线和运输工具，如帆船、畜力和驮运等并没有完全被摈弃，而是通过整合成为近代化交通的补充，建立了由铁路、公路、外海内河航运等多种方式多条渠道交织的近代交通运输网络。近代交通体系的建立影响了原有商业市镇的发展，一批旧有商业市镇随着交通路线的改变而趋于衰落，但同时在新兴交通要道上兴起了一批具有现代化气息的商业重镇。华北地区近代交通体系和运输网络的形成，不仅促进了商品流通和农村农产品的商品化，直接推动了城市经济的发展和近代交通枢纽城市的出现，更重要的是在一定程度上对区域经济布局的重构产生了重要的催化作用。

中 文 题 名 **明清时期伶仃洋区域海洋社会经济变迁**

英 文 题 名 Social and Economic Vicissitudes of the Lintin Ocean in the Ming and Qing Dynasties

作　　者 高志超

导　　师 刘正刚

学位授予单位 暨南大学

学科专业名称 中国古代史

学 位 年 度 2008

论 文 级 别 博士

中 文 摘 要 明清时期伶仃洋区域海洋社会经济的变迁，实际上是中国近代意义的海洋文明与传统时期的内陆文明在伶仃洋区域相互斗争、交融，并最终由海洋文明吸收内陆文明进而战胜内陆文明的过程。本文拟从海洋社会经济史的角度系统考察这一过程，分析明清时期伶仃洋区域各类人群的社会经济活动，并揭示其对中国社会发展变迁所产生的历史效应。本论文由绪言、正文和结语等部分组成。绪言部分对学术界有关海洋社会经济史的研究进行概括性回顾，探讨其价值，反思其不足，并在此基础上简要说明论文思路、基本史料和研究方法。正文分五章，第一章论述明以前伶仃洋区域地理环境的变化和历史时期伶仃洋区域政区演变。第二章根据明清时期伶仃洋区域人口流动和人口数量变化，分析各类人群在该地区人口的构成，描述他们将农业商品化、商业活动全面化的海洋开发行为，并解析各类人群间关系。第三章探讨明清时期伶仃洋水上族群—蛋民和海盗与该区域海洋经济发展的关系，内容涉及蛋民对伶仃洋区域海洋性农业、商业、渔业发展的作用和影响，和海盗对伶仃洋海域的控制等问题。第四章考察明清时期伶仃洋区域的西方人与海洋社会经济变革的关系，重点分析西方人在伶仃洋的活动及其对伶仃洋沿岸官民生产生活观念的影响。第五章阐述明清时期伶仃洋区域的海疆设防与海洋经济开发间的关系，包括明清驻军与国土扩大的关系，部分驻军走私的利害关系，以及多变的海防形势与该地区造船业的发展演变的关系等。结语部分总述明清时期伶仃洋区域各类人群在该地区海洋社会经济变迁中的地位和作用，阐明伶仃洋区域的海洋文化与内陆文化之间的关系。

中 文 题 名 **明清时期南北大运河山东段沿岸的城市**

作　　　者 王玻

导　　　师 辛德勇

学位授予单位 中国社会科学院研究生院

学科专业名称 中国古代史

学 位 年 度 2003

论 文 级 别 硕士

中 文 摘 要 运河，是为了特定的目的而开挖的人工河道。中国是世界上最早开凿运河的国家。隋朝开凿的南北大运河，为后世的南北大运河提供了范例。元代大运河就是在隋朝大运河的基础上加以疏浚、改道而成的，大运河成为南粮北运的主要通道，也初具今天京杭运河的规模。明成祖迁都北京，国都亦远离富庶的江南，于是，成祖重浚大运河，南北大运河至此全线畅通，在运河沿岸出现了一批新兴的工商业城市。由于元、明两代对大运河的改造都是在今山东境内进行的，并惠及清代。所以本文选择了今山东境内的德州、临清、聊城、张秋、济宁五个受惠于大运河的城市，来探讨运河的兴衰对他们的影响。运河航运繁忙之时，这些城市商贾辐辏，士商云集，城市规模不断扩大，城市人口也持续增长，成为运河沿岸重要的商业中心。由于地理因素的影响，山东境内大运河的水量较小，为保证河道的通畅，明代曾采取引黄河水入运河以抬高运河水位的做法，却造成了运河的淤塞。清中叶以后，吏制腐败，水利失修，运河的运输功能大大下降。1855 年，黄河在铜瓦厢决口，在张秋穿过运河使漕运遭到了毁灭性的打击。自此，部分漕米改由海运。1901 年，清政府颁布停漕令，漕运结束。漕运的结束使本已衰败的大运河航运雪上加霜。山东运河沿岸的城市和南方物资的交流被迫中断，许多商业店铺倒闭，城市经济一落千丈，这五座城市也随着运河的衰破而衰落了。

中 文 题 名 **明清时期威海港市文化研究**

英 文 题 名 Culture Research on Weihai Port City during Ming&Qing Dynasty

作　　　者 王卫平

导　　师　王荣国

学位授予单位　厦门大学

学科专业名称　历史文献学

学 位 年 度　2008

论 文 级 别　硕士

中 文 摘 要　“威海”之名的由来，最有影响的说法当为明洪武三十一年（公元1398年）置威海卫，寓“威震东海”之意，本文研究揭示，在宋末金履祥所绘制的海图中（元明两代将此图刻本付印，名为《海道经》），“威海”一名即有明显标识，因此该名之出现，最晚亦应为宋末元初，明代设卫只不过沿用该名而已。威海于明代设卫之后，逐渐发展为颇具战略意义的军港。近代威海则是北洋海军的行营，提督的驻扎之地。甲午战争，威海失陷，卫城遭到破坏。光绪二十四年五月，英国强租威海卫，在城区开辟商埠区，辟为自由贸易港，其商港地位得到空前突显。不过，威海港自古就是南来北往国内外船只的避风港，来自各地的文化习俗汇集于此，整合成威海港市文化，最典型的是赤山法华院，它在中、日、韩佛教交流史上有不容小觑的影响；妈祖信仰也是随着海商一路北上，传播至此，构成此地龙王、海神娘娘、始皇帝三神并立的海神信仰格局。传统的、典型的农业社会的土地神、灶神、财神、山神等亦占有相当的地位。表现出大陆文化与海洋文化交融的威海港市文化品格。

中 文 题 名　**明清时期英国人在澳门的活动(1635－1840)**

英 文 题 名　Englishmen s Activities in Macao during Ming and Qing Dynasties(1635－1840)

作　　者　汤后虎

导　　师　张廷茂

学位授予单位　暨南大学

学科专业名称　中国古代史

学 位 年 度　2006

论 文 级 别　硕士

中 文 摘 要　英国人在明朝末年来到澳门，揭开了中英关系的序幕，同时也开始英国人对澳门长达两个世纪的觊觎和争夺。英国人到来之前，澳门是葡萄牙人在中国的居留地，也是中国对外交往的窗口。英国人东来后，澳门成为中英关系、中葡关系、英葡关系聚集的焦点。英国对澳门的政策随着自身实力以及国际形势的变化而变化，其整体走向是由同葡萄牙人联合，借助澳门的力量进入澳门，然后打开中国市场，到试图占领澳门，把澳门变成侵略中国的前沿阵地。澳门葡萄牙当局游离于中、英之间，借助中国政府的力量成功的抵制了英国人进攻，保住了在澳门的居留地地位。清政府在逐渐同放开同英国贸易往来的同时，对于英国人任何侵略都给予坚决的回击，始终保持着对澳门的主权。

中 文 题 名　**明清时期中国与东南亚地区的饮食文化交流**

英 文 题 名　The Food Culture Exchange between China and Southeast Asia during Ming and Qing Period

作　　者　侯波

导　　师　陈伟明

学位授予单位　暨南大学

学科专业名称　专门史

学 位 年 度　2006

论 文 级 别　硕士

中 文 摘 要 中国与东南亚地区的文化交流源远流长,饮食文化交流是重要组成部分,本文拟对明清时期中国与东南亚地区的饮食交流作综合研究,探讨古代饮食文化在东南亚地区的传扬过程与历史。全文共分四章。前三章分别从食品食料、饮食器具、饮食习俗三个方面对中国与东南亚地区的饮食文化交流进行较为系统的探讨,分析中国饮食文化如何影响东南亚地区的饮食与民俗。包括食物原料的生产利用、烹调方法、饮食器具的工艺文化特色以及饮食习俗等。并对中国饮食如何吸收外来的饮食文化作出归纳总结。第四章对饮食文化的传播者进行分析,中外使节、海贸商人、华人华侨在中国与东南亚地区的文化交流中发挥了重要的桥梁作用。

中 文 题 名 **明清时期中国与琉球贸易之研究**
英 文 题 名 A Study on the Sino – Ryukyu Trade in the Ming and the Qing Dynasties
作　　者 谢必震
导　　师 陈支平
学位授予单位 厦门大学
学科专业名称 专门史
学 位 年 度 1998
论 文 级 别 博士
中 文 摘 要 明清时期,琉球是一个与中国关系极为密切的藩属国。自1572年中琉建立了正式的邦交关系后,两国之间的贸易往来日趋频繁,并在中国的海外贸易史上占据了重要的地位。中国政府为中琉贸易的发展创造了极为优越的条件,不仅在政策方面予以琉球国最优惠的待遇,而且还为琉球来华贸易提供了大量的海船。为了帮助琉球国发展朝贡贸易,1592年明统治者派遣带有先进生产经验的闽人三十六姓移居琉球,使琉球国航海造船技术一日千里地向前迈进,海上贸易力量不断壮大,从而跻身于世界航海贸易发达国之行列。瞬息万变的海外贸易形势,也为琉球对华贸易提供了不可多得的历史契机,中琉贸易一崛而起,历史地位日益突出。围绕着中琉贸易的不断发展,中琉两国相应的机构诸如福建市舶司、琉球馆、进贡厂、会同馆、琉球的评价司、天使馆等逐渐完善,贸易制度也愈加健全。中琉贸易的形式是多样的,有册封贸易,有朝贡贸易,还有私人贸易,并且出现了专门从事琉球贸易的福州商人,史称球商。中琉贸易的内容十分丰富,迄今史料记载中琉贸易的具体商品品名多达1134种。从这千余种的中琉贸易商品的变化来看,我们知道,中国政府对外贸易政策的变化、琉球社会生产力的发展、日本萨摩藩对琉球的籍制、福建手工业生产和商品市场的作用,都是中琉贸易商品结构变化的重要因素。中琉贸易的贸易额和利润率的估算,使我们看到这一贸易在中国对外贸易中所占的比重。中琉贸易的发展,尤其在明代禁海时期,使得琉球在中国与东南亚诸国之间的中介贸易作用突出,同时在促进福建手工业发展、商品市场繁荣方面,和琉球社会的进步方面,都起到了十分重要的历史作用。

中 文 题 名 **明清时期中琉友好关系遗存考**
英 文 题 名 A Study of Sino – Ryukyu Friendly Relationship on Historical Remains
作　　者 孙清玲
导　　师 谢必震
学位授予单位 福建师范大学
学科专业名称 专门史
学 位 年 度 2005
论 文 级 别 博士
中 文 摘 要 琉球古国是现在日本冲绳县的前身,从洪武五年(1372)与中国政府正式建交,直至

光绪五年(1879)被日本吞并为止,中琉之间的封、贡关系延续了500年之久。对明清中琉友好关系遗存的调查与发掘,是近年来中琉关系史研究向纵深发展的一个重要分支,同时也为进一步加强中日两国友谊提供了最直接的历史借鉴。为保证双方的顺利交往,明清政府与琉球王国成立专门的接待机构、开辟有利的造船基地和航海港湾,修建相关的宗教寺庙,这些遗迹成为中琉友好交往史上的伟大丰碑;而来华死难者的坟茔墓碑、北京故宫所珍藏的琉球贡品、琉球册封使及其从客的著述遗墨,则成为这段友好交往史的有力见证。日本至今尚有后人到中国寻根问祖,追溯曾为琉球社会发展做出杰出贡献的先祖——"闽人三十六姓"及其后裔在中国留下的历史踪迹;而我们也曾沿着当年琉球贡使所走的路线,勘探他们当年为中琉两国的友好历史所付出的艰辛努力。本文借助历史文献与档案的描述,力图运用历史学、考古学、人类学等学科的研究方法以及现代多媒体技术,对日本冲绳地区、福州地区、闽南地区、进京贡道和北京地区的中琉友好关系遗存做一考察,主要从机构、宗教、航海造船、人物、碑刻、墓葬、物品等方面,向世人展示中琉友好交往的历史,并从中探讨中琉友好交往历史的遗存对今天中外友好关系发展的历史意义和现实意义。

中 文 题 名 **明清士大夫与琉球:以中、日、琉三国关系为中心**
英 文 题 名 Chinese Officials and Ryukyu
作　　　者 徐斌
导　　　师 谢必震
学位授予单位 福建师范大学
学科专业名称 历史学
学 位 年 度 2004
论 文 级 别 博士
中 文 摘 要 中琉历史关系渊源久远,始于洪武五年(1372年)。在政治经济上中琉双方建立起册封朝贡关系;文化风俗方面,琉球受到中国传统文化和民间宗教信仰的巨大影响,中琉关系历时明清两朝、500多年。然而中国历代册封使臣在琉球社会发现了许多来自日本的人和物,琉球一方面向中国称臣纳贡,一方面与日本保持着千丝万缕的关系,而正是这些关系成为日后日本吞并琉球,切断中琉历史关系的借口及历史根源。本文结合中日双方有关琉球的基本文献资料,对中国士大夫有关琉球问题的纪录作进一步深入发掘和分析,首先以历代册封使录为重点,探讨册封使臣是如何记载在琉球社会发现的日本文化和日本事物。然后以明清实录为基础,以琉球领封问题为焦点,探讨万历末年士大夫们是如何应对以琉球为舞台展开的中、日、琉三国关系。最后结合日本外交文书等基本史料,以"琉球处分"为对象,考察何如璋、李鸿章、刘坤一等朝廷大臣为首的中国士大夫官员如何看待和处理中琉关系。目的在于揭示以中国为宗主国,含日本、朝鲜和琉球等藩属在内的册封朝贡体系从建立到衰亡的历史过程中,士大夫官僚们所起的作用。

中 文 题 名 **明清以来福建沿海渔民研究**
英 文 题 名 The Study of the Coastwise Fishermen in Fujian Province Since the Ming and Qing Dynasties
作　　　者 朱晓芳
导　　　师 林国平
学位授予单位 福建师范大学
学科专业名称 专门史
学 位 年 度 2007

论文级别　硕士

中文摘要　福建背山负海，渔业始终是重要的行业，自古以来沿海就有许多从事渔业生产的渔民，主要分布在今福州、漳州、泉州、厦门、莆田、宁德地区的沿海县市，他们“以海为田，以渔为食”，世代在海上辛勤劳作，不仅促进了福建海洋经济的繁荣，也创造了富有特色的海洋文化与岛屿文化。然而渔民作为社会的一个重要阶层，却一直游离于主群体之外，不受政府和社会的重视，福建经济史对渔业大都轻描淡写，对渔民生产生活的研究更是凤毛麟角，这与渔民应有的地位极不相称。本文着重探讨明清以来福建沿海渔民生产生活的特点及变化，关注渔民的贡献和独特的渔文化内涵，试图通过对渔民行为和精神层面的研究，引起大家对这一特殊群体的关注。文章主要分为以下几个部分：第一章，绪论，包括解析研究对象，阐明研究的意义，进行学术史回顾，并说明研究方法，分析论文框架。本章系统回顾了中国海洋渔业史的研究概况，福建海洋渔业史、渔业经济、渔民俗的研究现状。认为渔业史研究一直是中国经济史研究中较为薄弱的环节，而作为渔业生产的主体—渔民的研究更是凤毛麟角，本课题具有很大的研究空间。第二章，概述福建海洋自然环境与渔业传统，认为福建优良的渔业环境为海洋渔业的发展提供了客观条件，海洋成为闽人的衣食之源。本章先介绍福建的海洋自然环境，并从新石器时代的贝丘文化追溯渔民的历史，概述隋唐五代到宋代渔业概况，着重介绍明清时期中国渔业，认为明清时期是中国古代海洋渔业发展的高峰期，渔民数量增加，他们不断发展渔业技术、开发渔场，兴起海涂养殖，出现了开发海洋的盛况，也为后代渔业的发展奠定了坚实的基础。第三章，探讨明清以来福建渔业政策的演变及其对渔民的影响，分明代、清代、民国时期、建国后四个阶段加以论述。论文认为，明清政府实行长时间的海禁政策，海洋渔业一开始便成了直接的牺牲品。禁海、虚岛、迁界等政策使渔民失去生存之本，而回迁、复界后，明清政府仍然给渔民的海上生产设置了诸多的限制。渔民在夹缝中生存，仍努力探索出多条求生道路，海洋渔业在曲折中前进。民国时期，政府对渔业和渔民较之过去稍为重视，出台了一系列鼓励渔业生产的措施。但当时中国已沦为半殖民地半封建社会，战祸连绵，加上日本等国不断侵蚀我国渔业，福建渔民的苦难自不能免。最后一个阶段评述新中国成立后渔业政策与渔民状况的变化。第四章，分析福建渔民在开发海洋经济上的贡献。本章通过历史与现实的资料归纳总结出渔民不容忽视的物质贡献：一，渔民通过上交种类繁多的渔业赋税，支持国家和地方建设，特别是支援军事开支；二，渔民耕海牧渔，不但养活了自己，也促进了盐业、海运业、商业等行业的发展，促进了沿海经济的繁荣；三，渔民是海上开垦的先行者。他们开发海内外渔场、开发航路，尤其是对省内外海岛的开发，渔民起了重要的作用，目前福建有人居住的101个海岛，大都是明清两代由渔民带动开发的。直至今日，渔民在海上的开垦耕耘都不断地促进福建经济的发展，海洋经济的繁荣离不开渔民这个重要的阶层。第五章，关注搏击风涛中的渔民的日常生活。海洋是渔民的生产空间，在独特的环境中形成了与其它行业不同的生产习俗。本章从古人笔下的海上渔民状况和现实的田野调查资料，对渔民的生产生活做总体的勾画。首先概述渔业活动的主要形式—海洋捕捞与海水养殖；其次从渔业生产技术的发展变化、从渔民在“寄命波涛间”的苦，及在渔歌飘香中的乐，描述渔民在海上的真实面貌；最后对于海上人家疍民、渔民妇女等特殊群体也做了分述，反映渔民的群体特征。渔民在海上乘风破浪，在实践中创造了各式各样的渔业用具，灵活运用多种捕捞方式，形成了丰富的渔俗。汹涌澎湃的大海也造就了渔民机智、勇敢、豪爽、质朴的性格，他们理应是令人敬佩的群体。第六章，揭示渔民的信仰状况。渔民与海洋神灵有着天然的联系，茫茫大海变幻莫测，风涛无常，古代生产技术较低下，神灵自然成了渔民的精神支柱，一直传承至今。笔者走访了福清、琅歧、长乐、东山、漳浦、龙海、莆田、厦门、宁德等地的许多海岛与渔村，走入渔家与渔民进行深入交流，调查渔民信仰的概况。本章通过文献分析和实地调查，反映渔民在海上与渔村的祭祀情况，并分析渔民信仰特点及成因。一认为渔民在神灵信仰方面是最虔诚和热衷的劳动群体，渔妇是祭祀活动的主要参与者，为祈祷出海平安，一每日礼神几乎成了她们的必修课。福建地区以妈祖、关帝等为主体神祇，各地也有自己的保护神，有不同的祭祀形式，形成丰富的信仰文化。第七章，渔岛个案研究。本章以龙海市港尾镇浯屿村为考察对象，考察渔岛的发展与渔民的现状。浯屿是一个典型的渔岛，笔者曾在此居住四年，在调查中得到岛民的热情支持。该岛面积只有0.％平方公里，改革

开放后曾是福建的首富村。本章首先追寻浯屿的渔业发展轨迹,据文献记载,该岛在明代时形成渔村,有着悠久的渔业历史。它是明清两代的海防重镇,荷兰、葡萄牙、日本等侵略者都曾驻足该岛,岛上渔民也参与了抗击侵略者的战争。现在的浯屿有居民近万人,仍以渔业为主业。渔家经济富足,安居乐业。笔者考察了渔民的海上生产状况,深入调查岛上各群体的生活与信仰等方面的情况,对庙宇、遗迹、渔船渔具、工厂、建筑、渔业服务单位等进行综合考察,并与村委会、渔业委员会的干部、渔民进行座谈,以一个点来描绘渔村的发展变化及渔民现今的社会生活状况。结论部分,从政治、经济、文化方面对明清以来福建沿海渔民的概貌进行总结,肯定渔民对推动社会经济发展和海洋文化的贡献,并指出当今渔民存在的问题。最后对未来的学术研究提出一些新的思考。

中文题名 明清之际中日贸易研究

英文题名 A Study of the Sino - Japanese Trade in the Late Ming and Early Qing Dynasties

作者 荆晓燕

导师 朱诚如;晁中辰

学位授予单位 山东大学

学科专业名称 中国古代史

学位年度 2008

论文级别 博士

中文摘要 15 世纪末 16 世纪初,地理大发现和新航路的开辟,改变了世界各地的分割孤立状态,加强了世界范围的联系,为世界市场的形成准备了条件。17 世纪前后,随着各国海外贸易的发展,统一的世界市场体系逐步形成。在东亚地区,中日私人海外贸易是这一时期最重要的国际贸易。从经济上说,双方丝铜贸易数额巨大,而且日本白银大量流入中国,对当时的社会经济产生了深远的影响;从政治上说,明朝自与日本断绝朝贡关系后,双方就一直未能建立起官方往来,而入清之后,日本也一直游离于清朝的朝贡体系之外。这样,双方的私人贸易就成为中日保持交往的惟一通道,其意义已经超越了贸易本身。如果我们把视野放宽,从世界范围来考察,可以发现此时统一的世界贸易市场已经形成,而中日贸易则是世界海上贸易体系的重要组成部分,是连接欧洲—东南亚—东亚贸易的重要环节,但其重要性却被学术界长期忽视。对其进行深入研究,对于考察明清之际的世界海外贸易格局有深远的意义。本文的研究以 17 世纪的百年为主,为了叙述的连续性,在研究中向上追溯至 16 世纪中叶,向下会延伸到 18 世纪初。史学界关于这一时期中日贸易的研究成果比较丰富,但也存在不足,有些问题缺乏系统、深入的说明,本文将对这些问题进行进一步探讨与整合性研究。第一,本文力图动态地呈现出广东、福建、江浙等地区对日贸易的兴衰消长,并综合各种因素对这种变动的原因做深入分析。第二,除了中日两国商人的直接贸易以外,还存在着由他国商人进行的转运贸易。本文将对多条间接贸易渠道进行深入探讨,力图使中日贸易的面貌更加完整、清晰。第三,以往的研究都很注意明清政府的政策对中日民间贸易的影响,但对日本方面的贸易政策以及国际环境的变动注意不够,需要进一步的探讨。第四,关于清初特别是顺治十二年之前的对日海外贸易政策,史学界还存在争论。另外,关于顺治九年回国的苏州商船究竟于何时赴日以及在日本如何开展贸易,学术界现有的结论也值得商榷,有进一步论证的必要。总之,本文将在现有研究成果的基础上,针对以往研究中的不足,力求对明清之际的中日贸易进行新的探讨,从背景、双边政策、贸易渠道、区域以及贸易的商品、影响等方面阐释明清之际两国贸易的发展演变。第一部分介绍明代中日走私贸易兴起的背景。首先,明中期以来商品经济发展为中日贸易提供了物质基础。其次,航海、造船技术的进步为两国间的海往来提供了技术条件的支持。最后,在明朝中期,官方的朝贡贸易走向衰落,中日之间的朝贡贸易更是彻底断绝,双方有巨大的贸易需求,但却缺少一条正的贸易渠道。在这种情况下,西方殖民者东来,在中国东南沿海一带活动,加速了当地私人海外贸易的发展。这一切构成了中日私人贸易兴起的背景。第二、三部分主要介绍这一时期明清政府及日本幕府所采取的双边贸易政策。在明朝后期,由于嘉靖倭患

和万历朝鲜之役的负面影响，明政府一直对日实行严防政策，禁止两国间的贸易往来。而清朝统治者对日态度则有较大转变，顺治帝时允许两国间的执照贸易，特别是康熙开海后，双方的民间贸易往来完全放开，随之迎来贸易高潮。从整体上看，明清政府的对日贸易政策是由消极转积极的，而日本幕府则恰好相反。江户幕府初期，日本实行自由的海外贸易政策鼓励华商赴日贸易，但不久就开始向锁国体制下的贸易统制政策转变。康熙开海之后，幕府因为担心贵金属的过量外流而颁布了一系列法令，限制对华贸易。“贞享令”到“长崎贸易改正令”再到“正德新令”，贸易额和进港船数一减再减，中日贸易也开始由盛转衰。第四部分主要考察广东、福建、江浙等东南沿海省份的区域性对日贸易。明朝中后期，广东地区的对日贸易获得较早的发展，这得益于一些政策上的优势。正德时期，抽分政策首先在广州实行，私人海外贸易得到宽松的发展空间；另一方面，随着葡萄牙人盘踞澳门，澳门成为广州的外港，澳门—长崎贸易带动广东地区对日贸易的发展。在明末清初这一时期，福建地区的对日贸易特别活跃，超过了广东和江浙，这是由多种原因共同促成的。首先，明后期隆庆开禁的地点就在福建漳州月港，虽然“严禁贩楼奴”，但海商还是想尽办法通过月港赴日贸易；另外，在明末清初特殊的政治环境下，郑氏海商集团以福建为基地，垄断东南沿海的对日贸易。这些因素都为福建对日贸易的发展提供了契机。康熙开海之后，中日民间贸易获得了合法性，江浙地区凭借其地理、经济优势，再加上清政府的政策支持，很快超越福建，成为中日贸易的中心。也就是说，明清之际中国对日贸易的重心由南而北逐渐发生转移，从广东到福建再到江浙地区。第五部分主要考察中日之间的间接贸易渠道。葡萄牙人和荷兰人分别以广东澳门、台湾大员（今台南安平）为基地，经营中日间的转运贸易。此外，日本的对马藩和萨摩藩还分别与朝鲜、琉球保持贸易关系。虽然这两藩并不是国家所属的港口，但这种贸易形式对日本经济而言实具有重要意义，是当时日本输入中国商品的辅助渠道。最后，中国商人主宰的东南亚—长崎贸易也占有不少的贸易份额。可见，在这一时期的中日贸易中，葡萄牙、荷兰、朝鲜、琉球、东南亚等国家和地区也纷纷卷入，中日贸易并不仅仅局限于东亚地区，它已经成为连接欧洲—东南亚—东亚贸易的重要环节，是世界贸易体系的重要组成部分。第六部分对中日海外贸易的主要商品进行分析。中国输往日本的货物主要是生丝、丝织品、砂糖、瓷器、书籍等，变动不大。日本在明末主要以白银为支付手段，进入清朝后，逐渐加大铜的输出量，并因此而掌握了中日贸易的主导权。这一时期，铜的贸易情况成为清政府对日贸易政策的主要影响因素，为了减少对日本铜的依赖，清政府大力发展滇铜以取代洋铜，收到了良好的效果。第七部分主要阐述中日贸易的影响。首先，中日贸易促进了中国国内手工业、商业性农业以及商业的发展。特别要说明的是，它促进了中国商业交通网络的发展，促进了东南沿海地区市场的一体化，并成为江南早期工业化的推动力之一。其次，日本白银的大量内流对当时的社会经济产生了深远的影响，明朝银本位制的确立、商品经济的高度发展以及一条鞭法的改革都与白银内流有密切的关系，它成为处于变革当中的明朝社会经济增长的推动力。而清朝前期从日本进口了大量的铜，这对于稳定币制、活跃经济也起到了重要作用。再次，中日的贸易往来不仅满足了双方的物资需求，而且促进了两国的文化交流，特别是明末大量僧侣赴日以及清初大量书籍东传到日本，极大地促进了日本文化事业的发展。

中 文 题 名 明清中国国内的海洋移民

英 文 题 名 TheoeeanieMigrantsWithinChinaInMing — QingDynasty

作　　　者 李德元

导　　　师 杨国祯

学位授予单位 厦门大学

学科专业名称 中国古代史

学 位 年 度 2004

论 文 级 别 博士

中 文 摘 要 本文在马克思主义辩证唯物主义和历史唯物主义的指导下，运用中国海洋社会经济

史和海洋人文社会学等“科际整合”的方法，解剖和诊释明清中国国内的海洋移民（简称海内移民）的一般规律。全文共分为六个部分：第一章：概述中国海内移民史研究的学科现状、基本框架、对象、方法、时间迄止、范围、资料来源等，力图进行多学科的“科际整合”。第二章：探讨中国海洋文化的基本色调，并分析明清以前海内移民的过程和特点，为本文下一步的承启转合作进一步的铺垫。第三章：阐述明清以降海内移民的历史背景。采用传统的西方“推—拉”理论，同时揉合“投资—利润”理论、期望收入理论等，在客观和主观的结合上，从人口的骤增和社会环境的改变、社会经济向商品经济倾斜、禁海对海洋经济的打击三个层面来凸显明清海内移民的历史背景。第四章：分析明清海内移民的历史场景。中国沿海社会大规模的海内移民与世界移民基本上是同步进行的，由此迎来了中国沿海社会向大陆沿海海岸带和周围海岛移民的高潮。通过对明清海内移民路线、移民的祖籍地来源和地域分布、移民的类型、移民的社会结构等逐项进行分析，进而展现明清海内大规模移民的历史场景。第五章：阐明明清海内移民与海岛开发的状况。明清时期，随着海内移民的增加，海岛得到了不同程度的开发。传统简单的海岛开发模式向以农、渔、盐、工、商、贸等多样并举开发的模式转变。海内移民在海岛开发的进程中作出了巨大的历史性的贡献，既有成功的经验，又有失败的教训。第六章：诊释明清海内移民的互动。明清海内移民的流向不是单一的，移民在移居地站稳脚根后，会重新乡土回归，馈报桑梓。本章从明清海内移民的社会网络结构、宗族互动、族群互动和陆岛互动四个层面来凸显明清海内移民互动的过程。

中 文 题 名 **明以前中西交流中的葡萄研究**

英 文 题 名 A Research on Grape of the Chinese – Foreign Exchange before Ming Dynasty

作 者 杨友谊

导 师 纪宗安

学位授予单位 暨南大学

学科专业名称 专门史

学 位 年 度 2006

论 文 级 别 硕士

中 文 摘 要 本文就明以前中西交流中的葡萄这一主题进行研究，由四个部分组成。主要选取“古代葡萄传入名称考辨”、“明以前中西交流中的葡萄和葡萄酒”、“明以前葡萄在中西医药中的应用和贡献”及“中西方对葡萄图案的喜爱”四个方面的问题进行探讨。讨论表明：高昌、唐西州的“桃”指葡萄，即“桃”是葡萄的简称。随着唐代中外文明交往的繁盛，“葡萄”名称在关内已占主要趋势。中原人对葡萄的接受过程是先自稀少珍贵的西域葡萄酒，再是广泛引种葡萄，到了解掌握葡萄在日常生活中的药用价值，从而把葡萄图案视为吉祥的美物。这一系列过程说明，葡萄对中西文化交流，曾以其自身的独特精美，使东西方不同文明之间的联系得到加强和丰富。

中 文 题 名 **明至清前期海外贸易管理机构的演变：从市舶司到海关**

作 者 彭巧红

导 师 李金明

学位授予单位 厦门大学

学科专业名称 中外关系史

学 位 年 度 2002

论 文 级 别 硕士

中 文 摘 要 本文以中外关系史和海外贸易史的学术视野，考察和分析了明至清前期海外贸易管理机构演变的历史过程，力图揭示海外贸易管理机构的演变与海外贸易政策的制定、海外贸易自身发展规

律以及外来影响的互动关系,探讨海外贸易管理机构的演变对于海外贸易兴衰所产生的深层影响。我国海外贸易管理机构——市舶司萌芽于唐代,发展完善于宋、元时期,衰亡于明代。明代的市舶司在机构设置、职能发挥、选官制度等方面较之前代均有明显地变化,尤其随着朝贡贸易的衰落和私人海外贸易的兴盛,市舶司的政治性职能逐渐减弱,经济性职能日益增强;其管理海外贸易的方式亦相应地由官方贸易为主体演变为以民间贸易为主体。明代中叶以后,不仅私人海外贸易势力直接冲击着明代的市舶制度,西方殖民者的东来,亦直接瓦解着市舶制度所维系的朝贡贸易体系。面对着东南海防与财政危机,迫使明政府不得不调整其海外贸易政策,而主持海外贸易的市舶司机构,也不得不改弦易辙,在职能方面有所转换。为了加强对私人海外贸易的管理和控制,为了征收饷税以造船养兵,明代后期将打击走私贸易的防海机构——海防馆改为督饷馆,饷税制度的出台是我国关税制度上的一大进步,对我国海外贸易管理由市舶司制度向海关制度转变,亦起到了承上启下的过渡作用。清代前期海外贸易管理水平进一步提高,正式设置了闽、粤、江、浙四海关,并设立了众多海关口岸,使海外贸易管理机构渐趋完善。海关税制方面亦成绩斐然,不仅有较为系统的完税手续、较为完备的关税则例,而且实行国别税率。清政府加强对海外贸易管理的重视,关税的征收与报解、税务簿册的填写与考核、经费的使用与奏销均有明确的规定,基本上有章妹可依,关政腐败的现象得到明显抑制。在职能发挥方面,明代中期以后,海外贸易的行政管理权和经营管理权进一步分离,海外贸易管理的专业化程度日益加强。明代中后期的海外贸易是在市舶司的管制下主要由牙行直接经营,清代前期的海外贸易则是在海关控制下,主要由洋行具体经营。明代后期市舶司和督铜馆以及清代海关仅仅负有监管进出口岸的船舶、货物;征收关税和其它税费;稽查走私等项职能。这个变化无疑为近代海关职能奠定了基础。清代前期海关的选官制度由论棒掣签派遣监督发展到钦派监督与地方官员共管或地方官吏兼管,清政府尤其关注号称天子南库的粤海关,钦派的粤海关监督大多为内务府包衣出身,实际上是皇帝的直接代表,牢牢控制了粤海关的关税征收大权。关税征收亦由原来的定额报解发展到后来的尽收尽解,中央政府对海关的垂直管理力度加大。明至清前期海外贸易管理制度,是市舶制度在新的国情、新的历史条件下的继续和发展,是市舶制度向近代海关制度演变的过渡阶段。上述内容在文中均有详细的论述,全文主要分为五个部分:前言,简明阐述课题研究的选定缘由以及课题研究的实政价值;第一章,概要论述明代以前我国海外贸易管理机构的基本情况;第二章,着重分析明代海外贸易管理机构演变的主要内容;第三章,重点探讨清代前期海关的机构设置、行政管理职能和选官制度;结论,概括总结明至清前期海外贸易管理机构演变的历史性启示与对我国当前海关管理的借鉴意义。本文以历史唯物史观为理论指导,以各种中外历史文献资料及论著为依据,力求使文章达到结构严谨,论证翔实之目的。

中 文 题 名 **明中后期中日葡外交使者陆若汉研究**

英 文 题 名 A Study on Rodrigues, A Diplomatic Emissary of China, Japan and Portugal in Middle and Later Ming Dynasty

作 者 刘小珊

导 师 汤开建

学位授予单位 暨南大学

学科专业名称 中国古代史

学 位 年 度 2006

论 文 级 别 博士

中 文 摘 要 世界史上的大航海时代是一个战火纷飞、欧洲列强争相做着统一天下美梦的黄金时代,相当于中国明朝末年、日本的近世时期。葡萄牙人先后进入中国大陆、登上日本岛,随着南蛮文化、南蛮商品的进入,拉开了东西方文化交流的序幕。这些来自西方的"南蛮人"最初来到远东诸国进行贸易、交流,发生了许多事情,其中起着重要纽带作用的是葡萄牙天主教传教士,他们为引进西方科学、先进思想,繁荣东西方贸易、开启东西方思想文化的交流做出了卓越的贡献。本研究以中日近世史上一位著名翻

译——陆若汉的生平轨迹为中心进行考察。旨在通过陆若汉的传教士、“南蛮通辞”(葡语翻译)、贸易代理人等多重身份的特殊性,对活跃于中国明末、日本江户时期的西方传教士的进入、发展、作用进行梳理、分析,并对近世中西、日欧文化和贸易交流中所表现出来的一些特征及问题加以论述。本项研究的意义在于:有助于宏观地认识世界史上大航海时代的历史面貌;有助于加深对中国明末、日本江户那段充满神奇、充满矛盾的复杂历史时期的了解;有助于古代中外文化交流史和关系史的全面研究;同时对于中日近世史、翻译史研究史料的补充,以及陆若汉研究方面新史料的发掘有着十分重要的意义。本研究的整体构成,除序章和终章以外,另设有4个专题章节,这些章节的内容既是独立的,又相互关联,承上启下,其大概内容分述如下:第一章《世界大航海时代的贸易和传教形势》—主要对中国明末清初、日本近世的贸易传教形势作一较为详细的回顾。期望有助于了解陆若汉所身处的那个时代大背景,从而更好地解读这个离我们的现实生活相当遥远的特殊人物。第二章《陆若汉在日本》—对陆若汉的身世、早期在日本受教育的经历进行追踪回顾,试图弄清楚这一段迷雾一般不甚清晰的历史;着重叙述陆若汉作为一名翻译活跃在日本各种对外交流场合,充当日本统治者西方国家交涉的助手的经历。本章集中研究国内外史学界一直忽视的陆若汉对天主教传教所作出的努力,该项研究在国内尚属首次;本章重点叙述陆若汉被委以耶稣会司库的重任,进而被指定为德川家康的贸易代理人的一段经历。同时特别介绍了日本长崎港和中国澳门港之间发生的生丝、白银贸易等较为详细的史实。第三章《陆若汉在中国》—本章开始将地点从日本的长崎转移到中国的澳门,自此对陆若汉后半生23年的中国生涯进行追踪研究:首次涉及陆若汉的神学思想和哲学观点,通过对陆若汉著作的解读,客观地分析他颇有深度的中国神学思想,以及对著名的“礼仪之争”所起到的导火线作用;叙述高龄的陆若汉积极倡导利用西方的先进军事技术,亲自参与选募兵士、随军北上、与满人交战等详细过程。第四章《东西方文化交流中的陆若汉》—站在一个宏观的角度,对16、17世纪东西方文化交流史,以及陆若汉与其中的巨大贡献作出较为全面的总结回顾。主要论述陆若汉通过《日本大文典》和《日本小文典》的编写,对于日本学所作出的贡献,并从陆若汉撰写的《日本教会史》入手全面考究当时的写作背景和主要内容,研究该大作的独自特征所在。本论文的主要特点是:在国内首次对天主教传教士身份的陆若汉这一翻译个体进行全面、深入的研究;在学术上强调“南蛮通辞”这一概念;采用与前辈学者不同的研究方法,以关于东西方贸易交流、文化交流,以及天主教传教等史料和研究文献为主要素材;将时间定格在中国的明朝末年和日本的江户时代,地点放置于中国的澳门港和京城北京、日本的长崎港和江户(今东京):从基本史实的调查入手,客观地把握当时中国同葡萄牙、日本等国家交流的实际状况,以及当时的时代大背景对于主人公思想和性格的形成所产生的影响。

中文题名 明中叶至清前期海洋管理中的朝廷与地方:以明代月港、清代厦门港、鹿耳门港为中心的考察

英文题名 Research on the Relation of Central Government and Marine Region under Marine Administration from the Middle Ming to the Early Qing

作　　者 苏惠苹

导　　师 王日根

学位授予单位 厦门大学

学科专业名称 海洋史学

学位年度 2008

论文级别 硕士

中文摘要 本文以明中叶至清前期海洋管理中朝廷与地方的关系为研究对象,将包括月港、厦门港、鹿耳门港在内的闽台海港纳入到海洋管理的范畴内,探讨海乱过后,明清两朝中央政府在中原王朝体制之下所作出的因应措施。同时,围绕明代海澄(月港)舶税征收制度化、清代禁南洋案和闽台对渡贸易三个主题,分别对月港、厦门港和鹿耳门港做个案分析,展现此三个海港具体运作中地方海洋社会的生动

场景,并通过比较分析,力图揭示:在明中叶至清前期海洋管理制度之下,中央朝廷与地方官府、地方海洋社会之间的复杂关系,从中透视明清两朝政府在边疆治理问题上的得失。明中叶以后,中国东南沿海地区海洋活动日益频繁,海洋管理问题逐渐成为中央王朝不可回避的重要议题。本时期的闽台海港在进入中央王朝统治视野之前,均已存在自己的运作系统,地方海洋社会已有了一定的发展规模。海乱是海港发展的一个重要契机。在中原王朝体制之下,明清两朝政府加强了军事上和行政上的管理,并实行开海贸易。此后,在各种因素的影响下,海洋管理制度不断得到调整,以因应形势的发展。通过分析论证,我们看到了明清两朝政府在海洋管理中运用了严厉控制与温和协调两种方式,在实践中显示出一步步摸索的轨迹,其成效也日益显现。海洋管理制度的演变与从事海疆管理的实践者的个人努力关系密切。

中 文 题 名 **明州与 8 – 10 世纪中日交流**

英 文 题 名 Mingzhou and Sino – Japan Communication between 8 – 10

作　　　者 陈杰

导　　　师 卢向前

学位授予单位 浙江大学

学科专业名称 中国古代史

学 位 年 度 2007

论 文 级 别 硕士

中 文 摘 要 明州,即今宁波,是中国东南沿海的一大重要港口。明州的建制始于唐朝,唐五代时期是明州港口发展史上的一个重要的转折阶段,明州在这一时期完成了初步发展,并一跃而成为中国沿海最重要的港口之一。明州的发展,在很大程度上和这一时期中日之间的频繁交流有关。中日两国是一衣带水的邻邦,有着悠久的交流历史。在唐代,中日交流迎来了前所未有的高峰,这就给地理位置优越的明州带来了很大的机遇,特别是唐中后期中日交流体系中所发生的重大变化,直接使明州成为中日交流的主要港口之一。本文将从中日交流的历史大环境出发,探讨明州所起的作用和其地位。本文第一部分从唐朝早期和中期东亚的整体国际形势出发,探讨唐、日本、新罗三国之间关系的变迁,以及唐和日本两国内部发生的变化,特别是朝鲜半岛的统一战争和唐中叶的安史之乱与藩镇割据对唐日交流所产生的巨大影响,从而分析明州在中唐时期得以崛起的外部因素。第二部分将首先介绍初唐以来明州自身的变化及其对明州港发展所带来的影响,从而分析明州港崛起的内在因素。接着将从遣唐使、明州商人、佛教交流三个主要方面出发,探讨明州从中唐以来逐渐成为唐日交流主要港口的过程。第三部分将着重于吴越国时期明州港的继续发展,特别是明州的军镇化与地位的提升,在这一时期,明州由于种种主观和客观方面的因素,进一步成为中日交流的首要港口。

中 文 题 名 **南、北洋舰队援闽未成原因浅析**

作　　　者 李兆勇

导　　　师 孔繁岭

学位授予单位 曲阜师范大学

学科专业名称 中国近现代史

学 位 年 度 2008

论 文 级 别 硕士

中 文 摘 要 1884 年 8 月 23 日,福建水师在马江战役中几乎全军覆灭,这给后人留下了一个难以抚平的伤痕。由于南、北洋舰队未能援闽,曾国荃、李鸿章不仅在当时遭到朝野的普遍责难,而且一直为后人所诟病。大多数史学者对曾、李二人以批判为主,认为应该全力援闽。他们的爱国热情值得称道,但他

们只承认主战派有关战争必要性的论述是合理的,却不承认主和派有关战争可行性的论述也是合理的,于是以道德立论去评价历史人物,虽然可以为历史人物"准确"定性,但对我们的现实生活又有什么意义呢?我们应该对历史人物有同情的理解,应当努力理解历史人物在一定历史环境中的内心感受和作为,而不应把他们从历史中剥离出来,成为"任人打扮的小姑娘";应当总结历史经验教训,而不是纠缠于谁不去援闽谁就是卖国贼的怪论。所以,笔者从制约援闽的思想文化、海军建设体制、国家政策、海军作战部署四个角度分析认为,南、北洋舰队虽然具备近代化的战舰,但各种制约援闽的主客观因素限制了晚清海军战斗力充分发挥,在当时情况下,中国援闽的船只越多,损失越大。全文由前言、正文和结语三部分组成。前言部分主要说明援闽问题的由来、研究现状、两种观点及其分歧的原因以及本文研究的范围. 正文部分第一目主要讲中国和平战略文化传统对中国近代战争和晚清海防思想、海军战略的深层影响。中国和平战略文化崇尚和平主义,将基本战略目标定位于守国土,求统一保和平,将"不战而屈人之兵"作为战争手段的最高境界,由于它的惯性影响,洋务派海防战略是被动的、消极的防御,不敢出洋作战。这是未能援闽的思想文化因素;第二目主要分析晚清海军缺乏协同作战的体制保障。晚清海军建立伊始就是三洋四支舰队同时筹办,分区设防,各省督抚拥兵自卫,没有适时建立海军统一指挥体制,不能集中海军力量、统一调度以对敌。曾国荃、李鸿章皆以本区防务任务重要为由拒绝援闽;第三目从政治角度分析未能援闽的原因。清政府在中法战争初期实行"保全和局"的国家政策,希望通过和谈解决中法两国争端,实行后发制人的作战原则,使中国军队在对法作战中失去了主动权,虽然清政府在福建前线不断求援要求下也数次督促南、北洋海军援闽,但督促他们援闽力度不够,并且曾、李二人也以援闽有损和局为由拒援;第四目从中法两国海军作战部署角度分析未能援闽的军事因素。马江战役之前,法国舰队灵活多变地军事部署使中国各支海军在实际操作中不能集中兵力;张佩纶轻敌主战,将原来散于各处的福建舰队的弱舰集中到马江与法方的强舰对峙,本意是先发制人,因受到清政府的阻挠反而成为法舰的靶子。结语部分包括:一是援闽中涉及的四个主角、六个矛盾及援闽取胜所需条件;二是从中吸取的历史教训:实施远洋海军战略和加强政治体制与军事体制的改革。

中 文 题 名　南宋的海军
英 文 题 名　The Navy of the Southern Song Dynasty
作　　　者　王青松
导　　　师　姜锡东;王菱菱
学位授予单位　河北大学
学科专业名称　中国古代史
学 位 年 度　2004
论 文 级 别　硕士
中 文 摘 要　南宋王朝由于定都杭州,形成了背海立国的态势,海防形势的紧张和沿海治安形势的恶化无不影响到南宋政权的安危。为适应形势的需要,南宋政府建立之初,就着手经营海军。经过高宗、孝宗两朝的建设,南宋政府在沿海建立了多支具有一定规模的水军,大体确定了沿海水军的分布格局,并形成了中央军和地方军两种隶属体制,水军内部的人员体制也随之完成。为适应水战的需要,南宋还加强了水军的装备建设,创制了多种类型的的战船和舰载武器。南宋的海军基本以防御为主,为了控遏海上形势,南宋海军在险要之地屯兵戍守,从淮东沿海到江浙地区,建立了多层次的防御体系。在戍守海域,南宋海军派兵侦察和巡逻,及时通报军情,使南宋政府能够随时掌握海上的军事动态。南宋的海军在南宋的国防和治安上发挥了突出的作用。在国防上,海军挫败了金朝来自海上的入侵,维护了南宋东南海疆的安全,对平衡南宋王朝的整体战略格局起着不可替代的作用。南宋海军还越海进攻敌境,对敌国造成了一定的战略威胁。在治安上,南宋海军的作用主要是打击海盗和稽查走私。由于政治、经济、军事等因素的制约,南宋的治安状况虽然没有得到根本改善,但海军的努力,基本上使南宋政府在沿海地区的统治秩序得

以正常存在。

中文题名　南宋福建路的海盗与海防
作　　者　丁辉
导　　师　黄纯艳
学位授予单位　上海师范大学
学科专业名称　专门史
学位年度　2008
论文级别　硕士
中文摘要　南宋王朝由于背海建国,沿海地区治安形势的不断恶化和海防形势的紧张,无不影响到南宋政权的安危。由于政治、地理、经济、技术等多方面的原因导致了福建路在宋朝,尤其是南宋时期海外贸易兴盛发展。这为福建路带来了大量的经济利益的同时,也为福建路和南宋政府带来了一系列的问题,其中,又以海盗问题最为严重。福建路在南宋时期,从绍兴五年到开庆元年,长达120多年的时间内,皆存在着海盗活动的身影。其时间跨度之长,在南宋之前所未见。福建路的海盗活动还有人数多,规模大,其组织性强,但军事程度一般;其队伍的组成人员主要是底层平民,但是亦有部分商人参与其中;海盗团伙有着一定的社会基础;从事"传统"的劫掠生意外,一般还兼职从事商业活动等四个显著特点。福建路海盗的频繁活动,不仅福建路当地造成了严重威胁,还对福建路周边的广南路与两浙路造成了一定的影响。因此,南宋统治者采取了各种手段来打击海盗,维持福建路的治安,以巩固其在东南沿海地区的统治。在南宋朝廷以及福建路当地政府的各种手段的打击下,福建路的大大小小的海盗队伍最终都面临消亡的结局。其最终的结局一般是在福建路以及南宋朝廷的严厉打击下,分崩瓦解或者因为各种原因为南宋政府招安,其队伍成为了政府的武力。南宋王朝是在金军南侵的战火中建立的,其建立后,面临着金军继续南侵的军事压力,除了亟需加强传统上的陆地防御外,其国防形势的一个突出之处,就是海防形势也严峻起来。福建地区是南宋海防的重要环节。在南宋中前期,福建地处南疆,位于宋朝的战略后方,加上宋室南渡,全国的政治中心转向东南,福建路在全国的军事地位迅速上升。为了维护封建治安,巩固统治,南宋朝廷和福建路当局通过加强沿海水军的建设,并充分利用福建路地方武装与民间武装的力量,采用了设寨、建立警戒线、加强重要城池等多方面的防卫方式。实施了包括加强对海疆的管辖、经营,将东南沿海视为整体来进行海防的全局性布置;通过利用福建路当地的地方势力来进一步加强政府对于基层社会的控制,以此维护地方秩序;实行趋于严格的律法,震慑肖小之徒;实行灵活的海防措施,从战术上、战略上多方面的筹备,为根本上消灭海盗奠定了基础。同时在打击海盗过程中,重建新的统治秩序,保证地方社会稳定,巩固南宋政权。事实证明了福建路的各种方式是切实有效的,基本达到了其目的。

中文题名　南宋杭州水环境与城市发展互动关系研究
英文题名　Study on the Interactive Relations between the Hydroenvironment in Cities and the Urban Development of Hangzhou in the Southern Song Dynasty
作　　者　张慧茹
导　　师　李令福
学位授予单位　陕西师范大学
学科专业名称　历史地理学
学位年度　2007
论文级别　硕士
中文摘要　水源自天,导乎地,而用于人,是自然地理要素中与人类关系最为密切的因子。同时,

它也是城市生态环境系统中最具活力的要素。河湖水系是城市地理环境的主要组成部分,由于城市水系具有供水、航运、生态、旅游、文化等多样性功能,对城市形成、发展演变有着很强的导向力。可以说"城市"与"水"关系密切。本文研究对象杭州是中国著名的八大古都之一,具有"依山傍水、水网密布"等特点。南宋都城临安经济发达,城内外水系遍布,以此时期杭州城作为研究对象,具有典型性。运用历史地理学的理论和方法,从城市水环境角度来研究杭州城市的发展演变过程,既可以充分反映杭州自身"江南水乡"特色,同时又可归纳出杭州城市发展与水环境互动关系规律。以期与其他城市进行比较研究,总结出我国城市发展与水环境相互作用关系的普遍规律,为现代化建设服务。全文分为六个部分。第一部分:绪论。主要阐述了选题的总体认识和宏观把握,介绍了选题依据、相关研究评述和研究思路、方法。第二部分:南宋以前杭州诸水系对城市形态发展的影响。该部分为研究南宋时期杭州城市奠定了基础。在研究时段上分为四个时期,即秦汉时期—六朝时期—隋唐时期—五代、北宋时期,分别论述了不同时期杭州水系对城市选址、城市迁移、城市发展、城市扩展的具体影响,归纳出南宋以前水环境对杭州城市形态演变的作用。第三部分:南宋杭州诸水系对城市整体布局的影响。文章首先对南宋杭州诸水系进行了详实考证;同时又复原了南宋杭州城市的总体布局,宏观视野将水系对城市布局的影响进行了阐述。最后以桥梁的数目变化来具体探讨水系对于城市布局影响。第四部分:南宋运河对杭州城布局的影响。文章重点论述京杭大运河(杭州段)在城市发展中的影响力度。从坊巷布局和商业布局两个角度探讨了河流对城市的影响。初步认识:盐桥运河等是引导城市布局的驱动因子,对城市布局产生至关重要的作用。第五部分:南宋杭州对诸水系的影响。主要阐述了南宋杭州发展过程中对河流和西湖利用和改造的方式、成效等,最后又以西湖水体景观变化探讨城市对水系影响的深刻性和科学性。第六部分:杭州水环境与城市发展互动关系的规律及启示。通过对全文总结,共有四点认识:(1)杭州城市形态,自其萌芽到南宋,一直受到钱塘江、京杭运河、西湖这三大水系的制约,而在不同的历史时期,发挥主导因子的水系各不相同。具体而言,秦汉时期以西湖为主导因子;六朝时期则转变为钱塘江;隋到南宋时期一直以京杭运河为主导因子。(2)杭州城市布局,特别是南宋临安城的布局,深受河湖水系的影响。南宋时期,城市布局呈现出"南宫北城"的特殊格局;城垣依据山水地理形势顺势弯曲。(3)杭州城市发展过程,一直伴随着人们对水环境的不断认识、改造和利用。在古代社会,人们对河湖水系的改造和利用大致有三种方式:疏浚河道、修筑闸堰、新开河道等。(4)水环境对杭州城市发展影响深远,对今天杭州现代化建设、规划仍有借鉴意义。

中 文 题 名 南宋水运业的经营
英 文 题 名 The Management of Water Transport by South Song Dynasty
作 者 代宗宇
导 师 陈桥驿
学位授予单位 浙江大学
学科专业名称 历史地理学
学 位 年 度 2008
论 文 级 别 硕士
中 文 摘 要 水运是中国历史时期历代王朝物资传输的主要方式。南宋都城临安,区位优势明显,是江南运河、浙东运河及钱塘江的交汇处,交通便利。江南运河对南宋江淮地区财赋的转输,政令布达畅通以及沿岸市镇的繁荣,有着至关重要的作用;浙东运河则是南宋交通海外获取商税的重要通道,南宋时盐税在财政收入中占有很大比重,浙东运河在食盐的运销中发挥着很大作用。此两条运河为南宋赖以存在的生命线。而海外贸易税收增加了朝廷财政收入,因而南宋对海外贸易极为重视,贸易的繁荣促进了南宋海运的发展。本文在分析历史地理文献的基础上,辅以实地考察,运用历史地理的相关理论,探讨了南宋对临安城内外运河、江南运河、浙东运河的经营以及南宋漕运与海运的发展。研究发现,南宋在偏安150余年里,统治相对稳定,南方经济的繁荣充当了其物质后盾,而水运则是其物质基础发挥效能的关键。

中 文 题 名 **闹漕与清代地方社会秩序**

英 文 题 名 "Nao Cao" and Local Society Order in Qing Dynasty

作　　　者 肖丽红

导　　　师 吴琦

学位授予单位 华中师范大学

学科专业名称 中国古代史

学 位 年 度 2009

论 文 级 别 硕士

中 文 摘 要 "闹漕",作为清代漕粮征派环节出现问题的表现,不仅显示了漕粮征派在清代地方社会的运行状况,而且反映了地方社会的政治、经济与社会问题。作为一种群发性事件,闹漕反映了地方社会问题,打破地方社会的秩序格局。本文以清代闹漕案件为中心,通过厘清闹漕案件的参与成分、参与者的动机与方式,分析闹漕引发的社会问题,国家与社会的应对策略,以及官、绅、民的角色互动,从一个新的视角探讨国家事务对基层社会秩序变动的影响。清代闹漕具有明显的阶段性特征与地域性差异,而清代漕运的制度缺陷及各群体形式各异的私利追求,导致了州县官、地方势力与民众三大主体闹漕动机的差异。其中地方州县的办漕态度与漕案发展直接相关;地方势力参与漕案有两种截然相反的动因,一是维护群体正当利益,二是侵漕渔利;民众的生活状态与闹漕兴起紧密相关。不同形式的闹漕动机,影响了社会群体闹漕方式的选择。清代闹漕包括漕控、个人日常反抗以及集体公开闹漕三种形式,无论哪种形式,都不同程度地展现出地方州县、绅衿与民众之间的利益纠葛与角色互动。在漕控中,官、绅、民在法律与社会不同理解上进行利益争夺;在个人日常反抗中,绅民反抗技巧的把握与对官府办事模式的熟稔不断影响着三方的合作与冲突;集体公开闹漕是官、绅、民矛盾的总爆发,群体间的利益纠葛与角色互动最为充分。就闹漕的结果而言,漕控、个人日常反抗与集体公开闹漕虽然对地方社会破坏力度各异,但对清代地方社会秩序均造成了影响。闹漕不仅影响了地方社会漕粮征派活动的推行,也造成地方权力阶层人员的调整,影响地方社会政治秩序,导致官、绅、民生活秩序的紊乱。为了减少闹漕,清廷与地方政府不断进行制度调整,但就效果而言,毁誉参半的制度调整终难遏制闹漕事态的发展。闹漕不仅影响了地方社会秩序,更体现了地方社会治理的诸多问题。民间信仰一方面给绅民侵漕提供了方便,另一方面也约束了漕务人员的不法侵漕行为;怀有强烈畛域之见的地方政府之间的合作,使闹漕难以平息。除此之外,地方官在漕粮征派中自主权的有限也使其难以应对漕粮征派环节的突发问题,常常处理失当。当然,清代闹漕在冲击了地方社会秩序的同时,也给地方社会秩序的调整提供了有利契机。

中 文 题 名 **葡萄牙人入居澳门问题研究**

英 文 题 名 A Study on How Portuguese Entered and Resided in Aomen

作　　　者 陈子建

导　　　师 谭世宝

学位授予单位 山东大学

学科专业名称 中国古代史

学 位 年 度 2007

论 文 级 别 硕士

中 文 摘 要 "葡萄牙人怎样入居澳门是中外澳门史学界比较关注的问题,也是存在争议颇多的一个问题。本文以澳门成为港口和葡人入居澳门的过程两个问题为核心,在继承前人研究成果的基础上,对早期澳门历史上有争议的问题做了探讨,提出了自己的一点看法。第一部分作为论文研究的基础,首先

简要叙述了澳门的地理行政沿革。然后论述明代正德年间,朝贡贸易的衰落和广州海外贸易的发展,从经济上揭示葡萄牙人入华的深刻背景。最后,在指出澳门成为港口和葡人入居澳门两个问题存在根本不同的基础上,探讨了葡人来华以前澳门成为港口的可能性。第二部分简要论述了葡人最初来中国和第一次正式遣使中国的经过。葡人对中国的错误认识和在中国的暴行,使中葡之间短暂的正式交往最终以战争的形式结束。葡人试图占据屯门(Tam(?)o)的举动,则充分暴露了其在东方进行殖民贸易的本性,这也是澳门最终为其盘踞的关键所在。第三部分论述中葡恢复通商以前两国的关系和澳门状况。着重讨论了嘉靖八年(1529)林富请重开广东市舶和嘉靖十五年(1535)澳门成为港口两事。同时对葡人这一时期在中国浙江、福建沿海的活动做了简要论述。第四部分结合中西方史料的记载,详细论述了葡萄牙人入居澳门问题。对郭裴所说嘉靖三十二年(1553)"借地晾晒"之事,1554 年汪柏和索萨的议和,以及葡人认为1557 年他们正式入居澳门等问题进行了探讨。在比较综合各家观点和中西史料的基础上,笔者认为,葡萄牙人入居澳门是一个渐进的过程,而其能长期居留澳门则是多方面原因造成的。

中 文 题 名 七世纪前期的东北亚政治关系与白江之战
作　　　者 张暾
导　　　师 李宗勋
学位授予单位 延边大学
学科专业名称 专门史
学 位 年 度 2007
论 文 级 别 硕士
中 文 摘 要 七世纪前期,尤其是中国的唐朝建立以后,东北亚势力的格局逐渐呈现出多极化特点,国家、政权之间的矛盾也日趋尖锐复杂。最终唐、高句丽、百济、新罗和日本(当时日本称之为"倭",为方便论述,本文以下统称日本)等五国大展合纵连横之术结党联盟,在当时的东北亚历史上形成了两大军事集团——唐罗同盟和丽济联盟。随着日本对半岛争端的直接介入,使这场东北亚纠纷进一步扩大化,一场东北亚的世界大战——白江之战终于爆发。白江之战对东北亚的局势发展可谓意义重大。首先,它给日本带来了沉重的打击和强烈的震撼,不得不暂时收敛了觊觎朝鲜半岛的野心,转而深化国内改革。在朝鲜半岛上,此战之后百济彻底灭亡,为日后新罗实现半岛南部的统一扫清了障碍。百济的灭亡更使唐军南北两线夹击高句丽成为可能,唐军终于数年之后得以顺利平定高句丽,实现了隋唐两代的夙愿,大大加速了唐朝东北亚国际秩序的构建进程。本文将主要探求白江之战之前,东北亚各国关系的发展轨迹以及各方势力的分化、重组的过程,并通过对这一时期东北亚各国政治关系的分析,来挖掘白江之战爆发的根源以及这场战争对整个东北亚历史发展的影响。全文由绪论、本论和结论三个部分构成:第一章绪论部分主要论述本课题的研究目的、范围、意义及相关学术动态等。第二章分析唐朝与朝鲜半岛三国的关系及其演变。唐初时期由于受到各种因素的制约,对朝鲜半岛事务采取不介入的态度,所以与半岛三国的关系都经历了一段稳定时期,但随着政权的稳固,唐开始关注半岛形势的发展。高句丽自盖苏文夺权之后转而对唐强硬,并联合百济侵伐新罗,唐丽矛盾由此激化。而百济的骑墙策略,也招致了唐的不满,在久攻高句丽不下情况下,唐决定联合新罗先平百济,再灭高句丽,东北亚两大军事集团形成。第三章主要论述日本在大化革新前后与唐朝、朝鲜半岛三国的关系和演变。日本在白江之战之前共对唐遣使四次,但双方的关系并没有由此而密切,相反,出于自已利益的考虑日本不仅没有答应唐朝的出兵援助新罗要求,而且在权衡利弊之后选择了对丽济联盟的支援。随着日本立场的日趋明朗,东北亚势力重组终于完成。第四章分析白江之战爆发的原因、经过、影响等问题。由于高宗时期半岛政策的转变,直接导致了百济的亡国,百济遗臣随之掀起了复国运动,在一定程度上动摇了唐对百济的占领,此外还积极向日本和高句丽求援。日本出于种种考虑,最终确定了救援百济的政策,出兵半岛,与唐对抗,白江之战由此爆发。白江之战是东北亚古代史上具有转折意义的战役,无论对日本、朝鲜半岛还是唐朝都有重大意义。第五章为结语。

中 文 题 名 漆器与古代中日文化交流

英 文 题 名 Lacquer and the Exchange of Culture between China and Japan in Ancient Times

作 者 程红梅

导 师 纪宗安

学位授予单位 暨南大学

学科专业名称 专门史

学 位 年 度 2002

论 文 级 别 硕士

中 文 摘 要 漆器在中日文化交流中占有重要的地位。中日两国的漆器交流在文化交往伊始已经发生,具有两千多年的历史。中日漆器的交流促进了漆器制作技术和管理制度的交流,对中日两国的文化生活产生了一定的影响。本文在努力搜集资料和前人研究成果的基础上,通过对中日文化交流史、中日漆器工艺史的深入了解,对搜集的琐碎资料进行梳理,较为系统地勾勒出古代中日两国漆器交流的概貌;并就中日漆器工艺中具有代表性技法的交流进行专门稽考,从中可以看出中日两国漆器在交流中互动发展。本文还简单地论述了在中日文化交流的大背景下,漆器交流对中日两国手工业管理制度、礼仪制度以及僧俗的文化生活的影响。

中 文 题 名 麒麟文化的变迁与中外文化交流发展的关系

英 文 题 名 The Changes of Kilin Culture and the Development of the Sino - Foreign Cultural Exchanges

作 者 许秀娟

导 师 林远辉

学位授予单位 暨南大学

学科专业名称 专门史

学 位 年 度 2003

论 文 级 别 硕士

中 文 摘 要 麒麟文化是源起于中华大地的传统文化,同时也是中外文化交流融合的结晶。从麒麟文化的诞生、初兴、发展到极盛的过程中,无不深受外来文化的影响。而麒麟文化向海外的广泛传播,也促进了古代各国友好往来,甚至对一些国家的政治、经济、文化等方面产生了深刻的影响,是中外关系史研究中一个值得重视的课题。本文按照麒麟文化的变迁和中外文化交流的发展分为四个阶段论述:第一章透析从上古到东汉时期中国麒麟神话与印度月亮传说的关系探讨麒麟文化的起源,并且根据国内外的考古发现、历史遗存结合文献记载,分析麒麟文化的初兴与欧亚文明东传的关系;第二章总结三国两晋南北朝时期民族大融合状况下内迁胡族对麒麟文化的吸收和影响,以及异域动物输入和中外文化交流活跃为麒麟艺术形象带来的新元素;第三章分析唐宋元时期麒麟文化世俗化的原因、表现和麒麟艺术形象的改变,并且结合当时的海外贸易情况、中外交往状况论述麒麟文化世俗化对麒麟文化向海外传播的促进;第四章论述郑和下西洋引发明清两代本国的麒麟文化热潮和日本麒麟文化的发展状况,分析外国贡麟事迹和中国麒麟文化走向极盛的关系。本文首次从中外关系史的研究角度出发,系统地论述麒麟文化的发展脉络,并透过对麒麟文化的变化考察重要历史时期的中外文化交流状况,希望能为中外关系史研究开拓一条新的途径和新的课题。

中 文 题 名 乾隆嘉庆时期涉海小说研究

英 文 题 名 The Study of Ocean - related Novels during the Qianlong and JiaQing Period of Qing Dy-

nasty

作　　者　郭杨

导　　师　刘上生

学位授予单位　湖南师范大学

学科专业名称　古代文学

学 位 年 度　2006

论 文 级 别　硕士

中 文 摘 要　古代中国作为大陆文明的杰出代表,其海洋文化的成就常被人忽视。其实它虽不显赫,却自有其源流和特点。本文关注的是中国古代海洋文化的重要组成部分——中国古代涉海文学,重点研究迄今尚少人问津的清代乾隆嘉庆时期(简称乾嘉时期)涉海小说的发展状况。全文共分四章。第一章:古代涉海小说的演进历程。本章简要回顾从先秦至清初中国古代涉海小说从渊源、萌芽至成熟发展的演变过程,并简述乾嘉涉海小说的繁荣原因、状况和类别。第二章:乾嘉功业型涉海小说范本研究:《希夷梦》——以梦写心的海外创业史。本章主要论述乾嘉时期功业型涉海小说《希夷梦》的创作特点和成就,重点分析了《希夷梦》的涉海生活写实、功业理想寄托和梦幻叙事技巧。第三章:乾嘉讽世型涉海小说范本研究:《镜花缘》——寓讽于幻的海外游历记。本章主要论述乾嘉时期讽世型涉海小说《镜花缘》的创作特点和成就,重点分析《镜花缘》的海国讽喻意蕴、涉海现实内容和记游叙事规律。第四章:其他乾嘉涉海小说。本章主要论及乾嘉时期除《希夷梦》和《镜花缘》外的其他功业型和讽世型小说,最后论述了《红楼梦》卓越的世界眼光和《蜃楼志》对沿海洋行贸易的真实描述。结语部分总结阐述了涉海小说对中国古代小说的贡献。

中 文 题 名　**秦皇岛开埠与区域经济的近代变迁**

英 文 题 名　The Establishment of Qinhuangdao Non – treaty Port and the Contemporary Change of Regional Economy

作　　者　崔鹏飞

导　　师　王翔

学位授予单位　河北师范大学

学科专业名称　中国近现代社会经济史

学 位 年 度　2008

论 文 级 别　博士

中 文 摘 要　本文以秦皇岛自开商埠作为研究对象,在借鉴和吸收现有成果的基础上,通过探讨秦皇岛开埠与区域经济社会的近代变迁的关系,借以透视秦皇岛自开商埠的个性特征,同时为当今环渤海经济圈的交流与合作提供历史借鉴。本文首先综合分析了秦皇岛开埠的历史背景。在清末变革的大背景下,秦皇岛自开商埠,是求变图存思想和主权意识的演化发展、加强京师军事防御和复兴海军的战略需要和振兴商务、扩充利源的现实考虑的结果。本文对秦皇岛开埠时间进行了详细考证,同时考察了开埠经费的筹措与开支状况、商埠各项规章制度的制定以及秦皇岛海关的设置及其运营。这些规章制度对秦皇岛商埠的运营发展提供了内在支持,也为以后的发展奠定了基础。作为北方重要的通商口岸,秦皇岛对外贸易在不同时期有所起落,受时局影响明显,但基本呈上升的趋势。文章详细考察了秦皇岛港商品贸易、走私贸易及独特的客运贸易,据此分析了秦皇岛对外贸易的特点。秦皇岛是“以港兴市”的范本之一。本文从城市格局的形成、城市人口结构的近代演化、近代交通网络的形成、城市经济的近代转型以及近代社团的出现及其作用等方面探讨了秦皇岛城市化及城市近代化发展的历程。秦皇岛开埠后,逐渐成为华北继天津、唐山之外的又一个经济中心,以开平煤炭为介质,形成了秦皇岛、天津、唐山三者之间互为关联、相对闭合的区域经济圈,以其整体优势加强了与世界市场的联系,而秦皇岛在这个市场体系中则起着桥梁与中

介的作用。本文通过对秦皇岛开埠与区域经济变迁的探讨，揭示了秦皇岛在近代变迁中呈现的名为自开，但长期大权旁落，主权转移；进出口贸易商品结构单一，客运贸易畸形发展；市因港兴，但港城发展失衡的鲜明特色。秦皇岛与天津、唐山之间存在的互补共生、内敛闭合性，在拉动秦皇岛城市发展的同时，也成为秦皇岛外向发展的束缚和制约因素，要使秦皇岛在河北省经济社会发展和对外贸易的窗口和龙头功能真正发挥，有赖于环渤海经济圈的实质性协调发展机制的建立，营造京、津、冀互动、互助、互惠、共赢的合作空间，这是给我们的最大启示。

中文题名 **青花瓷与中外文化交流**

英文题名 Cultural Interaction of Blue and White Ware

作者 苏沛权(Sou Pui Kun)

导师 马明达

学位授予单位 暨南大学

学科专业名称 中国古代史

学位年度 2005

论文级别 博士

中文摘要 青花瓷是元明清时期我国对外输出的重要陶瓷产品，其外销数量之大、行销地区之广，也是其他瓷品不能比拟的。而对这一古代中国与波斯地区文化交流的重要产物，在以往学界研究中未被深刻认识。本文以中国白瓷胎与钴蓝彩绘的文化因素为主线，系统探讨青花瓷的成因及其在中外文化交流史上的意义。论文在回顾古代中国与波斯文化交流的内容基础上，分析了青花瓷的市场文化因素，探讨了明朝与波斯的青花贸易状况，指出了青料的来源，进而说明这一时期中国青花瓷在对外交流中与波斯、欧洲工艺的相互影响。论文通过系统探讨，旨在阐明：元明青花瓷，特别是明青花瓷，是波斯地区低温钴蓝彩绘技术与中国南方优质白瓷胎制作技术相结合的产物。这一瓷品曾大量输往亚、非、欧各地，成为元明清时期国际贸易的重要商品之一。伊斯兰地区的制瓷业因此获得了许多青花瓷制造的宝贵经验和技术，而青花瓷外销欧洲，也促使意大利佛罗伦萨、荷兰德尔夫特等地区大量生产出仿青花软质瓷和蓝彩瓷砖(Delftware Tiles)，并刺激德国迈斯森(Meissen)陶瓷厂于公元1710年成功研制出欧洲第一件硬质白瓷。

中文题名 **清朝对外贸易法制研究**

英文题名 Research on International Trade Laws in the Qing Dynasty

作者 张晓堂

导师 张晋藩

学位授予单位 中国政法大学

学科专业名称 法律史

学位年度 2007

论文级别 博士

中文摘要 清朝没有以对外贸易法或海外贸易法命名的专门规范与管理对外贸易的法律法规，但《大清律例》、《大清会典》及事例、各部院《则例》、皇帝在对外贸易方面的敕诏谕旨和经过皇帝御批的对外贸易章程规条等法律文献中具有非常丰富的对外贸易法律法规及相应制度的内容，各种法律文献之间具有明显的互补性，在对外贸易法制建设中被锤炼成为一个主旨、立意和原则清晰的法规体系。清朝建立了分工负责相互配合的对外贸易管理体制，在中央政府所设立的礼部、户部、兵部、理藩院均有一部分管理对外贸易的职能。在户部之下设立专门负责对外贸易管理和征收关税的海关，海关监督由户部提名经皇帝批准，同时也接受地方督抚的监督甚至直接由督抚兼管。清朝政府坚持传统的朝贡体系，使外交与外

贸高度统一。清朝政府还建立了洋行制度,通过控制行商来控制对外贸易。清朝初年曾经在东南沿海广大地区实行海禁,民间对外贸易几乎完全断绝。康熙统一台湾后开海设关也仅仅是极其有限地允许对外贸易。它高度控制朝贡贸易,高度控制外商来华贸易及其在华的一切活动。对中外贸易的区域、商品、船舶、商人、货币、经营等均规定了越来越苛刻的限制。控制、限制、阻遏甚至摧残成为清朝对外贸易法制的基本特征。清朝在康熙时设立了闽、粤、江、浙四海关,专门管理对外贸易,查验进出口货物并征收进出口关税。为此,清朝不断建立完善海关管理制度。清代海关征税均有定额,后来正税额定制、盈余比较制、短收赔补制、陋规归公制等形成了关税额的递增机制。因此,清朝关税呈现不断加重的趋势。清朝对外贸易法制不但严格限制进口,而且更加严格地限制出口,甚至限制出口严于限制进口,相对西方国家来说非常落后。清朝对外贸易法制把反走私扩大化,防民甚于防盗,对违反禁令者处以重刑,使商人们动辄违法犯禁并受到严刑峻法的惩处,具有明显的反动性。因此,清朝的对外贸易法制在本质上是闭关锁国的劣法。清朝对外贸易法制形成的原因很多也很复杂。维护作为封建专制统治基础的自然经济是封建王朝的本能。清朝疆域辽阔、人民众多、国力强大等因素也都把中国历史上夜郎自大的天朝上国与天下共主观念极大地强化。而对于满清政权来说,要不遗余力地阻止中外人民贸易和交流以防止异端势力与海外势力联合起来从事反抗满清民族统治的活动,是清朝对外贸易法制形成的根本原因。明末清初的中国充满了发展对外贸易的历史机遇,当时的中国社会具备了发展对外贸易的基础、条件和环境。然而,清政府制定了控制、限制、阻遏甚至摧残为基本特征的对外贸易法制,不论它在外贸法规制定和外贸制度建设的技术层面较前代有多大的创新,都只能强化其劣法本质,其所产生的社会后果当然也就十分恶劣。它不但引发了频繁的涉外争端和冲突升级,还摧残了对外贸易的健康发展,损害了商品经济发展和资本主义萌芽的成长,打击了中国社会的变轨冲动,中国社会被严防死守在传统的老路上缓慢走向贫穷、落后、挨打。

中 文 题 名 **清朝顺康雍时期对澳门的政策与管理**

作　　　者 弭友海

导　　　师 陈尚胜

学位授予单位 山东大学

学科专业名称 专门史

学 位 年 度 2005

论 文 级 别 硕士

中 文 摘 要 澳门自十六世纪中期开埠通商以后,即成为东西方经济文化交流的窗口。澳门作为一个葡萄牙人贸易居留的特殊区域,其主权一直属于中国政府。在 1849 年以前,中国政府也一直对澳门在行政、司法、贸易等方面进行实质上的有效管理。通观澳门历史,她的每一次繁荣与衰退都可以从明清政府对她的政策方面找到原因。特别是进入清代以后,顺康之际的禁海迁界、康熙开海、南洋之禁、雍正开禁等等,无不对澳门产生重大影响。乾隆年间,广州形成"一口通商"的对外贸易管理体制。而澳门也由明代的一个由中国政府管辖而单纯由葡萄牙人赁居经营的特殊"蕃坊",变成了西方各国商人在中国贸易的居留场所。顺康雍时期对澳门的政策与管理及对澳门的定位直接导致了"一口通商"体制中澳门地位的变化。那么顺康雍时期对澳门政策与管理中的哪些方面对澳门地位的变化发挥了作用?有那些特点?这些政策与管理的趋势是怎样的?政策背后隐藏的价值取向是怎样的?这是本文尝试回答的几个问题。本文共分五部分。第一部分为导论,主要阐述本文研究的价值和意义。作为对西方政策的一个组成部分,对这一时期清政府对澳门政策与管理的考察有助于我们认识与分析清政府在处理对外关系时所持的态度与原原则,从而有助于廓清鸦片战争前中西关系中的一些问题。同时导论中也总结了当前学术界对这一问题的研究现状,并发现对这一领域的研究尚缺乏与明代的一种对比性研究,也没能把这一问题放到当时中西关系的大环境中进行考察。本文试图克服这一点,重新进行考察。第二部分考察了清代禁海时期对澳门的政策与管理。在这一时间段里,面对严峻的政治军事形势,对澳政策的军事化倾向比较明显。清政

府从务实有效的角度出发,对澳政策基本承袭明制。但对澳门的管理体制却由于禁海迁界的影响,没能真正有效的建立起来。第三部分康熙开海至雍正以前的一段时间。这一时期对澳门的政策与管理逐渐纳入了较为清晰有序的状态。对澳门的管理体制真正建立起来并有效运行。对澳门仍实行了特殊的贸易优惠政策,特别是在“南洋之禁”其间,使其独占“贩洋之利”。第四部分考察了雍正时期。雍正时期对澳门政策与管理的特点就是开始加强限制与管理力度。贸易额船的限量、进出澳门人口的限制、香山县垂的设立都反映了这一点。反映了清政府在西方势力东来的势力越来越强劲的情况下力图以澳门为限制地,将西方势力控制在一定范围之内。第五部分是结论部分,总结了顺康雍时期对澳政策的特点与演变的趋势,管理措施演进的过程,以及这一时间段内对澳门定位与认识的变化。

中 文 题 名 清代:中日文化交流格局的转换
英 文 题 名 Qing Dynasty: The Conversion of Sino – Japanese Cultural Exchange Pattern
作　　　者 蔡筱牧
导　　　师 李宗勋
学位授予单位 延边大学
学科专业名称 专门史
学 位 年 度 2008
论 文 级 别 硕士
中 文 摘 要 中国和日本文化交流历史悠久,源远流长,两千年来连绵不断,而且交流范围很广,影响也非常深远,可以说对两个国家的政治、经济、文化、思想、科学发展等方面都产生了非常巨大和深刻的影响。从中国和日本的交往历史来看,大致可以分为两个时期:在古代到明清前期这一漫长时期中,一直是日本对中国文化的移植和学习,以日本吸收优秀的中国文化,并通过中国学习西方先进文化为主流,这对日本文化的形成和社会的进步都起了重要的作用。但到清代后期发生了根本的变化,由于清政府的腐败和保守,中国开始沦为半殖民地,而日本通过明治维新,通过向西方的学习,维新改革,进入了世界资本主义列强之列。开始转变为中国向日本学习和吸收改革成功的经验,并通过日本来学习西方的先进文化。通过对日本的学习,对中国的社会发展也产生了重大的影响。可以说:清代是中日文化交流格局的转换的重要时期。本文通过对清代中日文化交流在不同时期变化的研究,阐明了文化交流的客观规律,证明了文化交流总是从发展较高的地区向发展较低的地区传播,从较先进的地区向较落后的地区传播;但文化的先进和落后也不是一成不变的,而是随着历史条件的转变而转变的。同时,清代这种中日文化交流格局的转变不是偶然的,是以日本率先接受了西方资本主义文化,成为了现代化的资本主义国家是分不开的。按照文明发展不平衡的规律,落后文明赶上先进文明并超越先进文明,原来先进的地区或国家向本来比自己落后的国家但现在却已经比自己更加先进的国家学习,这是一种客观规律。但是在中日关系当中,发生这种突变,却又有其本身的客观原因。本文试图通过对这一时期中日文化交流的变化的研究,来分析这种转变的原因。

中 文 题 名 清代长江流域竹木商业研究
英 文 题 名 Research on the Business of Bamboo & Timber of Yangtse River Valley in Qing Dynasty
作　　　者 张少庚
导　　　师 陈锋
学位授予单位 武汉大学
学科专业名称 专门史
学 位 年 度 2004

论 文 级 别　硕士

中 文 摘 要　作为房屋建筑、水利建设、生产交通工具及家具制造最基本的用料，竹木成为中国传统社会的一项重要商品，竹木商业自宋明以来也日渐发达。本文主要考察了清代长江流域的竹木商业状况。在传统社会，竹木输运主要依赖水路实现，长江流域丰富的水系构成了清代本流域完善的竹木水运网络，在此基础上形成了多层次的竹木集散市场。清代活跃于长江流域的竹木商人众多，尤以徽商、江西商和两湖商人势力最大。竹木商业对政府税收意义重大，有清一代竹木税主要包括牙税、关税、竹木厘金三类，其中以关税最为重要。商业运营使竹木商人与地方社会发生了密切联系，主要表现在竹木会馆的普遍建立以及竹木商与地方民众的矛盾冲突等方面，在协调商民冲突的过程中，官方发挥了决定性作用。竹木业有其特定的商业形态，在嘉道时期长江流域的竹木商业达至繁盛，对外通商开埠对传统竹木行业并未造成冲击，太平天国运动后本流域的竹木商业又迎来了一个新的发展时期。

中 文 题 名　**清代长乐客家迁台探究**

英 文 题 名　Inquiring into the Migration to Taiwan of Chang – le Hakka in Qing Dynasty

作　　　者　张小聪

导　　　师　房学嘉

学位授予单位　南昌大学

学科专业名称　专门史

学 位 年 度　2007

论 文 级 别　硕士

中 文 摘 要　清代广东地区人民移民台湾是中国移民史上重大的事件之一，对清代广东地区移民台湾的研究有着重大的学术意义和实际意义。粤东客家地区作为清代广东移民台湾最集中的地区之一，一个多世纪以来引起了海内外客家学研究者们高度关注和兴趣，并取得了丰硕成果。但目前客家研究界对客家移民台湾的研究还基本停留在文献上，缺乏实证考察和新的论据，研究难以深入开展。本文以清代粤东长乐县（即今五华县）为主要考察点，在历史人类学的视野下和客家研究学术史背景下，以田野调查方法为基本的研究方法，并在结合相关文献史料，在考察移民的各基本要素的基础上，重点探究清代长乐人民迁台的内在动因及对台湾社会的影响，并与相关的研究成果和移民史理论进行对话。笔者的田调结果表明，无论是用“人—地”矛盾，还是用“推—拉”模式来解释迁台的原因，都忽视了外迁者本身的能动性和传统乡村社会的秩序与观念的影响力，迁台的动因可以也应该是多样性的。

中 文 题 名　**清代地方漕粮征派研究**

英 文 题 名　The Disuition of the Tribute Grain Expropriation in the Qing Dynasty

作　　　者　袁阳春

导　　　师　吴琦

学位授予单位　华中师范大学

学科专业名称　中国古代史

学 位 年 度　2009

论 文 级 别　硕士

中 文 摘 要　漕粮征收是有清一代重要的经济活动，又是关系清朝统治的政治活动。漕粮征收体系在清前期建立并稳定运行，在社会的各方面产生积极影响；中后期渐形成积弊，对清代地方社会秩序的稳定产生了不利影响；清朝后期受外国侵略和太平天国运动的影响，漕粮征运体系发生变革并出现漕粮海运。清代漕粮征派体系的变革对清代政治、经济以及社会的各个方面产生了深刻而广泛的影响，尤其是与

地方社会秩序形成了紧密的联动关系。全文共分六个部分：绪论，主要回顾清代漕运方面研究状况以及本文研究思路。第一章，探讨清代漕粮征收征运制度以及的整体变化，以及清代漕粮征派体系的演变；第二章，探讨清代地方基层社会结构的演变，通过漕粮征收方式的变化，审视清代不断完善漕粮征收方式，以图克服弊端，却又不断陷入漕弊的困局之中；第三章，以太平天国运动的兴起为契机，看清代中央政府力图重建漕粮征收体系和稳定社会秩序的努力；第四章，主要探讨清代地方社会漕粮征收中积弊的形成，以及如何成为清代地方社会秩序的不稳定因素；第五章，探讨漕粮征收的豁除蠲缓政策，以及豁除蠲缓政策的实施情况、社会功效。漕运制度本身具有反市场、反商品经济的特性。在清代，这种特性广泛地受到其他因素的影响，致使漕弊百出，制度缺陷日现。清代漕弊现象不完全是经济原因，更大程度上来自政治层面，来自于地方势力和中央力量的较衡。在清代漕粮征收体系所存在的结构性矛盾中，经济利益、政治权利与社会秩序等诸多因素与问题反复交织与冲突，中央与地方的权利分配格局也在其中不断演化，中晚清政治格局的变化与此不无关系。清代中后期，旧有的漕粮征收体系面对新的社会形势，面临重大的变革与转型。

中文题名　**清代渡海巡台制度之研究**

英文题名　On Jurisdiction System of Qing Dynasty for Governing Taiwan

作　　者　尹全海

导　　师　罗福惠

学位授予单位　华中师范大学

学科专业名称　中国近现代史

学位年度　2007

论文级别　博士

中文摘要　强调或突出台湾与大陆的历史文化联系，是以往台湾史和两岸关系史研究中最基本的学术取向；受其影响，两岸之间的管辖关系，以及历史上中原王朝对台湾的管辖形式，或多或少被忽略。事实上，台湾海峡，风涛之险，不仅未能阻止两岸的历史文化联系，而且还孕育出为应对或适应自然阻隔而设计的管辖制度。清代渡海巡台制度，即是台湾建省之前，清王朝对台湾实施的直接管辖制度。就中原王朝对台湾的直接管辖形式而言，其上承早期的"隔海遥制"，下启晚清台湾建省，可谓承前启后。本文拟在制度视角下，以清代治台政策为背景，以渡海巡台制度的演变为主线，通过对制度运作之描述与分析，揭示其性质与功能。本文除在绪论中通过回顾相关研究成果，以启发研究动机外，共分四章。其中，第一章为切入主题之前的背景；第二、三、四章分别为清代渡海巡台制度演变的三个阶段；最后通过对清代渡海巡台制度进行整体性分析，作为本文的结论。第一章清代渡海巡台之背景。本文重点探讨清代渡海巡台制度的演变及其功能，但在切入主题之前，也述及"七百里横洋"，不仅飓飚骤发，风信靡常，而且有黑水沟之险与鹿尔门之忧等恶劣的水文、气候现象，对海防和海上交通带来的不利影响、对渡者心理造成的恐惧和由此形成的海神信仰；同时，对清代渡海巡台制度实施之前，历史上中原王朝对台湾的早期管辖形式之演变，即经由早期经略、以澎湖遥制台湾和闽台合治，及其所折射出的文化观念，进行较为详实的考证与描述。在相对潜在且相当宏观的视角下，揭示清代渡海巡台的自然、历史与文化背景，为后面的研究提供一个分析框架。第二章巡台御史制度，即清代渡海巡台制度的初始阶段。巡台御史制度，肇建于对康熙六十年朱一贵起义的反思；而它的废止，则迎来了乾隆五十一年的林爽文起义。无论是历史巧合还是具有因果关系，巡台御史制度对清代台湾之政治、武备和文化教育等方面产生的积极影响，是可以肯定的。依据制度设计，巡台御史的职责为"沟通信息"，即推行朝廷政令，反映台湾舆情；其实际运作中则具体表现为条陈台地事宜、处理地方事务、巡阅营伍和推行教化等. 巡台御史之无限权力来自皇权所赋，因此，皇权与巡台御史的疏离，福建地方官员与巡台御史的矛盾，成为巡台御史职权式微的主要原因。本章之研究，较偏重于制度的执行者巡台御史和实际执行中的制度、规则、惯例，及其运行模式，而不仅局限于成文制度的规则

与运作。第三章福建大员轮值巡台制度,即清代渡海巡台制度演变的第二阶段。福建大员轮值巡台制度,在设计上吸收了闽台合治与御史巡台两种制度的积极意义,既理顺了闽台权力运作关系,又保证了中央政策在台湾推行,清王朝对台湾的直接管辖制度由此进入常态,此后的调整与变易,甚至包括台湾建省,几乎都是在此框架内进行的。本章首先对福建大员的早期渡台活动及其影响进行分析,意在强调巡台大员在清廷制定治台政策时具有特殊的发言权。其次,通过对福建大员轮值巡台活动的考证,共有26位福建大员、31次巡视台湾;根据性质,将其初步分为循例巡台和因事巡台两类,其中,因事巡台,进一步细分为追剿海盗、平定民变、弹压械斗和招垦番地四类. 最后,从台湾海峡恶劣的自然环境、福建内地的社会秩序,以及台湾镇、道职权的变化三个因素,探寻轮值巡台制度两度中断的原因。第四章闽抚冬春驻台制度,即清代渡海巡台制度演变的第三阶段。自同治十三年沈葆祯巡台以后,历任驻台闽抚的巡台活动大都围绕开山抚番、洋务与海防徐徐展开,内地化成为清政府治台政策的本质。驻台闽抚的治台主张及其在朝廷的反应,为本章首先关注的问题。其次,由于闽抚驻台制度追求的"闽台呼应"与"事权归一",与晚清台湾建省之初衷,在本质上是一致的;台湾建省,可谓闽抚驻台乃至渡海巡台制度演变的必然趋势,故而成为本章关注的另一个重点。当然,本章还对闽抚驻台制度的定制与沿革,作了较为详细的梳理与分析。结论. 由于此前三章进行了较为微观的阶段性研究,最后通过整体性分析,得出如下结论:第一,清代渡海巡台制度,为清政府对台湾实行的直接管辖制度;清王朝通过渡海巡台制度在认识台湾、沟通信息、制定或调整治台政策,以及维持政权存续之功能,实现和加强了对台湾的直接管辖。第二,清代渡海巡台制度的实施动因系台湾重大事件之刺激,实质则是顺应台湾社会变迁和移民垦殖之拓展而作的渐次调整,表现为内地化、过渡性和被动性特征。第三,台湾海峡的自然阻隔、制度自身缺陷,以及重陆轻海观念影响和制约了清代渡海巡台制度的功能,表明清代渡海巡台制度是陆权时代的管辖制度;进入海权时代,若不能取得台湾海峡的制海权,其功能是十分有限的。

中文题名 清代福建茶叶外销与地区经济发展的互动关系研究

英文题名 A Research on the Interactions between Fujian Tea Export and Regional Economy in Qing Dynasty

作者 颜丽金

导师 纪宗安

学位授予单位 暨南大学

学科专业名称 专门史

学位年度 2004

论文级别 硕士

中文摘要 茶叶作为清代三大外销品之一,不仅在中国对外贸易史上具有举足轻重的地位,也是中外关系史研究的一个重要内容。本文拟在前人研究的基础上,概述各个时期福建外销茶叶的主要品种、产地及其外销情况,通过分析清代福建地区的经济条件、状态对福建茶叶外销的作用和影响;以及分析福建外销茶在外销市场中的比例的变化,研究国际茶叶市场对福建外销茶叶的作用和影响,进一步探讨茶叶外销的兴起、发展及走向衰落过程中,对地区经济的发展有什么作用和影响,它们是怎样互相促进互相限制的;清代福建茶叶外销对区域经济发展所起的互动作用,主要表现在:福建外销茶在外销市场中的比例的变化对内地产茶区植茶面积、对沿海地区贸易发展等方面的影响。

中文题名 清代后期汕头的对外贸易(1860-1911年)

英文题名 The Foreign Trade of Shantou in the Later Stage Qing Dynasty (1860-1911)

作者 陈丽

导　　师　陈伟明
学位授予单位　暨南大学
学科专业名称　专门史
学 位 年 度　2005
论 文 级 别　硕士

中 文 摘 要　潮汕地区对外贸易的历史源远流长，早在隋唐时期，潮汕地区同海外已有贸易往来，历经宋、元、明、清各朝，对外贸易一直不断发展，本区域的凤岭、柘林、东陇、辟望、樟林诸港都曾是著名的对外贸易港口。1860 年汕头开埠以后，潮汕地区的对外贸易进入了一个新的时期，鸦片、洋布、棉纱等货物纷纷涌入，以蔗糖、纸、陶瓷器等为主的土货也大量输出，汕头逐步发展成为潮梅、赣南、闽西货物集散枢纽，进出口额在全国各通商口岸中位居第七，成为华南地区的第二大商港，对潮汕地区的近代化产生了深远的影响。本文探讨的问题是 1860 - 1911 年汕头对外贸易的状况，内容涉及以下五个方面：一、1860 - 1911 年汕头对外贸易的概况；二、汕头对外贸易的地区；三、进出口商品及其结构变化；四、航运及主要航线的经营情况；五、汕头对外贸易对潮汕地区的影响。在中国从封建社会末期步入近代的特殊时期里，汕头的开埠对于汕头的近代化及整个周边地区的经济都有着深刻的影响，它在客观上刺激了潮汕资本主义因素的发展，使潮汕地区的经济纳入了世界发展的新范畴，在海外贸易的带动下，潮汕地区本土经济得到了快速发展。与此同时，由于汕头是作为一个对外贸易港口而立市的，对外贸易的兴衰至今仍然直接影响着整个城市和地区的兴衰，因而，今天再来讨论清代后期汕头的对外贸易具有重要的现实意义。同时，从口岸贸易研究的对比来看，同为华南地区的重要口岸，但学界对广州、福州、厦门等港口的对外贸贸易研究成果颇丰，相形之下，汕头港的对外贸易研究则显不足。所以，对汕头对外贸易的研究具有一定的学术意义。

中 文 题 名　**清代江西运漕及其负担研究**
英 文 题 名　A Study on the Grain Transporting and the Related Burden in Jiangxi During the Qing Dynasty
作　　者　陈华
导　　师　梁洪生
学位授予单位　江西师范大学
学科专业名称　中国经济史
学 位 年 度　2005
论 文 级 别　硕士

中 文 摘 要　清代江西额定漕粮居多，又受“三藩之乱”的影响，运漕军丁相对不足。一方面运丁佥选的范围逐渐扩大，大批舵工、水手受雇加入运漕行列并合法化，另一方面漕船日益增大，卫所屯漕关系更加紧密。江西省有漕州县多僻处山区，漕船难以深入，故漕粮汇集南昌兑运，再涉湖过江，运漕北上。总体而言，江西运漕负担较他省尤甚；各卫所运漕负担出现不同程度的偏累；运漕者因扮演的角色不一，负担不尽相同：运丁因承担修造漕船及运输漕粮的双重负担，日渐贫疲，逐渐难以支撑；舵工、水手肩负运漕的沉重力役，却所得甚微，因而勒索、挟制运丁及诸多不法行为屡见不鲜；而运弁、尖丁多视运漕为利薮，成为运漕中的蠹虫。随着漕弊的积重难返及运漕条件的恶化，普通运漕者应对运漕的方式日益多样化：运丁为规避运漕纠纷不断；漕帮为增加收入勒索州县，经商走私，甚至沿途盗卖漕粮，勒索商民；贫穷运丁最终典卖屯田甚而走上逃亡之路。清末运漕停止，卫所运漕功能丧失，运丁也由此脱离运漕之苦；而舵工、水手陷入失业境地，对他们的安置逐渐成为一个社会问题。

中 文 题 名 **清代金门东南亚移民**

英 文 题 名 The Emigrants from Jinmen in Southeast Asia in Qing Dynasty

作 者 游鸿程

导 师 庄国土

学位授予单位 厦门大学

学科专业名称 国际关系

学 位 年 度 2008

论 文 级 别 硕士

中 文 摘 要 清代,金门侨民与闽粤其它沿海地区的华侨一样,因土地贫瘠、谋生不易,加上位置与厦门邻近,血缘上又与厦门同根源,大量金门民众由厦门转往南洋发展。四百多年以来,金门岛与金门人不但见证两岸关系的互动与历史发展,并且从中扮演重要角色。尤其在二十一世纪之后的未来十年、二十年甚至于更久,金门仍然会是两岸关系发展的重要枢纽。本研究透过史料分析,除回顾清朝时期其政策及对当时金门大量移居东南亚的影响外,也进一步探讨清代金门移民与迁居东南亚的成因与还原当时历史渊源与发展。本研究因具地利与当地人脉充裕之便,从事金门华侨发展相关之学术研究,在资料取得上不但具有优势,且希望能透过相关文献资料与掌握,以学术研究的角度出发,为清代金门移民东南亚的历史,在学术界留下一页纪录。

中 文 题 名 **清代琉球来华留学生之研究**

英 文 题 名 Study on Overseas Students from Ryukyu in Qing Dynasty

作 者 林少骏

导 师 谢必震

学位授予单位 福建师范大学

学科专业名称 专门史

学 位 年 度 2003

论 文 级 别 硕士

中 文 摘 要 本文以清代琉球来华留学生为研究中心,考察了清代琉球留学生从选拔,到入北京国子监读书,以及最后回国报效的整个过程。着重分析了萨摩藩在留学生派遣中的影响、官生的选拔考试、琉球留学生的中国教师,以及琉球留学生回国对琉球社会发展所做的贡献等方面。文章指出:清代中国政府,一直对琉球采取了友好睦邻政策和优惠政策,琉球社会大发展,中国的帮助起到了关键的作用。而在中国对待琉球的诸问题中,培养琉球在华留学生问题,是促进琉球社会进步不容忽视的问题。

中 文 题 名 **清代陆丰地区客家人移民台湾探究**

英 文 题 名 Study on Qing Dynasty of Lufeng Area Hakka People Immigrate to Taiwan

作 者 冷剑波

导 师 房学嘉

学位授予单位 南昌大学

学科专业名称 专门史

学 位 年 度 2007

论 文 级 别 硕士

中 文 摘 要 原籍粤东陆丰地区的客家人,在台湾被称为“海陆客”,其所讲方言被称为“海陆客家话”,海陆客是台湾客家族群中的重要一支。关于清代嘉应州地区客家人移民台湾的研究已有不少成果,

而关于清代陆丰地区客家人移民台湾的研究却还非常鲜见,本文的探讨试图弥补这一不足。本文采用田野调查与正史文献相结合,综合利用历史学、人类学、民俗学等多学科相结合的研究方法。通过利用田野调查中搜集到的民间族谱、碑刻、契约文书、口述史资料等,辅之以其他文献材料,以及大陆和台湾学者的一些研究成果,试图重构清代陆丰地区客家人移民台湾的大致情形。并将之与清代嘉应州客家人移民台湾的情形作一简单对比,从而丰富整个粤东地区客家人移民台湾的研究。调查研究发现,清代陆丰地区与整个粤东地区客家人移民台湾的情形是基本一致的,但又稍有不同。通过分析介绍陆丰客家人移民台湾的历史,以及海陆客家人对台湾岛开发建设的卓越贡献,可以将两岸客家人特别是海陆客家人的渊源作一简单梳理,从中我们可以看到两岸客家人同根同源,一脉相承的基本事实,从而加深彼此间的了解与认识,增强相互间的认同感。

中 文 题 名 **清代闽人迁移东南亚的原因:以闽南人为中心**

英 文 题 名 The Reason that the Fujian People Migrated to Southeast Asia during Qing Dynasty: Focuse on the Minnan People

作　　者 于佳萍

导　　师 颜章炮

学位授予单位 厦门大学

学科专业名称 中国古代史

学 位 年 度 2008

论 文 级 别 硕士

中 文 摘 要 清代是闽人迁移东南亚的重要时期。移民的规模、数量都比以前有了更大飞跃。关于清代闽人迁移东南亚的原因,学术界不少著作中都有涉及,但大都是比较笼统的分析,以此作专题研究的不多。本文对移民之因展开了比较深刻而全面的分析。本文采用了"推力—拉力"的理论,主要从内部的推力和外在的拉力两个方面来考虑。内部的推力包括经济推力、社会推力、政治推力等,其中经济推力包括:人口与土地的矛盾,自然灾害的频繁,鸦片战争加剧人民的贫困,商品经济与海外贸易的发展带动海外移民,交通条件的改善也推动了移民的进程。社会推力包括:因宗亲戚友的相互牵引而下南洋;宗族间的械斗促使闽人迁移海外;闽人流动观念比较强,志在四方、敢于冒险,有利于海外移民行动的展开。政治推力又包括:清廷政策的调整对闽人下南洋有重要影响;也有因不肯事清、躲避战乱或与朝廷对峙失败而被迫迁移的;科举制度对闽人中的"读书种子"下南洋也有一定影响。屡试不第的举子,愤世嫉俗而下南洋。而清末科举制度的废除,打破了读书人金榜题名的梦想,促使他们奋志海外。外部的拉力主要包括:东南亚的自然、地理条件等对闽人的吸引;列强对东南亚的开发掠夺,需要大批的劳动力,殖民者采取了各种招徕、诱拐措施,带动了大批闽人的南下;而华侨政界、商界等精英人物的招徕也都大大鼓励了闽人的海外迁移。本文结合了大量地方族谱、地方志、清代文集等,资料翔实,论从史出,比较深入地阐释了主题,而且本文中也从一些全新的视角展开了较透彻的分析。

中 文 题 名 **清代前期广东海防研究**

英 文 题 名 A Study on the Coast Defence of Guangdong in the Earlier Stage of Qing Dynasty

作　　者 陶道强

导　　师 冼剑民

学位授予单位 暨南大学

学科专业名称 中国古代史

学 位 年 度 2003

论 文 级 别 硕士

中 文 摘 要 清代前期推行的是以防为主的海防基本策略,这也是清统治者在广东地方部署海防的最基本的指导思想。在清代前期,广东的海防在战略上划分为东、中、西三路,形成了以广州将军衙门、两广总督衙门为最高领导,广东水(陆)师提督衙门为直接的海防军事领导,其下辖总兵、副将、参将、游击、都司、守备、千总等的基本组织架构。为加强广东的海防,清政府在广东沿海部署了星罗棋布的海防部队(包括沿海团练组织),其中绿营官兵负直接的海防责任。清政府为海防水师规定了严格的巡洋和会哨制度,以加强对沿海海域的巡防。清代前期的海防主旨偏离了海防本意,海防装备不能适时改进,同时海防部署也不甚合理,海防部队管理中也存在种种弊端等各种因素,致使广东海防只能备沿海洋盗,而于西方列强的侵扰尤其是鸦片战争爆发后的强大进攻十分不力,形同虚设。

中 文 题 名 **清代前期闽海关的设置与福建沿海城市的兴盛**

英 文 题 名 The Establishment of Maritime Customs and the Prosperity of Coastal Cities in Fujian in Early Qing Dynasty

作 者 张静

导 师 黄国盛

学位授予单位 福建师范大学

学科专业名称 中国近现代史

学 位 年 度 2005

论 文 级 别 硕士

中 文 摘 要 清代前期的开海设关是清朝统治者顺应历史潮流做出的反应,有力地 推动了中国社会的近代化进程,促进了海外贸易的繁荣和中国市场向海外的延伸。在此基础上中国沿海地区迅速繁荣起来。清代前期福建沿海城市的兴盛与开海设关和对外贸易有着极为紧密的联系。明清时期城市发展的基础是商业贸易,转运贸易也是城市发展的重要条件。闽海关设立之后,由于其建立在商贸基础上的城市经济的日益发展,福建沿海城市的城市化进程也开始起步。城市的商业化使得这些城市的经济结构和功能发展了变 化,工商业经济取代传统的农业成为城市经济的重要组成部分。开海之后,由于经济因素,在福建省内引起大规模的人口迁徙。沿海城市内外贸易的发展,扩大了这些城市的商业活动范围,随着经济辐射作用的加强,这些城市周边的郊区和农村也渐渐被拉入城市化的进程当中。

中 文 题 名 **清代前期中暹大米贸易研究**

英 文 题 名 The Study on the Sino - Siam Rice Trade in Earlier Period of Qing Dynasty

作 者 杨晓莹

导 师 陈尚胜

学位授予单位 山东大学

学科专业名称 专门史

学 位 年 度 2007

论 文 级 别 硕士

中 文 摘 要 中泰两国的友好关系源远流长。清代时,双方在前代友好关系的基础上进一步展开了友好交往。中暹大米贸易作为民间贸易的一个重要组成部分,首次成为特殊时期特殊政策下的商业活动,尽管它持续的时间不长,在历史的长河中犹如昙花一现,但作为关系到国计民生的重要物资,其作用和影响力不可低估。本文分为四部分:第一部分,阐明研究清朝与暹罗大米贸易问题的学术意义,前人的研究成果及论文的写作思路。第二部分,论述清暹大米贸易开展的背景。清初,东南沿海地区米价昂贵,市

场混乱,直接威胁到清政府的统治。解决沿海各省的大米危机成为清政府的迫切任务。第三部分,结合文献资料阐述中暹大米贸易发展的过程、兴盛的原因及影响。第四部分,从第二、三部分的论述得出笔者的结论,对清朝统治者来讲,大米与其它一切朝贡和贸易物品皆不相同,大米贸易成为清政府首次因为内部需求而对外开展的贸易活动。

中文题名 清代前中期福建造船业研究

英文题名 The Research on Fujian Shipbuilding Industry in the Early and Middle Period of Qing Dynasty

作者 林联华

导师 谢必震

学位授予单位 福建师范大学

学科专业名称 专门史

学位年度 2009

论文级别 硕士

中文摘要 本文通过大量的历史文献资料,从区域经济史的角度论述了清代前中期近200年福建造船业的发展概况。作为一种具有传承性的手工业,笔者追溯了福建造船业数千年的悠久历史。在此基础上,展现了清代前中期福建官方造船业及民间造船业的各个方面。论文探讨了船厂的分布及其分布的因素,并对造船物料和造船资金进行分析,归纳物料和资金的主要来源,描述福建船舶的规模、类型及技术特点。此外,还对造船业的管理制度作一粗浅的考察,指出官方造船业实行严密的管理制度,封建政府对民间船业的政策则是有限的开放。论文就福建造船业衰落的原因进行了分析,同时探讨了福建造船业由盛而衰对福建社会各方面的影响,并对清代前中期福建造船业的历史地位做出客观的评价。

中文题名 清代山东的海防体系与军事部署

作者 高强

导师 李绍强

学位授予单位 曲阜师范大学

学科专业名称 中国古代史

学位年度 2007

论文级别 硕士

中文摘要 山东半岛拱卫天津和首都北京,是京津地区的海上门户,海防战略地位极其重要。清朝立国后,在山东沿海建立了一个完备但却粗略的海防体系,这一海防体系以海岸为依托,绿营陆兵、绿营水师之水兵与绿营水师以炮台等海防工事为依托的守兵点、线、面结合、水陆相维,组成了一个有机的系统,对维护海防起到了一定的作用。但在清政府闭关锁国的海禁政策以及防陆重于防海、防内重于防外、重防其出的海防指导思想的作用下,山东及整个中国的水师、炮台等海防力量十分弱小,且大大落后于同时代的西方国家。清朝后期,晚清政府遭到鸦片战争、第二次鸦片战争、中法战争等历次战争失败的屈辱后,决定建设近代海军海防,山东的海防建设跌宕起伏,曲折前行,在经历了从鸦片战争到第二次鸦片战争的原有海防体系持旧增补时期、从第二次鸦片战争到海防大讨论的海防变革论争时期后步入了从海防大讨论到甲午战争的近代海防体系建设发展时期,北洋海军的成军使之达到了辉煌的顶点,但由于晚清政府缺失了海权思想,发展海军仅仅用于自守,其被动、消极和短视使得山东的近代海防建设成果在甲午战争中化为乌有,山东沿海从此海上藩篱尽失。借古鉴今,在现在的内外形势下,在山东和其它沿海省份,我们必须要紧握我们的海权,建设强大的海军海防,以捍卫我们的国家安全和领土完整,保卫我们经济建设的

成果，保证我们中华民族的伟大复兴。

中 文 题 名 **清代山东对外贸易研究**

英 文 题 名 A Survey of Shandong s Foreign Trade in the Qing Dynasty

作　　　者 赵树廷

导　　　师 晁中辰

学位授予单位 山东大学

学科专业名称 中国古代史

学 位 年 度 2006

论 文 级 别 博士

中 文 摘 要 以前，关于清代对外贸易的研究多集中于东南沿海诸省，山东的对外贸易仍游离于学界的视野之外。其实，山东在清代对外贸易体系中占有重要的地位，有着鲜明的特点。对清代山东外贸的研究，不仅可作为区域比较研究的基础，而且有助于廓清清代对外贸易中一些悬而未决的问题。顶治十二年(1655 年)之前，清朝是否真正实行过《大清律例》中的《私出外境及违禁下海》条例，是史学界长期争论的热点之一。顺治十年(1653 年)，清政府在处理山东即墨女姑口私贩日本案时，其量刑依据正是《私出外境及违禁下海》条例。这说明在顺治十二年之前，清朝就已开始对外贸进行管制。顺治十二年到康熙二十三年(1684 年)禁海期间，与闽、粤等东南沿海诸省相比，山东对外贸易政策呈现出明显的特殊性。一是迁海晚。福建在顺治十八年(1661 年)已迁海，而山东则迟至康熙二年(1663 年)。二是迁海力度小。福建等地迁海 30 到 50 里，而山东只将海岛中的居民迁入内地。三是开海早。山东开海是在康熙十八年初，比南方浙、闽、粤等省早 5 年。因此，禁海与迁海不是清政府的既定国策，而是为防范郑成功等抗清力量采取的临时措施。清政府在康熙五十六年(1717 年)颁布南洋禁航令的真实目的，既不是禁米出洋，也不是限制华侨在南洋聚集，而是防止在康熙帝年迈时发生骚乱。当时山东的两大事件对此决策产生了影响，一是废太子党与海寇的勾结叛乱，二是山东的礼仪之争。烟台开埠之前，登、莱、青三府海口就是商船辐辏之地。自咸丰九年(1859 年)始，清政府陆续在烟台、龙口、铁门关、石岛、金家口和胶州的塔埠头开设厘局征收海税，金家口厘局下设青岛分局。此后，烟台、青岛才开埠。这说明西方国家不是为山东创造了一个新的港口体系，而是利用了原有的港口体系为其服务。1905 年济南、周村、潍县的自开商埠限制了西方国家的贸易扩张，促进了山东对外贸易的发展。清代山东对外贸易的兴盛表现在三方面。首先是山东形成了南北两个层次分明，地理分布合理的港口体系。其次是贸易范围扩大到欧洲、美洲和非洲。再次是贸易规模增长迅速。清代山东传统手工业和商品性农业的发展，为外贸的兴盛奠定了坚实的物质基础，沿海贸易又为外贸的发展开辟了新的渠道。从康熙开海到烟台开埠期间，山东通过上海、苏州、宁波等地进行的转口对外贸易尤为发达：烟台、青岛开埠后仍沿袭了这一传统的外贸形式，香港、上海和潮州成为山东对外贸易的三大中转港。1895 年后，山东与日本、朝鲜的贸易额激增，使山东逐渐摆脱了在南中国海对外贸易圈中的从属地位，成为环黄海经济圈中举足轻重的一员。康熙开海后转口对外贸易的盛行，吸引了大批江、浙、闽、广商人到山东贸易，这使开埠后山东境内的华商势力相对强大。据 1896 年海关报告，烟台“洋商生意专在草辫、丝、煤三宗，其余均归华商”。对外贸易也对山东的商品流通、资本运营产生了不同程度的影响。清代山东限制出口的商品主要是铁器、硫磺等军事物资和粮食、丝绸等人民生活必需品。这说明清朝遵循的商品出口原则是，首先要保证国家的安全和国内人民的生计，在不违反上述原则的情况下，对商品的出口进行适当的调节，以配合国家对外政策的调整。对外贸易对山东的金融业产生了深远影响。首先是将商人传统的土地投资导向商业融资和产业投资。其次，由于外币、纸币的流入，传统的银铜复本位制被多元本位制所取代。再次，促进了山东境内票号、钱庄的兴盛。农业经济作物的成长对改善山东对外贸易状况至关重要。首先是通过进口替代，节省了外汇开支，如土鸦片的种植。其次是由于出口扩张，增加了外汇收入，如花生、水果出口量的增加，为农民赚取了大量外汇。再次是通过引进新品种，增强了出口竞

争力。手工业的成长源于三种因素:一是优良的传统手工业技术,在应对市场的需求时显得游刃有余。纺纱业衰而草辫兴,草辫衰而花边兴,花边后又兴起了发网业。二是山东受气候的影响,有漫长的冬季。农闲时农民多从事手工业生产。三是到清末新政时,倡导发展实业,劳动密集型家庭手工业逐步向资金密集型工场手工业,甚至机器制造业转变。清代山东的关税收入主要来自货税和船钞。从康熙开海到烟台开埠前,货物税率为3%,另有约1%～%3的规费被官吏私吞,开埠后的税率为5%。开埠前后的货物税率变化不大。在1861年到1880年的海关税收中,鸦片税占30%以上,1880年以后,由于土种鸦片的增多,使鸦片税降到10%左右,关税步入良性增长轨道。1866年到1885年间的关税收入对军工生产和海军建设起到很大支持作用。但到1886年后,由于赔款和外债支出的大幅增加,关税的利用出现畸形化。对外贸易也会受到政治因素的干扰。统治集团的内部斗争、农民起义、战争等因素会引起对外贸易的波动。当社会不稳定时,富人变卖财产,窖藏银两,商人大量转移白银,都会影响到外贸商人的融资。清代山东的华侨政策经历了由限制到漠视,再到了解、保护的变化过程,呈现出逐步向好的趋势。

中文题名 **清代台湾的闽南移民家族教育研究**
英文题名 Research on Family Education of South－Fujian Immigrants to Taiwan in Qing Dynasty
作　　者 刘殊芳
导　　师 黄新宪
学位授予单位 福建师范大学
学科专业名称 教育史
学位年度 2009
论文级别 博士
中文摘要 历史上,闽南人移民台湾的最早记载是在唐宋时期。这一时期,一些闽南人自发移居到台湾的澎湖列岛。清代,汉人开始大量移垦台湾,闽南人在此时成为开垦的主力之一,进而落地生根。随着台湾的日益开发和社会经济的发展,这些新移民家族得到了迅速的繁衍和拓展。闽南人移居台湾后逐步形成家族,虽然刚移民时仍多以垦殖、农耕为业,但家业稳定后,即开始重视族中子弟的培养。清代及清代以前来台的闽南移民,大多是社会中下阶层的民众,家乡生活清苦,知识有限,但经过原乡文教大环境的熏陶,带来了闽南的传统习俗与文化信仰。他们大多注重子弟的教育问题,有能力者延请内地名师于自家设立书院施教,亦有设立私塾聘请先生设教,以让子弟有机会受教育。地方士子也依家族、村庙兴学设教。由此,清代闽南移民家族教育初步形成。闽南移民家族教育从学校形式来看,主要是社学、义学、私塾与书院等类型。非学校形式的家族教化方面,主要有文教祭祀和族训、家规教育。闽南移民家族教育的主要场所以私塾为主,台北府、台湾府、台南府及台东直隶州的移民家族教育发展状况不一样。不同的移民家族发展家族教育的形式各异,如竹堑郑氏家族通过明志书院培养族中子弟、板桥林家通过设立大观义学对子弟进行教育,张士箱家族对科举教育的重视。这些,都是较为成功的典型个案。闽南移民家族教育对于个人与社会,发挥了提高族中子弟的知识水平和修养、提升家族社会经济地位、传递中原文化传统、促进文治社会形成等正面的功能,但也存在着思想受到箝制、沦为科举附庸、教学肤浅僵化、师资素质不齐等问题。闽南移民家族教育对台湾社会的影响,主要表现在延续原乡的家族传统、促进重读之风的形成,加速文运的提升,形成有影响力的士绅阶层。

中文题名 **清代中国人的暹罗观**
作　　者 郭艳芳
导　　师 陈尚胜
学位授予单位 山东大学

学科专业名称 专门史

学 位 年 度 2006

论 文 级 别 硕士

中 文 摘 要 中泰两国河川同源、山岭同脉,双方的友好关系源远流长。清代时,双方在前代友好关系的基础上进一步展开了友好交往。中暹间的官方贸易兴盛一时,民间贸易也得到了进一步的发展,华人流寓暹罗也增多了,双方关系十分密切。暹罗被认为是除朝鲜外与中国关系最好的国家,清朝对其也给予了很多优待。本文从清代中国人对暹罗的认识和看法这个角度,通过对清代各个阶层暹罗观的比较研究,从意识形态的角度来看待清代的中暹关系。清人暹罗观的形成有其特定的背景,不仅受传统华夷观的影响,而且与清代中暹间的关系有关,同时它也是在前代人暹罗观基础上形成,受中暹传统关系的影响。本文把清人分为统治阶级、知识分子、暹罗华侨及普通百姓四类,分别进行阐述。对不同阶级的暹罗观以及不同朝代的暹罗观进行比较,指出,清人暹罗观实际上就是中国古代封建社会暹罗观的一个缩影。

中 文 题 名 **清代中国与暹罗的贸易**

英 文 题 名 Sino – Siamese Trade in Qing Dynasty

作　　　者 田渝

导　　　师 汤开建

学位授予单位 暨南大学

学科专业名称 中国古代史

学 位 年 度 2004

论 文 级 别 硕士

中 文 摘 要 虽然中国与暹罗间的海上贸易至少自元代就已经出现,但直到清朝时期,它的政治、经济和社会意义才完全显现出来。中暹贸易主要分为两种形式:朝贡贸易与民间贸易。受清廷的招徕,暹罗国王定期派遣使团携带贡品来华朝贡,并可于贡船上附带压舱货物在广东或北京销售。贡船回暹时,清廷赠送大量精美的丝绸、瓷器作为回赐品,于是朝贡活动使朝贡与贸易成为一个整体,而且暹罗国王越来越为了经济利益而频繁地来华朝贡。而民间贸易则主要是中国东南沿海地区与暹罗间的贸易,此贸易的主要承担者是福建与广东的中国人,他们以帆船为运输工具,交易地点也集中在福建与广东各港口。暹罗输入中国的商品基本为土产品,有苏木、胡椒、沉香、豆蔻、树胶、糖、象牙等,而中国出口暹罗的商品主要为制成品,如丝绸、瓷器、茶叶、蜜饯、纸张、赏玩物等,大都产于中国东南省份。另外,自康熙末年中国东南省份开始出现民食不足的现象,清廷采取优惠政策积极鼓励南洋各国运米来华,而暹罗米丰价廉成为首选,于是雍正、乾隆时期中暹大米贸易一度异常兴旺。中暹贸易不仅推动两国经济的发展,而且促进两国文化的交流。

中 文 题 名 **清代中琉关系档案研究**

英 文 题 名 The Study of Archives about the Relationship between China and Ryukyu on Qing Dynasty

作　　　者 丁春梅

导　　　师 谢必震

学位授予单位 福建师范大学

学科专业名称 专门史

学 位 年 度 2007

论 文 级 别 博士

中 文 摘 要 中国与琉球,一衣带水,两国关系源远流长,特别是明清时期,两国在政治、经济、文化

等方面的交往十分频繁。在这友好交往过程中,形成了大量的官方文书档案,这些文书档案既是中琉友好往来的真实记录,也是研究中琉关系不可或缺的宝贵资料。中琉两国自明洪武五年(1372)至清光绪五年(1879)止,中琉两国的友好交往,历时五百余年,在两国政府之间及中国的官府衙门之间形成的这些珍贵的文化遗产,历经岁月、战火及自然的磨砺,大部分已消失,至今仅保留了一部分,主要分藏于中日两国。本文主要研究清代中琉关系档案的分布、收藏和档案的史料价值。以往对清代档案的研究常常出现档案学与历史学相脱离的状况,档案学领域注重公文的结构、用语、抬头制、避讳制等方面的研究,史学领域较侧重于档案史料内容的挖掘,形成各自为政的局面。本文的研究意在发挥档案学与历史学交叉学科的优势,填补两学科研究领域的空白。中琉关系是中国古代对外关系的一个重要组成部分,对古代中琉关系档案进行全面的系统研究,不仅可以再现历史上中琉两国在政治、经济、文化等方面的交流、交往盛况,填补史学研究在这方面的一些空白,同时也可以了解古代中国政府的对外政策以及中华文明对周边国家的影响,这对加强中国同周边国家的传统友谊,正确处理中日关系都有十分重要的借鉴作用。

中文题名 清季长江水师发展滞后问题研究

作　　者 张彦辉

导　　师 王宏斌

学位授予单位 河北师范大学

学科专业名称 中国近现代史

学位年度 2005

论文级别 硕士

中文摘要 曾国藩领导湘军平定太平军后,总结在长江水上作战的经验教训,奏请将湘军水师改建为经制绿营式长江水师,以确保东南大局稳定。清政府考虑到要维护长江一带稳定和安置湘军立功水勇,批准了曾的建议。之后,在南北洋大搞海防建设的大环境里,长江水师的近代军事变革却长期陷于停滞。为考察其落后的具体状况并探究其中原因,本文拟对影响长江水师战斗力的两个最主要物质因素—武器装备和官兵的具体发展状况、水师经费收支情况和当时清政府对其经营之经过进行研究。长江水师建立后,其官兵人数变化不大,武器装备长期没有更新,木质师船伴随其始终,前装洋枪炮、旧式鸟枪以及刀矛等冷兵器更新缓慢。长江水师自始至终几乎没有使用过近代兵轮,尽管其提督曾统领过南洋兵轮,但它们并不归长江水师使用。长江水师主要以资历和关系为标准从其内部选拔原湘军立功水勇为军官,招募沿江渔民为水兵,近代军事人才很难进入;它固守原湘军水师训练方式和治军条例,并保留了绿营水师的一些规章。其实,它已成为纪念湘军水师昔日辉煌和湘军立功水勇安度余生的地方,其战斗力始终保持在湘军水师的水平上。长江水师长期担负着捕盗、缉私、守卡、御侮等重要职责,为维护沿江一带稳定做出贡献。但由于自身发展滞后,它并不能完全胜任这些职责。长江水师经费主要由沿江五处厘卡供给,岁响70余万,然而,它却被大量的整体人事经费占去。尽管长江水师经费因被挪用而有所减少,这对其发展造成一定影响,但其仍有进行近代军事变革的可能。为发展长江水师,曾国藩虽有变革之心,却没能实现;当时的廷臣疆吏也曾积极出谋划策,提出裁减旧式师船并以所省经费购造新式兵轮的可行办法;清廷博采众议,在两次海防大讨论中做出决策,为其发展指引方向,并敦促其进行变革。然而,长江水师主管大臣昧于时势的发展,始终将其防御对象锁定在作乱的"匪徒"上,对清廷的决策采取抵制态度,使长江水师错失发展良机。追溯长江水师发展滞后的原因:首先,其主管大臣建军思想落后是制约其变革的主要因素;其次,晚清海防急于江防的现实使长江水师的发展始终处于从属地位,其变革受到限制;再次,长江水师担负的多种职责也限制了其发展;最后,清廷对长江水师没有军铜调剂权,这影响了其变革决策的贯彻执行,水师也因此长期得不到发展:此外,当时中国落后生产力发展水平也阻碍了长江水师武器装备的更新。总之,清季长江水师发展滞后是当时落后的清政府在军事上向近代转型迟缓的一个缩影。

中 文 题 名　**清开埠前天津港贸易贩运的政策环境与实态**

英 文 题 名　The Trade and Traffic Policy Environment and Cases of the Tianjin Port before Opening during the Qing Dynasty

作　　　者　刘贺彬

导　　　师　王日根

学位授予单位　厦门大学

学科专业名称　海洋史学

学 位 年 度　2008

论 文 级 别　硕士

中 文 摘 要　本文考察了清开埠前天津港的税关、税收状况,官方政策环境下天津港的贸易贩运发展的实态,以及促进贸易贩运发展的深层次原因。全文共分为四个部分:第一章绪论部分,说明文章选题缘起,在回顾相关学术史的基础上,提出本文的整体研究路向,以及资料的选择和采用的研究方法。第二章主要考察了开埠前天津港的行政隶属沿革、税收状况和官方针对天津港口贸易贩运的鼓励性政策。第三章考察了天津港区在开埠前与其他沿海区域的贸易贩运实态,进而探讨促进贸易贩运发展的深层次原因。第四章对全文内容总体回顾与总结,彰显开埠前天津港区的发展特色。

中 文 题 名　**清末军制改革研究(1901－1911)**

作　　　者　刘庆

导　　　师　孙占元

学位授予单位　山东师范大学

学科专业名称　中国近现代史

学 位 年 度　2003

论 文 级 别　硕士

中 文 摘 要　庚子之役后,在内忧外患的交相煎迫下,清朝统治岌岌可危。为自救,清政府推行新政。军事制度改革是新政的重要内容之一。本文通过描述清末军制改革的发展概况,简要分析其特点与影响,旨在厘清清朝新的军事力量体制的形成过程,进而透视清末军事近代化的成就。本文的写作内容分为以下四部分:一、新军的编练。此部分主要考察新式陆军的军事制度和具体编练状况,是论文的重点部分。新军管理机构经历了由练兵处到陆军部再到军谘府的演变。新军的编制与训练体现了向西方学习的特色。新军兵役制度的制定标志着近代兵役制度在我国的基本确立,新军官制则奠定了中国近代军官制度的基础。新军后勤制度的改革也颇具时代特色。清政府对旧军的改造工作也给予了一定程度的重视并付诸实践。二、近代海军的重建。甲午战后,面对海军重振的严峻形势,清廷做出努力。海军部的创设当属海军重建的主要成就,同时,海军的重建也包括军舰的添置、军港的筹划与勘建以及舰队的组建。三、近代军事教育体制的创建。1904 年练兵处颁布全国统一的陆军学制,标志着近代新式军事教育体制基本建立。清朝从沿海城市到内陆边远地区,从中央到地方逐步建立起一整套新式的学制体系和教育行政管理体系。新式军事教育日趋规范化、系统化、专业化、普及化。四、特点与评价。基于中国独特的社会政治、经济状况和近代中国面临的特殊国际环境,与中国传统军制和西方国家近代军制相比,清末军制改革表现出几个显著特点:清末军制改革是对中国传统军制的推陈出新;清末军制改革深受日本军制影响;清末军制改革过程中充满了中央政府与地方督抚之间的斗争;财政困难严重制约着军制改革的顺利进行。清末军制改革标志着中国军事近代化的基本确立,并且对中国的民族精神产生深远的影响。清末军制改革所取得的成果并不能掩盖其所存在的问题。改革者的私心太重、经济实力的不济以及外部社会环境的动荡,决定了清末军制改革存在缺陷。

中文题名 清末邮传部研究

英文题名 A Study on Yu - chuan Pu in Late Qing Dynasty

作者 苏全有

导师 章开沅;严昌洪

学位授予单位 华中师范大学

学科专业名称 中国近现代史

学位年度 2005

论文级别 博士

中文摘要 邮传部研究这一课题属于中国近代政治史领域,本文试图从国家与社会、制度史、现代化、政策学等多个视角,运用混合型历史网络系统的史观为支撑,以1906-1912年邮传部存在期间为前后时限,努力将描绘的历史图景或结论与历史实态相吻合,准确重构历史的真实,并对邮传部的相关政策进行评析。全文计分六章,概要如下:第一章:晚清交通事业的管理相形混乱,邮传部的成立就是这一客观现状的自然需求所致。部务交接乃权利的整合过程,而经费困窘则折射出邮传部自身的内耗。管理层中,尚书更迭频仍,其中至为关键者是陈璧、徐世昌与盛宣怀等。第二章:邮传部的官员主要有尚书、侍郎、丞参、佥事、郎中、员外郎等,其薪俸、公费等均有定制。地方管理中主要有总协理及督办,此外则为顾问官、议员、洋务总办、交通使、邮传使及铁路总稽查等。机构中,内部机构主要是两厅四司、铁路总局等,外部机构以交通银行和学校为主,其中学校分航运学堂、铁路学堂、邮电学堂及综合性学堂等。交通规章除了四政专律外,其它较为杂乱,且大多处于建制中。洋员管理政策在后期以裁汰为主,其原因是节费的需要,这与当时的利权回收运动有关。对留学生的任用十分重视,人才匮乏是促动因素。第三章:邮传部与中央各部门的权限划分中,与农工商部的关系最复杂,与陆军部的交涉最激烈,与外务部的折冲最被动,与度支部、学部、资政院及税务处的权限划分相形清晰,问题也较为单一。邮传部与地方督抚的权限划分集中体现在铁路及省电归部二事上,此乃中央集权与地方分权之间的较量。就职掌而言,邮传部越权主要表现在矿业方面,其失位则与袁世凯、外务部及张之洞等有绝大之关系。第四章:邮传部在航路电邮四政发展中都颇有作为,其中铁路方面主要是统筹划一、致力建设、发展铁路营运等,各地铁路因之有较大进步;航运方面主要是调查及规章建设,发展表现为内河、外洋航运两个方面:邮政方面除了调查、统计、计划、制订政策与章程之外,还加强了地方建设及联邮业务;电政方面主要是健全章程、整顿改良及调整收费等,其发展成就集中为各地电线发展及电政局的进步。四政之外,在汽车、电灯、无线电及航空领域,邮传部亦有尝试。总之,邮传部极大地推动了我国交通事业的近代化。第五章:与交通发展相关联的利权回收运动,邮传部亦有突出表现。铁路方面主要是收回京汉路,交涉苏杭甬铁路、东北铁路等,并推动材料国产化;邮政方面集中为接收邮政及打击客邮;电政方面主要是与俄国、日本、德国及英国等列强交涉;航运方面相形薄弱,这与我国航运发展状况有关。当然,利权回收运动尽管取得了相当之成就,但其代价亦极巨大,这在京汉路、苏杭甬铁路等问题上都有显现,邮政权虽经收回,但外人仍有相当势力,可谓极不彻底。在今天看来,不计代价的利权回收需要检讨。第六章:邮传部的政策决策最要者有干路国有政策、借债筑路及官营政策等,其中干路国有政策直接促成了四川保路运动,这与其出台时机不当、股本摊还苛刻及策略强硬有关,盛宣怀在此中负有不可推卸的责任,该政策可谓是在错误的时间、错误的地点由错误的人执行的正确政策:借债筑路政策有以夷制夷的企图,但邮传部在运作过程中有许多失误,不过,这并不能成为否定该政策的理由,就现实而言,借债筑路乃当时中国的必然选择;官营政策主要表现为商电归官、招商局部辖,当时商办与官办交织,商办的劣势主要体现在铁路领域,如绅领、省界、腐败及强征股等,官办与商办双方各有自己的资源优势,官办+商办,官商合作,是中国经济近代化的必由之路。综上所述可知,应和我国交通发展需要而生的邮传部致力于官制、机构、规章管理、职掌的建制,其所推行的干路国有政策、借债筑路及官营政策一方面极大地推动了清末交通四政的近代化,另一方面则造成了我国近代化进程的中断,其中所蕴涵的历史教训在今天仍颇资借鉴意义。

中 文 题 名　清前期外商管理研究
英 文 题 名　Researches on Foreign Merchant Management in Early Days of Qing Dynasty
作　　　者　王丽英
导　　　师　张明富
学位授予单位　西南大学
学科专业名称　专门史
学 位 年 度　2007
论 文 级 别　硕士
中 文 摘 要　迄今为止,有关清代对外贸易的研究可谓包罗万象,但专门针对清前期"外商管理"的研究还比较少,所出现的零星论述主要集中于对一些具体措施的阐述,没有更深层次地挖掘这种管理机制的文化内涵,从而影响了学界对清代对外贸易政策深度的把握。本文运用历史学、社会学、文化学、人类学以及经济管理学等学科的研究方法,选取清代前期的外商管理作为切入点进行学术探讨,以期望能对清代的对外贸易政策研究提供新的视角。全文由前言、正文、总论、参考文献构成,正文又分四部分。正文第一部分,根据在前言中对外商及外商管理的释义,对来华外商的构成进行了划分与阐述。这些外商主要包括:传统朝贡贸易国家、取道海路来华的西方国家以及陆路来华的近邻俄国商人。这三类国家均向中国派遣使节、商人、商队,从而展开与中国的贸易。这些商人又由官商和私商两种类型构成。笔者认为,由于这些商人所属国家性质不同,造成了他们在华活动的商业性质的差异,从而也受到了清政府不同的对待。这使清代的外商管理更富有时代性和独特性。正文第二部分,笔者首先从整体上肯定了清政府对外商来华贸易所持的,开海设关、容纳接受外商,管理上严格规范,而非拒绝排斥的态度。清政府的外商管理在管理理念上的厚待与严防并举、管理方式上的直接管理与间接管理并存分析,不但促进了外商在华的经贸活动,这也与各国对其本国在华商人的管理方式相适应,如:朝贡贸易的传统规则,行商与大班、清政府与俄罗斯的官方管理等。在清前期,中国经济的绝对优势性,决定了清政府在处理中外经济交流上,具有外交优越性。但是到18世纪末期,随着管理对象—"外商"出现了新变化,各国对在华贸易提出了新的要求,此时的清政府却没能跟上时代发展的步伐,一味抹杀经济规律,对外商的管理倾向于依靠行政命令;管理重心转移到外商在华的生活、礼节问题上,与自己的臂膀—行商分裂,使管理体系成为空壳。正文第三部分,主要分析了外商管理特点形成的原因。清政府管理措施的制定和实施,都没有脱离他的政治、经济、文化环境,并受历史传统的影响。首先,清政府的外商管理措施的有效性,直接与中外力量的对比挂钩,国强则法令行,反之则制度破坏,主权丧失。其次,清政府在对待外商在华的合法经贸活动上,持宽容保护的态度,尽量为外商提供商业上的各种便利,很少计较得失。但绝对不是"清朝统治者出自认为地大物博,无所外求的天朝主义思想",而是从国家安全上考虑制定的对外政策。同时,考虑到国家安全等因素,外商若有任何非商业性的意图,破坏国家制度的行为,清政府都给以严厉制裁,甚至以停止贸易为代价。第三,集权、农本与宗法观念等文化因素,又是外商管理不可避免地存在弊端和无法转型的根本原因。正文第四部分,分析了清前期外商管理的影响。清前期外商管理在促进对外贸易发展中的作用是值得肯定的。但是,以文化分野区别中外,以及中国传统文化中没有民族观念,使清政府在外商管理上内外不分,导致了整个时代国家意识、主权意识的缺失,使清政府置身于列强宰割之下而不自知。管理权下放地方,中央与边务严重脱节,又使得清代中后期外交处于极其被动之中。从外商管理思想所蕴含的国际意义来说,外商管理与清政府的外交相关联,给我们留下了可资借鉴的对外友好传统—"与邻为善"。而行商的发展在客观上对农本传统有所突破,以行商为代表,从沿海到内陆,中国商人逐渐崛起,形成有形的经济力量,逐渐主导社会。

中 文 题 名　**清前期中日贸易研究**

英 文 题 名　A Study of the Sino – Japanese Trade in the Early Qing Dynasty

作　　　者　何宇

导　　　师　晁中辰;朱诚如

学位授予单位　山东大学

学科专业名称　中国古代史

学 位 年 度　2010

论 文 级 别　博士

中 文 摘 要　作为东亚两个最为重要的国家,清代中国与日本虽然没有建立起官方关系,没有在海洋时代全面参与世界范围的角逐,但它们在经济上却始终维持一定的贸易往来。虽说这种往来属于私人海外贸易范畴,但其贸易规模之宏大,持续时间之长久,影响之深远,参与范围之广泛都给人留下了深刻的印象。鸦片战争之前的中日贸易对中日两国的政治、经济、文化、民俗等社会各个层面,各个领域都产生了相当深刻的影响。但这一颇有学术意义和现实意义的重要课题却未引起学术界足够的重视。从整体上厘清这一问题,对于研究清代经济发展、中日关系及当时东亚贸易格局有着极为深远的意义。本文的研究断限为1644 – 1840年,即鸦片战争爆发前的整个清代。史学界对这一时期中日两国经济交往已经有了相当程度的论述,但仍存在不足。第一,原有的研究成果较为零散,难以就清代中日贸易问题给人们一个清晰完整的印象。笔者则将横向的中日贸易政策制度研究和纵向的中日贸易进程演变研究结合起来,动态地呈现清代中日贸易的总体面貌。第二,以往的研究过分集中于康雍时期,对乾隆以后尤其是嘉庆、道光时期的中日贸易研究较少,笔者将研究的下限延续到1840年,对从顺治入关至鸦片战争爆发前夕中日贸易的演变轨迹进行全面的分析论述,厘清清前期中日贸易的整体脉络。第三,以往研究对日本贸易政策的论述略显粗糙,尤其是对政策的具体执行领域涉猎较少,本文将对此做深入探讨。第四,在以往清代中日贸易研究过程中,书籍通常是以贸易附带品的形式出现,但实际上,清代中日之间的书籍贸易不仅贸易程序特殊,利润率高,而且对中日双方都产生了极大的影响。故本文对清代中日之间书籍贸易进行了详细论述。第五,以往研究成果在谈及中日贸易对日本的影响时,多从由经济交往带动的思想文化交流入手,对于最为直接的经济方面的影响却论述甚少。笔者则要对中日贸易对当时日本社会经济所产生的影响加以全面论述。第六,鸦片战争前的清前期日本官方对进入长崎港贸易的中国商人是如何管理的,这些中国商人在滞留日本时期生活情况又是如何?对于这一问题我国学者多是在论述中日贸易的文章中只言片语地提及,缺乏深入细致地探讨。笔者在广泛搜集中日双方,尤其是日方资料的基础上,对其进行了较为细致全面的梳理。总之,笔者将从贸易背景、贸易政策、贸易参与者、贸易品及利润率、贸易影响五方面对鸦片战争之前的清代中日贸易进行全面系统和深入的研究。第一部分介绍清代中日贸易的背景。首先,当时国内商品经济日益发展,为中日贸易发展提供了坚实的物质保障。其次,航海、造船技术的进步有效地降低了远涉重洋的风险,为中日贸易提供了必要的安全保障。第三,幕府锁国政策造成的日本贸易渠道单一化则客观上加大了中日双方对彼此的贸易诉求。第二部分介绍清廷对日贸易政策的制订和调整。清廷入主中原建立起对全国的统治后,顺治帝随即开始调整对日贸易政策,一改明中后期以来对日本的排斥和对抗,换之以怀柔政策;在两国朝贡贸易未能建立的情况下,特许中日私人贸易的存在。康熙帝收复台湾以后,大开洋禁,私人出海贸易得到国家的许可,中日贸易随之获得飞速发展。雍正皇帝为解决中日贸易过程中出现的新问题,在继承以往政策的基础上创立了商总制度。乾隆以后,由于中日贸易在整个国家经济生活中的比重日渐降低,清廷的对日贸易政策基本趋于稳定,没有再出现大的政策变化。第三部分主要对日方对华贸易政策进行论述。日方的贸易政策可分为宏观和微观两个方面。宏观方面指的是日本政府制订的总体的贸易政策,它先后经历了丝割符制度、相对商卖法、市法制度、“贞享令”、“长崎贸易改正令”、“正德新令”六次调整,总体上呈现出一个由松至紧,由宽渐严的演变过程。微观方面是指贸易政策的具体实施办法,主要包括贸易的具体程序、贸易税的征收与分配、官吏的委派、力役的雇佣、入港商人的管理

五方面内容，是宏观贸易政策在具体执行层面的细则。无论从宏观角度还是微观角度分析，都可以清晰地看出，日方对华贸易政策经历了一个由幼稚到成熟的发展过程，其在制订和执行贸易政策时经济利益至上的指导原则更是值得清政府学习。第四部分是对中日贸易参与者的考察。由于清代我国各地对日贸易发展水平参差不齐，故笔者采取区域划分的方法分别进行研究。广东地区自明末以来便是中日贸易的主要区域。入清以后，它已经失去原有的优势地位并走向衰落，但仍不失为对日贸易的重镇之一。福建地区在郑氏海商集团势力的佑护下，趁其它省份受困于清廷的海禁政策，于清初占据了对日贸易的核心地位。江浙地区则是凭借其发达的手工业生产，优势的地理位置和清廷的政策扶持，在康熙开海后一枝独秀，迅速取代福建成为新的对日贸易中心区域。另外，除了上述三个对日贸易的主要区域外，当时全国至少还有十二个省份都参与到了对日贸易过程中，中日贸易辐射面积之广可见一斑。第五部分对清代中日贸易的主要贸易品及其利润率进行介绍。分为两大类，一类是中国输日的物品，主要包括生丝、糖类、书籍、中药、瓷器、动植物等。另一类是日本输华的物品，以铜和海产品为主，兼有工艺品、兵器等少量其它物品。清代中日贸易属于私人海外贸易范畴，追逐利润是海商们从事贸易的唯一目标，但由于中日贸易过程中涉及到的贸易品种类繁多，难以对其利润率进行一一考证，尤其是一些贸易量较小的物品，因史料缺乏，难以计量分析。故笔者只对中日贸易中的大宗物品的利润率进行了准确的数据统计，从计算得出的数据可以明确一点，中日贸易过程中各类大宗物品除铜以外利润率都相当高。第六部分主要对中日贸易的影响进行阐述。分为两部分，一是对中国产生的影响。首先，蓬勃发展的对日贸易拉动了我国手工业生产的发展。其次，它推进了我国的市场一体化进程。第三，大量输入的日铜对我国的货币市场产生了极为重要的影响。第四，日本的文学作品及歌舞绘画等艺术形式进入我国，丰富了民众的日常生活。二是对日本社会产生的影响。首先，大量中国物品的输入丰富了日本的商品市场。其次，中日贸易推进了生丝、海产品等与日本进出口替代密切相关的行业的发展。第三，经济交往的加强带动了思想文化交流的强化，在汉籍东传的过程中实现了儒学的东渐，大量僧侣的东渡又推动了日本佛教的发展。第四，在东渡日本的众多商人、僧侣中，有许多在日本居住数十年，甚至加入日籍成为“住宅唐人”，他们将中国的风俗习惯带到日本，并逐渐融入日本民众的日常生活中，有许多一直保持到今天。

中 文 题 名 **清乾隆朝中琉漂风海难救助研究**

英 文 题 名 A Study of Shipwrecks between China and Ryukyu(Okinawa) during the Qianlong Period of Qing Dynasty

作　　　者 孟繁业

导　　　师 陈文源

学位授予单位 暨南大学

学科专业名称 中国古代史

学 位 年 度 2008

论 文 级 别 硕士

中 文 摘 要 海上航行常遇惊涛海浪，加之古代造船与航海技术水平低下，因此海难频繁。各朝对海难救助或居于人道，或显现关系之友好，在很长的一段时间里，其随意性或情绪化较为明显。清朝乾隆时，多次对处理海难事件作出指示，展现出清朝对海难问题的态度，以及对此所采取的相应政策。通过分类、列表分析，从清朝在处理众多琉球漂风难民事件中，不难看出，乾隆年间，清朝在处理难民问题已经逐渐规范化与制度化。这就更能有效地保护难民权益，确保天朝大国“怀柔远人”政策的落实。

中 文 题 名 **清郑澎湖海战研究**

英 文 题 名 A Study on Qing - Zheng Sea Battles at Pescadores

作　　者　路亮
导　　师　郑孔昭
学位授予单位　厦门大学
学科专业名称　专门史
学 位 年 度　2009
论 文 级 别　硕士
中 文 摘 要　康熙二十二年六月,清郑双方在澎湖海域展开激战。七天时间,两次大规模交战,最终清军取得了胜利。这次海战的胜利,直接导致了台湾岛内郑氏集团的无条件投降。由此可见,澎湖海战的胜利,在清政府统一台湾的过程中具有决定性的意义。本文首先从经济、政治和军事三方面,对清郑双方进行实力对比分析。然后从军事角度切入,力图全方位展示清郑双方在澎湖海战前后的局势变化以及海战的全过程。以此探寻清军必胜、郑军必败的原因。同时,以史为鉴,揭示当时国家统一的必然性和规律性。本文基本结构:绪论:说明本文选题的缘起及研究目的,对前人的研究进行总结与述评,介绍本文运用的主要史料以及研究方法。第一章,澎湖海战的背景:从经济、政治和军事三个方面,对清郑双方进行实力对比分析。第二章,清军进攻台湾的准备:主要从策略、兵将、训练、赏罚和情报五个方面,介绍清政府为攻台做的准备。第三章,姚启圣与施琅对攻台策略的分歧:从分析清政府权力决策体系入手,以认识论为方法,重新解析施琅和姚启圣之间的政治斗争。第四章,澎湖海战:从军事角度切入,力图全方位展示清郑澎湖海战全过程。并配并配有作者自制的作战分析图。第五章,澎湖海战对郑氏降清的影响:澎湖海战后,清政府仍坚持"剿抚并用"策略,台湾郑氏集团在内外压力之下,无条件投降;清政府得以和平统一台湾。以此应证澎湖海战的决定性作用。结论:总结全文,分析清军必胜郑军必败的原因。

中 文 题 名　"球案"与近代亚洲格局的演变
英 文 题 名　The Ryukyu Problems and the Evolution of Modern Asian Pattern
作　　者　林希
导　　师　谢必震
学位授予单位　福建师范大学
学科专业名称　专门史
学 位 年 度　2008
论 文 级 别　硕士
中 文 摘 要　1840 年鸦片战争以后,外国侵略者纷纷侵入中国,不仅使得中国逐渐陷入半殖民地半封建化社会,而且还极大地撼动了以中华帝国为中心的宗藩体制。日本通过明治维新而走上资本主义发展道路,并开始向外扩张。1875 年日本政府强行禁止琉球向中国朝贡,"球案"由此引发。"球案"使得琉球王国由一个独立国变成日本的冲绳县;并使清政府暴露出其腐朽落后的一面,在中日甲午战争中败给日本,最终沦入被列强瓜分的境地,宗藩体制随之崩溃:也使得日本在"球案"后崛起,跻身世界列强之林,最终成为第二次世界大战的策源地。以中华帝国为中心的宗藩体制的崩溃,导致传统亚洲格局随之重组,被以万国公法为基本准则的近代资本主义国际关系的新格局所代替。

中 文 题 名　区位优势与自我增强:上海、宁波两港空间关系演变的多维分析(1843 – 1941)
英 文 题 名　Regional Advantage and Self – Strengthening: The Multidimensional Analysis of the Evolution of Space Relations between Shanghai Port and Ningbo Port(1843 – 1941)
作　　者　王列辉
导　　师　吴松弟

学位授予单位　复旦大学
学科专业名称　历史地理学
学 位 年 度　2007
论 文 级 别　博士

中 文 摘 要　近代开埠之后,中国沿海的港口体系发生很大变化,相邻港口之间的空间关系也随之改变,上海港和宁波港就是其中非常典型的港口。宋元明清时期,宁波港是长三角港口体系中最重要的港口,清中叶之后上海港开始崛起。近代两港几乎同时开埠通商,但上海港发展迅速,宁波港则逐渐成为上海港的支线港。那么两港的空间关系是如何演变的,演变的原因是什么,这是本文希望解决的两大问题。文章首先从三个层面对两港的空间关系进行考察。其一,从历史的长时段看,长三角的首位港口从三角洲的两翼(唐代的扬州、宋元明清的宁波)向中心(上海)转移,在近代形成"一体(上海港)两翼(宁波港、镇江港)"的格局。其二,从两港的发展态势看,开埠之前的宁波港是朝贡贸易体系中的一个重要港口,西欧商人也积极寻求在宁波通商,港口的发展态势是外向化的,上海港主要以国内贸易为主,其发展态势是内向化的。开埠之后,随着贸易网络的变化,上海港成为国际性的大港,宁波港的进出口大多通过上海港中转,其发展态势趋于内向化。其三,从港口分工看,上海港成为远东地区的枢纽港之一,而宁波港成为上海港的支线港。接着,文章从自然条件、陆向海向腹地、临港集聚和港口制度四个方面进行原因分析。与前人或者强调区位优势或者重视历史、经济、制度等不同,文章尝试运用"区位优势 . 自我增强"的思路来分析两港空间关系演变的原因。由于拥有区位优势,上海港的发展起点就比较高,逐渐形成临港集聚。之后虽遇到种种困难,特别是进港航道水深不足对上海港的发展是致命的,但是临港集聚一经形成,就会产生集聚效应,进而形成自我增强机制,航道的疏浚、铁路的兴建、租界和港口管理制度的创新等都是自我增强的生动体现。这时,最初的区位条件和集聚效应相比,已不再那么重要了,在上海集聚了太多人的利益,这种聚集优势最终使上海港在自我增强中不断发展,只有战争使它的发展步伐稍稍减缓。近代宁波港和上海港同时开埠,港口的历史积淀也比上海港深厚,但是由于缺少区位优势,大量资源向上海港集中,港口的自我增强能力不足,导致港口发展不快,最终成为上海港的支线港。

中 文 题 名　区域分析与口岸贸易:以天津为中心(1867－1931)
英 文 题 名　Regional Analysis & Port Trade: The Case of Tianjin, 1867－1931
作　　　者　佳宏伟
导　　　师　陈支平
学位授予单位　厦门大学
学科专业名称　专门史
学 位 年 度　2007
论 文 级 别　博士

中 文 摘 要　本文选取天津贸易为个案,希冀打破过去研究的时空界限,避免范式建构的误导,着眼于未曾表达的实践逻辑,通过考察开埠前后贸易发展的内在连贯性和区域社会在塑造口岸贸易演变中的重要性,反思诸如"冲击—回应"、"帝国主义"、"传统与现代"、"中国中心观"等分析范式在外来影响与中国经济发展这一问题上的基本观点。除了第一章导论和第七章结语之外,主要有五部分构成:第一部分主要考察开埠之前腹地商业的发展情况。文章认为,从某种意义上讲,华北各地商品经济的产生及其发展,在很大程度上,源自于资源环境的驱动,其发展繁荣更多表现的并不是由于社会分工和专业化的结果,而是资源压力之下自身生产力不足所致,维持生计的意义又十分明显。正是这一商业发展特点,一方面,为天津的出口贸易提供大宗土特商品;另一方面,又为进口商品提供契机,大量商品通过天津输往各地成为内在需求。第二部分主要是打破时间界限,考察开埠之前的贸易商品、范围、规模及收支等基本问题。文章认为开埠之前,天津贸易发展已有相当规模,贸易商品颇为丰富,贸易范围也十分广阔。因此,忽视开

埠之前的贸易发展,一味割断与开埠之后的贸易发展联系,不仅不符合事实,亦有失公允。第三部分主要是通过量化统计分析,考察开埠之后贸易结构和趋势的区域特质,验证开埠前后贸易发展的传承关系和区域结构在塑造口岸贸易演变中的重要性。文章认为,开埠之后天津的贸易商品、市场、规模都有长足进步。但是,开埠通商并未隔断开埠前后的内在连贯性。如贸易商品,虽然进出口商品较之前明显增加,但是开埠之前的一些大宗进出口货物一直保持着主要商品地位;贸易市场,虽然直接进出口国外市场的比重不断提高,但是开埠之后的相当长时间内仍延续着过去的发展格局;贸易收支的不平衡状况同样在开埠之前已经存在。即便进出口贸易以国际贸易的发展逻辑形式表现得如何显著,其推动力也不是没有限度,区域特点明显。以贸易增长率分析,与上海比较,进出口贸易都为增长,但各自所展示的意义却颇有不同。天津出口贸易增长率大于进口,因此,出口比重逐渐增强;天津土货净进口增长率大于洋货净进口,故而,土货进口一直保有较稳定比重;天津出口国外贸易增长率快于出口国内,故此,出口市场由国内市场为主转向以国外市场为主。具体到贸易结构,天津出口品主要是一些来自于内地的土特产品;进口品则以销往内地为主的消费品为大宗,其变化在很大程度上又受到区域结构诸因素的制约。第四部分主要通过考察灾荒这一区域结构变动中的重要因素与贸易演变的内在联系,进一步验证区域结构在塑造口岸贸易演变中的重要性。文章认为,灾害作为区域结构变动中的主要因素之一,直接影响贸易结构和趋势的演变。长期以来,关于口岸贸易与区域社会之间的关系,学术界大多强调口岸贸易在塑造区域社会中的重要性,然而通过分析区域灾害与贸易的内在关系,可知这种内在联系并非仅为单向。第五部分是以商会为中心,分析在西方力量介入之后,区域组织这一行为主体的具体应对策略,进一步考察区域社会在塑造口岸贸易演变中的自主性。文章认为,基于贸易扩展诉求,针对贸易不平衡发展的现实,以商会为代表的区域社会组织围绕着生产和流通开展了一系列旨在振兴商务、发展贸易的自救措施,有力地提高土货产品的竞争力。虽然此举没有从根本上改变整个贸易发展的不平衡状况,然而却在推动贸易正常发展方面进行了有益探索。

中文题名 全球视野中的漳州海外贸易(15-17世纪初)

英文题名 The Maritime Trade of Zhangzhou in Global Context from the 15th to Early 17th Centuries

作　　者 毛丽

导　　师 陈衍德

学位授予单位 厦门大学

学科专业名称 世界史

学位年度 2007

论文级别 硕士

中文摘要 本文论述了15-17世纪初资本主义兴起扩张、西方殖民者东来之时漳州私人海外贸易的兴起发展以及与西方沟通交往的过程,力图把漳州这一时期的海外贸易置于全球视野中,来探寻其作用与影响 第一章绪论,阐述了选题缘由、思路;本文的特点与贡献等。第二章回顾并评价了国内外研究现状,并就此提出了自己的看法。第三章分为两节,分别论述了15-17世纪初国内外的形势背景与世界的变化发展。第四章共分三节。第一节介绍了漳州的地理位置与漳州人的性格特长,是为漳州海外贸易发展的前提之一。第二节全面叙述了15-17世纪初漳州私人海外贸易的兴起和发展,时逢海道大通、西方殖民者东来,所以这一时期漳州的海外贸易构成了世界贸易网络的重要组成部分。第三节论述了这一时期沿海之海盗、海商集团与漳州的海外贸易的关系。第五章分为两节,第一节探析了这一时期漳州的海外贸易对海外移民的作用影响以及其在世界贸易网络中的地位与作用。第二节探析了漳州海外贸易对漳州的社会经济与思想观念的影响。第六章结语对本文的主要观点进行了概括并分析了漳州(月港)衰落的原因。

中 文 题 名　**泉州港市文化研究**

英 文 题 名　A Study on the Culture of QuanZhou Port City

作　　　者　郭延杰

导　　　师　王荣国

学位授予单位　厦门大学

学科专业名称　海洋史学

学 位 年 度　2008

论 文 级 别　硕士

中 文 摘 要　泉州港市文化属于海洋人文类型。泉州城的迁址与扩建为了更便利的海洋交通。泉州港市也正是在迁址后逐渐确立的,并创造了辉煌的海外交通文明,而海外交通所带来的财富也促进了泉州城的扩建以及与海洋的进一步融合,从而形成港市。与海洋交通带来的物质财富相伴随的,是泉州城市商民海洋性宗教文化的繁荣。通远王信仰、妈祖信仰、王爷信仰都打上了海洋性宗教文化的烙印。商民、官吏、兵将,这三个阶层是泉州港市社会结构的主体,他们之间的互动是泉州港市社会发展的内在动因。此外,丰富的海洋食材、有趣的饮食传说与独特的捕猎、食用方法也是泉州港市文化不可或缺的一部分。泉州港市文化形象是一个动态的文化形象,在传统社会的不同时期,从当时文人、官宦的诗稿、文集中我们可以发现其变迁与传承。在这一变迁与承传中,泉州港市的文化形象给人们的印象是一直是海洋性品格!

中 文 题 名　**日本对中国文化的接受:从绳文时代后期到平安时代前期**

作　　　者　张世响

导　　　师　郑杰文

学位授予单位　山东大学

学科专业名称　中国古典文献学

学 位 年 度　2006

论 文 级 别　博士

中 文 摘 要　中国与日本是隔海相望的近邻,两国文化交流的历史源远流长。在原始和古代社会,中日两国的文化交流以日本接受中国文化为主要特征。日本内藤虎次郎博士形象地比喻过中国古代文化对日本民族进化的点化作用:“与中国文化接触之前,日本民族好比是豆汁。中国文化好比是卤水。日本民族与中国文化一经接触,立即变成了豆腐”。中日文化交流是一个重要的研究领域。与世界各民族一样,日本有其独特的文化。原始日本人在岛国特殊地理环境下,创造了日本固有的原始文化,即持续近八千年的绳文文化,这表现出岛国环境下形成的日本文化的稳定性和持续性。同时,日本文化又具有开放性和受容性,这主要表现在对中国文化的接受上。绳文时代后期,当日本人最初接触到中国文化时,他们的态度是积极吸收。他们积极接受先进的中国文化,并在绳文文化的基础上创造出了新的文化,即弥生文化。纵观日本文化发展的历史,在明治维新运动开始接受西方文化之前,各时期的日本文化在其形成过程中都不同程度地受到了中国文化的影响。中日两国学者就中国文化对日本文化的影响做过大量研究,并取得了丰硕的成果。就中日两国文化交流的研究状况来说,迄今为止的研究,在研究资料的使用上,多以中国史籍记载为主要依据。在研究的角度上,多从中国对日本的影响入手。在研究的时段上,多注重对隋唐及其之后的中日文化交流研究;因为隋唐及其之后,中国文化与日本文化的交流多,而且资料比较丰富。相比之下,直接使用日本原始的第一手资料、从日本接受中国文化的角度入手、对日本原始时代和古代进行的研究则比较少,研究成果也不多。本文则主要运用日本资料,从日本文化对中国文化接受入手,去研究隋唐之前,即日本绳文时代后期至平安时代前期日本对中国文化的接受。在前人研究成果的基础上,通过进一步研究探讨认为,日本在接受中国古代文化的过程中有如下三阶段的变化:绳文时代后期至弥生时

代前期坐等接受，原封不动地加以吸收和利用。绳文时代后期，以箕子东迁朝鲜半岛为契机，中国文化东传到朝鲜半岛，其影响波及日本列岛，日本开始接触、接受中国文化；接下来，又有徐福东渡日本和卫满东移朝鲜等移民活动，中国古代文化源源不断地传播到朝鲜半岛、传播到日本列岛。当时的日本，正处在绳文时代晚期和弥生时代早期，其文化仍落后于中国，因此，当先进的中国文化“主动送上门”时，好学的日本民族采取的态度是来者不拒，原封照搬。当然，最初的接受是一种被动的接受，凡是传到日本的中国文化，几乎都原封不动地被吸收和利用。例如：水稻及其他粮食作物的种植技术，铁器、青铜器等金属工具的制造与使用技术，养蚕、纺织、制衣等技术，诸如此类的先进文化，都被日本一一接受下来。这些先进的中国文化，都是公元前中国的箕子、徐福、卫满等移民们陆陆续续地、直接或间接地传到日本的。弥生时代中后期主动摄取，有选择地摄取。感受到先进文化的优越性之后，从弥生时代中、后期开始，日本人已经不满足于仅仅在家门口等待传来什么就接受什么的状态，于是，开始主动走出国门，积极寻找并摄取中国文化。如：公元57年，倭奴国向东汉派出了使者；后来，倭女王卑弥呼多次遣使与三国时的魏国交流；大和时代，为了建立统一国家，倭“五王”频繁与南朝刘宋政权交流，遣使朝贡，请求“除授”和“册封”，同时，还聘请各行各业的专家、学者、博士、官员等前往日本，传经送宝。这期间，日本还摄取、接受了汉字、儒学、汉化佛教等中国文化。到了飞鸟时代，建立了统一国家之后的日本，以圣德太子为首的日本统治者，开始向中国派遣使者，以“多得文书宝物”为目的的遣唐使把主动摄取中国文化的浪潮推到了顶峰。日本从本国各阶段的建设需要考虑，缺少什么就从中国摄取什么，并非不分良劣全盘照搬。即使进入了全面接受中国文化的奈良时代，也做到了该拒绝的决不摄取。如：中国古代的宦官制度，始终没有被日本接受。奈良时代和平安时代边接受，边消化吸收，边发展创造。日本在接受、摄取中国文化的过程中，一直表现为在接受、摄取的同时，加以发展和创新。奈良时代和平安时代表现尤为突出。大部分中国文化被接受后，都是先经过充分消化、吸收，使之日本化，之后，再使之成为发展、创造日本民族文化的养分。最后，创造出具有大和民族特色的日本文化。如：奈良时代平城京的建造，律令政治制度的建立；平安时代假名的发明，和汉文学的交替变迁，等等。关于上述内容，本文分为上、下两编，计九章进行讨论。前五章为上编，探讨自日本原始社会中之绳文时代后期开始到弥生时代为止，日本对中国文化的接受情况；后四章为下编，探讨日本古代社会中从大和时代到平安时代前期，日本对中国文化的接受以及在接受、消化、吸收的基础上进行发展、创新等方面的情况。上编，绳文时代后期（公元前1000年前后），正值中国的商末周初。以箕子东迁朝鲜半岛为代表的中国移民，把中国文化带到了朝鲜半岛。同时，其影响波及日本列岛，从而为日本接触、接受中国文化创造了条件。接下来，绳文时代晚期，以徐福东渡为代表的数量众多的中国移民，先后经过朝鲜半岛到达日本，带去了先进文化和技术，推进了日本文明化的进程。日本历史上出现了一种不同于绳文时代文化的崭新文化，即弥生文化。之后，公元前195年又出现了卫满率众逃亡朝鲜半岛的移民事件，这种逃亡性的移民事件到汉武帝灭亡卫氏朝鲜和设置“四郡”时达到顶峰。中国内地大量的民众迁到了朝鲜半岛，先进的中国汉文化移植到了朝鲜半岛的大部分地区，灿烂的乐浪文化一直存在到公元313年，几乎伴随了日本弥生时代的始终，故而对弥生时代的文化产生了不少的影响，促使日本社会大进步、经济大发展。弥生时代后期，日本产生了贫富差别，产生了不同的阶层，出现了剥削和被剥削，压迫和被压迫，奴隶主和奴隶，出现了古代部族国家。部族国家的出现，标志着日本原始社会的结束和古代社会的开始。下编，经过战争，许多的部族小国逐渐被统一为大和国，日本进入古代社会。大和时代（公元300年左右至592年），初建国家的日本，在政治上、经济上、思想上、文化上，各个方面都积极学习、摄取中国文化。飞鸟时代的圣德太子因积极学习、接受中国文化，被称为接受、摄取中国文化的先驱者；奈良时代和平安时代前期，正值中国的盛唐时期。日本采取选派遣唐使等多种方式，积极主动地学习、借鉴、汲取中国文化，几乎到达到了全盘照搬的程度。可以说，此时期日本接受中国文化达到了顶峰。至平安时代前期，日本认为，唐文化的精华已经汲取殆尽，加之遣唐使费用昂贵等原因，于公元894年，停止了遣唐使的派遣。此后，日本大规模接受、摄取中国文化告一段落，转向重点对已经摄取的中国文化进行消化、吸收和发展、创新。具有大和民族特色的日本文化，就是这样在先进的中国文化的浸润、滋养中逐渐形成的。本论文在以下三个

方面有所突破和创新:在研究视角和方法上。本文从日本接受中国文化的角度切入,分析日本文化发展的历史,论证日本接受中国文化对日本文明进程的影响。在日本接受中国文化的大前提下,在具体论证中采取了纵横交错、多管齐下等多种方式,在充分运用考古发现、民间习俗、神话传说等文献资料以及图片和口头资料的基础上,把日本接受中国文化的过程分三个阶段:一是被动接受阶段,二是主动摄取阶段,三是边接受边发展创新阶段。就此综合探讨论证日本接受中国古代文化的情况。二、在研究资料的使用上,以日本的原始资料为主。如文中使用的考古、民间习俗、神话传说和图片资料等,大都是采自日本的第一手资料。同时,也适当使用中国方面的资料,如《史记》、《后汉书》、《三国志》等。三、在研究观点上,本文主要有三个创新点:(一)箕子东迁朝鲜半岛、徐福东渡日本和卫满东移朝鲜半岛,这三次大的移民活动,既直接把中国文化传播到了朝鲜半岛并波及日本列岛,更为日本接受中国文化创造了前提条件。在当时的条件下,正因为有上述三次大的移民活动,中国文化才得以东传,日本才有接触和接受中国文化的可能。(二)三次移民活动中,箕子和卫满到达的目的地主要是朝鲜半岛,徐福东渡日本时也经过朝鲜半岛;三次大的移民活动把中国古代文化首先传播到朝鲜半岛,然后再传播到日本列岛;日本最先与海外接触和交流也经朝鲜半岛中转。因此可以说,在航海线路开通之前,没有朝鲜半岛的中转,日本不可能接触到中国文化,更谈不上接受中国文化。从这个意义上来说,朝鲜半岛成为日本接受中国文化的桥梁。(三)学界大多认为,日本接受中国文化是从弥生时代开始,或者从绳文时代晚期开始;根据最新考古结果,也有学者提出绳文时代后期,日本已经开始接受中国文化的观点,但是,却没有明确指出谁把中国文化传到日本。本文从考古发现、文献记载、民间习俗信仰等方面论证认为,公元前1000年左右箕子东迁朝鲜半岛时,少量的移民已到达日本,中国文化的影响已经到达日本列岛。也就是说,公元前1000年左右,箕子东迁朝鲜半岛时,把中国文化传到了朝鲜半岛和日本列岛,日本才开始接触、接受中国文化。从而,为把日本接受中国文化的时间提前到绳文时代后期的观点补充了证据。由于手头资料受限,加之本人才疏学浅,论文中肯定有错误和不足之处;有的问题尽管意识到了,但是没能展开研究,如:乐浪文化在日本影响的具体情况以及中国大陆、朝鲜半岛、日本列岛三地间的文化传承和相互影响的情况等,都有待于今后继续探讨。

中 文 题 名 日本入宋僧研究:以日本汉文史料为中心
作　　　者 半田晴久
导　　　师 张涌泉;王勇
学位授予单位 浙江大学
学科专业名称 中国古典文献学
学 位 年 度 2006
论 文 级 别 博士
中 文 摘 要 在中日文化交流史上留下许多美谈佳话的“入宋僧”,广义上包括两宋时期渡海来华的所有日本僧侣,但本文聚焦于北宋时期来华求法巡礼的奝然、寂照、成寻及其随同,追寻他们的足迹,考察他们入宋前后的国际和国内背景,评述他们在东亚历史上的影响。长期以来,学术界的主流意见认为:9世纪末遣唐使废止之后,日本陷入闭关锁国状态,只有少数僧侣偶尔获准出国;大致同一时期,日本的“国风文化”得到了繁荣发展;入宋僧与为了镇护国家而渡海求法的入唐僧不同,以祈求消灭罪障和往生极乐为目的,属于私人性质的圣地巡礼。针对这些占支配地位的传统学说,本文前半部分,首先论述9世纪以后随着唐朝国力渐渐衰弱,引发东亚国际体制和日本军事、外交等制度的互动变化;其次廓清日本采取对外开放(非闭关锁国)政策,与海外的交流逐渐频繁起来之轨迹,同时涉及入宋僧研究中很少有人关注的日本佛教的独特发展(显密佛教的形成)。论文后半部分,在前半部分时代背景分析的前提下,复原9世纪中叶以后入唐僧求法巡礼的史实,通过比较唐宋时期来华日僧之异同,探讨奝然、寂照、成寻等入宋僧的时代特征和历史意义。更具体地说,在论文前半部分,否定了“律令制崩溃和闭关锁国政策”即为入宋僧时代背景的学术界主流观点。日本的律令国家体制,是7世纪后半时期为了抗衡唐朝和新罗的军事威慑

而采用的军事国家体制;8 世纪末期,随着唐朝国力衰退和军事威胁减少,日本放弃了这种劳民伤财的体制,此后经过一个世纪的摸索形成新的国家体制。在律令国家体制的解体过程中,形成了“渡海制”和“年纪制”等开放的对外关系制度的框架,僧侣不按照政府的留学制度就可以出国。同时,因为国家减少了对寺院、教团的制约和保护,佛教界凭借密教化争取贵族和平民的归依,希望以此获得自立。以前大多数学者认为,入宋僧的宗教背景是悲观的末法思想和现世否定的净土宗,事实上在镇护国家和现世利益的基础上,寻求后世安乐的显密佛教的历史发展,才是入宋僧的真正背景。论文的后半部分,通过与入唐僧及入五代僧的对比,阐明奝然、寂照、成寻的入宋意义。与入唐僧为国家求法不同,以前一直认为奝然入宋目的是私人巡礼;事实上,奝然的入宋目的是以日本统治阶层和教团的支持为背景的:“求法巡礼”。从这个角度来说,入唐僧和入宋僧并无二致。然而,唐朝的废佛造成中国佛教的衰落,并对日本的显密佛教交融产生影响,使得中日两国的佛教产生了距离,所以入宋僧的求法因素有所减少,为在佛教圣地获得直接感悟而进行巡礼成为主要目的。与入唐僧只是被当成个人访问来接待相比较,入宋僧则受到了皇帝的接见并赐予紫衣和大师号,作为朝贡使来接待说明中国方面的政策发生变化。奝然入宋回国后,一度遭受政治上的挫折;寂照和成寻一直留在宋朝,在宋代中日文化交流中留下了深刻的印记。关于这个时代的中日交流,中国方面几乎没有保存第一手的原始史料,相关研究未成气候;日本方面虽然保存比较丰富的资料,但相关研究也不能说非常充分。笔者以留学生的身份来发掘千年前先辈们“求法巡礼”事迹,别有一番感悟在胸;期待这篇论文对中日两国的宋代中日交流史研究有所裨益。

中 文 题 名 **日本吞并琉球与清代中琉宗藩关系的终结**

英 文 题 名 Japan Swallowing up Ryukyu and the Ending of Ryukyu Paying Tribute to China

作 者 王营

导 师 权赫秀

学位授予单位 东北师范大学

学科专业名称 中国近现代史

学 位 年 度 2006

论 文 级 别 硕士

中 文 摘 要 琉球作为中国东南海上的一个海岛小国,自明初开始向中国朝贡,奉中国正朔。明清易代之际,社会动荡不安,中琉关系也受到影响。通过本文的分析和阐述,使人们从整体上对清代中琉朝贡关系的来龙去脉有所了解,尤其中琉关系只是中国与周边国家关系的一个缩影,通过对中琉关系的研究,不仅可以再现中琉友好往来的盛况,而且还可以从侧面揭示天朝礼制体制下中国与周边国家的关系,另外,本文重点研究清代中琉宗藩关系是如何结束的,在这个过程中清朝、琉球、日本三国之间错综复杂的关系变化,开拓了新的研究视角,不仅对中琉关系的研究,而且对中日关系的研究都有重要的价值。本文研究内容主要包括四个部分:第一,清代中琉宗藩关系的建立与发展,主要从整体上论述清代以前和清代中琉历史关系的概况,使读者对中琉历史关系有一个基本的认识。第二,清代中琉宗藩关系的演变,主要论述了琉球从中国属国到中日“两属”状况的变化过程,从这一变化过程中分析变化的原因。第三,清代中琉宗藩关系的终结,从日本强行占领琉球后清政府内部(总理衙门、李鸿章、何如璋)对日本这一侵略活动的态度和采取的措施,以及中日之间对球案进行的交涉,来分析中琉宗藩关系终结的原因,这是本文研究重点。第四,结论部分,通过对清代中琉宗藩关系的变化与终结的阐述,评价这一时期清朝的外交政策的得失。从中日琉球问题的交涉中,探讨近代日本在对外关系上的侵略扩张的特征。

中 文 题 名 **入唐三韩人研究**

英 文 题 名 Study on the People from Gaoli, Baiji and Xinluo to the Tang Dynasty

作　　　者　姜清波
导　　　师　纪宗安
学位授予单位　暨南大学
学科专业名称　专门史
学 位 年 度　2005
论 文 级 别　博士
中 文 摘 要　高(句)丽、百济和新罗在唐代被称为“三韩”。目前学界对于入唐三韩人的研究多着眼于唐朝和新罗的文化交流方面,所以,对入唐三韩人进行系统探讨,从新视角审视唐与三韩的关系,是本文的出发点。在学界已有的研究基础上,笔者充分利用正史记载,并结合石志资料、野史、笔记小说、各种文集和杂记等等进行论述。在论述过程中,侧重对“人”的相关情况(生平、出身、家庭情况、婚姻状况、宗教信仰、生活追求)的探讨。唐代时期,高丽、百济、新罗都试图通过使者的入唐交涉活动达到自己的某些政治目的。但是,使者们与唐朝交往的结果各不相同,这是由使者们的才智、个人品质、修养从属于国家利益和国家力量导致。迁入唐朝的原百济、高丽王室和高丽权臣泉氏家族仍然受到了朝廷的重视。他们在各自的职位上对唐(武周)朝的政治、军事、文化、民族等方面作出了不菲的贡献。但因其与当时的政局紧密联系,以致他们的命运各异。在涉及对武则天的历史评价方面,笔者认为,各种功过论都有失公允和客观。本文在对史书列传记载的三韩人事迹进行补阙、考证的同时,也对正史记载简略或缺载的各个领域内的三韩人事迹进行研究,得出了自己的看法:某些地位低下的三韩人(主要是高丽人)在参与了政变之后,地位迅速上升,这是政治赌博心态、三韩与唐文化上的相似性以及形势之需等原因促成。三韩商人在促进了东亚地区的商业往来,尤其是与唐朝的经济交流方面作出了贡献,但对其作用不能过于高估。三韩僧人在唐朝的求法毅力值得肯定,但认为其刻意保持本土语言习俗的看法则应当重新审视。与昆仑奴在唐朝的悲惨地位相比,三韩奴婢在唐朝受到了朝廷的重视,这是由国力强弱、国家对海外国人的重视程度、种族和文化异同三方面因素促成的。等等。

中 文 题 名　《三宝太监西洋记通俗演义》研究
英 文 题 名　The Study on Sanbao Eunuch Visited “the Westen World” Historical Novel
作　　　者　蒋丽娟
导　　　师　陈桂声
学位授予单位　苏州大学
学科专业名称　中国古代文学
学 位 年 度　2008
论 文 级 别　硕士
中 文 摘 要　历史上的郑和是个大航海家,他在15世纪初叶的近30年间,率领27000余人的庞大船队,七下西洋,行程十万余里,访问30多个国家和地区,创造了世界航海史上的奇迹,他在明代时最远甚至到达了非洲东部海岸,远远早于西方的航海家们。有人说,因为郑和,地理大发现需要改写。郑和下西洋既是世界航海史上的壮举,对郑和与下西洋事件的研究对于当代社会依然有着一定的意义与价值。当然,研究早已涉及到各个方面,成果颇丰,但对描述郑和下西洋的文学作品仍然研究得不够,明人小说《三宝太监西洋记通俗演义》即是一例。虽然早在19世纪三十年代就有学者撰写相关文章,但对该书仍缺乏系统研究。前辈学者主要从“神魔小说”的角度,指责其荒诞不经,同时指出该书艺术性不强,只是因为其参考了《星槎胜览》和《瀛涯胜览》,因此对这两本书的考订有参考价值。的确,该小说仅从艺术性而言,算不上上乘之作,语言粗糙,想象离奇,但不可否认的是其保留了一些史料,不仅有助于考订古书的版本,而且对于历史事件和人物的研究能进行必要补充。本文主要运用对比的方法,把史实与小说进行对照,分为四个主要部分进行论述:第一部分主要关于《三宝太监西洋记通俗演义》之作者、成书情况及版本流传的

介绍;第二部分主要是关于下西洋研究情况的探讨,并把小说中关于下西洋的文字与史料进行比对;第三部分是对郑和形象的分析,从史料中的郑和到传说故事中的郑和再到小说中的郑和,进行比较;第四部分是把史料中的下西洋故事与小说中下西洋故事进行比较,从而探讨小说与历史的关系。

中 文 题 名　**山东海洋事业近代化变迁的历史考察**

英 文 题 名　The Historical Perspective in Shandong s Marine Enterprise Modernization

作　　　者　王颖

导　　　师　田海林

学位授予单位　山东师范大学

学科专业名称　中国近现代史

学 位 年 度　2007

论 文 级 别　硕士

中 文 摘 要　山东作为中国的海洋大省,海洋文化传统源远流长,博大精深。从山东海洋事业在近代的变迁过程来审视山东近代化的历程,考察海洋事业的近代化与近代山东的关系,无论是对近代化理论的研究还是山东近代史的研究都具有重要的理论意义;山东海洋事业的研究涉及经济、文化、政治、人文等各个方面,因而对整个山东海洋事业进行整体研究,既可以丰富山东海洋史研究的内容,又可以丰富山东地方区域史的研究内容,具有重要的学术价值;随着“海洋世纪”的到来,重新反思和审视近代山东的海洋事业,有助于我们更好的理解海洋与社会发展、海洋与人类的关系,提高我们的海洋意识,也可以为当前实施“海上山东”的发展战略提供历史依据和理论支持,具有鲜明的现实作用。本文充分发掘和利用了山东沿海各州县地方志、民国时人编写的介绍山东以及沿海地区发展的文集等一批原始资料,综合运用历史学、社会学、经济学、民俗学等学科的理论研究方法,对山东海洋事业近代化的变迁进行了动态考察。在近代整个历史大变革时期,山东的政治经济都发生了新旧的更替,山东的海洋事业在这一历史大背景下,在内力和外力共同的作用下,缓慢的向近代化转型。本文主要从以下几个方面全方位的阐释这一历史过程。近代山东海洋贸易的变迁起源于烟台、青岛、龙口、威海开埠通商。在这四个港口对外开放的刺激下,山东的海洋贸易的数额和贸易对象有了长足的发展,进出口商品结构得到不断的优化调整,国际国内市场范围持续扩大,极大的改变了山东传统对外贸易的面貌。在这四个港口建设的基础上,形成了以烟台、青岛为枢纽的沿海航运和远洋航运体系为主体的海洋交通网络,为实现山东海洋交通的近代化奠定了基础。但是山东的海洋交通业向近代化的转型极为艰难,首先表现在外商轮船的激烈竞争使山东传统的帆船贸易处于极为不利的境地,除了在沿海短途航运中仍能维持其往昔的繁盛以外,基本上只能作为轮船运输的一种补充力量而存在着。其次,由于外国航运业的排挤和压迫,中国民营航运业举步维艰,发展十分缓慢。山东海洋渔业的近代化首先从渔业管理机构的改革入手,通过引进新式渔轮业,开展渔业科技教育,改革渔业供销体制,使山东的海洋渔业具备了现代渔业的基本特征。但是这一过程中也存在许多问题,最突出的就是传统的落后的渔业生产方式仍然在一定范围内存在着。另外日本渔业的大举入侵,不仅对山东的海洋渔业资源进行掠夺,而且通过建立各种渔业组织和机构,冲击山东的渔业市场,破坏了近代山东渔业的正常发展进程。随着山东海洋事业近代化的起步,分布在海岸线上的海洋城镇发展迅速,除了传统的海洋城镇继续开发,新兴的通商口岸也快速崛起。这些通商口岸城市在资本主义生产方式的强力冲击下,逐渐摆脱了封建主义生产模式的束缚,建立和发展了近代工业、商业、金融业,城市人口也不断集中,形成了现代化的新型城市。这些海洋城镇的兴起,迅速带动了整个沿海一带经济的发达,不断对内陆地区进行辐射,逐步成为整个山东经济的重心。山东沿海的海洋灾害时有发生,对整个沿海社会和海洋经济都造成了十分巨大的影响,所以海洋灾害在山东近代海洋事业中也是具有深刻而广泛内涵的。在长期与海洋灾害交锋的历史过程中,山东的沿海人民积累了丰富的趋利避害,防御灾害的经验并有效利用科技的手段与之不懈斗争,提高了抵御海洋灾害的能力。在长期与海相伴的过程中,在山东沿海居民中形成了与内陆居民

风俗不同的海洋风俗，其中即包含传统守旧、不思进取的落后因素，也有向海洋开拓的积极因子；既有封建迷信的色彩，又有西方近代文明的存在。其在近代的运行轨迹是在传承中不断变异，并在变异中不断吸收和进化。海洋文艺是从事海洋生产和实践的人们所创造出来的宝贵的精神财富。这些作品无论是歌曲还是舞蹈，是诗歌、散文还是民谣、谚语都来源于海上的生产和生活，展示了一副色彩斑斓的近代山东海洋事业的壮丽图景。山东的海洋事业近代化对整个山东的近代化产生了重要的作用和影响。首先从经济上看，海洋贸易改变了山东原有的经济结构和商品流通体系；海洋交通体系的变革打破了山东原有的封闭状态，成为山东与外部联系的孔道和纽带，从而为山东经济现代化创造了便利的条件；处于经济发展前沿的沿海城市，通过对内地城市强烈的示范和辐射作用，逐渐形成了以沿海为中心的经济格局，为山东经济现代化提供了广阔的发展空间。其次海洋事业近代化过程中所引进的先进的科技知识和生产设备，是山东科技现代化的重要组成部分。第三，从社会变迁领域角度来看，山东海洋风俗的近代化，有利于对外来文化的吸收和借鉴，有利于摒弃传统的落后风俗，向近代文明习俗转变，对山东现代化向文化层面地推进起到了重要的作用。总体看来，从鸦片战争到新中国成立的百余年间，山东海洋事业蹒跚的走过一段坎坷的近代化历程，呈现出特定的规律：对外开放是城市近代化以及海洋事业的起点，而且其发展的程度与对外开放的程度是相联系的，开放程度越高，发展的速度越快，反之则越慢；对外贸易及商业带给整个海洋事业发展的动力，使山东的海洋事业的发展能够充分的利用国内外的资源，充分吸收国内外的资金和技术，更好的发挥自身的优势；海洋事业的发展离不海洋的对外联系和张力，所以与外部世界的联系越强，海洋事业的发展就越顺利。此外，山东海洋事业近代化的演变具有鲜明的特征：与传统的海洋事业相比主动性增强，内容不断丰富，规模不断扩大；与其他省份相比，具有得天独厚的海洋事业发展条件，但进取性不够，发展程度有限。因此全面审视山东海洋事业近代化的历程，把握历史发展规律，总结经验和教训，对建设“海上山东”工程的顺利实施，具有重要的指导意义。

中文题名 山东运河沿岸卫所研究

作　　者 王晓慧

导　　师 奇文瑛

学位授予单位 中央民族大学

学科专业名称 专门史

学位年度 2007

论文级别 硕士

中文摘要 本文研究的是明代山东运河沿岸的卫所，确切的说是指德州至济宁这一段运河（即御河的一部分、会通河及济州河一段）沿岸卫所的分布特点、机构设置、职能任务等（李孝聪在《中国区域历史地理》一书中，把临清经济宁至徐州台儿庄段称为会通河，也称山东运河。本文引用此说法）。山东在元代就为元大都的南部屏蔽，是联络河北与江南的纽带。山东段运河在整个明朝中占据了重要军事地理位置。有明一代，尤其是永乐帝迁都北京、京杭大运河重新疏浚以后，大运河山东段沿岸的德州、临清、济宁等城市作为交通枢纽的作用显得异常突出。这几个运河城市作为南北大动脉的交通枢纽、仓储重地、经济重地对其加强守卫是毋庸置疑的，因而其军事机构的设置单位—卫所的重要性便不言而喻了。京杭大运河作为国家经济命脉主要体现在漕运方面。本文通过爬梳、分析、对比一些基本史料，力求具体说明运河沿岸的卫所除了具有卫所本身所固有的军事职能以外，还具有某些根据其特殊的地理环境、政治、经济、甚至文化的需要而延伸出来的特殊功能。重点是通过一些直接和间接的史料分析，勾勒出卫所与运河相关的特殊职能，比如漕粮运输、疏浚运河、维护运河等等，甚至由于运河与卫所之间的相互作用而对卫所及其所在城镇产生的区域上的特殊现象。本论文属于基础性的研究整理工作。学术界系统地关注山东段运河沿岸卫所的文章多集中于城市研究、漕运、运河等几个专一的方面，从整体上系统概括和描述山东运河沿岸卫所及其职能的文章不多。本文试图在前人研究的基础上，力求详细阐述明代京杭运河山东部分

沿岸卫所的设置时间、分布、原因、背景，及其建置及职能等内容，展现出明代山东运河沿岸卫所的基本特点。

中 文 题 名 **商代交通探索**
作　　　者 田华丽
导　　　师 李民
学位授予单位 郑州大学
学科专业名称 中国古代史
学 位 年 度 2000
论 文 级 别 硕士
中 文 摘 要 本文依据考古资料、甲骨文材料及文献资料对于商代的交通状况进行了考察，全文共分四部分：一、主要介绍商代的一些交通地理观念，例如商人对于交通地理环境的地形地貌的 认识；对于自身所处的地理位置的认识；特别是交通地理观念中的对自身所处的地理位 置即方位观体现了商政治统治的地域特征。二、介绍商代的主要交通工具，主要有车；驯服的大型动物如马、象；水上的舟船。三、介绍商代的交通道路，分析不同统治区域的道路分布及在此基础上初步形成的 商的道路交通网络。四、探讨商代的交通制度，如最早的沿路设立的军事据点、旅舍和驿传制度。其中第二、第三部分是本文重点。

中 文 题 名 **商品经济发展与宋代福建社会结构变迁**
作　　　者 何亚莉
导　　　师 黄纯艳
学位授予单位 上海师范大学
学科专业名称 专门史
学 位 年 度 2005
论 文 级 别 硕士
中 文 摘 要 本文从社会经济史的视角，考察商品经济发展与宋代福建社会结构变迁，探究商品经济对宋代福建社会结构的影响，希翼有助于深化区域社会史研究，同时亦对福建地方史的研究有推动之意义。全文主要从以下几个方面展开论述：首先，从地理位置、资源、气候等方面分析了宋代福建商品经济发展的基本原因。本文认为，宋代福建商品经济的发展是自然和社会等多种因素共同作用的结果，并进而阐述了其商品经济发展的表现。其次，分析了宋代福建的社会结构。分别论述了农业人口和各类工商业群体（茶户、盐户、坑冶户、糖霜户、荔枝户、船户等）的管理制度和组织方式，以及各群体生产经营活动和国家对其生产、买卖产品等的管理政策。最后，概述本文的基本观点。本文认为宋代福建商品经济的发展和经济结构的多样性影响了其社会结构的多样性，从而导致各群体经济生活方式和国家管理形式的多样化。

中 文 题 名 **上海外贸埠际转运研究（1864－1930 年）**
作　　　者 唐巧天
导　　　师 吴松弟
学位授予单位 复旦大学
学科专业名称 历史经济地理
学 位 年 度 2006
论 文 级 别 博士
中 文 摘 要 上海 1864 年正式开埠后，很快便成为全国最大外贸口岸，并与全国主要口岸间形成

密切的外贸埠际转运，成为全国外贸转运中心。本文以大量系统的海关数据、海关报告及英国领事报告为核心资料，从1864－1930年间上海外贸埠际转运在全国外贸中的比重、在全国影响范围的变化、与各区域主要口岸间的关系等方面对上海全国外贸转运中心地位的变迁进行了考察，并对这一变迁过程中体现出来的上海多功能经济中心地位进行了探讨。经过大量实证研究，笔者得出结论，认为19世纪下半叶是上海全国外贸转运中心地位的鼎盛时期，其外贸埠际转运对华北、东北及华中地区口岸均有强大影响，于全国对外贸易有牵一发而动全身之势。进入20世纪后，华北和东北口岸转向直接对日贸易，对上海外贸埠际转运由紧密走向疏离，1930年的上海已经由全国外贸转运中心缩减为华中地区的区域性外贸转运中心。与此同时，全国口岸贸易格局也发生了改变，形成了华中地区以上海为外贸转运中心，华南地区以香港为外贸转运中心，东北和华北地区则以各自区域中心口岸为主，再没有一个全国性外贸转运中心统领的新格局。在上海全国外贸转运中心的变迁中，体现出在对外贸易中上海工业中心对其外贸中心地位的强大支持，和国内埠际贸易中上海外贸中心影响力向工业中心影响力的转化，同时上海的外贸埠际转运也与上海作为全国金融中心、航运中心、商业中心的地位密切相关，体现了上海多功能经济中心的性质，及其不同经济功能之间的相互支持和促进。

中 文 题 名　社会学维度的马尾船政文化研究
英 文 题 名　Study on Mawei Shipyard Culture from Sociological Dimension
作　　　者　林新媚
导　　　师　王岗峰
学位授予单位　福建师范大学
学科专业名称　社会学
学 位 年 度　2008
论 文 级 别　硕士
中 文 摘 要　近代中国，西方列强的连天炮火，惊破了古老中国的封建残梦，锁闭的古国在近代西化浪潮的拍击下门户洞开。在这亘古未有的大变局中，中国人，上自至尊天子下到庶民百姓不得不面对一个新的时代和新的文化。在西方侵略和世界资本主义潮流的冲击下中国步履蹒跚地走上了近代化道路。伴随着西力东侵而来的西学东渐大大动摇了中国传统文化的独尊地位。一些有识之士，面对国家和民族危机，对国家民族的前途与出路表现出深切的忧虑与关怀。西洋人的入侵，激起了他们的仇视与愤恨。传统文化面临的挑战使他们产生了强烈的危机感。在近代激变的大潮中，他们的思想与行为在一次次发生着蜕变，努力探寻富国救国之路，洋务运动就是当时的一种尝试。而马尾船政作为洋务运动的重点项目之一，在这样的背景下诞生了。马尾船政的创建是中国近代史洋务运动的一件大事，马尾船政成为近代军事工业基地之一，是中国近代海军的摇篮，为中国培育了大量掌握当代科学技术的人才。它也是我们研究中西方文化关系在中国近代史上的一个值得剖析的一个着力点，透过它我们可以看出当时中国近代化过程中一些经验和教训，为我国现代化建设提供一些可借鉴的东西。本文是在借鉴前人的研究成果的基础之上，沿着自己的思路，从多个角度来对船政文化现象及原因进行一番新的研究，期冀能够打破成规、超越前人研究的局限而有所创新。为此，本文以"现象—原因—意义"为主要线索，从四个层面进行具体分析：首先，回顾马尾船政的发展历程，挖掘船政文化的基本内涵，再现船政的特点和历史功绩。其次，运用社会学中的社会变迁理论探索船政文化形成的宏观上的因素。再次，运用文化地理学和群体社会化理论探索船政文化形成的微观因素。最后，提出马尾船政的现实借鉴意义，为中国近代的军事、科技教育、工业提供有益的宝贵经验，以及对当前海峡西岸经济区建设、两岸和平统一和先进文化建设所产生的重大意义。第一部分：绪论。本章节主要论述四个问题：首先，从对马尾船政局的兴衰史、船政学堂历史地位及作用、马尾船政与中国近代海军、近代工业、近代教育等方面回顾了前人的研究。主要的成果有：第一、确立了马尾船政在中国近代造船事业史上的地位；第二、确立了马尾船政在近代反侵斗争中的地位和作用；第三、对历史

人物的研究有一定的成果；第四、确立了马尾船政学堂在中国近代教育上的地位。其次，介绍了本研究的理论支持。笔者从社会学的社会变迁理论、文化地理学理论、群体社会化理论中寻找马尾船政形成因素的理论支持。再次，在借鉴学者们研究成果的基础上，提出了自己的研究思路和运用的研究方法。最后，从近代和现代两个阶段分析了马尾船政文化的现实意义。第二部分：马尾船政的历史沿革。主要回顾了马尾船政的发展历程，深入挖掘了船政多文化的基本内涵，其内涵丰富，主要概括为：近代中西文化交流的一面旗帜，近代史上爱国主义的丰碑，自强不息、不断创新的民族精神。另外，在挖掘船政文化内涵的基础上进一步归纳出马尾船政文化的特点。马尾船政文化既有辉煌的业绩，也有深厚的积淀，在不同的历史阶段呈现出不同的特点。一方面，马尾船政独领风骚、先进无比。在当时特定的历史条件下，它的确代表了先进的思想和文化。其先进性主要表现在是当时先进生产力的代表，培养了一批先进人才，促进了先进教育与科技的发展等等。应该说，船政文化是那个时代应运而生的先进文化。另一方面，马尾船政气势宏伟、影响久远。马尾船政的辉煌给当代人们留下许许多多不可磨灭的痕迹。这些痕迹是包括罗星塔公园、昭忠祠、海博馆、马江海战烈士墓和马限山公园在内的一系列马尾船政的历史文化遗迹。船政文化是福州独特的人文、地域文化，具有丰厚的爱国主义内涵，是福州市乃至福建省的骄傲，是中华民族世代相传的精神瑰宝。第三部分：马尾船政文化的成因分析。这是本研究的核心内容，着重应用社会学的相关理论探索马尾船政文化形成的因素。马尾船政文化是中国近代史上的一个特殊的文化现象，其在中国东南隅的福建福州马尾诞生，这不能仅仅说是一个偶然。应该说，船政文化的产生是与中国近代社会大变迁以及福建优越的地理环境和人文环境分不开的。因此，本研究结合社会学相关理论从天时、地利、人和三个方面对马尾船政文化形成的因素做逐一的分析。首先，运用社会学中的社会变迁理论探索船政文化形成的宏观上的因素。西方列强的入侵和中西文化的碰撞共同促成了中国近代社会的变迁，并最终促成马尾船政的产生。其次，运用文化地理学理论探索福州特殊的地理环境对马尾船政文化形成的影响。可以说，福建独特的海域环境和福州马尾港优良的地理位置造就了马尾船政。最后，运用群体社会化理论探索马尾船政人内部的群体社会化对于船政文化形成的影响。福州自古人才辈出，特别是近代以后，更是出现了以马尾船政人为代表的一系列杰出人物。他们通过内部和外部的文化传递完成了其内部共同的社会化，从而形成共同的群体意识，我们现在称之为船政精神或船政文化。第四部分：马尾船政与中国近现代社会的发展。主要论述了马尾船政对近代和现代社会的影响和意义。这一部分包含两个层次：第一层次为马尾船政与近代繁荣。主要概括为：奠定了中国近代海军的根基，开创了中国近代科技教育的先河，促进和国近代工业的发展。第二层次为马尾船政与现代腾飞。船政文化对于当前社会的意义有：1. 开发船政文化资源、促进经济协调发展；2. 打造船政文化品牌，促进两岸和平统一；3. 挖掘船政文化内涵、促进先进文化建设。

中 文 题 名 十九世纪中叶以前厦门湾的历史变迁

英 文 题 名 Historical Development within the Xiamen Bay Area Prior to the Mid - Nineteen - (th) Century

作　　　者 余丰

导　　　师 杨国桢

学位授予单位 厦门大学

学科专业名称 中国古代史

学 位 年 度 2007

论 文 级 别 博士

中 文 摘 要 本文研究19世纪中叶以前厦门湾发展的过程，即厦门湾如何由传统走向现代的进程，这也是陆地如何走向海洋的一个文化过程。通过考察厦门及其周边海港、渔村的发展历程，研究它们是如何从传统走向现代，如何由陆地走向海洋；其传统与现代、国内与国际力量是怎样磨合，以及移民与海内外贸易状况；由此探讨厦门湾以往传统和经验对当今现代化进程的启示。全文共20万余字。内容如

下，绪论部分，述及研究缘起和学术研究背景；厦门湾概况，述其自然地理状况及行政区划变迁；明代以前的厦门湾，介绍开发历史简况以及厦门湾社会的初创；明代部分的厦门湾，则探讨了当时海湾自西及东各部分，以及岛屿的发展；清代的厦门湾，论及厦门港及周边地带的兴起及贸易等活动、海湾各地移民及其发展。最后是结语，从过往的历史中总结其发展的得失。从整个厦门湾的发展来看，正是明末朝廷对月港有限度的开放，使得月港成为厦门湾初期发展的左翼，辅之以安海的发展，拓展了右翼；继之则为厦门的兴起，成为引导周边各港口发展的领头羊，托起了整个清代本地区的经济。明末清初，郑氏三代人对厦门及其周边地区的开拓，实际上在政治、经济层面上对厦门湾进行了最初的整合，也为现今的发展奠定了一定的基础。

中 文 题 名 十六至十八世纪欧洲人笔下的广州

英 文 题 名 Guangzhou, in the Eyes of Europeans between the 16 – (th) and 18 – (th) Century

作　　　者 吴青

导　　　师 汤开建

学位授予单位 暨南大学

学科专业名称 中国古代史

学 位 年 度 2005

论 文 级 别 硕士

中 文 摘 要 十六至十八世纪，大批欧洲人来到中国，广州作为中国封建时代唯一的长期不断的对外开放窗口，无疑成为中西文化交流的滥觞之地，因此它是欧洲商人、旅行家、外交使节和传教士进入中国内地的主要中转站。活跃在广州的欧洲人，在经商、旅行、外交访问和传经布道的同时，还对当时广州各方面的情况进行了多层面的观察和记录。内容涉及整个广东的地理、资源、物产、交通、经济、政治、城市建置、社会生活、医药卫生、民情风俗等。他们在广州的传教活动中，接触了官员、平民、士大夫等各阶层人群，亲眼目睹了中国政府官员的行政程序、平民生活，在异质文明相遇的冲撞下，勤于笔耕，记录了一些中国文人不经意的资料，所记述的情况多为这些人的所见所闻和亲身经历，从而成为了解当时中国和广州的不可或缺的史料。本文将从欧洲人对广州城市建置、行政管理、贸易状况和市厘风俗四个方面的记载展开研究。

中 文 题 名 十七、十八世纪中日关系研究

英 文 题 名 Sdudies on Sino – Japan Relationship in 17th and 18th Centuries

作　　　者 盛雪雁

导　　　师 朱亚非

学位授予单位 山东师范大学

学科专业名称 专门史

学 位 年 度 2006

论 文 级 别 硕士

中 文 摘 要 明嘉靖年间，中日勘合贸易结束，中日政府间的外交关系也随之结束。直到 1871 年清政府与日本明治政府签订《中日修好条规》，中国与日本才重新建立起正式外交关系。本文拟对十七、十八中日关系的演变过程进行具体的分析，并探讨十七、十八世纪中日关系的成因。明末清初是中日关系由古代走向近代的转型期，这之前，中日关系的主流是友好，这之后至 1972 年 9 月中日复交，期间经历了甲午中日战争、日本侵华，中日关系处于紧张时期。而在十七、十八世纪期间中日两国没有建立起官方外交关系，两国之间关系有过紧张时期，但最终走上了平稳。以史为鉴，研究十七、十八世纪中日双方对外政

策,探讨中日官方关系的演变,分析日本长期处于明清封建王朝建立的朝贡体系边缘的原因,对于深入探究近代中日关系的渊源,促进中日两国的和平友好交往有着重大的借鉴意义,同时这一课题的研究也可填补学术界的研究空白。全文共分五个部分。“引言”简要回顾学术界对十七、十八世纪中日关系的研究成果,明确本文的研究对象。简要论述十七世纪前中日关系的发展脉络,明确十七、十八世纪中日关系的历史背景。第一章论述明末中日关系。第一节论述明政府在经济上对日本实行了严厉的海禁政策,军事上以日本为对象建立了以东北防御为重点的沿海防御体系,以及明政府对日本漂流民的处理政策,揭示明政府对日本外交政策。第二节论述德川家康时期日本回归以明朝为中心的朝贡体系的努力。为了改变由于壬辰战争造成的日本外交孤立局面,德川家康着力恢复对明通交,重开勘合贸易,企图作为完全成员回归以明朝为中心的朝贡体系。最终明日之间的官方外交关系没有重新建立起来,日本游离于朝贡体系的边缘。第二章论述清前期中日关系的演变。第一节论述清收复台湾前的中日关系,这一时期中日关系处于紧张期。满清入关前后曾主动采取行动向日示好,但是日本出于华夷观的偏见以及对满清势力的疑惧,没有给与积极的响应。另一方面日本对于明清交替极为关注,在明亡清兴后继续与南明政权保持着联系,支持南明的反清活动,向其提供军事物资,甚至直接出兵应援南明。三藩叛乱时期,日本一如既往地向三藩和台湾提供支援。第二节论述清政府收复台湾后到雍正时期的中日关系,这一时期中日关系处于曲折发展时期。清政府曾经主动提出与日本建立以贸易为中心的官方往来,日本拒绝。雍正时期中日关系又一度紧张,但曲折中也有所发展。第三节论述乾隆时期的中日关系,这一时期中日关系进入平稳发展期。中日关系是基于日本方面应付中国政治形势的变化,中国方面应付日本政治形势的变化而展开的。漂流民的送还是中日关系的重要组成部分,通过论述漂流民送还问题,揭示中日关系的演变。第三章从历史因素、政治因素、经济因素、思想文化因素等方面探讨十七、十八世纪中日关系的成因。从历史方面来说,由于倭寇及壬辰战争的影响,中国方面对日本心存疑忌,这在十七世纪初期的明政府方面表现极为突出。受元代蒙古军侵日的影响,同样是由“夷狄”建立的清政权的出现使得日本对清政权产生疑惧。政治方面,明末清初中国的国内事务是统治者最迫切解决的问题,耗费了对外交往的精力。日本德川幕府时期,幕府将军权力达到顶峰,为了强本抑末及禁教,实行锁国政策。经济方面,由于长崎贸易、东南亚贸易以及外国的中介贸易使得中日政府在朝贡关系没有建立的情况下能够获得所需物品。思想文化因素,中国方面受“华夷思想”的影响,对外交往只能采取朝贡的体制,另一方面对其他国家加入朝贡体系采取的是“不治主义”的政策。江户时代是日本民族文化发展的高峰期,神国思想的发展膨胀了日本自我尊大的意识,兰学尤其是地球学说的传播对华夷思想形成了严重的挑战。“结语”部分包括三个方面,一论述日本在十七、十八世纪并没有完全独立于以中国为中心的朝贡体系之外;二阐明大君外交体制是江户幕府的外交体制,“日本型华夷秩序”的构想并不等于这一秩序的实际存在,但这一构想成为日后日本侵华战争的思想根源;三指出中日两国和则两利,战则两伤,为今天中日关系的发展提供历史的借鉴。

中文题名 **十七世纪初中菲贸易的发展与文化交流**

作　　者 邹云保

导　　师 李金明

学位授予单位 厦门大学

学科专业名称 专门史

学位年度 2002

论文级别 硕士

中文摘要 本文的研究对象是十七世纪初中国和菲律宾之间的贸易,以及因贸易关系导致的文化交流。中菲关系源远流长,宋元时期两国之间就有着较多的贸易往来。至十七世纪初,中菲贸易发展到了一个重要的时期。文中十七世纪初所涵括的时间大致是 1567 - 1644 年。从贸易发展入手,试图找出贸易、移民、文化交流三者之间的内在联系是本篇文章的目的所在。至十七世纪初,明代中国的生产力和商

品经济均有显著的发展,这为海外贸易的发展提供了物质基础。明朝政府在隆庆元年(1567年)适时开放海禁,顺应了海外贸易发展的潮流。此时,占据菲律宾的西班牙人为殖民地的生存,大力发展对中国的贸易,积极地招徕中国商人赴菲贸易。中菲贸易在这种时代背景下迅速发展起来。起初,一部分华商因商务的需要而滞留菲律宾,继而东南沿海的劳动人民赴菲谋生,在菲律宾的华侨人数不断增加,并在菲律宾社会经济中扮演着重要角色。他们长期居留菲律宾,在与当地人的交往中将中华文化传播到菲律宾,并将菲律宾文化的精华传入中国,从而导致了两国的文化交流。上述内容在文中均有详尽的论述,全文分为五个主要部分:第一章简单回顾了1567年以前的中菲关系。第二章论述了影响中菲贸易发展的因素。第三章详细分析了当时的中菲贸易。第四章论述了华侨在菲律宾社会经济中的作用。第五章论述了两国文化交流的内容,并对两国文化交流的特征和意义作了扼要的概括。本文以历史唯物史观为理论指导,在论述中使用了文献分析和数据分析两种研究方法,力图使文章达到结构严谨,有所创新的目的。

中文题名 试论甲午战争前夕围绕朝鲜的中日外交交涉
作　　者 蔡明吉
导　　师 方民镐
学位授予单位 延边大学
学科专业名称 专门史
学位年度 2007
论文级别 硕士
中文摘要 甲午战争前夕,中、朝、日三国的关系尤为错综复杂。1868年,经过明治维新改革的日本逐步走上了资本主义的发展道路,为了满足本国资产阶级对原料和商品销售市场需求,加紧了对外侵略扩张的步伐,并将其魔爪首先伸向了地处亚洲大陆要冲的朝鲜。日本势力对朝鲜半岛染指,必然会危及作为宗主国的清朝在朝鲜利益。从某种意义上讲,中朝间传统的宗藩关系对于当时实力尚不足以对抗清廷的日本来说无疑是一块巨大的"绊脚石"。它使得日本清醒地认识到:要想彻底的吞并朝鲜必须彻底的割断其与清朝的这种传统关系。为此,日本一方面在外交上巧妙的使用"合法"的"讹诈外交手段"与清朝进行交涉,力争将满清王朝在朝鲜的影响降至最小;另一方面积极地加紧备战,力图待时机成熟之后彻底的实现其吞并朝鲜之野心。然而此时腐朽没落的晚清政府一方面力图全力维持其与朝鲜200余年的宗藩关系,另一方面又奉行"避战自保"的外交政策,努力避免与日本的正面冲突。清政府在外交决策中的软弱之举大大助长了日帝的嚣张气焰。1894年,蓄谋已久的日本,终于以朝鲜甲午农民战争为契机,挑起了中日甲午战争。在这场中日纷争之中,朝鲜堪称是最大的受害者,虽其不乏有一定的抗争,但限于国力而收效甚微,故而只能充当中日两国的战场。全文共由绪论、本论、结论三部分组成:第一章绪论。主要论述论文选题的目的和意义,研究动态及研究方法。第二章主要阐述中日两国对朝鲜的外交策略。这里主要从日本制定对朝鲜侵略策略、社会根源、"大陆政策"的形成以及在日本的侵朝意图日趋明朗化的大背景下,清朝对朝内政外交"向不过问的政策"逐渐向"全面干涉政策"转变这几方面加以论述。第三章主要阐述战争前夕中日两国围绕朝鲜问题的交涉。这里主要从中日两国在朝鲜镇压甲午农民起义时的出兵、撤兵问题及其中朝日三国围绕这些问题的交涉三大方面加以论述。这里着重分析,中日两国基于各自利益在朝鲜的矛盾冲突一步一步激化的过程,特别是围绕撤兵问题的外交交涉,深层揭示甲午战争爆发的外交背景。第四章通过对中日之间围绕朝鲜问题的一系列交涉及和谈历程的阐述,进一步揭示日本蓄意发动对清战争的本质。同时指出:清政府在对朝问题上的一再妥协退让态度不仅助长了日本的嚣张侵略气焰,而且亦将自身置于一被动的境地,这亦是导致其日后在甲午战争中惨败的一重要因素。第五章结论。

中文题名 试论九世纪东亚的海上通交:以张保皋的海洋经营史为中心
作　　者 祝捷

导　　师　李宗勋
学位授予单位　延边大学
学科专业名称　专门史
学 位 年 度　2006
论 文 级 别　硕士

中 文 摘 要　九世纪,在东亚三国的交流史上,曾为新罗清海镇大使的张保皋,以清海镇为据点,从事罗、唐、日三国之间的外交与贸易,并以中国登州赤山法华院为轴心,辐射各地的新罗坊、新罗所,形成了新罗人在唐活动的大本营,开展了对唐和对日的海上贸易,为罗唐日三国贸易及文化交流作出了贡献。本文通过历史文献和运用国内外的有关资料,试对张保皋在东亚的海洋经营史进行研究,以揭示张保皋在唐、罗、日关系中的伟业及其历史意义。本文共分五个章节:第一章绪论部分,主要阐述了本论文的研究目的及意义,研究现状、研究方法等内容。第二章主要论述唐、罗、日三国海上通交的日渐繁荣与张保皋的早期活动。中国文化之远播,以朝鲜半岛感受最深。唐朝,四邻诸国中与中国邦交最和睦者莫过于新罗,唐朝与新罗两个政府之间的相互友好政策,推动了两国民间贸易的迅速发展,而新罗造船业的巨大进步和航海业的发展,也为新罗商民谋求对华贸易提供了重要条件。本章通过历史文献对张保皋生平事迹的记载,对其出身和来唐背景,以及在唐成为武宁军小将和回国平定海盗等方面做了介绍。第三章主要论述张保皋成为清海镇大使与三国海上通交的高潮。张保皋以新罗莞岛清海镇为大本营,充分利用自己手中的海防大权,使清海镇成为连接新罗与唐朝、日本贸易的纽带和桥梁。同时又以中国赤山村、登州、莱州、泗州(今安徽泗县)、楚州、(今江苏淮安)扬州、明州(今浙江宁波)、泉州和日本九州岛等沿海城市为海运贸易网络,进行海洋国际贸易,构成了连接中、韩、日三国庞大的海洋贸易网络。第四章主要论述东亚三国海上民间贸易的衰落及意义。张保皋是海岛出生的"侧微"之人,却担任了清海镇大使,在"人臣无境外之交"的情况下进行外交活动,独占罗、唐、日三国之间的海外贸易,张保皋诸如此类的行为,对新罗的骨品制社会是一种强烈的威胁,因此,新罗朝廷以"欲谋乱"的莫须有罪名将其斩杀。张保皋的海上王国虽然湮没在历史的长河中,但是,其所经营的海上王国的影响却永远留给了当时及后世的人们,有着深远的历史意义。第五章结论部分,张保皋在九世纪的东亚海上通交,不仅促进了当时唐、罗、日之间的经济交流,而且也促进了东亚三国之间的文化交流,是东亚三国交通发展史上里程碑式的人物,为国际海洋贸易做出了巨大的贡献。

中 文 题 名　**试论明前期与中亚西亚诸国的交往**
英 文 题 名　A Research on the Intercourse between the Early Ming Dynasty and the Nations in Central and Western Asia
作　　者　张连杰
导　　师　侯丕勋
学位授予单位　西北师范大学
学科专业名称　专门史
学 位 年 度　2002
论 文 级 别　硕士

中 文 摘 要　本论文的内容主要是研究明代前期与中亚、西亚诸国的交往,其中明朝在双方的交往中起主导作用,从中汲取成功的经验以及认识其弊端,将具有重要的现实意义。本论文分为七部分。第一部分:绪论 对本文中的中亚、西亚的范围作了界定,并指出明代前期与中亚、西亚的交往是对蒙元与中亚、西亚关系的继承和发展。第二部分:从明朝、中亚西亚诸国以及明朝与中亚西亚诸国分别受到的外部压力等三个方面,论述了双方频繁交往的原因。第三部分:论述了明朝与中亚、西亚双方的政治交往,中亚、西亚诸国前往明朝朝贡,为明代中国与周边地区关系史写下了光辉的一页。第四部分:这是本论文的重点,

从“朝贡”与“回赐”、“互市”两个方面论述了明朝与中亚、西亚诸国频繁的经贸交往，并分析了“贡赐”贸易的两个特点。第五部分：考证了明朝与中亚、西亚双方交往的海路与陆路的交通路线，并认为海路路线比较固定、陆路路线比较复杂，陆路路线特别重要。第六部分：从积极与消极两方面对明代前期与中亚、西亚诸国的交往进行了评价，其中积极的方面占主导地位，双方的友好关系始终占主流。第七部分：在附录中，主要介绍了明代旅行家陈诚出使中亚、西亚的概况及他所著的《使西域记》一书的主要内容及其史料价值。

中 文 题 名 **试论明清时期的中日茶文化交流**

英 文 题 名 On the Tea Cultural Exchanges between China and Japan in Ming and Qing Dynasty

作 者 马崇坤

导 师 王臻

学位授予单位 延边大学

学科专业名称 专门史

学 位 年 度 2010

论 文 级 别 硕士

中 文 摘 要 中日两国都拥有悠久的茶文化历史，从唐代开始，两国之间就开始了频繁的茶文化交流，此后各个时期都有了较大的发展。本文以明清时期中日关系及贸易往来入手，运用文献法、对比法等研究方法，对明清时期中日茶文化交流的背景、内容及影响进行了对比研究，重点论述了明清时期中日茶文化交流与特点。明代中国与日本的关系，主要以朝贡贸易、倭寇与援朝抗倭等基本问题为内容。其中朝贡贸易的建立、终止及其发展变化，是构成中日关系的核心。清代中国与日本的关系，则是从康熙二十四年(1685 年)清政府开放海禁、在宁波等四处设关、恢复中日通商贸易开始的。由于清代初年清政府与日本德川幕府分别实行海禁和锁国政策，两国之间基本上没有邦交关系和官方往来，只有民间贸易往来。明清时期中日茶文化交流是频繁时期，无论是民间贸易还是官方贸易，无论是文化交流还是经济交流都是非常活跃和重要的。一方面，中国茶文化的参与者广布于茶的栽培、加工、销售、饮用的群体中，有广泛的群众基础。另一方面，中国的茶书、茶具、文具等传到了日本，根据隐元渡日，日本有明清时代的文人的饮茶方式和思想。明清时期中日茶文化的交流彰显出中日两国茶文化各自的特色，使其优秀传统更加发扬光大，并促进中日双方深入了解对方的茶文化，进而推进双方茶文化的交流合作事业。中国是茶叶的原产地，是世界上饮茶最早的国家，也是茶叶文化的发祥地。日本茶文化在很多方面和中国都存在着渊源关系，日本茶文化在与中国茶文化的交流和碰撞中，不仅有接受的一面，也有在接受以后再创造，从而输出的一面。中日两国人民的茶叶文化交流，比世界任何国家都早，这是中日两国人民长期友好往来的见证。在中日贸易交流的大背景下，茶文化交流兴盛，丰富和发展了茶文化的内涵，有力地弘扬了东方文化最独特的综合性格。中日茶文化交流促进了中日关系的进一步发展，加深了中日两国人民的友谊。

中 文 题 名 **试论明清汀、漳山海互动及龙岩经济地位的提升**

英 文 题 名 Discussion of Economic Interaction between Mountain and Coastal Region in Tingzhou and Zhangzhou Prefectures and the Upgration of Longyan s Economic Statue

作 者 郭飞燕

导 师 王日根

学位授予单位 厦门大学

学科专业名称 海洋史

学 位 年 度 2009

论 文 级 别 硕士

中 文 摘 要 本文从海洋史的角度，以汀、漳交界的龙岩为考察对象，从龙岩在明清汀、漳两地山区与海洋经济互动中经济地位的提升出发，来探讨明中叶后沿海的海外贸易对汀州山区经济的强大拉动力和汀州山区经济对漳州沿海经济的物质支持的互动问题。文章首先从龙岩境内的自然地理环境入手。阐明地处汀、漳交界地的龙岩其境内自然地理环境虽然与汀州相同，同属于闽西的山区地带，但是因两地并无水路交通，而龙岩与漳州有九龙江可通，龙岩的开发历程与漳州同步，而汀州的开发要迟于龙岩，这就导致龙岩与汀州内居民族源、语言和风俗习惯之间的差异。然而，龙岩与汀州境内的自然地理环境相同，两地到明中叶之后都以种植经济作物作为两地经济发展的重要模式。随之文章着重探讨明中叶后，漳州沿海繁荣的海上贸易拉动汀、漳经济一体化。因此，汀、漳两地的交通进一步改善，打破了原先汀州与漳州相对隔离的状态，且整个汀、漳地区和广东潮汕还形成一个经济圈。在山区经济与沿海经济进行互动，处于这三者交界地的龙岩其地理交通的重要性更为显现出来，明中叶之后，龙岩经济地位有很大提升，境内商业氛围颇为活跃，这对龙岩社会和经济有很大影响，到清雍正年间，龙岩升格为州。最后，通过论证分析，我们看到了沿海繁荣的海洋经济对龙岩、汀州闽西山区的经济发展起重大作用，反之，龙岩、汀州山区经济发展又大大促进沿海海洋经济的勃兴。

中 文 题 名 **试论清代山东粮棉布盐的流通(1644－1840)**

作 者 王荣梅

导 师 李绍强

学位授予单位 曲阜师范大学

学科专业名称 中国古代史

学 位 年 度 2007

论 文 级 别 硕士

中 文 摘 要 清前期近二百年间，清政府制度改革及对山东极大重视，成为清前期山东经济增长的新动力，山东经济的发展又使土地的负载能力大大地提高，在人口增长的巨大压力之下，山东物资流通在清代前期达到一个很高的水准。文章在详细检索史料，充分利用山东方志的基础上，通过对流通环境、交通条件、漕运、仓储、商品性流通进行研究，对清代前期山东粮棉布盐大宗物资流通作了系统的综合分析和归纳，阐述了流通经济的历史传承及阶段性特点，以加深对中国最后一个封建王朝传统经济流通规律的认识，希望为现代山东经济发展提供历史的启示和有益的帮助。全文分为五部分，主要阐明了以下观点：山东居南北水陆交通要地，清前期已具有相当规模运输能力的大运河，及康熙年代沿海航线的重辟，成为清前期山东粮棉布盐大宗物资流通的动力。只是山东中部山区的阻隔，东西部、沿海和内地之间流通很少，没有重大的突破。流通是一个国家经济发展程度的重要体现，古代赋税及来买谷物都是以仓储的形式贮藏，仓储作为清代山东传统粮食流通最核心的调控手段，起到赈灾备荒、安民固本，平抑粮价、调控市场，供养军队之社会稳定功效，但封建政府的仓储制度，在备荒歉方面主要是着眼于灾后的农业恢复和发展，以便继续维持所依赖的农业地区的稳定，而在来、案方面受历史条件限制，储备不足、调控乏力，调控功能不会得到真正发挥，这是古今物资流通社会属性的明显差异。漕运体系作为清朝赋粮转运形式，到清代前期得到了进一步强化，所形成的物资流通网对清代山东传统流通体系的延续、转化具有深远意义。依漕粮河运而盛极一时的山东物资流通体系，由于没有充分的生产力做基础，随漕河废弃，海运的发展，山东中西部经济日趋衰退。对东部沿海优越的流通条件的利用，加速了东部经济飞跃发展。清代山东物资流通与漕运链接的内容和形式也是现代山东流通体系变迁的历史基础。商品性流通是清代山东物资流通的重要组成部分，以粮食为中介自产自销的简单商品交换，到清前期的山东粮、棉、布、盐已经在某种程度上由商人操作的市场流通所取代，但追求自给自足生产模式下，传统余缺调节决定的，清代山东粮、棉、布、盐等大宗商品流通的内容和形式虽有所发展，不会有质的改变，落后的流通系统成为制约清前期山东经济发展的瓶

颈。但是从积极意义上来说,流通的发展促进了山东经济的发展。

中文题名 **试论清末民初通州社会经济发展变迁**

作者 孔凡英

导师 宋卫忠

学位授予单位 首都师范大学

学科专业名称 专门史

学位年度 2008

论文级别 硕士

中文摘要 通州城坐落于京杭大运河的北端,是北京的东大门,自古水路交通发达,地理位置重要。在历史上曾经是京畿仓储、漕运的重地,漕运的兴旺,带动了通州经济的发展和繁荣。清末民初,随着漕运的停止,通州的经济逐渐衰落。对于清末民初的通州,由于缺乏文献资料的记载,研究的人很少,取得的成果有限。本文试图弥补这一领域研究的不足,对清末民初通州社会经济发展状况进行整理、归纳和论述,着重分析清末民初漕运停止后,通州社会经济的发展变化,从繁荣走向衰落,以及对这些变化的原因分析。本文的主要内容包括:第一章概述清末以前通州的社会经济发展,介绍通州的历史沿革和地理条件,分析漕运对通州经济的影响;第二章阐述清末民初通州社会经济的发展变化,讨论因就业问题引发的社会动荡以及农业的发展、手工业的分化与重组、商业服务业的转型。第三章从帝国主义的入侵、通州的政治动荡、铁路的修建、周边地区的变化等方面分析清末民初通州社会经济发展变化的原因。通过对清末民初通州社会经济发展变迁的研究,目的在于使人们加强对近代通州的认识,在一定程度上推动地方史,尤其是通州历史的研究。

中文题名 **试论岳阳城陵矶港口的近代变迁(1899-1949)**

英文题名 A Tentative Discussion on the Modern Transition of Yueyang Chenglingji Port (1899-1949)

作者 吴越

导师 钟声

学位授予单位 湖南师范大学

学科专业名称 中国近现代史

学位年度 2008

论文级别 硕士

中文摘要 在湖南近代史上,岳阳城陵矶港口扮演着双重角色,既是自开商埠又是航运港口,而且相互作用,相互影响,促进了湘北乃至湖南经济的发展。本文从海关和港口之间的关系特别是海关对港口的影响这一角度出发,探讨城陵矶港口近代变迁的几个问题。文章分四个部分:第一部分介绍厘金卡的设立、岳州开埠的原因和经过,论述岳州海关作为白开商埠的特点,论述海关的设立和海关机构及职能,分析岳州开埠对岳州进出口贸易、航运业和市场商品结构等等方面的影响。第二部分论述岳州海关对外贸易情况:从开关到三十年代初岳州海关贸易发展的整体趋势,进出口货物品种、比重和特点。第三部分分析城陵矶港口繁荣的原因和表现。岳州开埠在客观上促进了城陵矶港口的繁荣,繁荣主要表现为民族航运业的兴起和发展以及中转港口的形成。第四部分论述外来势力的入侵,特别是开埠后达到疯狂的程度。从航运和战争两个方面重点论述日本势力与城陵矶港口之间侵略与反侵略的斗争关系。战后港口的短暂复苏与和平解放。文章认为城陵矶港口得天独厚的地理位置和区位优势为开埠提供了有利条件。岳州商埠是清政府在内外交困、危机重重之时,以维护主权、增加税收为目的而自主开放的。岳州开埠扩大了海

关贸易,巨大的进出口贸易量刺激了航运业的发展,最终促进了港口的发展和繁荣。因为受到列强的排斥打击、战争的破坏、经济基础的薄弱和自然灾害等等一系列原因的影响,城陵矶港口在二十世纪初出现短暂的繁荣后逐渐走向衰落。

中 文 题 名 **试论中国古代海洋管理**

英 文 题 名 Discuss upon the Maritime Administration in Ancient China

作 者 李文睿

导 师 杨国桢

学位授予单位 厦门大学

学科专业名称 中国古代史

学 位 年 度 2007

论 文 级 别 博士

中 文 摘 要 本文在历史唯物主义和辩证唯物主义史观的指导下,以海洋史学为研究构架,综合运用海洋科学及管理科学的研究概念和方法,对中国古代的海洋管理进行整体研究,找寻海洋史学下的中国古代海洋管理史的研究路径,考察和论述古代中国海洋管理的状况以及海洋管理与中国社会变迁之间的关系,全文共分七章。第一章为绪论,界定本研究的相关概念和研究对象,进行学术史的回顾,阐明本研究的学术意义以及研究的方法,介绍本文的研究思路。第二章介绍中国古代海洋观念变化及海洋权益的管理,围绕海界、海岛开发和管理以及海防论述民间的海洋观念,以及中央朝廷是如何在民间已经开发的基础上逐步建立起其海洋观念并开始保护其海洋权益的。第三章论述中国传统海洋渔业的管理,考察中国传统海洋渔业的艰难发展,详细分析其管理历程,力图从中揭示传统海洋渔业管理的困境。第四章主要讨论古代传统航海运输贸易的管理,论述传统航海运输贸易在历代不同政权的不同管理政策,以及国家对民间私人贸易的控制。第五章探讨传统海洋盐业管理体制的变化,着重分析海洋盐业基层组织与管理,以及传统海洋盐业管理中的悖论关系,揭示传统海洋盐业管理的矛盾所在。第六章以海洋商人和海洋渔民的民间自发组织为例,说明民间海洋发展和管理传统的自主延续。第七章总结中国古代海洋管理的特点及其对当代海洋管理的启示。

中 文 题 名 **试论左宗棠思想中的近代因素**

作 者 江波

导 师 熊吕茂

学位授予单位 中南大学

学科专业名称 中国近现代史

学 位 年 度 2008

论 文 级 别 硕士

中 文 摘 要 左宗棠是中国近代史上一位非常重要而又极其复杂的人物。百余年来,人们对他的生平和思想、对他在中国近代史上的地位和作用,陆陆续续地做过一些研究,也取得了一些非常有价值的成果,但却没有把左宗棠思想中的近代因素系统地发掘出来。我们认为,左宗棠思想的近代因素不是单独体现出来的,而是蕴含在他思想中的外交、经济、军事、文化教育等方面。在对外民族关系问题上,他注重在发展实力中求生存,以强硬的力量尽可能地维护了祖国的尊严和利益;在开展洋务运动的过程中,他努力发展资本主义工商业经济,屏弃单一的“重农思想”,注重农业和工商业协调发展,以及农业和生态环境的持续发展;在创办近代海军的过程中,他注重提高清军的整体实力和军事装备水平,在具体工作中极力主张自主性和独立性;面对西学东渐,他主张将学习西方的教育理念与中国的国情结合起来,派遣留学生

出国学习,发展中国的近代教育。总之,他思想中的近代因素对当时社会的发展起到了积极的促进作用。今天,我们研究左宗棠思想中的近代因素,可以从中获得有益的历史启示和借鉴。

中 文 题 名 试析遣唐使停派的背景、原因及影响

英 文 题 名 On the Historical Setting Reason Effection in Which the Ancient Japanese Stopped the Diplomats to Tang Dynasty

作　　　者 赵晓鸣

导　　　师 李宗勋

学位授予单位 延边大学

学科专业名称 专门史

学 位 年 度 2009

论 文 级 别 硕士

中 文 摘 要 中日两国学者常用“一衣带水”、“同文同种”等词来形容中日交流的密切和文化的相似。笔者认为,这些词用来形容9世纪中期以前的中日关系可谓是恰如其分,而对于9世纪中后期的两国关系则不那么贴切了。此时的日本正处于上承奈良时代之唐风,下启东京时代之西化的平安时代。伴随着律令制的终结与遣唐使的停派,日本进入了经济、政治和文化的转型期,整个社会的格局发生着深刻的变化。第一章为绪论部分,介绍了研究的目的及意义、可行性、研究现状及和创新点。第二章分析了遣唐使停派前后的社会背景。这一时期正是日本律令体制的终结和武士社会形成的时期。大化改新的不彻底性为后世日本社会的转型埋下了伏笔。日本社会的转型包括两个方面,一是经济的转型,日本经济的转型源于班田制的瓦解。班田制是封建中央集权制律令国家的经济基础,它的瓦解造成了派遣唐使的财政来源危机。在此过程中,最能反映日本封建化过程特征的庄园制形成了,“不输不入庄园”的出现,更加削弱了日廷的经济实力;二是政治转型,日本经历了一个世纪左右建立起来的律令制,以“摄关政治”和“院政”的出现为标志土崩瓦解,使遣唐使团失去了强有力的政治支持。而此时依托庄园制壮大的武士阶层开始登上了历史舞台,逐渐掌握了国家政权,统治了日本社会。第三章论述了遣唐使停派的原因。遣唐使是中日关系史上的一株奇葩,曾对中日文化的交流和日本封建社会的发展做出过突出的贡献。但在9世纪中叶以后,由于唐后期国势的衰颓导致了日本国民“慕华”热情的衰退、遣唐使风险过大及日本经济不堪负荷、遣唐使失去日本政治后盾、遣唐使团的贸易功能被民间贸易取代,唐文化的日本化等原因停派了。第四章论述了遣唐使停派的影响。遣唐使废止之后,中日两国人民的交往并未因此而中断。对日本来讲,对唐朝向往之热情不会马上冷却下来。遣唐使停派之后,中日仍然保持着民间交流,但官方交流却相对冷淡。遣唐使的停派之后日渤之间的交流却未曾中断,渤海的优秀文化为日本文化的发展做出了重要贡献。最后,遣唐使的停派为日本“国风文化”的形成提供了催化剂。第五章为结论部分。

中 文 题 名 试析郑观应的海防思想

英 文 题 名 A Brief Analysis on Thought of Coast Defense of Zheng Guan - ying

作　　　者 李锐

导　　　师 李育民

学位授予单位 湖南师范大学

学科专业名称 中国近现代史

学 位 年 度 2007

论 文 级 别 硕士

中 文 摘 要 海防是国防的重要组成部分,强大的海防是保障国家主权的重要基石。在中国近代

历次反抗外敌入侵的斗争中,晚清政府的海防不堪一击。当时一些先进的中国人就为建立强大的海防而不断地探索、尝试,郑观应就是其中一位。他总结了清政府海防的经验教训,吸取国内外先进的海防思想,并积极投身于晚清海防建设的实践,形成了系统而有特色的海防思想。本文拟对郑观应海防思想做一个全面、深入的研究。全文分为四个部分。第一部分:郑观应海防思想的产生,主要介绍了废弛的晚清海防以及导致这种局面的原因,分析了郑观应海防思想产生的时代背景和个人因素。第二部分:郑观应海防建设思想,详细阐述了郑观应练兵选将、船舰炮台等海防设施建设设想。第三部分:郑观应海防战略思想,着重论述了郑观应的分区设防、以战为守的海防策略。第四部分:郑观应海防思想的评价,从其对晚清军事和经济两方面所产生影响和意义进行了客观的评价。文章建立在翔实的史料基础上,做到了"论从史出"。通过对郑观应大量海防言论的分析、比较,总结了其海防思想的主要内容及其特色,并作出了实事求是的评价。

中 文 题 名　宋朝涉外法律初探:以外国人来华、归明人归正人为中心
作　　　者　吕英亭
导　　　师　陈尚胜
学位授予单位　山东大学
学科专业名称　中国古代史
学 位 年 度　2006
论 文 级 别　博士
中 文 摘 要　学术界对法律与历史的自然分工使法制史与对外关系的研究也成为了两个不同的领域,这在一定程度上使古代涉外法律的研究存在很大的缺憾。但是中国古代尤其是宋代的法律建设很发达,而且涉外问题在当时又非常重要,因此本文选择宋朝的涉外法律作为对象进行研究是十分必要的,而且在当今全球一体化的格局下,对这个问题的研究也具有重要的现实意义。本文试图在学术界已有的研究成果的基础上,以外国人来华和归明人、归正人为中心,对宋朝的涉外法律作一初步探讨,并尝试提出并论证以下问题:宋朝确立了怎样的对外政策?在这些政策指导下宋朝的对外关系取得了哪些进展?宋朝对来华的外国官方人士、民间普通民众和归明、归正人分别制定了怎样的涉外法律?宋朝涉外法律体系的特征、性质是什么?与唐朝相比宋朝的涉外法律有哪些变化?能否说明唐宋社会的转型问题等等。通过以上问题的阐述,期望可以深化人们对于宋朝涉外法律的认识,把握宋朝处理涉外事务的基本规律,从而有助于大家深入了解宋朝涉外法律与社会发展、对外政策之间的相互关系,并从中探寻中华民族的民族性问题。本文全文由五章组成。第一章"导论",主要阐述宋朝涉外法律研究的学术价值和现实意义,并对学术界的研究状况作一述评,指出宋朝涉外法律研究的必要性,并在此基础上提出本文研究的资料分布、方法与思路。第二章是对宋朝对外政策和对外关系发展状况的考察,展示宋朝处理涉外事务的整体政治背景,从而为以下涉外法律的研究作一铺垫。第一节考察了宋朝的对外政策,宋朝因为国际政治形势的变化,北方少数民族政权辽、夏、金的存在和壮大使之不能占据主导地位,因而采取了"来则不拒、去则不追"的宽容政策,并鼓励发展海外贸易,使宋朝的对外关系在官方和民间都得到了充分发展。第三章是本文的主体,以系统考察法对宋朝的涉外法律进行了钩沉爬梳。文章将外国官方来华人士、外国普通民众和归明人、归正人作为考察对象,对他们在宋朝境内享受的待遇、宋朝对其如侨居、婚姻、经商、诉讼等各种行为制定的法律进行分门别类的条析考述。第四章是对宋朝涉外法律本身的研究,包括对其渊源、特征、性质及与唐朝相比发生的变化等,从而提出宋朝涉外法律以律、敕、例作为渊源,虽然民事经济类法律相对发达但仍具有公法特征,在性质上来华外国人并不享有治外法权,而通过对其与唐朝涉外法律的比较研究,不仅得出了宋朝涉外法律对唐朝的传承和差异,而且呼应了当今学者对唐宋社会转型问题的讨论。第五章为全文的研究结论。

中 文 题 名　宋朝香药贸易中的乳香
英 文 题 名　The Frankincense, ne of the Spices lmported ln the Song Dynasty
作　　　者　陈宝强
导　　　师　马明达
学位授予单位　暨南大学
学科专业名称　中外关系史
学 位 年 度　2000
论 文 级 别　硕士
中 文 摘 要　在宋代繁盛的香药贸易中,乳香和其它香药一起输入中国,对当时的社会生活产生了很大的影响。相对于其它香药,乳香具有数量巨大、价格较低和应用广泛的特征,所以其影响也最大。本文在前人香药贸易研究的基础上,对乳香个案进行深入分析,试图揭示乳香在宋朝香药贸易中的重要地位,以及它在中外文化交流过程中产生的深远影响。

中 文 题 名　宋朝与占城关系初探
英 文 题 名　On relations between Sngdynasty and Camakingdom
作　　　者　邓昌友
导　　　师　马明达
学位授予单位　暨南大学
学科专业名称　中外关系史
学 位 年 度　2001
论 文 级 别　硕士
中 文 摘 要　宋朝与占城的关系是宋朝最重要的对外关系之一,也是中国古代与占城关系史的重要阶段。两宋与占城一直保持着政府间的通使关系,来往频繁,内容丰富,这构成了两国友好关系的主要形式,是双方经济文化交流的基础。因此,深入考察宋朝与占城通使的全过程,是研究两国关系的重要组成部分。本文在努力占有史料的基础上,以条分缕析、综合论列的考证方式,详述两宋与占城通使的基本脉络,系统疏理两国间历次使者往来的时间,并对有关史事做必要的稽考,进而对宋、占关系中的几个问题做了初步探索。希冀通过这一工作,能够较准确地展现宋朝与占城关系的基本架构,并由此引出对双方在政治、经济、文化诸方面关系的初步认识,为深入研究宋与占城关系史,特别是宋与整个越南关系史创奠基础。

中 文 题 名　宋代发运使研究
英 文 题 名　Research on the Shipped Magistrate in Song Dynasty
作　　　者　赵明明
导　　　师　王延武
学位授予单位　中南民族大学
学科专业名称　专门史
学 位 年 度　2008
论 文 级 别　硕士
中 文 摘 要　漕运作为一种通过水运征调物资的运输制度,是中国古代封建政权的生命线。漕运机构从开始设置,经过不断的变化与发展,由管理上的简单、临时的设置到宋代发展为完善、稳定的独立机构,即发运司机构的设置。作为发运司机构的长官,发运使"上与三司为表里以给中都,下与转运使相配

合”,对上担负着中央的使命,对下负责漕运的调度和转输。发运使除了具有调度转输漕运物资之外,还有辟举监督地方官员的权力,成为宋人所习知的一级监司。甚至该司职权时有扩大,乃至对地方上的茶盐、坑冶铸钱等领域也可进行干预和管理,有时还参与地方的赈济和水利的兴修等。南宋由于地域的限制漕运的路线大为缩小,发运使的职权也逐渐被消弱。总领所建立后,发运使的职权,逐渐被总领所侵占,发运使出现了时罢时置的现象。随着南宋的灭亡,发运使一职也随之消失。总之,发运使的设置完善了宋代漕运体系,使宋代成为中国封建社会漕运发展的一个高峰时期。本文在对宋代之前、宋代的漕运及其管理做简单回顾的基础上,对宋代的发运使的职官沿革、变化、机构设置、运作以及发运使的职能、人事管理,发运使与其他机构的关系等问题予以分析。以深化我们对宋代漕运及宋代漕运管理机制的认识,同时兼及宋代社会政治、经济生活的某些层面。

中 文 题 名 **宋代广东经济发展研究**
英 文 题 名 An Exploration on Guangdong Economic Development of Song Dynasty
作　　　者 郎国华
导　　　师 张其凡
学位授予单位 暨南大学
学科专业名称 中国古代史
学 位 年 度 2004
论 文 级 别 博士
中 文 摘 要 宋代是我国历史上经济社会发展极为迅速的一个时期,广东的经济也获得了长足的进步。宋代中央政府比较重视经营广东。经过调整州县,宋代广东政区的划分趋于合理,并保持大体的稳定,有助于实施有效的统治和开发。由于北方移民的大量南迁,广东各地人口总体呈现增多态势,不少州县更激增十倍以上。移民提供了比以往充裕得多的劳动力,也带来了北方先进的生产技术。农业方面,水利设施大量修建,珠三角等地大片海涂、沙滩被改造成良田,粤东、粤西的垦殖范围有了进一步的拓展;先进农具得到逐步地推广,优良作物品种种植面积有较多的增加,广州、英德府、潮州、惠州等地成为稻米输出地。手工业方面,铜冶业一度在全国独占鳌头,陶瓷业满足了日常生活需要并大量出口,造船业空前繁荣,为广州外贸的勃兴提供了坚实的保障。海内外交通比以往更发达和便捷,中外商人齐聚广州,多国商品云集,各地物产荟萃。有宋一代,大量流人被贬广东,其中的不少人注意体恤民情,发展生产和改良生产技术,为社会经济文化的进步起到了推进作用。经过宋代的发展,以广州为中心的珠三角逐步超越粤北,成为全省的经济中心。

中 文 题 名 **宋代广南西路对外贸易初探**
英 文 题 名 On Guangxi s Foreign Trade History in Song Dynasty
作　　　者 朱文慧
导　　　师 王元林
学位授予单位 暨南大学
学科专业名称 专门史
学 位 年 度 2006
论 文 级 别 硕士
中 文 摘 要 两宋时期,由于周边国际形势的变化,广南西路成为宋王朝的西南边地,战略地位不断上升。统治阶级对广南西路的重视和广西地区经济的发展都为宋代广西对外贸易的蓬勃开展提供了历史契机。以横山寨、永平寨、钦州为代表的三大博易场及海南岛是宋代广南西路对外贸易发展的典型。与

广州等外贸港口和北方的榷场相比，广西对外贸易还有其独特的特点：外贸地域特征鲜明，贸易物品种类丰富、发展速度迅速。这些特点的产生与宋代广西对外贸易发展特殊的历史条件和国际环境密不可分。同时通过对外贸易，广西的经济水平进一步提高，西南地区的联系更加密切，对于宋王朝和西南的少数民族政权、国家的经济实力也产生积极的影响。对外贸易带动广西的经济在历史上出现一个发展高峰。相应的，宋代也成为历史上广西地区对外贸易发展的一个最为光彩夺目的时期。在此认识基础上，我们也要客观的看到广西的外贸在当时全国对外贸易中实际占有的份额很小，发展水平和规模仍然有限，因此不可过于拔高其地位。

中 文 题 名　宋代市舶司研究

英 文 题 名　A Research on the Department of Shi Bo Si in the Song Dynasty

作　　　者　杨文新

导　　　师　李裕民

学位授予单位　陕西师范大学

学科专业名称　中国古代史

学 位 年 度　2004

论 文 级 别　博士

中 文 摘 要　本文分为上、下篇。上篇主要探讨宋代市舶司的分布及变化、市舶司的职能、市舶官员的选任和奖惩、市舶司与其它机构的关系、各路市舶司的比较及其地位等问题。下篇主要考察宋代广南东路、两浙路、福建路和京东东路四路市舶官员的姓名、生卒年、字号、籍贯、科举、任期、政绩、《宋史》有传与否、著作等情况。初步得出以下认识：宋代是我国古代市舶制度发展的重要时期。市舶司辖下有市舶务、市舶场和市舶库等机构。宋代先后在广南东路、两浙路、福建路和京东东路设有市舶机构。由于地理环境的变化、政府精简机构、派系斗争、朝廷的政策调整等因素，使得市舶机构先后也发生变化。其中广南东路市舶司比较稳定，两浙路的变化较大。宋代市舶司的经济职能包括阅货、抽解、禁榷、和（博）买、向中央纲运交纳钱物、治理港口和修筑城池；行政职能体现在监察和荐举地方官员；发放进出贸易的公据；执行国家的禁令；接待管理外商；参与组织祈风典礼和维护地方治安、剿灭盗贼等。宋代市舶司官员主要由市舶使（提举）、市舶判官（监舶务）、干办公事等不同级别的官员组成。宋代皇帝和大臣都比较重视市舶司官员的选任。根据初步考察，宋代市舶官员中，曾担任过市舶使（提举）的共有 473 人，其中广南东路 175 人、两浙路 160 人、福建路 126 人、京东东路 12 人；监舶务 33 人，其中广南东路 6 人、两浙路 14 人、福建路 13 人、京东东路目前未见；干办公事 16 人，含广南东路 5 人、福建路 11 人。就市舶官员的籍贯看，北宋时，北方籍官员略少于南方籍官员；南宋时，以两浙路、福建路、江南西路等地的官员居多。这与地理环境和经济文化发展等因素有关。就任职年龄看，以 51 - 60 岁年龄段的为多。说明当时对市舶官员的任命还比较重视其资历和经验。官员中科举出身的有 251 人，荫补的 31 人。可见当时大多数市舶官员是以科举进入仕途。从资序和品级看，市舶官员主要是在正七品至从五品间官员中选任，由知县、通判、知军、宗正丞、著作佐郎、知州、转运判官、转运使副兼提举、专职提举、提举常平（茶盐）兼、提点刑狱兼等不同身份出任。选拔的途径主要是中央官和地方监司官推荐。对市舶官员有不得破格差注初官、避亲嫌、避本贯、避置司州等限制条款。25 位宗室担任过市舶官员，且都出现在南宋、福建路为多的现象，与南外宗正司在南宋初年迁入泉州、南宋调整对宗室的政策有关。市舶官员的任期前后有变化。北宋初期约 3 年左右，后来随着科举制度的发展，科举人数增加，官员数量增多，任期有呈现减短的情况。多数在 2 年左右。平均任期约为 1 年半。市舶官员在任职期间，政绩卓著或建有功勋，可获得转一官、升迁它职等不同方式的奖赏。政绩劣等或犯有贪污等，则受降官职、除名、勒停、冲替、罢官职、延长磨勘期限等惩罚。在宋代中央政府机构中，市舶司与吏部、（三司）户部、太府寺、内侍省、鸿胪寺、御史台、刑部和大理寺等关系较为密切。其中在财政方面，元丰改官制以前，三司是市舶司的顶头上司。元丰改官制以后，户部代之。太府寺和内侍省

也涉及部分的财政事务。吏部负责市舶司的人事问题。鸿胪寺处理市舶司的涉外事务。御史台、刑部和大理寺负责市舶官员的监督和有关市舶司的法律问题。在地方机构中,市舶司与转运司、提点刑狱司、提举常平茶盐司等机构的关系较为密切。尤其是转运司。在市舶司未独立时,它们曾兼管过市舶事务。市舶司独立时,它们互不统属、互相监督。另外,与地方驻军也有关系。从设置时间的先后、存在时间及前后变化情况、收入的多寡、朝廷给的本钱数量、各路官员的情况等方面的综合比较看,四路的地位前后有变化。北宋时,各路排序大体是广南东路、两浙路、福建路和京东东路。南宋时,各路排序大体是广南东路、福建路和两浙路。宋代市舶司的设置,在增加财政收入、监察和荐举地方官员、促进与交往国家间的经济文化交流、为元代市舶事务的管理提供经验借鉴等方面起到了积极作用。本文的创新之处在于:对宋代市舶司的设置原因及其变化情况进行了初步的探索;较为全面地分析了宋代市舶司的职能,尤其是对其行政职能作了一些补充;在综合考察宋代市舶官员的基础上,对宋代市舶官制、官员的选任与监督提出了自己的看法,对传统的观点有所纠正;对宋代市舶司与中央和地方有关机构的关系的论述,是初步但也是有益的探索;对宋代各路市舶司进行了尝试性的比较;对宋代市舶司的地位作了较为客观的评价。

中文题名　**宋代市舶制度述论**
作　　者　许兵
导　　师　邢铁
学位授予单位　河北师范大学
学科专业名称　中国古代史
学位年度　2002
论文级别　硕士
中文摘要　我国古代的市舶制度是官府对海外贸易进行管理的制度。它产生于唐朝,在宋代得到了发展和完善。宋代市舶制度是本文论述的重点,主要由三个部分组成,即市舶机构、市舶官制和市舶管理。宋代市舶制度开创于开宝四年,其标志是广州市舶司的设立。广南路市舶司,两浙路市舶司和福建路市舶司是宋代三个最重要的市舶机构。然而它们的发展却是不平衡的,存在着地区差异。广南路市舶司基本上和宋王朝相始终,两浙路市舶司在南宋前期迅速衰落,而福建路市舶司在南宋前中期逐渐崛起,最终发展成为同广南路市舶司地位相当的市舶机构。市舶司长官在北宋前期被称为市舶使,由市舶司所在地的知州兼任;元丰三年改称提举市舶,由转运使兼任;崇宁初,朝廷设置专职提举市舶,专职提举市舶遂成为北宋后期和南宋市舶司长官的主要任职形式。市舶司长官任职形式的变化,反映了市舶司愈加重要和提举市舶地位不断提高的事实,也反映出宋代海外贸易逐渐兴盛的趋势和朝廷对市舶贸易的日益重视。宋代始终没有建立起一套全国统一的具有持久效力的市舶管理制度。各地市舶司往往根据自身的情况,制定一些临时性、地方性的条例;朝廷制定的一些专项制度,如市舶抽解制度,也多有变动,这些都对海外贸易造成了一定的影响。总之,宋代市舶制度作为时代的产物,在历史上曾经发挥过重要的作用。作者希望通过自己的研究,能够对其有一个较为全面的认识。

中文题名　**宋代与东南亚的药物交流**
英文题名　China s Medicine Exchange with Southeast Asia in Sung Dynasty
作　　者　朱立智
导　　师　林远辉
学位授予单位　暨南大学
学科专业名称　专门史
学位年度　2003

论 文 级 别 硕士

中 文 摘 要 宋代是中国和东南亚药物交流迅速发展的时期。药物交流的规模之大、数量之巨、种类之多、国家和地区之广,都是前此各代所未见。通过政府(官方)的贸易、主要是朝贡贸易和民间(私人)贸易,以及政府(官方)的和民间(私人)的贸易,大量的东南亚药物和中国的药物不断地进行交流。其原因除了一般的促成宋代与东南亚的贸易繁荣的条件之外,还有着它的特有的因素。宋代气候的变化、政治经济中心的南移,宋朝政府的重视医学和士人习医风气的炽热,战祸、天灾频冗,疾病流行对药物的需求,以及统治阶级奢侈生活的需要,刺激了输入东南亚等地区药物的急剧上升;东南亚大多地处热带雨林地区,疟疾肆行,多疮疥,中国的大黄、川芎、白芷等均为其治病的良药,等等。宋代中国与东南亚的药物交流是宋代中国与东南亚贸易的重要组成部分,在中国与东南亚的药物交流史和中国与东南亚的关系史上占有重要的地位。

中 文 题 名 **宋丽海上贸易研究**

英 文 题 名 Study on the Song - Goryeo Maritime Trade

作 者 芦敏

导 师 李金明

学位授予单位 厦门大学

学科专业名称 专门史

学 位 年 度 2008

论 文 级 别 博士

中 文 摘 要 宋丽海上贸易是中韩贸易史的重要组成部分。本文采用分类法,从各个贸易形态的角度对宋丽海上贸易进行了细致的阐述和研究。主要内容包括:宋丽海上贸易发展的历史背景;朝贡贸易和王室贸易的具体状况,以及两国的管理制度和交换价值比较;宋丽两国使团人员进行的各种官方附带贸易的交易方式和制度;宋商和丽商经营的民间贸易发展状况,以及两国的相关贸易政策;宋丽海上贸易活动中的移民往来和文化交流等。在继承史学界已有成果的基础上,本文进行了以下尝试:将宋丽海上贸易按层次划分为各种不同的贸易形态;详细列举朝贡贸易和王室贸易中的交易物,并对其进行特征分析;利用简单的统计法对朝贡和王室贸易中的等价交换原则进行论证;围绕着私觌贸易和公贸易、私贸易等多种形式,对使团人员的附带贸易进行全面论述;立足于宋丽海上贸易的媒介作用,分析商人、文人、士人、普通百姓等各种移民的迁移活动和两国的移民政策。通过分析,本文认为宋丽海上贸易呈现着多样化的形态,在官方贸易、民间贸易和走私贸易三大类型之下,又分别具有次级和再次级的各种不同风格的贸易活动。其次,宋丽海上贸易处于一种不平衡的制度化管理模式之下,高丽的贸易制度建设总是落后于宋,于是,其与宋的接触就具有深远的历史意义。最后,宋丽海上贸易为联结两国的友好关系作出了重大贡献,贸易成为实现人员往来和文化交流的最重要的途径,甚至一度还成为两国政治往来的唯一途径。

中 文 题 名 **宋蒙(元)战争背景下的南宋水军**

英 文 题 名 A Study on the Navy of South Song Dynasty under the Background of Song - Mongolia (Yuan) War

作 者 黄德辉

导 师 刘复生

学位授予单位 四川大学

学科专业名称 中国古代史

学 位 年 度 2007

论 文 级 别 硕士

中 文 摘 要 南宋末年,宋廷主昏臣弱,内无扶主之谋臣,外无御敌之良将,帝国的势运逐渐衰微。以此种之境遇,在"灭国四十"、无人能迎其锋的蒙元铁骑面前,南宋仍坚持抗战长达四十多年之久,这其中南宋水军出力尤大。应当说,南宋水军对于抵御蒙元入侵,发挥了极为重要的作用,它在当时的南宋国防中有着特殊的战略地位。到了战争的后期,南宋赖以生存的水上优势的彻底丧失,也是造成南宋灭亡的直接原因之一,南宋水军的成败与帝国的兴衰紧紧相连。本文所要论述的内容,就是以宋蒙(元)战争为大的背景,以当时南宋的水军为其主要论述对象,对南宋水军在战争期间的整体状况,它在当时南宋国防中所起的作用,南宋水军的兴衰对整个南宋帝国晚期命运走向以及南宋水军对于蒙元及其后世水军的深远影响做一个较为详细的梳理和初步的探析。本论文共分前言、正文、结语三大部分,各部分内容如下。前言部分包括:1. 对我国古代水军的发展做一个简要回顾(截至到宋代);2. 对本论文课题进行阐释;3. 回顾有关南宋水军的研究现状,指出现有研究的不足与薄弱之处,以及本文的切入点与突破口。4. 对宋蒙(元)战争爆发的时间进行界定,并对本文题目中"水军"一词的使用进行阐释说明。正文共分四章:第一章是宋蒙(元)战争时南宋水军的概况。这一部分主要对南宋大力发展水军的原因、战争期间南宋水军的装备构成、水军的编制以及领导体制等进行梳理和探讨。第二章是南宋水军的防御体系。宋蒙(元)战争期间,南宋水军的布防基本上可以分为内陆河流防御和沿海防御。本章主要对南宋水军在长江、淮河、汉水以及沿海的布防特点以及这些措施在战争期间的得失做一个具体的评述。第三章是实战当中南宋水军的战略、战术。第四章是南宋水军在长江上的溃败与南宋的灭亡。本章主要对在战争后期宋元双方水军在长江上进行的三次较大规模水战以及南宋水军衰落原因做一较为详细的探讨分析。结语部分:主要是对南宋水军在宋蒙(元)战争中所起的作用以及对于后世的影响等内容进行总结。本文旨在以宋蒙(元)战争期间的南宋水军为切入点,对战争期间南宋水军的编制、领导体制、战舰、防御体系以及作战情况等进行考察。通过对战争中南宋水军整体状况的研究,力图阐明南宋水军在当时南宋国防中的特殊地位、作用以及影响,以求对战争期间的南宋水军获得一个整体性的认识,进而理清中国古代水军从南宋末年到蒙元这一时期的历史脉络。

中 文 题 名 **宋元时期环九龙江口的陶瓷业与早期航运**

英 文 题 名 Ceramics Industry and Maratine Transport Around Lower Reaches of Jiu Long Jiang in Song and Yuan Dynasties

作 者 郑晓君

导 师 吴春明

学位授予单位 厦门大学

学科专业名称 考古学与博物馆学

学 位 年 度 2007

论 文 级 别 硕士

中 文 摘 要 宋元时期,在福建的环九龙江口区域涌现出大批的窑场,是明清月港兴起之前陶瓷手工业与外向型经济的重要基础。但在以往的研究中,这一时空并没有被认定是古代陶瓷业、窑业技术与早期航运发展的一个相对独立的文化。本文通过对历史上的环九龙江口的陶瓷文化史进行梳理,探讨这一时空在陶瓷文化史上的相对独立性,并对这一时空早期航运作初步研究。根据已做的考古发掘和调查,对环九龙江口的窑业技术、胎釉工艺、器物形态进行阐述,并运用考古类型学的方法,对器物进行分期和年代的推断,探讨窑址的内涵,并与同时代著名窑系进行对比,探讨环九龙江口窑业的技术渊源,凸现宋元时期环九龙江口窑业的相对独立性。并结合沉船考古和海外发现的陶瓷资料阐述宋元时期环九龙江口瓷器的海上输出,探讨月港崛起前环九龙江口的早期航运。

中 文 题 名　**宋元时期中国与东南亚各国关系的发展**
英 文 题 名　The Deleloping Relationship of China with South Asian Countries in Song Yuen Dynesties
作　　　者　唐雪海
导　　　师　邱树森;张其凡
学位授予单位　暨南大学
学科专业名称　中国古代史
学 位 年 度　2000
论 文 级 别　硕士
中 文 摘 要　宋元时期是我国对外关系的发展时期。中国与东南亚国家关系的全面展开,是这一时期奠定的。本文主要分为四部份:一、宋元时期对外政策的异同,以及这一时期的三佛齐、占城、安南、罗斛、蒲甘、阇婆、渤泥、真腊、丹眉流、蒲端、瓜哇、缅、暹、龙牙门、苏木都剌等东南亚国家的状况。二、中国与以上地区的使节往来、外交关系发展和元代对外战争。三、揭示宋元的经济关系发展、演变过程。四、交化的交往和华侨大规模移居东南亚地区。

中 文 题 名　**宋元之际东南地区移民研究**
英 文 题 名　Study on the Migration of Southeast Area between Song and Yuan
作　　　者　王仁杰
导　　　师　邱树森
学位授予单位　暨南大学
学科专业名称　中国古代史
学 位 年 度　2004
论 文 级 别　博士
中 文 摘 要　发生在13世纪中叶的宋元战争是蒙古贵族发动的一场灭宋战争,这场历时40余年的战争,虽然实现了全国的统一,但战争过程中元军的残暴与对人民的杀戮,激起了南宋广大官兵、士人、各族民众的强烈反抗,文天祥、陆秀夫、张世杰等人就是这一历史时期涌现的抗元民族英雄。残酷的战争,引起了南宋人民大规模南迁,他们或啸聚山林进行武装反抗,或"抗节遁世"隐姓埋名,或举家南迁,开辟田野,或迁徙海外。南迁之民带来了江南的先进生产技术,先进文化,对岭南的开发作出了重大的贡献,也促进了客家民系的进一步壮大。本文以1276年元军占领临安到1279年厓山之战南宋灭亡为时段,研究元军在向南推进过程中,东南地区(今浙、闽、赣、粤等地)各族人民迁移情况。

中 文 题 名　**隋唐时期佛教东传日本之研究**
英 文 题 名　Study on Japonic Buddhism of Sui and Tang Dynasties
作　　　者　张桂丹
导　　　师　顾兴斌
学位授予单位　南昌大学
学科专业名称　中国古代史
学 位 年 度　2007
论 文 级 别　硕士
中 文 摘 要　中日两国的文化交流,历史悠久,源远流长。隋唐时期的中日文化交流主要以佛学交流最为活跃和繁荣,其构成了中日文化之间的良性互动关系,推动了佛教在东亚社会的传播,从而为构筑和谐统一的东亚文化圈奠定了重要基础。尽管文化交流是双向的,但那时主要表现为中国佛教向日本的

传播。本文从历史文化传播学的角度,探讨佛教之所以能在日本取得突破的原因,以及佛教在日本的传播过程,分析日本佛教的特征。东传日本的佛教,并不是一种现代意义上的单纯的宗教,特化的信仰,而是经过印度、朝鲜特别是中国长时间的吸收沉淀,融合了各民族的精神与文化,对日本社会政治、宗教、文化产生了极其重要的影响。

中文题名 **隋唐五代开封运河演变与城市发展互动关系研究**

英文题名 On Study Kaifeng Canal Develops and the City Develops Interactive Relation from the Sui Dynasty to Five Dynasties

作者 郭峰

导师 李令福

学位授予单位 陕西师范大学

学科专业名称 历史地理学

学位年度 2007

论文级别 硕士

中文摘要 开封作为中国著名的古都,其发展演变有着与其它都城不同的特点。运河是开封的城市特点,也是它成为宋代都城的主要原因之一,这已经成为学界共识。运河能成为开封的城市特点,隋唐五代无疑为这一特点奠定了坚实基础。但是隋唐五代开封与运河的关系,目前却不见有专门的论述。基于此,本文将探讨隋唐五代开封与运河之间的关系,并对影响其演变的因素略作分析。全文共分三部分,以下具体介绍各部分的内容:第一部分,主要论述开封相关历史地理环境。包括三个内容:第一,开封水系概述。概括了相关自然水系和运河渠道的情况,并对通济渠略作辨析。第二,开封历史沿革。简单介绍了隋以前的历史沿革状况。第三,区位优势。说明了河南区位优势对开封地位的影响。第二部分,主要论述隋唐五代汴州运河演变与城市发展的过程。笔者将此部分按不同时期分为隋、唐、五代三个时期,分期具体探讨不同时段的变化。隋代运河经历了建立和发展期。在建立期,开封运河由淮泗线和蔡颍线组成。在发展期,通济渠成为开封运河的主干,并在此后数百年的时间中,在国家漕运活动中扮演着重要角色。相对于运河的发展,隋代开封却没有随之发展,出现了运河发展与城市地位下降的背离现象。唐代运河继续了隋代运河的发展。此时开封运河包括了淮泗线、淮汴线、淮颍线以及泰西运河四条主要干渠。唐代开封城市经历了两次崛起,安史之乱前为政治崛起,安史之乱后为经济崛起。唐代汴州崛起奠定了它在五代成为都城的基础。唐代的运河为城市崛起提供了基础作用。在城市经济崛起的过程中,地方利益与国家利益在运河使用上出现了差异,导致了汴州与运河的关系,由安史之乱前的和谐发展演变为安史之乱后的相互冲突。五代运河整体处于衰落期。后周之前,淮泗线没有记载,淮汴线丧失了交通南北的功能,淮颍线仅维持了淮河以北的渠道,泰西运河没有记载。这一切都说明了开封运河的衰落。后周世宗以后,国家重新规划运河渠道,开封运河逐渐恢复了一定的繁荣。虽然开封运河衰落了,但是人们对开封的运河城市映象,并没有改变,还成为国家立都开封的重要依据。第三部分,主要论述制约和影响互动关系演变的因素。本文认为影响汴州与运河互动关系演变有如下五个因素。其一,洛阳限制了运河系统对汴州的影响。其二,仓储系统布局的影响。其三,军事活动的影响。其四,国家控制力变迁的影响。其五,主观认识变迁的作用。洛阳的限制作用和仓储布局是影响安史之乱以前开封与运河关系的主要因素。军事活动是影响安史之乱后,至于五代汴州与运河关系的主要因素。国家控制力的变迁是影响安史之乱后二者关系的重要因素。主观认识主要是指官员对运河经济作用的认知,这种认识经历了反感—认同—应用的过程,这一过程贯穿了二者演变的整个过程,成为影响二者关系的重要因素。本文创新点在于以下几点:第一,复原了隋唐五代开封运河动态演变过程,考证和指出一些观点的错误。第二,隋唐五代开封城市发展过程的动态考察。隋唐五代开封城市经历了隋代发展与衰落、唐代政治和经济崛起、五代都城地位确立的动态发展过程。第三,隋唐五代开封城市与运河的关系论述。学界一般认为开封与运河存在“水兴则城

兴,水亡则城衰”的过程。本文对此提出质疑,因为三个时期的关系并不是完全按照这种关系演变,而是出现了隋代运河发展与城市变迁的背离和五代运河衰落和都城地位确立的现象。第四,归纳了运河与开封关系主观认识的变迁过程。

中 文 题 名 **隋唐五代时期海洋灾害初步研究**

作　　　者 闵祥鹏

导　　　师 袁祖亮

学位授予单位 郑州大学

学科专业名称 中国古代史

学 位 年 度 2006

论 文 级 别 硕士

中 文 摘 要 隋唐五代时期是海洋灾害史的一个重要时期,本文记述了这一时期海洋灾害的时空分布、致灾因素、受灾人群及受灾程度,来探讨隋唐五代时期海洋灾害的成因以及防灾措施。全文共分三个部分:一是隋唐五代时期海洋灾害的概况,主要论述这一时期海洋灾害时空分布、致灾因素、受灾人群及受灾程度等。二是分析了隋唐五代时期海洋灾害的成因。从自然因素来看,主要有海洋气候、沿海地形、海岸线的变迁、海潮侵蚀与河口泥沙堆积等方面。从社会原因来看,海洋灾害损失增大与沿海城乡人口增多、沿海滩涂的不合理开发、濒海城市大量析置有一定关系。对外交流与航海活动增多、政局变迁被迫开辟远程航线使得遭遇海难的概率增加。三是隋唐五代时期的海洋防灾。介绍了隋唐五代时期海洋工程防灾、海洋灾害早期预警、潮汐学研究、造船与航海中的防灾技术的进步。

中 文 题 名 **隋唐五代时期西南地区造船业研究**

英 文 题 名 Shipbuilding in the Southwest Region of Sui, Tang and Five Dynasties Periods

作　　　者 夏自金

导　　　师 卢华语

学位授予单位 西南大学

学科专业名称 中国古代史

学 位 年 度 2008

论 文 级 别 硕士

中 文 摘 要 隋唐五代时期我国造船业规模庞大,为宋代造船高峰的到来奠定了基础。造船业是一个对技术要求很高,很能体现当时经济发展水平的手工业生产部门。因此研究隋唐五代西南地区的造船业,不仅可以了解当时该区的造船技术和造船能力及其对隋唐五代时期的政治安定和经济发展所起的重要作用,而且可以加深我们对隋唐五代经济发展水平的认识;同时也可为今天的西部大开发,提供有益的历史借鉴。对隋唐五代时期西南地区造船船场分布的考察,主要是依据《隋书》、两《唐书》、《元和郡县图志》、《资治通鉴》、以及古代政书、类书、笔记小说、诗文等文献资料和考古资料,尤其注意考古资料和传世文献相结合来完成的。隋唐五代时期西南地区的船场主要有:成都府、邛州、眉州、雅州、夔州、南州、黎州、黔州、嘉州、合州、渝州、泸州、戎州等多处,其中最为著名的是成都府、夔州、嘉州、合州、渝州等五州。船场所在的州县主要分布在长江、岷江和嘉陵江流域。形成这种分布局面的原因:一是这些地方有丰富的原材料,如木材、麻、桐油以及铁钉、竹、布、蒲、棉、石灰等。二是有良好的自然地理条件设置船场。第三是拥有大量熟练的造船技术工人。对隋唐五代时期西南地区船只种类与技术运用的考察,是一项非常重要的工作。除运用以上文献资料外,还充分利用了考古资料。唐代西南地区的船只大体可分为战船、商船、海船、渔船以及特色船只五类;而在技术运用上,西南地区的船只除了采用适应西南地区水域特点的助推

设备外,还继承发展了前代优秀的传统技术,并且不断与同期其他地区进行技术上的交流,使用了水密分舱技术,普遍运用榫接法、油灰捻缝和防腐技术等。隋唐五代西南地区造船业的发展对政局的稳定、社会的安危等均有密切关系;对经济的发展也产生了重大影响,如加强物资交流;促进了商业都市的发展;推动冶铁业、桐油业以及饮食服务业等相关产业的发展等。

中文题名 **隋唐造船业研究**
作　　者 姜浩
导　　师 张剑光
学位授予单位 上海师范大学
学科专业名称 历史文献学
学位年度 2010
论文级别 硕士
中文摘要 隋唐是我国古代社会的鼎盛时期,也是造船业迅速发展的时期。这一时期造船业规模庞大,舟船在军事、政治、经济、中外交往等领域得到广泛应用,所造船只数量众多,成为我国造船业发展史上的重要时期。造船业是和国计民生密切相关,能够反映时代经济发展水平的手工业。以往的学术界研究对造船业有过不少关注,但是由于古代科技发展并不像现在这样迅速,加之关于隋唐造船业的史料较少,因此无论是经济史学家还是船舶制造专家在研究相应领域时对隋唐造船业的发展往往只是泛泛而谈,无法展现出隋唐时期造船业的发展全貌以及其与在国家政治、经济生活中的作用。本文以隋唐时期的造船业发展为研究对象,对散存于古代史书、政书、类书、诗文及笔记小说等文献资料中的隋唐舟船资料进行整理,并将其与考古资料相结合,试图在隋唐历史时代背景下将造船业的发展及在国家政治、经济领域中的重要作用完整展现出来,使人们对隋唐造船业的发展有更深刻、完整的认识。本文主要包括以下几个方面的内容:第一章,通过对古代文献对于隋唐造船业的相关记载进行整理考证了隋唐时期造船业的地理分布,并分析了隋唐造船业的发展特点。本章以时间为经,地域为纬,将隋唐分为隋、唐前期、唐后期三个历史时期,考证不同时期造船业的地理分布,并对不同时期造船业的发展特点进行总结和分析。第二章,论述了隋唐时期舟船的类型和造船技术的发展。本章根据船只的使用情况将船只分为战船、漕船、游船、商船、货船、客船等类型,对不同用途的船只的形制以及在隋唐时期的广泛应用进行了说明介绍。隋唐时期属于木船时代,但在舟船制造技术上却取得了不少成就,水密隔舱、钉接榫合、机械动力等技术工艺都在这个时期出现,本章同时对其进行了介绍。第三章,主要对隋唐时期造船业发展的原因和条件进行了论述。隋唐时期造船业迅速发展有多种原因,本章将其归纳为政治稳定需要、军事行动需要、商业发展需要三个方面,以这三个方面为出发点阐述隋唐造船业迅速发展的原因。同时对隋唐造船业发展的条件也进行了论述。第四章,主要讨论了隋唐造船业在国家政治、经济生活以及中外交往中所起到的重要作用。造船业的发展势必对国家政治、经济以及对外交流产生重要影响,隋唐时期所制造的大量船只在战争胜败、政局稳定、加强商业活动、推动城市繁荣、促进物资流通以及对外交往中发挥了重要作用,但却容易被人忽视,因此对其进行探讨有助于加深人们对隋唐造船业的认识。

中文题名 **台湾总督府的华南与南洋拓进政策:以籍民为中心探讨**
作　　者 卞凤奎
导　　师 陈支平
学位授予单位 厦门大学
学科专业名称 专门史
学位年度 2001

论 文 级 别 博士

中 文 摘 要 日本在占领台湾期间,台湾由於特殊之地理位置,因此在日本帝国扩张政策中,经常被视为“南进”跳板、帝国的南疆,在国防上原本就有其重要的战略地位;再加上台湾的汉民族与对岸的华南地区之人民,以及南洋地区的华人有著同文同种的关系,所以随著日本势力的扩张,台湾总督府就赋于台湾籍民“协力者”的角色。本论文以台湾总督府在处理“南进政策”时,以日人利用籍民之人力和资0,培植其在华南和南洋地方之势力为对象,探讨一八九五年至一九四五年期间,台湾籍民在华南和南洋之动态及其处境,以及台湾总督府在推动各项南进事业时,其所扮演的角色。希望藉由籍民之议题,探讨海峡两岸常期间双方对政策的运作,及其所带来的影响。本文除绪论及结论两章外,内容共分五章。第一章探讨大正南进期期间,台湾所扮演何种角色,虽然日本政府曾因受世界经济萧条、国内关东大地震之影响,南进政策曾一度受挫,但由於台湾总督府早已订定对外之完整的侵略政策,故仍投下大批经费在此政策下。第二章则探讨籍民之由来,并说明为何有假冒籍民之发生,以及分析籍民在华南各地区之人口数及其职业别,另一方面,也说明籍民与鸦片之间的关系。第三章分析台湾总督透遇在华南教育、医疗、报纸等事业,以培植日人在华势力时,如何利用台湾籍民之有力人士,籍民舆日本政府间,又是何种关系。第四章介绍台湾籍民在南洋地区之动态。并分别探讨台湾舆南洋之关系;台湾总督府何时开始积极鼓励籍民赴南洋开发;籍民在华南各地之人口动态,以及籍民在当地从事何种行业。第五章则评论台湾籍民在华南和南洋地区的处境,并举出籍民不法组织和派系,以及籍民舆当地恶势力因争夺利益而冲突之实例。而在华南地区之籍民舆日本政府相互间的关系就显的极暧昧,且是受到日本国势消长而改变。但不论在华南或南洋,籍民带给当地人民之印象,大多是负面的。

中 文 题 名 **泰国华人社会的形成述论**
作　　　者 钟福安(Adisorn Wongjittapoke)
导　　　师 黄新亚
学位授予单位 北京语言文化大学
学科专业名称 现代汉语
学 位 年 度 2001
论 文 级 别 硕士

中 文 摘 要 泰国的华人社会,既是泰国历史演进的产物,更是中泰文化交流的成果。而对这一中泰两国友好往来两千年的重要证据,两国的权威叙述有不少差异。中国的历史教科书强调明代东南沿海各省的海外殖民①,泰国学术界则重视宋元之际的中国避难移民,然而,从文化交流角度探讨泰国华人社会形成的著述,还不多见。考虑到近年中国四川省广汉三星堆的惊人发现足资证明古代中国曾与东南亚各国有过密切的经济文化交流,本文拟从泰国华人社会的形成,进一步探讨文化交流在中泰两国历史进程中的积极作用。由于中泰两国长期友好往来,中国人民很早就有不少人留居在泰国。到十九世纪末二十世纪初,随着海上交通和贸易的发展,更有大批中国沿海居民移居于泰国。移居泰国的华侨劳动人民,同当地泰国人民密切合作,共同披荆斩棘,开发经济,对泰国经济发展作出了巨大贡献,为中泰人民之间增添了亲戚般的关系。现今泰国华人在人数上仅次于泰语民族,约有600万,占泰国总人口的12.1%。泰国华人主要分布在各大城市(据说,曼谷市民中华人占2/5),主要集中在媚南河,难河等流域,他们世世代代同泰国人民婚嫁相通,杂居相处,今天的华人多为华泰混血人,混血华裔多数融合于泰人之中。正如泰国国王拉玛七(RAMAVll)说:“华人与泰人可称亲族．泰国国内人民血统已与华人混合到不可分的程度。尤其是行政官吏,不论在职,不在职或已故的,都有华人血统,即连本人也有华人血统”,从陛下的这句话可以证明华人与泰人的关系十分融洽。华人不仅为中泰人民之间增添了亲戚关系,而且他们还保持着华人祖先的某些传统:家庭生活中尊敬长者,虔诚祭祖,庆祝传统节日等等。华人是泰国许多工业部门的主要劳动力,在服务行业及其他商业部门也有相当多的华人从事不同工业,各个城市几乎都有华人开的餐

馆、饭店以及商店等。综上所述,中泰两国人民从两千多年以来,一直保持着密切友好关系。在漫长的历史中,有许多中国人不断地移居于泰国。这一大批华侨移民也带来了本民族的文化以及风俗习惯,而后来在泰国社会中泰文化逐渐混合与发展起来慢慢形成了独一无二的泰国华人文化,影响着泰国的华人社会逐渐形成。在世界各国中除了新加坡以外,泰国的华人人数是最多的。这么庞大的华人社会对泰国肯定有很大的影响。现今泰国经济、文化的发展一定离不开华人所作出的巨大贡献。所以目前在泰国有不少学者重视对华人的各个方面进行研究。对华人社会的研究不但对华侨华人学界有价值,而且对中泰两国的友好关系也很有意义。(引用前言)

中 文 题 名　**唐朝与阿拉伯帝国海路贸易的发展及其原因探析**

英 文 题 名　Development and Reason Analysis of Sea Route Trade between Tang Dynasty and Arab

作　　　者　景兆玺

导　　　师　霍维洮

学位授予单位　宁夏大学

学科专业名称　专门史

学 位 年 度　2004

论 文 级 别　硕士

中 文 摘 要　在中国对外贸易发展史上,唐代是一个关键时期。一方面,从唐代中后期开始,海上丝路逐渐取代陆上丝路成为中外贸易的主通道,加速了唐以后中外海路贸易的发展。另一方面,唐政府改变了过去市舶贸易没有专门管理人员和管理机构的历史,设立了市舶使和市舶使院,奠定了唐以后市舶贸易的管理格局。本文以唐代中国与阿拉伯帝国间的海路贸易为切入点,力图通过对唐代中阿海路贸易发展及原因的探析,为唐代中外贸易史的研究提供一个剖面,有助于唐代中外贸易史研究的不断深入。本文分三部分。其中第一部分概要介绍唐以前中国与阿拉伯地区的初步交往及陆海贸易,具体包括唐以前中阿间的相互了解、互使、陆海贸易交通线及贸易物品等,指出这一时期的中阿交流以陆路为主,海路贸易的规模、频次很有限,但呈不断发展的态势;第二部分较详细介绍唐代中阿海路贸易的发展,包括海路贸易交通线、贸易港口、海路贸易物品、贸易政策与制度、蕃坊与对外贸易的发展等方面,说明海路贸易已成为唐代中阿贸易的主要形式;第三部分则从相对稳定的统一格局、长期实施的开放性政策、中阿间长期相安无事的的政治关系、陆上和海上丝绸之路地位的转移、科技进步、互补性贸易等六个方面,分析唐代中阿海路贸易发展的背景和条件。

中 文 题 名　**唐代广州蕃坊与地方经贸关系之研究**

作　　　者　张晓曦

导　　　师　李鸿宾

学位授予单位　中央民族大学

学科专业名称　专门史

学 位 年 度　2005

论 文 级 别　硕士

中 文 摘 要　唐代广州海外贸易的发展,使各国蕃商纷至沓来。为加强管理,政府在蕃商的聚居区设立蕃坊,作为居留地和商品交易区。蕃商到达广州后,以蕃坊为依托进行商业活动,在此过程中,与广州地方产生一系列联系,其中经贸关系居于主要地位。论文首先介绍了蕃坊的形成及其管理模式、商业活动等概况,表明蕃坊是广州海外贸易发展的产物。其次是文章的重点,为做好铺垫,先交待了市舶使的设立、人选及与地方长官在蕃舶管理中的关系等问题。接着着重从广州地方官员对蕃舶和蕃商的经贸管理两方

面来论述蕃坊与地方经贸关系的具体情况。第一方面采用纵横结合的论证方法,以蕃舶上岸管理,即舶脚、收市、进奉三种税项的征收为横向;以蕃舶日常管理的历史演变过程为纵向,夹叙夹议,力图真实再现地方官员对蕃舶管理的全貌。第二方面从与蕃商经贸管理相关的法律规定入手,侧重论述对蕃商具体商业活动的管理,与第一方面重复的地方不再赘述。并且对蕃商的境遇及反抗进行了简要的分析。最后总论为:广州地方官员对蕃舶上岸及日常管理由简到繁,对蕃商商业管理逐步严格,既反映了蕃坊与地方经贸关系的不断深化和加强,又反映了广州海外贸易收入在国家财政中的地位日趋重要。

中 文 题 名 **唐代中朝交通与驿馆**

英 文 题 名 Transportation Lines and Posthouses between Tang Dynasty and Korean Pennisular

作 者 刘小锋

导 师 拜根兴

学位授予单位 陕西师范大学

学科专业名称 亚洲史

学 位 年 度 2007

论 文 级 别 硕士

中 文 摘 要 中国与朝鲜半岛往来密切,很早就有了水陆交通。唐中期,贾耽提出了唐与朝鲜半岛之间的水陆两条通道,即“营州道”和“登州道”。因从唐朝东北所建之营州为起点,山东半岛的登州为出海口,故名。由于唐建都长安,唐代中朝关系是带有礼仪性质的朝贡关系这一外交模式,朝鲜半岛各政权的君主接受唐皇册封,并不时到长安向唐皇朝贡以表臣服和忠心。故而这两条通道完整表达应该包括了唐代国内交通、辽东入朝交通、渤海水道以及朝鲜半岛的交通四个部分。唐代的交通路线与驿馆紧密关联,交通路线上多设驿馆,一般而言可认为如是交通要道,便知多有驿馆;如多置驿馆,无疑曾是交通要道。此外,因边防需要和战争需求临时增置驿馆的情况也多载于史。驿馆除具邮传等功能外,还兼具外交功能,如接待外国使臣等。受中国各方面深刻影响的朝鲜半岛诸政权也建立了相对完善的驿馆制度,因此在史料缺乏的情况下,对朝鲜半岛驿馆的设置做合理的推测和假设是可以的。前贤对唐代国内交通,唐代驿馆制度,唐代重要驿馆的考证等等都有了深入的研究,并取得了巨大成果,尤其是关于唐代三都即长安、洛阳、太原之间的驿道研究最为深入。由洛阳、太原分别到得幽州,从幽州北上营州路线的考证也取得了一定成果,这些毫无疑问都是唐代与朝鲜交通的重要方面,可资借鉴。然而,从营州渡过鸭绿江到达朝鲜半岛的道路却少有提及,更不必说朝鲜半岛的主要交通路线。骚馆方面的研究亦然。换言之,国内现有关于唐朝与朝鲜半岛交通的映像是不完整的,而我们对于朝鲜方面相关课题的研究情况了解也非常有限。因此本文在探讨中朝交通时,力图使朝鲜半岛与唐朝的交通能成完整线路,至少是在尝试使用一种整体性思维看待唐朝与朝鲜半岛之间的交通。值得一提的是,朝鲜半岛与唐的交通,虽然形成了两条相对明确的道路,统一新罗建立后,又与唐朝确立了密切关系,但是唐罗之间的通道并未像渤海那样被学界称为“朝贡道”,更不能与明清时期典型的朝贡关系下固定的“朝贡道”相提并论。另外,在中国与朝鲜半岛的交通路线上,辽东半岛成为直接影响“营州道”、间接影响“登州道”的重要因素,不仅唐朝如此,瞻前顾后,皆如是。故在文中多有提及。又因辽东多事,中国到达朝鲜半岛的通道在历史时期,尤其是辽东多事之秋多倚重登州道。此皆为唐代中朝交通的特点。然而由于后学能力有限,加以原始资料的缺乏,多有讹误,敬请各位方家惠正。

中 文 题 名 **唐日朝贡关系研究(630－754 年)**

英 文 题 名 On the Tributary Relationship between Tang Dynasty and Japan (630－754)

作 者 孙佳

导　　　师　程妮娜
学位授予单位　吉林大学
学科专业名称　专门史
学 位 年 度　2008
论 文 级 别　硕士
中 文 摘 要　朝贡关系是古代中国对外交往的基本模式。630－754 年,这百余年是唐日朝贡关系的发展重要阶段,大致可分为两个时期:630－674 年为唐日朝贡关系的确立与初级发展时期;701－754 年为唐日朝贡关系的深入发展时期。这两个时期的唐日朝贡关系具有不同的阶段特点。在唐日朝贡关系中,日本是较为主动的一方;唐朝与以往历代相比,对与日本交往的兴趣和主动性有所增强。唐日朝贡关系的变化,与唐朝、日本以及东北亚地区政治格局的变化关系密切。无论是朝贡一方的日本,还是接受朝贡的唐王朝,都是为了实现本国政治利益而展开朝贡交往活动的。唐日间的朝贡关系是较为表层化的朝贡关系形式,并没有强烈的宗藩特征,这种表层化的朝贡关系促进了双方的贸易往来和文化传播。唐日朝贡关系的建立是历史的必然,同时也有深刻的历史意义。

中 文 题 名　**唐宋时期的江南运河对农田水利的影响研究**
作　　　者　马雷
导　　　师　韩昭庆
学位授予单位　复旦大学
学科专业名称　历史地理
学 位 年 度　2008
论 文 级 别　硕士
中 文 摘 要　本文主要研究唐宋时期的江南运河与周边地区农田水利的关系。江南运河是京杭大运河的长江以南段,所流经的江南地区到宋代已成为中国最重要的经济区,其交纳贡赋的能力在全国首屈一指。由于我国东部地区主要受季风气候影响,农田水利在农业生产中就更具有重要的意义。而江南运河在历史上除作为江南地区向中央交纳贡赋的主要通道外,还作为农田灌溉的水源之一,与周边地区的农田水利产生复杂的利益关系。唐宋时期奠定了当前江南地区水网的基本格局,现代水利与运输的基本矛盾在唐宋时期已突出地体现出来,故对这一时期的研究对今天本区域的流域治理仍然能起到积极的引导和借鉴作用。本文通过对江南运河与周边农田水利的相互关系的研究,认为作为漕河来讲,江南运河的开凿与运行对周边地区的农田水利起限制作用,这在灾害性天气发生时尤为明显。本文共分为五章,第一章概述唐宋以前整个太湖流域的农田水利建设情况,着重为唐宋时期江南运河及周边地区水利提供背景知识;第二章着重叙述唐宋时期江南运河运行情况;第三章是全文重点,着重于江南运河对周边农田水利的影响,其中以负面影响为主;第四章概述农田水利对江南运河的反影响;第五章结论。

中 文 题 名　**唐宋时期明州区域社会经济研究**
作　　　者　陆敏珍
导　　　师　包伟民
学位授予单位　浙江大学
学科专业名称　中国古代史
学 位 年 度　2004
论 文 级 别　博士
中 文 摘 要　宁波是今天浙江省的重要港口,其城市的形成始于唐代。由唐至宋,它从一个相对落

后的边缘地区逐渐发展成为一个以州城为中心的亚经济区域。本文的重点是讨论这一亚经济区域的形成过程,试图分析其动力因素,以展现区域经济发展的动态,描绘其中的特点。文章主要从人口、交通、水利建设、技术和制度的变迁及城市建设这五方面着手,将之作为经济区域形成的动力要素加以分析。在传统社会,人口是地区经济发展的标志,唐宋时期,明州人口的增长及其分布区域的变化,反映出地区定居模式的改变。交通网络的形成不仅加强了经济区域内部的经济关联,而且在地理意义上确定着宁波及其腹地的范围。水利事业的发达,既是为了扩大居民的定居点、解决粮食问题;同时,因用水而形成的水利共同体也成为区域社会体系的重要内容。在地方水利工程修建过程中,地方力量凭借着手中的经济实力寻求官府的承认,并得以建立自己势力范围。因此,区域的开发过程也是地方社会的整合过程,表现出地方势力与中央政权的互动关系。随着人口的增加、水利的建设、交通网络的形成,明州地域开发不断深入,行政秩序的确立,既肯定了这种经济发展,同时又促进了区域经济空间秩序的形成。当经济发展到一定程度,产业结构发生了变化,地域分工有了新的调整,商品贸易开创了新的局面,以明州为中心的新的经济亚区的出现是必然的结果。但是,经济发展本身是一个复杂的构架,经济区域的形成是人类对区域自然资源、社会经济资源及其自然人文环境进行综合利用、规划、布局和保护的总称,在这一过程中,其动力要素是多样的、复杂的、变化的。本文的目的是展现一种经济发展动态,而不是一幅白描式的叙述画卷,因此,如能勾勒出其中的大致要素,目的也就达到了。

中 文 题 名 **唐五代时期的通贡贸易研究**
英 文 题 名 The Tribute - trade in the Period of Tang and Five Dynasties
作　　　者 周聿丹
导　　　师 毛蕾
学位授予单位 厦门大学
学科专业名称 中国古代史
学 位 年 度 2008
论 文 级 别 硕士
中 文 摘 要 通贡主要是指在传统社会,周边民族和海外政权派遣使臣向中原王朝进行“朝贡”、“朝献”,也包括中原王朝向这些地区派遣使者的活动。在唐代时期,通贡主要是周边民族和海外政权与唐王朝之间的通贡往来。但是,到了唐末五代时期,由于中原纷乱,这种通贡模式发生了很大的变化,呈现出了错综复杂的状态。本文主要从四个方面来探讨唐五代时期各政权之间的往来关系和贸易形态。首先,介绍前人的对于通贡贸易概念的一些界定,在此基础上确定本文所要探讨的通贡贸易的范围。同时还对当前学术界关于通贡贸易方面的一些研究成果进行了概括和总结。其次,探讨唐代时期的通贡情况,将与唐有着通贡往来的各个政权分为三个地带,逐一介绍其概况,从而说明唐代时期通贡贸易的几个特点:一是唐代时期对通贡事务有了较为具体的规定;二是外族政权与唐王朝的通贡往来情况发生了一些变化;三是从通贡双方的贡赐物品看当时的中外交流情况。再次,将五代时期各种复杂的通贡情况加以整理,按照不同的主体分为三种情况:一是以中原王朝为中心的通贡情况;二是以南方各割据政权为主体的通贡情况;三是以契丹为主体的通贡情况。从而总结出五代时期通贡贸易的一些特点。最后,从对唐五代时期通贡贸易的研究中总结出,唐五代时期的通贡延续了传统社会的通贡情况,又随着时间的发展,呈现出了其独特的时代特征,为宋王朝与周边各族和海外政权之间频繁的往来准备了条件。

中 文 题 名 **天后信俗在香港的传播及其对海外的影响**
英 文 题 名 Research on the Belief of Ma Zu in the Hong Kong and Southeast Asia
作　　　者 陈燕

导　　师　汤开建
学位授予单位　暨南大学
学科专业名称　中国古代史
学 位 年 度　2001
论 文 级 别　硕士
中 文 摘 要　妈祖(即天后)传说产生于宋初福建。长期以来,她一直被航海者和沿海居民作为保护神而奉祀。本文探讨了天后信俗产生的背景,与其在香港和东南亚各国的传播,以及她所产生的世界性影响。

中 文 题 名　**天津漕运研究(1368－1840)**
作　　者　李俊丽
导　　师　南炳文
学位授予单位　南开大学
学科专业名称　中国古代史
学 位 年 度　2009
论 文 级 别　博士
中 文 摘 要　明清时期,政治、经济重心相分离,京师皇室、百官及军士所需粮饷完全依赖从南方运送至京师的漕粮,漕粮是明清两朝赖以存在的经济基础。把漕粮从江南输送到京师,依靠的是南起杭州北至京师的京杭运河,而在数千里的运河上,天津地区的运河处于上达京通、下接江淮的枢纽地位,每年数万只漕船和数百万石漕粮由此经过,并且还有大量漕粮在此截存,因此天津是明清时期整个漕运过程的关键环节所在,在明清漕运史上占有举足轻重的地位,漕运也成为影响明清时期天津城市发展的重要因素之一。本文试图对明清时期天津的漕运情况作一全面而详尽的探讨。本文分为八章,加上绪论和结语共十部分。绪论的主要内容是对前人研究进行回顾,并对本文的选题依据、研究范围及其他有关问题加以说明。第一章,以明清时期天津地区漕运的基本条件——南北运河为考察对象,重点介绍南北运河的水源及管理问题。指出南运河以卫河为主水源,北运河以白河为主水源,同时还各有众多其它水源;天津南北运河设有各级官员进行管理,而具体的维修任务则由沿运河设置的浅铺及夫役来承担。第二章,仍以明清时期天津地区漕运的基本条件——南北运河为考察对象,重点对南北运河之河道疏浚和堤岸维修以及维修费用进行了探讨,并对明清时期蓟运河的开通和维修加以论述。第三章,以明清时期经由天津和截留于天津的漕粮为考察对象,分别对两者进行数量的统计和分析,并对明清时期在天津截留漕粮的主要原因进行研究,指出这些原因包括漕船迟至、恐误回空,北河不畅、有碍通行以及预备赈济和筹措军饷等。第四章,继续以截留于天津的漕粮为考察对象,主要论述截留在天津之漕粮的存储仓廒及最终去向,即转运京通仓、用于赈济、充作军饷,另外,还有少数充作它用;最后,还对明清蓟运粮的沿革进行了探讨。第五章,以明清时期漕运人员为考察对象,主要论述他们在天津地区作奸犯科的情况,包括旗丁对漕粮的盗卖掺和、水手和纤夫的沿途扰害以及漕运官丁夹带私盐等。另外,还对明清政府针对这些弊行所制定的相关制度进行分析。第六章,主要论述明清漕船在天津出现的各种特殊问题,包括漕船催攒、漕粮冻阻、漕粮漂流、漕粮挂欠等,以及明清政府应对上述问题采取的各种措施。第七章,以漕粮海运为考察对象,主要论述明清时期在以内河运输漕粮为主的情况下,海运间或被实行的状况,其中重点介绍清朝道光六年实行海运的情况,从而以见一斑。第八章,主要论述明清时期漕运对天津各方面的影响。指出明清时期天津的商业、人口、民生、语言、信仰、文学等方面,在漕运的影响下,都发生了极大的变化。可以说没有漕运,就没有其时天津的飞快成长。因此,漕运在天津城市成长的历史长河中具有不可磨灭的贡献。结语以简练的语句对全文主要内容进行总结,以予读者清晰的印象。

中 文 题 名　天津港口贸易与腹地外向型经济发展(1860－1937)
作　　　者　樊如森
导　　　师　吴松弟
学位授予单位　复旦大学
学科专业名称　历史经济地理
学 位 年 度　2005
论 文 级 别　博士

中 文 摘 要　从1860年天津开埠,到1937年日本帝国主义武装侵占天津,其间经过了77年的岁月。70余年,在中国北方的历史长河中,虽然只是短暂的一瞬,但是,它给北方经济和社会发展所带来的变化与影响,却是空前巨大而深远的。它以天津的开埠为起点,借助于传统和近代化的交通、金融和商业网络,以商品进出口为主要内容,通过天津港经济辐射作用的发挥,不仅把北方越来越广阔的地区纳入其经济腹地的范围,而且也在很大程度上改变了腹地的经济结构、产业结构、市场结构,使其逐步由传统的内向型经济向近代的外向型经济转变。另一方面,腹地外向型经济的兴起与发展,又反过来促进了天津对外贸易的繁荣,使其成为北方广大地区外向型经济的中心。但是,目前学术界对这方面的研究,却存在着诸多的局限。本文正是在前人研究的基础上,运用历史经济地理学的研究方法,而进行的更加深入全面的探讨。首先,本文在界定基本概念和框架的基础上,通过研究天津港口的发展及其进出口贸易概况,搞清了天津在近代北方广大地区经济发展中所处的中心地位;接着通过对天津港及腹地交通运输发展的研究,厘清了交通运输在腹地范围不断扩大、经济外向化程度不断提高、以及港口与腹地间经济联系不断加强中的重要作用;再通过梳理天津港主要出口货物的来源状况、主要进口货物的销售状况,描绘出近代天津港的综合腹地范围;然后,又具体考察了天津开埠以后,腹地农业、畜牧业、工业、商业等领域经济外向化的表现;在此基础上,对近代北方经济发展的历史意义、学术研究的不足、空间差异、局限性问题,以及腹地对天津经济发展的反作用、天津在北方经济发展中的历史地位等等,都给予了我们应有的解释。天津港口与腹地外向型经济的发展,是近代北方广大地区外向型经济发展的代表和缩影,对它的学术研究,可以为我们国家今后市场经济的健康、快速发展,提供有益的借鉴。

中 文 题 名　外国白银内流中国问题探讨(16－19世纪中叶)
作　　　者　后智钢
导　　　师　樊树志
学位授予单位　复旦大学
学科专业名称　中国古代史
学 位 年 度　2009
论 文 级 别　博士

中 文 摘 要　以明清时期间外国白银内流中国问题探讨为题,目的是将明中叶至清中叶的外国白银内流问题,放在1600年至1840年中国与当时世界经济联系的视野来进行观察,并从中国社会经济结构的角度对流转于中国的外银作用作深入而全面的研究。在这一研究课题中,考察外银怎样流入国内、流入国内的白银数量固然重要,但仅仅停留于此还远远不够,关键是要看它们对国内经济的影响和在全球化中的作用。由于历史的整体多于部分的总和,每一个部分不仅受到其他部分的影响,而且还取决于在整个世界体系中发生了什么。我们无法理解和预测出当欧洲和美洲发生的一些事会在亚洲发生什么反应,反之,我们也无法想象源于某一处的事件是否会影响其它的任何地区,这就是整个世界系统的动态和结构的影响。外银的大规模输入主要有三个渠道,即以马尼拉为中心的海上丝绸之路与美洲白银的涌入;以长崎为中心的中日贸易与日本白银的入华;以澳门为中心的西洋贸易与外银的内流。那个历史时期,西班牙大帆

船、中国海船、日本商船穿梭往返于太平洋、大西洋、黄海和南中国海,构成了规模宏大的丝茶白银贸易的全球商业网络。并因此有种类繁多的外国白银流入中国。明清两代,中国与日本通过直接贸易和间接贸易两种方式,从日本输入了大量的白银。日本的白银主要通过三大渠道输入的:第一条渠道,是自16世纪60年代开始的由葡萄牙人控制的澳门与中国、日本的转口贸易;其次就是自1602年成立的荷兰东印度公司与日本的贸易;第三条渠道,中国与日本的直接贸易,包括官方的朝贡贸易和明中叶以后的民间海上贸易。面对外国白银的大量涌入,朝野上下意见相左,有以王象乾、侯询、吕维祺等为代表的抵制外银、强化中央财政的主张,认为只有通过国家的安排与调配,才能应对因此带来的社会问题;有以张溥、宋应星、顾炎武、黄宗羲、陆世仪等为代表的以外银济钱顺应商品经济的议论,他们肯定国家在经济发展中的角色与地位,同时强调民间经济力量的重要性,以银的大量应用弥补铜钱的不足,推动经济的发展;也有以蒋臣、冯梦龙、陈子龙、为代表的折中货币策略,认为国家与民间力量同样重要,两者相互为用才能解决银贵钱贱所带来的种种问题。外国白银在国内急需白银形势下的大量流入,无疑对明清时期的中国社会经济产生积极的影响,尤其对长江、珠江三角洲等商品经济程度高的地区更具有推动作用,在当时的商品流通领域中,可见到外国白银已被广泛使用,由于其重量易定、便于携带,在商贸活动中几有取代原有国产白银的趋势,并对国内机制币的出现具有重要的作用。国内对外银的旺盛需求拉动了丝茶产地商品经济的成熟、推动了海外贸易的蓬勃发展,并因此促成实力强大的海商阶层,可以说,当时中国已经深深卷入世界经济贸易圈中了,成为全球化经济中的重要成员之一。

中文题名　**晚清海防思想的变迁**
英文题名　Transition of Coast Defence Strategy in Later Period of Qing Dynasty
作　　者　杨春峰
导　　师　刘会军
学位授予单位　吉林大学
学科专业名称　中国近现代史
学位年度　2006
论文级别　硕士
中文摘要　从1840到1912这70余年中,中国海疆频繁受到帝国主义的侵扰。在这个时期,许多有识之士纷纷著书立说上奏稿,阐述自己的海防主张。他们推动了晚清海防思想的发展。晚清海防思想经历了萌芽、发展、趋实、深化以及彷徨与整合时期。受当时国际环境和社会条件的影响,每个时期都比前一时期有了很多新的变化。虽然这些新的变化有或多或少的局限,但对当时的海防建设以及后来的海防建设都起了指导作用。由于清政府本身的失误,使多年的海防建设毁于一旦。但经过70余年发展的海防思想经过整合却保留下来了,对民国以及今天的海防建设都有不可低估的指导意义。

中文题名　**晚清海防思想研究**
英文题名　Study on the Thought of Coast Defence in the Late Qing Dynasty
作　　者　周益锋
导　　师　张岂之
学位授予单位　西北大学
学科专业名称　专门史
学位年度　2004
论文级别　博士
中文摘要　晚清海防思想是中西方海洋观念碰撞的结果。它不是基于晚清社会内部新因素发展

的刺激而作出的主动反应,而是针对外部强敌的威胁所作出的被动策对。这个特点决定了晚清海防思想的发展经历了这样四个阶段:在挑战中回应;在回应中改变;在改变中转化;在转化中创新。本文,笔者对这四个阶段的海防思想进行了详细的研究。尽管晚清海防思想没有能够指导晚清海防奏响胜利的旋律,但在西方海洋文化挑战下形成的晚清海防思想还是有其重要的历史作用和价值:它促进了中国近代化建设;推进了西学东渐;指导了中国近代海军的建立;推动了海军教育的发展;帮助建立了近代海军后勤体制。但同时,我们也看到晚清海防令人痛心的一面。1894 年甲午之战,北洋海军全军覆没,令国人大迭眼镜,伤心万分。为什么晚清海防思想没有能够得到充分的发展,完成近代化,从而指导中国海防走出失败的阴影?分析晚清海防思想,必须从系统出发,去分析人们在晚清社会变局中对政治、经济、军事、文化的耗散选择,从而去发现晚清海防思想发展受阻的各种因素,得出我们关于晚清海防思想的全面结论。当我们这样来看问题的时候,我们会感到眼前豁然一亮,会真切地看到晚清海防思想发展的足、臂、躯干、头被四道箍紧紧地禁锢着,使之不能自由、充分、有序地生长。这四道箍是:封建君主制:禁锢了海防思想发展的足;小农经济:禁锢了海防思想发展的躯干;农业军事体制:禁锢了海防思想发展的臂;封建文化传统:禁锢了海防思想发展的头。在这四道箍的缠绕下,晚清海防思想的近代化历程步履艰难,当清朝的丧钟敲响的时候,晚清海防思想没有走完它的轨迹,没有发育成熟,没有能够完成近代化。研究历史是为现在和将来提供资鉴。我们可以在历史与现实当中找到一个可供分析用的理论中介,这个理论中介,就是历史研究的范式。从社会转型理论范式看,晚清社会与当代社会都属于转型社会。晚清海防思想的特点和规律具有转型社会的通约性,能够为当前海防海军建设提供资鉴:一是,处在转型社会时期的社会,国内和国外矛盾错综复杂,在海疆面临危机的时候,学习西方先进的船炮技术、集中力量建设海军往往是社会首要的、迫切的要求,很容易得到社会各阶层的认同,但是,在学习西方科技和追求"船坚炮利"的同时,社会政治、经济、军事体制层面的变革必须跟上,应避免海防海军建设单骑前进;二是,在转型社会时期,社会生产力和经济基础都很薄弱,因此在海防战略上选择"海口防御",不失为一种权宜之计,但终非久远之策。"海口防御",缺乏战略主动性,不应该是转型社会时期海防海军建设的最高目标;三是,在转型社会时期,中西军事文化互相冲突、激荡,沉重的文化传统包袱往往是阻碍海防思想变革和创新的最大障碍,面对西方先进的海洋文化,必须首先在思想上彻底清洗文化传统中的落后观念,全面吸收和借鉴西方先进的海军军事文化,才能使海防思想的发展走出危机,柳暗花明。

中 文 题 名 **晚清海军舰船装备国产化问题研究(1866－1895)**

英 文 题 名 Research on the Localization of Naval Vessels Equipment in the Late Qing Dynasty (1866－1895)

作　　　者 张敏

导　　　师 胡赤军

学位授予单位 东北师范大学

学科专业名称 中国近现代史

学 位 年 度 2008

论 文 级 别 硕士

中 文 摘 要 中国发展海军的起点是 19 世纪 60 年代中期清政府设厂造船。晚清海军舰船装备国产化在中国舰船装备发展史上有着沉重的一页,留下了许多反思和经验教训!本文以晚清海军舰船装备国产化的发展历程为主线,分析其兴也缓而衰也忽,其成也难而败也易的原因所在。引言部分介绍了本文的选题依据和现实意义,对学术界的相关研究成果进行了简单的归纳和总结,并介绍了本文的写作思路。正文由四个部分组成 一、海军舰船装备国产化的历史演变和实践活动。晚清海军舰船国产化的实践活动包括江南制造局和福州船政局。本部分重点介绍国产舰船发展的艰辛历程。二、晚清海军舰船装备国产化的障碍和不足。障碍主要有外国的阻扰、保守的社会环境、思想上的局限、进口对国产的冲击,经费不足

和技术欠缺、人才匮乏等。同时本部分也介绍了在当时情况下清政府的有识之士是如何解决这些重重障碍,推动造船事业发展的。三、晚清海军舰船国产化的几点思考。本部分通过国产舰船在甲午海战中发挥的实际作用,以及中日两国在甲午战争前各自制造舰船的比较分析,总结晚清海军舰船装备国产化发展由盛转衰的原因。结语部分,对晚清海军舰船装备国产化的总结及对本论文的进一步思考,希望达到以史为鉴的目的。

中文题名　晚清海军中留学生群体研究
英文题名　A Study on the Relations between the Taiping Rebellion and Hongkong
作　　者　李斌
导　　师　权赫秀
学位授予单位　东北师范大学
学科专业名称　中国近现代史
学位年度　2009
论文级别　硕士
中文摘要　近代中国,留学生作为一个群体登上历史舞台,肇始于清政府1872年派赴美国的留美幼童,随后留学生群体不断扩大。这群亲沐西方近代文明的学子,以其过人的智慧和惊人的毅力倾其所学为近代中国的各项事业做出开创性的贡献。尤其对晚清海军的筹建、发展及战后重建均功绩卓著。本文研究内容主要包括三部分:第一部分,留学英、法的留学生选派以及在国外的学习情况。该部分主要论述了中国近代早期的两次留学活动的主要经过以及留学生在学习期间的情况。正是由于这两次留学活动,才使得晚清海军有了骨干军官的人才支持。第二部分,留学生归国后在晚清海军中的巨大影响。该部分分为晚清海军筹建时期,中法、中日海战时期和晚清海军重建时期三个晚清海军发展的重要时期,来阐述在晚清海军发展的重要时期里留学生群体在其中所发挥的的支柱性作用。第三部分,留学生为晚清海军带来的新特点。通过将晚清海军中的留学生于传统水师和同时期的日本海军中留学生进行比较,分析留学生之于晚清海军的利害得失。本文试图通过探究留学生在晚清海军发展的各个时期的重要作用,以期更好地诠释两者的相互关系。

中文题名　晚清汉口贸易的发展及其效应
英文题名　The Effect of Trade Development of Hankou in Later Years of Qing Dynasty
作　　者　吕一群
导　　师　彭南生
学位授予单位　华中师范大学
学科专业名称　中国近现代史
学位年度　2009
论文级别　博士
中文摘要　对于十九世纪及二十世纪初年国际贸易的发展,不少的经济学家都对其作过深入的研究。早在二十世纪三十年代西方著名的经济学家罗伯特逊就提出对外贸易是经济增长的发动机。他认为对外贸易的迅速增长,意味本国进口能力的提高,有利于进口先进的技术设备与先进管理经验的传播,有利于促进本国产业的发展。而马克思在其经典著作中认为,西方资产阶级通过对外贸易"把一切民族甚至最野蛮的民族都卷入到文明中来了""它按照自己的面貌为自己创造一个世界",原来还处于原始的或自然的经济状态下的国家和民族被卷入到国际商品交换领域中,并且日益成为发达国家的原料产地和商品的销售地。我认为,这两者的结论对十九世纪末二十世纪初年的汉口都是适用的,本文通过对这一时

期汉口内外贸易发展的详细探析,让人们看到汉口及当时的中国被迫卷入国际经济体系中,成为西方列强的原料供应地与商品倾销地,同时也随着对外贸易的发展及与国际市场联系的加强,又或多或少地促进了汉口某些产业的发展及社会的进步,启动了武汉的现代化并推动其进程。本论文的第一章简要回顾汉口兴起的历程,在1861年实质开埠之前,由于汉口地处九省交会之所,早已形成了庞大的汉镇商业网络,有八条商业路线与全国各地相连,汉口成为全国商业体系中的主要一环,成为全国商品集散中心。而汉口自身商品市场发达,并形成了几大商品交易市场如盐业市场、粮食市场、竹木市场,此外还有纺织品、矿产品、药材、典当等市场,都极为繁盛。集散中心的汉镇商业的形成发展带动了汉口周边手工业的发展,商人自身组织如行会、会所也大量涌现。同时,由于外地商人居多,也给当地民生民俗带来一定影响,推动了文化教育、公益事业的发展与服务业的兴旺。但当时的汉口仍是一个封建性的商业市镇,其现代化的进程并未启动。1850年代的太平天国运动打破了汉口的宁静与喧哗,使汉口及其周边的经济发展遭遇重挫。第二次鸦片战争期间,中英、中法《天津条约》的签订,汉口被开辟为商埠。太平天国运动失败后,长江中下游恢复平静,1861年汉口开埠,使汉口开始与世界市场发生联系,随着经济的逐步恢复,汉口内外贸易也有了较大的发展。本论文第二章对开埠之后汉口内外贸易商品量、商品结构、市场结构及中外商路的变化作了较为详细的探讨。贸易量从1860年代到1890年代初期,每年4000万两上下迅猛增加到1910年前后的1亿五千万两,商品结构商从开埠初期进口棉、绒类等少数几种商品到1900年前后棉绒类、日用百货、金属制品、生产资料、奢侈消费品等,种类繁多,反映了汉口人生活时尚的变化与生产、交通等各项事业的发展。在出口商品方面,从开埠初年主要是土产品到后来出口轻工业品甚至钢铁产品。在市场结构上,从国内来看有从长江沿岸港口逐步向全国各主要港口扩散的趋势,从国际上看,进出口商品从以英国、俄国敖德萨为主向世界各大洲二十几个国家和地区扩散,整体市场格局由单一走向复杂,并趋向多元化。随着汉口国内贸易商路的恢复,汉口在国内市场中的贸易中心地位更加巩固。西方列强的到来与汉口海外贸易线路的出现,使汉口的贸易地位与性质较前发生了极大的转变,即由国内商品集散中心转变为面向世界的贸易都市。汉口贸易的发展有其自身的特点,汉口独特的地理位置决定了它是一个转口贸易港,大量外国商品经汉口转运内陆各地销售而内陆各地的农、土产品经汉口转销国外。在汉口的对外贸易中,间接贸易始终占据主导地位,我们通过有关的数据分析发现,在1865－1920年的大部分时间里,汉口的间接出口额在与上海、广州、天津等口岸相比居第二位,占全国间接进出口额的比重在25～30%之间,而直接进出口额则大部分时间处于第四位,占全国直接进出口总额的比重只有百分之几,洋货直接进口额在1901年才超过百万两大关,土货直接出口额到1907年才超过千万两大关。这足见汉口的贸易性质。同时在汉口贸易市场上,贸易主体与中介具有多样性,如洋行、洋商、国内商帮、牙行、吗监等,它们共同作用于汉口市场,相互联系、相互依赖又相互竞争,本论文的第三章对此有较详细的分析。论文的第四章着重探讨了汉口贸易发展的原因。首先是外力入侵与清廷的变革。1840年鸦片战争及以后,清廷被迫与西方列强签订了系列不平等条约,通商口岸的开辟,列强各项特权如协定关税、内地通商航行权、开辟租界、片面最惠国待遇、领事裁制权等的获得使国门洞开,内地市场对外开放,中国成了西方列强倾销商品、输出资本及掠夺原材料最好去处,而各通商口岸也由于外力的刺激使其经济与贸易有了一定的发展。满清政府也由于利权外溢,税收减少,财政入不敷出,加上赔款重压,不得不进行变革,实行所谓"新政",以鼓励、保护、发展工商业,从而也为通商口岸的贸易发展提供了一定的客观环境。其次湖广历任督抚也都采取了一定的恤商、便商政策,特别是1889年张之洞督鄂,张氏采取了系列洋务新政,兴商务、勉工艺、联络商情、讲商学、长智术、开风气、恤商力,发展工业,使得清朝末年,汉口贸易的发展在政治上有了基本的保障,从而也使汉口一跃而成为国内的重要通商口岸。当然,近代商事机构的作用在汉口的贸易发展中也是不能低估的,一些民间的商业组织如公所、会馆及后来的商会,在统一度量标准、提倡诚信贸易、调解业内矛盾、共同抵制洋商及商会在培养商务人才方面都起过积极的作用。湖北商务局的设立,是张之洞新政的措施之一。作为一个新的商业管理机构,商务局在维持货运秩序、市场秩序、整治拖欠、办商报、开商智、推动工商实业发展等方面都有得力的措施与行动。此外,江汉关的设立与运作,海关管理职能的发挥特别是缉查走私,加

强货运管理与海关统计，与地方政府的合作维护长江上的贸易秩序等对汉口贸易的兴盛都有极大的推动作用。论文的第五章及第六章主要讨论了清朝末年汉口贸易发展所带来的经济效应与社会效应。在经济效应方面，首先是湖北近代工业的兴起，由于巨大贸易利润的吸引，俄、英等国资本首先于武汉设立近代工业，此乃湖北近代工业的萌芽，及至张之洞督鄂，为了塞漏危、争利权而在武汉大势兴办近代企业，使武汉的近代工业有了极大的发展，也是由于外贸利润的刺激与吸引，武汉近代民族资本也纷纷投资民用工业，使武汉的近代工业在十九世纪末二十世纪初年有了飞跃发展。其次是民族航运业的进步。由于内外贸易的发展，汉口港进出货运量剧增，从事货物运输有利可图，外国航运势力的进入，攫取了丰厚的利润，使中国古老的帆船运输受到冲击，但帆船运业坚持自身的特点及汉口周边客货运输的客观需求，仍顽强生存，并与轮船运输相辅相成，相得益彰，而武汉近代轮运业在1890年代以后有了艰难的起步。第三就是汉口近代金融业的变革，钱庄与票号是中国传统的金融业，但在贸易发展的刺激下，作为为贸易服务的金融业也发生了近代变革，钱庄营业范围的扩大与业务种类的改变则是中国传统金融业近代化变革的一个佐证。外国银行的来汉及1890年代中后期的迅速扩展，冲击了古老的钱庄业，使二者之间矛盾加深，外资银行也逐步主宰了汉口市场。民族银行业也在二十世纪初年虽有一定的发展，但在实力与业务上与外资银行则不可同日而语。在社会效应方面，随着贸易的发展而兴起的湖北近代工业，使湖北产生了早期的产业工人与民族资产阶级，同时为了培养商务人才，广办新学堂，派遣留学与游历又造就了一大批新型知识分子群体，从而使武汉的社会结构发生了质的变化，并为辛亥革命的爆发埋下了伏笔。同时为了满足贸易发展的需要，汉口城区不断扩展，新型码头与货栈的兴建、近代邮政、电话业的兴起，道路、水电工程的完善，城市公共消防体系的建立，市容市貌的日新月异，使武汉逐步走向现代化。与此同时社会风气日益开朗，民族意识逐步觉醒，社会中出现了如重商主义等新的社会思潮。总之，贸易是经济的发动机，是现代化的推动力，它带来了相关产业的发展，启动了武汉现代化的进程，唤醒了人民的民族意识，推动了社会风气的革新，并为最终的社会变革积聚了动能。

中文题名 晚清交通立法研究

作　　者 叶士东

导　　师 怀效锋

学位授予单位 中国政法大学

学科专业名称 法律史

学位年度 2005

论文级别 博士

中文摘要 晚清以降，西力东渐，轮运、铁路、电信、邮政等新兴交通事业进入中国，并在中国近现代历史进程中扮演了重要的角色，具有重要的意义。新兴交通事业的迅速发展，需要交通立法强有力的规范、保障与支持，交通立法是新兴交通事业的重要内容，其研究也就具有重要的意义。作为新兴交通事业立法的起始阶段，晚清交通立法有着重要的意义，但其研究状况并不容乐观，仍需开拓与创新，仍需深入的研究以揭示其全貌，并进而加深对中国近代法律史与交通史的认识。随着晚清新兴交通事业的发展，晚清时对交通立法的需要也日趋迫切。作为后发展国家，晚清时对国外交通立法及交通事业进行了广泛的了解与借鉴，这是晚清新兴交通事业立法的第一步和基础性的工作。这种了解与借鉴，提供了晚清交通立法的思想来源，并构成了晚清交通立法的历史背景和发生环境。在对国外交通立法及交通事业有所了解并将之“内化”，以及紧密结合晚清交通与中国国情的基础上，晚清时产生了众多的交通立法思想。这些交通立法思想，涉及轮运、铁路、电信、邮政等方面，对晚清交通立法产生了深刻的影响，成为晚清交通立法的思想依据。晚清交通立法制度并不健全，权限划分模糊，程序性不强，立法亦无规划。晚清交通立法的渊源已与古代有所不同，其内容有宪法性法律、民商性法律、刑事法律、谕令，以及各种具体的交通立法。它们虽已初具框架，但粗陋之处所在多有。晚清轮运立法之内容，涉及轮船购买与制造、轮船航行、轮船管理

等方面，并还修纂有《海船法草案》；晚清铁路立法之内容，涉及《铁路简明章程》等具有普遍指导意义的立法，以及铁路建设、铁路运输、铁路管理等方面，此外还有一些地方性的法律，并编修了路律；晚清电信立法之内容，涉及电信建设、电报机务管理、电报经营管理、电报内务管理、电话与无线电等方面；晚清邮政立法之内容，涉及具有普遍指导意义的邮政章程、邮政经营、邮政内务管理等方面。上述立法中，邮政立法体系较为严密和完整，其余立法则不足之处仍属不少。晚清交通立法的实施是其发挥作用的主要渠道。晚清交通立法在一定程度上得到了实施，对交通事业起了一定的规范、保障与支持作用。但晚清交通立法的实施深受晚清具体国情的影响，其作用是有限的，并不能高估。晚清交通立法身处转型时期，深受中西各种因素的影响，呈现出众多的特点。晚清交通立法深受传统因素的影响，立法中仍然有着浓厚的封建性与传统性，仍然注重为军政服务，仍然体现出过度管制的色彩。晚清交通立法深受外国因素的影响，立法中广泛借鉴和移植国外交通立法，立法内容与实施都深受条约制度的影响，有着强烈的半殖民地气息。晚清交通立法还表露出一些转型时期的特点，立法虽已粗有规模，但仍显简单和粗陋，立法已注意不同交通方式间的互联互通，立法地位经历了一个由升到降的过程，立法的同时还伴随着权限的争夺。晚清交通立法是中国法律近代化过程中一项重要的内容。一方面，晚清交通立法是晚清近代化法律的重要组成部分，而其对外国立法的借鉴和移植，也构成了晚清法律近代化的一个特殊方面。另一方面，晚清交通立法还对晚清法律近代化的其他内容起着巨大的推动和促进作用。

中 文 题 名 **晚清军工企业管理机制研究：以福州船政局、江南制造局为中心**
英 文 题 名 A Study of Management Mechanisms of Military Enterprises in Late Qing Dynasty
作 者 高德罡
导 师 王宏斌
学位授予单位 河北师范大学
学科专业名称 中国近现代史
学 位 年 度 2009
论 文 级 别 博士
中 文 摘 要 作为中国近代工业化的发端，晚清军工企业不仅在改善清军武器装备，推动军队现代化方面起到了重大作用，在企业制度的实践上，也为后世留下重要的经验与启示。很多研究者认为：军工企业作为洋务派最重要的思想实践活动，最终却未能完成“富国强兵”的历史使命，其主要原因是奉行官办的经营模式，导致企业管理混乱、效率低下，违背了客观经济规律。有鉴于此，制度建构与管理效率等问题就成为研究的关键所在，厘清这些问题，不仅有助于客观认识清代洋务军工企业，给予其恰当的历史定位，而且对重新评价整个洋务运动及其所推动的工业化进程也大有裨益，同时，还有助于继续深入这一时期的经济史、军事史的相关研究。本文在总结前人文献研究的基础上，搜集整理关于军工管理制度方面的文献资料，着重分析晚清军工企业的组织制度、工资制度、技术培训机制、技术的移植以及生产管理等几大方面，大体勾勒出晚清军工企业整个管理制度体系。在尊重史料的前提上，积极尝试相关领域的理论方法，搭建不同以往的观察视角，重新对已有的结论进行探讨和审视。在内容安排上，本文以企业制度为研究线索，对各种制度予以考察与研究。主体内容共分为以下七部分：绪论部分，交代军工企业兴办，发展的历史背景，回顾学术界的研究状况，并对已有成果归纳总结和反思。在此基础上，提出本文的选题意义及研究方法，并对本文的框架章节设计予以简要交代。第一章“企业的组织制度”，主要以机构设置和管理人员为研究对象，对企业组织制度进行分项考察。在组织机构方面，主要分析了企业的层级制结构及其效率问题；在管理人员方面，主要从管理人员的构成、管理及效率三个方面予以考察。军工企业作为一种完全缺乏工业基础的外源性工业模式，很大程度上对西方企业制度和管理思想进行了借鉴与继承。而制度源流的研究，有利于选择适合的理论工具，建立多元化的评价标准。本章的重点是，在参考西欧和日本的企业发展历史的前提下，将军工企业还原成经济学和管理学问题，对其组织结构制度进行全面系统的梳

理；重新审视以往不甚妥当的结论，如对官僚制的偏见和误解，对企业“机构臃肿，人浮于事”的定性认识等等，在借助新视角和新方法下，予以重新阐释。第二章“企业工资制度”，着重考察军工企业的工资制度。对当时企业的工资制度特点进行精要概括，并以福州船政局的工资制度为范例，通过个案的深入剖析，阐视军工企业的工资制度的全貌。企业部门普遍存在分工和技能素质的差异，因此军工企业的工资制度普遍遵循差异性原则，在参考官俸标准的同时又有所突破，有意识地将工资制度作为调节管理的必要手段。这也是现代管理制度的重要特征之一。第三章“企业人才引进与培养”，重点剖析人才引进与培训的管理机制，分为外籍人才的引进和本国人才的培养两大部分。从外籍人才的引进渠道、引进制度切入，合理评价外籍人才的历史作用，解析以往研究中的偏见和误读。外籍人才对企业发展至关重要，他们在技术的引进、消化以及形成生产力的过程中是不可或缺的，虽然附带了一定的消极影响，也并非技术引进过程中的主要矛盾。本国的人才培养，以企业的培训制度为研究角度。当时的企业已初步建立了一套人才培养系统。在外籍教员的帮助下，建立了从车间的学徒制，到学堂教育，再到留学深造的完整学习环节。三个环节不但层次分明，而且形成良性互动。从效果上看，本国人才在企业的技术、管理方面都发挥了重要作用。第四章“技术引进与生产管理”，研究讨论了军工企业的产品引进和生产管理进行系统。在产品引进方面，以西方同时期军工产品的发展水平为参照，梳理军工产品从设计、制造到应用的流程，描绘军工制造的发展曲线，从而得出对近代军工更直观、更全面的认识。生产管理方面，对生产制度的考察，主要以企业的成本控制和质量监督为切入点。评价近代军工产品，必须正视本国兵器产业的客观现实，探究造成质量问题的原因。其中既有引进和制造中的主观失误，如对引进新技术的标准混乱，过分求新求快，各厂之间缺乏有效统筹，资源浪费严重，恶性竞争等等，又有本国工业条件的客观制约，还有管理流程方面的技术因素，以及立法不善的制度因素。有些弊端在短期内是无法解决的，而是要经过几代人的努力。第五章“企业管理的困境与局限”，探讨了在工业体系之外，军工企业面对的社会困境及其历史局限。所谓社会困境，指保守的思想观念、缺失主导地位的政府、不匹配的教育制度等。其原因主要在于中西文明的巨大差异，传统文化的弊端积重难返，统治集团缺少远见卓识。历史局限是从经营者自身分析，即尴尬的政治地位，对西方浅薄而又似是而非的认识，以及他们之间的权力博弈等。本文认为，一件产品的好坏，不能仅仅从制造环节寻找原因，而是放在大环境下予以考察。结语部分，对本文的主要论点做进一步总结和提升。晚清军工企业的管理制度是西方经验与本国传统既契合又冲突的复杂产物。它即继承了西方先进的管理经验，又挖掘了传统文化中的合理成分，同时还夹带着本国经验中的负面因素。作为东西方管理经验的首次汇合，晚清军工企业的管理制度为早期工业化的研究提供了绝佳样本。

中文题名 晚清南洋大臣群体研究
英文题名 A Group Study on Nanyang Minister in the Late Qing Dynasty
作者 夏广华
导师 李育民
学位授予单位 湖南师范大学
学科专业名称 中国近现代史
学位年度 2008
论文级别 硕士

中文摘要 第二次鸦片战争之后，中外交涉事件日益频繁。为处理中外交涉的需要，清政府在中央设立总理衙门，地方设立了南北洋通商大臣。南洋大臣，前身为五口通商大臣，始于咸丰十年，结束于宣统三年，前后50余年，共有17位大臣任职。南洋大臣在设立之初是为了管理地方的通商和交涉事务，属地方性的交涉机关，但是随着形势的发展，南洋大臣的职权加重，促进了晚清外交体制的变化。南洋大臣群体的个性差异和制度本身对其的制约又在一定程度上影响了南洋大臣外交作用的发挥。因而，本文将在第二、三章通过分析南洋大臣群体的满汉比例、籍贯分布、出身背景、资格、声望、在职年龄、任期长短和

离职原因等方面，以期分析南洋大臣人事变迁的一般情形，找出南洋大臣群体的负面因素。在第四章，本文将分别从南洋大臣与总理衙门、北洋大臣、南方地方督抚三方面分析官僚体系中的南洋大臣，从而找出官僚体系中制约南洋大臣作用发挥的因素。尽管南洋大臣群体存在着很多负面因素，但是他们还是对晚清外交体制的变革发挥了重要作用，故第五章通过对曾国藩和刘坤一的个案分析，进而探讨南洋大臣群体在晚清外交中的地位。南洋大臣的主要职责是办理对外交涉，但是南洋大臣这一群体也参与了晚清的改革和海防建设，所以本文将在阐述外交的基础上进一步分析它在晚清改革和海防建设方面的贡献。

中 文 题 名 **晚清山东海防研究**

英 文 题 名 Study on the Costal Defense of Shan Dong in the Late Qing Dynasty

作　　　者 赵红

导　　　师 朱亚非

学位授予单位 山东师范大学

学科专业名称 中国近现代史

学 位 年 度 2004

论 文 级 别 硕士

中 文 摘 要 人类社会发展的历史进程一直与海洋息息相关。随着当今世界科学技术的高速发展和海洋竞争的日趋激烈，海防已越来越为濒海国家所重视。为了适应形势的需要，学术界已将海防研究作为一项重大课题。纵观晚清中国，其屈辱史是从东南部海防的崩溃开始的，因而研究晚清中国的海防对于考察晚清的历史全貌具有十分重要的学术价值。目前，学术界对晚清中国海防的整体性研究已取得了重大成果，但对晚清山东海防的区域性研究尚未给予足够的关注。鉴于此，本文力图在占有大量丰富、可靠资料的基础上，对晚清山东海防进行系统性的研究，以廓清晚清山东海防的历史面貌，并通过以点见面、以小见大的方式透视晚清全国海防的发展脉络和时代特征，从而填补某些学术空白，加强某些学术薄弱环节。"海防"所涉及的内容是相当广泛的，包括海防环境、海防主体、海防对象、海防任务、海防手段和方式以及海防对社会影响等诸多方面。因此，"海防"问题的研究范畴是相当宽泛的。"海防"的具体内容又因时代的演变而赋予不同的新义，因此，不同时期"海防"问题的具体研究也有不同的侧重点。据此，本文根据相关资料全面考察了"晚清山东海防"相关问题后，把研究重点放在了晚清中央政府和山东地方政府为抵御外来势力的海上侵略、保卫京师及山东海疆安全而采取的具体海防手段和方式即"海防措施"这一方面。本文以翔实的资料为基础，追述了鸦片战争前山东海防的历史概况，廓清了两次鸦片战争时期和洋务运动时期两个不同历史时期内的山东海防面貌，探索了晚清山东海防与社会变迁之间的互动关系。具体而言，本文通过对鸦片战争前山东海防概况的追述，探究了晚清山东海防的历史溯源、防御对象及其与生具有的传统制约因素；通过对第一次鸦片战争期间山东巡抚托浑布加强海防的具体措施及其实施效果、时代特征的详细论述，对第一次鸦片战争后山东海防建设的启动、具体内容及实践程度的全面考察，对第二次鸦片战争期间山东面对的严重海疆危机、山东政府的应对措施及历史局限性进行了深入探讨，揭示了两次鸦片战争时期山东海防始终处于落后状态的深刻根源；通过对丁宝祯筹建山东海防的具体工作、历史特点及历史作用，中法战争中清朝中央政府和山东地方政府筹备山东海防的具体措施及其历史特点，北洋海防建设时期李鸿章筹建山东海防的具体工作、历史特点及历史作用的详细论述，廓清了晚清山东海防近代化建设的历史进程，透析了晚清山东海防近代化建设的历史进步性和时代局限性；通过对甲午威海之战前山东加强海防的具体措施、战时山东陆路守军和北洋海军抗击日军的海防斗争及威海之战中国失利的具体海防军事原因，对甲午战后山东海防门户洞开的历史过程的系统疏理，从而在已有学术成果的基础上、从海防的视角阐释了甲午威海之战，以及晚清山东海防事业最终失败的结局；本文还对晚清山东海防经费的筹措与具体用项，晚清山东海防的社会影响、时代特征和历史启示作了全面而又深入的总结，从而填补了该研究领域的学术空白。研究晚清山东海防不仅对考察晚清的海防政策、海防建设、海权意识，晚清的

军事近代化历程以及晚清的对外关系等方面具有重大的学术价值；而且对于推动当代中国和山东的海防建设和海洋文化事业具有重大的借鉴意义。

中 文 题 名 **晚清时期香港对中国的转口贸易(1869－1911)**

英 文 题 名 Entrepot Trade of Hong Kong Toward China during the Late Qing Period (1869－1911)

作　　　者 毛立坤

导　　　师 吴松弟

学位授予单位 复旦大学

学科专业名称 历史地理学

学 位 年 度 2006

论 文 级 别 博士

中 文 摘 要 晚清时期中国对外贸易的空间格局发生了很大变化，全国对外贸易枢纽由广州逐渐北移至上海。在中国沿海唯一能与上海争雄的口岸只有香港，这得益于香港优越的地理位置及广阔的贸易辐射面，香港转口贸易的兴起对中国沿海特别是华南和西南地区影响极大。本文从香港转口贸易进入兴盛期的60年代末切入，研究晚清时期香港借助于传统和近代化的交通、金融和商业网络，对大批量进出口货物发挥的集散转口功能。转口贸易的兴盛又反过来促进了香港城市经济本身的繁荣，使其成为拉动中国沿海特别是华南和西南地区外向型经济发展的火车头。但是，目前学术界有关香港对外贸易的研究，却存在很多空白。本文正是在前人研究的基础上，运用历史经济地理学的方法，进行更加深入全面的探讨。首先探讨香港对华转口贸易的空间差异性和总体特点。以贸易额为尺度区分若干时期香港在国内主要贸易对象港的排名先后，简要列举香港与各地贸易结构的特色及差异，包括对云南的矿产品贸易，对广西的山地货贸易，对广东的“快速”消费品和“笨重”消费品贸易，对福建的大宗日用品和侨需品贸易，对台湾的樟脑贸易，对上海多样化的大宗贸易，对天津的军火和机械设备贸易，对烟台的高丽参转口贸易，对盛京的豆货、糖和金属贸易等。然后总结香港在面向各地区的贸易往来中所发挥的一些共同功能，也就是香港对华转口贸易比较突出的几个特点。然后分 4 个区域(两广、闽浙台、西南、北方环渤海)，详尽深入地研究其与香港贸易的展开形式。最后总结转口贸易对香港城市经济繁荣带来的影响。围绕贸易对航运业、金融、汇兑、典当业的推动，金山庄和南北行的兴起，城市经济的发展，洋行在香港的经营活动，华商(包括买办)的兴起等等展开论述。在尽可能准确地恢复东部沿海各个地区和西南内陆与香港之间贸易关系原貌的基础上，对汪敬虞和林满红关于贸易对经济发展所产生的利弊的几点争论，吴承明对市场因素的强调，美国的郝延平、台湾的王良行、大陆的聂宝璋有关商权问题的一些讨论，还有吴松弟教授从经济地理学角度提出的中国经济现代化的线索，对这些宏大的理论做一些检验、修正和补充的工作。

中 文 题 名 **晚清烟台贸易的发展及其衰落原因分析(1863－1911 年)**

英 文 题 名 The Analysis on Reasons for Development and Decline of Yantai Trade in Late Qing Dynasty (1863－1911)

作　　　者 徐双华

导　　　师 连心豪

学位授予单位 厦门大学

学科专业名称 中国近现代史

学 位 年 度 2009

论 文 级 别 硕士

中 文 摘 要 烟台本是胶东半岛一个小“鱼寮”，随着海上漕运贸易发展起来。特别是鸦片战争

后，烟台贸易发展迅速，一跃成为北方的贸易重镇。列强正是看重烟台优越的自然港口条件和贸易重镇地位，1861 年烟台在列强的要求下被迫对外开埠通商，设立东海关，并于次年“邀请”洋人协同征税。东海关设立后，烟台贸易得以迅速发展，贸易总额猛增，进出口商品数量和种类增加，烟台的商行和进口船只及吨位增加。烟台贸易虽然得到长足的发展，但是在发展过程中极不稳定。1905 年是烟台贸易发展的分水岭，是年烟台贸易达到顶峰，之后便迅速衰落。笔者通过对烟台贸易各方面的分析，得出烟台港相对落后的港口设施、极其不便的腹地交通条件等自身因素以及青岛、大连等北方诸港的激烈竞争，从而导致烟台贸易衰落的结论。烟台从北方“三足鼎立”的一流港口，最终衰落成为一个二流港口。烟台的兴衰起伏，发人深省。本文分四章对晚清(1863 - 1911 年)烟台贸易的发展及其衰落原因进行论述。第一章简要叙述烟台开埠前贸易发展的状况以及烟台开埠后，东海关的设立及其对烟台贸易发展的影响。第二章从各方面对烟台贸易的发展进行了论述。首先对 1863 - 1911 年的贸易发展状况进行论述，接着对烟台贸易的结构，烟台重要的进出口商品以及烟台的商行进行分析，最后对和贸易有着重要联系的航运也进行叙述、分析。第三章是在第二章对烟台贸易分析的基础上，简要叙述烟台贸易衰落的表现，着重从内外两方面对烟台贸易衰落进行深入分析。最后，对烟台贸易发展及其衰落作简要总结。

中 文 题 名　**晚清政府向西方购买舰船过程与其中的人事考察(1874 - 1884)**

英 文 题 名　The Surveying about the Process of Purchasing Foreign Warships by the Late Qing Government and the Relative Persons Relationship (1874 - 1884)

作　　　者　刘振华

导　　　师　易惠莉

学位授予单位　华东师范大学

学科专业名称　中国近现代史

学 位 年 度　2006

论 文 级 别　硕士

中 文 摘 要　晚清政府向西方购买舰船是洋务运动的一项重要内容，也是海军近代化的重要途径之一。1874 年日本侵台，给晚清政府造成前所未有的刺激，锥心之痛迫使其着眼于加强近代海军建设，但国内造船条件的简陋使晚清政府不得不向西方购买近代舰船。在赫德的建议下，以李鸿章为首的海军建设者在赫德、金登干的帮助下，开始向西方购买近代舰船。随后，由于中国驻外公使的派遣和海军留学生的学有所成，晚清政府开始考虑自主向外订购舰船，在李凤苞、徐建寅等人的主持下，晚清海军建设迎来了新的高潮，两只铁甲舰和数艘新式巡洋舰陆续驶入中国沿海，增强了北洋海军的实力。1874 - 1884 年，晚清政府向外购舰的过程曲折复杂，购买过程中的人事关系更是扑朔迷离，历来为史家所关注。通过对购舰过程与其中复杂的人事关系进行研究，有助于我们了解晚清海军在建设过程中遭遇的困难，从中管窥海军建设及军购过程中的不利因素，进而解析中国海军近代化进程缓慢的原因。本论文内容分为以下几部分：绪论：主要阐明本文所进行研究的价值和意义，这一选题目前国内外研究现状以及本文所关注的研究重点等。通过对上述问题的阐明，表明本文的研究思路及论述宗旨。第一章：清政府向西方购买舰船问题的提出。该部分从 1874 年日本侵台对清政府的刺激着手，着重分析这一历史事件和海防大讨论对晚清向外购舰的历史联系，由此说明晚清向外购买舰船计划提出的历史原因。第二章：向西方购买一般舰船的阶段(1874 - 1879)—主要由赫德、金登干主持时期。该部分首先分析国内决策人员对购买舰船的认识：其次，着重分析赫德、金登干购买舰船的具体过程：进而对购买舰船的质量、价格等问题作出评析。第三章：向西方购买铁甲舰、巡洋舰的阶段(1879 - 1884)—主要由李凤苞、徐建寅主持时期。该部分首先分析国内外对购买铁甲舰的舆论和作出购买铁甲舰的原因：其次探讨李凤苞、徐建寅在购买铁甲舰、巡洋舰等过程中的作用；进而对购回的铁甲舰的质量、价格等问题进行评析；另外对李、徐的合作与冲突也作进一步的考察。第四章：对赫德、金登干购舰问题的再探讨。该部分首先探讨赫德、金登干关于佣金问题的争论及实

质;其次解析赫德、金登干对他人插足购舰主导权的提防心态,进而解读赫德的“海防司之梦”。结语:对本文作总的概括。总之,本文通过对晚清政府向外购买舰船过程与其中的人事关系的考察,梳理购舰决策人员、经办人员、考察人员之间的复杂关系,力图探讨晚清政府向外采购舰船的利弊得失和采购过程中的经验教训。这种经验教训对晚清海军建设的影响是深远的,也对当今向外采购军事装备和海军的现代化有着积极的借鉴意义。

中文题名 **晚清政局中的杨岳斌**

英文题名 The Political Situation of Yang Yuebin in the Late Qing Dynasty

作者 孔凡华

导师 胡赤军

学位授予单位 东北师范大学

学科专业名称 中国近现代史

学位年度 2009

论文级别 硕士

中文摘要 杨岳斌是晚清重臣,官至陕甘总督。作为湘军重要将领,杨岳斌几乎参与了整个镇压太平天国运动的过程,战功卓著。晚年时因法军入侵台湾,再次出师,招募兵勇抗击法军。作为晚清杰出的军事人才,他为人正直、坦荡,为官廉洁、不贪财,且办事认真,这在当时腐朽政局下是很难得的。但由于其曾痛剿太平军,且在陕甘总督期内未有实效,后人对其评价褒贬不一。迄今为止,国内对杨岳斌的研究是很少的,这种忽视是与其在当时军政中所起的地位是不相当的。本文收集、整理了大量有关杨岳斌的资料,对这位晚清名臣进行了论述。本文的第一部分主要论述了杨岳斌早年参与镇压太平军的过程,从中可以了解他在整个湘军水师中的军事作用。通过分析杨岳斌在镇压太平天国运动中的一系列战役,对杨岳斌乃至整个湘军的作战特点进行了研究,并对他与当时湘军其他主要将领的关系进行了分析,从而使对湘军任上的杨岳斌能有进一步的整体认识和把握。本文的第二部分主要叙述杨岳斌在任陕甘总督期间内的主要活动。可以说在将近三年的陕甘任上,杨岳斌的事业进入了低谷。虽然历史上也对这段评价不高,但我们必须客观的承认在这期间杨岳斌的“失败”更多是客观的历史原因造成的。通过分析发现杨岳斌确实对该地区局势的稳定起到了一定的作用,而且他对当时社会民生的关注也是值得肯定的。本文的第三部分和第四部分,分别论述了杨岳斌在巡阅长江水师时的举措和他在中法战争时期的活动。本文以杨岳斌一生活动为研究内容,以此来揭示杨岳斌的方方面面。笔者认为,杨岳斌作为晚清政坛上的一位具有湘系特色的重要人物,是不容被忽视的。研究杨岳斌,对于深入了解其本人和认识晚清社会官场特色及施政特点具有重要意义。

中文题名 **晚清驻欧使节与海军近代化**

英文题名 The Late Qing s Diplomatic Envoys and the Modernization of Chinese Navy

作者 李华珍

导师 黄国盛

学位授予单位 福建师范大学

学科专业名称 中国近现代史

学位年度 2003

论文级别 硕士

中文摘要 驻欧使节是指常驻欧洲的外交官。晚清驻欧使节作为中国较早走向世界的先进知识分子群体,在中国近代化的过程中,起到了十分重要的作用,也引起了国内外学者的关注。但目前的研究,

从方法上看,多注重驻欧使节的个案研究,将其作为群体研究的成果尚不多见;从内容上看,在晚清驻欧使节与海军近代化的关系这一问题上,尚缺乏较系统深入的研究。本文即从这一角度入手,采用人物群体研究的方法,侧重论述甲午战争前驻欧使节在晚清海军近代化过程中的种种认识和活动,并指出其发挥的独特作用,认为晚清驻欧使节的这些认识和作为,反映了当时时代的特点,符合历史发展的潮流,不仅促进了晚清海军的发展,而且也成为整个中国社会向近代化方向变异的重要因素,对晚清经济、政治近代化有着潜移默化的影响,对我们今天改革开放的现代化建设也能提供一定的历史借鉴。

中 文 题 名 **魏晋南北朝水军研究**
英 文 题 名 A Study on the Navy in Wei – jin & Northern – Southern Dynasties
作　　　者 谭书龙
导　　　师 庄华峰
学位授予单位 安徽师范大学
学科专业名称 中国古代史
学 位 年 度 2006
论 文 级 别 硕士
中 文 摘 要 魏晋南北朝时期水军作为一新式兵种迅速崛起,并一举成为与步、骑相提并论的主力兵种。水军的崛起使得水战渐为频繁,水军战船和水战兵器快速发展,独具特色的水战攻防之术也逐步形成。与此同时,水军的专业化军事管理和军事训练也得到加强,军事后勤保障有所进步。总体而言,魏晋南北朝时期的水军已具备崛起速度快、活动范围广、作战两栖化、功能多样性、南强北弱势的特点。造成这一时期水军迅速崛起的原因主要缘于战争重心的南移、水路交通的便捷、造船技术的进步、统治者的重视和自然地理环境的优越。魏晋南北朝时期水军的发展对当时社会及后世都产生了重大影响,它促成了两次南北长期对峙,促进了内河航运的繁荣,加速了造船业的发展,并丰富了中国古代军事史内容,影响了中国古代后世兵制的变迁和推动了中国古代航海事业的进步。

中 文 题 名 **魏源与近代中国对外开放**
作　　　者 李小婧
导　　　师 熊吕茂
学位授予单位 中南大学
学科专业名称 中国近现代史
学 位 年 度 2007
论 文 级 别 硕士
中 文 摘 要 魏源是近代史开端时期杰出的思想家,也是第一批提出"开眼看世界"的进步人士,他的思想引领了整整一代的时代主题,特别是他的对外开放思想对于中国近代化的进程产生了深远的影响。魏源的对外开放思想有其产生的特定历史条件和时代背景,中国社会所面临的重大社会转型时期、学术界的动荡局面以及魏源自身的人生历程,都是影响其对外开放思想的重要因素。魏源的对外开放思想是一个不断发展的过程,既深受中华民族传统文化精华的沁润,又与深邃的哲学思想相联系,在对清代学术思想的批驳与反思的基础上,接纳了西方的科学知识和进步思想,以解决社会现实问题为其宗旨。魏源的对外开放思想主要包括了对内和对外两个方面的内容,对内方面,针对清政府的各大政所存在的弊端,提出了一系列改革的思想和具有远见卓识的改革方案;对外方面,主张开放国门,提出"师夷长技以制夷"。魏源的对外开放思想对中国近代化进程产生了深远的影响,洋务派、维新派都直接或间接地从中汲取了思想养料。通过对魏源对外开放思想的研究,能够总结出一些有益的历史经验,如注重中国传统思想

的应变能力、讲求改革的策略等。由于时代所限,其思想必然存在着一定的局限性,如可操作性不强、模仿性强与创新性不足、缺乏理论的系统化。通过对魏源对外开放思想的研究,可以看出中国近代化转型时期的思想动向,并为我们今天的社会主义现代化建设事业提供可贵的借鉴作用及历史启示。

中文题名 我国古代造船技术的兴衰及其启示

英文题名 The Prosperity and Decline of Shipbuilding Technology in Ancient China and Its Enlightenment

作　　者 程晓

导　　师 唐文彰

学位授予单位 武汉科技大学

学科专业名称 科技哲学

学位年度 2007

论文级别 硕士

中文摘要 中国是世界上造船历史最悠久的国家之一。在相当长的一段历史时期内,中国的造船技术一直处于世界领先地位。秦汉时期,开国战争与海外丝绸之路对船的需求极大地促进了造船技术的发展,出现了中国造船史上的第一个高峰。唐宋时期是我国古代造船史上的第二个高峰,我国古代造船业的发展自此进入成熟时期。这一时期的海外贸易的扩展与繁盛,为造船技术的发展提供了强大的动力。在经过秦汉时期和唐宋时期两个发展高峰以后,明朝的国内政治和对外政策的需求使明朝的造船技术和工艺出现了新的飞跃,登上了我国古代造船业发展的顶峰。然而,随之而来的明代海禁政策却使得发达的中国造船技术迅速衰败。清代前期40年的海禁政策,进一步阻碍了我国造船业的技术发展与创新,使我国从航海与造船业的高峰上迅速跌落,造船技术的发展停滞不前,甚至倒退,造船业严重萎缩;在列强坚船利炮的攻势下,显得力不从心,导致了我国近代落后挨打的局面。本文在回顾我国古代造船技术兴衰的基础上,来分析其兴衰的原因及其影响,并从中总结出警示现世的启示。本文总结我国古代造船技术兴衰的影响有以下几点:我国造船技术发展的三次高潮提升了我国古代的生产力水平,促进了中国古代海上贸易的发展,扩大了中国文明的国际影响。本文总结的启示有三:船兴则国兴,大国崛起皆源自海权;船兴则开放,闭关海洋即失去世界;船兴则民强,拼搏大海方显民族精神。

中文题名 吴锦堂的国内事业与活动述论(1905－1910年)

英文题名 On Wu Jintang s Undertaking and Activities in Mainland China (1905－1910)

作　　者 纪立新

导　　师 易惠莉

学位授予单位 华东师范大学

学科专业名称 中国近现代史

学位年度 2007

论文级别 硕士

中文摘要 作为近代“侨日华商之首屈一指者”,吴锦堂无疑是非常值得研究的。研究吴锦堂,尤其是研究其在清末国内的公益、实业等活动,对于深切理解海外华侨爱国爱乡、报效桑梓所取得的成效、遭遇的困境,以及清末政府的侨务政策,无疑具有深远的历史意义和现实意义。论文拟对吴锦堂在清末的国内事业和活动进行深入研究,尤其是1905至1910年,因为这是吴锦堂在清末国内活动最为频繁的时期。六年间吴锦堂在中、日两国之间奔波,以极大的热情参与清末新政的多项事业,其活动涉及面较广,有许多值得研究的问题。笔者在论文中将重点关注吴锦堂清末六年在国内的活动,追随吴锦堂的踪迹,力求

将其在国内的活动清晰、完整地呈现出来，并以此考察侨商与故乡、与祖国之间的关系。论文共分七部分：绪论 对论文的研究意义和价值进行阐述，回顾国内外吴锦堂研究状况，并阐明本文重点关注的问题。第一节介绍吴锦堂在日活动与事业及归国背景 第一部分介绍吴锦堂在日活动：吴锦堂白手起家，由于勤劳、明智、认真、守信，终成中国旅日华侨巨子和日本工商界举足轻重的大企业家。吴锦堂还在日本创建和发展华商组织、资助华侨及当地公益等方面作出了突出贡献。第二部分分析了吴锦堂的归国背景：吴锦堂因功成名就产生衣锦还乡、报效桑梓的想法，清政府实行新政、出台一系列旨在保护华侨和吸引侨资的政策，日俄战争的结束、中日关系的平和、中国人对日本产生好感，以上种种，促成了吴锦堂1905年的故乡之行。第二节阐述吴锦堂兴修杜白两湖水利的背景、过程、管理及成效 吴锦堂的故乡杜白两湖水利工程规模巨大，由四大核心项目构成：重建西界漾塘，遇汛期可藉以堵截姚北平原东注的洪水；加固两湖大堤，以增加蓄水量；增设减水坝，用以控制水位；疏浚通海大浦，增设大小桥闸，以完善排灌系统。从1905年开始，吴锦堂"竭五六年心血，费七万余金钱"才基本完成。本节分三部分，分别阐述吴锦堂兴修杜白两湖水利的背景、过程、管理及成效。第三节阐述吴锦堂捐资兴办锦堂学校的过程及成效吴锦堂捐资兴办锦堂学校，可分为三个阶段：初为两等小学，即从1905至1909年；续办初等蚕业学堂，即从1909到1910年；再办中等农业学堂，即从1910至19n年，六年间累计投资20余万元，将锦堂学校办成"浙省私立各学堂之冠"。吴锦堂还捐助学校优秀学生留学日本，为国家培养农业人才。蔡元培主持的中国职业教育社因此把他和陈嘉庚、聂云台并列为"办学三贤"。第四节投资与倡办国内实业 本节主要阐述吴锦堂投资与倡办国内实业的过程。从1908年开始，吴锦堂的国内事业重点逐步转向投资国内实业，三年中相继投资汉冶萍煤铁厂矿公司、浙江铁路公司、宁绍轮船公司等，并开办义生洋行和镇江义生火柴厂。第五节吴锦堂的国内其他活动 1910年是吴锦堂在国内最为忙碌的一年。除了为汉冶萍公司、宁绍轮船公司和义生洋行的事务奔忙，吴锦堂还参加了其他活动。如为创办浙省农业公司、浙西场地农业有限公司而奔波，提出倡办商舰协会的大胆设想，参加南洋劝业会、华侨亲睦会等，还关注清政府的预备立宪活动。结语 综上所述，吴锦堂在清末最后六年，六度回国，以极大的热情广泛参与国内各项活动。从家乡公益事业入手，进而投资近代实业，涉及农垦、商贸、矿冶、火柴、铁路、轮船、水电业等领域。吴锦堂还创办商舰协会，参加南洋劝业会、华侨亲睦会等，关注预备立宪活动，其活动涵盖经济、政治、社会公益，乃至海防，充分表达了华侨的爱乡爱国之情，展示了一位华侨上层人士对政府的信心及与政府之间的良好关系，在一定程度上反映了清末华侨政策的成功。总体而言，吴锦堂投资国内实业，成效并不大。相对而言，吴锦堂在家乡的公益事业虽然遇到了一些困难，但总体上看还比较成功。尽管如此，吴锦堂还是遭到了地方恶势力的暗算，这恐怕是吴锦堂始料未及的。因此，清末华侨回国，无论是致力于家乡公益，还是投资实业，其结果一如吴锦堂，多是满怀希望而来，心灰意懒而归。

中 文 题 名 **五口通商时期中英贸易探析(1843－1858)**
作　　　者 邢甲志
导　　　师 曲晓范
学位授予单位 东北师范大学
学科专业名称 中国近现代史
学 位 年 度 2004
论 文 级 别 硕士
中 文 摘 要 鸦片战争前夕，广州是中国对外通商的惟一口岸。鸦片战争之后，中国又相继开放了上海、宁波、厦门、福州等其它四个通商口岸，这就打破了对外贸易仅在广州进行的限制。由此，中国对外贸易进入五口通商时期，中英贸易关系随之发生重大变化，中国丧失了原有独立自主的地位，开始了不平等的对外贸易关系。中国进出口贸易额较五口通商前有了明显增加，英国机制品在中国市场上虽然逐渐打开了销路，但英国对华出口贸易并没有出现预料中的大幅度的稳定增长，在正常的中英贸易中，中国对

英出口贸易仍然不断增长且处于有利地位。英国为了改变自己在对华贸易中的不利地位,继续向中国大规模走私鸦片。笔者拟从五口通商时期中英贸易入手,探讨其商品结构、成因、特点和影响,以此考察其与当时社会经济和政治发展的关系。以便从中总结出一些有益的经验教训,对目前我国正在进行的改革开放和社会主义现代化建设提供历史借鉴和参考。本文共分三个部分:第一部分论述五口通商前的中英贸易情况。主要分析了早期中英贸易状况,清政府对待中英贸易的态度以及制定的相关政策,《南京条约》及其附约对中英贸易的有关规定及影响等。第二部分着重阐述五口通商时期中英双边贸易进出口商品结构,并对其进行分析。首先论述英国对华输出机制品的货物种类、货物总量和货值历年变化的特点及成因;其次,论述中国对英出口特点以及对英贸易量不断扩大和攀升的原因。第三部分主要论述五口通商时期中英贸易的特点、性质及历史影响。通过对该时期中英两国双边贸易的分析,总结出该时期中英贸易的几个特点,并就其对中英两国,尤其是中国,造成的多方面的影响进行全面阐述。

中 文 题 名 五口通商以来沪甬的外贸与移民(1843 - 1913)
作　　　者 丁勇
导　　　师 龚缨晏
学位授予单位 浙江大学
学科专业名称 中国古代史
学 位 年 度 2007
论 文 级 别 硕士
中 文 摘 要 第一次鸦片战争后,上海与宁波相继开埠通商。两地本同为拥有悠久贸易传统的港口城市,地理位置又非常接近。但在开埠后,两个港口城市显示出了截然不同的命运。上海迅速超越广州成为中国的对外贸易中心,而宁波则逐渐沦为了上海的支线转运港。日益繁荣的上海吸引了全国各地移民的到来。大批宁波人也就此涌入上海,在上海开辟了宁波人发展的新空间。而宁波人也逐渐成为上海最有势力的移民集团,掌握了上海的经济大权。本文以海关报告及英国领事报告为主要依据,考察了五口通商以来至第一次世界大战前夕这段时间内的不同历史时期,这两个港口的对外贸易与移民状况。经过仔细的分析和论证,笔者得出结论:在本文考察的时间段内,不断扩大的对外贸易实为两个港口城市发展的最主要的拉动力。贸易规模的差别同时也就决定了两个地区存在着巨大的经济发展速度和发达程度的位势差。这种位势差又决定了沪甬两地之间主要是从宁波向上海的单向移民这样一个长期状况。而宁波人只所以能够在与其他移民集团的竞争中取得优势并最终胜出,则取决于他们自身的禀赋和所拥有资源的完备与雄厚。

中 文 题 名 西江航运与腹地农业经济外向化发展(1897 - 1938)
英 文 题 名 Xijiang Shipping and the Development of Export - oriented Hinterland Agricultural Economy (from 1897 to 1938)
作　　　者 宋永忠
导　　　师 张壮强;黄振南
学位授予单位 广西师范大学
学科专业名称 中国近现代史
学 位 年 度 2007
论 文 级 别 硕士
中 文 摘 要 交通是政治的统一与稳定和经济发展的重要条件,是商品流通依赖之所在。广西内河十分丰富,西江水系覆盖全境80%以上的区域。广西的长途大宗货物运输主要由水路承担。西江内河

航运在近代始终占有十分重要的地位。然而,史学界对西江航运与腹地经济关系方面的研究较为沉寂。本文仅以航运与腹地农业经济互动关系的角度对其进行研究,主要探讨了甲午战后西江航运业的发展轨迹、特征、局限和航运业对腹地农业经济外向化发展的推动作用,并把农业外向化,放在时代背景下进行总体的评估,最后简要评价近代西江航运业在历史发展中的作用,以期从学术上拓宽西江流域经济史的研究。本文首先论述近代西江轮船运输的发轫及民族轮船运输发展轨迹。轮船运输的引进,给内河航运注入的新的动力,为近代西江运输业的的发展提供了契机。在外力的促动和强列的民族危机意识和生存竞争意识的驱驶下,华商积极发展民族航运业,为近代西江航运的发展创造了根本的动力。本文认为近代西江航运业的发展是外力促动和内力作用共同的结果。在自然条件、社会环境、制度等因素的影响下,西江航运发展呈现出轮船与民船互补性发展、航运力量呈梯度递减趋势、民族航运在竞争中赶超外国航运势力,显示出顽强的生命力和民族竞争力。西江内河航运业的发展,对区域经济的发展起着重要的作用。运输业的发展使农村市场突破地域的限制向更广阔的外界空间扩展,进一步加强了与外界的沟通与交流。广大腹地社会经济生活发生着重大变化。东西方向的经济交流,突破了"西米东盐"的状态,在对外流通的农副产品中出现了结构性的变化。最后本文探讨了近代西江航运业的局限和腹地农业外向化的困境。腹地农业经济被纳入近代世界市场体系,深受"粤港澳"区域中心市场的辐射,外向化呈现一边倒或单一化。由于地理的区位差异、交通条件不同,导致外向化发展呈梯度递减的空间差异。最后文章认为,腹地农业经济外向化发展陷入两难境地,或者说陷入了西方列强垄断下的恶性发展的怪圈,贫困化成为当时广西农村一种普遍的历史现象。根据以上的论述,本文对近代西江航运业发展和腹地农业经济外向化的关系进行总结,以及对历史时期发展的局限和困境进行归纳。航运业发展为腹地农业外向化创造了重要条件,积极拉动了农村农业经济的外向化,但由于辐射源的相对单一,而由此导致对农业经济外向化影响受到地理上的制约。同时,由于在特殊历史时期,腹地经济发展陷入两难境地,使西江航运业的发展受到根本的制约。

中 文 题 名 湘籍官员对晚清中国出洋劳工政策的影响

英 文 题 名 The Influence That the Hunan Officials on the Modern China Policy to Labor Forces Exporting

作 者 芮红磊

导 师 郭汉民

学位授予单位 湘潭大学

学科专业名称 专门史

学 位 年 度 2006

论 文 级 别 硕士

中 文 摘 要 近代中国出洋劳工政策研究是当今学界关注较多的一个问题,这一政策包括规范国内劳工输出和保护海外华工权益两个方面的内容,主要经历了三个历史时期。在这两方面政策的创始、变更、完善各个历史时期中,都有湖南籍官员参与其中,并发挥了不容忽视的作用。本文以近代中国出洋劳工政策的变迁为主线,系统考察了劳崇光、蒋益澧、郭嵩焘、曾纪泽等湘籍官员在这一政策变迁中起到的重要作用。文章共有三部分:第一部分:揭示近代华工大量出国的原因、状况;早期晚清政府对华工出国和海外侨民的认识和态度。正是清政府的放任和敌视政策导致国内劳工输出秩序混乱,国外侨民遭遇悲惨。要改进这一政策,对内必须规范劳工输出,对外必须采用近代外交手段,设领护侨。第二部分:考察了劳崇光、郭嵩焘、蒋益澧等人在各自广东督抚任上对规范国内劳工输出所做的贡献:劳崇光揭开了清政府管理招工的序幕;郭嵩焘、蒋益澧倡议清政府不断加强管理招工的法律及条约制度建设,保证了华工出国的稳定秩序。第三部分:分析了蒋益澧、郭嵩焘、曾纪泽等人在晚清海外设领护侨政策的形成过程中所起到的作用:蒋益澧对海外设领有首倡之功,郭嵩焘和曾纪泽利用自己出使之机,初步确立起了中国近代海外领

事馆制度,并积极保护海外华民。以上官员的种种政策极大规范了华工出国秩序;通过设领很大程度上保护了海外华工的正当权益。他们审时度势的政治眼光和强烈的爱国主义、民族主义精神也得到充分体现。以提倡经世爱国思想为主要特色的湖湘文化则是他们做出上述贡献的思想基础。

中文题名 **徐福文化传承的历史脉络和空间分布研究**

英文题名 Study on the History and Space Distribution from Xu Fu

作者 王青

导师 修斌

学位授予单位 中国海洋大学

学科专业名称 历史地理学

学位年度 2008

论文级别 硕士

中文摘要 徐福东渡的记载始见于司马迁的《史记》。徐福是中国历史研究和东亚古代史研究中的重要人物,也是中国古代著名的航海家、探险家。两千多年来,有关徐福和徐福东渡的故事、传说在中国广大沿海地区和日本广为流传,在韩国以及东亚其他一些地区也有流传。对徐福和徐福东渡的研究,涉及中国古代史、中日关系史、中外文化交流史、航海史、移民史、地方史、民俗学与民间文学、文化遗产研究等多个领域,同时,徐福又是一个大众的话题。近几十年来,学术界以中日两国学者为主对徐福的研究逐渐兴盛,有关地方政府和民间对徐福也充满关注和热情,并且取得了丰富的研究成果。但是以往的研究也存在一些问题,如对历史和传说缺乏严格界定,地方主义立场明显等。本文认为,在有关徐福的研究中,除了重视文献记载与考古资料外,还特别需要重视至今依然存在的民间文化遗存,这些遗存有实物的,也有口头的,可以统称之为"徐福传承"。它们与现实中的民众生活已经紧密地结合在一起,呈现了一种鲜活的、充满生命力的状态。本文在以往研究的基础上,全面分析了遍布于中国、日本、韩国等地的徐福传承。根据历史文献的记载,沿着历史的脉络进行了回顾和分析,从空间分布上对现存的遗迹遗存进行了梳理,在此基础上,对中、日之间徐福传承的特征进行提炼和比较。针对学术界和民间普遍关注的问题,如徐福有无其人,徐福故里何在,徐福东渡去向,徐福东渡路线,出去后做了些什么,结局怎样等,也进行了介绍,并尽可能阐述了自己的看法。本文认为,黄渤海周边的中国、日本、韩国有关徐福的文字记载、人文遗迹、自然景观、民间传说、纪念场馆、学术研究、文化交流活动等等,已经构成了东亚文化圈内的一个子系统,可称之为"徐福文化圈"。本文在阐述徐福文化圈概念的同时,对它的内涵、范围、特征,以及它与东亚汉文化圈的关系也做了自己的解读。可以说,该文化圈蕴涵着丰富的历史信息和文化意义。文化圈中的中心人物徐福在沿海地区民间所产生的长久而广泛的影响,恐怕鲜有他人能够比拟。可以说,徐福是两千年前众多大陆人向东迁移的一个代表,而这些大陆移民对推动日本列岛和朝鲜半岛文明进程贡献极大,徐福东渡正是这一史实的一个缩影。我们从大量的徐福传承中能够感受到,无论是物质的徐福还是非物质的徐福,往往是一个富有象征意味的存在,民间所流传的传说与故事,常常是借徐福反映某些历史事实,表达人们美好的愿望。此外,本研究还想通过提供一个客观完整的文化圈内的徐福传承的地理空间分布,为文化遗产和旅游资源的开发保护提供某种参照,并通过揭示徐福和"徐福东渡"的文化史意义,丰富中日民间文化交流的内涵。徐福是一个历史人物。两千二百年前的那个时期,因大陆移民的作为而使文化得以交融,使文明得以扩展,使"海洋东亚"得以开启;徐福也是一个文化现象,在徐福身上寄托了人们许多美好的愿望。作为一个象征性的符号,徐福也是东亚沿海地区人民交流交往的重要纽带。徐福丰富着东亚的海洋历史文化遗产,它的价值在东亚地区走向和平与发展的今天还在继续上升。

中文题名 **徐润与近代航运业(1873-1883)**

英文题名 Xu Run with Modern Shipping Industry (1873-1883)

作　　者　刘杰
导　　师　黄振南
学位授予单位　广西师范大学
学科专业名称　中国近现代史
学 位 年 度　2007
论 文 级 别　硕士
中 文 摘 要　本文主要论述了徐润主政近代轮船航运企业——轮船招商局的活动,并对其活动进行分析与评价。鸦片战争后,西方列强通过不平等条约取得的特权,纷纷在中国开设轮船公司,从事航运活动。外国轮船快速、揽载量大,很快便垄断了中国的江海航运市场,造成中国传统的木帆船业的衰落。为了挽回航运利权,同时为解决漕运问题,在李鸿章等洋务派的支持下,清政府创办轮船招商局,它是近代第一个民族航运企业,也是第一个官督商办的民用企业。开创初期,李鸿章命旧式沙船商人朱其昂主持局务,轮船招商局在朱其昂的主持下,经营困难,面临倒闭。这表明经营新式的航运业,传统商人是无法胜任的。创办新式航运企业需要新式的人才与经营方法。李鸿章很快物色到买办商人徐润,并让其担任会办(1873－1883),主持招商局。洋行买办出生的徐润,凭借自己在英国宝顺洋行从事轮船航运经验与才干,成功地运用商人的力量把轮船招商局的航运业务发展壮大,使其成为当时中国最大的航运企业。首先,大胆地改组轮船招商局,从局规章程的制订,官商资本的构成比例,及用人等方面进行改组,使招商局成为官督商办的以商为主的新式航运企业。在这样的状况下,企业经营者的利益同企业的发展前途直接联系,而增强企业的活力。其次,徐润运用股份制,筹集资金。资金困难是招商局初期发展困难的一个重要原因。徐润凭借他的广泛的社会联系和在商界的号召力,成功地将大量的财富,特别是将原来依附洋商的买办资本吸引到轮船招商局来,扩大了本国航运业的资本主义积累,促进了买办资本向民族资本的转换。再次,首创中国近代航运保险业。招商局创办初期没有自己的航运保险业务,航运保险多依赖外商。为了摆脱外商的刁难,徐润先后创办了任和水险公司和济和水险公司。这些航运保险公司的设立,将海中的损失减少到最小程度,而且积累了资金,增强了实力。最后,开拓国内、国外航运市场,奠定了中国近代航运业的基础。两次与太古轮船公司签订《齐价合同》,使招商局的规摸和实力大增,从而控制了中国内河和沿海的大部分航运经营权。随着招商局实力的增强,徐润成功地收购美国旗昌轮船公司,从而壮大了轮船招商局的实力,增强与外国轮船公司竞争的实力。通过徐润在轮船招商局活动的分析,可以看出他成功创办了近代第一个民族航运企业,并拓展了其业务,挽回了航运利权。他在轮船招商局早期发展,以及在中国近代他在轮船航运业发展中的作用是不可忽视的。

中 文 题 名　**《续日本纪》所载赴日唐人研究**
作　　者　葛继勇
导　　师　张涌泉;王勇
学位授予单位　浙江大学
学科专业名称　中国古典文献学
学 位 年 度　2006
论 文 级 别　博士
中 文 摘 要　自和铜三年(710,唐睿宗景云元年)从藤原京迁都平城京之始,日本进入了奈良时代。奈良时代的日本依托飞鸟时代构建的律令国家基架,对内推行律令制度,巩固中央集权;对外积极拓展,在竭力缔造"东亚小帝国"的同时,派遣赴唐使节,如饥似渴地汲取唐朝的先进文化,努力跻身于文明国家的行列。与此同时,经历则天武后的专制皇权统治后的唐王朝,随着先天元年(712)玄宗皇帝的登基,混乱政局结束,国力渐趋强盛,对外频繁与各国交往,成为亚、非各国经济、文化交流的桥梁和中转的枢纽,大唐盛世气象磅礴于世。至八世纪后半期,由于安史之乱的爆发,各种政治势力重新分化组合,对外交

往也呈现出新的趋向。奈良时代的赴日唐人现象就是这样一个历史发展的过程中形成并发展起来的。《续日本纪》乃是记录整个奈良时代的一部正史，由于以诏书、敕文之类的资料为基础编撰而成，记事简洁，资料丰富，信笃性较强，是研究奈良时代最基本的史料之一。其中有关奈良朝对唐、新罗以及渤海交往的内容极为详细，一些记事可以弥补国内唐研究之所网，是盛唐对外交流史研究不可缺少的重要资料。本论文以《续日本纪》为中心，爬梳整理有关奈良时代赴日唐人的史料，进行宏观把握，尝试构架奈良时代唐人赴日的整体轮廓。同时也以《续日本纪》所载的唐人为个案考证对象，对奈良时代赴日唐人的个性进行追踪，力图复原当时赴日唐人的真实原貌。第一篇首先对《续日本纪》编纂的指导思想及其所载的唐人记事进行分析，考证了唐人记事史料的来源、特点以及今人有关赴日唐人记事的谬误之处。其中有关“萨”与“薛”、“行官”与“判官”的校异乃是笔者着力之处。其次以日本六部国家正史为中心，从“唐人”用语的复杂性、时代性、地域性、广泛性以及社会血缘性等五个方面，对“唐人”概念进行了限定。第二篇首先梳理了笔者所能见到的有关奈良时代赴日唐人的史料，对这些资料的可信度以及唐人何时赴日的问题进行了考察。不求有功，但求无过。在此基础上，展开对整个奈良时代唐人赴日现象的形成、动力阻力因素和赴日后的活动、获得的待遇以及在传播唐文化方面的历史贡献。文中认为赴日唐人多搭乘遣唐使船赴日，整个奈良时代如饥似渴地吸纳唐朝的先进文化是这一现象的原动力。日本政府的“事大主义”思想不仅在迎接唐使的宾礼中，而且还在对在日唐人的改赐姓中体现出来；虽然对在日唐人有所优待，但只有专业技能者才得以获得厚遇。唐人赴日对日本古代的国家支配产生了深刻的影响。第三篇从俘虏、僧侣和专业技能人员三个方面，对《续日本纪》所载的赴日唐人进行追踪考察。首先指出，唐俘续守言、薛弘格二人赴日后被任命为音博士与大伴部博麻等日俘在唐被视为奴隶，乃是唐日两国文化巨大落差的充分体现。接着考察了唐僧法进的出身、扬州白塔寺及法进参与鉴真东渡的活动，指出法进为申州义阳人，其很可能撰写了《进记》；法进被派往福州揭示了鉴真东渡赴日的路线。最后探讨了唐人袁晋卿的出身、学识以及在日的仕途生涯，指出春秋陈国人袁涛途为袁氏一族的祖先；擅长音韵的袁晋卿赴日乃是吉备真备等人的招请。基于唐人集团意识，袁晋卿推动了沈惟岳等唐人入籍日本，并把自己的女儿嫁给了赴日唐人。从其子净丰的遭遇来看，赴日唐人的第二代并没有受到优待。包括鉴真等在内的唐人赴日，可以说是日本遣唐使“虚往盈归”的一个组成部分。这些在奈良时代赴日、不同阶层的唐人在与异国人交往、共同活动乃至通婚的过程中，无疑会更进一步地推动唐日文化的交流与融合。探讨奈良时代的赴日唐人不仅对于研究唐文化在日本的传播具有重要意义，而且对于国际人口迁移频繁的当今社会也颇具现实意义。

中 文 题 名 《宣和奉使高丽图经》研究

英 文 题 名 A Study on“Xuan He Feng Shi Gao Li Tu Jing”

作　　　者 孙希国

导　　　师 张固也

学位授予单位 吉林大学

学科专业名称 历史文献学

学 位 年 度 2007

论 文 级 别 硕士

中 文 摘 要 《宣和奉使高丽图经》为徐兢于宣和五年（1123 年）出使高丽，归国后次年所撰的见闻录。《图经》内容丰富、史料翔实，是研究宋史、高丽史及宋丽关系史的宝贵资料，也是科技史和海上交通史研究的重要著作。《宣和奉使高丽图经》问世以后，受到历代学者的重视，著录、校勘、节录、引用者均有之。《图经》在宋、元书目中多有著录。明时仍有著录，但其时乾道本已经十分罕见，唯抄本流行，讹误、阙文越來越多，于是厘正者、校勘者继起；又有《说郛》、《广百川学海》二书，节录《海道》之內容。清代学者对《图经》的校勘用功独到，对《图经》的广泛流传也做出了巨大贡献。民国时期傅增湘、段琼林等均对《图经》作了校勘工作。建国后国内《宣和奉使高力图经》研究著作仅见朴庆辉《宣和奉使高丽图经标注》

一种。当代研究《宣和奉使高丽图经》的论文很多，其中祁庆富先生在研究《宣和奉使高丽图经》的版本流传方面造诣很深。另外，韩国学者在《图经》的校勘、注释等方面也颇有建树。本文在广泛查阅有关《宣和奉使高丽图经》的宋、元、明、清以及现、当代著作、论文的基础上，对此书作者的生平、撰写的历史背景、版本流传情况以及史料价值等作一综述，以利于学界对此书作更深入的探讨和研究。

中 文 题 名 **鸦片战争前后外国在华洋行经济活动初探**

英 文 题 名 A Tentative Research on the Economic Activities of the Foreign Firms in China Round Abound the Opium War

作　　　者 林日杖

导　　　师 黄国盛

学位授予单位 福建师范大学

学科专业名称 中国近现代史

学 位 年 度 2001

论 文 级 别 硕士

中 文 摘 要 外国洋行在华经济活动，是中国近代经济史的一项重要研究课题。本文以鸦片战争前后外国洋行在华经济活动为研究对象，探讨 1782 - 1858 年 外国在华洋行的发生与演变过程，拟对这一时期外国洋行在华经济活动作较为系统与全面的考察。笔者认为，1782—1858 是外国在华洋行发生与演变的重要时期。鸦片战争前外国洋行主要活动于广州一口；战后拓展到“五口”地区，甚至在五口之外的非条约口岸设行。鸦片战争前，外国在华洋行主要从事代理业务；战后，许多洋行不仅从事代理业务，而且更加重视自己的独立经营。鸦片战争后，外国洋行经济活动的领域更加广泛，除了经营进出口贸易之外，还涉足于轮船修造、食品加工、银行、保险、证券以及房地产等经济领域。此外，鸦片战争后外国洋行走私范围更加扩大，不仅非法扩张鸦片贸易，还大肆进行军火贸易、苦力贸易及沿海一般商品的走私。总而言之，1782 - 1858 年是外国在华洋行发生与演变的重要阶段，是在华外国洋行进行资本原始积累的关键时期。外国洋行在华势力扩张，是借助武力和不平等条约来实现的。这一时期外国在华洋行的经济活动为大规模在中国进行经济扩张和掠夺奠定了基础，直接促使中国社会经济滑入半殖民地半封建社会的轨道。

中 文 题 名 **鸦片战争前中英贸易中的英国散商研究**

英 文 题 名 Study of British Merchants in the Chinese – Britain Trade before the Opium War

作　　　者 李宽柏

导　　　师 顾兴斌

学位授予单位 南昌大学

学科专业名称 中国古代史

学 位 年 度 2006

论 文 级 别 硕士

中 文 摘 要 英国在印度早期的殖民统治和经济掠夺遇到了困难，在与中国发生的贸易关系中也处于不利地位，承受着巨额贸易逆差。在英国东印度公司的活动下，促使英属印度加大对华贸易的总量，利用对华原棉和鸦片贸易吸收了中国大量资金，形成了英、印、中三角贸易，彻底解决了英国如何对印度和中国进行经济入侵的难题。东印度公司控制下的中英贸易是英国对华的经济扩张，其中，英国散商的“港脚贸易成了整个结构的基石”。英国散商面对两大贸易垄断集团——广州贸易体制下的清政府和具有对华贸易特权的英国东印度公司时，一方面，为了打破垄断、争取自由贸易，通过各种不同的途径逃避和抵制广州贸易体制的管制和约束，实施了对广州贸易体制最猛烈的冲击和破坏；另一方面，在与东印度公司互

为依赖，互为补充的过程中，不断设法逃避和抵制东印度公司的管制，使自己在中国站稳脚跟，通过不断扩大散商贸易，进行疯狂的鸦片走私和从事棉花贸易，最终形成对东印度公司贸易垄断特权的最猛烈冲击。英国散商影响了英国对华贸易的一系列政策，最终导致废止了东印度公司对华贸易的垄断权。他们的港脚贸易，尤其是，走私鸦片不仅为英国政府最大限度获取东方殖民体系的利益提供了可靠的保证，还使得中国人民深受其害，大量白银流失，许多人肉体遭受折磨，精神日益败坏。

中 文 题 名 **洋务运动时期海防思想研究**

英 文 题 名 On Thoughts of Coastal Defense during Westernization Period

作　　　者 孙成华

导　　　师 孙晓春

学位授予单位 吉林大学

学科专业名称 政治学理论

学 位 年 度 2009

论 文 级 别 博士

中 文 摘 要 洋务运动时期是中国历史上一段非常重要的时期，外国在华政治经济势力不断扩大，清王朝的封建统治日益腐朽，社会矛盾日趋激化，海防危机空前严峻，中国已沦落为半殖民地半封建的国家。面对西方资本主义强国的“坚船利炮”和来自海上的一次次入侵，中国被迫由封闭走向开放。以“坚船利炮”形式表现出来的军事技术使洋务派海防思想家不得不承认“技不如人”，从而把“师夷之长技以制夷”的主张由理论付诸于实践。海防两次论争提出的海陆并重，另立海军，大治水师以及派遣海军学生赴国外留学等主张都极大推动了中国海防和海军的近代化建设。洋务运动时期海防思想是近代中国反侵略战争实践的产物，它只是针对资本主义列强海上侵略的被动应对，而不是基于社会内部诸要素发展刺激而做出的主动反应，从而缺乏内在政治和经济的驱动力。在“中体西用”思想和“重陆轻海”观念的影响下，洋务运动时期海防建设最终没能真正完成近代化进程。

中 文 题 名 **洋务运动时期海外军用设备采购的途径**

作　　　者 贾伟川

导　　　师 纪宗安

学位授予单位 暨南大学

学科专业名称 专门史

学 位 年 度 2005

论 文 级 别 硕士

中 文 摘 要 洋务运动时期，清政府从海外采购过大批的军备。这种海外军备的采购活动构成了近代中外经济史和中外关系史的重要内容。它不管是在规模上还是在对中国近代化的意义上，都有着非常重要的地位。目前人们对洋务运动时期海外军备采购的研究并不很充分。鉴于此，本文将重点研究洋务运动时期清政府海外军备的采购途径问题，同时围绕主体部分，拟展开以下的内容：洋务运动时期清政府海外军备采购的历史背景和海外军备采购的结果及对它的评价等方面。论文旨在通过对置办采购群体的归类分析，来探讨洋务运动时期清政府海外军备的采购途径，从而梳理一下这个时期清政府军备海外采购的内容，并说明当时清政府委托这些途径进行海外采购中时出现的诸多问题，力图以此项的研究来帮助我们更好地认识近代中国海军和军事工业的发展脉络，从而更深入地了解洋务运动与中国近代化进程的关系。

中 文 题 名 **洋务运动时期海外游记与西学东渐**

英 文 题 名 The Overseas Travel Notes and the Western Learning Penetrating to Eastward during the Westernization Movement Time

作　　　者 王辉

导　　　师 李书源

学位授予单位 吉林大学

学科专业名称 历史学

学 位 年 度 2007

论 文 级 别 硕士

中 文 摘 要 洋务运动时期的境外出游是在近代中外特殊关系下产生,也是中国闭关百年后,随着鸦片战争的爆发,中西文化由单向交流向双向交流演变的必然结果。出游者在旅途中对异地风情和社会风貌的叙说为腐朽的清王朝带来一丝新鲜的空气,推动了近代中国的西学东渐。本文试图以十九世纪六十年代洋务运动兴起至十九世纪九十年代甲午战争爆发这段时期,中国文人出游西方所作的海外游记为研究对象,分析洋务时期海外游记与西学东渐的关系。首先对洋务时期中国文人在西方的出游情况做简单介绍,重点考察海外游记中中国文人对西方政治、经济、社会、教育、科技以及军事情况的考察和思考。并分析这些游记中的记载对西学东渐的推动作用。最后分析洋务时期海外游记的局限性从而得到一定的启迪和思考。本文还通过洋务时期海外游记特别研究了当时的出游者看到的中日学习西方的对比情况,通过当事者笔下分析来探讨中日在近代化进程中的差距。通过分析我们可以确定,虽然洋务时期中国还没有形成大规模的留学和境外游历活动,但是由于之前西学的输入主要依靠西方传教士,相比之下,中国人自己笔下的西方世界更容易让当时的国人接受和相信,这些游记对西学东渐是有促进作用的,但是由于出游者自身的阶级和认识局限性以及国内保守势力的阻碍,使得洋务时期的海外游记在内容和效用上也有一定的缺憾。

中 文 题 名 **洋务运动时期新式教育的萌芽与初步发展**

英 文 题 名 The Seeds and Preliminary Development of Modern Education in the Period of Westernization Movement

作　　　者 张国柱

导　　　师 张凤翔

学位授予单位 内蒙古大学

学科专业名称 中国近现代史

学 位 年 度 2004

论 文 级 别 硕士

中 文 摘 要 洋务运动是部分先进的中国人探索中国近代化的过程。随着中外交往的日益频繁,学习西方语言提上日程,洋务派及时地创办了同文馆等一系列语言学校。洋务派在镇压农民起义和与外国人打交道过程中,看到外国坚船利炮的背后是发达的科学技术,特别是由于海防建设对人才的迫切需要,洋务派又建立了以福州船政学堂为代表的系列技术学校和培养自己军事人才的天津水师学堂等系列军事学校。这些学校在创建方式、课程设置、师资配备等方面都与以往传统教育有本质区别,从而揭开了中国新式教育的序幕。书院改革和海外留学是近代中国教育的另一种新模式,为古老的传统教育注入了新的血液。另外,由于此时的条约体系初步形成,外国传教士在华活动规模进一步扩大,他们创办了一系列教会学校,为中国近代教育在某种意义上提供了借鉴。随着西学在中国的传播,介绍自然科学和社会科学的书籍日益增多,在同文馆和福州船政局中都出现了专门或附设的译书机构,以及传教士办的译书机

构。大量自然科学、社会科学书籍的出版以及教科书的编印，为新式教育和西学的发展提供了载体和传媒。新式学堂、留学教育、新式书院、教会学校和翻译出版西书，几者有机结合，形成了洋务运动时期的新式教育，是中国教育近代化的初始阶段。

中文题名　姚启圣与闽台社会

英文题名　Yao Qi – sheng and the Society of Fujian and Taiwan

作　　者　陈芹芳

导　　师　林国平

学位授予单位　福建师范大学

学科专业名称　专门史

学位年度　2004

论文级别　硕士

中文摘要　本文通过对史料的发掘、考证，考察了姚启圣在统一台湾前后，为平台所做的一系列贡献。本文以统一台湾前后的姚启圣为研究中心。从整体上考察姚启圣为整个统台斗争所做的准备的过程。着重分析姚启圣为福建人民祛疾苦、谋福利的各项措施。对姚启圣在平台时所作的招降纳抚工作，与平台首领施琅的关系也进行了一番评述。在结论中，文章为长期以来强加在姚启圣身上的各种罪名，通过对史料的分析，举例进行论证，还姚启圣一个清白。并给予姚启圣应有的历史评价。姚启圣（1624 – 1683年），字熙止，号忧庵，浙江会稽（今浙江绍兴）人，康熙二年中北直隶解元，原授广东香山知县，因故被革职，并险些丧命。后虽遇赦，但却落了个“永不叙用”的罪名。康熙十三年，耿精忠叛乱，朝廷派和硕康亲王杰书率师讨伐，姚启圣捐资募兵到亲王军前请求效力，后来屡建奇功，受到亲王的器重。康熙十五年因功被擢升为福建布政使，康熙十七年为福建总督。官至兵部右侍郎兼督察院右副都御史加太子少保。姚启圣在平定台湾，治理福建等方面立下了不朽的功勋。明清之际，以郑芝龙及其子郑成功为首的海上武装集团，在台湾组成一支抗清组织，与新成立的清政府分庭抗礼。而这一组织能够存在的最重要的条件是有广大东部沿海，特别是广东、福建两省沿海百姓的接济。为了断绝台湾岛上拥兵自重的郑氏集团的补济，清政府不惜牺牲广大沿海百姓的利益，实行禁海、迁界。这些措施实行下去，那些敢于挺而走险的奸商仍未除根。而善良的普通百姓却失去了赖以谋生的条件，生计遭到了严重的威胁。再加上连年战争，东南沿海的经济遭到了严重的破坏，人民生活在水深火热之中。并产生了更多的无家可归的人，这部分人极有可能因此而投入到郑氏的怀抱，不仅如此，禁海、迁界更使清军队军饷、军粮供应遭受极大的威胁。作为福建总督的姚启圣很清楚地意识到这“问题”，因此他屡屡上疏康熙帝要求开海复界。在姚启圣之前确实也有其他官员提起过开海、复界的题，但只有姚启圣较为系统地把这一问题和平台准备工作联系起来。关于开海复界的研究，学者们较为关注的是迁界、禁海对经济破坏的统计与描述，而对于康熙帝如何作出开海、复界决策的过程却少为关注。这项措施是平台准备中至关重要的一个环节，既解决了平台官兵的粮饷的来源，而且也又为日后安插投诚官兵提供了处所。因此，笔者把这一章节放在各章之首，以强调其作用。当时，福建百姓不仅遭受了兵灾，而且还必须忍受各种苛捐杂税的盘剥。为了调动广大人自觉维护清政府利益的积极性，为百姓作出一点实际措施就显得尤为重要。姚启圣选择了当时最具代表性的“大当”的革除，作为自己督闽所必须完成的头等大事。大当的实质就是贪官污吏强加在人民身上的乱摊派。这一行为的后果是使每一轮值的里长倾家荡产、卖妻寮子，大当成为加在人民身上的沉重负担。为了赢得民心，姚启圣就从废除“大当”这一陋习入手。废除大当后，姚启圣并未从此放松对福建百姓生计的关往，并且还致力于解决福建人民日常生活当中所碰到的问题。最突出的例子表现在姚启圣对汀州人民食盐昂贵的问题的关注上。在这次斗争中，姚启圣运用了双重手段，并且斗智斗勇，用灵活的手段来解决这一问题。当时的福建西部的汀州地区食盐匮乏，不法奸商乘虚而入，破坏当地正常的生产、生活秩序，私自运盐入汀，大大减少了政府的财政收入，并且给百姓生活带来了极大的混乱。这对于巩固大后方来说是极为不利

的。当然姚启圣各项措施的实行,最根本的目的是要为渡海作战做后台准备而埋下伏笔。其中一项最为重要的内容是姚启圣在招降投诚官兵时所作的种种努力。笔者认为仅仅"招徕远人"还不够,更为重要的是如何使这些人安定下来,因此如何安插就成为本文区别于其他文章的最大特色,也是最具价值之所在。搞好安插工作,不仅能使投降将士安居乐业,而且也可以吸引更多的敌方的官兵加入到清军的阵营中来。这一措施所起的作用是其他方面的政策所无法比拟的。因此,这一部分就显得尤为重要。在平台一役中,福建水师提督施琅所起的作用是举足轻重的,而施琅之所以能够复出,并担任此重任,这与姚启圣的推荐是密不可分的。姚启圣曾经四度推荐施琅作为福建水师提督的人选。我们不可否认,姚启圣是希望通过推荐施琅,来达到自己封侯拜相的目的。他作为封建地主阶级的代表,这种做法是不足为怪的。而施琅却始终急欲摆脱姚启圣对其的控制,因此,两个人的矛盾极其尖锐。他们之间矛盾的激化,加上施琅收买朝中官员在康熙面前为其说话,导致了康熙帝对姚启圣地反感。最终也使得姚启圣未能得到相应的封赏,而郁郁而死。姚启圣以上的措施足可以说明其忠心耿耿,他为清政府统一台湾所做的贡献是无人能够企及的。但是为什么平台成功后,施琅被授予"靖海将军",封为"靖海侯",而姚启圣却"赏不及",并且后来康熙帝在其死后,竟还要追其冒领的架费呢?百姓无法理解其中的奥秘,但是,却始终对姚启圣抱着同情的心情。如在后来的史学家的著作中,都反复提到姚启圣的赫赫功绩,甚至把他的地位放到施琅之前进行评价。本文在最后一部分中,就是旨在还姚启圣以清白,对康熙帝或者是其政敌强加在姚启圣身上的罪状加以澄清,予以反驳。对于这一部分,我国的史学者一直都没有进行系统的研究。一般的学者都能对姚启圣所受到的不公平待遇表示同情,但是鲜有文章能提出证据,为其辩护。其中徐晓望先生写的《论姚启圣为统一台湾所作的历史贡献》(《理论学习月刊》1989 年 3 月)里就从当时施琅征台时对姚启圣所准备的军备的使用情况,从施琅对姚启圣的评价,从姚启圣死后其家庭的情况来说明康熙帝对姚启圣的看法之荒谬。并试图为姚启圣正名。其他论著,如厦门大学的陈在正先生所著的《台湾海疆史》的第二章节中也涉及到对姚启圣所受到的不公平待遇的论述以及原因之分析。本文的第一部分就综合分析了姚启圣的所谓的"三大罪状",从主客观两个方面,从内外两个方向,分析了姚启圣的罪状实际上是其政敌,乃至康熙帝他们各自怀着不同的目的而强加在姚启圣身上的。最后是附录部分,笔者认为作为人物研究论文,叙说人物的生平是极为重要的。因此,笔者从各种可以查到的史料中检出姚启圣的年谱,以供以后的学者作进一步的研究之用。附录中还有笔者亲身到浙江省绍兴县姚家棣进行实地考察所拍摄的姚启圣故居遗址的照片。

中 文 题 名 **雍正朝东南海疆治理研究**

英 文 题 名 A Study on the Coastal Areas and Territorial Seas Administration in Southeast China during the Yongzheng Reign

作　　　者 侯俊云

导　　　师 刘正刚

学位授予单位 暨南大学

学科专业名称 中国古代史

学 位 年 度 2007

论 文 级 别 博士

中 文 摘 要 中华民族对海洋的开发和海疆的建设有着悠久的历史,但是长期以来,陆疆重于海疆的思想影响了海疆的积极开发。明清时期,随着中西新航路的开通,更多西方国家来到中国沿岸寻求贸易,封建王朝近防海寇,远赐藩臣的传统贸易格局被打破。明朝中后期东南沿海倭患严重和西方海盗商人的威胁,海防防务重心南移;清王朝入主中原后,海疆也面临着类似的情形,从而确立了东南沿海为海疆治理重心。论文主要通过雍正朝东南沿海地方官员向朝廷奏报海疆、海防事宜的密折,来考察雍正时期的东南海疆治理,并侧重于海防政策方面的论述。论文主体分为四个部分,首先通过对东南沿海社会经济状况

和地方治理海疆政策的描述，来考察地方海疆治理政策的出发点；其次是从东南沿海水师布防、战船修造与器械配备和海疆经费的筹措来看地方的海疆建设；其三是通过论述东南地方官员针对海疆存在的不安定因素而采取的措施，来深入探讨地方官员执行海疆政策的情况；其四是通过考察东南地方官员在治理海疆的实际操作过程中，根据地方具体情况，调整海防思维和行为，剖析地方利益对中央决策的影响。论文结论部分指出，雍正朝东南地方官员在海疆治理过程中，贯彻执行国家海疆治理政策时，虽然可以根据地方具体情况略有变通，但是基本上是服从国家的最高利益，忠心耿耿的行使中央在地方权力代言人的职责。概而言之，论文把雍正朝朱批奏折作为切入点，既对以往以典章制度研究为主，重视已成文的制度，而忽视未被中央认可的地方政策的研究，探讨在海疆治理中，地方官员在建设和维护区域社会经济利益的同时，执行和贯彻中央决策、维护国家安全时所扮演的角色；又通过奏折来管窥地方官员与雍正皇帝讨论海扭事务时的互动，进一步分析了地方利益对中央决策的影响，中央决策在各地的落实，海祖治理政策的实施对后世的影响。

中 文 题 名 元朝粮食问题研究
作　　　者 张志国
导　　　师 杨德华
学位授予单位 云南师范大学
学科专业名称 中国古代史
学 位 年 度 2003
论 文 级 别 硕士
中 文 摘 要 本文以马克思主义史学理论的分析方法，在前人研究的基础上，依据有关史籍，对元朝粮食问题加以具体论述和评价，全文共分五个部分：第一部分论述元朝粮食生产的基本状况，包括稻、麦在全国范围内的普遍种植；耕作、栽培方法的革新；土地利用方式更趋多样化；农业气象科学的突破；农具的革新；育肥方法的完善；农田水利建设的成就；三部农书的价值。指出元朝前期在粮食生产各个领域所取得的成就。第二部分主要讨论仓储和粮食漕运制度。南北经济的巨大差距，促使元朝中央政府通过海运和漕运南粮北运以维持对北方的统治，经过时人的努力最终找到一条合适的海运航线，保证了海运粮数逐步增加。元朝也是通过官仓、常平仓、义仓储备粮食。然而常平、义仓因兴废无常、官吏上下其手从中渔利而名存实亡。第三部分是关于赈济的问题。通过对“因灾而蠲免”和“赈贷”的论述，指出元朝前期的赈济，由于储备充足而颇见成效，而中后期时，采用“入粟补官”的方法，反映出粮食储备和财力的捉襟见肘。第四部分从税粮的角度出发，通过对南、北方不同税粮制度的形成发展及其区别的论述，指出了元朝时农户的负担实际上非常沉重的事实。第五部分总结全文，论述粮食问题对元朝的影响。文中通过对农业生产衰败的原因分析，指出流民、灾荒和吏治腐败结合起来，形成了极其严重的社会问题，最终导致元朝统治被推翻。

中 文 题 名 元朝水路交通的拓展及对经济发展的影响
作　　　者 王珍曙
导　　　师 杨德华
学位授予单位 云南师范大学
学科专业名称 中国古代史
学 位 年 度 2004
论 文 级 别 硕士
中 文 摘 要 本文试从元代水路交通的拓展探讨交通与经济发展的互动模式，从而力求为我国的

现实发展提供某种历史的借鉴。元代的经济发展,由多种动力促成,其中交通条件、尤其是水上交通条件的影响很大。元代水上交通的拓展,促进了元代经济较全面的发展。本文主要有六个部分:一、南北经济发展的不平衡。关于南北中国发展的不平衡,它启于中唐时期,但在唐代,南北经济差异还不大。北宋时,国家的财赋收入已开始大部仰给于南方。南宋时,南北经济差距进一步加大。元代时,原已呈明显的南北经济差异,在距离上拉得更远。二、元朝政治中心与经济中心的分离,大都的财政和食粮仰给于江南。元代定都大都(今北京)无论从元代的政治区划上看,还是从元朝财政上的田赋、商税和交通上的站赤等具体统计数字上看,或者是从元代南粮大量北运及历年增多上看,都反映了元朝政治中心与经济中心的分离,大都的财政和食粮仰给于江南。三、元朝初年的南北水上交通线。元朝在海运开拓以前,北方(主要是大都)所需的江南粮食及其他物资,主要是通过运河北运的。但元朝以前,南北运河基本上还是隋代所凿通的那条迂回曲折的运河,而且水陆并用,劳民伤财,极为不便。四、元朝大运河的疏凿。为沟通北方政治中心和南方经济中心的交通,元政府组织疏凿南北大运河。路线是从江南起,直北穿过江苏、山东,到达大都。全河由以下各河组成:1. 江南运河,2. 淮南运河,3. 御河。以上三条河尚可继续利用,另外,元政府还开拓了新的三条河:4. 济州运河,5. 会通河,6. 通惠河。至此北起大都,南达杭州,全长1 500多公里的京杭大运河全线沟通,成为我国南北水上交通的大动脉,弥补了我国纵向天然水路的不足,构成了南北水上交通网络。元政府还设置了大运河的管理机构,针对大运河进行治理与管理。五、海上交通线。元代的水上交通不仅有河漕,还有海上交通线。1. 国内航线有三条,都是从刘家港(今江苏太仓)启航达直沽(今天津)。2. 海外航线主要有二条:一是东海航线,可达今朝鲜、韩国、日本;二是南海航线,可达今东南亚各国,南亚与西亚各国,非洲北部及东岸沿海地区。元代伊斯兰教在海港的传播反映了元代海外航线的发达。元政府同样设置了海上交通线的管理机构,对海上航线进行管理。元人崇尚妈祖崇拜。元人的妈祖崇拜与元代历代帝王对妈祖的加封,也反映了元代海上交通线的繁忙。六、元朝水上交通的拓展对经济发展的影响。元代水上交通的拓展不但推进了农业生产的发展,而且推动了手工业的发展,并且促进了国内商业与对外贸易及市镇经济的兴盛。综上所述,元代水上交通的拓展与元代经济的发展相互促进,带动了元代经济较全面的发展。

中 文 题 名 元朝中国与东南亚的药物交流与贸易

英 文 题 名 The Exchange and Trade of Medicines between China and Southeast

作　　　者 陈颖霞

导　　　师 陈伟明

学位授予单位 暨南大学

学科专业名称 专门史

学 位 年 度 2006

论 文 级 别 硕士

中 文 摘 要 元代是版图空前广大、对外交流也十分活跃的一个朝代,其与东南亚许多国家的往来也是较为频繁。在双方各方面的相互交流中,药物交流是其中一个显著的方面。元朝与东南亚间的药物交流主要有两个途径,一是东南亚诸国向元朝的朝贡以及元朝给予的相应的回赐;一是元朝与东南亚的贸易往来,这其中,药物是主要的商品,尤其在东南亚输入元朝的物品中,而中国也有部分药物出口到东南亚。本文将首先对元朝与东南亚间药物交流的途径和方式、历史状况进行探讨总结,对药物交流过程中有关药物的管理、交流的药物种类及交流的特点等问题也做了分析和论述。再次,本文将进一步探讨元代中国与东南亚诸国药物交流和贸易发展的历史原因,主要包括元朝医药的发展及医人地位的提高、元政府对海外贸易的重视、元朝社会的需求三个方面。最后,本文将从政治经济、医药饮食两个方面总结元朝与东南亚药物交流给双方带来的影响。

中 文 题 名 **元代大运河的修治及其漕运**

英 文 题 名 The Dredging and Realignment of the Grand Canal and Its Water Transport in the Yuan Dynasty

作　　　者 路征远

导　　　师 王雄

学位授予单位 内蒙古大学

学科专业名称 专门史

学 位 年 度 2004

论 文 级 别 硕士

中 文 摘 要 中国的大运河是举世闻名的水利工程,有着悠久的历史,现在的大运河的雏形形成于元代(1206－1368)。元政府为了把江南的粮食、财物漕运到大都(今北京),对大运河进行了一系列的整治工程,不仅开挖了济州河、会通河,取直了原大运河,使南北漕运缩短了九百公里,还疏浚了通惠河,解决了通州至大都的漕运,建闸引水,设官管理,保证大运河漕运的畅通。对于元代大运河的研究已有不少成果,但到目前为止,对于整个元代大运河作系统的研究还很少。本文拟在吸收前人成果的基础上,综合史料,挖掘探讨,以期对元代大运河的修治及其漕运作系统的阐述,并就通惠河、会通河修治的一些问题提出自己的看法。本文分五部分:(一)大运河修治的历史背景;(二)大运河的开浚;(三)大运河的修治;(四)大运河漕运的管理及运输状况;(五)大运河修治及其漕运的影响和意义。

中 文 题 名 **元代高丽朝贡制度研究**

英 文 题 名 The Research on the Gorgeo s Tribute of System in Yuan Dynasty

作　　　者 史燕龙

导　　　师 闫艳

学位授予单位 内蒙古师范大学

学科专业名称 中国古典文献学

学 位 年 度 2009

论 文 级 别 硕士

中 文 摘 要 元代是中国历史上疆域最为广阔的时代,周边各国纷纷附属与其建立宗藩朝贡关系,对其称臣纳贡。诸国之中,高丽与元的关系最为密切,其朝贡活动也最为频繁,较其他各国体现出更为明显的特征,且在有元一代表现较为稳定,凸显出常规化、制度性的特征。这些朝贡相关的内容对于元朝时期中韩交流史研究有着重要的参考价值。但由于史料的缺陷、研究基础的薄弱等客观原因的存在,该项研究尚未引起学界的足够重视。基于此,笔者在前贤的研究基础上,汲取前人研究的营养与成果,尝试探索元代高丽朝贡制度的若干主要问题,期以起到“抛砖引玉”之作用。本文分为以下几个部分:一、讨论朝贡本身的理论内容及高丽对于蒙元朝贡的性质问题。二、元代高丽朝贡贡道考。考证高丽朝贡使团来往元朝、高丽的一般性路线,分为高丽境内部分和元朝部境内部分。元代高丽“贡道”问题前人未作详细研究,笔者借助前人研究元代驿道的成果,结合韩国和国内文献典籍,廓清了高丽朝贡的贡道问题。三、元代高丽朝贡贡期考。主要是对高丽朝贡频率的探讨,通过“贡期表”的统计,揭示高丽与元朝在不同阶段所表现出来的不同关系特点,从侧面说明在朝贡体制下,高丽与元的政治关系。四、元代高丽朝贡盘缠考。主要对朝贡盘缠的来源和管理以及影响进行探讨。由于本人学识浅陋,虽已努力,但对于所涉及问题也只作了力所能及的探究,不当之处还望专家老师不吝赐教。

中 文 题 名 **元代海外贸易体制研究**

作　　　者 沈自强

导　　师　李云泉
学位授予单位　山东师范大学
学科专业名称　专门史
学 位 年 度　2009
论 文 级 别　硕士

中 文 摘 要　在中国古代,海外贸易是一个特殊的经济行业,也可以说它是中国农业的一个边缘行业。由于它巨大的流动性和对自然经济的瓦解力,因而常常受到封建政府的强力控制。元代,随着历史上规模空前的统一多民族的中央集权国家的出现,海外贸易在唐宋的基础上又向前推进了一大步,获得了空前的繁荣。元政府为此制定了一系列的管理规则和法令制度,并由相应的政府职能部门专负其责,从而形成了元朝完善的对外贸易管理制度,本文将从以下四个方面深入探讨元朝的对外贸易管理制度:第一部分主要说明元代海外贸易的发展。元代海外贸易的发展,主要表现在:贸易港口、城市经济的繁荣;输出输入物品丰富多样;对外贸易国家和地区遍布亚非欧国家和地区。另外在这一部分里还分析了元代海外贸易发展的原因。第二部分主要论述元朝海外贸易的经营方式。随着元政府对海外贸易政策的调整,海外贸易呈现出明显的阶段性。由此形成了多种经营方式。具体分为三类:第一是国家贸易;第二是官商贸易;第三是私商贸易。第三部分主要探讨了元代海外贸易管理。该部分主要从五个方面来探讨元朝的管理情况。第一是元代以前对海外贸易的管理。任何制度的形成、发展、完善都需要一定的发展阶段,元代以前的海外贸易管理制度无疑给元朝的管理带来了借鉴,并在此前代的基础上完善。第二是元代的管理机构。市舶机构、斡脱机构、回回哈的司等机构的设置使海外贸易置于强有力的国家政权领导之下。第三是税收政策。税收的多少直接影响商人的利益,这和国家政策密不可分。第四是《市舶法则》。元朝制定了详尽的法律条文来规范海外贸易,并在执行中逐步改善。第五是海外贸易的垄断—海禁。这是国家贸易的一种,是政府通过强制手段与商人争利的表现。最后的结语部分,主要总结元朝海外贸易管理制度的特点。有元一代的海外贸易管理制度呈现出几个特点:1. 重视经济利益而相对轻视政治利益;2. 政府政策对贸易方式有决定性的影响;3. 海外贸易管理的系统化和制度化;4. 管理机构的阶段性和不稳定性。

中 文 题 名　**元代商业和回回人**
作　　者　杨永平
导　　师　杨德华
学位授予单位　云南师范大学
学科专业名称　中国古代史
学 位 年 度　2003
论 文 级 别　硕士

中 文 摘 要　本文就元代商业发展和回回人相互推动和促进作用展开论述。在元代商业发展过程中,回回人在其间影响巨大,大部分经商活动起着促进社会经济发展的作用;在商业得到发展的同时,也加强了回回人之间的联系,促成了一个新的民族——回族的诞生。本文主要有四个部分:一、蒙古时代。在成吉思汗创业之初,即有回回人参与。蒙古政权建立后,大量回回商人与之贸易;尤其是几次西征,直接导致回回东来人数的激增,其中就有大批商人。因为蒙古统治者不善经营贸易,大量地使用色目人(主体是回回人),有些人得到赏识,由商而官。官商结合是蒙元政权的一大特色。二、元代商业兴盛的条件或原因。元初,统治者推行"汉法",农业、手工业得到恢复和发展,交通运输业也得到发展,为商业的发展奠定了坚实的物质基础。确立以纸币为法币的货币政策,则使流通领域畅通得到保证。推行重农不抑商政策,表明经商是受政府鼓励的。三、国内贸易和海外贸易。国内贸易:粮食等大宗商品的贸易、珍异珠宝的贸易,通过城市商品经济的繁荣表现出来。海外贸易:海外贸易的繁盛、官本船海外贸易,对外贸易港口城市经济的繁荣是其体现形式。国内和海外贸易中穿梭其间的有大量回回人,有些经营项目甚至为他们所垄

断。值得一提的是,“斡脱”—高利贷,该行业主要为回回人所控制。这是一个富有元代特点的商业现象。四、商业的发展与回回人的关系。回回人对商业发展的影响:由于回回人在元朝拥有较高的政治、社会地位和强大的经济基础,所以,他们经商除一般商人所具备的条件外,尚拥有一些特权。表现突出的官商有阿合马、蒲寿庚等人。商业发展加强了回回人之间的联系,促进了回族的初步形成。

中 文 题 名 **元世祖朝转运司研究**

作　　者 陈志英

导　　师 孟繁清

学位授予单位 河北师范大学

学科专业名称 中国古代史

学 位 年 度 2005

论 文 级 别 硕士

中 文 摘 要 转运司是古代主要负责征收、转运赋税的财赋机构。转运司自建立后,无论在唐、五代时期,还是在宋、元时期,都在军事战争、国家物资供应等方面发挥了重要作用。本文分四部分对元世祖朝转运司做了初步研究。第一部分:元世祖朝转运司的设置概况。转运司在唐代设立,宋时权力发展至顶峰,蒙古国时期虽未正式设立转运司,但设立了十路课税所管理财赋征收、转运事务。元世祖朝时,各类转运司经历了几个阶段的起伏发展后,逐渐趋向衰落。第二部分:元世祖朝转运司的职能及地位。元世祖朝转运司的职能主要集中在物资的征收、储存和转运方面。另外也具有一定的参政、监察等职能。第三部分:转运司在元世祖朝不能稳固确立并走向衰落的原因。本文主要从政治、经济等方面分析说明元世祖朝转运司趋向衰落的原因。

中 文 题 名 **月港开放与世界贸易网络的形成**

作　　者 陈微

导　　师 林金水

学位授予单位 福建师范大学

学科专业名称 专门史

学 位 年 度 2006

论 文 级 别 硕士

中 文 摘 要 本文以我国历代文献典籍和有关研究资料为依据,试从世界经济贸易发展和世界贸易网络的高度,通过对漳州月港的兴起、月港开放与西方势力的东进、准贩东西二洋与月港的对外贸易、朝贡贸易的衰落与新的贸易格局的形成等方面的阐述,阐明明代在反海禁斗争和西方势力东进的过程中,漳州月港与东南亚和欧美各国的海上贸易活动在世界经济贸易中的地位和作用,以及世界贸易网络的形成。

中 文 题 名 **越南闽籍侨僧拙公和尚与十七、十八世纪中越佛教交流**

英 文 题 名 On the Min Overseas Chinese Monk Chuyet Cong and Buddhism Exchange between China and Vietnam in the 17 -(th),18 -(th) Century

作　　者 谭志词

导　　师 高伟浓

学位授予单位 暨南大学

学科专业名称 专门史

学 位 年 度 2006

论 文 级 别 博士

中 文 摘 要 越南与中国岭南地区壤土相接,交通便利,历史、文化关系十分密切。明末清初,有大量的岭南禅僧赴越弘法,成为这一时期岭南禅史和中越佛教交流史之盛事,闽籍侨僧拙公和尚之赴越是这些盛事中的典型个案,但国内对他的研究还几乎是个空白。拙公和尚(1590 - 1644),俗姓李,法名圆炆,惯称拙公,系福建漳州海澄县人,他赴越南弘法长达二十多年,直至客死他乡,现越南佛迹寺仍存其肉身像。拙公的出国是明末中国社会动荡和禅林危机直接影响的结果,也与十七世纪福建移民潮、福建海外交通的便利以及他本人的弘法理念密切相关。他继承了中国禅宗"心性论"思想,主张"三教融合"与禅教双运。他在越南北方创立了拙公禅派,传承十代,绵延近二百年,为十七、十八世纪越南佛教的复兴做出了很大的贡献。他和其他中国禅师一起,在越南广泛传播中国临济宗和曹洞宗思想,向越南输入中国佛教典籍,在中越佛教交流史上占有十分重要的地位。拙公在越南弘法长达二十多年,成为一位著名的华侨高僧,他留下的《拙公语录》是至今仍鲜为人知的一本珍贵文献。

中 文 题 名 **越南南河阮氏政权海外贸易研究(1600 - 1774)**

英 文 题 名 A Study on the Maritime Trade during the Nguyen Regime of Nam Ha, Vietnam (1600 - 1774)

作　　　者 蒋国学

导　　　师 李金明

学位授予单位 厦门大学

学科专业名称 专门史

学 位 年 度 2009

论 文 级 别 博士

中 文 摘 要 越南南河阮氏政权是越南历史上一个特殊的地方割据政权。阮氏政权在南河建立了有效统治后,在大力发展社会生产的同时,充分利用其时东南亚海上贸易勃兴和中日不能直接贸易的有利时机,依托南河丰富的物产和南河位于东南亚与东北亚贸易网络交结处的有利地理位置,制定和实施了一系列有利于海外贸易发展的政策措施,用以吸引海外各国商人到南河贸易,为南河海外贸易的发展奠定了良好的物质和政策基础。南河人不擅出洋贸易,南河海外贸易的具体操作者主要是华商和日商,其中日商是南河海外贸易初期最重要的参与者,而华商则是南河海外贸易的全程主导者,南河大部分的海外贸易都是由华商来完成的。葡商、荷商、英商和法商等西方商人,以及一些东南亚国家商人也在不同程度上参与了南河海外贸易,尽管他们参与的程度不深,对南河海外贸易的进程影响不是很大,但他们的参与让南河海外贸易的范围更加广泛,内容也更加全面。南河在海外贸易发展过程中,逐步建立起了较为完备的海外贸易管理机构、征税体系以及海难船救助制度,这些机构和制度的建立让阮氏对南河海外贸易的管理更加制度化和规范化。但由于阮氏是南河海外贸易管理机构中的最高决策者,可以根据对外政策的需要和个人的喜好而调整税收标准和管理方式,故南河海外贸易管理制度在具体实施过程中又具有一定的灵活性,这种规范化基础上的灵活性,对南河海外贸易的主导商人华商具有很大的吸引力。南河海外贸易商品包括出口商品、进口商品和转口商品,交易方式有会安交易会式的自由买卖、阮氏的专买专卖、外商到生产地购买、向生产者订货和买办买卖等,这些丰富的贸易商品、多样化的交易方式为海外贸易商人带来了50~100%甚至更高的利润,而较高的利润正是吸引外商到南河贸易的重要原因。华商在南河内部获得了阮氏在入境、经济和文化政策等方面的优待,在南河之外又拥有良好的海上贸易网络,在南河海外贸易中拥有其他商人无法比拟的优势,因而成为了南河海外贸易最重要的操作者和不可或缺的推动者和管理者。正是因为有华商的积极参与,南河海外贸易得以不断发展并走向鼎盛。南河海外贸易让南河与外界的政治、经济、文化交往得以扩大,在为阮氏政权带来巨额财富和国际认可的同时,也推动了南河商品经济的发展,带动了南河物质文化、制度文化和精神文化的发展,不仅为阮氏政权的巩固和发展做出了重要贡献,也为

南河社会的全面发展注入了活力。正因为南河阮氏政权实施了开放的海外贸易政策，以规范又不失灵活性的管理和较高的利润吸引了大量外国海商—尤其是华商的积极参与，南河海外贸易才得以不断发展并达到了越南古代海外贸易的顶峰。

中文题名 在沪日本传媒视野中的上海(1923－1932)
作　　者 沈晓青
导　　师 苏智良
学位授予单位 上海师范大学
学科专业名称 专门史
学位年度 2005
论文级别 硕士
中文摘要 上海正跻身于国际大都市之列，在我国她是现今外国人口比例最高的都市之一，也是近代中国的一个缩影。一直以来，日侨都是上海外侨的重要组成部分，回顾历史，1915－1932年，日侨人数曾在沪上外侨人数中保持首位。日本归侨们称呼上海为第二故乡，异邦旧事至今仍是萦绕在他们心头，挥之不去的记忆。1923年，上海——长崎快速直航线路的开辟意味着航运新纪元的到来。随着沪、日间交通的日益完备，越来越多的日本人来到上海定居，并渴望在上海开始新的生活。他们聚居在位于上海东北侧的虹口，当时，虹口属于公共租界范围，但因那里居住着很多日本人，所以常被人们误以为是"日租界"。日侨在虹口相对独立地生活着，通过自己的媒体获知信息。二十世纪二十年代军阀混战，各省督军都聘有日本顾问，以求在经济、军备等方面得到日方支持，日本顾问会将他们的动向定期汇报给驻北京的日本公使。因此，沪上的日本通讯社得以掌握信息来源，把持发稿优势。这一切决定了当时日本对中国所施加的影响远胜于欧美。沪上日本传媒在充当日侨的生活向导的同时，也潜移默化地改变着他们的思想、观念。一些著名的日本新闻特派员通过书写纪行文章传递他们的上海观感，在日本引领起上海题材的文学热潮。虽然沪上日本传媒曾为日本当局的政治利益服务，但他的确维系了在沪日侨与日本本土之间的信息传递，并充当日侨与上海社会的联结点，在中日交流史上扮演了重要角色。

中文题名 在文化交流中发展的古代三坊七巷：一个著名历史街区成长动力的社会学考察
英文题名 Developed in the Cultural Interaction the "Three Lanes and Seven Alleys" in Ancient Times: A Sociological Investigation on the Developmental Motivity of a Famous Historical Block
作　　者 苏一芳
导　　师 王岗峰
学位授予单位 福建师范大学
学科专业名称 社会学
学位年度 2006
论文级别 硕士
中文摘要 福州三坊七巷是我国著名的历史文化街区，目前国内关于古代三坊七巷的专门研究为数不多，多数只是停留在文学角度的简单介绍，重复介绍的很多，研究的深度不够，缺少对三坊七巷的形成和发展过程的系统研究，故存在着较大的研究空间。另一方面，对古代三坊七巷的研究虽然难度较大，但意义也较大，因为，通常人们只注意到三坊七巷在近代的辉煌，却鲜有人深入研究这辉煌背后深厚的历史文化底蕴所起到的巨大推动作用，应该说没有古代的三坊七巷，就不会有近代的三坊七巷，这是历史传承的结果。因此，本课题研究的目的在于从社会学的角度出发，对古代三坊七巷的形成和发展进行深入、系统的研究，具体包括它的特点、特点的形成原因、与福建文化特别是福州文化关系的研究。从而力图在

前人研究的基础上有所突破，使人们对古代的三坊七巷了解更加全面、深入，也使人们认识到三坊七巷在近代的辉煌并非历史的偶然，而是有着深厚的历史文化底蕴为依托。相应的，本课题的主要内容包括以下三个部分：第一部分：古代三坊七巷的特点及形成原因分析鉴于前人对三坊七巷的研究仅限于对坊巷内人物和代表性建筑的介绍，缺乏对坊巷本身的研究，尤其是对三坊七巷为什么能够古往今来名人辈出没有进行很好的解释，因此，笔者在文章的第一部分着力对古代三坊七巷的特点和形成原因进行分析。笔者认为三坊七巷具有两个非常鲜明的特点却一直没有为人们总结，这两个特点即它的阶层性和先进性。这两个特点之所以能够形成，笔者认为主要有以下几个方面原因：城市功能区划的结果；封建社会阶层文化的代际传递；封建社会刚性阶层结构下，阶层交往具有排他性，以及空间的价值象征功能，即空间可以成为一种工具，让共有某种文化或价值的人群居住。然而，这几个方面的解释仅仅是从古代三坊七巷作为一个街区本身所具备的地理条件和发展规律出发去分析它特点的形成原因，因此，单单从这几个方面还不能从根本上解释古代三坊七巷的特点尤其是它的先进性，因此，要解决这个问题，主要的还得从古代三坊七巷发展的社会历史背景入手。第二部分：文化的交流与融合—古代三坊七巷发展的社会历史背景分析（上）：从化外之地到文儒之邦，福建文化的发展与三坊七巷鉴于中原文化和海外文化是福建文化发展的两个非常重要的源流，而这两个源流又分别对三坊七巷的发展产生巨大的影响，因此，在对三坊七巷发展的社会历史背景的分析过程中，笔者把这两个源流分成两个部分进行论述，上部为中原文化传播下，福建文化的发展与三坊七巷，下部为福建的海外经济文化交流与三坊七巷。为了使条理更加清楚，笔者在这两部分的论述均按照“福建文化—福州文化—三坊七巷”的逻辑顺序展开，即以福州文化为中介，将福建文化的变迁与三坊七巷的发展联系起来。在这一部分中，首先，笔者分析了中原文化在福建的传播和福建文化的变迁过程。其次，笔者以时间为线索，论述了福建文化变迁背景下，福州文化的发展和与之相对应的三坊七巷的形成和发展过程，它们分别是唐五代福州文化的初兴与三坊七巷的形成、两宋时期福州文化与三坊七巷的发展，明代福州文化与三坊七巷挫折过后的恢复发展、清代福州省级文化中心的确立和三坊七巷的鼎盛。最后，笔者论述了中原文化的影响在三坊七巷中的体现，即三坊七巷的建筑艺术所表现出来的丰富而深刻的我国传统思想观念。第三部分：文化的交流与融合—古代三坊七巷发展的社会历史背景分析（下）：“海纳百川，有容乃大”，古代福建的海洋文化与三坊七巷。与第二部分论述的逻辑顺序（福建文化—福州文化—三坊七巷）一致，笔者首先论述古代福建的对外经济文化交流和福建海洋文化的形成和发展，之后，笔者论述了海外交流与福州文化的关系，即福州在古代福建的对外交流史中占有重要的地位，它是我国历代海上交通的重要港口，特别是到了明清时期，福州的对外交往与文化交流达到了鼎盛：郑和下西洋从这里起航，与日本、琉球有着密切的联系和往来，是中西文化交流与碰撞的前沿之一。至于本部分的第三个环节（海洋文化对三坊七巷的影响），应该说，与中原文化对古代三坊七巷发展的影响和推动作用相比，福建的海洋文化对古代三坊七巷的影响没有十分突出的直接表现，但更重要的是，它作为当时的社会背景和文化环境，对三坊七巷的发展起了非常重要的潜移默化的影响，正是这种潜移默化的影响使古代三坊七巷在拥有中原文化的深厚底蕴的同时，也拥有了中国少有的海洋文化的开放性和进取性，并在近代成为我国救亡图存的先声。

中文题名 曾国荃研究
英文题名 The Study on Zeng Guoquan
作　　者 王艳娟
导　　师 李少军
学位授予单位 武汉大学
学科专业名称 中国近现代史
学位年度 2006
论文级别 硕士

中 文 摘 要 曾国荃在中国近代史上称不上重要人物,但作为湘军集团的一名重要将领,却也留下了特有的痕迹。本文对曾国荃在晚清为将、为官、办洋务的表现加以考察,试图展现其真实的历史形象,并透过曾国荃的个人命运来了解晚清统治集团的变迁。作为湘军集团的重要将领,曾国荃血腥镇压太平天国、捻军起义,也曾抵御外侮,在湘军集团崛起和发展过程中起了重要作用,他与湘军集团共同走过了从崛起、发展至逐渐衰落的历程。在为官方面,曾国荃是一名比较称职的传统型官员,他以大部分精力"内修政事",整饬吏治,赈灾治水,厉行禁烟,改善盐政和漕运,同时以高压手段防范威胁清朝统治秩序的民众反抗和匪患。在洋务运动时期,曾国荃致力于扩建金陵机器局、金陵洋火药局,筹设炼钢厂,兴办近代化的海防,设立江南水师学堂,筹设电线、议开铁路。但总的看来,曾国荃并不是一位积极的洋务实践者,其近代化程度相当有限。曾国荃的经历及特性映射出晚清时期湘军、政府及社会诸多方面的问题。

中 文 题 名 **漳台历史文化关系研究**

英 文 题 名 The Historical and Cultural Relationship between Zhangzhou and Taiwan

作 者 李珊珊

导 师 谢必震

学位授予单位 福建师范大学

学科专业名称 历史学

学 位 年 度 2009

论 文 级 别 博士

中 文 摘 要 历史上,许多漳州民众或由于战争原因、或迫于生计压力而移居台湾,并把福建的生活习俗、宗教信仰、民间艺术等带到台湾,在促进台湾社会发展的同时,也形成了两地源远流长,一脉相承的紧密关系。本文在相关文献资料、谱牒以及已有研究成果的基础上,综合运用考古学、历史学、民俗学、宗教学等研究方法,拟从史缘、族缘、语缘、神缘、俗缘、戏缘、艺缘7个方面来系统论述漳台之间同根同源的历史与文化关系。

中 文 题 名 **郑和下西洋的影响及其中断原因:海洋文化的视角**

英 文 题 名 The Influences of Zheng He s Expedition to the West and the Causes of Discontinue

作 者 郭晓勇

导 师 杨昶

学位授予单位 华中师范大学

学科专业名称 历史文献学

学 位 年 度 2006

论 文 级 别 硕士

中 文 摘 要 21世纪是海洋的世纪,海洋发展将会成为21世纪人类发展的主要问题。当前,世界上各滨海国家都在加强对海洋的开发和利用,海洋经济正在这些国家蓬勃兴起。与此同时,世界各国对海洋资源的争夺也日趋激烈。中华先民有着悠久的利用和开发海洋的历史。春秋战国时,北方的齐文化,南方的越文化,都是我国早期海洋文化的典型。秦时的徐福东渡,三国时孙权派军到达台湾,隋唐时"海上丝绸之路"的兴起,宋元时海外贸易的发达,都是我国海洋文化发展过程中的重要阶段。明初的郑和下西洋更是把我国传统的航海活动推向了最高峰,代表了我国传统海洋文化发展的最高水平,为我们提供了一个透视古代中国海洋文化盛貌的窗口。郑和下西洋同西方的探险家几乎同处近代世界大航海时代,面临共同的历史机遇。为什么结果却完全相反?这是值得我们深思的问题。郑和下西洋这一空前绝后的壮举,其影响重大,它塑造了中国海洋文化的新形态:朝贡和贸易体制的新变化,政治外交目的的强化,以及

高度的海权实践。朝贡成为官方垄断海外贸易、推行羁縻外交、推行中华传统礼仪的有力工具。政治外交目的的强化表现在朝贡以政治上怀柔远人为主,并不着眼于发展海外贸易和增加财政收入,交互使用册封政策、海禁政策和责赐贸易作为实现政治目的的工具。高度的海权实践使中国当时享有了南中国海和印度洋部分海区的经济、军事和文化主导权,招徕了大量的朝贡国,郑和本人对海洋与国家发展的之间的关系有了进一步的认识。但是,郑和下西洋为什么突然中断了呢? 因为其中蕴藏和牵涉着几对矛盾。开海与禁海的矛盾反映了封建统治阶级加强中央集权、与民争利、缚民于土、防范侨寇,以及对商人阶层力量的壮大感到不安的思想,郑和下西洋反映了这一集权思想的暂时胜利。海权实践和海权观念的矛盾表明郑和下西洋虽然为中国带来了政治和外交上的胜利,初步表现出了经略海洋的意识,但背后却是封建、保守、自负、农本的海权观念,郑和航海只是希望把"先安内再平天下"的封建统治方式运用于海洋这一新的空间而已。官营航海和民间航海的矛盾是明政府对我国历来保持官方和民间对外贸易共同发展的"反动",造成了民间航海业的衰落和沿海经济的凋敝,同样反映了封建主义和集权主义的胜利。政治外交目的和经济目的的矛盾表现的是封建思维惯性的延伸,代表了一种与慕利的海外交往传统相违背的海洋发展价值取向,导致郑和下西洋缺乏一种常效的动力机制。对海外移民的双重影响反映了封建统治者缚民于土、害怕和畏惧人民力量而又找不到合适的治理方法的一种无奈选择,破坏并迟滞了民间的海外开拓事业。当然,从更深层次来说,中华农耕民族主静不主动、内敛、倾向惧怕海洋的心理,以及我国在东亚地区文化发展中长期一枝独秀所造成的文化优越感也阻碍了中国人向海洋的进军。

中文题名 郑和下西洋对明代工艺美术的影响
英文题名 The Affect on the Arts and Crafts of the Ming Dynasty from Zheng He Travelled Abroad
作者 赵新图
导师 祝重寿
学位授予单位 清华大学
学科专业名称 美术学
学位年度 2004
论文级别 硕士
中文摘要 郑和下西洋是15世纪初的一件具有重大世界意义的历史事件。郑和从明朝永乐3年(1405年)到宣德8年(1433年)的近三十年里,率领中国使团七次横渡太平洋和印度洋,遍访东南亚、南亚、西亚和东非等地区,同数十个国家和地区进行了广泛而深入的物质、文化交流活动。通过郑和下西洋,大量的外国工艺品、工艺原材料、工艺技术和工艺人才输入中国,在明朝的陶瓷、金工、家具和纺织等领域产生了很大的影响。明初的青花瓷采用西亚出产的苏麻离青作呈色剂,形成了特有的永、宣青花风格。陶瓷等工艺品为迎合外贸的需要,大量吸收伊斯兰文化因素,产生了许多充满异国风情的新器型和新纹样。铜胎掐丝珐琅在宣德年间被明朝人仿制生产,最终形成了中国的景泰蓝。东南亚进口的优质硬木及其加工技术为早期明式家具和硬木雕刻的发展提供了原材料和技术的保证。松江地区利用中外交流的便利条件,积极学习东南亚和南亚发达的棉纺织技术,迅速成为中国最大的棉纺织中心。郑和下西洋极大地促进了明朝工艺美术的发展。

中文题名 中法战争期间的封锁与对策
英文题名 France s Blockade and China s Strategy during the Sino – French War
作者 杨栋
导师 刘国铭
学位授予单位 兰州大学

学科专业名称 中国近现代史
学 位 年 度 2008
论 文 级 别 硕士
中 文 摘 要 由于中法之间宗藩体制和殖民体制的对立,维护自身利权的斗争,1883 年 12 月爆发了中法战争。1884 年 5 月两国虽然签订《李福协定》握手言和,但在北圻根深蒂固的矛盾并未消除,6 月便爆发了谅山事件。法国为强索赔款,乃定“据地为质”之策,先攻福州,再犯台北。在清政府的顽强抵抗下,法国未能如愿“据地”,遂又开始搜查公海、阻禁漕粮、封锁北海。其封锁措施逐渐脱离了“据地为质”的范畴,转为通过各种方式对华施压。法军的封锁几近一年,但并未达到预期效果。在封锁期间,清政府实施了诸多应对措施,总体上具有正义性和必要性。

中 文 题 名 **中法战争时期的海防战场军事布局研究**
英 文 题 名 The Research of Military Layout of Coast Defence Battlefield in Sino - French War
作 者 吴鹏超
导 师 吴宝晓
学位授予单位 河北师范大学
学科专业名称 中国近现代史
学 位 年 度 2008
论 文 级 别 硕士
中 文 摘 要 “海防”就其本质而言,是为了保卫国家安全而在沿海地区布置的防务。晚清海防的筹划以第一次鸦片战争为开端,主要以外来侵略势力为主要防御对象。而中法战争在中国近代史上具有重要的意义,战争起因于法国殖民者为获取殖民利益,从而挑战中国在越南的宗主国地位而起,而中国则是为了维护其王朝体制和西南边疆的安全,双方作战的地域随着战争的不断升级而扩大到中国东南沿海,在中国浙江的镇海、福建马尾、闽江和台湾北部一线点燃了战火。这场战争是中国自 19 世纪 60 年代“自强”运动以来首次与西方列强交锋,在经历了洋务运动 20 多年的洗礼后,中国的军事在各个领域都开始向近代化接轨,因此中法战争从某种意义上说是近代中国第一次具有近代化意义的战争,其作战方式与作战形态远非两次鸦片战争可比。目前学术界对中法战争期间各战场海防军事布局的研究尚未给予足够的关注。鉴于此,本文力图在占有大量丰富、可靠资料的基础上,并结合文献及前人的研究成果,除对中法战争爆发的背景进行介绍外,着重研究战争期间各海防战场的军事准备(包括指挥人员和机构、海防方针、海防措施)和兵力布局(包括兵力招募与增添、兵力部署、兵力调动),进而说明这一时期晚清海防作战的发展变化情况。全文共分为五个部分:第一部分:介绍了中法战争爆发的战前背景。阐述了双方之所以开战的原因,两国战前的军力情况以及战前双方的军事、外交活动。第二部分:介绍了浙江镇海战场的海防军事布局情况。对该战场战前的军事、地理形势,军事准备和兵力布局进行了系统的介绍,并进行归纳小结。第三部分:介绍了福建马尾、闽江战场的海防军事布局情况。对该战场战前的军事、地理形势,军事准备和兵力布局进行了系统的介绍,并进行归纳小结。第四部分:介绍了台湾战场的海防军事布局情况。对该战场战前的军事、地理形势,军事准备和兵力布局进行了系统的介绍,同时着重研究了大陆对台湾的兵力支援情况,并进行归纳小结。第五部分:对晚清各个海防战场的军事布局进行归纳总结,并联系当今时代着重分析了海权意识与海上制海权的重要作用。研究中法战争时期晚清海防战场军事布防情况不仅对考察晚清的海防政策、海防建设、海权意识、晚清的军事近代化进程等方面有巨大的学术价值,而且对推动当今中国的海防军事建设和海洋经济文化事业的发展具有很大的借鉴意义。

中 文 题 名 **中国传统对外关系的两种模式:利益认知与体系结构分析**
英 文 题 名 Two Models of Traditional China s Foreign Relations: Analysis from the Perspectives of In-

terests Cognition and Systematic Structure

作　　　者 王青

导　　　师 楚树龙

学位授予单位 清华大学

学科专业名称 公共管理

学 位 年 度 2007

论 文 级 别 博士

中 文 摘 要 在古代中国,共有包括秦、汉在内的 9 个王朝实现了文化中心区的统一,历时 1499 年。本文运用比较研究、案例研究及统计实证的方法,论证了历代大一统中央王朝在不同区域内同时推行了两种截然不同的对外关系模式。在东南方向的朝贡体系中,这些王朝普遍推行一种非扩张性的和平主义对外关系模式:尽管中国在物质力量(军事力量)上处于单极地位,却没有追求一种以消灭或彻底控制朝贡国为目的、最终实现霸权的对外政策,战争在彼此关系中不居于主导地位,和平共存成为常态。而面对西北方向的游牧民族政权,这些王朝则共同推行一种典型的现实主义对外关系模式:将对方视为敌人和对手;最终目标是消灭或彻底控制对方;进攻成为优先考虑的手段,战和之间,实力对比是决定因素。任何以单一模式概括中国传统对外关系行为都存在以偏概全的错误。为了分析这两种模式背后的根源,本文首先建立了理解国家对外关系行为的理论框架,即一个国家的对外政策受两类基本因素驱动和制约:国家对自身利益的认知(主要包括安全利益和经济利益)及其所处的国际体系结构(物质力量分布、共有观念分布)。依据这一理论框架,本文论证后得出结论:在古代中国,“重农抑商”思想建构了独特的国家经济利益认知:粮食是国家财富本身,农业是国家财富的唯一来源,商业必须加以抑制。这种利益认知使得东亚朝贡体系内那些农业生产条件不利的半岛、群岛国家对中央王朝统治者缺乏吸引力:“得其地不足供给。”在国内大行抑商政策的同时,海外贸易受到严格限制,更不会为此进行大规模武力扩张,这与重商主义思想驱动殖民体系建立过程中,一些西方国家的行为形成鲜明对比。因此,在安全无虞的状态下,尽管历代中央王朝在东南方向的国际体系结构中处于单极地位,但仍仅满足于推行一种维持现状的“不治主义”政策。而在西北方向,自然选择导致了汉匈之间长期处于霍布斯式国际关系状态。在一种军事力量的两极结构中,“内不足”而“力有余”的游牧政权对中央王朝的安全利益构成了严重威胁,“当国家面临敌人的时候,必须要做的事情是实行赤裸裸的权力政治。”对中国传统对外关系的研究表明,昔日支撑这两种基本模式的具体因素均已不复存在,因此,简单照搬历史模式无法真正昭示未来。相反,只有根据当代中国对自身利益及其实现方式的认知,以及中国所处的国际体系结构特征,才能正确理解、判断其对外关系走向,回答“中国向何处去?”这样的问题。

中 文 题 名 **中国的海洋——明朝海上力量建设考察**

英 文 题 名 Chinese Ocean – The Inspection of Sea Power Construction in Ming China

作　　　者 何锋

导　　　师 王日根

学位授予单位 厦门大学

学科专业名称 专门史

学 位 年 度 2007

论 文 级 别 博士

中 文 摘 要 本文以马克思辩证唯物主义和历史唯物主义的思想为指导,采取历史学、社会学和军事学相结合的研究方法,深入考察在明朝海上力量建设过程中出现的一系列问题。这些问题包括国家海洋战略的提出,统治者的政治偏向对海军建设的影响,海军建设的指导思想及其带来的后果,海军建设的成果和不足,海上战争的成败对国家政治的影响,以及军事技术的应用和海军战术演进之间的关系。全文

分为6个部分。绪论:进行学术史的回顾,介绍选题的原因和意义,以及论文的篇章结构、研究对象、研究方法、资料来源,力图说明历史学、社会学和军事学的研究方法是如何在研究中运用的。第一章:以时间先后为序,运用长时段历史观,来纵向研究明朝前期洪武和永乐两朝的海上力量建设情况,并以军事学的知识对其进行说明。第二章:以时间先后为序,运用长时段历史观,来纵向研究明中后期的海上力量建设情况,以及国家政策和皇帝个人好恶与海上力量建设之间的互动关系,并以军事学的知识对其具体建设措施进行说明。第三章:从现代政治学和国际关系学的角度来重新审视明朝海上力量建设中的外交控制力问题,以三个事例(郑和下西洋、安南战争和中日朝贡争端)为切入点,论证海上力量建设的强弱和运用的好坏对一国外交控制力的巨大影响。第四章:运用社会学和历史学相结合的方法,考察民间海上力量与明朝政府的互动关系。探讨民间海上力量在什么情况下能被政府接受,并且转化为国家海上力量。第五章:这是一篇全新的技术章节,将从军事技术的层面分析明朝海军在各个历史时期采用的装备和战术特点,使我们能更加真实客观地评价明朝海军的战斗成果和明朝海上为量建设中出现的一些问题。

中文题名　**中国东南海洋性瓷业发展史**
英文题名　The History of Maritime Ceramics in South - East China
作　　者　王新天
导　　师　吴春明
学位授予单位　厦门大学
学科专业名称　考古学及博物馆学
学位年度　2007
论文级别　博士
中文摘要　中国东南海洋性瓷业,是指自汉晋六朝以至明清我国东南沿海以仿烧名瓷为主要内涵,以民窑为主体,以海洋世界为市场,向海外用力的瓷业体系,其年代范围是从东汉末年瓷器开始向海外传播到二十世纪上半叶我国瓷业的衰败,其地域范围主要限定于我国东南沿海。探索古代东南海洋性瓷业是从海洋人文的全新角度来看我国古代陶瓷的对外传播与影响。其研究方法具有以下特色:首先,将东南海洋性瓷业作为沿海手工业的一个有机组成部分,纳入到环中国海海洋社会经济文化体系的宏观视野之中进行研究,对海洋性瓷业格局初兴、发展、繁盛、变化的各个阶段历史做全面梳理。其次,将研究建立在陶瓷窑址考古资料之上,将海洋性瓷业研究由器物表象特征的对比研究深入到窑业技术交流等更深层次的探讨。再次,采取多学科相结合的方法推进海洋性瓷业研究的深入,如探讨港市发展在东南海洋性瓷业格局调整的作用,借鉴航海史和中西交通史资料来探讨航路航线变化和海洋性瓷业对外传播区域的变迁,并借助水下考古资料加以印证。本文的主要内容如下:东汉六朝东南海洋性瓷业格局的初现。在东汉晚期成熟瓷器烧造成功后,青瓷烧造技术迅速在浙东地区沿港市方向扩散。在陶瓷经东冶、梁安、番禺等东南港市转运舶出的过程中,青瓷窑业技术也随之传播于此。伴随着早期南海—印度洋航线,中韩、中日黄海南线等航路开辟,刚刚烧制成功的成熟瓷器先后传播到朝鲜半岛、日本列岛和东南亚地区。隋唐五代东南海洋性瓷业的发展。隋唐五代青瓷窑业技术中心由上虞曹娥江迁往慈溪上林湖,其窑业技术已传播至东南沿海各地。海洋性瓷业大多位于港市周围或港市所在水系干流支系的两岸地区。在海洋性瓷器品种上,因为阿拉伯人的东来而呈现出复杂的局面,但东南海洋性瓷业还是以生产青瓷为主。东南海洋性瓷业的腹地仍局限于钱塘江以南、武夷山脉以东、南岭以南的沿海地带。宋元东南海洋性瓷业的扩张。宋元东南海洋性瓷业技术中心已经由浙东地区转移到浙南龙泉等地,福建、广东等地的瓷器烧造技术与浙江的差距日益缩小。窑址分布与港市之间形成了兴衰共荣的依存局面。在海洋性瓷器品种上,因宋元东南船家对南海、印度洋海权的操控,中原各大名窑如耀州窑、磁州窑、钧窑等,皆在东南沿海被仿烧,被纳入海洋性瓷业体系。龙泉青瓷、景德镇青白瓷、建窑黑瓷等瓷种在东南形成庞大的窑系。东南海洋性瓷业的辐射能力大为加强,江西等内陆腹地也逐渐被纳入到这一体系之中。海洋性瓷业的消费市场也在唐五代的

基础上由中西亚、北非进一步扩展到东非等地，在东亚、东南亚、南亚等地也沿港口而向内陆腹地纵深发展。明清东南海洋性瓷业格局的变化。明初，在官方禁止私商下海通蕃的禁海政策之下，东南海洋性瓷业迅速萎缩。龙泉窑这一东南瓷业技术中心也趋于没落。明代中后期，在官方朝贡贸易体系瓦解、私商下海日趋频繁的情况下，东南海洋性瓷业又重新在浙南、闽南、粤东等私商猖獗之港市附近崛起。在洋船东进所构建的亚欧大航路所带来的巨大市场引诱下、在明朝中后期景德镇暂时的内外交困的契机下，青花瓷技术由景德镇官窑转向民窑，进而向东南沿海转移。在陶瓷消费市场上，因东南船家在东洋航路上的深化及与洋船亚欧航路的衔接，海洋性陶瓷在原有基础上进一步延伸至欧美等更为广大的区域。

中文题名 中国古代船舶的审美特征

英文题名 Aesthetics Characteristic of Chinese Ancient Ship

作　　者 程雯慧

导　　师 朱明健；顿贺

学位授予单位 武汉理工大学

学科专业名称 设计艺术学

学位年度 2003

论文级别 硕士

中文摘要 船是一种利用水面沟通地域的运载人与物的工具，为人类便利日常生活、从事水域作业与物资交流、发展社会经济做出了历史性的贡献，这是为大家所共识的。但作为延续几千年以至近万年历史的中国古船，它的独特意义更加深刻——具有丰富的深层次高品位的历史文化的内涵，也就是说它还承载着历史，是体现特定时代的一种文化标志，即便从制造角度来考察，也处处闪耀着劳动人民的智慧，是特定时代科技、工艺以及建筑学、美学、民俗学的集大成者。船舶是运动在水上的建筑物，如果说"建筑是凝固的音乐"（谢林语），那么船舶则是流动着的乐章。它同陆上建筑一样，有着不同的形式、风格和美感。不同版本研究船史的论著，从技术的角度系统、全面的论述了我国古代各个时期出现的一些船型及其特点。遗憾的是没有从审美的角度去探讨船舶造型给人们带来的美感。虽有的书籍谈到了一些形式美法则，但没有全面的深入分析，特别是对中国古代船舶的审美特征缺乏系统的研究与分析。祖先为我们留下了这一无比丰富的遗产，我们有责任去发掘、整理，并使之发扬光大。船舶虽然不是艺术品，但是优秀的造型设计也能创造具有艺术美的形象。从中国古代船舶发展的进程中可以看出：不同版本研究船史的论著，从技术的角度系统、全面的论述了我国古代各个时期出现的一些船型及其特点。遗憾的是没有从审美的角度去探讨船舶造型给人们带来的美感。虽有的书籍谈到了一些形式美法则，但没有全面的深入分析，特别是对中国古代船舶的审美特征缺乏系统的研究与分析。祖先为我们留下了这一无比丰富的遗产，我们有责任去发掘、整理，并使之发扬光大。船舶虽然不是艺术品，但是优秀的造型设计也能创造具有艺术美的形象。从中国古代船舶发展的进程中可以看出：不同地域，不同使用目的，不同民俗传统，不同技术水平，不同审美观念，形成各种各样不同的船型。概括起来可以一说，决定船型的主要因素是功能、技术与审美观。我国古代的船舶具有自己的独立性和创造性，形成了优秀的传统工艺与独特的风格。其造型按上层建筑的构造大体可分为宫殿式、城堡式和板篷式三种。宫殿式的船舶，一般为帝王将相享乐游玩的工具，比如隋代的大龙舟。城堡式通常为格斗的战船，如春秋战国时期的斗舰、隋代的五牙舰等。板篷式最为普遍，是民间常用的水上运载工具，明代江汉运输税银的课船，浙江绍兴的乌篷船等。除此外，还有造型奇特的仿生船、双体船等。船舶作为一种造型艺术，有它自己独特的审美创作规律，这个规律又受制于一定的造型观念，而这种观念是有民族、地域、历史文化传统、哲学观武汉理工大学硕士学位论文念、民俗民风、生活生产、情感气质、审美观念等因素所决定。本文以船舶的整体造型为角度，探讨了古代船舶所体现的形式美学风格，并从审美的角度分析了船舶推进工具——帆的美感。船饰文化使船舶具有艺术的外观形象，并使船舶艺术具有了思想内涵的表现力。它是中国古代船舶艺术的一个重要组成部分。文章从船

舶彩绘、雕刻艺术、船旗和风俗等方面对船饰文化进行了较为全面的分析、探讨和研究。本文研究过程中，在已有的材料的基础上力求分析得客观、全面和深入一些，以此抛砖引玉，这样做将会有利于对中国古代船舶，对它的历史、文化、艺术等方面的价值的认识更加具体和深化。

中文题名　中国古代与斯里兰卡的关系

作　　者　索毕德

导　　师　李修松

学位授予单位　安徽大学

学科专业名称　专门史

学位年度　2004

论文级别　硕士

中文摘要　本文在介绍中国古代与斯里兰卡关系史的史料和研究现状的基础上，按照唐代之前、唐宋和元明时期系统地阐述了交往的历程，具体分析论述了相互之间的政治交往、经济关系和文化交流。中外文献记载，早在公元一世纪初的汉代，两国就有了交往。东晋至唐代，双方的交往相当频繁；宋元时期，两国关系继续发展；明代由于郑和七次下西洋等原因，两国关系进一步加深。在双方的交往中，两国间高僧的密切往来，经书的传译等，对相互之间政治、经济、文化关系的发展起到了重要的促进作用。在政治上，两国政府对双方佛教交流一次又一次的推动，本身就带有明显的政治目的。南朝宋、梁时期，斯里兰卡两次遣使来朝的国书里都表达了通过两国共同弘扬佛教，借以达到化育百姓，治理好国家的目的。唐朝以后，两国使节往来增多，元代时中国政府四次派人访问斯里兰卡。在经济上，除了两国不断来往的使者、高僧互赠礼品外，两国间的贸易也越来越频繁。在唐代已经形成了一条很成熟的贸易线。斯里兰卡的宝石、珍珠、金丝、象牙、珊瑚、香料等被源源不断地输往中国，中国的丝绸、瓷器、金银、铜钱等也被运往斯里兰卡。在文化上，斯里兰卡高僧、经书对中国佛教有着重要的影响，中国文化对斯里兰卡文化的发展也起到了一定的作用。文章还就双方的交往频繁的原因进行了探讨。

中文题名　中国近代海关瓷器进出口贸易研究(1868－1936)

作　　者　靳海彬

导　　师　王宏斌

学位授予单位　河北师范大学

学科专业名称　中国近现代史

学位年度　2006

论文级别　硕士

中文摘要　瓷器作为中国的一项传统手工制品，无论是在古代还是在鸦片战争以后，都是深受中国及外国人民喜爱的生活用品之一，它在促进中外贸易和友好交流方面都起过重要的作用。1840年以后，瓷器生产和贸易与以前相比，虽然有了很大的变化，但仍为中国近代海关进出口统计中的一项重要商品。本文拟通过中国近代海关瓷器进出口贸易的数额统计，分析研究瓷器在进出口总体情形、进口贸易及出口贸易三个方面的发展趋势。文章分为两个部分，第一部分是对中国古代瓷器生产和贸易的回顾，简要介绍中国古代瓷器生产、贸易及对中外友好交流的重要作用；第二部分主要研究1868－1936年中国瓷器进出口贸易的发展趋势，这段时期的瓷器贸易分为三个阶段，第一阶段是1868－1918年，为中国近代海关瓷器进出口贸易平稳发展时期；第二阶段是1919－1929年，为瓷器贸易的波动时期；第三阶段是1930－1936年，为瓷器贸易的下跌时期。通过研究，笔者认为中国的瓷器生产由于落后的生产方式，洋瓷的输入及客观环境的不利因素，这些导致了中国近代瓷器生产和贸易的衰落。

中 文 题 名　**中国近代领水主权问题研究**

英 文 题 名　On the Sovereign Rights over Territorial Waters in Chinese Modern Times

作　　　者　刘利民

导　　　师　李育民

学位授予单位　湖南师范大学

学科专业名称　中国近现代史

学 位 年 度　2004

论 文 级 别　博士

中 文 摘 要　领水是一国主权管辖下的全部水域,包括内水和领海。对一国领水的侵犯意味着破坏该国的领土主权。因此,领水主权问题是不可忽视的。在近代中国各项主权的丧失过程中,领水主权的破坏是首当其冲的。早在鸦片战争前,西方海洋国家就从海上入侵中国,试图破坏中国的领水主权。鸦片战争以后,列强更是利用炮舰和不平等条约制度攫夺了中国的领水主权,把中国的领水变成了它们的公共水域。中国的领水主权遭到了有史以来最严重地破坏。探讨这一问题正是本文的主要目的。文章共包括绪论、正文、余论三部分。绪论部分比较详细地介绍了该课题的研究状况,指出了目前研究中存在的问题,对文章所涉及的一些相关概念进行了界定,也说明了本文的创新与不足。正文部分共分上、下两篇。上篇包括本文的前三章,主要是对近代中国领水主权状况的历史变迁进行考察。第一章主要是对鸦片战争前中国领水主权状况进行初步探讨,认为这一时期西方海洋国家试图对中国领水主权进行挑衅,但当时的中国政府还能维护中国领水主权的完整。第二章概括性地论述了鸦片战争后列强对中国领水主权的破坏情况,认为中国领水主权的完整遭到了前所未有地破坏。第三章简单地考察了中国领水主权的恢复情况,其中涉及到中国领水主权意识的产生问题。正文的下篇共分为六章,即从本文的第四章到第九章,主要针对近代中国领水主权中比较突出的各种问题进行有选择性地论述。第四章考察了列强攫夺中国沿岸贸易权和内河航行权的历史。沿岸贸易权和内河航行权是领水主权在经济方面最重要的内容,这两种权利的丧失表明中国领水主权遭到了严重破坏。文章认为,前一种权利的丧失表明中国领海成为了列强的公海,而后一种权利的丧失意味着中国领水的彻底开放。第五章简单地探讨了外籍引水制度的形成及其危害,着重指出中国引水主权的丧失给中国领水主权带来的严重后果。第六章与第七章是对外国军舰驻华问题进行考察。这两章不仅详细地论述了外国军舰驻华制度的形成及其主要内容,而且重点动态地考察了这一制度的实施情况,认为这一制度对中国领水主权构成了最严重的威胁。第八章主要分析领水主权中的管辖权问题,包括外国商船和外国军舰的管辖问题,认为在近代中国领水内,外国船舶完全摆脱了中国政府的管辖。第九章论述了列强的侵渔问题。文章认为,自从十九世纪末二十世纪初以来,中国渔业权的保护问题变得日益突出,中国的专属渔权受到了严重侵犯。即使到国民党政府垮台,列强侵渔问题也没有得到解决。文章既考察了列强侵渔的总体情况,又重点分析了日本的侵渔活动。余论部分对中国近代领水主权丧失的基本原因作了简单地概括,得出一个基本结论:弱国无领水主权。文章进而指出,当今中国需要拥有强大的海上力量,才能真正维护领水主权的完整。

中 文 题 名　**中晚唐五代洛阳开封地位消长对比研究:以漕运为中心**

英 文 题 名　The Study of the Comparing the Decline of the Status of Luoyang with the Growth of the Status of Kaifeng in the Period of Middle and Late Tang and Five Dynasties: With the Water Transportation of Grain as the Center

作　　　者　陈俊志

导　　　师　张金龙

学位授予单位　山东大学

学科专业名称 中国古代史
学 位 年 度 2008
论 文 级 别 硕士
中 文 摘 要 中晚唐五代(安史乱后至北宋建国)这一历史时期内,开封由一个普通城市经过跨越式发展,其政治地位一举超过自秦汉以来始终是统一帝国都城的长安与洛阳,以公元960年北宋定都开封为标志,开创了中国都城发展史上一个崭新的纪元。与此同时,洛阳的地位却一蹶不振,失去了原来都城或准都城的特殊地位,在经过后唐一朝的回光返照后,再也没有任何王朝于此定都。本文即意在解答中晚唐五代时期都城由洛阳到开封变迁的原因。文章首先分别介绍了洛阳和开封的地理环境以及唐代之前的历史概况,接着陈述中晚唐五代时期洛阳衰落和开封崛起的客观历史过程,然后围绕着漕运这个中心从四个方面对其原因进行了分析。第一,唐廷失去河北和江淮经济的崛起造成唐朝经济地理和财政形势的变化,促使唐廷愈来愈倚重通过汴水来获得江淮地区的财富,因此处于汴水咽喉位置的汴州的地位就愈加上升;第二,裴耀卿的漕运改革造成洛阳失去漕运中心的地位,刘晏的漕运改革造成开封获得该地位;第三,唐代宗和德宗时期一系列围绕着运河进行的军事争夺进一步促使开封成为维护漕运安全的第一重镇;第四,也是最关键的,洛阳的漕运条件渐渐逊色于开封。随着气候变迁和生态环境的恶化,由开封到洛阳的航运条件不断恶化,水量越来越少,季节差越来越大,在一年中可以用来运输的时间不断缩短,黄河河道本身、汴口、汴河的通航状况都不尽如人意。在古代社会的技术条件下,既然无法改善漕船的运输能力,那么缩短运输距离就成为唯一的选择,从长安到洛阳再到开封恰恰符合这一缩短运输路线的规律。正如笔者在文中的分析,开封至洛阳的水上运输是整个通济渠最为艰难的一段。这一点最终决定开封彻底取代洛阳并一跃成为国都,开创了其城市史上最为辉煌的一页。文章接下来通过详尽分析漕运在五代各朝都城抉择过程中的决定性作用来透视开封的确已经完全胜过了洛阳的漕运之利,从而凌驾于洛阳之上,成为国都。文章最终得出结论:中晚唐五代时期,江淮经济的崛起和漕运改革使开封取代了洛阳的漕运中心地位,逐渐发展成为漕运重镇和经济重镇;唐廷和藩镇之间关于运河的争夺,促使开封从漕运重镇进一步发展成为军事重镇。而由于唐代中期以来黄河和汴水的运输条件的逐渐恶化,洛阳失去了联系东南经济基地的可能。从此,中原王朝的首都无法挽回地转移到了东部平原的大运河沿岸,首当其冲的自然是全国漕运枢纽的开封。本文在某种程度上解决了五代北宋为何定都于开封而不是洛阳这一问题。其创新点在于:第一,明确指出了洛阳丧失国都地位的根本原因在于失去"漕运之利";第二,揭示了开封洛阳两城地位消长密切相关的客观事实,而其中关键原因是生态环境和交通条件的变化;第三,初步探讨了生态环境变化与某个城市兴衰命运的联系。

中 文 题 名 **重庆开埠与四川社会变迁(1891－1911年)**
作　　　者 陆远权
导　　　师 谢俊美
学位授予单位 华东师范大学
学科专业名称 中国近现代史
学 位 年 度 2003
论 文 级 别 博士
中 文 摘 要 重庆是中国西南地区的商业重镇,是长江上游地区最大的货物集散地。重要的区域地位和较为繁荣的商贸经济,成为近代西方殖民者打开中国西部市场的桥头堡。1891年,重庆以"约开"的形式被迫向英国开放通商。不久之后,法国、美国、德国、日本等西方势力相继"进驻"重庆。重庆在卷入世界资本主义市场漩涡的同时,也成为西方列强在近代中国西部的一块殖民地。重庆开埠,一方面,表明英、日等西方列强在华贸易战略目标和殖民利益的逐步扩大:另一方面,刺激和推动了四川社会的发展变迁。第一,它使四川超稳定状态的小农经济逐步感受到了强大商业力量的冲击,城乡经济被纳入到商品

化的轨道，置于近代资本主义的国际市场影响之中。四川社会开始了近代商业化进程。第二，它使外部力量对区域经济发展的控制力越来越明显，川人的经济利益逐步受到列强的侵夺和支配。一定程度上，四川的社会经济发展从属于西方的社会发展要求。第三，它使近代资本主义制度紧随经济因素传入四川，在传统经济与社会结构改变的同时，引发了近代社会要求的产生。重庆开埠是四川社会发展史上的一个重大事件。它在封闭的四川社会体系上戳开了一个窟窿，通过这个窟窿，四川被卷入了资本主义世界市场，四川城乡社会的演变由此缓缓发生。本文以重庆开埠为起点，以进出口贸易为突破口，探讨晚清四川社会在区域经济、社会组织与阶层、文化教育观念等方面由传统向近代的演进趋势。主体内容共分五章：第一章：主要对重庆开埠后外贸市场体系的形成作出分析。重庆开埠后，四川被置于近代资本主义国际市场的影响之中。外贸商品流量开始得到增长，商品及贸易结构开始发生转变，土洋货物的购销渠道与金融服务网点逐步建立，传统的"场市"内贸格局逐渐成为新型商品流通体制的组成部分。专业市场与城乡市场初具形态，各类商品市场、不同层次市场、区域内外市场逐渐连接，市场功能进一步深化，市场的外向作用日趋突出，对外贸易市场体系初步形成。第二章：主要就重庆开埠后通商贸易对四川城乡经济发展的影响作出分析。重庆的开埠过程，很大程度上就是土洋商品在城乡流通的扩大与增长过程。一方面，通商贸易使许多城镇在参与经济区域内的各种交换活动中发展壮大起来，并成为区域的经济中心和经济发展的重要支点。城镇不仅是商贸经济的中心，一些城镇的金融服务业还得到一定发展，近代工业也开始起步。另一方面，通商贸易使四川的传统经济结构受到商业力量的冲击。洋货下乡，造成"耕织结合"的自然经济开始走向分解；农产出口，带来农业经济结构的变化和新兴经营形式的出现，农村商品经济得到一定发展。第三章：主要对重庆开埠后社会组织的演变作出分析。重庆开埠使得一些原先彼此隔离和排斥的商贸社会组织为适应新型商贸经济发展开始整合与联合，各商帮行会聚合成商会，各移民会馆结成联盟，并在组织结构与功能上不断更新；部分因开埠失去生计和市场的人们投向会党，四川同盟分会对哥老会的"改造"，为四川哥老会的活动和斗争赋予新的内容；开埠后社会环境的渐次开化，人们逐渐跳出狭小的个人圈子，成立保路同志会，从群体利益出发去争取川汉铁路权益。社会组织已较大程度突破血缘、地缘等为基础的传统封闭关系，开始取向于社会真正意义上的需要和个人价值的实现，具有明显的社会近代化特征。第四章：主要对重庆开埠后出现的社会新兴阶层作出分析。新的社会力量的产生，"构成社会变化的基干"。新式商人群体在思想意识、心理结构、价值取向与行为方式上出现了新的变化，社会影响不断扩大，"政治上的重要性也不断增长"。近代知识分子群体产生于开埠后社会经济的发展需要，得益于新式学堂、留学日本和维新思想传播的催生和转化。知识结构得到拓展，价值观念发生转变，政治理想急剧升华，表现出相当的时政关怀。新式士绅对社会和政治的干预越来越多，逐渐成为对抗官府的一股重要势力。绅权的扩张，导致地方自治和立宪风潮的出现。在一些商品经济有所发展的州县，已出现了资本主义性质较为明显的农场经营，以种植经济作物满足市场需求，以雇工剥削赚取利润，以融投资金实施规模经营，租地农场主开始以一种新式富农的身份出现。第五章：主要对重庆开埠后蜀学的振兴和观念意识的变化作出分析。蜀学的振兴即传统教育的近代转化和文化事业的新发展。开埠后教育与经济同步发展，近代学堂逐步取代传统书院，普遍开设新知课程，萌发新的精神，形成追求"时务"新学的风气。众多学子超身读经修身的束缚，求学新知识，接受新文化，积极要求社会变革。与此同时，社会文化出现新变化。随着近代报刊的创办、市场新书籍的流行、学堂新知识的扩散以及传教士的内地深入等，新型文化得到传播和发展。商业繁荣也带来了都市商业文化的发达。在近代教育和文化的启蒙下，人们的道德准则和价值观念发生变化，形成了忧患、重商、民权等一系列近代意识。四川社会的近代变迁相对沿海和中部地区，封闭性强，受外界影响较小，起步较晚而缓慢。虽然鸦片战争打开了中国国门，中国在外力刺激下走上了近代化之路，但在不同区域表现出不同特点。在偏处内陆的四川，由于三峡天险的阻扼以及长江流域的逐步对外开放，在相当长的时期内，洋货进入存在极大困难，外国资本主义的冲击微乎其微。只是在重庆开埠后，四川社会的经济结构和其他社会特征才逐渐加快了近代转变。四川社会的变迁迈出了关键性的一步。

中文题名 朱彧及其笔记《萍洲可谈》研究
英文题名 Study of Zhu Yu and His Ping Zhou Ke Tan
作者 郑宇
导师 李伟国
学位授予单位 华东师范大学
学科专业名称 中国古典文献学
学位年度 2006
论文级别 硕士
中文摘要 在众多的宋人史料笔记中,朱彧的《萍洲可谈》三卷是有特殊价值的一种。其书所记多为朱彧随父宦所至见闻,篇幅虽不大,内容却极其丰富。其中朱彧对当时广州市舶司的记载,十分精彩而宝贵。而其它对于宋代朝章国故、制度变更、士人风气的一些记载,也非常有价值。本文主要从四个方面展开论述:一、朱彧生平考证。史籍关于朱彧的记载甚少,故本文结合其父生平与《萍洲可谈》相关记载,初步可补朱彧生平事迹考证过略之缺。二、《萍洲可谈》所记广州市舶司内容与《宋史》、《长编》、《宋会要辑稿》中相关内容比较辨析。通过这项工作,可进一步挖掘《可谈》的文献价值。三、分析《萍洲可谈》表现出的鲜明政治倾向。四、《萍洲可谈》对当时社会生活的反映。《可谈》中有很多关于当时社会风俗、各地习俗等的记载,在很大程度上反映了当时社会生活的情况,这些材料,对研究古代经济生活也是非常宝贵的。

中文题名 走向海洋时代:山东沿海地区的早期现代化进程
作者 张彩霞
导师 郑镇满
学位授予单位 厦门大学
学科专业名称 中国近现代史
学位年度 2003
论文级别 博士
中文摘要 本文通过考察山东历史上的海洋社会经济传统,探讨山东沿海早期现代化的内在动力。全文分六章,约18万字。关于中国的早期现代化,中外学者已作过不同的理论探讨,大致可以分为“外因论’,和“内因论”两种解释模式。前者如“冲击反应论”、“帝国主义论”、“后发外生论”等,后者如“资本主义萌芽论”、“中国中心论”等。笔者认为,世界历史上的“现代”,实际上就是海洋时代。因此,中国的早期现代化历程,也可以说是走向海洋时代的历史过程。从海洋发展史的角度探讨中国的早期现代化,既可以突破前人的理论局限,也有助于超越传统与现代的二元对立。山东是中国的海洋大省,自古与海洋结下了不解之缘。在漫长的历史发展进程中,山东沿海地区的海洋社会经济持续发展,形成了独具特色的海洋传统。这是因为,当地独特的地理环境与区位特征,促使沿海居民以海为生,始终与海洋世界保持着密切的联系,这就是山东沿海走向海洋时代的社会生态基础与历史依据。明代至清初的海禁与海防政策,曾经使中国一度从海洋退缩,但民间的海洋传统并未被阻断。清康熙年间解除了海禁,官方的海运事业与民间的海上贸易都得到了迅速的发展。乾隆至道光时期,由于南北海运贸易日益繁盛,推动了山东沿海地区一批港口城市的相继兴起。其中烟台和青岛因其独特的区位优势,而在19世纪后期被西方殖民者辟为通商口岸。20世纪初,山东地方当局为了争取更多的经济利益和发展本地经济,又自开济南、潍县、周村、龙口为商埠。这说明,在山东沿海的传统社会经济结构中,早已蕴含着走向海洋时代的内在动力。明初大运河的开通与利用河运,使大运河沿岸形成一批商业城市,一度成为山东区域社会经济的重心。清嘉庆至道光年间,大运河由于日益频繁的黄河水患与淤塞等原因而衰落了,导致了周边

地区经济的急剧衰退。与此同时,山东沿海的女姑口、塔埠头口、青岛口、金家口等和登州、福山、莱州等港口城市相继兴起,导致山东社会经济重心逐渐东移。山东沿海地区对外开放后,不仅建立了与海外市场的直接联系,而且随着轮船航运业的发展,进一步扩大了与国内各通商口岸之间的贸易往来。1902 年胶济铁路的开通,使山东内地与沿海连接起来,与国内外市场建立了更为密切的联系,山东沿海地区作为联结内地与海外市场的枢纽,具有不可替代的区位优势。20 世纪初期,山东沿海地区形成了第一批新式工业,不仅奠定了现代化的物质基础,而且最终确立了山东沿海城市作为区域社会经济重心的地位。走向海洋时代:山东沿海地区的早期现代化历程到 19 世纪末为止,山东沿海地区有三个约开口岸:烟台、青岛、威海,这些口岸城市在感受。20 世纪初的建设和发展,无论就经济还是社会文化方面来说,都给国人耳目一新的口岸城市的新式教育与现代管理体制的实施,本地人民的日常生活产生了潜移默化的影响。然而,西方的商品、思想和价值观等,都对由于山东沿海的早期现代化建立在条约制度的基础之上,国人的消极抵抗又在一定程度上延缓或阻碍了现代化的深入发展。经过长期的冲突和调适过程,逐渐实现了本土海洋传统与现代因素的有机结合。纵观明以后山东沿海地区的历史发展过程,其主导趋势是从内陆走向海洋、从传统走向现代。这种本土海洋传统与现代化进程的有机结合,对于理解中国的早期现代化应是具有普遍意义的。

中 文 题 名 **走向中国近代化的尝试——张斯桂研究**
英 文 题 名 Trying Entering China s Modernization - - the Study of Zhang Sigui
作　　　者 林智素
导　　　师 龚缨晏
学位授予单位 浙江大学
学科专业名称 中国古代史
学 位 年 度 2009
论 文 级 别 硕士
中 文 摘 要 中国近代社会是一个动态的社会,在西方资本主义侵略和中国内部社会矛盾的共同作用下,中国步入了缓慢的近代化进程。宁波慈溪人士张斯桂是当时先进人士的代表,他一生的经历穿越了道咸同光时代,亲眼目睹、全程参与了中国走向近代化的尝试过程。1854 年,浙江漕粮改由海运,中国引进的近代第一艘轮船"宝顺轮"应运而生,张斯桂为其船长。洋务运动期间,张斯桂先后进入曾国藩、沈葆桢等幕府,受其重用。1877 年,张斯桂作为清政府第一个驻日使团副使赴日本,对中日两国文化交流起到了积极的作用。1882 年回国后,任广平知府。其生平事迹是为中国近代化过程的艰辛、复杂的反映。文章包括绪论总共分成六个部分,绪论主要探讨晚清近代化和人物研究的主要概况,总结了前人的研究成果;正文第一部分通过对轮船发展史和张斯桂作为宝顺轮船长期间的活动的论说来凸显鸦片战争以后的国内外局势;第二部分主要论述张斯桂的人际网络,以显示洋务运动复杂的过程;第三部分论述重点讨论张斯桂与晚清的外交近代化的关系,以及近代早期中日文化交流的状况;第四部分主要对张斯桂的著作进行分析,这也是本文写作的重点之一。最后是对全文的总结,概括了张斯桂十九世纪中期以来的人生阅历,并尝试有所分析。

中 文 题 名 **租界时期的鼓浪屿之研究**
作　　　者 何其颖
导　　　师 陈支平
学位授予单位 厦门大学
学科专业名称 专门史

学位年度 2003

论文级别 博士

中文摘要 《租界时期的鼓浪屿之研究》全文共分为六章。第一章叙述了鼓浪屿租界地形成的过程。1840年6月,英国政府发动侵华的鸦片战争,清政府的腐败使这场战争以签订丧权辱国的《南京条约》而告结束。1841年8月英军占领鼓浪屿,嗣后,列强竞相争夺鼓浪屿为租地。他们在鼓浪屿设立领事馆,为把鼓浪屿变为"公共租界"明争暗斗。在长达60年的过程中,由于清政府的昏庸无能,1903年5月,鼓浪屿沦为"公共租界"。第二章探讨了租界时期鼓浪屿的政治与经济状况。租界时期的鼓浪屿建立了以工部局为代表的西方列强对鼓浪屿租界的联合统治,尽管工部局设立伊始就有华董,形成华洋共管的复杂局面,但工部局大权仍握在洋人手中。工部局日常行政的主要内容为进行市政建设、维持地方秩序、征集市政经费等,对鼓浪屿市政建设与经济的发展起了一定的作用。租界时期的鼓浪屿也有中国官方的的司法与管理机构,还有一些民间社团,但这些中国政府的司法与管理机构形同虚设,无权参与鼓浪屿的政治与经济决策。租界时期鼓浪屿社会是西方各国冒险家的乐园,也是军阀、土匪、流氓、恶霸的庇护所。租界时期鼓浪屿经济有一些发展,但经济命脉掌握在外国人手里,民族工商业在鼓浪屿经济力量中所占比例很小。第三章概述了租界时期鼓浪屿的文化与教育。厦门开放为通商口岸后,便有英美传教士进入鼓浪屿,修建教堂,开设学校,传道布教。鼓浪屿成为公共租界后,更多的外国教会与传教士来到鼓浪屿,建起了更多的教堂、教会学校及医院等,形成了鼓浪屿特有的西方宗教文化教育。教会学校主要为外国教会势力服务,但客观上也为文化科学知识的传播起了一定的作用。租界时期的鼓浪屿也有中国人创办的文化教育事业,是当时福建华人办学较为集中的地方。所有这些使租界时期的鼓浪屿有较为发达的文化教育。第四章叙述了日本把鼓浪屿变为独占的租界及对鼓浪屿实行的殖民统治。太平洋战争爆发前后,日本通过扩大侵略战争及各种手段,使鼓浪屿成为其独占的殖民地,到抗战胜利,整整达4年之久。这一期间,日本在鼓浪屿实行的是殖民地的政治与经济政策,为配合殖民统治,进行文化侵略,日本也在鼓浪屿设立了学校、文化团体与医院。日本独占的4年,是鼓浪屿租界史上最黑暗的时期。第五章概述了租界时期鼓浪屿人民的斗争。鼓浪屿沦为公共租界后,人民群众便开始了团结御侮、反抗殖民统治的英勇斗争。尤其是在中国共产党成立后,鼓浪屿人民的反抗斗争更为激烈。这些斗争,打击了外国侵略者的反动统治,在我国近代反抗帝国主义斗争的历史上,留下了光辉的篇章。第六章从司法制度、经济与市政建设、文化教育等三个方面论述了鼓浪屿租界对近代厦门发展的影响。租界时期鼓浪屿领事公堂的行政诉讼制度与会审公堂实行的西方审判制度,促进了近代厦门司法制度的变革;鼓浪屿租界的特殊地位及厦门为通商口岸的地理优势,使近代厦门经济与市政建设有了较大的发展;西方传教士创办教会学校与报刊,也使近代厦门的文化教育发生了较大的变化。这些变化与发展,绝非西方殖民主义者主观愿望所致,而是他们在侵略与掠夺过程中的客观结果。

索　引

引　索

一、人物

二、地名与水域

1. 地名

2. 水域

3. 航路

三、运载工具

1. 船舶种类与式样

2. 船名

3. 船舶结构、设备、仪器、辅件等

4. 船舶修造技术与材料

5. 船舶修造机构与设施

四、知识与技术

1. 船艺

2. 水上与陆地设施

3. 教育培训

五、管理

1. 机构与建制

2. 职务与职业

3. 政策与措施

4. 运输性质与方式

六、其他

1. 水上事故与救助

2. 风俗文化

3. 相关文献